Rogério Sanches Cunha

- Membro do Ministério Público do Estado de São Paulo.
- Mestre em Direitos Humanos e Desenvolvimento Social (PUCCampinas).
- Professor da Escola Superior do Ministério Público dos Estados de São Paulo, Mato Grosso e Santa Catarina.
- Professor de Penal e Processo Penal do Curso RSConline.
- Fundador do site www.meusitejuridico.com.br.
- Cofundador e coordenador pedagógico do JUSPLAY.
- Autor de obras jurídicas.

Ronaldo Batista Pinto

- Promotor de Justiça do Estado de São Paulo.
- Mestre em Direito pela Universidade Estadual Paulista (UNESP).

EDITORA *Jus*PODIVM
www.editorajuspodivm.com.br

Código de **PROCESSO PENAL** e Lei de **EXECUÇÃO PENAL** Comentados

— Artigo por artigo —

Rogério Sanches Cunha
Ronaldo Batista Pinto

Código de PROCESSO PENAL e Lei de EXECUÇÃO PENAL Comentados

— Artigo por artigo —

• Doutrina • Jurisprudência
• Destaques para aspectos circunstanciais

CPP+LEP Comentados

8ª edição | revista atualizada ampliada

2024

EDITORA JusPODIVM
www.editorajuspodivm.com.br

EDITORA *Jus*PODIVM
www.editorajuspodivm.com.br

Rua Canuto Saraiva, 131 – Mooca – CEP: 03113-010 – São Paulo – São Paulo
Tel: (11) 3582.5757
• Contato: https://www.editorajuspodivm.com.br/central-de-relacionamento

Diagramação: Ana Paula Lopes Corrêa *(aninha_lopescorrea@hotmail.com)*

Capa: Ana Caquetti

C972c Cunha, Rogério Sanches .
Código de Processo Penal e Lei de Execução Penal Comentados Artigo por Artigo / Rogério Sanches Cunha e Ronaldo Batista Pinto. – 8.ed., rev., atual. e ampl. - São Paulo: Editora JusPodivm, 2024.
2.320 p.

ISBN: 978-85-442-5044-0

1. Direito Processual Penal. 2. Lei de Execução Penal. I. Cunha, Rogério Sanches. II. Pinto, Ronaldo Batista. III. Título.

CDD 341.43

BIBLIOTECÁRIO RESPONSÁVEL

Ana Carolina Ribeiro Mois – CRB7 – RJ 007348/0

"O homem está condenado a ser livre"
Jean-Paul SARTRE (1905-1980), filósofo francês.

APRESENTAÇÃO

Apresentamos a reunião, em um só tomo, de comentários ao Código de Processo Penal e à Lei de Execução Penal, de modo a possibilitar ao leitor o fácil acesso às matérias que guardam tanta pertinência entre si. São – insistimos – comentários, artigo por artigo, de toda a legislação, acrescidos de anotações jurisprudenciais, retiradas, no mais das vezes, de julgados do Supremo Tribunal Federal e do Superior Tribunal de Justiça.

O índice remissivo que acompanha o trabalho foi elaborado a fim de agilizar a tarefa de busca e, bem por isso, é extremamente detalhado, facilitando sua consulta. Até mesmo a diagramação do texto e o formato da letra – enfim, o projeto gráfico empregado no trabalho – visam a tornar mais confortável o acesso à obra.

Com isso, apresentamos uma proposta diferenciada, que imaginamos útil aos operadores do Direito, bem como àqueles que se voltam ao desafio dos concursos públicos.

O tempo dirá se a ideia atingiu seus objetivos. Por ora, a crítica dos leitores será sempre bem recebida, capaz de propiciar o contínuo aprimoramento do trabalho.

Os Autores

SUMÁRIO

Parte I

CÓDIGO DE PROCESSO PENAL COMENTADO

DECRETO-LEI Nº 3.689, DE 3 DE OUTUBRO DE 1941

LIVRO I – DO PROCESSO EM GERAL

TÍTULO I – Disposições preliminares *(Arts. 1º a 3º-F)* 21

TÍTULO II – Do inquérito policial *(Arts. 4º a 23)* 74

TÍTULO III – Da ação penal *(Arts. 24 a 62)* 181

TÍTULO IV – Da ação civil *(Arts. 63 a 68)* 312

TÍTULO V – Da competência *(Arts. 69 a 91)* 328

Capítulo I – Da competência pelo lugar da infração *(Arts. 70 e 71)* 335

Capítulo II – Da competência pelo domicílio ou residência do réu *(Arts. 72 e 73)* 357

Capítulo III – Da competência pela natureza da infração *(Art. 74)* 359

Capítulo IV – Da competência por distribuição *(Art. 75)* 367

Capítulo V – Da competência por conexão ou continência *(Arts. 76 a 82)* 368

Capítulo VI – Da competência por prevenção *(Art. 83)* 386

Capítulo VII – Da competência pela prerrogativa de função *(Arts. 84 a 87)* 388

Capítulo VIII – Disposições especiais *(Arts. 88 a 91)* 405

TÍTULO VI - Das questões e processos incidentes *(Arts. 92 a 154)* 414

Capítulo I - Das questões prejudiciais *(Arts. 92 a 94)* 414

Capítulo II - Das exceções *(Arts. 95 a 111)* 425

Capítulo III - Das incompatibilidades e impedimentos *(Art. 112)* 448

Capítulo IV - Do conflito de jurisdição *(Arts. 113 a 117)* 449

Capítulo V - Da restituição das coisas apreendidas *(Arts. 118 a 124-A)* 458

Capítulo VI - Das medidas assecuratórias *(Arts. 125 a 144-A)* 479

Capítulo VII - Do incidente de falsidade *(Arts. 145 a 148)* 521

Capítulo VIII - Da insanidade mental do acusado *(Arts. 149 a 154)* 525

Título VII - Da prova *(Arts. 155 a 250)* 537

Capítulo I - Disposições gerais *(Arts. 155 a 157)* 537

Capítulo II - Do exame de corpo de delito, da cadeia de custódia e das perícias em geral *(Arts. 158 a 184)* 591

Capítulo III - Do interrogatório do acusado *(Arts. 185 a 196)* 659

Capítulo IV - Da confissão *(Arts. 197 a 200)* 716

Capítulo V - Do ofendido *(Redação dada pela Lei nº 11.690, de 2008) (Art. 201)* 723

Capítulo VI - Das testemunhas *(Arts. 202 a 225)* 738

Capítulo VII - Do reconhecimento de pessoas e coisas *(Arts. 226 a 228)* 796

Capítulo VIII - Da acareação *(Arts. 229 e 230)* 806

Capítulo IX - Dos documentos *(Arts. 231 a 238)* 809

Capítulo X - Dos indícios *(Art. 239)* 820

Capítulo XI - Da busca e da apreensão *(Arts. 240 a 250)* 823

TÍTULO VIII - Do juiz, do Ministério Público, do acusado e defensor, dos assistentes e auxiliares da justiça *(Arts. 251 a 281)* 879

Capítulo I - Do juiz *(Arts. 251 a 256)* 879

Capítulo II - Do Ministério Público *(Arts. 257 e 258)* 894

Capítulo III - Do acusado e seu defensor *(Arts. 259 a 267)* 907

Capítulo IV - Dos assistentes *(Arts. 268 a 273)* 925
Capítulo V - Dos funcionários da justiça *(Art. 274)* 938
Capítulo VI - Dos peritos e intérpretes *(Arts. 275 a 281)* 939
TÍTULO IX - Da prisão, das medidas cautelares e da liberdade provisória *(Redação dada pela Lei nº 12.403, de 2011) (Arts. 282 a 350)* 944
Capítulo I - Disposições gerais *(Arts. 282 a 300)* 944
Capítulo II - Da prisão em flagrante *(Arts. 301 a 310)* 1000
Capítulo III - Da prisão preventiva *(Redação dada pela Lei nº 5.349, de 3.11.1967) (Arts. 311 a 316)* 1044
Capítulo IV - Da prisão domiciliar *(Redação dada pela Lei nº 12.403, de 2011) (Arts. 317 e 318-B)* 1090
Capítulo V - Das outras medidas cautelares *(Redação dada pela Lei nº 12.403, de 2011) (Arts. 319 e 320)* 1101
Capítulo VI - Da liberdade provisória, com ou sem fiança *(Arts. 321 a 350)* 1121
TÍTULO X - Das citações e intimações *(Arts. 351 a 372)* 1156
Capítulo I - Das citações *(Arts. 351 a 369)* 1156
Capítulo II - Das intimações *(Arts. 370 a 372)* 1196
TÍTULO XI - Da aplicação provisória de interdições de direitos e medidas de segurança *(arts. 373 a 380)* 1203
TÍTULO XII - Da sentença *(Arts. 381 a 393)* 1205

LIVRO II - DOS PROCESSOS EM ESPÉCIE

TÍTULO I - Do processo comum *(Arts. 394 a 502)* 1300
Capítulo I - Da instrução criminal *(Arts. 394 a 405)* 1300
Capítulo II - Do Procedimento Relativo aos Processos da Competência do Tribunal do Júri *(Arts. 406 a 497)* 1342
Seção I - Da Acusação e da Instrução Preliminar *(Arts. 406 a 412)* 1356
Seção II - Da Pronúncia, da Impronúncia e da Absolvição Sumária *(Arts. 413 a 421)* 1371

Seção III - Da Preparação do Processo para Julgamento em Plenário *(Arts. 422 a 424)* 1410

Seção IV - Do Alistamento dos Jurados *(Arts. 425 e 426)*...... 1417

Seção V - Do Desaforamento *(Arts. 427 e 428)* 1421

Seção VI - Da Organização da Pauta *(Arts. 429 a 431)*........ 1437

Seção VII - Do Sorteio e da Convocação dos Jurados *(Arts. 432 a 435)* 1442

Seção VIII - Da Função do Jurado *(Arts. 436 a 446)*........ 1443

Seção IX - Da Composição do Tribunal do Júri e da Formação do Conselho de Sentença *(Arts. 447 a 452)*..... 1457

Seção X - Da Reunião e das Sessões do Tribunal do Júri *(Arts. 453 a 472)* 1462

Seção XI - Da Instrução em Plenário *(Arts. 473 a 475)* 1481

Seção XII - Dos Debates *(Arts. 476 a 481)*........ 1498

Seção XIII - Do Questionário e sua Votação *(Arts. 482 a 491)*... 1529

Seção XIV - Da Sentença *(Arts. 492 e 493)*........ 1560

Seção XV - Da Ata dos Trabalhos *(Arts. 494 a 496)*........ 1581

Seção XVI - Das Atribuições do Presidente do Tribunal do Júri *(Art. 497)* 1584

Capítulo III - Do processo e do julgamento dos crimes da competência do juiz singular *(Arts. 498 a 502)*... 1590

TÍTULO II - Dos processos especiais *(Arts. 503 a 555)* 1590

Capítulo I - Do processo e do julgamento dos crimes de falência *(Arts. 503 a 512)* 1590

Capítulo II - Do processo e do julgamento dos crimes de responsabilidade dos funcionários públicos *(Arts. 513 a 518)* 1590

Capítulo III - Do processo e do julgamento dos crimes de calúnia e injúria, de competência do juiz singular *(Arts. 519 a 523)* 1596

Capítulo IV - Do processo e do julgamento dos crimes contra a propriedade imaterial *(Arts. 524 a 530-I)* 1603

Capítulo V - Do processo sumário *(Arts. 531 a 540)* 1612

Capítulo VI - Do processo de restauração de autos extraviados ou destruídos *(Arts. 541 a 548)* 1615

Capítulo VII - Do processo de aplicação de medida de segurança por fato não criminoso *(Arts. 549 a 555)*.... 1621

TÍTULO III - Dos processos de competência do Supremo Tribunal Federal e dos tribunais de apelação *(Revogado pela Lei nº 8.658, de 26.5.1993) (Arts. 556 a 562)*.................. 1622

Capítulo I - Da instrução *(Revogado pela Lei nº 8.658, de 26.5.1993) (Arts. 556 a 560)*.. 1622

Capítulo II - Do julgamento *(Revogado pela Lei nº 8.658, de 26.5.1993) (Arts. 561 e 562)*.. 1622

LIVRO III - DAS NULIDADES E DOS RECURSOS EM GERAL

TÍTULO I - Das nulidades *(Arts. 563 a 573)*.............................. 1623

TÍTULO II - Dos recursos em geral *(Arts. 574 a 667)*.......................... 1667

Capítulo I - Disposições gerais *(Arts. 574 a 580)*.......................... 1667

Capítulo II - Do recurso em sentido estrito *(Arts. 581 a 592)*...... 1704

Capítulo III - Da apelação *(Arts. 593 a 606)*.................................... 1740

Capítulo IV - Do protesto por novo júri *(Revogado pela Lei nº 11.689, de 2008) (Arts. 607 e 608)*.......................... 1773

Capítulo V - Do processo e do julgamento dos recursos em sentido estrito e das apelações, nos tribunais de apelação *(Arts. 609 a 618)*.................................... 1776

Capítulo VI - Dos embargos *(Arts. 619 e 620)*................................ 1813

Capítulo VII - Da revisão *(Arts. 621 a 631)*.. 1821

Capítulo VIII - Do recurso extraordinário *(Arts. 632 a 638)*......... 1855

Capítulo IX - Da carta testemunhável *(Arts. 639 a 646)*............... 1857

Capítulo X - Do *habeas corpus* e seu processo *(Arts. 647 a 667)*.. 1864

LIVRO IV - DA EXECUÇÃO

TÍTULO I - Disposições gerais *(Arts. 668 a 673)*................................ 1933

TÍTULO II - Da execução das penas em espécie *(Arts. 674 a 695)*...... 1934

Capítulo I - Das penas privativas de liberdade *(Arts. 674 a 685)*... 1934

Capítulo II - Das penas pecuniárias *(Arts. 686 a 690)* 1936

Capítulo III - Das penas acessórias *(Arts. 691 a 695)* 1938

TÍTULO III - Dos incidentes da execução *(Arts. 696 a 733)* 1938

Capítulo I - Da suspensão condicional da pena *(Arts. 696 a 709)* 1938

Capítulo II - Do livramento condicional *(Arts. 710 a 733)* 1942

TÍTULO IV - Da graça, do indulto, da anistia e da reabilitação *(Arts. 734 a 750)* 1946

Capítulo I - Da graça, do indulto e da anistia *(Arts. 734 a 742)* 1946

Capítulo II - Da reabilitação *(Arts. 743 a 750)* 1948

Título V - Da execução das medidas de segurança *(Arts. 751 a 779)* 1959

LIVRO V
DAS RELAÇÕES JURISDICIONAIS COM AUTORIDADE ESTRANGEIRA

TÍTULO ÚNICO - *(Arts. 780 a 790)* 1964

Capítulo I - Disposições gerais *(Arts. 780 a 782)* 1964

Capítulo II - Das cartas rogatórias *(Arts. 783 a 786)* 1966

Capítulo III - Da homologação das sentenças estrangeiras *(Arts. 787 a 790)* 1973

LIVRO VI - DISPOSIÇÕES GERAIS

Arts. 791 a 811 1981

Parte II

LEI DE EXECUÇÃO PENAL - COMENTADA

LEI Nº 7.210, DE 11 DE JULHO DE 1984

TÍTULO I - Do Objeto e da Aplicação da Lei de Execução Penal *(Arts. 1º a 4º)* 2019

TÍTULO II - Do Condenado e do Internado *(Arts. 5º a 60)* 2034

Capítulo I – Da Classificação *(Arts. 5º a 9º-A)* 2034
Capítulo II – Da Assistência *(Arts. 10 a 27)* 2044
Seção I – Disposições Gerais *(Arts. 10 e 11)* 2044
Seção II – Da Assistência Material *(Arts. 12 e 13)* 2045
Seção III – Da Assistência à Saúde *(Art. 14)* 2046
Seção IV – Da Assistência Jurídica *(Arts. 15 e 16)* 2049
Seção V – Da Assistência Educacional *(Arts. 17 a 21-A)* 2050
Seção VI – Da Assistência Social *(Arts. 22 e 23)* 2053
Seção VII – Da Assistência Religiosa *(Art. 24)* 2054
Seção VIII – Da Assistência ao Egresso *(Arts. 25 a 27)* 2055
Capítulo III – Do Trabalho *(Arts. 28 a 37)* 2057
Seção I – Disposições Gerais *(Arts. 28 e 30)* 2057
Seção II – Do Trabalho Interno *(Arts. 31 a 35)* 2061
Seção III – Do Trabalho Externo *(Arts. 36 e 37)* 2065
Capítulo IV – Dos Deveres, dos Direitos e da Disciplina *(Arts. 38 a 60)* 2068
Seção I – Dos Deveres *(Arts. 38 e 39)* 2069
Seção II – Dos Direitos *(Arts. 40 a 43)* 2072
Seção III – Da Disciplina *(Arts. 44 a 60)* 2083
Subseção I – Disposições Gerais *(Arts. 44 a 48)* 2083
Subseção II – Das Faltas Disciplinares *(Arts. 49 a 52)* 2086
Subseção III – Das Sanções e das Recompensas *(Arts. 53 a 56)* 2110
Subseção IV – Da Aplicação das Sanções *(Arts. 57 e 58)* 2113
Subseção V – Do Procedimento Disciplinar *(Arts. 59 e 60)* 2115
TÍTULO III – Dos Órgãos da Execução Penal *(Arts. 61 a 81-B)* 2116
Capítulo I – Disposições Gerais *(Art. 61)* 2116
Capítulo II – Do Conselho Nacional de Política Criminal e Penitenciária *(Arts. 62 a 64)* 2117
Capítulo III – Do Juízo da Execução *(Arts. 65 e 66)* 2119

Capítulo IV - Do Ministério Público *(Arts. 67 e 68)* 2128

Capítulo V - Do Conselho Penitenciário *(Arts. 69 e 70)* 2130

Capítulo VI - Dos Departamentos Penitenciários *(Arts. 71 a 77)* 2131

Seção I - Do Departamento Penitenciário Nacional *(Arts. 71 e 72)* 2131

Seção II - Do Departamento Penitenciário Local *(Arts. 73 e 74)* 2135

Seção III - Da Direção e do Pessoal dos Estabelecimentos Penais *(Arts. 75 a 77)* 2135

Capítulo VII - Do Patronato *(Arts. 78 e 79)* 2137

Capítulo VIII - Do Conselho da Comunidade *(Arts. 80 e 81)* 2138

Capítulo IX - Da defensoria pública *(Incluído pela Lei nº 12.313, de 2010) (Arts. 81-A e 81-B)* 2140

TÍTULO IV - Dos Estabelecimentos Penais *(Arts. 82 a 104)* 2141

Capítulo I - Disposições Gerais *(Arts. 82 a 86)* 2141

Capítulo II - Da Penitenciária *(Arts. 87 a 90)* 2151

Capítulo III - Da Colônia Agrícola, Industrial ou Similar *(Arts. 91 e 92)* 2154

Capítulo IV - Da Casa do Albergado *(Arts. 93 a 95)* 2156

Capítulo V - Do Centro de Observação *(Arts. 96 a 98)* 2157

Capítulo VI - Do Hospital de Custódia e Tratamento Psiquiátrico *(Arts. 99 a 101)* 2159

Capítulo VII - Da Cadeia Pública *(Arts. 102 a 104)* 2160

TÍTULO V - Da Execução das Penas em Espécie *(Arts. 105 a 170)* 2161

Capítulo I - Das Penas Privativas de Liberdade *(Arts. 105 a 146-D)* 2161

Seção I - Disposições Gerais *(Arts. 105 a 109)* 2162

Seção II - Dos Regimes *(Arts. 110 a 119)* 2166

Seção III - Das Autorizações de Saída *(Arts. 120 a 125)* 2200

Subseção I - Da Permissão de Saída *(Arts. 120 e 121)*. 2200

Subseção II - Da Saída Temporária *(Arts. 122 a 125)* 2201

Seção IV - Da Remição *(Arts. 126 a 130)* 2209

Seção V - Do Livramento Condicional *(Arts. 131 a 146)*.......... 2222

Seção VI - Da Monitoração Eletrônica *(Incluída pela Lei nº 12.258, de 2010) (Arts. 146-A a 146-D)*.................... 2236

Capítulo II - Das Penas Restritivas de Direitos *(Arts. 147 a 155)*... 2241

Seção I - Disposições Gerais *(Arts. 147 e 148)*.......................... 2241

Seção II - Da Prestação de Serviços à Comunidade *(Arts. 149 e 150)*... 2245

Seção III - Da Limitação de Fim de Semana *(Arts. 151 a 153)*.. 2247

Seção IV - Da Interdição Temporária de Direitos *(Arts. 154 e 155)*.. 2249

Capítulo III - Da Suspensão Condicional *(Arts. 156 a 163)*........... 2250

Capítulo IV - Da Pena de Multa *(Arts. 164 a 170)*.......................... 2256

TÍTULO VI - Da Execução das Medidas de Segurança *(Arts. 171 a 179)*.. 2267

Capítulo I - Disposições Gerais *(Arts. 171 a 174)*............................ 2267

Capítulo II - Da Cessação da Periculosidade *(Arts. 175 a 179)*.... 2273

TÍTULO VII - Dos Incidentes de Execução *(Arts. 180 a 193)*............ 2276

Capítulo I - Das Conversões *(Arts. 180 a 184)*................................ 2276

Capítulo II - Do Excesso ou Desvio *(Arts. 185 e 186)*...................... 2281

Capítulo III - Da Anistia e do Indulto *(Arts. 187 a 193)*.................. 2282

TÍTULO VIII - Do Procedimento Judicial *(Arts. 194 a 197)*................ 2291

TÍTULO IX - Das Disposições Finais e Transitórias *(Arts. 198 a 204)*..... 2294

ÍNDICE ALFABÉTICO-REMISSIVO 2299

PARTE I

CÓDIGO DE PROCESSO PENAL COMENTADO

DECRETO-LEI Nº 3.689, DE 3 DE OUTUBRO DE 1941

O PRESIDENTE DA REPÚBLICA, usando da atribuição que lhe confere o art. 180 da Constituição, decreta a seguinte Lei:

LIVRO I
DO PROCESSO EM GERAL

TÍTULO I
DISPOSIÇÕES PRELIMINARES

Art. 1º O processo penal reger-se-á, em todo o território brasileiro, por este Código, ressalvados:

I – os tratados, as convenções e regras de direito internacional;

II – as prerrogativas constitucionais do Presidente da República, dos ministros de Estado, nos crimes conexos com os do Presidente da República, e dos ministros do Supremo Tribunal Federal, nos crimes de responsabilidade (Constituição, arts. 86, 89, § 2º, e 100);

III – os processos da competência da Justiça Militar;

IV – os processos da competência do tribunal especial (Constituição, art. 122, nº 17);

V – os processos por crimes de imprensa. (Vide ADPF nº 130)

Parágrafo único. Aplicar-se-á, entretanto, este Código aos processos referidos nos nºs. IV e V, quando as leis especiais que os regulam não dispuserem de modo diverso.

Histórico – Anteriormente à edição do Código de Processo Penal, em 1941 e de sua entrada em vigor, em 1° de janeiro do ano seguinte, o país não possuía um código único, que fosse adotado em todo o território nacional, mas, ao contrário, eram vários os códigos, para cada um dos estados que compunham a Federação, além do Distrito Federal. Alguns Estados tinham, então, seus códigos próprios (Bahia, Minais Gerais, Rio de Janeiro, Rio Grande do Sul etc.) e, outros, como São Paulo, Pará, Goiás, aplicavam o Código Imperial de 1832, com algumas modificações esparsas. Ocorre que a Constituição de 1937 dispunha, em seu art. 16, inc. XVI, que competia à União, privativamente, legislar sobre direito processual, norma também prevista na Carta de 1934 (art. 5°, inc. XIX, "a"). Aliás, esta última Constituição, de 1934, em suas disposições transitórias, já previra a nomeação de uma comissão, composta por "três juristas, sendo dois ministros da Corte Suprema e um advogado", para que em três meses apresentasse um projeto de Código de Processo Penal. Passou-se bem mais que os três meses inicialmente previstos até que, em 1941, foi apresentado o atual Código de Processo Penal, para vigorar em todo o país, atendendo, assim, ao mandamento constitucional, não mais se cogitando, com isso, da existência dos códigos estaduais. É o chamado *princípio da unidade* do Código de Processo Penal, que vige em todo o país.

Vigência em todo o país – Em seu art. 1°, o código estabelece que sua aplicação se estenderá a todo o território brasileiro, em adoção ao chamado *princípio da territorialidade*, pelo qual a lei penal brasileira se aplica às infrações penais praticadas no território nacional. Cuida-se de matéria também tratada no Código Penal, que, em seu art. 5°, impõe a aplicação da lei brasileira ao crime cometido em território nacional (*locus regit actum*). Esse princípio, porém, não é absoluto, já que o próprio código, no dispositivo em estudo, prevê exceções à regra geral, pelo que se diz ter o legislador adotado o princípio da *territorialidade temperada* ou *mitigada*.

Território nacional – No conceito de *território* se inclui, de início, o espaço físico (solo e subsolo), delimitado por fronteiras, secas ou molhadas, abrangendo, ainda, as águas interiores (rios). Mas, além disso, compõem ainda o território brasileiro o *mar territorial* e o *espaço aéreo*.

Mar territorial – Como *mar territorial brasileiro* se entende, nos termos do art. 1º, *caput* da Lei nº 8.617/1993, "uma faixa de doze milhas marítima de largura, medidas a partir da linha de baixa-mar do litoral continental e insular, tal como indicada nas cartas náuticas de grande escala, reconhecidas oficialmente no Brasil". Outras regiões, que não se incluem no conceito acima, também compõem o mar territorial brasileiro, como a plataforma continental (art. 11), a *zona contígua* (art. 4º) e a *zona econômica exclusiva* (art. 6º).

Espaço aéreo – Vem definido no art. 11 da Lei 7.565/1986 (Código Brasileiro de Aeronáutica), sendo assim considerado "o espaço aéreo acima de seu território e mar territorial". E até que altura? Considera a doutrina que o espaço aéreo vai até onde termina a atmosfera. "A partir daí surge o denominado espaço-extra-atmosférico, que se assemelha ao alto-mar", no dizer de Tourinho Filho (*Código de Processo Penal comentado*, São Paulo: Saraiva, 2005, 9ª. ed. 2005, p. 3).

Embarcações e aeronaves – Faz parte, ainda, do território nacional, na dicção do art. 5º, § 1º, do Código Penal, "as embarcações e aeronaves brasileiras, de natureza pública ou a serviço do governo brasileiro onde quer que se encontrem, bem como as aeronaves e as embarcações brasileiras, mercantes ou de propriedade privada, que se achem, respectivamente, no espaço aéreo correspondente ou em alto-mar". É o que a doutrina denomina "*Território por extensão*", "*ficto*" ou "*flutuante*".

Crimes cometidos no exterior – De se ver, ainda, que o art. 7º, do Código Penal, lista os crimes que, conquanto perpetrados no exterior, submetem-se à lei brasileira. Assim, por exemplo, quando cometidos contra a vida ou liberdade do Presidente da República (inc. I, *a*) ou contra o patrimônio nacional (inc. I, *b*). Mas aí já não se trata de território nacional ou da extensão dele, mas, ao contrário, da adoção do princípio da extraterritorialidade, a permitir a aplicação da lei brasileira a fatos cometidos no exterior.

Crime cometido no estrangeiro e negativa de extradição – É sabido que, consoante regra geral, "aplica-se a lei brasileira [...] ao crime cometido no território nacional", na letra do art.

5º do Código Penal. O mesmo códex, porém, prevê a possibilidade da sujeição do agente à lei brasileira, mesmo quando cometido o crime no exterior. Trata-se do chamado *princípio da extraterritorialidade*, cabível quando presentes os diversos requisitos elencados no art. 7º, do CP. Pois bem. Calhou ao STJ apreciar interessante situação, noticiada em seu Informativo: n. 625, de março de 2018. Assim, praticado um crime, por brasileiro nato, em Portugal, contra a fé pública daquele país e sem qualquer envolvimento com o Brasil, o agente retornou a nosso país, circunstância que impediu sua extradição (art. 5º, inc. LI, da Constituição), que fora pedida por Portugal. Nesse caso, porém, conquanto negada a extradição, o *Tribunal da Cidadania* entendeu pela competência da Justiça Federal para julgar o nacional.

Vem assim fundamentada a decisão: "Por se tratar de crime praticado por agente de nacionalidade brasileira, não é possível a extradição, em conformidade com o art. 5º, LI, da CF/88. Aplicável, no caso, o Decreto n. 1.325/1994, que incorporou ao ordenamento jurídico brasileiro o Tratado de Extradição entre o Governo da República Federativa do Brasil e o Governo da República Portuguesa, no qual estabelece, na impossibilidade de extradição por ser nacional da parte requerida, a obrigação de 'submeter o infrator a julgamento pelo Tribunal competente e, em conformidade com a sua lei, pelos fatos que fundamentaram, ou poderiam ter fundamentado, o pedido de extradição' (art. IV, 1, do Tratado de Extradição). Além disso, cabe à União, segundo dispõem os arts. 21, I, e 84, VII e VIII, da Carta da República, manter relações com estados estrangeiros e cumprir os tratados firmados, fixando-se a sua responsabilidade na *persecutio criminis* nas hipóteses de crimes praticados por brasileiros no exterior, na qual haja incidência da norma interna – no caso, o Direito Penal interno – e não seja possível a extradição. No plano interno, em decorrência da repercussão das relações da União com estados estrangeiros e o cumprimento dos tratados internacionais firmados, a cooperação passiva, a teor dos arts. 105 e 109, X, da CF/88, impõe a execução de rogatórias pela Justiça Federal após a chancela por esta Corte Superior. Assim, compete à Justiça Federal o processamento e o julgamento da ação penal que versa sobre crime praticado no exterior, o qual tenha sido transferida para a jurisdição brasileira, por negativa de extradição, aplicável o art. 109, IV, da CF/88" (STJ – CC 154.656-MG, Rel. Min. Ribeiro Dantas, julgado em 25/04/2018).

> **ATENÇÃO:** O autor de crime no estrangeiro, que entrar no nosso território, não será, em regra, extraditado (havendo exceções no caso do naturalizado). Contudo, sendo processado e condenado no estrangeiro, pode ser transferida para o Brasil a execução da pena. É o que dispõe os arts. 100 e ss. da Lei de Migração.

Conclusão – Em suma, acompanhando a lição de Carlos Frederico Coelho Nogueira, podemos concluir que o Código de Processo Penal é aplicável "às infrações penais perpetradas no território nacional, bem como em seu espaço aéreo e em seu mar territorial, abrangidos ainda o *território ficto* ou *por extensão*, ou *flutuante*, e, dentro dos limites do exercício da soberania parcial, também a plataforma continental, a zona contígua e a zona exclusiva econômica" (*Comentários ao CPP*, Bauru: Edipro, 1ª. ed., *2002*, vol. 1, p. 61).

JURISPRUDÊNCIA

Princípio da extraterritorialidade

"Em matéria penal deve-se adotar, a princípio, o princípio da territorialidade, desenvolvendo-se na justiça pátria o processo e os respectivos incidentes, não se podendo olvidar, outrossim, de eventuais tratados ou outras normas internacionais a que o país tenha aderido, nos termos dos artigos 1º do Código de Processo Penal e 5º, caput, do Código Penal. Doutrina. Na hipótese em apreço, imputa-se ao paciente o delito de evasão de divisas, cujo processo e julgamento, bem como os eventuais incidentes, compete à Justiça Brasileira, de modo que a quebra de seu sigilo bancário encontra-se inserida na jurisdição pátria, não se podendo acoimar de incompetente a magistrada da 5ª Vara Federal Criminal do Rio de Janeiro simplesmente porque a conta pertencente ao acusado estaria localizada fora do território nacional. Apenas a execução da medida, por depender de providências a serem tomadas em outro país, dependerá da aquiescência do Estado estrangeiro, que a realizará ou não a depender da observância das normas internas e de direito internacional a que se sujeita, sendo que, *in casu*, como visto, existe Acordo de Assistência Judiciária em Matéria Penal a respaldar o envio da documentação e das informações requeridas pelo Ministério Público Federal e autorizadas judicialmente" (STJ – HC n° 147375-RJ, Rel. Jorge Mussi, j. 22.11. 2011, DJe 19.12.2011).

Quebra de sigilo bancário no exterior. Desnecessidade de autorização da justiça brasileira

"Em matéria penal adota-se, em regra, o princípio da territorialidade, desenvolvendo-se na justiça pátria o processo e os respectivos incidentes, não se podendo olvidar, outrossim, de eventuais tratados ou outras normas internacionais a que o país tenha aderido, nos termos dos artigos 1º do Código de Processo Penal e 5º, caput, do Código Penal. Doutrina. No caso dos autos, inexiste qualquer ilegalidade na quebra do sigilo bancário dos acusados, uma vez que a medida foi realizada para a obtenção de provas em investigação em curso nos Estados Unidos da América, tendo sido implementada de acordo com as normas do ordenamento jurídico lá vigente, sendo certo que a documentação referente ao resultado da medida invasiva foi posteriormente compartilhada com o Brasil por meio de acordo existente entre os países" (STJ – HC n° 231633- PR, Rel. Jorge Mussi, j. 25.11.2014).

I - os tratados, as convenções e regras de direito internacional;

Tratados e convenções – Os Estados internacionais, considerados pessoas jurídicas de Direito Internacional Público, ajustam entre si inúmeras formas de relacionamento, que se instrumentalizam por meio de diversos atos. Esses atos, obrigatoriamente escritos e que obedecem a regras de Direito Internacional, recebem várias denominações, sendo as mais usuais o tratado, a convenção, o acordo, o protocolo, o memorando, o convênio etc.

De interesse temos o tratado e a convenção, mesmo porque os demais (acordo, protocolo, memorando, convênio), costumam se referir a questões de natureza política, econômica, comercial, cultural, científica e técnica, que fogem ao âmbito de nosso trabalho.

Conceitos – Consiste o tratado em um acordo escrito, fruto da convergência de vontade de dois (tratado bilateral) ou mais entes (tratado multilateral), de direito internacional, cujos efeitos se irradiarão no plano internacional. A Convenção de Viena sobre o Direito dos Tratados, assinada em 23 de maio de 1969, conceitua "tratado" como "um acordo internacional concluído por escrito entre Estados e regido pelo direito internacional, quer esteja consignado num instrumento único, quer em dois ou mais instrumentos conexos, e qualquer que seja a sua denominação particular" (art. 1°, 1, "a"). Essa Convenção, em nosso país, após aprovação do Congresso Nacional (Decreto Legislativo nº 496/2009), foi promulgada pelo, pela Presidência da República, por meio do Decreto n° 7.030/2009.

Como expressão praticamente sinônima temos a convenção que, a rigor, difere-se do tratado apenas quanto à extensão, que geralmente é mais ampla e abrangente, fruto de conclusões extraídas de conferências internacionais, versando sobre temas de interesses gerais.

Mais importante, contudo, do que a denominação que se empregue ao acordo (tratado ou convenção), é a vontade expressa pela nação que o firmou, posto que se obriga a respeitá-lo e ao inseri-lo no âmbito de seu direito interno. Nesse sentido o art. 5º, § 2º da Constituição, que prevê expressamente a obediência aos tratados internacionais, ao dispor que "os direitos e garantias expressos nesta Constituição não excluem outros decorrentes do regime e dos princípios por ela adotados, ou dos tratados internacionais em que a República Federativa do Brasil seja parte".

***Status* dos tratados e convenções em nosso direito interno** – Objeto de grande debate na doutrina e jurisprudência diz respeito à forma pela qual os tratados e convenções, ratificados pelo Brasil, ingressam em nosso Direito, ou, em outras palavras, qual a hierarquia que ostentam esses diplomas no arcabouço legislativo interno.

Teoria dualista e monista – Surge o debate, nesse ponto, sobre as duas teorias que inspiram as formas de integração do direito internacional no ordenamento jurídico interno de cada país: a *teoria dualista*, a não admitir a imediata incorporação dos tratados internacionais, que exigiria, assim, a prática de um ato jurídico interno, de forma que o tratado somente teria vigência quando precedido de uma lei interna, votada segundo o sistema legislativo de cada país. E a *teoria monista*, para quem o tratado internacional, uma vez subscrito, irradia efeitos imediatos, prescindindo de qualquer ato posterior que o ratifique.

Nosso direito adotou a teoria dualista, ao prever que, após a ratificação do tratado ou convenção no âmbito internacional, internamente seja praticado um ato subjetivamente complexo, consistente, primeiro, na aprovação pelo Congresso Nacional, por decreto, do ato (art. 49, inc. I da CF), e posterior promulgação, pelo Presidente da República (art. 84, inc. VII da CF).

> **ATENÇÃO** – Temos corrente lecionando que o Brasil não adotou nem a teria monista nem a dualista, pois os tratados precisam ser promulgados na ordem interna (o que afasta o monismo), mas não são transformados em lei interna (o que afasta o dualismo), sendo aplicados como norma internacional. Ensinam, portanto, que o Brasil teria adotado a corrente dualista moderada.

Essa conclusão não responde à indagação inicial: uma vez promulgado o tratado, com qual *status* ele ingressa no ordenamento jurídico interno? Depende da natureza do tratado ou convenção. Caso o ato cuide de tema estranho aos direitos humanos, sua incorporação à ordem jurídica interna se dá na condição de lei ordinária, segundo entendimento do Supremo Tribunal Federal, abaixo transcrito. Já se o tratado ou convenção tiver por objeto os direitos humanos, passa a se equivaler às emendas constitucionais, nos termos do art. 5º, § 3º da Constituição, com a alteração implantada pela Emenda Constitucional nº. 45/ 2004. É o entendimento de Valério Mazzuoli, segundo o qual "com base nesse dispositivo, que segue a tendência do constitucionalismo contemporâneo, sempre defendemos que os tratados internacionais de direitos humanos ratificados pelo Brasil têm índole e nível constitucionais, além de aplicação imediata, não podendo ser revogados por lei ordinária posterior" (*Curso de Direito Internacional Público*. 2ed. rev., atual. e ampl., São Paulo: RT, 2007, p. 302). Ainda nesse sentido, Flávia Piovesan (*Direitos Humanos e o Direito Constitucional Internacional*. São Paulo: Max Limonad, 1997, p. 82).

Essa é uma primeira posição. Há que sustente, porém, que as normas internacionais se constituem em uma categoria *sui generis*, ocupando uma posição superior às normas infraconstitucionais (Código de Processo Penal, leis esparsas, etc.), mas inferior à Constituição, vez que está tem supremacia sobre todo o ordenamento jurídico pátrio.

Posição do Supremo Tribunal Federal – Face ao exposto, podemos resumir o entendimento da mais alta Corte do país da seguinte forma: 1) caso o tratado verse sobre outra matéria que não os direitos humanos, ele ingressa em nosso ordenamento jurídico no mesmo plano de validade e eficácia das leis ordinárias; 2) para os tratados que versem sobre direitos humanos "são duas as possibilidades atualmente reconhecidas pelo STF: a) hierarquia (equivalente) de emenda constitucional, no caso dos tratados de direitos humanos incorporados mediante observância do rito estabelecido pelo parágrafo 3º do artigo 5º da CF; b) hierarquia supralegal, aplicável aos tratados de direitos humanos ratificados pelo sistema convencional, por meio de Decreto Legislativo aprovado com maioria simples". Este último é o posicionamento de Ingo Wolfgang Sarlet (Integração dos tratados de Direitos Humanos no ordenamento jurídico. *Site* conjur, acessado em 27.03.2015).

JURISPRUDÊNCIA

Incorporação em nosso Direito na condição de lei ordinária (tratando-se de matéria que não versa sobre direito humanos)

Os tratados ou convenções internacionais, uma vez regularmente incorporados ao direito interno, situam-se, no sistema jurídico brasileiro, nos mesmos planos de validade, de eficácia e de autoridade em que se posicionam as leis ordinárias, havendo, em conseqüência, entre estas e os atos de direito internacional público, mera relação de paridade normativa. Precedentes. No sistema jurídico brasileiro, os atos internacionais não dispõem de primazia hierárquica sobre as normas de direito interno. A eventual precedência dos tratados ou convenções internacionais sobre as regras infraconstitucionais de direito interno somente se justificará quando a situação de antinomia com o ordenamento doméstico impuser, para a solução do conflito, a aplicação alternativa do critério cronológico ('lex posterior derogat priori') ou, quando cabível, do critério da especialidade. Precedentes" (STF – ADI 1480 MC, Rel. Celso de Mello – j. 04.09.1997, DJ 18.05.2001, p. 429).

II - as prerrogativas constitucionais do Presidente da República, dos ministros de Estado, nos crimes conexos com os do Presidente da República, e dos ministros do Supremo Tribunal Federal, nos crimes de responsabilidade (Constituição, arts. 86, 89, § 2º, e 100);

Jurisdição especial ou extraordinária – Dentro da divisão clássica sugerida por Montesquieu, cabe ao Poder Judiciário a atribuição de dizer o direito, isto é, de dirimir os conflitos e, que mais nos interessa, de julgar os processos criminais, aplicando, se for o caso, as penas respectivas. Daí a regra geral prevista no "caput" deste dispositivo, segundo a qual o código tem incidência em todo território nacional. Surge, aqui, porém, mais uma exceção à regra geral, quando se autoriza que outro órgão, no caso o Poder Legislativo, conheça de determinados processos, aplicando regras procedimentais próprias, diversas daquelas previstas no Código de Processo Penal. Trata-se, pois, de um julgamento político, no sentido de que é o Poder Legislativo investido extraordinariamente, pela Constituição, do poder de julgar.

Crimes de responsabilidade – É necessária, porém, boa dose de cautela com a expressão "crime de responsabilidade". Trata-se de expressão com múltiplas acepções. Não se pode confundir, por exemplo, os crimes de responsabilidade previstos no art. 1º do Decreto-Lei n.º 201/67 com aqueles previstos no art. 85 da Constituição Federal. Este último dispositivo constitucional trata de crimes de responsabilidade do presidente da República e enumera as condutas assim consideradas. São os atos que atentem contra: a) a existência da União; b) o livre exercício do Poder Legislativo, do Poder Judiciário, do Ministério Público e dos Poderes constitucionais das unidades da Federação; c) o exercício dos direitos políticos, individuais e sociais; d) a segurança interna do País; e) a probidade na administração;

f) a lei orçamentária; g) o cumprimento das leis e das decisões judiciais. Como se percebe, os crimes de responsabilidade previstos na Constituição Federal não constituem infrações penais, mas sim infrações políticas. Não são, portanto, crimes em sentido estrito. Por isso, o julgamento de tais "crimes" é igualmente político, realizado pelo Senado Federal.

Constituições Estaduais – Nada impede, outrossim, que constituições estaduais, no âmbito da respectiva unidade da federação, prevejam as mesmas disposições, no que se refere às autoridades estaduais (governador, vice-governador, secretários de estado, etc.). Isso em adoção ao chamado *princípio da simetria*, a permitir que determinada regra, prevista no âmbito federal, sirva de paradigma para a legislação estadual. Trata-se, com efeito, de "construção pretoriana tendente a garantir, quanto aos aspectos reputados substanciais, homogeneidade na disciplina normativa da separação, independência e harmonia dos poderes, nos três planos federativos. Seu fundamento mais direto está no art. 25 da CF e no art. 11 de seu ADCT, que determinam aos Estados-membros a observância dos princípios da Constituição da República", segundo voto do Ministro Cezar Peluso, na ADI nº 4.298-MC, j. 07.10.2009, DJe 27.11.2009).

Mas essa reprodução da norma federal não pode, em absoluto, criar tipos penais ou dispor sobre matéria processual, nos termos do entendimento cristalizado na Súmula nº 722 do STF: "São da Competência legislativa da União a definição dos crimes de responsabilidade e o estabelecimento das respectivas normas de processo e julgamento". É dizer: é possível que disposições previstas no âmbito federal se estendam, também, ao nível estadual, quanto, por exemplo, aos detentores de função pública sujeitos ao julgamento político. Isso não pode implicar, porém, na criação, pelos estados, de normas de direito penal ou processual penal, cuja competência legislativa é privativa da União (art. 22, inc. I da CF).

ATENÇÃO - Parte da doutrina denomina *jurisdição política* a essa possibilidade conferida ao Parlamento de julgar as autoridades listadas na Constituição, conforme visto acima. Afinal, trata-se de uma exceção à regra geral segundo a qual a função de julgar é privativa do Poder Judiciário. Outros discordam dessa denominação, na medida em que ao Poder Judiciário - e notadamente - ao STF, será sempre conferida a possibilidade de rever esse julgamento, não sob o aspecto discricionário, mas sob o prisma da legalidade, "faltando assim a essas decisões, um dos requisitos mais marcantes da verdadeira jurisdição, a definitividade", segundo Carlos Frederico Coelho Nogueira (ob. cit., p. 75).

JURISPRUDÊNCIA

Competência privativa da União para normas penais e processuais penais

"A definição das condutas típicas configuradoras do crime de responsabilidade e o estabelecimento de regras que disciplinem o processo e julgamento das agentes políticos federais, estaduais ou municipais envolvidos são da competência legislativa privativa da União e devem ser tratados em lei nacional especial (art. 85 da Constituição da República). Precedentes" (STF – ADI 2220 – SP – Rel. Cármen Lúcia, j. 16.11.2011, DJe 07.12.2011).

III - os processos da competência da Justiça Militar;

Justiça Militar – Escapa, ainda, da aplicação do Código de Processo Penal os crimes de competência da Justiça Militar ou castrense. Trata-se de órgão jurisdicional que possui expressa previsão constitucional, formado, nos termos do art. 122 da CF, pelo Superior Tribunal Militar e pelos Tribunais e Juízes Militares instituídos por lei.

Competência – Segundo o art. 124 da Constituição, é da competência da Justiça Militar da União, processar e julgar os crimes militares definidos em lei. Sabendo que os crimes militares, nos termos do art. 9º do Código Penal Militar, podem ser cometidos por civis, a competência da Justiça Castrense Federal não se restringe a processar e julgar os militares das Forças Armadas.

A competência da Justiça Militar estadual, por sua vez, está estampada também na Constituição. O art. 125, § 4º, porém, estabelece que "compete à Justiça Militar estadual processar e julgar os militares dos Estados [Policiais e Bombeiros], nos crimes militares definidos em lei e as ações judiciais contra atos disciplinares militares, ressalvada a competência do júri quando a vítima for civil.

ATENÇÃO – Percebe-se que a Justiça Militar Estadual tem competência apenas e tão somente para julgar os militares estaduais. Já a Justiça Militar da União, julga os membros das forças armadas e, em alguns casos, os civis nos crimes praticados contra as instituições militares. Nesse tanto, porém, o Procurador-Geral da República, por meio da ADPF 289, pede que seja dada ao artigo 9º, incisos I e III, do Código Penal Militar, interpretação conforme a Constituição Federal de 1988, a fim de que seja reconhecida a incompetência da Justiça Militar para julgar civis em tempo de paz e que esses crimes sejam submetidos a julgamento pela Justiça comum, federal ou estadual. Ainda sem julgar referida ação, o STF vem limitando a competência da Justiça Militar da União, admitindo-a apenas quando o crime afetar, ainda que de forma potencial, a integridade, a dignidade, o funcionamento e a respeitabilidade das instituições militares.

Ressalva – De se observar, porém, que a despeito dessa ressalva, o STF, na análise do HC n. 127900, julgado em 03.03.2015, em que foi relator o Ministro Dias Toffoli, entendeu que o art. 400 do Código de Processo Penal, ao determinar a realização do interrogatório após a colheita da prova testemunhal, deve ser aplicado também aos crimes militares. De sorte que, embora o Código de Processo Penal Militar disponha de forma diversa, prevendo o interrogatório como o primeiro ato de instrução, decidiu a mais alta Corte do país, por maioria de votos, que a realização desse ato por último é benéfica ao réu, devendo prevalecer, por isso, os princípios da ampla de defesa e do contraditório.

Ratio legis – A especialidade dos crimes militares, as peculiaridades da caserna, enfim, as condições particulares que envolvem a prática e o processamento desses delitos justificariam – não sem críticas – a manutenção da Justiça Militar. Como salienta Câmara Leal, "trata-se de um sistema repressivo atinente a interesses superiores do Estado, cuja regulamentação pode oscilar, segundo o momento histórico da vida nacional, dadas as transformações políticas, fazendo-se mister alterações de ordem processual, pelo que não seria aconselhável sua inclusão em um código de natureza definitiva, destinado a uma duração mais dilatada" (*Comentários ao Código de Processo Penal Brasileiro*, Rio de Janeiro: Freitas Bastos, 1942, vol. 1, p. 64).

Lei nº. 13.491/2017 – A ampliação da competência da Justiça Militar e demais consequências

Introdução – Foi sancionada a Lei 13.491/17, que alterou o Decreto-Lei 1.001 de 1969 – Código Penal Militar -, mais precisamente seu art. 9º.

Antes de analisar as mudanças, vamos recordar os fundamentos, jurídicos ou não, para se manter, num Estado Democrático, a Justiça Militar.

Temos aqueles que preferem justificar a criação da Justiça Militar sob a ótica da disciplina diferenciada. Do militar é exigida uma disciplina inexigível aos civis, justamente em razão da necessidade de preservação da hierarquia essencial à existência das Forças Armadas. Se a vida militar é mais regrada que a civil, nada mais justificável que a existência de um sistema penal destinado especificamente aos infratores do direito penal militar. Nesse sentido, Herrera Astrosa: "tem-se afirmado, inclusive, a necessidade não apenas da existência da Justiça Militar, mas também de leis penais e processuais penais militares, na medida em que diferentemente do que ocorre com a lei penal comum que regula fatos em que pode incorrer qualquer sujeito, a lei penal militar, quando a jurisdição é própria, só contempla certa classe de fatos que podem ser infringidos por determinada categoria de indivíduos: os militares" (*Derecho penal militar*. Santiago: Editorial Jurídica de Chile, 1971. p. 22).

Giuseppe Ciardi leciona que "o direito penal militar é um direito penal especial (não extraordinário ou excepcional), porque dirige os seus comandos a uma especial categoria de cidadãos, isto é, aos militares e aquelas pessoas que têm vínculo com as forças armadas do Estado" (*Trattato di dirittopenale militare*. Roma: Bulzone, 1970. p. 11).

No Brasil, a Justiça Militar integra o Poder Judiciário, possuindo expressa previsão constitucional, formada, nos termos do art. 122, pelo Superior Tribunal Militar e pelos Tribunais e Juízes Militares instituídos por lei.

De acordo com o disposto no art. 124 da Constituição, é da competência da Justiça Militar da União, processar e julgar os crimes militares definidos em lei. Sabendo que os crimes militares, nos termos do art. 9º do Código Penal Militar, podem ser cometidos por civis, a competência da Justiça Castrense Federal não se restringe a processar e julgar os militares das Forças Armadas.

A competência da Justiça Militar estadual, por sua vez, está estampada também na Constituição. O art. 125, §4º, porém, estabelece que "compete à Justiça Militar estadual processar e julgar os militares dos Estados [Policiais e Bombeiros], nos crimes militares definidos em lei e as ações judiciais contra atos disciplinares militares, ressalvada a competência do júri quando a vítima for civil.

Da simples leitura dos dois dispositivos constitucionais, percebe-se que a Justiça Militar estadual tem competência apenas e tão somente para julgar os militares estaduais. Já a Justiça Militar da União, julga os membros das forças armadas e, em alguns casos, os civis nos crimes praticados contra as instituições militares. De sua parte, o Procurador-Geral da República, por meio da ADPF 289, pede que seja dada ao artigo 9º, incisos I e III, do Código Penal Militar, interpretação conforme a Constituição Federal de 1988, a fim de que seja reconhecida a incompetência da Justiça Militar para julgar civis em tempo de paz e que esses crimes sejam submetidos a julgamento pela Justiça comum, federal ou estadual. Aliás, no direito comparado, os civis, por regra, não estão sujeitos à jurisdição militar em tempo de paz. Tal entendimento é antigo e tradicional. Ainda sem julgar referida ação, o STF vem limitando a competência da Justiça Militar da União, admitindo-a apenas quando o crime afetar, ainda que de forma potencial, a integridade, a dignidade, o funcionamento e a respeitabilidade das instituições militares.

No que se refere aos crimes dolosos contra a vida praticados por militar contra civil, a competência, até o advento da novel Lei, era da Justiça Comum, estadual ou federal, devendo o miliciano submeter-se a julgamento perante o Tribunal do Júri ("salvo quando praticados no contexto de ação militar realizada na forma do [...] Código Brasileiro de Aeronáutica"). Também o Código de Processo Penal Militar, em seu art. 82, dispõe que sobre a especialidade do foro militar "exceto nos crimes dolosos contra a vida praticados contra civil".

A nova Lei, como já adiantamos, trouxe mudanças, inflando a justiça castrense, devendo agora processar e julgar crimes praticados por militares, mesmo que tipificados fora do COM.

Crimes militares em tempo de paz – Art. 9º do CPM: Consideram-se crimes militares, em tempo de paz:

I – os crimes de que trata êste Código, quando definidos de modo diverso na lei penal comum, ou nela não previstos, qualquer que seja o agente, salvo disposição especial;

II – os crimes previstos neste Código e os previstos na legislação penal, quando praticados: (Redação dada pela Lei nº 13.491, de 2017)

a) por militar em situação de atividade ou assemelhado, contra militar na mesma situação ou assemelhado;

b) por militar em situação de atividade ou assemelhado, em lugar sujeito à administração militar, contra militar da reserva, ou reformado, ou assemelhado, ou civil;

c) por militar em serviço ou atuando em razão da função, em comissão de natureza militar, ou em formatura, ainda que fora do lugar sujeito à administração militar contra militar da reserva, ou reformado, ou civil; (Redação dada pela Lei nº 9.299, de 8.8.1996)

d) por militar durante o período de manobras ou exercício, contra militar da reserva, ou reformado, ou assemelhado, ou civil;

e) por militar em situação de atividade, ou assemelhado, contra o patrimônio sob a administração militar, ou a ordem administrativa militar;

f) revogada. (Redação dada pela Lei nº 9.299, de 8.8.1996)

III – os crimes praticados por militar da reserva, ou reformado, ou por civil, contra as instituições militares, considerando-se como tais não só os compreendidos no inciso I, como os do inciso II, nos seguintes casos:

a) contra o patrimônio sob a administração militar, ou contra a ordem administrativa militar;

b) em lugar sujeito à administração militar contra militar em situação de atividade ou assemelhado, ou contra funcionário de Ministério militar ou da Justiça Militar, no exercício de função inerente ao seu cargo;

c) contra militar em formatura, ou durante o período de prontidão, vigilância, observação, exploração, exercício, acampamento, acantonamento ou manobras;

d) ainda que fora do lugar sujeito à administração militar, contra militar em função de natureza militar, ou no desempenho de serviço de vigilância, garantia e preservação da ordem pública, administrativa ou judiciária, quando legalmente requisitado para aquêle fim, ou em obediência a determinação legal superior.

§ 1º Os crimes de que trata este artigo, quando dolosos contra a vida e cometidos por militares contra civil, serão da competência do Tribunal do Júri. (Redação dada pela Lei nº 13.491, de 2017)

§ 2º Os crimes de que trata este artigo, quando dolosos contra a vida e cometidos por militares das Forças Armadas contra civil, serão da competência da Justiça Militar da União, se praticados no contexto: (Incluído pela Lei nº 13.491, de 2017)

I – do cumprimento de atribuições que lhes forem estabelecidas pelo Presidente da República ou pelo Ministro de Estado da Defesa; (Incluído pela Lei nº 13.491, de 2017)

II – de ação que envolva a segurança de instituição militar ou de missão militar, mesmo que não beligerante; ou (Incluído pela Lei nº 13.491, de 2017)

III – de atividade de natureza militar, de operação de paz, de garantia da lei e da ordem ou de atribuição subsidiária, realizadas em conformidade com o disposto no art. 142 da Constituição Federal e na forma dos seguintes diplomas legais: (Incluído pela Lei nº 13.491, de 2017)

a) Lei nº 7.565, de 19 de dezembro de 1986 – Código Brasileiro de Aeronáutica; (Incluída pela Lei nº 13.491, de 2017)

b) Lei Complementar nº 97, de 9 de junho de 1999; (Incluída pela Lei nº 13.491, de 2017)

c) Decreto-Lei nº 1.002, de 21 de outubro de 1969 – Código de Processo Penal Militar; e (Incluída pela Lei nº 13.491, de 2017)

d) Lei nº 4.737, de 15 de julho de 1965 – Código Eleitoral. (Incluída pela Lei nº 13.491, de 2017)

Percebam que o cerne da alteração é o artigo 9° da lei penal castrense, o qual sofreu alteração no seu inciso II, sendo acrescidos os parágrafos §§ 1° e 2°, este último contando com três incisos e alíneas.

Militar em atividade, em serviço ou não – Na definição da competência da Justiça Militar, considera-se o critério subjetivo do militar em atividade, em serviço ou não, aliado ao critério objetivo, do bem ou serviço militar juridicamente tutelado. É o que vem decidindo o STJ.

No cumprimento do mister que lhe foi atribuído pela Carta magna, o Decreto-Lei n. 1.001/1969 (Código Penal Militar) define o crime militar e, consequentemente, a competência da Justiça Militar. No seu art. 9º, diz o que é crime militar em tempo de paz. Observe-se que, a partir do inciso II, tem-se uma definição de crime militar que traz consigo um elemento subjetivo, qual seja a condição de militar.

Conforme se observa, o próprio Código Penal Militar traz um norte de quem é o "militar em situação de atividade". Em interpretação autêntica, ele diz: "Art. 22. É considerada militar, para efeito da aplicação dêste Código, qualquer pessoa que, em tempo de paz ou de guerra, seja incorporada às fôrças armadas, para nelas servir em pôsto, graduação, ou sujeição à disciplina militar."

Frise-se que a norma penal militar possui regramento próprio, dispondo no art. 22 do CPM, que militar é qualquer pessoa incorporada. Conceito que não se coaduna com a exigência de o militar encontrar-se "em serviço" para fins de tipificação do crime militar.

Ademais, ressalte-se que na própria Lei n. 6.880/80, em seu art. 3º, verifica-se que ao equiparar os termos acima mencionados, "em serviço" e "em atividade", a norma não teve o condão de afastar a condição de militar do agente que pratica o delito durante as férias, licença ou outro motivo de afastamento temporário de suas atividades habituais: "Art. 3° Os membros das Forças Armadas, em razão de sua destinação constitucional, formam uma categoria especial de servidores da Pátria e são denominados militares. § 1° Os militares encontram-se em uma das seguintes situações: a) na ativa: (...) b) na inatividade: (...)".

Uma vez que a expressão "na atividade" se contrapõe à "na inatividade", reforça-se o que se vem tentando delinear nesta decisão. Assim, a interpretação sistemática do ordenamento jurídico, inclusive com dispositivos constitucionais, permite concluir no sentido de não haver confusão entre o "militar em atividade", aquele incorporado às forças armadas, e o "militar em serviço", aquele que se encontra no exercício de sua atividade militar em determinado momento específico.

Por outro lado, o termo "em serviço" está presente em alguns tipos penais militares. Nestas hipóteses sim é exigido que, no momento da conduta, o agente esteja no exercício efetivo de atividade militar. São exemplos tirados do Código Penal Militar o art. 202 (Embriaguez em serviço) e o art. 203 (Dormir em serviço).

Na jurisprudência do STF e do STJ, é possível encontrar precedentes que seguem o caminho proposto pela doutrina. Neles, percebe-se o reconhecimento do crime militar, mesmo diante de conduta praticada por militar que não está, no momento do delito, no exercício de funções castrenses, como folga ou licença. É possível dizer, portanto, que, nestes julgados, faz-se uma distinção entre a expressão "em atividade" (agente incorporado às forças armadas) e o termo "em serviço" (no exercício efetivo de atividade militar).

Seguindo rota diametralmente oposta, também é possível encontrar precedentes, tanto do STF quanto do Superior Tribunal de Justiça considerando a expressão "em situação de atividade" do art. 9º, II, "a", do CPM, e o termo "em serviço" como sinônimos. Em outras palavras, exige-se, para a tipificação do crime militar e, portanto, da competência castrense, além da qualidade de militar da ativa, a prática da conduta durante o exercício efetivo do serviço militar.

Por fim, observa-se, ainda, o surgimento de uma terceira corrente jurisprudencial, aparentemente intermediária. Entre o reconhecimento do crime militar e, portanto, da competência da Justiça especializada pela simples presença de dois militares da ativa nos polos ativo e passivo do crime e a exigência de que os militares estejam em serviço, propõe-se a fixação da competência na Justiça castrense, desde que cumulado com o critério subjetivo – militares da ativa – a vulneração de bem jurídico caro ao serviço e ao meio militar.

Com efeito, parece correta a adoção do critério subjetivo, considerando militar em atividade todo aquele agente estatal incorporado às Forças Armadas, em serviço ou não, aliado ao critério objetivo, do bem ou serviço militar juridicamente tutelado.

De todo modo, vale o destaque de que, em muitos casos, o bem jurídico protegido pelo Código Penal Militar encontra igual guarida no Código Penal comum. Exemplo claro dessa situação é o art. 205 do CPM, que tipifica o delito de homicídio simples, tutelando, portanto, o direito à vida, também protegido pelo art. 121 do CP. Por isso, é importante ressaltar que a análise não pode se esgotar no bem jurídico tutelado pura e simplesmente. Deve-se necessariamente averiguar, na situação concreta, a existência ou não de vulneração, a partir da conduta, da regularidade das instituições militares, cujo pilar constitucional se baseia em dois princípios: hierarquia e disciplina.

Por essas considerações, entende-se que, nos termos do art. 9º do CPM, sempre que a conduta tiver potencial de vulnerar a regularidade das instituições militares, deve-se reconhecer a competência da Justiça especializada (PROCESSO: HC 550.998-MG, Rel. Min. Ribeiro Dantas, Quinta Turma, por unanimidade, julgado em 23/06/2020, DJe 26/06/2020).

ATENÇÃO – decidiu o STJ que a Justiça Militar é incompetente para processar e julgar crime cometido por policial militar que, ainda que esteja na ativa, pratica a conduta ilícita fora do horário de serviço, em contexto dissociado do exercício regular de sua função e em lugar não vinculado à Administração Militar (Processo: HC 764.059-SP, Rel. Ministro Joel Ilan Paciornik, Quinta Turma, por unanimidade, julgado em 7/2/2023).

Crimes militares próprios e impróprios – Antes, a redação do inciso II do artigo 9º mencionava que eram considerados crimes militares, em tempo de paz, os previstos no Código Penal Militar, embora também o fossem com igual definição na lei penal comum, quando praticados na forma das alíneas "a" a "e" do mencionado inciso. Agora, são considerados crimes militares, em tempo de paz, "os crimes previstos neste Código e os previstos na legislação penal, quando praticados" na forma das alíneas referidas, as quais não foram objeto de modificação.

Inevitável, portanto, uma releitura dos conceitos de crimes militares próprio e impróprio. Vejamos.

Até a edição da Lei 13.491/17, o crime militar se dividia em próprio, quando definido apenas no Código Penal Militar, ou impróprio, se definido também no restante da legislação penal. O delito de deserção era próprio, pois previsto somente no CPM. Já o furto, impróprio, pois previsto no CPM e CP.

Atualmente, no entanto, a definição deve ser diversa, especialmente no que concerne ao crime militar impróprio.

Crime militar passa a ser o delito praticado por militar. Pode ser próprio, porque definido apenas no Código Penal Militar (como a deserção), ou impróprio, porque definido também no restante da legislação penal (como o furto) ou somente nela, legislação não militar (como a tortura, lavagem de capitais, organização criminosa etc.).

Competência da Justiça Militar da União para crimes dolosos contra a vida – A Lei nº. 13.491/2017 promoveu relevante alteração no art. 9º, § 2º, do Código Penal Militar, ao dispor que os delitos "dolosos contra a vida e cometidos por militares das Forças Armadas contra civil, serão da competência da Justiça Militar da União". Esse dispositivo não abrange todo e qualquer delito contra a vida perpetrado por componentes das Forças Armadas, mas somente aqueles praticados no seguinte contexto: "I – do cumprimento de atribuições que lhes forem estabelecidas pelo Presidente da República ou pelo Ministro de Estado da Defesa; "II – de ação que envolva a segurança de instituição militar ou de missão militar, mesmo que não beligerante; ou "III – de atividade de natureza militar, de operação de paz, de garantia da lei e da ordem ou de atribuição subsidiária, realizadas em conformidade com o disposto no art. 142 da Constituição Federal ...". Interessante observar que a lei incide não apenas quando o militar estiver em situação de confronto, tão comum, ultimamente, nas comunidades cariocas, mas também em "operação de paz". Apenas para exemplificar, ao tempo em que o Exército brasileiro, em missão de paz da ONU, atuava no Haiti (intervenção que se findou em outubro de 2017), um crime ali praticado seria da competência da Justiça Militar, ainda que a missão não tivesse nenhum caráter beligerante.

Competência da Justiça Militar dos Estados para crimes dolosos contra a vida – Alertamos, de plano, que estão abrangidos pela alteração levada pela lei em comento os crimes dolosos contra a vida cometidos por integrantes das Forças Armadas, assim considerados, na dicção do art. 142 da Constituição, os membros da Marinha, Exército e Aeronáutica. Queremos dizer, com isso, que os crimes contra a vida de civil perpetrados por policiais militares estaduais, continuam sendo de competência da Justiça Comum, julgados pelo Júri Popular, nos termos do § 4º, do art. 125 da Carta, *in verbis*: "Compete à Justiça Militar estadual processar e julgar os militares dos Estados, nos crimes militares definidos em lei e as ações judiciais contra atos disciplinares militares, ressalvada a competência do júri quando a vítima for civil ...". Insistimos: cometido um crime contra a vida por um miliciano estadual, competente para o julgamento será a Justiça Militar estadual, a menos que a vítima seja civil, quando, então, a competência será da justiça comum, por meio do Júri, na dicção da norma constitucional.

Ratio legis – O objetivo claro da alteração foi inspirado nas recentes intervenções das Forças Armadas nas comunidades do Rio de Janeiro e, segundo o Ministro da Defesa Raul Jungmann, em artigo publicado no Jornal Folha de São Paulo, "o julgamento do militar pela Justiça comum ou pelo Júri tem o risco do desconhecimento das peculiaridades de suas atividades e atos no exercício da missão" (Medida corrige erro de origem, 28.10.2017, p. 2). A causar estranheza reside o fato de que, se em uma operação nos morros cariocas um membro das Forças Armadas cometer um homicídio ele será julgado pela Justiça Militar da União. Já se o mesmo delito for perpetrado por um policial militar, contra um civil, a competência será estadual, do Júri.

Inconstitucionalidade? – Conquanto se possa formular alguma crítica (como, v.g., afirmar-se não se tratar de função típica das Forças Armadas atuar no policiamento das comunidades cariocas), não vislumbramos nenhuma inconstitucionalidade na alteração em exame, destacando que a competência do Júri, para os crimes dolosos contra a vida, não se constitui em uma regra absoluta. Basta lembrar, a título de exemplo, que se um promotor de Justiça ou um juiz estadual cometem um crime de doloso contra a vida, serão julgados pelos respectivos Tribunais de Justiça, por conta do chamado foro por prerrogativa de função, em regra cuja constitucionalidade, pelo menos até agora, continua preservada. Mas não é só: o art. 124 da Constituição, ao dispor sobre a competência da Justiça Militar da União, afirma, com todas as letras, que a ela "compete processar e julgar os crimes militares definidos em lei". Ora, a Lei nº. 13.491/2017, ao alterar o art. 9º, inc. II, do Código Penal Militar, ampliou o conceito de crime militar, para as hipóteses ali elencadas, atendendo, assim, a parte final do preceito constitucional que – insistimos – atribui à lei ordinária a definição dessa espécie de crime. De qualquer sorte, o Partido Socialismo e Liberdade (PSOL) ingressou, perante o STF, com uma ação direta de inconstitucionalidade (ADI 5.901 – relator o Ministro Gilmar Mendes), em face da lei em exame, sob o fundamento principal que "a Constituição Federal de 1988, em seu artigo 5º, inciso XXXVIII, reconhece a instituição do Júri como garantia fundamental, assegurando-lhe 'a competência para o julgamento dos crimes dolosos contra a vida' alínea 'd'". Tratando-se, portanto, de competência constitucionalmente estabelecida, apenas o próprio texto constitucional poderia excepcioná-la, na compreensão do autor, mas jamais uma norma infraconstitucional. A ação pende de julgamento perante a Corte Suprema do país.

Outros crimes – Não apenas os crimes dolosos contra a vida, praticados nas condições acima apontadas, passam a ser da competência da Justiça Militar. Com efeito, a nova redação do inc. II, do art. 9º, do Código Penal Militar estendeu tal competência para os crimes previstos no Código Penal e em legislação penal extravagante, quando praticados nas condições elencadas nas alíneas "a" *usque* "e", do mencionado dispositivo (basicamente os crimes praticados por militares quando em atividade). De sorte que, antes da alteração, eram considerados "crimes militares" apenas aqueles previstos no Código Penal Militar. Com a ampliação, por exemplo, um crime de "fuga de pessoa presa ou submetida a medida de segurança" (previsto no Código Penal – art. 351), ou de abuso de autoridade (previsto em legislação extravagante – Lei n. 13.869/19), passam a ser de competência da Justiça Militar Estadual. Fácil identificar a evidente falta de estrutura da justiça castrense para receber tamanha quantidade de processos, impressão que já é sentida na Justiça Militar do Estado de São Paulo.

Súmulas superadas – A partir de tal conclusão, posicionamentos cristalizados em súmulas de tribunais superiores restarão superados. Assim, a Súmula 172 do Superior Tribunal de Justiça, do seguinte teor: "Compete à Justiça Comum processar e julgar militar por crime de abuso de autoridade, ainda que praticado em serviço". Claro: se o inc. II, do art. 9º do Código Penal Militar, com sua nova redação, faz referência à legislação penal lato sensu, decerto que abrange o crime de abuso de autoridade, cuja competência para julgamento, nos termos do enunciado da súmula, não mais será da Justiça Comum, mas da Justiça Militar Estadual. Também a Súmula n. 75, ainda do Tribunal da Cidadania, que tem o seguinte enunciado: "Compete à Justiça Comum Estadual processar e julgar o policial militar por crime de promover ou facilitar a fuga de preso de estabelecimento penal". Com a legislação novel, a competência passa para a Justiça Militar Estadual. O mesmo raciocínio vale para a Súmula n. 6, do STJ, *in verbis:* "Compete à Justiça Comum Estadual processar e julgar delito decorrente de acidente de trânsito envolvendo viatura de Polícia Militar, salvo se autor e vítima forem Policiais Militares em situação de atividade".

Processos em curso – Debate que certamente se estabelecerá consiste em averiguar a competência para as ações penais que se encontrem em andamento. É dizer: em curso um processo envolvendo um militar, iniciado antes da vigência da lei em exame, deve ele prosseguir perante o juiz de origem, da Justiça comum ou, ao revés, cumpre sua imediata remessa à Justiça castrense? Inclinamo-nos neste último sentido. Não se ignora, é verdade, a regra que impõe a chamada *perpetuatio juridicionis*, pela qual a competência se firma, definitivamente, quando do registro ou distribuição da ação, não mais podendo ser modificada, segundo o art. 43 do Código de Processo Civil (com aplicação ao processo penal nos termos do art. 3º do CPP). Sucede que deste mesmo dispositivo consta uma ressalva, a admitir exceção do princípio da *perpetuatio juridicionis*, que ocorre quando as mudanças "alterarem a competência absoluta". Ora, na hipótese vertente, a competência é absoluta, por se cuidar da matéria (*racione materiae*), e, como tal, se enquadra na exceção prevista no art. 43 do CPC.

A propósito, quando o legislador pretendeu manter a competência inicial ele o declarou expressamente. É o que ocorreu com a Lei n. 9.099/1995, que criou os chamados Juizados Especiais Criminais, que, em seu art. 90, ressalvou com todas as letras que "as disposições desta Lei não se aplicam aos processos penais cuja instrução já estiver iniciada".

Ressalte-se, por derradeiro, que por se cuidar de incompetência absoluta, na qual prevalece o interesse público, dispensa-se, para seu reconhecimento, a provocação do interessado, como ensina José Frederico Marques, a se conferir: "Conclui-se, portanto, que a incompetência relativa deve ser arguida através de exceção, e não pode ser declarada de ofício; e que a incompetência absoluta pode ser aduzida em *petitio simplex*, em qualquer fase do processo, sendo que o juiz deve declará-la de ofício. [...] Claro que só o réu pode argüir a incompetência relativa. Mas, a absoluta, qualquer das partes pode levantar" (*Manual de Direito Processo Civil*. 5ª. ed. São Paulo: Saraiva, 1977, p. 76).

Em suma, entendemos que, a partir da vigência da lei em comento, os processos em curso (em 1º ou 2º grau), devem ser remetidos à Justiça Militar (de 1º ou 2º grau), preservados, por óbvio, os atos decisórios e instrutórios praticados anteriormente, ao tempo em que a competência era da Justiça comum.

Lei 9.099/95 e os crimes militares – É sabido que o art. 90-A, da Lei n. 9.099/95, que criou os Juizados Especiais Criminais, veda a aplicação de suas medidas despenalizadoras à Justiça Militar. No mesmo teor é o enunciado da Súmula n. 09, do Superior Tribunal Militar, a se conferir: "A Lei nº 9.099, de 26.09.95, que dispõe sobre os Juízos Especiais Cíveis e Criminais e dá outras providências, **não se aplica à Justiça Militar da União**". Trata-se de disposição que não escapou à crítica doutrinária, valendo lembrar a indagação de Denílson Feitosa, para quem "poderia a Lei nº 9.099/1995 tratar diferentemente o réu do processo penal militar relativamente ao réu do processo penal comum?" E completa: "do ponto de vista do princípio constitucional da igualdade, é necessário se determinar o elemento diferencial entre o réu do processo penal comum e o réu do processo penal militar que justifique o tratamento desigual entre eles." (*Direito processual penal: teoria, crítica e práxis*. Niterói: Impetus, 2008, p. 246). Sucede que as peculiaridades da vida castrense, mencionadas acima, justificariam essa espécie de vedação, já tendo o Supremo Tribunal confirmado a inaplicabilidade dos benefícios da lei 9.099/95 aos militares, após a vigência da lei 8.939/99, que alterou a redação original da lei dos juizados (STF HC 80.173).

Partindo, assim, dessa premissa, confirmada pela mais alta Corte do país, no sentido da não aplicação dos favores legais da lei dos juizados aos crimes militares, formulamos a seguinte hipótese: suponha-se que um policial militar, em serviço, cometa um crime de abuso de autoridade, cuja competência era da Justiça comum, até antes da alteração em análise e que admitia a transação penal, por tratar-se de infração penal de menor potencial ofensivo, na dicção do art. 61 da Lei n. 9.099/95. Perpetrado o crime antes da entrada em vigor da Lei nº. 13.491, de 13 de outubro de 2017 (publicada no diário oficial em 16 de outubro), e com a consequente remessa dos autos à Justiça Militar, fará o agente jus ao benefício da transação penal? Nossa resposta é positiva. Ora, é conhecido o princípio constitucional, consubstanciado no art. 5º, inc. XL da Carta, pelo qual "a lei penal não retroagirá, salvo para beneficiar o réu". Ao se negar ao réu, em nosso exemplo, a possibilidade de transação penal, estar-se-ia admitindo que a lei mais gravosa ("*lex gravior*"), alcançasse fatos pretéritos. Estes, com efeito, merecem continuar sendo regidos pela anterior, mais benéfica ao agente ("*lex mitior*"). Nem se argumente que, por se cuidar de matéria processual e em face do contido no art. 2º, do Código de Processo Penal, sua aplicação é imediata, não havendo que se cogitar de retroação. É que, embora de cunho processual, a disposição possui também nítido caráter penal, posto que a transação penal, uma vez homologada, configura causa extintiva da punibilidade. Daí concluirmos que, remetidos os autos à Justiça Militar, mas tendo o delito sido perpetrado antes da entrada em vigor da Lei n. 13.491/2017, em nosso exemplo, deve ser proposta a transação penal ao agente, sem embargo da vedação contida no art. 90-A da lei dos juizados especiais. Tal raciocínio se estende às demais medidas despenalizadoras da Lei n. 9.099/95, a saber a possibilidade de conciliação e a suspensão condicional do processo, bem como à necessidade de representação para os crimes de lesões corporais leves e lesões corporais culposas.

O acordo de não persecução penal no crime militar foi abordado nos comentários ao art. 28-A do CPP.

Crime militar praticado por miliciano em unidade diversa da Federação – Suponha-se que um policial militar, lotado no Estado de São Paulo, pratique um crime militar no Estado de Minas Gerais. Perante qual justiça militar deverá ser julgado: em São Paulo ou Minas Gerais? A resposta é dada pela **Súmula 78 do STJ**, de seguinte enunciado: "Compete à Justiça Militar processar e julgar policial de corporação estadual, ainda que o delito tenha sido praticado em outra unidade federativa". É dizer: a competência será da Justiça Militar do Estado de São Paulo.

JURISPRUDÊNCIA

Competência da Justiça comum. Crime contra a vida. Militar fora de serviço

Ao definir o conflito de competência 170.201/PI, a Terceira Seção do STJ decidiu que se afasta a competência da Justiça Militar no crime cometido entre dois militares que não estavam no exercício efetivo da função. No caso, um soldado da Polícia Militar do Maranhão estava na cidade de Teresina, no Piauí, quando se envolveu em uma discussão de trânsito com um policial local. O entrevero resultou em disparos de arma de fogo efetuados pelo policial maranhense, que matou o outro indivíduo. O STJ concluiu que a discussão não teve nenhuma relação com a função de polícia militar de ambos os envolvidos, o que afasta a competência da Justiça Castrense e, consequentemente, atrai a da Justiça Comum do Piauí, onde ocorreu o crime. Segundo o Tribunal, "(...) não há possibilidade de firmar a prática de crime militar com base no art. 9º, III, d, do CPM, ou seja, mediante equiparação do réu (fora de serviço) a um civil, pois, ainda que a vítima, antes dos disparos, tenha dado voz de prisão ao réu, ela não foi requisitada para esse fim nem agiu em obediência à ordem de superior hierárquico, circunstância que rechaça a existência de crime militar nos termos do referido preceito normativo". (STJ, CC 170.201-PI, Rel. Min. Sebastião Reis Júnior, Terceira Seção, por unanimidade, julgado em 11/3/2020).

Constitucionalidade da Justiça Militar

"A Lei nº 8.457/92, ao organizar a Justiça Militar da União criando os Conselhos de Justiça (art. 1º c/c art. 16) e confiando-lhes a missão de prestar jurisdição criminal, não viola a Constituição da República ou a Convenção Americana de Direitos Humanos (Pacto de São José da Costa Rica), porquanto assegura a seus respectivos membros garantias funcionais idôneas à imparcialidade do ofício judicante, ainda que distintas daquelas atribuídas à magistratura civil" (STF – HC nº 115530-PR – Rel. Luiz Fux, DJe 14.08.2013).

Crimes cometidos por militares em serviço

"A condição de militar do agente, por si só, não atrai a competência penal da Justiça Castrense, sendo indispensável a demonstração de ofensa a patrimônio sob a administração militar, ou a à própria ordem administrativa militar. Precedentes. No caso concreto, as instâncias ordinárias concluíram que os crimes praticados pelo recorrente "não possuem qualquer relação com suas funções públicas de agentes de lei", de modo que divergir de tal conclusão demandaria o revolvimento de fatos e provas, providência inviável na estreita via do habeas corpus." (STF, HC 223248, AgR, 2ª Turma, Min. Rel. Edson Fachin, j. 13/04/23).

"Não é competente a Justiça Militar para processar e julgar militar pratica crime de lesão corporal contra colega de farda em local não sujeito à Administração Militar por ocasião de uma confraternização natalina, sem qualquer vínculo com a administração militar e sem o intuito de contrapor-se a quaisquer de suas especificas finalidades". STF, HC 120671, 1ª Turma, rel. min. Luiz Fux, j. 22/04/2014

"Militar contra vítima militar somente desafia a competência da Justiça Castrense nos casos em que houver vínculo direto com o desempenho da atividade militar". STF- HC 125326, Relator(a): Min. Rosa Weber, Primeira Turma, julgado em 17/03/2015; STF. 1ª Turma. HC 135019/SP, Rel. Min. Rosa Weber, julgado em 20/09/2016.

"A jurisprudência desta Suprema Corte é firme na direção de que o cometimento de delito por agente militar contra vítima militar somente instaura a competência da Justiça Castrense nos casos em que houver vínculo direto com o desempenho da atividade militar". STF, HC 201429 AgR, 1ª Turma, rel. min. Rosa Weber, j. 30/08/2021.

"Não é da competência da Justiça Militar o crime doloso contra a vida praticado por militar contra outro militar se o crime é cometido fora do exercício do serviço, sem farda, e com motivação completamente alheia à função". STJ, CC 91267/SP, 3ª Seção, rel. min. Maria Thereza de Assis Moura, j. 13/02/2008.

"Não compete à Justiça Militar o julgamento do crime de homicídio qualificado praticado por militar da ativa contra outro militar do corpo de bombeiros da ativa, ambos fora de suas funções, por motivo relacionado a vingança particular". STJ, HC 163752/RJ, 5ª Turma, rel. min. Laurita Vaz, j. 09/08/2011.

"Não é competente a Justiça Militar para julgar briga entre militares (da ativa) decorrente de desavença condominial porque autor e vítima estavam fora de serviço no momento do fato, sendo irrelevante perquirir se o local onde ocorreram as agressões era destinado a habitação de militares federais porque não se tratava de dependência destina exclusivamente a atividade relativa a caserna". STJ, CC 149487/RJ, 3ª Seção, rel. min. Reynaldo Soares da Fonseca, j. 08/02/2017

"Embora praticado o crime de violência doméstica por militar contra militar, ambos se encontravam dentro do domicílio e a relação estabelecida era de forma marital, fora do exercício das atribuições e sem dano direto às instituições militares, de modo que não se faz incidir a classificação de crime militar do art. 9º, II, a, do CPM". STJ, AgRg no AREsp 1638983/SP, 6ª Turma, rel. min. Nefi Cordeiro, j. 30/06/2020.

IV – os processos da competência do tribunal especial (Constituição, art. 122, nº 17);

Tribunal especial – Previa a Constituição de 1937, art. 122, inc. XVII, que para "os crimes que atentarem contra a existência, a segurança e a integridade do Estado, a guarda e o emprego da economia popular serão submetidos a processo e julgamento perante Tribunal especial, na forma que a lei instituir". Esse Tribunal especial, de triste memória, não mais subsiste. Com efeito, a Lei nº 14, de 17 de novembro de 1945, em seu art. 1º, dispôs que "fica extinto o Tribunal de Segurança Nacional". Atualmente, os crimes contra a economia popular são de competência da justiça comum estadual. Nesse sentido a Súmula 498 do STF. Já no que se refere ao crime contra a segurança nacional, é sabido que, na vigência da Lei 7.170/83, todos os crimes nela previstos eram rotulados como políticos, de competência da Justiça Federal. O art. 109, IV, da CF/88, anuncia competir aos juízes federais processar e julgar os crimes políticos e as infrações penais praticadas em detrimento de bens, serviços ou interesse da União ou de suas entidades autárquicas ou empresas públicas, excluídas as contravenções e ressalvada a competência da Justiça Militar e da Justiça Eleitoral. O Supremo Tribunal Federal assim definiu crimes políticos: "são aqueles dirigidos, subjetiva e objetivamente, de modo imediato, contra o Estado como unidade orgânica das instituições políticas e sociais e, por conseguinte, definidos na Lei de Segurança Nacional, presentes as disposições gerais estabelecidas nos artigos 1º e 2º do mesmo diploma legal".

Com a entrada em vigor da Lei 14.197/21, revogando expressamente a Lei de Segurança Nacional, entendemos que não mais existe campo fértil para se cogitar de crimes políticos, mas crimes contra o Estado Democrático de Direito. Vicente Greco Filho (Manual de processo penal. 8ª ed. São Paulo: Saraiva, 2010, p. 145-146), por sinal, há tempos já lecionava nesse sentido:

> "Não há definição legal dos crimes políticosna legislação brasileira. Aliás, a referência a esse tipo de crimes é inadequada e, quiçá, odiosa. Certamente não se aplica aos crimes comuns, ainda que com motivação política. E menos ainda aos chamados crimes políticos puros, que a tradição constitucional brasileira sempre repeliu. Nos termos do art. 5º, LII, da Constituição, não se concederá extradição por crime político ou de opinião. Ora, como punir alguém por fato dessa natureza? A expressão no texto constitucional foi, portanto, no mínimo, infeliz e espera-se que não seja regulamentada."

Não sem razão a CF/88, ao mesmo tempo em que tratou dos crimes políticos em apenas três passagens, no art. 5º, XLIV, manda criminalizar ação de grupos armados contra o Estado Democrático. Diferenciou, portanto, esse tipo de crime – contra o Estado Democrático –, previsto no Título XII do CP, dos crimes políticos, antes previstos na Lei 7.170/83, hoje revogada pela Lei 14.197/21.

Partindo dessa premissa, pergunta-se: de quem é a competência para o processo e julgamento dos crimes previstos no Título XII da Parte Especial do CP? Depende.

Certamente é competência da Justiça Federal os crimes contra a soberania nacional (arts. 359-I a 359-K), crimes contra as instituições democráticas (arts. 359-L e 359-M), pois evidente o interesse da União (art. 109, IV, da CF/88). Já os crimes contra o funcionamento das instituições democráticas no processo eleitoral (arts. 359-N a 359-O), a competência nos parece ser da Justiça Eleitoral. Apenas no caso do crime do art. 359-N, quando atenta contra o exercício do mandato, será da Justiça comum, estadual ou federal, a depender do caso concreto. Impedir ou dificultar, com emprego de violência física, sexual ou psicológica, o exercício do mandato de um parlamentar ou chefe do executivo municipal ou estadual, a competência será da Justiça estadual. Se o crime visar prejudicar um Congressista ou presidente da República, será da Justiça Federal, pois patente o interesse da União (art. 109, IV, CF/88).O crime de sabotagem (art. 359-R), envolvendo estabelecimentos, instalações ou serviços destinados à defesa nacional, são de competência da Justiça Federal (art. 109, IV, da CF/88). O crime do art. 359-S, vetado pelo presidente da República, é mais um caso em que a competência, da Justiça comum, seria estadual ou federal a depender das circunstâncias do caso concreto, não sendo demais lembrar que o interesse da União não se presume, devendo sempre ser demonstrado.

V – os processos por crimes de imprensa. Vide ADPF nº 130

Lei de Imprensa – Por decisão do Supremo Tribunal Federal, que acolheu a Ação de Descumprimento de Preceito Fundamental n° 130-DF, proposta pelo Partido Democrático Trabalhista (PDT), a Lei n° 5.250/67, conhecida como *Lei de Imprensa*, foi considerada incompatível com a ordem constitucional em vigor, razão pela qual, extirpada do mundo jurídico, não mais se cogita de sua aplicação.

JURISPRUDÊNCIA

Lei de Imprensa

"Incompatibilidade material insuperável entre a Lei n° 5.250/67 e a Constituição de 1988. Impossibilidade de conciliação que, sobre ser do tipo material ou de substância (vertical), contamina toda a Lei de Imprensa: a) quanto ao seu entrelace de comandos, a serviço da prestidigitadora lógica de que para cada regra geral afirmativa da liberdade é aberto um leque de exceções que praticamente tudo desfaz; b) quanto ao seu inescondível efeito prático de ir além de um simples projeto de governo para alcançar a realização de um projeto de poder, este a se eternizar no tempo e a sufocar todo pensamento crítico no País [...] Total procedência da ADPF, para o efeito de declarar como não recepcionado pela Constituição de 1988 todo o conjunto de dispositivos da Lei federal nº 5.250, de 9 de fevereiro de 1967" (STF – ADPF n° 130-DF – Rel. Carlos Ayres Britto, j. 30.04.2009, DJe 06.11.2009).

Parágrafo único. Aplicar-se-á, entretanto, este Código aos processos referidos nos nºs IV e V, quando as leis especiais que os regulam não dispuserem de modo diverso.

Como visto acima, ambos os dispositivos (incs. IV e V) estão revogados.

Art. 2º A lei processual penal aplicar-se-á desde logo, sem prejuízo da validade dos atos realizados sob a vigência da lei anterior.

Tempus regit actum – Este dispositivo contempla a regra segundo a qual norma processual possui *aplicação imediata*, de tal forma que os atos processuais devem ser exercidos na forma que a lei determinar ao tempo de sua prática. Pouco importa, assim, se o fato delituoso, objeto do processo-crime, tenha sido cometido anteriormente à entrada em vigor da lei processual. É dizer: qualquer que seja a data do crime, a lei processual a ser aplicada é a que vigora ao tempo da prática do ato processual. Nisto consiste o princípio do *tempus regit actum.*

Norma processual posterior mais benéfica – Pode ocorrer, contudo, que, por conta da nova ordem processual, a situação do agente experimente melhoria. Deve, então, a norma processual retroagir? A rigor deste dispositivo em exame, não. Mas algumas considerações devem ser formuladas. Assim, por exemplo, quando da edição da Lei nº 9.099/95, passou-se a exigir a prévia representação do ofendido para os crimes de lesões corporais leves e lesões corporais culposas (art. 88). Operou-se nítida vantagem ao autor, posto que, se era antes de ação penal pública incondicionada, passou o delito a ser processado por meio de ação penal pública condicionada à representação da vítima, com a chance de esta não manifestar sua vontade quanto ao processamento de seu ofensor. Nesse caso não houve maior dificuldade, pois a própria lei trouxe a solução, na medida em que, seu art. 91, concedeu o prazo de 30 dias para que a vítima ou seu representante legal ofertassem a respectiva representação, sob pena de decadência.

Há situações, porém, que ensejam maior atenção. Um exemplo que foi por nós exaustivamente esmiuçado, na análise dos arts. 607 e 608 do código, cuja consulta convidamos o leitor, se refere ao Protesto por Novo Júri. A extinção desse recurso, pela Lei nº 11.689/2008, é, sem dúvida, uma norma de caráter exclusivamente processual, que, *a priori*, ensejaria a aplicação do artigo em exame. Ocorre que a *novatio legis* extinguiu a possibilidade de um recurso até então existente, em clara ofensa ao princípio da ampla defesa. Indaga-se, então, para os crimes dolosos contra a vida cometidos antes da entrada em vigor da Lei nº 11.689/2008, mas julgados posteriormente, uma vez condenado o réu à pena igual ou superior a 20 anos, teria direito ao Protesto por Novo Júri? Entendemos que sim pois – insistimos – conquanto se trate de norma nitidamente processual, de alguma forma prejudicou o condenado, quando afastou a possibilidade de utilização desse recurso. Não foi, porém, o entendimento que vingou na jurisprudência dos Tribunais superiores.

O mesmo ocorreria se, por exemplo, uma lei nova, tratando de prazo para recurso (portanto de caráter obviamente processual), reduzisse esse prazo quando comparado à lei anterior. Assim, a lei anterior previa um prazo de 15 dias e a nova de 5 dias. No 6º dia recorre o interessado. Quer nos parecer que, nesse caso, deveria ser observado o prazo anterior, "pois manda a boa razão jurídica, que não tolera absurdos, que se contem por inteiro a partir da data em que o novo código entrou em execução", na lição de Câmara Leal (ob. cit., p. 71).

Normas mistas – Mas, deve-se destacar, essa regra acima exposta se presta, apenas, às normas de caráter processual. Há leis, contudo, que tratam, a um só tempo, de direito material e adjetivo, isto é, trazem em seu bojo normas penais e processuais penais. São as chamadas *normas mistas*.

Exemplo sempre lembrado é o da atual disciplina da citação por edital trazida pela Lei 9.271/96, que modificou o art. 366 do CPP. Essa lei possui, inegavelmente, um caráter misto: é de natureza processual quando determina a suspensão do processo nas hipóteses de citação por edital. Mas é, também, de índole penal ao impor a suspensão do prazo prescricional. Ora, quando a lei tem essa característica, não incide o art. 2º do CPP, mas os princípios que regem a aplicação da lei penal no tempo e que proíbem a retroatividade da lei mais severa. Já que a lei trouxe uma situação mais gravosa ao réu citado por edital, porquanto ela determina a suspensão do prazo prescricional, consequentemente não deve retroagir aos delitos cometidos antes de sua entrada em vigor, conforme entendimento que, após certa divergência, hoje é pacífico inclusive no STF (*RT* 762/493, 750/562).

Inviável, outrossim, como chegou a ser cogitado, da cisão na aplicação da lei, ou seja, naquilo que ela possui de processual, se aplicaria desde logo, como base no dispositivo em exame. E, no ponto em que é apenas penal, poderia ou não retroagir, a depender se favorável ou não ao réu. A questão chegou ao Supremo Tribunal Federal que assentou, primeiro, quanto à impossibilidade de cisão de ambas as normas, para que fosse suspenso o processo e, ao mesmo tempo, prosseguisse em andamento o prazo prescricional. E, segundo, que a inovação era gravosa ao acusado, inibido de ver extinta sua punibilidade por conta da suspensão do prazo prescricional. Com isso, decidiu, em mais de uma oportunidade, que o art. 366 do CPP, com a nova redação dada pela Lei nº 9.271/96, não retroage para atingir os fatos delituosos perpetrados antes de sua entrada em vigor (cf. HC 83.864-DF, 72.206-SC, 74.695-SP; RHC 80.008-RJ).

Sobre o Protesto por novo Júri, v. arts. 607 e 608 a seguir.

JURISPRUDÊNCIA

Interrogatório do réu

"Nos termos do art. 2º do Código de Processo Penal, a lei adjetiva penal tem eficácia imediata, preservando-se os atos praticados anteriormente à sua vigência. Isso porque vigora no processo penal o princípio *tempus regit actum*, segundo o qual são plenamente válidos os atos processuais praticados sob a vigência de lei anterior, uma vez que as normas processuais penais não possuem efeito retroativo. A superveniência de lei processual regulando de modo diverso um determinado tema não enseja a nulidade dos atos processuais já realizados sob a vigência da lei anterior. Uma vez verificado que o interrogatório do paciente foi realizado em data anterior à vigência da nova legislação processual penal, não há falar em cerceamento de defesa, uma vez que o ato foi realizado nos moldes da legislação vigente à época" (STJ – HC nº 166769-SE, Rel. Sebastião Reis Júnior, j. 06.08.2013, DJe 15.08.2013).

Princípio da identidade física do juiz

"No âmbito do direito processual penal, quando se fala em aplicação da lei no tempo, vige o princípio do efeito imediato, representado pelo brocardo latino *tempus regit actum*, conforme previsão contida no artigo 2º do CPP. O art. 399, § 2º, do CPP, alterado com a edição e entrada em vigor da Lei 11.719/08 – que estabelece o princípio da identidade física do juiz no âmbito do processo penal –, trata-se de norma de natureza processual, motivo pelo qual deve ser aplicado de forma imediata sobre os atos processuais em curso" (STJ – HC nº 139670-DF, Rel. Jorge Mussi, j. 09.10.2012, DJe 22.10.2012).

Art. 3º A lei processual penal admitirá interpretação extensiva e aplicação analógica, bem como o suplemento dos princípios gerais de direito.

Necessidade de interpretação – Na lição de Hélio Tornaghi, "intérprete era intermediário entre vendedor e comprador de uma mercadoria e que lhe fixava o preço (*pretiun*). Daí, isto é, de *inter* e *pretium*, lhe adveio o nome: *intérprete*. Acontece que, para desempenhar sua missão, ele precisava falar as línguas das duas partes. Por isso chama-se *interpretação* o ato de tornar manifesto para cada uma delas o que a outra diz. A expressão generalizou-se e passou a significar o ato de manifestar o sentido de alguma coisa. Fala-se em contrato, do testamento, da lei e assim por diante" (*Curso de Processo Penal*, São Paulo: Saraiva, 7ª. Ed., 1990, p. 25). O ideal é que a legislação não reclamasse de interpretação, bastando que se extraísse do texto legal a sua literalidade. Mas tamanha a gama de situações que podem advir da vida cotidiana, que seria impossível o legislador prever a todas, pelo que, em inúmeras vezes, a palavra trazida na lei e a análise de seu significado mostram-se insuficientes para desvendar a intenção do legislador, a *ratio legis*. Nesses casos, contendo a lei lacunas, deve o operador do Direito buscar outras fontes de interpretação, *in casu*, interpretação extensiva e aplicação analógica, bem como o suplemento dos princípios gerais de direito.

Como destacamos em nosso *Violência Doméstica, Lei Maria da Penha comentada artigo por artigo,* "não que se pretenda, com isso, negar a importância da chamada interpretação gramatical ou filológica, que toma por base o significado da palavra contida na lei ou sua função gramatical. Tem ela sua relevância e se constitui, mesmo, no primeiro passo para a interpretação da lei. Mas não é suficiente. De sorte que, a simples análise do alcance da palavra, insulada do contexto em que foi produzida, sem se atentar ao espírito da norma, induz a uma interpretação defeituosa, fincada na velha afirmação de que o texto claro prescinde de interpretação, sintetizada no brocardo latino segundo o qual *in claris cessat interpretatio* (Salvador: Ed. Juspodivm, 8ª. ed., 2021, p. 62).

E prosseguimos: "Foi longe o tempo em que, por ilusão, se entendia que o legislador tudo podia prever e, com isso, ao juiz nada mais restava senão, como verdadeiro matemático, aplicar a lei. O Código da Baviera, de 1812, chegava a proibir o juiz de interpretar a lei. À época do Código de Napoleão, o civilista não ensinava o direito civil a seus alunos, mas sim o Código. Aliás, o direito civil era o próprio *Code*. Essa falsa impressão, atualmente, não mais sobrevive, cabendo ao intérprete, assim, adequar a norma aos dias em que vive. Preso a valores éticos ou religiosos, incorreria em enorme equívoco o juiz que, por exemplo, deixasse de reconhecer, nos tempos modernos, a existência de relacionamentos homossexuais a exigirem a proteção da lei. Eles sempre existiram. Mas a necessidade de sua tutela, hoje, é muito maior do que era há cinqüenta anos, em face do surgimento de novos direitos, novas relações e novas realidades inconcebíveis àquela época. É com esse espírito, desarmado, despido de preconceitos, livre de fetichismos e atento à realidade que o cerca, que deve o intérprete, em nosso entendimento, enfrentar os desafios propostos pela lei" (ob. cit., pp. 62-3).

Precioso voto do Ministro Sálvio de Figueiredo, do Superior Tribunal de Justiça, ensina que "a vida, enfatizam os filósofos e sociólogos, e com razão, é mais rica que nossas teorias. A jurisprudência, com o aval da doutrina, tem refletido as mudanças do comportamento humano no campo do direito de família. Como diria o notável De Page, o juiz não pode quedar-se surdo às exigências do real e da vida. O direito é uma norma essencialmente viva. Está ele destinado a reger homens, isto é, seres que se movem, pensam, agem, mudam, se modificam. O fim da lei não deve ser a imobilização ou a cristalização da vida, e sim manter contato íntimo com esta, segui-la em sua evolução e adaptar-se a ela (...). Em outras palavras, a interpretação das leis não deve ser formal, mas sim, antes de tudo, real, humana, socialmente útil" (*RSTJ* 129/364).

Há, pois, a necessidade de se buscar a correta interpretação da lei, que não se restrinja a mera literalidade do texto, naquilo que se chama *interpretação gramatical* (a quem já se atribuiu a pecha da forma mais hedionda de interpretação). Como destaca Hélio Tornaghi, na apresentação de sua obra, "a idolatria da lei pode obcecar o legislador. Há duas maneiras de conceber a função do juiz. A primeira [...] é a do juiz funcionário público, armado com aquela máquina de pensar que o prende aos grilhões da letra estreita da lei. Diante de um caso ele aperta os botões do mecanismo e descobre a solução dada pelo legislador, sem precisar ter em conta as circunstâncias do caso ocorrente. A segunda é a do juiz que sente e pensa como qualquer pessoa normal, que não é peça de uma engrenagem; que verifica a lei com o oxigênio da realidade" (ob. cit., pp. XIV e VX).

Interpretação extensiva – Para Eduardo Espínola Filho, "a interpretação produz efeito extensivo, quando leva a aplicação da lei a casos não expressamente incluídos em sua fórmula, mas virtualmente compreendidos no seu espírito" (ob. cit., vol. I, p. 217). E prossegue: "Como exemplos de interpretação extensiva, apresentam-se os casos em que, falando a lei em *filhos,* se dá o significado de abranger todos os *descendentes;* em *homens*, deve também compreender as *mulheres*; em *doações*, quer alcançar, igualmente, as transmissões a título gratuito, *mortis causa*, etc." (ob. cit., p. 219). Ou, como destaca Hélio Tonaghi, "se, por exemplo, uma lei fala em *crime* para designar *infração penal*, ela deve ser estendida às contravenções que não são crime, em sentido estrito, mas o são no significado amplo da palavra" (ob. cit., vol. I, p. 26). Essa espécie de interpretação permite estender a aplicação de um preceito legal às hipóteses onde se verifica omissão. Assim, em exemplo de Tourinho Filho, "quando o art. 33 do CPP permite ao juiz nomear Curador especial para o exercício do direito de queixa, obviamente que essa mesma regra se aplica para o exercício direito de representação. Quem pode o mais pode o menos (*Código de Processo Penal comentado,* São Paulo: Saraiva, 9ª. Ed., 2005, pp. 25-6).

Aplicação analógica – É aquela que permite se tomar determinado fato, onde há uma previsão legal e se aplicar a outro fato, semelhante e análogo, mas desprovido de lei. Isto é, para um fato, onde há uma lacuna legal, se aplica a solução legal prevista na norma para outro fato idêntico. Afinal, onde existe a mesma razão deve ser aplicado o mesmo direito (*ubi eadem ratio ibi idem jus*). Perceba-se que o juiz, ao interpretar a lei, não cria direito novo, mas apenas aplica dispositivo legal já existente a casos semelhantes (análogos). Assim, por exemplo, ao disciplinar a expedição da carta precatória, previu o legislador a possibilidade do depoimento da testemunha de fora ser tomado por videoconferência (art. 222, § 3°). Já ao dispor a respeito da carta rogatória (art. 222-A), não fez qualquer menção, nada impedindo, porém, que por meio de uma interpretação analógica, se estenda também às rogatórias essa possibilidade. Trata-se, de resto, de possibilidade prevista no art. 4° da Lei de Introdução às normas do Direito Brasileiro (Decreto-Lei n° 4.657/1942), *verbis:*

"Quando a lei for omissa, o juiz decidirá o caso de acordo com a analogia, os costumes e os princípios gerais de direito".

Aplicação analógica do CPC – As normas de processo civil aplicam-se de forma subsidiária ao processo penal (art. 3º. CPP). A jurisprudência do STJ, seguindo a doutrina majoritária, admite a aplicabilidade das normas processuais civis ao processo penal, desde que haja lacuna a ser suprida. Importante ressaltar que a lei processual penal não tratou, detalhadamente, de todos os poderes conferidos ao julgador no exercício da jurisdição.

Por exemplo, a multa cominatória surge, no direito brasileiro, como uma alternativa à crise de inefetividade das decisões, um meio de se infiltrar na vontade humana até então intangível e, por coação psicológica, demover o particular de possível predisposição de descumprir determinada obrigação. Assim, quando não houver norma específica, diante da finalidade da multa cominatória, que é conferir efetividade à decisão judicial, imperioso concluir pela possibilidade de aplicação da medida em demandas penais. Note-se que essa multa não se confunde com a multa por litigância de má-fé, esta sim refutada pela jurisprudência pacífica do STJ.

Ainda, é importante observar que o poder geral de cautela, com previsão no Código de Processo Civil, também tem incidência no processo penal. Tanto é assim que, quanto à aplicabilidade desse poder no processo penal, é possível encontrar precedentes recentes do STF. Nos termos do entendimento do STF, ao juiz somente foi obstado pela Lei 12.403/11 o emprego de cautelares inominadas que atinjam a liberdade de ir e vir do indivíduo.

Ver comentários ao art. 319 a respeito da aplicação de multa cominatória no processo penal.

Princípios gerais de direito – Quando as interpretações extensivas e analógicas não se prestaram a suprir a lacuna legal e ante a impossibilidade de o juiz deixar de aplicar o direito ao caso concreto, deve se valer dos princípios gerais do direito. A doutrina diverge sobre o exato conceito desses princípios e, desde os tempos mais remotos, inúmeras teorias foram construídas a respeito, nem sempre coincidentes entre si. Sob um aspecto, poderiam esses princípios representar a consciência ética de determinado povo, permitindo, a partir daí, que se supra a lacuna ou omissão da lei. Há quem acredite que a expressão "princípios gerais do direito" pode ser entendida para designar os dogmas que influenciam determinada legislação, como os princípios do contraditório, da ampla defesa, da economia processual etc., extraindo-se, a partir daí, a complementação para o caso concreto, onde a lei fora omissa. Câmara Leal, citando Scialoja, indica que "convém partir das disposições da lei e ir, por abstração, de conceito em conceito, cada vez mais generalizando e, depois, do geral tornando a descer ao particular, para julgar, no dizer de Aristóteles, como o próprio legislador teria dito se estivesse presente, e como teria disposto se o tivesse previsto" (ob. cit., p. 78).

JUIZ DAS GARANTIAS

Redação antes da Lei 13.964/19	Redação depois da Lei 13.964/19
Sem norma correspondente.	Juiz das Garantias Art. 3º-A. O processo penal terá estrutura acusatória, vedadas a iniciativa do juiz na fase de investigação e a substituição da atuação probatória do órgão de acusação.' Art. 3º-B. O juiz das garantias é responsável pelo controle da legalidade da investigação criminal e pela salvaguarda dos direitos individuais cuja franquia tenha sido reservada à autorização prévia do Poder Judiciário, competindo-lhe especialmente: I – receber a comunicação imediata da prisão, nos termos do inciso LXII do caput do art. 5º da Constituição Federal; II – receber o auto da prisão em flagrante para o controle da legalidade da prisão, observado o disposto no art. 310 deste Código; III – zelar pela observância dos direitos do preso, podendo determinar que este seja conduzido à sua presença, a qualquer tempo; IV – ser informado sobre a instauração de qualquer investigação criminal; V – decidir sobre o requerimento de prisão provisória ou outra medida cautelar, observado o disposto no § 1º deste artigo; VI – prorrogar a prisão provisória ou outra medida cautelar, bem como substituí-las ou revogá-las, assegurado, no primeiro caso, o exercício do contraditório em audiência pública e oral, na forma do disposto neste Código ou em legislação especial pertinente; VII – decidir sobre o requerimento de produção antecipada de provas consideradas urgentes e não repetíveis, assegurados o contraditório e a ampla defesa em audiência pública e oral; VIII – prorrogar o prazo de duração do inquérito, estando o investigado preso, em vista das razões apresentadas pela autoridade policial e observado o disposto no § 2º deste artigo;

Redação antes da Lei 13.964/19	Redação depois da Lei 13.964/19
	IX – determinar o trancamento do inquérito policial quando não houver fundamento razoável para sua instauração ou prosseguimento; X – requisitar documentos, laudos e informações ao delegado de polícia sobre o andamento da investigação; XI – decidir sobre os requerimentos de: a) interceptação telefônica, do fluxo de comunicações em sistemas de informática e telemática ou de outras formas de comunicação; b) afastamento dos sigilos fiscal, bancário, de dados e telefônico; c) busca e apreensão domiciliar; d) acesso a informações sigilosas; e) outros meios de obtenção da prova que restrinjam direitos fundamentais do investigado; XII – julgar o habeas corpus impetrado antes do oferecimento da denúncia; XIII – determinar a instauração de incidente de insanidade mental; XIV – decidir sobre o recebimento da denúncia ou queixa, nos termos do art. 399 deste Código; XV – assegurar prontamente, quando se fizer necessário, o direito outorgado ao investigado e ao seu defensor de acesso a todos os elementos informativos e provas produzidos no âmbito da investigação criminal, salvo no que concerne, estritamente, às diligências em andamento; XVI – deferir pedido de admissão de assistente técnico para acompanhar a produção da perícia; XVII – decidir sobre a homologação de acordo de não persecução penal ou os de colaboração premiada, quando formalizados durante a investigação; XVIII – outras matérias inerentes às atribuições definidas no caput deste artigo.

Redação antes da Lei 13.964/19	Redação depois da Lei 13.964/19
	§ 1º O preso em flagrante ou por força de mandado de prisão provisória será encaminhado à presença do juiz de garantias no prazo de 24 (vinte e quatro) horas, momento em que se realizará audiência com a presença do Ministério Público e da Defensoria Pública ou de advogado constituído, vedado o emprego de videoconferência. § 2º Se o investigado estiver preso, o juiz das garantias poderá, mediante representação da autoridade policial e ouvido o Ministério Público, prorrogar, uma única vez, a duração do inquérito por até 15 (quinze) dias, após o que, se ainda assim a investigação não for concluída, a prisão será imediatamente relaxada. Art. 3º-C. A competência do juiz das garantias abrange todas as infrações penais, exceto as de menor potencial ofensivo, e cessa com o recebimento da denúncia ou queixa na forma do art. 399 deste Código. § 1º Recebida a denúncia ou queixa, as questões pendentes serão decididas pelo juiz da instrução e julgamento. § 2º As decisões proferidas pelo juiz das garantias não vinculam o juiz da instrução e julgamento, que, após o recebimento da denúncia ou queixa, deverá reexaminar a necessidade das medidas cautelares em curso, no prazo máximo de 10 (dez) dias. § 3º Os autos que compõem as matérias de competência do juiz das garantias ficarão acautelados na secretaria desse juízo, à disposição do Ministério Público e da defesa, e não serão apensados aos autos do processo enviados ao juiz da instrução e julgamento, ressalvados os documentos relativos às provas irrepetíveis, medidas de obtenção de provas ou de antecipação de provas, que deverão ser remetidos para apensamento em apartado. § 4º Fica assegurado às partes o amplo acesso aos autos acautelados na secretaria do juízo das garantias.

Redação antes da Lei 13.964/19	Redação depois da Lei 13.964/19
	Art. 3º-D. O juiz que, na fase de investigação, praticar qualquer ato incluído nas competências dos arts. 4º e 5º deste Código ficará impedido de funcionar no processo. Parágrafo único. Nas comarcas em que funcionar apenas um juiz, os tribunais criarão um sistema de rodízio de magistrados, a fim de atender às disposições deste Capítulo. Art. 3º-E. O juiz das garantias será designado conforme as normas de organização judiciária da União, dos Estados e do Distrito Federal, observando critérios objetivos a serem periodicamente divulgados pelo respectivo tribunal. Art. 3º-F. O juiz das garantias deverá assegurar o cumprimento das regras para o tratamento dos presos, impedindo o acordo ou ajuste de qualquer autoridade com órgãos da imprensa para explorar a imagem da pessoa submetida à prisão, sob pena de responsabilidade civil, administrativa e penal. Parágrafo único. Por meio de regulamento, as autoridades deverão disciplinar, em 180 (cento e oitenta) dias, o modo pelo qual as informações sobre a realização da prisão e a identidade do preso serão, de modo padronizado e respeitada a programação normativa aludida no caput deste artigo, transmitidas à imprensa, assegurados a efetividade da persecução penal, o direito à informação e a dignidade da pessoa submetida à prisão.

Art. 3º-A. O processo penal terá estrutura acusatória, vedadas a iniciativa do juiz na fase de investigação e a substituição da atuação probatória do órgão de acusação.

Sistema acusatório – Importante assentar, desde logo que, para nós, sistema acusatório é aquele em que há a separação das funções de acusar e de julgar e no qual a iniciativa da ação penal não pode estar nas mãos do órgão julgador. No Brasil, nas ações penais públicas, a iniciativa será do Ministério Público, por expressa previsão constitucional (art. 129, I, CF); nas ações de iniciativa privada, será da vítima ou de seu representante legal.

A arquitetura adotada pelo nosso ordenamento reserva ao Poder Judiciário a importante missão de apreciar a inicial acusatória, seja pública, seja de iniciativa privada, e possibilitar, se o caso, a abertura da fase processual, para, ao final, proferir a decisão de mérito.

O sistema oposto ao acusatório é o inquisitivo, no qual não há a separação das funções de acusar e de julgar, havendo possibilidade de o próprio órgão responsável pelo julgamento ter iniciativa da ação penal.

Há uma razão de ser para a separação das funções, que, como tal, não pode ser esquecida e constitui premissa do sistema acusatório: **a imparcialidade do órgão julgador**. É aqui que reside a superioridade, em nosso entender, do sistema acusatório sobre o inquisitivo.

A separação das funções é necessária para que o mesmo órgão não tenha que decidir sobre pretensão por ele mesmo apresentada, como ocorria em certos processos históricos, ligados, sobretudo, a algumas fases da Inquisição. E outra, que surge como consequência: o processo torna-se um processo de partes.

Sistema acusatório e os modelos adversarial e inquisitorial (ou não adversarial): Costuma-se fazer referência a um modelo *adversarial* de processo, em oposição a um modelo *inquisitorial*, com o primeiro referindo-se aos países de tradição de *common law* e o segundo, de *civil law*. Ou seja, enquadrar-se-iam no modelo adversarial os processos inglês e norte-americano, enquanto aqueles do continente europeu e da América Latina se associariam ao modelo inquisitorial.

A dicotomia *adversarial-inquisitorial* deriva, na realidade, da anterior, *acusatório-inquisitivo*, mas, enquanto esta, como visto, refere-se basicamente à separação das funções de julgar e de acusar – com todas as suas consequências – a primeira representa as diferenças na alocação dos poderes na persecução penal, conforme a visão da doutrina anglo-americana.

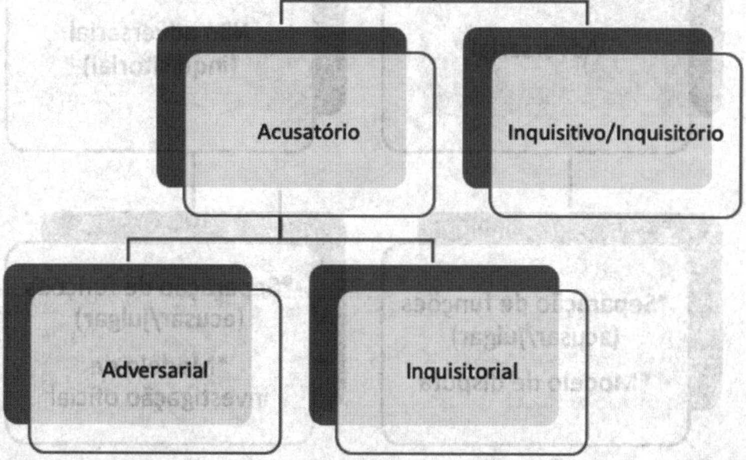

O sistema acusatório contemporâneo comporta, portanto, duas manifestações diferentes: uma de semblante *adversarial* e outra *não adversarial* (ou *inquisitorial).*

Como bem explica Marcos Zilli, o modelo adversarial, assim, caracteriza-se por uma disputa travada entre duas partes processuais perante uma autoridade imparcial que, além de deter o poder decisório, examina, de forma inerte, todo o material probatório que é apresentado por aquelas. O modelo não adversarial (ou inquisitorial), de seu turno, tem como base o impulso oficial do processo, ou seja, com exceção da iniciativa da proposição da ação penal, os demais atos processuais passam pela atuação judicial, inclusive a apuração dos fatos na instrução, pois há uma obrigação de se buscar a verdade, obrigação esta que envolve o juiz e o Ministério Público (*A iniciativa instrutória do juiz no processo penal.* São Paulo: Revista dos Tribunais, 2003. pp. 43-44).

Em vista das características principais desses modelos, o primeiro pode ser considerado um *modelo de disputa*, enquanto o segundo, um *modelo de investigação oficial*, o que agrega aos conceitos uma imagem mais clara do desenho de cada um deles. Com essa divisão, pode-se perfeitamente analisar um determinado processo, tal como positivado, e classificá-lo como pertencente, ou mais próximo, a um modelo de disputa (adversarial) ou de investigação oficial (não adversarial): presente a separação das funções de acusar e de julgar, o que determinará a correta classificação de um dado processo será o papel das partes e do juiz nos rumos da marcha processual e na atividade probatória.

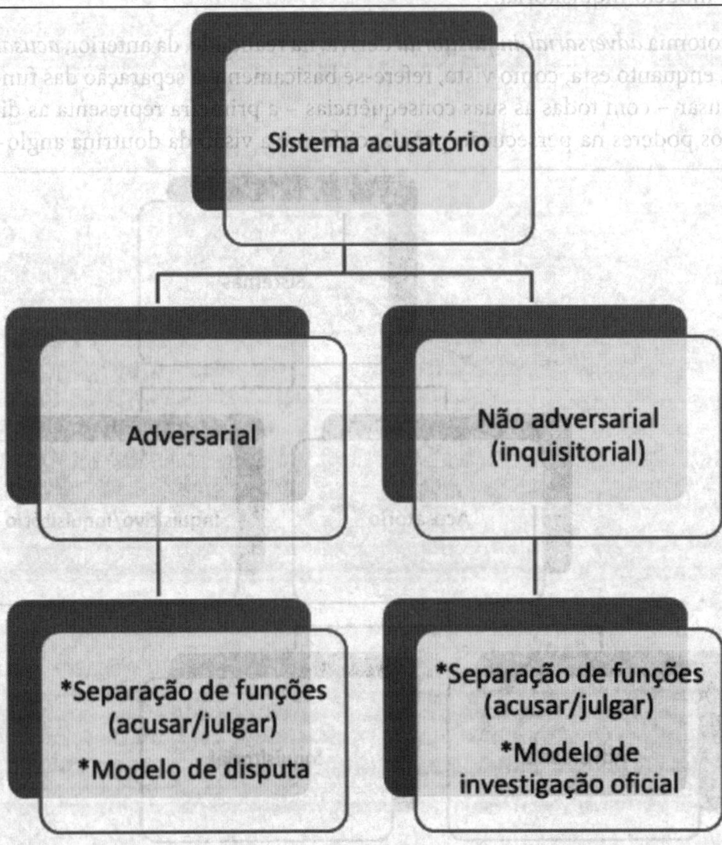

Sistema adotado pelo art. 3º-A do CP: Adotou-se o sistema acusatório não adversarial (ou inquisitorial). Como a certidão do julgamento das ADIs 6.298, 6.299, 6.300 e 6305 revela, o Relator, Min. Luiz Fux, ao apreciar o art. 3º-A do CPP, deu-lhe interpretação conforme, com a seguinte redação: "*O processo penal terá estrutura acusatória, vedadas a iniciativa do juiz na fase de investigação e a substituição da atuação probatória das partes, podendo o juiz, pontualmente, nos limites legalmente autorizados, determinar a realização de diligências suplementares, para o fim de dirimir dúvida sobre questão relevante para o julgamento do mérito*".

Proclamada a decisão, foi atribuída interpretação conforme ao art. 3º-A, "*para assentar que o juiz, pontualmente, nos limites legalmente autorizados, pode determinar a realização de diligências suplementares, para o fim de dirimir dúvida sobre questão relevante para o julgamento do mérito, vencidos os Ministros Cristiano Zanin e Edson Fachin*".

Há, em nosso entender, em alguns círculos da doutrina, uma apressada interpretação dessa parte dispositiva da decisão do STF, no sentido de que a Corte autorizou que o juiz, havendo permissão legal, determine a realização de diligências suplementares *na fase processual e na investigação*.

Não nos parece correto esse entendimento. O STF, segundo nos parece evidente, apenas autorizou tal proceder do juiz na fase de instrução do processo.

Com efeito, o art. 3º-A, convém lembrar, possui três partes: numa, assenta a estrutura acusatória do processo; noutra, veda a iniciativa do juiz na fase de investigação; na última, veda ao juiz substituir a atividade probatória do órgão de acusação.

A discussão que surgiu desde a edição da Lei n. 13.964/2019 dizia respeito a essa última parte: estaria vedada qualquer iniciativa do juiz na fase processual para dirimir dúvida relevante? A questão sempre foi muito pertinente, tendo em vista o aparente conflito entre essa última parte do art. 3º-A e dispositivos existentes no CPP que permitem ao juiz determinar a produção de provas e a realização de diligências de ofício.

De fato, o art. 156 permite ao juiz determinar, de ofício, a produção antecipada de provas na fase processual (a mesma possibilidade na fase de investigação colide com o art. 3º-A), bem assim, determinar, no curso da instrução, ou antes de proferir sentença, a realização de diligências para dirimir dúvida sobre ponto relevante. Essa última regra é reforçada pelo art. 404, que novamente menciona "diligência" imprescindível, ordenada de ofício pelo juiz.

Ora, nos parece que foi sobre os poderes instrutórios do juiz na instrução que o STF se referiu em tal tópico de sua decisão, e não à fase de investigação, tanto assim que, desde o voto do Relator das ADIs, o que se discutia era a possibilidade de se determinar diligências aptas a *dirimir dúvida sobre questão relevante para o julgamento do mérito*. Bem, nos parece que não há julgamento de mérito na fase de investigação, o que nos leva a crer que está o STF se referindo ao julgamento do processo, é dizer, à solução de dúvida antes da sentença.

Concluímos, assim, que permanece a vedação do art. 3º-A quanto à iniciativa do juiz na fase de investigação, vez que o STF nenhuma ressalva fez à redação legislativa. Vejamos algumas consequências disso.

Chamamos a atenção, primeiramente, para o que dispõe o art. 156, I, do CPP, que nos parece parcialmente prejudicado pela nova regra.

O inciso I do art. 156 dispõe que *a prova da alegação incumbirá a quem a fizer, sendo, porém, facultado ao juiz de ofício ordenar, mesmo antes de iniciada a ação penal, a pro-*

dução antecipada de provas consideradas urgentes e relevantes, observando a necessidade, adequação e proporcionalidade da medida.

Atenção para dois trechos: "de ofício" e "mesmo antes de iniciada a ação penal".

Como se percebe, tal dispositivo legal permite ao juiz, por iniciativa própria, na fase de investigação, determinar a produção antecipada de provas consideradas urgentes e relevantes. Ora, ainda que tal ato se perfaça em juízo, sob contraditório, estará o juiz buscando fontes de prova de forma ativa, ainda durante a investigação, atividade típica dos órgãos responsáveis pela apuração em tal fase, vedada à autoridade judiciária.

Logo, a combinação das expressões "de ofício" e "mesmo antes de iniciada a ação penal" constante do art. 156, I, do CPP, afronta diretamente a proibição da iniciativa do juiz na fase de investigação, devendo ser considerada, nesse ponto, revogada.

A vedação do art. 3º-A, ademais, aplica-se também ao juiz de garantias, com competência exclusiva para a fase de investigação, uma vez que a lei não somente não faz qualquer ressalva nesse ponto, como igualmente deixa evidente que cabe a tal juiz somente *decidir* sobre medidas cautelares e meios de produção de provas, à vista de representações ou requerimentos, e não determinar sua realização de ofício.

Do mesmo modo, considerado o art. 3º-A como estruturante para todo o processo penal, não se pode mais admitir que o juiz determine, de ofício, a interceptação telefônica na fase policial, como ainda permite o art. 3º da Lei n. 9.296/1996, pois tal permissão afronta a mesma vedação.

Nem se diga que se trata de norma especial, pois, se a regra do art. 3º-A diz respeito à estrutura do processo penal, a iniciativa de qualquer meio de obtenção de prova não poderá estar nas mãos da autoridade judiciária. Não foi por acaso que a Lei n. 13.964/2019, ao incluir novos artigos na Lei n. 9.296, regulamentando a interceptação "ambiental", exigiu, para a decisão judicial, prévia representação da autoridade policial ou requerimento do Ministério Público. Só esqueceu o legislador de modificar, por coerência, o mencionado art. 3º da mesma lei.

Art. 3º-B. O juiz das garantias é responsável pelo controle da legalidade da investigação criminal e pela salvaguarda dos direitos individuais cuja franquia tenha sido reservada à autorização prévia do Poder Judiciário, competindo-lhe especialmente:

Juiz das garantias: A Lei 13.964/19 cria a figura do juiz das garantias, órgão jurisdicional com a missão de acompanhar as diversas etapas da investigação. O juiz das garantias é o responsável pelo controle da legalidade da investigação criminal e pela salvaguarda dos direitos individuais cuja franquia tenha sido reservada à autorização prévia do Poder Judiciário (art. 3º-B). Dessa forma, o juiz que julgará o caso – juiz de instrução – somente terá contato com o resultado da investigação depois de formalizada a acusação. A ideia que permeia a criação do instituto do juiz das garantias é a de distanciar o juiz de instrução da fase anterior, o que, acredita-se, lhe dará maior imparcialidade.

Em suma, com a nova estrutura instala-se verdadeira separação entre as funções judiciais ligadas à investigação e ao processo. Como bem explica Fabiano Augusto Martins Silveira:

> "É fácil acompanhar o raciocínio. Não tendo emitido juízo sobre a oportunidade e conveniência de diligências que invadem direitos fundamentais do investigado, tampouco sobre pedidos cautelares, o magistrado entra no processo sem o peso de ter decidido a favor ou contra uma das partes. Não leva consigo o passivo da fase pré-processual. Não tem compromisso pessoal com o que se passou. Não colaborou na identificação das fontes de prova. Não manteve o flagrante nem decretou a prisão preventiva. Não impôs o sequestro de bens. Não autorizou a interceptação de conversas telefônicas nem a infiltração de agentes, etc. etc. Quer dizer, em nenhum momento compartilhou a perspectiva dos órgãos de persecução penal" (O Código, as cautelares e o juiz das garantias, Revista de Informação legislativa n. 183, julho/set 2009, p 89).

ATENÇÃO – Na sistemática tradicional, a regra de competência ia no sentido diametralmente oposto, isto é, o juiz da investigação tornava-se prevento para prosseguir no feito até final julgamento (arts. 75, parágrafo único, e 83 do CPP).

Observe-se, contudo, que no sistema acusatório, mesmo o juiz das garantias não deve imiscuir-se na fase investigatória, senão quando necessária a sua intervenção, sempre provocada pelos órgãos que atuam na investigação. O juiz das garantias não é um juiz investigador. Nesse sistema, a inércia do juiz em relação à persecução penal deve ser absoluta, não sendo possível a adoção de medidas que promovam ou incentivem a decisão de acusar, sob pena de quebra do princípio da imparcialidade objetiva.

Críticas – A maioria das críticas não recai sobre o instituto propriamente dito, isto é, na serventia de um juiz com competência exclusiva para acompanhar a fase investigativa, mas sim na absoluta incompatibilidade desse sistema diante da realidade da maioria dos Tribunais Federais e Estaduais. São questões de ordem prática e orçamentária. Levantamento efetuado pela Corregedoria Nacional de Justiça revelou que 40% das varas da Justiça Estadual no Brasil são constituídas em comarca única, leia-se, com apenas um magistrado encarregado da jurisdição. Nesses locais, sempre que o único magistrado da comarca atuar na fase do inquérito, ficará automaticamente impedido de dizer o direito na fase seguinte, impondo-se o deslocamento de outro magistrado, não raras vezes, de comarca distinta. Vencer esse obstáculo passa pelo inevitável aumento do quadro de juízes e servidores, providência que esbarra em questões orçamentárias. Para muitos, a solução trazida pelo art. 3º-D (sistema de rodízio de magistrados) não resolve, sendo, quando muito, simbólica.

Vacatio legis – Para além dessas questões, a lei estabelecia uma *vacatio legis* de 30 dias, claramente insuficiente para a implementação de mudanças de ordem estrutural tão significativas. Por essa razão, no julgamento das ADIs 6.298, 6.299, 6.300 e 6.305, por unanimidade, o STF fixou o "prazo de 12 (doze) meses, a contar da publicação da ata do julgamento, para que sejam adotadas as medidas legislativas e administrativas necessárias à adequação das diferentes leis de organização judiciária, à efetiva implantação e ao efetivo funcionamento do juiz das garantias em todo o país, tudo conforme as diretrizes do Conselho Nacional de

Justiça e sob a supervisão dele". Ainda, estabeleceu que tal prazo "poderá ser prorrogado uma única vez, por no máximo 12 (doze) meses, devendo a devida justificativa ser apresentada em procedimento realizado junto ao Conselho Nacional de Justiça". Entendemos que o prazo fixado pelo STF se refere apenas à implantação do juiz das garantias, não incluindo as demais regras que compõem a matéria de sua competência, que já podem ser plenamente aplicadas. Em outras palavras, não se concedeu prazo para *o que* deverá fazer o juiz, mas apenas ao *como*, à parte relativa à organização judiciária.

Funções reservadas ao juiz de garantias – Os incisos e alíneas do art. 3º-B anunciam, de forma não exaustiva, as competências (funções) reservadas ao juiz das garantias, que deverão ser desempenhadas sem perder de vista as premissas anunciadas no art. 3º-A, isto é, o processo penal terá estrutura acusatória, vedadas a iniciativa do juiz na fase de investigação e a substituição da atuação probatória do órgão de acusação. O juiz das garantias é responsável pelo *controle da legalidade da investigação criminal e pela salvaguarda dos direitos individuais cuja franquia tenha sido reservada à autorização prévia do Poder Judiciário.*

I – receber a comunicação imediata da prisão, nos termos do inciso LXII do caput do art. 5º da Constituição Federal;

II – receber o auto da prisão em flagrante para o controle da legalidade da prisão, observado o disposto no art. 310 deste Código;

III – zelar pela observância dos direitos do preso, podendo determinar que este seja conduzido à sua presença, a qualquer tempo;

Controle sobre a prisão – A CF assegura que "a prisão de qualquer pessoa e o local onde se encontre serão comunicados imediatamente ao juiz competente e à família do preso ou à pessoa por ele indicada" (art. 5º, LXII). O CPP, no art. 306, tratando da prisão em flagrante, incluiu a obrigatoriedade também de comunicação ao Ministério Público, já prevista, a propósito, no art. 10 da Lei Complementar n. 75/1993 (Lei Orgânica do Ministério Público da União).

O juiz, abrangido pelos citados dispositivos é, agora, o das garantias. Além da comunicação da prisão, o juiz das garantias deve receber os autos do flagrante. Aqui, já não se trata da comunicação do flagrante aludida acima (e que deve ser feita imediatamente, após a prisão do conduzido), mas do envio dos autos de flagrante, no prazo de 24 horas, no qual constem os depoimentos, interrogatório do preso, autos de apreensão etc. Trata-se de medida salutar, sobretudo por impor o envio de cópia à Defensoria Pública que, munida desse documento, poderá intentar em prol do conduzido a medida cabível, como, por exemplo, a substituição da prisão por algumas das medidas cautelares previstas no art. 319 do Código ou a concessão da liberdade provisória, livrando o preso da fiança imposta pela autoridade policial. Ou mesmo suscitar alguma nulidade do flagrante que enseje seu relaxamento.

Juiz das garantias e audiência de custódia – De posse dos autos do flagrante, realiza-se, sem demora, a audiência de custódia, cautela que atende, basicamente, à Convenção Americana de Direitos Humanos (art. 7, 5), a impor a apresentação do preso a um juiz. No mesmo sentido, o art. 9, 3 do Pacto Internacional sobre Direitos Civis e Políticos de Nova York.

No nosso ordenamento, a matéria, até o advento da Lei n. 13.964/2019, estava prevista apenas na Resolução n. 213/2015, do Conselho Nacional de Justiça, e em normas internas de tribunais. Agora temos previsão expressa nos arts. 3º-B, §1º, e 310, ambos do CPP. Serve a audiência não somente para o caso de prisão em flagrante, mas qualquer espécie de prisão, cautelar ou definitiva. A audiência de custódia (ou de apresentação), no caso do flagrante, tem dupla finalidade: de proteção, a fim de tutelar a integridade física do preso, e de constatação, aquilatando, de acordo com as circunstâncias do caso concreto, a necessidade de ser mantida a prisão do autuado.

O § 1º do art. 3º-B dispõe que, o preso em flagrante ou por força de mandado de prisão provisória "será encaminhado à presença do juiz de garantias no prazo de 24 (vinte e quatro) horas, momento em que se realizará audiência com a presença do Ministério Público e da Defensoria Pública ou de advogado constituído, vedado o emprego de videoconferência". Interessante observar que o juiz que participa da audiência de custódia de preso em flagrante nem sempre atuará como o juiz das garantias do caso a ele apresentado, pois tal solenidade pode ocorrer num plantão judiciário, o que é algo comum e rotineiro. Contudo, ao decidir medidas cautelares, também este magistrado "do plantão" não deverá atuar na instrução. De acordo com determinação do Conselho Nacional de Justiça (CNJ), nas demais hipóteses de prisão cautelar (preventiva e temporária), o preso deve ser apresentado necessariamente perante o juízo que a ordenou, e não por órgãos como "centrais de custódia" ou por juízes plantonistas. A apresentação deve ocorrer no prazo de 24 horas, como determina o art. 310 do CPP, valendo alertar que, de acordo com seu parágrafo 4º, o seu descumprimento injustificado gera a ilegalidade da prisão e seu relaxamento, sem prejuízo da possibilidade de imediata decretação de prisão preventiva. Esse prazo – exíguo – preocupou a todos, em especial porque o legislador, no art. 3º-B, §1º, vedou a utilização, para tanto, da videoconferência.

ATENÇÃO - O STF, nas ADIs 6.298, 6.299, 6.300 e 6.305, debruçou-se sobre o problema, acabando por dar interpretação conforme ao § 1º do art. 3º-B, estabelecendo que "o preso em flagrante ou por força de mandado de prisão provisória será encaminhado à presença do juiz das garantias, no prazo de 24 horas, salvo impossibilidade fática, momento em que se realizará a audiência com a presença do Ministério Público e da Defensoria Pública ou de advogado constituído, cabendo, excepcionalmente, o emprego de videoconferência, mediante decisão da autoridade judiciária competente, desde que este meio seja apto à verificação da integridade do preso e à garantia de todos os seus direitos. O art. 310 igualmente foi tratado nas ADIs, tendo o STF concluído, coerentemente, que o juiz, "em caso de urgência e se o meio se revelar idôneo, poderá realizar a audiência de custódia por videoconferência. Quanto ao seu § 4º, assentou a Corte que a autoridade judiciária deverá avaliar se estão presentes os requisitos para a prorrogação excepcional do prazo [rectius, prazo de 24 horas para a realização da audiência de custódia] ou para sua realização por videoconferência, sem prejuízo da possibilidade de imediata decretação da prisão preventiva".

Concluindo, havendo a prisão em flagrante ou por força de prisão provisória, o preso deverá ser apresentado em audiência de custódia, em até 24 horas, sob pena de relaxamento, podendo, em caso de impossibilidade fática e em caráter excepcional, determinar o juiz a prorrogação de tal prazo ou realizar o ato por videoconferência, se verificar ser este meio idôneo para as finalidades dessa garantia.

IV – ser informado sobre a instauração de qualquer investigação criminal;

Dever de ser informado – Interessante notar que o juiz das garantias será informado da instauração de qualquer investigação criminal, seja policial, seja de outro órgão igualmente legitimado. Estranhamente, o legislador não previu a figura do juiz entre as autoridades a serem informadas do arquivamento da investigação pelo Ministério Público. Hoje, graças a interpretação dada pelo STF ao conteúdo do art. 28 do CPP, o juiz deverá ser informado não apenas da instauração da investigação, mas também do seu eventual arquivamento, tema que será aprofundado nos comentários ao art. 28. O juiz das garantias, ao ser informado sobre a instauração do procedimento, envolve-se na investigação, mas sem dela participar, não lhe cabendo a condução dos trabalhos investigativos. Seu envolvimento ocorre, na medida que é o destinatário de todos os pedidos de diligências que exijam a observância da reserva de jurisdição, sendo, pois, a autoridade responsável por decidir eventuais medidas cautelares representadas pela polícia ou requeridas pelo Ministério Público, além de realizar controle do prazo quando o imputado estiver preso. Percebam que essa figura do juiz de garantias não age de ofício, zelando, em cada provocação, pela regularidade da investigação.

ATENÇÃO – Não deixando dúvidas de que a comunicação ao juiz das garantias da instauração de investigação inclui aquelas realizadas pelo Ministério Público, o STF decidiu, atribuindo interpretação conforme aos incisos IV, VIII e IX do art. 3º-B do CPP, que *"todos os atos praticados pelo Ministério Publico como condutor de investigação penal se submetam ao controle judicial (HC 89.837/DF, Rel. Min. Celso de Mello) e fixar o prazo de até 90 (noventa) dias, contados da publicação da ata do julgamento, para os representantes do Ministério Publico encaminharem, sob pena de nulidade, todos os PICs e outros procedimentos de investigação criminal, mesmo que tenham outra denominação, ao respectivo juiz natural, independentemente de o juiz das garantias já ter sido implementado nas respectivas jurisdições"*.

Estando o Ministério Público obrigado a respeitar os direitos fundamentais e sujeito ao controle jurisdicional dos atos que pratique no âmbito das investigações penais, é natural que o juiz das garantias exerça sua competência de controle da legalidade da investigação criminal e de salvaguarda dos direitos individuais também em relação aos PICs, não somente aos inquéritos. A medida determinada nas ADIs certamente está justificada no fato de que simplesmente não havia tal controle, pretendendo-se, assim, que, no prazo fixado, se assegure ao Poder Judiciário pelo menos o conhecimento de quais investigações encontram-se em andamento no âmbito do *parquet*.

A menção aos incisos VIII e IX do art. 3º-B indica que o juiz das garantias deverá ser informado da instauração do PIC e poderá, desse modo, exercer o controle sobre a duração da investigação, para que esta não se prolongue indefinidamente e, estando o investigado preso cautelarmente, também para que se não ultrapasse o prazo previsto na Resolução n. 181/2017 do Conselho Nacional do Ministério Público, cabendo-lhe, inclusive, autorizar a prorrogação que se fizer necessária.

V - decidir sobre o requerimento de prisão provisória ou outra medida cautelar, observado o disposto no § 1º deste artigo;

VI - prorrogar a prisão provisória ou outra medida cautelar, bem como substituí-las ou revogá-las, assegurado, no primeiro caso, o exercício do contraditório em audiência pública e oral, na forma do disposto neste Código ou em legislação especial pertinente;

Poderes sobre prisões cautelares – Para a decretação da prisão temporária, o juiz sempre precisou de provocação. Com a reforma introduzida pela Lei n. 12.403/2011, o juiz, na fase da investigação, passou a depender de provocação para decretar qualquer prisão provisória. Com a Lei n. 13.964/2019, que privilegiou o sistema acusatório, o juiz agora está impedido de decretar de ofício qualquer prisão provisória ou outra medida cautelar de ofício, dependendo, sempre, de provocação, mesmo na fase do processo (art. 311 do CPP). Observa-se, contudo, que o juiz pode, mesmo de ofício, revogar a prisão preventiva ou substituir cautelar por ele mesmo decretada, desde que surja fato novo que não mais justifique sua manutenção. Não se estabelece, assim, uma situação irrevogável, mas, antes, uma apreciação da causa no estado em que se encontra (*rebus sic stantibus*).

A leitura dos incisos V e VI do art. 3º-B do CPP não deixa dúvida de que, até antes do oferecimento da denúncia, a competência para apreciação da cautelar pessoal máxima, bem como de qualquer outra, será sempre do juiz das garantias naqueles procedimentos em que tal sistemática for implementada. O inciso V do art. 3º-B, ao mesmo tempo que esclarece competir ao juiz das garantias decidir sobre prisão provisória ou outras medidas cautelares, manda observar o disposto no § 1º do mesmo dispositivo. Este, por sua vez, anuncia que *o preso em flagrante ou por força de mandado de prisão provisória será encaminhado à presença do juiz de garantias no prazo de 24 (vinte e quatro) horas, momento em que se realizará audiência com a presença do Ministério Público e da Defensoria Pública ou de advogado constituído, vedado o emprego de videoconferência.* O inciso VI do art. 3º-B, por sua vez, determina que a prorrogação da prisão provisória ou outra medida cautelar, bem como sua substituição ou revogação, é competência, por óbvio, do juiz das garantias. Portanto, o que realmente há de importante nesse dispositivo é sua parte final, que impõe o dever de se assegurar, em caso de prorrogação, o exercício do contraditório em audiência pública e oral.

Sempre defendemos ter havido exagero do legislador nesse ponto, visto que nem sempre será possível ou mesmo recomendável a realização de audiência em todos os casos de prorrogação da custódia cautelar. Tampouco pode ser recomendada a realização de uma audiência aberta à presença do público. Basta que se imagine a necessidade de prorrogação da prisão provisória de um líder de organização criminosa, para se verificar como a exigência legal pode trazer riscos graves ao público em geral e especialmente àqueles que deverão atuar no ato, a começar pelos responsáveis pela escolta. Não se mostra, assim, razoável a regra.

ATENÇÃO - Atento a isso, o STF, nas ADIs já citadas decotou o exagero, atribuindo ao inciso VI interpretação conforme, *"para prever que o exercício do contraditório será preferencialmente em audiência pública e oral."* Portanto, pode o juiz, quando necessário, deixar de realizar a audiência ou realizá-la sem a presença de público.

VII - decidir sobre o requerimento de produção antecipada de provas consideradas urgentes e não repetíveis, assegurados o contraditório e a ampla defesa em audiência pública e oral;

Poderes sobre o requerimento de produção de prova antecipada - O dispositivo diz que o juiz de garantias decidirá sobre requerimento da produção antecipada da prova. Pode agir de ofício, ordenando a produção antecipada das provas consideradas urgentes e relevantes? Como visto nos comentários ao art. 3º-A, a resposta deve ser negativa. O art. 156 do CPP, no seu inciso I, de fato faculta ao juiz ordenar, mesmo antes de iniciada a ação penal, a produção antecipada de provas consideradas urgentes e relevantes, observando a necessidade, adequação e proporcionalidade da medida.

Esse dispositivo vem sendo alvo de severas críticas. A um só tempo o juiz se transforma em delegado de polícia e promotor de Justiça, quando ordena a produção de uma prova ao primeiro, antes mesmo de deflagrada a ação penal, a cargo do Ministério Público. Do mesmo modo, se determina a produção da prova em audiência, de modo antecipado. Ora, a incumbência de produzir prova no inquérito é do delegado de polícia, e a de requerer a sua produção é do promotor de Justiça. Diante disso, o art. 156, I, merece uma nova tradução, à luz do sistema que inspira o processo penal moderno. Deve dialogar com o art. 3º-A do CPP, que anuncia: *o processo penal terá estrutura acusatória, vedadas a iniciativa do juiz na fase de investigação e a substituição da atuação probatória do órgão de acusação.*

Como já alertamos antes, o juiz das garantias é o destinatário de todos os pedidos de diligências. Jamais age de ofício, zelando, em cada provocação, pela regularidade da investigação. Note-se que o dispositivo em comento, tal como seu antecessor, estabelece que a *decisão* sobre a produção antecipada da prova deve ocorrer sob os signos do contraditório e da ampla defesa e em audiência pública e oral. O STF, nas mesmas ADIs, corretamente em nosso entender, atribuiu interpretação conforme ao inciso, para estabelecer que *o juiz de garantias pode deixar de realizar a audiência quando houver risco para o processo, ou diferi-la em caso de necessidade.* Era óbvia tal solução, pois a decisão em si da realização antecipada da prova pode ocorrer *inaudita altera pars*, sempre que necessário, ou seja, quando o prévio conhecimento da produção da prova pode impedir sua eficácia. Logo, a regra será a realização da audiência, quando se decidirá sobre a produção antecipada e sob contraditório; se houver risco para o processo, não se realiza a audiência e o contraditório será diferido, decidindo o juiz de garantias fora desse âmbito. Quando da produção da prova em si, deve-se verificar se será ou não produzida numa audiência. Uma prova testemunhal, evidentemente, sempre ocorrerá numa audiência, em regra, pública, e sob o contraditório.

VIII - prorrogar o prazo de duração do inquérito, estando o investigado preso, em vista das razões apresentadas pela autoridade policial e observado o disposto no § 2º deste artigo;

Poderes sobre a duração do inquérito - Antes da Lei n. 13.964/2019, o prazo para conclusão do inquérito devia observar normas distintas, a depender se tramitava na Justiça Estadual ou Federal. Se estadual, aplica-se o art. 10 do CPP, ou seja, prazo de dez dias quando preso o indiciado (contado da data da prisão) e de trinta dias quando solto, nessa última hipótese admitida a prorrogação (art. 10, § 3º). No caso de inquérito federal, aplica-se o art. 66 da Lei n. 5.010/1966 (que organizou a Justiça Federal de primeira instância), que prevê que "o prazo para conclusão do inquérito policial será de quinze dias, quando o indiciado estiver preso, podendo ser prorrogado por mais quinze dias". O diploma, porém, não aponta prazo para conclusão na hipótese do indiciado solto, razão pela qual incidia a regra geral dos trinta dias, prevista no art. 10 do CPP.

Com a nova Lei n. 13.964/2019, para o caso de indiciado preso na Justiça Estadual, operou-se um aparente conflito dentro do próprio CPP. O art. 10 manda concluir o inquérito em 10 dias, sem prorrogação. O § 2º do art. 3º-B permite a prorrogação por até 15 dias. E agora? Não deveria existir uma simetria entre o prazo inicial e o da prorrogação? Não deveríamos considerar que, a partir da novel lei, o prazo para conclusão do inquérito, em caso de imputado preso, passou de 10 para 15 dias?

Particularmente, pensamos que sim. Não vemos lógica em termos um prazo inicial e outro, potencialmente maior, para eventual prorrogação. O mais lógico é a previsão de simetria entre eles. Devemos, no caso, trabalhar com o princípio da posterioridade. A norma posterior revoga, ainda que em parte, a anterior, prevalecendo, portanto, o art. 3º-B, VIII e § 2º, uniformizando-se o prazo nas duas instâncias (estadual e federal).

No entanto, não vem sendo esse o entendimento da doutrina ou do STF. Assim, permanece o prazo de 10 dias para conclusão do inquérito, em caso de imputado preso, podendo ser prorrogado, uma única vez, por até 15 dias. Outros prazos em legislação extravagante para conclusão do inquérito policial devem ser respeitados, em homenagem ao princípio da especialidade.

O § 2º do art. 3º-B possibilita, como veremos, a prorrogação da prisão, *uma única vez*, se o investigado estiver preso, mas, ao mesmo tempo, estipula que se, depois disso, ainda assim a investigação não for concluída, *a prisão será imediatamente relaxada*. Ora, e se a investigação for efetivamente complexa e a prisão se mostrar necessária mesmo depois de tal prazo? O STF, no julgamento das ADIs, atribuiu interpretação conforme ao dispositivo, para assentar que: "*a) o juiz pode decidir de forma fundamentada, reconhecendo a necessidade de novas prorrogações do inquérito, diante de elementos concretos e da complexidade da investigação; e b) a inobservância do prazo previsto em lei não implica a revogação automática da prisão preventiva, devendo o juízo competente ser instado a avaliar os motivos que a ensejaram, nos termos da ADI 6.581*".

Assim, o STF relativizou a regra legal, permitindo outras prorrogações e afastando o relaxamento obrigatório se o inquérito não for concluído. Evidentemente, o ônus argumentativo estará nas mãos do juiz das garantias, que deverá fundamentar, com dados e características concretas do caso, a necessidade da prorrogação do prazo do inquérito e a razão pela qual não será possível o relaxamento da custódia provisória. Ademais, parece-nos evidente, também, que somente há necessidade de prorrogação pelo juiz de garantias quando se tratar de investigação envolvendo indigitado preso, possibilitando, assim, por parte do Judiciário, o controle da legalidade e do direito à liberdade, que, no processo penal, é a regra. Não há necessidade de que as prorrogações dos prazos dos inquéritos com imputado solto seja autorizada pelo juiz de garantias. É dizer, desde que a instauração da investigação seja comunicada ao magistrado, feito seu devido registro, não vemos impedimento à tramitação direta do inquérito entre Polícia Civil ou Federal e Ministério Público. Caberá ao Poder Judiciário, já comunicado da existência da investigação, criar mecanismos internos para fiscalizar eventual excesso na duração das investigações, tarefa mais consentânea com o papel do juiz de garantias.

Razões apresentadas pela autoridade policial – Este dispositivo reforça a ideia, sempre presente na doutrina, de que cabe ao delegado de polícia justificar ao juiz de garantias a necessidade da prorrogação do inquérito, que igualmente precisará ser fundamentada, ainda que de modo sucinto.

IX – determinar o trancamento do inquérito policial quando não houver fundamento razoável para sua instauração ou prosseguimento;

Trancamento do inquérito – O inquérito, como regra, quando instaurado, deve prosseguir até o final das investigações. É que, para sua deflagração, bastam indícios, constituindo-se em uma investigação sumária, que, por si só, não causa privação de locomoção do indiciado e pela qual, tampouco, se formula qualquer acusação. O trancamento, portanto, se situa no campo da excepcionalidade, sendo medida que somente deve ser adotada quando houver comprovação, de plano, da atipicidade da conduta, da incidência de causa de extinção da punibilidade ou da manifesta ausência de indícios de autoria ou de prova sobre a materialidade do delito. Não deve o juiz das garantias jamais ingressar na valoração dos próprios elementos informativos angariados, visto que tal tarefa deve ser reservada ao momento posterior à apresentação da denúncia ou queixa pelo legitimado ativo para a ação penal (cabendo, portanto, ao juiz da instrução e julgamento).

E qual o recurso cabível da decisão que determina o trancamento do inquérito policial? Para nós, essa decisão do juiz das garantias deve ser encarada como *habeas corpus* de ofício (pois o *writ* provocado está previsto inciso XII do mesmo artigo), desafiando, consequentemente, reexame necessário (art. 574, I, CPP) e, se o caso, recurso em sentido estrito (art. 581, X). É que se a natureza for diversa, essa decisão escaparia de qualquer controle.

E ao concluirmos que se trata de *habeas corpus* de ofício determinando o trancamento, por óbvio, não pode ter no bojo do procedimento investigatório decisão do juiz das garantias contribuindo para diligências já encetadas. Mas e se houver? Cabe *habeas corpus* sobre ato próprio? A doutrina diverge. Uma primeira corrente leciona que em nenhum caso, poderá o juiz ou tribunal conceder *habeas corpus* contra seus próprios atos. Em sentido diverso, temos corrente admitindo: trata-se de um dever do magistrado de corrigir o próprio erro e pôr fim ao constrangimento ilegal. Abordaremos a hipótese em que a autoridade coatora for o Ministério Público em nossos comentários ao inciso XII, logo abaixo.

X – requisitar documentos, laudos e informações ao delegado de polícia sobre o andamento da investigação;

Poderes para requisitar informações ao delegado – Este inciso, sem especificar se a atuação do juiz deve ou não ser antecedida de provocação, parecer ir de encontro com o art. 3º-A, afastando-se do sistema acusatório. É evidente que o juiz de garantias, para exercer o controle da legalidade e, eventualmente, para concessão de medidas que exigem observância da reserva de jurisdição, deve ter poderes para requisitar documentos, laudos periciais e outras informações sobre o andamento da investigação. Por exemplo, se uma representação da autoridade policial para o sequestro de bens demandar que o juiz conheça mais sobre o *status* da investigação, poderá requisitar tais informações. Do mesmo modo, se os mecanismos de controle indicarem duração excessiva de uma dada investigação, poderá igualmente requisitar as informações pertinentes. Porém, este dispositivo contém redação ampla, sem explicar algo que nos parece essencial: o poder de requisição não pode ser exercido ao bel prazer ou por mera curiosidade, mas modo fundamentado, para que fique evidenciada a necessidade de seu uso para o exercício das funções próprias do juiz das garantias.

XI – decidir sobre os requerimentos de:

a) interceptação telefônica, do fluxo de comunicações em sistemas de informática e telemática ou de outras formas de comunicação;

b) afastamento dos sigilos fiscal, bancário, de dados e telefônico;

c) busca e apreensão domiciliar;

d) acesso a informações sigilosas;

e) outros meios de obtenção da prova que restrinjam direitos fundamentais do investigado;

Poderes sobre requerimentos de produção probatória – Estabelece que cabe ao juiz das garantias decidir sobre os requerimentos de interceptação de comunicações em geral, afastamento dos sigilos fiscal, bancário, de dados e telefônico e de busca e apreensão domiciliar, o que está em perfeita sintonia com o sistema acusatório e com o papel reservado a tal autoridade jurisdicional. No entanto, as duas últimas alíneas do inciso (acesso a informações sigilosas e outros meios de obtenção da prova que restrinjam direitos fundamentais do investigado) mostram-se genéricas e até mesmo em contrariedade com a jurisprudência recente do STF.

Sobre a alínea "d", sua aplicação literal poderá impedir, por exemplo, que os Fiscos encaminhem para o Ministério Público, sem autorização judicial, elementos sigilosos constantes das apurações administrativas realizadas, o que está em completo desacordo com a decisão proferida pelo STF no Recurso Extraordinário n. 1.055.941, em 04 de dezembro de 2019, na qual decidiu que: "É constitucional o compartilhamento dos relatórios de inteligência financeira da UIF e da íntegra do procedimento fiscalizatório da Receita Federal do Brasil, que define o lançamento do tributo, com os órgãos de persecução penal para fins criminais, sem a obrigatoriedade de prévia autorização judicial, devendo ser resguardado o sigilo das informações em procedimentos formalmente instaurados e sujeitos a posterior controle jurisdicional".

O mesmo se diga quanto à alínea "e", com caráter ainda mais genérico, uma vez que, a rigor, em maior ou menor grau, todos os meios de obtenção de prova trazem alguma restrição a direito fundamental do investigado, mas nem todos exigem prévia autorização judicial. Assim, somente faz sentido a alínea "e" quando envolver matéria que exija prévia autorização judicial. Para sermos bem claros: somente haverá necessidade de decisão do juiz das garantias sobre os meios de obtenção de prova mencionados na alínea "e" do inciso XI do art. 3º-B do CPP quando a lei especificamente assim o exigir.

XII – julgar o habeas corpus impetrado antes do oferecimento da denúncia;

Julgamento de *habeas corpus* – Vê-se que o julgamento de pedido de habeas corpus apresentado antes do oferecimento da denúncia tornou-se matéria do juiz das garantias. Assim, em face de ato das Polícias Federal, Civil ou Militar, caberá a impetração do habeas corpus ao Juízo de primeiro grau. A novidade é que, agora, a competência é bem definida: será do juiz das garantias.

Tratando-se de procedimento investigatório criminal conduzido pelo Ministério Público ou por ele requisitado, pode o juiz das garantias julgar habeas corpus impetrado antes do oferecimento da inicial? A resposta não está livre de discussões. Quando a autoridade coatora é o órgão do Ministério Público, formaram-se duas posições a respeito. A primeira de que cabe ao juiz de direito de primeiro grau, perante o qual oficia o promotor, julgar o habeas corpus. Noutro sentido, entende-se que o julgamento está afeto ao respectivo Tribunal de Justiça ou Tribunal Regional Federal, (caso o ato coator seja oriundo do MPF), por aplicação do art. 96, III, da CF. Assim, se cabe ao Tribunal julgar, por competência originária, crime cometido por promotor de Justiça ou procurador da República (competência ratione personae), como, por exemplo, de abuso de autoridade, também cumpre a ele o julgamento de remédio heroico impetrado contra ato abusivo do membro do Ministério Público. Prevalece no STF, de forma tranquila, esta última posição, compartilhando desse entendimento também o STJ. No Tribunal de Justiça de Minas Gerais esse entendimento acha-se, inclusive, sumulado (Súmula 49). Segundo o Regimento Interno do Tribunal de Justiça do Estado de São Paulo, em seu art. 247, "compete às Câmaras Civis e Criminais, conforme a natureza da matéria, processar e julgar os habeas corpus impetrados contra atos de juízes de primeira instância, membros do Ministério Público e outras autoridades, ressalvada a competência do Órgão Especial".

XIII – determinar a instauração de incidente de insanidade mental;

Instauração de incidente de insanidade mental – Diante da redação do art. 3º-A do CPP, vedando a iniciativa do juiz na fase de investigação e a substituição da atuação probatória do órgão de acusação, nascerá discussão, até então inexistente, se o incidente pode ou não ser ordenado de ofício pelo juiz das garantias, ou somente mediante provocação. Não obstante as opiniões em contrário, o tratamento diferenciado para o sancionamento do inimputável é questão de ordem pública, além do que pode influenciar inclusive na espécie de medida cautelar a ser aplicada. Assim, a internação provisória, prevista no art. 319, VII, do CPP é sempre a medida mais adequada, se a intenção for a segregação do inimputável, para garantia da ordem pública, por exemplo. A manutenção no cárcere pode representar violação à sua dignidade e o expõe a situação de alto risco, a depender do caso. Por isso, não vemos óbice, tampouco violação ao princípio acusatório na decisão tomada de ofício pelo juiz nessa hipótese.

A Resolução n. 487/2023 do Conselho Nacional de Justiça (CNJ) traz diversas situações que deverão ser observadas pelo juiz de garantias. Mas, há dois problemas. O primeiro, é que o parágrafo único de seu art. 10 da Resolução, por considerar "que o incidente de insanidade mental que subsidiará a autoridade judicial na decisão sobre a culpabilidade ou não do réu é prova pericial constituída em favor da defesa", impede que seja instaurado sem a concordância desta. Trata-se de equívoco gritante, a nosso ver, vez que a prova pericial não é constituída a favor da defesa, pois se trata de aferição da existência da própria culpabilidade, para fins de se dar o tratamento previsto em lei para cada situação, ou seja, para a imputabilidade (pena) e para a não imputabilidade (medida de segurança). Além de juridicamente errada – e, aqui, o segundo problema –, a opção do CNJ é inconstitucional, visto que a Resolução n. 487, nesse ponto (e em outros), inovou a ordem jurídica, o que lhe é vedado fazer, por ser apenas órgão interno de controle administrativo, financeiro e disciplinar da Magistratura, de natureza meramente administrativa. O poder regulamentar conferido pelo art. 103-B, § 4º, da Constituição Federal está diretamente atrelado à competência material e finalística do CNJ, que envolve as missões desse mesmo parágrafo, como zelar pela autonomia do Judiciário e pelo cumprimento do Estatuto da Magistratura; zelar pela observância do art. 37 da CF e apreciar a legalidade de atos administrativos praticados por membros e órgãos do Judiciário, bem como rever processos disciplinares de juízes. A inconstituci nalidade dessa regra da Resolução é evidentemente inconstitucional. À par disso, a mesma Resolução, em seu art. 4º, caput, afirma que, quando apresentada em audiência de custódia pessoa com indícios de transtorno mental ou qualquer forma de deficiência psicossocial identificados por equipe multidisciplinar qualificada, ouvidos o Ministério Público e a defesa, caberá à autoridade judicial o encaminhamento para atendimento voluntário na rede voltado à proteção social em políticas e programas adequados, a partir de fluxos pré-estabelecidos, nos termos da Resolução CNJ n. 213/2015 e do Modelo Orientador CNJ.

Assim, o juiz de garantias, se condutor da audiência de custódia, pode determinar o encaminhamento para o atendimento voluntário. Cabe lembrar que a instauração do incidente pressupõe dúvida razoável a respeito do estado mental do investigado. Assim, por exemplo, a mera brutalidade com que cometido o crime ou os péssimos antecedentes do agente não implicam, necessariamente, na suspeita de sua inimputabilidade. Tampouco o fato de se declarar o indigitado viciado no uso de drogas. Já, ao contrário, a narrativa ilógica, anteriores internações, uso controlado de medicação etc., constituem-se em situações que recomendam a deflagração do incidente.

XIV – decidir sobre o recebimento da denúncia ou queixa, nos termos do art. 399 deste Código;

Recebimento de denúncia ou queixa – Aqui tivemos um erro grave da Lei n. 13.964/2019, que destoou da opção do Projeto de Novo Código de Processo Penal. O juiz das garantias jamais poderia permanecer até a fase do art. 399 do CPP. A partir do recebimento da inicial, que demanda apenas juízo de prelibação, a competência deveria ser, incontinenti, do juiz da instrução, responsável pelo juízo de delibação. Percebam que o legislador acabou inserindo entre as competências do juiz das garantias – criado para atuar somente até a viabilidade da acusação – o poder para decidir mérito. Deveria ser este mesmo magistrado quem analisará a defesa escrita do denunciado (art. 396-A CPP), bem como o cabimento (ou não) da absolvição sumária (art. 397 CPP). E que não se argumente que essa sua decisão (de mérito) não vincula o juiz da instrução e julgamento, que, após o recebimento da denúncia ou queixa, deverá reexaminar a necessidade das medidas cautelares em curso, no prazo máximo de 10 (dez) dias (art. 3º-C, §2º.). Esse argumento não resolve o problema. O reexame conferido ao juiz das instruções é das medidas cautelares apenas.

Logo, sempre defendemos que, onde está escrito "art. 399 deste Código" deveríamos ler art. 395 do CPP, sob pena de desvirtuamento do sistema. Isso seria suficiente para solucionar diversos problemas que poderiam surgir: oferecida a denúncia, caberia ao juiz das garantias recebê-la ou rejeitá-la. Recebendo-a, encaminharia o feito ao juiz da instrução e julgamento, que poderia, depois da resposta à acusação, rever o recebimento, absolver sumariamente ou determinar o início da instrução.

> **ATENÇÃO** - O STF fez uma leitura mais ousada no julgamento das ADIs 6.298, 6.299, 6.300 e 6.305. Por maioria, declarou a inconstitucionalidade do inciso XIV do art. 3º-B e, ao mesmo tempo, atribuiu interpretação conforme para assentar que a competência do juiz das garantias cessa com o oferecimento da denúncia.

Sem ingressarmos na discussão, que divide a doutrina, sobre a técnica de julgamento utilizada pelo STF nesse caso, é certo que a solução revela-se bastante objetiva: oferecida a denúncia, cessa a competência do juiz das garantias, que deverá encaminhar o feito ao juiz da instrução. A doutrina ainda muito debaterá sobre se essa foi realmente a melhor solução. Pensamos, repise-se, que a admissibilidade poderia ficar com o juiz das garantias, que já teria, a essa altura da persecução, algum conhecimento dos elementos informativos constantes do procedimento investigatório, sobretudo naqueles mais complexos, em que houve a necessidade de certos meios de obtenção de prova, que contaram com autorização judicial. Deixar a deliberação quanto ao recebimento da denúncia ao próximo magistrado pode trazer dificuldades grandes e o obrigaria a se aprofundar no material produzido na etapa de investigação.

XV - assegurar prontamente, quando se fizer necessário, o direito outorgado ao investigado e ao seu defensor de acesso a todos os elementos informativos e provas produzidos no âmbito da investigação criminal, salvo no que concerne, estritamente, às diligências em andamento;

Assegurar acesso ao direito de informação do investigado – O dispositivo tem como objetivo garantir o pleno acesso do investigado às informações e provas produzidas durante a investigação criminal. Trata-se de prerrogativa já garantida em outros diplomas legais, como na Res. 181/2017 do CNMP (art. 21), no Estatuto da OAB (Lei 8.906/94, art. 7º), Súmula Vinculante 14 do STF, entre outros.

XVI – deferir pedido de admissão de assistente técnico para acompanhar a produção da perícia;

Admissão de assistente técnico na perícia – No processo penal, ao contrário do que ocorre no processo civil, não existia, até a edição da Lei n. 11.690/2008, a figura do assistente técnico. Atualmente se admite que as partes indiquem tais profissionais. Mas quando devem atuar os assistentes? Cabe sua indicação somente na fase do processo ou também na fase do inquérito? Duas correntes debatem a questão. Para uns, o art. 159 do CPP deixa claro que a admissão do assistente técnico somente é cabível em Juízo pelo que não há que se cogitar de tal figura na fase de inquérito policial. O inquérito policial é procedimento investigatório e inquisitorial, não envolto pelo contraditório, não tendo o indiciado direito de se envolver na colheita da prova. Para outros, a despeito dos termos peremptórios do dispositivo, deve ser autorizada a presença do assistente na fase inquisitorial. Afinal, é sabido que a prova pericial, em razão de suas peculiaridades, é na maioria das vezes irrepetível. Com isso, a oportunidade que o interessado teria para criticar tecnicamente o laudo oficial, no exato momento em que elaborado, é para sempre perdida. Essa segunda corrente parece ganhar força com a nova Lei, que anuncia, entre as competências do juiz das garantias, deferir pedido de admissão de assistente técnico para acompanhar a produção da perícia.

Mais um detalhe. Muitos estranhavam a opção do legislador em permitir a atuação do assistente técnico "após a conclusão dos exames e elaboração do laudo pelos peritos oficiais, sendo as partes intimadas desta decisão" (art. 159, § 4º, CPP). A propósito, o art. 475 do Código de Processo Civil, dispõe que "as partes terão ciência da data e do local designados pelo juiz ou indicados pelo perito para ter início a produção da prova". Tudo isso, como é corriqueiro na prática forense, para que os assistentes possam acompanhar o trabalho do perito. O legislador do processo penal, no ano de 2008, trilhou outro caminho, ao que parece equivocado, pois, ao permitir a atuação do assistente somente após a elaboração do laudo, privou esse último auxiliar da possibilidade de acompanhar o trabalho oficial. Não estamos nos referindo nem à fase policial. Mesmo se tratando de uma perícia a ser realizada em Juízo, quando já deflagrado o processo criminal, nos termos do dispositivo em análise, não se faculta ao assistente a possibilidade de acompanhar a diligência. Limita-se a apresentar seu parecer após a elaboração do laudo, em franco prejuízo do trabalho técnico a ser ofertado.

O erro parece ter sido corrigido na nova Lei. O assistente será autorizado a acompanhar a produção da perícia.

XVII – decidir sobre a homologação de acordo de não persecução penal ou os de colaboração premiada, quando formalizados durante a investigação;

Decisão sobre ANPP e colaboração premiada – Cabe ao juiz das garantias a homologação do acordo de não persecução (ANPP) e de colaboração premiada, caso ambos sejam celebrados antes do oferecimento da denúncia. Se depois do oferecimento da denúncia houve a possibilidade de acordo, a competência será, em regra, do juiz da instrução e julgamento. Ao analisar o ANPP, o juiz pode (art. 28-A):

a) homologar o acordo de não persecução penal, devolvendo os autos ao Ministério Público para que inicie sua execução perante o juízo de execução penal (§6º);

b) se considerar inadequadas, insuficientes ou abusivas as condições dispostas no acordo de não persecução penal, devolver os autos ao Ministério Público para que seja reformulada a proposta do acordo, com concordância do investigado e seu defensor (§ 5º). Tendo a concordância do investigado, a hipótese é de retratação. Ou o Ministério Público reabre as negociações ou oferece a denúncia;

c) se entender que não é caso de acordo, devolverá os autos ao Ministério Público para análise da necessidade de complementação das investigações ou o oferecimento da denúncia (§ 8º). Mas se o Ministério Público discordar do juiz e insistir no ANPP já assinado, surge um conflito entre o promotor de Justiça e o juiz, que deveria ser resolvido pelo órgão superior do Ministério Público (Procurador-Geral de Justiça, nos Estados; Câmara de Revisão, no âmbito da União). A Lei n. 13.964/2019, contudo, preferiu escalar para a solução do conflito o próprio Judiciário. O juiz deve recusar a homologação (§ 7º), desafiando, essa decisão, recurso em sentido estrito (art. 581, XXV, CPP).

Essa arquitetura, em nosso entender, é equivocada, violando não somente o sistema acusatório (prestigiado pela mesma Lei n. 13.964/2019, art. 3º-A), mas a independência do Ministério Público brasileiro (arts. 127, caput e § 1º, e 129, I, ambos da CF).

ATENÇÃO – o STF foi provocado a decidir o tema e julgou constitucional a revisão da recusa de homologação pelo Judiciário por meio do recurso em sentido estrito.

XVIII – outras matérias inerentes às atribuições definidas no caput deste artigo.

O rol de competências trazido pelo art. 3º-A do CPP é meramente exemplificativo, competindo ao juiz das garantias outras matérias inerentes ao controle da legalidade da investigação criminal e pela salvaguarda dos direitos individuais.

§ 1º O preso em flagrante ou por força de mandado de prisão provisória será encaminhado à presença do juiz de garantias no prazo de 24 (vinte e quatro) horas, momento em que se realizará audiência com a presença do Ministério Público e da Defensoria Pública ou de advogado constituído, vedado o emprego de videoconferência.

Audiência de custódia: Interessante observar que o juiz que participa da audiência de custódia de preso em flagrante nem sempre atuará como o juiz das garantias do caso a ele apresentado, pois tal solenidade pode ocorrer num plantão judiciário, o que é algo comum e rotineiro. Contudo, ao decidir medidas cautelares, também este magistrado "do plantão" não deverá atuar na instrução. De acordo com determinação do Conselho Nacional de Justiça (CNJ), nas demais hipóteses de prisão cautelar (preventiva e temporária), o preso deve ser apresentado necessariamente perante o juízo que a ordenou, e não por órgãos como "centrais de custódia" ou por juízes plantonistas.

A apresentação deve ocorrer no prazo de 24 horas, como determina o art. 310 do CPP, valendo alertar que, de acordo com seu parágrafo 4º, o seu descumprimento injustificado gera a ilegalidade da prisão e seu relaxamento, sem prejuízo da possibilidade de imediata decretação de prisão preventiva. Esse prazo – exíguo – preocupou a todos, em especial porque o legislador, no art. 3º-B, §1º, vedou a utilização, para tanto, da videoconferência.

O STF, nas ADIs 6.298, 6.299, 6.300 e 6.305, debruçou-se sobre o problema, acabando por dar interpretação conforme ao § 1º do art. 3º-B, estabelecendo que "o preso em flagrante ou por força de mandado de prisão provisória será encaminhado à presença do juiz das garantias, no prazo de 24 horas, salvo impossibilidade fática, momento em que se realizará a audiência com a presença do Ministério Público e da Defensoria Pública ou de advogado constituído, cabendo, excepcionalmente, o emprego de videoconferência, mediante decisão da autoridade judiciária competente, desde que este meio seja apto à verificação da integridade do preso e à garantia de todos os seus direitos".

O art. 310 igualmente foi tratado nas ADIs, tendo o STF concluído, coerentemente, que o juiz, "em caso de urgência e se o meio se revelar idôneo, poderá realizar a audiência de custódia por videoconferência. Quanto ao seu § 4º, assentou a Corte que a autoridade judiciária deverá avaliar se estão presentes os requisitos para a prorrogação excepcional do prazo [rectius, prazo de 24 horas para a realização da audiência de custódia] ou para sua realização por videoconferência, sem prejuízo da possibilidade de imediata decretação da prisão preventiva".

Concluindo, havendo a prisão em flagrante ou por força de prisão provisória, o preso deverá ser apresentado em audiência de custódia, em até 24 horas, sob pena de relaxamento, podendo, em caso de impossibilidade fática e em caráter excepcional, determinar o juiz a prorrogação de tal prazo ou realizar o ato por videoconferência, se verificar ser este meio idôneo para as finalidades dessa garantia.

§ 2º Se o investigado estiver preso, o juiz das garantias poderá, mediante representação da autoridade policial e ouvido o Ministério Público, prorrogar, uma única vez, a duração do inquérito por até 15 (quinze) dias, após o que, se ainda assim a investigação não for concluída, a prisão será imediatamente relaxada.

Prazo para conclusão do inquérito policial: Antes da Lei n. 13.964/2019, o prazo para conclusão do inquérito deveria observar normas distintas, a depender se tramita na Justiça Estadual ou Federal. Se estadual, aplicava-se o art. 10 do CPP, ou seja, prazo de dez dias quando preso o indiciado (contado da data da prisão) e de trinta dias quando solto, nessa última hipótese admitida a prorrogação (art. 10, § 3º).

No caso de inquérito federal, aplicava-se o art. 66 da Lei n. 5.010/1966 (que organizou a Justiça Federal de primeira instância), que prevê que "o prazo para conclusão do inquérito policial será de quinze dias, quando o indiciado estiver preso, podendo ser prorrogado por mais quinze dias". O diploma, porém, não aponta prazo para conclusão na hipótese do indiciado solto, razão pela qual incidia a regra geral dos trinta dias, prevista no art. 10 do CPP.

Com a nova Lei n. 13.964/2019, para o caso de indigitado preso na Justiça Estadual, operou-se um aparente conflito dentro do próprio CPP. O art. 10 manda concluir o inquérito em 10 dias, sem prorrogação. O § 2º do art. 3º-B permite a prorrogação por até 15 dias. E agora? Não deveria existir uma simetria entre o prazo inicial e o da prorrogação? Não deveríamos considerar que, a partir da novel lei, o prazo para conclusão do inquérito, em caso de imputado preso, passou de 10 para 15 dias?

Particularmente, pensamos que sim. Não vemos lógica em termos um prazo inicial e outro, potencialmente maior, para eventual prorrogação. O mais lógico é a previsão de simetria entre eles. Devemos, no caso, trabalhar com o princípio da posterioridade. A norma posterior revoga, ainda que em parte, a anterior, prevalecendo, portanto, o art. 3º-B, VIII e § 2º, uniformizando-se o prazo nas duas instâncias (estadual e federal).

No entanto, não vem sendo esse o entendimento da doutrina e assim não interpretou o STF as inovações legislativas. Assim, no âmbito da Justiça Estadual, permanece o prazo de 10 dias para conclusão do inquérito, em caso de imputado preso, podendo ser prorrogado, uma única vez, por até 15 dias.

ATENÇÃO: Outros prazos em legislação extravagante para conclusão do inquérito policial devem ser respeitados, em homenagem ao princípio da especialidade. Assim, o art. 51 da Lei n. 11.343/2006 (Lei de Drogas) prevê o prazo de 30 dias para conclusão do inquérito, estando o indiciado preso e de 90 dias quando solto. Nos crimes contra a economia popular (Lei n. 1.521/1951), esse prazo é de 10 dias (art. 10, § 1º), solto ou preso o imputado. É de 20 dias o prazo para término do inquérito instaurado perante a Justiça Militar, estando o indigitado preso, e de 40 dias, se solto (art. 20 do CPPM).

Prorrogação do prazo para conclusão do inquérito policial de preso: O § 2º do art. 3º-B possibilita, como visto, a prorrogação da prisão, uma única vez, se o investigado estiver preso, mas, ao mesmo tempo, estipula que se, depois disso, ainda assim a investigação não for concluída, a prisão será imediatamente relaxada. Ora, e se a investigação for efetivamente complexa e a prisão se mostrar necessária mesmo depois de tal prazo?

O STF, no julgamento das ADIs, atribuiu interpretação conforme ao dispositivo, para assentar que: "a) o juiz pode decidir de forma fundamentada, reconhecendo a necessidade de novas prorrogações do inquérito, diante de elementos concretos e da complexidade da investigação; e b) a inobservância do prazo previsto em lei não implica a revogação automática da prisão preventiva, devendo o juízo competente ser instado a avaliar os motivos que a ensejaram, nos termos da ADI 6.581".

Assim, o STF relativizou a regra legal, permitindo outras prorrogações e afastando o relaxamento obrigatório se o inquérito não for concluído. Evidentemente, o ônus argumentativo estará nas mãos do juiz das garantias, que deverá fundamentar, com dados e características concretas do caso, a necessidade da prorrogação do prazo do inquérito e a razão pela qual não será possível o relaxamento da custódia provisória.

Ademais, parece-nos evidente, também, que somente há necessidade de prorrogação pelo juiz de garantias quando se tratar de investigação envolvendo indigitado preso, possibilitando, assim, por parte do Judiciário, o controle da legalidade e do direito à liberdade, que, no processo penal, é a regra.

Não há necessidade de que as prorrogações dos prazos dos inquéritos com imputado solto seja autorizada pelo juiz de garantias. É dizer, desde que a instauração da investigação seja comunicada ao magistrado, feito seu devido registro, não vemos impedimento à tramitação direta do inquérito entre Polícia Civil ou Federal e Ministério Público. Caberá ao Poder Judiciário, já comunicado da existência da investigação, criar mecanismos internos para fiscalizar eventual excesso na duração das investigações, tarefa mais consentânea com o papel do juiz de garantias.

Art. 3º-C. **A competência do juiz das garantias abrange todas as infrações penais, exceto as de menor potencial ofensivo, e cessa com o recebimento da denúncia ou queixa na forma do art. 399 deste Código.**

§ 1º Recebida a denúncia ou queixa, as questões pendentes serão decididas pelo juiz da instrução e julgamento.

§ 2º As decisões proferidas pelo juiz das garantias não vinculam o juiz da instrução e julgamento, que, após o recebimento da denúncia ou queixa, deverá reexaminar a necessidade das medidas cautelares em curso, no prazo máximo de 10 (dez) dias.

§ 3º Os autos que compõem as matérias de competência do juiz das garantias ficarão acautelados na secretaria desse juízo, à disposição do Ministério Público e da defesa, e não serão apensados aos autos do processo enviados ao juiz da instrução e julgamento, ressalvados os documentos relativos às provas irrepetíveis, medidas de obtenção de provas ou de antecipação de provas, que deverão ser remetidos para apensamento em apartado.

§ 4º Fica assegurado às partes o amplo acesso aos autos acautelados na secretaria do juízo das garantias.'

Juiz das garantias nos tribunais – De fato, a Lei 13.964/19 não mandou observar a figura do juiz das garantias nos Tribunais. Costuma-se justificar tal opção pelo fato de que o risco que se busca evitar no primeiro grau não existe num colegiado. Neste, normalmente cabe ao relator atuar na fase de investigação, cabendo o recebimento da denúncia aos magistrados reunidos. Ainda que o relator atue nas duas etapas da persecução, na fase do processo o julgamento é plural, razão pela qual o resultado não depende unicamente do seu convencimento.

Juiz das garantias e infrações de menor potencial ofensivo – Fez bem o legislador em excluir a figura do juiz das garantias no caso de infrações penais de menor potencial ofensivo. Nessa hipótese, em razão da especialização e do procedimento aplicável, com foco na resolução consensual da questão criminal, é certo que a desnecessidade de se utilizar a sistemática do juiz das garantias faz algum sentido. Ademais, o processo perante o Juizado Especial orienta-se pelos critérios da oralidade, simplicidade, informalidade, economia processual e celeridade, características incompatíveis com a figura do novo instituto. Essas duas exceções (competência originaria dos Tribunais e JECrim) foram ampliadas pelo STF no julgamento das ADIs 6.298, 6.299, 6.300 e 6.305, alcançando: a) processos de competência do tribunal do júri; b) violência doméstica e familiar.

Juiz das garantias no tribunal do júri – já percebemos corrente lecionando que o juiz das garantias não deveria ser aplicado no procedimento especial do júri. Argumenta-se, em resumo, que no Tribunal do Júri o juiz do julgamento (jurados) está separado do juiz da instrução (juiz togado). O STF, aparentemente, seguiu esse raciocínio, mas ousamos, desde logo, discordar. Em que pese a decisão de mérito no procedimento aplicável aos crimes dolosos contra a vida, em regra, ser de competência constitucional dos juízes leigos (jurados), temos casos em que o juiz togado decide o tema central, reconhecendo autoria e materialidade. Conseguimos vislumbrar, pelo menos, duas hipóteses em que esse cenário ocorre. A primeira, quando, ao encerrar a fase de prelibação do procedimento, o juiz acolhe a única tese da defesa, julgando o réu inimputável, estando autorizado, desde logo, a julgar o mérito do processo e aplicar sanção penal (da espécie medida de segurança). Na segunda, quando os jurados, ao desclassificarem o crime em julgamento para outro diverso não doloso contra a vida (por exemplo, de homicídio tentado para lesão corporal), dão ao juiz togado o poder de julgar o mérito, podendo o magistrado absolver ou condenar o réu. Esses dois panoramas deveriam indicar a aplicação do juiz das garantias no tribunal do júri. Não podemos ignorar, ainda, que o conceito de soberania dos veredictos admite mitigação.

Juiz das garantias na Lei Maria da Penha – Outra exceção trazida pelo STF diz respeito aos casos de violência doméstica e familiar. É particularmente difícil entender a coerência de tal exclusão, se, repita-se, a justificativa para o juiz de garantias for assegurar a imparcialidade do juiz da instrução. De nossa parte, somos favoráveis à especialização dos juízes, conforme as espécies delitivas que devam julgar e tampouco entendemos que o novo instituto vá, efetivamente, assegurar maior imparcialidade para o órgão julgador. Por isso, não vemos propriamente como um erro a exclusão do juiz das garantias nos crimes que envolvam violência doméstica e familiar, desde que se trate daquela cometida contra a mulher, ou seja, que esteja no campo da violência de gênero. Afinal, o juiz, ainda na fase de investigação, será responsável pela aplicação de medidas protetivas de urgência, que sequer possuem, hoje, natureza criminal, mas tutela cível de urgência. Logo, a especialização é salutar e recomendada para a maior efetividade do papel da Justiça no enfrentamento desse tipo de violência.

Promotor de Justiça que acompanhou a investigação policial – Certamente, movidos pelo espírito do sistema do juiz das garantias, haverá corrente sustentando ter-se criado campo fértil para a implantação do "promotor de Justiça das garantias", impedido de atuar na fase do processo, pois "contaminado" pela investigação. A tese contrária, contudo, é pacífica no sentido de que não se reconhece o impedimento ou suspeição do membro do Ministério Público que acompanhou a investigação policial. Vem, aliás, cristalizada na Súmula nº 234 do STJ, *in verbis*: "A participação de membro do Ministério Público na fase investigatória criminal não acarreta o seu impedimento ou suspeição para o oferecimento da denúncia".

Inclusive se conduziu, unilateralmente, atos de investigação no âmbito interno da instituição, por meio, por exemplo, de um inquérito civil. Pensar-se de forma diversa importaria em exigir do Ministério Público uma imparcialidade que não lhe é inerente. Por mais que se possa taxá-lo, como alertamos acima, de *parte imparcial*, ele é sempre parte. A imparcialidade se reclama do juiz, não do órgão acusador. Caso haja abuso na acusação, posteriormente apurado no processo-crime, o juiz que absolva o réu e adote, se cabíveis, medidas de cunho correcional contra o promotor, enviando cópias dos autos aos setores competentes. Mas daí se entender que uma investigação conduzida por determinado membro do Ministério Público o inibiria, posteriormente, de ofertar a denúncia, parece que vai longa distância. Ao contrário, por bem conhecer o teor do material colhido, é ele, sob o ponto de vista prático, o ente mais vocacionado a deflagrar o processo-crime.

Limite da competência do juiz das garantias –. Como visto antes, todos os crimes foram incluídos na competência do juiz das garantias, salvo as infrações de menor potencial ofensivo. Além disso, o STF igualmente excluiu a aplicação dessa sistemática aos crimes da competência originária dos tribunais, aos crimes que envolvam violência doméstica e familiar e aos crimes dolosos contra a vida, de competência do Tribunal do Júri.

Ademais, o texto legal trouxe regra muito problemática a respeito o termo final da competência do juiz das garantias. Tratava-se, sem dúvida, de um dos pontos mais problemáticos na novel legislação. Já cuidamos desse ponto nos comentários ao artigo anterior. Convém apenas relembrar que o STF, por maioria, declarou a inconstitucionalidade do inciso XIV do art. 3º-B e, ao mesmo tempo, atribuiu interpretação conforme para assentar que *a competência do juiz das garantias cessa com o oferecimento da denúncia*. Logo, de acordo com o julgamento proferido pelo STF, com efeito vinculante, oferecida a denúncia, cessa a competência do juiz das garantias, que deverá encaminhar o feito ao juiz da instrução.

Reexame conferido ao juiz das instruções – As questões pendentes, após a cessação da competência do juiz das garantias, serão decididas, por óbvio, pelo juiz da instrução e julgamento (art. 3º-C, § 1º). O STF declarou a inconstitucionalidade do § 1º e atribui-lhe interpretação conforme, para assentar que, "*oferecida a denúncia ou queixa, as questões pendentes serão decididas pelo juiz da instrução e julgamento*". Tratou-se, assim, de reparo à redação da norma, para que se mantenha a coerência com aquilo que o próprio STF decidiu nas ADIs: a competência do juiz das garantias cessa com o oferecimento da denúncia.

Sobre o reexame conferido ao juiz das instruções, não se estabelece uma situação irrevogável nas medidas cautelares decididas pelo juiz das garantias, mas, antes, uma apreciação da causa no estado em que se encontra (*rebus sic stantibus*). Nada impede, ainda, que, revogada a medida, surjam posteriormente motivos que autorizem nova decretação, estando autorizado o juiz a decidir nesse sentido. Essa última decisão, diferentemente da que revoga, deve ser sempre provocada (jamais de ofício), e pode ser desafiada por meio de *habeas corpus*.

Esse dispositivo reforça a ideia de transitoriedade, que é inerente às cautelares. O STF, igualmente para manter a mesma coerência do texto legal, declarou a inconstitucionalidade do termo "recebimento" contido no § 2º do art. 3º-C e atribuiu-lhe interpretação conforme, para assentar que, "*após o oferecimento da denúncia ou queixa, o juiz da instrução e julgamento deverá reexaminar a necessidade das medidas cautelares em curso, no prazo máximo de 10 (dez) dias*".

Autos acautelados na secretaria do juízo das garantias – O art. 12 do CPP diz que o inquérito policial acompanhará a denúncia ou queixa sempre que servir de base a uma ou outra. Já o novo art. 3º.-C, §3º anuncia que os autos que compõem as matérias de competência do juiz das garantias ficarão acautelados na secretaria desse juízo, à disposição do Ministério Público e da defesa, e não serão apensados aos autos do processo enviados ao juiz da instrução e julgamento, ressalvados os documentos relativos às provas irrepetíveis, medidas de obtenção de provas ou de antecipação de provas, que deverão ser remetidos para apensamento em apartado. Como compreender tal regra?

Pela simples leitura do dispositivo em comento (art. 3º-C, § 3º), percebe-se que as matérias que não se inserem na competência do juiz das garantias, leia-se, que estão fora dos incisos do art. 3º-B, podem, sem problemas, acompanhar a inicial acusatória, como, por exemplo, oitivas na polícia, procedimento de inquérito civil, procedimento na esfera da infância e juventude etc.

E o inquérito policial? Não foram poucas as vozes que interpretaram o dispositivo legal como uma tentativa de emular legislações estrangeiras, em especial a italiana, que não permite aos juízes da instrução o acesso aos elementos angariados na investigação, salvo as provas cautelares, antecipadas e irrepetíveis. Porém, recomenda-se nova leitura do dispositivo: não é isso que está escrito. O legislador bem poderia ter previsto essa regra, mas não o fez.

Ademais, a interpretação que vinha sendo dada traria sérios problemas práticos, pois, enquanto no Código italiano há diversas exceções à regra, por aqui a introduziríamos de forma rígida, e por meio de mera interpretação de um texto não muito feliz em sua redação. Como faríamos para confrontar uma testemunha que alterasse, em Juízo, seu relato, se comparado com o que constava dos autos da investigação? Se excluído o inquérito, confronto algum seria possível durante a instrução. Haveria prejuízos evidentes à busca da verdade, o que levava a questionamentos sobre a própria constitucionalidade dos §§ 3º e 4º do art. 3º-C.

Nas ADIs, o STF declarou a inconstitucionalidade, com redução de texto de tais parágrafos, e atribuiu interpretação conforme para entender que "*os autos que compõem as matérias de competência do juiz das garantias serão remetidos ao juiz da instrução e julgamento*". Portanto, não mais ficarão "acautelados" na secretaria do juízo das garantias, tendo as partes e o juiz da instrução e julgamento amplo acesso a todos os elementos informativos.

Aliás, a partir do momento em que o STF decidiu que a competência do juiz das garantias vai somente até o oferecimento da denúncia, nem haveria como se dar outra solução, pois, para receber a denúncia, parece óbvio que o juiz da instrução terá que examinar os autos da investigação.

À falta de outras regras que pudessem orientar a utilização desses elementos informativos na instrução, não poderia mesmo o STF acolher entendimento diverso, em razão dos impactos sobre a escorreita apuração da verdade durante o processo. Diga-se, ademais, que a regra do art. 155 do CPP mostra-se suficiente para evitar que o juiz de instrução venha a julgar o caso com base exclusivamente nos elementos informativos do inquérito ou PIC.

Art. 3º-D. **O juiz que, na fase de investigação, praticar qualquer ato incluído nas competências dos arts. 4º e 5º deste Código ficará impedido de funcionar no processo.**

Parágrafo único. Nas comarcas em que funcionar apenas um juiz, os tribunais criarão um sistema de rodízio de magistrados, a fim de atender às disposições deste Capítulo.

Inconstitucionalidade – O *caput* deste dispositivo, segundo a redação dada pela Lei 13.964/2019, era inútil. Afinal, o juiz das garantias só atuaria até o recebimento da inicial. A leitura isolada do *caput* do art. 3º-D poderia sugerir haver situação em que o juiz das garantias poderia ser também o juiz da instrução. Contudo, lendo os demais artigos, essa hipótese não mostrava ter qualquer cabimento. Vê-se que o legislador da Lei n. 13.964/2019 tratou o juiz de garantias como uma causa de impedimento, quando deveria ser melhor situado como problemática de organização judiciária. Já o parágrafo único não tem qualquer ligação com o *caput* e também se trata de norma de organização judiciária. Sendo assim, constatou-se caso de inconstitucionalidade formal, assim declarado pelo STF nas ADIs 6.298, 6.299, 6.300 e 6.305, pois a lei teria invadido a competência dos Estados nesse aspecto.

Isso quer dizer que o juiz que realizar qualquer ato como juiz das garantias não ficará impedido de atuar como juiz de instrução no mesmo caso? Não vemos assim. Inobstante o desaparecimento da norma, em face de sua inconstitucionalidade formal, é certo que a sistemática do juiz de garantias não permitirá essa cumulação de funções nas duas fases da persecução.

Art. 3º-E. **O juiz das garantias será designado conforme as normas de organização judiciária da União, dos Estados e do Distrito Federal, observando critérios objetivos a serem periodicamente divulgados pelo respectivo tribunal.**

Juiz das garantias e o juiz natural – O juiz das garantias deve respeitar o princípio do juiz natural. Sua competência para o controle da legalidade da investigação criminal e para a salvaguarda dos direitos individuais deverá ser previamente estabelecida na lei. Com isso, se evita o chamado juízo de exceção, de ocasião ou magistrado encomendado, vedado pela Constituição (art. 5º, inc. XXXVII).

Dentro desse espírito, o art. 3º-E encerra verdadeira garantia ao cidadão, que tem a certeza de que a sua investigação será fiscalizada por um juiz previamente conhecido, cercado de garantias que lhe assegurem a independência e imparcialidade, e não por um juiz especialmente designado para o caso concreto.

ATENÇÃO – O STF fez uma ressalva à redação legal: o juiz das garantias será investido, e não designado, conforme as normas de organização judiciária da União, dos Estados e do Distrito Federal, observados os critérios objetivos e devidamente divulgados. Reforça-se, com isso, o princípio do juiz natural, evitando-se designações casuísticas.

Art. 3º-F. **O juiz das garantias deverá assegurar o cumprimento das regras para o tratamento dos presos, impedindo o acordo ou ajuste de qualquer autoridade com órgãos da imprensa para explorar a imagem da pessoa submetida à prisão, sob pena de responsabilidade civil, administrativa e penal.**

Parágrafo único. Por meio de regulamento, as autoridades deverão disciplinar, em 180 (cento e oitenta) dias, o modo pelo qual as informações sobre a realização da prisão e a identidade do preso serão, de modo padronizado e respeitada a programação normativa aludida no *caput* deste artigo, transmitidas à imprensa, assegurados a efetividade da persecução penal, o direito à informação e a dignidade da pessoa submetida à prisão.

ATENÇÃO - O *caput* do dispositivo foi considerado inteiramente constitucional pelo STF nas ADIs 6.298, 6.299, 6.300 e 6.305. O STF atribuiu interpretação conforme ao parágrafo único do dispositivo, para assentar que "a divulgação de informações sobre a realização da prisão e a identidade do preso pelas autoridades policiais, ministério público e magistratura deve assegurar a efetividade da persecução penal, o direito à informação e a dignidade da pessoa submetida à prisão". Tais parâmetros deverão ser observados na regulamentação da matéria.

Juiz das garantias e o tratamento do preso – A Lei 13.964/19, de forma curiosa, atribui ao juiz das garantias o dever de assegurar o cumprimento das regras para o tratamento dos presos, impedindo o acordo ou ajuste de qualquer autoridade com órgãos da imprensa para explorar a imagem da pessoa submetida à prisão, sob pena de responsabilidade civil, administrativa e penal.

Não só imaginamos as dificuldades que terão os juízes das garantias no desempenho desse inusitado mister, como também nos colocamos ansiosos aguardando como se dará a necessária regulamentação desse dispositivo. Uma regulamentação que deverá trabalhar as regras para o tratamento dos presos, sua relação com a imprensa e a preservação da sua imagem. Em suma, conjugar a efetividade da persecução penal, o direito à informação e a dignidade da pessoa submetida à prisão.

A quem caberá a criação do ato normativo? No âmbito do judiciário, CNJ. Já na esfera do Ministério Público, CNMP. Para as polícias, Ministério da Justiça e secretárias de segurança dos estados.

TÍTULO II
DO INQUÉRITO POLICIAL

Art. 4º **A polícia judiciária será exercida pelas autoridades policiais no território de suas respectivas circunscrições e terá por fim a apuração das infrações penais e da sua autoria. (Redação dada pela Lei nº 9.043, de 9.5.1995)**

Parágrafo único. A competência definida neste artigo não excluirá a de autoridades administrativas, a quem por lei seja cometida a mesma função.

Conceito – É sabido que, praticado um crime surge de imediato, para o Estado, o direito de punir (*jus puniendi*), que pressupõe, no entanto, a existência de um prévio processo penal, consequência do chamado princípio do devido processo legal, que tem assento constitucional (art. 5º, inc. LIV). Para que esse processo seja instaurado, é necessário, porém, que o acusador se municie de um mínimo de prova, sem a qual não haverá *justa causa* autorizadora do início da ação penal. Esses elementos mínimos de prova são obtidos, via de regra, através do inquérito policial. Pode-se conceituar o inquérito policial, portanto, como o procedimento administrativo que tem por objetivo reunir elementos necessários à apuração da prática de uma infração penal e sua autoria, a fim de propiciar ao titular da ação penal a formação da "opinio delicti".

ATENÇÃO – Exceção – Havia quem apontasse exceção a esse entendimento, contida na Lei n. 6.815/1980, conhecida como Estatuto do Estrangeiro. É que o art. 71 desse diploma dispunha que "nos casos de infração contra a segurança nacional, a ordem política ou social e a economia popular" e nas hipóteses de tráfico de drogas, seria instaurado o inquérito para fins de expulsão, a ser finalizado em 15 dias, prazo no qual "fica assegurado ao expulsando o direito de defesa". Esse diploma legal foi revogado pela Lei n. 13.445/2017, conhecida como Lei de Migração, que não mais contém qualquer previsão nesse sentido. Contudo, o Decreto 9.199/17, regulamentando a nova Lei, anuncia, no seu art. 195 (§3º.) que os procedimentos concernentes à expulsão observarão os princípios do contraditório e da ampla defesa. O novo art. 14-A do CPP, introduzido pela Lei 13.964/19, assegura aos servidores vinculados às instituições dispostas nos arts. 142 e 144 da Constituição Federal que figurarem como investigados em inquéritos policiais, inquéritos policiais militares e demais procedimentos extrajudiciais, cujo objeto for a investigação de fatos relacionados ao uso da força letal praticados no exercício profissional ou missões para Garantia da Lei e da Ordem, o direito de constituir defensor para acompanhamento e realização de todos os atos relacionados à sua defesa administrativa. A regra parece, nesse tanto, inútil. Qualquer pessoa investigada pode constituir defensor. Até mesmo uma testemunha poderá, caso assim deseje, ser acompanhada por advogado em seu depoimento. Já a Lei 14.365/22, alterando o Estatuto da OAB, prevê que os servidores vinculados às instituições dispostas no art. 144 da Constituição Federal, para além de contarem com o patrocínio da Defensoria Pública ou de sua própria instituição para a defesa quanto a fatos relacionados ao uso da força letal praticados no exercício profissional, poderão, querendo, atuar em causa própria, constituindo hipótese de autodefesa técnica, desde que observada a inscrição especial prevista no art. 28, §§ 3º e 4º do Estatuto.

Sobre acompanhamento das investigações por agentes de segurança pública em crimes relacionados ao uso da força letal, ver nossos comentários ao art. 14-A do CPP.

Nulidades no inquérito policial? Também por se tratar de um procedimento administrativo é que se entende que eventuais vícios existentes no inquérito não afetam a ação penal. Significa dizer que um vício nele existente gerará efeitos apenas no âmbito do inquérito policial, jamais contaminando a ação penal. Assim, por exemplo, ao se constatar que determinada conduta não ensejaria a prisão em flagrante do agente que, apesar disso, encontra-se preso, a consequência será o relaxamento da prisão com a liberação do conduzido. Isso não impedirá, porém, que ele venha a ser condenado mais adiante.

Nesse sentido, aliás, a tese n. 2, da *Jurisprudência de Teses* do STJ, n. 59, de novembro de 2016, *in verbis*: "As nulidades surgidas no curso da investigação preliminar não atingem a ação penal dela decorrente".

Há que se ressaltar, todavia, que exames periciais em geral, realizados na fase inquisitiva, são na maioria das vezes instrutórios, ou seja, insuscetíveis de repetição durante a ação penal, razão pela qual a nulidade de um laudo pode gerar considerável efeito na prova.

Características – O inquérito policial tem por primeira característica cuidar-se de um ***procedimento escrito***, segundo se depreende do art. 9º deste código. Vê-se, pois, que no inquérito policial não se adota o princípio da oralidade, na medida que todas as suas peças devem ser escritas ou datilografadas e devidamente rubricadas pela autoridade policial, nos termos do dispositivo legal mencionado.

Outra característica é a ***discricionariedade***. Ou seja, à autoridade policial que preside o inquérito policial é conferida certa liberdade de atuação, presumindo-se, por óbvio, a prevalência do bom senso e do razoável. Esta providência, no entanto, só deverá ser adotada quando evidente a inocorrência de um crime (se, por exemplo, a vítima de um dano culposo requer a apuração no âmbito criminal, em fato obviamente atípico). Ou na hipótese de se pedir a instauração de um inquérito a fim de apurar a prática de ato infracional atribuído a uma criança ou adolescente. Do contrário, deve a autoridade policial instaurar o inquérito e remetê-lo para a apreciação do titular da ação penal. Assim, não se deve invocar, por exemplo, o chamado princípio da *insignificância* ou *bagatela* como justificativa para a não deflagração do inquérito policial.

ATENÇÃO: Entendemos que a Autoridade Policial, diante de um fato insignificante, pode até deixar de autuar em flagrante o conduzido, registrando, contudo, a ocorrência, que deve ser comunicada ao titular da ação penal para sua análise, sem desconsiderar a necessidade de diligências mínimas para assegurar a prova da materialidade e autoria. Concordando com o Delegado de Polícia, o Ministério Público promoverá o arquivamento. Discordando, requererá o prosseguimento das investigações, sugerindo, se o caso, diligências.

De qualquer forma, indeferida sua instauração, cabe recurso de tal decisão ao *chefe de Polícia*, assim entendido o Delegado-Geral de Polícia ou o Secretário de Segurança Pública (art. 5º, § 2º). Pode a autoridade policial, ainda, deferir ou indeferir a produção de prova requerida pela vítima (art. 14).

Diz-se, ainda, que o inquérito policial é ***sigiloso***, nos termos do art. 20 do código. Assim ao contrário do processo judicial onde vigora o princípio da publicidade, no inquérito prevalece o sigilo, necessário para que as investigações possam ser conduzidas de forma eficaz, visando a elucidação do fato criminoso em benefício da sociedade.

ATENÇÃO – A Lei n. 12.850/2013, que trata de criminalidade organizada, indica que o sigilo deve prevalecer durante todo o procedimento de colaboração premiada. Diz o § 3º de seu art. 7º (com a redação dada pela Lei 13.964/19): "o acordo de colaboração premiada e os depoimentos do colaborador serão mantidos em sigilo até o recebimento da denúncia ou queixa-crime, sendo vedado ao magistrado decidir por sua publicidade em qualquer hipótese".

Tal sigilo, porém, não se estende aos membros do Poder Judiciário e do Ministério Público. Tampouco ao advogado pode ser imposta qualquer restrição de acesso ao inquérito policial, que tem o direito de examinar os autos, conforme dispõe o art. 7º, III, do Estatuto da Advocacia (Lei nº 8.906/94). A este respeito, devemos ressaltar o teor da súmula vinculante nº 14 do Supremo Tribunal Federal: "É direito do defensor, no interesse do representado, ter acesso amplo aos elementos de prova que, já documentados em procedimento investigatório realizado por órgão com competência de polícia judiciária, diga respeito ao exercício do direito de defesa".

ATENÇÃO – O entendimento cristalizado na Súmula 14 do STF foi adotado pela Lei n. 13.245/2016, que alterou o Estatuto das OAB, garantindo ao advogado, ainda que sem procuração (salvo quando decretado o sigilo do procedimento), o exame do auto de flagrante e "de investigações de qualquer natureza", podendo extrair cópias ou fazer apontamentos do material examinado. Caso o procedimento investigatório corra sob sigilo, a lei faculta à autoridade limitar o acesso do advogado no que se refere às diligências em andamento e que não se encontrem documentadas nos autos. E, de fato, não faria sentido que o defensor tivesse acesso a uma prova cuja produção ainda está em curso e nem ao menos foi trazida para o bojo das investigações. Pensar-se de forma diversa culminaria com o total insucesso da investigação. *"Contrario sensu"*, àquela prova que consta da investigação e aos documentos que a acompanham, tem o advogado total acesso. Reforçando esse entendimento, a Lei n. 13.793, de 3 de janeiro de 2019, introduziu o inc. XIII, ao art. 7º, do Estatuto da Advocacia e a Ordem dos Advogados do Brasil, para assegurar, como direito do advogado, "examinar, em qualquer órgão dos Poderes Judiciário e Legislativo, ou da Administração Pública em geral, autos de processos findos ou em andamento, mesmo sem procuração, quando não estiverem sujeitos a sigilo ou segredo de justiça, assegurada a obtenção de cópias, com possibilidade de tomar apontamentos". Estendeu essa prerrogativa, ainda, aos processos eletrônicos (§ 13º), ressalvados, por óbvio, os processes que tramitem sob segredo de justiça. Cremos que tais disposições, conquanto mais voltadas ao processo civil, têm plena aplicação do processo penal, por conta do disposto no art. 3º, do CPP, a permitir a interpretação extensiva e aplicação analógica de suas normas por disposições encontráveis em outros diplomas legais. A violação dessa prerrogativa pode caracterizar crime de abuso de autoridade (art. 7º.-B, do EAOAB, incluído pela Lei 13.869/19).

Tem-se, ainda, a ***indisponibilidade*** do inquérito policial, posto que, nos termos do art. 17, a autoridade policial não pode arquivá-lo, providência a ser adotada somente pelo Ministério Público, com a supervisão do juiz e, em especial, da vítima (art. 28 do CPP).

Ousamos discordar daqueles que apontam a obrigatoriedade como uma das características do inquérito policial. Isto em virtude de não ser possível a coexistência entre a *obrigatoriedade* e a *discricionariedade* (estudada acima) no inquérito. Ou vigora uma ou outra. E, como já foi visto, tem a autoridade policial a possibilidade de indeferir sua instauração.

ATENÇÃO: A coexistência pode se dar se ficar assentada a tese de que a discricionariedade diz respeito às decisões do Delegado de Polícia quando instaurado o inquérito. Isto é, instaurado o inquérito obrigatoriamente no caso de elementos indicando a prática de crime, as diligências a serem realizadas para a sua apuração estão no campo discricionário da autoridade presidente.

Outra característica, a incomunicabilidade do indiciado, prevista no art. 21 do código, para a maioria da doutrina, não foi recepcionada pela Constituição da República que, em seu art. 136, § 3º, IV, proíbe a incomunicabilidade durante o estado de defesa e estado de sítio. Ora, se em situações excepcionais, como do estado de defesa e estado de sítio, quando diversas restrições são impostas para garantir a normalidade institucional, não se admite a incomunicabilidade do preso, com muito mais razão ela não pode ser tolerada no inquérito policial, durante a plena normalidade institucional do país.

Aponta-se, ainda, a ***instrumentalidade*** do inquérito policial, posto que sua finalidade é possibilitar a reunião de elementos de prova que reforcem e fundamentem as suspeitas acerca da prática de infrações penais. E também seu caráter ***informativo***, na medida que tem por objetivo, com seus elementos, subsidiar eventual ação penal, não podendo, por si só, embasar uma condenação, nos termos do art. 155 do código. Também em virtude desse caráter informativo é que vícios nele existentes não contaminam a ação penal.

Destaque-se, por último, ***dispensabilidade*** do inquérito policial. Embora, na prática, a imensa maioria das ações penais venha precedida de um inquérito policial, o certo é que ele não é indispensável. Significa dizer que é possível a existência de uma ação penal, regularmente proposta e recebida pelo juiz, sem que, antes, tenha sido instaurado um inquérito policial. Os exemplos citados no item seguinte são bem elucidativos. Como salienta Eduardo Espínola Filho, lembrando Galdino Siqueira, o inquérito policial "não é um ato judicial, um processo regular, pelo qual possa haver condenação ou absolvição, mas é um ato extrajudicial, da polícia judiciária, uma informação preparatória e preventiva, feita enquanto não intervém a autoridade judiciária competente, ou, em síntese, uma peça de instrução ou instrumento" (*Curso de processo criminal,* 2ª. Ed., 1930, pag. 306); "do que resulta a certeza da desnecessidade do inquérito se, sem ele, se obteve já o fim, a que se destina – apurar a existência de uma infração penal, apontar os que participaram da sua execução" (ob. cit., vol. 1, p. 247). Lembre-se, a propósito, que a Lei nº 9099/95, que criou o Juizado Especial Criminal, dispensou a elaboração do inquérito policial para as infrações penais de menor potencial ofensivo, assim entendidas aquelas cuja pena máxima não supere dois anos.

Valor probatório do inquérito policial – A doutrina, de forma unânime, confere pouco valor probatório ao inquérito policial. Significa dizer que as provas nele reunidas não se prestam, por si só, para fundamentar uma sentença condenatória, sendo necessária, portanto, a repetição em Juízo de algumas das provas produzidas no inquérito. Isso porque, como já se disse, o inquérito tem um forte caráter inquisitivo, onde não vigoram, na sua inteireza, os princípios como do contraditório, da ampla defesa e da publicidade, exigidos pela Constituição apenas para o processo judicial e o processo administrativo (não se incluindo o inquérito nesta última categoria).

De se ver, porém, que algumas provas, como, por exemplo, a pericial, embora realizadas no âmbito do inquérito policial, terão enorme influência para o julgamento da causa. É que tal espécie de prova, quase sempre, não poderá ser reproduzida em Juízo, em vista do tempo passado entre a prática do crime e a instrução judicial. Demais disso, por vezes, apenas a polícia reunirá condições técnicas para a realização dessa prova. Assim, ainda que produzida no inquérito, sem se submeter ao crivo do contraditório e dos demais princípios constitucionais que orientam o processo penal, a prova pericial tem grande valor probatório.

Autoridades administrativas e poder de investigação – O parágrafo único do dispositivo em análise deixa claro que a exigência do inquérito policial não afasta a possibilidade de o fato ser apurado em outra esfera da administração, o que, aliás, reforça a ideia da prescindibilidade do inquérito. Assim, por exemplo, praticado um crime militar será instaurado um inquérito, que não é policial, para apuração dos fatos. Uma investigação conduzida pelo Fisco pode ensejar na deflagração de um processo-crime pela prática de crime de sonegação fiscal. Ou, ainda, em relação aos crimes falimentares, da sentença que decretar a quebra (art. 187, da Lei nº 11.101/2005). Também as Comissões Parlamentares de Inquérito possuem poder de investigação, consoante expressa previsão constitucional (art. 58, § 3º, da CF), podendo, de suas conclusões, resultar a oferta de uma denúncia. Lembre-se, ainda, do poder de polícia conferido ao Parlamento, em casos de crimes praticados em suas dependências e, a propósito disso, o teor da Súmula 397 do STF, *in verbis*: "o poder de polícia da Câmara dos Deputados e do Senado Federal, em caso de crime cometido nas suas dependências, compreende, consoante o regimento, a prisão em flagrante do acusado e a realização do inquérito". O inquérito civil, presidido pelo Ministério Público e disciplinado pela Lei nº 7.347/85, também pode servir de base a uma acusação. Quando da prática de um crime, nas dependências do Supremo Tribunal Federal, é instaurado um inquérito, não policial, conduzido pelo presidente da Corte, nos termos do art. 43 de seu regimento interno. Disposição idêntica é prevista no regimento interno do Superior Tribunal de Justiça (art. 58). Em suma, são exemplos que demonstram que a investigação a respeito de determinado crime não se constitui em tarefa exclusiva da polícia judiciária, podendo outros órgãos da administração realizá-la.

> **ATENÇÃO** - Vale observar que, por vezes, em caráter excepcional, é cabível a instauração de inquérito policial ainda que não haja crime a ser apurado. Ocorre, por exemplo, em casos de suicídio ou de acidente de trânsito no qual falece apenas o condutor. Segundo Carlos Frederico Coelho Nogueira (ob. cit., p. 119), tal exigência decorre do disposto no parágrafo único do art. 162 do CPP, "segundo o qual é necessário o exame externo do cadáver, quando não houver infração penal que apurar". Aponta ainda o mencionado autor que "nos casos de cadáveres não reclamados, havendo indícios de que a morte foi decorrente de causa não natural, a necropsia é necessária, por força do § 2º do art. 3º da Lei n. 8.501, de 30.11.1992".

Investigação pelo Ministério Público - Tema que já foi dos mais polêmicos diz respeito à possibilidade de o Ministério Público conduzir diligências de caráter penal, a fim de instruir investigações de seu interesse. Hoje o tema está pacificado. A controvérsia se resumia à possibilidade de o *parquet* realizar, diretamente, a apuração de infrações penais ou, antes, somente requisitá-las à autoridade policial, conforme lhe faculta o art. 13, inc. II, do código e, sobretudo, o art. 129, inc. VIII, da Constituição.

Em julgados mais remotos no Supremo Tribunal Federal, prevalecia o segundo entendimento, como se vê da seguinte ementa: "A norma constitucional não contemplou a possibilidade de o *parquet* realizar e presidir inquérito policial. Não cabe, portanto, aos seus membros inquirir diretamente pessoas suspeitas de autoria de crime. Mas requisitar diligência nesse sentido à autoridade policial. Precedentes" (RHC n. 81.326-DF - Rel. Nelson Jobim, DJ 01.08.2003).

Também a doutrina, pelo menos em parte, se posicionava nesse sentido, valendo que se confira a lição de René Ariel Dotti, para quem "o chamado Procedimento Administrativo Investigatório do Ministério Público (ou designação equivalente) ofende o princípio do devido processo legal porque: a) não há prazo de encerramento; b) não há controle jurisdicional; c) o indiciado ou suspeito não tem a faculdade de requerer diligência, em atenção ao princípio da verdade material; d) o sigilo do procedimento é a regra e não a exceção como prevê o CPP; e) um procedimento administrativo formal (portaria, autuação, juntada de documentos, registro de informações, colheita de depoimentos e outros elementos de prova, etc.) para ter força cogente e suscetível de expedir notificações e intimações – inclusive para suspeitos e indiciados, determinando o comparecimento – exige a previsão legislativa para o seu funcionamento regular, em obediência aos princípios do devido processo legal – no plano geral (CF, art. 5º, LV) – e da legalidade – no plano pessoal (CF, art. 5º, II); f) um procedimento administrativo formal (para investigar crimes) não pode ser objeto de lei estadual, frente à regra constitucional que defere à União, em caráter privativo, a competência para legislar sobre direito processual (art. 22, I)" (*O desafio da investigação criminal.* Boletim do Instituto Brasileiro de Ciências Criminais, São Paulo, ano 12, n. 138, p. 8, maio 2004). Soma-se a isso, ainda no campo doutrinário, que "as possibilidades de o Ministério Público investigar diretamente dependem da previsão legal de disposições regulando a investigação, de tal sorte que as lesões decorrentes do abuso na investigação possam ser objeto de reclamação perante o Judiciário – princípio da inafastabilidade da jurisdição – e o sistema de freios e contrapesos possa funcionar", no dizer de Geraldo Prado (*Sistema acusatório: a conformidade constitucional das leis penais.* Rio de Janeiro: Lumen Juris, 3. ed. 2005, p. 133).

Não foi, contudo, o posicionamento que vingou. De se ver, inicialmente, que o inquérito policial, como já destacamos, é prescindível, podendo a denúncia vir embasada, por exemplo, em peças de informações suficientes para dispensar sua elaboração. É o que se extrai da dicção do § 1º, art. 46, do CPP. Por vezes, ainda, uma denúncia por crime tributário vem lastreada em um procedimento investigatório movido pelo Fisco. Ou uma acusação pela prática de crime falimentar tem como base a sentença que decretar a quebra. Ignora-se, outrossim, de uma denúncia que foi rejeitada porque as investigações que a antecederam foram provenientes de um inquérito civil, instaurado pelo próprio Ministério Público (v., a propósito, os comentários ao art. 4º acima, sob a rubrica *autoridades administrativas e poder de investigação*). Mesmo o art. 40 do CPP autoriza a remessa, por juízes ou tribunais, de "cópias e os documentos necessários ao oferecimento da denúncia", a reforçar a possibilidade da deflagração do processo-crime sem o prévio inquérito policial.

Dado, assim, ao caráter marcantemente informativo do inquérito policial, nada impede – antes, se aconselha – que já dispondo dessas informações, o *parquet* desde logo oferte a acusação, dispensando o procedimento preliminar instaurado pela autoridade policial. Ora, se ao Ministério Público é dada a possibilidade de ofertar uma denúncia desprovida do prévio inquérito policial, com mais razão há que se reconhecer a possibilidade, ainda que em caráter excepcional e subsidiário, deste órgão em fazê-lo a partir de diligências que realizou. Como destacado pela Ministra Ellen Gracie, no julgamento do HC n. 91.661-PE, "é princípio basilar da hermenêutica constitucional o dos 'poderes implícitos', segundo o qual, quando a Constituição Federal concede os fins, dá os meios. Se a atividade fim – promoção da ação penal pública – foi outorgada ao *parquet* em foro de privatividade, não se concebe como não lhe oportunizar a colheita de prova para tanto, já que o CPP autoriza que 'peças de informação' embasem a denúncia". Daí se concluir – pensamos que sem maior esforço – pelo equívoco da tese no sentido de que à polícia judiciária caberia o monopólio da investigação criminal, notadamente quando em apuração a prática de crimes cometidos, em tese, pela própria corporação. Não se argumente que tal entendimento importaria em eventual desprestigio da função policial, pois, como destacou a Ministra Ellen Gracie, no mesmo julgado acima mencionado, "tal conclusão não significa retirar da Polícia Judiciária as atribuições previstas constitucionalmente, mas apenas harmonizar as normas constitucionais (arts. 129 e 144) de modo a compatibilizá-las para permitir não apenas a correta e regular apuração dos fatos supostamente delituosos, mas também a formação da *opinio delicti*". Claro que ao investigar, deverá o *parquet* se orientar pelos princípios constitucionais e infraconstitucionais que tratam da matéria, evitando o sigilo, garantindo ao advogado o acesso aos autos (nos termos do enunciado da Súmula vinculante n. 14, do STF), estabelecendo um prazo para o término das investigações, etc., sujeitando-se, no mais, à prática do crime de abuso de autoridade (Lei 13.869/19) quando exorbitar suas funções. Mas daí para se fechar definitivamente a porta para que o Ministério Público pudesse investigar, redundaria mesmo no mais absoluto equívoco, em franco prejuízo da sociedade.

Nessa linha de raciocínio, o alerta de Lenio Luiz Streck e Luciano Feldens parece apropriado para o deslinde da questão, quando destacam que "o que aqui se preconiza, enfim, não é um Ministério Público-policial, a dar ensejo à figura de um procurador/promotor investigador por excelência; quanto menos um Estado *big brother*, panóptico ante os meios social e individual. Sustenta-se, isto sim, com substrato na Constituição e na legislação vigente (e válida), a destruição de dogmas que apenas servem para alimentar feudos corporativos há muito inexistentes no Direito comparado" (*Crime e Constituição: a legitimidade da função investigatória do Ministério Público.* Rio de Janeiro: Forense, 2003, p. 108).

Após alguma divergência, na apreciação do RE n. 593727-MG, julgado em 14.05.2015, no qual foi relator para a Acórdão – reconhecida a repercussão geral – o Ministro Gilmar Mendes, fixou-se a tese que "o Ministério Público dispõe de competência para promover, por autoridade própria, e por prazo razoável, investigações de natureza penal, desde que respeitados os direitos e garantias que assistem a qualquer indiciado ou a qualquer pessoa sob investigação do Estado, observadas, sempre, por seus agentes, as hipóteses de reserva constitucional de jurisdição e, também, as prerrogativas profissionais de que se acham investidos, em nosso País, os Advogados (Lei nº 8.906/94, art. 7º, notadamente os incisos I, II, III, XI, XIII, XIV e XIX), sem prejuízo da possibilidade, sempre presente no Estado democrático de Direito, do permanente controle jurisdicional dos atos, necessariamente documentados (Súmula Vinculante nº 14)".

Fincada a possibilidade de investigação pelo Ministério Público, importante alertar que o procedimento investigatório criminal presidido pelo *parquet* está disciplinado na Resolução 181 do CNMP, alterada pela Res. 289/24 a seguir resumida nos seus principais pontos.

1) O procedimento pode ser instaurado de ofício ou mediante provocação.

No caso de instauração de ofício, o procedimento investigatório criminal será distribuído livremente entre os membros da instituição que tenham atribuições para apreciá-lo, incluído aquele que determinou a sua instauração, observados os critérios fixados pelos órgãos especializados de cada Ministério Público e respeitadas as regras de competência temporária em razão da matéria, a exemplo de grupos específicos criados para apoio e assessoramento e de forças-tarefas devidamente designadas pelo procurador-geral competente, e as relativas à conexão e à continência.

2) O membro do Ministério Público, no exercício de suas atribuições criminais, deverá dar andamento, no prazo de 30 (trinta), dias a contar de seu recebimento, às representações, requerimentos, petições e peças de informação que lhe sejam encaminhadas, podendo este prazo ser prorrogado, fundamentadamente, por até 90 (noventa) dias, nos casos em que sejam necessárias diligências preliminares.

3) O procedimento investigatório criminal poderá ser instaurado de forma conjunta, por meio de força tarefa ou por grupo de atuação especial composto por membros do Ministério Público, cabendo sua presidência àquele que o ato de instauração designar.

Poderá também ser instaurado procedimento investigatório criminal, por meio de atuação conjunta entre Ministérios Públicos dos Estados, da União e de outros países.

4) Em que pese a Resolução prever que o arquivamento do procedimento investigatório deverá ser objeto de controle e eventual revisão em cada Ministério Público, sempre se obedeceu a arquitetura tradicional, leia-se, a promoção de arquivamento é submetida ao crivo do juiz.

O membro do Ministério Público, observadas as hipóteses de reserva constitucional de jurisdição e sem prejuízo de outras providências inerentes a sua atribuição funcional, poderá: I – fazer ou determinar vistorias, inspeções e quaisquer outras diligências, inclusive em organizações militares; II – requisitar informações, exames, perícias e documentos de autoridades, órgãos e entidades da Administração Pública direta e indireta, da União, dos Estados, do Distrito Federal e dos Municípios; III – requisitar informações e documentos de entidades privadas, inclusive de natureza cadastral; IV – notificar testemunhas e vítimas e requisitar sua condução coercitiva, nos casos de ausência injustificada, ressalvadas as prerrogativas legais; V – acompanhar buscas e apreensões deferidas pela autoridade judiciária; VI – acompanhar cumprimento de mandados de prisão preventiva ou temporária deferidas pela autoridade judiciária; VII – expedir notificações e intimações necessárias; VIII – realizar oitivas para colheita de informações e esclarecimentos; IX – ter acesso incondicional a qualquer banco de dados de caráter público ou relativo a serviço de relevância pública; X – requisitar auxílio de força policial.

> **ATENÇÃO** – Recente resolução do Conselho Nacional do Ministério Público (Res. 92/22) recomenda, aos seus membros, a adoção de medidas incentivadoras da prática de gravação de atos instrutórios nos procedimentos administrativos em curso na instituição.

Nenhuma autoridade pública ou agente de pessoa jurídica no exercício de função pública poderá opor ao Ministério Público, sob qualquer pretexto, a exceção de sigilo, sem prejuízo da subsistência do caráter sigiloso da informação, do registro, do dado ou do documento que lhe seja fornecido, ressalvadas as hipóteses de reserva constitucional de jurisdição.

As requisições do Ministério Público serão feitas fixando-se prazo razoável de até 10 (dez) dias úteis para atendimento, prorrogável mediante solicitação justificada.

Ressalvadas as hipóteses de urgência, as notificações para comparecimento devem ser efetivadas com antecedência mínima de 48 horas, respeitadas, em qualquer caso, as prerrogativas legais pertinentes.

O autor do fato investigado poderá apresentar, se quiser, as informações que considerar adequadas, facultado o acompanhamento por defensor.

O defensor poderá examinar, mesmo sem procuração, os autos de procedimento de investigação criminal, findos ou em andamento, ainda que conclusos ao presidente, podendo copiar peças e tomar apontamentos, em meio físico ou digital.

O defensor deverá apresentar procuração, quando decretado o sigilo das investigações, no todo ou em parte.

O órgão de execução que presidir a investigação velará para que o defensor constituído nos autos assista o investigado durante a apuração de infrações, de forma a evitar a alegação de nulidade do interrogatório e, subsequentemente, de todos os elementos probatórios dele decorrentes ou derivados, nos termos da Lei n. 8.906, de 4 de julho de 1994.

O presidente do procedimento investigatório criminal poderá delimitar o acesso do defensor aos elementos de prova relacionados a diligências em andamento e ainda não documentados nos autos, quando houver risco de comprometimento da eficiência, da eficácia ou da finalidade das diligências.

O procedimento investigatório criminal deverá ser concluído no prazo de 90 (noventa) dias, permitidas, por igual período, prorrogações sucessivas, por decisão fundamentada do membro do Ministério Público responsável pela sua condução.

O presidente do procedimento investigatório criminal poderá decretar o sigilo das investigações, no todo ou em parte, por decisão fundamentada, quando a elucidação do fato ou interesse público exigir, garantido o acesso aos autos ao investigado e ao seu defensor, desde que munido de procuração ou de meios que comprovem atuar na defesa do investigado, cabendo a ambos preservar o sigilo sob pena de responsabilização.

Em caso de pedido da parte interessada para a expedição de certidão a respeito da existência de procedimentos investigatórios criminais, é vedado fazer constar qualquer referência ou anotação sobre investigação sigilosa.

Parâmetros estabelecidos pelo STF - O Supremo Tribunal Federal (STF) definiu, em 02/05/24, no julgamento das ADIs 2943, 3309 e 3318, parâmetros para a instauração de procedimentos investigativos por iniciativa própria do MP, firmando as seguintes teses:

a) O MP dispõe de atribuição concorrente para promover, por autoridade própria, e por prazo razoável, investigações de natureza penal, desde que respeitados os direitos e garantias que assistem a qualquer indiciado ou a qualquer pessoa sob investigação do Estado. Devem ser observadas sempre, por seus agentes, as hipóteses de reserva constitucional de jurisdição e, também, as prerrogativas profissionais da advocacia, sem prejuízo da possibilidade do permanente controle jurisdicional dos atos, necessariamente documentados (Súmula Vinculante 14), praticados pelos membros dessa Instituição;

b) A realização de investigações criminais pelo MP tem por exigência: (i) comunicação imediata ao juiz competente sobre a instauração e o encerramento de procedimento investigatório, com o devido registro e distribuição; (ii) observância dos mesmos prazos e regramentos previstos para conclusão de inquéritos policiais; (iii) necessidade de autorização judicial para eventuais prorrogações de prazo, sendo vedadas renovações desproporcionais ou imotivadas; (iv) distribuição por dependência ao Juízo que primeiro conhecer de PIC ou inquérito policial a fim de buscar evitar, tanto quanto possível, a duplicidade de investigações; (v) aplicação do artigo 18 do CPP ao PIC instaurado pelo Ministério Público;

c) Deve ser assegurado o cumprimento da determinação contida nos itens 18 e 189 da Sentença no Caso Honorato e Outros *versus* Brasil, de 27 de novembro de 2023, da Corte Interamericana de Direitos Humanos – CIDH, no sentido de reconhecer que o Estado deve garantir ao Ministério Público, para o fim de exercer a função de controle externo da polícia, recursos econômicos e humanos necessários para investigar as mortes de civis cometidas por policiais civis ou militares;

d) A instauração de procedimento investigatório pelo MP deverá ser motivada sempre que houver suspeita de envolvimento de agentes dos órgãos de segurança pública na prática de infrações penais ou sempre que mortes ou ferimentos graves ocorram em virtude da utilização de armas de fogo por esses mesmos agentes. Havendo representação ao MP, a não instauração do procedimento investigatório deverá ser sempre motivada;

e) Nas investigações de natureza penal, o MP pode requisitar a realização de perícias técnicas, cujos peritos deverão gozar de plena autonomia funcional, técnica e científica na realização dos laudos.

Apoio à investigação pelo MP – Agências de inteligência – A atividade de inteligência desempenhada por agências dos estados, que integram o Subsistema de Inteligência criado pelo Decreto n. 3.695, de 21/12/2012, consiste no exercício de ações especializadas para identificar, avaliar e acompanhar ameaças reais ou potenciais na esfera de segurança pública. Alcança diversos campos de atuação – um deles a inteligência policial judiciária – e entre suas finalidades está não só subsidiar o planejamento estratégico de políticas públicas, mas também assessorar com informações as ações de prevenção e repressão de atos criminosos.

Apesar de não se confundir com a investigação, nem se esgotar com o objetivo desta, uma vez que a inteligência de segurança pública opera na busca incessante de dados, o resultado de suas operações pode, ocasionalmente, ser aproveitado no processo penal para subsidiar a produção de provas, desde que materializado em relatório técnico.

No Rio de Janeiro, por exemplo, há alguns anos, ante a necessidade de aperfeiçoar o combate a crimes cometidos por policiais, foi atribuída à Subsecretaria de Inteligência (SSINTE/SESEG) a missão de prestar apoio a determinados órgãos em suas investigações criminais. Além das atividades de inteligência de segurança pública, era atribuição da Subsecretaria de Inteligência, integrante da estrutura da Secretaria de Estado de Segurança (SSINTE/SESEG), à luz do art. 2°, parágrafo único, da Resolução n. 436, de 8/2/2011, prestar o apoio necessário a determinados órgãos de segurança pública em suas investigações criminais.

A resolução em apreço estabeleceu, em seu art. 1°, que "os delegados da Polícia Civil" lotados na Corregedoria Geral Unificada (CGU) poderiam presidir procedimentos de polícia judiciária quando houvesse indícios de crimes imputados a policiais civis, militares ou bombeiros militares, "os quais seriam instaurados no âmbito da Delegacia de Repressão ao Crime Organizado e Inquéritos Especiais (DRACO)". Em conformidade com o art. 2°, parágrafo único, "a Subsecretaria de Inteligência/SESEG prestará o apoio necessário aos órgãos acima no âmbito de suas atribuições".

Ressalta-se que o Ministério Público, por força do art. 129 da Constituição Federal, possui a mesma competência que a Resolução n. 436 de 8/2/2011 atribuiu à CGU e à DRACO. O *parquet* é legitimado a promover, por autoridade própria, procedimentos investigatórios criminais e, além disso, exerce o controle externo das polícias.

Portanto, segundo a doutrina, no campo diversificado de atuação da segurança pública, a inteligência policial "tem como escopo questões (em sua maioria táticas) de repressão e apoio à investigação de ilícitos e grupos de infratores – não se trata, registre-se bem, de atividade de investigação criminal". Busca "levantar indícios e tipologias que auxiliam o trabalho da Polícia Judiciária e do Ministério Público", principalmente no combate do crime organizado, dissimulado ou complexo (STJ, HC 512.290-RJ, Rel. Min. Rogerio Schietti Cruz, Sexta Turma, por unanimidade, julgado em 18/08/2020, DJe 25/08/2020).

Detetive particular – Introdução – A Lei nº 13.432, de 11 de abril de 2017, regulamentou a profissão de detetive particular, criando normas a serem observadas para o seu regular exercício, limitando o alcance dessa atuação e fincando os direitos e deveres do também chamado detetive profissional.

Investigações de caráter não penal – O diploma, logo em seu art. 2º, é claro em restringir as atividades do detetive particular ao planejamento, execução e coleta de dados e informações "de natureza não criminal". Curiosa essa ressalva formulada na lei. Afinal, se o art. 5º dispõe que o detetive particular pode colaborar com investigação policial em curso, temos como evidente a incoerência do legislador ao limitar a atuação do detetive particular a fatos "de natureza não criminal". Sobretudo quando no parágrafo único, do mesmo dispositivo, condiciona a colaboração ao prévio aceite do delegado de polícia. Resta óbvio, pois, o liame entre a investigação policial e a atuação do detetive particular. Ora, se a atividade deste último se restringir a fatos "de natureza não criminal", indaga-se, então, qual seria a utilidade do detetive na persecução penal. Segundo consta da justificação do projeto de lei que deu origem ao diploma em exame, tais investigações seriam referentes, em sua grande maioria, a casos de envolvimento extraconjugal de marido ou mulher, ou entre companheiros. Sucede que o adultério, previsto no art. 240, segundo a redação original do Código Penal, não é mais crime, revogado que se encontra desde o ano de 2005. Daí se antever a reduzida possibilidade de atuação do detetive particular na persecução penal.

Pois bem. Caso o detetive particular efetue investigações de cunho penal, qual delito teria cometido? A doutrina, antes da nova ordem normativa, divergia, a saber: a) para uma primeira corrente, a investigação particular configurava o crime do art. 328 do Código Penal (usurpação de função pública), não importando a inexistência de função pública com a denominação de detetive; b) outra ensinava não constituir delito, ao conceber como lícito o trabalho exercido pelo detetive particular, que se submetia à legislação própria para a atividade profissional de prestação de serviço de investigação (Lei 3.099, de 24 de fevereiro de 1957). Configuraria o crime, apenas, se o particular se identificasse como policial, agindo como se fosse servidor público executando um ato oficial.

A Lei 13.432/17 buscou colocar uma pá de cal na discussão, dispondo sobre o exercício da profissão de detetive particular. Para os fins desta Lei, considera-se detetive particular o profissional que, habitualmente, por conta própria ou na forma de sociedade civil ou empresarial, planeje e execute coleta de dados e informações de natureza não criminal, com conhecimento técnico e utilizando recursos e meios tecnológicos permitidos, visando ao esclarecimento de assuntos de interesse privado do contratante (art. 2º).

Percebam, portanto, que sua atuação é primordialmente extrapenal, conquanto façamos a ressalva anterior, quando apontamos a aparente incoerência do legislador. De qualquer sorte, interpretando-se a lei de forma gramatical e não sistemática, tem-se que a usurpação por particular da tarefa de investigar criminalmente permanece crime, como forma de se resguardar o normal e regular funcionamento das atividades administrativas, comprometido pelo indevido exercício de funções públicas por pessoa inabilitada. O que a Lei 13.432/17 permite, no seu art. 5º, é o detetive particular colaborar com a investigação policial em curso, desde que expressamente autorizado por contrato e aceito pelo delegado de polícia, que poderá rejeitá-lo a qualquer tempo. O diploma, contudo, proíbe o detetive colaborador de participar diretamente das diligências policiais (art. 10, inc. IV), o que ocorreria, por exemplo, caso cumprisse um mandado de busca e apreensão.

Logo, se o detetive exercer atividades de investigação criminal fora dos casos de colaboração com a autoridade policial, ou agir sem contrato, ou, ainda, continuar atuando depois de rejeitado pela Autoridade Policial, incorrerá nas penas do art. 328 do Código Penal, que trata da usurpação de função pública. O delito se consuma com a efetiva prática de pelo menos um ato inerente ao ofício indevidamente desempenhado, não se exigindo reiteração de condutas ou consequências danosas para a administração. Aliás, no caso de reiteração de comportamentos "se forem praticados vários atos no exercício da função, a lesão típica se protrai e a consumação se desloca no tempo e no lugar em que for realizado o último ato (crime eventualmente permanente)", como explicam Antonio Pagliaro e Paulo José da Costa Jr. (*Dos crimes contra a Administração Pública*, Ed. Malheiros, 1999 p. 186). No caso de o agente auferir, para si ou para terceiro, vantagem (não só as patrimoniais), a pena será majorada, nos termos do parágrafo único do art. 328 do CP.

Detetive particular apenas no inquérito policial ou em outros procedimentos investigativos? Uma indagação que, decerto, surgirá, consiste em saber se a participação do detetive particular deve se restringir ao inquérito policial ou, ao contrário, poderá se estender a outros procedimentos investigatórios de caráter extrapolicial, como, por exemplo, aqueles comandados pelo Ministério Público ou oriundos de Comissão Parlamentar de Inquérito ou, ainda, o presidido pela autoridade fiscal a fim de apurar a prática de crimes tributários. Forma-se doutrina no sentido de admitir a figura do detetive particular também para as investigações levadas a cabo pelo Ministério Público. Nesse sentido, Eduardo Luiz Santos Cabette, para quem o legislador, ao empregar no *caput* do art. 5º, da Lei 13.432/17, "a expressão ampla 'investigação criminal' e não a restrita 'Inquérito Policial', não parece restar dúvida de que também poderá atuar em Procedimentos Investigatórios Criminais (PIC) do Ministério Público (*in O detetive particular na investigação criminal*, site megajuridico.com,br, acessado em 13.04.2017).

Sucede que, ao contrário desse entendimento, o legislador, no *caput* do art. 5º da lei, utiliza a expressão "investigação policial" e não "investigação criminal", como equivocadamente pareceu ao citado autor. Daí concluirmos, sem maior esforço, que a figura do detetive particular somente tem cabimento nas hipóteses de investigações policiais, formalizadas por meio do respectivo inquérito policial. Para que não reste nenhuma dúvida, lembramos do teor do parágrafo único, do mencionado art. 5º da lei, ao determinar que o aceite da colaboração "ficará a critério do delegado de polícia, que poderá admiti-la ou rejeitá-la a qualquer tempo". Quisesse o legislador estender essa participação a outras investigações diversas das policiais, bastaria empregar a expressão genérica "investigações". Ao referir-se especificamente à "investigação policial" e ao condicionamento de seu aceite pelo delegado de polícia, deixou claro que somente nesses casos é de se tolerar o detetive profissional. A textualidade do diploma legal não permite outra conclusão, sintetizada no brocardo latino segundo o qual *in claris cessat interpretatio.*

Autorização judicial? – A lei não exige, para a efetivação da colaboração, prévia autorização judicial ou manifestação do Ministério Público. Parece-nos de bom alvitre, contudo, que o delegado de polícia comunique o juiz e o promotor de Justiça oficiante nos autos do inquérito, eventual autorização que tenha concedido ao detetive particular, a permitir, inclusive, alguma fiscalização sobre essa atuação.

Contratação pela vítima ou pelo suspeito – A Lei não faz qualquer distinção entre a atuação do detetive particular em favor da vítima ou do suspeito da prática criminosa. Em seu art. 8º, com efeito, ao estipular os termos do contrato de prestação de serviços, faz menção apenas à "qualificação completa das partes contratantes", sem distinguir averiguado e ofendido. Ora, onde a lei não distinguiu não cabe ao intérprete fazê-lo (*ubilex non distinguit, nec nos distinguere debemus*).

Aceitação pelo Delegado de Polícia – A colaboração de detetive depende da prévia aceitação do Delegado de Polícia, "que poderá admiti-la ou rejeitá-la a qualquer tempo", nos termos do parágrafo único, do art. 5º da lei. Trata-se, pois, de ato discricionário, a exigir, da autoridade policial, análise quanto à sua conveniência e oportunidade. Nem por isso se dispensa a respectiva motivação do ato. Na lição de Celso Antônio Bandeira de Mello, "a motivação deve ser prévia ou contemporânea à expedição do ato. Em algumas hipóteses de atos vinculados, isto é, naqueles em que há aplicação quase automática da lei, por não existir campo para interferência de juízos subjetivos do administrador, a simples menção do fato e da regra de Direito aplicada pode ser suficiente, por estar implícita a motivação. Naqueloutros, todavia, em que existe discricionariedade administrativa ou em que a prática do ato vinculado depende de aturada apreciação e sopesamento dos fatos e das regras jurídicas em causa, é imprescindível motivação detalhada" (*Curso de Direito Administrativo*. São Paulo: Malheiros, 21ª ed., 2006, p. 108). É dizer: a não admissão do detetive não deve resultar de mero capricho da autoridade policial que, antes, deve elencar as razões que justificaram seu ato. Lembre-se que a profissão de detetive particular, antes mesmo da entrada em vigor da lei em análise, já se encontrava no rol da *Classificação Brasileira de Ocupações* (CBO 3518-05), importando mesmo a negativa imotivada da autoridade policial em restrição do direito ao trabalho do detetive privado.

Âmbito da atuação – Parece evidente que a atuação do detetive particular é de natureza acessória, supletiva, de mera colaboração com a autoridade policial. Nesse sentido, o *caput do* art. 5º, da lei, ao dispor que "o detetive particular pode colaborar com a investigação policial em curso". A propósito, a Lei n. 12.830/2013, determina ser privativa do delegado de polícia a função de investigar mediante a instauração de inquérito policial. Tal colaboração, portanto, jamais poderá implicar na prática de atos inerentes e privativos da autoridade policial e seus agentes, como, aliás, veda expressamente o inc. IV, do art. 10, da lei. Poderá, assim, no interesse da investigação policial, indicar testemunhas, exibir documentos, sugerir, ainda que informalmente, rumos da persecução e só. Dito isso, concluímos destacando a possibilidade de o detetive tomar providências na busca da verdade real. Nada impede, por exemplo, a realização de um exame pericial particular; tampouco são vedadas a sondagem e a oitiva informal de testemunhas ignoradas pela autoridade policial e que possam esclarecer fatos objeto do inquérito policial. O que não se admite é a prática de atos que pressuponham efetivo poder legal de investigação. O detetive particular não pode, por exemplo, se propor a notificar alguém para ser inquirido, nem lhe é permitido realizar buscas pessoais. Caso pratique atos dessa natureza, deve ser responsabilizado pela usurpação de função pública.

JURISPRUDÊNCIA

Detetive particular e perturbação da tranquilidade

A simples contratação de detetive particular, profissão regulamentada pela Lei 13.432/2017, não tem o condão de caracterizar a ocorrência da contravenção penal de perturbação à tranquilidade uma vez que não há, na inicial acusatória, descrição de conduta que demonstre a ocorrência de violação à intimidade do domicílio ou de momento íntimo da vítima. STJ. 6ª Turma. RHC 101811/SP, Rel. Min. Nefi Cordeiro, julgado em 23/10/2018.

Investigação defensiva (pelo advogado) – em 11 de dezembro de 2018, o Conselho Federal da Ordem dos Advogados do Brasil editou o Provimento nº 188, que regulamenta "o exercício da prerrogativa profissional do advogado de realização de diligências investigatórias para instrução em procedimentos administrativos e judiciais". Noutras palavras, a norma administrativa regulamenta a denominada *investigação defensiva*, definida, logo no art. 1º, como "o complexo de atividades de natureza investigatória desenvolvido pelo advogado, com ou sem assistência de consultor técnico ou outros profissionais legalmente habilitados, em qualquer fase da persecução penal, procedimento ou grau de jurisdição, visando à obtenção de elementos de prova destinados à constituição de acervo probatório lícito, para a tutela de direitos de seu constituinte".

O art. 3º do provimento estabelece as principais finalidades da investigação encabeçada pelo advogado em favor de seu constituinte. Segundo o dispositivo, os elementos de prova podem ser colhidos para instruir: a) pedido de instauração ou trancamento de inquérito; b) rejeição ou recebimento de denúncia ou queixa; c) resposta à acusação; d) pedido de medidas cautelares; e) defesa em ação penal pública ou privada; f) razões de recurso; g) revisão criminal; h) *habeas corpus*; i) proposta de acordo de colaboração premiada; j) proposta de acordo de leniência; k) outras medidas destinadas a assegurar os direitos individuais em procedimentos de natureza criminal. Inclui-se também a prática de **diligências investigatórias visando à obtenção de elementos destinados à produção de prova para o oferecimento de queixa, principal ou subsidiária**, diligências estas que podem ser promovidas diretamente pelo advogado, a quem o art. 4º confere o poder de colher depoimentos, pesquisar e obter dados e informações disponíveis em órgãos públicos ou privados, determinar a elaboração de laudos e exames periciais e realizar reconstituições, desde que não se trate de situação que demande autorização judicial.

Trata-se, pois, de conferir ao advogado o poder de investigar, *sponte propria*, elementos que possam ser relevantes para a defesa de quem o constituiu. O movimento para que a investigação defensiva seja reconhecida ganha força, segundo Antonio Scarance Fernandes, porque "A prática evidenciou que o Ministério Público, quando encarregado de dirigir ou supervisionar a investigação, foca sua atenção na obtenção de elementos que possam sustentar a sua futura acusação, o que acaba prejudicando a pessoa suspeita, tendo em vista o risco de desaparecerem informes importantes para a sua defesa e demonstração de sua inocência. Decorre, daí, a preocupação em abrir para o investigado a possibilidade de investigação privada, como já sucede nos Estados Unidos. Trata-se de assunto que, com o avanço do Ministério Público para a investigação também entre nós, provavelmente, passará a ser objeto de maior atenção" (Rumos da investigação no direito brasileiro. Boletim do Instituto Manoel Pedro Pimentel, n. 21, p.13).

Da inconstitucionalidade do Provimento 188/2018 do Conselho Federal da OAB (investigação defensiva) – a iniciativa adotada pelo Conselho Federal da OAB, todavia, carece de amparo constitucional e legal.

A Constituição Federal trata da segurança pública no art. 144. Os atos de investigação de ordem criminal são atribuídos expressamente à Polícia Federal e às Polícias Civis. O § 1º, inc. I atribui à primeira a apuração de infrações penais contra a ordem política e social ou em detrimento de bens, serviços e interesses da União ou de suas entidades autárquicas e empresas públicas, assim como outras infrações cuja prática tenha repercussão interestadual ou internacional e exija repressão uniforme, segundo se dispuser em lei. Já às polícias civis § 4º atribui a apuração das demais infrações penais, exceto as militares.

Com o tempo, determinados atos de investigação criminal passaram a ser admitidos também fora do âmbito das polícias judiciárias. É o caso da possibilidade de o Ministério Público instaurar procedimento próprio para investigar infrações penais, especialmente as de maior repercussão nos âmbitos da Administração Pública e da criminalidade organizada.

Como alertado em tópico próprio (logo acima), pode-se observar que a despeito de movimentos contrários à investigação pelo Ministério Público, os fundamentos para sua legitimidade são extraídos diretamente da Constituição e da lei, ao contrário do que ocorre com o Provimento 188/18 editado pelo Conselho Federal da OAB.

Não há, com efeito, nem na Constituição nem na Lei 8.906/94, qualquer dispositivo que possa fundamentar a prática de atos de investigação de ordem criminal. O provimento foi editado para regulamentar "o exercício da prerrogativa profissional do advogado de realização de diligências investigatórias para instrução em procedimentos administrativos e judiciais", mas, analisado o art. 7º da Lei 8.906/94, vê-se que nenhuma das prerrogativas elencadas faz referência à prática de atos investigatórios. Aliás, a Lei 13.245/16 – que alterou o art. 7º – teve um dispositivo vetado porque acrescentava no elenco das prerrogativas do advogado o poder de "requisitar diligências". Eis as razões do veto:

> "Da forma como redigido, o dispositivo poderia levar à interpretação equivocada de que a requisição a que faz referência seria mandatória, resultando em embaraços no âmbito de investigações e consequentes prejuízos à administração da justiça. Interpretação semelhante já foi afastada pelo Supremo Tribunal Federal - STF, em sede de Ação Direita de Inconstitucionalidade de dispositivos da própria Lei nº 8.906, de 4 de julho de 1994 - Estatuto da Advocacia e a Ordem dos Advogados do Brasil (ADI 1127/DF). Além disso, resta, de qualquer forma, assegurado o direito de petição aos Poderes Públicos em defesa de direitos ou contra ilegalidade ou abuso de poder, nos termos da alínea 'a', do inciso XXXIV, do art. 5º, da Constituição."

Ora, se o Poder Executivo vetou, **por contrariedade ao interesse público**, dispositivo legal que acrescentaria prerrogativa que poderia tumultuar investigações criminais, o que dizer de um simples provimento que, sem nenhuma base legal, admite até mesmo algo que beira a usurpação de função pública: a realização de **diligências investigatórias para a obtenção de elementos de prova para o oferecimento de queixa** (mesmo em ação penal privada subsidiária da pública), o que supera o conceito de investigação defensiva, tendo em vista que se trata de um ato de acusação? Trata-se de algo que evidentemente extrapola as competências do órgão da OAB (art. 54 da Lei 8.906/94).

E que não se diga que, por analogia, o reconhecimento da atividade de detetive particular pode legitimar, devido ao interesse direto na busca de provas defensivas, prática semelhante pelo advogado. Em primeiro lugar, porque o exercício da profissão de detetive particular é regulamentado pela Lei 13.432/17, ao contrário da investigação defensiva. Em segundo lugar, porque ao detetive é permitida apenas a coleta de dados e informações de natureza **não criminal**. Além disso, uma das vedações ao exercício da profissão é a participação direta em diligências policiais (art. 10, inc. IV); de acordo com a lei, o detetive pode apenas colaborar em investigação policial em curso, a critério do delegado de polícia, que pode admiti-lo ou rejeitá-lo a qualquer tempo. Disto extraímos duas conclusões: 1) que o detetive não pode capitanear a obtenção de elementos de prova criminal, nem pode interferir no trabalho da polícia, pela óbvia razão de que isto causaria tumultos de consequências imprevisíveis; 2) a rigor, a própria atividade da advocacia pode exercer mais influência em investigações em curso, pois o defensor tem amplo acesso a autos de investigação e não pode jamais ser privado de tomar ciência dos elementos de prova obtidos contra seu constituinte. Não faz sentido, diante disso, adicionar à atividade advocatícia poderes que, mesmo sem intenção, podem provocar desordem no curso da investigação.

Na linha da já citada lição de Antonio Scarance Fernandes, há ainda quem defenda o Provimento 188/18 sob o argumento de que é necessário para garantir a paridade de armas no processo penal, e, além disso, seu fundamento pode ser buscado diretamente no princípio da ampla defesa, de índole constitucional.

Por louváveis que sejam as iniciativas de garantir ao investigado plenas condições de fazer frente aos órgãos estatais que buscam angariar provas do cometimento de infrações penais, não podemos deixar de destacar que a paridade de armas já é garantida, ainda que se considere a atuação do Ministério Público no campo investigativo.

Isto porque a ação penal será submetida a um juiz imparcial, diverso do que atuou na fase da investigação (ver art. 3º-A a F do CPP), que assegurará ao acusado ampla liberdade de contestação e de defesa. Aliás – como mencionado linhas acima –, na própria fase investigativa o advogado já tem a seu dispor diversas possibilidades de atuação que podem influenciar de forma relevante o curso da apuração. O art. 3º-B, incs. VII, X, XI e XV, e art. 14, ambos do CPP, garantem o requerimento de diligências pertinentes para a apuração do crime; o art. 3º.-B, XVI, e art. 159, § 3º, também do CPP, facultam a formulação de quesitos e a indicação de assistente técnico nas perícias já na fase da investigação; o art. 3º.-B, XI, "c", e art. 242 do CPP admitem o requerimento de busca e apreensão; o 7º, inc. XXI, *a*, da Lei 8.906/94 garante que o advogado apresente razões e quesitos enquanto assiste a seus clientes investigados durante a apuração de infrações, sob pena de nulidade absoluta do respectivo interrogatório ou depoimento e, subsequentemente, de todos os elementos investigatórios e probatórios dele decorrentes ou derivados, direta ou indiretamente. Como se pode notar, o cerceamento da prerrogativa pode macular de forma gravíssima não só o procedimento investigatório, mas também a ação penal, a depender das circunstâncias.

Além disso, não obstante o princípio da ampla defesa garanta o pleno exercício dos meios necessários para que alguém apresente argumentos e provas capazes de refutar a acusação, não podemos olvidar que tais meios devem ser adequados e compatíveis com o ordenamento jurídico vigente. A ampla defesa não é uma garantia absoluta em nome da qual devam ser admitidos meios de produção de prova que não encontram fundamento constitucional e legal. Ou por outra: não é possível que um princípio constitucional seja invocado de forma tão genérica a ponto de fundamentar a criação, sem base normativa adequada, de meios de investigação criminal. A propósito, destaca-se o seguinte trecho de artigo publicado por Henrique Hoffman e Eduardo Fontes (https://www.conjur.com.br/2019-jan-29/academia-policia-advogado-nao-realizar-investigacao-criminal):

> "Há quem diga que a investigação criminal defensiva, embora sem previsão legal, possa ser extraída de garantias constitucionais (ampla defesa e devido processo legal) e tratados internacionais. Entretanto, os princípios mencionados, imprescindíveis para assegurar isonomia no processo, não tem o condão de criar novos órgãos de investigação criminal sem amparo expresso no ordenamento constitucional e legal. Ademais, os diplomas internacionais em momento algum asseguram expressamente ao defensor a atividade probatória durante a investigação preliminar, mas sim durante a fase processual, deixando claro a Convenção Americana de Direitos Humanos que se tratam de *garantias judiciais* (artigo 8º).

É o entendimento da Corte Interamericana de Direitos Humanos quando discorre sobre o dever estatal de investigar:

Além disso, é preciso reiterar que esta investigação deve ser realizada por todos os *meios legais disponíveis* e estar orientada à determinação da verdade e à persecução, captura, julgamento e castigo de todos os responsáveis intelectuais e materiais pelos fatos, especialmente quando estão ou possam estar envolvidos agentes estatais. Durante a investigação e o trâmite judicial, as vítimas ou seus familiares devem ter amplas oportunidades para *participar e serem ouvidos*, tanto no esclarecimento dos fatos e na punição dos responsáveis, quanto na busca de uma justa compensação, de acordo com a lei interna e a Convenção Americana. Não obstante isso, a *investigação* e o processo devem ter um propósito e ser *assumidos pelo Estado como um dever jurídico próprio e não como uma simples gestão de interesses particulares, que dependa da iniciativa processual das vítimas ou de seus familiares ou da apresentação de elementos probatórios por parte de particulares.*

O dever de investigar é (...) obrigação deve ser assumida pelo Estado (...) o que não se contrapõe ao direito de que gozam as vítimas de violações dos direitos humanos ou seus familiares de *serem ouvidos* durante o processo de investigação e tramitação judicial, bem como de *participar amplamente dessas etapas.*

À luz desse dever, uma vez que as *autoridades estatais* tenham conhecimento do fato, devem *iniciar ex officio e sem demora uma investigação séria, imparcial e efetiva*."

Desta forma, nota-se claramente que o provimento editado pelo Conselho Federal da OAB excede as competências legais daquele órgão, incumbido de lidar com as questões inerentes à advocacia, respeitadas as limitações próprias de um órgão de sua natureza. Não é admissível que uma medida de cunho administrativo crie novas formas de investigação à revelia do sistema processual, provoque inversões de papeis e abra espaço para tumultos e contratempos que, ao fim e ao cabo, podem resultar em investigações falhas e em ações penais fadadas ao fracasso.

Atuação da Polícia Militar na lavratura de termo circunstanciado – Firmou-se no STF a tese de que a lavratura de termo circunstanciado de ocorrência (TCO), previsto no art. 69 da Lei 9.099/95, aplicável no caso de infrações penais de menor potencial ofensivo, não configura atividade investigativa e, portanto, não é função privativa de polícia judiciária. Na ADI 5637, decidiu-se que o termo circunstanciado não é procedimento investigativo, mas peça informativa com descrição detalhada do fato e as declarações do condutor do flagrante e do autor do fato. Dentre desse espírito, pelo ser lavrado pela Polícia Militar.

JURISPRUDÊNCIA

Prescindibilidade do inquérito policial e mitigação do acusatório e da ampla defesa

Por se tratar de procedimento informativo de natureza inquisitorial destinado precipuamente à formação da opinio delicti do órgão acusatório, o inquérito comporta a regular mitigação das garantias do acusatório e da ampla defesa. Com efeito, tal proceder justifica-se pelo fato de os elementos indiciários não se prestarem, por si sós, ao juízo penal condenatório (art. 155 do Código de Processo Penal), resultado processual que pode ser alcançado com fundamento em provas diversas, dispensando-se, inclusive, a produção de procedimento investigatório. Assim, **não é necessária a intimação prévia da defesa técnica do investigado para a tomada de depoimentos orais na fase de inquérito policial. Não haverá nulidade dos atos processuais caso a intimação não ocorra.** STF. 2ª Turma. Pet 7612/DF, Rel. Min. Edson Fachin, julgado em 12/03/2019 (Info 933).

Nulidades no inquérito não contaminam o processo

"A jurisprudência deste Tribunal Superior firmou-se no sentido de que eventual irregularidade ocorrida na fase do inquérito policial não contamina a ação penal dele decorrente, quando as provas serão renovadas sob o crivo do contraditório e da ampla defesa" (STJ - HC n. 393.172/RS, Quinta Turma, de minha relatoria, DJe de 6/12/2017).

Art. 5º Nos crimes de ação pública o inquérito policial será iniciado:

I - de ofício;

II - mediante requisição da autoridade judiciária ou do Ministério Público, ou a requerimento do ofendido ou de quem tiver qualidade para representá-lo.

§ 1º O requerimento a que se refere o nº II conterá sempre que possível:

a) a narração do fato, com todas as circunstâncias;

b) a individualização do indiciado ou seus sinais característicos e as razões de convicção ou de presunção de ser ele o autor da infração, ou os motivos de impossibilidade de o fazer;

c) a nomeação das testemunhas, com indicação de sua profissão e residência.

§ 2º Do despacho que indeferir o requerimento de abertura de inquérito caberá recurso para o chefe de Polícia.

§ 3º Qualquer pessoa do povo que tiver conhecimento da existência de infração penal em que caiba ação pública poderá, verbalmente ou por escrito, comunicá-la à autoridade policial, e esta, verificada a procedência das informações, mandará instaurar inquérito.

§ 4º O inquérito, nos crimes em que a ação pública depender de representação, não poderá sem ela ser iniciado.

§ 5º Nos crimes de ação privada, a autoridade policial somente poderá proceder a inquérito a requerimento de quem tenha qualidade para intentá-la.

I - de ofício;

Ex officio – Tratando-se de um crime de ação penal pública incondicionada, cumpre ao delegado de polícia, de ofício (ou seja, sem requerimento do interessado), instaurar o inquérito policial, conforme aqui disposto. Para tanto, baixará uma *portaria*, primeiro ato que dá início ao inquérito policial. Chama-se *notitia criminis* o conhecimento que tem a autoridade policial da ocorrência de uma infração penal. A *notitia criminis* pode ser *espontânea* (também chamada de *cognição imediata* ou *informal*), quando a autoridade policial tem ciência da ocorrência da infração penal em virtude de sua atividade funcional. Assim, por exemplo, quando se sabe da ocorrência do fato em razão do noticiário da imprensa, ou quando um investigador de polícia leva o fato ao Delegado ou mesmo através de uma denúncia anônima. Ou ainda quando, em determinado interrogatório, o indiciado indica outros crimes que cometeu, além daquele que é objeto da investigação. A *notitia criminis* pode ser, ainda, *provocada* (conhecida, também, como *mediata* ou *formal*), que ocorre, v.g., quando alguém do povo, a vítima, o juiz ou o Ministério Público levam à autoridade policial a notícia da existência de uma infração penal. Pode, por último, a *notitia criminis* ser de *cognição coercitiva*, cujo conhecimento do fato decorre da prisão em flagrante de seu autor.

JURISPRUDÊNCIA

Deflagração de investigação criminal com base em matéria jornalística

"É possível que a investigação criminal seja perscrutada pautando-se pelas atividades diuturnas da autoridade policial, verbi gratia, o conhecimento da prática de determinada conduta delitiva a partir de veículo midiático, no caso, a imprensa, como de fato ocorreu. É o que se convencionou a denominar, em doutrina, de notitia criminis de cognição imediata (ou espontânea), terminologia obtida a partir da exegese do art. 5º, inciso I, do CPP, do qual se extrai que "nos crimes de ação pública o inquérito policial será iniciado de ofício". STJ. 6ª Turma. RHC 98.056-CE, Rel. Min. Antonio Saldanha Palheiro, julgado em 04/06/2019 (Info 652).

II - mediante requisição da autoridade judiciária ou do Ministério Público, ou a requerimento do ofendido ou de quem tiver qualidade para representá-lo.

Requisição – O inquérito pode ser instaurado, também, por *requisição* do juiz ou do Ministério Público. Trata-se da chamada *notitia criminis provocada* ou *mediata* ou *formal*.

Requisição do juiz – Percebíamos cada vez mais forte a tese no sentido de que, em face da atual ordem constitucional, que confere ao Ministério Público a titularidade exclusiva na ação penal pública, não seria mais cabível a requisição do juiz visando a abertura de um inquérito policial. Tal requisição somente se justificaria ao tempo em que o juiz possuía a iniciativa da ação penal, no chamado procedimento judicialiforme, previsto no revogado art. 531 do CPP. Nesse esdrúxulo procedimento, o juiz (ou a autoridade policial) baixava uma portaria que se prestava como verdadeira denúncia, cabendo ao mesmo juiz, ao final, julgar o réu que ele antes denunciara. Ao juiz, portanto, cabia acusar e julgar a um só tempo. Com a extinção desse procedimento e forte no sistema acusatório, no qual cada papel é perfeitamente definido, tem-se que a medida mais adequada é a prevista no art. 40 do CPP, cumprindo ao juiz remeter a documentação ao Ministério Público para a adoção das medidas cabíveis no âmbito penal, ao invés de agir de ofício.

Inquérito das Fake News – O Inquérito 4781 foi instaurado em 14.03.2019, por meio da Portaria GP 69/2019, assinada pelo Ministro Presidente Dias Toffoli, designando o Min. Alexandre de Moraes como relator, com fundamento nos artigos 13, I e 43, ambos do RISTF (Regimento Interno do STF), a fim de investigar a disseminação e financiamento de "notícias fraudulentas (fake news), falsas comunicações de crimes, denunciações caluniosas, ameaças e demais infrações revestidas de *animus caluniandi, diffamandi ou injuriandi*, que atingem a honorabilidade e a segurança do STF de seus membros e familiares".

A instauração se deu com base no artigo 43 do RISTF que autoriza o Presidente da Corte a instaurar inquérito ou delegar esta atribuição a outro Ministro, quando ocorrer infração à lei penal na sede ou dependência do Tribunal, e se envolver autoridade ou pessoa sujeita à sua jurisdição.

Contudo, em 16.04.2019, a PGR, em promoção ministerial da ex-procuradora-geral da República, Raquel Dodge, se manifestou pelo arquivamento do inquérito sob o argumento de que "o ato da instauração do inquérito não indica quem são os investigados", não há "previsão legal ou regimental de determinação de instauração de inquérito de ofício (sem requisição do Ministério Público)" ou de distribuição para um relator escolhido. O Min. Alexandre de Moraes negou o pedido, entendendo não haver "qualquer respaldo legal, além de ser intempestivo, e, se baseando em premissas absolutamente equivocadas". Para o Ministro, "o sistema acusatório de 1988 concedeu ao Ministério Público a privatividade da ação penal pública, porém não a estendeu às investigações penais, mantendo a presidência dos inquéritos policiais junto aos delegados de Polícia Judiciária e, excepcionalmente, no próprio Supremo Tribunal Federal, por instauração e determinação de sua Presidência, nos termos do 43 do Regimento Interno. Inconfundível, portanto, a titularidade da ação penal com os mecanismos investigatórios".

O Partido Rede Sustentabilidade ajuizou, então, ação de descumprimento de preceito fundamental (ADPF 572 MC/DF, Rel. Min. Edson Fachin, julgada em 17.06.2020) contra a Portaria GP 69/2019. Segundo o partido, o documento não indicou qual ato teria sido praticado na sede ou nas dependências do STF, quem seriam os investigados e se estão sujeitos à jurisdição do Tribunal. O partido afirmou que não compete ao Poder Judiciário, exceto em raras exceções, conduzir investigações criminais e aponta também a necessidade de representação do ofendido para a investigação dos crimes contra a honra e a falta de justa causa para a instauração de inquéritos por fatos indefinidos. Diante disso, reivindicou a inconstitucionalidade da Portaria GP 69/2019 que deu origem ao Inquérito 4781.

O Plenário do STF julgou, por maioria, improcedente o pedido, confirmando a constitucionalidade da Portaria. A decisão entendeu que, embora o art. 43 do RISTF exija que os fatos apurados ocorram na "sede ou dependência" do próprio STF, o caráter difuso dos crimes cometidos por meio da internet permite ampliar o conceito de "sede", uma vez que o STF exerce jurisdição em todo o território nacional. Logo, os crimes objeto do inquérito, contra a honra e, portanto, formais, cometidos em ambiente virtual, podem ser considerados como cometidos na sede ou dependência do STF.

A Corte formulou, também, as seguintes condicionantes para a constitucionalidade do inquérito:

a) o procedimento deve ser acompanhado pelo Ministério Público;

b) deve ser integralmente observado o Enunciado 14 da Súmula Vinculante ("É direito do defensor, no interesse do representado, ter acesso amplo aos elementos de prova que, já documentados em procedimento investigatório realizado por órgão com competência de polícia judiciária, digam respeito ao exercício do direito de defesa");

c) o objeto do inquérito deve se limitar a investigar manifestações que acarretem risco efetivo à independência do Poder Judiciário (art. 2º da CF/88). Isso pode ocorrer por meio de ameaças aos membros do STF e a seus familiares ou por atos que atentem contra os Poderes instituídos, contra o Estado de Direito e contra a democracia; e, por fim,

d) a investigação deve respeitar a proteção da liberdade de expressão e de imprensa, excluindo do escopo do inquérito matérias jornalísticas e postagens, compartilhamentos ou outras manifestações (inclusive pessoais) na internet, feitas anonimamente ou não, desde que não integrem esquemas de financiamento e divulgação em massa nas redes sociais.

Requisição do Ministério Público – embora inexista qualquer subordinação hierárquica entre o delegado de polícia e o promotor de Justiça, o certo é que a requisição formulada por este último possui um inequívoco caráter de ordem. Assim, cabe a instauração do inquérito mediante requisição do Ministério Público, conforme dispõe a primeira parte do inc. II, do art. 5º, do código. Ainda que o crime seja de ação penal pública condicionada, é cabível a requisição formulada pelo membro do Ministério Público, desde que acompanhada da respectiva representação da vítima ou requisição do Ministro da Justiça. Tratando-se de *ordem*, como regra, ela deve ser cumprida. Por óbvio, quando a ordem se revelar manifestamente ilegal (suponha-se uma requisição de instauração de inquérito policial contra uma criança ou adolescente inimputável pela prática de um ato infracional), o delegado de polícia não se obrigará a observá-la, devendo oficiar à autoridade requisitante, explicando as razões do descumprimento.

Requisição e foro por prerrogativa de função – ao Ministério Público cabe instaurar ou requisitar diretamente a investigação com o fim de apurar supostos delitos de ação penal pública, ainda que se trate de crime atribuído à autoridade com foro por prerrogativa de função.

ATENÇÃO: No caso de autoridade com foro no STF, a autorização da Corte para a investigação é necessária, pois prevista no regimento interno do Tribunal, norma recepcionada pela Carta Maior como lei ordinária. Também no caso de suspeitos membros do Ministério Público ou da Magistratura, a autorização é imprescindível, estampada nas respectivas leis orgânicas. Havendo lei, a autorização é necessária. A Segunda Turma do STF, em recente julgado, por maioria de votos, desprezando precedentes também recentes da mesma Corte, decidiu de maneira diversa, demandando a autorização independentemente de lei:

"Os agentes ocupantes de cargos protegidos constitucionalmente pela prerrogativa de foro pelo exercício da função só podem ser investigados mediante inquérito instaurado com autorização do órgão judiciário competente. Tendo sido o inquérito instaurado em data anterior ao deferimento da cautelar na ADI 5.104-MC/DF, que suspendeu a eficácia da norma que exigia a autorização do órgão competente da Justiça eleitoral para instaurar inquérito policial eleitoral, bem como pelo suposto ilícito ter sido praticado durante o exercício e em razão do cargo de Secretária de Estado - o que assegura o foro por prerrogativa de função, conforme decisão do Plenário do STF na AP 937-QO/RJ -, existe irregularidade na instauração do procedimento investigativo que acarreta nulidade processual. (Segundo Agravo Regimental no Recurso Ordinário em Habeas Corpus nº 175.310-AP, STF, 2ª Turma, Rel. Min. Ricardo Lewandowski, por maioria, julgado em 8.2.2022, publicado no DJ em 20.4.2022)".

Requisição e crimes eleitorais – O artigo 8º da Resolução nº 23.396/2013, do Tribunal Superior Eleitoral, dispunha que: "O inquérito policial eleitoral somente será instaurado mediante determinação da Justiça Eleitoral, salvo a hipótese de prisão em flagrante". Com isso, se retirava do Ministério Público a possibilidade de requisitar diretamente a instauração de inquérito policial, a depender exclusivamente de prévia autorização judicial nesse sentido. Tal diploma foi alvo de uma Ação Direta de Inconstitucionalidade ajuizada pelo Procurador-Geral da República (ADI nº 5104MC-DF), com pedido de medida cautelar visando suspender a eficácia de vários dispositivos da mencionada resolução. Por maioria de votos, o Supremo Tribunal Federal deferiu parcialmente a cautelar, suspendendo a eficácia do art. 8º da resolução, até o julgamento do mérito do pedido. A ementa do acórdão se acha abaixo transcrita.

> **ATENÇÃO** – A Resolução 1.225/2020-PGJ, de 03.09.2020, regula o procedimento investigatório criminal no âmbito do Ministério Público Eleitoral, com o objetivo de apurar a ocorrência de infrações penais eleitorais, servindo de preparação e embasamento para o juízo de propositura, ou não, da respectiva ação penal.

Abuso de autoridade – O art. 27 da Lei 13.869/19 pune requisitar instauração ou instaurar procedimento investigatório de infração penal ou administrativa, em desfavor de alguém, à falta de qualquer indício da prática de crime, de ilícito funcional ou de infração administrativa. Contudo, para a caracterização do delito, além da finalidade específica de prejudicar outrem ou beneficiar a si mesmo ou a terceiro, ou, ainda, por mero capricho ou satisfação pessoal, é imprescindível que as ações nucleares ocorram num ambiente de absoluta falta de indício da prática de crime, de ilícito funcional ou de infração administrativa. A *contrario sensu*, diante do mínimo de indício de materialidade e/ou autoria, é dever da autoridade agir.

Requerimento da vítima e instauração de inquérito policial – O inquérito poderá ser instaurado, ainda, a requerimento da vítima "ou de quem tiver qualidade para representá-lo", independentemente de o crime ser de ação penal pública (condicionada ou incondicionada) ou de iniciativa privada. Apenas se de ação penal pública condicionada ou de iniciativa privada, o requerimento do ofendido aparece como imprescindível para a instauração do procedimento investigatório.

Pode ocorrer de a vítima contar menos de 18 anos quando, então, seu representante legal deverá firmar o requerimento de instauração do inquérito policial. Tal representante, como regra, será o pai, a mãe ou ambos. Nada impede, porém, que se trate de um guardião ou mesmo de um tutor. Uma vez interditado o ofendido, poderá ser curador a formular o requerimento. O requerimento da vítima pode decorrer, ainda, de um mandato, no qual a vítima, por meio de um instrumento (*"procuração"*), delega a terceiro o direito de representá-la. Por ausência de previsão legal, se entende como desnecessário que tal requerimento seja formulado por advogado.

> **ATENÇÃO** – A Lei 14.022/2020, editada no contexto da pandemia do COVID-19 em razão do notável aumento de casos de violência doméstica e familiar durante o período, traz a possibilidade de o registro de infrações penais ser feito por meio eletrônico ou por telefone de emergência indicado pela Segurança Pública (arts. 5º, II e 6º) enquanto durar o período de emergência de saúde pública decorrente do coronavírus. Em São Paulo, já existe o B.O eletrônico para os crimes praticados contra mulheres, salvo para os casos de estupro e feminicídio, quando é necessário o comparecimento pessoal.

JURISPRUDÊNCIA

Requisição do Ministério Público independe de ordem judicial contra detentor de foro privilegiado por prerrogativa de função

A jurisprudência desta Suprema Corte é no sentido da possibilidade de o Ministério Público oferecer denúncia com base em elementos de informação colhidos em inquéritos civis públicos, que são, como é notório, conduzidos pela própria instituição. Existente um conjunto indiciário crível para a deflagração da ação penal, não cabe a extinção prematura do processo-crime na via do habeas corpus. O trancamento da ação penal ou de inquérito policial pela via do habeas corpus somente é admitido diante de situações excepcionalíssimas, quando pressupõe a percepção, de plano, da atipicidade da conduta, da incidência da causa de extinção punibilidade ou da ausência de indícios de autoria e materialidade. O ato de instauração de inquérito ou procedimento investigatório contra Prefeitos Municipais independe de autorização do Tribunal competente para processar e julgar o detentor da prerrogativa de foro. Agravo regimental conhecido e não provido. (Agravo Regimental no Habeas Corpus nº 177.992/GO, STF, 1ª Turma, unânime, Rel. Min. Rosa Weber, julgado em sessão virtual de 13.8.2021 a 20.8.2021, publicado no DJ em 27.8.2021)

É entendimento desta Corte Superior que, embora as autoridades com prerrogativa de foro devam ser processadas perante o Tribunal competente, a lei não excepciona a forma como devem ser investigadas, devendo ser aplicada, assim, a regra geral prevista no art. 5º do Código de Processo Penal. No que concerne às investigações relativas a pessoas com foro por prerrogativa de função, tem-se que, embora possuam a prerrogativa de serem processados perante o Tribunal, a lei não excepciona a forma como se procederá à investigação, devendo ser aplicada, assim, a regra trazida no art. 5º, inciso II, do Código de Processo Penal, a qual não requer prévia autorização do Judiciário. "A prerrogativa de foro do autor do fato delituoso é critério atinente, de modo exclusivo, à determinação da competência jurisdicional originária do tribunal respectivo, quando do oferecimento da denúncia ou, eventualmente, antes dela, se se fizer necessária diligência sujeita à prévia autorização judicial". STJ, 5ª Turma, unânime, Rel. Min. Reynaldo Soares da Fonseca, julgado em 19.2.2019, publicado no DJ em 1°.3.2019).

Requisição do Ministério Público depende de ordem judicial contra detentor de foro privilegiado por prerrogativa de função

A jurisprudência do Supremo Tribunal Federal é pacífica ao assentar que os Secretários de Estado detêm foro por prerrogativa de função nos Tribunais de Justiça, para apuração de crimes comuns e nos Tribunais Regionais Eleitorais, sendo o crime de natureza eleitoral. Esta Suprema Corte já definiu que "a usurpação da competência do Tribunal Regional Eleitoral para supervisionar as investigações constitui vício que contamina de nulidade a investigação realizada em relação ao detentor de prerrogativa de foro, por violação do princípio do juiz natural (art. 5º, LIII, CF)". No caso, mesmo instaurado em setembro de 2008, e tendo como investigada uma Secretária de Estado, cargo notadamente detentor de foro por prerrogativa de função, o procedimento investigatório, instaurado de forma ilícita, só foi encaminhado ao órgão competente – TRE/AP – em março de 2010, um ano e seis meses após o seu início. A tese examinada no julgamento da ADI 5.104-MC/DF não abarcou a hipótese na qual o investigado por crime eleitoral é detentor de foro por prerrogativa de função, como verificado no caso concreto. Assim, os agentes ocupantes de cargos protegidos constitucionalmente pela prerrogativa de foro pelo exercício da função só podem ser investigados mediante inquérito instaurado com autorização do órgão judiciário competente. Tendo sido o inquérito instaurado em data anterior ao deferimento da cautelar na ADI 5.104-MC/DF, que suspendeu a eficácia da norma que exigia a autorização do órgão competente da Justiça eleitoral para instaurar inquérito policial eleitoral, bem como pelo suposto ilícito ter sido praticado durante o exercício e em razão do cargo de Secretária de Estado – o que assegura o foro por prerrogativa de função, conforme decisão do Plenário do STF na AP 937-QO/RJ –, existe irregularidade na instauração do procedimento investigativo que acarreta nulidade processual. Agravo regimental a que se nega provimento. (Segundo Agravo Regimental no Recurso Ordinário em Habeas Corpus nº 175.310-AP, STF, 2ª Turma, Rel. Min. Ricardo Lewandowski, por maioria, julgado em 8.2.2022, publicado no DJ em 20.4.2022)

Requisição em crime de ação penal privada". Impossibilidade

"Na ação penal privada, o inquérito policial não pode ser instaurado de ofício, nem mediante requisição do juiz ou do Ministério Público, mas somente mediante requerimento de quem tenha qualidade para intentar ação privada. Exige, pois, o Código *legitimatio* para o pedido de inquérito" (TACrim-SP – Rel. Silva Franco – JUTACRIM 73/85).

Requisição e crimes eleitorais

Resolução nº 23.396/2013, do Tribunal Superior Eleitoral. Instituição de controle jurisdicional genérico e prévio à instauração de inquéritos policiais. Sistema acusatório e papel institucional do Ministério Público – "A Constituição de 1988 fez uma opção inequívoca pelo sistema penal acusatório. Disso decorre uma separação rígida entre, de um lado, as tarefas de investigar e acusar e, de outro, a função propriamente jurisdicional. Além de preservar a imparcialidade do Judiciário, essa separação promove a paridade de armas entre acusação e defesa, em harmonia com os princípios da isonomia e do devido processo legal. Precedentes [...] Ainda que o legislador disponha de alguma margem de conformação do conteúdo concreto do princípio acusatório – e, nessa atuação, possa instituir temperamentos pontuais à versão pura do sistema, sobretudo em contextos específicos como o processo eleitoral – essa mesma prerrogativa não é atribuída ao TSE, no exercício de sua competência normativa atípica [...] Ao condicionar a instauração de inquérito policial eleitoral a uma autorização do Poder Judiciário, a Resolução questionada institui modalidade de controle judicial prévio sobre a condução das investigações, em aparente violação ao núcleo essencial do princípio acusatório" (STF – ADI n° 5104MC-DF – Rel. Luis Roberto Barroso, j. 21.05.2014, DJe 29.10.2014).

§ 1º O requerimento a que se refere o nº II conterá sempre que possível:

a) a narração do fato, com todas as circunstâncias;

b) a individualização do indiciado ou seus sinais característicos e as razões de convicção ou de presunção de ser ele o autor da infração, ou os motivos de impossibilidade de o fazer;

c) a nomeação das testemunhas, com indicação de sua profissão e residência.

Requerimento – O requerimento formulado pelo ofendido ou quem tiver capacidade para representá-lo, deve conter um mínimo de dados que permitam a instauração do inquérito policial. Cabe, assim, a indicação do fato ocorrido e suas circunstâncias, sem a necessidade, por óbvio, de apontar a classificação legal, tarefa que não se exige do leigo e que é atribuição da autoridade policial. Cumpre, ainda, seja identificado o suposto autor do delito, bem como as razões que levaram o requerente a apontá-lo como tal. Há, contudo, a possibilidade de a vítima ignorar a identidade de seu ofensor. Imagine-se a prática de um furto a um estabelecimento comercial, durante o período noturno, quando a vítima não se encontrava no local. Ou mesmo a hipótese da vítima se tratar de uma criança, de tenra idade, sem capacidade de expressar suas ideias e, por isso mesmo, de indicar o autor do crime. Não será a impossibilidade de identificação que impedirá a instauração do inquérito policial. Aliás, a partir dele e das investigações que se seguirão, é que a polícia poderá identificar o agente. Nesses casos, do requerimento deve constar os motivos pelos quais não foi possível a identificação do autor do delito. A indicação de testemunhas, devidamente qualificadas, é outra medida fundamental ao sucesso das investigações. Um requerimento pobre de indicações, que não permita, ainda que minimamente, a deflagração do inquérito policial sem que se incorra em temeridade, poderá ensejar o indeferimento do pedido, nos termos do dispositivo abaixo.

JURISPRUDÊNCIA

Teor do requerimento

"É pacífico que o requerimento de instauração de inquérito policial não passa de simples *notitia criminis*. Não se poderá exigir a técnica de uma denúncia ou queixa. Todavia, há de apresentar mínimas condições de viabilidade, isto é, a descrição da notícia do crime deve conduzir a autoridade à convicção de que está diante de uma infração penal" (TJSP – Rel. Weiss de Andrade – RJTJSP 29/347).

§ 2º Do despacho que indeferir o requerimento de abertura de inquérito caberá recurso para o chefe de Polícia.

Indeferimento – É possível, como visto acima, a instauração do inquérito por *requerimento* do ofendido, isto é, permite-se que a vítima peça diretamente à autoridade policial tal providência. Indeferido o requerimento, cabe recurso ao *chefe de Polícia*, nos termos deste dispositivo. *Chefe de Polícia* é uma figura não mais conhecida em nosso ordenamento jurídico, razão pela qual se entende que esse recurso deva ser conhecido, para alguns, pelo secretário de segurança pública e, para outros, pelo delegado geral de polícia ou mesmo pelo superior hierárquico à autoridade policial que indeferiu o pedido (delegado seccional, regional ou outra denominação conforme a organização das diversas policiais civis do país). Cremos que o recurso deva ser dirigido à autoridade imediatamente superior ao delegado de polícia que indeferiu a instauração do inquérito policial, segundo as regras de organização administrativa de cada Estado da Federação. Assim, no Estado de São Paulo, cumpre ao Delegado Seccional de Polícia conhecer do recurso, caso o indeferimento seja oriundo de um Delegado de Polícia. Na hipótese de o pedido ter sido formulado diretamente ao Delegado Seccional de Polícia e por ele indeferido, o recurso deve ser conhecido pelo Delegado do DEINTER, denominação atual dos antigos delegados regionais. Formulado diretamente ao Delegado do DEINTER e indeferido, o recurso deve ser manejado junto ao Delegado Geral de Polícia. E se este Delegado Geral, ao receber um pedido de instauração de inquérito, negar sua instauração? Aí sim caberá ao Secretário de Segurança Pública dirimir, por meio do recurso, a questão. O que nos parece incabível é que, uma vez indeferido o pedido em uma pequena delegacia de polícia do interior, se pretenda recorrer diretamente ao Delegado Geral ou, o que é pior, ao Secretário de Segurança Pública, autoridades que, em virtude das graves responsabilidades que lhes pesam, inerentes aos cargos que ocupam, seguramente possuem incumbências muito mais relevantes a enfrentar.

Conquanto não se trate de uma decisão judicial, parece óbvio que eventual indeferimento deva ser fundamentado, cumprindo à autoridade policial explicar os motivos pelos quais recusou a instauração do inquérito policial. Discordando dessa decisão, nada impede que o requerente, ao invés de recorrer, se dirija ao Ministério Público, que poderá, entendendo cabível à espécie, requisitar a instauração do inquérito policial.

Polícia Federal – Tratando-se de crime a ser apurado na esfera federal e sendo indeferido o pedido de instauração de inquérito policial, cabe ao Diretor-Geral "decidir os recursos interpostos contra o indeferimento de requerimento de abertura de inquérito policial e acerca de arquivamento de representações referentes à ocorrência de infrações disciplinares", nos termos do art. 35, inc. XXIV, do Regimento Interno do Departamento de Polícia Federal.

§ 3º Qualquer pessoa do povo que tiver conhecimento da existência de infração penal em que caiba ação pública poderá, verbalmente ou por escrito, comunicá-la à autoridade policial, e esta, verificada a procedência das informações, mandará instaurar inquérito.

Notitia criminis provocada – faculta-se a qualquer pessoa do povo levar à autoridade policial a notícia da existência de uma infração penal. Essa comunicação pode ser feita, também, ao Ministério Público, nos casos de ação penal pública, exigindo-se apenas que seja realizada por escrito, nos termos do art. 27 do CPP.

JURISPRUDÊNCIA

Qualquer do povo pode provocar a atuação policial

"Tratando-se de ação penal pública, qualquer pessoa do povo que tiver conhecimento da infração penal pode comunicá-la à autoridade policial, verbalmente ou por escrito, sendo irrelevante a questão de ter ou não o queixoso poderes de representação da vítima" (TACrim-SP – Rel. Charadia Netto, JUTACRIM 40/203).

"Informante do bem" ou *whistleblower* – A Lei 13.964/19 (Pacote Anticrime) promoveu alterações na Lei nº 13.608/18, que dispõe sobre o serviço telefônico de recebimento de denúncias e sobre recompensa por informações que auxiliem nas investigações policiais, para introduzir no ordenamento pátrio a figura do informante (ou reportante), designado, no Direito Comparado, *whistleblower* ("soprador de apito", ou seja, aquele que emite sinal para alertar alguém).

O termo nomeia a pessoa que, a despeito da inexistência de dever legal de reportar a ocorrência de atos ilícitos de que tenha conhecimento, noticia à autoridade competente, voluntariamente e com vistas à proteção do interesse coletivo, a ocorrência de crimes ou de outras condutas ilegais.

O *whistleblower* não se confunde com autor de colaboração premiada (artigo 4º da Lei nº 12.850/13), pois este tem, necessariamente, alguma responsabilidade pelas ilicitudes em apuração e é movido pelo intuito de obter abrandamento das sanções a que estaria sujeito, ao passo que aquele é alguém que, não tendo qualquer participação ou envolvimento nos fatos ilícitos, deseja cooperar com a autoridade pública para que irregularidades sejam adequada e oportunamente apuradas.

É inegável que a inexistência de proteção jurídica ao reportante é situação indesejável e deletéria, na medida em que, além de estigmatizar indevidamente o autor da notícia, desencoraja o indispensável auxílio dos cidadãos às autoridades públicas, pois, muitas vezes, os denunciantes expõem-se a retaliações, perseguições, humilhações, atos de assédio etc.

Em verdade, a ausência de mecanismos de estímulo à comunicação de crimes e atos ilícitos em geral às autoridades configura situação de inconstitucionalidade por omissão, em razão da violação ao princípio da proporcionalidade, em sua vertente de proibição de proteção insuficiente, consubstanciando-se esse componente na vedação de omissão, por parte do Estado, na salvaguarda de direitos fundamentais (vida, integridade física, patrimônio etc.).

Não é outra a docência de J.J. GOMES CANOTILHO:

> "O sentido mais geral da proibição de excesso é, como se acaba de ver, este: evitar cargas coactivas excessivas ou actos de ingerência desmedidos na esfera jurídica dos particulares. Há, porém, um outro lado da proteção que, em vez de salientar o excesso, releva a proibição por defeito (Untermassverbot). Existe um defeito de proteção quando as entidades sobre quem recai um dever de proteção (Schutzpflicht) adoptam medidas insuficientes para garantir uma proteção constitucionalmente adequada dos direitos fundamentais. Podemos formular esta ideia usando uma formulação positiva: o estado deve adotar medidas suficientes, de natureza normativa ou de natureza material, conducente a uma proteção adequada e efi-

caz dos direitos fundamentais" (Direito Constitucional e Teoria da Constituição, Coimbra, 2003, 7ª ed., Almedina, pág. 273).

É elogiável, portanto, a medida, uma vez que cria importantes mecanismos de proteção e de incentivo aos detentores de informações sensíveis sobre a prática de atos ilícitos, em ordem a prestigiar o impulso natural do homem de bem, em prol da segurança coletiva e da ordem jurídica, de provocar a atuação das autoridades responsáveis, garantindo o restabelecimento da ordem jurídica violada e prevenindo outras condutas danosas.

A criação de mecanismos de proteção e incentivo à atuação dos reportantes ou "informantes do bem", ademais, atende exigência prevista na Convenção das Nações Unidas contra a Corrupção, internalizada pelo Decreto nº 5.687/2006, conforme se verifica do artigo 33 do referido instrumento multilateral internacional:

> "Artigo 33
>
> Proteção aos denunciantes
>
> Cada Estado Parte considerará a possibilidade de incorporar em seu ordenamento jurídico interno medidas apropriadas para proporcionar proteção contra todo trato injusto às pessoas que denunciem ante as autoridades competentes, de boa-fé e com motivos razoáveis, quaisquer feitos relacionados com os delitos qualificados de acordo com a presente Convenção".

O art. 4º-A da Lei 13.608/18 prevê a obrigação de as pessoas jurídicas de direito público (União, Estados, Distrito Federal e Municípios e suas autarquias e fundações, empresas públicas e sociedades de economia mista) criarem estruturas formais (ouvidorias ou corregedorias) para recebimento e avaliação de relatos de crimes contra a Administração Pública, ilícitos administrativos ou quaisquer ações ou omissões lesivas ao interesse público, assegurando, ainda, proteção integral ao informante contra retaliações, além de isenção de responsabilização civil ou penal em relação ao relato, salvo se tiver apresentado, de modo consciente, informações ou provas falsas.

Dentre as ferramentas de proteção ao informante, destacam-se aquelas destinadas a garantir a preservação do sigilo de sua identidade (art. 4°-B), que será revelada apenas em caso de relevante interesse público ou interesse concreto para a apuração dos fatos, e desde que haja concordância do informante.

No artigo 4°-C, previu-se a extensão aos informantes, sempre que necessário, das medidas de proteção estabelecidas em prol de vítimas e testemunhas (Lei nº 9.807/99, art. 7°): I - segurança na residência, incluindo o controle de telecomunicações; II - escolta e segurança nos deslocamentos da residência, inclusive para fins de trabalho ou para a prestação de depoimentos; III - transferência de residência ou acomodação provisória em local compatível com a proteção; IV - preservação da identidade, imagem e dados pessoais; V - ajuda financeira mensal para prover as despesas necessárias à subsistência individual ou familiar, no caso de a pessoa protegida estar impossibilitada de desenvolver trabalho regular ou de inexistência de qualquer fonte de renda; VI - suspensão temporária das atividades funcionais, sem prejuízo dos respectivos vencimentos ou vantagens, quando servidor público ou militar; VII - apoio e assistência social, médica e psicológica; VIII - sigilo em relação aos atos praticados em virtude da proteção concedida; IX - apoio do órgão executor do programa para o cumprimento de obrigações civis e administrativas que exijam o comparecimento pessoal.

Assegura-se, ainda, proteção contra ações ou omissões praticadas em retaliação ao exercício do direito de relatar, "tais como demissão arbitrária, alteração injustificada de funções ou atribuições, imposição de sanções, de prejuízos remuneratórios ou materiais de qualquer espécie, retirada de benefícios, diretos ou indiretos, ou de negativa de fornecimento de referências profissionais positivas", sujeitando o autor de eventual retaliação, se agente estatal, a demissão a bem do serviço público e, em qualquer caso, ao ressarcimento por danos materiais e morais ocasionados ao informante.

Para encorajar o detentor de informação sensível a enfrentar os riscos pessoais inerentes à atuação em prol do bem comum, a lei prevê, acertadamente, a possibilidade de, na hipótese de as informações prestadas ensejarem a recuperação do produto de crime contra a Administração Pública, fixar-se recompensa em favor do informante em até 5% do valor recuperado (art. 4º-C, § 3º).

Há, no entanto, alguns aspectos que deveriam ter sido observados pelo legislador.

Um deles é a questão relativa à eficácia do depoimento prestado pelo informante. No projeto que originou a Lei 13.964/19 (Pacote Anticrime), o art. 4º-B da Lei 13.608/18 teria um parágrafo segundo o qual ninguém poderia ser condenado apenas com base no depoimento prestado pelo informante, quando mantida em sigilo a sua identidade. O projeto acabou sendo aprovado sem a ressalva expressa, mas pensamos que ela se aplica ainda assim, pois somente dessa forma se evita incompatibilidade das disposições legais que garantem o sigilo quanto à identidade do informante com o disposto no art. 5º, inc. LV, da Constituição Federal ("aos litigantes, em processo judicial ou administrativo, e aos acusados em geral são assegurados o contraditório e ampla defesa, com os meios e recursos a ela inerentes").

Além disso, a lei deveria dispor expressamente que o direito de preservação da identidade do informante não é oponível, em qualquer fase da investigação ou do processo, ao titular do direito de ação penal. E teria sido interessante definir a autoridade competente para fixar o valor da recompensa, assim como os critérios utilizados para fixar a quantia a ser paga.

Salvaguardas de proteção à identidade dos denunciantes de ilícitos e de irregularidades praticados contra a administração pública federal direta e indireta – O Decreto 10.153, de 3 de dezembro de 2019, dispõe sobre as salvaguardas de proteção à identidade dos denunciantes de ilícitos e de irregularidades praticados contra a administração pública federal direta e indireta. Diz, no seu art. 4º., que a denúncia será dirigida à unidade de ouvidoria do órgão ou entidade responsável, observado o disposto no Decreto nº 9.492, de 5 de setembro de 2018. Os órgãos e entidades adotarão medidas que assegurem o recebimento de denúncia exclusivamente por meio de suas unidades de ouvidoria. Não será recusado o recebimento de denúncia formulada nos termos do disposto neste Decreto, sob pena de responsabilidade do agente público que a recusou. Os agentes públicos que não desempenhem funções na unidade ouvidoria e recebam denúncia de irregularidades praticadas contra a administração pública federal deverão encaminhá-las imediatamente à unidade do Sistema de Ouvidoria do Poder Executivo federal vinculada ao seu órgão ou entidade e não poderão dar publicidade ao conteúdo da denúncia ou a elemento de identificação do denunciante, bem como orientarão o denunciante sobre a necessidade de a denúncia ser encaminhada por meio do Sistema de Ouvidoria do Poder Executivo federal.

O art. 5º do Decreto estabelece que as unidades do Sistema de Ouvidoria do Poder Executivo federal garantirão ao denunciante a possibilidade de:

I - formular a denúncia por qualquer meio existente, inclusive oralmente, hipótese na qual será reduzida a termo;

II - ter acesso livre e gratuito aos meios e aos canais oficiais de recebimento de denúncia, vedada a cobrança de taxas ou de emolumentos; e

III - conhecer os trâmites para fazer uma denúncia, nos termos do disposto na Lei nº 12.527, de 18 de novembro de 2011.

O denunciante, nos termos do art. 6º, terá seus elementos de identificação preservados desde o recebimento da denúncia, nos termos do disposto no § 7º do art. 10 da Lei nº 13.460, de 2017. A restrição de acesso aos elementos de identificação do denunciante será mantida pela unidade de ouvidoria responsável pelo tratamento da denúncia pelo prazo de cem anos, conforme o disposto no inciso I do § 1º do art. 31 da Lei nº 12.527, de 2011. A preservação dos elementos de identificação acima referidos será realizada por meio do sigilo do nome, do endereço e de quaisquer outros elementos que possam identificar o denunciante. As unidades de ouvidoria que fazem tratamento de denúncia com elementos de identificação do denunciante por meio de sistemas informatizados terão controle de acesso que registre os nomes dos agentes públicos que acessem as denúncias e as respectivas datas de acesso à denúncia. A unidade de ouvidoria responsável pelo tratamento da denúncia providenciará a sua pseudonimização para o posterior envio aos órgãos de apuração competentes. Na hipótese de reclassificação da denúncia com a finalidade de enquadrá-la nas tipologias a que se referem os incisos I, III, IV e V do caput do art. 3º do Decreto nº 9.492, de 2018, a unidade do Sistema de Ouvidoria do Poder Executivo federal informará o denunciante.

O art. 7º do Decreto em estudo alerta que o órgão de apuração poderá requisitar informações sobre a identidade do denunciante quando indispensável à análise dos fatos relatados na denúncia. Vale observar que o compartilhamento de elementos de identificação do denunciante com outros órgãos não implica a perda de sua natureza restrita.

Nos termos do art. 8º, o encaminhamento de denúncia com elementos de identificação do denunciante entre unidades do Sistema de Ouvidoria do Poder Executivo federal será precedido de solicitação de consentimento do denunciante, que se manifestará no prazo de vinte dias, contado da data da solicitação do consentimento realizada pela unidade de ouvidoria encaminhadora. Na hipótese de negativa ou de decurso do prazo de 20 dias, a unidade de ouvidoria que tenha recebido originalmente a denúncia somente poderá encaminhá-la ou compartilhá-la após a sua pseudonimização (tratamento por meio do qual um dado perde a possibilidade de associação, direta ou indireta, a um indivíduo, senão pelo uso de informação adicional mantida separadamente pelo controlador em ambiente controlado e seguro).

Crimes contra crianças e adolescentes no ambiente doméstico e familiar – É dever da família, da sociedade e do Estado assegurar à criança, ao adolescente e ao jovem, com absoluta prioridade, o direito à vida, à saúde, à alimentação, à educação, ao lazer, à profissionalização, à cultura, à dignidade, ao respeito, à liberdade e à convivência familiar e comunitária, além de colocá-los a salvo de toda forma de negligência, discriminação, exploração, violência, crueldade e opressão (art. 227 da CF/88). Informado e conformado pelo mandamento constitucional, reza o art. 23 da Lei Henry Borel (Lei 14.344/22): "Qualquer pessoa que tenha conhecimento ou presencie ação ou omissão, praticada em local público ou privado, que constitua violência doméstica e familiar contra a criança e o adolescente tem o dever de comunicar o fato imediatamente ao serviço de recebimento e monitoramento de denúncias, ao Disque 100 da Ouvidoria Nacional de Direitos Humanos do Ministério da Mulher, da Família e dos Direitos Humanos, ao Conselho Tutelar ou à autoridade policial, os quais, por sua vez, tomarão as providências cabíveis".

O Estado brasileiro assumiu obrigações internas e internacionais, comprometendo-se a adotar medidas para garantir os direitos humanos de crianças e adolescentes no âmbito das relações domésticas e familiares, resguardando-os de toda forma de negligência, discriminação, exploração, violência, crueldade e opressão. Para tanto, não somente traça políticas de prevenção, bem como de investigação diligente de qualquer violação, como também chama para participar ativamente a família e a sociedade.

Dentro desse espírito, temos o projeto desenvolvido pelo governo federal que criou o chamado Disque 100, pelo qual coloca à disposição da sociedade uma relação de atendimentos específicos, em cada unidade da Federação.

Nesse canal, os atendimentos devem ser feitos por pessoas capacitadas para dar orientação e registrar com correção as denúncias (notícias), assegurando total anonimato ao denunciante (noticiante).

Não somente ao Disque 100 da Ouvidoria Nacional de Direitos Humanos do Ministério da Mulher, da Família e dos Direitos Humanos deve o fato ser comunicado, mas também, e quase sempre preferível, ao Conselho Tutelar ou à autoridade policial, os quais, com mais presteza e proximidade do fato, tomarão as providências cabíveis. Aliás, nos termos do §2º do art. 24 da Lei Henry Borel, o noticiante ou denunciante poderá requerer que a revelação das informações de que tenha conhecimento seja feita perante a autoridade policial, o Conselho Tutelar, o Ministério Público ou o juiz, caso em que a autoridade competente solicitará sua presença, designando data e hora para audiência especial com esse fim.

O descumprimento desse dever (genérico) pode, a depender do caso, configurar crime, notadamente do art. 26 da citada Lei, que pune, com detenção de 6 meses a 3 anos, deixar de comunicar à autoridade pública a prática de violência, de tratamento cruel ou degradante ou de formas violentas de educação, correção ou disciplina contra criança ou adolescente ou o abandono de incapaz.

O uso da conjunção alternativa "ou" indica que o desencargo deste dever de comunicação pode ser feito a qualquer dos órgãos indicados no art. 23. Por exemplo, se o sujeito realizar a comunicação ao Disque 100, não necessitará simultaneamente comunicar o Conselho Tutelar ou a autoridade policial. Por este motivo, é essencial que existam fluxos de interação entre as diversas instituições integrantes do SGDCA, para assegurar a pronta intervenção diante de notícias de violações de direitos.

§ 4º O inquérito, nos crimes em que a ação pública depender de representação, não poderá sem ela ser iniciado.

Sobre a representação, suas formalidades e natureza jurídica, v. comentários abaixo ao art. 25 do CPP. A respeito da informalidade da representação, ver art. 39 abaixo.

§ 5º Nos crimes de ação privada, a autoridade policial somente poderá proceder a inquérito a requerimento de quem tenha qualidade para intentá-la.

Requerimento nos crimes de ação penal privada – Dada à natureza dos crimes de ação penal de iniciativa privada (v. comentários ao art. 30 abaixo), nos quais é o ofendido o titular exclusivo da ação penal, a instauração do inquérito policial depende de um requerimento por ele formulado. Com efeito, enquanto que na ação penal pública a iniciativa da vítima é dispensável, prevalecendo o interesse estatal na apuração dos fatos e eventual punição do infrator, na ação penal privada somente interessa a vontade do ofendido, cabendo a ele definir se o agente será ou não objeto de averiguação por meio do inquérito policial. Daí a necessidade do requerimento, que não pode ser suprido, nem mesmo, pela requisição do Ministério Público, não se admitindo, ainda, que a autoridade policial aja de ofício. A lei não diz se o requerimento deve ser formulado por escrito ou se, mais singelamente, pode ser deduzido oralmente, reduzido, posteriormente, a termo. Pensamos que relevante, aqui, é a colheita da inequívoca manifestação de vontade do ofendido, no sentido de que deseja a instauração de inquérito policial. Se realizada por escrito, tanto melhor, pois poderá fornecer maiores elementos que facilitem a posterior investigação. Mas nada impede, em uma visão mais prática e consonante com nossa realidade, que a vítima se dirija à autoridade policial e, verbalmente, noticie a ocorrência de um crime de ação penal privada que experimentou. Reduzido a termo (isto é, *colocado no papel*, para se empregar uma expressão coloquial), caberá à autoridade policial apreciar o pedido, deferindo ou indeferindo a instauração do inquérito policial.

JURISPRUDÊNCIA

Necessidade de requerimento

"Se o crime for de alçada privada, não poderá a autoridade policial iniciar o inquérito de ofício, nem mediante requisição da autoridade judiciária ou do Ministério Público. Somente a pessoa com direito à ação privada é que poderá requerer a instauração do inquérito" (TACrim-SP – Rel. Amaral Salles, JUTACRIM 67/176).

Art. 6º Logo que tiver conhecimento da prática da infração penal, a autoridade policial deverá:

I - dirigir-se ao local, providenciando para que não se alterem o estado e conservação das coisas, até a chegada dos peritos criminais; (Redação dada pela Lei nº 8.862, de 28.3.1994) (Vide Lei nº 5.970, de 1973)

II - apreender os objetos que tiverem relação com o fato, após liberados pelos peritos criminais; (Redação dada pela Lei nº 8.862, de 28.3.1994)

III - colher todas as provas que servirem para o esclarecimento do fato e suas circunstâncias;

IV - ouvir o ofendido;

V - ouvir o indiciado, com observância, no que for aplicável, do disposto no Capítulo III do Título VII, deste Livro, devendo o respectivo termo ser assinado por duas testemunhas que lhe tenham ouvido a leitura;

VI - proceder a reconhecimento de pessoas e coisas e a acareações;

VII – determinar, se for caso, que se proceda a exame de corpo de delito e a quaisquer outras perícias;

VIII – ordenar a identificação do indiciado pelo processo datiloscópico, se possível, e fazer juntar aos autos sua folha de antecedentes;

IX – averiguar a vida pregressa do indiciado, sob o ponto de vista individual, familiar e social, sua condição econômica, sua atitude e estado de ânimo antes e depois do crime e durante ele, e quaisquer outros elementos que contribuírem para a apreciação do seu temperamento e caráter.

X – colher informações sobre a existência de filhos, respectivas idades e se possuem alguma deficiência e o nome e o contato de eventual responsável pelos cuidados dos filhos, indicado pela pessoa presa. (Incluído pela Lei nº 13.257, de 2016)

I – dirigir-se ao local, providenciando para que não se alterem o estado e conservação das coisas, até a chegada dos peritos criminais; (Redação dada pela Lei nº 8.862, de 28.3.1994) (Vide Lei nº 5.970, de 1973)

Preservação pela autoridade policial – Assim que tomar conhecimento da ocorrência de um crime, cabe a autoridade policial se dirigir ao local, velando por sua preservação, no aguardo da chegada dos peritos. Trata-se de medida obrigatória, introduzida pela Lei nº 8.862/1994, já que o código, em sua redação original, quanto a essa diligência, empregava as expressões "se possível e conveniente", conferindo um caráter de discricionariedade à medida.

Buscando dar ao nosso sistema um "padrão ouro" de atuação em matéria de provas e sua preservação, a Lei 13.964/19 incluiu no CPP um capítulo exclusivo sobre cadeia de custódia e das perícias em geral. O art. 158-A apresenta o conceito legal de cadeia de custódia. É, em suma, a sistematização de procedimentos que objetivam a preservação do valor probatório da prova pericial caracterizada, mais precisamente, da sua autenticidade. Cuida dos métodos científicos atuais de manejo da marca vinculada a uma conduta supostamente ilícita. Assegura a preservação dos vestígios desde o contato primário até o descarte dos elementos coletados, garantindo-se a sua qualidade através da documentação cronológica dos atos executados em observância às normas técnicas previstas nas etapas da chamada cadeia de custódia.

Convidamos o leitor a aprofundar o assunto cadeia de custódia dos elementos de prova lendo nossos comentários ao capítulo respectivo (arts. 158-A ao 158-F CPP).

Investigação de morte decorrente de intervenção policial – A Res. 129/15, estabelece regras mínimas de atuação do Ministério Público no controle externo da investigação de morte decorrente de intervenção policial. Determina o seu art. 1º., I, competir ao Ministério Público, no âmbito institucional e interinstitucional, no caso de morte decorrente de intervenção policial, adotar medidas para garantir: I – que a autoridade policial compareça pessoalmente ao local dos fatos tão logo seja comunicada da ocorrência, providenciando o seu pronto isolamento, a requisição da respectiva perícia e o exame necroscópico.

Acidente de trânsito – Quando da ocorrência de um acidente de trânsito, que pode ser objeto da instauração de inquérito policial a fim de apurar a ocorrência de homicídio culposo, a Lei nº 5.970/1973 prevê, em caráter excepcional, que a autoridade policial (ou agente policial), chegando ao local, pode autorizar a remoção das pessoas e dos veículos envolvidos no embate, antes mesmo da chegada dos peritos. Isso desde que "estiverem no leito da via pública e prejudicarem o tráfego". Trata-se de disposição que deve ser aplicada com cautela. O ideal é que se preserve o local, cabendo a remoção, apenas, quando a manutenção dos veículos importar em sério risco à segurança dos demais motoristas. Mero prejuízo ao trânsito deve ser superado com a adoção das medidas cabíveis que facilitem o escoamento dos veículos.

> **ATENÇÃO** - **Guarda municipal e preservação do local do crime** - Dentre as atribuições da guarda municipal, prevista no art. 5º, inc. XIV da Lei nº nº 13.022, de 8 agosto de 2014, que dispõe sobre o Estatuto Geral das Guardas Municipais, encontra-se a de "encaminhar ao delegado de polícia, diante de flagrante delito, o autor da infração, preservando o local do crime, quando possível e sempre que necessário".

Abuso de autoridade – O art. 23 da Lei nº 13.869/19 pune modalidade especial do crime do art. 347 do CP (fraude processual), rotulando como abuso de autoridade o fato de o agente inovar artificiosamente, no curso de diligência, de investigação ou de processo, o estado de lugar, de coisa ou de pessoa, com o fim de eximir-se de responsabilidade ou de responsabilizar criminalmente alguém ou agravar-lhe a responsabilidade. Já o art. 24 da mesma Lei pune constranger, sob violência ou grave ameaça, funcionário ou empregado de instituição hospitalar pública ou privada a admitir para tratamento pessoa cujo óbito já tenha ocorrido, com o fim de alterar local ou momento de crime, prejudicando sua apuração.

II - apreender os objetos que tiverem relação com o fato, após liberados pelos peritos criminais; (Redação dada pela Lei nº 8.862, de 28.3.1994)

Apreensão de objetos – Todos os objetos que, segundo a autoridade policial, guardarem relação com o crime, sendo de interesse para a futura elucidação dos fatos, devem ser apreendidos, assim que os peritos liberarem o local. A arma utilizada pelo agressor, a *res furtiva* apreendida em uma tentativa de furto, uma carta subscrita pelo agente na qual ameaça a vítima, são exemplos de objetos que devem ser alvo da apreensão, sobretudo a fim de propiciar sua posterior perícia. Lembre-se que o art. 175 do CPP impõe a perícia na arma utilizada pelo agressor, a fim de se verificar sua natureza e eficiência. Já o art. 172 determina a avaliação do produto do crime, enquanto que o art. 174 prevê a realização de perícia para reconhecimento de escritos. É ainda relevante a apreensão dos objetos, mesmo que já realizada a perícia, porque o código contempla a possibilidade de, a mando do juiz, novo exame seja realizado, nos termos do parágrafo único do art. 181.

Sobre cadeia de custódia dos elementos de prova, ler nossos comentários ao capítulo respectivo (arts. 158-A ao 158-F CPP).

ATENÇÃO - No Estado de São Paulo, por meio da Resolução n. 54/2017, do Tribunal de Justiça Militar, foi determinado que, tratando-se de crime doloso contra a vida, cometido por policial militar contra civil, "a autoridade policial militar [...] deverá apreender os instrumentos e todos os objetos que tenham relação com a apuração dos crimes militares definidos em lei, quando dolosos contra a vida de civil".

Inegável o equívoco desse diploma. É que, desde o advento da Lei 9.299/96, os crimes dolosos contra a vida, perpetrados por militares contra civil, devem ser julgados pelo Tribunal do Júri e não mais pela justiça castrense (à exceção de quando cometidos por militares das Forças Armadas contra civil, nos termos do art. 9º, § 2º, do Código de Processo Penal Militar, na redação dada pela Lei n. 13.491/2017).

Essa, aliás a atual redação do art. 82 do Código de Processo Penal Militar, in verbis: "O foro militar é especial, e, exceto nos crimes dolosos contra a vida praticados contra civil, a ele estão sujeitos, em tempo de paz: [...] **§ 2° Nos crimes dolosos contra a vida, praticados contra civil, a Justiça Militar encaminhará os autos do inquérito policial militar à justiça comum**" (grifamos).

Ora, se deve o inquérito policial ser remetido à justiça comum, não cabe, à Polícia Militar, a prática de qualquer diligência, sobretudo a tendente a apreensão de objetos, em atitude capaz de prejudicar, sobremaneira, a preservação do local, tão cara à investigação dos crimes dolosos contra a vida. A atitude a ser tomada consiste, sem dúvida, no acionamento da Polícia Civil, para que esse órgão de investigação adote as medidas cabíveis à espécie, com o acionamento da perícia técnica e, aí sim, se for o caso, apreensão dos objetos de interesse da investigação.

Como bem observado por Leonardo Marcondes Machado, em artigo sob o título "Investigação pela PM dos próprios homicídios dolosos revela autoritarismo" (site conjur de 29 de agosto de 2017), "ocorre, no entanto, que a Polícia Militar, em muitos estados da federação, há algum tempo, vem subvertendo o devido processo legal e fazendo apurações criminais autônomas, independentes da Polícia Civil, sob a escusa de pretensa necessidade quanto à verificação interna corporis das infrações praticadas por milicianos. Não raras vezes essa tem sido a alegação utilizada pela corporação castrense para, por exemplo, dificultar a apreensão de arma de fogo utilizada por policiais militares em fatos sob investigação da Polícia Civil". Além do inconveniente apontado pelo mencionado autor, capa de ensejar, como consta do exemplo, no desaparecimento da própria arma empregada para a prática do delito, trata-se, outrossim, de iniciativa que revela uma certa tendência das Polícia Militares em geral em usurpar funções que são típicas da Polícia Civil, pretendendo exercer atribuições investigativas que não lhe são inerentes.

Bem por isso, atendendo a mandado de segurança coletivo impetrado pela Associação dos Delegados de Polícia do Estado de São Paulo (Adpesp), no qual foi relator o Des. Silveira Paulilo (Processo n.2164541-26.2017.8.26.0000), concedeu, no último dia 28 de agosto de 2017, liminar suspendendo os efeitos da mencionada portaria, cujo mérito da matéria de fundo ainda não foi julgado.

A Procuradoria-Geral de Justiça do Estado de São Paulo, por seu turno, sob a pena de seu Procurador-Geral, Gianpaolo Poggio Smanio, ingressou, em 28 de agosto de 2017, com Ação Direta de Inconstitucionalidade junto ao Tribunal de Justiça de São Paulo, forte, dentre outros argumentos, no fato de que não cabe ao Tribunal de Justiça Militar legislar sobre manteria processual, cuja competência é privativa da União, por conta de expressa previsão constitucional (art. 22, inc. I da Carta), atentando, dessa forma, contra o princípio da separação dos poderes (art. 2º da CF).

JURISPRUDÊNCIA

V. arts. 240 e seguintes abaixo

A diligência prescinde de mandado judicial ou testemunhas

"A apreensão de objetos e provas procedida pela polícia no local do crime prescinde de prévia expedição de mandado judicial, sob pena de perda da oportunidade. Inteligência do art. 6° do CPP" (TRF 4ª. Reg. – Rel. Eloy Justo – RT 789/730).

"A singela apreensão policial em inquérito, ainda que precedida de busca, não precisa, de modo algum, ostentar o aparato do procedimento autônomo de busca e apreensão e prescinde por completo de testemunhas, uma vez que este tem outra índole e objetivo processualmente diversos, daquela diligência inquisitorial" (TACrim-SP – Rel. Azevedo Junior – JUTACRIM 25/309).

"Presença de testemunhas só é indispensável quando a arrecadação decorra de busca domiciliar. Tal não se faz mister no simples caso de apreensão e apresentação à autoridade de objetos encontrados" (TACrim-SP – Rel. Mattos Faria – JUTACRIM 23/214).

Apreensão de arma de fogo sob posse de agressor em casos de violência doméstica – Em seu art. 12, a Lei 11.340/06 disciplina as medidas que autoridade policial deve adotar em todos os casos de violência doméstica e familiar contra a mulher. São medidas preliminares que possibilitam à autoridade reunir elementos que possam demonstrar os indícios de crime e que justifiquem a tomada de outras providências, como a concessão de medidas protetivas de urgência.

ATENÇÃO – De acordo com o disposto no art. 19, § 4º, Lei Maria da Penha, "as medidas protetivas de urgência serão concedidas em juízo de cognição sumária a partir do depoimento da ofendida perante a autoridade policial ou da apresentação de suas alegações escritas e poderão ser indeferidas no caso de avaliação pela autoridade de inexistência de risco à integridade física, psicológica, sexual, patrimonial ou moral da ofendida ou de seus dependentes". Instala-se no âmbito da tutela da mulher vítima de violência doméstica e familiar o "in dubio pro tutela".

Uma dessas medidas é a identificação do agressor e a juntada de folha de antecedentes criminais que indiquem a existência de mandado de prisão e o registro de outras ocorrências policiais contra ele. Pois no ensejo dessas pesquisas a Lei 13.880/19 inseriu no art. 12 o inciso VII-A, que impõe à autoridade policial a obrigação de verificar se há em nome do agressor registro de posse ou porte de arma de fogo, e, em caso positivo, juntar aos autos essa informação, bem como notificar a ocorrência à instituição responsável pela concessão do registro ou da emissão do porte.

Desta forma, uma vez praticada uma infração penal que se insira no conceito de violência doméstica e familiar contra a mulher, além das medidas de praxe para viabilizar a investigação a autoridade policial deve pesquisar a existência de registro de arma de fogo em nome do agressor e, uma vez identificado o registro, a mesma autoridade deve notificar a Polícia Federal, que, nos termos do art. 5º, § 1º, da Lei 10.826/03 é o órgão competente para a expedição tanto do registro da arma quanto da autorização para o porte.

Juntada a informação a respeito do registro da arma e adotadas as demais medidas cabíveis na forma do art. 12, os autos são remetidos ao juiz, que, conforme dispõe o novo inciso IV do art. 18 – também inserido pela Lei 13.880/19 – deve determinar a apreensão imediata de arma de fogo que estiver sob a posse do agressor. Não é, portanto, a autoridade policial a legitimada para determinar a apreensão; a ela cabe apenas adotar as providências iniciais para apurar se existe o registro.

Note-se que a medida não é exatamente uma novidade, mas sim uma forma de conferir maior efetividade a algo já presente na redação original da Lei 11.340/06. Isto porque o art. 22, que dispõe sobre as medidas protetivas de urgência que obrigam o agressor, traz já no inciso I a suspensão da posse ou restrição do porte de armas, com comunicação ao órgão competente. O que a Lei 13.880/19 permite é que, no mesmo expediente em que a ofendida requer a medida protetiva, o juiz determine simultaneamente a apreensão da arma.

Pressupõe-se que as restrições aqui mencionadas se refiram a uma arma regular, ou seja, devidamente registrada e com autorização para porte, se for o caso. Isto porque se a arma for ilegal a situação do agressor se agrava e sua conduta, a partir daí, passa a configurar um dos delitos tipificados nos arts. 12, 14 ou 16 da Lei 10.826/03. E mais, nesses casos, a arma apreendida deverá ser destruída, conforme dispõe o art. 25, caput, do Estatuto do Desarmamento.

ATENÇÃO - A Lei Henry Borel, no seu art. 15, segue o mesmo espírito da Lei Maria da Penha, dispondo que, recebido o expediente com o pedido em favor de criança e de adolescente em situação de violência doméstica e familiar, caberá ao juiz, no prazo de 24 (vinte e quatro) horas, dentre outras medidas, determinar a apreensão imediata de arma de fogo sob a posse do agressor.

III - colher todas as provas que servirem para o esclarecimento do fato e suas circunstâncias;

Outras provas - Este dispositivo deixa em aberto a possibilidade de que, além da apreensão dos objetos (inc. I), e demais diligências (interrogatório, oitiva da vítima e testemunhas, previstas abaixo), a autoridade policial colha outras provas que servirem ao esclarecimento dos fatos. Aqui já se trata da investigação propriamente dita. Praticamente todos os atos tendentes à elucidação dos fatos acham-se descritos nos demais incisos, mas, em virtude da diversidade de circunstâncias que podem ocorrer na prática, o legislador deixou em aberto essa possibilidade mais genérica, aludido a *todas as provas*, evitando corretamente, de especificá-las.

Sobre a cadeia de custódia dos elementos de prova, ler nossos comentários ao capítulo respectivo (arts. 158-A ao 158-F CPP).

IV - ouvir o ofendido;

Vítima - Impõe-se, por óbvio, a oitiva da vítima. E nem poderia ser diferente, afinal, tendo ela sofrido a ação criminosa, é mesmo a pessoa mais vocacionada a fornecer elementos importantes à elucidação dos fatos. Por vezes poderá exagerar, pintando com cores mais fortes os fatos, em razão de ter sofrido diretamente suas consequências. Mas isso é avaliação a ser feita mais adiante, na fase judicial, cabendo à autoridade policial, nesse primeiro instante, ouvir o ofendido, qualquer que seja sua versão.

A propósito, o valor probatório da palavra do ofendido foi objeto de nossa análise quando do exame ao art. 201 abaixo. Sobre a possibilidade de condução coercitiva da vítima para ser ouvida, v. abaixo comentários ao art. 201, § 1º, do código.

Por vezes, a oitiva da vítima não é possível logo em seguida à prática do crime, como ocorre, por exemplo, em uma tentativa de homicídio em que ela se encontre hospitalizada. Nesse caso, no primeiro momento em que o ofendido puder se manifestar, deve a autoridade policial providenciar, de pronto, sua oitiva.

> **ATENÇÃO** - A Lei n. 13.502, de 8 de novembro de 2017, ao promover alterações na chamada Lei Maria da Penha, prevê que a vítima de violência doméstica deve ser ouvida, preferencialmente, por uma servidora do sexo feminino (art. 10-A, caput). Tal depoimento deverá ser gravado em mídia que integrará o inquérito policial de verá ser intermediado, quando possível, "por profissional especializado em violência doméstica e familiar designado pela autoridade judiciária ou policial".

Sistema de garantia de direitos da criança e do adolescente vítima ou testemunha de violência – no dia 5 de abril de 2017 foi publicada a Lei n. 13.431/2017, estabelecendo o sistema de garantia de direitos da criança e do adolescente vítima ou testemunha de violência, trazendo importantes inovações.

A novel legislação, criando medidas de assistência e proteção à criança e ao adolescente, nada mais fez do que seguir diretriz da Constituição Federal, que em seu art. 227 estatui ser dever do Estado (e também da família e da sociedade) assegurar ao infante, com absoluta prioridade, direitos como a vida e a dignidade, além de colocá-lo a salvo de toda forma de violência. Também está em consonância com o art. 19 da Convenção sobre Direitos da Criança (promulgada pelo Decreto n. 99.710/1990), cuja intenção é proteger integralmente a criança e o adolescente contra todas as formas de violência. Na mesma linha, obedece ao art. 8.º do Protocolo Facultativo à Convenção sobre os Direitos da Criança referente à venda de crianças, à prostituição infantil e à pornografia infantil (promulgado pelo Decreto n. 5.007/2004), e à Resolução n. 20/2005 do Conselho Econômico e Social das Nações Unidas, que traz diretrizes sobre pessoas em desenvolvimento vítimas e testemunhas de crimes.

Como se sabe, a criança (idade de até 12 anos incompletos) e o adolescente (idade entre 12 anos completos e 18 anos incompletos) merecem proteção integral pelo simples fato de serem pessoas em estágio peculiar de desenvolvimento físico, psíquico e moral (arts. 2º e 3º do Estatuto da Criança e do Adolescente e art. 2º da Lei n. 13.431/2017).

Nesse sentido, todos os entes federativos devem desenvolver políticas integradas e coordenadas que visem garantir os direitos humanos da criança e do adolescente e resguardá-los de toda forma de violência.

Com relação ao âmbito de aplicação, assim como o Estatuto da Criança e do Adolescente, a Lei n. 13.431/2017 se aproveita de forma excepcional aos jovens entre 18 e 21 anos de idade (art. 3º, parágrafo único).

Dentre os direitos e garantias da criança e do adolescente (art. 5º), merecem destaque: a) prioridade absoluta; b) recebimento de informação adequada; c) manifestação de desejos e opiniões de maneira confidencial (sem afetar a troca de informações para fins de assistência à saúde e persecução penal), ou permanência em silêncio; d) assistência jurídica e psicossocial; **e) ser ouvido em horário que lhe for mais adequado e conveniente, sempre que possível;** f) segurança.

Em adição, a criança ou o adolescente vítima ou testemunha de violência têm direito a pleitear, por meio de seu representante legal, medidas protetivas contra o autor da violência (art. 6º). Tais medidas consistem não apenas naquelas listadas no art. 21 da Lei n. 13.431/2017, mas também no art. 101 da Lei n. 8.069/1990 e arts. 22, 23 e 24 da Lei n. 11.340/2006, conclusão que se extrai da exigência (art. 6.º, parágrafo único) de interpretação sistemática da Lei n. 13.431/2017 com o Estatuto da Criança e do Adolescente e a Lei Maria da Penha.

ATENÇÃO - Devem ser acrescentados ao rol das normas protetivas da criança e do adolescente os arts. 20 e 21 da Lei 14.344/22 (Lei Henry Borel). Esta situação pode, sim, gerar uma sobreposição de normas de proteção. Quando se trata de concurso de normas de proteção, deve-se aplicar a norma como o escopo mais alargado de proteção; se ambas as normas são idênticas, não há conflito a ser solucionado, pois a aplicação de qualquer das normas produziria resultado idêntico.

Importante novidade albergada pela Lei 13.431/17 foi a definição das formas peculiares de oitiva de criança ou adolescente acerca da situação de violência (art. 4º, § 1º), quais sejam, a escuta especializada e o depoimento especial. A intenção é reduzir a chamada vitimização secundária.

Escuta especializada é o procedimento de entrevista sobre situação de violência com criança ou adolescente perante órgão da rede de proteção, limitado o relato espontâneo e estritamente ao necessário para o cumprimento de sua finalidade (art. 7º).

Já o depoimento especial é o procedimento de oitiva de criança ou adolescente vítima ou testemunha de violência perante autoridade policial ou judiciária (art. 8º). Também conhecido como depoimento sem dano, é realizado de forma multidisciplinar (com auxílio especialmente de assistente social ou psicólogo), permitindo um ambiente menos constrangedor e mais propício para a busca da verdade.

O art. 28, § 1º, do ECA já determinava que, sempre que possível, a criança ou o adolescente deve ser previamente ouvido por equipe interprofissional, respeitado seu estágio de desenvolvimento e grau de compreensão sobre as implicações da medida. Trata-se de clara aplicação da doutrina da proteção integral e do princípio da oitiva obrigatória e participação (art. 100, parágrafo único, do ECA). Essa forma peculiar de ouvir crianças e adolescentes é igualmente determinada pela Henry Borel (art. 12).

Em regra, o depoimento especial deve ser realizado uma única vez (art. 11), por meio de produção antecipada de prova judicial, garantida a ampla defesa do investigado, ou seja, preferencialmente deve ser realizado como prova antecipada, a ser produzida perante o juiz com observância do contraditório real antes mesmo do início do processo, ou, se deflagrado o processo, antes da audiência de instrução e julgamento.

Diz a Lei que a prova deverá (necessariamente) ser colhida de forma antecipada em duas situações (arts. 11, § 1º, e 3º, parágrafo único): a) criança menor de sete anos; b) criança, adolescente, ou jovem até 21 anos em situação de violência sexual. Para muitos, nessas situações, não existe campo para análise da necessidade da medida cautelar, podendo o juiz agir de ofício na produção dessa prova antecipada. Ousamos discordar. O processo penal terá estrutura acusatória, determinada pela Constituição Federal, vedadas a iniciativa do juiz na fase de investigação e a substituição da atuação probatória do órgão de acusação.

Não obstante grande parte dos crimes violentos contra crianças e adolescentes ser praticada na clandestinidade, longe dos olhares de testemunhas (situação em que a palavra da vítima assume especial relevo e possui força probatória suficiente para amparar condenação), a polícia judiciária deve se esforçar para que o depoimento especial não seja o único meio de prova (art. 22).

Não será admitida a tomada de novo depoimento especial, salvo quando justificada a sua imprescindibilidade pela autoridade competente e houver a concordância da vítima ou da testemunha, ou de seu representante legal (art. 11, § 2º).

O depoimento especial abrange (arts. 9º, 10 e 12), quanto aos aspectos formais: a) local apropriado e acolhedor, com infraestrutura e espaço físico que garantam a privacidade da criança ou do adolescente vítima ou testemunha de violência; b) resguardo da criança ou do adolescente de qualquer contato, ainda que visual, com o suposto autor ou acusado, ou com outra pessoa que represente ameaça, coação ou constrangimento; c) presença do imputado na sala de audiência, em regra, admitindo-se excepcionalmente seu afastamento caso o profissional especializado verifique que sua presença possa prejudicar o depoimento especial ou colocar o depoente em situação de risco; d) gravação do depoimento em áudio e vídeo e transmissão em tempo real para a sala de audiência, em regra, podendo ser restritas se houver risco à vida ou à integridade física da vítima ou testemunha; e) tomada de todas as medidas para preservação da intimidade e da privacidade da vítima ou testemunha, inclusive a tramitação em segredo de Justiça. E quanto aos aspectos materiais: f) esclarecimento de direitos e procedimentos, vedada a leitura de peças; g) livre narrativa da criança ou do adolescente sobre a situação de violência, diretamente ao juiz se assim o entender, ou ao profissional especializado que pode intervir quando necessário, utilizando técnicas que permitam a elucidação dos fatos; h) possibilidade de perguntas complementares, após consulta ao Ministério Público e defesa, organizadas em bloco e feitas pelo profissional especializado com linguagem de melhor compreensão da criança ou do adolescente.

Como medida de proteção à intimidade e à segurança, o depoimento especial pode se dar por meio da inquirição sem rosto ou envelopada. Consiste no registro fracionado da oitiva em dois documentos, a inquirição propriamente dita a ser juntada nos autos, e a qualificação completa que será mantida apartada e acessível apenas aos envolvidos. Tal proceder não exige necessariamente a inclusão em programa formal de proteção e não viola os princípios do contraditório e da ampla defesa, pois não impede o acesso da defesa.

Aliás, sendo constatada gravidade da coação ou da ameaça à integridade física ou psicológica, nada impede (art. 21, V) a aplicação dos mecanismos de proteção especial a vítimas e testemunhas previstos na Lei n. 9.807/1999.

ATENÇÃO - A Lei 13.431/17 foi regulamentada pelo governo federal através do Decreto 9.603/18.

Requisição, pelo Delegado, de ação cautelar de antecipação de produção de provas - O art. 21, § 1º, da Lei Henry Borel prevê que a autoridade policial poderá requisitar e o Conselho Tutelar requerer ao Ministério Público a propositura de ação cautelar de antecipação de produção de prova nas causas que envolvam violência contra a criança e o adolescente, observadas as disposições da Lei nº 13.431, de 4 de abril de 2017.

Chama a atenção a falta de técnica do legislador ao anunciar que o delegado "requisitará" ao Ministério Público a propositura da cautelar. Por óbvio, a expressão correta deve ser "representará" e, como tal, deve ser lida. Esse mesmo equívoco já foi cometido antes, na Lei 13.431/2017. Ver o caput e inciso VI do art. 21 da Lei 13.431/2017:

> "Art. 21. Constatado que a criança ou o adolescente está em risco, a autoridade policial requisitará à autoridade judicial responsável, em qualquer momento dos procedimentos de investigação e responsabilização dos suspeitos, as medidas de proteção pertinentes, entre as quais:
>
> (...)
>
> VI - representar ao Ministério Público para que proponha ação cautelar de antecipação de prova, resguardados os pressupostos legais e as garantias previstas no art. 5º desta Lei, sempre que a demora possa causar prejuízo ao desenvolvimento da criança ou do adolescente".

A leitura afoita do art. 21, § 1º, da Lei 14.344/2022, bem como do art. 21, inciso VI, da Lei 13.431/2017, sem compromisso com o mosaico das funções estatais e divorciada de princípios e prerrogativas constitucionais, pode levar o intérprete a concluir que o delegado de polícia poderia emitir uma ordem à autoridade judicial ou ao órgão do Ministério Público para a propositura da cautelar. Requisitar é imperativo (dar ordem), algo incompatível com a função do delegado em relação ao "dominus litis". Cenário absolutamente atípico de subversão das funções constitucionais. Portanto, evidentemente, não pode a autoridade policial fazer requisições mandatórias ao juiz ou ao Ministério Público. Equivocou-se, nesse tanto, duas vezes o legislador.

Importante acentuar que a produção antecipada de provas tem como finalidade não apenas garantir o direito à prova produzida autonomamente, mas também – e principalmente – reduzir o grau de revitimização da criança e do adolescente.

A Lei 12.830/2013, editada para reafirmar e regulamentar a investigação conduzida pelos delegados de polícia, consolidando em prol deles algumas prerrogativas importantes, de modo a estabelecer um regime jurídico capaz de lhes assegurar um desempenho funcional livre de perseguições, subserviência e fisiologismos, em momento algum admite esse poder requisitório dentro da estrutura legal da relação entre polícia e MP. No Direito Comparado, inclusive, não se tem conhecimento de qualquer norma que autorize esse poder anômalo; ao contrário, na maioria dos países no contexto europeu continental é o Ministério Público o titular da fase investigativa, comandando os rumos da investigação e exercendo tal mister com o auxílio dos órgãos de polícia judiciária (Thiago Pierobom de Ávila. Investigação criminal: o controle externo de direção mediata pelo Ministério Público. Curitiba: Juruá, 2016). Não se trata de estabelecer hierarquias, mas fazer respeitar funções e prerrogativas estampadas na Constituição Federal (art. 129).

O art. 2º, § 1º, da Lei 12.830/2013, anuncia que ao delegado de polícia, na qualidade de autoridade policial, cabe a condução da investigação criminal por meio de inquérito policial ou outro procedimento previsto em lei, que tem como objetivo a apuração das circunstâncias, da materialidade e da autoria das infrações penais. E o parágrafo seguinte complementa dizendo que, durante a investigação criminal, cabe ao delegado de polícia a requisição de perícia, informações, documentos e dados que interessem à apuração dos fatos.

O dispositivo, como facilmente se nota, contempla a discricionariedade investigativa do delegado de polícia, de maneira a lhe conferir uma liberdade e flexibilidade de atuação que lhe permite promover diligências pertinentes e mais adequadas ao caso concreto. Este dispositivo, conjugado com os arts. 6º e 7º do Código de Processo Penal, traz algumas sugestões de diligências que podem ser realizadas no interesse da investigação.

Todavia, há alguns limites à discricionariedade investigatória ao delegado de polícia. A começar pela própria redação condicional da norma que impõe que essas diligências devem ser feitas no interesse da apuração dos fatos. Além de voltadas ao interesse da apuração, as diligências devem ser feitas dentro dos limites colocados pela legislação vigente.

Como bem esclarece Renee de Ó Souza, citando Norberto Avena, "essa liberdade de atuação é fundamental na rotina investigativa policial e é fruto daquilo que a doutrina chama de juízo de prognose, caracterizado por pesquisas de informações simples, destinadas a uma filtragem inicial a respeito das notícias que lhe chegam ao conhecimento a fim de compor, se minimamente viáveis, as bases indiciárias para uma investigação propriamente dita. A partir dessa primeira análise, o delegado de polícia decide quais providências são necessárias para elucidar a infração penal. A este juízo, mais tarde, quando finalizada a investigação, sucederá o juízo de diagnose, momento em que o delegado, examinando o conjunto probatório angariado, informará, no relatório do procedimento policial, as conclusões da apuração realizada" (Leis Penais Especiais Comentadas. 5ª ed. Juspodivm. Bahia. 2022). E aqui, até que seja analisado seu trabalho pelo titular da ação penal, encerrou o trabalho policial.

Todavia, esta liberdade inicial de atuação policial encontra limites no sistema, que estabelecem uma vinculação funcional da polícia à titularidade da persecução penal pelo Ministério Público. Estas vinculações podem ser reconhecidas em quatro áreas: não há investigação criminal pela autoridade policial realizada fora do quadro do inquérito policial (proibição de investigações paralelas ou secretas); toda investigação policial deve ser submetida ao controle do Ministério Público (na justiça comum, em 30 dias no caso de investigado solto, em 10 dias no caso de investigado preso, cf. art. 10, caput, do CPP); o Ministério Público pode realizar requisição de diligências investigatórias, que são de atendimento obrigatório pela autoridade policial (CF/1988, art. 129, inciso VIII; LC 75/1993, art. 7º, inciso II; CPP, art. 13, inciso II); o destino da investigação criminal é decidido pelo Ministério Público, com sua decisão de acusação ou arquivamento (ÁVILA, Thiago Pierobom de. Investigação criminal: o controle externo de direção mediata pelo Ministério Público. Curitiba: Juruá, 2016).

Sobre este dever de a autoridade policial cumprir as requisições do Ministério Público, já foi decidido pelo STJ que o poder de requisição do promotor de Justiça pode ser exercido em relação a delegado de polícia, que, se não cumprir, poderá ser responsabilizado por crime de desobediência:

> "Segundo doutrina, o funcionário público pode ser sujeito ativo do crime de desobediência, desde que, como na espécie, não seja hierarquicamente subordinado ao emitente da ordem legal e tenha atribuições para cumpri-la. O fato de o delito de desobediência estar inserido no capítulo dos ilícitos penais praticados por particular contra a administração pública não impede a sua consumação, porquanto haverá, em tal caso, violação ao princípio da autoridade que é objeto da tutela jurídica. (...)" (STJ – RHC: 85031 DF 2017/0126784-4, Relator: Ministra MARIA

THEREZA DE ASSIS MOURA, Data de Julgamento: 19/10/2017, T6 - SEXTA TURMA, Data de Publicação: DJe 27/10/2017).

Logo, o poder de requisição do Delegado de Polícia, que existe de fato e de direito, está restrito a dados que interessem à apuração da infração penal. Nada mais, nada menos.

Nessa linha, inclusive, apresenta-se o enunciado n. 14 do II Encontro Nacional de Delegados de Polícia sobre Aperfeiçoamento da Democracia e Direitos Humanos:

> "O poder requisitório do delegado de polícia, que abrange informações, documentos e dados que interessem à investigação policial, não esbarra em cláusula de reserva de jurisdição, sendo dever do destinatário atender à ordem no prazo fixado, sob pena de responsabilização criminal".

Não importando o ângulo de análise, não há como se extrair do sistema esse poder do delegado de polícia requisitar atitudes do titular da ação penal, para quem o trabalho policial deve ser endereçado, cumprindo, a depender do caso concreto, requisição desse mesmo órgão.

Não esqueçamos, por fim, que a Lei 9.613/1998, que trata da lavagem de dinheiro, previu drástica consequência quando dispôs que "em caso de indiciamento de servidor público, este será afastado, sem prejuízo de remuneração e demais direitos previstos em lei, até que o juiz competente autorize, em decisão fundamentada, o seu retorno" (art. 17-D). É dizer: o mero indiciamento, determinado pela autoridade policial, tinha o condão de acarretar o afastamento do servidor público de suas funções até decisão judicial em sentido contrário.

A respeito deste dispositivo, a Associação Nacional dos Procuradores da República ajuizou a Ação Direta de Inconstitucionalidade n. 4911, sob o fundamento de que há usurpação de função pública, na medida em que a formação da *opinio delicti*, em crime de ação penal pública, é ato privativo do Ministério Público. Sustentou, ainda, que a regra malfere os princípios constitucionais do contraditório, da ampla defesa, da presunção da inocência e da inafastabilidade da jurisdição. A tese foi acolhida pela Corte Suprema.

Diante desse quadro, o dispositivo em comento (§1º do art. 21 da Lei 14.344/2022) demanda interpretação conforme à constituição, excluindo-se aquela que possa flertar com o poder de requisição mandatória do delegado ao Ministério Público, permitindo-se a manutenção da constitucionalidade do dispositivo apenas - e desde que - se interprete que requisitar tem o sentido de comunicar e solicitar (ou seja, de representar ao Ministério Público), mas sem conteúdo de determinação ou ordem, conforme consta do art. 21, inciso VI, da Lei 13.431/2017. Isso porque a titularidade da ação penal cautelar também é privativa do Ministério Público, nos termos do art. 129, inciso I, da CF/1988 (ver acima comentários ao art. 12 da lei).

Nesse sentido decidiu o STF, por unanimidade, ao julgar parcialmente procedente a ADI 7.192/DF, para conferir interpretação conforme ao referido artigo 21, § 1º, e assentar que o Delegado pode solicitar ao Ministério Público a propositura de ação cautelar de antecipação de produção de prova nas causas que envolvam violência contra a criança e o adolescente, cabendo ao membro do MP avaliar se entende ser o caso de atuação, nos limites de sua independência funcional e observados os deveres que lhe são inerentes. Segundo a decisão:

> "É legítimo, portanto, que a polícia judiciária provoque o Ministério Público na proteção de crianças e adolescentes contra a violência doméstica e familiar. No entanto, é inadmissível compreender que essa provocação possa assumir caráter

cogente, dado o perfil constitucional de ambas as instituições. O controle externo da atividade policial cabe ao Ministério Público (CF/1988, art. 129, VII), de forma que qualquer interpretação que atribua o controle externo do Ministério Público à polícia judiciária subverteria o desenho constitucional desses órgãos. Por isso, a palavra "requisitar", prevista na lei acima citada, deve ser compreendida como 'solicitar', 'requerer'." (STF, ADI 7.192/DF, rel. Min. Luiz Fux, j. 17/05/24).

Informar a mulher vítima de violência doméstica e familiar acerca dos direitos de assistência judiciária – A Lei 13.894/19 altera a Lei Maria da Penha. Dentre os pontos alterados destacamos a disciplina do atendimento pela autoridade policial, que passa a ser obrigada a informar a vítima acerca dos direitos de assistência judiciária para o eventual ajuizamento da ação de separação judicial, de divórcio, de anulação de casamento ou de dissolução de união estável (art. 11, inc. V, da Lei 11.340/06).

Condução coercitiva da vítima e crime de ação penal pública – Tratando-se de um crime de ação penal pública, no qual prevalece o interesse do Estado em sua apuração e punição, a oitiva do ofendido assume especial relevância, e sua inércia em atender ao chamamento da autoridade policial para ser ouvido pode ensejar a condução coercitiva a que alude o § 1º, do art. 201 do CPP. A propósito, o art. 240, § 1º, "g" do CPP admite a apreensão de "pessoas vítimas de crimes".

ATENÇÃO – para uma corrente contemporânea, a condução coercitiva de vítima deve ser evitada. A vítima é sujeito de direitos, e não mero objeto ou simples fonte de prova. O estado que incentiva a condução coercitiva do ofendido se considera mais vítima do que a própria vítima. Isso não impede, contudo, sua condução protetiva. Se existe suspeita de que a ausência da vítima não é voluntária, mas imposta por terceiro interessado, pode o juiz mandar conduzi-la à sua presença para que a situação seja verificada e esclarecida.

Condução coercitiva da vítima e crime de ação penal privada – Temos que, cuidando-se de um crime de ação penal de iniciativa privada e ante eventual inércia do ofendido, já não seja cabível sua condução debaixo de vara. Na ação penal privada, é sabido, conta a vontade da vítima, cabendo a ela, única e exclusivamente, decidir pelo processamento – ou não – de seu ofensor. Ora, se tendo suportado a prática de um delito daqueles que se processam mediante a oferta de queixa, a vítima, chamada, deixa de comparecer, essa inércia deve ser entendida como uma verdadeira *renúncia*, isto é, uma manifestação de vontade no sentido de que não deseja o processo. Pensamos que, nessa hipótese, quando evidente o desinteresse do ofendido, não há como obrigá-lo a depor, sendo incabível, bem por isso, qualquer medida compulsória nesse sentido.

ATENÇÃO – Embora haja algum posicionamento em sentido diverso (RT 544/410), prevalece na jurisprudência o entendimento de que a vítima uma vez intimada, que deixa de comparecer à audiência, não comete o crime de desobediência, previsto no art. 330 do Código Penal. A justificativa é que já havendo uma sanção prevista para essa falta, consistente na possibilidade de sua condução coercitiva, o legislador se satisfez com essa medida, que lhe pareceu suficiente, ficando afastada a configuração do crime. Nesse sentido: RT 604/710; 746/623.

Abuso de autoridade – O artigo 10 da Lei nº 13.869/19 prevê como modalidade de abuso de autoridade o fato de o agente decretar a condução coercitiva de testemunha ou investigado manifestamente descabida ou sem prévia intimação de comparecimento ao juízo. Inexplicavelmente o delito não alcança a condução coercitiva abusiva da vítima. A lacuna não pode ser suprida pelo esforço do intérprete, respeitando-se a reserva legal.

Presença do investigado na oitiva da vítima – Não raras vezes, a defesa peticiona nos autos do inquérito policial requerendo seja o investigado cientificado do dia, hora e local da oitiva da vítima, de modo a permitir sua presença para exercer seu direito de defesa. Observamos, contudo, que o direito invocado não tem guarida legal. Sua presença pode significar prejuízo ao sagrado direito de a vítima ter assegurado digno acesso à Justiça. Importante registrar que o Supremo Tribunal Federal (STF) já negou esse direito ao advogado. Na Petição de nº 7.612/DF, o ministro Gilmar Mendes sustentou, não sem razão:

> "Destaco que a norma do artigo 7º, XXI, da Lei 8.906/94, prevê a assistência dos advogados aos investigados durante a realização dos interrogatórios e depoimentos de seus clientes, não estendendo essa prerrogativa aos depoimentos e interrogatórios dos demais investigados e testemunhas".

E prossegue:

> "A legislação vigente não avança para reproduzir no âmbito do inquérito policial, o modelo processual vigente na ação penal, no qual todas as provas são produzidas com a possibilidade de ciência, acompanhamento e participação dos acusados e de sua defesa (autodefesa e defesa técnica) inclusive com a formulação de perguntas diretamente às testemunhas e de esclarecimentos realizados por intermédio do juiz durante os interrogatórios dos corréus (arts. 188 e 212 do CPP)".

V – ouvir o indiciado, com observância, no que for aplicável, do disposto no Capítulo III do Título VII, deste Livro, devendo o respectivo termo ser assinado por duas testemunhas que lhe tenham ouvido a leitura;

Interrogatório do indiciado – A oitiva do indiciado nada mais é do que seu interrogatório, realizado no âmbito do inquérito policial. Por isso mesmo é que determina a lei que tal oitiva deve observar, no que for aplicável, o disposto nos arts. 185 e seguintes do código, que tratam do interrogatório judicial. Ocorre que esse ato judicial, com o advento da Lei nº 10.792/03, sofreu profundas alterações, com reflexos no interrogatório a ser realizado pela autoridade policial. Ressalte-se, por exemplo, a necessidade de a autoridade policial esclarecer ao indiciado que tem o direito de permanecer em silêncio e que tal silêncio não lhe acarretará qualquer prejuízo. Cumpre à autoridade policial, ainda, atentar aos dispositivos constitucionais dos incs. LXII e LXIII, do art. 5º, da Constituição, que asseguram ao indiciado, nos casos de prisão em flagrante, o direito de se comunicar com familiares ou advogado.

ATENÇÃO: de acordo com o STJ, só há nulidade pela falta de cientificação do acusado sobre o seu direito de permanecer em silêncio, em fase de inquérito policial, caso demonstrado o efetivo prejuízo (info 791).

Termo de interrogatório – Deverá ser assinado por duas testemunhas que tenham ouvido sua leitura, por isso conhecidas como testemunhas de leitura, instrumentárias ou fedatárias.

No que for aplicável – Este dispositivo determina que a autoridade policial observe a disciplina "do Capítulo III do Título Vll, deste Livro", isto é, cabe atentar ao regramento dos arts. 195 a 196 do código, "no que for aplicável". Resta analisar, assim, o alcance dessa expressão. Temos como cabível a possibilidade do indiciado ser ouvido onde se encontra preso (art. 185, § 1°), e mesmo por videoconferência (art. 185, § 2°), desde que a polícia se estruture para tanto. A faculdade de permanecer em silêncio, sem que nenhum prejuízo lhe advenha (art. 186), bem como o roteiro das indagações que serão formuladas (art. 187), devem também ser observadas. Idem quanto à confissão (art. 190), o interrogatório em separado dos indiciados (art. 191), a oitiva do mudo, do surdo ou do surdo-mudo (art. 192), do estrangeiro (art. 193), bem como a consignação em termo do fato do interrogado não saber escrever, não puder ou não quiser assinar (art. 195).

Condução coercitiva do investigado – no ano de 2019, o STF publicou o acórdão da decisão proferida nas ADPFs 395 e 444, nas quais se questionou a constitucionalidade da condução coercitiva para interrogatório. O STF considerou procedente o pleito em julgamento cujo acórdão foi publicado nos seguintes termos:

> "1. Arguição de Descumprimento de Preceito Fundamental. Constitucional. Processo Penal. Direito à não autoincriminação. Direito ao tempo necessário à preparação da defesa. Direito à liberdade de locomoção. Direito à presunção de não culpabilidade. 2. Agravo Regimental contra decisão liminar. Apresentação da decisão, de imediato, para referendo pelo Tribunal. Cognição completa da causa com a inclusão em pauta. Agravo prejudicado. 3. Cabimento da ADPF. Objeto: ato normativo pré-constitucional e conjunto de decisões judiciais. Princípio da subsidiariedade (art. 4º, §1º, da Lei nº 9.882/99): ausência de instrumento de controle objetivo de constitucionalidade apto a tutelar a situação. Alegação de falta de documento indispensável à propositura da ação, tendo em vista que a petição inicial não se fez acompanhar de cópia do dispositivo impugnado do Código de Processo Penal. Art. 3º, parágrafo único, da Lei 9.882/99. Precedentes desta Corte no sentido de dispensar a prova do direito, quando "transcrito literalmente o texto legal impugnado" e não houver dúvida relevante quanto ao seu teor ou vigência – ADI 1.991, Rel. Min. Eros Grau, julgada em 3.11.2004. A lei da ADPF deve ser lida em conjunto com o art. 376 do CPC, que confere ao alegante o ônus de provar o direito municipal, estadual, estrangeiro ou consuetudinário, se o juiz determinar. Contrario sensu, se impugnada lei federal, a prova do direito é desnecessária. Preliminar rejeitada. Ação conhecida. 4. Presunção de não culpabilidade. A condução coercitiva representa restrição temporária da liberdade de locomoção mediante condução sob custódia por forças policiais, em vias públicas, não sendo tratamento normalmente aplicado a pessoas inocentes. Violação. 5. Dignidade da pessoa humana (art. 1º, III, da CF/88). O indivíduo deve ser reconhecido como um membro da sociedade dotado de valor intrínseco, em condições de igualdade e com direitos iguais. Tornar o ser humano mero objeto no Estado, consequentemente, contraria a dignidade humana (NETO, João Costa. Dignidade Humana: São Paulo, Saraiva, 2014. p. 84). Na condução coercitiva, resta evidente que o investigado é conduzido para demonstrar sua submissão à força, o que desrespeita a dignidade da pessoa humana. 6. Liberdade de locomoção. A condução coercitiva representa uma supressão absoluta, ainda que temporária, da liberdade de locomoção. Há uma clara interferência na liberdade de locomoção, ainda

que por período breve. 7. Potencial violação ao direito à não autoincriminação, na modalidade direito ao silêncio. Direito consistente na prerrogativa do implicado a recursar-se a depor em investigações ou ações penais contra si movimentadas, sem que o silêncio seja interpretado como admissão de responsabilidade. Art. 5º, LXIII, combinado com os arts. 1º, III; 5º, LIV, LV e LVII. O direito ao silêncio e o direito a ser advertido quanto ao seu exercício são previstos na legislação e aplicáveis à ação penal e ao interrogatório policial, tanto ao indivíduo preso quanto ao solto – art. 6º, V, e art. 186 do CPP. O conduzido é assistido pelo direito ao silêncio e pelo direito à respectiva advertência. Também é assistido pelo direito a fazer-se aconselhar por seu advogado. 8. Potencial violação à presunção de não culpabilidade. Aspecto relevante ao caso é a vedação de tratar pessoas não condenadas como culpadas – art. 5º, LVII. A restrição temporária da liberdade e a condução sob custódia por forças policiais em vias públicas não são tratamentos que normalmente possam ser aplicados a pessoas inocentes. O investigado é claramente tratado como culpado. 9. A legislação prevê o direito de ausência do investigado ou acusado ao interrogatório. O direito de ausência, por sua vez, afasta a possibilidade de condução coercitiva. 10. Arguição julgada procedente, para declarar a incompatibilidade com a Constituição Federal da condução coercitiva de investigados ou de réus para interrogatório, tendo em vista que o imputado não é legalmente obrigado a participar do ato, e pronunciar a não recepção da expressão "para o interrogatório", constante do art. 260 do CPP."

Destaca-se inicialmente que a decisão não abrange a condução coercitiva de testemunhas, que são obrigadas a depor e cujo silêncio pode inclusive dar ensejo à punição por falso testemunho (nos termos do art. 342 do CP, é crime também "calar a verdade"). Desta forma, caso a testemunha regularmente intimada não compareça e nem justifique sua ausência, é dado ao juiz ordenar à autoridade policial sua apresentação ou determinar que, debaixo de vara, seja ela apresentada coercitivamente por oficial de justiça, que poderá solicitar o auxílio da polícia para a concretização da diligência. Isto está expresso no art. 218 do CPP, que não foi objeto das ações constitucionais julgadas pelo STF, e nem faria mesmo sentido que houvesse sido, pois não há paralelo entre o interrogatório de investigados ou acusados e o depoimento de testemunhas, que declaram o que sabem sobre o fato, mas não se comprometem com suas consequências, ao passo que eventuais declarações prestadas por aqueles a quem se imputa o crime podem implicá-los diretamente. Disso decorre que o direito ao silêncio acoberta o interrogado, mas não aquele que presta depoimento. E, se este indivíduo não pode se furtar ao dever de esclarecer o que sabe sobre o fato, é natural que haja uma ferramenta processual que garanta o cumprimento da obrigação.

Nas primeiras linhas de seu voto sobre o mérito das ações, o ministro Gilmar Mendes deixou claro que a condução coercitiva pode ser utilizada em diversos contextos, mas o julgamento se resumia ao interrogatório:

"Inicio por um esclarecimento, para que a compreensão da fundamentação não seja reduzida por ambiguidade. Busca-se o reconhecimento de que investigados e réus não podem ser conduzidos coercitivamente à presença da autoridade policial ou judicial para serem interrogados. Há outras hipóteses de condução coercitiva que não são objeto desta ação – a condução de outras pessoas como testemunhas, ou de investigados ou réus para atos diversos do interrogatório, como o reconhecimento, por exemplo. Por óbvio, essas outras hipóteses não estão em causa. Serão mencionadas no curso do voto apenas para ilustração e teste das teses jurídicas em conflito. Para que não paire dúvida, desde logo esclareço que o emprego não especificado da expressão "condução coercitiva" doravante neste voto fará referência ao objeto da ação – condução do imputado para interrogatório."

É claro, portanto, que testemunhas não estão abrangidas pela limitação. Aliás, nota-se também claramente que nem mesmo investigados ou acusados estão absolutamente isentos da condução coercitiva, pois é possível, por exemplo, que sejam levados à força para a realização de reconhecimento por vítimas ou testemunhas, situação em que não se cogita a oposição da máxima nemo tenetur se detegere porque o indivíduo não produz nenhuma prova contra si, tendo em vista que assume uma postura meramente passiva na qual apenas se submete a um ato em que suas características físicas externas são analisadas por outras pessoas:

> "A presente ação não trata de outras hipóteses de condução coercitiva, como a condução de testemunhas e peritos, ou de investigados ou réus para identificação, qualificação ou outros atos diversos do interrogatório, como a identificação, a qualificação e o reconhecimento, dentre outros."

Note-se, ademais, que o julgamento deixou claro algo de suma importância: não é possível determinar a condução coercitiva de investigados na qualidade de testemunhas apenas para evitar as consequências jurídicas decorrentes da condução ilegal:

> "Sobre a condução coercitiva de testemunhas, abro um parêntese para consignar que investigados não devem ser tratados como testemunhas, como forma de burlar a presente decisão. (...) É certo que há dificuldade inicial de definir a posição de algumas pessoas frente à investigação, como suspeitos ou testemunhas. São inúmeros os casos de comissões parlamentares de inquérito que convocam investigados na qualidade de testemunha, havendo intervenção judicial para assegurar o direito ao silêncio. Mas, se a investigação se volta contra a pessoa, apontando-se sua colaboração para os fatos e adotando-se medidas probatórias com grande considerável probabilidade de levar a sua responsabilização, ela deve ser tratada como investigada."

Também não se impede a condução coercitiva de vítimas.

A vítima não tem o mesmo tratamento jurídico da testemunha, tanto que não é previamente compromissada e, se mentir, não responderá pelo crime de falso testemunho, podendo, a depender do caso concreto, praticar o delito de denunciação caluniosa ou de falsa de crime ou de contravenção, tipificados, respectivamente, nos arts. 339 e 340 do Código Penal. A despeito disso, o art. 201, parágrafo único, do CPP autoriza a condução coercitiva do ofendido que, regularmente intimado, se ausenta sem apresentar uma escusa razoável. Isto ocorre porque, embora não se trate de testemunha, não se ignora o caráter de importante meio de prova de suas declarações, e, por conta disso, o legislador considera relevante sua oitiva, dedicando-lhe um capítulo próprio na parte concernente à prova.

Finalmente, reforçamos que a vedação à condução coercitiva para interrogatório abrange tanto os investigados quanto os acusados, ou seja, incide na fase de investigação como na instrução processual.

Abuso de autoridade – O artigo 10 da Lei nº 13.869/19 prevê como modalidade de abuso de autoridade o fato de o agente decretar a condução coercitiva de investigado manifestamente descabida. Também configura crime previsto na Lei de Abuso de Autoridade (art. 16) a conduta do responsável por interrogatório em sede de procedimento investigatório de infração penal que deixa de identificar-se ao preso ou atribui a si mesmo falsa identidade, cargo ou função. Para tipificar os crimes previstos na citada Lei, o agente deve comportar-se abusivamente com a finalidade específica de prejudicar outrem ou beneficiar a si mesmo ou a terceiro, ou, ainda, por mero capricho ou satisfação pessoal. Eis o elemento subjetivo presente nos vários tipos incriminadores da Lei de Abuso de Autoridade, restringindo o alcance da norma de tal forma que, a nosso ver, o dolo eventual fica descartado.

Horário para o interrogatório – A Lei 13.869/19, no seu art. 18, rotula como abuso de autoridade o fato de o agente submeter o preso a interrogatório policial durante o período de repouso noturno, salvo se capturado em flagrante delito ou se ele, devidamente assistido, consentir em prestar declarações. Mas o que será repouso noturno? O §1º do art. 155 do Código Penal pode ser utilizado como parâmetro? Vejamos. O art. 155, §1º, do CP aumenta a pena do furto se o crime é praticado durante o repouso noturno. No Código Penal, o aumento é aplicado em razão do maior juízo de reprovabilidade, do juízo de censura que recai sobre a conduta do agente, quando pratica o crime de furto se valendo dessa situação especial, aproveitando que os bens estão menos guarnecidos, menos vigiados, ficando facilitada a sua subtração. O período, contudo, não está especificado. O costume da localidade dirá se o crime foi ou não cometido nesse período. Embora similares as expressões do CP e da Lei de Abuso de Autoridade, entendemos que a hipótese tipificada no art. 18 da Lei especial requer um raciocínio diferente. Aqui, não podemos permitir que o caso concreto defina o que venha ser, efetivamente, *repouso noturno*. Precisamos de dados determinados, de natureza objetiva, que não permitirão interpretações diferentes, aplicadas a fatos similares.

O art. 212 do Código de Processo Civil, esclarecendo sobre o horário de realização dos atos processuais, pode ser uma alternativa? Diz que os atos processuais serão realizados em dias úteis, das 6 (seis) às 20 (vinte) horas. Embora pudéssemos utilizar o mencionado artigo como parâmetro, passando a entender o repouso noturno como aquele período entre as 20 (vinte) horas até as 6 (seis) horas da manhã, a própria Lei 13.869, de 5 de setembro de 2019, no inciso III do § 1º do seu art. 22, considerou como abuso de autoridade o comportamento daquele que cumpre mandado de busca e apreensão domiciliar após as 21 (vinte e uma) horas ou antes das 5 (cinco) horas. Assim, para que se mantenha a coerência interna da Lei em estudo, aplicando-se uma interpretação sistêmica, temos que desprezar a regra geral prevista pelo Código de Processo Civil para a prática dos atos processuais e, por conseguinte, adotar os próprios parâmetros apontados pela Lei de Abuso de Autoridade. Dessa forma, devemos entender por *repouso noturno*, em atenção ao disposto no inciso III do § 1º do seu art. 22 da Lei 13.869/2019, o período de tempo que começa às 21 horas e termina às 5 (cinco) horas.

> **ATENÇÃO** – Não houve qualquer menção no tipo penal do art. 18 da Lei de Abuso de Autoridade sobre os dias da semana em que o interrogatório não poderia ser realizado. Portanto, desde que não seja realizado durante o repouso noturno, o interrogatório policial poderá ser realizado de segunda a domingo.

Acompanhamento de defensor? – Instigante é a discussão sobre a necessidade de acompanhamento de defensor. Antonio Milton de Barros entende, com efeito, que se é certo que ao interrogatório policial devem ser observadas, "no que for aplicável, as regras previstas para o interrogatório judicial, por conseqüência passa a ser obrigatória, na polícia, a presença do defensor, por conta da nova disciplina do art. 185 do CPP" (Barros, Antonio Milton. *A exigência de curador no interrogatório*. Disponível em: <www.ibccrim.org.br>. Acesso em: 11 nov. 2005). Seu principal argumento – repita-se – consiste no fato de que, passando o art. 185 do código a exigir a presença de defensor no interrogatório e sendo aplicáveis as regras do interrogatório judicial, também para o inquérito, por consequência, se exigiria o acompanhamento de advogado.

Ousamos discordar. A discussão é um tanto profunda e guarda íntima relação com a natureza jurídica do interrogatório. Conforme já esclarecemos, é praticamente uníssona a doutrina quando confere ao inquérito a natureza de um *procedimento administrativo*, cujo objetivo principal é a colheita de provas, algumas delas, como *v.g.* a pericial, quase sempre incapazes de serem repetidas em Juízo. O procedimento se diz *administrativo*, em contraste com o procedimento *judicial*, exatamente pelo fato de que, no inquérito, não se observam boa parte dos princípios constitucionais exigidos, apenas, para o processo judicial, dentre eles a ampla defesa e o contraditório.

É sob tal perspectiva que deve ser analisada a expressão *no que for aplicável*, contida no art. 6º, inc. V, do CPP. Ou seja, as regras que tratam do interrogatório judicial têm incidência no interrogatório policial naquilo que respeitem a natureza jurídica deste ato. Quanto à obrigatoriedade da presença do defensor, reclamado para o interrogatório em juízo (art. 185), não se coaduna com a natureza do inquérito. Claro que ele *poderá* estar presente, acompanhando o interrogatório policial, em atitude, aliás, que sempre foi admitida e que se acha reforçada pela Lei n. 13.245/2016 que, alterando o Estatuto da OAB, assegura ao advogado "assistir a seus clientes investigados durante a apuração de infrações, sob pena de nulidade absoluta do respectivo interrogatório ou depoimento" (art. 7º, inc. XXI, do EOAB).

De resto, a assistência do advogado, em caso de prisão em flagrante, encontra previsão constitucional (art. 5º, LXIII, da CF). Mas sempre em caráter facultativo, não como verdadeira obrigatoriedade, capaz, por exemplo, de acarretar o relaxamento do flagrante ante a ausência do defensor.

Insistimos, portanto, que a atual disciplina do interrogatório judicial deve ser observada, no inquérito policial, *no que for aplicável*, conforme indica o art. 6º, V, do CPP. Imaginar-se o contrário obrigaria, por exemplo, que no interrogatório realizado na polícia pudessem as partes formular perguntas às testemunhas, conforme previsto no art. 188 do código, estabelecendo-se verdadeiro contraditório. Para tanto, cumpriria à autoridade policial notificar previamente o Ministério Público, a fim de que participasse do ato. Ou seja, em todo e qualquer interrogatório, fosse caso de flagrante ou não, um membro do *parquet* – além do advogado – deveria estar presente, pois só assim o art. 188 do código estaria sendo efetivamente observado. Trata-se, à evidência, de exigência descabida, que não guarda nenhuma relação com o caráter administrativo do interrogatório.

Isso sem dizer – em observação calcada em regra de experiência – que, sob o aspecto prático, a obrigatoriedade da presença de um defensor, quase sempre, será prejudicial ao indiciado. Com efeito, constar do ato o nome de um advogado que, na maioria das vezes, não tem qualquer compromisso com a proteção do indiciado e que se presta a desempenhar um papel meramente decorativo, acabará sendo nociva àquele primeiro. Era o que se verificava quando obrigatória a nomeação de curador (sobre a extinção da figura do curador, v. art. 15 abaixo). De sorte que a presença do advogado acabará conferindo razoável valor probatório à confissão do réu realizada na fase policial, no momento de se proferir a sentença, quando, em verdade, sua atuação foi nenhuma, justificada apenas para satisfação de um requisito formal.

Não se ignora a existência de respeitável posicionamento doutrinário a exigir a instalação da ampla defesa e do contraditório também no inquérito policial. É o entendimento do saudoso Rogério Lauria Tucci (*Direitos e garantias individuais no processo penal brasileiro*, São Paulo: RT, 2004, p. 211), calcado na letra do art. 5º, inc. LV, da Constituição, segundo a qual "aos litigantes, em processo judicial *ou administrativo*, e aos acusados em geral são assegurados o contraditório e ampla defesa, com os meios e recursos a ela inerentes".

Trata-se, porém, de tese que não encontrou apoio do STF que, em inúmeras oportunidades, reafirmou a não exigência do contraditório no inquérito policial (STF – 1ª. T. – HC nº 69.372-SP – Rel. Min. Celso de Mello, *DJ* de 7.5.1993, p. 8.328). Em verdade, o *processo administrativo*, mencionado pelo constituinte e que reclama a observância aos princípios do contraditório e da ampla defesa, é aquele capaz de, ao seu final, culminar com a imposição de alguma penalidade, como, por exemplo, o instaurado para apuração de falta cometida por funcionário público, que pode levar à advertência, suspensão, etc. Ao inquérito policial, por não infligir qualquer sanção, dispensam-se os princípios constitucionais.

A 2ª. T do STF, recentemente, seguiu a mesma linha da 1ª. T e acabou por negar provimento ao agravo regimental em que se discutia a necessidade de intimação prévia da defesa técnica do investigado para a tomada de depoimentos orais na fase de inquérito policial, sob pena de nulidade dos atos processuais (Informativo 916). O agravante alegava ser impositiva a participação do advogado na colheita de depoimentos no curso de inquérito policial, de acordo com a recente alteração do art. 7º, XXI, da Lei 8.906/1994 (Estatuto da Ordem dos Advogados do Brasil), promovida pela Lei 13.245/2016. A Turma entendeu que, por se tratar de procedimento informativo de natureza inquisitiva destinado precipuamente à formação do *opinio delicti*, o inquérito comporta a regular mitigação das garantias do acusatório e da ampla defesa. Esse entendimento justifica-se pelo fato de os elementos indiciários não se prestarem, por si sós, ao juízo penal condenatório. As alterações legislativas implicaram reforço das prerrogativas da defesa técnica, sem, contudo, conferir ao advogado o direito subjetivo de intimação prévia e tempestiva do calendário de inquirições a ser definido pela autoridade judicial.

ATENÇÃO – A Lei 13.964/19, incluindo o art. 14-A ao CPP, assegura aos servidores vinculados às instituições dispostas nos arts. 142 e 144 da Constituição Federal que figurarem como investigados em inquéritos policiais, inquéritos policiais militares e demais procedimentos extrajudiciais, cujo objeto for a investigação de fatos relacionados ao uso da força letal praticados no exercício profissional ou missões para Garantia da Lei e da Ordem, o direito de constituir defensor para acompanhamento e realização de todos os atos relacionados à sua defesa administrativa.

JURISPRUDÊNCIA

Presença de advogado no interrogatório. Desnecessidade.

"A jurisprudência deste STJ entende que não é necessária a presença de advogado durante o interrogatório policial do réu. Não há nulidade na juntada posterior de provas colhidas durante o inquérito, porque a defesa foi intimada para se manifestar sobre elas antes da sentença, de modo que restou preservado seu direito ao contraditório. Ademais, sequer houve a indicação de algum prejuízo específico pelos agravantes, o que impede o pretendido reconhecimento da nulidade, nos termos do art. 563, do CPP." (STJ - AgRg no AREsp 1882836/SP, Rel. Ministro RIBEIRO DANTAS, QUINTA TURMA, julgado em 24/08/2021)

"A realização de interrogatório extrajudicial sem a presença de advogado, àmíngua de dados que indiquem o ato ter ocorrido desse modo contra a vontade do investigado, não o torna eivado de nulidade. Jurisprudência do Tribunal" (STF, AG .REG.NO RECURSO EXTRAORDINÁRIO 1.202.516 RS,Rel. MIN. EDSON FACHIN , SEGUNDA TURMA, Sessão Virtual de 6.3.2020 a 12.3.2020).

Indiciamento – Consiste na imputação a alguém, feita durante o inquérito policial, da prática de uma infração penal objeto da apuração. Havendo, pois, indícios de que determinada pessoa perpetrou o crime que é alvo da investigação, cumpre à autoridade policial proceder a seu formal indiciamento. Desde que não se verifique qualquer abuso na decisão da autoridade policial que determinou o indiciamento, ele se constituirá em desdobramento natural derivado da instauração do inquérito policial, deflagrado para apuração de um fato típico. De outra parte, se frágil a prova colhida na fase investigativa, levando a pessoa à condição que não vai além de mera suspeita, sem maior lastro probatório, já não mais será cabível o indiciamento, e, se determinado, caracterizará constrangimento ilegal, passível de reparação por meio de *habeas-corpus*, visando suspender o ato. Nada impedirá, contudo, que mais adiante, munido de dados mais concretos, se proceda, aí sim, ao indiciamento formal do agente.

Consequências do indiciamento – A revelar a importância do ato, recomendando especial cautela em sua determinação, vale destacar que a partir de sua implantação, do banco de dados do indiciado passa a constar anotação referente ao inquérito policial no qual foi apontado como suspeito da prática de uma infração penal. De tal forma que sempre que for se valer de um documento do qual conste seus antecedentes, aquela anotação estará presente, em situação capaz de gerar danos à pessoa. Como destaca Sylvia Steiner, "o indiciamento formal tem consequências que vão muito além do eventual abalo moral que pudessem vir a sofrer os investigados, eis que estes terão o registro do indiciamento nos Institutos de Identificação, tornando assim público o ato de investigação. Sempre com a devida vênia, não nos parece que a inserção de ocorrências nas folhas de antecedentes comumente solicitadas para a prática dos mais diversos atos da vida civil seja fato irrelevante. E o chamado abalo moral diz, à evidência, com o ferimento à dignidade daquele que, a partir do indiciamento, está sujeito à publicidade do ato" (*O indiciamento em inquérito policial como ato de constrangimento – legal ou ilegal. Revista Brasileira de Ciência Criminais*, v. 24, 1998, p. 307).

Ademais, como lembra Márcio Adriano Anselmo, a tese, até então vencedora, no sentido de que o mero indiciamento em inquéritos policiais não configura maus antecedentes do agente, firmada pelo STF no julgamento do Recurso Extraordinário 591.054, em 17.12.2014, por votação apertada (6 x 4), vem sendo revisitada por aquela Corte, que em breve deve novamente se posicionar a respeito do tema, com sua composição de ministros um tanto alterada (*Uma análise dos efeitos que podem decorrer do ato de indiciamento*. Site Conjur, acessado em 04.11.2016),

> **ATENÇÃO** – Como regra, as consequências do indiciamento – graves por si só – se limitam às anotações lançadas nos dados sobre os antecedentes do indiciado. Porém, a Lei 9.613/98, que trata da lavagem de dinheiro, prevê drástica consequência, ao dispor que "em caso de indiciamento de servidor público, este será afastado, sem prejuízo de remuneração e demais direitos previstos em lei, até que o juiz competente autorize, em decisão fundamentada, o seu retorno" (art. 17-D). É dizer: o mero indiciamento, determinado pela autoridade policial, tem o condão de acarretar o afastamento do servidor público de suas funções até decisão judicial em sentido contrário. A respeito deste dispositivo, a Associação Nacional dos Procuradores da República ajuizou a Ação Direta de Inconstitucionalidade n. 4911, sob o fundamento de que há usurpação de função pública, na medida em que a formação da *opinio delicti*, em crime de ação penal pública, é ato privativo do Ministério Público. Sustenta, ainda, que a regra malfere os princípios constitucionais do contraditório, da ampla defesa, da presunção da inocência e da inafastabilidade da jurisdição. A tese foi acolhida pela Corte Suprema.

Indiciamento após a deflagração do processo-crime – A jurisprudência, inclusive do Supremo Tribunal Federal, vem se inclinando no sentido de que, uma vez recebida a denúncia e deflagrado o processo-crime, não mais é cabível o indiciamento do réu. É dizer: se o agente não foi formalmente indiciado na fase policial, não mais se cogita desse ato, uma vez recebida a denúncia, ainda que por iniciativa do Ministério Público e mesmo por meio de ordem judicial. O fundamento consiste na constatação de que o indiciamento é um ato típico do inquérito policial, somente sendo cabível em seu âmbito, por decisão da autoridade policial. Vencida essa fase, com o processo judicial, não há mais lugar para sua realização. É verdade que o indiciamento, porque não realizado, não surgirá nos registros criminais do agente. Mas constará, agora, a ação penal em curso contra o réu. Esse entendimento se reforçou a partir da edição da Lei nº 12.830/2013, que, dentre as funções privativas do delegado de polícia, contemplou o indiciamento, a ser realizado através de ato fundamentado, "mediante análise técnico-jurídica do fato, que deverá indicar a autoria, materialidade e suas circunstâncias".

JURISPRUDÊNCIA

Quando é cabível o indiciamento

"O indiciamento de alguém, por suposta prática delituosa, somente se justificará, se e quando houver indícios mínimos, que, apoiados em base empírica idônea, possibilitem atribuir-se, ao mero suspeito, a autoria do fato criminoso. Se é inquestionável que o ato de indiciamento não pressupõe a necessária existência de um juízo de certeza quanto à autoria do fato delituoso, não é menos exato que esse ato formal, de competência exclusiva da autoridade policial, há de resultar, para legitimar-se, de um mínimo probatório que torne possível reconhecer que determinada pessoa teria praticado o ilícito penal. O indiciamento não pode, nem deve, constituir um ato de arbítrio do Estado, especialmente se se considerarem as graves implicações morais e jurídicas que derivam da formal adoção, no âmbito da investigação penal, dessa medida de Polícia Judiciária, qualquer que seja a condição social ou funcional do suspeito. Doutrina. Jurisprudência" (STF – Inq. nº 2.041 – Rel. Celso de Mello, DJU de 6.10.2003, Informativo 323).

"O mero indiciamento em inquérito policial, desde que não abusivo e posterior ao recebimento da denúncia, não configura constrangimento ilegal sanável na via estreita do *mandamus*. Na hipótese em análise, existindo indícios mínimos de autoria e materialidade do delito que foi imputado à paciente, e, pois, justa causa para a manutenção do inquérito policial contra ela instaurado, não há que se falar em suspensão do indiciamento formal determinado pela autoridade policial" (STJ – HC nº 240500-SP, Rel. Jorge Mussi, j. 02.04.2013, DJe 10.04.2013).

Indiciamento é desnecessário quando já ofertada a denúncia

"Sendo o inquérito policial instrumento de investigação destinado à formação da *opinio delicti*, ou seja, do convencimento por parte do Ministério Público a respeito da autoria do crime e suas circunstâncias, com o intuito de formulação de acusação nos casos de ação penal pública, caracteriza constrangimento ilegal o formal indiciamento do paciente que já teve contra si oferecida a denúncia, a qual, inclusive, foi recebida pelo Juízo a quo" (STJ – HC nº 254294-SP, Rel. Jorge Mussi, j. 02.05.2013, DJe 22.05.2013).

Impossibilidade de o juiz determinar o indiciamento de ofício

"Sendo o ato de indiciamento de atribuição exclusiva da autoridade policial, não existe fundamento jurídico que autorize o magistrado, após receber a denúncia, requisitar ao Delegado de Polícia o indiciamento de determinada pessoa. A rigor, requisição dessa natureza é incompatível com o sistema acusatório, que impõe a separação orgânica das funções concernentes à persecução penal, de modo a impedir que o juiz adote qualquer postura inerente à função investigatória" (STF – HC nº 115015-SP, Rel. Teori Zavascki, j. 27.08.2013).

Interrogatório policial e uso de algemas. Legalidade

"Não procede, ainda, a alegação do uso indevido de algemas, pois, conforme amplamente demonstrado pelos documentos trazidos, o emprego destas foi devidamente justificado pelas circunstâncias que envolveram o caso, haja vista que, depois de o paciente confessar o crime, a autoridade policial representou pela sua prisão temporária, surgindo, daí, o receio de que, enquanto aguardava a definição sobre a sua prisão cautelar, pudesse ele atentar contra a própria integridade física ou de terceiros" (STF – HC n. 107644-SP – Rel. Ricardo Lewandowski, j. 06.09.2011).

> "O recorrente, após ter sido conduzido à delegacia, lá confessou informalmente a prática do delito em apuração, sendo que, diante de tal situação, a autoridade policial representou pela sua prisão temporária, tendo ele sido algemado até que houvesse alguma definição no tocante à sua segregação. Desse modo, mostrou-se correta a atuação da polícia, até mesmo porque diante da presença da esposa da vítima e de outras testemunhas do crime no distrito policial, a manutenção do recorrente livre e sem algemas, mesmo depois de ter confessado a autoria do delito, poderia causar riscos à incolumidade física de todos aqueles que lá se encontravam" (STJ – RHC nº 25475-SP – Rel. Jorge Mussi, j. 16.09.2010, DJe 16.11.2010).

Afastamento do agressor do lar, domicílio ou local de convivência com a ofendida – Praticada uma infração penal que se insira no conceito de violência doméstica e familiar contra a mulher (art. 5º da Lei 11.340/06), é possível ao juiz conceder medidas protetivas que garantam à ofendida certa proteção contra a reiteração de atos de violência.

> **ATENÇÃO** – De acordo com o disposto no art. 19, § 4º, Lei Maria da Penha, "As medidas protetivas de urgência serão concedidas em juízo de cognição sumária a partir do depoimento da ofendida perante a autoridade policial ou da apresentação de suas alegações escritas e poderão ser indeferidas no caso de avaliação pela autoridade de inexistência de risco à integridade física, psicológica, sexual, patrimonial ou moral da ofendida ou de seus dependentes". Instala-se no âmbito da tutela da mulher vítima de violência doméstica e familiar o "in dubio pro tutela".

Uma das medidas estabelecidas no art. 22 da Lei 11.340/06 é o afastamento do lar, domicílio ou local de convivência com a ofendida (inc. II). Segundo o disposto no *caput* do próprio dispositivo, a medida deve ser aplicada pelo juiz, sendo que, no geral, segue-se o trâmite estabelecido nos artigos 10 a 12 e 18 a 21 da Lei 11.340/06, dos quais destacamos especificamente o inciso III do art. 12 e o *caput* do art. 18, segundo os quais, feito o registro da ocorrência, deverá a autoridade policial remeter, no prazo de quarenta e oito horas, expediente apartado ao juiz com o pedido da ofendida para a concessão de medidas protetivas de urgência, e, recebido o expediente, caberá ao juiz decidir no mesmo prazo.

Ocorre que o caso concreto pode trazer circunstâncias que tornem o prazo legal muito extenso, o que aumenta o risco de ineficácia da medida eventualmente concedida e de que a vítima continue sendo submetida a violência mesmo depois de comunicada a infração penal.

Para suprir essa deficiência na proteção a vítimas de violência doméstica, a Lei 13.827/19 introduz na Lei Maria da Penha o art. 12-C, artigo esse alterado pela Lei 14.188/21:

> "Art. 12-C. Verificada a existência de risco atual ou iminente à vida ou à integridade física ou psicológica da mulher em situação de violência doméstica e familiar, ou de seus dependentes, o agressor será imediatamente afastado do lar, domicílio ou local de convivência com a ofendida:
>
> I – pela autoridade judicial;
>
> II – pelo delegado de polícia, quando o Município não for sede de comarca; ou
>
> III – pelo policial, quando o Município não for sede de comarca e não houver delegado disponível no momento da denúncia."

ATENÇÃO - A Lei Henry Borel (Lei 14.344/22), inspirada na Lei Maria da Penha, no art. 14 anuncia a mesma medida:

Art. 14. Verificada a ocorrência de ação ou omissão que implique a ameaça ou a prática de violência doméstica e familiar, com a existência de risco atual ou iminente à vida ou à integridade física da criança e do adolescente, ou de seus familiares, o agressor será imediatamente afastado do lar, do domicílio ou do local de convivência com a vítima:

I - pela autoridade judicial;

II - pelo delegado de polícia, quando o Município não for sede de comarca;

III - pelo policial, quando o Município não for sede de comarca e não houver delegado disponível no momento da denúncia.

§ 1º O Conselho Tutelar poderá representar às autoridades referidas nos incisos I, II e III do caput deste artigo para requerer o afastamento do agressor do lar, do domicílio ou do local de convivência com a vítima.

§ 2º Nas hipóteses previstas nos incisos II e III do caput deste artigo, o juiz será comunicado no prazo máximo de 24 (vinte e quatro) horas e decidirá, em igual prazo, sobre a manutenção ou a revogação da medida aplicada, bem como dará ciência ao Ministério Público concomitantemente.

§ 3º Nos casos de risco à integridade física da vítima ou à efetividade da medida protetiva de urgência, não será concedida liberdade provisória ao preso.

Nota-se, inicialmente, que dispositivo cria situação em que a atualidade ou a iminência de risco à vida ou à integridade física ou psicológica da vítima impõe a concessão imediata da medida protetiva de afastamento do lar. Risco atual é o que está em curso, como no caso de uma lesão corporal que pode se reiterar. Iminente é o risco que está prestes a ocorrer, como em uma ameaça em que haja elementos indicando a possibilidade concreta de que o agente pode cometer o mal injusto e grave que promete.

O advérbio imediatamente não deixa dúvida: constatada a atualidade ou a iminência do perigo à vida ou à integridade física ou psicológica, a medida protetiva deve ser concedida no mesmo instante, sem nenhuma perda de tempo. Por isso, uma vez registrada a ocorrência, deve a autoridade policial providenciar *incontinenti* a remessa do pedido de medida protetiva à autoridade judicial, não se aplicando o prazo de quarenta e oito horas estabelecido no art. 12, inc. III. Da mesma forma, a autoridade judicial deve decidir imediatamente, não dentro do prazo de quarenta e oito horas que estabelece o art. 18. De fato, não faria sentido inserir na lei um dispositivo que determina a imediata concessão da medida se o trâmite do pedido devesse permanecer submetido à regra existente anteriormente. Desta forma, os mencionados prazos de quarenta e oito horas se aplicam apenas às situações em que não se trata de perigo atual ou iminente à vida ou à integridade física da mulher vítima de violência doméstica e familiar.

Além disso, o art. 12-C permite que outras autoridades além da judicial concedam a medida protetiva de afastamento do lar ou da convivência com a ofendida. Não se trata, todavia, de atuação simultânea, mas sim subsidiária, como se extrai claramente do dispositivo legal.

Com efeito, no caso de risco atual ou iminente à vida ou à integridade física ou psicológica da vítima, a lei estabelece que, em primeiro lugar, a autoridade judicial aplique a medida de afastamento. Caso o local não seja sede de comarca, isto é, caso se trate de um município (normalmente de pequeno porte) que não conte com varas judiciais e faça parte de comarca instalada em outro município, a medida pode ser concedida pelo delegado de polícia, que, aliás, ao receber a comunicação do crime tem mais condições de avaliar, ainda que superficialmente, as condições físicas e psicológicas da vítima e a real situação a que está submetida. Finalmente, caso o município não seja sede de comarca e, por alguma circunstância, não haja delegado disponível no momento da comunicação do crime, a medida pode ser concedida pelo policial.

Neste ponto, indaga-se: qual a extensão do vocábulo policial empregado pela lei?

Não há nenhuma dúvida de que o policial civil (investigador ou quem exerce função semelhante) está inserido na permissão legal. Trata-se, afinal, da primeira figura que se apresenta naturalmente ante a ausência do delegado de polícia. Mas, dado o caráter genérico da expressão adotada pelo legislador, e tendo em vista a situação de extrema urgência que fundamenta a concessão da medida, é razoável concluir que qualquer policial civil ou militar (ou mesmo federal, embora dificilmente ocorra) que tome conhecimento do crime poderá determinar o afastamento do lar, respeitada, evidentemente, a ordem de subsidiariedade a que já nos referimos.

Esta conclusão se reforça pelo disposto no § 1º do art. 12-C, segundo o qual a medida decretada pelo delegado de polícia ou pelo policial deve ser comunicada em no máximo vinte e quatro horas ao juiz, que, em igual prazo, deve decidir se a mantém ou se a revoga. Nota-se, portanto, que a decisão tomada pela autoridade policial ou por quem a substitui não se torna definitiva sem o aval quase imediato da autoridade judicial competente, o que minimiza os riscos de que uma medida eventualmente equivocada prejudique gravemente quem foi afastado do lar. Deve-se ter em mente que a situação de que trata o art. 12-C traz uma distinção de gravidade em relação à já normalmente delicada situação de violência doméstica e familiar: o atual ou iminente perigo para a vida ou a integridade física da vítima, o que nos auxilia a compreender por que o legislador decidiu atribuir a diversos agentes públicos o poder de impor imediatamente o afastamento do agressor do lar conjugal. A premência da situação justifica o diferimento da análise judicial.

Não obstante, na ADI 6138-DF foi questionada a inconstitucionalidade do art. 12-C da Lei Maria da Penha sob a alegação de violação da reserva de jurisdição a ser observada em atos que podem acarretar grave limitação ao exercício de direitos fundamentais. Desde logo discordamos com os termos da referida ação. Não nos pareceu razoável afirmar que o dispositivo contraria a ordem constitucional, pois agentes policiais praticam rotineiramente – e de acordo com a lei, evidentemente – atos que restringem direitos fundamentais de cidadãos. Policiais civis e militares efetuam prisões em flagrante e, até que o delegado de polícia avalie a situação e decida sobre a lavratura do auto de prisão, o indivíduo tem sua liberdade restringida. O próprio delegado de polícia, quando conclui que se trata de situação de flagrância, limita gravemente a liberdade do indivíduo. Mas nem por isso se cogita arguir a inconstitucionalidade desta prática, em primeiro lugar porque a urgência decorrente do crime que está sendo ou acaba de ser cometido justifica a pronta atuação policial, e, em segundo lugar, porque a decisão tomada pela autoridade policial não é soberana, na medida em que o auto de prisão deve ser submetido ao juiz no prazo de vinte e quatro horas, exatamente como determina a lei em relação à concessão da medida protetiva. Nessa linha de raciocínio, o STF, por unanimidade, julgou improcedente a citada ADI.

O § 1º do art. 12-C estabelece ainda que, ao decidir sobre a manutenção ou a revogação da medida aplicada, deve o juiz, concomitantemente, dar ciência ao Ministério Público, o que nos leva à conclusão de que, embora seja recomendável, não se exige parecer do Ministério Público sobre a manutenção ou a revogação da medida imposta. O juiz decide se ratifica ou revoga o afastamento do lar e cientifica o órgão ministerial a respeito da decisão.

VI – proceder a reconhecimento de pessoas e coisas e a acareações;

Reconhecimento de pessoas ou coisas – Trata-se o reconhecimento, como meio de prova elencado em nosso CPP, na definição de Mariângela Tomé Lopes, de um "ato que busca obter de alguém (testemunha, vítima ou coimputado) a declaração de identificação positiva de uma pessoa (investigado), como sendo aquela envolvida no fato criminoso ou fazer com que uma testemunha, vítima ou coimputado aponte determinada coisa como aquela que teria sido utilizada no momento dos fatos" (*Reconhecimento de pessoas e coisas*. São Paulo: Revista dos Tribunais, 2023, p. 55). De acordo com o art. 2º da Resolução n. 484/2022, do CNJ, referindo-se apenas ao reconhecimento pessoal, é "o procedimento em que a vítima ou testemunha de um fato criminoso é instada a reconhecer pessoa investigada ou processada, dela desconhecida antes da conduta".

A parte final dessa definição do CNJ, além de correta, é muito importante para diferenciar *reconhecimento* de mera *identificação* do suspeito, quando já conhecido da vítima, caso em que o ato não é regido pelo procedimento previsto no CPP (**STJ**, **AgRg no HC n. 831.837**; **AgRg no RHC n. 154.165**). Assim, por exemplo, é possível que a vítima diga que foi roubada por indivíduo que já conhecia do bairro, mas com dados de identificação que lhes são desconhecidos: a polícia encontra o suspeito e a vítima aponta se se trata, de fato, daquela pessoa, já conhecida sua, a que se referiu antes. Isso não é, pois, reconhecimento.

Discute-se a natureza jurídica do reconhecimento, variando entre considerá-lo um *ato instrutório informativo*, cujo objetivo é apenas esclarecer ou completar outra prova, sem capacidade de provar algo, e, de outro lado, verdadeiro *meio de prova*, já que, por seu intermédio, permitiria a demonstração da identidade física da pessoa. A doutrina nacional, de forma unânime, acompanha este segundo entendimento. Nosso Código, de maneira inequívoca, adotou esta posição, ao inserir o reconhecimento no capítulo dedicado à prova, como, de resto, ressaltado em sua Exposição de Motivos (item VII). Trata-se, assim, como a prova testemunhal, de meio de prova dependente da memória humana, e que vem provocando, há tempos, estudos multidisciplinares fora do país, cujas conclusões, com atraso, começam a ser discutidas no Brasil com alguma seriedade, tendo em vista o potencial que o reconhecimento tem de causar erros judiciários.

Mas, alerta-se, há diferenças importantes entre o testemunho e o reconhecimento, que tornam este mais problemático, se considerado seu aspecto epistêmico. Como bem ensinam Janaína Matida e William Cecconello, "embora testemunho e reconhecimento sejam espécies do gênero provas dependentes da memória, não se pode perder de vista que seus processos cognitivos são diferentes entre si. A repetibilidade do procedimento de sua produção representa uma dessas diferenças: quando técnicas de entrevistas adequadas são aplicadas, é possível que as informações recuperadas sejam relatadas pela vítima/testemunha repetidas vezes, sem que, necessariamente, haja prejuízo quanto à fidedignidade de seu conteúdo. O mesmo não se pode afirmar do reconhecimento, dado tratar-se de *procedimento inerentemente sugestivo*. Nele, a vítima/testemunha é apresentada a um ou mais rostos para que se decida se um dos rostos corresponde ao rosto visto quando o delito era cometido. Ou seja: o testemunho parte da memória da vítima/ testemunha em sentido ao mundo externo; por outro lado, o reconhecimento parte do mundo externo em sentido à memória (Cecconello;

Ávila; Stein, 2018). Assim, uma vez que um rosto é reconhecido como sendo do autor do delito, a memória original para aquele rosto é alterada e reconhecimentos subsequentes estarão, desde logo, comprometidos. A função da memória humana é aprender, não recordar de delitos; sendo assim, ao reconhecer um rosto, o cérebro 'aprende' que este rosto – seja de um inocente, seja do culpado – corresponde ao próprio autor do crime (Cecconello; Stein, 2020)" (Reconhecimento fotográfico e presunção de inocência. *Revista Brasileira de Direito Processual Penal*, Porto Alegre, v. 7, n. 1, p. 409-440, jan./abr. 2021, p. 417).

Por isso, tem crescido a adesão ao entendimento de que o reconhecimento é *prova irrepetível*, pois, uma vez realizada, mesmo se na fase policial (o que, no mundo todo, é o que normalmente ocorre), há perda do valor epistêmico em sua repetição, uma vez que há, conforme pesquisas, risco de contaminação da memória ou de mero viés confirmatório. O entendimento foi acolhido pelo **CNJ**, no art. 2º, § 1º, da **Resolução n. 484/2022.**

Reconhecimento fotográfico – O legislador brasileiro regulou apenas o reconhecimento pessoal e de coisas. No primeiro caso, não esclareceu se seria possível sua realização por fotografias, o que é compreensível, tendo em vista que as câmeras fotográficas não eram tão difundidas no início da década de 1940. Não obstante, tal forma de reconhecimento passou a ser largamente utilizado, sendo aceito como forma de reconhecimento tão confiável quanto o pessoal. Aliás, não vemos impedimento a que seja realizado também por vídeo do suspeito, pré-gravado ou ao vivo, neste último caso, até mesmo por videoconferência, apesar do "esquecimento" dos especialistas responsável pela elaboração da citada Resolução, não obstante muito utilizado em outros países.

Em que pese a omissão do legislador, nada impede, ainda, que o reconhecimento se verifique por outros meios que não apenas os fisionômicos. Assim, por exemplo, o CPP italiano possui disposição expressa a admitir o reconhecimento pela voz. A despeito da falta de previsão legal, é possível que a testemunha reconheça o autor do crime pela voz ou mesmo por características fonéticas de seu linguajar (gagueira ou sotaque carregado, por exemplo), cabendo ao juiz, inspirado no princípio da livre apreciação da prova, conferir motivadamente o valor que entender cabível a essa espécie de prova.

Sobre o procedimento a ser observado no reconhecimento pessoal ou fotográfico, ver nossos comentários ao art. 226 do CPP

Acareação – Prevista nos arts. 229 e 230 do CPP, acareação é o ato probatório através do qual são colocadas cara a cara, face a face, pessoas que apresentaram versões divergentes sobre determinado fato. Pode a autoridade policial, assim, dela se valer, embora aqui sim se reconheça o reduzido valor de tal prova, na medida em que a tendência natural daqueles que são submetidos à acareação, é a manutenção, por cada um deles, da versão que originariamente apresentaram.

VII – determinar, se for caso, que se proceda a exame de corpo de delito e a quaisquer outras perícias;

Exame de corpo de delito – Este dispositivo cuida de relevante diligência consistente na realização do exame de corpo de delito e demais perícias. Determinadas infrações penais deixam vestígios e, nesses casos, é obrigatória a realização do exame de corpo de delito, conforme dispõe o art. 158 do código (embora possa ser suprido pela prova testemunhal, quando impossível sua realização, na dicção do art. 167 do *codex*). Cuida-se de norma cogente, ou seja, que deve ser obrigatoriamente respeitada, já que a omissão quanto ao exame de corpo de delito não pode ser suprida nem mesmo pela confissão do réu, conforme alerta o art. 158. Sua falta, outrossim, é causa de nulidade, nos termos do art. 564, III, *b*, do código. Trata o inciso em estudo, ainda, de *"outras perícias"* que poderão ser as mais diversas. Assim, por exemplo, o exame do sangue encontrado nas vestes do indiciado, do esperma localizado na vítima ou o exame grafotécnico realizado no cheque objeto do estelionato a fim de apurar a autoria dos manuscritos nele lançados.

Sobre cadeia de custódia e das perícias em geral, ler nossos comentários ao capítulo respectivo (arts. 158-A ao 158-F CPP).

JURISPRUDÊNCIA

"O reconhecimento de pessoas deve, portanto, observar o procedimento previsto no art. 226 do Código de Processo Penal, cujas formalidades constituem garantia mínima para quem se vê na condição de suspeito da prática de um crime, não se tratando, como se tem compreendido, de "mera recomendação" do legislador. Em verdade, a inobservância de tal procedimento enseja a nulidade da prova e, portanto, não pode servir de lastro para sua condenação, ainda que confirmado, em juízo, o ato realizado na fase inquisitorial, a menos que outras provas, por si mesmas, conduzam o magistrado a convencer-se acerca da autoria delitiva. Nada obsta, ressalve-se, que o juiz realize, em juízo, o ato de reconhecimento formal, desde que observado o devido procedimento probatório." (STJ, HC 598.886 – SC, Min. Rel. ROGERIO SCHIETTI CRUZ, j. 27/10/2020).

"Para a lavratura de prisão em flagrante é suficiente o laudo de constatação provisória da natureza e quantidade da droga, firmado por perito oficial ou pessoa idônea, para a comprovação da materialidade do delito, consoante previsão estabelecida no art. 50, § 1º, da Lei n.º 11.343/2006" (STJ – HC nº 261109-RN, Rel. Marco Aurélio Bellizze, j. 21.03.2013, DJe 09.04.2013).

Investigação de morte decorrente de intervenção policial – A Res. 129/15 estabelece regras mínimas de atuação do Ministério Público no controle externo da investigação de morte decorrente de intervenção policial. Determina o seu art. 1º., II e III, competir ao Ministério Público, no âmbito institucional e interinstitucional, no caso de morte decorrente de intervenção policial, adotar medidas para garantir: II – que seja realizada perícia do local do suposto confronto, com ou sem a presença física do cadáver; III – que no exame necroscópico seja obrigatória a realização de exame interno, documentação fotográfica e a descrição minuciosa de todas as demais circunstâncias relevantes encontradas no cadáver.

VIII – ordenar a identificação do indiciado pelo processo datiloscópico, se possível, e fazer juntar aos autos sua folha de antecedentes;

Identificação – Nos termos do art. 5º., inc. LVIII da Constituição, "o civilmente identificado não será submetido a identificação criminal, salvo nas hipóteses previstas em lei". Bem por isso, a regra será a identificação civil e, por consequência, a exceção a identificação criminal, reservada para os casos expressamente previstos em lei.

Identificação civil na fase de inquérito policial – Na forma do art. 2º, da Lei n. 12.037/2009, a identificação civil do indivíduo pode ser atestada pela carteira de identidade, carteira de trabalho, carteira profissional, passaporte, carteira de identificação funcional ou outro documento público que permita a identificação do indiciado. As exceções à regra estão previstas no mesmo diploma legal, em seu art. 3º, quando, embora apresentado o documento de identificação, será cabível a identificação criminal. Ocorrerão quando o documento apresentar rasura ou tiver indício de falsificação; o documento apresentado for insuficiente para identificar cabalmente o indiciado; o indiciado portar documentos de identidade distintos, com informações conflitantes entre si; a identificação criminal for essencial às investigações policiais (quando, então, dependerá de prévio "despacho" da autoridade judiciária); constar de registros policiais o uso de outros nomes ou diferentes qualificações; o estado de conservação ou a distância temporal ou da localidade da expedição do documento apresentado impossibilite a completa identificação dos caracteres essenciais. O inc. IV, o art. 3º, da Lei n. 12.037/2009, dá margem à certa discricionariedade, ao prever uma hipótese aberta para a identificação criminal, quando "for essencial às investigações policiais". Nesse caso, a identificação criminal dependerá de prévia autorização judicial, determinada de ofício ou a partir de representação da autoridade policial, do Ministério Público ou da defesa. A própria lei, no parágrafo único de seu art. 5º, quando se reporta ao inc. IV, o art. 3º, contempla a possibilidade de "coleta de material biológico para a obtenção do perfil genético" do investigado, cujos dados obtidos serão protegidos pelo sigilo. Suponha-se, por exemplo, da apuração de um crime contra a liberdade sexual, quando a colheita do perfil genético em cotejo com material localizado no corpo da vítima, pode definir a autoria do delito.

Perfil genético e a persecução criminal – A Lei 13.964/19 (Pacote Anticrime) alterou a Lei 12.037/09, autorizando a criação, no âmbito do Ministério da Justiça e Segurança Pública, do Banco Nacional Multibiométrico e de Impressões Digitais, tendo como objetivo armazenar dados de registros biométricos, de impressões digitais e, quando possível, de íris, de face e de voz, para subsidiar investigações criminais federais, estaduais e distritais (art. 7º-C). A autoridade policial e o Ministério Público poderão requerer ao juiz competente, no caso de inquérito ou de ação penal instaurados, o acesso ao Banco Nacional Multibiométrico e de Impressões Digitais (art. 7º-C, §11).

Sobre a identificação do perfil genético de condenados por crimes violentos, ver nossos comentários ao art. 9º.-A da LEP.

> ***IX – averiguar a vida pregressa do indiciado, sob o ponto de vista individual, familiar e social, sua condição econômica, sua atitude e estado de ânimo antes e depois do crime e durante ele, e quaisquer outros elementos que contribuírem para a apreciação do seu temperamento e caráter.***

Vida pregressa do indiciado – Determina o inc. IX que seja averiguada a vida pregressa do indiciado, atentando para sua relação familiar e social, sua condição econômica, seu estado de ânimo antes e depois da prática do crime, etc. São dados relevantes, que poderão influir na dosagem da pena (art. 59 do Código Penal), inclusive em relação à pena de multa. Na prática, porém, em virtude do excesso de serviço e das precárias condições materiais de trabalho que assolam quase todas as delegacias de polícia, tal investigação é realizada através de um questionário previamente impresso, no qual o indiciado responde às perguntas que lhe são formuladas, quase sempre de forma insuficiente, não atendendo, assim, a intenção do legislador. Diz, por exemplo, se trabalha, quanto ganha, se tem filhos e se está arrependido. Aliás, para se cumprir adequadamente esse objetivo seria necessária, a rigor, a presença de assistentes sociais e psicólogos, a cada vez que realizado um indiciamento, algo impensável em nossa realidade.

X – colher informações sobre a existência de filhos, respectivas idades e se possuem alguma deficiência e o nome e o contato de eventual responsável pelos cuidados dos filhos, indicado pela pessoa presa. (Incluído pela Lei nº 13.257, de 2016)

Indiciado e a existência de filhos – Trata-se de inciso incluído pela Lei nº 13.257/2016 (denominada *Marco da Primeira Infância* ou *Estatuto da Primeira Infância*), cujo objetivo, nos termos de seu art. 1º, é de fincar "princípios e diretrizes para a formulação e a implementação de políticas públicas para a primeira infância em atenção à especificidade e à relevância dos primeiros anos de vida no desenvolvimento infantil e no desenvolvimento do ser humano". Como *primeira infância* considera-se "o período que abrange os primeiros 6 (seis) anos completos ou 72 (setenta e dois) meses de vida da criança", na dicção do art. 2º do aludido diploma legal. A lei traz importantes inovações, com reflexos no Estatuto da Criança e do Adolescente, na CLT etc., a ressaltar seu enorme alcance social. Nesse espírito é que o legislador impôs à autoridade policial, quando de uma prisão, investigar junto ao detido sobre a existência de filhos, se possuem alguma deficiência, quem é o responsável pela prole etc. Sem embargo da boa intenção do legislador, parece-nos que essa providência se acha um pouco deslocada quando inserida dentre as atribuições de um delegado de polícia, muito mais voltadas para o aspecto criminal do que, propriamente, para questões relativas à assistência social. De qualquer sorte, é de se imaginar que, a partir das informações prestadas pelo preso, esteja a autoridade policial habilitada a realizar alguma espécie de encaminhamento do caso a órgãos que cuidem de políticas públicas de assistência à pessoa, podendo ainda, dependendo da hipótese concreta, formular comunicações à Vara da Infância e da Juventude, ao Ministério Público, ao Conselho Tutelar etc.

Art. 7º Para verificar a possibilidade de haver a infração sido praticada de determinado modo, a autoridade policial poderá proceder à reprodução simulada dos fatos, desde que esta não contrarie a moralidade ou a ordem pública.

Reconstituição do crime – Este dispositivo faculta à autoridade policial realizar a *"reprodução simulada dos fatos"*. É a chamada *reconstituição do crime*, muito comum nos inquéritos que apuram a prática de homicídios. Presta-se para melhor esclarecer a dinâmica do evento, identificando, por exemplo, a direção do golpe de faca que atingiu a vítima, a posição dos envolvidos na cena do crime, etc. Vem, invariavelmente, acompanhada de fotografias (e, mais recentemente, até por filmagens), que retratam toda a dinâmica da prática criminosa. Aliás, somente assim, municiada de fotos ou filmes, é que se justifica a diligência, que não teria praticamente nenhum valor probatório caso descrita por meio de palavras.

Saliente-se que a realização da diligência não é obrigatória, cumprindo à autoridade policial analisar a necessidade e conveniência de sua implantação. Deve, ainda, ser realizada, desde que, segundo o dispositivo legal, não contrarie a moralidade e a ordem pública. Assim, não teria sentido, apenas para exemplificar, a reconstituição de um crime de estupro e tampouco de uma explosão de um depósito de fogos de artifício.

Reconstituição realizada a fase do processo – Embora mais comum na fase de inquérito policial, nada impede que em Juízo, quando já deflagrada a ação penal, seja elaborada a reconstituição, quando, em homenagem ao contraditório, devem ser intimados réu e seu defensor, para que acompanharem o ato, segundo orientação do Supremo Tribunal Federal abaixo indicada.

O indiciado não é obrigado a se submeter à reconstituição – Tem-se entendido, pensamos que com razão, que o indiciado não é obrigado a participar da reconstituição do crime, isso por conta do princípio da "não autoincriminação" (*nemo tenetur se detegere*), pelo qual ninguém é obrigado a produzir prova contra si mesmo, nos termos do art. 8º, letra "g" do Pacto de San Jose de Costa Rica, incorporado em nosso direito pátrio e segundo o qual toda pessoa tem "*direito de não ser obrigada a depor contra si mesma, nem a declarar-se culpada*". Nesse sentido, o entendimento do STF lembrado abaixo.

ATENÇÃO – Há doutrina que, embora reconhecendo, forte no princípio do *nemo tenetur se detegere*, que o indiciado (ou réu) não seja obrigado a participar da reconstituição, entende que ele deve comparecer ao ato, "ainda que permaneça passivamente como mero espectador de sua realização, podendo, assim, ser conduzido coercitivamente, nos termos do art. 260 do CPP, aplicável por interpretação extensiva da palavra *acusado*", na lição de Carlos Frederico Coelho Nogueira (ob. cit., p. 338). Ousamos discordar. Cremos que a partir da conclusão que se extrai no sentido de que o agente não é obrigado a se submeter à reconstituição, não faz qualquer sentido obrigá-lo a comparecer ao ato, a fim de assisti-lo, na condição de *espectador*. Tampouco há que se cogitar, a nosso juízo, de sua condução coercitiva para que esteja presente quando da reconstituição. Afinal, condução *debaixo de vara* pressupõe, sempre, a obrigatoriedade de comparecimento da pessoa que, regularmente intimada, quedou-se inerte. Ora, se na hipótese vertente, como já destacado, o indiciado não é obrigado a comparecer, não nos parece razoável coagi-lo a tanto.

Valor probatório da reconstituição do crime – A maioria da doutrina vê com grande simpatia essa espécie de prova, "sendo, particularmente, útil contatar as reações, suscitadas pela repetição dos fatos, de que foram os agentes ou os assistentes, nos acusados, nos ofendidos e nas testemunhas, como instrumento de controle e aferição do crédito, que merecem as descrições feitas por uns e por outros, nos seus depoimentos", na lição de Eduardo Espínola Filho (ob. cit., vol. 1, p. 288). Temos, porém, reservas quanto a esse posicionamento. A par do escândalo público que geralmente ocasiona, atraindo curiosos ao local da diligência, quase sempre com a presença da imprensa, pouco de útil se extrai da prova, sobretudo quando se trata de homicídio tentado, quando o réu sustenta sua versão e o ofendido, via de regra, a refuta. Por vezes se presta muito mais para impressionar, no plenário do júri, o jurado leigo do que, efetivamente, como elemento relevante de prova. Aliás, fosse assim tão importante e o legislador imporia a obrigatoriedade de sua elaboração, não deixando à discricionariedade da autoridade policial sua realização, que possui a faculdade de determiná-la.

Legitimidade para o pedido – Segundo previsão textual do dispositivo em análise, o delegado de polícia pode, de ofício, determinar a realização da reconstituição. Pode fazê-lo, ademais, a partir de requisição do Ministério Público. O ofendido (em uma tentativa de homicídio, por exemplo) está legitimado, nos termos do art. 14 do CPP. O mesmo dispositivo, em sua parte final, permite que o indiciado requeira a diligência, ficando a critério da autoridade policial deferi-la ou não.

JURISPRUDÊNCIA

Desnecessidade de intimação da defesa

"Sendo a reconstituição do crime diligência realizada na fase do inquérito policial, procedimento meramente preparatório da ação penal, inquisitorial, a falta de participação da defesa no ato, mesmo presente assistente da acusação, não gera nulidade dessa prova apenas indiciária. Ademais, não restou demonstrado efetivo prejuízo à defesa, pois, conforme se evidencia do aresto atacado, a condenação não se apoiou, como único fundamento, na prova impugnada, lastreando em outras fontes probatórias." (STJ, HC 207294/SP, 6ª Turma, Rel. Min. Nefi Cordeiro, j. 27/10/15).

O indiciado não é obrigado a participar

"Reconstituição do crime – Paciente que se recusa a participar da reprodução simulada dos fatos – A reconstituição do crime configura ato de caráter essencialmente probatório, pois destina-se – pela reprodução simulada dos fatos – a demonstrar o 'modus faciendi' de pratica delituosa (CPP, art. 7°.). O suposto autor do ilícito penal não pode ser compelido, sob pena de caracterização de injusto constrangimento, a participar da reprodução simulada do fato delituoso. O magistério doutrinário, atento ao princípio que concede a qualquer indiciado ou réu o privilegio contra a auto-incriminação, ressalta a circunstancia de que e essencialmente voluntária a participação do imputado no ato – provido de indiscutível eficácia probatória – concretizador da reprodução simulada do fato delituoso" (STF – HC 69026- DF – Rel. Celso de Mello, j. 10.12.1991, DJ 04.09.1992, p. 134091 – RTJ 142/855).

Reconstituição na fase judicial deve observar o contraditório

"Reconstituição do crime – Cerceamento de defesa – Não-intimação do defensor para a reconstituição do delito – A reconstituição do crime configura ato de caráter essencialmente probatório, pois destina-se – pela reprodução simulada dos fatos – a demonstrar o 'modus faciendi' de pratica delituosa (CPP, art. 7°.) [...] . A reconstituição do crime, especialmente quando realizada na fase judicial da persecução penal, deve fidelidade ao princípio constitucional do contraditório, ensejando ao réu, desse modo, a possibilidade de a ela estar presente e de, assim, impedir eventuais abusos, descaracterizadores da verdade real, praticados pela autoridade pública ou por seus agentes" (STF – HC 69026- DF – Rel. Celso de Mello, j. 10.12.1991, DJ 04.09.1992, p. 134091 – RTJ 142/855).

Indeferimento da reconstituição

"PENAL. PROCESSO PENAL. AGRAVO REGIMENTAL NO AGRAVO EM RECURSO ESPECIAL. HOMICÍDIO QUALIFICADO TENTADO. ART. 121, § 2º, IV, NA FORMA DO ART. 14, II, AMBOS DO CÓDIGO PENAL – CP. 1) VIOLAÇÃO AO ART. 7º DO CÓDIGO DE PROCESSO PENAL – CPP. VÍCIO DO INQUÉRITO POLICIAL QUE NÃO CONTAMINA A AÇÃO PENAL. 2) VIOLAÇÃO AO ART. 156 DO CPP. INDEFERIMENTO DE NOVA RECONSTITUIÇÃO DO CRIME DEVIDAMENTE JUSTIFICADO. AUSÊNCIA DE PREJUÍZO PARA A DEFESA. 3) VIOLAÇÃO AO ART. 155 E AO ART. 157, AMBOS DO CPP. AUSÊNCIA DE PREQUESTIONAMENTO. 4) VIOLAÇÃO AO ART. 15 DO CP. DESISTÊNCIA VOLUNTÁRIA NÃO DEMONSTRADA CABALMENTE PARA AFASTAR A SENTENÇA DE PRONÚNCIA. 5) AGRAVO REGIMENTAL DESPROVIDO. "É cediço que, em regra, salvo situação excepcionalíssima, não se acolhe alegação de nulidade por cerceamento de defesa, em função do indeferimento de diligências, porquanto o Magistrado é o destinatário final da prova, logo, compete a ele, de maneira fundamentada e com base no arcabouço probatório produzido, analisar a pertinência, relevância e necessidade da realização da atividade probatória pleiteada" (AgRg no HC 498.993/RS, Rel. Ministro REYNALDO SOARES DA FONSECA, QUINTA TURMA, DJe 22/8/2019). No caso em tela, o pleito de nova reconstituição do delito foi indeferido porque reputada desnecessária, embora o agravante não tenha participado da reconstituição realizada na fase policial, eis que o réu, em juízo, explicou detalhadamente sua versão para os fatos." (STJ, AgRg no AREsp 1392381/SP, 5ª Turma, Min. Joel Ilan, j. 12/11/2019).

Art. 8º **Havendo prisão em flagrante, será observado o disposto no Capítulo II do Título IX deste Livro.**

O dispositivo se explica por si só: sendo o caso de flagrante, deve a autoridade policial observar o disposto nos arts. 301 a 310 do código. Sobre a possibilidade de o delegado de polícia deixar de lavrar o flagrante, v. art. 304 abaixo.

Art. 9º Todas as peças do inquérito policial serão, num só processado, reduzidas a escrito ou datilografadas e, neste caso, rubricadas pela autoridade.

Processado único – Como indica o dispositivo, todos os atos praticados no inquérito policial deverão ser juntados em um único processado, constituindo os autos, a exemplo do que ocorre no processo judicial. Pode ser escrito ou datilografado, sendo que, neste último caso, deverá a autoridade policial rubricar todas suas folhas. Temos, porém, que a ausência de rubrica configura mera irregularidade e, dada à natureza jurídica do inquérito policial, qualquer nulidade restará sanada com a posterior deflagração da ação penal. Aliás, se até a falta de rubrica do juiz na sentença, a despeito da literalidade do art. 388 do código, como visto abaixo, não é causa de nulidade, com muito mais razão não o será na hipótese de inquérito policial.

Claro que o legislador, ao aludir a peças escritas ou datilografadas, atentou a uma realidade vivenciada ao tempo da edição do código, na década de 1940, do século passado. Atualmente não mais se cogita de peças escritas e, tampouco, datilografadas, dado o surgimento da informática e o chamado *inquérito policial eletrônico*.

Peças do inquérito policial – As peças do inquérito policial, segundo indica Espínola Filho (ob. cit., vol. 1, p. 291-2), são: a) ***autos***, como o de prisão em flagrante, de apreensão de objetos, de reconhecimento de pessoas ou coisas, de exame de corpo de delito etc.; b) ***termos de declarações*** da vítima do indiciado, testemunhas; c) ***intimação* ou *mandados de notificação*** das pessoas chamadas a prestar esclarecimentos no inquérito e mesmo de condução coercitiva, quando desobedecerem a intimação; d) ***certidões*** quando o escrivão atesta o cumprimento da determinação da autoridade policial; e) ***termos***, como o de autuação, quando se ordena, juntamente com a portaria, a instauração do inquérito; os de juntada, quando se incorpora alguma peça aos autos; de conclusão, quando os autos vão à autoridade policial para alguma determinação; de data, em que consta a entrega ao escrivão do despacho do delegado de polícia; de remessa, quando se atesta o envio do inquérito policial ao fórum; de recebimento, quando devolvido à delegacia; f) ***portaria*** quando se instaura o inquérito; g) ***despachos ordinatórios*** quando a autoridade policial determina a realização de diligências, ou que homologa exames ou perícias, ou que determina a restituição de bens ou, ainda, que defere ou indefere pedidos formulados no âmbito do inquérito; h) ***relatório***, onde o delegado de polícia atenta ao disposto no art. 10, § 1º do código; i) ***exposição de esclarecimentos***, quando, após o encerramento do inquérito policial, alguma diligência é ainda realizada, pela própria autoridade policial ou mediante requisição do Ministério Público ou do juiz.

Art. 10. O inquérito deverá terminar no prazo de 10 dias, se o indiciado tiver sido preso em flagrante, ou estiver preso preventivamente, contado o prazo, nesta hipótese, a partir do dia em que se executar a ordem de prisão, ou no prazo de 30 dias, quando estiver solto, mediante fiança ou sem ela.

§ 1º A autoridade fará minucioso relatório do que tiver sido apurado e enviará autos ao juiz competente

§ 2º No relatório poderá a autoridade indicar testemunhas que não tiverem sido inquiridas, mencionando o lugar onde possam ser encontradas.

§ 3º Quando o fato for de difícil elucidação, e o indiciado estiver solto, a autoridade poderá requerer ao juiz a devolução dos autos, para ulteriores diligências, que serão realizadas no prazo marcado pelo juiz.

Prazos – O prazo para conclusão do inquérito, previsto no art. 10, é de dez dias quando preso o indiciado (contado da data da prisão) e de trinta dias quando solto. Antes da Lei 13.964/19, apenas quando solto o investigado era possível a prorrogação do prazo (art. 10, § 3º). Já quando preso o indiciado, costumava-se obedecer ao prazo de dez dias para conclusão do inquérito, até porque eventual inobservância poderia configurar constrangimento ilegal, a ensejar a interposição de *habeas corpus* e o relaxamento de sua prisão. Com o advento da Lei 13.964/19, o §2º do art. 3º-B do CPP passou a admitir a prorrogação também no caso do investigado preso. Apesar de a citada norma mencionar uma só prorrogação, o STF, nas ADIs 6.298, 6.299, 6.300 e 6.305, atribuiu interpretação conforme ao dispositivo, para assentar que: "*a) o juiz pode decidir de forma fundamentada, reconhecendo a necessidade de novas prorrogações do inquérito, diante de elementos concretos e da complexidade da investigação; e b) a inobservância do prazo previsto em lei não implica a revogação automática da prisão preventiva, devendo o juízo competente ser instado a avaliar os motivos que a ensejaram, nos termos da ADI 6.581*".

ATENÇÃO – O artigo 66 da Lei nº 5.010/66 (que organizou a Justiça Federal de 1ª. instância), prevê que "o prazo para conclusão do inquérito policial será de quinze dias, quando o indiciado estiver preso, podendo ser prorrogado por mais quinze dias". O diploma, porém, não aponta prazo para conclusão na hipótese do indiciado solto, a incidir a regra geral dos trinta dias, prevista neste dispositivo em exame.

Outros prazos em legislação extravagante para conclusão do inquérito policial – Além do prazo previsto no CPP, há outros tratados em legislação esparsa. Assim, o art. 51 da Lei nº 11.343/2006 (Lei de Drogas), prevê o prazo de trinta dias para conclusão do inquérito, estando o indiciado preso e de noventa dias quando solto. Nos crimes contra a economia popular (Lei nº 1.521/1951), esse prazo é de dez dias (art. 10, § 1º), solto ou preso o réu.

ATENÇÃO – É de vinte dias o prazo para término do inquérito instaurado perante a Justiça Militar, estando o réu preso e de quarenta dias, se solto (art. 20 do CPPM).

Prisão temporária – A prisão temporária, decretada quando imprescindível para as investigações (Lei 7.960/89), pode durar, em regra, 5 dias prorrogáveis por mais 5, e, no caso dos crimes hediondos e equiparados, 30 dias prorrogáveis por mais 30. Para Eugênio Pacelli e Douglas Fischer, referidos prazos não substituem os prazos da conclusão do inquérito previstos no CPP. "E assim é porque a própria e citada Lei (7.960/89) prevê a possibilidade de decretação da prisão preventiva tão logo esteja encerrado o prazo da prisão temporária (art. 2º., §7º.). Com isso, e quando houver a decretação da temporária antes da prisão preventiva, o prazo para a conclusão das investigações somente terá início a partir da decretação desta última (preventiva)" (Comentários ao Código de Processo Penal e Sua Jurisprudência, 9ª. edição, São Paulo: Atlas, 2017, p. 37).

A prisão temporária e seus requisitos foram aprofundados no capítulo dedicado ao estudo das várias espécies de prisões cautelares.

Prisão domiciliar e o prazo para conclusão do inquérito policial – em que pese prevista no CPP como medida cautelar alternativa à prisão preventiva, a prisão domiciliar (art. 318 do CPP), decretada sem prazo determinado, também obriga a conclusão do procedimento investigatório no mesmo prazo de indigitado preso preventivamente. Trata-se de medida privativa de liberdade, ainda que num menor grau, não permitindo conclusão diversa.

Contagem do prazo – No caso de indigitado solto, a contagem do prazo se dá na forma estipulada no art. 798, § 1º, do código, isto é, desprezando-se o dia inicial, que não é contado e incluindo-se o dia final. Já no caso do preso, sob o argumento de que se trata de matéria relacionada à liberdade de locomoção do investigado, há corrente doutrinária lecionando que o prazo deve ser contado sob a ótica do direito material, ou seja, nos termos do art. 10 do Código Penal, computando-se, portanto, o dia do começo. Nesse sentido, Tourinho Filho (Processo Penal, v. 1, 1998, p. 272), para quem, no caso de prisão em flagrante, preventiva ou temporária, o prazo tem início da data em que efetivada a medida coercitiva. A Lei 13.869/19 (Lei de Abuso de Autoridade) reforçou essa corrente. Alterando a Lei de Prisão Temporária, incluiu o §8º. ao seu art. 2º., nos seguintes termos: "Inclui-se o dia do cumprimento do mandado de prisão no cômputo do prazo de prisão temporária".

§ 1º A autoridade fará minucioso relatório do que tiver sido apurado e enviará autos ao juiz competente

§ 2º No relatório poderá a autoridade indicar testemunhas que não tiverem sido inquiridas, mencionando o lugar onde possam ser encontradas.

Relatório – Findas as investigações, cabe à autoridade policial elaborar um relatório daquilo que de relevante constar dos autos de inquérito policial. Não deve se derramar em inoportunas citações doutrinárias ou jurisprudenciais. Mas, de outra parte, cabe uma análise minuciosa (ainda que sucinta), do que se apurou, indicando os fatos em investigação, as diligências que foram realizadas, apontando as testemunhas e vítima que foram ouvidas, a capitulação legal conferida ao fato, enfim, elaborando verdadeiro histórico daquilo que constar. Um relatório bem fundamentado serve de valioso guia ao Ministério Público, pois permite a consulta àqueles pontos que foram objeto de realce pelo delegado de polícia. Ao revés, uma peça elaborada sem maior cuidado, da qual conste, por exemplo, mera referência às páginas do inquérito policial, de nada servirá.

Pode ocorrer que testemunhas relevantes para a apuração dos fatos não tenham sido ouvidas. Assim, é possível que, dada a exiguidade do prazo e estando o indiciado preso, não tenha havido tempo hábil para a oitiva de todas as testemunhas. Cumpre, então, no relatório, sejam elas indicadas, apontando-se, ainda, onde possam ser encontradas. Essa cautela permitirá que a acusação arrole essa testemunha, na denúncia ou na queixa, ainda que não ouvida nos autos de inquérito.

É o relatório o momento adequado, ainda, para que a autoridade policial represente ao juiz no sentido de que seja decretada a prisão preventiva do indiciado, na dicção do art. 13, inc. IV, não sendo vedado, porém, que essa conduta seja adotada antes do desfecho do inquérito policial.

Lei de Drogas – Tratando-se da Lei de Drogas (Lei nº 11.343/2006), segundo seu art. 52, inc. I, deve a autoridade policial indicar, ainda, por qual razão enquadrou a conduta do indiciado sob determinada capitulação legal, caracterizadora, por exemplo, de tráfico e não de mero uso de entorpecentes.

Prescindibilidade do relatório – Nada impede, outrossim, que o Ministério Público oferte denúncia sem que tenha sido elaborado o relatório. De sorte que, entendendo que possui os elementos suficientes para deflagração da ação penal, pode o *parquet* apresentar sua acusação, antes mesmo de concluído o inquérito policial. Aliás, sendo prescindível o inquérito policial – é dizer – se possível a oferta de denúncia sem o prévio inquérito, com mais razão há de se admitir a acusação antes de seu desfecho formal.

Remessa ao juiz competente – Apesar de o artigo em exame determinar a remessa do inquérito concluído ao juiz competente, existe corrente sustentando que o disposto no § 1º, nesse tanto, não teria sido recepcionado pela Constituição em vigor que, ao adotar francamente o sistema acusatório (art. 129, inc. I da CF), não mais cogitou dessa intermediação. Seria permitido, assim, o trâmite direto do inquérito policial entre polícia e Ministério Público.

Tramitação direta – A Lei 13.964/19, ao mesmo tempo que introduziu no nosso ordenamento o juiz das garantias, fomentou o trâmite direto do inquérito policial entre polícia e Ministério Público. Ressalvada a hipótese do indigitado preso, cujo prazo da conclusão do inquérito deve ser controlado pelo juiz, foi essa a tese que norteou o legislador no PACOTE ANTICRIME, como se percebe da leitura dos arts. 3º-A e ss.

JURISPRUDÊNCIA

É prescindível o relatório

"A falta de relatório da autoridade policial ao término do inquérito não constitui motivo de nulidade da ação penal" (TACrim-SP – Rel. Fernando Prado – JUTACRIM 30/281).

Imperfeição do relatório. Irrelevância

"O relatório policial nada mais é do que uma síntese dos fatos mediante a qual é o processo remetido a juízo. Sua imperfeição não pode ter o condão de anular o processo penal" (TACrim-SP – Rel. Chiaradia Netto – JUTACRIM 23/44).

§ 3º Quando o fato for de difícil elucidação, e o indiciado estiver solto, a autoridade poderá requerer ao juiz a devolução dos autos, para ulteriores diligências, que serão realizadas no prazo marcado pelo juiz.

Dilação de prazo para conclusão do inquérito policial – Se há rigor na finalização do inquérito policial quando preso o indiciado, estando ele solto, ao contrário, a observância do prazo de 30 dias, para seu término, representa, na prática, quase que uma exceção. Em virtude de inúmeros fatores, mas, sobretudo porque nenhuma consequência resulta dessa demora (como ocorre estando o preso, quando a inobservância do prazo pode acarretar sua soltura), o certo é que a exceção se transmuda em regra e em benefício apenas do indigitado, cuja punibilidade pode ser extinta pela prescrição.

Em verdade, ao tempo da edição do Código, em 1941, os índices de criminalidade, se comparados aos atuais, eram infinitamente inferiores, a se admitir, por isso, que em prazo tão exíguo, de 30 dias, fosse terminado o inquérito policial, quando solto o indicado. Atualmente o imenso afluxo de trabalho que acomete às polícias, em sua maioria equipadas deficientemente, sob o aspecto material, impede, na prática, a observância desse lapso temporal. Pedidos de dilação de prazo, por vezes, se sucedem sem que nenhuma diligência, entre eles, tenha sido realizada. O que não se traduz em deficiência verificada apenas nos inquéritos policiais. Também o Ministério Público, não é raro, encontra dificuldade para atender ao prazo de 15 dias, previsto no art. 46 do código, para oferta de denúncia estando solto o indiciado.

A doutrina indica os fatores que justificariam a prorrogação do prazo para término do inquérito policial além dos 30 dias previsto em lei, cabível, apenas, quando solto o indiciado. São eles, na lição de Bento de Faria: "a) afluência de serviços, que, igualmente, devam ser prontamente atendidos ou sejam impostos com preferência; b) qualquer caso de força maior, ou sejam dificuldades que não possam ser previstas ou removidas pela autoridade; c) obstáculo ocasionado pelo indiciado, *v.g.*, a demora das diligências por ele próprio requeridas, o não comparecimento de testemunhas etc." (*Código de Processo Penal*, Rio de Janeiro: Record, 1960, vol. I, p. 100). A isso deve-se somar mais um dado: que o fato seja de difícil elucidação, isto é, que implique, por exemplo, na realização de várias diligências a fim de apurar a autoria, que envolva um grande número de agentes e vítimas, que exija a realização de perícias mais complexas e demoradas, em suma, que justifique, dada à complexidade da investigação, maior delonga no desfecho do inquérito.

Oitiva do Ministério Público e pedido de dilação do prazo para conclusão do inquérito policial – Cabe à autoridade policial, assim, requerer ao juiz a dilação do prazo que o fixará após a oitiva do Ministério Público. Saliente-se que, embora a lei não preveja a oitiva do *parquet*, a praxe forense recomenda essa cautela, já que esse órgão, na condição de titular da ação penal, poderá discordar do pedido de dilação do prazo, oferecendo, desde logo, denúncia ou mesmo promovendo o arquivamento. Ou ainda sugerindo a realização de alguma diligência que, sob sua compreensão, seja cabível ao caso concreto. A lei não indica o número de dias a serem prorrogados, mas, quase sempre, esse período é de mais trinta dias, sendo comum, porém, que juízes concedam prazos superiores, chegando até 90 dias.

Com a concordância do Ministério Público em dilatar o prazo para conclusão do inquérito, não restará ao juiz alternativa senão deferir o pedido da autoridade policial. Caso contrário, com o indeferimento, estaria obrigando o *parquet* – titular exclusivo da ação penal pública – a se pronunciar no feito, promovendo o arquivamento do inquérito ou ofertando a denúncia, postura intolerável, a ser desafiada por meio de correição parcial, em face do evidente tumulto processual que acarretaria.

Abuso de autoridade – Qualquer investigação estatal, não importando a sua natureza (penal, civil, administrativa ou disciplinar), deve perdurar por tempo razoável (art. 5º, LXXVIII, CF/1988). Não raras vezes a lei já define o prazo aceitável. Noutras, a razoável duração será considerada de maneira contextualizada com as peculiaridades do caso concreto, não se admitindo dilações indevidas. O art. 31 da Lei 13.869/19, no *caput*, pune a autoridade que extrapola injustificadamente o prazo legalmente previsto para conclusão da investigação, procrastinando-a em prejuízo do investigado ou fiscalizado. No parágrafo único, mesmo nos casos em que a lei não prevê um prazo fatal, pune-se quem estende o procedimento de forma imotivada, procrastinando-o em prejuízo do investigado ou do fiscalizado. Alertamos, porém, que as elementares "injustificadamente" (*caput*) e "imotivada" (parágrafo único) obrigam o intérprete a analisar o caso concreto. É que eventual demora na tramitação do procedimento não necessariamente configurará constrangimento ilegal, devendo guardar proporcionalidade com a complexidade da infração objeto da investigação e as diligências e os meios de prova indispensáveis a seu deslinde.

JURISPRUDÊNCIA

Excesso de prazo estando solto o indiciado. Irrelevância

"De acordo com a jurisprudência do Superior Tribunal de Justiça, o tempo despendido para a conclusão do inquérito assumiria relevância, caracterizando, de fato, constrangimento ilegal, se o recorrente estivesse preso durante o curso das investigações ou se o prazo prescricional tivesse sido alcançado nesse interregno e, ainda assim, a ação penal continuasse em andamento. No entanto, nenhuma dessas hipóteses se fez presente. De mais a mais, a complexidade da causa justifica um maior cuidado na condução dos trabalhos de investigação e, por conseguinte, a dilatação dos prazos, nos termos do art. 10, § 3º, do Código de Processo Penal" (STJ – AgRg no RHC nº 28133-DF, Rel. Marco Aurélio Bellizze, j. 21.06.2012, DJe 28.06.2012).

Art. 11. Os instrumentos do crime, bem como os objetos que interessarem à prova, acompanharão os autos do inquérito.

Instrumentos e objetos – Todos os instrumentos e objetos que mantenham alguma relação com o delito e interessem à solução da lide devem acompanhar o inquérito policial, sendo, quando possível, juntados aos autos ou guardados em separado, sob custódia do respectivo cartório. Claro que aqueles instrumentos ou objetos que foram restituídos a seus proprietários ou a terceiros de boa-fé, quando se presume que não mais interessavam ao processo, não mais acompanharão o inquérito policial. Vários dispositivos do código recomendam essa cautela, em especial, o novo capítulo da cadeia de custódia e perícias em geral (arts. 158-A e ss).

Art. 12. O inquérito policial acompanhará a denúncia ou queixa, sempre que servir de base a uma ou outra.

Juntada do inquérito – Sempre que a denúncia ou a queixa vierem precedidas do respectivo inquérito policial, este deverá acompanhar a inicial, autuando-se ambos em conjunto. E nem poderia ser diferente, afinal será da análise do inquérito policial que o juiz poderá extrair elementos que o inclinem a receber ou rejeitar a inicial (art. 395 do código), ou mesmo para absolver sumariamente o réu (art. 397 do código). O inquérito se presta, ainda, como importante meio de prova na formação da convicção do juiz, devendo sopesá-lo no momento de decidir, ainda que não possa condenar com base apenas nas informações colhidas na fase inquisitorial, segundo o art. 155 do *codex*. Por vezes, a própria materialidade do delito estará demonstrada nos autos de inquérito policial, como, por exemplo, o exame de corpo de delito em um crime de homicídio. Bem como provas cautelares, não repetíveis e antecipadas. Daí a importância desta peça acompanhar a acusação ofertada em Juízo.

Isso, é claro, quando a denúncia ou queixa tiverem como base o inquérito policial. Por vezes, contudo, a acusação vem lastreada em informações colhidas em outros procedimentos que não o inquérito, como vimos nos comentários ao art. 4° acima, sob a rubrica *autoridades administrativas e poder de investigação.* Nessas hipóteses, não se juntará o inquérito policial, mas o procedimento preliminar que ensejou a oferta da acusação.

Autos acautelados na secretaria do juízo das garantias – Dizia o art. 3º-C, §3º, do CPP, que os autos que compõem as matérias de competência do juiz das garantias ficarão acautelados na secretaria desse juízo, à disposição do Ministério Público e da defesa, e não serão apensados aos autos do processo enviados ao juiz da instrução e julgamento, ressalvados os documentos relativos às provas irrepetíveis, medidas de obtenção de provas ou de antecipação de provas, que deverão ser remetidos para apensamento em apartado. Nas ADIs 6.298, 6.299, 6.300 e 6.305, o STF declarou a inconstitucionalidade, com redução de texto, de tais parágrafos, e atribuiu interpretação conforme para entender que "*os autos que compõem as matérias de competência do juiz das garantias serão remetidos ao juiz da instrução e julgamento*". Portanto, não mais ficarão "acautelados" na secretaria do juízo das garantias, tendo as partes e o juiz da instrução e julgamento amplo acesso a todos os elementos informativos. Sugerimos ao leitor consultar nossos comentários ao referido dispositivo.

Art. 13. Incumbirá ainda à autoridade policial:

I - fornecer às autoridades judiciárias as informações necessárias à instrução e julgamento dos processos;

II - realizar as diligências requisitadas pelo juiz ou pelo Ministério Público;

III - cumprir os mandados de prisão expedidos pelas autoridades judiciárias;

IV - representar acerca da prisão preventiva.

I - fornecer às autoridades judiciárias as informações necessárias à instrução e julgamento dos processos;

Informações – Além das atribuições que lhe são típicas, mais diretamente relacionadas à apuração da prática de crimes e investigação quanto à autoria, a polícia civil (e federal) exerce inegável função de órgão colaborador da justiça. Nessa condição, deve fornecer ao juiz as informações necessárias para instrução e julgamento dos feitos criminais, seja por meio de provocação nesse sentido, seja de ofício. O legislador não especificou quais seriam essas informações e nem poderia fazê-lo, dada à multiplicidade de situações que podem surgir.

Na prática, com fundamento neste dispositivo, é comum que se requisite da autoridade policial informações a respeito de determinada testemunha que, arrolada para ser ouvida em juízo, não foi localizada. Idem quanto ao paradeiro do réu. Suponha-se, por exemplo, um processo por lesões corporais cometido no âmbito doméstico no qual a vítima noticie ao delegado de polícia que vem sendo ameaçada por seu ofensor. Por óbvio que essa informação deve ser, de pronto, transmitida à autoridade judiciária que preside o processo-crime, ante, inclusive, a possibilidade de descumprimento de alguma medida protetiva que tenha sido imposta ao réu, a justificar a decretação de sua prisão preventiva.

Delegado de Polícia como testemunha – Também com base nesta regra é possível que se arrole como testemunha, para oitiva sob o crivo do contraditório, a autoridade policial ou seus agentes. É preciso, todavia, cautela na apreciação dessa espécie de pedido. Caso se demonstre, assim, a imprescindibilidade da oitiva do delegado de polícia, em prova testemunhal que não possa ser suprida por alguma outra, cabe o pedido. Ao contrário, quando a indicação da autoridade não estiver devidamente justificada, formulada que foi por mero capricho, sem a indicação precisa de sua necessidade, cumpre ao juiz indeferir o requerimento, com fulcro no art. 400, § 1° do código. Afinal, por se tratar de um servidor público, o tempo perdido pela autoridade, despendido com a realização da audiência, importa em franco prejuízo à comunidade, a quem deixou de servir nesse período. Tudo isso para que, muitas vezes, na audiência, nenhuma pergunta seja dirigida ao delegado ou, o que é pior, se desista de sua oitiva. Sobre o valor probatório do depoimento do delegado de polícia, v. abaixo jurisprudência contida nos comentários ao art. 202 do código.

II - realizar as diligências requisitadas pelo juiz ou pelo Ministério Público;

Requisições – O vocábulo "requisição" possui a acepção de "ordem". Assim, enquanto que o "requerimento" significa um pedido, que pode ser deferido ou indeferido, a requisição, ao contrário, tem inequívoco caráter de ordem a ser, por isso mesmo, cumprida. Na precisa definição de Hélio Tornaghi, "requisição tem conteúdo de exigência e significa mais que requerimento. Requisitar é pedir aquilo que *deve* ser feito, requerer é pedir aquilo que pode ser feito" (*Instituições de Processo Penal,* São Paulo: Saraiva, 2ª. ed., 1977, vol. 2, p. 258). De se ver, porém, que, tratando-se de ordem manifestamente ilegal, não se vai exigir, da autoridade policial, que a cumpra. Suponha-se, assim, que um juiz criminal expeça um mandado de prisão contra um menor de 18 anos. Ou que o Ministério Público determine o cumprimento de uma busca e apreensão desprovida do respectivo mandado judicial. Nestes casos, cabe ao delegado de polícia oficiar à autoridade requisitante, expondo os motivos pelos quais deixou de cumprir a ordem.

Requisição do juiz – O ato requisitório subscrito pelo juiz, de forma alguma, pode ignorar a estrutura acusatória da persecução penal. Deve agir mediante provocação e jamais substituir a atuação probatória das partes.

JURISPRUDÊNCIA

Recusa no cumprimento, pelo delegado, de diligência requisitada não configura crime de desobediência

PROCESSUAL PENAL. "HABEAS-CORPUS". REQUISIÇÃO JUDICIAL DIRIGIDA A AUTORIDADE POLICIAL. NÃO ATENDIMENTO. FALTA FUNCIONAL. ATIPICIDADE PENAL – "Embora não esteja a autoridade policial sob subordinação funcional ao juiz ou ao membro do Ministério Público, tem ela o dever funcional de realizar as diligências requisitadas por essas autoridades, nos termos do art. 13, II, do CPP. A recusa no cumprimento das diligências requisitadas não consubstancia, sequer em tese, o crime de desobediência, repercutindo apenas no âmbito administrativo-disciplinar" (STJ – Rel. Vicente Leal, j. 15.09.1997, DJ 27.10.1997, p. 54840).

III - cumprir os mandados de prisão expedidos pelas autoridades judiciárias;

Mandados de prisão – É a polícia (civil ou federal) o órgão mais vocacionado a cumprir mandados de prisão expedidos pela autoridade judiciária. Não conta o Poder Judiciário, imerso em milhões de processos, com estrutura material para efetivar essa tarefa, sobretudo quando, por vezes, o emprego da força física se mostra necessário. Isso não implica dizer, porém, que a função de prender, mediante ordem judicial, seja exclusiva da polícia civil ou federal. Com efeito, nada impede que a Polícia Militar a exerça, dando cumprimento ao mandado judicial (v. art. 241 abaixo). Também oficiais de justiça podem cumprir os mandados, como prevê, expressamente, o art. 154, inc. I do Código de Processo Civil. A propósito, analisando o tema, no pedido de providencias nº 0004139-10.2009.2.00.0000, em 22 de outubro de 2009, o Conselho Nacional de Justiça admitiu essa possibilidade, ressaltando, porém, que os Tribunais de Justiça possuem autonomia para regulamentar a matéria. É o que ocorre no Estado de São Paulo, onde o Provimento nº 1190/2006, do Conselho Superior da Magistratura, impede o envio de mandados de prisão para cumprimento por oficiais de justiça, cabendo sua remessa, segundo o provimento, aos órgãos policiais.

Processo eletrônico – No Estado de São Paulo, o provimento n. 1929/2011, do Conselho Superior da Magistratura, regulamenta a utilização de meio eletrônico para comunicação de informações processuais relativas, dentre outras matérias, à expedição de mandado de prisão ou de alvará de soltura.

Alvará de soltura – Conforme determina o Art. 409 das Normas de Serviço da Corregedoria do Tribunal de Justiça do Estado de São Paulo, os alvarás de soltura serão expedidos no prazo máximo de 24 horas, devendo ser enviados "à autoridade responsável pela custódia, da maneira mais célere e eficaz possível, por correio eletrônico institucional (e-mail), aparelhos de fac-símile ou oficiais de justiça". Tratando-se de alvará de soltura expedido durante o chamado *plantão judiciário*, instalados em finais de semana, feriados, etc., a matéria vem tratada no provimento n. 28/2006, da Corregedoria-Geral do TJSP. Dispõe o art. 26 do provimento que "os alvarás de soltura serão entregues, em 2 (duas) vias, ao oficial de justiça de plantão, que os encaminhará ao presídio, ou ao distrito policial, para cumprimento".

Abuso de autoridade – o art. 12, parágrafo único, IV, da Lei 13.869/19, pune com detenção de 6 meses a 2 anos o agente ou autoridade que deixar, sem motivo justo e excepcionalíssimo, de executar o alvará de soltura imediatamente após recebido ou de promover a soltura do preso quando esgotado o prazo judicial ou legal. Para configurar o crime, além da ausência de justo motivo, deve o agente ou autoridade comportar-se com o fim especial de prejudicar outrem ou beneficiar a si mesmo ou a terceiro, ou, ainda, por mero capricho ou satisfação pessoal (art. 1º).

IV - representar acerca da prisão preventiva.

Prisão preventiva – Porque primeiro teve contato com a prática delituosa, conhecendo de seus detalhes, no que refere às circunstâncias e autoria, possui a autoridade policial inequívoca vocação para representar pela prisão preventiva do agente, devendo fazê-lo sempre que preenchidos os requisitos legais que a autorize, elencados nos artigos 312 e 313 do código. No art. 311, o legislador emprega o vocábulo "representação" quando confere legitimidade ao delegado de polícia e "requerimento", quando se refere ao Ministério Público, ao querelante ou ao assistente. No fundo, representação ou requerimento se submetem aos mesmos requisitos e possuem o mesmo objetivo, qual seja, provocar o juiz para decretar a prisão preventiva do agente. Em ambos, é deduzida uma exposição na qual se apontam os pressupostos que autorizam a medida extrema. A utilização do termo "representação" deve-se ao fato de que, uma vez negado o pedido, não possui a autoridade policial legitimidade para recorrer, enquanto que o requerimento, caso indeferido, pode ser alvo de irresignação, interposta pela parte que pleiteou a medida.

Essa representação pode ocorrer em qualquer fase do inquérito policial, não se limitando, portanto, ao nascedouro desse procedimento nem a seu final, quando da elaboração do relatório pelo delegado de polícia. A qualquer momento, surgindo motivação que a justifique, deve a autoridade policial provocar o juiz no sentido da decretação da prisão preventiva do investigado. Nesse sentido, aliás, a dicção do art. 311 do código.

ATENÇÃO - Com o advento da Lei 13.964/19, foi novamente alterado o art. 311 do CPP (objeto de mudanças no ano de 2011), ficando o juiz proibido de decretar a preventiva de ofício em qualquer das fases da persecução penal, dependendo sempre de provocação.

Prisão temporária – Embora não mencionado neste dispositivo, pode a autoridade policial, ainda, representar no sentido da decretação da prisão temporária do agente, nos termos do art. 2º, da Lei n. 7.960/1989, medida que não pode ser decretada de ofício pelo juiz.

Art. 13-A. **Nos crimes previstos nos arts. 148, 149 e 149-A, no § 3º do art. 158 e no art. 159 do Decreto-Lei nº 2.848, de 7 de dezembro de 1940 (Código Penal), e no art. 239 da Lei nº 8.069, de 13 de julho de 1990 (Estatuto da Criança e do Adolescente), o membro do Ministério Público ou o delegado de polícia poderá requisitar, de quaisquer órgãos do poder público ou de empresas da iniciativa privada, dados e informações cadastrais da vítima ou de suspeitos.**

Parágrafo único. A requisição, que será atendida no prazo de 24 (vinte e quatro) horas, conterá:

I - o nome da autoridade requisitante;

II - o número do inquérito policial; e

III – a identificação da unidade de polícia judiciária responsável pela investigação.

Introdução – Disposição semelhante consta da Lei n. 12.850/2013, que define os crimes de organização criminosa e indica novos meios de obtenção de prova. De sorte que, dentre esses meios de prova, o mencionado diploma prevê que "o acesso a registros de ligações telefônicas e telemáticas, a dados cadastrais constantes de bancos de dados públicos ou privados e a informações eleitorais ou comerciais" (art. 3º, inc. IV). Mais adiante, trata do "acesso a Registros, Dados Cadastrais, Documentos e Informações", dispondo, no art. 15, que "o delegado de polícia e o Ministério Público terão acesso, independentemente de autorização judicial, apenas aos dados cadastrais do investigado que informem exclusivamente a qualificação pessoal, a filiação e o endereço mantidos pela Justiça Eleitoral, empresas telefônicas, instituições financeiras, provedores de internet e administradoras de cartão de crédito". Neste sentido, a redação do art. 17-B da Lei n. 9.613/98, que versa sobre os crimes de lavagem de dinheiro, é essencialmente a mesma, exceto pela menção expressa à desnecessidade de autorização judicial. Lembre-se, ainda, que a Resolução nº 181/2017, do Conselho Nacional do Ministério Público, prevê a possibilidade do *parquet* requisitar informações e documentos de entidades privadas, inclusive de natureza cadastral (art. 7º, inc. III).

Dados cadastrais – Permite o dispositivo o livre acesso da autoridade policial e do Ministério Público a dados cadastrais da vítima e do suspeito, independentemente de prévia autorização judicial. Como dado cadastral, segundo se infere da norma, deve-se entender aquele relativo à qualificação pessoal da pessoa (estado civil, profissão, número do telefone, RG, CPF, etc.), à filiação e ao endereço do averiguado. Esses dados são mantidos nos cadastros da Justiça Eleitoral, empresas de telefonia, instituições financeiras, provedores de internet e administradoras de cartão de crédito e sua divulgação – insiste-se – prescinde de ordem judicial. Repete-se, aqui, como já destacado, previsão semelhante que consta do art. 15 da Lei n. 12.850/2013 e art. 17-B da Lei n. 9.613/98.

Dados e informações cadastrais da vítima ou de suspeitos – Aqui surge uma inovação em relação à Lei de Organização Criminosa e à Lei de Lavagem de Capitais que admitem essa diligência, apenas, em relação ao investigado. Com efeito, o diploma em análise estende essa possibilidade aos dados cadastrais da vítima. Parece salutar a inovação, pois sendo frequentes os contatos entre aliciadores e vítimas de extorsão (seja telefônico, via *internet* etc.), a obtenção dessas informações propicia especial eficácia à investigação. Demais disso, por vezes as vítimas acham-se extremamente amedrontadas, em posição de enorme desvantagem quando comparadas a seus algozes e, nesse quadro, nem sempre estarão (ou poderão), colaborar com as investigações. Essa previsão legal retira da órbita do ofendido a iniciativa de disponibilizar seus dados, podendo a investigação fazê-lo, ainda que contra a vontade daquele primeiro.

Dados telefônicos – O dispositivo em exame não faz expressa menção aos dados oriundos de empresas de telefonia. Nada impede, sob nossa compreensão, que o Ministério Público ou o delegado de polícia requisitem informações dessa natureza, independentemente de prévia autorização judicial. A um, porque quando se refere a "empresas de iniciativa privada", o legislador abriu a oportunidade de que empresas de telefonia também se sujeitem à requisição. E, dois, em virtude que o art. 9º da Lei de Tráfico de Pessoas prevê, com todas as letras, a possibilidade de aplicação subsidiária da Lei n. 12.850/2013 aos crimes de tráfico de seres humanos. Vale, de qualquer forma, que se confiram os comentários tecidos ao art. 13-B abaixo.

Cautela – De se observar, porém, que as informações prestadas devem se restringir, única e exclusivamente, aos dados cadastrais. É dizer, em dois exemplos: pode o delegado de polícia determinar que o banco informe o nome completo de um correntista, mas seria abusiva a pretensão no sentido de que extratos bancários da conta corrente do investigado lhe fossem enviados. Ou ainda, ao Ministério Público é dado requisitar à determinada empresa telefônica que indique o endereço do titular de certa linha, mas consistiria em ilegalidade ir além para que as conversas mantidas via telefone fossem interceptadas. Isso porque o mero acesso a dados cadastrais não implica em quebra de sigilo pessoal, quer de ordem fiscal, quer mesmo de comunicação. Avançar, porém, da mera informação cadastral para atingir dados protegidos pelo sigilo importaria na necessidade de prévia autorização judicial, sob pena de configurar evidente inconstitucionalidade, dada à notória ilicitude da prova, por violação ao postulado do inc. XII, do art. 5º da Constituição.

Nessa ordem de raciocínio já decidiu o Superior Tribunal de Justiça:

"A decisão que autoriza a quebra dos dados cadastrais de certa linha telefônica, com o fito de saber quem é seu titular, não importa quebra do sigilo das telecomunicações" (HC n. 190917 / SP – Rel. Celso Limongi – RT 908/546).

"Segundo o Supremo Tribunal Federal, o disposto no art. 5º, XII, da Constituição Federal não impede o acesso aos dados em si, ou seja, o objeto protegido no direito à inviolabilidade do sigilo não são os dados em si, mas tão somente a comunicação desses dados. (RE nº 418.416/SC)" (HC 128466 / PR – Rel. Sebastião Reis Júnior, j. 12.03.2013, DJe 19.03.2013).

A mesma linha de ideias se aplica aos dados cadastrais de computadores, ainda segundo entendimento do Tribunal da Cidadania: "A simples titularidade e o endereço do computador do qual partiu o escrito criminoso não estão resguardados pelo sigilo de que cuida o inciso XII do artigo 5º da Constituição da República, nem tampouco pelo direito à intimidade prescrito no inciso X, que não é absoluto" (STJ – HC 83338 / DF – Rel. Hamilton Carvalhido – j. 29.09.2009, DJe 26.10.2009).

É o que se extrai, também, da doutrina de Tercio Sampaio Ferraz Junior, a se conferir: "Pelo sentido inexoravelmente comunicacional da convivência, a vida privada compõe, porém, um conjunto de situações que, usualmente, são informadas sem constrangimento. São dados que, embora privativos – como o nome, endereço, profissão, idade, estado civil, filiação, número de registro público oficial, etc., condicionam o próprio intercâmbio humano em sociedade, pois constituem elementos de identificação que tornam a comunicação possível, corrente e segura. Por isso, a proteção desses dados em si, pelo sigilo, não faz sentido. (...) Em consequência, *simples cadastros de elementos identificadores (nome, endereço, RG, filiação, etc.) não são protegidos*. Aos que argumentarão no sentido da inconstitucionalidade do dispositivo, deve-se recordar que a lei em exame não cuida do crime banal, perpetrado, no mais das vezes, de forma individual e aleatória, sem qualquer planejamento anterior. Antes, trata da criminalidade organizada, que conta com estrutura complexa, bem articulada, com ramificação transnacional, capaz, bem por isso, de impor enormes obstáculos à obtenção da prova" (*Sigilo de Dados: o Direito à Privacidade e os Limites à Função*

Fiscalizadora do Estado. In Sigilo Fiscal e Bancário. PIZOLIO, Reinaldo e GAVALDÃO JR, Jayr Viégas (coord.). São Paulo. QuartierLatin. 2005. p. 28-29).

A fim de encontrar mecanismos que permitam o embate em igualdades de condições com crimes dessa natureza, de alta complexidade de organização, deve-se tolerar do legislador certa flexibilização - ou, diríamos - limitação mesmo de direitos individuais do autor do delito. Tudo a exigir uma interpretação menos ortodoxa do tema que, de um lado, tutele os direitos daquele que perpetra um crime mediante organização e, de outro, apresente uma resposta à altura da espécie de criminalidade de que se cuida.

O debate foi bem apanhado por Fábio Ramazzini Bechara, quando tratou especificamente do crime organizado - mas com pertinência ao tema em estudo. Destacou o citado autor que "da mesma forma que não se concebe que o Estado se utilize dos mesmos instrumentos de que se valem os criminosos, não se pode negar que a postura do exegeta, por ocasião da interpretação e aplicação das normas incidentes, deverá buscar a precisão e a forma mais adequada de estabelecer a resposta estatal. A resposta estatal deve ser mais enérgica e, portanto, proporcional à gravidade da situação apresentada. Essa noção conduz inevitavelmente ao estrangulamento e à possibilidade de maior relativização dos direitos fundamentais que abrigam as liberdades públicas individuais. Tal relativização é justificada a partir da indiscutível necessidade de preservação da ordem pública" (*Crime Organizado e o Sigilo das Investigações*. Revista Síntese nº 32 - jun-jul 2005, p. 55).

A propósito, a Lei Complementar nº 105/2001, em seu art. 1º, § 3º, dispõe que não constitui violação do dever de sigilo "a troca de informações entre instituições, para fins cadastrais...". E vai além: autoriza Comissões Parlamentares de Inquérito a obtenção de documentos sigilosos que necessitem diretamente das instituições financeiras.

Em suma: a mera informação a respeito de dados cadastrais, não implicará em quebra de sigilo, posto que admitida pela doutrina e jurisprudência e, agora, autorizada expressamente pela lei em exame. A extrapolação, porém, a tal permissão, reclamará sempre a prévia autorização judicial, face ao teor da cláusula constitucional de reserva de jurisdição. A propósito, dispõe o art. 10 da Lei Complementar nº 105/2001, que "a quebra de sigilo, fora das hipóteses autorizadas nesta Lei Complementar, constitui crime e sujeita os responsáveis à pena de reclusão, de um a quatro anos, e multa, aplicando-se, no que couber, o Código Penal, sem prejuízo de outras sanções cabíveis".

> **ATENÇÃO** - Com a aprovação da PEC 17/2019, a proteção de dados pessoais passa a ser garantia fundamental, cabendo exclusivamente à União legislar sobre o tema (art. 5º, LXXIX; art. 21, XXVI; art. 22, XXX). Como bem esclarece Ana Carolina Westrup (em artigo disponível em https://www.cartacapital.com.br/blogs/intervozes/a-protecao-de-dados-sera-agora-um-direito-fundamental-o-que-muda/), "a proteção de dados se tornou um direito absoluto que nenhuma lei, sem quórum devidamente qualificado, pode alterar. Essa aprovação fortalece todo o arcabouço legislativo da LGPD (Lei Geral de Proteção de Dados), que, em essência, tem por objetivo proteger os direitos fundamentais de liberdade e de privacidade, conforme determinado em seu Artigo 1º."

Crimes que admitem o acesso aos dados cadastrais - Somente os crimes listados neste artigo admitirão a diligência em estudo, em rol que, a nosso sentir, é taxativo, não admitindo, bem por isso, nenhuma ampliação, na medida em que restringe direitos individuais da pessoa. Do Código Penal são eles: sequestro e cárcere privado (art. 148 do Código Penal); redução a condição análoga à de escravo (art. 149); tráfico de pessoas (art. 149-A) e extorsão qualificada (art. 158, § 3º) e extorsão mediante sequestro (art. 159).

O crime previsto no art. 239 do Estatuto da Criança e do Adolescente (Lei nº 8.069/1990), tem a seguinte tipificação: "Promover ou auxiliar a efetivação de ato destinado ao envio de criança ou adolescente para o exterior com inobservância das formalidades legais ou com o fito de obter lucro".

Manutenção de dados cadastrais:

a) **Banco Central**: Art. 10-A da Lei 9.613/98: "O Banco Central manterá registro centralizado formando o cadastro geral de correntistas e clientes de instituições financeiras, bem como de seus procuradores".

b) **Empresas de Transporte**: Art. 16 da Lei n. 12.850/2013: "As empresas de transporte possibilitarão, pelo prazo de 5 (cinco) anos, acesso direto e permanente do juiz, do Ministério Público ou do delegado de polícia aos bancos de dados de reservas e registro de viagens".

c) **Administradoras de cartão de crédito**: a obrigação das administradoras de cartão de crédito quanto à manutenção de cadastro de seus clientes decorre do disposto nos arts. 9º, parágrafo único, inc. III e art. 10, inc. I da Lei 9.613/98.

d) **Empresas de telefonia** – Art. 17 da Lei n. 12.850/2013: "As concessionárias de telefonia fixa ou móvel manterão, pelo prazo de 5 (cinco) anos, à disposição das autoridades mencionadas no art. 15, registros de identificação dos números dos terminais de origem e de destino das ligações telefônicas internacionais, interurbanas e locais".

Obrigação de manutenção dos dados cadastrais. Fundamento legal – Essa obrigação decorre da vedação ao anonimato (Constituição Federal, artigo 5º, inciso IV) e do dever de informação e transparência do fornecedor de serviço (Código de Defesa do Consumidor, artigo 6º, inciso III).

Destacou a ministra Nancy Andrighi, do Superior Tribunal de Justiça, que "ao oferecer um serviço de provedoria de conteúdo, deve o fornecedor obter e manter dados mínimos de identificação de seus usuários, com vistas a assegurar a eventuais prejudicados pela utilização indevida ou abusiva do serviço – consumidores por equiparação nos termos do artigo 17 do CDC – informações concretas sobre a autoria do ilícito. Cuida-se de cautela básica, decorrente da legítima expectativa do consumidor – mesmo aquele que jamais tenha feito uso do serviço – de que, sendo ofendido por intermédio de um site, o seu provedor tenha condições de individualizar o usuário responsável" (Publicado no sítio www.stj.gov.br, na seção *Últimas*, de 25.11.2013).

ATENÇÃO – Com a entrada em vigor da Lei Geral de Proteção de Dados (Lei 13.709/18), surge uma série de novas disposições a respeito do tratamento e da proteção de dados pessoais, bem como consequências sancionatórias ao seu descumprimento, que tem como fundamentos o respeito à privacidade, a autodeterminação informativa, a liberdade de expressão e informação, o desenvolvimento econômico e tecnológico, a defesa do consumidor e os direitos humanos (art. 2º). A lei aplica-se a qualquer operação realizada no território nacional que tenha por objetivo a oferta de bens ou serviços ou tratamento de dados coletados também em território nacional. Contudo, o artigo 4º, III, da LGPD, dispõe que a lei não se aplica ao tratamento de dados pessoais realizado para fins exclusivos de segurança pública, defesa nacional, segurança do Estado ou atividade de investigação e repressão de infrações penais, os quais deverão ser regidos por lei específica. Um anteprojeto de lei que disciplina a proteção de dados em âmbito criminal já foi elaborado e entregue à Câmara dos Deputados.

"Parágrafo único. A requisição, que será atendida no prazo de 24 (vinte e quatro) horas, conterá:

I - o nome da autoridade requisitante;

II - o número do inquérito policial; e

III - a identificação da unidade de polícia judiciária responsável pela investigação."

Prazo para atendimento da requisição – Chama atenção o prazo extremamente exíguo, alvitrado pelo legislador, para atendimento da requisição. Por vezes, os dados reclamados, dada sua complexidade e volume, exigirão uma pesquisa mais extensa que, dificilmente, será concluída em 24 horas. Caberá ao responsável pela resposta, então, por meio de ofício, justificar a impossibilidade de cumprimento da ordem, pleiteando seja-lhe concedido novo prazo.

Parece-nos claro que a obrigatoriedade de indicação do número do inquérito policial e da unidade de polícia responsável pela investigação somente devem ser exigidas quando a requisição provier da autoridade da autoridade policial, a presumir, inclusive, a prévia instauração desse procedimento. Tratando-se de ordem do Ministério Público, tais dados são desnecessários, mesmo porque pode esse órgão basear suas investigações em outros procedimentos que não, necessariamente, aqueles oriundos de um inquérito policial (CPIs, inquérito policial militar etc.), dada, inclusive, sua conhecida prescindibilidade.

Quebra de sigilo telemático dos investigados. Recusa de fornecimento de dados armazenados em seus servidores - a nossa jurisprudência vem se firmando no sentido de que empresas que prestam serviços de aplicação na internet em território brasileiro devem necessariamente se submeter ao ordenamento jurídico pátrio, independentemente da circunstância de possuírem filiais no Brasil. O armazenamento em nuvem é estratégia empresarial que não interfere na obrigação de observância da legislação brasileira quando o serviço é prestado em território nacional. A recalcitância injustificada no cumprimento de decisão judicial atrai a imposição de multa como penalização da prática de ato atentatório à dignidade da Justiça.

Art. 13-B. Se necessário à prevenção e à repressão dos crimes relacionados ao tráfico de pessoas, o membro do Ministério Público ou o delegado de polícia poderão requisitar, mediante autorização judicial, às empresas prestadoras de serviço de telecomunicações e/ou telemática que disponibilizem imediatamente os meios técnicos adequados – como sinais, informações e outros – que permitam a localização da vítima ou dos suspeitos do delito em curso.

§ 1º Para os efeitos deste artigo, sinal significa posicionamento da estação de cobertura, setorização e intensidade de radiofrequência.

§ 2º Na hipótese de que trata o caput, o sinal:

I - não permitirá acesso ao conteúdo da comunicação de qualquer natureza, que dependerá de autorização judicial, conforme disposto em lei;

II - deverá ser fornecido pela prestadora de telefonia móvel celular por período não superior a 30 (trinta) dias, renovável por uma única vez, por igual período;

III - para períodos superiores àquele de que trata o inciso II, será necessária a apresentação de ordem judicial.

§ 3º Na hipótese prevista neste artigo, o inquérito policial deverá ser instaurado no prazo máximo de 72 (setenta e duas) horas, contado do registro da respectiva ocorrência policial.

§ 4º Não havendo manifestação judicial no prazo de 12 (doze) horas, a autoridade competente requisitará às empresas prestadoras de serviço de telecomunicações e/ou telemática que disponibilizem imediatamente os meios técnicos adequados - como sinais, informações e outros - que permitam a localização da vítima ou dos suspeitos do delito em curso, com imediata comunicação ao juiz.

Introdução – Impressionam estes dispositivos pela falta de precisão técnica que marca sua redação, além de impropriedades lançadas no texto, capazes mesmo de configurarem evidentes inconstitucionalidades.

Impropriedade do vocábulo – Não se compreende como, segundo o dispositivo em exame, "o membro do Ministério Público ou o delegado de polícia poderão requisitar, mediante autorização judicial...". Ora, se o deferimento da diligência depende de autorização judicial, de que modo podem *parquet* e o delegado "requisitarem" sua realização? O correto seria o Ministério Público *requerer* a diligência, como é próprio, inclusive, do sistema acusatório, e a autoridade policial *representar* por sua realização.

Dispositivo infraconstitucional pertinente à matéria - Art. 10 da Lei n. 9.296/96, alterado pela Lei 13.869/19, anuncia: "Art. 10. Constitui crime realizar interceptação de comunicações telefônicas, de informática ou telemática, promover escuta ambiental ou quebrar segredo da Justiça, sem autorização judicial ou com objetivos não autorizados em lei: Pena – reclusão, de 2 (dois) a 4 (quatro) anos, e multa. Parágrafo único. Incorre na mesma pena a autoridade judicial que determina a execução de conduta prevista no caput com objetivo não autorizado em lei." O art. 10-A, por sua vez, incluído pela Lei 13.964/19, pune "Realizar captação ambiental de sinais eletromagnéticos, ópticos ou acústicos para investigação ou instrução criminal sem autorização judicial, quando esta for exigida: Pena - reclusão, de 2 (dois) a 4 (quatro) anos, e multa". Diz o § 1º que "Não há crime se a captação é realizada por um dos interlocutores". Já o § 2º anuncia que "A pena será aplicada em dobro ao funcionário público que descumprir determinação de sigilo das investigações que envolvam a captação ambiental ou revelar o conteúdo das gravações enquanto mantido o sigilo judicial".

§ 1º Para os efeitos deste artigo, sinal significa posicionamento da estação de cobertura, setorização e intensidade de radiofrequência.

A fim de evitar interpretações distorcidas, o legislador preocupou-se em definir o vocábulo *sinal*, fazendo-o sob o aspecto técnico, em conceituação que se explica por si só, a prescindir de maiores explicações que fugiriam ao âmbito de interesse desse trabalho.

§ 2º Na hipótese de que trata o caput, o sinal:

I - não permitirá acesso ao conteúdo da comunicação de qualquer natureza, que dependerá de autorização judicial, conforme disposto em lei;

O conteúdo de uma conversa, mantida por telefonia, telemática ou qualquer outro meio, acha-se sob a proteção do sigilo, assegurado por norma constitucional (art. 5º, inc. XII, da CF). O próprio Constituinte, porém, previu a possibilidade de quebra dessa inviolabilidade, "por ordem judicial, nas hipóteses e na forma que a lei estabelecer...". Havia, então, necessidade de uma norma infraconstitucional a regulamentar o tema, que acabou sobrevindo com a Lei n. 9.296/96, que estabeleceu o regramento para as interceptações telefônicas. Ao teor de determinada conversa, portanto, não poderá ter acesso o membro do Ministério Público ou qualquer outra autoridade administrativa (policial, fiscal, etc.), salvo autorizado por ordem judicial. É o que reforça o dispositivo em exame.

II - deverá ser fornecido pela prestadora de telefonia móvel celular por período não superior a 30 (trinta) dias, renovável por uma única vez, por igual período;

III - para períodos superiores àquele de que trata o inciso II, será necessária a apresentação de ordem judicial.

O art. 5º, da Lei n. 9.296/96, que cuida das interceptações telefônicas, prevê o prazo de 15 dias para duração da diligência, "renovável por igual tempo uma vez comprovada a indispensabilidade do meio de prova". Aqui, diligência que não envolve interceptação propriamente dita, foi previsto um prazo um pouco mais dilatado, de 30 dias, renovável por mais 30.

O que se depreende da análise conjunta destes dois dispositivos é que, sendo o acesso aos dados efetuado pelo Ministério Público ou pela autoridade policial, sem a respectiva ordem judicial, o prazo da diligência é de 30 dias, com possibilidade de renovação por igual período. Uma vez extrapolado esse lapso temporal, haverá necessidade de ordem judicial autorizando a prorrogação. Só assim se explica o teor do inc. III, quando impõe a necessidade de ordem judicial quando extrapolado o prazo previsto no inciso anterior. Consignamos certa dificuldade na compreensão do legislador, melhor explicada nos comentários abaixo sob a rubrica *inconstitucionalidade*.

§ 3º Na hipótese prevista neste artigo, o inquérito policial deverá ser instaurado no prazo máximo de 72 (setenta e duas) horas, contado do registro da respectiva ocorrência policial.

O Código de Processo Penal não estabelece um prazo para que o inquérito policial seja instaurado. Tratando-se de prisão em flagrante, de imediato ocorre a deflagração do procedimento. Quando instaurado mediante requisição do Ministério Público ou a requerimento do ofendido - insiste-se - não há prazo. Por óbvio que verificada eventual desídia da autoridade policial, animada por má-fé ou desleixo, a sujeitará a sanções de ordem administrativa e mesmo criminais (eventual crime de prevaricação pode restar configurado), mas prazo não há. A lei em exame estipulou esse prazo, "contado do registro da respectiva ocorrência policial". Como *ocorrência policial* deve se entender – presume-se – a elaboração de um boletim de ocorrência. Pensamos que nesse conceito deve se incluir também a requisição do Ministério Público, sendo também nestes casos, portanto, de 72 horas o prazo para instauração do inquérito policial. Cuidando-se de requerimento formulado pela vítima, terá o delegado de polícia o mesmo prazo para deferi-lo ou não.

§ 4º Não havendo manifestação judicial no prazo de 12 (doze) horas, a autoridade competente requisitará às empresas prestadoras de serviço de telecomunicações e/ou telemática que disponibilizem imediatamente os meios técnicos adequados – como sinais, informações e outros – que permitam a localização da vítima ou dos suspeitos do delito em curso, com imediata comunicação ao juiz.

Inconstitucionalidade – Não somos daqueles especializados em vislumbrar inconstitucionalidades em todo e qualquer diploma assim que entram em vigor e sem o mínimo de amadurecimento da matéria. De se destacar, com efeito, que em favor da lei há uma presunção que milita, invariavelmente, no sentido de sua constitucionalidade. É o que consiste no chamado *princípio da constitucionalidade das leis*, pelo qual o ato normativo somente perde sua eficácia e validade mediante uma declaração judicial que declare sua desconformidade com a Constituição. Na lição de clássica de Luís Roberto Barroso, "o princípio da presunção de constitucionalidade dos atos do Poder Público, notadamente das leis, é uma decorrência do princípio geral da separação dos Poderes e funciona como fator de autolimitação da atividade do Judiciário, que, em reverência à atuação dos demais Poderes, somente deve invalidar-lhes os atos diante de casos de inconstitucionalidade flagrante e incontestável" (*Interpretação e aplicação da Constituição: fundamentos de uma dogmática constitucional transformadora*. 7ª ed. rev. São Paulo: Saraiva, 2009, p. 193).

Por conta desse princípio, portanto, somente se for patente a inconstitucionalidade ela deve ser declarada, em situações nas quais seja impossível sua interpretação em consonância com a Carta, sob pena de indevida ingerência no Poder Legislativo. Como observa João Pedro Gebran Neto "o intérprete deve tentar extrair validade das leis e dos atos normativos do Poder Público sempre que possível, só declarando sua inconstitucionalidade quando esta for flagrante e incontestável. A declaração de inconstitucionalidade sempre é medida excepcionalmente adotada, porque implica restrição ao exercício de atividade legítima de outro Poder" (*A aplicação imediata dos direitos e garantias individuais*, São Paulo, RT, 2002, pág. 108).

Na hipótese vertente, porém, a inconstitucionalidade se mostra tão patente que não nos resta alternativa senão de anunciá-la. Explicamos: o caput do art. 13-B acima determina que, por meio de ordem judicial, pode se determinar que empresas prestadoras de serviço de telecomunicações e/ou telemática "disponibilizem imediatamente os meios técnicos adequados – como sinais, informações e outros – que permitam a localização da vítima ou dos suspeitos do delito em curso". O dispositivo em exame, contudo, dispensa a ordem judicial, podendo o delegado de polícia e o membro do Ministério Público requisitarem diretamente os dados, caso o juiz não decida no prazo de 12 horas. O absurdo tem início com a estipulação de um prazo tão exíguo. Processos ou inquéritos de que tratam o tráfico de pessoas, como regra, são complexos e exigem um tempo maior de estudo.

Imagine-se a situação na qual o promotor de justiça, após analisar durante meses os autos, surja em um plantão judicial, realizado no domingo, com um pedido de quebra do sigilo das comunicações de um réu. Ou que a autoridade policial, que investigou os fatos por meses, através do inquérito policial instaurado, formule o mesmo pedido. Terá cabimento exigir do juiz, que manteve o contato com os autos naquele momento, que profira uma decisão em 12 horas? Pode-se mesmo imaginar que, por malícia e para forçar a perda do prazo pelo juiz, seja formulado um pedido que, não decidido em 12 horas, permitirá que se requisite diretamente a medida. Claro que promotores de Justiça (ou procuradores da República) e delegados de polícia, via de regra, jamais agiriam dessa forma, mas quem sabe se algum mal-intencionado, ainda que representando uma exceção, não venha a fazê-lo?

Mas o despropósito não termina aí. De se indagar, com efeito: como pode o *caput* do artigo reclamar a autorização judicial para a concretização da diligência e, logo em seguida, o § 4º, dispensar tal exigência? Ora, ou bem se entende que a ordem judicial é necessária e pouco importa o tempo que o juiz demorará para proferir a decisão, ou bem se entende que a diligência em estudo prescinde do filtro judicial e, por consequência, não será o atraso de 12 horas que impedirá sua efetivação. É óbvio que se o juiz procrastinar a decisão, em casos que – decerto – envolverão certa urgência, cumpre sejam adotadas medidas de cunho administrativo, com o acionamento dos órgãos censórios da Magistratura. Daí, porém, a se dispensar a ordem judicial porque demorada a decisão, parece haver grande distância. Curioso que em situações muito mais graves, onde está em jogo a liberdade da pessoa, como, por exemplo, na prisão temporária (Lei n. 7.960/1989), é conferido o prazo de 24 horas para que o juiz decida sobre o pedido (art. 2º, § 2º). E este também o prazo para o juiz decidir sobre o pedido de quebra de sigilo telefônico (art. 4º, § 2º da Lei n. 9.296/96). A reforçar essa impressão, de se ver que para apreciar um pedido de prisão preventiva, o Código de Processo Penal não estipula qualquer prazo. Interessante, a propósito, que para instaurar o inquérito policial, uma medida de cunho administrativo e que não demanda maior esforço, tem o delegado de polícia o prazo de 72 horas (§ 3º acima), enquanto que para a decisão judicial o prazo é de 12 horas.

A hipótese chega mesmo a lembrar o arcaico instituto do *decurso de prazo*, extirpado pela Constituição de 1988, quando o decreto-lei, caso não apreciado em 60 dias, era considerado tacitamente aprovado pelo Congresso e, a partir daí, irradiava todas suas consequências.

Art. 14. O ofendido, ou seu representante legal, e o indiciado poderão requerer qualquer diligência, que será realizada, ou não, a juízo da autoridade.

Requerimento de diligências – Pode a vítima, segundo este dispositivo, requerer à autoridade policial a realização de diligências. É legítimo esse interesse, posto que ao ofendido convém a futura condenação do agente, a propiciar-lhe, a partir daí, a execução, no âmbito civil, dos danos que experimentou. Quanto mais porque, na fase de inquérito policial, não há que se falar na figura do assistente, reservada apenas para a esfera judicial, nos termos do art. 268 do código. Demais disso, na condição de vítima, que suportou diretamente os efeitos da ação delituosa, pode fornecer dados valiosos à investigação, propondo diligências que entender pertinentes à apuração do crime.

Também o indiciado tem enorme interesse na sugestão de alguma diligência, posto que, a depender do caso concreto, tal prova pode se mostrar apta a ensejar, desde logo, uma promoção de arquivamento do inquérito policial pelo Ministério Público, reconhecida a inocência do agente. Com isso, abrevia seu sofrimento, livrando-se, desde logo, de um futuro processo-crime.

Trata-se, pois, de reconhecer a possibilidade da vítima ou do indiciado participarem do inquérito policial, não para se estabelecer verdadeiro contraditório, que terá *locus* mais adequado em eventual ação penal a ser futuramente deflagrada. Mas para que, no resguardo de seus legítimos interesses, formularem propostas de provas que podem ser úteis à investigação, eis que, como salienta Espínola Filho, "mister se faz não desatender nunca a que o inquérito policial não é um instrumento de acusação; e, sim, uma investigação destinada ao descobrimento da verdade" (ob. cit., vol. I, p. 304).

A "autoridade" referida neste dispositivo é a policial, conclusão que se extrai da própria colocação topográfica do artigo no código. Caberá à autoridade policial deferir – ou não – a diligência, salvo quando se tratar de exame de corpo de delito, em que é obrigatória a realização da prova, segundo o art. 184 do CPP. A decisão, ainda que sucintamente, deve ser fundamentada, a fim de que se possa avaliar as razões pelas quais foi ou não acolhido o pedido. A irrelevância da diligência requerida para a apuração dos fatos ou a impossibilidade prática de sua realização, são motivos que justificam seu indeferimento. Dessa decisão não cabe nenhum recurso, na medida em que prolatada ainda no âmbito administrativo, quando nem ação penal existe. Nada impede, porém, que, inconformados, vítima ou indiciado se dirijam ao Ministério Público, podendo este órgão requisitar as diligências, como previsto no art. 13, inc. II, acima.

Sobre a atuação do Detetive e investigação defensiva, ver nossos comentários ao art. 4º. do CPP.

Art. 14-A. **Nos casos em que servidores vinculados às instituições dispostas no art. 144 da Constituição Federal figurarem como investigados em inquéritos policiais, inquéritos policiais militares e demais procedimentos extrajudiciais, cujo objeto for a investigação de fatos relacionados ao uso da força letal praticados no exercício profissional, de forma consumada ou tentada, incluindo as situações dispostas no art. 23 do Código Penal, o indiciado poderá constituir defensor.**

§ 1º Para os casos previstos no caput deste artigo, o investigado deverá ser citado da instauração do procedimento investigatório, podendo constituir defensor no prazo de até quarenta e oito horas a contar do recebimento da citação.

§ 2º Esgotado o prazo disposto no §1º deste artigo com ausência de nomeação de defensor pelo investigado, a autoridade responsável pela investigação deverá intimar a instituição a que estava vinculado o investigado à época da ocorrência dos fatos, para que

essa, no prazo de 48 (quarenta e oito horas), indique defensor para a representação do investigado.

§ 3º Havendo necessidade de indicação de defensor nos termos do § 2º deste artigo, a defesa caberá preferencialmente à Defensoria Pública, e, nos locais em que ela não estiver instalada, a União ou a Unidade da Federação correspondente à respectiva competência territorial do procedimento instaurado deverá disponibilizar profissional para acompanhamento e realização de todos os atos relacionados à defesa administrativa do investigado.

§ 4º A indicação do profissional a que se refere o § 3º deste artigo deverá ser precedida de manifestação de que não existe defensor público lotado na área territorial onde tramita o inquérito e com atribuição para nele atuar, hipótese em que poderá ser indicado profissional que não integre os quadros próprios da Administração.

§ 5º Na hipótese de não atuação da Defensoria Pública, os custos com o patrocínio dos interesses dos investigados nos procedimentos de que trata este artigo correrão por conta do orçamento próprio da instituição a que este esteja vinculado à época da ocorrência dos fatos investigados.

§ 6º As disposições constantes deste artigo se aplicam aos servidores militares vinculados às instituições dispostas no art. 142 da Constituição Federal, desde que os fatos investigados digam respeito a missões para Garantia da Lei e da Ordem.

Redação antes da Lei 13.964/19	Redação depois da Lei 13.964/19
Sem norma correspondente.	**Art. 14-A.** Nos casos em que servidores vinculados às instituições dispostas no art. 144 da Constituição Federal figurarem como investigados em inquéritos policiais, inquéritos policiais militares e demais procedimentos extrajudiciais, cujo objeto for a investigação de fatos relacionados ao uso da força letal praticados no exercício profissional, de forma consumada ou tentada, incluindo as situações dispostas no art. 23 do Código Penal, o indiciado poderá constituir defensor. § 1º Para os casos previstos no caput deste artigo, o investigado deverá ser citado da instauração do procedimento investigatório, podendo constituir defensor no prazo de até quarenta e oito horas a contar do recebimento da citação. § 2º Esgotado o prazo disposto no §1º com ausência de nomeação de defensor pelo investigado, a autoridade responsável pela investigação deverá intimar a instituição a que estava vinculado o investigado à época da ocorrência dos fatos, para que esta, no prazo de quarenta e oito horas, indique defensor para a representação do investigado.

	§ 3º Havendo necessidade de indicação de defensor nos termos do § 2º deste artigo, a defesa caberá preferencialmente à Defensoria Pública, e, nos locais em que ela não estiver instalada, a União ou a Unidade da Federação correspondente à respectiva competência territorial do procedimento instaurado deverá disponibilizar profissional para acompanhamento e realização de todos os atos relacionados à defesa administrativa do investigado. § 4º A indicação do profissional a que se refere o § 3º deste artigo deverá ser precedida de manifestação de que não existe defensor público lotado na área territorial onde tramita o inquérito e com atribuição para nele atuar, hipótese em que poderá ser indicado profissional que não integre os quadros próprios da Administração. § 5º Na hipótese de não atuação da Defensoria Pública, os custos com o patrocínio dos interesses dos investigados nos procedimentos de que trata este artigo correrão por conta do orçamento próprio da instituição a que este esteja vinculado à época da ocorrência dos fatos investigados. § 6º As disposições constantes deste artigo se aplicam aos servidores militares vinculados às instituições dispostas no art. 142 da Constituição Federal, desde que os fatos investigados digam respeito a missões para Garantia da Lei e da Ordem.

Introdução – Em razão das chacinas ocorridas na década de 1990 no Complexo do Alemão, Rio de Janeiro, mais precisamente no lamentável caso "Favela Nova Brasília", o Estado brasileiro foi condenado na Corte Interamericana de Direitos Humanos. Entre as determinações da sentença destacamos dois pontos, que já deveriam ter sido atendidos pelo Poder Legislativo pátrio:

a) estabelecer os mecanismos normativos necessários para que, na hipótese de supostas mortes, tortura ou violência sexual decorrentes de intervenção policial, em que *prima facie* policiais apareçam como possíveis acusados, desde a notitia criminis se delegue a investigação a um órgão independente e diferente da força pública envolvida no incidente, como uma autoridade judicial ou o Ministério Público, assistido por pessoal policial, técnico criminalístico e administrativo alheio ao órgão de segurança a que pertença o possível acusado, ou acusados.

b) adotar as medidas legislativas ou de outra natureza necessárias para permitir às vítimas de delitos ou a seus familiares participar de maneira formal e efetiva da investigação de delitos conduzida pela polícia ou pelo Ministério Público.

Acolhendo os mandamentos acima, foi criado no Senado Federal o Projeto de Lei nº 135/18, delegando a investigação ao Ministério Público. Também atento ao teor da condenação, foi editada a Resolução nº 129, de 2015, do Conselho Nacional do Ministério Público, estabelecendo regras mínimas de atuação do órgão ministerial no controle externo da investigação de morte decorrente de intervenção policial, passando de espectador da investigação, realizada pela própria polícia, para titular desse procedimento.

Pois bem. Não somente o referido PLS não avançou como também, na contramão da sentença internacional, e das expectativas normativas vigentes e em curso no Congresso, a Lei 13.964/19 nos "brinda" com uma norma que burocratiza a investigação policial. A Corte de Direitos Humanos determinou a adoção de medidas legislativas ou de outra natureza necessárias para permitir às vítimas de delitos ou a seus familiares participar de maneira formal e efetiva da investigação de delitos conduzida pela polícia ou pelo Ministério Público. O art. 14-A, ignorando por completo as vítimas, assegura somente ao investigado a participação no procedimento oficial. Não podemos esquecer que o descumprimento da referida condenação na Corte Interamericana de Direitos Humanos pode gerar responsabilidade internacional para o nosso Estado (art. 65 da CADH).

Direito de constituir defensor para acompanhamento da investigação – A Lei 13.964/19 assegura aos servidores vinculados às instituições dispostas nos arts. 142 e 144 da Constituição Federal que figurarem como investigados em inquéritos policiais, inquéritos policiais militares e demais procedimentos extrajudiciais, cujo objeto for a investigação de fatos relacionados ao uso da força letal praticados no exercício profissional ou missões para Garantia da Lei e da Ordem, o direito de constituir defensor para acompanhamento e realização de todos os atos relacionados à sua defesa administrativa. A regra parece, nesse tanto, inútil. Qualquer pessoa investigada pode constituir defensor. Até mesmo uma testemunha poderá, caso assim deseje, ser acompanhada por advogado em seu depoimento.

Suspeito, investigado ou indiciado? – Parece-nos que o chamamento agora exigido pelo art. 14-A deve ocorrer a partir do momento em que fica caracterizada a condição jurídica de investigado da pessoa até então suspeita, leia-se, quando as diligências policiais passam a "mirar" pessoa certa e determinada, sobre a qual pesam indicações de autoria ou participação na prática de uma infração penal, independentemente de qualificação formal atribuída pela autoridade responsável pela investigação. O ato formal do indiciamento, que para alguns era de pouca utilidade prática, agora fica definitivamente escanteado, pelo menos em crimes dessa envergadura. É claro que a cautela do art. 14-A não pode comprometer a investigação. Aliás, parece que a intenção maior do legislador foi garantir aos investigados que atuam na área de segurança pública a assistência jurídica (e não comprometer a apuração de crimes graves). Logo, aplicando-se o mesmo espírito da Súmula Vinculante 14, o dever de chamamento do investigado deve coexistir com o dever de apurar eficazmente o crime. Há diligências que devem ser sigilosas e anteceder o chamamento do investigado, sob risco de comprometimento do seu bom sucesso.

Citação ou notificação? – Diz o dispositivo que o servidor deve ser "citado" da instauração do procedimento investigatório, podendo constituir defensor no prazo de até quarenta e oito horas a contar do recebimento da "citação". Por óbvio, não se deve falar em citação nessa etapa, mas notificação, ato genérico de chamamento para realizar um ato. Não se está garantindo contraditório e ampla defesa na fase extrajudicial, que, se um dia for prevista como opção do legislador, não poderá ser exclusiva do agente ou autoridade de segurança pública, mas de qualquer cidadão. O novel artigo assegura, na verdade, direito de acompanhar *ab initio* as investigações, podendo a defesa fazer requerimentos que, como qualquer outro, serão apreciados pela autoridade que preside o procedimento oficial. Contudo, poderá a autoridade policial realizar diligências investigatórias mesmo antes de constituído ou nomeado defensor, exceto as que exijam a participação do investigado ou aquelas das quais este tenha o direito de participar.

Assistência jurídica gratuita – Apesar de relevante e fundamental a atuação dos agentes e autoridades de segurança pública na garantia ou na restauração da paz social, quando figuram como investigados em inquéritos policiais, inquéritos policiais militares e demais procedimentos extrajudiciais, cujo objeto seja fato relacionado ao uso da força letal praticado no exercício profissional ou missões para Garantia da Lei e da Ordem, carecem, quase sempre, de efetiva assistência jurídica, a despeito de sua previsão em estatutos da carreira.

Para muitos, essa falta de amparo serve como fator de desânimo, preferindo o agente ou autoridade, não raras vezes, deixar de agir com a força legítima que se espera, evitando, com isso, os dissabores do custeio de sua defesa num procedimento oficial. O discurso é verdadeiro. Mas o desânimo no "agir" parece falacioso. O Brasil ainda convive com números alarmantes de violência policial. Feito esse registro – e aqui não se discute se a violência policial é causa ou consequência de uma sociedade também violenta –, não se pode negar a realidade de falta de amparo aos agentes que usam a força letal no exercício profissional. E quando falamos falta de assistência, não queremos limitar à jurídica, mas também psicológica, tão ou mais importante. Pois bem. Se chamado a constituir defensor, o servidor não o faz no prazo de 48 horas, a autoridade responsável pela investigação deverá intimar a instituição a que estava vinculado o investigado à época da ocorrência dos fatos, para que esta, no mesmo prazo, indique defensor para representá-lo. Na ausência de indicação, pode ser chamada a atuar a Defensoria Pública. Nos locais em que a Defensoria não estiver instalada, a União ou a Unidade da Federação correspondente à respectiva competência territorial do procedimento instaurado deverá disponibilizar profissional para acompanhamento e realização de todos os atos relacionados à defesa administrativa do investigado.

ATENÇÃO - A Lei 14.365/22, alterando o Estatuto da OAB, prevê que os servidores vinculados às instituições dispostas no art. 144 da Constituição Federal, para além contarem com o patrocínio da Defensoria Pública ou de sua própria instituição para a defesa quanto a fatos relacionados ao uso da força letal praticados no exercício profissional, poderão, querendo, atuar em causa própria, constituindo hipótese de autodefesa técnica, desde que observada a inscrição especial prevista no art. 28, §§ 3º e 4º, do Estatuto.

Não atendimento ao art. 14-A: consequências – O não chamamento do indigitado para acompanhar a investigação gera nulidade dos atos supervenientes. E se, chamado, o investigado não constitui defensor, não sendo nomeado profissional para acompanhar a investigação? Há óbice a que a investigação prossiga e encontre seu desfecho?

Para responder a indagação acima, temos que separar os atos que demandam a presença do investigado dos que a dispensam. Com relação a estes – atos que dispensam –, obviamente sua concretização não pode ser obstaculizada pela ausência de defensor constituído ou nomeado nos autos.

Já nos atos em que sua presença for imprescindível (interrogatório, por exemplo), o investigado estará acompanhado de defensor, constituído ou nomeado.

Não havendo, contudo, defensor, ainda que nomeado, para acompanhar o investigado nesses atos específicos (de presença obrigatória), a melhor solução nos parece ser a confecção de um relatório parcial do inquérito pelo seu presidente e encaminhamento dos autos para apreciação do titular da ação penal, que poderá: a) oferecer a denúncia; b) promover o arquivamento; c) propor ao investigado acordo de não persecução penal, desde que preenchidos os requisitos do art. 28-A CPP; d) e, por fim, devolver os autos à Delegacia de Polícia para novas diligências, nos termos do dispositivo em análise.

Havendo justa causa para o oferecimento da denúncia, não se desconsidera o requerimento apartado para que os atos não concretizados na etapa extrajudicial por falta de defesa técnica sejam realizados na forja da Justiça, sob o crivo do sistema bilateral (este inaplicável na fase pretérita).

Essa conclusão é compartilhada por Antonio Suxberger, promotor de Justiça do Distrito Federal e Territórios, que comentou em artigo acadêmico o alcance do art. 14-A do CPP:

> "Conquanto se entenda que a conclusão do procedimento administrativo de apuração preliminar (em regra, o inquérito policial) se dá com o cumprimento de todas as diligências inicialmente determinadas pela autoridade que a conduz, seu término verdadeiramente ocorre quando o titular da ação penal deduz manifestação conclusiva, para oferecer ação penal ou promover o arquivamento da investigação.
>
> Assim, a oitiva formal do investigado, conquanto medida recomendável porque hábil a melhor apurar o fato noticiado, não consiste em etapa ou procedimento necessário à apuração do fato noticiado como criminoso. A oitiva formal do investigado é tão prescindível quanto a própria existência prévia e formalizada do procedimento investigatório: mais relevantes são a apuração do fato e a base empírica sólida, que ampare ou o ajuizamento da ação penal ou a promoção de arquivamento da investigação pelo Ministério Público, dado que os casos de letalidade policial serão invariavelmente crimes de ação penal pública." ("A presença do defensor técnico do investigado nos casos de letalidade policial". Disponível em: www.meusitejuridico.editorajuspodivm.com.br. Acesso em 24/7/2020).

Indiciado não localizado – A Lei 13.964/19 não previu solução para o caso de não ser o servidor investigado encontrado. Diante da sistemática construída, sendo incompatível o chamamento por edital, o que burocratizaria de forma anormal a investigação de fatos graves, sugerimos aplicar-se §2º.

(In)Constitucionalidade? – A nova ordem, segundo nos parece, viola princípios e normas constitucionais. Vejamos os vários argumentos, com base nos estudos realizados pela promotora de Justiça Militar do Estado do Paraná, Kelly Vicentini Neves Caldeiras.

Por primeiro, o art. 5º da nossa Bíblia Política anuncia o princípio da isonomia:

> "Art. 5º Todos são iguais perante a lei, sem distinção de qualquer natureza, garantindo-se aos brasileiros e aos estrangeiros residentes no País a inviolabilidade do direito à vida, à liberdade, à igualdade, à segurança e à propriedade [...]".

O recém-aprovado dispositivo processual deixa de observar a cláusula constitucional isonômica, pois restringe a garantia nele anunciada somente aos agentes públicos investigados por "fatos relacionados ao uso da força letal", em evidente discriminação aos demais servidores da segurança pública, investigados por ações diversas.

O dispositivo ora atacado parte de uma visão equivocada de que, qualquer integrante dos órgãos de segurança que praticar ação que envolva força letal em serviço ou em razão da função merece uma proteção especial, levando-se em consideração que a sua ação já teria uma presunção de legalidade, fato este que não é absoluto.

Não é apenas o princípio da isonomia que está sendo violado. Incluído em nossa Carta Maior pela Emenda Constitucional nº 19, de 1998, resultante da ampla reforma administrativa realizada naquela época, a Constituição Federal brasileira concretizou o "princípio da eficiência administrativa" como norma de aplicabilidade imediata.

Segundo Maria Sylvia Zanella de Pietro (Direito Administrativo. São Paulo: Atlas, 21ª ed. 2008), "o princípio da eficiência apresenta, na realidade, dois aspectos: pode ser considerado em relação ao modo de atuação do agente público, do qual se espera o melhor desempenho possível de suas atribuições, para lograr os melhores resultados; e em relação ao modo de organizar, estruturar, disciplinar a Administração Pública, também com o mesmo objetivo de alcançar os melhores resultados na prestação do serviço público".

A sistemática construída, a partir do artigo 14-A, converge à violação ao princípio da eficiência administrativa, pois dificulta e acresce de morosidade a investigação de fatos graves, motivo por que a não nomeação de defesa pelo investigado no início da apuração administrativa resultará na suspensão da persecução inquisitorial até a saneamento da exigência imposta pela lei. Portanto, a providência para apurar o possível evento delituoso não prescinde da indicação de um procurador dativo, sob pena de nulidade dos atos supervenientes.

Nota-se, também, evidente desvio de finalidade no campo da assistência judiciária gratuita. O direito à assistência jurídica integral e gratuita é assegurado, nos termos do art. 5º, inc. LXXIV, da Carta Maior, àqueles que comprovarem a insuficiência de recursos para arcarem com o pagamento dos honorários atinentes à prestação de serviços de defesa técnica por advogados particulares, aos quais o Estado não poderá negar o exercício das suas garantias jurídico-processuais (devido processo legal, contraditório e ampla defesa, entre outras), razão pela qual os indivíduos que não dispõem de condições financeiras a permitir a contratação de profissionais da advocacia privada, para realizarem suas defesas – administrativas ou em Juízo – podem, evidenciadas tais dificuldades, gozarem deste benefício constitucional.

Entretanto, o art. 14-A CPP permite, ainda que de forma reflexa, uma ampliação ilegítima e temerária do exercício deste direito, pois, se não há distinção entre os níveis hierárquicos dos agentes de segurança investigados em procedimentos que apuram fatos correlacionados ao uso de força letal, a consequência possível desta equiparação desarrazoada será a nomeação de defensor, e os custeios pertinentes a este serviço, em favor dos ocupantes de cargos melhores remunerados na estrutura hierárquico-funcional.

Não obstante, conforme posicionamento da Defensoria Pública da União, que é incumbida constitucionalmente de prestar assistência aos que dela necessitarem, o valor da presunção de necessidade econômica para fim de assistência jurídica integral e gratuita passou a ser de 2 mil reais, a partir de 01.01.2017, na forma do § 2º da Resolução CSDPU 133/2016 (publicado no DOU, de 02.05.2017, n. 82, Seção 1, p.122), parâmetro suficiente para que dele fiquem fora praticamente todos os servidores civis e militares abrangidos pela norma assistencial.

Desse modo, não se perfaz justo, nem equânime, a extensão do benefício de assistência judiciária gratuita para tais agentes públicos, cuja faixa salarial não autoriza o usufruto deste privilégio; e, sob tal viés, mostra-se perigosa a inexistência de uma distinção.

Acerca disso, em síntese, não se perfaz correto que um servidor em condições de arcar com sua defesa seja agraciado pela assistência judiciária gratuita, devida apenas aos hipossuficientes.

A regra prevista no art. 14-A CPP afronta, ainda, a cláusula constitucional de prévia dotação orçamentária. As instituições militares estaduais, tanto como as instituições civis de segurança pública, não contam com orçamento próprio. A solução para o problema seria a implementação de assistência jurídica a seus integrantes; e, por consequência, perfar-se-iam necessárias a criação de um corpo jurídico de defensores e a consecutiva contratação de pessoal, mediante lei, com respectiva previsão de recursos financeiros à criação de cargos e funções próprios para o exercício de defesa técnica ao efetivo militar e civil.

Frente ao exposto, a partir da entrada em vigor do dispositivo ora impugnado, em 23 de janeiro de 2020, as Corporações de Segurança Pública encontram-se de "mãos atadas", impedidas de implementar a sistemática legalmente imposta, ante a desconsideração do dispositivo penal à cláusula constitucional de prévia dotação orçamentária, como se extrai da Carta Magna:

> Art. 169. A despesa com pessoal ativo e inativo da União, dos Estados, do Distrito Federal e dos Municípios não poderá exceder os limites estabelecidos em lei complementar.
>
> § 1º A concessão de qualquer vantagem ou aumento de remuneração, a criação de cargos, empregos e funções ou alteração de estrutura de carreiras, bem como a admissão ou contratação de pessoal, a qualquer título, pelos órgãos e entidades da administração direta ou indireta, inclusive fundações instituídas e mantidas pelo poder público, só poderão ser feitas:
>
> I - se houver prévia dotação orçamentária suficiente para atender às projeções de despesa de pessoal e aos acréscimos dela decorrentes;
>
> II - se houver autorização específica na lei de diretrizes orçamentárias, ressalvadas as empresas públicas e as sociedades de economia mista.

Por fim, o art. 14-A do CPP viola as prerrogativas correlacionadas à autonomia do Estado-membro, preceito este subdividido em autolegislação, autogoverno, autoadministração e auto-organização, consoante os arts. 18, 25, 26, 27, 28 e 125 da Constituição Federal. Nesse sentido, define-se como auto-organização a capacidade de os Estados adotarem suas próprias Constituições e se organizarem conforme estas, a partir do exercício de seu Poder Constituinte. Trata-se da disciplina do art. 25, "caput" e § 1º, da Carta Magna, consistente no seguinte teor:

> Art. 25. "Os Estados organizam-se e regem-se pelas Constituições e leis que adotarem, observados os princípios desta Constituição.
>
> § 1º – São reservadas aos Estados as competências que não lhes sejam vedadas por esta Constituição."

Art. 15. Se o indiciado for menor, ser-lhe-á nomeado curador pela autoridade policial.

Extinção da figura do curador – Observe-se que o art. 194 do CPP, que previa a nomeação do curador em favor do réu menor, assim entendido aquele que contasse menos de 21 anos (e mais de 18, por óbvio), foi revogado. Com efeito, com o advento do Código Civil (Lei nº 10.406/2002), já defendíamos a não recepção desse dispositivo, já que o estatuto novel conferiu capacidade absoluta ao maior de 18 anos, ao dispor, em seu art. 5º, que com essa idade cessa a menoridade (cf. Ronaldo Batista Pinto, *Alguns reflexos de novo código civil no direito processual penal*. Revista Síntese de Direito Penal e Processual Penal, nº 24, Porto Alegre, 2004). Finalmente a Lei nº 10.792, de 1º de dezembro de 2003, afastando qualquer espécie de dúvida que ainda pairasse, revogou o art. 194, extinguindo, assim, a figura do curador para essa hipótese (de ser ver, porém, que em situações diversas ainda há previsão do curador como, por exemplo, nos arts. 149, § 2º e 631 do CPP).

Curador no inquérito policial – Discussão que chegou a ser travada, ao tempo daquela alteração legislativa, consistia na necessidade de nomeação de curador para o menor de 21 anos que fosse ouvido na fase policial na qualidade de indiciado, seja durante o flagrante, seja no curso regular do inquérito.

No entendimento de Antonio Alberto Machado (*Prisão cautelar e liberdades fundamentais*. Rio de Janeiro: Lumen juris, 2005, p. 90), a revogação operada no art. 194 do CPP não se aplica à fase policial. Quisesse o legislador extinguir a figura do curador no inquérito policial e, decerto, teria feito referência ao art. 15 do CPP, dando-o como revogado. Todavia – entende esse autor – se revogou apenas o art. 194, implica dizer que dispensou o curador apenas para o interrogatório judicial, não estendendo tal dispensa àquele dispositivo do art. 15 do código. Argumenta, ainda, o ilustre membro do Ministério Público paulista, que é exatamente durante o inquérito, onde o indiciado é ouvido "no ambiente normalmente opressivo e hostil das delegacias de polícia", que a necessidade de tal cautela ganha força.

Não é o entendimento que vingou na doutrina, para quem a figura do curador acha-se extinta, quer para o interrogatório judicial (art. 194), quer para o interrogatório policial (art. 15). É a posição de Tourinho Filho, ao afirmar, sob a rubrica "O curador no auto de prisão em flagrante" que "hoje, tendo o novo Código Civil fixado o término da menoridade aos 18 anos, não se pode admitir, sem cometer colossal heresia, nomeação de curador para uma pessoa plenamente capaz" (*Processo penal*, São Paulo: Saraiva, 27ª. ed., 2005, vol. I, p. 267). Assim, completa em outra passagem, "reclamar da Autoridade Policial a nomeação de curador ao indiciado que ainda não completou 21 anos [...] é render imoderada, ridícula e despropositada vassalagem ao art. 2.943 do Código Civil. Nesse caso o intérprete deve preferir a idéia à forma, a noção superior e abstrata à regra positiva imperfeita" (ob. cit., vol. 2, p. 479). Nesse sentido, posicionam-se, ainda, Julio Fabbrini Mirabete (*Processo penal*, São Paulo: Atlas, 17ª. ed., 2004, p. 98) e Antonio Scarance Fernandes (*Processo penal constitucional*, São Paulo: RT, 4ª. ed., 2005, p. 291). Comungamos desse entendimento.

Induvidosa, pois, a derrogação tácita do dispositivo em análise. É, a propósito, a posição tranquila na jurisprudência do Superior Tribunal de Justiça.

JURISPRUDÊNCIA

Desnecessidade de nomeação de curador no inquérito policial

"Não há nulidade ante a falta de nomeação de curador no inquérito policial ao réu menor de 21 e maior de 18 anos de idade, uma vez que a Lei 10.792/03 extinguiu a figura do curador com a revogação do art. 194 do CPP, derrogando-se, tacitamente, os arts. 15, 262 e 564, III, c, parte final, todos do CPP" (STJ – REsp n° 98623-BA, Rel. Arnaldo Esteves, j. 07.08.2008, DJ 20.10.2008).

Art. 16. O Ministério Público não poderá requerer a devolução do inquérito à autoridade policial, senão para novas diligências, imprescindíveis ao oferecimento da denúncia.

Pedido de diligências – Concluído o inquérito policial, tratando-se de crime de ação penal de iniciativa privada, os autos aguardarão em cartório do juízo das garantias a oportuna oferta da queixa pelo ofendido ou seu representante legal (art. 19). Já se o crime for de ação penal pública (condicionada ou incondicionada), deverá ser encaminhado ao Ministério Público, para quem se abrem quatro opções, podendo: a) oferecer a denúncia; b) promover o arquivamento; c) propor ao investigado acordo de não persecução penal, desde que preenchidos os requisitos do art. 28-A CPP; d) e, por fim, devolver os autos à Delegacia de Polícia para novas diligências, nos termos do dispositivo em análise.

Sistema do juiz das garantias – No sistema de juiz das garantias, o destinatário do inquérito deixa, definitivamente, de ser o juiz. Ressalvada a hipótese do indigitado preso, o trâmite será direto entre a polícia e o Ministério Público. De tal forma que, elaborado o relatório, ao invés da remessa dos autos "ao juiz competente", como previsto no § 1° do art. 10, o inquérito será enviado diretamente ao *parquet*. Ao receber os autos, é possível que o promotor de Justiça, analisando o procedimento investigatório, não consiga formar a sua *opinio delicti*, ou seja, não tenha ainda uma convicção definitiva sobre os fatos que foram objeto de apuração. Nesse caso, deverá devolver o inquérito à autoridade policial, apontando as diligências que entender faltantes e que deverão ser realizadas.

Diligências imprescindíveis ao oferecimento da inicial – De outra parte, porém, cumpre ao Ministério Público atentar ao texto expresso da lei, que autoriza a devolução do inquérito policial para realização de novas diligências que se mostrem "imprescindíveis ao oferecimento da denúncia". O que se verifica, na prática, por vezes, são pedidos de diligências desnecessárias, a tomar precioso tempo de uma polícia desprovida de meios materiais e de pessoal suficiente para fazer frente à enorme carga de trabalho que lhe é atribuída.

JURISPRUDÊNCIA

Quando se justifica o pedido de diligências

"Não obstante ter entendido o membro do órgão ministerial pela existência de elementos probatórios suficientes para o oferecimento da denúncia, é perfeitamente possível que requisite novas diligências para melhor instruir e facilitar o julgamento da ação penal" (STJ – HC n° 16779-SP, Rel. Edson Vidigal, RSTJ 150/488).

Art. 17. A autoridade policial não poderá mandar arquivar autos de inquérito.

Vedação de arquivamento do inquérito pela autoridade policial – A convicção no sentido do arquivamento do inquérito policial é privativa do Ministério Público e pode ser fiscalizado pela vítima, que pode provocar a remessa dos autos ao procurador-geral de Justiça (ou Câmara de Revisão, no caso do MPU) na eventualidade de discordância da manifestação ministerial, ou pelo juiz, que pode submeter o caso ao órgão de revisão apenas em caso de patente ilegalidade ou teratologia (art. 28 do CPP). De sorte que, por mais óbvia que possa parecer a hipótese de arquivamento (morte do agente, suicídio, retratação da vítima em um crime de ação penal pública condicionada à representação), uma vez instaurado o inquérito, deve ser o mesmo finalizado e enviado para manifestação do Ministério Público que, nesses casos, ordenará seu arquivamento. É que à autoridade policial, no dizer de Borges da Rosa, "não lhe assiste, pois competência para decidir da conveniência ou inconveniência, utilidade ou inutilidade, admissibilidade ou inadmissibilidade da ação penal contra os inquéritos policiais por ela instaurados" (*Comentários ao Código de Processo Penal*, São Paulo: RT, 3ª. ed., 1982, p. 64).

Art. 18. Depois de ordenado o arquivamento do inquérito pela autoridade judiciária, por falta de base para a denúncia, a autoridade policial poderá proceder a novas pesquisas, se de outras provas tiver notícia.

Reabertura do inquérito policial – É possível, salvo nas hipóteses de atipicidade ou extinção da punibilidade, a reabertura do inquérito policial, desde que a autoridade policial tenha notícia de outras provas surgidas após a decisão que determinou seu arquivamento.

No dizer de Câmara Leal (*Comentários ao Código de Processo Penal*, Rio de Janeiro: Freitas Bastos, 1942, vol. I, p. 120), "arquivado o primeiro inquérito, não desapareceu, por isso, o interesse social e individual na repressão da infração, nem a justiça fica inibida de renovar suas pesquisas para melhor investigação da verdade. O arquivamento [...] não é uma determinação definitiva, mas provisória, não faz coisa julgada em benefício da impunidade do indiciado, cuja responsabilidade não pôde ser apurada por deficiência de provas. Fica sempre livre à justiça uma nova pesquisa".

Antes da nova arquitetura do art. 28 do CPP, explorada nos comentários ao artigo, o controle do arquivamento da investigação tinha a participação efetiva do juiz. Era o magistrado quem homologava a promoção de arquivamento do órgão do Ministério Público. Por isso, fazia sentido, à época, discutir a autoridade dessa decisão, isto é, se gerava ou não coisa julgada material.

Prevalecia o entendimento de que o arquivamento homologado judicialmente produzia apenas coisa julgada formal, salvo quando seu fundamento fosse atipicidade ou causa extintiva da punibilidade, hipóteses em que a jurisprudência demandava estabilidade da decisão, leia-se, coisa julgada material.

Ocorre que, com a nova sistemática, o juiz não mais homologa a promoção de arquivamento, cabendo o poder de homologação, se houver provocação, ao órgão revisional do Ministério Público. Logo, a discussão mudou. Se o juiz não discordar do arquivamento, não estará valorando os elementos informativos da manifestação ministerial como fazia na sistemática anterior. Agora, estará apenas afirmando a inexistência de patente ilegalidade ou teratologia, ainda que não concorde com o mérito em si do pedido. Assim, desde que não haja ilegalidade ou teratologia na valoração feita pelo *Parquet*, não tem o juiz o poder de provocar sua revisão. Diante desse quadro, não se pode dar à decisão efeitos de coisa julgada, salvo em uma hipótese, como veremos abaixo.

Por vezes, a decisão que defere a promoção de arquivamento, na análise do caso concreto, vai além, constituindo verdadeira *coisa julgada material*, implicando mesmo em decisão de mérito, a não admitir, portanto, a reabertura do inquérito, como analisados nos itens abaixo (ainda sobre o tema, remetemos o leitor aos comentários tecidos ao art. 95, inc. V).

Suponhamos que na apuração de determinado crime, findo o inquérito policial, tenha o Ministério Público determinado seu arquivamento em razão de que a *res furtiva* não foi encontrada na posse do suposto agente que, demais disso, nega a prática do furto. Ocorre que, passados alguns meses, em nova diligência policial, o objeto é encontrado pela polícia em poder do autor do furto a quem, desta feita, ante o quadro que se apresenta, não resta alternativa senão de admitir sua prática. Aquela determinação de arquivamento do inquérito, pode-se afirmar sem qualquer dúvida, não operou coisa julgada e, por consequência, o surgimento de outros elementos probatórios autoriza a autoridade policial a proceder a novas investigações.

Num outro exemplo, imaginemos que, pela prática de um crime tributário, o agente teve arquivado o inquérito policial, à falta de constituição definitiva desse crédito pela Fazenda. Nada impede que, mais adiante, uma vez constituído o crédito, seja reaberto o inquérito policial, com fulcro no dispositivo legal em exame. Ou que, arquivado o inquérito com base em certidão falsa dando conta do pagamento integral da contribuição previdenciária, à frente se apure a falsidade desse documento. Aqui também se admitirá a reabertura do inquérito. Tratam-se, aliás, de dois casos concretos que mereceram esse entendimento do STJ, abaixo transcritos.

Atipicidade do fato – Há hipóteses, porém, um tanto diversas, sendo os efeitos da decisão de arquivamento alcançados pela coisa julgada material. Temos, nessas hipóteses, decisão de mérito e, consequentemente, não se admitirá a reabertura da investigação. Imagine-se que o promotor de justiça tenha determinado o arquivamento do inquérito policial com base na atipicidade do fato, já que caracterizado o chamado princípio da insignificância ou bagatela. A um segundo membro do *parquet*, que possua entendimento diverso, não é dado pretender a reabertura das investigações e, a partir delas, ofertar denúncia pelo furto. É que, nesse caso, o pedido inicial não se lastreou na falta de provas, que poderiam eventualmente surgir depois. Pelo contrário, aqui as provas estavam dadas, e o requerimento ministerial teve como fulcro a atipicidade do fato. Uma vez acolhido, não se admitirá a reapreciação do caso.

Extinção da punibilidade – Outra situação na qual não se admite a reabertura do inquérito ocorre quando seu arquivamento culmina com uma decisão que extingue a punibilidade do indigitado. Suponha-se que a vítima de um crime de lesão corporal leve, perpetrado pelo marido no âmbito doméstico, tenha se retratado da representação (ao tempo que vigorava entendimento que as ações penais, nestes casos, eram de ação penal pública condicionada à representação), e o Juiz tenha decidido pela extinção da punibilidade do agente (art. 107, inc. VI do Código Penal). Ocorre que, posteriormente, a partir de entendimento hoje cristalizado no Supremo Tribunal Federal, aquela Corte passou a entender que a ação penal, *in casu*, é pública incondicionada, não dependendo o Ministério Público, portanto, da prévia representação da ofendida. Poderia o promotor de Justiça, lastreado nesse novo entendimento do STF, requerer a reabertura do inquérito policial e, mais adiante, denunciar o agente? A resposta, induvidosamente, é negativa, pois aquela primeira decisão, ao extinguir a punibilidade do autor com seu trânsito em julgado, produziu coisa julgada material, encontrando-se, bem por isso, acobertada pelo manto da imutabilidade.

E a vítima, como ficaria nessa hipótese? Poderia ainda assim provocar a revisão pelo órgão ministerial? Havendo decisão judicial declaratória da extinção da punibilidade, esta somente pode ser combatida pelo recurso adequado, no caso, recurso em sentido estrito (art. 581, VIII, CPP) ou, eventualmente, apelação (art. 593, I) a depender do momento ou extensão do *decisum*. O debate que deverá ser travado, porém, diz respeito a eventual legitimidade recursal da vítima nesse caso, considerando-se a etapa da persecução, uma vez que ela sequer estaria atuando como assistente de acusação.

Extinção da punibilidade com base na morte do agente que, depois, verificou-se não ter ocorrido – A jurisprudência mitigou o entendimento acima exposto, no sentido de que, extinta a punibilidade do agente, não é mais cabível a reabertura do inquérito policial. Isso nos casos em que o agente teve extinta a punibilidade por sua morte (art. 107, inc. I do Código Penal), mas que, posteriormente, comprovou-se estar ele vivo. E nos parece óbvio esse posicionamento, afinal, não teria o menor sentido que aquele que agiu com tamanha torpeza, obtendo um registro de óbito falso, ficasse livre de qualquer responsabilidade penal. Imaginar-se que a única responsabilidade penal remanescente ao autor do fato consistiria na apuração do crime de uso de documento falso importa em entendimento extremamente benevolente. Constitui verdadeiro absurdo o reconhecimento de uma morte e depois, com o surgimento do agente vivo, nada ou quase nada puder ser feito. É verdadeira negação da verdade real sobre a verdade formal (ou, melhor, da trapaça), o privilégio da forma (cuja relevância não se discute, mas que é instrumento) sobre o conteúdo. Máxime quando nosso sistema não admite a chamada revisão criminal *pro societate*, que, se prevista, autorizaria a reabertura do caso mediante o ajuizamento dessa ação (revisão criminal) pelo Ministério Público.

Excludente de ilicitude e reabertura do inquérito policial – Há quem argumente que a decisão que acata pedido de arquivamento de inquérito policial, com fulcro na existência de excludente de ilicitude do fato, configura verdadeira decisão de mérito e, por conseguinte, jamais poderia ensejar a reabertura do inquérito policial a partir do surgimento de novas provas. Afinal, tipicidade e ilicitude compõem aspectos materiais do crime. Se quanto à primeira (tipicidade), parece pacificado que seu reconhecimento, no pedido de arquivamento, impede a reabertura do inquérito policial, não haveria motivo para não se estender o mesmo entendimento quando se trata de hipótese de excludente de ilicitude. Não foi esse, porém, o entendimento do STF, como se vê abaixo da ementa de acórdão da lavra da Ministra Cármen Lúcia que, por sua vez, apreciou *habeas corpus* tirado de decisão do STJ em que foi relator o saudoso Ministro. Hélio Quaglia Barbosa, também abaixo transcrito (RHC n° 18561-ES). Pensamos, de qualquer sorte, que nova análise do tema, em processo futuro, recomendaria apreciação pelo Pleno do STF e não apenas por uma de suas Turmas, como se verificou no julgamento acima mencionado.

Competência originária e pedido de arquivamento – Interessante que, nas hipóteses de pedido de arquivamento formulado pelo Procurador-Geral da República (MPU) ou Procurador-Geral de Justiça (MPEs), nos casos de competência originária, por prerrogativa de função, se baseado na falta de elementos para lastrear uma denúncia, cabe ao respectivo tribunal, de forma compulsória, acatar o pedido, mesmo porque não se cogita, aqui, da aplicação do art. 28 do CPP, à falta de órgão superior, na estrutura organizacional do *parquet*, para reavaliar a questão. Nesse sentido os julgados do STF contidos nas RTJ 103/590 e RT 670/357.

ATENÇÃO - Mesmo que em sede de competência originária, se o pedido de arquivamento se lastreia na atipicidade do fato ou na extinção da punibilidade, a jurisprudência do STF exige um provimento jurisdicional a respeito do pedido, não sendo, pois, de atendimento obrigatório. É que, só assim, é possível a configuração da coisa julgada material, a impedir nova reabertura do inquérito policial. Nesse sentido, ainda, é a ementa abaixo citada, da Corte Suprema. De um lado parece correto o posicionamento, já que a coisa julgada material reclama mesmo uma decisão judicial específica nesse sentido, a fim de gerar os efeitos que lhe são próprias. Mas, por outro lado, pode se verificar verdadeira perplexidade, bastando imaginar a hipótese na qual o STF, por exemplo, não acate pedido de arquivamento deduzido pelo Procurador-Geral da República, com lastro na extinção da punibilidade. Qual seria a solução: devolver-se os autos ao Ministério Público Federal exigindo a oferta da denúncia? Inviável essa postura. De sorte que, conquanto se exija um provimento jurisdicional e, portanto, o pedido de arquivamento não seja compulsório, podendo a Corte dele discordar, na prática não haverá outra alternativa senão a de acatar o pedido.

Novas provas – Para a reabertura das investigações, é imprescindível a notícia de novas provas. Como tal deve ser entendida a prova até então inédita, denominada *prova substancialmente nova*, ou seja, aquela que, por algum motivo, não foi produzida no inquérito policial arquivado. Assim, por exemplo, o aparecimento de uma testemunha que, deixando de ser ouvida de início, foi posteriormente localizada, prestando depoimento capaz de alterar o panorama probatório, apta, por consequência, a ensejar a reabertura das investigações e, mais adiante, a oferta de denúncia. Pensamos, contudo, que não apenas a prova inédita autoriza a reabertura do inquérito policial. Também uma prova que, produzida em um primeiro instante, experimente profunda alteração em momento posterior, permite essa medida. Suponha-se que, interrogado no inquérito original, o suposto autor do delito negue a autoria do crime. Ouvido em uma segunda vez, por razões que não importam apurar, ele resolva confessar a prática do delito. Essa prova nova, embora tenha a mesma natureza da prova anterior (tratam-se de dois interrogatórios), tem novo conteúdo e, por isso, permitirá também a adoção da medida prevista neste dispositivo.

ATENÇÃO - Conquanto o dispositivo em exame faça menção a *novas provas*, empregando, pois, a flexão no plural, a sugerir que mais de uma prova deve ser apresentada, o entendimento pacífico na doutrina é que, para o desarquivamento do inquérito policial, basta o surgimento de *uma* nova prova. Assim, um testemunho, por si só, justifica a medida. O mesmo ocorre se apenas *uma* perícia for produzida em acréscimo.

Deve o delegado de polícia agir de ofício? – A doutrina se divide sobre o tema. Há quem entenda no sentido de que a retomada das diligências se condicione ao prévio pronunciamento do Ministério Público, titular do direito de ação. Nesse sentido, Afrânio Silva Jardim (*Direito Processual Penal*, Rio: Forense, 8ª ed., p. 182). Outros lecionam que o pronunciamento é dispensável. Em nenhum momento o art. 18 formula essa exigência, isto é, de que antes de proceder às diligências deva a autoridade policial submeter sua atividade ao crivo do Ministério Público. Fosse essa a intenção do legislador e, decerto, o teria dito expressamente. É a lição de Tourinho Filho (ob. cit., vol. I, p. 77). Concordamos com Tourinho e acrescentamos: se o art. 5º, inc. I, do código autoriza a autoridade policial agir de ofício, nas hipóteses da prática de crimes de ação penal pública, por qual motivo estaria impedida de realizar novas diligências, também *ex officio*? Situação interessante ocorreria se, exigida a prévia autorização do Ministério Público, este órgão negasse a reabertura das diligências, a despeito de novas provas que, valiosíssimas, demonstrassem, por exemplo, a autoria do delito, até então ignorada. Ficaria a autoridade policial, então, inibida de investigar, naquilo que é mais inerente a seu mister e, pior, em detrimento do interesse social na punição do criminoso? A resposta a tal indagação parece clara, no sentido da ampla liberdade a ser conferida ao delegado de polícia para investigar, pressupondo, por óbvio, que orienta sua ação no princípio da legalidade. O controle a ser exercido pelo Ministério Público se dará mais adiante, quando da análise se, com base nas novas produzidas, é o caso de oferta de denúncia ou de insistir no arquivamento do inquérito policial. Aí sim terá franco espaço para argumentação sem que seja necessária nenhuma providência anterior tendente a restringir a atividade policial.

JURISPRUDÊNCIA

V. teor da Súmula nº 524 do STF – "Arquivado o inquérito policial, por despacho do juiz, a requerimento do Promotor de Justiça, não pode a ação penal ser iniciada, sem novas provas".

Quando é possível a reabertura do inquérito

"Nos termos da Súmula n.º 524/STF, "[a]rquivado o inquérito policial, por despacho do juiz, a requerimento por Promotor de Justiça, não pode a ação penal ser iniciada, sem novas provas."Por novas provas, há de se entender aquelas já existentes, mas não trazidas à investigação ao tempo em que realizada, ou aquelas franqueadas ao investigador ou ao Ministério Público após o desfecho do inquérito policial" (RHC 27.449/SP, 5.ª Turma, Rel. Min. MARCO AURÉLIO BELLIZZE, DJe de 16/03/2012). A superveniência de novas provas autoriza o desarquivamento do inquérito policial e o consequente oferecimento da denúncia, a teor do disposto no art. 18 do Código de Processo Penal, não havendo falar em ofensa à coisa julgada material." (STJ – HC n. 239.899/MG, relatora Ministra Laurita Vaz, Quinta Turma, julgado em 6/5/2014, DJe de 13/5/2014.)

"A decisão judicial que arquiva o inquérito policial não faz coisa julgada e é regida pela cláusula rebus sic stantibus, de modo que poderá ser revista se houver notícias de novas provas, nos termos do art. 18 do CPP. Este dispositivo legal não se confunde com a Súmula n. 524 do STF, a qual se refere ao oferecimento da denúncia e requer a efetiva existência de novas provas que possibilitem a aferição de justa causa do processo-crime para o recebimento da inicial. Na espécie, as instâncias ordinárias consignaram que a reabertura das investigações foi possibilitada a partir de notícia anônima que informava a localização do ora corréu do agravante, circunstância que serviu de impulso para novas diligências investigativas e não para o oferecimento da denúncia. As diretrizes sobre o reconhecimento fotográfico, dispostas no art. 226 do CPP, configuram uma recomendação legal, cuja inobservância não acarreta, por si só, a declaração de sua nulidade." (STJ – AgRg no AREsp n. 1.648.540/RO, relator Ministro Rogerio Schietti Cruz, Sexta Turma, julgado em 8/9/2020, DJe de 21/9/2020.)

"Entendem doutrina e jurisprudência que três são os requisitos necessários à caracterização da prova autorizadora do desarquivamento de inquérito policial (artigo 18 do CPP): a) que seja formalmente nova, isto é, sejam apresentados novos fatos, anteriormente desconhecidos; b) que seja substancialmente nova, isto é, tenha idoneidade para alterar o juízo anteriormente proferido sobre a desnecessidade da persecução penal; c) seja apta a produzir alteração no panorama probatório dentro do qual foi concebido e acolhido o pedido de arquivamento. Preenchidos os requisitos – isto é, tida a nova prova por pertinente aos motivos declarados para o arquivamento do inquérito policial, colhidos novos depoimentos, ainda que de testemunha anteriormente ouvida, e diante da retificação do testemunho anteriormente prestado-, é de se concluir pela ocorrência de novas provas, suficientes para o desarquivamento do inquérito policial e o conseqüente oferecimento da denúncia" (STJ – RHC n° 18561-ES, Rel. Hélio Quaglia Barbosa, j. 11.04.2006, DJe 01.08.2006, p. 545).

Quando não se admite a reabertura

"Não se revela cabível a reabertura das investigações penais, quando o arquivamento do respectivo inquérito policial tenha sido determinado por magistrado competente, a pedido do Ministério Público, em virtude da atipicidade penal do fato sob apuração, hipótese em que a decisão judicial – porque definitiva – revestir-se-á de eficácia preclusiva e obstativa de ulterior instauração da *persecutio criminis*, mesmo que a peça acusatória busque apoiar-se em novos elementos probatórios. Inaplicabilidade, em tal situação, do art. 18 do CPP e da Súmula 524/STF (HC nº 84.156-MT, Segunda Turma, Relator o Ministro Celso de Mello, DJ de 11/2/05)" (STF – HC n° 100161-RJ, Rel. Dias Toffoli, j. 16.09.2011).

"Não se equipara à inércia o fato de o Ministério Público ter requerido o arquivamento dos autos, com base no laudo pericial que apontara a culpa exclusiva da vítima pela explosão que levou à sua morte. Ainda que assim não fosse, a juntada de parecer técnico elaborado a pedido da parte interessada a respeito do potencial inflamável dos gases que teriam levado à explosão do caminhão e à morte da vítima, no momento em que ela realizava soldagem no veículo, por si só, não exclui a culpa exclusiva da vítima, na medida em que não há mais como se verificar a existência de vestígios de outros elementos explosivos e/ou inflamáveis no veículo, nem tampouco como se provar que a vítima desconhecia completamente a sua existência. Conclui-se, portanto, que o parecer trazido agora pela esposa da vítima se prestaria, no máximo, à reavaliação das provas já existentes no inquérito, sem, necessariamente, levar a conclusões diferentes sobre a autoria do delito, o que não autoriza o **desarquivamento do inquérito policial**." (STJ – RMS n. 48.641/SP, relator Ministro Reynaldo Soares da Fonseca, Quinta Turma, julgado em 13/10/2015, DJe de 19/10/2015.)

"A permissão legal contida no art. 18 do CPP, e pertinente Súmula 524/STF, de desarquivamento do inquérito pelo surgimento de provas novas, somente tem incidência quando o fundamento daquele arquivamento foi a insuficiência probatória – indícios de autoria e prova do crime. A decisão que faz juízo de mérito do caso penal, reconhecendo atipia, extinção da punibilidade (por morte do agente, prescrição...), ou excludentes da ilicitude, exige certeza jurídica – sem esta a prova de crime com autor indicado geraria a continuidade da persecução criminal – que, por tal, possui efeitos de coisa julgada material, ainda que contida em acolhimento a pleito ministerial de arquivamento das peças investigatórias. Promovido o arquivamento do inquérito policial pelo reconhecimento de legítima defesa, a coisa julgada material impede rediscussão do caso penal em qualquer novo feito criminal, descabendo perquirir a existência de novas provas. Precedentes" (STJ – REsp n. 791.471-RJ, Rel. Nefi Cordeiro, DJe de 16.12.2014)

Art. 19. Nos crimes em que não couber ação pública, os autos do inquérito serão remetidos ao juízo competente, onde aguardarão a iniciativa do ofendido ou de seu representante legal, ou serão entregues ao requerente, se o pedir, mediante traslado.

Crimes de ação penal privada – Tratando-se de crime cuja ação penal é de iniciativa privada, findo o inquérito policial os autos não serão remetidos ao Ministério Público, posto não deter, este órgão, legitimidade para deflagrar a ação penal. Ao revés, deverão permanecer em cartório no aguardo de que a vítima, ou seu representante legal, ajuízem a respectiva queixa-crime. A lei não exige qualquer notificação da vítima (ou de seu representante legal) no sentido de que o inquérito policial se encontra em cartório, tampouco de que, não ofertada a queixa dentro do prazo legal, se operará a extinção da punibilidade, por força da decadência (art. 107, inc. IV do Código Penal). Tais disposições, com efeito, decorrem *ex vi legis*, não reclamando qualquer alerta aos interessados a respeito de seu teor e consequências.

A remessa do inquérito é obrigatória na medida em que à autoridade policial não é dado determinar seu arquivamento, na dicção do art. 17 deste código. Mediante traslado e a pedido do interessado, poderá ser-lhe entregue o inquérito policial.

O prazo de repouso do inquérito policial no cartório é o decadencial. Findo esse prazo, caberá ao juiz reconhecer a extinção da punibilidade do agente, na dicção do art. 107, IV do CP, combinado com o art. 61 do CPP (em qualquer fase do processo, o juiz, se reconhecer extinta a punibilidade, deverá declará-lo de ofício).

Art. 20. **A autoridade assegurará no inquérito o sigilo necessário à elucidação do fato ou exigido pelo interesse da sociedade.**

Parágrafo único. Nos atestados de antecedentes que lhe forem solicitados, a autoridade policial não poderá mencionar quaisquer anotações referentes a instauração de inquérito contra os requerentes. (Redação dada pela Lei nº 12.681, de 2012)

Sigilo – Embora seja sempre bem-vinda a publicidade de qualquer ato perpetrado por autoridade pública, pois confere maior transparência às suas ações, podendo se aferir a legalidade de sua conduta e maior controle pela sociedade, o certo é que, de outro lado, o sigilo por vezes é fundamental, sobretudo em se tratando de inquérito policial. Este dispositivo admite, por isso, que a autoridade policial determine o sigilo do inquérito, desde que necessário: 1°) à elucidação do fato ou 2°) exigido pelo interesse da sociedade. Não se trata, pois, de mero ato discricionário da autoridade, mas antes, de decisão que se sujeita a esses dois requisitos acima indicados.

A divulgação precipitada de um fato sob apuração, muitas vezes decorrente da incrível sedução que os meios de imprensa acarretam àquelas autoridades ávidas em ver sua imagem difundida em rede nacional, acabam por prejudicar a marcha das investigações, permitindo que o averiguado adote medidas que obstruam as diligências, alertando seus comparsas, ocultando objetos relacionados à prática criminosa e mesmo ameaçando testemunhas, violando, nesse caso, o interesse da sociedade consistente na manutenção da paz pública. Há situações, de outra parte, em que o sigilo milita em favor do próprio averiguado, por evitar que sua imagem seja indevidamente divulgada, antes mesmo de um juízo, ainda que provisório, de sua responsabilidade sobre os fatos em apuração. Pode-se mesmo formular íntima ligação entre o sigilo decretado em favor do investigado e um dos fundamentos da República, exatamente o que cuida da dignidade da pessoa humana, esculpido no art. 1°, inc. III, da Constituição. A propósito, mesmo a Lei n. 12.527/2011, que regulamenta o acesso a informações previsto na Constituição, (art. 5°, inc. no inciso XXXIII), ressalva o cuidado a ser observado no manejo de dados, quando salienta, em seu art. 31, que "o tratamento das informações pessoais deve ser feito de forma transparente e com respeito à intimidade, vida privada, honra e imagem das pessoas, bem como às liberdades e garantias individuais". A própria Lei de Abuso de Autoridade, no art. 38 pune a autoridade, responsável pelas investigações, que antecipar por meio de comunicação, inclusive rede social, atribuição de culpa, antes de concluídas as apurações e formalizada a acusação.

Não se ignora, contudo, que, por vezes, a divulgação, sem atribuição de culpa, de dados do inquérito, como uma fotografia do investigado ou seu retrato falado, possa contribuir nas investigações, permitindo a rápida captura do agente e o surgimento de novas vítimas.

De sorte que, embora, vez ou outra, se revele salutar a divulgação, o sigilo, dada à própria natureza do inquérito policial, deve prevalecer. O princípio da publicidade, que conta, inclusive, com expressa disposição constitucional, contida no art. 5º, inc. LX da Carta, tem aplicação aos atos processuais, assim entendidos como aqueles praticados em Juízo, quando já deflagrada a ação penal. E, mesmo aí, o texto constitucional mitiga esse princípio, ao prever que, dependendo do fato concreto, esse livre acesso se limite às partes e aos advogados.

Sobre acompanhamento das investigações por agentes de segurança pública em crimes relacionados ao uso da força letal, ver nossos comentários ao art. 14-A CPP.

ATENÇÃO - A Lei n. 12.850/2013, que trata de criminalidade organizada, indica que o sigilo deve prevalecer durante todo o procedimento de colaboração premiada. Diz o § 3º de seu art. 7º (com a redação dada pela Lei 13.964/19): "o acordo de colaboração premiada e os depoimentos do colaborador serão mantidos em sigilo até o recebimento da denúncia ou queixa-crime, sendo vedado ao magistrado decidir por sua publicidade em qualquer hipótese".

Autoridade – Como autoridade, neste caso, deve ser entendido o delegado de polícia, a quem cumprirá, uma vez preenchidos os requisitos legais, decretar o sigilo do inquérito policial. Não significa dizer que, ao juiz, não seja facultado decretar o sigilo do processo, mas isso já na fase judicial. Nesse sentido o teor do § 6º, art. 201 do CPP, quando é dado ao juiz, na "preservação da intimidade, vida privada, honra e imagem do ofendido", decretar o sigilo "em relação aos dados, depoimentos e outras informações constantes dos autos" referentes ao ofendido.

ATENÇÃO - Segundo a Resolução n.º 181/17 do Conselho Nacional do Ministério Público, que trata do procedimento investigatório criminal, presidido pelo parquet, "no procedimento investigatório criminal serão observados os direitos e as garantias individuais consagrados na Constituição da República Federativa do Brasil, aplicando-se, no que couber, as normas do Código de Processo Penal e a legislação especial pertinente", sendo "direito do defensor, no interesse do representado, ter acesso amplo aos elementos de informação que, já documentados em procedimento investigatório realizado pelo Ministério Público, digam respeito ao exercício do direito de defesa" (art. 21, parágrafo único).

Sigilo em prol da vítima ou testemunha – A Lei nº 9.807/99, que cuida da proteção a vítimas e testemunhas ameaçadas, prevê, em seu art. 2º, § 5º, que "as medidas e providências relacionadas com os programas serão adotadas, executadas e mantidas em sigilo pelos protegidos e pelos agentes envolvidos em sua execução". O art. 7º, inc. VIII, do mesmo diploma, assegura à vítima ou testemunha protegidas, "sigilo em relação aos atos praticados em virtude da proteção concedida".

Já a Lei 14.857, de 21 de maio de 2024, determina o sigilo do nome da ofendida nos processos que apuram crimes praticados no contexto de violência doméstica e familiar contra a mulher, o que inclui quaisquer processos, inclusive cautelares, inquéritos policiais, processos ou procedimentos administrativos, na linha do que já previa o art. 143, do Estatuto da Criança e do Adolescente. A lei acrescenta, assim, o art. 17-A na Lei Maria da Penha, com a seguinte redação: "Art. 17-A. O nome da ofendida ficará sob sigilo nos processos em que se apuram crimes praticados no contexto de violência doméstica e familiar contra a mulher. Parágrafo único. O sigilo referido no *caput* deste artigo não abrange o nome do autor do fato, tampouco os demais dados do processo."

Consequências do sigilo do inquérito policial – No processo penal, o princípio da publicidade permite, por exemplo, que qualquer pessoa tenha assento a uma audiência, assistindo-a desde que se comporte de maneira conveniente. A imprensa, por seu turno, no exercício do livre direito de informar, não deve ter limitado seu acesso aos autos do processo-crime. No inquérito policial, ainda que não decretado o sigilo, essa possibilidade inexiste, em face do próprio caráter desse procedimento, não se permitindo, destarte, que qualquer do povo assista à inquirição da testemunha ou a oitiva do indiciado. Uma vez decretado o sigilo, é possível se impedir, ainda, a consulta dos autos pela imprensa e a divulgação, por alguma autoridade, dos dados constantes do inquérito.

Sigilo do inquérito e advogado – Por força de expressa disposição legal, o sigilo do inquérito policial não se estende ao defensor. É o que consta do art. 7°, inc. XIV, Lei 8.906/94, que, ao dispor sobre o Estatuto da Advocacia e a Ordem dos Advogados do Brasil, informa que é direito do advogado "examinar em qualquer repartição policial, mesmo sem procuração, autos de flagrante e de inquérito, findos ou em andamento, ainda que conclusos à autoridade, podendo copiar peças e tomar apontamentos", em meio físico ou digital. Já o inc. III do mesmo diploma assegura ao advogado o direito de "comunicar-se com seus clientes, pessoal e reservadamente, mesmo sem procuração, quando estes se acharem presos, detidos ou recolhidos em estabelecimentos civis ou militares, ainda que considerados incomunicáveis". Ressalte-se, apenas, que uma vez decretado o sigilo do inquérito policial, exige-se que o defensor, para exame dos atos, esteja munido da respectiva *procuração* (art. 7º, $ 10, do EOAB). Sobre o tema, com análise mais aprofundada, sugerimos a leitura dos comentários tecidos acima ao parágrafo único, do art. 4º.

A disposição legal e, antes, a súmula n. 14 do STF, acabaram por enfraquecer, sobremaneira, o dispositivo que prevê o sigilo do inquérito policial.

Sobre a Lei n. 13.245/2016, que alterando o Estatuto da OAB, praticamente encampou os termos da Súmula n. 14 do STF, remetemos o leitor aos comentários formulados aos arts. 4º e 6º, inc. V, acima.

Resolução do Conselho Nacional de Justiça – A Resolução n° 59/2008, do CNJ, disciplina as rotinas quanto ao sigilo a ser observado na Lei n° 9.296/1996, que trata das interceptações telefônicas, no que se refere a transmissão e preservação de dados obtidos por meio dessa diligência. A mesma resolução, em seu art. 17, determina que "não será permitido ao Magistrado e ao servidor fornecer quaisquer informações, direta ou indiretamente, a terceiros ou a órgão de comunicação social, de elementos sigilosos contidos em processos ou inquéritos regulamentados por esta Resolução, ou que tramitem em segredo de Justiça, sob pena de responsabilização nos termos da legislação pertinente.". E segue, em seu parágrafo primeiro: "no caso de violação de sigilo de que trata o *caput* deste artigo, por integrantes do Poder Judiciário ou por membros de outras instituições, dentre as quais a polícia, o Ministério Público e a advocacia, o Magistrado responsável pelo deferimento da medida requisitará a imediata apuração dos fatos pelas autoridades competentes, sob pena de responsabilização."

JURISPRUDÊNCIA

No que consiste o sigilo

"Em face do exposto, acolho os presentes embargos tão somente para esclarecer, com base, inclusive, na Súmula Vinculante 14 do STF, que o alcance da ordem concedida refere-se ao direito assegurado ao indiciado (bem como ao seu defensor) de acesso aos elementos constantes em procedimento investigatório que lhe digam respeito e que já se encontrem documentados nos autos, não abrangendo, por óbvio, as informações concernentes à decretação e à realização das diligências investigatórias pendentes, em especial as que digam respeito a terceiros eventualmente envolvidos" (STF – HC 94.387 – Rel. Ricardo Lewandowski – DJe 21.5.2010)

Sigilo mantido em relação àquele que não é indiciado ou vítima

Hipótese em que o Paciente busca o acesso aos autos de inquérito que tramita sob segredo de justiça, no qual não figura como indiciado, nem sofreu restrição em sua liberdade ou em seu patrimônio com base no aludido procedimento. Nesse contexto, não há como se reconhecer, na espécie, a arguida ofensa à Súmula Vinculante n.º 14 do Supremo Tribunal Federal" (STJ – HC n° 194820-PR, Rel. Laurita Vaz, j. 25.06.2013, DJe 01.08.2013).

Sigilo na investigação conduzida pelo Ministério Público"

"O regime de sigilo, sempre excepcional, eventualmente prevalecente no contexto de investigação penal promovida pelo Ministério Público, não se revelará oponível ao investigado e ao Advogado por este constituído, que terão direito de acesso – considerado o princípio da comunhão das provas – a todos os elementos de informação que já tenham sido formalmente incorporados aos autos do respectivo procedimento investigatório" (STF – HC n° 94173-BA, Rel. Celso de Mello, j. 27.10.2009, DJe 27.11.2009).

Sigilo em processo administrativo

"A garantia de **sigilo, em processos administrativos** envolvendo magistrados, deve ser interpretada em consonância com o disposto no art. 5º, XXXIV, "a" e "b", da CF/88, que assegura a todos o direito de petição aos Poderes Públicos, bem como a obtenção de certidões em repartições públicas, para a defesa de direitos e esclarecimento de situações de interesse pessoal. Ao autor da representação é assegurado o direito de tomar conhecimento de decisões proferidas em processo disciplinar a que deu causa, ainda que instaurado contra magistrado. Precedentes." (STJ – RMS n. 20.301/SP, relator Ministro Rogerio Schietti Cruz, Sexta Turma, julgado em 27/6/2014, DJe de 4/8/2014.)

"Os processos administrativos sancionadores instaurados por agências reguladoras contra concessionárias de serviço público devem obedecer ao princípio da publicidade durante toda a sua tramitação, ressalvados eventuais atos que se enquadrem nas hipóteses de sigilo previstas em lei e na Constituição". (STF- ADI 5371, Relator(a): ROBERTO BARROSO, Tribunal Pleno, julgado em 02/03/2022, PROCESSO ELETRÔNICO DJe-061 DIVULG 30-03-2022 PUBLIC 31-03-2022)

Parágrafo único. Nos atestados de antecedentes que lhe forem solicitados, a autoridade policial não poderá mencionar quaisquer anotações referentes a instauração de inquérito contra os requerentes. (Redação dada pela Lei nº 12.681, de 2012)

Atestados – Tratando-se o inquérito policial de procedimento inquisitivo, no qual se apontam (e por vezes nem isso) prováveis autores do delito, é vedado que, nos atestados de antecedentes fornecidos pela autoridade policial, seja feita qualquer menção à sua existência. Afinal, certeza sobre a situação do averiguado somente se terá após a deflagração da ação penal em juízo e de sua eventual condenação. Parece correta, porém, a observância formulada pela doutrina quanto à inutilidade do atestado emitido pela autoridade policial, que pode, por isso mesmo, negar sua emissão. É que, se nada pode atestar sobre a vida pregressa do requerente, qual sentido faz em sua elaboração? Imaginemos um sujeito que, possuindo inúmeros inquéritos em andamento, peça um atestado de antecedentes ao delegado de polícia que, por conta deste dispositivo em análise, terá que emitir um "nada consta". Ora, esse atestado poderá enganar os mais incautos que, com base em seu teor, emitido por um delegado de polícia, venham a acreditar piamente nos bons antecedentes do exibidor, o que, por óbvio, está longe da realidade. Cremos, por isso mesmo, como legítima a recusa da autoridade policial em fornecer esse atestado que, de resto, não retrata a realidade, sugerindo ao interessado que, junto aos órgãos do Poder Judiciário, obtenha a informação que reclama, em diligência que atualmente, com o advento do chamado processo eletrônico, pode ser realizada sem maior dificuldade. Tratando-se, porém, de requisição emanada, por exemplo, do Poder Judiciário ou do Ministério Público, para instrução de ações penais, procedimentos investigatórios e mesmo processos de seleção em concursos públicos, cabe à autoridade policial emitir o documento, dele fazendo constar os inquéritos eventualmente instaurados contra o indiciado, tudo nos termos do art. 13, inc. I, do CPP.

ATENÇÃO – A doutrina faz relevante distinção entre o "atestado de antecedentes" previsto neste artigo e a "folha de antecedentes", de que trata o inc. VIII, do art. 6º, do código. O atestado de antecedentes, com efeito, se constitui em um pedido que o investigado ou terceiros interessados formulam à autoridade policial, no sentido de que se declare o que consta a respeito da pessoa. Já a folha de antecedentes, como visto acima, nos comentários ao art. 6º, inc. VIII, é um documento que deve acompanhar o inquérito policial, após a identificação do indiciado pelo processo datiloscópico, apto a conferir ao juiz e ao membro do Ministério Público, um quadro a respeito da vida pregressa do averiguado. Enquanto o atestado de antecedentes deve ser expedido a quem assim o requeira, a folha de antecedentes interessa apenas ao inquérito policial e a eventual processo-crime, não devendo, bem por isso, ser fornecida a particulares. De qualquer sorte, àquele que se sentir prejudicado e pretendendo retificar dados constantes de sua folha de antecedentes, poderá impetrar *habeas data*, apto "para assegurar o conhecimento de informações relativas à pessoa do impetrante, constantes de registros ou bancos de dados de entidades governamentais ou de caráter público" e "para a retificação de dados, quando não se prefira fazê-lo por processo sigiloso, judicial ou administrativo", na dicção do inc. LXXII, do art. 5º, da Constituição.

Art. 21. **A incomunicabilidade do indiciado dependerá sempre de despacho nos autos e somente será permitida quando o interesse da sociedade ou a conveniência da investigação o exigir.**

Parágrafo único. A incomunicabilidade, que não excederá de três dias, será decretada por despacho fundamentado do Juiz, a requerimento da autoridade policial, ou do órgão do Ministério Público, respeitado, em qualquer hipótese, o disposto no artigo 89, inciso III, do Estatuto da Ordem dos Advogados do Brasil (Lei n. 4.215, de 27 de abril de 1963) (Redação dada pela Lei nº 5.010, de 30.5.1966)

Incomunicabilidade – Prevê este dispositivo a possibilidade de, mediante ordem judicial, ser decretada a incomunicabilidade do preso, isto é, que lhe seja imposta a proibição de se comunicar com qualquer pessoa, salvo, à evidência, com a autoridade policial e seus agentes.

Segundo João Mendes, "a incomunicabilidade obsta que o autor do crime se entenda com seus cúmplices, parentes e amigos, e os instrua, já acerca do modo por que se devem haver nas respostas que são obrigadas a dar à justiça, se esta os chamar, e já acerca das providências que devem por em prática, a fim de ocultar vestígios, destruir provas e iludir as pesquisas da autoridade. Privado o criminoso nos primeiros momentos de comunicação com o exterior da prisão, a autoridade pode encontrar esses vestígios e provas, e aproveitá-las em favor da causa social" (*apud*, Eduardo Espínola Filho, ob. cit., vol. 1, p. 316).

Trata-se, pois, de uma medida que interessa, prioritariamente, à investigação, pois tem como objetivo impedir qualquer contato do preso com pessoas estranhas, que guardem vínculo com a atividade criminosa, visando de alguma forma orientá-las quanto ao que devem dizer e como agir caso chamadas a prestar esclarecimentos. Uma vez incomunicável o preso, facilitada se encontra a tarefa da polícia, que poderá investigar sem que, de antemão, terceiros saibam das diligências. Demais disso, a própria materialidade do delito se vê preservada com a incomunicabilidade, eis que, uma vez decretada, pode evitar que terceiros, sabedores da prisão do agente, destruam proventos e instrumentos do crime, além de provas que interessem à futura instrução causa.

Autoridade competente – O Código de Processo Penal, em sua redação original, não apontava a quem cabia a decretação da incomunicabilidade, fazendo referência, em seu parágrafo único, apenas ao prazo de duração da medida. Conquanto pairasse alguma controvérsia, a doutrina de então, em sua maioria, admitia que essa restrição fosse imposta tanto pela autoridade policial, como pelo juiz. A atual redação do parágrafo único não dá margem a qualquer discussão, cumprindo somente ao juiz, mediante decisão devidamente motivada, decretar a incomunicabilidade do preso. Ao que se depreende do texto legal, não poderá o juiz fazê-lo de ofício, dependendo de representação da autoridade policial ou de requerimento do Ministério Público.

Tempo de duração da medida – Como se extrai da textualidade deste parágrafo, o prazo de duração da incomunicabilidade não excederá a três dias, contado a partir da prisão do indiciado. Eventual excesso desse prazo ensejará a impetração de *habeas corpus*, com lastro no inc. IV, do art. 648 do código e por analogia, já que ilegal a coação quando cessado o motivo que a autorizou.

Ressalva – A Lei nº 4.215/1963, em seu art. 89, inc. III, assegurava ao advogado o direito de se comunicar reservadamente com seu cliente, mesmo que preso e incomunicável. Essa legislação foi revogada pela Lei nº 8.906/94, que dispõe sobre o Estatuto da Advocacia e a Ordem dos Advogados do Brasil. Desse diploma consta dispositivo idêntico, que garante ao advogado a comunicação com o preso, pessoal e reservada, ainda que sem procuração e mesmo que incomunicável (art. 7º, III). A Lei nº 13.245/2016, que alterou o EOAB, em seu art. 7º, inc. XXI, reforçou essa impressão. É dizer: a incomunicabilidade não se estenderá ao advogado, a quem se garante o livre acesso ao preso, podendo assisti-lo durante a apuração das infrações, acompanhando interrogatórios e depoimentos de testemunhas, sem que tenha sido qualquer ressalva ao fato do preso se encontrar, eventualmente, incomunicável. Ora, *ubi lex non distinguit, nec interpres disntinguere potest* (onde a lei ao distingue, não é lícito ao intérprete distinguir).

Abuso de autoridade – O art. 7º-B do Estatuto da Advocacia e da Ordem dos Advogados, incluído pela Lei 13.869/19, e depois alterado pela Lei 14.365/22, pune com detenção de 2 a 4 anos, e multa, violar direito ou prerrogativa de advogado previstos nos incisos II a V do *caput* do art. 7º. No inc. III está exatamente a prerrogativa de *comunicar-se com seus clientes, pessoal e reservadamente, mesmo sem procuração, quando estes se acharem presos, detidos ou recolhidos em estabelecimentos civis ou militares, ainda que considerados incomunicáveis.*

Inconstitucionalidade do dispositivo – Prevalece na doutrina o entendimento de que este dispositivo não foi recepcionado pela ordem constitucional vigente. Forte argumento nesse sentido é encontrado no art. 136, § 3º, inc. IV da Constituição, que veda a incomunicabilidade do preso na vigência do estado de defesa. De sorte que o estado de defesa importa em uma situação excepcional, cuja decretação é cabível quando a ordem pública ou a paz social estiverem ameaçadas "por grave e iminente instabilidade institucional ou atingidas por calamidades de grandes proporções na natureza", segundo o texto constitucional.

Ora, se até quando decretado o estado de defesa, que confere ao Estado a possibilidade de adoção de medidas de exceção, é vedada a incomunicabilidade do preso, com muito mais razão, em situações de normalidade institucional, deve se reconhecer que essa restrição não mais prevalece. Parece-nos o entendimento mais correto.

Destaque-se que a nossa posição quanto à inconstitucionalidade do dispositivo não se baseia, apenas, nessa argumentação, referente ao estado de defesa. Assim, o art. 5º, inc. LXII da Carta assegura que "a prisão de qualquer pessoa e o local onde se encontre serão comunicados imediatamente ao juiz competente e à família do preso ou à pessoa por ele indicada". Demais disso, o inc. LXIII, do mesmo dispositivo, determina que "o preso será informado de seus direitos, entre os quais o de permanecer calado, sendo-lhe assegurada a assistência da família e de advogado". Ora, essas disposições tornam inócuas qualquer possibilidade de decretação da incomunicabilidade. Afinal, como seria possível coexistir, a um só tempo, a restrição à comunicação externa e o direito de comunicação, do preso, com a família e com o advogado? Isso explica o fato do instituto da incomunicabilidade, nos dias de hoje, ter caído no mais absoluto esquecimento.

Damásio de Jesus defende a sua constitucionalidade: "Entendemos que o art. 21 do CPP não foi revogado pelo art. 136, § 3º, da CF. Em primeiro lugar, a proibição diz respeito ao período em que ocorrer a decretação do estado de defesa (art. 136, caput, da CF), aplicável à "prisão por crime contra o Estado" (§ 3º, I), infração de natureza política. Em segundo lugar, o legislador constituinte, se quisesse elevar tal proibição à categoria de princípio geral, certamente a teria inserido no art. 5º, ao lado de outros mandamentos que procuram resguardar os direitos do preso. Não o fez, relacionando a medida com os delitos políticos. Daí porque, segundo nosso entendimento, o art. 21 do CPP continua em vigor" (*Código de processo penal anotado*. São Paulo: Saraiva, 2005, 21. ed. p. 25). Ainda favorável à constitucionalidade deste dispositivo é a lição de Heráclito Antônio Mossin (*Curso de processo penal*. 2ª. ed. São Paulo: Atlas, 1998. v 1, p. 167).

Art. 22. No Distrito Federal e nas comarcas em que houver mais de uma circunscrição policial, a autoridade com exercício em uma delas poderá, nos inquéritos a que esteja procedendo, ordenar diligências em circunscrição de outra, independentemente de preca-

tórias ou requisições, e bem assim providenciará, até que compareça a autoridade competente, sobre qualquer fato que ocorra em sua presença, noutra circunscrição.

Atribuição em circunscrição alheia – Reservando o vocábulo "competência" para os atos do juiz, diríamos, de forma mais técnica, que a "atribuição" do delegado de polícia ocorre pelo critério territorial ou em razão da matéria. Suponha-se que em uma cidade seja ele a única a autoridade policial. Terá atribuição, portanto, para apuração dos fatos ocorridos no âmbito daquele território. Mesmo dentro do mesmo território, porém, é comum a divisão das atribuições por bairros ou regiões, bastando que se recorde de uma cidade do porte de São Paulo, onde não teria cabimento que um único delegado de polícia exercesse sua atribuição em todo esse enorme território. Surge, então, a divisão por distritos policiais, segundo normas internas da Polícia Civil. É, pois, o critério territorial que indicará a quem cumpre investigar a prática de determinado delito.

Por vezes, contudo, dentro do mesmo território, dependendo da natureza do crime investigado, há a atuação de mais de uma autoridade policial, o que ocorre, por exemplo, nas chamadas delegacias especializadas, como as que apuram a prática de crimes relacionados às drogas, ao sequestro, ao patrimônio, à violência doméstica, quando pessoa idosa é ofendida ou praticado o delito contra animais etc. Prevalece, nesses casos, não o território, mas sim a natureza do crime ou a especial condição da vítima ou do bem tutelado.

Pois bem. Nas comarcas que contêm mais de uma circunscrição policial, bem como no Distrito Federal, a autoridade policial que estiver à frente da investigação, segundo este dispositivo em exame, poderá determinar diligências na circunscrição alheia. De sorte que, por exemplo, o Delegado de Polícia do 1° Distrito Policial, para ouvir uma testemunha que resida no território abrangido pelo 36° Distrito Policial, não precisará expedir uma precatória a este último, podendo determinar a condução da testemunha diretamente à sua presença. Ou, a autoridade policial a quem cumpre apurar crimes cometidos contra pessoas idosas, se necessária a requisição de um exame de corpo de delito, poderá intimar diretamente a vítima para a perícia, ainda que ela resida em circunscrição diversa, sem que necessite da intervenção do colega responsável por essa circunscrição.

A urgência que reclama a diligência a ser realizada permite essa conduta, visando, com isso, evitar demora típica de burocracias inúteis, em franco prejuízo à celeridade das investigações.

Aliás, se o art. 250 do código autoriza o ingresso da autoridade policial em jurisdição alheia, "ainda que de outro Estado", para apreender pessoa ou coisa, providência muito mais séria, não faria sentido que, para se ouvir uma testemunha ou em cumprimento de alguma singela diligência tivesse que se cercar de inúteis formalidades, aptas, somente, a atrasar e dificultar o rumo da investigação.

Isso tudo no âmbito da mesma comarca e do Distrito Federal. Já se tais diligências tiverem lugar fora desse perímetro (de uma cidade para outra), será obrigatória, em nosso exemplo acima, a expedição de carta precatória. Salvo é claro se, por exemplo, a testemunha de fora se dispor em dirigir-se até a delegacia de polícia que expediu a precatória, quando, então, será ouvida.

JURISPRUDÊNCIA

"Em se tratando de investigação da Polícia Judiciária, procedida mediante a instauração de Inquérito Policial, não há falar em competência, mas em circunscrição. E essa divisão territorial é estabelecida meramente no intuito de organizar a atuação administrativa, inexistindo qualquer óbice legal à realização de diligências em circunscrição distinta daquela onde se tem em andamento um inquérito policial, consoante o disposto no art. 22 do CPP" (STJ – RMS n° 13813-PR, Rel. Laurita Vaz, j. 17.06.2004, DJ 02.08.2004, p. 416).

"Por serem inquisitórios, os atos de investigação não estão rigidamente sujeitos às normas de competência. A qualquer momento, verificando-se que o fato ocorreu em outra circunscrição policial, poderá o inquérito ser remetido à competente autoridade" (TACrim-SP – Rel. Silvio Lemmi – JUTACrim 59/101).

Art. 23. **Ao fazer a remessa dos autos do inquérito ao juiz competente, a autoridade policial oficiará ao Instituto de Identificação e Estatística, ou repartição congênere, mencionando o juízo a que tiverem sido distribuídos, e os dados relativos à infração penal e à pessoa do indiciado.**

Estatística – É fundamental que a remessa do inquérito policial finalizado ao Ministério Público seja comunicada ao "Instituto de Identificação e Estatística", ou repartição congênere, com dados relativos às investigações realizadas. As estatísticas exercem um papel fundamental, pois, a partir dos dados coletados, é possível um melhor planejamento da atividade policial, focando sua atenção às áreas onde a prática de determinado delito é mais frequente, intensificando, a partir daí, a atividade repressora. Pelo menos deveria ser assim.

O papel do "Instituto de Identificação e Estatística", mencionado neste dispositivo, é atualmente exercido, no âmbito nacional, pelo "Sistema Nacional de Estatísticas de Segurança Pública e Justiça Criminal – SINESPJC", órgão ligado ao Ministério da Justiça, a quem cabe coletar os dados recebidos de todas as unidades da federação. Cada unidade, de sua parte, conta com seu órgão próprio, a quem cumpre reunir os dados estatísticos.

Estado de São Paulo – No Estado de São Paulo é do Instituto Ricardo Gumbleton Daunt (IIRGD) essa incumbência, sendo ele responsável, ainda, pela emissão de atestados criminais (art. 3° do Decreto Estadual n° 47.574/2003). Por força, ainda, da Lei Estadual 10.866/2001, "o titular de Cartório de Registro Civil no Estado, após emissão de certidões e registros de óbitos, fica obrigado a comunicar ao Instituto de Identificação Ricardo Gumbleton Daunt [...] o nome e o Registro Geral – RG de falecidos".

O art. 809 do CPP prevê que a estatística tomará como base um *boletim individual*, elencando, outrossim, os dados que devem constar dessa peça, como os crimes e contravenções perpetradas no semestre, a quantidade de armas apreendidas, os números de sentenças absolutórias e condenatórias etc.

Também a chamada Lei Maria da Penha (Lei n° 11.340/2006) prevê que "as estatísticas sobre a violência doméstica e familiar contra a mulher serão incluídas nas bases de dados dos órgãos oficiais do Sistema de Justiça e Segurança a fim de subsidiar o sistema nacional de dados e informações relativo às mulheres" (art. 38).

Será ainda com base nos dados recolhidos junto ao Instituto de Identificação e Estatística ou repartição congênere, que se poderá obter, quando duvidosa, a identidade do cadáver, nos termos do art. 166 do CPP. Esses institutos poderão colaborar, ainda, no processo de restauração de autos extraviados (art. 541, "b" do CPP).

Sobre a exclusão de dados do Instituto Ricardo Gumbleton Daunt (IIRGD), em caso de revisão criminal, v. art. 748 abaixo.

Remessa dos autos do inquérito no sistema do juiz das garantias – No sistema do juiz das garantias, ressalvada a hipótese de indigitado preso, o trâmite do inquérito passa a ser direto entre a polícia e Ministério Público. De tal forma que, elaborado o relatório, ao invés da remessa dos autos "ao juiz competente", como previsto no 23, o inquérito será enviado diretamente ao *parquet*.

TÍTULO III
DA AÇÃO PENAL

Art. 24. Nos crimes de ação pública, esta será promovida por denúncia do Ministério Público, mas dependerá, quando a lei o exigir, de requisição do Ministro da Justiça, ou de representação do ofendido ou de quem tiver qualidade para representá-lo.

§ 1º No caso de morte do ofendido ou quando declarado ausente por decisão judicial, o direito de representação passará ao cônjuge, ascendente, descendente ou irmão. (Parágrafo único renumerado pela Lei nº 8.699, de 27.8.1993)

§ 2º Seja qual for o crime, quando praticado em detrimento do patrimônio ou interesse da União, Estado e Município, a ação penal será pública. (Incluído pela Lei nº 8.699, de 27.8.1993)

Sistema inquisitório – O sistema inquisitório (ou inquisitivo) tem como traço principal o fato de que as funções de acusar, de defender e de julgar se concentram na mão do juiz, verdadeiro inquisidor. Possui as seguintes diretrizes, no dizer de José Frederico Marques: a) concentração das funções processuais no órgão judiciário, de forma a torná-lo o acusador principal e também juiz da própria acusação; b) restrição dos direitos de defesa, cumprindo ao juiz suprir a atividade do réu; c) supressão do contraditório; d) instrução judicial inquisitiva com atribuição ao juiz do dever de "reunir, por sua própria atividade, o material do litígio"; e) impulso processual *ex officio* (Do processo penal acusatório. Estudos de direito processual penal, Rio: Forense, 1960, 2ª. ed., p. 23). Diríamos, em acréscimo, o processo é secreto.

Sistema acusatório – Pelo sistema acusatório, as tarefas são divididas, sendo que cada sujeito processual tem uma função bem definida no processo. É o chamado *processo de partes*. A um caberá acusar (como regra o Ministério Público), a outro defender (o advogado) e a um terceiro, julgar (o juiz). Pressupõe um processo em que todas as garantias constitucionais sejam, efetivamente, observadas. A propósito, Pietro Fredas, discípulo de Eugenio Florian, na apresentação da 3ª edição da obra deste último autor, ressalta que "a luz da razão e as experiências da história demonstram que o surgimento das liberdades políticas está acompanhado pelo processo acusatório, ao qual se vincula, consequentemente, o método da livre convicção do juiz. Ao contrário, o sistema das provas legais é consentâneo e companheiro do processo inquisitório, que por sua vez é produto do despotismo e da obscura tirania" (*De las pruebas penales*, Bogotá: Temes, 1998, tomo I, p. 29).

Poderíamos, assim, elencar as principais características do *sistema acusatório*, na linha do ensinamento de José Frederico Marques: a) separação entre os órgãos da acusação, defesa e julgamento, de forma a se instaurar um *processo de partes*; b) liberdade de defesa e igualdade de posição das partes; c) vigência do contraditório; d) livre apresentação das provas pelas partes; e) regra do impulso processual autônomo, ou ativação inicial da causa pelos interessados (*ne procedat judex ex officio*) (*Estudos de Direito Processual*, Rio: Forense, 1ª. ed., 1960, p. 23). Acrescentaríamos: o processo é público, salvo algumas situações previstas em lei.

Sistema adotado no Brasil – Antes da Lei 13.964/19, a doutrina já alertava que, em nosso país, se adotava o princípio acusatório, apontando, contudo, alguns resquícios no Código típicos do sistema inquisitivo, marcados pela atuação de ofício do juiz em várias passagens do inquérito e do processo, chegando a substituir, não raras vezes, as partes.

Oportuno, por isso, o raciocínio de Afranio Silva Jardim, ao concluir que "o processo penal brasileiro adota o sistema acusatório moderno, mantendo, entretanto, alguns resquícios do inquisitorialismo e preservando a acusação privada para casos restritos" (ob. cit. p. 48).

Com o advento da Lei 13.964/19, a discussão acima perdeu força e interesse, salvo acadêmico. O art. 3º-A do CPP anuncia: o processo penal terá estrutura acusatória, vedadas a iniciativa do juiz na fase de investigação e a substituição da atuação probatória do órgão de acusação. Convidamos o leitor a percorrer nossos comentários ao citado artigo, oportunidade em que exploramos o tema de forma verticalizada.

Ação penal. Introdução – Praticado um crime, surge para o Estado o direito de punir seu autor, o chamado *jus puniendi*. Essa punição, no entanto, por força do princípio do devido processo legal (art. 5º, inc. LIV da Constituição), dependerá antes de um processo que, por sua vez, será deflagrado através da ação penal. Nela se pedirá ao juiz a aplicação da lei. Pode-se, portanto, definir a ação penal como o direito de pleitear ao Poder Judiciário a aplicação do direito penal objetivo ao caso concreto. Como destaca Carlos Frederico Coelho Nogueira, aqui se trata de uma **ação penal condenatória**, cujo objetivo final é a condenação do réu, sendo que "em outros títulos e capítulos o CPP regula outros tipos de ações penais, algumas de cunho *desconstitutivo* (como a revisão criminal), outras de caráter *declaratório* (como a revisão criminal), outras de caráter *declaratório* (como o *habeas corpus*), outras dotadas de conotação *cautelar* (como o seqüestro de bens adquiridos com o produto da infração)" (ob. cit., p. 433).

Condições da ação – Antes mesmo de ser apreciado o mérito da causa, ou seja, se o réu deverá ser condenado ou absolvido, é preciso que a ação penal reúna algumas condições. São elas:

a) **possibilidade jurídica do pedido**: para que se possa invocar do Estado a aplicação da pena, é preciso que o fato narrado na denúncia ou queixa seja um *fato típico*, isto é, uma conduta definida em lei como sendo um ilícito penal. Nesse sentido o teor do inc. III, do art. 397, do código, ao dispor que o juiz absolverá sumariamente o acusado se o fato narrado não constitui crime. De sorte que, se o fato é atípico e, apesar disso, se formula uma acusação, a ação penal conterá um pedido juridicamente impossível e, por consequência, deverá ser rejeitada. Como exemplo poderia ser mencionado uma queixa-crime, ofertada em juízo, pela prática do crime de adultério, quando é sabido que o art. 240 do Código Penal foi revogado pela Lei nº 11.106/2005, tornando essa conduta um indiferente penal.

b) **interesse de agir**: a ideia de interesse está relacionada ao conceito de utilidade. É preciso que, com a propositura da ação penal, se demonstre a utilidade que decorrerá do pedido formulado em juízo. Assim, a oferta de denúncia pela prática de um crime que já se viu alcançado pela prescrição punitiva resultaria ao final em um provimento absolutamente inócuo, sem qualquer utilidade, ante a impossibilidade de aplicação da sanção penal. O interesse, assim, confere justa causa à propositura da ação penal, o que não significa dizer que a pretensão será acolhida ou não, pois tal análise não é feita no momento em que recebida a denúncia ou queixa e sim ao ser proferida a sentença. Ausente essa *justa causa*, resta configurado um constrangimento ilegal, passível de ser reparado através de *habeas corpus* (art. 648, I).

c) **legitimidade para agir (*legitimatio ad causam*)**: há duas espécies de legitimação, a **ativa** e a **passiva**. Segundo a legitimidade **ativa**, a denúncia ou queixa deverá ser proposta por quem for parte legítima para fazê-lo, sob pena de rejeição. Já a legitimidade **passiva** significa dizer que somente o provável autor da infração penal deve compor o polo passivo da relação processual. Nos exemplos de José Frederico Marques, faltará legitimidade ativa ao Ministério Público se ofertar denúncia quando o crime é daqueles que se processam mediante ação penal privada. E não será legitimado passivamente o acusado se menor de 18 anos ou gozar de imunidade parlamentar (*Elementos de Direito Processual Penal*, Campinas: Bookseller, 1997, vol. 1, p. 295). Partes legítimas, ativa e passiva, assim, são aquelas que possuem interesses no conflito: de um lado o direito de punir e, de outro, o direito à liberdade. A legitimação, portanto, constitui verdadeiro pressuposto processual, assim entendido aquele que deve preexistir à formação a relação processual. De tal sorte que cumpre ao juiz, detectada, de plano, a ilegitimidade de parte, rejeitar a denúncia com base no inc. II, do art. 395 do CPP, ante a ausência de pressuposto processual.

Condições de procedibilidade – Ao lado das três condições gerais da ação penal acima mencionadas, alguns autores fazem alusão, também, às chamadas *condições de procedibilidade*, previstas no revogado art. 43, III, 2ª parte do código. São condições específicas que, se ausentes, impedem o exercício da ação penal. O exemplo clássico é o da representação da vítima na ação penal pública a ela condicionada. O Ministério Público, como titular da ação penal, somente poderá ofertar a denúncia se, antes, contar com a representação do ofendido. Essa omissão ensejará a rejeição da denúncia, com base no inc. II, do art. 395 do CPP, posto que ausente "condição para o exercício da ação penal".

Classificação da ação penal – Há várias classificações da ação penal, cada uma delas levando em conta um determinado aspecto. Adotaremos a classificação que toma por base a *titularidade* da ação penal. Segundo essa classificação, a ação penal se divide em *pública* ou *privada*. Na ação penal pública, seu titular é o Ministério Público (art. 129, I, da Constituição). Na ação penal privada, o titular é a vítima ou quem tenha capacidade para representá-la (art. 100, § 2º, do Código Penal).

A ação penal pública, que se iniciará com o recebimento da denúncia, pode ser ainda *incondicionada* ou *condicionada*. Esta última, por seu turno, pode ser condicionada à *representação da vítima* ou à *requisição do Ministro da Justiça*.

A ação penal privada, que terá início quando recebida a queixa-crime, se divide entre ação penal *exclusivamente (ou genuinamente) privada* e ação penal privada *subsidiária da pública*.

Ação penal pública subsidiária da pública – A par da divisão clássica da ação penal, há quem mencione uma nova espécie, a saber, a *ação penal pública subsidiária da pública*. Ocorreria quando um órgão do Ministério Público, que detém a titularidade original para a ação penal, não a deflagra, legitimando, com essa inércia, que outro órgão do *parquet* o faça. É citado o exemplo do Decreto-Lei nº 201/67, que, ao cuidar dos Crimes de Responsabilidade de Prefeitos e Vereadores, prevê em seu art. 2º, § 2º, que na omissão do Ministério Público estadual quanto à "abertura do inquérito policial ou instauração da ação penal, tais diligências poderão ser requeridas ao Procurador-Geral da República". Aponta-se, ainda, a hipótese de *deslocamento de competência*, prevista no art. 109, § 5º, da Constituição, quando o Procurador-Geral da República, constatando grave violação de direitos humanos, pode suscitar, junto ao Superior Tribunal de Justiça, o incidente de deslocamento de competência da Justiça Estadual para a Justiça Federal.

Em resumo:

	Tipos de ação penal					
	Ação penal pública (denúncia)			Ação penal privada (queixa)		
	Incondicionada	Condicionada à representação	Condicionada à requisição	Exclusiva ou propriamente dita	Personalíssima	Subsidiária da pública
Legitimidade	Ministério Público.	Ministério Público (mediante representação do ofendido ou representante legal)	Ministério Público (mediante requisição do Ministro da Justiça)	Ofendido (ou seu representante legal).	Somente o ofendido.	Ofendido (ou seu representante legal).

Critério para definir a titularidade – Regra geral, a ação penal é pública incondicionada, ou seja, prevalece o interesse do Estado em punir o autor da infração penal, pouco importando, nesse caso, a vontade da vítima. De sorte que, no silêncio da lei, presume-se que a ação penal é pública incondicionada (art. 100 do Código Penal). Por outro lado, quando a ação for pública condicionada, a lei irá mencionar expressamente que, na hipótese concreta, se depende da prévia representação do ofendido (por exemplo, crimes de lesão corporal leve ou lesão corporal culposa), ou de prévia requisição do Ministro da Justiça (*v.g.*, crimes contra a honra do Presidente da República). E, quando se tratar de ação penal privada, a lei dirá que determinado crime somente se processa mediante a oferta de queixa-crime, como ocorre, via de regra, nos crimes contra a honra.

Princípios que regem a ação penal pública – A ação penal pública se orienta pelos seguintes princípios:

a) princípio da **oficialidade**: há um órgão do Estado (órgão oficial), a quem cumpre promover, privativamente, a ação penal pública. Esse órgão é exatamente o Ministério Público, por força de expressa disposição constitucional (art. 129, inc. I). Nisso consiste o princípio da oficialidade, ou seja, o exercício do *jus puniendi* em juízo, através da ação penal, é incumbência de um órgão oficial, como regra geral. Por exceção tem-se a ação penal privada subsidiária da pública (art. 5º, LIX, da Constituição e 29 do CPP), que será estudada logo em seguida. Cremos que o princípio da oficialidade tenha pertinência, ainda, com o princípio do *ne judex ex officio*. Com efeito, em um sistema acusatório, no qual cada ator tem seu papel perfeitamente definido no processo, é salutar que incursões determinadas pelo juiz, de ofício, sejam evitadas, o que torna salutar a previsão de um órgão oficial a quem cabe manejar a acusação.

Ainda em virtude desse princípio e com o advento da Constituição de 1988, tem-se como revogado o art. 26 do código que previa o chamado *procedimento judicialiforme*, consistente na possibilidade da ação penal se iniciar através de portaria do delegado de polícia ou do juiz de direito, nas contravenções penais.

b) princípio da **obrigatoriedade** (ou da legalidade): a maioria dos manuais ensina que, de acordo com esse princípio, o Ministério Público, presentes as condições da ação, é obrigado a agir, a ingressar com a ação penal, a não ser em determinados casos expressamente previstos em lei, como na possibilidade de transação penal nas infrações penais de menor potencial ofensivo (art. 76 da Lei 9.099/95). Para uma corrente mais moderna, não sem razão, a obrigatoriedade deve ser revisitada, não podendo ser encarada como uma imposição cega de fazer a mesma coisa sempre e a todo custo, inclusive contra os próprios objetivos que fundamentaram o princípio da legalidade. O promotor de Justiça Rodrigo Cabral alerta que a ideia importante da obrigatoriedade é a que não pode o Ministério Público, sem justa causa, simplesmente abrir mão de dar uma resposta às investigações penais maduras e viáveis que se encontram em seu poder (*Acordo de não persecução penal - Um panorama sobre o acordo de não persecução penal. 1ª. ed. Salvador: Ed. Juspodivm. 2018 p. 40*).

Assim, tal interpretação deixa claro que o Ministério Público não pode conceder favores ilegítimos para determinadas pessoas. Tem o promotor de Justiça o dever de agir. Mas como agir? A resposta vai depender da política criminal eventualmente adotada pela instituição. Agir pode ser oferecendo transação penal ao autor de uma infração de menor potencial ofensivo (art. 76 Lei 9.099/95). Ou propondo acordo de não-persecução penal com investigado por crime não violento, com pena mínima inferior a 4 anos (art. 28-A CPP). Ou, por fim, ajuizando a ação penal (denúncia-crime). Em qualquer caso, contudo, o Ministério Público agiu, buscando a solução mais promissora para tornar nosso sistema penal um pouco mais efetivo e com respostas mais adequadas.

c) princípio da **indisponibilidade**: segundo esse princípio, o Ministério Público não pode *dispor* da ação penal, ou seja, a ele não é dado abrir mão da ação penal. Assim, uma vez ofertada a denúncia, não mais se admite a desistência da ação (art. 42), já que o processo deverá terminar, necessariamente, por meio de uma sentença. Ou, interposto o recurso, ele deverá obrigatoriamente ser julgado, não podendo o promotor dele desistir (art. 576). Também aqui se entende que a Lei 9.099/95, em seu art. 89, teria amenizado os efeitos desse princípio, ao admitir que, após a oferta da denúncia, seja o processo suspenso desde que preenchidos os requisitos objetivos e subjetivos autorizadores desse favor legal.

d) princípio da **divisibilidade**: a doutrina não é unânime em relação a esse tópico, parte apontando a divisibilidade como um dos princípios da ação penal e parte ensinando que vigora, ao contrário, o princípio da indivisibilidade da ação penal pública. Pela primeira orientação, a ação penal pode ser *dividida*, não sendo vedado o desmembramento do processo. Assim, por exemplo, nada impede que oferecida a denúncia contra um indiciado, posteriormente seja ela aditada, para incluir um coautor. Ou que, após proferida a sentença contra um réu, seja o coautor do crime, até então não identificado, processado posteriormente pelo mesmo fato. Ou ainda que, por conveniência da instrução criminal, seja desmembrado o processo (art. 80 do CPP). É o entendimento que prevalece no STF. Já a segunda orientação é no sentido de que vigora a indivisibilidade da ação penal pública, já que, praticado o crime e identificados seus autores, o Ministério Público deve processar a todos, como verdadeiro desdobramento lógico do princípio da obrigatoriedade. É a lição de Afranio Silva Jardim (*Direito Processual Penal*, Rio de Janeiro: Forense, 8ª. ed., p. 294 e Hélio Tornaghi, *Instituições de Processo Penal*, São Paulo: Saraiva, 1977, 2ª., Ed., vol. 2°, p. 357).

e) princípio da **intranscendência**: a ação penal não pode ir além da pessoa que cometeu o delito, não atingindo, por exemplo, seus familiares. Trata-se, na verdade, de consequência de princípio constitucional, também conhecido como *princípio da intransmissibilidade da pena*, previsto no art. 5º, inc. XLV, da CF, pelo qual a pena não pode passar da pessoa do condenado. Tanto é assim que a morte do agente é causa de extinção da punibilidade, nos termos do art. 107, I, do Código Penal. Não se admite, por exemplo, que morto o condenado, a pena de multa seja cobrada de seus sucessores.

ATENÇÃO – Corrente doutrinária vislumbra na prática de crimes ambientais por pessoa jurídica, prevista na Lei nº 9.605/1998, uma exceção ao princípio da intranscendência. É que a pessoa jurídica, a rigor, não praticaria crime, afinal *universitas delinquere non potest*. Na medida, assim, em que a pessoa jurídica não tem vontade e consciência, tratando-se de mera ficção legal – argumentam – o crime seria, na verdade, perpetrado por seus dirigentes. E prosseguem: a despeito disso, ou seja, em que pese praticado o crime pela pessoa física, se estende também à pessoa jurídica sanções de cunho penal como, por exemplo, a interdição temporária de direitos e a suspensão parcial ou total de atividades. Ousamos discordar, posto que esse entendimento parte da premissa de que a pessoa jurídica não pode ser sujeito ativo de uma prática criminosa. Ocorre que, sem embargo das inúmeras discussões que se estabelecem sobre o tema, o certo é que, pelo menos em nosso direito positivo, a possibilidade da pessoa jurídica delinquir encontra expressa previsão constitucional (art. 225, § 3º da Constituição), em dispositivo que foi regulamentado pela Lei n. 9.605/1998. Ora, se a pessoa jurídica pode ser responsabilizada criminalmente e, considerando, em acréscimo, que essa circunstância não exclui a responsabilização da pessoa física, nos termos do parágrafo único, do art. 3º, da Lei n. 9.605/1998 ("a responsabilidade das pessoas jurídicas não exclui a das pessoas físicas, autoras, coautoras ou partícipes do mesmo fato"), não há porque se vislumbrar a transcendência da pena, eis que cada ente (físico e jurídico) se sujeita a penas autônomas.

JURISPRUDÊNCIA

Princípio da oficialidade

"O direito de pedir a prestação jurisdicional para uma pretensão, fundada na afirmativa da prática de fato penalmente típico, perseguível mediante a iniciativa de órgão do Estado para isto instituído pela lei, sempre foi, e continua sendo, monopólio do Ministério Público" (TACrim-SP – Rel. Godofredo Mauro – JUTACRIM 76/178).

Princípio da obrigatoriedade não impede posterior aditamento da denúncia

"Na ação penal pública, vigoram os princípios da obrigatoriedade e da divisibilidade da ação penal, os quais, respectivamente, preconizam que o Ministério Público não pode dispor sobre o conteúdo ou a conveniência do processo. Porém, não é necessário que todos os agentes ingressem na mesma oportunidade no pólo passivo da ação, podendo haver posterior aditamento da denúncia" (STJ – HC n° 27119-RS, Rel. Gilson Dipp j. 24.06.2003, DJ 25.08.2003, p. 341).

Princípio da indisponibilidade não impede pedido de arquivamento do inquérito policial

"O Ministério Público não tem a disponibilidade da ação penal, que é inderrogável. Isto, porém, não quer dizer que o Ministério Público não possa, em face das provas do inquérito, concluir e escolher, um incidente que envolva duas ou mais pessoas, aquela ou aquelas contra quem apresentar denúncia" (STF – Rel. Cordeiro Guerra – RTJ 94/137).

"A indisponibilidade da ação penal pública pelo Ministério Público não significa que não possa excluir da denúncia um dos co-autores, quando devidamente justificado" (STJ – Rel. Cid Flaquer Scartezzini – RSTJ 55/249).

Princípio da indivisibilidade

a) inexistência na ação penal pública

"Diversamente do que ocorre com as ações penais de natureza privada, as de natureza pública não se guiam pelo **princípio da indivisibilidade,** previsto no art. 48 do CPP, motivo pelo qual inexiste qualquer impedimento à exclusão de corréu colaborador do pólo passivo da relação jurídico-processual. Essa conclusão em nada foi alterada com julgamento, pelo Excelso Pretório, do Habeas Corpus n.º 157.627, posto que a obrigação do atendimento da ordem de apresentação de alegações finais se restringe aos acusados." (STJ – AgRg no REsp n. 1.786.891/PR, relator Ministro Felix Fischer, Quinta Turma, julgado em 15/9/2020, DJe de 23/9/2020.)

"Embora parcela da doutrina sustente a aplicabilidade do princípio da indivisibilidade às ações penais públicas, prevalece na jurisprudência dos Tribunais Superiores o entendimento pelo que tal postulado só incide nas ações penais privadas. Precedentes do STJ e do STF. No caso dos autos, observa-se que o titular da ação penal, de posse dos elementos de informação colhidos na fase inquisitorial, entendeu que os possíveis coautores do crime de estelionato não teriam agido com culpabilidade, motivo pelo qual não os denunciou, requerendo o arquivamento do inquérito policial quanto a eles, o que foi homologado pelo togado sentenciante. Ora, se o Ministério Público, a quem compete privativamente promover a ação penal pública, entendeu não ser cabível a instauração de processo criminal contra determinadas pessoas, as quais não teriam agido com culpabilidade, entendimento que foi confirmado pelo Juiz responsável pelo feito, impossível considerar a denúncia ofertada nos autos inepta" (STJ – HC n° 218042-SP, Rel. Jorge Mussi, j. 05.03.2013, DJe 12.03.2013).

b) existência na ação penal pública

"Crime plurissubjetivo é aquele que exige, para a realização do tipo penal, a participação de dois ou mais agentes, todos tendendo a um fim único. Fere o princípio da indivisibilidade da ação penal a denúncia que, não obstante a narração com minúcias da participação de diversas pessoas para a prática do crime plurissubjetivo, imputa-o apenas uma delas" (STJ – HC n° 6429-AM, Rel. Edson Vidigal – RSTJ 115/415).

c) inexistência na ação penal privada

"Em face do princípio da indivisibilidade da ação penal privada, previsto no art. 48 do CPP, há a obrigação de o ofendido, ao optar pelo processamento dos autores da infração, fazê-lo em detrimento de todos os envolvidos. Não obstante, quando várias pessoas denigrem a imagem de alguém, via internet, cada uma se utilizando de um comentário, não há coautoria ou participação, mas vários delitos autônomos, não havendo de se falar em renúncia tácita." (STJ – APn 613/SP. Corte Especial. Relator Ministro OG FERNANDES. Julgado em 20.05.2015, DJe em 28.10.2015)

Inexistência de indivisibilidade na ação penal pública condicionada à representação

"A eficácia objetiva da **representação,** interligada ao **princípio da indivisibilidade** que vige na ação penal pública, confere ao MP a possibilidade de atuar prontamente contra todos os envolvidos, ainda que a **representação** não tenha abrangido todos os autores da infração. Logo, admissível o aditamento à denúncia pelo Parquet para fins de inclusão de corréu não constante da **representação** do ofendido. Incabível a incidência da decadência semestral para **representação** criminal em desfavor do recorrente, sobretudo porque há que se considerar o princípio da obrigatoriedade da ação penal pública, que vincula e legitima a atuação do Ministério Público a fim de que, havendo notícia do crime, apure os fatos e promova a ação penal contra todos os envolvidos no fato delituoso." (STJ – AgRg no REsp n. 1.558.569/PR, relator Ministro Sebastião Reis Júnior, Sexta Turma, julgado em 17/11/2016, DJe de 1/12/2016.)

Princípio da indivisibilidade não obriga a denúncia contra todos os indiciados

"O oferecimento da denúncia, na ação penal pública, não se submete ao **princípio da indivisibilidade,** razão pela qual o não oferecimento de denúncia em relação a um dos supostos envolvidos na prática de um crime não interfere na situação jurídica dos demais. A extensão dos efeitos de uma determinada decisão penal favorável a um coautor ou partícipe depende de referir-se a decisão a aspectos objetivos relativos ao fato criminoso e de a decisão afetar substancialmente a situação do outro acusado, o que não ocorre na hipótese em apreço, em que a rejeição da denúncia pelo TJ/RO decorreu de aspectos pessoais. (STJ – APn n. 629/RO, relatora Ministra Nancy Andrighi, Corte Especial, julgado em 28/6/2018, DJe de 10/8/2018.)

Requisição do Ministro da Justiça – Há situações em que, embora o Ministério Público seja o titular da ação penal, ele depende da prévia requisição do Ministro da Justiça. É o mesmo que ocorre com a representação, quando a vítima faz um *pedido-autorização* que habilita o Ministério Público a atuar. Aqui, esse *pedido-autorização* é formulado pelo Ministro da Justiça e tem a natureza jurídica (como a representação) de uma *condição de procedibilidade*, ou seja, o *parquet* somente poderá oferecer a denúncia se, antes, contar com a requisição. De se ver, porém, que a requisição não tem o caráter de ordem e, por consequência, uma vez apresentada não obriga o Ministério Público a denunciar. Ele, como titular exclusivo da ação (*dominus littis*), a partir da requisição, está autorizado a ofertar a denúncia, mas não compelido a fazê-lo.

Hipóteses de cabimento – As hipóteses de crimes de ação penal pública condicionada à requisição do Ministro da Justiça são raras. No Código Penal há dois exemplos: no caso de crime contra a honra do Presidente da República ou contra chefe de governo estrangeiro (art. 145, parágrafo único, do CP) e nos delitos praticados por estrangeiro contra brasileiro no exterior (art. 7º, § 3º, *b*, do CP). O Código Penal Militar, em seu art. 122, prevê a necessidade de requisição quando da prática de crimes contra segurança externa do país, definidos nos arts. 136 a 141 do CPM. Vê-se, pois, que não é qualquer crime perpetrado contra o Presidente da República que exige a prévia requisição do Ministro da Justiça, mas somente aqueles que tenham atingido sua honra.

A Lei de Imprensa (Lei nº 5.250/67), em seu art. 40, inc. I, "a", previa duas hipóteses em que se reclamava a prévia requisição do Ministro da Justiça: nos crimes contra a honra praticados pela imprensa, tendo como vítimas "o Presidente da República, Presidente do Senado, Presidente da Câmara dos Deputados, Ministro do Supremo Tribunal Federal, Chefe de Estado ou Governo estrangeiro, ou seus representantes diplomáticos" (art. 23, inc. I), ou contra Ministro de Estado. Ocorre que, por decisão do Supremo Tribunal Federal, que acolheu a Ação de Descumprimento de Preceito Fundamental nº 130-DF, a Lei de Imprensa foi considerada incompatível com a ordem constitucional vigente, não tendo mais aplicação. Ver, a respeito, comentários ao art. 1º, inc. V acima.

Não há que se falar em decadência – A requisição, ao contrário do que ocorre com a representação, não se submete a nenhum prazo decadencial e pode ser ofertada a qualquer tempo, desde que, por óbvio, não tenha sido a pretensão punitiva do Estado atingida pela prescrição.

É possível a retratação? – Considerando a dúvida doutrinária existente, não incluímos na questão o debate sobre a possibilidade da retratação da requisição. Mas vale a pena mencioná-lo. Parte da doutrina entende que sim, afinal a requisição não passa de um ato administrativo e, como tal, sujeito à conveniência e oportunidade do administrador. Assim, nada impede que o Ministro da Justiça, num primeiro momento, tenha entendido conveniente a oferta da requisição para, num segundo instante, voltar atrás, dela se retratando, desde que antes da oferta da denúncia (art. 25 do CPP). Outra corrente doutrinária entende que a requisição é irretratável. Primeiro porque o código, no art. 25, prevê a possibilidade de retratação apenas para a representação e não para a requisição. Segundo em virtude de que, tratando-se de ato relevante, revestido de seriedade, que se imagina decorrente de profunda análise, já que emanado do Ministro da Justiça, não tem cabimento que, uma vez apresentado, seja posteriormente objeto de retratação.

ATENÇÃO - Nos termos do art. 31 do Código de Processo Penal Militar, dependerão também de requisição os crimes previstos nos arts. 136 a 140 do Código Penal Militar. Nesse caso, a requisição deve ser formulada "pelo Ministério a que o agente estiver subordinado". Assim, por exemplo, se o crime foi praticado por um marinheiro, caberá ao Ministro da Marinha a oferta da requisição. Já para o crime do art. 141 do Código Penal Militar, a requisição é incumbência do Ministro da Justiça.

Ação penal popular – Cogitou-se da possibilidade de qualquer do povo ajuizar a ação penal, de cunho condenatório, com base na Lei nº 1.079/1950, que define os crimes de responsabilidade e regula o respectivo processo de julgamento. Com efeito, nos termos do art. 14 deste diploma, "é permitido a qualquer cidadão denunciar o Presidente da República ou Ministro de Estado, por crime de responsabilidade, perante a Câmara dos Deputados". Também a Lei nº 7.106/1983, permite que a mesma denúncia se volte contra Governador ou Secretário do Governo do Distrito Federal (art. 2º da lei).

Ocorre que tais diplomas não foram recepcionados pela Constituição de 1988, que atribuiu ao Ministério Público, com exclusividade, a titularidade da ação penal pública. E não é só: ambas as leis não possuem um caráter penal, posto que, em caso de condenação, deixam de impor pena privativa de liberdade, restritiva de direitos ou multa, que são as sanções previstas em nosso Código Penal (art. 32).

De sorte que a Lei nº 1.079/1950, em seu art. 70, prevê que "no caso de condenação, fica o acusado desde logo destituído do seu cargo".

Também a Lei nº 7.106/1983 não contempla nenhuma sanção de ordem penal. Com efeito, em seu art. 4º, prevê, em caso de condenação do réu, a "perda do cargo, com inabilitação até 5 (circo) anos para o exercício de qualquer função política". E completa, na parte final do dispositivo, que tal condenação ocorrerá "sem prejuízo da ação da justiça comum". Ora, a ação da justiça comum referida na lei é, decerto, a respectiva ação penal, deixando clara a natureza cível da condenação oriunda da prática de alguma das condutas previstas na Lei nº 7.106/1983.

Em ambas as leis, o julgamento é político, ou seja, com trâmite perante o Congresso Nacional, sem que se cogite de um provimento jurisdicional, emanado do Poder Judiciário, o que reforça o caráter civil das condenações. Aliás, a Lei nº 7.106/1983 afirma que o julgamento se fará "de acordo com a norma do processo administrativo" (art. 5º, § 2º), que, a par do inusitado, bem demonstra que de processo penal não se trata.

Em verdade, os atos ilegais previstos em ambas as leis, configuram atos de improbidade administrativa, cuja natureza jurídica é civil, conforme se depreende do teor do artigo 37, § 4º da Constituição que prevê a responsabilização por atos de improbidade sem prejuízo da ação penal.

Pode-se afirmar, porém, que nem mesmo sob o aspecto administrativo esses diplomas perduram, revogados que foram pela Lei de Improbidade Administrativa (Lei nº 8.249/1992). Este último diploma, de sua parte, não contempla a legitimidade ativa para qualquer do povo ajuizar a respectiva ação, restando apenas o caminho da ação popular, visando o ressarcimento do erário. Ora, se nem sob o aspecto civil, cujo caráter é inegável na ação de improbidade administrativa, se cogita da iniciativa popular, como imaginá-la em uma ação penal?

Não temos dúvida em apontar, assim, a inexistência, em nosso ordenamento jurídico, da ação penal popular.

A decisão do STF quanto à natureza da ação penal nos crimes de lesões corporais leves e culposas, cometidos no âmbito doméstico – Em sessão plenária realizada no dia 09 de fevereiro de 2012, o Supremo Tribunal Federal apreciou a ADIn nº 4.424-DF, ajuizada pela Procuradoria-Geral da República, cujo objetivo era ver declarada a inconstitucionalidade dos arts. 12, inc. I, e 16, a fim de que se reconhecesse que a ação penal, nos crimes de lesões corporais que envolvam violência doméstica e familiar contra a mulher, é pública incondicionada, a prescindir, portanto, da prévia representação da vítima. A ADIn fazia referência, ainda, ao art. 41 da lei, para que a ele fosse dada uma interpretação conforme a Constituição.

A ADIn nº 4.424-DF foi acolhida por maioria de votos (vencido o Ministro Cezar Peluso), a fim de firmar a tese no sentido de que, nas lesões corporais leves e culposas, a ação penal é pública incondicionada. É preciso que se tenha presente, porém, que esse entendimento se restringe, apenas, aos crimes de lesões corporais leves e culposas. De sorte que, conforme destacado no Informativo nº 654, do Supremo Tribunal Federal, de 6 a 10 de fevereiro de 2012, "acentuou-se, entretanto, permanecer a necessidade de representação para crimes dispostos em leis diversas da 9.099/95, como o de ameaça e os cometidos contra a dignidade sexual". E nem poderia ser diferente, já que não foram atingidos pela Lei nº 9099/95 e sempre dependeram de representação. Ao declarar constitucional o art. 41 da Lei Maria da Penha, que afasta a incidência dos Juizados Especiais Criminais, por consequência excluiu, também, a necessidade de representação, mas apenas para esses dois delitos. Para os demais crimes (ameaça, por exemplo), continua sendo exigida.

Efeito vinculante da decisão do STF – Não é demais lembrar que essa decisão do STF, proferida em sede de ação direta de inconstitucionalidade, possui eficácia "erga omnes" e com efeito vinculante, nos termos do que dispõe o § 2º, do art. 102, da Constituição. Ostenta, pois, um caráter transcendente, a ser compulsoriamente observado por todos os Tribunais, legitimando, em caso de desobediência, a propositura de reclamação perante o STF, para garantir a autoridade de suas decisões (CF, art. 102, inc. I, "l").

JURISPRUDÊNCIA

Lesões corporais leves e violência doméstica. Desnecessidade de representação

"A ação penal, em se tratando de crime de lesões corporais praticadas no âmbito doméstico, é pública incondicionada, sem possibilidade de retratação da vítima, não importando em que extensão (leve, grave ou gravíssima, dolosa ou culposa). Aplicação imediata do entendimento firmado pelo Supremo na ADI 4424/DF" (STJ, AgRg no HC 213597-MT, j. 19.09.2013, Rel. Og Fernandes, *DJe* 01.10.2013).

Inclusive para crimes ocorridos anteriormente à decisão do STF

"Esta nossa Casa de Justiça, no julgamento das mencionadas ações de controle concentrado de constitucionalidade, não fez uso da faculdade de que trata o art. 27 da Lei 9.868/1999. Em palavras outras: o Supremo Tribunal Federal não restringiu os efeitos das decisões nem determinou que essas decisões apenas tivessem efeitos a partir do trânsito em julgado dos respectivos acórdãos. Pelo que a declaração de constitucionalidade dos dispositivos da chamada Lei Maria da Penha se aplica, sim, aos casos anteriores ao julgamento da ADC 19 e da ADI 4.424" (STF – RCL nº 14132-SP, Rel. Ayres Britto, j. 12.07.2012, DJE de 02-08-2012).

Retratação assinada pela vítima e violência doméstica. Irrelevância

"A declaração de retratação assinada pela vítima, inserta nos autos, não tem o condão de impedir o prosseguimento da ação penal, conforme entendimento uníssono desta Corte, em harmonia com o Supremo Tribunal Federal, que, no julgamento da ADIn n. 4.424/DF, em conformidade com os arts. 12, I, 16 e 41 da Lei n. 11.340/2006, estabeleceu que, nos casos de lesão corporal no âmbito doméstico, seja leve, grave ou gravíssima, dolosa ou culposa, a ação penal é sempre de natureza pública incondicionada" (STJ – HC nº 287226-ES, Rel. Nefi Cordeiro, j. 22.04.2014, DJe 05.05.2014).

Vias de fato e violência doméstica. Desnecessidade de representação

"Seja caso de lesão corporal leve, seja de **vias de fato,** se praticado em contexto de violência doméstica ou familiar, não há falar em necessidade de **representação** da vítima para a persecução penal." (STJ- AgRg no AREsp 703.829/MG, Relator Ministro SEBASTIÃO REIS JÚNIOR, Sexta Turma, julgado em 27/10/2015, DJe 16/11/2015).

Prazo final para retratação

"O direito da vítima de se retratar deve ser exercido até o oferecimento da denúncia, conforme dispõe o art. 25 do CPP e 102 do CP. Ultrapassado esse prazo resta superada a oportunidade da renúncia, incidindo o instituto da decadência, nos termos do art. 103 do Código Penal. Precedentes" (STJ – HC nº 190854-DF, Rel. Gilson Dipp, j. 27.03.2012, DJe 09.04.2012).

Escritura posterior. Ineficácia

"A ação penal é pública, condicionada à representação, que foi devidamente oferecida pelas genitoras das vítimas, sendo certo que eventual retratação ocorrida após o oferecimento da denúncia não importa em trancamento da ação penal. As "escrituras públicas de declaração" lavradas em tabelionato posteriormente ao oferecimento da denúncia, juntadas aos autos do processo pela defesa com o fim de demonstrar o perdão concedido ao recorrente pelas mães das vítimas, em nada alteram ou influenciam o seu curso regular, agindo acertadamente o Juízo processante ao indeferir o pedido de extinção da punibilidade feito em seu favor" (STJ – RHC nº 18780-SC, Rel. Gilson Dipp, j. 06.06.2006, DJ 01.08.2006, p. 459).

Ação penal na contravenção de vias de fato – Com o advento da Lei nº 9.099/95, que tratou dos Juizados Especiais Criminais, os delitos de lesão corporal leve e lesão corporal culposa, previstos, respectivamente, nos arts. 129, "caput" e 129, parágrafo 6º, do Código Penal, sofreram sensível alteração no que diz respeito à condição de procedibilidade. Ou seja, passou-se a exigir, como condição para o exercício da ação penal pelo Ministério Público, a prévia representação do ofendido ou de seu representante legal ou mesmo de seus sucessores, nos termos do disposto no art. 88 da mencionada lei. De sorte que, tais delitos anteriormente elencados entre aqueles de ação penal pública incondicionada, passaram a receber tratamento de ação penal pública condicionada a anterior manifestação de vontade da vítima, sem embargo da titularidade ser mantida com o *parquet*.

Questão, entretanto, que tem causado certa discussão no âmbito prático é a atinente à necessidade da mencionada representação também para as hipóteses da contravenção penal de vias de fato, prevista no art. 21 da lei própria. Ressalte-se, de plano, que a Lei nº 9.099/95 foi, sob esse aspecto, omissa, talvez por preferir deixar a questão para uma reforma futura, mais abrangente, que venha a culminar, inclusive, com a edição de uma nova lei que cuide das contravenções penais.

Entendíamos, contudo, que, por criação jurisprudencial, acabaria por se exigir, também nas hipóteses de vias de fato, a prévia representação do ofendido. E se cobraria tal condição por uma questão que nos parecia lógica: se para o delito de lesão corporal leve, que é crime e, portanto, mais grave já se exige a representação, com muita mais razão para a mera contravenção penal de vias de fato tal condição de admissibilidade da persecução penal deverá estar presente. Saliente-se que a infração em tela tem um caráter marcantemente subsidiário em relação ao crime de lesão corporal, revelado pela própria letra do art. 21 da LCP, ao estabelecer, em seu parágrafo único, que "...se o fato não constitui crime".

Ademais, são infrações penais da mesma espécie, a primeira delas prevista no capítulo do Código Penal que prevê os crimes contra a pessoa; e, a segunda, elencada, na lei própria, entre as contravenções referentes à pessoa. A distinção reside no fato de que, enquanto a contravenção é infração de perigo, o crime do art. 129 reclama, além do perigo, o dano decorrente da lesão suportada pela vítima.

Portanto, se para o mais que é o crime se exige a representação, com razão exigir-se, também, para o menos que é a contravenção. Cuida-se, mesmo, de aplicação da analogia *in bonam partem*, de resto expressamente prevista no art. 3º, do Código de Processo Penal. Cremos, pois, que, a despeito do que reza o art. 17 da Lei das Contravenções Penais, ao ressaltar o caráter público incondicionado da ação penal, o mais correto seria, ante as razões expostas, se exigir, também nas hipóteses de vias de fato, a prévia representação do ofendido.

Este, contudo, não tem sido o entendimento da jurisprudência, conforme julgado abaixo transcrito:

> "O artigo 88 da Lei n.º 9.099/95, que tornou condicionada à representação a ação penal por lesões corporais leves e lesões culposas, não se estende à persecução das contravenções penais. A contravenção penal de vias de fato, insculpida no artigo 21 da Lei de Contravenções Penais (Decreto Lei n.º 3.688/41), ainda que de menor potencial ofensivo em relação ao crime de lesão corporal, não foi incluída nas hipóteses do artigo 88 da Lei n.º 9.099-95. A Lei de Contravenções Penais (Decreto Lei n.º 3.688/41) continua em pleno vigor e nela há expressa previsão legal de que a ação penal é pública incondicionada, conforme disciplina o seu artigo 17." (STJ – RHC n. 47.253/MS, relatora Ministra Maria Thereza de Assis Moura, Sexta Turma, julgado em 4/12/2014, DJe de 17/12/2014.)

Ação penal nos crimes contra a honra – Nos crimes contra a honra, a regra é perseguir a pena mediante ação penal privativa da vítima ou de seu representante legal, nos termos anunciados pelo art. 145 do Código Penal. O mesmo artigo, no entanto, prevê exceções, a saber:

a) resultando na vítima lesão física (injúria real com lesão corporal), apura-se o crime mediante ação pública incondicionada (com o advento da Lei 9.099/95, temos doutrina lecionando ser pública condicionada, modalidade de ação agora cabível no caso do art. 129, *caput*);

b) será penal pública condicionada à representação no caso de o delito ser cometido contra funcionário público, no exercício das suas funções, ou contra os Presidentes do Senado Federal, da Câmara dos Deputados ou do Supremo Tribunal Federal, em razão ou não da sua função (art. 141, II) e condicionada à requisição do Ministro da Justiça no caso do n. I do art. 141 (contra o Presidente da República ou chefe de governo estrangeiro);

c) a jurisprudência dos Tribunais Superiores já havia sedimentado a tese de que a injúria racial está abrangida no crime de racismo. Essa jurisprudência foi, em parte, prestigiada pela Lei 14.532/23, que promoveu mudanças no crime de injúria e na Lei de Racismo, migrando várias formas do crime do art. 140, §3º, do CP, para a Lei 7.716/89. Vejamos.

O § 3º do art. 140 do CP, acrescentado pela Lei 9.459/97 e alterado pelo Estatuto da Pessoa Idosa (Lei 10.741/2003), antes da Lei 14.532/23, dizia o que segue:

§ 3º Se a injúria consiste na utilização de elementos referentes a raça, cor, etnia, religião, origem ou a condição de pessoa idosa ou portadora de deficiência:

Pena – reclusão de 1 (um) a 3 (três) anos, e multa.

Por muitos anos a doutrina e a jurisprudência alertavam que a qualificadora da injúria não se confundia com o crime de racismo, este tipificado na Lei 7.716/89. No crime de racismo teria que existir segregação (marginalização) em função de raça, cor, etnia, religião ou procedência nacional. Impedir alguém, por exemplo, de ingressar numa festa por causa de sua cor sempre foi encarado como racismo, delito inafiançável e imprescritível por expressa disposição constitucional (art. 5º, XLII). Já a ofensa envolvendo raça, cor, etnia, religião ou origem da vítima, sem segregação, era injúria qualificada.

A diferença entre as condutas repercutia em alguns aspectos práticos, pois enquanto o racismo é inafiançável, imprescritível e de ação penal pública incondicionada, a injúria sempre foi tratada como crime afiançável, prescritível e de ação penal pública condicionada a representação do ofendido.

Mas isso mudou, começando pela citada jurisprudência. O STJ, julgando agravo regimental no recurso especial nº 686.965/DF, considerou que a injúria racial está na seara dos crimes relativos ao racismo e é também *imprescritível*, pois tem sentido de segregação, somando-se às definições da Lei nº 7.716/89, que não traz um rol taxativo. O STF seguiu a mesma linha no julgamento do *habeas corpus* 154.248/DF (j. 28/10/2021), no qual concluiu que a injúria racial está entre os tipos penais de racismo. Segundo o tribunal, a Constituição Federal, que é expressa a respeito da imprescritibilidade do racismo, não distingue quais tipos penais podem ser assim classificados, ou seja, não limita a incidência de medidas mais severas às condutas tipificadas na Lei 7.716/89.

Nessas decisões, não se aprofundou uma série de consequências, a par da imprescritibilidade, como o cabimento ou não da fiança, necessidade ou não de representação do ofendido. Não bastasse, coube à doutrina alertar que o alargamento dado pelas citadas decisões não abrangeria todo o §3º, pois o preconceito quanto à condição de pessoa idosa ou com deficiência não é objeto da Lei 7.716/89.

Depois da intervenção dos Tribunais, interveio o legislador. A Lei 14.532/23 modifica novamente o conteúdo da qualificadora do art. 140, §3º, do CP, que passa a ter a seguinte redação:

§ 3º Se a injúria consiste na utilização de elementos referentes a religião ou à condição de pessoa idosa ou com deficiência:

Pena – reclusão de 1 (um) a 3 (três) anos, e multa.

Exclui-se da forma qualificada do crime de injúria ofensas envolvendo a utilização de elementos referentes a raça, cor, etnia ou procedência nacional. Estas modalidades de preconceito migraram para a Lei 7.716/89, não havendo mais dúvidas de que devem sofrer as mesmas consequências do crime de racismo, isto é, imprescritível, inafiançável e de ação penal pública incondicionada.

Antes da Lei 14.532/23	Depois da Lei 14.532/23
CP. Art. 140 (...) § 3º Se a injúria consiste na utilização de elementos referentes a raça, cor, etnia, religião, origem ou a condição de pessoa idosa ou portadora de deficiência: Pena - reclusão de um a três anos e multa.	CP. Art. 140 (...) § 3º Se a injúria consiste na utilização de elementos referentes a religião ou à condição de pessoa idosa ou com deficiência: Pena - reclusão de um a três anos e multa.

Antes da Lei 14.532/23	Depois da Lei 14.532/23
	Lei 7.716/89 Art. 2º-A. Injuriar alguém, ofendendo-lhe a dignidade ou decoro, em razão de raça, cor, etnia ou procedência nacional. Pena - reclusão de 2 (dois) a 5 (cinco) anos e multa. Parágrafo único. A pena é aumentada de metade se o crime é cometido mediante o concurso de 2 (duas) ou mais pessoas

Curiosamente não migrou para a lei especial o preconceito religioso, igualmente objeto da Lei 7.716/89, faltando, nesse tanto, atenção da Casa de Leis. No que se refere ao preconceito religioso o intérprete terá que redobrar a atenção. Se o caso espelhar ofensas, será o crime do art. 140, §3º, do CP; se indicar segregação ou incentivo à segregação, crime da Lei 7.716/89.

Crime contra a honra de servidor público, no exercício da função – A despeito da exceção trazida pelo parágrafo único do art. 145 do CP, prevendo a legitimidade do promotor de Justiça, mediante representação do servidor ofendido, para o oferecimento da ação penal, veio à tona forte corrente sustentando, em casos tais, a admissibilidade da legitimação alternativa do Ministério Público e do agente público vítima, nascendo, para este, um verdadeiro direito de opção. Foi exatamente essa a posição adotada pelo Pretório Excelso, ao editar a Súmula 714: "É concorrente a legitimidade do ofendido, mediante queixa, e do Ministério Público, condicionada à representação do ofendido, para a ação penal por crime contra a honra de servidor público em razão do exercício de suas funções". Tal enunciado, no entanto, trará consequências extras, pois, se a opção for pelo oferecimento de queixa-crime, caberá a incidência de algumas causas extintivas da punibilidade (perdão do ofendido, retratação etc.), até então incompatíveis com os princípios informadores da ação penal pública.

Direito de opção e preclusão – De acordo com o mesmo Tribunal (STF), se o servidor ofendido optar pela representação ao Ministério Público, fica-lhe preclusa a ação penal privada (STF, 1ª T., HC 84.659-9-MS, rel. Min. Sepúlveda Pertence, j. 29.06.2005, v.u., DJU 19.08.2005). Com o devido respeito, pensamos que a opção por uma via (a da representação, por exemplo) não exclui a outra (a da queixa), desde que exercida dentro do prazo decadencial.

Ação penal nos crimes contra a liberdade sexual – antes da Lei 12.015/2009, a ação penal regra nos crimes sexuais era de iniciativa privada, de acordo com o que estabelecia o *caput* do art. 225. Havia, contudo, quatro exceções:

a) procedia-se mediante ação pública condicionada à representação se a vítima ou seus pais não podiam prover às despesas do processo sem privar-se de recursos indispensáveis à manutenção própria ou da família;

b) procedia-se mediante ação pública incondicionada se o crime era cometido com abuso do poder familiar, ou da qualidade de padrasto, tutor ou curador;

c) procedia-se mediante ação pública incondicionada se da violência resultasse na vítima lesão grave ou morte;

d) a ação penal era pública incondicionada, de acordo com a Súmula 608 do STF, quando o crime de estupro era praticado mediante o emprego de violência real (aplicando-se o mesmo ao atentado violento ao pudor).

Com a reforma de 2009, a regra passou a ser ação penal pública condicionada, transformando-se em pública incondicionada quando a vítima fosse:

I – menor de 18 anos; ou

II – pessoa vulnerável

A Lei 13.718/18 altera novamente a sistemática da ação penal, que passa a ser **sempre pública incondicionada.**

Ora, a regra geral determina que os crimes são de ação penal pública incondicionada a não ser que a lei disponha em sentido contrário. Dessa forma, teria sido de melhor técnica a simples revogação do art. 225, que se tornou absolutamente desnecessário.

No mais, a mudança, a nosso ver, é mais negativa do que positiva.

Como ponto positivo, tem-se, em primeiro lugar, que se encerra a discussão sobre o tipo de ação penal nos crimes agravados pelo resultado.

Com efeito, há casos, como no crime de estupro, em que a violência pode resultar na vítima lesão grave ou morte.

Quando entrou em vigor a redação dada ao art. 225 pela Lei 12.015/09, o Procurador-Geral da República, acolhendo manifestação da Subprocuradora-Geral da República, Deborah Macedo Duprat de Britto Pereira, ingressou com ADI (4.301), junto ao STF, solicitando o reconhecimento (inclusive liminar) da inconstitucionalidade do art. 225 do CP (sem redução de texto), para estabelecer que a ação penal no estupro com resultado morte ou lesão corporal grave deveria ser pública incondicionada. Três foram os fundamentos invocados: 1º) ofensa ao princípio da dignidade da pessoa humana; 2º) ofensa ao princípio da proteção eficiente (que nada mais significa que um dos aspectos do princípio da proporcionalidade); 3º) a possível extinção da punibilidade em massa nos processos em andamento (de estupro com resultado morte ou lesão corporal grave), porque passariam a exigir representação (sob pena de decadência).

Tornando-se pública incondicionada a ação, a discussão perde completamente o objeto.

Ainda como ponto positivo, supera-se definitivamente o debate a respeito da eficácia da Súmula 608 do STF: "No crime de estupro, praticado mediante violência real, a ação penal é pública incondicionada."

Eram várias as vozes segundo as quais a súmula permanecia eficaz mesmo após a redação conferida ao art. 225 do CP pela Lei 12.015/09. Segundo Cezar Roberto Bitencourt, por exemplo, as disposições da súmula, apenas um reforço ao disposto no art. 101 do CP a respeito da ação penal nos crimes complexos, continuavam aplicáveis exatamente por esse motivo:

> "No crime de estupro qualificado pelo resultado morte da vítima ou lesão grave, a ação penal é, inegavelmente, pública incondicionada, segundo a norma especial contida no art. 101 do Código Penal. Esse dispositivo legal, ao contrário do que se tem entendido, não consagra uma norma geral, pois sua razão de ser são exatamente as exceções quanto à natureza da ação penal pública incondicionada (regra geral), as quais se encontram na Parte Especial do Código Penal. Aliás, quanto à hipótese de estupro com resultado morte da vítima ou lesão grave, convém que se destaque, não houve alteração alguma, continua como sempre foi, ou seja, crime de ação pública incondicionada.
>
> (...)
>
> A previsão legal relativa ao crime complexo (art. 101), como estamos sustentando, não só é especial como também específica, uma vez que se destina a todos os crimes complexos distribuídos pelo Código Penal, independentemente do capítulo em que se encontrem. Na realidade, as previsões sobre a ação penal constantes do art. 225 e seu parágrafo único fazem parte, como uma subespécie (complementar),

daquela regra geral, segundo a qual a natureza da ação penal, quando não for incondicionada, deve vir expressa em lei; nesse sentido, a previsão casuística sobre a iniciativa da ação penal (v.g., arts. 145, 225 etc.) constitui norma geral complementar para esses crimes sexuais. Não teria sentido o afastamento do conteúdo do art. 101 por previsões sobre a natureza da ação penal, as quais, em razão do princípio da excepcionalidade, devem ser sempre expressas. Em outros termos, interpretação em sentido contrário esvaziaria a finalidade da previsão do art. 101, que poderia, inclusive, ser suprimido do Código Penal por absoluta inutilidade.

Com efeito, se não houvesse tais previsões, seria desnecessária a definição contida no referido artigo, pois, na ausência de menção expressa, a ação penal seria sempre pública incondicionada (art. 100). Em outras palavras, o conteúdo do art. 101 do Código Penal destina-se especificamente àquelas infrações penais cuja persecutio criminis depende da iniciativa do ofendido, na medida em que as outras dele não necessitam: são de ação pública incondicionada." (Disponível em http://www.cartaforense.com.br/conteudo/artigos/aplicacao-da-sumula-608-do-stf-no-estupro-posicao-favoravel/17876).

Sob a vigência da Lei 13.718/18, não há mais razão para invocar a súmula.

Contudo, igualar todas as formas pelas quais o crime pode ser praticado para retirar da vítima qualquer capacidade de iniciativa parece ser um retrocesso – e aqui está o ponto negativo da mudança.

O Estado, em crimes dessa natureza, não pode colocar seus interesses punitivos acima dos interesses da vítima. Em se tratando de pessoa capaz – que não é considerada, portanto, vulnerável –, a ação penal deveria permanecer condicionada à representação da vítima, da qual não pode ser retirada a escolha de evitar o *strepitus judicii*.

Preocupado com a revitimização, aliás, já decidiu o STJ pela separação da vulnerabilidade permanente da vulnerabilidade ocasional. Em relação à vítima possuidora de incapacidade permanente de oferecer resistência à prática dos atos de libidinagem, a ação penal seria sempre incondicionada. Mas, em se tratando de pessoa incapaz de oferecer resistência apenas na ocasião da ocorrência dos atos – ou seja, que não é propriamente vulnerável –, a ação penal deveria permanecer condicionada à representação da vítima (HC 276.510/RJ, j. 11/11/2014). Essa decisão, repise-se, buscou evitar que o Estado "atropelasse" direitos e garantias das vítimas em crimes dessa natureza.

Há quem defenda a alteração promovida pela Lei 13.718/18 sob o argumento de que quando a ação penal era privada – e, depois, pública condicionada –, as vítimas – mulheres em especial – passavam por constrangimentos e muitas vezes deixavam de comunicar o crime e de buscar a punição do agressor por medo de represálias, principalmente nas situações em que os fatos ocorriam no âmbito familiar. Isso fazia com que se multiplicassem casos de impunidade diante da extinção da punibilidade pela decadência. Argumenta-se que, diante de todo o avanço havido ao longo de décadas em relação ao papel social da mulher – o que, aliás, possibilitou um imenso incremento no sistema de proteção de mulheres vítimas de violência –, não há sentido na manutenção de uma regra que dificulta o ajuizamento da ação penal.

Mas, a rigor, os mencionados avanços serviriam mesmo para justificar a manutenção da regra que confere à vítima maior poder de decidir se deseja ou não processar o agressor e se submeter ao constrangimento característico de um processo dessa natureza. Ora, justamente porque se identifica a tomada de consciência a respeito da igualdade entre homens e mulheres é que se deve pressupor que a mulher vítima de um crime sexual tem, como o homem, plenas condições de decidir sobre seus interesses. O argumento que agora trazem para estabelecer que a ação penal seja pública incondicionada serviria para algumas décadas atrás. Hoje o raciocínio deveria ser exatamente inverso.

Ação penal nos crimes complexos – Antes de enfrentar o tema proposto nesse tópico, cumpre estabelecer alguns conceitos. Entende-se por crime complexo aquele formado por meio da reunião entre dois ou mais tipos penais, tutelando pluralidade de bens jurídicos. Como exemplos, podemos citar o crime de roubo (furto + constrangimento ilegal) e extorsão mediante sequestro (extorsão + sequestro), tutelando-se, em ambos os casos, o patrimônio e a liberdade individual.

A doutrina utiliza, também, a denominação *crime complexo em sentido amplo* para definir o delito acrescido de circunstâncias ou elementos que, por si só, não constituem crime. No caso da denunciação caluniosa, por exemplo, o delito, **numa das suas modalidades,** é constituído pela calúnia e pela comunicação à autoridade a ocorrência de infração penal, sendo este último ato, de *per si*, não criminoso. Do mesmo modo, o estupro, formado pelo constrangimento violento e pelo ato de libidinagem, que, tomado isoladamente, é atípico quando praticado contra pessoa não vulnerável.

A definição de crime complexo, em sentido estrito, é trazida pelo art. 101 do Código Penal, ao dispor que "quando a lei considera como elemento ou circunstâncias do tipo legal fatos que, por si mesmos, constituem crimes, cabe ação pública em relação àquele, desde que, em relação a qualquer destes, se deva proceder por iniciativa do Ministério Público". Imaginemos a prática de *injúria real*, prevista no art. 140, § 2º, do Código Penal, em que ocorra a contravenção penal de vias de fato. Há dois tipos penais, a saber, a injúria, de ação penal privada, e vias de fato, de ação penal pública (em posicionamento do qual, como vimos acima, temos reservas). Na inteligência do art. 101 do Código Penal, nessa hipótese a ação penal será pública incondicionada, de titularidade, pois, do Ministério Público. O mesmo raciocínio se aplica à ação penal pública dependente de representação. Imaginemos um crime de roubo, no qual dois tipos estão presentes: o furto, de ação penal pública incondicionada e a ameaça, de ação penal pública condicionada à representação (art. 147, parágrafo único do Código Penal). Praticado o roubo, não se exigirá, como condição de procedibilidade, a prévia representação da vítima, por se cuidar de um crime de ação penal pública incondicionada.

A doutrina mais moderna proclama a inutilidade do art. 101 do Código Penal, porquanto se deve seguir a regra geral, segundo a qual o silêncio do legislador induz cuidar-se de ação penal incondicionada. E, quando se trata de ação penal pública condicionada ou ação penal privada, a lei dirá, expressamente, que somente se processa mediante prévia representação do ofendido ou por meio de queixa-crime.

> **ATENÇÃO** – Temos, ainda, o crime *ultracomplexo*. Ocorre quando um crime complexo é acrescido de outro, este servindo como qualificadora ou majorante daquele primeiro. Imaginemos um roubo (crime complexo) praticado com emprego de arma de fogo. Há, na hipótese, uma unidade jurídica *ultracomplexa* formada pela reunião do crime de roubo (nascido da fusão do constrangimento ilegal + furto) e o crime de porte ilegal de arma de fogo.

Em outras palavras, percebemos um crime complexo (roubo) acrescido de outro (porte ilegal de arma de fogo), que serve como causa de aumento de pena do crime patrimonial. Praticados no mesmo contexto fático, com o fim de evitar *bis in idem*, o assaltante, no caso, deve responder apenas pelo roubo majorado (art. 157, § 2º-A, inc. I, do CP). Assim vem decidindo o Superior Tribunal de Justiça: "A conduta de portar arma ilegalmente é absorvida pelo crime de roubo, quando, ao longo da instrução criminal, restar evidenciado o nexo de dependência ou de subordinação entre as duas condutas e que os delitos foram praticados em um mesmo contexto fático, incidindo, assim, o princípio da consunção" (HC n. 178.561-DF – Rel. Marco Aurélio Bellizze, j. 22.05.2012, DJe 13.-06.2012).

Ação penal no crime de estelionato – A Lei 13.964/19 (Pacote Anticrime) inseriu no art. 171 o § 5º, que modifica a natureza da ação penal, antes pública incondicionada (com as exceções do art. 182 do CP). Atualmente, a ação penal é pública condicionada à representação, exceto se a vítima for:

I – a Administração Pública, direta ou indireta;

II – criança ou adolescente: segundo a definição do art. 2º da Lei 8.069/90, criança é a pessoa de até doze anos de idade incompletos, e adolescente aquela entre doze e dezoito anos de idade.

ATENÇÃO – É lição corrente na doutrina que a vítima do crime de estelionato deve ter capacidade para ser iludida, pois, do contrário, pode ocorrer abuso de incapazes (art. 173 do CP), no qual uma das condutas punidas é a de abusar, em proveito próprio ou alheio, de necessidade, paixão ou inexperiência de menor, induzindo-o à prática de ato suscetível de produzir efeito jurídico em prejuízo próprio ou de terceiro. Neste crime (art. 173), como se nota, não basta que se trate de um menor; é necessário que o agente obtenha proveito em razão de sua necessidade, paixão ou inexperiência. Assim, evita-se o conflito entre o estelionato contra criança ou adolescente e o abuso de incapazes apurando se a vítima sofreu o crime em razão de necessidade, paixão ou inexperiência. Tratando-se, por exemplo, de um adolescente já com certa experiência enganado como o seria outra pessoa também menos atenta, o crime é de estelionato com ação penal pública incondicionada.

III – pessoa com deficiência mental: a nosso ver, esta disposição não tem nenhum efeito, pois o ardil que vitima o deficiente mental se subsume necessariamente ao art. 173 do CP, que pune na qualidade de abuso de incapazes a conduta de abusar, em proveito próprio ou alheio, da alienação ou debilidade mental de outrem, induzindo-o à prática de ato suscetível de produzir efeito jurídico em prejuízo próprio ou de terceiro. Ao contrário do que ocorre no abuso contra criança ou adolescente, em que o tipo agrega um elemento sem o qual o crime não se caracteriza (necessidade, paixão ou inexperiência da vítima), o abuso contra deficiente mental se dá única e exclusivamente em razão da condição da pessoa. O tipo não traz nenhum elemento somado a essa condição para que se perfaça o crime. Por isso, o emprego de fraude que acarrete prejuízo ao deficiente mental e vantagem ao agente será sempre vinculado ao art. 173.

IV – maior de 70 (setenta) anos de idade ou incapaz: a regra da ação penal, diferentemente do que ocorre na majorante do § 4º, não utiliza o conceito legal de pessoa idosa, que, nos termos do art. 1º da Lei 10.741/03, é a pessoa com idade igual ou superior a sessenta anos. Somente se a vítima superar os setenta anos idade é que a ação penal se tornará pública incondicionada.

Segundo o art. 4º do Código Civil, além dos menores entre dezesseis e dezoito anos (já inclusos no inciso II), são incapazes, relativamente a certos atos ou à maneira de os exercer: a) os ébrios habituais e os viciados em tóxico; b) aqueles que, por causa transitória ou permanente, não puderem exprimir sua vontade; c) os pródigos.

Pode causar certa perplexidade o fato de o legislador ter modificado a ação penal no estelionato e não tê-lo feito no furto, cuja natureza, ao menos na maior parte das modalidades, é plenamente compatível com a ação penal que confere à vítima o poder de decidir se o autor do crime deve ser processado pelo Ministério Público.

Uma explicação plausível pode ser o fato de que o estelionato pressupõe a participação direta da vítima, que sofre o ardil, é enganada pela ação fraudulenta do agente, deixa-se levar por diversos fatores e, portanto, acaba por colaborar para seu próprio infortúnio. Isto não ocorre no furto, em que a vítima no geral ignora que está sendo despojada de seus bens, inclusive na subtração mediante fraude, que jamais pode servir para que a vítima colabore de alguma forma para o sucesso da empreitada criminosa, senão para que desvie sua atenção enquanto ocorre a subtração.

A participação direta da vítima no estelionato pode provocar uma espécie de constrangimento que a previna de procurar os órgãos de investigação para lhes relatar a fraude sofrida. A vitimologia, aliás, designa essa pessoa como "vítima por necessidade afetiva", porque, imbuída de boa-fé, acaba sendo envolvida pelo criminoso. Esta situação pode levá-la a não querer passar pelo constrangimento de relatar, por diversas vezes e para várias pessoas, o golpe sofrido. É exatamente o mesmo fundamento que antes limitava, com mais razão, a iniciativa persecutória nos crimes contra a dignidade sexual.

Retroatividade da Lei – Tendo em vista que a necessidade de representação no estelionato, novidade do PACOTE ANTICRIME, traz consigo institutos extintivos da punibilidade, a regra do § 5º do art. 171 do CP deve ser analisada sob a perspectiva da aplicação da lei penal no tempo. Logo nos posicionamos da seguinte forma:

a) se a inicial (denúncia) já foi ofertada, trata-se de ato jurídico perfeito, não sendo alcançado pela mudança. Não nos parece correto o entendimento de que a vítima deve ser chamada para manifestar seu interesse em ver prosseguir o processo. Essa lição transforma a natureza jurídica da representação de condição de procedibilidade em condição de prosseguibilidade. A lei nova não exigiu essa manifestação (como fez no art. 88 da Lei 9.099/1995);

b) se a incoativa ainda não foi oferecida, deve o MP aguardar a oportuna representação da vítima ou o decurso do prazo decadencial, cujo termo inicial, para os fatos pretéritos, é o da vigência da novel lei.

No STJ, a 5ª e a 6ª Turmas chegaram a divergir a respeito da retroatividade da norma. Mas, em decisão proferida em 24 de março de 2021, a Terceira Seção do tribunal dirimiu a divergência: a necessidade de representação retroage apenas nos casos em que a denúncia não tenha sido oferecida.

A divergência também aconteceu no STF. No primeiro trimestre de 2023 a Corte unificou o entendimento, discordando do STJ. O Tribunal, por maioria, concedeu a ordem em HC, determinando que o juízo de primeiro grau proceda à intimação da vítima para que se manifeste em trinta dias se dispõe de interesse no prosseguimento da ação penal. A representação retroage para alcançar processos pretéritos ao PACOTE ANTICRIME até o trânsito em julgado.

Ação penal contra parlamentares federais – A imunidade parlamentar relativa ao processo está disciplinada no artigo 53, § § 3º ao 5º da Constituição, alcançando os crimes praticados pelos congressistas **após** a diplomação. Nesses casos, permite-se à Casa Legislativa respectiva sustar, a pedido de partido político com representação no Legislativo Federal, o andamento da ação penal pelo voto ostensivo e nominal da maioria absoluta de seus membros. A suspensão da ação penal deverá ser apreciada no prazo improrrogável de quarenta e cinco dias e, caso se entenda pela sustação, ela persistirá enquanto durar o mandato, acarretando, igualmente, a suspensão da prescrição.

A matéria foi alterada pela EC nº 35/2001, como se percebe do quadro abaixo:

Imunidade Parlamentar Relativa ao Processo	
Antes da EC nº 35/2001	**Depois da EC nº 35/2001**
Abrangia qualquer crime, praticado antes ou depois da diplomação.	Só abrange crimes praticados após a diplomação
STF necessitava de autorização para iniciar o processo.	O STF dispensa a autorização. Contudo, a Casa legislativa, mediante voto, pode sustar o andamento do processo.
Enquanto não autorizado, não corria a prescrição.	A sustação do processo suspende também a prescrição.

ATENÇÃO – Registre-se que a imunidade parlamentar em sentido formal não se estende e nem alcança os inquéritos policiais que tenham sido instaurados contra membros do Congresso Nacional (RTJ 166/785-786, Rel. Min. Celso de Mello). Alerta-se, ainda, que na AP 937, o STF discutiu apenas a restrição da prerrogativa de foro dos parlamentares federais, hoje aplicada somente para delitos funcionais, não alcançando a imunidade processual, esta cabível em qualquer crime, desde que cometido após a diplomação.

§ 1º No caso de morte do ofendido ou quando declarado ausente por decisão judicial, o direito de representação passará ao cônjuge, ascendente, descendente ou irmão. (Parágrafo único renumerado pela Lei nº 8.699, de 27.8.1993)

Legitimidade para representar e destinatários da representação – A legitimidade para representar, isto é, a titularidade do direito de representação é do ofendido *ou de quem tiver qualidade para representá-lo*, nos termos do art. 24 do código. *Ofendido* é a pessoa que sofre as consequências da infração penal cometida pelo autor e, contando mais de 18 anos, cabe a ele, segundo critérios pessoais, decidir se quer ou não representar contra seu ofensor. Esse direito de representação pode ser exercido pessoalmente pela vítima *ou por procurador com poderes especiais*, conforme disposto no art. 39, primeira parte.

Sendo a vítima menor de 18 anos, a representação, conforme o dispositivo legal acima mencionado, pode ser ofertada por seu representante legal. Claro: o menor de 18 anos não possui capacidade, cabendo, por isso, ao seu representante legal manifestar sua vontade no lugar daquele. *Representante legal*, como regra, são os pais, mas também podem ser o tutor ou o curador. Não há, porém, grande rigor nesse conceito, tendo a jurisprudência admitido representações formuladas por avós, tios, irmãos, padrastos, enfim, por pessoas ligadas à vítima. Caso a vítima não tenha um representante legal, cabe ao juiz nomear-lhe um curador especial (art. 33), a quem cumpre decidir se irá ou não representar. A mesma solução se dará nas hipóteses em que o ofendido se encontrar *mentalmente enfermo, ou retardado mental*, ou quando seus interesses colidirem com os interesses de seu representante legal. Nesses casos, também lhe será nomeado um curador (art. 34).

Morrendo a vítima ou sendo declarada judicialmente ausente, o direito de representação é transferido ao cônjuge, ascendente, descendente ou irmão (art. 24, § 1º). Tratando-

-se de pessoa jurídica, a representação deve ser exercida por seus diretores, sócios-gerentes ou que os respectivos contratos designarem (art. 37). Na falência, caberá ao administrador fazê-lo (Art. 22, inc. III, "n" da Lei n. 11.101/2006). O art. 35, que exigia a autorização do marido para que a esposa pudesse ingressar com a queixa (e, por analogia, com a representação), acha-se revogado pela lei civil que confere absoluta igualdade de direitos entre homens e mulheres no casamento e no exercício do pátrio poder.

ATENÇÃO - Lembremos que o art. 226, § 3º, da Constituição da República, reconhece a união estável entre o homem e a mulher como entidade familiar. Esse princípio foi, posteriormente, regulamentado pela Lei n. 9278/1996 que, em seu art. 1º, dispôs que "é reconhecida como entidade familiar a convivência duradoura, pública e contínua, de um homem e uma mulher, estabelecida com objetivo de constituição de família". Tratam-se, contudo, de dispositivos muito posteriores à edição do Código de Processo Penal, da década de 1940, do século passado e que, bem por isso, não foram objeto de menção pelo legislador processual. A partir dessa nova realidade, porém, deve-se concluir, sem maior esforço, que aquele que manteve união estável com o falecido companheiro, detém legitimidade para representar ou ofertar queixa-crime em caso de sua morte.

A representação pode ser dirigida ao delegado, ao promotor de Justiça ou ao juiz, conforme se infere da leitura do art. 39 do código. Este último (juiz) não deve requisitar a instauração do procedimento investigatório, mas remeter o expediente para o Ministério Público analisar as medidas cabíveis.

Vítima menor de 17 anos, mas casada – É sabido que uma das causas que faz cessar a incapacidade do menor de 18 anos ocorre pelo casamento, na dicção do inc. II, do art. 5º, do Código Civil. Ocorre que essa causa irradia efeitos apenas no âmbito das relações civis, sem consequências, pois, de caráter penal. A partir desse impasse duas alternativas se abrem. A primeira sugere a nomeação de curador. Já a segunda propõe que se aguarde o ofendido completar 18 anos de idade, quando atingirá, portanto, a plena capacidade, contando-se, a partir daí, o prazo decadencial para oferta da representação ou da queixa. Por resguardar mais adequadamente os direitos do ofendido, propiciando que manifeste sua vontade com ampla autonomia e capacidade para fazê-lo, parece-nos mais adequada a segunda solução.

V., ainda, comentários ao art. 31 abaixo.

JURISPRUDÊNCIA

Titularidade da representação de outras pessoas que não relacionadas no § 1º. Possibilidade

a) avós

"É suficiente a manifestação de vontade do representante, podendo a representação ser exercida inclusive pelos avós da vítima, desde que inexistente manifestação em contrario dos progenitores" (STF – Rel. Carlos Velloso – RTJ 140/908).

"A jurisprudência desta Corte, diante da informalidade que permeia o oferecimento da representação nos crimes sexuais, orienta-se no sentido de que parente que conviva a vítima, menor, pode, sim, implementar a condição de procedibilidade. Ulterior declaração da mãe da ofendida, a propalar-se a representante legal da vítima, negando desejo de representar, e, assinalando, outrossim, a inocência do paciente, após a sentença condenatória, não tem o condão de inquinar a anterior manifestação da avó" (STJ – HC nº 132680-SP, Rel. Maria Thereza de Assis Moura, j. 16.08.2012, DJe 27.08.2012).

b) padrasto

"No caso em exame o padrasto da ofendida, menor de idade, não apenas registrou o boletim de ocorrência relatando o atropelamento de que ela fora vítima, como também ratificou os seus termos ao depor em sede policial, do que se retira o claro intuito de prosseguir com a apuração criminal dos fatos. Considerando-se a prescindibilidade de rigores formais para a representação, admite-se que outras pessoas, que não o pai, a mãe, o tutor ou curador, manifestem a vontade de que o suposto autor dos fatos seja responsabilizado penalmente. Doutrina. Precedentes" (STJ – HC n° 136738-MT, Rel. Jorge Mussi, j. 02.09.2010, DJe 08.11.2010).

c) tia da vítima

"Não se vislumbra a ocorrência da decadência ao **direito de representação** contra o ora Paciente, pela prática dos crimes de estupro e atentado violento ao pudor, cometido contra menor, uma vez que a representação, na hipótese, foi realizada pela **tia** da vítima, que durante praticamente toda a sua vida, inclusive na época dos fatos, era por ela responsável, sendo, portanto, perfeitamente válida." (STJ – HC n. 57.607/RO, relatora Ministra Laurita Vaz, Quinta Turma, julgado em 14/11/2006, DJ de 11/12/2006, p. 396.)

d) quem não detém tutela ou curatela

"Embora não tenha havido a nomeação de **curador** especial, não há dúvidas de que ante a colidência dos interesses da vítima com a retração feita pela sua irmã, o pai da ofendida interveio no inquérito policial e confirmou o desejo de ver o paciente penalmente responsabilizado pelos fatos. Assim, a exemplo do que ocorre nos casos em que há a nomeação de **curador** especial, em que o prazo decadencial para o exercício do **direito de representação** é contado a partir da ciência de sua nomeação, na hipótese dos autos não se pode afirmar, como pretendem os impetrantes, que o pai da vítima deveria ter formalizado a sua representação desde que teve ciência dos fatos. Demonstrado nos autos de que a família da vítima, pessoa portadora de doença mental, manifestou o seu interesse na persecução penal dos fatos, inicialmente por meio da irmã, e posteriormente pelo pai, não há como se concluir que houve qualquer tipo de inércia capaz de retirar-lhes o direito de representação, razão pela qual não há como reconhecer a pretendida extinção da punibilidade do paciente por força da decadência. (STJ- HC n. 251.857/SP, relator Ministro Jorge Mussi, Quinta Turma, julgado em 25/2/2014, DJe de 10/3/2014.)

e) qualquer pessoa que seja responsável pela vítima

"Este Superior Tribunal de Justiça vem se posicionando quanto à legitimidade de qualquer pessoa que, de alguma forma, seja responsável pelo menor para a realização de representação autorizativa da *persecutio criminis*, iniciando-se o lapso decadencial a partir do conhecimento dos fatos pelo respectivo representante" (STJ – AgRg no REsp n° 1110889-SC, Rel. Jorge Mussi, j. 05.02.2013, DJe 15.02.2013).

f) vizinha

"Para que o Ministério Público se torne parte legitima para intentar a ação penal, é suficiente que se manifeste pessoa de qualquer forma responsável pelo menor, ainda que o menor não resida em sua companhia. No caso, a menor, menor abandonada, mantida em cárcere privado, conseguiu se comunicar com uma senhora vizinha, em cuja residência pediu socorro e que fez a representação. Regular a representação que não exige formalidades maiores" (STF – Rel. Carlos Velloso – RTJ 160/256).

§ 2º Seja qual for o crime, quando praticado em detrimento do patrimônio ou interesse da União, Estado e Município, a ação penal será pública. (Incluído pela Lei nº 8.699, de 27.8.1993)

Patrimônio público – Os crimes, porque praticados contra o patrimônio da União, Estado e Município, atingem o interesse público e, por isso mesmo, são tais entes estatais os sujeitos passivos. Nesses casos, não há que cogitar de ação penal privada, na medida em que prevalece o interesse público na apuração e condenação dos agentes. E tampouco poderia se deferir, por exemplo, ao presidente da República, ao governador do estado ou ao prefeito municipal, a faculdade de ofertar ou não a queixa-crime, segundo sua conveniência e oportunidade. Não. Malferido o patrimônio público, a ação penal é pública incondicionada. A doutrina cita o exemplo do delito de fraude à execução, previsto no art. 179 do Código Penal, que, nos termos de seu parágrafo único, somente se processa mediante queixa. Assim quem suportando uma execução, caso aliene, desvie, destrua ou danifique bens, comete esse delito. Supondo, porém, a hipótese de a execução ser movida pelo INSS e caracterizada a fraude, a ação penal não será privada, como dispõe o citado parágrafo único, mas pública incondicionada, por conta da dicção do dispositivo em análise.

Art. 25. A representação será irretratável, depois de oferecida a denúncia.

Ação penal pública condicionada à representação – Nessas hipóteses, como já se viu, o titular da ação é o Ministério Público, que, porém, para ofertar a denúncia deve contar, antes, com um *pedido-autorização* da vítima (art. 24). A representação é, assim, a manifestação de vontade do ofendido ou de seu representante legal no sentido de que quer ver seu ofensor processado. Justifica-se em virtude de que, por vezes, o escândalo que o processo pode acarretar representa um mal maior do que o fato em si.

Posição intermediária – A ação penal pública condicionada à representação situa-se em uma posição intermediária entre a ação penal pública incondicionada e a ação penal privada. Na primeira (ação penal pública incondicionada), prevalece o interesse do Estado em que se puna o autor de determinado crime. Assim, por exemplo, a vítima de um roubo, ainda que *perdoe* seu algoz e que manifeste sua intenção no sentido de que não deseja o processo, não terá seu pedido atendido. Caberá à autoridade policial, de ofício, investigar e ao Ministério Público, forte no princípio da obrigatoriedade, processar o agente. No outro extremo tem-se a ação penal privada, onde, ao contrário, apenas a vontade da vítima prevalece. Em um crime contra a honra, praticado contra um particular, cabe única e exclusivamente a ele a iniciativa de ajuizar a queixa-crime. O Estado, é verdade, coloca à sua disposição o Código Penal, onde prevê tal conduta como delituosa, mas, de outra parte, deixa a critério da vítima a deflagração da ação penal. Tanto mais que para a instauração do inquérito policial se exige, nesses casos, um requerimento da vítima, na dicção do art. 5º, § 5º, do código. No meio termo se posiciona a ação penal pública condicionada. O interesse estatal continua presente, mas ele somente é exercitado se também a vítima revela interesse na punição de seu ofensor. São hipóteses "em que o interesse público na punição do crime fica menos subordinado à vontade do ofendido, e, por isso, lhe não transfere o Estado o direito de acusar, mas tão-só condiciona à sua provocação o início da *persecutio criminis*", na lição de José Frederico Marques (*Elementos de Direito Processual Penal*, vol. 1, p. 316).

Por isso, a lei exige que o ofendido manifeste sua vontade legitimando, assim, o Ministério Público para agir. O crime será de ação penal pública condicionada à representação quando o legislador, expressamente, apontar essa necessidade. Assim, por exemplo, o parágrafo único do art. 147, do Código Penal, diz que a ação penal no crime de ameaça dependerá da prévia representação do ofendido. Também o art. 88 da Lei nº 9.099/95, exige a representação nos crimes de lesão corporal leve e lesão corporal culposa.

Natureza jurídica da representação – A representação, a despeito de alguma divergência doutrinária, tem a natureza jurídica de verdadeira *condição de procedibilidade*, já que, sem ela, a ação penal não terá início. É dizer: o Ministério Público somente terá condição de processar o autor do fato se, antes, contar com a representação da vítima. É claro que a oferta da representação não importa na obrigatoriedade do Ministério Público em ofertar a denúncia. Ou seja, a representação *permite* a denúncia do *parquet*, mas não o *obriga* a ofertá-la. Como dono da ação penal (*dominus littis*), ele analisará se é ou não o caso de deflagrar a ação penal.

Requisitos da representação – Não se exige que o autor da representação indique corretamente seu ofensor e, tampouco, que aponte todos os autores do crime. Suponha-se que, em determinada situação, na qual decorre uma briga generalizada, a vítima experimente lesões corporais de natureza leve, a reclamar, pois, a oferta de representação (art. 88 da Lei nº 9.099/95). Tal condição de procedibilidade estará atendida com a mera manifestação de vontade da vítima no sentido de que processar aquele que o ofendeu. A tarefa de apurar quem foi o autor ou autores do crime cumpre à autoridade policial. Também por isso, nada impede que indicada determinada pessoa na representação, outra venha a ser denunciada. É que a representação – ao contrário da queixa-crime – se satisfaz com a singela intenção demonstrada pela vítima no sentido de que se venha a deflagrar um processo-crime, pouco importando se contra A, B ou C.

Retratação – É possível que, tendo a vítima, inicialmente, ofertado a representação, pretenda, posteriormente, se retratar. Retratação é o ato de voltar atrás, desdizer o que dissera. De forma que, tendo manifestado sua intenção de ver o agente processado, nada impede que, depois, o ofendido se arrependa (por razões que não importam), e, consequentemente, apresente uma retratação. A retratação é admissível até a *oferta* da denúncia, nos termos da parte final deste dispositivo (v., ainda, art. 102 do Código Penal). Assim, se o Ministério Público ofertar a denúncia, mesmo que ainda não recebida pelo juiz, não mais será cabível a retratação.

Retratação na Lei Maria da Penha – Alertamos que a Lei nº 11.340/06 (violência doméstica e familiar contra a mulher), no seu art. 16, diz que a retratação da representação (equivocadamente chamada de renúncia) será avaliada em solenidade própria após o oferecimento e antes do ***recebimento*** da denúncia.

Retratação da retratação – Tem-se admitido, também, a chamada *retratação da retratação*. Explicamos melhor num exemplo. Suponha-se que a vítima de um crime de ameaça, inicialmente, represente contra seu ofensor. Posteriormente, arrependida, se retrate. Pode, depois disso, tornar a representar, naquilo que se chama – repita-se – retratação da retratação, desde que não tenha se operado a extinção da punibilidade pela decadência. Isto é: desde que essa última manifestação de vontade, no sentido do processamento, se opere dentro do prazo de seis meses de que tratam os arts. 38 do Código de Processo Penal e 103 do Código Penal.

Informalidade da representação – Ver art. 39 abaixo.

JURISPRUDÊNCIA

É possível o desarquivamento do inquérito em caso de retratação da retração da vítima

"A doutrina e a jurisprudência admitem a retração de retratação dentro do prazo decadencial. Em outros termos, a decisão de arquivamento não implica extinção da punibilidade do autor da conduta delitiva, inclusive não faz coisa julgada material, podendo o órgão ministerial, diante da reconsideração da vítima, antes do termo final do prazo decadencial, requerer o desarquivamento" (STJ – AgRg no REsp nº 1131357-DF – Rel. Sebastião Reis Junior, j. 05.11.2013, DJe 28.11.2013).

Art. 26. **A ação penal, nas contravenções, será iniciada com o auto de prisão em flagrante ou por meio de portaria expedida pela autoridade judiciária ou policial.**

Dispositivo revogado – Trata-se de dispositivo que não mais se encontra em vigor, posto que a Constituição, em seu art. 129, inc. I, concedeu ao Ministério Público, com exclusividade, a titularidade da ação penal pública. Tratando-se de crime ou contravenção, a ação penal se iniciará, portanto, a partir do recebimento da denúncia, nos crimes de ação penal pública, não mais se admitindo qualquer iniciativa da autoridade policial ou judiciária nesse sentido. Acha-se, pois, revogada qualquer possibilidade de instauração do chamado *procedimento judicialiforme*, como era conhecido este esdrúxulo instituto, que autorizava a deflagração da ação penal mediante portaria, acumulando o juiz, a um só tempo, a função de acusar e de julgar, em franca violação ao sistema acusatório.

Art. 27. Qualquer pessoa do povo poderá provocar a iniciativa do Ministério Público, nos casos em que caiba a ação pública, fornecendo-lhe, por escrito, informações sobre o fato e a autoria e indicando o tempo, o lugar e os elementos de convicção.

Iniciativa popular – É possível que qualquer pessoa provoque a atuação do Ministério Público, quando se tratar de crime que se processa mediante ação penal pública. Aliás, qualquer do povo pode comunicar também à autoridade policial a ocorrência de infração penal, como consta do § 3°, do art. 5°, do código. Trata-se, no mais, de desdobramento de princípio constitucional que assegura a todo cidadão o *direito de petição*, previsto no art. 5°, inc. XXXIV da Carta, "em defesa de direitos ou contra ilegalidade ou abuso de poder".

Para os crimes de ação penal privada, não há que se falar nessa espécie de provocação, pois a iniciativa, como já vimos, cabe ao próprio ofendido ou àquele que tenha capacidade para representá-lo. Em relação aos crimes de ação penal pública condicionada à representação, somente se admitirá a provocação popular caso venha acompanhada da respectiva representação da vítima.

O dispositivo exige que tal provocação seja formulada por escrito, presumindo-se, ainda, que devidamente assinada por seu autor, embora não conste expressamente do texto esse requisito. Com isso se procura garantir maior credibilidade à denúncia (*lato sensu*), evitando-se acusações infundadas, acobertadas pelo anonimato. Além disso, a obrigatoriedade de identificação do "denunciante" permite que, uma vez demonstrada a inconsistência da acusação e má-fé de sua conduta, seja ele processado criminalmente, como incurso no art. 339 do Código Penal, que prevê o delito de denunciação caluniosa ou, também, de comunicação falsa de crime ou de contravenção (art. 340 do Código Penal).

ATENÇÃO: o crime de denunciação caluniosa, a partir da vigência da Lei 14.110/20, começa punindo aquele que, mediante notícia mentirosa, dá causa à instauração de *inquérito policial*. Sob a vigência da redação anterior, que se referia apenas a "investigação policial", havia quem sustentasse que a caracterização do crime dependia da efetiva formação do inquérito (RT 504/301). Essa orientação não prevalecia na doutrina, para a qual bastava a simples leitura do tipo incriminador para concluir que a imputação causadora de qualquer ato de investigação policial (simples e informal movimentação da autoridade no sentido de apurar os fatos) seria o suficiente para caracterizar o crime. Com a novel Lei, o crime se perfaz apenas com a efetiva instauração do inquérito pela autoridade policial, e não mais com atos de investigação prévios.

Para que conte com um mínimo de credibilidade, deve a provocação indicar, o quanto possível, o autor do fato denunciado, bem como as circunstâncias nas quais foi o delito praticado. Por óbvio que a mera provocação não imporá ao Ministério Público a obrigatoriedade de ofertar a denúncia. Como titular exclusivo da ação penal pública, caberá ao *parquet*, na análise do caso concreto e ante a documentação que recebeu, ofertar desde logo a acusação, requisitar a instauração de inquérito policial ou de procedimento investigativo e mesmo arquivá-la de plano, caso constate, *prima oculi*, sua inconsistência.

Registre-se, ainda, que a faculdade conferida por este dispositivo, consistente em verdadeira *notitia criminis* levada ao conhecimento do Ministério Público por qualquer do povo, não guarda nenhuma relação com a chamada *ação penal popular*, prevista Lei n° 1.079/1950 que, conforme anotamos aos comentários do art. 24 acima, não mais subsiste em nosso ordenamento jurídico.

Dispositivo idêntico ao aqui analisado consta da Lei n. 8.137/1990, que pune os crimes contra a ordem tributária, ao prever que qualquer pessoa pode provocar o Ministério Público, "fornecendo-lhe por escrito informações sobre o fato e a autoria, bem como indicando o tempo, o lugar e os elementos de convicção".

Crimes de comunicação obrigatória – Há determinadas condutas delituosas nas quais a comunicação é obrigatória, sujeitando-se aquele que deixar de comunicar a autoridade competente à prática da contravenção penal prevista no art. 66 da lei própria, cuja redação é a seguinte: "Deixar de comunicar à autoridade competente: I – crime de ação pública, de que teve conhecimento no exercício de função pública, desde que a ação penal não dependa de representação; II – crime de ação pública, de que teve conhecimento no exercício da medicina ou de outra profissão sanitária, desde que a ação penal não dependa de representação e a comunicação não exponha o cliente a procedimento criminal".

A título de exemplo, o Estatuto da Criança e do Adolescente (Lei nº 8.069/1990), em seu art. 136, inc. IV, lista, dentre as atribuições do Conselho Tutelar, o encaminhamento ao Ministério Público de notícia de fato que constitua infração penal contra os direitos da criança ou do adolescente.

A Lei nº 10.741/2003 (Estatuto da Pessoa Idosa) prevê em seu art. 19, incs. I e II, que havendo suspeita ou confirmação de violência contra a pessoa idosa, serão obrigatoriamente comunicados, pelos "serviços de saúde públicos e privados", o Ministério Público e o delegado de polícia.

A Lei nº 11.101/2005, que trata da recuperação judicial, extrajudicial e da falência, incumbe ao administrador judicial, quando da apresentação de seu relatório ao juiz da falência, apontar o procedimento do devedor que possa constituir crime (art. 186).

Já a Lei nº 13.146/2015 (Estatuto da Pessoa com Deficiência), em seu art. 26, impõe como a notificação compulsória pelos serviços de saúde públicos e privados, qualquer suspeita ou confirmação de violência perpetrada contra o portador de necessidades especiais, devendo ser comunicados a autoridade policial, o Ministério Público e os Conselhos dos Direitos da Pessoa com Deficiência.

A Lei nº 6.538/1978, que trata de sérvios postais, determina que a autoridade administrativa, "que tiver ciência da prática de crime relacionado com o serviço postal ou com o serviço de telegrama", é obrigada a representar, no prazo de 10 dias, ao Ministério Público Federal, "contra o autor ou autores do ilícito penal, sob pena de responsabilidade".

Nos termos do art. 356 do Código Eleitoral (Lei n. 4.737/1965), "todo cidadão que tiver conhecimento de infração penal deste Código deverá comunicá-la ao juiz eleitoral da zona onde a mesma se verificou".

A Lei nº 7.492/1986, que define os crimes contra o sistema financeiro, da competência da Justiça Federal, determina, em seu art. 26, que verificando a ocorrência de crime, o

Banco Central do Brasil ou a Comissão de Valores Mobiliários, deverão "informar ao Ministério Público Federal, enviando-lhe os documentos necessários à comprovação do fato".

Crimes contra crianças e adolescentes no ambiente doméstico e familiar – É dever da família, da sociedade e do Estado assegurar à criança, ao adolescente e ao jovem, com absoluta prioridade, o direito à vida, à saúde, à alimentação, à educação, ao lazer, à profissionalização, à cultura, à dignidade, ao respeito, à liberdade e à convivência familiar e comunitária, além de colocá-los a salvo de toda forma de negligência, discriminação, exploração, violência, crueldade e opressão (art. 227 da CF/88). Informado e conformado pelo mandamento constitucional, reza o art. 23 da Lei Henry Borel (Lei 14.344/22): "Qualquer pessoa que tenha conhecimento ou presencie ação ou omissão, praticada em local público ou privado, que constitua violência doméstica e familiar contra a criança e o adolescente tem o dever de comunicar o fato imediatamente ao serviço de recebimento e monitoramento de denúncias, ao Disque 100 da Ouvidoria Nacional de Direitos Humanos do Ministério da Mulher, da Família e dos Direitos Humanos, ao Conselho Tutelar ou à autoridade policial, os quais, por sua vez, tomarão as providências cabíveis".

O Estado brasileiro assumiu obrigações internas e internacionais, comprometendo-se a adotar medidas para garantir os direitos humanos de crianças e adolescentes no âmbito das relações domésticas e familiares, resguardando-os de toda forma de negligência, discriminação, exploração, violência, crueldade e opressão. Para tanto, não somente traça políticas de prevenção, bem como de investigação diligente de qualquer violação, como também chama para participar ativamente a família e a sociedade.

Dentro desse espírito, temos o projeto desenvolvido pelo governo federal que criou o chamado Disque 100, pelo qual coloca à disposição da sociedade uma relação de atendimentos específicos, em cada unidade da Federação.

Nesse canal, os atendimentos devem ser feitos por pessoas capacitadas para dar orientação e registrar com correção as denúncias (notícias), assegurando total anonimato ao denunciante (noticiante).

Não somente ao Disque 100 da Ouvidoria Nacional de Direitos Humanos do Ministério da Mulher, da Família e dos Direitos Humanos deve o fato ser comunicado, mas também, e quase sempre preferível, ao Conselho Tutelar ou à autoridade policial, os quais, com mais presteza e proximidade do fato, tomarão as providências cabíveis. Aliás, no termos do §2º do art. 24 da Lei Henry Borel, o noticiante ou denunciante poderá requerer que a revelação das informações de que tenha conhecimento seja feita perante a autoridade policial, o Conselho Tutelar, o Ministério Público ou o juiz, caso em que a autoridade competente solicitará sua presença, designando data e hora para audiência especial com esse fim.

O descumprimento desse dever (genérico) pode, a depender do caso, configurar crime, notadamente do art. 26 da citada Lei, que pune, com detenção de 6 meses a 3 anos, deixar de comunicar à autoridade pública a prática de violência, de tratamento cruel ou degradante ou de formas violentas de educação, correção ou disciplina contra criança ou adolescente ou o abandono de incapaz.

O uso da conjunção alternativa "ou" indica que o desencargo deste dever de comunicação pode ser feito a qualquer dos órgãos indicados no art. 23. Por exemplo, se o sujeito realizar a comunicação ao Disque 100, não necessitará simultaneamente comunicar o Conselho Tutelar ou a autoridade policial. Por este motivo, é essencial que existam fluxos de interação entre as diversas instituições integrantes do SGDCA, para assegurar a pronta intervenção diante de notícias de violações de direitos.

Denúncia anônima – Vale observar que a jurisprudência de nossos tribunais superiores não afasta a possibilidade de uma ação penal se originar a partir de uma denúncia anônima. Impõe, contudo, algumas cautelas, como a realização de diligências, pela autoridade receptora da acusação, no sentido de apurar um mínimo de consistência da *delatio*. Não se deve, assim, desde logo instaurar o inquérito policial para apuração de um fato trazido sem a identificação do autor da *notitia criminis*. Muito menos é cabível, de pronto, a oferta da denúncia. Uma prévia averiguação, para se constatar a plausibilidade da acusação, é medida que se impõe, como forma de evitar acusações precipitadas, animadas por motivos menos nobres e capazes de causar sério dano à honra e imagem da pessoa. Confira-se, a esse respeito, jurisprudência colacionada aos comentários ao art. 157 abaixo.

Abuso de autoridade – Nos termos do que disposto no art. 27 da Lei 13.869/19, constitui modalidade de abuso de autoridade requisitar instauração ou instaurar procedimento investigatório de infração penal ou administrativa, em desfavor de alguém, à falta de qualquer indício da prática de crime, de ilícito funcional ou de infração administrativa. O seu parágrafo único alerta: não há crime quando se tratar de sindicância ou investigação preliminar sumária, devidamente justificada.

Sobre as salvaguardas de proteção à identidade dos denunciantes de ilícitos e de irregularidades praticados contra a administração pública federal direta e indireta, ver comentários ao art. 5º., §3º.

JURISPRUDÊNCIA

Iniciativa popular

"Qualquer do povo pode provocar a ação do Ministério Público, fornecendo-lhe elementos indicativos de materialidade, autoria e de convicção, para fins de instauração da ação penal pública (arts. 27 e 46, § 1º, do CPP). Pode o Ministério Público oferecer denúncia com base em peças de informações fornecidas, inclusive, por qualquer pessoa do povo, uma vez convencido da existência dos requisitos necessários à propositura da ação (arts. 5º, § 3º, 27, 41 e 46, § 1º, do CPP)" (STJ – RHC n° 16154-PR, Rel. Paulo Medina, j. 09.05.2006, DJ 27.08.2007, p. 289).

Denúncia anônima

"Não se descurando do direito à intimidade e da vedação do anonimato, previstos na Constituição Federal, ecoa nos tribunais o entendimento de que possível se mostra a inauguração de investigações preliminares para averiguar a veracidade de comunicação apócrifa, desaguando em um cenário que sirva como supedâneo para um subsequente procedimento investigatório formal – inquérito policial –, caso existentes indícios da autoria e materialidade delitiva" (HC 229.205/RS, Rel. Ministra MARIA THEREZA DE ASSIS MOURA, Sexta Turma, DJe de 24/04/2014). Não se verificando a expedição de busca e apreensão pela mera notícia anônima, mas sim para confirmação de documento encaminhado, dentro de investigação desenvolvida, é afastada a alegação de nulidade (STJ – HC n. 173456-RJ, Rel. Nefi Cordeiro, j. em 03.02.2015).

"A jurisprudência desta Corte tem prestigiado a utilização de notícia anônima como elemento desencadeador de procedimentos preliminares de averiguação, repelindo-a, contudo, como fundamento propulsor à imediata instauração de inquérito policial ou à autorização de medida de interceptação telefônica. Com efeito, uma forma de ponderar e tornar harmônicos valores constitucionais de tamanha envergadura, a saber, a proteção contra o anonimato e a supremacia do interesse e segurança pública, é admitir a denúncia anônima em tema de persecução penal, desde que com reservas, ou seja, tomadas medidas efetivas e prévias pelos órgãos de investigação no sentido de se colherem elementos e informações que confirmem a plausibilidade das acusações" (STJ – HC n° 204778-SP, Rel. Og Fernandes, j. 04.10.2012, DJe 29.11.2012).

Art. 28. Ordenado o arquivamento do inquérito policial ou de quaisquer elementos informativos da mesma natureza, o órgão do Ministério Público comunicará à vítima, ao investigado e à autoridade policial e encaminhará os autos para a instância de revisão ministerial para fins de homologação, na forma da lei.

§ 1º Se a vítima, ou seu representante legal, não concordar com o arquivamento do inquérito policial, poderá, no prazo de 30 (trinta) dias do recebimento da comunicação, submeter a matéria à revisão da instância competente do órgão ministerial, conforme dispuser a respectiva lei orgânica.

§ 2º Nas ações penais relativas a crimes praticados em detrimento da União, Estados e Municípios, a revisão do arquivamento do inquérito policial poderá ser provocada pela chefia do órgão a quem couber a sua representação judicial.

Redação antes da Lei 13.964/19	Redação depois da Lei 13.964/19
Art. 28. Se o órgão do Ministério Público, ao invés de apresentar a denúncia, requerer o arquivamento do inquérito policial ou de quaisquer peças de informação, o juiz, no caso de considerar improcedentes as razões invocadas, fará remessa do inquérito ou peças de informação ao procurador-geral, e este oferecerá a denúncia, designará outro órgão do Ministério Público para oferecê-la, ou insistirá no pedido de arquivamento, ao qual só então estará o juiz obrigado a atender.	**Art. 28.** Ordenado o arquivamento do inquérito policial ou de quaisquer elementos informativos da mesma natureza, o órgão do Ministério Público comunicará a vítima, ao investigado e à autoridade policial e encaminhará os autos para a instância de revisão ministerial para fins de homologação, na forma da lei. § 1º Se a vítima, ou seu representante legal, não concordar com o arquivamento do inquérito policial, poderá, no prazo de 30 (trinta) dias do recebimento da comunicação, submeter a matéria à revisão da instância competente do órgão ministerial, conforme dispuser a respectiva lei orgânica. § 2º Nas ações penais relativas a crimes praticados em detrimento da União, Estados e Municípios, a revisão do arquivamento do inquérito policial poderá ser provocada pela chefia do órgão a quem couber a sua representação judicial.

ATENÇÃO: o procedimento do arquivamento das investigações está regulamentado na Res. 181/17 do CNMP, recentemente alterada pela Res. 289/24, que atualiza seus termos de acordo com a Lei 13.964/19 e é resultado do julgamento das ADIs 6.298, 6.299, 6.300 e 6.305 pelo STF.

Arquivamento da Investigação – É possível que o órgão do Ministério Público, após a análise do inquérito policial ou do procedimento investigatório criminal por ele conduzido (PIC), em um crime que se processa mediante ação penal pública (condicionada ou incondicionada), conclua pelo seu arquivamento, já que não se reuniram os elementos mínimos necessários para a oferta da denúncia, tampouco é caso de retorno dos autos à Delegacia de Polícia para novas diligências.

Diz-se *direto* o pedido de arquivamento formulado diretamente pelo membro do Ministério Público, titular da ação penal.

Denomina-se *indireto* quando a manifestação do promotor de Justiça é no sentido de que o juízo é incompetente para conhecer da matéria ou que lhe falta atribuição para atuar no caso, requerendo, então, a remessa do inquérito policial (ou outro procedimento investigativo) ao juízo que, segundo seu ponto de vista, for competente para o julgamento ou ao promotor de Justiça que tiver atribuição para formar a "opinio delicti".

ATENÇÃO – quando o membro do MP declina da sua atribuição para membro do mesmo Ministério Público (MPSP x MPSP, por exemplo), o pedido de encaminhamento carece de análise pelo órgão de revisão. Se o membro do MP que receber o procedimento discordar das razões invocadas por aquele que entendeu primeiro carecer de atribuição, pode suscitar o conflito a ser decidido pelo PGJ ou órgão de revisão, a depender de normas internas. Contudo, se o membro do MP declina da sua atribuição para membro de outro Ministério Público (MPSP x MPF, por exemplo), nesse caso, deverá submeter sua decisão ao respectivo órgão de revisão no prazo de 3 (três) dias. É o que dispõe o art. 19-L, da Res. 181/17, CNMP, acrescentado pela Res. 289/24. Deixando o órgão revisor de homologar a declinação de atribuição, designará, desde logo, outro membro para conduzir a investigação. Homologada a declinação de atribuição, no prazo de 5 (cinco) dias, o órgão de revisão remeterá os autos ao Ministério Público com atribuição para o caso. Se este discordar, deve suscitar o conflito a ser dirimido pelo CNMP.

Dá-se o nome de *arquivamento implícito* quando o promotor deixa de incluir na denúncia um indiciado ou determinado fato, sem fazer manifesta referência a ele. Assim, por exemplo, se A e B são indiciados pela prática de um determinado crime e o promotor de Justiça denuncia apenas A, sem pedir expressamente o arquivamento do inquérito em relação a B. Nesse cenário, parte da doutrina entende que ocorreu um pedido tácito de arquivamento e, portanto, B não mais poderá ser denunciado. Na hipótese, diz-se, mais precisamente, que ocorreu um *arquivamento implícito subjetivo*.

Pode ocorrer, ainda, que sendo mais de um crime investigado, o Ministério Público deixe de ofertar denúncia a abranger todos os delitos. Em um exemplo: instaurou-se inquérito policial para a apuração de um furto em concurso com o crime de corrupção de menores, vez que um dos autores era incapaz. O promotor de Justiça pede o arquivamento em relação ao crime de furto e se omite quanto ao delito do art. 218 do Código Penal. A doutrina, nessa hipótese, indica a ocorrência de um *arquivamento implícito objetivo*.

O posicionamento majoritário na doutrina e jurisprudência é que, na prática jurídica, inexiste arquivamento *implícito*. Agora, com a nova redação do art. 28, essa corrente ganha força. A vítima, em especial, deve conhecer as razões invocadas para delas poder se insurgir. Portanto, o Ministério Público precisa, sempre, fundamentar expressamente sua posição pelo arquivamento. O arquivamento implícito deve ser considerado ilegal, a autorizar o controle não somente da vítima, mas também do Poder Judiciário.

Sistemática anterior à Lei n. 13.964/2019 – Antes da Lei n. 13.964/2019 deveria o promotor de Justiça submeter sua manifestação à análise do magistrado.

Concordando com seus termos, o juiz homologava o arquivamento, em decisão que, em regra, não fazia coisa julgada material, ou seja, permitia que o inquérito fosse reaberto desde que surgissem novas provas, nos exatos termos do art. 18 do Código.

Caso discordasse da promoção de arquivamento subscrita pelo promotor de Justiça, não cabia a devolução do inquérito ao Ministério Público para forçá-lo a ofertar uma denúncia, em atitude que poderia ser desafiada por meio de correição parcial. Ou seja, no Brasil, nunca foi adotado procedimento semelhante ao dos arts. 170 e seguintes do *StPO* alemão. Aqui, caberia ao juiz remeter os autos ao procurador-geral de Justiça (em se tratando dos MPs dos estados) ou para a Câmara de Coordenação e Revisão (em se tratando do MPU), que, por sua vez, tinha duas opções: se concordasse com o promotor de Justiça, insistia no pedido de arquivamento e, ao juiz, não restava alternativa senão a de acolher tal posicionamento. Se discordasse do pedido, poderia o PGJ ou PGR (acolhendo a manifestação da CCR), desde logo, oferecer a denúncia (alternativa não verificada na prática) ou, então, designar um outro membro do Ministério Público para fazê-lo. Em resumo:

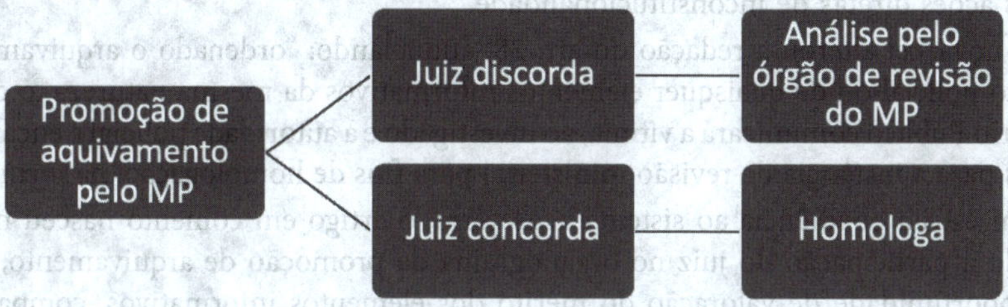

Sobretudo quando da edição do Código, não foram poucas as críticas à regra acima, estampada na redação original do art. 28, sobretudo na parte que conferia ao procurador-geral a última palavra sobre a deflagração, ou não, da ação penal.

Para parcela da doutrina, a lei conferiu ao chefe do *parquet* poderes superiores aos inerentes ao Poder Judiciário, na medida em que decidiria, em única e última instância, sobre a continuidade, ou não, da ação penal. Destacava que o direito de decidir segundo sua convicção seria inerente à judicatura e, denegá-lo, sob qualquer forma, direta ou indiretamente, representaria violação das prerrogativas constitucionais. Dizia-se que a lei deveria estabelecer o direito de recurso ao procurador-geral cujo novo pedido de arquivamento não fosse atendido, para que a justiça de segunda instância resolvesse a divergência de opiniões, ordenando o arquivamento ou mandando que se oferecesse a denúncia.

Havia quem censurasse o dispositivo em análise, mas em sentido diverso, sob o argumento de que, inspirado no modelo acusatório e, portanto, em um processo de partes, não caberia ao Poder Judiciário nenhuma espécie de controle a respeito do pedido de arquivamento formulado pelo Ministério Público.

Em outras palavras: na condição de titular privativo da ação penal pública, segundo expressa disposição constitucional (art. 129, I), caberia apenas ao *parquet* o controle sobre o arquivamento do inquérito policial (ou de outra peça de investigação).

Assim, a ingerência do Poder Judiciário, autorizada pelo art. 28, não teria sido recepcionada pela Carta em vigor, por grave violação ao sistema acusatório, estruturado dialeticamente de maneira a resguardar a função de cada parte no processo.

A solução alvitrada tinha como base a Lei da Ação Civil Pública (Lei n. 7.347/1985), que em seu art. 9º, §§ 1º e 2º, determina que todo e qualquer pedido de arquivamento de inquérito civil deve ser submetido à confirmação pelo Conselho Superior do Ministério Público, quando, somente a partir daí, terá eficácia. De sorte que, por analogia a esse dispositivo, sugeria-se, de *lege ferenda*, que os pedidos de arquivamento de inquéritos policiais não mais dependessem de uma decisão judicial que os homologasse, mas, ao revés, que seu controle ficasse restrito ao âmbito interno do Ministério Público, caso em que o órgão da administração superior daria a última palavra sobre o tema, deixando, se for o caso, de homologar a promoção de arquivamento e designando "outro órgão do Ministério Público para o ajuizamento da ação", como previsto, a propósito, no § 4º, do art. 9º, da mesma Lei n. 7.347/1985.

Esta corrente crítica foi apreciada pelo Congresso na Lei n. 13.964/2019, mas logo barrada pelo STF no julgamento do mérito das ADIs 6.298, 6.299, 6.300 e 6.305, como veremos a seguir.

Sistemática do novo art. 28 e a decisão do STF nas ADIs 6.298, 6.299, 6.300 e 6.305 – Vamos, primeiramente, verificar as alterações trazidas pela Lei n. 13.964/2019 ao procedimento anterior de arquivamento das investigações para, então, abordarmos a decisão do STF nas ações diretas de inconstitucionalidade.

A nova Lei alterou a redação do art. 28, anunciando: "ordenado o arquivamento do inquérito policial ou de quaisquer elementos informativos da mesma natureza, o órgão do Ministério Público comunicará a vítima, ao investigado e à autoridade policial e encaminhará os autos para a instância de revisão ministerial para fins de homologação, na forma da lei".

Em estrita obediência ao sistema acusatório, o artigo em comento nasceu não mais prevendo a participação do juiz no organograma da promoção de arquivamento, não lhe dando oportunidade de valoração do mérito dos elementos informativos, comparando-o com a *opinio delicti* do titular da ação penal.

Avanço importante foi permitir à vítima (ou seu representante legal) fiscalizar, de forma direta e imediata, a atuação do Ministério Público. Discordando do arquivamento, esta poderá, no prazo de 30 (trinta) dias do recebimento da comunicação, submeter a matéria à revisão da instância competente do órgão ministerial, conforme dispuser a respectiva lei orgânica.

Nas ações penais relativas a crimes praticados em detrimento da União, Estados e Municípios, a revisão do arquivamento do inquérito policial poderá ser provocada pela chefia do órgão a quem couber sua representação judicial.

Em resumo:

Frise-se que, promovido o arquivamento, com ou sem a discordância da vítima, a manifestação ministerial deve (ou deveria) ser submetida à revisão da instância competente do órgão ministerial, conforme dispuser a respectiva lei orgânica. É isso o que consta do texto legal.

O dispositivo, como se percebe, não prevê, na sua literalidade, a comunicação ao juiz, no caso, ao juiz das garantias. Sempre defendemos a falta de coerência do legislador nesse ponto, pois, se a instauração da investigação deve ser comunicada ao magistrado, com a mesma razão deveria ser-lhe informado o arquivamento. Aliás, havendo medida cautelar imposta durante a investigação, não se consegue compreender a falta de comunicação ao juiz, sob pena de persistirem absurdas constrições pessoais ou patrimoniais... num inquérito arquivado!

Agora, passemos à apreciação da decisão da Suprema Corte. Atenção, acarretou mudanças várias. Chamou-se de interpretação conforme, mas, na verdade, a Corte Suprema introduziu ao art. 28 do CPP novas expressões, mais se aproximando de um legislador positivo.

Sistemática do arquivamento na interpretação do STF - Do resultado proclamado nas ADIs 6.298, 6.299, 6.300 e 6.305, conclui-se que a sistemática considerada constitucional pela Corte é: o Ministério Público, depois de promover o arquivamento da investigação, deve enviar sua manifestação ao juiz para que este possa atuar como mais um ator de controle sobre a opinião ministerial. Observe-se que o STF não menciona o envio dos autos da investigação, mas apenas da *manifestação de arquivamento*, o que, de resto, será exatamente o mesmo que fará o Ministério Público ao comunicar a vítima, o investigado e a autoridade policial.

Ainda segundo essa corrente, o juiz não exarará decisão homologatória do arquivamento, pois cabe ao Ministério Público *ordenar* o arquivamento e apenas remeter ao juiz sua manifestação, comunicando-o do ato, assim como terá de fazer com a vítima, o investigado e o delegado de polícia. O Ministério Público, portanto, *não requer* mais o arquivamento.

A vítima, se não concordar com o arquivamento do inquérito policial, poderá, no prazo de 30 (trinta) dias do recebimento da comunicação, na dicção do § 1º do art. 28, "submeter a matéria à revisão da instância competente do órgão ministerial". O delegado de polícia e o investigado (por óbvio) não terão tal faculdade. Soma-se à vítima, a partir da decisão das ADIs, o juiz. Caso o magistrado vislumbre *patente ilegalidade ou teratologia* poderá *também* submeter o caso ao órgão de revisão do *Parquet*. Do contrário, nada fará, salvo eventual despacho para fins de impulsionamento do expediente interno eventual criado pela comunicação recebida.

Em resumo:

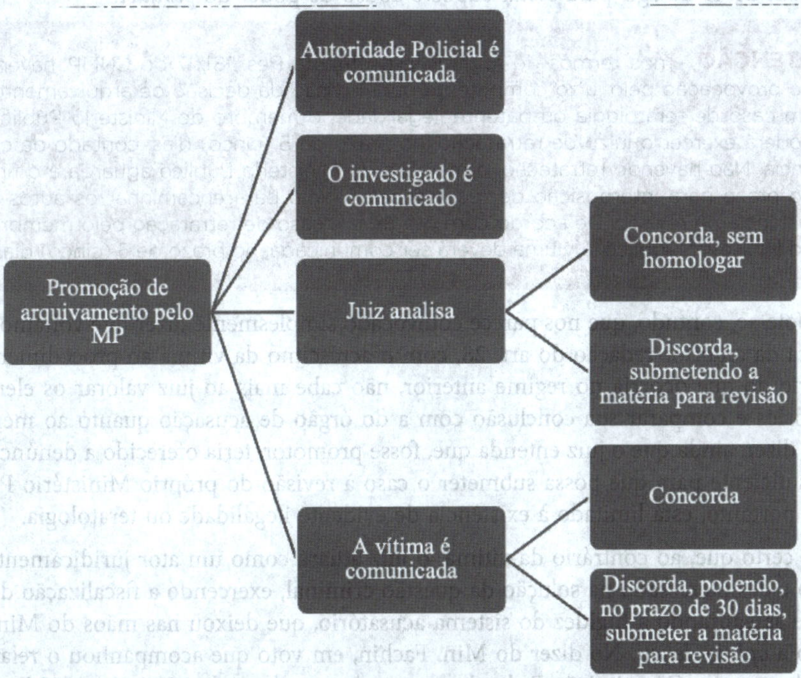

ATENÇÃO - Ao afirmar que, submetida a manifestação ao juiz e feitas as demais comunicações, "pode" o promotor de Justiça "encaminhar os autos para o Procurador-Geral ou para a instância de revisão ministerial", foi retirada a obrigatoriedade dessa etapa, que sempre ocorrerá mediante provocação do juiz ou da vítima. Não por acaso, foi vencida a posição do Min. Alexandre de Moraes, que era parcialmente contrário a essa sistemática e defendeu a *"revisão automática em outras hipóteses"*. Portanto, a revisão automática prevista no art. 28 do CPP, tal como escrito pelo legislador, não foi acolhida pelo STF em sua interpretação do texto, à luz da Constituição.

Juiz e homologação do arquivamento - Um ponto nos parece importante insistir nos esclarecimentos: o juiz, tal como no regime anterior à Lei n. 13.964, *homologa* o arquivamento? A resposta deve ser negativa, pois a homologação cabe ao órgão de revisão do próprio Ministério Público se provocado pela vítima ou pelo juiz. A este, juiz, cabe apenas e tão somente deferir o requerimento apresentado pelo Ministério Público, mas sem exarar decisão homologatória. Se o juiz discordar do requerimento, deverá indeferi-lo e encaminhar os autos à revisão, e o órgão responsável por esta poderá determinar o prosseguimento das investigações ou o oferecimento da denúncia, do contrário, deverá homologar o arquivamento. A última palavra, assim, repise-se, será do Ministério Público.

Trata-se, portanto, de acréscimo ao art. 28 do CPP, com a introdução da possibilidade de controle do arquivamento pelo juiz, mantendo-se a previsão do envolvimento da vítima, mas com duas diferenças: a vítima não tem qualquer obrigação legal ou moral de provocar a revisão, além do que, caso decida fazê-lo, pode simplesmente discordar do arquivamento, qualquer que seja o motivo e, assim, submeter o caso à revisão; o juiz estará limitado às hipóteses de *patente ilegalidade ou teratologia*, o que, sendo por ele constatado, gerará um dever de agir para evitar suposto abuso de poder do *parquet*.

ATENÇÃO - nos termos do § 7º do art. 19-A da Res. 181/17 do CNMP, havendo provocação pelo juízo competente para revisão da decisão de arquivamento, em caso de teratologia ou patente ilegalidade, o membro do Ministério Público poderá exercer o juízo de retratação, no prazo de 5 (cinco) dias, contado da ciência. Não havendo retratação, o membro do Ministério Público aguardará o fim do prazo para interposição de recurso pela vítima para encaminhar os autos à instância de revisão. De acordo com o § 8º, em caso de retratação pelo membro do Ministério Público, a vítima deverá ser comunicada, no prazo de 5 (cinco) dias.

Note-se, contudo, que nos parece equivocado simplesmente dizer que voltamos à sistemática da anterior redação do art. 28, com o acréscimo da vítima ao procedimento. Ao contrário do que ocorria no regime anterior, não cabe mais ao juiz valorar os elementos probatórios e comparar sua conclusão com a do órgão de acusação quanto ao mérito do caso. É dizer, ainda que o juiz entenda que, fosse promotor, teria oferecido a denúncia, isso não é suficiente para que possa submeter o caso à revisão do próprio Ministério Público. O juiz, portanto, está limitado à existência de evidente ilegalidade ou teratologia.

É certo que, ao contrário da vítima, o juiz atuará como um ator juridicamente qualificado e desinteressado na solução da questão criminal, exercendo a fiscalização da legalidade e assegurando a higidez do sistema acusatório, que deixou nas mãos do Ministério Público a *opinio delicti*. No dizer do Min. Fachin, em voto que acompanhou o relator: "É induvidoso que a Constituição Federal garante aos membros do Ministério Publico independência funcional. Pela Lei Orgânica do MP, são seus integrantes invioláveis no exercício das funções. A Constituição e o próprio Código de Processo Penal não albergam, contudo, omissão dolosa, abuso de direito, dolo ou má-fé".

Logo, se o que busca o STF ao incluir o juiz ao lado da vítima nesse controle é especificamente evitar abuso de direito, tampouco pode servir de fundamento para que o juiz submeta o caso à revisão. E, nesse sentido, vale lembrar o artigo inaugural da Lei n. 13.869/2019 que adverte: a divergência na interpretação de lei ou na avaliação de fatos e provas não configura abuso de autoridade.

Emerge, assim, da decisão do STF que desaparece a revisão automática por instância revisional do Ministério Público de todo e qualquer arquivamento, só atuando se houver provocação.

Custódia dos autos arquivados - Diante desse quadro, haverá debate sobre se os autos das investigações, após o deferimento do arquivamento pelo juiz ou depois de homologado o arquivamento pela instância revisional, devem ficar sob custódia do Ministério Público ou do Poder Judiciário, pois este não recebe o feito para ser homologado.

Pensamos que, no que tange aos autos físicos, caberá ao Ministério Público manter a sua custódia depois do arquivamento.

Órgão de revisão do arquivamento - Quanto ao órgão de revisão, nos Ministérios Públicos dos Estados, sempre coube tal tarefa à procuradoria-geral de Justiça (art. 10, Lei n. 8.625/1993), enquanto, no âmbito do Ministério Público da União, à Câmara de Coordenação e Revisão (art. 62, inc. IV, Lei Complementar n. 75).

Com a nova Lei, em princípio, nada muda. No âmbito federal, parece-nos que continuará atuando a Câmara de Coordenação e Revisão. Nos Estados, em que pese o procurador-geral de Justiça continuar sendo a instância de revisão (art. 10, IX e X, Lei n. 8.625/1993), nada impede que lei específica ou ato interno crie estrutura mínima (até mesmo regional) para rever os casos, mediante provocação, e homologar, se o caso, os arquivamentos. Sendo assim uma Câmara de Coordenação e Revisão na estrutura da procuradoria-geral, agindo por delegação.

Com ou sem provocação da vítima ou do juiz, a decisão do órgão revisor é de mérito. Concordando com os termos do arquivamento, deve homologar. Essa decisão (de homologação) pode ser antecedida de diligências a serem encetadas pelo próprio órgão revisor ou pelo membro do Ministério Público oficiante nos autos de investigação, agindo por determinação.

Não concordando com os termos do arquivamento, deve ser designado novo órgão de execução para atuar no feito. Este órgão, designado pelo procurador-geral de Justiça ou procurador-geral da República, não poderá se negar a ofertar a denúncia, a menos que invoque sua suspeição ou impedimento no caso concreto. Ausentes tais causas de suspeição ou impedimento, é obrigado a denunciar, pois aqui já não mais age segundo sua convicção pessoal, senão por delegação do procurador-geral.

Comunicação à vítima – Um avanço importante trazido pelo Pacote Anticrime foi permitir à vítima (ou seu representante legal) fiscalizar, de forma direta e imediata, a atuação do Ministério Público. Discordando do arquivamento por qualquer motivo, esta poderá, no prazo de 30 (trinta) dias do recebimento da comunicação, submeter a matéria à revisão da instância competente do órgão ministerial, conforme dispuser a respectiva lei orgânica. Nas ações penais relativas a crimes praticados em detrimento da União, Estados e Municípios, a revisão do arquivamento do inquérito policial poderá ser provocada pela chefia do órgão a quem couber sua representação judicial.

De acordo com o art. 19-A, e §4º, da Res. 181/17 do CNMP, a decisão de arquivamento será comunicada, preferencialmente por meio eletrônico, às vítimas ou a seus representantes legais, conforme o art. 28, § 1º, do Código de Processo Penal, dentro do prazo de 5 (cinco) dias. Não sendo localizada, a comunicação poderá feita por edital no Diário Oficial do Ministério Público, na forma de regulamentação própria.

No caso de morte da vítima, a ciência será dada ao cônjuge, companheiro ascendente, descendente ou irmão (art. 19-A, §1º, Res. 181/17 CNMP).

Havendo conflito entre vítima (incapaz) e seu representante legal (autor do crime), três soluções se apresentam: 1ª) deve ser comunicada a pessoa que noticiou o crime às autoridades competentes; 2ª) requer-se ao juiz nomeação de curador especial; 3ª) o MP submete o arquivamento obrigatoriamente ao reexame do PGJ. Esta posição nos parece a mais correta, ainda que, na prática, não seja a que prevaleça.

A discordância da vítima quanto aos termos do arquivamento dispensa maiores formalidades. Basta a manifestação de inconformismo. De acordo com o §6º do art. 19-A da Res. 181/17 do CNMP, apresentado, no prazo legal, pela vítima ou seu representante legal o pedido de revisão, que independe de representação por defesa técnica, o membro do Ministério Público deverá remetê-lo, caso não haja reconsideração no prazo de 5 (cinco) dias, ao órgão superior para apreciação, no prazo de 10 (dez) dias, independentemente de a decisão estar em conformidade com súmula, enunciado ou orientação editada pela instância de revisão ministerial. De acordo com o § 8º, em caso de retratação pelo membro do Ministério Público, a vítima deverá ser comunicada, no prazo de 5 (cinco) dias.

Crimes vagos – Se o crime não tem vítima certa e determinada, a comunicação não deve acontecer. Assim, por exemplo, nos crimes previstos nas Leis de Drogas, de Armas e Ambiental. Nesse tanto, percebe-se o equívoco do STF ao abolir a revisão obrigatória da decisão de arquivamento. Deveria ter sido mantido, ao menos, nesses casos.

Comunicação ao investigado – Como já alertado, a lei manda comunicar o arquivamento ao "investigado". Prevalece que "investigado" é todo aquele contra o qual foram realizados, dentro de um procedimento oficial, atos de investigação para apurar sua maior ou menor participação delitiva, dispensando ato formal de indiciamento.

De acordo com o art. 19-A, e §4º, da Res. 181/17 CNMP, a decisão de arquivamento será comunicada aos investigados preferencialmente por meio eletrônico dentro do prazo de 5 (cinco) dias. Não sendo localizado, a comunicação poderá feita por edital no Diário Oficial do Ministério Público, na forma de regulamentação própria.

Comunicação à autoridade policial – A autoridade policial que conduziu a investigação objeto da promoção de arquivamento também deve ser cientificada da decisão ministerial, o que não significa tenha ela, a autoridade policial, poder para provocar sua revisão. Apenas a vítima e o juiz podem, sendo o poder da vítima amplo e o do juiz restrito aos casos de teratologia ou patente ilegalidade.

ATENÇÃO – Nos termos do § 5º do art. 19-A da Res. 181/17 CNMP, no caso de procedimentos investigativos que não sejam conduzidos por autoridade policial, é dispensável a ciência aos respectivos condutores da investigação.

Promoção de arquivamento e juízo de retratação – O CPP não prevê oportunidade para o membro do Ministério Público que promoveu o arquivamento das investigações reconsiderar sua decisão ao tomar conhecimento da irresignação da vítima ou percepção do juiz. A Res. 181/17, contudo, cria essa possibilidade nos parágrafos 6º e 7º do art. 19-A.

Arquivamento por atipicidade do fato ou extinção da punibilidade – Antes da nova arquitetura do art. 28, como esmiuçado acima, o controle do arquivamento da investigação tinha a participação efetiva do juiz. Era o magistrado quem homologava a promoção de arquivamento do órgão do Ministério Público. Por isso fazia sentido, na época, discutir a autoridade dessa decisão: ela gera ou não coisa julgada material?

Prevalecia o entendimento de que o arquivamento homologado judicialmente produzia apenas coisa julgada formal, salvo quando seu fundamento fosse atipicidade ou causa extintiva da punibilidade, hipóteses em que a jurisprudência demandava estabilidade da decisão, leia-se, coisa julgada material.

Ocorre que, com a nova sistemática, adotado o entendimento de que o juiz apenas defere o arquivamento, cabendo o poder de homologação, se provocação houver, ao órgão revisional do Ministério Público. Logo, a discussão mudou. Se o juiz não discordar do arquivamento, não estará valorando os elementos informativos da manifestação ministerial como fazia na sistemática anterior. Agora, estará apenas afirmando a inexistência de patente ilegalidade ou teratologia, ainda que não concorde com o mérito em si do pedido, ou seja, desde que não haja ilegalidade ou teratologia na valoração feita pelo *Parquet*, não tem o juiz o poder de provocar sua revisão. Diante desse quadro, não se pode dar à decisão efeitos de coisa julgada.

Aliás, esse ponto fica evidente se considerarmos que o juiz poderá concluir inexistente qualquer ilegalidade ou teratologia e, ainda assim, existir revisão da promoção de arquivamento em razão de pedido da vítima. Entendendo o órgão revisional que, no mérito, o arquivamento foi indevido, determinará o oferecimento da denúncia. Logo, não pode a decisão judicial que não se opõe ao arquivamento ter efeito de coisa julgada, salvo numa hipótese, como veremos logo abaixo.

Não estamos aqui fomentando uma instabilidade nas decisões do Ministério Público. Os arquivamentos por atipicidade e extinção punibilidade devem continuar demandando respeito absoluto pelo próprio *parquet*.

Pode-se cogitar da incidência da coisa julgada administrativa para o próprio Estado?

O tema é polêmico, mas trata-se de um campo para o desenvolvimento da doutrina processual penal. Afinal, se esgotada a investigação, e estando completo o quadro probatório, caso o Ministério Público tenha deferido o arquivamento pela atipicidade do fato – ou caso o órgão de revisão o homologue, quando provocado – não vislumbramos a possibilidade de simplesmente ocorrer uma mudança de valoração dos elementos informativos, sob pena de violação da segurança jurídica.

O mesmo raciocínio se aplica ao arquivamento motivado por causa de extinção da punibilidade. Se a causa foi reconhecida, ainda que não tenha havido decisão judicial declaratória de sua ocorrência, não poderia o Ministério Público ignorá-la e oferecer a denúncia.

É esperado, porém, que, nessa hipótese – e, aqui, a exceção que anunciamos logo acima –, ao apreciar o requerimento do *parquet*, o juiz declare extinta a punibilidade (art. 61, CPP), com o que haverá, sem dúvida, efeito de coisa julgada formal e material.

ATENÇÃO – para resolver esse debate, a Res. 181/17 do CNMP, alterada pela Res. 289/24, anuncia no art. 19-K que não se aplica a sistemática de arquivamento prevista nesta Resolução às situações de extinção de punibilidade. Deve o órgão do MP, nesse caso, requerer ao juiz decisão declaratória extintiva da punibilidade, fazendo coisa julgada formal e material.

E a vítima, como ficaria nessa hipótese? Poderia ainda assim provocar a revisão pelo órgão ministerial? Havendo decisão judicial declaratória da extinção da punibilidade, esta somente pode ser combatida pelo recurso adequado, no caso, recurso em sentido estrito (art. 581, VIII, CPP) ou, eventualmente, apelação (art. 593, I) a depender do momento ou extensão do *decisum*. O debate que deverá ser travado, porém, diz respeito a eventual legitimidade recursal da vítima nesse caso, considerando-se a etapa da persecução, uma vez que sequer estaria atuando como assistente de acusação.

À parte isso, é certo que, se a denúncia exuma investigação arquivada por atipicidade ou pela constatação de causa de extinção da punibilidade, faltará ao titular da ação pressuposto processual, objeto de rigorosa análise do juiz no momento do recebimento da inicial (art. 395 CPP) ou da absolvição sumária (art. 397 CPP).

Desarquivamento com base em novos elementos informativos – Vimos ser possível, salvo nas hipóteses de atipicidade ou extinção da punibilidade, o desarquivamento do procedimento investigatório caso surjam novos indícios de autoria/participação ou provas novas da materialidade delitiva. Pergunta-se: o desarquivamento com fundamento em provas novas deverá ser requerido ao juiz ou apenas a ele comunicado? Ou deverá ter autorização do órgão de revisão?

O art. 18 do CPP dispõe que: "depois de ordenado o arquivamento do inquérito pela autoridade judiciária, por falta de base para a denúncia, a autoridade policial poderá proceder a novas pesquisas, se de outras provas tiver notícia".

Sempre se entendeu possível, com base neste dispositivo, a reabertura do inquérito policial, desde que a autoridade policial tivesse notícia de outras provas surgidas após o arquivamento. Mas o dispositivo legal mencionava decisão anterior do juiz, "ordenando" o arquivamento.

Como visto, com a redação dada ao art. 28 do CPP pela Lei n. 13.964/2019, o verbo "ordenar" passou a ser ligado ao Ministério Público, o que foi "corrigido" pelo STF, trazendo-se de volta o juiz ao procedimento de arquivamento, mas sem que haja, por parte deste, a emissão de uma "ordem" de arquivamento, mas apenas de deferimento de requerimento do *parquet* nesse sentido.

Com isso, longe de afirmarmos haver antinomia entre a nova regra, incluindo sua interpretação pelo STF, e o disposto no art. 18 do CPP, sugerimos que o dispositivo deve ser interpretado no sentido de que "depois de deferido pelo juiz ou homologado o arquivamento pelo órgão revisional do Ministério Público, a autoridade policial poderá proceder a novas pesquisas, se de outras provas tiver notícia".

Para a reabertura das investigações, é imprescindível a notícia de novo elemento informativo (para evitar confusão, passemos a usar a acepção dotada no CPP, com emprego de "prova" no lugar de "elemento informativo"). *Prova nova* deve ser entendida aquela até então inédita, denominada *prova substancialmente nova*, ou seja, aquela que, por algum motivo, não foi produzida no inquérito policial arquivado. Assim, por exemplo, o aparecimento de uma testemunha que, deixando de ser ouvida de início, foi posteriormente localizada, prestando depoimento capaz de alterar o panorama probatório, apta, por consequência, a ensejar a reabertura das investigações e, mais adiante, a oferta de denúncia.

Pensamos, contudo, que não apenas a prova inédita autoriza a reabertura do inquérito policial. Também uma prova que, produzida em um primeiro instante, experimente profunda alteração em momento posterior, permite essa medida. Suponha-se que, interrogado no inquérito original, o suposto autor do delito negue a autoria do crime. Ouvido em uma segunda vez, por razões que não importam apurar, ele resolva confessar a prática do delito. Essa prova nova, embora tenha a mesma natureza da prova anterior (trata-se de dois interrogatórios), tem novo conteúdo e, por isso, permitirá também a adoção da medida prevista neste dispositivo.

Para o desarquivamento do procedimento investigatório, há necessidade de autorização do juiz? Ou, tendo havido homologação pelo órgão revisional, caberia a este autorizar o desarquivamento?

Entendemos que bastará a comunicação do ato ao juiz, e isto por dois motivos: primeiro, porque tal autoridade não terá a custódia dos autos da investigação arquivada; segundo, porque o arquivamento não se deu propriamente por ato do juiz, não gerando efeitos de coisa julgada e, em alguns casos, terá havido homologação pelo próprio Ministério Público. Lembre-se que o juiz não terá apreciado o mérito do arquivamento, mas apenas o terá deferido, por não enxergar ilegalidade patente ou teratologia.

Não há razões, assim, para requerer à autoridade judiciária o desarquivamento, pois isso importaria em exigir do magistrado que aprecie se há ou não provas novas. Ora, o único espaço de decisão do juiz, nessa nova conformação do art. 28, na interpretação do STF, está ligado, não à existência ou inexistência de elementos informativos, mas de ilegalidade ou teratologia.

Quanto ao órgão de revisão, tampouco lhe cabe autorizar o prosseguimento das investigações. A atribuição de tal órgão é limitada à apreciação do arquivamento apenas, quando provocado. Surgindo novas provas, cabe ao promotor de Justiça natural apreciar a possibilidade jurídica do desarquivamento e determiná-lo.

Se, ao final, não houver elementos suficientes para o oferecimento da denúncia, caberá seguir-se o mesmo procedimento visto acima, cabendo a apresentação de novo pedido de arquivamento ao juiz, que poderá verificar se tal pedido se apresenta eivado de ilegalidade ou é teratológico, com o que encaminhará o caso à instância de revisão do Ministério Público. Havendo elementos para a ação penal, será oferecida a denúncia e caberá ao Poder Judiciário apreciar a existência dos pressupostos processuais e condições da ação.

Desarquivado o caso e novamente requerido o arquivamento, deverá o órgão do Ministério Público novamente notificar a vítima, o indiciado e a autoridade policial. A primeira poderá, inclusive, requerer a revisão do arquivamento.

A doutrina sempre se dividiu sobre se o delegado de polícia pode ou não agir de ofício na realização de diligências se tiver notícia de provas novas, independentemente das providências para o desarquivamento do procedimento. Há quem entenda no sentido de que a retomada das diligências se condiciona ao prévio pronunciamento do Ministério Público, titular do direito de ação. Outros lecionam que o pronunciamento é dispensável.

Em nenhum momento o art. 18 formula essa exigência, isto é, de que antes de proceder às diligências deve a autoridade policial submeter sua atividade ao crivo do Ministério Público. Fosse essa a intenção do legislador, decerto o teria dito expressamente. Se o art. 5º, I, do Código autoriza a autoridade policial a agir de ofício nas hipóteses da prática de crimes de ação penal pública, por qual motivo estaria impedida de realizar novas diligências, também *ex officio*?

Situação interessante ocorreria se, exigida a prévia autorização do Ministério Público, este órgão negasse a reabertura das diligências, a despeito de novas provas que, valiosíssimas, demonstrassem, por exemplo, a autoria do delito, até então ignorada. Ficaria a autoridade policial, então, inibida de investigar, naquilo que é mais inerente a seu mister e, pior, em detrimento do interesse social na punição do criminoso? A resposta a tal indagação parece clara, no sentido da ampla liberdade a ser conferida ao delegado de polícia para investigar, pressupondo, por óbvio, que orienta sua ação no princípio da legalidade.

O controle a ser exercido pelo Ministério Público se dará mais adiante, quando da análise, com base nas novas provas produzidas, se é o caso de oferta de denúncia ou de insistir no arquivamento do inquérito policial. Aí sim terá franco espaço para argumentação sem que seja necessária nenhuma providência anterior tendente a restringir a atividade policial.

Arquivamento de termo circunstanciado de ocorrência – discute-se se a sistemática do arquivamento se aplica ou não ao termo circunstanciado de ocorrência (TCO). Temos três correntes: 1ª) não se aplica, pois o TCO não tem natureza investigativa, natureza essa reconhecida pelo STF em várias ADIs; 2ª) aplica-se, pois trata-se de elemento informativo de natureza criminal e, como tal, como determinado pelo art. 28 do CPP e art. 19 da Res. 181/17 do CNMP, seguem a sistemática do arquivamento das investigações; 3ª) aplica-se apenas se composto de diligências investigativas.

Arquivamento de investigação de agentes ou autoridades com prerrogativa de foro por prerrogativa de função – De acordo com a Lei Orgânica Nacional do Ministério Público, em casos de competência originária, é possível que o Colégio de Procuradores de Justiça reveja a decisão do procurador-geral *"mediante requerimento de legítimo interessado"* (art. 12, inc. XI, da Lei nº 8.625/93). Não vislumbramos alteração nessa sistemática.

Outras previsões legais de recurso da decisão que determina o arquivamento do inquérito policial – Duas leis anunciam recursos da decisão de arquivamento, a serem analisados pelo Poder Judiciário. A primeira, Lei n. 1.521/1951, trata dos crimes contra a economia popular. Diz que o juiz, ao deferir o pedido de arquivamento formulado pelo Ministério Público, deve recorrer de ofício dessa decisão, remetendo os autos ao Tribunal, a quem cabe confirmá-la ou não. Dela discordando, dá provimento ao recurso oficial, remetendo o inquérito policial ao procurador-geral de Justiça, a quem cumpre dar a última palavra, confirmando o pedido de arquivamento ou, dele discordando, denunciar ou designar um promotor para que o faça. A segunda, Lei n. 1.508/1951, trata do procedimento aplicável à contravenção do art. 58 da LCP ("jogo do bicho"). Prevê que qualquer do povo pode representar ao Ministério Público, dando conta da prática dessa infração penal. Pedido o arquivamento pelo *Parquet*, e uma vez determinado pelo juiz, dessa decisão cabe recurso em sentido estrito.

As duas leis, nesse tanto, para parcela da doutrina, não tinham sido recepcionadas pela CF/88. Agora, para dirimir dúvidas, estão, em relação ao recurso contra arquivamento, revogadas pela nova sistemática do art. 28 do CPP, que prestigia o sistema acusatório.

Art. 28 do CPP usado por analogia – A Súmula 696 do STF possui o seguinte enunciado: "reunidos os pressupostos legais permissivos da suspensão condicional do processo, mas se recusando o promotor de justiça a propô-la, o juiz, dissentindo, remeterá a questão ao procurador-geral, aplicando-se por analogia o art. 28 do Código de Processo Penal". O entendimento contido no verbete aplica-se igualmente à recusa de transação penal na ação penal pública.

Houve necessidade de formulação desse entendimento, em razão do silêncio da Lei n. 9.099/1995 a respeito do tema. Então, considerando que, no âmbito da justiça consensual, num sistema acusatório, cabe às partes a iniciativa do acordo, não poderia o juiz substituir o órgão de acusação na hipótese de recusa deste em celebrar a transação penal ou a suspensão condicional do processo.

A saída encontrada pelo STF, a que aderiram outros tribunais, especialmente o STJ, foi deixar ao próprio Ministério Público a revisão dessa recusa. Na época da edição da súmula, o dispositivo do CPP que se aproximava dessa sistemática era o art. 28: recusando-se o promotor de Justiça a propor o acordo, caberia ao procurador-geral de Justiça rever tal recusa, confirmando-a ou determinando o oferecimento da proposta de transação ou suspensão.

Pode ser mantida a analogia? É possível, mas não nos parece a solução mais adequada.

Aplicando-se a sistemática do novo art. 28 ao âmbito da Súmula 696, tem-se o seguinte: (i) se o imputado discordar da recusa do Ministério Público em propor acordo de transação ou suspensão condicional, não poderá requerer a submissão do caso ao órgão revisional do *parquet*, pois a regra legal não lhe dá essa faculdade; (ii) já o juiz poderá provocar a revisão, de ofício, mas apenas se verificar que a recusa do Ministério Público contém patente ilegalidade ou teratologia; (iii) o juiz poderá ser provocado pelo imputado, mas não terá obrigação de submeter o caso à revisão, salvo se constatada a hipótese anterior.

Por isso, há quem já venha defendendo outra abordagem, com a aplicação, por analogia, de outro dispositivo, qual seja, o § 14 do art. 28-A do CPP, que trata de hipótese semelhante: a recusa, pelo Ministério Público, de oferecimento de proposta de acordo de não persecução penal. Diz o dispositivo: "no caso de recusa, por parte do Ministério Público, em propor o acordo de não persecução penal, o investigado poderá requerer a remessa dos autos a órgão superior, na forma do art. 28 deste Código".

Assim, não caberia ao juiz, de ofício, provocar a revisão, o que está mais de acordo com a essência do sistema acusatório; a revisão dependerá, portanto, inteiramente de requerimento do interessado. Com isso, dá-se tratamento homogêneo à recusa do Ministério Público em oferecer proposta de transação penal, suspensão condicional do processo e acordo de não persecução penal, institutos de direito consensual com escopos semelhantes.

Jurisprudência ministerial – O art. 19-D da Res. 181/17, partindo da premissa de que o Ministério Público é também gestor de políticas criminais, esclarece que o órgão de revisão dos arquivamentos poderá constituir jurisprudência própria, em súmulas, enunciados e orientações, notadamente em matérias repetitivas, cujo conteúdo servirá de fundamento para a decisão de arquivamento pelos órgãos de execução, bem como para estabelecer uma diretriz político-criminal no âmbito de cada Ministério Público.

Art. 28-A. Não sendo o caso de arquivamento e tendo o investigado confessado formal e circunstancialmente a prática de infração penal sem violência ou grave ameaça e com pena mínima inferior a 4 anos, o Ministério Público poderá propor acordo de não persecução penal, desde que necessário e suficiente para a reprovação e prevenção do crime, mediante as seguintes condições ajustadas cumulativa e alternativamente:

I – reparar o dano ou restituir a coisa à vítima, exceto na impossibilidade de fazê-lo;

II – renunciar voluntariamente a bens e direitos indicados pelo Ministério Público como instrumentos, produto ou proveito do crime;

III – prestar serviço à comunidade ou a entidades públicas por período correspondente à pena mínima cominada ao delito, diminuída de um a dois terços, em local a ser indicado pelo juízo da execução, na forma do art. 46 do Decreto-Lei n. 2.848, de 7 de dezembro de 1940 (Código Penal);

IV – pagar prestação pecuniária, a ser estipulada nos termos do art. 45 do Decreto-Lei n. 2.848, de 7 de dezembro de 1940 (Código Penal), a entidade pública ou de interesse social, a ser indicada pelo juízo da execução, que tenha, preferencialmente, como função proteger bens jurídicos iguais ou semelhantes aos aparentemente lesados pelo delito; ou

V – cumprir, por prazo determinado, outra condição indicada pelo Ministério Público, desde que proporcional e compatível com a infração penal imputada.

§ 1º Para aferição da pena mínima cominada ao delito a que se refere o *caput* deste artigo, serão consideradas as causas de aumento e diminuição, aplicáveis ao caso concreto.

§ 2º O disposto no *caput* deste artigo não se aplica nas seguintes hipóteses:

I – se for cabível a transação penal de competência dos Juizados Especiais Criminais, nos termos da lei;

II – se o investigado for reincidente ou se houver elementos probatórios que indiquem conduta criminal habitual, reiterada ou profissional, exceto se insignificantes as infrações penais pretéritas;

III – ter sido o agente beneficiado nos 5 (cinco) anos anteriores ao cometimento da infração, em acordo de não persecução penal, transação penal ou suspensão condicional do processo; e

IV – nos crimes praticados no âmbito de violência doméstica ou familiar, ou praticados contra a mulher por razões da condição de sexo feminino, em favor do agressor.

§ 3º O acordo de não persecução penal será formalizado por escrito e será firmado pelo membro do Ministério Público, pelo investigado e por seu defensor.

§ 4º Para a homologação do acordo de não persecução penal, será realizada audiência na qual o juiz deverá verificar a sua voluntariedade, por meio da oitiva do investigado na presença do seu defensor, e sua legalidade.

§ 5º Se o juiz considerar inadequadas, insuficientes ou abusivas as condições dispostas no acordo de não persecução penal, devolverá os autos ao Ministério Público para que seja reformulada a proposta do acordo, com concordância do investigado e seu defensor.

§ 6º Homologado judicialmente o acordo de não persecução penal, o juiz devolverá os autos ao Ministério Público para que inicie sua execução perante o juízo de execução penal.

§ 7º O juiz poderá recusar homologação à proposta que não atender aos requisitos legais ou quando não for realizada a adequação a que se refere o §5º. deste artigo.

§ 8º Recusada a homologação, o juiz devolverá os autos ao Ministério Público para a análise da necessidade de complementação das investigações ou o oferecimento da denúncia.

§ 9º A vítima será intimada da homologação do acordo de não persecução penal e de seu descumprimento.

§ 10 Descumpridas quaisquer das condições estipuladas no acordo de não persecução penal, o Ministério Público deverá comunicar ao juízo, para fins de sua rescisão e posterior oferecimento de denúncia.

§ 11 O descumprimento do acordo de não persecução penal pelo investigado também poderá ser utilizado pelo membro do Ministério Público como justificativa para o eventual não oferecimento de suspensão condicional do processo.

§ 12 A celebração e o cumprimento do acordo de não persecução penal não constarão de certidão de antecedentes criminais, exceto para os fins previstos no inciso III do §2º. deste artigo.

§ 13 Cumprido integralmente o acordo de não persecução penal, o juízo competente decretará a extinção de punibilidade.

§ 14 No caso de recusa, por parte do Ministério Público, em propor o acordo de não persecução penal, o investigado poderá requerer a remessa dos autos a órgão superior, na forma do art. 28 deste Código".

Redação antes da Lei 13.964/19	Redação depois da Lei 13.964/19
Resolução 181/17 CNMP **Art. 18.** Não sendo o caso de arquivamento, o Ministério Público poderá propor ao investigado acordo de não persecução penal quando, cominada pena mínima inferior a 4 (quatro) anos e o crime não for cometido com violência ou grave ameaça a pessoa, o investigado tiver confessado formal e circunstanciadamente a sua prática, mediante as seguintes condições, ajustadas cumulativa ou alternativamente: I – reparar o dano ou restituir a coisa à vítima, salvo impossibilidade de fazê-lo;	**Art. 28-A.** Não sendo o caso de arquivamento e tendo o investigado confessado formal e circunstancialmente a prática de infração penal sem violência ou grave ameaça e com pena mínima inferior a 4 anos, o Ministério Público poderá propor acordo de não persecução penal, desde que necessário e suficiente para a reprovação e prevenção do crime, mediante as seguintes condições ajustadas cumulativa ou alternativamente: I – reparar o dano ou restituir a coisa à vítima, exceto na impossibilidade de fazê-lo;

Redação antes da Lei 13.964/19	Redação depois da Lei 13.964/19
II – renunciar voluntariamente a bens e direitos, indicados pelo Ministério Público como instrumentos, produto ou proveito do crime; III – prestar serviço à comunidade ou a entidades públicas por período correspondente à pena mínima cominada ao delito, diminuída de um a dois terços, em local a ser indicado pelo Ministério Público; IV – pagar prestação pecuniária, a ser estipulada nos termos do art. 45 do Código Penal, a entidade pública ou de interesse social a ser indicada pelo Ministério Público, devendo a prestação ser destinada preferencialmente àquelas entidades que tenham como função proteger bens jurídicos iguais ou semelhantes aos aparentemente lesados pelo delito; V – cumprir outra condição estipulada pelo Ministério Público, desde que proporcional e compatível com a infração penal aparentemente praticada. § 1º. Não se admitirá a proposta nos casos em que: I – for cabível a transação penal, nos termos da lei; II – o dano causado for superior a vinte salários mínimos ou a parâmetro econômico diverso definido pelo respectivo órgão de revisão, nos termos da regulamentação local; III – o investigado incorra em alguma das hipóteses previstas no art. 76, § 2º., da Lei nº 9.099/95 IV – o aguardo para o cumprimento do acordo possa acarretar a prescrição da pretensão punitiva estatal; V – o delito for hediondo ou equiparado e nos casos de incidência da Lei nº 11.340, de 7 de agosto de 2006; VI – a celebração do acordo não atender ao que seja necessário e suficiente para a reprovação e prevenção do crime. § 2º. A confissão detalhada dos fatos e as tratativas do acordo serão registrados pelos meios ou recursos de gravação audiovisual, destinados a obter maior fidelidade das informações, e o investigado deve estar sempre acompanhado de seu defensor. § 3º. O acordo será formalizado nos autos, com a qualificação completa do investigado e estipulará de modo claro as suas condições, eventuais valores a serem restituídos e as datas para cumprimento, e será firmado pelo membro do Ministério Público, pelo investigado e seu defensor. § 4º. Realizado o acordo, a vítima será comunicada por qualquer meio idôneo, e os autos serão submetidos à apreciação judicial.	II – renunciar voluntariamente a bens e direitos indicados pelo Ministério Público como instrumentos, produto ou proveito do crime; III – prestar serviço à comunidade ou a entidades públicas por período correspondente à pena mínima cominada ao delito, diminuída de um a dois terços, em local a ser indicado pelo juízo da execução, na forma do art. 46 do Decreto-Lei n. 2.848, de 7 de dezembro de 1940 (Código Penal); IV – pagar prestação pecuniária, a ser estipulada nos termos do art. 45 do Decreto-Lei n. 2.848, de 7 de dezembro de 1940 (Código Penal), a entidade pública ou de interesse social, a ser indicada pelo juízo da execução, que tenha, preferencialmente, como função proteger bens jurídicos iguais ou semelhantes aos aparentemente lesados pelo delito; ou V – cumprir, por prazo determinado, outra condição indicada pelo Ministério Público, desde que proporcional e compatível com a infração penal imputada. § 1º Para aferição da pena mínima cominada ao delito a que se refere o caput deste artigo, serão consideradas as causas de aumento e diminuição, aplicáveis ao caso concreto. § 2º O disposto no caput deste artigo não se aplica nas seguintes hipóteses: I – se for cabível a transação penal de competência dos Juizados Especiais Criminais, nos termos da lei; II – se o investigado for reincidente ou se houver elementos probatórios que indiquem conduta criminal habitual, reiterada ou profissional, exceto se insignificantes as infrações penais pretéritas; III – ter sido o agente beneficiado nos 5 (cinco) anos anteriores ao cometimento da infração, em acordo de não persecução penal, transação penal ou suspensão condicional do processo; e IV – nos crimes praticados no âmbito de violência doméstica ou familiar, ou praticados contra a mulher por razões da condição de sexo feminino, em favor do agressor. § 3º O acordo de não persecução penal será formalizado por escrito e será firmado pelo membro do Ministério Público, pelo investigado e por seu defensor. § 4º Para a homologação do acordo de não persecução penal, será realizada audiência na qual o juiz deverá verificar a sua voluntariedade, por meio da oitiva do investigado na presença do seu defensor, e sua legalidade.

Redação antes da Lei 13.964/19	Redação depois da Lei 13.964/19
§ 5º. Se o juiz considerar o acordo cabível e as condições adequadas e suficientes, devolverá os autos ao Ministério Público para sua implementação. § 6º. Se o juiz considerar incabível o acordo, bem como inadequadas ou insuficientes as condições celebradas, fará remessa dos autos ao procurador-geral, nos termos da legislação vigente, que poderá adotar as seguintes providencias: I – oferecer denúncia ou designar outro membro para oferecê-la; II – complementar as investigações ou designar outro membro para complementá-la; III – reformular a proposta de acordo de não persecução, para apreciação do investigado; IV – manter o acordo de não persecução, que vinculará toda a Instituição. § 7º. O acordo de não persecução poderá ser celebrado na mesma oportunidade da audiência de custódia. § 8º. É dever do investigado comunicar ao Ministério Público eventual mudança de endereço, número de telefone ou e-mail, e comprovar mensalmente o cumprimento das condições, independentemente de notificação ou aviso prévio, devendo ele, quando for o caso, por iniciativa própria, apresentar imediatamente e de forma documentada eventual justificativa para o não cumprimento do acordo. § 9º. Descumpridas quaisquer das condições estipuladas no acordo ou não observados os deveres do parágrafo anterior, no prazo e nas condições estabelecidas, o membro do Ministério Público deverá, se for o caso, imediatamente oferecer denúncia. § 10 O descumprimento do acordo de não persecução pelo investigado também poderá ser utilizado pelo membro do Ministério Público como justificativa para o eventual não oferecimento de suspensão condicional do processo. § 11 Cumprido integralmente o acordo, o Ministério Público promoverá o arquivamento da investigação, nos termos deste Ato. § 12 As disposições deste Capítulo não se aplicam aos delitos cometidos por militares que afetem a hierarquia e a disciplina. § 13 Para aferição da pena mínima cominada ao delito, a que se refere o caput, serão consideradas as causas de aumento e diminuição aplicáveis ao caso concreto.	§ 5º Se o juiz considerar inadequadas, insuficientes ou abusivas as condições dispostas no acordo de não persecução penal, devolverá os autos ao Ministério Público para que seja reformulada a proposta de acordo, com concordância do investigado e seu defensor. § 6º Homologado judicialmente o acordo de não persecução penal, o juiz devolverá os autos ao Ministério Público para que inicie sua execução perante o juízo de execução penal. § 7º O juiz poderá recusar homologação à proposta que não atender aos requisitos legais ou quando não for realizada a adequação a que se refere o §5º. deste artigo. § 8º Recusada a homologação, o juiz devolverá os autos ao Ministério Público para a análise da necessidade de complementação das investigações ou o oferecimento da denúncia. § 9º A vítima será intimada da homologação do acordo de não persecução penal e de seu descumprimento. § 10 Descumpridas quaisquer das condições estipuladas no acordo de não persecução penal, o Ministério Público deverá comunicar ao juízo, para fins de sua rescisão e posterior oferecimento de denúncia. § 11 O descumprimento do acordo de não persecução penal pelo investigado também poderá ser utilizado pelo Ministério Público como justificativa para o eventual não oferecimento de suspensão condicional do processo. § 12 A celebração e o cumprimento do acordo de não persecução penal não constarão de certidão de antecedentes criminais, exceto para os fins previstos no inciso III do § 2º. deste artigo. § 13 Cumprido integralmente o acordo de não persecução penal, o juízo competente decretará a extinção de punibilidade. § 14 No caso de recusa, por parte do Ministério Público, em propor o acordo de não persecução penal, o investigado poderá requerer a remessa dos autos a órgão superior, na forma do art. 28 deste Código.

Acordo de não persecução. Constitucionalidade – O acordo de não persecução penal (ANPP) foi criado, de forma pioneira e corajosa, pelo Conselho Nacional do Ministério Público, mais precisamente através da Res. 181/17, depois alterada pela Res. 183/18 e Res. 289/24, cujos contornos, em grande parte, foram repetidos no art. 28-A do CPP.

A citada Resolução, contudo, teve, em pouco tempo de vigência, sua constitucionalidade questionada pela AMB (ADI 5790) e pela OAB (ADI 5793). Em resumo, a AMB se insurgiu "porque a despeito de agora haver a submissão ao Poder Judiciário do acordo firmado, é inegável que diante da inexistência de lei dispondo sobre ela, resultará uma insegurança jurídica sem tamanho, diante da possibilidade de magistrados recusarem ou aceitarem esses acordos, com base exclusivamente no fato de a Resolução não poder dispor sobre a matéria sem prévia previsão legal". No mesmo sentido a OAB: "o texto fere os princípios de reserva legal, segurança jurídica, extrapolando também o poder regulamentar conferido ao CNMP". A violação da reserva legal, como se percebe, era o grande motivo de irresignação dos críticos. Agora, com a introdução do instituto no CPP, a crítica desaparece.

Outro argumento ventilado pelos críticos foi a violação do princípio da obrigatoriedade. De fato, a maioria dos manuais ensina que, de acordo com esse princípio, o Ministério Público, presentes as condições da ação, é obrigado a agir, a ingressar com a ação penal, a não ser em determinados casos expressamente previstos em lei, como na possibilidade de transação penal nas infrações penais de menor potencial ofensivo (art. 76 da Lei 9.099/95). Para corrente diversa, mais moderna, a obrigatoriedade deve ser revisitada, não podendo ser encarada como uma imposição cega de fazer a mesma coisa sempre e a todo custo, inclusive contra os próprios objetivos que fundamentaram o princípio da legalidade. O promotor de Justiça Rodrigo Cabral alerta que a ideia importante da obrigatoriedade é a que não pode o Ministério Público, sem justa causa, simplesmente abrir mão de dar uma resposta às investigações penais maduras e viáveis que se encontram em seu poder (Acordo de não persecução penal – Um panorama sobre o acordo de não persecução penal. 1ª. ed. Salvador: Ed. Juspodivm. 2018 p. 40).

Assim, tal interpretação deixa claro que o Ministério Público não pode conceder favores ilegítimos para determinadas pessoas. Tem o promotor de Justiça o dever de agir. Mas como agir? A resposta vai depender da política criminal eventualmente adotada pela instituição. Agir pode ser oferecendo transação penal ao autor de uma infração de menor potencial ofensivo (art. 76 Lei 9.099/95). Ou propondo acordo de não-persecução penal. Ou, por fim, ajuizando a ação penal (denúncia-crime). Em qualquer caso, contudo, o Ministério Público agiu, buscando a solução mais promissora para tornar nosso sistema penal um pouco mais efetivo e com respostas mais adequadas.

Conceito e natureza jurídica – Tomado pelo espírito de justiça consensual, compreende-se o acordo de não persecução penal como sendo o ajuste obrigacional celebrado entre o órgão de acusação e o investigado (assistido por advogado), devidamente homologado pelo juiz, no qual o indigitado assume sua responsabilidade, aceitando cumprir, desde logo, condições menos severas do que a sanção penal aplicável ao fato a ele imputado.

É evidente que os instrumentos negociais, há tempos presentes no processo cível, cumprem expectativas dos indivíduos e agentes político-econômicos, porque abreviam o tempo para a solução do conflito, e atendem um prático cálculo de utilidade social. O consenso entre as partes se estabelece em um ambiente de coparticipação racional, mediante vantagens recíprocas que concorrem para uma aceitabilidade no cumprimento da medida mais efetiva, sentimento que eleva o senso de autorresponsabilidade e comprometimento com o acordo, atributos que reforçam a confiança no seu cumprimento integral.

O processo penal carecia de um instrumento como o ANPP. Inegavelmente, o acordo de não persecução penal trará economia de tempo e recursos para que o sistema de justiça criminal exerça, com a atenção devida, uma tutela penal mais efetiva nos crimes que merecem esse tratamento.

Direito subjetivo do investigado? – O critério de aferição da conveniência de oferecer a proposta de acordo, com vistas à prevenção e repressão do delito, é tarefa do Ministério Público, no exercício de sua Anklagemonopol (art. 129, I, da CF), isto é, de seu monopólio da ação penal pública (ROXIN, Claus; SCHÜNEMANN, Bernd. Strafverfahrensrecht. 27ª ed. München: Beck, 2012, p. 75). No sistema acusatório, entende-se que não pode o juiz emitir decisão a respeito de tal conveniência, razão pela qual, em caso de divergência de opinião com o órgão ministerial deve encaminhar o caso ao órgão revisional do próprio Ministério Público.

Esse entendimento nem é propriamente novo, visto ser de há muito seguido nos casos da suspensão condicional do processo e da transação penal. Nesse sentido, o enunciado da Súmula 696 do E. Supremo Tribunal Federal ("Reunidos os pressupostos legais permissivos da suspensão condicional do processo, mas se recusando o promotor de justiça a propô-la, o juiz, dissentindo, remeterá a questão ao procurador-geral, aplicando-se por analogia o art. 28 do Código de Processo Penal").

O oferecimento do acordo é prerrogativa institucional do Ministério Público, e não direito subjetivo do investigado.

Com efeito, o acordo de não persecução penal assemelha-se a um termo de ajustamento de conduta (TAC), mas aplicado no campo criminal. Tratando-se de modalidade de justiça negocial, assemelha-se aos princípios e postulados básicos da transação penal e da suspensão condicional do processo. Portanto, tal como já pacificado pelo Superior Tribunal de Justiça e Supremo Tribunal Federal no caso da transação penal e o sursis processual, também o acordo de não persecução deve ser encarado como poder-dever do Ministério Público e não um direito público subjetivo do investigado.

A respeito da obrigatoriedade de propositura de acordo pelo Ministério Público, vale ressaltar o voto do então Ministro do Tribunal Constitucional, Ayres Britto, em julgado que tratava de suspensão condicional do processo e que, pela natureza do instituto, pode ser aqui utilizado: "não há que se falar em obrigatoriedade do Ministério Público quanto ao oferecimento do benefício da suspensão condicional do processo. Do contrário, o titular da ação penal seria compelido a sacar de um instrumento de índole tipicamente transacional, como é o sursis processual. O que desnaturaria o próprio instituto da suspensão, eis que não se pode falar propriamente em transação quando a uma das partes (o órgão de acusação, no caso) não é dado o poder de optar ou não por ela." (HC 84.342/RJ, 1ª Turma).

Nesse sentido é também a lição de Ada Pellegrini Grinover, Antônio Magalhães Gomes Filho, Antônio Scarance Fernandes e Luiz Flávio Gomes: "(...) Pensamos, portanto, que o "poderá" em questão não indica mera faculdade, mas um poder-dever, a ser exercido pelo acusador em todas as hipóteses em que não se configurem as condições do § 2° do dispositivo (in Juizados Especiais Criminais. 5ª ed. RT, 2005, p. 153).

Entender o acordo de não persecução como obrigatoriedade seria o mesmo que "estabelecer-se um autêntico princípio da obrigatoriedade às avessas" (Renee do Ó Souza e

Patrícia Eleutério Campos Dover. Algumas respostas sobre o acordo de não persecução penal, in Acordo de não persecução penal, organizadores Rogério Sanches Cunha e outros, Salvador, Juspodivm, 2017, p. 123).

No novo instituto, no espaço de discricionariedade regrada (poder-dever) que lhe concede a legislação e a própria concepção do instituto sob o foco, o MP poderá se negar a formular proposta ao investigado, pois deverá ponderar previamente e fundamentar se o acordo "é necessário e suficiente para a reprovação e prevenção do crime" (condição subjetiva e cláusula aberta de controle), no caso concreto. E, de acordo com os tribunais superiores, por ausência de previsão legal, o Ministério Público não é obrigado a notificar o investigado acerca da sua recusa em propor Acordo de Não Persecução Penal, bastando oferecer a denúncia acompanhada da justificativa do não cabimento do ajuste.

Discricionariedade regrada – sabendo que se trata de ato discricionário do MP, atrelado ao dever de justificar a recusa, para parcela da doutrina, com relação à motivação, existe sim direito subjetivo do investigado. Ou seja, não tem ele (investigado) direito ao acordo, mas, em caso de recusa, é seu direito conhecer as razões que impediram o titular da ação penal de celebrar o ajuste.

> **ATENÇÃO** – de acordo com o art. 18-G da Res. 181/17 do CNMP, incluído pela Res. 289/24, não sendo o caso de proposição do acordo de não persecução penal, a recusa, que sempre será fundamentada, deverá constar nos autos do procedimento investigatório ou na cota da respectiva denúncia.

ANPP e crime de ação penal de iniciativa privada – apesar do silêncio da lei, nos parece perfeitamente possível o ANPP nos crimes de ação penal de iniciativa privada, como já acontece com os institutos da transação penal e da suspensão condicional do processo, em que pese a Lei 9.099/95 só cogitá-los no âmbito da ação penal pública. Quem deve propor o ajuste é o próprio querelante e, em caso de recusa imotivada, forçoso concluir que não haverá espaço para reexame da matéria, instalando-se o processo.

Pressupostos do acordo de não persecução penal – São pressupostos cumulativos do acordo, todos previstos, mesmo que implicitamente, no *caput*:

a) existência de procedimento investigatório. A segurança de que existe um procedimento formalizado é importante para os atores do sistema criminal, evitando abusos do Estado, e ao mesmo tempo permitindo a transparência na negociação. Seja inquérito policial, seja procedimento investigatório presidido pelo órgão de execução do Ministério Público, deve existir procedimento oficial devidamente instaurado para nele as partes ajustarem as condições adequadas e necessárias para o ANPP.

b) não ser o caso de arquivamento dos autos. O ANPP pressupõe justa causa para a denúncia-crime, leia-se, mínimo de suporte fático, aquele início de prova (mesmo que indiciária) capaz de justificar a oferta da instância penal. No dizer de Afrânio Silva Jardim, "Esse suporte probatório mínimo se relaciona com os indícios da autoria, existência material do fato típico e alguma prova de sua antijuridicidade e culpabilidade" (Direito processual penal. 8ª. ed., Rio de Janeiro: Forense, 1999, p. 175).

Sobre a possibilidade de acordo de não persecução penal na "emendatio libelli" e na "mutatio libelli", ver nossos comentários aos arts. 383, §1º., e 384, §3º, ambos do CPP.

c) cominada pena mínima inferior a 4 (quatro) anos e o crime não for cometido com violência ou grave ameaça à pessoa. Para aferição da pena mínima cominada ao delito a que se refere o *caput* deste artigo, serão consideradas as causas de aumento e diminuição, aplicáveis ao caso concreto (§1º.). Portanto, tomando como norte a pena mínima abstratamente cominada ao delito, presente causa de aumento variável, deve-se utilizar a menor fração; no caso de diminuição variável, a maior fração. Imaginemos causa de aumento variando de 1/6 a 2/3. Temos que aplicar o aumento de 1/6; se de diminuição, a fração de 2/3. Só assim o operador chega na pena mínima abstratamente possível para a infração penal em tese praticada pelo investigado.

c1) ANPP e crime culposo violento – Percebam que o legislador proíbe o ANPP no caso de crime cometido com violência ou grave ameaça a pessoa. Para nós, a violência que impede o ajuste é aquela presente na conduta, e não no resultado. Logo, homicídio culposo, por exemplo, admite o ANPP. Nesse sentido, inclusive, é a Resolução n. 1.618/23 do MPSP (art. 1º, §4º).

c2) ANPP e o crime de racismo – A Orientação Conjunta n. 1 da PGJ/SP e CGMP/SP aconselha aos órgãos de execução do MPSP que o ANPP e outros instrumentos de consenso (como transação e suspensão do processo) devem ser evitados em casos envolvendo crimes de racismo, uma vez que são "desproporcionais e incompatíveis com infração penal dessa natureza, violadora de valores sociais". Já o MPBA, por intermédio do seu Conselho de Procuradores e Promotores de Justiça com atuação na área Criminal (CONCRIM), aprovou, em 1º de junho de 2022, por unanimidade, o Enunciado n. 28, que estabelece: "nos crimes de racismo (inclusive injúria racial), a proposta de acordo de não persecução penal, além das condições dos incisos de I a V, do caput do art. 28 -A do CPP, deverá conter cláusula pertinente: I – à reparação mínima à vítima pelos danos morais e materiais decorrentes do crime, cujo valor deverá ser abatido em eventual condenação cível; II – à fixação, em sendo o caso, de valor mínimo de indenização por dano moral coletivo, destinando-se o valor correspondente para fundos ou ações específicos destinados ao enfrentamento ao racismo e/ou à promoção da igualdade racial, sem prejuízo de eventual ação civil pública, cujo valor da condenação deverá ser abatido do montante pago em decorrência do acordo; III – à prestação de serviço à comunidade, que consistirá em atribuições de tarefas gratuitas a serem realizadas em organizações ou instituições públicas ou privadas cuja principal atuação esteja voltada para o enfrentamento ao racismo e/ou à promoção da igualdade racial; IV – à participação do investigado em cursos ou grupos reflexivos de letramento racial, a serem realizados por organizações ou instituições públicas ou privadas cuja principal atuação esteja voltada para o enfrentamento ao racismo e/ou à promoção da igualdade racial."

c3) ANPP e maus tratos a cães e gatos – Discute-se se cabe ou não ANPP no crime de maus tratos a cães e gatos (art. 32, §1º-A, Lei 9.605/98, punido com reclusão de 2 a 5 anos). Para uma primeira corrente, antropecêntrica, sendo o animal coisa (nos termos da lei civil), admite-se o ANPP, mesmo estando presente a violência. Para outra, norteada pelo ecocentrismo, o animal não é coisa e nem pessoa, mas ser senciente (sujeito de direitos), não admitindo o instituto do ANPP, pois cometido o crime com violência.

c4) ANPP e tráfico privilegiado – Após a consolidação do entendimento de que o chamado tráfico de drogas privilegiado não é crime hediondo, o que inclusive permite lhe seja aplicada pena restritiva de direitos aos condenados por este delito, não vislumbramos motivos para negar a possibilidade dele ser alcançado pelo Acordo de Não Persecução Penal, previsto no dispositivo em comento. Isso porque a pena em perspectiva do tráfico privilegiado, ainda que considerada a redução em grau mínimo, encontra-se em grau suficiente para a aplicação do instituto, desde que observados os demais requisitos legais previstos na lei. Deve-se, contudo, atentar que o ANPP deve ser utilizado com cautela nesses casos, ou seja, desde que os requisitos do tráfico privilegiado se encontrem sobeja e criteriosamente demonstrados, situação esta excepcional na etapa pré-processual e geralmente melhor examinada ao final do processo penal.

d) o investigado tiver confessado formal e circunstancialmente a prática do crime. A Resolução 181/17 determina a confissão circunstanciada, leia-se, detalhada dos fatos. Agora a Lei 13.964/19 prefere a expressão circunstancial. Essa mudança de termos não nos parece interferir na sua arquitetura. A confissão do investigado deve abranger todos os elementos da prática criminosa de forma detalhada e minuciosa. Não se trata de uma confissão genérica, mas sim de um reconhecimento da prática do ato criminoso em todas as suas circunstâncias.

Em que pese não exigido pela Lei 13.964/19, as tratativas do acordo devem ser registradas pelos meios ou recursos de gravação audiovisual, destinados a obter maior fidelidade das informações. Essa exigência está não somente na Resolução "mãe" do ANPP (Res. 181 do CNMP), como também em recente resolução do mesmo Conselho (Res. 92/22), que recomenda ao Ministério Público brasileiro a adoção de medidas incentivadoras da prática de gravação de atos instrutórios nos procedimentos administrativos em curso na instituição.

Importante alertar que, apesar de pressupor sua confissão, não há reconhecimento expresso de culpa pelo investigado. Há, se tanto, uma admissão implícita de culpa, de índole puramente moral, sem repercussão jurídica. A culpa, para ser efetivamente reconhecida, demanda o devido processo legal. Não sem razão, diz o §12 que "a celebração e o cumprimento do acordo de não persecução penal não constarão de certidão de antecedentes criminais, exceto para os fins previstos no inciso III do §2º. deste artigo".

A confissão de que trata o caput do art. 28-A do CPP deve ser entendida como aquela realizada pelo investigado ao Ministério Público no momento da celebração do acordo. A confissão prestada ao Ministério Público durante as tratativas do acordo independe da negativa de confissão realizada no ato do interrogatório no curso da investigação preliminar ou do inquérito policial perante a Autoridade Policial, pois, nessa fase, o investigado pode utilizar-se do seu direito de permanecer silente, conforme lhe é assegurado constitucionalmente. Nesse sentido, aliás, esclarece o art. 18-A da Res. 181/17 do CNMP, incluído pela Res. 289/24: "sendo cabível o acordo de não persecução penal, independentemente da existência de confissão anterior no curso do procedimento investigatório prestada perante a autoridade policial, o investigado será notificado para comparecer em local, dia e horário determinados, devendo constar expressamente da notificação que o ato pressupõe a confissão formal e circunstanciada da prática da infração penal, bem como a necessidade de o investigado se fazer acompanhar por advogado ou defensor público"

ATENÇÃO – temos corrente no STF (Min. Gilmar Mendes) no sentido de que a ausência de confissão não deve impedir o ajuste, bem como, havendo confissão, não pode ela ser usada em desfavor do compromissário, seja fora dos autos (prova emprestada) ou nos próprios autos em caso de rescisão do acordo. A Res. 181 CNMP, no seu art. 18-F, caminhou em sentido diverso. Diz que, havendo descumprimento de qualquer das condições do acordo, a denúncia a ser oferecida poderá utilizar como suporte probatório a confissão formal e circunstanciada do investigado, prestada voluntariamente na celebração do acordo.

ANPP e audiência de custódia – A confissão detalhada e formal do investigado, em ato pré-processual, nos termos do art. 28-A do CPP, assoma como pressuposto tendente a colidir com a natureza jurídica da audiência de custódia e com seus princípios de imediatidade, além de violar frontalmente a disposição em vigor da Resolução CNJ nº 213/2015 quanto ao não tratamento de questões tangentes ao mérito. Diante desse quadro, tem prevalecido não ser possível conceber a audiência de custódia como momento adequado para ato complexo como o Acordo de Não Persecução Penal. Existe, contudo, uma série de iniciativas buscando incentivar o clima de ajuste logo após o ato, aproveitando o momento especial em que estão presentes o juiz, o promotor de Justiça e o advogado/defensor. Aplaudimos essas iniciativas, mas com a cautela de que o promotor de Justiça a atuar no ANPP deve ser aquele com atribuições para o estudo da justa causa, leia-se, o promotor natural do caso.

Condições do acordo de não persecução penal – como já alertado acima, compreende-se o acordo de não persecução penal como sendo o ajuste obrigacional celebrado entre o órgão de acusação e o investigado (assistido por advogado), devidamente homologado pelo juiz, no qual o indigitado assume sua responsabilidade, aceitando cumprir, desde logo, condições menos severas do que a sanção penal aplicável ao fato a ele imputado. As condições do acordo, ajustadas cumulativa ou alternativamente, estão estampadas nos incisos que acompanham o *caput* do art. 28-A:

I – reparar o dano ou restituir a coisa à vítima, exceto na impossibilidade de fazê-lo.

Na linha de outros instrumentos despenalizadores, o ANPP prestigia a vítima, colocando a reparação do dano ou restituição do objeto do crime como condição para o ajuste.

ATENÇÃO – O art. 18-A, § 4º, da Res. 181/17 do CNMP prevê, na forma do art. 17, que o membro do Ministério Público deverá diligenciar para que a vítima ou, na ausência desta, seus respectivos familiares participem do acordo de não persecução penal com vistas à reparação dos danos causados pela infração, **não se exigindo, contudo, sua aquiescência como requisito de validade ou eficácia do acordo.**

Certamente haverá discussão quanto à possibilidade de o ajuste abranger (ou não) o dano moral. Para uma corrente, o dano moral, por guardar íntima relação com a dor e o sofrimento experimentado pela vítima, não encontraria, no processo penal, o *locus* adequado para debate. Para outros, com os quais concordamos, embora reconhecendo a dificuldade em se estabelecer o *quantum*, não afastam, de plano, essa possibilidade, dependendo sempre da cuidadosa análise do fato concreto, em especial, da gravidade do ilícito, da intensidade do sofrimento, da condição socioeconômica do ofendido e do ofensor, grau de culpa, etc., bem como a utilização dos parâmetros monetários estabelecidos pela jurisprudência para casos similares. Na seara da justiça consensual, tais dificuldades ficam quase que superadas, pois o valor a título de dano moral será discutido com a efetiva participação do ofensor.

Reparem que a impossibilidade de reparar o dano ou restituir a coisa à vítima não impede a formalização do ANPP, conclusão extraída da parte final do inciso em comento. Nesse caso, o Ministério Público poderá fixar condições outras, desde que proporcional e compatível com a infração penal imputada (inc. V). Quando se poderia dizer que há impossibilidade de reparar o dano? Vale, aqui, transcrever as lições de Renee de Ó Souza e Patrícia Eleutério Campos Dower:

> "É certo que, salvo algumas raras exceções ('infrações penais há que originam tão-somente a pretensão punitiva, como ocorre, por exemplo, em certos casos de tentativa branca, no crime impossível, nos crimes contra a paz pública, em alguns crimes contra a administração da justiça'), a prática de um delito acarreta não somente o surgimento da pretensão punitiva do Estado, mas também a obrigação de reparar os danos por ele gerados.
>
> Assim, como primeira situação de impossibilidade de reparar o dano, de se citar os casos tais, em que não se verifica a ocorrência de um dano, em que pese tenha ocorrido o delito. Há situações outras, em que a reparação do dano é impossível em razão do perecimento do objeto tutelado, que não pode mais ser recomposto, típico caso de alguns crimes ambientais em que, uma vez ocorrida a degradação, não há mais possibilidade de retorno ao status quo ante.
>
> Por fim, pode-se ainda evidenciar a impossibilidade de reparar o dano decorrente de incapacidade financeira do investigado. Em referidas situações, assim como ocorre naquelas relativas à suspensão condicional do processo, em que o acusado tem a possibilidade de não ter o benefício revogado, caso comprove motivo justificado para a não reparação do dano, tal fator não seria peremptoriamente impeditivo da realização do acordo.
>
> Emergindo mencionada situação, pontos relevantíssimos devem ser considerados: (a) incumbe ao investigado a prova cabal de sua vulnerabilidade financeira, não bastando a mera alegação; (b) deve o agente ministerial, convencido e seguro da situação de insolvência do investigado, atentar-se para a conveniência de propor o cumprimento de outra condição, desde que proporcional e compatível com a infração penal aparentemente praticada" (ACORDO DE NÃO PERSECUÇÃO PENAL – Algumas respostas sobre o acordo de não persecução penal. 3ª. ed. Ed. Juspodivm. 2019., p. 162).

ATENÇÃO – No caso de ter havido fixação de fiança e esta ter sido efetivamente paga pelo investigado, mostra-se possível pactuar como cláusula do ajuste, considerando o disposto no art. 336 do CPP, que o valor depositado judicialmente seja revertido a título de reparação de danos civis. Não bastasse, e sempre no espírito da assegurar os direitos da vítima, com fundamento nos arts. 8º, 141, 356, 492 e 515, III, todos do Código de Processo Civil, aplicados ao Código de Processo Penal (art. 3º), o capítulo do acordo de não persecução penal relativo à composição de danos civis poderá ser pactuado com caráter de autonomia, constituindo titulo executivo de natureza cível apto à execução, mesmo na hipótese de posterior rescisão do ajuste (nesse sentido, art. 18-A, §4º, V, da Res. 181/17, CNMP).

II – renunciar voluntariamente a bens e direitos indicados pelo Ministério Público como instrumentos, produto ou proveito do crime.

Temos, nesta condição, um confisco aquiescido, onde o investigado, voluntariamente, renuncia a bens e direitos, como objetos utilizados para executar a infração penal (instrumentos do crime), objetos conseguidos diretamente com a atividade criminosa (produto do crime) ou bens conseguidos com a utilização do produto criminoso (proveito do crime).

III – prestar serviço à comunidade ou a entidades públicas por período correspondente à pena mínima cominada ao delito, diminuída de um a dois terços, em local a ser indicado pelo juízo da execução, na forma do art. 46 do Decreto-Lei n. 2.848, de 7 de dezembro de 1940 (Código Penal).

IV – pagar prestação pecuniária, a ser estipulada nos termos do art. 45 do Decreto-Lei n. 2.848, de 7 de dezembro de 1940 (Código Penal), a entidade pública ou de interesse social, a ser indicada pelo juízo da execução, que tenha, preferencialmente, como função proteger bens jurídicos iguais ou semelhantes aos aparentemente lesados pelo delito.

Nos incisos III e IV temos condições inspiradas em sanções alternativas tradicionalmente utilizadas pelo juiz criminal para evitar pena de prisão. Deve ser alertado, contudo, que a natureza dos incisos é de condição para o ANPP, isto é, cláusula que estabelece realização de uma situação ou de uma ação, para que ocorra o negócio jurídico. Não se trata de sanção penal. Tanto que, se descumprida a condição ajustada, não pode o Ministério Público executá-la, mas oferecer denúncia e perseguir a devida condenação.

Diante desse quadro, fica fácil perceber o equívoco do legislador ao determinar que a concretização do acordo se dê no juízo das execuções penais. Erro crasso. Na VEC executa-se sanção penal. No ANPP não temos sanção penal imposta (e nem poderia, pois impede o devido processo legal). A sua execução deveria ficar a cargo do Ministério Público (como determina a Res. 181/17) ou do juízo do conhecimento.

> **ATENÇÃO** – de acordo com o parágrafo único do art. 18-C da Res. 181/17 do CNMP, incluído pela Res. 289/24, se as condições estipuladas no acordo consistirem em obrigações que podem ser cumpridas instantaneamente, não se mostra necessário o ajuizamento de ação de execução perante a Vara de Execuções Penais, podendo as obrigações serem cumpridas perante o órgão jurisdicional responsável pela homologação do acordo, desde que exista a concordância deste, que ficará responsável pela posterior declaração da extinção de punibilidade pelo cumprimento integral do acordado.

V – cumprir, por prazo determinado, outra condição indicada pelo Ministério Público, desde que proporcional e compatível com a infração penal imputada.

Este inciso deixa claro que o rol de condições é meramente exemplificativo. Outra condição indicada pelo Ministério Público, desde que proporcional e compatível com a infração penal imputada, pode ser ajustada. Sobre os limites da liberdade de negociar, novamente trazemos à baila as lições de Renee de Ó Souza e Patrícia Eleutério Campos Dower, comentando dispositivo semelhante na Resolução 181/17, berço do ANPP: "Nesse modelo de solução de litígios, a liberdade de negociar é considerada ponto central, seja porque diretamente ligada a autonomia da vontade, seja porque é parte da convergência de vontades e da cooperação necessária para a tutela do bem jurídico pretendida no caso concreto. É por isso que se diz que, no modelo de justiça consensual, vige o princípio do devido processo consensual, estruturado pela autonomia da vontade, princípio da eficiência, da lealdade e da boa-fé objetiva.

A liberdade de negociar implica em relativa liberdade de conteúdo do acordo, que não pode ser igualado a um contrato de adesão, caracterizado pela fixação pasteurizada e meramente formal das condições a serem prestadas pelo investigado. Nem tampouco são permitidas condições que produzam violações a direitos fundamentais ou desproteção do bem jurídico tutelado pela norma penal aparentemente violada no caso.

Assim, como primeiro limite às condições ajustáveis em um acordo, não são possíveis prestações que atinjam direitos de terceiros e/ou absolutamente vedadas pelo ordenamento jurídico, como aquelas consideradas cruéis, cumpridas por outra pessoa que não o investigado, com castigos físicos etc. Também não são permitidas prestações que impliquem violações a valores sociais de modo que deve ser resguardado o núcleo protetivo da dignidade da pessoa humana. Sobre esse aspecto, dada a imperiosa necessidade de compatibilizar interesses sociais e autonomia da vontade, resta imprescindível que seja assegurada uma decisão consciente e voluntária, que não afronte o interesse público, razão pela qual as prestações devem ser acompanhadas de medidas de garantia (safeguards) para evitar abusos. Nisso se vislumbra a maior função da decisão homologatória, prevista implicitamente no § 5º do art. 18 da Resolução 181/2017. O Judiciário exerce neste ato verdadeira função homologatória de resguardo dos direitos fundamentais.

Respeitados aqueles limites acima, há, todavia, necessidade de a decisão ser autocontida, de modo a permitir que as condições sejam fixadas a partir das livres escolhas das partes, o que desloca a análise acerca da legalidade do ajuste para as particularidades do caso concreto, de modo a assegurar a solução mais conveniente e oportuna, exatamente como prevê o art. 723, parágrafo único, do CPC. O *standard* decisório é pautado pelo exame do atendimento aos interesses específicos das partes envolvidas, pois, caso não atendidas, evidenciar-se-ia desinteresse pelo acordo ou criação de situações ineficientes ou injustas. Sobreleva-se, neste aspecto, a análise a partir do princípio da juridicidade que permite sejam levados em consideração os elementos materiais contidos no sistema jurídico em seu aspecto substancial, de modo que devem ser admitidas as prestações sociais que levem a tutela penal do bem jurídico contido na infração penal imputada ao investigado.

Respeitados os limites acima, nem sempre claros, é verdade, podem ser fixadas outras condições ou medidas de interesse social que atendem a tutela do direito subjacente à infração penal praticada, embora seja recomendável a utilização de condições prestacionais semelhantes àquelas penas alternativas já previstas na legislação penal como, por exemplo, limitação de final de semana, interdição temporária de direitos, proibição de frequentar determinados lugares, etc. As prestações também podem abranger obrigações que produzam efeito prático equivalente os efeitos extrapenais, tais como perda do cargo, inabilitação para exercício de cargo etc., e, ainda, aqueles de natureza extrapatrimonial.

Assim sendo, de forma resumida, a variedade e adaptabilidade das condições a serem estipuladas no acordo de não persecução podem experimentar relativas inovações e ampliações desde que i) a prestação avençada não seja proibida; ii) não atinja direito de terceiros; iii) não viole valores sociais e nem a dignidade da pessoa humana; iv) seja resguardada a consciência e voluntariedade do investigado; v) seja amparada pela juridicidade que permite sejam levados em consideração os elementos materiais contidos no sistema jurídico em seu aspecto substancial e vi) implique em recomposição social do bem jurídico tutelado pela norma penal aparentemente violada" (ob. cit. p. 179-180).

ATENÇÃO – Com fundamento no art. 28-A, V, do CPP, entendemos perfeitamente possível prever a destinação de valores de acordo de não persecução penal para órgãos de segurança pública, sem que haja afronta ao já decidido na ADPF 569/DF (que discute a destinação de valores provenientes e restituições e multas decorrentes de condenações criminais, colaborações premiadas, além de outras sanções análogas).

Não cabimento do acordo – Já se ensina que o §2º do art. 28-A traz um rol de pressupostos negativos. Não cabe o ANPP nos crimes de menor potencial ofensivo. As condições pessoais do investigado também podem servir de impedimento para o ajuste (reincidente ou se houver elementos probatórios que indiquem conduta criminal habitual, reiterada ou profissional, exceto se insignificantes as infrações penais pretéritas). O fato de o agente ter sido beneficiado nos 5 (cinco) anos anteriores ao cometimento da infração, em acordo de não persecução penal, transação penal ou suspensão condicional do processo é igualmente um obstáculo.

ATENÇÃO – O prazo depurador de 5 anos deve ser contado da data da concessão do benefício pretérito – e não da data do seu cumprimento. É a conclusão que se extrai da leitura do inciso respectivo. O tipo de delito pode impedir o ANPP. Crimes praticados no âmbito de violência doméstica ou familiar, pouco importando o sexo da vítima, não merecem o ANPP. Ao lado dessas vedações, não se pode perder de vista o não cabimento do ANPP para crimes cometidos com violência ou grave ameaça à pessoa. Nesse ponto, como alertamos acima, a violência que impede o ajuste é aquela presente na conduta, e não no resultado.

Condição do sexo feminino – A referência à "condição de sexo feminino" corresponde, inegavelmente, à violência de gênero. Comentando o dispositivo legal, Rodrigo Leite Ferreira Cabral conclui que a vedação é de natureza objetiva e leciona:

> "É dizer, para sua identificação, não se deve levar em consideração as razões subjetivas do agente para cometer o delito. O que se deve analisar é se o fato, objetivamente, importou em diminuição, inferiorização ou no seu tratamento da mulher objeto, desde uma perspectiva intersubjetiva e cultural. Melhor explicando. Nossa sociedade, nosso contexto significativo, permite muito bem avaliar quando um ato delitivo manifesta uma forma de diminuição, humilhação e objetificação da mulher. Não será, pois, um insondável desejo do agente que permitirá afastar ou incluir essa circunstância. (...) Portanto, para avaliar se a conduta do agente se deu por razões da condição de sexo feminino da vítima não se terá que buscar em suposto mundo psicológico do agente, mas sim verificar o contexto da ação cometida e se ela, desde uma perspectiva intersubjetiva, consubstanciou a razão do delito. Repita-se. A prática de um delito por razões do sexo feminino da ofendida constitui uma privação de direitos que representa limitação do status social da vítima, pois esta não é vista como um parceiro de sociedade, como alguém que está em pé de igualdade com os demais. Ser vítima de um delito pelo simples fato de ser mulher importa em uma séria degradação normativa, em que a pessoa se olha no espelho e vê alguém de menor hierarquia social, o que acarreta uma perda da autoestima pessoal, uma desvalorização social. (...) Por essas razões é que se tem certo que é de natureza objetiva a vedação prevista no inciso IV, §2º, do art. 28-A, do Código de Processo Penal. (...) Em suma, sempre que o

delito for cometido contra mulher, por razões da condição de sexo feminino, pouco importando se é no âmbito doméstico ou familiar, se é com violência ou não, está vedada a celebração do acordo de não persecução penal". (Manual do Acordo de Não Persecução Penal, Editora JusPodivm, Edição 2020, pág. 104/106).

Para nós, o não cabimento do ANPP depende da demonstração de que o agente, no seu atuar criminosa, foi movido pelo menosprezo, discriminação ou preconceito quanto ao sexo feminino.

Crimes militares – A Resolução 181/17 do CNMP vedava o Acordo de Não Persecução Penal (ANPP) nos crimes militares que afetassem a hierarquia e a disciplina, mas o autorizava nos demais casos. A Lei 13.964/19, ao reformar o CPP e o CPPM, não abordou especificamente esse tema, introduzindo o ANPP apenas no CPP, e não no CPPM. Como interpretar esse silêncio legislativo? Uma corrente argumenta que o legislador, ao se omitir, permitiu concluir que o ANPP está autorizado para qualquer crime militar, aplicando-se, portanto, o CPP comum, que, na parte em que proíbe o acordo em determinados crimes, não o proibiu para delitos cometidos por militares em atividade. Outra corrente, que adotamos desde o início da vigência do Pacote Anticrime, sustenta que o silêncio indica que o legislador considerou o ANPP incompatível com os crimes militares, próprios ou impróprios. A Lei 13.964/19 fez algumas alterações no CPPM, espelhando dispositivos do CPP comum, mas não tratou do ANPP, embora pudesse tê-lo feito, evidenciando um silêncio eloquente. O Superior Tribunal Militar corroborou, em decisões recentes, nosso entendimento. Destacávamos, contudo, que a vedação não se aplicava aos crimes militares praticados por civis, julgados na Justiça Militar da União.

Discutindo a matéria, a Segunda Turma do Supremo Tribunal Federal (STF) fixou o entendimento de que os Acordos de Não Persecução Penal (ANPP) podem ser oferecidos em processos da Justiça Militar. Por unanimidade, o colegiado decidiu que, como não há proibição expressa, o instituto, que visa reduzir sanções penais, pode ser aplicado em processos criminais militares (HC 232254).

ANPP e agente inimputável – A possibilidade de acordos de não persecução penal para investigados inimputáveis é um tema bastante debatido. Entendemos que o simples fato de ser o investigado, por si só, não pode inviabilizar o ANPP, sob pena de afronta ao Estatuto da Pessoa com Deficiência, a documentos internacionais e à própria CF. A decisão deve ser casuística, considerando a necessidade e suficiência das medidas, os aspectos preventivos e repressivos da sanção penal e a cessação da periculosidade do investigado. A avaliação cabe ao Ministério Público e ao defensor do investigado, visando a aplicação justa da resposta estatal (diversa da sanção) conforme as peculiaridades do caso. A tomada de decisão apoiada é cabível na hipótese quando uma pessoa com deficiência, que possui capacidade de discernimento, necessita de suporte para tomar decisões em questões relacionadas a seus direitos e interesses, visando à preservação de sua autonomia e dignidade.

Formalidade do acordo – O ANPP será formalizado nos autos do procedimento investigatório conduzido pelo Ministério Público (PIC) ou do inquérito policial (IP), devendo observar o art. 18-B da Res. 181 do CNMP. Em resumo, deverá conter as seguintes cláusulas: I – qualificação completa do investigado, principalmente quanto ao endereço, número de telefone, e-mail, data de nascimento e número de inscrição no cadastro de pessoas físicas da Receita Federal do Brasil; II – exposição do fato criminoso, com todas as suas circunstâncias e sua adequação típica; III – estipulação clara das condições ajustadas e o prazo para seu cumprimento; IV – indicação das entidades beneficiárias das medidas ajustadas ou de que estas serão indicadas no juízo competente pela execução do acordo; V – a obrigação do investigado em informar, prontamente, qualquer alteração de endereço, número de telefone ou email; VI – a obrigação do investigado em comprovar, mensalmente, o cumprimento das condições acordadas, independente de notificação ou aviso prévio; VII – as consequências para o descumprimento das condições acordadas; VIII – o prazo para apresentar, por iniciativa própria, a justificativa de eventual descumprimento de quaisquer das condições ajustadas; IX – declaração formal do investigado de que não foi condenado a prisão, não tem antecedentes criminais, não foi beneficiado por acordos semelhantes ou transação penal, com advertência de que se faltar com a verdade sobre esses fatos o acordo será rescindido e a denúncia oferecida de imediato.

Análise judicial do acordo – O art. 28-A prevê verdadeira solenidade para julgamento do ANPP. O juiz marca audiência para verificar a sua voluntariedade, por meio da oitiva do investigado na presença de seu defensor, bem como sua legalidade. A "ratio legis" fica bem clara. Confere-se ao juiz, com a oitiva do investigado (compromissário) e de seu defensor, a salutar possibilidade de avaliar se o acordo foi ou não forçado, contra a vontade do investigado. Daí porque, na audiência a que se refere o dispositivo, não haver previsão quanto à presença do proponente do acordo (Ministério Público), mas somente do indigitado e seu defensor. A legalidade do ANPP também será objeto de análise judicial.

> **ATENÇÃO** – o legislador empregou o vocábulo "juiz" em seu sentido amplo, pelo que, por óbvio, também abrange o relator da persecução penal de competência originária de um tribunal. Aliás, de forma a afastar qualquer dúvida, a Lei 13.964/19 alterou a Lei 8.038/90, cujas normas são usadas para os processos perante o Superior Tribunal de Justiça e o Supremo Tribunal Federal, nela acrescentando novo parágrafo ao art. 1º., prevendo, expressamente, o ANPP nos crimes praticados por autoridades com foro por prerrogativa de função.

Ao analisar o ANPP, o juiz pode:

a) homologar o acordo de não persecução penal, devolvendo os autos ao Ministério Público para que inicie sua execução perante o juízo de execução penal (§6º).

b) se considerar inadequadas, insuficientes ou abusivas as condições dispostas no acordo de não persecução penal, devolver os autos ao Ministério Público para que seja reformulada a proposta do acordo, com concordância do investigado e seu defensor (§5º). Tendo a concordância do investigado, a hipótese é de retratação. Ou o Ministério Público reabre as negociações ou oferece a denúncia-crime.

c) se entender que não é caso de acordo, devolverá os autos ao Ministério Público para análise da necessidade de complementação das investigações ou o oferecimento da denúncia (§ 8º). Mas e se o Ministério Público discordar do juiz e insistir no acordo já assinado? Reparem que, aqui, nesta situação posta, apenas o juiz se recusa a seguir. As partes (inclusive investigado e defensor) insistem. Não se confunde com anterior. Percebe-se, portanto, um indisfarçável conflito entre o promotor de Justiça e o juiz. E quem resolve o impasse?

A Lei 13.964/19, contudo, preferiu escalar para a solução desse conflito o próprio Judiciário. O juiz deve recusar a homologação (§7º), desafiando essa decisão por meio de recurso em sentido estrito (RESE, art. 581, XXV, CPP). Essa arquitetura, entretanto, nos parece equivocada (em que pese julgada constitucional pelo STF nas ADIs 6.298, 6.299, 6.300 e 6.305), violando não somente o sistema acusatório, mas a independência do Ministério

Público brasileiro (arts. 127, *caput*, 127, §1º, e 129, I, todos da CF). Importante destacar, nesse ponto, a sempre pertinente lição de Ferrajoli, citada pelo STF na ADI 4.414 Alagoas:

> "A separação entre as funções de acusar, defender e julgar é o signo essencial do sistema acusatório de processo penal (art. 129, I, CRFB), tornando a atuação do Judiciário na fase pré-processual somente admissível com o propósito de proteger as garantias fundamentais do investigado" (FERRAJOLI, Luigi. Derecho y Razón – Teoría del Garantismo Penal. 3ª ed., Madrid: Trotta, 1998. p. 567).

Diante desse quadro (e preocupação), sugerimos, desde o início, por analogia, aplicar o art. 28-A, §14, do CPP. É esse o espírito, como já alertado acima, da Súmula 696 do STF, que trata da suspensão condicional do processo:

> "Reunidos os pressupostos legais permissivos da suspensão condicional do processo, mas se recusando o promotor de justiça a propô-la, o juiz, dissentindo, remeterá a questão ao Procurador-Geral, aplicando-se por analogia o art. 28 do Código de Processo Penal".

Descumprimento do acordo de não persecução penal – Para extinguir a punibilidade, o ANPP deve ser fielmente adimplido. Descumpridas quaisquer das condições voluntariamente ajustadas, o Ministério Público comunica o juiz para que decrete sua rescisão, possibilitando ao titular da ação o oferecimento da denúncia. Em que pese a redação do parágrafo, não estamos diante de um simples comunicado, mas de verdadeiro requerimento ministerial para que o juiz julgue rescindida a avença. A decisão judicial, inclusive, tem natureza constitutiva negativa (e não meramente declaratória).

Antes de decidir, obviamente, o compromissário deve ser chamado e ouvido, garantindo-se o contraditório e ampla defesa. Apenas do descumprimento injustificado gera a rescisão.

> **ATENÇÃO** – A Sexta Turma do Superior Tribunal de Justiça (STJ) entendeu que a lei não impõe a necessidade de intimação do investigado, mesmo por edital, para que ele justifique o descumprimento das condições pactuadas em acordo de não persecução penal (ANPP). Para o colegiado, não é o caso de aplicar por analogia o artigo 118, parágrafo 2º, da Lei de Execução Penal, pois esse dispositivo diz respeito a pessoas presas (HC 809.639).

Se o juiz indeferir o pleito do Ministério Público, parece cabível o agravo em execução, lembrando que, na arquitetura imaginada pelo legislador na construção do art. 28-A CPP, a execução do ANPP se dá na Vara das Execuções Penais.

> **ATENÇÃO** – de acordo com o parágrafo único do art. 18-C da Res. 181/17 do CNMP, incluído pela Res. 289/24, se as condições estipuladas no acordo consistirem em obrigações que podem ser cumpridas instantaneamente, não se mostra necessário o ajuizamento de ação de execução perante a Vara de Execuções Penais, podendo as obrigações serem cumpridas perante o órgão jurisdicional responsável pela homologação do acordo, desde que exista a concordância deste, que ficará responsável pela posterior declaração da extinção de punibilidade pelo cumprimento integral do acordado.

Por fim, alerta §11 que o descumprimento do ANPP pode ser utilizado pelo Ministério Público, dentro do seu poder discricionário, para o eventual não oferecimento do benefício da suspensão condicional do processo (art. 89 da Lei 9.099/95).

Novação – A novação no ANPP parece possível. Trata-se operação jurídica típica do Direito das obrigações, criando uma nova obrigação, substituindo e extinguindo a obrigação anterior e originária. A novação pode evitar a rescisão. Por óbvio, sua eficácia dependerá de homologação judicial, nos termos dos §§4º. e ss.

Detração – O art. 28-A determina que a execução do ANPP ocorrerá no juízo das execuções, opção objeto de críticas, pois nele, acordo, não se pactua pena, mas condição (medida despenalizadora). Certamente surgirá corrente lecionando ser possível, em caso de rescisão do ANPP, a detração das condições parcialmente cumpridas na pena ser imposta em eventual sentença condenatória. Ousamos discordar. Não possuindo as condições fixadas na avença natureza de sanções penais, posto que são pactuadas e não impostas pelo Estado, se descumprido o ANPP, não há que se falar em posterior aplicação de detração. A perda do referido tempo é, pois, consequência natural do descumprimento, ônus da desídia e deslealdade do investigado. Nesse sentido, aliás, Renee de Ó Souza e Patrícia Eleutério Campos Dower (ob. cit. p. 180).

Antecedentes criminais do investigado – Como já por nós alertado nos comentários dos pressupostos do ANPP, apesar de implicar na confissão do investigado, não há reconhecimento expresso de culpa. Há, se tanto, uma admissão implícita de culpa, de índole puramente moral, sem repercussão jurídica. A culpa, para ser efetivamente reconhecida, demanda o devido processo legal. Não sem razão, diz o §12 que "A celebração e o cumprimento do acordo de não persecução penal não constarão de certidão de antecedentes criminais, exceto para os fins previstos no inciso III do §2º. deste artigo".

Cumprimento do acordo de não persecução penal – Cumprido integralmente o acordo, o juízo competente decretará a extinção da punibilidade. O juízo competente, na linha da opção do legislador na Lei 13.964/19, é o da execução penal.

Prescrição – A Lei 13.964/19 alterou o art. 116 do CP para nele incluir outras causas suspensivas da prescrição, dentre elas uma que envolve o ANPP. De acordo com o novel inc. IV do referido artigo, não corre a prescrição enquanto não cumprido ou não rescindido o acordo de não persecução penal.

Momento processual. Oferecimento do ANPP durante a fase processual – Além dos casos de retroação da nova lei para fato cometido antes da sua vigência (desde que ainda não trânsito em julgado) e das hipóteses abordadas nos arts. 383 e 384 (*emendatio* e *mutatio libelli*), na prática o Ministério Público brasileiro tem admitido excepcionalmente o oferecimento de ANPP também em outras situações a depender do caso concreto, como por exemplo, naquela em que o acusado comprova que não foi notificado para o ajuste na fase extrajudicial ou se suas justificativas trazem dúvida razoável quanto à efetiva ocorrência da notificação (em virtude do princípio da boa-fé processual).

ANPP e precatória para fiscalização do acordo – Imaginemos que Fulano, autor de crime, celebra ANPP com o Ministério Público na comarca A, comprometendo-se a prestar serviços à comunidade. Homologado o acordo, é dos autos que Fulano reside na comarca B. Deve o ANPP ser iniciado na comarca B, deprecando-se, ou na própria comarca A, do ajuste, deprecando-se somente a sua fiscalização? Esta segunda solução nos parece mais acertada.

A exemplo do que ocorre com a fiscalização das condições na suspensão condicional do processo, também o ANPP, devidamente homologado, deve ser encaminhado à VEC local. Em seguida, o juiz da execução deve deprecar ao juiz da execução do domicílio do compromissário a fiscalização do ANPP.

Eventuais incidentes devem ser decididos pelo juízo deprecante, inclusive a declaração de extinção da punibilidade pelo integral cumprimento do acordo.

Revisão da recusa em propor o ANPP – Nos termos do que disposto nos §§ 1º, 2º, 3º e 4º do art. 18-G da Res. 181 CNMP, em caso de recusa em propor o acordo de não persecução penal é cabível o pedido de remessa dos autos ao órgão superior previsto no § 14 do art. 28-A do Código de Processo Penal, no prazo de 10 (dez) dias. No caso de recusa ao oferecimento do acordo de não persecução penal indicada na cota da denúncia, o prazo para o pedido de remessa ao órgão superior contará da citação para resposta à acusação. Havendo recusa em propor o acordo de não persecução penal nos autos de procedimento investigatório, o prazo para o pedido de remessa ao órgão superior contará da comunicação da recusa ao interessado. Apresentado o pedido junto ao órgão que recusou o acordo, o membro do Ministério Público deverá remetê-lo, caso não haja reconsideração, no prazo de 3 (três) dias, juntamente com cópia das principais peças da fase pré-processual e da decisão impugnada ao órgão superior para apreciação. Previu-se, a despeito do silêncio do art. 28-A do CPP, juízo de reconsideração do órgão que recusou ofertar a proposta de ajuste.

Ilícitos puníveis nas esferas cível e criminal – De acordo com o art. 18-I da Res. 181/17 do CNMP, incluído pela Res. 289/24, as negociações que envolverem ilícitos puníveis na esfera cível e criminal serão estabelecidas preferencialmente de forma conjunta pelos órgãos do Ministério Público com atribuições nas respectivas áreas de atuação.

JURISPRUDÊNCIA

ANPP em crimes hediondos. Não cabimento.

"Por se cuidar, em tese, de tráfico internacional de drogas, paradigma constitucional de gravidade para os demais crimes hediondos, para o qual a Constituição Federal impôs tratamento jurídico-penal severo (art. 5.o, inc. XLIII), a formulação do negócio jurídico processual jamais poderá se reputar necessária e suficiente para a reprovação e prevenção do crime. Nesse mesmo sentido, o Enunciado n. 22, PGJ/CGMP/Lei n. 13.964/2019: O acordo de não persecução penal é incompatível com crimes hediondos ou equiparados, uma vez que não atende ao requisito previsto no caput do art. 28-A do Código de Processo Penal, que o restringe a situações em que se mostre necessário e suficiente para a reprovação e prevenção do crime". Negado provimento ao recurso. (STJ, Recurso em *Habeas Corpus* nº 128.660-SP, rel. Min. Reynaldo Soares da Fonseca, Decisão Monocrática, j. 03/08/2020).

ANPP. Titularidade.

O Poder Judiciário não pode impor ao Ministério Público a obrigação de ofertar acordo de não persecução penal. Não cabe ao Poder Judiciário, que não detém atribuição para participar de negociações na seara investigatória, impor ao MP a celebração de acordos. Não se tratando de hipótese de manifesta inadmissibilidade do ANPP, a defesa pode requerer o reexame de sua negativa, nos termos do art. 28-A, § 14, do CPP, não sendo legítimo, em regra, que o Judiciário controle o ato de recusa, quanto ao mérito, a fim de impedir a remessa ao órgão superior no MP. Isso porque a redação do art. 28-A, § 14, do CPP determina a iniciativa da defesa para requerer a sua aplicação. (STF. 2ª Turma. HC 194677/SP, Rel. Min. Gilmar Mendes, j. 11/5/2021)

"Assiste razão ao Ministério Público Federal, quando afirma que a propositura de acordo de não persecução penal configura-se como 'poder-dever do Ministério Público, enquanto titular da ação penal, ao qual cabe, com exclusividade, a apreciação da viabilidade da entabulação do acordo'. Logo, entendendo o titular da ação penal que não estão presentes os requisitos que autorizariam a propositura do acordo, não cabe ao Judiciário sindicar a presença de tais requisitos". (STJ, Ação Penal nº 967-DF, rel. Min. João Otávio de Noronha, Decisão Monocrática, j. 06/07/2020).

"Com efeito, não obstante o entendimento da combativa Defensoria Pública do Estado de São Paulo, foram apresentadas justificativas concretas para o não oferecimento do acordo de não persecução penal, inclusive, após confirmação da autoridade máxima do Ministério Público do Estado de São Paulo, de modo que, conforme foi anteriormente mencionado, o instituto é resultante de convergência de vontades (Ministério Público e acusado), não podendo afirmar que se trata de um direito subjetivo do acusado, podendo ser proposto quando o Parquet, titular da ação penal pública, entender preenchidos os requisitos fixados pela Lei n. 13.964/2019 no caso concreto, o que não ocorreu na hipótese". (STJ, *HC* nº 584.843-SP; rel. Min. Reynaldo Soares da Fonseca; Decisão Monocrática; j. 24/06/2020).

Proposta de ANPP sem confissão. Não cabimento.

Habeas Corpus contra ato do Procurador-Geral de Justiça que confirmou a recusa, pela Promotoria, de oferta de acordo de não persecução penal ao paciente. Investigado que não confessou a prática da infração penal no interrogatório extrajudicial. Ausente uma das condições legais cumulativas. Art. 28-A, CPP. Inexistência de constrangimento ilegal. Denegação da ordem. (*Habeas Corpus* nº 2103837-42.2020.8.26.000, rel. Des. Márcio Bartoli, Órgão Especial, j. 15/07/2020).

Art. 29. **Será admitida ação privada nos crimes de ação pública, se esta não for intentada no prazo legal, cabendo ao Ministério Público aditar a queixa, repudiá-la e oferecer denúncia substitutiva, intervir em todos os termos do processo, fornecer elementos de prova, interpor recurso e, a todo tempo, no caso de negligência do querelante, retomar a ação como parte principal.**

Ação penal privada subsidiária ou supletiva da pública – Vem prevista na Constituição Federal (art. 5º, inc. LIX), e nos arts. 29 do CPP e 103, § 3º, do CP. É cabível apenas nas hipóteses em que o crime for de ação penal pública e quando se verificar a *inércia* do Ministério Público. Tomemos o exemplo de um crime de roubo que é de ação penal pública. Recebido o inquérito policial, abrem-se três alternativas para o Ministério Público: ofertar a denúncia, promover o arquivamento ou requerer a devolução dos autos à delegacia de polícia para novas diligências. Ora, se passado o prazo legal de 5 dias, estando preso o indiciado, e 15 dias, estando solto, nenhuma dessas alternativas for adotada pelo promotor de Justiça, está configurada sua inércia e, por consequência, pode a vítima (ou seus sucessores, representante legal ou curador) apresentar a queixa que irá, precisamente, substituir a denúncia do Ministério Público. Repita-se, essa espécie de ação (raramente vista na prática) só é possível quando o crime, na sua origem, é de ação penal pública, como o roubo no nosso exemplo. Se o crime é de ação penal privada, o titular já é o ofendido (querelante) e, portanto, a queixa por ele apresentada jamais irá substituir a denúncia do Ministério Público, que é incabível, no caso.

Prazo para a vítima – O prazo para oferta da queixa pela vítima continua sendo de seis meses, conforme previsto no art. 38 deste código (v., também, art. 103 do Código Penal). O termo *a quo*, porém, se inicia após o prazo concedido ao Ministério Público, isto é, no 6º dia (se preso o indiciado), ou no 16º dia (se solto o indiciado), sob pena de decadência. Findo este prazo para o *parquet* e com sua inércia, tem início a contagem do prazo para o particular ajuizar a queixa-crime subsidiária. Tratando-se de crime contra a propriedade imaterial, na dicção do art. 529 do CPP, o prazo decadencial é de 30 dias, contado a partir da homologação do laudo.

Prazo para o Ministério Público – A qualquer momento pode o Ministério Público ofertar a denúncia, enquanto não apresentada a queixa pelo ofendido, já que para o *parquet* não se opera a decadência. Demais disso, eventual inobservância do prazo, pelo *parquet*, configura mera irregularidade, sem qualquer consequência para o processo propriamente dito.

Poderes do Ministério Público – Apresentada a queixa, o Ministério Público tem os seguintes poderes:

(A) repudiar a queixa; nesse caso, todavia, passa a contar com a obrigação de oferecer denúncia substitutiva. Denúncia substitutiva, portanto, é a que deve ser oferecida pelo Ministério Público no lugar da ação penal privada subsidiária (art. 29 do CPP) que foi refutada (repudiada);

(B) Se o Ministério Público não repudiar a queixa subsidiária, pode: aditá-la (com totais poderes de incluir novos autores, novos fatos etc.), intervir em todos os termos do processo, fornecer provas ou indicações delas e interpor recursos;

(C) De outro lado, se o querelante negligenciar, deve o Ministério Público retomar a ação como parte principal;

(D) Se o Ministério Público entender que não há base (justa causa) para a ação penal, deve discordar da queixa apresentada e manifestar no sentido da sua rejeição.

Diligência desnecessária – É admissível a oferta de ação penal privada subsidiária na hipótese em que o Ministério Público requereu o retorno dos autos à Delegacia de Polícia para a realização de diligência que se revele absolutamente desnecessária. Lembre-se, nesse aspecto, que o art. 16 do código autoriza a devolução do inquérito policial somente para a realização de "novas diligências, imprescindíveis ao oferecimento da denúncia". É verdade que, a rigor, não houve omissão do *parquet*, posto que, no prazo legal, manifestou-se pela realização de diligência. Ocorre que a absoluta impertinência do pedido corresponde à inércia, legitimando a vítima, nesse caso, a ofertar a queixa. Julgado abaixo transcrito, oriundo do STJ, em que foi relator o Ministro Hamilton Carvalhido, não admitiu a oferta da querela particular enquanto pendentes a realização de diligências requeridas pelo Ministério Público.

ATENÇÃO – O Supremo Tribunal Federal, em Repercussão Geral tirada do RE n. 859.251-DF, julgada em 16.04.2015, em que foi relator o Ministro Gilmar Mendes, enfrentou a seguinte questão: em um crime de homicídio culposo, o Ministério Público, dentro do prazo legal de 15 dias, não ofertou denúncia, e, tampouco, promoveu o arquivamento do inquérito policial. Nesse período, o *parquet* determinou a realização de diligências no âmbito interno da Instituição, por meio de seu assistente técnico. Verificada essa inércia, os pais da vítima ofertaram ação penal privada subsidiária da pública, tendo o Ministério Público, em seguida, determinado o arquivamento do inquérito policial. O debate que se instalou tem como ponto crucial apurar se, uma vez ofertada a queixa-crime e diante de posterior pedido de arquivamento formulado pelo Ministério Público, deve prosperar a acusação. O entendimento da Corte foi no sentido de que sim. Destacou o relator "que apenas a propositura da ação penal pública ou a promoção do arquivamento do inquérito, anteriores ao oferecimento da ação penal privada, prejudicariam seu andamento. Fora dessas hipóteses, não há razão para afastar o direito devidamente exercido. Assim, a baixa em diligências, posterior ao decurso do prazo legal para a propositura da ação penal pelo Ministério Público não obsta o direito de queixa, ainda que a vítima ou sua família tenham ciência de tais providências". Firmou-se, por consequência, a seguinte tese: "a conduta do Ministério Público posterior ao surgimento do direito de queixa não prejudica sua propositura. Assim, o oferecimento de denúncia, a promoção do arquivamento ou a requisição de diligências externas ao Ministério Público, posterior ao decurso do prazo legal para a propositura da ação penal, não afastam o direito de queixa".

Legislação extravagante – A faculdade que se abre ao ofendido, no dispositivo em análise, tem aplicação a toda e qualquer ação penal pública. É, bem por isso, desnecessário que a legislação extravagante, a todo momento, faça menção quanto à possibilidade de a vítima intentar a queixa-crime subsidiária. É o caso do art. 3º. da nova Lei de Abuso de Autoridade.

Em algumas situações, contudo, a previsão não apenas é lembrada, como também o legislador confere legitimidade a entes específicos. Assim, o Código de Defesa do Consumidor (Lei n. 8.078/1990), em seu art. 80, faculta aos legitimados, relacionados no art. 82, incs. III e IV, do mesmo diploma, a possibilidade de oferta de ação penal subsidiária. Possuem legitimidade, portanto, "as entidades e órgãos da Administração Pública, direta ou indireta, ainda que sem personalidade jurídica, especificamente destinados à defesa dos interesses e direitos protegidos por este código" e "as associações legalmente constituídas há pelo menos um ano e que incluam entre seus fins institucionais a defesa dos interesses e direitos protegidos por este código".

Também a Lei n. 11.101/2005, que cuida da recuperação judicial e extrajudicial, bem como da falência, autoriza, no parágrafo único de seu art. 184, que credores habilitados ou o administrador, ajuízem a queixa que irá substituir a denúncia, não ofertada no prazo legal de 15 dias, previsto no § 1º, do art. 187, do mencionado diploma legal.

Sobre a ação penal pública subsidiária da pública, v. art. 24 acima.

JURISPRUDÊNCIA

Quando é cabível

"A **Ação Penal Privada Subsidiária da Pública,** de nítida envergadura constitucional (art. 5o., LIX da CF), configura espécie excepcional de legitimidade do ofendido para promover a persecução penal. O seu pressuposto procedimental, ou a sua premissa básica, é a inérica do Ministério Público, de modo que, ausente esta, não é de se dar trânsito à queixa-crime supletiva, ajuizada em substituição à denúncia pública." (STJ – AgRg na APn n. 826/DF, relator Ministro Napoleão Nunes Maia Filho, Corte Especial, julgado em 5/9/2018, DJe de 19/9/2018.)

Arquivado o inquérito não cabe a ação

"Nos crimes de ação penal pública incondicionada, quando o próprio Ministério Público promover o arquivamento do procedimento investigatório, como na hipótese dos autos, é irrecorrível a decisão do Juiz que acolhe a manifestação ministerial. A ação privada subsidiária da pública só é possível quando o Órgão Ministerial se mostrar desidioso e não se manifestar no prazo previsto em lei. Se o Ministério Público promove o arquivamento do inquérito ou requer o seu retorno ao delegado de polícia para novas diligências, não cabe queixa subsidiária; se oferecida, a rejeição se impõe por ilegitimidade de parte, falta de pressuposto processual da ação. Precedentes do STJ." (STJ – AgRg no AREsp n. 1.049.105/DF, relator Ministro Rogerio Schietti Cruz, Sexta Turma, julgado em 18/10/2018, DJe de 19/11/2018.)

Arquivado o expediente pela chefia do MP não cabe a ação

"Queixa-crime subsidiária – Representação arquivada na própria Procuradoria-Geral da República, com a aprovação da chefia do "parquet" federal – Desnecessidade de submeter essa determinação ao crivo do judiciário – Inobservância, ademais, do Prazo de decadência (art. 103, CP), importando na extinção da Punibilidade do querelado – Ordem concedida para trancar a respectiva ação penal. Se o procurador-geral da República aprova o arquivamento da representação, não é necessário submeter o seu entendimento ao crivo inócuo do judiciário, posto que a este não caberia negar tal determinação" (STJ – HC n° 5166-DF, Rel. Anselmo Santiago, j. 01.07.1997, DJ 08.09.1997, p. 42415).

Pedido de diligência obsta a ação

"A queixa-crime, subsidiária da ação pública, é exercitável, nos restritos termos do art. 29 do CPP, quando ocorrer a inércia do Ministério Público. E como tal não pode ser considerada a morosidade decorrente da espera de diligência que lhe pareceram necessárias e que foram deferidas pelo magistrado" (TJSP – Rel. Abreu Sampaio – RT 376/202).

Arquivamento implícito obsta a ação

"Hipótese que trata de ação penal privada subsidiária da pública, iniciada por queixa oferecida em função de o Ministério Público, em crime de homicídio culposo, ter deixado de apresentar denúncia contra alguns dos indiciados, ofertando-a contra os demais. Evidenciada a ocorrência de arquivamento implícito – eis que o Ministério Público não teria promovido a denúncia contra os pacientes por entender que não havia prova da prática de delito pelos mesmos – impede-se a propositura de ação penal privada subsidiária da pública" (STJ – Rel. Gilson Dipp – RSTJ 175/473).

Diligência desnecessária autoriza a oferta de queixa

"Não oferecida a denúncia pelo Ministério Público no prazo legal, que, no lugar dela, requereu diligência comprovadamente desnecessária, válida a queixa-crime subsidiária, oferecida com fundamento no art. 29 do CPP. Claro que não se admite ação privada subsidiária se há requerimento de diligência necessária – no sentido lógico desse termo, vale dizer, imprescindível. Mas não se pode sustentar que o requerimento de diligência desnecessária não seja delonga no oferecimento da denúncia, ou que o ofendido tenha de suportar, como se fosse ato legal, efeitos de requerimento desnecessário e, portanto, desprovido de legalidade, nos expressos termos do art. 16 do CPP" (TACrim-SP – Rel. Sidnei Beneti – RT 643/306).

É também cabível em crimes eleitorais

"Recurso especial. Crime eleitoral. Ação penal privada subsidiária. Garantia constitucional. Art. 5º, LIX, da Constituição Federal. Cabimento no âmbito da Justiça Eleitoral. Arts. 29 do Código de Processo Penal e 364 do Código Eleitoral. Ofensa. A ação penal privada subsidiária à ação penal pública foi elevada à condição de garantia constitucional, prevista no art. 5º, LIX, da Constituição Federal, constituindo cláusula pétrea. Na medida em que a própria Carta Magna não estabeleceu nenhuma restrição quanto à aplicação da ação penal privada subsidiária, nos processos relativos aos delitos previstos na legislação especial, deve ser ela admitida nas ações em que se apuram crimes eleitorais" (TSE – REsp. n. 21295 – Rel. Fernando Neves, j. 14.08.2003).

Art. 30. Ao ofendido ou a quem tenha qualidade para representá-lo caberá intentar a ação privada.

Ação penal de iniciativa privada – O direito de punir todo aquele que cometeu um ilícito penal (*jus puniendi*), constitui-se em monopólio do Estado. Tanto é assim que somente o Estado, através do juiz, pode aplicar uma pena, abolidas as antigas formas de autocomposição, como a vingança privada. Para exercício desse direito de acusar em juízo (*jus accusationis*), há um órgão oficial especialmente concebido para esse fim que é o Ministério Público. Essa é a regra geral. Em determinadas situações, porém, o Estado transfere ao particular o direito de acusar. Ou seja, o *jus accusationis* que, normalmente, tem como titular o Ministério Público, em hipóteses expressamente previstas em lei, é facultado ao particular. É o que ocorre na ação penal privada.

A bem da verdade, a ação penal privada não perde seu caráter público, posto que seu objetivo será a obtenção de uma condenação, em atribuição que é exclusiva do Estado. É uma ação penal pública, mas de iniciativa privada. Seja pública ou particular a acusação, a sentença e a aplicação da pena se constituirão, sempre, na manifestação de uma vontade estatal. Como destaca Eduardo Espínola Filho, "pela circunstância de iniciar-se a ação penal por queixa da parte ofendida, não só não deixa ela de ser um instituto de direito público, como conserva, em toda sua extensão, caráter perfeitamente público, sob a direção e sujeita à direção do juiz, órgão da justiça pública" (ob. cit., vol. I, p. 324). Tem-se, portanto, que a distinção entre ação penal pública e privada toma por base sua titularidade: do Ministério Público para oferta da denúncia e do ofendido para ajuizamento da queixa-crime. Nesta última hipótese, pelas razões expostas no item abaixo, o Estado transfere para o particular o direito de acusar, operando-se verdadeira *substituição processual*, o que não significa dizer, em absoluto, que tenha perdido o interesse na punição do agente. A difamação, para ficarmos com um exemplo, importa em violação à ordem jurídica, tanto que sua prática constitui um crime previsto no Código Penal (art. 139). Longe de configurar um indiferente penal e, consequentemente, por importar em ofensa à sociedade, o Estado tem interesse em sua repressão. Ocorre que, em caráter excepcional, faculta ao ofendido a iniciativa da ação penal, colocando à sua disposição o Código Penal, mas sem obrigá-lo à propositura da ação. Essa impressão se reforça em face dos termos do art. 45 do código, que impõe a participação estatal, por meio do Ministério Público, nos processos movimentados por ação penal privada, na condição de fiscal da ordem jurídica a que se refere o art. 257, inc. II, do CPP.

Justificativa para a ação penal privada – São apontados pela doutrina, basicamente, três motivos que justificam a existência da ação penal privada, a saber: 1) o delito que autoriza a oferta de queixa-crime atinge de forma imediata (direta) a vítima e apenas de forma mediata (indireta) a sociedade; 2) o bem jurídico violado é marcantemente particular, pessoal, subjetivo e, por isso, cabe ao ofendido decidir se quer ou não o processo; 3) o chamado *strepitus processus* ou *strepitus judicii*, ou seja, o escândalo do processo. Assim, por vezes, a publicidade decorrente do processo pode acarretar à vítima um mal maior que o próprio fato em si (revitimização). Imaginemos a situação na qual, em pequeno bar instalado em local afastado, determinada pessoa ofenda a honra de outrem. Ora, a ofensa se restringiu a dois ou três frequentadores do local, que a presenciaram. Já se a vítima optar pelo processo, aquele fato ganhará proporção muito maior, na medida em que inúmeras outras pessoas tomarão conhecimento dele, em razão, inclusive, da publicidade que é inerente a todo processo. Também por isso, deixa-se ao ofendido a decisão de deflagrar, ou não, o processo-crime em Juízo.

Princípios que regem a ação penal privada – A ação penal privada se orienta pelos seguintes princípios:

a) **princípio da conveniência** ou **oportunidade**: por esse princípio, fica a critério da vítima decidir se quer ou não processar seu ofensor. Ela, portanto, tem a faculdade de, entendendo oportuno e conveniente, propor a ação penal privada através da oferta da queixa-crime. Cuida-se de um juízo discricionário, sobre o qual nenhuma autoridade pode *imiscuir-se. É, bem por isso, que o art. 5º, § 5º,* *do código, somente admite a instauração de inquérito policial, nos crimes de ação penal privada, mediante prévio requerimento da vítima.* Esse princípio, portanto, se distingue do princípio da obrigatoriedade, vigente na ação penal pública, pelo qual o Ministério Público é obrigado, preenchidos os requisitos legais, a agir...

b) **princípio da disponibilidade**: *dispor* aqui tem o sentido de abrir mão. Assim, na ação penal privada, o ofendido pode, a qualquer momento, dispor de seu direito de processar o autor do delito e, mesmo depois de iniciado o processo, simplesmente abandoná-lo ou perdoar o querelado. Afinal, se pode decidir livremente sobre o ajuizamento da ação, tem autoridade, também, sobre seu prosseguimento. Na ação penal pública, ao contrário, vigora o princípio da indisponibilidade que, conforme já vimos, se manifesta, por exemplo, no art. 42 do código. O princípio da disponibilidade se manifesta de diversas formas como a decadência, o perdão e a renúncia, a perempção, a possibilidade de conciliação, objeto de nosso estudo adiante.

c) **princípio da indivisibilidade**: Conforme analisamos no item "a" acima, a decisão de processar cabe exclusivamente ao ofendido, segundo sua conveniência e oportunidade. Mas, a partir do momento em que resolve processar, deve propor a queixa-crime contra *todos* os autores do crime. É o que se extrai do art. 48 do código. Em outras palavras, ou processa todos ou não processa ninguém. Evita-se, assim, que o processo se preste como instrumento de vingança da vítima contra alguns dos autores do crime. Dispõe, ainda, o art. 48 que caberá ao Ministério Público, em homenagem a tal princípio, velar pela indivisibilidade da ação penal privada, podendo, inclusive, aditar a queixa (art. 45). Se, para a ação penal pública, a doutrina se divide quanto à indivisibilidade, cuidando-se de ação penal privada é unânime em exigir sua observância. O princípio em tela é objeto de análise mais aprofundada nos comentários tecidos adiante aos arts. 45 e 48.

d) **princípio da intranscendência**: é exatamente o mesmo que vige, também, na ação penal pública, segundo o qual a ação penal não pode ir além da pessoa que cometeu o delito, não atingindo, por exemplo, seus familiares.

Prazo – A disciplina a respeito do prazo e da legitimidade na ação penal privada é exatamente a mesma aplicada à ação penal pública condicionada à representação, analisada acima, a qual remetemos o leitor. Assim, o prazo para oferta da queixa se orienta pelos arts. 38 do CPP e 103 do CP, isto é, seis meses, sob pena de decadência, contado, em regra, da data em que a vítima tem conhecimento sobre quem é o autor do ilícito penal.

Titularidade – A titularidade para oferta da queixa, por seu turno, é da vítima (arts. 30 do CPP e 102, § 2º, do CP), dependendo de sua idade. Contando mais de 18 anos, e sendo capaz, cabe a ela, exclusivamente, ajuizar a ação penal. Contando menos de 18 anos, cumprirá aos seus representantes legais fazê-lo. Esse entendimento é o que se coaduna com o Código Civil em vigor (Lei nº 10.406/2001). Verificando-se a morte da vítima, sendo ela mentalmente enferma ou na colidência de seus interesses com o de seu representante legal (art. 33), incidem os mesmos ensinamentos já verificados acima, quando tratamos da ação penal pública condicionada à representação, mais precisamente nos comentários ao § 1º, do art. 24.

ATENÇÃO - Sem embargo de alguma divergência, quando proposta a ação penal privada perante juízo incompetente, prevalece o entendimento de que, apesar do equívoco, ocorre a cessação do prazo decadencial. É dizer: ajuizada a queixa-crime perante juízo incompetente, mas dentro do prazo decadencial, ela se acha apta a ser recebida, pelo menos sob o aspecto temporal. Segundo Norberto Avena, "apesar do equívoco no ajuizamento, é certo que o ofendido não se manteve inerte no prazo legal. E a inércia é o fundamento da decadência do direito na ação penal privada. Assim, constatando não ser competente, deverá o magistrado encaminhar a inicial acusatória ao juízo que o seja, para que lá seja recebida e processada a queixa-crime, independente da circunstância eventual de, ao aportar naquele juízo a ação penal, já se ter esgotado o prazo de seis meses" (*Processo Penal esquematizado*, São Paulo: Método, 2ª, ed., 2010, p. 177). Assim já se pronunciou o Supremo Tribunal Federal: "Decadência. Queixa oferecida dentro do prazo, mas perante juízo incompetente 'ratione loci'. Irrelevante tal circunstância para o efeito de contagem do prazo decadencial. O que importa é a data do inicio da ação penal, ou seja, do oferecimento da queixa-crime em juízo e não a do seu recebimento. Nulidade por incompetência do juízo só atinge os atos decisórios (art. 567, do Código de Processo Penal) e não os atos de instrução e seguimento. 'In casu', não se configurou a decadência. Recurso improvido" (RHC n. 63665-RS - Rel. Djaci Falcão - j. 01/04/86).

Queixa-crime x *notitia criminis* - Vale destacar que a queixa aqui mencionada não tem nenhuma relação com o ato de se dirigir à delegacia de polícia dando conta da prática de um crime. Exemplificando: se vou à delegacia de polícia afirmando que meu veículo foi furtado, não estou ofertando uma *queixa*, como normalmente se diz e parece ao leigo. Esse ato, como vimos ao tratar do inquérito policial, é na verdade uma *notitia criminis*. Queixa, tecnicamente falando, é a petição inicial na ação penal privada, formulada pela vítima (querelante), assim como a denúncia é a petição inicial na ação penal pública, subscrita pelo Ministério Público. É corriqueiro, na prática, pensar-se que a singela ida à Polícia, para *dar queixa* do ocorrido, tem o condão de interromper o prazo decadencial. Ao depois, transcorrido o prazo de seis meses e não ofertada a queixa-crime em juízo e, por consequência, extinta a punibilidade do agente pela decadência (art. 107, inc. IV do Código Penal), vítima e advogado veem-se surpreendidos, imaginando que aquela queixa inicial (na verdade, *notitia criminis*), teria atendido o prazo decadencial. Trata-se de equívoco somente admissível ao leigo. Tampouco o pedido de explicações, nos delitos contra a honra, é causa de interrupção do prazo decadencial, exigindo-se, nesses casos, redobrada cautela do advogado na defesa de seu cliente. Nesse sentido: STJ – REsp 204.291-PR, Rel. Fernando Gonçalves, j. 17.08.2000, DJ 04.09.2000, p. 202. Em suma: a oferta da *notitia criminis* não supre a necessidade de que, em Juízo, seja proposta a queixa-crime, dentro do prazo decadencial de seis meses.

JURISPRUDÊNCIA

"Não há confundir pedido de abertura de inquérito policial e queixa-crime. Naquele há apenas comunicação de um crime à autoridade policial, enquanto nesta se pede a instauração de ação penal privada. O prazo para esta última é de decadência, isto é, não se interrompe, e muito menos pelo pedido de abertura de inquérito" (TACrimSP – Rel. Baptista Garcia – JUTACRIM 66/236).

Espécies – São três as espécies de ação penal privada, a saber:

a) ação penal ***exclusivamente*** ou ***genuinamente privada***, também conhecida como *ação penal privada principal*: é aquela que pode ser proposta pelo próprio ofendido, ou por seu representante legal (art. 30), ou por seu curador (art. 33), ou por seus sucessores (art. 31).

b) ação penal privada ***personalíssima***: denomina-se aquela que somente pode ser ajuizada pelo próprio ofendido. Contando ele menos de 18 anos, há que se aguardar que atinja a maioridade, não podendo ser a queixa proposta por seus representantes legais. Tampouco sendo falecido, já que seus sucessores não poderão propor a ação, ocorrendo, nesse caso, a extinção da punibilidade. Também se for mentalmente enfermo o ofendido, não cabe a nomeação de curador, devendo se aguardar sua cura. Com a revogação do delito de adultério (Lei nº 11.106/05), hoje remanesce apenas um exemplo conhecido de ação penal privada personalíssima no Código Penal. Trata-se do crime previsto no art. 236, do CP (induzimento a erro essencial e ocultação de impedimento), cuja queixa somente pode ser apresentada pelo *contraente enganado*, nos termos do parágrafo único do mencionado dispositivo legal.

c) ação penal privada ***subsidiária*** ou ***supletiva da pública***: analisada quando da abordagem do art. 29 acima.

Art. 31. No caso de morte do ofendido ou quando declarado ausente por decisão judicial, o direito de oferecer queixa ou prosseguir na ação passará ao cônjuge, ascendente, descendente ou irmão.

Titularidade – O dispositivo indica aqueles que, em caso de morte ou ausência do ofendido, acham-se legitimados a propor a queixa-crime ou, já tendo sido deflagrado o processo-crime, dar-lhe prosseguimento. A lei permite que todos os legitimados exerçam o direito de queixa, sem que se estabeleça uma "hierarquia" entre eles, um excluindo o outro. Nada impede, assim, que o irmão do ofendido ou do ausente ajuíze o pedido antes do filho deste. Há, porém, uma ordem de preferência a ser observada, de forma que, *v.g.*, ofertada a queixa-crime pelo cônjuge, não poderá fazê-lo o ascendente. Confira-se, a propósito, o art. 36 abaixo.

Cônjuge – Confere-se legitimidade ao cônjuge, ainda que separado judicialmente, para a oferta da queixa, conforme entendimento majoritário da doutrina, eis que apenas o divórcio rompe, por completo, o casamento. Com o advento da Emenda Constitucional nº 66, que alterou a redação do art. 226, § 6º da Carta, de julho de 2010, estabeleceu-se toda uma controvérsia sobre a possibilidade da propositura da ação de separação judicial, sendo que ponderável corrente doutrinária entende cabível, agora, apenas o pedido de divórcio. Por fugir ao objetivo de nosso trabalho, não é o caso de maior aprofundamento da discussão, razão pela qual ficamos com a regra acima enunciada, conferindo-se titularidade ao cônjuge, ainda que separado judicialmente, não se estendendo, contudo, ao divorciado.

Filho adotivo – Quando defere a possibilidade de sucessão processual ao descendente, não faz qualquer distinção entre a filiação natural e a adotiva, e nem poderia fazê-lo ante os termos peremptórios do art. 1.596, do Código Civil, *in verbis*: "os filhos, havidos ou não da relação de casamento, ou por adoção, terão os mesmos direitos e qualificações, proibidas quaisquer designações discriminatórias relativas à filiação". Daí se reconhecer ao filho adotivo a possibilidade de ofertar queixa ou de prosseguir no processo já instaurado.

Companheiro – Quando se refere ao cônjuge, o legislador exclui a possibilidade do companheiro ou companheira ingressar com a queixa-crime, em entendimento adotado pelo extinto Tribunal de Alçada Criminal do Estado de São Paulo (RT 603/301). De se ver, porém, que o código é datado de 1941, quando os arranjos familiares eram um tanto diversos da realidade atual e a companheira, por exemplo, quase que se comparava à amante. Hoje a situação se alterou. Com efeito, a Constituição, em seu art. 226, § 3°, reconhece "a união estável entre o homem e a mulher como entidade familiar, devendo a lei facilitar sua conversão em casamento". A Lei n. 9278/1996, de sua parte, dispõe em seu art. 1°, que "é reconhecida como entidade familiar a convivência duradoura, pública e contínua, de um homem e uma mulher, estabelecida com objetivo de constituição de família". O art. 1.726 do Código Civil, por seu turno, prevê a possibilidade de o pedido de conversão ser formulado perante o cartório de registro civil. Ora, nesse quadro de verdadeira equiparação entre os casados e os companheiros, não há razão para se negar, a estes últimos, o exercício do direito de queixa, preservada a possibilidade do querelado impugnar essa legitimidade, sob o argumento de que não restariam demonstrados os pressupostos configuradores da união estável. Sobre o tema, remetemos o leitor aos comentários tecidos ao § 1°, do art. 24.

ATENÇÃO – A demonstrar a necessidade de uma interpretação mais consonante com a realidade atual, não temos dúvida em afirmar que, tratando-se de casamento entre pessoas do mesmo sexo, é claro que uma delas, à falta da outra, poderá exercer o direito de queixa. Lembre-se que no julgamento da ADPF nº-132-RJ e da ADI n. 4277-DF, o Supremo Tribunal Federal reconheceu a inconstitucionalidade de distinção de tratamento legal às uniões estáveis constituídas por pessoas de mesmo sexo. E que no julgamento do REsp. nº1.183.378-RS, o Superior Tribunal de Justiça decidiu inexistir óbice legal à celebração de casamento entre homossexuais.

Curador do ausente – Em que pese a falta de previsão legal, não temos dúvida em afirmar que o curador nomeado em prol do ausente ostenta legitimidade para a oferta da queixa-crime. Com efeito, o art. 22 do Código Civil impõe a nomeação de um curador àquele que desaparecer de seu domicílio, não tendo deixado representante ou procurador "a quem caiba administrar-lhe os bens". Ou quando, deixando mandatário, este não queira ou não possa exercer o "munus", ou se forem insuficientes seus poderes (art. 23 do CC). Pois bem. O art. 24 do Código Civil, quanto aos poderes do curador, determina observância, no que for aplicável, à disciplina que trata dos tutores e curadores. Compete, outrossim, ao tutor, na dicção do art. 1.748, inc. V do Código Civil, propor, em favor do menor, com autorização do juiz, ações judiciais. Já o art. 1.774, do mesmo "codex", estende à curatela as disposições concernentes à tutela, dentre as quais, portanto, a propositura de ações em juízo. Nesse quadro, não tendo o ausente cônjuge, ascendente, descendente ou irmão, cabe ao curador a representação judicial deste em juízo, que pode, por conseguinte, prosseguir na ação penal privada.

Tutor e curador do interdito – O tutor, nomeado em prol do menor de 18 anos cujos pais são falecidos, declarados ausentes ou que decaíram do poder familiar, tem, a nosso juízo, legitimidade para prosseguir com a ação penal privada, na hipótese de morte do tutelado, que não tenha deixado irmão, posto que o art. 1.748, inc. V do Código Civil, elenca dentre suas atribuições "propor em juízo as ações, ou nelas assistir o menor, e promover todas as diligências a bem deste". O mesmo raciocínio se aplica ao curador do interdito, já que o art. 1.774 do Código Civil dispõe que "aplicam-se à curatela as disposições concernentes à tutela", abordadas acima. Afinal, *ubi eadem ratio ibi idem jus* (onde houver o mesmo fundamento haverá o mesmo direito). Claro que ao curador somente se reconhecerá legitimidade caso o interdito não tenha deixado cônjuge, ascendente, descendente ou irmão.

Parentes por afinidade – Segundo o art. 1.595 do Código Civil, "cada cônjuge ou companheiro é aliado aos parentes do outro pelo vínculo da afinidade". São exemplos de parentes por afinidade o cunhado, sogra, enteado, padrasto, etc. Ante a ausência de previsão legal, é de se concluir que parentes por afinidade não possuem legitimidade para a oferta de queixa em caso de morte ou ausência da vítima.

Prazo – sobre o prazo para oferta de queixa ou prosseguimento da ação penal já instaurada, v. adiante os comentários ao art. 38, mais especificamente sob a rubrica "*dies a quo* no caso de morte ou ausência da vítima".

Art. 32. Nos crimes de ação privada, o juiz, a requerimento da parte que comprovar a sua pobreza, nomeará advogado para promover a ação penal.

§ 1º Considerar-se-á pobre a pessoa que não puder prover às despesas do processo, sem privar-se dos recursos indispensáveis ao próprio sustento ou da família.

§ 2º Será prova suficiente de pobreza o atestado da autoridade policial em cuja circunscrição residir o ofendido.

Pobreza – Se para o réu, que não contar com advogado, é obrigatória a nomeação de um defensor, nos termos do art. 263 do código, também para a propositura de uma queixa-crime em juízo, tendo como sujeito ativo pessoa pobre, essa providência se impõe. É que o "jus postulandi", isto é, o direito de pedir em juízo, com a prática de atos processuais necessários à deflagração e andamento do processo, é privativo do advogado. Afinal, o Estatuto da Advocacia e da Ordem dos Advogados do Brasil-OAB (Lei nº 8.906/94), prevê, em seu art. 1º, inc. I, que são atividades privativas de advocacia, "a postulação a qualquer órgão do Poder Judiciário e aos juizados especiais". Isso não exclui, por óbvio, a possibilidade de atuação, também, da Defensoria Pública, órgão que tem na Constituição expressa previsão para agir na defesa dos necessitados (art. 134 da Carta). A nomeação de advogado, de resto, atende ao disposto no art. 5º, inc. LXXIV da Constituição, segundo o qual é obrigação do Estado prestar assistência jurídica integral e gratuita aos que comprovem insuficiência de recursos.

No processo penal há apenas duas exceções a essa regra, quando se abre a possibilidade do "jus postulandi" ser exercido pelo próprio interessado. Trata-se do *habeas corpus*, em que o art. 654 do código autoriza sua impetração por qualquer pessoa, independentemente de ostentar a condição de advogado, e da revisão criminal, pela dicção do art. 623 do "codex". Claro que sendo o réu também advogado, ele pode atuar em nome próprio, no exercício de sua autodefesa.

A Lei nº 1.060/1950, que trata da assistência judiciária, inclusive para postulação na Justiça penal, considera necessitado "todo aquele cuja situação econômica não lhe permita pagar as custas do processo e os honorários de advogado, sem prejuízo do sustento próprio ou da família" (art. 2º, parágrafo único)". A redação do § 1º acima é praticamente idêntica. Não se exige, pois, uma condição de miserabilidade, de indigência ou absoluta pobreza, mas apenas a demonstração de que as despesas decorrentes do processo poderiam comprometer o sustento da família do beneficiário.

Atestado – O legislador determina, como forma de demonstração da pobreza, que se junte aos autos atestado firmado pela autoridade policial da circunscrição na qual residir a vítima. Não é essa, porém, a única forma de prova desse estado, que pode ser demonstrado por outros meios, como, por exemplo, uma declaração de outra autoridade pública ou mesmo através de prova documental (holerite juntado aos autos, declaração de imposto de renda, etc.). Saliente-se que o atestado, emitido pela autoridade policial, é documento que, hoje, caiu em desuso, posto que se tem admitido, como demonstração da pobreza, uma simples afirmação do beneficiário nesse sentido, como previsto no art. 4º da Lei nº 1.060/1950.

Presunção relativa de veracidade – Nos termos do disposto na a Lei 7.115/83, "a declaração destinada a fazer prova de vida, residência, pobreza, dependência econômica, homonímia ou bons antecedentes, quando firmada pelo próprio interesse ou por procurador bastante, e sob as penas da Lei, presume-se verdadeira" (art. 1º). De se ver, porém, que o atestado – ou qualquer documento que lhe faça às vezes – encerra uma presunção "juris tantum", significa dizer que, "a priori", embora verdadeiro, admite prova em contrário, cabendo a parte interessada impugnar seus termos, demonstrando que, em verdade, o beneficiário pela nomeação não necessita do favor legal.

Ação penal privada subsidiária da pública – Questão interessante consiste em seu apurar se o legislador, quando emprega a expressão "ação privada", refere-se apenas à ação penal exclusivamente privada ou também à ação penal privada subsidiária da pública, prevista no art. 29 do código. Em outras palavras: na inércia do Ministério Público que, dentro do prazo legal, não oferta denúncia, deixa de promover o arquivamento do inquérito policial ou não requer novas diligências, poderia ser nomeado, em prol da vítima pobre, advogado a fim de propor a queixa-crime substitutiva da denúncia?

É verdade que a ação penal privada subsidiária da pública, de tão rara na prática, acaba por conferir um tom acadêmico à discussão, mas que, a despeito disso, merece ser enfrentada. Assim, no sentido da impossibilidade de nomeação de advogado, ou seja, de que esta hipótese somente seria cabível na ação penal exclusivamente privada, é o entendimento da Câmara Leal, ao destacar que "nem seria justo dar-se advogado ao querelante nos crimes de ação pública, quando o Estado já colocou em cada comarca um órgão do Ministério Público para prover a ação penal contra os indiciados. Se este é negligente [...] nada impedirá que o ofendido ou quem tenha qualidade para representá-lo, sendo pobre e não podendo intentar a queixa, reclame ao juiz para que o Ministério Público seja compelido ao oferecimento da denúncia" (ob. cit., vol. I, p. 163).

Pensamos diversamente. Com efeito, ao empregar a expressão "ação privada", o legislador o fez em termos amplos, para abarcar tanto as ações penais exclusivamente privadas, como aquelas subsidiárias da pública. Empregou, aliás, os mesmos termos do art. 29 do código. De resto, a solução alvitrada pela doutrina acima transcrita não parece a mais adequada, na medida em que atribui, ao juiz, um poder que ele não possui, consistente em compelir o Ministério Público à oferta da denúncia. E se, apesar de instado, o *parquet* não o fizer, estaria o ofendido impossibilitado de substituí-lo? Cremos que não e, desde que pobre, cabe ao juiz nomear-lhe um advogado, para que intente a queixa que substituirá a denúncia. Se essa possibilidade se estende a toda e qualquer pessoa, não seria justo inibir o pobre de fazê-lo, ficando à mercê do promotor inerte. Lembre-se, por último, do conhecido brocardo em tema de interpretação da lei, pelo qual *ubi lex non distinguit, nec interpres disntinguere potest* ("onde o legislador não distingue, não cabe ao intérprete distinguir". É o entendimento que vingou no Superior Tribunal de Justiça, como se vê da ementa abaixo transcrita.

JURISPRUDÊNCIA

Desnecessidade do atestado

"O estado de pobreza, para fins de legitimação do Ministério Público para a propositura de ação penal em sede dos então denominados crimes contra os costumes, pode ser comprovado a qualquer tempo e por qualquer meio, não se exigindo demonstração formal em atestado, nem ficando excluído pela simples constituição de advogado particular." (STJ – AgRg no AREsp n. 685.022/RJ, relator Ministro Sebastião Reis Júnior, Sexta Turma, julgado em 30/6/2015, DJe de 4/8/2015.)

Condição de pobreza

"A prova da miserabilidade, segundo entendimento doutrinário e jurisprudencial, pode se dar das mais variadas formas, como simples declaração verbal, escrita e, inclusive, pela notoriedade do fato, não se afigurando, pois, imprescindível a apresentação do **atestado de pobreza.** Não obstante, na hipótese, verifica-se que houve efetiva manifestação da mãe da vítima, afirmando não poder arcar com as custas processuais, o que atrai a legitimidade ativa do Ministério Público, nos termos do art. 225 do Código Penal, com a redação anterior à Lei n.º 12.015/09." (STJ – RHC n. 30.170/RS, relatora Ministra Laurita Vaz, Quinta Turma, julgado em 1/10/2013, DJe de 10/10/2013.)

Nomeação de advogado e ação penal privada

"Ação penal privada subsidiaria (art. 100, p. 3°, do CP, 29 do CPP e 5., LIX, da Constituição. Promotor que, de posse de inquérito de indiciado preso, excede o prazo do art. 46 do CPP, sem requerer diligência ou oferecer denúncia. Cabimento, nessa hipótese, da ação penal privada subsidiária. Assistência judiciária. Designação, pelo juiz, de advogado para intentar a ação penal, por crime de homicídio, ante a reconhecida pobreza dos familiares da vítima. Possibilidade (art. 32 do CPP e Lei 1.060/50)" (STJ – RHC n° 1909- GO, Rel. Assis Toledo, j. 26.08.1992, DJ 14.09.1992, p. 14980).

Declaração falsa de pobreza não configura crime do art. 304 do Código Penal

"Na espécie, patente flagrante ilegalidade, pois somente se configura o crime de falsidade ideológica se a declaração prestada não estiver sujeita a confirmação pela parte interessada, gozando, portanto, de presunção absoluta de veracidade. Esta Corte já decidiu ser atípica a conduta de firmar ou usar declaração de pobreza falsa em juízo, com a finalidade de obter os benefícios da gratuidade de justiça, tendo em vista a presunção relativa de tal documento, que comporta prova em contrário." (STJ – RHC n. 46.569/SP, relatora Ministra Maria Thereza de Assis Moura, Sexta Turma, julgado em 28/4/2015, DJe de 6/5/2015.)

Art. 33. Se o ofendido for menor de 18 (dezoito) anos, ou mentalmente enfermo, ou retardado mental, e não tiver representante legal, ou colidirem os interesses deste com os daquele, o direito de queixa poderá ser exercido por curador especial, nomeado, de ofício ou a requerimento do Ministério Público, pelo juiz competente para o processo penal.

Curador especial para o ofendido enfermo ou retardado – A figura do curador, nomeado em favor do réu que contasse menos de 21 anos, tanto na fase policial (art. 15), como em Juízo (art. 194), como já vimos, foi extinta, com o advento do Código Civil em vigor e por conta de legislação expressa que revogou tais dispositivos (Lei nº 10.792/2003). Remanesce, contudo, a necessidade de sua nomeação para as hipóteses acima, para o exercício da ação penal privada, em prol da vítima que se encontre em alguma das situações indicadas no texto legal.

Pode ocorrer, assim, que a vítima conte menos de 18 anos e, nessa condição, não tenha plena capacidade para o exercício dos atos da vida civil, obtida, somente, a partir dos 18 anos, nos termos do art. 5º do Código Civil. Nesse caso, então, para a oferta da queixa-crime, caso não tenha um representante legal, se nomeará um curador. Também em favor daquele que se encontra doente ou suporte algum problema mental, cabe a mesma providência. Nas três hipóteses não basta ser menor, mentalmente enfermo ou retardado mental. É preciso, ademais, que esteja desprovido de representação. Caso a criança ou adolescente possua pai ou mãe ou, sendo órfão, conte com um tutor, não se exige a nomeação. Idem se ele, apresentando um problema mental, foi interditado judicialmente, quando sua representação, então, cabe ao curador. V., a propósito, os comentários ao art. 31 acima sob a rubrica "tutor e curador do interdito".

Atuação do curador – O curador, uma vez nomeado na condição de verdadeiro *substituto processual*, posto defender em nome próprio direito alheio, não é obrigado a ofertar a queixa-crime (ou a representação nos crimes de ação penal pública condicionada, como se vê abaixo). É o que se extrai do emprego do verbo "poderá", a indicar verdadeira faculdade, a ser exercida ou não. Fosse o curador, sempre e sempre, obrigado a ajuizar a querela e não haveria necessidade de sua nomeação, bastando que a lei dissesse que, para as hipóteses da vítima se encontrar em uma das situações acima, a ação penal seria pública incondicionada, manejada pelo Ministério Público. É dizer: a ação penal é privada e, por consequência, o princípio da conveniência e oportunidade, que informa essa espécie de ação, continua prevalecendo. Claro que uma vez verificada que a opção do curador, em não propor a ação, se encontra viciada, oriunda de interesse inconfessável e orientada por má-fé, será cabível sua substituição. Caso contrário, ausente qualquer interesse escuso, ele pode livremente, de forma discricionária, não ajuizar o pedido.

Prazo para o curador – O prazo decadencial de seis meses, para oferta de queixa pelo curador, deve ser contado a partir da data em que foi intimado de sua nomeação, nos termos do art. 798, § 5º, "a", do código. Suponha-se que, conhecendo o autor do crime, o curador venha a ser nomeado posteriormente. O *dies a quo* é contado a partir na intimação quanto à nomeação, vez que o conhecimento, pelo curador, quanto à autoria deu-se ao tempo em que ele não exercia ainda o *munus* e, portanto, não detinha legitimidade para a propositura da queixa-crime.

Colidência de interesses – Pode ocorrer que, a despeito dessas pessoas contarem com representação legal, se verifique uma colidência entre os interesses do representado e do representante, fator que inibiria este último de ajuizar a queixa-crime. A doutrina aponta algumas hipóteses nas quais se verifica esse conflito entre os interesses do ofendido e de seu representante legal, a saber: a) quando o crime foi cometido pelo próprio representante legal; b) quando, embora não tendo cometido o crime, teve alguma participação moral ou material em sua ocorrência; c) quando o crime foi perpetrado por pessoa ligada ao representante legal por laços de parentesco, amizade, subordinação, etc., que façam presumir a inércia daquele primeiro; d) quando ocorrer alguma promessa de recompensa, do agente ao representante legal, para que nenhuma medida seja adotada. Nesses casos será também cabível a nomeação de curador.

Representação – Essas disposições se aplicam, também, à representação, nos crimes de ação penal pública que a ela se condicione. Em que pese a lei mencionar apenas o direito de queixa, por uma interpretação extensiva e adotando o conhecido brocardo segundo o qual "quem pode o mais pode o menos", é possível se concluir que, havendo necessidade de representação e achando-se a vítima em uma das condições acima apontadas, cabe a nomeação de um curador. Aliás, na prática, os casos de aplicação deste dispositivo se referem, na imensa maioria dos casos, a ações penais públicas condicionadas à representação e raramente às ações penais privadas. Confira-se, ainda, sobre a interpretação extensiva, os comentários acima ao art. 3° do código.

JURISPRUDÊNCIA

Conflito de interesses e prazo decadencial do curador

"Havendo **conflito** de interesses entre a vítima **menor** e o seu representante legal, poderá exercer o direito de representação o **curador** especial nomeado, de ofício ou a requerimento do Ministério Público, pelo Juízo condutor do feito, hipótese em que o prazo decadencial começará a fluir a partir da data em que o **curador** tomar ciência da nomeação'". (STJ – HC n. 340.988/MT, relator Ministro Sebastião Reis Júnior, Sexta Turma, julgado em 8/11/2016, DJe de 21/11/2016.)

Art. 34. Se o ofendido for menor de 21 e maior de 18 anos, o direito de queixa poderá ser exercido por ele ou por seu representante legal.

Revogação do dispositivo – Dispunha esse artigo que, sendo o ofendido menor de 21 anos e maior de 18, o direito de queixa poderia ser exercido por ele ou seu representante legal. Nesse sentido, inclusive, era o enunciado da Súmula n. 594 do STF, a saber: "Os direitos de queixa e de representação podem ser exercidos, independentemente, pelo ofendido ou por seu representante legal". Entendia-se que esse dispositivo, por analogia, se aplicava também ao direito de representação. Esse artigo, porém, foi revogado com o advento do Código Civil (Lei nº 10.406/2001), que, em seu art. 5º, conferiu capacidade plena para o maior de 18 anos, antes prevista apenas para o maior de 21 anos. Parece óbvia tal conclusão, afinal aquele que contar, *v.g.*, 19 anos, não mais possui representante legal, já que plenamente capaz segundo a lei civil e, por isso mesmo, somente ele poderá representar. Em síntese: se a vítima contar menos de 18 anos, cabe aos seus representantes legais o direito de queixa ou representação. Com mais de 18, é dela exclusivamente tal direito.

ATENÇÃO - Contando o ofendido menos de 18 anos (ou sendo "mentalmente enfermo, ou retardado mental"), o direito de queixa ou de representação será exercido por seu representante legal, podendo, ainda, ser nomeado curador, segundo o art. 33 do código. Suponha-se um crime perpetrado quando a vítima contava 15 anos de idade, sem capacidade, porque incapaz, de ingressar com a queixa ou a representação. A legitimidade para fazê-lo, nesse caso, era de seu representante legal que, porém, quedou-se inerte, deixando transcorrer o prazo decadencial de seis meses. Indaga-se, então: atingindo a plena capacidade, ao completar 18 anos de idade, poderá o ofendido ajuizar queixa-crime ou ofertar representação? Divide-se a doutrina. Parte dela responde negativamente à indagação. Sustenta que o prazo decadencial é um só e que, portanto, se o representante legal da vítima, ao tempo em que ela contava 15 anos, tinha conhecimento da autoria do crime, mas deixou transcorrer *in albis* o prazo decadencial, não há que se cogitar a inauguração de um segundo prazo, agora para o ofendido, quando ele atingir a plena capacidade aos 18 anos. Outra corrente doutrinária entende que são dois os prazos: o primeiro conferido ao representante legal enquanto a vítima não completar 18 anos e, um segundo, concedido a este último, ao atingir a maioridade. Cremos no acerto deste último entendimento. Afinal, antes de completar 18 anos, a vítima não possuía legitimidade para o exercício da ação penal e, portanto, não há que se falar na perda de um direito, pela decadência, da qual ela não era titular. É dizer: se ela estava impedida de exercer um direito, não pode ser penalizada com o reconhecimento da decadência, que importa exatamente em uma sanção aplicada ao inerte. Cabe invocar, inclusive, o enunciado da Súmula 594 do STF, a se conferir: "Os direitos de queixa e de representação podem ser exercidos, independentemente, pelo ofendido ou por seu representante legal". Há quem sustente que esse entendimento sumular, cristalizado bem antes da entrada em vigor do Código Civil e que guardava relação com o art. 34 em exame, se acha superado, posto que, atualmente, o maior de 18 anos goza de plena capacidade (art. 5º do Código Civil). Pensamos que essa súmula, de fato, não tem mais aplicação no que se refere ao art. 34 do CPP, que estipulava dois prazos distintos, um para a vítima que contava entre 18 e 21 anos e, outro, para seu representante legal. Continua válida, porém, para enfrentar a indagação que propusemos, em reforço de nosso posicionamento. Em nosso exemplo, pois, decadência operou-se para o representante legal e não para o ofendido que, no prazo de seis meses, contado a partir do dia em que completar 18 anos, poderá ofertar a querela particular ou formular representação.

Art. 35. (Revogado pela Lei nº 9.520, de 27.11.1997)

Art. 36. **Se comparecer mais de uma pessoa com direito de queixa, terá preferência o cônjuge, e, em seguida, o parente mais próximo na ordem de enumeração constante do art. 31, podendo, entretanto, qualquer delas prosseguir na ação, caso o querelante desista da instância ou a abandone.**

Preferência – Como vimos na análise do art. 31 acima, o legislador define as pessoas que possuem legitimidade para propositura da queixa-crime, em caso de morte ou ausência da vítima. Este artigo estabelece uma ordem de preferência, de tal forma que, por exemplo, propostas duas ações, uma pelo filho e outra pelo pai da vítima, terá prioridade o primeiro (do filho), sendo que apenas esta queixa prosseguirá.

Prosseguimento da ação – Mas o ajuizamento da ação por um parente mais próximo não alija, definitivamente, o mais remoto. Nada impede, assim, que tendo o querelante original desistido ou abandonado a instância, assuma a ação uma das pessoas acima enumeradas. Como "instância" se considera o período de discussão da causa, o espaço de tempo no qual tem curso o processo, a se iniciar, na ação penal privada, com a citação do querelado e se findar com a sentença transitada em julgado.

De sorte que, no art. 60 do código se elencam as causas de perempção da ação penal privada que, uma vez verificadas, dão ensejo à perempção. Suponha-se que o querelante, por alguma razão, deixe de movimentar o processo por 30 dias, a ensejar a perempção, nos termos do inc. I do art. 60. Nesse caso, devem ser intimados o cônjuge, o ascendente, o descendente e o irmão, para que, querendo, assumam a ação penal privada. Conquanto não se trate de medida prevista em lei, é a única alternativa que consegue conciliar o disposto no art. 60, inc. I e nos arts. 31 e 36 do código.

Art. 37. As fundações, associações ou sociedades legalmente constituídas poderão exercer a ação penal, devendo ser representadas por quem os respectivos contratos ou estatutos designarem ou, no silêncio destes, pelos seus diretores ou sócios-gerentes.

Pessoas jurídicas – Este dispositivo deve ser analisado à luz do Código Civil em vigor que, em seu art. 44, define como *pessoas jurídicas de direito privado*, as associações, as sociedades, as fundações, as organizações religiosas, os partidos políticos e as empresas individuais de responsabilidade limitada.

É possível, destarte, que um desses entes seja vítima de um crime que reclame a oferta de queixa-crime. Assim, por exemplo, um delito de difamação, na qual se alega, mentirosamente, que determinada empresa comercializa seus produtos após o transcurso do prazo de validade. Trata-se de acusação que atinge diretamente a pessoa jurídica e não seus membros de forma individualizada. Essa conduta, portanto, terá como sujeito passivo uma pessoa jurídica (e não a pessoa física de seus dirigentes, como visto no aresto abaixo transcrito), e, por se tratar de um crime que se apura mediante ação penal privada, exigirá a oferta de queixa-crime pelo ofendido. O texto faz referência, apenas, aos crimes de ação penal privada. Mas tais disposições se aplicarão, também, para os delitos que se apuram mediante ação penal pública condicionada à representação.

Para deflagração da ação penal privada, então, tais pessoas jurídicas se farão representar por aqueles indicados nos respectivos contratos ou estatutos e, no silêncio destes, por seus diretores ou sócios-gerentes. A estes incumbirá outorgar o respectivo instrumento de mandato, dotando com poderes especiais o procurador que ajuizará a queixa-crime, em atendimento ao disposto no art. 44 do código.

Pessoa jurídica de direito público – Conquanto a lei não faça essa referência, é de se presumir que a aplicação deste dispositivo se refira apenas às pessoas jurídicas de direito privado, posto que, tratando-se de pessoas jurídicas de direito público, a ação penal será pública incondicionada, na dicção do § 2°, do art. 24 do código.

Pessoa jurídica estrangeira – Será representada "pelo gerente, representante ou administrador de sua filial, agência ou sucursal aberta ou instalada no Brasil" (art. 75, inc. X, do Código de Processo Civil).

Falência e pessoa jurídica sem representação – Caso decretada a falência da pessoa jurídica, essa incumbência é do administrador judicial, a quem cumpre a representação da massa falida em Juízo, nos termos do art. 22, inc. III, "n" da Lei n° 11.101/2005. Já se "a administração da pessoa jurídica vier a faltar", será nomeado um administrador provisório, segundo o art. 49 do Código Civil, cabendo a ele, pois, a iniciativa da oferta queixa-crime.

Espólio e condomínio – Na improvável hipótese de um crime perpetrado, por exemplo, contra a honra do espólio ou de um condomínio, tais entes se farão representar, respectivamente, pelo inventariante e pelo administrador ou síndico, nos termos dos incs. VII e XI, do art. 75, do Código de Processo Civil.

JURISPRUDÊNCIA

Ilegitimidade do diretor

Delito de injuria e difamação, pela imprensa, contra pessoa jurídica de direito privado; Ação intentada pelo diretor da entidade, 'próprio nomine', em caráter exclusivamente pessoal: Inexistência de 'legitimatio ad causam passiva' (STF – EI 69133-GB – Rel. Barros Monteiro, j. 03.11.197, DJ 21.12.1971).

Art. 38. Salvo disposição em contrário, o ofendido, ou seu representante legal, decairá no direito de queixa ou de representação, se não o exercer dentro do prazo de seis meses, contado do dia em que vier a saber quem é o autor do crime, ou, no caso do art. 29, do dia em que se esgotar o prazo para o oferecimento da denúncia.

Parágrafo único. Verificar-se-á a decadência do direito de queixa ou representação, dentro do mesmo prazo, nos casos dos arts. 24, parágrafo único, e 31.

Conceito – A decadência (também prevista no art. 103 do Código Penal) consiste na perda do direito de ação por não ter sido ele exercido dentro do prazo legal. Ou, na lição de Câmara Leal, importa na "extinção do direito pela inércia de seu titular, quando sua eficácia foi, de origem, subordinada à condição de seu exercício dentro de um prazo prefixado, e este se esgotou sem que esse exercício se tivesse verificado (*Da prescrição e da decadência.* São Paulo, Saraiva: 1939, p. 123).

Intenção do legislador – A *ratio legis* busca evitar que situações se protelem *ad aeternum*, sem que ocorra uma definição, em prejuízo da paz social e da estabilidade das relações sociais. Importa, ainda, em uma punição àquele que se revele negligente no exercício de seu direito, como acentua Washington de Barros Monteiro (*Curso de Direito Civil*, São Paulo, Saraiva, 2012, vol. 1, p. 82). Há, portanto, que se estabelecer um marco a partir do qual determinado fato se estabilize, não podendo mais ser renovado, colocando ponto final no debate e fazendo jus ao brocardo *dormientibus non succurrit jus* (o Direito não socorre aos que dormem).

Prazo – O prazo decadencial, salvo exceções previstas em lei, é de seis meses e começa a fluir da data em que o ofendido toma conhecimento sobre quem é o autor do ilícito penal. Trata-se de prazo fatal, improrrogável, não se sujeitando a nenhuma espécie de suspensão ou interrupção. De sorte que, a vítima (ou seu representante legal, sucessor ou curador), tem o prazo de seis meses para ofertar a representação (se o crime for de ação penal pública condicionada a tal condição de procedibilidade), ou para ingressar com a queixa-crime (se o crime for de ação penal privada). Não o fazendo, no caso da ação penal privada, simplesmente estará abrindo mão do direito de queixa e, sua omissão, acarretará a extinção da punibilidade, nos termos do art. 107, inc. IV, do Código Penal. Já na ação penal pública condicionada, se ultrapassado esse prazo a vítima não manifestar sua intenção de ver seu ofensor processado, não mais poderá o Ministério Público deflagrar a respectiva denúncia, extinguindo-se a punibilidade com base no mesmo dispositivo do estatuto penal.

Trata-se de prazo que tem a natureza penal (já que extingue a punibilidade), devendo ser contado, portanto, incluindo-se o primeiro dia e excluindo-se o dia final, conforme dispõe o art. 10 do Código Penal.

Dies a quo – O prazo decadencial, para oferta da queixa ou representação, é de seis meses, nos termos deste dispositivo e do contido no art. 103 do Código Penal. Esse prazo se inicia da data em que perpetrado o crime, desde que a vítima saiba quem foi seu autor. Ou, caso não tenha esse conhecimento, da data em que o ofendido tiver ciência da autoria. Nem sempre, portanto, haverá coincidência entre a data do fato e descoberta de seu autor. E nem poderia ser diferente. Pode ocorrer, assim, que em um crime praticado na data de hoje, o ofendido somente saiba quem é seu autor depois de um ano, a partir do sucesso de investigações policiais que foram realizadas. Será, portanto, desta última data, ou seja, depois de um ano da prática do crime, que se iniciará o prazo de seis meses para oferta da queixa ou da representação. Não seria justo o transcurso do prazo para o ofendido que ignorasse quem é o autor do crime, estando impedido, por isso mesmo, de ajuizar queixa-crime ou representar contra um desconhecido.

***Dies a quo* específicos** – A regra geral, quanto ao início do prazo decadencial, é a mencionada no item acima. De se apontar, porém, pelo menos três exceções. A primeira ocorre nos chamados crimes contra a propriedade imaterial, quando o prazo de 30 dias para oferta de queixa-crime tem início a partir da homologação do laudo referente à busca e apreensão (art. 529). A segunda consta do Código Penal, no crime de "induzimento a erro essencial e ocultação de impedimento", cujo prazo para o "contraente enganado" ajuizar a queixa-crime começa a fluir depois de transitar em julgado a sentença que, por motivo de erro ou impedimento, anulou o casamento, nos termos do parágrafo único, do art. 236 do Código Penal. A terceira consta do próprio dispositivo em análise (art. 38), quando se refere à ação privada subsidiária da pública, iniciando o prazo fatal do dia em que se esgotar o termo para o oferecimento da denúncia (v. os comentários adiante).

***Dies a quo* no caso de morte ou ausência da vítima** – Segundo o art. 31 do código, morto o ofendido ou declarado ausente, "o direito de oferecer queixa ou prosseguir na ação passará ao cônjuge, ascendente, descendente ou irmão". Quanto ao prazo que tais pessoas possuem para a propositura da queixa-crime, interessante controvérsia se coloca. Suponha-se que tendo sido difamada há dois meses e tendo conhecimento do autor do crime, a vítima falece no dia de hoje. Qual o prazo que o cônjuge (fiquemos apenas com ele) terá para o manejo da queixa-crime em juízo? Ou, em outras palavras: o prazo de seis meses é reaberto em favor do cônjuge ou, ao contrário, ele terá apenas os restantes quatro meses para propor a querela? Prevalece este último entendimento. Com efeito, é sabido que o prazo decadencial não se submete a nenhuma espécie de interrupção, nem mesmo com a morte ou declaração de ausência do ofendido. Sendo assim, o prazo é somente um e começou a fluir, no nosso exemplo, na data em que praticada a ofensa. Havia, portanto, um prazo para a vítima, que corria normalmente, até sua morte, depois de dois meses da prática do crime. A partir daí – e respondendo à indagação inicial –

contam-se mais quatro meses para que o cônjuge exercite o direito de queixa. Se não o fizer, a decadência estará operada.

ATENÇÃO – No que se refere à continuidade do processo (presumindo-se, portanto, que já há uma ação penal em andamento), morto o querelante ou sobrevindo sua incapacidade, as pessoas listadas no art. 31 (cônjuge, ascendente, descendente ou irmão), poderão assumir o feito, devendo fazê-lo, porém, no prazo de 60 dias, sob pena de perempção, a teor do disposto no art. 60, inc. II, do código.

Configuração da inércia – Para caracterizar a iniciativa do ofendido e afastar qualquer alegação de inércia, basta a mera oferta da queixa-crime em Juízo, irrelevante, assim, a data na qual ela foi efetivamente recebida. Num exemplo: se a queixa é protocolada um dia antes de se vencer o prazo decadencial, mas é recebida apenas 10 dias depois, não restará configurada a decadência. Essa orientação é mantida ainda que a inicial tenha sido ofertada perante juízo incompetente, conforme jurisprudência do STJ abaixo transcrita. Também se considerou tempestiva a queixa ofertada dentro do prazo de seis meses, mas aditada posteriormente, quando já escoado esse lapso temporal, conforme entendimento do STJ aludido abaixo. O que importa, assim, é a manifestação de vontade da vítima a demonstrar que, no prazo legal, não se manteve inerte. Não cabe confundir, porém, a propositura da queixa em juízo com a notícia da prática de um crime levada à autoridade policial, vulgarmente chamada de "queixa", mas que se constitui, em verdade, em uma *notitia criminis*. V., a propósito, os comentários ao art. 30, mais especificamente no item "queixa-crime x *notitia criminis*".

Decadência na ação penal privada subsidiária da pública – Como vimos acima, na análise do art. 29, caso o Ministério Público mantenha-se inerte, pode o particular ingressar com a queixa que irá substituir a denúncia. Tal inércia se configura quando o *parquet* deixa de denunciar ou promover o arquivamento do inquérito policial (ou de outra peça de informação), no prazo, via de regra, de 5 dias se preso o indiciado ou 15 dias se solto. De tal sorte que, a partir do 6º dia ou do 16º dia, inicia-se o prazo decadencial para que o ofendido deflagre a ação penal privada subsidiária da pública, tendo o prazo de seis meses para fazê-lo, sob pena de decadência.

ATENÇÃO – A decadência acima tratada opera-se, tão somente, em relação ao ofendido, titular da ação penal privada subsidiária da pública que, deixando de aforar a queixa no prazo legal, não mais poderá fazê-lo. Isso, por óbvio, não inibe o Ministério Público de ofertar denúncia, ultrapassado esse prazo (e mesmo durante seu transcurso). É dizer: o instituto da decadência não tem aplicação no que tange ao *parquet*, cuja perda de prazo pode acarretar consequências de ordem funcional, sem nenhum reflexo, porém, no processo penal, que terá seu trâmite regular. V., ainda, os comentários tecidos ao art. 29, notadamente sob a rubrica "falta funcional do membro do Ministério Público".

Em resumo:

Ação penal pública condicionada à representação e ação penal privada	Ação penal privada subsidiária da pública
O prazo decadencial tem como termo inicial o dia em que se conhece a autoria.	O termo inicial da decadência começa a ser contado do dia em que se esgota o prazo para o oferecimento da denúncia.
Se decorrer o prazo de 6 meses, ocorre decadência extinguindo a punibilidade.	Se decorrer o prazo de 6 meses, ocorre decadência sem a extinção da punibilidade, pois o MP continua legitimado para ajuizar a ação penal.

Crime continuado e contagem de prazo – A definição de crime continuado vem expressa no art. 71 do Código Penal, e ocorre "quando o agente, mediante mais de uma ação ou omissão, pratica dois ou mais crimes da mesma espécie e, pelas condições de tempo, lugar, maneira de execução e outras semelhantes, devem os subsequentes ser havidos como continuação do primeiro". O prazo deve ser contado isoladamente para cada um dos delitos. Suponha-se a prática de várias ameaças, em continuidade delitiva, uma perpetrada no dia 05 de janeiro, outra no dia 10 do mesmo mês, outra no dia 02 de fevereiro e a última em 10 de fevereiro. Para cada um dos crimes, será contado o prazo decadencial de seis meses, em que deve ser ofertada a representação, a se iniciar considerando o dia de início, nos termos do art. 10 do Código Penal. Assim, decadência começa a correr, em nosso exemplo, em 05 de janeiro, outra no dia 10 do mesmo mês, outra no dia 02 de fevereiro e a última em 10 de fevereiro.

Crime permanente, crime habitual, decadência e a contagem de prazo – A doutrina costuma indicar a forma de contagem de prazo para o crime permanente e para o crime habitual. O crime permanente é assim considerado aquele cuja consumação se prolonga no tempo. O exemplo típico é o crime de sequestro previsto no art. 148 do Código Penal. Há uma primeira ação, consistente em privar a vítima de sua liberdade, mas a consumação se prolonga, enquanto ela estiver em cativeiro. O "dies a quo", nesse caso, começaria a ser contado a partir da data em que cessasse a permanência e não da data em que a vítima tivesse conhecimento sobre a autoria do crime. Já o crime habitual é aquele que, se tomada a conduta isoladamente, representa um indiferente penal, mas, quando considerado o todo, isto é, a reiteração de ações, caracteriza a ação criminosa. Por exemplo, o crime do art. 147-A (perseguição persistente), o crime do art. 229 do Código Penal (casa de exploração sexual), ou do art. 284 do mesmo *codex* (curandeirismo). Entende-se que, nestes casos, o prazo para oferta de queixa-crime ou de representação se contaria a partir do último ato que seja de conhecimento da vítima, independentemente de haver cessado ou não a reiteração delituosa. Consignamos, porém, a esterilidade da discussão, posto que, em nosso ordenamento jurídico, são raros os crimes permanentes ou habituais que dependam, para a investigação e posterior processo-crime, da prévia representação da vítima ou da oferta, por ela, de queixa-crime. Nem mesmo para as ações penais privadas subsidiárias da pública devem ser observados esses prazos, eis que a contagem se inicia a partir da inércia do Ministério Público, como visto no item acima.

Decadência e concurso de pessoas – Alerta Fernando de Almeida Pedroso: "Havendo coautoria ou participação, o prazo decadencial, como ressoa da unânime voz de nossos doutrinadores, tem seu *dies a quo* assinalado pelo conhecimento do primeiro autor do fato punível.

Foram desprezados, nesse passo, os critérios do conhecimento sucessivo dos agentes e o do conhecimento do último" (Direito Penal-Parte Geral. São Paulo: Editora Método, 2008. p. 811).

Decadência x prescrição - são institutos diversos. Enquanto a decadência pressupõe que a ação penal não foi deflagrada, a prescrição pode ocorrer no curso do processo-crime. Demais disso, a decadência é improrrogável, não se suspendendo ou interrompendo, o que é possível na prescrição. Acrescente-se que não se cogita da decadência para o Ministério Público, na ação penal pública incondicionada. Já a prescrição pode atingir todo e qualquer delito, independentemente da titularidade para o exercício da ação penal (pública ou privada). Na decadência perde-se o direito de agir, enquanto que na prescrição perde-se o direito de punir ou executar punição já imposta.

> **ATENÇÃO** - É possível que se opere a prescrição, sem que haja a decadência. Num exemplo: imagine-se um crime de dano ocorrido há 15 anos no qual, na data de hoje, é apurada sua autoria. O crime de dano já foi atingido pela prescrição, mas a decadência não se verificou, pois somente agora terá início o prazo de seis meses para oferta de queixa. A recíproca é também verdadeira. Suponha-se um crime de calúnia ocorrido há sete meses na qual a vítima tendo pleno conhecimento da autoria, não ingressou com a queixa-crime. Verificou-se, nesse caso, a decadência sem que a prescrição tenha atingido o delito.

Sobre o prazo decadencial para o menor de 18 anos, conferir os comentários acima ao art. 34 do código.

JURISPRUDÊNCIA

Marco inicial da decadência do direito de queixa

"A previsão do art. 38 do CPP, segundo a qual, "salvo disposição em contrário, o ofendido, ou seu representante legal, decairá do direito de queixa ou de representação, se não o exercer dentro do prazo de 6 (seis) meses, contado do dia em que vier a saber quem é o autor do crime", não sede espaço para analogias ou para interpretações extensivas, porquanto se reveste de direito de natureza material em favor do agente e contra o direito de persegui-lo e de puni-lo. Na hipótese, embora tenha havido dúvida no início da investigação quanto à capitulação jurídica e ao tipo penal, isso não interfere no marco inicial da contagem da decadência, que continua sendo o dia em que o ofendido teve a certeza da autoria. Assim, passados mais de 6 (seis) meses desde o momento em que foi conhecido o autor do crime pelo ofendido, restou operada a decadência do direito de queixa. (STJ - Sd n. 602/DF, relatora Ministra Maria Thereza de Assis Moura, Corte Especial, julgado em 21/6/2017, DJe de 29/6/2017.)

Queixa apresentada perante juízo incompetente interrompe o prazo decadencial

"Oferecida a queixa dentro do prazo legal, independentemente de ter sido apresentada perante juízo incompetente ou ainda não ter sido analisado o seu recebimento, resta superada a alegação de extinção da punibilidade fundada na decadência" (STJ - APn n° 165-DF, Rel. Eduardo Ribeiro, j. 29.11.2000, DJ 22.04.2002, p. 154).

Instauração de inquérito policial não interrompe o prazo decadencial (queixa-crime x *notitita criminis*)

"A remessa ou distribuição do inquérito em juízo não tem o condão de interromper o decurso do prazo previsto para o surgimento da decadência. Esta se verifica se o direito de queixa ou representação não for exercido dentro de seis meses contado do dia em que o ofendido ou seu representante vier a saber quem é o autor do crime" (TJSP - Rel. Weiss de Andrade - RT 477/319).

"A queixa-crime a que alude o art. 105 do CP deve ser entendida como o ato processual em que o particular ofendido exterioriza ou formula a acusação, não se confundindo com o uso vulgar do termo e que traduz a comunicação feita à autoridade policial dando-lhe ciência da existência de um crime" (TACrim-SP – Rel. Camargo Aranha – JUTACRIM 52/121).

Erro do cartório não interrompe o prazo decadencial

"O erro na distribuição da queixa-crime de responsabilidade do serviço forense, máxime quando a parte requereu a distribuição por dependência ao termo circunstanciado, não tem o condão de afastar a interrupção do prazo decadencial, pois se trata de fato alheio à vontade da querelante" (STJ – HC n° 39354-SP, Rel. Arnaldo Esteves Lima, j. 15.12.2005, DJ 10.04.2006, p. 237).

Posterior aditamento fora do prazo. Irrelevância

"Nos termos dos arts. 38 do CPP e 103 do CP, o termo inicial do prazo decadencial para oferecimento da queixa-crime apenas se inicia no dia em que a vítima vem a saber quem é o autor do crime, sendo ônus do ofensor a prova em contrário. 2. Se a queixa-crime foi apresentada tempestivamente, isto é, dentro do prazo decadencial de 6 (seis) meses previsto no art. 38 do Código de Processo Penal, é irrelevante a data de seu aditamento." (STJ – AgRg no REsp n. 1.849.196/SP, relator Ministro Ribeiro Dantas, Quinta Turma, julgado em 5/3/2020, DJe de 13/3/2020.)

Forma de contagem do prazo

"Consta dos autos que foi apresentada queixa-crime contra a paciente em 17/9/2018. Contudo, o impetrante afirma que a querelante tomou conhecimento da suposta ofensa e da sua autoria em 17/3/2018, motivo pelo qual o prazo decadencial de 6 meses, previsto no art. 38 do Código de Processo Penal, se esgotou em 16/9/2018, conforme contagem disciplinada pelo art. 10 do Código Penal. 3. As instâncias ordinárias, com fundamento no art. 798, § 3º, do Código de Processo Penal, consideraram possível a prorrogação do termo final da decadência para o primeiro dia útil, motivo pelo qual não reconheceram a decadência do direito de queixa. No entanto, conforme explicitado na decisão que deferiu o pedido liminar, a norma do art. 798, § 3º, do Código de Processo Penal foi utilizada de forma equivocada, uma vez que é norma de direito processual, e o prazo decadencial é penal. Dessa forma, não há se falar em prorrogação do termo final do prazo decadencial, encontrando-se, portanto, extinta a punibilidade da paciente." (STJ – HC n. 491.470/RS, relator Ministro Reynaldo Soares da Fonseca, Quinta Turma, julgado em 12/3/2019, DJe de 29/3/2019.)

No crime continuado

"Na hipótese de continuidade delitiva, o prazo decadencial previsto no artigo 38 do Código de Processo Penal deve ser contado separadamente em relação a cada crime" (STJ – REsp n° 625949-SP, Rel. José Arnaldo da Fonseca, j. 01.03.2005, DJ 21.03.2005, p. 427).

Exercício arbitrário das próprias razões

"O crime de exercício arbitrário das próprias razões praticado sem violência somente se procede mediante queixa. O não-exercício do direito de queixa no prazo de seis meses, a contar do conhecimento da autoria pelo ofendido, enseja a extinção da punibilidade" (STJ – HC n° 135398-ES, Rel. Arnaldo Esteves Lima, j. 03.12.2009, DJe 28.06.2010).

Art. 39. **O direito de representação poderá ser exercido, pessoalmente ou por procurador com poderes especiais, mediante declaração, escrita ou oral, feita ao juiz, ao órgão do Ministério Público, ou à autoridade policial.**

§ 1º A representação feita oralmente ou por escrito, sem assinatura devidamente autenticada do ofendido, de seu representante legal ou procurador, será reduzida a termo, perante o juiz ou autoridade policial, presente o órgão do Ministério Público, quando a este houver sido dirigida.

§ 2º A representação conterá todas as informações que possam servir à apuração do fato e da autoria.

§ 3º Oferecida ou reduzida a termo a representação, a autoridade policial procederá a inquérito, ou, não sendo competente, remetê-lo-á à autoridade que o for.

§ 4º A representação, quando feita ao juiz ou perante este reduzida a termo, será remetida à autoridade policial para que esta proceda a inquérito.

§ 5º O órgão do Ministério Público dispensará o inquérito, se com a representação forem oferecidos elementos que o habilitem a promover a ação penal, e, neste caso, oferecerá a denúncia no prazo de quinze dias.

Representação oral e escrita e seus destinatários – A representação pode ser escrita ou oral, sendo mais comum, na imensa maioria dos casos, que se adote esta última prática. Formulada oralmente perante a autoridade (quase sempre a policial), essa representação será reduzida a termo, ou seja, o que dito oralmente será "colocado no papel", em uma expressão mais coloquial. Quando manifestada por escrito a representação, mas sem a assinatura autenticada pelo Tabelião, ela também será reduzida a termo, o que implica dizer, "contrario sensu", que contendo firma reconhecida, não há necessidade de sua redução a termo. O parágrafo. 3° permite que a representação seja dirigida à autoridade policial sem atribuição para conhecer da matéria, segundo divisão interna de tarefas estabelecida em normas de cunho administrativo. Nesse caso, colhida a representação, deve ser remetida à autoridade que detenha atribuição para proceder à investigação policial.

Informalidade da representação – A representação, segundo entendimento pacífico na doutrina e jurisprudência, prescinde de qualquer rigor formal. Significa dizer, por exemplo, que não precisa ser tomada por escrito e, muito menos, subscrita por advogado. Ou que o ofendido, porque leigo na maioria das vezes, aponte o artigo de lei em que incurso seu agressor. Basta, assim, a prática, pelo ofendido ou demais legitimados, de qualquer ato que, de alguma forma, demonstre sua intenção de que o autor do delito seja processado. Assim, o simples fato de vítima dirigir-se à delegacia de polícia, pedindo a elaboração de um boletim de ocorrência, já denota, de forma inequívoca, seu desejo de que seja deflagrada, mais adiante, a ação penal contra seu ofensor.

ATENÇÃO: Deve ser observado, contudo, que a Terceira Seção do STJ diferencia o comparecimento espontâneo do comparecimento provocado. Enquanto condição de procedibilidade para a ação penal pública condicionada, é certo que o comparecimento perante a autoridade policial só pode ser tomado como representação quando é espontâneo, tal como ocorre nos casos em que a vítima registra ocorrência policial ou mesmo comparece espontaneamente ao Instituto Médico Legal para fins de submissão ao respectivo exame médico legal. Em tais cenários, está implícita a vontade da vítima em dar início à persecução penal. Por outro lado, quando esse comparecimento não é espontâneo, ou seja, a vítima comparece em observância ao mandado de intimação previamente expedido pela autoridade policial, incumbe àquela autoridade colher a representação, ainda que circunstanciando esse fato no próprio termo de declaração.

Se em uma colisão de veículos, na qual resultam lesões corporais de natureza culposa na vítima, ela deixa de noticiar o fato à polícia, é porque, de alguma forma, se ajustou com outro o motorista, concluindo-se, então, que não quer vê-lo processado. Ao contrário, em uma discussão entre vizinhos, se um deles se sente ameaçado e comunica à autoridade policial esse fato (por escrito, oralmente, solicitando a elaboração de um boletim de ocorrência etc.), é porque espera que algum desdobramento na esfera penal ocorra. Por vezes, em face de menor domínio do tema, ocorre, na prática, da vítima apresentar queixa-crime para delitos que, em verdade, se processam mediante representação. Nada impede nesse caso, como visto do ensinamento jurisprudencial abaixo transcrito, que essa *queixa* seja recebida como verdadeira representação. Importa – insistimos – a vontade revelada pelo ofendido de ver castigado o autor do crime. Ora, se essa intenção pode se manifestar oralmente, com muito mais razão deverá ser recebida como tal quando formulada por escrito, ainda que sob a rubrica equivocada de *queixa-crime*. A propósito e realçar a informalidade da representação, o art. 569 do código autoriza que eventuais omissões nela contidas sejam "supridas a todo o tempo, antes da sentença final".

Indicação dos autores do crime – Também não se exige que o autor da representação indique corretamente seu ofensor e, tampouco, que aponte todos os autores do crime. Suponha-se que, em determinada situação, na qual decorre uma briga generalizada, a vítima experimente lesões corporais de natureza leve, a reclamar, pois, a oferta de representação (art. 88 da Lei nº 9.099/95). Tal condição de procedibilidade estará atendida com a mera manifestação de vontade do ofendido no sentido de que deseja o processo contra aquele que o ofendeu. A tarefa de apurar quem foi o autor ou autores do crime cumpre à autoridade policial. Também por isso, nada impede que indicada determinada pessoa na representação, outra venha a ser denunciada. É que a representação – ao contrário da queixa-crime – se satisfaz com a singela intenção demonstrada pela vítima no sentido de que se venha a deflagrar um processo-crime, pouco importando se contra A B ou C.

Conteúdo da representação – Nos termos do § 2º acima, deve a representação conter todos os elementos necessários, indicando o fato delituoso ocorrido e apontando seu autor. Quando bem delineada, permite, inclusive, a imediata oferta de denúncia pelo Ministério Público, como visto no § 5º abaixo. Mas nem sempre será assim e, nem por isso, deve ser rejeitada a representação. Por vezes a vítima ignora exatamente quem seriam todos os autores do crime, indicando alguns a quem pôde identificar, mas omitindo outros. Tarefa, então, de colher os elementos de prova, suprindo, assim, a deficiência na manifestação de vontade do ofendido, caberá à polícia civil, propiciando um quadro nítido para que o Ministério Público, findo o inquérito policial, denuncie ou promova o arquivamento dos autos. Já ao *parquet*, em virtude do princípio da obrigatoriedade que orienta sua atuação e desde que preenchidos os requisitos legais, deverá denunciar a todos indicados na investigação policial, pouco importando se alguns deles não foram apontados na representação da vítima. É que, ao contrário da ação penal privada, quando o ofendido, por força do princípio da indivisibilidade (v. art. 30 acima), deve ofertar querela contra todos os autores do crime, a representação importa em mero pedido-autorização formulado pela vítima para que sejam processados seus ofensores que, por vezes, não podem ser identificados senão após a realização de investigações policiais.

Poderes especiais – Quando a representação é formulada por escrito, por meio de procurador, este deverá se munir de poderes especiais, não se prestando a singela *procuração* "ad judicia". É que, ao noticiar a prática de um crime e apontar seu autor, a representação assume notável relevância, podendo sujeitar seu autor, inclusive, às penas do crime de denunciação caluniosa ou falsa comunicação de crime (arts. 339 e 340 do Código Penal), devendo o mandato, bem por isso, se revestir de poderes especiais, contendo explícita autorização para o exercício da representação, além da indicação do crime e de seu suposto autor, à semelhança do que se verifica no art. 44 abaixo, quando trata da ação penal privada.

Representação e Ministério Público – Uma vez formulada a representação, preenche-se a condição de procedibilidade para que o Ministério Público esteja autorizado a ofertar a denúncia. Isto é, a partir daí, pode o *parquet* ofertar a denúncia, mas – ressalte-se -, não é obrigado a fazê-lo. Em outras palavras: o Ministério Público continua a ocupar sua condição de "dominus littis" da ação penal pública, seja ela incondicionada ou condicionada à representação, submetendo-se, é claro, ao crivo do art. 28 do CPP.

Denúncia sem inquérito – A demonstrar, mais uma vez, a prescindibilidade do inquérito policial, permite o parágrafo 5° acima que, com base na representação da vítima e desde que ela contenha os elementos mínimos necessários, o Ministério Público, desde logo, apresente a denúncia, no prazo de 15 dias. Não será comum essa conduta, pois a representação, como regra, não elenca todos os requisitos ensejadores para que, de pronto, se deflagre a ação penal, reclamando, na maioria das vezes, a instauração do inquérito policial para melhor apuração dos fatos. Mas nada impede que, bem fundamentada, autorize a oferta imediata da acusação.

JURISPRUDÊNCIA

Informalidade da representação

"A representação, condição de procedibilidade exigida nos crimes de ação penal pública condicionada, prescinde de rigores formais, bastando a inequívoca manifestação de vontade da vítima ou de seu representante legal no sentido de que se promova a responsabilidade penal do agente, como evidenciado, *in casu*, pela submissão das vítimas a exame de corpo de delito, além do depoimento de uma das vítimas perante a autoridade policial, 'deixando clara a culpa do paciente e seu desejo de fazer justiça e do mesmo modo Thalita que se deixou fotografar hospitalizada, demonstrado a natureza das lesões sofridas'" (STJ – RHC n° 36047-MS, Rel. Laurita Vaz, j. 23.04.2013, DJe 30.04.2013).

Na Lei n° 9099/95

"A representação da vítima exigida pelo art. 88 da Lei 9.099/95 não exige fórmula sacramental, sendo suficiente o simples registro da ocorrência perante a autoridade policial. Precedentes" (STJ – RHC n° 10872-SC, Rel. Felix Fischer, RT 795/545).

Representação contra pessoa diversa da que foi denunciada. Irrelevância

"A representação do ofendido, nos crimes para os quais o Código Penal a exige, é ato informal por meio do qual apenas se manifesta a vontade de submeter o acusado à persecução criminal estatal. A indicação neste ato de pessoa distinta da que foi posteriormente denunciada, cuja autoria do delito foi revelada no curso do inquérito policial, não implica na sua irregularidade" (STJ – HC n° 49182-MG, Rel. Maria Thereza de Assis Moura, j. 09.12.2008, DJe 19.12.2008).

Representação não precisa indicar todos os autores do crime

"A representação, no caso, não tem sua validade condicionada a indicação de todos os coautores do crime. Pode o MP agir contra o comparte ou participante que veio a ser conhecido após a apresentação daquela peca pelo ofendido" (STF – Rel. Antonio Neder – RTJ 79/406).

Boletim de ocorrência se presta como verdadeira representação

"O simples **registro de ocorrência** policial pela vítima, bem como as declarações por ela prestadas quando do lavratura do auto de prisão em flagrante, são suficientes para que seja deflagrada ação penal contra a agravante pelo crime de injúria racial, uma vez que demonstram a nítida intenção da ofendida em autorizar a persecução criminal." (STJ – AgRg no HC n. 492.764/MG, relator Ministro Jorge Mussi, Quinta Turma, julgado em 26/2/2019, DJe de 8/3/2019.)

Queixa-crime equivocadamente encaminhada se presta como representação

"Os crimes contra a honra (Capítulo V, Título I, da Parte Especial do Código Penal) são processados mediante ação penal privada, iniciada por **queixa-crime,** nos termos do art. 145 do Código Penal. Neste caso, porém, houve ofensa à honra de funcionário público no exercício das suas funções, o que consubstancia hipótese de legitimidade concorrente, tanto do ofendido quanto do Ministério Público, sendo que a atuação do Parquet condiciona-se à **representação,** nos termos do enunciado n. 714 da Súmula do Supremo Tribunal Federal. A jurisprudência desta Corte firmou-se no sentido de que a **representação** no caso dos crimes de ação penal pública condicionada não exige maiores formalidades, sendo suficiente demonstração inequívoca por parte da vítima no seu interesse em levar adiante a persecução penal." (STJ – RHC n. 113.461/CE, relator Ministro Reynaldo Soares da Fonseca, Quinta Turma, julgado em 25/6/2019, DJe de 7/8/2019.)

Desnecessidade de advogado para formulação da representação

"Cuida-se queixa-crime assinada pelo próprio querelante, que não possui inscrição na OAB, pela suposta prática dos crimes previstos nos arts. 139, 140 c/c 141, III, do CP (difamação e injúria majorada). O propósito recursal consiste em determinar: a) quais os efeitos do oferecimento da queixa-crime pelo próprio ofendido, pessoa não inscrita na OAB; e b) se o defeito da **representação** judicial do querelante foi corrigido oportunamente. Ainda que a legitimidade ativa para a ação **penal** de iniciativa privada pertença ao ofendido, não se dispensa a **representação** por **advogado** regularmente inscrito na OAB, único com **capacidade postulatória** para o ajuizamento da queixa-crime. O ato processual praticado por pessoa que não possua **capacidade postulatória** é considerado inexistente inválido; incapaz, pois, de produzir efeitos em relação à pessoa em cujo nome foi praticado, já que se trata de pressuposto de existência e de validade do processo. O oferecimento da queixa-crime praticado por pessoa sem **capacidade postulatória** - a exemplo da própria vítima, não inscrita na OAB - não é capaz de configurar o exercício do direito de dar início à ação **penal** privada dentro do prazo decadencial previsto para tanto." (STJ – AgRg nos EDcl na APn n. 958/RJ, relatora Ministra Nancy Andrighi, Corte Especial, julgado em 18/11/2020, DJe de 26/11/2020.)

"A jurisprudência do Superior Tribunal de Justiça está fixada no sentido de que a representação é ato que dispensa maiores formalidades, sendo suficiente que a vítima ou quem a represente legalmente apresente manifestação para que os fatos sejam devidamente apurados" (STJ – AgRg no AREsp n. 1.668.091/PR, relatora Ministra Laurita Vaz, Sexta Turma, julgado em 25/8/2020, DJe de 4/9/2020.)

Art. 40. Quando, em autos ou papéis de que conhecerem, os juízes ou tribunais verificarem a existência de crime de ação pública, remeterão ao Ministério Público as cópias e os documentos necessários ao oferecimento da denúncia.

Remessa de ofício pelo juiz – Suponha-se que em um processo-crime, ao proferir a sentença, o juiz se depare com o depoimento de uma testemunha que considerou mentiroso. Poderá, nesse caso, enviar cópia do processado ao Ministério Público, para que este órgão, entendendo ser o caso – pois é óbvio que, na condição de titular exclusivo da ação penal pública, não é obrigado a denunciar –, ofertar acusação pela prática do crime de falso testemunho, previsto no art. 342 do Código Penal. E mesmo se alguma ilegalidade apurar em uma ação cível. Assim, em um pedido de cancelamento de protesto cominado com declaração de inexigibilidade do título, poderá identificar a falsidade do título, enviando documentação ao *parquet* para que adote a medidas legais atinentes à apuração do crime de "falsum". Quando tal verificação se verificar em grau de recurso, a remessa deve ser feita ao Procurador-Geral, que atua em 2° grau de jurisdição.

ATENÇÃO - Ao invés de adotar essa providência, diz o art. 5º, inc. II, que o juiz ou o tribunal pode, desde logo, requisitar a instauração de inquérito policial. Percebíamos cada vez mais forte a tese no sentido de que, em face da atual ordem constitucional, que confere ao Ministério Público a titularidade exclusiva na ação penal pública, não seria mais cabível a requisição do juiz visando a abertura de um inquérito policial. Tal requisição somente se justificaria ao tempo em que o juiz possuía a iniciativa da ação penal, no chamado *procedimento judicialiforme*, previsto no revogado art. 531 do CPP. Nesse esdrúxulo procedimento, o juiz (ou a autoridade policial), baixava uma portaria que se prestava como verdadeira denúncia, cabendo ao mesmo juiz, ao final, julgar o réu que ele antes *denunciara*. Ao juiz, portanto, cabia acusar e julgar a um só tempo. Com a extinção desse procedimento e forte no sistema acusatório, no qual cada papel é perfeitamente definido, tem-se que a medida mais adequada é a prevista no art. 40 do CPP, cumprindo ao juiz remeter a documentação ao Ministério Público para a adoção das medidas cabíveis no âmbito penal, ao invés de agir de ofício.

Impedimento ou suspeição do juiz? – Eventual remessa dos autos ao Ministério Público não configura, mais adiante, o impedimento ou suspeição do juiz para o julgamento da causa, o que pode ocorrer, com frequência, em comarcas que contam com um único Magistrado. Trata-se de simples provocação formulada ao *parquet*, ao contrário da requisição de instauração do inquérito policial, mais incisiva e que pode ensejar suspeita quanto à imparcialidade do julgador. Parece mais prudente, assim, que ao invés de requisitar diretamente a instauração do inquérito, faça antes a remessa dos autos ao Ministério Público, em atitude que demonstra maior equidistância e enfraquece qualquer alegação futura de suspeição ou impedimento.

ATENÇÃO - Percebendo a sistemática acusatória adotada pelo nosso CPP (arts. 129, I, da CF, e 3º-A, do CPP), ganha força a tese em sentido contrário. A intenção é afastar por completo o juiz da instrução da fase anterior. Sua participação, mesmo que indireta na forma do art. 40 do CPP, sugere seu impedimento para julgar.

Somente nos crimes de ação penal pública incondicionada – Observe-se que, embora a lei mencione genericamente os crimes de ação penal pública, essa iniciativa do juiz ou tribunal somente é cabível para os crimes de ação penal pública incondicionada.

Ministério Público atuando como *custos iuris* – A Sexta Turma do STJ, ao interpretar o art. 40 do CPP, fixou o entendimento de que se revela desnecessária a remessa de cópias dos autos ao Ministério Público quando nos autos atuou promotor de Justiça como *custos iuris*. Nesse caso, o *parquet* já teve conhecimento do crime. A Quinta Turma discorda. Entende que a remessa de peças necessárias à aferição de eventual delito ao Ministério Público, ou à autoridade policial, é obrigação do magistrado, não sendo, portanto, ônus do Órgão Ministerial, por se tratar de ato de ofício, imposto pela lei.

JURISPRUDÊNCIA

Remessa de cópias

"A mens legis do art. 40 do CPP consiste em dar ciência ao Ministério Público da eventual existência de crime de ação pública. Logo, revela-se desnecessária a remessa de cópias dos autos ao Órgão Ministerial, que, atuando como custos legis, já teve conhecimento do crime." (STJ – AgInt no REsp n. 1.330.051/RS, relator Ministro Ribeiro Dantas, Quinta Turma, julgado em 26/6/2018, DJe de 1/8/2018.)

Remessa não configura constrangimento ilegal

"Caso em que o Juízo singular determinou a expedição de ofícios ao Ministério Público estadual e à Subseção da Ordem dos Advogados do Brasil estadual, diante da suposta prática do crime de usurpação de função pública pelo advogado do réu em ação penal. Consoante estabelece o art. 40 do Código de Processo Penal, a comunicação ao órgão responsável por inaugurar eventual persecução criminal configura ato de ofício da autoridade judicial, imposto por lei como dever funcional dos magistrados. Tal a circunstância, não há falar em constrangimento ilegal daí decorrente." (STJ – HC n. 374.037/SP, relator Ministro Antonio Saldanha Palheiro, Sexta Turma, julgado em 6/6/2017, DJe de 13/6/2017.)

Não depende do trânsito em julgado

"Inquérito policial – Requisição. Ao perceber que nos autos ou papéis sob seu exame há crime de ação pública, em tese, deve o Juiz tirar cópias e mandar tudo ao Ministério Público ou requisitar Inquérito Policial para a obtenção do que estiver faltando de modo a que a denúncia a ser oferecida possa conter informações suficientes. É providência que não depende do trânsito em julgado da sentença. Recurso conhecido, mas improvido". (STJ – RHC nº 5540-SP, Rel. Edson Vidigal, j. 03.09.1996, DJ 07.10.96, p. 37.650).

Art. 41. A denúncia ou queixa conterá a exposição do fato criminoso, com todas as suas circunstâncias, a qualificação do acusado ou esclarecimentos pelos quais se possa identificá-lo, a classificação do crime e, quando necessário, o rol das testemunhas.

Introdução – Denúncia e queixa importam na exposição de um fato criminoso, formulada a primeira pelo Ministério Público e, a segunda, pelo ofendido (ou quem tenha capacidade para representá-lo), nas quais se pede ao Estado-Juiz que declare o acusado como incurso em determinado dispositivo penal.

Características – Ambas (denúncia e queixa) importam em uma narrativa do fato, com todas suas circunstâncias e características, devendo apontar, objetivamente, o fato delituoso em si, bem "como a pessoa que o praticou (*quis*), os meios que empregos (*quibus auxiliis*), o mal que produziu (*quid*), os motivos que o determinaram a isso (*cur*), a maneira porque o praticou (*quo modo*), o lugar onde o praticou (*quando*)", na lição de Borges da Rosa (ob. cit., p. 128).

Exposição do fato – Sabendo-se que o acusado se defende dos fatos contidos na inicial (e não da qualificação legal a eles atribuída), a precisa exposição do ocorrido mostra-se fundamental, na medida em que propicia, ao réu ou querelado, o mais amplo exercício de sua ampla defesa. Ademais, somente por meio dessa narrativa, poderá o juiz avaliar, desde logo e ainda que sem maior profundidade, se o fato constitui crime, cabendo, caso não o seja, a rejeição "in limine" da denúncia ou queixa, por falta de justa causa para o exercício da ação penal (art. 395, inc. III do código).

A narrativa nem deve ser extremamente sintética e, tampouco, caudalosa em citações enfadonhas e desnecessárias. Deve buscar o meio termo adequado que permita a exposição dos fatos com clareza e sem prejuízo à defesa do acusado.

Data do crime – O ideal – e, na prática, quase sempre é assim – é que da inicial conste a data e o local dos fatos. Quer para facilitar a instrução em juízo, quando do interrogatório do réu e oitiva das testemunhas, quer por se tratarem de dados valiosos, considerados quando da análise de eventual prescrição ou decadência. Nem sempre, contudo, é possível a indicação correta da data, como, por exemplo, em crimes contra a liberdade sexual, cometidos contra vítima de tenra idade, na clandestinidade e de forma continuada.

Local dos fatos – Por vezes também o correto local dos fatos não vem perfeitamente indicado nos autos de investigação. Omissões desses dados, quando impossível sua obtenção, são configuradores de mera irregularidade, conforme jurisprudência de nossos tribunais superiores.

Qualificação do acusado – É intuitivo que o autor da denúncia ou da queixa-crime, ao ofertar a acusação em juízo, o faça indicando a correta qualificação do denunciado ou querelado. A forma mais eficaz de designação de uma pessoa ocorre quando indicado seu nome. E assim se sucede na imensa maioria das vezes, desconhecendo nossa prática de promotores de justiça algum caso em que da acusação não constou esse dado qualificativo.

Mas, em tese, é possível que da inicial não conste o nome completo do acusado, conforme ressalvado na parte final deste dispositivo. Aliás, o art. 259 do código determina que "a impossibilidade de identificação do acusado com o seu verdadeiro nome ou outros qualificativos não retardará a ação penal, quando certa a identidade física". Já o revogado art. 363, inc. II, permitia a citação por edital quando incerta a pessoa a ser citada. De modo que é possível que a denúncia ou queixa, em que pese não indicarem o nome do acusado, façam referência a algumas características, notadamente físicas, que permitam sua individualização. Assim, alusões ao codinome ou prenome do acusado, ao sexo, à sua altura, sua cor de pele, a tatuagens que possui, ao endereço onde possa ser encontrado, se constituem em esclarecimentos que, segundo a lei, permitem sua identificação.

CPF do denunciado ou do querelado e o Provimento 61/2017 do CNJ – O Provimento CNJ n. 61/2017, em seu artigo 1º, estabelece a obrigatoriedade de informação do número do CPF e dos dados necessários à completa qualificação das partes nos feitos distribuídos ao Poder Judiciário. Deve o Ministério Público (na denúncia) e o querelante (na queixa) providenciar o número do CPF de denunciado ou querelado, caso ausente essa informação no inquérito? Entendemos que não. A obrigação anunciada no provimento é atribuída aos cartórios distribuidores privados ou estatizados do fórum em geral, conforme expressamente prevê o seu parágrafo único. E para reforçar a quem incumbe as obrigações constantes no Provimento, o seu artigo 7º prevê que "As corregedorias de justiça dos Estados e do Distrito Federal orientarão e fiscalizarão o cumprimento do presente provimento pelos órgãos judiciais e pelos serviços extrajudiciais". Certamente, porque ato administrativo de órgão superior do Poder Judiciário não poderia obrigar o Ministério Público, ainda mais contrariando dispositivos expressos do Código de Processo Penal. Não se ignora que o Provimento, em seus considerandos, faz referência ao artigo 15 da Lei 11.419, de 19 de dezembro de 2006, que "dispõe sobre a informatização do processo judicial; altera a Lei n. 5.869, e 11 de janeiro de 1973 – Código de Processo Civil; e dá outras providências". Estabelece o *caput* do citado dispositivo legal que: "Salvo impossibilidade que comprometa o acesso à justiça, a parte deverá informar, ao distribuir a petição inicial de qualquer ação judicial, o número no cadastro de pessoas físicas ou jurídicas, conforme o caso, perante a Secretaria da Receita Federal" (grifamos). O parágrafo único, do supracitado dispositivo legal determina que: "Da mesma forma, as peças de acusação criminais deverão ser instruídas pelos membros do Ministério Público ou pelas autoridades policiais com os números de registros dos acusados no Instituto Nacional de Identificação do Ministério da Justiça, se houver" (grifamos).

Portanto, não há exigência legal para que o Ministério Público indique o número do CPF do acusado na denúncia, se houver, no mínimo, esclarecimentos pelos quais se possa identifica-lo. E mesmo que houvesse tal exigência, o próprio Provimento permite que, sendo desconhecidas as informações mencionadas em seu artigo 2º, inclusive o número do CPF e a obtenção das informações tornar impossível ou excessivamente oneroso o acesso à Justiça, o juiz da causa poderá realizar diligências necessárias à obtenção, não podendo ser indeferido o pedido inicial. Nesse sentido, o artigo 5º do Provimento determina que os juízes poderão "utilizar-se da Central Nacional de Informações de Registro Civil (CRC Nacional), bem como poderão solicitar informações à Receita Federal do Brasil e ao Tribunal Superior Eleitoral para dar fiel cumprimento ao presente provimento".

Classificação do crime – "Classificar o crime" consiste em indicar o artigo da lei penal no qual incurso o acusado. Embora, na prática, todas as denúncias ou queixas-crimes indiquem o dispositivo em tese violado, pensamos que não se trate de requisito essencial da peça acusatória, de maneira que, sua omissão, não gera nulidade. É que, como dito antes, o réu se defende dos fatos descritos na acusação e não da classificação jurídica a eles atribuída. De sorte que, se ao cabo do processo, o juiz reconhecer a inexatidão da qualificação contida na inicial – ou mesmo sua falta – caberá a ele indicar a classificação correta e não absolver o réu. Afinal, do Direito cuidará o juiz (*jura novit curia*), cumprindo que os fatos sejam narrados para que ele os julgue (*mihi factum, dabo tibi jus*).

Demais disso, ao juiz será sempre dada a possibilidade de corrigir a acusação, atribuindo ao fato a definição jurídica que entender correta, como previsto no art. 383 do código, que trata da *emendatio libelli*. Soma-se a isso que, por vezes, a correta qualificação do crime somente pode ser obtida após a produção da prova em juízo, a partir, portanto, de um quadro mais nítido e amplo. Não estamos a aconselhar que se deixe de apontar o dispositivo penal violado. A lei assim o recomenda e a prática é maciça nesse sentido. Apenas destacamos que a ausência de capitulação ou a classificação equivocada, não induz à nulidade da peça acusatória.

Rol de testemunhas – Há crimes cuja autoria e materialidade se demonstra por meio de prova pericial ou documental, sendo prescindível, nesses casos, a indicação de testemunhas na acusação. Na maioria das vezes, porém, não é assim. Ou seja, os fatos narrados na denúncia ou queixa dependerão de prova testemunhal, razão pela qual o rol das pessoas a serem ouvidas deve constar da inicial.

O objetivo da lei, ao prever que a parte adversa tenha conhecimento, de antemão, das testemunhas arroladas na acusação, é de permitir o exercício da contradita prevista no art. 214 do código. Além disso, há uma questão de ordem prática a ser observada, já que importaria em inegável inconveniente obrigar a serventia a buscar nos autos de inquérito policial (ou de outra peça de informação), as testemunhas que seriam ouvidas em juízo.

A ausência desse rol, porém, não dá causa à rejeição da denúncia ou queixa, pois seu autor pode considerar desnecessária a produção da prova testemunhal. Sucede que, se ao término da instrução criminal, restar demonstrado que os fatos trazidos com o exórdio dependiam da comprovação por meio de testemunhas, que não foram ouvidas por omissão da parte que não as arrolou, a absolvição será inevitável, em face da regra contida no art. 156 do código, que atribui o ônus da prova a quem alega. Ressalte-se, ainda, que é a oferta da denúncia ou queixa o momento oportuno para que se arrolem as testemunhas, sob pena de preclusão dessa faculdade, que não poderá ser exercida.

ATENÇÃO – A 5ª Turma do Superior Tribunal de Justiça, pelo novo Código de Processo Civil (art. 321), permitiu que, no processo penal, a acusação emende a inicial já ofertada – e recebida – para nela inserir o rol de testemunhas. De sorte que **"**a intimação do Ministério Público para que indique as provas que pretende produzir em Juízo e a juntada do rol de testemunhas pela acusação, após a apresentação da denúncia, mas antes da formação da relação processual, não são causas, por si sós, de nulidade absoluta [...] ainda que o Parquet não tivesse indicado nenhuma testemunha, o juiz, nos termos do art. 209 do CPP, poderia determinar, a qualquer momento do processo, a oitiva daquelas que julgasse necessárias.**"**(RHC n. 37-SC – Rel. Reynaldo Soares da Fonseca, j. 16.02.2016, DJe 22.02.2016). Em sentido contrário, também do *Tribunal da Cidadania*: RHC n. 45.921-SP (DJe 29/5/2015). "Conquanto possa o magistrado *complementar* a atividade probatória, é extreme de dúvidas que, no sistema acusatório, ainda que temperado, trata-se de atividade eminentemente a cargo das partes. Caso contrário, confundir-se-iam as figuras do acusador e do julgador, desequilibrando-se os pratos da balança. Ora, o Estado precisa de uma outra instituição, o *Parquet*, justamente para que o juiz permaneça equidistante das partes [...] Portanto, entendo que houve, sim, na espécie, a preclusão para o requerimento de produção de provas, no atinente ao Ministério Público. Não é possível, convenhamos, que o *Parquet*, após a concretização de ato jurídico perfeito, *o oferecimento da denúncia*, tenha uma segunda chance, passando-se por cima do fenômeno processual *preclusão* [...] O juiz cumpre papel fundamental na cristalização das garantias constitucionais. Logo, ele deve ser o principal patrocinador do devido processo legal, e, nunca, arvorar-se na condição altiva de sumo destinatário da prova, como se não houvesse algo muito maior do que ele, a Justiça, à qual deve prestar, sempre e sempre, reverência" (RHC n. 45.921-SP – Rel. Maria Thereza de Assis Moura, DJe 29.05.2015).

Outros requisitos – Além dos requisitos elencados no dispositivo em exame, outros podem ser lembrados, extraídos de artigos do código e mesmo da legislação extravagante. São abaixo relacionados.

Idioma – O português é a língua oficial do Brasil, segundo expresso preceito constitucional (art. 13 da Carta), e, por consequência, este deve ser o idioma utilizado na denúncia ou queixa. Por curiosidade histórica, já em 1757, ao tempo do Brasil colônia, o Marquês de Pombal, por meio da Lei do Diretório, impôs seu emprego em todo país, proibindo o uso do tupi, então corriqueiro entre nós.

Representação – Cuidando-se de denúncia ofertada em um crime de ação penal que se condiciona à prévia representação da vítima, por óbvio que a denúncia deve vir acompanhada dessa representação que, se ausente, gera nulidade (art. 564, inc. III, "e").

Pedido de condenação – A rigor, deveria se exigir que toda denúncia ou queixa contivesse um pedido de condenação. Ambas, com efeito, se constituem em uma petição formulada ao juiz, das quais, por isso mesmo, se espera um pedido determinado, de condenação, pouco importando se, ao final, com a prova dos autos, será o acusado condenado ou absolvido. Entende-se, porém, que a acusação, uma vez formalizada, manifeste consigo, ainda que implicitamente, uma pretensão no sentido de que seja o réu (ou querelado) condenado, razão pela qual a inexistência de um pedido expresso de condenação não a torna inepta.

Data – Recomenda-se que, ao final da peça acusatória, da denúncia ou queixa, conste a data de sua elaboração. Não se trata, porém, de elemento essencial, posto que, na falta de indicação da data, o dia em que protocolada a inicial a indicará. Eventual omissão, portanto, configura mera irregularidade, sobretudo por se tratar de equívoco facilmente sanável, antes da sentença, nos termos do art. 569 do código.

Assinatura – Deve constar da inicial (denúncia ou queixa), a assinatura do responsável pela elaboração da peça. Quando apócrifa, constitui verdadeiro ato inexiste, um não ato. A despeito disso, a jurisprudência tem amenizado o rigor dessa observação, valorizando mais o conteúdo em detrimento da forma, razão pela qual, verificado o esquecimento em assinar a peça, mas desde que não paire qualquer dúvida a respeito da autoria da acusação, essa falha constituiria mera irregularidade, incapaz, por isso, de ensejar a nulidade do processo. De se ver, ademais, que essa omissão em nada compromete o direito de defesa do acusado. É o que se vê da jurisprudência do Superior Tribunal de Justiça abaixo transcrita.

Crime de ação múltipla – Considera-se crime de ação múltipla aquele cujo tipo penal prevê várias condutas, sendo que a prática de mais de uma delas, no mesmo contexto fático, configura apenas um delito. O exemplo clássico é o delito do art. 33 da lei de drogas (Lei n. 11.343/2006), que define praticar o tráfico quem "importar, exportar, remeter, preparar, produzir, fabricar, adquirir, vender, expor à venda, oferecer, ter em depósito, transportar, trazer consigo, guardar, prescrever, ministrar, entregar a consumo ou fornecer drogas, ainda que gratuitamente, sem autorização ou em desacordo com determinação legal ou regulamentar". Caso o agente produza e exporte a droga, apesar de incorrer em dois dos verbos previstos no tipo penal, responderá pela prática de apenas um delito. Não basta, nesse caso, que a denúncia indique, de forma genérica, o acusado como autor de tráfico de drogas, mas, antes, que aponte em quais das condutas ele se acha inserido, tudo de forma a preservar o direito de ampla defesa. A descrição da pluralidade de condutas, apesar de não desnaturar a unidade do crime, é de suma importância para orientar o juiz na fixação da pena-base (art. 59 do CP).

Crimes culposos – Perpetrado um crime culposo, deve a denúncia indicar – e justificar – em qual das modalidades de culpa (imprudência, negligência ou imperícia) incorreu o acusado. O raciocínio é o mesmo indicado no item acima. A mera alusão genérica à culpa poderia acarretar sérios danos ao direito de defesa do réu, razão pela qual se exige a perfeita indicação de sua modalidade.

Crimes de norma penal em branco – Consideram-se aqueles delitos cujo tipo descreve uma conduta de forma genérica, exigindo-se uma complementação a ser encontrada em outras normas, de cunho, regra geral, penais e administrativos. Um exemplo é o crime previsto no art. 269 do Código Penal ("deixar o médico de denunciar à autoridade pública doença cuja notificação é compulsória"). A "doença de notificação compulsória", nos termos do art. 7º, inc. II da Lei n. 6.259/1975, será assim considerada aquela que constar "de relação elaborada pelo Ministério da Saúde, para cada Unidade da Federação, a ser atualizada periodicamente". Da denúncia, nesses casos, não se exige a indicação da norma complementar, mas apenas ao tipo penal genérico em que incurso o acusado. Nesse sentido, decidiu o Superior Tribunal de Justiça: "Na hipótese de denúncia pela prática de crime fundado em norma penal em branco, como os previstos nos arts. 15 e 16 da Lei n. 7.802/1989 – aplicação de agrotóxicos, sem o uso de medidas de proteção ao meio ambiente -, não é de rigor a indicação da norma complementar integrativa do tipo penal, bastando a descrição da conduta nela vedada" (RSTJ 30/483).

Imputação genérica e crimes societários – Questão tormentosa diz respeito aos chamados "crimes societários", assim considerados aqueles perpetrados por sócios, diretores, gerentes, etc., de pessoas jurídicas. É dizer: como compatibilizar o disposto no art. 41 do código, a exigir a exposição do fato criminoso e a vinculação do acusado com sua prática e uma denúncia genérica, que não individualiza a conduta de cada um dos denunciados?

O tema é polêmico e não mereceu, até o momento, um trato uniforme pela jurisprudência de nossos Tribunais Superiores.

A tendência que parece se estabelecer é no sentido de um certo abrandamento quanto à observância do dispositivo em exame, de forma que, verificado um mínimo de prova, capaz de, ainda que indiciariamente, ligar o acusado ao fato criminoso, é de se receber a denúncia. Ao contrário, se nenhum elemento de prova foi colhido, o simples fato de o denunciado exercer alguma função na empresa, não induz, automaticamente, à sua responsabilidade penal.

Suponha-se a situação – que é bastante corriqueira – de um processo onde se apura o crime de sonegação fiscal, cuja sociedade é constituída por marido e mulher. Essa condição da mulher, de sócia da empresa, revela-se *pro forma*, eis que jamais trabalhou no negócio, não exerce nenhuma função de gerência que, ao contrário, é atribuída exclusivamente ao marido. Testemunhas ouvidas confirmam que a mulher raramente comparecia à empresa, enquanto o marido, este sim, sempre esteve à frente dos negócios. Em tal situação, eventual oferta de denúncia contra a mulher, pelo simples fato de figurar como sócia da empresa, se mostra descabida, configurando mesmo uma responsabilidade penal objetiva, repudiada por nosso sistema.

Sucede, de outra parte, que nessa espécie de crime, dada sua natureza e modo de operação, é por vezes quase que impossível reclamar-se da denúncia a descrição, com minúcias, da conduta de cada um dos envolvidos. Perpetrados, via de regra, de maneira astuta e sofisticada, no âmbito interno das corporações, a exigência de tal grau de individualização importaria na quase impossibilidade em se ofertar uma acusação, culminando mesmo com a absoluta impunidade de seus agentes.

Parece-nos, assim, que a análise sobre a viabilidade da denúncia deva ser realizada caso a caso, sem que se possa estabelecer, de antemão, uma regra geral. Cumpre, assim, a investigação dos elementos de prova até então existentes (inquérito policial, expedientes enviados pelo Fisco, etc.), a fim de se apurar a existência, no caso concreto, de um mínimo de lastro probatório capaz de estabelecer um liame entre a prática delituosa e a conduta do agente. Existente esse mínimo exigível, deve ser recepcionada a denúncia, a fim de que, de forma mais detalhada e a partir da instrução probatória produzida em Juízo, se possa apurar a responsabilidade individual de cada um dos acusados. Ao revés, se os elementos que pretendiam dar suporte à acusação mostrarem-se frágeis ou denotarem mesmo que um ou alguns dos envolvidos não tiveram qualquer participação na prática do delito, o caminho será a rejeição da denúncia.

Imputação alternativa – Segundo Afranio Silva Jardim, "diz-se alternativa a imputação quando a peça acusatória vestibular atribui ao réu mais de uma conduta penalmente relevante, asseverando que apenas uma delas efetivamente terá sido praticada pelo imputado, embora todas se apresentem como prováveis, em face da prova do inquérito. Desta forma, fica expresso, na denúncia ou queixa, que a pretensão punitiva se lastreia nesta *ou* naquela ação narrada" (ob. cit., p. 153). A esta espécie ele denomina *imputação alternativa objetiva.* O mesmo autor ressalta, em acréscimo, que essa espécie de denúncia ocorre, também, quando a alternatividade se verifica em relação ao sujeito ativo da infração penal, isto é, quando há dúvida a respeito do agente, apontando a denúncia que o crime foi cometido por A *ou* B. Exemplifica a situação na qual dois indiciados se acusam reciprocamente, sem que a prova obtida no inquérito indique num ou noutro sentido. Nada impede, segundo o mencionado autor, que seja denunciado um *ou* outro, "propondo-se o Ministério Público a provar, na instrução processual, que um dos denunciados merece a condenação pedida" (ob. cit., p. 156). Nesse caso, se verifica a chamada *imputação alternativa subjetiva.*

A partir de tais ensinamentos, definimos a denúncia alternativa como sendo aquela na qual se imputa ao acusado duas ou mais condutas criminosas, sendo que apenas uma ocorreu ou, ainda, quando, havendo dúvida quanto à autoria, ela é atribuída a apenas um dos denunciados, cumprindo à instrução probatória revelar qual deles, efetivamente, é o autor do delito.

Fortes no magistério de Afranio Silva Jardim, autor que, entre nós, melhor se debruçou sobre o tema, cremos que se deva admitir a *imputação alternativa objetiva*, desde que os fatos imputados alternativamente sejam certos e bem determinados, de modo a não prejudicar o exercício, pelo réu, do mais amplo direito de defesa. Já no que tange à *imputação alternativa subjetiva*, pelo menos na forma que a define o conceituado autor, pensamos ser inviável sua admissão. É que, havendo dúvida quanto à autoria do delito, não nos parece razoável que, de forma quase que aleatória, o Ministério Público denuncie um dos supostos autores para somente depois, ao cabo da instrução probatória, se defina quem, efetivamente, cometeu o crime. Nesse sentido, suponha-se que A tenha sido o denunciado, mas que a prova demonstre que o crime foi perpetrado por B. Não caberá, por óbvio, a condenação deste último, que nem réu foi no processo, a quem, portanto, não se deu a oportunidade de defesa.

Imputação alternativa originária – É a que se verifica já na peça acusatória, na forma explicada no item acima.

Imputação alternativa superveniente – Trata-se daquela que ocorre no transcurso do processo, após o encerramento da instrução probatória, quando o surgimento de novos fatos admite o aditamento à denúncia, previsto no art. 384 do código, que trata da chamada *mutatio libelli.*

Denúncia não pode ser fundamentada exclusivamente em colaboração premiada – O STJ, no HC 98.062/PR, deu provimento a recurso para trancar ação penal ajuizada com lastro exclusivo em colaboração premiada promovida por um dos agentes. De acordo com o entendimento da Corte, a denúncia-crime não pode ser fundamentada exclusivamente em colaboração premiada. No caso julgado, o colaborador relatou ter tomado conhecimento de que o recorrente, que exercia a profissão de contador em uma empresa cujos representantes legais estavam sendo processados, havia participado de acordo que envolvia o pagamento de vantagens indevidas a um grupo de fiscais tributários. Em acórdão relativo a habeas corpus que havia sido impetrado em segunda instância - mas cuja ordem foi denegada - destacou-se que a denúncia se lastreava "em indícios de autoria e materialidade colhidas em sede de investigação preliminar", especialmente nas declarações do colaborador. Mas o STJ considerou tais elementos insuficientes para dar suporte à ação penal. Segundo o ministro Rogério Schietti Cruz, "sendo a colaboração mero meio de obtenção de prova, forçoso constatar que o termo do acordo de colaboração premiada - ao consignar que 'o declarante [colaborador] soube desse acordo [pagamento de vantagem indevida pelo peticionante ao fiscal Divaldo de Andrade] porque à época o empresário ficou muito descontente e chegou a comentar para algumas pessoas na Receita que tinha feito esse acordo' - não tem como atribuir ao peticionário, pessoa física que atua como contador da empresa, responsabilidade penal decorrente, exclusivamente, de testemunho indireto (por ouvir dizer) como prova idônea, de per si, para imputar ao peticionário a prática de corrupção ativa".

Com a redação conferida pela Lei 13.964/2019, o §16 do art. 4º da Lei 12.850/13 seguiu a jurisprudência citada, proclamando que, para embasar uma medida cautelar, o recebimento de denúncia e uma condenação, exige-se outras provas além daquela consistente nas palavras do agente colaborador. É dizer: se tal declaração se mostrar isolada, sem conforto em alguma outra prova, ela não se prestará, por si só, para justificar aquelas decisões. Trata-se da chamada regra de corroboração.

Inicialmente cumpre anotar que a regra de corroboração, sobretudo para eventual sentença condenatória, é salutar para impedir o efeito acomodativo das autoridades investigantes, que dar-se-iam por satisfeitas com aquele único meio de prova, bem como para impedir oportunistas declarações falsas, que permaneceriam processualmente incontroversas. Essa é a maior razão para a exigência da corroboração, qual seja, necessidade de quebra da suspeita e falta de credibilidade de um depoimento isolado, o que somente ocorre quando a versão em dado sentido transcende as meras declarações do agente colaborador. Na verdade, a disposição harmoniza-se com o entendimento de que a colaboração premiada não é meio de prova, mas verdadeiro instrumento de obtenção de dados e subsídios informativos. Cumpre, portanto, analisá-la no bojo do conjunto probatório, sopesando seu valor frente aos demais elementos probantes, autorizando-se, a partir daí e se for o caso, uma condenação. A regra da corroboração implica, assim, na necessidade de o relato do colaborador ser confirmada por outras provas colhidas nos autos, que o confirme objetivamente. Sistemática semelhante fora do âmbito processual penal, que na prática implica uma espécie de regra legal de tarifação da prova, está prevista no parágrafo único do art. 227 do Código Civil e inciso II do art. 443 do CPC. Esse tipo de disposição implica o dever de o acervo probatório ser composto por outros elementos que confirmem o relato do colaborador. Assim, se o depoimento menciona uma operação bancária, ganhará plena confiabilidade se forem providenciados seus extratos ou comprovantes. Com esta prova auxiliar e confirmatória, o conjunto instrutório poderá alcançar *standart* em nível de convicção suficiente para uma condenação. Observe-se, por fim, que a regra da corroboração só é necessária para eventuais decisões definitivas condenatórias, de modo que decisões cautelares e/ou de cognição sumária/superficial podem ser fundamentadas apenas em relatos e depoimentos do colaborador, hipótese que deve ser bem aquilatada na proporção entre gravidade da medida e viabilidade do caso.

Importa destacar ainda que não podem ser consideradas provas corroborativas meras anotações individuais feitas pelo colaborador, como aliás, já decidiu o STJ: "As palavras do colaborador, embora sejam suficientes para o início da investigação preliminar, não constituem motivo idôneo autônomo para fundamentar o recebimento da peça acusatória. Ademais, os documentos produzidos unilateralmente pelo colaborador não têm o valor probatório de elementos de corroboração externos, visto que a colaboração premiada é apenas meio de obtenção de prova" (AgRg no RHC 124867/PR. Rel. Min. Felix Fischer. 5ª T. j. 18/08/2020. DJe 04/09/2020).

Observe-se, todavia, que, inadvertidamente, a alteração promovida pela Lei 13.964/2019 exige a corroboração das declarações do colaborador para diferentes tipos de decisões judiciais, premidas por standard probatórios diferentes. Se a corroboração é salutar para o proferimento de uma decisão condenatória, e disso não há como discordar, no tocante às decisões que decretam medidas cautelares ou que recebem uma denúncia ou queixa, ela deve ser compatibilizada com os graus de exigência probatória que as autorizam.

Isso porque, como se sabe, as decisões proferidas nas diferentes etapas da persecução penal são premidas por diferentes graus de exigência probatória. Assim que, para uma decisão cautelar, entende-se como exigível um standard probatório inicial suficientemente apto a demonstrar a aparência de uma infração penal e idôneo para um juízo de cognição precário e sumário. A fase de recebimento da inicial acusatória é informada por um necessário grau intermediário de provas, capaz de indicar a prova da existência do crime e suficientes para uma "probabilidade de condenação" (STF, Inq. 3994, Rel. Min. Dias Toffoli). Por fim, na fase final decisória, exige-se um elevado grau de provas, capazes de compor um acervo para além de uma dúvida razoável, valorado de acordo com as dificuldades probatórias do caso concreto e, também, em função do delito praticado.

Doravante, com a nova redação do § 16 do art. 4º, entendemos que a corroboração, exigida nessas etapas processuais, deve obedecer a proporcional gradação probatória ínsita a cada uma dessas decisões.

O valor probatório da declaração do delator a partir do teorema de Bayes - Diferentemente do que o ocorre com a confissão pura e simples, na Lei 12.850/2013, a confissão do colaborador, à luz da chamada teoria de Bayes, tem maior credibilidade lógica. Isso porque essa confissão é regida por algumas características capazes de elevar o seu comprometimento a um nível superior, por exemplo, à de uma mera delação de corréu. Isso acontece notadamente porque o desvendamento da mentira ou a retratação da versão pelo colaborador acarretam a rescisão do acordo, com o aproveitamento das provas produzidas para o processo, perda dos prêmios negociados e a caracterização da infração penal prevista no art. 19 da Lei 12.850/2013.

Essas sérias consequências legais, suficientemente desestimulantes à falsidade, servem para emprestar maior credibilidade à colaboração e assim, consequentemente, servem para a deflagração de outras diligências investigativas aptas a corroborá-las. E é neste instante que ocorre um efeito de retroalimentação da credibilidade do depoimento do Colaborador. Na medida em que aquela informação serve de fonte para outras provas, e na medida em que essas investigações comprovam a veracidade das informações inicialmente prestadas, consolida-se no processo a veracidade da confissão do colaborador. Essas novas evidências, fruto da colaboração anterior, são capazes de elevar a um nível adicional a crença na confissão original, agora duplamente validada face a incidência do chamado teorema de Bayes, teoria que serve para análise da evidência baseada no aumento da probabilidade de sua veracidade.

Robert Matthews (As leis do acaso. Como a probabilidade pode nos ajudar a compreender a incerteza. Tradução: George Schlesinger. ed. Zahar. 2017. p. 151) ensina que o aumento de uma hipótese é tanto maior quanto corresponder a obtenção de novas evidências que confirmam a hipótese inicial, o que encontra amparo no teorema de Bayes que mostra como as chances de uma crença num argumento inicial aumentam devido à incidência de uma nova evidência.

Dada a metodologia para aferição da credibilidade que ela produz na valoração da prova, a teoria acima vem sendo empregada largamente nos Estado Unidos para rever condenações judiciais por meras evidências que não passam pela análise Bayesiana. Estima-se que o "Innocence Project", criado em 1992 na Escola de Direito Cardozo, de Nova York, para reexaminar aparentes erros da Justiça, já tenha inocentado cerca de trezentas pessoas de crimes sérios pelos quais foram indevidamente condenadas mediante, unicamente, confissões falsas.

A confiança em um depoimento, segundo o critério Bayes, deve ser obtida quando a chance de obtenção de uma confissão do culpado é maior que a chance de obtenção uma confissão de um inocente, o que demanda análise, além do tipo de crime envolvido no caso, a racionalidade decisória e as sucessivas evidências colhidas no caso. Assim, por exemplo, membros da máfia italiana ou de organizações terroristas são menos propensos a confessar e delatar ex-comparsas diante das regras o omertá, de modo que essas confissões, para receberem maior credibilidade, reclamam um ônus argumentativo e um reforço de evidências maior do que, por exemplo, confissões de agentes acusados de crimes empresariais e de corrupção, já que permeados por agentes que costumam pautar suas ações pela análise racional predominantemente financeira dos resultados.

O teorema de Bayes pode ser uma ferramenta útil para o descarte de confissões e colaborações premiadas fantasiosas, motivadas exclusivamente pela obtenção dos prêmios previstos na lei, pelo que o seu estudo, tal qual já vem ocorrendo em outros países, merece mais atenção em nosso país.

Corroboração cruzada ou recíproca ou mutual corroboration - o elemento corroborativo de uma colaboração premiada não pode ser outra colaboração premiada, ainda que ambas sejam unívocas e convergentes. O elemento corroborativo necessariamente deve advir de uma fonte externa, capaz de demonstrar a credibilidade objetiva do fato delatado. Neste sentido é a posição do Supremo Tribunal Federal: "Registre-se, de outro lado, por necessário, que o Estado não poderá utilizar-se da denominada 'corroboração recíproca ou cruzada', ou seja, também não poderá impor condenação ao réu pelo fato de contra este existir, unicamente, depoimento de agente colaborador que tenha sido confirmado, tão somente, por outros delatores, [...]. [...] Pareceu-me relevante destacar os aspectos que venho de referir, pois, embora os elementos de informação prestados pelo agente colaborador possam justificar a válida formulação de acusação penal, não podem, contudo, legitimar decreto de condenação criminal, eis que incumbe ao Ministério Público o ônus substancial da prova concernente à autoria e à materialidade do fato delituoso" (STF. Inq. 3.979 -DF. Rel. Min. Teori Zavascki).

Abuso de autoridade – Pune-se no art. 30 da Lei 13.869/19 *dar início ou proceder à persecução penal, civil ou administrativa sem justa causa fundamentada ou contra quem sabe inocente*. Trata-se de conduta mais ampla do que aquela tipificada no art. 339 do CP (denunciação caluniosa):

Art. 339 do CP (redação dada pela Lei 14.110/20)	Art. 30 da Lei 13.869/2019
Art. 339. Dar causa à instauração de inquérito policial, de procedimento investigatório criminal, de processo judicial, de processo administrativo disciplinar, de inquérito civil ou de ação de improbidade administrativa contra alguém, imputando-lhe crime, infração ético-disciplinar ou ato ímprobo de que o sabe inocente: Pena - reclusão, de dois a oito anos, e multa. § 1º - A pena é aumentada de sexta parte, se o agente se serve de anonimato ou de nome suposto. § 2º - A pena é diminuída de metade, se a imputação é de prática de contravenção.	Art. 30. Dar início ou proceder à persecução penal, civil ou administrativa sem justa causa fundamentada ou contra quem sabe inocente: Pena – detenção, de 1 (um) a 4 (quatro) anos, e multa.

Reparem que na denunciação caluniosa (art. 339 CP) exige-se que o fato imputado ao inocente, mesmo em procedimento extrapenal, seja criminoso ou contravencional. Já no art. 30 da Lei de Abuso de Autoridade não existe essa exigência, contentando-se com a instauração sem justa causa ou contra pessoa que sabe inocente, pouco importando a natureza do fato imputado. Parece, portanto, que, com relação aos agentes ou autoridades responsáveis pelo início ou continuidade da persecução penal, aplica-se, a partir da vigência da novel Lei 13.869/19, o seu art. 30 (e não mais o art. 339 do CP).

Justa causa – Mas o que se entende por "justa causa", elementar do art. 30 da Lei de Abuso de Autoridade? Chama a atenção a amplitude da expressão, sobretudo quando utilizada como fundamento para impetração de habeas corpus (art. 648, inc. I do CPP), dificultando uma conceituação mais precisa de seu alcance. Alguns autores sustentam mesmo a inconveniência de se buscar uma definição precisa para tal expressão. Assim, Ary Azevedo Franco, no sentido de que justa causa "não pode ser definida em maneira absoluta, ficando à apreciação do Juiz os motivos que determinaram a prisão, ou a sua iminência" (Código de Processo Penal, 7. ed. Rio de Janeiro: Forense, 1960, vol. 2, p. 298). Outros se arriscam na tarefa. Com efeito, para Bento de Faria, faltará justa causa "se o ato de que se queixa o cidadão ou não tem a sanção da lei ou não satisfaz os seus requisitos" (Código de Processo Penal, Rio de Janeiro: Ed. J. Ribeiro dos Santos, 1942, v. 2, p. 372). Para Oliveira Machado, não há justa causa todas as vezes que a prisão não repousar em um fato provado sumária ou concludentemente, de onde resulte criminalidade ou justificação para detenção do paciente, conforme citação feita por Espínola Filho, que completa: "assim, na verdade, o que basta é verificar-se, para a coação, a existência de um fato, ao qual, por lei, se possa atribuir a virtude de justificá-la" (Código de Processo Penal Brasileiro Anotado, vol. VII, Rio de Janeiro: Ed. Borsoi, 1965, p. 163). Essa indisfarçável imprecisão do elemento típico é incompatível com normas incriminadoras, razão pela qual o dispositivo em comento é de duvidosa constitucionalidade.

Sobre a distinção entre queixa-crime e *notitia criminis*, v. art. 30 acima

JURISPRUDÊNCIA

Requisitos da denúncia

a) falta de menção à data dos fatos. Mera irregularidade

"Na hipótese, a inicial acusatória preenche os requisitos exigidos pelo art. 41 do CPP, porquanto descreve que a conduta atribuída ao ora paciente, o que viabiliza a persecução penal e o exercício da ampla defesa e do contraditório. Deveras, ainda que não tenham sido precisamente indicadas as datas dos crimes, foi delimitado o período no qual as condutas teriam sido praticadas, sendo certo que os atos lascivos imputados ao réu foram descritos na denúncia." (STJ – HC n. 364.713/CE, relator Ministro Ribeiro Dantas, Quinta Turma, julgado em 27/6/2017, DJe de 1/8/2017.)

b) omissão ou erro no nome do acusado (v. art. 259 abaixo)

"A impossibilidade de identificação do acusado com o seu verdadeiro nome ou outros qualificativos não retardará a ação penal, quando certa a identidade física. A qualquer tempo, no curso do processo, do julgamento ou da execução da sentença, se for descoberta a sua qualificação, far-se-á a retificação, por termo, nos autos, sem prejuízo da validade dos atos precedentes" (STJ – HC n° 17621-PA, Rel. Hamilton Carvalhido, j. 13.11.2001, DJ 25.02.2002, p. 450).

c) omissão ou erro quanto à data da prática do crime

"Se na denúncia houve a devida exposição do fato criminoso, com suas circunstâncias, com supedâneo nos elementos colhidos na fase inquisitorial, resultando na classificação do delito imputado ao paciente, é irrelevante a ausência de indicação da data da última ocorrência dos atos libidinosos, eis que não prejudica a defesa do paciente. Eventual inépcia da exordial acusatória só pode ser acolhida quando demonstrada inequívoca deficiência a impedir a compreensão da acusação, em flagrante prejuízo à defesa do acusado, ou na ocorrência de qualquer das falhas apontadas no art. 43 do CPP – o que não se vislumbra *in casu*" (STJ – Rel. Gilson Dipp – LEXSTJ 153/250).

"Espécie na qual o Ministério Público Estadual atribui ao Réu, na denúncia, a suposta prática de apenas um ato, que não ocorreu na oportunidade narrada na peça, e está dissociado da imputação formulada pelo Parquet. A documentação dos autos esclarece inequivocamente, sem a necessidade de detida valoração das provas, que o fato ocorrido em 08/05/2013, aproximadamente às 19h25min, diz respeito tão somente ao horário de conversa telefônica entre terceiros (ou seja, em que o Recorrente não era nenhum dos interlocutores), na qual está ausente a descrição mínima de conduta perpetrada pelo Agente que corresponda ao crime previsto no art. 325, § 2.º, do Código Penal. Hipótese de manifesta deficiência da peça acusatória, na qual a narrativa é incompleta e não há devida subsunção dos fatos, o que impede a adequada fruição das garantias constitucionais fundamentais do contraditório e da ampla defesa. Inocorrência de mero **erro** material, mas de vício que macula a exordial do Ministério Público Estadual." (STJ – RHC n. 125.366/MS, relatora Ministra Laurita Vaz, Sexta Turma, julgado em 22/3/2022, DJe de 28/3/2022.)

d) erro na qualificação do crime (v. art. 383 abaixo)

"Em relação à errônea **capitulação** do delito, esta Corte Superior de Justiça possui entendimento de que "o eventual **erro** na definição jurídica da conduta não torna inepta a inicial acusatória, e, menos ainda, é causa de trancamento da ação penal, pois o Acusado defende-se do fato ou dos fatos delituosos narrados na denúncia, e não da **capitulação** legal" (HC 450.439/PA, Rel. Ministra LAURITA VAZ, SEXTA TURMA, julgado em 9/4/2019, DJe 24/4/2019)." (STJ – RHC n. 128.887/RJ, relator Ministro Ribeiro Dantas, Quinta Turma, julgado em 13/10/2020, DJe de 20/10/2020.)

e) crime culposo

"O crime culposo tem como elementos a conduta, o nexo causal, o resultado, a inobservância ao dever objetivo de cuidado, a previsibilidade objetiva e a tipicidade. Se a exordial acusatória não explicita qual teria sido o dever objetivo de cuidado violado pela conduta do paciente, se constata a sua inépcia para deflagrar de forma válida a *persecutio criminis in judictio*" (STJ – HC n° 186451-RS, Rel. Jorge Mussi, j. 06.06.2013, DJe 12.06.2013).

f) não apresentação do rol de testemunhas

"A exordial acusatória não poderia ser taxada de inepta com esteio na ausência da **indicação** do **rol de testemunhas,** pois, como bem leciona o dispositivo legal em voga, a mencionada listagem será apresentada "quando necessário", o que, em compasso com a jurisprudência desta Corte Superior, permite dessumir que a sua falta não implicaria a rejeição da acusação, mormente por ser meio de prova facultativo, tendo em vista que o Parquet poderá se valer de outros elementos para comprovar a autoria e materialidade dos fatos imputados." (STJ – HC n. 191.354/PB, relator Ministro Jorge Mussi, Quinta Turma, julgado em 16/8/2011, DJe de 30/8/2011.)

"O processo revela-se como encadeamento de atos procedimentais teleologicamente encadeados, voltados para a obtenção do equacionamento de uma relação jurídica. A bem da técnica, as diversas fases do rito são suplantadas por meio da preclusão. Na espécie, o Ministério Público, após o oferecimento da denúncia, recebeu do magistrado, indevidamente, uma segunda chance para a apresentação do rol de testemunhas que, inadvertidamente, não constou da petição inicial. Não prospera o argumento de que não se deveria reconhecer a nulidade porquanto "as provas são destinadas ao juiz", que sempre as poderia produzir de ofício. Trata-se de compreensão que deve ser revista." (STJ – RHC n. 45.921/SP, relatora Ministra Maria Thereza de Assis Moura, Sexta Turma, julgado em 16/12/2014, DJe de 29/5/2015.)

g) denúncia não assinada pelo MP. Irrelevância

"Nos termos do artigo 569 do Código de Processo Penal, "as omissões da denúncia ou da queixa, da representação, ou, nos processos das contravenções penais, da portaria ou do auto de prisão em flagrante, poderão ser supridas a todo o tempo, antes da sentença final".Ao interpretar o referido dispositivo legal, este Superior Tribunal de Justiça pacificou o entendimento de que a falta de assinatura da denúncia configura mera irregularidade, uma vez que, após o seu oferecimento, o órgão ministerial se manifestará nos autos, o que supre a ausência de tal formalidade, que, por conseguinte, não acarreta quaisquer prejuízos à defesa. Doutrina. (STJ – HC n. 357.036/MT, relator Ministro Jorge Mussi, Quinta Turma, julgado em 18/10/2016, DJe de 25/10/2016.)

Crime societário

a) quando é inepta a denúncia

"É inepta a denúncia que não descreve um fato, sequer, que possa ligar o ora recorrente ao delito (sonegação fiscal) imputado na incoativa. A circunstância de ser o contador da empresa, não é suficiente, por si só, para contra ele desencadear a *persecutio criminis*, se não demonstrado um mínimo de indícios de que tenha, ativa e diretamente, participado das ações tidas por delituosas (autoria). Ausência, de outra parte, de suporte probatório mínimo à acusação, denotando falta de justa causa para a persecução penal, pois também na fase investigatória figura o recorrente apenas como o responsável pela contabilidade, não se atribuindo a ele ato típico algum" (STJ – RHC n° 28327-MG, Rel. Maria Thereza de Assis Moura, j. 25.06.2013, DJe 01.08.2013).

"São uníssonos os precedentes deste Superior Tribunal de Justiça no sentido de que embora não se exija a descrição pormenorizada da conduta de cada denunciado nos casos de crimes societários, é imprescindível que o órgão acusatório estabeleça a mínima relação entre o denunciado e o delito que lhe é imputado, não podendo, portanto, limitar-se a apontar a simples detenção de poderes de administração, previstos no contrato social, para a instauração da ação penal" (STJ – AgRg no AREsp n° 169462-AL, Rel. Maria Thereza de Assis Moura, j. 20.06.2013, DJe 01.07.2013).

"É inepta a denúncia que não descreve a conduta criminosa praticada pelo paciente. A peça acusatória deve especificar, ao menos sucintamente, fatos concretos, de modo a possibilitar ao acusado a sua defesa, não podendo se limitar a afirmações de cunho vago. Necessário seria que estivesse descrito na denúncia, ainda que de forma breve, se a atuação do paciente, como administrador ou diretor da empresa denunciada, contribuiu para a prática do dano ambiental perpetrado. Denúncia genérica nesse aspecto" (STJ – HC n° 243450-SP, Rel. Sebastião Reis Júnior, j. 20.06.2013, DJe 04.09.2013).

b) quando se admite certa generalidade da denúncia

"Nos crimes societários, de autoria coletiva, a doutrina e a jurisprudência têm abrandado o rigor do disposto no art. 41 do Código de Processo Penal, dada a natureza dessas infrações, uma vez que nem sempre é possível, na fase de formulação da peça acusatória, realizar uma descrição detalhada da atuação de cada um dos indiciados, de forma que se tem admitido um relato mais generalizado do comportamento tido como delituoso. Não há como se exigir que a denúncia narre minuciosamente todos os detalhes do delito supostamente cometido, tendo em vista que inúmeras outras questões importantes somente serão elucidadas durante a fase instrutória e eventualmente até em favor do próprio acusado" (STJ – HC n° 151863-MG, Rel. Sebastião Reis Júnior, j. 20.08.2013, DJe 04.09.2013).

"Nos chamados crimes societários, embora a vestibular acusatória não possa ser de todo genérica, é válida quando, apesar de não descrever minuciosamente as atuações individuais dos acusados, demonstra um liame entre o seu agir e a suposta prática delituosa, estabelecendo a plausibilidade da imputação e possibilitando o exercício da ampla defesa, caso em que se consideram preenchidos os requisitos do artigo 41 do Código de Processo Penal." (STJ –HC n. 368.766/SP, relator Ministro Jorge Mussi, Quinta Turma, julgado em 18/10/2016, DJe de 25/10/2016.)

"No caso, a exordial acusatória mostra-se apta a permitir o exercício do direito de defesa, tendo descrito toda a prática dos crimes imputados aos acusados, bem como os indícios suficientes de autoria dos mesmos, exatamente nos termos do disposto no art. 41 do CPP. As circunstâncias do fato criminoso estão expostas de maneira clara e objetiva, viabilizando perfeitamente o direito de ampla defesa dos recorrentes. Segundo entendimento pacífico nesta Corte, nos crimes societários, como no caso dos autos, não se exige a descrição individualizada da participação de cada acusado no evento delitivo, sendo suficiente a narrativa do fato e a indicação da suposta participação do acusado, para que se assegure seu direito à ampla defesa. Nessas hipóteses, é possível o oferecimento de denúncia geral, atribuindo a todos os denunciados a autoria pelo fato considerado criminoso" (STJ – RHC n° 33143-SC – Rela. Marilza Maynard, j. 25.06.2013, DJe 1.08.2013).

Denúncia alternativa. Possibilidade

"A peculiaridade verificada na denúncia alternativa reside na pluralidade de imputações, embora no plano dos fatos se tenha verificado a prática de uma única conduta típica, apresentando o acusador verdadeiras opções acerca da prestação jurisdicional invocada. Não há na doutrina consenso acerca da admissibilidade desta técnica de imputação no processo penal brasileiro. Entretanto, tal debate se mostra irrelevante para o deslinde da questão posta na impetração. Não se revela inepta a denúncia que atribui ao acusado a prática do delito com dolo direto ou eventual, tendo em vista que o legislador ordinário equiparou as duas figuras para a caracterização do tipo de ação doloso." (STJ – HC n. 147.729/SP, relator Ministro Jorge Mussi, Quinta Turma, julgado em 5/6/2012, DJe de 20/6/2012.)

Denúncia que faz referência à documentação em apenso. Impossibilidade

"O Órgão Acusatório cinge-se a afirmar que o paciente teria utilizado conta corrente no exterior para realizar pagamentos relacionados a câmbio, reportando-se a documentos que constariam de volumes apensos ao processo, olvidando-se contudo, de descrever quando a conduta teria sido praticada, quais pagamentos relacionados a câmbio teriam sido realizados pelo paciente, deixando de declinar, inclusive, a quantia destes, informações sem as quais se impede a correta delimitação dos fatos que configurariam o crime de evasão de divisas. Por se tratar de peça que define os limites da prestação jurisdicional, é vedado ao Órgão Acusatório simplesmente se reportar a documentos constantes dos autos supostamente aptos a complementar a narrativa dos fatos, diante da incompatibilidade de tal artifício com a certeza que se exige de uma condenação criminal" (STJ – HC n° 132199-SP, Rel. Jorge Mussi, j. 03.05.2012, DJe 21.05.2012).

Denúncia genérica

a) em homicídio qualificado

Nos termos da pacífica jurisprudência desta Corte, em crimes de autoria coletiva, não há exigência de minuciosa individualização da conduta de cada agente, desde que haja uma descrição fática que possibilite a adequação típica e assegure o exercício do direito de defesa por parte dos acusados. (STJ – HC n° 248214-SP, Rela. Marilza Maynard, j. 18.06.2013, DJ 24.06.2013).

b) em crime praticado por pessoa jurídica

"A hipótese em apreço cuida de denúncia que narra supostos delitos praticados por intermédio de pessoa jurídica, a qual, por se tratar de sujeito de direitos e obrigações, e por não deter vontade própria, atua sempre por representação de uma ou mais pessoas naturais. A tal peculiaridade deve estar atento o órgão acusatório, pois embora existam precedentes desta própria Corte Superior de Justiça admitindo a chamada denúncia genérica nos delitos de autoria coletiva e nos crimes societários, não lhe é dado eximir-se da responsabilidade de descrever, com um mínimo de concretude, como os imputados teriam agido, ou de que forma teriam contribuído para a prática da conduta narrada na peça acusatória. No caso, olvidou-se o órgão acusatório de narrar qual conduta voluntária praticada pelo paciente teria dado ensejo à poluição noticiada, limitando-se a apontar que seria um dos autores do delito simplesmente por se tratar de conselheiro da sociedade empresária em questão, circunstância que, de fato, impede o exercício de sua defesa em juízo na amplitude que lhe é garantida pela Carta Magna" (STJ – HC n° 217229-RS, Rel. Jorge Mussi, j. 15.08.2013, DJe 27.08.2013).

Aditamento à denúncia

"O Superior Tribunal de Justiça já decidiu reiteradas vezes que, no curso do processo, desde que antes de prolatada a sentença e possibilitado ao réu o exercício do contraditório e da ampla defesa, é lícito ao Ministério Público realizar o aditamento da denúncia, inclusive dando ao fato definição jurídica diversa. Precedentes. Na presente hipótese, foi oportunizado e garantido ao recorrente o exercício dos direitos ao contraditório e à ampla defesa, tendo em vista que a audiência de instrução e julgamento fora suspensa com abertura de prazo para manifestação defensiva, pelo que não há falar em constrangimento ilegal, sobretudo porque, no sistema processual penal brasileiro, o acusado se defende da imputação fática, e não da imputação jurídica" (STJ – RHC n° 32884-PI, Rel. Sebastião Reis Júnior, j. 20.06.2013, DJe 01.08.2013).

Condição de procedibilidade nos crimes contra a ordem tributária

"No crime tipificado no art. 1º da Lei n. 8.137/1990, o lançamento definitivo do crédito tributário é condição objetiva de procedibilidade da ação penal, ou seja, somente poderá ser iniciada referida ação após esse marco, quando então estará configurado o tipo penal" (STJ – AgRg no REsp n° 1169532-RS, Rel. Sebastião Reis Júnior, j. 04.06.2013, DJe 13.06.2013).

Sobre a prescindibilidade do inquérito policial na ação penal pública, v. art. 4° acima

Requisitos da queixa-crime

a) um mínimo de prova

"Em que pese terem sido atendidos os requisitos do art. 41, do CPP, é indispensável que a Queixa-Crime se encontre devidamente acompanhada de elementos probatórios mínimos a justificar a instauração da ação penal. (Precedentes)." (STJ – HC n. 48.847/RJ, relator Ministro Gilson Dipp, Quinta Turma, julgado em 2/5/2006, DJ de 29/5/2006, p. 274.)

"A falta de descrição concreta dos fatos apontados como caluniosos ou difamatórios, bem assim a ausência da indicação do dolo específico das condutas, na espécie caracterizado pelo animus caluniandi e pelo animus difamandi, esbarra na exigência do art. 41 do Código de Processo Penal, levando a proposição penal ao espaço vazio da ausência de justa de causa do processo penal." (STJ – APn n. 740/DF, relatora Ministra Maria Thereza de Assis Moura, Corte Especial, julgado em 3/12/2014, DJe de 11/12/2014.)

b) queixa não necessita ser precedida de inquérito policial

"O inquérito policial é prescindível, quando presentes elementos indiciários suficientes para o oferecimento da denúncia ou da queixa-crime, reservando-se a instrução criminal, durante a dilação probatória, a realização de diligências necessárias à busca da verdade real. O fato de a queixa-crime demonstrar a materialidade do crime e os indícios de autoria fundando-se, apenas, no rol de testemunhas, não afasta, de per si, a justa causa para ação penal por ausência de prova pré-constituída." (STJ – HC n. 60.061/BA, relatora Ministra Laurita Vaz, Quinta Turma, julgado em 25/10/2007, DJ de 19/11/2007, p. 250.)

c) equívoco quanto à capitulação legal. Irrelevância

"O acusado se defende dos fatos descritos na denúncia ou na queixa-crime e não da classificação constante da peça acusatória. Inexistência de prejuízo para a defesa. III. – Queixa-crime que atende aos requisitos do art. 41 do CPP. IV" (STF – RHC n° 81956-SP, Rel. Carlos Velloso, j. 25.06.2002, DJ 23.08.2002, p. 115).

d) equívoco quanto à qualificação do querelado

"É requisito da **queixa-crime,** na forma do art. 41 do CPP, a completa qualificação do querelado, com menção expressa ao seu prenome, nome, apelido, pseudônimo, idade, estado civil, profissão, filiação, residência.Na hipótese dos autos, ainda que alertado sobre a existência de vício formal no pedido de aditamento da **queixa-crime,** o defeito na qualificação do querelado não foi sanado. Assim, tendo sido conferida ao agravante a possibilidade de correção do erro formal e verificada a persistência do vício, impossível o deferimento do pedido de aditamento da **queixa-crime**." (STJ – AgRg nos EDcl na APn n. 971/DF, relatora Ministra Nancy Andrighi, Corte Especial, julgado em 2/6/2021, DJe de 18/6/2021.)

Requisitos para o recebimento da queixa-crime

"No caso concreto, há indícios mínimos necessários para a persecução penal, pois a narrativa constante da inicial acusatória, uma **queixa-crime,** asseverou estar presente a justa causa à ação penal, de forma também a cumprir os requisitos do art. 41 do Código de Processo Penal, não sendo, portanto, o caso de trancamento prematuro da ação penal." (STJ – AgRg no RHC n. 164.465/AM, relator Ministro Jesuíno Rissato (Desembargador Convocado do Tjdft), Quinta Turma, julgado em 16/8/2022, DJe de 23/8/2022.)

Art. 42. O Ministério Público não poderá desistir da ação penal.

Princípio da indisponibilidade – Trata-se de princípio estudado nos comentários ao art. 24 acima, aos quais remetemos o leitor. Extrai-se de seu conteúdo que o Ministério Público não pode desistir da ação, ou seja, dela dispor. Manifesta-se, ainda, com veemência no art. 576 do código.

Isso não implica afirmar, porém, como já pareceu à doutrina mais antiga, esteja o Ministério Público inibido de pedir a absolvição do réu e mesmo de recorrer em favor dele. Como ensina Câmara Leal, "os promotores ferrenhos dotados de vísceras implacáveis, sem qualquer sentimento de justiça, que se julgam agentes essencialmente acusatórios, e não sabem estender sua mão liberal aos que não são passiveis de pena, estão fora de sua época e remontam por estirpe moral aos tempos inquisitoriais" (ob. cit., vol. I, p. 94). Aliás, o art. 385 do código prevê expressamente o pedido de absolvição formulado pelo Ministério Público. Sobre a possibilidade de o *parquet* recorrer em favor do réu, ver artigo 577 abaixo. A respeito da legitimidade ativa do órgão para impetração de "habeas-corpus", v. abaixo art. 654.

Art. 43. (Revogado pela Lei nº 11.719, de 2008).

Art. 44. A queixa poderá ser dada por procurador com poderes especiais, devendo constar do instrumento do mandato o nome do querelante e a menção do fato criminoso, salvo quando tais esclarecimentos dependerem de diligências que devem ser previamente requeridas no juízo criminal.

Poderes especiais na procuração e queixa-crime – A oferta, em juízo, de uma acusação particular é ato que se reveste de gravidade, na medida em que se imputa, a outrem, a prática de um ato que, se verificado mentiroso posteriormente, pode mesmo configurar o crime de denunciação caluniosa, previsto no art. 339 do Código Penal. Há, assim, a necessidade de se limitarem os poderes conferidos ao mandatário para que não exorbite em seu exercício. É por isso que o legislador, nestes casos, não se contentou com a singela procuração da qual conste uma cláusula genérica, sem maior detalhamento, conhecida como "ad judicia". Antes, o instrumento de mandato deve esclarecer o objetivo pelo qual é outorgado.

Para que o instrumento de mandato atenda aos requisitos legais expostos, basta a indicação do nome do querelante e a menção ao fato criminoso (no qual constará a identificação do suposto autor do crime, a data em que os fatos se deram, etc.), sem que seja necessário transcrever toda a argumentação que está, decerto, lançada na inicial. Já se entendeu que, na hipótese de nomeação de advogado decorrer de ato judicial, conforme previsto no art. 32 do código, quando pobre o ofendido, é dispensada a procuração.

Assim, parece injustificável o excesso de formalismo que, por vezes, se verifica na prática, com rejeições liminares de queixas-crimes por não atenderem este dispositivo legal. A propósito a jurisprudência de nossos tribunais superiores tem orientado a intimação do querelante para que supra eventual vício do instrumento, por vezes mesmo depois de transcorrido o prazo decadencial para a oferta da queixa, em aplicação do disposto no art. 568 do código, *in verbis*: "A nulidade por ilegitimidade do representante da parte poderá ser a todo tempo sanada, mediante ratificação dos atos processuais".

De qualquer sorte, o que se tem admitido, com frequência, é a assinatura da própria vítima na petição inicial da queixa-crime, como forma de sanar qualquer vício eventualmente existente na representação.

Sucede que, por vezes, a correta identificação do fato criminoso não é de conhecimento do querelante, que depende, para tanto, de diligências a serem realizadas. Nesse caso, então, há de se admitir a omissão do instrumento de mandato, até que se aponte, com segurança, o que efetivamente ocorreu. É o que se extrai da parte final deste dispositivo. Aqui cabe uma observação: ao que tudo indica, por cochilo na redação final da lei, constou erroneamente a necessidade de indicação do nome do querelante. Ora, o querelante, por óbvio, é aquele que outorgou o instrumento de mandado e cujo nome, ademais consta da queixa-crime. O correto, pois, é que em tal instrumento se indique o nome do querelado, suposto autor do delito.

JURISPRUDÊNCIA

Requisitos

"A interpretação dada ao art. 44 do Código de Processo Penal, pelo Superior Tribunal de Justiça, é no sentido de se exigir que a procuração outorgada - com o escopo específico que ofertar queixa-crime - contenha, pelo menos, a indicação do respectivo dispositivo penal, não sendo necessária a narrativa minuciosa da conduta delitiva. No caso dos autos, a procuração sequer contém a indicação do dispositivo penal em que foi dada como incursa a recorrente, de modo que o reconhecimento da **irregularidade** é medida que se impõe." (STJ – RHC n. 44.287/RJ, relator Ministro Rogerio Schietti Cruz, Sexta Turma, julgado em 11/11/2014, DJe de 1/12/2014.)

Desnecessidade de procuração com poderes especiais sendo pobre a vítima

"Tratando-se de vítima hipossuficiente, assistida por advogado dativo conveniado, a regra da procuração com poderes especiais prevista no artigo 44 do Código de Processo Penal não é impositiva. Não se pode olvidar que, nos crimes de ação penal privada, a parte que comprovar sua pobreza poderá requerer ao juiz a nomeação de advogado para intentar a ação penal. Nessas hipóteses, não há sequer necessidade de procuração. Nesse sentido o escólio de Carlos Frederico Coelho Nogueira: "'A procuração não será necessária quando houver nomeação judicial de defensor gratuito para o querelante pobre (art. 32 do CPP), por inexistir entre querelante e advogado contrato de mandato'" (TJSP – Apelação n°. 0005720-67.2008.8.26.0292 – 4 – Rel. Hermann Herschander, j. 21.03.2013).

Necessidade de menção ao fato criminoso

"O aresto impugnado foi proferido em sintonia com a jurisprudência desta Corte, no sentido de que, para a satisfação da exigência prevista art. 44 do Código de Processo Penal, não é necessária a descrição do fato criminoso no instrumento de mandato, sendo suficiente a indicação do artigo de lei no qual se baseia a queixa-crime ou a referência à denominação jurídica do crime." (STJ – AgRg no REsp n. 1.791.282/SP, relator Ministro Ribeiro Dantas, Quinta Turma, julgado em 14/5/2019, DJe de 20/5/2019.)

"Não se desconhece a existência de precedentes desta Corte Superior de Justiça no sentido de que a exigência contida no artigo 44 do Código de Processo Penal, consistente na menção do fato criminoso no aludido documento, é cumprida com a indicação do dispositivo de lei no qual o querelado é dado como incurso. Para que reste atendido o comando contido no art. 44 do CPP, é indispensável que a procuração contenha uma descrição, ainda que sucinta, dos fatos a serem abordados na queixa-crime. Doutrina. Precedentes do STJ e do STF." (STJ – AgRg no REsp n. 1.673.988/SP, relator Ministro Jorge Mussi, Quinta Turma, julgado em 22/5/2018, DJe de 28/5/2018.)

Possibilidade de sanar a irregularidade

a) a qualquer tempo, inclusive após o prazo decadencial

"Omissões ou **irregularidades** da procuração outorgada pelo querelante, com exceção daquelas que se refiram à legitimatio ad causam, podem ser sanadas a qualquer tempo, consoante dispõe o art. 569 do Código de Processo Penal. Precedentes do STJ e do STF". (REsp 494.814/DF, Rel. Ministra LAURITA VAZ, QUINTA TUR-

MA, DJ 01/02/2005, p. 594)" (STJ – RHC n. 93.546/RJ, relator Ministro Joel Ilan Paciornik, Quinta Turma, julgado em 14/8/2018, DJe de 24/8/2018.)

b) dentro do prazo decadencial

"Eventual defeito na representação processual da querelante só pode ser sanado dentro do prazo decadencial previsto no art. 38 do CPP." (STJ – AgRg no REsp n. 1.673.988/SP, relator Ministro Jorge Mussi, Quinta Turma, julgado em 22/5/2018, DJe de 28/5/2018.)

Procuração juntada posteriormente para evitar decadência. Possibilidade

"É lícito ao advogado, em nome do querelante, intentar a ação penal, sem previa representação, a fim de evitar a decadência, obrigando-se, neste caso, a exibir o instrumento de mandato, no prazo de lei. Aplicação analógica do art. 37 do Cód. de Pr. Civil, a teor do art. 3º, do Cód. de Pr. Penal" (STJ – Rel. Nilson Naves – RSTJ 36/17).

Desnecessário o reconhecimento de firma

"À míngua de previsão no Código de Processo Penal sobre a necessidade de reconhecimento da firma do outorgante na procuração para o oferecimento da queixa-crime, por força do disposto no artigo 3º do aludido diploma legal, aplica-se subsidiariamente as disposições do Código de Processo Civil. Com a alteração promovida no artigo 36 do CPC com o advento da Lei n. 8.952/94, pacificou-se neste Superior Tribunal de Justiça o entendimento de que é desnecessário o reconhecimento de firma em procuração outorgando poderes especiais para a defesa de interesses em juízo. Precedentes" (STJ – HC n° 119827-SC, Rel. Jorge Mussi, j. 15.12.2009, DJe 19.04.2010).

Assinatura da vítima na inicial. Desnecessidade da procuração

"No caso dos autos, a **procuração** ofertada pela querelante confere poderes gerais ao causídico nela mencionado, o que inviabilizaria o prosseguimento da ação penal em tela, já que não é possível aferir quais fatos deveriam ser objeto da inicial. Contudo, o defeito em questão não tem o condão de obstaculizar o andamento do processo em exame, uma vez que a autora do feito assinou o pedido de explicações que foi acolhido como queixa-crime juntamente com o profissional da advocacia que a assiste, circunstância que revela que consentiu com os seus termos, viabilizando a responsabilidade por eventual denunciação caluniosa." (STJ – RHC n. 82.732/RS, relator Ministro Jorge Mussi, Quinta Turma, julgado em 16/5/2017, DJe de 24/5/2017.)

Vício de representação. Procuração com cláusula ad judicia et extra

"Para a validade da ação penal nos crimes de ação penal privada, é necessário que o instrumento de mandato seja conferido com poderes especiais expressos, além de fazer menção ao fato criminoso, nos termos do art. 44 do Código de Processo Penal. O substabelecimento, enquanto meio de transferência de poderes anteriormente concedidos em **procuração,** deve obedecer integralmente ao que consta do instrumento do mandato, porquanto é dele totalmente dependente. Ainda que neste instrumento esteja inserida a cláusula ad judicia, há limites objetivos que devem ser observados quando da transmissão desses poderes, visto que o substabelecente lida com direitos de terceiros, e não próprios. Na espécie, como a **procuração** firmada pela querelante somente conferiu aos advogados os poderes da cláusula ad judicia et extra, apenas estes foram objeto de transferência aos substabelecidos, razão pela qual deve ser tida por inexistente a inclusão de poderes especiais para a propositura de ação penal privada, uma vez que eles não constavam do mandato originário." (STJ – RHC n. 33.790/SP, relatora Ministra Maria Thereza de Assis Moura, relator para acórdão Ministro Sebastião Reis Júnior, Sexta Turma, julgado em 27/6/2014, DJe de 5/8/2014.)

Art. 45. A queixa, ainda quando a ação penal for privativa do ofendido, poderá ser aditada pelo Ministério Público, a quem caberá intervir em todos os termos subseqüentes do processo.

Aditamento – Sobre o alcance do aditamento da queixa pelo Ministério Público, v. comentários abaixo ao art. 48 do código.

Dispõe o texto que caberá ao Ministério Público intervir em todos os termos do processo-crime já deflagrado. Essa atuação, como se sabe, não se dá na condição de autor que, neste caso, é o querelante, o ofendido, titular da ação penal privada. Mas na condição de "custos juris", ou seja, fiscal da ordem jurídica. Tanto que, ao final da instrução lançará seu parecer isento, tal qual ocorre com o procurador de Justiça quando atua em 2° grau de jurisdição.

Qual seria, então, o alcance dessa atuação? A respeito do aditamento à queixa, como visto na jurisprudência abaixo colacionada e nos comentários ao art. 48, ele somente será admissível para correção de algum aspecto formal, jamais visando, por exemplo, incluir corréu omitido pelo querelante na inicial.

Intervenção não obrigatória do Ministério Público? – É o que se extrairia do disposto no art. 564, inc. III, "d", segundo o qual a nulidade ocorrerá por falta da "intervenção do Ministério Público em todos os termos da ação por ele intentada e nos da intentada pela parte ofendida, quando se tratar de crime de ação pública". Este dispositivo, portanto, obrigaria a atuação do Ministério Público na ação penal pública, seja ela incondicionada ou condicionada e, ainda, na ação penal privada subsidiária da pública, nada aludindo quanto à ação penal exclusivamente privada. Pensamos, em uma visão mais sistemática, seja obrigatória a manifestação do *parquet*, pois, somente assim, poderá exercer a missão de fiscal da correta execução da lei, que lhe é atribuída pelo art. 257, inc. II, do código.

Caráter da intervenção – Em termos práticos, acaba sofrendo forte restrição essa possibilidade de intervenção do Ministério Público, posto que, qualquer ação mais contundente levaria esse órgão, fatalmente, a assumir a iniciativa do processo, incabível, "in casu", por se cuidar de uma ação penal privada. Deve, assim, acompanhar a audiência, formulando, se for o caso, perguntas dirigidas às partes e testemunhas, animado pelo princípio da busca da verdade real (ou processual). Poderá propor algum meio de prova, em nome do mesmo princípio. Assim, a expedição de um ofício e a oitiva de determinada testemunha. Mas nada além disso. Mesmo sobre uma testemunha indicada na inicial, supondo-se que não seja localizada. Instado o querelante a se manifestar a respeito, ele se queda inerte. De nada adiantará o empenho do Ministério Público, na tentativa de descobrir seu paradeiro, já que a inércia do queixoso ensejará, fatalmente, à perempção da ação penal privada, nos termos do art. 60, inc. I, do CPP e, por consequência, a extinção da punibilidade do querelado (art. 107, inc. IV do Código Penal).

ATENÇÃO - Ao Ministério Público é dado recorrer da decisão proferida em uma ação penal privada? Depende. Em favor do querelado e, mais que isso, em nome da justiça, uma vez condenado aquele primeiro, pensamos que sim, em atenção à regra geral que admite seu interesse recursal mesmo na ação penal pública, por ele intentada. Assim, se é reconhecida ao "parquet" legitimidade para recorrer em favor do réu em uma ação penal pública, com mais razão se deve estender a mesma possibilidade em uma ação penal privada.

Não poderá o Ministério Público, contudo, em caso de absolvição do querelado, recorrer para buscar sua condenação. Trata-se de interesse recursal que toca somente ao querelante. A ele, na qualidade de titular exclusivo da ação penal privada, caberá investigar eventual correção da sentença e, se quiser, dela recorrer ou, ao contrário, conformando-se com seus termos, simplesmente aguardar seu trânsito em julgado, sem apelo ao tribunal. Essa conclusão se apoia nos princípios orientadores que inspiram a ação penal privada, dentre os quais o da conveniência e oportunidade (v. art. 30 acima), que conferem à vítima a ampla liberdade de processar ou não seu ofensor e, uma vez processado, de recorrer ou não em caso de absolvição (ou mesmo para ampliação da pena ou por alguma outra causa). Aliás, ao deixar de interpor o recurso, o querelante estaria praticamente desistindo da ação penal privada, em atitude contra a qual não pode se rebelar o Ministério Público, sob pena de usurpação de atribuição que não possui. Bem por isso, decidiu o extinto Tribunal de Alçada de São Paulo que, "se não cabe ao Ministério Público o ajuizamento da ação penal privada, não cabe, também, a interposição de recurso para pleitear a condenação do querelado, relativamente ao mérito da pretensão punitiva" (*RT* 530/372). Nessa linha de raciocínio, confira-se entendimento jurisprudencial lançado nos comentários ao art. 577 abaixo.

JURISPRUDÊNCIA

Aditamento para incluir coautor.

"Cuida-se de queixa-crime pela suposta prática dos crimes de difamação e de injúria, em concurso formal, na qual o querelante visava o aditamento da inicial para a inclusão de outras pessoas também reputadas responsáveis pela ofensa. Ante a disponibilidade da ação penal privada, regida, ainda pelos princípios da conveniência e da oportunidade, não cabe ao juiz tutelar o regular exercício do direito de queixa, limitando-se, conforme o caso, a aplicar o direito cabível à espécie. Precedente. É requisito da queixa-crime, na forma do art. 41 do CPP, a completa qualificação do querelado, com menção expressa ao seu prenome, nome, apelido, pseudônimo, idade, estado civil, profissão, filiação, residência. Na hipótese dos autos, ainda que alertado sobre a existência de vício formal no pedido de **aditamento da queixa**-crime, o defeito na qualificação do querelado não foi sanado. Assim, tendo sido conferida ao agravante a possibilidade de correção do erro formal e verificada a persistência do vício, impossível o deferimento do pedido de **aditamento da queixa**-crime." (STJ – AgRg nos EDcl na APn n. 971/DF, relatora Ministra Nancy Andrighi, Corte Especial, julgado em 2/6/2021, DJe de 18/6/2021.)

Aditamento é irrelevante para contagem do prazo decadencial

"Nos termos dos arts. 38 do CPP e 103 do CP, o termo inicial do prazo decadencial para oferecimento da queixa-crime apenas se inicia no dia em que a vítima vem a saber quem é o autor do crime, sendo ônus do ofensor a prova em contrário.Se a queixa-crime foi apresentada tempestivamente, isto é, dentro do prazo decadencial de 6 (seis) meses previsto no art. 38 do Código de Processo Penal, é irrelevante a data de seu aditamento." (STJ – AgRg no REsp n. 1.849.196/SP, relator Ministro Ribeiro Dantas, Quinta Turma, julgado em 5/3/2020, DJe de 13/3/2020.)

Aditamento apenas para suprir alguma lacuna. Possibilidade

"Nos crimes de ação penal exclusivamente privada, o representante do Ministério Público atua como assistente do querelante, e só pode aditar a queixa-crime com o fim de suprir alguma lacuna nela ocorrida, não tendo legitimidade para oferecer aditamento visando nela incluir outro autor do crime" (TACrim-SP – Rel. Ribeiro Machado – RJD 3/158).

MP que, ao analisar a queixa-crime, oferta denúncia pelo crime de "denunciação caluniosa". Possibilidade

"Incensurável é a manifestação do Ministério Público que, ao ter vista da queixa-crime por delito contra a honra, pronuncia-se pela existência do crime de denunciação caluniosa e que oferece denúncia nesse sentido, contando com a adesão do querelante na nova situação processual" (STF – Rel. Djaci Falcão – *RT* 543/454).

Art. 46. **O prazo para oferecimento da denúncia, estando o réu preso, será de 5 dias, contado da data em que o órgão do Ministério Público receber os autos do inquérito policial, e de 15 dias, se o réu estiver solto ou afiançado. No último caso, se houver devolução do inquérito à autoridade policial (art. 16), contar-se-á o prazo da data em que o órgão do Ministério Público receber novamente os autos.**

§ 1º Quando o Ministério Público dispensar o inquérito policial, o prazo para o oferecimento da denúncia contar-se-á da data em que tiver recebido as peças de informações ou a representação

§ 2º O prazo para o aditamento da queixa será de 3 dias, contado da data em que o órgão do Ministério Público receber os autos, e, se este não se pronunciar dentro do tríduo, entender-se-á que não tem o que aditar, prosseguindo-se nos demais termos do processo.

Prazo – A lei traz uma salutar diferenciação de prazos para oferta da denúncia pelo Ministério Público. Estando preso o réu (em decorrência de prisão processual), com notória restrição à sua liberdade, a reclamar maior urgência, o prazo é de cinco dias. Já se estiver solto, admite-se maior flexibilidade, majorando-se esse prazo para 15 dias. A observância do prazo mais exíguo constitui regra geral, posto que eventual delonga na oferta da denúncia ensejará um constrangimento ilegal ao indiciado, passível de correção por meio de "habeas corpus", eis que "preso por mais tempo do que determina a lei" (art. 648, inc., II), a impor sua soltura. Já em relação ao prazo de 15 dias permite-se maior tolerância, sendo comum sua inobservância, na medida em que nenhum prejuízo acarreta ao réu solto que, ao contrário, pode mesmo se beneficiar com o transcurso do tempo, por exemplo, com a prescrição. Não há neste último caso, portanto, uma consequência mais grave, o que não impede a adoção de medidas de cunho administrativo contra o impontual membro do Ministério Público. Mas em ambos os casos, preso ou solto o réu, a inobservância do prazo acarreta mera irregularidade, não contaminando a posterior ação penal que terá seu curso normal, ainda que ofertada a denúncia a destempo.

Lembre-se, ainda, que configurada a inércia do *parquet*, fica aberta a possibilidade de oferta, pelo ofendido, de ação penal privada subsidiária da pública, prevista no art. 29 do código, cujo prazo se inicia no 6° dia ou no 16° dia, estando o réu, respectivamente, preso ou solto.

Falta funcional do membro do Ministério Público – Conquanto a perda do prazo não acarrete nenhuma consequência de cunho processual, pode, todavia, configurar uma falta disciplinar, posto que dentre os deveres dos membros da Instituição se lista o de obedecer aos prazos processuais, nos termos do inc. IV, do art. 43 da Lei Orgânica do Ministério Público (Lei 8.625/1993). Caso a inércia decorra de eventual conduta dolosa, para satisfazer interesse ou sentimento pessoal, restará configurado o crime de prevaricação, previsto no art. 319 do Código Penal ou algum outro delito contra a Administração Pública.

Inobservância do prazo e Código Eleitoral – Nos termos do art. 357, § § 3º e 4º do Código Eleitoral (Lei n. 4.737/1965), é de 10 dias o prazo para o Ministério Público ofertar a denúncia. Caso não observado esse prazo, cabe ao juiz eleitoral representar contra o promotor inerte, solicitando ao Procurador Regional a designação de outro promotor. Essa representação pode ser ofertada, ainda, por qualquer eleitor, na dicção do § 5º do mesmo dispositivo.

Dies a quo – O prazo começa a fluir da data em que o Ministério Público receber os autos, de forma que esse primeiro dia é computado, por força da redação expressa do texto legal. Não tem aplicação, assim, a regra contida no art. 798, § º 1° do código, que manda excluir o primeiro dia do prazo e incluir o último. Havendo devolução do inquérito à polícia para novas diligências, o prazo começa a fluir da data do retorno dos autos.

O emprego do vocábulo “réu” não parece o mais adequado, pois essa condição (de réu) é assumida, a rigor, a partir do momento em que recebida a denúncia. Melhor seria indiciado, conduzido, investigado.

Dispensa do inquérito – Como já focalizado nos comentários ao art. 4° acima, não é o inquérito policial o único mecanismo que conta o Ministério Público para embasar eventual denúncia, conquanto, na maioria das vezes, a acusação venha precedida deste instrumento. Daí se ressaltar a prescindibilidade do inquérito policial. De sorte que, recebendo o *parquet*, por exemplo, um expediente oriundo do Fisco, no qual encontre elementos para ofertar uma denúncia, o prazo para tanto (de 5 ou 15 dias), será contado a partir do recebimento dessa peça de informação.

Prazo e aditamento – Conforme entendimento exposto nos comentários ao artigo anterior, tratando-se de ação penal exclusivamente privada, o aditamento que se admite, formulado pelo Ministério Público, deve se restringir a aspectos formais da acusação. Já quando se cuidar de ação penal privada subsidiária da pública, prevista no art. 29 do código, tem o *parquet* ampla liberdade para aditar a inicial, pois o crime, em sua origem, se processava mediante ação penal pública. Em ambos os casos o prazo será de três dias, presumindo-se, em eventual inércia, que não seja o caso de aditamento.

Prazos específicos – Além do prazo estipulado neste artigo, há outros dispersos na legislação extravagante. Assim, na Lei n° 11.343/2006 (Lei de Drogas), o prazo para oferta de denúncia é de dez dias (art. 54). Nos crimes contra a economia popular (Lei n° 1.521/1951), esse prazo é de dois dias (art. 10, § 2°). O Código Eleitoral (Lei n° 4.737/1965) estipula o prazo de dez dias (art. 357). Na Lei n° 11.101/2005, de recuperação judicial e falência, o prazo é de 15 dias (art. 187, § 1°). Em todas elas o prazo é o mesmo, sem distinção entre indiciado preso e solto. No Código de Processo Penal Militar, preso o indiciado, o prazo para oferta da denúncia é de cinco dias e, se solto, quinze dias. Neste último caso, solto o réu, o prazo pode ser dobrado ou triplicado (art. 79, § 1°).

JURISPRUDÊNCIA

Réu preso e excesso de prazo. Não configurado.

“A ilegalidade decorrente da inércia da acusação no **oferecimento da denúncia** não resultaria da superação de um determinado marco objetivo, mas de aferição realizada pelo julgador, à luz dos princípios da razoabilidade e proporcionalidade, levando em conta as peculiaridades do caso concreto, de modo a evitar retardo abusivo e injustificado na prestação jurisdicional. Os prazos do art. 46 do CPP são impróprios. Precedentes. No caso destes autos, a instância originária registrou tratar-se de feito complexo, destacando a diversidade de delitos, incluindo o de organização criminosa, e o fato de haver três investigados, justificando a relativa demora para o **oferecimento da denúncia**.” (STJ – AgRg no HC n. 763.203/CE, relator Ministro Reynaldo Soares da Fonseca, Quinta Turma, julgado em 27/9/2022, DJe de 4/10/2022.)

Réu preso e excesso de prazo. Constrangimento ilegal

“É direito do preso, acusado em processo penal, ser julgado em prazo razoável, sem dilações indevidas, em conformidade com a Constituição da República (art. 5º, LXVIII) e com o Decreto n. 678/1992 (Convenção Americana sobre Direitos Humanos, art. 7º, item 5). Depreende-se dos documentos do feito que, desde o dia 4/8/2021, o paciente está preso sem que o Ministério Público tenha oferecido denúncia, em função de inúmeras decisões de declinação de competência. Além disso, o caso não apresenta maior complexidade- há um único denunciado em um caso de furto de um caminhão. Dos elementos dos autos, verifica-se que a delonga no processamento da demanda, sem nem sequer previsão para o início da instrução processual, não se deveu por ato da defesa. Conquanto presentes motivos ou requisitos que tornariam cabível a custódia preventiva - diante do fundado risco de reiteração delitiva, decorrente da reincidência específica -, em juízo de proporcionalidade, revela-se suficiente e adequado, para atender às exigências cautelares do art. 282 do CPP, impor ao acusado, independentemente de mais acurada análise do Magistrado competente, providências alternativas positivadas no art. 319 do CPP." (STJ – AgRg no HC n. 695.684/PR, relator Ministro Rogerio Schietti Cruz, Sexta Turma, julgado em 5/4/2022, DJe de 12/4/2022.)

Réu solto e excesso de prazo. Irrelevância

"Ainda que não seja possível aferir se o prazo de 15 (quinze) dias a ser contado do recebimento do inquérito policial foi ou não observado pelo Ministério Público, não há dúvidas de que o seu eventual descumprimento não recebe qualquer sanção do ordenamento jurídico, tendo como consequência apenas a possibilidade de a vítima ingressar com ação penal subsidiária da pública" (STJ – HC n° 29975-MG, Rel. Jorge Mussi, j. 26.02.2013, DJe 12.03.2013).

"O oferecimento de denúncia fora do prazo legal não apresenta nulidade que afete a validade do processo penal, apenas, mera irregularidade, porquanto inexiste prejuízo para o réu, e a inércia do órgão persecutório, a não ser que dela decorra prescrição, não pode implicar impunidade. Precedentes" (STJ – REsp n° 1115275-PR, Rel. Adilson Vieira Macabu, j. 13.09.2011, DJe 04.11.2011).

Denúncia ofertada antes da conclusão do inquérito policial. Possibilidade

"É assente na doutrina e na jurisprudência o entendimento no sentido de que o inquérito policial é dispensável para a propositura da ação penal, que pressupõe, apenas, a existência de documentos que forneçam subsídios à atuação do órgão ministerial. Assim, sendo o inquérito policial mera peça informativa, independentemente de suas conclusões, pode o Ministério Público iniciar a persecução penal caso entenda presentes, nos elementos nele contidos, indícios de autoria e materialidade" (STJ – HC n° 29975-MG, Rel. Jorge Mussi, j. 26.02.2013, DJe 12.03.2013).

Art. 47. Se o Ministério Público julgar necessários maiores esclarecimentos e documentos complementares ou novos elementos de convicção, deverá requisitá-los, diretamente, de quaisquer autoridades ou funcionários que devam ou possam fornecê-los.

Requisição – No exercício de suas funções, possui o Ministério Público a prerrogativa de requisitar diretamente de qualquer autoridade, esclarecimentos, documentos ou qualquer outro dado que se preste a formar sua convicção. Na Lei n° 8.625/1993 (Lei Orgânica do Ministério Público), há expressa previsão nesse sentido, no que se refere a requisições de "documentos de autoridades federais, estaduais e municipais, bem como dos órgãos e entidades da administração direta, indireta ou fundacional, de qualquer dos Poderes da União, dos Estados, do Distrito Federal e dos Municípios" (ar. 26, inc. I, "c"), bem como "informações e documentos a entidades privadas" (art. 26, inc. II).

Crime organizado – A Lei n° 12.850/2013, que trata do crime organizado, prevê o acesso, pelo Ministério Público, a dados cadastrais do investigado, independentemente de autorização judicial e comina como criminosa a conduta daquele que se "recusar ou omitir dados cadastrais, registros, documentos e informações requisitadas pelo juiz, Ministério Público ou delegado de polícia, no curso de investigação ou do processo" (art. 21). V, a respeito, comentários abaixo ao art. 157 do código.

Requisição x requerimento – A doutrina, com frequência, aponta a possibilidade de o Ministério Público, ao invés de requisitar diretamente algum esclarecimento ou documento, fazê-lo por meio de requerimento dirigido ao juiz da causa. Por conta, inclusive, da praxe forense, as duas possibilidades coexistiriam, cabendo ao *parquet* a opção entre uma e outra. Esse entendimento, porém, não tem vingado nos tribunais superiores, cristalizando-se, no Superior Tribunal de Justiça, a compreensão de que, tratando-se de diligência que se acha ao alcance do Ministério Público, cabe a esse órgão, embasado nos poderes que a lei lhe confere, requisitar diretamente a diligência, sendo prescindível, nesse caso, a intermediação do Poder Judiciário. Somente quando demonstrada a incapacidade ou impossibilidade do *parquet* em ver atendida sua requisição é que se mostra cabível o requerimento judicial. Faz-se a ressalva, contudo, para os casos em que se busca a quebra de algum direito assegurado pela Constituição, quando aí não haverá alternativa senão a obtenção da prévia autorização judicial.

Limites – Conquanto se preveja, expressamente, a possibilidade de requisição do Ministério Público, é de se destacar que esse poder se submete, obrigatoriamente, aos termos da Constituição, que assegura o sigilo fiscal e bancário do indivíduo, cuja quebra somente se admite por meio de ordem judicial. Não há de se tolerar ao Ministério Público, assim, a possibilidade de, por exemplo, requisitar à Receita o envio de declarações de imposto de renda de um investigado, por se tratar de documento protegido pelo sigilo fiscal. Tampouco de dirigir-se a um banco requisitando o envio de dados que possam importar em violação do sigilo bancário. Em ambas as hipóteses – insistimos – a prévia ordem judicial se imporá, sob pena de configuração da ilicitude da prova.

Requisição direta de dados e comunicações a empresas de tecnologia – Em 23 de fevereiro de 2023, por unanimidade, o STF julgou parcialmente procedente o pedido formulado na ADC 51, de relatoria do Ministro Gilmar Mendes, e decidiu ser possível a solicitação direta de dados e comunicações eletrônicas das autoridades nacionais a empresas de tecnologia, nas específicas hipóteses do art. 11 do Marco Civil da Internet e do art. 18 da Convenção de Budapeste, ou seja, nos casos de atividades de coleta e tratamento de dados no país, de posse ou controle dos dados por empresa com representação no Brasil e de crimes cometidos por indivíduos localizados em território nacional. O STF ainda comunicou a decisão ao Poder Legislativo e ao Poder Executivo, para que adotem as providências necessárias ao aperfeiçoamento do quadro legislativo, com a discussão e a aprovação do projeto da Lei Geral de Proteção de Dados para Fins Penais (LGPD Penal) e de novos acordos bilaterais ou multilaterais para a obtenção de dados e comunicações eletrônicas, como, por exemplo, a celebração do Acordo Executivo definido a partir do Cloud Act.

A decisão é importante por consolidar a aplicação do art. 11 do Marco Civil da Internet e precedentes do STJ que já admitiam essa solicitação direta sem o uso dos tratados de cooperação internacional.

Vamos lembrar que o referido art. 11 determina que, em qualquer operação de coleta, armazenamento, guarda e tratamento de registros, de dados pessoais ou de comunicações por provedores de conexão e de aplicações de internet em que pelo menos um desses atos ocorra em território nacional, deverão ser obrigatoriamente respeitados a legislação brasileira e os direitos à privacidade, à proteção dos dados pessoais e ao sigilo das comunicações privadas e dos registros. Basta, para aplicação da regra, que os dados sejam coletados no território nacional e, em caso de envolverem comunicação, desde que pelo menos um dos terminais esteja localizado no Brasil. O art. 11, ademais, é expresso em incluir na regra as atividades realizadas por pessoa jurídica sediada no exterior, uma vez que oferte serviço ao público brasileiro ou pelo menos uma integrante do mesmo grupo econômico possua estabelecimento no Brasil.

Caso a referida regra fosse declarada inconstitucional, qualquer dado que se quisesse obter de provedor situado no exterior, como o Facebook e Instagram, em investigação ou processo criminal, haveria a necessidade de se utilizar os tratados de cooperação jurídica mútua (especificamente, considerando a sede dessas empresas, o Acordo de Assistência Judiciária em Matéria Penal celebrado entre os Governos do Brasil e dos EUA – MLAT, aprovado pelo Decreto n. 3.810/2001), que, não obstante terem sido celebrados para facilitar a cooperação, evitando-se a utilização das vetustas cartas rogatórias, ainda assim são instrumentos que trazem consigo alguma burocracia e procrastinação na obtenção da informação desejada. E, no que tange aos dados contidos na internet, a pressa não é inimiga da perfeição.

Portanto, o MLAT ainda pode ser usado para obtenção de provas, pois a ADI 51 não os considerou inconstitucionais, mas, no que tange a esse tipo de dado, não é mais a única forma de obtê-lo.

De outra parte, a decisão do STF consolida aquilo que o STJ vinha decidindo sobre o tema, inclusive, com imposição de astreintes, ou seja, multa a essas empresas estrangeiras pelo descumprimento da ordem de fornecimento dos dados (vide: REsp 1568445/PR, Rel. Ministro ROGERIO SCHIETTI CRUZ, Rel. p/ Acórdão Ministro RIBEIRO DANTAS, TERCEIRA SEÇÃO, julgado em 24/06/2020, DJe 20/08/2020; RMS 61.717/RJ, Rel. Ministra LAURITA VAZ, SEXTA TURMA, julgado em 02/03/2021, DJe 11/03/2021; AgRg no RMS 65.291/MG, Rel. Ministro FELIX FISCHER, QUINTA TURMA, julgado em 23/03/2021, DJe 05/04/2021).

Corretamente, o STJ já vinha observando que os meios tecnológicos atuais, especialmente em se tratando de empresas que controlam diversos serviços (p. ex.: Meta, Alphabet), permitem que se tenha acesso a dados armazenados em qualquer parte do mundo, onde quer que se tenha acesso à internet, de modo que o fato de os dados estarem fisicamente armazenados no exterior não constitui motivo válido para negar seu fornecimento. Afinal, considerando o estágio tecnológico presente, parece bastante óbvio que uma filial brasileira dessas empresas possui total possibilidade de acesso aos dados que se encontram guardados nos servidores e dispositivos de armazenamento, ainda que terceirizados por elas.

Sobre a licitude do compartilhamento de informações entre o Ministério Público e autoridades fiscais e de inteligência financeira, remetemos o leitor ao tópico específico nos comentários ao art. 157 do CPP.

JURISPRUDÊNCIA

Quando é cabível negar a requisição

"O descumprimento da requisição do Ministério Público não se mostra injustificável, pois evoca direito constitucionalmente erigido, o da não auto-incriminação, que atua como limitador da atuação do Estado. Em conseqüência, entendendo os pacientes que a documentação requisitada pelo Ministério Público pode conduzir à auto-incriminação, ainda que em decorrência de eventuais desdobramentos dos fatos investigados, devem ter assegurado o direito ao silêncio, de modo que não sejam compelidos pela autoridade coatora, em decorrência de ameaça de prisão em flagrante por crime de desobediência e/ou de "recusa, retardamento ou omissão de dados técnicos indispensáveis à propositura da ação civil" (art. 10 da Lei 7.347/85), a apresentar qualquer tipo documento que possa incriminá-los" (TRF – 1ª. Reg. – HC nº 34201- PA – Rel. Assusete Magalhães, j. 02.09.2008, DJ 24.10.2008, p. 61).

Requisição não pode importar em quebra do sigilo fiscal

"A requisição de cópias das declarações de imposto de renda do investigado, feita de forma unilateral pelo Ministério Público, se constitui em inequívoca quebra de seu sigilo fiscal, situação diversa daquela em que a autoridade fazendária, no exercício de suas atribuições, remete cópias de documentos ao *parquet* para a averiguação de possível ilícito penal. A quebra do sigilo fiscal do investigado deve preceder da competente autorização judicial, pois atenta diretamente contra os direitos e garantias constitucionais da intimidade e da vida privada dos cidadãos. As prerrogativas institucionais dos membros do Ministério Público, no exercício de suas funções, não compreendem a possibilidade de requisição de documentos fiscais sigilosos diretamente junto ao Fisco. Devem ser desentranhadas dos autos as provas obtidas por meio ilícito, bem como as que delas decorreram" (STJ – RHC n° 20329- PR – Rel. Jane Silva, j. 04.10.2007, DJ 22.10.2007, p. 312).

Requerimento de diligências pelo MP

a) cabível se o MP não pode realizá-las

"A Constituição Federal preceituou acerca do poder requisitório do Ministério Público para que pudesse exercer, da melhor forma possível, as suas atribuições de 'dominus litis' e a defesa da ordem jurídica, do regime democrático e dos interesses sociais e individuais indisponíveis. Ressalte-se que o referido poder conferido ao Parquet não impede o requerimento de diligências ao Poder Judiciário, desde que demonstre a incapacidade de sua realização por meios próprios. Precedentes" (STJ – REsp n° 820862-SC, Rel. Laurita Vaz, RT 856/558).

b) incabível se o MP pode fazê-las

"O Ministério Público é titular do poder de requisição de diligências investigatórias necessárias ao cumprimento do seu papel institucional (arts. 129, VIII, da Constituição Federal; 7º, II, da Lei Complementar n. 75/1993; e 47 do Código de Processo Penal). Não haverá impedimento à solicitação de tais diligências ao Judiciário, uma vez demonstrada sua incapacidade em realizar, por meios próprios, determinada providência. Precedentes. Na espécie dos autos, a diligência requerida consiste na requisição de certidão de antecedentes criminais. Entretanto, o Parquet não demonstrou a incapacidade de praticar o ato, razão pela qual não se evidencia ofensa a direito líquido e certo do recorrente." (STJ – AgRg no RMS n. 58.694/MS, relator Ministro Ribeiro Dantas, Quinta Turma, julgado em 25/6/2019, DJe de 1/7/2019.)

Art. 48. A queixa contra qualquer dos autores do crime obrigará ao processo de todos, e o Ministério Público velará pela sua indivisibilidade.

Princípio da indivisibilidade – Conforme analisamos nos comentários ao art. 30, nos crimes de ação penal privada, a decisão de processar cabe exclusivamente ao ofendido, segundo sua conveniência e oportunidade. Mas, a partir do momento em que resolve processar, deve ajuizar a queixa-crime contra *todos* os autores do crime. É o que se extrai deste dispositivo. Em outras palavras, ou processa todos ou não processa ninguém. Evita-se, assim, que o processo se preste como instrumento de vingança da vítima contra alguns dos autores do crime, contra quem promove a ação, enquanto exclui outros que igualmente cometeram o delito.

Crítica à ação penal de iniciativa privada – Interessante discussão doutrinária se debruça sobre estudo da ação penal privada. De um lado, aqueles que a repudiam, eis que – argumentam – se presta, quase sempre, como mera retaliação do ofendido que, tendo experimentado as consequências do crime, age movido pela vingança, "a mais feroz e anticristã das paixões", no dizer de Borges da Rosa, citando João Mendes (ob. cit., p. 121). Em posição inversa, há quem sustente que, à vítima, deve-se conceder a mais absoluta liberdade para processar seu algoz, chegando mesmo a admitir essa possibilidade quando, por exemplo, já arquivado o inquérito policial pelo Ministério Público, cujo monopólio da acusação, entendem, seria demasiado. Cremos que nossa legislação andou bem ao tomar como regra a ação penal pública, deixando a iniciativa privada para casos específicos. Além disso, a possibilidade de controle do princípio da obrigatoriedade pela vítima, por meio da previsão da ação penal privada subsidiária da pública (art. 29), se constitui em instrumento que mitiga a exclusividade da ação penal pública conferida ao *parquet*.

Cautela ao exigir o processo contra todos – Certo cuidado, porém, deve ser adotado quando da exegese do dispositivo em análise. De sorte que a obrigatoriedade de se processar a todos se exige desde que o ofendido saiba, de antemão, quem foram *todos* os autores do delito. Pode ocorrer, por exemplo, que, caluniado por diversas pessoas, em um ambiente público, a vítima não consiga apontar, exatamente, todos os seus ofensores. Nada impede, neste caso, que oferte a queixa-crime apenas contra aqueles que pôde identificar. O que não se tolera – insistimos – é que o ofendido exclua algum dos agentes, sabendo, de antemão, que ele perpetrou o delito. Aliás, é o mesmo que se verifica em uma ação penal pública. Suponha-se que em um crime de furto tentado, perpetrado por quatro agentes, um deles consiga fugir à ação policial, sendo que apenas três tenham sido presos em flagrante. O fato de não ter sido identificado essa quarta pessoa, não se constituirá em impedimento para que o Ministério Público denuncie os outros três agentes.

Aditamento pelo Ministério Público – Dispõe, ainda, o artigo em análise que caberá ao Ministério Público velar pela indivisibilidade da ação penal privada, enquanto que o art. 45 faculta ao *parquet* aditar a queixa. Daí se indagar se é admissível ao Ministério Público aditar a queixa para incluir coautor ou partícipe do crime que foi omitido pelo querelante. Exemplificando: a vítima foi caluniada através de um artigo publicado na imprensa, de autoria de A, B e C. Promove, então, queixa contra A e B. Poderia o *parquet* aditar a queixa para nela incluir C? Para a maioria da doutrina a resposta é negativa, pois processar C depende, como visto, da conveniência e oportunidade da vítima (querelante).

A forma, portanto, do Ministério Público velar pela indivisibilidade, nesse caso, se dará através de um pedido para que o querelante, à vista do que consta dos autos, inclua em sua queixa-crime, em aditamento, o agente C. Mantida a inércia do querelante, deverá o *parquet* se manifestar pelo reconhecimento da renúncia tácita do ofendido em relação ao C que, por consequência, se estenderá ao A e B, a teor do art. 49 do código, impondo a extinção da punibilidade de todos os agentes, segundo disposto no art. 107, inc. V, do Código Penal.

Haverá quem indague, porém, qual o alcance então do art. 45 do código que, com todas as letras, autoriza o Ministério Público a aditar a queixa-crime ofertada pela vítima. O entendimento que prevalece é no sentido de ser cabível o aditamento apenas para que o Ministério Público corrija algum defeito formal da queixa, como, *v.g.*, a capitulação do crime, a qualificação dos querelados, etc., mas não para incluir eventual autor do delito não mencionado pelo querelante. Atentaria mesmo contra os princípios que regem a ação penal privada permitir que o Ministério Público, que não detém a titularidade da ação, pudesse agir para incluir corréu que, conscientemente, foi excluído pelo queixoso. Nesse sentido a jurisprudência colacionada ao art. 35 acima. O prazo para esse aditamento formal é de três dias, nos termos do disposto no art. 46, § 2° acima.

Lembre-se, ainda, que essa limitação imposta ao Ministério Público, quanto ao alcance do aditamento, se refere apenas à ação penal exclusivamente privada, cujo titular privativo é o ofendido. Já quando se tratar de ação penal privada subsidiaria da pública, em que a vítima assumiu a titularidade em decorrência da inércia do *parquet*, este órgão é livre para aditar a queixa, inclusive para incluir agentes que tenham sido omitidos na inicial, como se depreende do art. 29 do código.

JURISPRUDÊNCIA

Quando se viola o princípio da indivisibilidade

"Não há como receber a queixa-crime, porquanto se evidencia a ocorrência da extinção da punibilidade dos Querelados em razão da indevida cisão da acusação privada, que deixou de incluir no polo passivo o outro signatário da peça processual considerada, segundo o querelante, ofensiva à sua honra" (STJ – APn n° 676-MT, Rel. Laurita Vaz, j. 06.06.2012, DJe 20.06.2012).

"A renúncia ao exercício do direito de queixa, em relação a alguns autores do crime, posto tratar-se de uma Chapa Eleitoral, composta por quase 70 (setenta) membros, a todos se estenderá, em razão do princípio da indivisibilidade da ação penal privada. Inteligência do art. 49, do Código de Processo Penal. Incide, portanto, à espécie, a causa extintiva da punibilidade prevista no art. 107, inciso V, do Código Penal" (STJ – HC n° 15989-RJ, Rel. Jorge Scartezzini, j. 06.11.2001, DJ 04.02.2002, p. 431).

Quando se admite a exclusão

"Não afronta o princípio da **indivisibilidade da ação penal privada** a ausência de oferecimento de queixa-crime contra todos os internautas que proferiram ofensas contra o querelante, pois não há hipótese de coautoria ou participação nesse caso, e sim existência de delitos autônomos. Precedente da Corte Especial." (STJ – AgRg no RHC n. 159.718/PR, relator Ministro Ribeiro Dantas, Quinta Turma, julgado em 17/5/2022, DJe de 20/5/2022.)

"Em face do princípio da **indivisibilidade da ação penal privada,** previsto no art. 48, do CPP, há a obrigação de o ofendido, ao optar pelo processamento dos autores da infração, fazê-lo em detrimento de todos os envolvidos. Não obstante, quando várias pessoas denigrem a imagem de alguém, via internet, cada uma se utilizando de um comentário, não há coautoria ou participação, mas vários delitos autônomos, não havendo de se falar em renúncia tácita." (STJ – APn n. 613/SP, relator Ministro Og Fernandes, Corte Especial, julgado em 20/5/2015, DJe de 28/10/2015.)

Inexistência de indivisibilidade na ação penal pública

a) incondicionada

"Embora parcela da doutrina sustente a aplicabilidade do princípio da indivisibilidade às ações penais públicas, prevalece na jurisprudência dos Tribunais Superiores o entendimento pelo que tal postulado só incide nas ações penais privadas. Precedentes do STJ e do STF. No caso dos autos, observa-se que o titular da ação penal, de posse dos elementos de informação colhidos na fase inquisitorial, entendeu que os possíveis coautores do crime de estelionato não teriam agido com culpabilidade, motivo pelo qual não os denunciou, requerendo o arquivamento do inquérito policial quanto a eles, o que foi homologado pelo togado sentenciante. Ora, se o Ministério Público, a quem compete privativamente promover a ação penal pública, entendeu não ser cabível a instauração de processo criminal contra determinadas pessoas, as quais não teriam agido com culpabilidade, entendimento que foi confirmado pelo Juiz responsável pelo feito, impossível considerar a denúncia ofertada nos autos inepta" (STJ – HC n° 218042-SP, Rel. Jorge Mussi, j. 05.03.2013, DJe 12.03.2013).

b) condicionada à representação

"Por se tratar de ação pública incondicionada, o fato de, eventualmente, existirem outros agentes não denunciados, que teriam participado dos crimes em questão, não induz à anulação do processo já instaurado, porquanto os princípios da indivisibilidade e da obrigatoriedade da ação penal não obstam o ajuizamento, em separado, de outra ação pelo Ministério Público, ou mesmo o aditamento da denúncia, em momento oportuno, depois de coligidos elementos suficientes para embasar a acusação" (STJ – HC n° 59302-PE, Rel. Laurita Vaz, j. 18.12.2007, DJ 07.02.2008, p. 1).

Art. 49. A renúncia ao exercício do direito de queixa, em relação a um dos autores do crime, a todos se estenderá.

Renúncia – Consiste na desistência do direito de ação pela vítima. De sorte que, *antes* de ajuizada a ação, tácita ou expressamente, o ofendido revela que não irá propô-la. Pressupõe, portanto, que a queixa não tenha sido ainda ofertada e nisso difere do perdão que ocorre, exatamente, *depois* de iniciada a ação penal. Outro fator distintivo entre ambos os institutos é que a renúncia independe da aceitação do suposto autor do delito, enquanto que o perdão necessita dessa aceitação (art. 51). Vale observar que, sendo vários os autores do crime, a renúncia em relação a um deles, seja expressa ou tácita, se estende a todos os demais, conforme aqui disposto. Cuida-se de desdobramento do princípio da indivisibilidade que, como visto no artigo anterior, tem plena aplicação nas ações penais privadas.

Em resumo:

Renúncia	Perdão do ofendido
Decorrente do princípio da oportunidade	Decorrente do princípio da disponibilidade
Ato unilateral	Ato bilateral
Cabível, em regra, em AP Privada (exceção – Lei nº 9.099/95, abrangendo a AP Pública condicionada)	Cabível apenas na AP Privada
Obsta a formação do processo penal	Pressupõe processo penal em curso
É sempre extraprocessual	Pode ser extraprocessual ou processual

JURISPRUDÊNCIA

Renúncia tácita

"Nos termos do princípio da oportunidade, cabe ao autor optar por oferecer ou não a queixa-crime, mas se optar pelo oferecimento, deve obrigatoriamente processar todos os autores do delito, sob pena de restar caracterizada a **renúncia tácita** ao direito de queixa e a extinção da punibilidade, estendida aos demais coautores (art. 49 do CPP e art. 107, V, do Código **Penal**)." (STJ – APn n. 971/DF, relatora Ministra Nancy Andrighi, Corte Especial, julgado em 21/9/2022, DJe de 27/9/2022.)

Art. 50. **A renúncia expressa constará de declaração assinada pelo ofendido, por seu representante legal ou procurador com poderes especiais.**

Parágrafo único. A renúncia do representante legal do menor que houver completado 18 (dezoito) anos não privará este do direito de queixa, nem a renúncia do último excluirá o direito do primeiro.

Renúncia expressa – É aquela lançada por meio de uma declaração assinada pela vítima ou por seu procurador, a quem deverá conferir poderes especiais para fazê-lo. Este procurador não será, obrigatoriamente, um advogado, mas simplesmente alguém em favor de quem a vítima outorgou poderes para representá-lo, especialmente no que se refere à renúncia. De sorte que, se antes de deflagrada a ação penal privada, a vítima, por escrito, abre mão de seu direito de ofertar queixa-crime, estará automaticamente configurada a renúncia e, como tal, extinta a punibilidade do agente, na dicção do art. 107, inc. V do Código Penal. Nisto difere da renúncia tácita, tratada no art. 57 abaixo, que não se manifesta por escrito, mas pela prática, pelo ofendido, de algum ato incompatível com a intenção de processar seu ofensor.

É intuitivo que a renúncia aqui mencionada somente se admite para os delitos de ação penal exclusivamente privada, dela não se cogitando, pois, para as ações penais privadas subsidiárias da pública, cuja titularidade foi perdida pelo Ministério Público por conta de sua inércia. Qualquer ato de disposição do processo, pelo querelante, nessa espécie de ação, ensejará a retomada do feito pelo *parquet*, nos termos do art. 29. Tratando-se, portanto, de ação penal pública (incondicionada ou condicionada à representação ou à requisição do Ministro da Justiça), não se admitirá a renúncia.

ATENÇÃO - Nas infrações penais de menor potencial ofensivo, a renúncia também pode operar-se nos casos perseguidos mediante ação penal pública condicionada, nos exatos termos do que dispõe o art. 74, parágrafo único, da Lei 9.099/95.

Revogação do parágrafo único – Previa esse dispositivo, quanto à renúncia, dois direitos autônomos, a saber, o da vítima que contasse mais de 18 anos de idade (que pelo Código Civil de 1916, era considerado parcialmente capaz), e, ao mesmo tempo, o de seu representante legal, até que o ofendido adquirisse plena capacidade, a partir dos 21 anos. Esse dispositivo acha-se revogado. Como já alertamos em diversas oportunidades, o Código Civil em vigor, no art. 5º, conferiu plena capacidade ao maior de 18 anos para os atos de sua vida civil. Sendo assim, não há mais lugar para a convivência, a um só tempo, de dois prazos, um para o menor de 18 anos e outro para seu representante legal, como previsto neste parágrafo único.

JURISPRUDÊNCIA

Inaplicabilidade da renúncia na ação penal pública

"A morte da vítima não tem o condão de fulminar a ação penal, mormente porquanto o crime previsto no art. 129, §9º, do Código Penal procede-se mediante **ação penal pública** incondicionada, sendo dispensável e irrelevante a **renúncia** ou retratação da ofendida." (STJ – AgRg no HC n. 562.527/PR, relator Ministro Antonio Saldanha Palheiro, Sexta Turma, julgado em 9/3/2021, DJe de 15/3/2021.)

A renúncia só é admitida antes de ajuizada a ação penal

"A **renúncia tácita** pressupõe que o querelante pratique ato incompatível com o desejo de processar o ofensor, que se consuma antes do oferecimento da queixa-crime. No caso, a queixa-crime foi oferecida e a conversa civilizada ocorreu em programa de rede nacional, um ato que, apenas por sua existência, não configura uma **renúncia tácita**." (STJ – RHC n. 48.216/RJ, relator Ministro Sebastião Reis Júnior, Sexta Turma, julgado em 15/5/2018, DJe de 24/5/2018.)

"Assente nesta Corte que, "Nos termos do art. 16 da Lei nº 11.340/06, 'nas **ações penais públicas** condicionadas à representação da ofendida de que trata esta Lei, só será admitida a **renúncia** à representação perante o juiz, em audiência especialmente designada com tal finalidade, antes do recebimento da denúncia e ouvido o Ministério Público (...)" (HC n. 196.592/DF, Quinta Turma, Rel. Min. Jorge Mussi, DJe de 4/5/2011)." (STJ – RHC n. 161.470/RJ, relator Ministro Jesuíno Rissato (Desembargador Convocado do TJDFT), Quinta Turma, julgado em 29/3/2022, DJe de 5/4/2022.)

Art. 51. O perdão concedido a um dos querelados aproveitará a todos, sem que produza, todavia, efeito em relação ao que o recusar.

Perdão – Representa a desistência do querelante da ação penal privada que promoveu, por ter desculpado o querelado. Só é possível, portanto, depois de iniciada a ação penal. Pode ser, também, expresso ou tácito (art. 106, *caput*, do Código Penal), adotando-se, aqui, a mesma explicação acima mencionada quanto á renúncia (art. 49). É causa de extinção da punibilidade (art. 107, inc. V, do Código Penal), desde que aceito.

Com efeito, nos termos do dispositivo em análise do inc. III, do art. 106, do Código Penal, o perdão depende da aceitação do querelado. Assim, num exemplo, se o querelante processou vários querelados e depois os perdoou, caso um deles não aceite o perdão, o processo deverá continuar em relação a ele (v., abaixo, o item, *aceitação do perdão*).

Também o perdão em relação a um dos querelados se estende aos demais (art. 106, inc. I, do CP e 51 do CPP). O perdão pode ser concedido pela própria vítima. Se contar menos de 18 anos, por seu representante legal. Se for mentalmente enfermo ou retardado mental, por seu curador (fls. 53 do CPP). Com o advento do novo Código Civil, entendemos que não foram recepcionados os arts. 52 e 54 do CPP. Assim, sendo o ofendido maior de 18 anos, somente ele pode perdoar. Contando menos de 18 anos, pode seu representante legal fazê-lo. O perdão pode ser *processual*, quando formulado em juízo, ou *extraprocessual* (art. 59 do CPP), quando deduzido fora do processo.

Só há que se cogitar do perdão quando se tratar de ação penal *exclusivamente* privada. Nas ações penais privadas *subsidiárias* da pública, de que trata o art. 29 do código, quando o crime, na origem, se processava mediante ação penal pública, mas, pela inércia do Ministério Público, assumiu a titularidade a vítima, não há que se falar em perdão. Com efeito, aqui prevalece não a vontade do ofendido, que pode ou não processar, mas o interesse estatal na apuração do crime e punição de seu autor. Não teria cabimento que, por exemplo, em um crime de sequestro, cujo processo, dada à inércia do Ministério Público, foi deflagrado mediante queixa, pudesse a vítima perdoar o agente. Nesse caso, verificada a "negligência do querelante", cumpre ao *parquet* "retomar a ação como parte principal", nos termos do art. 29 do código. Tampouco é cabível o perdão nas ações penais públicas condicionadas à representação, após a oferta de denúncia pelo Ministério Público.

Aceitação do perdão – Ao contrário do que ocorre na renúncia, o perdão, para ter validade, necessita da aceitação do querelado. Caso sejam vários os querelados, a aceitação do perdão por alguns deles e a negativa por outros, implicará na continuidade do feito somente em relação a estes últimos. A razão para a existência dessa ressalva vem bem-apanhada por Espínola Filho, ao destacar que "este [o querelado] pode ter interesse próprio em ver proclamada, com a absolvição, sua inocência e, ainda, de efetivar a apuração da responsabilidade, até criminal, do querelante, que tenha agido de má-fé, imputando-lhe falsamente um delito" (ob. cit., vol. I, p. 452).

Mas a recusa do perdão, pelo querelado, não possui qualquer aplicação prática, pois, ainda assim, nada impede que o querelante abandone o processo, dando ensejo à perempção, prevista no art. 60 do código. Explicamos melhor: suponha-se que, deflagrado o processo criminal, o querelante proponha perdão ao querelado, que, todavia, não é aceito. Deveria o feito, então, prosseguir, nos termos deste dispositivo em exame. Ocorre que, basta o querelante, por exemplo, deixar de promover o andamento do feito (art. 60, inc. I, do CPP), ou se ausentar, sem motivo, de qualquer ato do processo (art. 60, inc. III, do CPP), para se operar a perempção e a consequente extinção da punibilidade do agente (art. 107, inc. IV do Código Penal).

Em resumo:

Perdão	Aceitação	Recusa
Processual (no bojo dos autos)	Processual (no bojo dos autos)	Processual (no bojo dos autos)
Extraprocessual (fora dos autos, numa entrevista de jornal, por exemplo). CUIDADO: pressupõe processo em curso	Extraprocessual (fora dos autos, numa entrevista de jornal, por exemplo). CUIDADO: pressupõe processo em curso	Extraprocessual (fora dos autos, numa entrevista de jornal, por exemplo). CUIDADO: pressupõe processo em curso
Expresso	Expressa	Expresso
Tácito	Tácita	NÃO EXISTE A FORMA TÁCITA, pois o silêncio implica em aceitação.

Impossibilidade do perdão após o trânsito em julgado da sentença condenatória – Dispõe o art. 105, § 2º, do Código Penal, que "não é admissível o perdão depois que passa em julgado a sentença condenatória". Da inteligência desse dispositivo é possível concluir que o perdão tem cabimento desde o recebimento da queixa-crime até o trânsito em julgado da condenação, sendo viável, inclusive, em grau de recurso. É que, embora a iniciativa da ação penal e o impulso do processo-crime sejam incumbências do querelante, a partir do momento em que se forma o título judicial, decorrente da condenação definitiva, o Estado assume seu papel na execução da pena. Na ação penal privada, o Estado transfere ao particular o *jus accusationis*, mas, com a condenação definitiva, torna-se titular exclusivo do direito de executá-la, irrelevante, nessa fase, a vontade do querelante. É bem por isso que, em sede de execução penal, não se admite a figura do assistente de acusação. Tais conclusões reforçam a impressão que lançamos nos comentários ao art. 30, sob a rubrica *ação penal privada*, no sentido de que, no fundo, todas as ações penais são públicas, já que a resposta, em forma de sentença, virá sempre do Estado-Juiz. A distinção entre pública e privada refere-se, tão somente, à sua titularidade.

JURISPRUDÊNCIA

Inaplicabilidade do perdão na ação penal pública

"Nos termos do art. 105 do Código Penal, 'o perdão do ofendido, nos crimes em que somente se procede mediante queixa, obsta ao prosseguimento da ação', logo, é de se concluir que a referida causa extintiva de punibilidade somente tem efetiva aplicabilidade nas ações penais exclusivamente privadas, já que na ação penal pública condicionada à representação, ao ser proposta, a titularidade é de imediato transferida ao órgão ministerial, não mais dela dispondo a parte" (STJ – RHC nº 98065-MA, Rel. Jorge Mussi, j. 21.09.2010, DJ 16.11.2010).

Art. 52. **Se o querelante for menor de 21 e maior de 18 anos, o direito de perdão poderá ser exercido por ele ou por seu representante legal, mas o perdão concedido por um, havendo oposição do outro, não produzirá efeito.**

Revogação do dispositivo – Este dispositivo previa a possibilidade do perdão, contando o querelante entre 21 e 18 anos, ser concedido pela própria vítima incapaz ou por seu representante legal. Temos por revogado esse artigo, pelas mesmas razões elencadas quando da análise acima do art. 34 do código, ao qual remetemos o leitor. É que, com o advento do Código Civil em vigor (Lei nº 10.406/2001), foi conferida capacidade plena para o maior de 18 anos (art. 5°), antes prevista apenas para o maior de 21 anos, razão pela qual, para perdoar, o maior de 18 anos, porque plenamente capaz, não mais necessita da concordância de seu representante legal.

Art. 53. **Se o querelado for mentalmente enfermo ou retardado mental e não tiver representante legal, ou colidirem os interesses deste com os do querelado, a aceitação do perdão caberá ao curador que o juiz lhe nomear.**

Curador – O perdão, como ato de manifestação de vontade, presume a plena capacidade mental daquele que irá aceitá-lo ou recusá-lo. Caso suporte alguma enfermidade ou problema de ordem mental que não o autorize a exprimir livremente sua vontade, deverá ser nomeado um curador, a quem cumprirá a análise do pedido de perdão. A mesma providência se impõe no caso do querelado, menor de 18 anos, não contar com representação legal ou, contando, colidirem seus interesses com o do representante legal. Este curador, nomeado pelo juiz, age livremente, podendo, segundo sua vontade, aceitar ou não o perdão. Imaginar-se que ele seria obrigado a negar o pedido de perdão, por agir em nome do curatelado, não parece o mais correto. Fosse assim e o legislador não teria exigido sua nomeação, bastando afirmar que nas hipóteses aqui elencadas, de incapacidade, a possibilidade do perdão seria vedada. Será, pois, na análise do caso concreto que o curador emitirá livremente sua vontade. Os casos de aplicação desse dispositivo, na prática, são desconhecidos, o que torna quase que acadêmico o debate.

Art. 54. **Se o querelado for menor de 21 anos, observar-se-á, quanto à aceitação do perdão, o disposto no art. 52.**

Revogação do dispositivo – Aqui não mais se trata de concessão do perdão, prevista no art. 52 acima, mas de sua aceitação. De se ver que, pelas mesmas razões expostas acima, não mais perdura esse dispositivo, frente ao Código Civil em vigor. Para aceitar o perdão, portanto, o querelado que contar menos de 21 anos não necessita da concordância de seu representante legal. Com essa idade, aliás, tem sua plena capacidade preservada, obtida a partir dos 18 anos, não mais se cogitando da necessidade de representação.

Art. 55. O perdão poderá ser aceito por procurador com poderes especiais.

A textualidade do dispositivo fala por si só. Assim como para a oferta da queixa, nos termos do art. 44 do código, são exigidos poderes especiais do procurador, também para a aceitação do perdão tal requisito é de observância obrigatória. De tal forma que, para a aceitação do perdão, tendo o querelado constituído mandatário, esse procurador deve se munir de instrumento (*procuração*), na qual lhe sejam conferidos poderes especiais, devendo constar do instrumento de mandado e com todas as letras, que o mandatário tem poderes para aceitar o perdão, não se prestando a singela *procuração* "ad judicia". Sobre a aceitação do perdão, v. acima art. 51.

Art. 56. Aplicar-se-á ao perdão extraprocessual expresso o disposto no art. 50.

Confiram-se os comentários ao art. 50, *supra*.

Art. 57. A renúncia tácita e o perdão tácito admitirão todos os meios de prova.

Renúncia e perdão tácitos – Dispõe o art. 105 do Código Penal, que o perdão do ofendido (desde que aceito) obsta o prosseguimento da ação penal, dando ensejo à extinção da punibilidade, nos termos do art. 107, inc. V, do mesmo *codex*. O mesmo dispositivo prevê a extinção da punibilidade decorrente da renúncia.

O perdão, segundo o art. 106 do Código Penal, assim como a renúncia, pode ser expresso ou tácito. *Expresso* quando constar de declaração assinada pelo ofendido ou por seu representante legal ou procurador com poderes especiais, dando conta de que não pretende processar seu ofensor (art. 50 do CPP). *Tácito* quando o ofendido pratica algum ato incompatível com o desejo de processar (no caso de renúncia), ou de prosseguir com a ação já deflagrada (na hipótese de perdão). Assim, por exemplo, se a vítima estabelece uma sociedade comercial com o autor do delito ou se o convida para ser padrinho do filho. A jurisprudência reconheceu o perdão tácito na situação em que o querelante foi readmitido em seu emprego pelo querelado, ante a evidente reconciliação entre ambos, manifestada com esse ato (RT 461/354). Não, porém, no caso em que ofendidos por prefeito municipal passaram, após a propositura da queixa, a apoiar sua administração (RT 602/350).

Recebimento de indenização – Não configura renúncia tácita o recebimento, pela vítima, de indenização decorrente do dano causado pelo crime, segundo o parágrafo único do art. 104 do Código Penal. Essa disposição pode ser aplicada, por analogia, às hipóteses de perdão.

> **ATENÇÃO** – Novamente lembramos que, nos Juizados Especiais Criminais, a reparação do dano acarreta a renúncia tácita do direito de representar ou oferecer queixa-crime.

Meios de prova – O dispositivo em análise admite a produção de prova quanto à renúncia ou perdão tácitos. Quando expressos, é óbvia a dispensabilidade de qualquer prova, pois constará de uma declaração nesse sentido que irradia efeitos por si só. Se tácito, porém, pode ser objeto de prova, a ser produzida pelo suposto ofensor (no caso de renúncia), ou pelo querelado (para as hipóteses de perdão). Assim, por exemplo, ao querelado será dado demonstrar, por meio de testemunhas, que após a deflagração da ação penal, o querelante o convidou para prefaciar um livro de sua autoria, a demonstrar, com esse ato, sua incompatibilidade com o desejo de processá-lo. Ou, ainda por prova testemunhal, a ofensora demonstrar que, antes de iniciada a ação penal, foi pedida em casamento pelo ofendido.

JURISPRUDÊNCIA

Renúncia tácita. Configuração

"Nos termos do princípio da oportunidade, cabe ao autor optar por oferecer ou não a queixa-crime, mas se optar pelo oferecimento, deve obrigatoriamente processar todos os autores do delito, sob pena de restar caracterizada a renúncia tácita ao direito de queixa e a extinção da punibilidade, estendida aos demais coautores (art. 49 do CPP e art. 107, V, do Código Penal). O querelante tinha conhecimento da suposta coautoria quando do oferecimento da queixa, impondo-se a rejeição da inicial acusatória, nos termos dos arts. 48 e 395, II, ambos do CPP." (STJ – APn n° 971-DF, Corte Especial, Rel. Min. Nancy Andrighi, j. 21.09.2022).

Impossibilidade de análise por meio de habeas-corpus

"A impossibilidade de se realizar, em sede de habeas corpus, minucioso cotejo do material probatório impede que se aprecie a alegação de extinção de punibilidade pela renúncia tácita, tendo em vista que demandaria a análise da efetiva participação de terceiros, não incluídos na queixa-crime como querelados, na prática do delito" (STJ – RHC n° 10443-SP, Rel. Felix Fischer, j. 03.04.2001, DJ 04.06.2001, p. 188).

Art. 58. Concedido o perdão, mediante declaração expressa nos autos, o querelado será intimado a dizer, dentro de três dias, se o aceita, devendo, ao mesmo tempo, ser cientificado de que o seu silêncio importará aceitação.

Parágrafo único. Aceito o perdão, o juiz julgará extinta a punibilidade.

Sobre a aceitação do perdão, v. acima art. 51.

Art. 59. A aceitação do perdão fora do processo constará de declaração assinada pelo querelado, por seu representante legal ou procurador com poderes especiais.

Perdão extraprocessual – O chamado perdão judicial vem previsto no art. 58, sendo aquele concedido nos próprios autos da ação penal. Mas há a possibilidade, também, conforme previsto no art. 106 do Código Penal, desse perdão se operar fora do processo, quando se diz, então, que ocorreu um perdão extrajudicial. Consiste em uma declaração, sem maiores formalidades, na qual o querelante manifesta seu perdão em relação ao querelado. Exigem-se, apenas, poderes especiais quando tal ato foi praticado por procurador, adotando-se, aqui, asa mesmas explicações lançadas acima ao art. 55.

Art. 60. **Nos casos em que somente se procede mediante queixa, considerar-se-á perempta a ação penal:**

I - quando, iniciada esta, o querelante deixar de promover o andamento do processo durante 30 dias seguidos;

II - quando, falecendo o querelante, ou sobrevindo sua incapacidade, não comparecer em juízo, para prosseguir no processo, dentro do prazo de 60 (sessenta) dias, qualquer das pessoas a quem couber fazê-lo, ressalvado o disposto no art. 36;

III - quando o querelante deixar de comparecer, sem motivo justificado, a qualquer ato do processo a que deva estar presente, ou deixar de formular o pedido de condenação nas alegações finais;

IV - quando, sendo o querelante pessoa jurídica, esta se extinguir sem deixar sucessor.

Perempção – Prevista neste dispositivo, ela importa na perda do direito de prosseguir com a ação penal privada, em sanção aplicada ao querelante que revela desinteresse pelo processo. É também causa de extinção da punibilidade, *ex vi* do disposto no art. 107, inc. IV, do Código Penal. Lembre-se que, ante a impossibilidade de o Ministério Público desistir da ação penal, como visto no art. 42 acima, não se cogita da perempção na ação penal pública e, tampouco, na ação penal privada subsidiária da pública, do art. 29 do *codex*, pois nesta última, em eventual negligência da vítima, cabe ao Ministério Público "retomar a ação como parte principal". Costuma-se apontar um exemplo de perempção não elencado neste dispositivo legal. Ocorre na morte da vítima do crime do art. 236 do Código Penal, cuja ação penal, como visto acima, é personalíssima. Analisemos, em seguida, cada hipótese de perempção:

Sobre a distinção entre decadência e prescrição, v. art. 38 acima, no item *decadência x prescrição*

JURISPRUDÊNCIA

Não há perempção na ação penal privada subsidiária da pública

"Impossível reconhecer a extinção da punibilidade pela perempção em ação penal privada subsidiária de ação penal pública. Em que pese a inércia do Ministério Público, o crime de estupro foi praticado com violência real e grave ameaça, exercida com emprego de arma, impossibilitando qualquer reação da vítima. Inteligência do art. 29 do Código de Processo Penal e da Súmula n.º 608 do Supremo Tribunal Federal" (STJ – RHC nº 26530-SC, Rel. Laurita Vaz, j. 08.11.2011, DJe 21.11.2011).

I - quando, iniciada esta, o querelante deixar de promover o andamento do processo durante 30 dias seguidos;

Inércia do querelante – Há perempção quando iniciada a ação penal, o querelante deixa de promover seu andamento durante 30 dias seguidos, a configurar verdadeiro abandono da causa. Suponha-se que o querelado não tenha sido localizado pessoalmente para fins de citação. Intimado o querelante, ele, no prazo de 30 dias, não se manifesta no processo, deixando de formular qualquer requerimento cabível à espécie (por exemplo, indicando novo endereço do querelado ou requerendo sua citação por edital). Nesse caso, fica evidente o desinteresse revelado pelo querelante quanto ao processo e, por consequência, a ação penal será considerada perempta, extinguindo-se a punibilidade do querelado. Claro que se a movimentação do processo não se deu em virtude de força maior (greve dos servidores do Poder Judiciário, por exemplo), não há que se falar em perempção.

Necessidade de intimação do querelante – Doutrina mais antiga não vislumbrava a necessidade de intimação do querelante para que promovesse o andamento do processo. No exemplo acima, bastaria o despacho para que ele se posicionasse sobre a não localização do querelado, sem necessidade de um outro despacho posterior, mais específico, para que no prazo legal se manifestasse, sob pena de configurada a perempção. Nesse sentido, Bento de Faria, ob. cit., vol. I, p. 155. Pensamos que, por cautela, deva o juiz promover a intimação específica (e pessoal), a exemplo do que se verifica no Código de Processo Civil, a ser aplicado analogicamente ao processo penal (art. 3º do CPP). Dispõe, com efeito, o CPC, em seu art. 485, inc. II, que se extingue o processo, sem julgamento do mérito, quando "ficar parado durante mais de 1 (um) ano por negligência das partes". O § 1º, do mesmo dispositivo, porém, determina a intimação pessoal da parte para que, no prazo de cinco dias, promova o regular andamento do processo. Sobre a necessidade de intimação de outras pessoas para eventual movimentação do feito, v. art. 36 acima.

JURISPRUDÊNCIA

"A **perempção** é causa extintiva de punibilidade das **ações penais privadas** e é verificada nas hipóteses do art. 60 do CPP, as quais tratam de condutas de inércia do querelante que denotam a perda do interesse na persecução penal. Assim, especificamente no caso do inciso I do referido dispositivo legal, só é possível o reconhecimento dessa circunstância quando há negligência da parte em dar andamento ao processo durante 30 dias seguidos. Não há como declarar a extinção da punibilidade do querelado com fundamento no art. 107, IV, do CP se não havia providência a ser tomada pelo querelante necessária ao impulso processual. Na espécie, não houve **perempção,** porquanto, conforme afirmaram as instâncias ordinárias, os autos aguardavam designação de audiência de instrução, de forma que não estava pendente a realização de nenhuma conduta processual atribuível ao querelante, a afastar, portanto, a alegação de sua inércia." (STJ – AgRg no HC n. 724.787/SP, relator Ministro Rogerio Schietti Cruz, Sexta Turma, julgado em 14/6/2022, DJe de 21/6/2022.)

II – quando, falecendo o querelante, ou sobrevindo sua incapacidade, não comparecer em juízo, para prosseguir no processo, dentro do prazo de 60 (sessenta) dias, qualquer das pessoas a quem couber fazê-lo, ressalvado o disposto no art. 36;

Morte do querelante – Ocorrerá a perempção quando, falecendo o querelante ou sendo declarada judicialmente sua incapacidade, as pessoas mencionadas no art. 31 do Código (cônjuge, companheiro, ascendente, descendente ou irmão), não assumirem a titularidade da ação penal privada. Ora, ocorrendo, a morte do querelante ou se ele é declarado incapaz ou, ainda, se ele é considerado ausente por decisão judicial, seus sucessores possuem a faculdade de, querendo, comporem o polo ativo da relação processual. Não temos dúvida em apontar que, nas hipóteses de interdição ou ausência, também o curador poderá se habilitar no feito. Fazemos essa ressalva porque o Código Civil admite, em situações excepcionais, que a curatela recaia sobre um terceiro que não guarde parentesco com o interdito (art. 1.775, § 3º), ou com o ausente (art. 25, § 3º). Cabe a eles, portanto, no prazo de 60 dias, ingressarem no processo, desde que a ação seja exclusivamente privada, pois na ação penal privada personalíssima, já vimos, a morte da vítima acarreta a extinção da punibilidade do autor do fato. Não o fazendo, demonstram inequívoco desinteresse pelo processo, quando então será declarada a perempção da ação penal.

A lei não exige que *todas* as pessoas legitimadas (cônjuge, ascendente, descendente ou irmão), assumam o feito, bastando que apenas um deles o faça, ainda que contra o desejo dos demais. Há, isto sim, uma ordem de preferência, estipulada no art. 36, segundo a qual se, por exemplo, o cônjuge isoladamente assume o feito, não poderá fazê-lo o ascendente.

Notificação dos sucessores – Pensamos desnecessário que o juízo criminal, ante a morte ou incapacidade superveniente do querelante, mande notificar as pessoas listadas no art. 31 para que assumam, no prazo de 60 dias, as rédeas do processo. Como acentua Carlos Frederico Coelho Nogueira, seria demasiado impor-se tal obrigação ao juiz criminal, a quem caberia pesquisar sobre a existência de cônjuge, de ascendente e irmão. Imagine-se, a agravar a situação, que fosse numerosa a prole do falecido, tendo que se descobrir o paradeiro de cada um dos filhos. Ademais, é de se supor que familiares que guardavam tamanha proximidade com o *de cujus*, tivessem conhecimento da queixa-crime por ele promovida e do trâmite do processo judicial. Segundo o mencionado autor, "quando muito, poder-se-ia cogitar de uma intimação da família por edital, com afixação deste no átrio do fórum e publicação pela imprensa, onde houvesse esta e fosse financeiramente possível tal publicação" (ob. cit., p. 744).

Dies a quo – A partir da conclusão acima, no sentido da desnecessidade de qualquer notificação, temos que o prazo para as pessoas listadas no art. 31 assumirem a ação penal, de 60 dias, deve ser contado da data do falecimento do querelante.

III – quando o querelante deixar de comparecer, sem motivo justificado, a qualquer ato do processo a que deva estar presente, ou deixar de formular o pedido de condenação nas alegações finais;

Ausência do querelante – Quando o querelante não comparece a ato relevante do processo se opera a perempção. Comparecendo a todos os atos em que sua presença seja relevante, o autor da ação penal demonstra sua preocupação com o processo. Caso contrário, configura-se o abandono. Mas é preciso que o ato, do qual esteve ausente, seja daqueles nos quais sua presença era mesmo imprescindível. Assim, por exemplo, sua ausência à audiência em que será colhida a prova testemunhal, revela absoluto desinteresse pelo processo e acarreta a perempção. Mas que fique claro: a lei, embora reclame a presença do querelante, não exige que compareça pessoalmente ao ato. Caso tenha constituído patrono que detenha plenos poderem para representá-lo, este pode, por óbvio, fazer-lhe as vezes.

Tentativa de conciliação – Quanto à ausência do querelante à audiência para tentativa de conciliação (em um processo pela prática de crime contra a honra, por exemplo), a doutrina majoritária entende que não é causa de perempção, por não revelar o desinteresse pelo processo, mas sim o desinteresse na conciliação. Acrescente-se a tal argumento, ainda, que, até então, isto é, até a data em que realizada a audiência de conciliação, não há que se falar em relação processual, posto não ter sido ainda recebida a queixa-crime. Não havendo ação penal não há, por consequência, perempção (nesse sentido, STF – HC nº 86942-MG, Rel. Gilmar Mendes, j. 07.02.2006, DJ 03.03.2006, p. 91 e (STJ – REsp nº 605871-SP, Rel. Felix Fischer, j. 15.04.2004, DJ 14.06.2004, p. 274).

Audiência – Ninguém lança dúvida sobre a relevância da audiência, ato no qual, portanto, se exige a presença do querelante. A jurisprudência, contudo, tem mitigado essa impressão. A primeira hipótese ocorre quando da oitiva, por precatória, de testemunhas de defesa. Nesse caso, tem-se entendido desnecessária a presença do autor da ação penal, inclusive por motivos de ordem prática, posto que, em um país de dimensões continentais como o nosso, seria demasiado impor-se ao querelante essa obrigação. Pensar-se de forma diversa daria ensejo, inclusive, a práticas desleais, bastando se imaginar um processo com trâmite em Porto Alegre no qual o querelado arrola uma testemunha para ser ouvida em Manaus (ou, quem sabe, no exterior). Vamos além: nem mesmo de seu advogado, pelas mesmas razões, há que se impor tal conduta. A segunda hipótese na qual se ameniza a obrigação de comparecimento, de criação jurisprudencial, admite que a ausência do querelante possa ser suprida pela presença de seu procurador, regularmente munido de procuração com poderes para tanto (nesse sentido decidiu o STF, como consta de ementa abaixo transcrita).

Interrogatório – Pela disciplina anterior do interrogatório era tida por desnecessária a presença do querelante ao interrogatório, afinal, "a pretendida obrigatoriedade da presença do querelante, por ocasião do interrogatório do querelado, não é exigível, a partir mesmo da impossibilidade de sua intervenção no transcorrer do ato" (TACRIM-SP – Rel. Nélson Schiesari – *RT* 593/360). As profundas alterações trazidas pela Lei nº 10.792/2003, segundo nossa compreensão, mudaram completamente esse panorama, tornando, por consequência, obrigatória tal presença. A um, em virtude de que o querelante, com a alteração, passou a ter uma posição ativa no interrogatório, ante a possibilidade, inclusive, de formular perguntas ao querelado. E, a dois, em função de que, com a reforma processual de 2008, antes da colheita do interrogatório se procede à produção da prova testemunhal, em audiência una, na qual é obrigatória a presença do querelante. De sorte que eventual ausência do querelante importará no reconhecimento da perempção, nos termos do inc. I, do art. 60 do código, que impõe essa sanção de cunho processual "quando o querelante deixar de comparecer, sem motivo justificado, a qualquer ato do processo a que deva estar presente".

É verdade que a hiperconcentração dos atos processuais, com a oitiva de testemunha, vítima e interrogatório do réu em uma única audiência, torna pouco provável a ausência do querelante apenas ao interrogatório. Mas não nos esqueçamos da possibilidade de realização desse ato separadamente, por carta precatória, quando, então, se entende de rigor a presença do autor da ação penal.

Pedido de condenação – O mesmo dispositivo legal trata da perempção quando o querelante, nas alegações finais, deixa de formular o pedido de condenação do querelado. Essa possibilidade decorre do princípio da conveniência e oportunidade já estudado. Afinal, se o ofendido pode dispor da ação penal, nada impede que, encerrada a instrução criminal, em fase de alegações finais, ele requeira a absolvição do querelado. Daí a necessidade do pedido de condenação. Mas isso não significa afirmar que o autor seja obrigado a pedir expressamente, de forma solene e com dizeres sacramentais, a condenação do querelado. Basta sua manifestação, ainda que de forma oblíqua, no sentido de quer ver o querelado condenado. O que não se permite – insistimos – é que o juiz, frente a um pedido de absolvição formulado em sede de alegações finais, condene o réu.

Não apresentação de alegações finais – A não apresentação das alegações finais implica na ausência de um pedido de condenação e, por consequência, acarreta também a perempção. De se ver, porém, que a oferta de alegações finais, por escrito, praticamente não mais subsiste, frente à revogação do art. 500 do CPP. Hoje, com efeito, a manifestação deve, via de regra, ser oral, nos termos dos arts. 403 (procedimento ordinário) e 531 do CPP (procedimento sumário). De tal forma que a oferta de memoriais, em caráter excepcional, é admitida apenas nas hipóteses do § 3°, do art. 403 do CPP. Caso não ofertados pela acusação particular, estará perempta a ação penal privada.

Ausência a sessão de julgamento no tribunal e falta de sustentação oral – As duas situações não induzem à perempção, basicamente sob o argumento de que a lei não prevê a cominação dessa sanção, tratando-se de ato cuja presença do querelante é plenamente dispensável. Calhou ao Supremo Tribunal Federal, relator Celso de Mello, decidir que "a circunstância de o querelante haver deixado de fazer sustentação oral na sessão de julgamento em que o Tribunal apreciou o recebimento da queixa-crime não constitui hipótese configuradora de perempção da ação penal exclusivamente privada (CPP, art. 60, III)" (*RT* 751/515). E, tampouco, a ausência do querelante à sessão de julgamento em algum tribunal (superior ou inferior), vez que sua presença seria de evidente inutilidade.

Não apresentação de contrariedade ao recurso – Suponha-se que, condenado o querelado, ele recorra ao tribunal, sendo que, intimado o querelante para oferta de contrarrazões ao apelo, ele deixe de fazê-lo. Estaria configurada a perempção? Duas interpretações se descortinam. Na primeira, pensa-se que sim, posto que aquele que deixa de responder ao recurso da parte adversa revela, com tal desídia, desinteresse pelo deslinde do feito, exatamente em uma fase crucial, no qual será apreciada a apelação. Oura corrente entende que, essa omissão, não induz à perempção. Comungamos desta segunda opinião. De início porque a lei, em nenhum momento, indica como obrigatória a oferta de contrariedade ao recurso, fazendo menção, apenas, ao pedido de condenação que, antes, já fora formulado pelo querelante. Soma-se a isso o fato de que, se nem mesmo a oferta de razões recursais é obrigatória, admitindo-se, segundo o art. 601 do código, o conhecimento do recurso sem a respectiva motivação, não há justificativa para se reconhecer a perempção em desfavor do querelante que deixou de ofertar as contrarrazões.

ATENÇÃO - Interessante notar que, se tratando de ação penal pública, nada impede que o juiz condene o réu mesmo tendo o Ministério Público pedido sua absolvição (art. 385). Na ação penal privada, ao contrário, caso o querelante deixe de pedir a condenação, o juiz não poderá condenar o querelado, sendo obrigado a reconhecer a perempção, extinguindo a punibilidade do agente (art. 107, inc. IV, do Código Penal).

JURISPRUDÊNCIA

Ausência do querelante à audiência de instrução

"De todo modo, a **perempção** pode ser reconhecida apenas em casos excepcionais, quando o querelante deixar de comparecer, sem motivo justificado, a qualquer ato do processo a que deva estar presente (art. 60, inciso II, do Código de Processo Penal), o que não ocorreu no caso. Não é obrigatória a presença do querelante ou seu procurador em audiência realizada no juízo deprecado ou para oitiva de testemunhas de defesa. Precedentes do Supremo Tribunal Federal." (STJ – RHC n. 26.530/SC, relatora Ministra Laurita Vaz, Quinta Turma, julgado em 8/11/2011, DJe de 21/11/2011.)

Ausência do querelante à tentativa de conciliação. Irrelevância

"É pacífico na jurisprudência que "a **presença do querelante na audiência** preliminar não é obrigatória, tanto por ser ato anterior ao recebimento ou rejeição da queixa-crime, quanto pelo fato de se tratar de mera faculdade conferida às partes". (STF - 2ª Turma, HC 86.942/MG, Rel. Min. Gilmar Mendes, julg. 07.02.2006, DJ 03.03.2006)". (STJ – HC n. 673.798, Ministro Ribeiro Dantas, DJe de 17/08/2021.)

Ausência do querelado à audiência de conciliação. Irrelevância

"Não se verifica nulidade decorrente do não comparecimento dos querelados à audiência de conciliação, se os autos revelam que eles foram devidamente intimados, enviando defensor constituído com poderes especiais" (STJ – RHC n° 12681-SP, Rel. Gilson Dipp, j. 25.05.2004, DJ 02.08.2004, p. 415).

Falta de sustentação oral. Irrelevância

"A circunstância de o querelante haver deixado de fazer sustentação oral na sessão de julgamento em que o Tribunal apreciou o recebimento da queixa-crime não constitui hipótese configuradora de perempção da ação penal exclusivamente privada (CPP, art. 60, III). Qualificando-se a sustentação oral como simples faculdade que se reconhece a qualquer das partes, não está o querelante obrigado a comparecer, para tal específico fim, à sessão de julgamento do Supremo Tribunal Federal" (STF – QC n° 501-DF, Rel. Celso de Mello, j. 27.04.1994, DJ 28.11.1997, p. 62222).

Ausência na oitiva de testemunhas de defesa por precatória. Irrelevância

"Não é obrigatória a presença do querelante ou seu procurador em audiência realizada no juízo deprecado ou para oitiva de testemunhas de defesa. Precedentes do Supremo Tribunal Federal" (STJ – RHC n° 26530-SC, Rel. Laurita Vaz, j. 08.11.2011, DJe 21.11.2011).

Pedido de condenação não expresso na queixa. Irrelevância

"Queixa que, após a narrativa dos fatos, pede a punição do querelado, o que traduz inequívoco pedido de condenação que, apesar de não repetido na parte final da queixa, não basta a torná-la inepta. Ademais, na ação penal privada, o momento em que se deve pedir a condenação – sob pena de perempção – é nas alegações finais" (STF – HC n° 86994-RJ, Rel. Dias Toffoli, j. 14.03.2006, DJ 31.03.2006, p. 18).

Perempção por ausência de pedido de condenação

"Nos casos em que somente se procede mediante queixa, considera-se perempta a ação penal quando o querelante, sem justificativa plausível, deixa de promover o andamento do processo durante trinta dias seguidos e silencia na fase das alegações finais, não formulando o pedido de condenação – incisos I e III do artigo 60 do Código de Processo Penal" (STF – HC n° 69177-RJ, Rel. Néri da Silveira, j. 05.05.1992, DJ 01.07.1992, p. 10557).

Ausência de alegações finais induz à perempção

"Nos processos movidos por queixa, sendo ato substancial a apresentação de alegações finais, com pedido de condenação, julga-se perempta a ação privada, se não oferecida" (TJSP – Rel. Vasconcelos Lema – RT 217/101).

IV – quando, sendo o querelante pessoa jurídica, esta se extinguir sem deixar sucessor.

Extinção da pessoa jurídica – Ocorrerá a perempção quando, sendo querelante pessoa jurídica, esta se extinguir sem deixar sucessor. É possível, assim, que a pessoa jurídica seja autora da ação penal privada como ocorre, por exemplo, no crime de violação de direito autoral, previsto no *caput* do art. 184 do CP, que se processa mediante queixa. Ou, ainda, *v.g.*, quando vítima de difamação por uma concorrente. Caso proposta a ação, a pessoa jurídica, na qualidade de querelante, se extinguir sem deixar sucessores, ocorrerá a perempção. Havendo sucessores, estes terão o prazo de 60 dias (por analogia ao inciso II), para ingressarem no processo. Caso decretada a falência da pessoa jurídica, cumprirá ao administrador se habilitar no polo ativo da relação processual, pois a ele cabe a representação da massa falida em Juízo, nos termos do art. 22, inc. III, "n" da Lei nº 11.101/2005.

A definição de *pessoa jurídica*, de direito público (externo e interno) e de direito privado, são encontradas nos arts. 41, 42 e 44 do Código Civil. Geralmente a pessoa jurídica se extingue por consenso entre os sócios ou quando expirado o prazo de sua duração. Há casos, porém, que a extinção da pessoa jurídica ocorre "pela incorporação ou fusão, e pela cisão com versão de todo o patrimônio em outras sociedades", com consta do art. 219, inc. II da Lei nº 6.404/76, que trata das sociedades anônimas. Nessa hipótese, operando-se a extinção pela fusão com outra sociedade, cabe a esta nova pessoa jurídica assumir o polo ativo na condição de querelante. Ignora-se, na prática, se alguma vez teve aplicação este dispositivo.

Art. 61. Em qualquer fase do processo, o juiz, se reconhecer extinta a punibilidade, deverá declará-lo de ofício.

Parágrafo único. No caso de requerimento do Ministério Público, do querelante ou do réu, o juiz mandará autuá-lo em apartado, ouvirá a parte contrária e, se o julgar conveniente, concederá o prazo de cinco dias para a prova, proferindo a decisão dentro de cinco dias ou reservando-se para apreciar a matéria na sentença final.

Extinção da punibilidade – As causas de extinção da punibilidade se encontram elencadas no art. 107 do Código Penal.

Outras hipóteses – A doutrina, porém, entende que esse rol é meramente exemplificativo, apontando, assim, outras causas que, conquanto não indicadas no dispositivo, ensejam a extinção da punibilidade do agente. Assim, o ressarcimento do dano, antes do trânsito em julgado da sentença, no peculato culposo (art. 312, § 3º do Código Penal). Também no crime do art. 236 do mesmo *codex* ("induzimento a erro essencial e ocultação de impedimento"), a morte do contraente inocente induz a extinção da punibilidade do agente, pois, tratando-se de ação penal privada personalíssima (v. art. 30 acima), somente a vítima pode intentar a queixa-crime, cuja legitimidade, com sua morte, não se estende aos herdeiros. O art. 168-A do Código Penal, que trata do crime do crime de apropriação indébita previdenciária, dispõe em seu § 2º, que é extinta a punibilidade se o agente, espontaneamente, declara, confessa e efetua o pagamento das contribuições, importâncias ou valores e presta as informações devidas à previdência social, na forma definida em lei ou regulamento, antes do início da ação fiscal.

Na legislação extravagante, o art. 74, parágrafo único, da Lei nº 9.099/95 (Juizado Especiais Criminais), prevê que na ação penal de iniciativa privada ou na ação penal pública condicionada à representação, obtido o acordo entre as partes, automaticamente se opera, à vítima, a renúncia ao direito de queixa ou de representação. Mas não se pode afirmar, como indica parte da doutrina, que se trata de uma hipótese não prevista no art. 107 do Código Penal que, em seu inc. V, prevê expressamente a renúncia como uma causa de extinção da punibilidade.

O art. 34 da Lei nº 9.249/95, dispõe que se extingue a punibilidade do agente quando pago o tributo ou a contribuição social antes do recebimento da denúncia, nos casos da Lei nº 8.137/90 e Lei nº 4.729/65, que tratam de crimes contra a ordem tributária.

Cremos que a hipótese do crime de bigamia, prevista no art. 235 do Código Penal, quando anulado o primeiro casamento, "considera-se inexistente o crime" (§ 2º), enseja, em verdade, uma sentença absolutória de mérito, com base no art. 386, inc. III do Código de Processo Penal, por não constituir o fato infração penal. E não uma causa extintiva da punibilidade, como aponta boa parte da doutrina.

Declaração de ofício – Cabe ao juiz declarar, de ofício, extinta a punibilidade do acusado, em qualquer fase do processo. Verificada a extinção da punibilidade quando os autos se encontrem no tribunal, será tarefa desse órgão tal declaração. Assim, por exemplo, morto o réu, não teria cabimento o prosseguimento do processo, sobretudo porque as legislações ocidentais, inclusive a nossa, de há muito impedem que a pena transcenda a pessoa do autor do crime. Eventual continuidade do debate é admissível no campo cível, para fins de reparação do dano, a envolver vítima e herdeiros do falecido, mas não no âmbito penal. Já se decidiu, inclusive, que essa declaração independe mesmo de ter o réu advogado dativo ou constituído (*RT* 207/43).

Em qualquer fase do processo – O vocábulo *juiz*, lançado no dispositivo em exame, deve ser interpretado em seu sentido mais amplo, para abranger, inclusive, Tribunais de Justiça e Tribunais Superiores. Não faria sentido que um tribunal, deparando-se com uma causa extintiva da punibilidade, não pudesse, desde logo, declará-la. Aliás, o Superior Tribunal de Justiça, como se vê de aresto abaixo transcrito, admitiu o reconhecimento da prescrição em sede de embargos de declaração.

Autuação em apartado – A previsão contida no parágrafo único, de autuação em apartado do pedido de extinção de punibilidade, quando provocado por uma das partes, não tem aplicação prática. O procedimento adotado é do art. 62 abaixo, ou seja, por meio de singela cota nos autos, o promotor de Justiça, por exemplo, suscita a decadência do direito de queixa ou a prescrição da pretensão punitiva, e o juiz, muitas das vezes sem nem mesmo ouvir o réu, dá como extinta a punibilidade. Proposto o perdão judicial pelo querelante e sendo ele aceito pelo querelado, seria demasiada a instauração de um apenso, com a possibilidade de produção de prova, para apreciação do pleito. A manifestação do Ministério Público ocorre nos próprios autos da ação penal e a decisão do juiz é também ali lançada. Tudo em homenagem, inclusive, aos princípios da celeridade e economia processual.

Pode ocorrer, no entanto, que questões de maior indagação sejam colocadas. Assim, por exemplo, a prescrição suscitada pelo réu ou a retroatividade da lei que não mais considera o fato como criminoso (art. 107, inc. III do Código Penal). Contas, por vezes, precisam ser feitas para se reconhecer a primeira das causas. Debates envolvendo o direito penal intertemporal podem ser necessários na segunda. Nesses casos se justificaria a transferência da discussão para o apenso, embora, em mais de 20 de prática de Ministério Público, jamais nos deparamos com essa situação.

Recurso – Nos termos do art. 581, inc. VIII, cabe recurso em sentido estrito da decisão que "decretar a prescrição ou julgar, por outro modo, extinta a punibilidade". Caso não reconheça a causa extintiva da punibilidade, também é cabível o mesmo recurso, agora com base no inc. IX do art. 581. Tratam-se de hipóteses de decisões *pro et contra*, isto é, onde o recurso em sentido estrito é permitido quando se decide num ou noutro sentido.

JURISPRUDÊNCIA

"A prescrição é matéria de ordem pública, por essa razão deve ser examinada de ofício, a requerimento do Ministério Público ou do interessado, e, caso reconhecida em qualquer fase do processo, torna prejudicada a questão de fundo" (STF – HC n. 115098-RJ – Rel. Luiz Fux, j. 07.05.2013).

"Nos termos do artigo 61 do Código de Processo Penal, a extinção da punibilidade pode ser reconhecida e declarada em qualquer fase do processo, circunstância que permite a concessão de habeas corpus de ofício" (STJ – RHC nº 37917-SP, Rel. Jorge Mussi, j. 13.08.2013, DJe 23.08.2013).

Embargos de declaração e extinção da punibilidade

"EMBARGOS DE DECLARAÇÃO NO AGRAVO REGIMENTAL NO AGRAVO EM RECURSO ESPECIAL. OMISSÃO. INEXISTÊNCIA. PRESCRIÇÃO DA PRETENSÃO PUNITIVA. OCORRÊNCIA. DECURSO DO LAPSO PRESCRICIONAL. EXTINÇÃO DA PUNIBILIDADE. EMBARGOS ACOLHIDOS Os embargos de declaração são cabíveis somente nas hipóteses de ambiguidade, obscuridade, contradição ou omissão ocorridas no acórdão embargado e são inadmissíveis quando, a pretexto da necessidade de esclarecimento, aprimoramento ou complemento da decisão embargada, objetivam novo julgamento do caso." (STJ – EDcl no AgRg no AREsp 2385113/DF, 6ª Turma, Rel. Min. Rogerio Schietti Cruz, j. 07.11.2023).

Art. 62. No caso de morte do acusado, o juiz somente à vista da certidão de óbito, e depois de ouvido o Ministério Público, declarará extinta a punibilidade.

Morte do agente – A morte do agente, a teor do art. 107, inc. I do Código Penal, é causa da extinção de sua punibilidade. E nem poderia ser diferente. Sendo pessoal a responsabilidade penal do autor do crime, sem a possibilidade de a pena transcender à sua pessoa (art. 5º., inc. XLV, da Constituição), com a morte não mais faz sentido a continuidade do processo-crime. O mesmo não ocorrerá no âmbito cível, onde seus sucessores serão chamados caso tenha sido proposta ação visando o ressarcimento do dano decorrente da prática delituosa.

A prova desse evento será feita com a juntada da respectiva certidão de óbito. Trata-se de imposição legal, que obriga a exibição dessa certidão, não prevalecendo, portanto, o princípio da livre convicção. É que o parágrafo único, do art. 155 do código, dispõe que, no que se refere ao estado das pessoas, "serão observadas as restrições estabelecidas na lei civil".

Impõe-se a prévia oitiva do Ministério Público que, eventualmente, poderá contestar a autenticidade do documento. Estando a certidão formalmente em ordem, porém, outra alternativa não restará senão o pedido de extinção da punibilidade do réu.

Extinção da punibilidade pela morte do agente com base em certidão falsa – Nesse caso, a decisão que exitinguiu a punibilidade não gera qualquer efeito, pois inexistente (recaiu sobre fato inexistente!). E parece óbvio que aquele que agiu com tamanha torpeza, obtendo um registro de óbito falso, não merece ficar livre de qualquer responsabilidade penal, por mais grave que fosse o crime praticado (um latrocínio, por exemplo). Imaginar-se que a única responsabilidade penal remanescente ao autor do fato consistiria na apuração do crime de uso de documento falso, importa em entendimento extremamente benevolente, em total desproporção com a seriedade do fato cometido. Não se pode admitir que, frente a questão de tamanha gravidade, o intérprete privilegie a forma em detrimento do conteúdo, aplaudindo a indignidade do agente e incentivando essa espécie de conduta, em franco prejuízo da sociedade. Constitui verdadeiro absurdo o reconhecimento de uma morte e depois, com o surgimento do agente vivo, nada ou quase nada poder ser feito. É verdadeira negação da verdade real sobre a verdade formal, o privilégio da forma (cuja relevância não se discute, mas que é instrumento) sobre o conteúdo. Máxime quando nosso sistema não admite a chamada revisão criminal *pro societate*, que, se prevista, autorizaria a reabertura do caso mediante o ajuizamento dessa ação (revisão criminal), pelo Ministério Público.

Morte presumida – O Código Civil, em seu art. 7º, prevê a possibilidade de reconhecimento da morte presumida, independentemente da decretação da ausência da pessoa. Isso quando "for extremamente provável a morte de quem estava em perigo de vida" ou em caso de desaparecimento em campo de batalha. Entendemos que essa declaração é apta a gerar efeitos apenas no âmbito cível, não se irradiando ao campo criminal, onde se exige a comprovação do óbito com a juntada da respectiva certidão.

Recurso – Cabe recurso em sentido estrito da decisão que "decretar a prescrição ou julgar, por outro modo, extinta a punibilidade", segundo o art. 581, inc. VIII. Indeferido o pedido, o recurso em sentido estrito pode ser manejado com fulcro no inc. IX do mesmo dispositivo.

TÍTULO IV
DA AÇÃO CIVIL

Art. 63. **Transitada em julgado a sentença condenatória, poderão promover-lhe a execução, no juízo cível, para o efeito da reparação do dano, o ofendido, seu representante legal ou seus herdeiros.**

Parágrafo único. Transitada em julgado a sentença condenatória, a execução poderá ser efetuada pelo valor fixado nos termos do inciso IV do caput do art. 387 deste Código sem prejuízo da liquidação para a apuração do dano efetivamente sofrido. (Incluído pela Lei nº 11.719, de 2008).

Introdução – Um dos efeitos da sentença penal condenatória consiste em tornar certa a obrigação do autor do crime em indenizar o dano causado pelo crime, nos termos do art. 91, inc. I, do Código Penal. De tal forma que, uma vez transitada em julgado a sentença condenatória proferida pelo juízo penal, pode a vítima, seu representante legal ou seus herdeiros, promover, no âmbito civil, a ação de reparação de dano, conforme prevê expressamente este dispositivo em análise.

De sorte que, firmada a responsabilidade do agente pela prática de um crime, diz-se que essa sentença criminal faz coisa julgada no cível, onde será apenas liquidada. Assim, se é reconhecido, em um processo criminal, que o réu cometeu homicídio culposo ao transpor um sinal vermelho, vindo a colher a vítima, matando-a, transitada em julgado essa sentença condenatória, o debate não pode ser reaberto no âmbito cível. Não teria cabimento que o juiz criminal afirmasse ter o réu agido com culpa e, em juiz cível, ao contrário, dissesse que o réu não rompeu o sinal vermelho. A questão relativa à culpa, portanto, ficou definitivamente resolvida, com o trânsito em julgado da sentença penal condenatória. No juízo cível se irá apenas executar a sentença penal condenatória, já que ela tem a natureza de título executivo judicial (art. 475-N do Código de Processo Civil), isto é, podendo se discutir, apenas, o *quantum* deverá ser pago pelo réu aos herdeiros da vítima e não mais sua responsabilidade pelo pagamento. Daí a possibilidade de se discutir, por exemplo, eventual concorrência de culpa da vítima, fator que, embora irrelevante na esfera penal, tem importância no cível, mais precisamente na fixação do valor da indenização, conforme jurisprudência atual do STJ abaixo colacionada.

Fixação da reparação decorrente do dano (art. 387 do CPP) – A reforma de 2008 incluiu o parágrafo único do art. 63 do CPP, para dispor que "transitada em julgado a sentença condenatória, a execução poderá ser efetuada pelo valor fixado nos termos do inciso IV do caput do art. 387 deste Código sem prejuízo da liquidação para a apuração do dano efetivamente sofrido". Com efeito, pela atual redação do art. 387, em seu inc. IV, cumpre ao juiz, ao condenar o réu, fixar um valor mínimo, em prol do ofendido, para reparação dos danos causados pela infração, considerados os prejuízos sofridos. Não se trata de um *quantum* a ser liquidado na esfera civil, mas de um valor certo e determinado que, por isso, enseja sua execução por quantia certa. É a esse valor que se refere o dispositivo em exame. A execução deverá se processar no âmbito cível, conclusão que se extrai, inclusive, pela localização topográfica do artigo de lei, inserido no título "da ação civil".

Nosso sistema, aliás, sempre se orientou nesse sentido, estabelecendo nítida separação entre os juízos criminal e civil, ou seja, a condenação proferida no primeiro vale como título judicial a ser executado no segundo (art. 63 do CPP e art. art. 515, inc. VI do CPC). Nesse sentido, ainda, o art. 630 do CPP, que trata da revisão criminal, ao determinar que, reconhecido o direito à indenização do autor, a liquidação se dará no juízo cível. Mesmo a Lei dos Juizados Especiais Criminais (Lei nº 9.099/95), que importou em inegável avanço, prevê que a composição dos danos civis, uma vez homologada em juízo, tem eficácia de título judicial, a ser executado no juízo civil competente (art. 74).

A fixação, por outro lado, pelo juiz criminal, de um *quantum* determinado, a ser executado no juízo civil, onde prescindirá de prévia liquidação, não é estranha em nosso sistema, embora se reconheça a timidez com o legislador sempre enfrentou a questão. A Lei n.º 9.503/97, que instituiu o Código de Trânsito Brasileiro, dela cogita expressamente (art. 297), ao prever a chamada "multa reparatória", a ser paga em favor do ofendido. Também o Código Penal, por conta de alteração promovida em seu art. 45, pela Lei nº 9.714/98, contempla o pagamento de "prestação pecuniária" em valores que estabelece entre 1 e 360 salários mínimos.

Fixação, mais especificamente, do dano moral – Suscita certa divergência, na doutrina e jurisprudência, quanto à possibilidade do juiz, na sentença penal condenatória, condenar o réu ao ressarcimento do dano moral que acarretou à vítima. Com efeito, dispõe o art. 387, inc. IV do código, que o juiz, ao condenar o réu, "fixará valor mínimo para reparação dos danos causados pela infração, considerando os prejuízos sofridos pelo ofendido". Parte entende que o legislador, ao referir-se aos *prejuízos* suportados pelo ofendido, restringiu o alcance deste dispositivo ao dano patrimonial, por vezes facilmente detectável, como, por exemplo, nos crimes contra o patrimônio. Já o dano moral, por guardar íntima relação com a dor e o sofrimento experimentado pela vítima, não encontraria, no processo penal, o *locus* adequado para debate.

Não olvidamos a dificuldade que, por vezes, terá o juiz criminal em fixar esse valor mínimo referente ao dano moral (que – ressalte-se - pode ser objeto de complementação no juízo cível). Nem sempre a prova dos autos e mesmo a índole do processo criminal, alheio a questões de natureza cível, por vezes impedirão a quantificação desse valor. Mas, de outra parte – conquanto reconheçamos a dificuldade em se estabelecer o *quantum* –, não afastamos, de plano, essa possibilidade, dependendo sempre da cuidadosa análise do fato concreto. Em crimes contra a honra, *v.g.*, pensamos que a tarefa possa ser facilitada. Como destacado pelo Superior Tribunal de Justiça, "embora o arbitramento do valor devido a título de compensação dos danos morais não seja tarefa fácil, é importante registrar que o juízo penal deve apenas arbitrar um valor mínimo, o que pode ser feito, com certa segurança, mediante a prudente ponderação das circunstâncias do caso concreto - gravidade do ilícito, intensidade do sofrimento, condição sócio-econômica do ofendido e do ofensor, grau de culpa, etc. - e a utilização dos parâmetros monetários estabelecidos pela jurisprudência para casos similares. Sendo insuficiente o valor arbitrado poderá o ofendido, de qualquer modo, propor liquidação perante o juízo cível para a apuração do dano efetivo" (AgRg no REsp n. 1.626.962-MS, Rel. Sebastião Reis Júnior, DJe 16.12.2016). É, no mais, o entendimento que vem prevalecendo no *Tribunal da Cidadania*, como se vê dos arestos abaixo transcritos.

ATENÇÃO: De acordo com o STJ, é inviável fixar, na esfera penal, indenização mínima a título de danos morais sem que tenha havido a efetiva comprovação do abalo à honra objetiva da pessoa jurídica (info 792).

Violência doméstica e familiar contra a mulher – a Terceira Seção do Superior Tribunal de Justiça decidiu que, nos casos de violência doméstica e familiar contra a mulher, é possível a fixação de valor mínimo indenizatório a título de dano moral, desde que haja pedido expresso da acusação ou da parte ofendida, independentemente de instrução probatória. A Corte Cidadã, com fundamento nos princípios constitucionais da dignidade da pessoa humana (CF, art. 1º, III), da igualdade (CF, art. 5º, I) e da vedação a qualquer discriminação atentatória dos direitos e das liberdades fundamentais (CF, art. 5º, XLI), e em razão da determinação de que "O Estado assegurará a assistência à família na pessoa de cada um dos que a integram, criando mecanismos para coibir a violência no âmbito de suas relações" (art. 226, § 8º), tem avançado na maximização dos princípios e das regras do novo subsistema jurídico introduzido em nosso ordenamento com a Lei n. 11.340/2006, vencendo a timidez hermenêutica na censura à violência doméstica e familiar contra a mulher, como deixam claro os verbetes sumulares n. 542, 588, 589 e 600. Refutar, com veemência, a violência contra as mulheres implica defender sua liberdade (para amar, pensar, trabalhar, se expressar), criar mecanismos para seu fortalecimento, ampliar o raio de sua proteção jurídica e otimizar todos os instrumentos normativos que de algum modo compensem ou atenuem o sofrimento e os malefícios causados pela violência sofrida na condição de mulher. A evolução legislativa ocorrida na última década em nosso sistema jurídico evidencia uma tendência, também verificada em âmbito internacional, a uma maior valorização e legitimação da vítima, particularmente a mulher, no processo penal. Entre diversas outras inovações introduzidas no Código de Processo Penal com a reforma de

2008, nomeadamente com a Lei n. 11.719/2008, destaca-se a inclusão do inciso IV ao art. 387, que, consoante pacífica jurisprudência desta Corte Superior, contempla a viabilidade de indenização para as duas espécies de dano – o material e o moral –, desde que tenha havido a dedução de seu pedido na denúncia ou na queixa. Mais robusta ainda há de ser tal compreensão quando se cuida de danos morais experimentados pela mulher vítima de violência doméstica. Em tal situação, emerge a inarredável compreensão de que a fixação, na sentença condenatória, de indenização, a título de danos morais, para a vítima de violência doméstica, independe de indicação de um valor líquido e certo pelo postulante da reparação de danos, podendo o quantum ser fixado minimamente pelo Juiz sentenciante, de acordo com seu prudente arbítrio. No âmbito da reparação dos danos morais – visto que, por óbvio, os danos materiais dependem de comprovação do prejuízo, como sói ocorrer em ações de similar natureza –, a Lei Maria da Penha, complementada pela reforma do Código de Processo Penal já mencionada, passou a permitir que o juízo único – o criminal – possa decidir sobre um montante que, relacionado à dor, ao sofrimento, à humilhação da vítima, de difícil mensuração, deriva da própria prática criminosa experimentada. Não se mostra razoável, a esse fim, a exigência de instrução probatória acerca do dano psíquico, do grau de humilhação, da diminuição da autoestima etc., se a própria conduta criminosa empregada pelo agressor já está imbuída de desonra, descrédito e menosprezo à dignidade e ao valor da mulher como pessoa. Também justifica a não exigência de produção de prova dos danos morais sofridos com a violência doméstica a necessidade de melhor concretizar, com o suporte processual já existente, o atendimento integral à mulher em situação de violência doméstica, de sorte a reduzir sua revitimização e as possibilidades de violência institucional, consubstanciadas em sucessivas oitivas e pleitos perante juízos diversos. O que se há de exigir como prova, mediante o respeito ao devido processo penal, de que são expressão o contraditório e a ampla defesa, é a própria imputação criminosa – sob a regra, derivada da presunção de inocência, de que o onus probandi é integralmente do órgão de acusação -, porque, uma vez demonstrada a agressão à mulher, os danos psíquicos dela derivados são evidentes e nem têm mesmo como ser demonstrados (STJ, Terceira Seção, REsp 1643051/MS, Rel. Min. Rogerio Schietti Cruz, julgado em 28/02/2018).

Sobre violência institucional dentro do processo penal e as medidas de prevenção, ver nossos comentários aos arts. 400-A e 474-A, ambos deste Código.

Ressarcimento de despesas decorrentes da assistência prestada a vítimas de violência doméstica – O art. 9º da Lei 11.340/06 disciplina a assistência à mulher vítima de violência doméstica e familiar. Os mecanismos de assistência tripartem-se em: (a) assistência social (Lei 8.742/1993), com inclusão da ofendida no cadastro de programas assistenciais dos governos federal, estadual e municipal; (b) saúde, prestada por meio do Sistema Único de Saúde (Lei 8.080/90), compreendendo o acesso aos benefícios decorrentes do desenvolvimento científico e tecnológico, incluindo os serviços de contracepção de emergência, a profilaxia das Doenças Sexualmente Transmissíveis (DST) e da Síndrome da Imunodeficiência Adquirida (AIDS) e outros procedimentos médicos necessários e cabíveis nos casos de violência sexual; (c) segurança pública, garantindo à vítima proteção policial, bem como abrigo ou local seguro, quando houver risco de vida, e, se necessário, acompanhamento da ofendida para assegurar a retirada de seus pertences do local da ocorrência ou do domicílio familiar.

O tratamento médico é certamente a modalidade de assistência prestada com mais frequência nos casos de violência doméstica e familiar contra a mulher. Mesmo com falhas e limitado pelos conhecidos problemas estruturais, o Sistema Único de Saúde é diariamente acionado para proporcionar o imediato socorro médico a vítimas de violência. Isto, evidentemente, onera ainda mais o orçamento do sistema público de saúde, que, além de atender a milhões de pacientes enfermos, é obrigado a multiplicar seus esforços para tratar vítimas de ferimentos infligidos no âmbito doméstico e familiar.

A solução encontrada para ao menos tentar amenizar o impacto provocado no Sistema passa pela imposição de que o agressor pague o custo correspondente ao atendimento dispensado à sua própria vítima. É com este propósito que entrará em vigor a Lei 13.871/19, que insere no art. 9º da Lei 11.340/06 os §§ 4º, 5º e 6º para dispor a respeito do ressarcimento de despesas decorrentes da assistência prestada a vítimas de violência doméstica.

De acordo com o § 4º, quem, por ação ou omissão, por meio de violência física, sexual ou psicológica, provocar lesão, dano moral ou patrimonial à mulher fica obrigado a ressarcir todos os danos causados, bem como, conforme a tabela do SUS, os custos relativos aos serviços de saúde prestados para o tratamento da vítima, recolhidos os recursos ao Fundo de Saúde do ente federativo responsável pelas unidades de saúde que prestarem o atendimento. Assim, se a vítima agredida for encaminhada a um hospital municipal e necessitar, por exemplo, de exame de raio-x, suturas e medicamentos, o município pode providenciar a cobrança do tratamento de acordo com os valores constantes da tabela do SUS.

Embora se trate de novidade no âmbito normativo, a jurisprudência já caminhava nesse sentido. Foram noticiados casos em que o agressor foi obrigado a ressarcir o INSS em razão da pensão por morte devida aos dependentes da vítima assassinada:

> "Com efeito, as normas insculpidas nos arts. 120 e 121 da Lei n. 8.213/91 são claras em autorizar o ajuizamento de ação regressiva em face da empresa empregadora causadora de dano à autarquia previdenciária em razão de condutas negligentes. Os referidos dispositivos, contudo, devem ser lidos à luz dos arts. 186 e 927 do Código Civil, que transcrevo:
>
> (...)
>
> Ora, como se observa do cotejo dos dispositivos retromencionados, deve ser reconhecido ao INSS o direito de regresso – com base nos arts. 120 e 121 da Lei n. 8.213/91 – em casos nos quais se demonstre a ocorrência de ato ilícito – art. 186 do Código Civil – e a consequente necessidade de reparação – art. 927 do Código Civil.
>
> Restringir as hipóteses de ressarcimento ao INSS somente às hipóteses estritas de incapacidade ou a morte por acidente do trabalho nos quais há culpa do empregador induziria a negativa de vigência dos dispositivos do Código Civil. Assim, resta evidente que, apesar de regramento fazer menção específica aos acidentes de trabalho, é a origem em uma conduta ilegal que possibilita o direito de ressarcimento da autarquia previdenciária.
>
> Isso fica mais evidente quando se verifica que o art. 121 da Lei de Benefícios, que prevê que o pagamento das prestações por acidente do trabalho pela Previdência Social, não excluirá a responsabilidade civil da empresa ou de outrem. Dessa forma, isso se traduz na possibilidade de cumulação de um benefício previdenciário com a reparação civil oriunda de um ato ilícito e, portanto, a abertura ao ressarcimento da autarquia.
>
> Em síntese, mostra-se acertada a tese de que é possível a ação regressiva da autarquia previdenciária contra o recorrente com o objetivo de ressarcimento de valores pagos a título de pensão por morte aos filhos da ex-companheira vítima de homicídio.

Logo, o INSS possui legitimidade e interesse para postular o ressarcimento de despesas decorrentes da concessão de benefício previdenciário aos dependentes de segurado, vítima de assassinato." (REsp nº 1.431.150/RS, j. 23/08/2016).

A nova lei tem exatamente a mesma índole, mas se refere especificamente à restituição de valores despendidos para o atendimento imediato da vítima de violência doméstica.

Nesse tanto, demonstrados nos autos os valores gastos com o atendimento da vítima, o Ministério Público tem legitimidade para requerer, no processo penal, o ressarcimento, nos moldes do art. 387, IV, CPP. Recordemos o que anuncia a Súmula 329 do STJ:

> "O Ministério Público tem legitimidade para propor ação civil pública em defesa do patrimônio público".

O promotor de Justiça, por óbvio, não estará, nesse caso, tutelando a Fazenda Pública, mas o patrimônio público atingido pelo ato ilícito. O valor, como esclarecido acima, deverá ser recolhido ao Fundo de Saúde do ente federativo responsável pelas unidades de saúde que prestarem o atendimento.

O § 5º impõe uma segunda obrigação de ressarcimento, agora dos custos relativos aos dispositivos de segurança destinados ao uso em caso de perigo iminente e disponibilizados para o monitoramento das vítimas de violência doméstica ou familiar.

Mas o que seriam equipamentos disponibilizados para o monitoramento das vítimas? À primeira vista, a expressão pode causar estranheza, pois normalmente se fala em monitoramento do criminoso, por meio da chamada "tornozeleira eletrônica". No entanto, em alguns lugares é possível encontrar equipamentos que são disponibilizados às vítimas e que podem funcionar em conjunto com as tornozeleiras. Por exemplo, o chamado "botão do pânico", que pode ser acionado caso o agressor desrespeite a distância mínima imposta em medida protetiva. Aliás, há alguns dias a Comissão de Seguridade Social e Família da Câmara dos Deputados aprovou proposta que torna obrigatório o fornecimento de dispositivo móvel ou outro meio com conexão direta e constante com uma unidade policial. Uma vez acionado, o dispositivo envia alerta imediato à polícia. Caso o projeto seja de fato aprovado e sancionado, o art. 23 da Lei 11.340/06 passará a contar com dois parágrafos:

> "§ 1º Para conferir maior efetividade às medidas protetivas de urgência deverá ser fornecido à ofendida dispositivo móvel, aplicativo ou qualquer meio que viabilize conexão constante com unidade policial, de modo a permitir o envio imediato de alertas de ameaça ou de outra violação de direitos."
>
> "§ 2º Quando o agressor estiver submetido à monitoramento eletrônico, o dispositivo de que trata o parágrafo anterior será dotado de recurso que permita à ofendida e à unidade policial saber que o autor da violência doméstica ultrapassou o limite mínimo de distância estabelecido em medida protetiva."

Por meio deste mesmo projeto, no art. 22 da Lei 11.340/06 seria acrescentado o § 5º, que impõe ao agressor a obrigação de pagar por seu próprio equipamento de monitoramento eletrônico. É provavelmente em virtude deste projeto de lei que o novo § 5º do art. 9º se limita a tratar do equipamento de monitoramento da vítima, embora, a nosso ver, nada impeça que este dispositivo seja utilizado também para cobrar o ressarcimento dos custos relativos ao equipamento do agente, se vinculado àquele concedido para monitorar a agredida.

Por fim, no § 6º o legislador tomou a precaução de tornar expressa a vedação a que o ressarcimento imposto nos parágrafos anteriores atinja de alguma forma o patrimônio da vítima e de seus dependentes. Isto quer dizer que, no caso do marido que agride a mulher, é preciso que se adote o cuidado de resguardar a parte do patrimônio que cabe a ela e a eventuais dependentes. Nada mais razoável, pois, do contrário, a lei imporia à vítima o risco de ter de suportar o ônus do monitoramento em razão da agressão cometida contra ela mesma.

Além disso, o próprio § 6º deixa claro que o ressarcimento pelo tratamento de saúde e pelos equipamentos de monitoramento não pode ser considerado em benefício do agressor para atenuar a pena ou para substituir a pena aplicada. Bem, a substituição é mesmo vedada, pois incompatível com a natureza de condutas envolvendo violência doméstica e familiar contra a mulher, independentemente da natureza da infração penal (súmula 588 do STJ). Por outro lado, o óbice à atenuação da pena é importante porque previne pretensões baseadas no art. 66, inc. III, b, do CP (quando o agente procura, por sua espontânea vontade e com eficiência, logo após o crime, evitar-lhe ou minorar-lhe as consequências, ou, antes do julgamento, repara o dano). Mesmo que o agressor tome a iniciativa de reparar o custo do equipamento – hipótese muito pouco provável, para não dizer impossível –, não poderá ter a pena atenuada por este motivo.

Valor mínimo – Na sentença condenatória, deverá o juiz fixar um "valor mínimo". Duas observações: primeiro, se pressupõe, nesse caso, que da prática da infração penal tenha decorrido alguma espécie de prejuízo para o ofendido. Uma tentativa de roubo, na qual o agente é rapidamente preso em flagrante, na posse do dinheiro subtraído à vítima, que lhe é integralmente restituído, não dará ensejo a qualquer espécie de indenização, posto que ausente o prejuízo. De se atentar que o art. 387, inc. IV do CPP, faz alusão aos "danos causados pela infração". Dano de cunho patrimonial que, em nosso exemplo, inocorreu, nada impedindo o ofendido, contudo, de buscar, na esfera cível, eventual ressarcimento pelo dano moral. Segundo, a inovação se refere a um "valor mínimo", o que significa dizer, conforme salientado em nossos comentários ao art. 387, inc. IV abaixo (aos quais remetemos o leitor), que o ofendido não se acha inibido de, discordando deve valor, manejar no juízo cível pedido buscando sua complementação. Claro que do valor imposto na esfera cível, deverá ser abatido do *quantum* já pago no âmbito criminal, a exemplo do que prevê o Código de Trânsito Brasileiro (art. 297, § 3º da Lei n.º 9.503/98) e o Código Penal (art. 54, § 1º, parte final), sob pena de configuração de indesejável *bis in idem*.

A menção a um "valor mínimo" e a possibilidade de se buscar, no cível, a complementação não significam dizer que o juiz deva arbitrar um valor meramente simbólico, como efeito da sentença condenatória que proferiu. Mais que isso, cumpre investigar o alcance do prejuízo, de cunho material, suportado pela vítima para, a partir daí, fixar um valor que mais se aproxime do devido, propiciando, assim, uma reparação que seja satisfatória e que desestimule a propositura de ação no cível, com toda demora e dissabores que são conhecidos. É dizer: se a questão, mesmo que de índole pecuniária, pode ser resolvida já no âmbito criminal, quanto melhor para o ofendido, a quem cumprirá executar o título no cível, livrando-se, assim, da ação de conhecimento.

***Quantum* a ser pago** – Por vezes, porém, a quantificação desse valor não será tarefa fácil atribuída ao juiz. Imagine-se uma apropriação indébita, de grandes proporções, perpetrada contra poderosa empresa. Deflagrada a ação penal pelo Ministério Público, sua preocupação primordial será com a prova do fato, autoria e elemento subjetivo. Não cabe ao *parquet*, nem seria de nossa tradição, investigar com extrema profundidade, o valor correto do prejuízo. Claro que se tratando de um crime patrimonial, esse prejuízo deverá ser demonstrado em juízo. Mas sua real extensão, com a fixação exata do quanto a ser ressarcido, é algo que chega quase a desinteressar o juízo criminal. É irrelevante, para a configuração do tipo penal, se o acusado se apropriou de dois milhões ou de três milhões. Melhor, nesses casos, que o ofendido se habilite como assistente de acusação e, a partir daí, municie o juiz de dados que, uma vez condenado o réu, permitam a fixação do valor a ser pago a título de reparação. Caso contrário, não restará ao juiz outra alternativa senão arbitrar um valor mínimo, facultando, ao prejudicado, a busca, pelas vias ordinárias, da satisfação total dos prejuízos que experimentou.

V. art. 387, inc. IV, abaixo

JURISPRUDÊNCIA

Necessidade do trânsito em julgado

"A executoriedade da sentença penal condenatória (CPP, art. 63) ou seu aproveitamento em ação civil *ex delicto* (CPP, art. 64; CPC, arts. 110 e 265, IV) depende da definitividade da condenação, ou seja, da formação da coisa julgada criminal, até mesmo pela máxima constitucional de que ninguém poderá ser considerado culpado antes do trânsito em julgado de sentença penal condenatória (CF, art. 5º, LVII)" (STJ – REsp nº 678143-MG, Rel. Raul Araújo, j. 22.05.2012, DJe 30.04.2013).

Quando é inviável a ação de indenização no cível

"Consoante a jurisprudência desta Corte Superior, a absolvição no juízo criminal, diante da relativa independência entre as instâncias cível e criminal, apenas vincula o juízo cível quando restar reconhecida a inexistência do fato ou atestar não ter sido o demandado seu autor" (STJ -AgRg no AREsp 377855-CE, Rel. Ricardo Villas Bôas Cueva, j. 20.03.2014, DJE 27.03.2014).

Possibilidade de fixação do dano moral

"Considerando que a norma não limitou e nem regulamentou como será quantificado o valor mínimo para a indenização e considerando que a legislação penal sempre priorizou o ressarcimento da vítima em relação aos prejuízos sofridos, o juiz que se sentir apto, diante de um caso concreto, a quantificar, ao menos o mínimo, o valor do dano moral sofrido pela vítima, não poderá ser impedido de fazê-lo." (STJ - AgInt no REsp n. 1641257-DF, Rel. Maria Thereza de Assis Moura, DJe 15.02.2017).

"A reparação civil dos danos sofridos pela vítima do fato criminoso, prevista no art. 387, inciso IV, do Código de Processo Penal, deve ser deferida sempre que requerida e inclui também os danos de natureza moral. Agravo regimental desprovido." (STJ - AgRg no REsp n. 1.622.851-MT, Rel. Joel Ilan Paciornik, DJe 10.02.2017)

Art. 64. Sem prejuízo do disposto no artigo anterior, a ação para ressarcimento do dano poderá ser proposta no juízo cível, contra o autor do crime e, se for caso, contra o responsável civil. (Vide Lei nº 5.970, de 1973)

Parágrafo único. Intentada a ação penal, o juiz da ação civil poderá suspender o curso desta, até o julgamento definitivo daquela.

Ação de conhecimento – Nada impede, em nosso exemplo citado no artigo anterior, que os herdeiros da vítima promovam a ação de reparação no juízo cível antes da sentença penal ser proferida, face à independência que vigora entre a esfera penal e a civil. Nesse caso, porém, terão que comprovar, no âmbito civil, a culpa do motorista. Em suma: com a sentença condenatória definitiva (*an debeatur*), basta aos herdeiros promoverem sua execução no cível, a fim de apurar quanto deverá ser pago (*quantum debeatur*), já que a culpa do agente restou definitivamente demonstrada. Sem tal *decisum*, toda prova há de ser produzida.

Suspensão do processo e reparação do dano – Permite o dispositivo em tela a propositura da ação de ressarcimento do dano, "contra o autor do crime e, se for caso, contra o responsável civil", no juízo cível. Nesse caso, se não há ainda uma condenação, cumpre aos herdeiros a comprovação da culpa do agente. De se ver, porém, que o parágrafo único deste artigo, faculta ao juiz da ação civil a suspensão do processo, pelo prazo máximo de um ano (art. 315, § 2º. do CPC), até que se julgue a ação criminal, tudo como forma de evitar decisões conflitantes. Imagine o desconforto de o juiz criminal declarar ter o réu ultrapassado o sinal vermelho e o juiz cível, ao revés, afirmar que o sinal estava verde quando da travessia. A fim de se evitar essa espécie de conflito é que se recomenda a suspensão do processo civil até a definição no crime. De se ver, porém, que o simples fato de tramitarem, concomitantemente, uma ação penal e outra civil, não justifica, desde logo, a suspensão desta última. Somente se justificará a suspensão da ação civil enquanto não julgada a ação penal, quando efetivamente se constatar a possibilidade de decisões contraditórias, como se vê da jurisprudência do STJ abaixo transcrita.

Competência – A competência para execução da sentença penal condenatória vem prevista nos arts. 53, inc. V e 516, inc. III, do Código de Processo Civil, ou seja, a ação deve ser proposta no juízo cível, sendo competente o foro do domicílio do autor ou do local do fato. Pode o exequente, contudo, "optar pelo juízo do atual domicílio do executado, pelo juízo do local onde se encontrem os bens sujeitos à execução ou pelo juízo do local onde deva ser executada a obrigação de fazer ou de não fazer" na dicção do parágrafo único do art. 516 do CPC.

JURISPRUDÊNCIA

Independência das esferas cível e criminal

"É princípio elementar a independência entre as esferas cíveis e criminais, podendo um mesmo fato gerar ambos os efeitos, não sendo, portanto, obrigatória a suspensão do curso da ação civil até o julgamento definitivo daquela de natureza penal. Deste modo, o juízo cível não pode impor ao lesado, sob o fundamento de prejudicialidade, aguardar o trânsito em julgado da sentença penal" (STJ – REsp n° 860097-PI, Rel. Castro Meira, j. 13.05.2008, DJe 21.05.2008).

Quando é cabível a suspensão da ação no cível

"Somente nos casos em que possa ser comprovado, na esfera criminal, a inexistência de materialidade ou da autoria do crime, tornando impossível a pretensão ressarcitória cível, será obrigatória a paralisação da ação civil. Não sendo esta a hipótese dos autos, deve prosseguir a ação civil" (STJ – REsp n° 860591-PR, Rel. Luis Felipe Salomão, j. 20.04.2010, DJe 04.05.2010).

"Na hipótese em que, tanto na ação penal, como na correspondente ação indenizatória, o argumento de defesa consubstancia-se na alegação de ter-se agido em legitima defesa, resta evidenciada a possibilidade de decisões contraditórias no tocante a essa excludente de ilicitude, pelo que se justifica a suspensão do processo civil, nos termos do art. 110, do CPC" (STJ – REsp n° 282235-SP, Rel. Nancy Andrigui, RSTJ 145/406).

Ação penal não pode ser suspensa

"É firme a jurisprudência deste Supremo Tribunal no sentido da plena independência entre as instâncias cível e penal, o que garante a persistência da ação penal se paralela a uma ação cível de ressarcimento, e não o contrário" (STF – HC n° 97725-SP, Rel. Cármen Lúcia, j. 09.03.2010, DJe 25.03.2010).

Absolvição no âmbito criminal não impede ação cível

"A existência de decisão penal absolutória que, em seu dispositivo, deixa de condenar o preposto do recorrente por ausência de prova de ter o réu concorrido para a infração penal (art. 386, IV, do CPP) não impede o prosseguimento da ação civil de indenização. A decisão criminal que não declara a inexistência material do fato permite o prosseguimento da execução do julgado proferido na ação cível ajuizada por familiar da vítima do ato ilícito" (STJ – REsp n° 1117131-SC, Rel. Nancy Andrighi, j. 01.06.2010, DJe 22.06.2010).

"O artigo 935 do Código Civil adotou o sistema da independência entre as esferas cível e criminal, sendo possível a propositura de suas ações de forma separada. Tal independência é relativa, pois uma vez reconhecida a existência do fato e da autoria no juízo criminal, estas questões não poderão mais ser analisadas pelo juízo cível. A partir da doutrina e da jurisprudência do Superior Tribunal de Justiça acerca do tema, é possível concluir que a) em caso de sentença condenatória com trânsito em julgado, há incontornável dever de indenizar, e b) em caso de sentença absolutória em virtude do reconhecimento de inexistência do fato, da negativa de autoria, não haverá dever de indenizar. Não havendo sentença condenatória com trânsito em julgado, deve-se avaliar os elementos de prova para aferir a responsabilidade do réu pela reparação do dano.No caso, ainda que ausente a condenação criminal definitiva, não se pode negar a existência incontroversa do dano sofrido pela autora com a morte de seu filho e a autoria do crime que gerou esse dano. A acentuada reprovabilidade da conduta do réu, ainda que a vítima apresentasse comportamento agressivo e que tenha havido "luta corporal" entre vítima e o réu, não afasta o dever do causador do dano de indenizar." (STJ – REsp n. 1.829.682/SP, relator Ministro Ricardo Villas Bôas Cueva, Terceira Turma, julgado em 2/6/2020, DJe de 9/6/2020.)

Possibilidade de se discutir a culpa concorrente da vítima

"A partir do trânsito em julgado da sentença penal condenatória pela prática de homicídio culposo não se pode mais questionar, na esfera cível, a respeito da existência do fato ou sobre sua autoria. Inexiste óbice, porém, a que ali seja aferido o grau de culpabilidade do autor do delito ou mesmo a eventual coexistência de culpa concorrente da vítima, medida necessária, inclusive, para o correto arbitramento da indenização. Se por um lado, no âmbito da ação penal, a aferição do grau de culpa do agente ou da eventual concorrência culposa é medida irrelevante, na ação de reparação civil, ao revés, é ela imprescindível. Afinal, deve-se considerar que nesta o dever de indenizar pode resultar da culpa grave, leve ou levíssima e, ainda, que determinado fato pode advir da concorrência de culpas do autor, da vítima e, eventualmente, de terceiros. Tudo devendo ser considerado pelo julgador no momento de dimensionar a extensão da indenização." (STJ – REsp n° 1474452-SC, Rel. Ricardo Villas Bôas Cueva, j. 15.09.2015, DJE 18.09.2015).

Art. 65. Faz coisa julgada no cível a sentença penal que reconhecer ter sido o ato praticado em estado de necessidade, em legítima defesa, em estrito cumprimento de dever legal ou no exercício regular de direito.

Excludentes de ilicitude – Consideram-se excludentes de ilicitude causas que, quando presentes, retiram a antijuridicidade do fato típico. Segundo Tourinho Filho, ao analisar este dispositivo, "houve excesso de linguagem. O legislador disse mais do que queria" (*Código de Processo Penal Comentado*, vol. I, p. 216). Quis dizer, com essa afirmação, que, em algumas situações, ainda que configurada uma causa excludente de ilicitude, será devida a reparação no juízo cível.

Um exemplo pode ser encontrado no estado de necessidade que, segundo a doutrina, é classificado em *defensivo* e *agressivo*. O primeiro ocorre quando o agente sacrifica o bem do próprio causador do perigo. Assim, *v.g.*, para acudir um vizinho cuja casa se encontra em chamas, arrombo a porta de entrada. Não terei a obrigação de indenizá-lo pelo prejuízo. Já no estado de necessidade agressivo, ao agir o agente sacrifica bem de terceiro. Num exemplo: para socorrer uma pessoa e levá-la ao hospital, tomo um veículo de terceiro, sem sua autorização e, no trajeto, acabo por provocar uma colisão. Neste caso será cabível a indenização.

Na lição de Caio Mario da Silva Pereira, "pressupõe o ato ilícito uma conduta contrária à ordem jurídica, e é claro que o procedimento daquele que se defende ou do que exercita um direito seu, como de quem pretende impedir que se consume o perigo, não se pode tachar de contraveniente à norma social de conduta. Não obstante, a obrigação de ressarcir o dano causado existe, sob fundamento de que, no conflito de dois direitos, o titular daquele socialmente mais valioso poderá sacrificar o outro, desde que se detenha nos limites do razoável, mas nem por isto se exime de reparar o dano causado. Não há culpa no que se defende, ou no que necessita de remover perigo iminente. Mas há reparação, e, portanto, responsabilidade sem culpa, se o agente exceder os limites do indispensável para a remoção do perigo" (*Instituições de Direito Civil*, Rio: Forense, 2ª. Ed., 1991, vol. III, p. 64).

Em suma, o que o dispositivo em análise veda é a reabertura da discussão, no âmbito cível, isto é, se o agente agiu ou não acobertado por uma causa excludente de ilicitude. Essa questão já foi decidida no processo-crime e, sob pena de inegável prejuízo à imagem da justiça, não se admite uma nova sentença capaz de contradizer a primeira. Nada impede, porém, que na análise do caso concreto, ainda que reconhecida a excludente, no âmbito criminal, se busque, no cível, a devida reparação.

JURISPRUDÊNCIA

Quando faz coisa julgada

EFEITOS DA SENTENÇA PENAL ABSOLUTÓRIA NO CAMPO TRIBUTÁRIO – "Transitada em julgado a sentença que reconheceu a atipicidade da conduta praticada pelos dirigentes da empresa consistente na mera transferência de mercadoria da matriz para a filial, revela-se preclusa a discussão acerca do mesmo tema, acerca da ocorrência do fato gerador, substrato da ação civil fiscal" (STJ –REsp n° 645496-RS, Rel. Luiz Fux, j. 20.09.2005, DJ 14.11.2005, p. 191).

AÇÃO RESCISÓRIA. HOMICÍDIO. LEGÍTIMA DEFESA RECONHECIDA EM SENTENÇA PENAL ABSOLUTÓRIA, TRANSITADA EM JULGADO. IMPROCEDÊNCIA DA AÇÃO REPARATÓRIA DE DANOS INTENTADA PELA ESPOSA DA VÍTIMA – "A absolvição no juízo criminal, por reconhecimento de motivo excludente de antijuridicidade (legítima defesa), ainda que passada em julgado após a prolação do Acórdão proferido na ação rescisória, mas antes da apreciação dos declaratórios, é de ser tida como causa superveniente extintiva da obrigação" (STJ –REsp n° 51811-SP, Rel. Barros Monteiro, RT 763/157).

Quando não faz coisa julgada

"Diante da relativa independência entre as instâncias cível e criminal, a absolvição no juízo criminal apenas vincula o juízo cível quando reconhecer a inexistência do fato ou atestar não ter sido o increpado seu autor. Nos demais casos, como por exemplo a absolvição por ausência de provas de autoria ou materialidade, ou ainda quando reconhecida a extinção da punibilidade pela prescrição, subsiste a possibilidade de apuração dos fatos na esfera cível." (STJ – AgRg nos EDcl no REsp n. 1.160.956/PA, relator Ministro Francisco Falcão, Primeira Turma, julgado em 17/4/2012, DJe de 7/5/2012.)

"A questão federal está em saber se, absolvidos os agentes da polícia no juízo criminal em razão de causa excludente de ilicitude – no estrito cumprimento do dever legal (art. 65, CPP) –, pode ser o Estado demandado em razão do dano causado (homicídio) a herdeiros da vítima, existindo, como causa de pedir, a responsabilidade objetiva estatal – fato do serviço. Realmente, a sentença absolutória fundada em excludente de ilicitude repercute sobremaneira no juízo cível, a teor do art. 65 do CPP. Entretanto, a repercussão integral só acontece quando se está diante da responsabilidade civil subjetiva, hipótese bem diversa dos autos" (STJ – REsp n° 884198-RO, Rel. Humberto Martins, RT 863/205).

"Não é toda e qualquer decisão criminal transitada em julgado que produz efeito automático no cível, sendo certo que os artigos 65, 66 e 67, III, do Código de Processo Penal, requerem interpretação sistemática. Na hipótese sob exame, os recorrentes foram absolvidos em processo criminal gerado por apontado crime ambiental – pelos mesmos fatos discutidos no juízo cível -, mas não houve, na solução da controvérsia penal, o reconhecimento da inexistência do fato, sendo que a decisão absolutória limitou-se a dispor que o ato praticado não constituiu crime, pelo que, tornou-se claro que o determinado nesse âmbito em nada repercute nas medidas administrativas cíveis ora discutidas" (STJ – REsp n° 539189-SC, Rel. José Delgado, j. 11.05.2004, DJe 02.08.2004, p. 316).

Legítima defesa putativa e obrigação de indenizar

"Nos termos do artigo 188, do Código Civil, o que afasta a ilicitude dos atos praticados é a legitima defesa própria. Assim, se o ato foi praticado contra o próprio agressor, e em legítima defesa, não poderá o agente ser responsabilizado civilmente pelos danos provocados. Significa que somente a legítima defesa real deixa de ser considerada ato ilícito, apesar do dano causado, impedindo a ação de ressarcimento de danos. Já a legitima defesa putativa não exclui a ilicitude, mas somente, se existente, a culpabilidade, de maneira que, na esfera cível, não exime o réu de indenizar o dano. Caso, contudo, em que tipificada hipótese de legítima defesa real, a afastar a pretensão indenizatória" (TJRS – Ap. n° 70052822673 – Rel. Marilene Bonzanini Bernardi, j. 15.05.2013, DJ 22.05.2013)

Art. 66. **Não obstante a sentença absolutória no juízo criminal, a ação civil poderá ser proposta quando não tiver sido, categoricamente, reconhecida a inexistência material do fato.**

Sentença absolutória – A sentença penal condenatória – repita-se – torna certa a obrigação de indenizar. E a sentença penal absolutória, libera sempre o autor do crime da obrigação de reparar o dano causado à vítima? Depende do caso concreto. Vimos, acima, que a despeito da absolvição, quando reconhecida uma causa excludente de ilicitude, é possível se buscar o ressarcimento.

Sentença absolutória imprópria – Lembre-se, ainda, da chamada "sentença absolutória imprópria" que, nos termos do art. 26 do Código Penal, é imposta ao inimputável, e que não inibe a propositura da ação civil. É que nela se reconhece que o fato foi típico e ilícito, somente não se aplicando a pena em virtude da ausência de culpabilidade do agente. É o pensar de Clóvis Beviláqua, para quem "a isenção de responsabilidade criminal não indica a da responsabilidade civil; tal é o caso dos inimputáveis por imbecilidade nativa ou enfraquecimento senil [...]. Isentos de qualquer punição, na ordem penal, nem por isso estarão isentos de indenizar, civilmente, os prejuízos que causaram" (*Código Civil do Brasil Comentado*, vol. 5°, 1926, p. 306). Sobre o tema, v., ainda, os comentários abaixo aos arts. 151 e 386, parágrafo único, inc. III.

Fato inexistente – Por vezes é reconhecida, no âmbito criminal, a inexistência do fato. Aproveitando o exemplo dado acima, suponha-se que em acidente de trânsito, no qual o réu é acusado de invadir uma sinalização que lhe era desfavorável, colhendo e matando a vítima, se apure, no processo-crime, que o fato inexistiu. Isto é, que o acusado não se encontrava no local quando do sinistro e que, em verdade, o ofendido, que pilotava uma motocicleta, caiu em um buraco, morrendo em função dessa queda. Ora, absolvido o réu, no âmbito criminal, porque reconhecida a inexistência material do fato, importaria em verdadeiro contrassenso que um juiz cível, desprezando a decisão do colega, decidisse em sentido contrário, afirmando que sim, o fato existiu.

JURISPRUDÊNCIA

Inexistência do fato

"O Superior Tribunal de Justiça já decidiu que 'a sentença penal absolutória faz coisa julgada no juízo cível, nos casos em que o juízo criminal afirma a inexistência material do fato típico ou exclui sua autoria, tornando preclusa a responsabilização civil, bem como na hipótese de reconhecida ocorrência de alguma das causas excludentes de antijuridicidade. Interpretação dos arts. 65, 66 e 67, do Código de Processo Penal' (REsp 645.496/RS, Primeira Turma, Rel. Min. LUIZ FUX, DJ 14/11/05)" (STJ – AgRG no REsp n° 1130746-RS, Rel. Arnaldo Esteves Lima, j. 06.06.2013, DJe 01.07.2013).

SEARA PENAL. SENTENÇA ABSOLUTÓRIA. INEXISTÊNCIA DO FATO. REPERCUSSÃO NAS DEMAIS ESFERAS. ART. 458, II, III, DO CPC – "A independência das esferas civil, administrativa e penal resta obstada em situações de inexistência do fato ou de negativa de autoria, nos termos do art. 935 do CC e 66 do CPP. A análise acerca do pedido alternativo só caberia se encontrada na causa de pedir esteio para o atendimento do pleito formulado. Todavia, reconhecida a inexistência do fato a ensejar a pretensão ministerial de condenação por atos de improbidade administrativa, não tem pertinência a análise acerca das sanções do art. 12, III, da Lei 8.429/92" (STJ – REsp n° 1113857-RJ, Rel. Arnaldo Esteves Lima, j. 15.02.2011, DJ 08.04.2011).

No Júri

"Nos casos de **responsabilidade civil** em decorrência de homicídio, esta Corte Superior firmou o entendimento de ser possível afirmar que: "a) em caso de sentença condenatória com trânsito em julgado, há incontornável dever de indenizar; e b) em caso de sentença absolutória em virtude do reconhecimento de inexistência do fato, da negativa de autoria, não haverá dever de indenizar" (REsp n. 1.829.682/SP, Rel. Min. Ricardo Villas Bôas Cueva, Terceira Turma, julgado em 2/6/2020, DJe 9/6/2020). O Supremo Tribunal Federal, no julgamento da ADPF n. 779/DF, considerou inconstitucional a tese da legítima defesa da honra, ainda que utilizada no Tribunal de **Júri,** em que vigora a plenitude de defesa, entendimento que também pode ser aplicado no âmbito das relações privadas e da **responsabilidade civil**." (STJ – (REsp n. 1.671.344/RJ, relator Ministro Marco Aurélio Bellizze, Terceira Turma, julgado em 26/10/2021, DJe de 3/11/2021.)

Art. 67. Não impedirão igualmente a propositura da ação civil:

I – o despacho de arquivamento do inquérito ou das peças de informação;

II – a decisão que julgar extinta a punibilidade;

III – a sentença absolutória que decidir que o fato imputado não constitui crime.

I – o despacho de arquivamento do inquérito ou das peças de informação;

Arquivamento do inquérito policial – Se nem mesmo a sentença penal que absolve o réu inibe o ajuizamento da ação civil (art. 66 do código), com muito mais razão a decisão que reconhece o arquivamento do inquérito policial (ou de peças de informação). Aliás, mesmo no âmbito criminal essa decisão pode ser revista, em face da possibilidade de reabertura do inquérito policial, prevista no art. 18 do código.

Assim, arquivado o inquérito policial sob o argumento da ausência de um mínimo de prova, nada impede que, no campo cível, almeje o autor da ação produzir essa prova. Suponha-se que o inquérito foi arquivado com base no princípio da insignificância ou bagatela. É possível que, para o Direito Penal, esse fato seja indiferente, o que não impede, porém, que a vítima proponha a ação no cível, a despeito do pequeno valor de seu prejuízo.

JURISPRUDÊNCIA

"A autonomia das responsabilidades civil e penal está estampada nos artigos 935 do Código Civil (art. 1.525 do CC/16), 66 e 67 do Código de Processo Penal O arquivamento do inquérito policial não implica o reconhecimento de isenção na esfera administrativa" (STJ –RMS n° 20544-MG, Rel. Castro Meira, j. 21.02.2006, DJ 13.03.2006, p. 231).

II - a decisão que julgar extinta a punibilidade;

Extinção da punibilidade – A extinção da punibilidade pode se dar pelas mais diferentes formas, como previsto no art. 107 do Código Penal e em legislação extravagante (v. a propósito, comentários ao art. 61 acima). De sorte que, morto o réu, será automaticamente extinta sua punibilidade, eis que a pena, em nosso sistema, não pode transcender a pessoa do agente (art. 5°, inc. XLV da Constituição). Essa limitação ocorre, porém, apenas no âmbito criminal, nada impedindo que, na área cível, a vítima busque, dos herdeiros do falecido, cuja responsabilidade se transmitiu *causa mortis*, a respectiva reparação do dano que experimentou. Também a sentença que concede o perdão judicial, a acarretar a extinção da punibilidade do agente (art. 107, inc. IX do CP), por ser de natureza condenatória, em posicionamento que prevalece na doutrina, constitui-se em título executório. Suponha-se, ainda, que o réu teve extinta sua punibilidade em virtude da prescrição (art. 107, inc. IV do CP). Tratando-se de prescrição da pretensão executória, onde há, portanto, uma condenação, é possível a execução, no cível, desse título judicial. Cuidando-se de prescrição da pretensão punitiva, reconhecida antes da condenação, nada impede a propositura de ação no cível, mas de conhecimento e não de execução, ante a falta do título judicial. Também o indulto, perdão ou anistia, em que pese causas de extinção da punibilidade do agente (art. 107, inc. II do CP), autorizam a propositura da ação civil. Como adverte Espínola Filho, "considerações de política criminal, de conveniência social, intuitos de grande equidade podem levar o poder público a dispensar ao criminoso os efeitos penais do seu procedimento antijurídico; mas, assim, não se justificaria nunca fosse o dano privado definitivamente sacrificado, a ação civil sofrendo influência daquelas liberalidades; e, pois, a despeito d indultado, perdoado, anistiado o infrator, a sua responsabilidade civil continuará nos termos da legislação comum" (ob. cit., vol. II, p. 22).

JURISPRUDÊNCIA

"A declaração, na sentença penal condenatória, da prescrição da pretensão punitiva do Estado, não produz o efeito, na esfera cível, de isentar o autor do ato ilícito da reparação correspondente" (STJ –REsp n° 166107-MG, Rel. Castro Meira, RSTJ 176/307).

III - a sentença absolutória que decidir que o fato imputado não constitui crime.

Fato não constitui crime – Pode ocorrer de o Ministério Público entender que determinado fato não constitua um crime. Assim, por exemplo, em uma acusação pela prática de adultério, previsto no art. 240 do Código Penal. Sucede que esse dispositivo penal foi revogado (Lei n° 11.106/2005), deixando de interessar ao Direito Penal, posto que indiferente. Dada à independência que reina, ainda que relativa, entre a jurisdição penal e civil, não há impedimento que a vítima busque, na esfera cível, a respectiva indenização, inclusive de cunho moral, já que essa prática prossegue condenada pelo Direito Civil, que exige a fidelidade recíproca entre os cônjuges (art. 1.566, inc. I do Código Civil). Em outro exemplo, suponha-se o réu processado pela prática de dano, pois, ao dirigir seu veículo de forma imprudente, destruiu um muro de determinada casa. Absolvido na esfera criminal, porque - é sabido - não se cogita da existência de "dano culposo", esse provimento não inibe a vítima quanto à propositura da ação civil buscando seu ressarcimento. Em julgado inserto na RT 189/558, o Supremo Tribunal Federal reconheceu que, embora absolvido pela prática da contravenção penal de perturbação do sossego (art. 42 da LCP), foi correta a condenação do agente no âmbito civil, em virtude do mau uso da propriedade.

Art. 68. Quando o titular do direito à reparação do dano for pobre (art. 32, § § 1º e 2º), a execução da sentença condenatória (art. 63) ou a ação civil (art. 64) será promovida, a seu requerimento, pelo Ministério Público.

Legitimidade - Ao tempo da edição do Código de Processo Penal (1941), não se cogitava, até então, da Defensoria Pública. A Constituição de 1998, porém, em seu art. 134, concebeu tão importante Instituição, a quem reservou a defesa "dos direitos individuais e coletivos, de forma integral e gratuita". A partir da nova ordem constitucional, a análise das atribuições do Ministério Público, previstas no art. 129 da Carta, em cotejo com o art. 134 do mesmo diploma e com o art. 68 em exame, mereceram uma nova leitura. De sorte que o entendimento que passou a vigorar é no sentido de que, ao *parquet*, não cabe mais a defesa de interesses individuais, como indica este artigo, senão de direitos difusos e coletivos, elencados no art. 129, inc. II da CF. Já a tutela dos direitos individuais, em face de expressa disposição constitucional, é tarefa exclusiva da Defensoria Pública. Nesse sentido os dois julgados do Supremo Tribunal Federal abaixo transcritos.

Ocorre que, a despeito da previsão constitucional, as Defensorias Públicas, em vários Estados da Federação, somente foram implantadas muito tempo depois. No Estado de São Paulo em janeiro de 2006. A Defensoria Pública do Paraná, somente no ano de 2012, realizou seu primeiro concurso de ingresso na carreira. Frente a tal realidade fática, o entendimento que prevaleceu foi no sentido de que, nos locais onde não implantada a Defensoria Pública, o Ministério Público continuaria detendo legitimidade para a propositura da ação civil "ex delicto". Ao revés, onde estruturado aquele primeiro órgão, faleceria ao *parquet* tal legitimidade. Haveria, assim, aquilo que a jurisprudência denominou "inconstitucionalidade progressiva" do art. 68 em exame, isto é, uma inconstitucionalidade a ser reconhecida somente após a implantação da Defensoria Pública em determinada unidade da federação.

Hoje, porém, as Defensorias Públicas estão instaladas em todas as unidades da Federação, pelo que se pode afirmar que a legitimidade para a propositura da ação civil passou a ser de sua titularidade exclusiva, não mais reconhecida em prol do Ministério Público. Deve, porém, ser feita uma ressalva. Como é sabido, na maioria dos Estados, há um enorme déficit quando comparados os números de Defensores Públicos com membros do Ministério Público e da

Magistratura. No Estado de São Paulo, tido como mais rico da Federação, nem 1/3 das comarcas conta com essa Instituição. Daí uma conclusão que nos parece razoável: onde devidamente instalada e aparelhada a Defensoria Pública, a legitimidade para a propositura da ação penal "ex delicto" pertence privativamente a esse órgão. Já nas comarcas onde a Defensoria Pública não se faz presente, deve o Ministério Público, na defesa do cidadão pobre, manejar o pedido.

ATENÇÃO - A Lei n. 13.523, de 7 de dezembro de 2017, alterou o Código Civil, ao prever em seu § 2º, do art. 1.815, a legitimidade do Ministério Público para propor ação de exclusão de herdeiros ou legatários que forem "autores, co-autores ou partícipes de homicídio doloso, ou tentativa deste, contra a pessoa de cuja sucessão se tratar, seu cônjuge, companheiro, ascendente ou descendente". Pensamos que esse dispositivo deva ser interpretado de forma sistemática e em consonância com o perfil atual do Ministério Público,3 de modo a autorizar essa legitimidade apenas quando pobres os demais herdeiros e desde que conte com a autorização destes. De se estranhar, a propósito, a não inclusão da Defensoria Pública dentre os entes legitimados para o ajuizamento do pedido, na linha do acima ponderado.

JURISPRUDÊNCIA

Atribuição do MP

"Ação civil contra o autor do crime (para ressarcimento do dano). Cód. de Pr. Penal, art. 64. Atuação do Ministério Público (legitimidade). É legítima a atuação do Ministério Público, a teor do disposto no art. 68 do Cód. de Pr. Penal, que não foi, infra e constitucionalmente, revogado" (STJ – REsp nº 130497-PR, Rel. Menezes Direito, j. 06.12.1999, DJ 23.10.2000, p. 133).

"Para os fins processuais, conceitua o art. 32, § 1º, do CPP como 'pobre a pessoa que não puder prover às despesas do processo, sem privar-se dos recursos indispensáveis ao próprio sustento ou da família'. A propriedade de bem imóvel, bem como a mera constituição de advogado para a causa, por si só, não descaracterizam a hipossuficiência da substituída, para os efeitos legais" (STJ – REsp nº 752920-GO, Rel. Eliana Calmon, RSTJ 203/243).

Atribuição do MP enquanto não criada a Defensoria Pública

"O Supremo Tribunal Federal reconheceu a inconstitucionalidade progressiva do art. 68 do CPP, concluindo que 'enquanto não criada por lei, organizada – e, portanto, preenchidos os cargos próprios, na unidade da Federação – a Defensoria Pública, permanece em vigor o artigo 68 do Código de Processo Penal, estando o Ministério Público legitimado para a ação de ressarcimento nele prevista' (RE nº 135.328-7/SP, rel. Min. Marco Aurélio, DJ 01/08/94). Evidenciando-se que a atuação do *Parquet* se deu, *in casu*, nos estreitos limites do art. 68 do CPP em momento anterior à instituição da Defensoria Pública no Estado de São Paulo (janeiro de 2006), revelam-se válidos todos os atos praticados pelo órgão ministerial na defesa dos interesses do hipossuficiente autor da demanda" (STJ – REsp nº 219815- SP – Rel. Carlos Fernando Mathias, j. 11.11.2008, DJe 24.11.2008).

Atribuição da Defensoria Pública

"No contexto da Constituição de 1988, a atribuição anteriormente dada ao Ministério Público pelo art. 68 C. Pr. Penal – constituindo modalidade de assistência judiciária – deve reputar-se transferida para a Defensoria Pública: essa, porém, para esse fim, só se pode considerar existente, onde e quando organizada, de direito e de fato, nos moldes do art. 134 da própria Constituição e da lei complementar por ela ordenada" (STF – RE nº 147776-SP, Rel. Sepúlveda Pertence, j. 19.05.1998, DJ 19.06.1998, p. 9).

"A teor do disposto no artigo 134 da Constituição Federal, cabe à Defensoria Pública, instituição essencial à função jurisdicional do Estado, a orientação e a defesa, em todos os graus, dos necessitados, na forma do artigo 5º, LXXIV, da Carta, estando restrita a atuação do Ministério Público, no campo dos interesses sociais e individuais, àqueles indisponíveis (parte final do artigo 127 da Constituição Federal)" (STF – RE nº 135328-SP, Rel. Marco Aurélio, j. 29.06.1994, DJ 20.04.2001, p. 137).

TÍTULO V
DA COMPETÊNCIA

Art. 69. Determinará a competência jurisdicional:

I - o lugar da infração:

II - o domicílio ou residência do réu;

III - a natureza da infração;

IV - a distribuição;

V - a conexão ou continência;

VI - a prevenção;

VII - a prerrogativa de função.

Introdução – Houve um momento histórico em que o Estado não se intrometia na discussão dos litígios. Assim, na fase da chamada *vingança privada*, cabia à vítima ou ao grupo social no qual verificou-se a transgressão, buscar a satisfação de um direito violado, com a aplicação de uma determinada sanção.

Inspirado no Iluminismo, no fim do século XVIII, e tendo como marco a célebre obra de Beccaria, *Dos delitos e das penas* (1764), operou-se radical alteração na base de todo o Direito Penal. A partir daí, com lastro nas ideias de Montesquieu, o Estado chamou para si a administração da justiça, da qual passou a ter o monopólio exclusivo. Por conta disso, em um sistema que até hoje vigora – basta ver que nosso Código Penal considera crime o *fazer justiça com as próprias mãos* (art. 345) – aquele que tem um direito violado deverá valer-se necessariamente do Estado que, através de um de seus poderes (o Poder Judiciário), comporá o litígio. Raras exceções, como a legítima defesa e o estado de necessidade – em que o ofendido, dada à urgência da situação, não pode buscar a proteção estatal – apenas confirmam a regra geral.

Também nesse momento histórico e em virtude das mudanças verificadas, o crime deixou de atingir apenas a vítima (sujeito passivo material), para alcançar também o Estado (sujeito passivo formal). E nem poderia ser diferente: a partir do instante em que o delito representa a violação de uma norma penal, de criação estatal, todo aquele que incorre em sua prática, atinge, mesmo que de maneira indireta, o Estado, titular do mandamento proibitivo não observado pelo sujeito ativo.

Da violação de tal norma, surge para o Estado o poder-dever de punir o transgressor, consistente no *jus puniendi*. Mas, para que tal poder seja exercido em sua plenitude, aplicando-se, ao final, uma pena, é indispensável a existência de um prévio processo judicial, desenvolvido na forma estabelecida em lei. É o chamado *princípio do devido processo legal* ou *due process of law*, previsto em nossa Constituição (art. 5°, inc. LIV). Neste processo, surgirá a lide penal, através da qual se colocarão, de um lado, o poder punitivo do Estado e, de outro, o direito de defesa do suposto autor do ilícito.

Imensurável, destarte, a relevância que assume o processo penal, sem o qual nenhuma pena pode ser imposta (já se disse que a pena somente pode ser aplicada *processualmente*). Através dele será verificada a procedência da acusação e, nesse caso, aplicada a sanção, na ação vigorosa do Estado, no pleno exercício do direito subjetivo que lhe foi violado. Esse é o motor da ação penal. Afinal, se não há crime sem lei anterior que o defina como tal, não há pena sem o respectivo processo judicial (*nulla poena sine judice*).

ATENÇÃO - Deve ser alertado que, no acordo de não persecução penal (art. 28-A CPP), não existe imposição de pena. Nos incisos III e IV do art. 28-A (prestação de serviços à comunidade e prestação pecuniária) temos condições inspiradas em sanções alternativas tradicionalmente utilizadas pelo juiz criminal para evitar pena de prisão. Contudo, a natureza dos incisos é de condição para o ANPP, isto é, cláusula que estabelece realização de uma situação ou de uma ação, para que ocorra o negócio jurídico. Não se trata de sanção penal. Tanto que, se descumprida a condição ajustada, não pode o Ministério Público executá-la, mas oferecer denúncia e perseguir a devida condenação. Diante desse quadro, fica fácil perceber o equívoco do legislador ao determinar que a concretização do acordo se dê no juízo das execuções penais. Erro crasso. Na VEC, executa-se sanção penal. No ANPP, não temos sanção penal imposta (e nem poderia, pois impede o devido processo legal). A sua execução deveria ficar a cargo do Ministério Público (como determina a Res. 181/17) ou do juízo do conhecimento.

Jurisdição e competência - Para fazer frente a essa incumbência, acima mencionada, o Estado elege um poder - o Poder Judiciário - a quem cabe o exercício da jurisdição. Jurisdição é o poder atribuído ao juiz de *dizer o direito*, isto é, o poder conferido ao juiz de julgar. Tem origem na palavra *jurisdictio*, composta por *juris* (direito) e *dicere* (dizer). A jurisdição é, assim, própria do Poder Judiciário. Todo juiz a possui, mas, por óbvio, sofre algumas limitações. Na precisa lição de Hélio Tornaghi, "pelo simples fato de serem juízes, têm jurisdição, poder de julgar. Se esse poder não é restringido por nenhuma lei, compete-lhes julgar tudo. Mas se alguma só lhes permite decidir determinadas controvérsias, então, o exercício de sua jurisdição fica demarcado pela sua competência" (ob. cit., vol. 2, p. 114). De forma que um juiz trabalhista não irá julgar uma ação penal e, tampouco, um juiz de Ribeirão Preto/SP irá apreciar um processo de Manaus/AM. Essa limitação da jurisdição é, exatamente, a competência. Daí se dizer que a competência é o limite da jurisdição.

Princípios que regem a jurisdição - A doutrina costuma apontar alguns princípios que regem a jurisdição. São eles:

a) **unidade** - O poder de decidir é uno, a jurisdição é apenas uma, exclusiva do Poder Judiciário, a quem cabe julgar, dizer o direito. A competência - esta sim - é dividida, segundo a natureza da lide ou do crime cometido, conforme o lugar em que praticado ou mesmo da condição pessoal de seu autor.

b) **inafastabilidade** ou **indeclinabilidade** ou **universalidade** - Por esse princípio, é dado a toda e qualquer pessoa, por mais singela que seja sua pretensão, buscar do Poder Judiciário a proteção de seu direito. Vem esculpido no art. 5°, inc. XXXV da Constituição, pelo qual "a lei não excluirá da apreciação do Poder Judiciário lesão ou ameaça a direito". Ainda como decorrência desse princípio, tem-se que não é dado a nenhum juiz se abster de julgar, ainda quando omissa a lei, segundo, inclusive, princípio contido na Lei de Introdução às normas do Direito Brasileiro (Decreto-lei n. 4.657/1942), quando então deverá decidir "o caso de acordo com a analogia, os costumes e os princípios gerais de direito".

c) **indelegabilidade** – Não pode o juiz transferir a outro o poder de julgar, ainda que, para tanto, conte com a concordância das partes. A competência é matéria de ordem pública e jurisdição manifestação da soberania do Estado, razão pela qual não se permite que outra autoridade, senão a competente, conheça de determinada matéria. Segundo escólio de Carlos Frederico Coelho Nogueira, esse princípio possui duas vertentes: uma *externa* e outra *interna*. Pela primeira, ao Poder Judiciário não se permite delegar a jurisdição para outro poder estatal (Executivo e Legislativo), nem a outro órgão (Ministério Público, por exemplo). Quanto ao caráter *interno*, diz-se que "os membros do Poder Judiciário não podem delegar suas funções uns aos outros" (ob. cit., p. 82).

ATENÇÃO – Parte da doutrina aponta duas exceções a esse princípio, consistentes nas cartas precatórias e nas cartas de ordem. Na precatória, inspirada na cooperação que deve orientar a função jurisdicional, há uma solicitação de um juiz (deprecante), para outro, de mesma hierarquia (deprecado), a fim de que pratique determinado ato. Na carta de ordem, um tribunal, hierarquicamente superior ao juiz, determina a este último que realize algum ato. Nestas duas hipóteses se transfere (de juiz para juiz ou de tribunal para juiz), a prática de um ato jurisdicional.

d) princípio da ***improrrogabilidade* ou da *aderência***– Não se permite que determinado juiz invada a área de atuação jurisdicional de outro, ampliando sua competência, ou seja, deve o juiz restringir sua atuação ao território no qual, por lei, é competente. A doutrina aponta exceções a esse princípio. Verificam-se, segundo Heráclito Antônio Mossin: "(a) quando houver conexão ou continência (arts. 76, 77 e 79, CPP); (b) quando o querelante, nos casos de exclusiva ação privada, preferir o foro do domicílio ou da residência do réu, ainda quando conhecido o lugar da infração (art. 73, CPP); (c) quando houver desaforamento (art. 424, CPP); (d) quando, na hipótese de desclassificação de um crime de competência do Júri para de um juiz singular, o juiz da pronúncia terá sua competência prorrogada para decidir o delito desclassificado, se sua jurisdição for mais graduada relativamente ao juiz singular a quem deveria ser remetido o processo (art. 74, § 2º, última parte, do CPP)" (*Curso de Processo Penal*, São Paulo: Atlas, 2ª. ed., 1998, vol. I, p. 420).

Acrescentaríamos a hipótese prevista no art. 102, inc. I, "n", da Constituição, que dispõe competir ao Supremo Tribunal Federal o julgamento da "ação em que todos os membros da magistratura sejam direta ou indiretamente interessados, e aquela em que mais da metade dos membros do tribunal de origem estejam impedidos ou sejam direta ou indiretamente interessados". Assim, por exemplo, o julgamento de um Magistrado, no Estado de São Paulo, no qual metade de seus membros esteja impedida. O julgamento que, em virtude da prerrogativa de foro, estaria originariamente afeto ao Tribunal de Justiça bandeirante, será realizado no STF, que tem, nesse caso, ampliada sua competência.

e) ***inércia ou iniciativa das partes*** – Ao juiz não é dado agir de ofício (*ne procedat iudex ex officio*), devendo, no processo penal, aguardar a iniciativa da parte, quer pública (Ministério Público), quer particular (vítima, representante legal ou sucessores). Daí se dizer que o Poder Judiciário é um órgão inerte, a depender, pois, de provocação externa daquele que detém a titularidade da ação penal.

f) ***juiz natural*** – É assim considerado aquele cuja competência é previamente estabelecida na Constituição ou em lei, para o julgamento de todo e qualquer caso. Com isso, se evita o chamado *tribunal* ou *juízo de exceção*, vedado pela Constituição (art. 5º, inc. XXXVII). Ou seja, aquele tribunal criado após a ocorrência do ilícito penal para julgamento de um caso específico, afastando-se, assim, a possibilidade de existência de um *juiz de ocasião* ou *magistrado encomendado*. Como se vê, tal princípio encerra verdadeira garantia ao cidadão, que tem a certeza de que será julgado por um juiz previamente conhecido, cercado de garantias que lhe assegurem a independência e imparcialidade e não por um juiz especialmente designado para o caso concreto. Como decorrência desse princípio tem-se o ***princípio da investidura***, segundo o qual apenas aqueles regularmente investidos na função pública, aprovados em concurso público (os juízes de 1º grau), ou nomeados (tribunais superiores e tribunais de justiça), com a posse, estão habilitados ao exercício da jurisdição.

Carta precatória e carta de ordem – Sem embargo do princípio do juiz natural, nada impede que atos de instrução sejam realizados por outro juiz que não aquele do processo. Isso se verifica, por exemplo, quando expedida uma carta precatória para oitiva de uma testemunha ou em hipóteses de carta de ordem. Quanto a esta última, o regimento interno do Supremo Tribunal Federal (art. 239, § 1º), permite que, em processos de competência originária, decorrentes da prerrogativa de função, com trâmite perante aquela Corte, o relator delegue a um juiz ou tribunal, com competência territorial, a realização do interrogatório do réu ou de atos de instrução. Dispositivo idêntico consta do regimento interno do Superior Tribunal de Justiça (art. 225, § 1º).

> **ATENÇÃO** - Aponta-se exceção a esse princípio no chamado *incidente de deslocamento de competência*, previsto no art. 109, § 5º, da Constituição, quando se subtrai um determinado feito da Justiça Estadual - ao se constatar grave violação de direitos humanos -, naturalmente competente para julgar a matéria, deslocando-o para a Justiça Federal.

g) ***identidade física do juiz*** – Previsto no art. 399, § 2º, do CPP, ao dispor que o "juiz que presidiu a instrução deverá proferir a sentença". É objeto de nossa atenção, mais adiante, nos comentários tecidos a este artigo.

JURISPRUDÊNCIA

Sentença proferida por juiz incompetente e transitada em julgado não pode ser revista

"A sentença proferida por juízo absolutamente incompetente impede o exame dos mesmos fatos ainda que pela justiça constitucionalmente competente, pois, ao contrário, estar-se-ia não só diante de vedado 'bis in idem' como também na contramão da necessária segurança jurídica que a imutabilidade da coisa julgada visa garantir. Ademais, ao se sopesar a garantia do juiz natural e o princípio do *ne bis in idem*, deve preponderar esse último em razão da prevalência, no que concerne a persecução penal, da dignidade da pessoa humana – axioma centro do ordenamento jurídico-constitucional – sobre o *ius puniendi* estatal" (STJ – RHC nº 29775-PI, Rel. Marco Aurélio Bellizze, j. 18.06.2013, DJe 25.06.2013).

Instituto do Deslocamento de Competência. Excepcionalidade

"O Instituto do Deslocamento de Competência é utilizado em situações excepcionalíssimas, em que efetivamente houver demonstração concreta de risco de não cumprimento de obrigações decorrentes de tratados internacionais de direitos humanos dos quais o Estado brasileiro seja parte, até para não se banalizar esse instrumento e não se esvaziar a competência da Justiça Estadual" (STJ – AgRG no IDC n° 5-PE, Rel. Rogério Schietti Cruz, j. 28.05.2014, DJe 03.06.2014).

Juízes de 1º grau convocados para atuarem em Tribunais – É possível que diante de uma situação concreta, que determine o afastamento de um desembargador ou ministro, decorrente de férias, licença-saúde, aposentadoria etc., seja promovida a convocação de um juiz de 1º grau ou mesmo de outro desembargador, para que atuem perante determinado tribunal. Cuida-se de hipótese prevista expressamente na Lei Orgânica da Magistratura (Lei n. 35/1979), ao dispor que "em caso de vaga ou afastamento, por prazo superior a 30 (trinta) dias, de membro dos Tribunais Superiores, dos Tribunais Regionais, dos Tribunais de Justiça e dos Tribunais de Alçada, poderão ser convocados Juízes, em Substituição". A Resolução n. 209/2015, do Conselho Nacional de Justiça, que dispõe sobre a convocação de Magistrados para auxiliarem em tribunais, bem como no próprio CNJ, determina que o afastamento pode ocorrer pelo prazo máximo de dois anos (art. 1º). Ela se aplica a tribunais estaduais, regionais, militares e superiores, salvo ao Supremo Tribunal Federal (art. 5º).

O Supremo Tribunal Federal, em julgado de sua 1ª Turma, ocorrido em 16 de fevereiro de 2016, no HC n. 101473-SP, reafirmou sua posição quanto à legalidade dessa convocação, por não violar o princípio do juiz natural, vencido o relator, Ministro Marco Aurélio, que concedeu a ordem sob o argumento de que aludida convocação não tinha previsão na Constituição ou em lei. O ministro Luís Roberto Barroso, ao divergir do relator, deu ênfase ao princípio da celeridade, ao destacar que "a solução criativa encontrada por alguns tribunais do país, longe de caracterizar a criação de juízos de exceção ou *ad hoc*, teve a virtude de tentar concretizar uma prestação jurisdicional célere e efetiva, em plena conformidade com a garantia constitucional da razoável duração do processo, isto é, sem vulnerar as garantias fundamentais do processo, especialmente porque observados critérios objetivos e com expressa autorização legal". Destacou, ainda, que ao apreciar o Recurso Extraordinário n. 597133-RS (j. em 17.11.2010), com repercussão geral reconhecida, o Pleno do Supremo Tribunal Federal manteve a validade de apelação julgada por Turma do Tribunal Regional Federal da 4ª Região, que, à exceção do desembargador que presidiu a sessão, foi formada por juízes federais convocados.

JURISPRUDÊNCIA

Substituição de Desembargadores por Juízes. Validade

"O procedimento de substituição dos Desembargadores do TJSP, mediante convocação de Juízes de Direito efetuada com fundamento na LC 646/90, evidencia-se compatível com os postulados constitucionais inscritos no art. 96, II, "b" e "c" da Carta Federal, e revela-se plenamente convivente com o princípio fundamental do juiz natural. Com isso, resta descaracterizada a alegação de nulidade do julgamento efetuado pelo TJSP, com a participação de Juiz de Direito Substituto de Segundo Grau, por evidente inocorrência de vício de composição do órgão julgador" (STF, Rel. Celso de Mello, *RBCCrim* 1/224).

Convocação para o Superior Tribunal de Justiça – O regimento interno do STJ, em seu art. 56, prevê a convocação de juízes do Tribunal Regional Federal ou de desembargadores de Tribunais de Justiça, quando vago cargo de ministro ou quando ocorrer seu afastamento por prazo superior a 30 dias. Trata-se de previsão que é objeto de debate interno entre os ministros daquela Corte, que divergem quanto à conveniência da manutenção dessa alternativa no regimento interno. No Supremo Tribunal Federal inexiste dispositivo nesse sentido.

Competência penal na Justiça do Trabalho – A Emenda Constitucional n. 45/2004 que alterou o art. 114, inc. IV da Constituição, conferiu competência à Justiça Trabalhista para conhecer e julgar *habeas corpus*, "quando o ato questionado envolver matéria sujeita à sua jurisdição". De tal sorte que, sendo juiz do trabalho coator, quando, por exemplo, determine, *ad absurdum*, a prisão do depositário infiel (ignorando o teor da Súmula vinculante n. 25, do Supremo Tribunal Federal, pela qual "é ilícita a prisão civil de depositário infiel, qualquer que seja a modalidade de depósito"), a competência para conhecer do *writ* será do respectivo Tribunal Regional do Trabalho a que afeto o Magistrado. Sendo este órgão colegiado o coator, a competência para conhecer do *writ* será do Tribunal Superior do Trabalho. Coator o TST, a competência para julgamento será do Supremo (art. 102, I, "i", da Constituição).

É possível, ainda, que o juiz do trabalho de 1º grau conheça do *writ*, quando a coação provir de autoridade pública ou mesmo de particular. Conforme exemplos lembrados por Edilton Meireles, "tem-se a possibilidade da Justiça do Trabalho julgar o *habeas corpus* impetrado em face do empregador que restringe a liberdade de locomoção do empregado (mantém o empregado no ambiente de trabalho, quando do movimento grevista em face dos atos por este praticado durante o movimento paredista (ação que envolve o exercício do direito de greve, aliás); o remédio heroico em face da autoridade pública que restringe a liberdade de locomoção do servidor público (impede, ilegalmente ou em abuso do poder, dele se ausentar da cidade, da localidade, etc.)" (*Competência e Procedimento na Justiça do Trabalho. Primeiras Linhas da Reforma do Judiciário*, São Paulo, LTR, 2005, p. 70).

Vale destacar que a competência penal da Justiça do Trabalho se limita ao conhecimento do *habeas corpus*, não se estendendo ao julgamento de ações penais, ainda que relacionadas à sua seara, como, por exemplo, crimes contra a organização do trabalho (arts. 197 ao 207 do Código Penal), crimes perpetrados no âmbito da justiça trabalhista (*v.g.*, falso testemunho, desacato), contravenções relativas à organização do trabalho (arts. 47 a 49 da Lei das Contravenções Penais). Foi o que restou decidido, ainda que precariamente, na Adin n. 3684-DF, ajuizada pelo Ministério Público Federal, julgada em 1º de fevereiro de 2007, na qual o relator Ministro Cezar Peluso, ao conceder liminar, deixou claro o limite da competência da justiça trabalhista, restrita, apenas, ao julgamento do *habeas corpus*.

Lembre-se, ainda, em reforço à tese do STF, acima mencionada, o enunciado da Súmula n. 165, do Superior Tribunal de Justiça, segundo a qual "compete à Justiça Federal processar e julgar crime de falso testemunho cometido no processo trabalhista".

Crimes cometidos no exterior – É sabido que, por força do disposto no art. 7º, incs. I e II e em seu § 3º, do Código Penal, é possível que a lei brasileira atinja o crime praticado no exterior, naquilo que se denomina *princípio da extraterritorialidade*. Sujeitam-se, assim, à lei brasileira, conquanto praticados no exterior: I – os crimes: a) contra a vida ou a liberdade do Presidente da República; b) contra o patrimônio ou a fé pública da União, do Distrito Federal, de Estado, de Território, de Município, de empresa pública, sociedade de economia mista, autarquia ou fundação instituída pelo Poder Público; c) contra a administração pública, por quem está a seu serviço; d) de genocídio, quando o agente for brasileiro ou domiciliado no Brasil; II – os crimes: a) que, por tratado ou convenção, o Brasil se obrigou a reprimir; b) praticados por brasileiros; c) praticados em aeronaves ou embarcações brasileiras, mercante ou de propriedade privada, quando em território estrangeiro e aí não sejam julgados. § 3º. A lei brasileira aplica-se também ao crime cometido por estrangeiro contra brasileiro fora do Brasil (...).

Diz-se que a extraterritorialidade pode ser *incondicionada*, *condicionada* ou *hipercondicionada*. A *extraterritorialidade incondicionada* alcança os crimes descritos no art. 7º, inc. I, acima indicados. Nesses casos, a lei brasileira, para ser aplicada, não depende do preenchimento de qualquer requisito. Ou, como o nome indica, não se submete a nenhuma condição. Verificada a infração penal (um homicídio contra o Presidente da República brasileira, por exemplo), incide a lei brasileira, irrelevante, aqui, se o autor foi absolvido ou condenado no estrangeiro.

A *extraterritorialidade condicionada* refere-se aos crimes referidos no inc. II, do art. 7º do Código Penal. Nesses casos, para que a nossa lei possa ser aplicada, faz-se necessário o concurso das seguintes condições (art. 7º, § 2º, CP): (i) entrar o agente no território nacional, não se exigindo a permanência do agente, mas tão-só seu ingresso no território nacional, considerado na sua dimensão física ou jurídica. (ii) ser o fato punível também no país em que foi praticado. (iii) estar o crime incluído entre aqueles pelos quais a lei brasileira autoriza a extradição. Há, aqui, perfeita coincidência entre os crimes pelos quais o Brasil autoriza a extradição e os crimes pelos quais o Brasil aplica a lei brasileira (em síntese, os crimes têm que ser punidos com pena superior a dois anos, segundo o art. 82, inc. IV da Lei nº 13.445/2017); (iv) não ter sido o agente absolvido no estrangeiro ou não ter aí cumprido a pena; (v) não ter sido o agente perdoado no estrangeiro ou, por outro motivo, não estar extinta a punibilidade, segundo a lei mais favorável. Assim, praticado um homicídio, por um brasileiro, no exterior, ingressando o autor no Brasil, sujeitar-se-á à lei nacional.

Por último, o princípio da *extraterritorialidade hipercondicionada*, previsto no art. 7º, § 3º, do Código Penal, pelo qual se permite a adoção da lei nacional ao crime cometido por estrangeiro contra brasileiro fora do Brasil. Para tanto é preciso que, além das condições previstas no § 2º, do art. 7º, elencadas acima, (i) não tenha sido pedida ou tenha sido negada a extradição; (ii) tenha havido requisição do Ministro da Justiça.

Competência e sistema de juiz das garantias – no sistema de juiz das garantias instala-se verdadeira separação entre as funções judiciais ligadas à investigação e ao processo (ver. art. 3º-A e ss). A mudança de sistema impõe reflexos no campo da competência. Para aprofundar o assunto, dependeremos das modificações que ocorrerão nas leis de organização judiciária a partir de estudos em andamento no CNJ. Mas, pelo que se lê nos sítios especializados e entrevistas dos *experts*, a tendência parece ser a criação de "núcleos de garantias", sediados na capital ou em cidades estratégicas (sob o aspecto geográfico e populacional), compostos de pluralidade de juízes e um quadro importante de assessores, com competência para analisar a legalidade e o controle sobre o inquérito policial nas investigações de todo o estado ou região do estado (circunscrição). Esse cenário, se e quando instalado, não pode ser ignorado nos capítulos seguintes, em especial no tema "prevenção".

CAPÍTULO I
DA COMPETÊNCIA PELO LUGAR DA INFRAÇÃO

Art. 70. **A competência será, de regra, determinada pelo lugar em que se consumar a infração, ou, no caso de tentativa, pelo lugar em que for praticado o último ato de execução.**

§ 1º Se, iniciada a execução no território nacional, a infração se consumar fora dele, a competência será determinada pelo lugar em que tiver sido praticado, no Brasil, o último ato de execução.

§ 2º Quando o último ato de execução for praticado fora do território nacional, será competente o juiz do lugar em que o crime, embora parcialmente, tenha produzido ou devia produzir seu resultado.

§ 3º Quando incerto o limite territorial entre duas ou mais jurisdições, ou quando incerta a jurisdição por ter sido a infração consumada ou tentada nas divisas de duas ou mais jurisdições, a competência firmar-se-á pela prevenção.

§ 4º Nos crimes previstos no art. 171 do Código Penal, quando praticados mediante depósito, mediante emissão de cheques sem suficiente provisão de fundos em poder do sacado ou com o pagamento frustrado ou mediante transferência de valores, a competência será definida pelo local do domicílio da vítima, e, em caso de pluralidade de vítimas, a competência firmar-se-á pela prevenção.

Competência pelo lugar da infração – É sabido que a pena, sem prejuízo de outros objetivos, possui, inegavelmente, um fim preventivo, servindo de exemplo para a comunidade, de modo a inibir que outros cometam o mesmo comportamento. Em outras palavras, significa dizer que a imposição de uma pena, a quem cometeu uma infração penal, deve servir de exemplo para aos demais que saberão que, ao praticarem fato idêntico, também merecerão o mesmo castigo. Sabendo que um sujeito está preso porque matou, a comunidade saberá igualmente que se matar, a prisão aparece como consequência natural. Ora, se é assim, é de todo conveniente que o agente seja julgado no local em que cometeu o crime, pois foi lá que sua ação causou alarme e desassossego. Além disso, o julgamento no local em que o crime se consumou (*forum delicti comissi*) apresenta uma vantagem de ordem prática na medida em que facilita a colheita de provas (oitiva da vítima e testemunhas, prova pericial, por exemplo). É a chamada *competência ratione loci,* prevista neste dispositivo. Nos termos do art. 14, inc. I do Código Penal, diz-se consumado o crime "quando nele se reúnem todos os elementos de sua definição legal". Tratando-se de crime tentado, a competência se firma pelo local em que praticado o último ato de execução.

Competência pelo lugar da infração e o sistema de juiz das garantias – Esse assunto ganha novos contornos quando instalado o sistema do juiz das garantias. O rascunho que se apresenta em muitos estudos – e que serão analisados pelo grupo de trabalho do CNJ responsável pela sua implantação – é a criação de "núcleos de garantias", sediados na capital ou em cidades estratégicas (sob o aspecto geográfico e populacional), compostos por uma pluralidade de juízes e um quadro importante de assessores, com competência para analisar a legalidade e o controle sobre o inquérito policial nas investigações de todo o estado ou região do estado (circunscrição). Logo, a competência em razão do local ou da natureza da infração, se adotada essa sistemática, pode ser mais ampla na fase da investigação do que aquela prevista para o processo e julgamento.

Competência relativa – A competência decorrente do local da infração (*ratione loci*) é relativa. É dizer, caso não suscitada no primeiro momento oportuno, fatalmente se convalidará, não ensejando, pois, a nulidade da sentença. Nesse sentido se orienta o Supremo Tribunal Federal, valendo que se confira: "Já se firmou o entendimento da Corte (HC 69.599, HC 65.229 e RECr 106.641) no sentido de que, no processo penal, a incompetência 'ratione loci' acarreta apenas nulidade relativa, e, não tendo sido arguida oportunamente, ficou ela sanada pela ocorrência de preclusão" (STF – HC nº 71621-MG – Rel. Moreira Alves, j. 13.09.1994, DJ 10.03.1995, p. 4881). Julgados do STJ, abaixo transcritos, reforçam esse entendimento.

JURISPRUDÊNCIA

Nulidade relativa

"A competência em razão do lugar da infração é relativa e deve ser alegada por via de exceção, no prazo do oferecimento das alegações preliminares, na forma do disposto no art. 108 do Código de Processo Penal, sob pena de prorrogação da competência. Além disso, eventual nulidade do processo só ficaria reconhecida diante da comprovação do prejuízo sofrido pelo recorrente, hipótese não demonstrada nos autos" (STJ – RHC nº 29312-SP, Rel. Marco Aurélio Bellizze, j. 11.04.2013, DJe 18.04.2013).

"A incompetência territorial constitui-se em nulidade relativa, sendo impróprio o reconhecimento de qualquer vício, se não suscitado em tempo oportuno – antes de proferida a sentença – e se ausente a demonstração de prejuízo à defesa" (STJ – HC nº 12720-SP – Rel. Gilson Dipp, j. 15.06.2000, DJ 21.08.2000, p. 157).

Competência absoluta – Trata-se daquela que não admite prorrogação, a constituir, a sentença de um juiz absolutamente incompetente, verdadeiro *não ato*, incapaz, por isso mesmo, de ser convalidado e de gerar efeitos, podendo ainda a nulidade ser declarada de ofício. Basta imaginar um juiz cível proferindo uma sentença criminal (como consta de ementa abaixo transcrita). Ou um juiz de 1º grau condenando um promotor de Justiça, ao arrepio da competência por prerrogativa de função. Ou, ainda, um juiz monocrático a condenar um réu pela prática de um homicídio doloso, cuja competência absoluta é do Tribunal do Júri.

ATENÇÃO – Vale lembrar que, tratando-se de contravenções penais, ainda que atinjam interesses da União, a competência será da Justiça Estadual, posto que o art. 109, inc. IV, da Constituição, excluiu do âmbito da Justiça Federal o julgamento dessas infrações. Nesse sentido, ainda, o teor da Súmula 38 do Superior Tribunal de Justiça. Podem ocorrer, contudo, duas situações práticas que exigem maior atenção. A primeira envolve infrações conexas, mais precisamente um crime de alçada da Justiça Federal e uma contravenção penal. Nesse caso, sendo inviável a reunião de ambos para julgamento pela Justiça Federal, incompetente, como se viu, no que tange às contravenções penais, decide-se pelo desmembramento. Apreciando questão idêntica, assentou o STJ que "firmando-se a competência do Juízo Federal para processar e julgar o crime de contrabando conexo à contravenção penal, impõe-se o desmembramento do feito, de sorte que a contravenção penal seja julgada perante o Juízo estadual" (STJ – CC nº 125955-MG, Rel. Alderita Ramos de Oliveira, j. 27.02.2013, DJe 11.03.2013). A segunda situação a reclamar cuidado compreende contraventor que detenha foro por prerrogativa de função que obrigue julgamento perante tribunal federal ou nacional (TRF, STJ ou STF). Nesse caso, a competência para o processo e julgamento será do Tribunal respectivo. Note-se, a respeito do foro por prerrogativa, que o STF restringiu sua aplicação às condutas cometidas no exercício do cargo e em razão dele (QO na AP 937), e, no âmbito das contravenções, há uma que pressupõe o exercício funcional pelo sujeito ativo: deixar de comunicar à autoridade competente crime de ação pública de que teve conhecimento no exercício de função pública, desde que a ação penal não dependa de representação (art. 66, I, do Decreto-lei 3.688/41).

JURISPRUDÊNCIA

Consumação e competência nos crimes:

Estelionato previdenciário

"O crime de estelionato previdenciário se consuma com o efetivo recebimento da vantagem indevida, no caso, com o início do pagamento da aposentadoria, que se deu na cidade do Rio de Janeiro/RJ. Assim, embora o local de recebimento do benefício previdenciário tenha sido posteriormente transferido para a cidade de Brasília/DF, a competência já havia sido fixada pelo lugar em que se consumou a infração, a teor do que dispõe o art. 70 do CPP" (STJ – CC n° 125023-DF, Rel. Marco Aurélio Bellizze, j. 13.03.2013, DJe 19.03.2013).

Estelionato mediante depósito

Tratando-se de norma processual, deve ser aplicada de imediato, ainda que os fatos tenham sido anteriores à nova lei, razão pela qual a competência no caso é do Juízo do domicílio da vítima, nos termos da nova redação do art. 70, §4º, do Código de Processo Penal. (STJ – CC n. 180832-RJ, Rel. Min. Laurita Vaz, DJe. 01/09/21)

Uso de documento falso

"A competência para processar e julgar o crime de uso de documento falso é do Juízo do local em que o documento foi utilizado. Contudo, nos casos em que o uso do documento falso for cometido pelo próprio responsável pela falsificação, o uso é considerado mero exaurimento do crime de falsidade, motivo pelo qual a competência é a do local da falsificação, que, se desconhecido, impõe a adoção da regra do local do uso do documento falso. Doutrina. Precedente." (STJ – HC n. 339.644/MG, relator Ministro Jorge Mussi, Quinta Turma, julgado em 8/3/2016, DJe de 16/3/2016.)

Consumação e competência no homicídio doloso e culposo. Local da prática de atos de execução

"Tendo em vista a necessidade de se facilitar a apuração dos fatos e a produção de provas, bem como garantir que o processo possa atingir à sua finalidade primordial, qual seja, a busca da verdade real, a competência pode ser fixada no local de início dos atos executórios" (STJ – HC n° 95853-RJ, Rel. Og Fernandes, j. 11.09.2012, DJe 04.10.2012).

"Homicídio culposo. Juízo competente. 'Ratione loci'. Localidade da ocorrência da infração. Constrangimento ilegal inexistente – "Tendo sido a vítima removida para hospital de outro município, que não o da ocorrência da infração, não faz o juízo desse incompetente para o processamento do feito. A competência, 'ratione loci', é determinada pela localidade da ocorrência da infração, e não pelo local da morte da vítima" (STJ – Rel. Edson Vidigal – RT 667/338).

Crime preterdoloso com resultado morte – No crime preterdoloso, o agente pratica delito distinto do que havia projetado cometer, advindo da conduta dolosa resultado culposo mais grave do que o projetado. O comportamento é doloso, mas o resultado (mais grave) é involuntário. Cuida-se, portanto, de figura criminosa híbrida, havendo verdadeiro concurso de dolo e culpa no mesmo fato (dolo no antecedente – conduta – e culpa no consequente – resultado). Exemplo clássico de crime preterdoloso é a lesão corporal seguida de morte. Com efeito, nesta hipótese, o agente quer a lesão, porém, por negligência, imprudência ou imperícia, dá causa a resultado mais grave, qual seja, a morte. Aqui também a competência será determinada pelo local em que praticados atos de execução, sendo irrelevante onde se consumou a morte. Assim, se as lesões corporais foram praticadas em Jardinópolis, e aí também ocorreu a morte, não resta dúvida quanto à competência. Sucede ser possível que o ofendido, ainda vivo, tenha sido transferido para a vizinha cidade de Ribeirão Preto, referência no atendimento médico da região, mas que, ainda assim, não evitou a morte da vítima. Nesse caso, a competência para o julgamento será da cidade de Jardinópolis, na qual atos executórios foram perpetrados e não de Ribeirão Preto, onde apenas se deu, em vão, o atendimento ao ofendido.

Crime contra índio – O crime perpetrado contra silvícola ou no qual ele figure como autor é, na maior parte das vezes, de competência da Justiça Estadual, como enuncia, inclusive, a Súmula nº 140 do STJ ("Compete à Justiça Comum Estadual processar e julgar crime em que o indígena figure como autor ou vítima"). Sucede que a Constituição, em seu art. 109, inc. XI, determina a competência da Justiça Federal, para o julgamento da "disputa sobre direitos indígenas". De sorte que, tratando-se de um crime corriqueiro, que não guarde qualquer relação com a cultura indígena, que não atinja a comunidade como um todo, que não verse sobre disputa de terras, a competência será da Justiça Estadual.

Assim decidiu o Supremo Tribunal Federal, em um caso de homicídio: "Crime motivado por desentendimento momentâneo, agravado por aversão pessoal em relação à vítima. Delito comum isolado, sem qualquer pertinência com direitos indígenas. Irrelevância do fato ter ocorrido no interior de reserva indígena. Competência da Justiça Estadual" (STF – HC nº 81827-MT – Rel. Maurício Corrêa, j. 28.05.2002, DJ 23.08.2002, p. 115). De se ver, por outro lado, que a Constituição, em seu art. 231, reconhece o direito dos índios, no que se refere à "organização social, costumes, línguas, crenças e tradições", tutelando, ainda, seus "direitos originários sobre as terras que tradicionalmente ocupam, competindo à União demarcá-las, proteger e fazer respeitar todos os seus bens". Daí se concluir, como dito antes, que qualquer delito que, de alguma forma, esteja relacionado à "organização social, costumes, línguas, crenças e tradições", que envolva disputa de terras, enfim, que importe em atentado contra a existência do grupo indígena, será julgado pela Justiça Federal. Ao contrário, se nenhum desses componentes estiver presente, não há razão para se conceber verdadeira competência "ratione personae" em favor do silvícola, que será, portanto, julgado pela Justiça Estadual.

Quanto ao genocídio perpetrado contra grupo indígena, v. comentários ao art. 406.

JURISPRUDÊNCIA

Índio. Justiça Federal

"Em regra, a competência para processar e julgar crime que envolva índio, na condição de réu ou vítima, é da Justiça Estadual, conforme preceitua o enunciado nº 140 da Súmula desta Corte, segundo o qual: "Compete a Justiça Comum Estadual processar e julgar crime em que o indígena figure como autor ou vítima.". Todavia, a competência será da Justiça Federal toda vez que a questão versar acerca de disputa sobre direitos indígenas, incluindo as matérias referentes à organização social dos índios, seus costumes, línguas, crenças e tradições, bem como os direitos sobre as terras que tradicionalmente ocupam, conforme dispõem os arts. 109, XI, e 231, ambos da Constituição da República de 1988" (STJ – CC nº 123016-TO, Rel. Marco Aurélio Bellizze, j. 26.06.2013, DJe 01.08.2013).

"A Constituição Federal, em seu artigo 231, impõe à União o dever de preservar as populações indígenas, preservando, sem ordem de preferência, mas na realidade existencial do conjunto, sua cultura, sua terra, sua vida. Sendo a vida do índio tutelada pela União, é competente a Justiça Federal para processar e julgar crime praticado contra a vida do índio em razão de disputa de terras, não estando a Justiça Estadual, na presente ordem constitucional, legitimada a conhecer da ação penal proposta" (STF – RE nº 270379--MS – Rel. Maurício Corrêa, j. 17.04.2001, DJ 29.06.2001, p. 58).

Índio. Justiça Estadual

"No caso em tela, o crime de furto cometido por agente considerado indígena não evidenciou interesse da comunidade ou vinculação com disputas por terras silvícolas, mas somente proveito pessoal, o que atrai a competência da Justiça comum estadual" (STJ – RHC nº 35227-MT, Rel. Laurita Vaz, j. 18.04.2013, DJe 25.04.2013).

PENAL. AGRAVO REGIMENTAL EM CONFLITO DE COMPETÊNCIA. CRIMES CONTRA INDÍGENAS. SÚMULA 140/STJ. INCIDÊNCIA –"Ausentes elementos que comprovem a existência de conflito fundiário, não se justifica a competência da Justiça Federal para processar e julgar delito cometido contra indígenas" (STJ – AgRG no CC n° 117120-MT, Rel. Campos Marques, j. 10.04.2013, DJe 16.04.2013).

Índio. Júri

HOMICÍDIO – CRIME PRATICADO CONTRA ÍNDIO, COMO INDIVÍDUO DETERMINADO E NÃO CONTRA O GRUPO INDÍGENA – "Inocorrendo o envolvimento de direitos indígenas (art. 109, XI, da CF), o crime praticado é de competência da Justiça Comum Estadual (Súmula 140/STJ)" (STJ – CC n° 21794-AC – Rel. Jorge Scartezzini, j. 27.09.2000, DJ 18.12.2000, p. 154).

Estelionato e competência – Dadas as diversas circunstâncias em que o estelionato pode ser cometido, não raro surgem dúvidas a respeito do juízo competente para julgamento, pois nem sempre quem sofre o prejuízo e quem obtém a vantagem se encontram no mesmo local e, em tais situações, pode haver certa dificuldade para estabelecer com precisão onde o estelionatário realmente alcançou o proveito de seu ardil.

O Superior Tribunal de Justiça julga incontáveis casos dessa natureza. Em alguns de seus julgamentos, a Terceira Seção do STJ tem diferenciado as situações nas quais a vítima é induzida, mediante fraude, a *efetuar* um pagamento esperando *receber* algo em troca de outras situações em que, também iludida, espera *receber* um pagamento por algo por ela *dado* em troca:

> "Há que se diferenciar a situação em que o estelionato ocorre quando a vítima é ardilosamente induzida a, voluntariamente, depositar na conta do estelionatário o preço de uma mercadoria que jamais chega a receber, da hipótese (como a dos autos) em que a vítima, também iludida por um ardil, é levada a crer que o pagamento pelo produto por ela vendido foi ou será devidamente efetuado e, em consequência disso, voluntariamente entrega a mercadoria. Na primeira das situações (em que pagamentos são feitos pela vítima ao estelionatário), a obtenção da vantagem ilícita ocorre no momento em que o dinheiro sai efetivamente da disponibilidade financeira da vítima. Tratando-se de pagamento por meio de cheque, transferência bancária ou cartão de crédito, isso ocorre quando os valores saem da entidade financeira sacada. Por esse motivo, em tais casos entende-se que o local da obtenção da vantagem ilícita **é aquele em que se situa a agência bancária onde foi sacado o cheque, seja dizer, onde a vítima possui conta bancária.** Já na segunda hipótese, em que a vítima é a vendedora do produto, o estelionatário aufere proveito econômico em prejuízo da vítima quando recebe a mercadoria e não chega a pagar por ela. Em tais situações, por óbvio, o local em que é obtida a vantagem ilícita é o **local da retirada do produto.**" (CC 158.703/DF, Rel. Min. Reynaldo Soares da Fonseca, j. 22/08/2018).

No entanto, com o advento da Lei 14.155/21, que inseriu no art. 70 do CPP o § 4º, grande parte da controvérsia envolvendo a competência do estelionato plurilocal está resolvida: o crime cometido mediante depósito, emissão de cheques sem suficiente provisão de fundos ou com o pagamento frustrado ou mediante transferência de valores deve ser julgado segundo o domicílio da vítima.

Nota-se que a solução legal diverge um tanto da orientação firmada pelo STJ. Para o tribunal, como vimos, o estelionato em que a vítima efetua depósito ou transferência bancária deve ser julgado no local em que se localiza a agência onde o criminoso recebe o dinheiro. Mas o § 4º do art. 70 determina que, também nesse caso, a competência deve ser determinada pelo domicílio da vítima.

Uma observação: nos casos de pagamento por cheque, as decisões do STJ fazem referência ao local em que situada a agência bancária na qual a vítima mantém sua conta corrente. Embora, na grande maioria dos casos, a vítima mantenha a conta bancária no mesmo lugar de seu domicílio, é possível que isso não ocorra. Pela regra do § 4º do art. 70, importa o domicílio da vítima, não o local em que se situa a instituição financeira. É provável que o legislador tenha concebido a regra pensando também nas contas bancárias digitais, operadas por instituições financeiras que têm apenas uma agência – a sede, a qual na maioria das vezes está muito distante do local em que o crime é cometido.

O novo parágrafo acaba tornando sem eficácia as súmulas 244 do STJ e 521 do STF, mas não a súmula 48. É que o parágrafo incluído pela Lei 14.155/21 tem como objeto o cheque sem provisão de fundos ou com pagamento frustrado. A súmula 48, por sua vez, se refere ao cheque falsificado.

E em caso de estelionatos praticados por meio de pagamento de boleto ou por cheque clonado? O § 4º não faz referência expressa a essa hipótese. Já temos corrente defendendo que nessas situações – boleto e cheque clonado – também deva prevalecer o foro do domicílio da vítima, afinal, é a melhor forma de se atender, com mais eficácia, tanto aos interesses do ofendido, bem como para se alcançar a eficácia na busca e produção de elementos de convicção do crime de estelionato.

Por fim, debate que já se nota no dia a dia consiste em averiguar a competência para as ações penais que se encontrem em andamento. É dizer: em curso um processo envolvendo estelionato por meio de cheque sem fundos, iniciado antes da vigência da Lei 14.155, deve ele prosseguir perante o juízo de origem, do local da conta bancária, ou, ao revés, cumpre sua imediata remessa ao juízo do domicílio da vítima (quando diversos)? Entendemos que deve ser mantido no juízo de origem. Impõe-se a chamada *perpetuatio juridicionis*, pela qual a competência se firma, definitivamente, quando do registro ou distribuição da ação, não mais podendo ser modificada, segundo o art. 43 do Código de Processo Civil (com aplicação ao processo penal nos termos do art. 3º do CPP). O *perpetuatio jurisdicionis* traz uma ressalva que ocorre quando as mudanças "alterarem a competência absoluta". Ora, na hipótese vertente, a competência é territorial, relativa (e não absoluta), e, como tal, não se enquadra na exceção prevista no art. 43 do CPC.

Em suma: a retroatividade da norma do §4º, do art. 70 do CPP, deve ser observada se o crime ainda está na fase de investigação. Existindo processo, deve ser notado o instituto da *perpetuatio iurisdictionis*, necessário para a estabilidade da competência de foro. Uma vez determinada e fixada esta, quaisquer modificações de fato ou de direito supervenientes são irrelevantes em sua estabilidade.

Crime de moeda falsa e competência – O crime de moeda falsa, previsto no art. 289 do Código Penal, é da competência da Justiça Federal, posto que praticado em detrimento da União (art. 109, inc. IV da Constituição). Sucede que, por vezes, a falsidade é tão grosseira, perceptível mesmo *prima oculi*, que ao invés do crime de moeda falsa, resta configurado o estelionato. Nessa hipótese, a competência passa a ser da Justiça Estadual, nos termos da Súmula n. 73, do STJ, da seguinte redação: "A utilização de papel moeda grosseiramente falsificado configura, em tese, o crime de estelionato, da competência da Justiça Estadual". Para tanto, contudo, é necessário que a falsificação, efetivamente, seja facilmente perceptível, algo que pode ser apurado por meio de perícia, mas que depende, também, de análise da condição subjetiva da vítima. A falsidade que pode ser notada, sem dificuldade, por um especialista, por vezes passará despercebida por um modesto comerciante. Daí ter decido o STJ que "a utilização de papel-moeda cuja falsificação é considerada de boa qualidade pela perícia caracteriza, em tese, crime de moeda falsa, da competência da Justiça Federal" (CC n. 109195- MG - Rel. Haroldo Rodrigues, j. 26.05.2010, DJe de 10.06.2010).

Falso testemunho por precatória – É sabido que o crime de falso testemunho, segundo doutrina majoritária, se consuma no momento em que assinado o depoimento pela testemunha mentirosa. Cometido no bojo de uma precatória, prevalece o entendimento de que competente para seu julgamento será o juízo deprecado, conforme, aliás, ementa abaixo transcrita oriunda do Superior Tribunal de Justiça. Pensamos de forma diversa. Com efeito, o delito de falso testemunho vem previsto, no Código Penal, no capítulo que trata dos crimes contra a administração da justiça (art. 338 *usque* 359). Ora, uma vez prestado o depoimento mentiroso, os efeitos da inverdade serão irradiados no processo crime que tem seu curso perante o juízo deprecante. Conquanto se admita que a Justiça foi afetada como um todo, é inegável que sua administração restará mais arranhada no juízo deprecante, a quem caberá a análise da prova testemunhal, onde o dano à sua administração, portanto, é mais sensível. Suponha-se um rumoroso processo, com trâmite em Ribeirão Preto, onde uma testemunha falta deslavadamente com a verdade, quanto ouvida em Santos. Os efeitos dessa mentira somente serão sentidos no juízo deprecante, onde tem trâmite o processo-crime. Aqui será sopesada a prova e a relevância que a mentira teve na formação da convicção do juiz. Ao juízo deprecado coube apenas colher o depoimento, em ato de singela colaboração. Aliás, via de regra será o juiz deprecante quem suscitará a adoção das medidas cabíveis contra o mentiroso, a partir de uma visão panorâmica que lhe é dada do processo, e que o juiz deprecado não detém. Daí entendermos, minoritários na jurisprudência, que deva se firmar a competência do juízo deprecante para conhecimento dos crimes de falso testemunho, quando o depoimento é colhido por precatória.

Falso testemunho em teleaudiência – No caso de falso testemunho cometido em teleaudiência, parece-nos que a situação se difere daquela em que o juízo depreca a oitiva da testemunha. Imaginemos que João, testemunha de um crime, seja ouvido em sua cidade, por videoconferência, em processo em curso em outro estado. Faltando com a verdade, João deve ser processado pelo crime na comarca em que reside (local onde se encontrava no ato da audiência) ou na comarca onde tramita o processo?

Na oitiva efetuada em carta precatória não há participação do juiz deprecante; é o juiz deprecado quem preside o ato e, portanto, conduz diretamente a colheita da prova. Ainda que o fim último daquele depoimento seja a instrução de processo que tramita em outro local, o depoimento falso é prestado apenas ao juiz que executa o ato de cooperação.

Já na teleaudiência não há as figuras do deprecante e do deprecado, pois é o próprio juiz responsável pelo processo quem toma o depoimento. Pouco importa que a testemunha esteja presente por meio virtual, e não físico. Para qualquer efeito decorrente daquele depoimento, a presença virtual não deixa de ser presença. Não há motivo para que se considere competente o juízo de residência da testemunha porque, inexistente a figura do juiz naquele local, o depoimento não produz ali absolutamente nenhum efeito, ao contrário, reitera-se, da situação em que a prova é colhida por meio de carta precatória.

JURISPRUDÊNCIA

Falso testemunho por precatória

"O crime de falso testemunho consuma-se com o encerramento do depoimento prestado pela testemunha, quando a mesma profere afirmação falsa, nega ou cala a verdade, razão pela qual, para a sua apuração, sobressai a competência do Juízo do local onde foi prestado o depoimento, sendo irrelevante o fato de ter sido realizado por intermédio de carta precatória" (STJ – CC n° 30309-PR, Rel. Gilson Dipp, j. 28.11.2001, DJ 11.03.2002, p. 163).

"Não obstante o delito de falso testemunho consume-se com o encerramento do depoimento prestado, quando se faz afirmação falsa, nega ou cala a verdade, tem-se que, no caso dos autos, depoimento destinava-se à produzir prova em processo no qual se apura a prática de crime perante o Juízo Federal, produzindo, as declarações falsas, efeitos no julgamento da causa principal. De se considerar, ainda, que o depoimento foi prestado a autoridade com competência delegada pelo Juízo Federal. Conflito conhecido para, reconhecendo a competência da Justiça Federal." (STJ – CC n. 115.314/RS, relator Ministro Gilson Dipp, Terceira Seção, julgado em 9/11/2011, DJe de 17/11/2011.)

Crimes cometidos por meio da *internet* – Com o advento da rede mundial de computadores, que se presta às mais diversas finalidades, a prática de crimes, por esse meio, tornou-se corriqueira. São os chamados *cybercrimes* ou crimes informáticos ou, ainda, crimes virtuais. A doutrina classifica tais delitos como *próprios* ou *impróprios*. O crime informático próprio é aquele que somente pode ser perpetrado por meio do computador. Como exemplo, o crime do art. 10, da Lei n. 9.296/1996, que trata do sigilo das comunicações, cujo tipo é o seguinte: "Constitui crime realizar interceptação de comunicações telefônicas, de informática ou telemática, promover escuta ambiental ou quebrar segredo da Justiça, sem autorização judicial ou com objetivos não autorizados em lei" (redação dada pela Lei 13.869/19). Já o crime informático impróprio é o que pode ser cometido das mais diversas formas, inclusive pela *internet*. Como exemplos os crimes contra honra e o crime de ameaça.

Destaque-se que o simples fato do crime ser cometido por meio de computadores, ainda que tenha conexões internacionais, não induz, por si só, à competência da Justiça Federal. O delito será de competência da Justiça Federal – em hipótese menos provável – quando praticado em detrimento da União ou de suas entidades autárquicas ou empresas públicas (art. 109, inc. IV da Constituição) – ou, será mais comum, quando implicar em "crimes previstos em tratado ou convenção internacional, quando, iniciada a execução no País, o resultado tenha ou devesse ter ocorrido no estrangeiro, ou reciprocamente" (art. 109, inc. V da Carta). Assim, por exemplo, a veiculação de imagens de menores, em situação que caracteriza a pedofilia. Afinal, "o Brasil comprometeu-se a combater mediante tratado internacional o crime de pedofilia, circunstância que atrai a competência da Justiça Federal, nos termos do art. 109, inciso V, da Constituição Federal. Além de se tratar de delito praticado por meio da rede mundial de computadores, o que por si só já revela o caráter transnacional do delito, tem-se que as próprias instâncias ordinárias chegaram a essa conclusão, com base em fatos e provas carreadas aos autos, elementos esses que não podem ser revistos na via exígua do *mandamus*" (STJ – AgRg no RHC n° 29850-PR, Rel. Marco Aurélio Bellizze, j. 05.02.2013, DJe 15.02.2013). À exceção de tais hipóteses, os demais casos, em que pese eventual conexão transnacional, serão de competência da Justiça Estadual.

Firmada, em um exemplo, a competência da Justiça Estadual, resta apurar qual o juízo (vara), será competente para conhecer da matéria. A competência aqui, atentando à regra geral do art. 70 do código, será determinada pelo local em que se consumar a infração (*ratione loci*). À míngua de um regramento mais específico, a jurisprudência do Superior Tribunal de Justiça admitiu que, por analogia, seja adotada norma da Lei de Imprensa, conquanto revogada por que incompatível com a atual ordem constitucional, segundo decidiu o Supremo (ADPF nº 130-DF – Rel. Carlos Ayres Britto, j. 30.04.2009, DJe 06.11.2009). Trata-se de posicionamento que conta com o apoio da doutrina de Demócrito Ramos Reinaldo Filho (*Responsabilidades por Publicações na Internet*. Rio de Janeiro: Forense, 2005, p. 100).

Assim dispunha o art. 42 do diploma revogado, que "lugar do delito, para a determinação da competência territorial, será aquele e, que for impresso o jornal ou periódico, e o do local do estúdio do permissionário ou concessionário do serviço de radiodifusão, bem como o da administração principal da agência noticiosa". Razoável concluir, assim, que competente, dependendo do caso concreto, será o local em que hospedado o *site* no qual propalado o crime. Ou, não se cuidando de um *site*, mas de singelo computador mantido pelo agente, o local em que instalada a máquina, "onde se encontrava o responsável pela veiculação e divulgação", segundo aresto do STJ abaixo transcrito. Não se ignora que, dada às peculiaridades dessa espécie de crime, nem sempre será fácil identificar o local exato em que cometido. Nada impede, nesse caso, que a solução seja a alvitrada no § 3º, do art. 70 do código, resolvendo-se eventual impasse pela prevenção.

Injúria racial – A jurisprudência dos Tribunais Superiores já havia sedimentado a tese de que a injúria racial está abrangida no crime de racismo. A referida decisão gerou importantes reflexos na competência para o processo e julgamento desse crime, quando cometido pela internet. Assim, se o crime fosse praticado por meio de publicação de conteúdo discriminatório em redes sociais, de amplo acesso a qualquer pessoa, inclusive no exterior, a competência para o processo e julgamento passou a ser da Justiça Federal. E no caso de mensagens entre particulares por *WhatsApp* ou *Facebook*, por exemplo, que são diálogos entre destinatários determinados e escolhidos, cuja troca de informação não está acessível a qualquer pessoa (funcionando como simples mensageiro)? Nessa hipótese, não havia que se falar em competência da Justiça Federal, mas, sim, da Justiça Estadual, haja vista não existir um cenário de livre acesso ao conteúdo racista, o que, daí sim, levaria o caso à Justiça Federal. Essa jurisprudência foi, em parte, prestigiada pela Lei 14.532/23, que promoveu mudanças no crime de injúria e na Lei de Racismo, migrando várias formas do crime do art. 140, §3º, do CP, para a Lei 7.716/89. Vejamos.

O § 3º do art. 140 do CP, acrescentado pela Lei 9.459/97 e alterado pelo Estatuto da Pessoa Idosa (Lei 10.741/2003), antes da Lei 14.532/23, dizia o que segue:

> § 3º Se a injúria consiste na utilização de elementos referentes a raça, cor, etnia, religião, origem ou a condição de pessoa idosa ou portadora de deficiência:
>
> Pena – reclusão de 1 (um) a 3 (três) anos, e multa.

Por muitos anos a doutrina e a jurisprudência alertavam que a qualificadora da injúria não se confundia com o crime de racismo, este tipificado na Lei 7.716/89. No crime de racismo teria que existir segregação (marginalização) em função de raça, cor, etnia, religião ou procedência nacional. Impedir alguém, por exemplo, de ingressar numa festa por causa de sua cor sempre foi encarado como racismo, delito inafiançável e imprescritível por expressa disposição constitucional (art. 5º, XLII). Já a ofensa envolvendo raça, cor, etnia, religião ou origem da vítima, sem segregação, era injúria qualificada.

A diferença entre as condutas repercutia em alguns aspectos práticos, pois enquanto o racismo é inafiançável, imprescritível e de ação penal pública incondicionada, a injúria sempre foi tratada como crime afiançável, prescritível e de ação penal pública condicionada a representação do ofendido.

Mas isso mudou, começando pela citada jurisprudência. O STJ, julgando agravo regimental no recurso especial nº 686.965/DF, considerou que a injúria racial está na seara dos crimes relativos ao racismo e é também *imprescritível*, pois tem sentido de segregação, somando-se às definições da Lei nº 7.716/89, que não traz um rol taxativo. O STF seguiu a mesma linha no julgamento do *habeas corpus* 154.248/DF (j. 28/10/2021), no qual concluiu que a injúria racial está entre os tipos penais de racismo. Segundo o tribunal, a Constituição Federal, que é expressa a respeito da imprescritibilidade do racismo, não distingue quais tipos penais podem ser assim classificados, ou seja, não limita a incidência de medidas mais severas às condutas tipificadas na Lei 7.716/89.

Nessas decisões, não se aprofundou uma série de consequências, a par da imprescritibilidade, como o cabimento ou não da fiança, necessidade ou não de representação do ofendido. Não bastasse, coube à doutrina alertar que o alargamento dado pelas citadas decisões não abrangeria todo o §3º, pois o preconceito quanto à condição de pessoa idosa ou com deficiência não é objeto da Lei 7.716/89.

Depois da intervenção dos Tribunais, interveio o legislador. A Lei 14.532/23 modifica novamente o conteúdo da qualificadora do art. 140, §3º, do CP, que passa a ter a seguinte redação:

> § 3º Se a injúria consiste na utilização de elementos referentes a religião ou à condição de pessoa idosa ou com deficiência:
>
> Pena – reclusão de 1 (um) a 3 (três) anos, e multa.

Exclui-se da forma qualificada do crime de injúria ofensas envolvendo a utilização de elementos referentes a raça, cor, etnia ou procedência nacional. Estas modalidades de preconceito migraram para a Lei 7.716/89, não havendo mais dúvidas de que devem sofrer as mesmas consequências do crime de racismo, isto é, imprescritível, inafiançável e de ação penal pública incondicionada.

Antes da Lei 14.532/23	Depois da Lei 14.532/23
CP. Art. 140 (...) § 3o Se a injúria consiste na utilização de elementos referentes a raça, cor, etnia, religião, origem ou a condição de pessoa idosa ou portadora de deficiência: Pena - reclusão de um a três anos e multa.	CP. Art. 140 (...) § 3o Se a injúria consiste na utilização de elementos referentes a religião ou à condição de pessoa idosa ou com deficiência: Pena - reclusão de um a três anos e multa.
	Lei 7.716/89 Art. 2º-A. Injuriar alguém, ofendendo-lhe a dignidade ou decoro, em razão de raça, cor, etnia ou procedência nacional. Pena - reclusão de 2 (dois) a 5 (cinco) anos e multa. Parágrafo único. A pena é aumentada de metade se o crime é cometido mediante o concurso de 2 (duas) ou mais pessoas

Curiosamente não migrou para a lei especial o preconceito religioso, igualmente objeto da Lei 7.716/89, faltando, nesse tanto, atenção da Casa de Leis. No que se refere ao preconceito religioso o intérprete terá que redobrar a atenção. Se o caso espelhar ofensas, será o crime do art. 140, §3º, do CP; se indicar segregação ou incentivo à segregação, crime da Lei 7.716/89.

Fraude com a utilização de ativos virtuais, valores mobiliários ou ativos financeiros (Lei 14.478/22) - O interesse pelo mercado de ativos virtuais é crescente. A negociação das denominadas "criptomoedas", talvez a espécie mais conhecida dos ativos virtuais, atrai cada vez mais a atenção das pessoas, inclusive daquelas não acostumadas aos riscos do mercado financeiro. A extraordinária valorização revelada por essa espécie de ativo em poucos anos é amplamente utilizada para chamar a atenção de quem procura alternativas aos investimentos considerados tradicionais. Infelizmente, o aumento no volume de negócios abre espaço para os mais diversos esquemas fraudulentos, que, no plano virtual, parecem estar sendo especialmente bem-sucedidos devido sobretudo ao pouco conhecimento a respeito de certas modalidades de negócio financeiro.

Em virtude disso, são corriqueiras as notícias de vultosos prejuízos patrimoniais causados por grupos criminosos que, por meio de operações fraudulentas, captam recursos de milhares de pessoas que não conseguem mais recuperar o investimento. A inserção do art. 171-A no Código Penal tem o propósito de lidar especificamente com essa espécie de fraude. Não obstante, a incriminação abrange outras espécies de ativos financeiros.

A fraude com a utilização de ativos financeiros é um crime nominalmente patrimonial. Contudo, devido ao número imenso de potenciais vítimas dos esquemas fraudulentos que se busca inibir, não é exagero dizer que a tutela recai paralelamente no sistema financeiro nacional, o que influencia na competência para o processo e julgamento, como veremos à frente. A conduta típica consiste em organizar (arranjar, planejar, formar), gerir (administrar, controlar, gerenciar), ofertar (oferecer, conceder, proporcionar), distribuir (lançar, difundir, disseminar) carteiras ou intermediar (mediar, intervir em) operações que envolvam ativos virtuais, valores mobiliários ou quaisquer ativos financeiros com o fim de obter vantagem ilícita, em prejuízo alheio, induzindo ou mantendo alguém em erro, mediante artifício, ardil ou qualquer outro meio fraudulento, desde que apto a ludibriar alguém.

A nosso ver, em qualquer das modalidades de ativos, os núcleos típicos pressupõem uma espécie de atividade dedicada à gestão financeira do patrimônio alheio, ainda que não haja uma pessoa jurídica constituída formalmente. Se, por exemplo, alguém pratica fraudes em negociações diretas de ativos virtuais sem que esteja presente essa característica de gestão, comete estelionato (art. 171 do CP), não o crime do art. 171-A, porque transaciona um ativo, não organiza, gere, oferta ou distribui *carteiras* (uma carteira de investimentos é composta por um conjunto de ativos que devem ser geridos para proporcionar o melhor rendimento); nem *intermedeia* operações, mas as promove por si mesmo.

Em suma, para tipificar o crime do art. 171-A do CP, devemos promover um diálogo entre o novo tipo e o art. 1º da Lei 7.492/86, também alterado pela Lei 14.478/22. Pressupõe o sujeito ativo agindo por meio de empresa que ofereça serviços referentes a operações com ativos virtuais, inclusive intermediação, negociação ou custódia, ou, mesmo atuando como pessoa natural, exerça a captação, intermediação ou aplicação de recursos financeiros de terceiros, ou a custódia, emissão, distribuição, negociação, intermediação ou administração dos ativos.

Em diversos conflitos de competência envolvendo fraudes com criptomoedas, o STJ tem decidido que se a conduta fraudulenta envolve exclusivamente ativos que não são regulamentados e fiscalizados por órgãos da União como o Banco Central e a Comissão de Valores Mobiliários, a competência é da Justiça Estadual. Mas se a fraude inclui outros ativos sobre os quais haja interesse da União, a Justiça Federal é competente para julgá-la (CC 187.976 / RS, Rel. Min. Laurita Vaz, j. 10/08/2022).

A partir da edição da Lei 14.478/22, a tendência deve ser a fixação da competência na Justiça Federal. Isso porque as características desse crime (atividade dedicada à gestão financeira) impõem que o sujeito ativo ao menos se organize na forma de uma instituição financeira, ainda que informalmente. Não obstante a fraude com a utilização de ativos tenha sido inserida entre os crimes patrimoniais, a constituição do tipo penal nos leva a concluir que o patrimônio é tutelado juntamente com o sistema financeiro, que sem dúvida é vulnerável a atos fraudulentos cometidos na gestão de carteiras e na intermediação de operações de quaisquer ativos financeiros. É patente o interesse da União nesses casos, inclusive no tocante aos ativos virtuais, tanto que a Lei 14.478/22 dispõe que as prestadoras de serviços desses ativos somente poderão operar mediante prévia autorização de órgão ou entidade da Administração Pública federal. Ainda que não seja possível sustentar a existência de um efetivo controle de ativos como as criptomoedas, quando se trata de entidades ou indivíduos que lidam com a gestão de patrimônio o interesse federal é tão presente quanto na operação de instituições financeiras tradicionais.

JURISPRUDÊNCIA

Competência da Justiça Federal

"A competência da Justiça Federal para processar e julgar os delitos praticados por meio da rede mundial de computadores é fixada quando o cometimento do delito por meio eletrônico se refere a infrações previstas em tratados ou convenções internacionais, constatada a internacionalidade do fato praticado (art. 109, V, da CF), ou quando a prática de crime via internet venha a atingir bem, interesse ou serviço da União ou de suas entidades autárquicas ou empresas públicas (art. 109, IV, da CF). No presente caso, há hipótese de atração da competência da Justiça Federal, uma vez que a divulgação/publicação/compartilhamento de imagens pornográficas, envolvendo menores por meio da internet, não se restringe a uma comunicação eletrônica entre pessoas residentes no Brasil, uma vez que o acesso ao e-Mule é permitido desde que alguém ligado a rede mundial de computadores, que possui arquivos em sua máquina, ligue-se a um servidor que pode ser conectado por outros usuários, em qualquer parte do mundo, sendo permitido a qualquer um que se conecte a esse ambiente virtual, o acesso às imagens lá compartilhadas, verificando-se, portanto, cumprido o requisito da transnacionalidade exigido para atrair a competência da Justiça Federal" (STJ – CC n° 120055-RS, Rel. Alderita Ramos de Oliveira, j. 12.12.2012, DJe 01.02.2013).

"Não recepcionada a Lei de Imprensa pela nova ordem Constitucional (ADPF 130/DF), quanto aos crimes contra a honra, aplicam-se, em princípio, as normas da legislação comum, quais sejam, art. 138 e seguintes do Código Penal e art. 69 e seguintes do Código de Processo Penal. Crimes contra a honra praticados por meio de reportagens veiculadas pela internet ensejam a competência do Juízo do local onde foi concluída a ação delituosa, ou seja, onde se encontrava o responsável pela veiculação e divulgação de tais notícias" (STJ – CC n° 106625-DF, Rel. Arnaldo Esteves Lima, j. 12.05.2010, DJe 25.05.2010).

Competência da Justiça Estadual

"O simples fato de o suposto delito ter sido cometido por meio da rede mundial de computadores, ainda que em páginas eletrônicas internacionais, tais como as redes sociais 'Orkut' e 'Twitter', não atrai, por si só, a competência da Justiça Federal. É preciso que o crime ofenda a bens, serviços ou interesses da União ou esteja previsto em tratado ou convenção internacional em que o Brasil se comprometeu a combater, como por exemplo, mensagens que veiculassem pornografia infantil, racismo, xenofobia, dentre outros, conforme preceitua o art. 109, incisos IV e V, da Constituição Federal. Verificando-se que as ofensas possuem caráter exclusivamente pessoal, as quais foram praticadas pela ex-namorada da vítima, não se subsumindo, portanto, a ação delituosa a nenhuma das hipóteses do dispositivo constitucional, a competência para processar e julgar o feito será da Justiça Estadual " (STJ – HC n° 120559-DF, Rel. Jorge Mussi, j. 11.12.2013, DJe 19.12.2013).

"O fato de o suposto crime de estelionato ter sido cometido por meio da rede mundial de computadores (internet) não atrai, necessariamente, a competência da Justiça Federal para o processamento do feito. Para se firmar a competência da Justiça Federal, além da transnacionalidade do delito, deve-se demonstrar lesão a bens, serviços e interesses da União e que o País é signatário de acordos e tratados internacionais, a teor dos incisos IV e V do art. 109 da CF. A hipótese dos autos, não há lesão aos incisos IV e V da Constituição Federal, uma vez que o particular foi vítima direta do delito de estelionato em investigação, e, apesar de os bens terem sido enviados para a Nigéria por meio de transação feita pela internet, o próprio dispositivo constitucional exige, para o reconhecimento da competência da Justiça Federal, que o crime praticado nesse contexto transnacional tenha sido previsto em tratado ou convenção internacional, o que não é o caso dos autos, já que o Brasil não ratificou a Convenção de

Budapeste de Repressão à Cibercriminalidade, nem qualquer tratado através do qual tenha se obrigado a reprimir o delito de estelionato" (STJ – CC nº 126768-MG, Rel. Alderita Ramos de Oliveira, j. 24.04.2013, DJe 10.05.2013).

Divulgação de imagens pornográficas de menores pela *internet*

"Compete à Justiça Federal processar e julgar os **crimes** consistentes em disponibilizar ou adquirir material pornográfico, acessível transnacionalmente, envolvendo criança ou adolescente, quando praticados por meio da **rede mundial de computadores** (arts. 241, 241-A e 241-B da Lei nº 8.069/1990)." (STF- ED no RE 628.624, Rel. Ministro EDSON FACHIN, TRIBUNAL PLENO, j. 17/08/2020, DJe 10/09/2020)

"O fato de o suposto crime praticado contra menores ter sido cometido por meio da rede mundial de computadores (internet), não atrai, necessariamente, a competência da Justiça Federal para o processamento do feito. Para se firmar a competência da Justiça Federal, além de o País ser signatário de acordos e tratados internacionais, deve-se demonstrar que a divulgação das cenas pornográficas envolvendo crianças e adolescentes efetivamente ultrapassou as fronteiras do Estado Brasileiro. A hipótese dos autos demonstra ser apenas a troca de mensagens eletrônicas entre pessoas residentes no Brasil, por meio de correio eletrônico e de comunidades virtuais de relacionamento como MSN, sem transpor a fronteiras do Estado Brasileiro, ausente o requisito da transnacionalidade, motivo pelo qual deve ser apurada pela Justiça estadual" (STJ – CC nº 121215-PR, Rel. Alderita Ramos de Oliveira, j. 12.12.2012, DJe 01.02.2013).

MSN

"A conduta foi supostamente perpetrada via rede mundial de computadores, com o auxílio de software denominado MSN Messenger. O programa de computador MSN Messenger consiste em sistema interpessoal de comunicação instantânea, que permite ao usuário conversar, visualizar e interagir, inclusive por áudio e vídeo, como se a estivesse realizando pessoalmente. Desse modo, depreende-se a interpessoalidade (limitação entre as partes) das comunicações como requisito estrutural do programa de computador utilizado para a prática do delito previsto no art. 241 –D do ECA, que ora se apura. Na espécie, inexiste qualquer indício de que as trocas de mensagens levadas à termo com as vítimas extrapolaram as fronteiras do Brasil. Transnacionalidade da conduta delituosa não configurada" (STJ – CC nº 132279-PI, Rel. Rogério Schietti Cruz, j. 14.05.2014, DJe 19.05.2014).

Instagram

"A jurisprudência do Superior Tribunal de Justiça é firme no sentido de que no caso de delitos contra a honra praticados por meio da **internet,** o local da consumação do delito é aquele onde incluído o conteúdo ofensivo na **rede mundial de computadores.** Contudo, tal entendimento diz respeito aos casos em que a publicação é possível de ser visualizada por terceiros, indistintamente, a partir do momento em que veiculada por seu autor. No caso dos autos, embora tenha sido utilizada a **internet** para a suposta prática do **crime** de injúria, o envio da mensagem de áudio com o conteúdo ofensivo à Vítima ocorreu por meio de aplicativo de troca de mensagens entre usuários em caráter privado, denominado "instagram direct", no qual somente o autor e o destinatário têm acesso ao seu conteúdo, não sendo para visualização por terceiros, após a sua inserção na rede de computadores.Aplicação do entendimento geral de que o **crime** de injúria se consuma no local onde a Vítima tomou conhecimento do conteúdo ofensivo, o que, na situação dos autos, ocorreu em Brasília/DF." (STJ – CC n. 184.269/PB, relatora Ministra Laurita Vaz, Terceira Seção, julgado em 9/2/2022, DJe de 15/2/2022.)

Crime praticado por meio de *blog* – Tratando-se de crime perpetrado por meio da *internet*, mais especificamente através de um *blog*, a competência é determinada pelo local em que partiu a publicação. Cuidam-se, quase sempre, de crimes contra a honra, sendo competente, pois, o juízo da comarca do servidor no qual hospedado o *blog*, de onde, insiste-se, se originou a ofensa. Nesse sentido, decidiu o Superior Tribunal de Justiça, em hipótese na qual abordou, ademais, a revogação da Lei de Imprensa: "Não recepcionada a Lei de Imprensa pela nova ordem Constitucional (ADPF 130/DF), quanto aos crimes contra a honra, aplicam-se, em princípio, as normas da legislação comum, quais sejam, art. 138 e seguintes do Código Penal e art. 69 e seguintes do Código de Processo Penal. Crimes contra a honra praticados por meio de reportagens veiculadas pela internet ensejam a competência do Juízo do local onde foi concluída a ação delituosa, ou seja, onde se encontrava o responsável pela veiculação e divulgação de tais notícias" (STJ – CC nº 106625-DF, Rel. Arnaldo Esteves Lima, j. 12.05.2010, DJe 25.05.2010).

JURISPRUDÊNCIA

"O crime de calúnia (art. 138, caput, do Código Penal) consuma-se no momento em que os fatos "veiculados chegam ao conhecimento de terceiros" (CC n. 107.088/DF, Relatora Ministra Maria Thereza de Assis Moura, DJe de 4/6/2010). Tratando-se de queixa-crime que imputa a prática do crime de calúnia em razão da divulgação de carta em blog, na internet, o foro para processamento e julgamento da ação é o do lugar de onde partiu a publicação do texto tido por calunioso. *In casu*, como o blog em questão está hospedado em servidor de internet sediado na cidade de São Paulo, é do Juízo da 13ª Vara Criminal dessa comarca a competência para atuar no feito" (STJ – CC n° 97201-RJ, Rel. Celso Limongi, j. 13.04.2011, DJe 10.02.2012).

Crime de uso de passaporte falso de passaporte falso e competência – A competência é da Justiça Federal, segundo enunciado da Súmula n. 200 do Superior Tribunal de Justiça, *in verbis*: "O Juízo Federal competente para processar e julgar acusado de crime de uso de passaporte falso é o do lugar onde o delito se consumou". Fincada tal premissa, cumpre observar que, tratando-se de crime de uso de documento falso, ele se consuma no local em que utilizado o documento. Exibido, pois, em um aeroporto, aí se consumará o delito, sendo o juízo deste local o competente para conhecer de eventual processo-crime a ser deflagrado. Nesse sentido: (STJ – CC n° 46728-SP, Rel. Arnaldo Esteves Lima, j. 24.08.2005, DJ 26.09.2005, p. 172). É possível, contudo, que o crime não seja o de uso, mas o de falsificação de documento público. A jurisprudência do STJ, nesse caso, assim se posicionou: "Estando em apuração, no presente caso, não o crime de uso de passaporte falso (art. 304 do CPB), mas o de falsificação de documento público (art. 297 do CPB), a competência não se estabelece pelo lugar da apresentação do documento, mas em razão do local onde se efetuou a falsificação" (STJ – CC n° 90084-MG, Rel. Napoleão Nunes Maia Filho, j. 24.10.2007, DJ 14.11.2007, p. 402).

Estelionato e uso de imagens de documentos federais para induzir a vítima em erro - A competência para o julgamento do crime de estelionato, ainda que se tenha utilizado de imagens digitais adulteradas de passaporte válido de terceiro e documentos emitidos por órgão públicos federais, quando inexistente evidência de prejuízo a interesses, bens ou serviços da União, é da Justiça Estadual, devendo ser respeitada a regra de foro do domicílio da vítima no caso de o crime ser praticado mediante depósito, transferência de valores ou cheque sem provisão de fundos em poder do sacado ou com o pagamento frustrado (Processo; CC 178.697-PR, Rel. Min. Laurita Vaz, Terceira Seção, por unanimidade, julgado em 22/06/2022, DJe 27/06/2022).

JURISPRUDÊNCIA

Uso de passaporte falso na fronteira

"Compete à União executar os serviços de polícia de fronteiras, nos termos do art. 21, XXII, da Constituição Federal. Uma vez verificado que o suposto delito de uso de documento falso (passaporte) foi praticado em detrimento de serviço prestado pela Polícia Federal, relativo ao controle de fronteiras, resta inequívoco o interesse da União em sua apuração" (STJ – HC n° 31039-RJ, Rel. Sebastião Reis Júnior, j. 21.02.2013, DJe 01.03.2013).

Crime praticado contra agência dos Correios – Perpetrado um crime contra os *Correios*, a competência para seu julgamento será da Justiça Federal, a quem cabe conhecer das infrações penais praticadas em detrimento de bens da União ou de suas empresas públicas, *ex vi* do disposto no art. 109, inc. IV, da Constituição. De se salientar, contudo, que além das agências normais, que compõem o patrimônio da União, os *Correios* contam, também, com agências franqueadas, entregues à exploração de particular. Nesse caso, a jurisprudência do Superior Tribunal de Justiça se posiciona no sentido de que a competência será da Justiça Estadual, como se verifica da ementa abaixo transcrita: "Conforme entendimento pacificado desta Corte, compete à Justiça Estadual o julgamento de delitos praticados em desfavor de agência franqueada dos Correios, que é a responsável por eventuais perdas, danos, roubos, furtos ou destruição de bens cedidos pela franqueadora, não configurado prejuízo à EBCT" (AgRg no CC 156.205/MG, Rel. Ministro RIBEIRO DANTAS, TERCEIRA SEÇÃO, julgado em 24/10/2018, DJe 30/10/2018).

ATENÇÃO - Nos crimes de descaminho (art. 334 CP) e contrabando (art. 334-A CP), a competência define-se pela prevenção do juízo federal do lugar da apreensão dos bens, nos termos do enunciado da Súmula 151 do STJ.

Situação subjetiva do Juiz – Conforme anotamos, a jurisdição é inerente ao Poder Judiciário. Todo juiz, portanto, a possui. Mas para tanto é preciso que – além de ser competente para conhecer de determinada matéria – esteja investido no cargo com plena capacidade de exercer a jurisdição. Daí a análise formulada abaixo, referente a casos específicos, onde essa capacidade é estudada.

Sentença proferida por Juiz absolutamente incompetente e *reformatio in pejus* – Como visto no item acima (*competência absoluta*), o juiz absolutamente incompetente é despido de jurisdição e, caso profira uma sentença, ela deve ser tida como um ato inexistente, um *não-ato*, mais grave, até, que a nulidade absoluta. Partindo dessa premissa, tem-se que essa sentença não gera absolutamente nenhum efeito e, uma vez decretada sua nulidade, a decisão posterior não se sujeita ao princípio que veda a *reformatio in pejus*, no caso, indireta. Imaginemos a hipótese na qual um juiz de 1º grau, flagrantemente incompetente para tanto, condene o governador do estado pela prática de um crime comum. Essa esdrúxula decisão não se revela apta a gerar nenhum efeito, nada impedindo, sob nossa compreensão, que mais adiante, ao apreciar a questão, o Superior Tribunal de Justiça (competente para o julgamento nos termos do art. 105, inc. I, "a", da Constituição), aplique uma pena superior a primeira. É que algo inexistente não pode irradiar efeitos, ainda que em benefício do réu.

Nesse sentido, já se decidiu que: "não há aplicação do princípio do *reformatio in pejus* indireta quando o processo é anulado por absoluta incompetência do Juízo, ainda que só tenha havido recurso da defesa, pois seria um contrassenso admitir-se que uma sentença nula, proferida por um Juiz incompetente, continuasse a gerar efeitos. Inútil seria a anulação de uma sentença proferida por Juízo absolutamente incompetente em razão da matéria, se fosse impossibilitado ao Juiz natural proferir nova decisão. RSE provido, para que seja determinado ao Juízo *a quo* a prolação de nova sentença analisando-se o mérito de condenação ou absolvição" (TRF 3ª Região, Rel. Fausto de Santis, *RSDPPP* 4/145).

JURISPRUDÊNCIA

Sentença proferida por Juiz cível. Nulidade

É nula a sentença relativa à matéria criminal quando proferida por Juízo Cível, em virtude de sua incompetência absoluta, sendo necessária, a remessa dos autos ao Juiz competente, nos termos do art. 113, § 2º, do CPC" (TACrimSP, Rel. Paulo Franco, *RJD* 17/205).

Sentença proferida por Juiz designado ou auxiliar. Validade

"Juízo de exceção não se confunde com Vara ou Comarca posta em regime de exceção pelo tribunal de justiça. Trata-se de figura prevista na organização judiciária e com o objetivo de agilizar a prestação jurisdicional, dado o volume de processos em tramitação na Vara, designando-se juiz para auxiliar o titular, mas com todas as garantias constitucionais, e igualmente competente" (STJ, Rel. Costa Lima, *RT* 661/325).

Sentença proferida por Juiz sucessor

"O princípio da identidade física do juiz não se reveste de caráter absoluto, possuindo **exceções** em casos de motivos legais que impeçam o magistrado que presidiu a instrução de sentenciar o feito, hipótese em que o processo-crime será validamente julgado pelo sucessor. Aplicação analógica do art. 132 do CPC/73. Precedentes. No caso em exame, o Magistrado que presidiu a instrução criminal foi removido a outra **comarca** do Estado de São Paulo, não sendo mais o competente para julgar o processo, cabendo ao seu sucessor tal ato." (STJ – HC n. 311.336/SP, relator Ministro Ribeiro Dantas, Quinta Turma, julgado em 26/6/2018, DJe de 1/8/2018.)

Sentença proferida por Juiz sem jurisdição na comarca. Nulidade

"*Habeas Corpus*. Nulidade da sentença. Comarca em regime de exceção. A sentença só se convola em ato jurisdicional quando publicada em mão do escrivão (C.P.P., art. 389). Entregue em cartório, quando o juiz já não tem jurisdição na comarca, a sentença há de considerar-se prolatada por juiz incompetente, sendo, em conseqüência, nula (C.P.P., art. 564, I). No caso concreto, o Juiz, titular de Vara em uma comarca, estava designado para atender em outra comarca, em regime de exceção, até 28.02.1991. A sentença, embora datada de 23.01.1991, somente foi entregue, com os autos respectivos, ao escrivão, em cartório, no dia 07.03.1991, quando o juiz já não mais possuía jurisdição na comarca. *Habeas corpus* deferido, para anular o processo, a partir da sentença inclusive" (STF – HC 69.436-5 – Rel. Néri da Silveira)

Sentença proferida por Juiz em gozo de férias.

"O julgamento da causa pelo Juiz durante as suas férias, e mesmo após ter sido removido para outra Vara, poderia caracterizar até mesmo a sua suspeição, na medida em que, ao revelar a intenção de se manifestar sobre o feito quando não era obrigado a prestar a jurisdição, por estar temporariamente afastado de suas funções, poderia demonstrar possível atuação parcial em relação a determinado processo criminal. Isto porque, embora não se possa negar que o aludido magistrado estivesse investido de jurisdição, a qual, como é cediço, é una, a sua atuação se deu em desconformidade com as normas de divisão e organização judiciária, implementadas para dar efetividade à distribuição de competência regulada na Constituição Federal, exsurgindo daí a ofensa ao princípio do juiz natural, já que, se não é dado ao jurisdicionado escolher previamente o Juízo ao qual a causa será levada à apreciação e julgamento, veda-se igualmente que este vá ao encontro dos feitos que pretende sentenciar" (STJ - Rel. Min. JORGE MUSSI, HC 184.838, DJ 25/8/2011).

Sentença proferida por Juiz sem jurisdição na data que elaborada, mas com designação quando da entrega da decisão ao escrivão – É sabido que a sentença se considera publicada na data em que entregue em mãos do escrivão, segundo o art. 389 do código. É também por isso que não se exige, como requisito essencial da sentença, que nela se lance a data em que proferida, posto que prevalece não a data indicada pelo juiz, mas aquela na qual foi recebida pelo escrivão. Assim, "a data da entrega de sentença criminal em cartório, e não a da sua assinatura, serve para determinar a competência do Juiz substituto que a prolatou (art. 389 do Código de Processo Penal)" (STF – HC nº 65.041-SP – Rel. Octávio Gallotti, DJ 07.08.87, p. 15434). Esse detalhe, aparentemente de pouca importância, assume papel relevante quando se discute, por exemplo, a ocorrência da prescrição. Pois bem. Se o que interessa é a data em que entregue a sentença, tem-se, então, que, se ela foi elaborada quando o juiz não possuía designação para atuar no feito, mas entregue em cartório posteriormente, quando obteve essa designação, ela é plenamente válida, conforme, aliás, jurisprudência do Tribunal de Justiça de São Paulo abaixo transcrita.

JURISPRUDÊNCIA

Regularização posterior

Sentença – Juiz sem jurisdição na comarca na data de sua prolação – Situação, no entanto, regularizada quando da entrega dos autos em cartório – Momento em que a decisão passou a ter existência oficial, tornando-se pública – Nulidade afastada – Habeas corpus denegado – "Antes da entrega dos autos em cartório pelo Juiz a sentença não existe como ato jurídico. Lavrada a sentença, é ela publicada em mãos do escrivão, passando a ter existência oficial. Portanto, essa é a data em que deve ser verificada a existência ou não de jurisdição pelo prolator, não importando a data em que a decisão foi elaborada" (TJSP, Rel. Dirceu de Mello, *RT* 617/271).

Designação posterior à sentença – O que não se admite é a designação do juiz posteriormente à entrega da sentença em cartório. Como já alertamos, o princípio do juiz natural pressupõe que a competência esteja firmada aprioristicamente, e seria violado caso, somente depois de publicada a sentença, contasse o juiz com uma designação que o autorizasse a proferi-la. Calhou ao STJ analisar a questão, a se conferir: "A publicação de sentença criminal é condição de sua existência e faz-se pela remessa dos autos ao escrivão. Se o juiz não mais exercia jurisdição na Comarca quando os remeteu ao serventuário, inocorre a decisão em nulidade absoluta ou inexistência, não podendo ser convalidada por designação retroativa o órgão judiciário para atuar na Comarca em que prolatou a sentença" (STJ, Rel. Anselmo Santiago, *RT* 727/447).

CASUÍSTICA

COMPETÊNCIA DA JUSTIÇA FEDERAL

Crime contra o SUS e competência

"O fato de os Estados e Municípios terem autonomia para gerenciar a verba financeira destinada ao SUS não elide a necessidade de prestação de contas perante o Tribunal de Contas da União, nem exclui o interesse da União na regularidade do repasse e da correta aplicação desses recursos. Portanto, a competência da Justiça Federal se mostra cristalina em virtude da existência de bem da União, representada pelas verbas do SUS, bem como da sua condição de entidade fiscalizadora das verbas federais repassadas ao Município" (STJ –AgRg no CC n° 122555-RJ, Rel. Og Fernandes, j. 14.08.2013, DJe 20.08.2013).

Crime cuja prestação de contas ocorre perante órgão federal

INQUÉRITO POLICIAL. IRREGULARIDADES EM OBRAS DE SANEAMENTO BÁSICO MUNICIPAL. ART. 92 DA LEI Nº 8.666/93. OBRA COM RECURSOS DO FGTS, SUJEITA A FISCALIZAÇÃO DA CEF E DO TCU. APLICAÇÃO DA SÚMULA 208 DO STJ. "Compete à Justiça Federal, consoante prevê o art. 109, IV, da Constituição Federal e a Súmula nº 208/STJ, processar e julgar o delito de desvio de verba cuja prestação de contas se faz perante órgão federal" (STJ – CC n° 127429-RN, Rel. Alderita Ramos de Oliveira, j. 14.08.2013, DJe 23.08.2013).

Crime contra o meio ambiente

"Nos delitos praticados contra o meio ambiente, a competência da Justiça Federal só se firma quando existir qualquer lesão a bens, serviços ou interesses diretos da União. No caso, o crime contra a fauna atingiu bens e interesses da União, uma vez que a caça ocorreu às margens do Rio Grande, bem de propriedade da União, nos termos do art. 20, III da Constituição Federal e os animais abatidos estavam integrados ao ecossistema do mencionado rio, sendo este o seu habitat. Assim, firma-se a competência da Justiça Federal para o julgamento desse crime" (STJ – CC n° 120218-SP, Rel. Alderita Ramos de Oliveira, j. 08.05.2013, DJe 15.05.2013).

Desobediência contra funcionário do Ibama

"O crime de desobediência, praticado em desfavor de funcionário Do IBAMA, enseja, por si só, a fixação da competência da Justiça Federal, a teor do que dispõe o art. 109-VI da Constituição Federal" (STJ – CC n° 107389-SC, Rel. Alderita Ramos de Oliveira, j. 14.08.2013, DJe 23.08.2013).

Vítima servidor público federal

CRIME DE LATROCÍNIO TENTADO. DELITO PRATICADO CONTRA SERVIDOR PÚBLICO FEDERAL. SÚMULA N.º 147 DO STJ. COMPETÊNCIA DA JUSTIÇA FEDERAL – "O crime só ocorreu porque a vítima, acionando sua arma funcional em pleno horário de serviço, e ciente do dever legal contido no art. 301 do Código de Processo Penal, tentou impedir a prática de roubo no estabelecimento comercial em que se encontrava. Foi, todavia, alvejada pelo Recorrente quando agia em razão de sua função de Policial Federal em Carreira, reconhecida também aos peritos criminais federais pela Lei n.º 9.266/1996 e pelo Decreto n.º 7.014/2009" (STJ – RHC n° 31553, MT, Rel. Laurita Vaz, j. 15.08.2013, DJe 26.08.2013).

Sujeito passivo conselho de classe profissional

"Pacífica a jurisprudência no sentido de que os conselhos de fiscalização de classe possuem natureza de Autarquia Federal (Vide ADIN n.º 1.717-6/DF). E cabe à Justiça Federal, como expressamente determina o texto constitucional, julgar as causas em que sejam partes à União Federal, autarquias, fundações e empresas públicas" (STJ – HC n° 226276-RJ, Rel. Laurita Vaz, j. 15.08.2013, DJe 26.08.2013).

Crime contra o sistema financeiro nacional

"A prática da conduta tipificada no art. 5º da Lei nº 7.492/86 por um dos sujeitos considerados controladores e administradores de instituição financeira, no caso, apropriar-se de dinheiro de que tem a posse, ou desviá-lo em proveito próprio ou alheio, atrai a competência da Justiça Federal para o julgamento do feito, a teor do art. 26 da lei em epígrafe. Isto porque, há interesse da União na higidez, confiabilidade e equilíbrio do sistema financeiro (art. 109, inciso VI, da Carta Magna). Precedentes desta Corte Superior de Justiça" (STJ – CC n° 125468-SP, Rel. Alderita Ramos de Oliveira, j. 08.05.2013, DJe 15.05.2013).

Estelionato e sonegação de tributo federal

CONFLITO NEGATIVO DE COMPETÊNCIA. ESTELIONATO E SONEGAÇÃO FISCAL. TRIBUTOS FEDERAIS. INTERESSE DA UNIÃO. CONEXÃO DE CRIMES DE COMPETÊNCIA FEDERAL E ESTADUAL. COMPETE À JUSTIÇA FEDERAL O PROCESSO E JULGAMENTO UNIFICADO DOS CRIMES CONEXOS. SÚMULA 122 DESTE SUPERIOR TRIBUNAL DE JUSTIÇA. COMPETÊNCIA DA JUSTIÇA FEDERAL – "O risco de fraude em detrimento do erário evidencia o interesse da União na ação penal. Os prejuízos advindos com o estelionato praticado como crime-meio para consecução do crime-fim, sonegação de tributos fiscais federais, não se restringiram somente aos particulares que tiveram seus documentos e nomes utilizados fraudulentamente, mas também à União, uma vez que deixou de arrecadar os referidos tributos. Firma-se a competência da Justiça Federal para a apreciação do delito de sonegação fiscal de tributos federais (art. 109, IV, da Constituição Federal), inclusive, em relação aos crimes conexos, estelionato. Súmula nº 122/STJ" (STJ – CC n° 121165-AM, Rel. Alderita Ramos de Oliveira, j. 04.02.2013, DJe 20.02.2013).

Estelionato e falsificação de documento federal

"A prática do suposto **estelionato** envolveu a utilização de documentos federais brasileiros falsificados (Certificado Oficial para Produtos Cárneos Comestíveis e Declaração Sanitária do Ministério da Agricultura, Pecuária e Abastecimento), que são expedidos a partir de serviço de atribuição da União. Assim, houve lesão a esse serviço, o que atrai a competência da **Justiça Federal,** nos termos do art. 109, inciso IV, da Constituição da República. No caso, a Vítima direta do **estelionato** foi pessoa jurídica sediada na República Popular da China e a obtenção da vantagem ilícita se deu nos Estados Unidos da América." (STJ – CC n. 182.495/SP, relatora Ministra Laurita Vaz, Terceira Seção, julgado em 27/10/2021, DJe de 4/11/2021.)

Tráfico internacional de armas

"Em se tratando de tráfico internacional de munições ou armas, cumpre firmar a competência da Justiça Federal para conhecer do tema, já que o Estado brasileiro é signatário de instrumento internacional (Protocolo contra a Fabricação e o Tráfico Ilícitos de Armas de Fogo, suas Peças e Componentes e Munições – complementando a Convenção das Nações Unidas contra o Crime Organizado Transnacional -, promulgado pelo Decreto n. 5.941, de 26/10/2006), no qual se comprometeu a tipificar a conduta como crime" (STJ – AgRg no Ag n° 1389833-MT, Rel. Sebastião Reis Júnior, j. 11.04.2013, DJe 25.04.2013).

Furto de sinal de *internet*

AGRAVO REGIMENTAL. RECURSO ESPECIAL. FURTO DE SINAL DE INTERNET. ART. 183 DA LEI N. 9.472/1997. EXPLORAÇÃO DO SERVIÇO ATRIBUÍDO À UNIÃO. DESLOCAMENTO DE COMPETÊNCIA. JUSTIÇA FEDERAL. MATÉRIA CONSTITUCIONAL. STF. SÚMULA 7/STJ – "Em se tratando de serviço cuja exploração é atribuída à União, nos termos do art. 21, XI, da Constituição Federal/1988, firmada está a competência da Justiça Federal para processar e julgar o mencionado delito" (STJ – AgRg nos EDcl no REsp n° 1304152-DF, Rel. Sebastião Reis Júnior, j. 21.03.2013, DJe 10.04.2013).

Compartilhamento de sinal de TV por assinatura, via satélite ou cabo

"Conflito negativo de competência. Compartilhamento de sinal de TV por assinatura, via satélite ou cabo. Card Sharing. Convenção de Berna. Transnacionalidade da conduta. Competência da Justiça Federal" (STJ – CC n 150629-SP 2017/0008160-2, Rel. Nefi Cordeiro, DJe de 24.02.2017).

Factoring

"Embora a *factoring* não se confunda com instituição financeira nos termos da legislação, nada impede que determinadas operações realizadas por essas empresas possam ser tipificadas na Lei nº 7.492/86, como na espécie, em que se verificou a prática de atividades típicas de instituições financeiras, exorbitando-se das atividades próprias do faturamento mercantil. Conflito conhecido para reconhecer a competência do Juízo Federal" (STJ – CC n° 115338-TO, Rel. Marco Aurélio Bellizze, j. 26.06.2013, DJe 13.08.2013).

Criptomoedas

"A Terceira Seção firmou compreensão no sentido de que a oferta de serviços de compra e venda exclusivamente de criptomoedas ou moedas virtuais não se insere na **competência** da Justiça Federal, por não se cuidarem de ativos regulados pelo Banco Central do Brasil ou pela Comissão de Valores Mobiliários. O caso dos autos, entretanto, possui nuances distintas, uma vez que a atividade exercida pelo investigado não se limitava à compra e venda de criptomoedas, mas incluía também atividades fiscalizadas pela União, tais como a operação de serviços de câmbio, bem assim a captação de recursos em moeda corrente com oferta de rendimentos. Tal contexto configura a atuação irregular como instituição financeira, pela captação de recursos, em moeda nacional, com oferta de investimentos. Caracterização da **competência** federal, nos termos do art. 109, inciso VI, da Constituição da República, a qual se estende aos demais delitos conexos, nos termos da Súmula n. 122 do Superior Tribunal de Justiça. Precedente da Sexta Turma." (STJ – CC n. 187.976/RS, relatora Ministra Laurita Vaz, Terceira Seção, julgado em 10/8/2022, DJe de 18/8/2022.)

A Terceira Seção do STJ já se pronunciou no sentido de que a captação de recursos decorrente de "pirâmide financeira" não se enquadra no conceito de atividade financeira, razão pela qual o deslocamento do feito para a Justiça Federal se justifica apenas se demonstrada a prática de evasão de divisas ou de lavagem de dinheiro em detrimento de bens e serviços ou interesse da União. Ausentes os elementos que revelem ter havido evasão de divisas ou lavagem de dinheiro em detrimento de interesses da União, compete à Justiça Estadual processar e julgar crimes relacionados a pirâmide financeira em investimento de grupo em criptomoeda. (STJ, CC 170.392/SP, j. 10/06/2020)

Verbas relacionadas ao FUNDEF

"O FUNDEF – Fundo de Manutenção e Desenvolvimento do Ensino Fundamental e de Valorização do Magistério, atende a uma política nacional de educação (artigo 211, § 1º, parte final). A malversação de verbas decorrentes do FUNDEF, no âmbito penal, ainda que não haja complementação por parte da União, vincula a competência do Ministério Público Federal para a propositura de ação penal, atraindo, nessa hipótese, a da Justiça Federal, bem como o controle a ser exercido pelo TCU, conforme dispõe o artigo 71 da CR/88" (STJ – CC n° 119305-SP, Rel. Adilson Vieira Macabu, j. 08.02.2012, DJe 23.02.2012).

Falso testemunho perante a Justiça Eleitoral

"A prática do delito de falso testemunho, cometido por ocasião de depoimento perante o Ministério Público Eleitoral, enseja a competência da Justiça Federal, em razão do evidente interesse da União na administração da Justiça Eleitoral. Precedentes" (STJ – CC n° 126729-RS, Rel. Marco Aurélio Bellizze, j. 24.04.2013, DJe 30.04.2013).

Uso de documento falso perante a Justiça Trabalhista

"Independentemente do momento processual em que é apresentado o documento de quitação falso à Justiça do Trabalho, a competência para o julgamento da ação penal em que se apura esse delito (art. 304 do Código Penal) e aqueles conexos (art. 76, II, do Código Penal) é da Justiça Federal. Precedentes" (STJ – CC n. 144.850/SP, relator Ministro Joel Ilan Paciornik, Terceira Seção, julgado em 8/6/2016, DJe de 17/6/2016.)

Carteira de habilitação exibida a policial rodoviário federal

USO DE DOCUMENTO FALSO. CERTIFICADO DE REGISTRO E LICENCIAMENTO DE VEÍCULO – CRLV. UTILIZAÇÃO PERANTE A POLÍCIA RODOVIÁRIA FEDERAL. PREJUÍZO A SERVIÇO DA UNIÃO. COMPETÊNCIA DA JUSTIÇA FEDERAL – "A competência para processamento e julgamento do delito de uso de documento falso deve ser fixada com base na qualificação do órgão ou entidade perante o qual foi apresentado o documento falsificado, sendo certo que os serviços ou bens da entidade são efetivamente lesados, pouco importando, em princípio, a natureza do órgão responsável pela expedição do documento. No caso dos autos, tendo o Certificado de Registro e Licenciamento de Veículo (CRLV) falso sido apresentado à Polícia Rodoviária Federal, órgão da União, em detrimento de seu serviço de patrulhamento ostensivo das rodovias federais, previsto no art. 20, II, do Código de Trânsito Brasileiro, afigura-se inarredável a competência da Justiça Federal para o processamento e julgamento da causa, nos termos do art. 109, IV, da Constituição Federal" (STJ – CC n° 124498-ES, Rel. Alderita Ramos de Oliveira, julgado 12.12.2012, DJe 01.02.2013).

Crime de redução à condição análoga à de escravo

COMPETÊNCIA DA JUSTIÇA FEDERAL. CRIMES DE REDUÇÃO À CONDIÇÃO ANÁLOGA À DE ESCRAVO, DE EXPOSIÇÃO DA VIDA E SAÚDE DESTES TRABALHADORES A PERIGO, DE FRUSTRAÇÃO DE DIREITOS TRABALHISTAS E

OMISSÃO DE DADOS NA CARTEIRA DE TRABALHO E PREVIDÊNCIA SOCIAL – "O Plenário do Supremo Tribunal Federal, no julgamento do RE 398.041 (rel. Min. Joaquim Barbosa, sessão de 30.11.2006), fixou a competência da Justiça federal para julgar os crimes de redução à condição análoga à de escravo, por entender "que quaisquer condutas que violem não só o sistema de órgãos e instituições que preservam, coletivamente, os direitos e deveres dos trabalhadores, mas também o homem trabalhador, atingindo-o nas esferas em que a Constituição lhe confere proteção máxima, enquadram-se na categoria dos crimes contra a organização do trabalho, se praticadas no contexto de relações de trabalho" (Informativo nº 450). 6. As condutas atribuídas aos recorridos, em tese, violam bens jurídicos que extrapolam os limites da liberdade individual e da saúde dos trabalhadores reduzidos à condição análoga à de escravos, malferindo o princípio da dignidade da pessoa humana e da liberdade do trabalho" (STF – RE n° 541627-PA, Rel. Ellen Gracie – RTJ 208/853).

Cigarros contrabandeados (sobre cigarros falsificados, v. abaixo o item "competência da Justiça Estadual")

"Contrabando de cigarros. Indícios de transnacionalidade na conduta do agente. Desnecessidade. Crime que tutela interesse da União. Competência da Justiça Federal" (STJ – Rel. Sebastião Reis Júnior, j. em 26.09.2018, DJe de 04.10.2018)."

"Rádio Pirata" - Sobre a competência da Justiça Federal para essa espécie de crime, v. art. 119 abaixo, sob a rubrica *Equipamentos de telecomunicação. "Rádio pirata"*.

Crime de racismo contra judeus na internet.

A Terceira Seção do Superior Tribunal de Justiça (STJ) decidiu que compete à Justiça Federal julgar a conduta delituosa de divulgar pelo Facebook mensagens de cunho discriminatório contra o povo judeu, por estar configurada potencial transnacionalidade do crime, uma vez que o conteúdo racista veiculado na rede social é acessível no exterior. (STJ, CC 163.420/PR, j. 01/06/2020)

COMPETÊNCIA DA JUSTIÇA ESTADUAL

Criptomoedas

Em outro caso envolvendo bitcoins, o Tribunal entendeu que os fatos não se limitaram à negociação de moedas virtuais propriamente ditas, mas consistiram em oferecer contratos de investimento coletivo sem o devido registro de emissão perante a autoridade competente, o que atrai as disposições da Lei 7.492/86, tendo em vista que tais contratos podem ser definidos como valores mobiliários, segundo o art. 2º, IX, da Lei n. 6.385/76. Assim, definiu que é competente o Juízo Federal para processar a ação penal (art. 26 da Lei n. 7.492/1986), inclusive no que se refere às infrações conexas, por força do entendimento firmado no Enunciado Sumular n. 122/STJ (STJ, HC 530.563/RS, j. 05/03/2020).

DVDs

"Não comprovada a procedência estrangeira dos DVDs pelo Laudo de Exame Material, a mera confissão do acusado de que teria adquirido os produtos no Paraguai não atrai, por si só, a competência da União em perseguir o delito, até porque a afronta não ultrapassa os interesses pessoais do titular do direito autoral" (STJ –CC n° 127584-PR, Rel. Og Fernandes, j. 12.06.2013, DJe 25.06.2013).

"A conduta do investigado, consistente em comercializar os CDs e DVDs falsificados, caracteriza o delito de violação de direito autoral. Não advindo qualquer prejuízo para a União, afastada está a competência da Justiça Federal para o exame do feito, em razão de a ofensa ter alcançado somente o interesse do particular em seu direito lesado" (STJ – CC n° 127456-PR, Rel. Alderita Ramos de Oliveira, j. 22.05.2013, DJe 05.06.2013).

Crime contra concessionária de serviço público e competência

CONFLITO NEGATIVO DE COMPETÊNCIA. TENTATIVA DE FURTO DE BARRAS DE FERRO DE TRILHO DE TREM, COMETIDO, EM TESE, CONTRA EMPRESA CONCESSIONÁRIA DE SERVIÇO PÚBLICO. INEXISTÊNCIA DE PREJUÍZO A BENS OU INTERESSES DA UNIÃO. COMPETÊNCIA DA JUSTIÇA ESTADUAL – "Na hipótese de concessão de serviço público, os bens pertencem à própria empresa concessionária, que explora o serviço em nome próprio, cabendo à União apenas regular e fiscalizar a respectiva prestação" (STJ – CC n° 127417-SP, Rel. Alderita Ramos de Oliveira, j. 22.05.2013, DJe 29.05.2013).

Crime que atinge direitos individuais de trabalhadores

CONFLITO NEGATIVO DE COMPETÊNCIA. OFENSA CONTRA A ORGANIZAÇÃO GERAL DO TRABALHO. INEXISTÊNCIA. COMPETÊNCIA DA JUSTIÇA ESTADUAL – "Não havendo lesão ao direito dos trabalhadores de forma coletiva ou ofensa aos órgãos e institutos que os preservam, apurando-se somente a frustração de direitos trabalhistas de trabalhadores específicos, e, portanto, em âmbito individual, não há falar em competência da Justiça Federal. A competência da Justiça Federal não alcança os delitos que atingem somente direitos individuais de determinado grupo de trabalhadores (e não a categoria como um todo), como é o caso dos autos, em que a suposta conduta delituosa restringiu-se a um grupo de funcionários de uma única empresa de transporte coletivo que seriam filiados à entidade sindical representante da categoria" (STJ – CC n° 118436-SP, Rel. Alderita Ramos de Oliveira, j. 22.05.2013, DJe 29.05.2013).

Cigarros falsificados

"A comercialização de cigarros falsificados, com selo de controle tributário adulterado, não afeta diretamente bens e interesses da União ou de suas autarquias ou empresas públicas, pois a intenção do agente não é a de sonegar o recolhimento do tributo, mas dar aparência de autenticidade ao produto falsificado e enganar o consumidor, obtendo lucro com a comercialização dos produtos falsificados como se autênticos fossem. Não havendo prejuízo à União, Autarquias Federais ou Empresas Públicas Federais, competente será a Justiça Estadual" (STJ – CC n° 125955-MG, Rel. Alderita Ramos de Oliveira, j. 27.02.2013, DJe 11.03.2013).

Caça-níqueis

"Se o inquérito policial não demonstrou a origem estrangeira do bem apreendido, assim como da sua entrada ilegal no País, não é possível deduzir pela ocorrência do delito tipificado no art. 334 do Código Penal, com base apenas no fato de ter sido constatado que alguns componentes do equipamento são de fabricação estrangeira" (STJ – AgRG no CC n° 128975-RJ, Rel. Sebastião Reis Júnior, j. 28.08.2013, DJe 06.09.2013).

Clonagem de cartões bancários

FURTO MEDIANTE FRAUDE. CLONAGEM DE CARTÕES – "Não sendo o prejuízo da Caixa Econômica, mas, isto sim, de particulares, a competência para apuração das fraudes e das falsificações é da Justiça estadual (CC n. 22.069/SP, Ministro Felix Fischer, DJ 22/3/1999)" (STJ – EDcl no AgRg no AREsp n° 208469-PE, Rel. Sebastião Reis Júnior, j. 25.06.2013, DJe 01.08.2013).

Fraude com cartão de crédito

QUADRILHA ESPECIALIZADA EM FRAUDES A CARTÕES DE CRÉDITO. ALEGADA INCOMPETÊNCIA DA JUSTIÇA ESTADUAL. INEXISTÊNCIA DE PREJUÍZO EM DETRIMENTO DE BENS, SERVIÇOS OU INTERESSES DA UNIÃO – "No caso, é evidente a ausência de prejuízo a qualquer entidade da União, pois a empreitada criminosa esmiuçada na denúncia teria afetado exclusivamente os comerciantes que venderam as mercadorias adquiridas por meio dos cartões de crédito fraudados, tudo a revelar que a Justiça Estadual era, de fato, competente para o processamento do feito" (STJ – HC n° 220348-RJ, Rel. Laurita Vaz, j. 27.08.2013, DJe 04.09.2013).

Arma apreendida em aeroporto

"A apreensão de arma detectada, no interior de mala, por equipamento de raios X de aeroporto, quando do procedimento de embarque do passageiro que a possuía, guardava e transportava, não ofende a interesse da União. A circunstância de ser o crime cometido em local sujeito à fiscalização da Polícia Federal não é capaz de induzir a competência da Justiça Federal. Precedentes. Conflito conhecido para declarar competente o Juízo Estadual suscitado" (STJ – CC n° 37877-SP, Rel. Paulo Medina, RT 825/551).

Habeas corpus* preventivo. Cultivo medicinal de *Cannabis

Trata-se de *habeas corpus* preventiva impetrado com o objetivo de viabilizar plantio de maconha, mas não há pedido de importação. De acordo com a Terceira Seção do STJ, se não há pedido relativo à importação da planta ou a outra conduta de caráter transnacional, a competência é da Justiça Estadual. (CC 171.206/SP, j. 10/06/2020).

§ 1º Se, iniciada a execução no território nacional, a infração se consumar fora dele, a competência será determinada pelo lugar em que tiver sido praticado, no Brasil, o último ato de execução.

§ 2º Quando o último ato de execução for praticado fora do território nacional, será competente o juiz do lugar em que o crime, embora parcialmente, tenha produzido ou devia produzir seu resultado.

Crimes a distância – Praticado um *crime a distância*, aplicam-se as regras dos § § 1° e 2°, deste dispositivo, a saber: a) iniciada a execução em território nacional, mas consumado fora dele, a competência será do lugar, no Brasil, em que se deu o último ato de execução. Num exemplo: o agente desfecha tiros na vítima na cidade brasileira de Uruguaiana, mas ela é socorrida e acaba morrendo em um hospital uruguaio. A competência será do local em que, no Brasil, foi praticado o último ato de execução, embora a consumação, com a morte, tenha ocorrido no país vizinho; b) se o último ato de execução foi praticado fora do país, a competência será do juiz do lugar em que o crime tenha produzido ou deveria produzir seu resultado. Assim, em território uruguaio, o agente desfecha tiros na vítima, que se encontra na divisa, mais precisamente na cidade brasileira de Uruguaiana. Embora os atos de execução tenham ocorrido no Uruguai, a competência será da cidade de Uruguaiana, onde o crime produziu ou deveria produzir seu resultado.

ATENÇÃO – Compete ao juízo estadual processar e julgar crime de estelionato contra fundo estrangeiro no qual os atos desenvolvidos foram praticados em território nacional, ainda que diverso o domicílio do sócio lesado.

§ 3º Quando incerto o limite territorial entre duas ou mais jurisdições, ou quando incerta a jurisdição por ter sido a infração consumada ou tentada nas divisas de duas ou mais jurisdições, a competência firmar-se-á pela prevenção.

Prevenção – Por vezes a infração penal se consuma no limite territorial incerto de duas ou mais jurisdições ou é incerta a jurisdição porque a infração se deu nas divisas de duas ou mais jurisdições. Nesse caso a competência é firmada pela prevenção. Ou seja, o juiz que primeiro praticou um ato judicial.

Prevenção no sistema do juiz das garantias – No sistema de juiz das garantias, qualquer investigação deve ser comunicada ao magistrado (art. 3º-B, IV). Essa comunicação será, desde logo, analisada também sob o aspecto da competência. Sendo aceita, revela o responsável pelo controle da legalidade da investigação criminal e pela salvaguarda dos direitos individuais, dispensando a prática de qualquer outro ato judicial. Esse juiz da investigação, contudo, não fica prevento para o processo e julgamento. No sistema do juiz das garantias, instala-se verdadeira separação entre as funções judiciais ligadas à investigação e ao processo. Oferecida a denúncia, os autos devem ser encaminhados ao juiz da instrução para análise do recebimento (ou não) da acusação, observando-se, quanto a este, sua competência territorial e de acordo com a natureza da infração penal. Claro que as decisões do juiz das garantias não vinculam o juiz da instrução, nem mesmo no tocante à competência. Discordando daquele, o juiz da instrução pode encaminhar os autos para o magistrado tido, na sua convicção, como competente.

JURISPRUDÊNCIA

"Sendo incerto o local da consumação do delito, em tese ocorrido entre duas Comarcas limítrofes, é de se aplicar o critério da prevenção, nos moldes do que determina o art. 70, § 3.º, do Código de Processo Penal" (STJ – CC nº 113174-BA, Rel. Maria Thereza de Assis Moura, j. 09.02.2011, DJe 17.02.2011).

Art. 71. Tratando-se de infração continuada ou permanente, praticada em território de duas ou mais jurisdições, a competência firmar-se-á pela prevenção.

Prevenção – Tratando-se de *infração continuada* ou *permanente*, praticada em território de duas ou mais jurisdições, aplica-se o dispositivo acima, sendo a competência firmada, aqui também, pela *prevenção*.

A definição de crime continuado é dada pelo art. 71 do Código Penal. Assim, se o agente comete um crime na cidade de Santo André, outro, no dia seguinte, em São Bernardo e outro, no terceiro dia, na cidade de São Caetano, todos da mesma espécie e com o mesmo *modus operandi*, embora praticados três delitos, considera-se um só crime, devendo, por isso, ser deflagrado um único processo. A competência para o julgamento desse processo é de quaisquer das comarcas do ABC em que, primeiramente, um juiz praticar algum ato judicial. Já o *crime permanente* é aquele cuja consumação se alonga no tempo. O crime estará se consumando durante todo esse período, podendo percorrer territórios distintos. A competência será resolvida também pela *prevenção*, ou seja, o juiz de quaisquer dessas comarcas que primeiro praticar um ato judicial estará automaticamente prevento para o julgamento.

JURISPRUDÊNCIA

Formação de quadrilha

"O delito de formação de quadrilha, como se sabe, é crime permanente e, havendo vários juízos de Estados diferentes envolvidos, a competência deve ser firmada pela prevenção, nos termos do art. 71 c/c art. 83, ambos do Código de Processo Penal, ou seja, prevento estará aquele juízo que tiver antecedido aos outros na prática de algum ato do processo ou medida a este relativa, ainda que anterior ao oferecimento da denúncia ou da queixa" (STJ – HC nº 95428-GO, Rel. Felix Fischer, j. 25.03.2008, DJe 28.04.2008).

"Mantida a vítima, mediante grave ameaça, exercida com o emprego de arma de fogo, sob o poder dos agentes, por cerca de oito horas, na prática do roubo e em garantia da sua impunidade, impõe-se afirmar que a execução do delito protraiu-se por todo esse tempo, tocando o audacioso agir delituoso mais de um lugar, de modo a determinar que a competência, ante o concurso de mais de um foro, seja fixada pela prevenção" (STJ – RHC nº 13529-BA, Rel. Hamilton Carvalhido, j. 09.03.2004, DJ 17.05.2004, p. 289).

CAPÍTULO II
DA COMPETÊNCIA PELO DOMICÍLIO OU RESIDÊNCIA DO RÉU

Art. 72. Não sendo conhecido o lugar da infração, a competência regular-se-á pelo domicílio ou residência do réu.

§ 1º Se o réu tiver mais de uma residência, a competência firmar-se-á pela prevenção.

§ 2º Se o réu não tiver residência certa ou for ignorado o seu paradeiro, será competente o juiz que primeiro tomar conhecimento do fato.

Competência pelo domicílio ou residência do réu – Esta espécie de competência é conhecida, também, como *foro supletivo* ou *foro subsidiário*, pois somente é empregada quando não se puder utilizar o primeiro dos critérios, a saber, o do lugar da infração (competência *ratione loci*). Em duas hipóteses a competência se firmará pelo domicílio ou residência do réu: 1º) quando ignorado o lugar da infração (art. 72, *caput*). Assim, num exemplo de Tourinho Filho, imagine-se a situação em que a vítima viaja em um ônibus de São Paulo para o Rio de Janeiro, passando por diversas comarcas, quando percebe que teve sua carteira furtada. Consumado o furto, a polícia descobre que seu autor era o ocupante da poltrona ao lado. Ora, sem poder precisar onde o crime se consumou, a competência, nesse caso, será firmada pelo domicílio ou residência do réu, estes sim plenamente conhecidos; 2º) tratando-se de ação penal exclusivamente privada, nos termos do artigo seguinte.

Domicílio – O conceito de *domicílio* deve ser buscado nos arts. 70, 71 e 72 do Código Civil, assim entendido o lugar onde a pessoa estabelece sua residência com ânimo definitivo. Se a pessoa tiver várias residências, qualquer uma delas é considerada seu domicílio. Também se considera *domicílio*, nos termos do art. 72 do CC, o lugar onde a pessoa exerce sua profissão. *Domicílio*, portanto, abrange um conceito mais amplo que a mera *residência*. Esta é o simples local onde mora a pessoa. Tendo o réu mais de uma residência, competente é o juiz prevento, ou seja, aquele que primeiro teve contato com o caso (art. 72, § 1º, do CPP).

Lembre-se, ainda, que o Código Civil estabelece o chamado *domicílio necessário*, dispondo, no parágrafo único do art. 76, que "o domicílio do incapaz é o do seu representante ou assistente; o do servidor público, o lugar em que exercer permanentemente suas funções; o do militar, onde servir, e, sendo da Marinha ou da Aeronáutica, a sede do comando a que se encontrar imediatamente subordinado; o do marítimo, onde o navio estiver matriculado; e o do preso, o lugar em que cumprir a sentença".

JURISPRUDÊNCIA

"Nos termos do art. 69, inciso I, e art. 70, ambos do Código de Processo Penal, a regra geral para fixação da **competência** é o lugar da infração penal, onde a perturbação da ordem foi violada e a tranquilidade social abalada, sendo ainda, em maioria, o melhor local para fins de colheita de prova. Como foro supletivo, elegeu-se o lugar do **domicílio ou residência do réu**, nos termos do artigo 69, inciso II, 72 e 73 do CPP. Somente em caráter subsidiário, "não havendo condições de se determinar o lugar da infração ou do domicílio do réu, porque a infração penal desenvolveu-se em várias localidades, ou porque há incerteza quanto às divisas da Comarca, usa-se a regra subsidiária da prevenção, que é residual." (STJ – HC n. 507.134/MT, relator Ministro Ribeiro Dantas, Quinta Turma, julgado em 6/8/2019, DJe de 13/8/2019.)

Desconhecimento quanto ao lugar em que consumado o delito

"Não sendo possível detectar o lugar em que consumado o delito, na espécie furto, a competência é determinada, subsidiariamente, pelo domicílio ou residência do réu, ut art. 72, caput, do CPP" (STJ – CC nº 31525-RJ, Rel. Fernando Gonçalves, j. 10.04.2002, DJ 29.04.2002, p. 159).

Art. 73. **Nos casos de exclusiva ação privada, o querelante poderá preferir o foro de domicílio ou da residência do réu, ainda quando conhecido o lugar da infração.**

Escolha do querelante – Mesmo que conhecido o lugar da infração, o querelante (autor) poderá optar por propor a queixa no domicílio ou residência do querelado (réu), naquilo que se chama *foro alternativo*. Trata-se de um caso de competência relativa, no qual o querelante tem a liberdade de dispensar a regra geral (competência pelo lugar da infração), para adotar esta regra específica. Constitui-se em regra que em nada prejudica o querelado, ao contrário, é instituída para sua comodidade, eis que poderá ser demandado no local em que reside, sem se ver obrigado a se deslocar para lugar diverso. Vale lembrar que se a ação for privada, mas subsidiária da pública, daquelas tratadas no art. 29 do CPP, esse dispositivo não é aplicado.

Foro de eleição? – Há doutrina que vislumbra, neste dispositivo, um *foro de eleição*, de caráter processual penal. Salvo se tomada a expressão de uma forma leiga, tecnicamente não se admite afirmar que, no processo penal, ocorra hipótese de *foro de eleição*. Esta modalidade tem previsão no art. 63 do Código de Processo Civil, ao dispor que "as partes podem modificar a competência em razão do valor e do território, elegendo foro onde será proposta ação oriunda de direitos e obrigações". Vê-se, pois, que o foro de eleição pressupõe um consenso entre as partes que, conjuntamente, escolhem um *locus* perante o qual eventual litígio será julgado. Não é, nem de perto, a situação tratada no processo penal, onde não se cogita de nenhum ajuste anterior entre as partes, no que se refere à competência.

JURISPRUDÊNCIA

Ação penal privada

"Em se tratando de queixa-crime formalizada contra agente público e não se conhecendo o local exato da consumação da infração penal, a competência é regida pelo artigo 72 do Código de Processo Penal, ou seja, fica ligada ao foro do domicílio ou da residência do réu" (STF – Inq. n° 2956-DF-PI, Rel. Marco Aurélio, RTJ 220/130).

Escolha pelo domicílio do réu no crime contra a honra. Validade

"Em se tratando de ação penal privada, o ofendido pode escolher o foro no qual será oferecida a queixa, se o do local da infração ou o domicílio ou residência do querelado" (STF – HC n° 25204-SP, Rel. Felix Fischer, j. 27.05.2003, DJ 30.06.2003, p. 274).

"Considerando que os **crimes contra a honra** foram praticados em face do querelante, detentor de cargo eletivo, configura-se a legitimidade concorrente para o oferecimento de queixa-crime ou ação penal pública condicionada, de modo que, optando o ofendido pela propositura da ação penal privada, admite-se a possibilidade de escolha entre o lugar da infração e o **domicílio** do réu, nos termos do art. 73 do CPP." (STJ – AgRg no REsp n. 1.379.227/DF, relator Ministro Nefi Cordeiro, Sexta Turma, julgado em 8/5/2018, DJe de 21/5/2018.)

CAPÍTULO III
DA COMPETÊNCIA PELA NATUREZA DA INFRAÇÃO

Art. 74. A competência pela natureza da infração será regulada pelas leis de organização judiciária, salvo a competência privativa do Tribunal do Júri.

§ 1º Compete ao Tribunal do Júri o julgamento dos crimes previstos nos arts. 121, § § 1º e 2º, 122, parágrafo único, 123, 124, 125, 126 e 127 do Código Penal, consumados ou tentados. (Redação dada pela Lei nº 263, de 23.2.1948)

§ 2º Se, iniciado o processo perante um juiz, houver desclassificação para infração da competência de outro, a este será remetido o processo, salvo se mais graduada for a jurisdição do primeiro, que, em tal caso, terá sua competência prorrogada.

§ 3º Se o juiz da pronúncia desclassificar a infração para outra atribuída à competência de juiz singular, observar-se-á o disposto no art. 410; mas, se a desclassificação for feita pelo próprio Tribunal do Júri, a seu presidente caberá proferir a sentença (art. 492, § 2º).

Competência pela natureza da infração – A competência pelo lugar da infração (*ratione loci*) ou pelo domicílio ou residência do réu fixam o foro competente, ou seja, a comarca onde deverá tramitar o processo. Além disso, estabelecem qual justiça é competente, ou seja, se a competência é da Justiça Especial (eleitoral e militar) ou da Justiça Comum (estadual ou federal). Ocorre que, definida a competência da Justiça Estadual, há de se perquirir qual a vara competente para conhecer do processo. Ou, estabelecida a competência da Justiça Federal, é de rigor que se indique qual seção ou subseção é competente.

A disciplina para fixação dessa competência, decorrente da natureza da infração (*ratione materiae*), vem determinada, em regra, por leis de organização judiciária (a divisão das varas, dos fóruns regionais e distritais, das seções e subseções judiciárias), ou por leis ordinárias (a competência dos Juizados Especiais Criminais, por exemplo). Assim, v.g., praticado um crime na cidade de São Paulo – repita-se – o processo será julgado na capital. Porém, dependendo da espécie de pena (reclusão ou detenção), a competência pode ser do foro central ou de um foro regional, conforme estabelece a lei local de organização judiciária que rege a matéria.

ATENÇÃO – O Pacote Anticrime inseriu na Lei 12.694/12, que dispõe sobre o processo e o julgamento colegiado em primeiro grau de jurisdição de crimes praticados por organizações criminosas, um dispositivo (art. 1º-A) segundo o qual os Tribunais de Justiça e os Tribunais Regionais Federais poderão instalar, nas comarcas sedes de Circunscrição ou Seção Judiciária, mediante resolução, Varas Criminais Colegiadas com competência para o processo e julgamento de crimes pertinentes a organizações criminosas armadas ou que tenham armas à disposição e do crime do art. 288-A, assim como das infrações penais que lhes sejam conexas. Ao receber os autos segundo as regras de distribuição, o juiz deve declinar de sua competência e remetê-los à Vara Criminal Colegiada, competente para todos os atos jurisdicionais no decorrer da investigação, da ação penal e da execução da pena, inclusive a transferência do preso para estabelecimento prisional de segurança máxima ou para regime disciplinar diferenciado. Note-se que este dispositivo não impede a aplicação do art. 1º nas situações em que, sem Varas Criminais Colegiadas instaladas, o juiz do processo decide pela formação de colegiado composto por ele mesmo e por outros dois juízes escolhidos por sorteio eletrônico dentre aqueles com competência criminal em exercício no primeiro grau de jurisdição.

Em matéria penal, o interesse da União não é presumido, mas comprovado – de forma inédita, na Lei de Terrorismo (Lei 13.260/16), o legislador anunciou que os crimes nela previstos são de competência federal, presumindo, para todos os efeitos, praticados contra o interesse da União: "Art. 11. Para todos os efeitos legais, considera-se que os crimes previstos nesta Lei são praticados contra o interesse da União, cabendo à Polícia Federal a investigação criminal, em sede de inquérito policial, e à Justiça Federal o seu processamento e julgamento, nos termos do inciso IV do art. 109 da Constituição Federal".

Essa surpreendente técnica legislativa de definição (ampliação) da competência federal não escapou da crítica doutrinária. Fábio Roque, Juiz Federal, na obra "Terrorismo: Aspectos criminológicos, político-criminais e comentários à Lei 13.260/2016", logo advertiu:

> "(...) o dispositivo legal encontra-se eivado de inconstitucionalidade. Inicialmente, devemos estabelecer as seguintes premissas:
>
> a) O fato de haver motivação preconceituosa não caracteriza, por si só, interesse da União. Basta perceber que os crimes contemplados na Lei nº 7.716/89 não são, regra geral, de competência federal. Ora, se o fato de se adotar uma postura preconceituosa pudesse dar ensejo à caracterização do interesse da União, todos os crimes de preconceito seriam federais, o que não ocorre.
>
> b) O fato de se provocar o terror social ou generalizado também não caracteriza, por si só, o interesse da União. Aliás, podemos vislumbrar situações em que ocorreria esta finalidade de produzir terror social, mas com interesse localizado.

> Basta imaginar que, em um pequeno município do Brasil, lideranças religiosas, impelido pelo preconceito religioso, praticam um ato terrorista contra um templo em que se professa outra fé. Neste caso, a pretensão deste criminoso seria produzir uma sensação de terror, porém circunscrita a uma determinada região do país, o que não é suficiente para que se possa falar em interesse da União.
>
> A propósito, é bom que se frise que, o fato de o crime ser grave, não atrai a competência para o seu julgamento para a Justiça Federal. Não estamos, portanto, procurando diminuir a gravidade da conduta trazida no nosso exemplo. Trata-se de crime gravíssimo, a parece-nos fora de dúvida que poderia amoldar-se à hipótese de crime de terrorismo. Todavia, não há interesse da União, ao contrário do que afirmado pelo artigo de lei em apreço.
>
> Neste ponto, imperioso recordar que o fato de o crime estar previsto em tratado ou convenção internacional (como ocorre com o crime de terrorismo) não atrai, por si só, a competência federal. Conforme se extrai do art. 109, V da Constituição Federal, compete aos juízes federais processar e julgar: 'os crimes previstos em tratado ou convenção internacional, quando, iniciada a execução no País, o resultado tenha ou devesse ter ocorrido no estrangeiro, ou reciprocamente'.
>
> Deste modo, percebemos que não basta estar previsto em tratado ou convenção internacional; para que o crime fosse federal, seria imprescindível que houvesse internacionalidade na prática da conduta, ou seja, que 'iniciada a execução no País, o resultado tenha ou devesse ter ocorrido no estrangeiro, ou reciprocamente'".

Ainda sobre o terrorismo, o promotor de Justiça Renee do Ó Souza (Leis Penais Especiais – Comentadas Artigo por Artigo. 1ª ed. Salvador: Juspodivm, 2018, p. 1958.) lembra que a paz pública não é de interesse predominante da União e sugere interpretação restritiva ao art. 11, que deve se submeter aos termos do art. 109 da Constituição Federal:

> "O dispositivo prevê, terminantemente, que os crimes de terrorismo são de competência da Justiça Federal, nos termos do inciso IV da Constituição Federal. Ocorre que essa norma constitucional prevê que serão de competência federal os crimes políticos e as infrações penais praticadas em detrimento de bens, serviços ou interesse da União ou de suas entidades autárquicas ou empresas públicas, excluídas as contravenções e ressalvada a competência da Justiça Militar e da Justiça Eleitoral.
>
> Como se vê, os crimes previstos na Lei 13.260/2016 não se amoldam, incontinenti, às hipóteses da norma constitucional, mesmo porque a paz pública, bem jurídico geral da Lei, não pertence unicamente à União.
>
> A melhor interpretação do dispositivo é, portanto, que o Juiz natural para o processamento e julgamento desses crimes é a Justiça Estadual, a não ser que esteja presente uma das hipóteses do art. 109 da CF.
>
> (...)
>
> Guilherme Nucci anota que a Lei 13.260/2016 conferiu a competência para o julgamento dos crimes de terrorismo, dado o conteúdo político do delito. Discordamos do consagrado autor, porque o regime jurídico dado ao crime de terrorista é fruto do mandado de criminalização contido na Constituição Federal, situação absolutamente incompatível com o tratamento benéfico dado aos crimes políticos. A equiparação, portanto, não tem amparo constitucional. Ademais, como será visto, o Supremo Tribunal Federal já decidiu que o terrorismo não é crime político."

O modelo legal da Lei 13.260/16, de patente inconstitucionalidade, não pode ser repetido pelo Congresso. É imperioso ter em vista que a competência da Justiça Federal vem definida, de forma taxativa, no art. 109 da Constituição Federal de 1988:

> "Compete à Justiça Federal processar e julgar os crimes políticos e as infrações penais praticadas em detrimento de bens, serviços ou interesse da União ou de suas entidades autárquicas ou empresas públicas, excluídas as contravenções e ressalvada a competência da Justiça Militar e da Justiça Eleitoral" (inc. IV - grifamos).

Não pode o legislador infraconstitucional dilatar esse rol, salvo quando a própria Constituição assim o permitir expressamente, como acontece com os crimes contra o sistema financeiro nacional e a ordem econômico-financeira, situações em que a Carta Maior autorizou o legislador a estabelecer a competência na seara federal:

> "Os crimes contra a organização do trabalho e, nos casos determinados por lei, contra o sistema financeiro e a ordem econômico-financeira" (art. 109, inc. VI).

Por mais grave que seja um crime, isso não faz despertar, necessariamente, o interesse da União e, portanto, qualquer dispositivo que presuma o que não deve ser presumido, dilatando arbitrariamente as hipóteses de competência federal taxativamente prevista na Constituição, deve ser etiquetado como inconstitucional.

Para que se considere presente interesse da União, não basta que a lei ordinária simplesmente o estabeleça "para os efeitos legais". Se assim fosse, o julgamento de toda e qualquer infração penal poderia passar para a competência da Justiça Federal por mera indicação de interesse genérico da União no texto legal, o que contrariaria os próprios fundamentos de excepcionalidade desta espécie de competência. Admitir que se estabeleça o interesse da União por simples referência abstrata significa afirmar a irrelevância do dispositivo constitucional, que não precisaria impor a necessidade de interesse da União para que a competência residual da Justiça Estadual se transferisse para a esfera federal.

Não por acaso, em diversas ocasiões o Supremo Tribunal Federal decidiu que a competência da Justiça Federal só se justifica diante de interesse concreto e específico da União:

> "Competência. Crime previsto no artigo 46, parágrafo único, da Lei nº 9.605/98. Depósito de madeira nativa proveniente da Mata Atlântica. Artigo 225, § 4º, da Constituição Federal. - Não é a Mata Atlântica, que integra o patrimônio nacional a que alude o artigo 225, § 4º, da Constituição Federal, bem da União. - Por outro lado, o interesse da União para que ocorra a competência da Justiça Federal prevista no artigo 109, IV, da Carta Magna tem de ser direto e específico, e não, como ocorre no caso, interesse genérico da coletividade, embora aí também incluído genericamente o interesse da União. - Conseqüentemente, a competência, no caso, é da Justiça Comum estadual. Recurso extraordinário não conhecido." (RE 300.244/SC, j. 20/11/2001).

O mesmo princípio já havia orientado o julgamento do RE 166.943/PR (j. 03/03/1995), que inclusive versava sobre crime contra a paz pública:

> "Como se vê, a competência da Justiça Federal, em matéria penal, só ocorre quando a infração penal é praticada em detrimento de bens, serviços ou interesses da união como tal, ou seja, de bens ou serviços que possua, ou de seu interesse direto e específico.
>
> No caso, o delito de incitação ao crime previsto no artigo 19 da Lei 5.250, de 9.2.67, tem como objeto jurídico a paz pública e como sujeito passivo a coletividade, à semelhança do que ocorre com o mesmo crime definido no artigo 286 do Código Penal.

Ora, a paz pública interessa a todos, e, por isso mesmo, seu sujeito passivo é a coletividade, e não a união Federal, uma vez que não está em causa interesse direto e específico seu, ainda quando esse delito, por causa do meio de comunicação empregado, se pratique por intermédio de empresa concessionária de serviço público federal (entidade essa a que não se refere o artigo 109, IV, da Constituição), ou tenha a sua consumação verificada simultaneamente em mais de um Estado.

O artigo 109, IV, que é regra de competência excepcional, não alcança o interesse genérico da união, pois o interesse a que ele alude é aquele que a faz sujeito passivo do delito cometido, à semelhança do que ocorre quando o interesse é de entidade autárquica ou de empresa pública federal. Por isso mesmo, não se refere o dispositivo constitucional a interesse federal, mas a interesse específico de um dos níveis de governo integrantes da Federação (a união Federal), ou de suas autarquias ou de suas empresas públicas"

Outro exemplo pode ser extraído do julgamento do RE 513.446/SP (j. 16/12/2008), no qual se considerou insuficiente, para atrair a competência da Justiça Federal no comércio de combustível adulterado, que a fiscalização da atividade seja exercida por autarquia federal, pois não se deve confundir a atividade fiscalizatória com seu objeto:

"Criminal. Ação penal. Crime contra a ordem econômica. Comercialização de combustível fora dos padrões fixados pela Agência Nacional do Petróleo. Art. 1º, inciso I, da Lei nº 8.176/91. Interesse direto e específico da União. Lesão à atividade fiscalizadora da ANP. Inexistência. Feito da competência da Justiça estadual. Recurso improvido. Precedentes. Inteligência do art. 109, IV e VI, da CF. Para que se defina a competência da Justiça Federal, objeto do art. 109, IV, da Constituição da República, é preciso tenha havido, em tese, lesão a interesse direto e específico da União, não bastando que esta, por si ou por autarquia, exerça atividade fiscalizadora sobre o bem objeto do delito."

O Superior Tribunal de Justiça não destoa da Corte Suprema. Em crimes contra a fauna, por exemplo, tem-se exigido a demonstração de interesse direto da União para que a Justiça Federal se torne competente para o julgamento:

"A competência do foro criminal federal não advém apenas do interesse genérico que tenha a União na preservação do meio ambiente. É necessário que a ofensa atinja interesse direto e específico da União, de suas entidades autárquicas ou de empresas públicas federais" (CC 147.393/RO, j. 14/09/2016).

Destacam-se, ainda, decisões do Superior Tribunal de Justiça a respeito dos crimes relativos às armas de fogo. Houve quem considerasse a competência da Justiça Federal para julgar os delitos de posse e porte ilegais de armas, sobretudo em virtude do desrespeito às normas que regem o Sistema Nacional de Armas, mas o STJ rechaçou a existência de interesse da União em decorrência desta circunstância:

"I. O simples fato de se tratar de porte de arma de fogo com numeração raspada não evidencia, por si só, a competência da Justiça Federal. II. Hipótese em que não restou caracterizada agressão direta aos interesses, bens ou serviços da União, que ensejasse o deslocamento da competência para a Justiça Federal, nos termos do art. 109 da Constituição Federal. III. O objeto jurídico protegido pela Lei nº 10.826/03 é a incolumidade de toda a sociedade, vítima em potencial do uso irregular das armas de fogo, não havendo qualquer violação direta aos interesse da União, a despeito de ser o SINARM um ente federal. IV. Competência da Justiça Estadual para a apreciação e julgamento da ação penal" (HC 57.348/RJ, j. 12/06/2006).

"1. O Sistema instituído pela Lei nº 10.826 haveria mesmo de ser de cunho nacional ("circunscrição em todo o território nacional"). 2. Certamente que esse ato legislativo não remeteu à Justiça Federal toda a competência para as questões penais daí oriundas. 3. Quando não há ofensa direta aos bens, serviços e interesses a que se refere o art. 109, IV, da Constituição, não há como atribuir competência à Justiça Federal. 4. Caso de competência estadual" (CC 45.483/RJ, j. 27/10/2014).

Nota-se que estas decisões partem da necessidade de interesse direto da União, não de algo abstrato fundamentado em dispositivos legais que apenas se referem a órgãos ou a sistemas de alguma forma relacionados à União, ou que nem mesmo chegam a tanto, como no caso da Lei 13.260/16.

Crimes contra o Estado Democrático de Direito – É sabido que, na vigência da Lei 7.170/83, todos os crimes nela previstos eram rotulados como políticos, de competência da Justiça Federal. O art. 109, IV, da CF/88, anuncia competir aos juízes federais processar e julgar os crimes políticos e as infrações penais praticadas em detrimento de bens, serviços ou interesse da União ou de suas entidades autárquicas ou empresas públicas, excluídas as contravenções e ressalvada a competência da Justiça Militar e da Justiça Eleitoral. O Supremo Tribunal Federal assim definiu crimes políticos: "são aqueles dirigidos, subjetiva e objetivamente, de modo imediato, contra o Estado como unidade orgânica das instituições políticas e sociais e, por conseguinte, definidos na Lei de Segurança Nacional, presentes as disposições gerais estabelecidas nos artigos 1º e 2º do mesmo diploma legal".

Com a entrada em vigor da Lei 14.197/21, revogando expressamente a Lei de Segurança Nacional, entendemos que não mais existe campo fértil para se cogitar de crimes políticos, mas crimes contra o Estado Democrático de Direito. Vicente Greco Filho (Manual de processo penal. 8ª ed. São Paulo: Saraiva, 2010, p. 145-146), por sinal, há tempos já lecionava nesse sentido:

> "Não há definição legal dos crimes políticos na legislação brasileira. Aliás, a referência a esse tipo de crimes é inadequada e, quiçá, odiosa. Certamente não se aplica aos crimes comuns, ainda que com motivação política. E menos ainda aos chamados crimes políticos puros, que a tradição constitucional brasileira sempre repeliu. Nos termos do art. 5º, LII, da Constituição, não se concederá extradição por crime político ou de opinião. Ora, como punir alguém por fato dessa natureza? A expressão no texto constitucional foi, portanto, no mínimo, infeliz e espera-se que não seja regulamentada."

Não sem razão a CF/88, ao mesmo tempo em que tratou dos crimes políticos em apenas três passagens, no art. 5º, XLIV, manda criminalizar ação de grupos armados contra o Estado Democrático. Diferenciou, portanto, esse tipo de crime – contra o Estado Democrático –, previsto no Título XII do CP, dos crimes políticos, antes previstos na Lei 7.170/83, hoje revogada pela Lei 14.197/21.

Partindo dessa premissa, pergunta-se: de quem é a competência para o processo e julgamento dos crimes previstos no Título XII da Parte Especial do CP? Depende.

Certamente é competência da Justiça Federal os crimes contra a soberania nacional (arts. 359-I a 359-K), crimes contra as instituições democráticas (arts. 359-L e 359-M), pois evidente o interesse da União (art. 109, IV, da CF/88). Já os crimes contra o funcionamento das instituições democráticas no processo eleitoral (arts. 359-N a 359-O), a competência nos parece ser da Justiça Eleitoral. Apenas no caso do crime do art. 359-N, quando atenta contra o exercício do mandato, será da Justiça comum, estadual ou federal, a depender do caso concreto. Impedir ou dificultar, com emprego de violência física, sexual ou psicológica, o exercício do mandato de um parlamentar ou chefe do executivo municipal ou estadual, a competência será da Justiça estadual. Se o crime visar prejudicar um Congressista ou presidente da República, será da Justiça Federal, pois patente o interesse da União (art. 109, IV, CF/88).O crime de sabotagem (art. 359-R), envolvendo estabelecimentos, instalações ou serviços destinados à defesa nacional, são de competência da Justiça Federal (art. 109, IV, da CF/88). O crime do art. 359-S, vetado pelo presidente da República, é mais um caso em que a competência, da Justiça comum, seria estadual ou federal a depender das circunstâncias do caso concreto, não sendo demais lembrar que o interesse da União não se presume, devendo sempre ser demonstrado.

JURISPRUDÊNCIA

Desvio de valores do auxílio emergencial durante a pandemia. Competência estadual. No caso em tela, o agente criminoso, ao transferir para si os valores pertencentes à vítima, que, por sua vez, ingressou de modo lícito no programa referente ao auxílio emergencial, não fraudou eletronicamente o sistema de segurança da Caixa Econômica Federal, mas apenas o sistema de segurança de instituição privada para a qual o numerário foi transferido por livre vontade da beneficiária. Neste contexto, sem fraude ao sistema de segurança da instituição financeira federal não há de se falar em competência da Justiça Federal.No caso de violação ao sistema de segurança de instituição privada, qual seja, o Mercado Pago, sem qualquer fraude ou violação de segurança direcionada à Caixa Econômica Federal, o prejuízo fica adstrito à instituição privada e particulares, não se identificando situação prevista no art. 109, inciso I, da Constituição Federal. (STJ – CC 182.940/SP, rel. Min. Joel Paciornik, j. em 27.10.21)

§ 1º Compete ao Tribunal do Júri o julgamento dos crimes previstos nos arts. 121, § § 1º e 2º, 122, parágrafo único, 123, 124, 125, 126 e 127 do Código Penal, consumados ou tentados. (Redação dada pela Lei nº 263, de 23.2.1948)

Competência do Júri – Os crimes dolosos contra a vida – bem como aqueles que lhe são conexos – serão sempre julgados pelo Tribunal do Júri, conforme ressalva feita expressamente pela parte final do art. 74 do código. De forma que, tendo o Júri previsão constitucional para julgamento dessa espécie de crime (art. 5º, inc. XXXVIII, "d" da CF), nenhuma lei infraconstitucional poderá suprimir tal competência. Trata-se da chamada *competência mínima*, inerente a esta espécie de procedimento. Nada impede, contudo, que legislação ordinária amplie as hipóteses de competência do Júri. O que não se permite é a redução, retirando-se do Júri a competência para o julgamento dos crimes dolosos contra a vida. Já a ampliação é permitida, por meio de lei infraconstitucional. Nada impede, assim, uma lei de prever que, por exemplo, os crimes que envolvam corrupção sejam julgados pelo Júri. Aliás, houve um tempo em que crimes de imprensa e crimes contra a economia popular eram julgados pelo tribunal popular. O tema é abordado com maior profundidade ao tratarmos, mais adiante, do procedimento do Júri, sob a rubrica *competência mínima*, oportunidade, aliás, em que discorremos sobre a competência para o processo e julgamento da nova conduta incluída pela Lei 13.968/19 ao art. 122 do CP, qual seja, participação em automutilação.

ATENÇÃO - Vale observar que o latrocínio não se inclui entre os crimes dolosos contra a vida, elencados no § 1º, do art. 74, do código. Trata-se, em verdade, de um crime contra o patrimônio (art. 157, § 3º, II, do Código Penal) e, por isso, deve ser julgado por um juiz singular, nos termos da Súmula n. 603 do STF.

JURISPRUDÊNCIA

Crimes conexos ao Júri

"Nos termos do art. 78, I, do Código de Processo Penal, bem como da jurisprudência firmada neste Superior Tribunal de Justiça, o julgamento dos delitos conexos aos crimes dolosos contra a vida, assim como a aplicação ou não do princípio da consunção, são de **competência** exclusiva do **Tribunal do Júri.** Precedentes." (STJ – AgRg no REsp n. 1.881.282/PR, relator Ministro Ribeiro Dantas, Quinta Turma, julgado em 2/2/2021, DJe de 8/2/2021.)

§ 2º Se, iniciado o processo perante um juiz, houver desclassificação para infração da competência de outro, a este será remetido o processo, salvo se mais graduada for a jurisdição do primeiro, que, em tal caso, terá sua competência prorrogada.

Desclassificação no procedimento comum ou especial – Leciona a doutrina mais moderna, de forma quase unânime, que este dispositivo, atualmente, já não tem aplicação. Suponha-se que em um determinado processo o juiz que o preside entendesse ser o caso de desclassificação para outro delito, que não é da sua competência. Deveria, então, remeter os autos ao juiz competente, "salvo se mais graduada" sua jurisdição que, nesse caso, teria, teria sua competência prorrogada. Em outras palavras: ainda que incompetente para o julgamento, aquele juiz que primeiro conheceu da causa, desde que mais *graduado*, deveria julgar o feito. Ocorre que os regimentos internos dos tribunais ou leis de organização judiciária não mais preveem jurisdições de maior ou menor graduação. Como salienta Câmara Leal, "essa graduação de jurisdição só se poderá dar nos Estados em que haja juízes municipais" (ob. cit., vol. I, p. 275). Ocorre que essa figura – do juiz municipal (investidos pelas Câmaras Municipais para o exercício da função por três anos) – introduzida pelo Código de Processo Criminal do Império, de 1832, em seus arts. 33 a 35, não mais subsiste.

§ 3º Se o juiz da pronúncia desclassificar a infração para outra atribuída à competência de juiz singular, observar-se-á o disposto no art. 410; mas, se a desclassificação for feita pelo próprio Tribunal do Júri, a seu presidente caberá proferir a sentença (art. 492, § 2º).

Desclassificação no Júri – Estes dois parágrafos tratam da desclassificação. *Classificar* um crime significa apontar o dispositivo legal que o prevê como tal. Assim, *v.g.*, iniciado um processo pela prática de homicídio culposo perante o juiz singular, se este, no momento de proferir a sentença, entende que ocorreu um homicídio doloso (porque cogitou, *v.g.*, da ocorrência do chamado *dolo eventual*), deverá remeter o processo ao Júri (§ 2º).

Pode ocorrer, ainda, que o *juiz da pronúncia* desclassifique a infração para outra de competência do juiz singular. Assim, por exemplo, um juiz com competência para o julgamento de crimes dolosos contra a vida, ao cabo da primeira fase do processo, entende que, em verdade, foi cometido um crime não doloso contra a vida. Deve, nesse caso, aplicar a regra do § 3º em estudo, ou seja, remeter os autos ao juiz singular. No entanto, se a desclassificação ocorrer em plenário, a competência para proferir a sentença será do juiz-presidente. Essa questão é analisada com maior profundidade quando tratamos do procedimento do Júri. Nos comentários tecidos ao art. 419, o tema é revisitado com maior profundidade.

JURISPRUDÊNCIA

Sentença que não aprecia o pedido de desclassificação do delito

"A sentença que não enfrenta pedido de desclassificação, formulado pela defesa, ofende a CF, art. 93, IX. É *citra petita*. Constrangimento ilegal confirmado. Ordem concedida em parte para anular a sentença e o acórdão determinando que outra sentença seja proferida com a análise das teses em sua totalidade" (STF – HC nº 778.240-8-SP – Rel. Nelson Jobim – j. 11.12.98, DJU 27.04.01, p. 60).

CAPÍTULO IV
DA COMPETÊNCIA POR DISTRIBUIÇÃO

Art. 75. **A precedência da distribuição fixará a competência quando, na mesma circunscrição judiciária, houver mais de um juiz igualmente competente.**

Parágrafo único. A distribuição realizada para o efeito da concessão de fiança ou da decretação de prisão preventiva ou de qualquer diligência anterior à denúncia ou queixa prevenirá a da ação penal.

Competência por distribuição – Já apuramos acima qual o foro competente, ou seja, em qual comarca o processo tramitará (competência *ratione loci*). Firmado o local, qual a *justiça* competente (estadual ou federal), cabe analisar, agora, qual o *juízo* competente. Exemplificando: 1º) detectamos que um roubo foi consumado na cidade de São Paulo e, por isso, na capital deverá ser julgado (competência *ratione loci*); 2º) o roubo foi praticado contra uma loja no centro da cidade, portanto deverá ser julgado por um juiz da Justiça Estadual, do foro central; 3º) mas qual juiz, dentre os inúmeros que atuam no foro central? Para se determinar qual o juiz (ou juízo) competente, devemos nos valer, muitas vezes, da distribuição.

A *distribuição* nada mais é do que um sorteio realizado para determinar qual o juiz que deverá julgar determinado processo. Com isso, se garante a impessoalidade. Permite, ainda, uma divisão igualitária do trabalho entre os juízes.

Vara especializada – É óbvio que nas comarcas compostas com uma vara especializada, como, por exemplo, do Júri ou para julgamento dos crimes previstos na Lei Maria da Penha (Lei n. 11.340/2006), não se cogitará da distribuição. Salvo se, na mesma comarca, houver mais de uma vara especializada.

JURISPRUDÊNCIA

Não observância. Nulidade relativa

"A denominada competência por prevenção, que pressupõe distribuição (CPP, art. 75, parágrafo único), no geral, é utilizada como critério subsidiário de fixação da competência territorial, baseado na cronologia do exercício de atividade jurisdicional, mesmo que antes de oferecida denúncia ou queixa, necessariamente entre dois ou mais juízes igualmente competentes ou com competência cumulativa, consoante aponta o art. 83 do CPP. Nos termos da Súmula 706 do STF, "é relativa a nulidade decorrente da inobservância da competência penal por prevenção", sendo indispensável para o reconhecimento de nulidade a demonstração do efetivo prejuízo causado à defesa pelo ato processual, segundo o princípio do pas de nullité sans grief, positivado no art. 563 do CPP, o que não ocorreu na hipótese." (STJ – HC n. 463.224/SP, relator Ministro Ribeiro Dantas, Quinta Turma, julgado em 16/5/2019, DJe de 21/5/2019.)

Posterior criação de vara especializada. Legalidade na remessa dos autos

"A criação de varas criminais especializadas vem ao encontro do propósito de organização de um sistema de justiça célere e apto a enfrentar satisfatoriamente as lides penais. Embora a competência, como regra, seja fixada no momento da propositura da ação penal, a criação de Vara especializada em função da matéria, de natureza absoluta, consubstancia motivo hábil à redistribuição do feito criminal, tal como na espécie" (STJ – HC n° 180840-PR, Rel. Og Fernandes, j. 05.03.2013, DJe 15.03.2013).

Distribuição pelo método manual

"Comprovada a impossibilidade de efetuar-se a distribuição eletrônica de processo, a utilização de método manual não basta para caracterizar direcionamento ilícito do feito a determinado relator" (STJ – APn n° 219-SP, Rel. Ari Pargendler, j. 07.06.2006, DJ 25.09.2006, p. 197).

CAPÍTULO V
DA COMPETÊNCIA POR CONEXÃO OU CONTINÊNCIA

Introdução – A competência por conexão ou continência, prevista nos arts. 76 a 82 do código, não é exatamente um critério para a fixação da competência, como são, por exemplo, o lugar do crime ou o domicílio do réu. Prestam-se, em verdade, para alterar (prorrogar) a competência que, inicialmente era de um juiz e, depois, vê-se transferida a outro. Assim, por exemplo, se um roubo é consumado em Santo André, aí deverá ser julgado, por força da competência *ratione loci*, prevista nos arts. 70 e 71 do código. O lugar do crime serve, nesse caso, como critério determinante para a fixação da competência. Já a conexão e a continência – repita-se – não fixam a competência, mas somente a alteram. No mesmo exemplo acima, suponha-se que o objeto roubado tenha sido adquirido por um terceiro na cidade de Diadema. A rigor, se fosse seguida a regra que determina a competência pelo lugar da infração, teríamos um processo em Santo André (pelo roubo) e outro em Diadema (pela receptação). Mas o legislador, nesse caso, entende que ambos os delitos devam ser julgados em um único processo, estabelecendo regras para o *simultaneus processus* que, em nosso exemplo, imporiam o julgamento ao juízo de Santo André. Insistimos: a continência ou conexão não servem para fixar a competência, mas para alterá-la. Em nosso último exemplo, a alteração consistiu em retirar a competência do juízo de Diadema (receptação), e enviá-la ao juízo de Santo André (roubo).

Ratio legis – A razão principal para que se determine o julgamento unitário de duas ou mais infrações penais é de ordem probatória, conforme esclarece o art. 76, inc. III, do Código. A separação dos processos, se implantada, importaria em uma dificuldade maior de obtenção da prova. Ao contrário, com todo o conjunto probatório reunido em um único processo, o juiz pode ter um quadro mais nítido a respeito dos fatos, apto a proferir, assim, um julgamento mais justo. Além disso, a reunião dos processos se justifica para evitar julgamentos divergentes. Basta imaginar o inconveniente que surgiria se, ainda em nosso exemplo, o juiz de Diadema absolvesse o acusado que adquiriu o objeto, quanto ao crime de receptação, sob o argumento de que ele não fora roubado. E o juiz de Santo André condenasse o outro réu pela prática exatamente do roubo da *res*. Ocorreria contradição entre uma e outra decisão, a acarretar, inclusive, desprestigio para a justiça a impor, por isso mesmo, o julgamento em conjunto de ambos os crimes.

Liame subjetivo – Para que ocorra essa junção é necessário um vínculo, um liame, entre uma e outra infração penal. Aliás, conexão é sinônimo de relação, nexo. Assim, se o réu pratica um furto na cidade de Santo André e, chegando em casa, na cidade de Diadema, agride o filho mal-educado, abusando do meio de correção, não há qualquer vínculo entre os crimes de furto e maus-tratos (art. 136 do Código Penal). Ambos serão, portanto, julgados separadamente, determinada a competência pelo lugar da infração: o furto será julgado em Santo André e, o crime de maus-tratos, em Diadema. Tomemos, agora, o exemplo de Tourinho Filho (*Código de processo penal comentado*, vol. 1, p. 194). Se o réu pratica um roubo e, em seguida, mata a testemunha que o presenciou cometer o primeiro delito, ambos os crimes devem ser julgados em um único processo, já que indiscutível o nexo, isto é, a relação entre um e outro.

Art. 76. A competência será determinada pela conexão:

I - se, ocorrendo duas ou mais infrações, houverem sido praticadas, ao mesmo tempo, por várias pessoas reunidas, ou por várias pessoas em concurso, embora diverso o tempo e o lugar, ou por várias pessoas, umas contra as outras;

II - se, no mesmo caso, houverem sido umas praticadas para facilitar ou ocultar as outras, ou para conseguir impunidade ou vantagem em relação a qualquer delas;

III - quando a prova de uma infração ou de qualquer de suas circunstâncias elementares influir na prova de outra infração.

I - se, ocorrendo duas ou mais infrações, houverem sido praticadas, ao mesmo tempo, por várias pessoas reunidas, ou por várias pessoas em concurso, embora diverso o tempo e o lugar, ou por várias pessoas, umas contra as outras;

Conexão intersubjetiva, objetiva e instrumental – A *conexão* pode ser dividida em *intersubjetiva, objetiva* e *instrumental*, a saber:

Conexão intersubjetiva por simultaneidade (ou ocasional) – Verifica-se quando, ocorrendo duas ou mais infrações, houverem sido praticadas, ao mesmo tempo, por várias pessoas reunidas (art. 76, inc. I). Exemplo: várias pessoas, após o tombamento de um caminhão na rodovia, saqueiam sua mercadoria. Todos os autores do furto deverão ser julgados em um único processo. Diz-se *ocasional* porque não se exige nenhum ajuste prévio entre os agentes, ou seja, um planejamento anterior quanto à prática dos crimes.

Conexão intersubjetiva por concurso – Ocorrendo duas ou mais infrações penais, houverem sido praticadas por várias pessoas em concurso, embora diverso o tempo e o lugar (art. 76, inc. I, 2ª. parte). É denominada *conexão intersubjetiva por concurso*. Exemplo de Tourinho Filho (ob. cit., p. 195): com o objetivo de roubar um banco, um agente furta um veículo para fuga, outro adquire armas e outro ingressa no banco.

Conexão intersubjetiva por reciprocidade – Se as infrações forem cometidas por duas ou mais pessoas, umas contra as outras (art. 76, inc. I, última parte). É denominada *conexão intersubjetiva por reciprocidade*. Exemplo: lesões corporais recíprocas decorrentes de uma briga envolvendo várias pessoas.

ATENÇÃO – A orientação do Supremo Tribunal Federal é no sentido de que a competência não pode ser definida a partir de um critério temático, que destoa das leis processuais; e que a descoberta fortuita de crimes, no bojo de operações investigatórias complexas, não pode ter como desdobramento a criação de juízo universal, definido de forma anômala, em violação ao princípio do juiz natural. De outro modo: "a prevenção não é critério primário de determinação da competência, mas, sim, de sua concentração, tratando-se de regra de aplicação residual [...] o fato de a polícia judiciária ou o Ministério Público Federal denominarem determinadas apurações como fases da Operação Lava Jato, a partir de uma sequência de investigações sobre crimes diversos, não se sobrepõe às normas disciplinadoras de competência". Cabe ponderar, ainda, que o processo penal moderno é desenvolvido com base em dois direitos fundamentais e, por vezes, antagônicos: direito à segurança e direito à liberdade. Portanto, de um lado, o processo tem que ser eficiente, para efetivar o direito à segurança pública e, ao mesmo tempo, garantista, visando regrar a atuação do Estado, com o fim de evitar arbítrio e preservar a liberdade do cidadão. A análise de toda e qualquer regra sobre competência deve principiar pela verificação de sua compatibilidade com a garantia constitucional correlata do juiz natural. A Constituição de 1988, em dois dispositivos, assegura a garantia do juiz natural em seu duplo aspecto: a garantia de que ninguém será processado ou sentenciado senão por autoridade judiciária competente (art. 5º, inc. LIII), e da vedação dos tribunais de exceção (art. 5º, inc. XXXVII). Efetivamente, a conexão é fator que interfere no processo de concretização de competência para a definição do órgão jurisdicional apropriado para um determinado caso concreto. É compatível com a garantia do juiz natural, desde que suas disciplinas legais se fundem em critérios objetivos e claros, sem margem alguma para escolhas discricionárias do órgão jurisdicional que irá atuar. Nessa linha de intelecção, há de se evitar a banalização das alterações dos critérios legais de competência, porquanto o rol taxativo das hipóteses de conexão não pode ser ampliado de forma a atingir esses princípios balizadores da prestação jurisdicional (Processo: AgRg no AgRg no RHC 161.096-SC, Rel. Ministro Joel Ilan Paciornik, Quinta Turma, por unanimidade, julgado em 4/10/2022, DJe 17/10/2022).

JURISPRUDÊNCIA

Concurso material

"Segundo a jurisprudência desta Corte Superior, a verificação dos crimes no mesmo contexto fático não implica necessariamente **conexão** probatória ou teleológica entre eles, em outras palavras, a descoberta dos delitos na mesma circunstância, por si só, não é fundamento válido para justificar que a Justiça Federal julgue crimes de **competência** da Justiça Estadual. Precedentes." (STJ – CC n. 177.811/RO, relator Ministro Joel Ilan Paciornik, Terceira Seção, julgado em 8/9/2021, DJe de 10/9/2021.)

II – se, no mesmo caso, houverem sido umas praticadas para facilitar ou ocultar as outras, ou para conseguir impunidade ou vantagem em relação a qualquer delas;

Conexão objetiva teleológica – Quando as infrações foram cometidas uma visando facilitar ou ocultar a execução da outra (art. 76, inc. II, 1ª parte). Exemplo: mata-se uma pessoa e se oculta o cadáver (o segundo crime foi perpetrado para ocultar a execução do primeiro).

Conexão objetiva consequencial – Se as infrações foram cometidas para conseguir impunidade ou vantagem em relação a qualquer delas (art. 76, inc. II, 2ª parte). Exemplo: mata-se a testemunha que presenciou a prática de um crime (garantir a impunidade) ou, praticado um sequestro, é morta a pessoa que foi pagar o resgate (garantir a vantagem).

JURISPRUDÊNCIA

"Constatada a necessidade de apuração, em tese, de dois crimes um, de falsidade ideológica (art. 299 do CP), e outro, de uso de documento ideologicamente falso (art. 304 do CP), cujo liame fático os torna conexos (art.

76, II e III, do CPP), muito embora consumados em localidades diversas, a competência resta definida pela prevenção, nos termos do art. 78, II, c, c/c art. 83 do Código de Processo Penal" (STJ – CC nº 124524-MT, Rel. Assusete Magalhães, j. 14.11.2012, DJ 15.03.2013).

III - quando a prova de uma infração ou de qualquer de suas circunstâncias elementares influir na prova de outra infração.

Conexão instrumental ou **probatória** – Se a prova de uma infração ou de qualquer de suas circunstâncias elementares influir na prova de outra infração (art. 76, inc. III). Exemplo: furto e receptação serão julgados simultaneamente, já que a prova do primeiro crime é fundamental para caracterizar o segundo.

JURISPRUDÊNCIA

Influência na prova

"Ocorre conexão quando duas ou mais infrações estiverem entrelaçadas por um vínculo, que aconselhe a junção dos processos. O instituto visa propiciar ao julgador perfeita visão do quadro probatório, permitindo-lhe entregar a melhor prestação jurisdicional, sendo regra a reunião dos processos havendo conexão ou continência" (STJ – RHC nº 14000-RS, Rel. Laurita Vaz, j. 28.09.2004, DJ 18.10.2004, p. 297).

"Ainda que a descoberta simultânea de crimes não caracterize necessariamente conexão probatória, está devidamente caracterizada a hipótese do inciso III do art. 76 do Código de Processo Penal, porquanto descrita a relação existente, lícita ou não, entre os investigados e os policiais rodoviários federais, justificando-se o julgamento conjunto. Inteligência do enunciado n. 122 da Súmula do Superior Tribunal de Justiça." (STJ – CC n. 112.742/RS, relator Ministro Marco Aurélio Bellizze, Terceira Seção, julgado em 12/2/2014, DJe de 24/2/2014.)

Conexão entre os crimes de:

a) falsificação de documento e corrupção passiva

"Existindo vínculo probatório entre os delitos de falsificação de documento e corrupção passiva deve ser reconhecida existência de conexão entre as infrações, sendo, pois, necessária a reunião dos feitos, segundo a regra do art. 76, III, do CPP e Súmula n. 122 desta Corte" (STJ – CC nº 123324-AM, Rel. Marilza Maynard, j. 22.05.2012, DJe 27.05.2012).

b) quadrilha, roubo de cargas e contrabando

"A dinâmica dos fatos evidencia a ocorrência da conexão entre os crimes de formação de quadrilha, de roubo de cargas e contrabando de cigarros, afeto à Justiça Federal, pois as provas encontram-se entrelaçadas e as infrações apresentam claro liame circunstancial, incidindo a regra inscrita no art. 76 do Código de Processo Penal. Hipótese de aplicação da Súmula nº 122 desse Superior Tribunal de Justiça, segundo a qual: 'Compete à Justiça Federal o processo e julgamento unificado dos crimes conexos de competência federal e estadual, não se aplicando a regra do art. 78, II, a, do Código de Processo Penal'" (STJ – CC nº 125503-PR, Rel. Alderita Ramos de Oliveira, j. 28.08.2013, DJe 30.08.2013).

c) resistência e furto qualificado

"Verificando-se que o delito de resistência foi praticado para assegurar a impunidade do outro – furto qualificado -, é de ser reconhecer a conexão material ou lógica. Incidindo a conexão, é de se reunir os processos em prol de um julgamento uno e, sendo que o somatório das penas máximas cominadas para os delitos ultrapassa o limite de competência do Juizado Especial Criminal, deve ser reconhecida a competência do Juízo Comum para processar e julgar ambos os crimes" (STJ – CC nº 104193-PR, Rel. Maria Thereza Rocha de Assis Moura, j. 12.08.2009, DJe 21.08.2009).

Ausência de conexão entre os crimes de:

Contrabando e falsificação, corrupção, adulteração ou alteração de produto destinado a fins terapêuticos ou medicinais

"É competente a Justiça Federal para julgar o crime previsto no art. 334 do Código Penal, uma vez que a União é a responsável pela fiscalização e tributação das mercadorias apreendidas. O crime previsto nos parágrafos do art. 273 do Código Penal, só será de competência da Justiça Federal, quando evidenciada a transnacionalidade da conduta ou a presença de conexão instrumental ou probatória, o que não é o caso dos autos. Conflito conhecido para declarar competente o Juízo Federal da 1ª Vara de Ribeirão Preto – SJ/SP, o suscitante, para o processamento do delito previsto no art. 334 do Código Penal e, do Juízo de Direito da 1ª Vara de São Joaquim da Barra – SP, o suscitado, em relação ao crime previsto no art. 273, § § 1º e 1º-B, do Código Penal" (STJ – CC n° 26223-SP, Rel. Alderita Ramos de Oliveira, j. 08.05.2013, DJe 15.05.2013).

Contrabando e tráfico de drogas

"A ocorrência, em uma mesma circunstância, dos delitos de contrabando e tráfico de drogas não enseja a reunião dos processos, pois, na espécie dos autos, um crime ou sua prova não é elementar do outro, não se vislumbrando a existência da relação de dependência entre os delitos. Conflito conhecido para declarar competente o Juízo de Direito de Araputanga – MT, suscitado, para o processo e julgamento do delito de tráfico de drogas e o Juízo Federal de Cáceres – SJ/MT, o suscitante, para o crime de contrabando" (STJ – CC n° 126245-MT, Rel. Alderita Ramos de Oliveira, j. 22.05.2013, DJe 29.05.2013).

Trabalho escravo e/ou tráfico internacional de pessoas e homicídio culposo

"Não evidenciada a conexão entre os crimes de trabalho escravo e/ou tráfico internacional de pessoas e o de homicídio culposo, muito embora tenham sido descobertos na mesma circunstância temporal, mostra-se correta a decisão do Juízo Federal que determinou o desmembramento do feito para que cada Juízo processe e julgue o crime de sua respectiva competência" (STJ – CC n° 114561-SP, Rel. Marco Aurélio Bellizze, j. 14.08.2013, DJe 20.08.2013).

Posse ilegal de arma de fogo e descaminho

"Não evidenciada a conexão entre os crimes de posse ilegal de arma de fogo e de descaminho, muito embora tenham sido descobertos na mesma circunstância temporal, mostra-se correta a decisão do Juízo Federal que determinou o desmembramento do feito para que cada Juízo processe e julgue o crime de sua respectiva competência" (STJ – CC n° 112519-RS, Rel. Marco Aurélio Bellizze, j. 22.05.2013, DJe 05.06.2013).

Posse ilegal de arma de fogo e tráfico de drogas

"A mera ocorrência, em uma mesma circunstância, dos delitos de porte ilegal de arma de fogo e tráfico internacional de drogas não enseja a reunião dos processos, pois, na espécie dos autos, um crime ou sua prova não é elementar do outro, não se vislumbrando a existência da relação de dependência entre os delitos" (STJ – CC n° 68529-MT, Rel. Og Fernandes, j. 25.03.2009, DJe 24.04.2009).

Tráfico de drogas e moeda falsa

"Não evidenciada a conexão entre os crimes de tráfico de drogas e de moeda falsa, muito embora tenham sido descobertos na mesma circunstância temporal, compete ao Juízo Estadual processar e julgar o crime previsto no art. 33, caput, da Lei nº 11.343/2006, e ao Juízo Federal o crime do artigo 289 do Código Penal" (STJ – CC n° 119010-PR, Rel. Marco Aurélio Bellizze, j. 09.05.2012, DJe 06.06.2012).

Tráfico de drogas e rádio transmissor amador

"A apreensão de rádio transmissor amador e de entorpecentes na mesma cena de flagrante, sem quaisquer outros indícios da utilização do aparelho como meio de implementação do tráfico de drogas ou mesmo de sua utilização em desacordo com os preceitos legais e regulamentos da lei de telecomunicações (art. 70, Lei 4.117/1962), a par de suscitar dúvidas sobre a tipicidade do delito, não gera presunção de **conexão** entre eles" (STJ- CC 144.030/MS, Rel. Ministro REYNALDO SOARES DA FONSECA, TERCEIRA SEÇÃO, DJe 2/3/2016).

Roubos praticados pelos mesmos agentes

"Tendo em vista o que preceitua o Código de Processo Penal, não há que se falar em conexão entre diferentes crimes de roubo praticados, todos pelos mesmos agentes, em circunstâncias diferentes de tempo e lugar, se inexiste liame teleológico ou conseqüencial entre os delitos" (STJ – HC n° 67559-DF, Rel. Felix Fischer, j. 22.05.2007, DJ 18.06.2007, p. 282).

Contrabando e homicídio

"Não há conexão a justificar a reunião dos processos, se os crimes de contrabando de máquinas de caça-níqueis e os homicídios não guardam liame circunstancial algum, seja subjetivo, material ou instrumental. O simples fato de ter sido a apuração dos dois crimes iniciada a partir da mesma diligência, qual seja, a interceptação telefônica dos acusados, não os insere no caso de conexão probatória, pois esta, na realidade, só se dá quando a prova de uma infração ou de qualquer circunstância influir direta e necessariamente na prova de outra, o que não se verifica *in casu*" (STJ – AgRg no CC n° 95972-RJ, Rel. Napoleão Nunes Maia Filho, j. 05.12.2008, DJe 20.03.2009).

Conexão entre infração de menor potencial ofensivo e delito da justiça comum. Prevalece esta última

"Configurada a conexão entre os crimes de tráfico de drogas e aquele previsto no art. 309 do Código de Trânsito Brasileiro, compete ao Juízo Comum processar e julgar tais delitos, por aplicação do disposto no art. 60 da Lei nº 9.099/95, com a nova redação dada pela Lei nº 11.313/2006" (STJ – CC n° 92365-RS, Rel. Jorge Mussi, j. 13.08.2008, DJe 01.09.2008).

Art. 77. **A competência será determinada pela continência quando:**

I - duas ou mais pessoas forem acusadas pela mesma infração;

II - no caso de infração cometida nas condições previstas nos arts. 51, § 1º, 53, segunda parte, e 54 do Código Penal.

Introdução – A ***continência***, como o nome indica, ocorre quando um fato criminoso contém outros, a impor o julgamento de todos em conjunto (*simultaneus processus*). Ela se divide em:

Cumulação subjetiva (art. 77, inc. I) – Ocorre quando duas ou mais pessoas forem acusadas da mesma infração, a impor a formação de um litisconsórcio passivo. Exemplo: dois autores, em concurso de agentes, acusados pela prática de um furto, serão julgados conjuntamente. A disposição é óbvia. Afinal, imagine-se o desconforto se, deflagrados dois processos distintos, um réu fosse condenado porque praticou o delito e, o outro, absolvido, sob o fundamento de que o fato inexistiu. Com essa cautela se garante, ademais, a isonomia de tratamento entre ambos os acusados. Nesse exemplo supõe-se, é claro, que os agentes são imputáveis, pois, sendo um deles menor de 18 anos, ocorrerá a separação dos processos, nos termos do art. 79, inc. II, do CPP.

Cumulação objetiva (art. 77, inc. II). Ocorre nas hipóteses das infrações serem cometidas na forma dos arts. 70, 73, 2ª parte e 74, 2ª parte do Código Penal – está desatualizada a menção aos arts. 51, 53 e 54 – ou seja, em concurso formal, na *aberratio ictus* e na *aberratio criminis*. Exemplo: se o agente deflagra uma bomba, matando duas pessoas (concurso formal), não faria sentido responder a dois processos diversos.

Art. 78. **Na determinação da competência por conexão ou continência, serão observadas as seguintes regras: (Redação dada pela Lei nº 263, de 23.2.1948)**

I - no concurso entre a competência do júri e a de outro órgão da jurisdição comum, prevalecerá a competência do júri; (Redação dada pela Lei nº 263, de 23.2.1948)

II – no concurso de jurisdições da mesma categoria: (Redação dada pela Lei nº 263, de 23.2.1948)

a) preponderará a do lugar da infração, à qual for cominada a pena mais grave; (Redação dada pela Lei nº 263, de 23.2.1948)

b) prevalecerá a do lugar em que houver ocorrido o maior número de infrações, se as respectivas penas forem de igual gravidade; (Redação dada pela Lei nº 263, de 23.2.1948)

c) firmar-se-á a competência pela prevenção, nos outros casos; (Redação dada pela Lei nº 263, de 23.2.1948)

III – no concurso de jurisdições de diversas categorias, predominará a de maior graduação; (Redação dada pela Lei nº 263, de 23.2.1948)

IV – no concurso entre a jurisdição comum e a especial, prevalecerá esta. (Redação dada pela Lei nº 263, de 23.2.1948)

Introdução – Como já vimos, a conexão e a continência determinam **um** só processo (art. 79), isto é, um único julgamento (*simultaneus processus*). Há situações, no entanto, em que mais de um juiz seria competente para o julgamento. Os critérios para se estabelecer o *foro prevalente* estão relacionados neste artigo e são eles:

I – no concurso entre a competência do júri e a de outro órgão da jurisdição comum, prevalecerá a competência do júri; (Redação dada pela Lei nº 263, de 23.2.1948)

No concurso entre a competência do júri e de outro órgão de jurisdição comum – Prevalecerá a competência do júri. O júri, nesse caso, exerce *vis attractiva*, isto é, atrai todos os demais delitos conexos. Assim, se o agente mata a vítima e, depois, oculta o cadáver, ambos os crimes serão julgados em plenário.

Juizado Especial Criminal – A presença de conexão ou continência implica a reunião de processos perante um mesmo juízo e, se possível, o processamento e julgamento conjunto das ações. Trata-se da regra anunciada no art. 79, *caput*, do CPP.

Em se tratando de infrações penais que sejam de competência da jurisdição comum, haverá sempre a reunião dos feitos e a presença desse critério de definição de competência do juízo. As consequências da conexão e da continência, especialmente aquela que se refere à definição da competência do juízo, só serão afastadas em duas situações: no concurso entre jurisdição penal e infracional, isto é, na presença de fatos conexos ou continentes que se refiram à competência da jurisdição criminal e à competência da justiça infracional (a Vara da Infância e Juventude, nos termos do art. 148, inc. I, da Lei n. 8.069/1990); e na presença entre concurso entre jurisdição comum e jurisdição militar.

No que se refere às infrações penais de menor potencial ofensivo, reza o art. 60, parágrafo único, da Lei 9.099/95, alterado pela Lei 11.313/06:

> Art. 60.
>
> (...)

Parágrafo único. Na reunião de processos, perante o juízo comum ou o tribunal do júri, decorrentes da aplicação das regras de conexão e continência, observar-se-ão os institutos da transação penal e da composição dos danos civis.

Essa alteração despertou indisfarçável controvérsia. É que a competência do JECRIM está estabelecida constitucionalmente. Ora, se a Constituição estabeleceu a competência do JECRIM para os crimes de menor potencial ofensivo, não haveria sentido em atribuir prevalência à regra prevista no CPP que determinaria a observância de conexão e continência como critérios definidores da competência. Por isso, como bem alertado por Antonio Suxberger, nos seus comentários à Lei 9.099/95 (ob. cit. p. 816), tão logo foi editada a Lei n. 11.313/2006, vários autores se apressaram em reputá-la como inconstitucional, por suposta ofensa ao disposto no art. 98, inciso I, da Constituição Federal. Para quem reputa inconstitucional a alteração promovida em 2006 na Lei n. 9.099, a solução seria o desmembramento dos feitos que reunissem crimes de menor potencial ofensivo, para que estes sejam processamos e julgados no JECRIM, e os demais fatos criminosos observem a competência do juízo criminal comum.

Nessa linha de argumentos, a Procuradoria-Geral da República ajuizou a ação direta de inconstitucionalidade (ADI) n. 5.240 em fevereiro de 2015, argumentando que os institutos da conexão e da continência, previstos na legislação infraconstitucional, não podem ser utilizados como pretexto para contrariar as regras de competência fixadas na Carta Magna.

O Supremo Tribunal Federal (STF) declarou a constitucionalidade de dispositivos legais que permitem o deslocamento de causas da competência dos Juizados Especiais Criminais para a Justiça Comum ou para o Tribunal do Júri em casos de situação processual de conexão e continência. Na sessão virtual encerrada em 4/12, o Plenário, por unanimidade, julgou improcedente a Ação Direta de Inconstitucionalidade (ADI) 5264, ajuizada pela Procuradoria-Geral da República (PGR).

JURISPRUDÊNCIA

Prevalência do Júri

"Compete ao Tribunal do Júri o julgamento dos crimes dolosos contra a vida, conforme previsão do art. 5º, XXXVIII, "d", da Constituição Federal, e, havendo conexão com delitos sujeitos à jurisdição comum, prevalece aquela, nos termos do art. 78, I, do CPP" (STJ – CC n° 109110-TO, Rel. Arnaldo Esteves Lima, j. 26.05.2010, DJe 28.06. 2010).

II - no concurso de jurisdições da mesma categoria: (Redação dada pela Lei nº 263, de 23.2.1948)

a) preponderará a do lugar da infração, à qual for cominada a pena mais grave; (Redação dada pela Lei nº 263, de 23.2.1948)

No concurso de jurisdições da mesma categoria – Nesse caso, prevalece a do lugar da infração à qual for cominada a pena mais grave (inc. II, "a"). Assim, um furto qualificado perpetrado em Santo André e a receptação simples praticada em Diadema, ambas as jurisdições possuem a mesma categoria, devendo, nesse caso, o processo único tramitar perante o juízo de Santo André, pois a pena do furto qualificado é mais grave que da receptação simples. Segundo lição do Supremo, abaixo transcrita, no conceito de *pena mais grave*, deve ser considerada a pena máxima.

JURISPRUDÊNCIA

Súmula 122 do STJ: "Compete à Justiça Federal o processo e julgamento unificado dos crimes conexos de competência federal e estadual, não se aplicando a regra do art. 78, II, a, do Código de Processo Penal"

"Crime de extorsão cometido por policiais civis, objetivando assegurar a impunidade dela quanto ao crime de descaminho, o que configura a hipótese de conexão objetiva, nos termos do art. 76, II, do CPP , porquanto as circunstâncias fáticas descritas na denúncia quanto ao primeiro crime (descaminho) influem diretamente no julgamento do segundo crime (extorsão). Competência da justiça federal para processar e julgar, em uma única ação penal, os crimes previstos nos delitos do art. 334 e art. 158 , ambos do Código Penal, em razão da conexão probatória. Incidência da Súmula 122/STJ" (TRF 1ª. Reg. – Ap n° 4578 AM 2001.32.00.004578-0, Rel. Cândido Ribeiro, j. 20.09.2005, DJ 21.10.2005, p. 14).

Prevalência da infração mais grave

"Na hipótese de concurso de jurisdições entre juízes de mesma categoria, a competência é determinada em face da infração penal à qual for cominada, abstratamente, a pena máxima mais elevada, consoante disposto no art. 78, II, a, do Código de Processo Penal. Revela-se insubsistente a pretensão de ver estabelecida a competência do juízo tomando-se como parâmetro a sanção mínima prevista para o tipo penal, que é o limite da possibilidade de fazer-se a gradação da pena, ao passo que a sanção máxima representa a qualidade da condenação imposta em virtude da prática da conduta penalmente tipificada" (STF – HC n° 116712-RS, Rel. Ricardo Lewandowski, j. 27.08.2013, DJe 12.09.2013).

"É cediço que a competência, cuidando-se de crimes conexos, é firmada no Juízo da comarca onde se consumou a infração de maior gravidade (art. 78, II, "a", do Código de Processo Penal), do que se extrai que, em se tratando de delitos de roubo, furto, receptação, adulteração de sinal identificador de veículo automotor e falsificação de documento público, a competência será do lugar onde se consumou o roubo" (STJ – CC n° 109498-GO, Rel. Haroldo Rodrigues, j. 26.05.2010, DJe 04.06.2010).

b) prevalecerá a do lugar em que houver ocorrido o maior número de infrações, se as respectivas penas forem de igual gravidade; (Redação dada pela Lei nº 263, de 23.2.1948)

No concurso de jurisdições da mesma categoria – Prevalece, nesse caso, a competência do lugar em que houver ocorrido o maior número de infrações, se as respectivas penas forem de igual gravidade. Exemplo: três furtos simples foram cometidos em Santo André e uma receptação simples em Diadema. As penas dos quatro delitos são iguais. Prevalece, nesse caso, o juízo de Santo André, onde há um número maior de delitos praticados.

JURISPRUDÊNCIA

Prevalência do lugar onde ocorreu o maior número de infrações

"Constatada a existência de diversos crimes conexos de mesma natureza e gravidade e tratando-se de jurisdições de mesma categoria, a **competência** será fixada pelo local onde ocorreu o **maior número de infrações,** conforme estabelece o art. 78, II, b, do Código de Processo Penal. No caso, há indícios de que o **maior número de infrações** teria ocorrido em Suzano- SJ/SP, sendo o Juízo daquela localidade competente para processar o inquérito policial." (STJ – AgRg no CC n. 152.663/SP, relator Ministro Sebastião Reis Júnior, Terceira Seção, julgado em 9/8/2017, DJe de 15/8/2017.)

c) firmar-se-á a competência pela prevenção, nos outros casos; (Redação dada pela Lei nº 263, de 23.2.1948)

No concurso de jurisdições da mesma categoria – Se a gravidade das penas impostas aos delitos for a mesma e o número de infrações também, resolve-se pela *prevenção*, ou seja, competente será aquele que primeiro conheceu o processo, nele tendo praticado algum ato jurisdicional.

Prevenção no sistema do juiz das garantias – Como já alertamos (mas vale a pena repisar em razão da novidade do tema), quando implantado o sistema de juiz das garantias, qualquer investigação deve ser comunicada ao magistrado (art. 3º-B, IV). Essa comunicação será, desde logo, analisada também sob o aspecto da competência. Sendo aceita, revela o responsável pelo controle da legalidade da investigação criminal e pela salvaguarda dos direitos individuais, dispensando a prática de qualquer outro ato judicial. Esse juiz da investigação, contudo, não fica prevento para o processo e julgamento. No sistema do juiz das garantias, instala-se verdadeira separação entre as funções judiciais ligadas à investigação e ao processo.

JURISPRUDÊNCIA

Prevalência pela prevenção

"Diante do fato de que a organização criminosa possui ramificações em vários Estados, de que as empresas que, em tese, são utilizadas como fachada para os atos de lavagem de dinheiro estão localizadas tanto em Santa Catarina quanto no Paraná e de que as contas correntes utilizadas para a movimentação financeira ilícita seriam mantidas em instituições sediadas em diversas cidades do país, mostra-se inviável fixar a **competência** para o julgamento do Inquérito Policial e das Medidas cautelares a ele conexas com base nos critérios do art. 78, II, "a" (local da infração de pena mais grave) e "b" (local onde ocorreu o **maior número de infrações**), do CPP. A **competência** fixada com base no domicílio ou residência do réu constitui regra subsidiária no Processo Penal. Exsurge, assim, como melhor regra para a definição da **competência,** no caso concreto, a **prevenção,** tanto mais que a Vara Federal especializada da Capital de São Paulo parece já ter coletado um grande número de informações e evidências e o simples sequestro de bens pode ser promovido por meio de precatória, sem prejuízo para o bom andamento da coleta de novas provas." (STJ – CC n. 141.772/SC, relator Ministro Reynaldo Soares da Fonseca, Terceira Seção, julgado em 9/12/2015, DJe de 15/12/2015.)

III - no concurso de jurisdições de diversas categorias, predominará a de maior graduação; (Redação dada pela Lei nº 263, de 23.2.1948)

No concurso de jurisdições de diversas categorias – Predominará a de maior graduação. A aplicação deste dispositivo é sempre lembrada nos crimes cometidos em concurso de pessoas, sendo um dos concorrentes detentor de foro por prerrogativa de função e os demais não. Se, por exemplo, um prefeito municipal comete um crime de peculato, ele será julgado pelo Tribunal de Justiça, pois goza da chamada *prerrogativa de função* ou *foro privilegiado*. Se esse prefeito cometeu o crime em concurso com terceira pessoa, esta, apesar de não gozar da mesma prerrogativa, será também julgada pelo Tribunal, num único processo, levando-se em conta, aqui, a maior graduação do órgão de 2º grau. A se conferir, nessa linha de raciocínio, o enunciado da Súmula 704 do STF, *in verbis*: "Não viola as garantias do juiz natural, da ampla defesa e do devido processo legal a atração por continência ou conexão do processo do correú ao foro por prerrogativa de função de um dos denunciados".

ATENÇÃO - Diante da decisão proferida pelo STF na AP 937, na qual restringiu o foro dos parlamentares federais para crimes funcionais, parece mais coerente com o espírito dessa decisão não mais se estender o foro para corréus sem essa prerrogativa.

JURISPRUDÊNCIA

V. **Súmula nº 704** do STF – "Não viola as garantias do juiz natural, da ampla defesa e do devido processo legal a atração por continência ou conexão do processo do co-réu ao foro por prerrogativa de função de um dos denunciados".

Prevalência da jurisdição de maior graduação

"A ocorrência de duas ou mais infrações, supostamente praticadas por várias pessoas em concurso, algumas inclusive com prerrogativa de foro, embora diverso o tempo e o lugar, resulta tanto na conexão subjetiva concursal quanto na reunião dos inquéritos separadamente instaurados na instância competente, atendendo às exigências dos arts. 76, inc. I, e 78, inc. III, do Código de Processo Penal" (STF – HC n° 105484-MT, Rel. Cármen Lúcia, j. 12.03.2013, DJe 15.04.2013).

"Fatos que envolvem agentes sem prerrogativa de foro e desembargador de Tribunal de Justiça de Estado, cujo juízo natural é o Superior Tribunal de Justiça (CF, art. 105, I, "a"), de forma que a competência para o processo e julgamento dos corréus sem foro por prerrogativa de função é, em princípio, do juízo de **maior graduação** (CPP, art. 78, inciso III)." (STJ – AgRg nos EDcl na APn n. 970/DF, relatora Ministra Maria Isabel Gallotti, Corte Especial, julgado em 6/10/2021, DJe de 18/10/2021.)

IV – no concurso entre a jurisdição comum e a especial, prevalecerá esta. (Redação dada pela Lei nº 263, de 23.2.1948)

No concurso entre a jurisdição comum e a especial – Prevalecerá esta última. *Justiça especial*, como o nome indica, é aquela criada para conhecer de questões específicas, como a Justiça Eleitoral, a Militar, a Trabalhista. Já a *Justiça comum*, é residual, significa dizer, julga todo o resto que não é destinado às Justiças Especiais. No confronto entre uma e outra, prevalece a Justiça Especial. Assim, se no dia da eleição o agente furta um ônibus (competência da justiça comum), para fornecer transporte gratuito a eleitores (crime eleitoral – art. 301 do Código Eleitoral), ambos os delitos deverão ser julgados em um único processo, que tramitará perante a Justiça Eleitoral, que é especial. Foi o que decidiu o STF no Inq. 4435, no qual eram investigados um ex-prefeito e um deputado federal por crimes cometidos em 2010, 2012 e 2014. Inicialmente, o ministro Marco Aurélio havia declinado da competência para a primeira instância da Justiça do Estado do Rio de Janeiro porque os fatos não tinham relação com o mandato de parlamentar federal. Houve recurso de agravo regimental no qual a defesa requeria a manutenção da competência do STF – pois parte dos crimes (em 2014) ocorreu no exercício do mandato – ou, caso fosse mantida a declinação, que os autos fossem remetidos à Justiça Eleitoral, tendo em vista que, juntamente com os crimes de corrupção passiva, corrupção ativa, lavagem de capitais e evasão de divisas, havia também o crime de falsidade ideológica eleitoral.

Por maioria, o tribunal manteve a declinação da competência e decidiu que a conexão entre crimes comuns e crime eleitoral atrai a competência da Justiça Eleitoral.

Os ministros Edson Fachin, Luís Roberto Barroso, Rosa Weber, Luiz Fux e Cármen Lúcia votaram pela separação dos processos, ou seja, para eles, o crime de natureza eleitoral deveria ser julgado pela Justiça especializada e os demais deveriam ser remetidos à Justiça Federal. Segundo o ministro Fachin – que abriu a divergência –, é a própria Constituição Federal que estabelece a competência tanto da Justiça Eleitoral (para julgar, no caso concreto, a falsidade ideológica) quanto da Justiça Federal (que deveria julgar a evasão de divisas e os crimes a ela relacionados), razão pela qual a solução adequada seria a cisão dos processos.

Prevaleceram, no entanto, os votos dos ministros Marco Aurélio, Alexandre de Moraes, Ricardo Lewandowski, Gilmar Mendes, Celso de Mello e Dias Toffoli, para quem os crimes comuns em conexão com os eleitorais devem ser julgados pela Justiça Eleitoral. Nas palavras do ministro Gilmar Mendes, "a razão relevante para a atribuição de tal competência é a preocupação com o bom funcionamento das regras do sistema democrático e com a lisura dos pleitos eleitorais".

No concurso entre a jurisdição comum estadual e jurisdição comum federal – vale observar que a Justiça Federal é considerada *especial* em relação à Justiça estadual, segundo entendimento de parte da doutrina. Assim, se um crime é da competência da Justiça Federal e um outro conexo é da competência da Justiça Estadual, mesmo que este último tenha uma pena superior, o julgamento de ambos estará afeto à Justiça Federal (Súmula 122 do STJ).

ATENÇÃO - Havendo sentença prolatada quanto ao delito conexo, a competência para julgamento do delito remanescente deve ser aferida isoladamente (Processo: CC 193.005-MG, Rel. Ministra Laurita Vaz, Terceira Seção, por unanimidade, julgado em 8/2/2023, DJe 15/2/2023).

JURISPRUDÊNCIA

Justiça Federal é especial frente à Justiça Estadual

"COMPETÊNCIA – JUSTIÇA FEDERAL VERSUS JUSTIÇA ESTADUAL – CONTINÊNCIA E CONEXÃO – PREVALÊNCIA DA PRIMEIRA. Uma vez verificada a continência e a conexão, presente processo-crime plúrimo, impõe-se concluir pela competência da Justiça Federal." (STF - RHC 106815, Relator(a): MARCO AURÉLIO, Primeira Turma, julgado em 14/04/2015, publicado em 18-05-2015)

Justiça Eleitoral. Crimes conexos

"A Justiça Eleitoral é competente para processar e julgar crime comum conexo com crime eleitoral, ainda que haja o reconhecimento da prescrição da pretensão punitiva do delito eleitoral, pois fixada a competência da Justiça Eleitoral por conexão ou continência, essa permanece para os demais feitos — mesmo quando não mais subsistirem processos de sua competência própria em razão de sentença absolutória ou de desclassificação da infração" (STF – HC 177243/MG, j. 19/06/21)

Art. 79. A conexão e a continência importarão unidade de processo e julgamento, salvo:

I - no concurso entre a jurisdição comum e a militar;

II - no concurso entre a jurisdição comum e a do juízo de menores.

§ 1º Cessará, em qualquer caso, a unidade do processo, se, em relação a algum co-réu, sobrevier o caso previsto no art. 152.

§ 2º A unidade do processo não importará a do julgamento, se houver co-réu foragido que não possa ser julgado à revelia, ou ocorrer a hipótese do art. 461.

Separação obrigatória – Que a conexão e a continência importam na unidade dos processos para um julgamento único é ponto que temos insistido. Há, porém, exceções a essa regra, situações, portanto, em que, embora se verificando a conexão e a continência, as infrações penais são julgadas separadamente. São as hipóteses previstas neste dispositivo, quando a separação é obrigatória, a saber:

JURISPRUDÊNCIA

Ritos diversos. Adoção do rito ordinário

"Em observância aos princípios constitucionais que informam o processo penal, em especial o do contraditório e o da ampla defesa, no caso de concurso de crimes - conexos ou continentes - com procedimentos diversos, deve ser adotado o procedimento em que seja prevista a maior possibilidade de defesa. Mesmo realizado o interrogatório antes do julgamento do HC n. 127.900/AM pelo Supremo Tribunal Federal, é de ser reconhecida a nulidade na espécie pela **conexão** de crimes e adoção de rito que prejudicou o acusado pela antecipação do interrogatório na instrução, sendo mais ampla a defesa com a adoção do rito comum ordinário." (STJ – HC n. 417.393/SP, relator Ministro Nefi Cordeiro, Sexta Turma, julgado em 19/3/2019, DJe de 25/3/2019.)

I - no concurso entre a jurisdição comum e a militar;

Justiça Comum e Militar – Havendo conexão entre um crime militar e um crime comum ou, ainda, havendo dois autores do delito, um militar estadual e um civil, não se dará um processo único, mas sim dois processos separados. Assim, o crime militar estadual é julgado pela Justiça Militar e o crime comum pela Justiça comum. E, o autor militar é julgado pela Justiça Militar e o autor civil pela Justiça comum. Nesse sentido a Súmula 90 do STJ, *in verbis*: "Compete à Justiça Estadual Militar processar e julgar o policial militar pela prática do crime militar, e à Comum pela prática do crime comum simultâneo àquele".

ATENÇÃO - Não podemos ignorar a competência da Justiça Militar da União para julgar também o civil. Em que pese o STF caminhar cada vez mais para uma restrição da competência da Justiça Militar para julgar civis em tempo de paz (vide ADPF 289 e ADI 5032 ainda não apreciadas), admite, sem maiores questionamentos, a competência da Justiça Castrense julgar civil nos crimes praticados contra o patrimônio sob administração militar da União.

JURISPRUDÊNCIA

Justiça comum e militar

"CONFLITO NEGATIVO DE **COMPETÊNCIA.** FURTO DE ROÇADEIRA GARTHEN LATERAL (CORTADOR DE GRAMA) DENTRO DE RESIDÊNCIA DE SOLDADO LOCALIZADA EM ÁREA MILITAR. BEM DE PROPRIEDADE MILITAR. CONCOMITÂNCIA DE FURTO DE OBJETOS PERTENCENTES AO SOLDADO. IMPOSSIBILIDADE DE UNIDADE DE PROCESSOS. INCIDÊNCIA DO ART. 79, INCISO I, DO CÓDIGO DE PROCESSO PENAL - CPP E DO ART. 102, ALÍNEA "A" DO CÓDIGO DE PROCESSO PENAL MILITAR - CPPM. **COMPETÊNCIA** DA JUSTIÇA CASTRENSE PARA APURAÇÃO DO FURTO DE BEM PERTENCENTE À AERONÁUTICA. O delito em tese praticado causou dano ao patrimônio militar, razão pela qual a **competência** para processamento do feito é da **Justiça Militar,** nos termos do art. 9º, inciso III, "a", do Código Penal Militar - CPM. Precedentes. Nos termos do art. 102, alínea "a", do Código de Processo Penal Militar, e do art. 79, inciso I, do Codex Processual Criminal, não há que se falar em unidade de julgamento de crime comum e militar, mesmo presente a **conexão** probatória." (STJ – CC n. 164.480/DF, relator Ministro Joel Ilan Paciornik, Terceira Seção, julgado em 24/4/2019, DJe de 7/5/2019.)

"A **conexão** entre delitos não autoriza o julgamento conjunto de ambos os crimes por um mesmo Juízo, quando há concurso entre a jurisdição comum e a militar (art. 79, I, do Código de Processo Penal). Ainda que não trate especificamente de "**conexão**" ou "continência", o enunciado n. 90 da Súmula desta Corte reflete, também, a legislação que prevê o desmembramento do feito em que coexistem delitos de **competência** militar e da Justiça comum, quando dispõe que "Compete à Justiça Estadual Militar processar e julgar o policial militar pela prática do crime militar, e à Comum pela prática do crime comum simultâneo àquele". A Lei 13.491/2017 (em vigor a partir de 16/10/2017) ampliou a **competência** da **Justiça Militar,** na medida em que doravante não são apenas os crimes que sejam concomitantemente previstos no Código Penal Militar e na legislação penal comum que, em virtude do princípio da prevalência da lei especial sobre a lei geral, atrairão a **competência** da **Justiça Militar.** Passa a deslocar-se para a Justiça castrense também qualquer crime contra civil previsto na Legislação Penal Comum (Código Penal e Leis Esparsas), desde que praticado por militar em serviço ou no exercício da função. Muito embora o tipo do art. 347 do Código Penal proteja precipuamente o bem jurídico da administração da Justiça, tendo, por consequência, como sujeito passivo principal o Estado, a doutrina reconhece que o delito também tem como vítima, ainda que em segundo plano, a pessoa prejudicada pela inovação artificiosa, tanto mais em contexto no qual o prejuízo para a vítima é evidente na medida em que a fraude processual lhe imputaria o cometimento de crime (efetuar disparos de arma de fogo contra policiais militares) que jamais existiu. Reconhecido que o crime descrito no art. 357 do CP tem como sujeito passivo secundário a pessoa física vítima da inovação artificiosa, não há como se negar que o delito em questão se amolda à descrição de crime militar prevista no art. 9º, II, "c", do Código Penal Militar (na redação da Lei 13.491/2017)." (STJ – AgRg no RHC n. 165.282/SP, relator Ministro Reynaldo Soares da Fonseca, Quinta Turma, julgado em 21/6/2022, DJe de 27/6/2022.)

"Segundo a jurisprudência desta Corte Superior, a verificação dos crimes no mesmo contexto fático não implica necessariamente **conexão** probatória ou teleológica entre eles, em outras palavras, a descoberta dos delitos na mesma circunstância, por si só, não é fundamento válido para justificar que a **Justiça Militar** julgue crimes de **competência** da Justiça Comum. Precedentes. A ampliação da **competência** da Justiça Castrense, para abarcar crimes contra civis previstos na Legislação Penal Comum (Código Penal e Leis Esparças) abrange apenas os crimes praticados por militar em serviço ou no exercício da função, conforme art. 9º, II, da Lei 13.491/2017, situação que não se identifica quanto à arma calibre 38 e drogas apreendidas. Precedentes." (STJ –CC n. 169.135/PE, relator Ministro Joel Ilan Paciornik, Terceira Seção, julgado em 24/6/2020, DJe de 29/6/2020.)

II - no concurso entre a jurisdição comum e a do juízo de menores.

Jurisdição comum e a do juízo de menores – É óbvia essa disposição. Assim, se dois agentes cometem uma infração penal, um imputável e o outro menor de 18 anos, o primeiro será julgado pela Justiça comum e, o menor, perante a Vara da Infância e Juventude.

§ 1º Cessará, em qualquer caso, a unidade do processo, se, em relação a algum co-réu, sobrevier o caso previsto no art. 152.

§ 2º A unidade do processo não importará a do julgamento, se houver co-réu foragido que não possa ser julgado à revelia, ou ocorrer a hipótese do art. 461.

Posterior desmembramento do processo – Os § § 1º e 2º acima tratam de duas hipóteses em que o processo, de início, único, posteriormente vem a ser desmembrado, julgando-se separadamente cada um dos réus. Isso ocorre em virtude de:

Doença mental do réu – Nos termos do art. 152 do código, quando um dos corréus tem reconhecida sua doença mental após a prática do crime, deve ser suspenso o processo até que ele se restabeleça. Suponha-se que são dois os autores do delito, devendo ser instaurado, obviamente, um único processo. Ocorre que, no transcurso do feito, sobrevém a doença mental de um deles. Nesse caso há a separação dos processos: em relação a este último, o processo deve ser suspenso e, no que diz respeito ao primeiro, o feito terá seu curso regular.

Réu foragido – Imagine-se a situação na qual, em um crime cometido em concurso, um réu se acha preso enquanto o outro está foragido. Havendo urgência no julgamento do primeiro, porque preso, não se irá aguardar a realização de diversas diligências, por vezes demoradas, na tentativa de localização daquele que está solto. Nesse caso se impõe o desmembramento do processo, extraindo-se cópias que vão compor o futuro processo contra o réu foragido e prosseguindo-se os autos principais em relação ao preso. Outra hipótese em que ocorrerá a separação vem tratada no art. 366 do CPP, com a redação dada pela Lei nº 9.271/1996. Assim, sendo dois os réus, se um é citado pessoalmente e o outro, que citado por edital, não comparece e tampouco constitui advogado, em relação a esse último ocorre a suspensão do processo que continuará, apenas, contra aquele que foi citado *in facien*.

Júri – Ressalte-se, de plano, que o art. 416 do código, acima aludido, foi revogado pela reforma do Júri inaugurada pela Lei nº 11.689/2208. A matéria atualmente é tratada no art. 469 do CPP, que impõe a separação dos julgamentos e ocorre quando forem dois ou mais réus. Assim, se em virtude das recusas peremptórias dos jurados (aquelas recusas que não exigem justificativas), não for obtido o número mínimo de jurados, que é de sete (naquilo que a doutrina chama de *estouro da urna*), deverá ser separado o processo. Estabelece o art. 469, 2°, a ordem de prioridade do julgamento. V., a propósito, comentários abaixo ao art. 469.

JURISPRUDÊNCIA

Corréus presos e soltos

"Encontrando-se o recorrente preso e transitada em julgado a pronúncia em relação a ele, havendo recurso em sentido estrito interposto pelos corréus, deveria o magistrado singular proceder ao desmembramento do feito, como requerido, tudo para que não se prolongue demasiadamente a prisão provisória. Inteligência do art. 80 do CPP" (STJ – RHC n°45691- SC – Rel. Jorge Mussi, j. 05.06.2014, DJe 18.06.2014).

"Evidente o constrangimento ilegal, sanável *ex oficio* através da via eleita, na ausência de julgamento da ação penal quanto ao paciente, pois, encontrando-se preso e encerrada a instrução criminal, inclusive com apresentação de alegações pela defesa e acusação, e estando os autos no aguardo de interrogatório de corréu solto, não encontrado para ser intimado do ato, deveria o magistrado singular proceder ao desmembramento do feito em relação ao preso, nos termos do art. 80 do CPP. *Writ* não conhecido, concedendo-se, contudo, habeas corpus de ofício para, com fundamento no art. 80 do Código de Processo Penal, determinar a cisão do processo principal em relação ao paciente, com a recomendação de que seja imediatamente proferida sentença" (STJ – HC n° 231430-CE, Rel. Jorge Mussi, j. 25.06.2013, DJe 01.08.2013).

Art. 80. Será facultativa a separação dos processos quando as infrações tiverem sido praticadas em circunstâncias de tempo ou de lugar diferentes, ou, quando pelo excessivo número de acusados e para não lhes prolongar a prisão provisória, ou por outro motivo relevante, o juiz reputar conveniente a separação.

Separação facultativa – Nesses casos a separação é facultativa, ou seja, caberá ao juiz definir se é conveniente a separação dos processos, nas hipóteses elencadas neste dispositivo. São elas:

Infrações tiverem sido praticadas em circunstâncias de tempo ou de lugar diferentes – O art. 76, inc. I do código, dispõe que a competência será determinada pela conexão quando "ocorrendo duas ou mais infrações, houverem sido praticadas [...] por várias pessoas em concurso, embora diverso o tempo e o lugar". É a chamada *conexão intersubjetiva por concurso*, da qual tratamos na análise daquele dispositivo. Nesse caso, é facultada ao juiz a separação dos processos. Já no que se refere aos inc. II (conexão objetiva teleológica e consequencial) e inc. III (conexão instrumental ou probatória), do art. 76, pensamos não ser cabível o desmembramento. É que este dispositivo em exame, em sua primeira parte, faz menção apenas às infrações praticadas em circunstâncias de tempo ou de lugar diferentes, não podendo se estender essa faculdade às demais causas. Salvo se por outro motivo previsto no próprio dispositivo, isto é, quando excessivo o número de réus, a fim de evitar a dilação do tempo de prisão provisória ou por outra justificativa relevante.

Número excessivo de réus – É a hipótese mais verificada na prática. Justifica-se a separação quando houver um número excessivo de acusados, circunstância que acarreta um tumulto processual, com dificuldade de colheita da prova e, por consequência, prolongamento exagerado do feito, com possibilidade de configuração de excesso de prazo da prisão provisória de réus que estejam eventualmente nesta condição.

Sobre o prazo da prisão provisória, ver comentários ao art. 316, parágrafo único, do CPP.

Motivo relevante – O legislador deixa uma hipótese em aberto, a demonstrar que o rol deste dispositivo é meramente exemplificativo. Assim, configurado um *motivo relevante*, que a lei não aponta qual é, tem o juiz a faculdade de determinar a separação dos processos. Tourinho Filho: aponta dois exemplos: quando o procedimento relativo a cada um dos crimes for diverso e quando se verificar a iminência da prescrição (art. 115 do Código Penal), porque maior de 70 anos um dos réus. (ob. cit., vol. I, p. 283). Mais dois exemplos são mencionados na jurisprudência abaixo transcrita.

JURISPRUDÊNCIA

Infrações cometidas em circunstâncias diversas

"Se as diversas infrações – art. 157, § 2º, inciso I, e art. 157, § 3º – foram cometidos em circunstâncias de tempo e de lugar diferentes, é conveniente a separação dos processos, nos termos do art. 80, do CPP. Se o delito em questão não guarda conexão com os fatos apurados perante a Justiça Federal, não se vislumbra relação de conexão ou continência entre os processos, apta a justificar a unidade processual" (STJ – CC nº 32678-BA, Rel. Vicente Leal, j. 10.04.2002, DJ 06.05.2002, p. 240).

Número elevado de réus

"Esta Corte, há muito, já sufragou entendimento de que "a reunião de processos em razão da conexão é uma faculdade do Juiz, conforme interpretação a contrario sensu do art. 80 do Código de Processo Penal que possibilita a separação de determinados processos" (RHC 29.658/RS, Rel. Ministro GILSON DIPP, QUINTA TURMA, DJe 8/2/2012). In casu, a magistrada singular entendeu pela não reunião dos processos, com fundamento no art. 80 do Código de Processo Penal, que faculta a separação processual. A eventual incidência da causa de aumento descrita na parte final do § 4º do art. 1º da Lei de Lavagem de Dinheiro, na redação dada pela Lei n. 12.683/2012, não constituiu empecilho para o juiz manter a separação dos feitos, nos termos do art. 80 do CPP." Inexiste pecha na motivação declinada pela instância de origem, que ressaltou não ser conveniente a junção dos feitos em uma única ação sob os fundamentos de complexidade da instrução probatória, quantidade de increpados, celeridade processual e existência de vários réus presos."(RHC 55.413/PR, Rel. Ministra MARIA THEREZA DE ASSIS MOURA, SEXTA TURMA, julgado em 1º/10/2015, DJe 15/10/2015)." (STJ – AgRg no RHC n. 157.077/SP, relator Ministro Ribeiro Dantas, Quinta Turma, julgado em 3/5/2022, DJe de 10/5/2022.)

"Embora a conexão e a continência impliquem, via de regra, a unidade de processo e julgamento, consoante a previsão contida no artigo 79 da Lei Penal Adjetiva, o certo é que o artigo 80 do referido diploma legal prevê a separação facultativa dos feitos quando "as infrações tiverem sido praticadas em circunstâncias de tempo ou de lugar diferentes, ou, quando pelo excessivo número de acusados e para não lhes prolongar a prisão provisória, ou por outro motivo relevante, o juiz reputar conveniente a separação". No caso dos autos, o Ministério Público houve por bem ajuizar 2 (duas) ações penais distintas, uma delas- a que se refere ao presente mandamus- instaurada contra os "empresários" e "corretores de terras", e a segunda apresentada contra os servidores públicos participantes do esquema. Tal procedimento não pode ser acoimado de ilegal, primeiro porque inexiste qualquer norma processual legal que obrigue o Ministério Público a ofertar uma única denúncia contra todos os envolvidos na mesma empreitada criminosa, e segundo porque, caso as autoridades judiciárias responsáveis pelas ações penais entendessem que todas elas deveriam ser processadas e julgadas concomitantemente num único juízo, poderiam suscitar conflito de competência, nos termos do artigo 114, inciso II, do Código de Processo Penal." (STJ – HC n. 258.815/MG, relator Ministro Jorge Mussi, Quinta Turma, julgado em 9/9/2014, DJe de 15/9/2014.)

Crimes em estágios processuais diversos

"Nas hipóteses de conexão e continência, a finalidade da reunião dos processos é garantir uma melhor apreciação das provas, evitando-se, assim, decisões conflitantes. No caso em tela não se vislumbra a conveniência dessa junção, pois, quanto aos delitos de competência da Justiça Estadual, já haveria indícios suficientes da autoria e da materialidade de tais delitos, o que não ocorre quanto ao crime de descaminho, o qual requer a adoção de outras diligências para a sua configuração, impossibilitando o oferecimento de denúncia de pronto. A cisão facultativa do processo (art. 80 do CPP) é indeclinável, porquanto todas as infrações penais, salvo o descaminho, são da competência estadual e em fase adiantada das investigações, enquanto o crime de competência federal surgiu casualmente e mal delineado nas diligências investigatórias, dependendo ainda de pesquisas adicionais" (STJ – CC nº 114815-RS, Rel. Alderita Ramos de Oliveira, j. 13.03.2013, DJe 20.03.2013).

Crime de quadrilha

"Nos casos em que a reunião dos processos, mesmo diante da configuração da conexão, torne-se inconveniente, o Juiz da instrução pode se valer da regra contida no artigo 80 do Código de Processo Penal, para manter a separação dos feitos. A separação processual, prevista no art. 80 do CPP, não faz qualquer distinção entre esta ou aquela infração, de modo que a possibilidade de separação, por conveniência da instrução penal, também é aplicável em relação ao crime de quadrilha. Precedentes do STF" (STJ – REsp n° 1315619-RJ, Rel. Campos Marques, j. 15.08.2013, DJe 30.08.2013).

Motivo relevante

"Constitui faculdade do Juízo processante determinar o desmembramento de processos, competindo-lhe avaliar a conveniência da separação nas hipóteses em que aplicável a regra prevista no art. 80 do Código de Processo Penal. Assim, a decisão sobre o desmembramento do feito compete ao Tribunal constitucionalmente investido para julgar a autoridade com foro por prerrogativa de função. Precedentes do STF e do STJ." (STJ –HC n. 317.299/AM, relator Ministro Reynaldo Soares da Fonseca, Quinta Turma, julgado em 1/12/2016, DJe de 14/12/2016.)

"Na hipótese, não está demonstrado o suposto prejuízo sofrido pelo acusado, pois, o Magistrado determinou o desmembramento do feito para dar celeridade à ação penal a que o recorrente responde preso e, segundo consta dos autos, não houve impedimento da defesa do recorrente em participar do interrogatório do corréu, mas o Juiz processante "apenas determinou que tal requerimento fosse formulado nos autos da ação penal direcionada ao aludido acusado", ao fundamento de que não poderia aguardar o desfecho do incidente de insanidade para instruir a ação penal do recorrente. Necessidade de desmembramento para assegurar o regular andamento do feito, evitando-se o indevido prolongamento da prisão provisória do recorrente em razão da instauração de incidente de insanidade mental do corréu, em atendimento à inteligência do disposto no art. 80 do CPP." (STJ – RHC n. 139.253/MG, relator Ministro Ribeiro Dantas, Quinta Turma, julgado em 14/9/2021, DJe de 20/9/2021.)

Art. 81. Verificada a reunião dos processos por conexão ou continência, ainda que no processo da sua competência própria venha o juiz ou tribunal a proferir sentença absolutória ou que desclassifique a infração para outra que não se inclua na sua competência, continuará competente em relação aos demais processos.

Parágrafo único. Reconhecida inicialmente ao júri a competência por conexão ou continência, o juiz, se vier a desclassificar a infração ou impronunciar ou absolver o acusado, de maneira que exclua a competência do júri, remeterá o processo ao juízo competente.

Prorrogação da competência – É possível que, reunidos os processos, venha posteriormente a desaparecer o motivo que ensejou essa reunião. Aplica-se, nesse caso, a regra deste art. 81, pelo qual "ainda que no processo da sua competência própria venha o juiz ou tribunal a proferir sentença absolutória ou que desclassifique a infração penal para outra que não se inclua na sua competência, continuará competente em relação aos demais processos". Ou seja, aquele juiz original, ainda que absolvendo o réu do crime de sua competência (ou desclassificando a infração penal), continuará competente para o julgamento do crime conexo ou continente, que, de início, não lhe era afeto. Suponha-se o exemplo em que um prefeito municipal, juntamente com um servidor, pratique um delito em concurso de agentes. Ambos serão julgados pelo Tribunal de Justiça (art. 77, inc. I, CPP). Caso absolvido o prefeito, o Tribunal continuará competente para julgar o servidor. Noutro exemplo: no juízo de Santo André está sendo julgado um furto qualificado, cometido em Santo André e uma receptação simples praticada em Diadema. Caso absolvido o autor do furto, porque inimputável, o juiz de Santo André continua competente para julgar a receptação. É a chamada *perpetuatio jurisdictionis*.

Já em se tratando de hipótese de crime doloso contra a vida, havendo absolvição sumária ou impronúncia, deve ser aplicada a regra do parágrafo único do art. 81. Assim, por exemplo, em um único processo se apura uma tentativa de homicídio e um crime de resistência. Caso o juiz absolva sumariamente o réu da tentativa de homicídio, deverá remeter os autos ao juiz competente para julgamento do crime de resistência. Isso, claro, presumindo-se a existência de mais de uma vara.

JURISPRUDÊNCIA

Perpetuatio jurisdictionis

"Uma vez reconhecida, corretamente, a conexão instrumental entre os feitos, o juiz que originariamente não seria o competente, passa a ter competência, que não mais poderá ser dele retirada. Alterações supervenientes à propositura da demanda não influirão na competência do juízo, *ex vi* do disposto nos arts. 81 do Código de Processo Penal e 87 do Código de Processo Civil" (STJ – REsp nº 1063023-RJ, Rel. Alderita Ramos de Oliveira, j. 14.05.2013, DJe 13.06.2013). "Ainda que desapareça a causa que atraiu a competência para determinado órgão jurisdicional, a regra da *perpetuatio jurisdictionis* (CPP, art. 81) impõe ao magistrado a continuidade no julgamento da causa, aproveitando-se a instrução criminal realizada, de modo a possibilitar um trilhar menos oneroso às partes e ao Estado – sem, obviamente, olvidar os direitos individuais do acusado – atendendo-se, assim, aos princípios da economia processual e da identidade física do juiz. Na espécie, a absolvição do corréu do delito de tráfico internacional de entorpecentes, não tem o condão de impedir a análise do fato remanescente, pois a cogitada conexão instrumental, ainda que não comprovada nos autos, é bastante para perpetuar a competência da Justiça Federal, para o julgamento da conduta do paciente, nos moldes do art. 81 do CPP, afastando-se a declaração de nulidade da ação penal, sob o argumento de incompetência do juízo sentenciante" (STJ – HC nº 217363-SC, Rel. Campos Marques, j. 04.06.2013, DJe 07.06.2013).

Art. 82. **Se, não obstante a conexão ou continência, forem instaurados processos diferentes, a autoridade de jurisdição prevalente deverá avocar os processos que corram perante os outros juízes, salvo se já estiverem com sentença definitiva. Neste caso, a unidade dos processos só se dará, ulteriormente, para o efeito de soma ou de unificação das penas.**

Avocação – Suponha-se que dois crimes conexos estejam tramitando em juízos diversos. Ao tomar conhecimento do fato, o juiz *prevalente* deverá avocar o processo, a fim de propiciar um único julgamento. Assim, por exemplo, dois furtos são objeto de um processo no juízo de Santo André e uma receptação está sendo processada no juízo de Diadema, isto é, por desconhecimento dos juízes, foram deflagradas duas ações penais, quando o correto, pela regra da unidade, seria um processo único. Nesse caso, cabe ao juiz *prevalente* – no exemplo o juiz de Santo André – avocar o processo que tramita em Diadema, a fim de que os três crimes tenham um julgamento único. E caso este último (o juiz de Diadema) recusar a avocação? Cumprirá então, ao juiz avocante (de Santo André), suscitar o conflito positivo de jurisdição, a teor do art. 115, inc. III, do CPP.

A avocação é possível até antes de prolatada a sentença definitiva, assim entendida a sentença de 1º grau proferida por um dos juízes. Nesse sentido a Súmula 235 do STJ. Essa regra se aplica, também, quando se tratar de concurso material, concurso formal ou crime continuado. Se não for possível, nesses casos, um julgamento único porque, por exemplo, já transitada em julgado uma das sentenças, a unificação de penas deve ser realizada em sede de execução (art. 66, inc. III, "a", da Lei de Execuções Penais).

JURISPRUDÊNCIA

Avocação não atinge processos já sentenciados

"A providência de reunião dos processos, em virtude de conexão, sofre limitação no que tange à fase processual em que se encontram os feitos conexos, não podendo alcançar os processos já sentenciados, de acordo com o que preceitua o art. 82 do CPP. Nesse sentido, o enunciado da Súmula 235 deste Superior Tribunal de Justiça, segundo o qual "a conexão não determina a reunião dos processos, se um deles já foi julgado" (STJ – HC n° 187674-RS, Rel. Og Fernandes, j. 11.06.2013, DJe 21.06.08.2013).

Quando é obrigatória a avocação

"O paciente foi denunciado juntamente com pessoas com prerrogativa de foro perante o tribunal de justiça do Estado do Rio de Janeiro (órgão especial). Mais tarde foi também denunciado em varas federais e estaduais. O órgão especial delegou poderes a juiz de primeiro grau para que ele colhesse as provas. O paciente se insurge contra tal delegação, por entender que ela fere o princípio do juiz natural. Diz que e nula. Insiste, ainda, no envio dos autos de todos os processos para o órgão especial, o único competente para a instrução e julgamento (CPP, art. 82). Ao STJ escapa a apreciação da primeira questão (delegação), uma fez que o ato impugnado e de tribunal (o órgão especial já improveu o recurso em agravo regimental). A competência, pois, é do STF (cf, art. 102, inc. I, letra "i"). Mesmo em havendo conexão, não se pode subtrair da justiça federal sua competência jurisdicional. Invocável e a 'teoria da construção escalonada das normas jurídicas' (*Stufenbautheorie*), uma vez que a constituição fixa previamente o juiz natural no caso de crimes cometidos contra bens, serviços e interesses da união. Concessão parcial da ordem para que os autos do processo que corre na vara estadual sejam enviados para o TJRJ, detentor da 'jurisdição prevalente'. A regra do art. 82 e obrigatória, e não facultativa" (STJ – Rel. Adhemar Maciel – LEXSTJ 86/289).

CAPÍTULO VI
DA COMPETÊNCIA POR PREVENÇÃO

Art. 83. Verificar-se-á a competência por prevenção toda vez que, concorrendo dois ou mais juízes igualmente competentes ou com jurisdição cumulativa, um deles tiver antecedido aos outros na prática de algum ato do processo ou de medida a este relativa, ainda que anterior ao oferecimento da denúncia ou da queixa (arts. 70, § 3º, 71, 72, § 2º, e 78, II, *c*).

Prevenção – A definição de prevenção é formulada no próprio dispositivo acima, cuja textualidade dispensa maiores comentários. Como destaca Espínola Filho, "a realização de qualquer ato processual, a determinação de qualquer medida relativa ao processo, que os juízes da mesma jurisdição, com igual competência, praticarão naturalmente precedendo a distribuição, veda a posterior distribuição da ação penal, porque já se firmou, previamente, a competência do juízo" (ob. cit., vol. II, p. 210). É dizer: detectando-se uma jurisdição cumulativa, entre dois ou mais juízes, aquele que primeiro praticou um ato no processo torna-se prevento para conhecer do feito. Daí já ser ter afirmado que a prevenção serve como verdadeiro *critério de desempate*, entre juízes de mesma competência.

Pode parecer, assim, que a prevenção seja um critério apenas para definir um conflito positivo entre dois ou mais juízes igualmente competentes. Sucede que nem sempre é assim. De sorte que, no art. 70, § 3°, a prevenção é utilizada em caso de dúvida sobre o local correto em que praticada a infração. Já o art. 72, § 2°, dispõe que a prevenção servirá para determinar a competência do juiz quando o réu não tiver residência fixa ou for ignorado seu paradeiro.

No processo civil a competência é firmada "no momento do registro ou da distribuição da petição inicial, sendo irrelevantes as modificações do estado de fato ou de direito ocorridas posteriormente, salvo quando suprimirem órgão judiciário ou alterarem a competência absoluta" (art. 43 do Código de Processo Civil). E "o registro ou a distribuição da petição inicial torna prevento o juízo", na dicção do art. 59 do mencionado *codex*, a pressupor, sempre, a existência de um processo.

No âmbito do processo penal, ao contrário, não se exige a prévia deflagração da ação penal. De sorte que, por exemplo, uma mera decisão apreciando um pedido de restituição de coisa apreendida para conclusão do procedimento investigatório, já torna prevento o juiz para o julgamento de eventual ação penal a ser proposta mais adiante.

Prevenção no sistema do juiz das garantias – No sistema de juiz das garantias instala-se verdadeira separação entre as funções judiciais ligadas à investigação e ao processo (ver art. 3º-A e ss). A mudança de sistema terá reflexos no campo da competência. Para aprofundar o assunto, dependeremos das modificações que ocorrerão nas leis de organização judiciária a partir de estudos em andamento no CNJ. Mas, pelo que se depreende dos debates recentes, a tendência parece ser a criação de "núcleos de garantias", sediados na capital ou em cidades estratégicas (sob o aspecto geográfico e populacional), compostos de pluralidade de juízes e um quadro importante de assessores, com competência para analisar a legalidade e o controle sobre o inquérito policial nas investigações de todo o estado ou região do estado (circunscrição). Pois bem. Nesse sistema, qualquer investigação deve ser comunicada ao magistrado (art. 3º-B, IV). Havendo pluralidade de magistrados, a distribuição da comunicação deverá ocorrer. Essa comunicação revela o responsável pelo controle da legalidade da investigação criminal e pela salvaguarda dos direitos individuais, dispensando a prática de qualquer outro ato judicial. Esse juiz da investigação, contudo, não fica prevento para o processo e julgamento. Oferecida a denúncia, o julgamento do seu recebimento caberá ao juiz da instrução, observando-se, quanto a este, sua competência territorial e de acordo com a natureza da infração penal. Claro que as decisões do juiz das garantias não vinculam o juiz da instrução, nem mesmo no tocante à competência. Discordando daquele, o juiz da instrução pode encaminhar os autos para o magistrado tido, na sua convicção, como competente.

Prevenção nos Tribunais Superiores – No Supremo Tribunal Federal, a prevenção vem prevista no art. 101 de ser regimento interno, a saber: "A Turma que tiver conhecimento da causa ou de algum de seus incidentes, inclusive de agravo para subida de recurso denegado ou procrastinado na instância de origem, tem jurisdição preventa para os recursos, reclamações e incidentes posteriores, mesmo em execução, ressalvada a competência do Plenário e do Presidente do Tribunal". Destaque-se, ainda, o teor do art. 69 do mesmo diploma, pelo qual a distribuição da ação ou do recurso gera prevenção para todos os processos a eles vinculados por conexão ou continência. No Superior Tribunal de Justiça a matéria vem tratada em seu art. 71, do seguinte teor: "A distribuição do mandado de segurança, do habeas corpus e do recurso torna preventa a competência do relator para todos os recursos posteriores, tanto na ação quanto na execução referentes ao mesmo processo; e a distribuição do inquérito e da sindicância, bem como a realizada para efeito da concessão de fiança ou de decretação de prisão preventiva ou de qualquer diligência anterior à denúncia ou queixa, prevenirá a da ação penal".

JURISPRUDÊNCIA

a) do juiz que primeiro despachou no processo

"Evidenciada a conexão, nos termos do art. 76, inciso I, do Código de Processo Penal, entre os crimes imputados aos corréus e o delito de roubo imputado ao Paciente, a competência para o julgamento do crime é do

Juízo que primeiro conheceu e despachou o processo, a teor do art. 83, do Código Processo Penal" (STJ – HC n° 122711-BA, Rel. Laurita Vaz, j. 15.06.2010, DJe 28.06.2010).

b) do juiz que ordenou interceptação telefônica

"A prevenção constitui critério de fixação da competência (CPP, art. 69, VI), quer na hipótese em que for possível a dois ou mais juízes conhecerem do mesmo caso, seja por dividirem a mesma competência de juízo (CPP, art. 83), seja pela incerteza da competência territorial (CPP, art. 70, § 3º), quer na hipótese de se tratar de crime continuado ou permanente. O juízo que determina a interceptação telefônica, sendo a primeira decisão nos autos, torna-se prevento para o julgamento da causa" (STJ – HC n° 170212-RJ, Rel. Og Fernandes, j. 18.06.2012, DJe 29.06.2012).

Inquéritos sobre os mesmos fatos e prevenção

"Prevenção. Existência de dois inquéritos policiais sobre os mesmos fatos. Anterioridade de ato praticado pelo juiz criminal em relação a outro igualmente competente. Se dois inquéritos policiais foram distribuídos a dois juízes igualmente competentes, a prevenção se fixa naquele que por primeiramente praticou qualquer ato relativo ao processo" (STF – HC n. 62245- MG – Rel. Aldir Passarinho, j. 03.05.1985, DJ 28.06.1985, p. 134).

Prevenção no crime permanente

"No presente caso, em se tratando da prática, em tese, do crime de associação criminosa (**crime permanente**), ainda que outros crimes tenham sido praticados e em diversas ocasiões, esta Corte, adotando a literalidade do disposto no art. 71 do Código de Processo Penal, reconhece a fixação da competência pela **prevenção.** Precedentes." (STJ – AgRg no RHC n. 154.963/RJ, relator Ministro Jesuíno Rissato (Desembargador Convocado do Tjdft), Quinta Turma, julgado em 15/2/2022, DJe de 24/2/2022.)

Não observância. Nulidade relativa

"O Enunciado n. 706, da Súmula do Supremo Tribunal Federal, dispõe que "é relativa a nulidade decorrente da inobservância da competência penal por prevenção", razão pela qual deve haver a demonstração, por parte do impetrante, do efetivo prejuízo causado pela não observância dessa regra (pas de nullité sans grief), o que inocorreu no caso concreto." (STJ – HC n. 294.628/AM, relator Ministro Felix Fischer, Quinta Turma, julgado em 18/11/2014, DJe de 27/11/2014.)

CAPÍTULO VII
DA COMPETÊNCIA PELA PRERROGATIVA DE FUNÇÃO

Art. 84. **A competência pela prerrogativa de função é do Supremo Tribunal Federal, do Superior Tribunal de Justiça, dos Tribunais Regionais Federais e Tribunais de Justiça dos Estados e do Distrito Federal, relativamente às pessoas que devam responder perante eles por crimes comuns e de responsabilidade. (Redação dada pela Lei nº 10.628, de 24.12.2002)**

§ 1º (Vide ADIN nº 2797)

§ 2º (Vide ADIN nº 2797)

Competência por prerrogativa de função – Em determinadas situações, cometido um crime – não em virtude da pessoa, mas do cargo por ela ocupado – a competência para julgamento não é do local onde se deu o fato, mas sim de um Tribunal. É a chamada competência por prerrogativa de função (*ratione personae*), prevista neste dispositivo e em Constituições (Federal e Estaduais). De sorte que se um promotor de Justiça pratica um furto na cidade de Ribeirão Preto/SP, ele será julgado não no lugar da infração, mas perante o Tribunal de Justiça de São Paulo, que possui competência originária para conhecer do fato. Não se trata de privilégio (daí a inconveniência da denominação *foro privilegiado*), como costumeiramente afirmado, mas de verdadeira garantia à sociedade, já que se busca um julgamento imparcial e isento. Muito mais nocivo seria deixar a critério de um outro promotor de Justiça da cidade de Ribeirão Preto, que mantém vínculo com o autor do crime, a decisão de denunciar ou não o colega. Ou, tolerar-se que um dos juízes da comarca, também muito próximo ao réu, fosse responsável por seu julgamento.

Quanto à errônea utilização da expressão foro privilegiado, traçamos o quadro abaixo:

PRIVILÉGIO	PRERROGATIVA
Exceção da lei comum deduzida da situação de **superioridade** das **pessoas** que a desfrutam	Conjunto de **precauções** que rodeiam a **função** e que servem para o exercício desta
É **subjetivo** e anterior à lei	É **objetiva** e deriva da lei
Tem uma essência pessoal	Anexo à qualidade do órgão
É poder frente à lei	É conduto para que a lei se cumpra
É próprio das aristocracias das ordens sociais	É próprio das aristocracias das instituições governamentais

Competência originária do STF – A competência por prerrogativa de função, prevista na Constituição, refere-se ao Supremo Tribunal Federal, ao Superior Tribunal de Justiça, aos Tribunais Regionais Federais e Tribunais de Justiça. Assim, cabe ao Supremo Tribunal Federal, nos termos do art. 102, inc. I da Carta, o julgamento, pela prática de crimes comuns, do Presidente da República e seu vice, Deputados Federais e Senadores, Ministros de Estado e o Procurador-Geral da República (alínea "b"). E pela prática de crimes comuns, bem como nos crimes de responsabilidade, os Ministros de Estado e os Comandantes da Marinha, do Exército e da Aeronáutica, os membros dos Tribunais Superiores (STF, STJ, TSE, TST, STM), os do Tribunal de Contas da União e os chefes de missão diplomática de caráter permanente (alínea "c"). A Lei nº 11.036/2004 equipara à condição de Ministros de Estado "o Chefe da Casa Civil, o Chefe do Gabinete de Segurança Institucional, o Chefe da Secretaria de Comunicação de Governo e Gestão Estratégica, o Chefe da Secretaria-Geral da Presidência da República, o Chefe da Secretaria de Coordenação Política e Assuntos Institucionais da Presidência da República, o Advogado-Geral da União, o Ministro de Estado do Controle e da Transparência e o Presidente do Banco Central do Brasil". Tendo, portanto, cometidos crimes comuns, serão julgados pelo STF. No caso de crimes de responsabilidade (v. em seguida), o julgamento caberá ao Senado.

De se ver, porém, que a alínea "c", do art. 102, I da CF, faz uma ressalva ao disposto no art. 52, inc. I da Carta, de tal sorte que, nos crimes de responsabilidade, em que são julgados Presidente e o Vice-Presidente da República, bem como os Ministros de Estado e os Comandantes da Marinha, do Exército e da Aeronáutica, a competência é do Senado Federal. O mesmo se dará se réus forem Ministros do Supremo Tribunal Federal, os membros do Conselho Nacional de Justiça e do Conselho Nacional do Ministério Público, o Procurador-Geral da República e o Advogado-Geral da União (art. 52, inc. II da CF).

Competência das Turmas do STF – Vale anotar que competia ao Plenário do STF o julgamento de todos os membros do Congresso Nacional, em feitos de natureza penal. Porém, com o advento da Emenda Regimental n. 49/2014 e com o objetivo de propiciar maior celeridade no julgamento de tais processos, promoveram-se alterações na atribuição de competência das Turmas. Naquilo que nos interessa mais de perto, destacamos que nos termos do art. 9º, inc. I, "j" do RISTF, compete à Turma julgar, "nos crimes comuns, os Deputados e Senadores, ressalvada a competência do Plenário, bem como apreciar pedidos de arquivamento por atipicidade de conduta". E, segundo a alínea "k", do mesmo dispositivo, compete à Turma julgar "nos crimes comuns e de responsabilidade, os Ministros de Estado e os Comandantes da Marinha, do Exército e da Aeronáutica, ressalvado o disposto no art. 52, I, da Constituição Federal, os membros dos Tribunais Superiores, os do Tribunal de Contas da União e os chefes de missão diplomática de caráter permanente, bem como apreciar pedidos de arquivamento por atipicidade da conduta". Vale destacar que em face dessa mudança regimental, foi proposta, perante o STF, uma Ação Direta de Inconstitucionalidade (ADI 5175, Relator o Ministro Gilmar Mendes), na qual a Mesa da Câmara dos Deputados, em resumo, invocava afronta ao princípio da isonomia, posto que, enquanto os presidentes da Câmara dos Deputados e do Senado continuam sendo julgados originariamente pelo Plenário da mais alta Corte do país, os demais parlamentares, com a emenda, submetem-se ao crivo das Turmas. A ação foi julgada improcedente em junho de 2020, sob o argumento de que os presidentes da Câmara e do Senado exercem uma função distinta que justifica a competência do Plenário, enquanto que as Turmas, como órgãos fracionários, estão mais bem habilitadas a julgar a maior parte dos processos de índole subjetiva, em razão da maior agilidade e celeridade na prestação jurisdicional individualizada. Assim, não houve qualquer afronta aos princípios do juiz natural, da isonomia ou razoabilidade.

Competência originária do Superior Tribunal Justiça – Conforme disposto no art. 105, inc. I, "*a*", da CF, cumpre ao STJ o julgamento, pela prática de crimes comuns, dos Governadores dos Estados e Distrito Federal. Cabe, ainda, julgar "os Desembargadores e membros dos Tribunais de Contas dos Estados e Distrito Federal, dos Desembargadores dos Tribunais Regionais Federais, dos Tribunais Regionais Eleitorais, dos Tribunais Regionais do Trabalho, dos membros dos Tribunais de Contas dos Municípios e dos membros do Ministério Público da União que oficiem perante os Tribunais", pela prática de crimes comuns e de responsabilidade. Tratando-se de crime de responsabilidade praticado por Governador do Estado, o julgamento se dará na forma prevista na respectiva Constituição estadual, como previsto na Lei nº 1.079/1950 (art. 78).

> **ATENÇÃO** – A Corte Especial do Superior Tribunal de Justiça, deu início, em 18 de dezembro de 2018, ao julgamento da Ação Penal n. 828, em processo-crime que tem, como réu, um procurador da República. O Relator Luis Felipe Salomão, reforçando jurisprudência do STF, assentou que "quando processados por delitos cometidos fora do exercício do cargo e não relacionados com a função desempenhada, os procuradores devem ser julgados pelo juiz de primeiro grau, e não pela Corte", acrescentando que, "compete ao STJ processar e julgar os membros do Ministério Público da União que oficiem perante tribunais". O exame da questão eventualmente restou prejudicado devido à aposentadoria do réu.

Competência originária dos Tribunais Regionais Federais – Face ao disposto no art. 108, inc. I, "a", da CF, cabe o julgamento pelos TRFs, pela prática de crimes comuns e de responsabilidade, dos juízes federais (inclusive, juízes da Justiça Militar e da Justiça Trabalhista), e dos membros do Ministério Público da União que não atuem nos tribunais. Aqueles que atuarem perante os Tribunais Superiores, como já visto, serão julgados pelo STJ (art. 105, I, "*a*", da CF).

Competência originária dos Tribunais de Justiça – Dispõe a Constituição, ainda, em seu art. 29, inc. X, que o prefeito municipal será julgado perante o Tribunal de Justiça. Também o serão os juízes e promotores de justiça estaduais e do Distrito Federal, nos termos do art. 96, inc. III, da CF, ainda que se trate de um crime doloso contra a vida (v. abaixo). Caso o prefeito municipal cometa um crime da competência da Justiça Federal, deverá ser julgado pelo respectivo Tribunal Regional Federal de sua região. Nesse sentido a Súmula 702 do STF. Já em se tratando de um crime doloso contra a vida, cometido por prefeito, porque não prevista a exceção na Constituição, o julgamento será do Tribunal do Júri, consoante entendimento sumular (Súmula 721 do STF).

Crime cometido em local diverso daquele perante o qual a autoridade possui a prerrogativa de função – Imagine-se a seguinte situação na qual um juiz, membro do Poder Judiciário do Estado de São Paulo ou um promotor de justiça do Ministério Público da mesma unidade da Federação, venha a cometer um crime no Estado de Minas Gerais. A competência será determinada pelo local da infração e ambos serão julgados perante o Tribunal de Justiça de Minas Gerais ou prevalecerá a competência originária do Tribunal de Justiça de São Paulo, onde o agente é juiz ou promotor? A doutrina, de forma quase unânime, posiciona-se pela segunda alternativa. De sorte que a competência *ratione personae* (por prerrogativa de função), importa em exceção à regra geral, do art. 70 do CPP, que determina a competência pelo local em que consumado o delito (competência *ratione loci*). Sendo assim, porque excepcional, prevalece aquela primeira sobre esta última. Tourinho Filho lembra que "da mesma forma que os Tribunais Regionais Federais processam e julgam as pessoas enumeradas no art. 108, inc. I, "a", da CF, "da área de sua jurisdição", o mesmo deve ocorrer, por aplicação analógica, com os Tribunais de Justiça: processam e julgam as pessoas sujeitas à sua jurisdição onde quer que cometam a infração penal". (ob. cit., vol. I, p. 84). E alude, em acréscimo, ao teor da Súmula 78 do Superior Tribunal de Justiça, pela qual "compete à Justiça Militar processar e julgar policial de corporação estadual, ainda que o delito tenha sido praticado em outra unidade federativa". Aliás, a Constituição do Estado de São Paulo prevê expressamente a competência do Tribunal de Justiça para o julgamento, nas infrações penais, de juízes e membros do Ministério Público.

Nessa esteira o ensinamento jurisprudencial abaixo transcrito e, em acréscimo, RT 534/380, 506/317, 499/302. Em sentido contrário, José Frederico Marques (*Da Competência em Matéria Penal*, p. 229).

Vale observar que esse raciocínio não se restringe aos crimes cometidos por membros do Ministério Público ou da Magistratura. Aproveitando nosso exemplo acima, imaginemos que o autor do crime, perpetrado no Estado de Minas Gerais, seja um parlamentar do Estado de São Paulo. O julgamento, nesse caso, caberá ao Tribunal de Justiça de São Paulo, por força de expressa disposição contida na Constituição bandeirante, pela qual "compete ao Tribunal de Justiça [...] processar e julgar originariamente: nas infrações penais comuns [...] os Deputados Estaduais" (art. 74, inc. I da CE).

E se um juiz de direito ou membro do Ministério Público bandeirante comete um crime da alçada federal? A orientação é a mesma e a competência originária para o julgamento será do Tribunal de Justiça de São Paulo e não do Tribunal Regional Federal da 3ª região. Isso porque o art. 108, inc. I, "a" da Constituição, atribui aos Tribunais Regionais Federais a competência para julgar membros do *parquet* "da área de sua jurisdição", isto é, aqueles que compõem o Ministério Público Federal e não os demais.

A propósito, no que se refere ao Ministério Público, sua lei orgânica nacional (Lei nº 8.625/1993), é expressa ao dispor, no art. 40, inc. IV, que constitui prerrogativa do membro do *parquet* "ser processado e julgado originariamente pelo Tribunal de Justiça de seu Estado, nos crimes comuns e de responsabilidade, ressalvada exceção de ordem constitucional". E o art. 27 da lei orgânica da Magistratura (Lei nº 35/1979), conquanto tratando de procedimento para perda do cargo, indica que tal procedimento "terá início por determinação do Tribunal, ou do seu órgão especial, a que pertença ou esteja subordinado o magistrado".

JURISPRUDÊNCIA

Crime cometido em local diverso daquele perante o qual a autoridade possui a prerrogativa de função

"Para julgamento de Membro do Ministério Público, competente é o Tribunal de Justiça do Estado onde ele exerce sua função, ainda que o delito tenha sido praticado em outro Estado da Federação" (TJMG – Rel. Gudesteu Biber – RT 712/442).

Foro por prerrogativa de função e posicionamento do STF – No julgamento, perante o Supremo Tribunal Federal, da Ação Penal nº 937, na qual foi relator o Min. Luís Roberto Barroso (j. em 03.05.2018), se discutiu a questão relativa ao "foro por prerrogativa de função", indevidamente conhecido, também, como "foro privilegiado", no que tange ao parlamentar (**deputados federais e senadores**). Ao final do julgamento, por maioria de votos, foi emitida a seguinte tese: "(i) O foro por prerrogativa de função aplica-se apenas aos crimes cometidos durante o exercício do cargo [a partir da diplomação] e relacionados às funções desempenhadas; e (ii) Após o final da instrução processual, com a publicação do despacho de intimação para apresentação de alegações finais, a competência para processar e julgar ações penais não será mais afetada em razão de o agente público vir a ocupar outro cargo ou deixar o cargo que ocupava, qualquer que seja o motivo". A partir dessa relevante decisão, conferiu-se nova leitura ao disposto no art. 53, § 1º, da Constituição, segundo o qual "os Deputados e Senadores, desde a expedição do diploma, serão submetidos a julgamento perante o Supremo Tribunal Federal".

Outra importantíssima consequência desse julgado consistiu em se definir que o chamado *foro privilegiado* somente tem aplicação aos crimes que, além de cometidos durante o exercício da função pública, guardem alguma relação com o exercício do cargo (*propter officium*). A despeito de alguma dificuldade que possa surgir na definição do que consistiria, exatamente, esse *exercício do cargo*, parece óbvio que não faria nenhum sentido que um parlamentar, ainda que no exercício da função pública, fosse processado perante o STF por, por exemplo, ter praticado uma lesão corporal contra a esposa.

Efeitos da decisão junto ao Superior Tribunal de Justiça – É sabido que, por força de expressa disposição constitucional (art. 105, inc. I, da CF), compete ao Superior Tribunal de Justiça processar e julgar, originariamente "nos crimes comuns, os Governadores dos Estados e do Distrito Federal, e, nestes e nos de responsabilidade, os desembargadores dos Tribunais de Justiça dos Estados e do Distrito Federal, os membros dos Tribunais de Contas dos Estados e do Distrito Federal, os dos Tribunais Regionais Federais, dos Tribunais Regionais Eleitorais e do Trabalho, os membros dos Conselhos ou Tribunais de Contas dos Municípios e os do Ministério Público da União que oficiem perante tribunais".

Decidiu o STJ que, em relação aos crimes cometidos por governadores e conselheiros de tribunais de contas, o foro ficaria restrito a fatos ocorridos durante o exercício do cargo e em razão deste (QO AP 857, rel. Min. João Otávio de Noronha, j. 28/02/19). No entanto, em algumas situações, ainda que o crime imputado não tenha relação com a atividade do cargo, não se aplica a restrição ao foro. Em questão de ordem na AP 878 (Dje 19.12.2018), a Corte Especial estabeleceu que crimes comuns e de responsabilidade cometidos por desembargadores – mesmo que não tenham sido praticados em razão do cargo – poderão ser julgados pelo STJ a fim de resguardar a imparcialidade necessária ao julgamento. Assim, o precedente do STF não se aplica a todos os casos – apenas àqueles em que o juiz (julgador) e o desembargador (julgado) não estejam vinculados ao mesmo tribunal. Tendo em vista as diferentes atribuições constitucionais dos referidos tribunais, o STJ entendeu que, no que tange às regras de competência originária, não há necessidade de interpretação simétrica, ou seja, de se adotar, no tocante ao texto do art. 105, I, "a", da CF, o mesmo entendimento do STF em relação ao art. 102, I, "b" e "c", da CF.

Síntese – Claro que algumas questões ficaram em aberto, já que nem mesmo eram objeto de debate na ação judicial, razão pela qual não poderia o STF dar solução a todas as alternativas que se abriram a partir do memorável julgamento. Mas são debates que devem ser enfrentados assim que surgirem na prática. Isso em nada desmerece o posicionamento adotado pela mais alta Corte do país, que teve por objetivo impedir o esdrúxulo *elevador processual* (nas palavras do Ministro Marco Aurélio), com infinitas idas e vindas dos processos de uma para outra instância, a ensejar, não raras vezes, a prescrição, quando não manobras de renúncia a mandatos eletivos, tomadas de última hora, tudo em franco descrédito à imagem da Justiça.

Foro por prerrogativa de função e delitos praticados membros do Ministério Público e da Magistratura – A orientação adotada sobre a limitação do foro especial pode ser mitigada em situações nas quais o fundamento para a prerrogativa transcende a proteção ao exercício das funções inerentes ao cargo público ocupado. É indiscutível que, nas hipóteses de infração penal cometidas por magistrados e membros do Ministério Público, para além da proteção ao exercício do cargo, a regra que estabelece o foro por prerrogativa garante que o indivíduo reúna condições para o desempenho imparcial das atividades acusatórias e judicantes, o que, em verdade, constitui condição para a realização de justiça criminal efetiva.

O processo e o julgamento de magistrados e membros do Ministério Público em primeiro grau de jurisdição geram questões não examinadas pelo precedente estabelecido pelo Supremo Tribunal Federal. Evidentemente, não seria adequado para a preservação do interesse público, consubstanciado na realização da efetiva justiça criminal, admitir que o juiz de primeiro grau pudesse julgar o presidente do Tribunal a que se encontra vinculado, pois esta autoridade tem poder de influência, por exemplo, sobre promoções e sobre a imposição de sanção em caso de eventual cometimento de infração disciplinar. É inquestionável que a imparcialidade do juiz de primeiro grau estaria comprometida. Dá-se o mesmo na situação do promotor de Justiça que se depara com a necessidade de oferecer denúncia contra o Procurador-Geral de Justiça do Ministério Público a que pertence.

Atento a tais circunstâncias peculiares, em minucioso voto-vista lançado na questão de ordem suscitada na AP 857 (j. 20/06/2018), o ministro Felix Fischer, do STJ, faz expressa ressalva a respeito da prerrogativa de foro de membros de carreiras ligadas à atividade judicante:

> "Cumpre ressalvar, no entanto, que o entendimento ora estabelecido se restringe ao caso concreto, incapaz de espraiar efeitos automáticos para outras hipóteses, tais como membros de carreiras ligadas à atividade judicante (v.g. Ministério Público, Magistratura), em que o foro por prerrogativa não visa unicamente resguardar a função daquele que, porventura, venha a ser julgado, mas também a autonomia e independência da própria unidade sentenciante, evitando-se nefastas interferências de autoridade mais graduada sobre os mais novos. Isto tudo sem contar outros aspectos negativos. Tal raciocínio, inclusive, pode ser transportado, com a devida ponderação, da Lei n. 8.112/90, que disciplina que a competência para julgar o processo administrativo disciplinar, e impor penalidade, resulta da ascendência hierárquica da autoridade julgadora sobre o acusado, fundada no princípio da hierarquia, como meio de proteger o processante de represálias advindas de sua atividade disciplinar".

No mesmo sentido conduziu-se o Superior Tribunal de Justiça em questão de ordem suscitada na ação penal 878 (j. 21/11/2018), proposta em face de desembargador acusado da prática de lesão corporal, crime sem nenhuma relação com o cargo ocupado pelo réu:

"PROCESSO PENAL E CONSTITUCIONAL. QUESTÃO DE ORDEM NA AÇÃO PENAL. COMPETÊNCIA CRIMINAL ORIGINÁRIA DO STJ. ART. 105, i, "A", DA CONSTITUIÇÃO. QO. NA AP 937/STF. QO NA APN857/STJ. AGRG NA APN866/STJ. DESEMBARGADOR. CRIME SEM RELAÇÃO COM O CARGO. VINCULAÇÃO FUNCIONAL. PRERROGATIVA DE FORO. FINALIDADE DA NORMA. EXERCÍCIO INDEPENDENTE DAS FUNÇÕES PELA AUTORIDADE DETENTORA DE FORO. IMPARCIALIDADE DO ÓRGÃO JULGADOR. CREDIBILIDADE DO SISTEMA DE JUSTIÇA CRIMINAL. COMPETÊNCIA DO STJ.

Hipótese em que Desembargador do Tribunal de Justiça do Estado do Paraná responde pela prática, em tese, de delito de lesão corporal ocorrido em Curitiba-PR.

O crime que é imputado ao réu não tem relação com o exercício do cargo de Desembargador, de modo que, a princípio, aplicando-se o precedente produzido pelo Supremo Tribunal Federal no julgamento da QO na AP 937, não teria o réu foro no Superior Tribunal de Justiça.

A interpretação do alcance das hipóteses de prerrogativa de foro previstas na Constituição da República, não obstante, responde não apenas à necessidade de que aquele que goza da prerrogativa tenha condições de exercer com liberdade e independência as funções inerentes ao cargo público que lhe confere a prerrogativa.

Para além disso, nos casos em que são membros da magistratura nacional tanto o acusado quanto o julgador, a prerrogativa de foro não se justifica apenas para que o acusado pudesse exercer suas atividades funcionais de forma livre e independente, pois é preciso também que o julgador possa reunir as condições necessárias ao desempenho de suas atividades judicantes de forma imparcial.

A necessidade de que o julgador possa reunir as condições para o desempenho de suas atividades judicantes de forma imparcial não se revela como um privilégio do julgador ou do acusado, mas como uma condição para que se realize justiça criminal de forma isonômica e republicana.

Questão de ordem resolvida no sentido de se reconhecer a competência do Superior Tribunal de Justiça nas hipóteses em que, não fosse a prerrogativa de foro (art. 105, I, da Constituição), o Desembargador acusado houvesse de responder à ação penal perante juiz de primeiro grau vinculado ao mesmo tribunal".

Daí a segura conclusão de que as razões subjacentes à norma constitucional que confere o foro por prerrogativa de função a magistrados e membros do Ministério Público vão além daquelas consideradas pelo Supremo Tribunal Federal na AP 937.

Foro por prerrogativa de função e delitos praticados em mandato anterior – A Primeira Turma do STF, por maioria, deu provimento a agravo regimental interposto em face de decisão monocrática que, ao negar seguimento a recurso extraordinário, manteve o foro por prerrogativa de função de prefeito denunciado por delitos cometidos em mandato anterior. A Turma determinou a remessa dos autos à primeira instância, mantida a validade de todos os atos praticados por Tribunal de Justiça responsável pelo recebimento de denúncia contra prefeito que supostamente havia praticado os fatos imputados em mandato anterior e, após o interregno de 4 anos, foi eleito para um novo mandato de prefeito. Considerou não se tratar, portanto, de reeleição. O Colegiado reafirmou jurisprudência firmada no Supremo Tribunal Federal (STF) no sentido de que o foro por prerrogativa de função se aplica apenas aos crimes cometidos durante o exercício do cargo e relacionados às funções desempenhadas. Entretanto, a prerrogativa de foro relaciona-se às funções desempenhadas na atualidade e a jurisprudência da Corte não abrange os interregnos de mandatos. No caso, após o término do primeiro mandato, no qual supostamente praticados os delitos apurados, a ação deveria ter sido encaminhada para a primeira instância. O fato de o denunciado ter assumido novo mandato de prefeito não enseja a prorrogação do foro (RE 1185838/SP, rel. Min. Rosa Weber, julgamento em 14.5.2019). Em resumo, havendo solução de continuidade (continuidade dissolvida), o foro especial desaparece; não havendo solução de continuidade, o foro permanece, desde que o novel mandato seja em cargo sujeito ao mesmo tribunal. Se um Deputado Federal, na eleição seguinte, se elege Senador, o foro está mantido. Não houve solução de continuidade e o foro dos dois cargos é o mesmo: STF. Em recente julgado, a Segunda Turma recuou na tese. Foi no caso envolvendo o Senador Flávio Bolsonaro, denunciado pelo Ministério Público do Rio de Janeiro por supostos crimes, e tese, cometidos quando deputado estadual no Rio de Janeiro. Ao se eleger para o Congresso Nacional, ocorreu a solução de continuidade, aplicando o MP fluminense a tese firmada na AP 937-STF: desaparece o foro por prerrogativa de função. No final do ano de 2021, a Segunda Turma decidiu que o foro especial vigente na época do suposto crime (TJ do Rio de Janeiro) permanece, competente para o processo e julgamento das infrações penais.

Competência da Justiça Eleitoral – Quando praticado um crime, por juiz estadual e do Distrito Federal e por membro do Ministério Público, como já foi visto, a competência para julgamento é do respectivo Tribunal de Justiça por força de expressa previsão constitucional (art. 96, inc. III da CF). No âmbito federal, segundo o art. 108, inc. I, "*a*", a Carta, compete aos Tribunais Regionais Federais processar e julgar, originariamente, nos crimes comuns e de responsabilidade, os membros do Ministério Público da União. Sucede que ambos os dispositivos, fazem ressalva quanto à competência da Justiça Eleitoral. Crimes eleitorais, segundo Djalma Pinto, "são infrações tipificadas como tal no Código Eleitoral e em leis extravagantes, punidas com multa, detenção ou reclusão, objetivando a preservação da lisura na formação do corpo eleitoral, a normalidade do processo eletivo e a regularidade na indicação dos representantes do povo para o exercício do mandato". (*Direito eleitoral: improbidade administrativa e responsabilidade fiscal: noções gerais,* São Paulo: Atlas, 2008, p. 316).

De forma que, perpetrado um crime eleitoral por um juiz de direito, a competência originária para o julgamento será do Tribunal Regional Eleitoral do Estado da Federação ao qual estiver vinculado o Magistrado. É o que se depreende do art. 29, inc. I, "d", da Lei nº 4.737/1965 (Código Eleitoral), ao dispor que compete aos Tribunais Regionais processar e julgar originariamente "os crimes eleitorais cometidos pelos juízes eleitorais". Atente-se para o fato de que a própria Constituição, em seu art. 121, ao tratar da Justiça Eleitoral, conferiu à lei complementar a possibilidade de dispor sobre a competência dos tribunais eleitorais. À falta, porém, dessa lei complementar, continuam em pleno vigor as disposições do Código Eleitoral.

Foi omisso este diploma, no entanto, caso cometido um crime eleitoral por um membro do Ministério Público. Mas por uma análise do texto constitucional (posterior ao Código Eleitoral), pode-se concluir, sem maior esforço, que a competência, nesse caso, será também do TRE. É que o art. 96, inc. III da CF, dispõe que cabe ao Tribunal de Justiça o julgamento de membros do Ministério Público, "ressalvada a competência da Justiça Eleitoral". Assim, conquanto o Código Eleitoral não faça menção aos membros do *parquet*, é de se entender que a ressalva contida na parte final do dispositivo constitucional desloca, para a Justiça Eleitoral, a competência para julgar originariamente os membros do Ministério Público, caso cometam um crime eleitoral. De resto, a simetria que caracteriza ambas as carreiras – da Magistratura e do Ministério Público – a merecer tratamento igualitário, permite se concluir dessa forma.

A propósito, a Lei Complementar nº 75/1993, que organiza o Ministério Público da União, elenca dentre as prerrogativas de seus membros, o julgamento pelo respectivo Tribunal Regional Federal, ressalvada a competência da Justiça Eleitoral (art. 18, inc. II, "c").

JURISPRUDÊNCIA

"A competência penal originária do Tribunal Regional Eleitoral para processar e julgar, nos crimes eleitorais, agentes públicos que detêm, em razão de seu ofício, prerrogativa de foro perante o Tribunal de Justiça estadual (como os Deputados Estaduais e os Prefeitos Municipais, p. ex.) tem sido reconhecida por esta Suprema Corte, na linha da diretriz consagrada na Súmula 702/STF" (STF – Inq. nº 3357-PR – Rel. Celso de Mello, j. 25.03.2014).

Crime de responsabilidade – Diferentemente do art. 1º, onde *crime de responsabilidade* é sinônimo de infração político-administrativa, sujeita à sanção extrapenal, apreciada por jurisdição política, aqui, no art. 84, a mesma expressão (crime de responsabilidade) indica os crimes funcionais (arts. 312 a 326 do CP, por exemplo). Se praticados por detentores de foro especial, serão julgados pelo tribunal respectivo (STF, STJ, TRF e TJ).

Ação de improbidade administrativa e foro "privilegiado" – Após alguma divergência jurisprudencial e doutrinária, firmou-se o entendimento no sentido de que ações de improbidade administrativa possuem natureza civil. Lembremos que no julgamento da ADI 2797, em 15.09.2005, aquele sodalício declarou inconstitucionais os §§ 1º e 2º do art. 84, do CPP, que estendiam o foro por prerrogativa de função também às infrações de improbidade administrativa.

Portanto, a competência originária do STF, para julgamento de detentores os cargos listados no art. 102, "b" e "c" da Constituição, restringe-se a ações de cunho criminal. Sendo assim, não compete a mais alta Corte do país, o julgamento dessa espécie de ação. Esse posicionamento foi reafirmado pelo Plenário do STF, em julgamento ocorrido em 10.05.2018, na Petição n. 3240, na qual foi relator para o Acórdão o Ministro Luis Roberto Barroso.

ATENÇÃO – A doutrina, buscando evitar equívocos, diferencia o crime de responsabilidade em *próprio* e *impróprio*. O primeiro como sendo sinônimo de delito funcional; o segundo, de infração político-administrativa.

Prerrogativa e término do exercício da função pública – Ainda que terminado o mandato eleitoral (Senador, Deputado Federal, por exemplo) ou o cargo que exercia a autoridade (Ministro de Estado, Presidente da República, *v.g.*), ainda assim o agente continuava tendo direito ao foro por prerrogativa de função, nos termos da Lei nº 10.628/2002, que incluiu o § 1º, no art. 84, do CPP, *in verbis*: "A competência especial por prerrogativa de função, relativa a atos administrativos do agente, prevalece ainda que o inquérito ou a ação judicial sejam iniciados após a cessação do exercício da função pública". Essa alteração legislativa refletia a posição do STF, que a tinha cristalizado, inclusive, por meio da Súmula 394. Ocorre que a mais alta Corte do país, no julgamento do Inquérito nº 687-SP, em 25 de agosto de 1999, em decisão plenária, houve por bem cancelar o enunciado e, por consequência, determinou o envio de todo e qualquer procedimento ao juízo de origem, quando o averiguado já tivesse deixado a função pública. Esse novo entendimento do STF apressou a promulgação da Lei nº 10.628, em 24 de dezembro de 2002, que revigorou o entendimento da extinta Súmula 394 do STF. Assim, pelo novo diploma legal – insistimos – mesmo após a cessação do exercício da função pública, prevaleceria a competência por prerrogativa de função.

Sucede que a Associação Nacional dos Membros do Ministério Público (CONAMP) ajuizou, perante o STF, no mês de dezembro de 2002, Ação Direta de Inconstitucionalidade, com pedido de liminar, a fim de que fosse declarada a inconstitucionalidade do mencionado diploma legal. Negada a liminar, essa ADI, de nº 2.797-DF, foi finalmente julgada em 15 de setembro de 2005, em conjunto com outra ação idêntica, proposta pela Associação dos Magistrados Brasileiros (AMB), de nº 2860-DF. Foi relator o Ministro Sepúlveda Pertence e, por maioria de votos (7x3), entendeu a Suprema Corte pela inconstitucionalidade da Lei nº 10.628, que alterara a redação dos § § 1º e 2º, do art. 84 do CPP. Os argumentos que levaram a essa conclusão, em síntese, se fundam na afronta ao princípio constitucional da isonomia já que a prerrogativa deixava de ser uma decorrência da função pública, para ser transmudar em um privilégio pessoal. Demais disso, foi salientada a impossibilidade de o legislador ordinário legislar contra entendimento do STF, dependendo qualquer alteração de emenda constitucional que a preveja. Assim, cumpre ao Supremo interpretar a Constituição, vedada à lei infraconstitucional dispor contrariamente a essa interpretação. E mais: qualquer restrição ou ampliação à competência do STF (no caso, a lei nova ampliava essa competência na medida em que determinava que a Suprema Corte continuava competente para o julgamento mesmo após a cessação da função pública), somente pode ser produzida por emenda constitucional, sendo inadmissível a alteração por lei ordinária. Em síntese: a partir da declaração de inconstitucionalidade das modificações introduzidas pela Lei 10.628/02 aos § § 1º e 2º do art. 84 do Código de Processo Penal, tornou-se ao entendimento anterior, pelo qual, extinta a função pública, não há falar em prerrogativa de foro para processar e julgar aquele que não mais ocupa o cargo, cabendo a devolução dos autos à origem caso o feito tenha trâmite, até então, em uma instância superior.

Prerrogativa de foro e renúncia do mandato parlamentar – O STF, na mencionada AP 937, não somente restringiu o alcance do foro dos parlamentares federais para os crimes funcionais, como também estabeleceu que, uma vez publicado o despacho para que as partes apresentem suas manifestações finais (art. 11 da Lei nº 8.038/90), a competência do STF deve ser prorrogada para que sejam preservadas a efetividade e a racionalidade da prestação jurisdicional. Isso evita inclusive manobras processuais como a ocorrida na Ação Penal 396, no curso da qual, prestes a ser julgado, o parlamentar renunciou ao mandato para deslocar o processo para a primeira instância. Naquele caso específico, o pleno do Supremo decidiu pela ineficácia da renúncia diante – nas palavras da ministra Cármen Lúcia – de uma "fraude processual inaceitável". Estabelecida a *perpetuatio jurisdictionis*, evitam-se de uma vez por todas manobras da mesma natureza.

Vereadores – A Constituição Federal assegurou, na esfera municipal, a prerrogativa de foro apenas aos prefeitos de acordo com o art. 29, X, mas nada dispôs em relação aos vereadores. Após certa divergência jurisprudencial, o STF decidiu, ao julgar inconstitucional a prerrogativa de foro estabelecida pela Constituição do Estado do Rio de Janeiro em favor dos vereadores, que os Estados não têm competência para estabelecer regras de imunidade formal e material aplicáveis a parlamentares municipais. No entanto, em seu voto, o Ministro Alexandre de Moraes fez a ressalva de que os atos investigativos, processuais e decisórios eventualmente efetuados por instância superior devem ser considerados válidos e eficazes (Recurso Ordinário em *Habeas Corpus* (RHC) nº 181.895/RJ, julgado em 13 de junho de 2020).

Prerrogativa de foro a defensores, procuradores e delegados – No mesmo sentido, o STF declarou a inconstitucionalidade de dispositivos da Constituição do Piauí que atribuíam foro por prerrogativa de função ao defensor público-geral do estado, ao delegado-geral da Polícia Civil e aos integrantes das carreiras de procurador e de defensor público do estado. Segundo a relatora, ministra Rosa Weber, a Constituição já disciplinou, em todas as esferas da Federação, de forma detalhada, as hipóteses de prerrogativa de foro, o que evidencia a exaustão da matéria e a impossibilidade de ampliação de seu alcance pelo poder constituinte decorrente (ADI 6.504, j. em 22.10.21).

Juiz Federal e prática de contravenção penal – V., acima, comentários ao art. 70 do código, no item *atenção*.

JURISPRUDÊNCIA

Encerrado o exercício funcional não mais se justifica o foro privilegiado

"Em relação à **competência por prerrogativa de função,** o Supremo Tribunal Federal, ao analisar questão de ordem na AP 937, firmou compreensão de que: "o foro por prerrogativa de função aplica-se apenas aos crimes cometidos durante o exercício do cargo e relacionados às funções desempenhadas". A Corte Especial deste STJ, ao examinar a matéria, nos autos da APn 857/DF, concluiu que "a prerrogativa de foro é outorgada ratione muneris a determinadas autoridades em razão da natureza de certos cargos ou ofícios titularizados por aquele que sofre persecução penal. Originalmente pensado como uma necessidade de assegurar a independência de órgãos e garantir o livre exercício de cargos constitucionalmente relevantes, esse foro atualmente, dada a evolução do pensamento social, provocada por situações inexistentes no passado, impõe a necessidade de que normas constitucionais que o estabelecem sejam interpretadas de forma restritiva. Assim, deve-se conferir ao texto do art. 105, I, "a", da CF a interpretação de que as hipóteses de foro por prerrogativa de função no STJ restringem-se aos casos de crime praticado em razão e durante o exercício de cargo ou função." (QO na APn 857/DF, Rel. para o acórdão Ministro JOÃO OTÁVIO DE NORONHA, CORTE ESPECIAL, julgado em 20/6/2018, DJe 28/2/2019)." (STJ – HC n. 482.536/RJ, relator Ministro Ribeiro Dantas, Quinta Turma, julgado em 23/4/2019, DJe de 30/4/2019.)

Prerrogativa de função adquirida posteriormente. Validade dos atos até então praticados

"Tratando-se de incompetência superveniente, em razão da diplomação do acusado em cargo detentor de foro por prerrogativa, remanescem válidos os atos praticados pelas autoridades inicialmente competentes, afigurando-se desnecessária a ratificação da exordial oferecida, assim como a intimação da defesa para confirmar sua resposta preliminar" (STJ – HC n° 202701-AM, Rel. Jorge Mussi, j. 14.05.2013, DJe 29.05.2013).

Magistrado aposentado. Competência da justiça de 1° grau

"A vitaliciedade é garantia inerente aos magistrados e tem como objetivo prover a jurisdição de independência e imparcialidade. Exercem a jurisdição, tão somente, magistrados ativos. A aposentadoria do magistrado, ainda que voluntária, transfere a competência para processamento e julgamento de eventual ilícito penal para o primeiro grau de jurisdição" (STF – RE n° 546609-DF – Rel. Ricardo Lewandowski j. 22.03.2012, DJe 29.052014).

Prerrogativa de foro se mantém ainda quando licenciado o parlamentar

"O membro do Congresso Nacional, quando licenciado para o exercício de determinados cargos no Poder Executivo (CF, art. 56, inciso I), como o de Secretário de Estado, não perde a prerrogativa de foro, perante o Supremo Tribunal Federal, nas infrações penais comuns, cuja noção conceitual abrange os crimes eleitorais"(STF – Inq. n° 3357-PR – Rel. Celso de Mello, j. 25.03.2014).

Membro do Ministério Público Estadual que atua perante o Tribunal de Contas do Estado é julgado pelo Tribunal de Justiça

Constitucional – Processual Penal – Membro do Ministério Público – Juízo natural – Nulidade – "A Constituição da República estatui ser da competência do STJ processar e julgar os membros do Ministério Público da

União que oficiem perante tribunais (art. 105, I, a). Aos membros do Ministério Público, junto aos Tribunais de Contas, aplicam-se as disposições da referida seção (art. 130). Em consequência, o Procurador que atua no Tribunal de Contas do Estado tem, como Juízo natural, o Tribunal de Justiça do Estado" (STJ – Rel. Luiz Vicente Cernicchiaro – RSTJ 46/444).

Promotor de Justiça em disponibilidade mantém a competência por prerrogativa de função

"Mesmo em disponibilidade, o representante do Ministério Público continua sujeito às vedações constitucionais, embora classificado em quadro especial, com os dias sendo contados como de efetivo exercício para todos os efeitos legais, como licença-prêmio, férias, dentre outros, e sendo julgado pelo Tribunal de Justiça [...] A colocação em disponibilidade, pena administrativa, não rompeu o vínculo com o Ministério Público do Estado de São Paulo, apenas o afastou temporariamente do exercício das suas funções" (STF - RHC n. 155.516-SP - Rel. Alexandre de Morais, j. 30.08.2018).

Lei dos Juizados Criminais e prerrogativa de função – Caso praticado um crime de menor potencial ofensivo, daqueles que trata a Lei n. 9.099/1995, por agente que detenha a prerrogativa de função, a aplicação das medidas despenalizadoras caberá ao respectivo órgão que teria competência originária para o processo-crime. Perpetrado, assim, um crime de menor potencial ofensivo por um deputado federal, caberá ao Supremo Tribunal Federal homologar a transação penal, pois a mais alta Corte é competente para o julgamento de crimes cometidos por membro do Congresso Nacional (art. 102, inc. I, "a" da Constituição). A propósito, de se conferir: "São plenamente aplicáveis aos procedimentos penais originários instaurados perante o Supremo Tribunal Federal as medidas de despenalização previstas na Lei nº 9.099/95 (RTJ 162/483-484), entre as quais figura a transação penal (art. 76), cuja pessoal e expressa aceitação por parte do suposto autor da infração, desde que regularmente assistido por seu Advogado, traduz verdadeiro 'nolo contendere'. A transação penal, em referido contexto, qualifica-se como instituto que, ao valorizar a autonomia da vontade dos sujeitos integrantes da relação processual penal, representa significativa ampliação do espaço de consenso em sede de persecução criminal" (STF - Inq. nº 3357-PR - Rel. Celso de Mello, j. 25.03.2014).

Processamento de Governadores pela prática de crime comum e desnecessidade da prévia autorização da Assembleia Legislativa – Antigo julgado do STF entendia que o STJ, competente para julgar governadores, pela prática de crimes comuns, devia, antes, contar com a autorização da Assembleia Legislativa, quando competência para tanto fosse estabelecida no âmbito da respectiva Constituição Estadual (RE n. 153.968-BA, Rel. Ilmar Galvão, Tribunal Pleno, j. 06.10.1993). No mesmo sentido: STF - RE n. 159230, Rel. Sepúlveda Pertence, j. 28.03.1994 (RTJ 158/280). Ou ainda: STF - HC n. 80511, Rel. Celso de Mello, j. 21.08.2001, p. 00049).

Essa questão foi debatida bem mais recentemente no seio interno do STJ (AgRg na Ação Penal nº 836 - DF - Rel. Herman Benjamin, j. 05.10.2016), quando, por votação apertada, foi sufragada a mesma tese, isto é, segundo aquele Tribunal Superior, para julgamento do Governador, deve antes contar com a prévia autorização da respectiva Assembleia Legislativa. O principal argumento vem extraído do chamado princípio da simetria, a possibilitar que normas previstas na Constituição (*in casu*, o art. 86 da Carta, que prevê a necessidade de prévia autorização da Câmara dos Deputados, para julgamento do Presidente da República pelo STF – enquanto no exercício da função pública - nas infrações penais comuns, ou perante o Senado Federal, nos crimes de responsabilidade), sejam adotadas por Constituições Estaduais, desde que, por óbvio, observem a mesma diretriz do preceito constitucional. Foi a tese vencedora, por 8 x 6, valendo que se confira, nesse sentido, o brilhante voto do eminente Ministro Luis Felipe Salomão.

Sucede que, revisitando o tema, o Supremo Tribunal Federal repudiou esse entendimento, no sentido, portanto, de que o STJ prescinde da prévia autorização da Assembleia Legislativa local para processamento do Governador. Por conseguinte, Constituições Estaduais que continham esse dispositivo foram alvo de diversas ações diretas de inconstitucionalidade, fincando a mais alta Corta do país pela inconstitucionalidade da norma. Nesse sentido, julgadas, em maio de 2017, as ADIs 4764, 4797 e 4798.

Nessa esteira, o Ministro Alexandre de Moraes reconheceu a inconstitucionalidade nas ADIs 185 e 218, da Paraíba. Julgaram, ainda, procedente os pedidos e declararam a inconstitucionalidade o Ministro Edson Fachin na ADI 4781, de Mato Grosso do Sul, e a Ministra Rosa Weber nas ADIs 4775 e 4778, do Ceará e da Paraíba. Foi também nesse sentido a ADI 4804, do Tocantins, relatada pelo Ministro Celso de Mello.

O argumento principal reside no fato de que a prévia autorização da Câmara dos Deputados se justifica em face da altíssima função exercida pelo Presidente da República e, bem por isso, conta com expressa previsão constitucional a respeito (art. 86 da CF). Na hipótese de Governadores, a extensão desse privilégio só faria incentivar o "conluio" entre Legislativo e Executivo locais. Um dado de cunho prático, nessa linha de raciocínio, foi lembrado pelo Ministro Luís Roberto Barroso, ao destacar que o STJ solicitou, em 52 vezes, a autorização das mais diversas Assembleias Estaduais para o processamento do respectivo Governador. Desses pedidos, 36 nem foram respondidos, 15 foram negados e apenas 1 autorizado, a implicar na mais absoluta impunidade dos Governadores locais.

Argumentou-se, ainda, que esse entendimento (quanto à necessidade da prévia autorização), fazia sentido ao tempo em que Governadores eram julgados pelos respectivos Tribunais de Justiça, em possibilidade afastada pela Constituição de 1988 que cominou ao STJ essa competência (art. 105, inc. I, "a", da CF). Demais disso, caso vencedora essa tese, estar-se-ia transferindo para o Estado a indevida possibilidade de legislar sobre matéria processual, em competência que é exclusiva da União (art. 21, inc. I, da Carta).

Como consequência do julgamento da ADI 5540, da relatoria do Ministro Edson Fachin (j. em 03.05.2017), o Supremo Tribunal Federal fincou a seguinte tese: "Não há necessidade de prévia autorização da Assembleia Legislativa para o recebimento de denúncia ou queixa-crime e instauração de ação penal contra o governador de estado, por crime comum, cabendo ao STJ, no ato de recebimento da denúncia ou no curso do processo, dispor fundamentadamente sobre a aplicação de medidas cautelares penais, inclusive afastamento do cargo".

Foro "privilegiado" e corréus não detentores de prerrogativa de função – Quando um mesmo fato é cometido por vários agentes, sendo que alguns deles detêm o foro por prerrogativa de função e outros não, todos os réus devem ser julgados em um feito único. Suponha-se, assim, um crime cometido por um Deputado Federal em concurso com outra pessoa que não possui nenhum cargo público. O julgamento do parlamentar, por força de expressa disposição constitucional, caberá ao Supremo Tribunal Federal (art. 102, inc. I, "b", da Constituição). Essa competência originária, da mais alta Corte do país, se estenderá também ao outro agente, ainda que não possua nenhuma condição pessoal que justifique a prerrogativa e função, ensejando o julgamento unitário de todos os agentes. Regras de competência, que cuidam da conexão e continência, previstas no Código de Processo Penal, justificam a formação desse litisconsórcio passivo, com o objetivo de impedir que sejam proferidas decisões contraditórias e, no aspecto prático, que provas se dispersem, em franco prejuízo ao bom andamento da Justiça. A propósito, vale conferir o enunciado da Súmula 704 do Supremo, segundo a qual "não viola as garantias do juiz natural, da ampla defesa e do devido processo legal a atração por continência ou conexão do processo do corréu ao foro por prerrogativa de função de um dos denunciados."

Assim, dispõe o art. 77, inc. I do CPP, que ocorrerá continência, a justificar um único julgamento, quando duas ou mais pessoas forem acusadas pela mesma infração. Já o art. 78, inc. III do mesmo "codex", prevê que "no concurso de jurisdições de diversas categorias, predominará a de maior graduação". Ora, entre a jurisdição do STF (como consta de nosso exemplo acima) e de um juízo comum prepondera, por óbvio, aquela primeira. O mesmo ocorrerá em relação ao Superior Tribunal de Justiça ou a um Tribunal de Justiça federal ou estadual, em relação a um juízo de 1° grau.

É verdade que o CPP estabelece exceções, isto é, situações nas quais a conexão e a continência não importam em unidade do processo, como se verifica de seu art. 79. Mas essas exceções justificam o desmembramento, somente, no concurso entre a jurisdição comum e a militar e no concurso entre a jurisdição comum e a do juízo de menores, o que não é o caso aqui examinado.

Quando se admite a separação dos processos – A regra geral, como visto acima, é a *do simultaneus processus*, a impor que detentor do chamado foro privilegiado e correu sejam julgados em um único processo. Contudo, o STF (INQ. 4.327, Min. Rosa Weber, j. 19.12.2017) passou a adotar como regra o **desmembramento** dos inquéritos e ações penais originárias no tocante a coinvestigados ou corréus não **detentores de foro** por prerrogativa de função, admitindo-se, apenas **excepcionalmente**, a atração da competência originária quando se verifique que a separação seja apta a causar prejuízo relevante, aferível em cada caso concreto.

ATENÇÃO - Diante da decisão proferida pelo STF na AP 937, na qual restringiu o foro dos parlamentares federais para crimes funcionais, parece mais coerente com o espírito dessa decisão não mais se estender o foro para corréus sem essa prerrogativa.

JURISPRUDÊNCIA

Quando é possível o desmembramento do processo

"A presente medida é determinada com apoio no art. 80 do CPP, que autoriza a separação do feito, presente motivo relevante que torne conveniente a adoção de tal providência, como sucede nas hipóteses em que se registra pluralidade de investigados e/ou de denunciados (HC 87.867-MC/RR, Rel. Min. CELSO DE MELLO – HC 91.273/RJ, Rel. Min. MARCO AURÉLIO – Inq 1.720/RJ, Rel. Min. SEPÚLVEDA PERTENCE – Inq. 1.741/MA, Rel. Min. CELSO DE MELLO – Inq 2.089/ RO, Rel. Min. CELSO DE MELLO – Inq 2.091/RR, Rel. Min. AYRES BRITTO – Inq 2.145/RO, Rel. Min. ELLEN GRACIE – Inq 2.486/AC, Rel. Min. AYRES BRITTO – Inq 2.513/MG, Rel. Min. MENEZES DIREITO – Inq 2.548-AgR-ED/DF, Rel. Min. MENEZES DIREITO – Pet 2.020-QO/MG, Rel. Min. NÉRI DA SILVEIRA – Pet 3.100/TO, Rel. Min. CARLOS VELLOSO – Pet 3.838/RO, Rel. Min. MARCO AURÉLIO, v.g.)" (STF – Inq. n° 3357-PR – Rel. Celso de Mello, j. 25.03.2014).

"A cisão da causa penal, de caráter meramente facultativo, fundada em qualquer das hipóteses previstas no art. 80 do CPP (dentre as quais, a ocorrência de motivo relevante que torne conveniente a adoção de referida separação), pode efetivar-se, de modo legítimo, sempre a critério do órgão judiciário competente, ainda que configurada, na espécie, a existência de vínculo de conexidade ou de relação de continência e não obstante presentes, no procedimento persecutório, investigados detentores de prerrogativa de foro" (STF – Inq n° 2601 QO- RJ – Rel. Celso de Mello, j. 20.10.2011, DJe 16.05.2013).

Haverá mesmo o privilégio? – Discutível, outrossim, a expressão *foro privilegiado*, utilizada de uma forma depreciativa, frequentemente, pelos meios de comunicação e pela população em geral, como que importando em um benefício especial, deferido a determinadas pessoas, em prol, portanto, de certos privilegiados. Nada mais equivocado. Aliás, no célebre julgamento da Ação Penal n° 470, conhecida como *mensalão*, essa questão foi ventilada, pois os réus, naquele feito, uma vez condenados pelo Supremo Tribunal Federal, em primeira e única instância, não mais tiveram oportunidade de recurso para outra instância, cabível, apenas, embargos de declaração e embargos infringentes e de nulidade, cujo âmbito de devolução é bem mais reduzido. Tanto que já se debate a possibilidade de uma lei a permitir que uma das turmas da mais alta Corte conheça dos processos de competência originária com possibilidade de recurso para o Pleno. Um outro exemplo: qualquer cidadão e qualquer que seja o delito por ele cometido, uma vez condenado, tem o direito de valer-se de pelo menos um recurso. Assim, por exemplo, condenado por ter agredido sua esposa, poderá apelar, suscitando questão de fato, no sentido de que o fato não ocorreu ou que se originou de uma troca recíproca de ataques. Um juiz de direito, condenado em competência originária pelo respectivo Tribunal de Justiça, na mesma situação, não poderá recorrer para que seja reapreciada questão de fato. Com efeito, os recursos cabíveis, para o STF e o STJ, são de natureza excepcional, oponíveis apenas para discussão de questões de direito e jamais poderiam analisar o material probatório, apreciando se houve ou não a agressão. E mais: suponha-se que, a despeito do acusado preencher os requisitos legais, o Ministério Público se recuse a propor a suspensão condicional do processo, de que trata a Lei n. 9.099/1995. Pode o juiz, por analogia, aplicar o art. 28 do código – nos termos do enunciado da Súmula n. 696 do STF – cabendo ao Procurador-Geral dar a última palavra, determinando, caso discorde do promotor, o encaminhamento de proposta do *sursis* processual. Ao detentor do foro por prerrogativa de função não se abre essa oportunidade. De tal forma que, embora preenchendo requisitos objetivos e subjetivos que lhe permitiriam obter o favor legal, se o Procurador-Geral negar o encaminhamento da proposta, nada mais poderá ser feito.

Mandado de Segurança – É tranquilo o entendimento doutrinário e jurisprudencial quanto ao cabimento do mandado de segurança em matéria criminal, sobretudo nas hipóteses em que se discute, no âmbito penal, questões de cunho patrimonial (restituição de bens apreendidos, por exemplo), não amparadas pelo "habeas corpus". (Ver por todos, nesse sentido, a posição do STF no Mandado de Segurança n. 24167-RJ, no qual foi relator o Ministro Joaquim Barbosa, julgado pelo Pleno em 5.10.2006). Isso para dizer que a Lei nº 12.016/2009, que trata do Mandado de Segurança, a partir da edição da Lei n. 13.676/2018, sofreu alteração no *caput* de seu art. 16, para constar que, nos casos de competência originária dos tribunais, cabe ao relator presidir a instrução do processo de mandado de segurança, admitindo-se, ainda, sustentação oral nas sessões de julgamento de mérito. Estas disposições já constavam da redação original. A inovação consistiu em se admitir a defesa oral também no julgamento do pedido liminar.

JURISPRUDÊNCIA

"Tratando-se de processo criminal no qual se atribui a todos os agentes os mesmos delitos, depara-se com nítida hipótese de continência, nos termos do artigo 77, inciso I, do Código de Processo Penal, circunstância que, por si só, impede o julgamento dos fatos por juízos distintos com relação a determinados réus, já que não se verifica nenhuma das exceções previstas no artigo 79 do citado Estatuto. Constatando que um dos réus, à época do recebimento da denúncia, ocupava cargo detentor de foro por prerrogativa, incidindo, portanto, em um só caso, duas regras de fixação de competência distintas, deve prevalecer aquela estabelecida em norma de maior hierarquia, nos termos do artigo 78, inciso III, do Código de Processo Penal, razão pela qual, na hipótese, impõe-se que os corréus não detentores do foro por prerrogativa de função sejam processados e julgados perante o Tribunal de Justiça do Estado, por força da continência verificada. A corroborar tal compreensão, é imperioso frisar que, ao julgar questão de ordem no Inquérito 2245/MG, o Supremo Tribunal Federal entendeu, consoante o voto médio prolatado pelo eminente Ministro Sepúlveda Pertence, que a simples pluralidade de réus não enseja o desmembramento dos processos em que haja autoridade detentora de foro por prerrogativa de função, impondo-se o julgamento unitário dos acusados perante a jurisdição de maior hierarquia" (STJ – HC n° 232309-MA – Rel. Jorge Mussi, j. 01.10.201, DJe 14.10.2014).

Reunião dos inquéritos

"A ocorrência de duas ou mais infrações, supostamente praticadas por várias pessoas em concurso, algumas inclusive com prerrogativa de foro, embora diverso o tempo e o lugar, resulta tanto na conexão subjetiva concursal quanto na reunião dos inquéritos separadamente instaurados na instância competente, atendendo às exigências dos arts. 76, inc. I, e 78, inc. III, do Código de Processo Penal. A apuração unificada, especialmente quando se cogita da existência de uma quadrilha envolvendo juízes e desembargadores, justifica a tramitação do inquérito policial sob a competência do Superior Tribunal de Justiça, na forma estabelecida nos arts. 84 e seguintes do Código de Processo Penal, no art. 105, inc. I, alínea "a", da Constituição da República, e na Súmula 704 deste Supremo Tribunal" (STF – HC n° 106279- GO – Rel. Cármen Lúcia, j. 23.08.2011, DJe 06.09.2011).

Art. 85. Nos processos por crime contra a honra, em que forem querelantes as pessoas que a Constituição sujeita à jurisdição do Supremo Tribunal Federal e dos Tribunais de Apelação, àquele ou a estes caberá o julgamento, quando oposta e admitida a exceção da verdade.

Exceção da verdade – O dispositivo estabelece que, nos processos por crime contra a honra, sendo querelantes as pessoas que gozem de foro por prerrogativa de função, caso oposta a exceção da verdade, o julgamento caberá ao Tribunal e não ao juízo onde tem curso o processo. A *exceptio veritatis* é cabível no crime de calúnia, nos termos do art. 138, § 3° do Código Penal, salvo nas hipóteses previstas nos incs. I, II e III do mencionado artigo e no crime de difamação, quando praticado contra servidor público, no exercício da função (art. 139, parágrafo único).

Num exemplo: um Senador promove uma queixa-crime contra o autor de uma calúnia proferida na cidade de Santo André. O foro competente é o do local do crime, portanto a comarca de Santo André. Ocorre que o querelado opõe exceção da verdade, pretendendo comprovar, assim, que o fato que imputou ao Senador é verdadeiro. Nesse caso, o julgamento da exceção da verdade caberá ao Supremo Tribunal Federal. Acolhendo a exceção, cumpre absolver o querelado. Julgando improcedente a exceção, deve o STF determinar o retorno dos autos ao juízo de origem (em nosso exemplo, o juízo de Santo André), para que seja apreciado o crime de calúnia.

ATENÇÃO - Tratando-se de processo por crime contra a honra de parlamentar, sabendo que o foro especial abrange crimes cometidos no exercício e em razão da função, a coerência manda a exceção da verdade ser julgada pelo Tribunal somente quando a calúnia envolva crimes dessa natureza.

JURISPRUDÊNCIA

"O juízo de admissibilidade, o processamento e a instrução da exceção da verdade oposta em face de autoridades públicas com prerrogativa de foro devem ser feitos pelo próprio juízo da ação penal originária que, após a instrução dos autos, admitida a 'exceptio veritatis', deve remetê-los à Instância Superior para julgamento do mérito" (STJ – Rcl. n° 7391-MT, Rel. Laurita Vaz, j. 19.06.2013, DJe 01.07.2013).

Cabível apenas no crime de calúnia – Comporta a exceção da verdade o crime de calúnia, como previsto no art. 138 do Código Penal, bem como o crime de difamação, mas apenas quando funcionário público o ofendido e desde que a ofensa se refira ao exercício de suas funções (art. 139, parágrafo único, do CP). A doutrina, porém, de forma unânime, secundada pela jurisprudência do Supremo Tribunal Federal, entende que este dispositivo em exame tem limitada sua incidência, apenas, ao crime de calúnia, não se aplicando à difamação. É que na difamação se imputa um fato desonroso, enquanto que na calúnia se atribui a outrem a prática de crime. Ora, se perpetrado um crime por um juiz de direito, detentor de foro por prerrogativa de função, a competência para julgá-lo será de um tribunal, parece obvio que caberá a esse órgão, também, a competência para conhecer da exceção da verdade, que busca comprovar, exatamente, a prática do delito.

JURISPRUDÊNCIA

"Competência do S.T.F. que se restringe a julgar o incidente (CPP, art. 85), cabendo ao Juízo da ação penal decidir pela admissibilidade ou não da exceção, presidindo, se for o caso, a instrução da mesma. Admitida e instruída a exceção, os autos sobem ao Supremo Tribunal Federal para o julgamento, se ocorrente a hipótese em que a exceção da verdade tenha por objeto a imputação da pratica de fato criminoso ao titular de foro por prerrogativa de função, ou seja, quando o excipiente esteja a responder por calúnia e não por simples difamação" (STF – EV 522-RJ, Rel. Carlos Velloso, j. 04.08.1993, DJ 03.09.1993, p. 17742).

EXCEÇÃO DA VERDADE. Crime contra a honra: Calunia e Difamação, arts. 324 e 325 Código Eleitoral. Competência originária do STF. Art. 102, I, "b" e "c", da CF. c/c. art. 85 do CPP. Foro por prerrogativa de função restrito as infrações penais comuns, sejam elas veiculadas por meio de ação ou por meio de exceção. Exceção admitida tão somente na parte em que veicula imputação do crime de calúnia e nessa parte julgada improcedente. Incompetência da Corte para conhecer da "exceptio veritate" relacionada a difamação. Remessa dos autos ao juízo de origem competente para, nessa parte, dela conhecer"(STF – EV n. 601 – Rel. Paulo Brossard, j. 26.08.93).

Término do exercício da função pública e exceção da verdade – Suponha-se que o querelante, vítima de uma calúnia, ao tempo em que praticada a ofensa, exercesse a função de promotor de Justiça. Oferta queixa-crime, que é recebida, mas, nesse meio tempo, se aposenta. Eventual exceção da verdade deve ser conhecida pelo Tribunal? A Súmula n. 396, do Supremo Tribunal Federal, respondia positivamente a essa indagação, nos seguintes termos: "Para a ação penal por ofensa à honra, sendo admissível a exceção da verdade quanto ao desempenho de função pública, prevalece a competência especial por prerrogativa de função, ainda que já tenha cessado o exercício funcional do ofendido". Temos, porém, que essa súmula não se acha recepcionada pela legislação em vigor. Com efeito, fazia sentido em vista do teor do § 1º, do art. 84 do CPP, que tinha a seguinte redação: "A competência especial por prerrogativa de função, relativa a atos administrativos do agente, prevalece ainda que o inquérito ou a ação judicial sejam iniciados após a cessação do exercício da função pública". Sucede que, por meio da ADI, de nº 2.797-DF, julgada em 15 de setembro de 2005, entendeu a Suprema Corte pela inconstitucionalidade da Lei nº 10.628, que alterara a redação dos § § 1º, do art. 84 do CPP. De tal modo que, julgado inconstitucional esse dispositivo, não faz nenhum sentido que ainda prevaleça o entendimento sumular, pelo que, cessada a função pública, cessa também a prerrogativa decorrente da função. Este tema é aprofundado na análise formulada ao art. 84, sob a rubrica *prerrogativa e término do exercício da função pública.*

Querelante – Conquanto o artigo em exame faça alusão, apenas, ao querelante, é de se observar que, também na ação penal pública, quando deflagrado o processo-crime por meio de denúncia, essa regra pode ter aplicação. Suponha-se que, caluniado um juiz de direito, quando no exercício de suas funções públicas, ao invés dele próprio ingressar com a queixa-crime, entenda por bem representar ao Ministério Público, conforme autoriza o parágrafo único, do art. 145 do Código Penal. Recebida a denúncia, o réu propõe a *fides veri* que, então, será apreciada pelo Tribunal de Justiça (atual denominação dos Tribunais de Apelação), sujeitando-se à disciplina deste artigo.

Art. 86. Ao Supremo Tribunal Federal competirá, privativamente, processar e julgar:

I - os seus ministros, nos crimes comuns;

II - os ministros de Estado, salvo nos crimes conexos com os do Presidente da República;

III - o procurador-geral da República, os desembargadores dos Tribunais de Apelação, os ministros do Tribunal de Contas e os embaixadores e ministros diplomáticos, nos crimes comuns e de responsabilidade.

Art. 87. Competirá, originariamente, aos Tribunais de Apelação o julgamento dos governadores ou interventores nos Estados ou Territórios, e prefeito do Distrito Federal, seus respectivos secretários e chefes de Polícia, juízes de instância inferior e órgãos do Ministério Público.

Competência do STF e dos Tribunais de Justiça – Foram analisadas no artigo 84 acima.

CAPÍTULO VIII
DISPOSIÇÕES ESPECIAIS

Art. 88. No processo por crimes praticados fora do território brasileiro, será competente o juízo da Capital do Estado onde houver por último residido o acusado. Se este nunca tiver residido no Brasil, será competente o juízo da Capital da República.

Crimes praticados no estrangeiro – Há crimes que, embora praticados no estrangeiro, sujeitam seu autor à lei brasileira. O art. 7º do Código Penal elenca as hipóteses em que isso ocorre, naquilo que a doutrina denomina *princípio da extraterritorialidade*, que consiste, exatamente, nessa possibilidade de aplicação da lei brasileira a crimes perpetrados no exterior. Por exemplo, a Lei nº 9.455/1997, que define os crimes de tortura, prevê sua aplicação aos crimes cometidos fora do país, desde que seja brasileira a vítima e se encontre o agente "em local sob jurisdição brasileira" (art. 2º).

Assim, cometido o crime no estrangeiro e tendo o agente residido no Brasil, considera-se, como critério fixador da competência, a respectiva capital da unidade da federação. Tendo o agente, *v.g.*, residido em Campinas, o processo-crime será deflagrado em São Paulo. Se jamais morou no Brasil, a competência será de Brasília, a Capital da República. O tema vem esmiuçado nos comentários tecidos ao art. 1º, e ao art. 69, mais precisamente no item *crimes cometidos no exterior*.

Competência para o processo e julgamento – Verificado um crime cometido no estrangeiro e identificada a extraterritorialidade da lei brasileira, é preciso apontar o órgão jurisdicional competente para julgamento no Brasil.

Imaginemos que André, brasileiro residente nos Estados Unidos, furte um cidadão americano e se evada para o Brasil antes mesmo de que o crime seja comunicado às autoridades daquele país. A lei brasileira alcança este fato, pois se trata de crime praticado por brasileiro e as condições estabelecidas para a extraterritorialidade estão preenchidas: o agente ingressou no Brasil; o furto é crime também nos Estados Unidos e se inclui entre aqueles pelos quais a lei brasileira autoriza a extradição; e André fugiu antes do início do processo, sem notícia de perdão ou causa extintiva da punibilidade.

Neste caso, de acordo com a orientação adotada pelo STJ, André será processado e julgado no Brasil pela Justiça Estadual, pois não incide nenhuma das hipóteses específicas de competência da Justiça Federal (art. 109, CF/88):

> "CONFLITO NEGATIVO DE COMPETÊNCIA. INQUÉRITO POLICIAL QUE APURA CRIME DE FURTO PERPETRADO POR BRASILEIRO, CONTRA VÍTIMA BRASILEIRA, AMBOS RESIDENTES NO JAPÃO. ITER CRIMINIS INTEGRALMENTE OCORRIDO NO EXTERIOR. REGRESSO DO AGENTE AO PAÍS. COMPETÊNCIA DA JUSTIÇA COMUM ESTADUAL. 1. Aplica-se a extraterritorialidade prevista no art. 7.º, inciso II, alínea b, e § 2.º, alínea a, do Código Penal, se o crime foi praticado por brasileiro no estrangeiro e, posteriormente, o agente ingressou em território nacional. 2. Nos termos do art. 88 do Código de Processo Penal, sendo a cidade de São Paulo/SP o último domicílio do indiciado, é patente a competência do Juízo da Capital do Estado de São Paulo. 3. Afasta-se a competência da Justiça Federal, tendo em vista a inexistência de qualquer hipótese prevista no art. 109 da Carta da República, principalmente, porque todo o iter criminis ocorreu no estrangeiro. 4. Conflito conhecido para declarar a competência do Juízo de Direito do Departamento de Inquéritos Policiais e Polícia Judiciária de São Paulo" (CC 115.375/SP, j. 26/10/2011).

Há, todavia, situações em que o interesse da União pode se fazer presente em virtude da negativa de extradição pelo Brasil.

Julgando o conflito de competência 154.645/MG (j. 25/04/2018), o STJ estabeleceu a competência da Justiça Federal para julgar um brasileiro que havia cometido crimes contra a fé pública em Portugal, crimes estes que não envolveram o Brasil, pois consistiram em falsificar documentos de identidade portugueses para entrada ilegal nos Estados Unidos e no Canadá. Ocorre que, uma vez descoberto o crime, o agente retornou ao Brasil e, em razão disso, Portugal pediu sua extradição, que, todavia, foi negada diante da vedação constitucional à extradição de brasileiros.

Nesta situação, o STJ considerou competente a Justiça Federal porque o Brasil mantém com Portugal um tratado que estabelece, na impossibilidade de extradição, a submissão do autor de crime "a julgamento pelo Tribunal competente e, em conformidade com a sua lei, pelos fatos que fundamentaram, ou poderiam ter fundamentado, o pedido de extradição", e compete à União, por expressa disposição constitucional, manter relações com estados estrangeiros e cumprir os tratados firmados:

> "Por se tratar de crime praticado por agente de nacionalidade brasileira, não é possível a extradição, em conformidade com o art. 5º, LI, da CF/88. Aplicável, no caso, o Decreto n. 1.325/1994, que incorporou ao ordenamento jurídico brasileiro o Tratado de Extradição entre o Governo da República Federativa do Brasil e o Governo da República Portuguesa, no qual estabelece, na impossibilidade de extradição por ser nacional da parte requerida, a obrigação de "submeter o infrator a julgamento pelo Tribunal competente e, em conformidade com a sua lei, pelos fatos que fundamentaram, ou poderiam ter fundamentado, o pedido de extradição" (art. IV, 1, do Tratado de Extradição). Além disso, cabe à União, segundo dispõem os arts. 21, I, e 84, VII e VIII, da Carta da República, manter relações com estados estrangeiros e cumprir os tratados firmados, fixando-se a sua responsabilidade na persecutio criminis nas hipóteses de crimes praticados por brasileiros no exterior, na qual haja incidência da norma interna, no caso, o Direito Penal interno e não seja possível a extradição. No plano interno, em decorrência da repercussão das relações da União com estados estrangeiros e o cumprimento dos tratados internacionais firmados, a cooperação passiva, a teor dos arts. 105 e 109, X, da CF/88, impõe a execução de rogatórias pela Justiça Federal após a chancela por esta Corte Superior. Assim, compete à Justiça Federal o processamento e o julgamento da ação penal que versa sobre crime praticado no exterior, o qual tenha sido transferida para a jurisdição brasileira, por negativa de extradição, aplicável o art. 109, IV, da CF/88".

Interessante caso foi submetido para apreciação do STJ, no qual **ex-namorado proferiu ameaças à mulher via facebook,** encontrando-se ele em território estrangeiro (EUA), e ela no Brasil, local onde teria tomado conhecimento das promessas de prática de mal injusto e grave. Decidiu-se que a competência para a aplicação dos institutos protetivos da Lei Maria da Penha é da Justiça Federal, com fundamento no art. 109, V, CF/88 (aos juízes federais compete processar e julgar os crimes previstos em tratado ou convenção internacional, quando iniciada a execução no País, o resultado tenha ou devesse ter ocorrido no estrangeiro, ou reciprocamente). Observe-se que, de fato, não se tem, propriamente, crime previsto em tratado ou convenção internacional. Isto porque, embora o Brasil seja signatário de acordos internacionais que asseguram os direitos das mulheres, tais convenções não descrevem tipos penais. Em outras palavras, referidas convenções apenas apresentam conceitos e recomendações sobre a erradicação de qualquer forma de discriminação e violência contra as mulheres. Entretanto, em situação semelhante ao caso concreto, o argumento de ausência de tipificação em convenção internacional foi derrubado pelo Supremo quando da análise de crimes de pedofilia na Internet (RE 628.624). Segundo a tese vencedora, o Estatuto da Criança e do Adolescente é produto de tratado e convenção internacional subscritos pelo Brasil. Dessarte, à luz do entendimento firmado pelo Supremo Tribunal Federal, embora as convenções internacionais firmadas pelo Brasil não tipifiquem ameaças à mulher, a Lei Maria da Penha, que prevê medidas protetivas, veio concretizar o dever assumido pelo Estado Brasileiro de proteção à mulher. Assim, é evidente a internacionalidade das ameaças que tiveram início nos EUA, por meio de rede social de grande alcance, o que resulta na competência da Justiça Federal (PROCESSO: CC 150.712-SP, Rel. Min. Joel Ilan Paciornik, por unanimidade, julgado em 10/10/2018, DJe 19/10/2018).

JURISPRUDÊNCIA

"Aos delitos supostamente praticados por brasileiro no estrangeiro (Bolívia) que, posteriormente, ingressou em território brasileiro, aplica-se a extraterritorialidade do art. 7º, II, a e § 2º, a do Código Penal. O art. 88 do Código de Processo Penal dispõe que a competência para apreciação do feito, quando o acusado nunca tiver residido no Brasil, é do Juízo da Capital Federal, conquanto preenchidas as condições previstos no art. 7º do Código Penal" (STJ – CC n° 121165-AM, Rel. Alderita Ramos de Oliveira, j. 04.02.2013, DJe 20.02.2013).

"O crime de tráfico internacional de pessoa para fim de exploração sexual é previsto no art. 231 do Código Penal e configura-se com a prática de uma das seguintes condutas: "[p]romover, intermediar ou facilitar a entrada no território nacional, de pessoa que venha exercer a prostituição ou a saída de pessoa para exercê-la no estrangeiro". No caso, a saídas das Vítimas deu-se pelo aeroporto de Goiânia/GO, razão pela qual o crime consumou-se dentro do território nacional. Assim, a alegação de que o foro competente para o processamento e julgamento do crime é a Seção Judiciária Federal do Distrito Federal - pois o Paciente que supostamente praticou o crime do art. 231 do Código Penal é cidadão italiano e nunca residiu ou esteve no Brasil - não pode prosperar, pois a competência do juízo da Capital da República só poderia ser invocada se o crime tivesse ocorrido no exterior (art. 88 do Código de Processo Penal)." (STJ – HC n. 206.607/GO, relatora Ministra Laurita Vaz, Quinta Turma, julgado em 19/8/2014, DJe de 28/8/2014.)

"Os crimes apurados foram supostamente cometidos por estrangeiro perante o Consulado-Geral do Brasil em Xangai, na China, tratando-se, portanto, de crimes contra a fé pública nacional, hipótese de extraterritorialidade incondicionada, descrita no art. 7º, inciso I, alínea "b", do Código Penal. Nos termos do art. 88, primeira parte, do Código de Processo Penal, constatado que o investigado já residiu no Brasil, a competência será do Juízo Federal da Capital do Estado de seu último domicílio, no caso, a cidade de São Paulo" (STJ – CC n° 122119-DF, Rel. Marco Aurélio Bellizze, j. 27.06.2012, DJe 15.08.2012).

"Aplica-se a extraterritorialidade prevista no art. 7.º, inciso II, alínea b, e § 2.º, alínea a, do Código Penal, se o crime foi praticado por brasileiro no estrangeiro e, posteriormente, o agente ingressou em território nacional. Nos termos do art. 88 do Código de Processo Penal, sendo a cidade de São Paulo/SP o último domicílio do indiciado, é patente a competência do Juízo da Capital do Estado de São Paulo" (STJ – CC n° 115375-SP, Rel. Laurita Vaz, j. 26.10.2011, DJe 29.02.2012).

ATENÇÃO - O vocábulo "crimes" aqui empregado, ao contrário do que ocorre em outras situações, deve ser interpretado restritivamente, não alcançando, pois, as contravenções penais, por conta do disposto no art. 2° da lei própria (Decreto-Lei n° 2.848/1940), ao estabelecer que "a lei brasileira só é aplicável à contravenção praticada no território nacional". De sorte que, perpetrada uma contravenção penal, no exterior, não incide a lei nacional.

JURISPRUDÊNCIA

Contravenção penal e competência

A Justiça Federal não tem competência para julgar contravenção penal, ainda que praticada em detrimento de bens, serviços ou interesses da União, nos termos da Súmula nº 38 desta Corte. O artigo 109, inciso IX, da Constituição Federal de 1988, utilizado pelo Juízo suscitado para embasar o declínio da competência para o

Juízo Federal, refere-se tão somente aos crimes cometidos a bordo de navios e aeronaves, excluídas, portanto, as contravenções penais' (STJ – CC n° 117220-BA – Rel. Marco Aurélio Bellizze, j. 26.10.2011, DJe 07.12.2011).

Art. 89. **Os crimes cometidos em qualquer embarcação nas águas territoriais da República, ou nos rios e lagos fronteiriços, bem como a bordo de embarcações nacionais, em alto-mar, serão processados e julgados pela justiça do primeiro porto brasileiro em que tocar a embarcação, após o crime, ou, quando se afastar do País, pela do último em que houver tocado.**

Embarcações – Este dispositivo estabelece a competência para o julgamento dos crimes perpetrados em embarcações, dentro de águas territoriais brasileiras. Nem sempre foi fácil definir o limite marítimo até o qual se aplica a legislação. Os antigos propunham que a extensão territorial de determinada nação se prolongasse, em direção ao mar, até onde suas armas pudessem atingir, segundo a regra *dominium finitur, ubi finitur armorum vis* ("o domínio da terra termina onde termina o poder das armas"). Claro que essa fórmula, nos dias atuais, não poderia mais ser aplicada, em face, inclusive, do notável avanço armamentista que permite o ataque de uma nação contra outra a milhas e milhas de distância.

Atualmente a matéria vem tratada em convenções internacionais e, paralelamente, no âmbito doméstico de cada país. No Brasil, a Lei n° 8.617/1993, em seu art. 1°, estabelece que "o mar territorial brasileiro compreende uma faixa de doze milhas marítimas de largura, medidas a partir da linha de baixa-mar do litoral continental e insular". Ressalte-se que o mar territorial (assim como os rios e lagos), é considerado bem da União, por conta de expressa previsão constitucional (art. 20, incs. III e VI da CF). Vale destacar, ainda, que as plataformas petrolíferas são tidas como embarcações, pelo que reza o art. 2°, incs. V e XIV da Lei n. 9.537/1997.

Assim, cometido um crime em embarcação que se encontre dentro do mar territorial brasileiro, pouco importa se a nave seja de marinha de guerra ou mercante, a competência para julgamento será da justiça brasileira. O mesmo ocorrerá se o crime for perpetrado em alto-mar, isto é, além das águas territoriais nacionais, em faixas oceânicas não alcançadas por qualquer jurisdição. Mas, nesse caso, se exige que a embarcação seja brasileira que, como tal, é considerada extensão do território nacional, nos termos do art. 5°, § 1° do Código Penal. Perpetrado o crime dentro do mar territorial brasileiro (ou, em alto-mar, no interior de embarcação nacional), a competência será do local do primeiro porto brasileiro que tocar o navio ou, tendo deixado o país, no último porto do qual zarpou. A competência é da Justiça Federal, nos termos do art. 109, inc. IX da Constituição.

ATENÇÃO - Navio, para fixar a competência da Justiça Federal, é a embarcação de grande porte e que esteja apta a realizar viagens internacionais. Nesse sentido, STJ, CC 43.404/SP, Rel. Min. Arnaldo Esteves Lima, j.14/02/2005.

Rios e lagos – Quanto aos rios e lagos fronteiriços, ou seja, aqueles que servem de divisa entre o Brasil e outras nações vizinhas, o critério para se estabelecer os limites são fixados mediante tratados bilaterais. Quatro modelos podem ser utilizados, a saber: talvegue, condomínio, meio do rio e margens do rio.

Como ensina Francisco Rezek, "o talvegue é de uso mais frequente nos rios navegáveis: foi ele o critério escolhido por Argentina e Brasil para os rios Uruguai e Iguaçu, por Brasil e Peru para o rio Purus, por Brasil e Colômbia para os rios Iquiare e Taraíra. A linha equidistante foi preferida por Bolívia e Brasil a propósito dos rios Guaporé, Mamoré e Madeira" (*Direito Internacional Público*. 11ª Ed. São Paulo: Saraiva, 2008. p. 167).

Sendo de uso mais comum e em face do âmbito de interesse de nosso trabalho, fiquemos apenas com o talvegue. Como tal se considera a linha que passa mais profundamente pelo leito do rio e que permite sua melhor navegabilidade. A partir dessa linha imaginária são fixadas as divisas entre dois ou mais países. Em suma: saber-se se determinado crime, perpetrado em um rio ou lago fronteiriço, é de competência da justiça brasileira, exige a análise do caso concreto, com a consulta aos tratados que regem a matéria firmados entre o Brasil e a nação vizinha.

Exceção – Vale observar que o Brasil é signatário da Convenção das Nações Unidas sobre o Direito do Mar, realizada em Montego Bay, na Jamaica, em dezembro de 1982. Tal convenção, conhecida como "Constituição dos Oceanos", foi aprovada pelo Congresso Nacional por meio do Decreto Legislativo nº 5, de 9 de novembro de 1987 e ingressou, definitivamente, no mundo jurídico doméstico quando de sua promulgação pela Presidência da República, através do Decreto nº 1.530, de 22 de junho de 1995.

Em seu art. 27, a Convenção dispõe que, regra geral, a jurisdição penal de um Estado ribeirinho não deverá ser exercida, durante a passagem no mar territorial, para detenção de pessoas ou execução de atos de instrução em razão da prática de infração penal, salvo se: 1) as consequências da infração tiverem algum reflexo no Estado ribeirinho; 2) se a infração for de tal natureza a perturbar a paz pública do país ou a boa ordem no mar territorial; 3) se o comandante da embarcação ou o cônsul do país da bandeira do navio pedirem a assistência da autoridade local; 4) se há algum envolvimento com tráfico de drogas.

E, de fato, imagine-se uma desavença, sem maiores consequências, a envolver dois marujos a bordo de um navio estrangeiro de passagem pelo mar territorial brasileiro. Não faria maior sentido a aplicação da lei nacional para fato tão irrelevante. Já se a bordo dessa embarcação contiver grande quantidade de drogas, a configurar seu tráfico internacional, a lei brasileira incidirá com todo seu vigor. Tal disposição, por analogia, pode ser aplicada em relação às aeronaves, previstas no artigo seguinte, conquanto a Convenção se refira apenas ao mar.

JURISPRUDÊNCIA

Navio mercante

Penal. Crime cometido a bordo de navio mercante. Aplicação da lei penal brasileira. Código de Bustamante – "Ao crime cometido em águas territoriais do Brasil a bordo de navio mercante, de outra nacionalidade, se aplica a lei penal brasileira, afastada a incidência do art. 301 do Código de Bustamante, por importar a sua prática em perturbação da tranquilidade do nosso país, tanto mais quando os países de nacionalidade de autor e vítima e da bandeira do navio não são signatários da convenção de Havana de 1928" (STJ – RHC nº 853-BA – Rel. Dias Trindade – RT 665/353).

Embarcação ancorada

"Não basta, à determinação da competência da Justiça Federal, apenas o fato de que o eventual delito tenha sido cometido no interior de embarcação de grande porte. Faz-se necessário que este se encontre em situação de deslocamento internacional ou ao menos em situação de potencial deslocamento. Hipótese na qual a embarcação encontrava-se ancorada, para fins de carregamento, o qual, inclusive, estava sendo feito por pessoas – no caso as vítimas – estranhas à embarcação, visto que eram estivadores e não passageiros ou funcionários desta" (STJ – CC nº 116011-SP – Rel. Gilson Dipp, j. 23.11.2011, DJe 01.12.2011 – RT 918/746).

Embarcação de pequeno porte

"Compete à Justiça Estadual o processo e julgamento de feito que visa à apuração de delito cometido em lancha – embarcação de pequeno porte que não é abrangida pela regra do art. 109, inc. X, da CF, dirigido a embarcações de porte e autonomia consideráveis" (STJ – CC nº 24249-ES – Rel. Gilson Dipp, j. 22.03.2000, DJ 17.04.2000, p. 41).

Art. 90. Os crimes praticados a bordo de aeronave nacional, dentro do espaço aéreo correspondente ao território brasileiro, ou ao alto-mar, ou a bordo de aeronave estrangeira, dentro do espaço aéreo correspondente ao território nacional, serão processados e julgados pela justiça da comarca em cujo território se verificar o pouso após o crime, ou pela da comarca de onde houver partido a aeronave.

Espaço aéreo – Nos termos do art. 11 do Código Brasileiro de Aeronáutica (Lei nº 7.565/1986), "o Brasil exerce completa e exclusiva soberania sobre o espaço aéreo acima de seu território e mar territorial". Como tal deve se entender o espaço perpendicular ao território nacional (terra e mar), em direção ao céu. Mas até que altura?

Segundo Scipione Gemma, "na atmosfera territorial, nenhuma altura limita por cima a soberania" (*apud* Eduardo Espínola Filho, ob. cit., vol. II, p. 88). Em interessante trabalho, sob o título *Direito aeroespacial e direito do mar*, Adherbal Meira Mattos, Professor Titular da Universidade Federal do Pará, formula relevante observação, no sentido de que "até hoje, ainda não foram especificados, em definitivo, os limites exteriores do espaço aéreo. Alguns autores aceitam 30 milhas, a partir das quais começariam o espaço exterior. Outros, cogitam de 52 milhas, como Karman, motivo por que sua teoria é conhecida como Linha Karman, onde começaria o espaço cósmico. Para outros autores, com base na analogia, haveria um espaço contíguo. É que temos um mar territorial, onde o Estado costeiro exerce soberania plena, uma zona contígua, onde o mesmo Estado exerce uma soberania relativa e o alto-mar, onde não há exercício de soberania. Assim, também teríamos um espaço aéreo, onde o Estado subjacente exerceria soberania plena, um espaço contíguo, onde ele exerceria uma soberania relativa e o espaço exterior, onde também, não há exercício de soberania. Não há, entretanto, norma jurídica sobre o assunto" (*Revista Brasileira de Direito Aeroespacial*. n. 74, 1998. Disponível em: www.sbda.org.br/revista/Anterior/1643.htm).

De se observar que a orientação de Scipione Gemma foi firmada na década de 1920, no século passado, quando, salvo nos livros de ficção, nem se cogitava da exploração espacial. Somente no final dos anos 1950, com o lançamento de satélites e, mais precisamente, em 1961, com a façanha de Yuri Gagarin, primeiro homem a viajar pelo espaço, é que o tema gerou interesse. Diplomas internacionais passaram a cuidar do assunto, sendo que o "Tratado sobre Princípios Reguladores das Atividades dos Estados na Exploração e Uso do Espaço Cósmico, inclusive a Lua e demais corpos celestes" (1967), dispõe, em seu art. 2°, que nenhum Estado poderá exercer soberania sobre o espaço cósmico, inclusive a Lua e demais corpos celestes, por uso, ocupação ou qualquer outro meio, sendo livre sua exploração por qualquer nação (art. 1°). O Brasil é signatário desse tratado que, internamente, foi aprovado *pelo* Decreto Legislativo nº 41/1968 e promulgado pelo Decreto nº 64.362/1969.

Competência – É da Justiça Federal, nos termos do art. 109, inc. IX da Constituição. Caso a aeronave tenha pousado em território nacional, após a prática do crime, aí se estabelecerá a competência. Se o pouso se deu em outro país, considera-se competente o local de onde ela decolou, no Brasil. Assim, se na ponte aérea Rio-São Paulo ocorre um crime e o avião pousa em São Paulo, a capital bandeirante terá firmado sua competência. Pode ocorrer, porém, que o voo deixe o Rio de Janeiro em direção a Buenos Aires, sem escalas. Perpetrado um crime em seu interior, a competência será da capital fluminense. E se a decolagem e o pouso não se derem em território nacional? Aplica-se, então, a regra do art. 91 abaixo.

Aeronaves militares e privadas – Há que se fazer uma ressalva no que se refere a aeronaves militares e privadas. Quanto às primeiras, de uso militar, elas são consideradas extensão do território do respectivo país. Nesse sentido, o art. 5°, § 1° do Código Penal (v., ainda, art. 7°, § 1° do Código Penal Militar). De sorte que um avião militar norte-americano (ou mesmo civil, mas de propriedade ou a serviço do Estado), é tido como extensão do território dos Estados Unidos e, como tal não se sujeita à lei brasileira caso um crime tenha sido perpetrado dentro do espaço aéreo nacional. Já uma aeronave privada, de fins comerciais (um avião de carreira, que transporte passageiros), submete-se à lei brasileira na hipótese de cometido um crime em nosso espaço aéreo. É o que dispõe o art. 3°, do Código Brasileiro de Aeronáutica.

ATENÇÃO – Diferentemente dos navios, no que se refere às aeronaves, existirá a competência federal, independentemente de seu porte. Vale recordar que a definição de aeronave é dada pelo art. 106 do Código Brasileiro de Aeronáutica (Lei n.º 7.565/86), nos seguintes termos: "Considera-se aeronave todo aparelho manobrável em voo, que possa sustentar-se e circular no espaço aéreo, mediante reações aerodinâmicas, apto a transportar pessoas ou coisas". Ademais, consoante reiterado entendimento do STJ, o crime será federal ainda que praticado no interior de aeronave que esteja em solo (STJ, HC n. 108478 -SP, Rel. Adilson Vieira Macabu, j. 22/02/2011).

Questão intrigante diz respeito à possibilidade de ocorrência de crime a bordo de balão. Seria hipótese de crime de competência federal? Estaria o balão abrangido pela ideia de aeronave? Malgrado seja o balão passível de limitado controle, não se pode considerá-lo inserido na ideia de "aparelho manobrável", conforme preconiza o Código Brasileiro de Aeronáutica. Foi o que decidiu o STJ no conflito de competência 143.400. O relator do conflito na Terceira Seção, ministro Ribeiro Dantas, afirmou que a jurisprudência do STJ se consolidou no sentido de que "é de competência da Justiça Federal processar e julgar delitos cometidos a bordo de aeronaves, nos termos do inciso IX do artigo 109 da Constituição Federal". Para a definição do conflito, explicou, era preciso considerar a classificação jurídica do termo "aeronave" e estabelecer se os balões de ar quente tripulados estão abrangidos pelo conceito. O ministro adotou como razões de decidir o parecer do Ministério Público Federal, que cita a definição oficial de aeronave trazida no artigo 106 do Código Brasileiro de Aeronáutica (Lei 7.565/1986). Segundo o parecer, o dispositivo estabelece duas restrições que excluem da Justiça Federal a competência para processar e julgar os crimes ocorridos a bordo de balões e dirigíveis. De acordo com a lei, aeronave é "aparelho manobrável em voo" e que possa "sustentar-se e circular no espaço aéreo, mediante reações aerodinâmicas". Dessa forma, o parecer destacou que os balões e dirigíveis não são manobráveis, mas apenas controlados em voo, já que são guiados pela corrente de ar. Além disso, sua sustentação se dá por impulsão estática decorrente do aquecimento do ar ao seu redor e não por reações aerodinâmicas. "Nesse viés, ainda que de difícil definição jurídica, o termo 'aeronave' deve ser aquele adotado pela Lei 7.565/1986 em seu artigo 106, o que, de fato, afasta dessa conceituação os balões de ar quente, ainda que tripulados", concluiu o relator.

JURISPRUDÊNCIA

Crime perpetrado em aeroporto

"Não há provas de que o delito foi praticado no interior do avião pousado, constando apenas que ocorreu nas dependências do aeroporto, razão pela qual não há se falar em competência da Justiça Federal" (STJ – HC nº 252299-TO, Rel. Jorge Mussi, j. 28.05.2013, DJe 10.06.2013).

Tráfico doméstico de entorpecentes a bordo de aeronave, porém a droga foi apreendida no solo - Nos delitos de tráfico de entorpecentes interestadual ocorrido em aeronave, e uma vez apreendida a droga em solo, a competência para o julgamento da ação penal será da Justiça Estadual. Foi o que decidiu o STJ. Nos termos do art. 109, inciso IX, da CF, é de competência da Justiça Federal o julgamento dos crimes cometidos a bordo de navios ou aeronaves, ressalvada a competência da Justiça Militar. Todavia, sendo o tráfico de drogas um delito de natureza permanente, cuja consumação se protrai no tempo, é pacífico o entendimento de que, no caso de delito interestadual e uma vez apreendida a droga em solo, a competência para o julgamento do feito será da Justiça Estadual (Processo: AgRg no HC 691.423-SP, Rel. Min. Ribeiro Dantas, Quinta Turma, por unanimidade, julgado em 07/06/2022, DJe 14/06/2022).

Art. 91. Quando incerta e não se determinar de acordo com as normas estabelecidas nos arts. 89 e 90, a competência se firmará pela prevenção. (Redação dada pela Lei nº 4.893, de 9.12.1965)

Competência incerta e prevenção – Pode ocorrer, no entanto, que os critérios estabelecidos nos arts. 89 e 90 não se prestem a firmar a competência. Imagine-se a prática de um crime, ocorrido em mar brasileiro, no interior de uma embarcação que não zarpou ou atracou em porto nacional. Ou um crime perpetrado no espaço aéreo brasileiro, cujo avião não decolou e tampouco pousou em solo pátrio. Ante a impossibilidade de fixação de um dos critérios previstos nos artigos anteriores, utiliza-se da prevenção, prevista no art. 83 do código.

Prevenção e sistema de juiz das garantias, ver nossos comentários ao art. 83 do CPP.

JURISPRUDÊNCIA

Competência firmada pela prevenção

"Os dados constantes do inquérito não fornecem elementos aptos a firmar a competência conforme a regra do art. 89 do Código de Processo Penal. É que, embora considerada embarcação (art. 2º, V, c/c o XIV, da Lei n. 9.537/1997), não há notícia de que a plataforma, após o delito, tenha retornado ao continente, tampouco evidência de qual localidade saiu antes de partir rumo ao oceano. Nesse passo, incide a regra subsidiária do art. 91 do Código de Processo Penal (competência por prevenção)" (STJ – CC n° 272-SP – Rel. Sebastião Reis Júnior, j. 12.11.2014, DJe 19.11.2014).

TÍTULO VI
DAS QUESTÕES E PROCESSOS INCIDENTES

CAPÍTULO I
DAS QUESTÕES PREJUDICIAIS

Definição – *Prejudicial* significa dizer aquilo que deve ser julgado antes. A questão prejudicial, portanto, é aquela que se vincula a um elemento constitutivo do crime e, por isso, deve ser dirimida antes da decisão principal, ou seja, do mérito da causa. A propósito, do latim são as expressões *prae* e *judicare*, ou seja, *julgar antes*. Daí se dizer que a decisão criminal depende da solução dada à controvérsia prejudicial. Trata-se de restrição à regra segundo a qual "o juiz da ação é o juiz da exceção", pois, como veremos abaixo, em determinadas situações, a decisão do juiz criminal ficará vinculada ao que foi decidido no âmbito cível.

Oportuna, assim, a lição de Hélio Tornaghi para quem, "o juiz não pode concluir coisa alguma a respeito da questão principal sem uma solução da prejudicante. Em outras palavras: a questão prejudicial *condiciona* (primeira característica: *superordinação*), fatalmente, irrecusavelmente (segunda característica: *necessidade*) a questão prejudicada" (*Instituições de processo penal*, vol. 4, p. 327).

Natureza jurídica – Como destaca Julio Fabbrini Mirabete, "a natureza jurídica das questões prejudiciais é extremamente controvertida. Já foi ela considerada como precedente jurisprudencial, no Direito Romano; como meio de prova, por Bethman-Holweg; como espécie de ação ou de exceção, para João Pereira Monteiro; como pressuposto processual, para Giulio Battaglini; como condição de procedibilidade, para Alfredo De Marcico; como condição da ação, para Paulo Lúcio Nogueira etc. Concordamos com Antônio Scarance Fernandes que vê na prejudicialidade uma forma de conexão. A prejudicialidade, como vem sendo acentuado, se caracteriza por ser uma relação entre duas figuras, a prejudicial e a prejudicada, sendo que esta depende lógica e necessariamente daquela" (*Manual de Processo Penal*. Atlas: São Paulo, 2005, p. 200).

Sistemas de abordagem das prejudiciais – Como veremos logo adiante, as prejudiciais se dizem *homogêneas* quando, referentes ao Direito Penal, sua apreciação cabe ao próprio juiz criminal. E *heterogêneas*, quando versarem sobre questão de Direito Civil *lato sensu*, a ser decidida por outro juiz. Quando homogênea, não há dificuldade: o juiz do processo-crime a aprecia. Quando heterogênea, porém, a doutrina sugere alguns sistemas para abordagem da matéria.

O primeiro sistema conhecido é chamado *sistema da cognição incidental*. Por ele, cabe ao juiz criminal julgar as questões prejudiciais, mesmo que estranhas ao âmbito do Direito

Penal. Argumenta-se que, apenas com o julgamento da questão extrapenal pelo juiz criminal, ele terá condições de apurar a verdade real. Ademais, a rapidez que se reclama de um processo criminal não recomenda que se aguarde a decisão de um juízo cível a respeito do tema. Possui, contudo, o inconveniente de possibilitar o surgimento de duas sentenças contraditórias. Ocorreria, para tomar o exemplo clássico, se o juiz criminal absolvesse o réu da bigamia, declarando sem validade o primeiro casamento (lembre-se que ele julga *incidenter tantum* no processo penal, ou seja, sem validade *erga omnes*), enquanto o juiz civil declarasse válido o mesmo casamento.

Cita-se, ainda, o *sistema da prejudicialidade obrigatória*, segundo o qual, como indica o nome, a prejudicial deve ser, obrigatoriamente, julgada pelo juiz cível, cuja especialização poderá ensejar um julgamento perfeito ou, pelo menos, o mais próximo possível da perfeição. Afinal, dizem aqueles que defendem esse sistema, não poderia um processo penal, que envolve réu e Ministério Público, decidir sobre o casamento - para tomar o exemplo acima - sem a participação da primeira esposa, diretamente interessada no deslinde da questão. Essa teoria sofre crítica por retirar, do juiz criminal, o seu livre convencimento, pois fica necessariamente vinculado à decisão do juiz cível.

Sistema adotado no Brasil - Em nosso país, assim como na maioria das legislações modernas, se adota um sistema *eclético*, para a apreciação das prejudiciais heterogêneas, o que significa dizer que, em algumas situações, o juiz criminal tem a *faculdade* de remeter o julgamento da questão ao juiz não-penal. Já em outras, é el *obrigado* a fazê-lo. Assim, quando a questão for meramente *declarativa*, quando se limita a tornar certa uma relação já existente, terá o juiz criminal a faculdade de remeter, ou não, a matéria para apreciação do juiz cível. Ao contrário, caso se trate de verdadeira questão constitutiva, que cria uma situação jurídica nova, aí então a remessa é obrigatória, devendo se aguardar a decisão do juiz civil.

Espécies de questões prejudiciais. Questões homogêneas - A prejudicial, como se viu acima, pode ser *homogênea* ou *heterogênea*. A questão homogênea é a relativa ao mesmo ramo do direito discutido na ação principal, ou seja, é aquela pertencente ao Direito Penal e, bem por isso, deve ser enfrentada pelo próprio juiz do processo-crime. Assim, por exemplo, recebida uma queixa pela prática de calúnia, pode o querelado pretender comprovar a veracidade da acusação, promovendo a chamada exceção da verdade. Ora, a exceção da verdade é uma questão prejudicial, já que se o querelado comprovar que o fato é verdadeiro, se desaparece o direito de o querelante tentar uma condenação. Portanto, a exceção da verdade deve ser julgada, obrigatoriamente, antes de apreciado o crime de calúnia propriamente dito. Num outro exemplo, suponha-se que dois réus foram denunciados, no mesmo processo, um por furto e outro por receptação. É claro que a discussão sobre o furto deve vir antes, já que, se comprovada a inexistência desse crime, obviamente também estará prejudicada a caracterização da receptação. Em outras palavras, se não houve furto (ou outro crime contra o patrimônio), a coisa adquirida não tinha origem ilícita e, por consequência, também não se configurou o crime de receptação. Essas são prejudiciais homogêneas, pois a questão anterior (prejudicial) e a posterior (prejudicada), e serão apreciadas - insiste-se - pelo mesmo juiz penal.

Espécies de questões prejudiciais. Questões heterogêneas - Será, porém, *heterogênea* a prejudicial que versar sobre questão extrapenal, isto é, quando o julgamento da prejudicial couber a outro juiz que não o penal. Exemplo clássico: o réu está sendo processado por bigamia, que consiste em contrair casamento pela segunda vez, sem desfazer dos vínculos do primeiro. Suponha-se que esse réu, na esfera civil, promoveu ação de nulidade do primeiro casamento. Essa questão é prejudicial, pois seu resultado é fundamental para o processo crime, já que, se o juiz cível declara a nulidade do casamento pretérito, está prejudicado o processo criminal. Nesse sentido, aliás, o disposto no § 2º, do art. 235, do Código Penal, pelo qual "anulado por qualquer motivo o primeiro casamento, ou o outro por motivo que não a bigamia, considera-se inexistente o crime". Ela é heterogênea, pois trata de matéria estranha ao Direito Penal, a ser decidida no âmbito do Direito Civil. A questão heterogênea se divide em *obrigatória* ou *facultativa*, como se verá abaixo.

Art. 92. **Se a decisão sobre a existência da infração depender da solução de controvérsia, que o juiz repute séria e fundada, sobre o estado civil das pessoas, o curso da ação penal ficará suspenso até que no juízo cível seja a controvérsia dirimida por sentença passada em julgado, sem prejuízo, entretanto, da inquirição das testemunhas e de outras provas de natureza urgente.**

Parágrafo único. Se for o crime de ação pública, o Ministério Público, quando necessário, promoverá a ação civil ou prosseguirá na que tiver sido iniciada, com a citação dos interessados.

Questão prejudicial obrigatória – Diz-se *obrigatória* (ou *prejudicial em sentido estrito* ou *verdadeiras* e *próprias*), como o nome indica, quando é imposta a suspensão do processo criminal até o julgamento da prejudicial *heterogênea*. Ou seja, deve ser compulsoriamente suspenso o processo criminal enquanto se aguarda o julgamento da prejudicial por outro juiz. Adota-se, aqui, o *sistema da prejudicialidade obrigatória*. É o que ocorre nas hipóteses previstas deste art. 92 do código, quando a questão versar sobre o estado civil das pessoas. *Estado da pessoa* é o *status* que ela possui ou, no dizer de Clóvis Beviláqua, "o seu modo particular de existir" (*Código Civil comentado,* Rio de Janeiro: Livraria Francisco Alves, 1956, vol. 1, p. 96). Pode se referir à família (casado, solteiro, pai, filho etc.), ou à cidadania (brasileiro, estrangeiro, naturalizado), e mesmo decorrer de determinação judicial (interdito, ausente). O exemplo lembrado pela doutrina, novamente, é o do crime de bigamia, previsto no art. 235 do Código Penal. Se no juízo cível, através da ação de nulidade do casamento, se discute o estado da pessoa (casada ou solteira), o processo criminal será obrigatoriamente suspenso, aguardando-se aquela primeira decisão. Imagine-se, ainda, um processo-crime por falsidade ideológica, decorrente de um registro civil de criança que não seria filha do agente. Enquanto pende ação negatória de paternidade no âmbito civil, deve ser suspenso o processo criminal (JTJ 173/307). Até porque, em relação ao estado das pessoas, o código impõe limitações à prova (art. 155), devendo prevalecer o que reza a lei civil a respeito. Mas outras questões podem surgir, como, por exemplo, se maior ou menor de 18 anos o autor. Ou mesmo a respeito do sexo do agente ou da vítima, em virtude de cirurgias modificadoras dessa condição atualmente corriqueiras. Uma sentença de interdição, que faça retroagir seus efeitos para negócios pretéritos contraídos pelo interdito antes da propositura da demanda, pode livrá-lo do crime de estelionato, reconhecida a incapacidade do agente.

Suspensão do prazo prescricional e produção de provas urgentes – Mesmo suspenso o processo-crime, é possível que se produza prova criminal ou "outras provas de natureza urgente", conforme se depreende da parte final deste dispositivo. Imagine-se a situação na qual a vítima, em idade avençada, padeça de grave enfermidade. Ou que determinada testemunha se ache prestes a imigrar para outro país, sem perspectiva de retorno ao Brasil. Enquanto suspenso o processo crime, fica suspenso também o prazo prescricional, isto é, não corre a prescrição, em vista do disposto no art. 116, inc. I, do Código Penal.

Prazo de suspensão – Tratando-se de questão prejudicial obrigatória, não há um prazo determinado para que permaneça suspenso o processo criminal ou, em outras palavras, enquanto não definida a questão no âmbito cível, deve aguardar o juiz criminal. Risco de prescrição não há, pois, nos termos do já mencionado art. 116, inc. I do Código Penal, fica interrompido o prazo prescricional "enquanto não resolvida, em outro processo, questão de que dependa o reconhecimento da existência do crime". Por analogia ao Código de Processo Civil (art. 315, § 2º), temos como razoável a suspensão do prazo por um ano. De qualquer sorte, não se deseja uma suspensão *ad aeternum*, razão pela qual o legislador prevê a atuação do Ministério Público no processo cível, como visto abaixo. Vale observar, ainda, que somente se ordenará a suspensão do processo criminal depois de colhida a prova testemunhal, bem como produzida alguma prova urgente.

Suspensão do processo cível – É possível que o oposto ocorra, isto é, que o processo-cível fique suspenso até que se pronuncie a justiça criminal, nos termos do art. 313, inc. V, "a", do Código de Processo Civil (Lei n. 13.105/2015), quando o julgamento do mérito "depender do julgamento de outra causa ou da declaração de existência ou de inexistência de relação jurídica que constitua o objeto principal de outro processo pendente". É de, no máximo, um ano o prazo de suspensão, nos termos do § 2º, do mencionado dispositivo do CPC. Findo esse prazo e sem definição da questão criminal, cumprirá ao juiz do cível enfrentar incidentalmente a questão (art. 313, § 1º, do Código de Processo Civil).

Atuação do Ministério Público no cível – Prevê o parágrafo único que, sendo o crime de ação penal pública (incondicionada, condicionada ou subsidiária da pública), cabe ao *parquet* promover, no cível, a ação cabível ou, já ajuizada a ação e verificando-se a inércia do interessado, a ela dar prosseguimento. O objetivo desse dispositivo é de impedir que a discussão, no âmbito civil, se eternize, em franco prejuízo ao deslinde da questão criminal. Ainda no exemplo do crime de bigamia, surgindo dúvida se o agente era mesmo casado quando contraiu o segundo matrimônio, deve o Ministério Público, por meio de seu órgão que atua no processo-crime, propor a ação cível respectiva, para deslinde da matéria. Ou, se já ajuizada, velar para sua continuidade, podendo mesmo assumir sua titularidade, raciocínio que se depreende da expressão "prosseguirá na que tiver sido iniciada...". Já se o crime é de ação penal privada (genuinamente privada ou personalíssima), não cabe qualquer espécie de intervenção do *parquet*, a fim de iniciar ou prosseguir na ação civil em que se discute a questão prejudicial. Pensamos que, nesse caso, a inércia do querelante traduz-se mesmo em abandono do processo penal, a configurar verdadeira perempção, ainda que não elencada nas hipóteses do art. 60 do CPP. Destaque-se, por último, que se ignora, na prática, a aplicação deste dispositivo.

A repercussão geral e a suspensão do prazo prescricional – Segundo o art. 116, inciso I, do Código Penal, o prazo fatal não corre enquanto não resolvida, em outro processo, questão de que dependa o reconhecimento da existência do crime. Trata-se de causa suspensiva, que, uma vez resolvida, faz o prazo prescricional ser retomado de onde parou.

No geral, essa causa suspensiva decorre da resolução das questões prejudiciais de que tratam os artigos 92 a 94 em estudo. São aquelas que se vinculam a um elemento constitutivo do crime e, por isso, devem ser dirimidas antes da decisão principal, ou seja, do mérito da causa. A questão prejudicial *condiciona* (primeira característica: *superordinação*), fatalmente, irrecusavelmente (segunda característica: *necessidade*) a questão prejudicada" (*Instituições de processo penal,* vol. 4, p. 327). O exemplo clássico é o do réu que, processado por bigamia, questiona no juízo cível a validade do primeiro casamento.

Apesar de o inciso I do art. 116 referir-se apenas à questão prejudicial obrigatória, é entendimento prevalente na doutrina aplicar-se também para a hipótese de questão prejudicial facultativa, desde que o juiz decida acatá-la.

O STF julgou, em 07.06.2017, questão de ordem no RE n. 966.177-RS para, conferindo interpretação conforme à mencionada causa suspensiva, determinar a suspensão do prazo prescricional também nos casos em que reconhecida a repercussão geral em matéria criminal.

O caso concreto versava sobre uma condenação por exploração de jogo de azar. O Tribunal de Justiça do Rio Grande do Sul havia reconhecido a atipicidade da conduta por considerar que se trata de algo inserido no âmbito das liberdades individuais. Punir essa conduta, de acordo com aquela decisão, contraria os princípios da proporcionalidade e da ofensividade.

O Ministério Público do Rio Grande do Sul recorreu extraordinariamente e o STF reconheceu a repercussão geral da matéria. E, no recurso, surgiu a questão de ordem a respeito da suspensão do prazo prescricional para todos os casos semelhantes e para outros que, na esfera penal, também tivessem a repercussão reconhecida.

Concluiu-se que o trâmite dos recursos com repercussão geral reconhecida muitas vezes inviabilizava o exercício da ação penal pelo Ministério Público, contrariando, portanto, o princípio de que o confronto processual deve se basear na paridade de medidas de que dispõe cada uma das partes. Permitir o pleno curso da prescrição enquanto não decidida a questão prejudicial da repercussão contraria, dessa forma, o princípio da proporcionalidade.

A suspensão, no entanto, se aplica somente nas ações penais em curso, não em inquéritos policiais nem em procedimentos investigatórios no âmbito do Ministério Público. E, mesmo nas ações penais, a suspensão não se aplica se o réu estiver preso, pois, nesta situação, tem maior relevância a razoável duração do processo, que não poderia ter sua marcha interrompida indefinidamente enquanto alguém sofre restrição de liberdade a título precário, sem a formação de culpa.

Na decisão, o STF estendeu ao processo penal as disposições do art. 1035, § 5º, do Código de Processo Civil, segundo as quais o relator no STF pode determinar a suspensão de todos os processos que versem sobre a questão de repercussão geral reconhecida. Considerando, pois, que segundo a regra do Código de Processo Civil, é o relator quem decide pela suspensão, conclui-se que não se trata de providência obrigatória e tampouco automática. O relator decide se impõe a suspensão de acordo com a relevância da matéria de que trata o recurso e tendo em vista a necessidade de que se aguarde o pronunciamento do STF.

É necessário ter em mente, no entanto, que mesmo diante de questão controversa a ser decidida pelo STF na repercussão geral, a ação penal já suspensa pode demandar medidas de urgência, como o sequestro de bens ou a realização de uma perícia, por exemplo. Nesses casos, o juiz de primeiro grau pode decidir pela adoção das medidas de urgência apesar da suspensão determinada.

Trata-se, evidentemente, de algo salutar, pois a decisão pendente sobre questão de repercussão geral não pode inviabilizar providências de caráter urgente que eventualmente devam ser adotadas. Seria absurdo que, uma vez suspensa a ação penal, o juiz nada pudesse fazer diante de provas de que o acusado, aproveitando-se justamente da suspensão, estivesse se desfazendo de bens cuja origem fosse duvidosa; também não seria nada razoável que se obstasse a determinação de exame pericial sobre um objeto encontrando com manchas de sangue num processo de homicídio, ou que o juiz não pudesse determinar a prisão preventiva do acusado surpreendido ameaçando testemunhas, possibilidade aliás destacada expressamente pelo relator. Mas, na hipótese em que a prisão seja decretada já durante a suspensão, a ação penal deve retomar imediatamente seu curso em virtude da determinação do próprio tribunal de que a medida não se aplica a réus presos.

A decisão não foi unânime, todavia, porque os ministros Edson Fachin e Marco Aurélio consideraram impossível a extensão da norma processual civil ao processo penal, especialmente com a suspensão da prescrição.

Não sem razão, o ministro Fachin afirmou que somente lei expressa poderia impor a suspensão do prazo prescricional.

De fato, a prescrição existe como limitação ao poder punitivo estatal em virtude do decurso do tempo marcado pela inércia na promoção das medidas para apurar o crime, condenar o acusado e compeli-lo a cumprir a pena. Qualquer limitação relativa ao tema da prescrição, seja pela modificação dos prazos ou pela imposição de causas suspensivas ou interruptivas, é contrária aos interesses do jurisdicionado e, portanto, *in pejus*, vinculada à edição de lei.

Há de se destacar, ademais, que o inciso I do art. 116 do Código Penal determina a suspensão do prazo prescricional enquanto não resolvida, em outro processo, *questão de que dependa o reconhecimento da existência do crime*.

No caso julgado no RE 966.177/RS, que trata da tipicidade da exploração do jogo de azar, de fato se trata de resolver questão a respeito da existência da infração penal. Mas nem todos os casos de repercussão geral em matéria criminal versarão necessariamente sobre a existência da infração. Ainda que sob o pretexto de interpretar conforme a Constituição o inciso I do art. 116, parece um tanto excessivo interpretá-lo para fundamentar a suspensão do prazo prescricional em qualquer caso de repercussão geral. Por isso, será importantíssimo, nos recursos em que doravante a repercussão geral seja reconhecida em matéria criminal, que o relator no STF avalie a efetiva relação da questão a ser julgada com as disposições do inciso I do art. 116. Dessa forma, ainda que se insista na necessidade de lei para a imposição de causa suspensiva da prescrição, ao menos se limita a extensão da medida determinada por decisão judicial.

Por fim, o ministro Marco Aurélio sustentou que o poder de que dispõe o relator no STF para obstar o andamento de todos os processos em curso contraria o inciso XXXV do art. 5º da Constituição Federal, pois impede-se o regular pronunciamento do órgão judicial – o ministro, aliás, aproveitou para se pronunciar pela inconstitucionalidade do art. 1035, § 5º, do CPC. Destacou ainda o ministro que a natureza do processo penal impede a suspensão, pois na apuração de crimes há elementos que devem ser obtidos com a máxima imediatidade, sob pena de que se percam pelo decurso do tempo, normalmente longo quando se trata de julgar questões de repercussão geral reconhecida pelo STF.

Diante, no entanto, da possibilidade de que sejam adotadas medidas de urgência, parece-nos que este último argumento não se sustenta. O maior óbice, portanto, não é a suspensão do curso da ação penal, mas, como destacou o ministro Fachin, é a suspensão do prazo prescricional sem que haja lei expressa a admitindo.

JURISPRUDÊNCIA

"Será nula a sentença, se, sustado o processo criminal por bigamia, para aguardar-se decisão referente à validade do primeiro casamento do réu, houver o feito posteriormente prosseguido, sem atenção àquela prejudicial, em virtude, simplesmente, do atraso no julgamento dela [...] Cuidando-se de suspensão compulsória, não há lapso de tempo determinado. Só tem seguimento o processo crime depois de resolvida a prejudicial. Nem fica, com isso, a acusação à mercê do interessado em procrastinar a solução de hipóteses semelhantes, porque sempre toca ao M.P., então, intervir na demanda cível, como litisconsorte [...] Se procrastinação houver, correrá à conta do Ministério Público, cuja desídia, acaso presente, caberá a seus órgãos superiores atalhar. Aqui, portanto, reconhecida a existência de prejudicial da primeira natureza, o processo crime não deveria ter andamento enquanto não solucionada, inoperantes os atos posteriores" (TJSP – Rel. Paulo Costa, RT 194/109).

"O sobrestamento da ação penal para aguardar solução na seara cível acontecerá obrigatoriamente apenas em caso de controvérsia séria e fundada sobre o estado civil das pessoas (art. 92 do CPP). Em se tratando de questão diversa, mesmo que de difícil solução, tem-se apenas suspensão facultativa, cuja conveniência deve ser avaliada pelo Juízo criminal, o que se evidencia pela expressão poderá suspender constante no art. 93 do CPP. "A jurisprudência desta Corte é no sentido da autonomia e independência das esferas civil, penal e administrativa, razão porque eventual improcedência de demanda ajuizada na esfera civil ou de procedimento administrativo instaurado não vincula ação penal instaurada em desfavor do agente" (HC 306.865/AM, Rel. Ministro RIBEIRO DANTAS, QUINTA TURMA, DJe 18/10/2017)." (STJ – HC n. 503.954/SP, relator Ministro Joel Ilan Paciornik, Quinta Turma, julgado em 23/6/2020, DJe de 26/6/2020.)

Art. 93. **Se o reconhecimento da existência da infração penal depender de decisão sobre questão diversa da prevista no artigo anterior, da competência do juízo cível, e se neste houver sido proposta ação para resolvê-la, o juiz criminal poderá, desde que essa questão seja de difícil solução e não verse sobre direito cuja prova a lei civil limite, suspender o curso do processo, após a inquirição das testemunhas e realização das outras provas de natureza urgente.**

§ 1º O juiz marcará o prazo da suspensão, que poderá ser razoavelmente prorrogado, se a demora não for imputável à parte. Expirado o prazo, sem que o juiz cível tenha proferido decisão, o juiz criminal fará prosseguir o processo, retomando sua competência para resolver, de fato e de direito, toda a matéria da acusação ou da defesa.

§ 2º Do despacho que denegar a suspensão não caberá recurso.

§ 3º Suspenso o processo, e tratando-se de crime de ação pública, incumbirá ao Ministério Público intervir imediatamente na causa cível, para o fim de promover-lhe o rápido andamento.

Questão prejudicial facultativa – A prejudicial *heterogênea* se diz *facultativa* (ou *prejudicial em sentido lato* ou *quase-prejudicial*), quando fica a critério do juiz, segundo seu prudente arbítrio, suspender ou não o processo criminal. Aqui já não se discute o estado das pessoas, quando é obrigatória a suspensão, mas questões outras como a posse, propriedade, relações comerciais, administrativas, etc. Em verdade, a suspensão do processo-crime é obrigatória quando versa sobre o estado da pessoa, como visto no artigo acima. Cuidando-se de questão diversa, essa possibilidade encerra mera faculdade concedida ao juiz.

A suspensão facultativa ocorre nas hipóteses deste dispositivo do código, quando se faculta ao juiz (como se verifica do emprego do verbo *poderá*), determinar ou não a suspensão do processo. A suspensão somente é possível, neste caso, quando preenchidos três requisitos: 1°) a questão for "de difícil solução", 2°) que não verse sobre direito cuja prova a lei civil limite e 3) que se tenha, no âmbito cível, ajuizado ação para discuti-la. Não havendo ação em curso, caberá ao juiz criminal decidir a questão, por mais complexa que seja, evitando, assim, a suspensão do processo. E mesmo que exista uma ação civil tramitando, a suspensão do processo criminal não deve se eternizar, cabendo, antes, ao juiz, marcar um prazo de suspensão que pode ser prorrogado. Findo esse prazo, cabe ao juiz criminal decidir, ainda que no âmbito cível penda uma causa discutindo a questão.

Exemplo lembrado pela doutrina ocorre quando em um crime de furto é suspenso o processo enquanto a propriedade é discutida no âmbito civil. Ou quando se suspende o processo criminal pela prática de crime contra a propriedade industrial enquanto, no cível, se aprecia a questão relacionada à patente de invenção (RT 615/374). Ou, ainda, quando se aguarda o deslinde da ação de prestação de contas no cível para, depois, se apreciar eventual prática do crime de apropriação indébita (RT 653/340, 631/315; em sentido contrário, não exigindo a prestação de contas para configurar o crime de apropriação indébita: *RT* 477/385, 469/391). O prazo de suspensão deverá ser marcado pelo juiz e poderá ser prorrogado. Findo esse prazo, o processo deverá ser retomado, cabendo ao juiz criminal proferir a decisão (art. 93, § 1º).

É intuitivo que o juiz criminal está automaticamente vinculado àquilo que foi decidido pelo juiz cível. Não teria cabimento, sob pena de acarretar forte desprestígio à imagem da Justiça, que um juiz cível decidisse que foi boa determinada prestação de contas prestadas, por exemplo, pelo curador nos autos de interdição, e, ainda assim, o juiz criminal o condenasse pela prática de apropriação indébita. O princípio da livre apreciação da prova não pode ensejar tamanha incoerência. Isso ocorre seja obrigatória ou facultativa a suspensão.

JURISPRUDÊNCIA

Vinculação da decisão penal ao decidido no cível

"O sobrestamento da ação penal para aguardar solução na seara cível acontecerá obrigatoriamente apenas em caso de controvérsia séria e fundada sobre o estado civil das pessoas (art. 92 do CPP). Em se tratando de questão diversa, mesmo que de difícil solução, tem-se apenas suspensão facultativa, cuja conveniência deve ser avaliada pelo Juízo criminal, o que se evidencia pela expressão poderá suspender constante no art. 93 do CPP. "A jurisprudência desta Corte é no sentido da autonomia e independência das esferas civil, penal e administrativa, razão porque eventual improcedência de demanda ajuizada na esfera civil ou de procedimento administrativo instaurado não vincula ação penal instaurada em desfavor do agente" (HC 306.865/AM, Rel. Ministro RIBEIRO DANTAS, QUINTA TURMA, DJe 18/10/2017)." (STJ – HC n. 503.954/SP, relator Ministro Joel Ilan Paciornik, Quinta Turma, julgado em 23/6/2020, DJe de 26/6/2020.)

Prazo – O § 1° determina que o juiz marque um prazo para a suspensão do processo-crime, no aguardo que, no cível, se resolva a questão prejudicial. O legislador não estipulou esse período de suspensão, que ficara a critério do Magistrado, animado – se espera – pelo critério da razoabilidade. Como já lembramos, o prazo prescricional é também suspenso enquanto suspenso o processo-crime para solução da controvérsia no âmbito civil (art. 116, inc. I do Código Penal). Esse prazo autoriza prorrogação desde que sua demora não possa ser atribuída a uma das partes. Findo o prazo, porém, deve o juiz criminal enfrentar a controvérsia, qualquer que seja sua natureza, salvo, porém, em se tratando de questão que verse sobre o estado da pessoa. Nessa hipótese, a suspensão é obrigatória e enquanto não solucionada a questão na esfera civil, não pode o juiz criminal retomar o julgamento. É o que se infere do teor do art. 92 acima.

Questões prejudiciais x questões preliminares – Não há que se confundir as questões prejudiciais com as questões preliminares. Estas últimas "dizem respeito à possibilidade jurídica de chegar a uma decisão: relacionam-se com os obstáculos que poderiam impedir a *existência* da decisão", na lúcida observação de Hélio Tornaghi (ob. cit., vol. IV, p. 328). Enquanto a preliminar se refere à *admissibilidade* da decisão, a prejudicial tem relação com o *teor* da decisão. A preliminar, assim, "apenas acende o sinal vermelho ou verde, mas nada diz quanto ao caminho que se deve seguir dali por diante", como lembra o saudoso autor (ob. e p. citadas). Além disso, as preliminares se referem sempre ao processo, não possuindo existência autônoma. Assim, por exemplo, são preliminares a questão referente à competência do juiz ou à sua suspeição. Já as prejudiciais possuem vida autônoma e podem ser discutidas mesmo fora do processo penal. Assim, *v.g.*, é possível se discutir da validade do casamento mesmo não havendo um processo criminal para apurar a bigamia.

A doutrina aponta uma outra distinção: enquanto a questão prejudicial versa sobre matéria de natureza civil (*lato sensu*), "mas que constitui elementos integrante da figura do delito, adquirindo, assim, um caráter acidentalmente criminal", a questão preliminar tem caráter criminal, tratada em leis penais. Nesse sentido, Câmara Leal, ob. cit., vol. 1, p. 309.

Recurso cabível – Da decisão que deixa de suspender o processo não há previsão de qualquer recurso, podendo se cogitar de um pedido de nulidade do processo, como preliminar em sede de eventual apelação. Cabe, outrossim, recurso em sentido estrito (art. 581, inc. XVI do CPP), da decisão que suspende o processo aguardando o julgamento da questão prejudicial, seja ela obrigatória ou facultativa.

Atuação do Ministério Público no cível – Remetemos o leitor às observações formuladas ao art. 92 acima.

JURISPRUDÊNCIA

Crimes contra a ordem tributária

a) desnecessidade de suspensão do processo

"Nos crimes contra a ordem tributária, a constituição definitiva do crédito tributário configura condição objetiva de punibilidade. Inteligência da Súmula Vinculante nº 24 do Supremo Tribunal Federal. O ajuizamento de ação ordinária em que se pretende discutir o débito fiscal, perante o Juízo cível, não interfere na persecução penal, em razão da independência das esferas cível e criminal. Considerando que já havia sido constituído definitivamente o crédito tributário, bem como por não ser o caso de aplicação do art. 93 do Código de Processo Penal, mostra-se escorreita a decisão do Juízo de primeiro grau que recebeu a denúncia e determinou o prosseguimento do curso da ação penal instaurado contra os recorridos" (STJ – REsp n° 962087-PR, Rel. Marco Antonio Bellizze, j. 06.03.2012, DJe 22.03.2012).

"No caso concreto, busca-se o trancamento, ou a suspensão, da ação penal que apura a prática de crime contra a ordem tributária, ao argumento de que a exigibilidade do crédito tributário está suspensa em razão de tutela antecipada concedida em ação anulatória que tramita na Vara da Fazenda Pública Estadual. Contudo, o mero ajuizamento de ação anulatória não desconstitui, per si, o crédito tributário. Persiste a condição de procedibilidade da ação penal exigida na Súmula Vinculante 24 do Supremo Tribunal Federal - STF, segundo a qual "não se tipifica crime material contra a ordem tributária, previsto no art. 1º, incisos I a IV, da Lei 8.137/1990, antes do lançamento definitivo do tributo." No caso em análise, é incontroverso que houve constituição definitiva do tributo e esgotamento da via administrativa. A suspensão do processo penal em virtude de questão prejudicial prevista no art. 93 do Código de Processo Penal - CPP é facultativa, dependendo da discricionariedade do juízo diante das particularidades do caso concreto. Precedentes. Esta Corte Superior tem admitido a suspensão da ação penal apenas na hipótese de desconstituição do crédito tributário por sentença judicial, mesmo com recurso pendente de julgamento, o que não é o caso dos autos. Precedentes." (STJ – RHC n. 88.672/GO, relator Ministro Joel Ilan Paciornik, Quinta Turma, julgado em 13/11/2018, DJe de 28/11/2018.)

b) quando é conveniente a suspensão

"A jurisprudência do Superior Tribunal de Justiça é no sentido de que, "havendo lançamento definitivo, a propositura de ação cível discutindo a exigibilidade do crédito tributário não obsta o prosseguimento da ação penal que apura a ocorrência de crime contra a ordem tributária, tendo em vista a independência das esferas cível e penal". (AgRg no REsp 1390734/PR, Rel. Ministro Felix Fischer, Quinta Turma, DJe 21/3/2018) Nada obstante a independência das esferas, a hipótese dos autos apresenta particularidade que deve ser analisada de forma diferenciada. Com efeito, consta dos autos que o paciente ajuizou ação anulatória, efetuando o depósito integral do valor do crédito tributário como garantia, o que ensejou a suspensão da exigibilidade do crédito tributário, nos termos do art. 151 do CTN. Nesse contexto, revela-se prudente a suspensão da investigação, nos termos do art. 93 do CPP, até o julgamento definitivo na esfera cível. Embora não se possa falar em trancamento do inquérito ou da ação penal, uma vez que o crédito tributário não foi desconstituído nem houve o efetivo pagamento do tributo, com a consequente extinção da punibilidade, tem-se que o depósito integral do valor como garantia enseja a suspensão da exigibilidade do crédito tributário, autorizando, portanto, a suspensão do inquérito policial ou da ação penal." (STJ – RHC n. 139.563/CE, relator Ministro Reynaldo Soares da Fonseca, Quinta Turma, julgado em 21/9/2021, DJe de 27/9/2021.)

"Conquanto o débito tributário tenha sido devidamente constituído na esfera administrativa, restou cancelado em razão de sentença proferida nos autos de ação declaratória de nulidade de débito tributário, ainda não alcançada pelo trânsito em julgado. Com isso, não se pode afirmar que inexiste justa causa para a persecução penal, já que o recurso de apelação cível interposto pela Fazenda Pública é dotado de efeito suspensivo. Entretanto, diante da peculiaridade verificada na hipótese, consubstanciada na existência de decisão judicial anulando o débito tributário supostamente devido pela empresa da qual o paciente é sócio, a prudência recomenda que se suspenda o curso da investigação policial deflagrada até que sobrevenha o julgamento do recurso interposto pela Fazenda Pública contra a sentença proferida na ação declaratória de nulidade, consoante o disposto no artigo 93, caput, do Código de Processo Penal" (STJ – HC n° 130507-SP, Rel. Jorge Mussi, j. 12.04.2011, DJe 04.05.2011).

Estelionato

ESTELIONATO (ART. 171, § 2.º, INCISO VI, DO CÓDIGO PENAL). FRAUDE NO PAGAMENTO POR MEIO DE CHEQUE – "O ajuizamento de ação monitória em que a vítima pleiteia o adimplemento do débito referente aos cheques mencionados na denúncia não enseja a suspensão da ação penal, já que não evidenciada a hipótese descrita no art. 93 do Código de Processo Penal" (STJ – RHC n° 24858-MG, Rel. Laurita Vaz, j. 18.11.2010, DJe 06.12.2010).

Apropriação indébita tributária

"Enquanto houver processo cível questionando a existência, o valor ou a exigibilidade da contribuição previdenciária, atípica é a conduta prevista no artigo 168-A do Código Penal que tem, como elemento normativo do tipo, a existência da contribuição devida a ser repassada. Versando a discussão na esfera cível sobre questão que interfere no próprio reconhecimento da justa causa para a eventual ação penal, razoável se faz o sobrestamento do inquérito até a decisão cível definitiva" (STJ – HC n° 146013-MS, Rel. Maria Thereza de Assis Moura, j. 20.10.2009, DJe 09.11.2009).

Crime contra o sistema financeiro

PROCESSUAL PENAL. HABEAS CORPUS. CRIME CONTRA O SISTEMA FINANCEIRO. ART. 17 DA LEI 7.492/76 – "Não se verifica a alegada falta de justa causa, uma vez que o entendimento do Superior Tribunal de Justiça é no sentido de haver independência entre as esferas administrativa, cível e criminal, nos termos dos arts. 92 e 93 do Código de Processo Penal. Dessa forma, o fato de o Banco Central do Brasil – instituição estatal encarregada de fiscalizar os contratos financeiros – ter convalidado os referidos contratos não obsta a atuação do Ministério Público, titular da ação penal pública, de oferecer denúncia, se assim entender caracterizado algum ilícito penal, e do Poder Judiciário de processar e julgar a demanda, como entender de direito" (STJ – HC n° 54843-RJ, Rel. Arnaldo Esteves Lima, j. 16.12.2008, DJe 16.02.2009).

Corrupção ativa e passiva

"A hipótese do art. 93 do CPP é a da chamada 'questão prejudicial facultativa', pelo que cumpre ao juiz da ação penal decidir acerca da suspensão ou não do feito criminal, não havendo falar em imprescindibilidade da suspensão da ação penal em tela até julgamento de ação civil pública acerca de fatos a ambas correlatos, porquanto constatado pelo julgador que a matéria objeto do feito cível não tem reflexos na esfera criminal" (STJ – REsp n° 1183134-SP, Rel. Vasco Della Giustina, j. 21.06.2012, DJe 29.06.2012).

Exercício arbitrário das próprias razões

"Exercício arbitrário das próprias razões. Inexistência. Manutenção pelo agente de sua posse contra quem – conforme sentença civil transitada em julgado – jamais a detivera – Constitui elemento normativo do tipo do exercício arbitrário das próprias razões (CPen., art. 345) o não enquadrar-se o fato numa das hipóteses excepcionais em que os ordenamentos modernos, por imperativos da eficácia, transigem com a autotutela de direitos privados, que, de regra, incriminam: o exemplo mais freqüente de tais casos excepcionais de licitude da autotutela privada está na defesa da posse, nos termos admitidos no art. 502 C. Civil. Desse modo, saber quem detinha a posse no momento do fato constitui questão prejudicial heterogênea da existência daquele crime atribuído ao agente que pretende ter agido em defesa da sua posse contra quem jamais a tivera. A eficácia no processo penal de sentença civil transitada em julgado, que haja decidido questão prejudicial heterogênea, não depende de que, para aguardá-la, tenha havido suspensão do procedimento criminal" (STF – HC n° 75.169-SP – Rel. Sepúlveda Pertence, j. 24.06.1997, DJ 22.08.1997, p. 38763).

Descaminho

"A exigência de lançamento tributário definitivo no crime de descaminho esvazia o próprio conteúdo do injusto penal, equivalendo quase a uma descriminalização por via hermenêutica, já que, segundo a legislação aduaneira e tributária, nesses casos incide a pena de perdimento da mercadoria, operação que tem por efeito jurídico justamente tornar insubsistente o fato gerador do tributo e, por conseguinte, impedir a apuração administrativa do valor devido [...] o crime de descaminho perfaz-se com o ato de iludir o pagamento de imposto devido pela entrada de mercadoria no país. Não é necessária a apuração administrativo-fiscal do montante que deixou de ser recolhido para a configuração do delito, embora este possa orientar a aplicação do princípio da insignificância quando se tratar de conduta isolada. Trata-se de crime formal, e4 não material, razão pela qual o resultado da conduta delituosa relacionada ao quantum do imposto devido não integra o tipo legal" (STJ – RHC n° 34770-RS, Rel. Laurita Vaz, j. 18.03.2014, DJe 28.03.2014).

Suspensão do inquérito policial

"A orientação desta Corte Superior disciplina que o simples ajuizamento de ação anulatória na esfera cível não configura óbice à persecução penal. Contudo, a procedência da ação anulatória, ou mesmo o deferimento de tutela provisória com suspensão da exigibilidade do crédito tributário, nos termos do art. 151, V, do CTN, prejudica o exame da materialidade do delito tributário. (RHC 113.294/MG, Rel. Ministro REYNALDO SOARES DA FONSECA, QUINTA TURMA, julgado em 13/08/2019, DJe 30/08/2019). Nesse sentido, constatando-se dúvida razoável sobre a própria materialidade do delito, materializada com o deferimento da medida liminar na ação anulatória, é aconselhável aguardar a definição da controvérsia no juízo cível, determinando-se a suspensão do inquérito policial." (STJ – AgRg no RHC n. 66.007/CE, relator Ministro Ribeiro Dantas, Quinta Turma, julgado em 28/4/2020, DJe de 5/5/2020.)

Art. 94. A suspensão do curso da ação penal, nos casos dos artigos anteriores, será decretada pelo juiz, de ofício ou a requerimento das partes.

Decretação da suspensão – O dispositivo não enseja maior dificuldade de compreensão. Pode, assim, a suspensão do processo-crime ser decretada de ofício pelo Juiz. Esse seu poder de agir sem provocação não parece violar o sistema acusatório. Nada impede, contudo, que as partes provoquem o magistrado nesse sentido, requerendo a suspensão. Tal legitimidade é deferida à acusação, isto é, ao Ministério Público e ao querelante (na ação penal exclusivamente privada e na ação penal privada subsidiária da pública). E, é claro, à defesa. Nada impede, sob nossa compreensão, que se faculte tal legitimidade também ao assistente de acusação, interessado direto na condenação do réu, em favor de quem, por isso, possa ser útil a suspensão do processo para apreciação de questão prejudicial. É certo que, dentre o rol de suas atribuições, elencadas no art. 271 do código, não consta essa possibilidade. Mas como veremos abaixo, na análise desse dispositivo, esse rol é meramente exemplificativo, a admitir, destarte, ampliação. A nosso sentir, essa é uma hipótese onde a ampliação é cabível.

CAPÍTULO II
DAS EXCEÇÕES

Exceções – A defesa do réu, no processo penal, pode ser direta ou indireta. Defesa direta é aquela na qual o acusado nega a existência do fato, invoca uma causa excludente da ilicitude ou da culpabilidade, etc. Já na defesa indireta se ataca o processo, sem adentrar o mérito. São as exceções. Exceção, assim, é um meio de defesa indireto com o objetivo de extinguir a ação penal ou dilatar o seu exercício. Ressalte-se, porém, que, no processo penal, as exceções não são privativas da defesa, podendo ser invocadas pela acusação e mesmo reconhecidas, de ofício, pelo juiz (v. art. 97 abaixo).

ATENÇÃO - Já se nota doutrina lecionando no sentido de aplicar, ao processo penal, o disposto no art. 10 do Código de Processo Civil, que tem a seguinte redação: "O juiz não pode decidir, em grau algum de jurisdição, com base em fundamento a respeito do qual não se tenha dado às partes oportunidade de se manifestar, ainda que se trate de matéria sobre a qual deva decidir de ofício". De tal forma que, mesmo se tratando de questão que ele possa decidir *ex officio*, como, por exemplo, sua incompetência absoluta, ainda assim o juiz deve **facultar às partes a possibilidade de manifestação**, evitando, com essa cautela, sejam tomadas de surpresa. Nem por isso deixará de agir de ofício, mas apenas permitirá o prévio contraditório. Nesse sentido, explica Daniel Amorim Assumpção Neves: "determinadas matérias e questões devem ser conhecidas de ofício, significando que, independentemente de serem levadas ao conhecimento do juiz pelas partes, elas devem ser conhecidas, enfrentadas e decididas no processo. Mas o que isso tem a ver com a ausência de oitiva das partes? Continua a ser providência de ofício o juiz levar a matéria ao processo, ouvir as partes e decidir a respeito delas. Como a surpresa das partes deve ser evitada em homenagem ao princípio do contraditório, parece que mesmo nas matérias e questões que deva conhecer de ofício o juiz deve intimar as partes para manifestação prévia antes de proferir sua decisão, conforme inclusive consagrado na legislação francesa e portuguesa" (*Novo Código de Processo Civil - Comentado artigo por artigo*. Salvador: Juspodivm. 2016. p. 27).

Dilatórias ou peremptórias – Quanto aos efeitos, a exceção pode ser dilatória, quando visa procrastinar o processo ou transferir seu exercício, sem que o feito seja extinto. São elas as exceções de suspeição e incompetência. Ou pode ser peremptória, que, se acolhida, acarreta a extinção do processo. Cuidam-se das exceções de coisa julgada e litispendência. A ilegitimidade de parte, quando trata da titularidade da ação penal (ilegitimidade *ad causam*), se reconhecida, põe fim ao processo e é, portanto, uma exceção peremptória. Já quando identificada a falta de capacidade processual (ilegitimidade *ad processum*), ela se caracteriza como dilatória, face ao disposto no art. 568 do código, a permitir, até a prolação da sentença, o comparecimento da parte legítima para ratificação dos atos até então praticados (v. inc. IV abaixo).

Daí Hélio Tornaghi, forte na doutrina alemã, destacar que, "enquanto as exceções dilatórias (*dilatorische Einreden*) levam à absolvição *ab instancia*, as peremptórias (*peremptoriscre Einreden*) conduzem à absolvição *ab actione*" (ob. cit., vol. IV, p. 408).

Art. 95. **Poderão ser opostas as exceções de:**

I - suspeição;

II - incompetência de juízo;

III - litispendência;

IV - ilegitimidade de parte;

V - coisa julgada.

I - suspeição;

Exceção de suspeição – A principal expectativa que se aguarda de um Juiz é a imparcialidade. Havendo dúvida quanto a esse requisito, pode a parte arguir tal exceção, a fim de evitar um julgamento injusto, como forma, ainda, de preservar a dignidade da justiça. Tamanha sua importância, que o CPP anuncia ser dever do juiz, de ofício, dar-se por suspeito, na dicção do art. 97 do código. Trata-se, outrossim, de uma exceção dilatória, pois, se acolhida, o processo não é extinto, tendo prosseguimento perante juiz diverso. Como destaca Tornaghi, "juiz impedido é o que tem relação com o objeto da causa; juiz suspeito é o que, por ter relação (amizade, inimizade, dependência) com qualquer das partes, não oferece garantia de isenção *psicológica*, ainda que moralmente inatacável. Não é, necessariamente, da honradez do juiz que se desconfia, mas de sua condição psicológica" (ob. cit., p. 432).

As hipóteses de suspeição do juiz também são aplicadas aos órgãos de instância superior (art. 103), membros do Ministério Público (art. 258), aos jurados (art. 106) e aos serventuários da justiça (arts. 105 e 112), e estão relacionadas no art. 254 do código.

Processamento – A suspeição pode ser reconhecida de ofício, suscitada pelo próprio Juiz, quando se procede nos termos do art. 97 do código. Assim, o juiz se dá por suspeito, fazendo-o por escrito, determinando a remessa dos autos ao seu substituto legal. Tal decisão é irrecorrível e deve ser fundamentada, pois não interessa apenas às partes, mas igualmente à Justiça. É importante saber os motivos que levaram o juiz a declarar-se suspeito.

Mas a suspeição também pode ser arguida pela parte, conforme previsto no art. 98. Deve ser suscitada por escrito, assinada por ela ou por advogado com poderes especiais para tanto (é que se trata de ataque contra o Juiz), fundamentando o pedido e juntando documentos e rol de testemunhas. Cumpre seja proposta, pelo réu, assim que ofertar sua defesa preliminar, ou pelo Ministério Público quando recebida a denúncia. Passados esses momentos processuais, ela é considerada intempestiva.

Caso entenda pertinente o requerimento, o Juiz deverá suspender o feito, remetendo o processo ao seu substituto legal (art. 99). Caso não aceite o pedido, mandará autuá-lo em apartado, dando sua resposta no prazo de três dias, podendo arrolar testemunhas, enviando, depois, os autos ao Tribunal. Neste caso, o processo não é suspenso. No Tribunal, é possível que a suspeição seja repelida liminarmente. Caso contrário, é realizado o julgamento, ouvindo-se as testemunhas arroladas, tudo na forma do art. 100 do código. Procedente o pedido, são nulos os atos do processo principal, a partir da data em que se identificou a suspeição. Se existente desde o início do processo, todo ele é nulo. Deve o Juiz pagar as custas quando aceita a suspeição pelo Tribunal, desde praticado erro inescusável. Quando recusada, deve o excipiente pagar multa, se agiu com malícia (art. 101).

ATENÇÃO - Foro íntimo e comunicação a órgão superior - Em vista de algum abuso constatado pelo Conselho Nacional de Justiça, quanto à utilização de um número elevado de declarações de suspeição por razões de foro íntimo, aquele órgão editou a Resolução nº 82, de 09 de junho de 2009, determinando que "o magistrado de primeiro grau fará essa afirmação nos autos e, em ofício reservado, imediatamente exporá as razões desse ato à Corregedoria local ou a órgão diverso designado pelo seu Tribunal [...] No caso de suspeição por motivo íntimo, o magistrado de segundo grau fará essa afirmação nos autos e, em ofício reservado, imediatamente exporá as razões desse ato à Corregedoria Nacional de Justiça".

Contra tal diploma, associações de juízes (AMB, Ajufe e Anamatra), propuseram Ação Direta de Inconstitucionalidade (ADI n. 4.260-DF), na qual foi relatora a Ministra Rosa Weber. O pedido foi considerado prejudicado face ao advento do Código de Processo Civil em vigor, que, em seu art. 145, dispõe que o juiz, ao se declarar suspeito, por razões de foro íntimo, não se vê obrigado informar os motivos que o levaram a tanto, Prejudicado, entendeu a Ministra, em virtude de que, havendo lei expressa que dispensa tal formalidade, por óbvio que não pode ser suplantada por mera resolução do CNJ. Assim, a resolução não tem mais vigência e, invocando razões de foro íntimo, nenhuma justificativa deve ser exigida do Magistrado.

Legitimidade do assistente de acusação – Divide-se a doutrina sobre a legitimidade de o assistente de acusação ajuizar a exceção de suspeição. Entendemos cabível essa possibilidade, pois não teria sentido impedir-se o assistente, interessado que é na obtenção de uma condenação, de arguir a suspeição do julgador. Imagine-se seja o juiz devedor do réu e, a despeito disso, o Ministério Público não suscitou a suspeição com base no art. 254, inc. V do código, tampouco fez o juiz, de ofício. Impedir-se o assistente de propor a suspeição importaria em obrigá-lo a aceitar uma absolvição iminente, em franco prejuízo de seu interesse no processo. Ademais, como lembra Heráclito Mossin, "a defesa de rito consistente na suspeição (diga-se o mesmo sobre o impedimento) não deixa de ser matéria de ordem pública, do próprio interesse do Estado quanto à correta administração da justiça, o que fatalmente deixaria de acontecer se se permitisse que um magistrado suspeito julgasse um processo em que a presunção de parcialidade fosse patente" (*Curso de Processo Penal*, São Paulo: Atlas, 1998, vol. 2, p. 21).

JURISPRUDÊNCIA

Suspeição não pode ser declarada por outro juiz de 1º grau

HABEAS CORPUS. PENAL E PROCESSUAL PENAL. INVASÃO E OCUPAÇÃO DE ESTABELECIMENTO AGRÍCOLA. SUSPEIÇÃO. RECONHECIMENTO POR JUIZ OUTRO, DA MESMA INSTÂNCIA, APÓS SUBSTITUIÇÃO. NULIDADE – "A exceção de suspeição, em havendo recusa do Juiz, é feito da competência dos tribunais. É nula a decisão do magistrado que nulifica processo, à razão de suspeição do juiz, sob cuja presidência vinha se desenvolvendo no feito" (STJ – HC nº 17492-PB, Rel. Hamilton Carvalhido, j. 16.03.2004, DJ 26.04.2004, p. 220).

Impossibilidade de análise por meio de habeas-corpus

"A suspeição, via de regra, é assunto impróprio ao veio restrito do habeas corpus, pois, além de ter o meio adequado (exceção), a análise de eventual motivo para afastar o magistrado de um processo demanda revolvimento de aspectos fáticos não condizentes com a via eleita" (HC 405.958/SP, Rel. Ministra MARIA THEREZA DE ASSIS MOURA, Sexta Turma, DJe de 12/12/2017).

Juiz suspeito. Voto não decisivo

"O princípio do juiz natural, garantia constitucional e expressão do Estado Democrático de Direito, decorre do devido processo legal e reforça a imparcialidade e a independência do magistrado no julgamento da causa. Hipótese em que a Desembargadora do TRF3 inicialmente declarou-se suspeita para atuar no feito e, posteriormente, proferiu voto vogal, acompanhando o relator que deu provimento ao apelo ministerial. Apesar de existir vício no ato de a Desembargadora proferir o seu voto, mesmo tendo se declarado suspeita, tal fato, por si só, não inquina de nulidade o julgamento. Isso porque "a suspeição de magistrado não provoca a anulação do julgamento quando seu voto, como vogal, não for decisivo para o resultado" (RMS 20.776/RJ, Rel. Ministro TEORI ZAVASCKI, PRIMEIRA TURMA, DJe 20/10/2007). No caso em exame, o voto proferido pela magistrada sob suspeição mostra-se irrelevante perante o resultado da votação, uma vez que, mesmo sem ele, a decisão não favorece os impetrantes." (STJ – HC n. 264.145/SP, relator Ministro Ribeiro Dantas, Quinta Turma, julgado em 12/6/2018, DJe de 20/6/2018.)

Juiz que reconsidera sua suspeição inicialmente declarada. Validade

"Não é nula a sentença proferida por magistrado que anteriormente se declarara impedido de funcionar em ação penal da qual era vítima a mãe de sua empregada, decisão que reconsiderou por não se tratar de um dos motivos que impossibilitam o exercício da jurisdição" (STJ – Rel. Paulo Gallotti – RSTJ 149/520).

Distinção entre suspeição e impedimento

"Suspeição ocorre quando há vínculo do Juiz com qualquer das partes (CPP, art. 254). Impedimento configura-se quando há interesse do juiz com o objeto do processo (CPP, art. 252)" (STF – HC nº 77622-SC, Rel. Nélson Jobim, j. 17.11.1998, DJ 29.10.1999, p. 2).

II – incompetência de juízo;

Exceção de incompetência – A incompetência diz respeito à incapacidade de um órgão (monocrático ou colegiado), para julgamento de determinado delito. Pressupõe, destarte, o trâmite de uma ação penal perante um juízo incompetente. Pode ser conhecida de ofício pelo Juiz (art. 109 do CPP), segundo a regra de que "todo juiz é juiz da própria competência" (*Kompetenz-Kompetenz*, do Direito Alemão). Caso o Juiz não o faça, deve ser provocado pela parte, quando se adota o procedimento do art. 108, iniciando-se a *declinatória fori*.

Incompetência absoluta e relativa – Conceitua-se a incompetência absoluta (*ratione personae* ou *ratione materiae*) como aquela que não admite prorrogação, isto é, não permite convalidação, podendo ser, inclusive, declarada de ofício pelo Magistrado. Assim, por exemplo, a competência por prerrogativa de função, segundo a qual cabe a órgãos colegiados o julgamento de determinados réus, considerando a função pública que exercem ou o cargo que ocupam. Já a incompetência relativa (incompetência *ratione loci*) pode ser prorrogada, ou seja, se não suscitada no momento oportuno, se convalida, é aproveitada, atingida que foi pela preclusão. É o que ocorre, por exemplo, na competência territorial. Suponha-se, assim, a ocorrência de um crime onde há dúvida sobre o local exato no qual se consumou. Processado inicialmente perante o Juízo "A", verifica-se, depois, que teria se consumado perante o juízo "B". Não arguida a exceção no momento oportuno, ela se convalida. Apesar de relativa, a doutrina vinha admitido o seu reconhecimento de ofício pelo juiz, o que esvaziava o teor da Súmula nº 33 do STJ ("*A incompetência relativa não pode ser declarada de ofício*"), aplicável apenas no campo do processo civil.

ATENÇÃO – Derrubada a liminar que suspendia a eficácia do art. 3º-A ("o processo penal terá estrutura acusatória, vedadas a iniciativa do juiz na fase de investigação e a substituição da atuação probatória do órgão de acusação"), entendemos que o reconhecimento da incompetência relativa volta a seguir a citada Súmula, sem exceções.

Incompetência absoluta e aproveitamento de atos decisórios – O Supremo Tribunal Federal seguia a linha de raciocínio segundo a qual, ocorrendo incompetência absoluta, os atos decisórios poderiam ser aproveitados. O entendimento jurisprudencial, porém, que tem prevalecido atualmente na mais alta Corte do país, é no sentido da nulidade absoluta dos atos decisórios, quando praticados por juízo absolutamente incompetente (v. abaixo). Em relação aos atos processuais praticados por juízo incompetente, a jurisprudência dos tribunais superiores tem admitido a possibilidade de ratificação com base na teoria do juízo aparente, isto é, caso praticados por juízo aparentemente competente ao tempo de sua prática (STF. 2ª Turma. RE 1318172 AgR, Rel. Min. Edson Fachin, Segunda Turma, julgado em 04/04/2022).

Conflito de jurisdição – A decisão que acolhe a exceção pode ser ainda contestada pelo juiz que recebeu o processo, através do conflito de jurisdição, previsto no art. 113. Esse conflito será *negativo*, quando ambos os juízes (o que acolheu a exceção e o que recebeu o processo) se dão por incompetentes. Será *positivo* quando ambos os juízes se consideram competentes para o julgamento. Nesse sentido o art. 114, inc. I, do código.

Remetido o feito ao Juízo competente e por ele aceito, os atos probatórios devem ser ratificados, ou seja, confirmados, não sendo obrigatória a repetição. Nada impede, todavia, que o juiz, provocado por uma das partes, repita, se entender necessário, alguma prova, determinando, por exemplo, a realização de novo interrogatório, oitiva de testemunhas etc. Já os atos decisórios praticados pelo juiz incompetente deveriam ser refeitos (art. 564, inc. I e 567 do CPP).

JURISPRUDÊNCIA

Possibilidade de aproveitamento dos atos decisórios praticados por juízo absolutamente incompetente

"Em princípio, a jurisprudência desta Corte entendia que, para os casos de incompetência absoluta, somente os atos decisórios seriam anulados. Sendo possível, portanto, a ratificação de atos não-decisórios. Precedentes citados: HC nº 71.278/PR, Rel. Min. Néri da Silveira, 2ª Turma, julgado em 31.10.1994, DJ de 27.09.1996 e RHC nº 72.962/GO, Rel. Min. Maurício Corrêa, 2ª Turma, julgado em 12.09.1995, DJ de 20.10.1995. 6. Posteriormente, a partir do julgamento do HC nº 83.006-SP, Pleno, por maioria, Rel. Min. Ellen Gracie, DJ 29.08.2003, a jurisprudência do Tribunal evoluiu para admitir a possibilidade de ratificação pelo juízo competente inclusive quanto aos atos decisórios" (STF – HC n° 88262-SP – Rel. Gilmar Mendes, j. 18.12.2006, DJe 30.03.2007).

Atos praticados por juiz incompetente implicam em desentranhamento da prova

"O Estado Democrático de direito não admite o **aproveitamento** de atos praticados por **juiz incompetente,** mesmo, segundo alguns, em nome da moralidade ou combate à criminalidade. No caso epígrafe, as provas obtidas por meio de interceptações telefônicas, não possuem eficácia jurídica, vez que deferidas por Juiz Estadual de plantão, em questões que eram de competência da Justiça Federal." (STJ – HC n. 148.261/RS, relatora Ministra Laurita Vaz, relator para acórdão Ministro Adilson Vieira Macabu (Desembargador Convocado do Tj/rj), Quinta Turma, julgado em 20/9/2011, DJe de 14/8/2012.)

Atos praticados por juiz incompetente configuram nulidade absoluta

"Independentemente de ter ocorrido o recebimento da denúncia, as decisões tomadas por **juiz absolutamente incompetente** são nulas, e, assim sendo, não podem surtir efeitos a ponto de fixar regras de perpetuação da competência. Aliás, neste ponto, relembra-se que a incompetência absoluta não se prorroga." (STF – Rcl 52661, Rel Min. RICARDO LEWANDOWSKI, Julgamento: 25/05/2022, Publicação: 31/05/2022)

"Reconhecida a inépcia da inicial quanto ao ilícito disposto no artigo 288 do Código Penal, e não havendo dúvidas de que o Juízo Comum era absolutamente incompetente para deliberar sobre a contravenção penal prevista no artigo 50, § 1º, do Decreto-lei 3.688/1941, imperiosa a anulação dos atos decisórios praticados, notadamente o recebimento da vestibular, os quais deverão ser renovados ou ratificados perante o do Juizado Especial Criminal, competente para processar e julgar a exploração de jogos de azar. Precedente. Doutrina e jurisprudência são uniformes no sentido de que o recebimento da denúncia por magistrado absolutamente incompetente não interrompe o curso do prazo prescricional." (STJ – RHC n. 29.599/RS, relator Ministro Jorge Mussi, Quinta Turma, julgado em 11/6/2013, DJe de 20/6/2013.)

Atos praticados por juiz incompetente configuram nulidade relativa

"A teor do que dispõe a norma processual, art. 111 do CPP, a suspensão do processo em caso de conflito de competência deve ser sopesada a partir das características da causa e pela situação do réu, o que, obviamente, não significa dizer que não haja restrição quanto à prática de atos decisórios e, também, a permissão da condução da ação por medida de impulso processual. No caso, o Juiz condutor, apesar de inicialmente ter-se declarado incompetente, houve por bem cumprir alguns atos processuais que não causaram nulidade, tampouco prejuízo ao interesse da defesa" (STJ – HC n° 35787-MG, Rel. José Arnaldo da Fonseca, j. 28.09.2004, DJ 25.10.2004, p. 371).

"Pela teoria do juízo aparente, é possível a admissão nos autos de prova cuja produção foi autorizada por magistrado absolutamente incompetente, não havendo que se falar em ofensa ao princípio do juiz natural. Precedentes." (STF – RE 1317352, Rel. Min. Alexandre de Moraes, j. em 30.03.2021, publicado em 06.04.2021)

Incompetência territorial e preclusão

"Nos termos do art. 108 do Código de Processo Penal, a exceção de incompetência deve ser oposta, verbalmente ou por escrito, no prazo de defesa, o que não foi observado no caso em apreço. Assim, não havendo a arguição da **incompetência territorial,** de natureza relativa, no momento processual adequado, encontra-se preclusa a matéria, prorrogando-se a competência do órgão jurisdicional que recebeu a denúncia." (STJ – AgRg no CC n. 187.987/SP, relatora Ministra Laurita Vaz, Terceira Seção, julgado em 14/9/2022, DJe de 28/9/2022.)

Incompetência absoluta e *reformatio in pejus*

"A jurisprudência deste Superior Tribunal de Justiça é no sentido de que, pela vedação da reformatio in pejus indireta, não obstante a anulação do processo pela incompetência do Juízo, em recurso exclusivo da defesa, fica preservada a absolvição dos envolvidos que não foram condenados. É que o **Juiz absolutamente incompetente** para decidir determinada causa, até que sua incompetência seja declarada, não profere sentença inexistente, mas nula, que depende de pronunciamento judicial para ser desconstituída. E se essa declaração de **nulidade** foi alcançada por meio de recurso exclusivo da defesa, como no caso dos autos, ou por impetração de habeas corpus, não há como o Juiz competente impor ao Réu uma nova sentença mais gravosa do que a anteriormente anulada, sob pena de reformatio in pejus indireta (HC 124.149/RJ, Relatora Ministra LAURITA VAZ, Quinta Turma, julgado em 16/11/2010, DJe 6/12/2010). 2. No presente caso, pendendo a análise meritória de recurso do Ministério Público, que requereu a condenação dos acusados Rafael e Airton, o status de absolvidos não se convalidou no ordenamento jurídico, não podendo se falar na reformatio in pejus ao se declarar a incompetência do juízo." (STJ – AgRg no AREsp n. 1.676.607/MT, relator Ministro Reynaldo Soares da Fonseca, Quinta Turma, julgado em 18/8/2020, DJe de 24/8/2020.)

III - litispendência;

Litispendência – Ocorre quando há dois processos em andamento pelo mesmo fato. Visa evitar o *bis in idem*, ou seja, que alguém seja processado duas vezes pela mesma infração penal. Verifica-se, assim, quando o mesmo autor, com igual fundamento de fato, volta a fazer o mesmo pedido, contra o mesmo réu. Ela possui nítido caráter peremptório, já que, se acolhida, importará em extinção do processo em que proferida a decisão.

Processamento – É o mesmo da exceção de incompetência (art. 108), devendo ser a litispendência arguida no processo em que se verificou a repetição, isto é, no segundo feito. A prioridade é estabelecida pela citação, ou seja, havendo dois processos idênticos, deve ser mantido aquele em que foi o réu primeiramente citado, extinguindo-se o outro.

Recurso cabível – Acolhida a exceção é cabível recurso em sentido estrito (art. 581, inc. III). Negada, não cabe recurso, podendo ser admitido *habeas corpus*. Reconhecida de ofício, é cabível a apelação, pois há uma sentença definitiva de natureza processual.

Efeitos do reconhecimento da litispendência – Na lição de José Frederico Marques, "um dos efeitos da litispendência é o de impedir o desenrolar e a existência de um segundo processo para o julgamento de idêntica acusação. Resulta, pois, da litispendência, o direito processual de arguir o *bis in idem*, mediante *exceptio litis pendentis*. Segundo disse CHIOVENDA, assim como a mesma lide não pode ser decidida mais de uma vez (*exceptio rei judicatae*), assim também não pode pender simultaneamente mais de uma relação processual sobre o mesmo objeto entre as mesmas pessoas. Pode, portanto, o réu excepcionar que a mesma lide pende já perante o mesmo juiz ou perante juiz diverso, a fim de que a segunda constitua objeto de decisão com a primeira por parte do juiz invocado antes" (*Elementos de Direito Processual Penal*, Campinas, SP: Millennium Editora, 2009, v. 2).

JURISPRUDÊNCIA

Litispendência

a) configuração

"Verifica-se a litispendência quando houver imputação, à mesma pessoa, de fato criminoso idêntico, em dois ou mais processos, devendo coincidir as partes, a causa de pedir e o pedido" (STJ – RHC nº 26626-SP, Rel. Celso Limongi, j. 14.04.2011, DJe 02.05.2011).

b) não configuração

"Como cediço, "a **litispendência** - pressuposto processual de validade objetivo extrínseco negativo ou impeditivo - configura-se quando ao mesmo acusado, em duas ou mais ações **penais,** forem imputadas a prática de condutas criminosas idênticas, ainda que se lhes confira qualificação jurídica diversa" (AgRg no RHC n. 126.745/PR, relator Ministro Felix Fischer, Quinta Turma, julgado em 15/9/2020, DJe de 23/9/2020). No caso em apreço, verifica-se que não há **litispendência** entre as ações **penais,** tampouco a ocorrência de dupla imputação, tendo em vista que, conforme expressamente destacado pela Corte de origem, os feitos tratam de crimes diversos, praticados em contextos (dia e local) distintos." (STJ – AgRg no AREsp n. 2.146.774/MG, relator Ministro Ribeiro Dantas, Quinta Turma, julgado em 27/9/2022, DJe de 4/10/2022.)

"Não se configura **litispendência** nos casos em que, apesar da similitude do modus operandi, os delitos foram praticados em lugares diferentes e há independência dos grupos, justificando a oferta de ações **penais** separadas." (STJ – AgRg no RHC n. 131.848/RO, relator Ministro João Otávio de Noronha, Quinta Turma, julgado em 6/9/2022, DJe de 12/9/2022.)

"Para o reconhecimento de **litispendência** é necessário que haja tríplice identidade entre os feitos. Em outras palavras, é indispensável que sejam coincidentes as partes, a causa de pedir e o pedido em ambas as ações. Neste caso, muito embora se esteja diante de crimes assemelhados, praticados com o mesmo modus operandi, os fatos narrados na primeira ação **penal** foram cometidos em 2013 e os da segunda ação, em 2014. As pessoas envolvidas nas transações também são diversas, de maneira que não há que se falar em tríplice identidade neste caso." (STJ – AgRg no HC n. 719.191/RS, relator Ministro Reynaldo Soares da Fonseca, Quinta Turma, julgado em 21/6/2022, DJe de 27/6/2022.)

Inviabilidade do *habeas corpus* para arguição de litispendência

"No mérito, o Tribunal de origem consignou que, "Malgrado as ações apurem delitos da mesma natureza, cada qual teve seu inquérito policial dentro da Operação Durkheim para a apuração de fatos diversos, os quais foram cometidos em circunstâncias diversas. Eventual coincidência entre as capitulações jurídicas dos crimes de quadrilha apurados na mesma operação policial, mas por fatos diversos, são considerados crimes distintos e autônomos e não caracterizam **litispendência**" (fl. 1.632). Assim, para se concluir pela existência ou não de **litispendência** - em que se exige, necessariamente, o confronto da imputação em que se fez em uma e em outra ação **penal** -, seria necessário o revolvimento de matéria fático-probatória, providência vedada na via estreita do habeas corpus, de cognição sumária." (STJ – AgRg no RHC n. 164.575/SP, relator Ministro Rogerio Schietti Cruz, Sexta Turma, julgado em 27/9/2022, DJe de 30/9/2022.)

Aplicação subsidiária do CPC. Inexistência no inquérito policial

"Há litispendência quando se repete a ação que está em curso (CPC, art. 301, parágrafo 1º e 3º). Uma ação é idêntica a outra quando tem as mesmas partes, a mesma causa de pedir e o mesmo pedido (CPC, art. 301, parágrafo 2º). A aplicação subsidiária das normas do Processo Civil ao Processo Penal é autorizada pelo art. 3º do CPP. A relação jurídica forma-se com a citação válida (CPC, art. 219). No inquérito não há angularidade, ou seja, não se formou a relação jurídica processual. O inquérito é um simples procedimento administrativo preparatório e informativo da ação penal. Por isso não faz sentido, em termo de Direito Processual, extinguir ação penal por causa da existência de inquérito, mesmo que este seja mais antigo do que aquela. Constatado o ajuizamento da ação penal, o inquérito deve tão-somente ser-lhe anexado, para servir como meio de prova. Precedente do RHC 10.001/SP">STJ: RHC no 10.001/SP. Não sucede litispendência entre inquérito – que é procedimento administrativo informativo da ação penal – e ação penal. A litispendência acontece somente entre lides pendentes. Exceção de litispendência que se rejeita" (TRF-5 – ExLit n° 360- PE, Rel. Francisco Cavalcanti, j. 30.04.2008, DJ 23.05.2008, p. 353).

IV – ilegitimidade de parte;

Ilegitimidade de parte – Tanto a ilegitimidade *ad causam* (titularidade da ação), como a ilegitimidade *ad processum* (capacidade processual), podem ser suscitadas.

Assim, por exemplo, pode se alegar que o Ministério Público não é parte legítima para a oferta da denúncia, por se tratar de ação penal privada, ou que a vítima apresenta o mesmo defeito, por ser o crime de ação penal pública (ilegitimidade *ad causam*). Ou que o *parquet* não tem capacidade processual, por faltar a representação da vítima, num crime de ação penal pública condicionada a esse pressuposto (ilegitimidade *ad processum*). Fica configurada, também, a ilegitimidade *ad processum* se, por exemplo, o querelante não tem capacidade para ingressar em juízo com queixa-crime em favor de vítima incapaz, posto não se tratar de seu representante legal (pais, tutor, curador), na dicção do art. 30 do CPP. Ou, em caso de morte do ofendido, a queixa for ajuizada por outra pessoa que não o cônjuge, companheiro, ascendente, descendente ou irmão (art. 31 do código). Lembre-se, ainda, da ação penal privada personalíssima, cuja queixa somente poder ser ofertada pelo próprio ofendido (art. 236 do Código Penal). Se outro o fizer, também aqui, restará configurada a ilegitimidade *ad processum.*

Processamento – É o mesmo da exceção de incompetência, não se suspendendo o processo principal e tendo curso em autos apartados, conforme deixa claro o art. 110 do código.

Recursos – Julgada procedente a ilegitimidade *ad causam*, caberá, contra essa decisão, o recurso em sentido estrito, como previsto no art. 581, inc. III do CPP. Desacolhida a exceção, não cabe recurso, podendo se impetrar *habeas corpus* ou se suscitar novamente a matéria em preliminar de apelação.

Outras situações, contudo, podem se verificar. Assim, se o juiz reconhece a ilegitimidade ativa do autor e rejeita a denúncia ou queixa, nos termos do art. 395, inc. II do CPP, o recurso cabível continua sendo o *strictu juris*, desta feita, porém, com base no inc. I, do art. 581 do Código. Pode ocorrer, ainda, que o juiz identifique, ao proferir a sentença, que o Ministério Público não possuía legitimidade para oferecer denúncia, *v.g.*, em um crime de dano simples, quando deverá anular o feito desde seu início (*ab ovo*), e, nesse caso específico, decretar extinta a punibilidade pela decadência pois, a essa altura, já terá se escoado o prazo de seis meses para que a vítima ingresse com a queixa.

É verdade que o art. 568 do código permite, até antes da sentença, o comparecimento da parte legítima para ratificação dos atos até então praticados. Mas tal possibilidade somente ocorre na hipótese de ilegitimidade *ad processum, por configurar nulidade relativa, capaz de ensejar convalidação.* Já a ilegitimidade *ad causam* constitui-se em *nulidade absoluta*, nos termos do art. 564, inc. II do CPP e, por isso mesmo, não admite a ratificação pela parte legítima. Daí não restar ao juiz, em nosso exemplo acima, outra alternativa senão a extinção da punibilidade do agente face a decadência (art. 107, inc. IV do Código Penal).

JURISPRUDÊNCIA

Consequência do reconhecimento da ilegitimidade de parte

"Habeas corpus. Fraude no flagrante. Revelia. Absolvição. Prejuízo. Argüição de ilegitimidade passiva. Não participação criminosa do paciente. Laudo datiloscópico. Inexistência de uma das condições da ação. Anulação do processo ab initio. Habeas corpus deferido para anular o processo desde o início" (STF – HC n° 74941-SP, Rel. Nelson Jobim, j. 16.09.1997, DJ 18.05.2001, p. 432).

Não cabimento de RSE contra decisão que rejeita a exceção

"Recurso em Sentido Estrito – Decisão que julga improcedente exceção de ilegitimidade de parte – princípio da fungibilidade. – Não se conhece do recurso interposto sob os auspícios do princípio da fungibilidade, contra decisão que julga improcedente a exceção de ilegitimidade de parte, por falta de adequação legal no sistema recursal pátrio, tendo em vista tratar-se de matéria não sujeita a preclusão temporal. – Recurso não conhecido" (TJGO – Apelação Criminal n° 17937-2/213, Rel. Remo Palazzo – DJ 12925 de 09.11.1998).

V – coisa julgada.

Coisa julgada – Assim como a litispendência, a exceção de coisa julgada busca evitar o *bis in idem*. A diferença é que na litispendência há uma lide pendente e na coisa julgada já há sentença transitada em julgado.

A consequência da coisa julgada é a imutabilidade da sentença, não permitindo que contra o mesmo réu, pelo mesmo fato, se instaure outro processo.

Coisa julgada formal – É a imutabilidade da sentença no processo em que proferida, quando, esgotados todos os recursos cabíveis, não mais se admite a discussão. Mas, por vezes, pode ser renovado o debate, como ocorre na decisão de impronúncia, nos termos do art. 414, parágrafo único do CPP.

Coisa julgada material – É aquela que se projeta para fora do processo, implicando em uma decisão de mérito que não mais admite reabertura da discussão. Tal imutabilidade, porém, não é absoluta em relação à sentença absolutória que pode ser alterada por revisão criminal, por exemplo.

Em resumo, na lição de Paulo Lúcio Nogueira, a coisa julgada formal "é a matéria processual e ocorre quando não houver mais recurso da decisão proferida; é chamada também de preclusão recursal, porque não houve interposição de recursos". Já a coisa julgada material "é a qualidade dos efeitos das sentenças." De sorte que "toda sentença produz coisa julgada formal, já que se esgota o prazo recursal, mas nem todas produzem coisa julgada material, visto que poderão ser revistas com novas provas, como a impronúncia." (*Curso Completo de Processo Penal*. 9. ed., São Paulo: Saraiva, 1995, 1995, p. 135).

Processamento – Ocorre da mesma forma que as demais exceções (art. 110, *caput*). Da decisão que reconhece a exceção cabe recurso em sentido estrito (581, inc. III). Não há recurso contra o indeferimento, podendo se admitir *habeas corpus* ou a renovação da discussão em preliminar de apelação. Tratando-se de decisão de ofício, cabe apelação, pois é sentença com força de definitiva (art. 593, inc. II).

Prevalência – Ocorrendo duplicidade de sentenças condenatórias, prevalece a primeira que transitou em julgado, já que a segunda é nula de pleno direito, exatamente por malferir a coisa julgada, pouco importando se aquela primeira seja mais ou menos favorável ao réu.

JURISPRUDÊNCIA

Configuração da coisa julgada

"Só há litispendência enquanto em curso ambas as ações penais que digam respeito ao mesmo réu e pelo mesmo fato a ele imputado, e ela, argüida a exceção de litispendência, se resolve, quando ambos os juízes são competentes, pela prevenção em favor daquele que tiver antecedido ao outro "a prática de algum ato do processo ou de medida a este relativa, ainda que anterior ao oferecimento da denúncia ou da queixa" (artigo 83 do C.P.P) Quando, porém, em uma dessas ações já há decisão transitada em julgada, deixa de haver litispendência, e, como salienta EDUARDO ESPÍNOLA FILHO ('Código de Processo Penal brasileiro anotado', vol. II, 5ª. ed., nº 264, p. 301, Editora Rio, Rio de Janeiro, sem data), 'em qualquer fase esteja a ação penal, se o juiz verificar que o fato principal foi solucionado por sentença transitada em julgado, no seu próprio juízo, ou em outro, paralisará definitivamente aquele processo, fazendo apensar os respectivos autos aos da outra causa, ou, para isso, os remetendo ao juízo, onde esta ocorreu'. O que implica dizer que, em respeito à coisa julgada, se extingue a ação penal em curso. Finalmente – e este é o caso sob exame -, quando só se verifica a existência de duas ações penais relativas ao mesmo réu e pelo mesmo fato a ele imputado depois de que, em ambas suas decisões já transitaram em julgado, essa questão não mais se resolve pela prevenção que é o critério para a solução da litispendência, que, com o trânsito em julgado da decisão proferida numa delas, já deixou de existir, mas, sim, pelo critério da precedência da decisão transitada em julgado, porquanto, se houvesse sido conhecida essa decisão enquanto a outra ação penal estava em curso, esta ação teria sido definitivamente paralisada, como se salientou acima" (STF – HC n° 77909-DF – Rel. Moreira Alves, j. 20.10.1998, DJ 12.03.1999, p. 4).

Consequência do reconhecimento da coisa julgada

"Dupla condenação pelo mesmo crime. Impossibilidade. Se resulta dos autos que o paciente foi processado em Juízos diferentes, mas pelo mesmo crime – pois embora diferenças mínimas não chegam a perturbar a certeza de que assim ocorreu – e veio ele a ser condenado nas duas ações penais, e de deferir-se o 'habeas corpus' para prevalecer apenas aquela sentença proferida pelo juiz prevento" (STF – HC n° 68386-DF, Rel. Aldir Passarinho, j. 11.12.1990, DJ 01.03.1991, p. 1808).

Prevalência da primeira decisão

PROCESSO – DUPLICIDADE – SENTENÇAS CONDENATÓRIAS – "Os institutos da litispendência e da coisa julgada direcionam à insubsistência do segundo processo e da segunda sentença proferida, sendo imprópria a prevalência do que seja mais favorável ao acusado" (STF – HC n° 101131-DF – Rel. Marco Aurélio, j. 25.10.2011, DJe 10.02.2012).

Coisa julgada somente em relação ao fato principal

"A exceção de coisa julgada e matéria processual de defesa, que, em princípio, deve ser apresentada, perante o Juiz de 1. grau, se a ação penal já estiver em andamento, com o recebimento ou não da queixa (arts. 95, V, e 111 do C. P. Penal), não sendo essa a hipótese dos autos. A exceção de coisa julgada somente pode ser oposta em relação ao fato principal, que tiver sido objeto de sentença (art. 110, par. 2°., do C.P.Penal)" (STF – HC n° 71219-PA, Rel. Sydney Sanches, j. 18.10.1994, DJ 16.12.1994, p. 34887).

Não configuração da coisa julgada

"A litispendência 'guarda relação com a ideia de que ninguém pode ser processado quando está pendente de julgamento um litígio com as mesmas partes (eadem personae), sobre os mesmos fatos (eadem res), e com a mesma pretensão (eadem petendi), que é expressa por antiga máxima latina, o ne bis in idem' (HC n. 320.626/SP, Sexta Turma, Rel. Min. Rogério Schietti Cruz, DJe de 22/6/2015). Na mesma linha, também se proíbe a persecução **penal** quando um acusado é novamente processado pelos mesmos fatos já acobertados pela **coisa julgada**. Assim, ocorrida tal situação, conclui-se pela ofensa ao princípio da vedação ao bis in idem, não havendo justa causa para o prosseguimento da ação **penal** subsequente." (RHC n. 75.783/RO, relator Ministro Felix Fischer, Quinta Turma, julgado em 20/10/2016, DJe de 11/11/2016.) 3. O Código de Processo **Penal** não aborda diretamente a questão relativa à **coisa julgada.** O Código de Processo Civil, por sua vez, define a **coisa julgada** como a repetição de ação que já foi decidida por decisão transitada em julgado (Art. 337, § 4º). A identidade de ações é verificada a partir da constatação da tríplice identidade entre os feitos, ou seja, quando coincidem as partes, a causa de pedir e o pedido. Na hipótese, não há que se falar na ocorrência de bis in idem ou **coisa julgada,** uma vez que ausente a tríplice identidade, indispensável para que se reconheça a **coisa julgada,** tendo em vista tratar-se de fatos diversos, uma vez que não restou constatado que as condutas criminosas pelos quais o paciente foi condenado referem-se aos mesmos fatos criminosos imputados na ação **penal** que está em processamento perante a Vara Criminal de Alvorada do Norte." (STJ – AgRg no RHC n. 168.821/GO, relator Ministro Reynaldo Soares da Fonseca, Quinta Turma, julgado em 27/9/2022, DJe de 4/10/2022.)

Possibilidade de análise da coisa julgada por meio de *habeas corpus*

"Transitada em julgado a condenação, há de se averiguar a existência de coisa julgada e não de litispendência, como quer a impetração, devendo o Tribunal de origem, sobre a primeira exceção, se manifestar, ainda que em sede de *habeas corpus*" (STJ – HC n° 16038-RJ, Rel. Fernando Gonçalves, j. 21.06.2001, DJ 13.08.2001, p. 291).

Decisão irrecorrível

"Contra despacho, decisão ou sentença que rejeita a exceção da *res judicata* incabível é o recurso *stricto sensu*, como deflui da interpretação a *contrario sensu* do inc. III do art. 581 do CPP. É que a enumeração do referido artigo é taxativa, e não exemplificativa, não cabendo o recurso nas hipóteses não contempladas, restando à parte interessada investir contra a decisão ao ser imposta apelação da sentença preferida na causa principal ou mesmo por via do *habeas corpus*" (TJSP – Rel. Manoel Carlos – RT 662/274).

Art. 96. A arguição de suspeição precederá a qualquer outra, salvo quando fundada em motivo superveniente.

Precedência – O dispositivo é claro ao estabelecer que a suspeição deve ser suscitada de forma prioritária, precedendo a qualquer outra. Assim, se determinado juiz é suspeito e, demais disso, há litispendência entre um feito e outro já deflagrado, deve o interessado, primeiro, suscitar a suspeição. Afinal, se a parte, sabedora da suspeição, não a invoca de plano, preferindo arguir a litispendência, estará, com esse comportamento, admitindo a permanência do juiz, não lhe sendo facultado, em seguida, alegar sua suspeição. A inversão da ordem, com efeito, permitiria que um juiz, embora suspeito, proferisse uma decisão na exceção de litispendência, o que se procurou evitar com essa cautela. A propósito, o regimento interno do Tribunal de Justiça de São Paulo, em seu art. 755, dispõe que "será ilegítima a arguição de suspeição, quando provocada pelo argüente, ou quando houver ele praticado, anteriormente, ato que tivesse importado na aceitação do desembargador". Dispositivo idêntico consta do regimento interno do Supremo Tribunal Federal (art. 281).

A parte final do dispositivo faz uma ressalva que parece óbvia: caso o motivo ensejador da suspeição surgir posteriormente, no curso do processo, aí então não se vai exigir, porque até então desconhecida, que fosse a exceção anunciada prioritariamente. Suponha-se que, deflagrado o processo, já realizada a instrução probatória, quando conclusos os autos para sentença, a parte interessada toma conhecimento que, naqueles dias, o juiz se tornou credor do réu (art. 254, inc. V). Ou, ainda, que neste mesmo estágio do processo, tenha o juiz aconselhado o réu (art. 254, inc. IV). Trata-se de circunstâncias surgidas *a posteriori*, inexistentes no nascedouro da ação penal e que, por isso, não poderiam ser suscitadas no início do feito, como exige a primeira parte deste dispositivo em análise. Sobre a suspeição superveniente e validade dos atos anteriores, v. art. 101 abaixo.

JURISPRUDÊNCIA

Precedência

"Dispõe o art. 96 do Código de Processo Penal que, 'a arguição de suspeição precederá a qualquer outra, salvo quando fundada em motivo superveniente'. Com efeito, a exceção de suspeição deve ser arguida na primeira oportunidade em que o réu se manifestar no processo, ou seja, logo após o interrogatório ou no momento da defesa prévia, sob pena de preclusão. Por óbvio que o referido incidente poderá ser instaurado em momento posterior a esses atos processuais quando o fato que o ocasionou for superveniente. Na hipótese, o excipiente não ofereceu a exceção de suspeição no tempo apropriado, estando, portanto, preclusa a questão relativa à parcialidade do magistrado, como bem ressaltou o Tribunal de origem, ao não conhecer do incidente processual" (STJ – HC n° 55703-ES, Rel. Og Fernandes, j. 20.10.2011, DJe 28.11.2011).

Art. 97. O juiz que espontaneamente afirmar suspeição deverá fazê-lo por escrito, declarando o motivo legal, e remeterá imediatamente o processo ao seu substituto, intimadas as partes.

Abstenção – É o nome dado ao ato do juiz que, espontaneamente (isto é, de ofício), se dá por suspeito. Já a *recusação* se verifica quando alguma das partes invoca a suspeição. Daí se dizer que o juiz, "ex officio", se *abstém* de atuar no feito, ou é *recusado* por uma das partes. Quando se tratar da primeira hipótese, quando o juiz espontaneamente se dá por suspeito, cabe a ele remeter os autos a seu substituto legal. Deverá indicar os motivos que o levaram a reconhecer a suspeição. Entendemos que essa exigência somente se aplica se o motivo da suspeição se encontrar dentre aqueles elencados no art. 254 do código. Caso se trate de motivo de foro íntimo, não há que se exigir qualquer justificativa nos autos, mas somente aos órgãos superiores. A propósito, sobre a possibilidade de reconhecimento da suspeição por motivo de foro íntimo e do procedimento a ser adotado pelo juiz, v. art. 254 abaixo.

E o substituto a quem é encaminhado o processo, poderá recusar-se a recebê-lo? Entendemos que sim, desde que não identifique, na motivação do juiz original, qualquer das causas enumeradas no art. 254 do Código. Nesse caso, se dará por incompetente e deflagrará o respectivo conflito negativo de competência. Salvo, por óbvio, se o motivo for de foro íntimo, sem declaração nos autos, quando então não lhe restará outra alternativa senão o recebimento do processo.

JURISPRUDÊNCIA

Possibilidade de o juiz declarar-se suspeito por motivo íntimo

"No tocante à violação do art. 254, caput, do CPP, é cediço que o juiz, caso não se sinta em condições - obedecendo sua consciência - de presidir determinado feito, pode declarar sua **suspeição por motivo íntimo,** podendo avaliar se persiste ou não, a causa ensejadora da declaração de suspeição" (AgRg no REsp 1.493.887/AM, Rel. Ministro FELIX FISCHER, QUINTA TURMA, DJe 1º/8/2017).

Remessa ao substituto legal

"Declarada suspeição, deve o feito ser remetido para o primeiro juiz substituto, em obediência ao princípio do 'Juiz Natural'. Aplicação do art. 97 do Código de Processo Penal" (STJ – Rel. Cid Flaquer Scartezzini – RT 710/340).

Art. 98. Quando qualquer das partes pretender recusar o juiz, deverá fazê-lo em petição assinada por ela própria ou por procurador com poderes especiais, aduzindo as suas razões acompanhadas de prova documental ou do rol de testemunhas.

Poderes especiais – Em virtude da relevância dos fatos que podem ser suscitados na exceção de suspeição, exige a lei que o procurador esteja municiado de poderes especiais, salvo se a própria parte também assinar a inicial. O espírito é o mesmo que norteia o art. 44 do CPP, quando se reclamam poderes especiais do procurador para propositura da ação penal privada. É que, por vezes, o teor daquilo que alegado é de tamanha gravidade que, se não provado, pode ensejar medidas sérias contra quem suscitou a suspeição. Lembre-se que o art. 101 do código, em sua parte final, impõe multa quando, rejeitada a exceção, restar caracterizada a malícia do excipiente. Isso sem prejuízo de eventual configuração de crime contra a honra, sendo vítima o magistrado. Hélio Tornaghi ensina que "a procuração deve, inclusive, conter a menção do fato que torna o juiz suspeito, para que se possa caracterizar a responsabilidade do excipiente em caso de malícia" (*Instituições de Processo Penal,* Saraiva, 1977, vol. 1, p. 436). Daí a cautela do legislador.

JURISPRUDÊNCIA

Procuração com poderes especiais

"O artigo 98 do Código de Processo Penal exige manifestação da vontade da parte interessada na recusa do magistrado por suspeição por meio da subscrição da petição pela própria parte interessada ou, quando representada em juízo, por meio de procuração com poderes especiais." (STJ – REsp n. 1.431.043/MG, relatora Ministra Maria Thereza de Assis Moura, Sexta Turma, julgado em 16/4/2015, DJe de 27/4/2015.)

Quando pode ser suprida a procuração

PROCESSUAL PENAL. RECURSO ESPECIAL. EXCEÇÃO DE SUSPEIÇÃO. PETIÇÃO ASSINADA PELA PARTE – "A exceção subscrita, também, pela parte, dispensa a procuração com poderes especiais (art. 98 do CPP)" (STJ – REsp nº 446011-SP, Rel. Felix Fischer, j. 10.12.2002, DJ 10.03.2003, p. 295).

Também do Defensor Público se exige procuração com poderes especiais

"A jurisprudência desta Corte Superior de Justiça é no sentido de que o artigo 98 do CPP exige manifestação da vontade da parte interessada na recusa do magistrado por **suspeição** por meio da subscrição da petição pela própria parte interessada ou, quando representada em juízo, por meio de procuração com **poderes especiais**. Com efeito, ainda que independa de mandato para o foro em geral, o defensor público não atua na qualidade de substituto processual, mas de representante processual, devendo juntar procuração sempre que a lei exigir **poderes especiais,** como no presente caso, não havendo falar em violação qualquer do direito de acesso ao Poder Judiciário." (STJ – AgRg no AREsp n. 959.615/ES, relator Ministro Reynaldo Soares da Fonseca, Quinta Turma, julgado em 20/10/2016, DJe de 28/10/2016.)

Art. 99. **Se reconhecer a suspeição, o juiz sustará a marcha do processo, mandará juntar aos autos a petição do recusante com os documentos que a instruam, e por despacho se declarará suspeito, ordenando a remessa dos autos ao substituto.**

Sobre o reconhecimento da suspeição pelo juiz, v. comentários aos arts. 95, inc. I e 97 acima.

Art. 100. **Não aceitando a suspeição, o juiz mandará autuar em apartado a petição, dará sua resposta dentro em três dias, podendo instruí-la e oferecer testemunhas, e, em seguida, determinará sejam os autos da exceção remetidos, dentro em 24 (vinte e quatro) horas, ao juiz ou tribunal a quem competir o julgamento.**

§ 1º Reconhecida, preliminarmente, a relevância da argüição, o juiz ou tribunal, com citação das partes, marcará dia e hora para a inquirição das testemunhas, seguindo-se o julgamento, independentemente de mais alegações.

§ 2º Se a suspeição for de manifesta improcedência, o juiz ou relator a rejeitará liminarmente.

Processamento – É possível que o juiz, conquanto não se tenha dado, desde logo, espontaneamente por suspeito, o faça posteriormente, alertado pela arguição deduzida por uma das partes, quando, então, deverá remeter os autos a seu substituto legal. Caso não aceite a suspeição, cumpre ao juiz observar o procedimento aqui detalhado.

§ 1º Reconhecida, preliminarmente, a relevância da argüição, o juiz ou tribunal, com citação das partes, marcará dia e hora para a in-

quirição das testemunhas, seguindo-se o julgamento, independentemente de mais alegações.

§ 2º Se a suspeição for de manifesta improcedência, o juiz ou relator a rejeitará liminarmente.

Rejeição liminar – Sendo manifestamente improcedente a arguição, o juiz ou o relator (quando o julgamento couber a tribunal), pode rejeitá-la. Como *manifesta improcedência* deve se entender aquela alegação que não encontra amparo no rol do art. 254 do código. Assim, por exemplo, quando suscitada a suspeição do juiz porque cliente de determinada rede de lojas que é interessada no desfecho do feito. Ou porque o juiz, em determinada competição esportiva, manteve discussão com o réu, sem que se tornassem, por isso, inimigos capitais. No Supremo Tribunal Federal, segundo seu regimento interno (art. 280), "o Presidente mandará arquivar a petição, se manifesta a sua improcedência". Dispositivo idêntico consta do regimento interno do Superior Tribunal de Justiça (art. 277, § 1º).

A possibilidade de rejeição liminar atribuída ao juiz de 1º grau tem cabimento, sob nossa compreensão, quando a exceção se voltar contra órgão do Ministério Público, peritos, intérpretes e serventuários ou funcionários de justiça (arts. 104 e 105 do código). Caso a suspeição seja arguida em face do juiz da causa, não cabe a ele próprio apreciá-la para, identificando a manifesta improcedência, rejeitá-la de plano. Impõe-se, nessa hipótese, a aplicação do *caput* deste artigo, com a remessa dos autos ao Tribunal para julgamento do incidente.

JURISPRUDÊNCIA

Quando não se admite sua rejeição liminar

"Reconhecida a relevância da exceção de suspeição, não poderia o Tribunal a quo indeferir a produção da prova oral, de plano, sob o singelo argumento de que não teria o condão demonstrar a parcialidade do Juiz. Inteligência do art. 100, § 1º, do Código de Processo Penal. Evidenciado cerceamento de defesa. Ordem parcialmente concedida para anular o acórdão que julgou a exceção de suspeição, determinando que outro seja lavrado após a oitiva das testemunhas arroladas pelo excipiente" (STJ – HC nº 55886-RJ, Rel. Laurita Vaz, j. 20.11.2007, DJ 17.12.2007, p. 232).

"A nulidade de atos processuais em virtude da suspeição do Magistrado demanda rito processual próprio a ser inaugurado por meio da exceção de suspeição. Com efeito, nos termos do art. 100 do CPP, a oposição de exceção de suspeição possibilita ao Magistrado excepto responder à exceção, instruindo os autos com as provas que entenda necessárias para demonstrar sua imparcialidade, autorizando, ainda, a **oitiva** de testemunhas. Portanto, necessária a utilização do instrumento processual correto para impugnar a parcialidade do Magistrado, haja vista não ser possível aferir, de plano, nenhuma das hipóteses do art. 254 do Código de Processo Penal. Precedentes." (STJ – RHC n. 86.684/BA, relator Ministro Reynaldo Soares da Fonseca, Quinta Turma, julgado em 12/9/2017, DJe de 20/9/2017.)

Quando é desnecessária a oitiva de testemunhas

"A inquirição de testemunha, nos autos de exceção de suspeição, somente se justifica quando se trata de comprovar argüição relevante (art. 100, § 1°, do Código de Processo Penal. Não se podem, entretanto, considerar relevante motivo de suspeição, senão aqueles que a própria lei elege para tornar o juiz suspeito" (TJSP – Rel. Xavier Homrich – RT 521/432).

Art. 101. Julgada procedente a suspeição, ficarão nulos os atos do processo principal, pagando o juiz as custas, no caso de erro inescusável; rejeitada, evidenciando-se a malícia do excipiente, a este será imposta a multa de duzentos mil-réis a dois contos de réis.

Consequência do reconhecimento da suspeição – Uma vez acolhida a suspeição, todos os atos do juiz suspeito, de cunho decisório, serão declarados nulos. É que a suspeição configura hipótese de nulidade absoluta, nos termos do inc. I, do art. 564 do CPP, insuscetível, por isso mesmo, de aproveitamento ou convalidação, devendo ser conhecida de ofício e, se não o for, podendo ser invocada em qualquer grau de jurisdição, inclusive após o trânsito em julgado de eventual sentença condenatória. Não teria cabimento, por exemplo, que o Tribunal acolhesse a suspeição pelo fato de o juiz ser devedor do réu (art. 254, inc. V do código), e mantivesse a decisão em que ele indeferiu a oitiva de diversas testemunhas de acusação.

Suspeição superveniente – Caso superveniente a suspeição, os atos até então praticados pelo juiz – inclusive os de cunho decisório – são válidos, conforme anota jurisprudência abaixo transcrita.

Condenação nas custas – Sobre o pagamento de custas, observe-se que, no Estado de São Paulo, a Lei nº 11.608, de 29 de dezembro de 2003, dispõe sobre a taxa judiciária incidente sobre serviços públicos de natureza forense, de aplicação a todo e qualquer processo criminal (salvo os de competência do Juizado Especial Criminal), e imposta ao vencido (v. comentários ao art. 805 abaixo). De sorte que o dispositivo em exame, nesse ponto, se encontra em vigor, cabendo a condenação do juiz ao pagamento de custas, em caso de erro inescusável. De se ver, aliás, que a sanção imposta ao juiz não exige a demonstração de má-fé, ou seja, de um comportamento *doloso*, como para o excipiente, quando se reclama a prova da malícia. Basta que se caracterize o erro escusável, isto é, aquele que poderia ser evitado caso o juiz tivesse atuado com mais cuidado e diligência. É, na lição de Câmara Leal, "o erro grosseiro, o que se verifica se a causa de suspeição não podia ser ignorada pelo juiz. Assim, por exemplo, a suspeição fundada em parentesco do juiz com alguma das partes. Não é admissível supor-se que o juiz pudesse ignorar o parentesco e tão pouco que o mesmo estabelecia um impedimento por suspeição" (ob. cit., vol. pp. 327-8).

Multa – A imposição da multa ao excipiente, por ter agido com malícia, prevista na parte final deste dispositivo, resultou em verdadeira *letra morta*, posto que a sanção, ao ser fixada em réis, moeda corrente ao tempo da entrada em vigor do Código (1942), perdeu sua expressão econômica, corroída que foi pela inflação, sendo incabível qualquer possibilidade de atualização deste valor. É verdade que o regimento interno do Tribunal de Justiça de São Paulo, em seu art. 770, uma vez comprovada a malícia da parte, manda aplicar o art. 18 do Código de Processo Civil (atual art. 81), que trata da litigância de má-fé. Este dispositivo, porém, prevê o pagamento de multa em percentual incidente sobre o *valor da causa*, não tendo, por isso, aplicação no âmbito processo penal.

JURISPRUDÊNCIA

Atos praticados por juiz suspeito configuram nulidade absoluta

"As expressões ofensivas, desrespeitosas e pejorativas do eminente revisor do Tribunal de origem, e Relator para o acórdão, na sessão de julgamento do recurso de apelação, contra a honra o acusado que estava sendo julgado, ainda que não tenham sido registradas em seu voto escrito, senão em manifestação oral, mas induvidosas como fato processual documentado, constituem causa de **nulidade absoluta,** haja vista que ofendem a garantia constitucional da "imparcialidade", que deve, como componente do devido processo legal, ser observada em todo e qualquer julgamento em um sistema acusatório." (STJ – HC n. 718.525/PR, relator Ministro Olindo Menezes (Desembargador Convocado do TRF 1ª Região), Sexta Turma, julgado em 26/4/2022, DJe de 29/4/2022.)

Suspeição superveniente e validade dos atos anteriores

"A **suspeição,** em razão de **causa superveniente** à instauração da ação **penal,** não gera a nulidade dos atos processuais precedentes. 2. À míngua de qualquer nulidade, se a **suspeição** exsurge no decorrer do procedimento, os atos até então praticados devem ser tidos como válidos. 3. Nos termos do artigo 563 do Código de Processo **Penal** "nenhum ato será declarado nulo, se da nulidade não resultar prejuízo para a acusação ou para a defesa". Necessidade de demonstração do prejuízo experimentado em razão dos atos praticados pelo Magistrado antes do reconhecimento da existência da causa de **suspeição.** Ônus do qual não se desincumbiu o réu, que se limitou a afirmar que os atos seriam absolutamente nulos." (STJ – AgRg no REsp n. 1.565.008/RS, relator Ministro Jorge Mussi, Quinta Turma, julgado em 19/6/2018, DJe de 28/6/2018.)

Art. 102. Quando a parte contrária reconhecer a procedência da argüição, poderá ser sustado, a seu requerimento, o processo principal, até que se julgue o incidente da suspeição.

Reconhecimento pela parte contrária – Trata-se de exceção à regra geral, prevista no art. 111, segundo a qual as exceções não suspendem o andamento do processo principal. Reconhecida, pela parte adversa, a causa de suspeição e desde que esta parte o requeira, pode o juiz suspender o andamento do processo-crime, até o julgamento do incidente. Como se depreende do emprego do vocábulo *poderá,* traduz-se mera faculdade conferida ao juiz suspender ou não o feito. "É assunto deixado à sua prudência, à sua discrição. Ele e só ele pode avaliar da conveniência de o processo estancar", como adverte Espínola Filho (ob. cit., p. 438).

Art. 103. No Supremo Tribunal Federal e nos Tribunais de Apelação, o juiz que se julgar suspeito deverá declará-lo nos autos e, se for revisor, passar o feito ao seu substituto na ordem da precedência, ou, se for relator, apresentar os autos em mesa para nova distribuição.

§ 1º Se não for relator nem revisor, o juiz que houver de dar-se por suspeito, deverá fazê-lo verbalmente, na sessão de julgamento, registrando-se na ata a declaração.

§ 2º Se o presidente do tribunal se der por suspeito, competirá ao seu substituto designar dia para o julgamento e presidi-lo.

§ 3º Observar-se-á, quanto à argüição de suspeição pela parte, o disposto nos arts. 98 a 101, no que lhe for aplicável, atendido, se o juiz a reconhecer, o que estabelece este artigo.

§ 4º A suspeição, não sendo reconhecida, será julgada pelo tribunal pleno, funcionando como relator o presidente.

§ 5º Se o recusado for o presidente do tribunal, o relator será o vice-presidente.

Competência para julgamento – Suscitada a suspeição do órgão do Ministério Público de 1° grau, dos peritos, dos intérpretes e dos serventuários ou funcionários de justiça, ela será julgada pelo juiz que atua no feito, conforme se depreende do teor dos arts. 104 e 105 do código. Esta disciplina se aplica, também, à exceção de impedimento de um destes agentes públicos (art. 112). A suspeição do jurado deve ser julgada, em plenário, pelo juiz togado que preside o Tribunal do Júri (art. 106), logo após ter sido arguida oralmente.

Já quando suscitada a suspeição do juiz de 1° grau, caso ele não a reconheça de ofício, a competência para o julgamento dependerá do regimento interno dos respectivos tribunais. Segundo o regimento interno do Tribunal de Justiça de São Paulo, em seu art. 187, compete à câmara especial o julgamento das exceções de suspeição e de impedimento suscitadas em 1ª instância. Quando a exceção for oposta em face de desembargador, a competência para julgamento é do órgão especial (art. 177, inc. X). A competência para julgamento da suspeição de funcionário do tribunal é de seu presidente (art. 193, 2).

Superior Tribunal de Justiça – No STJ, segundo seu regimento interno (art. 278, parágrafo único), suscitada a suspeição e não aceita pelo Ministro, o julgamento do pedido compete "à Seção da qual participe o Ministro recusado o julgamento do incidente, a menos que este haja sido suscitado em processo da competência da Corte Especial, caso em que a esta competirá o julgamento".

Supremo Tribunal Federal – No STF, conforme seu regimento interno (art. 6°, inc. I, "h"), compete ao Plenário o julgamento da exceção de suspeição arguida contra um de seus Ministros, assim como a exceção de impedimento (art. 287).

Art. 104. Se for argüida a suspeição do órgão do Ministério Público, o juiz, depois de ouvi-lo, decidirá, sem recurso, podendo antes admitir a produção de provas no prazo de três dias.

Suspeição do Ministério Público – Também do órgão do Ministério Público pode ser suscitada a suspeição, desde que ele incorra em uma das causas previstas no art. 258 do código, não devendo funcionar, assim, "nos processos em que o juiz ou qualquer das partes for seu cônjuge, ou parente, consangüíneo ou afim, em linha reta ou colateral, até o terceiro grau". Além disso, aplicam-se ao *parquet* as mesmas causas de impedimento e suspeição impostas ao juiz, respectivamente nos arts. 252 e 254 do código. Parece-nos irrelevante que o Ministério Público, no caso concreto, atue como titular da ação penal pública ou com mero fiscal da ordem jurídica, em um crime que se apura mediante ação penal privada. Em ambas as hipóteses, em nome da dignidade da Justiça, deve o Ministério Público abster-se de atuar, desde que reunidos os pressupostos que vedam essa intervenção.

Procedimento – Ajuizada a exceção, cumpre seja ouvido, como parte no incidente, o Ministério Público. Faculta a lei que o juiz admita a produção de prova do quanto alegado, cujo ônu, por certo, cabe ao autor da afirmação. Em seguida julgará, sendo irrecorrível tal decisão, qualquer que seja seu teor, acolhendo ou não a exceção. Admitiu o Superior Tribunal de Justiça (v. abaixo), o manejo de mandado de segurança. Nada impede, a nosso ver, que, uma vez contrária ao réu e desde que seja ele condenado, venha a questão ser renovada em eventual apelo, como matéria preliminar ao mérito.

Reconhecimento de ofício – Conquanto a lei não preveja, expressamente, a possibilidade do órgão do Ministério Público, de ofício, dar-se por suspeito, não há razão para negar-lhe essa possibilidade que, antes, deve ser estimulada. É o que se extrai, inclusive, da parte final do art. 258, ao afirmar que a esse órgão se estendem "as prescrições relativas à suspeição e aos impedimentos dos juízes". Ora, se ao juiz é dada a possibilidade de, "*ex oficio*", declarar-se suspeito (art. 97), essa é uma típica prescrição que se aplica, também, ao *parquet*, como autoriza o art. 258. Aliás, trata-se de hipótese prevista no art. 172 da Lei Orgânica do Ministério Público do Estado de São Paulo, segundo o qual "o membro do Ministério Público, dando-se por suspeito ou impedido, deverá comunicar motivadamente o fato ao Procurador-Geral de Justiça".

JURISPRUDÊNCIA

Decisão irrecorrível

"A argüição de suspeição de membro do Ministério Público é questão que fica restrita à análise pelo Juízo de origem, não cabendo recurso contra a decisão exarada, conforme disposto no art. 104 do Código de Processo Penal" (STJ – HC n° 38707-PE, Rel. Arnaldo Esteves Lima, j. 15.03.2005, DJ 09.05.2005, p. 440).

Possibilidade de utilização do mandado de segurança

RECURSO EM MANDADO DE SEGURANÇA. PROCESSUAL PENAL. EXCEÇÃO DE SUSPEIÇÃO. MINISTÉRIO PÚBLICO. REJEIÇÃO. IMPOSSIBILIDADE DA UTILIZAÇÃO DE RECURSO – ART. 104 DO CPP. CABIMENTO DO *MANDAMUS*. RETORNO DO FEITO À ORIGEM, SOB PENA DE SUPRESSÃO DE INSTÂNCIA – "Nos termos do art. 104 do CPP, argüida a suspeição do órgão do Ministério Público, o juiz decidirá, sem recurso. Possibilidade da utilização da ação mandamental na espécie. Recurso provido com a anulação do aresto recorrido e retorno dos autos à origem para julgamento do mérito" (STJ – RMS n° 19984-MG, Rel. José Arnaldo da Fonseca, j. 08.11.2005, DJ 05.12.2005, p. 341).

Art. 105. **As partes poderão também arguir de suspeitos os peritos, os intérpretes e os serventuários ou funcionários de justiça, decidindo o juiz de plano e sem recurso, à vista da matéria alegada e prova imediata.**

Suspeição de órgãos auxiliares – É de grande relevância a função do perito no processo penal. Ainda que o juiz não fique adstrito à sua opinião (art. 182 do código), devendo julgar segundo sua livre convicção, é o perito quem emite opinião a respeito de fato do qual o magistrado não possui conhecimento técnico. Também o intérprete que, limitando-se a traduzir para o vernáculo aquilo que lhe é apresentado, é, em termos legais, equiparado ao perito (art. 281 do código). Daí a preocupação do legislador, neste artigo, em garantir a possibilidade de que seja arguida sua suspeição.

O mesmo se diga em relação aos serventuários ou funcionários da justiça que, embora sua função "seja puramente administrativa (especialmente documentar e executar), podem ser eles recusados pelo fato de que facilmente induziriam o juiz em erro ou pelo menos, prejudicariam a pesquisa da verdade se agissem por paixão ou má-fé. O poder de recusá-lo é, pois, uma garantia elementar e contribui para o maior decoro e eficiência da Justiça", como observa Hélio Tornaghi (ob. cit., vol. I, p. 451).

Procedimento – É o mesmo apontado no artigo acima, sob essa rubrica, também não cabendo recurso da decisão que acolhe ou desacolhe o pedido.

Abstenção – Também o perito e as demais pessoas mencionadas neste dispositivo, podem se abster espontaneamente de atuar no processo, embora a lei, de forma expressa, não preveja essa possibilidade. Mas o raciocínio é o mesmo do artigo anterior. Se ao perito (art. 280), e aos serventuários ou funcionários (art. 274), se aplicam as regras da suspeição impostas aos juízes (dentre as quais de declarar, *ex oficio*, suspeito), há que se estender essa possibilidade a tais pessoas. Inclusive aos intérpretes que são, para todos os efeitos, a teor do art. 281, equiparados aos peritos.

Suspeição e impedimento – Não se confundem as causas de suspeição com a de verdadeiro impedimento do perito, previstas no art. 279 do Código, quando é vedada a nomeação de experto que conte menos de 21 ou seja analfabeto, bem como que tiver "prestado depoimento no processo ou opinado anteriormente sobre o objeto da perícia".

Art. 106. A suspeição dos jurados deverá ser argüida oralmente, decidindo de plano do presidente do Tribunal do Júri, que a rejeitará se, negada pelo recusado, não for imediatamente comprovada, o que tudo constará da ata.

v. arts. 436, § 1°, 448 e 449 adiante

Art. 107. Não se poderá opor suspeição às autoridades policiais nos atos do inquérito, mas deverão elas declarar-se suspeitas, quando ocorrer motivo legal.

Suspeição da autoridade policial – O dispositivo em análise é claro ao vedar a possibilidade de se arguir a suspeição da autoridade policial para atos de inquérito. Isso não significa dizer, porém, que se deparando o delegado de polícia com uma situação na qual, por diversas razões, não se encontre à vontade para presidir o inquérito, deva, ainda assim, permanecer à frente das investigações. Não ficaria bem à autoridade policial, por exemplo, manter-se em inquérito cujo suposto autor do fato seja seu credor. Ou, ainda, que o ofendido seja seu amigo íntimo ou inimigo capital. Tomamos dois exemplos de suspeição do juiz (art. 254, inc. I e V), que, por analogia, devem orientar a conduta do delegado de polícia.

Também as causas de impedimento do juiz, se presentes no caso concreto, recomendam que a autoridade policial se abstenha de atuar. É o que ocorre, *v.g.*, caso seu cônjuge seja acusado da prática de um delito sob sua investigação (art. 252, inc. IV).

Segundo Eduardo Espínola Filho, "o que não se permite é às partes arguir de suspeitas as autoridades policiais, que procedem a inquéritos, medida de evidente prudência, pois as investigações policiais seriam, a todo transe, perturbadas na sua marcha normal, exigindo celeridade e independência de movimentos, pelas constantes argüições dos que têm os seus atos sujeitos à sindicância da autoridade policial, sempre dispostos a, por isso, se considerarem perseguidos e vítima de inimizades capitais" (ob. cit., p. 284).

Insistimos, pois, nessa tecla. No inquérito policial não há lugar para arguição da suspeição da autoridade policial, mas, nem por isso, ela deve atuar em autos de investigação quando reunidos pressupostos que a tornem suspeita. Caso o faça, estará sujeita a sanções de ordem disciplinar, no âmbito administrativo, sem prejuízo de se apurar eventual prática de crime como, por exemplo, o de prevaricação, previsto no art. 319 do Código Penal, ou abuso de autoridade, estampado no art. 27 da Lei 13.869/19.

JURISPRUDÊNCIA

Suspeição da autoridade policial

a) inexistência

"O art. 107 do Código de Processo Penal dispõe, expressamente, não ser cabível a exceção contra as autoridades policiais, quando presidem o inquérito, em razão de sua natureza (peça inquisitorial) como procedimento preparatório da ação penal. As provas amealhadas servem de embasamento para a denúncia, mas não necessariamente para a condenação, sendo que muitos dos atos ali realizados serão confirmados em juízo, sob pena de o magistrado não lhes conferir valor algum. No que se refere à aparente contradição, que prevê que as autoridades policiais devem declarar-se suspeitas, havendo motivo legal, entendo que deveria a parte interessada ter solicitado o afastamento da autoridade policial ao Delegado-Geral de Polícia ou, sendo o pleito recusado, ao Secretário da Segurança Pública, o que não se deu. A questão torna-se, então, administrativa, pois existe recomendação legal para que o afastamento ocorra. Por ordem superior, isso pode acontecer. Relativamente à razão que daria ensejo à suspeição do delegado de polícia- suposta desavença iniciada durante inquérito presidido na delegacia, tendo o paciente participado na condição de advogado do interrogado-, cuida-se de mero atrito proveniente do exercício de seus misteres, mera rusga ocorrida no ambiente profissional, não se prestando tal circunstância para lastrear exceção de suspeição." (STJ – HC n. 309.299/MS, relator Ministro Sebastião Reis Júnior, Sexta Turma, julgado em 6/8/2015, DJe de 26/8/2015.)

"Após o trânsito em julgado da condenação, a defesa descobriu prova da suspeição de um dos delegados que atuou junto ao GAECO na investigação preliminar, dirigida pelo próprio MP/RO. Isso porque um dos possíveis clientes da mesma rede de prostituição, conforme indícios descobertos em interceptação telefônica, era pai do referido delegado, mas não chegou a ser indiciado ou mesmo investigado. O delegado, outrossim, não se afastou da investigação contra o recorrente. O art. 107 do CPP não permite a oposição de exceção de suspeição contra autoridades policiais, cabendo à parte que se julgue prejudicada buscar a resolução da questão na esfera administrativa. Ademais, eventual irregularidade do inquérito não eiva de nulidade a ação penal dele decorrente. Precedentes. Ao contrário do que afirma a defesa, o delegado não presidiu a investigação criminal, função que coube ao promotor de justiça." (STJ – REsp n. 1.942.942/RO, relator Ministro Ribeiro Dantas, Quinta Turma, julgado em 10/8/2021, DJe de 17/8/2021.)

b) deve ser declarada

"Não existe na nossa sistemática processual a exceção de suspeição contra as autoridades policiais nos atos de inquérito, mas deverão elas, dispõe a lei, declarar-se suspeitas quando ocorrer motivo legal" (TAPR – Rel. Abrahão Miguel – RT 510/436).

Art. 108. **A exceção de incompetência do juízo poderá ser oposta, verbalmente ou por escrito, no prazo de defesa.**

§ 1º Se, ouvido o Ministério Público, for aceita a declinatória, o feito será remetido ao juízo competente, onde, ratificados os atos anteriores, o processo prosseguirá.

§ 2º Recusada a incompetência, o juiz continuará no feito, fazendo tomar por termo a declinatória, se formulada verbalmente.

Processamento – A exceção de incompetência pode ser oposta verbalmente ou por escrito, em autos apartados e sem a suspensão do processo, "no prazo da defesa", diz o art. 108, ou seja, no prazo da resposta inicial à acusação, promovida pela defesa, nos termos dos arts. 396 e 396-A, do CPP. Proposta a exceção, é ouvido o Ministério Público, senão foi ele o autor do pedido e na condição de *custos juris*. Cabe ao juiz, em seguida, decidir. Acolhendo a exceção, deve remeter os autos ao juízo competente. Negando, cumpre dar regular prosseguimento ao processo. A titularidade para suscitar o conflito é definida no art. 115 do código. Ressalte-se que não apenas a defesa pode suscitar o conflito, mas também o Ministério Público (na condição de *custos juris*, na ação penal privada), ou de litisconsorte obrigatório (na ação penal privada subsidiária), ou o querelado (na hipótese de ação penal privada), podem fazê-lo. Ou, ainda, os juízes ou tribunais (art. 115). O julgamento da exceção é regido pelo art. 116.

Recurso – Acolhida a exceção, quando se reconhece a incompetência, dessa decisão é cabível recurso em sentido estrito, na forma do art. 581, inc. II do código. Da que rejeita a exceção, não há previsão de recurso específico, podendo a parte interessada, dependendo da análise do caso concreto, valer-se de *habeas corpus* ou, mais adiante, renovar o debate em sede de apelação.

Art. 109. **Se em qualquer fase do processo o juiz reconhecer motivo que o torne incompetente, declará-lo-á nos autos, haja ou não alegação da parte, prosseguindo-se na forma do artigo anterior.**

Incompetência em qualquer fase do processo – O dispositivo em tela prevê a possibilidade de o juiz, de ofício, declarar-se incompetente, *em qualquer fase do processo*. Entende-se, assim, que na fase de inquérito policial (ou de outro procedimento de investigação), não haveria tal possibilidade. Antes do processo, o conflito a ser instalado pode ser de atribuição, ou seja, entre órgãos de execução do Ministério Público, a ser solucionado pelo PGJ, se dentro do mesmo MP, ou CNMP, se entre MPs distintos. É o que destaca Afrânio Silva Jardim: "O simples fato de os Juízes, no inquérito, terem encaminhado os respectivos autos, a requerimento do MP, para outro órgão judicial não implica em afirmar ou negar a sua competência, tratando-se de despachos de mero expediente ou ordinatórios. Note-se que o art. 109 do CPP permite que o Juiz declare sua incompetência 'em qualquer fase do processo', não do inquérito policial" (ob. cit., p. 240).

Sempre ensinamos diferente (e hoje somos minoria). Com efeito, o ato do juiz que, por exemplo, acatando a manifestação do Ministério Público, remete o inquérito policial a outro órgão jurisdicional, ainda que por decisão singela e sem maior fundamentação, não constitui somente um despacho de mero expediente ou ordinatório. Mais que isso, reconhece sua incompetência, permitindo que, a partir daí, o juiz que recebeu o inquérito (e também o Ministério Público), suscite conflito negativo de competência, segundo dicção do art. 115 do código. Em outras palavras: em caso de discordância do juízo que recebeu os autos, eventual manifestação do *parquet* no sentido da incompetência não configurará um mero conflito de atribuições. A partir do instante em que o juiz original concordou com a remessa, tem-se um provimento jurisdicional, pois encampou a manifestação ministerial.

O tema não guarda interesse meramente acadêmico, mas tem aplicações práticas, envolvendo qual autoridade decidirá eventual conflito.

ATENÇÃO - Na sistemática do juiz das garantias (arts. 3º-B e ss. do CPP), o trâmite do inquérito policial de indigitado solto será direto entre o MP e a Polícia. Logo, nesse caso, o conflito que eventualmente surgir na fase extrajudicial será de "atribuição" (e não competência).

JURISPRUDÊNCIA

"Em qualquer fase do processo, o Juiz, reconhecendo a sua incompetência, há de declará-la, remetendo os autos da ação penal ao Juízo competente, previamente intimadas as partes, por cabível recurso em sentido estrito. No Juízo competente, admitida a declinatória, prosseguirá o processo, com a ratificação, quanto aos fatos criminosos, e retificação, quanto à sua classificação jurídica, da denúncia, e seu aditamento, se for o caso, pelo Ministério Público, seguindo-se, após o recebimento do aditamento eventual, a ratificação dos atos processuais não decisórios, incluidamente, o recebimento da denúncia, como é da letra dos artigos 108, parágrafo 1º, 581, inciso II, e 567, todos do Código de Processo Penal" (STJ – HC nº 36696-PE, Rel. Hamilton Carvalhido, RSTJ 208/512).

Art. 110. Nas exceções de litispendência, ilegitimidade de parte e coisa julgada, será observado, no que lhes for aplicável, o disposto sobre a exceção de incompetência do juízo.

§ 1º Se a parte houver de opor mais de uma dessas exceções, deverá fazê-lo numa só petição ou articulado.

§ 2º A exceção de coisa julgada somente poderá ser oposta em relação ao fato principal, que tiver sido objeto da sentença.

Art. 111. As exceções serão processadas em autos apartados e não suspenderão, em regra, o andamento da ação penal.

Autos apartados – O dispositivo é claro ao determinar sejam autuadas em apartado as exceções, que, via de regra, não suspenderão o andamento do processo principal, evitando-se, dessa forma, o tumulto processual que se instalaria caso a discussão tivesse lugar nos autos do processo-crime.

Como destaca Eduardo Espínola Filho, é compreensível este dispositivo, "pois, de outra forma, o réu, pouco lhe importando sofrer a multa imposta, pela sua malícia, de acordo com o art. 101, poderia não ter escrúpulos em arguir de suspeito o juiz, na esperança de que o julgamento da exceção, acarretando a paralisação momentânea da causa principal, lhe garantisse a extinção da punibilidade, pela prescrição iminente" (ob. cit., pp. 274-5).

A ressalva contida na parte final do artigo em exame, ao dispor que "em regra", não será suspenso o processo principal, refere-se, primeiro, ao art. 102 do código, isto é, "quando a parte contrária reconhecer a procedência da argüição, poderá ser sustado, a seu requerimento, o processo principal, até que se julgue o incidente da suspeição". E, segundo, ao art. 99 do *codex*, quando o juiz se reconhece como suspeito e, sustando a marcha do processo, ordena a remessa dos autos a seu substituto.

No Superior Tribunal de Justiça, segundo seu regimento interno (art. 276, § 1°), suscitada a suspeição e não aceita pelo Ministro, o julgamento será suspenso até que se solucione o incidente.

JURISPRUDÊNCIA

O incidente corre em autos apartados

"A *Exceptio Suspicionis* visa, tão-somente, a apurar possível ausência de imparcialidade de Juiz. Seu processamento, quando não acolhido pelo juiz *excepto* ocorre, inclusive, em apartado. Vale dizer, forma-se processo específico para a exceção de suspeição que, efetivamente, não paralisa o andamento regular do feito principal" (STJ – Rel. Jorge Scartezzini– LEXSTJ 140/298).

Incidente de suspeição não suspende o feito

Recurso em habeas corpus. Processual Penal. Ação Penal. Incidente de Suspeição. Efeito suspensivo. Não provimento – "Em sede de processo penal, a argüição de suspeição do MM. Juiz não causa, ordinariamente, a suspensão do processo principal" (STF – RHC n° 14658-SP – Rel. José Arnaldo da Fonseca, j. 04.03.2004, DJ 05.04.2004, p. 277).

CAPÍTULO III
DAS INCOMPATIBILIDADES E IMPEDIMENTOS

Art. 112. **O juiz, o órgão do Ministério Público, os serventuários ou funcionários de justiça e os peritos ou intérpretes abster-se-ão de servir no processo, quando houver incompatibilidade ou impedimento legal, que declararão nos autos. Se não se der a abstenção, a incompatibilidade ou impedimento poderá ser argüido pelas partes, seguindo-se o processo estabelecido para a exceção de suspeição.**

Incompatibilidade e impedimento – Ao lado da suspeição que, já vimos, retira do juiz a imparcialidade que dele se exige para o julgamento, há, ainda, casos de incompatibilidades e impedimentos, nos quais o juiz, assim como os membros do Ministério Público, serventuários e auxiliares da justiça estão proibidos de atuar, conforme dispõe o artigo em exame. Parte da doutrina não vislumbra nenhuma distinção entre incompatibilidades e impedimentos, entendendo que ambos os vocábulos possuem o mesmo significado. Outros, no entanto, fazem a seguinte distinção: a suspeição decorre do vínculo do juiz com uma das partes. O impedimento se caracteriza pelo interesse do juiz com o objeto do processo. Já a incompatibilidade ocorre quando, não sendo caso de suspeição ou impedimento, é vedada a atuação do juiz em leis de organização judiciária (regimentos internos dos tribunais).

Hipóteses de impedimento – Aplicáveis também aos membros do *parquet* e demais pessoas acima mencionadas, as hipóteses de impedimento estão elencadas, de forma objetiva, no art. 252 e 253 do código. Assim, o juiz está impedido de exercer a jurisdição: 1) no processo que tiver funcionado seu cônjuge ou parente, consanguíneo ou afim, em linha reta ou colateral até o terceiro grau, inclusive como defensor ou advogado, órgão do Ministério Público, autoridade policial, auxiliar da justiça ou perito; 2) quando o próprio juiz exerceu algumas dessas funções no processo ou serviu como testemunha; 3) tiver funcionado como juiz de outra instância, tendo praticado ato decisório; 4) quando ele ou seu cônjuge ou parente, consanguíneo ou afim, em linha reta ou colateral até o terceiro grau, for parte. Todas elas são analisadas, com mais profundidade, nos comentários aos arts. 252.

Impedimentos de órgãos colegiados – O art. 253 trata de impedimentos em órgãos colegiados, quando proíbe de servir no mesmo processo os juízes que forem parentes entre si, consanguíneos ou afins, em linha reta ou colateral até o terceiro grau. E o art. 462 menciona os impedimentos aplicáveis aos jurados.

O impedimento deve ser declarado de ofício pelo juiz ou demais sujeitos processuais. Não o fazendo, pode a parte interessada arguir o impedimento, quando deverá ser observado o procedimento da exceção de suspeição.

As normas que tratam do impedimento e incompatibilidade se aplicam, também, ao Ministério Público, aos jurados, aos serventuários e funcionários da justiça, peritos e intérpretes.

Ver nossos comentários ao novo sistema do juiz das garantias nos arts. 3º-B e ss. do CPP.

Sobre o impedimento do juiz que tomou conhecimento da prova inadmissível, ver comentários ao §5º, art. 157, CPP.

JURISPRUDÊNCIA

Arguição no primeiro momento

"De acordo com a jurisprudência deste Sodalício, a exceção de suspeição deve ser arguida na primeira oportunidade em que o réu se manifestar nos autos, sob pena de preclusão, entendimento que se aplica também à exceção de impedimento, em atenção ao que estabelece o artigo 112 do Código de Processo Penal" (STJ – AgRg no Ag nº 1430977-SP, Rel. Maria Thereza de Assis Moura, j. 04.06.2013, DJe 12.06.2013).

CAPÍTULO IV
DO CONFLITO DE JURISDIÇÃO

Art. 113. As questões atinentes à competência resolver-se-ão não só pela exceção própria, como também pelo conflito positivo ou negativo de jurisdição.

Sobre o tema, v. acima comentários ao art. 95, inc. II.

Art. 114. Haverá conflito de jurisdição:

I – quando duas ou mais autoridades judiciárias se considerarem competentes, ou incompetentes, para conhecer do mesmo fato criminoso;

II – quando entre elas surgir controvérsia sobre unidade de juízo, junção ou separação de processos.

Conflito positivo e conflito negativo – O conflito se diz positivo quando duas autoridades judiciárias se considerem competentes para conhecer do mesmo fato criminoso; e, negativo, quando nenhuma delas entende ser competente.

Conflito de jurisdição – Vimos que todo o juiz possui jurisdição, ou seja, o poder de dizer o direito no caso concreto. O que limita, porém, esse poder é a competência. A doutrina, de forma quase unânime, aponta o equívoco existente na utilização do termo *conflito de jurisdição*. É que *jurisdição* é apenas uma e todo juiz a possui. O mais correto, assim, seria o emprego da expressão *conflito de competência*, pois é a competência, exatamente, que limita a jurisdição. Para outros, no entanto, o legislador não teria cometido qualquer impropriedade já que o conflito de competência ocorreria entre órgãos da "mesma justiça". Exemplo um conflito entre um juiz de São Paulo e outro de Santos. E conflito de jurisdição, quando a divergência se verifica entre órgãos de "justiças diversas", como, *v.g.*, um conflito entre a Justiça Estadual e a Justiça Federal.

A respeito ainda da competência, v. comentário acima ao art. 95, inc. II do código.

Conexão ou continência, crimes continuados e permanentes – O conflito, como visto acima, pode ocorrer quando autoridades judiciárias se dão por competentes ou incompetentes. É do que trata o inc. I. Mas pode se verificar, também, quando surgir dúvida sobre a unidade do juízo, conforme previsto no inc. II. As hipóteses de unidade do juízo, a importar junção ou separação dos processos, ocorrem quando verificadas a conexão ou continência (concurso formal ou de pessoas), e em crimes continuados e permanentes. Em todos os casos, impõe-se um único um julgamento (*simultaneus processus*), posto que serão unidos em um só processo, como determina o art. 79 do código (salvo nas exceções previstas nos incs. I e II do mencionado dispositivo legal).

Para tomarmos exemplos lembrados por Fernando de Almeida Pedroso, haverá conexão (chamada conexão por concurso), quando "três delinqüentes deliberam cometer furtos de automóveis, para juntos e ulteriormente vendê-los a terceiros; assim, enquanto um deles subtraiu um carro em Jacareí (SP), o outro comete o ilícito em Taubaté (SP) e, o derradeiro, em São José dos Campos (SP)". Ainda um exemplo de conexão (dita objetiva), ocorrerá quando se "matar seguranças e guarda-costas para cometer sequestro de pessoa de projeção" (*Competência Penal*, São Paulo: RT, 2ª. ed., 2007, pp. 85-6). Exemplos de continência, ainda na visão do mesmo autor: "Arremessa o agente uma pedra contra a vitrine de uma loja, com o propósito de destruí-la. Acontece que o projétil, transfixando e quebrando a vidraça, como pretendido, prossegue em sua trajetória, atingindo e ferindo balconista que se encontrava do outro lado. Há *aberratio criminis* (erro no crime) com multiplicidade de eventos (danos e lesões corporais)" (ob. cit., p. 90). Outro exemplo de continência, configurador do crime continuado: "caixeiro viajante que percorre várias localidades e em cada cidade se apropriando de dinheiro recebido e pertencente à empresa que representa" (ob. cit., p. 91).

Em todos esses casos, a fim de se evitar que dois julgamentos sejam contraditórios entre si e mesmo por uma questão de economia, é de rigor, como já destacado, que todos os fatos sejam reunidos em só processo, ensejando um julgamento único.

Ocorre que pode surgir controvérsia entre dois ou mais juízes sobre qual deles é competente para conhecer e julgar determinados fatos. Para tomarmos o exemplo inicial do furto de veículos: qual seria o juiz competente, o de Jacareí, o de Taubaté ou o de São José dos Campos?

É desse conflito, que versa sobre a unidade do juízo, que cuida o inc. II (ressalte-se que os critérios que determinarão qual juízo é competente estão elencados no art. 78 do CPP, ao qual remetemos o leitor). Ele pode surgir, também, quando a dúvida recai sobre a separação de processos. Assim, cometidos dois fatos criminosos, um deles é de competência da jurisdição comum e outro da jurisdição militar. Um juiz entende (acertadamente), com base no art. 79, inc. I, que deve se operar a separação dos processos e outro que não. Resta estabelecido, nesse caso, um conflito relativo à separação de processos.

Ver acima, mais detalhadamente, os comentários tecidos ao art. 69, inc. V do código, quando tratamos da continência e conexão.

Conflito de atribuições – Utiliza-se a expressão para designar o conflito entre órgãos não pertencentes ao Poder Judiciário, como aquele que se estabelece, por exemplo, entre dois promotores de Justiça que se considerem com ou sem atribuição para atuar em determinado inquérito policial.

Conflito de atribuições entre Ministérios Públicos de Estados diversos, ou entre o Ministério Público estadual e Ministério Público da União – O Supremo Tribunal Federal, nas Ações Cíveis Originárias (ACO) 924 e 1394, havia modificado seu posicionamento, concluindo que que, no conflito de atribuições entre Ministérios Públicos de Estados diversos, ou entre o Ministério Público estadual e Ministério Público da União, é o Procurador Geral da República quem deve solucionar a controvérsia. Com o merecido respeito, esse entendimento da Corte Maior merecia, de fato, ser revisto, como afirmamos em edições anteriores, pois afrontava a Constituição Federal e a legislação infraconstitucional. Não sem razão rendeu **MOÇÃO DE DESCONTENTAMENTO** aprovada no Conselho Nacional de Corregedores Gerais dos Estados e da União, em agosto de 2016.

Revisitando o tema, mais precisamente na ACO 843, o Supremo modificou novamente sua posição, sem assumir como sua a responsabilidade, mas do Conselho Nacional do Ministério Público (CNMP). Houve progresso, mas ainda não nos convencemos de que a competência não é da Corte. Vejamos.

Nos termos do art. 128 da CF/88, o Ministério Público abrange: o Ministério Público Federal, o Ministério Público do Trabalho, o Ministério Público Militar, o Ministério Público do Distrito Federal e Territórios e os Ministérios Públicos dos Estados. O §1º. do mesmo artigo anuncia que o **Ministério Público da União** tem por chefe o Procurador-Geral da República (...).

Percebe-se, com certa facilidade, autonomia entre o MPU os MPEs, **os últimos não sendo subordinados funcional, financeira e/ou administrativamente ao primeiro**. Essa arquitetura montada pelo Constituinte fica confirmada pelos §§ 1º ao 3º do art. 127 da Carta Maior, ao dispor que são princípios institucionais do Ministério Público a unidade, a indivisibilidade e a independência funcional (§1º), sendo que cada MP elaborará sua proposta orçamentária dentro dos limites estabelecidos na lei de diretrizes orçamentárias (§3º). **Diferentemente do Poder Judiciário, verticalizado na Carta Maior, o Ministério Público foi desenhado de forma horizontal.**

Informada pela estrutura anunciada na Constituição, a Lei Complementar 75/93(Lei Orgânica do MPU), nos seus artigos 26, inciso VII, e 49, inciso VIII, estabelece ser atribuição do PGR, **como chefe do MPU, dirimir conflitos de atribuição entre integrantes de ramos diferentes do MPU e os conflitos de atribuições entre órgãos do MPF**. Já a Lei 8.625/93 (Lei Orgânica Nacional dos MPs estaduais), no seu artigo 10, inciso X, prevê competir ao PGJ, **como chefe da instituição**, dirimir conflitos de atribuições entre seus membros.

A LOMPU, portanto, seguindo fielmente a Carta Maior, consideradas as atribuições legais do PGR, estabeleceu a ele competir, **como chefe do MPU, apenas e tão somente** solucionar os conflitos entre integrantes de ramos diferentes do MPU e entre órgãos do MPF. E não poderia ser diferente. **MP da União e MP dos Estados têm estruturas funcionalmente autônomas.**

Ora, não sendo possível, lógica, política e juridicamente, a tese de o PGR dirimir conflitos envolvendo órgãos do MPU e MP dos Estados ou entre MPs de Estados diferentes, pergunta-se: qual (a instituição) o órgão que deve assumir essa tarefa? A lacuna existe e o uso da analogia é inevitável. Na tarefa de suprimi-la, no entanto, o intérprete deve ater-se aos seguintes pressupostos, a saber: **a existência de um conflito federativo, cuja apreciação só pode passar por órgão institucionalmente equidistante daqueles envolvidos e, ao mesmo tempo, colegiado.**

Dentro desse espírito democrático, no plano constitucional chama a atenção um dispositivo: o artigo 102, inciso I, "f", que afirma **ser de competência do STF processar e julgar, originariamente, as causas e conflitos entre a União e os Estados, a União e o Distrito Federal, ou entre uns e outros, inclusive as respectivas entidades da administração indireta**.

Quando dois MPs de Estados diferentes (ou MP estadual e MPF) colidem nas suas teses, instaurado está um conflito federativo. Por esta razão, parece-nos que o STF é o órgão competente para dirimir a controvérsia, na esteira do já mencionado artigo 102, I, "f", da CF/88. E não seria a primeira vez que se recorreria à Corte Maior na salvaguarda da federação. Sabemos que a ação popular deve ser proposta, originariamente, no primeiro grau da Justiça comum, não existindo competência originária dos Tribunais para julgar ações dessa natureza, ainda que movida contra alguma autoridade detentora de foro por prerrogativa de função. Contudo, como bem lembram Juliano Taveira Bernardes e Olavo Augusto Vianna Alves Ferreira, o STF, na ACO 622/RJ e Rcl 2.833/RR, **já decidiu a ele competir julgar originariamente ação popular quando envolver conflito federativo estabelecido entre a União e Estado-membro ou Distrito Federal**, aplicando o art. 102, I, "f", da CF (Direito Constitucional Positivo, T II, 2017, Salvador: Juspodivm, versão digital).

E, de fato, não existe no nosso arcabouço legislativo, constitucional ou infraconstitucional, solução melhor. *De lege lata,* não cabe ao STJ, pois encarregado apenas de resolver conflitos de jurisdição (art. 105, I, "d", CF). Ao PGR, muito menos, pois, como dito antes, lhe falta os pressupostos acima mencionados, destacando-se: **órgão institucionalmente equidistante dos interessados e colegiado.** Aliás, suas decisões em futuros conflitos não vinculam o Judiciário, bem como os MPs sobre os quais não exerce tem função de chefia.

Ora, se não cabe ao STF ou PGR dirimir os conflitos de atribuições entre Ministérios Públicos de Estados diversos, ou entre o Ministério Público estadual e Ministério Público da União, a quem cabe importante missão? Trabalhando com intepretação sistemática, decidiu-se que a tarefa compete ao Conselho Nacional do Ministério Público (CNMP).

Conclusão – Houve, portanto, progresso, pois o conflito será solucionado por órgão colegiado e equidistante das partes envolvidas, mas dois aspectos merecem atenção. Primeiro, é sabido que o CNMP é órgão plural, composto por membros do Ministério Público brasileiro, membros do Poder Judiciário, advogados e representantes da sociedade civil. Por óbvio, a decisão num conflito de atribuições entre Ministérios Públicos deve ser repartida entre os membros da carreira, sem a participação dos *extraneus*. Para tanto, sugerimos a criação, no âmbito do Conselho, de Comissão Permanente de Conflito de Atribuições, com formação paritária e composta somente por membros do Ministério Público da União e do Ministério Público dos Estados. A comissão, para garantir a eficiência, poderá, inclusive, adotar súmulas para as matérias repetitivas, com base nas quais poderão seus integrantes decidir de forma monocrática.

O segundo aspecto diz respeito ao alcance da decisão do CNMP. Ao solucionar o conflito, a decisão do Conselho vinculará as partes envolvidas, mas não o Judiciário. Logo, conviveremos com a seguinte situação certamente: dois Ministérios Públicos, de São Paulo e do Rio de Janeiro, por exemplo, discutem atribuição num crime de estelionato. O Ministério Público paulista entende que o crime se consumou no Rio de Janeiro. O Ministério Público carioca discorda, entendendo ter se consumado em São Paulo. O conflito é suscitado. O Conselho decide ser do Ministério Público de São Paulo. Quando o órgão de execução paulista oferece a inicial para ser apreciada, o Poder Judiciário entende que o crime se consumou no Rio de Janeiro. Para lá remeterá os autos que, sendo aceito pelo seu colega, dará razão para o promotor de Justiça vencido no conflito. Esse cenário, repito, não será incomum. Para evitar sua repetição, parece importante o Conselho Nacional, nas duas decisões, buscar espelhar seus termos ao que já fora decidido pelo Superior Tribunal de Justiça, em sede de conflitos de competência.

JURISPRUDÊNCIA

Conferir teor da Súmula nº 59 do STJ: "Não há conflito de competência se já existe sentença com trânsito em julgado, proferida por um dos juízos conflitantes".

Conflito entre tribunais. Competência do STJ

"Serão julgados nesta Corte os conflitos de competência estabelecidos entre quaisquer tribunais, ressalvada a competência do STF, entre tribunal e juízes a ele não vinculados e entre juízes vinculados a tribunais diversos, nos termos do art. 105, I, "d", da Constituição Federal" (STJ – AgRg no CC nº 122081-PR, Rel. Campos Marques, j. 13.03.2013, DJe 20.03.2013).

Conflito caracterizado quando adotado parecer do MP

"Tendo os julgadores encampado as manifestações dos promotores de justiça das comarcas onde atuam, no sentido da incompetência dos juízes, o conflito que se estabelece é negativo de jurisdição, e não de atribuições entre órgãos do Ministério Público" (STF – Rel. Néri da Silveira – RT 603/461).

Ausência de conflito

"Nos termos do art. 114 do Código de Processo **Penal**, a configuração do **conflito de competência,** positivo ou negativo, reclama a manifestação de duas ou mais autoridades judiciárias declarando-se competentes ou incompetentes para o julgamento do feito, situação que não ocorre na espécie." (STJ – AgRg no CC n. 184.505/ES, relator Ministro Antonio Saldanha Palheiro, Terceira Seção, julgado em 14/9/2022, DJe de 19/9/2022.)

Conflito negativo. Desnecessidade de intimação das partes

"Suscitado o conflito negativo de competência pelos juízes envolvidos na causa, não há que se falar em intimação dos interessados para manifestação no incidente, por falta de previsão legal" (STJ – AgRg no CC nº 107283-SP – Rel. Nefi Cordeiro, j. 13.08.2014, DJe 21.08.2014).

Art. 115. O conflito poderá ser suscitado:

I - pela parte interessada;

II - pelos órgãos do Ministério Público junto a qualquer dos juízos em dissídio;

III - por qualquer dos juízes ou tribunais em causa.

Legitimidade – Vem prevista neste dispositivo e é reconhecida à parte interessada, (acusação, defesa, assistente de acusação), ao Ministério Público (como parte ou fiscal da ordem jurídica) e, de ofício, por qualquer juiz ou tribunal, através de representação.

Acusação – Poderia se imaginar, em uma primeira análise, que ao Ministério Público somente seria dado suscitar o conflito quando a atuar como fiscal da lei ou da ordem jurídica (ou *custos iuris*), ou mesmo como litisconsorte obrigatório (na ação penal privada subsidiária). Mas não enquanto titular da ação penal pública (*dominus litis*). O mesmo se diria do querelante. É que, em ambas as hipóteses, cabe ao titular da ação penal averiguar qual é o juízo competente para conhecer do pedido e, feita essa pesquisa, propô-lo perante este mesmo juízo. Trata-se de observação que não passou despercebida por Eduardo Espínola Filho, ao destacar que "a parte acusatória, oferecendo a queixa ou denúncia perante um juízo, é porque está convencido de que há competência do mesmo para apreciação da espécie" (ob. cit., p. 286).

Não nos parece seja assim. Imaginemos a situação na qual determinado juiz, de forma espontânea, se dê por incompetente, remetendo os autos ao colega que ostentaria esta competência. Ao receber os autos, o juiz que seria competente, aceita essa decisão. Nada impede que o Ministério Público, na condição de titular exclusivo da ação penal pública, deflagre o conflito, por entender que este segundo juízo não é competente para conhecer do processo-crime. Aliás, quando o inc. I alude à *parte*, está fazendo referência ao Ministério Público. *Parte diferenciada* ou *parte imparcial*, por defender não o seu interesse, mas o interesse da sociedade, mas parte. Não haveria, assim, necessidade de o legislador referir-se à parte no inc. I para, logo em seguida, no inc. II, aludir ao Ministério Público. Conclusão razoável, então, aponta no sentido de que, no inc. I, o legislador se refere ao Ministério Público enquanto parte (*dominus litis*), e, no inc. II, ao *parquet* como fiscal da lei ou da ordem jurídica. Ambos legitimados, em quaisquer das circunstâncias, à deflagração do conflito de jurisdição.

Assistente de acusação – Entendemos pela legitimidade do assistente para suscitar o conflito, conquanto não prevista expressamente neste dispositivo em exame e, tampouco, no art. 271 do código, que lista o rol de suas atribuições. Afinal, o assistente busca, com sua atuação, obter uma sentença penal condenatória, apta a embasar, posteriormente, a respectiva execução no âmbito civil. Não teria, portanto, qualquer interesse na manutenção de um determinado processo-crime perante um juiz incompetente, sobretudo quando esta circunstância implica em nulidade absoluta (art. 564, inc. I), suscetível de invocação em qualquer grau de jurisdição. Ora, na eventual omissão do Ministério Público e mesmo da defesa, não teria cabimento impedir que o assistente formulasse o pedido, que, de resto, é de interesse público, posto que relacionado ao poder do juiz em dizer o direito em determinado feito. Esse entendimento se coaduna, ainda, com os princípios da celeridade e eficiência do processo, porque permite evitar desperdício de tempo e de meios com a manutenção do trâmite de um processo sob o comando de um juiz incompetente, tudo para, em grau de recurso e mesmo depois de transitada em julgado a sentença condenatória (por meio de revisão criminal), ver-se decretada a nulidade do feito.

É verdade que tal possibilidade não se encontra dentre as atribuições do assistente, elencadas no art. 271 do código. Ocorre que tal dispositivo contém um rol meramente exemplificativo, passível, pois, de ampliação para outras hipóteses não contidas em sua redação, como destacamos, com maior profundidade, na análise do art. 271, cuja consulta fica recomendada. Mas apenas para não perder a oportunidade, lembramos que o código prevê a possibilidade de o assistente interpor apenas dois recursos: o recurso em sentido estrito (art. 271, parte final) e a apelação (art. 598). Apesar disso, ninguém irá negar-lhe a legitimidade para oposição de embargos declaratórios, conforme reconhece a doutrina, de forma unânime, bem como a jurisprudência. Aliás, a Súmula 210 do STF defere ao assistente a possibilidade de apresentar recurso extraordinário. Daí sustentarmos, na companhia da doutrina predominante, a possibilidade de o assistente de acusação deflagrar o conflito de jurisdição.

Juízes e tribunais – Também os juízes e tribunais podem suscitar o conflito e os primeiros, na prática, são quem mais provocam esse incidente. Conforme destacamos nos comentários ao art. 95, inc. II acima, a incompetência pode ser conhecida de ofício pelo Juiz (art. 109 do CPP), segundo a regra de que "todo juiz é juiz da própria competência" (*Kompetenz-Kompetenz*, do Direito Alemão). O inc. III acima reforça essa possibilidade.

Art. 116. Os juízes e tribunais, sob a forma de representação, e a parte interessada, sob a de requerimento, darão parte escrita e circunstanciada do conflito, perante o tribunal competente, expondo os fundamentos e juntando os documentos comprobatórios.

§ 1º Quando negativo o conflito, os juízes e tribunais poderão suscitá-lo nos próprios autos do processo.

§ 2º Distribuído o feito, se o conflito for positivo, o relator poderá determinar imediatamente que se suspenda o andamento do processo.

§ 3º Expedida ou não a ordem de suspensão, o relator requisitará informações às autoridades em conflito, remetendo-lhes cópia do requerimento ou representação.

§ 4º As informações serão prestadas no prazo marcado pelo relator.

§ 5º Recebidas as informações, e depois de ouvido o procurador-geral, o conflito será decidido na primeira sessão, salvo se a instrução do feito depender de diligência.

§ 6º Proferida a decisão, as cópias necessárias serão remetidas, para a sua execução, às autoridades contra as quais tiver sido levantado o conflito ou que o houverem suscitado.

Representação e requerimento – *Representação* e *requerimento* importam em um pedido, formulado perante um órgão superior, para que solucionem o conflito. Utiliza-se o vocábulo *representação* para juízes e tribunais por parecer mais adequado, pois não faria muito sentido um magistrado formular um *requerimento* nos autos. Mas, no fundo, ambos possuem o mesmo objetivo. Como se depreende literalidade do texto, deverão ser formulados por escrito, perante o tribunal competente (art. 116), conforme indicado pela Constituição ou por leis infraconstitucionais

O conflito, desde que negativo, poderá ser suscitado por juízes e tribunais nos próprios autos (art. 116, § 1º), já que o processo ficará suspenso enquanto não dirimida a dúvida e em homenagem mesmo ao princípio da economia processual. Sendo positivo o conflito (hipótese rara na prática), devem-se formar autos em apartado, cabendo ao relator a suspensão do andamento do processo (art. 116, § 2º). Nesse sentido, ainda, dispõe o art. 111 do código que "as exceções serão processadas em autos apartados e não suspenderão, em regra, o andamento da ação penal".

Suspensão do processo – Caso negativo o conflito, o andamento do processo ficará automaticamente suspenso, na medida em que nenhum dos juízes se considera apto a julgá-lo. Se positivo, a rigor deveria ter prosseguimento o processo, perante aquele que primeiro dele conheceu. Mas o § 2º acima permite que o relator determine, de imediato, sua suspensão. E talvez seja mais prudente que o faça sempre, por uma questão de economia processual, evitando, assim, a repetição, pelo juiz tido como competente, dos atos praticados por aquele juiz que, julgado o conflito, foi depois considerado incompetente.

Oitiva do Ministério Público – É obrigatória a manifestação do Procurador-Geral, em prazo que não é estabelecido pelo código, mas pode ser encontrado no regimento interno dos respectivos tribunais. Perante o Supremo Tribunal Federal, o prazo é de 15 dias (art. 50, § 1º do regimento interno). No Superior Tribunal de Justiça o prazo é o mesmo, isto é, de 15 dias, segundo o art. 198 de seu regimento interno. Já no Estado de São Paulo esse prazo é de cinco dias (art. 604, § 4º, do RITJSP).

Informações – Havendo necessidade, ou seja, desde que o relator não possa proferir seu voto com a documentação que tem em mãos, deverá solicitar informações das autoridades em conflito. Também aqui não há previsão do prazo de resposta que, porém, a exemplo do visto acima, é encontrado nos regimentos internos dos tribunais. No STF, esse prazo é dez dias (art. 167 do RISTF). No STJ o prazo é o mesmo (art. 197 do RISTJ). Idem quanto ao Tribunal de Justiça de São Paulo (art. 222 do RITJSP).

A remessa de cópias da decisão será necessária caso o conflito não tenha sido dirimido nos próprios autos, isto é, quando se tratar de conflito positivo.

Competência para julgamento – O conflito pode ocorrer tanto em 1° grau, quando será apreciado pelo respectivo Tribunal que detenha a competência recursal para conhecer do feito ou pode, ainda, ser suscitado internamente, no seio de algum Tribunal, inferior ou superior.

Supremo Tribunal Federal – A competência do STF para julgar conflitos de competência tem previsão constitucional (art. 102, inc. I, "o" da CF), quando tal conflito se verificar entre Superior Tribunal de Justiça e quaisquer tribunais, entre Tribunais Superiores, ou entre estes e qualquer outro tribunal. Cabe ao Plenário do STF o julgamento (art. 145, inc. IV de seu regimento interno).

Superior Tribunal de Justiça – Perante o STJ, nos termos do art. 12, inc. IV, de seu regimento interno, compete às Seções processar e julgar, os conflitos de competência entre quaisquer tribunais, ressalvada a competência do Supremo Tribunal Federal, bem como os conflitos de competência entre relatores e Turmas integrantes da Seção. Já é da competência da Corte Especial processar e julgar: os conflitos de competência entre relatores ou Turmas integrantes de Seções diversas, ou entre estas (art. 11, inc. XII do regimento interno). Vale lembrar, ainda, que a competência do STJ para julgamento de conflitos de competência tem assento constitucional, como se vê do teor do art. 105, inc. I, "d" e "g" da Carta.

Tribunal de Justiça do Estado de São Paulo – Segundo regimento interno do TJSP, a competência para julgamento do conflito suscitado em 1° grau é da Câmara Especial (art. 393, inc. III, "b"). Tratando-se de conflito suscitado em relação a órgão colegiado ou do próprio Tribunal, o pedido será processado perante o relator do feito e julgado pelo órgão colegiado com competência recursal para tanto.

JURISPRUDÊNCIA

Conflito nos próprios autos somente suscitado por juízes ou tribunal

"Sendo o conflito de jurisdição negativo, pode ser suscitado, pelos juízes e tribunais, nos próprios autos do feito principal, o que não se autoriza ao M.P. fazer" (TJSP – Rel. Thrasybulo de Albuquerque – RT 206/105).

Remessa de cópia quando o conflito não foi solucionado nos próprios autos

"Havendo o conflito se processado nos próprios autos do processo principal, não há necessidade da remessa de cópias da decisão aos juízes em conflito" (TJSP – Rel. Azevedo Marques – RT 160/45).

Art. 117. O Supremo Tribunal Federal, mediante avocatória, restabelecerá a sua jurisdição, sempre que exercida por qualquer dos juízes ou tribunais inferiores.

Avocatória – Sempre que o Supremo Tribunal Federal tomar conhecimento de que, perante determinado Juiz ou Tribunal, tenha curso processo que é de competência daquela Corte superior, poderá determinar a avocação deste feito, para que seja julgado perante o juízo com competência para fazê-lo. Pela avocatória, portanto, o STF restabelece, de ofício ou mediante provocação do interessado, a competência que lhe fora usurpada por juízo inferior. Assim, por exemplo, cabe ao STF o julgamento das infrações penais comuns praticadas por Ministro de Estado, a teor do art. 102, inc. I, "b", da Constituição. Se, apesar da textualidade do dispositivo constitucional, algum Ministro de Estado estiver sendo processado criminalmente perante outro juízo que não o STF, esta Corte deverá avocar o processo.

Este raciocínio se estende, também, ao Superior Tribunal de Justiça e não foi previsto no artigo em exame porque, à época da edição do CPP (1941), não se cogitava do STJ, concebido pela Constituição de 1988. De sorte que, se um desembargador de tribunal estadual estiver sofrendo um processo-crime em outro órgão jurisdicional, caberá ao *Tribunal da Cidadania* avocar o feito, em atenção, assim, ao disposto no art. 105, inc. I, "a", da Constituição. Nessa linha de raciocínio, poderá avocar o processo também o Tribunal Regional Federal, para julgamento dos crimes de sua competência (art. 108, inc. I, "a", da Constituição).

E, assim, sucessivamente, inclusive na apreciação de feitos daqueles que, por prerrogativa de função, devam ser julgados pelo Tribunal de Justiça, em competência originária, segundo as respectivas Constituições Estaduais. Para exemplificar, a Constituição do Estado de São Paulo afirma competir ao Tribunal de Justiça o julgamento de deputado estadual (art. 74, inc. I). Tomando conhecimento que determinado processo-crime contra o parlamentar se processa em foro diverso que o Tribunal de Justiça, cabe a este órgão avocar o feito.

CAPÍTULO V
DA RESTITUIÇÃO DAS COISAS APREENDIDAS

Art. 118. **Antes de transitar em julgado a sentença final, as coisas apreendidas não poderão ser restituídas enquanto interessarem ao processo.**

Restituição de coisa apreendida – Por vezes, durante o transcorrer do inquérito policial e mesmo no curso do processo penal, há necessidade de apreensão de algum objeto, quer para devolvê-lo ao seu legítimo proprietário (no caso de um furto, por exemplo), quer para servir de prova da materialidade da infração penal (na hipótese, *v.g.*, de tráfico de entorpecente, quando se apreende a droga). É dever, outrossim, da autoridade policial, dirigir-se ao local onde o crime foi cometido, a fim de proceder à apreensão dos objetos que tenham relação com o fato (art. 6º, incs. II e III, do CPP). As coisas que podem ser objeto de apreensão estão relacionadas no art. 240, § 1º, *b*, *c*, *d*, *e*, *f* e *h*, do CPP. Como regra, esses objetos apreendidos somente poderão ser restituídos após o trânsito em julgado da sentença, conforme dispõe o artigo em análise, salvo se não interessarem ao processo.

Cadeia de custódia – Buscando dar ao nosso sistema um "padrão ouro" de atuação em matéria de provas e sua preservação, a Lei 13.964/19 incluiu no CPP um capítulo exclusivo sobre cadeia de custódia e das perícias em geral. O art. 158-A apresenta o conceito legal de cadeia de custódia. É, em suma, a sistematização de procedimentos que objetivam a preservação do valor probatório da prova pericial caracterizada, mais precisamente, da sua autenticidade. Cuida dos métodos científicos atuais de manejo da marca vinculada a uma conduta supostamente ilícita. Assegura a preservação dos vestígios desde o contato primário até o descarte dos elementos coletados, garantindo-se a sua qualidade através da documentação cronológica dos atos executados em observância às normas técnicas previstas nas etapas da chamada cadeia de custódia.

Convidamos o leitor a aprofundar o assunto cadeia de custódia dos elementos de prova lendo nossos comentários ao capítulo respectivo (arts. 158-A ao 158-F CPP).

JURISPRUDÊNCIA

"Segundo a jurisprudência desta Corte, "a restituição do bem apreendido ocorre mediante a comprovação inconteste da propriedade lícita, de não mais interessar ao processo e de não ser passível de pena de perdimento" (AgRg no REsp n. 1.881.847/PR, relator Ministro Rogerio Schietti Cruz, Sexta Turma, julgado em 26/4/2022, DJe de 3/5/2022).

"Se, por um lado, o art. 118 do Código de Processo Penal veda a restituição de coisas apreendidas em ações/inquéritos penais antes do trânsito em julgado da sentença, por outro lado, ele também ressalva que tais coisas devem ser mantidas em poder do Juízo "enquanto interessarem ao processo" (RMS n. 64.749/PB, Ministro Reynaldo Soares da Fonseca, Quinta Turma, DJe 15/3/2021)." (STJ – AgRg no RMS n. 66.874/PA, relator Ministro Sebastião Reis Júnior, Sexta Turma, julgado em 16/11/2021, DJe de 19/11/2021.)

"Tratando-se de bem indicado pelo Ministério Público como necessário ao menos para reduzir os prejuízos do erário é inviável a restituição (artigo 118 do CPP)" (STJ – AgRg na Pet nº 7244-DF, Rel. Castro Meira, j. 01.07.2011, DJ 15.09.2011).

PROCESSUAL PENAL. APREENSÃO DE MÁQUINAS DE 'VIDEOBINGO' – "A apreensão cautelar das máquinas, em sede de procedimento criminal investigatório, não fere direito de propriedade, porquanto amparada pela expressa disposição do art. 118 do CPP, o que afasta, de pronto, conjecturas acerca de eventual deterioração dos bens, não condizente, aliás, com o meio processual utilizado" (STJ – RMS nº 14649-SP, – Rel. Fernando Gonçalves, j. 10.12.2002, DJ 03.02.2003, p. 369).

Impossibilidade de devolução antes do trânsito em julgado

"As máquinas caça-níqueis, importação ilegal de veículos, contrabando de pedras preciosas, supostamente para a lavagem de dinheiro constituem instrumentos de prática considerada ilícita, assim, afigura-se efetivamente incabível o desbloqueio da conta bancária. Na hipótese, há dúvida quanto à licitude dos bens do Requerente, tendo em vista que a Ação Penal principal encontra-se em trâmite, *in casu*, pendente de julgamento da apelação interposta pelo Requerente e demais corréus. A decisão guerreada segue o disposto no artigo 118 do CPP, que prevê que as coisas apreendidas não poderão, antes de transitar em julgado, ser restituídas enquanto interessarem ao processo" (TRF 2ª. R. – PET nº 201302010105362, Rel. Marcelo Ferreira de Souza Granado, j. 05.02.2014, DJ 20.02.2014).

Venda antecipada ao invés do depósito

"Nos termos do art. 118 do Código de Processo Penal, antes de transitar em julgado a sentença final, as coisas apreendidas não poderão ser restituídas enquanto interessarem ao processo. Esse interesse se dá tanto se o bem apreendido, de algum modo, servir para a elucidação do crime ou de sua autoria, como para assegurar eventual reparação do dano, em caso de condenação, ou quando foi obtido em razão da prática de crime. Havendo indícios suficientes de que o veículo apreendido é produto de atividade criminosa, tendo, posteriormente, o seu proprietário sido denunciado pelo crime de lavagem de dinheiro, mostra-se inviável a sua restituição, ainda que mediante termo de fiel depositário, porquanto revela-se de todo incongruente devolver o produto do crime ao suposto criminoso. Existindo risco de deterioração e desvalorização do automóvel, a solução mais adequada é promover a venda antecipada do bem, depositando o valor em conta vinculada ao Juízo Criminal, conforme inteligência do art. 4º, § 1º, da Lei nº 9.613/1998 (com redação dada pela Lei nº 12.683/2012)" (STJ – REsp nº 1134460-SC – Rel. Marco Aurélio Bellizze, j. 23.10.2012, DJe 30.10.2012).

Art. 119. As coisas a que se referem os arts. 74 e 100 do Código Penal não poderão ser restituídas, mesmo depois de transitar em julgado a sentença final, salvo se pertencerem ao lesado ou a terceiro de boa-fé.

Redação atual – A alusão aos arts. 74 e 100 do Código Penal estão superadas, posto que este último foi revogado, sendo a matéria, atualmente, tratada no art. 91, inc. II, "a" e "b" do Código Penal, *in verbis*: "São efeitos da condenação: II – a perda em favor da União, ressalvado o direito do lesado ou de terceiro de boa-fé: a) dos instrumentos do crime, desde que consistam em coisas cujo fabrico, alienação, uso, porte ou detenção constitua fato ilícito; b) do produto do crime ou de qualquer bem ou valor que constitua proveito auferido pelo agente com a prática do fato criminoso".

Impossibilidade de devolução – Há objetos, porém, que jamais serão devolvidos, pouco importando se foi o réu condenado, absolvido ou impronunciado. E mesmo, antes disso, se foi o inquérito policial arquivado. Se o réu foi definitivamente condenado, esses objetos são confiscados, ou seja, há a perda da *res* em favor da União, como efeito, aliás, da sentença penal condenatória, nos termos do art. 91, inc. II, "a" e "b" do Código Penal. Serão confiscados, nos termos da norma penal mencionada, "os instrumentos do crime, desde que consistam em coisas cujo fabrico, alienação, uso, porte ou detenção constitua fato ilícito" e o "produto do crime ou de qualquer bem ou valor que constitua proveito auferido pelo agente com a prática criminosa", preservando-se sempre o direito do lesado ou do terceiro de boa-fé.

Terceiro de boa-fé – Nesse último aspecto, quanto ao terceiro de boa-fé, suponha-se o réu condenado por haver praticado um roubo, valendo-se de arma furtada de um colecionador. Ao final do processo essa arma será devolvida a seu legítimo proprietário que é a vítima (pressupondo-se, por óbvio, a devida comprovação da propriedade, a demonstração da condição de colecionador, etc.). Lembrem-se, ainda, os exemplos citados por Tourinho Filho: "o psicotrópico furtado de uma farmácia, a morfina subtraída de um hospital" (*Código de Processo Penal Comentado*, vol. 1, p. 414). Ou, ainda, como lembrado por Eduardo Espínola Filho, a moeda falsa furtada de um museu criminal ou os explosivos restituídos ao fabricante devidamente habilitado a fabricá-los. (ob. cit., p. 363).

Mas há situações – repita-se – em que pouco importa ter sido o réu absolvido ou mesmo o inquérito policial arquivado, pois a devolução do objeto jamais será realizada. Não teria cabimento, assim, que o réu absolvido do crime de tráfico ilegal de entorpecente, tivesse a droga devolvida.

Manual de bens apreendidos – Em 2001, o Conselho Nacional de Justiça editou o Manual de Bens Apreendidos, no qual elenca uma série de sugestões visando aperfeiçoar o trabalho de restituição ou alienação desses bens. E, de fato, a quantidade de bens apreendidos, sem que haja uma definição de seu destino, a lotar pátios e repartições policiais, revela uma situação de caos, em risco ao trânsito (veículos são estacionados em plena via pública, diante de delegacias), à saúde pública (tais veículos se prestam, invariavelmente, como criadouros de insetos, notadamente o transmissor de dengue), sem falar do prejuízo causado, por vezes, a terceiros de boa-fé.

Do aludido manual consta uma advertência relevante, a saber: "Para que se tenha ideia da pouca efetividade na destinação de bens apreendidos [...] o Conselho Nacional de Justiça aferiu, por meio do SNBA (Sistema Nacional de Bens Apreendidos), que, desde a implantação do sistema, houve o cadastramento de R$ 2.337.581.497,51 em bens. Deste valor, 0,23% foi objeto de alienação antecipada, representando R$ 5.330.351,89, e 1,85%, correspondendo a R$ 43.334.075,60, houve perdimento em favor da União e dos Estados. Além disso, em 4,43% desses valores, importando R$ 103.452.804,44, ocorreu a restituição dos bens, e em 0,15%, ou seja, R$ 3.404.456,34, restou a destruição. A conclusão que se extrai com esses dados é que o alto percentual de 93,35% dos bens apreendidos ainda permanece aguardando destinação, com situação 'a definir', representando o expressivo valor de R$ 2.182.059.809,24 sob a responsabilidade do Poder Judiciário".

Esse manual, acessado com facilidade pela *internet*, serve de valioso guia de orientação a todos que atuam na justiça penal, seja no âmbito federal ou estadual, pois indica a destinação do bem, segundo sua natureza, de modo a permitir uma maior agilização no procedimento, para que seja, conforme o caso, devolvido de pronto, apreendido temporariamente, perdido de forma definitiva, etc., conforme a legislação pertinente.

Apreensão de drogas – O procedimento quanto à apreensão de bens oriundos do tráfico de drogas, vem previsto na Lei nº 11.343/2006, em seu art. 60 e ss. Quanto aos veículos utilizados na prática desse crime e ao destino do numerário, eventualmente apreendidos, analisamos a questão abaixo, em tópico específico. No que tange à droga propriamente dita, por óbvio que não há qualquer possibilidade de devolução a seu possuidor, ainda que tenha sido ele absolvido do processo-crime que respondeu ou, antes mesmo, que nem tenha sido processado, posto que determinado o arquivamento do inquérito policial. Salvo, por exemplo, se pertencente a terceiro de boa-fé, como exemplo, um psicotrópico de uma farmácia ou a morfina de um hospital.

Tirando essas raras exceções, a solução é encontrada na própria lei de drogas. Assim, para a hipótese de flagrante, o juiz, após certificar a regularidade formal do laudo de constatação, determinará a destruição da droga apreendida (art. 50, § 3º), tendo o delegado de polícia o prazo de quinze dias para cumprir essa determinação (art. 50, § 4º), na presença do Ministério Público e da autoridade sanitária.

A destruição das drogas apreendidas sem a ocorrência de prisão em flagrante será feita por incineração, no prazo máximo de 30 (trinta) dias contados da data da apreensão, guardando-se amostra necessária à realização do laudo definitivo (art. 50-A).

Tratando-se de plantação de drogas, determina o art. 32 que as plantações ilícitas serão imediatamente destruídas, pela autoridade policial, mediante autorização judicial (art. 50, § 3º da lei), mesmo quando não configurado o flagrante, neste caso no prazo máximo de 30 dias (art. 50-A), e de tudo lavrando auto de levantamento das condições encontradas, com a delimitação do local, asseguradas as medidas necessárias para a preservação da prova. Era controversa, na doutrina, a necessidade de autorização judicial para a destruição de plantações de drogas. Com efeito, Renato Marcão entendia, antes das alterações na Lei de Drogas introduzidas pela Lei nº 12.961/2014, que "localizadas, as plantações deverão ser *imediatamente* destruídas, e a razão de ser da regra é evidente. Caso fosse preciso obter prévia autorização judicial, por certo a preservação do local e a necessária destruição correriam sérios riscos. Também não seria razoável exigir a presença de representante do Ministério Público e de autoridade sanitária no sítio das plantações, quase sempre em locais inóspitos, de difícil acesso e de oneroso deslocamento." (*Tóxicos*. Lei nº 11.343 de 23 de agosto de 2006. Anotada e Interpretada. São Paulo: Saraiva, 2011, p. 131). Renato Brasileiro, sempre discordou, explicando que, "por mais que se queira objetar que a Polícia Judiciária não dispõe de aparto humano e material para a preservação do local, quase sempre em locais inóspitos, de difícil acesso e oneroso deslocamento, daí não se pode permitir que uma autoridade administrativa leve adiante a destruição da propriedade de alguém – ainda que ilícita – sem previa autorização judicial, notadamente se considerarmos que, em hipóteses raríssimas (arts. 2º. e 31), a própria Lei de Drogas dispõe quanto á possibilidade de haver autorização para o cultivo de plantas destinadas à produção de substâncias entorpecentes. De se concluir, portanto, que essa exigência de determinação judicial prévia para fins de destruição das plantações ilícitas vem ao encontro do devido processo legal (CF, art. 5º., LIV), evitando que alguém seja privado de seus bens sem a observância do devido processo legal" (Legislação Criminal Comentada, Salvador: Juspodivm, 2ª ed., 2014).

A controvérsia foi solucionada pela Lei nº 12.961/2014. De sorte que o art. 32, por ela alterado, determina que, no que tange à destruição de plantações, seja observado o disposto no art. 50-A. Este último (art. 50-A) rezava aplicar-se, no que couber, os § § 3º a 5º do art. 50. Ora, o § 3º, do art. 50, trata exatamente da necessidade de autorização judicial para a destruição do material.

Contudo, o mesmo dispositivo (art. 50-A) foi novamente alterado pela Lei 13.840/19, apresentando a seguinte redação: "A destruição das drogas apreendidas sem a ocorrência de prisão em flagrante será feita por incineração, no prazo máximo de 30 (trinta) dias contados da data da apreensão, guardando-se amostra necessária à realização do laudo definitivo". Não mais remete ao §3º. do art. 50. A ideia que fica para o intérprete é a de que, no caso de plantação de drogas, a autorização judicial é dispensável. Mas, certamente, haverá corrente em sentido contrário. Exumou-se, portanto, a discussão inaugural.

A propósito, quanto à necessidade de acompanhamento pelo Ministério Público da incineração de drogas, o Centro de Apoio Criminal do *parquet* paulista, em trabalho da lavra de seu coordenador, Everton Luiz Zanella, entende não mais ser necessária a presença pessoal do promotor ou procurador. Com efeito, enquanto o revogado § 2º do art. 32 determinava que o ato de incineração fosse realizado "na presença de representante do Ministério Público", a nova redação do § 4º do art. 50, conferida pela Lei 12.961/2014, retirou o termo "representante", explicitando que a incineração será executada "na presença do Ministério Público". De sorte que, nos termos da Nota Técnica do Centro de Apoio Operacional Criminal, "não nos parece que houve um mero esquecimento do termo 'representante', mas sim a vontade do legislador de permitir, quando conveniente, que o ato de acompanhamento da incineração possa ser confiado pelo Promotor de Justiça para outro integrante da instituição Ministério Público. Noutras palavras, não existe mais uma obrigação pessoal e intransferível do Promotor de Justiça (como era expresso na legislação anterior), mas sim uma obrigação legal de seguimento do ato pela instituição Ministério Público" (*Boletim do CAO-Crim* nº 179, de agosto de 2014).

Apreensão de veículos relacionados ao tráfico e sua utilização por órgãos policiais – Lembre-se que para a hipótese de apreensão de veículos, aeronaves e embarcações, relacionados ao tráfico de drogas, a Lei n. 11.343/2006, mediante autorização judicial e ouvido o Ministério Público, possibilita a utilização desses bens pela polícia judiciária, nos termos do artigo 62, desse diploma legal. De acordo com as alterações trazidas pela Lei 13.886/19, o juízo deve cientificar o órgão gestor do Funad para que, em 10 (dez) dias, avalie a existência do interesse público e indique o órgão que deve receber o bem (art. 62, §1º.-A). Têm prioridade os órgãos de segurança pública que participaram das ações de investigação ou repressão ao crime que deu causa à medida (art. 62, §1º.-B). O órgão responsável pela utilização do bem deverá enviar ao juiz periodicamente, ou a qualquer momento quando por este solicitado, informações sobre seu estado de conservação (art. 62, §3º.). O art. 61 e seus parágrafos, com as alterações trazidas pela Lei 14.322/22, exclui a possibilidade de restituição ao lesado do veículo usado para transporte de droga ilícita e para permitir a alienação ou o uso público do veículo independentemente da habitualidade da prática criminosa.

Apreensão de veículos relacionados a outros crimes (diversos do tráfico de drogas) e sua utilização por órgãos policiais – Embora essa possibilidade seja prevista, basicamente, na Lei de Drogas (em seu art. 62), julgado do Superior Tribunal de Justiça, cujo trecho é abaixo citado, autorizou a utilização de aeronave, por ordem estatal, que fora apreendido em face da prática de crime diverso, não relacionado à Lei n. 11.343/2006. O principal argumento é que o Código de Processo Penal admite o emprego da analogia e, bem por isso, conquanto a Lei n. 11.343/2006 se refira apenas aos crimes relacionados com drogas, nada impede que, em delitos de outra natureza, ante a omissão legislativa, se possa, em o emprego daquela forma de integração da lei, determinar-se a apreensão de veículo.

O julgado não escapou à crítica de Rômulo de Andrade Moreira, em artigo intitulado "A aplicação da analogia 'in malam partem' no processo penal brasileiro", sob o fundamento de que a apreensão de aeronaves é prevista somente da Lei de Drogas e, por isso mesmo jamais poderia o julgado, por analogia, estender essa possibilidade a outras situações que não envolvam essa espécie de delito. Ressalta o autor baiano que "aquelas providências cautelares, que poderão se tornar definitivas após a sentença condenatória, apenas podem ser aplicadas em relação aos crimes tipificados na Lei de Drogas, e tão somente, vedando-se, por óbvio, o uso da analogia 'in malam partem' [...] Eis, portanto, o erro grosseiro constante da decisão do Superior Tribunal de Justiça, pois se aplica a analogia sempre que há uma omissão do legislador em relação a determinada norma jurídica, mas jamais 'in malam partem', isto é, em flagrante prejuízo para a parte acusada. Trata-se de método interpretativo de aplicação inaceitável em Processo Penal, quando 'in partem peiorem' ("contra o réu", em relação ao qual, aliás, presume-se a inocência). Em Direito Processual Penal só se aplica a analogia para beneficiar o réu, nunca o contrário!" (Sítio: investidura.com.br/biblioteca-juridica/artigos/processo-penal, acessado em 12.03.2015).

JURISPRUDÊNCIA

Impossibilidade de restituição

"A restituição de coisas apreendidas a quem de direito, conforme o art. 118 do CPP, é admitida somente quando já não interessarem à persecução penal, isto é, quando já não interessarem à prova da infração ou à defesa do acusado. Vedada ainda a restituição de todo bem e valor que constitua proveito auferido pelo agente com a prática do fato criminoso, considerando-se compreendidos o produto direto e o produto indireto da infração penal, conforme o art. 119 do CPP, visto que, com eventual condenação transitada em julgado, os produtos e proveitos do crime serão automaticamente declarados perdidos em favor da União, na forma do art. 91, inciso II, alínea "b", do Código Penal. A perda em favor da União do produto ou do proveito do crime ou, quando estes não forem encontrados ou se situarem no exterior, de bens ou valores equivalentes ao produto ou proveito do crime é efeito automático da condenação, conforme o art. 91, §§ 1º e 2º, do Código Penal, prescindindo, por conseguinte, de requerimento expresso." (STJ – AgRg na ReCoAp n. 145/DF, relator Ministro Felix Fischer, Corte Especial, julgado em 11/5/2021, DJe de 18/5/2021.)

Possibilidade de entrega de veículo mesmo não se tratando de crime relacionado à Lei de Drogas

"Não havendo evidências ou alegação, na denúncia, de que o veículo sobre o qual pesa restrição imposta pelo Juízo penal tenha sido adquirido com produto do crime, nem dúvidas de que o proprietário legal do bem é terceiro de boa-fé, a ausência de provas de que o automóvel em questão foi utilizado pelos réus da ação penal para o transporte de drogas, ou de que tivesse sido especialmente preparado para tal finalidade constituem fatores que revelam o desinteresse da manutenção da restrição para o deslinde da controvérsia penal, sobretudo quando a ação penal está instruída com interceptações telefônicas, depoimento de relator e vários outros documentos hábeis a demonstrar o envolvimento dos réus com o tráfico de entorpecentes. Recurso ordinário a que se dá provimento, para que seja determinado o levantamento da restrição existente sobre o veículo da recorrente, restituindo-se-lhe o bem." (STJ – RMS n. 64.749/PB, relator Ministro Reynaldo Soares da Fonseca, Quinta Turma, julgado em 9/3/2021, DJe de 15/3/2021.)

Apreensão de dinheiro ou cheque – Vale observar que, via de regra, o simples fato de alguém ter sob sua guarda elevada quantia em dinheiro, por si só, não configura um crime.

"Ocorre que – conforme salientado no Manual de Bens Aprendidos – a Autoridade Policial, por vezes, toma conhecimento de que em poder de algum suspeito ou mesmo de qualquer pessoa do povo, foi encontrada elevada soma em dinheiro. Por exemplo, em uma revista de rotina, encontra com o motorista de um veículo R$ 50.000,00, em espécie, sem que ele justifique a origem da verba. Paira grande dúvida se há ou não algum crime. É possível, também, que ocorra a apreensão de dinheiro encontrado com uma pessoa suspeita da prática de crime. Por exemplo, um funcionário público que responde ações penais por corrupção e recebe R$ 1.500,00 de vencimentos mensais, colide com outro veículo e, no exame de seu carro, encontra-se a quantia de R$ 80.000,00, em espécie, acondicionada debaixo do banco. Há uma forte suspeita de origem ilícita. Outra hipótese será a do Delegado de Polícia que, cumprindo mandado de busca e apreensão judicial, encontrar na residência de um suspeito da prática de tráfico de entorpecentes, U$ 40.000, em cédulas. Há um juízo provisório de que a verba é produto de crime ou se destina a lavagem de dinheiro".

Nos casos de apreensão de dinheiro e cheques, deve ser observada a Resolução 428/2005, do Conselho Nacional de Justiça (de aplicação à Justiça Federal). Esse diploma determina que, em se tratando de apreensão de moeda nacional, o numerário será guardado junto à Caixa Econômica Federal, em depósito judicial remunerado, na forma do inciso I do art. 1º do Decreto-lei nº 1.737/79, lavrado o respectivo termo de depósito. Embora a resolução determine o depósito judicial junto à CEF, do Regimento Interno do Banco do Brasil, em seu art. 55, inc. X, consta dentre suas atribuições a de "manter a custódia dos valores encaminhados por órgãos oficiais e o acautelamento de cédulas e moedas falsas".

Cuidando-se de moeda estrangeira, será encaminhada ao Banco Central do Brasil. Também a moeda falsa, após perícia, será enviada ao Banco Central do Brasil, com um carimbo lançado em cada cédula, contendo a inscrição "moeda falsa" (cf. Carta Circular nº 3.329, do Banco do Brasil).

Os cheques, ainda nos termos da mencionada resolução, serão compensados, depositando-se o valor correspondente em conta remunerada à disposição do Juízo, junto à Caixa Econômica Federal, mantendo-se cópia autêntica nos autos.

No Estado de São Paulo, segundo as Normas de Serviço da Corregedoria Geral do Tribunal de Justiça (art. 518), "recaindo a apreensão em moeda estrangeira ou cheques, a autoridade policial deverá, de imediato, requerer ao juízo competente a intimação do Ministério Público para que postule a conversão em moeda nacional ou compensação dos cheques". Determinada, por decisão judicial, a perda desse dinheiro, o valor obtido deverá ser depositado em prol da Secretaria Nacional Antidrogas/SENAD (quando se tratar de crime dessa natureza), nos termos do art. 63, § 4º., da Lei n. 11.343/200, ou do Fundo Penitenciário (art. 2º., inc. IV da Lei Complementar n. 79/1994), nos demais casos.

Conferir, a propósito, o disposto no § 4º, do art. 144, abaixo.

Confisco alargado – A Lei 13.964/19 (Pacote Anticrime) introduziu no Código Penal o art. 91-A, que disciplina o chamado confisco alargado (confisco ampliado ou perda alargada), uma espécie de efeito secundário da sentença penal condenatória que consiste na perda de bens equiparados ao produto ou proveito do crime.

ATENÇÃO – O confisco alargado não se confunde com o confisco por equivalência, inserido nos §§ 1º e 2º do art. 91 pela Lei 12.694/12. O primeiro se caracteriza por uma extensão do perdimento a bens que, embora não estejam ligados diretamente ao crime que está sendo julgado, de alguma forma provêm de atividades ilegais, tanto que seu conjunto é incompatível com o rendimento lícito do condenado. Já o segundo se impõe nas situações em que o produto ou o proveito direto do crime julgado não é encontrado ou se localiza no exterior, quando então se autoriza a medida sobre bens equivalentes que possam constituir o patrimônio lícito do condenado.

A principal motivação deste tipo de medida é a despatrimonialização do criminoso de modo a incrementar um reproche econômico significativo aos tradicionais efeitos dissuasórios e retributivos da sanção penal, notadamente àquelas categorias delitivas altamente rentáveis. Trata-se de estratégia de enfrentamento à criminalidade que parte da ideia de que determinados crimes são permeados por um alto grau de escolha racional, em que o agente avalia e assume os riscos e benefícios decorrentes de sua prisão e do retorno proporcionado. O elevado saldo patrimonial nessa equação de custo-benefício serve de incentivo para o intento criminoso. A análise econômica do crime, dentre outras lições, indica que um sistema criminal eficaz deve impor riscos superiores às vantagens inerentes à prática do crime. Ao atingir os bens que gravitam em torno da conduta delituosa praticada pelo agente, o confisco alargado reveste-se de nítida feição econômica, é fruto de manejo eficacional do direito penal e está inserido em um modelo de política criminal funcionalista porque busca enfrentar, com outra mecânica, o sentimento social de impunidade que gradativamente leva à perda da eficácia da própria ordem jurídica.

O confisco alargado não é cabível em qualquer condenação. O dispositivo em estudo elenca alguns pressupostos necessários que delimitam seu cabimento. Importa desde já deixar assentado que esses pressupostos servem para demonstrar que a legislação não cria uma presunção legal, mas tão somente uma consequência anexa e direta do édito condenatório que, por opção político-criminal, se alastra para outras esferas jurídicas e produz outros efeitos jurídicos mandamentais previstos na norma.

Os pressupostos da medida são os seguintes:

(A) condenação por crime com pena máxima superior a seis anos: a lei exige uma condenação pela prática de crime cuja pena máxima seja superior a 06 (seis) anos de reclusão. Trata-se de requisito objetivo que atinge, por exemplo, crimes contra a Administração Pública como peculato, corrupção ativa e passiva e concussão; crimes contra o patrimônio como furto qualificado, roubo, extorsão, extorsão mediante sequestro e receptação qualificada; crimes financeiros como lavagem de dinheiro e gestão fraudulenta ou temerária de instituição financeira.

(B) Incompatibilidade do patrimônio com a renda lícita do agente: para a decretação do confisco alargado se faz necessária a demonstração da incompatibilidade/desproporcionalidade do patrimônio do condenado com o seu rendimento lícito, juízo central para a aplicação da medida.

A questão deve ser bem compreendida, principalmente sob o ponto de visto do ônus da prova. Assentado nos elementos que constituem a norma em estudo, o órgão acusador deve comprovar a evolução patrimonial em patamares desproporcionais à renda do agente, e deve fazê-lo com elementos probatórios colhidos ainda na fase investigativa. Tanto é assim que o § 3º do art. 91-A impõe que o Ministério Público faça na denúncia o pedido expresso de decretação da perda e aponte a diferença apurada. Por isso não há, propriamente, inversão do ônus da prova, pois a apresentação de justificativa razoável para a evolução patrimonial ou a comprovação de procedência lícita do patrimônio – como permite o § 2º – é típica matéria de defesa.

Observe-se que o art. 91-A abrange todos os bens que não sejam compatíveis com a renda lícita do criminoso, de modo a reputá-los como produto (*producta sceleris*) ou proveito do crime (*pretium sceleris*). Para sermos mais precisos, a norma considera como algo equivalente ao produto ou proveito do crime todos os bens correspondentes à diferença entre o valor do patrimônio do condenado e aquele compatível com o seu rendimento lícito. E, como dispõe o § 1º, entende-se por patrimônio do condenado para os efeitos do confisco:

(1) os bens de sua titularidade, ou em relação aos quais ele tenha o domínio e o benefício direto ou indireto, na data da infração penal ou recebidos posteriormente;

(2) os bens transferidos a terceiros a título gratuito ou mediante contraprestação irrisória, a partir do início da atividade criminal.

Embora o confisco alargado recaia em bens não identificados diretamente com a conduta criminosa – caso em que constituir-se-iam propriamente em produto ou proveito crime –, trata-se de medida considerada como uma consequência da sentença penal – daí porque tem natureza jurídica de efeito secundário da sentença penal condenatória – e atinge todos os demais ativos sobressalentes à receita legal do condenado e que não tiveram sua origem comprovada.

Conforme se extrai do § 1º do art. 91-A, o vocábulo "patrimônio" não deve ser compreendido apenas como o formalmente declarado. Como bem observa Francisco Cardoso, "deve ser efetivamente aplicado o conceito de beneficiário final ou beneficiário efetivo (*beneficial ownership*), de maneira a se buscar não apenas os bens que estejam registrados em nome do agente (como se sabe, poucos ou nenhum), mas todos aqueles que estejam sob seu domínio ou que por eles sejam controlados ou usufruídos. É o que costumamos chamar de patrimônio real e não o patrimônio declarado do agente delituoso. De acordo com as Recomendações do GAFI, impõe-se às instituições financeiras lato sensu, no âmbito das medidas de devida diligência ao cliente (CDD – *Costumer Due Diligence*) aplicadas, a obrigação de identificar o beneficiário efetivo das operações realizadas, adotando-se as medidas adequadas para verificar a sua identidade. Somente assim, podem as IFs ter um conhecimento satisfatório sobre a identidade do beneficiário efetivo da operação realizada. No caso de pessoas jurídicas, as IFs devem ainda adotar todas as medidas adequadas que lhes permitam compreender a estrutura de propriedade da figura jurídica, de forma a exercer o efetivo controle do cliente com o qual se relacionam. Isso quer dizer, não basta saber em nome de quem a operação está sendo realizada. Há a necessidade que os sujeitos obrigados efetivamente atuem de forma a identificar quem são os verdadeiros beneficiários ou controladores finais daquela operação. Tudo isso é feito justamente com a finalidade de se dar um espectro cada vez mais amplo na atividade estatal quando da identificação dos bens que compõem o patrimônio do agente. De modo que não escapem do radar dos órgãos de persecução criminal bens ou valores que tenham sido obtidos com a prática de crimes e que, pela complexidade de sua ocultação/dissimulação, não tenham sido descobertos e identificados quando da investigação criminal. No entanto, mesmo que cumprida adequadamente tal tarefa, identificando-se todos os bens que compõem o patrimônio real do criminoso, ainda mais complexa seria a atuação do Estado se a lei exigisse, para que tal patrimônio fosse atingido, a efetiva determinação de sua vinculação a uma prática criminosa específica" (*Projeto de Lei Anticrime, o Confisco Alargado e demais medidas para aprimorar o perdimento do produto do crime*. In: CUNHA, Rogério Sanches et al. Projeto de Lei Anticrime. Salvador: Juspodivm, 2019. p. 228-229).

Apreensão de dinheiro ou cheque e Lei de Drogas – A Lei nº 11.343/2006, em seu art. 60, alterado pela Lei 13.840/19), determina que o juiz, a requerimento do Ministério Público ou do assistente de acusação, ou mediante representação da autoridade de polícia judiciária, poderá decretar, no curso do inquérito ou da ação penal, a apreensão e outras medidas assecuratórias nos casos em que haja suspeita de que os bens, direitos ou valores sejam produto do crime ou constituam proveito dos crimes previstos nesta Lei, procedendo-se na forma dos arts. 125 e ss do CPP. A ordem de apreensão ou sequestro de bens, direitos ou valores poderá ser suspensa pelo juiz, ouvido o Ministério Público, quando a sua execução imediata puder comprometer as investigações (§4º.).

No caso de moeda estrangeira, títulos, valores mobiliários ou cheques emitidos como ordem de pagamento, a Lei 13.886/19 introduziu na Lei de Drogas o art. 60-A que anuncia o procedimento a ser seguido nas medidas assecuratórias de que trata o art. 60. Vejamos. De imediato deve ser determinada a sua conversão em moeda nacional. A moeda estrangeira apreendida em espécie deve ser encaminhada a instituição financeira, ou equiparada, para alienação na forma prevista pelo Conselho Monetário Nacional. Na hipótese de impossibilidade da alienação, a moeda estrangeira será custodiada pela instituição financeira até decisão sobre o seu destino. Após a decisão sobre o destino da moeda estrangeira, caso seja verificada a inexistência de valor de mercado, seus espécimes poderão ser destruídos ou doados à representação diplomática do país de origem. Os valores relativos às apreensões feitas antes da data de entrada em vigor da Medida Provisória nº 885, de 17 de junho de 2019, e que estejam custodiados nas dependências do Banco Central do Brasil devem ser transferidos à Caixa Econômica Federal, no prazo de 360 (trezentos e sessenta) dias, para que se proceda à alienação ou custódia.

Armas de fogo e munições – Nos termos da Resolução 134/2011, do Conselho Nacional de Justiça, com aplicação no âmbito das justiças federal e estadual, as armas de fogo apreendidas nos autos submetidos ao Poder Judiciário observarão o disposto no art. 25 da Lei nº 10.826/2003 (Estatuto do Desarmamento), recentemente alterado pela Lei 13.886/19, e regulamentado pelo Decreto 9.845/19 (art. 45). As armas de fogo apreendidas, após a elaboração do laudo pericial e sua juntada aos autos, quando não mais interessarem à persecução penal serão encaminhadas pelo juiz competente ao Comando do Exército, no prazo de até 48 (quarenta e oito) horas, para destruição ou doação aos órgãos de segurança pública ou às Forças Armadas, na forma do regulamento desta Lei. As armas de fogo encaminhadas ao Comando do Exército que receberem parecer favorável à doação, obedecidos o padrão e a dotação de cada Força Armada ou órgão de segurança pública, atendidos os critérios de prioridade estabelecidos pelo Ministério da Justiça e ouvido o Comando do Exército, serão arroladas em relatório reservado trimestral a ser encaminhado àquelas instituições, abrindo-se-lhes prazo para manifestação de interesse (§1º.). As armas de fogo e munições apreendidas em decorrência do tráfico de drogas de abuso, ou de qualquer forma utilizadas em atividades ilícitas de produção ou comercialização de drogas abusivas, ou, ainda, que tenham sido adquiridas com recursos provenientes do tráfico de drogas de abuso, perdidas em favor da União e encaminhadas para o Comando do Exército, devem ser, após perícia ou vistoria que atestem seu bom estado, destinadas com prioridade para os órgãos de segurança pública e do sistema penitenciário da unidade da federação responsável pela apreensão (§1º.-A).

Medicamentos falsos ou com prazo de validade vencido – O Código Penal, em seu art. 273, prevê a conduta de "falsificar, corromper, adulterar ou alterar produto destinado a fins terapêuticos ou medicinais", a qual pune com rigor, com pena de reclusão de 10 a 15 anos, mais multa. Cuida-se, aliás, de crime rotulado de hediondo, como previsto no art., 1°, inc. VII-B, da Lei n° 8072/90. Já Lei n° nº 8.137/90, penaliza a conduta de quem vende, tem em depósito para vender ou expõe à venda "matéria-prima ou mercadoria, em condições impróprias ao consumo" (art. 7°, inc. IX).

Qualquer que seja a solução dada pelo processo-crime, decerto que não serão devolvidos estes produtos a seu possuidor, seja absolvido ou mesmo que nem processado, por conta do deferimento de pedido de arquivamento do inquérito policial. Há, então, que se decidir sobre o destino desses produtos, cujo descarte se impõe, quer para evitar sua posterior utilização por terceiros ou – a exigir maiores cuidados – quer para evitar a contaminação da água e do solo pelas substâncias ativas contidas na medicação.

Como lembra o Manual de Bens Aprendidos, "no Brasil [...] é da responsabilidade do Município providenciar a estrutura necessária para o efetivo descarte dos medicamentos vencidos, obedecendo aos parâmetros estabelecidos nos regulamentos editados pela ANVISA, apresentando estrutura própria e firmando convênios para uso de outras estruturas adequadas. Obviamente, a maior parte dos municípios terá imensa dificuldade em prestar tal tipo de serviço, uma vez que se servem, ainda, do sistema tradicional de lançamento de dejetos, ou seja, os chamados 'lixões'". De rigor, porém, que tais produtos sejam descartados em aterros sanitários, lembrando o Manual que "a maioria dos aterros sanitários é explorada economicamente pelos particulares, o que exigirá, também, negociação para que seja dispensado o pagamento por esse tipo de serviço". Onde não houver o aterro, deve a autoridade judiciária providenciar a remessa do material a local em que ele estela instalado, ainda que distante da comarca onde tramitou o processo-crime. O que não se admite é o simples depósito em lixões, com os riscos já mencionados.

Equipamentos de telecomunicação. "Rádio pirata" – Não é incomum, no cotidiano do operador do Direito, com atuação no âmbito criminal, que ele se depare com delitos relacionados à prática ilegal de radiofusão, sobretudo a chamada "rádio pirata". Tais condutas encontram previsão legal, de início, no art. 70 da Lei n° 4117/62 (denominado Código Brasileiro de Comunicações), que possui a seguinte redação: "constitui crime punível com a pena de detenção de 1 (um) a 2 (dois) anos, aumentada da metade se houver dano a terceiro, a instalação ou utilização de telecomunicações, sem observância do disposto nesta Lei e nos regulamentos". São previstas, ainda, no art. 183 da Lei 9472/97, *in verbis*: "Desenvolver clandestinamente atividades de telecomunicação: Pena – detenção de dois a quatro anos, aumentada da metade se houver dano a terceiro, e multa de R$ 10.000,00 (dez mil reais)". Não há que se confundir, aqui, "rádio pirata" com "rádio comunitária", cuja legalidade de funcionamento vem prevista na Lei n° 9.612/98, ao elencar os requisitos para legal funcionamento dessa espécie de veículo de comunicação. Há certa discordância na doutrina e jurisprudência a respeito de possível revogação do art. 70 do Código Brasileiro de Comunicações pela posterior Lei 9472/97, em tema que foge ao objeto deste trabalho.

É verdade que a jurisprudência, vez ou outra, posiciona-se no sentido da insignificância dessas condutas, a configurar verdadeiro crime de bagatela, e, com base nesse entendimento, tem trancado inquéritos policiais e ações penais em curso. Nesse sentido: TRF - 1ª. R., - Recurso Criminal nº 38000201349-MG, Rel. Luciano Tolentino Amaral, j. 26.11.2002, DJ 13.12.2002, p. 68; TRF - 1ª. R., - Recurso Criminal nº 01000004594-MA, j. 07.05.1999, DJ 07.05.1999, p. 329). Não é o entendimento que prevalece no Superior Tribunal de Justiça (HC 19917/PB, Sexta Turma, DJ de 19.12.02, RESP 628287/CE, Primeira Turma, DJ de 17.12.04, RESP 251848/MG, Quinta Turma, DJ de 04.02.02, HC 14356/SP, Quinta Turma, DJ de 19.03.01, e RHC 8579/SP, Quinta Turma, DJ de 27.09.99.

Trata-se de juízo de valor, porém, que não pode ser realizado pelo Delegado de Polícia e, mesmo mais adiante, pode não ser acolhido pelo Magistrado que preside o processo-criminal, a exigir, neste caso, uma solução para a destinação dos objetos apreendidos.

A recomendação do Conselho Nacional de Justiça, por meio do mencionado Manual de Bens Aprendidos, é no sentido de que equipamentos utilizados em radiodifusão, não autorizada ou irregular, somente poderão ser restituídos aos detentores quando forem devidamente homologados pela ANATEL (Agência Nacional de Telecomunicações). E prossegue "caso os equipamentos não sejam homologados, por serem incompatíveis com as características exigidas para os serviços de telecomunicações no Brasil, deverão ser remetidos para a ANATEL, ou destruídos pelos serviços auxiliares do juízo". Cremos mais prudente, ao invés da destruição pura e simples, a primeira alternativa, ou seja, o envio dos equipamentos à ANATEL. É que esse órgão editou regras de destinação dos objetos, na Consulta Pública nº 59, como se observa do art. 14 desse diploma, a saber:

> "Aos bens e produtos de que trata esta Norma poderá ser atribuída uma das seguintes destinações:
>
> I - alienação, mediante leilão;
>
> II - doação a entidades sem fins lucrativos declaradas de utilidade pública federal, estadual ou municipal, observado o disposto no § 4º deste artigo;
>
> III - incorporação;
>
> IV - destruição, excepcionalmente, atendidos os requisitos da necessidade, adequação, proporcionalidade e razoabilidade, observado o disposto no § 4º deste artigo;
>
> V - restituição ao fiscalizado interessado, caso, mediante decisão judicial ou administrativa, não seja reconhecido o perdimento de bens e produtos para a Agência."

É dizer: parece-nos mais eficaz, por exemplo, a doação do equipamento a uma entidade de utilidade pública ou a incorporação dos equipamentos ao patrimônio público, do que a mera destruição desses bens.

Apreensão de animais em cativeiro - O art. 29 da Lei 9.605/98, considera crime, punido com pena de detenção de seis meses a um ano, e multa, "matar, perseguir, caçar, apanhar, utilizar espécimes da fauna silvestre, nativos ou em rota migratória, sem a devida permissão, licença ou autorização da autoridade competente, ou em desacordo com a obtida". Como espécime da fauna silvestre, define a lei todos aqueles animais "pertencentes às espécies nativas, migratórias e quaisquer outras, aquáticas ou terrestres, que tenham todo ou parte de seu ciclo de vida ocorrendo dentro dos limites do território brasileiro, ou águas jurisdicionais brasileiras" (§ 3°, do art. 29). É a mesma definição contida no § 4º, art. 11, inc. III, do Decreto n° 3.179/1999.

Nas mesmas penas incorre, ainda nos termos desse dispositivo, "quem vende, expõe à venda, exporta ou adquire, guarda, tem em cativeiro ou depósito, utiliza ou transporta ovos, larvas ou espécimes da fauna silvestre, nativa ou em rota migratória, bem como produtos e objetos dela oriundos, provenientes de criadouros não autorizados ou sem a devida permissão, licença ou autorização da autoridade competente" (inc. III).

Claro que a singela manutenção de animais domésticos, como gado em geral, cães, gatos, etc., não constitui nenhuma irregularidade, porque não catalogados na categoria de animais silvestres. Podem, eventualmente, na análise do caso concreto, tipificar outra conduta delituosa, como as contravenções penais dos art. 31, 42 e 64 da lei própria ou mesmo crimes previstos no Código Penal (art. 164, 132).

Constituem-se, ainda, crime contra a fauna, dentre outros, "introduzir espécime animal no País, sem parecer técnico oficial favorável e licença expedida por autoridade competente" e "praticar ato de abuso, maus-tratos, ferir ou mutilar animais silvestres, domésticos ou domesticados, nativos ou exóticos", como previsto, respectivamente, nos arts. 31 e 31 da Lei 9.605/98.

Não será – insistimos – toda e qualquer manutenção de animal em cativeiro capaz de caracterizar o crime, ainda que silvestre. Uma vez comprovada que a aquisição do animal se deu por meio de comerciante devidamente registrado no IBAMA, com fornecimento de nota fiscal que contenha o nome científico e popular do bicho, com a identificação individual do espécime, através de anilha fechada ou mesmo um componente eletrônico ("*um microchip*"), a conduta é legal. Ao contrário, se o animal tiver origem ilícita, como, por exemplo, quando adquirido de traficantes ou contrabandistas em estradas, depósitos, feiras livres, etc., configura-se o crime.

E mesmo a conduta de quem mantém em cativeiro animal silvestre, por vezes, é relevada pelo legislador. Com efeito, o art. 29 da Lei 9.605/98, em seu § 2°, prevê que "no caso de guarda doméstica de espécie silvestre não considerada ameaçada de extinção, pode o juiz, considerando as circunstâncias, deixar de aplicar a pena". E o Decreto n° 3.179/1999, que dispõe sobre sanções administrativas aplicáveis às condutas e atividades lesivas ao meio ambiente, dispõe, em seu art. 11, inc. III, § 2°, que, "no caso de guarda doméstica de espécime silvestre não considerada ameaçada de extinção, pode a autoridade competente, considerando as circunstâncias, deixar de aplicar a multa, nos termos do § 2º do art. 29 da Lei nº 9.605, de 1998". Ou seja, desde que preenchidos tais requisitos, pode o agente se livrar não apenas da sanção penal, como também da penalidade administrativa. Claro que, em todos esses casos, presume-se que os animais estão sendo bem tratados, em local conveniente, com fornecimento de alimentação e água adequados, acompanhamento de veterinário, vacinação em dia quando for o caso, etc. Tudo sob pena de configuração do crime previsto no art. 32 da Lei n° 9605/98 ou da contravenção penal prevista no art. 64 da Lei n° 3.688/41.

Em todos esses casos, deparando-se o juiz ou a autoridade policial com a apreensão de animais nessas condições, deverá providenciar sua apreensão e, por conseguinte, dar um destino, ainda que provisório, aos bichos. O § 1°, do art. 25 da Lei 9.605/98 aponta a solução, no sentido de que "os animais serão prioritariamente libertados em seu habitat ou, sendo tal medida inviável ou não recomendável por questões sanitárias, entregues a jardins zoológicos, fundações ou entidades assemelhadas, para guarda e cuidados sob a responsabilidade de técnicos habilitados". O § 2º, do mesmo dispositivo, determina que "até que os animais sejam entregues às instituições mencionadas no § 1º deste artigo, o órgão atuante zelará para que eles sejam mantidos em condições adequadas de acondicionamento e transporte que garantam o seu bem-estar físico". Por faltar-lhe conhecimento técnico, não caberá ao juiz e, tampouco, a autoridade policial, por óbvio, definir qual o local adequado para a recepção desses animais. Para tanto, deverá acionar o IBAMA que, juntamente com a Polícia Florestal, saberão dar-lhes o destino adequado.

JURISPRUDÊNCIA

Fixação de prazo

"PROCESSUAL PENAL. RECURSO ESPECIAL. RESTITUIÇÃO DE COISA APREENDIDA. PRAZO. CRIME CONTRA O SISTEMA FINANCEIRO NACIONAL. Viola o disposto no art. 119 do CPP, a fixação de prazo em apuração por demais complexa, porquanto a restituição pode vir a ser definitivamente prejudicada, tornando inócua a existência da própria apreensão" (STJ – REsp n° 520756-PR, Rel. Felix Fischer, j. 14.10.2003, DJ 17.11.2003, p. 368).

Crimes ambientais

"Diversamente do previsto no art. 91 do CP, o art. 25, § 4º, da Lei n. 9.605/98, não autoriza, antes, determina, seja efetivada a imediata alienação dos instrumentos utilizados na prática de crimes ambientais, não importando ser sua origem ou posse lícita ou ilícita" (TRF – 4. R., Proc. n° 2005.04.01.009770-1/SC , Rel. Paulo Brum Vaz, j. 15.5.2008).

Rádio pirata. Competência da Vara Federal

"A prática de atividade de telecomunicação sem a devida autorização dos órgãos públicos competentes subsume-se no tipo previsto no art. 183 da Lei 9.472/97; divergindo da conduta descrita no art. 70 da Lei 4.117/62, em que se pune aquele que, previamente autorizado, exerce a atividade de telecomunicação de forma contrária aos preceitos legais e aos regulamentos. Precedentes do STJ. Conflito conhecido para declarar competente o Juízo Federal da 2ª. Vara de Pelotas – SJ/RS, ora suscitado, em conformidade com o parecer ministerial" (STJ – CCn° 101.468-RS, Rel. Napoleão Nunes Maia Filho, j.l 26.08.2009, DJe 10.09.2009).

Art. 120. A restituição, quando cabível, poderá ser ordenada pela autoridade policial ou juiz, mediante termo nos autos, desde que não exista dúvida quanto ao direito do reclamante.

§ 1º Se duvidoso esse direito, o pedido de restituição" autuar-se-á em apartado, assinando-se ao requerente o prazo de 5 (cinco) dias para a prova. Em tal caso, só o juiz criminal poderá decidir o incidente.

§ 2º O incidente autuar-se-á também em apartado e só a autoridade judicial o resolverá, se as coisas forem apreendidas em poder de terceiro de boa-fé, que será intimado para alegar e provar o seu direito, em prazo igual e sucessivo ao do reclamante, tendo um e outro dois dias para arrazoar.

§ 3º Sobre o pedido de restituição será sempre ouvido o Ministério Público.

§ 4º Em caso de dúvida sobre quem seja o verdadeiro dono, o juiz remeterá as partes para o juízo cível, ordenando o depósito das

coisas em mãos de depositário ou do próprio terceiro que as detinha, se for pessoa idônea.

§ 5º Tratando-se de coisas facilmente deterioráveis, serão avaliadas e levadas a leilão público, depositando-se o dinheiro apurado, ou entregues ao terceiro que as detinha, se este for pessoa idônea e assinar termo de responsabilidade.

Devolução de pronto – Como regra, os objetos apreendidos devem permanecer nessa situação até a decisão final. Porém, caso não mais interessem ao processo, é possível sua devolução. Assim, por exemplo, o ofendido que teve seu veículo furtado e depois recuperado. Constada a propriedade, realizada a perícia no veículo (para constatar, *v.g.*, se foi arrombado), e apurado seu valor, não faria sentido mantê-lo apreendido aguardando-se o final do processo, em nítido prejuízo do proprietário, impedido de usufruir do bem. Nesse caso, sua devolução deve ser realizada pela autoridade policial ou pelo juiz, por simples termo de restituição nos autos, sem que nem mesmo haja necessidade de instauração do incidente de restituição de coisa apreendida. Mas essa devolução de pronto só é admitida quando o objeto apreendido não estiver sujeito a confisco, quando não pairar qualquer dúvida sobre o direito de propriedade do bem e quando a apreensão não tiver sido realizada em poder de terceiro de boa-fé.

Em ambas as hipóteses, todavia, devem tais autoridades se certificar de que o objeto não mais interessa ao processo, não bastando, pois, que se demonstre sua procedência lícita e que se comprove o título da posse. Por vezes, para tomarmos um exemplo, mesmo que já realizada a perícia, é possível se antever a possibilidade de que novo exame seja necessário quando, então, se impõe a manutenção da coisa apreendida.

Dúvida – A autoridade policial, vislumbrando dúvida no pedido, deve abster-se de deferi-lo, conforme lição de Eduardo Espínola Filho, no sentido de que "desde que haja ou se anteveja a possibilidade de surgir dúvida sobre o direito de propriedade, ou o título da posse de quem requereu a restituição de coisa apreendida, a autoridade policial não tem competência para decidir a questão, e, ouvido o ministério público, mandará aguarde a remessa dos autos a juízo o peticionário, para pleitear a entrega, dirigindo-se à autoridade judiciária" (ob., cit., p. 367).

§ 1º Se duvidoso esse direito, o pedido de restituição" autuar-se-á em apartado, assinando-se ao requerente o prazo de 5 (cinco) dias para a prova. Em tal caso, só o juiz criminal poderá decidir o incidente.

§ 2º O incidente autuar-se-á também em apartado e só a autoridade judicial o resolverá, se as coisas forem apreendidas em poder de terceiro de boa-fé, que será intimado para alegar e provar o seu direito, em prazo igual e sucessivo ao do reclamante, tendo um e outro dois dias para arrazoar.

§ 3º Sobre o pedido de restituição será sempre ouvido o Ministério Público.

Necessidade de instauração do incidente – Pode ocorrer, no entanto, que exista dúvida quanto ao direito de propriedade, que terceiro de boa-fé reivindique a coisa apreendida, enfim, situações que não autorizem a devolução imediata do bem, seja pela autoridade policial, seja pelo juiz. Nesse caso, então, se instaura o incidente de restituição de coisas apreendidas, nos termos do § 1º e seguintes do art. 120. Assim, a fim de não tumultuar o andamento do processo principal, é autuado em apartado o pedido. Em seguida, é dado o prazo de cinco dias para que o requerente produza prova. Se as coisas foram apreendidas em poder de terceiro de boa-fé, este terá também o prazo de cinco dias para indicar provas. Ato contínuo, abre-se vista de dois dias para que o suposto possuidor e o terceiro de boa-fé ofertem suas alegações finais. O Ministério Público sempre será ouvido (§ 3º). Finda a instrução, caberá ao juiz: 1) devolver o bem ao reclamante, quando indiscutível seu direito; 2) remeter os interessados ao juízo cível, quando duvidosa a questão; 3) tratando-se de coisas facilmente deterioráveis (alimentos, por exemplo), deve determinar sua avaliação e posterior leilão, entregando o dinheiro ao detentor do bem (desde que não haja qualquer dúvida sobre a propriedade) ou depositando-o em conta judicial, aguardando-se a decisão sobre a propriedade.

Recurso cabível – A decisão que defere ou indefere o pedido de restituição de coisa apreendida tem a natureza de uma decisão definitiva ou com força de definitiva, sendo o recurso cabível, por isso, a apelação, nos termos do art. 593, inc. II, do CPP. A jurisprudência, contudo, na análise do caso concreto, vem admitindo, como se vê abaixo, a impetração de mandado de segurança.

Produção de provas e oitiva do Ministério Público – É direito da parte interessada a produção de provas, desde que, segundo nosso entendimento, vislumbre o juiz essa necessidade. Por vezes poderá julgar de plano, num ou noutro sentido, com base no acervo probatório que já consta dos autos, prescindindo, assim, da comprovação de qualquer fato em acréscimo. Demonstrada, porém, a necessidade de dilação probatória, seu indeferimento configura cerceamento de defesa, como decido pelo STJ (v. abaixo). Também se revela obrigatória a oitiva do Ministério Público, posto que, em sua maioria, são de ação penal pública os processos em que efetuados os pedidos de restituição, nos quais o *parquet* é parte, diretamente interessado, bem por isso, no desfecho do incidente. Tratando-se, porém, de ação penal privada, na qual o Ministério Público atua na condição de fiscal da lei ou da ordem jurídica, parece-nos não haver tanto rigor na interpretação do dispositivo, podendo ser aproveitada a decisão proferida sem a oitiva daquele órgão.

JURISPRUDÊNCIA

Incabível a restituição quando a apreensão interessa ao processo

"A restituição de bens constritos no curso de inquérito ou ação penal dependem: a) da comprovação da propriedade do bem (art. 120, caput, do CPP) e da origem lícita dele (o que afasta a pena de perdimento prevista no art. 91, II, do CP); b) da desnecessidade dos bens para garantir eventual reparação da vítima na ação penal, e satisfação de despesas processuais e das penas pecuniárias no caso de sentença condenatória - situação que não exige a origem ilícita do bem (art. 140 do CPP); e c) da ausência de interesse, no curso do inquérito ou da instrução judicial, na manutenção da apreensão (art.118 do CPP)." (STJ – AgRg no RMS n. 66.203/RS, relator Ministro Antonio Saldanha Palheiro, Sexta Turma, julgado em 3/8/2021, DJe de 12/8/2021.)

"Incabível a restituição da coisa apreendida, quando há fortes indícios de sua utilização na prática de atividade criminosa, inexiste prova da efetiva propriedade, interessa o bem às investigações e sua apreensão se mostra compatível com o poder geral de cautela" (TJMG – APR nº 10452120058535001, Rel. Jaubert Carneiro Jaques, j. 02.07.2013)

Dúvida quanto a propriedade do bem e fiel depositário

"Estando pendente de apuração o crime de furto pelo qual o apelante é investigado, e tendo em vista que a suposta res furtiva consiste no trator apreendido no expediente policial originário, inviável, ao menos neste momento, proceder-se à restituição pretendida, conforme dispõe o art. 118 do CPP. Igualmente, a incerteza sobre a propriedade do bem obstaculiza a nomeação do apelante como o seu fiel depositário" (TJRS – ACR n° 70056630478, Rel. José Conrado Kurtz de Souza, j. 20.03.2014, DJ 31.03.2014).

A regra é o pedido de restituição

"Nas hipóteses de apreensão de bem em sede de processo penal, cuja propriedade não restar, de plano, comprovada, devem os recorrentes valerem-se da via processual própria, a ser utilizada pelo terceiro de boa-fé, qual seja: o pedido de restituição de coisas apreendidas, nos termos do disposto no art. 118 e seguintes do Código de Processo Penal" (STJ – RMS n° 26967-RS, Rel. Laurita Vaz, j. 28.06.2011, DJe 01.08.2011).

Admite-se mandado de segurança em caráter excepcional

"A teor da Súmula nº 267, do STF, 'não cabe mandado de segurança contra ato judicial passível de recurso ou correição'. Hipótese em que o magistrado indeferiu o pedido de restituição de bens apreendidos sem demonstrar, em sua decisão, que os objetos seriam importantes ou essenciais ao processo como elementos de prova, malgrado a comprovação, pelo interessado, de que foram adquiridos antes dos fatos apurados na ação penal. Conjuntura que indica a necessidade de afastamento excepcional do óbice previsto no enunciado sumular nº 267 do Supremo Tribunal Federal, para que o Tribunal a quo aprecie o mandado de segurança originário" (STJ – RMS n° 31745-SP, Rel. Adilson Vieira Macabu, j. 02.08.2011, DJe 17.09.2012).

Quando é incabível o mandado de segurança

"Ante a apreensão de bens em processo penal, cabe ao terceiro de boa-fé ingressar com procedimento de restituição de coisas apreendidas, previsto no artigo 118 e seguintes do Código de Processo Penal, haja vista a necessidade de demonstrar-se a forma de aquisição dos bens. A via do Mandado de Segurança não comporta análise ou valoração de provas, devendo o impetrante comprovar, de plano, suas alegações" (STJ – RMS n° 20042-AM, Rel. Maria Thereza de Assis Moura, j. 10.11.2009, DJe 30.11.2009).

Terceiro de boa-fé e legitimidade para o mandado de segurança

"É lícito ao terceiro prejudicado impetrar mandado de segurança contra ato judicial em feito que não era parte, por ter o direito potestativo de se insurgir contra o referido decisum e almejar a restituição do veículo que alegadamente lhe pertence" (STJ – AgRG no RMS n° 37429-MS, Rel. Laurita Vaz, j. 06.08.2013, DJe 13.08.2013).

Descabimento do habeas corpus

"Não se presta o habeas corpus, remédio constitucional voltado para a tutela da liberdade, para a discussão acerca do procedimento para o confisco de bem. Por mais que o habeas corpus seja um dos remédios constitucionais mais importantes, deve o seu emprego submeter-se às hipóteses de cabimento." (STJ – HC n. 119.213/PB, relatora Ministra Maria Thereza de Assis Moura, Sexta Turma, julgado em 6/10/2011, DJe de 24/10/2011.)

Habeas corpus de ofício para liberação de bens

"A despeito de o habeas corpus ser ação constitucional que se presta a repelir constrangimento ilegal de ameaça à liberdade de locomoção (art. 5º, LXVIII, da CF), não é menos certo que os procedimentos de investigação destinam-se à apuração da perpetração de ilícito penal, dos quais podem decorrer futuras restrições, consistentes na sujeição do indivíduo à comparecer a atos de eventual inquérito até a sua própria segregação. Inexistindo previsão quanto ao encerramento do inquérito, resta evidente o excesso de prazo na manutenção da medida, a permitir a devolução dos objetos ao seu proprietário. Recurso Especial improvido. Concessão de habeas corpus, de ofício, para determinar que sejam restituídos os bens apreendidos por força da medida acautelatória, relacionados no Recurso Especial, mediante o compromisso do recorrente na condição de fiel depositário" (STJ – REsp n° 1079633-SC, Rel. Jorge Mussi, j. 03.11.2009, DJe 30.11.2009).

Indeferimento de produção de provas. Cerceamento de defesa

"O indeferimento de produção de provas nos autos de incidente de restituição de coisa apreendida, por meio do qual a defesa pretendia comprovar a origem lícita de quantia em dinheiro encontrada em poder do acusado quando de sua prisão em flagrante pela suposta prática do delito de tráfico de entorpecentes, configura cerceamento de defesa. O próprio Código de Processo Penal, nos § § 1º e 4º do artigo 120, prevê a instrução probatória no incidente de restituição, com o fim de comprovar a propriedade da coisa. Ordem concedida para anular a decisão no incidente de restituição de coisa apreendida, determinando-se a reabertura de prazo para a produção da prova testemunhal requerida" (STJ – HC n° 139656-GO, Rel. Jorge Mussi, j. 21.09.2010, DJe 18.10.2010).

Obrigatoriedade da oitiva do Ministério Público

"Sobre o pedido de restituição de coisas apreendidas será sempre ouvido o Ministério Público. É o que dispõe, expressamente, o § 3° do art. 120 do Código de Processo Penal. Desatendida, pois, ante de proferida a sentença, essa norma processual, que é obrigatória, sobrevém, como consequência, a nulidade daquela, que deverá ser renovada, depois de suprida a irregularidade em apontamento" (TJPR – Rel. Lima Lopes – RT 515/432).

Cabe apelação da decisão no incidente de restituição

"É consolidado no Superior Tribunal de Justiça o entendimento de que o procedimento adequado para a restituição de bens é o incidente legalmente previsto para este fim, com final **apelação,** [...] sendo incabível a utilização de Mandado de Segurança como sucedâneo do recurso legalmente previsto." (STJ – AgInt nos EDcl no RMS n. 44.299/RS, relator Ministro Sebastião Reis Júnior, Sexta Turma, julgado em 28/11/2017, DJe de 4/12/2017.)

Restituição de veículo alienado fiduciariamente

"Se o veículo apreendido em processo que apura delito de tráfico ilícito de entorpecente, no qual aquele foi preparado e utilizado para transporte de droga, foi adquirido através de financiamento garantido por alienação fiduciária, tal veículo deve ser restituído ao banco financiador, dadas as particularidades desse instituto de financiamento, com a determinação de que, na Resolução do contrato, caso haja apuração de saldo a ser pago ao réu, este será objeto de perdimento em favor da União" (TJMS – ACr n° 2005.013695-3, Rel. João Carlos Brandes Garcia, j. 26.10.2005, DO 21.11.2005).

§ 4º Em caso de dúvida sobre quem seja o verdadeiro dono, o juiz remeterá as partes para o juízo cível, ordenando o depósito das coisas em mãos de depositário ou do próprio terceiro que as detinha, se for pessoa idônea.

Questão de alta indagação – Pode ocorrer que, por vezes, mesmo deflagrado o incidente, instruído com a produção de provas, é possível que o juiz criminal não chegue a nenhuma conclusão. Cabe, nesse caso, o envio das partes para que discutam o tema no âmbito cível. É que, como salienta Tourinho Filho, "não é possível solucionar questão de alta indagação dentro dos estreitos limites de um processo incidental [...] Na ação própria, a possibilidade é mais ampla, em face da produção de maiores e melhores provas, bem como da dilatação dos prazos" (*Código de Processo Penal Comentado*, vol. 1, p. 418).

Pela colocação deste parágrafo, que, por óbvio, guarda relação com os parágrafos anteriores e com o "caput" do dispositivo, entendemos que a tal conclusão o juiz somente pode chegar após a deflagração do incidente e a eventual produção de provas. É dizer: quando reclamado o bem, não será dado ao magistrado, ao se deparar com um pedido de sua restituição, desde logo invocar uma questão de alta indagação e, por consequência, remeter a discussão ao cível. Somente ao final do incidente é que, não se achando habilitado, será cabível tal providência.

Em suma: se evidente a procedência do pedido, extreme de dúvidas quanto à licitude do objeto e sua propriedade (e não estando o objeto em posse de terceiro de boa-fé), deve a autoridade policial ou o próprio juiz, de plano, determinar sua devolução, mediante termo nos autos. Subsistindo alguma dúvida deverá, obrigatoriamente, ser deflagrado o incidente. Se, apesar do incidente, essa dúvida não foi dissipada, cumpre o envio das partes ao juízo cível.

JURISPRUDÊNCIA

Remessa ao juízo cível

"Havendo dúvida quanto à propriedade da coisa apreendida cuja restituição é pleiteada por mais de um interessado, impõe-se a remessa das partes ao juízo cível, onde, com maior amplitude, os pretendidos direitos serão examinados à luz das provas que se produzirem" (TJSP – Rel. Cid Vieira – RT 611/346).

§ 5º Tratando-se de coisas facilmente deterioráveis, serão avaliadas e levadas a leilão público, depositando-se o dinheiro apurado, ou entregues ao terceiro que as detinha, se este for pessoa idônea e assinar termo de responsabilidade.

Coisas facilmente deterioráveis – Tratando-se de coisas facilmente deterioráveis (alimentos ou remédios, por exemplo), pode o juiz, depois da avaliação do bem, levá-lo a leilão, sendo o dinheiro apurado depositado em conta judicial, no aguardo da solução do incidente. Ou, ainda, pode optar na entrega pura e simples, sob termo de responsabilidade, ao detentor do bem, desde que se trate de pessoa idônea.

Pensamos que esta regra mereça receber uma interpretação mais contemporânea, compatível com os dias atuais, a fim de permitir, por exemplo, que um equipamento de informática se submeta à mesma disciplina. É que, um computador apreendido hoje, estará totalmente desatualizado caso se aguarde o desfecho do processo-crime após sete ou oito anos, em franco prejuízo inclusive do Estado, que poderia apurar um valor superior se o leilão ocorresse ao tempo da apreensão do bem.

Este dispositivo deve ser interpretado à luz do que reza seu "caput", isto é, o procedimento aqui previsto somente será adotado se alguma dúvida persistir quanto à propriedade do objeto e sua procedência. Caso a autoridade policial – primeiro – ou a autoridade judiciária – depois – não vislumbrem qualquer dúvida quanto ao direito invocado pelo reclamante, devem de plano ordenar a liberação do material apreendido.

JURISPRUDÊNCIA

Venda antecipada de produtos de informática

"A medida constritiva data de 28-10-98, sendo evidente que as mercadorias, em grande parte equipamentos de informática, armazenadas em 'containers' nos armazéns da Receita Federal, estão sujeitas a sérios riscos de deterioração e desvalorização, estando correta a decisão que designou leilão para a venda antecipada delas" (TRF – 4ª. R., MS n° 2000.04.01.139007-4/PR, Rel. Fábio Rosa, j. 18.09.2001, DJU 03.10.2001, p. 947).

Art. 121. No caso de apreensão de coisa adquirida com os proventos da infração, aplica-se o disposto no art. 133 e seu parágrafo.

Aqui já não se trata de apreensão do objeto do crime, mas "de coisa adquirida com os proventos da infração". Assim, por exemplo, o agente que, após furtar dinheiro do ofendido, com esse numerário adquire um televisor. Ou, após subtrair um computador, troca-o por um celular. Não terá a vítima, em ambas as hipóteses, o direito de tomar para si o televisor ou o celular, como forma de reparação do prejuízo sofrido. O procedimento a ser adotado é o previsto no art. 133 e seu parágrafo, isto é, tais objetos serão vendidos em leilão e, aí sim, com o dinheiro apurado, será entregue a parte cabente à vítima ou a terceiro de boa-fé.

JURISPRUDÊNCIA

Vítima não pode receber bens fruto de ilícito

"Não existe direito líquido e certo de vítima de roubo, em reaver os prejuízos causados pela atividade criminosa, através da alienação dos bens obtidos com o fruto do ilícito, antes do trânsito em julgado de sentença condenatória e do procedimento de leilão, a ser determinado pelo Juízo ou a requerimento das partes" (STJ – RMS n° 16584-SP, Rel. Og Fernandes, j. 02.10.2003, DJ 03.11.2003, p. 327).

Art. 122. Sem prejuízo do disposto no art. 120, as coisas apreendidas serão alienadas nos termos do disposto no art. 133 deste Código.

Parágrafo único. (Revogado)." (NR)

Redação antes da Lei 13.964/19	Redação depois da Lei 13.964/19
Art. 122. Sem prejuízo do disposto nos arts. 120 e 133, decorrido o prazo de 90 dias, após transitar em julgado a sentença condenatória, o juiz decretará, se for caso, a perda, em favor da União, das coisas apreendidas (art. 74, II, a e b do Código Penal) e ordenará que sejam vendidas em leilão público.	**Art. 122.** Sem prejuízo do disposto no art. 120, as coisas apreendidas serão alienadas nos termos do disposto no art. 133 deste código. Parágrafo único. (Revogado)." (NR)
Parágrafo único. Do dinheiro apurado será recolhido ao Tesouro Nacional o que não couber ao lesado ou a terceiro de boa-fé.	

Leilão – Não ocorrendo a restituição dos objetos, tendo o juiz declarado sua perda, cumpre sejam vendidos em leilão (art. 133).

Sobre a alienação das coisas apreendidas, ver nossos comentários ao art. 133 do CPP.

Sobre a utilização de bens apreendidos pelos órgãos de persecução, ver nossos comentários ao art. 133-A do CPP.

Art. 123. Fora dos casos previstos nos artigos anteriores, se dentro no prazo de 90 dias, a contar da data em que transitar em julgado a sentença final, condenatória ou absolutória, os objetos apreendidos não forem reclamados ou não pertencerem ao réu, serão vendidos em leilão, depositando-se o saldo à disposição do juízo de ausentes.

Venda em leilão – Caso não se trate dos objetos a que alude o art. 119, que jamais serão passíveis de restituição (ressalvado o direito do terceiro de boa-fé como lembrado nos exemplos que trouxemos aos comentários daquele artigo), os demais, se não reclamados no prazo de 90 dias, terão decretada a perda em prol da União e serão alienados em leilão. O numerário obtido, descontado o que couber à vítima ou a terceiro de boa-fé, será depositado em favor do Tesouro Nacional. Esse dinheiro, porque se desconhece a quem deve ser entregue, deverá permanecer à disposição do juízo de ausentes, no aguardo de que algum interessado se apresente.

A distinção que se faz em referência ao artigo anterior é essa: enquanto o art. 122 trata do destino a ser dado aos instrumentos do crime e aos produtos do crime, este dispositivo em exame cuida dos objetos que não estão sujeitos ao confisco obrigatório, por consequência da sentença penal condenatória.

Art. 124. **Os instrumentos do crime, cuja perda em favor da União for decretada, e as coisas confiscadas, de acordo com o disposto no art. 100 do Código Penal, serão inutilizados ou recolhidos a museu criminal, se houver interesse na sua conservação.**

Art. 124-A. **Na hipótese de decretação de perdimento de obras de arte ou de outros bens de relevante valor cultural ou artístico, se o crime não tiver vítima determinada, poderá haver destinação dos bens a museus públicos.**

Redação antes da Lei 13.964/19	Redação depois da Lei 13.964/19
Sem norma correspondente.	**Art. 124-A.** Na hipótese de decretação de perdimento de obras de arte ou de outros bens de relevante valor cultural ou artístico, se o crime não tiver vítima determinada, poderá haver destinação dos bens a museus públicos.

Museu criminal – Os objetos cuja perda for declarada em favor da União, ou foram confiscados, devem ser inutilizados. Pode ocorrer, porém, que dada à sua raridade ou o valor histórico que o cerca, haja interesse de sua conservação em um museu criminal (art. 124 CPP). Há alguns instalados no país e que merecem visitação. Na cidade de São Paulo, para dar um exemplo, é guardada a mala na qual, em 1928, Giuseppe Pistone, após matar sua esposa, Maria Féa Pistore, tentou embarcar em um navio, quando foi descoberto em virtude do sangue que escorria de seu interior. O corpo da vítima, enterrado na cidade de Santos, constituiu-se em local de peregrinação, até hoje visitado por inúmeras pessoas, naquilo que ficou conhecido como "crime da mala".

Doação a museus públicos de obras de arte ou de outros bens de relevante valor cultural ou artístico – A Lei 12.840/13 dispõe sobre a destinação dos bens de valor cultural, artístico ou histórico aos museus, nas hipóteses que descreve. De acordo com seu artigo inaugural, "Consideram-se disponíveis para serem destinados ao patrimônio dos museus federais os bens de valor cultural, artístico ou histórico que fazem parte do patrimônio da União, nas seguintes hipóteses: I – apreensão em controle aduaneiro ou fiscal, seguida de pena de perdimento, após o respectivo processo administrativo ou judicial; II – dação em pagamento de dívida; III – abandono". Movida pelo mesmo espírito, a Lei 13.964/19 acrescenta ao CPP o art. 124-A anunciando que, na hipótese de decretação de perdimentos de obras de arte ou de outros bens de relevante valor cultural ou artístico, se o crime não tiver vítima determinada – e esse é o caso, por exemplo, dos crimes vagos, como organizações e associações criminosas - poderá haver destinação a museus públicos. O Museu da Abolição (MAB), em Recife (PE), na exposição "Novos Objetos: Novas Coleções", exibiu obras integradas ao acervo da casa a partir da contribuição da Receita Federal do Brasil (RFB) – que, amparada na Lei 12.840, tem destinado bens de valor cultural, artístico ou histórico aos museus públicos federais. A citada lei, que entrou em vigor em 2013, considera disponíveis para ser destinados aos museus federais bens que tenham sido apreendidos em controle aduaneiro ou fiscal, abandonados ou objeto de pagamento de dívida. O Museu da Abolição já havia recebido, à época, da RFB, um total de 118 bens culturais. O conjunto doado incluiu três esculturas, cinco telas de arte contemporânea, um livro com reprodução de gravuras de Jean-Baptiste Debret e 109 objetos de origem africana, constituídos de diversos tipos de suporte: madeira, tecido, miçangas, metal, vidro, pelos de animais, sementes e outros, representativos de mais de vinte etnias daquele continente.

Bens de relevante valor cultural – Nos termos do que disposto no art. 215 da CF/88, o Estado garantirá a todos o pleno exercício dos direitos culturais e acesso às fontes da cultura nacional, e apoiará e incentivará a valorização e a difusão das manifestações culturais. O Estado protegerá as manifestações das culturas populares, indígenas e afro-brasileiras, e das de outros grupos participantes do processo civilizatório nacional. Seu art. 216 explica constituir patrimônio cultural brasileiro os bens de natureza material e imaterial, tomados individualmente ou em conjunto, portadores de referência à identidade, à ação, à memória dos diferentes grupos formadores da sociedade brasileira, nos quais se incluem: I - as formas de expressão; II - os modos de criar, fazer e viver; III - as criações científicas, artísticas e tecnológicas; IV - as obras, objetos, documentos, edificações e demais espaços destinados às manifestações artístico-culturais; V - os conjuntos urbanos e sítios de valor histórico, paisagístico, artístico, arqueológico, paleontológico, ecológico e científico.

CAPÍTULO VI
DAS MEDIDAS ASSECURATÓRIAS

Medidas assecuratórias – Como o termo indica, são aquelas que têm por objetivo assegurar futura indenização da vítima que experimentou um dano decorrente da prática da infração penal. Prestam-se, ainda, nos termos do art. 140 do código, para garantir o pagamento das despesas processuais e das penas pecuniárias. Como, por vezes, o processo criminal perdura por tempo excessivo, tal delonga poderia acarretar a impossibilidade de o ofendido ser ressarcido e, por isso, é que se preveem essas medidas, de natureza cautelar, com o objetivo de garantir futura execução. Estão previstas nos arts. 125 a 144 do CPP e são elas: 1) sequestro; 2) hipoteca legal e 3) arresto.

> **ATENÇÃO** – No nosso ordenamento, as medidas tendentes à apreensão e arrecadação dos bens do acusado, ou que estiverem em seu poder, devem ordinariamente ser fruto de uma decisão judicial, salvo quando oriundas de diligência policial, imediatamente após tomar conhecimento da prática de crime, consoante o disposto no art. 6.º, inc. II, do CPP.

Art. 125. **Caberá o sequestro dos bens imóveis, adquiridos pelo indiciado com os proventos da infração, ainda que já tenham sido transferidos a terceiro.**

Sequestro – Como regra, os objetos apreendidos, em decorrência da prática de um crime, são devolvidos a seu proprietário. É assim, por exemplo, se a vítima tem um veículo furtado que é apreendido em poder do larápio. Adotadas as medidas de praxe, avaliada a *res* e achando-se a documentação em ordem, o bem é de imediato restituído, como forma, ademais, de amenizar os prejuízos suportados pelo ofendido.

Os proventos da infração, como já vimos, nos termos do art. 121 do código, não podem ser objetos de restituição, devendo se submeter às regras do art. 133, que impõem que sejam vendidos em leilão, com o dinheiro apurado depositado em favor do Tesouro Nacional, ressalvada a parte cabente à vítima ou terceiro de boa-fé.

Como *provento* ou *proveito* do crime, Eduardo Espínola Filho cita a lição de Manzini, para defini-los como "as coisas que são o proveito do crime e que, embora não constituindo o seu produto direto, representam, todavia, o produto indireto, como o lucro provindo das coisas furtadas, os objetos comprados com o dinheiro indebitamente apropriado" (ob. cit., p. 37). É, em suma, o lucro, a vantagem que o agente retira de sua prática criminosa e que não constitui o objeto em si do delito.

De tal sorte que, se com o dinheiro obtido com um roubo, o ladrão adquire um imóvel, não se pode, pura e simplesmente, entregar à vítima esse bem, sob pena, inclusive, de violação a direitos de terceiros. Antes, deverá ser observado, como já destacado, o procedimento do art. 133 do código.

O sequestro, pois, segundo o legislador processual penal, é a retenção judicial do bem móvel (art. 132) ou imóvel, obtido com os proveitos da infração, com o objetivo de assegurar a reparação civil da vítima (ou o próprio confisco penal).

ATENÇÃO – No caso de crime contra a Fazenda Pública, o Decreto-Lei 3.240/41, por ser norma especial, prevalece sobre o art. 125 do CPP e não foi por este revogado eis que a legislação especial não versa sobre a mera apreensão do produto do crime, mas, sim, configura específico meio acautelatório de ressarcimento da Fazenda Pública, de crimes contra ela praticados. É o que vem decidindo o STJ, conforme julgado abaixo reproduzido. Aliás, a jurisprudência da Corte é copiosa no sentido de que o Decreto-Lei n. 3.240/1941 foi recepcionado pela Constituição Federal de 1988, e continua sendo aplicável, não revogado pelo Código de Processo Penal. Vale ressaltar que a medida de sequestro, a teor do art. 4º do Decreto-Lei n.º 3.240/1941, pode recair sobre quaisquer bens dos requerentes e não apenas sobre aqueles que sejam produtos ou proveito do crime (RMS 29.854/RJ Rel. Ministro Nefi Cordeiro, 6ª Turma, julgado em 01/10/2015, DJe 26/10/2015). Além disso, a incidência do Decreto-Lei 3.240/41 afasta a prévia comprovação do periculum in mora para a imposição do sequestro, bastando indícios da prática criminosa (AgRg no REsp 1.844.874/SC, Rel. Ministro Ribeiro Dantas, 5ª Turma, julgado em 08/09/2020, DJe 15/09/2020). Por fim, a jurisprudência da Corte está fixada no sentido de que é possível a imposição de medidas constritivas visando, além de garantir o ressarcimento do prejuízo causado pelo réu, abarcar o pagamento de eventuais multas e das custas processuais. (AgRg no RMS 64.068/SP, Rel. Ministra Laurita Vaz, 6ª Turma, julgado em 13/10/2020, DJe 23/10/2020). Nesse sertido: AgRg no RMS 67.164-MG, Rel. Min. Reynaldo Soares Da Fonseca, Quinta Turma, julgado em 29/03/2022, DJe 31/03/2022.

Bem imóvel – abrange o produto direto ou indireto da infração penal investigada ou processada (art. 125, CPP). O produto direto indica o objeto do crime (ex.: estelionato, em que a vítima é enganada e transfere a propriedade do bem). Já o indireto, o provento da infração investigada/processada (ex.: imóvel adquirido com os valores obtidos na prática da infração penal).

Bem móvel – abrange somente o produto indireto da infração penal investigada ou processada (art. 132, CPP), pois no direto é inaplicável o sequestro, devendo o bem ser apreendido (ex.: a coisa roubada, que é produto direto da infração, deve ser buscada e apreendida). São exemplos de produto indireto, passível de sequestro, desde que não seja cabível a busca e apreensão, produtos eletrônicos, joias, veículos, embarcações, aeronaves.

Considera-se, ainda, como objeto bem conquistado indiretamente pelo agente criminoso, que, propositadamente, faz a mescla dos valores ilícitos com alguns outros lícitos, inclusive por meio de pessoa jurídica ou atividade comercial. Há precedente no STJ a esse respeito:

> "4. Evidenciando-se que dois dos acusados são sócios de uma empresa (um deles majoritário e controlador), confundindo seus patrimônios pessoais com o da pessoa jurídica, de cunho familiar (cujo objetivo é justamente o de administrar os bens da família), é possível o arresto de seus bens a fim de garantir o pagamento de obrigações pecuniárias em caso de eventual condenação de ambos, posto que, nessa hipótese, não está o Magistrado ferindo o princípio da pessoalidade da responsabilidade penal, mas tão-somente resguardando o patrimônio dos acusados para futura execução. Precedente. 5. Eventuais outros quotistas (alheios aos crimes sob apuração) poderão discutir a constrição de seus patrimônios em sede de embargos de terceiros perante o Juízo competente. Precedente. 6. Negado provimento ao recurso (RMS 23.189-PR, 6ª T., Rel. Min. Jane Silva, j. 06.02.2009).

ATENÇÃO – Os instrumentos do crime não podem ser objeto de sequestro, devendo ser apreendidos (artigo 240 e seguintes do CPP).

Bem transferido – Pode ser alvo de sequestro o bem imóvel adquirido com proventos da infração, mesmo quando já transferido a terceiro, cabendo a este opor-se à medida por meio de embargos.

Bem de família – Admite-se, ainda, o sequestro recair sobre o único bem imóvel do investigado ou acusado. Não pode ser alegada a impenhorabilidade do bem de família, eis que o art. 3º, VI, da Lei 8.009/1990 incluiu a hipótese do sequestro entre suas exceções.

Bem não encontrado ou situado no exterior – Se o bem a ser sequestrado não for mais encontrado ou situar-se no exterior, é cabível o chamado "sequestro subsidiário", que deverá incidir sobre bens ou valores equivalentes – portanto, podendo ser lícitos (art. 91, §§ 1º e 2º, CP). Nesse caso, deve ser apontado o bem não encontrado ou situado no exterior, com indicação de seu valor estimado. Não há necessidade de indicar quais bens deverão ser sequestrados em substituição, mas recomenda-se a indicação, se possível.

Desbloqueio de bens para fins de recebimento de honorários – A Lei 14.365, de 2 de junho de 2022, promoveu diversas alterações no Estatuto da Advocacia e da Ordem dos Advogados do Brasil (Lei 8.906/94). Dentre as alterações promovidas, chama especial atenção a garantia de liberação em favor do advogado de até 20% dos bens, direitos e valores pertencentes ao cliente, bloqueados por decisão judicial, para pagamento de honorários profissionais e o reembolso de despesas incorridas no curso da defesa, nos casos em que a decisão judicial tiver por consequência o bloqueio universal do patrimônio do cliente (art. 24-A). Apesar de não haver ressalva expressa à origem e ao motivo do bloqueio no artigo 24-A do Estatuto da Advocacia, pelo menos sob o aspecto criminal, há uma importante distinção a ser travada entre as medidas de sequestro e arresto/especialização de hipoteca legal. Isso porque o sequestro, como já alertado, recai sobre bens de origem ilícita, enquanto no arresto e na hipoteca legal as constrições patrimoniais podem incidir sobre os bens de origem lícita. E, neste sentido, entender que o artigo 24-A do Estatuto da Advocacia incide sobre os bens sequestrados implica em reconhecer que o advogado participe dos ganhos ilícitos de seus clientes, mesmo que tais recursos sirvam para assegurar o direito constitucional à defesa. Não se pode ignorar que a nossa legislação estabelece que, em caso de condenação, o destino dos bens e valores produto/proveito do crime deverá ser a perda, sendo o sequestro dos bens e valores em domínio dos acusados uma forma de viabilizar a aplicação da norma do art. 91 do CP. Este artigo tem fundamento no artigo 5º, inciso XLVI, da Constituição Federal, o qual dispõe que "a lei regulará a individualização da pena e adotará, entre outras, as seguintes: ... b) perda de bens". Ora, o diploma legal supramencionado não foi revogado, e o ordenamento jurídico como um todo não pode permitir que, em última análise, a vítima venha a arcar com os honorários advocatícios de seu algoz. Em sendo produto do crime, os bens sequestrados não pertencem ao investigado, mas sim à vítima. Não fica dúvida de que, havendo bloqueio universal e indiscriminado, como os que normalmente ocorrem nas causas, dentre outras, relacionadas à execução fiscal, sem reflexos penais, não haveria inconstitucionalidade na aplicação do artigo. Contudo, em situações em que bens são pontualmente apontados pelo autor da ação penal e sequestrados, diante da existência de indícios veementes de sua proveniência ilícita, pois produtos indiretos de crime ou por constituírem proveito auferido com sua prática, cuja perda será ao final decretada como efeito da condenação penal, parece evidente a não incidência do referido artigo. Logo, o artigo 24-A do Estatuto da Advocacia deve ser interpretado em conformidade com as demais normas do ordenamento jurídico brasileiro, devendo ser aplicado apenas sobre bens arrestados e após a restituição do produto e do proveito do crime aos legítimos proprietários e as vítimas.

Sobre confisco alargado, ver nossos comentários ao art. 119.

JURISPRUDÊNCIA

Objetivo do sequestro e de outras medidas assecuratórias

"É assente nesta Corte Superior de Justiça que o agravo regimental deve trazer novos argumentos capazes de alterar o entendimento anteriormente firmado, sob pena de ser mantida a r. decisão vergastada pelos próprios fundamentos. II - As medidas cautelares patrimoniais (ou medidas assecuratórias), previstas nos arts. 125 a 144 do Código de Processo Penal, destinam-se, em termos gerais, a garantir, em caso de condenação, o ressarcimento dos danos causados pelo crime e o pagamento de pena de multa, custas processuais e demais obrigações pecuniárias impostas. Por constituir restrição ao direito constitucional de propriedade do investigado ou acusado, exige a efetiva demonstração da prova de existência do crime e dos indícios de autoria (fumus comissi delicti) e da urgência ou perigo da demora (periculum in mora), sob os critérios da necessidade, da adequação e da proporcionalidade estrita." (STJ – AgRg na CaulnomCrim n. 6/DF, relator Ministro Paulo de Tarso Sanseverino, Corte Especial, julgado em 4/12/2019, DJe de 18/12/2019.)

Bem transferido a terceiro não impede o sequestro

"Em face do disposto no art. 125 do CPP, pode ser sequestrado imóvel adquirido por terceiro com dinheiro que, oriundo do crime, lhe foi simuladamente fornecido pelo indiciado" (STF – Rel. Nélson Hungria – RT 235/604)

Sequestro e Dec. Lei nº 3.240/41

"A medida de sequestro deferida nos autos, a teor do art. 4.º do Decreto-Lei n.º 3.240/41, pode recair sobre quaisquer bens dos requerentes e não apenas sobre aqueles que sejam produtos ou proveito do crime, mostrando-se, assim, desnecessária qualquer discussão sobre o fato de os bens estarem ou não alienados e de terem sido adquiridos antes da prática delitiva" (RMS 29.854/RJ, Rel. Ministro NEFI CORDEIRO, SEXTA TURMA, julgado em 01/10/2015, DJe 26/10/2015). No mesmo entendimento: AgRg no REsp n. 1.391.539/RS, relator Ministro Antonio Saldanha Palheiro, Sexta Turma, julgado em 24/8/2021, DJe de 31/8/2021. Incidência da Súmula 83/STJ.

Sequestro de bens de estrangeiro

"Não sendo hipótese de ofensa à soberania nacional, à ordem pública ou de inobservância aos requisitos da Resolução n.º 9/2005, cabe apenas a este e. Superior Tribunal de Justiça emitir juízo meramente delibatório acerca da concessão do *exequatur* nas cartas rogatórias. Para realização de quebra de sigilo bancário ou de sequestro de bens pela via da carta rogatória, é necessária uma decisão judicial estrangeira, que deve ser delibada por esta Corte, como ocorreu na hipótese" (STJ – AgRg na CR nº 4037-EX, Rel. Felix Fischer, j. 21.11.2012, DJe 29.11.2012).

Art. 126. Para a decretação do sequestro, bastará a existência de indícios veementes da proveniência ilícita dos bens.

Indícios veementes – Na análise que fizemos adiante, ao art. 239 do código, detalhamos no que consistem os indícios, pelo que convidamos o leitor a seu estudo.

Indício é a circunstância plenamente conhecida a partir da qual, por dedução, se permite extrair uma conclusão a respeito de determinado fato. Assim, não presenciei a prática do furto, mas se ouço o soar de um alarme de uma loja de eletrônicos, e vejo alguém correndo, trazendo em mãos um dispositivo informático, posso concluir ser ele o autor da subtração desse objeto.

Mais precisamente quanto ao sequestro, elucidativo é o exemplo lembrado por Câmara Leal, a saber: "o agente adquire um imóvel logo depois da prática de um furto ou roubo, não é encontrada em seu poder toda a importância subtraída, a quantia que falta corresponde exatamente ao preço pago pela aquisição do imóvel e o comprador não dispunha de recurso para essa compra; tudo leva a crer que o imóvel tivesse adquirido com o produto do crime. São tão veementes os indícios que o juiz poderá, baseado neles, decretar o sequestro do imóvel" (ob. cit., vol. 1, p. 365).

Daí a o ensinamento de Hélio Tornaghi, para quem "indícios veementes são os que levam a grave suspeita, os que eloquentemente apontam um fato, gerando uma suposição bem vizinha da certeza. Indícios suficientes são os que bastam para convencer" (ob. cit., vol. 3, p. 21). Não se reclama, pois, a certeza absoluta, sob pena mesmo de tornar eficaz a medida, prejudicada pelo perigo na demora de sua efetivação (*periculum in mora*).

ATENÇÃO - Devemos distinguir duas situações: apreensão e o perdimento. Para a apreensão e arrecadação de bens são utilizados critérios mais brandos do que para seu perdimento definitivo. Ou seja, para que seja realizada a apreensão de bens bastam indícios mais sutis (ainda que veementes), de sua vinculação com o crime. Já para seu perdimento definitivo serão necessárias provas cabais de tais circunstâncias, a justificar, inclusive, a condenação do agente. Ademais, devemos separar os bens segundo sua natureza: *bens lícitos* necessitam tratamento conforme esse critério de instrumentalidade e nexo etiológico entre a coisa e o delito; por outro lado, bens *intrinsecamente ilícitos*, ou com suspeitas de estarem em situação irregular (como armas de fogo, por exemplo) devem sempre ser apreendidos (ainda que para a verificação ulterior de sua eventual regularidade perante o Estado).

JURISPRUDÊNCIA

Indícios veementes. Ausência

"O simples fato de o terreno de propriedade do embargante, ora apelado, ser vizinho a outro de propriedade de um narcotraficante não indica, por si só, que aquele terreno possui origem ilícita. Tampouco o fato de o apelado ter celebrado negócio jurídico com um criminoso pode servir de única prova para o sequestro de um bem, mormente quando este foi adquirido muito anteriormente à celebração do negócio. Não há indícios veementes que comprovem a origem ilícita do bem a ensejar o sequestro do imóvel nos termos do artigo 126 do Código de Processo Penal" (TRF 3ª. R., Ap. Crim. nº 7330 MS 0007330-90.2008.4.03.6000 – Rel. Antonio Cedenho, j. 14.04.2014).

Art. 127. O juiz, de ofício, a requerimento do Ministério Público ou do ofendido, ou mediante representação da autoridade policial, poderá ordenar o sequestro, em qualquer fase do processo ou ainda antes de oferecida a denúncia ou queixa.

Momento adequado – Como medida que reclama urgência, uma vez preenchidos os requisitos legais, pode o sequestro ser ordenado antes mesmo da oferta da acusação, isto é, na fase de investigações. Presume-se, é claro, que pelo menos um mínimo tenha sido apurado, sob pena de não se configurarem os *indícios veementes* a que alude o dispositivo anterior. Mas não se exige a deflagração do processo criminal, embora possível, com mais razão, que nesse estágio, com a ação penal instaurada, seja o sequestro também decretado.

Legitimidade – Por se tratar de medida que não interessa apenas à vítima, sempre se ensinou que pode o juiz, *ex officio*, decretar o sequestro, já que o art. 140 do código prevê sua utilização para o ressarcimento "[d]as despesas processuais e as penas pecuniárias, tendo preferência sobre estas a reparação do dano ao ofendido".

Não nos parece, em especial na fase pré processual. O processo penal terá estrutura acusatória, vedadas a iniciativa do juiz que impliquem em substituição das partes. E não deixa de causar certa estranheza que o juiz, após decretar, *sponte propria*, o sequestro, venha ser chamado a julgar, mais adiante, eventuais embargos opostos à constrição. Parece mais prudente, assim, que deixe essa iniciativa às partes.

Claro que o Ministério Público, titular da ação penal pública, pode, mediante requerimento, formular pedido nesse sentido. Também à vítima é conferida legitimidade para o pedido, não se exigindo, ante o silêncio da lei, que esteja habilitada no feito como assistente de acusação. Quando é feita alusão à vítima, deve se estender a possibilidade de requerer o sequestro àquele que tenha capacidade para representá-la, enquanto incapaz, nos termos do art. 30 do CPP. Não tendo representante ou se conflitantes seus interesses, sendo mentalmente enfermo ou retardado mental, poderá o juiz nomear-lhe, para o ato, um curador (art. 33). No caso de sua morte ou ausência, a legitimidade para o pedido é passada ao cônjuge, ascendente, descendente ou irmão (art. 31).

Durante a fase investigativa – e mesmo posteriormente, caso tenha notícia da aquisição de um bem imóvel pelo agente – pode a autoridade policial, por meio de representação, isto é, uma exposição motivada, demonstrar a conveniência da medida pleiteando sua decretação.

Recurso cabível – Da decisão que decreta o sequestro, ou o rejeita, é cabível apelação, nos termos do art. 593, inc. II, do código.

JURISPRUDÊNCIA

Titularidade do MP

"Havendo prova da prática do crime e indícios de que os bens tenham sido adquiridos pelo pretenso culpado, com os proventos do delito, direta ou indiretamente, ou da sua origem ilícita, possível é promover as medidas cautelares que visem a garantia da execução, de natureza eminentemente cível, mas realizadas no processo criminal, sendo o titular da ação penal o Ministério Público, por expressa disposição dos arts. 127 e 142 do CPP" (STJ – REsp nº 1115275-PR, Rel. Adilson Vieira Macabu, j. 13.09.2011, DJe 04.11.2011).

Titularidade da vítima

PROCESSUAL PENAL. RECURSO ESPECIAL. MEDIDA ASSECURATÓRIA DE SEQÜESTRO DE BENS. LEGITIMIDADE POSTULATÓRIA DO OFENDIDO. DEFERIMENTO DO REQUERIMENTO NO PRESENTE CASO. QUESTÃO PREJUDICADA – "Em acordo ao disposto no art. 127 do Código de Processo Penal, o ofendido tem legitimidade para requerimento de sequestro de bens" (STJ – REsp nº 846025-RS, Rel. Felix Fischer, j. 30.05.2008, DJe 04.08.2008).

Sequestro e carta rogatória

"Para realização de quebra de sigilo bancário ou de sequestro de bens pela via da carta rogatória, é necessária uma decisão judicial estrangeira, que deve ser delibada por esta Corte, como ocorreu na hipótese. (Precedentes)" (STJ – AgRG na CR nº 4037, Rel. Felix Fischer, j. 21.11.2012, DJe 29.11.2012).

Não cabe mandado de segurança e sim apelação da decisão que determina o sequestro

"Não cabe mandado de segurança contra ato judicial passível de recurso ou correição" (Enunciado nº 267 da Súmula do Supremo Tribunal Federal). No caso concreto, tem-se a impetração do mandado de segurança contra o ato jurisdicional que manteve a destinação de parte do numerário bloqueado para reparo dos bens sequestrados, nos termos dos artigos 125 e seguintes do Código de Processo Penal, como medida acautelatória. Nesse diapasão, segundo entendimento deste Tribunal, a decisão judicial que resolve questão incidental de restituição de bem constrito tem natureza definitiva, sujeitando-se, assim, ao reexame da matéria por meio de recurso de apelação, nos termos do art. 593, inciso II, do Código de Processo Penal, mostrando-se impróprio o uso da ação mandamental" (STJ – AgRG no RMS nº 32939-RJ, Rel. Jorge Mussi, j. 20.08.2013, DJe 05.09.2012).

Art. 128. Realizado o sequestro, o juiz ordenará a sua inscrição no Registro de Imóveis.

Inscrição no Registro de Imóveis – Para que chegue ao conhecimento de terceiros, que não poderão alegar ignorância, é determinada a inscrição do sequestro no Registro de Imóveis. Demais disso, com esse registro, fica o agente impedido de efetuar qualquer ato de alienação do imóvel objeto do sequestro.

A inscrição do sequestro, no Registro de Imóveis, vem prevista no art. 239 da Lei nº 6.015/1973, *in verbis*: "As penhoras, arrestos e sequestros de imóveis serão registrados depois de pagas as custas do registro pela parte interessada, em cumprimento de mandado ou à vista de certidão do escrivão, de que constem, além dos requisitos exigidos para o registro, os nomes do juiz, do depositário, das partes e a natureza do processo".

Bens móveis – No caso de bens móveis (art. 132), obviamente não observamos o art. 128. A publicidade observará outras formas. Se veículos, por exemplo, providencia-se a inscrição e o bloqueio de transferência no DETRAN. Se aeronave, a mesma providência junto à ANAC.

Art. 129. O sequestro autuar-se-á em apartado e admitirá embargos de terceiro.

Sequestro – A fim de evitar tumulto processual, em prejuízo ao regular andamento do processo-crime, é que se prevê o trâmite em apartado do sequestro. De sorte que o pedido, formulado por um dos legitimados descritos no art. 127 acima, será autuado em apenso.

Tratando-se de requerimento da vítima ou de representação da autoridade policial, convém seja ouvido o Ministério Público, quer em face de sua condição natural de titular da ação penal pública, quer em razão de ser o fiscal da lei ou da ordem jurídica, em se tratando de ação penal privada. O sigilo deve prevalecer durante esse trâmite, a fim de que a medida não venha se frustrar, sem prejuízo da posterior chance que terá o acusado para defender seu direito, por meio da oposição de embargos.

Embargos de terceiro – O Código de Processo Penal faz uma alusão genérica aos embargos de terceiros, naquilo que Eduardo Espínola Filho definiu como "laconismo absoluto" (ob. cit., vol. I, p. 381). Daí porque se devem buscar, no processo civil, os fundamentos desse instituto, bem como as regras de seu processamento.

Conceito de *terceiro* – Nos termos do § 2º e seus incisos, do art. 674 do Código de Processo Civil, considera-se terceiro: 1) o cônjuge ou companheiro, quando defende a posse de bens próprios ou de sua meação, 2) o adquirente de bens cuja constrição decorreu de decisão que declara a ineficácia da alienação realizada em fraude à execução; 3) quem sofre constrição judicial de seus bens por força de desconsideração da personalidade jurídica, de cujo incidente não fez parte; 4) o credor com garantia real para obstar expropriação judicial do objeto de direito real de garantia, caso não tenha sido intimado, nos termos legais dos atos expropriatórios respectivos.

Processamento – O Código de Processo Civil, nos arts. 674 *usque* 681, trata de todo o procedimento dos embargos de terceiro. O § 4º, do art. 677, do CPC, indica que "será legitimado passivo o sujeito a quem o ato de constrição aproveita, assim como o será seu adversário no processo principal". Pensamos, assim, que se tratando de um crime de ação penal pública, deverá ser citado o membro do Ministério Público com atuação no processo principal. E também o réu que pode, por exemplo, sustentar que é de sua propriedade o bem sequestrado (art. 130, inc. I). O mesmo raciocínio se adota quando se cuidar de ação penal privada (exclusivamente privada ou privada subsidiária da pública), impondo-se a citação do querelante e do querelado.

Competência para julgamento – O julgamento, por óbvio, ficará a cargo do juiz criminal, por analogia mesmo ao disposto no art. 676 do Código de Processo Civil, *in verbis*: "Os embargos serão distribuídos por dependência ao juízo que ordenou a constrição e autuados em apartado". Nesse sentido, ainda, do mesmo *codex*, o art. 109, segundo o qual "o juiz da causa principal é também competente para a reconvenção, a ação declaratória incidente, as ações de garantia e outras que respeitam ao terceiro interveniente".

Prazo para contestação dos embargos – É de 15 dias, na dicção do art. 679 do CPC.

Suspensão do processo-crime? – Incabível se cogitar da suspensão do processo principal enquanto não apreciados os embargos, pelo simples fato de que a decisão, no pedido, depende do trânsito em julgado da sentença penal condenatória, na dicção do parágrafo único, do art. 130 do CPP.

Não utilização dos embargos – De se observar que a não oposição dos embargos pelo terceiro, no âmbito do processo criminal, não faz perecer seu direito, pois poderá se valer de outros meios para que o faça valer. Nesse sentido, "os embargos de terceiro prejudicado visam tão somente a que não se discuta direito próprio sem um processo onde não figurou como parte. E mera faculdade processual que a lei lhe confere. A sua não utilização não prejudica o direito material existente que poderá vir a ser discutido em ação ordinária própria" (STJ – AgRg no Ag nº 88561- AC – Rel. Waldemar Zveiter, j. 26.03.1996, DJ 17.06.1996, p. 21488).

Recurso cabível – Do *decisum* que julga os embargos de terceiro é cabível apelação, nos termos do art. 593, inc. II do CPP, por ter a natureza de uma decisão definitiva ou com força de definitiva, a ser interposta no prazo de cinco dias. Temos como incabível o emprego, por analogia, do agravo de instrumento, recurso típico do processo civil, cuja adoção, no processo penal, configura mesmo erro grosseiro, a impedir que, por fungibilidade, seja conhecido.

JURISPRUDÊNCIA

Cabe apelação da decisão que indefere embargos de terceiros

"Considerando que os embargos não possuem natureza de recurso, mas de defesa, a jurisprudência pacificou-se no sentido de que a decisão acerca do sequestro de bens admite apelação. Precedentes. O thema decidendum do processo incidente de sequestro é autônomo ao processo penal principal, pois tal decisão em nada influenciará na absolvição ou condenação do réu. Destarte, a decisão de sequestro será definitiva, porquanto encerra a relação processual, julgando-lhe o mérito, nos moldes do art. 593, II, do CPP, portanto, cabível apelação, pois ausente subsunção a uma das hipóteses de recurso em sentido estrito (CPP, art. 581). A apelação em tal hipótese não é dotada de efeito suspensivo, consoante art. 597 do CPP, o que, em tese, não obstaria a utilização do mandamus contra ilegalidade de decisão judicial, nos termos do art. 5º, II, da Lei 12.016/2009. Contudo, a despeito da literalidade legal, a súmula 267 do STF, ainda aplicada, veda indistintamente a impetração de mandado de segurança contra ato judicial passível de impugnação recursal, que, in casu, é a apelação." (STJ – RMS n. 49.540/RS, relator Ministro Ribeiro Dantas, Quinta Turma, julgado em 12/9/2017, DJe de 22/9/2017.)

Prazo de cinco dias para apelação nos embargos

"Não é aplicável ao caso presente o estabelecido no art. 508, do Código de Processo Civil, pois os embargos da apelante dirigidos contra decisão do juiz criminal que decretou a indisponibilidade de seus bens imóveis encontra amparo legal no procedimento processual penal (art. 129 ou 130, I, CPP), devendo por este ser regido, inclusive no que diz respeito aos prazos processuais. O prazo para a interposição de apelação destinada a impugnar 'decisum' proferido em embargos de natureza criminal é o estabelecido no art. 593, do Código de Processo Penal – 5 (cinco) dias – e não aquele previsto no art. 508, do Código de Processo Civil – 15 (quinze) dias" (TRF 1ª. R., Ap. Crim. n° 28470-DF – Rel. Italo Fioravante Sabo Mendes, j. 30.10.2007, DJ 23.11.2007, p. 54).

"Em matéria penal, é intempestivo o agravo interno que não observa o prazo de interposição de 5 dias, conforme art. 39 da Lei n. 8.038/90, art. 258 do Regimento Interno do Superior Tribunal de Justiça - RISTJ e 798 do Código de Processo Penal - CPP. 2. Aos embargos de terceiro previstos no art. 129 do CPP são aplicáveis subsidiariamente os dispositivos do Código de Processo Civil - CPC, consoante art. 3º do CPP. Por seu turno, a fase recursal, por possuir expressa previsão legal no CPP, não observa os prazos e ditames do CPC." (STJ – AgInt no AREsp n. 1.509.656/SP, relator Ministro Joel Ilan Paciornik, Quinta Turma, julgado em 1/9/2020, DJe de 9/9/2020.)

Ônus da prova

"Nos embargos de terceiro, o ônus da prova recai sobre o requerente. A insuficiência probatória no sentido de demonstrar que o patrimônio teria sido adquirido muito antes dos fatos apurados ou revertido a favor da meeira em razão de herança ou doação não permite o levantamento da constrição nesse momento" (TRF 2ª. R., Ap. Crim. n° 200351015138494- RJ – Rel. Abel Gomes, j. 10.03.2010, DJ 31.03.2010, p. 9).

Art. 130. O sequestro poderá ainda ser embargado:

I - pelo acusado, sob o fundamento de não terem os bens sido adquiridos com os proventos da infração;

II - pelo terceiro, a quem houverem os bens sido transferidos a título oneroso, sob o fundamento de tê-los adquirido de boa-fé.

Parágrafo único. Não poderá ser pronunciada decisão nesses embargos antes de passar em julgado a sentença condenatória.

I - pelo acusado, sob o fundamento de não terem os bens sido adquiridos com os proventos da infração;

Embargos – É intuitivo que o próprio acusado (abrangendo o indigitado, na fase inquisitorial) possa opor embargos, a fim de proteger o bem que lhe foi sequestrado. Poderá fazê-lo, porém, sob um único fundamento, ou seja, de que tal bem não foi adquirido com os proventos do crime. A prova, dependendo da hipótese concreta, não é de difícil produção, bastando imaginar a situação na qual o acusado, mediante certidão cartorária obtida junto ao Cartório de Registro de Imóveis, demonstre que adquiriu determinado bem imóvel anteriormente à data na qual perpetrado o delito.

JURISPRUDÊNCIA

Embargos opostos pelo acusado

Processual penal – Medidas assecuratórias – Sequestro de bens – Embargos – "O Código de Processo Penal, por sua natureza jurídica, promoveu revogação das normas processuais penais, recepcionando, porém, as que não colidirem com o diploma legal. No capítulo – das medidas assecuratórias – trata do sequestro de bens. Consequentemente, ofertou disciplina orgânica ao instituto. Em outras palavras, superou a anterior norma específica. Admissíveis embargos, como forma de defesa. Além disso, a constituição reclama contraditório amplo. Não faz sentido, a propriedade ser assegurada e impedir a sua defesa" (STJ – Rel. Luiz Vicente Cernicchiaro – LEXSTJ 94/362).

II - pelo terceiro, a quem houverem os bens sido transferidos a título oneroso, sob o fundamento de tê-los adquirido de boa-fé.

Boa-fé – Interessante que, mais uma vez, como em tantas passagens anteriores, o código se vale da expressão "boa-fé" que, se presente, autoriza o terceiro a embargar o sequestro. Como salienta Eduardo Espínola Filho, "a boa-fé é a convicção íntima, que, ao praticar um ato ou abster-se de uma ação, a pessoa conserva, de estar se conformando com a estrita observância das formalidades legais, acreditando, por isso, sinceramente na plena validade do ato ou fato jurídico, no qual intervém" (ob. cit., vol. 1, p. 384). Para Nelson Nery Jr. e Rosa Maria de Andrade Nery, "a boa fé objetiva impõe ao contratante um padrão de conduta, de modo que deve agir como um ser humano reto, vale dizer, com probidade, honestidade e lealdade" (*Código Civil anotado e legislação extravagante*. 2ª. ed. São Paulo: Revista dos Tribunais, 2003, p. 701).

Assim, na análise do caso concreto, a fim de investigar a existência de boa-fé, toma-se um padrão médio de comportamento, um patamar geral de atuação, calcado na ética, atribuível ao homem médio, a quem, na lição de Bruno Lewicki, podem ser deduzidas as seguintes indagações: "de que maneira agiria o 'bonus pater familiae', ao deparar-se com a situação em apreço? Quais seriam as suas expectativas e as suas atitudes, tendo em vista a valoração jurídica, histórica e cultural do seu tempo e de sua comunidade?" (*Panorama da Boa-Fé Objetiva, in* Problemas de Direito Civil-Constitucional. Coord.: Gustavo Tepedino. Rio de Janeiro: Renovar, 2000, p. 56). A partir da resposta a tais indagações, cria-se um *standard* comportamental, típico do homem de bem, que permite a conclusão quanto à forma com quem agiu.

Aquele que adquire um bem sabedor de sua origem ilícita, não terá agido de boa--fé. Tampouco quem o faz por preço muito inferior ao de mercado. A compra de valioso relógio ofertado por um mendigo em via pública decerto não se reveste de boa-fé. Nem a aquisição de conhecida obra de arte de um menor. Tais condutas, antes, configuram o crime de receptação, na modalidade dolosa ou culposa, previstos no art. 180 e seus parágrafos do Código Penal. Nem sempre será fácil a análise, mas – insistimos – no confronto entre a conduta que adotaria o homem de bem e aquela verificada no caso concreto, é possível, com relativa segurança, investigar o *animus* do embargante.

Título oneroso – Não se exige, para poder embargar o sequestro, apenas a boa-fé, mas, além dela, que a aquisição tenha se dado a título oneroso, isto é, a prova de que o embargante pagou, no sentido amplo, pelo bem sequestrado. O pagamento pode ser em moeda, mediante permuta etc. – não importa. Não se admite, contudo, àquele que recebeu o bem por mera liberalidade, ou seja, sem qualquer contraprestação, pretender embargar a constrição. Aliás, se o sequestro visa exatamente a apropriação da vantagem, do lucro que o agente obteve com a prática delituosa, não faz sentido sua subsistência quando o bem foi transferido a terceiro a título gratuito. Se nada pagou pelo bem, o embargante, em consequência, nada receberá, na eventual condenação do réu.

JURISPRUDÊNCIA

Embargos opostos por terceiro de boa-fé

"O art. 130, II, do Código de Processo Penal prevê que tem o terceiro adquirente de boa-fé o direito de opor-se ao sequestro incidente sobre imóvel por meio de embargos. Se nos embargos de terceiro, o interessado deixar de comprovar que o bem reclamado foi adquirido de boa-fé e a título oneroso por pessoa estranha ao processo (art. 130, II, do CPP), não há como ser determinado o levantamento do sequestro" (STJ – AgRG na Pet n° 9490-DF, Rel. João Otávio de Noronha, j. 07.08.2013, DJe 15.08.2013).

"No sequestro cautelar penal, quando os embargos são opostos pelo terceiro que é, alegadamente, proprietário de boa-fé de bem que efetivamente pertenceu ao réu ou que esteve envolvidos nos supostos fatos criminosos, a defesa é pautada na medida do art. 130, II, do CPP, cujo eventual julgamento de procedência somente pode ocorrer após o trânsito em julgado da ação penal principal. Precedentes. 4. Na hipótese concreta, admite-se o envolvimento do bem constrito nas possíveis práticas criminosas em apuração nas ações penais que tramitam no STJ, havendo, portanto, indícios de que se trata de produto ou proveito de crime, o que atrai a incidência do art. 130, II, e parágrafo único, do CPP." (STJ – AgRg na Pet n. 9.810/PB, relatora Ministra Nancy Andrighi, Corte Especial, julgado em 18/11/2020, DJe de 18/12/2020.)

Preservação da meação da esposa

PROCESSO PENAL. MEDIDAS ASSECURATÓRIAS. EMBARGOS DE TERCEIRO. MEAÇÃO. RESERVA. POSSIBILIDADE – "O numerário depositado em conta corrente, mesmo que esta seja de titularidade de apenas um dos cônjuges, pertence a ambos, constituindo-se em patrimônio comum do casal, o que autoriza seja resguardada a meação da esposa não-denunciada nos autos da ação penal" (TRF 4ª. R., Ap. Crim. nº2007.70.00.031875-6-PR – Rel. Paulo Afonso Brum Vaz, j. 10.12.2008, DJ 08.01.2009).

Parágrafo único. Não poderá ser pronunciada decisão nesses embargos antes de passar em julgado a sentença condenatória.

Necessidade da sentença condenatória – É natural que o legislador tenha condicionado o julgamento dos embargos ao prévio trânsito em julgado da sentença condenatória. É que, na hipótese de eventual absolvição do réu, o sequestro é automaticamente levantado, nos termos do inc. III, do art. 131 abaixo. Não faria sentido, portanto, que o juiz rejeitasse os embargos e, mais adiante, absolvendo o réu, fosse levantado o sequestro. A fim de evitar a contradição entre ambas as decisões é que se aguarda a condenação definitiva para que, depois, sejam apreciados os embargos. Mesmo porque somente a partir da condenação é que se cogita do confisco, em prol da União, de bens obtidos com o proveito do crime (art. 91, inc. II, "b" do Código Penal), bem como do pagamento "despesas processuais e as penas pecuniárias", que trata o art. 140 do CPP. Nesse sentido, ainda, é o teor do art. 118 acima, a exigir o trânsito em julgado da sentença para que, somente a partir daí, se proceda à restituição das coisas apreendidas.

Tourinho Filho, porém, faz uma advertência que temos como pertinente, no sentido de que, em se tratando dos embargos opostos por terceiro de boa-fé, previstos no inc. II acima, "é até aconselhável que o Juiz penal os solucione de pronto, a menos que haja questão de alta indagação, quando, então, as partes deverão ser remetidas às vias ordinárias" (ob. cit., vol. I, p. 130). E, de fato, não se justificaria a penalização de terceiro de boa-fé, a quem se obrigaria aguardar a sentença condenatória definitiva para, somente a partir daí, usufruir livremente do bem sequestrado.

JURISPRUDÊNCIA

Possibilidade de restituição antes do trânsito em julgado

"Incumbe ao juiz, como é sabido, conduzir o processo, provendo a sua regularidade, conforme dispõe o art. 251 do CPP, competindo-lhe, portanto, decidir sobre a oportunidade e conveniência da restituição das coisas apreendidas, antes do trânsito em julgado da decisão terminativa do feito, a que se refere o art. 118 do referido diploma" (TACrimSP – Rel. Ricardo Lewandowski – RT 683/320).

Remessa da discussão ao juízo cível

Processual penal. Embargos de Terceiro – "Carecendo de dilação probatória mais aprofundada a definição de quem seja o verdadeiro proprietário de bens apreendidos, assim determinado em processos criminais, devem as partes ser remetidas ao juízo cível [...] E se assim, isto é, se entendido que insuficientes os esclarecimentos para que desatado o mérito do que o processo propôs, o correto a determinar seria, somente, a remessa dele ao juízo cível, nos moldes do § 4º, do artigo 120, do Código de Processo Penal, o que deve, então, ser feito" (TJRS – Ap. Crim. n° 70057041956, Rel. Newton Brasil de Leão, j. 20.03.2014, DJ 01.04.2014).

Imóvel deixado na posse de terceiro enquanto não se julgam os embargos. Possibilidade

"Não se mostra ofensivo a direito subjetivo do Estado, a providência cautelar de deixar o imóvel sequestrado em ação penal na posse de co-proprietário, que não integra o processo criminal, até que se julguem os Embargos de Terceiros por ele opostos, considerando que a sentença condenatória ainda não transitou em julgado [...] Não obstante o parágrafo único do art. 130 do CPP preveja que os embargos opostos pelo terceiro adquirente, a título oneroso, sejam apreciados somente após o término definitivo do processo criminal, caberá ao juiz, na análise do caso concreto, decidir, com base na proporcionalidade, se há a necessidade concreta de decretar e/ou manter a medida" (TRF 5ª. R., AI n° 102600 – Rel. Francisco Barros Dias, j. 11.05.2010, DJe 27.05.2010, p. 459).

Art. 131. O sequestro será levantado:

I - se a ação penal não for intentada no prazo de sessenta dias, contado da data em que ficar concluída a diligência;

II - se o terceiro, a quem tiverem sido transferidos os bens, prestar caução que assegure a aplicação do disposto no art. 74, II, *b*, segunda parte, do Código Penal;

III - se for julgada extinta a punibilidade ou absolvido o réu, por sentença transitada em julgado.

I - se a ação penal não for intentada no prazo de sessenta dias, contado da data em que ficar concluída a diligência;

Tratando-se o sequestro de uma medida cautelar, com o objetivo de, futuramente, assegurar a reparação civil da vítima (além do pagamento de despesas processuais e pena pecuniária, na dicção do art. 140 do código), mas que, de outra parte, importa em privação do direito de uso, fruição e gozo do titular do bem, é justo que se estabeleça um prazo razoável de sua duração, impedindo, assim, que ela se eternize sem que, ao menos, seja deflagrada a ação penal.

Embora caiba o socorro do processo civil em situações não previstas no processo penal, quanto ao prazo não há dúvida: é mesmo o de 60 dias, como consta deste dispositivo. O *dies a quo* é contado a partir da data na qual concluída a diligência, irrelevante, assim, o dia no qual foi posteriormente registrado o sequestro (art. 128 do CPP). Decorre, da literalidade do texto, que esse prazo somente se observa enquanto não deflagrado o processo-crime, não se operando a caducidade da medida, bem por isso, durante a ação penal já instaurada.

A jurisprudência, como anotado abaixo, tem admitido certa flexibilização desse prazo, sempre na análise do caso concreto, atenta às dificuldades que por vezes surgem para o término das investigações em processos mais complexos.

JURISPRUDÊNCIA

Quando se admite a flexibilização do prazo

"Ofensa ao art. 131, I, do Código de Processo Penal não evidenciada. Não há violação de direito líquido e certo se o atraso foi justificado pelas peculiaridades da causa, que, no caso, revela-se complexa e com pluralidade de autores. Precedentes" (STJ – RMS n° 29188-SP, Rel. Sebastião Reis Júnior, j. 20.08.2013, DJe 06.09.2013).

"As recorrentes não expuseram suficientemente de que modo os arts. 125 e 126 do Código de Processo Penal foram violados, impedindo a exata compreensão da controvérsia perante a deficiência na fundamentação do recurso, incidindo, por analogia, a Súmula n. 284/STF. Caso o atraso seja justificado pelas peculiaridades da causa, complexa e com pluralidade de autores, justificando-se a dilação do prazo, inexiste ofensa ao art. 131, I, do Código de Processo Penal. Incidência da Súmula n. 83/STJ. Precedentes do STJ." (STJ – AgRg no AREsp n. 591.543/SP, relator Ministro Nefi Cordeiro, Sexta Turma, julgado em 27/2/2018, DJe de 8/3/2018.)

Quando o excesso é abusivo

"Realizada a constrição dos bens em 22.8.2003, o oferecimento da denúncia depois de transcorrido mais de sete anos do bloqueio, sem previsão para o término do processo, configura constrangimento ilegal a determinar a concessão de habeas corpus de ofício para liberação dos bens apreendidos. Precedentes. Recurso especial ao qual se nega provimento. Habeas corpus concedido de ofício para determinar a liberação dos bens apreendidos, mediante a nomeação de seu legítimo proprietário como depositário" (STJ – REsp n° 865163-CE, Rel. Og Fernandes, j. 02.06.2011, DJe 01.07.2011).

Instaurada a ação penal, não há mais se falar em caducidade da medida

"Na hipótese de ser decretado o sequestro antes de promovida a competente ação penal, a providência terá eficácia limitada no tempo, e que é aquela estabelecida no art. 131, I, da lei processual penal: o sequestro será levantado se a ação penal não for intentada no prazo de sessenta dias, contando da data em que ficar concluída a diligência. É compreensível a orientação adotada pelo legislador. Subordinada a adoção da medida a demonstração da existência do crime e de indícios da proveniência ilícita dos bens, não se pode admitir a protelação indefinida do oferecimento da queixa ou da denúncia, para o que é de supor-se a existência de elementos adequados. Assim, a inexistência da lide, no tempo devido, faz caducar o sequestro adotado como medida preparatória ou preliminar do processo punitivo. Neste caso, é fora de qualquer dúvida que não se poderá decretar novo sequestro àquele título, antes de instaurada a pendência judicial. Mas, desde que sobrevém a ação, altera-se a fisionomia do problema, adotando-se o sequestro simplesmente como medida assecuratória, dentro do processo principal, já em curso, sem fixação de prazo para sua eficácia" (TACrimSP – Rel. Valentim Silva – JTACrimSP 38/132).

II - se o terceiro, a quem tiverem sido transferidos os bens, prestar caução que assegure a aplicação do disposto no art. 74, II,* b*, segunda parte, do Código Penal;

A referência ao artigo do Código Penal está desatualizada, devendo ser considerada a redação do art. 91, inc. II, "b", do CP.

Ensina Humberto Theodoro Júnior que "há caução quando o responsável por uma prestação coloca à disposição do credor um bem jurídico que, no caso de inadimplemento, possa cobrir o valor da obrigação" (*Curso de Direito Processual Civil*, 41ª. ed., Rio de Janeiro: Forense, 2007, vol. 2, p. 44). Assim, se terceiro de boa-fé, para quem fora transferido um imóvel adquirido pelo réu com o provento de crime, pretender levantar o sequestro que pesa sobre o bem, poderá ofertar caução, precavendo, dessa forma, eventual prejuízo da vítima. A caução, nesse caso, consistirá no depósito em dinheiro do valor do imóvel, assegurada, assim, eventual reparação do ofendido, em caso de posterior sentença penal condenatória, não havendo razão plausível para que se mantenha o gravame sobre o bem.

III - se for julgada extinta a punibilidade ou absolvido o réu, por sentença transitada em julgado.

Sendo o sequestro uma medida cautelar, sua manutenção somente tem cabimento em caso de condenação. Ora, se o réu foi absolvido, não nascerá a obrigação que naturalmente decorre da sentença condenatória, consistente na obrigação de reparar o delito, tampouco o réu perderá, em favor da União, os bens que se suspeitava fossem obtidos mediante proventos do crime (art. 91, incs. I e II do CP). Nem se vão lhe impor o pagamento de custas ou despesas processuais. Nesse quadro, não faz sentido a manutenção de tão drástica medida, quando o réu, por qualquer que seja o fundamento legal dentre aqueles elencados no art. 386 do CPP, foi absolvido.

De se ver que a absolvição no processo-crime não impede que a vítima, no cível, busque a reparação, com a ressalva de que não se pode "questionar mais sobre a existência do fato, ou sobre quem seja o seu autor, quando estas questões se acharem decididas no juízo criminal", nos termos do art. 935 do Código Civil. É dizer: se, por exemplo, no processo criminal, restou certo que o fato inexistiu (art. 386, inc. I do CPP), não teria cabimento um juízo cível dizer o contrário. Nada impede, porém, que sendo o réu absolvido por falta de provas no crime (art. 386, inc. V do CPP), venha ser condenado no cível, onde a prova foi produzida. O que não teria cabimento, porém, seria a manutenção de um sequestro no âmbito criminal enquanto no aguardo de uma definição do processo civil.

Mas não só a absolvição enseja o levantamento do sequestro. Também quando presentes quaisquer das causas relacionadas no art. 107 do Código Penal, que tratam da extinção da punibilidade do agente. Sua morte, assim, acarreta a extinção da punibilidade (inc. I), permitindo, porém, que no cível se busque a reparação em ação voltada contra os herdeiros. O que não se admite é a manutenção do sequestro.

O conceito de *absolvição*, portanto, deve ser interpretado em seu sentido amplo, para incluir, também, o pedido de arquivamento do inquérito policial. Isto porque o sequestro, nos termos do art. 127 do CPP, é medida cabível "antes de oferecida a denúncia ou queixa", *v.g.*, durante a fase de investigação no inquérito policial.

E mais, como é cediço, o art. 107 do Código Penal encerra um rol meramente exemplificativo de causas extintivas da punibilidade do agente, havendo outras que não aludidas no dispositivo. Assim, por exemplo, a extinção da punibilidade no peculato culposo, com a reparação do dano antes da sentença (art. 312, § 3° do Código Penal), ou porque cumpridas as condições da suspensão condicional do processo sem causa de revogação do benefício (art. 89, § 5° da Lei n° 9.099/95). Lembre-se, ainda, do pagamento do tributo nos delitos fiscais ou da morte da vítima no crime do art. 236 do Código Penal.

Em suma: absolvido o réu, extinta sua punibilidade (pelos motivos expostos no art. 107 ou em outros dispositivos do Código Penal ou mesmo em legislação extravagante), ou, antes, arquivado o inquérito policial ou qualquer peça informativa de investigação, será cabível o levantamento do sequestro.

JURISPRUDÊNCIA

Quando não é possível

"Dispõe o art. 131, III, do CPP que o sequestro será levantado se for julgada extinta a punibilidade ou absolvido o réu, por sentença transitada em julgado. O caso concreto, contudo, revela particularidade em que o poder de cautela do juízo possibilita o indeferimento do pedido de levantamento do sequestro. É que na hipótese, os dois herdeiros do falecido são corréus em ação penal onde se discute a legalidade do patrimônio que se pretende ver liberado." (STJ –AgRg no REsp n. 1.985.459/SP, relator Ministro Reynaldo Soares da Fonseca, Quinta Turma, julgado em 19/4/2022, DJe de 25/4/2022.)

Levantamento do sequestro em face da extinção da punibilidade

"O juízo singular, soberano no conhecimento de fatos e provas, ao entender pela absolvição, com base no art. 386, parágrafo único, II, do CPP, pode encerrar a constrição sobre os bens do então denunciado. 'O levantamento do sequestro e o cancelamento da hipoteca impõem-se como efeitos acessórios da não-incriminação, seja pela absolvição ou pela extinção da punibilidade' (STJ – REsp 733.455/RS, Rel. Arnaldo Esteves Lima, DJ 07.11.2005).

Suspensão do processo e levantamento do sequestro

"O levantamento do sequestro ou o cancelamento da hipoteca só será possível após o trânsito em julgado de sentença absolutória ou de extinção da punibilidade, nos termos do art. 141 do Código de Processo Penal. No caso, como só houve a suspensão da pretensão punitiva, por força do art. 9.º da Lei n.º 9.964/00, não se pode levantar as constrições judiciais. Precedente O levantamento do sequestro ou o cancelamento da hipoteca só será possível após o trânsito em julgado de sentença absolutória ou de extinção da punibilidade, nos termos do art. 141 do Código de Processo Penal. No caso, como só houve a suspensão da pretensão punitiva, por força do art. 9.º da Lei n.º 9.964/00, não se pode levantar as constrições judiciais. Precedente" (STJ – REsp n° 762072-RS, Rel. Laurita Vaz, j. 19.02.2008, DJe 10.03.2008).

Art. 132. Proceder-se-á ao sequestro dos bens móveis se, verificadas as condições previstas no art. 126, não for cabível a medida regulada no Capítulo XI do Título VII deste Livro.

Sequestro de bem móvel – O dispositivo em exame admite, também, o sequestro de bem móvel, cujo regramento segue tudo aquilo que foi dito em relação ao sequestro de bem imóvel, salvo, por óbvio, a necessidade de transcrição no Registro Civil da medida. E, de fato, não faria sentido se admitir a constrição em relação a bens imóveis e proibi-la quanto aos bens móveis, cuja facilidade de aquisição é muito maior dada à própria natureza da coisa.

Não se prescinde, portanto, também para o sequestro de bem móvel, da "existência de indícios veementes da proveniência ilícita dos bens" (art. 126). Além disso, a legitimidade para o pedido ainda é "do Ministério Público ou do ofendido, ou mediante representação da autoridade policial". Questiona-se, no bojo de um sistema acusatório, a possibilidade de o juiz decretar de ofício, mesmo antes de ofertada a acusação (art. 127).

Ressalva – A parte final do dispositivo faz menção ao "Capítulo XI do Título VII deste Livro", que trata da busca e apreensão. Significa dizer que a apreensão, nas hipóteses nas quais ela é admitida, será cabível independentemente do sequestro. Prescinde, pois, do sequestro, nos termos do art. 240 do Código, a apreensão de coisas achadas ou obtidas por meios criminosos (alínea "b"); de instrumentos de falsificação ou de contrafação e objetos falsificados ou contrafeitos (alínea "c"); de armas e munições, instrumentos utilizados na prática de crime ou destinados a fim delituoso (alínea "d") e de objetos necessários à prova de infração ou à defesa do réu (alínea "e"). A apreensão de objeto não incluído nesse rol não é possível por meio de singela diligência de busca, exigindo, para sua implementação, o respectivo sequestro. De sorte que, sendo o bem móvel obtido com os proventos do crime, isto é, com o lucro obtido com o crime, não será cabível sua apreensão com base na regra do art. 240 do código, exigindo-se, para tanto, o sequestro.

O exemplo lembrado por Tourinho Filho é bastante elucidativo: "Se *A* furta R$ 500,00 de *B* e, com tal quantia, que é o produto do crime, adquire um rádio, não se pode dizer seja este o produto do crime. O dinheiro sim; o rádio, não. Ele foi adquirido com proventos do crime. Nessa hipótese a lei não autoriza nem a apreensão nem a restituição [...] A coisa adquirida com os proventos do crime, ressalvado o direito de terceiro de boa-fé, será objeto de sequestro, nos termos do art. 132 do CPP" (ob. cit., vol. I, p. 121).

Resta evidente que, no cotidiano das diligências policiais, não é assim que se processa. No exemplo acima, o rádio seria tranquilamente apreendido com fulcro na disposição do art. 240, § 1°, "b", considerada como coisa obtida por meio criminoso. Mas, a rigor, não deveria ser assim, exigindo-se, como já destacado, o sequestro do bem móvel.

Claro que o bem móvel, objeto do sequestro, deve guardar relação com a prática de um delito, pelo que ficam livres da constrição objetos eventualmente adquiridos pelo agente antes da prática criminosa ou mesmo posteriormente, desde que não guardem relação com o crime supostamente praticado.

Art. 133. Transitada em julgado a sentença condenatória, o juiz, de ofício ou a requerimento do interessado ou do Ministério Público, determinará a avaliação e a venda dos bens em leilão público cujo perdimento tenha sido decretado.

§1º. Do dinheiro apurado, será recolhido aos cofres públicos o que não couber ao lesado ou a terceiro de boa-fé.

§2º. O valor apurado deverá ser recolhido ao Fundo Penitenciário Nacional, exceto se houver previsão diversa em lei especial.

Redação antes da Lei 13.964/19	Redação depois da Lei 13.964/19
Art. 133. Transitada em julgado a sentença condenatória, o juiz, de ofício ou a requerimento do interessado, determinará a avaliação e a venda dos bens em leilão público. Parágrafo único. Do dinheiro apurado, será recolhido ao Tesouro Nacional o que não couber ao lesado ou a terceiro de boa-fé.	**Art. 133.** Transitada em julgado a sentença condenatória, o juiz, de ofício ou a requerimento do interessado ou do Ministério Público, determinará a avaliação e a venda dos bens em leilão público cujo perdimento tenha sido decretado. §1º. Do dinheiro apurado, será recolhido aos cofres públicos o que não couber ao lesado ou a terceiro de boa-fé. §2º. O valor apurado deverá ser recolhido ao Fundo Penitenciário Nacional, exceto se houver previsão diversa em lei especial.

Finalidade das medidas assecuratórias – Como já por nós estudado no começo do capítulo, as medidas assecuratórias, de natureza instrumental, têm por fim assegurar os efeitos civis de uma decisão judicial. Embora existam divergências quanto aos limites e à finalidade do sequestro de bens no processo penal, remanesce corrente entendê-lo como medida que preserva os bens tidos como produto ou provento do crime, retirando-os da esfera de liberdade do agente até que acertada a pretensão acusatória. Nesse sentido: STJ – REsp nº 882400-RJ, Rel. Maria Thereza de Assis Moura, j. 22.11.2007, DJ 10.12.2007.

Legitimidade do Ministério Público – A Lei 13.964/19 incluiu expressamente o Ministério Público como interessado na avaliação e venda de bens em leilão público cujo perdimento tenha sido decretado. Nada mais coerente. Se o Ministério Público está legitimado a ajuizar ações cautelares, requerer reparação de danos da inicial acusatória, deve poder ir até o fim, leia-se, avaliação e leilão dos bens cujo perdimento tenha sido decretado. Trata-se de uma atuação eficaz e integral do órgão do Estado.

Avaliação e leilão – No caso de apreensão de coisas adquiridas com os proventos da infração (art. 121 do CPP), não podem ser objeto de restituição, submetendo-se às regras do art. 133, isto é, avaliação seguida de leilão. Do dinheiro apurado, será recolhido aos cofres públicos o que não couber ao lesado ou a terceiro de boa-fé. O valor apurado deverá ser recolhido ao Fundo Penitenciário Nacional, exceto se houver previsão diversa em lei especial. E se houver sobras? Valor que exceder será recolhido aos cofres públicos, pagas, antes, as custas e as despesas processuais, nos termos do art. 140 do CPP.

Condenação transita em julgado – Para a venda dos bens em leilão, em regra, se exige a condenação do réu devidamente transitada em julgado. Deve ser observado, ainda, o art. 131 do CPP:

> "Art. 131. O seqüestro será levantado:
>
> I - se a ação penal não for intentada no prazo de sessenta dias, contado da data em que ficar concluída a diligência;
>
> II - se o terceiro, a quem tiverem sido transferidos os bens, prestar caução que assegure a aplicação do disposto no art. 74, II, b, segunda parte, Código Penal;
>
> III - se for julgada extinta a punibilidade ou absolvido o réu, por sentença transitada em julgado"

Competência – Com o trânsito em julgado da sentença penal condenatória, de quem será a competência para decidir a destinação do dinheiro apurado, prevista no art. 133 do CPP? Diverge a doutrina. Segundo Eduardo Espínola Filho (ob. cit., vol. I, pp. 394-5), é de competência do juízo cível. Assim, o destino do numerário, o que cabe à vítima e ao terceiro de boa-fé, já não é mais atribuição do juízo criminal, como consta do art. 143 abaixo. Qual o juízo cível? Aquele perante o qual o ofendido ajuizou ação de ressarcimento do dano que experimentou, vez que o art. 143 faz expressa referência ao art. 63 do código. Caso a vítima não tenha ajuizado essa ação, preferindo aguardar a condenação criminal para, ao depois, executar o título, a competência será do juízo perante o qual tramitar esta execução. Se não proposta nenhuma das ações, o mencionado autor sugere a aplicação do art. 123 do CPP, devendo o juiz criminal aguardar por 90 dias, contados do trânsito em julgado da condenação e, mantida a inércia, determinar o numerário obtido no juízo de ausentes. Nesse sentido, ainda, Sérgio Seiji Shimura, para quem "o art. 143 do CPP é categórico em determinar a remessa ao cível, fazendo alusão ao art. 63 do CPP. Este dispõe sobre a ação civil de reparação do dano, ligada à execução civil da sentença penal condenatória, que constitui título executivo judicial (art. 584, II, do CPC) [atual art. 475-N, inc. II, do CPC]. E o art. 575, IV, do CPC, alinha que a execução deve ser proposta no juízo cível, quando o título for sentença penal condenatória, sendo que a divisão entre tais juízos, cível e crime, obedece a um critério objetivo, por matéria tratada [...]. Com efeito, o sequestro realizado no feito criminal está sempre vocacionado à indenização que o réu há de suportar. No fundo, tal medida é direcionada aos efeitos patrimoniais. E estes somente podem ser solvidos em sede própria, que é na esfera cível" (*Competência para processar o sequestro penal após o trânsito em julgado da decisão condenatória*. Revista Ajuris nº 53/285, nov. 1991).

Não é o entendimento de Tourinho Filho, para quem a competência é do juízo criminal. Afinal, pondera, "se o Juiz penal quem determina o leilão no caso de produto do crime, quando não reclamada a restituição, por que razão não poderá fazê-lo quando se tratar de coisas adquiridas com o produto da infração?" (ob. cit., vol. I, p. 431).

Pensamos que a competência é mesmo do juízo cível, embora reconheçamos que, por economia processual, pudesse se imaginar o contrário. Com efeito, a textualidade do art. 143, ao determinar a remessa dos autos ao juiz do cível, parece não dar margem à dúvida. Demais disso, imagine-se a possibilidade de oposição de embargos pela da Fazenda ou pela vítima. Não teria cabimento que, esgotada sua jurisdição, com o trânsito em julgado da sentença penal condenatória, ainda fosse o juiz criminal conhecer e julgar esse feito.

JURISPRUDÊNCIA

Necessidade do leilão

"Não existe direito líquido e certo de vítima de roubo, em reaver os prejuízos causados pela atividade criminosa, através da alienação dos bens obtidos com o fruto do ilícito, antes do trânsito em julgado de sentença condenatória e do procedimento de leilão, a ser determinado pelo Juízo ou a requerimento das partes" (STJ – RMS nº 16584-SP, Rel. Og Fernandes, j. 02.10.2003, DJ 03.11.2003, p. 327).

Art. 133-A. **O juiz poderá autorizar, constatado o interesse público, a utilização de bem sequestrado, apreendido ou sujeito a qualquer medida assecuratória pelos órgãos de segurança pública previstos no art. 144 da Constituição Federal, do sistema prisional, do sistema socioeducativo, da Força Nacional de Segurança Pública e do Instituto Geral de Perícia, para o desempenho de suas atividades.**

§ 1º. O órgão de segurança pública participante das ações de investigação ou repressão da infração penal que ensejou a constrição do bem terá prioridade na sua utilização.

§ 2º. Fora das hipóteses anteriores, demonstrado o interesse público, o juiz poderá autorizar o uso do bem pelos demais órgãos públicos.

§ 3º. Se o bem a que se refere o caput deste artigo for veículo, embarcação ou aeronave, o juiz ordenará à autoridade de trânsito ou ao órgão de registro e controle a expedição de certificado provisório de registro e licenciamento em favor do órgão público beneficiário, o qual estará isento do pagamento de multas, encargos e tributos anteriores à disponibilização do bem para sua utilização, que deverão ser cobrados de seu responsável.

§ 4º. Transitada em julgado a sentença penal condenatória com a decretação de perdimento dos bens, ressalvado o direito do lesado ou terceiro de boa-fé, o juiz poderá determinar a transferência definitiva da propriedade ao órgão público beneficiário ao qual foi custodiado o bem.

Redação antes da Lei 13.964/19	Redação depois da Lei 13.964/19
Sem norma correspondente.	**Art. 133-A.** O juiz poderá autorizar, constatado o interesse público, a utilização de bem sequestrado, apreendido ou sujeito a qualquer medida assecuratória pelos órgãos de segurança pública previstos no art. 144 da Constituição Federal, do sistema prisional, do sistema socioeducativo, da Força Nacional de Segurança Pública e do Instituto Geral de Perícia, para o desempenho de suas atividades. §1º. O órgão de segurança pública participante das ações de investigação ou repressão da infração penal que ensejou a constrição do bem terá prioridade na sua utilização. §2º. Fora das hipóteses anteriores, demonstrado o interesse público, o juiz poderá autorizar o uso do bem pelos demais órgãos públicos. §3º. Se o bem a que se refere o caput deste artigo for veículo, embarcação ou aeronave, o juiz ordenará à autoridade de trânsito ou ao órgão de registro e controle a expedição de certificado provisório de registro e licenciamento em favor do órgão público beneficiário, o qual estará isento do pagamento de multas, encargos e tributos anteriores à disponibilização do bem para sua utilização, que deverão ser cobrados de seu responsável. §4º. Transitada em julgado a sentença penal condenatória com a decretação de perdimento dos bens, ressalvado o direito do lesado ou terceiro de boa-fé, o juiz poderá determinar a transferência definitiva da propriedade ao órgão público beneficiário ao qual foi custodiado o bem.

Utilização de bens apreendidos pelos órgãos de persecução – Trata-se de medida de caráter provisório e instrumental, notabilizada pela necessidade de dar uso social, útil e tempestivo de bens já anteriormente objetos de constrição patrimonial assecuratória, de modo a evitar sua obsolescência, a ação corrosiva do tempo sobre esses objetos, bem como sanar a incapacidade prática do Estado de adequadamente administrar os bens que ingressam em sua esfera de proteção. Além disso, a destinação e utilização provisória desses bens tende a aumentar o poder de atuação na prevenção e repressão aos crimes em geral. A utilização é autorizada por meio de uma decisão incidental que não depende, portanto, para sua efetivação, de uma sentença condenatória e, tampouco, de seu trânsito em julgado. Pode, assim, ser decretada ainda na fase de investigações deflagradas por meio do respectivo inquérito policial.

Este tipo de instituto é fruto de um olhar eficacional moderno do direito penal e que vem sendo progressivamente contemplado pela legislação brasileira. Além do CPP, igual previsão está estampada na Lei de Drogas e na Lei de Lavagem de Dinheiro de Capitais (Lei 9.613/1998, art. 4º).

Na verdade, a utilização cautelar de instrumentos do crime se insere na moderna tendência de despatrimonialização do criminoso e agrega efeitos dissuasórios (função preventiva, gerais e específicos) e retributivos da sanção penal. Ao lado de outras medidas acessórias como perda do cargo, perda de instrumentos do crime e do proveito do crime, inabilitação para exercício de função pública, constrição do patrimônio do criminoso etc., este tipo de providência busca aplacar o sentimento de impunidade que uma pura e simples aplicação de uma pena privativa de liberdade colateralmente produz, notadamente se levados em conta a relação de custo-benefício de determinadas categorias delitivas.

O recrudescimento das respostas penais a esses casos insere-se em um novo modelo de política criminal funcionalista porque busca enfrentar, com outra mecânica, o sentimento social de impunidade. Como destaca Alberto Binder: "Constitui uma das tarefas mais importantes do presente construir o método que nos permita desenhar, executar e controlar a política criminal dentro do conjunto valorativo do sistema democrático submetido ao Estado de Direito, com maior rigor, menor conteúdo emocional e amplo debate público. Eficácia não significa aumentar o conteúdo violento do poder punitivo, muito pelo contrário. Eficácia significa ter a capacidade de contribuir para o controle da criminalidade com o menor conteúdo de violência possível. Isso constitui o núcleo das exigências político-criminais do processo penal de nosso tempo e um de suas tarefas mais urgentes". (BINDER, Alberto. Fundamentos para a reforma da justiça penal. Trad. Augusto Jobim do Amaral. 1. ed., Florianópolis: Empório do Direito, 2017, p. 206).

Requisitos para decretação da medida cautelar de utilização de bens – Vetor principal para a decretação da medida é a comprovação do interesse público, expressão pouco utilizada pelo CPP, que emprega mais comumente a locução interesse da sociedade ou interesse da justiça para antagonizar-se com aquele outro meramente individual, mesmo porque, no processo penal, o confronto entre eles é absolutamente natural. A palavra "interesse público", na veia da doutrina mais atual, deve ser compreendida tanto quanto vinculada à atividade estatal, quanto afeta à defesa dos interesses coletivos, características que autorizam a supremacia desses interesses sobre o individual. Seja como for, típico das manifestações do pós-positivismo, o emprego de conceitos jurídicos indeterminados nas leis atuais implica necessária valoração do caso concreto mediante um qualificado ônus argumentativo para a autoridade pública que decide. Isso significa que, para conceder a medida, o juiz deverá demonstrar, analiticamente, a compatibilidade entre o uso provisório do bem pelos órgãos cessionários e os benefícios coletivos advindos dessa decisão, necessariamente superiores à mera conservação isolada e estática desses bens. O legislador dispensou a demonstração de que a medida não implica prejuízo para a instrução, além de inexigir também a estrita demonstração do vínculo instrumental entre o objeto apreendido no cometimento do crime. Na verdade, o dispositivo não menciona estes requisitos negativos porque pressupõe que este tipo de análise já foi feita antes, por ocasião da decisão anterior que decretou a apreensão do objeto ora remanejado.

Anote-se assim que a decretação da utilização de bens apreendidos ocorre por meio de duas decisões judiciais sucessivas: uma que decretou a apreensão ou a medida assecuratória anterior, seguida de outra, agora sim, destinada à utilização do bem apreendido mediante a análise do interesse público. Essa metodologia reduz, sobremaneira, a complexidade da matéria a ser decidida, permitindo ao julgador uma análise centrada naqueles parâmetros necessários a justificar a utilização dos bens pelas entidades beneficiárias.

Objeto da Medida – Observe-se que o novel tipo admite a utilização cautelar de quaisquer dos bens, o que engloba *assim veículos, embarcações e aeronaves.*

Embora não haja restrição, mais adequado que sejam destinados para autoridades de segurança os chamados bens duráveis, entendidos como aqueles utilizáveis durante um tempo relativamente longo, isto é, que só se deterioram ou perdem a utilidade com o uso por determinado período de tempo, como casas, automóveis, eletrodomésticos, equipamentos eletrônicos, computadores, celulares etc.

Anote-se que ao ingressarem no uso prestacional de serviços públicos, esses bens experimentam uma verdadeira afetação pública e passam a categoria de bens de uso especial, ainda que de forma precária.

O § 3º do art. 133-A prevê que, se o bem a que se refere o caput for veículo, embarcação ou aeronave, o juiz ordenará à autoridade de trânsito ou ao órgão de registro e controle a expedição de certificado provisório de registro e licenciamento em favor do órgão público beneficiário, o qual estará isento do pagamento de multas, encargos e tributos anteriores à disponibilização do bem para sua utilização, que deverão ser cobrados de seu responsável. A medida também busca permitir o disfarce de agentes policiais em atividades investigativas por meio de bens descaracterizados, o que implica numa significativa melhora da repressão e investigação dos crimes.

Beneficiários da Medida – A Lei 13.964/19 estabelece uma regra de prioridade para a utilização do bem, vinculando-a aos órgãos de segurança pública previstos no art. 144 da Constituição, do sistema prisional, do sistema socioeducativo, da Força Nacional de Segurança Pública e do Instituto Geral de Perícia, para o desempenho de suas atividades (art. 133-A). Os órgãos de segurança pública participante das ações de investigação ou repressão da infração penal que ensejou a constrição do bem terão prioridade na sua utilização (§1º.). Demonstrado o interesse público, o juiz poderá autorizar o uso do bem pelos demais órgãos públicos (§2º.).

Trata-se de uma regra premial que serve para estimular tais órgãos públicos a agir com eficiência na localização de bens que podem ser revertidos para suas atividades. Porém, esta regra deve ser conjugada com o requisito central exigido pelo legislador para a aplicação do instituto: o atendimento ao interesse público. De fato, deve-se buscar para o bem apreendido a melhor utilização possível, direcionando-o para o órgão que, de acordo com sua natureza e capacidade de utilização, melhor uso fará no exercício das atividades de prevenção e repressão por ele desempenhadas. Assim, *ad exemplum*, caso sejam apreendidos computadores de última geração, com capacidade de processamento elevada e úteis para investigação de crimes cibernéticos, devem, a nosso sentir, ser destinados às delegacias especializadas nessas infrações, ainda que não tenham atuado na atividade persecutória que deu origem à constrição do bem apreendido.

Deferida a utilização cautelar do bem apreendido, importa destacar que a transferência de domínio do bem é feita para o órgão público e não para as pessoas naturais que ocupam os seus cargos de direção. Isso significa que o registro e controle patrimonial exercido ordinariamente por esses órgãos deve ser feito normalmente. O dever de zelo, guarda, custódia e uso para finalidade pública deve ser exercido por aqueles que, ordinariamente, são responsáveis a tanto.

Nunca é demais lembrar que o bem se encontra na cautela estatal para atender ao interesse da sociedade e não do servidor que exerce suas funções no órgão público em questão. Assim, não poderá a autoridade policial utilizar um automóvel, por exemplo, para fins pessoais. Não faria sentido que, ao dirigir-se à praia, em um final de semana, se valesse o policial de um veículo apreendido, posto que nítida a desvinculação entre sua atividade funcional e o momento de lazer. O uso do bem deve ser exclusivamente para as finalidades públicas a que foi destinado, de modo que o uso fora dessas hipóteses caracteriza abuso de poder sob a forma de desvio de finalidade, o que enseja a apuração disciplinar do fato. Se o funcionário assim o fizer ficará sujeito a sanções de cunho administrativo e penal.

Transferência definitiva da propriedade ao órgão público – Transitado em julgado a sentença penal condenatória com a decretação do perdimento de bens, ressalvado o direito do lesado ou terceiro de boa-fé, o juiz poderá determinar a transferência definitiva da propriedade ao órgão público beneficiário ao qual foi custodiado o bem (§4º.).

Art. 134. A hipoteca legal sobre os imóveis do indiciado poderá ser requerida pelo ofendido em qualquer fase do processo, desde que haja certeza da infração e indícios suficientes da autoria.

Hipoteca – Trata-se a hipoteca de um direito real, que recai sobre bem imóvel do devedor, cujo objetivo é garantir futuro pagamento do credor. Pode ser legal, judicial ou convencional, interessando-nos apenas a primeira, face ao objetivo deste trabalho.

Dispõe o art. 1.473, inc. I, do Código Civil, que podem ser objeto de hipoteca os imóveis e seus acessórios. Já o art. 1.489, inc. III, do mesmo *codex*, em rol exemplificativo, reza que a lei confere hipoteca legal "ao ofendido, ou aos seus herdeiros, sobre os imóveis do delinquente, para satisfação do dano causado pelo delito e pagamento das despesas judiciais". Observe-se que a hipoteca não atinge apenas bens imóveis obtidos com os proventos do crime, mas, antes, pode alcançar qualquer bem, mesmo aquele adquirido antes da prática delituosa ou com numerário próprio do agente, ainda que não guarde nenhuma relação com o crime. É que, para satisfação do dano causado à vítima, pelo réu definitivamente condenado, todo o patrimônio deste último responde, pouco importando a origem do bem, se lícita ou ilícita.

Possui, destarte, um nítido caráter acessório, visando garantir a reparação do lesado em caso de futura condenação criminal. Demais disso, no pagamento de outros credores, terá o credor hipotecária preferência, na dicção do art. 1.422 do Código Civil.

Exige-se, para o pedido, "a certeza da infração e indícios suficientes da autoria", isto é, que se demonstre a materialidade do delito e a razoável probabilidade quanto à autoria. Sendo requerida durante o processo-crime, temos que a acusação formal (denúncia ou queixa), já recebida, presta-se a preencher esses requisitos.

Será cabível durante o inquérito policial? – Diverge a doutrina a respeito. Eduardo Espínola Filho entende que não, face aos termos expressos do dispositivo em estudo, que faz alusão à possibilidade do pedido "em qualquer fase do processo", e não antes (ob. cit., vol. I, p. 397). Estamos, porém, com a maioria da doutrina no sentido de que o vocábulo "processo" deve ser interpretado em um sentido amplo, para abranger, também, o inquérito policial ou qualquer outro procedimento investigativo. Tanto é assim que, embora mencione "processo", o mesmo dispositivo refere-se ao "indiciado", a reforçar nossa tese. Ademais, aguardar-se a deflagração da ação penal, com a inevitável demora, poderia culminar com a frustração do direito da vítima em assegurar a respectiva reparação pelo dano que suportou com a constrição do patrimônio do agente.

Legitimidade para o pedido – Frente à textualidade deste dispositivo, tem-se que a hipoteca legal pode ser requerida pelo ofendido, ou seja, aquele que foi lesado pela ação do agente, o que se justifica ante sua preocupação de se precaver quanto à futura reparação do dano que experimentou. *Lesado*, aqui, como já dito antes, deve ser interpretado em um sentido amplo, para incluir os legitimados aludidos nos comentários ao art. 127 acima (representante legal, cônjuge, ascendente, etc.). Não se admitirá, outrossim, por ausência de previsão legal, seja a medida decretada de ofício pelo juiz. Conquanto não mencionado neste dispositivo, o Ministério Público também ostenta legitimidade para o pedido, nos termos do art. 142 do código, desde que demonstrado o "interesse da Fazenda Pública, ou se o ofendido for pobre e o requerer".

Ministério Público – Ainda em relação à legitimidade do *parquet*, após a CF/88, não lhe cabe mais atuar na defesa dos interesses da Fazenda. Com essa missão temos as Procuradorias do Estado e a Advocacia-Geral da União. Logo, sua (MP) legitimidade se justifica em favor do ofendido, desde que pobre, sobretudo em locais onde não instalada – ou se instalada, sem as devidas condições materiais – a Defensoria Pública. Reconhecemos, contudo, crescer corrente em sentido contrário, isto é, ampliando o interesse de agir do Ministério Público. Aliás, talvez levada por essa corrente, a Lei 13.964/19 incluiu expressamente o Ministério Público como interessado na avaliação e venda de bens em leilão público cujo perdimento tenha sido decretado (art. 133 CPP).

JURISPRUDÊNCIA

Irrelevância da origem lícita dos bens

A cautelar do artigo 134 do CPP reclama, para o seu deferimento, certeza quanto à materialidade e, no que tange à autoria, presença de indícios geradores de suspeita contra o acusado. Irrelevante a proveniência lícita dos bens constritos" (TRF 4ª. R., ACR nº 10009 PR 2006.70.00.010009-6, Rel. Paulo Afonso Bruz Vaz, j. 24.10.2007, DE 31.10.2007).

Possibilidade de decretação na fase de inquérito policial

"Como medidas cautelares que são, as assecuratórias sujeitam-se aos requisitos e ao equilíbrio que lhes são inerentes, bem como à cláusula rebus sic stantibus, pelo que poderá o Juízo rever sua decisão quando fatos supervenientes implicarem alterações no cenário processual, que ofusquem as razões iniciais que justificaram as medidas constritivas 3. A manutenção da apreensão de valores efetivada no **inquérito policial,** após ultrapassados quase 03 (três) anos sem a instauração válida de ação penal pela prática de qualquer crime, revela manifesta ofensa ao princípio da razoabilidade, situação que não pode ser tolerada pelo Poder Judiciário. 4. Mostram-se impreteríveis o levantamento do sequestro e do arresto à mingua de mínima perspectiva de julgamento em prazo razoável da pretensão acusatória, cujo processo sequer se reiniciou." (STJ – EDcl nos EDcl no AgRg no AREsp n. 1.792.372/PR, relator Ministro Joel Ilan Paciornik, Quinta Turma, julgado em 8/3/2022, DJe de 11/3/2022.)

Legitimidade do Ministério Público

"A despeito do inconformismo da Parte Embargante sob a alegação de omissão, no voto condutor do acórdão ora impugnado ressalta-se expressamente a compatibilidade das funções institucionais do **Ministério Público** com a **legitimidade** ativa para requerer o **sequestro de bens** de autores de crimes. Jurisdição devidamente prestada pelo Superior Tribunal de Justiça." (STJ – EDcl no RMS n. 55.382/MS, relatora Ministra Laurita Vaz, Sexta Turma, julgado em 12/11/2019, DJe de 3/12/2019.)

Bens pertencentes à pessoa jurídica

"A medida assecuratória penal visa impedir que os bens sejam alienados, ou que os investigados voluntariamente desviem seus bens, não se afetando o montante do patrimônio matrimonial nem transferindo o domínio dos imóveis, que permanecem na esfera patrimonial dos cônjuges, pois a constrição cautelar é provisória. A potencial participação da empresa, da qual a requerente é sócia, com as fraudes objeto do processo criminal, enseja a decretação da medida ora combatida, diante da responsabilidade no âmbito civil pelos elevados prejuízos causados ao erário, alcançando todos os bens em nome da pessoa jurídica. O art. 134 do CPP trata de arresto, o qual incide sobre quaisquer bens, ainda que não tenham sido obtidos com proventos do crime" (TRF 4ª. R., Ap. Crim. n° 3845- RS – Rel. Sebastião Ogê Muniz, j. 18.01.2011, DJ 27.01.2011).

Confusão de bens

"A hipoteca legal e o arresto, previstos no arts. 134 e 136 do CPP, tem finalidade semelhante à da penhora civil, ou seja, assegurar o patrimônio do réu - e a apenas deste - para o pagamento de danos do crime, custas em multas. Caracterizada a confusão patrimonial dos bens dos cônjuges, sócios nas empresas objeto da persecução criminal, permite-se afirmar que não foi determinada a constrição de bens de terceiro, mas, ante às peculiaridades do caso, a decisão atacada tem como escopo assegurar os efeitos pecuniários de eventual condenação do cônjuge denunciado." (STJ – RMS n. 47.205/SP, relator Ministro Nefi Cordeiro, Sexta Turma, julgado em 18/8/2016, DJe de 29/8/2016.)

Art. 135. Pedida a especialização mediante requerimento, em que a parte estimará o valor da responsabilidade civil, e designará e estimará o imóvel ou imóveis que terão de ficar especialmente hipotecados, o juiz mandará logo proceder ao arbitramento do valor da responsabilidade e à avaliação do imóvel ou imóveis.

§ 1º A petição será instruída com as provas ou indicação das provas em que se fundar a estimação da responsabilidade, com a relação dos imóveis que o responsável possuir, se outros tiver, além dos indicados no requerimento, e com os documentos comprobatórios do domínio.

§ 2º O arbitramento do valor da responsabilidade e a avaliação dos imóveis designados far-se-ão por perito nomeado pelo juiz, onde não houver avaliador judicial, sendo-lhe facultada a consulta dos autos do processo respectivo.

§ 3º O juiz, ouvidas as partes no prazo de dois dias, que correrá em cartório, poderá corrigir o arbitramento do valor da responsabilidade, se lhe parecer excessivo ou deficiente.

§ 4º O juiz autorizará somente a inscrição da hipoteca do imóvel ou imóveis necessários à garantia da responsabilidade.

§ 5º O valor da responsabilidade será liquidado definitivamente após a condenação, podendo ser requerido novo arbitramento se qualquer das partes não se conformar com o arbitramento anterior à sentença condenatória.

§ 6º Se o réu oferecer caução suficiente, em dinheiro ou em títulos de dívida pública, pelo valor de sua cotação em Bolsa, o juiz poderá deixar de mandar proceder à inscrição da hipoteca legal.

Especialização da hipoteca legal – Segundo Câmara Leal, especialização "é o ato de particularizar ou singularizar alguma coisa. Pela hipoteca legal ficam *in genere* todos os imóveis do responsável obrigados pelo fiel desempenho do encargo para cuja garantia a lei a confere. Pela especialização, esse ônus real, que recaía *in genere* sobre a totalidade do patrimônio imobiliário do responsável, passa a recair *in specie* somente sobre certos e determinados bens, isto é, sobre os bens especializados" (*Código do Processo Civil e Commercial do Estado de São Paulo*, vol. II, 1ª Ed. São Paulo: Saraiva, 1930. p. 565).

Procedimento – Os parágrafos acima detalham todo o procedimento a ser adotado pelo requerente e dispensam maiores explicações. Cabe ao requerente, assim, estimar seu prejuízo, bem como o valor do imóvel (ou imóveis), do autor do delito, aptos a fazer frente a posterior ressarcimento. A estimativa do valor dos imóveis pode ser feita, nesse momento, por meio de simples declaração firmada por profissional habilitado (corretor de imóveis, por exemplo), posto que provisória, cabendo ao juiz, louvado no perito que nomeou, arbitrar o valor definitivo (§ 2º). A avaliação deverá abranger, além do dano imposto à vítima, os valores atinentes às "despesas processuais e as penas pecuniárias", nos termos do art. 140 do CPP. E mais: mesmo depois da condenação ainda é possível nova correção dos valores (§ 5º). Ofertada caução suficiente pelo réu e o juiz a aceitando, a hipoteca pode ser evitada (§ 6º).

Óbvio que sendo o réu absolvido (ou tendo extinta a punibilidade ou, ainda, arquivado o inquérito policial), a hipoteca será automaticamente cancelada, pois não há mais que se falar em efeito da sentença penal condenatória, nada impedindo que o lesado busque, no cível, a reparação do dano, dependendo do fundamento da absolvição.

Registro da hipoteca – Os dispositivos acima não tratam do registro da hipoteca no Cartório de Registro Civil. Cuida-se, porém, de medida salutar, que o autor do pedido deve providenciar, a fim de que, dando publicidade ao ato, terceiro não venha alegar ignorância.

De resto, é medida que encontra expressa previsão na Lei de Registros Públicos (Lei nº 6.015/73), que prevê, nos termos de seu art. 167, inc. I, 2 que "no Registro de Imóveis, além da matrícula, serão feitos: I – o registro: das hipotecas legais, judiciais e convencionais". O registro será efetuado "no cartório do lugar do imóvel, ou no de cada um deles, se o título se referir a mais de um", na dicção do art. 1.492 do Código Civil.

JURISPRUDÊNCIA

Necessidade de se estimar o prejuízo

"Requerida a hipoteca legal, não pode o juiz indeferi-la, sob alegação de não constar na denúncia, ou na inicial, a estimativa do prejuízo causado, uma vez que, no próprio texto do art. 135 do CPP, estão definidas as medidas que o magistrado deve ordenar, a fim de que sejam supridas as deficiências da inicial; entre elas, está previsto o arbitramento do valor da responsabilidade e dos imóveis" (TJSP – Rel. Thrasybulo de Albuquerque – RT 207/59).

Precariedade do arbitramento

"O arbitramento do valor da responsabilidade do acusado, para a garantia dos efeitos patrimoniais da sentença penal condenatória, constitui medida de caráter provisório somente repercutindo em seu patrimônio após o trânsito em julgado da condenação" (TRF 4ª. R., ACR nº10009 PR 2006.70.00.010009-6, Rel. Paulo Afonso Brum Vaz, j. 24.10.2007, DE 31.10.2007).

Art. 136. **O arresto do imóvel poderá ser decretado de início, revogando-se, porém, se no prazo de 15 (quinze) dias não for promovido o processo de inscrição da hipoteca legal. (Redação dada pela Lei nº 11.435, de 2006).**

Arresto preventivo – Trata este dispositivo de um arresto preventivo, de caráter, portanto, provisório, a ser decretado antes da especialização de hipoteca legal. A propósito, a confirmar a precariedade da medida, basta atentar à parte final do texto, que prevê a caducidade do arresto na hipótese de não ser ultimada a transcrição da hipoteca legal, no prazo de quinze dias. Justifica-se o arresto ante a urgência na adoção de medidas que evitem a dilapidação, pelo agente, de seu patrimônio, em atitude capaz de frustrar o posterior ressarcimento da vítima (além do pagamento de custas e despesas processuais). Como é mais moroso o procedimento de especialização da hipoteca legal, com risco de o agente dilapidar seu patrimônio, deve o interessado legitimado valer-se deste procedimento, requerendo o arresto. Como já dito anteriormente, o arresto não incide sobre proventos do crime, mas sobre o patrimônio do réu, ainda que angariado de forma lícita e antes da prática do delito.

Arresto e seus requisitos – Para que seja autorizada a decretação da medida, não é necessária a prática de atos concretos de desfazimento de bens. Porém, é imperiosa a demonstração da plausibilidade do direito e do perigo na demora. A indisponibilidade dos bens não trará prejuízos desarrazoados aos réus, pois terão seus bens desbloqueados, se absolvidos ao fim do processo.

Arresto e pena de multa – As medidas assecuratórias têm por objetivo garantir não apenas a reparação do dano, mas também o pagamento das despesas processuais e as penas pecuniárias em caso de eventual condenação [CPP, art. 140]. Desse modo, é razoável a incidência do arresto em relação ao valor da multa. Essas medidas levam em conta o risco da ineficácia da sanção judicial, diante da possibilidade de o futuro condenado dilapidar seu patrimônio antes da cobrança judicial.

Termo *a quo* Interessante a redação empregada pelo legislador, no sentido de que o arresto pode ser decretado "de início". Qual "início" exatamente? Do inquérito policial (ou de diverso procedimento investigativo), ou "início da ação penal"? Parece-nos claro que o arresto seja cabível "em qualquer fase do processo ou ainda antes de oferecida a denúncia ou queixa", nos termos do art. 127 que, é verdade, trata do sequestro. Ocorre que o arresto é uma medida cautelar que, de sua parte, antecipa outra medida cautelar (o sequestro). Trata-se, na visão de Heráclito Mossin, "de uma medida cautelar antecipativa de igual medida" (ob. cit., vol. 2, p. 145). Logo, a mesma disciplina deve ser utilizada em um e noutro pedido.

Caducidade da medida – A literalidade do texto deixa claro que o arresto prévio caducará caso, no prazo de quinze dias, não seja promovido o processo de inscrição da hipoteca legal. O que se exige, porém, é a deflagração do processo, sendo irrelevante se, uma vez instaurado, eventual delonga se verificar posteriormente, por exemplo, em virtude da demora do registro junto ao respectivo cartório. Tratando-se de medida de exceção, que se volta contra o patrimônio do agente, temos que seja inviável o pedido de prorrogação do pedido, na hipótese de não atendimento do prazo de quinze dias imposto pelo legislador.

JURISPRUDÊNCIA

Arresto e sequestro. Distinção

"Como o arresto (procedimento antecedente à hipoteca legal) visa a constrição de bens necessários ao pagamento das responsabilidades do acusado (reparação do dano, pena pecuniária e custas processuais), caso venha a ser condenado, pouco importa que eles tenham sido adquiridos antes ou depois da infração penal. Inteligência do artigo 140 do Código de Processo Penal. VI. Apenas o sequestro deve recair sobre os produtos, diretos ou indiretos, do crime, pois seu escopo é o de propiciar o perdimento desses bens. Inteligência do artigo 125 do Código de Processo Penal" (STJ – RMS nº 23044-PR, Rel. Jane Silva, j. 05.05.2009, DJe 08.06.2009).

"Inicialmente, saliento que o Código de Processo Penal prevê medidas cautelares tendentes a assegurar futura indenização ou reparação à vítima da infração penal, pagamento de despesas processuais ou penas pecuniárias ao Estado ou mesmo a evitar que o réu obtenha lucro com a atividade criminosa. Trata-se, portanto, de medidas incidentais com vistas à satisfação do dano ex delito. Nas hipóteses previstas nos arts. 125 e 132, do Código de Processo Penal, a medida recai apenas em bens adquiridos com proventos do crime, ainda que tenham sido alienados a terceiros. Nas outras hipóteses, arts. 134, 136 e 137, do referido Codex – estes dois últimos, em verdade, arrestos -, a medida pode incidir em quaisquer bens do indiciado ou réu, embora não tenham sido obtidos com proventos do crime. Indispensável, todavia, que sejam bens do indiciado ou réu, não podendo ser de terceiros" (STJ – RMS nº 13450-PR, Rel. Jorge Scartezzini, j. 11.06.2002, DJ 18.11.2002, p. 242).

Inexistência de violação aos princípios da presunção de inocência e propriedade

"Tampouco cabem as alegadas violações aos constitucionais princípios da presunção de inocência e do direito de propriedade, pois à medida cautelar justamente se prescinde de prévia solução definitiva do direito. Ao contrário, é justamente por ainda ser a ré presumidamente inocente que se usa da medida processual de urgência, bloqueando-se seu patrimônio em favor da vítima – fosse definitiva a condenação já se encaminharia o caso diretamente à execução de medidas de alienação dos bens para a reparação dos danos do crime e pagamento da multa. A retirada do uso e gozo dos bens bloqueados, se necessário ao acautelamento determinado dos bens, é aspecto ínsito ao arresto e à hipoteca legal, de modo algum retirando a propriedade definitiva desses bens" (TRF 4ª. R., ACR 81473062003404700 PR 0081473-06.2003.404.7000, Rel. Nefi Cordeiro, j. 08.02.2011, DE 17.02.2011).

Pessoa física e pessoa jurídica

"Não prospera a alegação de responsabilidade penal atribuída a terceiros da relação jurídica, a ponto de ensejar violação ao princípio da pessoalidade, já que esse "terceiro", nada mais é do que a própria empresa do réu, que, conforme já ressaltado, confunde-se com o seu próprio patrimônio particular. Não restou caracterizada, em sua verdadeira essência, a aplicação da teoria da desconsideração da personalidade jurídica, uma vez que, na presente hipótese, houve apenas a determinação da hipoteca legal dos bens do réu, bem como dos bens de sua própria empresa (que, ressalte-se, confunde-se com o seu patrimônio particular), para a garantia do ressarcimento dos danos ocasionados à vítima do delito, denominado pelo Tribunal a quo de 'teoria da desconsideração da pessoa jurídica, às avessas'. Sobrevindo condenação em definitivo do réu e recaindo os efeitos de tal condenação sobre a Recorrente, na esfera cível, poderá ela se valer dos embargos de terceiros, onde será possibilitada a ampla discussão da regularidade ou não da constrição judicial procedida sobre seus bens" (STJ – RMS nº 13675-PR, Rel. Laurita Vaz, j. 26.04.2005, DJ 23.05.2005, p. 307).

Art. 137. **Se o responsável não possuir bens imóveis ou os possuir de valor insuficiente, poderão ser arrestados bens móveis suscetíveis de penhora, nos termos em que é facultada a hipoteca legal dos imóveis. (Redação dada pela Lei nº 11.435, de 2006).**

§ 1º Se esses bens forem coisas fungíveis e facilmente deterioráveis, proceder-se-á na forma do § 5º do art. 120.

§ 2º Das rendas dos bens móveis poderão ser fornecidos recursos arbitrados pelo juiz, para a manutenção do indiciado e de sua família.

Caráter suplementar – Este dispositivo possui um caráter suplementar em relação ao anterior, na medida em que sua aplicação é possível desde que presente um dos dois pressupostos, a saber: 1) a inexistência de bens imóveis em nome do agente; 2) ou, se existentes, que possuam valor insuficiente para fazer frente ao dano acarretado à vítima, bem como ao pagamento de custas e despesas processuais, em caso de posterior condenação.

Apesar disso, pode ter grande alcance prático, sobretudo na espécie de criminalidade que frequenta nossos foros criminais, invariavelmente de baixa renda e, por isso, sem a propriedade de bens imóveis ou, quando muito, possuindo-os de forma precária, sem registro no respectivo cartório, o que dificulta seu arresto prévio e seu posterior sequestro. Já em se tratando dos chamados réus do colarinho branco, quando as prisões são raríssimas, mas o patrimônio é fértil, mostra-se mais eficaz o sequestro – e antes, o arresto preventivo – voltado contra imóveis, de valor, via de regra, bem superior a bens móveis, mais aptos, portanto, ao ressarcimento do prejuízo que acarretaram, quase sempre contra o Estado.

A propósito, Jorge Hage, ao tempo em que ministro-chefe da Controladoria Geral da União, em entrevista concedida ao Jornal O Globo, em 11 de novembro de 2013, afirmou que "um processo no Brasil contra um criminoso de colarinho branco endinheirado só termina em menos de 20 anos se ele quiser", fazendo sobressair a importância da adoção de medidas assecuratórias que invistam sobre seu patrimônio, para garantia de futura reparação, em caso de condenação.

Pressuposto da medida – Destaque-se que essa medida não tem por pressuposto que o bem a ser penhorado seja o próprio proveito do crime ou tenha sido adquirido com proventos do crime. Para esses casos a medida adequada é o sequestro de que trata os arts. 125 e 132 do Código, quando se pressupõe que os bens móveis tenham sido "adquiridos pelo indiciado com os proventos do crime" (art. 125). Tanto é assim que, nesses casos, absolvido o réu ou extinta punibilidade, o sequestro é de imediato levantado, nos termos do inc. III, do art. 131 do código.

O instituto em exame, com efeito, no pensar de Eduardo Espínola Filho (ob. cit., vol. I, p. 408), é "uma medida assecuratória que permanece de pé, até ser decidida a questão da responsabilidade civil; e, assim, se houver condenação, deverão ser vendidos em leilão, nos termos do art. 133 [...], ficando depositado o líquido apurado, para, no cível, lhe dar o juiz, que solucionar a questão da responsabilidade civil, o destino competente [...], e, mesmo que quando haja absolvição ou extinção da punibilidade, só será levantado o sequestro em apreço, se não houver da parte do juiz cível a requisição". Lembramos, apenas, que o autor empregava o vocábulo "sequestro", que constava, por equívoco, do texto original do art. 137, depois corrigido pela Lei nº Lei nº 11.435/2006, com a utilização do adequado termo "arresto".

Daí a razão pela qual, no entender desse autor, absolvido o réu ou tendo extinta sua punibilidade, essas circunstâncias, por si só, não eliminam eventual responsabilidade civil que pode ainda remanescer, contra o autor do delito. Sugere que "havendo prova de estar, já, proposta ação, no cível, de reparação do dano, o juiz criminal, antes de levantar o sequestro (ou cancelar a hipoteca), deverá consultar o juiz daquela ação, pois o Código de Processo Civil estatui, no art. 675, n. II, que o juiz poderá determinar providências para acautelar o interesse das partes, quando, antes da decisão, for provável a ocorrência de atos capazes de causar lesões, de difícil e incerta reparação, ao direito de uma das partes, e, entre essas medidas preventivas, o art. 676, n. II, enumera o sequestro de coisa móvel ou imóvel" (ob. cit., vol. 1, p. 392). Destacamos, contudo, a revogação deste art. 676, inc. II, do CPC, cujo espírito, porém, pode ser encontrado na conjugação dos arts. 813, inc. I e 822 do *codex* atual.

> **ATENÇÃO** – Fazemos apenas uma ressalva: dependendo o fundamento concreto no qual se baseou a absolvição do réu, o julgamento na esfera criminal fará coisa julgada no cível. Imaginemos ter sido ele absolvido sob o fundamento de "estar provada a inexistência do fato", nos termos do inc. I, do art. 386 do Código de Processo Penal. Não teria cabimento, sob pena de grave desmoralização da justiça e de causar absoluta insegurança do jurisdicionado, que um juiz cível afirmasse que, ao contrário, o fato existiu. De outra parte, pode o réu ser absolvido criminalmente por "não existir prova suficiente para a condenação", na dicção do inc. VII, do art. 380 do código. Nada impedirá que a vítima, no cível, busque a reparação, pois a prova ausente no juízo crimina pode, eventualmente, ser produzida no processo cível. A proposta, portanto, do preclaro autor, tem pertinência na análise concreta da causa que ensejou a absolvição do réu (ou mesmo do pedido de arquivamento do inquérito policial ou de peças de investigações). No primeiro caso acima deve ser aplicada, no segundo não.

Bens móveis – A definição deve ser buscada no Código Civil, de quem nos socorreremos sem maiores incursões no tema, por fugirem do interesse de nosso trabalho. De modo que bens móveis, na dicção do art. 82 daquele *codex*, são "os bens suscetíveis de movimento próprio, ou de remoção por força alheia, sem alteração da substância ou da destinação econômico-social". São chamados "bens móveis por sua própria natureza", em conceito que se explica por si só. Há, ainda, os "bens móveis por determinação legal", aquele cuja lei assim os considera. Estão descritos no art. 83 do Código Civil, a saber: "Consideram-se móveis para os efeitos legais: I – as energias que tenham valor econômico; II – os direitos reais sobre objetos móveis e as ações correspondentes; III – os direitos pessoais de caráter patrimonial e respectivas ações. Por último, há os "bens móveis por antecipação", de que trata o art. 84 do CC, assim definidos aqueles que "incorporados ao solo, destinam-se à separação e serão convertidos em móveis, como é o caso das árvores que se converterão em lenha, ou da venda de uma casa para demolição", na lição de Silvio de Salvo Venosa (*Direito Civil-Parte Geral-* São Paulo: Atlas, 2006, v.1, p. 314).

Todos esses bens são suscetíveis de penhora, desde que não se incluam nas vedações abaixo transcritas, que os tornam impenhoráveis.

Bens impenhoráveis – A relação de bens que não se sujeitam à penhora é descrita no art. 833 do Código de Processo Civil, a saber: I – os bens inalienáveis e os declarados, por ato voluntário, não sujeitos à execução; II – os móveis, os pertences e as utilidades domésticas que guarnecem a residência do executado, salvo os de elevado valor ou os que ultrapassem as necessidades comuns correspondentes a um médio padrão de vida; III – os vestuários, bem como os pertences de uso pessoal do executado, salvo se de elevado valor; IV – os vencimentos, os subsídios, os soldos, os salários, as remunerações, os proventos de aposentadoria, as pensões, os pecúlios e os montepios, bem como as quantias recebidas por liberalidade de terceiro e destinadas ao sustento do devedor e de sua família, os ganhos de trabalhador autônomo e os honorários de profissional liberal, ressalvado o § 2º; V – os livros, as máquinas, as ferramentas, os utensílios, os instrumentos ou outros bens móveis necessários ou úteis ao exercício da profissão do executado; VI – o seguro de vida; VII – os materiais necessários para obras em andamento, salvo se essas forem penhoradas; VIII – a pequena propriedade rural, assim definida em lei, desde que trabalhada pela família; IX – os recursos públicos recebidos por instituições privadas para aplicação compulsória em educação, saúde ou assistência social; X – a quantia depositada em caderneta de poupança, até o limite de 40 (quarenta) salários-mínimos; XI – os recursos públicos do fundo partidário recebidos por partido político, nos termos da lei; XII – os créditos oriundos de alienação de unidades imobiliárias, sob regime de incorporação imobiliária, vinculados à execução da obra.

Exceções à regra, como, por exemplo, a possibilidade de penhora de salário para fazer frente à execução de alimentos (§ 2° do art. 833), fogem ao raio e interesse do nosso trabalho.

Rol exemplificativo – De ser ver que esse rol é meramente exemplificativo, não encerrando, portanto, *numerus clausus*, a admitir, pois, sua ampliação, quer em virtude de legislação esparsa, quer por força de construção jurisprudencial. Poderíamos lembrar, assim, a Lei nº 8.009/90 que consagra a impenhorabilidade do "bem de família" ou ainda o Estatuto da Terra (Lei n° 4.504/64), que em seu art. 96, § 4°, considera como salário o ganho daquele que teve a terra cedida para o trabalho ("terça", "quarta" ou "meia"), insuscetível, pois, de penhora. São também impenhoráveis, por entendimento pretoriano, por exemplo: a renda de aluguéis, quando destinada exclusivamente à subsistência do locador (TRF, 1. R., AI n° 2005.01.00.063050-7-MG, Rel. Carlos Fernando

Mathias, j. 02.02.2007, DJ 16.02.2007, p. 134); os honorários contratados com o advogado (STJ – REsp nº 566.190-SC, Rel. Nancy Andrighi, j. 14.06.2005, DJ 01.07.2005, p. 514).

§ 1º Se esses bens forem coisas fungíveis e facilmente deterioráveis, proceder-se-á na forma do § 5º do art. 120.

Bens fungíveis – São aqueles que podem ser substituídos por outro da mesma espécie, qualidade e quantidade, nos termos do art. 85 do Código Civil. Assim, por exemplo, o gado ou um cereal. Em contrapartida, os bens infungíveis não admitem substituição em face de suas qualidades individuais. A famosa "Monalisa", de Leonardo da Vinci, jamais será substituída por outra obra, ainda que de valor superior.

Quanto aos bens deterioráveis, remetemos o leitor aos comentários tecidos ao art. 120, § 5º, acima.

§ 2º Das rendas dos bens móveis poderão ser fornecidos recursos arbitrados pelo juiz, para a manutenção do indiciado e de sua família.

Manutenção da família – Pode ocorrer que o arresto se volte, por exemplo, contra um automóvel, cujo proprietário exerça a profissão de taxista. Nesse caso, embora perdure a constrição sobre o veículo, nada impede que sua renda, oriunda da profissão do indiciado, seja preservada para sua manutenção e da família. O indiciado, na qualidade de depositário do bem, poderia assim prosseguir no exercício de seu mister. Trata-se de dispositivo de caráter humanitário, que visa evitar a penalização exagerada daqueles que, para sobreviver, dependam do trabalho do indiciado.

Art. 138. O processo de especialização da hipoteca e do arresto correrão em auto apartado. (Redação dada pela Lei nº 11.435, de 2006).

Autos apartados – Segue-se, aqui, a regra geral segundo a qual toda medida assecuratória deve ter seu trâmite em autos apartados, sem a suspensão do processo principal. É assim para o sequestro (Art. 129), e também para a hipoteca legal e o arresto. O objetivo, já apontado anteriormente, é de se evitar o tumulto processual que se instalaria caso tais incidentes se processassem nos autos da ação criminal.

Art. 139. O depósito e a administração dos bens arrestados ficarão sujeitos ao regime do processo civil. (Redação dada pela Lei nº 11.435, de 2006).

Processo civil – O dispositivo em análise remete ao processo civil a disciplina da matéria. As disposições que tratam do depósito e administração dos bens arrecadados, eram previstas no Código de Processo Civil de 1973, mais precisamente no arts. 148 a 150. Confiava-se, assim, a guarda dos bens sequestrados a depositário ou administrador, que seriam remunerados por esse encargo e respondiam pelos prejuízos que, por dolo ou culpa, causassem à parte. Previa, inclusive, que o próprio devedor poderia permanecer como depositário do bem, o que, por analogia, se estendia ao processo penal, a autorizar o réu a fazê-lo. Ocorre que o Código de Processo Civil atual não trará da ação de depósito. O Código Civil, nos arts. 627 a 646, prevê o depósito, em dispositivos, porém, de pouca intimidade com o processo penal. Talvez a única alternativa seja a adoção de algumas das regras do revogado Código de Processo Civil, que podem servir de parâmetro seguro à míngua de legislação sobre o tema no *codex* em vigor.

Art. 140. As garantias do ressarcimento do dano alcançarão também as despesas processuais e as penas pecuniárias, tendo preferência sobre estas a reparação do dano ao ofendido.

Despesas processuais e as penas pecuniárias – Como já salientado em outras oportunidades, as medidas assecuratórias não visam, tão somente, garantir futura reparação dos danos causados à vítima, mas também fazer frente ao pagamento de despesas processuais e das penas pecuniárias. Estas, aliás, terão preferência sobre a primeira, significando dizer que, se com o pagamento das despesas e pena de multa, todo o numerário se esvair, nada receberá o ofendido. E se, ambos pagos, algo sobrar? Essa sobra será depositada junto ao Tesouro Nacional, nos termos do parágrafo único, do art. 133 do CPP.

Art. 141. O arresto será levantado ou cancelada a hipoteca, se, por sentença irrecorrível, o réu for absolvido ou julgada extinta a punibilidade. (Redação dada pela Lei nº 11.435, de 2006).

Remetemos o leitor aos comentários que fizemos acima ao inc. III, do art. 131 do código, cujo teor é idêntico, não se justificando enfadonha repetição.

Art. 142. Caberá ao Ministério Público promover as medidas estabelecidas nos arts. 134 e 137, se houver interesse da Fazenda Pública, ou se o ofendido for pobre e o requerer.

Revogação deste dispositivo – Cremos que, em nome do interesse da Fazenda Pública, não mais se justifica a manutenção da legitimidade conferida ao Ministério Público. Com efeito, esse dispositivo foi concebido ao tempo de outra ordem constitucional, quando se confundiam, em um só órgão, a titularidade da ação penal pública e a defesa em juízo do Estado. Lembre-se, nesse sentido, que o art. 131 da Constituição atribui à Advocacia-Geral da União a representação, judicial e extrajudicial, da União. Evidente, assim, a incompatibilidade dessa previsão legal frente ao perfil constitucional assumido pelo Ministério Público, a partir da Carta de 1.988, razão pela qual entendemos no sentido de sua não recepção pelo atual ordenamento jurídico. Não foi o que pareceu ao Tribunal Regional Federal da 4ª região, como se vê do julgado cuja ementa abaixo se transcreveu.

JURISPRUDÊNCIA

Legitimidade do Ministério Público

"Nos termos do artigo 142 do CPP, havendo interesse da Fazenda Pública, o Ministério Público tem legitimidade para requerer medida cautelar de sequestro/arresto provisório e posterior hipoteca legal" (TRF 4ª. R., ACR 814730620034047000 PR 0081473-06.2003.404.7000, Rel. Nefi Cordeiro, j. 08.02.2011, DE 17.02.2011).

Art. 143. Passando em julgado a sentença condenatória, serão os autos de hipoteca ou arresto remetidos ao juiz do cível (art. 63). (Redação dada pela Lei nº 11.435, de 2006).

Sobre a competência para processamento da hipoteca e arresto, após o trânsito em julgado da condenação, v. acima comentários ao art. 133.

Art. 144. Os interessados ou, nos casos do art. 142, o Ministério Público poderão requerer no juízo cível, contra o responsável civil, as medidas previstas nos arts. 134, 136 e 137.

Possibilidade de requerer a medida no juízo cível – Caso esteja em trâmite uma ação de conhecimento, proposta no âmbito civil, buscando o ressarcimento, é cabível a proposta de medidas assecuratórias perante aquele Juízo. E, com mais razão, na hipótese em que, já tendo transitado em julgado a sentença penal condenatória, se pretenda apenas executar, no cível, o título judicial oriundo dessa condenação. É dizer: os interessados podem ajuizar o pedido perante um ou outro juízo, mas não em ambos concomitantemente, sob pena de configuração de verdadeira má-fé.

Legitimidade – A respeito da legitimidade do Ministério Público, a qual fizemos ressalvas, remetemos o leitor aos comentários acima tecidos aos arts. 134 e 142 do Código. Já quando a lei menciona os interessados do art. 142 do código, refere-se ao ofendido e, acrescentamos, àqueles que mencionamos no art. 127 acima, sob a rubrica "legitimidade", a saber, quem detenha capacidade para representar a vítima, caso menor. Ou o curador, caso não tenha representante ou se conflitantes seus interesses, ou sendo mentalmente enfermo ou retardado mental. No caso de sua morte ou ausência, a legitimidade para o pedido é passada ao cônjuge, ascendente, descendente ou irmão.

Art. 144-A. O juiz determinará a alienação antecipada para preservação do valor dos bens sempre que estiverem sujeitos a qualquer grau de deterioração ou depreciação, ou quando houver dificuldade para sua manutenção. (Incluído pela Lei nº 12.694, de 2012)

§ 1º O leilão far-se-á preferencialmente por meio eletrônico. (Incluído pela Lei nº 12.694, de 2012)

§ 2º Os bens deverão ser vendidos pelo valor fixado na avaliação judicial ou por valor maior. Não alcançado o valor estipulado pela administração judicial, será realizado novo leilão, em até 10 (dez) dias contados da realização do primeiro, podendo os bens ser alienados por valor não inferior a 80% (oitenta por cento) do estipulado na avaliação judicial. (Incluído pela Lei nº 12.694, de 2012)

§ 3º O produto da alienação ficará depositado em conta vinculada ao juízo até a decisão final do processo, procedendo-se à sua conversão em renda para a União, Estado ou Distrito Federal, no caso de condenação, ou, no caso de absolvição, à sua devolução ao acusado. (Incluído pela Lei nº 12.694, de 2012)

§ 4º Quando a indisponibilidade recair sobre dinheiro, inclusive moeda estrangeira, títulos, valores mobiliários ou cheques emitidos como ordem de pagamento, o juízo determinará a conversão do numerário apreendido em moeda nacional corrente e o depósito das correspondentes quantias em conta judicial. (Incluído pela Lei nº 12.694, de 2012)

§ 5º No caso da alienação de veículos, embarcações ou aeronaves, o juiz ordenará à autoridade de trânsito ou ao equivalente órgão de registro e controle a expedição de certificado de registro e licenciamento em favor do arrematante, ficando este livre do pagamento de multas, encargos e tributos anteriores, sem prejuízo de execução fiscal em relação ao antigo proprietário. (Incluído pela Lei nº 12.694, de 2012)

§ 6º O valor dos títulos da dívida pública, das ações das sociedades e dos títulos de crédito negociáveis em bolsa será o da cotação oficial do dia, provada por certidão ou publicação no órgão oficial. (Incluído pela Lei nº 12.694, de 2012)

§ 7º (VETADO). (Incluído pela Lei nº 12.694, de 2012)

Alienação antecipada de bens – O dispositivo em tela permite que, antes mesmo da prolação da sentença penal, seja condenatória ou absolutória, se proceda à alienação antecipada de bens. Para tanto é preciso que os bens estejam sujeitos à deterioração ou depreciação ou que haja dificuldade em mantê-los. "Deterioração" é aquilo que, com o passar do tempo, se estraga. Assim, *v.g.*, um lote de carne apreendido em decorrência da prática de um crime. Por óbvio que, ao se aguardar o trânsito em julgado da sentença penal condenatória, que pode durar anos, esse material já se revelará impróprio ao consumo humano. Em caso bastante conhecido, envolvendo um banqueiro na cidade de São Paulo, sua valiosíssima coleção de arte, instalada na mansão na qual residia, sofreu vários danos, em razão da incidência do sol sobre os quadros, prejudicando-lhes cor e textura. É que era instalado um sistema de acionamento de cortinas por controle remoto, cujo manejo era desconhecido pelo responsável pela guardado imóvel. A venda antecipada dessas obras teria evitado sua deterioração e mesmo sua depreciação.

"Depreciação" é aquilo que perde seu valor inicial. Por exemplo, um veículo novo, que foi apreendido, fosse se aguardar dez anos para se operar o trânsito em julgado e seu valor sofreria enorme redução. Permite-se, ainda, a alienação antecipada quando há dificuldade na manutenção do bem. Suponha-se uma aeronave, de grande porte, cuja guarda implicará na ocupação de um espaço razoável em um aeroporto e, pior, exigirá cuidados em sua manutenção, posto que um avião, passados anos sem uso, tem deteriorado seu motor, com necessidade de troca de peças, tudo em prejuízo do Estado, a quem cabe arcar com tais despesas. E pior: sujeito o Estado, ao final do processo, caso absolvido o réu, a sofrer uma ação de indenização visando reparar os danos acarretados ao veículo.

Para se evitar tais dissabores, evitando-se o acúmulo de veículos em pátios, públicos ou particulares, em risco à saúde pública, eis que se prestam como verdadeiros criadouros de doenças, quando não frequentemente furtados ou depredados, é que o legislador prevê essa alternativa. É, infelizmente ainda pouco utilizada na prática, quer em virtude da reduzida familiaridade do promotor e do juiz criminal com a matéria, quer principalmente pela dificuldade burocrática encontrada para a implementação eficaz da medida.

ATENÇÃO - O Superior Tribunal de Justiça possui entendimento de que "o art. 144-A do Código de Processo Penal, acrescido ao diploma pela Lei n. 12.694/2012, permite expressamente a alienação antecipada de bens que correm o risco de perecimento ou desvalorização, ou quando houver dificuldade para sua manutenção" (AgRg no REsp 1.964.491/MT, relator Ministro Reynaldo Soares da Fonseca, Quinta Turma, DJe de 31/3/2022).

Para o deferimento da medida de alienação antecipada, em suma, são necessários indícios suficientes de prática de infração penal, bem como de que os bens constritos são utilizados na prática criminosa ou constituem produto/proveito dos delitos apurados.

§ 1º O leilão far-se-á preferencialmente por meio eletrônico. (Incluído pela Lei nº 12.694, de 2012)

Leilão eletrônico – Vem previsto no art. 879, inc. II, do Código de Processo Civil, com aplicação, no processo penal, por conta do disposto no art. 3° do CPP.

No Estado de São Paulo, a matéria vem tratada no Provimento n° 1625/2009, do Conselho Superior da Magistratura, onde se destaca que "o interessado em participar da alienação judicial eletrônica deverá se cadastrar previamente no site em que se desenvolverá a alienação. Questões incidentais a respeito serão submetidas a apreciação judicial" (art. 3°). Saliente-se que é gratuito esse cadastramento (art. 4°). Cabe, outrossim, ao gestor do sistema de alienação judicial eletrônica, a definição dos critérios de participação na alienação judicial eletrônica com o objetivo de preservar a segurança e a confiabilidade dos lanços (art. 4°). É de sua responsabilidade, ainda, confirmar ao interessado "seu cadastramento via e-mail ou por emissão de login e senha provisória, a qual será necessariamente alterada pelo usuário" (art. 6°). "Os bens serão vendidos no estado conservação em que se encontram, sem garantia, constituindo ônus do interessado verificar suas condições, antes das datas designadas para as alienações judiciais eletrônicas" (art. 9°) e o arrematante terá prazo de até vinte e quatro horas para efetuar os depósitos (art. 19). "O auto de arrematação será assinado pelo juiz após a comprovação efetiva do pagamento integral do valor da arrematação e da comissão, dispensadas as demais assinaturas referidas no art. 694 do Código de Processo Civil" (art. 20).

§ 2º Os bens deverão ser vendidos pelo valor fixado na avaliação judicial ou por valor maior. Não alcançado o valor estipulado pela administração judicial, será realizado novo leilão, em até 10 (dez) dias contados da realização do primeiro, podendo os bens ser alienados por valor não inferior a 80% (oitenta por cento) do estipulado na avaliação judicial. (Incluído pela Lei nº 12.694, de 2012)

Preço mínimo – O valor fixado na avaliação é aquele arbitrado pelo juiz, após estimativa do requerente e oitiva do perito, nos termos dos § § 2° e 3° do art. 135 acima. Isso para bens imóveis. Tratando-se de bens móveis, deverá se proceder à sua avaliação, que servirá de parâmetro para o leilão. E mesmo em caso de imóveis, se o juiz detectar, pelo passar do tempo, que a primeira avaliação não mais corresponde à realidade de mercado, nada impede que determine nova diligência a fim de atualizar o valor. O bem, no primeiro leilão, pode ser vendido por valor igual ou superior àquele obtido na avaliação. Não atingido esse valor, é marcado, no prazo de dez dias, novo leilão, quando se admite a alienação com um abatimento de 80% no valor inicialmente sugerido pela avaliação. Se ainda assim não houver interessados, o leilão restará prejudicado, restando, apenas, a guarda do bem, ainda que suscetível a deterioração e depreciação.

§ 3º O produto da alienação ficará depositado em conta vinculada ao juízo até a decisão final do processo, procedendo-se à sua conversão em renda para a União, Estado ou Distrito Federal, no caso de condenação, ou, no caso de absolvição, à sua devolução ao acusado. (Incluído pela Lei nº 12.694, de 2012)

Destino do numerário – Este dispositivo procura evitar qualquer alegação de inconstitucionalidade da inovação trazida com a Lei n° 12.694/2012. Não há, assim, violação ao princípio da presunção de inocência, quer por não se tratar de um princípio absoluto, na análise sistemática da Constituição, quer em virtude de que preserva o patrimônio do réu, salvo de deterioração ou depreciação. Demais disso, não há perda de patrimônio, mas somente sua indisponibilidade enquanto não decidida a lide. Sendo o réu absolvido, receberá o valor obtido no leilão, até então depositado em conta judicial. Trata-se, antes, de medida benéfica ao réu, que não perdeu o respectivo valor em dinheiro de um bem que se deterioraria e receberá, com certa atualização, o numerário correspondente a um bem que, fosse aguardar o final do processo, decerto que sofreria total desvalorização.

Uma vez condenado definitivamente, o valor arrecadado com o leilão será revertido aos cofres públicos. Para a União caso se trate de condenação oriunda da Justiça Federal e, para as unidades da Federação ou Distrito Federal, quando a sentença penal condenatória for proferida pela Justiça Estadual ou do Distrito Federal.

§ 4º Quando a indisponibilidade recair sobre dinheiro, inclusive moeda estrangeira, títulos, valores mobiliários ou cheques emitidos como ordem de pagamento, o juízo determinará a conversão do numerário apreendido em moeda nacional corrente e o depósito das correspondentes quantias em conta judicial. (Incluído pela Lei nº 12.694, de 2012)

Depósito do numerário – Na análise que fizemos ao art. 119 acima, sob a rubrica "apreensão de dinheiro ou cheque", aludimos à Resolução nº 428/2005, do Conselho Nacional de Justiça (de aplicação à Justiça Federal), que determina o depósito em dinheiro apreendido junto à Caixa Econômica Federal, assim como dos valores obtidos com o desconto de cheques e da conversão, em reais, de moeda estrangeira.

§ 5º No caso da alienação de veículos, embarcações ou aeronaves, o juiz ordenará à autoridade de trânsito ou ao equivalente órgão de registro e controle a expedição de certificado de registro e licenciamento em favor do arrematante, ficando este livre do pagamento de multas, encargos e tributos anteriores, sem prejuízo de execução fiscal em relação ao antigo proprietário. (Incluído pela Lei nº 12.694, de 2012)

Bens liberados sem ônus – É compreensível que, uma vez arrematado um dos veículos acima mencionados, o arrematante o receba com toda a documentação regularizada, sob pena de, não sendo assim, restar absolutamente inviabilizado o negócio. Imagine-se se, após o leilão, tivesse ainda o arrematante que providenciar toda a regularização do veículo, em trabalho que, em boa parte das vezes, resultaria inútil. Também por isso ele se vê livre do pagamento de multas, tributos (IPVA, por exemplo) e outros encargos (licenciamento, *v.g.*), pendentes sobre o bem, que sejam de responsabilidade do antigo proprietário, este sim sujeito à execução fiscal visando o recebimento desses valores.

§ 6º O valor dos títulos da dívida pública, das ações das sociedades e dos títulos de crédito negociáveis em bolsa será o da cotação oficial do dia, provada por certidão ou publicação no órgão oficial. (Incluído pela Lei nº 12.694, de 2012)

Valor – O dispositivo se explica por si só. Em se tratando de ações e títulos de crédito negociáveis em bolsa, toma-se, como avaliação, a cotação do dia. Já os títulos da dívida pública podem ser prefixados, isto é, o investidor sabe, de antemão, o valor que receberá ao final da aplicação. Ou pós-fixados, cujo valor é fixado, ao final da aplicação, por um indexador.

§ 7º (VETADO). (Incluído pela Lei nº 12.694, de 2012)

Indisponibilidade de ativos de pessoas investigadas ou acusadas de terrorismo e a Lei 13.810/19 – sobretudo após os ataques terroristas promovidos nos Estados Unidos em 11 de setembro de 2001, a Organização das Nações Unidas tem se movimentado para que seus Estados membros adotem medidas capazes de prevenir, investigar e punir condutas de natureza semelhante. Já em 28 de setembro de 2001 – dias após os famosos ataques –, a ONU editou a Resolução 1.373 (de execução obrigatória no Brasil por meio do Decreto 3.976/01), cujo artigo 1 dispõe que os Estados devem:

"a) Prevenir e reprimir o financiamento de atos terroristas;

b) Criminalizar o fornecimento ou captação deliberados de fundos por seus nacionais ou em seus territórios, por quaisquer meios, diretos ou indiretos, com a intenção de serem usados ou com o conhecimento de que serão usados para praticar atos terroristas;

c) Congelar, sem demora, fundos e outros ativos financeiros ou recursos econômicos de pessoas que perpetram, ou intentam perpetrar, atos terroristas, ou participam em ou facilitam o cometimento desses atos. Devem também ser congelados os ativos de entidades pertencentes ou controladas, direta ou indiretamente, por essas pessoas, bem como os ativos de pessoas e entidades atuando em seu nome ou sob seu comando, inclusive fundos advindos ou gerados por bens pertencentes ou controlados, direta ou indiretamente, por tais pessoas e por seus sócios e entidades;

d) Proibir seus nacionais ou quaisquer pessoas e entidades em seus territórios de disponibilizar quaisquer fundos, ativos financeiros ou recursos econômicos ou financeiros ou outros serviços financeiros correlatos, direta ou indiretamente, em benefício de pessoas que perpetram, ou intentam perpetrar, facilitam ou participam da execução desses atos; em benefício de entidades pertencentes ou controladas, direta ou indiretamente, por tais pessoas; em benefício de pessoas e entidades atuando em seu nome ou sob seu comando".

Apesar de o Brasil se obrigar ao combate do terrorismo – até mesmo porque, na qualidade de membro, está vinculado ao disposto no art. 25 da Carta da ONU, promulgada pelo Decreto 19.841/45 –, de repudiá-lo como princípio fundamental (art. 4º, inc. VIII, da CF/88) e de lhe impor a inafiançabilidade e a insuscetibilidade de graça ou anistia, somente em 2016 foi aprovada uma lei em que se define a prática terrorista, tipificam-se as condutas relativas e se estabelecem algumas medidas de índole processual (Lei 13.260).

A Lei 13.260/16 permite, no art. 12, que, havendo indícios suficientes de crime de terrorismo, o juiz decrete, no curso da investigação ou da ação penal, medidas assecuratórias de bens, direitos ou valores do investigado ou acusado, ou existentes em nome de interpostas pessoas, que sejam instrumento, produto ou proveito dos mesmos crimes. Trata-se das medidas listadas nos arts. 125 a 144 do Código de Processo Penal: 1) sequestro; 2) hipoteca legal e 3) arresto. São, evidentemente, medidas decretadas em relação a *crimes cometidos no território brasileiro* ou em que, em razão das circunstâncias, *incide a extraterritorialidade da lei penal brasileira.*

Essas medidas, no entanto, não são suficientes para que se alcance integralmente a repressão que a ONU pretende conferir ao terrorismo, pois, devido à facilidade de trânsito de pessoas e de ativos entre países, é comum que organizações terroristas utilizem pessoas físicas e jurídicas residentes e sediadas em lugares diversos do mundo para manter a salvo bens e valores utilizados para o financiamento de suas atividades. E a Lei 13.260/16 é insuficiente neste ponto porque não é aplicável contra pessoas – físicas ou jurídicas – não envolvidas em crimes que atraiam a aplicação da lei penal brasileira, ainda que alguém mantenha no Brasil ativos que possam ser remetidos ao exterior para beneficiar os componentes de algum grupo terrorista.

A Lei 13.810, promulgada em 08 de março de 2019, vem com o propósito de agilizar o cumprimento de "sanções impostas por resoluções do Conselho de Segurança das Nações Unidas, incluída a indisponibilidade de ativos de pessoas naturais e jurídicas e de entidades, e a designação nacional de pessoas investigadas ou acusadas de terrorismo, de seu financiamento ou de atos a ele correlacionados". Neste caso, as medidas independem de o crime ter sido cometido no Brasil. Se o Conselho de Segurança das Nações Unidas emitir resolução impondo sanções a determinados indivíduos pelo cometimento de atos de terrorismo, o Brasil se obriga a cumprir medidas de indisponibilidade de ativos relacionados a esses indivíduos ainda que nenhuma conduta criminosa tenha sido cometida em nosso território, nem que de alguma forma se justifique a aplicação da lei penal brasileira.

O novo diploma revoga a Lei 13.170/15, que também dispunha sobre a indisponibilidade de bens, direitos ou valores em decorrência de resolução do Conselho de Segurança da ONU, mas estabelecia um procedimento de ação judicial de indisponibilidade. A Lei 13.810/19 dispensa o procedimento judicial – e talvez aqui esteja a maior inovação – para que seja levada a efeito a indisponibilidade de ativos.

Com efeito, segundo o art. 6º, as resoluções sancionatórias têm efeito imediato no Brasil, dispensando inclusive o procedimento de internalização e homologação (procedimento que havia sido imposto no parágrafo único, mas que foi vetado por contrariar o propósito de conferir maior eficácia às sanções impostas). Em decorrência da imediatidade, o art. 9º estabelece que as pessoas naturais e jurídicas de que trata o art. 9º da Lei nº 9.613/98 cumprirão a resolução sem demora (imediatamente ou dentro de algumas horas) e sem prévio aviso ao sancionado, seguindo a forma e as condições definidas por seu órgão regulador ou fiscalizador.

A Lei 9.613/98 é a que dispõe sobre o crime de lavagem de dinheiro. Seu artigo 9º – ao qual se remete a Lei 13.810/19 – se refere a pessoas físicas e jurídicas que desempenhem as seguintes atividades:

a) captação, intermediação e aplicação de recursos financeiros de terceiros, em moeda nacional ou estrangeira;

b) compra e venda de moeda estrangeira ou ouro como ativo financeiro ou instrumento cambial;

c) custódia, emissão, distribuição, liquidação, negociação, intermediação ou administração de títulos ou valores mobiliários;

d) bolsas de valores, bolsas de mercadorias ou futuros e sistemas de negociação do mercado de balcão organizado;

e) seguradoras, corretoras de seguros e entidades de previdência complementar ou de capitalização;

f) administradoras de cartões de credenciamento ou cartões de crédito e administradoras de consórcios para aquisição de bens ou serviços;

g) administradoras ou empresas que se utilizem de cartão ou qualquer outro meio eletrônico, magnético ou equivalente, que permita a transferência de fundos;

h) empresas de arrendamento mercantil (leasing) e de fomento comercial (factoring);

i) sociedades que efetuem distribuição de dinheiro ou quaisquer bens móveis, imóveis, mercadorias, serviços, ou, ainda, concedam descontos na sua aquisição, mediante sorteio ou método assemelhado;

j) filiais ou representações de entes estrangeiros que exerçam no Brasil qualquer das atividades listadas neste artigo, ainda que de forma eventual;

k) entidades cujo funcionamento dependa de autorização de órgão regulador dos mercados financeiro, de câmbio, de capitais e de seguros;

l) pessoas físicas ou jurídicas, nacionais ou estrangeiras, que operem no Brasil como agentes, dirigentes, procuradoras, comissionárias ou por qualquer forma representem interesses de ente estrangeiro que exerça qualquer das atividades referidas neste artigo;

m) pessoas físicas ou jurídicas que exerçam atividades de promoção imobiliária ou compra e venda de imóveis;

n) pessoas físicas ou jurídicas que comercializem joias, pedras e metais preciosos, objetos de arte e antiguidades;

o) pessoas físicas ou jurídicas que comercializem bens de luxo ou de alto valor, intermedeiem a sua comercialização ou exerçam atividades que envolvam grande volume de recursos em espécie;

p) juntas comerciais e registros públicos;

q) pessoas físicas ou jurídicas que prestem, mesmo que eventualmente, serviços de assessoria, consultoria, contadoria, auditoria, aconselhamento ou assistência, de qualquer natureza, em operações: 1) de compra e venda de imóveis, estabelecimentos comerciais ou industriais ou participações societárias de qualquer natureza; 2) de gestão de fundos, valores mobiliários ou outros ativos; 3) de abertura ou gestão de contas bancárias, de poupança, investimento ou de valores mobiliários; 4) de criação, exploração ou gestão de sociedades de qualquer natureza, fundações, fundos fiduciários ou estruturas análogas; 5) financeiras, societárias ou imobiliárias; 6) alienação ou aquisição de direitos sobre contratos relacionados a atividades desportivas ou artísticas profissionais;

r) pessoas físicas ou jurídicas que atuem na promoção, intermediação, comercialização, agenciamento ou negociação de direitos de transferência de atletas, artistas ou feiras, exposições ou eventos similares;

s) empresas de transporte e guarda de valores;

t) pessoas físicas ou jurídicas que comercializem bens de alto valor de origem rural ou animal ou intermedeiem a sua comercialização;

u) dependências no exterior das entidades mencionadas neste artigo, por meio de sua matriz no Brasil, relativamente a residentes no País.

A lista é extensa, mas seu destaque é importante porque cabe às pessoas físicas e jurídicas que exercem tais atividades o imediato cumprimento da resolução sancionatória. Para que se garanta a medida, o art. 10 determina que, sem prejuízo da obrigação de cumprimento imediato, o Ministério da Justiça e Segurança Pública comunique, *sem demora*, as sanções de:

a) indisponibilidade de ativos aos órgãos reguladores ou fiscalizadores, para que comuniquem imediatamente às pessoas naturais ou jurídicas de que trata o art. 9º da

Lei 9.613/98. Esta comunicação deve ser também dirigida: às corregedorias de justiça dos Estados e do Distrito Federal; à Agência Nacional de Aviação Civil; ao Departamento Nacional de Trânsito do Ministério do Desenvolvimento Regional; às Capitanias dos Portos; à Agência Nacional de Telecomunicações; e a outros órgãos de registro público competentes;

b) restrições à entrada de pessoas no território nacional, ou à saída dele, à Polícia Federal, para que adote providências imediatas de comunicação às empresas de transporte internacional; e

c) restrições à importação ou à exportação de bens à Secretaria Especial da Receita Federal do Ministério da Economia, à Polícia Federal e às Capitanias dos Portos, para que adotem providências imediatas de comunicação às administrações aeroportuárias, às empresas aéreas e às autoridades e operadores portuários.

Esta comunicação é importante porque as entidades às quais se dirige são incumbidas do controle específico do trânsito de ativos e pessoas, o que pode agregar maior eficácia ao procedimento de indisponibilidade. Mas como o *caput* do art. 10 determina que o Ministério da Justiça faça a comunicação *sem prejuízo do imediato cumprimento* da sanção, conclui-se que a comunicação é tão somente um *plus*, isto é, as pessoas físicas e jurídicas incumbidas de cumprir os termos da resolução devem fazê-lo independentemente da iniciativa do Ministério da Justiça.

O art. 11, por sua vez, dispõe que a indisponibilidade de ativos e as tentativas de sua transferência relacionadas às pessoas naturais, às pessoas jurídicas ou às entidades sancionadas por resolução do Conselho de Segurança da ONU serão comunicadas ao Ministério da Justiça e Segurança Pública, aos órgãos reguladores ou fiscalizadores das pessoas naturais ou das pessoas jurídicas de que trata o art. 9º da Lei nº 9.613/98 e ao Conselho de Controle de Atividades Financeiras – COAF (atual UIF).

Caso a resolução sancionatória não seja cumprida, a União deverá ingressar, *sem demora*, com auxílio direto judicial (arts. 28 a 34 do CPC). As pessoas naturais e as pessoas jurídicas mencionadas no rol acima deverão informar, também *sem demora*, ao Ministério da Justiça e Segurança Pública, a existência de pessoas e ativos sujeitos à sanção e *as razões pelas quais deixaram de cumpri-la* (art. 12). Instruído o procedimento com as informações sobre a existência de ativos sujeitos à indisponibilidade, o juiz deve determinar, no prazo de vinte e quatro horas a partir do recebimento dos autos, e sem a oitiva do requerido, as medidas pertinentes para o cumprimento da sanção (art. 14).

Caso o requerido seja excluído da sanção imposta pelo Conselho de Segurança, as partes poderão ingressar com ação revisional do que foi estatuído na sentença (art. 17).

É possível também que a União ingresse com pedido de auxílio direto judicial a requerimento de autoridade central estrangeira. Neste caso, a medida serve para assegurar o resultado de investigações administrativas ou criminais e ações em curso no exterior em virtude da prática de terrorismo, de seu financiamento ou de atos a ele correlacionados (art. 18).

Por fim, destaque-se que nos casos em que o juiz decreta medidas assecuratórias nos termos do art. 12 da Lei 13.260/16 – ou seja, nas situações em que o Brasil exerce jurisdição sobre crimes de terrorismo –, a União deve ser intimada para que adote, caso seja necessário, as providências de designação nacional perante o Conselho de Segurança das Nações Unidas ou seu comitê de sanções pertinente.

CAPÍTULO VII
DO INCIDENTE DE FALSIDADE

Art. 145. Arguida, por escrito, a falsidade de documento constante dos autos, o juiz observará o seguinte processo:

I - mandará autuar em apartado a impugnação, e em seguida ouvirá a parte contrária, que, no prazo de 48 horas, oferecerá resposta;

II - assinará o prazo de 3 dias, sucessivamente, a cada uma das partes, para prova de suas alegações;

III - conclusos os autos, poderá ordenar as diligências que entender necessárias;

IV - se reconhecida a falsidade por decisão irrecorrível, mandará desentranhar o documento e remetê-lo, com os autos do processo incidente, ao Ministério Público.

Cabimento - O incidente de falsidade, previsto nos arts. 145 a 148 do CPP terá cabimento sempre que surgir dúvida sobre a autenticidade de um documento. É falso tudo aquilo que, não se baseando na verdade, foi afirmado como verdadeiro (*falsum est, quidquid in veritate nos est, sed pro vero adseveratur*).

O *caput* do art. 232 do código, define documento como "quaisquer escritos, instrumentos ou papéis, públicos ou particulares". Além disso, em outras passagens do código (arts. 165 e 170), fotografias, esquemas, desenhos, etc., são também considerados como documento pelo legislador. Também os documentos eletrônicos são admitidos, dependendo, contudo, "de sua conversão à forma impressa e da verificação de sua autenticidade", segundo o art. 439 do Código de Processo Civil, com aplicação ao processo penal (art. 3º, do CPP).

Espécies de falsidade - A doutrina aponta duas espécies de falsidade: material e ideológica. Enquanto a falsidade material envolve a forma do documento (sua parte exterior), a ideológica diz respeito ao seu conteúdo (juízo inverídico).

> **ATENÇÃO** - A substituição de fotografias em documentos configura, para parcela da doutrina, o crime de falsa identidade (art. 307 do CP), vez que o documento permanece autêntico (não forjado). Contudo, partindo da correta premissa de que o retrato é parte integrante do documento, de acordo com a doutrina majoritária, a ilícita substituição da foto gera o falso material (art. 297 ou 298 do CP, a depender da natureza do documento).

Interesse para a prova - Conquanto a lei não faça qualquer observação expressa nesse sentido, parece claro que somente se deva deferir o processamento do incidente quando o documento supostamente falso guardar alguma relação com os fatos debatidos no processo, sendo imperiosa, assim, a demonstração da relevância da prova que se pretende produzir. Nesse sentido a jurisprudência do STJ abaixo lembrada. A autenticidade de uma carta ou da caligrafia de um cheque revelam-se fundamentais para a apuração, respectivamente, de um crime de ameaça ou de estelionato. Já para um crime de lesão corporal, cuja prova se faz mediante o respectivo exame de corpo de delito, em regra, pouco importa se apurar se o agressor escreveu uma carta contendo juras de amor à ofendida.

Legitimidade – Processado em autos apartados, o incidente de falsidade deve ser arguido por escrito, possuindo legitimidade para tanto o titular da ação penal (Ministério Público ou querelante), o sujeito passivo (réu ou querelado), a vítima, o assistente e mesmo o juiz de ofício (ver nossos comentários ao art. 147, oportunidade em que debatemos esse poder do juiz e o sistema acusatório).

Para que seja suscitado o incidente pelo procurador, deve ele estar munido de poderes especiais para tanto, expressamente mencionados no instrumento de mandato (*procuração*), na medida em que se está atribuindo a prática de um crime a alguém (art. 146).

Processamento – O processamento do incidente vem previsto neste dispositivo, cabendo ao juiz, assim que receber o requerimento por escrito, mandar autuá-lo e, em seguida, ouvir a parte contrária, no prazo de 48 horas. Em seguida, é dado às partes o prazo de três dias para produção de prova. Conclusos os autos ao juiz, ele poderá julgar de plano ou, entendendo necessária, ordenar a produção de prova. A prova pericial, com o objetivo de atestar a veracidade e autenticidade do documento, é quase sempre imprescindível. O Ministério Público deverá se manifestar no pedido, seja como parte, na ação penal pública, seja como *custos iuris*, na ação penal privada.

Momento para a arguição da falsidade – O código não indica o momento oportuno para que a parte interessada suscite a falsidade do documento. Ao contrário, o Código de Processo Civil é expresso, permitindo que a falsidade seja suscitada "na contestação, na réplica ou no prazo de 15 (quinze) dias, contado a partir da intimação da juntada do documento aos autos" (art. 430 do CPC). Considerando que o CPP admite, em seu art. 231, a apresentação de documentos em qualquer fase do processo (salvo na hipótese do art. 479 do código), é possível, em tese, a impugnação também em qualquer estágio do procedimento. Parte da doutrina faz uma restrição, no sentido de que, em grau de recurso, não mais se poderia suscitar o incidente de falsidade, sob o argumento de que, caso o Tribunal ordenasse sua realização, estaria suprimindo um grau de jurisdição, posto que a matéria não foi submetida ao juiz de origem. Temos como incorreta essa observação. Suponha-se que, somente após a sentença de 1º grau e quando o feito já se encontra para julgamento do recurso, a parte interessada descubra que determinado documento juntado aos autos era falso. Impedir-se a realização da respectiva perícia, a fim de apurar eventual falsidade do documento, importaria em séria afronta ao princípio da busca da verdade real (ou busca da verdade *processual*, como hoje tem sido mais aceito). Quanto à supressão de um grau de jurisdição, ela pode era amenizada facultando-se as partes a possibilidade de se manifestarem a respeito da prova acrescida. De resto, há situações em que essa supressão pode mesmo ocorrer. Suponha-se que, condenado o réu, ele junta aos autos, já em grau de recurso, uma certidão, tirada de seu registro de nascimento, comprovando que contava menos de 18 anos à época da prática do crime. Diante dessa documentação, o Tribunal pode absolvê-lo de plano, sem que se caracterize a supressão de um grau de jurisdição, em que pese o juiz de origem não ter apreciado essa prova. Formalidade inútil, a indicar indesejável prevalência da forma sobre o conteúdo, ocorreria caso o Tribunal decretasse a nulidade da sentença para que outra fosse proferida, pelo juiz de 1º grau.

Suspensão do processo principal? – Não há previsão de suspensão do processo-crime enquanto, em apartado, tem curso o incidente. Mas parece claro que tal suspensão se imponha. Ora, se o juiz admitiu sua deflagração, é de se presumir, assim, a relevância da prova. De tal forma que o resultado do incidente configura mesmo um antecedente lógico a preceder à sentença. Discutindo-se a veracidade de uma carta em um crime de ameaça, por óbvio que se deve, antes da prolação da sentença, averiguar-se se falsa – ou não – a missiva. O mesmo se diga de um crime de estelionato, onde se debate se os dizeres lançados em um cheque são verdadeiros ou não. Deflagrado um incidente em ambas as hipóteses, exatamente para definir a veracidade e autenticidade dos documentos, deve-se, por consequência, aguardar o resultado da perícia para, somente depois, ser prolatada a sentença.

Consequências do reconhecimento da falsidade – Reconhecida a falsidade do documento, deve o juiz determinar seu desentranhamento, rubricando, juntamente com o escrivão, todas as folhas do documento (art. 15 da Lei de Introdução ao Código de Processo Penal). Em seguida, os autos serão remetidos ao Ministério Público (art. 145, inc. IV), para adoção das medidas cabíveis, como, por exemplo, a requisição de instauração de inquérito policial ou mesmo a oferta, desde logo, de denúncia contra aquele que produziu o documento, pela prática de algum dos crimes dentre aqueles elencados nos arts. 296 e seguintes do Código Penal.

Recurso cabível – Da decisão que decide o incidente de falsidade cabe recurso em sentido estrito, na exata dicção do art. 581, inc. XVIII do Código.

Ver arts. 231 e ss., que tratam da prova documental.

JURISPRUDÊNCIA

Quando é cabível

PROCESSO PENAL. RECURSO ESPECIAL. ART. 171, INCISO I, DO CP. INCIDENTE DE FALSIDADE. FORMA ESCRITA – "Argüido, por escrito, a falsidade de um documento relevante para o deslinde da causa, deve o juiz determinar a instauração do incidente de falsidade, nos termos do art. 145, do CPP" (STJ – REsp nº 770525-GO, Rel. Felix Fischer, j. 14.03.2006, DJe 10.04.2006, p. 288).

Quando pode ser indeferido

"A teor da jurisprudência desta Corte Superior, pode o magistrado, na condição de destinatário final das provas e com base no princípio do livre convencimento motivado, indeferir, de forma fundamentada, as providências que considere protelatórias, irrelevantes ou impertinentes, não estando obrigado a realizar outras provas quando já se encontra suficientemente instruído diante dos elementos probatórios existentes. Na hipótese dos autos, as instâncias ordinárias concluíram pela dispensabilidade do incidente de arguição de falsidade documental, ante a ausência de relevância da validade do documento apontado defronte das provas colhidas nos autos, sendo irrelevante a comprovação de sua autenticidade." (STJ – AgRg nos EDcl nos EDcl no AREsp n. 878.026/PR, relator Ministro Sebastião Reis Júnior, Sexta Turma, julgado em 16/8/2016, DJe de 1/9/2016.)

Documento público não impede a instauração do incidente

"Os documentos públicos, mesmo apresentados por cópia não autenticadas, gozam de presunção de veracidade, sendo invalidáveis por via de incidente de falsidade" (STJ – Rel. Vicente Leal – RSTJ 137/617).

Art. 146. A argüição de falsidade, feita por procurador, exige poderes especiais.

Poderes especiais – A cautela do legislador se justifica, afinal são graves as consequências de se imputar, a outrem, a responsabilidade pela utilização de um documento falso. Eventual insucesso no julgamento do incidente, a demonstrar que o documento supostamente falso era verdadeiro, pode mesmo configurar o crime de calúnia àquele que provocou o incidente. Daí se exigir do procurador que esteja munido de poderes especiais para formulação do pedido. A assinatura do arguente juntamente com seu procurador, na petição, supre a necessidade da juntada de instrumento de mandato com poderes especiais. Com efeito, já tendo a jurisprudência do STJ reconhecido que, para oferta da queixa-crime, a assinatura do querelante na inicial supre a necessidade de poderes especiais, prevista no art. 44 do código, com mais razão se deve admitir essa possibilidade em se cuidando de instauração de incidente de falsidade.

JURISPRUDÊNCIA

Concessão de prazo para regularização da procuração

INCIDENTE DE FALSIDADE – PROCURAÇÃO – PODER ESPECIAL – "O art. 146 do CPP exige poder especial para instauração do incidente de falsidade. O processo penal visa projetar a verdade real. É finalidade de natureza material. O procedimento, apesar de disciplinador de condutas, não pode impedir que o fim seja alcançado. Conclusão oposta levará a contrastar a teleologia do processo. Assim, na falta do respectivo poder na procuração, cumpre abrir-se oportunidade para o defensor agir. O procedimento submete-se ao processo" (STJ – REsp nº 148227-PR, Rel. Luiz Vicente Cernicchiaro, RSTJ 111/367).

Art. 147. O juiz poderá, de ofício, proceder à verificação da falsidade.

Ex officio – O dispositivo fala por si só, não exigindo maior explicação. Parte da premissa de que o juiz, comprometido com a busca da verdade, pode, de ofício, determinar a instauração do incidente, sempre que suspeitar da veracidade e autenticidade de algum documento. Mas será que esse seu poder se sustenta no sistema acusatório? Para muitos, não. Nesse sistema, adotado pela nossa Constituição e reforçado pelo art. 3º-A do CPP, a inércia do juiz em relação à persecução penal deve ser absoluta, não sendo possível a adoção de medidas que promovam ou incentivem a decisão de acusar, sob pena de quebra do princípio da imparcialidade objetiva. No entanto, pensamos que, afirmada a falsidade de um documento, e sendo este relevante para a valoração da prova e decisão de mérito, mostra-se possível que o juiz da instrução penal, mesmo de ofício, instaure o incidente, sem qualquer mácula ao sistema acusatório – que não se confunde com um modelo adversarial, em que o juiz deve ser o mais inerte possível, como explicamos no capítulo sobre os sistemas processuais –, seja porque deve, de fato, buscar a verdade, seja porque não está, com isso, substituindo as partes na sua atividade probatória, podendo, ademais, como decidiu o **STF** nas **ADIs n. 6.298**, **6.299**, **6.300** e **6.305**, determinar a realização de diligências suplementares, para o fim de dirimir dúvida sobre questão relevante para o julgamento do caso.

Sobre a diferença entre *veracidade* e *autenticidade*, v. abaixo os comentários ao art. 231, sob a rubrica *valor probatório*.

Art. 148. Qualquer que seja a decisão, não fará coisa julgada em prejuízo de ulterior processo penal ou civil.

Abrangência da decisão – De se ver que a decisão proferida no incidente fica restrita ao âmbito do procedimento. Nada impede, assim, que embora reconhecida a falsidade do documento em um primeiro processo, outro juiz, do feito posterior que foi deflagrado, absolva o réu, sob o argumento de que não é falso o documento. Ou, ao contrário, que reconhecida a veracidade e autenticidade do documento no bojo do incidente, venha o réu a ser condenado posteriormente, em outro feito, pela prática do *falsum*.

É o que se depreende deste dispositivo. Essa decisão, ademais, não fará coisa julgada no cível, autorizando a reabertura do debate. A recíproca, porém, não é verdadeira, em face do disposto no art. 433 do Código de Processo Civil, segundo o qual "a declaração sobre a falsidade do documento, quando suscitada como questão principal, constará da parte dispositiva da sentença e sobre ela incidirá também a autoridade da coisa julgada".

JURISPRUDÊNCIA

A não propositura do incidente não impede a instauração de posterior inquérito policial

"A propositura de incidente de falsidade documental é prescindível em processo em que não se apura o delito de *falsum* e no qual os documentos controvertidos não foram utilizados para sustentar a condenação. A não propositura do incidente de falsidade nos autos da ação penal no qual os documentos foram utilizados, não torna preclusa a possibilidade de investigação da matéria por meio do competente inquérito policial" (STJ – RHC n° 11181-SP – Rel. José Arnaldo da Fonseca, j. 18.09.2001, DJ 05.11.2001, p. 123).

CAPÍTULO VIII
DA INSANIDADE MENTAL DO ACUSADO

Art. 149. Quando houver dúvida sobre a integridade mental do acusado, o juiz ordenará, de ofício ou a requerimento do Ministério Público, do defensor, do curador, do ascendente, descendente, irmão ou cônjuge do acusado, seja este submetido a exame médico-legal.

§ 1º O exame poderá ser ordenado ainda na fase do inquérito, mediante representação da autoridade policial ao juiz competente.

§ 2º O juiz nomeará curador ao acusado, quando determinar o exame, ficando suspenso o processo, se já iniciada a ação penal, salvo quanto às diligências que possam ser prejudicadas pelo adiamento.

Incidente de insanidade mental do acusado – Praticado um ato típico e ilícito, passa-se, em seguida, à análise da culpabilidade, ou seja, se a conduta do agente merece ou não reprovação. Um dos pressupostos da culpabilidade é, exatamente, a imputabilidade, isto é, a capacidade que tem o agente de entender o caráter ilícito do fato. Se um jovem de 17 anos mata a vítima enquanto ela dormia, cometeu um fato típico (matou alguém), ilícito (pois não agiu em legítima defesa ou acobertado por alguma outra excludente de ilicitude), mas que não merece reprovação penal, na medida em que não possuía discernimento necessário para reconhecer o caráter ilícito de sua conduta, em virtude de seu desenvolvimento mental incompleto. Trata-se de presunção absoluta, segundo a qual o menor de 18 anos não compreende a ilicitude do fato (sistema biológico).

Por vezes, contudo, a inimputabilidade não decorre de um fator biológico, mas sim biopsicológico, que isenta o réu de pena se ele era, ao tempo da prática delituosa, nos termos do art. 26 do Código Penal: 1) portador de doença mental, desenvolvimento mental incompleto ou retardado e 2) em virtude desse problema mental, não possuía capacidade de entender o caráter ilícito do fato ou de determinar-se de acordo com esse entendimento.

Dúvida razoável – É preciso, como indica o dispositivo legal, que haja *dúvida razoável* a respeito do estado mental do réu. Assim, por exemplo, a mera brutalidade com que cometido o crime ou os péssimos antecedentes do réu não implicam, necessariamente, na suspeita de sua inimputabilidade. Tampouco o fato de se declarar o acusado viciado no uso de drogas. Já, ao contrário, a narrativa ilógica, anteriores internações, uso controlado de medicação, etc., constituem-se em situações que recomendam a deflagração do incidente.

ATENÇÃO – A expressão "doença mental" deve ser tomada em sua maior amplitude e abrangência, sendo compreendida como qualquer enfermidade que venha a debilitar, de alguma forma, as funções psíquicas do agente. Nesse sentido assevera Paulo Queiroz, que "a expressão doença mental deve ser entendida em sentido amplo, a fim de compreender toda e qualquer alteração mórbida da saúda mental apta a comprometer, total ou parcialmente, a capacidade de entendimento do seu portador, como esquizofrenia, psicose maníaco-depressiva, psicose alcoólica, paranoia, epilepsia, demência senil, paralisia progressiva, sífilis cerebral, arteriosclerose cerebral, histeria etc., pouco importando a causa geradora de semelhante estado, se natural ou tóxica (*v.g.*, uso de droga lícita ou ilícita), por exemplo" (*Direito Penal – Parte Geral*. Rio de Janeiro: Lumen Juris, 4ª ed. 2008, p. 366-7).

JURISPRUDÊNCIA

Quando se justifica o exame

"O art. 149 do CPP não contempla hipótese de prova legal ou tarifada, mas a interpretação sistemática das normais processuais penais que regem a matéria indica que o reconhecimento da inimputabilidade ou semi-imputabilidade do réu (art. 26, caput e parágrafo único do CP) depende da prévia instauração de incidente de insanidade mental e do respectivo exame médico-legal nele previsto, sendo possível, ao Juízo, discordar das conclusões do laudo, desde que por meio de decisão devidamente fundamentada. Recurso especial provido para cassar, em parte, o acórdão exarado no julgamento da Apelação Criminal n. 70073399487 – especificamente na parte que aplicou o redutor do art. 26, parágrafo único, do CP – a fim de que, verificada a dúvida acerca da sanidade mental do recorrido à época do crime, seja determinada a baixa dos autos ao Juízo de origem para realização de exame médico-legal nos termos do art. 149 do CPP." (STJ – REsp n. 1.802.845/RS, relator Ministro Sebastião Reis Júnior, Sexta Turma, julgado em 23/6/2020, DJe de 30/6/2020.)

Quando não é cabível

"Nos termos do artigo 149 do Código de Processo Penal, 'quando houver dúvida sobre a integridade mental do acusado, o juiz ordenará, de ofício ou a requerimento do Ministério Público, do defensor, do curador, do ascendente, descendente, irmão ou cônjuge do acusado, seja este submetido a exame médico-legal'. Da leitura do mencionado dispositivo legal, depreende-se que a implementação do exame não é automática ou obrigatória, dependendo da existência de dúvida plausível acerca da higidez mental do acusado. Doutrina. Precedentes do STJ e do STF" (STJ – RHC nº 36996-ES, Rel. Jorge Mussi, j. 21.05.2013, DJe 05.06.2013).

"Na espécie, as instâncias ordinárias foram categóricas em afirmar que o exame de insanidade mental não se justificava por não haver dúvidas razoáveis quanto à insanidade do paciente, pois, embora as avaliações tenham recomendado acompanhamento psiquiátrico, em nenhum momento restou consignado que o motivo seria o fato de o adolescente não compreender a ilicitude de seus atos, mas, sim, diante da circunstância de o representado tentar esquivar-se da responsabilidade, mentindo, alterando suas versões e buscando culpabilizar terceiros pelos fatos. Com efeito, se o Juízo de origem, em contato direto com o paciente e com as evidências reunidas no curso do feito, entendeu não ser o caso de realizar exame de insanidade mental, por não haver dúvidas quanto à sanidade mental do paciente, não cabe a este Superior Tribunal de Justiça fazê-

-lo, uma vez que a providência demandaria a apreciação de matéria fático-probatória, o que é incabível na via eleita. Precedentes." (STJ – HC n. 394.810/SC, relator Ministro Reynaldo Soares da Fonseca, Quinta Turma, julgado em 27/6/2017, DJe de 1/8/2017.)

Brutalidade do crime por si só não justifica o exame

"O exame não deve ser deferido apenas porque foi requerido, se não há elemento algum que revele dúvida razoável quanto à sanidade mental do acusado, não constituindo motivo suficiente a aparente insuficiência de motivo, a forma brutal do crime, atestado médico genérico, simples alegações da família, etc., quando despidas de qualquer comprovação" (STJ – HC nº 48102-CE, Rel. Helio Quaglia Barbosa, j. 09.02.2006, DJ 27.03.2006, p. 343).

Alegação do réu de que é viciado, não obriga o juiz a determinar a realização do exame de dependência

"As razões recursais são insuficientes para afastar a conclusão das instâncias ordinárias sobre a desnecessidade do incidente de insanidade mental do acusado, porquanto não identificada qualquer dúvida sobre sua higidez mental, sendo certo que o fato de ser usuário de drogas não induz obrigatoriamente à realização do exame. A revisão desse entendimento esbarra no óbice da Súmula 7/STJ." (STJ – AgRg no AREsp n. 1.238.771/RS, relator Ministro Reynaldo Soares da Fonseca, Quinta Turma, julgado em 15/5/2018, DJe de 25/5/2018.)

Impossibilidade de realização compulsória

"Sobre o incidente de insanidade mental decidiu o STF ser "prova pericial constituída em favor da defesa", daí não ser possível determinar a sua realização compulsoriamente. O princípio nemo tenetur se detegere protege os acusados ou suspeitos de possíveis violências físicas e morais empregadas pelo agente estatal na coação em cooperar com a investigação criminal. Precedente do STJ." (STJ – HC n. 488.029/SC, relatora Ministra Laurita Vaz, Sexta Turma, julgado em 26/3/2019, DJe de 30/4/2019.)

Laudo produzido na interdição. Imprestabilidade

"A conclusão do laudo pericial, ora acostado aos autos, produzido no processo de interdição civil do acusado, é válido apenas em relação aos atos de sua vida civil, não sendo capaz de isentá-lo da culpabilidade penal. Tal dúvida somente será solucionada após a realização correta do incidente de sanidade mental do acusado, o qual ainda não se efetivou por culpa exclusiva do paciente" (STJ – HC nº 49767-PA, Rel. Laurita Vaz, j. 07.03.2006, DJ 03.04.2006, p. 384).

Aproveitamento de perícia realizada em outro processo. Impossibilidade

"A inimputabilidade deve ser provada em condições e absoluta certeza, constatável exatamente ao tempo da ação ou omissão a que se reporta o julgamento, de sorte a tornar sem validade a incorporação de laudo pericial obtido em incidente de outro processo – como suporte exclusivo de convencimento – por vulnerar, além do princípio do contraditório, a própria essência e os ditames de legalidade dessa prova emprestada" (TJSP, Rel. Gonçalves Nogueira, JTJ 176/301).

Índio

"Índio condenado pelos crimes de tráfico de entorpecentes, associação para o tráfico e porte ilegal de arma de fogo. É dispensável o exame antropológico destinado a aferir o grau de integração do paciente na sociedade se o Juiz afirma sua imputabilidade plena com fundamento na avaliação do grau de escolaridade, da fluência na língua portuguesa e do nível de liderança exercida na quadrilha, entre outros elementos de convicção. Precedente. Atenuação da pena (artigo 56 do Estatuto do Índio)" (STF – HC nº 85198, Rel. Eros Grau, j. 17.11.2005, DJ 09.12.2005, p. 16).

Absolvição anterior por inimputabilidade não vincula julgamento posterior

"A particularidade de o paciente ter sido, num momento anterior, absolvido (absolvição imprópria) em virtude da constatação, àquela altura, de sua inimputabilidade não conduzem necessariamente ao afastamento de sua condenação" (STJ – HC nº 88645-PA, Rel. Og Fernandes, RSTJ 225/825).

Habeas corpus não se presta para análise do cabimento do incidente

"Nos termos do art. 149 do CPP, quando pairar dúvida sobre a integridade mental do denunciado, o juiz ordenará, de ofício ou a requerimento das partes, seja ele submetido a exame médico-legal. Na espécie, a semi-imputabilidade penal do paciente não foi reconhecida porque não foram apresentados documentos comprobatóriosde que o acusado era, ao tempo da prática delitiva, incapaz de entender o caráter ilícito da conduta. Diante da ausência de dúvida razoável acerca da sanidade mental do réu, a alteração de tal entendimento demandaria a necessidade de dilação probatória, incompatível com a via estreita do habeas corpus. (STJ – AgRg no RHC n. 160.539/MG, relator Ministro Rogerio Schietti Cruz, Sexta Turma, julgado em 10/5/2022, DJe de 16/5/2022.)

Tampouco o mandado de segurança

PROCESSUAL CIVIL. PENAL. MANDADO DE SEGURANÇA. INCIDENTE DE INSANIDADE MENTAL. INDEFERIMENTO. DILAÇÃO PROBATÓRIA. IMPOSSIBILIDADE EM SEDE DE MANDADO DE SEGURANÇA. CERCEAMENTO DE DEFESA. INEXISTÊNCIA – "A aferição da existência de elementos aptos à instauração de incidente de insanidade mental em processo-crime, com base no argumento de que o histórico familiar do réu aponta precedentes de doenças psíquicas, exige dilação probatória, não permitida em sede de mandado de segurança" (STJ – RMS n° 11637-MG, Rel. Vicente Leal, j. 14.05.2002, DJ 17.06.2002, p. 299).

Legitimidade – O texto elenca aqueles que estão legitimados a deflagrar o incidente. Pode fazê-lo, sem qualquer dúvida, o juiz de ofício, sempre que dúvida surgir quanto à sanidade mental do acusado. Jurisprudência do STJ, abaixo transcrita, permite, inclusive, sua realização em grau de recurso, baixando-se o processo à origem para as providências de praxe. Poderá provocá-lo, por representação, a autoridade policial. E, mediante requerimento, as demais pessoas acima elencadas. Assim, o Ministério Público, interessado em uma decisão justa, seja na condição de titular da ação penal pública, seja como mero fiscal da lei, na ação penal privada. Também por óbvio o defensor, constituído ou nomeado. Apenas uma observação: quanto ao curador – que não se confunde com aquele nomeado após a deflagração do exame, nos termos do § 2° abaixo – não mais se vislumbra essa legitimidade. De sorte que, ao menor de 21 anos, na fase de inquérito policial (art. 15 do CPP), não mais se exige a presença do curador, por se tratar de artigo que não foi recepcionado pelo atual Código Civil. O mesmo ocorre em relação ao art. 194 do CPP, que reclamava a presença de curador quando do interrogatório judicial do réu menor de 21 anos e que se encontra expressamente revogado.

No mais, podem requerer o exame o ascendente, o descendente, o irmão ou cônjuge do acusado. Esse rol deve ser interpretado de forma extensível, "pois à afeição de pessoas assim intimamente ligadas ao réu se credita o poder de tomar uma iniciativa de tão alto espírito de humanidade, e, ademais, podem todos ter um interesse dos mais respeitáveis em que o seu nome de família não fique manchado com a condenação de um dos membros, o qual cometeu o crime, sem entendimento perfeito e faculdade de determinação", segundo Eduardo Espínola Filho (ob. cit., vol. I, p. 424). Nessa linha de raciocínio, não há porque se negar tal iniciativa à companheira do réu, hoje equiparada à esposa, por força da Lei nº 9.278/96, que reconheceu como entidade familiar "a convivência duradoura, pública e contínua, de um homem e uma mulher". Irrelevante, ainda nessa concepção, se ilegítimo ou adotivo o irmão ou se unilateral ou socioafetiva a paternidade ou maternidade. À autoridade policial se defere essa possibilidade, mediante representação, como consta do § 1º, a seguir.

Res. 487 do CNJ – de acordo com o art. 10, parágrafo único, da Res. 487 do CNJ, considerando que o incidente de insanidade mental que subsidiará a autoridade judicial na decisão sobre a culpabilidade ou não do réu é prova pericial constituída em favor da defesa, não é possível determiná-la compulsoriamente em caso de oposição desta.

JURISPRUDÊNCIA

Legitimidade para o pedido de instauração do incidente:

Do juiz

"A hipótese descrita nos atestados médicos se enquadra no disposto no art. 149, do Código de Processo Penal, que determina a instauração de incidente de sanidade mental quando houver razoável dúvida sobre a integridade mental do acusado. Por expressa disposição legal, o incidente pode ser instaurado de ofício pelo órgão julgador." (STJ – QO na APn n. 327/RR, relator Ministro Mauro Campbell Marques, Corte Especial, julgado em 1/8/2018, DJe de 15/8/2018.)

Do Tribunal em grau de recurso

"As declarações de nulidade pressupõem prejuízo, para a acusação ou defesa, que decorra do ato praticado – artigo 563 do Código de Processo Penal. Descabe concluir pela existência do prejuízo quando o Órgão julgador, defrontando-se com recursos – da defesa e do Ministério Público – interpostos contra sentença condenatória na qual o Juízo, mediante ilação tirada do laudo pericial, decidiu pela ausência da incapacidade definida no artigo 26 do Código Penal, determina a realização de diligencia para a feitura de novo exame de sanidade mental, isto diante do entendimento de que o laudo juntado nos autos enseja duvidas" (STF – Rel. Marco Aurélio – RTJ 143/183).

Do defensor, ainda que contra a vontade do réu

"Quanto ao fato de a defesa haver requerido o incidente de sanidade, ao qual o paciente, em princípio, não pretendia se submeter, e de se concluir que podia ela (a defesa), exatamente para ser ampla, apresentar tal requerimento, em face das duvidas objetivas, a respeito, encontradas nos autos e realçadas no acórdão que o deferiu" (STF – HC n° 72263-RS, Rel. Sydney Sanches, j. 09.05.1995, DJ 04.08.1995, p. 22447).

Ilegitimidade da vítima

"O incidente de insanidade mental, disciplinado no art. 149 do Código de Processo Penal, tem por objetivo verificar se o acusado ou indiciado era, ao tempo dos fatos imputados, capaz de entender a natureza ilícita do fato imputado ou mostrava-se incapaz de se determinar de acordo com esse entendimento. Trata-se de diligência que milita em favor da defesa, já que pode significar o reconhecimento da inimputabilidade do acusado e, com isso, impedir que sobre ele recaia sanção penal. No caso específico destes autos, o pedido foi formulado pela **querelante,** que não possui legitimidade para tanto, razão pela qual se mostra viciado desde sua gênese, caracterizando, portanto, constrangimento ilegal apto a ser sanado de ofício." (STJ – HC n. 510.924/SP, relator Ministro Reynaldo Soares da Fonseca, Quinta Turma, julgado em 25/6/2019, DJe de 5/8/2019.)

Recurso cabível – Contra decisão que ordena a realização do exame, não há previsão de recurso. Daquela que indefere o pedido é cabível apelação, nos termos do art. 593, inc. II, do código. Temos, com base na jurisprudência do STF e do STJ abaixo transcritas, como incabíveis o *habeas corpus* ou o mandado de segurança, dada à impossibilidade, nessas espécies de ações, da produção de prova, apta à demonstração da necessidade da perícia.

JURISPRUDÊNCIA

Não cabe recurso da decisão que determina a instauração do incidente

"Do simples despacho que, à vista de elementos dos autos, ordenou a instauração do incidente de insanidade mental do réu, a fim de convenientemente se apurar sua higidez psíquica, não cabe recurso." (TJSP- Rel. Camargo Sampaio- RT 525/344).

§ 1º O exame poderá ser ordenado ainda na fase do inquérito, mediante representação da autoridade policial ao juiz competente.

Inquérito policial – O dispositivo em exame deixa clara a possibilidade de realização do exame pericial ainda na fase de inquérito policial, neste último caso mediante representação da autoridade policial e, posterior, autorização judicial. "Representação", como já dito antes, constitui-se em uma exposição de motivos, ainda que sucinta, na qual a autoridade policial indicará as razões que justificam a perícia. Conquanto expressamente prevista, a jurisprudência do STJ, abaixo transcrita, entende como excepcional a medida, a ser reservada, regra geral, para após a deflagração do processo-crime em juízo. De qualquer sorte, somente se cogita dessa iniciativa enquanto o fato se encontra na fase investigativa, isto é, durante o inquérito policial. Depois, em juízo, não mais a autoridade policial ostentara legitimidade para intentá-la. Lembra Tourinho Filho, aliás, cuidar-se da única espécie de perícia que depende de prévia ordem judicial, não podendo o delegado de polícia determiná-la de ofício (ob. cit., vol. 1, p. 450). Também neste caso deve o juiz nomear curador, por imposição do parágrafo seguinte.

JURISPRUDÊNCIA

Quesitos na fase de inquérito policial

"Perícia no processo penal. Direito do acusado de oferecer quesitos, quando se trata de perícia na fase judicial; não, porém, necessariamente, na fase de inquérito" (STF – RE n° 71781-PA, Rel. Luis Gallotti, j. 15.06.1971, DJ 03.09.1971 – RT 442/490).

Excepcionalidade

"O exame de sanidade mental, por exigência da tutela da liberdade, em nada estranha ao âmbito da medida de segurança, só deve ser realizado, em regra, após o juízo de viabilidade da ação penal, ínsito no recebimento da denúncia, caracterizando hipótese excepcional a sua realização em fase de inquérito, que, de resto, reclama efetiva e segura fundamentação" (STJ – HC n° 35571-MG, Rel. Hamilton Carvalhido, j. 31.05.2005, DJ 20.06.2005, p. 380).

§ 2º O juiz nomeará curador ao acusado, quando determinar o exame, ficando suspenso o processo, se já iniciada a ação penal, salvo quanto às diligências que possam ser prejudicadas pelo adiamento.

Curador – Determinada a realização do exame, cumpre seja nomeado curador ao acusado (quer na fase policial, quer na fase judicial), a quem caberá zelar pela regularidade do procedimento. A falta de curador gera nulidade, posto se tratar de exigência expressa na lei. Mas nada impede que, contando o réu com defensor (constituído ou dativo), este faça às vezes de curador, parecendo exagerada, nesse caso, a superfetação de ambos no feito. Aliás, ao tempo em que se exigia a nomeação de curador ao réu menor de 21 anos, sempre foi essa a orientação.

Suspensão do processo – É a regra geral. Contudo, diligências urgentes podem ser realizadas. Basta supor, assim, que a vítima, em face da sua idade avançada e de problemas de saúde graves que apresenta, precise ser ouvida, sob pena de perecimento da prova caso se aguarde o desfecho do incidente.

Suspensão do inquérito – Não se cogita, outrossim, por ausência de previsão legal, da suspensão do inquérito policial quando, nessa fase, for realizado o exame.

Intimação do curador da sentença – V., abaixo, comentários ao art. 392, sob a rubrica *curador.*

JURISPRUDÊNCIA

Falta de nomeação de curador

a) nulidade

"A conversão do julgamento em diligência, para a instauração do **incidente de insanidade mental,** determina a suspensão do processo, nos termos do art. 149, § 2º do CPP, afastando eventual nulidade por excesso de prazo. Resta prejudicado a análise de habeas corpus, por suposta nulidade do processo, em razão de não haver sido nomeado **curador** ao paciente no **incidente de insanidade mental,** quando há nos autos decisão determinando a realização de novo exame." (STJ – HC n. 156.536/SP, relator Ministro Gilson Dipp, Quinta Turma, julgado em 7/10/2010, DJe de 25/10/2010.)

b) pode ser suprida pela presença de defensor

"Não evidenciado prejuízo na nomeação do então advogado como **curador,** bem como na nomeação de um único perito oficial, incabível a alegação de nulidade." (STJ – AgRg no REsp n. 1.791.285/TO, relator Ministro Nefi Cordeiro, Sexta Turma, julgado em 5/5/2020, DJe de 11/5/2020.)

Não suspensão do feito. Nulidade relativa

"Nos termos do § 2º do artigo 149 do Código de Processo Penal, embora a regra seja a suspensão do processo durante o curso do incidente de insanidade mental, nada impede que as provas reputadas urgentes sejam implementadas. No caso dos autos, embora o magistrado de origem tenha determinado a instauração do incidente de insanidade mental, deixou de suspender o curso da ação penal, procedimento contra o qual não se insurgiram as partes, motivo pelo qual a instrução processual foi iniciada, com o interrogatório do réu e a inquirição de testemunhas. Apenas por ocasião das alegações finais a defesa questionou o fato de o processo não haver sido suspenso durante o incidente, tendo o togado sentenciante afastado a mácula aventada sob o fundamento de que 'as diligências colhidas eram urgentes, realizadas sob o crivo do contraditório, notadamente pela prisão cautelar do réu, onde comandava urgência na instrução processual', não tendo sido demonstrado qualquer prejuízo ao acusado, circunstância que impede o reconhecimento da mácula suscitada no *mandamus*" (STJ – HC nº 250902-SP, Rel. Jorge Mussi, j. 20.06.2013, DJe 06.08.2013).

Suspensão do processo e não do inquérito policial

"Instaurado o incidente de insanidade mental, determina o § 2º do art. 149 do Código de Processo Penal a suspensão do processo e não do inquérito policial" (STJ – HC nº 5091-SP, Rel. Fernando Gonçalves, j. 26.08.1996, DJ 23.09.1996, p. 35154).

Art. 150. Para o efeito do exame, o acusado, se estiver preso, será internado em manicômio judiciário, onde houver, ou, se estiver solto, e o requererem os peritos, em estabelecimento adequado que o juiz designar.

§ 1º O exame não durará mais de quarenta e cinco dias, salvo se os peritos demonstrarem a necessidade de maior prazo.

§ 2º Se não houver prejuízo para a marcha do processo, o juiz poderá autorizar sejam os autos entregues aos peritos, para facilitar o exame.

Internação em manicômio – Caso preso o acusado, deverá ser internado em manicômio judiciário para a realização da perícia, local mais adequado para recebê-lo, em virtude dos recursos materiais que dispõe e da proximidade com os expertos e técnicos em geral. Imagine-se a situação na qual ele deva ser medicado ou mesmo contido por funcionários, em virtude da agressividade que demonstra. Não havendo manicômio judiciário no local, cumpre ao juiz determinar sua internação em outro local adequado, provido das mesmas condições acima aludidas, atentando, outrossim, à segurança do preso, a fim de evitar sua fuga. Já se solto o réu e havendo requerimento dos peritos nesse sentido, é dispensável a realização de exame no manicômio judiciário, que pode ser elaborado em local apto a fazê-lo. É que, solto, desaparecem preocupações com fuga e fica dispensada sua escolta.

Lembre-se que o art. 99 da Lei de Execuções Penais (Lei nº 7.210/84), dispõe que "o Hospital de Custódia e Tratamento Psiquiátrico destina-se aos inimputáveis e semi-imputáveis referidos no artigo 26 e seu parágrafo único do Código Penal" e que, nesse local, será realizado o tratamento ambulatorial do réu cujo crime for punido com pena de detenção, ou em outro local com dependência médica adequada, nos termos do art. 101 da LEP.

JURISPRUDÊNCIA

Réu que se nega a submeter-se à perícia

Sentença criminal – Pronúncia – Prolação sem que fosse realizado o exame de sanidade mental requerido pela Defesa – Inadmissibilidade – Irrelevância da oposição do réu em se submeter à perícia – Magistrado que deveria determinar a remoção do acusado para o Manicômio Judiciário – Recurso provido para esse fim, anulando-se a decisão proferida" (TJSP- Rel. Onei Rafael – RJTJSP 70/331).

"Tendo o interditando se esquivado ao exame mental requerido e sendo tal exame ato essencial do processo, não se consideram ilegais a sua detenção e internação em casa de saúde, decretadas pelo juiz" (TJSP – Rel. Bernardes Junior – RT 164/443).

Exame realizado fora do manicômio judiciário

a) validade

Sanidade mental – Exame em manicômio judiciário – "Ao dispor o art. 150 do código de processo penal no sentido de que o exame de sanidade mental de réu preso deve ser realizado em manicômio judiciário, não invalida o realizado em outro local, obviamente se, neste, ele pode ser adequadamente efetuado, já que a inexistência de vaga naquele estabelecimento, impossibilitou a realização, ali, de tal verificação" (STF – HC nº 63702-ES, Rel. Aldir Passarinho, j. 20.05.1986, DJ 20.06.1986, p. 10929).

b) impossibilidade

EXAME DE SANIDADE MENTAL – PERICIA – LOCAL DA REALIZAÇÃO – "O disposto no 'caput' do artigo 150 do Código de Processo Penal não é conducente por si só à transferência do Réu para clinica particular quando a Justiça local não possua manicômio judiciário. A referência a estabelecimento adequado esta jungida as hipóteses em que o acusado estiver solto ou o requeiram os peritos" (STF – Rel. Marco Aurélio – RTJ 139906).

§ 1º O exame não durará mais de quarenta e cinco dias, salvo se os peritos demonstrarem a necessidade de maior prazo.

Prazo – A lei é clara ao prever o prazo de 45 dias para a conclusão do exame, podendo ser prorrogado caso haja necessidade demonstrada pelos peritos. O prazo de prorrogação não é mencionado no texto legal, a depender, portanto, da justificativa ofertada pelos técnicos quanto à necessidade de dilação, em virtude, por exemplo, da complexidade da perícia, de dificuldades burocráticas que impediram sua realização, etc.

Excesso de prazo – Comumente se invoca a tese, calcada na Súmula 64 do STJ, no sentido de que, tendo a defesa requerido a instauração do incidente e havendo, por conta disso, atraso no término do processo, não se pode alegar qualquer constrangimento ilegal em favor do réu preso, decorrente de excesso de prazo. Impõe-se, contudo, certa cautela nessa espécie de raciocínio. Com efeito, o simples fato de a defesa ter pleiteado a realização da perícia não significa dizer que, automaticamente, sua conclusão possa se prolongar *ad aeternum*. Afinal, o interesse na apuração da real condição mental do acusado não é apenas da defesa, mas de todos os atores do processo penal. Não convém ao Estado, outrossim, que alguém seja punido quando, em virtude de seu estado psicológico, mereceria ver reconhecida sua imputabilidade, total ou parcial. Ademais, tanto é de interesse público o tema que, segundo o art. 149 acima, é previsto um amplo leque de legitimados para deflagrar o incidente, podendo, ainda, o juiz fazê-lo de ofício. Atribuir-se à defesa, assim, verdadeira *culpa* porque pleiteou o exame e, a partir daí, permitir-se a demora excessiva, sem critério, em sua elaboração, não parece o caminho mais correto. Antes, portanto, de se invocar uma fórmula geral e dogmática, pretendendo justificar a demora, cumpre seja analisado o caso concreto e, se injustificada a delonga, que sejam adotadas as medidas cabíveis para coibi-la, por vezes a impor mesmo a soltura do réu.

Sobre o dever do juiz, periodicamente, rever a necessidade da prisão provisória, ver nossos comentários ao art. 316, parágrafo único, do CPP.

JURISPRUDÊNCIA

Súmula nº 64 do STJ: "Não constitui constrangimento ilegal o excesso de prazo na instrução, provocado pela defesa".

Excesso de prazo

"O princípio da razoabilidade, critério norteador do prazo de duração da custódia cautelar, procura compatibilizar o tempo necessário à prática dos atos de instrução do processo em análise com o tempo efetivamente despendido. Instaurado incidente de insanidade mental no curso da ação penal, a lei autoriza a dilação do prazo nos casos em que os peritos necessitem de mais tempo para o diagnóstico, assim entendendo os casos de difícil análise. Inexistente a necessidade dos peritos prolongarem o prazo legal para a realização do exame e sendo manifesta a desproporcionalidade entre este e o tempo em que o examinando aguarda custodiado, há constrangimento ilegal à liberdade do recorrente diante de sua segregação. A manutenção do paciente por mais de 01 (um) ano e 03 (três) meses no cárcere, aguardando há mais de 08 (oito) meses pelo desfecho da ação incidental não encontra qualquer amparo na interpretação da lei ou no princípio da razoabilidade" (STJ – HC nº 65118-SP, Rel. Paulo Medina, j. 15.03.2007, DJ 09.04.2007, p. 278).

Quando se admite alguma demora

"Encontrando-se o curso do feito estagnado há mais de um ano para a realização de exame de sanidade mental do recorrente, sem perspectiva de próxima conclusão do incidente processual, e havendo elementos indicativos de que o acusado sofre de doença mental – esquizofrenia paranóide, com relatos de episódios violentos – é de se determinar a sua internação provisória, ainda que não exista laudo psiquiátrico atestando a inimputabilidade ou a semi-imputabilidade." (STJ – RHC n. 62.075/BA, relatora Ministra Maria Thereza de Assis Moura, Sexta Turma, julgado em 1/10/2015, DJe de 22/10/2015.)

§ 2º Se não houver prejuízo para a marcha do processo, o juiz poderá autorizar sejam os autos entregues aos peritos, para facilitar o exame.

Ao tempo da edição do código (1941), poderia se entender esta regra. Afinal, a retirada dos autos pelos peritos, embora, via de regra, suspenso o processo, poderia prejudicar a produção de provas urgentes. Hoje, com a facilidade na extração de cópias, não há mesmo razão que para o processo deixe o cartório no qual repousa, no aguardo da realização da perícia. Claro que o advento do processo eletrônico fez *letra morta* deste dispositivo.

Art. 151. Se os peritos concluírem que o acusado era, ao tempo da infração, irresponsável nos termos do art. 22 do Código Penal, o processo prosseguirá, com a presença do curador.

Valor probatório do laudo – O juiz, por conta de expressa disposição legal, "não ficará adstrito ao laudo", na dicção do art. 182 do código. Significa que pode acatá-lo ou não. Pensar-se de forma diferente importaria, em última instância, em transformar o experto em juiz, caso este fosse obrigado a acatar todas suas conclusões. De se ver, contudo, que o juiz é leigo quanto ao tema e, bem por isso, apenas em situações excepcionais deverá contrariar a conclusão dos peritos, estes sim dotados de conhecimento técnico sobre o tema. Daí a correta observação de Câmara Leal, para quem "o laudo pericial dos médicos tem um valor capital, não devendo ser desprezado pelo julgador, porquanto representa a palavra da ciência, cujas conclusões devem ser sempre acatadas pela justiça" (ob. cit., vol. I, p. 422). V., a propósito, nossos comentários ao art. 182 do código.

Continuidade do processo – O art. 22 acima mencionado corresponde, atualmente, ao art. 26 do Código Penal. O dispositivo deixa clara a necessidade de prosseguimento do processo ou, em outras palavras, o fato dos peritos concluírem pela irresponsabilidade do agente não autoriza, de plano, sua absolvição ou a extinção do feito. É que, embora totalmente inimputável, pode o agente não ter perpetrado a conduta típica ou, se o fez, pode ter agido acobertado por uma causa excludente de ilicitude. Assim, num exemplo, se matou alguém, mas agiu em legítima defesa, mesmo sendo inimputável, terá direito a um julgamento que o inocenta. Isso porque as consequências são diversas: absolvido pelo reconhecimento da excludente, ver-se-á livre de qualquer sanção. Já se absolvido, mas porque reconhecida sua total inimputabilidade, se sujeitará a internação em manicômio, naquilo que a doutrina denomina *sentença absolutória imprópria*. As consequências, nesta última hipótese, são infinitamente mais severas ao condenado, em face das conhecidas condições de nossos manicômios. Daí a necessidade de continuidade do processo, a despeito da conclusão pericial. Para maior aprofundamento da questão, remetemos o leitor ao item "a medida de segurança pressupõe a prática de fato típico", nos comentários ao art. 386, parágrafo único, inc. III.

Curador – A partir da conclusão pericial pela inimputabilidade do acusado, deve ser-lhe nomeado curador. A jurisprudência se inclina no sentido de que, contando com a assistência de advogado, é desnecessária a presença concomitante de um curador. E parece coerente esse posicionamento, já que ambos, afinal, possuem a mesma função, consistente na atuação em defesa do réu.

Semi-imputabilidade – Há dúvida na doutrina sobre a necessidade de nomeação de curador quando constatada a semi-imputabilidade do réu. Heráclito Antonio Mossin, após destacar o posicionamento de Hélio Tornaghi (quanto à dispensabilidade de curador ao semi-imputável), coloca-se, com razão, em sentido contrário, destacando que "há de se conceber que somente no caso de o réu ter plena capacidade mental é que pode ele por si só comandar os atos do processo. Quando for ele relativamente incapaz, há a certeza da não existência da capacidade processual plena, devendo por esse motivo ser-lhe nomeado curador, a fim de que sejam praticados atos processuais despidos de eventual vício de vontade" (ob., cit., vol. 2, p. 181).

Sobre a omissão da sentença quanto à inimputabilidade do réu, v. art. 382.

Sobre a inimputabilidade no Júri, v. art. 415.

JURISPRUDÊNCIA

Defensor constituído supre ausência do curador

PROCESSUAL PENAL. INCIDENTE DE INSANIDADE MENTAL. NOMEAÇÃO DO CURADOR – "Há dizer-se sanada a omissão, se curados foram os interesses do acusado pelo defensor que constituíra, o qual acompanhou diligentemente o incidente formulando quesitos à perícia que, ademais, concluiu pela plena sanidade mental do paciente" (STJ – REsp nº 85309-SC, Rel. José Dantas, j. 03.02.1998, DJ 02.03.1998, p. 127).

Laudo duvidoso ou lacunoso justifica sua repetição

"Se, diante da insuficiência de elementos, o laudo deixa de ser conclusivo, preconizando-se a realização de exames periciais, mostra-se contrário à ordem jurídica provimento judicial afastando a complementação" (STF – HC nº 75194-MS, Rel. Marco Aurélio, j. 17.06.1997, DJ 15.08.1997, p. 37037).

Habeas corpus – Exame de sanidade mental – Deficiência – "Deve repetir-se o exame de sanidade mental se o laudo anterior deixou sem resposta quesitos essenciais" (STF – HC nº 62913-SP, Rel. Décio Miranda, j. 09.08.1985, DJ 25.11.1985, p. 19147).

Art. 152. **Se se verificar que a doença mental sobreveio à infração o processo continuará suspenso até que o acusado se restabeleça, observado o § 2º do art. 149.**

§ 1º O juiz poderá, nesse caso, ordenar a internação do acusado em manicômio judiciário ou em outro estabelecimento adequado.

§ 2º O processo retomará o seu curso, desde que se restabeleça o acusado, ficando-lhe assegurada a faculdade de reinquirir as testemunhas que houverem prestado depoimento sem a sua presença.

Superveniência de doença mental – Este dispositivo trata da hipótese na qual o réu, ao tempo da prática delituosa, apresentava plena capacidade de entendimento, mas, posteriormente, se viu acometido de doença mental. Ele era, pois, plenamente imputável, quando da ação ou omissão delituosa, sobrevindo, ao depois, porém, sua incapacidade.

Nesse caso, cumpre ao juiz, após a nomeação de curador (art. 149, § 2°), determinar a suspensão do processo no aguardo do restabelecimento do acusado. Provas urgentes podem ser produzidas, vez que o dispositivo faz referência ao art. 149, § 2° do código. Tal suspensão do processo não se eternizará, posto que, sobrevindo a prescrição, deve ser extinta a punibilidade do agente. Salvo se o acusado responder pela prática de crimes que, segundo a Constituição, são imprescritíveis (art. 5°, incs. XLII e XLIV da CF).

Constitucionalidade do dispositivo – Enquanto não restabelecido, pode o juiz determinar a internação do réu, em dispositivo que, porém, tem merecido crítica da doutrina porque inconstitucional. É que, sem o devido processo legal e sem uma sentença penal condenatória, o réu acaba por suportar privação de sua liberdade decorrente da internação.

A discussão encerra verdadeira *vexata quaestio*, em face das controvérsias que estimula. Por considerar inconstitucional o dispositivo, Vicente Greco Filho, sugere duas alternativas: ou não se impõe qualquer internação ao agente ou deve ter prosseguimento o feito, apesar da doença mental, com possibilidade de aplicação de pena (*Manual de Processo*

Penal, Saraiva, 4ª. Ed., 1977, p. 194). É polêmica esta solução, por permitir a continuidade do processo embora reconhecida a ausência de higidez mental do acusado. Demais disso, o artigo em análise é peremptório ao determinar a suspensão do processo para estes casos, aguardando-se a recuperação do acusado. Com efeito, se faculdade há para o juiz consiste na determinação da internação do acusado, como se depreende do emprego do vocábulo "poderá", constante do § 1º. No que se refere à suspensão do processo, ela nos parece compulsória. Cremos, assim, ser inadequada a alternativa que preconiza a continuidade do feito com a possibilidade de imposição de pena. De se ver, ainda, que simplesmente não se impor a internação, como sugere o autor, pode ter consequências graves, máxime se ele, em virtude de sua periculosidade, respondia preso ao processo.

Na tentativa de harmonizar a interpretação do dispositivo, Heráclito Antônio Mossin formula observação que nos parece pertinente, diferenciando a situação do réu se preso ou solto. De sorte que, se o agente responde ao processo em liberdade, é porque, até então, não deu causa à decretação de sua prisão preventiva. Nesse caso, seria incabível sua internação, salvo – acrescentamos – em situações excepcionalíssimas, quando a doença mental que sobrevir for de tamanha gravidade que implicará em grave risco a permanência do agente solto. Já se ele estiver preso, assim deve ser mantido, "por questão de prudência e atendendo até mesmo a própria conveniência da saúde do doente e do próprio processo" (ob. cit. vol. I, pp. 182-3). É que se o agente já reunia, quando são, requisitos que justificavam sua prisão provisória, agora, com a insanidade mental superveniente, com mais razão deverá permanecer preso. Relembramos, contudo, que tal internação não é eterna, sujeitando-se ao transcurso do lapso prescricional, sob pena de configurar, por assim dizer, quase que verdadeira *prisão perpétua*, inconcebível em nosso sistema. A propósito, o Código Penal português, em seu art. 105, 1, dispõe que "se uma anomalia psíquica [...] sobrevier ao agente depois da prática do crime, o tribunal ordena o internamento em estabelecimento destinado a inimputáveis pelo tempo correspondente à duração da pena".

§ 2º O processo retomará o seu curso, desde que se restabeleça o acusado, ficando-lhe assegurada a faculdade de reinquirir as testemunhas que houverem prestado depoimento sem a sua presença.

Retomada do processo – Cessada a causa que justificou a suspensão do processo, posto que restabelecido o acusado, o processo retoma seu curso regular. Como já vimos, é possível que, durante o período de anomalia do agente, diligências tenham sido realizadas, como previsto no § 2º do art. 149. Caso, por exemplo, prova testemunhal tenha sido produzida, é cabível a repetição dos depoimentos, em dispositivo que homenageia a ampla defesa e o contraditório, já que essas testemunhas foram ouvidas quando o réu não apresentava capacidade de entendimento. Irrelevante, assim, se ele esteve presente ou não ao ato, como pareceu ao legislador. Até porque sua presença sem capacidade de entendimento implica em verdadeira ausência. Basta, assim, para justificar eventual reinquirição, que a prova tenha sido colhida durante o período no qual se mostrava insano o agente.

O legislador não impôs nenhum prazo para que se proceda a novo exame no acusado, a fim de se aferir seu eventual restabelecimento. Interessante, nesse aspecto, que o Código Penal português, em seu art. 93, 2, determina que, decorridos dois anos da internação, se proceda à revisão da situação do agente, "independentemente de requerimento".

Art. 153. O incidente da insanidade mental processar-se-á em auto apartado, que só depois da apresentação do laudo, será apenso ao processo principal.

Autos apartados – Embora devendo permanecer suspenso o processo principal (art. 152), é de bom alvitre que o incidente se processe em autos apartados, a fim de evitar tumulto processual. Isto porque, como já vimos, é possível que, a despeito da suspensão, diligências se realizem no processo-crime (art. 149, § 2°). Finalizada a perícia, deve ser determinado seu apensamento aos autos principais.

Art. 154. Se a insanidade mental sobrevier no curso da execução da pena, observar-se-á o disposto no art. 682.

Insanidade mental durante a execução da pena – O dispositivo faz alusão ao art. 682 do código, mas, atualmente, a matéria é tratada na Lei de Execuções Penais (Lei n° 7.210/84), precisamente no art. 183, cuja redação é a seguinte: "Quando, no curso da execução da pena privativa de liberdade, sobrevier doença mental ou perturbação da saúde mental, o Juiz, de ofício, a requerimento do Ministério Público, da Defensoria Pública ou da autoridade administrativa, poderá determinar a substituição da pena por medida de segurança".

ATENÇÃO: O art. 15 da Resolução 487/23 do CNJ dispõe que, no caso em que a pessoa submetida ao cumprimento de pena necessitar de tratamento em saúde mental, a autoridade judicial avaliará a necessidade e adequação da prisão em vigor ante a demanda de atenção à saúde, para início ou continuidade de tratamento em serviços da Rede de Atenção Psicossocial, ouvidos a equipe multidisciplinar, o Ministério Público e a defesa.

TÍTULO VII
DA PROVA

CAPÍTULO I
DISPOSIÇÕES GERAIS

Introdução – Quando da análise do art. 69 do CPP, destacamos o momento histórico no qual o Estado, deixando para trás velhas fórmulas de solução dos litígios (como, por exemplo, a chamada *vingança privada*), passa a ter o monopólio da administração da Justiça. Salvo raras exceções, todo aquele que tiver um direito violado deve, necessariamente, buscar do Estado a respectiva reparação. A esse tempo, também, surge a noção de que, praticado um delito, não apenas a vítima é atingida, mas também o Estado, já que toda norma penal é, acima de tudo, uma criação estatal. Uma vez violada, surge para o Estado o direito de punir (*jus puniendi*), que, porém, não pode ser exercido aleatoriamente, despido de regras previamente concebidas. Antes, depende de um processo, desenvolvido na forma estabelecida em lei, sem o qual não se admite a imposição de uma pena. É o chamado *princípio do devido processo legal* ou *due process of law*, previsto em nossa Constituição (art. 5º, inc.

LIV). De sorte que, se não há crime sem lei anterior que o defina como tal, não há pena sem o respectivo processo judicial (*nulla poena sine judice*).

Relevância da prova – Dessa imprescindibilidade do processo decorre a relevância da prova. Comete um crime, em um sentido amplo, aquele que pratica um fato contrário à lei. Portanto, busca-se com a prova a inequívoca demonstração de que o fato ilícito ocorreu e demais disso, a certeza de sua autoria. A prova caracteriza-se, exatamente, pela certeza que produz da realidade do fato sobre a qual versa. A prova, portanto, destina-se a assegurar a verdade.

Mas qual é essa verdade, segundo indagação de Pietro Fredras, discípulo de Florian, na introdução à 3ª edição da obra de seu mestre? (*De las pruebas penales*, Temis: Bogotá, trad. Jorge Guerrero, 1998, tomo II, p. 15). Certamente não uma verdade apenas formal – com a qual se satisfaz o juiz cível – limitada às provas produzidas pelas partes e sujeita, por consequência, à omissão ou inércia. Mas, ao contrário, uma verdade real, material, verdadeira, que autoriza o juiz a deixar a posição de mero espectador da produção probatória para avançar na pesquisa histórica da verdade, independentemente da vontade das partes. Uma verdade material, segundo o professor português Jorge de Figueiredo Dias, "que há de ser tomada em duplo sentido: no sentido de uma verdade subtraída à influência que, através de seu comportamento processual, a acusação e a defesa queiram exercer sobre ela; mas também no sentido de uma verdade que, não sendo "absoluta" ou "ontológica", há de ser antes de tudo uma verdade *judicial*, *práctica* e, sobretudo, não uma verdade obtida a qualquer preço, mas processualmente válida" (*Direito processual penal*, 1979, p. 193-4).

Na precisa lição trazida pelo gênio de Florian, "daí a extraordinária importância que tem a prova, pois ela impregna todo o processo, lhe imprime movimento até chegar a converter-se na base da sentença" (ob. cit., p. 42).

Da relevância da prova muito já se escreveu. Moscardo afirmou que "toda a força do processo está na prova", sendo ela "a alma do processo". Para Bentham, "a arte do procedimento em sua essência nada mais é do que a arte de apresentar em juízo as provas". Carmignani via na prova "o ponto luminoso e a alma que informa todo processo judicial", ou "a pedra angular sobre a qual se apoia a justiça punitiva" no dizer de Brugnoli. Em suma: "a luta contra o crime se decide no campo das provas" segundo lição de Rupp (*apud*, FLORIAN, ob. e p. citadas). Daí a advertência do autor português Joaquim José Caetano Pereira, ao ensinar que "quando os delitos são mais atrozes, tanto mais plena e clara deve ser a sua prova" (*Primeiras linhas sobre o processo criminal*, Lisboa, 1785, 3ª ed., p. 128).

Portanto, se é missão do julgador a pesquisa da verdade histórica do fato, tal verdade somente surgirá mediante a produção da prova.

O processo, sabidamente, é o instrumento pelo qual o Estado aplica a jurisdição, consistente numa reconstituição de fatos. Materializa-se na tentativa de reconstrução da verdade com o escopo de se aplicar corretamente o Direito ao caso concreto. A verdade real, cuja busca é a tônica do Processo Penal, somente se atinge por intermédio da prova. Daí avulta a importância desse tema, referido nas Ordenações Filipinas como "o farol que deve guiar o juiz em suas decisões" (Liv. III, Tít. 63). Claro que, na medida em que a prova, na maioria das vezes, é sempre a narrativa de um fato passado (daí seu caráter histórico), a verdade real, absoluta, será impossível. Daí porque se dizer, com alguma razão, que a busca no processo penal não é pela *verdade real* – porque inatingível –, mas por uma *verdade processual*, que brote, portanto, daquilo que produzido no bojo do processo.

As provas, portanto, têm por função a demonstração da realidade dos fatos, um caminho a ser necessariamente desenvolvido até a decisão final. Como bem resume Germano Marques Silva, a expressão prova tem um tríplice significado:

> "A – Prova como *atividade probatória*: acto ou complexo de actos que tendem a formar a convicção da entidade decidente sobre a existência ou inexistência de uma situação fatual; B – Prova como *resultado*: a convicção da entidade decidente formada no processo sobre a existência ou não de uma dada situação de facto; C – Prova como *meio*: instrumento probatório para formar aquela convicção" (*Curso de Processo Penal*, vol. II, Ed. Verbo, p. 96).

Art. 155. **O juiz formará sua convicção pela livre apreciação da prova produzida em contraditório judicial, não podendo fundamentar sua decisão exclusivamente nos elementos informativos colhidos na investigação, ressalvadas as provas cautelares, não repetíveis e antecipadas. (Redação dada pela Lei nº 11.690, de 2008)**

Parágrafo único. Somente quanto ao estado das pessoas serão observadas as restrições estabelecidas na lei civil. (Incluído pela Lei nº 11.690, de 2008)

Sistema da livre convicção ou livre convencimento – Adotou o nosso código, para a apreciação da prova, o sistema da *livre convicção* ou *persuasão racional* (também conhecido como sistema do *livre convencimento motivado* ou da *verdade real*), que é fruto de uma mescla entre os dois sistemas anteriormente conhecidos, a saber: o *sistema da prova legal* e o *sistema da íntima convicção*.

Sistema da prova legal (ou tarifado) – Por esse sistema "cada prova tinha um valor preestabelecido em lei, inalterável e constante, de sorte que ao juiz não era livre a avaliação, agindo bitolado pela eficácia normativa", segundo explica Adalberto Camargo Aranha (*Da prova no processo penal*. Saraiva: São Paulo, 2007, p. 52). Ou seja, a cada prova era conferido um determinado peso e ao Juiz, como consequência disso, não era dada a possibilidade de qualquer análise subjetiva, dando maior ou menor importância a uma ou outra prova. Cabia-lhe, apenas, sopesar, como um matemático, o valor preestabelecido em lei para cada prova, sem que tivesse qualquer liberdade de apreciação. Assim, na exata lição de Hélio Tornaghi, "substituiu-se a certeza moral do juiz por sua certeza legal, que é a certeza moral do legislador: era a lei que dizia quais provas são capazes de levar à convicção e quais outras são inidôneas para tanto" (*Curso de processo penal*, Saraiva; São Paulo, 1990, vol. 1, p. 276). Havia, pois, uma evidente hierarquia entre as provas, já que a lei, aprioristicamente, estabelecia o valor de cada uma delas. Tal sistema, além de subtrair do Juiz a possibilidade de conferir, segundo sua convicção, valor maior ou menor a cada prova, obrigava o julgador, por vezes, a julgar claramente contra a verdade. Assim, segundo tais regras, apenas uma testemunha não tinha o poder de lastrear uma condenação (*testis unus testis nullus*). De sorte que, a verdade manifesta por apenas uma testemunha, veraz e idônea, caía frente à mentira manejada por duas testemunhas, reconhecidamente mentirosas e de má fama, já que segundo a tabela de valoração da prova, formulada pelo legislador (e não segundo entendimento do Juiz), duas testemunhas valiam mais do que uma. Ainda segundo tal sistema, a confissão ganhava valor probatório absoluto, sendo considerada, na hierarquia que se estabelecia entre as provas, sua rainha, a *probatio probatissima*.

Sistema da íntima convicção – Ante a evidente impropriedade do sistema tarifado, que fazia do Juiz um órgão passivo, chegou-se a outro, radicalmente contrário: o *sistema da íntima convicção* também conhecido como *da prova livre* ou *certeza moral do Juiz*. O legislador, desta feita, demonstrava total confiança no julgador que, por conta disso, tinha a mais ampla liberdade ao julgar. Era, portanto, o julgador absolutamente soberano na análise da prova, podendo atribuir-lhes (lícitas ou não), o valor que bem entendesse, segundo critérios totalmente discricionários e de íntima convicção, sem que precisasse, inclusive, fundamentar suas decisões, julgando *secundum conscientuiam* (resquício de tal sistema é ainda hoje encontrado nas decisões dos jurados no Tribunal do Júri). Podia o juiz, nas palavras de José Frederico Marques, "decidir com a prova dos autos, sem a prova dos autos e contra a prova dos autos" (*Elementos de direito processual penal*, Bookseller: Campinas, 1997, vol. II, p. 275). Em suma: enquanto o sistema da prova legal tratava da *certeza moral do legislador*, o sistema da íntima convicção cuidava da *certeza moral do Juiz*.

Novamente o sistema do livre convencimento – Das conveniências e inconveniências que decorriam de um e outro sistema, acabou surgindo uma terceira corrente, de caráter misto, que pretendeu mesclar a ambas e que parece ter se cristalizado, no processo penal moderno, através do Código de Processo Penal Austríaco, de 1873, que dispunha, em seu art. 258, que "o juiz não resolve a questão de saber se um fato deve ser aceito como demonstrado, segundo os modos de prova determinados pela lei, mas somente segundo a sua convicção livremente formada, feito o exame das provas fornecidas a favor ou contra". É o chamado *sistema da livre convicção* ou da *persuasão racional* (ou da *verdade real*), adotado pelo legislador do código, conforme se depreende de sua Exposição de Motivos, da lavra do Ministro Francisco Campos, que assenta: "todas as provas são relativas: nenhuma terá, *ex vi legis*, valor decisivo, ou necessariamente maior prestígio que a outra. Se é certo que o juiz fica adstrito às provas constantes dos autos, não é menos certo que não ficará subordinado a nenhum critério apriorístico no apurar, através delas, a verdade material" (item VII). Vê-se aqui, com efeito, a fusão de ambos os sistemas anteriormente adotados, preocupado o legislador em tomar-lhes o que há de melhor: de um lado, confere ao Juiz a mais ampla liberdade de análise da prova, já que não fica limitado a nenhuma hierarquia previamente estabelecida, julgando segundo sua consciência e conforme a prova constante dos autos. De outra banda, porém, tal liberdade não se confunde com arbítrio e, por isso, criou o legislador uma série de restrições, cujo objetivo é o de impedir o despotismo judicial.

Limites à liberdade do juiz na apreciação da prova – Destaca-se, de início, que a liberdade do Juiz diz respeito à análise das provas constantes dos autos (afinal, *quod nos est in actis nos est in mundo*), não cabendo a ele buscar, fora deles, eventual prova que entenda pertinente. Tais provas, ademais, sofrem limitações em sua produção, não se admitindo as provas colhidas de forma ilícita (art. 5º. Inc. LVI, da CF), ou, ainda num exemplo, a produção de prova testemunhal que verse sobre o estado das pessoas (art. 155, parágrafo único). Prevalece ainda, como limitação à prova criminal, a decisão no cível quanto à questão prejudicial (art. 91, *caput*), e a produção da prova quanto ao estado das pessoas. Ademais, como corolário de todo o princípio, surge a imperiosa necessidade do julgador em motivar sua decisão, isto é, pode julgar da forma que melhor lhe parecer, acertada ou equivocadamente, desde que fundamente tal *decisum*, já que o Juiz "deve convencer-se e procurar convencer os outros. Se não persuade qualquer das partes, essa recorre. E se não convence o Tribunal *ad quem*, essa reforma a sentença ou, mais corretamente, substitui-a por outra", no preciso ensinamento de Tornaghi (ob. cit., p. 278). Com isso, ademais, observa, por um lado, o princípio constitucional que exige a motivação das decisões judiciais (art. 93, inc. IX) e, de outro, demonstra sua imparcialidade na análise da prova que poderá ser refutada pelas partes.

Prova colhida durante a investigação – Na intenção de conter o poder punitivo estatal, o art. 155, *caput*, proíbe o magistrado sentenciante fundamentar sua decisão *exclusivamente* nos elementos informativos colhidos na investigação, ressalvadas as provas cautelares, não repetíveis e antecipadas. Diante do preceito constitucional do contraditório, a prova extrajudicial, para ser utilmente oposta ao acusado, deve reproduzir-se em juízo, cercada dos demais princípios constitucionais que informam o processo penal. Não se deve, entretanto, desconsiderar os elementos amealhados no inquérito policial, que, apesar de insuficientes, por si só, para sustentar a condenação, mostram-se hábeis na formação do convencimento do Magistrado. O vocábulo *exclusivamente*, utilizado pelo legislador, possui esse alcance: a prova extrajudicial, isoladamente considerada, não se revela apta a fundamentar uma decisão. Não deve, contudo, ser totalmente ignorada, podendo se agregar à prova produzida em juízo, servindo como mais um elemento na formação da convicção do julgador, sobretudo porque colhida, via de regra, de forma imediata, logo após a prática delituosa. A propósito, em sua Jurisprudência em Teses, de n. 105 (08.06.2018), o STJ publicou a tese de n. 10, segundo a qual "as provas inicialmente produzidas na esfera inquisitorial e reexaminadas na instrução criminal, com observância do contraditório e da ampla defesa, não violam o art. 155 do Código de Processo Penal – CPP visto que eventuais irregularidades ocorridas no inquérito policial não contaminam a ação penal dele decorrente".

Provas cautelares, não repetíveis ou antecipadas – O art. 155 do CPP, como vimos, prevê uma regra muito importante a respeito da valoração das provas em nosso sistema. Percebe-se que o legislador estabeleceu a primazia da prova produzida em contraditório judicial, mas sem olvidar daquelas que se revelam necessárias antes da instauração da relação jurídica processual e que, por isso, são produzidas previamente ao oferecimento da inicial acusatória. Temos aqui as denominadas *provas cautelares* e as *provas antecipadas*. A elas, o legislador acrescentou as *provas irrepetíveis*.

O art. 155 abre caminho, segundo parte da doutrina, para a utilização de *elementos informativos* obtidos no curso da investigação na formação do convencimento do juiz.

ATENÇÃO: Segundo a doutrina: "(...) o legislador consagrou a distinção entre o que é *prova* e aquilo que constitui *elemento informativo* da investigação. São, com efeito, conceitos que não se confundem, até porque constituem resultado de atividades com finalidades diversas: os *atos de prova* objetivam a introdução de dados probatórios (*elementos de prova*) no processo, que servem à formulação de um *juízo de certeza* próprio da sentença; os *atos de investigação* visam à obtenção de informações que levam a um *juízo de probabilidade* idôneo a sustentar a *opinio delicti* do órgão da acusação ou de fundamentar a adoção de medidas cautelares pelo juiz" (GRINOVER, Ada Pellegrini; GOMES FILHO, Antonio Magalhães; FERNANDES, Antonio Scarance. *As nulidades no processo penal*. 12ª ed. São Paulo: Revista dos Tribunais, 2011, p. 116).

De acordo com Antonio Magalhães Gomes Filho, "para chegar ao *resultado da prova*, ou seja, à conclusão sobre a veracidade ou a falsidade de um fato afirmado, o juiz penal pode servir-se tanto de elementos de *prova* (produzida em contraditório) como de informações trazidas pela investigação. Só não poderá se utilizar, diz a lei, *exclusivamente* de dados informativos da investigação" (Provas: Lei 11.690, de 09.06.2008. In: MOURA, Maria Thereza Rocha de Assis (Coord.). *As reformas no processo penal: as novas Leis de 2008 e os projetos de reforma*. São Paulo: Revista dos Tribunais, 2008, p. 251).

No entanto, os elementos informativos da fase de investigação devem ser confirmados ou serem ao menos convergentes com os elementos de prova produzidos na fase judicial – sob o contraditório direto, portanto – a fim de que possam realmente ser valorados pelo juiz e servir de fundamento para a decisão.

Além disso, o art. 155 do Código especificou quais provas produzidas na fase investigativa podem ser valoradas pelo juiz na sentença: provas *cautelares*, *antecipadas* e *não repetíveis*.

O legislador, portanto, trata como fenômenos distintos as provas cautelares e as antecipadas. Vejamos se realmente há diferença relevante entre ambas.

Lembra Romeu Pires de Campos Barros (*Processo penal cautelar*. Rio de Janeiro: Forense, 1982, p. 12) que o processo enfrenta uma luta contra o tempo e para servir ao processo nesse ponto específico foram pensadas e estabelecidas as medidas cautelares, com duas características principais, a saber, a instrumentalidade e a provisoriedade.

A ideia de cautelaridade nas provas é justamente a de evitar que as pessoas ou coisas que se revelem fontes de prova pereçam com a ação do tempo ou simplesmente não mais possam fornecer qualquer elemento. Ou seja, a prova cautelar é mecanismo que tem como finalidade "assegurar a eficiência da atividade probatória", diante do risco da ação do tempo.

Entendem Antonio Magalhães Gomes Filho (ob. cit. p. 253) e Antonio Scarance Fernandes que uma característica da *prova cautelar* é a existência de um contraditório diferido ou postergado, "podendo as partes contestar ou discutir o valor probatório dos atos efetivados" (*Processo penal constitucional*. 6ª ed. São Paulo: Revista dos Tribunais, 2010, p. 73). Portanto, são provas realizadas, a princípio, fora do alcance do contraditório, que se apresenta de modo diferido.

Já as *provas antecipadas*, segundo Antonio Scarance Fernandes, são as produzidas com observância do contraditório judicial, porém em incidente próprio, "antes do momento reservado à instrução processual, como sucede com a inquirição de uma testemunha muito idosa ou acometida de doença grave, ante o risco de seu falecimento" (ob. cit. p. 73).

Antonio Magalhães Gomes Filho, por sua vez, entende que a distinção entre *provas cautelares* e *provas antecipadas* não tem importância prática, "pois o que o procedimento cautelar propicia é justamente a antecipação da formação da prova". Mas, reconhecendo haver diversidade terminológica, aponta a raiz desta na consideração do meio ou do resultado: "a medida acautelatória é o instrumento para a antecipação da produção da prova" (ob. cit. p. 253).

Parece haver, em nosso entender, uma distinção entre *prova cautelar* e *prova antecipada*: a primeira é aquela obtida cautelarmente, sem a participação do imputado, com contraditório diferido; a segunda, a produção da prova fora do momento processual adequado, antecipada por necessidade de se assegurar a fonte de prova, mas produzida, em geral, sob contraditório.

Em face dessas características, pode-se dar como exemplos de prova cautelar o exame de corpo de delito, a interceptação de comunicação telefônica, a busca e a apreensão; e de prova antecipada, o depoimento colhido na forma estabelecida no art. 225 CPP, isto é, se qualquer testemunha houver de ausentar-se ou se por enfermidade ou velhice inspirar receio de que ao tempo da instrução criminal já não exista, o juiz poderá tomar-lhe antecipadamente o depoimento.

Note-se como, nos primeiros exemplos, temos meios de produção de prova (o exame de corpo de delito) e meios de investigação de prova (a interceptação e a busca). No segundo exemplo, um meio de produção de prova.

Concordamos com a afirmação de Márcio Geraldo Britto Arantes Filho (*A interceptação de comunicação entre pessoas presentes*. Brasília: Gazeta Jurídica, 2013, p. 53) de que a prova cautelar e a prova antecipada são espécies de um único gênero, qual seja, a *prova cautelar em sentido amplo*. Ambas as espécies possuem a característica da cautela.

Afirma, porém, o mesmo autor que as *provas cautelares* de que fala o art. 155 Código identificam-se com os meios de obtenção de prova; e as *provas antecipadas* nada mais são que os meios de produção de prova, realizados em momento anterior à fase normal em que se apresentariam no processo, por necessidade de acautelamento da fonte de prova (ob. cit. p. 54). Estamos convencidos de que esse entendimento pode trazer mais segurança à aplicação efetiva do art. 155 do Código de Processo Penal e mais clareza aos conceitos.

De outra parte, é certo que, ao se referir às provas antecipadas (e também às cautelares e não repetíveis), o art. 155 do CPP, faz expressa referência apenas àquelas produzidas *ainda na fase de investigação* e *fora do contraditório judicial* ("o juiz formará sua convicção pela livre apreciação da *prova produzida em contraditório judicial*, não podendo fundamentar sua decisão exclusivamente nos elementos informativos *colhidos na investigação*, *ressalvadas as provas* cautelares, não repetíveis e *antecipadas*" - itálicos nossos).

Portanto, uma vez instaurada a relação jurídica processual, o meio de prova produzido antecipadamente, na forma do art. 156, I, do CPP (ou de seu art. 225, na hipótese específica da testemunha), deve ser considerado *prova produzida em contraditório judicial*, mas *colhida na própria etapa processual*, portanto, fora da exceção da parte final do art. 155.

Porém, é possível, também, que haja requerimento ao juiz para antecipação de meio de prova, apesar de ainda se estar na fase investigatória. Nesse caso, havendo indiciado no procedimento em curso, deverá o juiz garantir o contraditório. Não havendo ainda suspeita contra pessoa determinada, deverá o juiz assegurar a presença de defensor público ou dativo no ato de produção da prova. Em ambos os casos, entendemos que se tratará da prova *antecipada* de que fala o art. 155 do Código, pois realizada na fase investigatória, em que sequer estão estabelecidos os limites da imputação e, assim, não se tem ainda a hipótese sobre a qual recairá a acusação.

Concluindo, daquilo que é mencionado na parte final do art. 155, podemos afirmar que: a) as *provas cautelares em sentido estrito* identificam-se com os *meios de obtenção de provas*, sendo realizados sob o signo da surpresa e com contraditório diferido; b) as *provas antecipadas* identificam-se com os *meios de produção de provas*, realizados em contraditório diferido ou direto, a depender da natureza do meio e, conforme o caso, em audiência antecipada, realizada ainda na fase investigatória; c) ambas as modalidades constituem *provas cautelares em sentido amplo*.

Uma novidade trazida pela Lei 11.690/2008 ao ordenamento brasileiro foi a noção de *prova não repetível.*

Diz Antonio Scarance Fernandes que a irrepetibilidade do elemento informativo pode ser de duas espécies: natural ou resultante de fato posterior. Aponta como naturalmente irrepetíveis as atividades de interceptação telefônica e a busca – ambas já abrangidas pelo art. 155 do CPP, pois seriam também consideradas atividades cautelares – e o reconhecimento pessoal, quando positivo. Como prova irrepetível por força de fato posterior, cita a testemunha que falece, desaparece ou muda-se do país (ob. cit. p. 74).

Para Antonio Magalhães Gomes Filho, se o risco de perecimento da prova já era conhecido, ou seja, previsível - logo, era previsível que se não poderia renovar a prova em contraditório – não se pode admitir a utilização do elemento informativo da fase investigatória para o convencimento do juiz. Se imprevisível, pode ser usada, o que "não afasta a necessidade de submetê-la ao *contraditório diferido*, permitindo-se às partes discutir a sua admissibilidade, regularidade e idoneidade" (ob. cit. p. 255).

A ideia de irrepetibilidade, como se verifica, não faz distinção entre meio de produção e meio de obtenção de prova, já que em ambos os casos pode se dar a impossibilidade de repetição pela natureza do meio.

O art. 3º-B, VII, do CPP diz que o juiz de garantias decidirá sobre requerimento da produção antecipada da prova. Pode agir de ofício, ordenando a produção antecipada das provas consideradas urgentes e relevantes? A resposta deve ser negativa.

O art. 156 do CPP, no seu inciso I, de fato faculta ao juiz ordenar, mesmo antes de iniciada a ação penal, a produção antecipada de provas consideradas urgentes e relevantes, observando a necessidade, adequação e proporcionalidade da medida.

Esse dispositivo, como já apontamos em várias passagens, vem sendo alvo de severas críticas. A um só tempo, o juiz se transforma em delegado de polícia e promotor de Justiça quando ordena a produção de uma prova ao primeiro antes mesmo de deflagrada a ação penal, a cargo do Ministério Público, o segundo. Do mesmo modo, se determina a produção da prova em audiência, de modo antecipado. Ora, a incumbência de produzir prova no inquérito é do delegado de polícia e a de requerer a sua produção, ao promotor de Justiça.

Esse dispositivo do CPP (art. 156, I) merece uma nova tradução, à luz do sistema que inspira o processo penal moderno. Deve dialogar com o art. 3º-A do CPP, que anuncia: *o processo penal terá estrutura acusatória, vedadas a iniciativa do juiz na fase de investigação e a substituição da atuação probatória do órgão de acusação.*

Como já alertamos antes, o juiz das garantias é o destinatário de todos os pedidos de diligências. Jamais age de ofício, zelando, em cada provocação, pela regularidade da investigação.

Note-se que o inciso VII do art. 3º-B, tal como seu antecessor, estabelece que a *decisão* sobre a produção antecipada da prova deve ocorrer sob os signos do contraditório e da ampla defesa e em audiência pública e oral. O STF, nas ADIs ajuizadas em face do PACOTE ANTICRIME, corretamente em nosso entender, atribuiu interpretação conforme ao inciso, para estabelecer que *o juiz de garantias pode deixar de realizar a audiência quando houver risco para o processo, ou diferi-la em caso de necessidade.*

Era óbvia tal solução, pois a decisão em si da realização antecipada da prova pode ocorrer *inaudita altera pars*, sempre que necessário, ou seja, quando o prévio conhecimento da produção da prova pode impedir sua eficácia. Logo, a regra será a realização da audiência, quando se decidirá sobre a produção antecipada e sob contraditório; se houver risco para o processo, não se realiza a audiência e o contraditório será diferido, decidindo o juiz de garantias fora desse âmbito. Quando da produção da prova em si, deve-se verificar se será ou não produzida numa audiência. Uma prova testemunhal, evidentemente, sempre ocorrerá numa audiência, em regra, pública e sob o contraditório.

Estado das pessoas – Em relação ao estado das pessoas, o parágrafo único do art. 155 do CPP determina que se devam observar as restrições estabelecidas na lei civil. Nessas hipóteses a intenção é encontrar, no campo cível e com exclusividade, a prova competente, a prevalecer sobre eventual prova criminal produzida em sentido contrário. Assim por exemplo, a existência de ascendência capaz de majorar a pena nos crimes sexuais (art. 226, inc. II do Código Penal) deve ser demonstrada com a juntada da certidão de nascimento da vítima. Também através de tal documento será reduzida ou aumentada a pena (arts. 65, inc. I e 61, inc. II, *h*, ambos do CP) ou o prazo prescricional em favor do menor de 21 ou maior de 70 anos. Também a morte, fator extintivo da punibilidade do réu (art. 107, inc. I, CP), somente pode ser demonstrada por meio da respectiva certidão de óbito (art. 62 do CPP). E, assim, inúmeras outras hipóteses espalhadas na legislação, nas quais a prova civil é indispensável. Esta restrição, para alguns, mostra-se arbitrária, ferindo, inclusive, a garantia da ampla defesa. Não nos parece. Temos, no caso, a previsão do princípio da especialidade, sobrepondo-se a prova civil, produzida na seara própria, à prova penal. Reparem que, nessas hipóteses, o julgador não julga segundo sua livre convicção, mas conforme o que dispuser a lei civil. Assim, se o registro civil aponta o réu como menor de 18 anos, por mais convicto que esteja da maioridade, curva-se o juiz ao que consta do registro.

Conclusão – Conforme se destacou, o dispositivo em análise procurou ressaltar a importância da prova produzida em Juízo, sob o crivo dos princípios constitucionais da ampla defesa, do contraditório, da publicidade etc. O legislador, assim, vedou ao Magistrado qualquer possibilidade de fundamentar sua decisão com base, exclusivamente, na prova produzida extrajudicialmente (com exceção das provas que, por sua própria natureza, não possam ser repetidas em Juízo). Com isso, além de privilegiar, de forma expressa, os princípios contidos na Constituição, acabou por encampar, no texto legal, entendimento jurisprudencial plasmado na mais alta Corte do país, que não conferia maior valor à prova obtida fora do processo judicial.

Pronúncia fundada exclusivamente em elementos informativos obtidos na fase inquisitorial – A doutrina e a jurisprudência discutem se cabe pronúncia motivada somente em elementos obtidos na fase de investigação, havendo indisfarçável controvérsia. O STJ já admitiu. Na oportunidade concluiu que, embora a vedação imposta no art. 155 do CPP se aplique a qualquer procedimento penal, inclusive aos do Júri, não se pode perder de vista o objetivo da decisão de pronúncia não é o de condenar, mas apenas o de encerrar o juízo de admissibilidade da acusação (*iudicium accusationis*). Na pronúncia opera o princípio *in dubio pro societate*, porque é a favor da sociedade que se resolvem as dúvidas quanto à prova, pelo Juízo natural da causa. Constitui a pronúncia, portanto, juízo fundado de suspeita, que apenas e tão somente admite a acusação. Não profere juízo de certeza, necessário para a condenação, motivo pelo qual a vedação expressa do art. 155 do CPP não se aplica à referida decisão (STJ. 5ª Turma. AgRg no AgRg no AREsp 1702743/GO, Rel. Min. Joel Ilan Paciornik, julgado em 15/12/2020; 6ª Turma. AgRg no AREsp 1609833/RS, Rel. Min. Rogerio Schietti Cruz, julgado em 06/10/2020).

Reconhecemos, porém, que, os mais recentes julgados das duas turmas caminham noutro sentido, ou seja, haverá violação ao art. 155 do CPP. Além disso, muito embora a análise aprofundada seja feita somente pelo Júri, não se pode admitir, em um Estado Democrático de Direito, a pronúncia sem qualquer lastro probatório colhido sob o contraditório judicial, fundada exclusivamente em elementos informativos obtidos na fase inquisitorial (STJ. 5ª Turma. HC 560.552/RS, Rel. Min. Ribeiro Dantas, julgado em 23/02/2021; 6ª Turma. HC 589.270, Rel. Min. Sebastião Reis Júnior, julgado em 23/02/2021).

JURISPRUDÊNCIA

Alcance do vocábulo "exclusivamente"

"A Lei n.º 11.690/2008, ao introduzir na nova redação do art. 155 do Código de Processo Penal o advérbio 'exclusivamente', permite que elementos informativos da investigação possam servir de fundamento ao juízo sobre os fatos, desde que existam, também, provas produzidas em contraditório judicial. Noutras palavras: para chegar à conclusão sobre a veracidade ou falsidade de um fato afirmado, o juiz penal pode servir-se tanto de elementos de prova – produzidos em contraditório – como de informações trazidas pela investigação. Apenas não poderá se utilizar exclusivamente de dados informativos colhidos na investigação. No caso, o Tribunal de Justiça, ao condenar o paciente, externando sua convicção acerca dos fatos narrados na inicial acusatória, baseou-se não só nos elementos de informação colhidos durante a investigação. Apontou, também, depoimentos coletados durante a instrução criminal, que constituem fonte idônea de convencimento" (STJ – HC n° 165371-MG, Rel. Marco Aurélio Bellizze, j. 04.06.2013, DJe 11.06.2013).

Valor da prova colhida na polícia

"Consoante já decidiu este Superior Tribunal, não se admite a nulidade do édito condenatório sob alegação de estar fundado exclusivamente em prova inquisitorial, quando baseado também em outros elementos de provas levados ao crivo do contraditório e da ampla defesa" (STJ – AgRg no AREsp n° 79975-SP, Rel. Sebastião Reis Júnior, j. 16.05.2013, DJe 29.05.2013).

"Ainda que o magistrado sentenciante tenha feito menção a um ou outro depoimento colhido na fase do inquérito policial e eventualmente não reproduzido em juízo, tal circunstância não é suficiente para desconstituir a sentença condenatória proferida em desfavor do paciente, uma vez que essas declarações extrajudiciais foram confrontadas com as demais provas colhidas judicialmente" (STJ – HC n° 242360-RJ, Rel. Sebastião Reis Júnior, j. 02.10.2012, DJe 16.10.2012).

Condenação baseada apenas na prova colhida na polícia. Impossibilidade

"É pacífica a jurisprudência desta Corte no sentido de que "é possível a utilização das provas colhidas durante a fase inquisitiva para embasar a condenação, desde que corroboradas por outras provas colhidas em Juízo, nos termos do art. 155 do Código de Processo Penal" (AgRg no HC 497.112/SP, Rel. Ministro NEFI CORDEIRO, SEXTA TURMA, julgado em 03/09/2019, DJe 10/09/2019).

Pronúncia baseada na prova colhida no inquérito policial.

a) Possibilidade

"Conquanto seja pacífica a orientação segundo a qual nenhuma condenação pode estar fundamentada exclusivamente em provas colhidas em sede inquisitorial, tal entendimento deve ser visto com reservas no que diz respeito à decisão de pronúncia. Isso porque tal decisão judicial não encerra qualquer proposição condenatória, apenas considerando admissível a acusação, remetendo o caso à apreciação do Tribunal do Júri, único competente para julgar os crimes dolosos contra a vida. Ademais, no procedimento do júri a prova testemunhal pode ser repetida durante o julgamento em plenário (artigo 422 do Código de Processo Penal), sendo que a Lei Processual Penal, no artigo 461, considerando a importância da oitiva das testemunhas pelos jurados, juízes naturais da causa, chega até mesmo a prever o adiamento da sessão de julgamento em face do não comparecimento da testemunha intimada por mandado com cláusula de imprescindibilidade. 4. Por tais razões, a jurisprudência consolidou-se no sentido de que a decisão de pronúncia pode ser fundamentada em elementos colhidos na fase policial" (STJ – HC n° 258127-MG, Rel. Jorge Mussi, j. 12.03.2013, DJe 26.03.2013).

b) Impossibilidade

A Sexta Turma do STJ, por unanimidade, reposicionou seu entendimento e concedeu habeas corpus em favor de réu que havia sido mandado a júri popular tão somente em razão de provas produzidas durante o inquérito policial. Além de despronunciar o réu, o colegiado revogou sua prisão preventiva.Segundo o relator do caso, ministro Sebastião Reis Júnior, a sentença de pronúncia com base apenas em provas do inquérito é ilegítima, pois acaba se igualando à decisão de recebimento da denúncia.De acordo com o magistrado, apesar de muitas decisões do STJ terem admitido a pronúncia do acusado com base em indícios derivados do inquérito, sem considerar que tal posição afrontasse o artigo 155 do CPP, outros julgados mais antigos da corte não aceitavam o juízo positivo de pronúncia sem apoio em prova produzida sob o crivo judicial. O relator explicou que o STF, no julgamento do HC 180.144, consolidou o entendimento de que a primeira fase do procedimento do tribunal do júri constitui filtro processual com a função de evitar a submissão do réu aos jurados quando não houver prova de materialidade e indícios de autoria.Ele observou ainda que a posição do STF decorre do entendimento de que, após a Constituição de 1988, não há mais amparo constitucional e legal para a regra in dubio pro societate, segundo a qual, na decisão sobre a pronúncia, eventual dúvida quanto à autoria deveria pesar em favor do interesse social na apuração do crime. Por sua vez, comentou Sebastião Reis Júnior, o princípio da presunção de inocência, consagrado na Constituição, impõe ao Ministério Público, como órgão acusador, a responsabilidade de comprovar suas alegações em todas as fases e procedimentos do processo penal. Outros dois princípios – o contraditório e a ampla defesa –, até como meio de sua concretização, impedem, segundo o relator, que a sentença de pronúncia tenha por base exclusiva provas não confirmadas na fase judicial. (STJ, HC 589270/GO, Rel. Min. Sebastião Reis Júnior, j. 25/02/2021)

Habeas Corpus e princípio do livre convencimento

"No processo penal brasileiro vigora o princípio do livre convencimento, em que o julgador, desde que de forma fundamentada, pode decidir pela condenação, não cabendo na augusta via do habeas corpus o exame aprofundado de prova no intuito de se reanalisar as razões e motivos pelos quais as instâncias anteriores formaram convicção pela prolação de decisão repressiva em desfavor dos pacientes" (STJ – HC n° 238583-SP, Rel. Jorge Mussi, j. 02.05.2013, DJe 22.05.2013).

Prova quanto à menoridade

V. Súmula 74 do STJ: "Para os efeitos penais, o reconhecimento da menoridade do réu requer prova por documento hábil"

a) pelo registro de nascimento

"A alegação de menoridade deve ser comprovada, em sede processual penal, mediante prova documental específica e idônea, consistente na certidão extraída do assento de nascimento do indiciado, imputado ou condenado. Precedentes da Corte. A mera invocação, pelo paciente, de sua condição de menoridade, desacompanhada de meio probatório idôneo – a certidão de nascimento – é insuficiente para justificar o acolhimento de sua pretensão" (STF – HC nº 68.466 – DF – DJ de 9.3.91, p. 2.204 – Rel. Celso de Mello).

b) pela certidão de nascimento

Menoridade – Prova – "O documento público revelado pela carteira de identidade do acusado consubstancia prova a ser considerada quanto à menoridade" (STF – HC nº 70.324 – RJ – DJ de 01.7.93 – Rel. Marco Aurélio).

c) não se exige autenticação

"A eficácia probante das cópias xerográficas resulta, em princípio, de sua formal autenticação por agente público competente (CPP, art. 232, parágrafo único). Peças reprográficas não autenticadas, desde que possível a aferição de sua legitimidade por outro meio idôneo, podem ser validamente utilizadas em juízo penal" (STF – Rel. Celso de Mello – *RT* 709/418).

"Embora à prova da idade da vítima por meio de certidão se exija, em princípio, selo de autenticidade, isso não quer dizer que a cópia não autenticada do mesmo documento não sirva a tal intuito quando se percebe que contra ela inexiste contestação nos autos, bem assim, os fatos nesse sentido restaram incontroversos" (STJ – HC n° 66579-SP, Rel. Maria Thereza de Assis Moura, j. 19.05.2009, DJe 08.06.2009).

d) pela certidão de batismo

"Se sobre a idade do paciente há laudo declarando que ela está provavelmente compreendida entre 17 e 18 anos, mas, de outro lado, se encontra certidão batismal, que espelha registro feito em livro paroquial próprio, na época do batismo, e pelo qual se tem que o paciente já completara dezoito anos na ocasião do ilícito de cuja prática é acusado, não há como reformar-se o V. acórdão do C. Tribunal "a quo" que àquela primeira prova preferiu esta última que, sem dúvida, oferece bem maiores condições de confiabilidade" (STF – RHC nº 60.599 – PA, Rel. Aldir Passarinho, DJ de 13.5.83, p. 6.499).

e) registro posterior à data do crime

"O assento de registro civil de nascimento realizado posteriormente à prática delitiva não é aceitável como prova da menoridade penal do delinquente" (STF – Rel. Rafael Mayer – *RT* 609/447).

ATENÇÃO – A Lei n. 13.444, de 11 de maio de 2017, criou o Documento Nacional de Identidade (DNI), que "faz prova de todos os dados nele incluídos, dispensando a apresentação dos documentos que lhe deram origem ou que nele tenham sido mencionados", nos termos do § 1º, de seu art. 8º.

Art. 156. **A prova da alegação incumbirá a quem a fizer, sendo, porém, facultado ao juiz de ofício: (Redação dada pela Lei nº 11.690, de 2008)**

I – ordenar, mesmo antes de iniciada a ação penal, a produção antecipada de provas consideradas urgentes e relevantes, observando a necessidade, adequação e proporcionalidade da medida; (Incluído pela Lei nº 11.690, de 2008)

II – determinar, no curso da instrução, ou antes de proferir sentença, a realização de diligências para dirimir dúvida sobre ponto relevante. (Incluído pela Lei nº 11.690, de 2008)

Ônus da prova, dever e faculdade – Para melhor compreensão do tema, cumpre observar, de plano, que *ônus de provar* não se confunde com *dever de provar*. Ou seja, quem tem *dever* e não o cumpre sujeita-se à imposição de uma sanção, havendo, portanto, um caráter de obrigatoriedade. Já o *ônus* encerra uma noção de *faculdade*, isto é, não é obrigatório, ficando a critério da parte o seu cumprimento. É lógico que eventual inércia, mesmo nesse caso, terá consequências, dado ao prejuízo imposto à parte em virtude dessa omissão, deixando, assim, de obter a vantagem que almejava caso tivesse atuado. Portanto, repita-se, enquanto o *dever* é obrigatório e seu inadimplemento é contrário ao direito, o *ônus* é faculdade, a ser exercida segundo a conveniência de quem o detém em seu próprio benefício, sem que a inércia acarrete a imposição de pena. Vale lembrar o exemplo de Hélio Tornaghi: "se o réu num processo penal tem um documento que lhe prova a inocência, é de toda vantagem para ele juntá-lo aos autos. Caso não o faça, pode não ser reconhecida sua inocência. Mas não há lei alguma que lhe imponha o dever de apresentar o documento e o ameace de pena pelo simples fato de não o fazer" (*Curso de processo penal*, 1990, vol. 1, p. 306). Nessa linha, poder-se-ia definir ônus probatório como a faculdade que tem a parte de demonstrar determinado fato relevante no processo penal, valendo-se, para tanto, dos meios admissíveis.

A questão relativa ao ônus da prova vem resolvida pela norma em estudo, cabendo, a quem alega, produzir a prova do que sustenta. Tal diretriz segue, portanto, exatamente a mesma linha traçada para o processo civil. Daí a oportuna observação de José Frederico Marques, ao ressaltar que "apesar da afirmativa em contrário de grande cópia de processualistas e penalistas, não há diferença substancial entre as regras que norteiam tão importante problema no processo civil e no processo penal" (*Elementos de Direito processual penal*, 1997, vol. II, p. 262).

Distinção entre ônus da prova no processo civil e no processo penal – O principal ponto distintivo entre uma e outra teoria, segundo a doutrina, residiria no fato de atribuir-se ao Juiz, no processo penal, a possibilidade de agir de ofício, em homenagem ao princípio da busca a verdade real, conforme previsto no art. 156, 2ª parte e 502, *caput*, do CPP, deixando de lado, assim, a mera condição de *convidado de pedra* no processo, na feliz expressão de Magalhães Noronha (*Curso de direito processual penal*, 1983, p. 90). De se ver, entretanto, que mesmo no processo civil tal posição inerte não mais se admite, valendo que se traga à colação trecho de acórdão da lavra do preclaro Sálvio de Figueiredo Teixeira, para quem "diante de cada vez maior sentido publicista que se tem atribuído ao processo contemporâneo, o juiz deixou de ser mero espectador inerte da batalha judicial, passando a assumir uma posição ativa que lhe permite, dentre outras prerrogativas, determinar a produção de provas, desde que o faça, é certo, com imparcialidade e resguardando o princípio do contraditório" (STJ - *RT* 729/155). Em suma, inexiste qualquer diferença palpável, entre a teoria sobre o *onus probandi*, no âmbito cível e penal.

Provas e diligências ordenadas de ofício pelo juiz antes de iniciada a ação penal – Como se percebe da simples leitura do inc. I do art. 156, o legislador permite ao juiz, por iniciativa própria, na fase de investigação, determinar a produção antecipada de provas consideradas urgentes e relevantes. Ora, ainda que tal ato se perfaça em juízo, sob contraditório, estará o juiz buscando fontes de prova de forma ativa, ainda durante a investigação, atividade típica dos órgãos responsáveis pela apuração em tal fase, vedada à autoridade judiciária.

Logo, a combinação das expressões "de ofício" e "mesmo antes de iniciada a ação penal" constante do art. 156, I do CPP, afronta diretamente a proibição da iniciativa do juiz na fase de investigação, devendo ser considerada, nesse ponto, revogada.

A vedação do art. 3º-A, ademais, aplica-se também ao juiz de garantias, com competência exclusiva para a fase de investigação, uma vez que a lei não somente não faz qualquer ressalva nesse ponto, como igualmente deixa evidente que cabe a tal juiz somente *decidir* sobre medidas cautelares e meios de produção de provas, à vista de representações ou requerimentos, e não determinar sua realização de ofício.

Do mesmo modo, considerado o art. 3º-A como estruturante para todo o processo penal, não se pode mais admitir que o juiz determine, de ofício, a interceptação telefônica na fase policial, como ainda permite o art. 3º da Lei n. 9.296/1996, pois tal permissão afronta a mesma vedação.

Nem se diga que se trata de norma especial, pois, se a regra do art. 3º-A diz respeito à estrutura do processo penal, a iniciativa de qualquer meio de obtenção de prova não poderá estar nas mãos da autoridade judiciária. Não foi por acaso que a Lei n. 13.964/2019, ao incluir novos artigos na Lei n. 9.296, regulamentando a interceptação "ambiental", exigiu, para a decisão judicial, prévia representação da autoridade policial ou requerimento do Ministério Público. Só esqueceu o legislador de modificar, por coerência, o mencionado art. 3º da mesma lei.

Provas e diligências ordenadas de ofício pelo juiz após iniciada a ação penal – Se o sistema acusatório se mostra mais adequado para assegurar a imparcialidade do órgão julgador – ou o *único* adequado na dicotomia formada com o sistema inquisitivo –, também a discussão quanto aos poderes instrutórios do juiz na fase processual mostra-se relevante para assegurar essa mesma imparcialidade.

Então, as dúvidas que surgem são: do ponto de vista de se evitar um juiz parcial, o melhor modelo é o que dá ao **órgão de julgamento** poderes para interferir na instrução, para determinar, de ofício, se necessário, a produção de provas (modelo de investigação oficial ou inquisitorial) ou aquele que deixa totalmente ou primordialmente às partes essa tarefa (modelo de disputa ou adversarial)? E do ponto de vista epistêmico, qual o mais "potente"?

A doutrina se divide entre os que preferem que ainda retenha o magistrado tais poderes – pois, do ponto de vista epistêmico, isso seria mais eficiente – e os que refutam essa necessidade. A presente obra não trará respostas a essas perguntas, por demandar uma investigação totalmente dedicada ao tema.

No entanto, pode-se afirmar – e isso é especialmente relevante para os processos que adotam o modelo de investigação oficial – que toda diminuição da hipertrofia do papel do julgador contribui para o aumento de densidade da imparcialidade.

Apenas a separação das funções de acusar e de julgar não se mostrará suficiente para assegurar a imparcialidade se, depois de apresentada a acusação, for permitido ao juiz ter o completo controle sobre a atividade probatória, em especial, a possibilidade de substituir as partes nessa atividade, sobretudo quando a parte for o órgão de acusação, sobre o qual recai, não custa lembrar, o ônus de provar a hipótese acusatória e de também buscar a verdade.

Ainda que com o juiz remanesçam poderes instrutórios – característica do modelo de investigação oficial – não podem ser de tal ordem que permitam ao órgão encarregado do julgamento agir deliberadamente para angariar elementos que demonstrem a hipótese acusatória, pois tal forma de atuar representa a negação da própria separação de funções: como já se afirmou nesta obra, acusar não se resume ao ajuizamento de uma imputação de fatos, atribuindo-lhes o caráter de infração penal, mas envolve igualmente atividades prévias e posteriores a tal ato formal, quais sejam, a reunião de indícios nos quais a acusação possa se basear e, uma vez formalizada, o direito **e o ônus** de provar a hipótese acusatória.

Não pode o juiz substituir o órgão de acusação justamente nessas atividades, que são da essência do "acusar": seus poderes probatórios, quando admitidos, não podem representar a busca ativa por fontes de prova ou a substituição da atividade probatória do órgão de acusação, mas atuação subsidiária ou supletiva, quando se revelar adequada e necessária para o acertamento dos fatos, depois que as partes tiverem exercido seu direito à prova.

Por isso mesmo, relevantes as observações de Gustavo Badaró: "a categoria 'poderes instrutórios do juiz' é bastante heterogênea, incluindo poderes que vão desde a busca da fonte de provas (atividade propriamente investigativa) até a introdução em juízo de provas de cuja existência já tenha conhecimento. Partindo da distinção entre fontes de prova e meios de prova, percebe-se, facilmente, que perigo para a imparcialidade está no juiz que é um pesquisador, um 'buscador' de fontes de provas. Já o juiz que, diante da notícia de uma fonte de prova, como a informação de que uma certa pessoa presenciou os fatos, determina a produção do meio de prova necessário – o testemunho – para incorporar ao processo as informações contidas na fonte de prova, não está comprometido com uma hipótese prévia, não colocando em risco a sua posição de imparcialidade. Ao contrário, o resultado da produção daquele meio de prova pode ser em sentido positivo ou negativo, quanto à ocorrência do fato" (Ônus da prova no processo penal. São Paulo: Revista dos Tribunais, 2003, p. 119-120).

Como já explicamos, o STF, ao julgar as ADIs 6.298, 6.299, 6.300 e 6.305, atribuiu, por maioria, interpretação conforme ao art. 3º-A do CPP, para assentar que *o juiz, pontualmente, nos limites legalmente autorizados, pode determinar a realização de diligências suplementares, para o fim de dirimir dúvida sobre questão relevante para o julgamento do mérito.*

Assim, tem-se, segundo nos parece, o reconhecimento, pela Corte Constitucional, da adoção de um modelo não adversarial (inquisitorial) de processo no Brasil, em que, assegurada a separação das funções de acusar e julgar, o juiz possui poderes instrutórios na fase processual, que podem ser exercidos mesmo de ofício, desde que haja autorização legal, para dirimir dúvida sobre questão relevante para o julgamento do mérito.

Portanto, pode o juiz, no curso do processo, com base no inciso I do art. 156 do CPP, à vista do risco de perecimento ou desaparecimento de uma fonte de prova já conhecida nos autos, determinar sua produção de forma antecipada.

Como exemplo, caso o juiz, durante o processo, perceba que a vítima está gravemente enferma, com possibilidade de falecimento antes que possa ser ouvida em audiência, poderá determinar a produção antecipada dessa prova, de ofício. Afinal, de acordo com o art. 201 do CPP, salvo se não for possível, a vítima deverá ser ouvida sobre o crime, não havendo, em nosso entender, sequer necessidade de ser arrolada pelo órgão de acusação, cabendo ao juiz da instrução sempre providenciar a realização desse ato.

Tal situação é muito diferente daquela em que as partes não apresentam testemunhas, vindo o juiz a determinar diligências para identificá-las e ouvi-las, o fazendo de ofício, hipótese em que estará, de modo inconstitucional, atuando de forma ativa na busca de fontes de prova.

E se for uma testemunha arrolada pelo órgão de acusação, não tendo este requerido a produção antecipada? O art. 225 do CPP dispõe, vale lembrar: "se qualquer testemunha houver de ausentar-se, ou, por enfermidade ou por velhice, inspirar receio de que ao tempo da instrução criminal já não exista, o juiz poderá, de ofício ou a requerimento de qualquer das partes, tomar-lhe antecipadamente o depoimento".

Estando a persecução na fase processual, não vemos óbice a que o juiz determine a produção antecipada de tal prova, uma vez que a fonte de prova já era conhecida – não a tendo buscado o juiz – e foi arrolada pela acusação, de forma que deverá ser ouvida. A antecipação do ato apenas assegura o direito da parte de produzir tal prova, havendo risco concreto de impossibilidade futura. Afinal, "não há a possibilidade de determinação de medida não contida, sequer implicitamente, nos requerimentos das partes, pois isso poderia configurar procura de fontes de prova", de modo que, estando o meio de prova contido em requerimento de uma das partes, não há qualquer ilicitude na determinação de produção antecipada da prova, se necessário.

Por outro lado, o art. 402 do CPP permite que, produzidas as provas, ao final da audiência de instrução, o Ministério Público, o querelante, assistente e o acusado possam requerer diligências cuja necessidade se origine de circunstâncias ou fatos apurados na instrução. O juiz não é mencionado.

Contudo, a leitura do inciso II do art. 156 e do art. 404 do mesmo Código não deixa dúvida de que o legislador permitiu ao juiz ordenar a realização de diligências para dirimir dúvida sobre ponto relevante, durante o processo ou antes da sentença. Foi esse o ponto, aliás, tratado expressamente pelo STF nas ADIs citadas acima.

Aqui, pensamos que a decisão da Corte Constitucional limitou sutilmente o alcance do inciso II do art. 156.

Note-se: o dispositivo afirma que o juiz pode determinar a diligência *no curso da instrução* ou *antes de proferir a sentença*. No entanto, como visto, a Corte possibilitou apenas a determinação de *diligências suplementares*, tratando-se, assim, de atividade supletiva em relação àquela das partes. Logo, o juiz somente poderá determinar, no curso da instrução, de ofício, a realização de diligências para esclarecer *dúvida sobre questão relevante para o julgamento do mérito*, depois que já tenham sido produzidas, total ou parcialmente, as provas indicadas pelas partes ou por ao menos uma delas.

Não há, necessariamente, que se aguardar o término da instrução para que, somente então, o juiz possa determinar a diligência. Como exemplo, podemos citar a oitiva de uma testemunha arrolada na denúncia, que tenha indicado a existência de outra, até então desconhecida nos autos. Nesse caso, pode o juiz, de ofício, determinar sua localização para que tal pessoa seja ouvida, suspendendo a instrução, para que o novo ato se dê antes da produção da prova oral indicada pela defesa.

Evidentemente, se ao final da instrução persistir *dúvida sobre questão relevante para o julgamento do mérito*, pode o juiz, consoante a interpretação dada ao art. 3º-A do CPP pelo STF, determinar a realização de diligência capaz de saná-la. Nesse caso, cabe ao juiz determinar a realização de tal diligência antes de proceder ao interrogatório.

Porém, se já encerrada a instrução, ouvido o imputado e as partes já tiverem esgotado as respectivas participações nessa fase processual, com apresentação de alegações finais, sem que tenham apresentado qualquer requerimento de produção de provas, não poderá o juiz determinar a realização de diligências, pois não terão mais o caráter de *suplementares*.

Outro dispositivo que igualmente pode gerar alguma dúvida está no art. 234 do CPP, segundo o qual, se o juiz tiver notícia da existência de documento relativo a ponto relevante da acusação ou da defesa, providenciará, independentemente de requerimento de qualquer das partes, sua juntada aos autos, se possível. Persiste essa possibilidade, se o documento disser respeito a ponto relevante da acusação?

Na forma como o STF interpretou o disposto no art. 3º-A do CPP nos parece que a resposta é positiva. Pode-se acrescentar que, havendo notícia da fonte de prova, ou seja, o documento, não fere o sistema acusatório a determinação de juntá-la ao processo, utilizando-se, assim, do meio de prova previsto em lei para incorporar ao feito as informações presentes em tal fonte.

Assim, os poderes instrutórios do juiz permanecem nesses dois aspectos: pode, durante o processo, de ofício, determinar a produção antecipada de prova, considerada sua relevância e urgência, desde que já conhecida a fonte de prova e esteja contida em requerimento de ao menos uma das partes; e pode, também de ofício, durante ou ao final da instrução, determinar a realização de diligência para sanar dúvida relevante para o julgamento do mérito.

Outro ponto que vem gerando debates desde a edição da Lei n. 13.964/2019 diz respeito à vigência do art. 385 do CPP, que dispõe: "nos crimes de ação pública, o juiz poderá proferir sentença condenatória, ainda que o Ministério Público tenha opinado pela absolvição, bem como reconhecer agravantes, embora nenhuma tenha sido alegada".

Especificamente quanto à existência de manifestação do Ministério Público pela absolvição, parte da doutrina sustenta que o juiz, no sistema acusatório, estaria impedido de condenar o acusado, pois estaria substituindo o órgão do *parquet* em sua tarefa de acusar. Discordamos.

Não se pode esquecer que o Ministério Público, ao oferecer a inicial acusatória, apresenta pedido de condenação do denunciado pela imputação nela descrita, não sendo possível que, depois, venha a desistir da ação penal, conforme vedação expressa do art. 42 do CPP. Sendo assim, ao final da instrução, com base nas provas angariadas, o Ministério Público apenas apresenta ao juiz sua *opinião* sobre o desfecho da ação penal, como fiscal do ordenamento jurídico que é, além de parte, não ficando o juiz vinculado a tal conclusão.

Portanto, *não há pedido de absolvição*, que nem poderia ser apresentado, uma vez que equivaleria a uma desistência da ação. *Tampouco há pedido condenatório nas alegações finais*, mas apenas a confirmação do pedido condenatório já apresentada com a inicial e que subsiste no processo. Ao manifestar-se pela absolvição – sintomático, nesse ponto, que o art. 385 mencione a expressão "tenha *opinado* pela absolvição" ao invés de "tenha *pedido* a absolvição" – está o Ministério Público apenas afirmando ao juiz que, em sua opinião, não obstante o seu pedido condenatório, produzidas as provas, não conseguiu demonstrar a hipótese acusatória, razão pela qual, em face do princípio da presunção de inocência, não deve o acusado ser condenado.

Ademais, nesse caso não há qualquer substituição, pelo juiz, da atividade acusatória, visto que acusação houve, foi apresentada ao órgão com jurisdição para julgar o caso, as provas foram produzidas e, então, caberá a realização do julgamento: o juiz verificará se, em face da imputação feita na denúncia, há provas suficientes para o deferimento do pedido condenatório. O contrário seria vincular o juiz à opinião do órgão do Ministério Público, instituindo-se, na prática, a desistência da ação penal pública.

À guisa de conclusão, diga-se que a busca por uma maior imparcialidade do órgão julgador é louvável e sempre recomendável, até mesmo porque, no fundo, é o que se busca com a separação das funções de acusar e julgar, sendo, pois, da essência do sistema acusatório.

Provas cautelares, não repetíveis ou antecipadas – Ver comentários ao *caput* de art. 155 acima.

Ônus de quem alega – Vê-se, pois, que é equivocada a alegação no sentido de que o ônus da prova criminal cabe ao autor. Nessa linha é a lição de Câmara Leal, para quem "não é verdadeira a doutrina que atribui ao autor o encargo da prova. Toda alegação consistente em matéria de fato deve ser provada. Assim, pois, quem alega um fato deve produzir a prova do mesmo, seja autor ou réu" (ob. cit., vol. I, p. 429). De outra parte, também não prosperou o entendimento de Bentham, para quem o ônus da prova é sempre do réu, na medida em que há uma presunção de sinceridade militando em favor do autor, não se admitindo que alguém deduza uma acusação injusta e que não venha calcada no mínimo de prova.

Em verdade – repita-se – a prova do fato cabe a quem alega. Assim, cumpre à acusação a prova da tipicidade e de sua autoria, ou seja, dos fatos constitutivos. Ao réu, cabe a prova dos fatos extintivos (prescrição, decadência, por exemplo), dos fatos impeditivos (causas de exclusão de culpabilidade, *v.g.*) e dos fatos modificativos (por exemplo, as causas excludentes da ilicitude).

ATENÇÃO – De acordo com a doutrina majoritária, o Brasil adotou a teoria da *indiciariedade* ou da *ratio cognoscendi*. Assim, uma vez provada a tipicidade, há, por conseguinte, indícios de ilicitude (ou antijuridicidade). Essa suspeita provoca uma consequência importante: o ônus da prova sobre a existência da causa de exclusão da ilicitude é da defesa (de quem alega). Confira-se o quadro abaixo:

Comprovada a causa de exclusão da ilicitude	Comprovado que o fato não ocorreu sob o manto de causa de exclusão de ilicitude	Ficou a dúvida se o fato típico está (ou não) justificado por causa de exclusão da ilicitude
Juiz absolve	Juiz condena	Juiz condena (não se aplicando o in dubio pro reo quando o ônus é da defesa).

Ocorre que, em 2008, com a reforma do Código de Processo Penal (Lei nº 11.690/2008), cumpre ao juiz absolver o acusado quando "existirem circunstâncias que excluam o crime ou isentem o réu de pena, ou mesmo se houver fundada dúvida sobre sua existência" (destaque nosso).

Parece-nos que, agora, está absolutamente claro que a dúvida razoável sobre a existência ou não da excludente de ilicitude favorece o réu, devendo o magistrado absolvê-lo com fundamento no artigo 386, inc. VI, parte final, do Código de Processo Penal. Em resumo: havendo dúvida, deve o réu ser condenado (não se aplicando o in dubio pro reo); no caso de dúvida razoável, o réu merece ser absolvido. Deste modo, foram relativizados os efeitos da teoria da indiciariedade no ônus probatório.

Comprovada a causa de exclusão da ilicitude	Comprovado que o fato não ocorreu sob o manto de causa de exclusão de ilicitude.	Ficou a dúvida se o fato típico está (ou não) justificado	Ficou a dúvida razoável se o fato típico está (ou não) justificado
O juiz absolve	O juiz condena	O juiz condena	O juiz absolve (aplicando o in dubio pro reo)

Dolo – Quanto ao elemento subjetivo, diverge a doutrina em definir a quem cabe demonstrá-lo. Para Tourinho Filho, parece claro que, gozando o réu da presunção da inocência, cabe ao acusador a prova do dolo e da culpa (*Processo penal*, São Paulo: Saraiva, 2006, 28ª ed., vol. 3, p. 238). Já Hélio Tornaghi adota entendimento diverso, levando em conta o caso concreto, pois "há certos crimes em que o comum é o dolo e o raro, o excepcional, é a culpa; enquanto outros geralmente são culposos e excepcionalmente dolosos. Se um motorista atropela alguém, a presunção é de que o fez por culpa. Não é assim habitualmente? Se, pois, apesar disso, em determinado caso concreto a acusação sustenta que houve dolo, deve prová-lo. Até que o faça, presume-se culposo o crime. Igualmente há crimes que são em geral dolosos. Se um sujeito mata um desafeto, supõe-se que o fez dolosamente e não há mister que a acusação prove o dolo. Incumbe ao defendente demonstrar que o resultado morte proveio de culpa" (ob. cit., p. 307).

JURISPRUDÊNCIA

Ônus da acusação

"Nenhuma acusação penal se presume provada. Não compete, ao réu, demonstrar a sua inocência. Cabe, ao contrário, ao Ministério Público, comprovar, de forma inequívoca, para além de qualquer dúvida razoável, a culpabilidade do acusado. Já não mais prevalece, em nosso sistema de direito positivo, a regra, que, em dado momento histórico do processo político brasileiro (Estado Novo), criou, para o réu, com a falta de pudor que caracteriza os regimes autoritários, a obrigação de o acusado provar a sua própria inocência (Decreto-lei nº 88, de 20/12/37, art. 20, n. 5). Precedentes" (STF – HC n° 88875-AM, Rel. Celso de Mello, j. 07.12.2010, DJe 12.03.2011).

Quando é da defesa o ônus

"De acordo com a jurisprudência desta Corte Superior de Justiça, "quando há a apreensão do bem resultante de crime na posse do agente, é ônus do imputado comprovar a origem lícita do produto ou que sua conduta ocorreu de forma culposa. Isto não implica inversão do ônus da prova, ofensa ao princípio da presunção de inocência ou negativa do direito ao silêncio, mas decorre da aplicação do art. 156 do Código de Processo Penal, segundo o qual a prova da alegação compete a quem a fizer. Precedentes" (AgRg no HC n. 446.942/SC, Rel. Ministra LAURITA VAZ, SEXTA TURMA, julgado em 04/12/2018, DJe 18/12/2018)." (STJ – AgRg no HC n. 700.369/SC, relatora Ministra Laurita Vaz, Sexta Turma, julgado em 4/10/2022, DJe de 10/10/2022.)

Legítima defesa

Legítima defesa – Ônus do acusado – Entendimento: "Tendo admitido a agressão, cumpre ao acusado comprovar que ela se deu como reação a outra injusta ou para se defender" (TACRIM-SP – Rel. Afonso Faro – *RJD* 24/339).

Álibi

"Ao consignar que a não comprovação do álibi invocado pelo Acusado seria equivalente a uma confissão, a Corte local deixa de observar a regra relativa ao encargo probatório no processo penal, pois a prova da imputação recai, exclusivamente, sobre a Acusação. Ainda que, eventualmente, o Paciente alegue um álibi em seu favor e não venha a comprová-lo, essa circunstância, se não socorre a sua defesa, jamais pode reforçar a acusação, a ponto de ser interpretada como confissão. Ademais, o silêncio do Paciente na fase inquisitorial também não lhe pode causar prejuízo, pois, independentemente da colaboração do Réu, cabe à autoridade policial proceder a todas as diligências necessárias para apurar a verdade real dos fatos (art. 6.º, inciso III, do Código de Processo Penal)." (STJ – HC n. 681.482/SP, relatora Ministra Laurita Vaz, Sexta Turma, julgado em 24/5/2022, DJe de 31/5/2022.)

Arma sem potencial ofensivo

"A regra é que uma arma possua potencial lesivo; o contrário, a exceção. Se assim alega o acusado, é dele o ônus dessa prova (art. 156 do CPP). Se restou comprovada a utilização da arma, como no caso concreto, o ônus de demonstrar eventual ausência de potencial lesivo deve ficar a cargo da defesa, sendo inadmissível a transferência desse ônus à vítima ou à acusação, por uma questão de isonomia, porquanto inúmeros fatores podem tornar a prova impossível" (STJ – HC n° 137517-SP – Rel. Napoleão Nunes Maia Filho, j. 29.10.2009, DJe 30.11.2009).

Iniciativa do Juiz

"Nos termos do art. 156, II, do CPP, não ofende o sistema acusatório a produção de prova supletiva pelo julgador, ao fim da instrução processual, quando necessária aos esclarecimentos de fatos e à busca da verdade real, e desde que observado o contraditório a outra parte." (STJ – AgRg no HC n. 674.306/MG, relator Ministro Ribeiro Dantas, Quinta Turma, julgado em 14/6/2022, DJe de 20/6/2022.)

Iniciativa do Juiz quanto à oitiva de testemunhas não arroladas. Possibilidade

"No processo penal, em que sobreleva o sistema de apuração da verdade substancial, de que é corolário o princípio da investigação, tem o Juiz a faculdade de ouvir outras testemunhas além das arroladas pelas partes, podendo inquiri-las mesmo encerrado o sumário e oferecidas as alegações finais" (STJ – Rel. Vicente Leal – *RT* 739/570).

Iniciativa do Relator quanto à oitiva de testemunhas não arroladas. Possibilidade

"Se o Ministério Público desiste de ouvir testemunha, apenas por ele arrolada e não localizada, o juiz pode homologar a desistência, mesmo sem ouvir a respeito a defesa do réu, por se tratar de prova de interesse exclusivo do órgão acusador. Nada impede, porém, que, em grau de apelação, e no interesse da instrução, o Relator, com o beneplácito da Câmara julgadora, determine diligências tendentes a localização da mesma testemunha e sua inquirição" (STF – HC nº 70.882 – SP – DJ de 30.9.94, p. 26.166 – Rel. Sydney Sanches).

Iniciativa do assistente de acusação

"A assistência permite intervenção direta do ofendido em todos os termos do processo, não como simples informante do Ministério Público, mas como colaborador ativo e independente, com o direito de agitar a acusação, propor meios de prova e praticar quaisquer atos não requeridos pelo representante da Justiça Pública" (STF – RE nº 33.899, Rel. Rocha Lagoa, j. em 19.04.19157).

Art. 157. São inadmissíveis, devendo ser desentranhadas do processo, as provas ilícitas, assim entendidas as obtidas em violação a normas constitucionais ou legais. (Redação dada pela Lei nº 11.690, de 2008)

§ 1º São também inadmissíveis as provas derivadas das ilícitas, salvo quando não evidenciado o nexo de causalidade entre umas e outras, ou quando as derivadas puderem ser obtidas por uma fonte independente das primeiras.

§ 2º Considera-se fonte independente aquela que por si só, seguindo os trâmites típicos e de praxe, próprios da investigação ou instrução criminal, seria capaz de conduzir ao fato objeto da prova.

§ 3º Preclusa a decisão de desentranhamento da prova declarada inadmissível, esta será inutilizada por decisão judicial, facultado às partes acompanhar o incidente.

§ 4º (VETADO)

§ 5º O juiz que conhecer do conteúdo da prova declarada inadmissível não poderá proferir a sentença ou acordão.

Redação antes da Lei 13.964/19	Redação depois da Lei 13.964/19
Art. 157. São inadmissíveis, devendo ser desentranhadas do processo, as provas ilícitas, assim entendidas as obtidas em violação a normas constitucionais ou legais. § 1º São também inadmissíveis as provas derivadas das ilícitas, salvo quando não evidenciado o nexo de causalidade entre umas e outras, ou quando as derivadas puderem ser obtidas por uma fonte independente das primeiras. § 2º Considera-se fonte independente aquela que por si só, seguindo os trâmites típicos e de praxe, próprios da investigação ou instrução criminal, seria capaz de conduzir ao fato objeto da prova. § 3º Preclusa a decisão de desentranhamento da prova declarada inadmissível, esta será inutilizada por decisão judicial, facultado às partes acompanhar o incidente. § 4º (VETADO)	**Art. 157.** São inadmissíveis, devendo ser desentranhadas do processo, as provas ilícitas, assim entendidas as obtidas em violação a normas constitucionais ou legais. § 1º São também inadmissíveis as provas derivadas das ilícitas, salvo quando não evidenciado o nexo de causalidade entre umas e outras, ou quando as derivadas puderem ser obtidas por uma fonte independente das primeiras. § 2º Considera-se fonte independente aquela que por si só, seguindo os trâmites típicos e de praxe, próprios da investigação ou instrução criminal, seria capaz de conduzir ao fato objeto da prova. § 3º Preclusa a decisão de desentranhamento da prova declarada inadmissível, esta será inutilizada por decisão judicial, facultado às partes acompanhar o incidente. § 4º (VETADO) § 5º O juiz que conhecer do conteúdo da prova declarada inadmissível não poderá proferir a sentença ou acordão.

Provas ilícitas – Além da limitação à prova quanto ao estado das pessoas (art. 155, parágrafo único), também não são admitidas as provas obtidas por meios ilícitos, consoante expressa vedação contida na Constituição da República (art. 5º, inc. LVI), cuja aplicação prática, irradiando seus efeitos, acarretou sensível alteração na apreciação do tema, a exigir especial atenção.

Preciosa, nesse aspecto, a observação de Grinover, Scarance e Magalhães, ao ensinarem que "a prova é *ilegal* toda vez que sua obtenção caracterize violação de normas legais ou de princípios gerais do ordenamento, de natureza processual ou material. Quando a proibição for colocada por uma lei processual, a prova será *ilegítima* (ou ilegitimamente produzida); quando, pelo contrário, a proibição for de natureza material, a prova será *ilicitamente obtida*" (*As nulidades no processo penal*, RT: São Paulo, 1995, p. 115).

Prova ilegítima – Sendo a prova *ilegítima* aquela que atenta contra a forma, não há grande dificuldade em ser repelida, face aos termos do disposto no art. 564, inc. IV, do CPP, que fulmina de nulidade a omissão de formalidade essencial ao ato. Assim, por exemplo, a exibição, em plenário do júri, de documento do qual a defesa, no prazo legal, não teve ciência (art. 479 do CPP). E, ainda, a prova emprestada de outro processo que não foi submetida ao contraditório. Ou, em exemplos de Adalberto Camargo Aranha, "o uso de testemunhas para provar um fato que deixou vestígio, a ouvida de testemunhas em número acima do permitido" (ob. cit. p. 41).

JURISPRUDÊNCIA

Prova produzida no exterior. Validade

As provas produzidas no exterior e compartilhadas por meio de cooperação internacional (MLAT), quando devidamente autorizadas e submetidas ao contraditório, são válidas e podem ser utilizadas no âmbito do processo, na esteira da pacífica jurisprudência desta Corte. (STJ, AgRg no AREsp 869623 / SP, j. em 11/05/2021)

Abuso de autoridade – O legislador, no tipo art. 25 da Lei 13.869/19, criminaliza a produção (caput) ou o efetivo uso (parágrafo único) da prova obtida por meio ilícito. Não cabe ao intérprete abranger no tipo a prova obtida por meio ilegítimo, sob pena de violação da legalidade. Quisesse o legislador abarcar as duas espécies, teria sido expresso, ainda que citando seu gênero (prova obtida por meio ilegal).

Aprofundando a prova ilicitamente obtida – Inúmeros exemplos podem ser citados de prova obtida ilicitamente: a confissão produzida mediante tortura; o ingresso no domicílio da pessoa à noite ou sem mandado judicial, não sendo caso de flagrante, desastre ou prestação de socorro; a violação de correspondência; a gravação de conversa telefônica sem autorização legal e ignorada por ambos os interlocutores; a quebra de sigilo bancário sem ordem judicial; a utilização de mecanismos como microfones e micro câmeras para, de forma clandestina, captar sons e imagens; a colheita compulsória de sangue para fins de perícia em um crime sexual ou para apuração de um delito de trânsito em que embriagado o motorista, etc. De se observar que algumas provas são, a um só tempo, ilegítimas e ilícitas, como por exemplo a violação de sigilo profissional, que atenta contra o direito material já que obtida ilegalmente e contra o direito processual, pois vedada sua produção ante os termos do art. 207 do CPP.

Prova ilícita e o princípio da razoabilidade (ponto de equilíbrio) – O grande desafio que se coloca ao intérprete consiste em encontrar um ponto de equilíbrio entre, de um lado, o dispositivo constitucional que inadmite a produção (ou uso) da prova ilícita e, de outro, o que garante a segurança do cidadão, sobretudo em face do aumento da chamada criminalidade organizada, a exigir, para seu combate, de meios eficazes, aptos a fazer frente à sofisticação dessas organizações.

Anota Thiago Pierobom de Ávila, que "o direito cuja violação ensejará a ilicitude da prova há de ser um direito fundamental. A garantia fundamental da inadmissibilidade das provas ilícitas está estrategicamente localizada sob o título dos direitos e garantias fundamentais. Sua finalidade é criar um sistema de atividade processual que respeite minimamente os direitos elencados na Constituição tidos como essenciais para a convivência em sociedade. O problema perante o caso concreto é delimitar a linha que separa o plano da constitucionalidade e o da legalidade, haja vista o caráter analítico de nossa Constituição" (*Provas ilícitas e proporcionalidade*, Rio de Janeiro: Lumen Juris Editora, 2007, p. 96).

Preocupação semelhante tem Antonio Scarance Fernandes, para quem "não é fácil, contudo, atingir o ponto de equilíbrio. De um lado, é necessário armar o Estado de poderes suficientes para enfrentar a criminalidade, crescente, violenta, organizada; por outro, deve o cidadão ter garantida a sua tranquilidade, a sua intimidade, a sua imagem, e, principalmente, ser dotado de remédios eficazes para se contrapor aos excessos e abusos dos órgãos oficiais" (*Processo penal constitucional*, 4ª ed., São Paulo: RT, 2005, p. 89).

O deslinde da questão passa, necessariamente, pela adoção do princípio da razoabilidade, a permitir que, na análise do caso concreto, possa o intérprete optar por uma ou outra alternativa, isto é, o privilégio à tese da inadmissibilidade da prova ilícita ou a possibilidade, ainda assim, de seu aproveitamento, na defesa de um bem maior, consistente na segurança da sociedade arranhada por seus malfeitores. A interceptação telefônica, sem o conhecimento de nenhum dos interlocutores e sem a prévia autorização judicial, na qual o sequestrador pede a um parente do sequestrado o resgate em dinheiro, pode ser considerada uma prova ilícita? O princípio constitucional chegaria ao ponto de proteger tão ignóbil conduta? Cremos que não.

Na lição de Grinover, Magalhães e Scarance, com efeito, "a teoria, hoje dominante, da inadmissibilidade processual das provas ilícitas, colhidas com infringência a princípios ou normas constitucionais, vem, porém, atenuada por outra tendência, que visa corrigir possíveis distorções a que a rigidez da exclusão poderia levar em casos de excepcional gravidade. Trata-se do denominado "verhaltnismassigkeit prinzcip", ou seja, de um critério de proporcionalidade, pelo qual os tribunais da então Alemanha Federal, sempre em caráter excepcional e em casos extremamente graves, têm admitido a prova ilícita, baseando-se no princípio do equilíbrio entre valores fundamentais contrastantes" (*As nulidades no processo penal*, 7ª ed. São Paulo: Editora Revista dos Tribunais, p. 115, 2001).

Prova ilícita em favor do réu – O que se admite é a produção da prova ilícita em favor do réu. Suponha-se a seguinte situação: *C*, inocente, está sendo injustamente acusado pela prática de um homicídio. Em dado momento, sem qualquer autorização judicial, ele intercepta uma conversa telefônica entre *A* e *B*, na qual o primeiro confessa a prática do crime. Dois valores constitucionais se encontram em rota de colisão. O primeiro tem por titulares *A* e *B*, que, ignorando a gravação, tiveram seu sigilo violado pela ação de *C*. Este, de sua parte, tem o inequívoco direito à liberdade, fortemente ameaçado no eventual sucesso da injusta acusação que experimenta. Os princípios da razoabilidade (do direito norte-americano) ou da proporcionalidade (inspirado na doutrina alemã) recomendam que se deva sopesar, entre os dois direitos, qual é o mais robusto e consistente, apto a prevalecer sobre o outro, mais fraco e inconsistente. E, no exemplo citado, não resta dúvida que ostenta as primeiras características o direito de *C* que, destarte, poderá invocá-lo a seu favor, embora réu, mesmo que se admita a ilicitude da prova que produziu.

JURISPRUDÊNCIA

Prova ilícita produzida em favor da defesa. Validade

"A quebra do sigilo bancário, não observado o disposto do art. 38, § 1º, da Lei 4.595/64, não se traduz em prova ilícita se o réu, corroborando as informações prestadas pela instituição bancária, utiliza-as para sustentar sua defesa" (STF – Rel. Francisco Rezek – *RT* 743/548).

"Embora sustentável que a gravação clandestina de conversa telefônica pelo destinatário constitui prova obtida por meio ilícito, porque em violação do direito à intimidade do comunicador, a ilicitude não prevalece e a gravação pode ser admitida como prova, no processo penal, quando feito pelo réu e apresentada para sua defesa. É que, pelo critério da proporcionalidade, predomina, na hipótese, a garantia da ampla defesa sobre o direito à intimidade, havendo justa causa para a quebra da reserva sobre o conteúdo da comunicação" (TJSP – trecho do voto vencedor do Des. Dante Busana – *RT* /343 *RT* 693).

Princípios da razoabilidade e proporcionalidade – É certo que a adoção de tais princípios (razoabilidade e proporcionalidade), não escapa à crítica doutrinária. Nessa linha é o magistério de Luís Roberto Barroso e Ana Paula de Barcellos, para quem "o entendimento flexibilizador dos dispositivos constitucionais citados, além de violar a dicção claríssima da Carta Constitucional, é de todo inconveniente em se considerando a realidade político-institucional do País. Embora a ideia de proporcionalidade possa parecer atraente, deve-se ter em linha de conta os antecedentes do País, onde as exceções viram regra desde sua criação (vejam-se, por exemplo, as medidas provisórias). À vista da trajetória inconsistente dos respeitos aos direitos individuais e da ausência de um sentimento constitucional consolidado, não é nem conveniente nem oportuno, sequer de 'lege ferenda', enveredar por flexibilizações arriscadas" (*A viagem redonda: Habeas Data, Direitos Constitucionais e as Provas Ilícitas*, RDA 213/149-163).

De se ver, contudo, que tal entendimento diz respeito à adoção dos princípios da razoabilidade e proporcionalidade em desfavor do réu, o que não corresponde à situação trazida em nosso exemplo acima, no qual, ao contrário, se aludiu à possibilidade de aproveitamento da prova ilícita em prol do acusado.

A prova ilícita, em suma, sempre mereceu repúdio de nossos Tribunais, notadamente da mais alta Corte do país que, reiteradas vezes, decretou, de maneira firme e veemente, a nulidade de processos nos quais foi produzida, em homenagem à sua inadmissibilidade, destacada na Constituição vigente (art. 5°, LVI). Mais interessante é o debate sobre as provas que dela se derivam, a seguir analisado.

Emprego da tortura na iminência de um ato terrorista ou *Ticking Time Bomb Scenario Theory* – Notadamente após a eclosão do 11 de setembro de 2001, tem-se visto a implementação de diversas medidas preventivas e repressivas de atos terroristas em todo o mundo. Desde então, iniciaram-se protocolos para lidar com as situações de risco e aprovaram-se leis que inauguraram medidas excepcionais para prevenir ataques iminentes ou mesmo para investigar ataques já ocorridos. No tocante à prevenção de atos terroristas, o emprego da tortura talvez tenha provocado o mais acalorado debate. Afinal, na iminência de um ataque, seria legítimo que o Estado empregasse técnicas de tortura para obter informações e impedir a morte de inocentes? Em caso positivo, qual seria a natureza jurídica dessa medida?

Ainda que sucintamente cumpre definir a *Ticking Time Bomb Scenario Theory* (Teoria do Cenário da Bomba-Relógio) como a situação extrema e emergencial na qual um agente estatal, com o propósito de obter informações específicas e essenciais, tortura suspeitos de conhecer ou integrar planos de ataques terroristas iminentes – que, portanto, expõem a perigo a vida de um grande número de pessoas –, a fim de que se possa prevenir a ocorrência de tais ataques.

O tema tem gerado debates diante dos efeitos que a aplicação dessa técnica provoca no âmbito dos direitos e das garantias fundamentais, já que a imposição de métodos de tortura contraria – independentemente da gravidade do crime e da qualidade do criminoso – todo o sistema de proteção humana em que se ancora não só o direito interno dos países democráticos como também o direito internacional do qual estas nações costumam ser signatárias.

Há quem sustente ser admissível o emprego de tortura para impedir a ocorrência de um ato terrorista iminente sob o argumento de que, no âmbito dos direitos e garantias fundamentais, nada é mais relevante que a vida. É fato que, no geral, o arcabouço normativo de tutela dos direitos humanos obsta que o Estado lance mão de métodos cruéis de investigação, mas, diante de situações nas quais dezenas, centenas ou milhares de vidas são expostas a perigo iminente, justifica-se a flexibilização dessa tutela para a preservação de um bem maior. A tortura é, portanto, um mal menor. Em outras palavras, quando um Estado de direito se vê diante de dois males, a solução é escolher – não sem a imposição de controles e limites – aquele capaz de produzir o menor dano e de proporcionar o maior benefício às pessoas. A propósito, a doutrina de Michael Levin, para quem "em geral, supõe-se que a tortura é inadmissível, um retrocesso a uma época mais brutal. Sociedades iluminadas rechaçam-na de plano [...]. Creio que esta atitude é imprudente. Há situações nas quais a tortura não é só possível, mas moralmente obrigatória. [...] Se a única maneira de salvar estas vidas é submeter o terrorista à dor mais insuportável que for possível, o que pode haver de motivos para não fazê-lo? Sugiro que não há nenhum. Em qualquer caso, lhe peço para refletir a questão com mente aberta. [...] Torturar o terrorista é inconstitucional? Provavelmente. Mas milhares de vidas seguramente superam a inconstitucionalidade. A tortura é brutal? O homicídio em massa é muito mais brutal [...] Não estou advogando pela tortura como castigo. O castigo dirige-se a fatos passados, irrevogavelmente. Estou defendendo a tortura como uma medida aceitável para prevenir males futuros. Assim entendida, é muito menos objetável que muitos castigos existentes" (*The case for torture*. In: *Newsweek*, 7 jun. 1982).

Por outro lado, argumenta-se pela absoluta inadmissibilidade do emprego de tortura, ainda que se trate de prevenir um ataque terrorista iminente. Sustenta-se que o sistema de proteção aos direitos humanos não admite nenhuma exceção para a imposição de métodos cruéis de investigação, que, uma vez permitidos, tendem a se expandir perigosamente independentemente da disposição inicial para que se estabeleçam limites. Nessa linha, dizem os críticos, a tortura que, de início, se justificaria para prevenir um ato hostil iminente (efetivamente prestes a acontecer), tende a ser utilizada para justificar a obtenção de informações sobre planos de ataques que, embora não iminentes, ocorrerão certamente num futuro próximo. E, daí, pode passar a ser empregada sobre planos que, mesmo sem indicação precisa, poderão ser postos em prática no futuro. Ademais, a tortura que originariamente poderia ser usada apenas contra um comprovado integrante de um grupo terrorista pode ser ampliada, por exemplo, para abarcar familiares próximos diante da probabilidade de que possam fornecer informações relevantes.

Não seria adequado, além disso, contrapor, na esfera dos direitos e das garantias fundamentais, a integridade física e psíquica à vida, tanto que, no direito de guerra, veda-se absolutamente o emprego da tortura, embora evidentemente se admita a morte entre os contendores. Aliás, o emprego da tortura, para além de simplesmente atingir a integridade física e psíquica do torturado, transforma-o num objeto, num simples instrumento para a obtenção de informações, razão pela qual a dignidade humana lhe impõe um obstáculo intransponível.

Natureza jurídica – Mas a controvérsia em torno do tema não se resume à admissibilidade do emprego da tortura. Discute-se também qual a natureza jurídica da medida: estado de necessidade, legítima defesa de terceiro, autorização *ex ante* ou justificação *ex post facto*?

Não nos parece possível atribuir à medida a qualidade de estado de necessidade. Consiste esta causa excludente da ilicitude na prática de ato para salvar de perigo atual direito próprio ou alheio. Perigo atual é o presente, que ocorre no momento em que o agente pratica o ato de salvaguarda. E, dadas as circunstâncias em que a tortura se aplicaria, isto é, para impedir um ato terrorista iminente, não cremos adequado qualquer referência ao estado de necessidade. Não fosse bastante o fato de representar um perigo iminente – e não atual –, o ataque terrorista prestes a acontecer é normalmente provocado por uma agressão injusta de outra pessoa, o que nos conduziria em direção à legítima defesa. Há ainda o fato de que o estado de necessidade se baseia na inevitabilidade do mal a ser causado para a preservação de direito próprio ou alheio, o que, conjugado com a iminência – e não atualidade – do perigo impõe a seguinte questão: a tortura é realmente o único meio capaz de obter a informação e impedir o ataque terrorista?

Há os que sustentam se tratar de um caso de legítima defesa de terceiro, baseando-se em uma regra de caducidade. Alguém que comete um ato terrorista perde sua dignidade humana justamente porque pratica um ato humanamente indigno (consiste a caducidade, portanto, na perda da dignidade por ato do próprio agente), o que proporciona ao Estado reagir à injusta agressão desconsiderando a dignidade humana do terrorista. Ademais, se a legítima defesa permite que o agente mate quem o agride, não há por que o impedir de torturar para repelir a injusta agressão.

Já no que diz respeito à autorização *ex ante*, seus defensores sustentam que o emprego da tortura deve decorrer de uma autorização judicial, denominada "mandado de tortura", que só pode atingir não inocentes, ou seja, pessoas diretamente relacionadas com planos de atos terroristas. A vantagem deste método seria a prevenção do excesso, proporcionando maior segurança tanto aos cidadãos quanto aos próprios agentes estatais.

Por fim, há os que advogam a justificação *ex post facto*, segundo a qual o agente estatal, diante de uma situação extrema e próxima da catástrofe, pode empregar métodos de tortura, mas sua conduta será analisada posteriormente por magistrados, podendo ou não ser ratificada. Embora possa conferir maior dinâmica aos atos destinados a impedir o ataque terrorista, este método sofre críticas porque submete à incerteza o agente estatal, que não sabe se sua conduta será considerada conforme ou contrária ao direito.

Denúncia anônima – Nossos tribunais superiores (STF e STJ) vêm admitindo que, a partir de denúncia anônima, seja deflagrada uma investigação criminal. É dizer: o simples fato de não se identificar o autor da denúncia não impede, por si só, que investigações sejam realizadas. O que não se tolera, porém, é que, a partir da denúncia anônima, de pronto seja instaurado o inquérito policial ou algum outro procedimento investigatório. Antes disso, impõe-se a realização de algumas diligências preliminares, aptas, ainda que de forma precária, a dar um mínimo de sustentação à acusação apócrifa. Assim, por exemplo, uma denúncia anônima dando conta de que, em determinado local, barulho excessivo é produzido, até altas horas da noite. Antes de instaurar o inquérito policial, por cautela, investigadores de polícia dirigem-se ao local indicado, atestando que lá é instalado um templo budista. Resta evidente, assim, a improcedência da acusação. É muito comum, na prática, que denúncias anônimas sejam feitas por linhas telefônicas mantidas pelo Governo Federal. Em sua grande maioria, não possuem qualquer procedência, sendo apontados endereços inexistentes e pessoas desconhecidas. Uma investigação prévia, neste caso, dispensará a inútil instauração de um inquérito policial ou procedimento afim.

Sobre a salvaguarda de proteção à identidade dos denunciantes de ilícitos e de irregularidades praticados contra a administração pública federal direta e indireta, ver comentários ao art. 5º., §3º.

Violência doméstica e familiar contra criança e adolescente. Dever de comunicação: Qualquer pessoa que tenha conhecimento ou presencie ação ou omissão, praticada em local público ou privado, que constitua violência doméstica e familiar contra a criança e o adolescente tem o dever de comunicar o fato imediatamente ao serviço de recebimento e monitoramento de denúncias, ao Disque 100 da Ouvidoria Nacional de Direitos Humanos do Ministério da Mulher, da Família e dos Direitos Humanos, ao Conselho Tutelar ou à autoridade policial, os quais, por sua vez, tomarão as providências cabíveis. É o que determina o art. 23 da Lei 14.344/22 (Lei Henry Borel).

O Estado brasileiro assumiu obrigações internas e internacionais, comprometendo-se a adotar medidas para garantir os direitos humanos de crianças e adolescentes no âmbito das relações domésticas e familiares, resguardando-os de toda forma de negligência, discriminação, exploração, violência, crueldade e opressão. Para tanto, não somente traça políticas de prevenção, bem como de investigação diligente de qualquer violação, como também chama para participar ativamente a família e a sociedade.

Dentro desse espírito, temos o projeto desenvolvido pelo governo federal que criou o chamado Disque 100, pelo qual coloca à disposição da sociedade uma relação de atendimentos específicos, em cada unidade da Federação.

Nesse canal, os atendimentos devem ser feitos por pessoas capacitadas para dar orientação e registrar com correção as denúncias (notícias), assegurando total anonimato ao denunciante (noticiante).

Não somente ao Disque 100 da Ouvidoria Nacional de Direitos Humanos do Ministério da Mulher, da Família e dos Direitos Humanos deve o fato ser comunicado, mas também, e quase sempre preferível, ao Conselho Tutelar ou à autoridade policial, os quais, com mais presteza e proximidade do fato, tomarão as providências cabíveis. Aliás, nos termos do §2º do art. 24, o noticiante ou denunciante poderá requerer que a revelação das informações de que tenha conhecimento seja feita perante a autoridade policial, o Conselho Tutelar, o Ministério Público ou o juiz, caso em que a autoridade competente solicitará sua presença, designando data e hora para audiência especial com esse fim.

O descumprimento desse dever (genérico) pode, a depender do caso, configurar crime, notadamente do art. 26 da Lei, que pune, com detenção de 6 meses a 3 anos, deixar de comunicar à autoridade pública a prática de violência, de tratamento cruel ou degradante ou de formas violentas de educação, correção ou disciplina contra criança ou adolescente ou o abandono de incapaz.

O uso da conjunção alternativa "ou" indica que o desencargo deste dever de comunicação pode ser feito a qualquer dos órgãos indicados no art. 23. Por exemplo, se o sujeito realizar a comunicação ao Disque 100, não necessitará simultaneamente comunicar o Conselho Tutelar ou a autoridade policial. Por este motivo, é essencial que existam fluxos de interação entre as diversas instituições integrantes do SGDCA, para assegurar a pronta intervenção diante de notícias de violações de direitos.

Abuso de autoridade – O art. 27 da Lei 13.869/19 pune com detenção de 6 meses a 2 anos requisitar instauração ou instaurar procedimento investigatório de infração penal ou administrativa, em desfavor de alguém, à falta de qualquer indício da prática de crime, de ilícito funcional ou de infração administrativa. No seu parágrafo único, adverte não haver crime quando se tratar de sindicância ou investigação preliminar sumária, devidamente justificada.

JURISPRUDÊNCIA

Denúncia anônima

"Segundo precedentes do Supremo Tribunal Federal, nada impede a deflagração da persecução penal pela chamada 'denúncia anônima', desde que esta seja seguida de diligências realizadas para averiguar os fatos nela noticiados (86.082, rel. min. Ellen Gracie, DJe de 22.08.2008; 90.178, rel. min. Cezar Peluso, DJe de 26.03.2010; e HC 95.244, rel. min. Dias Toffoli, DJe de 30.04.2010). No caso, tanto as interceptações telefônicas, quanto as ações penais que se pretende trancar decorreram não da alegada "notícia anônima", mas de investigações levadas a efeito pela autoridade policial" (STF – HC n° 9940-SP, Rel. Joaquim Barbosa, j. 23.11.2010, DJe 01.02.2011).

"Conquanto a notícia anônima em si mesma não fosse vaga, pois trazia detalhes das negociações feitas por pessoas ligadas a determinada instituição financeira, narrando, em oito oportunidades, por escrito, fatos e apontando elementos que podiam, a princípio, corroborar as ações tidas como criminosas, sem um mínimo de base empírica, não era possível a queima de etapas para, de pronto, se determinar a quebra de sigilo das comunicações telefônicas dos delatados. Não obstante a gravidade dos fatos narrados na denúncia anônima, não houve o cuidado de se fazer uma prévia averiguação. Nem a Polícia, nem o Ministério Público, muito menos o magistrado poderiam ter-se deixado aturdir com as persuasivas mensagens, porquanto provenientes de pessoa que, categoricamente, não quis se identificar, mesmo após o investigador haver mencionado que sua identidade seria preservada. Devidamente demonstrado nos autos que houve ilegalidade em dar início a interceptações telefônicas com base tão somente em documentos apócrifos" (STJ – HC n° 131225-SP, Rel. Sebastião Reis Junior, j. 27.08.2013, DJe 16.09.2013).

Denúncia anônima e interceptação telefônica

HABEAS CORPUS. INTERCEPTAÇÃO TELEFÔNICA. DILIGÊNCIAS PRÉVIAS – "A interceptação telefônica foi precedida de diligências preliminares, não sendo possível acolher a alegação de que o procedimento penal instaurado baseou-se exclusivamente em denúncia anônima" (STF – Rel. Luis Roberto Barroso, j. Ag .Reg. no HC n. 120.203-RJ, j. 10.02.2015).

Denúncia anônima e violação de domicílio

A existência de denúncia anônima da prática de tráfico de drogas somada à fuga do acusado ao avistar a polícia, por si sós, não configuram fundadas razões a autorizar o ingresso policial no domicílio do acusado sem o seu consentimento ou sem determinação judicial. É imprescindível que haja investigação policial para verificar a veracidade das informações recebidas (STJ, HC 512.418/RJ, Rel. Ministro Nefi Cordeiro, Sexta Turma, julgado em 26/11/2019, DJe 03/12/2019)

Carta anônima

"Carta anônima, sequer referida e que, quando muito, propiciou investigações por parte do organismo policial, não se pode reputar de ilícita. É certo que, isoladamente, não terá qualquer valor, mas também não se pode tê-la como prejudicial a todas as outras validamente obtidas" (STJ – Rel. Anselmo Santiago – *RT* 756/523).

Sigilo bancário – Prevê o art. 5º, inc. X da Constituição que "são invioláveis a intimidade, a vida privada, a honra e a imagem das pessoas, assegurado o direito a indenização pelo dano material ou moral decorrente de sua violação". Como decorrência natural do princípio da inviolabilidade é assegurada, dentre outras, a garantia ao sigilo bancário, cuja quebra somente mediante ordem judicial pode ser determinada. O sigilo bancário é previsto, também, em legislação infraconstitucional. Assim, reza o art. 1º da Lei Complementar nº 105/2001, que "as instituições financeiras conservarão sigilo em suas operações ativas e passivas e serviços prestados", cuja quebra, salvo exceções que relaciona, depende de ordem judicial (art. 1º, § 4º da lei) ou de determinação de Comissão Parlamentar de Inquérito, que, nos temos do § 3º, do art. 58 da CF, possui "poderes de investigação próprios das autoridades judiciais". A quebra, portanto, dessa espécie de sigilo, além de importar em exceção à regra geral, somente pode ser decretada por ordem judicial. Exclui-se, assim, qualquer possibilidade do Ministério Público, *sponte propria*, determinar qualquer espécie de incursão nos dados protegidos pelo sigilo.

Sobre a quebra de sigilo bancário no exterior, v. art. 1º.

JURISPRUDÊNCIA

Obrigatoriedade de ordem judicial

"A cláusula constitucional da reserva de jurisdição – que incide sobre determinadas matérias, como a busca domiciliar (CF, art. 5º, XI), a interceptação telefônica (CF, art. 5º, XII) e a decretação da prisão de qualquer pessoa, ressalvada a hipótese de flagrância (CF, art. 5º, LXI) – traduz a noção de que, nesses temas específicos, assiste ao Poder Judiciário, não apenas o direito de proferir a última palavra, mas, sobretudo, a prerrogativa de dizer, desde logo, a primeira palavra, excluindo-se, desse modo, por força e autoridade do que dispõe a própria Constituição, a possibilidade do exercício de iguais atribuições, por parte de quaisquer outros órgãos ou autoridades do Estado" (STF – MS 23.452/RJ, Rel. Celso de Mello, DJ 12-05-2000, pp. 20).

Inadmissibilidade da quebra, pelo Ministério Público, sem a prévia autorização judicial

"Considerando o artigo 129, inciso VI, da Constituição Federal, e o artigo 8º, incisos II, IV e § 2º, da Lei Complementar 75/1993, há quem sustente ser possível ao Ministério Público requerer, diretamente, sem prévia autorização judicial, a quebra de sigilo bancário ou fiscal. No entanto, numa compreensão consentânea com o Estado Democrático de Direito, esta concepção não se mostra a mais acertada, uma vez que o Ministério Público é parte no processo penal, e embora seja entidade vocacionada à defesa da ordem jurídica, representando a sociedade como um todo, não atua de forma totalmente imparcial, ou seja, não possui a necessária isenção para decidir sobre a imprescindibilidade ou não da medida que excepciona os sigilos fiscal e bancário. A mesma Lei Complementar 75/1993 – apontada por alguns como a fonte da legitimação para a requisição direta pelo Ministério Público de informações contidas na esfera de privacidade dos cidadãos – dispõe, na alínea "a" do inciso XVIII do artigo 6º competir ao órgão ministerial representar pela quebra do sigilo de dados. Ademais, é imperioso registrar que o sigilo fiscal insere-se no direito à privacidade protegido constitucionalmente nos incisos X e XII do artigo 5º da Carta Federal, razão pela qual há que se ter presente que a sua quebra configura restrição a uma liberdade pública, razão pela qual, para que se mostre legítima, se exige a demonstração, ao Poder Judiciário, de causa provável ou da existência de fundados motivos que justifiquem a sua adoção" (STJ – HC nº 100058-RS, Rel. Jorge Mussi, j. 21.09.2010, DJe 16.11.2010).

Recusa não configura o crime de desobediência

"Não consubstancia crime de desobediência a negativa de atendimento a requisição do Ministério Público de informações sobre o assunto protegido pelo sigilo bancário" (STJ – REsp. nº 79.026-DF, j. DJU de 3.5.99, p. 182 – Rel. Vicente Leal).

Sigilo fiscal e financeiro – Também os sigilos fiscal e financeiro, por conta da mesma norma constitucional acima mencionada (art. 5º, inc. X, da Carta), estão protegidos. Demais disso, prevê o art. 198 do Código Tributário Nacional (Lei nº 5.172/66), *in verbis*: "Sem prejuízo do disposto na legislação criminal, é vedada a divulgação, por parte da Fazenda Pública ou de seus servidores, de informação obtida em razão do ofício sobre a situação econômica ou financeira do sujeito passivo ou de terceiros e sobre a natureza e o estado de seus negócios ou atividades". Excepciona a lei, no § 1º, inc. I do art. 198, a possibilidade de divulgação no sigilo desde que determinada judicialmente.

JURISPRUDÊNCIA

"O ato de quebrar o sigilo bancário, sem a devida autorização judicial, além de ser crime, fere diretamente o princípio constitucional do devido processo legal. As provas obtidas ilicitamente são destituídas de eficácia jurídica. O sigilo bancário do contribuinte não pode ser quebrado pelas autoridades fiscais, senão em decorrência de autorização judicial" (STJ – Rel. Luiz Vicente Cernicchiaro – *RBCCrim* 18/228).

Compartilhamento de informações entre o Ministério Público e autoridades fiscais e de inteligência financeira – Em decisão monocrática proferida no dia 16 de julho de 2019, o ministro Dias Toffoli impôs a suspensão de investigações criminais e processos judiciais nos quais houvesse determinados dados fiscais e bancários compartilhados sem autorização judicial entre órgãos de fiscalização tributária e de investigação criminal.

A decisão foi proferida no Recurso Extraordinário 1.055.941, interposto pelo Ministério Público Federal contra acórdão proferido pelo Tribunal Regional Federal da 3ª Região, que havia anulado ação penal na qual dados bancários obtidos pela Receita Federal haviam sido compartilhados com o Ministério Público para fins penais. Segundo o acórdão recorrido, compartilhamentos de informações bancárias para instruir investigações criminais só podem ser promovidos mediante autorização judicial, que não havia sido emitida naquele caso.

O Ministério Público Federal argumentou que a quebra de sigilo bancário sem autorização judicial já foi considerada válida pelo STF, que, no recurso extraordinário 601.314, julgou constitucional a Lei Complementar 105/01, especialmente o disposto em seu art. 6º:

> *"As autoridades e os agentes fiscais tributários da União, dos Estados, do Distrito Federal e dos Municípios somente poderão examinar documentos, livros e registros de instituições financeiras, inclusive os referentes a contas de depósitos e aplicações financeiras, quando houver processo administrativo instaurado ou procedimento fiscal em curso e tais exames sejam considerados indispensáveis pela autoridade administrativa competente."*

Argumentava-se também que, ao julgar conjuntamente as Ações Diretas de Inconstitucionalidade 2.390, 2.386, 2.397 e 2.859, o STF confirmou a constitucionalidade do compartilhamento de dados bancários.

O Recurso Extraordinário 1.055.941 já havia tido a repercussão geral reconhecida pelo STF em 12/04/2018 e seu julgamento estava previsto para o mês de novembro passado. À época, o ministro Dias Toffoli afirmou que embora o STF tivesse proferido decisões admitindo o compartilhamento de dados para fins penais, os julgamentos fundamentais sobre o art. 6º da Lei Complementar 105/01 apenas tangenciaram a questão da possibilidade de que informações obtidas pelo Fisco fossem compartilhadas com órgãos de investigação criminal. Por isso se justificava o reconhecimento da repercussão geral, para que o tribunal pudesse decidir sobre o tema de forma específica e com efeitos abrangentes.

No decisão proferida em 16 de julho, o ministro determinou: 1) "a suspensão do processamento de todos os processos judiciais em andamento, que tramitem no território nacional e versem sobre o Tema 990 da Gestão por Temas da Repercussão Geral"; 2) "com base no poder geral de cautela, a suspensão do processamento de todos os inquéritos e procedimentos de investigação criminal (PIC's), atinentes aos Ministérios Públicos Federal e estaduais, em trâmite no território nacional, que foram instaurados à míngua de supervisão do Poder Judiciário e de sua prévia autorização sobre os dados compartilhados pelos órgãos de fiscalização e controle (Fisco, COAF e BACEN), que vão além da identificação dos titulares das operações bancárias e dos montantes globais, consoante decidido pela Corte (v.g. ADI's nsº 2.386, 2.390, 2.397 e 2.859, Plenário, todas de minha relatoria, julg. 24/2/16, DJe 21/10/16)".

A decisão se fundamentou no fato de que no julgamento daquelas ações constitucionais o STF foi expresso ao admitir, *para a finalidade de fiscalização e controle tributário*, apenas e tão somente o compartilhamento de dados relativos à *identificação dos titulares das operações* e aos *montantes globais movimentados*, ou seja, não se contemplou a troca de informações com detalhes acerca da origem e da natureza das movimentações. E, naquele momento, havia dúvidas a respeito do nível de detalhamento do que estava sendo compartilhado entre os órgãos de fiscalização tributária e o Ministério Público e as polícias.

Esta decisão provocou intensa reação devido à extensão de seus efeitos, que, na prática, paralisaram investigações sobre infrações penais relativas a organizações criminosas, tráfico de drogas, tráfico de armas, corrupção, lavagem de dinheiro, etc.

Nas sessões ocorridas nos dias 20, 21, 27 e 28 de novembro, o mérito do recurso foi julgado, e o tribunal admitiu o compartilhamento de informações entre os órgãos fiscais e os órgãos de investigação e persecução criminal, tal como já ocorria antes que se suspendessem as apurações criminais em curso.

Relator do recurso, o ministro Toffoli votou pela constitucionalidade do procedimento. Após destacar a importância do compartilhamento de dados fiscais e bancários de indivíduos e empresas para a apuração de atividades criminosas e de recordar precedentes do STF sobre a constitucionalidade de medidas de transparência voltadas ao combate da circulação ilegal de dinheiro, afirmou que isto não pode ser feito por medidas que comprometam garantias constitucionais de salvaguarda da intimidade e do sigilo dos cidadãos.

Em relação aos relatórios de inteligência financeira, elaborados no âmbito da Unidade de Inteligência Financeira – UIF (antigo COAF), o ministro admitiu o compartilhamento por solicitação do Ministério Público, da Polícia Federal ou de outras autoridades competentes, desde que tudo seja feito por meio de sistemas eletrônicos de segurança que funcionem mediante certificação, com registro de acesso, vedada a transmissão de dados sigilosos por qualquer outro meio que não possa sofrer controle, como e-mail, por exemplo. Destacou ainda que, no seu entender, o relatório de inteligência financeira deve ser encarado como meio de obtenção de prova, não como prova em si, e não pode, de maneira nenhuma, ser "encomendado" contra indivíduos que não estejam sendo investigados ou sobre os quais não tenha havido prévio alerta da Unidade de Inteligência Financeira.

No que concerne aos dados fiscais, inicialmente o ministro admitiu que a Receita Federal encaminhasse informações bancárias ao Ministério Público, desde que previamente instaurado procedimento administrativo no qual o contribuinte tivesse sido notificado. O encaminhamento de Representação Fiscal para Fins Penais (RFFP) ao Ministério Público só poderia ser considerado lícito se no procedimento administrativo-tributário surgissem indícios de crimes contra a ordem tributária, contra a previdência social, de descaminho e contrabando, além de lavagem de dinheiro. Além disso, a representação não poderia ser instruída com a íntegra de extratos bancários ou de declaração de imposto de renda, dados acessíveis apenas mediante autorização judicial. Mas, posteriormente Toffoli reajustou seu voto. Ressalvando seu entendimento pessoal, aderiu à maioria para admitir que a Receita Federal compartilhe integralmente e sem autorização judicial o procedimento administrativo-fiscal.

O ministro Alexandre de Moraes também votou pela procedência do recurso, embora com alguns pontos de divergência em relação ao voto inicial do relator. A seu ver, considerando que a investigação criminal sobre crimes tributários só pode ser deflagrada após a Receita Federal lançar definitivamente o débito, é necessário que se compartilhem *na íntegra* os dados bancários e fiscais obtidos em procedimento fiscalizatório no qual haja suspeita de crime. Não há inconstitucionalidade, pois o processo deve ser supervisionado pelo Judiciário, que sanará eventuais abusos. Além disso, ressaltou que a única situação em que a atuação do Ministério Público está condicionada ao término do processo administrativo é a relativa aos delitos contra a ordem tributária. Se não for possível o compartilhamento integral dos dados reunidos no âmbito tributário, o órgão de acusação não terá instrumentos para a iniciativa persecutória. O ministro também considerou constitucional o compartilhamento de relatórios formulados pela Unidade de Inteligência Financeira, equivalentes a peças de informações, nas quais o Ministério Público pode se basear para instaurar procedimento investigatório criminal (PIC) ou para requisitar a abertura de inquérito policial, garantido sempre o sigilo dos dados em relação a terceiros.

O ministro Edson Fachin também julgou procedente o recurso, seguindo os pontos de divergência do voto que o antecedeu. Destacou que, em diversos precedentes, o STF admitiu a constitucionalidade da obtenção de informações financeiras pela Receita Federal, mesmo sem autorização judicial. Uma vez admitida a obtenção dos dados na esfera administrativa para apurar ilícitos tributários, a consequência inescapável é a extensão do acesso aos órgãos de persecução criminal se os mesmos fatos têm repercussão na esfera penal. O mesmo vale para relatórios de inteligência financeira formulados pela UIF, cujo compartilhamento é a razão de ser daquele órgão. Se os relatórios retratam a ocorrência de transações suspeitas, é natural que sejam encaminhados aos órgãos de investigação e persecução penal, ainda que sujeitos a outros elementos capazes de corroborá-los no âmbito do devido processo legal.

Para o ministro Barroso, não obstante se trate de dados sigilosos, o compartilhamento entre a UIF, a Receita Federal e os órgãos de persecução penal não caracteriza quebra de sigilo, pois a obrigação de proteger os dados transmitidos se transfere a todos os destinatários, que devem obstar sua publicidade. Não seria razoável, ademais, impedir que órgãos como a Receita Federal informem ao Ministério Público, com dados completos, os indícios de crimes surgidos em procedimento administrativo, especialmente se considerarmos que o compartilhamento de dados é uma tendência mundial que integra inclusive convenções internacionais, tendo em vista que se trata de importante medida para o combate à circulação de dinheiro proveniente de tráfico de drogas, terrorismo, corrupção, dentre outros crimes. Da forma como funciona atualmente, o sistema de compartilhamento é eficaz e os mecanismos de controle existentes já são capazes de garantir a privacidade e a intimidade sem que se prejudique o combate a atividades criminosas.

A ministra Rosa Weber também votou pela procedência do recurso e, consequentemente, pela constitucionalidade do compartilhamento dos relatórios de inteligência financeira e de dados fiscais integrais pela Receita Federal. A remessa dos dados em sua totalidade não se opõe aos interesses do indivíduo, mas, ao contrário, privilegia a ampla defesa e o contraditório na medida em que impede a seleção de determinados documentos, que, isolados, propiciam uma análise limitada dos fatos.

Na mesma toada, o ministro Luiz Fux destacou que a apuração de crimes financeiros só é possível por meio do rastreamento de movimentações de dinheiro. Lembrou que o compartilhamento de dados pela UIF não é irrestrito, mas decorrente apenas de operações financeiras suspeitas, e que a Receita Federal é legalmente autorizada a obter dados bancários do contribuinte e a repassá-los ao Ministério Público para instruir procedimento investigatório.

Não foi diferente o voto da ministra Cármen Lúcia, para quem é legítimo o compartilhamento de informações entre os órgãos de fiscalização de movimentação financeira e os órgãos de investigação e persecução penal sempre que haja indícios de crimes. O direito fundamental à privacidade e ao sigilo não pode se sobrepor à necessidade de investigar práticas delituosas nem torna os cidadãos imunes à atuação estatal. Não se pode falar, ademais, em quebra de sigilo porque a própria legislação estabelece a obrigação funcional de que os integrantes dos órgãos de fiscalização informem às entidades competentes a suspeita de atividades ilícitas.

O ministro Ricardo Lewandowski lembrou a semelhança desta matéria com aquela analisada no RE 601.314/SP (j. 24/02/2016), ocasião em que o STF julgou constitucional o art. 6º da Lei Complementar 105/01 e concluiu ser dispensável autorização judicial para que a Receita Federal obtenha informações bancárias de contribuintes durante o exame de documentos, livros e registros de instituições financeiras. No caso julgado no RE 1.055.941 o ministro não vislumbrou nenhuma ilegalidade no compartilhamento de dados, pois tudo decorreu de procedimento administrativo-fiscal previamente instaurado e instruído nos termos da legislação.

Completando o grupo de votos vencedores, o ministro Gilmar Mendes afirmou que a Receita Federal deve transmitir aos órgãos de persecução penal todas as informações para demonstrar a constituição definitiva do crédito tributário e para viabilizar o exercício da ação penal, e é temerário estabelecer antecipadamente a qualidade das informações que podem ser inseridas na representação fiscal. Ponderou apenas que, a seu ver, o Relatório de Inteligência Fiscal se limita à função de "peça de inteligência financeira", razão por que não pode ser utilizado como fonte de indício ou de prova para a instauração de inquérito policial ou de ação penal.

Ficaram vencidos os ministros Marco Aurélio e Celso de Mello.

O primeiro negou provimento ao recurso porque o sigilo de dados é mandamento constitucional que só pode ser flexibilizado em situações excepcionais, com objetivo bem determinado e por meio de decisão judicial. O segundo, não obstante tenha considerado legítimo o compartilhamento de relatórios entre a Unidade de Inteligência Financeira e os órgãos de persecução criminal (que têm a obrigação de preservar o sigilo), votou pelo improvimento do recurso porque a garantia constitucional relativa ao sigilo bancário e fiscal impõe limitações à extensão dos dados constantes da Representação Fiscal para Fins Penais, que deve conter tão somente informações mínimas que demonstrem os indícios do fato delituoso, sem que se remetam documentos como extratos bancários, declarações de imposto de renda, livros contábeis e notas fiscais. Estes documentos só poderiam ser obtidos por meio de autorização judicial, que não impõe nenhum óbice à plena atuação dos órgãos de investigação e persecução penal.

Na sessão de ontem (04/12/19), o tribunal aprovou a seguinte tese de repercussão geral no RE 1.055.941:

1 – É constitucional o compartilhamento dos relatórios de inteligência financeira da UIF e da íntegra do procedimento fiscalizatório da Receita Federal do Brasil, que define o lançamento do tributo, com os órgãos de persecução penal, para fins criminais, sem a obrigatoriedade de prévia autorização judicial, devendo ser resguardado o sigilo das informações em procedimentos formalmente instaurados e sujeitos a posterior controle jurisdicional.

2 – O compartilhamento pela UIF e pela Receita Federal do Brasil, referente ao item anterior, deve ser feito unicamente por meio de comunicações formais, com garantia de sigilo, certificação do destinatário e estabelecimento de instrumentos efetivos de apuração e correção de eventuais desvios.

Mais recentemente, a Primeira Turma do STF reafirmou a constitucionalidade do compartilhamento de Relatório de Inteligência Financeira da UIF e de procedimento fiscalizatório da Receita Federal com órgãos de persecução penal sem necessidade de prévia autorização judicial. Isso pode ser feito de forma espontânea pela unidade de inteligência financeira ou a pedido de autoridade policial, desde que atendidos alguns requisitos, tais como a preservação de sigilo de dados, o compartilhamento mediante requerimento formal e investigação previamente instaurada (Agravo Regimental na Reclamação nº 61.944/PA, j. em 02/04/24).

JURISPRUDÊNCIA

Operações financeiras que envolvem recursos públicos. Requisição de dados bancários diretamente pelo Ministério Público.

Na espécie, diante da existência de indícios da prática de ilícitos penais com verbas públicas, o Ministério Público solicitou diretamente à instituição financeira cópias de extratos bancários e microfilmagens da conta-corrente da municipalidade, além de fitas de caixa, para a apuração do real destino das verbas. 5. O poder do Ministério Público de requisitar informações bancárias de conta-corrente de titularidade da prefeitura municipal compreende, por extensão, o acesso aos registros das operações bancárias realizadas por particulares, a partir das verbas públicas creditadas naquela conta. 6. De nada adiantaria permitir ao Ministério Público requisitar diretamente os registros das operações feitas na conta bancária da municipalidade e negar-lhe o principal: o acesso ao real destino dos recursos públicos, a partir do exame de operações bancárias sucessivas (v.g., desconto de cheque emitido pela Municipalidade na boca do caixa, seguido de transferência a particular do valor sacado). 7. Entendimento em sentido diverso implicaria o esvaziamento da própria finalidade do princípio da publicidade, que é permitir o controle da atuação do administrador público e do emprego de verbas públicas. 8. Inexistência de prova ilícita capaz de conduzir ao trancamento da ação penal. 9. Recurso não provido. *(RHC n. 133.118-CE, STF, 2a Turma, unânime, Rel. Min. Dias Toffoli, julgado em 26.9.2017, publicado no DJ em 9.3.2018)*

Utilização de dados obtidos pela Receita Federal para instrução penal

O Supremo Tribunal Federal, ao apreciar o RE 601.314, Rel. Min. Edson Fachin, após reconhecer a repercussão geral da matéria, assentou a constitucionalidade do art. 6o da Lei Complementar no 105/2001, que autoriza o fornecimento de informações sobre movimentações financeiras diretamente ao Fisco, sem autorização judicial. 2. O acórdão recorrido entendeu que os dados obtidos pela Receita Federal mediante requisição direta às instituições bancárias não poderiam ser utilizados no processo penal. Entendimento que contraria a orientação majoritária da Corte, no sentido de que é possível a utilização das informações obtidas pelo fisco, por meio de regular procedimento administrativo fiscal, para fins de instrução processual penal. Precedentes. [...] *(Agravo Regimental no Recurso Extraordinário n. 1.057.667-SE, STJ, 1a Turma, unânime, Rel. Min. Roberto Barroso, julgado em 12.12.2017, publicado no DJ em 23.2.2018).*

"Não se verifica ilegalidade por parte do Banco Central na obtenção de informações bancárias que respaldam notitia criminis encaminhada ao Ministério Público Federal, quando aquele órgão atua na prerrogativa de supervisionar toda e qualquer atividade de natureza bancária, informando ao *parquet* fatos que possam constituir infrações penais em tese. [...]" *(Agravo Regimental no Recurso Especial no 1.463.883/PR, STJ, 5a Turma, unânime, Rel. Min. João Otávio de Noronha, julgado em 17.8.2021, publicado no DJ em 20.8.2021)*

Requisição direta de dados e comunicações a empresas de tecnologia – Em 23 de fevereiro de 2023, por unanimidade, o STF julgou parcialmente procedente o pedido formulado na ADC 51, de relatoria do Ministro Gilmar Mendes, e decidiu ser possível a solicitação direta de dados e comunicações eletrônicas das autoridades nacionais a empresas de tecnologia, nas específicas hipóteses do art. 11 do Marco Civil da Internet e do art. 18 da Convenção de Budapeste, ou seja, nos casos de atividades de coleta e tratamento de dados no país, de posse ou controle dos dados por empresa com representação no Brasil e de crimes cometidos por indivíduos localizados em território nacional. O STF ainda comunicou a decisão ao Poder Legislativo e ao Poder Executivo, para que adotem as providências necessárias ao aperfeiçoamento do quadro legislativo, com a discussão e a aprovação do projeto da Lei Geral de Proteção de Dados para Fins Penais (LGPD Penal) e de novos acordos bilaterais ou multilaterais para a obtenção de dados e comunicações eletrônicas, como, por exemplo, a celebração do Acordo Executivo definido a partir do Cloud Act.

A decisão é importante, por consolidar a aplicação do art. 11 do Marco Civil da Internet e precedentes do STJ que já admitiam essa solicitação direta, sem o uso dos tratados de cooperação internacional.

Vamos lembrar que o referido art. 11 determina que, em qualquer operação de coleta, armazenamento, guarda e tratamento de registros, de dados pessoais ou de comunicações por provedores de conexão e de aplicações de internet em que pelo menos um desses atos ocorra em território nacional, deverão ser obrigatoriamente respeitados a legislação brasileira e os direitos à privacidade, à proteção dos dados pessoais e ao sigilo das comunicações privadas e dos registros. Basta, para aplicação da regra, que os dados sejam coletados no território nacional e, em caso de envolverem comunicação, desde que pelo menos um dos terminais esteja localizado no Brasil. O art. 11, ademais, é expresso em incluir na regra as atividades realizadas por pessoa jurídica sediada no exterior, uma vez que oferte serviço ao público brasileiro ou pelo menos uma integrante do mesmo grupo econômico possua estabelecimento no Brasil.

Caso a referida regra fosse declarada inconstitucional, qualquer dado que se quisesse obter de provedor situado no exterior, como o Facebook e Instagram, em investigação ou processo criminal, haveria a necessidade de se utilizar os tratados de cooperação jurídica mútua (especificamente, considerando a sede dessas empresas, o Acordo de Assistência Judiciária em Matéria Penal celebrado entre os Governos do Brasil e dos EUA – MLAT, aprovado pelo Decreto n. 3.810/2001), que, não obstante terem sido celebrados para facilitar a cooperação, evitando-se a utilização das vetustas cartas rogatórias, ainda assim são instrumentos que trazem consigo alguma burocracia e procrastinação na obtenção da informação desejada. E, no que tange aos dados contidos na internet, a pressa não é inimiga da perfeição.

Portanto, o MLAT ainda pode ser usado para obtenção de provas, pois a ADI 51 não os considerou inconstitucionais, mas, no que tange a esse tipo de dado, não é mais a única forma de obtê-lo.

De outra parte, a decisão do STF consolida aquilo que o STJ vinha decidindo sobre o tema, inclusive, com imposição de astreintes, ou seja, multa a essas empresas estrangeiras, pelo descumprimento da ordem de fornecimento dos dados (vide: REsp 1568445/PR, Rel. Ministro ROGERIO SCHIETTI CRUZ, Rel. p/ Acórdão Ministro RIBEIRO DANTAS, TERCEIRA SEÇÃO, julgado em 24/06/2020, DJe 20/08/2020; RMS 61.717/RJ, Rel. Ministra LAURITA VAZ, SEXTA TURMA, julgado em 02/03/2021, DJe 11/03/2021; AgRg no RMS 65.291/MG, Rel. Ministro FELIX FISCHER, QUINTA TURMA, julgado em 23/03/2021, DJe 05/04/2021).

Corretamente, o STJ já vinha observando que os meios tecnológicos atuais, especialmente em se tratando de empresas que controlam diversos serviços (exs.: Meta, Alphabet), permitem que se tenha acesso a dados armazenados em qualquer parte do mundo, onde quer que se tenha acesso à internet, de modo que o fato de os dados estarem fisicamente armazenados no exterior não constitui motivo válido para negar seu fornecimento. Afinal, considerando o estágio tecnológico presente, parece bastante óbvio que uma filial brasileira dessas empresas possui total possibilidade de acesso aos dados que se encontram guardados nos servidores e dispositivos de armazenamento, ainda que terceirizados por elas.

Interceptação telefônica e Ministério Público – Na apreciação da ADI 4623, ajuizada pela Procuradoria-Geral da República, discutiu-se a competência do Conselho Nacional do Ministério Público ao editar a Resolução n. 36/2009 (com as alterações trazidas pela Resolução n. 51/2010), na qual se disciplina o procedimento interno da Instituição no que tange às interceptações telefônicas, previstas na Lei n. 9.296/2010. Entendia-se que o CNMP teria extrapolado suas atribuições, na medida que impôs regras de conduta aos membros do *parquet*, interferindo na sua autonomia funcional. Conhecido o pedido em 25.04.2018, sendo Relator o Ministro Luís Roberto Barroso, foi julgada, por maioria de votos, improcedente a ação, reconhecendo-se como salutar o estabelecimento de regras mínimas para a deflagração de procedimentos investigatórios pelo MP, em defesa, inclusive, da intimidade do cidadão e da transparência das investigações.

Assim, pode o Ministério Público "na investigação criminal ou na instrução processual penal, medida cautelar, de caráter sigiloso em matéria criminal, que tenha por objeto a interceptação de comunicação telefônica, de telemática ou de informática" (art. 1º, da Resolução n. 36/2009), requerer diretamente ao Poder Judiciário tais medidas. Que fique claro, porém, que, nos termos da aludida resolução, da decisão do STF e, sobretudo, do texto expresso da Lei n. 9.296/2010, que tais medidas – insistimos – dependem de prévia decisão judicial, sob pena de, afastado esse pré-requisito, configurarem verdadeira prova ilícita, vedada pelo texto constitucional (art. 5º, inc. LVI da CF).

Lei n. 12.850/2013 (Crime Organizado) – A Lei n. 12.850/13, em seu art. 15, prevê que "o delegado de polícia e o Ministério Público terão acesso, independentemente de autorização judicial, apenas aos dados cadastrais do investigado que informem exclusivamente a qualificação pessoal, a filiação e o endereço mantidos pela Justiça Eleitoral, empresas telefônicas, instituições financeiras, provedores de internet e administradoras de cartão de crédito". Permite o dispositivo o livre acesso da autoridade policial e do Ministério Público a dados cadastrais do investigado, independentemente de prévia autorização judicial. Como dado cadastral, segundo se infere da norma, deve-se entender aquele relativo à qualificação pessoal da pessoa (estado civil, profissão, número do telefone, RG, CPF, etc.), à filiação e ao endereço do averiguado. Esses dados são mantidos nos cadastros da Justiça Eleitoral, empresas de telefonia, instituições financeiras, provedores de internet e administradoras de cartão de crédito e sua divulgação – insiste-se – prescinde de ordem judicial. Repete-se, aqui, previsão idêntica que já constava do art. 17-B da Lei 9.613/98. Este diploma impõe, ainda, a manutenção desse cadastro pelo prazo de cinco anos após o encerramento da conta bancária ou a conclusão da transação financeira, nos termos do seu art. 10, § 2º.

Mas como anotamos em nosso *Crime Organizado* (Salvador; Juspodivm, 2016, 6ª. ed., p. 122), "de se observar, porém, que as informações prestadas devem se restringir, única e exclusivamente, aos dados cadastrais. É dizer, em dois exemplos: pode o delegado de polícia determinar que o banco informe o nome completo de um correntista, mas seria abusiva a pretensão no sentido de que extratos bancários da conta corrente do investigado lhe fossem enviados. Ou ainda, pode o Ministério Público requisitar à determinada empresa telefônica que indique o endereço do titular de certa linha, mas consistiria em ilegalidade ir além para que as conversas mantidas via telefone fossem interceptadas. Isso porque o mero acesso a dados cadastrais não implica em quebra de sigilo pessoal, quer de ordem fiscal, quer mesmo de comunicação. Avançar, porém, da mera informação cadastral para atingir dados protegidos pelo sigilo importaria na necessidade de prévia autorização judicial, sob pena de configurar evidente inconstitucionalidade, dada à notória ilicitude da prova, por violação ao postulado do inc. XII, do art. 5º da Constituição".

ATENÇÃO - Vale destacar que o art. 15 da Lei n. 12.850/2013 é objeto de impugnação por meio de Ação Direta de Inconstitucionalidade, ajuizada pela Associação Nacional das Operadoras de Celulares, perante o Supremo Tribunal Federal (ADI nº 5063), em que é relator o Ministro Gilmar Mendes. Sob a ótica da mencionada associação, haveria afronta aos princípios constitucionais da privacidade e do sigilo das comunicações, ao se permitir o acesso direto do Ministério Público e das Polícias aos dados cadastrais, sem prévia autorização judicial nesse sentido. O pedido, no mérito, será apreciado diretamente pelo Plenário daquela Corte, nos termos do que reza o art. 12 da Lei nº 9.868/1999 (os dados acima foram colhidos do site do STF, na seção Notícias do STF, de 22.11.2013).

Crimes – Lembre-se, ainda, que, nos termos do art. 21 da Lei n. 12.850/2013, é crime "recusar ou omitir dados cadastrais, registros, documentos e informações requisitadas pelo juiz, Ministério Público ou delegado de polícia, no curso de investigação ou do processo". Pune-se, ademais, a conduta de quem faz uso indevido das informações cadastrais.

Dados cadastrais de computador – A mesma linha de ideias acima exposta se aplica aos dados cadastrais de computadores, ainda segundo entendimento do Tribunal da Cidadania: "A simples titularidade e o endereço do computador do qual partiu o escrito criminoso não estão resguardados pelo sigilo de que cuida o inciso XII do artigo 5º da Constituição da República, nem tampouco pelo direito à intimidade prescrito no inciso X, que não é absoluto" (STJ – HC 83338-DF – Rel. Hamilton Carvalhido – j. 29.09.2009, DJe 26.10.2009).

É o que se extrai, também, da doutrina de Tercio Sampaio Ferraz Junior: "*pelo sentido inexoravelmente comunicacional da convivência, a vida privada compõe, porém, um conjunto de situações que, usualmente, são informadas sem constrangimento. São dados que, embora privativos - como o nome, endereço, profissão, idade, estado civil, filiação, número de registro público oficial, etc., condicionam o próprio intercâmbio humano em sociedade, pois constituem elementos de identificação que tornam a comunicação possível, corrente e segura. Por isso, a proteção desses dados em si, pelo sigilo, não faz sentido. (...) Em consequência, simples cadastros de elementos identificadores (nome, endereço, RG, filiação, etc.) não são protegidos"* (*Sigilo de Dados: o Direito à Privacidade e os Limites à Função Fiscalizadora do Estado*. São Paulo. Quartier Latin. 2005. p. 28-29).

A propósito, a Lei Complementar nº 105/2001, em seu art. 1º, § 3º, dispõe que não constitui violação do dever de sigilo "a troca de informações entre instituições, para fins cadastrais...". E vai além: autoriza Comissões Parlamentares de Inquérito a obter documentos sigilosos que necessitem diretamente das instituições financeiras. O Supremo Tribunal Federal julgou improcedentes ações diretas de inconstitucionalidades voltadas contra dispositivos da Lei Complementar nº 105/2001. Nesse sentido: ADIs 2386/DF, 2390/DF e 2397/DF, 4006/DF e 4010/DF.

Conselho Superior do Ministério Público - A Resolução nº 13/2006, do CSMP, prevê a possibilidade de o *parquet* requisitar informações e documentos de entidades privadas, inclusive de natureza cadastral (art. 6º, inc. III).

Encontro fortuito de provas - Suponha-se que, na investigação sobre um sequestro, é deferida interceptação telefônica, quando, durante as conversas, se tem notícia da prática de tráfico de entorpecentes. Indaga-se: a interceptação telefônica, originariamente autorizada para a apuração do sequestro, pode ser utilizada como prova do tráfico, casualmente surgido durante a conversa? A nosso sentir, sim. Desde que a interceptação telefônica atenda aos pressupostos exigíveis ao deferimento da medida, e sendo autorizada por juiz competente, não há razão para se descartar essa prova. Afinal, se até a denúncia anônima, observadas as cautelas acima indicadas, pode desaguar em processo-crime, por qual motivos se imporiam limitações à prova legalmente autorizada? Haverá quem sustente que se autorizou a interceptação para investigar fato diverso e que, por isso, ela não poderia se estender a outro delito que não aquele objeto da investigação inicial. A se privilegiar essa tese teríamos que uma interceptação instaurada para apurar uma receptação dolosa (o fato de o agente adquirir bem sabendo de sua origem ilícita) jamais poderia ensejar uma denúncia por receptação culposa, decorrente do fato do acusado ter adquirido um bem valioso de um mendigo. Demais disso, se tem a autoridade policial a obrigação de agir de ofício, assim que sabedor da prática de um crime que se apura mediante ação penal pública (art. 5º, inc. I), como exigir-se que ela feche os olhos frente à notícia oriunda da interceptação? Temos, assim, como plenamente válida a investigação decorrente de uma interceptação telefônica, na qual se tem notícia da prática de crime diverso daquele que deu origem à diligência.

Utilização de material genético sem a autorização do investigado - O STJ, ao apreciar um *habeas corpus* cujo número não foi divulgado "em razão de segredo judicial", no qual foi relator o Ministro Reynaldo Soares da Fonseca, reafirmou que o averiguado não pode ser coagido a fornecer seu material genético, sob pena de ser obrigado a produzir prova contra si mesmo, em afronta ao conhecido principio do *nemo tenetur se detegere*. Sucede que, no caso concreto, esse material foi capturado fora do corpo do agente, o que permitiu a produção de prova por meio de exame de DNA. Entendeu Sua Excelência, ao denegar a ordem, que "não há que falar em violação à intimidade, já que o indivíduo, no momento em que dispensou o copo e a colher, deixou de ter o controle sobre o que outrora lhe pertencia (saliva que estava em seu corpo); não podia mais, assim, evitar o conhecimento de terceiros [...] O que não se permite é o recolhimento do material genético à força (violência moral ou física), o que não ocorreu na espécie, em que o copo e a colher de plásticos utilizados pelo paciente já haviam sido descartados" (*site* do STJ, *link* "Notícias", de 17.03.2018). Diante desse quadro certamente serão questionadas as alterações aos arts. 9º.-A e 50, ambos da LEP, introduzidas pela Lei 13.964/19, os quais, agora, rotulam como falta grave a recusa do condenado em submeter-se ao procedimento de identificação do perfil genético. Aprofundamos o debate nos comentários aos referidos artigos, localizados na PARTE II desta obra.

Abuso de autoridade – O art. 13 da Lei nº 13.869, de 05 de setembro de 2019, prevê modalidade especial de constrangimento ilegal, entendendo como abuso de autoridade o comportamento daquele que constrange o preso ou o detento, mediante violência, grave ameaça ou redução da sua capacidade de resistência, a: I – exibir-se ou ter seu corpo ou parte dele exibido à curiosidade pública; II – submeter-se a situação vexatória ou a constrangimento não autorizado em lei; III – produzir prova contra si mesmo ou contra terceiro.

Crime punido com pena de detenção – Observe-se que a Lei n. 9.296/96, que trata das interceptações telefônicas, veda o emprego dessa medida quando for o crime punido com pena de detenção (art. 2º, inc. III). É que, dada à sua excepcionalidade e por interferir no sigilo das comunicações, que possui tutela constitucional, ela deve ser reservada para apuração dos crimes mais graves, apenados, pois, com reclusão. Ainda assim, o Supremo Tribunal Federal já entendeu que, determinada a medida para averiguação de um crime punido com reclusão, caso da interceptação surja notícia da prática, em conexão, de um delito punido com detenção, é válida a prova. Aliás, temos decisões do STJ dispensando inclusive a conexão: "Descabe falar-se em nulidade das provas, quando obtidas a partir interceptação telefônica, realizada em fase inquisitorial de investigação de crime punido com pena de reclusão, em que se obtém encontro fortuito de provas de outros delitos, punidos com pena de detenção." (AgRg no REsp 1.717.551/PA, j. 24/05/2018).

Mensagens contidas em celular e limites à investigação criminal – A questão deve ser analisada levando-se em conta duas situações distintas: celular não apreendido e celular apreendido pela autoridade pública. Renee de Souza, promotor de Justiça do Mato Grosso, na obra Leis Penais Especiais, publicada pela Ed. Juspodivm (pp. 261-264), alerta que, na hipótese do aparelho de celular não apreendido, isto é, caso a autoridade pública busque obter as correspondências contidas em um celular de que não tenha a posse, mediante, por exemplo, a instalação de um software capaz de realizar transferência de arquivos, ela deve representar por um mandado judicial para tanto, sob pena de atentar contra a inviolabilidade de correspondência. Nesse caso, o próprio art. 7º, III, da Lei 12.965/14 (Marco Civil da Internet) assegura ao usuário o direito à inviolabilidade e ao sigilo de suas comunicações privadas armazenadas, salvo por ordem judicial. Já na hipótese contrária, isto é, buscas realizadas em um aparelho celular apreendido licitamente, não haverá crime de atentado ao sigilo de correspondência. Insta inicialmente esclarecer que inexiste, nesses casos, sigilo telefônico propriamente dito protegido pelo artigo 5º, XII, da Constituição, que se refere à comunicação em si, e não aos dados já armazenados. Essa norma e a Lei 9.296/1996 resguardam as conversas ocorridas em tempo real, não as que aconteceram no passado. Partindo desse ponto, registre-se que a apreensão de objetos pela autoridade pública, em meio a uma atividade oficial e legítima, autoriza que eles sejam analisados, ou periciados, a fim de constatar sua ligação com o ilícito em apuração, seja para identificar provas da infração, seja para a própria defesa do cidadão. Essa é a teleologia do art. 240, § 1º, do CPP, o qual indica explicitamente que o objeto apreendido deverá servir para essas finalidades.

Ocorre que a apreensão de bens nem sempre necessita de mandado judicial uma vez que a administração pública, no exercício do poder de polícia e ante a autoexecutoriedade de seus atos, pode, de per se, impor restrição a direitos individuais.

Em se tratando de ato da polícia judiciária, a apreensão vem expressamente autorizada pelo art. 6º do CPP, que impõe à autoridade policial o dever de apreender os objetos que tiverem relação com o fato, colher todas as provas que servirem para o esclarecimento do fato e suas circunstâncias, além de determinar, se for caso, que se proceda a quaisquer outras perícias.

Por isso, o Supremo Tribunal Federal, no HC 91.867/PA, de relatoria do ministro Gilmar Mendes, decidiu que não violava o princípio da intimidade o fato de o policial acessar a lista de telefones no celular de um indivíduo. Embora o precedente não se refira expressamente ao conteúdo das correspondências contidas no aparelho, serve para demonstrar que, após a apreensão regular do aparelho, é legítima ao Estado a verificação de seu conteúdo.

Há, contudo, decisão recente do Superior Tribunal de Justiça, em que se entendeu necessária a obtenção de mandado judicial para a devassa das conversas contidas no aparelho celular apreendido (REsp 1.727.266/SC, j. 05/06/2018). De acordo com o entendimento da ministra Laurita Vaz – relatora do recurso –, a medida decretada tem natureza híbrida, um misto entre interceptação telefônica e quebra de sigilo de dados. Mas, considerando as características próprias do sistema interceptado e as consequências advindas da hibridez, a inexistência de disciplina legal impede que se admita este meio de prova.

Segundo o tribunal, não seria possível equiparar integralmente a medida à intercepção telefônica porque o acesso ao aplicativo permite não somente a obtenção irrestrita de toda a comunicação anterior como também possibilita que o agente público interfira na comunicação entre os usuários – inclusive excluindo mensagens –, o que não é possível no monitoramento de conversas telefônicas, que são apenas ouvidas e gravadas. Esta possibilidade de interferência e de manipulação dificulta – quando não impossibilita – que o investigado exerça o contraditório sobre a prova colhida e demonstre, por exemplo, que não se trata de algo integral e que determinados trechos da comunicação foram retirados do contexto.

Como consequência, a turma anulou provas obtidas pela polícia após a apreensão e o espelhamento do celular do investigado sem que, em relação ao uso do WhatsApp Web, ele tivesse dado o seu consentimento. Na mesma linha de entendimento, a Sexta Turma considerou inválida a obtenção de provas a partir de prints da tela do WhatsApp Web. As imagens foram entregues por um denunciante anônimo em caso de suspeita de corrupção.

Chip telefônico descartado em via pública pelo acusado – De acordo com o STJ, o acesso ao chip telefônico descartado pelo acusado em via pública não se qualifica como quebra de sigilo telefônico (Processo: HC 720.605-PR, Rel. Min. Ribeiro Dantas, Quinta Turma, por unanimidade, julgado em 09/08/2022).

JURISPRUDÊNCIA

E-mail corporativo. Desnecessidade de autorização judicial.

Não é preciso autorização judicial para a obtenção de provas a partir do registro de mensagens de WhatsApp enviadas para e-mail corporativo em computador de trabalho, de propriedade da empresa. O colegiado confirmou acórdão do Tribunal de Justiça do Paraná (TJPR) que condenou um casal por crimes contra o patrimônio e furto qualificado. Segundo a corte local, conversas entre marido e mulher encontradas no servidor da empresa, vítima de desvio de valores de suas contas, podem ser usadas como prova sem que isso viole o direito à intimidade ou à privacidade dos funcionários ou de outras pessoas que não trabalhem ali. Para o ministro relator, o e-mail corporativo "não se equipara às correspondências pessoais, não havendo falar em violação à intimidade quando o empregador acessa arquivo de mensagens que se encontrava em computador utilizado como ferramenta de trabalho e de propriedade da empresa". (STJ, REsp 1875319, Sexta Turma, Min. Rel. Nefi Cordeiro, j. 22/09/2020)

Prova obtida fortuitamente em interceptação telefônica. Validade.

"Ainda que o investigado não tenha sido referido no decreto judicial autorizador de interceptações telefônicas, apuração criminal iniciada a partir de **elementos probatórios acidentais nelas obtidos é juridicamente válida**, por se tratar de encontro fortuito de provas (serendipidade). [...]" (Habeas Corpus no 497.425/RJ, STJ, 6a Turma, unânime, Rel. Min. Laurita Vaz, julgado em 16.3.2021, publicado no DJ em 26.3.2021)

"O simples fato de a quebra do sigilo telefônico haver sido deferida inicialmente com relação a uma das corrés, e para apurar a suposta prática de delito diverso do investigado na presente ação penal, não é suficiente para contaminar a prova obtida com a escuta, pois se a autoridade policial, em decorrência de interceptações telefônicas legalmente autorizadas, tem notícia do cometimento de novos ilícitos por parte daqueles cujas conversas foram monitoradas, é sua obrigação e dever funcional apurá-los. Doutrina. Precedentes" (STJ – RHC nº 208852-SP, Rel. Jorge Mussi, j. 07.05.2013, DJe 22.05.2013).

Ainda que o crime seja punido com pena de detenção

"Uma vez realizada a interceptação telefônica de forma fundamentada, legal e legítima, as informações e provas coletadas dessa diligência podem subsidiar denúncia com base em crimes puníveis com pena de detenção, desde que conexos aos primeiros tipos penais que justificaram a interceptação. Do contrário, a interpretação do art. 2º, III, da L. 9.296/96 levaria ao absurdo de concluir pela impossibilidade de interceptação para investigar crimes apenados com reclusão quando forem estes conexos com crimes punidos com detenção. Habeas corpus indeferido" (STF – HC nº 83.515-RS – Rel. Nelson Jobim – j. em 16.09.2004 – *DJ* de 04.03.2005, p. 11).

Acesso a dados do "Whatsapp" sem autorização judicial. Ilegalidade

a) impossibilidade

A jurisprudência deste Superior Tribunal de Justiça é firme no sentido de considerar ilícita a prova obtida diretamente dos dados constantes de aparelho celular – envio e/ou recebimento de mensagens de texto SMS, conversas por meio de programas ou aplicativos (WhatsApp), mensagens enviadas e/ou recebidas por meio de correio eletrônico, fotografias – por dizerem respeito à intimidade e à vida privada do indivíduo, nos termos em que previsto no inciso X do art. 5o da Constituição Federal, decorrentes de flagrante, sem prévia autorização judicial. [...] A obtenção de fotografia no celular do acusado se deu em violação de normas constitucionais e legais, a revelar a inadmissibilidade da prova, nos termos do art. 157, do Código de Processo Penal – CPP, de forma que, devem ser desentranhadas dos autos. [...] (Agravo Regimental nos Embargos de Declaração no Recurso Especial no 1.842.062/RS, STJ, 5a Turma, unânime, Rel. Min. Felix Fischer, julgado em 15.12.2020, publicado no DJ em 18.12.2020).

b) possibilidade

Os dados constantes de aparelho celular obtidos por órgão investigativo – mensagens e conversas por meio de programas ou aplicativos (WhatsApp) somente são admitidos como prova lícita no processo penal quando há precedente mandado de busca e apreensão expedido por juiz competente ou quando há autorização voluntária de interlocutor da conversa. Não há nulidade na prova da participação delitiva do agente que se dá por troca de mensagens com o corréu tendo o acesso sido autorizado tanto pela autoridade judicial quanto pelo proprietário do aparelho. A verificação da existência de indícios de autoria e materialidade delitiva demanda reexame de fatos e provas, procedimento incompatível com a estreita via do habeas corpus. (Agravo Regimental no Habeas Corpus no 646.771/PR, STJ, 5a Turma, unânime, Rel. Min. João Otávio de Noronha, julgado em 10.8.2021)

Acesso a dados da agenda telefônica sem autorização judicial.

Uso de dados contidos na agenda telefônica sem autorização judicial. Validade. Situação não albergada pelo sigilo telefônico ou telemático. [...] O inciso XII do art. 5o da Constituição veda o acesso a dados decorrentes de interceptação telefônica ou telemática, ainda que armazenados no aparelho celular, sem a correspondente autorização judicial. [...] No caso, como autorizado pelo Código de Processo Penal – CPP foi apreendido o telefone celular de um acusado e analisados os dados constantes da sua agenda telefônica, a qual não tem a garantia de proteção do sigilo telefônico ou de dados telemáticos, pois a agenda é uma das facilidades oferecidas pelos modernos aparelhos de smartphones a seus usuários. [...] Assim, deve ser reconhecida como válida a prova produzida com o acesso à agenda telefônica do recorrido, com o restabelecimento da sentença condenatória, determinando- se que a Corte a quo continue a apreciar a apelação. [...] (STJ – Recurso Especial no 1.782.386/RJ, STJ, 5ª Turma, unânime, Rel. Min. Joel Ilan Paciornik, julgado em 15.12.2020, publicado no DJ em 18.12.2020).

Impossibilidade de substituição de chips pela polícia

A Sexta Turma – ao julgar recurso sob a relatoria da ministra Laurita Vaz – entendeu ser ilegal a substituição do chip do celular do investigado por um número da polícia.Para o colegiado, de modo distinto da interceptação telefônica – em que somente os diálogos entre o alvo interceptado e outras pessoas são captados –, a substituição do chip do investigado por um da polícia, sem o conhecimento do alvo, daria ao investigador a possibilidade de conversar com os seus contatos e gerenciar todas as mensagens – hipótese de investigação que não tem previsão na Constituição nem na Lei 9.296/1996 (processo em segredo judicial).

Prova colhida por telefone no viva-voz. Ilegalidade

A Quinta Turma estabeleceu que, sem o consentimento do réu ou a prévia autorização judicial, é ilícita a prova colhida coercitivamente pela polícia em conversas mantidas pelo investigado com outra pessoa em telefone celular, por meio do recurso de viva-voz. No caso dos autos, enquanto os policiais abordavam dois homens que lhes pareceram suspeitos, o celular de um deles recebeu uma ligação. Os agentes teriam exigido que o aparelho fosse colocado no modo viva-voz e ouviram a mãe do suspeito pedir a ele que voltasse para casa e entregasse certo "material" a uma pessoa que o aguardava. Na sequência, os policiais foram até a residência e encontraram drogas. Segundo o relator, min. Joel Ilan Paciornik, a abordagem descrita no processo resultou em obtenção ilícita de prova, já que o ato de colocar o telefone em viva-voz foi involuntário e coercitivo, gerando verdadeira autoincriminação. O relator lembrou que qualquer tipo de prova contra o réu que dependa dele mesmo só vale se o ato for feito de maneira voluntária e consciente. (STJ – Resp n. 1.630.097-RJ, Min. Joel Ilan Paciornik, DJe 28.04.17)

Acesso a celular apreendido em presídio

Ambas as Turmas da Terceira Seção deste Tribunal entendem que é ilícita a prova obtida diretamente dos dados constantes de aparelho celular, sem prévia autorização judicial. O mencionado entendimento, todavia, deve ser distinguido da situação apresentada nesses autos. Os julgados do STJ concluem pela violação ao art. 5o, inciso XII, da Constituição Federal, quanto a dados obtidos, sem autorização judicial, de aparelhos celulares apreendidos fora de estabelecimentos prisionais. A controvérsia ora colocada, contudo, se refere à hipótese em que o aparelho é encontrado dentro de estabelecimento prisional, em situação de explícita violação às normas jurídicas que regem a execução penal. Nesse cenário, uma das consequências da imposição da prisão – penal ou processual – é a proibição da comunicação do recluso com o ambiente externo por meios diversos daqueles permitidos pela lei. Mesmo no caso de comunicação por intermédio de correspondência escrita, permitida legalmente, a Suprema Corte firmou jurisprudência no sentido de que, diante da inexistência de liberdades individuais absolutas, é possível que a Administração Penitenciária, sem prévia autorização judicial, acesse o seu conteúdo quando houver inequívoca suspeita de sua utilização como meio para a preparação ou a prática de ilícitos. Nessa conjuntura, se é prescindível decisão judicial para a análise do conteúdo de correspondência a fim de preservar interesses sociais e garantir a disciplina prisional, com mais razão se revela legítimo, para a mesma finalidade, o acesso dos dados e comunicações constantes em aparelhos celulares encontrados ilicitamente dentro do estabelecimento penal, pois a posse, o uso e o fornecimento do citado objeto são expressamente proibidos pelo ordenamento jurídico. ***(Habeas Corpus no 546.830/PR, STJ, 6a Turma, unânime, Rel. Min. Laurita Vaz, julgado em 9.3.2021, publicado no DJ em 22.3.2021)***

Mensagens enviadas por meio de aparelhos Blackberry. Coleta de dados telemáticos. Licitude – É lícita a coleta de dados telemáticos de mensagens enviadas por meio de aparelhos *Blackberry*. **Assim decidiu o STJ no** AgRg no REsp 1.928.705-RS. Vamos entender o caso. A BlackBerry, antiga Research In Motion Limited (RIM), é uma empresa canadense que ficou conhecida pela produção dos aparelhos de comunicação BlackBerry e pelo tablet BlackBerry PlayBook. Ela também criou o seu próprio sistema operacional, o BlackBerry

OS. O caso envolvia mensagens enviadas por meio de aparelhos *Blackberry*. A defesa, buscando o reconhecimento da ilicitude da prova, requereu ao STJ:

(i) descumprimento de tratado, fonte de direito processual, cujo cumprimento constitui garantia fundamental ínsita ao devido processo legal;

(ii) o fato de existir decisão fundamentada de quebra de sigilo proferida pelo Juízo brasileiro não afasta a necessidade de observância das disposições do tratado para a obtenção da prova no Canadá, sob pena de violação do princípio *locus regit actum*;

(iii) a quebra de sigilo telemático foi dirigida e cumprida pela empresa estrangeira, sendo a existência de sede brasileira irrelevante;

(iv) o tratado bilateral é aplicável a todo procedimento investigativo que busca elementos, informações e provas no território estrangeiro, sendo irrelevante que o investigado seja ou não nacional, residente ou não em um dos estados signatários;

(v) os julgados relativos ao *Mutual Legal Assistance Treaty (MLAT)*, celebrado entre o Brasil e os Estados Unidos da América, são inaplicáveis ao caso sub examine.

O Brasil e o Governo do Canadá firmaram, em 27/11/1995, Tratado de Assistência Mútua em Matéria Penal, promulgado por meio do Decreto n. 6.747/2009. Nada obstante, se os serviços de telefonia, por meio dos quais foram interceptadas as comunicações – BlackBerry Messenger (BBM), encontravam-se ativos no Brasil, por intermédio de operadoras de telefonia estabelecidas no território nacional, o sigilo está submetido à jurisdição nacional, não sendo necessária a cooperação jurídica internacional. Com efeito, a conclusão é de que é lícita a coleta de dados telemáticos de mensagens enviadas por meio de aparelhos *Blackberry* (Processo: AgRg no REsp 1.928.705-RS, Rel. Min. Jesuíno Rissato (Desembargador Convocado do Tribunal de Justiça do Distrito Federal e Territórios), Quinta Turma, por unanimidade, julgado em 23/11/2021, DJe 03/12/2021).

Policial sem permissão do titular da linha telefônica – ou mesmo da Justiça – atende ao telefone móvel do suspeito – Recentemente, ao julgar o HC 511.484/RS (j. 15/08/2019), o STJ se deparou com a seguinte: em uma abordagem de rotina, policiais encontraram certa quantidade de drogas embaixo do assento do motorista de um veículo. Durante a revista, o telefone celular de um dos ocupantes do veículo tocou várias vezes, até que um policial decidiu atender. Ao perceber que se tratava de alguém que buscava adquirir drogas, fez-se passar pelo proprietário do aparelho e efetuou a negociação. Em seguida, foi até o lugar marcado e encontrou o potencial comprador, que confessou a aquisição de drogas do indivíduo que havia sido abordado pouco antes. Diante disso, os policiais efetuaram a prisão em flagrante pelo crime de tráfico.

Para o STJ, a prova foi ilegal, e, como dela derivaram todos os demais elementos probatórios, a ação penal foi anulada.

Segundo o ministro Sebastião Reis Júnior, nem mesmo a situação de flagrância era certa até o momento em que o policial decidiu atender à ligação, pois a quantidade de drogas guardadas no veículo era muito pequena (2,8g de cocaína e 1,26g de maconha). Logo, até que o policial encontrasse o indivíduo que confessaria a aquisição de drogas daquele que já havia sido abordado, não havia nenhum elemento que revelasse indício razoável da mercancia ilegal. Citando seu próprio voto em outro habeas corpus, o ministro afirmou que "tal conduta, embora não se encaixe perfeitamente no conceito de interceptação telefônica, revela verdadeira invasão de privacidade e indica a quebra do sigilo das comunicações telefônicas do paciente, em afronta a princípios muito caros do nosso ordenamento jurídico. Não merece, portanto, o endosso do Superior Tribunal de Justiça, mesmo que se tenha em mira a persecução penal de pessoa supostamente envolvida com tráfico de drogas (...)

No caso, entendo que a prova foi obtida por meio de arbítrio do policial militar, e cabe ao magistrado abstraí-la do conjunto probatório porque alcançada sem observância das regras de Direito que disciplinam a execução do jus puniendi. Não tinha a autoridade policial permissão, do titular da linha telefônica ou mesmo da Justiça, para atender ao telefone móvel do paciente e travar conversa através daquela linha com qualquer interlocutor que fosse. O policial 'entrou' na comunicação alheia, de modo a obter, de modo sub-reptício, conversa que deveria ficar entre aquele que ligou e o destinatário real do telefonema. É consabido que o sigilo das comunicações telefônicas – e o caso se enquadra nesta situação – somente pode ser relativizado nas hipóteses e na forma que a lei especificar".

Prova emprestada – É assim considerada aquela que é tomada de outro processo, sem que tenha se sujeitado, no processo principal, aos princípios que orientam o Processo Penal, como contraditório e ampla defesa. Assim, por exemplo, em um processo que tem curso perante a Vara da Infância e Juventude, toma-se o depoimento do infrator, no qual acusa um imputável de, juntos, terem praticado um furto. Esse depoimento não se presta, por si só, a embasar uma condenação criminal pela prática do furto, atribuída ao maior. Insistimos na expressão *por si só*, em virtude de que nada impede a condenação do réu, desde que lastreada em outras provas que não a emprestada.

JURISPRUDÊNCIA

Quando não é válida

"A prova emprestada, que é realizada com a inobservância dos princípios do contraditório e do devido processo legal, e por isso é qualificada como prova ilícita, não se presta para embasar sentença penal condenatória" (STJ – HC nº 14.274-PR – Rel. Vicente Leal – j. em 03.05.2001, *DJ* de 04.06.2001, p. 256).

Prova emprestada e direito ao contraditório

"Independentemente de haver identidade de partes, o contraditório é o requisito primordial para o aproveitamento da prova emprestada, de maneira que, assegurado às partes o contraditório sobre a prova, isto é, o direito de se insurgir contra a prova e de refutá-la adequadamente, afigura-se válido o empréstimo" (EREsp n. 617.428/SP, relatora Ministra Nancy Andrighi, Corte Especial, julgado em 4/6/2014, DJe de 17/6/2014).

É válida a condenação quando baseada em outras provas além da prova emprestada

"A prova emprestada, quando produzida com transgressão ao princípio constitucional do contraditório, notadamente se utilizada em sede processual penal, mostra-se destituída de eficácia jurídica, não se revelando apta, por isso mesmo, a demonstrar, de forma idônea, os fatos a que ela se refere. Jurisprudência. – Inocorrência, no caso em exame, de ofensa aos postulados constitucionais do contraditório e da plenitude de defesa, porque a condenação penal decretada contra o réu, ora paciente, sustentou-se em elementos de informação produzidos em juízo, com integral observância da cláusula inscrita no inciso LV do art. 5º da Constituição da República" (STF – RHC nº 106398-SP – Rel. Celso de Mello – j. 04.10.2011, DJe 03.04.2012).

Interceptação, Escuta e Gravação de conversa telefônica – A *interceptação de conversa telefônica* é realizada por terceira pessoa, que atua sem o conhecimento dos interlocutores. A *escuta telefônica*, por sua vez, é a captação da conversa realizada por terceiro, mas com a ciência de um dos interlocutores. Temos, ainda, a *gravação telefônica*, realizada por um dos interlocutores, sem o conhecimento do outro.

Interceptação telefônica	Escuta telefônica	Gravação telefônica
Realizada por terceiro	Realizada por terceiro	Realizada por um dos interlocutores
Atua sem o conhecimento dos interlocutores	Atua com a ciência de um dos interlocutores.	Atua sem o conhecimento do outro interlocutor.

A *interceptação telefônica*, sem dúvida, demanda autorização judicial. A *escuta*, por sua vez, desperta indisfarçável controvérsia, havendo precedentes do STF exigindo, nela enxergando uma espécie de interceptação, já que realizada por terceiro. Vejamos:

> "A prova obtida mediante a escuta gravada por terceiro de conversa telefônica alheia é patentemente ilícita em relação ao interlocutor insciente da intromissão indevida, não importando o conteúdo do diálogo assim captado. A ilicitude da escuta e gravação não autorizadas de conversa alheia não aproveita, em princípio, ao interlocutor que, ciente, haja aquiescido na operação; aproveita-lhe, no entanto, se, ilegalmente preso na ocasião, o seu aparente assentimento na empreitada policial, ainda que existente, não seria válido. A extensão ao interlocutor ciente da exclusão processual do registro da escuta telefônica clandestina – ainda quando livre o seu assentimento nela – em princípio, parece inevitável, se a participação de ambos os interlocutores no fato probando for incindível ou mesmo necessária à composição do tipo criminal cogitado, qual, na espécie, o de quadrilha." (HC 80949, Rel. Min. Sepúlveda Pertence, Primeira Turma, j. em 30.10.2001, *DJ* 14.12.2001, PP-00026 EMENT VOL-02053-06 PP-01145 RTJ VOL-00180-03 PP-01001).

Vale ressaltar, no entanto, que no HC 161.053/SP, o STJ, durante os debates entre os Ministros, revelou que, para a escuta, não seria necessária autorização judicial.

A *gravação telefônica*, por sua vez, dispensa ordem judicial, nela inexistindo a figura do terceiro.

Prorrogações sucessivas de interceptações telefônicas são lícitas – Por unanimidade, o Plenário do Supremo Tribunal Federal (STF) decidiu que é possível a renovação sucessiva de interceptações telefônicas, desde que fundamentada e demonstrada a necessidade da medida com a apresentação de elementos concretos e da complexidade da investigação. De acordo com a decisão, motivações padronizadas ou reproduções de modelos genéricos, sem relação com o caso concreto, são ilegais. O entendimento foi firmado no julgamento do Recurso Extraordinário (RE) 625263, com repercussão geral (Tema 661).

Interceptação, Escuta e Gravação de conversa ambiental – A interceptação, a escuta e a gravação podem ocorrer entre presentes (ambiental), utilizando-se, para tanto, de equipamentos de coleta de som e/ou de imagem. As três formas dispensavam ordem judicial. A Lei de Abuso de Autoridade, contudo, ao dar nova redação ao art. 10 da Lei 9.296/1996, mudou o cenário. Vejamos o quadro comparativo abaixo antes da nossa conclusão.

Lei 13.869/2019	Lei 9.296/1996
"Art. 10. Constitui crime realizar interceptação de comunicações telefônicas, de informática ou telemática, promover escuta ambiental ou quebrar segredo da Justiça, sem autorização judicial ou com objetivos não autorizados em lei: Pena – reclusão, de 2 (dois) a 4 (quatro) anos, e multa. Parágrafo único. Incorre na mesma pena a autoridade judicial que determina a execução de conduta prevista no *caput* com objetivo não autorizado em lei." (NR)	Art. 10. Constitui crime realizar interceptação de comunicações telefônicas, de informática ou telemática, ou quebrar segredo da Justiça, sem autorização judicial ou com objetivos não autorizados em lei. Pena: reclusão, de dois a quatro anos, e multa.

Percebe-se da comparação que a Lei 13.869/2019 valeu-se do único tipo incriminador da Lei 9.296/1996 para condicionar não somente a interceptação telefônica, mas também a escuta ambiental à prévia autorização judicial.

Com a vigência da Lei 13.964/19, o cenário muda novamente, pois o legislador resolveu punir, de forma independente (art. 10-A), a captação ambiental (interceptação e escuta), revogando, nesse ponto, o art. 10 da Lei 9.296/1996:

> "Art. 10-A. Realizar captação ambiental de sinais eletromagnéticos, ópticos ou acústicos para investigação ou instrução criminal sem autorização judicial, quando esta for exigida:
>
> Pena – reclusão, de 2 (dois) a 4 (quatro) anos, e multa
>
> § 1º Não há crime se a captação é realizada por um dos interlocutores.
>
> § 2º A pena será aplicada em dobro ao funcionário público que descumprir determinação de sigilo das investigações que envolvam a captação ambiental ou revelar o conteúdo das gravações enquanto mantido o sigilo judicial."

As alterações legais não abrangem, porém, a gravação ambiental, realizada por um dos interlocutores na presença, mas sem o conhecimento do outro. Neste caso, como já afirmamos, não há necessidade de autorização judicial.

Gravação de conversa ambiental. Art. 8º-A, § 4º, da Lei 9.296/1996 – A Lei 13.964/19 alterou a a Lei 9.296/1996 ao introduzir o art. 8º-A, que regulamenta a captação ambiental. No entanto, o § 4º do citado dispositivo ("A captação ambiental feita por um dos interlocutores sem o prévio conhecimento da autoridade policial ou do Ministério Público poderá ser utilizada, em matéria de defesa, quando demonstrada a integridade da gravação") foi vetado pela presidência da República, sob o argumento de que a limitação do uso da gravação ambiental apenas pela defesa contrariaria o interesse público e representaria um retrocesso no combate ao crime. O veto presidencial foi derrubado pelo Congresso em abril de 2021, e o dispositivo foi incluído no art. 8º-A.

Contudo, a redação do § 4º é pouco clara e nos impõe algumas questões. Além da falta de rigor técnico, a localização do dispositivo no texto legal é inadequada, uma vez que o art. 8o, *caput*, trata da captação ambiental. Ao versar sobre conteúdo distinto, qual seja, gravação por um dos interlocutores sem o conhecimento do outro, o dispositivo fere as regras de técnica e lógica legislativas previstas na LINDB e na Lei complementar n. 95/1998 (art. 11). A interpretação deve, portanto, ser sistemática, em consonância com a legislação a qual se refere e com o sistema da livre apreciação da prova adotado pelo ordenamento brasileiro. Sendo assim, tampouco colide com a jurisprudência consolidada pelo STF sobre a admissibilidade probatória desse tipo de gravação.

Suxberger e Aras (A *admissibilidade de gravações unilaterais como prova..., 2021, p. 10*) propõem a seguinte interpretação para o § 4º: "a gravação feita pela vítima de um ilícito penal – ou por um terceiro no interesse desta – poderá ser validamente usada em qualquer investigação criminal ou processo penal contra o suspeito, se for íntegra, isto é, se for autêntica e não tiver sido adulterada, editada ou manipulada. No entanto, essa mesma gravação não poderá ser usada em juízo contra o suposto criminoso, ainda que íntegra, se for fruto de atividade investigativa estatal, isto é, se for o produto de orientação passada à vítima pelo Ministério Público ou pela Polícia, com o fim de se produzir informação ou futura prova, para uso na persecução criminal."

A última ressalva é importantíssima, uma vez que a transferência de poderes investigatórios do Estado para particulares é inadmissível em um sistema pautado pelo devido processo legal. A licitude da gravação, nessa hipótese, depende de autorização judicial, ou seja, caso haja alguma espécie de incentivo ou assistência por parte da Polícia ou do Ministério Público a um dos interlocutores, a prova deixa de ser gravação e passa a ser interceptação.

Gravação de conversa ambiental por terceiro – A jurisprudência tem admitido, excepcionalmente, a possibilidade de gravação realizada por terceiros, tendo em vista a proteção dos direitos de vulneráveis, como crianças, adolescentes, pessoas com deficiência e pessoas idosas. Pensemos em um caso em que a mãe, suspeitando de um abuso sexual sofrido pela filha de 6 anos, decide colcoar gravador no ambiente frequentado pelo agente para ter contato com a criança, o que acaba por confirmar as suspeitas. Ora, não é razoável exigir que a própria criança tivesse instalado o dispositivo de gravação. Sendo assim, a iniciativa da mãe, na qualidade de representante civil da criança e investida no poder-dever de proteção e vigilância da filha, deve ser considerada como gravação de conversa telefônica feita com a autorização de um dos interlocutores e, portanto, plenamente legal.

JURISPRUDÊNCIA

Validade, quando com o conhecimento de um dos interlocutores

"A violação do sigilo das comunicações, sem autorização dos interlocutores, é proibida, pois a Constituição Federal assegura o respeito à intimidade e vida privada das pessoas, bem como o sigilo da correspondência e das comunicações telegráficas e telefônicas (art. 5º, inciso XII, da CF 88). Entretanto, não se trata nos autos de gravação da conversa alheia (interceptação), mas de registro de comunicação própria, ou seja, em que há apenas os interlocutores e a captação é feita por um deles sem o conhecimento da outra parte. No caso, a gravação ambiental efetuada pela corré foi obtida não com o intuito de violar a intimidade de qualquer pessoa, mas com o fito de demonstrar a coação que vinha sofrendo por parte da ora recorrente, que a teria obrigado a prestar declarações falsas em juízo, sob pena de demissão. Por não se enquadrar nas hipóteses de proteção constitucional do sigilo das comunicações, tampouco estar disciplinada no campo infraconstitucional, pela Lei nº 9.296/96, a gravação unilateral feita por um dos interlocutores com o desconhecimento do outro deve ser admitida como prova, em face do princípio da proporcionalidade" (STJ – REsp n° 1113734-SP – Rel. Og Fernandes, j. 28.09.2010, DJe 06.12.2010)

Quando é legal

É lícita a prova consistente em gravação ambiental realizada por um dos interlocutores sem conhecimento do outro.

As inovações do Pacote Anticrime na Lei n. 9.296/1996 não alteraram o entendimento de que é lícita a prova consistente em gravação ambiental realizada por um dos interlocutores sem conhecimento do outro. (STJ, HC 512.290-RJ, Rel. Min. Rogerio Schietti Cruz, Sexta Turma, por unanimidade, julgado em 18/08/2020, DJe 25/08/2020)

Gravações realizadas por terceiros, para a proteção dos direitos de pessoas vulneráveis, como crianças, adolescentes, pessoas com deficiência e idosos, inclusive quando vítimas de crimes.

Em processo que apure a suposta prática de crime sexual contra adolescente absolutamente incapaz, é admissível a utilização de prova extraída de gravação telefônica efetivada a pedido da genitora da vítima, em seu terminal telefônico, mesmo que solicitado auxílio técnico de detetive particular para a captação das conversas.

STJ. 6ª Turma. REsp 1.026.605-ES, Rel. Min. Rogerio Schietti Cruz, julgado em 13/5/2014 (Info 543).

Quando é ilegal

"A interceptação telefônica é a captação de conversa feita por um terceiro, sem o conhecimento dos interlocutores, que depende de ordem judicial, nos termos do inciso XII do artigo 5º da Constituição Federal. A escuta é a captação de conversa telefônica feita por um terceiro, com o conhecimento de apenas um dos interlocutores, ao passo que a gravação telefônica é feita por um dos interlocutores do diálogo, sem o consentimento ou a ciência do outro. Na hipótese, embora as gravações tenham sido implementadas pelo esposo da cliente do paciente com a intenção de provar a sua inocência, é certo que não obteve a indispensável prévia autorização judicial, razão pela qual se tem como configurada a interceptação de comunicação telefônica ilegal. O fato da esposa do autor das interceptações – que era uma interlocutora dos diálogos gravados de forma clandestina – ter consentido posteriormente com a divulgação dos seus conteúdos não tem o condão de legitimar o ato, pois no momento da gravação não tinha ciência do artifício que foi implementado pelo seu marido, não se podendo afirmar, portanto, que, caso soubesse, manteria tais conversas com o seu advogado pelo telefone interceptado" (STJ – HC n° 161053-SP – Rel. Jorge Mussi, j. 27.11.2012, DJe 03.12.2012).

Interceptação telefônica e sigilo do advogado

"A interceptação telefônica, por óbvio, abrange a participação de quaisquer dos interlocutores. Ilógico e irracional seria admitir que a prova colhida contra o interlocutor que recebeu ou originou chamadas para a linha legalmente interceptada é ilegal. Ora, "[a]o se pensar em interceptação de comunicação telefônica é de sua essência que o seja em face de dois interlocutores ". [...] A autorização de interceptação, portanto [...], abrange a participação de qualquer interlocutor no fato que está sendo apurado e não apenas aquela que justificou a providência. " (GRECO FILHO, Vicente. Interceptação telefônica: Considerações sobre a Lei 9.296 de 24 de julho de 1996 – São Paulo: Saraiva, 1996, pp. 20/21). Não é porque o Advogado defendia os investigados que sua comunicação com eles foi interceptada, mas tão somente porque era um dos interlocutores. Não há, assim, nenhuma violação ao sigilo profissional" (STJ – RMS n° 33677-SP – Rel. Laurita Vaz, j, 27.05.2014).

Interceptação telefônica e *habeas corpus*

"A decretação da quebra de sigilo telefônico do recorrente não atinge, ainda que de maneira reflexa, a sua liberdade de locomoção, de modo que o remédio constitucional do habeas corpus revela-se medida inidônea para impugná-la. Tratando-se de proteção ao direito à intimidade, mostra-se cabível a impetração de mandado de segurança" (STJ – RMS n° 17346/PR, Rel. Arnaldo Esteves Lima, j. 08.03.2005, DJ 18.04.2005, p. 354).

Gravação de conversa por programa de televisão

a) validade

"Paciente denunciado por falsidade ideológica, consubstanciada em exigir quantia em dinheiro para inserir falsa informação de excesso de contingente em certificado de dispensa de incorporação. Gravação clandestina realizada pelo alistando, a pedido de emissora de televisão, que levou as imagens ao ar em todo o território nacional por meio de conhecido programa jornalístico. O conteúdo da reportagem representou *notitia criminis,* compelindo as autoridades ao exercício do dever-poder de investigar, sob pena de prevaricação" (STF – HC nº 87.341-PR – Rel. Eros Grau – j. em 07.02.2006).

b) quando não é válida

"Se há antinomia entre valor da liberdade e valor da segurança, a antinomia é solucionada a favor da liberdade. É, portanto, ilícita a prova oriunda de conversa entre o advogado e o seu cliente. O processo não admite as provas obtidas por meios ilícitos. Na hipótese, conquanto tenha a paciente concordado em conceder a entrevista ao programa de televisão, a conversa que haveria de ser reservada entre ela e um de seus advogados foi captada clandestinamente. Por revelar manifesta infração ética o ato de gravação – em razão de ser a comunicação entre a pessoa e seu defensor resguardada pelo sigilo funcional –, não poderia a fita ser juntada aos autos da ação penal. Afinal, a ilicitude presente em parte daquele registro alcança todo o conteúdo da fita, ainda que se admita tratar-se de entrevista voluntariamente gravada – a fruta ruim arruína o cesto" (STJ – HC n° 59967-SP – Rel. Nilson Naves, j. 29.06.2006, DJ 25.09.2006, p. 316)

Gravação de conversa por detetive particular. Ilicitude

"O detetive particular que, sem autorização judicial, intercepta comunicações telefônicas por meio do conhecido 'grampo telefônico', guardando consigo as fitas contendo as gravações clandestinas das conversas, incide nas penas do art. 10 da Lei 9.296/96" (TJRJ – Rel. Telma Musse Diuana – *RT* 827/655).

Captação de conversa pela internet. Validade

"Consta dos autos que a *Interpol* interceptou conversa do acusado em "sala de bate-papo" na *internet*, no momento em que foi noticiada a transmissão de imagens pornográficas de crianças e adolescentes. Esse fato resultou na instauração de inquérito policial que, ao final da investigação policial, concluiu pela ausência de provas quanto à autoria do recorrente, porém o MP requereu novas diligências no material apreendido do paciente. O voto do Min. Relator ressaltou que a conversa na "sala de bate-papo" da *internet* não está amparada pelo sigilo das comunicações, pois acontece em ambiente virtual que é de acesso irrestrito e destinado a conversas informais, assim não houve a alegada violação. Isso posto, a Turma negou provimento ao pedido de trancamento do inquérito policial, com a recomendação de que o juízo monocrático determine a imediata realização da perícia requerida nos computadores apreendidos" (STJ – RHC nº 18.116-SP **– Rel. Hélio Quaglia Barbosa – j. em 16/2/2006).**

Gravação por câmeras de vigilância. Validade

"Conforme jurisprudência pacífica desta Corte, o monitoramento por meio de câmeras de vigilância, de sistemas de alarme ou a existência de seguranças no estabelecimento comercial não tornam impossível a consumação da infração" (STJ – AgRg no REsp n° 1133055-RS, Rel. Marco Aurélio Bellizze, DJe 25.01.2011).

Interceptação telefônica e questões processuais

Nulidade da interceptação telefônica por ausência de fundamentação da decisão judicial que a autorizou

"Tenho que uma excepcional situação de restrição de um direito ou garantia constitucional só deve ocorrer em situações pontuais, em que restem evidenciadas de forma flagrante a sua real necessidade. No caso dos autos, a envolver o sigilo dos dados bancários, fiscais e das comunicações telefônicas, a regra é a inviolabilidade, a exceção, a sua violação, a qual somente se justifica quando devidamente fundamentada por autoridade judicial competente, consoante o disposto no art. 93, IX, da CF. Daí por que imperioso concluir que a mera alusão ao 'requerimento' do Parquet e/ou da autoridade policial não se mostra suficiente para legitimar a quebra dos sigilos telefônico e bancário dos pacientes. A referência – argumento de autoridade – não passa pelo crivo da proporcionalidade, na medida em que não apresenta motivação idônea para fazer ceder a essa situação excepcional de ruptura da esfera da intimidade de quem se encontra sob investigação. Na espécie, em momento algum, o magistrado de primeiro grau aponta fatos concretos que justifiquem a real necessidade da quebra desses sigilos. (HC 96.056-PE, Rel. Gilmar Mendes, j. 28.6.2011, DJE de 8-5-2012).

Fundamentação sucinta. Validade

"Não há deficiência na fundamentação da decisão que, embora de forma sucinta, conclui pela indispensabilidade da medida invasiva para elucidar fatos delituosos imputados ao destinatário da ordem, podendo ser utilizada inclusive fundamentação per relationem para reafirmar o conteúdo de decisão anterior ou de parecer ministerial, incorporando-os ao novo decisum, e determinar a interceptação telefônica ou sua prorrogação." (STJ – AgRg no HC n. 719.207/PR, relator Ministro João Otávio de Noronha, Quinta Turma, julgado em 14/6/2022, DJe de 17/6/2022.)

Interceptação determinada por juiz incompetente

a) validade

"O fato de, posteriormente à colheita de elementos durante a realização da **interceptação** telefônica, ter sido constatada a incompetência da Justiça Estadual, não é suficiente para invalidar os elementos probatórios colhidos, considerando que este era o juízo aparentemente competente para o processamento e julgamento do feito, considerando os elementos carreados aos autos até aquele momento" (STJ – AgRg no HC 510.231/RS, Relator Ministro Reynaldo Soares da Fonseca, Quinta Turma, DJe 19/12/2019).

b) nulidade

"A interceptação telefônica, no nosso ordenamento jurídico, constitui uma exceção, porquanto somente é autorizada pela Constituição, na forma e nos casos previstos em lei e nos prazos ali determinados. O Estado Democrático de direito não admite o aproveitamento de atos praticados por juiz incompetente, mesmo, segundo alguns, em nome da moralidade ou combate à criminalidade. No caso epígrafe, as provas obtidas por meio de interceptações telefônicas, não possuem eficácia jurídica, vez que deferidas por Juiz Estadual de plantão, em questões que eram de competência da Justiça Federal" (STJ – HC n° 148261-RS, Rel. Adilson Vieira Macabu, j. 20.09.2011, DJe 14.08.2012).

Interceptação não depende de prévia instauração de inquérito policial

"Não se constata qualquer ilegalidade no deferimento da quebra de sigilo telefônico sem a prévia instauração de inquérito policial, já que a medida cautelar foi deferida no âmbito de procedimento investigatório deflagrado pelo Ministério Público Estadual. Este Sodalício afasta a nulidade das interceptações telefônicas até mesmo quando são deferidas sem que haja anterior procedimento apuratório instaurado, seja na esfera policial, seja no âmbito do Ministério Público" (STJ – HC n° 222963-SP, Rel. Jorge Mussi, j. 13.08.2013, DJe 23.08.2013).

Autos da interceptação não juntados ao processo. Nulidade relativa

"De acordo com o artigo 8º da Lei 9.296/1996, os autos da interceptação telefônica serão juntados aos principais antes do relatório final da autoridade policial, ou antes de prolatada sentença. Na hipótese em apreço, em que pese não tenha sido observada a formalidade prevista no referido dispositivo legal, uma vez que não foi acostada ao processo principal a íntegra do procedimento referente às interceptações telefônicas, o certo é que não se vislumbra mácula a contaminar a prova que embasou a condenação dos pacientes, pois os autos em que deferida a quebra do sigilo telefônico estiveram disponíveis para as partes durante todo o curso da ação penal, não havendo notícias de que lhes tenha sido negado acesso a qualquer documento relativo ao monitoramento. Como se sabe, atualmente, até em casos de nulidade absoluta, doutrina e jurisprudência têm exigido a comprovação de prejuízo para que a mácula possa ser reconhecida, não demonstrado no caso" (STJ – HC n° 219984-PR, Rel. Jorge Mussi, j. 11.06.2013, DJe 20.06.2013).

Interceptação com base em notícia jornalística. Validade

"Para a determinação da quebra do sigilo telefônico dos investigados, mister se faz a demonstração, dentre outros requisitos, da presença de razoáveis indícios de autoria em face deles. Inteligência do artigo 2º, I da Lei 9.296/1996. A presença de denúncia anônima e de matérias jornalísticas indicando a possível participação dos investigados na empreitada criminosa é suficiente para o preenchimento desse requisito. É certo que elementos desse jaez devem ser vistos com relativo valor, porém, não se pode negar que, juntos, podem constituir indícios razoáveis de autoria de delitos" (STJ – HC n° 116375-PB, Rel. Jane Silva, j. 16.12.2008, DJe 09.03.2009).

Policial que atende celular de traficante. Validade

Habeas corpus. Tráfico de entorpecentes. Interceptação telefônica. Inocorrência. Policial que atendeu ao celular do réu. Prova lícita – "O ato da interceptação consiste em captar aquilo que é destinado a outrem sem que isso seja percebido pelos interlocutores ou, sendo a informação conhecida por apenas um deles. Na espécie, o policial militar atendeu ligação efetuada para o celular do denunciado, tendo como interlocutor um usuário de drogas que desejava comprar substância entorpecente. Em nenhum momento o paciente teve qualquer conversa interceptada pelas autoridades, de modo que a hipótese não se amolda às determinações da Lei n.º 9.296/96. O ato do policial configura, em verdade, procedimento policial escorreito, que não se desenvolveu às escondidas e foi instrumento necessário para salvaguarda do interesse público em detrimento do direito individual à intimidade do réu" (STJ – HC n° 55288-MG, Rel. Alderita Ramos de Oliveira, j. 02.04.2013, DJe 10.05.2013).

Interceptação realizada com apoio da Polícia Rodoviária. Validade

"Não há falar em prova ilícita, a interceptação telefônica autorizada pelo juízo e realizada a pedido do Ministério Público, com o auxílio da Polícia Rodoviária Federal, uma vez que não se trata de atribuição exclusiva da polícia judiciária, mas sim da autoridade policial, nos termos do art. 6º da Lei 9.296/96" (TRF – 2ª Reg. – Rel. Sérgio Feltrin Corrêa – *RT* 843/699).

Interceptação realizada pela Polícia Militar. Validade

"Da leitura dos artigos 6º e 7º da Lei 9.296/1996, não é possível afirmar que a autoridade policial seja a única autorizada a proceder às interceptações telefônicas, até mesmo porque o legislador não teria como antever, diante das diferentes realidades encontradas nas Unidades da Federação, quais órgãos ou unidades administrativas teriam a estrutura necessária, ou mesmo as melhores condições para executar a medida. Esta Corte Superior já decidiu que não se pode interpretar de maneira restrita o artigo 6º da Lei .296/1996, sob pena de se inviabilizar a efetivação de interceptações telefônicas. Na hipótese dos autos, agentes da Polícia Militar ficaram a cargo de acompanhar a interceptação telefônica, procedimento que não pode ser acoimado de ilegal" (STJ – HC n° 222963-SP, Rel. Jorge Mussi, j. 13.08.2013, DJe 23.08.2013).

"Crimes de rufianismo e favorecimento da prostituição. Interceptação telefônica realizada pela Polícia Militar. Nulidade. Não ocorrência. Medida executada nos termos da Lei 9.296/1996 (requerimento do Ministério Público e deferimento pelo juízo competente). Excepcionalidade do caso: suspeita de envolvimento de autoridades policiais da delegacia local". (HC 96.986-MG, Rel. Gilmar Mendes, j.15.5.2012, DJe de 14-9-2012).

Transcrição integral do teor da gravação. Desnecessidade

"Ao interpretar o disposto no art. 6º, § 1º, da Lei n. 9.296/1996, o Pleno do Supremo Tribunal Federal, por ocasião do julgamento do Inq n. 3.693/PA (DJe 30/10/2014), de relatoria da Ministra Cármen Lúcia, decidiu ser prescindível a **transcrição integral** dos diálogos obtidos por meio de **interceptação** telefônica, bastando que haja a transcrição do que seja relevante para o esclarecimento dos fatos e que seja disponibilizada às partes cópia integral das interceptações colhidas, de modo que possam elas exercer plenamente o seu direito constitucional à ampla defesa." (HC 573.166/RJ, Rel. Ministro ROGERIO SCHIETTI CRUZ, SEXTA TURMA, julgado em 15/02/2022, DJe 24/02/2022)

Desnecessidade de perícia para identificação das vozes

"Com relação especificamente à intercepção telefônica, cediço que a Lei n. 9.296/96 não exige que a escuta seja submetida a exame pericial para validação da prova. Com efeito, a jurisprudência deste Superior Tribunal está firmada no sentido de que não é obrigatória a realização de perícia para identificação de vozes captadas em interceptação telefônica. Precedentes do STJ" (STJ – AgRG no AREsp n° 45634-RN, Rel. Jorge Mussi, j. 18.06.2013, DJe 01.08.2013).

Dados de computador apreendidos de forma ilegal. Imprestabilidade

"Inadmissibilidade, como prova, de laudos de degravação de conversa telefônica e de registros contidos na memória de micro computador, obtidos por meios ilícitos (art. 5º, LVI, da Constituição Federal); no primeiro caso, por se tratar de gravação realizada por um dos interlocutores, sem conhecimento do outro, havendo a degravação sido feita com inobservância do princípio do contraditório, e utilizada com violação a privacidade alheia (art. 5º, X, da CF); e, no segundo caso, por estar-se diante de microcomputador que, além de ter sido apreendido com violação de domicílio, teve a memória nele contida sido desgravada ao arrepio da garantia da inviolabilidade da intimidade das pessoas (art. 5º, X e XI, da CF)" (STF – Ação Penal nº 307 – DF – Rel. Ilmar Galvão, DJ de 13.10.95).

Documento apreendido de forma ilegal. Imprestabilidade

"Se o processo criminal foi instaurado com base em documentos apreendidos de modo arbitrário e contraveniente com os preceitos constitucionais, deve-se impor a nulidade do procedimento, pois, tratando-se de crime de sonegação fiscal, nem outras provas colhidas no curso da instrução podem servir para demonstrar a prática delituosa, eis que só os documentos fiscais são imprescindíveis no conjunto probatório" (trecho do voto vencedor proferido pelo Min. Adhemar Maciel – STJ – Rel. Adhemar Maciel – *RT* 740/553).

§ 1º São também inadmissíveis as provas derivadas das ilícitas, salvo quando não evidenciado o nexo de causalidade entre umas e outras, ou quando as derivadas puderem ser obtidas por uma fonte independente das primeiras. (Incluído pela Lei nº 11.690, de 2008)

Fruits of the poisonous tree – A chamada *prova ilícita por derivação* vem inspirada em antiga doutrina americana denominada *fruit doctrine*, ou frutos da árvore envenenada. Tomemos o exemplo de uma carta que, ilegalmente interceptada, noticie a prática de um crime. A partir daí, a polícia, atenta à indicação da carta, logra apreender objetos de origem criminosa. A ação pode ser dividida em dois momentos diversos: o primeiro, que diz respeito à violação da correspondência, é de inequívoca ilicitude. Já o segundo, que resultou na apreensão da *res*, se tomado de *per si*, reveste-se de legalidade. Indaga-se, então: é válida essa última prova, fundada na primeira, originariamente ilícita? Ou, são bons os frutos (apreensão dos objetos de origem criminosa), oriundos de uma árvore venenosa (interceptação ilegal da carta)?

Na doutrina, Grinover, Scarance e Magalhães defendem a impossibilidade de aproveitamento desta última prova, ao ensinarem que "na posição mais sensível às garantias da pessoa humana, e consequentemente mais intransigente com os princípios e normas constitucionais, a ilicitude da obtenção da prova transmite-se às provas derivadas, que são, assim, igualmente banidas do processo" (ob. cit., p. 119). Admitem, porém, em tema que foi abordado no item anterior, a prova produzida ilicitamente se utilizada em favor do réu, acompanhando, assim, a Súmula 50 das Mesas de Processo Penal da Faculdade de Direito da USP. Dessa opinião também comunga Tourinho Filho, ao exemplificar que "uma interceptação telefônica, mesmo ao arrepio da lei, se for necessariamente essencial a demonstrar a inocência do acusado, não pode ser expurgada dos autos. Entre o sigilo das comunicações e o direito de liberdade, este supera aquele" (*Processo penal*, 1997, vol. 3, p. 236).

O Supremo Tribunal Federal, em jurisprudência que foi avançando até se cristalizar, a ponto de, hoje, cuidar-se de matéria tranquila no seio daquela Corte, sempre repudiou a prova ilícita por derivação. É certo que a Constituição não prevê, textualmente, que a prova derivada de outra ilícita seja, também, contaminada por ilicitude. Mas essa aparente dificuldade pode, contudo, ser facilmente superada, bastando que se parta de uma interpretação sistemática do texto maior. Atualmente, porém, a legislação infraconstitucional, por meio da inovação implantada pela Lei n° 11.690/2008, passou a prever, expressamente, a ilicitude dessa prova.

JURISPRUDÊNCIA

Prova ilícita por derivação. Imprestabilidade

"Mostra-se positivo o reconhecimento, no direito pátrio, da doutrina norte-americana das *exclusionary rules*, inclusive quanto à invalidação das provas ilícitas por derivação (ali consagrada pela *fruits of the poisonous tree doctrine*), mas igualmente se há de ponderar que, na linha também do que desenvolveu a jurisprudência da Suprema Corte dos EUA, há temperamentos a serem feitos ao rigor excessivo dessa doutrina. Não, evidentemente, para acolher a concepção, presente em outros povos, de que as provas ilícitas devem ser aproveitadas, punidos aqueles que causaram a violação do direito (*male captum bene retentum*). Mas, sim, para averiguar (a) se a prova licitamente obtida seria inevitavelmente descoberta de outro modo (*inevitable discovery*), a partir de outra linha legítima de investigação, ou (b) se tal prova, embora guarde alguma conexão com a original, ilícita, não possui relação de total causalidade em relação àquela, pois outra fonte a sustenta (*independent source*). 9. Na espécie, conquanto o acesso às conversas armazenadas no aplicativo WhatsApp do reclamante tenha ocorrido sem a devida autorização judicial, de tal sorte que foram reconhecidas ilícitas as provas produzidas a partir dessas conversas, a fonte manteve-se íntegra, tal qual era a época do delito, de tal modo que não há empecilho a que o magistrado, instado pelo Ministério Público, decida de modo fundamentado acerca da possibilidade de realização de perícia, com acesso às conversas armazenadas no WhatsApp, sem que isso represente afronta à autoridade da decisão desta Corte." (*Reclamação no 36.734/SP, STJ, 3a Seção, por maioria, vencidos os Min. Ribeiro Dantas e Min. Felix Fischer, Rel. Min. Rogerio Schietti Cruz, julgado em 10.2.2021, publicado no DJ em 22.2.2021*)

"O Plenário do Supremo Tribunal Federal, no julgamento do RE 603.616/RO, assentou que "a entrada forçada em domicílio sem mandado judicial só é lícita, mesmo em período noturno, quando amparada em fundadas razões, devidamente justificadas a posteriori, que indiquem que dentro da casa ocorre situação de flagrante delito, sob pena de responsabilidade disciplinar, civil e penal do agente ou da autoridade e de nulidade dos atos praticados" (Rel. Ministro GILMAR MENDES, julgado em 5/11/2015). Uma vez considerada ilícita a prova decorrente do ingresso em residência privada sem mandado judicial, também são considerados ilícitos por derivação os depoimentos prestados pelos policiais que efetivaram a medida, na forma do art. 157, § 1º, do CPP." (STJ – AgRg no REsp n. 1.999.653/MG, relator Ministro Ribeiro Dantas, Quinta Turma, julgado em 27/9/2022, DJe de 4/10/2022.)

Denúncia respaldada em outras provas. Validade

"A prova ilícita, caracterizada pela violação de sigilo bancário sem autorização judicial, não sendo a única mencionada na denúncia, não compromete a validade das demais provas que por ela não contaminadas e delas não decorrentes, integram o conjunto probatório" (STF – Rel. Maurício Corrêa – *RT* 744/510).

"Não estando a denúncia respaldada exclusivamente em provas obtidas por meios ilícitos, que devem ser desentranhadas dos autos, não por que declarar-se a sua inépcia porquanto remanesce prova lícita e autônoma, não contaminada pelo vício de inconstitucionalidade" (STF – Rel. Maurício Corrêa – *RT* 744/511).

§ 2º Considera-se fonte independente aquela que por si só, seguindo os trâmites típicos e de praxe, próprios da investigação ou instrução criminal, seria capaz de conduzir ao fato objeto da prova. (Incluído pela Lei nº 11.690, de 2008)

Fonte independente – O texto do § 1° acima faz uma ressalva, consistente na necessidade de se estabelecer um "nexo de causalidade entre umas e outras", ou seja, entre a prova ilícita e a que dela deriva. Assim, por exemplo, se por conta de uma tortura ao agente (prova ilícita), é localizada droga em sua casa (prova ilícita por derivação). Ou, se da invasão a uma casa sem qualquer espécie de ordem judicial, não se tratando de flagrante (prova ilícita), se encontrem objetos oriundos de prática criminosa (prova ilícita por derivação). Há, nessas hipóteses, evidente nexo (liame), entre a primeira ação ilícita e seu desdobramento que, por consequência, é também ilícito. Ambas são, pois, ilícitas.

Pode ocorrer, no entanto, que esta segunda prova tenha sido obtida por uma "fonte independente da primeira", conforme destaca este dispositivo em análise. Nesse caso, a prova tem plena validade e não poderá ser taxada de ilícita. Para ficarmos com o exemplo acima, suponha-se que o agente tenha sido torturado, mas que não haja qualquer relação entre a droga encontrada em sua casa e a prática da tortura. Ele confessou, por meio da tortura, um crime de sequestro. Ou seja, não foi a tortura a causa determinante para o encontro da droga. Não. Ela foi localizada por meio de ação policial, legalmente realizada, inclusive munida de mandado de busca e apreensão (embora desnecessário à espécie). Esta segunda prova lícita (encontro da droga) não tem qualquer relação com a primeira prova ilícita (tortura). Ela, portanto, pode ser considerada uma "fonte independente" da primeira prova e terá plena validade, não podendo ser taxada de ilícita. Não se pretende fazer a defesa, em absoluto, da prática da tortura, tanto que, obviamente, seus autores deverão responder, civil e criminalmente, pela ocorrência do ignóbil ato. O que não há, no exemplo, é o vínculo a unir a sevícia ao encontro da droga.

Parece que a intenção do legislador foi de incorporar, ao texto do código, posicionamento solidificado na jurisprudência do Supremo Tribunal Federal, segundo o qual, se a prova ilícita por derivação não é a única produzida nos autos, a condenação do agente deve ser mantida. Em outras palavras: se a condenação vem fundada em outros elementos de prova, totalmente desvinculados da prova ilícita original, não será esta, tomada isoladamente, que terá o condão de ensejar a absolvição do réu.

JURISPRUDÊNCIA

"Consoante a firme jurisprudência desta Corte Superior, "a ilicitude da prova, por reverberação, alcança necessariamente aquelas dela derivadas (Teoria dos Frutos da Árvore Envenenada), salvo se não houver qualquer vínculo causal com a **prova ilícita** (Teoria da Fonte Independente) ou, mesmo que haja, seria produzida de qualquer modo, como resultado inevitável das atividades investigativas ordinárias e lícitas (Teoria da Descoberta Inevitável)" (STJ – EDcl no RHC n. 72.074/MG, Quinta Turma, Rel. Min. Ribeiro Dantas, DJe de 4/12/2017). In casu, colhe-se do acórdão recorrido que "as informações constantes no aparelho telefônico dos acusados foram coletadas após as suas prisões, ou seja, já existiam elementos suficientes para capitulação das condutas criminosas que lhes foram imputadas, de modo que não se pode confundir referida situação com os casos em a flagrância somente é alcançada com adoção da citada medida" (fl. 3.452), o que evidencia a existência de provas independentes a embasar a condenação, tanto que a Corte de origem asseverou que "o próprio Tribunal da Cidadania têm flexibilizado a regra, nos casos em que a condenação se baseou em outros elementos de prova constantes nos autos, os quais também se mostram suficientes para demonstrar autoria e materialidade delitiva" (STJ – AgRg no HC n. 722.827/SC, relator Ministro Jesuíno Rissato (Desembargador Convocado do Tjdft), Quinta Turma, julgado em 19/4/2022, DJe de 26/4/2022.)

§ 3º Preclusa a decisão de desentranhamento da prova declarada inadmissível, esta será inutilizada por decisão judicial, facultado às partes acompanhar o incidente. (Incluído pela Lei nº 11.690, de 2008)

Desentranhamento da prova ilícita – A atual redação ao artigo em exame, após salientar a inadmissibilidade da prova ilícita, determina seja a mesma desentranhada do processo e, depois, inutilizada. Vale dizer: identificada uma prova ilícita, porque violadora de um princípio constitucional, pode-se concluir que: 1) ela não possui qualquer eficácia; 2) ela deve ser retirada dos autos e 3) ela deve ser destruída.

O desentranhamento dos autos (bem como sua destruição) tem por objetivo sepultar, de vez, qualquer possibilidade de consulta a tal prova. Se ela foi reconhecida como ilícita, assim declarada por decisão judicial transitada em julgado, não há qualquer razão lógica para sua manutenção nos autos. Evita-se, assim, que a parte interessada se sinta tentada a invocá-la e, pior, que as instâncias superiores eventualmente se impressionem com seu teor. Melhor seu desentranhamento e posterior inutilização.

Esta disposição prestigiou a jurisprudência de há muito firmada em nossos Tribunais superiores, que já recomendava essa cautela, consistente na inutilização da prova. Nem se argumente com eventual afronta ao princípio do livre convencimento do juiz que, como visto anteriormente, sofre também limitações, uma das quais consistente na impossibilidade de aproveitamento da prova ilícita que, sem qualquer utilidade, deve mesmo ser destruída.

JURISPRUDÊNCIA

"O Supremo Tribunal Federal, nos autos do HC n. 187.035/SP, de relatoria do Ministro MARCO AURÉLIO, reconheceu a nulidade do processo-crime a partir da audiência de instrução, por violação ao art. 212 do Código de Processo Penal, determinando a renovação dos atos processuais. Como consectário lógico do reconhecimento da nulidade, os atos anulados contaminados pelo vício devem ser desentranhados dos autos, na linha do que preconiza o art. 157 do Código de Processo Penal. Na hipótese, no entanto, o desentranhamento deve observar o marco processual estabelecido pela Suprema Corte, qual seja, a partir da instrução processual." (STJ – AgRg no HC n. 744.002/SP, relatora Ministra Laurita Vaz, Sexta Turma, julgado em 20/9/2022, DJe de 5/10/2022.)

§ 4º (Vetado)

§ 5º O juiz que conhecer do conteúdo da prova declarada inadmissível não poderá proferir a sentença ou acordão.

No ano de 2008, o Congresso Nacional aprovou projeto de Lei que incluía ao art. 157 o § 4º, com a seguinte redação: "O juiz que conhecer do conteúdo da prova declarada inadmissível não poderá proferir a sentença ou acórdão".

Essa alteração, contudo, foi vetada pelo então chefe do Executivo. Eis o fundamento do veto: "O objetivo primordial da reforma processual penal consubstanciada, dentre outros, no presente projeto de lei, é imprimir celeridade e simplicidade ao desfecho do processo e assegurar a prestação jurisdicional em condições adequadas. O referido dispositivo vai de encontro a tal movimento, uma vez que pode causar transtornos razoáveis ao andamento processual, ao obrigar que o juiz que fez toda a instrução processual deva ser, eventualmente, substituído por um outro que nem sequer conhece o caso. Ademais, quando o processo não mais se encontra em primeira instância, a sua redistribuição não atende necessariamente ao que propõe o dispositivo, eis que mesmo que o magistrado conhecedor da prova inadmissível seja afastado da relatoria da matéria, poderá ter que proferir seu voto em razão da obrigatoriedade da decisão coligada".

Percebe-se que o dispositivo foi vetado por razões de eficácia processual, mais precisamente celeridade e simplicidade processuais. Para muitos, atribui-se valor alto à celeridade, e nenhum valor para as garantias do acusado, em especial, de ser julgado por juiz imparcial. A imparcialidade do juiz, mormente no processo penal, que guarda correspondência imediata com o "ius libertatis" do cidadão, constitui uma das principais garantias inerentes ao consagrado princípio do "due process of law". A imparcialidade se constitui em uma das maiores expectativas da justiça.

A Lei 13.964/19, mais de uma década depois, incluiu no corpo do art. 157 o §5º., exumando o texto antes enterrado. Seu objetivo era cristalino: não bastava a mera exclusão física das provas ilicitamente obtidas. Isso era (e continua) necessário, mas, na visão do legislador, insuficiente. Todo processo que contivesse prova dessa natureza deveria ser anulado, total ou parcialmente. Caso já tivesse decisão, esta também deveria ser anulada, refazendo-se o feito, não se admitindo nessa reconstrução a participação do magistrado que conheceu seu conteúdo, presumidamente não imparcial. A autoridade judiciária que tomou conhecimento do conteúdo da prova declarada inadmissível, psicologicamente contaminada, não poderia proferir a decisão (sentença ou acórdão).

Sempre lecionamos que, se aprovado no "teste de constitucionalidade", o novo parágrafo miraria não somente o magistrado que, de qualquer modo, contribuiu para a produção da prova ilícita, ou a julgou admissível, como também aquele que apenas tomou conhecimento formal da prova declarada inadmissível, não raras vezes, expurgada do feito de ofício. E, nesse tanto, nos parecia absurdo. É que o juiz que, de pronto, refuta essa prova merece sempre ser prestigiado, pois demonstra mais compromisso com o processo e com a verdade processual do que com a prova obtida ilicitamente. Querer fazer vingar esse dispositivo é construir campo fértil para uma simples juntada de prova ilícita afastar do feito o juiz natural. Apenas para reforçar nossa preocupação, imaginemos o seguinte: num determinado feito, o juiz do processo não admitiu determinada prova, por ele declarada ilícita. A parte recorre e o Tribunal, por meio de uma das suas Câmaras, composta por três Desembargadores, confirma a decisão do magistrado. Nessa sequência comum no dia a dia do processo penal, teríamos um juiz e três Desembargadores impedidos de funcionarem no feito? E no caso de a prova ser declarada inadmissível pelo Pleno do STF?

Nas ADIs 6.298, 6.299, 6.300 e 6.305, o STF declarou, por maioria, inconstitucional do novo parágrafo, por implicar em danoso impedimento judicial, afastando o juiz da instrução do processo, violando-se o princípio da identidade física do juiz.

CAPÍTULO II
DO EXAME DE CORPO DE DELITO, DA CADEIA DE CUSTÓDIA E DAS PERÍCIAS EM GERAL

Art. 158. **Quando a infração deixar vestígios, será indispensável o exame de corpo de delito, direto ou indireto, não podendo supri-lo a confissão do acusado.**

Parágrafo único. Dar-se-á prioridade à realização do exame de corpo de delito quando se tratar de crime que envolva: (Incluído dada pela Lei nº 13.721, de 2018)

I - violência doméstica e familiar contra mulher; (Incluído dada pela Lei nº 13.721, de 2018)

II - violência contra criança, adolescente, idoso ou pessoa com deficiência. (Incluído dada pela Lei nº 13.721, de 2018)

Exame do Corpo de Delito - É sabido que determinados crimes, dada a sua natureza, deixam vestígios materiais (*facta permanentes*); outros não (*facta transeuntes*). Em relação aos primeiros, por força de expressa disposição legal, contida neste artigo, há necessidade da realização do exame de corpo de delito.

Definição - Corpo de delito, na definição simples, mas precisa de João Mendes, "é o conjunto de elementos sensíveis do fato criminoso" (*O processo criminal brasileiro*, 1.911, vol. 2, p. 6). Ensinam os antigos que, primitivamente, a expressão *corpo de delito* significava apenas o cadáver da vítima, mas, com o tempo, passou a indicar toda pessoa ou coisa sobre a qual recaiu a ação delituosa. Nesse aspecto, não se confunde *exame de corpo de delito* com *corpo de delito*. Na lição de Mirabete, "aquele é um auto em que se descrevem as observações dos peritos e este é o próprio crime em sua tipicidade" (ob. cit., p. 271). *Corpo de delito* é, assim, o cadáver do ofendido, em uma hipótese de homicídio ou a ferida na vítima, em um crime de lesões corporais. Ou, ainda, a carta na qual se ameaça, o cheque sem a devida provisão de fundos ou a duplicata no crime do art. 172 do Código Penal. O *exame de corpo de delito* se constitui na perícia que é elaborada no cadáver, a fim de apurar quais as lesões experimentadas pela vítima, a trajetória de um projétil de fogo, o local de entrada de uma faca, etc. Ou, no caso do cheque sem provisão de fundos ou da duplicata simulada (art. 172 do Código Penal), o exame feito para identificar a caligrafia lançada nos títulos.

Natureza jurídica - Embora localizada no capítulo que trata das provas, a doutrina diverge a respeito da natureza jurídica da perícia. A se entender que a perícia se constituiria em um *meio de prova*, ela importaria, em última análise, no testemunho de pessoa que detém conhecimento técnico sobre determinado tema. O perito seria, assim, uma testemunha especialmente qualificada. Discorda desse posicionamento Hélio Tornaghi, para quem "o perito é mais que um sujeito de prova (testemunha ou outro qualquer) e menos do que o juiz" (ob. cit., vol. 4, p. 169). Sem apontar qual seria a natureza jurídica da perícia, propõe Tornaghi que "o acertado seria retirar a perícia do capítulo da prova e situá-la em lugar autônomo, entre esta e a sentença" (ob. cit., p. 172). Somos do entendimento que a perícia possui um caráter dúplice: é, de um lado, um *meio de prova*, tanto que o código prevê, com todas as letras, a obrigatoriedade de sua elaboração para os crimes que deixam vestígios. Mas é, também, um meio de *valoração da prova*, posto que o perito não se limita a expor o fato, pois, fosse assim, e se transformaria em mera testemunha. Mais que isso, o perito expõe o fato (ocorreu a morte em um crime de homicídio) e, ao mesmo tempo, emite seu juízo de valor (foram os tiros desfechados contra a cabeça da vítima que acarretaram sua morte). Na doutrina de Paolo Tonini, "para evidenciar a natureza peculiar desse meio de prova, ainda que de maneira excessivamente simplificada, pode-se afirmar que a testemunha 'expõe' um fato, enquanto o perito, em regra, 'valora' esse fato" (*A Prova no Processo Penal Italiano*, tradução de Alexandra Martins e Daniela Mróz, São Paulo: RT, 1.ed., 2002, p. 184).

Classificação – Diz-se *direto* o exame realizado sobre o próprio corpo de delito, por peritos, mediante inspeção ocular e reduzido a termo (*delita facti permanentis*). *Indireto* (*delita facti transeuntis*), na impossibilidade de realização do exame direto, é aquele elaborado quando desaparecidos os vestígios do crime, que são supridos, geralmente, através de prova testemunhal (art. 167 do CPP), ou mesmo de prova documental (por exemplo, a utilização de ficha hospitalar da vítima de uma agressão cuja lesão desapareceu).

Obrigatoriedade do exame e livre convencimento do juiz – Para alguns, a exigência do exame de corpo de delito como prova da materialidade da infração, sob pena de nulidade (art. 564, inc. III, "b"do código), representaria verdadeiro retrocesso, reminiscência do velho sistema da *prova legal* (ou *tarifado*), em contraste com o princípio do *livre convencimento*, adotado com todas as letras por nosso código. Feroz, nesse aspecto, a crítica de José Frederico Marques, ao salientar que "na verdade, fora do sistema da prova legal, só um Código como o nosso, em que não há a menor sistematização científica, pode manter a exigibilidade do auto de corpo de delito sob pena de considerar-se nulo o processo. Que isso acontecesse ao tempo da legislação do Império, ainda se compreende. Mas que ainda se consagre tal baboseira num estatuto legal promulgado em 1941, eis o que não se pode explicar de maneira razoável" (*Elementos de direito processual penal*, 1997, vol. II, p. 335).

Parece, contudo, que pretendeu o legislador cercar-se de certas garantias contra acusações injustas e, em virtude disso, preferiu relacionar a prova do fato (e, em última análise, a condenação do réu), à existência do exame de corpo de delito, vinculando o juiz a tal prova, como no antigo sistema tarifado. Seria, destarte, justificável tal cautela, pois, conforme indaga Tourinho Filho, "se, com os exames de corpo de delito, muitos erros judiciários têm sido cometidos, a que extremos não chagaríamos, se a lei os dispensasse?" (ob. cit., p. 247).

Violência psicológica contra a mulher – O art 147-B do CP, introduzido pela Lei 14.188/21, tipifica a violência psicológica contra a mulher. A prova do resultado desse crime pode ser feita pelo depoimento da ofendida, por depoimentos de testemunhas, relatórios de atendimento médico, relatórios psicológicos ou outros elementos que demonstrem o impacto do crime para o pleno desenvolvimento da mulher, o controle de suas ações, o abalo de sua saúde psicológica ou algum impedimento à sua autodeterminação. Considerando que o resultado do crime não é a lesão à saúde psíquica, mas o dano emocional (dor, sofrimento ou angústia significativos), laudos técnicos não são necessários. Importante alertar que a instrução probatória não pode ser campo fértil para revitimização e indevida invasão da vida privada, com detalhamentos desnecessários acerca do dano emocional, do grau de humilhação, da dor sofrida, se a própria conduta criminosa empregada pelo agressor já está imbuída de desonra, descrédito e menosprezo à dignidade e ao valor da mulher como pessoa. A prova deverá ter por fim o atendimento integral à mulher em situação de violência doméstica, de sorte a reduzir sua revitimização e as possibilidades de violência institucional, consubstanciadas em sucessivas oitivas e pleitos perante juízos diversos.

Sobre violência institucional dentro do processo penal e as medidas de prevenção, ver nossos comentários aos arts. 400-A e 474-A, ambos deste Código.

Prioridade na elaboração do exame de corpo de delito – A Lei n. 13.721/2018, impôs prioridade na elaboração do exame de corpo de delito quando o crime envolver violência doméstica e familiar contra mulher ou contra criança, adolescente, idoso ou pessoa com deficiência. Preocupou-se o legislador em conferir especial proteção a pessoas hipossuficientes, a saber aquelas que lista no dispositivo. Em virtude desse déficit, da gravidade que a conduta do agente revela e da urgência que, na maioria das vezes, o caso reclama, é que se confere prioridade na elaboração da perícia. Na prática, deparando-se o perito com dois trabalhos que devam ser elaborados, um, por exemplo, relacionado à violação de uma porta ou a altura de um muro e, outro, a respeito de violência perpetrada contra a pessoa idosa, deverá, por óbvio, dar preferência à confecção deste último.

ATENÇÃO - Em razão da pandemia do coronavírus, foram editadas as Leis 13.979/2020 e 14.022/2020 que dispõem uma série de medidas de enfrentamento à violência doméstica com o intuito de minimizar o impacto sofrido por essa população mais vulnerável. Entre elas, a manutenção da prioridade nos exames de corpo de delito que envolvam violência doméstica ou contra criança, adolescente, pessoa idosa ou pessoa com deficiência.

JURISPRUDÊNCIA

A respeito da necessidade de perícia em crimes de incêndio, v. art. 173 abaixo

Sobre a necessidade de apreensão da arma de fogo para configuração da qualificadora do roubo, v. art. 175 abaixo

A respeito da necessidade de perícia para comprovação de escalada e rompimento de obstáculo, v. art. 171 abaixo

Quando é dispensável a perícia:

Nos crimes contra a liberdade sexual

"Esta Corte de Justiça possui entendimento no sentido de que a ausência de exame de corpo de delito nos crimes contra a dignidade sexual não enseja nulidade do processo, se existirem nos autos outros elementos aptos a comprovar a materialidade e autoria do delito. Precedentes" (STJ – HC nº 213045-SP, Rel. Gilson Dipp, j. 13.12.2011, DJ 19.12.2011).

No crime de homicídio

"Na espécie, ficou efetivamente caracterizada situação fática que justificou a não realização do exame pericial no momento oportuno, tendo o Tribunal de origem, fundamentadamente, consignado que a materialidade do crime de feminicídio na modalidade tentada restou configurada pelas demais provas dos autos notadamente os depoimentos da vítima e das testemunhas, bem como por fotografia acostada aos autos, além da própria confissão extrajudicial do autor, o qual, na fase policial, reconheceu ter esfaqueado a vítima, embora, em juízo, tenha se limitado a dizer que realmente agredira a ofendida, mas que não se lembrava se tinha ou não desferido facadas nela." (STJ – AgRg no HC n. 610.575/AL, relator Ministro Reynaldo Soares da Fonseca, Quinta Turma, julgado em 22/9/2020, DJe de 28/9/2020.)

"Havendo laudo médico, embora não oficial, atestando que a vítima sofreu politraumatismos, fratura exposta no fêmur esquerdo e teve parte do pênis amputado, não há falar em ausência de materialidade pela simples falta do exame de corpo de delito de que trata o art. 158 do Código de Processo Penal, até porque o pedaço do órgão genital fora encontrado em via pública, na presença de vários populares, de policiais e do corpo de bombeiros acionado para o salvamento da vítima que fora achada dentro de uma fossa sanitária. O quadro que se mostra no caso concreto supre, pelas particularidades que encerra, qualquer dúvida acerca da materialidade do delito de tentativa de homicídio. Concluir de modo contrário é dar exagerado valor à forma em detrimento do conteúdo, até porque, ainda que já pronunciados os réus, o processo ainda não encontrou termo e até que haja sentença final pode ser juntado exame de corpo de delito que, na espécie, pode ainda ser direto, por óbvios motivos (mutilação de órgão genital), ou indireto, pela análise do mencionado laudo médico." (STJ – HC n. 334.953/AL, relatora Ministra Maria Thereza de Assis Moura, Sexta Turma, julgado em 2/2/2016, DJe de 19/2/2016.)

Nos crimes que envolvem violência doméstica

"O entendimento desta Corte Superior é no sentido de ser prescindível o exame de corpo de delito a que se refere o art. 158, do CPP para fins de configuração do delito de lesão corporal ocorrido no âmbito doméstico, podendo a materialidade ser comprovada por outros meios, nos termos do art. 12, § 3º, da Lei n. 11.340/2006, tais como laudos médicos subscritos por profissional de saúde (AgRg no AgRg no AREsp n. 1.661.307/PR, Ministro Reynaldo Soares Da Fonseca, Quinta Turma, DJe 19/5/2020). Precedentes." (STJ – AgRg no RHC n. 161.010/SP, relator Ministro Sebastião Reis Júnior, Sexta Turma, julgado em 5/4/2022, DJe de 8/4/2022.)

No crime de porte ilegal de arma de fogo

"Esta Corte já firmou posicionamento no sentido de que a ausência do laudo pericial não impede o enquadramento da conduta de portar ilegalmente arma de fogo ou munição. No caso dos autos, não se fazia necessária a perícia nas munições, pois o risco, por si só, é capaz de caracterizar a potencialidade lesiva do delito" (STJ – AgRg nos EDcl no REsp n° 1314987-SC, Rel. Laurita Vaz, j. 05.03.2013, DJe 12.03.2013).

No crime de uso de documento falso

"A ausência do laudo pericial não afasta o crime de uso de documento falso (art. 304 do Código Penal), que se consuma com a simples utilização de documentos comprovadamente falsos, dada a sua natureza de delito formal. Em se considerando que a conduta do Paciente não se deu imediatamente a uma abordagem policial, tampouco visou evitar a própria prisão, já que se encontrava em prisão albergue domiciliar, não havendo contra ele qualquer mandado de prisão, não há falar em exercício da autodefesa, até porque agiu visando vantagem indevida, qual seja, não ser parado em barreiras policiais" (STJ – HC n° 134341-MS, Rel. Laurita Vaz, j. 06.12.2011, DJe 19.12.2011).

Necessidade nos crimes contra a relação de consumo

LEI N. 8.137/1990. CRIMES CONTRA A RELAÇÃO DE CONSUMO. MERCADORIA IMPRÓPRIA PARA CONSUMO. EXAME PERICIAL. NECESSIDADE – "A configuração do delito tipificado no art. 7º, IX, da Lei n. 8.137/1990 está condicionada a dois aspectos: a) existência de perícia e b) atestado acerca da impropriedade para o consumo. A ausência de uma das condições aludidas – no caso, o laudo pericial afastou a impropriedade para o consumo – implica a inexistência de materialidade delitiva, consoante o acórdão de origem adequadamente concluiu" (STJ – AgRG no Ag n° 1418565-RJ, Rel. Sebastião Reis Júnior, j. 16.05.2013, DJe 01.08.2013).

Ficha médica

"Não há óbice legal ao exame de corpo de delito indireto, que está expressamente disciplinado no art. 158 do Código de Processo Penal. Condiciona-se apenas a produção exclusiva de prova testemunhal, que só poderá se dar quando desaparecerem os vestígios do delito. Assim, constando dos autos exames de corpo de delito, baseados em ficha médica confeccionada no dia dos fatos, em razão das vítimas terem efetivamente recebido atendimento hospitalar, encontra-se atendido o requisito referente à indisponibilidade da produção do exame de corpo de delito, direto ou indireto, haja vista cuidar-se de crime que deixa vestígio" (STJ – HC n° 164755-SP, Rel. Marco Aurélio Bellizze, j. 16.10.2012, DJe 19.10.2012).

Drogas. Desnecessário para denúncia, mas imprescindível até a sentença

"Conquanto para a admissibilidade da acusação seja suficiente o laudo de constatação provisória, exige-se a presença do laudo definitivo para que seja prolatado um édito repressivo contra o denunciado pelo crime de tráfico de entorpecentes. No caso dos autos, tem-se que o paciente foi condenado sem que fosse anexado ao feito o indispensável laudo definitivo, o que é causa de nulidade absoluta do processo, e não de absolvição, como pretendido pela impetrante. Precedentes" (STJ – HC n° 196625-RJ, Rel. Jorge Mussi, j. 12.03.2013, DJe 26.03.2013).

Possibilidade de oferta da denúncia sem a perícia

"Conquanto o exame de corpo de delito seja necessário para a comprovação da materialidade do crime de tentativa de homicídio nos casos em que os vestígios materiais estejam presentes, o Ministério Público pode deflagrar a ação penal sem que tal documento esteja anexado aos autos, permitindo-se que a sua juntada seja feita durante a instrução processual" (STJ – RHC n° 39683-SP, Rel. Jorge Mussi, j. 24.09.2013, DJe 02.10.2013).

Laudo elaborado em fase extrajudicial. Validade

LAUDO DE CONSTATAÇÃO E LAUDO DEFINITIVO ELABORADOS EM SEDE POLICIAL. CONTRADITÓRIO DIFERIDO. LEGALIDADE – "É válida a perícia realizada em sede extrajudicial, uma vez que, por se tratar de prova cuja natureza é cautelar, o contraditório é postergado para a fase judicial" (STJ – HC n° 113976-SP, Rel. Jorge Mussi, j. 17.06.2010, DJe 09.08.2010).

Quando é indispensável a perícia:

"A negativa de produção de prova pericial foi inidônea e abstrata. Não foi indicado nenhum dado concreto, extraído das provas dos autos, para concluir pela desnecessidade da prova pericial, requerida no momento oportuno pelo Recorrente. A ausência de perícia oficial, no caso concreto, contudo, ultrapassou a esfera do cerceamento de defesa e da ofensa ao contraditório. Na verdade, a falta do exame, o qual não foi realizado sequer na fase investigatória, afastou a comprovação da própria materialidade delitiva, ofendendo o art. 386, inciso II, do Código de Processo Penal. Se a suposta prática dos peculatos teria ocorrido por meio que deixou vestígios, qual seja, a fraude na escrituração contábil da municipalidade, mostrava-se indispensável a prova pericial, nos termos do art. 158 do Código de Processo Penal. Sem ela, e sem a demonstração da impossibilidade da sua realização, está ausente a comprovação da materialidade delitiva." (STJ REsp n. 1.958.753/SP, relatora Ministra Laurita Vaz, Sexta Turma, julgado em 14/9/2022, DJe de 30/9/2022.)

"Considera a lei indispensável a prova técnica nas infrações que deixam vestígios, admitindo, apenas em caráter excepcional, que a ausência do exame pericial seja suprido pela prova testemunhal, nas hipóteses em que não for possível a realização de perícia ou os traços indicativos do fato a ser constatado pelo exame tiverem desaparecido (arts.158 e 167 – CPP). Ausente prova pericial válida, bem como não apresentada motivação acerca de situação excepcional que dispensasse a confecção do laudo pericial, cabível a absolvição do delito de lesão corporal, em razão da falta de demonstração da materialidade delitiva." (STJ – AgRg no REsp n. 1.994.384/SC, relator Ministro Olindo Menezes (Desembargador Convocado do TRF 1ª Região), Sexta Turma, julgado em 9/8/2022, DJe de 15/8/2022.)

Art. 158-A. Considera-se cadeia de custódia o conjunto de todos os procedimentos utilizados para manter e documentar a história cronológica do vestígio coletado em locais ou em vítimas de crimes, para rastrear sua posse e manuseio a partir de seu reconhecimento até o descarte.

§ 1º O início da cadeia de custódia dá-se com a preservação do local de crime ou com procedimentos policiais ou periciais nos quais seja detectada a existência de vestígio.

§ 2º O agente público que reconhecer um elemento como de potencial interesse para a produção da prova pericial fica responsável por sua preservação.

§ 3º Vestígio é todo objeto ou material bruto, visível ou latente, constatado ou recolhido, que se relaciona à infração penal.

Redação antes da Lei 13.964/19	Redação depois da Lei 13.964/19
Sem norma correspondente	**'Art. 158-A.** Considera-se cadeia de custódia o conjunto de todos os procedimentos utilizados para manter e documentar a história cronológica do vestígio coletado em locais ou em vítimas de crimes, para rastrear sua posse e manuseio a partir de seu reconhecimento até o descarte. § 1º O início da cadeia de custódia dá-se com a preservação do local de crime ou com procedimentos policiais ou periciais nos quais seja detectada a existência de vestígio. § 2º O agente público que reconhecer um elemento como de potencial interesse para a produção da prova pericial fica responsável por sua preservação. § 3º Vestígio é todo objeto ou material bruto, visível ou latente, constatado ou recolhido, que se relaciona à infração penal.'

Cadeia de custódia – O art. 158-A apresenta o conceito legal de cadeia de custódia. É, em suma, a sistematização de procedimentos que objetivam a preservação do valor probatório da prova pericial caracterizada, mais precisamente, da sua autenticidade. Cuida dos métodos científicos atuais de manejo da marca vinculada a uma conduta supostamente ilícita. Assegura a preservação dos vestígios desde o contato primário até o descarte dos elementos coletados, garantindo-se a sua qualidade através da documentação cronológica dos atos executados em observância às normas técnicas previstas nas etapas da chamada cadeia de custódia.

A relevância da evidência técnica já era enfatizada por Frederico Marques (Elementos de direito processual penal – volume I. Campinas. Ed. Bookseller, 1997. p.155), para quem as provas periciais "contêm em si maior dose de veracidade, visto que nelas preponderam fatores de ordem técnica que, além de mais difíceis de serem deturpados, oferecem campo para uma apreciação objetiva e segura de suas conclusões". Para muitos, a prova pericial que observa a cadeia de custódia "é a testemunha que não mente, jamais".

Consta no *caput* do artigo 155 do CPP, que "*o juiz formará sua convicção pela livre apreciação da prova produzida em contraditório judicial[...], ressalvadas as provas cautelares, não repetíveis e antecipadas*". E o *caput* do artigo 158, dispõe sobre a imprescindibilidade da prova pericial, quando a infração penal deixar vestígios.

Assim, essa prova pericial, na grande maioria dos casos, assume caráter ímpar, senão definitivo, diante da impossibilidade de reprodução em juízo sob o crivo do contraditório. Daí a preocupação dos operadores do direito, no sentido de preservação de todos os vestígios desde a coleta, bem como a atenção à padronização dos procedimentos e ao aperfeiçoamento dos atos dos profissionais vinculados aos órgãos de criminalística.

Oportuno destacar que o conceito cadeia de custódia não é novo e aparece com as mesmas características em outras áreas de atuação, estranhas ao meio jurídico, como nos casos de registro de documentos e obras históricas, onde se faz necessário rastrear a origem do objeto a partir de sua concepção, para a confirmação ou não da autenticidade. Da mesma maneira, é aplicado no manuseio de madeiras sustentáveis, onde há um protocolo de rastreamento do caminho percorrido pelo produto originário da madeira desde a floresta, recebendo a *certificação da cadeia de custódia* fornecida pela organização não governamental *Forest Stewardship Council- FSC*. O FSC é uma organização independente, sem fins lucrativos, não-governamental criada para apoiar o manejo ambientalmente adequado, socialmente benéfico e economicamente viável das florestas do mundo.

Na nossa esfera jurídica, a inovação implementada pela Lei 13.964/19, apresenta uma perspectiva contemporânea, na medida em que demonstra que o legislador está atento à globalização, potencializada pelo avanço tecnológico, que de forma galopante instrumentalizou também aos criminosos.

De modo que, a atualização dos instrumentos processuais penais, defasados, diante de diversos tipos de crimes, principalmente os cibernéticos, buscou o aprimoramento dos procedimentos de preservação das evidências atreladas a um delito, fortalecendo a natureza científica e técnica do sistema probatório.

Criminalística – segundo José Lopes Zarzuela, "criminalística" diz respeito ao conjunto de conhecimentos específicos técnicos e científicos, objetivando a interpretação e descrição dos elementos de ordem material encontrados no local do fato, no instrumento ou peça de crime, de forma a estabelecer um vínculo entre suspeitos envolvidos ao evento de interesse judiciário (Temas Fundamentais de Criminalística- Editora: Sagra-D.C.Luzzatto,1996. Porto Alegre, p.15). Na linha do que ensina o professor Victor Botteon (Introdução à Criminalística, disponível em www.direcaoconcursos.com.br), o perito durante sua atuação deverá pautar seu trabalho nos seguintes princípios fundamentais da criminalística: a *observação* (todo contato deixa uma marca), a *análise* (obediência ao método científico), a *interpretação* (dois objetos nunca são idênticos), a *descrição* (atenção à linguagem ética e juridicamente perfeita) e a *documentação* (cadeia de custódia da prova material). Diante desse quadro, é possível afirmar que o laudo pericial é um documento de natureza científica, daí a se destacar que com a evolução dos recursos que instrumentalizam os meios de prova, é pertinente o empenho do legislador no tocante aos cuidados com o tratamento técnico adotado durante a custódia dos vestígios encontrados no local do fato, no corpo da vítima ou mesmo do suspeito, tais como peças de roupas, sangue, vídeos, fotos, documentos, amostras de DNA (fios de cabelo, unhas, pele, etc.), ou virtuais como informações digitais, dentre outros, relacionados a um ilícito penal.

Cadeia de custódia e sua importância – Anotamos que o tema ganhou destaque em meados dos anos 90, nos Estados Unidos da América, com a absolvição do astro do cinema e jogador de futebol americano, O. J. Simpson, acusado de ter executado a morte da sua ex-esposa e de um amigo dela. À época, foram apontadas diversas falhas no atendimento da ocorrência, mais precisamente, na preservação da cena do crime e na falta de técnica por parte dos peritos, que sequer usaram luvas para a coleta dos vestígios no local do fato, tudo a manipular as evidências, mitigando eventual possibilidade de condenação criminal.

CPP e a precaução com a preservação da prova – No código de processo, a precaução com a preservação da prova pericial sempre existiu, mesmo antes da Lei 13.964/19. Veja, por exemplo, o art. 6º, que estabelece que a autoridade policial, logo que tiver conhecimento da prática de infração penal, comparecerá no local, providenciando para que não se alterem o estado e conservação das coisas, até a chegada dos peritos criminais, estes encarregados também de liberar os objetos relacionados ao fato para a devida apreensão, procedendo-se à coleta de todas as provas aptas ao esclarecimento do crime.

No mesmo sentido, o artigo 169, ao dispor sobre o procedimento de preservação do local de crime até a chegada dos peritos. O art. 170, por sua vez, orienta que os peritos, nas perícias de laboratório, guardarão material suficiente para o caso de nova perícia e que, sempre que conveniente, os laudos serão ilustrados com provas fotográficas, ou microfotográficas, desenhos ou esquemas.

Padronização dos procedimentos operacionais relacionados às atividades periciais – Em atendimento às reivindicações de dirigentes de órgãos periciais, o Ministério da Justiça lançou em 2012 o "Programa Brasil Mais Seguro", tendo como finalidade a padronização dos procedimentos operacionais relacionados às principais atividades periciais necessárias ao esclarecimento de crimes violentos, sendo abarcadas sete grandes áreas periciais prioritárias: a) balística forense, b) genética forense, c) informática forense, d) local de crime, e) medicina legal, f) papiloscopia e g) química forense, com o objetivo primordial de uniformizar o processo de produção da prova técnica no país.

Regulamentação correlata foi coordenada pela Secretaria Nacional de Segurança Pública (SENASP), que criou 24 procedimentos operacionais padronizados (POPs), publicados em 2013, anunciando orientações para as sete áreas de atuação (balística forense, genética forense, informática forense, local de crime, medicina legal, papiloscopia e química forense), sem ignorar suas ramificações, sendo editado, inclusive, um manual, cujas regras não vinculam obrigatoriamente a atuação do perito, mas se prestam a nortear o trabalho técnico "padrão ouro".

Com efeito, em prosseguimento à aludida regulamentação, no dia 16 de julho de 2014, a Secretaria Nacional de Segurança Pública publicou a Portaria n. 82, estabelecendo a uniformização técnica do trabalho pericial, bem como criando diretrizes sobre os procedimentos a serem observados no tocante à cadeia de custódia de vestígios.

No texto regulatório de 2014 a cadeia de custódia é definida como *o conjunto de todos os procedimentos utilizados para manter e documentar a história cronológica do vestígio, para rastrear sua posse e manuseio a partir de seu reconhecimento até o descarte, consistindo o marco inicial as etapas de preservação do local de crime e/ou com procedimentos policiais ou periciais nos quais seja detectada a existência de vestígio, sendo que o agente público que reconhecer um elemento como de potencial interesse para a produção da prova pericial fica responsável por sua preservação.*

A Lei 13.964/19 se espelhou, e muito, nos regramentos acima.

Crimes cibernéticos – Os crimes cibernéticos são dotados de características peculiares, devendo o processo de identificação do vestígio virtual ser cuidadoso, assegurando a idoneidade da informação digital obtida, delineando-se fielmente a sua origem. A obediência às etapas previstas na cadeia de custódia garantirá o rastreamento e a preservação da prova, com uma metodologia científica, proporcionando a maior efetividade da aplicação da lei penal.

Os vestígios classificados como digitais podem ser exemplificados como diálogos em redes sociais, fotografias, documentos e vídeos armazenados em mídias avulsas, em nuvens tipo ICLOUD ou em disco rígido tipo HDs ou na própria memória do aparelho periciado, dentre outros.

As evidências digitais exigem uma cautela especial, posto que os dados armazenados são mais suscetíveis de manipulação do que os vestígios físicos, sendo fundamental a adoção de procedimentos que garantam a proteção das informações.

O sistema bancário, por exemplo, adota procedimentos de segurança virtual, com técnicas que utilizam algoritmos, criptografia e assinatura digital, tudo com o objetivo de garantir o sigilo das transações e impedir o acesso clandestino e criminoso. Da mesma maneira, essa tecnologia é aplicada pelo perito quando da coleta dos vestígios digitais, com o objetivo de conservar a prova, para que não seja eventualmente adulterada, havendo a possibilidade de instalação de senhas, bloqueadores de gravação ou mecanismo com algoritmos que permitirão o registro e identificação dos agentes públicos que acessarem o conteúdo digital na trajetória do manejo da prova.

Cadeia de custódia e a autenticidade da prova – Uma cadeia de custódia dos vestígios fidedigna aos ditames legais diminui a probabilidade de violação ou de contaminação, seja acidental ou dolosa, da amostra, garantindo-se a autenticidade do elemento de prova.

Autenticidade consiste na certeza de que o objeto em análise provém das fontes anunciadas e que não foi alvo de mutações ao longo de um processo, assegurando-se a identificação e a segurança da origem da informação.

O que se persegue com a preservação e a observância às etapas da cadeia de custódia é o nível máximo de autenticidade da prova pericial, isto é, a propriedade do vestígio preservado genuinamente em sua essência.

Quando se discute preservação do vestígio e a garantia da autenticidade da prova, não se pode olvidar sobre a possibilidade de sua contaminação, gerada, por exemplo, pela a presença de pessoa não autorizada no local do fato, acondicionamento inadequado do material coletado, ausência de identificação de todos os agentes que tiverem contato com o vestígio nas diversas fases da cadeia etc. Nesse quadro, inevitável a pergunta: a falha em alguma etapa da cadeia de custódia terá qual consequência? Passa a ser ilegal? Deixa de ser autêntica? Poderíamos escalonar a autenticidade em graus? Absoluta, média ou reduzida? O juiz poderá rejeitar essa prova? Ou atribuir um valor mitigado pelo grau de autenticidade alcançado?

Em que pese corrente em sentido contrário, entendemos que a não observância dos regramentos da cadeia de custódia não pode ser rotulada (ou confundida) com a obtenção ilegal de prova. A prova a ser custodiada é legal, pois, do contrário, nem merece ser guardada.

No capítulo em estudo, o elemento objeto da custódia não tem vícios instrumentais na sua obtenção, processuais ou legais. Em razão de algum evento acidental ou intencional, tem maculada a sua custódia genuína. Isso interfere na sua qualidade.

Nossa posição é a de que a prova permanece legítima e lícita, podendo ser questionada a sua autenticidade. Seu valor será maior ou menor quanto mais ou menos se respeitou o procedimento da cadeia de custódia. Não pode ser descartada pelo juiz, mas valorada.

No dizer do saudoso Ministro do Supremo Tribunal Federal Bento de Faria, o juiz, ao aferir o valor probatório do laudo pericial, "objetivamente, deve examinar se o perito, nas suas pesquisas, se utilizou de materiais apropriados ou elementos seguros; se entre as premissas e as conclusões existe o necessário nexo lógico; se o parecer é preciso ou perplexo, concludente ou inconcludente, decisivo ou não; se a respectiva ciência ou arte fornece seguros elementos para autorizar a opinião, ou meras hipóteses mais ou menos racionais" (Código de Processo Penal. Volume I. Arts. 1 a 250. Distribuidora Record Editora. Rio de Janeiro. 2ª ed. 1960. p. 278).

Quando a quebra da cadeia de custódia, por exemplo, impedir o contraditório ou a ampla defesa, parece evitando a imprestabilidade do material. Mas esse cenário extremo nem sempre ocorre. Nesse sentido decidiu o STJ nos autos do HC 653.515-RJ. Se é certo que, por um lado, o legislador trouxe, nos arts. 158-A a 158-F do CPP, determinações extremamente detalhadas de como se deve preservar a cadeia de custódia da prova, também é certo que, por outro, quedou-se silente em relação aos critérios objetivos para definir quando ocorre a quebra da cadeia de custódia e quais as consequências jurídicas, para o processo penal, dessa quebra ou do descumprimento de um desses dispositivos legais.

"Respeitando aqueles que defendem a tese de que a violação da cadeia de custódia implica, de plano e por si só, a inadmissibilidade ou a nulidade da prova, de modo a atrair as regras de exclusão da prova ilícita, parece ser mais adequada aquela posição que sustenta que as irregularidades constantes da cadeia de custódia devem ser sopesadas pelo magistrado com todos os elementos produzidos na instrução, a fim de aferir se a prova é confiável".

É certo que competirá somente ao juiz a adoção de critério de valoração da prova produzida na salvaguarda da *novatio legis*, havendo que se considerar, ademais, o constante no artigo 182 do CPP, cujo enunciado preconiza que o juiz em seu convencimento, não está vinculado de forma absoluta à conclusão do laudo pericial.

ATENÇÃO: decidiu o STJ serem inadmissíveis as provas digitais sem registro documental acerca dos procedimentos adotados pela polícia para a preservação da integridade, autenticidade e confiabilidade dos elementos informáticos (Processo: Processo sob segredo de justiça, Rel. Ministro Messod Azulay Neto, Rel. Acd. Ministro Ribeiro Dantas, Quinta Turma, por maioria, julgado em 7/2/2023)

§ 1º O início da cadeia de custódia dá-se com a preservação do local de crime ou com procedimentos policiais ou periciais nos quais seja detectada a existência de vestígio.

Início da cadeia de custódia – Nos termos do que disposto no §1º. do art. 158-A, o marco inaugural da cadeia de custódia do vestígio pode ocorrer de três formas, em conjunto ou individualmente, a saber:

a) preservação do local do crime: nos casos em que a materialidade é explícita, como no homicídio, o agente público que primeiro chegar ao local deve providenciar, incontinenti, o isolamento preservando o espaço para, em seguida, acionar as demais autoridades policiais, assim como a equipe pericial encarregada do reconhecimento e coleta de todos os elementos sensíveis e de interesse. O objetivo principal é evitar que a cena do crime seja adulterada ou contaminada.

Como já alertamos, o capítulo em estudo foi construído na linha da Portaria n. 82/14 da SENASP. Esta, por sua vez, cataloga o local do crime em áreas: imediata, mediata e relacionada.

Por área *imediata* se entende aquela em que ocorreu o evento alvo da investigação, presumindo-se encontrar a maior concentração de vestígios relacionados ao fato (ex: o interior do imóvel onde o criminoso praticou o homicídio).

A área *mediata* é intermediária entre o sítio onde ocorreu o evento e o grande ambiente exterior. Este ambiente pode conter vestígios relacionados ao fato sob investigação. Entre o local imediato e o mediato existe uma continuidade geográfica (ex: o quintal do imóvel, onde o criminoso abandonou o objeto utilizado para prática delituosa).

A área *relacionada* é todo e qualquer lugar sem ligação geográfica direta com o local do crime e que possa conter algum vestígio ou informação que propicie vínculo com a infração ou venha a auxiliar no contexto do exame pericial (ex: a casa do criminoso, local em que ocorreu o planejamento do delito, consumado em outra localidade).

b) procedimentos policiais: o primeiro vestígio é obtido a partir de diligências inauguradas através de ação policial, militar ou não. A intervenção policial pode ser desencadeada por ações institucionais de patrulhamento e prevenção ao crime, prescindindo-se da autorização judicial. Ou, de outro modo, por ações controladas precedidas de investigação e expedição de mandados judiciais cautelares.

c) **procedimentos periciais:** aqui, o vestígio da atividade ilícita é detectado através do trabalho técnico.

§ 2º O agente público que reconhecer um elemento como de potencial interesse para a produção da prova pericial fica responsável por sua preservação.

Agente público e o dever de preservação do elemento de prova – Agente público é definido como todo aquele que exerce, ainda que transitoriamente ou sem remuneração, por eleição, nomeação designação, contratação ou qualquer forma de investidura ou vínculo, mandato, cargo, emprego ou função pública (Portaria n. 82/14 SENASP).

O legislador, neste parágrafo, enfatiza a importância do momento inicial de reconhecimento da evidência probatória e o comprometimento do agente público com a sua tutela, impondo um discernimento responsável quando da identificação da prova apta a integrar a cadeia de custódia. O policial militar que é acionado para o atendimento de uma ocorrência de feminicídio, por exemplo, reconhecendo ser aquele o local da ação criminosa, deverá imediatamente adotar todas as medidas para isolar e preservar a área sensível, até que seja devidamente periciada e liberada pelos técnicos.

Ver nossos comentários ao art.158-C, §2º.

§ 3º Vestígio é todo objeto ou material bruto, visível ou latente, constatado ou recolhido, que se relaciona à infração penal.

Conceito de vestígio e suas espécies – segundo Botteon (Introdução à Criminalística, disponível em www.direcaoconcursos.com.br), vestígio pode ser qualquer objeto, instrumento, marca, rastro, mancha, sinais sensíveis aos sentidos, presente em um local de crime, podendo ter relação com o fato delituoso. Pode ser classificado em *verdadeiro, ilusório, forjado, efêmero, permanente, biológico, inorgânico, morfológico* etc. Pode perceptível ou latente. Perceptível quando captado pelos sentidos humanos, sem a necessidade de revelação por meio de técnicas forenses (ex: arma de fogo utilizada no cometimento do delito). Latente quando invisível ou oculto, demandando a utilização de técnica ou metodologia adequada para a revelação (ex: impressões digitais).

O perito, no atendimento ao local do crime, atuará no sentido de analisar todo e qualquer vestígio associado ao fato, registrando a cena e arrecadando o que for necessário à sua comprovação e ao esclarecimento da autoria. O objeto ou material bruto, quando visível e irremovível, no caso de um imóvel onde se deu um feminicídio, será analisado em toda a sua área, realizando-se a descrição, a fotografia, a coleta de impressões e o isolamento, se necessário.

O mesmo procedimento nas situações em que é visível e dotado de mobilidade o objeto, mas com características que dificultem ou impossibilitem a sua remoção, como, por exemplo, a cama, onde o marido cometeu o feminicídio.

Diversa será a atuação dos expertos nas situações em que o objeto visível, em razão de suas características, necessita ser recolhido para análise técnica nas dependências do

Instituto de Criminalística (ex: arma de fogo), atentando-se para a observância de todos os requisitos exigidos ao recolhimento e encaminhamento do objeto.

A atuação ganha contornos também diferentes em se tratando de vestígio latente, ou seja, não visível, não é físico, não é captado naturalmente.

Art. 158-B. A cadeia de custódia compreende o rastreamento do vestígio nas seguintes etapas:

I - reconhecimento: ato de distinguir um elemento como de potencial interesse para a produção da prova pericial;

II - isolamento: ato de evitar que se altere o estado das coisas, devendo isolar e preservar o ambiente imediato, mediato e relacionado aos vestígios e local de crime;

III - fixação: descrição detalhada do vestígio conforme se encontra no local de crime ou no corpo de delito, e a sua posição na área de exames, podendo ser ilustrada por fotografias, filmagens ou croqui, sendo indispensável a sua descrição no laudo pericial produzido pelo perito responsável pelo atendimento;

IV - coleta: ato de recolher o vestígio que será submetido à análise pericial, respeitando suas características e natureza;

V - acondicionamento: procedimento por meio do qual cada vestígio coletado é embalado de forma individualizada, de acordo com suas características físicas, químicas e biológicas, para posterior análise, com anotação da data, hora e nome de quem realizou a coleta e o acondicionamento;

VI - transporte: ato de transferir o vestígio de um local para o outro, utilizando as condições adequadas (embalagens, veículos, temperatura, entre outras), de modo a garantir a manutenção de suas características originais, bem como o controle de sua posse;

VII - recebimento: ato formal de transferência da posse do vestígio, que deve ser documentado com, no mínimo, informações referentes ao número de procedimento e unidade de polícia judiciária relacionada, local de origem, nome de quem transportou o vestígio, código de rastreamento, natureza do exame, tipo do vestígio, protocolo, assinatura e identificação de quem o recebeu;

VIII - processamento: exame pericial em si, manipulação do vestígio de acordo com a metodologia adequada às suas características biológicas, físicas e químicas, a fim de se obter o resultado desejado, que deverá ser formalizado em laudo produzido por perito;

IX - armazenamento: procedimento referente à guarda, em condições adequadas, do material a ser processado, guardado para realização de contraperícia, descartado ou transportado, com vinculação ao número do laudo correspondente;

X - descarte: procedimento referente à liberação do vestígio, respeitando a legislação vigente e, quando pertinente, mediante autorização judicial.

Redação antes da Lei 13.964/19	Redação depois da Lei 13.964/19
Sem norma correspondente	**'Art. 158-B.** A cadeia de custódia compreende o rastreamento do vestígio nas seguintes etapas: I – reconhecimento: ato de distinguir um elemento como de potencial interesse para a produção da prova pericial; II – isolamento: ato de evitar que se altere o estado das coisas, devendo isolar e preservar o ambiente imediato, mediato e relacionado aos vestígios e local de crime; III – fixação: descrição detalhada do vestígio conforme se encontra no local de crime ou no corpo de delito, e a sua posição na área de exames, podendo ser ilustrada por fotografias, filmagens ou croqui, sendo indispensável a sua descrição no laudo pericial produzido pelo perito responsável pelo atendimento; IV – coleta: ato de recolher o vestígio que será submetido à análise pericial, respeitando suas características e natureza; V – acondicionamento: procedimento por meio do qual cada vestígio coletado é embalado de forma individualizada, de acordo com suas características físicas, químicas e biológicas, para posterior análise, com anotação da data, hora e nome de quem realizou a coleta e o acondicionamento; VI – transporte: ato de transferir o vestígio de um local para o outro, utilizando as condições adequadas (embalagens, veículos, temperatura, entre outras), de modo a garantir a manutenção de suas características originais, bem como o controle de sua posse; VII – recebimento: ato formal de transferência da posse do vestígio, que deve ser documentado com, no mínimo, informações referentes ao número de procedimento e unidade de polícia judiciária relacionada, local de origem, nome de quem transportou o vestígio, código de rastreamento, natureza do exame, tipo do vestígio, protocolo, assinatura e identificação de quem o recebeu; VIII – processamento: exame pericial em si, manipulação do vestígio de acordo com a metodologia adequada às suas características biológicas, físicas e químicas, a fim de se obter o resultado desejado, que deverá ser formalizado em laudo produzido por perito;

Redação antes da Lei 13.964/19	Redação depois da Lei 13.964/19
	IX – armazenamento: procedimento referente à guarda, em condições adequadas, do material a ser processado, guardado para realização de contraperícia, descartado ou transportado, com vinculação ao número do laudo correspondente; X – descarte: procedimento referente à liberação do vestígio, respeitando a legislação vigente e, quando pertinente, mediante autorização judicial.'

Etapas de rastreamento – O art. 158-B anuncia as etapas de rastreamento do vestígio. O rigor científico da nova normatização aparece claramente na definição e encadeamento das etapas, sugerindo uma noção de continuidade, um processo de rastreamento ininterrupto cronologicamente. De acordo com a Portaria SENASP 82/14, as etapas da cadeia de custódia são distribuídas em duas macrofases: externa e interna.

Fase externa – Na fase externa, estão elencadas as etapas relacionadas aos passos entre a preservação do local do crime ou apreensões dos elementos de prova e a chegada do vestígio ao órgão pericial encarregado de processá-lo. Compreende, portanto, a preservação do local do crime, a busca, o reconhecimento (I), o isolamento (II) a fixação (III), a coleta (IV), o acondicionamento (V), o transporte (VI) e o recebimento do vestígio (VII).

Fase interna – A fase interna, por sua vez, compreende todas as etapas entre o ingresso do vestígio no órgão pericial até a conclusão do laudo e remessa ao órgão requisitante. Envolve as etapas de recepção, conferência, classificação, guarda e/ou distribuição do vestígio, análise pericial propriamente dita (VIII), guarda e devolução do vestígio de prova (IX), guarda de vestígios para contraperícia (X) e o registro da cadeia de custódia (XI).

Vamos, a seguir, analisar, ainda que de forma sucinta, as várias etapas referidas pelos incisos do artigo em comento:

I - reconhecimento: ato de distinguir um elemento como de potencial interesse para a produção da prova pericial.

Trata-se de importante etapa, exigindo maior cautela nos casos de crimes onde o vestígio está concentrado em conteúdo latente (virtual).

Ver nossos comentários art.158-A.

II - isolamento: ato de evitar que se altere o estado das coisas, devendo isolar e preservar o ambiente imediato, mediato e relacionado aos vestígios e local de crime.

Uma vez individualizada a prova, necessário se faz a sua preservação no estado em que primariamente foi detectada, sob pena de contaminação.

Ver nossos comentários art.158-A, §1º.

III - fixação: descrição detalhada do vestígio conforme se encontra no local de crime ou no corpo de delito, e a sua posição na área de exames, podendo ser ilustrada por fotografias, filmagens ou croqui, sendo indispensável a sua descrição no laudo pericial produzido pelo perito responsável pelo atendimento.

O legislador faculta a ilustração, seja por fotografias filmes ou desenhos (*croquis*), do elemento reconhecido e isolado. Anotamos que, na prática, no cotidiano do trabalho pericial, com a facilidade propiciada pelo avanço tecnológico (em especial, o uso disseminado do aparelho celular com câmeras, algumas bastante sofisticadas), é raro um laudo pericial não se apresentar instruído com fotografias, além da descrição minuciosa de todas as características do objeto periciado.

IV - coleta: ato de recolher o vestígio que será submetido à análise pericial, respeitando suas características e natureza.

A coleta seguirá os procedimentos técnicos descritos em manuais específicos da prática pericial, variando seu procedimento a depender do tipo de elemento a ser periciado.

De acordo com a Portaria SENASP 82/2014, a coleta do vestígio deverá ser realizada por profissionais de perícia criminal ou, excepcionalmente, na falta destes, por pessoa investido de função pública, nos termos do artigo 159 e §§ do CPP. Além disso, serão utilizados equipamentos de proteção individual (EPI) e materiais específicos para tal fim.

V - acondicionamento: procedimento por meio do qual cada vestígio coletado é embalado de forma individualizada, de acordo com suas características físicas, químicas e biológicas, para posterior análise, com anotação da data, hora e nome de quem realizou a coleta e o acondicionamento.

O acondicionamento do vestígio segue os padrões definidos em manuais específicos, tanto dos órgãos policiais, quanto periciais, destacando a importância da sua individualização e identificação dos responsáveis por esse processo, inclusive com a anotação da data, tudo de modo a preservar da melhor forma possível a prova.

A já mencionada Portaria 82/14 alerta que o recipiente para acondicionamento do vestígio será determinado pela natureza do material, utilizando-se sacos plásticos, envelopes, frascos e caixas descartáveis ou caixas térmicas, dentre outros, os quais deverão ser selados com lacres, com numeração individualizada, tudo para, de forma eficaz, assegurar a inviolabilidade e idoneidade do vestígio durante o transporte.

Além de individualizar o vestígio, o recipiente deverá ser próprio para preservar suas características, impedir contaminação e vazamento, ter grau de resistência adequado e espaço para registro de informações sobre seu conteúdo.

Todos os vestígios coletados deverão ser registrados individualmente em formulário próprio no qual deverão constar, no mínimo, as seguintes informações:

a) especificação do vestígio;

b) quantidade;

c) identificação numérica individualizadora;

d) local exato e data da coleta;

e) órgão e o nome/identificação funcional do agente coletor;

f) nome/identificação funcional do agente entregador e o órgão de destino (transferência da custódia);

g) nome /identificação funcional do agente recebedor e o protocolo de recebimento;

h) assinaturas e rubricas;

i) número de procedimento e respectiva unidade de policia judiciária a que o vestígio estiver vinculado.

VI – transporte: ato de transferir o vestígio de um local para o outro, utilizando as condições adequadas (embalagens, veículos, temperatura, entre outras), de modo a garantir a manutenção de suas características originais, bem como o controle de sua posse.

VII – recebimento: ato formal de transferência da posse do vestígio, que deve ser documentado com, no mínimo, informações referentes ao número de procedimento e unidade de polícia judiciária relacionada, local de origem, nome de quem transportou o vestígio, código de rastreamento, natureza do exame, tipo do vestígio, protocolo, assinatura e identificação de quem o recebeu.

Este inciso marca a transição entre as fases interna e externa das etapas da cadeia de custódia.

Ver nossos comentários acima, ainda no bojo deste artigo (art. 158-B).

VIII – processamento: exame pericial em si, manipulação do vestígio de acordo com a metodologia adequada às suas características biológicas, físicas e químicas, a fim de se obter o resultado desejado, que deverá ser formalizado em laudo produzido por perito.

O Manual de Procedimento Operacional Padrão (pg. 20), coordenado pelo SENASP, estabelece as diretrizes técnicas para o manuseio do vestígio. Por exemplo, no exame pericial em armas de fogo, é exigido o uso dos seguintes equipamentos de proteção individual: abafadores de ruído, jalecos, luvas, kit de primeiros socorros, máscaras, óculos de proteção, protetores auriculares.

IX – armazenamento: procedimento referente à guarda, em condições adequadas, do material a ser processado, guardado para realização de contraperícia, descartado ou transportado, com vinculação ao número do laudo correspondente.

O órgão pericial deverá ser dotado de espaço adequado com condições técnicas específicas capazes de preservar as características do material a ser processado, evitando contaminação, vazamento e adulteração.

Após a perícia, dependendo do tipo de material objeto do exame, uma pequena quantidade deverá ser guardada para eventual nova perícia realizada em decorrência de contestação do laudo anterior (contraperícia). Por óbvio, essa amostra deve seguir o rigor preconizado pelo capítulo em comento.

X – descarte: procedimento referente à liberação do vestígio, respeitando a legislação vigente e, quando pertinente, mediante autorização judicial.

O melhor exemplo para explicar esse inciso nos remete às perícias nas substâncias entorpecentes (drogas). Parte do que foi analisado é guardado para a contraperícia. O restante, principalmente quando se tratar de grande quantidade, deve ser descartado, por conta, inclusive, das dificuldades de segurança que a sua manutenção acarreta. Tal descarte ocorre mediante autorização judicial e obedece a um procedimento rigoroso e específico.

Vale mencionar que o descarte de qualquer tipo de objeto aparece como consequência imperiosa, evitando-se ocupar desnecessariamente espaço valioso para o armazenamento "padrão ouro" do material a ser processado.

Ver nossos comentários ao art.158-F.

Art. 158-C. A coleta dos vestígios deverá ser realizada preferencialmente por perito oficial, que dará o encaminhamento necessário para a central de custódia, mesmo quando for necessária a realização de exames complementares.

§ 1º Todos vestígios coletados no decurso do inquérito ou processo devem ser tratados como descrito nesta Lei, ficando órgão central de perícia oficial de natureza criminal responsável por detalhar a forma do seu cumprimento.

§ 2º É proibida a entrada em locais isolados bem como a remoção de quaisquer vestígios de locais de crime antes da liberação por parte do perito responsável, sendo tipificada como fraude processual a sua realização.

Redação antes da Lei 13.964/19	Redação depois da Lei 13.964/19
Sem norma correspondente	**'Art. 158-C.** A coleta dos vestígios deverá ser realizada preferencialmente por perito oficial, que dará o encaminhamento necessário para a central de custódia, mesmo quando for necessária a realização de exames complementares. § 1º Todos vestígios coletados no decurso do inquérito ou processo devem ser tratados como descrito nesta Lei, ficando órgão central de perícia oficial de natureza criminal responsável por detalhar a forma do seu cumprimento.

	§ 2º É proibida a entrada em locais isolados bem como a remoção de quaisquer vestígios de locais de crime antes da liberação por parte do perito responsável, sendo tipificada como fraude processual a sua realização.'

Sujeito da coleta dos vestígios – O perito oficial é aquele de formação universitária investido na carreira através de concurso público e que somente inicia a execução de suas funções após passar por formação preparatória específica. Deve cumprir sua missão com autonomia técnica, científica e funcional (art. 2º, da Lei n.12.030/09).

Em determinadas situações, por diversas e compreensíveis razões, pode não ser possível a realização de coleta por perito oficial, daí a inclusão do termo *preferencialmente* (e não *obrigatoriamente*) no *caput*. O agente, mesmo não sendo perito oficial, encarregado momentaneamente de proceder à coleta, deve observar todos os procedimentos técnicos previstos na *novatio legis*, sob pena de contaminar a cadeia de custódia.

Órgão central de perícia oficial – Nos termos do que disposto no §1º., caberá ao órgão central de perícia oficial elaborar orientações técnicas e específicas sobre os procedimentos destacados nesta Lei.

Deduzindo que a Lei 13.964/19, no tema cadeia de custódia, utilizou como parâmetro a Portaria 82/14, da Secretaria Nacional de Segurança Pública, é possível que eventual complementação legislativa também acompanhe a regulamentação já em vigor e adotada pelos Institutos de Criminalísticas do país, disposta no Manual de Procedimento Operacional Padrão, também coordenado pela SENASP.

Ver nossos comentários ao art. 158-E.

Fraude processual – Anuncia o §2º., do art. 158-C, ser proibida a entrada em locais isolados bem como a remoção de quaisquer vestígios de locais de crime antes da liberação por parte do perito responsável, sendo tipificada como fraude processual a sua realização. Pois bem. O artigo 347 do CP pune o agente que, mediante fraude, modifica ou altera estado de lugar (ex: derrubada de árvores), de coisa (ex: retirar manchas de sangue impregnadas na roupa da vítima) ou de pessoa (ex: mudar o aspecto físico exterior – não o psíquico, civil ou social – de pessoa mediante cirurgia estética), criando, com isso, nova situação capaz de induzir a erro o juiz ou o perito (utilização anormal e fraudulenta do processo).

No entanto, o art. 158-C deve ser lido de acordo com as características do tipo penal da fraude processual, que não pode se caracterizar pela simples entrada em local isolado, nem mesmo pela mera retirada de vestígios. O crime pressupõe que o agente atue não apenas com dolo de inovar no processo, mas também com a especial finalidade de induzir em erro o juiz ou o perito. Caso não estejam bem identificados o dolo e o elemento subjetivo específico, o fato será um indiferente penal.

Abuso de autoridade – A Lei de Abuso de Autoridade, por sua vez, em dois tipos penais, criminaliza formas especiais de fraude processual. No art. 23, pune, com detenção de um a quatro anos e multa, a conduta de inovar artificiosamente, no curso de diligência, de investigação ou de processo, o estado de lugar, de coisa ou de pessoa, com o fim de eximir-se de responsabilidade ou de responsabilizar criminalmente alguém ou agravar-lhe a responsabilidade, incorrendo na mesma pena quem pratica a conduta com o intuito de: I – eximir-se de responsabilidade civil ou administrativa por excesso praticado no curso de diligência; II – omitir dados ou informações ou divulgar dados ou informações incompletos para desviar o curso da investigação, da diligência ou do processo. Já no art. 24, pune, com detenção de um a quatro anos e multa, a conduta de constranger, sob violência ou grave ameaça, funcionário ou empregado de instituição hospitalar pública ou privada a admitir para tratamento pessoa cujo óbito já tenha ocorrido, com o fim de alterar local ou momento de crime, prejudicando sua apuração.

Art. 158-D. O recipiente para acondicionamento do vestígio será determinado pela natureza do material.

§ 1º Todos os recipientes deverão ser selados com lacres, com numeração individualizada, de forma a garantir a inviolabilidade e a idoneidade do vestígio durante o transporte.

§ 2º O recipiente deverá individualizar o vestígio, preservar suas características, impedir contaminação e vazamento, ter grau de resistência adequado e espaço para registro de informações sobre seu conteúdo.

§ 3º O recipiente só poderá ser aberto pelo perito que vai proceder à análise e, motivadamente, por pessoa autorizada.

§ 4º Após cada rompimento de lacre, deve se fazer constar na ficha de acompanhamento de vestígio o nome e a matrícula do responsável, a data, o local, a finalidade, bem como as informações referentes ao novo lacre utilizado.

§ 5º O lacre rompido deverá ser acondicionado no interior do novo recipiente.

Redação antes da Lei 13.964/19	Redação depois da Lei 13.964/19
Sem norma correspondente	'**Art. 158-D.** O recipiente para acondicionamento do vestígio será determinado pela natureza do material. § 1º Todos os recipientes deverão ser selados com lacres, com numeração individualizada, de forma a garantir a inviolabilidade e a idoneidade do vestígio durante o transporte. § 2º O recipiente deverá individualizar o vestígio, preservar suas características, impedir contaminação e vazamento, ter grau de resistência adequado e espaço para registro de informações sobre seu conteúdo. § 3º O recipiente só poderá ser aberto pelo perito que vai proceder à análise e, motivadamente, por pessoa autorizada. § 4º Após cada rompimento de lacre, deve se fazer constar na ficha de acompanhamento de vestígio o nome e a matrícula do responsável, a data, o local, a finalidade, bem como as informações referentes ao novo lacre utilizado. § 5º O lacre rompido deverá ser acondicionado no interior do novo recipiente.'

Ver nossos comentários ao art. 158-B, V.

Art. 158-E. Todos os Institutos de Criminalística deverão ter uma central de custódia destinada à guarda e controle dos vestígios, e sua gestão deve ser vinculada diretamente ao órgão central de perícia oficial de natureza criminal.

§ 1º Toda central de custódia deve possuir os serviços de protocolo, com local para conferência, recepção, devolução de materiais e documentos, possibilitando a seleção, a classificação e a distribuição de materiais, devendo ser um espaço seguro e apresentar condições ambientais que não interfiram nas características do vestígio.

§ 2º Na central de custódia, a entrada e a saída de vestígio deverão ser protocoladas, consignando-se informações sobre a ocorrência no inquérito que a eles se relacionam.

§ 3º Todas as pessoas que tiverem acesso ao vestígio armazenado deverão ser identificadas e deverão ser registradas a data e a hora do acesso.

§ 4º Por ocasião da tramitação do vestígio armazenado, todas as ações deverão ser registradas, consignando-se a identificação do responsável pela tramitação, a destinação, a data e horário da ação.

Redação antes da Lei 13.964/19	Redação depois da Lei 13.964/19
Sem norma correspondente	'**Art. 158-E.** Todos os Institutos de Criminalística deverão ter uma central de custódia destinada à guarda e controle dos vestígios, e sua gestão deve ser vinculada diretamente ao órgão central de perícia oficial de natureza criminal. § 1º Toda central de custódia deve possuir os serviços de protocolo, com local para conferência, recepção, devolução de materiais e documentos, possibilitando a seleção, a classificação e a distribuição de materiais, devendo ser um espaço seguro e apresentar condições ambientais que não interfiram nas características do vestígio. § 2º Na central de custódia, a entrada e a saída de vestígio deverão ser protocoladas, consignando-se informações sobre a ocorrência no inquérito que a eles se relacionam. § 3º Todas as pessoas que tiverem acesso ao vestígio armazenado deverão ser identificadas e deverão ser registradas a data e a hora do acesso. § 4º Por ocasião da tramitação do vestígio armazenado, todas as ações deverão ser registradas, consignando-se a identificação do responsável pela tramitação, a destinação, a data e horário da ação.'

Central de custódia – O legislador define que deverá ser criada uma central de custódia nos Institutos de Criminalística com o objetivo de concentrar a custódia das provas periciadas. É o acréscimo de uma nova função aos órgãos periciais, que demandará melhor estruturação para atender ao mandamento legal. Demandará também investimento dos governos, que nem sempre ocorre na medida e na velocidade que se espera.

Controle das pessoas com acesso aos vestígios – O cadastramento (controle) de todas as pessoas com acesso ao vestígio (desde o primeiro contato) permitirá que se faça uma espécie de inventário da prova, ou melhor, registro cronológico que se assemelha a uma árvore genealógica, nela estampados todos os integrantes de uma família em várias gerações.

O registro histórico, além das pessoas, também deve abarcar as ações adotadas nessa tramitação, ou seja, todas as fases e procedimentos deverão ser rigorosamente anotados, sob pena de comprometimento da idoneidade da cadeia de custódia.

Art. 158-F. Após a realização da perícia, o material deverá ser devolvido à central de custódia, devendo nela permanecer.

Parágrafo único. Caso a central de custódia não possua espaço ou condições de armazenar determinado material, deverá a autoridade policial ou judiciária determinar as condições de depósito do referido material em local diverso, mediante requerimento do diretor do órgão central de perícia oficial de natureza criminal.

Redação antes da Lei 13.964/19	Redação depois da Lei 13.964/19
Sem norma correspondente	**'Art. 158-F.** Após a realização da perícia, o material deverá ser devolvido à central de custódia, devendo nela permanecer. Parágrafo único. Caso a central de custódia não possua espaço ou condições de armazenar determinado material, deverá a autoridade policial ou judiciária determinar as condições de depósito do referido material em local diverso, mediante requerimento do diretor do órgão central de perícia oficial de natureza criminal.'

Condições do depósito dos vestígios – Esse dispositivo enfatiza o papel fundamental dos órgãos periciais na preservação do material relacionado à infração penal, destacando a sua responsabilidade no processo de custódia legal. Além disso, atribui ao diretor do órgão central pericial a função de controle da viabilidade e das condições de armazenamento do material, com a iniciativa de se reportar diretamente ao delegado de polícia ou ao juiz de direito, no sentido de promover, caso necessário, a remoção de determinado material.

JURISPRUDÊNCIA

Quebra da cadeia de custódia. Inocorrência

"Segundo a jurisprudência desta Corte, o instituto da quebra da cadeia de custódia diz respeito à idoneidade do caminho que deve ser percorrido pela prova até sua análise pelo magistrado, sendo certo que qualquer interferência durante o trâmite processual pode resultar na sua imprestabilidade. Tem como objetivo garantir a todos os acusados o devido processo legal e os recursos a ele inerentes, como a ampla defesa, o contraditório e principalmente o direito à prova lícita (AgRg no HC 615.321/PR, Rel. Ministro RIBEIRO DANTAS, QUINTA TURMA, julgado em 03/11/2020, DJe 12/11/2020). In casu, não se pode falar na quebra da cadeia de custódia, uma vez que há provas suficientes nos autos para a condenação, tendo em vista que, mesmo que comprovado, o fato de não terem sido encartados aos autos alguns depoimentos prestados em sede inquisitorial não desnatura o amplo acervo probatório constituído, nem serve de balizamento para se pleitear a quebra da cadeia de custódia." (Agravo Regimental no Agravo em Recurso Especial no 1.764.654/RJ, STJ, 5a Turma, unânime, Rel. Min. Reynaldo Soares da Fonseca, julgado em 10.8.2021, publicado no DJ em 16.8.2021)

"A disciplina que rege as nulidades no processo penal leva em consideração, em primeiro lugar, a estrita observância das garantias constitucionais, sem tolerar arbitrariedades ou excessos que desequilibrem a dialética processual em prejuízo do acusado. Por isso, o reconhecimento de nulidades é necessário toda vez que se constatar a supressão ou a mitigação de garantia processual que possa trazer agravos ao exercício do contraditório e da ampla defesa. Neste caso, o Tribunal a quo ponderou que a análise da questão ventilada pela defesa depende de apreciação de elementos de prova, providência inviável nos estreitos limites cognitivos do habeas corpus, cujo escopo não se presta ao estudo aprofundado de fatos e provas, limitando-se a situações em que se constata flagrante ilegalidade, cognoscível de plano, sem necessidade de dilação probatória. A defesa não conseguiu demonstrar de que maneira teria ocorrido a quebra de cadeia de custódia da prova e a consequente mácula que demandaria a exclusão dos dados obtidos dos autos do processo criminal. (Agravo Regimental no Recurso em Habeas Corpus no 153.823/RS, STJ, 5a Turma, Rel. Min. Reynaldo Soares da Fonseca, julgado em 28.9.2021, publicado no DJ em 4.10.2021)

O que não se admite é a utilização da prova pela acusação sem que se franqueie seu acesso à defesa, por quebra da cadeia de custódia. No entanto, na hipótese, além de não ter ficado demonstrada eventual manipulação da prova, tem-se que ela serve à defesa e à acusação, podendo ser objeto de perícia tanto para comprovar quanto para impugnar a prova que pretende fazer. [...] (Recurso em Habeas Corpus no 141.981/RR, STJ, 5a Turma, unânime, Rel. Min. Reynaldo Soares da Fonseca, julgado em 23.3.2021, publicado no DJ em 29.3.2021)

Com relação à ilegalidade referente à cadeia de custódia do material genético enviado para exame de DNA, tem-se que, apesar de o ofício ter sido elaborado de maneira concisa, sem indicação de número do pacote, não restou comprovada a quebra da cadeia de custódia, uma vez que a simples concisão do ofício e a ausência de indicação do número do pacote não são suficientes para reconhecer a ilegalidade. 3. No tocante à divergência entre o tempo de desaparecimento da vítima e o lapso temporal da morte indicado no laudo, justificou na valoração a Corte local que o próprio laudo pericial atestou a dificuldade em precisar o momento da morte, e a indicação de erro não pode ser tida como certa. 4. No concernente à divergência na cor da pele da vítima, novamente, tem-se que o exame pericial destaca a possibilidade do resultado ser divergente do real, em razão da miscigenação, na valoração justificada que fez da prova. 5. Ademais, inviável alteração das conclusões das instâncias de origem relacionadas ao laudo pericial, por demandarem a análise fático-probatória, o que é vedado na via do habeas corpus. (STJ, *Habeas Corpus* nº 574.103-MG, rel. Min. Nefi Cordeiro, 6ª T, j. 04/08/2020).

Quebra da cadeia de custódia. Ocorrência

"Se é certo que, por um lado, o legislador trouxe, nos arts. 158-A a 158-F do CPP, determinações extremamente detalhadas de como se deve preservar a cadeia de custódia da prova, também é certo que, por outro, quedou-se silente em relação aos critérios objetivos para definir quando ocorre a quebra da cadeia de custódia e quais as consequências jurídicas, para o processo penal, dessa quebra ou do descumprimento de um desses dispositivos legais. No âmbito da doutrina, as soluções apresentadas são as mais diversas. Na hipótese dos autos, pelos depoimentos prestados pelos agentes estatais em juízo, não é possível identificar, com precisão, se as substâncias apreendidas realmente estavam com o paciente já desde o início e, no momento da chegada dos policiais, elas foram por ele dispensadas no chão, ou se as sacolas com as substâncias simplesmente estavam próximas a ele e poderiam eventualmente pertencer a outro traficante que estava no local dos fatos. Mostra-se mais adequada a posição que sustenta que as irregularidades constantes da cadeia de custódia devem ser sopesadas pelo magistrado com todos os elementos produzidos na instrução, a fim de aferir se a prova é confiável. Assim, à míngua de outras provas capazes de dar sustentação à acusação, deve a pretensão ser julgada improcedente, por insuficiência probatória, e o réu ser absolvido." (STJ – HC n. 653.515/RJ, relator Ministro Rogerio Schietti Cruz, Sexta Turma, julgado em 23/11/2021, DJe de 1/2/2022.)

Art. 159. O exame de corpo de delito e outras perícias serão realizados por perito oficial, portador de diploma de curso superior. (Redação dada pela Lei nº 11.690, de 2008)

§ 1º Na falta de perito oficial, o exame será realizado por 2 (duas) pessoas idôneas, portadoras de diploma de curso superior preferencialmente na área específica, dentre as que tiverem habilitação técnica relacionada com a natureza do exame. (Redação dada pela Lei nº 11.690, de 2008)

§ 2º Os peritos não oficiais prestarão o compromisso de bem e fielmente desempenhar o encargo. (Redação dada pela Lei nº 11.690, de 2008)

§ 3º Serão facultadas ao Ministério Público, ao assistente de acusação, ao ofendido, ao querelante e ao acusado a formulação de quesitos e indicação de assistente técnico. (Incluído pela Lei nº 11.690, de 2008)

§ 4º O assistente técnico atuará a partir de sua admissão pelo juiz e após a conclusão dos exames e elaboração do laudo pelos peritos oficiais, sendo as partes intimadas desta decisão. (Incluído pela Lei nº 11.690, de 2008)

§ 5º Durante o curso do processo judicial, é permitido às partes, quanto à perícia: (Incluído pela Lei nº 11.690, de 2008)

I - requerer a oitiva dos peritos para esclarecerem a prova ou para responderem a quesitos, desde que o mandado de intimação e os quesitos ou questões a serem esclarecidas sejam encaminhados com antecedência mínima de 10 (dez) dias, podendo apresentar as respostas em laudo complementar; (Incluído pela Lei nº 11.690, de 2008)

II - indicar assistentes técnicos que poderão apresentar pareceres em prazo a ser fixado pelo juiz ou ser inquiridos em audiência. (Incluído pela Lei nº 11.690, de 2008)

§ 6º Havendo requerimento das partes, o material probatório que serviu de base à perícia será disponibilizado no ambiente do órgão oficial, que manterá sempre sua guarda, e na presença de perito oficial, para exame pelos assistentes, salvo se for impossível a sua conservação. (Incluído pela Lei nº 11.690, de 2008)

§ 7º Tratando-se de perícia complexa que abranja mais de uma área de conhecimento especializado, poder-se-á designar a atuação de mais de um perito oficial, e a parte indicar mais de um assistente técnico. (Incluído pela Lei nº 11.690, de 2008)

Perito oficial – Perito oficial é aquele que exerce função pública, investido no cargo mediante concurso público, e que age por requisição da autoridade competente ou do diretor da repartição em que estão lotados (art. 6°, inc. VII e 178 do código). Assim, por exemplo, o médico do Instituto Médico Legal (IML).

Pela antiga redação do art. 159 do CPP, a perícia deveria ser feita por *dois peritos oficiais* ou, à falta deles, por duas pessoas idôneas, portadoras de diploma de curso superior e com habilitação técnica relaciona à natureza do exame. Porém, a Lei n° 11.690/2008, dando nova redação ao *caput* do art. 159, passou a exigir apenas um perito oficial, portador de diploma superior, como ocorre na Lei de Drogas, quanto ao laudo de constatação (art. 50, § 1° da Lei n° 11.343/2006). A inovação é louvável, na medida em que sintonizada à realidade de nosso país e à precariedade, muitas vezes vista, no serviço público de perícias, com dificuldade de contar com apenas um perito, que dizer com dois, como exigia o revogado dispositivo. De resto, na prática, o que se via era mesmo um experto que, efetivamente, elaborava o exame e outro que apenas o assinava, aderindo às suas conclusões.

Coleta de vestígios – nos termos do art. 158-C, a coleta dos vestígios deverá ser realizada *preferencialmente* por perito oficial, que dará o encaminhamento necessário para a central de custódia, mesmo quando for necessária a realização de exames complementares. Em determinadas situações, por diversas e compreensíveis razões, pode não ser possível a realização de coleta por perito oficial, daí a inclusão do termo *preferencialmente* (e não *obrigatoriamente*) no *caput*. O agente, mesmo não sendo perito oficial, encarregado momentaneamente de proceder à coleta, deve observar todos os procedimentos técnicos previstos no capítulo da cadeia de custódia, sob pena de comprometer a autenticidade da prova.

JURISPRUDÊNCIA

Perito oficial

"Entende-se por perito oficial aquele investido no cargo criado por lei, caracterizando-se como auxiliar da justiça e submetendo-se, inclusive, às mesmas causas de suspeição e impedimento do magistrado" (STJ – HC n° 154093-RJ, Rel. Jorge Mussi, j. 09.11.2010, DJe 15.04.2011).

Apenas um perito é suficiente

"O fato de o exame de corpo de delito ter sido efetivado por apenas um perito oficial não induz à nulidade do procedimento. Tal conclusão decorre da interpretação sistemática dos arts 527 e 159 da Lei adjetiva, com a redação dada pela Lei nº 11.690/08, que passou a exigir a presença de duas pessoas para realização do exame tão somente na falta de perito oficial" (STJ – RMS 31050-RS, Rel. Og Fernandes, j. 28.06.2011, DJe 13.10.2011).

Perito sem formação específica. Validade do laudo

"O exame técnico, quando realizado por perito oficial, além de ser elaborado por pessoa que, para ingressar na carreira pública, deve prestar concurso, preencher requisitos acadêmicos previamente estabelecidos e frequentar curso de formação, é articulado em uma unidade orgânica sujeita à supervisão, controle e orientação de uma divisão técnica, o que o diferencia, por exemplo, de um laudo realizado por particular, de forma individual e sem o aparato estatal [...] Nessa toada, no grande desafio de se buscar a maior aproximação possível dos fatos ocorridos, a depender da magnitude e da complexidade do crime a ser solucionado, é recomendável – no campo das expectativas, e não como exigência legal – que seja escolhido um perito oficial, preferencialmente, entre aqueles que tenham conhecimento técnico na área objeto do exame. Entretanto, a falta de formação específica na área da perícia não inquina de nulidade, por si só, a prova técnica; quando muito, pode conduzir a defesa a criticar, de maneira consistente, o resultado dos trabalhos periciais" (STJ – RE n. 1.383.693 – DF – Rel. Rogério Schietti Cruz, j. 18.12.2014).

Perito oficial não precisa ser inscrito no respectivo conselho profissional

HABEAS CORPUS. CONSELHO FEDERAL DE ENFERMAGEM. PECULATO. LAUDO PERICIAL CONTÁBIL QUE EMBASOU A DENÚNCIA, FIRMADO POR TRÊS PERITOS OFICIAIS. AUSÊNCIA DE REGISTRO DE DOIS DESTES NO RESPECTIVO

CONSELHO PROFISSIONAL. AUSÊNCIA DESSA EXIGÊNCIA NA LEI PROCESSUAL PENAL E NA LEI DA CARREIRA. NULIDADE INEXISTENTE – "O Código de Processo Penal não impõe ao perito oficial a obrigatoriedade de inscrição no respectivo Conselho Profissional para a realização de seu ofício. É de se notar, inclusive, que, na ausência de peritos oficiais, o § 1.º do art. 159 até permite que o exame seja realizado "por duas pessoas idôneas, portadoras de diploma de curso superior, escolhidas, de preferência, entre as que tiverem habilitação técnica relacionada à natureza do exame", flexibilidade legal que denota claramente a impropriedade da exigência restritiva, qual seja, a de inscrição no Conselho de Classe" (STJ – HC n° 226276-RJ, Rel. Laurita Vaz, j. 15.08.2013, DJe 26.08.2013).

Laudo elaborado por servidora do MP. Nulidade

CRIMES CONTRA A ORDEM TRIBUTÁRIA, LAVAGEM DE DINHEIRO E QUADRILHA. LAUDO DE CRIPTOANÁLISE PRODUZIDO POR PROFISSIONAL LIGADO AO MINISTÉRIO PÚBLICO. VIOLAÇÃO AOS PRINCÍPIOS DO CONTRADITÓRIO E DA AMPLA DEFESA, BEM COMO DE DISPOSITIVOS DO CÓDIGO DE PROCESSO PENAL. PROVA ILÍCITA – "O Ministério Público é parte no processo penal, e embora seja entidade vocacionada à defesa da ordem jurídica, representando a sociedade como um todo, não atua de forma imparcial no âmbito penal, de modo que é inconcebível admitir como prova técnica oficial um laudo que emanou exclusivamente de órgão que atua como parte acusadora no processo criminal, sem qualquer tipo de controle judicial ou de participação da defesa, sob pena de ofensa aos princípios constitucionais do devido processo legal, do contraditório e da ampla defesa. A corroborar este entendimento, o artigo 276 do Código de Processo Penal é claro ao assentar a impossibilidade de interferência das partes no que diz respeito à indicação do perito" (STJ – HC n° 154093-RJ, Rel. Jorge Mussi, j. 09.11.2010, DJe 15.04.2011).

Ausência da qualificação do perito. Mera irregularidade

"A ausência da qualificação dos peritos no laudo de constatação de furto qualificado é mera irregularidade, cabendo à parte argui-la na primeira oportunidade em que lhe couber manifestação nos autos, bem como demonstrar o prejuízo eventualmente suportado, sob pena de preclusão" (STJ – HC n° 192251-RS, Rel. Laurita Vaz, j. 23.08.2011, DJe 08.09.2011).

§ 1º Na falta de perito oficial, o exame será realizado por 2 (duas) pessoas idôneas, portadoras de diploma de curso superior preferencialmente na área específica, dentre as que tiverem habilitação técnica relacionada com a natureza do exame. (Redação dada pela Lei nº 11.690, de 2008)

Peritos não oficiais – À falta de um perito oficial, o exame pode ser realizado por duas pessoas idôneas, preferencialmente portadoras de diploma superior na área relacionada à perícia. Dependendo da complexidade do exame, por compreender mais de uma área de atuação, pode ser designado mais de um perito oficial, nos termos do § 7°, do art. 157. Tamanha é a gama de fatos que podem ocorrer, que exigem a realização da perícia, que nem sempre a administração contará com *experts* capazes de abranger todo o campo de conhecimento científico. Nesses casos, é cabível a intervenção do perito não oficial, que não mantém vínculo permanente com o serviço público, mas é chamado para um caso específico. Perito não oficial é, por exemplo, o médico da pequena cidade que, embora não sendo funcionário público, tem conhecimento técnico para realizar o trabalho.

ATENÇÃO - É sabido que os crimes de mão própria não admitem coautoria (apenas participação), por ser de conduta infungível. Contudo, com relação à falsa perícia, parece clara a possibilidade do concurso de agentes, nas suas duas modalidades (coautoria e participação), em especial nos laudos que exigem a subscrição de um número plural de *experts* (art. 159, § 1º, do CPP). Temos, então, um caso excepcional de crime de mão própria praticado em codelinquência.

JURISPRUDÊNCIA

Laudo elaborado por apenas uma pessoa que não perito oficial

a) nulidade

"Da leitura do artigo 7º, inciso IX, da Lei 8.137/1990, percebe-se que se trata de delito não transeunte, que deixa vestígios materiais, sendo indispensável, portanto, a realização de perícia para a sua comprovação, nos termos do artigo 158 do Código de Processo Penal. Doutrina. Precedentes do STJ e do STF. No caso dos autos, a impropriedade para consumo dos produtos apreendidos no estabelecimento dos pacientes foi atestada por médico veterinário da Inspetoria Veterinária e Zootécnica da Secretaria de Agricultura e Abastecimento de Bento Gonçalves, inexistindo qualquer perícia oficial que confirme tal condição. Diante da ausência de laudo firmado por perito oficial ou por duas pessoas idôneas portadoras de diploma de curso superior, impossível a caracterização do crime previsto no artigo 7º, inciso IX, da Lei 8.137/1990, motivo pelo qual revela-se imperioso o trancamento da ação penal em exame" (STJ – HC n° 1292525-SC, Rel. Jorge Mussi, j. 23.04.2013, DJe 02.05.2013).

"É nulo o laudo pericial que atesta o arrombamento em que apenas um dos peritos leigos era portador de diploma de nível superior" (STJ – HC n° 104672-MG, Rel. Jorge Mussi, j. 19.02.2009, DJe 06.04.2009).

b) validade

"Hipótese em que o exame de corpo de delito não foi produzido nos termos do art. 159, ou seja, confeccionado por perito oficial ou, na sua falta, por duas pessoas idôneas portadoras de diploma superior, tendo sido firmado por médico neurologista, que descreveu e certificou a ocorrência das lesões que ameaçaram a vida da vítima. No processo penal vigora o princípio da instrumentalidade das formas, de modo que, nos termos do art. 563 do CPP, nenhum ato será declarado nulo se não houver prejuízo para a acusação ou para a defesa. Não demonstrado o prejuízo advindo da confecção do laudo pericial por médico neurologista que não exerce o *munus* de perito oficial, descabe a anulação pleiteada" (STJ – REsp n° 1350827-MG-SC, Rel. Marilza Maynard, j. 19.03.2013, DJe 22.03.2013).

Laudo elaborado por policiais. Validade

"Nos termos da jurisprudência pacificada nesta Corte, é válida a perícia realizada por policiais civis, desde que esses sejam portadores de diploma de curso superior, nos termos do art. 159, § 1º, do Código de Processo Penal, formalidade observada, porquanto o auto de constatação foi confeccionado por peritos com bacharelado e nomeados por autoridade competente e regularmente compromissados." (STJ – AgRg no REsp n. 1.963.511/RS, relator Ministro Ribeiro Dantas, Quinta Turma, julgado em 22/2/2022, DJe de 2/3/2022.)

Laudo elaborado por policiais de formação ignorada. Nulidade

"Ocorre nulidade do exame de corpo de delito na hipótese em que a perícia foi realizada por dois policiais civis, que participaram do inquérito, pessoas cuja formação acadêmica se desconhece. Não satisfeitos os requisitos previstos no art. 159, § 1º, do CPP, impõe-se a manutenção do acórdão impugnado quanto à nulidade do exame de corpo de delito" (STJ – AgRG no AREsp n° 20202-RS, Rel. Alderita Ramos de Oliveira, j. 18.04.2013, DJe 29.04.2013).

§ 2º Os peritos não oficiais prestarão o compromisso de bem e fielmente desempenhar o encargo. (Redação dada pela Lei nº 11.690, de 2008)

Compromisso – O compromisso mencionado em lei consiste na assinatura, pelo perito não oficial, de um termo previamente impresso, pelo qual se compromete a desempenhar, bem e fielmente, seu encargo. Não se cogita do emprego de expressões solenes, como previsto no Código de Processo Penal português, em que os peritos, diante da autoridade policial ou judicial, devem afirmar: "comprometo-me, por minha honra, a desempenhar fielmente as funções que me são confiadas" (art. 91, 2). A falta desse compromisso recebe tratamento divergente na jurisprudência, que varia desde o reconhecimento da nulidade absoluta, da nulidade relativa ou da mera irregularidade. Já falta de assinatura do laudo propriamente dito, deu ensejo à nulidade absoluta, como se vê de julgado abaixo.

Do perito oficial não se vai mesmo exigir qualquer espécie de compromisso. O fiel e bom desempenho de seu trabalho é inerente à função pública que exerce, circunstância que, por si só, já faz pressupor a presença daquelas qualidades iniciais.

JURISPRUDÊNCIA

Inexistência de termo de compromisso

a) nulidade absoluta

"O laudo pericial é tido como inexistente quando seus subscritores não firmam o devido compromisso, ato que os obrigaria formalmente ao desempenho correto, imparcial e fiel, garantindo o substrato da verdade real, objetivo primordial da espécie probatória. Sem o cumprimento dos preceitos dos arts. 159 e seu § 2º, e 170, ambos do CPP, o laudo pericial não passa de mero parecer, sem validade alguma" (TACRIM-SP – Rel. Jo Tatsumi – *RJD* 12/114).

b) nulidade relativa

"A falta de compromisso legal por parte de peritos não oficiais constitui vício meramente relativo, sanável por falta de argüição em tempo oportuno" (TACRIM-SP – Rel. Nigro Conceição – *JUTACRIM* 39/205).

c) mera irregularidade

"Das insurgências do Recorrente contra o corpo de delito indireto, somente restou comprovada a ausência de prestação de compromisso por parte dos peritos não oficiais, na forma do art. 159, § 2.º, do Código de Processo Penal, o que configura mera irregularidade, insuficiente para ensejar a anulação da condenação imposta ao Réu, mesmo porque a condenação está embasada tanto no referido laudo como nas demais provas produzidas na instrução criminal (Precedentes)." (STJ – REsp n. 805.377/SC, relatora Ministra Laurita Vaz, Quinta Turma, julgado em 13/8/2009, DJe de 8/9/2009.)

Laudo não assinado. Nulidade absoluta

"A teor do art. 159, § 1º, do Código de Processo Penal, admite-se a elaboração de laudo por duas pessoas portadoras de diploma de curso superior, inexistindo restrição quanto ao fato de serem policiais. Na hipótese, contudo, os documentos produzidos não são hábeis a caracterizar a qualificadora de rompimento de obstáculos, eis que nenhum deles está assinado pelos supostos peritos" (STJ – HC nº 189177-RS, Rel. Maria Thereza de Assis Moura, j. 06.06.2013, DJe 14.06.2013).

§ 3º Serão facultadas ao Ministério Público, ao assistente de acusação, ao ofendido, ao querelante e ao acusado a formulação de quesitos e indicação de assistente técnico. (Incluído pela Lei nº 11.690, de 2008)

Assistente técnico – Saliente-se que no processo penal, ao contrário do que ocorre no processo civil, não existia, até a edição da Lei nº 11.690/2008, a figura do *assistente técnico*. Atualmente se admite que as partes indiquem tais profissionais, que, inclusive, podem ser ouvidos em audiência, nos termos do § 5º, inc. II, do dispositivo em estudo. Salutar a iniciativa do legislador. Afinal, prestigiou o princípio da ampla defesa e do contraditório, fortemente ameaçados pela omissão da lei anterior quanto à possibilidade de indicação de assistentes técnicos pelas partes. São inúmeras as situações nas quais o trabalho do perito oficial não satisfaz. Ou, ainda que seja um trabalho brilhante, mesmo assim se deve facultar à parte que, por meio de outro experto, possa refutar suas conclusões. Nesse passo, se o juiz não fica adstrito às conclusões do laudo oficial, na exata dicção do art. 182 do CPP, a introdução do trabalho dos assistentes somente servirá para que o julgador se cerque de maiores dados técnicos, em confronto, por vezes, com a conclusão do perito, propiciando, assim, uma análise mais criteriosa do material probatório e, por consequência, uma decisão mais justa.

Interessante que a lei facultou a possibilidade de indicação de assistente técnico não apenas à acusação (pública ou particular) e ao acusado, mas também ao assistente de acusação e ao ofendido, ampliando, assim, o leque para que mais trabalhos sejam apresentados, de modo a enriquecer, sob o aspecto técnico, o acervo probatório. Claro que a tendência natural – como se vê no processo civil – é que o assistente técnico apresente um trabalho que se harmonize com a tese sustentada por quem o indicou. Isso não deve, porém, inibir a parte adversa de exercer seu direito de crítica, cabendo ao juiz, em última análise, conferir o valor que entender cabível ao parecer ofertado.

Formulação de quesitos pelo juiz – Interessante que o código não tenha cogitado dessa possibilidade, sobretudo quando é o juiz o principal destinatário da prova. Pensamos, forte nesse raciocínio, que nada impede que o juiz formule também seus quesitos à apreciação do perito. A propósito, o art. 470, inc. II do Código de Processo Civil, com aplicação do processo penal (art. 3º, do CPP), prevê expressamente essa possibilidade, facultando ao juiz "formular os quesitos que entender necessários ao esclarecimento da causa".

JURISPRUDÊNCIA

Não há previsão para oferta de quesitos suplementares

"Há que se destacar que, de acordo com o Código de Processo Penal, as partes devem ser intimadas antes da perícia para que possam formular quesitos, inexistindo previsão legal para que proponham questionamentos suplementares após a implementação do exame. Dessa forma, tendo o togado singular intimado as partes para proporem seus questionamentos antes da efetivação do exame pericial, mostra-se totalmente descabida a pretensão da impetrante no sentido de que o julgamento seja convertido em diligência a fim de que possa juntar documentos e formular quesitos suplementares" (STJ – HC nº 175994-RJ, Rel. Jorge Mussi, j. 02.10.2012, DJe 09.10.2012).

§ 4º O assistente técnico atuará a partir de sua admissão pelo juiz e após a conclusão dos exames e elaboração do laudo pelos peritos oficiais, sendo as partes intimadas desta decisão. (Incluído pela Lei nº 11.690, de 2008)

Admissão do assistente técnico em juízo – O dispositivo em exame deixa claro que a admissão do assistente técnico somente é cabível em juízo, pelo que concluiu a maioria não existir espaço para tal figura na fase de inquérito policial. A despeito dos termos peremptórios do dispositivo, sempre defendemos uma maior ousadia do legislador, a fim de permitir a presença, desde a fase inquisitorial, desse técnico. Afinal, é sabido que a prova pericial, em razão de suas peculiaridades, na maioria das vezes, não admite repetição em juízo (v. acima comentários ao art. 155, sob a rubrica Provas cautelares, não repetíveis ou antecipadas). Com isso, a oportunidade que o interessado teria para criticar tecnicamente o laudo oficial, no exato momento em que elaborado, é para sempre perdida. Não se ignora que o inquérito policial é mera peça informativa. Tampouco que não há que se falar, ainda, em processo criminal e muito menos em partes. Mas esses aspectos formais, a nosso juízo, deveriam se render a um objetivo maior, consistente na busca da verdade real (ou processual) e, como já destacamos, na preservação do direito ao contraditório e à ampla defesa, mesmo que exercitados ainda na fase policial. Feita essa observação, parece-nos que o legislador finalmente avançou, como sugerido por nós, mais precisamente na edição da Lei 13.964/19, que anuncia, entre as competências do juiz das garantias (leia-se, da investigação), deferir pedido de admissão de assistente técnico para acompanhar a produção da perícia (art. 3º-B, XVI).

Atuação após a elaboração do laudo – Mais um detalhe. Muitos estranhavam a opção do legislador em permitir a atuação do assistente técnico "após a conclusão dos exames e elaboração do laudo pelos peritos oficiais, sendo as partes intimadas desta decisão" (art. 159, §4º., CPP). A propósito, o art. 475 do Código de Processo Civil, dispõe que "as partes terão ciência da data e do local designados pelo juiz ou indicados pelo perito para ter início a produção da prova". Tudo isso, como é corriqueiro na prática forense, para que os assistentes possam acompanhar o trabalho do perito. O legislador do processo penal, no ano de 2008, trilhou outro caminho, ao que parece equivocado, pois, ao permitir a atuação do assistente somente após a elaboração do laudo, esse último auxiliar se privou da possibilidade de acompanhar o trabalho oficial. Não estamos nos referindo nem à fase policial. Mesmo se tratando de uma perícia a ser realizada em Juízo, quando já deflagrado o processo criminal, nos termos do dispositivo em análise, não se faculta ao assistente a possibilidade de acompanhar a diligência. Limita-se a apresentar seu parecer após a elaboração do laudo, em franco prejuízo do trabalho técnico a ser ofertado. Com a implementação do sistema do juiz das garantias, o erro estará corrigido. O assistente ficará autorizado a acompanhar a perícia (art. 3º-B, XVI).

Assistente técnico, suspeição ou impedimento – Por óbvio que o assistente técnico, por ser tratar de indicação da parte interessada, não fica sujeito a nenhuma causa de impedimento ou suspeição, posto que embora também comprometido com a verdade, mantém nítida vinculação com a parte. Específico, nesse sentido, é o art. 466 e seu § 1º, do Código de Processo Civil, ao dispor que o perito cumprirá escrupulosamente o encargo que lhe foi cometido, enquanto que "os assistentes técnicos são de confiança da parte e não estão sujeitos a impedimento ou suspeição".

JURISPRUDÊNCIA

"Descabida a alegação de eventual ofensa à ampla defesa por não se dar oportunidade para formulação de quesitos quando da perícia da arma, na medida em que os quesitos poderão ser novamente formulados, desta vez após a conclusão dos trabalhos, em sintonia com o art. 159, § 4º, CPP " (STJ – HC nº 158835-RS, Rel. Maria Thereza de Assis Moura, j. 26.02.2013, DJe 07.03.2013).

§ 5º Durante o curso do processo judicial, é permitido às partes, quanto à perícia: (Incluído pela Lei nº 11.690, de 2008)

I - requerer a oitiva dos peritos para esclarecerem a prova ou para responderem a quesitos, desde que o mandado de intimação e os quesitos ou questões a serem esclarecidas sejam encaminhados com antecedência mínima de 10 (dez) dias, podendo apresentar as respostas em laudo complementar; (Incluído pela Lei nº 11.690, de 2008)

II - indicar assistentes técnicos que poderão apresentar pareceres em prazo a ser fixado pelo juiz ou ser inquiridos em audiência. (Incluído pela Lei nº 11.690, de 2008)

Oitiva do perito – Ainda como corolário da atual disciplina da prova e na linha do comentário tecido ao artigo anterior, permite esse dispositivo que as partes formulem quesitos para que sejam respondidos pelo perito, desde que observem o prazo mínimo de dez dias para o encaminhamento de tais dúvidas. E mais, autoriza que os peritos, assim como os assistentes técnicos, sejam ouvidos em juízo. Se, de um lado, é certo que a oitiva do perito em juízo jamais foi expressamente vedada, em face dos termos amplos do art. 202 do CPP, de outra banda não se ignorava uma certa resistência do próprio técnico em servir como testemunha. Afirmava-se que o perito falava por meio do laudo, o que já bastava, sendo desnecessária sua oitiva em audiência, em tese que chegou a merecer o apoio jurisprudencial. Qualquer dúvida a respeito, que pudesse remanescer, restou superada pelo dispositivo em exame que, textualmente, autoriza a oitiva quer do perito, quer dos assistentes técnicos. Aliás, redação semelhante é encontrada no art. 477, § 3º, do Código de Processo Civil.

§ 6º Havendo requerimento das partes, o material probatório que serviu de base à perícia será disponibilizado no ambiente do órgão oficial, que manterá sempre sua guarda, e na presença de perito oficial, para exame pelos assistentes, salvo se for impossível a sua conservação. (Incluído pela Lei nº 11.690, de 2008)

Preservação da perícia – O dispositivo em estudo, autoexplicativo, não demanda maiores comentários. O objetivo aqui é de preservar o material submetido à perícia, para que os assistentes a ele tenham acesso, podendo, assim, elaborar seus pareceres. E mesmo para que o perito realize novo exame, por determinação do juiz, conforme previsão do parágrafo único, do art. 181 do CPP. Isso, por óbvio, desde que o material comporte sua conservação e mesmo a manutenção sob a guarda do órgão oficial. Um cadáver, por exemplo, uma vez submetido à perícia e eventual exumação, deve ser sepultado, segundo a legislação que rege a matéria, não podendo, por isso, permanecer, indefinidamente, guardado em uma repartição pública. Já uma droga apreendida pode, mediante requerimento da parte, acolhido pelo juiz, ser preservada, propiciando, por conseguinte, a elaboração de contraprova.

Sobre a cadeia de custódia, ver nossos comentários ao capítulo anterior, mais precisamente art. 158-E do CPP.

§ 7º Tratando-se de perícia complexa que abranja mais de uma área de conhecimento especializado, poder-se-á designar a atuação de mais de um perito oficial, e a parte indicar mais de um assistente técnico. (Incluído pela Lei nº 11.690, de 2008)

Mais de um perito – A regra é que a perícia seja realizada por um só perito, segundo a redação do *caput* do art. 159. Nada impede, porém, que o juiz, atento à complexidade da perícia, por abranger mais de uma área de conhecimento especializado, nomeie mais de um perito. Ou mesmo "ordenar que se proceda a novo exame, por outros peritos, se julgar conveniente", na expressão do parágrafo único do art. 181 do CPP, não atingido pela reforma em apreciação. A *ratio legis* é evidente, posto que há situações em que exigem capacitação técnica variada que, por vezes, fogem do âmbito de conhecimento de apenas um perito. Suponha-se que, durante a escavação de obras de construção de um metrô, ocorra um desabamento provocando a morte de operários. Talvez haja necessidade de um perito para apontar o motivo pelo qual ocorreu o desabamento. E, de outro, para indicar se as vítimas utilizavam os equipamentos de proteção adequados. Ambos engenheiros, o primeiro civil e o segundo com especialização na área de segurança do trabalho. Nessa hipótese, permite o dispositivo em apreço, por coerência, que, além de ser nomeado mais de um perito pelo juiz, a parte interessada indique, também, mais de um assistente técnico. Disposição idêntica consta do art. 475 do Código de Processo Civil.

Art. 160. Os peritos elaborarão o laudo pericial, onde descreverão minuciosamente o que examinarem, e responderão aos quesitos formulados. (Redação dada pela Lei nº 8.862, de 28.3.1994)

Parágrafo único. O laudo pericial será elaborado no prazo máximo de 10 dias, podendo este prazo ser prorrogado, em casos excepcionais, a requerimento dos peritos. (Redação dada pela Lei nº 8.862, de 28.3.1994)

Laudo – No laudo os peritos descreverão o que examinaram e responderão aos quesitos. Por vezes não são elaborados quesitos, mas, nem por isso, os expertos deixaram de lançar suas conclusões.

Em tese de mestrado defendida perante a Universidade de São Paulo (*Exame e levantamento técnico pericial de locais de interesse à Justiça Criminal: abordagem descritiva e crítica*), Eduardo Roberto Alcântara Del-Campo elenca as partes que constituem um laudo pericial, a saber: 1) preâmbulo ou introito; 2) histórico ou anamnese; 3) descrição dos trabalhos; 4) discussão; 5) conclusões; 6) resposta aos quesitos e 7) fecho ou encerramento. Aponta o autor, ainda, os anexos que podem acompanhar o laudo, previstos no código, como fotografias, desenhos e esquemas elucidativos (art. 165, 169 e 170).

A perícia, quanto ao objeto a ser examinado, pode ser dividida em "médico-legal" e "criminalística". Exemplos no CPP da primeira são o incidente de insanidade mental (art. 149 e ss.), a autópsia (art. 162), a exumação e o exame cadavérico (art. 163), o exame para atestar lesões corporais (art. 168). São perícias "criminalísticas", a reprodução simulada dos fatos (art. 7°), os exames de laboratório (art. 170), os exames de locais de crimes contra o patrimônio (art. 171), e de incêndio (art. 173), perícia em documentos (ar. 174).

Parágrafo único. O laudo pericial será elaborado no prazo máximo de 10 dias, podendo este prazo ser prorrogado, em casos excepcionais, a requerimento dos peritos. (Redação dada pela Lei nº 8.862, de 28.3.1994)

Prazo – O legislador estabelece o prazo máximo de dez dias para a elaboração da perícia. Não significa dizer, porém, que o perito tem dias para examinar um cadáver ou para se dirigir à casa da vítima que teve a porta de entrada violada. O prazo, na verdade, é para formalização, no papel, do exame que já foi realizado. Esse prazo, a pedido dos peritos, pode ser renovado, quando, por exemplo, o fato se mostrar complexo, a reclamar diligências complementares. Por vezes o próprio código prevê um prazo específico para determinada perícia, como ocorre no exame de insanidade mental, que deve ser elaborado no prazo máximo de 45 dias (art. 150, § 1°). Prevalece, então, a regra específica sobre a regra geral aqui prevista.

Há, inclusive, previsão legal quanto à aplicação de sanção ao perito que não elaborar seu trabalho no prazo legal, como se depreende do teor do art. 277, parágrafo único, "c" do código, que impõe "multa de cem a quinhentos mil-réis" àquele que "não der o laudo, ou concorrer para que a perícia não seja feita, nos prazos estabelecidos". A mudança da moeda, é verdade, torna letra morta esse dispositivo, mas ainda assim revela a preocupação do legislador com a observância do prazo.

JURISPRUDÊNCIA

Não observância do prazo de 10 dias

a) irrelevância

"O fato de o exame de corpo de delito ter sido realizado dois meses após o cometimento do estupro não invalida a prova, dado que o laudo pericial há que ser examinado em conjunto com as demais provas existentes nos autos" (STF – Rel. Carlos Velloso – *RT* 756/505).

"Em sede de furto o laudo pericial, mesmo que realizado após transcorrido certo lapso temporal, aliado à prova oral, mostra-se apto à demonstração da qualificadora do rompimento de obstáculo a subtração da coisa, ressaltando-se que seria até mesmo dispensável a realização de exame pericial nesta hipótese" (TACRIM-SP – Rel. Wilson Barreira – *RT* 746/628).

b) relevância

"É deficiente o exame de corpo de delito superficial, realizado muito tempo após o evento e com orientação da própria vítima, pois equivale à prova indireta vedada pela lei, nos crimes que deixam vestígios" (TACRIM-SP – Rel. Octávio E. Roggiero – *JUTACRIM* 62/267).

Art. 161. O exame de corpo de delito poderá ser feito em qualquer dia e a qualquer hora.

Perícia em qualquer dia e hora – Não teria mesmo cabimento que o legislador impusesse limitações temporais à realização da perícia. Se o crime não tem hora marcada, também à perícia, que atestará sua materialidade, deve ser realizada a qualquer momento. Dispõe, a propósito, o art. 797 do código, que "excetuadas as sessões de julgamento, que não serão marcadas para domingo ou dia feriado, os demais atos do processo poderão ser praticados em período de férias, em domingos e dias feriados". Imagine-se o prejuízo que redundaria à qualidade do laudo se, perpetrado um homicídio no sábado à noite, somente na segunda-feira, a partir das oito horas (quando *iniciado o expediente*), pudesse ser realizado o exame. A preservação do local e a respectiva colheita de dados que ensejarão uma perícia de qualidade exigem a imediata intervenção do técnico.

Aliás, o parágrafo único do art. 277, "a" e "b", impõe multa ao perito que "deixar de acudir à intimação ou ao chamado da autoridade" e "não comparecer no dia e local designados para o exame". É certo que se trata de sanção que caiu no vazio, em virtude da inexistência da moeda ali indicada (cem a quinhentos mil-réis), mas, de qualquer sorte, indica a relevância com que é tratado o tema.

Por conta disso que não há que se exigir, no ato de realização da perícia, a prévia notificação de eventuais interessados, o que não significa dizer que os trabalhos não possam ser acompanhados por assistentes admitidos no feito, quando possível e sem prejudicar a sua eficiência.

Sobre a participação do assistente técnico, ver nossos comentários ao §4º., do art. 159 do CPP.

JURISPRUDÊNCIA

"A perícia criminal pode ser feita em qualquer dia e a qualquer hora, como expressa o art. 161 do C.P.Penal, e, por isto, nem sempre é possível marcar-se com exatidão o instante em que será realizada. Portanto, as partes não têm direito a um pré-aviso acerca do momento em que os peritos vão realizá-la. Nenhuma nulidade se configura no fato de o réu não haver sido intimado para presenciar a perícia" (STF – RHC nº 54.614 – SE, Rel. Antônio Neder, DJU de 18.2.77).

Art. 162. A autópsia será feita pelo menos seis horas depois do óbito, salvo se os peritos, pela evidência dos sinais de morte, julgarem que possa ser feita antes daquele prazo, o que declararão no auto.

Parágrafo único. Nos casos de morte violenta, bastará o simples exame externo do cadáver, quando não houver infração penal que apurar, ou quando as lesões externas permitirem precisar a causa da morte e não houver necessidade de exame interno para a verificação de alguma circunstância relevante.

Autópsia e prazo mínimo – Este dispositivo estabelece um prazo de, no mínimo, seis horas entre a morte e a elaboração da perícia. Trata-se de precaução a fim de evitar hipóteses de morte aparente, isto é, situações nas quais tudo indica o óbito, mas que, sem embargo, a suposta vítima acha-se viva. Hélio Gomes define a morte aparente como "aquela em que o indivíduo parece morto, tem a aparência da morte, mas está vivo. As contrações cardíacas, embora muito fracas e quase imperceptíveis, persistem. A volta à vida é possível, espontaneamente ou mercê de eficientes socorros médicos" (*Medicina Legal*, Rio de Janeiro: Ed. Freitas Bastos, 25ª ed., 1987, pp. 604-6). O prazo mínimo de seis horas é considerado suficiente para que, passado esse estado transitório, os peritos tenham a certeza que as funções vitais de fato foram abolidas, autorizando seja atestada a morte.

Dispensa do prazo – Há situações, porém, nas quais não há necessidade de se observar esse prazo mínimo. E, tampouco, de se realizar a autópsia – que implica em uma operação invasiva do corpo do morto – bastando um simples exame externo do cadáver. Assim por exemplo, quando um sujeito que se lança do décimo andar de um prédio, estatelando-se ao solo. Ou, em caso de acidente de trânsito, quando o corpo da vítima é retalhado em pedaços. Nesses casos, é de tamanha evidência da morte que, segundo análise dos peritos, deve ser dispensado o prazo mínimo, até mesmo para imprimir maior celeridade aos trabalhos e permitir o rápido restabelecimento do local. Imagine-se o inconveniente, em nosso segundo exemplo, de permanecer o cadáver em uma estrada, dificultando o trânsito e sob risco de causar novo acidente. Trata-se, ademais, de medida que preserva a dignidade do morto e causa menos dor àqueles que lhe eram próximos, pois evita a invasão do cadáver quando nenhuma dúvida persiste sobre sua morte.

Ressalva – A autópsia, realizada por médico, não se confunde com o exame realizado no local do fato, para apuração, por exemplo, de um crime de homicídio, denominado *perinecroscopia*. Como destaca Eduardo Roberto Alcântara Del-Campo (*Exame e levantamento técnico pericial de locais de interesse à Justiça Criminal: abordagem descritiva e crítica*), "embora o exame do corpo (necroscópico), seja atribuição do Instituto Médico-Legal, o exame do cadáver *no local*, sua posição em relação aos móveis e objetos, a situação das vestes, manchas, livores, hipóstases e ferimentos perceptíveis em uma inspeção externa, são da alçada do perito criminal". Queremos dizer, com isso, que há situações nas quais não resta qualquer dúvida quanto à morte, mas que, ainda assim, a perícia deverá ser realizada. Em nosso primeiro exemplo, é possível que o corpo tenha sido lançado, do alto do prédio, por terceira pessoa, a configurar um homicídio. Nesse caso, se imporá a realização da perícia no local. Não mais, contudo, pelo médico legista, mas sim por peritos. Em suma: o que este parágrafo único dispensa, na análise do caso concreto, é a realização da autópsia, não das demais inspeções de praxe.

JURISPRUDÊNCIA

"A jurisprudência deste Tribunal Superior é firme no sentido de que, por nítida ausência de prejuízo, inexiste nulidade processual quando o Laudo de **Exame Necroscópico,** embora juntado após as alegações finais das partes, vem apenas a confirmar outros elementos probatórios capazes de demonstrar a procedência da peça acusatória" (RHC n. 43.374/PA, Quinta Turma, Rel.ª Minª. Laurita Vaz, DJe de 31/3/2014).

É dispensável a apresentação de atestado de óbito

"A realização do exame cadavérico devidamente detalhado (art. 162, parágrafo único, do Código de Processo Penal) dispensa a juntada do atestado de óbito para fins de comprovação da materialidade do homicídio" (STJ – HC n° 49406-MT, Rel. Arnaldo Esteves Lima, j. 06.05.2008, DJe 23.06.2008).

Art. 163. Em caso de exumação para exame cadavérico, a autoridade providenciará para que, em dia e hora previamente marcados, se realize a diligência, da qual se lavrará auto circunstanciado.

Parágrafo único. O administrador de cemitério público ou particular indicará o lugar da sepultura, sob pena de desobediência. No caso de recusa ou de falta de quem indique a sepultura, ou de encontrar-se o cadáver em lugar não destinado a inumações, a autoridade procederá às pesquisas necessárias, o que tudo constará do auto.

Exumação – Consiste a exumação no ato de retirar da sepultura o cadáver humano. No campo cível, a partir do avanço da ciência, têm sido frequentes as exumações, sobretudo em casos de investigação de paternidade *post mortem*, a fim de ensejar a realização de perícia genética, pelo método DNA. Podem ter interesse, igualmente, na área criminal, quando se pretenda demonstrar a precariedade da perícia originalmente realizada que, por exemplo, não atestou um possível envenenamento da vítima ou deixou de indicar todos os locais em que o ofendido foi atingido por tiros de revólver.

Trata-se, porém, de medida excepcional, cujo deferimento dependerá da cabal demonstração de sua imprescindibilidade, por envolver questões religiosas e, mesmo, de higiene pública. Não que o cadáver seja titular de algum direito. Mas o respeito à figura do morto e de seus familiares mereceu proteção legal desde sempre, tanto que nosso Código Penal prevê um capítulo intitulado "dos crimes contra o respeito aos mortos", onde tipifica conduta de quem viola sepultura (art. 210 do CP), ou destrói, subtrai, oculta e vilipendia cadáver (arts. 211 e 212 do CP).

ATENÇÃO - Note-se que, para que seja considerado cadáver - e configurar os crimes dos arts. 211 e 212 do Código Penal -, não basta ao corpo humano estar sem vida, sendo imprescindível que mantenha os traços mínimos identificadores da aparência humana, ou seja, que não tenha sido atingido pela decomposição cadavérica. Assim, não são objetos do crime em estudo o esqueleto, as cinzas, as múmias e as partes do corpo incapazes de se reconhecer como tal.

A propósito, constitui contravenção penal o ato de "inumar ou exumar cadáver, com infração das disposições legais" (art. 67 do Decreto-Lei nº 3.688/1941). No mais, ainda a recomendar redobrada cautela no acolhimento do pedido, destaque-se a pouca eficácia da perícia, em face, notadamente, da demora em sua realização, fator que, via de regra, resulta em diligência pouco esclarecedora.

Autoridade – Quando o "caput" do dispositivo menciona "autoridade", conclui-se que legitima o delegado de polícia a determinar a realização da diligência. Se o legislador pretendesse condicionar a exumação à prévia autorização judicial, teria feito alusão, como em tantas passagens do código, à "autoridade judicial".

Demais disso, a reforçar esse entendimento, vale observar que se trata de medida de cunho administrativo, cumprindo à autoridade administrativa (delegado de polícia) autorizar sua realização, restando aos prejudicados a via judicial para fazer valer seu direito. De se ver, nesse aspecto, que o art. 6º, inc. VII, do CPP, impõe à autoridade policial que determine que se proceda a "quaisquer outras perícias".

Observe-se que a exumação não ocorre apenas para fins de investigação policial. Por vezes, por questões de ordem administrativa, é possível sua ocorrência. Assim, por exemplo, quando se busca reutilizar o espaço no jazigo ou se pretenda transferir o cadáver para outro cemitério. Nesses casos, diplomas editados pela administração pública regerão a matéria e a exumação se dará independentemente de ordem judicial. Apenas para exemplificar, no Estado de São Paulo o tema é tratado pelo Decreto nº 16.017, de 4 de novembro de 1980, que estipula um prazo mínimo para a exumação, fixado em três anos para adultos e dois anos para crianças, contado da data do óbito. Prevê, ainda, que "fora dos prazos estabelecidos neste artigo, a exumação de corpos poderá ser autorizada, previamente, pela autoridade sanitária estadual nos casos de interesse público comprovado, bem como nos de pedido de autoridade judicial ou policial para instruir inquéritos".

Diligência – Dada à gravidade do ato, sua realização deve se cercar de alguns cuidados que o legislador exemplificou como a necessidade de realização da diligência com data e horários previamente estipulados pela autoridade. Pensamos ser de bom alvitre que, por cautela, a autoridade policial comunique o juiz e o membro do Ministério Público, para que – notadamente este último – querendo, acompanhe a diligência.

Da mesma forma, havendo advogado constituído. De tudo será lavrado um auto do qual constará um resumo do ocorrido, com a indicação daqueles que acompanharam a diligência, bem como de outras informações de interesse. O parágrafo único acima se explica por si só.

JURISPRUDÊNCIA

Contravenção penal

Contravenção penal – "Exumação de cadáver sem prévia autorização de autoridade competente – Boa-fé alegada – Irrelevância – Contravenção caracterizada – Apelo provido para condenar o réu" (TACRIM-SP – Rel. Gonzaga Franceschini – *JUTACRIM* 98/86).

Indeferimento do pedido de exumação não configura cerceamento de defesa

"O pedido de exumação do corpo da vítima, com a finalidade de esclarecer quantos projéteis atingiu o ofendido, foi devidamente rechaçado, apontando-se que o pedido já teria sido analisado em momento anterior, a informação seria irrelevante na quesitação aos jurados e o decurso do tempo entre a morte (10 anos), que impossibilitaria a verificação da informação. Ademais, a defesa não logrou êxito em demonstrar o efetivo prejuízo na negativa de exumação do corpo da vítima." (STJ – HC nº 557224-PR, 6ª Turma, Rel. Antonio Saldanha Palheiro, j. 16.08.2022).

Art. 164. Os cadáveres serão sempre fotografados na posição em que forem encontrados, bem como, na medida do possível, todas as lesões externas e vestígios deixados no local do crime. (Redação dada pela Lei nº 8.862, de 28.3.1994)

Art. 165. Para representar as lesões encontradas no cadáver, os peritos, quando possível, juntarão ao laudo do exame provas fotográficas, esquemas ou desenhos, devidamente rubricados.

Fotografias, esquemas e desenhos – Todos os meios de que os peritos possam dispor para ilustrar seu trabalho, desde que lícitos e eticamente admissíveis, devem se juntar ao laudo, onde as conclusões são lançadas por escrito. Por mais rica que seja a descrição ela, dificilmente, suplantará a imagem. Se, para alguns, o reconhecimento fotográfico não possui um valor probatório mais efetivo, dada à falha de memória que é típica do ser humano (v. art. 226 abaixo), a perícia ilustrada por fotografias é de enorme valor, sobretudo porque elaborada por "experts" oficiais, em favor de quem milita presunção de credibilidade.

Para que seja válida, porém, há que se ter a cautela de, preservando-se o local, tirar-se a foto do cadáver na posição na qual se encontrava quando da diligência. A prévia remoção do local e sua manipulação por estranhos tornarão imprestável ou, pelo menos, de pouca utilidade a fotografia. São de grande valia, ainda, máxime no plenário do júri, os desenhos nos quais constem a trajetória da bala que, exibidos aos juízes leigos, permitam a visualização dos fatos.

Outro recurso que vem sendo utilizado com alguma frequência é a filmagem, não prevista no código visto que, à época de sua edição (1941), ainda se tratava de uma ferramenta pouco usual. Porém, Eduardo Roberto Alcântara Del-Campo, em sua tese de mestrado já mencionada, aponta os inconvenientes dessa prova, a saber, seu alto custo, a necessidade de equipamentos específicos e a baixa qualidade das filmagens. Temos dúvida quanto a tais ressalvas, posto que o avanço tecnológico tem, a cada dia, barateado o custo da filmagem e aprimorado sua qualidade técnica.

Cadeia de custódia – A descrição detalhada do vestígio conforme se encontra no local de crime ou no corpo de delito, e a sua posição na área de exames, podendo ser ilustrada por fotografias, filmagens ou croqui, sendo indispensável a sua descrição no laudo pericial produzido pelo perito responsável pelo atendimento, constitui uma das etapas da cadeia de custódia (art. 158-B, III), chamada *fixação*.

JURISPRUDÊNCIA

Fotografias são prescindíveis

"A falta de pedido, no tempo oportuno, de complemento ou de esclarecimentos de pontos constantes do laudo pericial, afasta o alegado cerceamento de defesa, assim, como não o configura, eventual falta de fotografias do acidente, a instruir o laudo" (TJDF – Ap. Crim. nº 1610895 – DF – j. em 02.10.96 – Rel. Joazil Gardes).

"O laudo pericial destina-se, essencialmente, a comprovação dos vestígios encontrados pelos Peritos no local da infração, não havendo necessidade de ser instruído com fotografias, ou de ser roborado por prova testemunhal, se suas conclusões oferecerem credibilidade, na medida em que não forem desmentidas, de forma cabal, no curso do processo" (TACRIM-SP-SP – Rel. Pires Neto – *RJD* 22/289).

Substituição da perícia por filmagens e fotos

a) validade

"Estando devidamente demonstrada a existência de provas referentes à utilização da escalada para realizar o furto, por meio de filmagem, fotos e testemunhos, ainda que não tenha sido realizado exame de corpo de delito – o qual pode ser suprido pela prova testemunhal, nos termos do que disciplina o art. 167 do Código de Processo Penal –, não há se falar em violação ao art. 155, § 4º, inciso II, do Código Penal, encontrando-se, dessarte, legalmente comprovada a materialidade. Não pode o processo penal andar em descompasso com a realidade, desconsiderando-se elementos de prova mais modernos e reiteradamente usados. Com efeito, atualmente existem inúmeros recursos aptos a registrar imagens, as quais, na maioria das vezes, podem revelar de forma fiel a dinâmica delitiva e as circunstâncias do crime praticado" (STJ – REsp n° 1392386-RS– Rel. Marco Aurélio Bellizze, j. 03.09.2013, DJe 09.09.2013).

b) impossibilidade

"É manifestamente ilegal o reconhecimento da qualificadora do rompimento de obstáculo no furto, tão somente, pelas declarações das vítimas, confissão da ré e imagens fotográficas colacionada aos autos, quando o arrombamento deixa vestígios, sendo imprescindível para sua incidência, a confecção de laudo pericial (art. 158 e art. 167 do CPP)" (STJ – HC n° 257765-MS – Rel. Marilza Maynard, j. 20.06..2013, DJe 28.06.2013).

Art. 166. Havendo dúvida sobre a identidade do cadáver exumado, proceder-se-á ao reconhecimento pelo Instituto de Identificação e Estatística ou repartição congênere ou pela inquirição de testemunhas, lavrando-se auto de reconhecimento e de identidade, no qual se descreverá o cadáver, com todos os sinais e indicações.

Parágrafo único. Em qualquer caso, serão arrecadados e autenticados todos os objetos encontrados, que possam ser úteis para a identificação do cadáver.

Impressões papilares – Pode ocorrer que paire dúvida sobre a identidade do cadáver exumado. Como destaca Eduardo Espínola Filho, "às vezes, é a incerteza de sepultura; noutras, não se tem a segurança de quem foi a vítima; nalgumas, a atividade criminosa pode ter ido ao extremo da troca de cadáveres, ou da inumação de um morto, como sendo outro" (ob. cit., vol. I, p. 533). Surgindo tais percalços, há que se proceder à identificação do morto que, por primeiro, será realizado por institutos de identificação. Tais órgãos guardam as impressões digitais de milhões de pessoas. No âmbito federal, cabe ao Instituto Nacional de Identificação (INI), dentre outras atribuições, centralizar informações e impressões digitais de pessoas indiciadas em inquéritos ou acusados em processos criminais no Território Nacional; realizar a centralização das individuais datiloscópicas dos estrangeiros sujeitos a registro no Brasil e realizar perícias papiloscópicas. No Estado de São Paulo, o responsável por este armazenamento de dados é o Instituto Ricardo Gumbleton Daunt (IIRGD), a quem cumpre o arquivamento de individuais datiloscópicas, bem como a elaboração de perícias visando, a partir desses dados, a identificação de pessoas, vivas ou mortas.

O sistema papiloscópico se baseia no aproveitamento das impressões papilares com o objetivo de individualizar a pessoa, a partir de dados coletados da polpa digital, nas palmas das mãos e nas plantas dos pés. A grande vantagem desse método consiste na imutabilidade dos individuais papiloscópicas, que, surgidas ainda no ventre materno, perduram até a mais completa decomposição do cadáver. Além disso, a imutabilidade dessas impressões, ou seja, a impossibilidade de se repetirem os desenhos papilares, conferem grande credibilidade a essa espécie de prova.

Prova testemunhal – Pode se verificar, contudo, a impossibilidade da realização de pesquisa papilar, bastando lembrar, por exemplo, a hipótese de a vítima não ter seus dados arquivados nos respectivos institutos, porque não providenciou sua documentação de identidade ou por se tratar de uma criança de tenra idade, de quem não se exige essa providência. Ou mesmo em virtude da retirada, do cadáver, dos membros que permitam sua identificação, como a amputação de seus dedos, "cautela" que hoje tem sido corriqueira entre os chamados grupos de extermínio. Nesse caso, a oitiva de testemunhas, que tenham mantido contato com o morto, pode suprir a impossibilidade de sua identificação pelo sistema papiloscópico. Assim, a testemunha poderá indicar a existência de uma tatuagem, ainda mantida na pele do cadáver. Ou de um membro amputado do ofendido e mesmo do traje que ele vestiu quando do sepultamento, que ela testemunha identifica como sendo do falecido. Por isso mesmo que o parágrafo único deste dispositivo prevê a arrecadação de todos os objetos encontrados no ato da exumação, como roupas, joias, adereços, etc.

Mas, além da individualização da datiloscopia, ou, quando impossível sua realização, a oitiva de testemunhas, nada impede – antes se recomenda – que outras provas sejam realizadas. A análise, por exemplo, da arcada dentária, estabelecendo comparações com a ficha odontológica do morto (odontoscopia), a existência de próteses, etc., pode se constituir em instrumento valioso. O avanço mais notável, porém, deu-se no campo da genética, com o advento do DNA, que permite a identificação da pessoa (e do cadáver), com elevado grau de probabilidade, a partir de dados que são colhidos de seus parentes.

Art. 167. Não sendo possível o exame de corpo de delito, por haverem desaparecido os vestígios, a prova testemunhal poderá suprir-lhe a falta.

Introdução – A *existência do crime*, como já vimos, é comprovada através do respectivo exame de corpo de delito, nas infrações penais que deixam vestígios, nos termos do art. 158

acima. Esse exame diz-se *direto*, quando é feita uma inspeção ocular no corpo da vítima ou do objeto a ser periciado. Ou *indireto*, na forma deste dispositivo em análise, quando testemunhas suprirão a falta do exame direto.

Imaginemos um exemplo no qual a vítima, após ser alvejada por vários tiros e na presença de inúmeras pessoas, é lançada ao mar do convés de um navio, perdendo-se o cadáver. Não teria cabimento que, ante a impossibilidade da realização da perícia diretamente no corpo do ofendido, restasse o agente impune, em atitude que importaria em verdadeiro contrassenso, indo de encontro à lógica das coisas e prestando-se como estímulo à criminalidade. Nesse caso, a prova testemunhal, denominada *exame de corpo de delito indireto*, poderá suprir a impossibilidade de realização do exame direto.

ATENÇÃO - Não comungamos do entendimento de que prova testemunhal pode ser qualificada como exame de corpo de delito indireto. A prova testemunhal não se confunde com exame, direto ou indireto. Exame, não importando o tipo, deve ser elaborado por pessoa, em regra profissional, dotado de formação e conhecimento técnicos específicos, acerca de fatos necessários ao deslinde de causa. Se não pode ser realizado sobre o objeto material e seus vertígios (exame direto), não se pode negar a possibilidade de sua confecção, mas valendo-se de documentos outros, como ficha clínica do hospital (exame indireto). Não sendo possível realizar o exame, direto ou indireto, pode a perícia, a depender do crime e finalidade, usar documentos diversos e até fotografias da pessoa ou coisa sobre a qual recaiu a conduta criminosa. A prova testemunhal aparece alternativa ou reforço de um ou de outro.

Informalidade – Como ressalta Eduardo Espínola Filho, "não há qualquer formalidade para constituição desse corpo de delito indireto; não se lavra termo algum; inquirindo a testemunha, o juiz perguntará sobre a materialidade do fato, como sobre as demais circunstâncias, e a palavra de uma única testemunha bastará para firmar o convencimento do julgador, de acordo com o princípio da livre apreciação [...]" (ob. cit., vol. I, p. 465). É dizer: o exame de corpo de delito indireto constitui-se, em termos práticos, no mero depoimento da testemunha, colhido na forma usual orientada pelo código, prescindindo de qualquer formalidade em acréscimo. Nesse sentido, aliás, a jurisprudência abaixo colacionada.

Não vingou na doutrina, assim, a impressão de Ary Azevedo Franco, para quem "embora o texto legal não esclareça, somos dos que pensam que, em tal caso, o exame de corpo de delito deverá ser feito por meio de inquirição preliminar, em auto distinto, de testemunhas ouvidas unicamente a respeito da existência do delito e suas circunstâncias" (*Código de Processo Penal*, Rio de Janeiro; Editora A noite, 1950, vol. I, p. 199). Trata-se, com efeito, de providência não prevista em lei - como admite o próprio autor - e que, de resto, importaria em excessivo apego ao formalismo, conspirando contra a celeridade e economia do processo.

O valor probatório conferido ao depoimento da testemunha será tarefa atribuída ao juiz, no âmbito do princípio do livre convencimento que o orienta. Deverá, inclusive, sopesá-lo em face de outras provas produzidas, investigar a credibilidade da testemunha, etc. Mas aí já se trata de questão de prova, de sua análise e valoração. O que não se permite é, simplesmente, a rejeição do exame de corpo de delito indireto, quando sua realização é admitida pelo legislador.

Excepcionalidade – A constatação acima não refuta, porém, o entendimento de que o exame de corpo de delito direto continua sendo a regra, admitindo-se, apenas em situações excepcionais, o exame indireto. A realização deste último, portanto, será autorizada quando desaparecidos os vestígios que permitem a realização da inspeção direta.

Suponha-se que a vítima teve a fechadura da porta de seu veículo violada, em um furto. Quando os expertos, no dia seguinte, dirigiram-se à perícia, o fecho já fora reparado, já que o ofendido, necessitando do automóvel para honrar seus compromissos profissionais, não pôde aguardar esse tempo. Nesse caso, porque desapareceram os vestígios, é possível a elaboração do exame de corpo indireto. Não houve, com efeito, demora da administração que, já no dia seguinte, tentou, sem êxito, elaborar a perícia. Esta apenas não se realizou em virtude de que a vítima, por motivos justificáveis, apressou-se em reparar o dano. Aproveitando o mesmo exemplo, imagine-se que os peritos demoraram 30 dias para a inspeção ao veículo. Ou que a perícia não foi elaborada porque eles não contavam com a viatura que os levassem ao local. Ou, ainda, em razão de que o quadro insuficiente de "experts" o impediu de atender o chamamento. Aqui já não mais se poderá invocar a prova testemunhal como substitutiva da perícia direta, já que os vestígios estavam lá, apenas não foram examinados por azoes outras que não seu desaparecimento. De rigor, portanto, que se analise o caso concreto, de modo a impedir que a exceção se transmude em regra geral.

Ofendido – Como visto, a ausência do exame de corpo de delito direto permite sua substituição pelo indireto, consistente, na hipótese deste artigo, na prova testemunhal. De se indagar, porém, se essa falta pode ser suprida por outros meios de prova. Pensamos que sim. Lembre-se, de pronto, da oitiva do ofendido, meio de prova expressamente previsto no art. 201 do código e que, ante a impossibilidade de realização do exame de corpo de delito indireto, pode suprir-lhe a falta. Não há razão, com efeito, para que se despreze o depoimento da vítima, sobretudo se o crime é daqueles cometidos de forma clandestina.

Vale destacar que, assim como ocorre na prova testemunhal, o juiz ou a autoridade policial, na formação do exame de corpo de delito indireto, não vai se preocupar, em um primeiro momento, em ouvir a testemunha (ou a vítima), sobre o fato em si, seus detalhes e suas circunstâncias. Mas sim a respeito dos vestígios do crime propriamente ditos. Nos exemplos de Tourinho Filho, "se viu o relógio quebrado, no crime de dano, se viu o feto jogado no lixo, em caso de aborto, se viu a vítima ensanguentada ser jogada no mar, ou situações semelhantes" (ob. cit., vol. I, p. 502). Aliás, o mesmo autor não restringe o exame de corpo de delito indireto à produção da prova testemunhal, citando o exemplo de uma ficha clínica apta a substituir o exame de corpo de delito.

Confissão – Mais complexa é a análise quanto à possibilidade da confissão do réu, em face do que consta da parte final do art. 158 do código. Com efeito, esse dispositivo é enfático ao afirmar que a falta do exame de corpo de delito, direto ou indireto, não pode ser suprido pela confissão do acusado. Procurou o legislador, de um lado, insistir na imprescindibilidade do exame de corpo de delito e, de outro, retirar a condição quase absoluta que a confissão ostentou, quanto à análise da prova, no chamado sistema tarifado, onde era a prova máxima, inconteste, a rainha das provas, a *probatio probatissima*.

Nossa posição é no sentido de admitir a confissão como sucedâneo do exame de corpo de delito direto, prestando-se, pois, como verdadeiro exame de corpo de delito indireto, a despeito da ressalva contida na parte final do art. 158 do código. De fato, tal ressalva deve ser confrontada à luz de outros princípios que orientam o legislador processual penal, dentre os quais – e principalmente – o da busca da verdade real (ou processual), com o qual está comprometido, também, o juiz. Insistimos um ponto destacado acima: a confissão do réu, neste caso, não dirá respeito ao fato em si. Se o disser, deverá ser analisada no confronto com as demais provas (nesse sentido, aliás, é expresso o art. 197 do CPP), não tendo, assim, caráter absoluto e peremptório. Mas a confissão a qual aludimos nesse tópico e que pode ser aproveitada como exame de corpo de delito indireto, refere-se à materialidade do delito. É, como vimos no tópico acima, o relógio quebrado que o suposto agente admite ter sido apreendido em seu poder. Ou o feto que o averiguado confessa ter jogado no lixo. Se este agente perpetrou, no primeiro caso, o crime de dano ou, no segundo, o de aborto, não é disso que se trata neste momento. A preocupação, aqui, é que se ateste a materialidade do delito. Sua autoria deverá ser analisada mais adiante, no transcurso do feito e sob a égide da ampla defesa e do contraditório. Nada impede, outrossim, que o juiz negue valor à confissão e, ao final, absolva o réu, ante a carência do exame de corpo de delito indireto que, a partir dela, se formou. Desprezar-se, de plano, essa confissão, consistiria, de resto, em inegável privilégio ao malfeitor em detrimento da paz social, cuja manutenção é mais um dos objetivos perseguidos pelo legislador processual penal.

Essa impressão tem apoio na doutrina de José Frederico Marques ao ressaltar que "só um Código como o nosso, em que não há a menor sistematização científica, pode manter a exigibilidade do auto de corpo de delito sob pena de considerar-se nulo o processo [...] O absurdo dessa orientação já for, aliás, posto em foco ao tempo da legislação anterior, com bastante argúcia, pelo insigne Costa Manso, na passagem seguinte: "'Qual o efeito da falta ou da nulidade do auto de exame de corpo de delito? Parece claro que esse documento não constitui uma formalidade substancial do processo. É simples meio de prova, que, como ainda ficou dito, pode ser suprido por provas de outro gênero. A falta ou defeito do auto, portanto, deve dar lugar, não a que o processo seja anulado, mas a que recorra o juiz a outros elementos de convicção e, não os encontrando suficientes, declare não provado o crime'" (*Elementos de Direito Processual Penal*, Campinas; Bookseller, 1997, vol. II, p. 335).

Este é o posicionamento tranquilo do Supremo Tribunal Federal, como se vê da ementa abaixo transcrita.

JURISPRUDÊNCIA

Substituição pela prova testemunhal

a) quando é possível

"Da leitura dos artigos 158 e 167 do Código de Processo Penal, extrai-se que a perícia somente é essencial para comprovar a materialidade delitiva quando o crime deixa vestígios, admitindo-se a prova testemunhal quando estes não estiverem mais presentes ou quando houverem desaparecido, naturalmente ou por ação humana" (STJ – AgRG no RHC n° 38777-PE, Rel. Jorge Mussi, j. 01.10.2013, DJe 10.10.2013).

b) quando é indevida

"Tratando-se de crime não transeunte, a realização da prova pericial é imprescindível, somente podendo ser substituída por prova testemunhal, nos termos de entendimento pacífico desta Corte, se os vestígios tiverem desaparecido por completo ou o lugar tenha se tornado impróprio para o trabalho dos peritos" (STJ – AgRg no REsp n° 1314389-MG, Rel. Jorge Mussi, j. 23.04.2013, DJe 02.05.2013).

Requisitos do exame de corpo de delito indireto

"Para a constituição do corpo de delito indireto não há formalidades. Bastam referências de uma ou mais testemunhas, quer em audição judicial quer extrajudicialmente, quando sobrevenha impossibilidade material absoluta de sua reinquirição" (TACRIM-SP – Rel. Lauro Malheiros – *JUTACRIM* 55/306).

"Para o corpo de delito indireto não se exigem formalidades especiais, podendo essa prova ser colhida através do depoimento das testemunhas comuns do processo, bastando às vezes um só desses depoimentos para firmar a convicção do julgador" (TJSP – Rel. Diogenes do Valle – *RT* 151/74).

Palavra da vítima

"Nos crimes sexuais a ausência de laudo pericial não afasta a materialidade do delito, tendo em vista que, praticado na clandestinidade e muitas vezes não deixando vestígios, a palavra da vítima em consonância com a prova testemunhal autoriza a condenação" (STJ – HC nº 248214-SP, Rel. Marilza Maynard, j. 18.06.2013, DJ 24.06.2013).

Confissão como sucedâneo do exame de corpo de delito direto

a) possibilidade

"Não se olvida que esta Corte firmou orientação de ser imprescindível, nos termos dos arts. 158 e 167 do CPP, a realização de exame pericial para o reconhecimento das qualificadoras de escalada e arrombamento no caso do delito de furto (art. 155, § 4º, II, do CP), quando os vestígios não tiverem desaparecido e puderem ser constatados pelos peritos. Precedente. Contudo, importa ressaltar a orientação de que, "'excepcionalmente, quando presentes nos autos elementos aptos a comprovar a escalada de forma inconteste, pode-se reconhecer o suprimento da prova pericial [...]' (AgRg no HC n. 556.549/SC, Ministro Reynaldo Soares da Fonseca, Quinta Turma, DJe 1º/3/2021)". Na hipótese, a circunstância qualificadora foi comprovada pela prova oral, inclusive pela confissão do próprio réu, além da existência de laudo papiloscópico "que identificou impressões digitais no local apontado pela vítima como sendo o local onde o réu pulou o muro". (STJ – AgRg no REsp n. 1.895.487/DF, relator Ministro Antonio Saldanha Palheiro, Sexta Turma, julgado em 26/4/2022, DJe de 2/5/2022.)

b) impossibilidade

"A ausência do exame de corpo de delito, em infração que deixa vestígios, como nos crimes contra a pessoa, não resulta suprida pela confissão do acusado, pois esta se cinge à matéria de fato e o problema da fixação da causa eficiente do resultado não é só matéria de fato ou mesmo tão-só de ciência médica, mas sim de ciência jurídica" (TACRIM-SP – Rel. Azevedo Júnior – *RT* 388/313).

Art. 168. **Em caso de lesões corporais, se o primeiro exame pericial tiver sido incompleto, proceder-se-á a exame complementar por determinação da autoridade policial ou judiciária, de ofício, ou a requerimento do Ministério Público, do ofendido ou do acusado, ou de seu defensor.**

§ 1º No exame complementar, os peritos terão presente o auto de corpo de delito, a fim de suprir-lhe a deficiência ou retificá-lo.

§ 2º Se o exame tiver por fim precisar a classificação do delito no art. 129, § 1º, I, do Código Penal, deverá ser feito logo que decorra o prazo de 30 dias, contado da data do crime.

§ 3º A falta de exame complementar poderá ser suprida pela prova testemunhal.

Exame complementar – Este dispositivo trata apenas do crime de lesões corporais, prevendo, em seu "caput", a possibilidade de refazimento do exame pericial, quando incompleto.

Determinação da autoridade judiciária – O dispositivo reforça o contido no art. 181 abaixo, quando possibilita ao juiz determinar o suprimento do laudo, se inobservadas as formalidades de praxe, "ou no caso de omissões, obscuridades ou contradições", podendo, inclusive, determinar a realização de novo exame, nos termos do parágrafo único do mesmo artigo. Laudo imperfeito é aquele lacunoso, que não responde a todas as indagações das partes e do juiz, formuladas por meio de quesitos. Ou que, o fazendo, apresenta contradições entre as respostas, umas contrariando o que dito nas outras. Essa atuação do juiz parece legítima no sistema acusatório, havendo resistências quanto à essa postura apenas na fase da investigação (ver nossos comentários ao art 3º-A do CPP).

Assistente de acusação – Quanto à legitimidade, observamos que se ao ofendido é facultada essa prerrogativa, pensamos que não há razão para não a estender também ao assistente de acusação (no processo), que nada mais é do que a própria vítima, em juízo, representada por seu advogado.

§ 1º No exame complementar, os peritos terão presente o auto de corpo de delito, a fim de suprir-lhe a deficiência ou retificá-lo.

Laudo complementar – Caberá àquele que suscitou falhas no trabalho, indicá-las, formulando quesitos a respeito, para que o perito possa esclarecê-lo. Para tanto, prevê o § 1° acima, que o perito (apenas um, se oficial - art. 159 acima), ou dois, se não oficiais (§ 1°, do art. 159 acima), terão aceso ao laudo tido por incompleto, sendo natural essa providência pois apenas com o exame em mãos - que lhes poderá ser enviado por cópia - terão acesso ao exame original. É certo que, na prática, tudo é arquivado com cópia em prontuário mantido pela Polícia Científica. Não é demasiada, porém, a cautela do legislador.

§ 2º Se o exame tiver por fim precisar a classificação do delito no art. 129, § 1º, I, do Código Penal, deverá ser feito logo que decorra o prazo de 30 dias, contado da data do crime.

Lesão corporal grave – Trata este dispositivo do crime de da lesão corporal grave, descrito no art. 129, § 1°, inc. I do Código Penal, que define este delito quando "resulta [na vítima], incapacidade para as ocupações habituais, por mais de trinta dias".

Pode ocorrer, assim, que realizado o primeiro exame e em face das lesões corporais suportadas pelo ofendido, o perito não possa, desde logo, estimar o período em que ele se manterá afastado de suas ocupações habituais. A perícia, nesse caso, deve ser refeita após o transcurso do prazo de 30 dias. Empregamos o vocábulo "refeita" porque, antes, já foi realizado um exame inicial, onde o perito, por não conseguir antever a extensão das lesões, constatou a necessidade de outra perícia, complementar à primeira, após esse prazo, quando, então, poderá atestar concretamente a ocorrência do afastamento.

O ideal é que a perícia seja renovada o quanto antes, logo após o transcurso do prazo de 30 dias. É que, realizada no 45° dia, *v.g.*, podem ter desaparecido as lesões corporais da vítima, prejudicando, dessa forma, a configuração da lesão corporal grave, remanescendo, apenas, a lesão corporal leve, já atestada no primeiro laudo. Mas, segundo jurisprudência dominante, esse prazo não é peremptório e, dependendo do caso concreto, é autorizada sua elaboração bem após o transcurso do mês. Suponhamos que, passados dois meses, o perito, ao se dirigir à casa do ofendido, constate que ele, preso a uma cama, ainda não reúna condições de voltar ao trabalho. Ou que, examinando um atleta nesse prazo, apure que ele ainda se encontre imobilizado por um gesso que leva à perna. Nessas hipóteses, conquanto realizado o exame complementar sem a observância do prazo legal, ele se mostra plenamente válido.

O sentido de "ocupações habituais" deve ser entendido de forma ampla, para abranger qualquer atividade corporal costumeira, tradicional, não necessariamente ligada a trabalho ou ocupação lucrativa, devendo ser lícita, não importando se moral ou imoral, podendo ser intelectual, econômica, esportiva etc. Desse modo, mesmo um bebê pode ser sujeito passivo desta espécie de lesão, vez que tem de estar confortável para dormir, mamar, tomar banho, ter suas vestes trocadas etc. Nessa linha o entendimento de Álvaro Mayrink da Costa, segundo qual "a lei brasileira fala em ocupações habituais, o que significa que não se limita ao trabalho da vítima, mas a toda atividade laborativa, não entendida só a atividade de natureza lucrativa, pois o conceito é funcional e não econômico. Entenda-se como atividade corporal, física ou intelectual, razão pela qual pode ser sujeito passivo tanto o ancião, como a criança ou o adolescente incapacitado de continuar sua preparação profissional. Outrossim, é necessário que a atividade não seja juridicamente ilícita, podendo ser eticamente desvalorada (a prostituta que teve seu braço fraturado pode ser sujeito passivo do tipo agravado" (*Direito Penal*, parte especial, 5ª. ed., Rio de Janeiro: Forense, 2001, p. 227).

ATENÇÃO - Observa Damásio de Jesus que "a relutância, por vergonha, de praticar as ocupações habituais não agrava o crime. Como exemplo, o ofendido deixa de trabalhar por mais de 30 dias em face de apresentar ferimentos no rosto" (*Direito Penal* - vol. 2, São Paulo: Saraiva, 26. ed., 2004, p. 139).

JURISPRUDÊNCIA

Exame complementar.

a) dispensabilidade

"A incapacidade da vítima para ocupações habituais ficou incontroversa, apesar da falta de exame pericial complementar, pois o ofendido, mesmo após seis meses do fato, ainda estava submetido a tratamento e impedido de realizar suas atividades habituais, e com sequela manifesta. As circunstâncias descritas são suficientes para caracterizar a gravidade da lesão e a incidência do art. 129, § 1º, inciso I, do Código Penal. Emanando das provas coletadas que as lesões sofridas pelo ofendido ensejaram sua incapacidade para as ocupações habituais por mais de 30 (trinta) dias, fica suprida a exigência do exame pericial complementar" (STJ – AgRG no AREsp n° 145181-RS, Rel. Marco Aurélio Bellizze, j. 20.06.2013, DJe 28.06.2013).

b) necessidade

"Para a qualificação da lesão corporal como grave pela incidência do previsto no inciso I do § 1º do art. 129 do CP, necessária a submissão da vítima a exame complementar a fim de confirmar a incapacidade para as ocupações habituais pelo prazo de trinta dias. O exame inicial não pode pretender comprovar circunstância que somente deverá ser aferida após passados trinta dias da lesão sofrida pela vítima, até porque a recuperação nesse prazo dependerá sempre de diversos fatores não controláveis cientificamente. Embora possível (art. 163, § 3º, do CPP), a prova testemunhal coletada não é capaz, no caso, de suprir a omissão, pois dos depoimentos colhidos não se extrai que as lesões sofridas pelo ofendido ensejaram sua incapacidade para as ocupações habituais por mais de trinta dias" (STJ – HC n° 117417-MS, Rel. Jorge Mussi, j. 29.09.2009, DJe 09.11.2009).

Inobservância do prazo. Irrelevância

"A jurisprudência desta Egrégia Corte e do Supremo Tribunal Federal, em consonância com o acórdão recorrido, firmou o entendimento de que o simples fato de o laudo ter sido realizado além dos trinta dias, por si só, não o descredencia, quando devidamente comprovada nos autos a incapacidade para o trabalho, mesmo porque o prazo estabelecido no § 2.º do art. 168 do Código de Processo Penal não é peremptório" (STJ – HC n° 159589-RJ, Rel. Laurita Vaz, j. 06.12.2011, DJe 19.12.2011).

Qualificadora do perigo de vida. Desnecessidade do laudo complementar

"De acordo com o previsto no art. 168 do CPP: 'Em casos de lesões corporais, se o primeiro exame pericial tiver sido incompleto, proceder-se-á a exame complementar por determinação da autoridade policial ou judiciária, de ofício, ou a requerimento do Ministério Público, do ofendido ou do acusado, ou de seu defensor'. Contudo, 'Esta Corte tem afirmado ser desnecessário o laudo complementar do art. 168, § 2º do CPP quando se cuidar da hipótese do inciso II do § 1º do artigo 129 do CPB (perigo de vida)" (HC 110.197/ES). Precedentes" (STJ – HC n° 183446-MG, Rel. Jorge Mussi, j. 27.09.2011, DJe 13.10.2011).

§ 3º A falta de exame complementar poderá ser suprida pela prova testemunhal.

Exame de corpo de delito indireto – Remetemos o leitor aos comentários que fizemos acima ao art. 167, quanto à possibilidade de substituição do exame de corpo de delito direto pela prova testemunhal.

Pode ocorrer, porém, que em situações excepcionais, a vítima não possa ser submetida a esse exame complementar, ou porque, por exemplo, faleceu nesse meio tempo por causa diversa ou ainda se mudou de endereço tomando local ignorado. Nesses casos, a prova testemunhal pode suprir a realização do exame de corpo de delito direto. Assim, um colega de trabalho da vítima (melhor que fosse o chefe do departamento pessoal) pode atestar, munido inclusive de documentos oriundos do INSS, que o ofendido afastou-se por mais de 30 dias de seu labor. Ou o diretor pode ser ouvido para confirmar, também com a documentação respectiva, que por mais de trinta dias o aluno não frequentou a escola. E mesmo uma prostituta poderá confirmar que, por conta da lesão que sofreu no rosto, a colega de trabalho, por mais de 30 dias, ausentou-se do "ponto".

Também aqui pensamos que tal comprovação, para configurar o exame de corpo de delito indireto, não se deva limitar à prova testemunhal, sendo, por exemplo, dependendo do caso concreto, muito mais célere e eficaz, a produção de prova documental, constituída por ofícios enviados aos órgãos competentes (INSS, escolas, clubes, etc.).

Ausência da vítima – Temos que, renitente a vítima em comparecer, deva ser conduzida "sob vara", sujeitando-se, ainda, à prática do crime de desobediência. Aqui não se trata, por óbvio, de produzir prova contra si mesma, mas prova que interessa à administração da justiça, na busca da correta qualificação legal do crime e de eventual aplicação de sanção proporcional ao fato cometido. Mas, se ainda assim, não for possível a localização do ofendido e, caso sua falta não possa ser suprida pelo exame de corpo de delito indireto, não restará alternativa, em adoção ao princípio do *in dubio pro reo*, senão imputar ao acusado – a quem não se pode atribuir a omissão – a prática de lesões corporais leves.

JURISPRUDÊNCIA

Substituição pela prova testemunhal

a) possibilidade

"Realizada a perícia complementar, mas prejudicada a resposta aos quesitos pertinentes ao afastamento da vítima por mais de 30 dias de suas atividades habituais, o mais consentâneo com entendimento jurisprudencial desta Corte Superior é a admissibilidade do exame pericial indireto e, ainda, o exame da existência de outros elementos idôneos suficientes a demonstrar a gravidade do delito, como a prova testemunhal, claramente admitida pelo § 3º do art. 168 do CPP." (STJ – Resp 1496114/RJ, 6ª Turma, Min. Rel. Rogerio Schietti Cruz, j. 07/11/17).

"O laudo complementar previsto no art. 168, § 2º, do Código de Processo Penal, exigível para o caso de crime de lesão corporal qualificada pela incapacidade para as ocupações habituais por mais de 30 (trinta) dias, pode ser suprido por prova testemunhal. Deveras, o art. 182 do referido diploma dispõe que o juiz não está adstrito ao laudo, mormente quando decide à luz do conjunto probatório dos autos. A dilação probatória é indispensável para se infirmar a tese de ocorrência de perigo para a vida da vítima" (STF – HC n° 104557- Rel. Luiz Fux, j. 3.09.2011, DJe 26.09.2011).

"A incapacidade da vítima para ocupações habituais ficou incontroversa, apesar da falta de exame pericial complementar, pois o ofendido, mesmo após seis meses do fato, ainda estava submetido a tratamento e impedido de realizar suas atividades habituais, e com sequela manifesta. As circunstâncias descritas são suficientes para caracterizar a gravidade da lesão e a incidência do art. 129, § 1º, inciso I, do Código Penal" (STJ – AgRg no AREsp n° 145181-RS, Rel. Marco Aurélio Bellizze, j. 20.06.2013, DJe 28.06.2013).

b) impossibilidade

"A regra do § 2º do artigo 168 do Código de Processo Penal – segundo a qual ocorrendo a incapacidade para as ocupações habituais por mais de trinta dia (inciso I do § 1º do artigo 129 do Código Penal) o exame complementar deve ser feito logo que decorra este prazo – afasta a incidência do teor do § 3º do mencionado artigo instrumental. Descabe cogitar, no caso vertente, de substituição de formalidade, porque essencial, por outro meio de prova" (STF – HC nº 69.798-4-RJ – Rel. Marco Aurélio – *DJU* de 19.02.93, p. 2036).

Art. 169. Para o efeito de exame do local onde houver sido praticada a infração, a autoridade providenciará imediatamente para que não se altere o estado das coisas até a chegada dos peritos, que poderão instruir seus laudos com fotografias, desenhos ou esquemas elucidativos. (Vide Lei nº 5.970, de 1973)

Parágrafo único. Os peritos registrarão, no laudo, as alterações do estado das coisas e discutirão, no relatório, as conseqüências dessas alterações na dinâmica dos fatos. (Incluído pela Lei nº 8.862, de 28.3.1994)

Preservação do local e perícia – A preservação do local do crime é de vital importância. Somente assim, com a chegada dos peritos, eles poderão ter uma visão ampla do quadro encontrado, como, por exemplo, a posição do cadáver intacta, os eventuais sinais de luta, as manchas de sangue e os objetos espalhados pela casa, etc. Ao contrário, um cadáver removido de seu local original, poderá, por si só, comprometer todo o trabalho pericial, bastando se lembrar da dificuldade em se apontar o trajeto da bala no corpo do ofendido a partir dessa falta de cautela. Trata-se, aliás, de expressa determinação legal, instituída no art. 6°, inc. I do CPP, ao dispor que a autoridade policial, logo que tiver conhecimento da prática da infração penal, deverá "dirigir-se ao local, providenciando para que não se alterem o estado e conservação das coisas, até a chegada dos peritos criminais". "Autoridade policial", aqui, deve ser entendida de forma ampla, para abranger, sobretudo, os policiais militares que, como regra, são os primeiros a chegar ao local do crime e que, dada essa antecedência, devem atentar à preservação do ambiente encontrado.

ATENÇÃO - A Lei n° nº 13.022, de 8 agosto de 2014, que dispõe sobre o Estatuto Geral das Guardas Municipais, conferiu a esse órgão, dentre outras atribuições, a de "encaminhar ao delegado de polícia, diante de flagrante delito, o autor da infração, preservando o local do crime, quando possível e sempre que necessário" (art. 5°, inc. XIV). Ver, ainda, art. 6°, inc. I acima.

Ocorre que, na prática, a carência de quadros policiais suficientes para fazer frente à vertiginosa escalada da criminalidade ou, quando existentes, seu despreparo para essa espécie de atendimento (e mesmo a notável demora que muitas vezes ocorre para a chegada da Polícia Técnica), tem acarretado enormes prejuízos à prova pericial, ante a violação do local com a remoção de lugar do cadáver e de objetos imprescindíveis ao bom trabalho do perito. O mais grave é que tais deficiências, sobretudo nos processos de competência do Júri, serão fatalmente exploradas pela defesa e, ainda que não tenham a relevância que parece, decerto influenciarão o espírito do jurado leigo.

Mais uma vez nos valemos das observações de Eduardo Roberto Alcântara Del-Campo, em sua tese de mestrado defendida perante a Universidade de São Paulo, quando ressalta que "em muitos casos de repercussão, que poderiam ser solucionadas por uma perícia bem feita, foram prejudicados pela inoportuna presença da imprensa, de autoridades ou de curiosos, que não tendo o conhecimento técnico necessário ou o compromisso com a preservação dos vestígios e indícios, acabaram por destruir preciosas provas em prejuízo da Justiça" (*Exame e levantamento técnico pericial de locais de interesse à Justiça Criminal: abordagem descritiva e crítica*). Lembra o autor, ainda, de rumoroso caso que se verificou na cidade de São Paulo, quando um feto localizado e coberto, com jornais, pela Polícia Militar, acabou sendo devorado rapidamente por um cão, antes da chegada da perícia.

Caso os peritos constatem a violação do local, deverão indicar essa circunstância em seu laudo, explicando as consequências dessa mudança, como exige o parágrafo único deste artigo em análise.

Sobre a cadeia de custódia e perícias em geral, ver nossos comentários aos arts. 158-A e ss do CPP.

JURISPRUDÊNCIA

Requisitos do laudo

"Laudo pericial em que os peritos, sem comparecer ao local do acidente, endossam as conclusões apresentadas pelo Delegado de Polícia é imprestável para a condenação do réu" (TAMG – Rel. Sebastião Rosenbtirg – *RT* 556/381).

Realização no dia seguinte. Possibilidade

Prova – Exame técnico pericial realizado no dia seguinte ao fato – Inexistência de prova de não preservação do local – Argüição de invalidade probatória repelida – "Salvo prova de não preservação do local até a realização da perícia, insuficiente para invalidação de exame técnico, sua feitura no dia seguinte ao do fato" (TACRIM-SP – Rel. Mattos Faria – *JUTACRIM 21/281*).

Falta de participação da defesa. Irrelevância

Prova – Levantamento de local de acidente – Falta de participação da defesa – Argüição de nulidade repetida – "Tratando-se o exame técnico do local do acidente, levantamento que deve ser procedido de imediato, sob pena de desaparecerem os sinais e vestígios, não há inquinar de nulidade o laudo pericial por falta de participação da defesa em sua elaboração". (TACRIM-SP – Rel. Onei Raphael – *JUTACRIM* 25/166).

Somente fotos não são suficientes

"O laudo do local do sinistro deve conter o 'sítio da colisão', bem como a descrição dos amolgamentos encontradiços nos veículos e a orientação dos mesmos, não bastando a simples juntada de fotos do local" (TACRIM-SP – Rel. Segurado Braz – *JUTACRIM* 85/264).

Abuso de autoridade – O art. 23 da Lei nº 13.869/19 pune modalidade especial do crime do art. 347 do CP (fraude processual), rotulando como abuso de autoridade o fato de o agente inovar artificiosamente, no curso de diligência, de investigação ou de processo, o estado de lugar, de coisa ou de pessoa, com o fim de eximir-se de responsabilidade ou de responsabilizar criminalmente alguém ou agravar-lhe a responsabilidade. Já o art. 24 da mesma Lei pune constranger, sob violência ou grave ameaça, funcionário ou empregado de instituição hospitalar pública ou privada a admitir para tratamento pessoa cujo óbito já tenha ocorrido, com o fim de alterar local ou momento de crime, prejudicando sua apuração.

Art. 170. **Nas perícias de laboratório, os peritos guardarão material suficiente para a eventualidade de nova perícia. Sempre que conveniente, os laudos serão ilustrados com provas fotográficas, ou microfotográficas, desenhos ou esquemas.**

Exames laboratoriais e contraprova – Os exames laboratoriais, no campo das perícias, podem se referir às mais diversas espécies de provas, como exames de sangue, esperma, suor, muco nasal, saliva, fezes, urina, líquido amniótico, etc. Possui especial relevância o exame das manchas de sangue, úmidas (que seriam as ideais), preservadas em bolsas ou sacos plásticos, ou secas, que deverão ser raspadas e, seu pó, acondicionado em envelopes previamente identificados. São provas fundamentais, notadamente na apuração dos crimes contra a vida e nos casos a envolver suicídios por envenenamento. Já o esperma, sobretudo com o advento dos testes de DNA, é instrumento valioso para os crimes contra a liberdade sexual. A análise do líquido amniótico (fluído que envolve a bolsa na qual se insere o feto) pode ser fundamental na investigação de crimes de aborto e infanticídio.

Mas os testes laboratoriais podem incidir, ainda, sobre as vestes dos envolvidos, ou na detecção de resíduos de pólvora no corpo da vítima e do suposto autor de um homicídio. Enfim, é de enorme valor essa espécie de prova, cumprindo ao Estado, efetivamente comprometido com o combate a criminalidade, de forma profissional e inteligente, dotar suas polícias científicas do material necessário que permita sua realização.

Teve o legislador a cautela de exigir dos peritos que guardem material suficiente, isto para o caso de eventual contraprova, pedida por uma das partes ou mesmo determinada de ofício pelo juiz. É praxe, por exemplo, nos exames que atletas se submetem para eventual apuração de uso de *doping*. A doutrina ressalta, porém, que isso somente será exigido quando, após o exame, algum material restar, pois não é raro, máxime nas causas envolvendo drogas apreendidas em pequena quantidade, que toda substância se consuma já na primeira perícia.

Quanto às fotografias e outros meios de documentação da perícia, remetemos o leitor aos comentários tecidos acima aos arts. 158-B, inc. III, e 165, ambos do CPP.

Cadeia de custódia – O armazenamento aparece como uma das etapas da cadeia de custódia (art. 158-B, IX), procedimento referente à guarda, em condições adequadas, do material a ser processado, guardado para realização de contraperícia, descartado ou transportado, com vinculação ao número do laudo correspondente. O órgão pericial deverá ser dotado de espaço adequado com condições técnicas específicas capazes de preservar as características do material a ser processado, evitando contaminação, vazamento e adulteração. Após a perícia, dependendo do tipo de material objeto do exame, uma pequena quantidade deverá ser guardada para eventual nova perícia realizada em decorrência de contestação do laudo anterior (contraperícia). Por óbvio, essa amostra deve seguir o rigor preconizado pela cadeia de custódia.

Art. 171. Nos crimes cometidos com destruição ou rompimento de obstáculo a subtração da coisa, ou por meio de escalada, os peritos, além de descrever os vestígios, indicarão com que instrumentos, por que meios e em que época presumem ter sido o fato praticado.

Necessidade da perícia – Quando perpetrado o furto pela destruição ou rompimento de obstáculo a subtração da coisa, ou por meio de escalada, exige o legislador, para a comprovação da qualificadora, a realização de exame de corpo de delito. A primeira qualificadora ocorre, no dizer de Julio Fabbrini Mirabete, quando o agente "inutiliza, desfaz, desmancha, arrebenta, rasga, fende, corta ou deteriora um obstáculo, como trincos, portas, janelas, fechaduras, fios de alarme etc., que visam impedir a subtração".

> **ATENÇÃO** – Apesar da divergência que se estabelece sobre o tema, há decisões no sentido de que a "ligação direta" para movimentação de veículo configura a qualificadora do rompimento de obstáculo (RJDTACRIM 19/110).

Já a escalada, ainda segundo o mesmo autor, caracteriza-se pela "utilização de via anormal para penetrar na casa ou local em que vai operar-se a subtração. O reconhecimento dessa qualificadora exige que o agente se utilize de instrumentos (escadas, cordas etc.) ou atue com agilidade ou esforço incomum para vender o obstáculo" (*Manual de Direito Penal*, São Paulo: Atlas, 2005, 23ª. ed., pp. 233-4).

> **ATENÇÃO** – Para o reconhecimento da qualificadora exige-se, portanto, que a escalada seja fruto de um esforço fora do comum por parte do agente, não bastando a mera transposição de obstáculo facilmente vencível (ex.: saltar muro baixo).

Ressalva – Em que pese ser peremptório o dispositivo, ele deve ser interpretado em consonância com o disposto no art. 167 acima, sendo possível a elaboração do exame de corpo indireto por meio de testemunhas, oitiva da vítima e, em nossa compreensão, mesmo pela confissão do réu. Quando analisamos o art. 167, indicamos um exemplo que envolvia exatamente o arrombamento da porta de um veículo, razão pela qual remetemos o leitor à sua leitura. Já a escalada, de um muro, *v.g.*, exigirá mesmo a perícia, pois dificilmente se cogitará do desaparecimento dos vestígios nele existentes (a justificar o exame de corpo de delito indireto), na medida em que o trabalho do perito consiste, basicamente, em medi-lo, a fim de fornecer dados ao juiz que indiquem o especial esforço empreendido pelo agente, a justificar a exasperação de sua pena.

JURISPRUDÊNCIA

Perícia no furto qualificado pelo rompimento de obstáculo

a) Necessidade

"É manifestamente ilegal o reconhecimento da qualificadora do rompimento de obstáculo no furto, tão somente, pelas declarações das vítimas, confissão da ré e imagens fotográficas colacionada aos autos, quando o arrombamento deixa vestígios, sendo imprescindível para sua incidência, a confecção de laudo pericial (art. 158 e art. 167 do CPP)" (STJ – HC n° 228566-GO, Rel. Marilza Maynard, j. 20.06.2013, DJe 25.06.2013).

"Para a incidência da qualificadora relativa à destruição ou rompimento de obstáculo à subtração da coisa, mostra-se imprescindível a realização de exame pericial, já que, por ser infração que deixa vestígio, é necessário o exame de corpo de delito direto, por expressa determinação legal. Somente se admite a substituição do laudo pericial por outros meios de prova se o delito não deixar vestígios, se os vestígios tiverem desaparecido ou, ainda, se as circunstâncias do crime não permitirem a confecção do laudo" (STJ – HC n° 163441-RS, Rel. Sebastião Reis Junior, j. 22.11.2011, DJe 14.12.2011).

a) Desnecessidade

"Segundo o entendimento desta Corte, o reconhecimento da qualificadora do rompimento de obstáculo exige a realização de exame pericial direto, admitindo-se a constatação indireta nos casos em que a infração não deixar vestígios ou esses forem insubsistentes ou inexistentes no momento da apuração do crime, devendo tais circunstâncias estarem bem demonstradas nos autos. In casu, a jurisdição ordinária reconheceu a qualificadora com base nas provas testemunhais, na declaração da vítima, no laudo de constatação do local do crime e na confissão do réu de como o furto se deu mediante o arrombamento do blindex da porta que fechava o estabelecimento." (STJ – AgRg no REsp 1986664/MS, 6ª Turma, Min. Rel. Antonio Saldanha Palheiro, j. 07/06/22)

Necessidade de perícia no furto qualificado pela escalada

"A qualificadora da escalada somente pode ser aplicada ao crime de furto mediante realização de exame pericial. Tendo em vista que se trata de infração que deixa vestígio, é imprescindível a realização do laudo, por expressa disposição legal, cabendo destacar que a sua substituição por outros meios probatórios apenas é possível quando não existirem mais os vestígios ou não for possível a realização da perícia"(STJ – HC n° 223890-MG, Rel. Marilza Maynard, j. 21.05.2013, DJe 27.05.2013).

Art. 172. Proceder-se-á, quando necessário, à avaliação de coisas destruídas, deterioradas ou que constituam produto do crime.

Parágrafo único. Se impossível a avaliação direta, os peritos procederão à avaliação por meio dos elementos existentes nos autos e dos que resultarem de diligências

Avaliação direta – A avaliação do objeto furtado sempre foi relevante, pois, por meio dela, pode se cogitar do reconhecimento do chamado *furto privilegiado*, de que trata o art. 155, § 2° do Código Penal. Mais recentemente, em face de novos diplomas legais e mesmo a partir de construção doutrinária e jurisprudencial, essa importância se potencializou. Assim, a Lei n° 9.099/95, em seu art. 89, § 1°, inc. I, exige, como uma das condições para a suspensão condicional do processo, a prévia reparação do dano suportado pela vítima que, em caso de furto consumado, praticamente se restringirá ao valor da *res*. Já o art. 387, inc. IV do CPP, determina que o juiz, na sentença penal condenatória, fixe o "valor mínimo para reparação dos danos causados pela infração, considerando os prejuízos sofridos pelo ofendido". A reparação do dano aparece como uma das condições do acordo de não persecução penal (art. 28-A CPP). Ora, a avaliação do bem, em um crime de furto, se prestará como o mais valioso dado para que se possa fixar essa reparação. E mesmo para a configuração do chamado crime de *bagatela*, em adoção ao princípio da insignificância, hoje largamente aplicado pelos tribunais superiores, estimar-se o valor do bem é fundamental, prestando-se, muitas vezes, até como fundamento da promoção de arquivamento do inquérito policial pelo Ministério Público. Também a vítima, pretendendo executar no cível o título decorrente da sentença penal condenatória, encontrará forte subsídio na avaliação do bem. Este é relevante, ainda, na estimativa que deve o ofendido fazer na medida assecuratória da hipoteca legal, como vimos acima, nos comentários ao art. 135.

Não só o bem em si deve se submeter à avaliação, mas também o "produto do crime", como indica o texto. Produto do crime é aquilo que foi adquirido em decorrência da prática delituosa. Suponha-se que, com o dinheiro furtado, tenha o agente comprado um televisor. Deverá esse eletrodoméstico ser também avaliado.

Avaliação indireta – Por vezes não é possível a avaliação direta que, como o nome indica, é realizada diante do próprio objeto. Em casos assim, em que o objeto se encontra desaparecido porque o agente dele se desfez (vendeu a terceiro desconhecido, permutou-o com drogas, o consumiu ou o inutilizou, etc.), resta a avaliação indireta, na qual os peritos se valerão de outros dados, como, por exemplo, a obtenção do preço por meio da nota fiscal relativa à aquisição do bem, a busca na *internet* dessa avaliação, em sítios especializados, sempre considerando eventual depreciação do valor em decorrência de seu uso. Vale atentar para jurisprudência do STJ, abaixo transcrita, a admitir que prova testemunhal supra a falta de avaliação indireta do bem subtraído.

JURISPRUDÊNCIA

Objetivo da avaliação

"A avaliação dos objetos do crime, nas lesões patrimoniais, serve para dar a dimensão do fato, no plano do injusto, e para eventual privilegiação, nos crimes que a admitem" (TAPR – Rel. Luiz Viel – *RT* 708/353).

Falta de avaliação suprida pela prova testemunhal

"A inexistência de auto de avaliação indireta não enseja, por si só, nulidade, tendo a Corte estadual destacado que a prova testemunhal supriu tal falta. Ademais, não se demonstrou qualquer prejuízo concreto sofrido pelo paciente" (STJ – HC nº 187399-RJ, Rel. Maria Thereza de Assis Moura, j. 25.06.2013, DJe 01.08.2013).

Falta de avaliação injustificada

"Em se tratando da configuração de furto qualificado pelo rompimento de obstáculo, este Superior Tribunal tem admitido, em hipóteses peculiares, laudo de avaliação indireta. Devem as instâncias ordinárias, contudo, justificar a excepcionalidade com o necessário sopesamento de elementos concretos emanados dos autos. Precedentes. Na hipótese, não foi apresentada nenhuma justificativa, dentre aquelas enumeradas pela jurisprudência desta Corte, para que não fosse realizada a perícia direta, razão pela qual deve ser mantida a decisão agravada." (STJ – AgRG no AREsp 2194475/PA, 5ª Turma, Min. Rel. Ribeiro Dantas, j. 14/02/23).

Avaliação realizada pela vítima. Impossibilidade

"Para análise da presença ou não do privilégio no crime de furto, a autoridade policial não pode incluir a vítima entre os avaliadores do valor da *res* subtraída, pois a conclusão dessa perícia será sempre parcial, o que a desmerece e invalida" (TACRIM-SP-SP – Rel. Vanderlei Borges – *RJD* 22/330).

Avaliação realizada por policiais. Possibilidade

"Compete à autoridade policial, em seu bom critério, a designação de avaliadores, bastando se achem, no seu entender, capacitados para o trabalho. Não há eiva na escolha, para tal, de funcionários da própria repartição policial" (TACRIM-SP – Rel. Gonzaga Franceschini *JUTACRIM* 87/202).

"No caso dos autos, o Tribunal de origem apresentou fundamentação idônea a justificar a ausência do exame pericial, no sentido de que os vestígios já haviam desaparecidos, pois àquela altura os danos já haviam sido consertados. Consignando, ainda, a Corte Estadual que "houve perícia onde ocorreram os fatos. O laudo atestou o rompimento de obstáculo perpetrado pelo réu para adentrar no estabelecimento da vítima. E, inobstante o documento tratar-se de uma avaliação indireta, vale a pena ressaltar que no mesmo dia da perpetração do crime (30 de março de 2020), determinou o delegado de polícia a confecção de auto de levantamento de local de crime". (STJ – AgRg no HC 669596/PR, 5ª Turma, Min. Rel. Messod Azulay Neto, j. 07/02/23)

Necessidade de experiência dos avaliadores

"Na receptação culposa, o valor da coisa compõe o tipo penal, não se admitindo, assim, que seja avaliada por qualquer um sem habilitação ou experiência no ramo em que é comercializada" (TACRIM-SP- Rel. Fernandes Braga – *JUTACRIM* 88/411).

MP pode impugnar o laudo

"O representante do Ministério Público pode e deve impugnar laudo de avaliação, quando concluiu que o bem furtado foi avaliado abaixo de seu real valor. O momento adequado é antes do oferecimento da denúncia, ou, se conhecido o valor real após, a fase é a do art. 499 do CPP. Após essas fazes, a matéria preclui" (TACRIM-SP – Rel. Bonaventura Guglielmi – *JUTACRIM* 84/313).

Art. 173. No caso de incêndio, os peritos verificarão a causa e o lugar em que houver começado, o perigo que dele tiver resultado para a vida ou para o patrimônio alheio, a extensão do dano e o seu valor e as demais circunstâncias que interessarem à elucidação do fato.

Perícia – Prevê o dispositivo em análise que, nos casos de incêndio, é obrigatória da realização da perícia. O crime de incêndio vem previsto no art. 250 do Código Penal, que possui a seguinte redação: "Causar incêndio, expondo a perigo a vida, a integridade física ou o patrimônio de outrem". Há, ainda, sua modalidade culposa. De se ver, porém, que o dispositivo em exame não se refere, especificamente, ao crime de incêndio, mas abrange todos aqueles onde há utilização de fogo, como, por exemplo, o de dano qualificado, previsto no art. 163, parágrafo único, inc. II do Código Penal, quando perpetrado "com emprego de substância inflamável ou explosiva, se o fato não constitui crime mais grave". A utilização de fogo, ainda, qualifica o crime de homicídio, nos termos do disposto do art. 121, § 2°, inc. III do CP. Recorde-se, ademais, que o emprego de fogo é circunstância que agrava a pena, na dicção do art. 61, inc. II, "d" do CP. A mesma exasperação ocorre se o delito é cometido durante um incêndio (art. 61, inc. II, "j" do CP). É dizer: "incêndio", aqui, deve ser tomado em um sentido amplo, a reclamar, sempre que presente o fogo, a realização da perícia.

Causa – O texto legal indica que os peritos deverão observar a causa do incêndio, isto é, a forma como ateado o fogo, o material inflamável utilizado, ou seja, dados relativos à ação em si, fundamentais, inclusive, para se apurar o elemento subjetivo que inspirou o agente, movido por dolo ou culpa. Claro que outros elementos de prova (testemunhal, confissão), se prestarão para esse fim, mas a conclusão dos expertos será, sem dúvida, de grande valor.

Lugar – O lugar do fato é fundamental, na medida em que, nos termos das alíneas "a" a "h", do inciso II, do § 1°, do art. 250 do CP, aumentam a pena caso cometido "em casa habitada ou destinada a habitação; em edifício público ou destinado a uso público ou a obra de assistência social ou de cultura; em embarcação, aeronave, comboio ou veículo de transporte coletivo; em estação ferroviária ou aeródromo; em estaleiro, fábrica ou oficina;

em depósito de explosivo, combustível ou inflamável; em poço petrolífero ou galeria de mineração e em lavoura, pastagem, mata ou floresta". Já se o fogo é ateado em mata ou floresta, sua tipificação, como crime ambiental, vem prevista no art. 41 da Lei nº 9.605/98.

Perigo – Também o perigo resultante para a vida ou para o patrimônio alheio deverá ser apontado na perícia. É que, para tipificação do crime de incêndio, como se vê da redação acima do art. 250 do CP, exige a demonstração do perigo a vida, a integridade física ou o patrimônio de outrem. Caso ausente esse perigo, poderá se configurar o crime de dano, em uma de suas modalidades.

Extensão do dano e seu valor – Quanto à importância de se estabelecer o valor e extensão do dano, remetemos o leitor ao que dissemos acima, sob a rubrica "avaliação direta".

Outras circunstâncias – A lei confere aos peritos, ainda, a possibilidade de apontarem outras circunstâncias que considerarem interessantes à elucidação dos fatos. Trata-se de proposição aberta, eis que, no exame do fato concreto, inúmeras outras circunstâncias podem surgir, tamanha a diversidade da conduta humana. Um pedaço de pano, embebecido em álcool ou um fio elétrico desencapado, encontrados no local, podem servir de valioso dado para determinar a origem do fogo, por exemplo.

Exame de corpo delito indireto – Como temos destacado, a obrigatoriedade da perícia, aqui prevista, deve ser analisada em consonância com o disposto no art. 167 do código, a permitir que, na impossibilidade do exame de corpo de delito direto, ocorra o suprimento pela prova testemunhal, configuradora do chamado exame de corpo de delito indireto. Jurisprudência abaixo transcrita permite mesmo a utilização de indícios como sucedâneo da perícia.

JURISPRUDÊNCIA

Obrigatoriedade da prova pericial

"A perícia direta será realizada quando os vestígios materiais estiverem presentes, admitindo-se excepcionalmente, quando aqueles desaparecerem, o exame indireto, feito por meio de informes, dados ou elementos fornecidos por terceiros. No caso dos autos, embora o local onde ocorreu o incêndio que teria sido causado pelo paciente estivesse preservado, não foi realizada perícia direta, tendo-se procedido a auto de verificação de incêndio indireto com base na documentação existente no inquérito policial. Assim, inexistindo laudo direto que afirme que o incêndio causado na residência do paciente teria sido proposital, tampouco havendo justificativas acerca de eventual impossibilidade de sua elaboração, constata-se a ineficácia dos demais elementos de prova para a caracterização da materialidade do delito previsto no artigo 250 do Código Penal, motivo pelo qual se revela imperioso o trancamento da ação penal" (STJ – HC nº 244737-RS, Rel. Jorge Mussi, j. 20.08.2013, DJe 05.09.2013).

Possibilidade de ser suprida pelo exame de corpo de delito indireto

"O valor probante dos indícios e presunções, no sistema do livre convencimento, que o Código adota, é em tudo igual ao das provas diretas. O incêndio integra o elenco dos crimes de natureza clandestina. Sua comprovação tem que ser feita por indícios e presunções" (TJSP – Rel. Hoeppner Dutra – *RT* 478/301).

Requisitos da perícia

"No caso de incêndio, determina o art. 173 do CPP: os peritos verificarão a causa e o lugar em que houver começado, o perigo que dele tiver resultado para a vida e para o patrimônio alheio, a extensão do dano e o seu valor e as demais circunstâncias que interessarem à elucidação do fato. Não basta um exame perfunctório da área atingida. É preciso ir-se às causas, às origens, para se apurar se houve falha humana ou caso fortuito, abrindo-se caminho para se verificar se se trata de incêndio criminoso e daí se precisar a autoria, notadamente quando, como no caso em tela, as suspeitas atingem várias pessoas, que precisam ter as suas responsabilidades apuradas" (TACRIM-SP – Rel. Nogueira Camargo – *JUTACRIM* 81/302).

Art. 174. **No exame para o reconhecimento de escritos, por comparação de letra, observar-se-á o seguinte:**

I – a pessoa a quem se atribua ou se possa atribuir o escrito será intimada para o ato, se for encontrada;

II – para a comparação, poderão servir quaisquer documentos que a dita pessoa reconhecer ou já tiverem sido judicialmente reconhecidos como de seu punho, ou sobre cuja autenticidade não houver dúvida;

III – a autoridade, quando necessário, requisitará, para o exame, os documentos que existirem em arquivos ou estabelecimentos públicos, ou nestes realizará a diligência, se daí não puderem ser retirados;

IV – quando não houver escritos para a comparação ou forem insuficientes os exibidos, a autoridade mandará que a pessoa escreva o que lhe for ditado. Se estiver ausente a pessoa, mas em lugar certo, esta última diligência poderá ser feita por precatória, em que se consignarão as palavras que a pessoa será intimada a escrever.

Introdução – Em tese de mestrado da qual já nos referimos, Eduardo Roberto Alcântara Del-Campo destaca, ainda, a relevância dessa prova para investigação de suicídios, onde é comum que o suicida se valha do chamado *material do adeus*. Assim, além do conteúdo emocional, que frequentemente revela os motivos do ato extremo e que precisa ser cotejado com o histórico familiar da vítima, deve ser feita a análise do suporte, do instrumento e gênese da escrita para que se possa verificar se realmente foi lavrada de livre e espontânea vontade pelo suicida ou se de alguma forma estava ele sofrendo algum tipo de coação. Documentos recém-assinados, e que impliquem no estabelecimento ou na rescisão de relações jurídicas, reclamam exame grafotécnico da firma. Escritos de próprio punho com outras especificações ou recomendações também precisam ser analisados por especialistas e, em alguns casos, por psicólogos, para que se possam aquilatar as condições em que foi lavrado ou o estado emocional do seu subscritor. Os suportes (papel, papelão, pedaços de tecido, paredes, piso, etc.), o instrumento de escrita (caneta, lápis, pinceis, partes do corpo como os dedos dos pés ou das mãos), a tinta empregada (tinta de caneta, grafite, sangue, outros materiais orgânicos) são elementos que pedem análise e considerações minuciosas.

Valor probatório – Hélio Tornaghi destaca a desconfiança que, no passado, reinava sob essa espécie de prova, dada à dificuldade de duas caligrafias se repetirem e mesmo à habilidade de certas pessoas na imitação. Ressalta, porém, que hoje seria injusta e desarrazoada essa crítica, pois "existem, realmente, processos que permitem a análise química da tinta, a do papel ou outro veículo empregado; a restauração dos caracteres empregados, lacerados, rasurados e até a leitura do que está escrito em papel carbonizado pelo fogo; a ampliação fotográfica do escrito etc.; a grafometria ministra regras que permitem medir a escritura, avaliar o tamanho das letras, o afastamento entre umas e outras e o das palavras; a espessura do traço, a inclinação em referência às linhas horizontais etc. ela se vale de instrumentos próprios para a medição" (*Curso de Processo Penal*, vol. I, São Paulo: Saraiva, 7ª.

Ed., 1990, p. 350). Acrescentamos que o notável avanço da microscopia eletrônica, dotada de aparelhagem que pode aumentar, em milhares de vezes, o padrão da letra, presta-se a conferir grande credibilidade a essa espécie de prova.

I - a pessoa a quem se atribua ou se possa atribuir o escrito será intimada para o ato, se for encontrada;

Nemo tenetur se detegere – Por conta do princípio segundo o qual ninguém é obrigado a produzir prova contra si mesmo, tem-se a possibilidade, reconhecida pelo STF (v. ementa abaixo), de o investigado, regularmente intimado, negar-se a se submeter à colheita de seu material grafotécnico. Nesse caso, nada poderá obrigá-lo, recomendando-se à autoridade policial, mais uma vez, que busque outros escritos dele emanados, que possam se prestar ao exame.

JURISPRUDÊNCIA

Indiciado não é obrigado a se sujeitar ao exame grafotécnico

"O direito do investigado ou do acusado de ser advertido de que não pode ser obrigado a produzir prova contra si foi positivado pela Constituição da República no rol petrificado dos direitos e garantias individuais (art. 5.º, inciso LXIII). É essa a norma que garante status constitucional ao princípio do "Nemo tenetur se detegere" (STF, HC 80.949/RJ, Rel. Min. SEPÚLVEDA PERTENCE, 1.ª Turma, DJ de 14/12/2001), segundo o qual ninguém é obrigado a produzir quaisquer provas contra si. Na espécie, a autoridade policial, ao ouvir a Paciente durante a fase inquisitorial, já a tinha por suspeita do cometimento do delito de falsidade ideológica, tanto é que, de todas as testemunhas ouvidas, foi a única a quem foi requerido o fornecimento de padrões gráficos para realização de perícia, prova material que ensejou o oferecimento de denúncia em seu desfavor. Evidenciado nos autos que a Paciente já ostentava a condição de investigada e que, em nenhum momento, foi advertida sobre seus direitos constitucionalmente garantidos, em especial, o direito de ficar em silêncio e de não produzir provas contra si mesma, resta evidenciada a ilicitude da única prova que embasou a condenação. Contaminação do processo, derivada da produção do laudo ilícito. Teoria dos frutos da árvore envenenada." (STJ – HC 107285/RJ, 5ª Turma, Min. Rel. Laurita Vaz, j. 09/11/2010)

Abuso de autoridade – O art. 13 da Lei nº 13.869, de 05 de setembro de 2019, prevê modalidade especial de constrangimento ilegal, entendendo como abuso de autoridade o comportamento daquele que constrange o preso ou o detento, mediante violência, grave ameaça ou redução da sua capacidade de resistência, a: I – exibir-se ou ter seu corpo ou parte dele exibido à curiosidade pública; II – submeter-se a situação vexatória ou a constrangimento não autorizado em lei; III – produzir prova contra si mesmo ou contra terceiro.

II - para a comparação, poderão servir quaisquer documentos que a dita pessoa reconhecer ou já tiverem sido judicialmente reconhecidos como de seu punho, ou sobre cuja autenticidade não houver dúvida;

Documentos – Claro que será mais conveniente que o suposto agente reconheça como seu determinado documento (aqui entendido em seu sentido mais amplo, para incluir papeis, cartas etc.), facilitando, assim, a realização dos trabalhos de comparação. Mas não é obrigado a fazê-lo e, por vezes, não o fará mesmo a fim de não se autoincriminar. Na ausência dessa espontaneidade, deve a perícia recair sobre documentos cuja autenticidade possa ser reconhecida como proveniente do punho do examinado, como, por exemplo, uma declaração de pobreza, escrita à mão, juntada em um processo cível para obtenção da gratuidade da justiça. E mesmo um cartão de assinaturas onde um tabelião reconheceu a firma do averiguado, tratando-se, nesse caso, de documento cuja autenticidade é induvidosa.

Em determinado feito, o próprio réu espontaneamente elaborou, de forma manuscrita, uma petição para a extração de cópias, nos autos da ação penal que respondia, que serviu, depois, como material para a perícia grafotécnica. Quis invocar, depois, perante o Supremo Tribunal Federal, a ilicitude dessa prova, sendo rechaçada sua pretensão nos termos da seguinte ementa: "Nulidade. Sentença condenatória fundamentada em prova ilícita. Não ocorrência. **Material fornecido espontaneamente pelo paciente.** Ordem denegada" (HC nº 99245, Rel. Gilmar Mendes, j. 06.09.2011, DJ 20.09.2011).

III – a autoridade, quando necessário, requisitará, para o exame, os documentos que existirem em arquivos ou estabelecimentos públicos, ou nestes realizará a diligência, se daí não puderem ser retirados;

Documentos requisitados – Em experiência pessoal que tivemos em mais de 20 anos de Ministério Público, de certa feita nos deparamos com um caso de sequestro, no qual a ré negava ser a autora de uma carta remetida aos pais da vítima, na qual exigia o resgate. Recolhido seu material grafotécnico, ela, previamente orientada, escreveu um ditado com letra de forma que, comparado com a carta, escrita em letra cursiva, deu resultado negativo. Ocorre que a acusada era professora da rede estadual e, nessa condição, preenchera inúmeros diários de classe que, por ordem judicial, foram apreendidos. Esses diários, escritos com letra cursiva (onde as letras, mais ágeis, são conectadas entre si), quando confrontados com a carta, levaram os peritos, sem qualquer dúvida, a confirmar a coincidência entre ambas as grafias. De se ressaltar, em acréscimo, que tais documentos, porque arquivados em estabelecimentos públicos, trazem em si a presunção de autenticidade. Presunção relativa, é verdade, pois pode ser refutada, mas presunção. É possível ocorrer que tal documentação seja sigilosa, sujeita à deterioração ou que mesmo por uma questão de segurança, não possa ser retirada, quando então a perícia será realizada no local. A "autoridade" referida na lei tanto é o delegado de polícia, durante a fase inquisitória (ou outra autoridade que presida algum procedimento investigativo), como é o juiz de direito, caso já deflagrado o processo-crime, este agindo mediante provocação. O emprego do verbo "requisitará" não impõe, por certo, verdadeira obrigatoriedade na realização da diligência, cabendo a tais autoridades, na análise do caso concreto, avaliarem sua necessidade.

IV – quando não houver escritos para a comparação ou forem insuficientes os exibidos, a autoridade mandará que a pessoa escreva o que lhe for ditado. Se estiver ausente a pessoa, mas em lugar certo, esta última diligência poderá ser feita por precatória, em que se consignarão as palavras que a pessoa será intimada a escrever.

Ditado – O ideal, portanto, é que, na medida do possível, se evite o ditado, colhendo-se materiais escritos pelo suposto autor do crime antes de sua prática. No ditado, sabedor das consequências do ato, aquele que escreve procura simular uma caligrafia diferente que, a despeito do conhecimento técnico dos peritos, pode por vezes confundi-los, trazendo incerteza à conclusão do exame. Recomenda-se que esse ditado não reproduza exatamente aquilo que foi escrito no papel que será objeto de confrontação, pois, assim agindo, facilitará eventual fraude do examinado, que imitará ou disfarçará a caligrafia, segundo sua conveniência. Melhor que se elejam algumas palavras de forma aleatória, ao invés, por exemplo, de se pedir a reprodução exata dos dizeres lançados em uma cártula de cheque, o que, na prática, é comum. Essa prova poderá ser produzida também por precatória, quando a autoridade deprecante (o delegado de polícia na fase inquisitiva e o juiz de direito no âmbito judicial), deverá indicar as palavras que o averiguado deve transcrever. O Código de Processo Civil, em seu art. 478, § 2º, possui idêntica disposição, sendo facultado ao perito "requerer ao juiz que a pessoa a quem se atribuir a autoria do documento lance em folha de papel, por cópia ou sob ditado, dizeres diferentes, para fins de comparação".

JURISPRUDÊNCIA

Necessidade da perícia grafotécnica

"Não se configura o estelionato se o acusado nega a emissão do cheque e não se colhe material gráfico para confronto com a assinatura lançada no quirógrafo" (TACRIM-SP – Rel. Fernandes Braga – *RT* 584/362).

Quando é dispensável a perícia

"A falta de realização de perícia grafotécnica não impede a condenação do meliante que apõe assinatura própria em cartão de crédito alheio, conseguindo assim induzir os vendedores em erro e obtendo para si vantagem ilícita em prejuízo de outrem. Impõe-se a solução, eis que não se cuida, na hipótese, de processo por eventual falsidade documental, mas, sim, por estelionato" (TACRIM-SP – Rel. Laudo Alves – *JUTACRIM* 47/245).

Modo de sua realização

"O objetivo do exame pericial é proporcionar a comparação entre o escrito comprovadamente saído do punho do agente e aquele cuja autoria está sendo pesquisada e que constitui o corpo de delito. Portanto, não constitui nulidade o fato do agente ser obrigado a copiar as assinaturas, objeto do exame grafotécnico" (TACRIM-SP – Rel. Marrey Neto – *RJD* 10/128).

Condições para o deferimento da perícia

"Para o deferimento do exame grafotécnico, requerido fora do prazo da defesa prévia é necessária a demonstração de que é essencial ao esclarecimento da verdade. Ausente esse requisito, o indeferimento da diligência não importa em cerceamento de defesa" (STJ – RHC 1.672-SP – Rel. José Cândido – DJU 06/04/92, p. 4.508).

Valor probatório da perícia

"É prova robusta para embasar decreto condenatório, fornecer identidade falsa para aceitar ou avalizar título de crédito, comprovando o laudo grafotécnico ser do réu a assinatura nele aposta, corroborado por seguro reconhecimento fotográfico, feito pelo ofendido" (TACRIM-SP – Rel. Jefferson Perroni – *JUTACRIM* 65/263).

"Nas ações penais por uso de cheques falsos para enganar comerciantes, é irrelevante que a perícia grafotécnica não tenha conseguido apurar quem é o autor dos manuscritos e das assinaturas dos títulos, porque não se trata e crime de falso, mas, sim, de estelionato" (TACRIM-SP – Rel. Hélio de Freitas – *JUTACRIM* 89/444).

Intimação para colheita do material gráfico não constitui constrangimento ilegal

"Não constitui constrangimento ilegal a intimação do acusado para fornecimento de material gráfico para fins de perícia caligráfica, pois trata-se de ato de interesse da Justiça, na busca da verdade, podendo a prova técnica servir tanto para condenar como para inocentar o réu" (TJSP – Rel. Hélio de Freitas – *RT* 752/591).

Art. 175. **Serão sujeitos a exame os instrumentos empregados para a prática da infração, a fim de se lhes verificar a natureza e a eficiência.**

Instrumenta sceleris – Cumpre à autoridade policial, nos termos do art. 6º, incs. I, II e III do código, tão logo tenha conhecimento da prática da infração penal, dirigir-se ao local, providenciando para que não se alterem o estado e conservação das coisas, até a chegada dos peritos criminais; apreender os objetos que tiverem relação com o fato, após liberados pelos peritos criminais e colher todas as provas que servirem para o esclarecimento do fato e suas circunstâncias.

Tais instrumentos (*instrumenta sceleris*) são todos aqueles objetos que, de alguma forma, se prestaram à prática delituosa, como armas em um crime contra a vida (revólveres, pistolas, facas etc.), chaves falsas ou uma barra de ferro (*pé de cabra*), úteis no arrombamento para a perpetração de um furto, um pote contendo aparentemente veneno, em um suposto caso de suicídio ou outro, tendo drogas em seu interior, a insinuar uma "overdose" decorrente de sua ingestão exagerada.

A partir dessa apreensão, com a respectiva perícia, irá se aquilatar a natureza e eficiência que tais objetos possuem, de forma a se revelarem aptos à prática delituosa eleita pelo agente. Como natureza se entende o objeto propriamente dito, ou seja, do que se trata (uma metralhadora, um punhal, um alicate de pressão). Mas, além disso, é preciso que se avalie se tais objetos eram eficientes. No dizer de Hélio Tornaghi, "a eficiência a que se refere a lei é o poder, a virtude, a força para causar o resultado criminoso, ainda que em concorrência com outras causas" (*Curso de Processo Penal*, vol. I, São Paulo: Saraiva, 7ª. ed., 1990, p. 354).

De grande relevância essa constatação. Assim, por exemplo, se apreendida no local a arma de brinquedo utilizada pelo autor na prática de um crime de roubo. Perdurava, no Superior Tribunal de Justiça, o enunciado da Súmula nº 174, do seguinte teor: "No crime de roubo, a intimidação feita com arma de brinquedo autoriza o aumento de pena". É verdade que tal súmula foi posteriormente cancelada (RESP nº 213.054-SP – 24/10/2001), mas, por aí, pode se aquilatar a importância de se demonstrar a eficiência do instrumento apreendido. Um revólver calibre nominal 38, com capacidade de armazenar em seu tambor seis projéteis, mas que apenas um tiro foi disparado, pode revelar que o agente não agiu com "animus necandi", já que poderia ter "descarregado" a arma na vítima. Sua ação pode, assim, ser desclassificada para uma lesão corporal ou mesmo configurar uma desistência voluntária, prevista no art. 15 do Código Penal. Um pote de açúcar, ministrado pelo agente contra a vítima pensando tratar-se de veneno, jamais se prestará à prática de um homicídio, configurando o crime impossível de que cuida o art. 17 do Código Penal. Daí – insistimos – a relevância em se apurar a eficácia do instrumento que, por isso mesmo, deve ser apreendido e periciado.

Quando é desnecessária a perícia – Pretendendo reduzir o alcance da perícia à prova da eficiência do objeto apreendido, Hélio Tornaghi, após invocar a necessidade de uma interpretação teleológica da lei, formula interessante raciocínio, no sentido de que "se a natureza e a eficiência do instrumento são conhecidos, não há necessidade de perícia. Ninguém ignora a natureza de um canhão nem duvida de sua eficiência. Se é manifesto que alguém foi morto com um revólver calibre 38, apreendido no ato do crime, para que o exame balístico? O Código, portanto, não torna obrigatória a perícia sobre os instrumentos da infração, a não ser quando necessária para lhes determinar a natureza e eficiência" (ob. cit., vol. I, p. 353). E, de fato, julgados abaixo transcritos do Supremo Tribunal Federal tem exatamente a mesma compreensão, ao entenderem ser inerente à própria arma a noção de eficácia em seu emprego.

Exame de corpo de delito indireto – Como temos insistido, mais uma vez nos deparamos com a possibilidade de inviável o exame de corpo de delito direto, porque desaparecidos os vestígios (por exemplo, a arma não foi apreendida), a prova testemunhal e a palavra da vítima suprirem essa omissão. É o entendimento monótono, como se vê abaixo transcrito, de nossos Tribunais superiores (STF e STJ).

JURISPRUDÊNCIA

Possibilidade da ausência da perícia ser suprida por outros meios de prova

"Não se mostra necessária a apreensão e perícia da arma empregada no roubo para comprovar o seu potencial lesivo, visto que essa qualidade integra a própria natureza do artefato. A majorante do art. 157, § 2º, I, do Código Penal pode ser evidenciada por qualquer meio de prova, em especial pela palavra da vítima ou pelo depoimento de testemunha presencial" (STF – RHC n° 122047-SP – Rel. Ricardo Lewandowski, j. 20.05.2014, DJe 05.06.2014).

Desnecessidade de apreensão da arma de fogo para configuração da qualificadora do roubo

"Para o reconhecimento da presença da causa de aumento de pena prevista no inciso I do § 2º do art. 157 do Código Penal, mostra-se dispensável a apreensão da arma de fogo e a realização de exame pericial para atestar a sua potencialidade lesiva, quando presentes outros elementos probatórios que atestem o seu efetivo emprego na prática delitiva. Precedentes do STF. O poder vulnerante integra a própria natureza da arma de fogo, sendo ônus da defesa, caso alegue o contrário, provar tal evidência. Exegese do art. 156 do CPP. Exigir a apreensão e perícia no revólver comprovadamente empregado no assalto teria como resultado prático estimular os criminosos a desaparecer com o armamento, de modo que a aludida majorante dificilmente teria aplicação" (STJ – HC n° 168287-SP, Rel. Jorge Mussi, j. 15.03.2011, DJe 25.04.2011).

É ônus do acusado provar que a arma de fogo não possuía potencial lesivo

"Não se mostra necessária a apreensão e perícia da arma de fogo empregada no roubo para comprovar o seu potencial lesivo, visto que tal qualidade integra a própria natureza do artefato. Lesividade do instrumento que se encontra 'in re ipsa'. A qualificadora do art. 157, § 2º, I, do Código Penal, pode ser evidenciada por qualquer meio de prova, em especial pela palavra da vítima – reduzida à impossibilidade de resistência pelo agente – ou pelo depoimento de testemunha presencial. Se o acusado alegar o contrário ou sustentar a ausência de potencial lesivo da arma empregada para intimidar a vítima, será dele o ônus de produzir tal prova, nos termos do art. 156 do Código de Processo Penal" (STF – HC n° 103910-MG – Rel. Luiz Fux, j. 08.11.2011, DJe 08.11.2011).

Necessidade de perícia quando apreendida a arma

"Esta Corte Superior pacificou o entendimento de que é prescindível a apreensão e perícia da arma de fogo quando sua utilização é comprovada por outros meios idôneos de prova. Quando o objeto é apreendido, deve ser realizada a perícia, pois o fundamento utilizado para permitir a comprovação da majorante do emprego de arma com base em outros meios de prova é o desaparecimento dos vestígios do crime, uma vez que a prova indireta somente deve ser utilizada quando os vestígios desapareceram por completo, o que, no caso dos autos, não ocorreu" (STJ – HC n° 140853-ES, Rel. Sebastião Reis Júnior, j. 11.10.2011, DJe 14.11.2011).

Art. 176. A autoridade e as partes poderão formular quesitos até o ato da diligência.

Formulação de quesitos – A perícia pode ser produzida tanto na fase judicial como na fase inquisitiva. Na imensa maioria dos casos, é durante o inquérito policial que ela surgirá. Quesitos podem ser formulados pela autoridade e pelas partes. Sobre a atuação dos assistentes técnicos, ver nossos comentários ao art. 159 do CPP.

JURISPRUDÊNCIA

Conversão em diligência para formulação de quesitos suplementares. Impossibilidade

"De acordo com o Código de Processo Penal, as partes devem ser intimadas antes da perícia para que possam formular quesitos, inexistindo previsão legal para que proponham questionamentos suplementares após a implementação do exame. Dessa forma, tendo o togado singular intimado as partes para proporem seus questionamentos antes da efetivação do exame pericial, mostra-se totalmente descabida a pretensão da impetrante no sentido de que o julgamento seja convertido em diligência a fim de que possa juntar documentos e formular quesitos suplementares" (STJ – HC n° 175994-RJ – Rel. Jorge Mussi – j. 02.10.2012, DJe 09.10.2012).

Quando não se admite o indeferimento de quesitos sugeridos pelas partes

"A natureza probatória do exame pericial – notadamente quando realizado na fase judicial da *persecutio criminis* – impõe que se respeite a exigência de bilateralidade dos atos processuais, ensejando-se às partes, inclusive ao próprio réu, em conseqüência, a possibilidade (a) de argüirem a incompatibilidade dos peritos (CPP, art.102), (b) de formularem quesitos (CPP, art. 176) e (c) de criticarem o laudo pericial produzido. O réu tem o ineliminável direito de ser ouvido previamente sobre quaisquer provas produzidas no processo penal condenatório. A inobservância dessa prerrogativa – que possui extração constitucional – implica cerceamento de defesa e gera, como inevitável efeito consequencial, a nulidade do procedimento persecutório" (STF – 1ª Turma – HC 69.001-7-RJ – Rel. Min. Celso de Mello – DJU 26/06/92, pág. 10.106).

Possibilidade de indeferimento de quesitos suplementares

"Mesmo no curso da instrução cabe ao Juiz indeferir quesitos tecnicamente impertinentes, manifestamente inúteis ou de sabor acadêmico, por agitarem questão hipotécnica ou desenganada divergência com a evidência probatória" (TACRIM-SP – Rel. Azevedo Franceschini – *JUTACRIM* 24/166).

Valor probatório da perícia realizada na fase policial

"Perícias e documentos, mesmo produzidos na fase do inquérito policial, constituem-se efetivamente em prova, com contraditório postergado para a ação penal, sem refazimento necessário na ação penal" (STJ – AgRg no AREsp n. 1.704.610/SP, relator Ministro Nefi Cordeiro, Sexta Turma, julgado em 20/10/2020, DJe de 26/10/2020)

"Embora as provas produzidas no inquérito policial devam ser jurisdicionalizadas, para que tenham serventia, essa regra não deve ser aplicada às provas documental e pericial, cuja validade, em regra, independe de confirmação em juízo" (TRF, 1ª Reg., 3ª T., – Rel. Osmar Tognolo – *RBCCrim* 15/418).

Quando há ausência de controle judicial

"É evidente a nulidade dos laudos periciais produzidos unilateralmente pelo Ministério Público e pela autoridade policial, quando já estava em curso a instrução criminal, e dos quais tomou conhecimento do Juízo quando já havia sido proferida a sentença de pronúncia, pois juntados aos autos tão-somente na fase em que a Defesa iria apresentar as razões ao seu recurso em sentido estrito dirigido contra a pronúncia. Não houve controle judicial da produção das referidas perícias, e tampouco seguiram elas o regramento previsto no Código de Processo Penal, que inclui a nomeação do perito oficial ou compromissado, a possibilidade de indicação de assistentes técnicos e a formulação de quesitos, os quais são submetidos ao prévio exame judicial. Se cuida de ilegalidade na própria produção da prova. Devem tais perícias serem anuladas e desentranhadas dos autos." (STJ – Resp 2004051/SC, 6ª Turma, Min. Rel. Laurita Vaz, j. 15/08/23)

Aplicação no âmbito da execução penal. Impossibilidade

"Não há falar em nulidade do exame criminológico porquanto não teriam sido respondidos os quesitos formulados pela defesa, não apenas porque a inaplicável, no âmbito da execução penal, a regra do art. 176 do CPP, cabendo ao juízo das execuções a elaboração dos quesitos que entender adequados para aferição do mérito subjetivo, mas também porque, consoante assentado pelas instâncias ordinárias, não foi demonstrado prejuízo decorrente." (STJ – HC 333692/SP, 6ª Turma, Min. Rel. Nefi Cordeiro, j. 17/05/16)

Art. 177. No exame por precatória, a nomeação dos peritos far-se-á no juízo deprecado. Havendo, porém, no caso de ação privada, acordo das partes, essa nomeação poderá ser feita pelo juiz deprecante.

Parágrafo único. Os quesitos do juiz e das partes serão transcritos na precatória.

Precatória – Atende ao bom senso o teor deste dispositivo. Afinal, será o juízo deprecado quem poderá melhor nomear os peritos. Se oficial, aquele lotado em órgãos públicos próximos ao juízo. E, se não oficiais, os que, segundo conhecimento do juiz, acham-se preparados para realização do trabalho. É o que consta, também, com todas as letras, do art. 465, inc. III, § 6º, Código de Processo Civil. Não teria cabimento, com efeito, em um país com as dimensões continentais como o nosso, que o juízo deprecante de Porto Alegre nomeasse um perito em Manaus. Um dos inconvenientes seria o alto custo do trabalho, tivessem os peritos que realizar esse deslocamento. É por isso mesmo que o legislador, para a ação penal privada, por acordo entre as partes, abre a exceção quanto à possibilidade da nomeação ser feita pelo juízo deprecante, pois, nesse caso, as despesas decorrentes dessa diligência correrão por conta dos interessados.

Com a precatória devem seguir os quesitos, do juiz e das partes, para resposta dos peritos nomeados no juízo deprecado. É possível que essa prova seja realizada ainda na fase de investigação, sob comando da autoridade policial, quando, então, não há que se cogitar da oferta de quesitos pelas partes.

JURISPRUDÊNCIA

"Se autoridade da polícia judiciária pede a outra dessa categoria e doutra jurisdição que ordene seja feito certo exame pericial, dispensável é, no caso, a expedição de precatória formalizada, se o ofício que a substituiu contiver os dados que teria sobredita peça processual. Nenhuma nulidade se vislumbra no pormenor" (STF – RHC nº 54.614 – SE, Rel. Antônio Neder, DJU de 18.2.77).

Art. 178. No caso do art. 159, o exame será requisitado pela autoridade ao diretor da repartição, juntando-se ao processo o laudo assinado pelos peritos.

Requisição – Tratando-se de perito oficial (o art. 159 exige apenas um), cabe à autoridade policial ou judiciária requisitar a realização do exame ao diretor da respectiva repartição pública. Requisição tem caráter de ordem, a ser, pois, cumprida sem hesitação, salvo se manifestamente ilegal. Na hipótese deste artigo, o perito oficial não será indicado pelo juiz ou pelo delegado de polícia, mas sim pelo responsável pelo órgão público em que lotado o experto, segundo critérios internos de divisão de serviço. Apenas para exemplificar, no Estado de São Paulo, com a chegada de determinada requisição ao Centro de Perícias do Instituto Médico Legal (IML), ela será encaminhada a um de seus setores, como o núcleo de clínica médica, de radiologia ou de odontologia legal. Não teria cabimento que alguma autoridade fosse realizar a nomeação do perito, seja porque oficial o "expert", a gerar a presunção de idoneidade de sua conduta, seja porque o chefe da repartição é quem detém conhecimento que permita realizar o devido encaminhamento. Claro que, presente alguma das hipóteses de impedimento do perito (art. 279 e 280), ele deverá espontaneamente se abster de atuar no procedimento ou, se não o fizer, poderão as partes fazê-lo, como consta do art. 112 do CPP.

JURISPRUDÊNCIA

Pedido formulado pela parte. Impossibilidade

"Inadmissível considerar-se prova pericial em processo por crime de ação pública, laudo da Polícia Técnica provocado diretamente pela vítima. É que, nos termos do art. 178 do CPP, tais exames hão de ser requisitados pela autoridade policial, no decorrer do inquérito ou pelo Juiz em processo em andamento" (TACRIM-SP – Rel. Azevedo Júnior – *JUTACRIM* 20/386).

Falta de indicação do número do CRM. Irrelevância

"Irrelevante a ausência de número do CRM do perito signatário do laudo de exame de corpo delito, já que no referido documento constam o seu nome e assinatura, que o identificam como médico-legista concursado do Instituto Médico Legal. Assim, estão atendidas as formalidades previstas nos arts. 159 e 178 do Código de Processo Penal, cujo teor não obriga a aposição do número do CRM do médico-legista, mas apenas sua identificação (assinatura)" (STJ – RHC nº 31661-SP, Rel. Maria Thereza de Assis Moura, j. 05.03.2013, DJe 13.03.2013).

Art. 179. No caso do § 1º do art. 159, o escrivão lavrará o auto respectivo, que será assinado pelos peritos e, se presente ao exame, também pela autoridade.

Parágrafo único. No caso do art. 160, parágrafo único, o laudo, que poderá ser datilografado, será subscrito e rubricado em suas folhas por todos os peritos.

Peritos não oficiais – O § 1º do art. 159, aqui mencionado, diz respeito aos peritos não oficiais. Nesse caso, após a elaboração do trabalho, será lavrado um auto pelo escrivão, que deverá ser assinado pelos peritos e pela autoridade, judicial ou policial. Como se pode constatar da jurisprudência abaixo transcrita, a ausência de assinatura constitui mera irregularidade, desde que possível detectar a veracidade do exame. Aliás, até mesmo em caso de sentenças judiciais tem sido este o entendimento (v. art. 388 adiante). O parágrafo único deste dispositivo, de sua parte, alude ao parágrafo único do art. 160, que trata do prazo para entrega do laudo (10 dias), e da possibilidade de sua prorrogação. Nessa hipótese, prevê a lei que o laudo poderá ser datilografado, admitindo, assim, que seja manuscrito. Destaque-se, porém, que se trata de disposições cabíveis ao tempo da edição do código (1941), e que, hoje, caíram totalmente em desuso a partir do advento da informática.

JURISPRUDÊNCIA

Laudo manuscrito. Validade

"As circunstâncias de esse exame ter sido realizado no recinto do Fórum e o respectivo laudo estar manuscrito não importam em nulidade, ou desmerecem o trabalho pericial, nem significam, por si sós, que o exame se fez apressadamente, quando a suficiente fundamentação do laudo não denotam incompetência, ou descuido, do perito" (TJSP – Ap. Crim. nº 178.455-3 – Franca – j. em 26.6.95 – Rel. Bittencourt Rodrigues).

Laudo impresso. Validade

Prova – Exame químico-toxicológico – Laudos parcialmente impressos – Irrelevância – Inexistência de formalidades sacramentais para sua confecção – Necessidade, tão somente de que as conclusões dos peritos sejam precisas e completas – Nulidade – Inocorrência (TJSP – Ap. Crim. nº 90.042-3 – Buritama – Rel. Andrade Cavalcanti).

Laudo sem identificação do perito

a) validade

"O simples fato de ser o auto de exame de corpo de delito omisso quanto aos nomes dos peritos que examinaram a vítima não basta à rejeição do elemento de convicção" (TACRIM-SP- Rel. Rocha Lima – *JUTACRIM* 36/267).

b) imprestabilidade

"Exame de corpo de delito indireto, com base em ficha clínica desprovida de autenticidade ou possibilidade de identificação do médico subscritor, não se presta à comprovação da materialidade de lesões corporais" (TACRIM-SP – Rel. Costa Porto – *JUTACRIM* 86/251).

Laudo sem assinatura do perito

"A simples falta de assinatura do perito encarregado pela lavratura do laudo toxicológico definitivo constitui mera irregularidade e não tem o condão de anular a prova pericial na hipótese de existirem outros elementos que comprovem a sua autenticidade, notadamente quando o expert estiver devidamente identificado e for constatada a existência de substância ilícita". (STJ – Tema Repetitivo n. 1206, j. 22/11/23)

Laudo sem assinatura da autoridade policial. Mera irregularidade

Prova – Laudo pericial subscrito pelos expertos, mas em que foi omitida assinatura da autoridade policial – Reconhecimento de mera irregularidade – "Falta de assinatura da autoridade policial em laudo pericial não invalida a peça, regularmente subscrita pelos expertos" (TACRIM-SP – Rel. Valentim Silva – *JUTACRIM 33/297*).

Equívoco quanto à data do exame. Irrelevância

"Simples engano na data do laudo de exame médico constitui irregularidade e não pode invalidá-lo, outrossim, sem exame grafotécnico, não tem o apelante condições, sequer, para afirmar que a assinatura da vítima é falsa" (TACRM-SP – Rel. Boaventura Guglielmi – *JUTACRIM* 82/351).

Art. 180. Se houver divergência entre os peritos, serão consignadas no auto do exame as declarações e respostas de um e de outro, ou cada um redigirá separadamente o seu laudo, e a autoridade nomeará um terceiro; se este divergir de ambos, a autoridade poderá mandar proceder a novo exame por outros peritos.

Divergência – Ante a divergência dos dois peritos, pode a autoridade (policial ou judicial), nomear um terceiro que aderirá a um dos trabalhos ou, divergindo de ambos, apresentará suas próprias conclusões. De se ver, contudo, que mesmo a concordância do desempatador com um dos laudos não inibe o juiz de, ainda assim, nomear outros peritos, eis que incide, neste caso, a regra do art. 182 do código, pelo qual o Magistrado não se acha adstrito, isto é, vinculado às conclusões dos expertos. Deve, via de regra, fazê-lo, por não deter conhecimento técnico sobre a matéria, mas não é obrigado, sob pela de transformar-se o perito, de auxiliar do juízo, em verdadeiro juiz. V., a respeito, o art. 182 abaixo.

Art. 181. No caso de inobservância de formalidades, ou no caso de omissões, obscuridades ou contradições, a autoridade judiciária

mandará suprir a formalidade, complementar ou esclarecer o laudo. (Redação dada pela Lei nº 8.862, de 28.3.1994)

Parágrafo único. A autoridade poderá também ordenar que se proceda a novo exame, por outros peritos, se julgar conveniente.

Suprimento da perícia – Pode ocorrer de a perícia não atender às formalidades que dela se espera. Omissão ocorrerá, por exemplo, quando ficar sem resposta algum quesito submetido à apreciação do perito. Será obscuro quando não abordar tema relevante na apuração dos fatos e, contraditório, quando surgir incompatibilidade entre sua fundamentação e conclusão. Se as decisões judiciais podem padecer desses vícios, a serem sanados por meio dos embargos declaratórios, com mais razão eles podem incidir sobre as perícias, reclamando pronto esclarecimento.

De sorte que, na lição de Borges da Rosa, "o Juiz deve procurar saber como procedeu ele [o perito] à observação dos fatos. Se o perito não foi chamado oportunamente, se não empregou os meios técnicos mais apropriados ao caso, se não fez deles o uso conveniente, ou enfim, se as suas observações foram incompletas, fica muito abalada a confiança nele depositada, devendo as suas conclusões ser recebidas com desconfiança" (*Comentários ao Código de Processo Penal*, São Paulo: RT, 3ª. Ed., 1982, p. 288). Nessa tarefa, cumpre ao juiz, de ofício ou a requerimento das partes, fazer suprir a falha.

Autoridade judiciária – Interessante que este dispositivo, em sua redação original, conferia também à autoridade policial a possibilidade de ordenar a providência em análise. A partir do advento da Lei nº 8.862/94, restringiu-se ao juiz a competência para ordenar a suplementação ou a nova perícia. Quer nos parecer, porém, que essa alteração legislativa não está a inibir a ação do delegado de polícia. Não faria sentido, com efeito, que diante de um laudo omisso, no qual, por exemplo, os quesitos não foram respondidos, fosse o trabalho, apesar do defeito, anexado ao inquérito e remetido à apreciação em juízo. Ou que o delegado de polícia tivesse que se dirigir ao juiz para que, somente ele, pudesse determinara a correção. Importaria, no mais, em perda de tempo, imprópria à atuação policial, que reclama rapidez e urgência de suas ações. Ressalte-se, em acréscimo, que o comprometimento com a qualidade do trabalho pericial não é exclusividade do juiz, mas encampa também a autoridade policial, sobretudo quando boa parte das perícias é realizada durante a fase de investigações. A propósito, se cumpre à autoridade policial nos termos do art. 6º, inc. VII, determinar "que se proceda a exame de corpo de delito e a quaisquer outras perícias", importaria em verdadeiro contrassenso impedi-la de ordenar, diante de uma perícia incompleta, sua correção. Mais que isso, o art. 168 do código prevê, com todas as letras, que "se o primeiro exame pericial tiver sido incompleto, proceder-se-á a exame complementar por determinação da autoridade policial". Daí a conclusão, em uma análise sistemática, no sentido de que também à autoridade policial deve se deferir a possibilidade de determinar a suplementação da perícia.

Nova perícia – Por vezes, contudo, sem embargo da ordem no sentido de complementação e esclarecimento do laudo, nem assim o trabalho se mostre aproveitável. Tem aplicação, nesse caso, o parágrafo único deste dispositivo, abrindo-se a possibilidade da autoridade (policial ou judiciária), insatisfeita, ordenar novo exame com outros expertos. Disposição semelhante consta do art. 480 do Código de Processo Civil, *in verbis*: "O juiz determinará, de ofício ou a requerimento da parte, a realização de nova perícia quando a matéria não estiver suficientemente esclarecida".

JURISPRUDÊNCIA

Esclarecimentos. Quando são cabíveis

Prova – Perícia – Esclarecimento requerido pelo acusado – Indeferimento pelo Juiz – Inadmissibilidade – Cerceamento de defesa caracterizado – Pedido que é ato que decorre do princípio da ampla defesa – "O direito de participar dos atos de instrução do processo, requerendo esclarecimentos, complementação e suplementação de qualquer tipo de prova, fica ainda mais nítido e evidente quando, de forma pertinente, a defesa, discordando da que foi realizada, solicita ao Juiz determine o seu esclarecimento, ainda mais quando esse elemento de informação processual foi produzido na fase inquisitorial sem participação do réu e com o único objetivo de influir na formação da convicção do promotor para oferecimento de denúncia. Esse comum pedido de esclarecimento de perícia é ato que decorre do exercício da ampla defesa, e nada impediria o seu deferimento, até porque, ressalte-se, dentre outras atividades no processo, ama das incumbências do Juiz, é a de assegurar e estimular as garantias constitucionais, efetivando a concreta participação das partes no processo" (TACRIM-SP – Rel. Márcio Bártoli – *RT* 707/312).

Discricionariedade do juiz

"Só se procederá a nova perícia se assim o entender a autoridade judiciária, pois a esta e não às partes, e que cabe julgar sobre a eficiência ou ineficiência dos laudos" (STF – Rel. Annibal Freire – *RF* 103/233).

Realização de nova perícia

a) quando é necessária

Prova – Laudo pericial considerado insatisfatório – Realização de novo exame técnico – Admissibilidade – "Uma perícia técnica não vincula o convencimento do Juiz. Assim, não considerando satisfatórios os esclarecimentos consubstanciados em laudo, pode o Magistrado, livremente, determinar realização de nova prova pericial, abrangendo o todo ou apenas parte do objeto dos exames técnicos já realizados" (TACRIM-SP – Rel. Roberto Martins – *JUTACRIM* 24/344).

b) quando é facultativa

"A perícia foi efetuada por órgão oficial, de idoneidade e competência reconhecida, com a participação de duas expertas pertencentes à instituição. Assim, o Magistrado processante, a quem cabe, ao seu prudente arbítrio, apreciar os pedidos de diligências, não está obrigado a deferir nova perícia, se não julgá-la necessária, mormente se inexiste argumento capaz de pôr em dúvida a prestabilidade do laudo pericial já realizado" (STJ – HC nº 15.479-0 – Rel. Laurita Vaz – j. em 18.05.2004).

"A exigência de produção de nova perícia para se atestar a impropriedade das mercadorias apreendidas, nesse caso, em que já há laudo confeccionado por profissionais capacitados, é medida absolutamente descabida e não tem o condão de trancar a ação penal originária. A renovação da prova pericial já produzida no inquérito policial é medida que compete ao magistrado de piso que, em estrita observância à legislação de regência e com o fito de formar sua convicção, pode entender pela necessidade ou não da produção da prova." (STJ – AgRg no HC 560631/SC, 6ª Turma, Min. Rel. Antonio Saldanha Palheiro, j. 10/08/21)

Necessidade de intimação das partes da nova perícia

"A natureza probatória do exame pericial – notadamente quando realizado na fase judicial da *persecutio criminis* – impõe que se respeite a exigência de bilateralidade dos atos processuais, ensejando-se às partes, inclusive ao próprio réu, em conseqüência, a possibilidade (a) de argüirem a incompatibilidade dos peritos (CPP, art.102), (b) de formularem quesitos (CPP, art. 176) e (c) de criticarem o laudo pericial produzido. O réu tem o ineliminável direito de ser ouvido previamente sobre quaisquer provas produzidas no processo penal condenatório. A inobservância dessa prerrogativa – que possui extração constitucional – implica cerceamento de defesa e gera, como inevitável efeito consequencial, a nulidade do procedimento persecutório" (STF – 1ª Turma – HC 69.001-7-RJ – Rel. Min. Celso de Mello – DJU 26/06/92, pág. 10.106).

Art. 182. O juiz não ficará adstrito ao laudo, podendo aceitá-lo ou rejeitá-lo, no todo ou em parte.

Livre convencimento do juiz – O juiz não fica vinculado à conclusão da prova pericial, segundo dispõe expressamente o art. 182 do código. E nem poderia ser diferente. Frente ao princípio do livre convencimento, que inspira nosso processo penal, tem o julgador a mais ampla liberdade na apreciação da prova, podendo dar a ela o valor que bem entender. Ficasse adstrito à opinião do perito e ocorreria verdadeira substituição deste pelo juiz, pois seria o experto quem, em última análise, daria a palavra final sobre a questão em debate. Tampouco se submete à opinião do perito desempatador, isto é, daquele terceiro nomeado em face da divergência dos outros dois expertos, na dicção do art. 180 do código. Ou de todos os demais peritos que pode o juiz nomear, nas circunstâncias previstas neste último dispositivo.

Discordância e fundamentação – Ressalte-se, porém, que, conforme dito antes, a perícia pressupõe o desconhecimento do julgador sobre determinado assunto, a exigir o auxílio do experto. Por conta disso, embora não vinculado à conclusão pericial, somente se admite um julgamento contra tal perícia desde que devidamente fundamentado, com crítica pertinente ao exame, com estudo das premissas e conclusões do trabalho, enfim, com a análise de todo o desenvolvimento da prova, demonstrando o equívoco em que ela incorreu, que permitam, ao final, repudiar seu resultado. Em suma: somente quando devidamente fundamentada, pode ser aceita a prevalência da opinião de um leigo (o juiz), sobre um técnico (o perito). Daí a precisa lição de Espínola Filho, ao advertir que "ao juiz não é lícito nunca enveredar pelo terreno do capricho e do arbitrário, e, obrigado sempre a motivar e fundamentar o que decide, terá de justificar, com razões mais fortes, a sua orientação, no sentido de desprezar as razões, com que se sustenta o parecer técnico dos peritos especializados" (ob. cit., vol. II, p. 573). Ou, como anota Borges da Rosa, "um exame pericial, correto e escrupuloso, constituirá a melhor das provas do fato criminoso, porque, na frase de João Mendes, é o olho que vê, a mão que apalpa, a trena que mede, a ciência que tolhe a chicana, a arte que materializa a verdade" (ob. cit., p. 289).

JURISPRUDÊNCIA

Desvinculação do juiz ao laudo

"Diante do princípio do livre convencimento motivado, o Juiz criminal não está vinculado, de forma absoluta, à conclusão do laudo pericial, podendo rejeitá-lo ou aceitá-lo, no todo ou em parte. Na espécie, o Juiz sentenciante optou por desconsiderar as conclusões do laudo pericial, haja vista a existência de outras provas com conclusões antagônicas, bem como pelo comprometimento de diversas autoridades públicas com o réu" (STJ – AgRg no AResp n° 263303-DF, Rel. Marco Aurélio Bellizze, j. 18.06.2013, DJe 25.06.2013).

Desvinculação dos jurados ao laudo

"De se observar que nosso estatuto processual penal adota o sistema liberatório na apreciação dos laudos periciais, deixando ao prudente arbítrio do juiz aceitar ou rejeitar os laudos. Vige o princípio do livre convencimento, não estando o juiz da causa adstrito ao laudo, podendo aceitá-lo ou rejeitá-lo no todo ou em parte (art. 182 do CPP). Se o juiz singular pode decidir assim, também podem fazê-lo os jurados" (TJSP – Rel. Cerqueira Leite – *RT* 724/611).

Divergência deve ser fundamentada

"Não há dúvida que o julgador não está adstrito às conclusões periciais, podendo delas divergir. Contudo, para que tal ocorra, é necessário e imprescindível que motive fundamentadamente a sua divergência, demonstrando o erro, a imprecisão e a incoerência do laudo. Isto porque livre convencimento não significa arbítrio que se leve a prolatar uma sentença em inteiro desacordo com a prova técnica não invalidada por qualquer outro elemento probatório" (TJSP – Rel. Weiss de Andrade – *RT* 474/292).

Art. 183. Nos crimes em que não couber ação pública, observar-se-á o disposto no art. 19.

Ação penal privada – Dispõe o art. 19 do código que, "nos crimes em que não couber ação pública, os autos do inquérito serão remetidos ao juízo competente, onde aguardarão a iniciativa do ofendido ou de seu representante legal, ou serão entregues ao requerente, se o pedir, mediante traslado". A mesma disciplina se aplica em relação à perícia nos crimes que dependam da oferta de queixa pelo ofendido, ou seja, o trabalho, uma vez realizado, é remetido ao juízo, à espera de eventual oferta da acusação particular ou poderá ser-lhe entregue, mediante traslado. É pertinente a crítica da doutrina no sentido de que, ao invés de permanecer a perícia em cartório, deva ela, de pronto, ser juntada aos autos de inquérito policial, salvo se não deflagrado este procedimento.

Art. 184. Salvo o caso de exame de corpo de delito, o juiz ou a autoridade policial negará a perícia requerida pelas partes, quando não for necessária ao esclarecimento da verdade.

Indeferimento da perícia – Parece óbvia a possibilidade que possui a autoridade (policial ou judicial) de negar a realização da perícia, desde que não vislumbre qualquer utilidade na sua realização. Com mais razão, aliás, o juiz, afinal é ele o destinatário da prova. Poderá fazê-lo e nem poderia ser diferente, sob pena de colocar-se à mercê de todo e qualquer requerimento deduzido pelo interessado, vendo-se obrigado a acolhê-lo. O Código de Processo Civil, em seu art. 464, foi mais específico listando os casos nos quais o juiz pode indeferir a produção de prova pericial, a saber: 1) quando a prova do fato não depender de conhecimento especial de técnico; 2) for desnecessária em vista de outras provas produzidas e 3) a verificação for impraticável. O mesmo *codex* vai além, incumbindo ao juiz o indeferimento de quesitos impertinentes (art. 470, inc. I).

Mas essa assertiva não implica, porém, na imposição de um critério absolutamente discricionário à autoridade, a permitir que, por capricho ou qualquer outro motivo menos nobre, indefira o pedido a seu *bel prazer*. A medida correta para análise do acerto da decisão – deferindo ou não a realização da perícia – deve ser buscada na fundamentação do *decisum*. Em outras palavras: a exemplo do que ocorre no sistema do livre convencimento, que orienta, quando à avaliação da prova, nosso sistema processual penal, ao juiz é dado julgar da forma que bem entender, desde que observe, basicamente, a regra principal que impõe a motivação de suas decisões. Por meio dessa fundamentação é que se conhecerão as razões invocadas, permitindo, assim, que em grau de recurso sejam elas refutadas. A propósito, mesmo a afirmação de que o juiz é o destinatário da prova não pode ser interpretada de maneira absoluta. É que, embora para o juiz a prova possa estar completa, sendo desnecessária a perícia, ele não deve olvidar a possibilidade de recurso de sua sentença, o que abre a possibilidade de, para o Tribunal, a questão não estar assim tão clara. Por óbvio que, sendo manifestamente desnecessária a perícia, vislumbrando com seu pedido a tentativa de protelar a prestação jurisdicional, ou qualquer outra iniciativa menos louvável, cabe mesmo o indeferimento. Agora, se a perícia se revelar necessária à análise do caso concreto, cabe seu deferimento, tanto pela autoridade policial ou judicial, sob pena de configuração de cerceamento de acusação ou de defesa. Assente-se que, em relação ao exame de corpo de delito, porque obrigatório, não cabe o indeferimento de sua realização, nos termos iniciais deste dispositivo e sob pena de configuração de nulidade (art. 564, inc. III, "b" do CPP).

E qual a medida cabível contra ato da autoridade que indefere o pedido? Tratando-se de ato do juiz, sempre na análise do caso concreto, pode se admitir *habeas corpus*, caso a negativa de alguma forma influencie o direito de ir e vir do paciente. Se líquido e certo o direito, o mandado de segurança pode se mostrar adequado. Já correição parcial, em vista de seu alcance restrito, não parece a medida mais pertinente, já que cabível quando se verifica inversão tumultuária do processo, o que dificilmente se caracterizará no indeferimento da realização da perícia. Nada impede, ainda, que na eventualidade de uma sentença penal condenatória, o réu, em sede de preliminar de apelação, suscite a nulidade do feito. Caso se trate de um indeferimento proveniente da autoridade policial, também é cabível o *habeas corpus*, desde que preenchidos seus requisitos de admissibilidade. Dirigir-se o interessado ao Ministério Público para que este órgão requisite a perícia, como sugere parte da doutrina, parece medida de pouco alcance prático, pois, no cotidiano forense, dificilmente o *parquet* interferirá para produção de uma prova em favor da defesa. Melhor que se formule o pedido perante o juiz.

JURISPRUDÊNCIA

Quando se admite o indeferimento da perícia

"O deferimento de provas submete-se ao prudente arbítrio do magistrado, cuja decisão há de levar em conta o conjunto probatório já existente. É lícito ao juiz indeferir diligências que reputar impertinentes, desnecessárias ou protelatórias (arts. 184 e 400, § 1º, do CPP, este último incluído pela Lei 11.719/2008). Precedentes. Inocorrência de afronta aos princípios da ampla defesa e do contraditório ou às regras do sistema acusatório, por se tratar de perícia desnecessária para a elucidação dos fatos imputados ao paciente" (STF – HC nº 104473-PE, Rel. Ricardo Lewandovski, j. 05.10.2010, DJe 28.10.2010).

Diante da renúncia do defensor constituído pelo recorrente, seus novos patronos pleitearam a elaboração de laudo complementar para o exame necroscópico, com o objetivo de esclarecer o momento provável do óbito da vítima, exames nos canhotos dos cheques emitidos pelo acusado na data dos fatos, a realização de novo interrogatório, e a convocação das testemunhas arroladas para prestarem esclarecimentos. Os pleitos foram indeferidos pela magistrada responsável pelo feito porque requeridos intempestivamente, além do que teria havido a preclusão da prova testemunhal. O recorrente foi assistido durante todo o processo criminal por advogado por ele contratado, não havendo que se falar em cerceamento de defesa, ou em sua ausência. Ao contrário, a defesa foi devidamente intimada para providenciar as medidas necessárias para que fosse realizada a notificação das testemunhas que pretendia ouvir, tendo permanecido inerte, o que acarretou a preclusão da prova. Ademais, em momento algum durante o curso da instrução criminal houve qualquer questionamento ou impugnação aos diversos laudos juntados aos autos. Ainda que assim não fosse, tem-se que vigora no sistema processual penal brasileiro o princípio do livre convencimento motivado do juiz, consoante o disposto no artigo 155, caput, do Código de Processo Penal, pelo qual o magistrado pode formar o seu convencimento livremente, ponderando as provas que desejar, valorando-as conforme o seu entendimento, ressalvados os casos de provas tarifadas, desde que o faça fundamentadamente. No caso em apreço, o indeferimento das provas pleiteadas pela defesa deu-se de maneira motivada, e após o final da instrução processual, não havendo, portanto, qualquer ilegalidade, cuidando-se, ao revés, de providência natural no curso do processo, já que cabe ao juiz da causa examinar a pertinência das diligências requeridas, analisando se são necessárias ou meramente protelatórias. Precedentes" (STJ – RHC nº 25475-SP – Rel. Jorge Mussi, j. 16.09.2010, DJe 16.11.2010).

CAPÍTULO III
DO INTERROGATÓRIO DO ACUSADO

Art. 185. O acusado que comparecer perante a autoridade judiciária, no curso do processo penal, será qualificado e interrogado na presença de seu defensor, constituído ou nomeado. (Redação dada pela Lei nº 10.792, de 1º.12.2003)

§ 1º O interrogatório do réu preso será realizado, em sala própria, no estabelecimento em que estiver recolhido, desde que estejam garantidas a segurança do juiz, do membro do Ministério Público e dos auxiliares bem como a presença do defensor e a publicidade do ato. (Redação dada pela Lei nº 11.900, de 2009)

§ 2º Excepcionalmente, o juiz, por decisão fundamentada, de ofício ou a requerimento das partes, poderá realizar o interrogatório do réu preso por sistema de videoconferência ou outro recurso tecnológico de transmissão de sons e imagens em tempo real, desde que a medida seja necessária para atender a uma das seguintes finalidades: (Redação dada pela Lei nº 11.900, de 2009)

I - prevenir risco à segurança pública, quando exista fundada suspeita de que o preso integre organização criminosa ou de que, por outra razão, possa fugir durante o deslocamento; (Incluído pela Lei nº 11.900, de 2009)

II - viabilizar a participação do réu no referido ato processual, quando haja relevante dificuldade para seu comparecimento em juízo, por enfermidade ou outra circunstância pessoal; (Incluído pela Lei nº 11.900, de 2009)

III - impedir a influência do réu no ânimo de testemunha ou da vítima, desde que não seja possível colher o depoimento destas por videoconferência, nos termos do art. 217 deste Código; (Incluído pela Lei nº 11.900, de 2009)

IV - responder à gravíssima questão de ordem pública. (Incluído pela Lei nº 11.900, de 2009)

§ 3º Da decisão que determinar a realização de interrogatório por videoconferência, as partes serão intimadas com 10 (dez) dias de antecedência. (Incluído pela Lei nº 11.900, de 2009)

§ 4º Antes do interrogatório por videoconferência, o preso poderá acompanhar, pelo mesmo sistema tecnológico, a realização de todos os atos da audiência única de instrução e julgamento de que

tratam os arts. 400, 411 e 531 deste Código. (Incluído pela Lei nº 11.900, de 2009)

§ 5º Em qualquer modalidade de interrogatório, o juiz garantirá ao réu o direito de entrevista prévia e reservada com o seu defensor; se realizado por videoconferência, fica também garantido o acesso a canais telefônicos reservados para comunicação entre o defensor que esteja no presídio e o advogado presente na sala de audiência do Fórum, e entre este e o preso. (Incluído pela Lei nº 11.900, de 2009)

§ 6º A sala reservada no estabelecimento prisional para a realização de atos processuais por sistema de videoconferência será fiscalizada pelos corregedores e pelo juiz de cada causa, como também pelo Ministério Público e pela Ordem dos Advogados do Brasil. (Incluído pela Lei nº 11.900, de 2009)

§ 7º Será requisitada a apresentação do réu preso em juízo nas hipóteses em que o interrogatório não se realizar na forma prevista nos § § 1º e 2º deste artigo.(Incluído pela Lei nº 11.900, de 2009)

§ 8º Aplica-se o disposto nos § § 2º, 3º, 4º e 5º deste artigo, no que couber, à realização de outros atos processuais que dependam da participação de pessoa que esteja presa, como acareação, reconhecimento de pessoas e coisas, e inquirição de testemunha ou tomada de declarações do ofendido. (Incluído pela Lei nº 11.900, de 2009)

§ 9º Na hipótese do § 8º deste artigo, fica garantido o acompanhamento do ato processual pelo acusado e seu defensor. (Incluído pela Lei nº 11.900, de 2009)

§ 10. Do interrogatório deverá constar a informação sobre a existência de filhos, respectivas idades e se possuem alguma deficiência e o nome e o contato de eventual responsável pelos cuidados dos filhos, indicado pela pessoa presa. (Incluído pela Lei nº 13.257, de 2016)

Introdução – Pode-se definir o interrogatório como sendo a resposta dada pelo acusado às perguntas que lhe são formuladas para esclarecimento do fato delituoso e suas circunstâncias. Reveste-se de enorme importância – Vicente de Azevedo o considerou "a peça mais importante do processo penal" (*RT* 133/636) – já que consiste na única oportunidade em que o réu, de viva voz, no exercício de sua autodefesa, pode apresentar sua versão dos fatos ao Juiz, ou seja, é o único momento processual em que ocorre uma audiência entre acusado e julgador. A relevância de tal ato foi salientada por Enrico Altavilla, ao asseverar que "o interrogatório pode, pois, ser proclamado o ato processual mais importante, porquanto, tendo o processo, como precípua finalidade a apuração da culpabilidade ou da inocência do acusado, é claro que toda a atividade processual deste deva ser o centro de polarização de toda a investigação. Quantas vezes o exame atento e sereno de um interrogatório pode fazer descobrir um indício importante, quando parecia ao observador superficial, ser, tão somente, um protesto seguro e desdenhoso da inocência" (*apud*, Espínola Filho, ob. cit., vol. III, p. 21). Por conta disso, diz o art. 185 do CPP, pode ser realizado a qualquer momento, havendo possibilidade, ainda, de ser renovado pelo Juiz, de ofício ou a pedido das partes (art. 196), constituindo sua falta nulidade absoluta (art. 564, III, "e").

Para Eugenio Florian, "o acusado tem importância para a investigação probatória a partir de dois pontos de vista fundamentais: no primeiro, enquanto pode fornecer informações sobre fatos relacionados à causa ou, em geral, elementos de convicção, e nesse sentido se converte em órgão de prova; no segundo, enquanto sua pessoa pode ser observada pelo juiz ou pelo perito, e nesse sentido se converte em objeto (sujeito passivo) de prova" (*De las pruebas penales*, Temis: Bogotá, trad. Jorge Guerrero, 1998, tomo II, p. 15).

Natureza jurídica do interrogatório. Meio de defesa – Acalorada discussão surge acerca da natureza jurídica de tal ato processual: seria um *meio de prova* ou um *meio de defesa*? Trata-se de meio de defesa, na lição de Ada, Scarance e Magalhães, para quem "ainda que se quisesse ver o interrogatório como meio de prova, só o seria em sentido meramente eventual, em face da faculdade de o acusado não responder. A autoridade estatal não pode dispor dele, mas deve respeitar sua liberdade no sentido de defender-se como entender melhor, falando ou calando-se. O direito ao silêncio é o selo que garante o enfoque do interrogatório como meio de defesa e que assegura a liberdade de consciência ao acusado" (*As nulidades no processo penal*, 8. ed. São Paulo: RT, 1997, p. 73).

Meio de prova – Já Adalberto Camargo Aranha assevera cuidar-se o interrogatório de um meio de prova, elencando as razões de tal entendimento: "em primeiro lugar, porque colocado no Código entre as provas e como tal considerado pelo julgador ao formar sua convicção; depois, porque as perguntas podem ser feitas livremente, apenas obedecendo às diretrizes do art. 188; em terceiro, porque pode atuar tanto contra o acusado, no caso da confissão, como em seu favor; e, finalmente, porque o silêncio, a recusa em responder às perguntas, pode atuar como um ônus processual (arts. 186 e 191)" (*Da prova no processo penal*, 2. ed. São Paulo: Saraiva, 1987, p. 68).

Comunga desta opinião Hélio Tornaghi, ao ensinar que "o interrogatório, pois, na lei em vigor, é meio de prova. Fato de ser assim não significa que o réu não possa valer-se dele para se defender. Pode; ele é excelente oportunidade para fazer alegações defensivas [...] o objetivo do interrogatório é provar, a favor ou contra, embora dele possa aproveitar-se o acusado para defender-se" (*Curso de processo penal*, 1.990, vol. 1, p. 359).

Caráter misto do interrogatório – Sem embargo de tais posicionamentos, parece ganhar força, segundo a doutrina mais moderna, uma posição intermediária, que confere um caráter misto à natureza jurídica do ato. É o nosso posicionamento, sobretudo em face das profundas alterações na disciplina do interrogatório, introduzidas pela Lei nº 10.792/2003, que não infirmam nosso posicionamento, mas, antes, o reforçam. De sorte que um dos fundamentos empregados por aqueles que veem no interrogatório um meio de defesa se apoiava no fato de que esse ato processual não tolerava o contraditório. Tal argumentação não mais aproveita, pois ele admite a participação das partes, nos termos da atual redação do art. 188 do código, embora não nos pareça que se possa afirmar que o contraditório, em toda sua extensão, passe a vigorar no interrogatório.

Cremos, por isso mesmo, que as mudanças trazidas pela Lei n. 10.792/2003 confirmam a natureza dúplice do interrogatório. É ato defesa, posto que ao interrogando é dado, inclusive, negar-se a responder às indagações que lhe são formuladas. Trata-se, aliás, de disposição já prevista na antiga redação do art. 186 do código, que contava, porém, com a ressalva da parte final do texto, quando impunha ao juiz advertir o réu que "o seu silêncio poderá ser interpretado em prejuízo da própria defesa". Hoje, ao contrário, o parágrafo único do art. 186 deixa claro que "o silêncio [...] não poderá ser interpretado em prejuízo da defesa", rendendo homenagem, assim, ao 5º, LXIII, da Constituição. É – repita-se – sob esse aspecto, meio de defesa.

Também possui, no entanto, a característica de meio de prova, ou, para ser mais preciso, fonte de prova. Basta ver a situação na qual o réu, perante o juiz e – agora – obrigatoriamente na presença de seu defensor, confessa a prática do crime. Conquanto se façam restrições ao caráter absoluto da confissão, que não ostenta mais o *status* de "rainha das provas", parece claro, na prática, o enorme valor probatório dessa admissão formulada pelo acusado. Ninguém dirá que, nesse caso, o julgador desprezará a confissão. Ao contrário, ela servirá como valiosíssimo elemento, formador da serena convicção do juiz, revelando, assim, sua inegável faceta de fonte de prova.

ATENÇÃO – se a Lei 10.792/03, ao permitir esclarecimentos das partes no ato do interrogatório, confirmou ser meio de prova, a Lei 11.719/08, ao anunciar que a oitiva do acusado encerra a instrução (art. 400 do CPP), confirmou ser também meio de defesa.

Características do interrogatório – Apontam-se algumas características próprias do interrogatório. Assim, ele é marcado pela *publicidade*, isto é, tal qual os demais atos judiciais, ele é público, realizado de portas abertas, ressalvada a exceção tratada no § 1º, do art. 792, do código, quando o juiz, percebendo a inconveniência da presença popular, poderá limitar o ingresso de pessoas à audiência. Rende-se, assim, homenagem ao princípio da publicidade previsto no art. 93, IX, da Constituição (com a atual redação determinada pela EC n. 45/04). Mesmo no interrogatório realizado no interior do estabelecimento prisional, como já se disse, é preservada a publicidade, na exata dicção do § 1º, do art. 185, do código.

É também um *ato personalíssimo*, na medida em que somente o próprio réu pode a ele submeter-se, vedada, assim, a possibilidade de sua realização através de representação. "Interrogado tem de ser o próprio réu e ninguém por ele. Nem mesmo o defensor do acusado maior, ou o curador do menor", na lição de Hélio Tornaghi (ob. cit., vol. 4, p. 359).

A *oralidade* é outra característica do interrogatório. Como já foi dito, consiste o interrogatório no único ato processual no qual o réu pode, de viva voz, dar ao juiz sua explicação para os fatos que se lhe imputam. Daí a relevância desse ato ser realizado cara a cara, entre magistrado e acusado, quando aquele primeiro poderá sentir as reações do interrogando: se vacila ou é firme no que diz, se demonstra sinceridade ou desonestidade, se revela arrependimento ou frieza quanto ao ato delituoso que praticou. Enfim, o tom de voz, o gesto, a postura, são elementos que não podem ser substituídos pela frieza de uma declaração escrita, previamente preparada. Apontam-se, como exceções, as hipóteses elencadas no art. 192 do código, referentes ao surdo-mudo.

O interrogatório ainda se caracterizava pela *judicialidade*, posto que não admitia o contraditório, cabendo somente ao juiz dele participar, com a formulação de perguntas ao acusado. Na precisa lição de Galdino Siqueira, "o interrogatório é ato exclusivamente pessoal, e por isso é inadmissível a intervenção do procurador, mesmo com poderes especiais; a Justiça quer a verdade; e esta revela-se independentemente da competência de um profissional, que, aliás, tem recursos em demasia, para desnaturá-la; nem é licito ao procurador intervir, mesmo para retificar respostas dadas pelo seu constituinte, facultando lhe sendo, porém, protestar contra abusos praticados" (*Curso de processo criminal*, 1930, p. 333). Saliente-se, porém, que a atual redação do art. 188, como visto abaixo, autoriza que as partes intervenham no ato, a fim de que algum fato seja esclarecido. Não há mais que se falar, portanto, em judicialidade, afastada quer pela possibilidade de participação das partes, quer porque obrigatória a presença delas ao ato. Daí se dizer, embora com as ressalvas que fizemos anteriormente, que o interrogatório é ato *contraditório*.

Presença do defensor – A atual redação do *caput* do art. 185, com as alterações introduzidas pela Lei nº 10.792/2003, trouxe, como novidade, a obrigatoriedade da presença de advogado, constituído ou nomeado, que deve acompanhar o réu no interrogatório. Corrige-se, com isso, sério inconveniente verificado ao tempo da legislação anterior. Com efeito, na medida em que o antigo art. 187 impedia o defensor (e, por equidade, a acusação) de intervir no interrogatório, a doutrina, quase que de forma unânime, e a jurisprudência, com um ou outro entendimento divergente, se posicionavam no sentido de que a presença do advogado, ao ato, era prescindível. Era entendimento que prevalecia e, raramente, se decretava a nulidade do interrogatório causada pela ausência do defensor. A consequência disso era um tanto nefasta. Afinal, já que não se exigia a presença do defensor, não raras vezes – principalmente nas hipóteses em que o réu fosse pobre e, portanto, não contasse com um advogado constituído – o defensor somente tinha o primeiro contato com os autos depois do interrogatório, na ocasião da oferta da chamada defesa prévia. A essa altura, porém, com a defesa já totalmente comprometida, quer em virtude de que o réu não recebera nenhuma orientação prévia, quer – o que era mais grave – em razão de que ele, na presença do juiz, já confessara a prática do crime. Reparou-se tal enormidade. Atualmente o dispositivo em exame impõe a presença do defensor, seja constituído ou dativo e, em acréscimo, com o objetivo de conferir efetividade ao enunciado, assegura o direito de entrevista entre o réu e seu advogado, na exata dicção do § 5º, do art. 185, do código.

> **ATENÇÃO** – A Lei 13.245/16, ao alterar o Estatuto da OAB, incluiu, no seu art. 7º, o direito do advogado "assistir a seus clientes investigados durante a apuração de infrações, sob pena de nulidade absoluta do respectivo interrogatório ou depoimento e, subsequentemente, de todos os elementos investigatórios e probatórios dele decorrentes ou derivados, direta ou indiretamente".

Abuso de Autoridade – O art. 15, parágrafo único, inc. II, da Lei 13.869/19 pune o agente ou autoridade que prossegue com o interrogatório de pessoa que tenha optado por ser assistida por advogado ou defensor público, sem a presença de seu patrono. As condutas descritas nesta Lei constituem crime de abuso de autoridade quando praticadas pelo agente com a finalidade específica de prejudicar outrem ou beneficiar a si mesmo ou a terceiro, ou, ainda, por mero capricho ou satisfação pessoal (art. 1º., §1º.).

Contraditório no interrogatório? – A mais profunda alteração na nova disciplina do interrogatório, sem dúvida, foi trazida pelo art. 188, ao determinar que o juiz, após proceder ao interrogatório, "*indagará das partes se restou algum fato para ser esclarecido, formulando as perguntas correspondentes, se o entender pertinente e relevante*". A doutrina surgida após o advento da nova lei animou-se em apontar que, finalmente, se estabeleceu o contraditório nesse relevante ato processual, "ao permitir a ativa participação da acusação e da defesa no interrogatório judicial", conforme salienta Rogério Schietti Machado Cruz, em bem elaborado artigo publicado no Boletim do *IBCCrim* nº 135 (*A Lei nº 10.792/03, o contraditório e o conservadorismo*). Segundo publicação da mesma revista, sob o título *Publicidade, ampla defesa e contraditório no novo interrogatório judicial*, nessa linha foi também uma das conclusões do grupo de estudos do *IBCCrim* que se dedicou ao estudo da matéria.

Temos dúvida, porém, se o legislador chegou tão longe. Com efeito, lendo atentamente o texto de lei, constata-se que o juiz, após interrogar o réu, indagará às partes se há algo a ser esclarecido, formulando, em caso positivo, as perguntas que entender cabíveis. Não se trata, assim, de permitir às partes a formulação de verdadeiro rol de perguntas, estabelecendo a possibilidade do mais amplo e ilimitado contraditório. Tampouco deter-se na primeira parte do interrogatório, referente aos dados qualificativos do réu (art. 187, § 1º), para, logo em seguida, abrir às partes a possibilidade de perguntas, quanto ao fato em si, aludidas no § 2º do mesmo dispositivo legal. O objetivo da lei, ao que parece, foi de permitir a participação das partes no interrogatório, não mais limitando sua atuação à prática de meros atos de fiscalização, como se admitia pela disciplina anterior. Mas uma atuação muito mais supletiva, isto é, visando esclarecer um ou outro ponto que não restou bem explicado, um dado ou outro que ficou obscuro, algum detalhe esquecido, sanando alguma contradição. Inegável o avanço e salutar a iniciativa do legislador. Daí, porém, a se dizer que se instalou o mais amplo contraditório, parece haver certa distância.

Imagine-se situação na qual o réu, interrogado pelo juiz, optasse pelo silêncio, em comportamento, agora, incapaz de acarretar-lhe qualquer prejuízo, face ao teor do parágrafo único do art. 186. Em seguida, indagado pelo promotor de Justiça, insistisse em permanecer calado, atitude que deve ser admitida, já que, podendo silenciar quando perguntado pelo juiz, parece óbvio possa manter a mesma postura quando provocado pelo Ministério Público. Ato contínuo, dada a palavra à defesa, aí sim, passasse a responder apenas às perguntas de seu advogado, previamente preparadas quem sabe até na entrevista que antecedeu o interrogatório (art. 185, § 2º). A se admitir esse comportamento, teríamos que concluir, necessariamente, que o interrogatório passou a se constituir, única e exclusivamente, em um *meio de defesa*, muito mais que antes, quando ao réu era dado silenciar, apenas, quando interrogado pelo juiz. Agora, poderia deixar de responder às perguntas do juiz, do promotor de justiça, do assistente de acusação, do querelante na ação penal privada, para atender as indagações que lhe fossem formuladas apenas por seu defensor. Terá sido essa a intenção do legislador?

Ora, quisesse o legislador, efetivamente, instalar o contraditório em sua plenitude, teria repetido as expressões utilizadas pelo art. 212, que trata da colheita da prova testemunhal. Ali sim, com todas as letras, o legislador indica que *"as perguntas das partes serão requeridas ao juiz"* que *"não poderá recusar as perguntas"*, salvo se impertinentes. Da forma que redigido o novo dispositivo, parece – repita-se – que se abriu a oportunidade para esclarecimento, mas não para reperguntas. Avançou-se muito mais em relação à antiga disciplina do interrogatório. Mas não ao ponto de transformar o réu em verdadeira testemunha.

Em se tratando do interrogatório em plenário essa cautela deve ser redobrada. A argúcia do promotor de Justiça ou a sutileza de raciocínio do advogado, ao dirigirem – diretamente – uma pergunta ao réu, durante seu interrogatório, pode acarretar uma influência no espírito dos jurados leigos que, se tratasse do julgamento afeto ao juiz togado, não teria o mesmo efeito. Em síntese: parece que, de forma salutar, se autorizou uma intervenção supletiva das partes, pedindo para que um ou outro dado seja esclarecido. Não, porém, a formulação de perguntas e reperguntas sem maior critério, atribuindo-se ao interrogatório campo fértil para o contraditório, a exemplo do que ocorre na colheita da prova testemunhal. Não se trata, como se vê, de mera discussão semântica ou de interesse estritamente acadêmico. Mas de questão relevante que merecerá a apreciação da doutrina e o enfrentamento pelos Tribunais. O STJ, por exemplo, pensa diferente. Deicdiu ser ilegal o encerramento do interrogatório do paciente que se nega a responder aos questionamentos do juiz instrutor antes de oportunizar as indagações pela defesa (Processo: HC 703.978-SC, Rel. Min. Olindo Menezes (Desembargador convocado do TRF 1ª Região), Sexta Turma, por unanimidade, julgado em 05/04/2022, DJe 07/04/2022).

JURISPRUDÊNCIA

Sobre o interrogatório na Justiça Eleitoral e na Justiça Militar, v. art. 400 abaixo.

Ausência do defensor

a) nulidade absoluta

"Conquanto não se vislumbre na espécie nenhum prejuízo efetivo para o réu, na medida em que se limitou a negar os fatos e a autoria, e ainda que o fato seja atribuível à atitude do próprio Paciente, que dispensou a entrevista prévia com o defensor dativo, motivando a realização do interrogatório sem a sua presença, cuida-se a providência sub examine de formalidade essencial corolário do princípio da ampla defesa e do devido processo legal. Dessa forma, uma vez realizado o interrogatório sob a égide do mencionado regramento, já que o processo em tela teve início no ano de 2004, resta evidenciada a nulidade, a qual, por ser de natureza absoluta, não se convalida com a inércia das partes ou mesmo com a ausência de prejuízo concretamente aferível, ou ainda com a prolação da sentença, contaminando todos os atos decisórios a partir de então" (STF – HC nº 87.390-DF – Rel. Gilmar Mendes).

"O advento da Lei nº 10.792/2003 tornou indispensável, no interrogatório judicial, a presença do defensor, constituído ou nomeado, sendo, inclusive, assegurado ao acusado o direito de prévia entrevista reservada. A inobservância das formalidades legais previstas nos art. 185 a 188 do CPP constitui nulidade absoluta uma vez que fere os princípios da ampla defesa e devido processo legal. Precedentes." (STJ – AgRg no REsp n. 1.458.725/PA, relator Ministro Felix Fischer, Quinta Turma, julgado em 4/10/2016, DJe de 26/10/2016.)

b) antes da Lei 10.792/03

"O interrogatório, no período anterior à Lei 10.792/2003, era entendido como ato personalíssimo do magistrado, não se submetendo ao princípio do contraditório, o que inviabilizava a intervenção da acusação ou da defesa, motivo pelo qual a ausência de defensor não implica qualquer nulidade" (HC n. 301.272/SP, Quinta Turma, relator Ministro Jorge Mussi, DJe de 13/11/2014).

Prazo exíguo entre a citação e o interrogatório. Nulidade relativa

"Embora a cientificação do paciente acerca do ajuizamento da ação penal em seu desfavor tenha sido realizada no mesmo dia em que designada audiência para a sua oitiva, a jurisprudência desta Corte possui entendimento no sentido de que o período exíguo entre a data da citação e a do interrogatório não dá ensejo à nulidade do processo, cuja declaração depende da demonstração de efetivo prejuízo à defesa, o que não ocorreu na espécie" (STJ – HC nº 153121-SP, Rel. Jorge Mussi, j. 23.08.2011, DJe 01.09.2011).

Prazo exíguo entre a nomeação do defensor e o interrogatório. Nulidade relativa

"Não se reconhece nulidade por cerceamento de defesa pelo simples fato de o Defensor constituído dos acusados ter sido nomeado apenas um dia antes da data marcada para o interrogatório, mormente quando não resta evidenciado qualquer prejuízo, porque os Pacientes permaneceram em silêncio. Foi assegurado aos réus o direito à ampla defesa, uma vez que o Juízo processante permitiu entrevista reservada com o advogado que participou do ato processual e, inclusive, teve acesso aos autos previamente à audiência" (STJ – HC nº 86673-SC, Rel. Laurita Vaz, j. 15.09.2009, DJe 05.10.2009).

Ausência do defensor constituído e nomeação de defensor *ad hoc*. Possibilidade

"Não restam violados os princípios do contraditório e da ampla defesa, bem assim não há prejuízo, pois, de um lado, a inércia do advogado constituído foi fator determinante para que ele não estivesse presente na audiência de instrução, e, de outro, o Juízo processante nomeou ao Réu defensor *ad hoc* para acompanhar o ato, o qual trabalhou de modo efetivo na defesa, realizando questionamentos. Alegações genéricas de nulidade, desprovidas de demonstração do concreto prejuízo, não podem dar ensejo à invalidação da ação Penal" (STJ – RHC n° 32062-MS, Rel. Laurita Vaz, j. 17.09.2013, DJe 25.09.2013).

Falta de intimação do defensor constituído e nomeação de defensor *ad hoc*. Possibilidade

"Não viola os princípios do devido processo legal, do contraditório e da ampla defesa, bem como não prejudica o réu, a ausência de intimação do advogado constituído para o interrogatório, se a defesa foi exercida por defensor dativo, com a anuência do réu, de maneira plena em todos os atos processuais" (STJ – HC n° 93773-PI, Rel. Arnaldo Esteves Lima, j. 19.11.2009, DJe 14.12.2009).

Réu solto que não comparece

"Não há falar em nulidade do processo em razão da não realização de interrogatório, uma vez que o paciente foi pessoalmente citado e intimado para a audiência, estando solto e devidamente ciente do teor da acusação, de modo que caberia a ele procurar orientação junto à Defensoria Pública, ou mesmo perante qualquer outro advogado, e comparecer em juízo. Ainda, não se vislumbra nenhum elemento concreto dos autos que justifique que, ciente da data do interrogatório, o paciente simplesmente decidisse não se fazer presente na audiência" (STJ – HC n° 232781-SP, Rel. Sebastião Reis Júnior, j. 11.04.2013, DJe 25.04.2013).

Ausência ao interrogatório, por si só, não justifica a decretação da preventiva

"Tratando-se de interrogatório judicial, que o não comparecimento do réu não constitui fundamento suficiente para legitimar a decretação da prisão cautelar do acusado, pois este – como se sabe – sequer está obrigado a responder às perguntas formuladas pelo magistrado (CPP, art. 186, "caput"), considerado o direito fundamental, que assiste a qualquer pessoa sob persecução penal, de permanecer em silêncio ("nemo tenetur se detegere"), consoante tem sido reconhecido pela jurisprudência constitucional do Supremo Tribunal Federal (HC 79.812/SP, Rel. Min. CELSO DE MELLO – HC 94.016/SP, Rel. Min. CELSO DE MELLO – HC 94.601/CE, Rel. Min. CELSO DE MELLO – HC 99.289/RS, Rel. Min. CELSO DE MELLO – HC 101.909/MG, Rel. Min. AYRES BRITTO – HC 106.876/RN, Rel. Min. GILMAR MENDES – HC 114.095/MS, Rel. Min. LUIZ FUX – HC 119.941/DF, Rel. Min. CÁRMEN LÚCIA – RHC 109.978/DF, Rel. Min. LUIZ FUX, *v.g.*)" (STF – MC no HC n° 123043-SP – Rel. Celso de Mello, j. 18.08.2014).

Interrogatório no estrangeiro. Possibilidade

V. art. 368 abaixo

"É possível a realização do interrogatório do agente em País estrangeiro, desde que resguardadas todas as garantias legais e constitucionais atinentes à espécie, notadamente quando há acordo de cooperação judiciária e assistência mútua em matéria penal devidamente firmado pelo Brasil, promulgado no ordenamento interno via Decreto" (STJ – HC n° 88225-RJ, Rel. Jane Silva, j. 01.04.2008, DJe 22.04.2008).

Interrogatório de índio

a) necessidade de nomeação de curador

Processo crime – Nulidade – Silvícola tutelado da Funai – Pessoa relativamente incapaz – Necessidade de assistência por aquela entidade – Processo anulado desde o interrogatório judicial – Inteligência dos arts. 6º, III, do CC e 4º, 9º e 10 da Lei 6.001/73 – "Recurso em sentido estrito. Processo crime. Índio sob tutela da Funai. Necessidade de assistência especializada da Funai nos processos crimes pelos quais ele responde. Omissão. Nulidade declarada. O índio, não integrado à comunhão nacional, nem liberado do regime tutelar, nos termos dos arts. 4º, 9º e 10 da Lei 6.001/73, é pessoa relativamente incapaz (art. 6º, III, do CC). Por isso, não pode ser processado sem a assistência especializada da Funai, desde o interrogatório" (TJMS – Rel. José Rizkallah – *RT* 600/392).

b) desnecessidade

Processo crime – Nulidade – Inexistência – Silvícolas processados sem a assistência de curador – União Federal, também não citada para a ação penal, embora considerada tutora legal daqueles – Ausência, porém, de prova de serem eles inimputáveis – "Habeas corpus" denegado – Inteligência dos arts. 22 do CP e 6º, III, do CC – "Embora sendo silvícolas os acusados, tal condição, por si só, não autoriza afirmar-se serem os mesmos inimputáveis, a não ser quando demonstrado, através de perícia, seu desenvolvimento mental incompleto ou retardado" (TJSC – Rel. Rid Silva – *RT* 544/390).

Algemas – Sobre a utilização de algemas durante a prática de ato processual, ver adiante comentários ao art. 474, § 3º (plenário do Júri), e, acima, art. 6º, inc. V (interrogatório policial).

§ 1º O interrogatório do réu preso será realizado, em sala própria, no estabelecimento em que estiver recolhido, desde que estejam garantidas a segurança do juiz, do membro do Ministério Público e dos auxiliares bem como a presença do defensor e a publicidade do ato. (Redação dada pela Lei nº 11.900, de 2009)

Interrogatório no estabelecimento prisional – O objetivo da medida é exatamente de evitar a inconveniência causada pelo deslocamento do réu até o prédio do fórum, ante o risco de fuga. Preocupou-se o legislador, ainda, como as despesas acarretadas ao erário com essa operação, não raras vezes acompanhada de inúmeras viaturas policiais, quando não helicópteros. Com isso, se preserva a segurança da sociedade e do próprio acusado, tudo de modo menos dispendioso para o Estado. A medida, contudo, face à sua escassa aplicação na prática, parece não ter entusiasmado os magistrados que, com razão, temem por sua segurança, certamente atingida quando se marca data e hora para o encontro com o réu no interior do estabelecimento penal.

JURISPRUDÊNCIA

"Conforme se infere da norma contida no artigo 185 e respectivos parágrafos do Código de Processo Penal, o interrogatório do acusado preso deve ser realizado, em regra, em sala própria localizada no estabelecimento prisional, exatamente como realizado na hipótese, procedimento que deve ser compatibilizado, ainda, com a previsão legal do princípio da identidade física do juiz, descrito no artigo 399, § 2º, do citado diploma legal" (STJ – RHC n° 30817-MG, Rel. Jorge Mussi, j. 04.06.2013, DJe 12.06.2013).

§ 2º Excepcionalmente, o juiz, por decisão fundamentada, de ofício ou a requerimento das partes, poderá realizar o interrogatório do réu preso por sistema de videoconferência ou outro recurso tecnológico de transmissão de sons e imagens em tempo real, desde que a medida seja necessária para atender a uma das seguintes finalidades: (Redação dada pela Lei nº 11.900, de 2009)

Videoconferência – **Críticas** – Foram inúmeras as críticas dirigidas a essa espécie de inovação, posicionando-se a doutrina, quase que de forma unânime, contra sua adoção. Os argumentos se sucedem. Com efeito, nos interrogatórios realizados à distância, chamados *on-line*, é certo que, de um lado, conta-se com a facilidade propiciada pela informática, mas, por outro, perde-se o imprescindível contato físico entre réu e juiz. Ademais, nenhuma razão de ordem prática poderia justificar tão infeliz iniciativa – afirmam seus críticos. Conforme salientou Ana Sofia Schmidt de Oliveira, "importa o olhar. Importa olhar para a pessoa e não para o papel. Os muros das prisões são frios demais. Não é bom que estejam entre quem julga e quem é julgado" (*O interrogatório a distância – on-line*, Boletim do IBCCrim, n. 42, p. 1). Nessa linha, de se conferir artigo do Prof. René Ariel Dotti, para quem "a tecnologia não poderá substituir o cérebro pelo computador e muito menos o pensamento pela digitação. É necessário usar a reflexão como contraponto da massificação. É preciso ler nos lábios as palavras que estão sendo ditas; ver a alma do acusado através de seus olhos; descobrir a face humana que se escondera por trás da máscara do delinquente. É preciso, enfim, a aproximação física entre o *Senhor da Justiça* e o *homem do crime*, num gesto de alegoria que imita o *toque dos dedos*, no afresco pintado pelo gênio de Michelangelo na Capela Sistina e representativo da criação de Adão" (*RT* 740/480).

A questão, à época, foi apreciada pelo Conselho Nacional de Política Criminal e Penitenciária, que, por meio da Resolução nº 5, de 30 de setembro de 2002, houve por bem rejeitar a proposta de implantação dessa modalidade de interrogatório, acrescendo outros argumentos àqueles acima mencionados. Segundo parecer da Conselheira Ana Sofia Schmidt de Oliveira, assegura a Convenção Americana dos Direitos Humanos (Pacto de San Jose da Costa Rica) o direito do réu preso de ser conduzido à presença de um juiz, direito que "não pode sofrer interpretação que venha a equiparar a condução da pessoa à condução da imagem por cabos de fibra ótica".

Pontos favoráveis – Embora, como já alertamos, a discordância na doutrina fosse quase que unânime, há induvidosamente, segundo entendemos, pontos que lhe são favoráveis, justificando sua adoção em nosso sistema, cumprindo, mesmo que resumidamente, sejam eles apontados.

Um primeiro dado a ser lembrado é o que diz respeito à economia a ser gerada com a adoção dessa modalidade de interrogatório. Conforme dados divulgados pelo Ministério da Justiça, em levantamento colhido pelo Depen, 23 estados gastaram, em média, R$248 milhões na escolta de presos para interrogatórios e audiências em 2018.

Outra inegável vantagem é a celeridade que essa espécie de interrogatório propicia – saliente-se – tanto em favor da sociedade como em prol do próprio réu. Afinal, são sobejamente conhecidas as inúmeras protelações verificadas no processo pela não apresentação do acusado para o interrogatório (por problemas de escolta, falta de combustível, dificuldades no trânsito, etc.), a impor redesignações das audiências, tudo em prejuízo do rápido andamento do feito.

Pense-se, ainda, na questão da segurança. Não apenas da segurança da população que fica imune às constantes fugas de presos durante o trajeto ao fórum, arrebatados que são, ainda nas viaturas, por membros de suas facções criminosas. Mas na segurança também do réu que, dispensado de se dirigir ao fórum, não fica à mercê de toda sorte de infortúnios, como acidentes automobilísticos, ataques promovidos por rivais, etc.

Uma das críticas que já se ouvia é a que se refere, com desprezo, ao fato do interrogatório *on-line* constituir-se em uma criação nacional, posto que desconhecido na legislação estrangeira. Não parece correta essa informação. Segundo Marco Antonio de Barros, em artigo publicado na Revista da Faculdade de Direito da FMU (ano XVII, nº 25, 2003), "o Estatuto de Roma do Tribunal Pleno Internacional [...] apresenta dispositivos permitindo a produção de provas por meios eletrônicos: é o que se lê no artigo 68, nº 2, que versa sobre a proteção das vítimas e das testemunhas e sua participação no processo; e é o que se infere do artigo 69, nº 2, que diz '[...] *de igual modo, o Tribunal poderá permitir que uma testemunha preste declarações oralmente ou por meio de gravação em vídeo ou áudio*". Vale, nessa linha, que se confiram as informações trazidas por Leandro Nalini, em artigo publicado na Revista Consultor Jurídico de 16 de agosto de 2005 (*Visão provinciana impede a evolução da videoconferência*). Destaca o autor: "Na Itália, esse recurso tecnológico começou a ser utilizado, com grande sucesso, no combate ao crime organizado. O objetivo do *collegamento audivisivo a distanza*, assim denominado naquele país, foi proteger as testemunhas da indústria mafiosa que ali se instalara. Também nos EUA, nos idos de 1983, o sistema da videoconferência entrou em operação nos processos de crimes de abuso de menores, permitindo-se a audiência à distância para que a vítima não sofresse intimidação e traumas psicológicos diante de um reencontro com o autor do crime, o denominado *"face to face"*. Interessante que o autor era, pelo menos à época em que publicado o artigo, presidente da Comissão de Informática da 33ª. Subseção da OAB/SP e, a despeito disso, assumiu corajosa posição que discrepa daquela defendida por seu órgão de classe.

Nossa posição – Divergindo de aparente maioria, nos colocamos sempre favoravelmente à implantação do chamado interrogatório *on-line*, antes mesmo da edição da Lei nº 11.900, de 2009, ao tempo que implantado por iniciativa de legislação estadual.

Crítica recorrente, como vimos acima, se refere à frieza que essa modalidade de interrogatório propicia ao ato. Com efeito, sendo o interrogatório o único momento processual em que o réu, de viva voz, se dirige ao juiz, é fundamental que possa o Magistrado sentir-lhe as reações, interpretar sua postura, detectar o rubor da face do que mente ou a sinceridade espontânea do que diz a verdade. Afinal, repetindo as palavras de René Ariel Dotti, acima lembradas, "é preciso ler nos lábios as palavras que estão sendo ditas; ver a alma do acusado através de seus olhos; descobrir a face humana que se escondera por trás da máscara do delinquente".

É preciso cautela no tom da crítica. De se ver, inicialmente, que esse contato entre réu e juiz seria fundamental caso esse último, obrigatoriamente, fosse julgar a causa. Mas nem sempre é assim. Ao ser realizado o interrogatório por meio de carta precatória (cuja validade foi inúmeras vezes reafirmada pelo STF), também não há qualquer contato entre o juiz sentenciante e o acusado. Pior: quantas vezes o Tribunal, em grau de recurso, altera a sentença – seja para absolver ou para condenar – valendo-se, como elemento de prova, do interrogatório judicial, do qual apenas conheceu através da letra fria impressa no papel, sem que nenhum contato visual com o réu tenha ocorrido.

Outro dado um tanto polêmico, ainda no mesmo tópico, é que se referia à necessidade da presença do réu, no interrogatório, próximo ao juiz (quer dizer, no mesmo ambiente), a fim de que todas as suas reações sejam captadas. Primeiro que não se tem notícia de interrogatório no qual o juiz tenha feito consignar que, ao formular determinada pergunta, viu-se o réu, por exemplo, acometido de intenso rubor facial ou de tremor nas mãos. Segundo que essa espécie de constatação viria carregada por tamanho subjetivismo que a tornaria incapaz de conter algum valor probatório ou de prestar-se como elemento de defesa em favor do réu. Como bem salientou Luiz Flávio Gomes o tremor do acusado pode, por exemplo, tanto demonstrar sua revolta frente a uma acusação injusta, como sua intimidação por estar, frente ao juiz, prestando contas à Justiça (*O interrogatório a distância*, Boletim do IBCCrim nº 42, p. 4, jun-1996). E arremata, de forma espirituosa, o mencionado autor, que "o único lamento que deve ser ressaltado, em conclusão, consiste na inexistência desse sistema no tempo do Édito de Valério, que dizia: 'no caso de dois acusados e havendo dúvida sobre a autoria, deve o juiz condenar o mais feio'. Felizmente a humanidade já avançou o suficiente para se dizer que está definitivamente proscrita essa repugnante fase histórica da condenação do réu pela feiura ou, como diz o Prof. Zaffaroni, pela sua *cara de prontuário*".

Saliente-se, ademais, que a forma de realização do interrogatório, propiciada pelo avanço da tecnologia, com a sensível melhoria na qualidade das transmissões, permite que o juiz *sinta* as reações do interrogando da mesma maneira que o faria caso ele estivesse na presença do acusado, na sala de audiência, preservando-se, assim, o *princípio da imediação* do juiz com as partes. De qualquer forma – repita-se – a crítica ao interrogatório *on-line*, no que diz respeito à impossibilidade cominada ao juiz de *sentir* as reações do réu (naquilo que alguém já denominou de *Síndrome de Maria Bethânia*, em virtude da conhecida canção em que interpreta *olhos nos olhos, quero ver o que você diz...*), não procede em vista do absoluto subjetivismo de eventuais reações verificadas no transcurso do ato.

Segundo Antonio Luis Chaves Camargo, "todos os artigos indicam um positivismo normativista exacerbado, produto do que se denomina um apego ferrenho à lei, muito embora a realidade nos mostre diferenças [...] No interrogatório *on-line*, não vejo como possa ser desrespeitado o direito do réu de interferir, ainda porque, na sistemática do direito processual penal brasileiro, não há vinculação do juiz criminal ao caso e, sendo escrito o interrogatório, será passível de várias releituras, diferenciadas e valoradas de acordo com o intérprete da comunicação, no caso, o juiz da decisão" (Boletim do IBCCrim, n. 48, p. 11).

A propósito, essa questão que envolve a *presença* da pessoa, em vista do avanço tecnológico propiciado pela informática, é algo a ser meditado. Estar *presente*, nos dias atuais, não implica, necessariamente, na ocupação do mesmo espaço físico. No mundo de hoje, por força da chamada *globalização*, propiciada pela revolução informática (de efeitos iguais ou mesmo superiores à Revolução Industrial), estamos todos, simultaneamente, *presentes* no Brasil, na China, na Alemanha ou mesmo no espaço sideral. Não se trata de apressada adesão ao modernismo e às facilidades tecnológicas que tanto nos seduzem. É, antes, a constatação de uma nova realidade que se abre, gostemos ou não, cujas consequências estão postas, de forma irreversível. Perfeita, nesse aspecto, a observação formulada por Vladimir Aras, segundo a qual "na sistemática do CPP, *comparecer* nem sempre significa necessariamente ir à presença física do juiz, ou estar no mesmo ambiente que este. Comparece aos autos do processo quem se dá por ciente da intercorrência processual, ainda que por escrito, ou quem se faz presente por meio de procurador, até mesmo com a oferta de alegações escritas, a exemplo da defesa prévia e das alegações finais. Vide, a propósito, o artigo 570 do CPP, que afasta a nulidade do ato, considerando-a sanada, quando o réu *comparecer* para alegar a falta de citação, intimação ou notificação. Evidentemente, aí não se trata de comparecimento físico diante do juiz, mas sim de comunicação processual, por petição endereçada ao magistrado. Se assim é, pode-se muito bem ler o *comparecer* do artigo 185 do CPP, referente ao interrogatório, como um comparecimento virtual, mas direto, atual e real, perante o magistrado" (Revista *Consultor Jurídico* de 28.09.2004).

Daí a pertinência da observação formulada pelo jornalista Marcelo Coelho, em artigo que publicou no jornal *Folha de São Paulo*, já em 1º de março de 2006, ao salientar que "o desaparecimento da distância, assegurado pelos meios eletrônicos, faz com que ninguém, na verdade, esteja totalmente próximo dos seus semelhantes: não está ausente, quando se afasta, nem presente, quanto está junto" (Caderno *Ilustrada*, p. 6).

Desconhece-se, outrossim, principalmente dentre aqueles que possuem uma experiência prática e cotidiana no fórum, a razão pela qual se afirmava que a adoção da novidade resultaria em uma verdadeira *indústria de confissões*. O que leva o réu a admitir a prática de um delito é, regra geral, um sentimento de arrependimento, que pode se manifestar independentemente do ambiente no qual se encontra. Ainda sob um ponto de vista subjetivo, a confissão ocorre, com maior preponderância, em delitos de pequena gravidade, perpetrados por réus de bons antecedentes. Admitir sua prática, portanto, envolve o preenchimento dessas condições, sendo – repita-se – irrelevante o meio pela qual se verifica a confissão e o *locus* onde ela ocorre.

A grande vantagem do sistema, sem dúvida, consiste na possibilidade de se conferir maior celeridade ao processo. *Celeridade* que, se antes, era um mero argumento de retórica vazia, presente em discursos dos operadores do Direito, ganhou, atualmente, o *status* de norma constitucional, face ao conteúdo da Emenda Constitucional nº 45, de 08 de dezembro de 2004, que introduziu o inc. LXXVIII, ao art. 5º, assegurando a todos, no âmbito judicial e administrativo, "a razoável duração do processo e os meios que garantam a celeridade de sua tramitação". Celeridade, que é preciso se ressaltar, não é benéfica apenas à sociedade, que tem uma resposta mais eficaz frente ao delito cometido, mas, principalmente, ao réu que, preso, vê sua situação mais rapidamente definida. As constantes delongas que assolam o regular andamento do processo, causadas, como já apontamos, por problemas no deslocamento dos réus presos (isso sem falar nas megaoperações organizadas para o transporte de réus perigosos, onde até helicópteros são utilizados e enorme contingente de pessoal mobilizado), são evitadas com o interrogatório a distância.

O novo é sempre visto com desconfiança. Por curiosidade histórica, convém recordar da lição de Jorge Americano, professor catedrático da Faculdade de Direito de São Paulo, citado por Câmara Leal (ob. cit., vol. III, p. 21), quando, em 1941, se opunha ao Código de Processo Penal ao criticar a *inovação* consistente na possibilidade de ser datilografada a sentença do Juiz, em observação que hoje soa ridícula. Confira-se: "A sentença deve ser escrita do próprio punho, datada e assinada por seu prolator. São considerados essenciais estes requisitos porque servem para fiscalizar a autenticidade da sentença, e ao mesmo tempo asseguram o sigilo que sobre ela se deve manter até a respectiva publicação [...] Ora, permitir que a sentença seja datilografada é tolerar o seu conhecimento pelo datilógrafo, antes de publicada. É certo que a sentença, enquanto em estado de rascunho, pode ser modificada, e só adquire força depois de publicada. Basta uma hesitação da parte do juiz, em presença do datilógrafo, um erro que corrija, uma modificação que introduza, para criar no espírito desse auxiliar uma suspeita sobre a integridade do juiz ou, quando tal não se dê, trazer a público incidentes curiosos ou anedóticos quanto à maneira de lavrar a sentença [...] Eis porque parece mais sábio manter a tradição, segundo a qual o juiz lavra, data e assina a sentença do próprio punho".

De qualquer forma, eram críticas formuladas antes da modificação operada no Código de Processo Penal pela Lei nº 11.900 de 2009. Atualmente *legem habemus*, não se tendo notícia de julgado que, a partir daí, tenha proclamado a inconstitucionalidade do dispositivo.

Constitucionalidade e excepcionalidade – Como consta expressamente do texto, a regra geral, pela qual deve o réu ser interrogado pessoalmente pelo juiz, é que deve prevalecer. Será essa a forma de preservar o salutar contato entre o acusado e seu julgador. Somente em caráter excepcional e desde que preenchidos os pressupostos legais é que se admitirá o interrogatório por videoconferência. Esse tom de excepcionalidade é que permite, em nosso pensar, a adoção da videoconferência sem que se arranhe nenhum princípio constitucional, como proclamado por boa parte da doutrina. Em outras palavras: se a lei dispusesse de maneira genérica, autorizando essa espécie de interrogatório de forma aleatória, para todo e qualquer caso, não teríamos dúvida em apontar sua inconstitucionalidade. Ao reservá-lo, porém, para hipóteses bem específicas, permite o legislador que, à luz do princípio da razoabilidade, seja acolhido o interrogatório por videoconferência, sem mácula de inconstitucionalidade.

Com efeito, sopesando-se, de um lado, uma situação ideal, que seria a presença *in facien* do réu diante do juiz e, de outro, as hipóteses absolutamente restritas nas quais se admite essa modalidade de interrogatório, tem-se que, calcado na razoabilidade, é plenamente cabível sua introdução em nosso sistema processual. Trata-se de constatação que não passou despercebida por Gustavo Henrique Moreira do Valle, ao afirmar que "o legislador [...] realizou, exatamente, essa ponderação de bens, ao assinalar a excepcionalidade e a necessidade de decisão judicial fundamentada para a realização do interrogatório do réu preso [...], admitindo-se essa forma de se interrogar o réu somente nos casos enunciados nos incisos I a IV do § 2º do art. 185 do Código de Processo Penal, que revelam hipóteses em que se justifica, em um exame de proporcionalidade, a relativização da exigência de presença física do réu no local onde se dará a instrução processual" (*Interrogatório por Videoconferência.* Revista Síntese: Direito Penal e Processual Penal. Porto Alegre, v. 11, nº 63, ago/set. 2010, p. 92).

Réu preso – De pronto elenca o legislador o primeiro pressuposto para a adoção do interrogatório por videoconferência, qual seja o fato de se encontrar o réu preso, fato que deverá se somar a uma das circunstâncias previstas nos incs. I a IV abaixo. E nem poderia ser diferente. O acusado, ao responder em liberdade ao processo, implica dizer que não deu causa à decretação de sua prisão preventiva. Ora, nessa situação, não faria qualquer sentido impor tão grave exceção à regra geral que, como vimos, determina o interrogatório face a face. Um réu, porque solto, não importa em risco à segurança pública, não pode influir no ânimo da prova e, tampouco, apresenta possibilidade de fuga. É dizer: a garantia da ordem pública ou econômica, a conveniência da instrução criminal e a garantia da aplicação da lei penal, previstas no art. 312 do código como pressupostos de admissibilidade da prisão preventiva, estão ausentes. É por isso mesmo que não teria cabimento permitir-se fosse o réu solto interrogado por videoconferência, em atitude que, aí sim, por malferir o princípio da razoabilidade, tingiria de inconstitucionalidade a iniciativa. Daí o cuidado do legislador.

Fundamentação da decisão – Mas, além disso, o texto fez constar, ainda, a necessidade de motivação da decisão. Nem precisaria fazê-lo, por conta de expressa previsão constitucional nesse sentido (art. 93, inc. IX da Carta). Para evitar, porém, um singelo despacho, como aquele, por exemplo, que ordena a expedição de uma carta precatória, teve o legislador a cautela de exigir a respectiva fundamentação. Fundamentação que pode ser sucinta, da qual não se reclama enfadonha exposição doutrinária ou jurisprudencial. Mas fundamentação, na qual o juiz, abstendo-se da adoção de termos genéricos e indeterminados, indique de forma concreta as razões que, sob sua compreensão, justificam a medida.

Legitimidade – A realização do interrogatório por videoconferência pode ser determinada, de ofício, pelo juiz. Poderá fazê-lo, ainda, por provocação das partes, tanto a acusação (pública ou particular), quanto a defesa. Será menos provável essa última hipótese, mas os termos abertos do inc. IV abaixo permitem cogitar, *v.g.*, de uma situação na qual o réu suporte grave risco à sua segurança, posto que ameaçado por grupos rivais, caso se desloque ao local onde seria ouvido. E mesmo em um caso de enfermidade do réu, a fim de que ele possa, do local onde se encontra preso, acompanhar o ato, como previsto no inc. II abaixo. Nesse caso nada impede que seu defensor requeira sua oitiva por videoconferência.

Terá o assistente de acusação legitimidade para requerer a medida? Pensamos que sim. É sabido que o principal objetivo do assistente (não o único, conforme alertamos nos comentários ao art. 268 abaixo) é a obtenção, no âmbito criminal, de um título judicial que o habilite a executá-lo, adiante, na esfera cível. Suponha-se que, com sua conduta, possa o réu influir no ânimo da vítima, incidindo, assim, em hipótese na qual se admite o interrogatório por videoconferência (inc. III, abaixo). Ora, uma vítima amedrontada decerto que produzirá um depoimento tímido e vacilante, capaz de enfraquecer a prova da acusação e dificultar, por consequência, a condenação do réu. Trata-se, pois, de caso típico no qual se constata o interesse (*rectius*: utilidade), no pedido do assistente para a realização do interrogatório por videoconferência, na presunção, é claro, de que tenha se omitido em fazê-lo o Ministério Público. De se ver, a propósito, que a doutrina, de forma quase unânime, não reconhecia ao assistente legitimidade para o requerimento de prisão preventiva. Tal discussão, porém, se encontra hoje superada, posto que a Lei nº 12.403/2011, ao alterar a redação do art. 311 do código, prevê, com todas as letras, essa possibilidade. A razão de se prever essa legitimidade reside no fato de que, por exemplo, eventual fuga do réu pode frustrar sua posterior condenação. A mesma "ratio" pode ser adotada quando ao pedido de realização do interrogatório por videoconferência pelo assistente, afinal uma ameaça do réu ao ofendido, como já dissemos, influenciará negativamente na condenação daquele primeiro. Daí reconhecermos a legitimidade do assistente para o pedido.

Julgamento pelo Júri e videoconferência – Em interessante julgado apreciado pelo STJ, no habeas corpus impetrado pela defesa de Jerônimo Guimarães Filho contra decisão do Tribunal de Justiça do Rio de Janeiro, o impetrante pretendia fazer valer seu direito de estar fisicamente presente à sessão, que seria realizada em 18 de outubro de 2018, ao invés de ser interrogado por videoconferência, como determinado pelo juízo de 1º grau. O pedido foi negado, tendo o relator Ministro Ribeiro Dantas ressaltado que o artigo 185, § 2º, inciso II, do Código de Processo Penal estabelece a possibilidade, "por meio de decisão fundamentada", seja realizado o interrogatório do réu preso por sistema de videoconferência. Ainda segundo o ministro, a jurisprudência do STJ é pacífica no sentido de que "não há qualquer incompatibilidade de realização de interrogatório por videoconferência em sessão plenária do júri, sendo imprescindível apenas a observância da excepcionalidade da medida e da necessidade de devida fundamentação na sua determinação, em respeito ao disposto no artigo 93, inciso IX, da Constituição Federal, bem como aos princípios da razoabilidade e da proporcionalidade". No caso, o réu é apontado como um dos líderes da milícia Liga da Justiça, que agia com o propósito de dominar o transporte alternativo na Zona Oeste do Rio de Janeiro, apresentando, com tais *credenciais*, periculosidade que justiça a medida excepcional. As informações acima foram extraídas do *site* do STJ (que não indicou o número do processo), no *link notícias*, de 19.10.2018.

Inconstitucionalidade de leis estaduais – Antes mesmo da entrada em vigor da Lei nº 11.900/2009, duas leis estaduais dispuseram sobre a matéria, prevendo o interrogatório *on-line*. São elas a Lei Estadual paulista nº 11.819/2005 (que previa, também, a oitiva de testemunhas por esse método) e a Lei Estadual carioca nº 4.554/2005. Ocorre que, levado o tema aos Tribunais Superiores, de forma pacífica, se entendeu pela inconstitucionalidade desses diplomas, por usurpação da competência da União, a quem cabe, com exclusividade, legislar sobre matéria processual. Essa iniciativa também não escapou da crítica doutrinária. Nesse sentido é lição de Antonio Scarance Fernandes, ao afirmar: "Ainda que se admitisse o poder dos Estados de regularem as atuações dos juízes estaduais e dos membros do Ministério Público por normas de organização judiciária ou normas de cunho administrativo, não poderiam dispor sobre direitos do acusado, os quais devem ser objeto de normas federais de direito processual. A norma sobre videoconferência não é, ademais, simples norma a respeito dos locais em que os atos de interrogatório e de instrução processual serão efetivados. Ela envolve, necessariamente, direitos dos acusados, como o seu direito a ser ouvido diretamente pelo juiz, o seu direito à presença do defensor ao ato do interrogatório, o seu direito a exercer em contato pessoal com o juiz a sua autodefesa" (*A inconstitucionalidade da lei estadual sobre videoconferência*, Boletim IBCCrim, São Paulo, nº 147, p. 7, fev. 2005). No mesmo sentido, Antônio Magalhães Gomes Filho, (*Garantismo à paulista: a propósito da videoconferência*, Boletim IBCCrim nº 147, p. 7, fev. 2005). É o entendimento que vingou, como se vê dos julgados abaixo transcritos, oriundos do STF do STJ, quando se reconheceu a inconstitucionalidade da iniciativa e, por consequência, foi decretada a nulidade de tais interrogatórios.

JURISPRUDÊNCIA

Quando é cabível o interrogatório por videoconferência

"A decisão atacada tem respaldo no Regimento Interno do Tribunal a quo e no art. 185, § 2º, do Código de Processo Penal, aplicável por analogia, que admite a realização do julgamento na modalidade virtual por meio recurso tecnológico de transmissão de sons e imagens. Vale destacar, ainda, que em função da pandemia de Covid-19 estavam suspensos por prazo indeterminado os julgamentos presenciais e sem previsão de quando iriam voltar a acontecer. Além da devida previsão legal para o julgamento virtual, a decisão que indeferiu o pedido da defesa atendeu aos princípios constitucionais da celeridade processual e da razoável duração do processo, mantendo por outro lado as garantias do devido processo legal e da ampla defesa, uma vez que foi possibilitada a sustentação oral requerida por meio do envio de arquivo de áudio e vídeo pela defesa do acusado. Precedentes." (STJ – HC n. 610.521/RS, relator Ministro Joel Ilan Paciornik, Quinta Turma, julgado em 14/9/2021, DJe de 17/9/2021.)

"A realização do interrogatório por videoconferência é medida excepcional, a ser justificada com base em qualquer das hipóteses previstas no § 2º do artigo 185 da Lei Processual Penal. No caso dos autos, observa-se que foi apresentada motivação plausível para que o acusado não fosse ouvido presencialmente, estando a utilização do sistema de videoconferência justificada em razão da impossibilidade de se realizar o interrogatório no estabelecimento penal no qual se encontrava recluso, apontando, ainda, a existência de riscos no transporte necessário para apresentá-lo em Juízo" (STJ – HC nº 256834-SP, Rel. Jorge Mussi, j. 19.03.2013, DJe 26.03.2013).

Rol taxativo de cabimento, não admitindo ampliação

HABEAS CORPUS – INTERROGATÓRIO POR VIDEOCONFERÊNCIA – RÉU SOLTO – HIPÓTESE NÃO AUTORIZADA PELO CÓDIGO DE PROCESSO PENAL. "Da análise do efeito observa-se que nenhuma das hipóteses descritas no art. 185, § 2°, do Código de Processo Penal restou configurada, mesmo porque se trata de réu solto. Não pode o Magistrado, em verdadeira afronta ao princípio do devido processo legal, criar uma hipótese não prevista em lei, ainda que sob a justificativa de que referido ato traia eficiência ou agilidade para o processo" (TRF 3ª. R. – HC n° 0028793-70.2013.4.03.0000-SP – Rel. José Lunardelli, j. 07.05.2014, DE 13.05.2014).

Videoconferência e Júri

"A realização de interrogatório por meio de videoconferência é medida que objetiva a desburocratização, agilização e economia da justiça, podendo ser determinada excepcionalmente nas hipóteses previstas no rol elencado no §2º do art. 185 do Código de Processo Penal. Assim, deve-se ressaltar que não há qualquer incompatibilidade de realização de interrogatório por videoconferência em sessão plenária do Júri, sendo imprescindível apenas a observância da excepcionalidade da medida e da necessidade de devida fundamentação na sua determinação, em respeito ao disposto no art. 93, inciso IX, da Constituição Federal, bem como aos princípios da razoabilidade e proporcionalidade" (STJ – RHC n. 80.358-RJ – Rel. Felix Fisher, j. 14.03.2017).

Realização antes da entrada em vigor da Lei nº 11.900/2009. Inconstitucionalidade

"Habeas corpus. Processual penal e constitucional. Interrogatório do réu. Videoconferência. Lei nº 11.819/05 do Estado de São Paulo. Inconstitucionalidade formal. Competência exclusiva da União para legislar sobre matéria processual. Art. 22, I, da Constituição Federal. A Lei nº 11.819/05 do Estado de São Paulo viola, flagrantemente, a disciplina do art. 22, inciso I, da Constituição da República, que prevê a competência exclusiva da União para legislar sobre matéria processual. Habeas corpus concedido" (STF – HC nº 90900-SP, Rel. Menezes Direito, j. 30.10.2008, DJe 23.09.2009).

Videoconferência de réu foragido

A Sexta Tuma do STJ, por unanimidade, denegou habeas corpus impetrado por um réu que alegou nulidade do processo por falta de interrogatório, após o indeferimento de sua inquirição de forma virtual enquanto estava foragido. A Corte afirmou que não se aplica ao caso analisado o **artigo 220 do Código de Processo Penal** – que estabelece que pessoas impossibilitadas por enfermidade ou velhice sejam inquiridas onde estiverem –, pois, como destacado pelo Tribunal de Justiça de São Paulo (TJSP), isso significaria "premiar a condição de foragido". (STJ – HC 640770, Rel. Min. Sebastião Reis Junior, j. em 15.06.21)

I - prevenir risco à segurança pública, quando exista fundada suspeita de que o preso integre organização criminosa ou de que, por outra razão, possa fugir durante o deslocamento; (Incluído pela Lei nº 11.900, de 2009)

Risco à segurança pública – Aqui reside, talvez, a principal motivação a justificar, entre nós, a adoção do interrogatório por videoconferência. A doutrina criticou a vagueza da expressão empregada pelo legislador. De sorte que Paulo Rangel indaga "o que é risco à segurança pública? Em cidades como o Rio de Janeiro e São Paulo o risco já existe pela própria natureza dos problemas que enfrentam, bem como nas grandes capitais, embora um cidadão carioca ou paulista possa sentir seguro em sua cidade: segurança é uma questão de sensação" (*Direito Processual Penal.* 17ª ed. Rio de Janeiro: Lumen Juris, 2010, p. 563). Não nos parece seja assim tão difícil estabelecer no que consiste esse risco. Tampouco que se tenha que adentrar a tamanho subjetivismo para se apurar se determinada pessoa se sente – ou não – em perigo. Os noticiários envolvendo a prática de crimes, pelas diversas mídias disponíveis, estão repletos de exemplos nos quais, sem qualquer dificuldade, é possível identificar o risco à segurança pública que importa o deslocamento do réu ao fórum para ser interrogado. Ou alguém tem dúvida que o indivíduo que responde pela alcunha de "Fernandinho Beira-Mar", com atuação no Rio de Janeiro ou o "Marcola", que age em São Paulo, conhecidos líderes de facções criminosas, representam sério risco à segurança pública (e deles próprios), caso ouvidos no fórum. Ou, ainda, que exista probabilidade de fuga durante esse deslocamento.

Como "risco à segurança pública", portanto, deve se entender aquele que sujeita qualquer popular que se encontre na via pública, durante o deslocamento, fosse o réu ouvido pessoalmente pelo juiz. A possibilidade de um resgate, com efeito, é algo a ser sopesado, tamanha é a periculosidade desses agentes, componentes, em regra, de sofisticadas organizações criminosas, com poder de fogo inimaginável. Essa fuga, se efetivada, colocaria em risco todos aqueles que se encontrassem próximos à empreitada criminosa, não apenas os populares, mas também os agentes públicos incumbidos da escolta. Aliás, ameaça perduraria, ainda, de um ataque ao prédio do fórum, pondo em risco a segurança de quem ascendesse ao local. A "fundada suspeita" exigida pelo legislador poder ser facilmente extraída, por exemplo, da própria capitulação legal dada pela acusação ao crime cometido, em tese, pelo agente. Ou por fatos que sejam notórios e que, como tais, não exijam qualquer prova para sua caracterização, como nos dois exemplos acima a envolver conhecidos criminosos.

Organização criminosa – De se ver que a Lei n° 12.850/2013 estabeleceu o conceito de organização criminosa como "a associação de quatro ou mais pessoas estruturalmente ordenada e caracterizada pela divisão de tarefas, ainda que informalmente, com objetivo de obter, direta ou indiretamente, vantagem de qualquer natureza, mediante a prática de infrações penais cujas penas máximas sejam superiores a quatro anos, ou que sejam de caráter transnacional" (art. 1°, § 1°). Demais disso, dentre outras inovações, alterou a redação do art. 288 do Código Penal, e tipificou a conduta de quem "promover, constituir, financiar ou integrar, pessoalmente ou por interposta pessoa, organização criminosa" (art. 2°). (A propósito, v. nosso *Crime Organizado*, Salvador: Juspodivm, 3ª. Ed., 2016). Isso não implica dizer, em nossa compreensão, que o interrogatório por videoconferência, na hipótese deste inciso, somente poderá ser realizado caso o réu esteja sendo processado por integrar uma organização criminosa. A expressão, aqui, deve ser tomada em seu sentido amplo, para incluir, por exemplo, um réu que tenha perpetrado um roubo e que, sabidamente, compõe determinada facção, dentre aquelas sobejamente conhecidas, sobretudo nos estados de São Paulo e Rio de Janeiro.

II - viabilizar a participação do réu no referido ato processual, quando haja relevante dificuldade para seu comparecimento em juízo, por enfermidade ou outra circunstância pessoal; (Incluído pela Lei nº 11.900, de 2009)

Participação do réu – Aqui tem-se outro dispositivo que milita em favor do réu. Na hipótese dele, por enfermidade, encontrar-se impedido de se deslocar ao fórum, poderá ser interrogado por videoconferência. Encontrando-se internado em um hospital cremos conveniente que se aguarde a alta médica, dada à dificuldade prática na instalação de equipamentos que permitam a realização do ato. Já se, a despeito da doença, achar-se recolhido ao estabelecimento penitenciário, deverá ser ouvido, nesse local, por meio da telemática. Lembramos que a enfermidade poderá ser contagiosa ou que ao réu, dado o avanço da doença, seja penoso deslocar-se ao fórum, recomendando-se, nesses casos, o emprego dessa modalidade de interrogatório. Como "outra circunstância pessoal", poderíamos exemplificar a hipótese do acusado que, em virtude de tiro que recebeu, acha-se tetraplégico. Não se trata exatamente de uma enfermidade, mas, ainda assim, poderá ser interrogado por videoconferência. Insistimos que se trata de medida salutar ao próprio acusado, assim como à administração da justiça, por ensejar uma prestação jurisdicional mais célere, na medida em que evita os percalços que o comparecimento do réu ao fórum causaria. Outro dado relevante é que, nos exemplos acima, não havendo a alternativa da videoconferência, a audiência fatalmente se realizaria mesmo na ausência do acusado. Melhor, portanto, que acompanhe o ato por esse meio do que seja ele realizado sem a presença do réu.

III - impedir a influência do réu no ânimo de testemunha ou da vítima, desde que não seja possível colher o depoimento destas por videoconferência, nos termos do art. 217 deste Código; (Incluído pela Lei nº 11.900, de 2009)

Constrangimento à vítima ou testemunha – Reza o art. 217 do CPP que na hipótese de a presença do réu à audiência "causar humilhação, temor, ou sério constrangimento à testemunha ou ao ofendido, de modo que prejudique a verdade do depoimento", essa prova será colhida por videoconferência. Caso não seja possível a utilização desse instrumento, o juiz determinará "a retirada do réu, prosseguindo na inquirição, com a presença do seu defensor". Vê-se, portanto, que se trata de dispositivo altamente favorável ao acusado, ao permitir que ele acompanhe a audiência, por videoconferência, o que não ocorreria caso fosse simplesmente retirado da sala.

O dispositivo em exame, portanto, autoriza o interrogatório por videoconferência desde que preenchidos dois requisitos: primeiro, que a presença do réu influa no ânimo da testemunha ou vítima; e, segundo, que tais depoimentos não possam ser colhidos por videoconferência. Colhido por este meio não há que se cogitar de constrangimento ao depoente, que não terá qualquer contato visual com o réu.

Críticas – Tal dispositivo, em que pese – como já dito – favorável ao réu, também não escapou à crítica doutrinária, por taxá-lo de impreciso e carregado de subjetivismo. Além disso, não haveria como o juiz supor, de antemão, que a presença do acusado à audiência irá causar constrangimento ao depoente, de forma a autorizar seu interrogatório por videoconferência.

Nosso posicionamento – Ousamos discordar. A um, em virtude de que a retirada do réu da sala de audiência, como já dito, não constitui nenhuma novidade, sendo prevista na redação original do art. 217, desde, portanto, a edição do Código, em 1941. A diferença é que, pela redação original, o acusado era alijado sem qualquer possibilidade de acompanhar o depoimento. Agora, a partir da inovação tecnológica em estudo, ele pode assistir ao ato, em tempo real, por videoconferência. A dois, porque não vislumbramos qualquer subjetividade na análise da expressão "influência do réu no ânimo de testemunha ou da vítima". Qualquer juiz, ainda que dotado de experiência mínima, saberá identificar, na prática, quando uma testemunha ou vítima se mostram receosas. A própria gravidade do crime é fator capaz de indicar, quase sempre, essa circunstância. Outro dado se relaciona às condições pessoais da vítima, como, por exemplo, se menor (porque mais suscetível a pressões, dada sua idade) ou mulher, em crimes contra a liberdade sexual. Quantas vezes, na condição de promotores criminais, não fomos abordados, à porta da sala de audiência, por testemunhas ou vítimas que, apavoradas, não admitiam nem mesmo um contato visual com seu algoz. Sintomas da revitimização. É dizer: um pedido do promotor de Justiça para que se retire o réu da sala de audiências, é outro fator a ser seriamente sopesado pelo juiz em sua decisão. Aliás, a jurisprudência monótona de nossos Tribunais Superiores é no sentido de que, uma vez motivado o ato, não há qualquer constrangimento imposto pelo juiz ao réu ao determinar sua retirada (v., nesse sentido, nossos comentários ao art. 217 abaixo). E, a três, em razão de que o juiz não precisa supor, antecipadamente, que essa presença do réu irá ou não causar constrangimento ao depoente. Nada impede que, antes de iniciada a audiência, o juiz indague da vítima ou testemunha a respeito de sua isenção de ânimo para depor e, uma vez constatado o temor, adie o ato, determinando que a audiência que será redesignada não conte com a presença do réu, que a acompanhará por videoconferência.

Inclusão da vítima ou testemunha em programa de proteção – Também por isso discordamos da tese segundo a qual a aplicação deste dispositivo deveria se reservar, apenas, às testemunhas e vítimas inseridas no programa de proteção previsto na Lei nº 9.807/99. Primeiro, em razão de que fosse essa a vontade do legislador e, decerto, teria feito incluir expressamente, no texto legal, essa exigência. Segundo, em virtude de que a inclusão da testemunha ou vítima nesse programa de proteção, como se vê do teor da Lei nº 9.807/99, demanda um tempo longo, por exigir o preenchimento de uma série de requisitos formais (para que se tenha noção, a lei prevê, na instrução do pedido, a elaboração de parecer psicológico da pessoa a ser protegida). São medidas que não se coadunam com a dinâmica dos fatos e a celeridade que se exige do processo criminal. Não esqueçamos, com efeito, que o réu a ser interrogado por videoconferência se encontra obrigatoriamente preso e, nesse passo, exigir-se a prévia colocação de testemunhas e vítimas em programa que as proteja, importaria em inegável retardamento da prestação jurisdicional. E, terceiro, porque a preocupação, *v.g.*, da mulher que foi vítima de estupro, não é de receber ajuda financeira do Estado, mudar de residência ou alterar seu nome, como previsto na Lei nº 9.807/99. Mas sim, de forma imediata, ver-se livre, na audiência, de qualquer contato com o agente face à dor que experimenta. São as razões pelas quais, nessa hipótese em análise, pensamos que não há razão para se exigir que testemunhas e vítimas estejam inseridas em programas de proteção para que se determine a partir daí a realização do interrogatório por videoconferência.

Previsão em diplomas internacionais – Observe-se, por derradeiro, que o dispositivo em análise não é uma criação nacional, sendo previsto, ao contrário, em diplomas estrangeiros. Assim, a Convenções das Nações Unidas contra o Crime Organizado Transnacional, conhecida como Convenção de Palermo e que foi introduzida no direito pátrio por meio do Decreto nº 5.015/2004, prevê a possibilidade do Estado, quanto à proteção das testemunhas, "estabelecer normas em matéria de prova que permitam às testemunhas depor de forma a garantir a sua segurança, nomeadamente autorizando-as a depor com recurso a meios técnicos de comunicação, como ligações de vídeo ou outros meios adequados" (art. 24, 2, "b"). É dizer: tratados internacionais, tantas vezes invocados por aqueles que criticam o interrogatório por videoconferência, preveem, expressamente, esse meio de prova.

IV – responder à gravíssima questão de ordem pública. (Incluído pela Lei nº 11.900, de 2009)

Questão de ordem pública – Neste inciso o legislador incluiu, por assim dizer, um *tipo aberto*, permitindo a realização do interrogatório por videoconferência em outras hipóteses que não aquelas estampadas nos incs. I, II e III. De sorte que, são tantos os fatos que podem ocorrer que seria mesmo impossível pudesse o legislador prever a todos, razão pela qual se defere certa discricionariedade ao juiz para, na análise do caso concreto, autorizar esse meio de prova. Suponhamos, como alertado acima, que o réu componha determinada facção criminosa e, caso transportado ao fórum para ser interrogado, corra sério risco de morte, conforme prometido por grupo rival. Outros exemplos indicados por Flaviane de Magalhães Barros ocorreriam em "hipóteses de catástrofes, estado de emergência, estado de sítio, organização de grupos armados que atentem contra o Estado Democrático de Direito" (*Reforma do processo penal: comentários críticos dos artigos modificados pelas Leis nº 11.690/08, nº 11.719/08 e nº 11900/09*. 2. ed. Belo Horizonte: Del Rey, 2009. p. 58).

Tais hipóteses não se encaixam, a rigor, em nenhum dos incisos acima, mas, nem por isso, inibirão o juiz de autorizar o interrogatório por videoconferência, dada à gravíssima questão que se apresenta. Óbvio que o vocábulo "gravíssima" contém certo grau de subjetividade. Mas o juiz bem preparado, como se constata da grande maioria da Magistratura do país, não terá dificuldade de identificar, na situação concreta, tal circunstância.

JURISPRUDÊNCIA

Videoconferência. Pandemia.

A Sexta Turma do Superior Tribunal de Justiça (STJ) entendeu que, no âmbito de processos penais e de execução penal, a realização de sessões de julgamento, audiências e perícias por sistema audiovisual durante a pandemia de Covid-19 não configura cerceamento de defesa. Para o colegiado, o contexto atual de crise sanitária autoriza a adoção da medida excepcional. A decisão veio no julgamento de habeas corpus impetrado em favor de réu acusado de roubo e que cumpre prisão preventiva desde dezembro de 2019. A defesa alegou constrangimento ilegal em razão da designação de audiência de instrução e julgamento por videoconferência. Com o início da pandemia, o juízo de primeiro grau designou audiência por vídeo, mas a defesa, alegando razões técnicas, manifestou-se pela realização de audiência presencial, o que foi indeferido. Ao negar o pleito, o juiz afirmou que a audiência por videoconferência tem previsão no ordenamento jurídico e, por isso, não configuraria prejuízo ao réu. Isolamento social. Em habeas corpus no segundo grau, foi concedida liminar para suspender a audiência virtual marcada, porém, no julgamento de mérito, a ordem foi denegada. No STJ, a defesa sustentou que o procedimento de videoconferência não garante a paridade de armas nem o contato do acusado com seu advogado durante o depoimento das testemunhas de acusação. Asseverou ainda que a audiência presencial propicia maior efetividade da defesa em seu esforço para garantir o contraditório e coibir a contaminação da produção de provas na origemEmbora a regra geral seja a realização de audiências presenciais, com o réu sendo interrogado pessoalmente pelo juiz, o contexto de pandemia e a exigência de isolamento social justificam a prática desses atos por videoconferência. (STJ, HC 590140, Min. Rel. Sebastião Reis Júnior, j. 05/10/2020)

"Conforme entendimento exarado pela Sexta Turma, no julgamento do HC n. 590.140/MG, "a conjuntura atual de crise sanitária mundial é excepcionalíssima e autoriza, no âmbito de processos penais e de execução penal, a realização de atos (por exemplo, sessões de julgamento, audiências e perícias) por sistema áudio visual sem que isso configure cerceamento de defesa". Afasta-se a tese de violação ao princípio da legalidade. Desde o Decreto n. 5.015/2004, que introduziu no Brasil a Convenção das Nações Unidas contra o Crime Organizado Transnacional, está prevista a utilização da videoconferência. Especificamente no Código de Processo Penal, a Lei n. 11.900, de 8/1/2009, passou a admitir, em algumas situações, o interrogatórios e a inquirição de testemunhas por meio de recurso tecnológico de transmissão de sons e imagens em tempo real. Em estado de calamidade nunca antes vivenciado, é plenamente possível a interpretação extensiva das normas já existentes, para dar solução de continuidade à atividade jurisdicional e resguardar a saúde de todos." (STJ – RHC n. 150.203/SP, relator Ministro Rogerio Schietti Cruz, Sexta Turma, julgado em 14/9/2021, DJe de 21/9/2021.)

§ 3º Da decisão que determinar a realização de interrogatório por videoconferência, as partes serão intimadas com 10 (dez) dias de antecedência. (Incluído pela Lei nº 11.900, de 2009)

Intimação das partes – Da decisão que determinar a realização do interrogatório por videoconferência e, por consequência, marcar a data do ato, deverão ser intimadas as partes. Natural que seja assim, posto que, cientes da decisão, poderão interpor a medida cabível caso dela discordem. Embora se trate de decisão incidente, não visualizamos a possibilidade de aplicação analógica com quaisquer das hipóteses de cabimento de recurso em sentido estrito, elencadas no art. 581 do código. Restará ao prejudicado, então, em sede de preliminar de eventual apelação, suscitar a nulidade. Ou, então, impetrar *habeas corpus*, invocando eventual equívoco da decisão. Poderão fazê-lo, por óbvio, o réu e mesmo o Ministério Público, na condição de fiscal da correta aplicação da lei.

Necessidade de instauração de incidente? – Para Flaviane de Magalhães Barros, a determinação no sentido de que seja realizada essa modalidade de interrogatório reclama a instauração de um incidente, a ser processado em autos apartados, posto que "não poderão ser meras ilações da polícia judiciária ou do Ministério Público os fundamentos da decisão de realizar o interrogatório não-presencial. É preciso provas, e provas produzidas em contraditório. Ou seja, o pedido de conversão do interrogatório realizado no estabelecimento forense para o realizado por videoconferência, ou mesmo a decisão de ofício do juiz deverá originar um incidente processual, em que as partes têm direito de argumentar a existência ou inexistência de hipótese legal prevista no art. 185, § 2°, do CPP" (ob. cit., p. 59).

Discordamos desse posicionamento. A um, porque quando o legislador dispõe sobre a necessidade do incidente, a ser autuado em apartado, ele o declara expressamente, como, por exemplo, nas hipóteses de exceção de suspeição (art. 100), e demais exceções (art. 111), de restituição de coisas apreendidas (art. 120, § 1°), de sequestro (art. 129) ou no incidente de falsidade (art. 145, inc. I) ou de insanidade mental (art. 153). Ora, no silêncio da lei é de se presumir que seu autor não fez essa opção. A dois, em virtude de que ilações, provenientes de quem quer que seja, não podem orientar nenhuma decisão, seja para determinar a realização do interrogatório por videoconferência, seja qualquer outra. É por isso mesmo que o § 2°, do art. 185 acima, exige a devida fundamentação dessa decisão, a se presumir que os motivos foram buscados pelo juiz frente ao disposto na lei e não a partir de sugestões dos interessados. Trata-se, pois, de imposição legal (a que determina a fundamentação), cuja decisão independe de ser proferida nos próprios autos ou em apartado. A três, em razão de que, a se privilegiar esse entendimento, outras decisões, muito mais relevantes, deveriam seguir a mesma disciplina. Imagine-se, por exemplo, a decisão do juiz que recebe a denúncia e que, induvidosamente, é imensamente mais grave se comparada àquela que determina o interrogatório por videoconferência. Seria obrigatória, sob essa ótica, a deflagração de um incidente próprio, autuado em apartado, para que, ao final, se decidisse pelo recebimento ou rejeição da acusação. Jamais se cogitou dessa hipótese. E, por último, ressalte-se que esse incidente, com observância do contraditório e, inclusive da possibilidade de produção de prova – como sugerido pela ilustre autora – vai de encontro aos princípios da economia processual e celeridade do processo, já que importaria em tempo considerável para seu deslinde, em franco prejuízo do réu que obrigatoriamente se encontra preso. Daí entendermos que a decisão deva ser lançada nos próprios autos da ação penal, sem lugar para instauração de um incidente.

JURISPRUDÊNCIA

Não observância do prazo. Nulidade relativa

"Embora o próprio Juízo de origem tenha afirmado que a notificação da determinação da realização do interrogatório por videoconferência tenha ocorrido com 8 (oito) dias de antecedência, de forma verbal, o certo é que o impetrante não logrou demonstrar quais teriam sido os prejuízos suportados pelo acusado, e como os 2 (dois) dias que faltaram para que o prazo total de 10 (dez) dias fosse atendido impediu que a defesa pudesse contestar a realização do ato de modo audiovisual" (STJ – HC n° 194576-SP, Rel. Jorge Mussi, j. 16.04.2013, DJe 24.04.2013).

§ 4º Antes do interrogatório por videoconferência, o preso poderá acompanhar, pelo mesmo sistema tecnológico, a realização de todos os atos da audiência única de instrução e julgamento de que tratam os arts. 400, 411 e 531 deste Código. (Incluído pela Lei nº 11.900, de 2009)

Acompanhamento pelo preso – Pela nova sistemática adotada pelo processo penal brasileiro, o interrogatório do acusado constitui-se no último ato processual, a ser colhido após a produção da prova testemunhal, todos reunidos em uma audiência una. Sendo assim, natural que o réu possa acompanhar, pelo sistema de videoconferência, a prova que se produziu antes de sua oitiva. Cuida-se de dispositivo que, mais uma vez, não escapou à crítica doutrinária, valendo que se confira o posicionamento de Paulo Rangel: "Aqui está a total exclusão da presença física do réu da audiência de instrução e julgamento e não só seu interrogatório. Com a reforma realizada pela Lei 11.719/08, adotaram-se os princípios da oralidade e o da concentração impedindo, em regra, a cisão dos atos. Ora, se o réu irá assistir à oitiva das testemunhas por videoconferência, ele será excluído da colheita da prova e, consequentemente, violado estará o devido processo legal e, por via oblíqua, seu direito de autodefesa" (ob. cit., p. 567).

Observamos, com a devida vênia, como já alertado, que decidida a realização do interrogatório por videoconferência, a consequência natural é que a prova testemunhal, colhida antes, seja acompanhada, pelo réu, também nesse sistema. Com efeito, posto que una a audiência, inviável a divisão desses atos, de modo a que uma modalidade de prova seja acompanhada pelo réu pessoalmente e, outra, realizada por videoconferência. Não vislumbramos, outrossim, prejuízo à autodefesa do réu, posto que o § 5° abaixo garante a ele o direito, primeiro, de prévia entrevista com seu defensor e, segundo, contato direto e reservado com esse defensor, durante a audiência. Entendemos, antes, que se trata de disposição que beneficia o acusado, que poderá acompanhar o ato pelo sistema de videoconferência.

Processos de competência do Júri – Há expressa possibilidade de aplicação do sistema de videoconferência para os procedimentos relativos aos crimes de competência do Júri, como se verifica do dispositivo acima, quando faz referência ao art. 411 do CPP. De sorte que, na chamada "instrução preliminar", que se processa perante o juiz togado e que culminará com a pronúncia, impronúncia ou absolvição sumária do réu ou, ainda, na desclassificação para outro delito, a audiência única de que trata o art. 411, preenchidos os requisitos legais examinados acima, pode ser acompanhada pelo réu por videoconferência, quando será também interrogado pelo mesmo sistema.

Quanto ao plenário do Júri propriamente dito, por não ter o dispositivo em exame formulado qualquer menção a respeito, é de se entender por sua inaplicabilidade. De nossa parte, não compreendemos o que justificaria a possibilidade de utilização desse meio quando a decisão couber ao juiz togado e, ao revés, sua inaplicabilidade para as hipóteses em que ao juiz leigo (jurado), tocar o julgamento. Afirmar-se que os jurados necessitam de um contato direto com o réu não parece correto. Sobretudo quando se constata que, pela legislação em vigor, não mais é imprescindível sua presença física em plenário, cujo julgamento pode se realizar à sua revelia, a seu pedido e de seu defensor, inclusive (art. 457, § 2° do CPP).

Outra medida salutar, que mereceria adoção da videoconferência também em plenário do Júri, seria a possibilidade da oitiva de testemunha "que morar fora da jurisdição". Com efeito, pelo sistema atual, o julgamento em plenário não será adiado caso a testemunha, intimada por precatória, deixe de comparecer, por maior relevância que possa representar seu depoimento (v. abaixo, a respeito, nossos comentários ao art. 461, § 2°, sob as rubricas "ausência da testemunha" e "precatória"). Muito melhor, assim, que, ao invés de ausentar-se, pudesse essa testemunha ser ouvida por videoconferência, em interesse, inclusive, dependendo do caso concreto, da própria defesa. Não há, porém, previsão legal nesse sentido, ante os termos deste § 4°, que não fez alusão ao plenário do Júri.

§ 5º Em qualquer modalidade de interrogatório, o juiz garantirá ao réu o direito de entrevista prévia e reservada com o seu defensor; se realizado por videoconferência, fica também garantido o acesso a canais telefônicos reservados para comunicação entre o defensor que esteja no presídio e o advogado presente na sala de audiência do Fórum, e entre este e o preso. (Incluído pela Lei nº 11.900, de 2009)

Entrevista prévia – A "ratio legis" é evidente. Não mais se satisfaz o legislador com uma mera presença formal do defensor, decorativa mesmo. Ao revés, espera uma atuação concreta, capaz de garantir a efetiva defesa do réu. Ora, essa espécie de defesa somente se concretizará se, ao menos, puder o defensor orientar o réu, antes de seu interrogatório. Nem que seja para explicar-lhe eventual vantagem advinda de uma confissão. Ou, as sérias consequências probatórias dessa admissão. Não importa. O que releva é o fato do acusado se apresentar ao juiz consciente de seus direitos, devidamente orientado a respeito das diversas alternativas que se abrem dependendo da opção eleita no momento de ser ouvido pelo Magistrado.

Do alcance desse dispositivo tratou Ada Pellegrini Grinover, ao assinalar que "se o interrogatório é, como é, meio de defesa; e se assistência do defensor é, como é, obrigatória no interrogatório, é evidente que a entrevista prévia do acusado com o defensor é essencial para que *autodefesae defesa técnica* se integrem, por intermédio do contato reservado dos dois protagonistas da defesa penal, indispensável ao adequado exercício da defesa, em sua dúplice configuração" (*O interrogatório como meio de defesa*, cit. p. 191).

Vale observar, ainda, que a obrigatoriedade da entrevista pessoal se estende a qualquer espécie de interrogatório (por precatória, videoconferência), e deve ser aplicada, inclusive, quando solto o réu. "Assim, impõe-se a nomeação de defensor, antes do ato do interrogatório, ao acusado que, em liberdade, comparecer sem defensor constituído, assegurando-se a prévia comunicação entre ambos pelo tempo necessário à preparação da defesa, mesmo que tal prática possa redundar na necessidade de redesignação do ato", conforme concluíram Cleunice Valentim Bastos Pitombo, Gustavo Henrique Righi Ivahy Badaró, Marcos Alexandre Coelho Zilli e Maria Thereza Rocha de Assis Moura (Boletim IBCCRIM nº 135 – Fevereiro/2004).

E no caso de o juiz negar o direito a essa prévia entrevista? Das duas uma: ou o advogado se recusa a participar do interrogatório ou, então, dele participa, mas insistindo que conste do termo o seu inconformismo quanto à negativa do juiz em admitir a entrevista, tudo para propiciar, mais adiante, em sede de eventual preliminar de apelação, a arguição de cerceamento de defesa. E se o juiz, ainda sim, se negar a constar do termo o incidente? Bem, aí não resta outra alternativa ao defensor senão abandonar o recinto, em providência que, embora não encontrando previsão legal, se impõe ante tamanha demonstração de prepotência, rara – sejamos justos – entre nossos Magistrados.

JURISPRUDÊNCIA

Justificativa para o interrogatório por videoconferência

"A realização do interrogatório por videoconferência é medida excepcional, a ser justificada com base em qualquer das hipóteses previstas no § 2º do artigo 185 da Lei Processual Penal. No caso dos autos, observa-se que foi apresentada motivação plausível para que o acusado não fosse ouvido presencialmente, estando a utilização do sistema de videoconferência justificada em razão da impossibilidade de se realizar o interrogatório no estabelecimento penal no qual se encontrava recluso, apontando, ainda, a existência de riscos no transporte necessário para apresentá-lo em Juízo" (STJ – HC n° 194576-SP, Rel. Jorge Mussi, j. 16.04.2013, DJe 24.04.2013).

Falta da entrevista prévia

a) nulidade relativa

"O impetrante não logrou demonstrar quais teriam sido os prejuízos suportados pelo acusado com a ausência da entrevista reservada com seu defensor constituído antes do interrogatório, mormente porque negou a autoria delitiva que lhe foi atribuída na exordial acusatória. É imperioso frisar que, atualmente, até em casos de nulidade absoluta, doutrina e jurisprudência têm exigido a comprovação de prejuízo para que a mácula possa ser reconhecida" (STJ – HC n° 235527-MG, Rel. Jorge Mussi, j. 21.05.2013, DJe 05.06.2013).

b) nulidade absoluta

DIREITO DO RÉU DE SE ENTREVISTAR PREVIAMENTE COM SEU DEFENSOR PÚBLICO EM JUÍZO PARA OFERTAR DEFESA PRÉVIA NEGADO PELA AUTORIDADE COATORA. DECISÃO MONOCRÁTICA CASSANDO A DECISÃO DA AUTORIDADE COATORA – "Direito de defesa que exige a prévia entrevista entre o réu e seu defensor público em um mínimo comportamento processual ético. Regra clara do CPP, do Pacto de São José da Costa Rica, ambos amparados pela Constituição da República. Requisição do preso que se faz necessária a fim de assegurar direito sagrado e inalienável do acusado dentro do Devido Processo Legal. Processo criminal movido pela ética da alteridade, isto é, a ética para com o outro enquanto um ser igual a nós na sua diferença. Defensoria Pública que ainda não está instrumentalizada para atender aos presos sem que haja a prévia requisição em juízo para fins da oferta da defesa prévia. Direito indisponível que não pode ser postergado" (TJRJ – AgRg no HC n.º 0011249-55.2014.8.19.0000 – Rel. Paulo Rangel, j. 15.04.2014).

Desnecessidade de entrevista prévia tratando-se de defensor constituído

"Sobre a afirmação de que não foi garantido ao paciente o direito de entrevista reservada, colhe-se dos auto que o acusado respondeu todo o processo em liberdade e tinha advogado constituído, o que demonstra de forma óbvia que o paciente teve assegurado o acesso amplo e antecipado com o profissional que escolheu para defendê-lo, situação totalmente distinta cuja *mens legis* buscou proteger, que é aquela onde um acusado tem o primeiro contato com o defensor nomeado somente na audiência de interrogatório" (STJ – HC n° 161033-SP, Rel. Marco Aurélio Bellizze, j. 15.12.2011, DJe 10.02.2012).

Entrevista prévia na presença de policiais. Nulidade relativa

"A possibilidade de entrevista reservada do réu com seu Defensor antes do interrogatório, introduzida pela Lei 10.792/03, buscou resguardar ao acusado, desprovido de Advogado constituído, o direito de receber orientações de um Defensor Público ou Dativo, destinatários prioritários da norma, nomeado para o ato; na verdade, o Advogado constituído já terá tido a oportunidade de conversar com seu cliente, orientando-o das consequências de suas declarações em juízo e da linha de defesa a ser adotada. O fato de os Policiais que participavam da sua escolta permanecerem no recinto em que se deu a entrevista reservada, a fim de garantir a segurança do local e das pessoas que ali circulam, exigida para o caso, não ofende a ampla defesa e o contraditório. Ademais, eventual alegação de inobservância ao art. 185, § 2º. do CPP, quando o réu já é assistido por Advogado constituído, representa nulidade relativa, de sorte que depende de comprovação concreta do prejuízo sofrido. Precedente do STF" (STJ – HC n° 152060-SP, Rel. Napoleão Nunes Maia Filho, j. 17.08.2010, DJe 06.09.2010).

Abuso de Autoridade – O parágrafo único do art. 20 da Lei 13.869/2019 considera como abuso de autoridade impedir o preso, o réu solto ou o investigado de entrevistar-se pessoal e reservadamente com seu advogado ou defensor, por prazo razoável, antes de audiência judicial, e de sentar-se ao seu lado e com ele comunicar-se durante a audiência, salvo no curso de interrogatório ou no caso de audiência realizada por videoconferência. Deve ser observado que a Lei de Abuso de Autoridade pressupõe que o impedimento impeça entrevista antes da audiência, enquanto que o CPP, no artigo em estudo, garante a entrevista antes do interrogatório. Como conciliar, sabendo o que interrogatório deve ser o ato de encerramento da audiência de instrução? Sempre respeitando o princípio da reserva legal, concluímos que, impedir a entrevista reservada antes da audiência judicial pode ter efeitos penais (crime do art. 20 da Lei 13.869/19) e processuais (nulidade do ato). Contudo, impedir antes do interrogatório pode ter somente efeitos processuais (nulidade do ato), mas não penais (fato atípico).

§ 6º A sala reservada no estabelecimento prisional para a realização de atos processuais por sistema de videoconferência será fiscalizada pelos corregedores e pelo juiz de cada causa, como também pelo Ministério Público e pela Ordem dos Advogados do Brasil. (Incluído pela Lei nº 11.900, de 2009)

Fiscalização – Talvez porque, ao tempo da edição da Lei nº 11.900/2009, a Defensoria Pública não estivesse ainda estruturada em todo país, não foi prevista sua participação. Em que pese a omissão do texto, não há qualquer dúvida de que também a este órgão, em face das relevantes atribuições que lhe são inerentes, poderá exercer o poder de fiscalização. A Lei de Execuções Penais (Lei nº 7.210/84) possui expressa previsão legal nesse sentido (art. 81-B, inc. V). O juiz criminal da causa e o juiz corregedor do estabelecimento prisional, por óbvio, que deverão exercer essa fiscalização, posto que inerente à função que exercem. Aliás, é atribuição do juiz da execução, nos termos do art. 66, inc. VII, da Lei de Execuções Penais. Quanto ao Ministério Público, de se ver que o parágrafo único, do art. 68 da LEP, dispõe que é sua incumbência visitar "mensalmente os estabelecimentos penais, registrando a sua presença em livro próprio". Também cumpre essa fiscalização ao Conselho Nacional de Política Criminal e Penitenciária, nos termos do art. 64, inc. VIII da LEP. Já à Ordem dos Advogados do Brasil, dada sua relevância institucional e importância histórica, era mesmo de se deferir essa possibilidade.

Novamente os críticos do emprego da videoconferência se posicionam no sentido de que a situação precária de nossos presídios bem demonstra que tal fiscalização, em termos práticos, quase que não existe. Ora, essa constatação não inibe de se reconhecer como salutar a preocupação do legislador, que pretendeu reforçar a possibilidade de fiscalização, quase que desnecessária, é verdade, em face do texto da Lei de Execuções Penais. Agora, se os órgãos legitimados não exercerem sua incumbência, o caso é de adoção das medidas cabíveis, notadamente de ordem correcional, tratando de agentes públicos, mas não de minimizar a cautela do legislador.

§ 7º Será requisitada a apresentação do réu preso em juízo nas hipóteses em que o interrogatório não se realizar na forma prevista nos § § 1º e 2º deste artigo.(Incluído pela Lei nº 11.900, de 2009)

O dispositivo não reclama maior explicação. Determinado o interrogatório pessoal do réu, afastada, portanto, a possibilidade de sua oitiva por videoconferência, ao juiz cumpre requisitar sua presença em juízo, no dia e hora marcados.

Citação pessoal x requisição – Discute-se, na jurisprudência, da necessidade de citação pessoal do réu preso ou, ao contrário, se é bastante sua mera requisição. É que vem expresso no art. 360 do código que, "se o réu estiver preso, será pessoalmente citado". Pensamos que esse artigo deva ser analisado de uma forma sistemática, à luz, inclusive, dos princípios orientadores da teoria das nulidades. De sorte que, não demonstrado qualquer prejuízo ao acusado que foi apenas requisitado, ao invés de citado pessoalmente, posto que acompanhado de defensor e preservada a possibilidade de prévia entrevista entre ambos, não há porque se decretar a nulidade. Ou, ainda, na hipótese de que, conquanto apenas requisitado, o réu, quando interrogado, manteve-se em silêncio ou negou a prática do delito. Em suma: na ausência de prejuízo ao réu e em homenagem ao princípio do "pás de nullité sans grief", adotado expressamente pelo código (art. 563), a inexistência de citação pessoal do réu configura nulidade relativa, a exigir, pois, a demonstração do prejuízo advindo da omissão e sua arguição em tempo oportuno.

JURISPRUDÊNCIA

v. art. 360 abaixo

Réu preso

a) obrigatoriedade da citação

"Diante da obrigatoriedade da citação pessoal do réu preso, trazida pela Lei n.º 10.793/03, e em respeito ao princípio da ampla defesa, o atual entendimento deste Superior Tribunal de Justiça é no sentido de que a ausência do ato citatório é nulidade absoluta, sendo certo que a simples requisição do réu preso não o supre. Precedentes" (STJ – HC nº 175807-MG, Rel. Laurita Vaz, j. 22.02.2011, DJe 14.03.2011).

b) possibilidade de requisição

"Ausência de citação do paciente para audiência de interrogatório. Réu apenas requisitado à autoridade carcerária. Vício sanado com o comparecimento do acusado em juízo" (STF – RHC nº 106461-DF – Rel. Gilmar Mendes, j. 07.05.2013, DJe 10.09.2013).

"Não demonstrado qualquer prejuízo na realização do interrogatório de réu preso requisitado para o ato, não se reconhece a sua nulidade, somente por não ter sido previamente citado, notadamente se a própria defesa constituída nada alegou quanto ao ponto (Precedentes)" (STJ – REsp nº 1107089-RS – Rel. Felix Fischer, j. 20.08.2009, DJe 28.09.2009).

§ 8º Aplica-se o disposto nos § § 2º, 3º, 4º e 5º deste artigo, no que couber, à realização de outros atos processuais que dependam da participação de pessoa que esteja presa, como acareação, reconhecimento de pessoas e coisas, e inquirição de testemunha ou tomada de declarações do ofendido. (Incluído pela Lei nº 11.900, de 2009)

§ 9º Na hipótese do § 8º deste artigo, fica garantido o acompanhamento do ato processual pelo acusado e seu defensor. (Incluído pela Lei nº 11.900, de 2009)

Videoconferência para outras modalidades de prova – O dispositivo em análise permite que se estenda o emprego da videoconferência para outros atos probatórios, além do interrogatório. Assim, desde que preenchidos os mesmos pressupostos que autorizam o interrogatório virtual e tratando-se de ato do qual dependa da participação do preso, é possível, por exemplo, que a oitiva da vítima e de testemunhas seja realizada por esse método. Trata-se, aliás, de possibilidade admitida pela jurisprudência do Superior Tribunal de

Justiça (v. abaixo), antes mesmo do advento da Lei nº 11.900/2009 e quando era pacífica a inconstitucionalidade da lei paulista que criara o interrogatório *on-line*. Em outras palavras: em que pese reconhecida a inconstitucionalidade da lei estadual para o interrogatório virtual, foi admitido o emprego desse sistema para a oitiva de testemunhas. Atualmente, a partir da legislação federal que tratou da matéria, com muito mais razão se deve admitir a colheita de prova testemunhal ou de outra modalidade de prova por videoconferência. A propósito, o art. 217 do código contém expressa previsão do emprego dessa técnica para colheita de prova testemunhal, inclusive nas hipóteses de carta precatória (art. 222, § 3º).

Críticas – São conhecidas as críticas doutrinárias ao dispositivo, taxado de inconstitucional por violação do princípio do devido processo legal. Afirma-se que reconhecimento e acareação exigem a presença ao vivo dos envolvidos na colheita da prova e que a baixa qualidade das imagens impedirá o sucesso da diligência. Segundo Paulo Rangel, "imagina isso: uma pessoa de um lado, um vídeo no meio e a outra pessoa do outro lado, ambas se confrontando a fim de que se possa saber quem diz a verdade. O instrumento, confronto cara a cara, perde sua razão de ser. Ele tem que ser ao vivo e em cores, perante o juiz. No mínimo, o legislador pensa que esse vídeo será de qualidade digital HD MAX como nas telas das TVs modernas com TV a cabo. Ingenuidade. Tal prova (acareação, reconhecimento de pessoas e coisas, e inquirição de testemunha ou tomada de declarações do ofendido), se for colhida por esse meio será ilícita, por afrontar o devido processo legal e, consequentemente, a proibição de colheita de provas por meios ilícitos, insculpidos na Constituição da República" (ob. cit., p. 568).

Nossa posição – Novamente ousamos discordar. Não vislumbramos, com efeito, no que consistiria a alegada ilicitude na colheita da prova, que possui expressa previsão legal e vem disciplinada de forma detalhada no código, a enaltecer seu caráter de excepcionalidade e limitar seu emprego a hipóteses bem específicas. Tudo com o acompanhamento do réu e de seu defensor, como previsto no § 9º. A propósito, não é raro acontecer que salas de reconhecimento, instaladas em fóruns, impeçam um reconhecimento firme, dada à sua precariedade, decorrente, por exemplo, de vidros inadequados. O resultado disso, porém, será o não aproveitamento da prova, ou seja, não será com base nesse reconhecimento inseguro que o réu sofrerá uma condenação. Mas daí para se invocar a inconstitucionalidade parece que vai passo um tanto largo. De sorte que, colhida a prova por videoconferência, o juiz irá sopesá-la da mesma forma que o faria caso os envolvidos se deparassem pessoalmente. O que importa é a segurança demonstrada no reconhecimento ou na acareação, independentemente da maneira com que colhidas tais provas. Caso coerentes, firmes e em consonância com a demais provas, terão elevado valor probatório. Vacilantes e isoladas do conjunto probatório, serão rejeitadas, como sempre foram, antes ou depois do advento da videoconferência. Quanto à prova testemunhal e a oitiva da vítima, a jurisprudência de nossos tribunais superiores é tranquila em dispensar a presença do réu à audiência ou, quando muito, reconhecer a existência de nulidade relativa, a depender da demonstração do prejuízo. Ora, se não se decreta a nulidade por conta da ausência do réu *in facien* à audiência, com mais razão não se cominará essa pena quando ele acompanhar o ato por videoconferência.

JURISPRUDÊNCIA

Oitiva de testemunhas por videoconferência. Possibilidade

(Observação: trata-se de julgado que apreciava audiência realizada com base na lei paulista que foi considerada inconstitucional, antes da entrada em vigor da Lei nº 11.900/2009, por isso o emprego da expressão "a orientação que reprime a utilização da videoconferência").

> "A orientação que reprime a utilização da videoconferência não se aplica na hipótese de realização de audiência de instrução na qual procedida a inquirição de testemunhas, pois na linha de jurisprudência desta Corte, a ausência do réu a este ato não configura nulidade se a ele tiver comparecido seu defensor e não lhe tenha, de outro lado, sobrevindo qualquer prejuízo. Regular ato judicial realizado pelo sistema de videoconferência, em que houve a concordância do defensor constituído para tal ato, com comunicação reservada do paciente com seu defensor garantida, bem como seguimento normal das fases posteriores da instrução, sem alegação de qualquer prejuízo" (STJ – HC nº 155832-SP, Rel. Gilson Dipp, j. 1º.03.2011, DJe 14.03.2011).

§ 10. Do interrogatório deverá constar a informação sobre a existência de filhos, respectivas idades e se possuem alguma deficiência e o nome e o contato de eventual responsável pelos cuidados dos filhos, indicado pela pessoa presa. (Incluído pela Lei nº 13.257, de 2016)

Trata-se de inovação que foi alvo de nossos comentários ao art. 6º, inc. X acima, aos quais remetemos o leitor.

ATENÇÃO - A Recomendação n. 91, de 6 de novembro de 2020, do CNJ, sugere a adoção de uma série de procedimentos voltados ao adequado tratamento das pessoas com deficiência auditiva, visual ou ambas, acusadas, rés, condenadas em processo criminal ou adolescentes em conflito com a lei, com o objetivo de assegurar os direitos dessa população no âmbito da justiça criminal e da infância e adolescência. Entre as medidas, recomenda-se ao juiz identificar, na audiência de custódia, criminal ou de apresentação de adolescentes, eventual deficiência, bem como garantir a presença de intérprete ou de outra forma de comunicação adaptada que garanta o pleno acesso e compreensão acerca do processo. Os atos processuais realizados sem intérprete ou comunicação adaptada poderão ser considerados nulos (art. 7º, § 3º). Em caso de prisão, recomenda-se também a presença de intérpretes ou outra forma de comunicação para transmitir as informações pertinentes na unidade prisional, bem como a alocação da pessoa com deficiência em locais específicos e adaptados ou em espaço de convivência com presos de outros grupos vulneráveis.

Art. 186. Depois de devidamente qualificado e cientificado do inteiro teor da acusação, o acusado será informado pelo juiz, antes de iniciar o interrogatório, do seu direito de permanecer calado e de não responder perguntas que lhe forem formuladas. (Redação dada pela Lei nº 10.792, de 1º.12.2003)

Parágrafo único. O silêncio, que não importará em confissão, não poderá ser interpretado em prejuízo da defesa. (Incluído pela Lei nº 10.792, de 1º.12.2003)

Direito ao silêncio – A antiga redação do art. 186 enunciava a possibilidade de o réu permanecer em silêncio, cabendo ao juiz ressalvar, porém, que tal silêncio poderia ser interpretado em seu desfavor. Tratava-se de advertência que já vinha sendo criticada pela jurisprudência (*RT* 755/719, 725/604, 709/313), por não se compatibilizar com a garantia constitucional prevista no art. 5º, LXIII, da Carta Magna, no que se convencionou denominar de *silêncio constitucional*. Argumentava-se ser inadmissível que o réu, valendo-se de um direito previsto na Constituição, viesse a ser penalizado ao exercê-lo. Por isso, a atual redação do art. 186, em seu *caput*, mantém a observação que o juiz deve fazer ao réu quanto ao direito de se calar. Mas no parágrafo único vai além, enfatizando que, primeiro, o silêncio não importará em confissão e, segundo, jamais poderá ser interpretado contra o réu.

Sempre ousamos, em minoria é verdade, discordar de tal entendimento. A um, em virtude de que nos parecia, em uma análise sistemática do texto constitucional, que o direito ao silêncio ali proclamado dizia respeito apenas ao *preso*, não se estendendo ao réu quando interrogado em juízo. De sorte que, analisando-se o art. 5º, da Carta, no inciso LXII e, pelo menos, três mais à frente (LXIV, LXV e LXVI), constata-se que todas as disposições ali contidas, referem-se à figura do *preso*. Assim, a necessidade de a prisão ser comunicada ao juiz, à família do *preso* ou a alguém por ele indicado; a possibilidade dele ser assistido por advogado ou familiares; o direito que tem o *preso* de saber que são os responsáveis por sua prisão ou por seu *interrogatório policial*; a obrigatoriedade de relaxamento, *pela autoridade judiciária*, da prisão ilegal. Enfim, são direitos que deveriam ser observados no momento em que ocorresse a prisão, não se estendendo ao interrogatório feito em juízo. A se admitir que tais direitos são extensivos também ao réu, deveria se concluir, então, que a ausência, em juízo, de um familiar por ele indicado, seria causa de nulidade do processo, frente ao que dispõe o art. 5º, inc. LXIII da Constituição, o que soaria absurdo. Tais direitos, portanto, se restringiriam à fase administrativa, comungando desse entendimento o preclaro Cretella Júnior, que, comentando a Constituição em vigor, ensina: "o preso, durante o ato de prisão e enquanto encaminhado pelo condutor à presença da autoridade competente, tem o *direito subjetivo público* de 'permanecer calado', o que de modo algum ocorrerá durante o interrogatório do acusado, pelo juiz, que tem o poder-dever de informar o interrogado que, embora não obrigado a responder às perguntas que lhe forem formuladas, o seu silêncio poderá ser interpretado em prejuízo da própria defesa" (*Comentários à Constituição -1988*, 1.989, vol. I, p. 559) (grifo original). Esse posicionamento, reconhecemos, não mais se sustenta face às alterações trazidas pela Lei nº 10.792/2003, que, em seu art. 186, trata especificamente do interrogatório judicial.

Abuso de Autoridade – O art. 15, parágrafo único, inc. I, da Lei 13.869/19 pune o agente ou autoridade que prossegue com o interrogatório de pessoa que tenha decidido exercer o direito ao silêncio. As condutas descritas nesta Lei constituem crime de abuso de autoridade quando praticadas pelo agente com a finalidade específica de prejudicar outrem ou beneficiar a si mesmo ou a terceiro, ou, ainda, por mero capricho ou satisfação pessoal (art. 1º., §1º.).

Silêncio e suas consequências – O que parece causar certa estranheza é a disposição do parágrafo único do art. 186, que impede seja o silêncio interpretado contra o interrogando. Ressalte-se que em nenhum momento se pretende afirmar que o preso esteja obrigado a falar em juízo. É óbvio que não, podendo exercer o direito de se calar, garantido pelo próprio *caput* do art. 186 e, de resto, por força de princípio constitucional do art. 5º, inc. LXIII, pelo qual *nemo tenetur se detegere*. Mas daí negar-se ao juiz a possibilidade de tomar tal silêncio em prejuízo do réu, no momento de proferir a decisão, parece um equívoco.

Isso por entendermos, com efeito, que contraria a natureza do homem silenciar frente a uma injusta acusação. Ora, a reação natural de quem é acusado pela prática de algo que não cometeu consiste em, imediatamente, proclamar sua inocência, na primeira oportunidade em que ouvido. Conforme ensina José Frederico Marques: "o acusado inocente não tem o que temer de um interrogatório livre, perante o juiz e a portas abertas, como é o interrogatório judicial regulado pelo Código de Processo Penal. Só o réu culpado alimenta receios dessa prova" (*Elementos de direito processual penal*, 1.997, vol. II, p. 299). Portanto, em uma determinada situação concreta, em que o réu, em juízo, prefere o silêncio à apresentação de sua versão para os fatos, como exigir do juiz que faça vistas grossas frente a tão inusitado comportamento?

Tem o juiz sim, portanto, a possibilidade de, frente ao princípio do livre convencimento, extrair de tal silêncio as conclusões que bem entender. Será mais um dado, dentre outros colhidos na instrução, a ser sopesado no momento de se proferir a sentença, em uma análise ampla de todo o conjunto probatório. É claro que o silêncio do réu, por si só, não se prestará para a condenação, cabendo ao autor a prova dos fatos que alega. Mas isso não é de agora. Já no século passado, Ramalho ensinava que "a confissão tácita ou ficta, que resulta da transação do delito com o ofendido, ou da contumácia do réu, que não responde, nenhum uso tem nas causas criminais" (*Elementos de processo criminal*, 1.856 p. 101, *apud* Espínola Filho, ob. cit., p. 18).

Inobstante, portanto, seja do autor o ônus da prova, o silêncio do réu, embora a lei o permita, continua causando a impressão ao juiz de que ele cala por não tem resposta à acusação e, por conta disso, pode pesar desfavoravelmente ao imputado, sem que haja qualquer violação à norma constitucional. Afinal, no preciso dizer de José Frederico Marques, o direito de defesa não pode transformar-se "em instrumento de impunidade para malfeitores e delinquentes. Desde que não atente contra a dignidade da pessoa humana, qualquer prova que se produza e da qual possam obter-se resultados úteis para a repressão do crime, deve ser acolhida e admitida. E é o que se dá com o interrogatório do réu. Fonte de convicção das mais relevantes, pelos indícios que dele surgem e emergem, esse meio de prova nada tem de condenável ou iníquo, a menos que se queira transformar a instrução criminal em proteção aos criminosos" (ob. cit., p. 299).

Não há, portanto, como obrigar o juiz a abstrair tão inusitado comportamento do réu que preferiu, na presença do Magistrado, de seu defensor e da acusação, simplesmente se calar, ao invés de ofertar uma versão plausível para o fato que se lhe imputa. A lei pode até dizer, como diz no parágrafo único, que o silêncio do réu não lhe pode ser prejudicial. Mas essa opção do legislador, além de ferir de morte o princípio do livre convencimento do juiz, não impedirá este último de, pelo menos no âmbito de sua intimidade (já que expressamente não poderá dizê-lo), concluir pela responsabilidade do acusado que, cercado de todas as garantias, mesmo assim optou pelo suspeitíssimo silêncio.

Condução coercitiva do acusado – No ano de 2019, o STF publicou o acórdão da decisão proferida nas ADPFs 395 e 444, nas quais se questionou a constitucionalidade da condução coercitiva para interrogatório. O STF considerou procedente o pleito em julgamento cujo acórdão foi publicado nos seguintes termos:

> "1. Arguição de Descumprimento de Preceito Fundamental. Constitucional. Processo Penal. Direito à não autoincriminação. Direito ao tempo necessário à preparação da defesa. Direito à liberdade de locomoção. Direito à presunção de não culpabilidade. 2. Agravo Regimental contra decisão liminar. Apresentação da decisão, de imediato, para referendo pelo Tribunal. Cognição completa da causa com a inclusão em pauta. Agravo prejudicado. 3. Cabimento da ADPF. Objeto: ato normativo pré-constitucional e conjunto de decisões judiciais. Princípio da subsidiariedade (art. 4º, §1º, da Lei nº 9.882/99): ausência de instrumento de controle objetivo de constitucionalidade apto a tutelar a situação. Alegação de falta de documento indispensável à propositura da ação, tendo em vista que a petição inicial não se fez acompanhar de cópia do dispositivo impugnado do Código de Processo Penal. Art. 3º, parágrafo único, da Lei 9.882/99. Precedentes desta Corte no sentido de dispensar a prova do direito, quando "transcrito literalmente o texto legal impug-

nado" e não houver dúvida relevante quanto ao seu teor ou vigência – ADI 1.991, Rel. Min. Eros Grau, julgada em 3.11.2004. A lei da ADPF deve ser lida em conjunto com o art. 376 do CPC, que confere ao alegante o ônus de provar o direito municipal, estadual, estrangeiro ou consuetudinário, se o juiz determinar. Contrario sensu, se impugnada lei federal, a prova do direito é desnecessária. Preliminar rejeitada. Ação conhecida. 4. Presunção de não culpabilidade. A condução coercitiva representa restrição temporária da liberdade de locomoção mediante condução sob custódia por forças policiais, em vias públicas, não sendo tratamento normalmente aplicado a pessoas inocentes. Violação. 5. Dignidade da pessoa humana (art. 1º, III, da CF/88). O indivíduo deve ser reconhecido como um membro da sociedade dotado de valor intrínseco, em condições de igualdade e com direitos iguais. Tornar o ser humano mero objeto no Estado, consequentemente, contraria a dignidade humana (NETO, João Costa. Dignidade Humana: São Paulo, Saraiva, 2014. p. 84). Na condução coercitiva, resta evidente que o investigado é conduzido para demonstrar sua submissão à força, o que desrespeita a dignidade da pessoa humana. 6. Liberdade de locomoção. A condução coercitiva representa uma supressão absoluta, ainda que temporária, da liberdade de locomoção. Há uma clara interferência na liberdade de locomoção, ainda que por período breve. 7. Potencial violação ao direito à não autoincriminação, na modalidade direito ao silêncio. Direito consistente na prerrogativa do implicado a recursar-se a depor em investigações ou ações penais contra si movimentadas, sem que o silêncio seja interpretado como admissão de responsabilidade. Art. 5º, LXIII, combinado com os arts. 1º, III; 5º, LIV, LV e LVII. O direito ao silêncio e o direito a ser advertido quanto ao seu exercício são previstos na legislação e aplicáveis à ação penal e ao interrogatório policial, tanto ao indivíduo preso quanto ao solto – art. 6º, V, e art. 186 do CPP. O conduzido é assistido pelo direito ao silêncio e pelo direito à respectiva advertência. Também é assistido pelo direito a fazer-se aconselhar por seu advogado. 8. Potencial violação à presunção de não culpabilidade. Aspecto relevante ao caso é a vedação de tratar pessoas não condenadas como culpadas – art. 5º, LVII. A restrição temporária da liberdade e a condução sob custódia por forças policiais em vias públicas não são tratamentos que normalmente possam ser aplicados a pessoas inocentes. O investigado é claramente tratado como culpado. 9. A legislação prevê o direito de ausência do investigado ou acusado ao interrogatório. O direito de ausência, por sua vez, afasta a possibilidade de condução coercitiva. 10. Arguição julgada procedente, para declarar a incompatibilidade com a Constituição Federal da condução coercitiva de investigados ou de réus para interrogatório, tendo em vista que o imputado não é legalmente obrigado a participar do ato, e pronunciar a não recepção da expressão "para o interrogatório", constante do art. 260 do CPP."

Nas primeiras linhas de seu voto sobre o mérito das ações, o ministro Gilmar Mendes deixou claro que a condução coercitiva pode ser utilizada em diversos contextos, mas o julgamento se resumia ao interrogatório:

"Inicio por um esclarecimento, para que a compreensão da fundamentação não seja reduzida por ambiguidade.

Busca-se o reconhecimento de que investigados e réus não podem ser conduzidos coercitivamente à presença da autoridade policial ou judicial para serem interrogados.

> Há outras hipóteses de condução coercitiva que não são objeto desta ação – a condução de outras pessoas como testemunhas, ou de investigados ou réus para atos diversos do interrogatório, como o reconhecimento, por exemplo. Por óbvio, essas outras hipóteses não estão em causa. Serão mencionadas no curso do voto apenas para ilustração e teste das teses jurídicas em conflito.
>
> Para que não paire dúvida, desde logo esclareço que o emprego não especificado da expressão "condução coercitiva" doravante neste voto fará referência ao objeto da ação – "condução do imputado para interrogatório."

É claro, portanto, que testemunhas não estão abrangidas pela limitação. Aliás, nota-se também claramente que nem mesmo investigados ou acusados estão absolutamente isentos da condução coercitiva, pois é possível, por exemplo, que sejam levados à força para a realização de reconhecimento por vítimas ou testemunhas, situação em que não se cogita a oposição da máxima nemo tenetur se detegere porque o indivíduo não produz nenhuma prova contra si, tendo em vista que assume uma postura meramente passiva na qual apenas se submete a um ato em que suas características físicas externas são analisadas por outras pessoas:

> "A presente ação não trata de outras hipóteses de condução coercitiva, como a condução de testemunhas e peritos, ou de investigados ou réus para identificação, qualificação ou outros atos diversos do interrogatório, como a identificação, a qualificação e o reconhecimento, dentre outros."

Note-se, ademais, que o julgamento deixou claro algo de suma importância: não é possível determinar a condução coercitiva de investigados na qualidade de testemunhas apenas para evitar as consequências jurídicas decorrentes da condução ilegal:

> "Sobre a condução coercitiva de testemunhas, abro um parêntese para consignar que investigados não devem ser tratados como testemunhas, como forma de burlar a presente decisão.
>
> (...)
>
> É certo que há dificuldade inicial de definir a posição de algumas pessoas frente à investigação, como suspeitos ou testemunhas. São inúmeros os casos de comissões parlamentares de inquérito que convocam investigados na qualidade de testemunha, havendo intervenção judicial para assegurar o direito ao silêncio. Mas, se a investigação se volta contra a pessoa, apontando-se sua colaboração para os fatos e adotando-se medidas probatórias com grande considerável probabilidade de levar a sua responsabilização, ela deve ser tratada como investigada."

Também não se impede a condução coercitiva de vítimas.

A vítima não tem o mesmo tratamento jurídico da testemunha, tanto que não é previamente compromissada e, se mentir, não responderá pelo crime de falso testemunho, podendo, a depender do caso concreto, praticar o delito de denunciação caluniosa ou de falsa de crime ou de contravenção, tipificados, respectivamente, nos arts. 339 e 340 do Código Penal. A despeito disso, o art. 201, parágrafo único, do CPP autoriza a condução coercitiva do ofendido que, regularmente intimado, se ausenta sem apresentar uma escusa razoável. Isto ocorre porque, embora não se trate de testemunha, não se ignora o caráter de importante meio de prova de suas declarações, e, por conta disso, o legislador considera relevante sua oitiva, dedicando-lhe um capítulo próprio na parte concernente à prova.

ATENÇÃO - para uma corrente contemporânea, a condução coercitiva de vítima deve ser evitada. A vítima é sujeito de direitos, e não mero objeto ou simples fonte de prova. O estado que incentiva a condução coercitiva do ofendido se considera mais vítima do que a própria vítima. Isso não impede, contudo, sua condução protetiva. Se existe suspeita de que a ausência da vítima não é voluntária, mas imposta por terceiro interessado, pode o juiz mandar conduzi-la à sua presença para que a situação seja verificada e esclarecida.

Finalmente, reforçamos que a vedação à condução coercitiva para interrogatório abrange tanto os investigados quanto os acusados, ou seja, incide na fase de investigação como na instrução processual.

JURISPRUDÊNCIA

Direito ao silêncio

"A Constituição Federal assegura aos presos o direito ao silêncio (inciso LXIII do art. 5º). Nessa mesma linha de orientação, o Pacto Internacional sobre Direitos Civis e Políticos (Pacto de São José da Costa Rica) institucionaliza o princípio da 'não-auto-incriminação' (*nemo tenetur se detegere*). Esse direito subjetivo de não se auto-incriminar constitui uma das mais eminentes formas de densificação da garantia do devido processo penal e do direito à presunção de não-culpabilidade (inciso LVII do art. 5º da Constituição Federal). A revelar, primeiro, que o processo penal é o espaço de atuação apropriada para o órgão de acusação demonstrar por modo robusto a autoria e a materialidade do delito. Órgão que não pode se esquivar da incumbência de fazer da instrução criminal a sua estratégia, oportunidade de produzir material probatório substancialmente sólido em termos de comprovação da existência de fato típico e ilícito, além da culpabilidade do acusado" (STF – HC n° 101909-MG, Rel. Ayres Britto, j. 28.02.2012, DJe 18.06.2012).

"Dúvidas não há de que a Constituição Federal, em seu art. 5.º, LXIII, e o Código de Processo Penal, em seu art. 186, e seu parágrafo único, conferem ao acusado o direito ao silêncio ou à não autoincriminação, ao permitir que, por ocasião de seu interrogatório, cale acerca dos fatos criminosos que lhe são imputados, ou ainda, e via de consequência do sistema de garantias constitucionais, negue a autoria delitiva, sem que isso enseje apenação criminal ou mesmo valoração negativa dessas declarações pelo togado singular, que poderá, no máximo, desconsiderá-las quando do cotejo com os demais elementos probatórios colacionados, pois ao depor não está o réu obrigado a se auto incriminar. O Juízo singular, na sentença condenatória, sequer mencionou o exercício, pela paciente, de seu direito ao silêncio perante a autoridade policial, fazendo cotejo entre a negativa em juízo e as provas produzidas para concluir pela autoria do delito. Não há constrangimento ilegal e, portanto, não há que se falar em nulidade do acórdão impugnado ou absolvição da paciente, se a Corte a quo indicou precisamente os elementos em que se baseou para chegar à conclusão da sua condenação, não se podendo concluir que esta tenha se dado em razão de seu silêncio na fase extrajudicial" (STJ – RHC nº 252653-PE, Rel. Jorge Mussi, j. 07.05.2013, DJe 22.05.2013).

Direito ao silêncio e CPI

"A jurisprudência deste Supremo Tribunal firmou-se no sentido de ser oponível às Comissões Parlamentares de Inquérito a garantia constitucional contra a autoincriminação e, consequentemente, do direito ao silêncio quanto a perguntas cujas respostas possam resultar em prejuízo dos depoentes, além do direito à assistência do advogado. Precedentes" (STF – HC n° 119941-DF – Rel. Cármen Lúcia, j. 25.03.2014, DJe 28.04.2014).

Direito a não-autoincriminação e CPI

O privilégio contra a auto-incriminação – que é plenamente invocável perante as Comissões Parlamentares de Inquérito – traduz direito público subjetivo assegurado a qualquer pessoa, que, na condição de testemunha, de indiciado ou de réu, deva prestar depoimento perante órgãos do Poder Legislativo, do Poder Executivo ou do Poder Judiciário. – O exercício do direito de permanecer em silêncio não autoriza os órgãos estatais a dispensarem qualquer tratamento que implique restrição à esfera jurídica daquele que regularmente invocou essa prerrogativa fundamental. Precedentes. O direito ao silêncio – enquanto poder jurídico reconhecido a qualquer pessoa relativamente a perguntas cujas respostas possam incriminá-la ('nemo tenetur se detegere') – impede, quando concretamente exercido, que aquele que o invocou venha, por tal específica razão, a ser preso, ou ameaçado de prisão, pelos agentes ou pelas autoridades do Estado. – Ninguém pode ser tratado como culpado, qualquer que seja a natureza do ilícito penal cuja prática lhe tenha sido atribuída, sem que exista, a esse respeito, decisão judicial condenatória transitada em julgado. O princípio constitucional da não-culpabilidade, em nosso sistema jurídico, consagra uma regra de tratamento que impede o Poder Público de agir e de se comportar, em relação ao suspeito, ao indiciado, ao denunciado ou ao réu, como se estes já houvessem sido condenados definitivamente por sentença do Poder Judiciário. Precedentes. HC 79812; CPI: 'nemo tenetur se detegere': direito ao silêncio. Se, conforme o art. 58, § 3º, da Constituição, as comissões parlamentares de inquérito, detêm o poder instrutório das autoridades judiciais – e não maior que o dessas – a elas se poderão opor os mesmos limites formais e substanciais oponíveis aos juízes, dentre os quais os derivados das garantias constitucionais contra a autoincriminação, que tem sua manifestação mais eloquente no direito ao silêncio dos acusados. Não importa que, na CPI – que tem poderes de instrução, mas nenhum poder de processar nem de julgar – a rigor não haja acusados: a garantia contra a autoincriminação se estende a qualquer indagação por autoridade pública de cuja resposta possa advir à imputação ao declarante da prática de crime, ainda que em procedimento e foro diversos. Se o objeto da CPI é mais amplo do que os fatos em relação aos quais o cidadão intimado a depor tem sido objeto de suspeitas, do direito ao silêncio não decorre o de recusar-se de logo a depor, mas sim o de não responder às perguntas cujas repostas entenda possam vir a incriminá-lo: liminar deferida para que, comparecendo à CPI, nesses termos, possa o paciente exercê-lo, sem novamente ser preso ou ameaçado de prisão " (STF – HC n. 94082-RS – Rel. Celso de Mello, j. 14 de março de 2008).

Falta de advertência ao réu quanto às consequências de seu silêncio. Nulidade relativa

"As garantias da ampla defesa e do contraditório restam observadas, não prosperando o argumento de que a falta de advertência, no interrogatório, sobre o direito dos réus permanecerem calados, seria causa de nulidade apta a anular todo o processo penal, nos casos em que a higidez do ato é corroborada pela presença de defensor durante o ato, e pela opção feita pelos réus de, ao invés de se utilizarem do direito ao silêncio, externar a sua própria versão dos fatos, contrariando as acusações que lhes foram feitas, como consectário de estratégia defensiva. A falta de advertência sobre o direito ao silêncio não conduz à anulação automática do interrogatório ou depoimento, restando mister observar as demais circunstâncias do caso concreto para se verificar se houve ou não o constrangimento ilegal (HC 88.950/RS, Relator Min. Marco Aurélio, Primeira Turma, Julgamento em 25/9/2007, HC 78.708/SP, Relator Min. Sepúlveda Pertence, Primeira Turma, Julgamento em 9/3/1999, RHC 79.973/MG, Relator Min. Nelson Jobim, Segunda Turma, Julgamento em 23/5/2000)" (STF – RHC nº 107915-SP – Rel. Luiz Fux, j. 25.10.2011, DJe 14.11.2011).

"Esta colenda Quinta Turma, acompanhando entendimento consolidado no Supremo Tribunal Federal, firmou o entendimento de que eventual irregularidade na informação acerca do direito de permanecer em silêncio é causa de nulidade relativa, cujo reconhecimento depende da comprovação do prejuízo." (STJ – RHC 67730/PE, 5ª Turma, Min. Rel. Jorge Mussi, j. 26/04/16)

Art. 187. **O interrogatório será constituído de duas partes: sobre a pessoa do acusado e sobre os fatos. (Redação dada pela Lei nº 10.792, de 1º.12.2003)**

§ 1º Na primeira parte o interrogando será perguntado sobre a residência, meios de vida ou profissão, oportunidades sociais, lugar onde exerce a sua atividade, vida pregressa, notadamente se foi preso ou processado alguma vez e, em caso afirmativo, qual o juízo do processo, se houve suspensão condicional ou condenação, qual a pena imposta, se a cumpriu e outros dados familiares e sociais. (Incluído pela Lei nº 10.792, de 1º.12.2003)

§ 2º Na segunda parte será perguntado sobre: (Incluído pela Lei nº 10.792, de 1º.12.2003)

I – ser verdadeira a acusação que lhe é feita; (Incluído pela Lei nº 10.792, de 1º.12.2003)

II – não sendo verdadeira a acusação, se tem algum motivo particular a que atribuí-la, se conhece a pessoa ou pessoas a quem deva ser imputada a prática do crime, e quais sejam, e se com elas esteve antes da prática da infração ou depois dela; (Incluído pela Lei nº 10.792, de 1º.12.2003)

III – onde estava ao tempo em que foi cometida a infração e se teve notícia desta; (Incluído pela Lei nº 10.792, de 1º.12.2003)

IV – as provas já apuradas; (Incluído pela Lei nº 10.792, de 1º.12.2003)

V – se conhece as vítimas e testemunhas já inquiridas ou por inquirir, e desde quando, e se tem o que alegar contra elas; (Incluído pela Lei nº 10.792, de 1º.12.2003)

VI – se conhece o instrumento com que foi praticada a infração, ou qualquer objeto que com esta se relacione e tenha sido apreendido; (Incluído pela Lei nº 10.792, de 1º.12.2003)

VII – todos os demais fatos e pormenores que conduzam à elucidação dos antecedentes e circunstâncias da infração; (Incluído pela Lei nº 10.792, de 1º.12.2003)

VIII – se tem algo mais a alegar em sua defesa. (Incluído pela Lei nº 10.792, de 1º.12.2003)

Interrogatório de qualificação – Esta primeira parte do interrogatório refere-se a informações que não guardam qualquer relação com o crime em julgamento. A qualificação do réu já foi realizada, sabendo-se de sua identidade, data de nascimento, estado civil, endereço, profissão etc. (art. 185). Indaga-se, ainda, sobre seu grau de escolaridade, se é harmônica sua vida conjugal, se possui algum vício, qual o contato que eventualmente tinha com a vítima etc. Na prática, raramente se vê alguma indagação do juiz, sobre esta primeira parte do interrogatório. Quase sempre são dados tomados em uma folha separada, colhidos previamente por um serventuário, salvo a parte final, quanto à vida pregressa do réu, este sim objeto de indagação pelo magistrado. Determina a lei que se faça tal pergunta, mas não é raro que nem mesmo o réu conheça exatamente sua situação jurídica. De qualquer sorte, importará não o que ele afirmar, mas sim o que estiver comprovado pela juntada aos autos de sua folha de antecedentes e das certidões de praxe.

A ausência de algumas dessas perguntas poderá, quando muito, configurar uma nulidade relativa, em que pese pouco provável a demonstração do prejuízo experimentado pelo réu (ou pela acusação), decorrente dessa omissão. É que, conforme já ressaltado, são dados que se comprovam mais documentalmente (nome, idade, profissão, antecedentes criminais), do que propriamente por meio da palavra do interrogado. A jurisprudência, de outra parte, é dividida quanto à configuração de crime por conta de eventuais informações mentirosas fornecidas pelo réu ao ser interrogado, no que se concerne a esta primeira parte do ato. Quanto ao fato criminoso em si, a ser objeto da segunda fase do interrogatório, por conta do princípio do *nemo tenetur se detegere* ou *nemo tenetur se accusare*, não haverá qualquer crime, a ser imputado ao réu, decorrente de eventual mentira ou omissão, salvo se a mentira consistir na imputação de infração penal a pessoa que sabe inocente, caracterizando, nesse cenário, o crime de denunciação caluniosa.

Direito ao silêncio – Discute-se se em relação à primeira parte do interrogatório também perduraria o direito ao silêncio do réu, ou seja, se além de se calar no que diz respeito ao mérito em si da acusação, poderia ele se valer dessa prerrogativa também quanto às perguntas que disserem respeito à sua qualificação. No entendimento de Ada Pellegrini Grinover, as informações pessoais prestadas pelo réu podem ser, eventualmente, autoincriminantes ou configurar lesão à dignidade do acusado e, por isso, somente podem ser prestadas espontaneamente. Assim, "se houver recusa a falar, também aqui estará o acusado exercendo seu legítimo direito ao silêncio" (*O interrogatório como meio de defesa*, cit. p. 188).

ATENÇÃO - Se o agente, no ato do seu interrogatório, se irroga falsa identidade para afastar de si a responsabilidade por eventual prática criminosa, comete o crime do art. 307 do CP? Na lição de Julio Fabbrini Mirabete, não há crime, aplicando-se, no caso, o princípio *nemo tenetur se detegere* (*Manual de direito penal: parte especial*. São Paulo: Atlas, v. 3, 21ed., 2006 p. 258). Celso Delmanto também pugna pela atipicidade da conduta, aduzindo que a ação constitui exercício constitucional do direito da autodefesa (*Código Penal comentado*. 7 ed. Rio de Janeiro: Renovar, 2007, p. 769). Contrariando essas lições, Nélson Hungria entende que o comportamento em análise é criminoso, pois a vantagem mencionada no dispositivo pode ter alguma utilidade ao agente. Não bastasse, a autodefesa somente abrange os questionamentos sobre os fatos em apuração e jamais a identificação do suspeito (*Comentários ao Código Penal*, v. 9, Rio de Janeiro, 1958, p. 308). Essa posição foi, finalmente, seguida pelo Supremo Tribunal Federal, , quando o Plenário reconheceu a repercussão geral do tema discutido no processo e reafirmou a jurisprudência da Corte no sentido de que "o princípio constitucional da autodefesa (art. 5º, inciso LXIII, da CF/88) não alcança aquele que atribui falsa identidade perante autoridade policial com o intento de ocultar maus antecedentes, sendo, portanto, típica a conduta praticada pelo agente - art. 307 CP'" (HC n. 112846-MG, Rel. Roberto Barroso, DJe 01/10/2014).

Vale confirmar, ainda, o teor da Súmula 522, do STJ, in verbis: "A conduta de atribuir-se falsa identidade perante autoridade policial é típica, ainda que em situação de alegada autodefesa".

JURISPRUDÊNCIA

Mentira sobre a identidade

a) configura crime

"O direito à autodefesa não é ilimitado, tendo, neste sentido, mesmo que por conduta diversa, sido editada a Súmula 522, a qual dispõe que "a conduta de atribuir-se falsa identidade perante autoridade policial é típica, ainda que em situação de alegada autodefesa". "O exercício da autodefesa não pode ser invocado para autorizar e nem justificar o cometimento de outros delitos" (HC 369.082/SC, Rel. Ministro FELIX FISCHER, QUINTA TURMA, julgado em 27/6/2017, DJe 1/8/2017)." (STJ – AgRg no HC n. 622.955/SC, relator Ministro Ribeiro Dantas, Quinta Turma, julgado em 1/6/2021, DJe de 7/6/2021.)

b) configura contravenção penal

"Caracteriza o delito do art. 68, parágrafo único, da LCP, a conduta do agente que, ao ser detido por policiais, suspeito da prática de furto, declina nome falso, querendo ocultar sua verdadeira identidade pessoal" (TACRIM-SP – Rel. Lopes de Oliveira – *Rolo-flash* 1.032/283, j. em 11.4.96).

c) não configura qualquer infração penal, posto que tem o direito de mentir

"O direito do investigado ou do acusado de não produzir prova contra si foi positivado pela Constituição da República no rol petrificado dos direitos e garantias individuais (art. 5.º, inciso LXIII). É essa a norma que garante status constitucional ao princípio do "Nemo tenetur se detegere" (STF, HC 80.949/RJ, Rel. Min. SEPÚLVEDA PERTENCE,

1.ª Turma, DJ de 14/12/2001), segundo o qual, repita-se, ninguém é obrigado a produzir quaisquer provas contra si. É atípica a conduta de se atribuir falsa identidade perante autoridade policial com o intuito de ocultar antecedentes criminais, pois se trata de hipótese de autodefesa, consagrada no art. 5.º, inciso LXIII, da Constituição Federal, que não configura o crime descrito no art. 307 do Código Penal. Precedentes." (STJ – HC n. 171.389/ES, relatora Ministra Laurita Vaz, Quinta Turma, julgado em 3/5/2011, DJe de 17/5/2011.)

d) não comete qualquer crime se a autoridade já dispunha de tais dados

"Se a autoridade, sem maiores dificuldades, pode obter informes corretos a respeito da identidade pessoal do pesquisado, na inverdade de que este lance mão, não se caracteriza a contravenção do parágrafo único, do art. 68, da lei especial" (TACRIM-SP – Rel. Gonzaga Franceschini – *JUTACRIM* 91/404).

§ 2º Na segunda parte será perguntado sobre: (Incluído pela Lei nº 10.792, de 1º.12.2003)

I - ser verdadeira a acusação que lhe é feita; (Incluído pela Lei nº 10.792, de 1º.12.2003)

II - não sendo verdadeira a acusação, se tem algum motivo particular a que atribuí-la, se conhece a pessoa ou pessoas a quem deva ser imputada a prática do crime, e quais sejam, e se com elas esteve antes da prática da infração ou depois dela; (Incluído pela Lei nº 10.792, de 1º.12.2003)

III - onde estava ao tempo em que foi cometida a infração e se teve notícia desta; (Incluído pela Lei nº 10.792, de 1º.12.2003)

IV - as provas já apuradas; (Incluído pela Lei nº 10.792, de 1º.12.2003)

V - se conhece as vítimas e testemunhas já inquiridas ou por inquirir, e desde quando, e se tem o que alegar contra elas; (Incluído pela Lei nº 10.792, de 1º.12.2003)

VI - se conhece o instrumento com que foi praticada a infração, ou qualquer objeto que com esta se relacione e tenha sido apreendido; (Incluído pela Lei nº 10.792, de 1º.12.2003)

VII - todos os demais fatos e pormenores que conduzam à elucidação dos antecedentes e circunstâncias da infração; (Incluído pela Lei nº 10.792, de 1º.12.2003)

VIII - se tem algo mais a alegar em sua defesa. (Incluído pela Lei nº 10.792, de 1º.12.2003)

Interrogatório de mérito – Transposta a primeira parte do interrogatório, nesta segunda fase as indagações se referem especificamente ao crime em si, suas circunstâncias e peculiaridades, abrindo-se, por último, a oportunidade do réu alegar algo em sua defesa, que não lhe foi inicialmente indagado. Podem ser assim resumidas segundo a regra de ouro dos sete pontos dos criminalistas, a saber: *quis, quid, ubi, quibus auxiliis cur, quo modo, quando?* Ou seja: *quem, que, onde, com quem, por que, como e quando?* Claro que se trata de um mero roteiro que se presta a orientar o juiz quanto às indagações que deve formular, mas ele, em absoluto, se acha inibido de formular outras perguntas que sejam de interesse à elucidação dos fatos. Pergunta-se, de início, se verdadeira a acusação. Poderá o réu, então, confessar o crime (inc. I). Essa confissão, como visto com mais detalhes nos comentários ao art. 197 abaixo, é denominada *simples*, quando o acusado se limita a admitir a prática do crime, ou *qualificada* quando, embora confessando a autoria, invoca algum benefício em seu favor, notadamente excludente da ilicitude ou culpabilidade, como legítima defesa, estado de necessidade, erro de proibição, coação irresistível etc. Caso não admita a prática delituosa, deve indicar eventual motivo que explique a injusta acusação (inc. II). Assim, por exemplo, que teria sido confundido, dada à semelhança física, com o real autor do delito ou que somente foi preso porque, no momento do fato, passava pelo local. Ou, ainda, que, em virtude de seus maus antecedentes criminais, foi apressadamente, sem maiores indagações, tido como o autor do delito. Este inc. II permite, ainda, que o interrogado, ao negar a prática delituosa, aponte o verdadeiro autor. Fazendo-o, deve indicar se esteve com ele antes ou depois do fato. Ainda em caso de negativa, deve indicar, em reforço à sua tese, eventual álibi, isto é, onde se encontrava ao tempo em que cometida a infração e se dela tomou conhecimento (inc. III). Deve ser indagado, também, sobre as provas já apuradas, como, por exemplo, sua confissão no âmbito policial, o reconhecimento em juízo feito por vítimas e testemunhas, a afirmação de um policial que apreendeu o bem furtado em seu poder, etc.

Outra pergunta relevante é se o acusado conhece vítima e testemunhas e se tem algo a alegar contra elas (inc. V). Poderá, então, invocar - é comum - que os policiais que o detiveram já o conheciam em face de sua vida pregressa e que o perseguem por esse motivo. Ou, ao contrário, que jamais teve qualquer contato com eles. Que o ofendido é seu velho inimigo, com que já teve anterior desavença. Ou que a vítima, sendo sua ex-namorada, não se conforma com o rompimento do relacionamento. São apenas exemplos que podem se multiplicar indefinidamente, tamanha a diversificação de fatos que se sucedem no dia a dia. Negando a prática do delito, deve explicar por quais motivos foi com ele apreendida a arma com que praticada o crime ou a chave falsa achada em seu poder. Ou, ainda, os diversos objetos pertencentes à vítima localizados em sua residência. E mesmo não admitindo a autoria do delito, de que forma esses instrumentos ou objetos foram parar consigo (inc. VI). Por derradeiro, nos incs. VII e VIII, o código dá abertura para que outros dados sejam colhidos, caso não abordados na resposta às perguntas anteriores.

Condução do ato - O interrogatório é ato que deve ser conduzido com serenidade, de forma que o juiz não perca, jamais, sua condição de imparcialidade. Conforme já se disse, deve ser um ato de boa-fé, um instrumento da verdade. Correta observação de Hélio Tornaghi, para quem "o juiz não é um inquisidor preocupado em sondar as profundezas d'alma do interrogado. Também não é um psicanalista que remexe nos escaninhos do inconsciente. Ele deve se portar, no interrogatório, como o bom professor no exame do aluno: as perguntas hão de ser *claras*, em seu conteúdo; *precisas*, em seus contornos; *unívocas*, isto é, sem ambiguidade. Não deve agir como vilão, armando ciladas para o réu; nem como Javert, perseguindo-o, encurralando-o" (ob. cit., pp. 363-4) (grifos originais).

Daí a lição de Florian, na esteira que "devem evitar-se e não permitir-se, além das perguntas impertinentes, as perguntas *obscuras*, *capciosas* e *sugestivas*; as primeiras são aquelas duvidosas, cujo objeto não aparece bastante claro e determinado; as segundas são as perguntas que exigem do acusado explicar coisas cujo significado total não prevê; são perguntas de duplo sentido, que podem induzir o acusado a engano e fazê-lo afirmar como verdadeiras coisas que não queria revelar ou ignorava. Entre essa classe podem inserir-se também as perguntas complexas, que constam de várias partes e que originam confusão. À terceira classe pertencem as perguntas em que o interrogador indica ou sugere o teor da resposta que deseja, perguntas nas quais se dá por admitido o que se pergunta e o que há de prevalecer" (ob. cit., p. 41) (grifos originais).

Todavia, consoante já assinalado por Manzini, o contato entre juiz e réu não é algo que possa ser comparado às demais relações sociais. Por conta disso – ensina o mestre italiano –, excepcionando-se a utilização de violência, tortura ou qualquer outro meio vil, é permitido o uso de expedientes psicológicos pelo juiz, que não deve comportar-se como um ingênuo, aceitando passivamente toda e qualquer justificativa apresentada pelo acusado, mas, ao revés, poderá valer-se de associações de ideias, de regras de bom senso, de sua experiência pessoal, de indagações que apontem contradições no interrogatório, etc. Não – repita-se – criando armadilhas para o réu, mas buscando aproximar o interrogatório o mais que possível da verdade. É que, segundo Altavilla, não é o juízo penal "a palestra em que dois contendores se medem numa elegante disputa esgrimística, precedida da aceitação e exclusão de golpes; o juízo penal deve tender, com todas as suas atividades, à apuração da verdade, para aferir o responsável por um fato criminoso e proclamar a inocência de quem foi estranho a ele" (*apud* Espínola Filho, ob. cit. p. 23).

JURISPRUDÊNCIA

Falta de alguma pergunta prevista em lei. Mera irregularidade (jurisprudência anterior à Lei nº 10.792/2003).

"Não é de se reconhecer a nulidade de interrogatório do réu, perante o Júri, só porque, havendo negado a autoria do delito, não foi "convidado a indicar as provas da verdade de suas declarações", como determina o par. ún. do art. 188 do CPP, se se verifica que não foi arguida "logo depois", ou seja, na própria sessão de julgamento (art. 571, VIII, do CPP), tornando-se preclusa a questão" (STF – Rel. Sydney Sanches – *RT* 737/558).

Art. 188. Após proceder ao interrogatório, o juiz indagará das partes se restou algum fato para ser esclarecido, formulando as perguntas correspondentes se o entender pertinente e relevante. (Redação dada pela Lei nº 10.792, de 1º.12.2003)

Ordem e conteúdo das perguntas – Se em relação ao depoimento das testemunhas, como veremos oportunamente, há alguma discussão sobre quem detém a primazia das perguntas, a redação deste artigo parece não ter deixado nenhuma dúvida. Caberá ao juiz, assim, iniciar a formulação das indagações e, ao final, podem acusação e defesa, em caráter suplementar, encaminhar suas perguntas, se algo restou a ser esclarecido. Tais perguntas passarão pelo filtro do juiz, isto é, serão inicialmente dirigidas pela parte ao Magistrado que, se as estender irrelevantes ou impertinentes, poderá indeferi-las, fazendo constar do termo essa circunstância. A lei, embora pudesse tê-lo feito, não indicou a quem cabe, de início, dirigir perguntas ao réu, passando antes, óbvio, pelo crivo do juiz. Entende-se que, tratando-se de ação penal pública, movimentada por denúncia do Ministério Público, a este órgão cabe, inicialmente, perguntar. Habilitado assistente de acusação, em seguida se dá a ele a palavra e, por último, à defesa. Se a ação penal tiver sido deflagrada através de queixa-crime, os esclarecimentos devem ser pedidos primeiro pelo querelante, depois pelo querelado e, por último, pelo Ministério Público.

Em que pese a prática admitir sem maiores resistências, sempre defendemos que não é dado às partes perguntar diretamente ao réu. Quando o legislador pretendeu deferir essa possibilidade, fê-lo expressamente, como se depreende do teor do art. 474, § 1°, do código, com o emprego no texto legal do vocábulo "diretamente". E mesmo deferidas pelo Magistrado, nada impede que o réu se negue a respondê-las, quer quando formuladas pela acusação, quer – parece raro – quando oriundas da defesa, em aplicação ao disposto no art. 186 do Código. E até quando formuladas pelo defensor do correu, o que não é improvável, já que os acusados podem ter estratégias defensivas colidentes entre si.

Intimação do Ministério Público – O *parquet*, na condição de titular exclusivo da ação penal pública, por óbvio que deve ser pessoalmente intimado para comparecer ao interrogatório. Aliás, pela sistemática atual adotada pelo código, a audiência é una, nela se concentrando a oitiva da vítima, a prova testemunhal e, por último, o interrogatório do réu. Não há, portanto, uma intimação específica para o interrogatório, mas para a audiência em si. Salvo se, por algum motivo, o interrogatório não se realizar juntamente com o restante da prova, como, por exemplo, se colhido por meio de carta precatória.

Ainda por conta da redação do art. 185, em cotejo com o disposto no art. 188, tem-se que a presença do órgão do Ministério Público, no interrogatório, passa a ser obrigatória, sob pena mesmo de nulidade do ato, *ex vi* do disposto no art. 564, III, "d", do código, que comina essa sanção por falta de "intervenção do Ministério Público em todos os termos da ação por ele intentada e nos da intentada pela parte ofendida, quando se tratar de crime de ação pública". Insiste-se: se o crime for daqueles que se processam mediante ação penal pública incondicionada ou se se tratar de ação penal privada subsidiária da pública (art. 29 do CPP), é obrigatória a presença do *parquet* no interrogatório. Na ausência, indica Tourinho Filho, "cumprirá ao Juiz, a quem prover à regularidade do processo, comunicar o fato ao seu substituto legal para que participe da audiência. Não logrando êxito, deverá redesignar a audiência, transmitindo o fato à própria Procuradoria-Geral de Justiça" (ob. cit., vol. II, p. 264).

Não é, porém, o entendimento que tem vingado na jurisprudência. Com efeito, a ausência do Ministério Público ao interrogatório tem sido considerada como configuradora de uma nulidade relativa, incapaz, por si só, de ensejar a nulidade do ato. Como é praticamente impossível a defesa demonstrar o prejuízo que suportou decorrente dessa ausência e ao Ministério Público de sua parte, não é dada a possibilidade de suscitar nulidade a qual deu causa, não vemos como se reconhecer, nessa hipótese, uma nulidade.

Assistente de acusação e interrogatório – Entendemos pela possibilidade de o assistente de acusação encaminhar perguntas no interrogatório. Afinal, o art. 188 faculta às *partes* essa possibilidade. Ora, o assistente de acusação é parte. É verdade que uma *parte* contingente, já que o processo existirá com ou sem o assistente. Mas, sem dúvida, parte. Alguém dirá que dentre as funções do assistente, relacionadas no art. 271, não é encontrada essa possibilidade. É argumento que não se aproveita. A um, porque não haveria mesmo como o legislador, no art. 271, prever a possibilidade de o assistente fazer perguntas durante o interrogatório, já que o mencionado dispositivo legal é original do Código de Processo Penal (portanto de 1941), enquanto que a nova redação do art. 188 foi conferida pela Lei nº 10.792, que é de 2003.

A dois, em razão de que as atribuições elencadas no art. 271 encerram um rol meramente exemplificativo. Significa dizer: se reconhecem outras funções ao assistente além daquelas mencionadas no dispositivo legal. Assim, por exemplo, em matéria de recursos, o código somente possibilita a interposição de recurso em sentido estrito, pelo assistente, da decisão que decreta extinta a punibilidade. Apesar disso, ninguém irá negar, ao assistente, por exemplo, a possibilidade de interpor recurso *stricti juris* contra decisão que não recebe apelação por ele ofertada (art. 581, XV). Vê-se, assim, que não prospera o argumento de que a participação do assistente, no interrogatório, seria vedada porque não prevista no art. 271, já que suas possibilidades de atuação transcendem às hipóteses mencionadas no dispositivo aludido.

A três, finalmente, em virtude de que mesmo a fria leitura do art. 271 autorizaria a participação do assistente. Assim, já que entendemos, como visto acima, que o interrogatório importa em um misto de *defesa* e de *prova* e o art. 271 autoriza o assistente a *propor meio de prova*, parece claro que poderá ele, também, intervir no interrogatório. Saliente-se, em acréscimo, que o mesmo dispositivo legal permite ao assistente *requerer perguntas às testemunhas*. Nada diz em relação ao ofendido e tampouco o art. 201 do código faz qualquer menção nesse sentido. A despeito do silêncio da lei, ninguém, em sã consciência, negaria ao assistente a possibilidade de encaminhar perguntas à vítima. Ora, se pode formular perguntas às testemunhas (conforme previsão legal) e pode formular perguntas ao ofendido (embora sem previsão legal), nada impede que as faça, também, durante o interrogatório.

Defensor do corréu – Embora a matéria tenha suscitado, de início, alguma dúvida, prevalece atualmente o entendimento de que o defensor do corréu pode acompanhar o interrogatório do outro acusado e, mais que isso, lhe é facultada a possibilidade de formular perguntas. A própria redação deste dispositivo, ao mencionar que o juiz "indagará das partes" se restou algo a esclarecer, reforça essa impressão, pois "parte" é também o corréu, não sendo lícito ao intérprete reduzir o alcance dessa expressão quando não o fez o legislador, sobretudo em se tratando da preservação de garantias constitucionais, como a ampla defesa, o contraditório e o devido processo legal. Também a partir dessa conclusão, entendemos como obrigatória a intimação da defesa para o interrogatório do outro acusado que, eventualmente, pode não se realizar no mesmo dia, como ocorreria, por exemplo, se realizado o ato por precatória.

Isso não significa dizer, porém, que poderá o corréu acompanhar o ato, pois tal pretensão esbarraria no impedimento previsto no art. 191 do código, pelo qual "havendo mais de um acusado, serão interrogados separadamente". Tal faculdade se defere, portanto, ao advogado e não ao acusado. Tampouco que se deva redesignar outra audiência, caso o defensor do corréu não compareça. Como já alertado, trata-se de mera faculdade, a ser exercida, destarte, se o defensor assim entender conveniente.

Querelante – Sobre a necessidade de participação do querelante, em uma ação penal privada, no interrogatório do querelado, v. acima comentários ao art. 60, inc. III.

JURISPRUDÊNCIA

Defesa de corréus e participação no interrogatório de outros réus

a) possibilidade

"O interrogatório é também um meio de prova, e para que seja validamente introduzido no processo deve atender às garantias constitucionais instituídas em favor do acusado. Para o ato do interrogatório nas ações penais com pluralidade de réus, o Código de Processo Penal prevê apenas que estes devem ser interrogados separadamente, o que não significa, por si só, que a inquirição complementar seja feita apenas pelo próprio defensor e pelo órgão acusatório, sob pena de ofensa ao contraditório e à paridade de armas que deve ser resguardada no processo penal. Não há no Código de Processo Penal nenhum comando proibitivo à participação do defensor do corréu no ato do interrogatório, estabelecendo o seu artigo 188, com a redação dada pela Lei n. 10.792/03, que 'após proceder ao interrogatório, o juiz indagará as partes se restou algum fato para ser esclarecido, formulando as perguntas correspondentes se o entender pertinente e relevante', razão pela qual não é dado ao intérprete restringir esse direito, que tem assento em princípios constitucionais" (STJ – HC n° 198668-SC, Rel. Jorge Mussi, j. 04.09.2012, DJe 18.09.2012).

b) impossibilidade

"Não existe amparo legal para a participação de Advogado no interrogatório de Corréu de que não é Patrono, com a finalidade de formular questionamentos. Qualquer alegação de Corréu, durante o interrogatório, que porventura incrimine exclusivamente outro Acusado, pode ser contestada em momento oportuno, durante a instrução do processo-crime. Precedentes" (STJ – HC n° 96100-RJ, Rel. Laurita Vaz, j. 09.11.2010, DJe 13.12.2010).

INTERROGATÓRIO. PARTICIPAÇÃO DE DEFENSOR DO CORRÉU. DESNECESSIDADE. NULIDADE. INEXISTÊNCIA – "A sistemática moderna não transformou, de forma alguma, o interrogado em testemunha. Ao passo que esta não pode se manter silente, aquele, por seu turno, não pode ser induzido a se auto-acusar (o silêncio, total ou parcial, é uma garantia do réu, ex vi do art. 5º, LXIII, da CF e art. 186, parágrafo único, do CPP). Apesar de ser meio de prova da defesa, aquilo que é dito no interrogatório integra o material cognitivo por força do princípio da comunhão probatória. A participação de advogado do corréu não tem amparo legal, visto que criaria uma forma de constrangimento para os interrogados" (STJ – HC n° 162930-PB, Rel. Felix Fischer, j. 02.09.2010, DJe 04.10.2010).

Ausência do corréu no interrogatório de outros réus. Inexistência de nulidade

"Não procede a arguida nulidade do feito pela ausência do Paciente e de seu advogado no interrogatório de corréu, pois qualquer alegação de Corréu, durante o interrogatório, que porventura incrimine exclusivamente outro Acusado, pode ser contestada em momento oportuno, durante a instrução do processo-crime" (STJ – HC n° 173136-PE, Rel. Laurita Vaz, j. 13.11.2012, DJe 23.11.2012).

Intimação do advogado de um réu quanto ao interrogatório de corréu

a) necessidade

"A falta de intimação de corréus e seus defensores para o interrogatório do outro réu implica em ofensa ao direito à plenitude de defesa e ao tratamento igualitário das partes, uma vez que o interrogatório, além de meio de defesa, emerge como fonte de provas. Impedir essa prerrogativa às partes induz à invalidade do ato, por ofensa à garantia do *due process of law*" (STJ – HC n° 172390-GO, Rel. Gilson Dipp, j. 16.12.2010, DJe 01.02.2011).

b) desnecessidade

"O art. 191 do Código de Processo Penal dispõe que o interrogatório dos corréus deve ocorrer em separado. Não há disposição legal que obrigue o comparecimento do réu e seu defensor ao interrogatório dos corréus" (STJ – HC n° 175606-SP, Rel. Og Fernandes, j. 22.03.2012, DJe 06.08.2012).

Ausência do MP ao interrogatório. Nulidade relativa

"Não está caracterizada a nulidade decorrente da ausência do Ministério Público nas audiências de interrogatório e oitiva de testemunhas, porque sua presença não é obrigatória. Ademais, eventual nulidade seria relativa e, como tal exige a demonstração de efetivo prejuízo para a defesa, o que não ocorreu na espécie" (STJ – HC n° 167284-PA, Rel. Celso Limongi, j. 07.04.2011, DJe 19.04.2011).

Possibilidade de o juiz indeferir pergunta da parte

"Hipótese em que o paciente requer a realização de um novo interrogatório com o fim de ser indagado sobre suposto relacionamento íntimo da vítima com terceiras pessoas, considerando o indeferimento da pergunta pelo Magistrado condutor do ato. Não obstante as alterações introduzidas nos arts. 185 e seguintes do CPP pela Lei nº 10.792/03, não está franqueado às partes a realização de indagações a serem respondidas pelo réu que sejam julgadas inoportunas ou impertinentes pelo Juiz, cabendo a este decidir sobre a sua relevância, pois, em princípio, é o destinatário final da resposta. Ordem denegada" (STF – HC nº 85.359-SC – Rel. Joaquim Barbosa – j. em 12.04.2005, DJ nº 241, de 16.12.2005).

"Não obstante as alterações introduzidas nos arts. 185 e seguintes do CPP pela Lei nº 10.792/03, não está franqueado às partes a realização de indagações a serem respondidas pelo réu que sejam julgadas inoportunas ou impertinentes pelo Juiz, cabendo a este decidir sobre a sua relevância, pois, em princípio, é o destinatário final da resposta" (STJ – HC n° 38292-SC, Rel. Gilson Dipp, j. 04.11.2004, DJ 06.12.2004, p. 351).

Cabe ao juiz formular a pergunta feita pela parte

"O art. 188 do Código de Processo Penal não faculta à defesa técnica direcionar perguntas diretamente à Ré. Com efeito, concluído o interrogatório, o Juiz indagará das partes se algum fato deixou de ser esclarecido, formulando o próprio magistrado as perguntas correspondentes, se o entender pertinente e relevante" (STJ – AgRg no Ag n° 1018918-RJ, Rel. Laurita Vaz, RT 890/586).

Art. 189. Se o interrogando negar a acusação, no todo ou em parte, poderá prestar esclarecimentos e indicar provas. (Redação dada pela Lei nº 10.792, de 1º.12.2003)

Negativa da acusação – Negando, parcial ou totalmente, a autoria do crime, segundo dispõe este artigo, o réu poderá prestar esclarecimentos, justificando a acusação, por exemplo, em virtude de anterior desavença que manteve com o ofendido ou em razão de perseguição contra ele empreendida por policiais. Poderá, ainda, indicar provas que alicercem suas explicações. Trata-se, no mais, de dispositivo desnecessário, em face do contido no art. 187, § 2º, inc. II, do código.

Art. 190. Se confessar a autoria, será perguntado sobre os motivos e circunstâncias do fato e se outras pessoas concorreram para a infração, e quais sejam. (Redação dada pela Lei nº 10.792, de 1º.12.2003)

Confissão e suas formas – a confissão é simples quando o acusado assume a prática dos fatos que lhe são atribuídos. Pode ser total (o agente confessa o crime com todas as suas circunstâncias) ou parcial (caso em que não se admitem, por exemplo, qualificadoras ou causas de aumento). Já na confissão qualificada, o réu admite a autoria do evento, mas alega fato impeditivo ou modificativo do direito (como a presença de uma excludente de ilicitude ou culpabilidade).

Confissão como atenuante de pena – Nos termos do art. 65, III, "d", CP, a confissão do agente serve como atenuante de pena, desde que:

(A) seja espontânea: espontânea é a assunção, livre de interferência subjetiva externa, dos fatos imputados. A decisão de confessar deve partir do próprio agente. A confissão voluntária, decorrente de interferência externa, pode configurar circunstância atenuante nos moldes do art. 66 do CP.

(B) perante a autoridade: a confissão deve ser feita perante a autoridade pública (juiz de direito ou delegado de polícia).

Sempre se ensinou que a confissão policial retratada em juízo não permite a incidência da atenuante, salvo se utilizada como fundamento para embasar a conclusão condenatória. Nesse caso, quando embasar a condenação, a atenuante deve ser aplicada em favor do réu, pouco importando se a admissão da prática do ilícito foi espontânea ou não, integral ou parcial, ou se houve retratação em Juízo (STJ: HC 456.452/RJ, Quinta Turma, Rel. Min. Felix Fischer, j. 14/08/2018; AgRg no HC 453.724/SP, Sexta Turma, Rel. Min. Antonio Saldanha Palheiro, j. 04/09/2018).

No REsp 1972098, o STJ vai além. A QUINTA TURMA, de forma unânime, firmou a tese de que o réu terá direito à diminuição da pena pela confissão sempre que houver admitido a autoria do crime perante a autoridade, como prevê o artigo 65, inciso III, "d", do Código Penal - independentemente de a confissão ser usada pelo juiz como um dos fundamentos da condenação, e mesmo que seja ela parcial, qualificada, extrajudicial ou retratada.

No Supremo Tribunal Federal, a matéria é controvertida, pois há decisões no sentido de que é possível aplicar a atenuante, mesmo quando a confissão é qualificada (Primeira Turma - HC 99436 - Rel. Min. Cármen Lúcia - DJe 06/12/2010; STF - Primeira Turma - HC 82337 - Rel. Min. Ellen Gracie - DJ 04/04/2003), assim como já se decidiu pela impossibilidade de atenuar a pena nas mesmas circunstâncias (Primeira Turma - HC 119.671 - Rel. Luiz Fux - DJe 03/12/2013; STF - Primeira Turma - HC 103.172 - Rel. Min. Luiz Fux - DJe 24/09/2013).

Delação - O dispositivo em tela (art. 190) cuida, principalmente, do que a doutrina denomina *delação, chamamento do corréu* ou *confissão delatória*. Ocorre quando o acusado, após confessar a autoria do delito, aponta outras pessoas que, em concurso, também participaram da ação criminosa. Essa admissão da responsabilidade, seguida de indicação do comparsa, pode ocorrer tanto na fase judicial como no âmbito da investigação. Natural, assim, que após a confissão, o juiz ou a autoridade que preside a investigação, indague sobre as razões da prática do crime, a respeito de suas circunstâncias e, sobretudo, quanto à participação de terceiros. Trata-se de conduta corriqueira, comumente vista em juízo, cujo valor probatório deve ser sopesado como outra prova qualquer. Se nem a confissão do réu, por si só, justifica sua condenação, devendo, antes, ser confrontada com os demais elementos de prova (art. 197 do CPP), com mais razão a delação deve se submeter à mesma disciplina.

Costuma-se, porém, indicar algumas circunstâncias que, se presentes, conferem especial valor à delação. Primeiro, obviamente, que o réu admita sua participação no crime; segundo, que o faça sem o objetivo frenético de amenizar sua responsabilidade; e, terceiro, que sejam verossímeis a confissão e a indicação do outro agente, posto que, como veremos abaixo, na análise do art. 197 do código, são diversos os motivos que levam a pessoa a confessar a prática de um crime, sem que o tenha cometido.

São comuns as ressalvas formuladas à delação. A principal, talvez, era de que o ato em que o réu indicava o comparsa não se submetia ao contraditório, impedindo, assim, a críticas do agente delatado. Esse fundamento, todavia, não mais pode ser invocado, já que o art. 188 do código permite que os defensores formulem perguntas ao interrogado, em caráter suplementar. E mais: jurisprudência vencedora entende plenamente cabível a participação do advogado do corréu no interrogatório do outro agente, como vimos acima.

Como referido de início, a delação de que trata esse dispositivo é corriqueira, diríamos mesmo uma consequência natural da confissão do réu que, admitindo sua responsabilidade, aponta terceiros envolvidos na prática do crime. Isso porque, salvo a má intenção de livrar o comparsa de qualquer sanção, não há motivo para o agente que confessa o crime deixar de indicar eventual coautor. Não há razão, assim, para maior celeuma na análise dessa prova, pelo menos quando formulada à luz deste dispositivo.

Delação em outras leis - A delação vem prevista em outras leis, quando sua análise crítica, nesses casos, é um tanto mais complexa do que a propiciada pela singeleza deste art. 190. Assim, tem previsão na Lei nº 8.072/90 (Lei dos Crimes Hediondos), na Lei nº 9.613/98 (Lei de Lavagem de Capitais), Lei nº 9.807/99 (Lei de Proteção das Vítimas e Testemunhas).

Também a Lei de Drogas (Lei nº 11.343/2006) possui previsão de redução da pena àquele que, voluntariamente, contribuir com a investigação e o processo criminal, bem como a Lei nº 12.529/2011, que estruturou o Sistema Brasileiro de Defesa da Concorrência, ao autorizar que se firme acordo de leniência que impede o oferecimento da denúncia.

Mas foi a Lei nº 12.850/2013 que, ao cuidar da Criminalidade Organizada, pormenorizou a aplicação do instituto, criando regras específicas para sua implantação, indicando procedimento próprio, enfim, permitindo que, na prática, seja o mesmo efetivamente aplicado, o que não ocorria à luz das legislações anteriores, tamanha a precariedade com que o tema era tratado. A Lei 12.850/13 não previu uma simples delação, mas verdadeira colaboração premiada, merecendo um tópico exclusivo onde exploraremos as premissas do instituto.

Colaboração premiada – A Lei 12.850/2013 altera sensivelmente o panorama da justiça negociada colaborativa, cuidando da forma e do conteúdo da colaboração premiada, prevendo regras claras para sua adoção, indicando a legitimidade para formulação do pedido, enfim, permitindo, de um lado, maior eficácia na apuração e combate à criminalidade organizada, sem que, de outra parte, se arranhem direitos e garantias asseguradas ao colaborador.

ATENÇÃO - Entendemos que o instituto da colaboração premiada, nos termos que em delineados na Lei 12.850/13, pode ser aplicado para outros crimes, mesmo que não cometidos por organização criminosa, mas que autorizam o beneplácito da delação. A citada Lei criou, no nosso ordenamento jurídico, um microssistema do pacto premial, destrinchando os benefícios e o procedimento a serem observados, assegurando direitos e ditando deveres aos atores envolvidos no negócio jurídico. A aplicação da Lei 12.850/13 para crimes que não envolvem crime organizado tem autorização do direito penal (analogia in bonam partem) e do processo penal (analogia integradora). Importante recordar, num quadro de aparente conflito de normas, a teoria do diálogo das fontes. A ideia de que as leis devem ser aplicadas de forma isolada umas das outras é afastada pela referida teoria. O ordenamento jurídico deve ser interpretado de forma unitária. A teoria surge para fomentar a ideia de que o Direito deve ser interpretado como um todo de forma sistemática e coordenada. Uma norma jurídica não excluiria a aplicação da outra, como acontece com a adoção dos critérios clássicos para solução dos conflitos de normas (antinomias jurídicas) idealizados por Norberto Bobbio. Pela teoria, as normas não se excluiriam, mas se complementariam. Nas palavras do professor Flávio Tartuce, "a teoria do diálogo das fontes surge para substituir e superar os critérios clássicos de solução das antinomias jurídicas (hierárquico, especialidade e cronológico). Realmente, esse será o seu papel no futuro" (Manual de direito civil, 2012, p. 66). Nesse mesmo sentido, citando Frederico Valez Pereira, temos a lição dos promotores de Justiça Masson e Marçal: "Noutro vértice, em qualquer caso que envolver delação, afigura-se conveniente a aplicação da sistemática (diálogo das fontes) inaugurada pela Lei 12.850/13, nos seus artigos 4º ao 7º, até porque este foi o único diploma normativo que delineou um procedimento a ser para a corporificação do acordo de colaboração premiada, razão pela qual temos a Lei do Crime Organizado como uma espécie de lei geral procedimental. (...). Não obstante a existência de vários regramentos prevendo o instituto da delação premiada, até a vigência da Lei 12.850/13, havia em nosso ordenamento jurídico uma imensa vala em relação ao procedimento a ser adotado na gestão da colaboração. Justamente por isso, 'e não apenas admissível, tendo em conta a analogia, mas plenamente recomendável que se apliquem as regras procedimentais disciplinadas na Lei das organizações criminosas a todas as hipóteses de utilização do instrumento premial no ordenamento jurídico penal brasileiro'" (Crime Organizado, 2017, p. 198). Assim vem decidindo a Sexta Turma do Superior Tribunal de Justiça (STJ). Para o colegiado, é cabível a celebração de acordo de delação premiada em quaisquer crimes cometidos em concurso de agentes, e não apenas se houver investigação pelo delito de organização criminosa (HC 582.678).

O instituto é fruto da internacionalização ou transnacionalidade do crime, que produz uma troca de informações, na identificação de maneiras diferentes com que o aparato legal enfrenta o delito nos diferentes lugares do mundo, proporcionando verdadeiros transplantes de mecanismos de um local para outro. Essa troca de experiências tem, na proliferação dos acordos (penais ou não), um pragmático instrumento da ciência penal moderna internacional.

Os acordos (penais ou não) podem ser compreendidos, de um modo geral, como os ajustes obrigacionais celebrados entre o órgão de acusação e a defesa do acusado, por meio de aceitação de uma imediata pena reduzida ou bastante minorada em troca de informações úteis ou da renúncia ao processo adversarial.

Sobretudo em países do *Commom Law*, o uso corriqueiro da justiça negociada e dos acordos demonstrou que esse instituto é útil para determinados tipos de infrações e, principalmente, apto a evitar o colapso do sistema de justiça, incapaz de conciliar as formalidades procedimentais e o tempo necessário para dar respostas tempestivas, que aplacassem satisfatoriamente o clamor decorrente dessas infrações. Schünemann, embora crítico do instituto, demonstra que não há como ignorar que o *plea bargaining* expandiu-se para quase a totalidade dos ordenamentos jurídicos ocidentais, seja na Europa, seja na América Latina, principalmente em razão da necessidade de abreviamento das respostas necessárias à escalada da criminalidade moderna (SCHÜNEMANN, Bernd. GRECO, Luís (coord.). Estudos de direito penal, direito processual penal e filosofia do direito. São Paulo: Marcial Pons, 2013. p. 240). A adoção de institutos semelhantes na Itália, Alemanha, Chile e Argentina reafirmam essa tendência mundial. Especificadamente no tocante à colaboração premiada, anota a doutrina:

> *"A figura do colaborador ganhou relevância, a partir da década de oitenta, quando havia uma grande dificuldade de persecução dos crimes praticados pela Máfia italiana. Nesse contexto, dois magistrados, Giannicola Sinisi e Giovanni Falcone empreenderam a desarticulação desse crime organizado, sendo responsáveis pelo estímulo à participação dos colaboradores da Justiça. Mais tarde, esse estímulo erigia ao status normativo o instituto da colaboração premiada. Nos EUA, através do sistema do plea bargaining, o estímulo à colaboração foi instituído como medida de política criminal, sendo comum o Ministério Público, em barganha com a Defensoria, premiar os que colaboram para a elucidação dos ilícitos, principalmente quando se trata de crimes complexos cometidos por grupos criminosos. Há a proteção das testemunhas e dos delatores. As negociações são explícitas e, ainda que branda e injusta seja a punição, o sistema tem sido um poderoso remédio contra a impunidade, influenciando diversas legislações"* (ANDRADE, Jackeline Póvoas Santos de. O combate à corrupção no Brasil e a Lei n. 12.846/2013: a busca pela efetividade da lei e celeridade do processo de responsabilização através do Acordo de Leniência. Revista digital de direito administrativo, vol. 4, n. 1, p. 170-203, 2017. p. 188).

Observe-se de todo modo que a colaboração premiada é razoavelmente distinta do *plea bargain*, razão pela qual, a fim de evitar confusões no plano internacional, convencionou-se chamá-la de *collaboration agreements*. A principal distinção é que a colaboração premiada possui nítida feição instrumental, com eficácia condicionada à obtenção de resultados socialmente úteis, e conta com uma coparticipação do cidadão privado na atividade investigatória. Semelhante aos institutos do *Compliance*, Acordo de Leniência, *whistleblower* e outros, a colaboração premiada tem natureza de **norma premial.** Neste tipo de conformação, o ordenamento jurídico assume uma configuração indutora do comportamento social desejado. Frente a determinadas condutas inofensivas ao convívio social, a norma cria estímulos a determinadas práticas desejadas, quando então assume um viés promocional. Ensina Norberto Bobbio que o direito promocional não se atém a premiar quem se pauta apenas em conformidade aos comandos e proibições, mas lança mão de estímulos de conduta em ações permitidas, que se dão no espaço do lícito. Nesse espaço, age desde a facilitação até a premiação de condutas, conforme as escolhas sociais, ao tempo em que dificulta, até os graus máximos, as condutas indesejadas. Para os direitos difusos, categoria na qual se insere a defesa da probidade, conforme será visto, a função promocional do direito é muito mais significativa, porque atinge todo tipo de conduta, ao contrário do sistema regulador repressivo que se atém ao raio das condutas obrigatórias e proibidas (*Da estrutura à função*: novos estudos de teoria do direito. Tradução de Daniela Beccaccia Versiani. Barueri: Manole, 2007, p. 70-71). A efetivação desses direitos difusos pressupõe a participação de todos os membros da coletividade e essa comunhão só é possível em ambiente de cooperação favorecido pelo ordenamento jurídico de viés promocional. A colaboração premiada enquadra-se nesta categoria de norma jurídica, afinal, embora não seja obrigatório ao acusado cooperar com as investigações, dada superioridade de benefícios e interesse nesse comportamento, a lei o estimula mediante a prestação de prêmios.

Dadas as características até aqui apresentadas, a colaboração premiada pode ser definida, já com base na lei em exame, como a possibilidade que detém o autor do delito em obter o perdão judicial, redução de pena, ou sua substituição ou outros benefícios penais, desde que, de forma eficaz e voluntária, auxilie na obtenção dos resultados previstos em lei.

Observe-se, contudo que, devido a alteração promovida pela Lei 13.964/2019, foi inserido na Lei 12.850/2013 o art. 3º-A que tratou de dar um conceito legal à colaboração premiada, assim redigido:

> "*Art. 3º-A. O acordo de colaboração premiada é negócio jurídico processual e meio de obtenção de prova, que pressupõe utilidade e interesse públicos*".

A definição legal, em nosso sentir, produz significativas alterações sobre o tema porque consolida a sua natureza mista e estabelece bases principiológicas que devem ser aplicadas para todas as demais espécies de colaboração premiada. Vejamos.

Ao prever tratar-se de negócio jurídico e meio de obtenção de prova, proclamou-se sua natureza dúplice, já sedimentada inclusive pelos tribunais brasileiros. Neste sentido reconhece o STF que "*A colaboração premiada é uma técnica especial de investigação, meio de obtenção de prova advindo de um negócio jurídico processual personalíssimo, que gera obrigações e direitos entre as partes celebrantes*" (STF, HC 127.483/PR, Rel. Min. Dias Toffoli).

Esses elementos conceituais enunciam a estrutura ontológica e a função utilitarista da colaboração premiada. Vejamos.

Ao prever que a colaboração premiada é um *negócio jurídico*, a legislação consagra a ideia de que ela deve ser celebrada em meio um ajuste bilateral de cláusulas, condições, prestações e contraprestações recíprocas, o que produz consequências significativas acerca de vários pontos do instituto. A partir disso, deve-se considerar a consensualidade como sua característica principal o que implica em um robustecimento da autonomia da vontade, na busca pela eficiência, na lealdade e boa-fé objetiva das partes. Essas características têm reflexos profundos como a substituição do sistema de legalidade estrita pelo da juridicidade negociada, aumento no protagonismo convergente das partes com consequente redução da atuação do juiz, diversificação de estratégias defensivas e acusatórias etc.

Em razão da consensualidade que restou consolidado o entendimento de que "não existe direito líquido e certo a compelir o Ministério Público à celebração do acordo de delação premiada, diante das características desse tipo de acordo e considerando a necessidade de distanciamento que o Estado-juiz deve manter durante o cenário investigado e a fase de negociação entre as partes do cenário investigativo. O acordo de colaboração premiada, além de meio de obtenção de prova, constitui-se em um negócio jurídico processual personalíssimo, cuja conveniência e oportunidade estão submetidos à discricionariedade regrada do Ministério Público e não se submetem ao escrutínio do Estado-juiz. Em outras palavras, trata-se de ato voluntário, insuscetível de imposição judicial". (STF. 2ª Turma. MS 35693 AgR/DF, Rel. Min. Edson Fachin, julgado em 28/5/2019 (Info 942)).

A natureza bilateral do acordo produz outras duas consequências, a nosso ver. A primeira, não é mais possível defender a possibilidade de colaboração premiada unilateral, leia-se, entre interrogado e juiz, sem prévio acordo com o MP. A colaboração unilateral deve ser encarada como atenuante de pena (ou, a depender das circunstâncias, concorrer aos benefícios anunciados na Lei 9.807/99). A segunda, somente o Ministério Público pode celebrar os acordos de colaboração.

A parte final do conceito legal do art. 3º-A consagra o viés pragmático da colaboração premiada, perspectiva que implica em uma análise voltada à busca pelos melhores resultados produtivos e úteis, porque, a um só tempo, cumprem expectativas dos indivíduos e agentes econômicos, abreviam o tempo para a solução do conflito e atendem um prático cálculo de utilidade social.

Além disso, ao enunciar que o acordo de colaboração premiada *pressupõe utilidade e interesse públicos*, a legislação indica sua vocação utilitarista e funcionalista, concepção do estudo do direito que, como afirma Norberto Bobbio, é essencialmente preocupada em saber "para que o direito serve", ao contrário da concepção estruturalista, preocupada em "como o direito é feito" (*Da estrutura à função*: novos estudos de teoria do direito. Tradução de Daniela Beccaccia Versiani. Barueri: Manole, 2007, p. 52).

Como se sabe, a análise do direito a partir de suas consequências o direcionou para uma teoria fundamentalmente funcionalista, que sob a ótica do direito penal, passou a moldá-lo por vetores axiológicos advindos e contidos na política criminal vigente e assim orientá-lo na elaboração de estratégias para repressão, prevenção e tratamento das consequências da criminalidade. O emprego de técnicas de investigação que contam com a participação do agente privado mediante concessão de estímulos premiais se insere nessa tendência gerencialista e funcional do direito penal contemporâneo, desde que eficientes e eficazes para a tutela do bem jurídico protegido pela norma penal.

Eis, a nosso ver, o grande significado da locução *utilidade e interesses públicos*: como guia valorativo da finalidade última, a colaboração premiada deve buscar uma tutela mais eficaz e eficiente do bem jurídico tutelado pena norma penal violada, e a comparação deve ser feita a partir da hipotética sentença penal proferida sem sua celebração. O aumento da eficácia e da eficiência deve ser cotejado a partir do maior alcance objetivo ou subjetivo da atuação persecutória, dos resultados finalísticos decorrentes da sanção penal e da economia de recursos que sua celebração proporcionou. Firmadas essas premissas, decorrentes do conceito legal, verifica-se uma teoria geral (um microssistema) capaz de responder a diversas questões relacionadas ao tema.

> **ATENÇÃO: Acordo celebrado pela polícia. Imprescindibilidade da concordância do MP** – O Supremo Tribunal Federa julgou constitucional os parágrafos 2º. e 6º. do art. 4º. da Lei 12.850/13, reconhecendo não haver neles qualquer ofensa a titularidade da ação penal pública conferida ao Ministério Público pela Constituição (art. 129, I) e consolidou o entendimento de que "O Delegado de Polícia pode formalizar acordos de colaboração premiada, na fase de inquérito policial, respeitadas as prerrogativas do Ministério Público, o qual deverá se manifestar, sem caráter vinculante, previamente à decisão judicial." (STF. Plenário. ADI 5508/DF, Rel. Min. Marco Aurélio, julgado em 20/6/2018 (Info 907). O tema despertou, com razão, controvérsia na doutrina até que, em maio de 2021, o STF voltou a ele ao julgar o agravo regimental interposto pela PGR na Petição 8482, relativa ao acordo de colaboração premiada celebrado pela Polícia Federal com o ex-governador do Rio de Janeiro, Sérgio Cabral. Nesta oportunidade, corrigindo uma lacuna deixada pela ADI 5508, decidiu que:
>
> "Considerada a estrutura acusatória dada ao processo penal conformado à Constituição Federal, a anuência do Ministério Público deve ser posta como **condição de eficácia** do acordo de colaboração premiada celebrado pela autoridade policial."(STF, Pet 8482 AgR/DF, rel. min. EDSON FACHIN, j. em 31/05/2021)

Ilegitimidade de pessoa jurídica celebrar acordo de colaboração premiada – Colaboração premiada não se confunde com o acorde de leniência. O instituto da Leniência pode ser definido como a possibilidade que detém a **empresa** diretamente envolvida em ato lesivo à administração pública de temperar os rigores das penalidades legais, desde que, de forma eficaz, auxilie na identificação de eventuais outros envolvidos na infração e na obtenção célere de informações e documentos que comprovem o ilícito sob apuração. Está previsto em vários documentos legais, em especial, na Lei Anticorrupção Empresarial (arts. 16 e ss.).

A colaboração premiada pode ser definida, com base na Lei 12.850/13, como a possibilidade que detém o **autor do delito** (envolvendo organização criminosa) em obter o perdão judicial, redução de pena, ou sua substituição ou outros benefícios penais, desde que, de forma eficaz e voluntária, auxilie na obtenção dos resultados previstos em lei.

Observe-se, contudo, que, devido a alteração promovida pela Lei 13.964/2019, foi inserido na Lei 12.850/2013 o art. 3º-A que tratou de dar um conceito legal ao instituto, assim redigido: "Art. 3º-A. O acordo de colaboração premiada é negócio jurídico processual e meio de obtenção de prova, que pressupõe utilidade e interesse públicos".

A definição legal, em nosso sentir, produz significativas alterações sobre o tema porque consolida a sua natureza mista e estabelece bases principiológicas que devem ser aplicadas para todas as demais espécies de colaboração premiada. Vejamos.

Ao prever tratar-se de negócio jurídico e meio de obtenção de prova, proclamou-se sua natureza dúplice, já sedimentada inclusive pelos tribunais brasileiros. Neste sentido reconhece o STF que "A colaboração premiada é uma técnica especial de investigação, meio de obtenção de prova advindo de um negócio jurídico processual personalíssimo, que gera obrigações e direitos entre as partes celebrantes" (STF, HC 127.483/PR, Rel. Min. Dias Toffoli).

Esses elementos conceituais enunciam a estrutura ontológica e a função utilitarista da colaboração premiada. Vejamos.

Ao prever que a colaboração premiada é um negócio jurídico, a legislação consagra a ideia de que ela deve ser celebrada em meio um ajuste bilateral de cláusulas, condições, prestações e contraprestações recíprocas, o que produz consequências significativas acerca de vários pontos do instituto. A partir disso, deve-se considerar a consensualidade como sua característica principal o que implica em um robustecimento da autonomia da vontade, na busca pela eficiência, na lealdade e boa-fé objetiva das partes. Essas características têm reflexos profundos como a substituição do sistema de legalidade estrita pelo da juridicidade negociada, aumento no protagonismo convergente das partes com consequente redução da atuação do juiz, diversificação de estratégias defensivas e acusatórias, etc.

Em razão da consensualidade do instituto, restou consolidado o entendimento de que "Não existe direito líquido e certo a compelir o Ministério Público à celebração do acordo de delação premiada, diante das características desse tipo de acordo e considerando a necessidade de distanciamento que o Estado-juiz deve manter durante o cenário investigado e a fase de negociação entre as partes do cenário investigativo. O acordo de colaboração premiada, além de meio de obtenção de prova, constitui-se em um negócio jurídico processual personalíssimo, cuja conveniência e oportunidade estão submetidos à discricionariedade regrada do Ministério Público e não se submetem ao escrutínio do Estado-juiz. Em outras palavras, trata-se de ato voluntário, insuscetível de imposição judicial". (STF. 2ª Turma. MS 35693 AgR/DF, Rel. Min. Edson Fachin, julgado em 28/5/2019 (Info 942)).

Diferentemente do acordo de leniência, somente pessoa física, autora de crime, pode celebrar acordo de colaboração premiada. Foi o que decidiu o STJ no seguinte julgado: **RHC n. 154.979/SP, relator Ministro Olindo Menezes (Desembargador Convocado do TRF 1ª Região), Sexta Turma, julgado em 9/8/2022, DJe de 15/8/2022.**

Prêmios não taxativos – É intuitiva a percepção de que não há um rol taxativo de cláusulas de um acordo de colaboração premiada, que podem eventualmente ser redigidas a partir da necessidade que o caso concreto ensejar, principalmente em casos em que a solução consensual enseja benefícios ou condições extraordinárias.

Assim, a orientação técnica da 2ª Câmara do Ministério Público Federal elenca algumas dessas possíveis informações em um acordo: "3.1.1. a) identificar os demais coautores e partícipes da associação criminosa e as infrações penais por eles praticadas; b) revelar a estrutura organizacional e a divisão de tarefas; c) prevenir infrações penais decorrentes da atividade ilícita da associação; d) recuperar total ou parcialmente o produto da infração penal; e) localizar a vítima com a sua integridade física preservada; f) exibição de documentos que tem em seu poder (entre eles HDs de computador para perícia, base de dados, etc.) ou indicar onde possam ser localizados; g) atuar e auxiliar em outros instrumentos especiais, como ações controladas, ao lado dos agentes policiais, o auxílio na realização de escuta ambiental, nas quais seja um dos interlocutores; h) abrir mão, em declaração escrita, de seu sigilo bancário, fiscal e telefônico; i) indicar onde está o cadáver da vítima; j) a indicação de contas bancárias onde está o produto do tráfico, etc. l) fornecimento de números de telefones de suspeitos para interceptação telefônica; m) indicação de endereços não sabidos para busca e apreensão; n) exposição de contas bancárias para congelamento; o) revelação do paradeiro de foragidos e procurados; p) apresentação de testemunhas desinteressadas; q) prestação de depoimento formal (delação); r) cooperação como mero informante – e não depoente – em atividades de inteligência criminal; s) auxiliar os peritos na análise do material existente, etc".

Ao colaborador também podem ser impostos deveres decorrentes da aceitação do acordo e necessários a que se chegue a bom termo durante a execução do acordo, como: a) de não se ausentar sem prévia autorização do Ministério Público, Autoridade Policial ou do Juiz; b) manter sempre dispositivo de comunicação para que possa ser localizado a qualquer momento; c) comparecer sempre que for chamado, independentemente de intimação; d) manter endereço atualizado; etc.

Art. 191. Havendo mais de um acusado, serão interrogados separadamente. (Redação dada pela Lei nº 10.792, de 1º.12.2003)

Ratio legis – Havendo corréus, eles serão ouvidos separadamente, conforme indica o artigo em exame. A *ratio legis* é evitar que um réu ouça o que o outro disse no interrogatório. Segundo Tourinho Filho, trata-se de salutar cautela pois "do contrário, aquele que for interrogado em seguida poderá preencher determinados claros, beneficiando-se, desse modo, com os esclarecimentos prestados pelo corréu, ou, então, quando do seu interrogatório, poderá não se afastar, de propósito, do que foi dito antes, fazendo coincidir sua resposta com a do anterior co-réu, mantendo uniformidade na versão" (*Código de processo penal comentado*, São Paulo: Saraiva, 9ª. ed., 2005, vol. 2, p. 536). Porém, como observa o mesmo autor, é medida que, na prática, pode ser facilmente frustrada, bastando se imaginar um processo movido contra vários réus, em que alguns compareçam e outros façam-se ausentes (porque houve falha no transporte do estabelecimento prisional, porque alegaram doença ou mesmo em razão de que serão interrogados por precatória, enfim, não importa a razão). Levando-se em conta que o juiz não irá aguardar, para realização do interrogatório, a presença de todos, acabará por realizar o interrogatório dos presentes, redesignando a oitiva dos demais para outra data. Com isso, estes segundos, em virtude do princípio da publicidade que inspira o processo penal, poderão ter pleno acesso às declarações dos primeiros, de forma a frustrar o objetivo perseguido pelo legislador.

JURISPRUDÊNCIA

Presença do corréu no interrogatório. Nulidade relativa

"Na esteira do que tem decidido essa Eg. Corte Especial, não há nulidade por não ter o recorrente participado do interrogatório de corréu, pois não há obrigatoriedade da sua presença nesse ato que, nos termos do art. 191 do CPP, é realizado separadamente para cada réu. Ademais, no processo penal, vige o princípio pas de nullité sans grief, segundo o qual somente se declara a nulidade de um ato se em sua decorrência resultar prejuízo para a acusação ou para a defesa, o que não restou demonstrado na espécie. Precedentes." (STJ – AgRg no AgRg no AREsp 546448/PE, 5ª Turma, Min. Rel. Felix Fischer, j. 20/02/18)

Art. 192. **O interrogatório do mudo, do surdo ou do surdo-mudo será feito pela forma seguinte: (Redação dada pela Lei nº 10.792, de 1º.12.2003)**

I - ao surdo serão apresentadas por escrito as perguntas, que ele responderá oralmente; (Redação dada pela Lei nº 10.792, de 1º.12.2003)

II - ao mudo as perguntas serão feitas oralmente, respondendo-as por escrito; (Redação dada pela Lei nº 10.792, de 1º.12.2003)

III - ao surdo-mudo as perguntas serão formuladas por escrito e do mesmo modo dará as respostas. (Redação dada pela Lei nº 10.792, de 1º.12.2003)

Parágrafo único. Caso o interrogando não saiba ler ou escrever, intervirá no ato, como intérprete e sob compromisso, pessoa habilitada a entendê-lo. (Redação dada pela Lei nº 10.792, de 1º.12.2003)

Interrogatório do mudo, do surdo ou do surdo-mudo – O interrogatório tem, como uma de suas características, a oralidade, isto é, o juiz indaga diretamente ao réu que, na mesma condição, responde. Aqui, por motivos óbvios, há uma exceção a esse princípio. Ao surdo, as perguntas são formuladas por escrito, cabendo a ele responder oralmente. Dependendo da gravidade do caso e mesma da falta de preparo e treinamento, o surdo não saberá se expressar, quando então deverá responder por escrito. O mudo também responderá por escrito às perguntas feitas oralmente. E ao surdo-mudo as perguntas e respostas serão colhidas por escrito. Ocorre que, por vezes, o interrogado é analfabeto, quando, então, deverá intervir no ato pessoa que domine a língua de sinais, no país conhecida por "Libra" (Língua Brasileira de Sinais), assim definida legalmente como "a forma de comunicação e expressão, em que o sistema lingüístico de natureza visual-motora, com estrutura gramatical própria, constituem um sistema linguístico de transmissão de ideias e fatos, oriundos de comunidades de pessoas surdas do Brasil" (Lei nº 10.436/2002). É grande o número de pessoas no país habilitadas a dominar essa linguagem, razão pela qual não terá o juiz maior dificuldade na nomeação. Havendo incompatibilidade, impedimento ou suspeição, deverá o intérprete espontaneamente invocá-las, e, na omissão, poderão as partes fazê-lo, na dicção do art. 112 do código. Sujeita-se, ainda, à prática do crime de falsa perícia, previsto no art. 342 do Código Penal.

A Resolução 213, de 15 de dezembro de 2015, que regulamentou de forma pioneira a audiência de custódia, prevê, em seu Protocolo II que "III. A pessoa custodiada estrangeira deve ter assegurada a assistência de intérprete e a pessoa surda a assistência de intérprete de LIBRAS, requisito essencial para a plena compreensão dos questionamentos e para a coleta do depoimento, atentando-se para a necessidade de (i) a pessoa custodiada estar de acordo com o uso de intérprete, (ii) o intérprete ser informado da confidencialidade das informações e (iii) o entrevistador manter contato com o entrevistado, evitando se dirigir exclusivamente ao intérprete".

JURISPRUDÊNCIA

Intérprete ao surdo-mudo

a) desnecessidade

Interrogatório – Surdo-mudo – Ausência de intérprete – Nulidade inocorrente– "O interrogatório do surdo-mudo que sabe ler e escrever por ser feito por escrito e por escrito dará ele as respostas, não sendo necessária a nomeação de intérprete, uma vez que essa providência, segundo o CPP (art. 192, III) só é imprescindível no caso de o interrogado ser analfabeto, porque, aí, terá o intérprete a função de transmitir as perguntas e traduzir as respostas" (STF – Rel. Ilmar Galvão – *RT* 736/576).

INTERROGATÓRIO PERANTE AUTORIDADE POLICIAL. SURDO-MUDO. PRESENÇA DE PARENTE. INTÉRPRETE. AUSÊNCIA DE PREJUÍZO. ORDEM DENEGADA – "No processo penal, eventual nulidade dos atos exigem a comprovação do prejuízo, sendo aplicável à espécie o princípio 'pas de nullité sans griefs. No caso concreto, verifica-se que o termo de declarações do ora paciente foi prestado perante à autoridade policial em companhia de seu irmão, que atuou como seu interlocutor, na medida em que interpreta seus gestos e sussurros, inexistindo, pois, a pretensa nulidade, mormente, quando não demonstrado prejuízo ao direito de defesa" (STJ – HC n° 192107-TO, Rel. Gilson Dipp, j. 02.08.2011, DJe 17.08.2011).

b) necessidade

"Por se tratar de ato público e da maior importância para a defesa, não pode o Juiz prescindir de intérprete ao réu surdo-mudo analfabeto sob a alegação de que o compreende bem, pois, ainda que se evoque o argumento de que se trata de ato pessoal do Juiz, restará a necessidade de que seja dado a ele a necessária publicidade, possibilitando-se torná-lo inteligível também para o Promotor Público e para o defensor, nem sempre habilitados a entendê-lo, inibindo-os de pedir retificações, correções ou esclarecimentos" (TACRIM-SP – Rel. Nogueira Camargo – *Jutacrim* 81/443).

Comunicação por mímica. Impossibilidade

Interrogatório – Nulidade – Acusado surdo-mudo e alfabetizado – Comunicação por mímica – Inadmissibilidade – Inteligência do art. 192, III, do CPP – "O acusado surdo-mudo e alfabetizado deve ser inquirido por escrito e responder por escrito às perguntas da autoridade" (TACRIM-SP – Rel. Dante Busana – RT 608/331).

Art. 193. Quando o interrogando não falar a língua nacional, o interrogatório será feito por meio de intérprete. (Redação dada pela Lei nº 10.792, de 1º.12.2003)

Intérprete – Este dispositivo garante a presença do intérprete ao interrogando que não falar a língua nacional. Trata-se, aliás, de recomendação expressa da Convenção Americana dos Direitos Humanos, conhecida como Pacto de San José da Costa Rica, de 1969 e que mereceu a adesão do Brasil. O art. 8. 2. "a", do Pacto, com efeito, garante o "direito do acusado de ser assistido gratuitamente por tradutor ou intérprete, se não compreender ou não falar o idioma do juízo ou tribunal".

Lembre-se que o português é a língua oficial do Brasil, segundo expresso preceito constitucional (art. 13 da CF), e, por curiosidade histórica, que já em 1757, ao tempo do Brasil colônia, o Marquês de Pombal, por meio da Lei do Diretório, impôs seu emprego em todo país, proibindo o uso do tupi, então corriqueiro entre nós.

Algumas observações merecem ser formuladas. Suponha-se, por exemplo, que o juiz domine amplamente o idioma alemão e, por isso, não encontre nenhuma dificuldade em interrogar um réu germânico. Nem por isso, contudo, estará dispensado de nomear um intérprete. Primeiro, porque a prova não se destina apenas ao juiz, mas, pelo sistema de comunhão, também às partes. Segundo, em função de que esse domínio da língua possivelmente não se estenderá à acusação e à defesa. É provável, assim, que o promotor de Justiça e o advogado não contem com a mesma facilidade. E, terceiro, em virtude de que o intérprete, quando nomeado, exercerá seu *munus* sob compromisso, podendo, eventualmente, responder pelo crime de falsa perícia de que cuida o art. o art. 342 do Código

Penal. Não se trata, pois, de desconfiar dos conhecimentos do magistrado, mas de conferir maior solenidade e segurança ao ato, evitando que se transforme em um diálogo privado entre ele e o acusado.

Outra observação consiste no fato de que, por vezes, conquanto estrangeiro, o réu, ainda que com certa dificuldade, consegue entender as perguntas que lhe são dirigidas e, por conseguinte, respondê-las. Ou seja, tem algum domínio do português, capaz de compreender e se fazer compreendido. Ocorrerá, com frequência, quando de se tratar de réu de língua hispânica, onde a comunicação é possível, em face, notadamente, do domínio que os brasileiros possuem daquilo que coloquialmente se denomina *portunhol*. Nesse caso, sendo possível a comunicação entre juiz e réu, se as partes também entendem o que está sendo dito e não sendo detectado qualquer prejuízo, é possível dispensar-se o intérprete.

JURISPRUDÊNCIA

Intérprete ao estrangeiro

a) quando é necessário

Processo Crime – Nulidade – Interrogatório de réu estrangeiro – Argentino recém-chegado ao Brasil – Falta de intérprete – Preliminar acolhida – *Declaração de voto – Inteligência do art. 193 do Código de Processo Penal* – "O art. 193 do Código de Processo Penal é peremptório ao dispor que 'quando o acusado não falar em língua nacional, o interrogatório será feito por intérprete" (TACRIM-SP – Rel. Juiz Geraldo Ferrari – *RT* 502/339). "O interrogatório é um ato público, que tem que ser realizado na presença do defensor ou curador do réu e do órgão da acusação. As respostas têm que ser proferidas de viva voz, para que todos ouçam-nas e fiquem sabendo o que disse o interrogado. Se o juiz, entretanto, se substitui ao intérprete, o interrogatório passará a ser um diálogo ou conversa entre o Magistrado e o réu; as partes ignorarão o que declarou o acusado e só ouvem o que é ditado, sem meios, por conseguinte, para pedir retificações, correções ou esclarecimentos" (TJSP – Rel. Cardoso Rolim – *RT* 296/111).

b) quando é desnecessário

"Não se declara a invalidade de interrogatório sem assistência de intérprete se não demonstrados o descumprimento de uma fórmula legal e o efetivo prejuízo para a parte, máxime quando suposta irregularidade no inquérito policial não tem o efeito de contaminar a ação penal e a superveniente sentença condenatória. Inviável reconhecer o descumprimento do art. 193 do CPP se o interrogando fala a língua nacional, uma vez que o direito à tradução nos procedimentos penais não decorre da origem estrangeira, por si só, mas da incompreensão do português, pois objetiva a essencial e plena ciência dos fatos e dos questionamentos pelo investigado ou acusado, de modo a evitar com isso uma situação de vulnerabilidade perante os órgãos de persecução penal. Inexiste a comprovação de prejuízo se, conquanto a nacionalidade espanhola, o agravante domina o idioma do Brasil, compreendeu as perguntas do delegado e se fez entender quando foi ouvido durante o inquérito policial, na presença de advogado que não solicitou o acompanhamento de um tradutor. Ademais, não há que se falar em contaminação do processo penal se ocorreu novo interrogatório em Juízo, na presença de intérprete, no qual o réu demonstrou não necessitar de tradução e se retratou da confissão extrajudicial, irrelevante para a condenação, porquanto a sentença está lastreada em abundante material probatório, inclusive derivado de interceptações telefônicas e de quebras de sigilo fiscal." (STJ – AgRg no RHC 45250/RJ, 6ª Turma, Min. Rel. Rogerio Schietti Cruz, j. 26/03/19)

Tradução da denúncia. Desnecessidade

"Não há, sequer no Código de Processo Penal, quanto na Declaração Americana sobre Direitos Humanos (Pacto de São José da Costa Rica) – ratificado pelo Brasil pelo Decreto n.º 678/92 –, determinação para que se traduza a denúncia oferecida contra réu de nacionalidade estrangeira para a sua língua. Da combinação do art. 193 do Código de Processo Penal com o art. 8.º, item 2, a, b e c do Pacto de São José da Costa Rica, tem-se que se exige, somente, a assistência do acusado em juízo por intérprete, o que por si só se mostra suficiente para a comunicação prévia e pormenorizada ao acusado da acusação formulada e para que este tenha o tempo e os meios adequados para a preparação de sua defesa. Não há, portanto, teratologia no acórdão que não reconheceu o direito líquido e certo do recorrente" (STJ – RMS n° 19892-CE, Rel. Laurita Vaz, RT 896/515).

Índio

"Só se faz necessária a presença de intérprete no interrogatório, se o acusado não falar ou não entender a nossa língua (art.193 do CPP), o que não ocorre no presente caso por tratar-se de índio alfabetizado, eleitor e integrado à nossa civilização, falando fluentemente a língua portuguesa" (STJ – HC n° 9403-PA, Rel. José Arnaldo da Fonseca, RT 773/539).

Art. 194. (Revogado pela Lei nº 10.792, de 1º.12.2003)

A extinção da figura do Curador – O art. 194 do código, que previa a nomeação do curador em favor do réu menor, assim entendido aquele que contasse menos de 21 anos (e mais de 18, por óbvio), foi revogado. Com efeito, com o advento do novo Código Civil (Lei nº 10.406/2002), já defendíamos a não recepção desse dispositivo, já que esse estatuto conferiu capacidade absoluta ao maior de 18 anos, ao dispor, em seu art. 5º, que com essa idade cessa a menoridade (cf. Ronaldo Batista Pinto, "Alguns reflexos de novo código civil no direito processual penal". *Revista Síntese de Direito Penal e Processual Penal*, nº 24, Porto Alegre, 2004). Finalmente a Lei nº 10.792/2003, afastando qualquer espécie de dúvida que ainda pairasse, revogou o art. 194, extinguindo, assim, a figura do curador para essa hipótese (saliente-se, porém, que em situações diversas ainda há previsão do curador como se vê, por exemplo, nos arts. 149, § 2º e 631 do CPP). Sobre a extinção da figura do curador também no âmbito do inquérito policial, v. nossos comentários acima ao art. 15 do código.

Art. 195. Se o interrogado não souber escrever, não puder ou não quiser assinar, tal fato será consignado no termo. (Redação dada pela Lei nº 10.792, de 1º.12.2003)

Impossibilidade da colheita da assinatura do interrogado – Pode ocorrer de tratar-se de interrogado analfabeto ou, sabendo ler e escrever, esteja impossibilitado de fazê-lo (porque, num exemplo, imobilizado ao leito de um hospital, em decorrência dos ferimentos que sofreu na tentativa de fuga). Ou, o que é comum, que se negue a assinar. Nessas hipóteses, tais circunstâncias devem ser consignadas no termo. Tratando-se de interrogatório judicial, porque prestado perante o juiz e diante de defensor, não se vislumbra maior dificuldade. Problemas podem ocorrer quando se trate de interrogatório deduzido no âmbito do inquérito policial, já que tal dispositivo é daqueles que se aplica também administrativamente, como se extrai da redação do art. 6°, inc. V, do código. Ocorre, por vezes, que uma vez colhido o interrogatório, no momento final, em que cabe lançar sua assinatura, o interrogado se negue a fazê-lo, por discordar dos termos nele lançados. Deve a autoridade policial, então, fazer constar essa negativa e, demais disso, acautelar-se e, em cumprimento à parte final do dispositivo mencionado, colher a assinatura de duas testemunhas que tenham ouvido a leitura do interrogatório. O que se mostraria intolerável seria a eficácia do ato se ver subordinada à vontade do indiciado ou réu em assinar, ou não, o respectivo interrogatório.

JURISPRUDÊNCIA

Falta de assinatura do juiz, do defensor ou do escrevente. Mera irregularidade

Nulidade – Falta de assinatura do Magistrado em termo de interrogatório – Eiva não reconhecida – "A falta de assinatura do Magistrado no termo do interrogatório, por constituir mera irregularidade, não enseja a nulidade do processo" (TACRIM-SP – Rel. Goulart Sobrinho – JUTACRIM 33/257).

"A validade do interrogatório não está condicionada à assinatura da escrevente, atestando que datilografou o termo. Está condicionada à assinatura do interrogado e do juiz que o presidiu. A assinatura do interrogado confirma sua presença e que foi a pessoa que respondeu às perguntas formuladas. A assinatura do juiz atesta que ele presidiu o interrogatório" (TACRIM-SP – Rel. Almeida Braga – *RT* 680/360).

Negativa do réu em assinar não configura crime de desobediência

Desobediência – Não caracterização – Negativa do acusado em assinar o termo de interrogatório – Hipótese facultada pelo artigo 195, parágrafo único, do Código de Processo Penal – Absolvição decretada – Recurso provido para esse fim (TJSP – Rel. Luiz Betanho – RJTJESP 139/290).

Art. 196. A todo tempo o juiz poderá proceder a novo interrogatório de ofício ou a pedido fundamentado de qualquer das partes. (Redação dada pela Lei nº 10.792, de 1º.12.2003)

Novo interrogatório – Alguma pertinência tinha o pedido ao tempo em que o interrogatório se constituía no primeiro ato probatório praticado em juízo. De sorte que, interrogado o réu e com a posterior colheita da prova testemunhal em audiência diversa, surgia eventualmente alguma dúvida que justificaria fosse o acusado novamente ouvido. Atualmente, a partir da reforma processual de 2008, o interrogatório, como é sabido, foi deslocado para o final, ou seja, é colhido após a produção de toda a prova, quando já foram ouvidas vítimas e testemunhas, em uma audiência concentrada. Não faz qualquer sentido, assim, que seja interrogado em uma oportunidade para, logo em seguida, ser novamente ouvido. Demais disso, a possibilidade de participação ativa da defesa no ato, reforça nossa impressão de que este dispositivo perdeu muito de sua aplicação prática. A propósito, o parágrafo único, do art. 502, do código, que previa a possibilidade de o juiz determinar novo interrogatório do acusado, quando ele, incumbido de proferir a sentença, não o tivesse interrogado, foi expressamente revogado pela Lei nº 11.719/2008. Também o tribunal pode determinar a realização de novo interrogatório, como se vê da letra dói art. 616 do código, em dispositivo de reduzida aplicação prática.

JURISPRUDÊNCIA

Sobre novo interrogatório em 2º grau, v. art. 616 abaixo

Faculdade do juiz

a) durante o processo

"Nos termos da orientação desta Casa, o deferimento de diligências é ato que se inclui na esfera de discricionariedade regrada do juiz, com opção de indeferi-las, de forma justificada, quando entender que são protelatórias ou desnecessárias e sem pertinência com a sua instrução. Precedentes. Além disso, a "realização de novo interrogatório não é direito subjetivo do réu, mas sim faculdade conferida ao julgador, não havendo nulidade por cerceamento de defesa decorrente do ato que indefere pedido nesse sentido" (RHC n. 74.386/RJ, relatora Ministra MARIA THEREZA DE ASSIS MOURA, SEXTA TURMA, julgado em 06/09/2016, DJe 19/09/2016)."

(STJ – AgRg no REsp n. 1.799.181/GO, relator Ministro Antonio Saldanha Palheiro, Sexta Turma, julgado em 8/6/2021, DJe de 30/6/2021.)

b) após o aditamento da denúncia

"*Habeas corpus*. Homicídio praticado em co-autoria. Aditamento da denúncia para inclusão de co-partícipe. Novo interrogatório pretendido pelo primeiro denunciado. Desnecessidade de novo interrogatório, tendo em vista que não surgiu fato novo capaz de alterar a qualificação jurídica constante da denúncia. A pela acusatória já salientara que o crime fora praticado em co-autoria. HC indeferido" (STF – HC nº 84.206-PE – Rela. Ellen Gracie – j. em 14.09.2004, *DJ* de 01.10.2004, p. 36).

"A realização de novo interrogatório após o aditamento da denúncia não é uma regra compulsória (Precedentes). Assim, deve restar evidenciado o prejuízo decorrente da não-realização deste ato processual para que se possa falar em nulidade, requisito inocorrente na espécie" (STJ – REsp n° 998239-MG, Rel. Felix Fischer, j. 24.11.2008, DJe 09.02.2009).

Novo interrogatório não configura constrangimento ilegal

"A duplicidade de realização da audiência de interrogatório do paciente pelo juízo processante, à luz do princípio da busca da verdade real, não constitui, outrossim, em nulidade insanável e tampouco em prejuízo ao réu, pois, como é sabido, ao acusado é facultado o direito de permanecer calado em juízo (art. 186, do Código de Processo Penal) e, também, não lhe é imposto o dever de dizer a verdade, se preferir prestar declaração" (STJ – HC n° 37390-RS, Rel. Laurita Vaz, j. 04.11.2004, DJ 29.11.2004, p. 364).

CAPÍTULO IV
DA CONFISSÃO

Art. 197. O valor da confissão se aferirá pelos critérios adotados para os outros elementos de prova, e para a sua apreciação o juiz deverá confrontá-la com as demais provas do processo, verificando se entre ela e estas existe compatibilidade ou concordância.

Confissão. Definição – Consiste a confissão, segundo definição de Bento de Faria, "no reconhecimento, total ou parcial, feito pelo acusado, da verdade dos fatos pertinentes à acusação e que lhe são desfavoráveis" (ob. cit., p. 250). José Frederico Marques, louvando-se do ensinamento de Carnelutti, a define como "o testemunho do acusado de que praticou a infração penal" (*Elementos de direito processual penal*, 1997, vol. II, p. 302). "É o reconhecimento feito pelo imputado da sua própria responsabilidade", no ensinamento do mestre Tourinho Filho (*Processo penal*, 1997, vol. 3, p. 284).

O valor da confissão seguindo os mais antigos – A confissão sempre teve por objetivo tranquilizar o espírito do julgador, ou seja, uma acusação que viesse confortada pela admissão dos fatos pelo réu, levaria fatalmente a um veredicto condenatório, sem necessidade de maiores indagações. Assim, a possibilidade de um erro judiciário, que atormenta a todos os operadores do Direito, estaria definitivamente afastada, frente à confissão, que se prestaria, portanto, na observação de Adalberto Camargo Aranha, "como um verdadeiro bálsamo aliviador de todas as angústias dos que nele – no processo penal – assumem alguma responsabilidade" (ob. cit., p. 78).

Para os antigos, a tarefa do juiz era abreviada uma vez obtida a confissão que, com a consciência totalmente apaziguada, proferia o decreto condenatório fundado na absoluta certeza dela advinda. Por conta disso mesmo, no Direito Romano, Ulpiano e Paulo afirmaram: "o que confessa em juízo deve ser tido como julgado" e, bem mais tarde, Farinácio proclamou que a confissão tem força de coisa julgada. Eugenio Florian anota que, no processo penal romano, "o acusado confesso podia ser condenado sem a necessidade de juízo anterior, já que a confissão interrompia o procedimento e tornava supérflua e sem objeto o prosseguimento daquele" (*Das provas penais*, 1998, tomo II, p. 20).

De se observar, porém, que C.J.A. Mittermaier, em sua obra datada de 1834, já assinalava que "muitos escritores mais antigos, e outros moderníssimos têm, no entanto, sustentado o contrário; para eles a confissão é um fenômeno anti-natural; a natureza, dizem, cerra os lábios do culpado; todo o homem de espírito se esforça por evitar o que possa prejudicá-lo; e nada menos será preciso do que uma perturbação mental ou um desgosto profundo da vida, para que se vá ele espontaneamente expor a um perigo grave" (*Tratado da prova em matéria criminal*, 1996, pp. 185-6). Ou seja, a confissão, por repugnar um instinto natural de defesa do acusado, não mereceria nenhum valor.

Sistema da prova legal ou tarifado – De qualquer forma, a confissão desfrutava de enorme prestígio, ocupando o topo do sistema tarifado, no qual, a cada prova, se conferia um determinado peso. E, mesmo hoje, nas legislações modernas, seu valor é inegável. Não é mais, reconhecemos, como parecia aos antigos, a rainha das provas, a *probatio probatissima*, a prova absoluta da responsabilidade do confitente, que, uma vez proclamada, autorizava a dispensa de qualquer outro meio de prova, tamanha a certeza que firmava no espírito do julgador. Hoje em dia, é certo, perdeu um pouco de sua força, ante os termos utilizados, inclusive, pelo legislador na Exposição de Motivos do código em vigor, para quem "a própria confissão do acusado não constitui, fatalmente, *prova plena* de sua culpabilidade" (item VII). Cumpre, portanto, seja cotejada com outros elementos de prova, na exata dicção do artigo em estudo, resultando, deste princípio, no dizer de Mittermaier, "que o acusado não deve ser crido por sua simples declaração, e que a confissão, para ter força de prova, deve satisfazer a muitas condições, e cercar-se de presunções de diversas naturezas" (ob. cit., p. 187). Todavia, conforme assevera Hélio Tornaghi, "é sumamente tranquilizador para a consciência do juiz ouvir dos lábios do réu uma narrativa convincente do fato criminoso com a declaração de havê-lo praticado", consistindo um verdadeiro "raio de luz que ilumina de jato todos os escaninhos dos crimes ocultos, dissipa as dúvidas, orienta as ulteriores investigações e conforta de um só passo os escrúpulos do juiz e as preocupações de justiça dos homens de bem" (*Curso de processo penal*, 1990, vol. 1, pp. 378-9).

Portanto, se é certo não mais vigorar a máxima *confessus pro judicato habetur*, não se ignora que a confissão, quando livre e espontânea, tem enorme valor probatório. Daí o ensinamento de Câmara Leal, ao asseverar que "da compatibilidade ou concordância da confissão com as provas coligidas resultará sua admissibilidade como elemento de convicção da autoria do crime" (ob. cit., vol. II, p. 491).

Atual valor probatório da confissão – Aponta a doutrina alguns requisitos intrínsecos para que a confissão seja tida como válida. São eles: 1) a *verossimilhança*, isto é, a probabilidade da ocorrência do fato da forma que admitido. "Assim é que jamais poderíamos admitir como verossímil a confissão pela qual um acusado, em quem evidentemente fosse mesquinha a força física, declarasse ter morto, só com as suas mãos, um homem muito mais robusto que ele", no exemplo de Mittermaier (ob. cit., p. 197); 2) a *credibilidade* e *coincidência*, ou seja, que a confissão tenha um cunho de veracidade, movida unicamente pela intenção do confitente em dizer a verdade. É sabido que, por vezes, o acusado, por motivos escusos, acaba por admitir a prática de um crime que não cometeu. Assim, aquele que confessa um crime menos grave para livrar-se de outro, apenado mais severamente; que admite sua prática para beneficiar um parente próximo ou para facilitar a fuga do verdadeiro criminoso; que, por vingança, confessa um crime e aponta um inocente como cúmplice; ou mesmo pela vaidade de dizer-se autor de um delito que causou grande clamor público a fim de obter popularidade; ou ainda aquele que, por apresentar um distúrbio mental, possui uma estranha tendência à autoincriminação, etc. Enfim, a confissão, para ser tomada como válida, depende da *coincidência* com as demais circunstâncias do fato provadas no processo. "Por conseguinte, não basta que o acusado *queira ser o responsável*, mas mister se torna que a sua culpabilidade fique, realmente, estabelecida por outras provas", na lição de Bento de Faria (ob. cit., p. 254) (grifos originais); 3) a *persistência* ou *uniformidade*, pelas quais deve a versão apresentada pelo confitente ser uniforme nas diversas vezes em que ouvido. Com efeito, a reprodução de uma mesma versão, manifestada reiteradamente, confere-lhe inegável credibilidade.

Características – Elenca a doutrina características da confissão. No magistério de Julio Fabbrini Mirabete, deve ser a confissão "*pessoal*, não se admitindo a produção por mandatário ou defensor; ser *expressa*, e logo reduzida a termo ou auto; ser feita perante o *juiz competente*; ser *livre* e *espontânea*, ou seja, sem coação ou erro; ter o confitente *saúde mental*" (*Processo penal*, 1998, p. 287) (grifos originais).

Classificação – Diz-se que a confissão pode ser *simples* ou *qualificada*. *Simples* quando o acusado limita-se a admitir a prática do crime e *qualificada* quando, embora confessando o delito, invoca algum benefício em seu favor, capaz de excluir o crime ou diminuir-lhe a pena (exemplos: o autor do homicídio que admite ter desfechado facadas na vítima, mas alega que assim agiu em legítima defesa; o acusado de roubo que, confessando a subtração mediante violência de bens da vítima, afirma, porém, que ela devia-lhe certa quantia em dinheiro, de molde a restar configurado, assim, o crime de exercício arbitrário das próprias razões; o agente que confessa o furto, mas que agiu movido pela fome, a configurar o chamado furto famélico). Pode ser *judicial*, quando produzida em Juízo, ou *extrajudicial* quando formulada fora dos autos da ação penal, geralmente na fase de inquérito policial. Fala-se, ainda, em confissão *explícita*, quando o confitente admite, expressamente, ser o autor do delito. Ou *implícita*, quando o autor busca ressarcir, à vítima, os danos oriundos do crime que cometeu.

Confissão como atenuante de pena – Nos termos do art. 65, III, "d", CP, a confissão do agente serve como atenuante de pena, desde que:

(A) seja espontânea: espontânea é a assunção, livre de interferência subjetiva externa, dos fatos imputados. A decisão de confessar deve partir do próprio agente. A confissão voluntária, decorrente de interferência externa, pode configurar circunstância atenuante nos moldes do art. 66 do CP.

(B) perante a autoridade: a confissão deve ser feita perante a autoridade pública (juiz de direito ou delegado de polícia).

Sempre se ensinou que a confissão policial retratada em juízo não permite a incidência da atenuante, salvo se utilizada como fundamento para embasar a conclusão condenatória. Nesse caso, quando embasar a condenação, a atenuante deve ser aplicada em favor do réu, pouco importando se a admissão da prática do ilícito foi espontânea ou não, integral ou parcial, ou se houve retratação em Juízo (STJ: HC 456.452/RJ, Quinta Turma, Rel. Min. Felix Fischer, j. 14/08/2018; AgRg no HC 453.724/SP, Sexta Turma, Rel. Min. Antonio Saldanha Palheiro, j. 04/09/2018).

No REsp 1972098, o STJ vai além. A QUINTA TURMA, de forma unânime, firmou a tese de que o réu terá direito à diminuição da pena pela confissão sempre que houver admitido a autoria do crime perante a autoridade, como prevê o artigo 65, inciso III, "d", do Código Penal – independentemente de a confissão ser usada pelo juiz como um dos fundamentos da condenação, e mesmo que seja ela parcial, qualificada, extrajudicial ou retratada.

No Supremo Tribunal Federal, a matéria é controvertida, pois há decisões no sentido de que é possível aplicar a atenuante, mesmo quando a confissão é qualificada (Primeira Turma - HC 99436 - Rel. Min. Cármen Lúcia - DJe 06/12/2010; STF - Primeira Turma - HC 82337 - Rel. Min. Ellen Gracie - DJ 04/04/2003), assim como já se decidiu pela impossibilidade de atenuar a pena nas mesmas circunstâncias (Primeira Turma - HC 119.671 - Rel. Luiz Fux - DJe 03/12/2013; STF - Primeira Turma - HC 103.172 - Rel. Min. Luiz Fux - DJe 24/09/2013).

JURISPRUDÊNCIA

Validade da confissão quando em consonância com outras provas

"Vige em nosso sistema o princípio do livre convencimento motivado ou da persuasão racional, segundo o qual compete ao Juiz da causa valorar com ampla liberdade os elementos de prova constantes dos autos, desde que o faça motivadamente, com o que se permite a aferição dos parâmetros de legalidade e de razoabilidade adotados nessa operação intelectual. Não vigora mais entre nós o sistema das provas tarifadas, segundo o qual o legislador estabelecia previamente o valor, a força probante de cada meio de prova. Tem-se, assim, que a confissão do réu, quando desarmônica com as demais provas do processo, deve ser valorada com reservas. Inteligência do artigo 197 do Código de Processo Penal. A sentença absolutória de 1º grau apontou motivos robustos para pôr em dúvida a autoria do delito. Malgrado a confissão havida, as demais provas dos autos sustentam, quando menos, a aplicação do princípio do favor rei" (STF – RHC nº 91691-SP, Rel. Menezes Direito, j. 19.02.2008, DJe 25.04.2008).

Confissão como atenuante

"Nos moldes da Súmula 545/STJ, a atenuante da confissão espontânea deve ser reconhecida, ainda que tenha sido parcial ou qualificada, seja ela judicial ou extrajudicial, e mesmo que o réu venha dela se retratar, como ocorrido no caso em análise." (STJ – AgRg no AREsp 2436059/SP, 5ª Turma, Min. Rel. Ribeiro Dantas, j. 17/10/23)

Não reconhecimento da confissão se não contribuiu para a condenação

"É firme a jurisprudência deste Superior Tribunal em afastar a incidência da atenuante da confissão espontânea nas hipóteses em que a confissão não concorreu para a condenação do réu. Precedentes" (STJ – HC nº 160777-SP, Rel. Maria Thereza de Assis Moura, j. 06.06.2013, DJe 14.06.2013).

Atenuante da confissão compensa agravante da reincidência

"De acordo com a jurisprudência deste Superior Tribunal de Justiça, a confissão, ainda que parcial, deve ser reconhecida e considerada para fins de atenuar a pena, principalmente quando levada em consideração no convencimento do magistrado sentenciante. Entende esta Corte que a atenuante da confissão espontânea, na medida em que compreende a personalidade do agente, é circunstância preponderante, devendo ser compensada com a agravante da reincidência, igualmente preponderante. A Terceira Seção firmou o entendimento de que a reincidência, inclusive a específica, deve ser compensada integralmente com a atenuante da confissão." (STJ – AgRg no HC 545617/SP, 6ª Turma, Min. Rel. Nefi Cordeiro, j. 05/03/20)

Confissão extrajudicial

Validade

"A confissão extrajudicial do réu, exceto se provar que a fez sob coação, é valiosa para aferir-lhe a culpabilidade, sobretudo em harmonia com os demais elementos do processo, e pode legitimar decreto condenatório" (TACRIM-SP – Rel. Carlos Biasotti – *RT* 811/642).

"É parcial o entendimento de que, sempre, as confissões extrajudiciais devem ser repelidas, máxime porque, em princípio, as autoridades policiais hão de merecer crédito. Assim, apenas em casos concretos, quando elementos positivam qualquer violência, fica a confissão policial abalada" (TACRIM-SP – Rel. Camargo Sampaio – *JUTACRIM* 43/372)

Pouca validade

"Em pese as declarações dos policiais de que os réus teriam confessado informalmente a prática dos crimes, essa confissão não foi confirmada em juízo e as vítimas não reconheceram com segurança os pacientes como os autores. Ora, se nem mesmo uma confissão feita em Juízo, pode autorizar uma condenação, sem que haja outras provas concretas, nos termos do art. 197 do Código de Processo Penal, muito menos o poderá um depoimento de testemunha, na parte em que se limita a reproduzir o que lhe teria sido dito pelo Acusado. Quanto a esse aspecto do depoimento dos policiais, em que apenas repetem declarações que teriam sido a eles informalmente prestadas pelo Acusado, não se pode atribuir a força de prova testemunhal, mas devem ser valoradas com a parcimônia que uma confissão informal e que não foi documentada nos autos deve receber." (STJ – AgRg no AREsp 1812535/RJ, Rel. Ministra LAURITA VAZ, SEXTA TURMA, julgado em 20/04/2021, DJe 30/04/2021).

"A confissão extrajudicial, posteriormente retratada e não corroborada por outros elementos produzidos sob o crivo do contraditório, não é suficiente para fundamentar a condenação. A teor do art. 155 do Código de Processo Penal, não se mostra admissível que a condenação do réu seja fundada exclusivamente em elementos de informação colhidos durante o inquérito e não submetidos ao crivo do contraditório e da ampla defesa, ressalvadas as provas cautelares e não repetíveis. O direito penal não pode se contentar com suposições nem conjecturas, de modo que o decreto condenatório deve estar amparado em um conjunto fático probatório coeso e harmônico. Assim, havendo dúvida, por mínima que seja, deve ser em benefício do réu, com a necessária aplicação do princípio do in dubio pro reo." (STJ – AgRg no AREsp 2396640/MT, 5ª Turma, Min. Rel. Ribeiro Dantas, j. 24/10/23)

Validade em consonância com outras provas

"A confissão na fase do inquérito, ainda que retratada posteriormente na instrução criminal sem justificativa, pode respaldas a condenação desde que confirmada por outros elementos de prova, o que ocorreu no caso concreto" (STJ – HC nº 38.693-SP – Rel. Félix Fischer – j. em 09.08.2005, *DJ* de 26.09.2005, p. 413).

Validade quando realizada na presença de advogado

"A confissão da agente da prática do crime de tráfico de entorpecente deve ser acolhida, ainda que extrajudicial, pois além de estar amparada pelo restante do conjunto probatório, a acusada estava acompanhada de seu advogado quando confessou no auto de prisão em flagrante, o que descarta qualquer irregularidade" (TJSP – Rel. Ruy Cavalheiro – *RT* 838/585).

Casuística

Confissão extrajudicial + reconhecimento pela vítima

Prova – Édito condenatório baseado em confissão policial e no reconhecimento do agente feito pela vítima ao longo de toda a persecutio criminis – Valor probante reconhecido ante a harmonia entre as declarações – "A ação do tempo na memória da vítima não deprecia o valor probante do reconhecimento se houver harmonia entre as diversas declarações. O testemunho demasiado perfeito, este sim, é que deve gerar desconfiança" (TACRIM-SP – Rel. Saraiva de Medeiros – RJD 8/251).

Confissão extrajudicial + apreensão da *res* com o agente

"A confissão feita pelo agente no inquérito deve ser aceita como prova inequívoca de autoria, se, mesmo retratada em Juízo, vier acompanhada de outros indícios, entre eles a apreensão dos objetos furtados em poder do réu. O depoimento da vítima, quando pessoa séria e idônea, tem muito valor, ainda que se resuma na única prova. Tal assertiva vem do fato que, sem qualquer animosidade específica contra o agente, não se poderá imaginar que ela virá a Juízo mentir e acusar um inocente" (TARS – Rel. Sylvio Baptista – *RT* 725/667).

Confissão extrajudicial + apreensão da *res* com receptadores

Prova – Matéria criminal – Confissão policial – Validade por estar apoiada em outros elementos probantes – Furto – Apreensão, em poder dos receptadores, das coisas subtraídas – Condenação mantida – "A confissão policial, quando acompanhada de outros elementos probantes, tais como, no furto a apreensão da 'res furtiva', pode ser considerada como meio idôneo de informação processual" (TACRIM-SP – Rel. França Leme – RT 350/391).

Confissão extrajudicial + apreensão da *res* com comparsa

"Palavra de co-partícipe menor, em cujo poder foi encontrada a *res furtiva*, confirmando totalmente confissão extrajudicial de quem depois desapareceu, desatendendo chamamento judicial para vir defender-se suficientemente embasa decisão condenatória" (TACRIM-SP – Rel. Tomaz Rodrigues – *JUTACRIM* 57/395).

Confissão extrajudicial + delação do comparsa menor

"É possível a condenação do acusado de furto que confessa o crime na fase policial, mas não ratifica confissão integralmente em Juízo, tendo o menor-comparsa, que admitiu o cometimento do crime, incriminado expressamente o réu" (TACRIM-SP – Rel. Lopes de Oliveira – *RJTACrim* 39/282).

Confissão extrajudicial + depoimento policial

Prova – Matéria criminal – Confissão na polícia retratada em Juízo – Depoimento de policiais que prenderam o réu em flagrante – Valor – "Casando-se a confissão policial com os depoimentos das testemunhas, embora sejam estas os policiais que participaram da diligência e cujos depoimentos não podem ser desprezados, é de se julgar procedente a acusação, sem embargo de retratada em Juízo a confissão" (TACRIM-SP – Rel. Humberto da Nova – RT 392/113).

Confissão extrajudicial + exame de corpo de delito

"A confissão do réu, quando da lavratura do auto de prisão em flagrante, fornecendo os mínimos detalhes da execução do crime, corroborada integralmente pelo exame pericial da polícia técnica, tem valor como elemento de convicção para a sentença condenatória" (TJRO – Ap. Crim. nº 96.000120-4 – Rel. Oudivanil de Marins, j. 13.6.96).

Confissão extrajudicial de crime até então ignorado pela polícia ou pela vítima

"Faz coisa plena e autoriza condenação a confissão extrajudicial do agente confirmada pela indicação, por ele, do local onde fora praticado o furto de que a vítima não se queixara à Polícia, bem como pela apreensão da *res furtiva* " (TACRIM-SP – Rel. Cunha Camargo – *JUTACRIM* 18/139).

"A autoridade policial não tem dons divinatórios. Assim, confessado um furto sem que a vítima houvesse levado o caso ao conhecimento das autoridades, não há como não se atribuir valor probatório à palavra do réu, máxime quando emitida na presença de curador, o que induz à regularidade da atuação policial" (TACRIM-SP – Rel. Geraldo Pinheiro – *JUTACRIM* 54/397).

Art. 198. O silêncio do acusado não importará confissão, mas poderá constituir elemento para a formação do convencimento do juiz.

Silêncio do réu – É sabido que, no processo civil, por força do chamado princípio da eventualidade, cabe ao réu, nos termos do art. 336 do CPC, "alegar, na contestação, toda a matéria de defesa, expondo as razões de fato e de direito com que impugna o pedido do autor", sob pena de se considerarem verdadeiros os fatos afirmados pelo autor (art. 344 do CPC). No processo penal, contudo, eventual silêncio não importa em confissão. Ademais, esse silêncio não tem o condão de alterar a incumbência do ônus da prova que, no processo penal, continua sendo do autor, na dicção do art. 156 do Código de Processo Penal.

Revogação do dispositivo – A parte final deste artigo é considerada, pela doutrina, como revogada tacitamente, ao dispor que o silêncio "poderá constituir elemento para a formação do convencimento do juiz". Com efeito, na redação dada pela Lei nº 10.792/2003, ao parágrafo único do art. 186 do código, consta, com todas as letras, que "o silêncio, que não importará em confissão, não poderá ser interpretado em prejuízo da defesa". Há, portanto, evidente conflito entre uma e outra norma, a prevalecer, nesse caso, a mais recente, sobretudo quando encontra amparo na Constituição Federal. Ao analisarmos o art. 186 acima, fizemos ampla abordagem do chamado silêncio constitucional e suas consequências, quando apresentamos alguma ressalva quanto à sua aplicação. Convidamos, por isso, o leitor para que confira tais anotações.

Art. 199. A confissão, quando feita fora do interrogatório, será tomada por termo nos autos, observado o disposto no art. 195.

Confissão em momento processual diverso – A confissão, de ocorrência frequente, como podem atestar aqueles que militam no âmbito criminal, se dará no próprio interrogatório, na ocasião em que ouvido o réu pelo juiz. Pode ocorrer, porém, que, após ser interrogado e tendo negado a prática do crime, o réu, por motivo que não interessa investigar, resolva admitir essa prática. Deverá, então, ser novamente ouvido pelo juiz, na mesma forma do primeiro interrogatório, quando lhe será, por termo, tomada a confissão. Atualmente, com o interrogatório deslocado para a parte final da instrução, após a colheita de toda a prova de acusação, parece pouco provável essa possibilidade. Sobretudo por tratar-se de ato processual uno, onde todos os atos se concentram na mesma audiência. É mesmo difícil, por isso, atualmente se conceber, na prática, alguma aplicação a este dispositivo.

Art. 200. A confissão será divisível e retratável, sem prejuízo do livre convencimento do juiz, fundado no exame das provas em conjunto.

Retratabilidade e divisibilidade da confissão – Este dispositivo prevê duas das características da confissão. A primeira delas é a *retratabilidade*, ou seja, a possibilidade que tem o confitente de desdizer o que dissera anteriormente, de retirar a confissão anterior. É comumente utilizada quando, em Juízo, o acusado volta atrás em relação ao que dissera antes, ao ser interrogado na fase policial. Na precisa lição de Espínola Filho, "está-se a ver, porém, que, doutra parte, a retratação nenhuma significação tem, se evidenciar ser o efeito do mero capricho; deve o acusado fundamentá-la em forma a convencer o julgador de ter sido fantasista a confissão" (ob. cit., vol. III, p. 49).

A outra característica é a *divisibilidade* ou *cindibilidade*, isto é, a possibilidade que tem o Juiz de aceitar como verdadeira parte da confissão e repudiar outra parte, por entendê-la insincera. Assim, em um crime de estupro, onde o réu admite ter mantido relações sexuais com a vítima, mas com seu consentimento. Ou em um delito de invasão de domicílio, onde o acusado confessa o ingresso na residência, mas com a permissão do morador. Poderá o Juiz aproveitar a primeira parte da confissão e rejeitar a segunda, condenando ambos os réus.

Vale a observação, nesse aspecto, de Câmara Leal, para quem "a confissão não é um elemento decisivo da causa, ela deve ser comparada com outras provas, e a certeza resulta do concurso de todos os elementos probatórios. Naquilo em que a confissão encontrar a comprovação dos vários elementos probatórios, será aceita, e naquilo em que haja contradição com as outras provas, será rejeitada" (ob. cit., p. 497).

Em verdade, ambas as características apontadas são manifestações do princípio do livre convencimento do julgador, cabendo a ele, na análise da confissão, aceitá-la parcialmente ou não ou rejeitar a retratação, em cotejo, sempre, com as demais provas dos autos.

Sobre a retratação da confissão policial e atenuação da pena, ver nossos comentários ao art. 197 do CPP.

JURISPRUDÊNCIA

Excludente de ilicitude configura confissão

"A circunstância atenuante pertinente à confissão espontânea, ainda que parcial, é aplicável àquele que confessa a autoria do crime independentemente da admissão do dolo ou das demais circunstâncias narradas na denúncia. Precedentes" (STF – Rel. Cármen Lúcia, j. 26.20.2010, DJe 06.12.2010).

Em sentido contrário

"A confissão qualificada, na qual o agente agrega à confissão teses defensivas descriminantes ou exculpantes, não tem o condão de ensejar o reconhecimento da atenuante prevista no art. 65, inciso III, alínea 'd', do Código Penal" (STJ – HC n° 244203-MG, Rel. Laurita Vaz, j. 13.08.2013, DJe 23.08.2013).

Confissão do roubo com negativa da coautoria. Validade

"A atenuante do art. 65, inciso III, alínea d, do Código Penal, tem caráter objetivo, configurando-se, tão-somente, pelo reconhecimento espontâneo do acusado, perante a autoridade, da autoria do delito, não se sujeitando a critérios subjetivos ou fáticos. In casu, o Paciente confessou a prática do roubo, logo, ainda que tenha negado ter praticado o crime em concurso de pessoas, impõe-se a aplicação da atenuante" (STJ – HC n° 252122-SP, Rel. Laurita Vaz, j. 06.08.2013, DJe 13.08.2013).

Indeferimento do pedido de retratação. Impossibilidade

Confissão – Indeferimento do pedido de retratação – Cerceamento de defesa configurado – Nulidade decretada – Inteligência do art. 200 do CPP – "A retratabilidade da confissão é um direito do réu, assegurado pelo artigo 200 do CPP. Sendo um direito, mesmo que o Julgador entenda desnecessário o reinterrogatório, não pode indeferi-lo, sob pena de cercear a defesa" (TACRIM-SP – Rel. Almeida Braga – RJD 4/60).

CAPÍTULO V
DO OFENDIDO
(REDAÇÃO DADA PELA LEI Nº 11.690, DE 2008)

Art. 201. Sempre que possível, o ofendido será qualificado e perguntado sobre as circunstâncias da infração, quem seja ou presuma ser o seu autor, as provas que possa indicar, tomando-se por termo as suas declarações. (Redação dada pela Lei nº 11.690, de 2008)

§ 1º Se, intimado para esse fim, deixar de comparecer sem motivo justo, o ofendido poderá ser conduzido à presença da autoridade. (Incluído pela Lei nº 11.690, de 2008)

§ 2º O ofendido será comunicado dos atos processuais relativos ao ingresso e à saída do acusado da prisão, à designação de data para audiência e à sentença e respectivos acórdãos que a mantenham ou modifiquem. (Incluído pela Lei nº 11.690, de 2008)

§ 3º As comunicações ao ofendido deverão ser feitas no endereço por ele indicado, admitindo-se, por opção do ofendido, o uso de meio eletrônico. (Incluído pela Lei nº 11.690, de 2008)

§ 4º Antes do início da audiência e durante a sua realização, será reservado espaço separado para o ofendido. (Incluído pela Lei nº 11.690, de 2008)

§ 5º Se o juiz entender necessário, poderá encaminhar o ofendido para atendimento multidisciplinar, especialmente nas áreas psicos-

social, de assistência jurídica e de saúde, a expensas do ofensor ou do Estado. (Incluído pela Lei nº 11.690, de 2008)

§ 6º O juiz tomará as providências necessárias à preservação da intimidade, vida privada, honra e imagem do ofendido, podendo, inclusive, determinar o segredo de justiça em relação aos dados, depoimentos e outras informações constantes dos autos a seu respeito para evitar sua exposição aos meios de comunicação. (Incluído pela Lei nº 11.690, de 2008)

Ofendido. Conceito – Ofendido ou vítima é o titular do bem jurídico ameaçado ou atingido, pessoa (física ou jurídica) ou ente sobre o qual recai a conduta criminosa.

Natureza jurídica – Interessante a posição assumida pelo ofendido em nossa sistemática processual. É certo que não se trata de testemunha, tanto que não é previamente compromissado e, se mentir, não responderá pelo crime de falso testemunho, podendo, a depender do caso concreto, praticar o delito de denunciação caluniosa ou de falsa de crime ou de contravenção, previstos, respectivamente, nos arts. 339 e 340 do Código Penal. Ademais, sua oitiva independe do prévio arrolamento pelas partes, sendo que a norma legal em estudo cria para o Juiz o dever jurídico de ouvi-lo. Por derradeiro, ao contrário do que ocorre com a prova testemunhal, não é a vítima computada como testemunha numerária. Nesse sentido o ensinamento de Julio Fabbrini Mirabete, para quem "o ofendido não pode ser computado como testemunha, que não é, não prejudicando, assim, o número máximo de depoentes permitido em lei para cada tipo de procedimento penal" (*Processo penal*, 1991, p. 276).

Todavia, embora não se tratando de testemunha – tanto que tratado em um capítulo apartado – não se ignora o caráter de *meio de prova* de suas declarações, a despeito do posicionamento, em sentido contrário, de Bento de Faria, para quem o ofendido seria um mero auxiliar da Justiça (*Código de processo penal*, 1942, pp. 259/260). Por conta disso, considerou o legislador relevante sua oitiva, dedicando-lhe um capítulo próprio na parte concernente à prova e, a jurisprudência, conforme a seguir apontado, tem especial apreço pela palavra da vítima, "devendo seu relato ser apreciado em confronto com os outros elementos probatórios, podendo, então, conforme a natureza do crime, muito contribuir para a convicção do juiz", como ensina Magalhães Noronha (*Curso de direito processual penal*, São Paulo: Saraiva, 2002, 28ª. ed., p. 111).

Mas é a vítima, também, *objeto de prova*, bastando lembrar a situação na qual, experimentando um crime de lesões corporais, ele á submetida ao exame de corpo de delito. Daí concluirmos ser dúplice a natureza jurídica da oitiva do ofendido: *meio de prova*, quando se presta a formar a convicção do julgador. E *objeto de prova*, quando constitui o próprio corpo de delito, como no exemplo dado acima.

JURISPRUDÊNCIA

Vítima não comete o crime de falso testemunho

"O crime de falso testemunho só pode ser atribuído às pessoas elencadas no art. 342 do CP, entre os quais não se inclui a figura da vítima que, inclusive, não presta compromisso de dizer a verdade e não se obriga a não calar a verdade, pois se situa em contraposição ao réu, assumindo direto interesse no deslinde da causa" (TJSP – Rel. Walter Guilherme – RT 793/596).

Vítima compromissada. Mera irregularidade

Nulidade – Vítima ouvida sob compromisso, com o defensor presente – Ausência de objeção ou protesto – Posterior alegação de prejuízo – Eiva repelida – Inteligência do art. 565 do CPP – "Concorrendo o defensor, por omissão, para a prática da irregularidade, é inadmissível seja a matéria posteriormente levantada no recurso e não se decreta nulidade se para a sua caracterização concorreu a defesa" (TACRIM-SP – Rel. Marrey Neto – RJD 5/133).

Valor probatório – A doutrina mais tradicional sempre recebeu com enormes reservas a palavra do ofendido e, em virtude disso, conferiu-lhe pouco ou mesmo nenhum valor probatório. Adalberto Camargo Aranha justifica as razões de tal desconfiança, ensinando que "sua vontade fatalmente estaria atingida, possuída de indignação ou dor, a ponto de ser impossível uma total isenção. Não se pode encontrar uma vítima despida totalmente de sentimentos, com tal frieza emocional que seja possível falar-se em imparcialidade. Além do mais, não podemos esquecer que não são raros os casos de pseudovítimas, criadas por uma imaginação traumatizada, como bem narrado por Érico Veríssimo em seu livro *O senhor embaixador*, demonstrando que um ódio racial profundo e congênito levou a rapariga a acusar um negro de estupro" (ob. cit., p. 104). A vítima, demais disso, teria uma tendência natural a agir movida pelo ódio e vingança, afinal foi quem sofreu, na própria pele, os efeitos da prática delituosa. Daí ressaltar Hélio Tornaghi que "quanto à vontade, o ofendido é sempre um depoente inferior à testemunha. O sentimento de que está possuído, a justa indignação, a dor da ofensa, não o deixam livre para determinar-se com serenidade e frieza" (*Curso de processo penal*, 1990, vol. 1, p. 390).

Sem embargo, contudo, de tais ressalvas e sob determinadas condições, tem a doutrina e a jurisprudência reconhecido grande valia no depoimento do ofendido, conforme realça Tourinho Filho: "Em certos casos, porém, é relevantíssima a palavra da vítima do crime. Assim, naqueles delitos clandestinos – *qui clam comittit solent* – que se cometem longe dos olhares de testemunhas –, a palavra da vítima é de valor extraordinário" (ob. cit., p. 296). Portanto, nesses delitos, cometidos às ocultas e naqueles em que não se vislumbra, no proceder da vítima, nenhuma intenção em incriminar pessoa até então desconhecida, seu depoimento assume valor decisivo. Conclui-se com as palavras de Julio Fabbrini Mirabete para quem "embora os depoimentos das vítimas em princípio sejam suspeitos, dependendo do caso concreto, estando em sintonia com outras provas dos autos, merecem fé, podendo servir de suporte a de seu espírito, pode encontrar o caminho certo a seguir a fim de alcançar a realização da justiça ao valorar as declarações da vítima, para concluir, sem prevenções, se merecem fé ou não" (ob. cit., p. 278).

Em que pese com ressalvas, Espínola Filho também confere valor à palavra do ofendido, advertindo que "quando não há interesse, costuma-se dar muito apreço à imputação da vítima, apontando o autor do crime, que a feria; e, argumenta-se, seria inconcebível a falsa acusação de um inocente, com o efeito mediato de firmar a impunidade do agente culpado. É razoável a orientação, na generalidade dos casos. Mas, não fica excluída a hipótese, já ventilada, de atuar o ofendido sob o impulso do medo, ou de sentimentos que causem um desvirtuamento da consciência moral, como a afeição cega ao criminoso, ou o ódio ao caluniado" (ob. cit., vol. III, p. 59). Afinal, na correta advertência do então Ministro do Supremo Tribunal Federal, Vicente Piragibe, "todos nós, que somos juízes, sabemos disto: não se pode deixar de tomar em muita consideração as declarações da ofendida, desde que sejam verossímeis e minuciosas" (*Dicionário de jurisprudência penal do Brasil*, 1934, n. 3.178).

Palavra da vítima e delitos sexuais – Em sua conhecida "Jurisprudência de Teses", o Superior Tribunal de Justiça divulgou, em outubro de 2018, a edição 111 com o tema "Provas no Processo Penal", na qual se concluiu que "em delitos sexuais, comumente praticados às ocultas, a palavra da vítima possui especial relevância, desde que esteja em consonância com as demais provas dos autos".

JURISPRUDÊNCIA

Valor probatório da palavra da vítima

a) quando menor

"É extremamente duvidoso o valor probante do depoimento infantil, máxime se partido da própria vítima. O ditado de que a verdade flui da boca dos pequenos – *exore parvulorum veritas* – é bastante desacreditado, não só vista da imaturidade como, também, pelo temor de sugestionabilidade que possa interferir. Seu valor, pois, depende necessariamente de prova que corrobore a informação infantil" (TJSP – Rel. Geraldo Gomes – *RT* 442/377).

b) embriagada

"Se a vítima, embriagada, não se mostra coerente, segura, mas hesitante, de modo que a prova da autoria não reveste da certeza desejada para embasar o desfecho de condenação, a melhor solução é a aplicação do art. 386, VI, do CPP" (TACRIM-SP – Rel. Djalma Lofrano – *JUTACRIM* 72/35).

c) nervosa ou revelando ódio contra o acusado

"Em nada interfere o nervosismo da vítima de roubo na idoneidade do reconhecimento a que procede. Ao contrário. Uma vítima emotiva é aquela que melhores condições tem para auxiliar na formação da vontade judicial, trazendo certeza ao juízo de que se emociona justamente por encontrar-se diante de quem a submeteu a trauma indelével" (TACRIM-SP – Rel. Renato Nalini – *RJTACrim* 39/255).

Palavra da vítima nos crimes

a) contra a liberdade sexual

"O Superior Tribunal de Justiça firmou entendimento segundo o qual, nos delitos contra a liberdade sexual, por frequentemente não deixarem vestígios, a **palavra da vítima** tem valor probante diferenciado." (STJ – AgRg no AREsp n. 2.153.366/DF, relator Ministro Ribeiro Dantas, Quinta Turma, julgado em 27/9/2022, DJe de 4/10/2022.)

b) violência doméstica

"Pela interpretação do regramento disposto no art. 155, caput, conjugada à redação do art. 201, ambos do Código de Processo Penal, é pacífico o entendimento deste Tribunal Superior no sentido de que nos crimes praticados à clandestinidade, sem a presença de terceiros, mormente no âmbito das relações domésticas ou nos crimes contra a dignidade sexual, as declarações da vítima – como espécie probatória positivada no ordenamento pátrio e permeada pelo sistema do livre convencimento motivado – gozam de destacado **valor probatório,** notadamente quando evidenciam, com riqueza de detalhes, sem contradições e em confronto com os demais elementos de convicção colhidos e ratificados na fase processual, as circunstâncias em que realizada a empreitada criminosa." (STJ – AgRg no AREsp n. 1.441.535/ES, relatora Ministra Laurita Vaz, Sexta Turma, julgado em 28/5/2019, DJe de 5/6/2019.)

c) contra o patrimônio

"No caso, a defesa sustenta que a vítima sofreu, no máximo, vias de fato, mera contravenção penal. Todavia, pela leitura do depoimento da vítima, transcrito na sentença, observa-se que houve violência real empregada pelo paciente, o qual derrubou a vítima no chão e a chutou por diversas vezes. Vale destacar que a palavra da vítima, em se tratando de delitos praticados sem a presença de testemunhas, possui especial relevância, sendo forte o seu valor probatório (Precedentes). Evidenciada, portanto, a violência empregada pelo agente quando da consumação do delito de roubo." (STJ – HC n. 311.331/MS, relator Ministro Leopoldo de Arruda Raposo (Desembargador Convocado do Tj/pe), Quinta Turma, julgado em 24/3/2015, DJe de 8/4/2015.)

d) lesões corporais

Prova – Palavra da vítima nos crimes de lesões corporais – Relatividade de sua valia – "Nos crimes de violência contra a pessoa, o testemunho do ofendido é particularmente enganoso. Assim, deverá ele receber o cotejo ou a confirmação de outras provas, pena de declaração do non liquet" (TACRIM-SP – Rel. Xavier Homrich – JUTACRIM 56/300).

e) maus-tratos

"O crime de maus-tratos é cometido geralmente no recôndito do lar, longe da vista de outras pessoas não pertencentes ao convívio familiar, pelo que a falta de testemunhas presenciais não invalida os elementos de convicção coligidos" (TACRIM-SP – Rel. Thyrso Silva – *RJD* 26/170).

f) sequestro

"Constitui prova inequívoca e inquestionável da autoria, o reconhecimento do acusado pela vítima de sequestro, se esta permaneceu junto daquele por mais de duas semanas e teve oportunidade de vê-lo sem capuz destinado a lhe ocultar a face" (TARJ – Rel. Antonio Izaias da Costa Abreu – *RT* 722/530).

g) rufianismo

"Dada à natureza do crime de rufianismo, não é de se excluir a eficácia do depoimento de meretrizes, moradoras no prostíbulo onde ocorreu o fato" (TJSP – Rel Márcio Munhoz – *RT* 186/602).

h) abuso de autoridade

"As violências policiais contra pessoas presas, praticadas na prisão, entre quatro paredes, via de regra não têm testemunhas de vista, daí tanta impunidade. Mas se os depoimentos dos ofendidos são convincentes, firmes, verossímeis, é possível a condenação" (TJSC – Rel. Marcílio Medeiros – *RT* 532/409).

Palavra da vítima x palavra do réu

a) prevalência da primeira

"Perante divergência frontal entre a palavra da vítima e a do acusado, de se dar prevalência à do sujeito passivo, pois visando este apenas recuperação do que lhe foi subtraído e incidindo a sua palavra sobre proceder de desconhecidos, seu único interesse é apontar os verdadeiros culpados e narrar-lhes a atuação e não acusar inocentes. Impõe-se a solução, máxime quando se trate de réu com antecedentes policiais" (TACRIM-SP – Rel. Juiz Roberto Martins – *JUTACRIM* 44/427).

b) prevalência da segunda

Prova – Antagonismo entre as versões da vítima e do réu – Inexistência de outro elemento adverso de convicção – Absolvição – "Inexistindo outro elemento adverso de convicção, o antagonismo entre as versões da vítima e do réu impõe a decretação do non liquet" (TACRIM-SP – Rel. Valentim Silva – JUTACRIM 55/415).

"A palavra da vítima sobre o fato incriminado não pode, por si só, prevalecer sobre a versão oferecida pelo acusado, não bastando, por conseguinte, à prolação de decreto condenatório" (TACRIM-SP – Rel. Lauro Alves – JUTACRIM 52/245).

Contraditório nas declarações do ofendido – O entendimento do STF, abaixo transcrito, no sentido de que nas declarações da vítima não vigoraria o princípio do contraditório e, em consequência, não seria facultada às partes a possibilidade de formular reperguntas, mostra-se absolutamente isolado, não tendo merecido o apoio nem da doutrina e tampouco da jurisprudência. Tourinho Filho é um dos que discorda de tal posicionamento ao ressaltar: "que o ofendido não é testemunha, nenhuma dúvida. Entretanto não se pode inferir dessa circunstância estejam as partes impossibilitadas de fazer-lhes reperguntas. Às vezes, a palavra da ofendida é, verdadeiramente, a prova de maior valia, e, por isso mesmo, se as partes não pudessem formular-lhe perguntas, ficariam cerceadas nos seus direitos" (ob. cit., p. 295). Nesse sentido, ainda, Julio Fabbrini Mirabete, ob. cit. p. 277. Tal posicionamento parece reforçado antes as alterações introduzidas pela Lei nº 11.690/2008, mais precisamente no art. 212 do CPP, ao facultar que as partes formulem perguntas diretamente à testemunha. Ora, se é dado se indagar diretamente à testemunha, por qual razão lógica se vedaria essa formulação ao ofendido, quando o objetivo, em ambos os casos, é uno, isto é, a busca da verdade real?

JURISPRUDÊNCIA

Contraditório na oitiva da vítima

Código de Processo Penal, art. 210 – Perguntas ao ofendido – "É ato informal e praticado pelo juiz 'ad clarificandum'. Nele não incide o princípio da contrariedade e, por isso, as partes não intervêm no seu procedimento" (STF – Rel. Antonio Nader – RE nº 85594-MG, j. 18.10.1977 – RTJ 83/938).

É obrigatória a oitiva da vítima em Juízo? – Pelas razões que já expusemos, percebe-se o quanto é salutar que seja o ofendido ouvido, quer na fase policial, quer no âmbito do processo-crime. Afinal, se foi quem diretamente experimentou a ação delituosa, mais que ninguém se acha habilitado a fornecer dados valiosos na formação da convicção do juiz. Mas nem por isso há de se cominar com pena de nulidade eventual não oitiva do ofendido. Pode até importar no enfraquecimento da prova, mas de nulidade não se cogita. Aliás, o fato, por si só, da vítima não ser ouvida, não justifica, desde logo, a absolvição do acusado. Há crimes, com efeito, perpetrados contra crianças ou incapazes, em que estes, em virtude de seu desenvolvimento incompleto, não reúnem condições de depor. Nem por isso será o réu automaticamente absolvido. A propósito, entendimento diverso induziria à conclusão absurda de que um acusado de homicídio seria sempre absolvido, ante a óbvia impossibilidade de oitiva do ofendido.

JURISPRUDÊNCIA

Oitiva da vítima

a) facultativa

"O fato de a vítima não ter sido ouvida em juízo, por si só, não configura nulidade, se existirem outros elementos válidos para corroborar seu depoimento colhido na fase extrajudicial, de forma suficiente para sustentar a condenação. Nos termos do caput do art. 201 do Código de Processo Penal, 'sempre que possível, o ofendido será qualificado e perguntado sobre as circunstâncias da infração, quem seja ou presuma ser o seu autor, as provas que possa indicar, tomando-se por termo as suas declarações'. No caso, justificou-se que o ofendido – uma criança vítima de atentado violento ao pudor – não foi ouvido em juízo por recomendação médica, o que não vicia a condenação" (STJ – HC nº 91131-RS, Rel. Maria Thereza de Assis Moura, j. 01.10.2009, DJe 03.11.2009).

b) obrigatória quando requerida pela parte

"O fato da defesa ter consignado a pretensão de ouvir as mesmas testemunhas arroladas pela acusação na exordial acusatória, por si só, não exclui a vítima que se encontrava no rol indicado pelo parquet, apenas em razão desta não possuir o mesmo tratamento dado àquelas. Constatada a inidoneidade do fundamento utilizado pelo magistrado singular para indeferir a **oitiva da vítima,** configura-se o alegado cerceamento de defesa." (STJ – HC n. 100.144/MG, relator Ministro Jorge Mussi, Quinta Turma, julgado em 3/12/2009, DJe de 1/2/2010.)

c) desistência de sua oitiva pelo MP. Possibilidade

"De acordo com o artigo 201 do Código de Processo Penal, depreende-se que a **oitiva da vítima,** embora recomendável, não é imprescindível para a validade da ação penal. Na hipótese dos autos, apenas o Ministério Público arrolou a vítima para ser ouvida em plenário, não tendo esta comparecido à sessão de julgamento em razão de estar residindo no exterior, o que fez com que o órgão acusatório desistisse de sua inquirição, com o que concordou o assistente de acusação. A vítima foi arrolada para depor apenas pelo Ministério Público, o que revela que a sua dispensa não depende da concordância do réu, consoante já decidiu esta Corte Superior de Justiça. Precedente. Não tendo a defesa indicado a vítima para ser ouvida em plenário, não pode agora alegar que a sua presença seria essencial para o deslinde da controvérsia, e que não a teria arrolado porque o Ministério Público já o teria feito. Incidência da norma contida no artigo 565 do Código de Processo Penal." (STJ – RHC n. 47.452/PE, relator Ministro Jorge Mussi, Quinta Turma, julgado em 5/8/2014, DJe de 14/8/2014.)

d) substituição da vítima por testemunha. Possibilidade

"Inocorre nulidade do processo diante da ausência de oitiva da vítima quando esta, por estar internada sem previsão de data para alta, não é intimada para comparecer à audiência, sendo substituída por uma testemunha, pois nada existe a impedir tal substituição, máxime se a Defesa nada alega na fase das alegações finais" (TACRIM-SP – Rel. Mesquita de Paula – *RJD* 26/137).

Ofendido ouvido de ofício – A jurisprudência se posiciona no sentido de admitir que a vítima, ainda que não arrolada, seja ouvida pelo juiz, de ofício. Parte-se da premissa que a busca da verdade real (diríamos, da *verdade processual*) é tarefa atribuída também ao juiz. Trata-se de entendimento que não afronta o sistema acusatório, pois, como já alertamos, sua oitiva independe do prévio arrolamento pelas partes, sendo que a norma legal cria para o Juiz o dever jurídico de ouvir o ofendido.

JURISPRUDÊNCIA

Vítima não arrolada na denúncia

a) pode o juiz ouvi-la

"Pela dinâmica do direito na pugna judiciária, tem o Juiz Criminal o dever de pesquisar, mesmo de ofício, a verdade substancial. A qualquer tempo, antes da sentença, pode o Juiz determinar seja no processo ouvido o ofendido" (TACRIM-SP – Rel. Octávio E. Ruggiero – *JUTACRIM* 56/137).

b) pode o Tribunal ouvi-la

"Não se pode negar, aos Julgadores de 2ª Instância a possibilidade de pessoalmente verificarem a existência ou não de deformidade permanente, deduzindo sua conclusão da visão direta da alegada sequela da lesão sofrida pela vítima" (TACRIM-SP – Rel. Ennio Barros – *JUTACRIM* 23/349).

c) pode ser ouvida a pedido das partes

Prova – Declarações da vítima – Não solicitação na peça inaugural – Irrelevância do pormenor – "Omissão da denúncia não arrolando as vítimas como declarantes é falta que pode ser suprida, de ofício, ou por provocação das partes" (TACRIM-SP – Rel. Lauro Alves – *JUTACRIM* 56/95).

Sistema de garantia de direitos da criança e do adolescente vítima ou testemunha de violência - no dia 5 de abril de 2017 foi publicada a Lei n. 13.431/2017, estabelecendo o sistema de garantia de direitos da criança e do adolescente vítima ou testemunha de violência, trazendo importantes inovações.

A novel legislação, criando medidas de assistência e proteção à criança e ao adolescente, nada mais fez do que seguir diretriz da Constituição Federal, que em seu art. 227 estatui ser dever do Estado (e também da família e da sociedade) assegurar ao infante, com absoluta prioridade, direitos como a vida e a dignidade, além de colocá-lo a salvo de toda forma de violência. Também está em consonância com o art. 19 da Convenção sobre Direitos da Criança (promulgada pelo Decreto n. 99.710/1990), cuja intenção é proteger integralmente a criança e o adolescente contra todas as formas de violência. Na mesma linha, obedece ao art. 8.º do Protocolo Facultativo à Convenção sobre os Direitos da Criança referente à venda de crianças, à prostituição infantil e à pornografia infantil (promulgado pelo Decreto n. 5.007/2004), e à Resolução n. 20/2005 do Conselho Econômico e Social das Nações Unidas, que traz diretrizes sobre pessoas em desenvolvimento vítimas e testemunhas de crimes.

Como se sabe, a criança (idade de até 12 anos incompletos) e o adolescente (idade entre 12 anos completos e 18 anos incompletos) merecem proteção integral pelo simples fato de serem pessoas em estágio peculiar de desenvolvimento físico, psíquico e moral (arts. 2.º e 3.º do Estatuto da Criança e do Adolescente e art. 2.º da Lei n. 13.431/2017).

Nesse sentido, todos os entes federativos devem desenvolver políticas integradas e coordenadas que visem garantir os direitos humanos da criança e do adolescente e resguardá-los de toda forma de violência.

Com relação ao âmbito de aplicação, assim como o Estatuto da Criança e do Adolescente, a Lei n. 13.431/2017 se aproveita de forma excepcional aos jovens entre 18 e 21 anos de idade (art. 3.º, parágrafo único).

Dentre os direitos e garantias da criança e do adolescente (art. 5.º), merecem destaque: a) prioridade absoluta; b) recebimento de informação adequada; c) manifestação de desejos e opiniões de maneira confidencial (sem afetar a troca de informações para fins de assistência à saúde e persecução penal), ou permanência em silêncio; d) assistência jurídica e psicossocial; e) **ser ouvido em horário que lhe for mais adequado e conveniente, sempre que possível;** f) segurança.

Em adição, a criança ou o adolescente vítima ou testemunha de violência têm direito a pleitear, por meio de seu representante legal, medidas protetivas contra o autor da violência (art. 6.º). Tais medidas consistem não apenas naquelas listadas no art. 21 da Lei n. 13.431/2017, mas também no art. 101 da Lei n. 8.069/1990 e arts. 22, 23 e 24 da Lei n. 11.340/2006, conclusão que se extrai da exigência (art. 6.º, parágrafo único) de interpretação sistemática da Lei n. 13.431/2017 com o Estatuto da Criança e do Adolescente e a Lei Maria da Penha.

ATENÇÃO - Devem ser acrescentados ao rol das normas protetivas da criança e do adolescente os arts. 20 e 21 da Lei 14.344/22 (Lei Henry Borel). Esta situação pode, sim, gerar uma sobreposição de normas de proteção). Quando se trata de concurso de normas de proteção, deve-se aplicar a norma como o escopo mais alargado de proteção; se ambas as normas são idênticas, não há conflito a ser solucionado, pois a aplicação de qualquer das normas produziria resultado idêntico.

Importante novidade albergada pela Lei 13.433/17 foi a definição das formas peculiares de oitiva de criança ou adolescente acerca da situação de violência (art. 4º, § 1º), quais sejam, a escuta especializada e o depoimento especial. A intenção é reduzir a chamada vitimização secundária.

Escuta especializada é o procedimento de entrevista sobre situação de violência com criança ou adolescente perante órgão da rede de proteção, limitado o relato espontâneo e estritamente ao necessário para o cumprimento de sua finalidade (art. 7º).

Já o depoimento especial é o procedimento de oitiva de criança ou adolescente vítima ou testemunha de violência perante autoridade policial ou judiciária (art. 8º). Também conhecido como depoimento sem dano, é realizado de forma multidisciplinar (com auxílio especialmente de assistente social ou psicólogo), permitindo um ambiente menos constrangedor e mais propício para a busca da verdade.

O art. 28, § 1º, do ECA já determinava que, sempre que possível, a criança ou o adolescente deve ser previamente ouvido por equipe interprofissional, respeitado seu estágio de desenvolvimento e grau de compreensão sobre as implicações da medida. Trata-se de clara aplicação da doutrina da proteção integral e do princípio da oitiva obrigatória e participação (art. 100, parágrafo único, do ECA). Essa forma peculiar de ouvir crianças e adolescentes é igualmente determinada pela Henry Borel (art. 12).

Em regra, o depoimento especial deve ser realizado uma única vez (art. 11), por meio de produção antecipada de prova judicial, garantida a ampla defesa do investigado, ou seja, preferencialmente deve ser realizado como prova antecipada, a ser produzida perante o juiz com observância do contraditório real antes mesmo do início do processo, ou, se deflagrado o processo, antes da audiência de instrução e julgamento.

Diz a Lei que a prova deverá (necessariamente) ser colhida de forma antecipada em duas situações (arts. 11, § 1º, e 3º, parágrafo único): a) criança menor de sete anos; b) criança, adolescente, ou jovem até 21 anos em situação de violência sexual. Para muitos, nessas situações, não existe campo para análise da necessidade da medida cautelar, podendo o juiz agir de ofício na produção dessa prova antecipada. Ousamos discordar. O processo penal terá estrutura acusatória, determinada pela Constituição Federal, vedadas a iniciativa do juiz na fase de investigação e a substituição da atuação probatória do órgão de acusação.

Não obstante grande parte dos crimes violentos contra crianças e adolescentes ser praticada na clandestinidade, longe dos olhares de testemunhas (situação em que a palavra da vítima assume especial relevo e possui força probatória suficiente para amparar condenação), a polícia judiciária deve se esforçar para que o depoimento especial não seja o único meio de prova (art. 22).

Não será admitida a tomada de novo depoimento especial, salvo quando justificada a sua imprescindibilidade pela autoridade competente e houver a concordância da vítima ou da testemunha, ou de seu representante legal (art. 11, § 2º).

O depoimento especial abrange (arts. 9º, 10 e 12), quanto aos aspectos formais: a) local apropriado e acolhedor, com infraestrutura e espaço físico que garantam a privacidade da criança ou do adolescente vítima ou testemunha de violência; b) resguardo da criança ou do adolescente de qualquer contato, ainda que visual, com o suposto autor ou acusado, ou com outra pessoa que represente ameaça, coação ou constrangimento; c) presença do imputado na sala de audiência, em regra, admitindo-se excepcionalmente seu afastamento caso o profissional especializado verifique que sua presença possa prejudicar o depoimento especial ou colocar o depoente em situação de risco; d) gravação do depoimento em áudio e vídeo e transmissão em tempo real para a sala de audiência, em regra, podendo ser restritas se houver risco à vida ou à integridade física da vítima ou testemunha; e) tomada de todas as medidas para preservação da intimidade e da privacidade da vítima ou testemunha, inclusive a tramitação em segredo de Justiça. E quanto aos aspectos materiais: f) esclarecimento de direitos e procedimentos, vedada a leitura de peças; g) livre narrativa da criança ou do adolescente sobre a situação de violência, diretamente ao juiz se assim o entender, ou ao profissional especializado que pode intervir quando necessário, utilizando técnicas que permitam a elucidação dos fatos; h) possibilidade de perguntas complementares, após consulta ao Ministério Público e defesa, organizadas em bloco e feitas pelo profissional especializado com linguagem de melhor compreensão da criança ou do adolescente.

Como medida de proteção à intimidade e à segurança, o depoimento especial pode se dar por meio da inquirição sem rosto ou envelopada. Consiste no registro fracionado da oitiva em dois documentos, a inquirição propriamente dita a ser juntada nos autos, e a qualificação completa que será mantida apartada e acessível apenas aos envolvidos. Tal proceder não exige necessariamente a inclusão em programa formal de proteção e não viola os princípios do contraditório e da ampla defesa, pois não impede o acesso da defesa.

Aliás, sendo constatada gravidade da coação ou da ameaça à integridade física ou psicológica, nada impede (art. 21, V) a aplicação dos mecanismos de proteção especial a vítimas e testemunhas previstos na Lei n. 9.807/1999.

ATENÇÃO – A Lei 13.431/17 foi regulamentada pelo governo federal através do Decreto 9.603/18.

§ 1º Se, intimado para esse fim, deixar de comparecer sem motivo justo, o ofendido poderá ser conduzido à presença da autoridade. (Incluído pela Lei nº 11.690, de 2008)

Condução coercitiva da vítima – O presente dispositivo autoriza a condução coercitiva do ofendido que, regularmente intimado, se ausenta sem apresentar uma escusa razoável.

ATENÇÃO – Nos termos da Resolução n.º 181/17 do Conselho Nacional do Ministério Público, que trata do procedimento investigatório criminal, pode o membro do parquet "notificar testemunhas e vítimas e requisitar sua condução coercitiva, nos casos de ausência injustificada, ressalvadas as prerrogativas legais" (art. 7º. inc. IV). .

Repete, nesse aspecto, a redação do primitivo parágrafo único do art. 201 do CPP. A discussão que se estabelece consiste em apurar se tal ausência é apta a configurar o crime de desobediência. Na jurisprudência, duas correntes se formam. A primeira respondendo positivamente à indagação e, a outra, no sentido de que o fato é atípico.

Pelo primeiro entendimento, a omissão da vítima, desde que não haja razão justificável para sua ausência, configuraria o crime de desobediência, de que trata o art. 330 do Código Penal, consistente em "desobedecer a ordem legal de funcionário público". É que, se há uma ordem legal determinando a presença da vítima à audiência, se foi ela regularmente intimada e, portanto, possuía plena ciência de sua obrigação e desde que nenhum motivo de força maior a impedisse de comparecer, sua teimosia se enquadraria perfeitamente no tipo legal do art. 330 do Código Penal.

Para uma segunda corrente o fato é atípico. Assim, o crime do art. 330 do Código Penal, para sua caracterização, depende da observância aos seguintes pressupostos: a) que o funcionário público emita uma ordem (por escrito, palavras ou gestos), diretamente ao destinatário, não bastando simples pedido ou solicitação (RT 492/398); b) que essa ordem seja individualizada (dirigida a pessoa determinada), substancial e formalmente legal (ainda que injusta), executada por funcionário competente; c) que o destinatário tenha o dever de atendê-la, podendo a desobediência ser comissiva ou omissiva, de acordo com a ordem que é imposta ao particular. Se a ordem é de fazer, e o agente não a atende, tem-se a desobediência omissiva; se a ordem é de não fazer, mas o agente faz, tem-se a desobediência comissiva; d) que não haja sanção especial para o seu não cumprimento. Explica Rui Stoco: "Se, pela desobediência de tal ou qual ordem oficial, alguma lei comina determinada penalidade administrativa ou civil, não se deverá reconhecer o crime em exame, salvo se a dita lei ressalvar expressamente a cumulativa aplicação do art. 330 do CP (ex.: a testemunha faltosa, segundo o art. 219 do CPP, está sujeita não só ao pagamento de multa e das custas da diligência da intimação, como a processo penal por crime de desobediência)" (*Código Penal e sua Interpretação Jurisprudencial*, São Paulo: RT, 3ª. ed., 1990, p. 3978). Nesse mesmo sentido: RT

572/355, 538/361, 524/332, 516/345, 487/339, 409/317; RJTJSP 61/328. É o posicionamento que nos parece mais correto. Lembre-se da hipótese de descumprimento das medidas protetivas previstas na chamada Lei Maria da Penha. Após alguma divergência, consolidou-se o entendimento, no Superior Tribunal de Justiça, que tal descumprimento não configura o crime de desobediência, posto que a própria lei prevê a consequência dessa conduta, a saber a decretação da prisão preventiva do agente (v., por todos, AgRg no HC n. 298202-RS – Rel. Antonio Saldanha Palheiro, j. 01.09.2016, DJe 12.09.2016). Isso antes da tipificação, decorrente da Lei 13.641/18, do crime de descumprimento de decisão judicial que impôs medidas protetidas (art. 24-A da Lei 11.340/06). Aqui se dá o mesmo. Se a lei apresenta a alternativa a ser adotada, consistente na condução coercitiva da vítima renitente, não há razão para processá-la, também, pela prática da desobediência. Afinal, "o crime de desobediência é subsidiário e somente se caracteriza nos casos em que o descumprimento da ordem emitida pela autoridade não é objeto de sanção administrativa, civil ou processual" (STJ – AgRg no HC n. 345781-SC – Rel. Reynaldo Soares da Fonseca, j. 24.05.2016, DJe 31.05.2016).

ATENÇÃO – para uma corrente contemporânea, a condução coercitiva de vítima deve ser evitada. A vítima é sujeito de direitos, e não mero objeto ou simples fonte de prova. O estado que incentiva a condução coercitiva do ofendido se considera mais vítima do que a própria vítima. Isso não impede, contudo, sua condução protetiva. Se existe suspeita de que a ausência da vítima não é voluntária, mas imposta por terceiro interessado, pode o juiz mandar conduzi-la à sua presença para que a situação seja verificada e esclarecida.

JURISPRUDÊNCIA

Vítima que intimada não comparece

a) comete o crime de desobediência

"Configura-se o crime de desobediência se o agente demonstra livre vontade de não acatar ordem legal. Assim, responde pela infração quem, embora intimado regularmente, deixa de comparecer à audiência judicial, ainda que figure como agente passivo na relação processual" (TACRIM-SP – Rel. Jurandyr Nilson – *JUTACRIM* 21/136).

b) sujeita-se apenas à condução coercitiva

"A testemunha faltosa está sujeita ao processo por crime de desobediência; porém, o *ofendido* está tão-somente sujeito a ser conduzido à presença do juiz ou da autoridade policial" (TACRIM-SP – Rel. Ângelo Gallucci – *JUTACRIM* 74/128).

Juiz que indefere a expedição de ofícios para localização da vítima. Impossibilidade

"Indeferir requerimento do Ministério Público solicitando auxilio da Polícia para localização e apresentação, em juízo, da vítima do delito, não encontrada pelo oficial de justiça, é cercear a acusação e, consequentemente, prejudicar o esclarecimento da verdade, fim último do processo. Tal prática implica *error in procedendo*" (TACRIM-SP – Rel. Amaral Salles – RT 562/352).

Abuso de autoridade – O artigo 10 da Lei nº 13.869/19 prevê como modalidade de abuso de autoridade o fato de o agente decretar a condução coercitiva de testemunha ou investigado manifestamente descabida ou sem prévia intimação de comparecimento ao juízo. Inexplicavelmente o delito não alcança a condução coercitiva abusiva da vítima. A lacuna não pode ser suprida pelo esforço do intérprete, respeitando-se a reserva legal.

§ 2º O ofendido será comunicado dos atos processuais relativos ao ingresso e à saída do acusado da prisão, à designação de data para audiência e à sentença e respectivos acórdãos que a mantenham ou modifiquem. (Incluído pela Lei nº 11.690, de 2008)

Cautela com o ofendido – A doutrina sempre apontou um certo desprezo com o qual o ofendido era tratado pelo Código de Processo Penal, tanto que, até o advento da Lei nº 11.690/2008, apenas um artigo (at. 201) fazia específica referência a ele. O Direito Penal, é verdade, sempre revelou maior preocupação com a vítima, impondo a reparação do dano como requisito para concessão do livramento condicional (art. 83, IV, do CP), da reabilitação criminal (art. 94, III, do CP), e prevendo o chamado arrependimento posterior, quando é cabível a redução da pena caso ocorra a reparação do dano pelo agente (art. 16 do CP).

Vitimização *primária* e vitimização *secundária* – No Processo Penal a situação da vítima é mais grave, tanto que se cunharam dois termos para explicá-la, as chamadas vitimização *primária* e vitimização *secundária*. A primeira decorre do fato em si e surge tão logo o ofendido tem seu bem jurídico atacado pelo agente. Nesse momento, suporta imediatamente a dor do ataque, mais forte e incisiva, dada à própria natureza da investida, a causar-lhe, por vezes, consequências psicológicas, físicas, sociais, econômicas, etc. Mas há também a vitimização *secundária*, que aparece após a ocorrência do crime e a qual o ofendido se submete ao buscar atendimento pelo Estado, quer no âmbito policial, quer na esfera judicial.

Em trabalho sobre o tema, que lhe rendeu o título de livre-docente pela Faculdade de Direito do Largo de São Francisco, Antônio Scarance Fernandes destaca que "com a investigação e o processo, a vítima passa a ter interferências em sua vida privada. É chamada a prestar declarações, sendo indagada sobre acontecimentos desagradáveis e que dizem respeito à sua intimidade. Passam os seus hábitos, a sua conduta em relação ao crime, o seu comportamento rotineiro a ser objeto de análise e de relatos das testemunhas. De um lado quer o Ministério Público mostrar que é uma boa vítima; de outro, pretende o defensor desqualificá-la. Nos delitos sexuais, são discutidas a corrupção da vítima, a sua honra, a sua honestidade, a sua fidelidade" (*O papel da vítima no processo criminal*. São Paulo: Malheiros, 1995, p. 224).

Isso sem falar no atendimento que recebe nas delegacias de polícias, invariavelmente moroso, efetuado por profissionais despreparados, cuja principal preocupação se volta contra o agente, na tentativa de desvendar a autoria do delito, relegando-se, assim, a um segundo plano, o papel da vítima que, nesse ponto, é igualada à testemunha, verdadeiro objeto de prova, como um dado a mais na investigação tendente ao desvendamento do delito, no que se refere à autoria e materialidade. Como destacam Pablos Molina e Luiz Flávio Gomes, "em virtude de o delito ter sido definido como enfrentamento simbólico do infrator com a lei, como lesão ou perigo de lesão de um bem jurídico ideal, anônima e despersonalizadamente, a vítima se enfraqueceu, tornou fungível, irrelevante. Desse modo, o Direito não só distancia as partes do conflito criminal, senão também abre um abismo irreversível entre elas e corta artificialmente a unidade natural e histórica de um enfrentamento interpessoal" (*Criminologia*, São Paulo: RT, 4. ed., São Paulo, 2002, p. 51).

Mudança do perfil – O quadro passou a sofrer grande alteração com o advento da Lei nº 9.099/95, que criou os Juizados Especiais Criminais, inovação legislativa das mais relevantes em nosso direito pátrio, sem a qual seria impossível imaginar os caminhos que seguiriam nossa política criminal, ainda assim tão debilitada. Deixou a vítima, assim, de ter um papel secundário e passou a exercer uma função protagonista. O consenso que marca esse juizado passa a depender, substancialmente, da participação do ofendido, que chamado a compor pessoalmente os atos de conciliação, pode receber, de imediato, a compensação pecuniária relativa ao dano que suportou. Se antes ele se via completamente alijado do processo, intervindo apenas quando depunha em juízo ou quando – em situações raríssimas, sobretudo entre vítimas mais pobres – habilitava-se como assistente de acusação, passou a ter, com a Lei n° 9.099/95, uma participação ativa na composição do litígio. Alterou-se consideravelmente, assim, o eixo no que tange ao ofendido e sua relação com o Estado. Este, até então preocupado apenas com a repressão ao criminoso, passou a dedicar especial atenção também à vítima, em passo inicial que foi seguido por outros diplomas.

Duas inovações, nesse sentido e no âmbito do processo penal, podem ser lembradas. Primeiro, a Lei de Proteção a Vítima e Testemunhas (Lei n° 9.807/99), importante instituto, ainda timidamente aplicado na prática, mas que contempla todo um aparato em prol daquele que, já tendo experimentado o golpe inicial decorrente da prática criminosa, ainda se vê vitimado em uma segunda oportunidade, instado a depor na polícia e em juízo, mas seriamente ameaçado por seu algoz, tudo a reclamar a implantação de um sistema de proteção. Outra inovação foi trazida com a Lei n° 11.719/2008, que, ao alterar a redação do inc. IV, do art. 387, do CPP, impõe ao juiz que, na sentença condenatória, fixe "valor mínimo para reparação dos danos causados pela infração, considerando os prejuízos sofridos pelo ofendido", sem prejuízo que este, insatisfeito como valor arbitrado, busque suplementação no juízo cível.

A Lei Maria da Penha (Lei 11.340/06), no art. 10-A, §1º., III, busca evitar a revitimização da mulher, isto é, que além da violência específica que sofreu, seja ainda submetida a nova violência, desta feita oriunda de um atendimento defeituoso nos órgãos de persecução. Inquirições sucessivas, no âmbito policial (para informar, por exemplo, se depois da primeira agressão outras se seguiram), ou a submissão à acareação com seu agressor (como regra, aliás, de nenhuma eficácia prática), devem ser evitadas. Salvo, por óbvio, quando absolutamente imprescindíveis à prova. De qualquer forma, pelo menos uma reinquirição certamente ocorrerá, quando a ofendida, após ser ouvida na fase policial, venha novamente a ser inquirida em juízo. Também indagações sobre a vida privada da mulher, a menos que de interesse aos fatos em apuração, devem ser restringidas. Intimidades do casal e peculiaridades de sua vida sexual, para exemplificar, como regra não interessam à prova e como tal, são dispensáveis.

Sobre violência institucional dentro do processo penal e as medidas de prevenção, ver nossos comentários aos arts. 400-A e 474-A, ambos deste Código.

Acesso à Justiça sem discriminação – Sem desmerecer todo esse avanço legislativo, a satisfação do sistema para com a vítima não deve ficar nas quatro linhas da reparação de dano. Deve ir além, assegurando-lhe o direito de acesso à Justiça sem discriminação. Para que não fique sem um rótulo, é a fase da humanização do sistema penal.

Cabe refletir sobre a forma como a mulher vítima, especialmente de crime sexual, sempre foi tratada ao percorrer o "corredor" da persecução penal. Esse exercício nos autoriza concluir, sem grande espanto, que muita coisa pode e deve mudar. E essa conclusão chega após muita calamidade sofrida pelas mulheres quando se colocaram à disposição do Estado na punição do criminoso. Essa calamidade vem custando ao nosso país condenações na Corte Interamericana de Direito Humanos.

No caso Márcia Barbosa de Souza e Outros vs. Brasil, julgado em 2021, a Corte decidiu, a exemplo de outras tantas decisões no mesmo sentido, que a revitimização do ofendido em razão das impertinentes e desrespeitosas inquirições e juntada de documentos sobre a conduta social, a personalidade e a sexualidade de Márcia Barbosa, feriram direitos fundamentais, dentre eles, o acesso à Justiça. Merece destaque o seguinte trecho: "portanto, o Estado não adotou medidas dirigidas a garantir a igualdade material no direito de acesso à Justiça em relação a casos de violência contra as mulheres, em prejuízo dos familiares de Márcia Barbosa de Souza. Esta situação implica que, no presente caso, não foi garantido o direito de acesso à Justiça sem discriminação, assim como o direito à igualdade" (Corte Interamericana de Direitos Humanos. Caso Barbosa de Souza e outros vs. Brasil. https://www.corteidh.or.cr/docs/casos/articulos/seriec_435_por.pdf. Acesso em 10/08/2022).

Os dispositivos previstos nos §§ 2º a 6º do art. 201 do CPP representam medidas que seguem essa tendência de valorização da vítima e serão objeto exame separadamente.

Comunicação do ocorrido no processo – O que se verificava com frequência, até então, é que a vítima, tendo experimentado o crime e mesmo após depor em juízo, não tinha mais qualquer conhecimento do destino do processo, salvo, claro, nas raras hipóteses nas quais se habilitava como assistente de acusação. Desconhecia, assim, o ingresso – e pior – a eventual saída do agente da prisão, tornando-se, dessa forma, mais vulnerável a um novo ataque, agora motivado pela vingança daquele que permaneceu encarcerado. Agora, porém, pouco importa se a prisão do agente foi cautelar ou decorreu de uma sentença condenatória. Ou se a soltura é consequência de sua absolvição ou, antes, da concessão de liberdade provisória ou mesmo de ordem de *habeas corpus*. Ingresso ou saída da prisão reclamam a ciência do ofendido. E mais: a Lei nº 11.719, de 20 de junho de 2008, ao incluir o parágrafo único ao art. 63 do código e ao determinar que o juiz, na sentença condenatória, fixe o valor mínimo de reparação do dano (art. 387, inc. IV do CPP), propicia ao ofendido a imediata execução, no cível, do *quantum* arbitrado na sentença. Daí a relevância de se manter a vítima informada, sobretudo do resultado final do processo. Também a comunicação quanto ao acórdão é importante, posto que, absolvido o apelante, poderá o ofendido se precaver se, eventualmente, ele deixar a prisão, por força da decisão de 2º grau, conforme autoriza o art. 63 do CPP. Já se condenado definitivamente, poderá a vítima buscar, com esse título judicial, a respectiva reparação do âmbito cível.

Relevante, nesse passo, que a vítima tome conhecimento do teor da sentença de 1º grau, dada a possibilidade que possui, mesmo nessa fase, de habilitar-se como assistente de acusação, recebendo a causa, porém, no estado em que se encontra (art. 269), vedada, por exemplo, a pretensão de produzir prova a essa altura. Mas, todavia, com a possibilidade de apelar na condição de assistente da acusação.

Outra medida salutar, que apenas recentemente foi contemplada pelo legislador, é a comunicação à vítima de eventual decisão que determine o arquivamento do inquérito policial. Em decorrência das alterações promovidas pela Lei 13.964/19, o art. 28 passa a exigir a notificação da vítima quanto ao arquivamento (ou, nos casos de crimes sem autor identificado, dos procuradores e representantes legais dos órgãos prejudicados), bem como do investigado e da autoridade policial, antes de ser incluída nos autos, para sua homologação e posterior revisão ministerial.

No Estado de São Paulo, aliás, muito antes da obrigatoriedade trazida pela Lei nº 11.690/2008, as normas de serviço dos ofícios judiciais, em seu item 26, capítulo V, já determinavam ao escrivão-diretor que "das sentenças condenatórias proferidas em processos criminais e daquelas prolatadas em procedimento relativo à prática de ato infracional [...], com trânsito em julgado, deverão ser extraídas cópias para encaminhamento às vítimas, ou sendo o caso, aos familiares".

§ 3º As comunicações ao ofendido deverão ser feitas no endereço por ele indicado, admitindo-se, por opção do ofendido, o uso de meio eletrônico. (Incluído pela Lei nº 11.690, de 2008)

Comunicação à vítima – As comunicações acima relacionadas serão efetuadas no endereço indicado pela vítima e, sob nossa compreensão, poderão ser concretizadas por meio de carta com aviso de recebimento, mais fácil se comparado à diligência do meirinho, sobretudo em se tratando do teor da sentença e do acórdão. Também poderá ser utilizada comunicação via "e-mail", cuja possibilidade de fraude fica superada quando se prevê que o próprio ofendido faça tal opção.

§ 4º Antes do início da audiência e durante a sua realização, será reservado espaço separado para o ofendido. (Incluído pela Lei nº 11.690, de 2008)

Salas separadas – Trata-se de providência das mais salutares, posto que, antes de sua implantação, era comum que a vítimas fossem colocadas lado a lado com as demais testemunhas, sujeitas, assim, a se deparar com um parente do réu ou com um comparsa menor, em encontro capaz de acarretar-lhe temor e constrangimento. O parágrafo único do art. 210 do CPP, também prevê a existência de um espaço reservado para as testemunhas. Conhecendo a realidade física de nossos prédios, parece pouco provável a existência de salas para vítima, testemunhas de acusação e de defesa. Nada impede, assim, que a vítima ocupe o mesmo espaço das testemunhas de acusação. Relevante é que estas estejam separadas das testemunhas de defesa, a fim de garantir a incomunicabilidade e mesmo, dependendo do caso concreto, por questões de segurança.

§ 5º Se o juiz entender necessário, poderá encaminhar o ofendido para atendimento multidisciplinar, especialmente nas áreas psicossocial, de assistência jurídica e de saúde, a expensas do ofensor ou do Estado. (Incluído pela Lei nº 11.690, de 2008)

Encaminhamento da vítima a programas de reabilitação – Cuida-se de medida a ser adotada pelo juiz que possui caráter extrajudicial, de cunho, pois, administrativo. Mesmo assim, de se aplaudir, mais uma vez, a inovação legislativa, fortemente preocupada com o ofendido, até então praticamente ignorado em nosso sistema. Nesse sentido, a propósito, a observação de Luiz Flávio Gomes e Antonio Garcia-Pablos de Molina, para quem "o abandono da vítima do delito é um fato incontestável que se manifesta em todos os âmbitos: no Direito Penal (material e processual), na Política Criminal, na Política Social, nas próprias ciências criminológicas. Desde o campo da Sociologia e da Psicologia social, diversos autores têm denunciado esse abandono: o Direito Penal contemporâneo – advertem – acha-se unilateral e equivocadamente voltado para a pessoa do infrator, relegando a vítima a uma posição marginal, no âmbito da previsão social e do Direto civil material e processual" (ob. cit., p 55).

Daí o acerto da iniciativa consistente em propiciar ao ofendido um atendimento multidisciplinar, "nas áreas psicossocial, de assistência jurídica e de saúde". É possível, ainda, que o agente seja obrigado a arcar com o pagamento desse tratamento, o que parece pouco provável em vista da precária condição financeira que aflige a *clientela* de nosso sistema penal. Sem embargo da precariedade vista na imensa maioria de nossos fóruns, incapazes, consequentemente, de aplicar, na prática, o que vem previsto em lei, parece que a colocação desse dispositivo indica um norte, cabendo que se cobre, das autoridades competentes, a partir de agora, a implantação dos equipamentos sociais necessários ao efetivo cumprimento das medidas previstas. Inglória tarefa, bastando que se recorde do Estatuto da Criança e do Adolescente, da Lei de Execução Penal e da Lei Maria da Penha, que contém dispositivos assemelhados que, até o momento, não foram concretizados.

§ 6º O juiz tomará as providências necessárias à preservação da intimidade, vida privada, honra e imagem do ofendido, podendo, inclusive, determinar o segredo de justiça em relação aos dados, depoimentos e outras informações constantes dos autos a seu respeito para evitar sua exposição aos meios de comunicação. (Incluído pela Lei nº 11.690, de 2008)

Sigilo e privacidade – Mais uma medida de proteção à vítima é aqui prevista, buscando se evitar sua exposição nos meios de comunicação, com o objetivo de preservar-lhe os direitos inicialmente elencados no dispositivo em exame. Para tanto, pode o juiz determinar, inclusive, o segredo de justiça. Ressalte-se, porém, que a regra deva ser a publicidade do processo, que encontra previsão constitucional no art. 5º, inc. LX e 93, inc. IX da Carta Republicana, sendo o sigilo, ainda na linha do texto maior, a exceção, somente admitido quando situações concretas assim o reclamarem.

Vale destacar a Lei 14.857, de 21 de maio de 2024, que determina o sigilo do nome da ofendida nos processos que apuram crimes praticados no contexto de violência doméstica e familiar contra a mulher, o que inclui quaisquer processos, inclusive cautelares, inquéritos policiais, processos ou procedimentos administrativos, na linha do que já previa o art. 143, do Estatuto da Criança e do Adolescente. A lei acrescenta, assim, o art. 17-A na Lei Maria da Penha, com a seguinte redação: "Art. 17-A. O nome da ofendida ficará sob sigilo nos processos em que se apuram crimes praticados no contexto de violência doméstica e familiar contra a mulher. Parágrafo único. O sigilo referido no caput deste artigo não abrange o nome do autor do fato, tampouco os demais dados do processo."

CAPÍTULO VI
DAS TESTEMUNHAS

Art. 202. Toda pessoa poderá ser testemunha.

Testemunha. Conceito – Considera-se testemunha a pessoa física que, em Juízo, declara o que sabe sobre os fatos em litígio no processo penal.

Inexistência de restrição quanto à condição da pessoa – Ao dispor, no artigo em estudo, que toda pessoa pode servir como testemunha, procurou o código afastar qualquer espécie de preconceito, deixando a critério do julgador, em uma análise global do conjunto probatório, a valoração de cada depoimento, atento aos princípios da busca da verdade real e da livre apreciação da prova. Segundo Hélio Tornaghi, "essa norma é o resultado de longa elaboração doutrinária e legislativa, baseada na experiência de muitos séculos. Em tempos passados, eram muitos os casos de incapacidade decorrente de sexo, situação civil, de idade, das relações com quaisquer das partes, do parentesco, da afinidade, da vida pregressa etc. Hoje em dia, ao contrário, entende-se que qualquer pessoa pode depor em juízo, cabendo ao juiz ponderar o depoimento e dar-lhe o valor que ele merecer. Ainda mesmo a menoridade, a insanidade mental, a paixão, não impedem alguém de testemunhar, isto é, de assistir a um ato, de percebê-lo, de retê-lo e de o reproduzir fielmente. Nada disso é impossível. Claro que o juiz deve aferir cada um desses elementos; mas isso é matéria de avaliação e não de admissibilidade do testemunho" (*Curso de processo penal*, 1990, vol. 1, p. 397). O noticiário é pródigo em afirmar que, ainda nos dias de hoje, em países do Oriente Médio, a palavra da vítima de um crime contra sua liberdade sexual possui menos valor do que de duas testemunhas – homens, decerto – que neguem a ocorrência dessa espécie de violência. Para Florian, "essa amplíssima liberdade, que sustenta e revigora a capacidade de render testemunho, encontra seu fundamento na necessidade de uma investigação a mais completa possível que domina o processo penal. Obstáculos preestabelecidos, proibições inflexíveis, categorias fixas e rigorosas e outras coisas deste estilo, entorpeciam a cada passo a averiguação da verdade, objetivo e motor do processo penal" (ob. cit., tomo II, p. 108).

Valor probatório – Sobre o valor probatório da prova testemunhal muito já se discutiu. Mittermaier ensina que "a experiência atesta que os homens muitas vezes iludem a si próprio, e que não julgam falar contra a verdade, quando deixam de dizer tudo quanto sabem, e, a testemunha, que não depôs de um modo consciencioso e completo, supõe que desculpa a infidelidade de seu testemunho, dizendo que não a interrogaram sobre todos os fatos" (*Tratado da prova em matéria criminal*, 1996, p. 233). Procedente, todavia, a observação de Ary Azevedo Franco, quando, após destacar a frase de Mittermayer que considera a prostituta das provas, reabilita a prova testemunhal, ao declarar que testemunhas são os olhos e os ouvidos da Justiça, porque é por elas que se apuram os fatos transeuntes, que não se deixam assinalar por vestígios (ob. cit., vol. I, p. 224).

Tal divergência de opiniões possui uma origem também diversa. Para alguns autores, o homem apresentaria uma vocação quase que absoluta em dizer a verdade. Nessa esteira é a lição de Câmara Leal, no sentido de que "a experiência demonstra que o homem, em regra, propende para a verdade, procurando exteriorizar fielmente o que passa no mundo subjetivo e narrar com sinceridade o que observa no mundo objetivo. As pessoas mentirosas são conhecidas e apontadas com censura, tal a aversão humana à falsidade" (ob. it. vol. I, p. 27). Para Pietro Ellero, o homem tende à verdade "de um modo natural, como o rio para o mar, ainda que seja somente para evitar o mal ou o inconveniente que a mentira lhe traria. Cada qual pode, olhando para seu interior, ver de que modo natural e fácil lhe atrai a verdade e como exige um esforço, uma violência moral, a mentira" (*Da certeza nos juízos criminais ou tratado da prova em matéria penal*, Buenos Aires: Fabian Di Placido editor, 1998, p. 162).

Bem mais pessimista é o entendimento de Vicenzo Manzini, segundo o qual "não é de modo algum verdadeiro, como se tem ensinado, que o fundamento do valor probatório atribuído ao testemunho seja a presunção de veracidade dos homens. Uma tal presunção seria contrária à realidade, já que o homem é instintivamente mendaz, não só quando tem interesse direto em sê-lo, senão também quando supõe que ao dizer a verdade pude favorecer ou prejudicar a outrem" (*Tratado de direito processual penal,* 1951, tomo III, p. 247).

De qualquer forma, a doutrina mais moderna tem atribuído extraordinária força probatória a essa espécie de prova. Eugenio Florian já advertia que "dentro do quadro das provas, a prova testemunhal é a que mais utiliza e mais aproveita ao processo penal, pois o testemunho é o modo mais adequado para recordar e reconstituir os acontecimentos humanos, é a prova na qual a investigação judicial se desenvolve com maior energia", afinal "o processo se refere a um pedaço da vida vivido, a um fragmento da vida social, a um episódio da convivência humana e daí ser natural e inevitável que seja representado mediante vivas narrações de pessoas" (*Das provas penais,* 1998, tomo I, pp. 71 e 78).

Assim, embora não seja conferido valor absoluto ao testemunho – como, de resto, a nenhuma outra prova – ela é, inegavelmente, de grande relevância, já que a prova, na maioria dos delitos, é feita por seu intermédio, ou seja, por testemunhas que depõem sobre o que assistiram ou mesmo a respeito do que ouviram dizer e sob o compromisso da verdade.

Impedimentos – Embora este dispositivo afirme que toda pessoa pode ser testemunha, por óbvio que há alguns impedimentos. Os primeiros chamados de *impedimentos físicos ou materiais,* pelos quais, por exemplo, um cego ou um surdo não poderiam dizer, respectivamente, que viram ou escutaram algo. E, além destes, os *impedimentos formais ou jurídicos,* que são aqueles relacionados nos arts. 206, 207 e 208 do código, referentes às pessoas que, por relação de parentesco ou em virtude de exercerem uma atividade que obriga a manutenção do sigilo ou, ainda, por força de desenvolvimento mental incompleto ou retardado, não são obrigadas ou mesmo estão impedidas de servirem como testemunha. Seus depoimentos, portanto, quando não proibidos, serão tomados como meras declarações e jamais sujeitos ao prévio compromisso de dizer a verdade.

Classificação – As testemunhas podem ser *numerárias,* ou seja, aquelas arroladas pelas partes e que devem depor sob compromisso; ou *extranumerárias,* que são ouvidas, de ofício, pelo juiz, segundo faculdade contida no art. 209, sendo também compromissadas. Podem ser, também, *informantes,* isto é, pessoas que, *a priori,* não estão obrigadas ou mesmo estão proibidas de depor (arts. 206 e 207), ou aquelas referidas no art. 208. Nestas hipóteses, as testemunhas não são compromissadas. Há também a testemunha *referida,* que é aquela mencionada no depoimento de outra testemunha, cuja oitiva fica a critério do juiz (art. 209, § 1º), e que deverá ser compromissada, a menos que se inclua nas situações em que se dispensa tal formalidade.

No que concerne ao modo, pode a testemunha ser *instrumental* (também chamada testemunha *imprópria*), ou *judicial* (conhecida como testemunha *própria*). A primeira é chamada para assistir a realização de algum ato jurídico, atestando-lhe a veracidade e a licitude. Assim, por exemplo, a testemunha que, em Juízo, afirma ter presenciado a confissão policial do réu. Já a testemunha *judicial* é aquela que depõe sobre fato objeto do processo.

Dá-se o nome de testemunha *direta* (ou *de visu*), àquela que depõe sobre fato que assistiu; e, *indireta* (ou *de auditu* ou testemunha de 2º grau, segundo Carneluti), a que depõe sobre fatos que ouviu dizer.

ATENÇÃO – Discute-se da possibilidade do informante praticar o crime de falso testemunho. Para uma primeira corrente doutrinária, é possível, eis que, no tipo legal, inexiste a prestação do compromisso como elementar integrante do crime, de sorte que todo aquele que depor, na condição de testemunha (numerária ou informante), faltando com a verdade, terá cometido o ilícito penal em estudo (RT 321/71, 392/115, 415/63). Argumenta, nesse sentido, Magalhães Noronha: "Parece-nos que desde que deponham, as testemunhas 'informantes' não estão dispensadas de dizer a verdade, já que por seus depoimentos pode o juiz firmar a convicção, o que lhe é perfeitamente lícito, em face do princípio do inconcusso, consagrado pelo Código de Processo, do livre convencimento, aliás, posto em relevo na 'Exposição de Motivos'. Observe-se também que a lei penal não distingue ao se referir à testemunha. Por outro lado, força é convir que se fossem elas eximidas do dever de dizer a verdade, seria inútil permitir-lhes o depoimento" (*Direito Penal*, Saraiva: São Paulo, v. 4, p. 388). Em sentido contrário, Julio Mirabete observa, pensamos que com razão, que "se a lei não as submete ao compromisso de dizer a verdade, o que as distingue das compromissadas, as testemunhas informantes não podem cometer o ilícito em apreço" (ob. cit. v.3. p. 403).

Valor do testemunho indireto – O testemunho indireto é conhecido também como testemunha auricular ou *de auditus*, e seu depoimento não está excluído do sistema probatório brasileiro, podendo ser valorado a critério do julgador.

No ordenamento jurídico pátrio, não há previsão legal específica para a testemunha "de ouvir dizer", uma vez que não há distinção entre testemunhas diretas e indiretas. Ao contrário, a legislação penal brasileira determina que o depoimento testemunhal será admitido sempre que for relevante para a decisão. Dessa forma, diferentemente dos sistemas da commow law, as restrições probatórias relacionadas ao ouvir dizer não se aplicam no Brasil, sendo, em regra, admissível como meio probatório.

No julgamento do REsp 1.387.883/MG, a Quinta Turma do Superior Tribunal de Justiça proferiu decisão que afirma a legalidade da prova testemunhal indireta, reconhecendo sua suficiência para embasar uma sentença condenatória, uma vez que tal modalidade de prova é admitida pela legislação em vigor e sua valoração fica a cargo do julgador. O referido julgado tratava de um crime de estupro, no qual a vítima somente confirmou a autoria do fato durante o seu depoimento perante as autoridades policiais. Além disso, havia duas testemunhas que relataram ter ouvido diretamente da própria vítima que ela teria sido vítima de estupro pelo acusado.

Considerando esse contexto fático, juntamente com as demais provas constantes nos autos, como o exame de corpo de delito, a Quinta Turma do STJ concluiu que a autoria do delito estava demonstrada. A partir dessa decisão, fica evidente que a prova testemunhal indireta possui validade e relevância na formação do convencimento judicial, desde que corroborada por outros elementos probatórios.

No âmbito do procedimento do Tribunal do Júri, o Superior Tribunal de Justiça tem firmado entendimento relevante em relação aos testemunhos baseados em "ouvir dizer". Por exemplo, no julgamento do REsp 1.674.198/MG, de relatoria do Ministro Rogério Schietti Cruz, decidiu-se que a pronúncia baseada unicamente em depoimentos indiretos é inadmissível, dada a precariedade desse tipo de prova.

Em suma, os relatos indiretos e baseados em ouvir dizer não são elementos suficientes para garantir a viabilidade acusatória, sendo necessário que existam outros elementos probatórios robustos para embasar uma acusação consistente. Portanto, na análise, deve-se considerar a fragilidade dos depoimentos baseados em ouvir dizer na formação de um juízo acusatório.

Características da prova testemunhal – Aponta a doutrina os caracteres da prova testemunhal, sendo eles: *judicialidade*, ou seja, para que um testemunho seja capaz de fundamentar uma sentença, é preciso que ele tenha sido prestado em Juízo. Claro que o testemunho extrajudicial não se revela despido de valor. Mas o que se pretende dizer é que ele, de *per si*, não se mostra apto a embasar uma condenação, devendo vir acompanhado de outras provas, produzidas sob o crivo judicial e com observância dos princípios constitucionais que informam o processo penal. Nesse sentido, inclusive, o disposto no art. 155 do Código.

Menciona-se, ainda, no princípio da *objetividade*, segundo o qual a participação da testemunha é apenas *informativa* e não *opinativa*, o que a impede de emitir opiniões pessoais sobre os fatos. Afinal, na precisa lição de Espínola Filho, "ao juiz é reservada, exclusivamente, a faculdade de concluir, tendo por base os elementos de provas colhidos nos autos, entre os quais estão os esclarecimentos prestados pelas testemunhas sobre a ocorrência e as suas circunstâncias" (ob. cit.). Todavia, é certo que, por vezes, mostra-se inevitável que, no relato de determinado fato, a testemunha acabe por tecer alguma apreciação de cunho subjetivo. Tal ocorre, por exemplo, quando, ao narrar um acidente de trânsito, afirma ter o motorista agido de forma descuidada. Ou, ainda, a testemunha de defesa que define o réu como trabalhador, bom pai de família, honesto, etc., adjetivos fruto de uma opinião pessoal.

Outra característica consiste na *oralidade*. Assim, é vedado à testemunha que leve seu depoimento previamente escrito, devendo ser prestado de viva voz, perante o juiz e os demais sujeitos processuais, posto que fundamental possa o julgador avaliar a sinceridade de sua fala, cuja espontaneidade ficaria em muito prejudicada se recorresse a papéis escritos. Ensina Câmara Leal que "a oralidade do depoimento traz ao juiz uma cópia abundante de elementos de observação: há sinais de veracidade na fisionomia, na voz, na serenidade da testemunha" (ob. cit., p. 34). A legislação, porém, contempla exceções. A primeira delas, por razões óbvias, diz respeito ao mudo, surdo ou surdo-mudo, cujos depoimentos deverão atentar ao disposto no art. 223, parágrafo único combinado com o art. 192 do código. Outra exceção é prevista no art. 221, § 1º, do *codex*, cujas pessoas ali elencadas, face à prerrogativa da função que exercem, podem prestar seu testemunho por escrito. Tal disposição já sofreu críticas, entendendo Ada Pellegrini Grinover que haveria, nesse caso, violação ao princípio da oralidade (*A nova lei processual penal*, 1997, pp. 99/100).

Como característica da prova testemunhal, aponta-se, ainda, a *retrospectividade*, pela qual o depoimento da testemunha refere-se, sempre, à narrativa de um fato pretérito. A opinião sobre o que vai acontecer nada mais é que mero palpite e, como tal, não pode ser admitido por força do princípio, já estudado, que trata da objetividade. Busca-se, no processo penal, a pesquisa sobre fatos ocorridos e, nesse aspecto, já foi dito, que a função do juiz muito se assemelharia ao trabalho do historiador. Mas, é sempre a partir de um fato passado, que, a seu respeito, interessa a oitiva da testemunha. O futuro é mera conjectura, sobre a qual é irrelevante a apreciação pessoal da testemunha.

Depoimento de crianças e adolescentes – Por meio da Recomendação n. 33/2010, o Conselho Nacional de Justiça editou algumas sugestões a serem observadas quando da oitiva de crianças e adolescentes, inclusive em processos penais, como se observa em um de seus "considerandos", quando é feita alusão à necessidade de dotar tais testemunhos de maior qualidade e confiabilidade "nas ações penais".

Recomenda-se a criação de salas especiais (que não a sala de audiência), onde crianças e adolescentes devem ser ouvidos, em sistema de vídeo, na presença de profissional especializado para atuar na área. Assim, em um processo penal, além daqueles que normalmente participam da audiência (juiz, promotor, defensor, serventuário), deve-se contar – imaginamos – com um psicólogo ou com um profissional de disciplina afim. Tendo por objetivo garantir maior conforto à criança e ao adolescente, livres que ficam do ambiente "pesado" que normalmente se instala em uma sala de audiência (sobretudo em processos criminais que apuram crimes graves onde são vítimas crianças e adolescentes), é de se supor que o réu não deva estar presente, cumprindo ao juiz adotar a cautela prevista no art. 217 do código.

Como bem observa Wanderlei José dos Reis, "é necessário que os profissionais da equipe multidisciplinar (psicólogos, assistentes sociais, pedagogos etc.) e também o magistrado, se abstenham de praticar certas condutas que podem prejudicar a oitiva da criança ou do adolescente: chamar a criança ou adolescente de "senhor" ou "senhora"; não permitir o "tempo" da criança, interrompendo-a ou apressando-a; utilizar vocabulário que a criança não tem condições de compreender, ainda que tenha de estar contido na denúncia, por exemplo, "lascívia", "concupiscência", "libidinosos", "genitália" etc.; mentir para a criança, declarando que o teor de seu depoimento não influenciará no resultado do processo, por exemplo; e creditar à criança algum comportamento que a culpabilize pelo abuso sofrido, como no caso de pronunciar frases do tipo: "Por que você não pediu ajuda? Por que você não contou para ninguém naquela época? Você costuma falar mentiras? Que roupa você estava usando naquele dia?" (*O depoimento sem dano como instrumento de humanização da Justiça*, site jusnavigandi, acessado em 30.04.2015).

Ao que nos foi dado apurar, tais recomendações têm sido observadas em processos cíveis, com trâmite perante Varas de Família ou da Infância e Juventude, nos quais se discute, por exemplo, questões relativas à adoção, guarda, etc. Salas especiais, dotadas de equipamento lúdico, são instaladas para que profissionais de áreas multidisciplinares ouçam as crianças e adolescentes e produzam seus pareceres de inegável valia para o julgamento da causa. Em processos penais, ao que parece, o sistema não foi implantado.

ATENÇÃO – A Lei 13.431, de 04 de abril de 2017, reforçada pela Lei 14.344/22, estabelece normas para oitiva de crianças e adolescentes que sejam vítimas ou testemunhas de violência. De interesse mais direto ao nosso trabalho, destacam-se os arts. 7º a 12 do mencionado diploma, que tratam da chamada *escuta especializada* e *depoimento especial*. Como *escuta especializada* é considerado "o procedimento de entrevista sobre situação de violência com criança ou adolescente perante órgão da rede de proteção, limitado o relato estritamente ao necessário para o cumprimento de sua finalidade" (art. 7º). E, por *depoimento especial*, tem-se o "procedimento de oitiva de criança ou adolescente vítima ou testemunha de violência perante autoridade policial ou judiciária" (art. 8º). Ambos serão tomados, pela autoridade judiciária ou policial, em ambiente apropriado e acolhedor, preservando-se a privacidade do depoente e proibindo-se qualquer contato visual dele com seu agressor ou com o investigado. Tal depoimento – sob o rito do segredo de justiça – ocorrerá apenas uma vez, salvo se absolutamente imprescindível sua repetição, quando, então, será necessária a autorização da vítima ou testemunha (ou de seu representante legal). Ele será realizado em uma sala especial, por profissionais especializados, com transmissão direta para a sala de audiência. Findo o depoimento, o juiz indagará das partes sobre perguntas complementares que, se admitidas, serão encaminhadas aos profissionais especializados, que as formularão à vítima ou testemunha. Vê-se, pois, que testemunha ou vítima não terão contato direto com o juiz e com as partes, que permanecerão na sala de audiência, enquanto que aqueles primeiros serão ouvidos um uma sala especialmente adaptada.

JURISPRUDÊNCIA

Depoimento infantil

a) validade

Prova Criminal – Testemunho infantil – Depoimento seguro, coerente e em plena harmonia com o restante da prova – Condenação confirmada – "Nem será preciso citar a copiosa jurisprudência e a lição os doutrinadores, quando se referem à valoração da palavra da ofendida de pouca idade, nos delitos contra os costumes, quando guarda coerência, é harmônica com o restante da prova e encontra apoio em depoimentos de testemunhas adultas" (TJSP – Rel. Jarbas Mazzoni – RJTJSP 98/481).

"É válido o depoimento infantil, principalmente por sua espontânea ingenuidade, quando não detecta o juízo elemento algum propiciador de suspeição ou incredulidade. E criança sabe relatar em que consiste a exibição da genitália por um adulto, por compreender que o gesto não se insere dentre as condutas toleradas" (TACRIM-SP – Rel. Renato Nalini – RT 735/608).

b) desvalia

"O perigo do testemunho infantil é indiscutível. Fatores psicológicos o tornam deficiente, principalmente a imaturidade psicológica e a sugestibilidade. Outro fato atuante e sentido negativo é a imaturidade moral, resultante de estímulos ambientais e pressões externas. VEREL, citado por MAURICE DEBESSE ("Psicologia da Criança". Pag. 70), adverte: 'Sujeita a errar, inclinada a alterar, voluntária ou involuntariamente, a verdade ... a criança não poderia ser considerada como testemunha segura. Mesmo quando elas tratam daquilo que acreditam terem visto, ouvido ou compreendido, suas afirmações ou negações não podem ser acolhidas sem reserva, pois o seu cunho de sinceridade e a precisão de certos detalhes podem encobrir tanto o verdadeiro como o falso'" (TJSP – Dec. de voto vencido, Des. Andrade Cavalcanti – RJTJSP 125/531).

"É fato amplamente sabido, extensa e intensamente demonstrado por psiquiatras, psicólogos, tratadistas da prova e processualistas de renome, que a criança habitualmente falta com a verdade sempre que chamada a depor, quer como vítima, quer como simples testemunha. Ganha mesmo nítido destaque nos Tribunais, pátrios e estrangeiros, o entendimento de que a Justiça Criminal, pouco, ou quase nada, pode esperar dos depoimentos de menores, insuficientes para estribar condenação" (TJSP – Rel. Silva Leme – RJTJSP 82/409).

c) validade, quando cúmplice

"Não há razão alguma para se duvidar da palavra do menor-cúmplice, que, sem se inocentar, acusa o réu, não tendo ele qualquer interesse em incriminar-se e, ao mesmo tempo, implicar injustamente o acusado, ainda mais se sua versão está em consonância com a confissão do denunciado na Polícia e com a apreensão da *res furtiva* em poder deles" (TACRIM-SP – Rel. Hélio de Freitas – RJD 1/147).

Corréu como testemunha – Vigora o entendimento pretoriano no sentido de que o corréu não pode ser arrolado como testemunha, sendo, pois, correta a decisão do juiz que indeferir sua oitiva, sem que se possa alegar cerceamento de defesa ou de acusação. Seu impedimento decorre do fato de que, não sendo obrigado a dizer a verdade – antes, sendo-lhe conferida mesmo a faculdade de permanecer em silêncio e até mentir – não faz sentido sua oitiva.

ATENÇÃO - O art. 4º, § 12º, da Lei n. 12.850/2013, que trata da criminalidade organizada, prevê a possibilidade do corréu que se beneficiou com a colaboração premiada, ser ouvido em Juízo, a se conferir: "Ainda que beneficiado por perdão judicial ou não denunciado, o colaborador poderá ser ouvido em juízo a requerimento das partes ou por iniciativa da autoridade judicial". Nem mesmo nesse cenário passa a ostentar o status de testemunha.

JURISPRUDÊNCIA

Corréu. Impossibilidade

"O sistema processual penal brasileiro impede a oitiva de corréu na qualidade de testemunha, na mesma ação penal, em razão da incompatibilidade entre o direito constitucional ao silêncio e a obrigação de dizer a verdade imposta nos termos do Código de Processo Penal. No entanto, não há impedimento ao depoimento de colaborador como testemunha, na medida em que, não sendo acusado no mesmo processo em que o recorrente figure como réu, sua oitiva constitua verdadeira garantia de exercício da ampla defesa e do contraditório dos delatados, ao mesmo tempo que também consubstancia mecanismo de confirmação das declarações e de validação dos benefícios previstos no acordo de colaboração." (STJ – RHC n. 67.493/PR, relator Ministro Felix Fischer, Quinta Turma, julgado em 19/4/2016, DJe de 2/5/2016.)

Também no Júri

"No caso dos autos, a defesa pretendeu a oitiva de corréus que teriam sido impronunciados, o que foi indeferido pelo Togado responsável pelo feito. 4. O corréu, por não ter o dever de falar a verdade e por não prestar compromisso, não pode servir como testemunha, o que afasta o constrangimento ilegal de que estaria sendo vítima a recorrente. Doutrina. Precedentes." (STJ – AgRg no AREsp n. 980.632/GO, relator Ministro Jorge Mussi, Quinta Turma, julgado em 8/2/2018, DJe de 19/2/2018.)

Depoimento de policiais – Existe indisfarçável controvérsia sobre o valor probatório a ser conferido ao depoimento de policiais. Parte da jurisprudência vê com enormes reservas essa espécie de depoimento. Afinal – argumentam – se o policial foi o responsável pela prisão do réu, buscará, sempre, conferir ares de legalidade ao seu ato. Não faria sentido, assim, que, por exemplo, tendo preso o acusado por tráfico de entorpecente, afirmasse que a droga não se encontrava em poder daquele primeiro. Ademais, em vista da posição antagônica em que se encontram – policial e réu – sua tendência seria de carregar nas cores, pintando um quadro mais grave do que o efetivamente verificado, de modo a prejudicar a situação do agente.

Há, de outra parte, posicionamento francamente favorável ao depoimento de policiais. É que, tendo participado diretamente da diligência que culminou com a deflagração de processo contra o réu, mais do que ninguém se encontra preparado para depor sobre os fatos. Demais disso, importaria em verdadeiro contrassenso que o Estado, de um lado, habilitasse o agente a prestar-lhe serviços, mediante, inclusive, ingresso na carreira por um concurso público para, de outro, negar credibilidade a seu depoimento.

Pensamos inexistir qualquer impedimento para que se confira eficácia ao depoimento prestado por policiais. Para tanto, ele deve ser analisado no cotejo com as demais provas, assim como todo e qualquer depoimento. Não se deve conferir valor absoluto a essa espécie de testemunho, só pelo fato de que prestado por agentes públicos. Mas, de outra parte, a suspeita quanto a esse depoimento também não é correta, sobretudo nos dias atuais quando, na maioria das vezes, praticado um crime, ninguém se presta a servir como testemunha. Ao contrário, adiantam-se em dizer que nada viram, nada ouviram e, portanto, nada sabem. É, assim, plenamente viável, sob nossa compreensão, que um édito condenatório venha lastreado, tão somente, em depoimentos de policiais, desde que encontre amparo em outros elementos do processo. Por qual motivo se desconfiaria de um policial a incriminar um réu com quem jamais tivera contato e, portanto, contra quem não guardava nenhuma animosidade anterior? Importa, pois, despir-se de qualquer preconceito (típico do sistema tarifado), para, na análise global da prova, conferir o valor cabível a cada depoimento, pois o réu se defende dos fatos e não das pessoas que o acusam.

O tema, de altíssimo impacto no sistema penal brasileiro, gerou divergência na 5ª Turma do Superior Tribunal de Justiça. O colegiado discutiu a necessidade de superar a jurisprudência que dá pleno valor à palavra dos policiais, inclusive nas situações em que essa prova testemunhal é a única capaz de comprovar a ocorrência do crime e sua autoria. O caso tratou de um homem condenado por tráfico de drogas exclusivamente com base na palavra dos PMs que o prenderam em flagrante. A pena final foi de sete anos, dois meses e 12 dias de reclusão, em regime inicial fechado. Relator, o ministro Ribeiro Dantas propôs limitar a presunção de validade dessa prova. A palavra do agente público tem fé pública, mas sua validação como prova dependerá da gravação em áudio e vídeo do momento da abordagem para demonstrar qualquer dos elementos do crime. Essa posição se baseou em pesquisas nacionais e internacionais que apontam razões para contestar a credibilidade do testemunho policial, sempre a partir da ideia de que a intenção dele é obter a condenação e justificar o próprio trabalho. Em voto-vista, o ministro Joel Ilan Paciornik divergiu. Para ele, não se pode supervalorizar, tampouco desvalorizar, o testemunho do policial. Em vez disso, essa prova deve ter o mesmo valor de qualquer outro testemunho levado aos autos. Ao juiz, caberá valorar o conteúdo junto com os demais elementos dos autos para aí, sim, determinar a importância da prova. Isso seria feito com base em elementos como coerência interna e externa, credibilidade, verossimilhança, corroboração com conjunto probatório e circunstâncias. O julgamento na 5ª Turma, até o fechamento desta edição, terminou sem uma definição clara sobre qual das posições deveria prevalecer. Isso porque ambos os votos tiveram a mesma conclusão no caso concreto: entenderam que o réu por tráfico de drogas deveria ser absolvido. Eles levaram em consideração a sentença de absolvição do primeiro grau, em que o magistrado entendeu que havia inconsistências nos depoimentos dos PMs responsáveis pela prisão em flagrante, enquanto a narrativa do réu era segura e coerente. Os ministros Jorge Mussi e Reynaldo Soares da Fonseca não se posicionaram sobre a tese referente ao peso que deve ser conferido aos depoimentos de policiais. Em vez disso, prometeram reflexão sobre o tema. O desembargador convocado Jesuíno Rissato, por sua vez, acompanhou a posição que evita a viragem jurisprudencial proposta pelo relator. "O depoimento deve ser valorado caso a caso e cotejado com demais elementos de prova do caso concreto. Sabemos que há casos de abuso de policiais. Mas esses abusos devem ser vistos e punidos inclusive quando ocorrem." **(AREsp 1.936.393).**

JURISPRUDÊNCIA

Depoimento de policiais

a) validade

Nos termos da orientação jurisprudencial desta Corte, "o depoimento dos policiais prestado em Juízo constitui meio de prova idôneo a resultar na condenação do réu, notadamente quando ausente qualquer dúvida sobre a imparcialidade dos agentes, cabendo à defesa o ônus de demonstrar a imprestabilidade da prova"(AgRg no HC 672.359/SP, Rel. Ministro REYNALDO SOARES DA FONSECA, QUINTA TURMA, DJe 28/6/2021)

b) validade, em consonância com outras provas

"Não obstante as provas testemunhais advirem de agentes de polícia, a palavra dos investigadores não pode ser afastada de plano por sua simples condição, caso não demonstrados indícios mínimos de interesse em prejudicar o acusado, mormente em hipótese como a dos autos, em que os depoimentos foram corroborados pelo conteúdo das interceptações telefônicas, pela apreensão dos entorpecentes – 175g de maconha e aproximadamente 100g de cocaína-, bem como pelas versões consideradas pelo acórdão como inverossímeis e permeadas por várias contradições e incoerências apresentadas pelo paciente e demais corréus." (STJ – HC n. 393.516/MG, relator Ministro Reynaldo Soares da Fonseca, Quinta Turma, julgado em 20/6/2017, DJe de 30/6/2017.)

c) desvalia

"Frequentemente, agentes policiais revelam desusado interesse na prisão de determinadas pessoas, o que leva a suspeitar da isenção do seu depoimento. O *Grand Larousse* acentua, por exemplo, a imprestabilidade do testemunho dos denunciadores mercenários (os nossos *alcaguetes*): além de serem recompensados pelo serviço, precisam demonstrar a seu superior sua habilidade para descobrir o verdadeiro culpado" (STF – Rel. Victor Nunes – *RTJ* 49/171).

"Nada há a vedar que policiais prestem depoimentos a respeito de diligência que efetuaram, entretanto, esta não é a sua função precípua e, por mais idôneo que seja o miliciano, por mais honesto e correto, ao servir como testemunha, no fundo está procurando justificar a sua própria conduta, o que juridicamente não é admissível, sendo certo que a legitimidade dessa prova surge com a corroboração por depoentes estranhos aos quadros da Polícia" (TACRIM-SP – Rel. Ary Casagrande – *RJTACrim* 33/271)

Casuística – Como temos insistido, segundo o sistema do livre convencimento, afastou-se, de vez, qualquer possibilidade de se conferir à prova um valor previamente estabelecido. A prova testemunhal, não terá, portanto, maior ou menor valor conforme a condição subjetiva da testemunha, senão naquilo em que se achar em consonância com o restante do conjunto probatório. Ficada essa premissa, listamos abaixo entendimentos jurisprudenciais que cremos relevantes, no que tange especificamente a determinadas pessoas.

JURISPRUDÊNCIA

Testemunha única

"O que importa para a solução da lide não é o número de testemunhas, mas sim a idoneidade de seu depoimento e o poder de convencimento que ele produz no julgador. O juiz, para aferir o valor do depoimento da testemunha, deve preocupar-se com o conceito, com a idoneidade das pessoas, a verossimilhança do depoimento, ainda que provenha de uma única testemunha (RT 478/391). Assim, não deve o juiz preocupar-se com o número de testemunhas, mas com a qualidade e eficácia de seu depoimento. O julgador deve apreciar as provas dentro do contexto e tirar sua convicção fundamentando seu decisório, mas sempre livre ao formar seu convencimento sobre as provas aportadas ao processo, sendo o que se chama persuasão racional ou livre convicção motivada" (TACRIM-SP – Rel. Silvério Ribeiro – RT 723/628).

Juiz (v., ainda, art. 252, inc. II abaixo)

"O art. 252, II, do CPP, não veda o testemunho do juiz, mas apenas que este exerça jurisdição no processo em que ele tenha servido como testemunha, de modo a preservar uma apreciação desvinculada e imparcial das provas e dos fatos probandos" (STJ – HC n. 607.564/PR, relator Ministro Reynaldo Soares da Fonseca, Quinta Turma, julgado em 24/11/2020, DJe de 27/11/2020.)

Promotor

a) validade

"Não há falar em impedimento de membro do Ministério Público do Trabalho para funcionar como testemunha em ação penal, porquanto oficiou em fiscalização trabalhista, na qual tomaram parte, também, auditores-fiscais do Trabalho e pessoal da Polícia Federal. Não tendo a sua atuação pretérita consistido em atos de investigação criminal, mas, por outro vértice, revestido-se de colorido administrativo, não há falar em eiva na atuação ministerial, que, no plano criminal, está a cargo do Ministério Público Federal" (STJ – HC nº 222117-PR, Rel. Maria Thereza de Assis Moura, j. 13.12.2011, DJe 29.02.2012).

b) inclusive quando presenciou a lavratura do flagrante

"O Membro do Ministério Público Estadual que assiste a lavratura do auto de prisão em flagrante, convidado pela autoridade policial para assegurar a legalidade do ato, não está impedido de prestar depoimento, na fase da instrução penal, reportando-se aos fatos que ouviu quando dos depoimentos prestados na fase investigatória" (STF – HC n° 73425-PR, Rel Maurício Corrêa, DJ 18/06/2001)

c) desvalia

"Não pode servir como testemunha na ação penal membro do Ministério Público que funcionou no inquérito policial, componente do mesmo processo, como seu representante, vale dizer, na indiscutível condição de parte. Há incompatibilidade lógica e insanável entre a posição de parte e de testemunha" (TJSP – Rel. Silva Leme – RT 658/287).

Delegado de Polícia

a) validade

"É da jurisprudência desta Suprema Corte a absoluta validade, enquanto instrumento de prova, do depoimento em juízo (assegurado o contraditório, portanto) de autoridade policial que presidiu o inquérito policial ou que presenciou o momento do flagrante. Isto porque a simples condição de ser o depoente autoridade policial não se traduz na sua automática suspeição ou na absoluta imprestabilidade de suas informações" (STF – HC n° 87662-PE, Rel. Ayres Britto, j. 05.09.2006, DJe 16.02.2007, p. 48).

b) desvalia

"Nos Estados democráticos, o Juiz Criminal é a garantia concreta das garantias constitucionais dos acusados. Aceitar que a testemunha capital de um processo criminal seja o Delegado de Polícia que presidiu o inquérito é algo simplesmente impensável" (TACRIM-SP – Rel. Adauto Suannes – *JUTACRIM* 80/551).

Perito

"Ao contrário do que sustenta a impetração, o perito contratado pela Assistência da Acusação não foi admitido a depor como perito oficial, mas sim como testemunha, e não há dispositivo legal que proíba a oitiva de perito particular como testemunha" (STJ – HC n° 102082-GO, Rel. Napoleão Nunes Maia Filho, j. 27.05.2008, DJe 17.11.2008).

Testemunha indiciada em inquérito policial, com maus antecedentes ou presidiário

"Por fato ocorrido no interior de Presídio, impossível arrolar testemunhas, senão as envolvidas no evento; tais testemunhas não podem ser desprezadas, se não consultadas na instrução criminal" (TACRIM-SP – Rel. Gonçalves Sobrinho – JUTACRIM 63/250).

Empregado da vítima

a) validade

"Sendo testemunhas hábeis até os criminosos recolhidos às prisões, em relação aos fatos que só na sua presença ocorrem, com maior razão não há alegar-se inidoneidade ou defeito no depoimento de empregado, máxime quando este não tiver qualquer interesse particular na causa em que é parte o patrão" (TACRIM-SP – Rel. Felizardo Calil – JUTACRIM 17/155).

b) reserva em sua valoração

"A existência de relações empregatícias entre a testemunha e a firma que se diz vítima de furto, faz com que se receba com reservas seus esclarecimentos em processo contra outro empregado, que fora dispensado" (TACRIM-SP – Rel. Cid Vieira – JUTACRIM 61/244).

Vítima de outro crime

"A vítima de um crime pode atuar como testemunha de outro processo, atendendo, no caso, as formalidades do art. 203 do CPP. Aplicação do art. 202 do CPP" (STJ – REsp n° 769281-AC, Rel. Arnaldo Esteves Lima, j. 16.06.2009, DJe 03.08.2009).

Testemunha que se mostra nervosa

a) validade

"Evidente que o simples fato de estar essa testemunha nervosa não torna nula seu depoimento, máxime em se considerando que foi tomado com as exigências da lei. Acrescente-se que o processo não poderia permanecer indefinidamente paralisado aguardando o momento em que a testemunha se encontrasse definitivamente curada, principalmente quando se sabe que as disritmias cerebrais dependem, para a cura, de tratamento prolongado" (TACRIM-SP – Rel. Weiss de Andrade – JUTACRIM 57/229).

b) desvalia

"Presunção e prova baseada em depoimento de pessoa emocionalmente instável, que revela insegurança e se contradiz, não podem servir de esteio para a condenação" (TACRIM-SP – Rel. José Pacheco – JUTACRIM 87/22).

Testemunha amiga do juiz. Validade

"A suposta relação de amizade entre o Juiz e testemunha não a torna impedida de ser ouvida em Juízo, eis que ausente proibição legal" (STJ – HC n° 34382-SP, Rel. Gilson Dipp, j. 24.08.2004, DJ 04.10.2004, p. 332).

Amigos ou parentes da vítima

a) validade

"É possível o depoimento de testemunha que se declara amiga da vítima, vez que suas declarações serão cotejadas com as demais provas existentes nos autos" (STJ – APn n° 431-RJ, Rel. Aldir Passarinho Júnior, j. 17.06.2009, DJe 20.08.2009).

"O parentesco das testemunhas com a vítima ou com o réu não invalida a prova testemunhal, pois, consoante se depreende dos arts. 202 e 214 do CPP, toda pessoa poderá depor, inclusive os parentes, ainda que contraditados" (TAMG – Rel. Audebert Delage – RT 737/687).

b) imprestabilidade

Prova – Imputação roborada por amigo íntimo da vítima – Insuficiência – Absolvição – "Sendo a imputação criminosa roborada tão-somente pela palavra de amigo íntimo da vítima, inexiste lastro bastante à prolação de decreto condenatório" (TACRIM-SP – Rel. Geraldo Ferrari – JUTACRIM 28/181).

Homossexual

"A história das provas orais evidencia evolução, no sentido de superar preconceito com algumas pessoas. Durante muito tempo, recusou-se credibilidade ao escravo, estrangeiro, preso, prostituta. Projeção, sem dúvida, de distinção social. Os romanos distinguiam – patrícios e plebeus. A economia rural, entre o senhor de engenho e o cortador de cana, o proprietário da fazenda de café e quem se encarregasse da colheita. Os Direitos Humanos buscam afastar distinção. O Poder Judiciário precisa ficar atento para não transformar essas distinções em coisa julgada. O requisito moderno para ma pessoa ser testemunha é não evidenciar interesse no desfecho do processo. Isenção, pois. O homossexual, nessa linha, não pode receber restrições. Tem o direito-dever de ser testemunha. E mais: sua palavra merecer o mesmo crédito do heterossexual. Assim se concretiza o princípio da igualdade, registrado na CR e no Pacto de San José da Costa Rica" (STJ – Rel. Luiz Vicente Cernicchiaro – RT 763/537).

Prostituta

"Não procede investir contra testemunhas procurando apequená-las por se tratar de prostitutas. Não procede, porque muitas delas foram levadas a essa condição por incontornáveis situações de ordem psicossocial, sendo pessoas que guardam, como qualquer outra, respeito aos valores que se buscam nos depoimentos. Não procede, ainda, porque é comum, na vivência do Fórum, topar o Juiz com as mais deslavadas mentiras colhidas de pessoas havidas como gente de bem e de bens. E os que tratam com coisas da Justiça hão de empenhar-se para sepultar a era em que os testemunhos eram tarifados" (TACRIM-SP – Rel. Melo Freire – *JUTACRIM* 69/419)

Art. 203. A testemunha fará, sob palavra de honra, a promessa de dizer a verdade do que souber e lhe for perguntado, devendo declarar seu nome, sua idade, seu estado e sua residência, sua profissão, lugar onde exerce sua atividade, se é parente, e em que grau, de alguma das partes, ou quais suas relações com qualquer delas, e relatar o que souber, explicando sempre as razões de sua ciência ou as circunstâncias pelas quais possa avaliar-se de sua credibilidade.

Juramento solene – Não se cogita do emprego de expressões solenes, como previsto no Código de Processo Penal português, em que as testemunhas, diante do juiz, devem afirmar:

"Juro, por minha honra, dizer toda a verdade e só a verdade" (art. 91, 1). Tampouco o juramento com a mão direita sobre a Bíblia, tão comum ao Direito Norte-Americano. Previsão idêntica possuía o Código de Processo Penal do Império, pelo qual "as testemunhas devem ser juramentadas conforme a religião de cada uma". Com a República e a consequente separação entre Estado e Igreja, tão vetusta cautela não mais subsistiu em nossa legislação.

Dados qualificativos da testemunha – A primeira parte deste dispositivo, que trata dos dados qualificativos da testemunha (idade, seu estado e sua residência, sua profissão, lugar onde exerce sua atividade), é, na praxe forense, colhida em folha apartada, por serventuário da justiça, tudo com o objetivo de abreviar o trabalho e sem que se cogite qualquer prejuízo nessa iniciativa. Já a segunda parte, no que se refere á dados subjetivos da testemunha com algumas das partes (parentesco, grau de amizade ou inimizade, etc.), é apresentada perante o juiz, a permitir, dependendo do caso concreto, que se avalie eventual impedimento ou suspeição da testemunha, a ser conhecido mediante provocação de uma das partes. Aliás, a possibilidade de contradita, prevista no art. 214 abaixo, ocorrerá exatamente nesse momento, antes da oitiva da testemunha e poderá ser reforçar a partir de informações que ela própria prestar quanto ao parentesco e outras relações com as partes.

Advertência quanto à mentira – Esse momento é o cabível para que a testemunha, sob compromisso, prometa dizer a verdade, cabendo ao juiz adverti-las nesse sentido, inclusive quanto ao crime de falso testemunho e em relação às penas a ele cominadas (art. 342 do Código Penal), como disposto na parte final do art. 210 abaixo.

JURISPRUDÊNCIA

Testemunha não compromissada

a) comete o crime de falso testemunho

"O Código Penal vigente aboliu a formalidade do juramento ou compromisso para a caracterização do crime de falso testemunho, ao contrário do que exigia o primeiro Código Penal da República, Decreto n.º 847, de 11.10.1890. Para o Código Penal vigente é irrelevante a formalidade do compromisso para a caracterização do crime de falso testemunho" (STJ – HC n° 20924-SP, Rel. Laurita Vaz, j. 11.03.2003, DJe 26.08.2013).

b) em sentido contrário

"O depoimento da testemunha informante poderá ser e será, a mais das vezes, inverídico de começo ao fim. Entretanto, não constituirá crime de falso testemunho, porque, por muito natural se tem que o parente, o amigo íntimo, o criado, o dependente não sejam capazes de se libertar da influência afetiva ou econômica dessas relações" (TJSP – Rel. Nóbrega de Salles – *RT* 448/359).

"Simples informante, que não é compromissado não se equipara a testemunha e não pode cometer o delito do art. 342 da lei penal substantiva" (TJSP – Rel. Valentim Silva – *RT* 370/89).

Condução do ato - Como já ressaltado, deve a testemunha relatar o que é de seu conhecimento e que guarde relação com os fatos. Daí o caráter histórico da prova testemunhal, a se referir, sempre, a fatos passados. Impressões pessoais mais indicarão um palpite e, por isso, devem ser rechaçadas. Menção a fatos outros, estranhos ao objeto do processo, somente farão tomar precioso tempo. Cabe ao juiz, nessas circunstâncias, interromper o discurso da testemunha, advertindo-a daquilo que efetivamente interessa. Tal advertência, contudo, jamais pode encerrar um ato de rispidez, sobretudo quando boa parte das testemunhas ouvidas em nosso cotidiano se constitui em pessoas humildes, com dificuldade de entender até mesmo o que fazem naquela sala, cercadas de pessoas vestidas segundo a praxe forense e por policiais fardados (quando não diante do próprio réu). A sensibilidade que se espera do Magistrado permitirá que identifique essas circunstâncias, coibindo-as, mas dentro da serenidade que deve orientar uma audiência. Não foi o que ocorreu, segundo noticiado pela imprensa, com determinado juiz que, ao se deparar na audiência com humilde trabalhador rural, que trazia um chapéu à cabeça, pregou-lhe violenta advertência, de todo desnecessária caso conhecesse um pouco das tradições do campo. Além de revelar toda sua insegurança, o Magistrado, com essa conduta malsã, prestou um desserviço à administração da Justiça, tamanha a impressão negativa causada àquele homem humilde, cujo objetivo, decerto, não era outro senão de contribuir com a apuração da verdade.

JURISPRUDÊNCIA

Sigilo quanto à identidade da testemunha

"Não existe qualquer nulidade por cerceamento de defesa decorrente do fato de algumas das testemunhas arroladas na denúncia terem sido beneficiadas com o sigilo de sua qualificação, porque temiam represálias, sobretudo na hipótese, onde Defensor do Paciente teve acesso aos seus dados antes de oferecer resposta à acusação. Precedentes" (STJ – HC nº 187670-SP, Rel. Laurita Vaz, j. 15.08.2013, DJe 26.08.2013).

Art. 204. O depoimento será prestado oralmente, não sendo permitido à testemunha trazê-lo por escrito.

Parágrafo único. Não será vedada à testemunha, entretanto, breve consulta a apontamentos.

Oralidade – Salvo, por razões óbvias, nas hipóteses do mudo, surdo ou surdo-mudo, de que cuida o parágrafo único, do art. 223 do código ou, em face da dignidade do cargo, do Presidente e o Vice-Presidente da República, os presidentes do Senado Federal, da Câmara dos Deputados e do Supremo Tribunal Federal (art. 221, § 1º), todo depoimento da testemunha deverá ser prestado oralmente, ou seja, de viva voz. Como ensina Eduardo Espínola Filho, "admitir pudesse a testemunha levar escrito o seu depoimento seria furtar ao julgador um dos elementos mais importantes para a justa apreciação do testemunho, além de que daria margem à possibilidade de apresentar ela, como sua, narração feita por terceiro, e que poderia ter estudado, a ponto de lê-la corretamente. Daí, a imposição, feita no art. 204, de que o depoimento seja oral" (ob. cit., vol. I, p. 101). É a forma pela qual, ademais, poderá o juiz sentir suas reações, identificando eventual vacilação em seu depoimento ou, ao contrário, atestando a firmeza daquilo que é dito, inviáveis de se perceber caso a testemunha se limitasse a ler um texto previamente escrito, por ela ou por outrem (cf. acima, em complementação, os comentários ao art. 202, sob a rubrica "características da prova testemunhal"). Bem por isso não é de se aplaudir a prática de alguns juízes consistente em ler para a testemunha o teor de seu depoimento prestado na fase de inquérito policial, indagando-lhes se confirmam o que foi dito. Primeiro, em função de que viola o disposto neste artigo de lei e, segundo, em virtude de que a testemunha raramente irá negar o que dissera antes, temerosa de incorrer na prática de falso testemunho, da qual já foi alertada pelo juiz.

Ressalva – Isso não a impede, segundo ressalva expressa, que se valha a testemunha de consulta a algum apontamento. Suponha-se um acidente de trânsito, no qual a testemunha traga consigo, em anotação própria, a placa de identificação do veículo. Ou em um crime de estelionato, a envolver diversos cheques de valores variados, em que ela apresente, por escrito, o exato valor de cada cártula. Ou de sonegação fiscal, quando o correto valor sonegado é indicado após consulta a um apontamento. O nome completo de determinada pessoa ou mesmo de uma rua ou a data precisa de um fato, podem também ser objeto de um rascunho trazido pela testemunha. De bom alvitre, embora não previsto em lei, que o juiz – a requerimento ou de ofício – faça consignar essa consulta formulada pela testemunha às suas anotações.

JURISPRUDÊNCIA

Substituição de depoimento por declarações escritas. Impossibilidade

Prova – Matéria criminal – Testemunho – Retratação, através de declaração em instrumento público, do prestado em Juízo – Desvalia – "É despida de valor probante a retratação de depoimento prestado em Juízo, feita por instrumento público e à revelia do Ministério Público" (TJSP – Rel. Humberto da Nova – RT 393/114).

Testemunha que ratifica o depoimento anterior. Validade

"O parágrafo único do art. 204 do CPP apenas impede que 'a testemunha leve tudo por escrito, adredemente preparado, sem sinceridade ou veracidade'. Possibilidade de ratificação de depoimento prestado, em Juízo, sob o crivo do contraditório" (STF – HC nº 89467-RJ, Rel. Carlos Britto, j. 08.04.2008, DJ 29.08.2008, p. 371).

Mera leitura, pelos policiais, das peças do inquérito.

"É entendimento desta Corte de que "O art. 204, parágrafo único, do Código de Processo Penal, autoriza a breve consulta a apontamentos até mesmo durante a oitiva, inexistindo ilegalidade no fato de que as testemunhas, policiais civis, que participaram da investigação e conheciam o inquérito policial, tenham consultado a peça da qual já tinham conhecimento, ou até a seu depoimento anterior, antes de serem ouvidos pelo Magistrado" (HC n. 145.474/RJ, relatora Ministra Maria Thereza de Assis Moura, relator para acórdão Ministro Sebastião Reis Júnior, Sexta Turma, julgado em 6/4/2017, DJe de 30/5/2017.)." (STJ – AgRg no AREsp n. 1.734.686/SC, relator Ministro Ribeiro Dantas, Quinta Turma, julgado em 2/8/2022, DJe de 10/8/2022.)

Mera leitura, pelo juiz, do depoimento policial.

a) possibilidade

"Não há se falar em desatenção ao disposto no art. 204 do CPP ou de restrição ao contraditório, se, diante das respostas genéricas da testemunha às perguntas formuladas pelo Magistrado, procedeu-se à leitura do depoimento realizado na fase policial dado pela mesma, indagando-se a confirmação ou não das declarações, mormente se tal fato ocorreu na presença do defensor do acusado, a quem foi conferida a faculdade de formular perguntas à depoente" (STF – Rel. Ilmar Galvão – *RT* 787/531).

"O CPP, Art. 204, considera nulo apenas o depoimento prestado por testemunha, com consulta a escritos ou adendos, nada se referindo quanto à possibilidade de o Juiz ler integralmente o depoimento prestado pela mesma no inquérito, para depois indagá-la se confirma ou não" (STJ – HC nº 10385-RJ, Rel. Edson Visigal, j. 28.09.1999, DJ 03.11.1999, p. 122).

b) impossibilidade

"A produção da prova testemunhal é complexa, envolvendo não só o fornecimento do relato, oral, mas, também, o filtro de credibilidade das informações apresentadas. Assim, não se mostra lícita a mera leitura pelo magistrado das declarações prestadas na fase inquisitória, para que a testemunha, em seguida, ratifique-a. Ordem concedida para anular a ação penal a partir da audiência de testemunhas de acusação, a fim de que seja refeita a colheita da prova testemunhal, mediante a regular realização das oitivas, com a efetiva tomada de depoimento, sem a mera reiteração das declarações prestadas perante a autoridade policial" (STJ – HC nº 183696-ES, Rel. Maria Thereza de Assis Moura, j. 14.02.2012, DJe 27.02.2012).

Art. 205. **Se ocorrer dúvida sobre a identidade da testemunha, o juiz procederá à verificação pelos meios ao seu alcance, podendo, entretanto, tomar-lhe o depoimento desde logo.**

Identidade da testemunha – A dúvida, por si só, quanto à identidade da testemunha, não impede que o juiz tome seu depoimento. Mais relevante do que a certeza quanto a essa qualificação, é o depoimento em si da testemunha, isto é, o quanto ele pode ser útil para a correta apuração dos fatos. Não é incomum que, sobretudo entre as classes mais humildes, surjam dúvidas a respeito do nome da pessoa, registradas, por vezes, em tempos remotos e em rincões distantes. Dentre os meios ao alcance do juiz, a que se refere o legislador, o mais eficaz será, decerto, a imediata consulta aos documentos pessoais da testemunha, providência que, na prática, já foi adotada por algum servidor incumbido de qualificá-la. Se, ainda assim, persistir a dúvida, pode ser efetuada consulta aos órgãos de identificação, inclusive com a colheita de impressões digitais. Lembre-se que eventual conduta dolosa da testemunha enseja a prática do crime de falsa identidade, previsto no art. 307 do Código Penal, consistente em "atribuir-se ou atribuir a terceiro falsa identidade para obter vantagem, em proveito próprio ou alheio, ou para causar dano a outrem".

ATENÇÃO – Discute a doutrina sobre a configuração do crime de falso testemunho quando a testemunha falta com a verdade a respeito da sua identidade (qualificação). Entende Magalhães Noronha estar configurado o crime. Afinal, ensina, "trata-se de formalidade substancial (CPP, art. 203), que influi no mérito e valor que serão dados ao depoimento. Sua falsidade ofende, do mesmo modo, os diversos interesses em litígio e atenta contra a administração da justiça, ferindo-a em sua atuação normal e na eficácia da realização" (ob. cit., v. 4, p. 389). Em sentido diverso Julio Mirabete que, seguindo as lições de Fragoso, afirma que no caso não se trata de falsidade sobre fatos da causa e sim sobre a condição pessoal da testemunha, ocorrendo apenas o crime previsto no art. 307 do CP (*Manual de direito penal*, São Paulo: Atlas, 19ª. ed., v. 3, p. 406).

Risco à testemunha – Nos termos do Provimento n. 32/2000, da Corregedoria-Geral de Justiça do Tribunal de Justiça do Estado de São Paulo, para os casos em que sofram coação ou grave ameaça, vítimas e testemunhas "não terão quaisquer de seus endereços e dados de qualificação lançados nos termos de seus depoimentos", que ficaram anotados em impresso distinto, cujo acesso é restrito "aos Juízes de Direito, Promotores de Justiça e Advogados constituídos ou nomeados nos respectivos autos".

Normas especiais de proteção de vítima e testemunhas – A Lei n. 9.807/1999, que estabelece normas de proteção a vítima e testemunhas ameaçadas, prevê, em seu art. 7º, inc. IV, a "preservação da identidade, imagem e dados pessoais"; dessas pessoas. Já o art. 9º, do mesmo diploma, chega mesmo a permitir, em casos excepcionais, a alteração do nome completo de vítimas e testemunhas que estejam com sua segurança em risco. As mesmas prerrogativas (preservação da identidade e possibilidade de alteração do nome) se estendem ao agente infiltrado, na dicção do art. 14, incs. II e III, da lei que trata do crime organizado (Lei n. 12.850/2013). A Lei Henry Borel, por sua vez, mais precisamente no seu art. 24, anuncia que o poder público garantirá meios e estabelecerá medidas e ações para a proteção e a compensação da pessoa que noticiar informações ou denunciar a prática de violência, de tratamento cruel ou degradante ou de formas violentas de educação, correção ou disciplina contra a criança e o adolescente. O seu §5º alerta que o noticiante ou denunciante que, na iminência de revelar as informações de que tenha conhecimento, ou após tê-lo feito, ou que, no curso de investigação, de procedimento ou de processo instaurado a partir de revelação realizada, seja coagido ou exposto a grave ameaça, poderá requerer a execução das medidas de proteção previstas na Lei nº 9.807, de 13 de julho de 1999, que lhe sejam aplicáveis. O Ministério Público manifestar-se-á sobre a necessidade e a utilidade das medidas de proteção formuladas pelo noticiante ou denunciante e requererá ao juiz competente o deferimento das que entender apropriadas (§6º). Para a adoção das medidas de proteção, considerar-se-á, entre outros aspectos, a gravidade da coação ou da ameaça à integridade física ou psicológica, a dificuldade de preveni-las ou de reprimi-las pelos meios convencionais e a sua importância para a produção de provas (§7º.). Em caso de urgência e consideradas a procedência, a gravidade e a iminência da coação ou da ameaça, o juiz competente, de ofício ou a requerimento do Ministério Público, determinará que o noticiante ou denunciante seja colocado provisoriamente sob a proteção de órgão de segurança pública, até que o conselho deliberativo decida sobre sua inclusão no programa de proteção (§8º).

JURISPRUDÊNCIA

Lei de proteção à testemunha (Lei nº 9.807/99)

"Nos termos do inciso IV do art. 7º da Lei nº 9.807/1999, é aplicável à pessoa protegida pelo programa de proteção à testemunha, segundo a gravidade e as circunstâncias de cada caso, dentre outras, a medida de preservação da identidade, imagem e dados pessoais. Portanto, tratando-se de regra especial, esta deve prevalecer diante da aplicação da norma geral, prevista no art. 187 do Código de Processo Penal" (STJ – HC nº 229910-SP, Rel. Marco Aurélio Bellizze, j. 16.05.2013, DJe 23.05.2013).

Dúvida quanto à identidade da testemunha

"Eventual dúvida quanto à identidade e qualificação de testemunha deve ser levantada quando do depoimento, oportunidade em que o juiz procederá à verificação pelos meios ao seu alcance, não havendo falar em violação ao art. 205 do Código de Processo Penal, bem como em nulidade da sentença de pronúncia, quando não se procede à nova intimação para verificação de identidade de testemunha que já prestou depoimento na primeira fase do processo de competência do Tribunal do Júri, até porque nada impede que a questão seja novamente suscitada quando da oitiva perante o Colegiado popular" (STJ – REsp nº 476397-GO, Rel. Arnaldo Esteves Lima, j. 14.06.2005, DJ 22.08.2005, p. 330).

Interrogatório e ocultação do nome de testemunha. Validade

"A tese de nulidade do ato do interrogatório do paciente devido ao sigilo das informações acerca da qualificação de uma das testemunhas arroladas na denúncia não deve ser acolhida. No caso concreto, há indicações claras de que houve a preservação do sigilo quanto à identidade de uma das testemunhas devido ao temor de represálias, sendo que sua qualificação foi anotada fora dos autos com acesso restrito aos juízes de direito, promotores de justiça e advogados constituídos e nomeados. Devido ao incremento da criminalidade violenta e organizada, o legislador passou a instrumentalizar o juiz em medidas e providências tendentes a, simultaneamente, permitir a prática dos atos processuais e assegurar a integridade físico-mental e a vida das pessoas das testemunhas e de co-autores ou partícipes que se oferecem para fazer a delação premiada" (STF – HC nº 90321-SP, Rel. Ellen Gracie, j. 02.09.2008, DJe 26.09.2008).

Art. 206. **A testemunha não poderá eximir-se da obrigação de depor. Poderão, entretanto, recusar-se a fazê-lo o ascendente ou descendente, o afim em linha reta, o cônjuge, ainda que desquitado, o irmão e o pai, a mãe, ou o filho adotivo do acusado, salvo quando não for possível, por outro modo, obter-se ou integrar-se a prova do fato e de suas circunstâncias.**

Obrigação de depor – Esse dispositivo estabelece uma regra geral no sentido de que toda pessoa é obrigada a depor, reforçando, assim, o imperativo do art. 202 acima, de que qualquer pessoa pode ser testemunha. Tanto que, renitente a testemunha, o juiz poderá determinar sua apresentação pela autoridade policial ou sua condução por oficial de justiça (art. 218), bem como aplicar-lhe multa (art. 219), sujeitando-se o faltoso, ainda, ao crime de desobediência (art. 330 do Código Penal). Mas, por questão mesmo de humanidade, tal obrigatoriedade não se estenderá às pessoas que, por laços familiares ou de afinidade com o réu, não possuam a isenção necessária para que seus depoimentos se considerem idôneos.

Não significa dizer, porém, que estejam *impedidas* de depor, mas, somente, que não são *obrigadas* a fazê-lo. Daí a emprego, pelo legislador, da expressão "poderão recusar-se", no sentido de que, querendo, deporão.

Ressalvas – Ocorre que, por vezes, mesmo recusando-se a servir como testemunha, o depoimento das pessoas indicadas no texto se mostra crucial para a prova do fato, não podendo, de outro modo, ser suprido. Suponha-se a prática de um homicídio, no interior de uma casa, presenciado apenas pela esposa do suposto autor. Ela, como já visto, não é obrigada a depor. Querendo, pode fazê-lo. E caso se negue? Poderá o juiz, nesse caso, dada a imprescindibilidade do testemunho, obrigá-la a prestá-lo, com um detalhe: não lhe será tomado o compromisso de dizer a verdade, como se extrai do art. 208 abaixo, isto é, não se sujeitará à prática de eventual crime de falso testemunho. Denomina-se, aliás, *informante* essa testemunha.

Tais ressalvas se aplicam, somente, às pessoas que tenham alguma relação com o acusado, conforme textualmente expresso nesse dispositivo. Não cuidou o legislador de estabelecer qualquer restrição no que se refere à vítima. Tal opção não escapou à crítica de Câmara Leal, para quem "não nos parece justa essa exclusão. Onde há a mesma razão, deve haver a mesma disposição. Os motivos que tornam suspeitos os parentes do acusado são os mesmos que deveriam tornar suspeitos os parentes do ofendido. Se há por parte dos parentes do acusado o interesse pela absolvição, haverá por parte dos parentes do ofendido o empenho pela condenação. Em ambas as hipóteses a testemunha poderá faltar com a verdade impelida por um sentimento de afeição ou de vingança" (ob. cit., p. vol. II, p. 37). Não vingou, porém, esse entendimento, face à textualidade do artigo em exame.

Exceções – Não se obrigam a depor, portanto, as pessoas acima elencadas, a saber, ascendente (pai, avó, bisavô) e o descendente (filho, neto, bisneto). Como afins em linha reta são compreendidos aqueles que, embora não procedam de uma linhagem familiar, são assim considerados pela afinidade com o cônjuge ou companheiro, na dicção do art. 1.595 do Código Civil. Assim, por exemplo, sogro, sogra, genro, nora, padrasto ou madrasta, enteado ou enteada. Aliás, o § 2º, deste mesmo dispositivo, determina que "a afinidade não se extingue com a dissolução do casamento ou da união estável".

A par disso, novos arranjos familiares, impensáveis ao tempo da edição do código (1941), devem ser considerados. Assim, os homossexuais, quando casados, se incluem no rol acima. Também os chamados *filhos de criação*, que não adotados, tão comuns nas uniões de pessoas divorciadas e com prole anterior. O companheiro ou companheira que, embora não casados oficialmente, assim vivam, pública e ostensivamente, como se casados fossem. O termo "desquitado", vigente à época, deve ser entendido como "separado judicialmente". Este também se submete às restrições do artigo em análise. Ao divorciado, porque rompido o vínculo do casamento, entende a doutrina majoritária não se aplicar a isenção, estando, pois, obrigado a depor.

JURISPRUDÊNCIA

Parentes ou amigos da vítima são obrigados a depor

"Os artigos 206 e 208 do Código de Processo Penal se referem à possibilidade de os parentes do réu indicados se recusarem a depor, e, caso aceitem, de não serem obrigados a firmar compromisso de dizer a verdade: no caso, contudo, as pessoas inquiridas não foram os parentes do réu, mas, isto sim, da vítima, que estão obrigadas a depor e, obviamente, de dizer a verdade. Ademais, ainda que os parentes da vítima não fossem obrigados a prestar o compromisso de dizer a verdade, se o fizeram, isto em nada prejudica o recorrente, até porque referido compromisso objetiva, em essência, esclarecer a testemunha quanto ao seu dever de somente dizer a verdade, de forma imparcial" (STJ – REsp nº 514583-ES, Rel. Celso Limongi, j. 17.08.2010, DJe 06.09.2010).

Cunhada responde por falso testemunho

"A mera condição de cunhada não descaracteriza, por si só, o crime de falso testemunho no processo em que a ora recorrente autuou como testemunha, mormente se evidenciado que prestou compromisso perante o Juiz" (STJ – RHC nº 13157-SP, Rel. Hamilton Carvalhido, j. 16.12.2004, DJ 06.02.2006, p. 309).

Art. 207. São proibidas de depor as pessoas que, em razão de função, ministério, ofício ou profissão, devam guardar segredo, salvo se, desobrigadas pela parte interessada, quiserem dar o seu testemunho.

Impedidos – No artigo anterior tratamos daqueles que, conquanto não obrigados, podem depor. Neste dispositivo se elencam pessoas que, dada sua condição subjetiva, estão *proibidas* de depor. Ou seja, nem se o quiserem poderão fazê-lo, salvo se liberadas pela parte interessada, que lhes confiou o segredo.

Função – Como *função*, considera-se o titular que, em virtude de lei (funcionário público), decisão judicial (tutor, curador) ou contrato (diretor de empresa a quem se impõe cláusula de confidencialidade), está obrigado ao segredo.

Ministério – Exerce *ministério* todo aquele que, por força da religião (aqui tomada em seu sentido mais amplo), recebe algum tipo de confissão sobre a qual deva guardar segredo. Assim, num exemplo mais conhecido, o padre no confessionário, nos termos do cânon 983, § 1º, do Código Canônico, *verbis*: "O sigilo sacramental é inviolável; por isso é absolutamente ilícito ao confessor de alguma forma trair o penitente, por palavras ou de qualquer outro modo e por qualquer que seja a causa". Mas também o pastor ligado à igreja evangélica, o rabino dos judeus, o líder espírita, etc. Mesmo uma freira, a quem não é dada tomar a confissão, se sabe de um segredo por conta de sue ministério, estará proibida de depor.

Ofício – É assim considerado, pela doutrina, aquele que exerce uma função predominantemente mecânica, sem maior especialização, que não se submete às obrigações de uma profissão regulamentada em lei. A doutrina exemplifica o mecânico, eletricista, digitador, etc. Não vislumbramos por qual motivo tais pessoas estariam impedidas de depor, sendo pouco provável que, por força dessas atividades, se vejam obrigadas a guardar segredo sobre determinado fato. Já a secretária de um consultório médico ou de um escritório de advocacia, que tomou conhecimento de fato sigiloso por conta da profissão de seu empregador (médico ou advogado), pensamos obrigar-se ao sigilo.

Profissão – Um tanto mais complexa é a análise daqueles que, em virtude da profissão, se acham impedidos de depor. O Código de Processo Penal português, em seu art. 135, 1, exemplifica pessoas que se submetem a esse impedimento, a saber: "os ministros de religião ou confissão religiosa e os advogados, médicos, jornalistas, membros de instituições de crédito e as demais pessoas a quem a lei permitir ou impuser que guardem segredo podem escusar-se a depor sobre os factos por ele abrangidos". Nosso legislador, no processo penal, foi, porém, mais genérico, sem indicar, por exemplo, profissões específicas que se sujeitam a esse impedimento. Haverá, assim, a necessidade de pesquisa na legislação que rege cada profissão, nos códigos de ética de cada uma delas, a fim de se apurar se determinada atividade se encontra acobertada pelo sigilo profissional, a obrigar que se guarde segredo. Sem pretender esgotar o tema, listamos abaixo algumas situações concretas.

Advogado – A Lei nº 8.906/1994, que dispõe sobre o Estatuto da Advocacia, assegura, em seu art. 7º, inc. XIX, ser direito do advogado "recusar-se a depor como testemunha em processo no qual funcionou ou deva funcionar, ou sobre fato relacionado com pessoa de quem seja ou foi advogado, mesmo quando autorizado ou solicitado pelo constituinte, bem como sobre fato que constitua sigilo profissional". No mesmo sentido o teor do art. 26 do Código de Ética e Disciplina da OAB, pelo qual "o advogado deve guardar sigilo, mesmo em depoimento judicial, sobre o que saiba em razão de seu ofício, cabendo-lhe recusar-se a depor como testemunha em processo no qual funcionou ou deva funcionar, ou sobre fato relacionado com pessoa de quem seja ou tenha sido advogado, mesmo que autorizado ou solicitado pelo constituinte".

Claro que a negativa é pertinente, como consta da jurisprudência abaixo transcrita, desde que relacionada à atuação de advogado. Caso se trate de fato estranho a esse mister, a simples condição de advogado não o exime de depor. Em um exemplo: se determinado advogado é testemunha de um furto ocorrido na casa vizinha, sem que seus serviços profissionais tenham sido solicitados por quaisquer dos envolvidos, obriga-se, como outro qualquer, a depor.

JURISPRUDÊNCIA

Advogado

a) não é obrigado a depor

Em princípio, a intimação do advogado para comparecer perante a autoridade não parece em desacordo com a lei, mas ele somente poderia optar por depor se liberado do sigilo profissional pela cliente anteriormente defendida. Assim, como naquele momento e nos limites daquela via, inexistia comprovação da manifestação da ex-cliente sobre a questão, manteve-se a intimação para o depoimento. Ademais, ressaltou-se que eventual invalidade do depoimento poderia ser apreciada no futuro. Porém, da leitura do caso em exame, depreende-se que o advogado arrolado como testemunha teve seus poderes como patrono da interessada expressamente revogados, vedando-se sua atuação no caso. Além disso, requereu-se que devolvesse qualquer documento relacionado ao fato que a ele tivesse sido entregue. Evidente, portanto, que a cliente não liberou o advogado do dever de manter o segredo profissional sobre as informações e documentos de que teve conhecimento em razão da atuação como defensor técnico. A ministra Cármen Lúcia e o ministro Edson Fachin não concederam a ordem de ofício" (STF, Rcl 37235/RR, j. 18/02/20).

b) obrigatoriedade, desde que tendo alguma participação nos fatos apurados

"Não se contesta o sigilo profissional, nem o dever de recusar-se a depor o advogado, como testemunha, em processo no qual funcionou ou deva funcionar, ou sobre fato relacionado com pessoa de quem seja advogado, mesmo quando autorizado ou solicitado pelo constituinte. O que não se deve confundir é o dever de responder o advogado sobre a sua própria atuação, qual seja, a juntada de documentos falsos ao processo, e sobre eventual favorecimento pessoal a seus clientes. Neste ponto, não o exime de depor o sigilo profissional, já que o nobre múnus da Advocacia não se confunde com uma espécie de cumplicidade *post factum* com o cliente" (STF – Rel. Cordeiro Guerra – *RT* 531/404).

"Tratando-se de advogado, que serve profissionalmente à pessoa interessada em inquérito promovido pelo Banco Central, de referência a empresas creditícias, não deve em verdade depor sobre os interesses que lhe foram confiados, trata-se de consequência do princípio do segredo profissional. Todavia, se o especialista, ao mesmo tempo praticou atos relacionados com a investigação autorizada, não pode eximir-se de depoimento que, sob tal aspecto, a autoridade lhe exija" (TRF – HC 3.633-SP – Rel. Amarilio Benjamin).

Parlamentar – Por força de expressa disposição constitucional, "os Deputados e Senadores não serão obrigados a testemunhar sobre informações recebidas ou prestadas em razão do exercício do mandato, nem sobre as pessoas que lhes confiaram ou deles receberam informações" (art. 53, § 6º da CF).

Médico – O Código de Ética Médica, de sua parte, veda ao médico "revelar fato de que tenha conhecimento em virtude do exercício de sua profissão, salvo por motivo justo, dever legal ou consentimento, por escrito, do paciente" (art. 73). Estabelece o parágrafo único dessa disposição que "permanece essa proibição [...] b) quando de seu depoimento como testemunha. Nessa hipótese, o médico comparecerá perante a autoridade e declarará seu impedimento".

Jornalista – Quanto aos *jornalistas*, de se ver que a Lei 5.250/1967, em seu art. 7º, previa que "no exercício da liberdade de manifestação do pensamento e de informação não é permitido o anonimato. Será, no entanto, assegurado e respeitado o sigilo quanto às fontes ou origem de informações recebidas ou recolhidas por jornalistas, rádio repórteres ou comentaristas". Mais adiante, o mesmo diploma, no art. 71, dispunha que "nenhum jornalista ou radialista, ou, em geral, as pessoas referidas no art. 25, poderão ser compelidos ou coagidos a indicar o nome de seu informante ou a fonte de suas informações, não podendo seu silêncio, a respeito, sofrer qualquer sanção, direta ou indireta, nem qualquer espécie de penalidade". Em que pese a referida Lei 5.250/67 ter sido julgada pelo STF como não recepcionada pela nossa Carta Maior, previsão idêntica consta do Código de Ética dos Jornalistas Brasileiros, segundo o qual "é direito do jornalista resguardar o sigilo da fonte" (art. 5º). Nesse caso específico, invoca-se, ainda, a norma constitucional do art. 220, § 1º, da Carta, pela qual "nenhuma lei conterá dispositivo que possa constituir embaraço à plena liberdade de informação jornalística em qualquer veículo de comunicação social".

Psicólogo – O psicólogo, segundo seu código de ética (art. 9º), deve "respeitar o sigilo profissional a fim de proteger, por meio da confidencialidade, a intimidade das pessoas, grupos ou organizações, a que tenha acesso no exercício profissional". Mas, "quando requisitado a depor em juízo, o psicólogo poderá prestar informações, considerando o previsto neste Código" (art. 11).

Conciliadores e mediadores – Visando dar maior celeridade ao processo e privilegiando o consenso como forma de composição entre as partes, o Código de Processo Civil, criou, em seus arts. 165 *usque* 175, na condição de auxiliares da justiça, as figuras do conciliador e mediador. Estes, porém, estão impedidos de depor em juízo, na dicção do § 2º, do art. 166, do mencionado *codex*: "Em razão do dever de sigilo, inerente às suas funções, o conciliador e o mediador, assim como os membros de suas equipes, não poderão divulgar ou depor acerca de fatos ou elementos oriundos da conciliação ou da mediação".

Generalidades – O Código Civil, em ser art. 299, inc. I, dispõe que "ninguém pode ser obrigado a depor sobre fato a cujo respeito, por estado ou profissão, deva guardar segredo. Mesmo a Consolidação das Leis do Trabalho (CLT), pune como falta grave, a violação de segredo da empresa (art. 482, "g").

Em suma, o dever de sigilo deve ser pesquisado nos diplomas legais que regulamentam as diversas profissões, a fim de se apurar da possibilidade do profissional servir, ou não, como testemunha.

Liberação pela parte interessada – O dispositivo em estudo, em sua parte final, ressalva a possibilidade daquele a quem foi confiado o segredo o revelar, na condição de testemunha, desde que autorizado pela parte interessada. Mas, ainda sim, isto é, mesmo que autorizada, a testemunha, a quem incumbe guardar segredo que tomou conhecimento em decorrência de sua profissão, só deporá se quiser, ou seja, não é obrigada. Assim, para tomarmos o exemplo citado acima, o parlamentar não é obrigado a testemunhar "sobre informações recebidas ou prestadas em razão do exercício do mandato". Não é obrigado, mas poderá fazê-lo. Diversa a situação do advogado, a quem a lei conferiu o direito de recusa ao testemunho, desde que o fato guarde relação com sua atividade profissional.

Criminalização da conduta – A propósito, configura crime de violação de segredo profissional, previsto no art. 154 do Código Penal, "revelar alguém, sem justa causa, segredo, de que tem ciência em razão de função, ministério, ofício ou profissão, e cuja revelação possa produzir dano a outrem". Confiram-se, ainda, os delitos de violação de sigilo funcional e violação do sigilo de proposta de concorrência, previsto, respectivamente, nos arts. 325 e 326 do CP.

Abuso de Autoridade – O art. 15, *caput*, da Lei nº 13.869/19 prevê como espécie de abuso de autoridade o fato de o sujeito ativo constranger a depor, sob ameaça de prisão, pessoa que, em razão de função, ministério, ofício ou profissão, deva guardar segredo ou resguardar sigilo.

JURISPRUDÊNCIA

Não guardam segredo profissional

a) contabilista e contador

"A teor do art. 2º do Código de Ética Profissional do Contabilista, o contabilista não tem o dever de guardar sigilo sobres fatos ilícitos descobertos no exercício da atividade profissional" (STJ – REsp n° 1043207-SP, Rel. Haroldo Rodrigues, j. 23.08.2011, DJe 26.10.2011).

a) em sentido diverso

"O sigilo profissional é exigência fundamental da vida social que se deve ser respeitado como princípio de ordem pública, por isso mesmo que o Poder Judiciário não dispõe de força cogente para impor a sua revelação, salvo na hipótese de existir específica norma de lei formal autorizando a possibilidade de sua quebra, o que não se verifica na espécie. O interesse público do sigilo profissional decorre do fato de se constituir em um elemento essencial à existência e à dignidade de certas categorias, e à necessidade de se tutelar a confiança nelas depositada, sem o que seria inviável o desempenho de suas funções, bem como por se revelar em uma exigência da vida e da paz social. Hipótese em que se exigiu da recorrente ela que tem notória especialização em serviços contábeis e de auditoria e não é parte na causa – a revelação de segredos profissionais obtidos quando anteriormente prestou serviços à ré da ação. Recurso provido, com a concessão da segurança" (STJ – RMS n° 9612-SP, Rel. Cesar Asfor Rocha, RT 762/194).

b) procurador da República

"O Subprocurador-Geral da República que preside Comissão de Inquérito Administrativo não está impedido de depor como testemunha de acusação, sendo certo que o caráter sigiloso do procedimento interno do Ministério Público, previsto no art. 247 da Lei Complementar nº 75/93, não enseja a aplicação do art. 207 do Código de Processo Penal, que proíbe de depor 'as pessoas que, em razão de função, ministério, ofício ou profissão, devam guardar segredo, salvo se, desobrigadas pela parte interessada, quiserem dar o seu testemunho'" (STJ – AgRg na APn n° 244-DF, Rel. Carlos Alberto Menezes Direito, j. 19.11.2003, DJ 19.12.2003, p. 300).

c) empregados

"Os empregados da referida Instituição Financeira, que depuseram no procedimento policial, apenas relataram, de forma genérica, até que ponto contribuíram na elaboração da listagem ilegal que foi publicada. Tratou-se de ato procedimental para saber o autor do fato criminoso. A lei, em seu art. 207, do CPP, objetiva, em última análise, proteger fatos que, em razão da profissão, deva guardar sigilo. O caso sub judice é diverso" (STJ – HC n° 20408-DF, Rel. Jorge Scartezzini, j. 17.12.2002, DJ 24.03.2003, p. 245).

Sigilo profissional e CPI

"Ninguém pode escusar-se de comparecer a comissão parlamentar de inquérito para depor. Ninguém pode recusar-se a depor. Contudo, a testemunha pode escusar-se a prestar depoimento se este colidir com o dever de guardar sigilo. O sigilo profissional tem alcance geral e se aplica a qualquer juízo, cível, criminal, administrativo ou parlamentar" (STF – HC nº 71.039 – RJ – Rel. Paulo Brossard, DJ 06.12.96).

Assistente de acusação

a) possibilidade

"A mãe da vítima, embora arrolada pelo Ministério Público como testemunha, habilitou-se, desde o início do processo, como assistente de acusação e, nessa condição, foi ouvida, sem nenhuma oposição da Defesa, que, aliás, também participou de sua inquirição. E, o mais importante: o seu depoimento foi tomado sem a prestação de compromisso legal, deixando claro o magistrado que sua oitiva não se propunha a trazer depoimento testemunhal isento. Portanto, nenhuma nulidade houve" (STJ – REsp n° 1307166-SP, Rel. Laurita Vaz, j. 27.08.2013, DJe 06.09.2013).

b) impossibilidade

"Entre os direitos atribuídos ao assistente no art. 271 do CPP não se contempla o de pode ser ouvido como testemunha. Seria o mesmo que o representante do Ministério Público, a certa altura, sem afastar-se do processo, resolver prestar seu testemunho sobre fatos relacionados à ação delituosa" (TJSP – Rel. Gentil Leite – *RT* 593/315).

Adolescente coautor. Possibilidade

"O fato de um adolescente ser co-autor de crime não significa restrição à sua oitiva como testemunha, posto que, nos termos do art. 202 do CPP, com as ressalvas previstas nos arts. 206 e 207, do mesmo diploma, toda pessoa poderá ser testemunha" (TJPR – Rel. José Maurício Pinto de Almeida – *RT* 809/640).

Dispensa da testemunha dado o parentesco com o réu. Impossibilidade

"Caracteriza irremediável cerceamento de defesa a dispensa sumária de testemunha arrolada em defesa prévia, tão-somente por questão de parentesco com o réu, sob o fundamento de que seu depoimento não teria nenhuma qualificação probatória, seria mera informante, pois, em tal hipótese, a única consequência possível de aceitação da contradita seria a oitiva da depoente, subtraindo-a do compromisso de dizer a verdade, caso desejasse depor" (TJSP – Rel. Gonçalves Nogueira – *RT* 787/614).

Art. 208. Não se deferirá o compromisso a que alude o art. 203 aos doentes e deficientes mentais e aos menores de 14 (quatorze) anos, nem às pessoas a que se refere o art. 206.

Dispensa do compromisso. Doente ou deficiente mental – A lei excepciona, inicialmente, o doente mental e o deficiente mental. Por óbvio que não se trata do doente em sentido amplo, já que a pessoa pode perfeitamente apresentar uma doença que em nada comprometa sua sanidade e, assim, como qualquer outro, prestará compromisso e se sujeitará, se mentir, à prática do delito de falso testemunho. O legislador se refere, pois, ao doente mental e ao deficiente mental. E porque se ouviria, então, um doente mental ou um deficiente mental? É que, embora padecendo desse déficit, tais pessoas, não é raro, apresentam momentos de lucidez, que as permitem ofertar dados sobre o crime. Demais disso, dependendo da natureza do delito em investigação ou julgamento (notadamente os crimes contra a liberdade sexual), tais depoimentos podem ser valiosos, nada impedindo que sua tomada seja acompanhada, por exemplo, pela mãe do deficiente, íntima da forma de expressão por vezes complexa do filho. Tal colheita, por óbvio, será acompanhada pela acusação e pela defesa, que poderão fiscalizar e intervir nesse depoimento, cabendo ao juiz, como em toda e qualquer prova, dar a ele o valor que entender cabível, como consequência do princípio do livre convencimento que inspira sua conduta. Deporão, assim, como meros informantes (assim como os menores de 14 anos e aqueles indicados no art. 206 do Código), sem prestarem o compromisso de dizer a verdade, isto é, podendo mentir sem que qualquer consequência legal advenha dessa conduta.

Menor de 14 anos – Entende-se que o menor de 14 anos não reúna maturidade e capacidade intelectual suficientes para entender o alcance de um compromisso de dizer a verdade e as consequências que resultariam de eventual mentira narrada em seu depoimento, quer na fase de investigação, quer em Juízo. Por isso mesmo, não lhe é tomado o compromisso de dizer a verdade ou, mais diretamente, tem a possibilidade de mentir sem que sofra, com isso, qualquer sanção. Temos dúvida quanto a *ratio legis*, que, se válida quando da edição do Código (1941), parece ultrapassada nos dias de hoje. Basta ver a frequência com que menores, sobretudo em crimes de tráfico de drogas, "assumem" para si a responsabilidade que seria de outros, maiores e imputáveis.

Ocorre, em verdade, que o menor de 18 anos se acha excluído da órbita do Direito Penal, podendo, eventual mentira detectada em seu depoimento, trazer-lhe alguma consequência junto ao Juízo da Infância e Juventude. Mas – insiste-se – não há que se cogitar de pena a ser aplicada no juízo criminal (e, tampouco, no âmbito menorista, onde se preveem medidas socioeducativas). Isso sim, atualmente, justifica que não seja tomado o compromisso do menor de 14 anos. E aquele que contar mais de 14 anos e menos de 18 anos? Este, segundo a lei, deve ser compromissado, conquanto, no âmbito criminal – insistimos – nenhuma consequência lhe advenha. Detectada a falsidade do depoimento, nessa faixa etária, cumpre ao juiz penal remeter as cópias de praxe ao Juízo da Infância e Juventude, para adoção das medidas cabíveis à espécie.

Pessoas referidas no art. 206 do Código – Também estão isentas de compromisso as pessoas relacionadas no art. 206 acima, ou seja, aquelas que por laços de parentesco ou afinidade não estão obrigadas a dizer a verdade.

Não temos nenhuma dúvida em afirmar que essas pessoas, caso mintam, estão livres da sanção aplicada ao crime de falso testemunho previsto no art. 342 do Código. Não faria nenhum sentido o juiz, de um lado, deixar de tomar-lhes o compromisso de dizer a verdade, que, em última análise, corresponde a permitir que falseiem, para, depois, serem processadas por falso testemunho, porque mentiram. Ora, se o legislador delas não reclama a verdade, não pode puni-las porque mentiram.

Na precisa observação de Hélio Tornaghi, "o Código Penal Italiano contém dispositivo que isente de pena quem comete o crime de falso testemunho pela necessidade de salvar a si mesmo, a um parente próximo de grave e inevitável dano na liberdade ou na honra (art. 384). A lei brasileira não apresente dispositivo idêntico; isto, porém, não significa que também entre nós não se exclua a pena: a hipótese configura claramente o estado de necessidade (CP, art. 24) e onde há estado de necessidade não há crime, o fato é lícito. Além de que o favorecimento pessoal não dá lugar à imposição de pena se o favorecedor é ascendente, descendente, cônjuge ou irmão do acusado (CP, art. 348, § 2º)" (*Curso de Processo Penal*, São Paulo: Saraiva, vol. I, 7ª ed., 1990, pp. 411-2). Reconhecemos, contudo, que a matéria é das mais polêmicas no seio da jurisprudência e doutrina, havendo vozes abalizadas no sentido de que, embora não compromissada, a testemunha, ao depor, é obrigada a dizer a verdade.

JURISPRUDÊNCIA

Sobre o valor probatório do depoimento infantil, v. comentários ao art. 202 acima

Menor

"Não há qualquer vedação no sentido de que menor seja ouvido como testemunha em Juízo, isso porque o art. 202 do Código de Processo Penal prescreve que "toda pessoa poderá ser testemunha", dispensado o compromisso de dizer a verdade nas hipóteses presentes no art. 208 do mesmo diploma legal" (STJ – HC nº 152750-DF, Rel. Marco Aurélio Bellizze, j. 18.12.2012, DJe 05.02.2013).

Validade da prova mesmo não sendo a testemunha compromissada

"O princípio da persuasão racional dá ao julgador liberdade de decidir de acordo com as provas existentes nos autos, produzidas sob o crivo do contraditório, sobre as quais exercerá o juízo de valor, elencando as razões do seu convencimento. À luz de tal princípio, pode-se concluir que não se pode falar em hierarquia em relação aos meios de prova, razão pela qual o ato de uma das testemunhas ter prestado depoimento sem que lhe tenha sido deferido o compromisso, nos termos do art. 208 do Código de Processo Penal, não retira sua idoneidade de tal prova, já que foi produzida em juízo, sob o crivo do contraditório, devendo ser valorada em conjunto com os demais elementos de prova produzidos no decorrer da instrução criminal" (STJ – RHC nº 252653-PE, Rel. Jorge Mussi, j. 07.05.2013, DJe 22.05.2013).

Indevido compromisso à testemunha. Mera irregularidade

"O deferimento de compromisso à testemunha contraditada e que não poderia prestá-lo, a teor da letra do art. 208, última parte, do Código de Processo Penal, não vicia a ação penal, mas exterioriza-se como mera irregularidade, pois, não encerrada a instrução e dentro do princípio do livre convencimento motivado, o juiz, não adstrito a critérios de valoração apriorístico, atribuirá ao depoimento o peso que sua consciência indicar, mediante fundamentação, nisto residindo, como, aliás, assevera, na exposição de motivos do Código de Processo Penal, do Ministro FRANCISCO CAMPOS, "a suficiente garantia do direito das partes ..." (STJ – HC nº 11896-RJ, Rel. Fernando Gonçalves, RT 784/561).

Informante e falso testemunho

a) impossibilidade

"Tratando-se de testemunha com fortes laços de afetividade (esposa) com o réu, não se pode exigir-lhe diga a verdade, justamente em detrimento da pessoa pela qual nutre afeição, pondo em risco até a mesmo a própria unidade familiar. Ausência de ilicitude na conduta" (STJ – HC n° 92836-SP – Rel. Maria Thereza de Assis Moura, j. 27.04.2010, DJe 17.05.2010).

b) possibilidade

"Não ampara o pedido alegação de faltar à mãe da menor ofendida a qualidade de testemunha. O Código Penal não exclui da prática do crime de falso testemunho a pessoa que, embora impedida, venha falsear em depoimento que prestado, negando, afirmando ou calando a verdade" (STF – HC n° 66511-0, Rel. Néri da Silveira, DJ 16.02.90).

Art. 209. O juiz, quando julgar necessário, poderá ouvir outras testemunhas, além das indicadas pelas partes.

§ 1º Se ao juiz parecer conveniente, serão ouvidas as pessoas a que as testemunhas se referirem.

§ 2º Não será computada como testemunha a pessoa que nada souber que interesse à decisão da causa.

Testemunhas extranumerárias – Enquanto as testemunhas *numerárias* são aquelas arroladas pelas partes e que devem depor sob compromisso, as *extranumerárias*, tratadas neste dispositivo, são ouvidas, de ofício, pelo juiz, também se submetendo ao compromisso de dizer a verdade, salvo se incluídas nas exceções previstas no artigo acima. Embora o dispositivo em exame não se refira, expressamente, a tal compromisso, é evidente que tais testemunhas não poderiam, só porque ouvidas sob determinação do juiz, fugir à regra geral que as obriga dizer a verdade e, por isso, deporão sob tal juramento.

Trata-se da adoção do princípio da busca da verdade real (ou processual, melhor dizendo), que orienta o processo penal e com o qual se comprometem não apenas as partes, mas também o juiz. Por esse princípio, é dado ao juiz complementar a prova que, por algum motivo, restou enfraquecida, ao se abrir a possibilidade que ouça outras testemunhas não indicadas pelas partes. Por vezes, acusação ou defesa podem ser negligentes, deixando de apontar testemunha relevante para o deslinde da causa, num ou noutro sentido. Não se trata de ouvir testemunha cuja relevância surgiu no curso do processo, hipótese tratada no § 1° abaixo. Mas de ouvir quem deveria ter sido arrolada no momento oportuno, pela defesa ou acusação.

Para muitos, não mais existe campo fértil para o juiz exercer essa faculdade, a fim de que não perca sua preciosa imparcialidade, que é tão cara ao processo penal. A relevância do sistema acusatório, entre nós adotado, bem define os papéis da acusação, da defesa e do juiz no processo penal (ler nossos comentários ao art. 3º-A do CPP).

JURISPRUDÊNCIA

Testemunhas do juízo

"Nos termos do art. 209 do Código de Processo Penal, não configura nulidade a oitiva de testemunha indicada extemporaneamente pela acusação, como testemunha do Juízo. Esta Suprema Corte igualmente assentou o entendimento de que 'a demonstração de prejuízo, a teor do art. 563 do CPP, é essencial à alegação de nulidade, seja ela relativa ou absoluta' (HC nº 85.155/SP, de relatoria da Min. Ellen Gracie, DJ de 15/4/05). Não prevê a legislação processual momento próprio para inquirição das testemunhas indicada pelo Juízo na forma dos arts. 156 e 209 do CPP, nem se verifica prejuízo à ampla defesa a inquirição ocorrida antes da oitiva das testemunhas arroladas pela defesa" (STF – HC n° 95319-SP, Rel. Dias Toffoli, j. 19.10.2010, DJe 21.02.2011).

"Não se olvida que 'o momento processual legalmente definido para apresentação do rol de testemunhas é a resposta à acusação, sob pena de preclusão, nos termos do art. 396-A do Código de Processo Penal' (AgRg no RHC n. 178.052/RJ, relator Ministro Reynaldo Soares da Fonseca, Quinta Turma, julgado em 19/6/2023, DJe de 21/6/2023). Contudo, 'consoante disposto no artigo 209 do CPP, ocorrendo a preclusão no tocante ao arrolamento de testemunhas, é permitido ao Magistrado, uma vez entendendo ser imprescindível à busca da verdade real, proceder à oitiva como testemunhas do Juízo, contudo, tal providência não constitui direito subjetivo da parte'" (AgRg no AREsp n. 1.937.337/DF, relator Ministro Reynaldo Soares da Fonseca, Quinta Turma, julgado em 23/11/2021, DJe de 29/11/2021). Precedentes. (STJ – AgRg no REsp 2044646/RS, 6ª Turma, Min. Rel. Antonio Saldanha Palheiro, j. 11/09/23)

Não cabe ao juiz produzir prova cujo ônus é da acusação

"Embora o Julgador não seja completamente alheio à atividade probatória – até porque dela é seu destinatário -, o sistema acusatório, acolhido pela Constituição Federal, determina-lhe a adoção de uma atuação prudente na produção dos elementos de provas, tendo em vista que tal atividade, em princípio, é de atribuição das próprias partes (Acusação e Defesa). O exercício dos poderes instrutórios, pelo Juiz, deve ocorrer de forma residual, a fim de não substituir os sujeitos processuais a quem primeiro recai o ônus probatório. Afinada com esse juízo de complementaridade da atuação do Magistrado quanto à produção probatória, a atual redação do art. 212, parágrafo único, do Código de Processo Penal preceitua que "[s]obre os pontos não esclarecidos, o juiz poderá complementar a inquirição". A lei, portanto, não exclui o julgador do procedimento de inquirição de testemunhas, porém lhe interdita a possibilidade de atuar como protagonista do ato, em completa substituição das partes. In casu, consta no termo de audiência que o membro do Ministério Público não esteve presente na audiência de instrução e, mesmo sob protestos da Defesa, a Magistrada Processante prosseguiu com o ato, inquirindo todas as testemunhas arroladas na denúncia. O decreto condenatório foi lastreado justamente no depoimento das testemunhas ouvidas em audiência de instrução sem a presença do Parquet – inquirição que foi conduzida, de forma protagonista, pela Magistrada da causa, em substituição à atividade típica das Partes. Assim, a Impetrante se desincumbiu do ônus de demonstrar o prejuízo sofrido pela Ré. Amatéria foi arguida oportunamente, isto é, a Defesa manifestou seu inconformismo durante a própria audiência e, ainda, renovou a questão em alegações finais e em preliminar de apelação, razão pela qual não há se falar em preclusão. Considerando-se o desrespeito à forma legal e, concomitantemente, a demonstração do efetivo prejuízo suportado pela Ré, de rigor a anulação do processo-crime desde a audiência de instrução, a fim de que seja refeito o ato, desta feita, com a observância das formalidades legais. Outrossim, ante a ilegalidade da prova colhida naquela oportunidade, necessário se faz o seu desentranhamento dos autos, conforme determina o art. 157, caput, do Código de Processo Penal." (STJ – HC 708007/RS, 6ª Turma, Min. Rel. Laurita Vaz, j. 18/04/23)

Faculdade concedida ao juiz

"Ao magistrado é facultado o indeferimento, de forma fundamentada, do requerimento de produção de provas que julgar protelatórias, irrelevantes ou impertinentes, devendo a sua imprescindibilidade ser devidamente justificada pela parte. Doutrina. Precedentes do STJ e do STF. Na hipótese em apreço, o magistrado consignou justificativa idônea para a negativa de produção da prova pretendida pela defesa do corréu, externando os motivos pelos quais não vislumbrou a relevância ou a necessidade da oitiva de pessoa que sequer foi mencionada nos depoimentos prestados em juízo, circunstância que afasta o alegado constrangimento ilegal" (STJ – HC n° 265921-SP, Rel. Jorge Mussi, j. 13.08.2013, DJe 23.08.2013).

Possibilidade de oitiva ainda que o MP as dispense

"A oitiva de testemunhas determinada pelo magistrado, ainda que tenham sido previamente dispensadas pela acusação, é providência totalmente regular, nos termos do art. 209 do Código de Processo Penal" (STJ – HC n° 84966-SP, Rel. Arnaldo Esteves Lima, j. 02.06.2009, DJe 29.06.2009).

Possibilidade de oitiva ainda que a defesa as dispense

"A oitiva de testemunhas determinada pelo magistrado, ainda que a Defesa tenha pugnado previamente por sua dispensa, é providência totalmente regular, nos termos do art. 209, do Código de Processo Penal" (STJ – HC n° 98943-SP, Rel. Laurita Vaz, j. 02.12.2010, DJe 04.04.2011).

Juiz não pode indeferir oitiva prevendo sua desnecessidade ou parcialidade

"O Juiz apreciará livremente a prova. Não obstante, constitui cerceamento de defesa o indeferimento de pedido de oitiva de testemunha, máxime sob o convencimento antecipado quanto a sua 'imprestabilidade'. A circunstância de uma das testemunhas arroladas pela defesa residir em outro país, devendo ser ouvida por carta rogatória, deve ser interpretada em consonância com a norma constitucional que garante a ampla defesa no processo penal (art. 5º, LV, da CF/88). É direito absoluto da defesa produzir a prova que entende necessária para demonstrar a inocência do acusado, em relação à imputação que lhe foi feita, mesmo quando o magistrado entende ser desnecessário. Recurso PROVIDO para garantir a oitiva da testemunha arrolada pelo paciente" (STJ – RHC n° 18106-RJ, Rel. Paulo Medina, j. 28.03.2006, DJ 02.05.2006, p. 390).

O juiz pode indeferir a oitiva de testemunha

a) quando arrolada a destempo

"A oitiva de testemunhas referidas é disciplinada pelo art. 209, § 1º, do CPP, segundo o qual o julgador poderá ouvir testemunhas ex officio, além das indicadas pelas partes, se lhe parecer conveniente. Assim, ouvir testemunha não é um direito das partes na hipótese de omissão em propor a prova nos momentos previstos no processo penal, que bem define situações de admissão, produção e avaliação da prova. Nesse caso, se a defesa deixa de exercer o seu direito de indicar a prova que deseja produzir no prazo que o Código estabelece, ela não mais tem direito a ouvir as testemunhas e passa a ter interesse em ouvir essas pessoas; mas essa avaliação é do juiz, baseada em sua conveniência, nos termos do art. 209, § 1º, do Código de Processo Penal. In casu, a defesa não indicou tempestivamente o interesse em ouvir, em plenário, uma perita da Polícia Civil do Distrito Federal à qual uma testemunha fez referência. De acordo com o Tribunal a quo, embora a perita haja sido mencionada por essa mesma testemunha na fase inquisitorial, não houve requerimento de sua oitiva, a concluir- se, portanto, pela preclusão do direito defensivo." (STJ – AgRg no AREsp 1477936/DF, 6ª Turma, Min. Rel. Rogerio Schietti Cruz, j. 18/04/23)

b) quando o objetivo for procastinatório

"Conforme reiterada jurisprudência desta Corte Superior, não constitui cerceamento de defesa o indeferimento de oitiva de testemunhas, quando o magistrado o faz fundamentadamente, por considerá-la desnecessária ou protelatória, como no caso dos autos." STJ – AgRg no HC 707612/SP, 6ª Turma, Min. Rel. Laurita Vaz, j. 14/08/23)

c) quando arroladas acima do número máximo legal

"O critério utilizado pelo Juiz que determina a oitiva das oito primeiras testemunhas arroladas no extenso rol apresentado pela parte não constitui cerceamento de defesa, principalmente quando esta foi intimada para adequar o rol ao número legal previsto no art. *398* do CPP e assim não procedeu. O processo tem que caminhar para a frente, sob a direção do Juiz, na forma da lei, e não segundo a vontade e interesse das partes" (STF – Rel. Néri da Silveira – *RT* 741/531).

"Não configura cerceamento de defesa a determinação do Juiz para a adequação do rol de testemunhas ao número máximo legal, ressaltando que a demais pessoas indicadas poderiam vir a ser ouvidas, se necessário, como testemunhas do Juízo, nos termos do CPP, arts. 209 e 407" (STJ – Rel. Edson Vidigal – *RT* 787/575).

d) quando seu depoimento for evidentemente desnecessário

"Testemunha é a pessoa que depõe sobre o fato criminoso ou suas circunstâncias, tanto que o próprio Código de Processo Penal autoriza que não seja computada como testemunha (por não poder ser assim considerada!) aquela que, não obstante arrolada tempestivamente, nada souber que interesse à decisão da causa (art. 209, § 2º, parte final do CPP). Assim, o indeferimento justificado da inquirição de testemunha, notadamente quando as razões por ela mesma apresentadas se mostram plausíveis, longe de implicar em violação ao princípio da ampla defesa, se apresenta, a uma, como medida em perfeita consonância com as funções do juiz no processo penal a quem, segundo o art. 251 do CPP, incumbe prover a regularidade do processo e manter a ordem no curso dos respectivos atos e, a duas, como providência concordante, coerente com o princípio da celeridade processual ou razoável duração do processo (art. 5º, inciso LXXVIII, da *Lex Fundamentalis*). Desta forma, na espécie, se mostra evidente a prescindibilidade (ou porque não dizer até inocuidade!) da inquirição da testemunha arrolada, afinal, em suas diversas manifestações afirmou categoricamente que não tem nada a acrescentar ou declarar a respeito dos fatos apurados nesta ação penal. Volto a frisar, o indeferimento de sua oitiva, no caso, é medida que se impõe, tendo em vista que em diversas oportunidades a testemunha mencionada deixou claro que não tem qualquer consideração a fazer a respeito dos fatos apurados na presente ação penal" (STJ – AgRG na APn n° 390-DF, Rel. Felix Fischer, j. 16.04.2008, DJe 05.05.2008).

Juiz não pode dispensar testemunhas arroladas pelo MP

"A dispensa pelo magistrado da inquirição das testemunhas de acusação, sem a prévia manifestação do MP, bem como a realização dos debates sem sua regular cientificação para essa finalidade, com a consequente produção da sentença a prova acusatória, implica evidente cerceamento de acusação, acarretando a anulação do processo" (TACRIM-SP – Rel. Gonzaga Franceschini – *RJD* 14/39).

"É nulo o processo em que, após o interrogatório do réu, na mesma oportunidade, ausente o Ministério Público, passa-se à fase procedimental de debates, proferindo-se sentença condenatória, eis que, em tal hipótese, procedendo-se a verdadeiro julgamento antecipado da lide, resta quebrado o devido processo legal" (TACRIM-SP – Rel. Sérgio Pitombo – *RJD* 13/36).

Possibilidade de o tribunal ouvir testemunha

"Se o Ministério Público desiste de ouvir testemunha, apenas por ele arrolada e não localizada, o juiz pode homologar a desistência, mesmo sem ouvir a respeito a defesa do réu, por se tratar de prova de interesse exclusivo do órgão acusador. Nada impede, porém, que, em grau de apelação, e no interesse da instrução, o Relator, com o beneplácito da Câmara julgadora, determine diligências tendentes a localização da mesma testemunha e sua inquirição" (STF – HC nº 70.882 – SP – Rel. Sydney Sanches, DJ de 30.9.94, p. 26.166).

Oitiva de uma testemunha a mais. Quando se admite

"Se o juiz ouviu uma testemunha a mais além do limite para a acusação do que para a defesa, mas a essa facultou que também o fizesse, precluindo o direito, não pode alegar posteriormente cerceamento de defesa, se, inclusive, não emprestou qualquer valia ao depoimento deduzido pela testemunha excedente. Violação ao princípio isonômico que não se caracterizou" (STF – Rel. Maurício Corrêa – *RT* 793/517).

§ 1º Se ao juiz parecer conveniente, serão ouvidas as pessoas a que as testemunhas se referirem.

Testemunhas referidas – As testemunhas chamadas *referidas*, como a expressão faz intuir, são aquelas mencionadas por outras testemunhas, já ouvidas em juízo. Suponha-se que em determinado crime a testemunha, em seu depoimento judicial, afirme que presenciou sua prática quando estava na companhia de terceira pessoa. Por esquecimento, não afirmou tal circunstância ao delegado de polícia, razão pela qual essa testemunha, até então desconhecida, não foi ouvida na fase investigatória e, tampouco, no âmbito judicial. Nada impede – antes, será salutar – que o juiz a ouça, "quando julgar necessário". Isso porque a prova até então colhida pode se revelar tão robusta (apreensão do bem na posse do réu, sua confissão judicial, reconhecimento da vítima, depoimento dessa única testemunha etc.), que o depoimento em acréscimo dessa testemunha referida se mostre absolutamente desnecessário, prestando-se apenas para procrastinar o deslinde do feito. Ao contrário, detectando certa dubiedade da prova até então colhida e vislumbrando a relevância que o testemunho desse terceiro possa conter, deve ser ouvida em juízo.

Conquanto exista corrente lecionando ser uma medida que o juiz possa adotar de ofício, outros negam, exigindo provocação das partes. Fortes no sistema acusatório, entre nós adotado, onde estão bem definidos os papéis da acusação, da defesa e do juiz no processo penal, entendemos que, em regra, o juiz não pode agir de ofício no processo, diligenciando provas. Logo, se a testemunha referida era conhecida das partes, as quais preferiram não ouvi-la, não pode o juiz determinar sua oitiva. Cenário diverso aparece quando a testemunha referida não era conhecida das partes. Preclusa para acusação e defesa a oportunidade de requerer a produção da prova oral, pode o juiz determinar seja ela ouvida de ofício.

JURISPRUDÊNCIA

Faculdade conferida ao juiz

"Em face do disposto no § 1º do artigo 209 do Código de Processo Penal, cabe exclusivamente ao juiz apreciar a conveniência, ou não, de se ouvirem as pessoas referidas por testemunhas. Inexistência, no caso, sequer de arbitrariedade. *Habeas Corpus* indeferido" (STF – HC nº 60.699– SP, Rel. Moreira Alves, DJ 03.06.83, p. 7.878).

§ 2º Não será computada como testemunha a pessoa que nada souber que interesse à decisão da causa.

Testemunha que nada sabe – Caso se verifique que a testemunha nada sabe de interesse da causa, ela não será computada como tal e, em que pese a lei não dizer expressamente, ela poderá ser substituída por outra – a doutrina é unânime –, completando, assim, o número legal de testemunhas que cada parte pode arrolar.

Jamais apreendemos exatamente o alcance desse dispositivo, em face da dificuldade de se apurar se a testemunha sabe ou não algo sobre os fatos. Indagar previamente das partes, importa em obrigá-las a admitir que arrolaram testemunhas sem maior critério. Ouvir a testemunha para depois avaliar se ela sabia ou não sobre o fato objeto do processo, envolve perda de valioso tempo, além de implicar em uma apreciação altamente subjetiva.

Com efeito, em um sistema acusatório, com acusação e defesa – presume-se – bem preparadas, é de se supor que, se a parte arrolou a testemunha, é porque ela tem algo a informar sobre os fatos. Nessa linha de raciocínio, se tal testemunha, ao depois, demonstrar que nada sabia, não cabe, a nosso ver, permitir-se sua substituição. A parte que arque com o ônus de sua distração ou negligência. Pensar-se o contrário, implicaria mesmo em incentivo à chicana, com a indicação de uma testemunha que, sabidamente, nada viu para, mais adiante, buscar-se sua substituição. Isso fica mais grave – tornamos a insistir – com o atual sistema de colheita da prova, que reúne tudo em uma só audiência, onde se ouvem testemunhas, interroga-se o réu, manifestam-se as partes e, logo em seguida, profere-se a sentença.

A aplicação desse dispositivo, com a possibilidade da substituição da testemunha (quem sabe por outra que também nada saberá dos fatos), afronta a celeridade do processo e a economia processual, obrigando a designação de outra audiência, razão pela qual tal expediente deve ser coibido. Ousaríamos mesmo dizer, em arremate, que esse dispositivo se constitui em verdadeira *letra morta* face à atual sistemática processual, não havendo mais lugar, nessa hipótese específica, para a substituição da testemunha, diligência, pois, a ser indeferida pelo juiz.

Art. 210. As testemunhas serão inquiridas cada uma de per si, de modo que umas não saibam nem ouçam os depoimentos das outras, devendo o juiz adverti-las das penas cominadas ao falso testemunho. (Redação dada pela Lei nº 11.690, de 2008)

Parágrafo único. Antes do início da audiência e durante a sua realização, serão reservados espaços separados para a garantia da

incomunicabilidade das testemunhas. (Incluído pela Lei nº 11.690, de 2008)

Separação das testemunhas – Parece óbvio que cada uma das testemunhas deva ser ouvida separadamente em audiência, a fim de que umas não saibam do teor dos depoimentos das outras, garantindo-se, assim, maior fidelidade na colheita da prova, que deve, na medida do possível, se aproximar o quanto mais da realidade.

O parágrafo único, conforme salientamos nos comentários ao art. 201, § 4º, tem por objetivo preservar, de um lado, a incomunicabilidade das testemunhas e, de outro, sua própria segurança, embora, é verdade, a lei não faça expressa menção quanto a este último aspecto. Não seria salutar, assim, que em um mesmo ambiente permanecessem as testemunhas de defesa (por vezes um comparsa inimputável do réu ou um parente seu), juntamente com as testemunhas de acusação (o policial responsável pela prisão, um vizinho que a tudo assistiu). Mas eventual quebra dessa incomunicabilidade configurará nulidade relativa, a depender, portanto, de arguição oportuna e da demonstração do prejuízo advindo dessa omissão.

Art. 211. **Se o juiz, ao pronunciar sentença final, reconhecer que alguma testemunha fez afirmação falsa, calou ou negou a verdade, remeterá cópia do depoimento à autoridade policial para a instauração de inquérito.**

Parágrafo único. Tendo o depoimento sido prestado em plenário de julgamento, o juiz, no caso de proferir decisão na audiência (art. 538, § 2º), o tribunal (art. 561), ou o conselho de sentença, após a votação dos quesitos, poderão fazer apresentar imediatamente a testemunha à autoridade policial.

Inquérito pelo falso testemunho – Ao proferir a sentença, detectando a prática, em tese, de um crime de falso testemunho, deve o juiz remeter os autos à autoridade policial a fim de que seja instaurado inquérito policial para apuração do delito previsto no art. 342 do Código Penal. Trata-se de providência cabível quer tenha sido a sentença proferida em audiência (que se constitui hoje na regra geral), quer tenha sido proferida posteriormente. Apenas alertamos que, na prática, em obediência ao sistema acusatório (art. 3º-A do CPP), e vedando iniciativas persecutórias do magistrado, tem-se optado pela extração de cópias dos autos e remessa ao Ministério Público, titular da ação penal, para as providências que entender necessárias e cabíveis.

JURISPRUDÊNCIA

Ação penal pelo falso testemunho

a) não depende da sentença no processo no qual cometido

"Conforme entendimento desta Corte, a prolação de sentença no processo em que ocorreu o falso testemunho não é condição de procedibilidade para a instauração da ação penal por este crime (art. 342 do Código Penal)" (STJ – RHC nº 13309 – SP – Rel. Jorge Scartezzini, j. 16.12.2003, DJ 05.04.2004, p. 276).

b) deve aguardar o desfecho do processo em que perpetrado o falso testemunho

"Se o processo por falso testemunho ou falsa perícia, for instaurado quando ainda em curso o processo no qual foi praticado o crime, a decisão do primeiro (por crime de falso), deve aguardar a decisão do segundo. Mas isso porque, enquanto esta – a sentença na ação de acidentes – não for prolatada, é admissível a retratação e, portanto, a extinção da punibilidade" (TJSP – Rel. Ítalo Galli – *RJTJSP* 66/317).

Crime de falso testemunho e influência no julgamento da causa

a) necessidade

"Falsidade de testemunho, para que se considere criminosa, deve incidir sobre fato juridicamente relevante e pertinente ao objeto do processo de que se trate. Desaparece a *ratio* da incriminação se a falsidade versa *superaccidentalibus* ou fatos estranhos ao *thema probandum*. Sem potencialidade lesiva, o falso testemunho será um ato imoral, mas não antijurídico" (TJSP – Rel. Acácio Rebouças – *RT* 448/293).

b) desnecessidade

"O crime de falso testemunho é formal não exigindo, para seu reconhecimento, a produção de resultado danoso. Por outras palavras, não integra essa figura a exigência de o depoimento falso haver influído, efetivamente, na decisão da causa, bastando a falsidade incidente sobre fato juridicamente relevante" (TJSP – Rel. Fernando Prado – *RJTJSP* 69/368).

Reconhecimento de prescrição no processo principal

a) irrelevância

"O fato de ter sido julgada prescrita a ação penal em que foi prestado o depoimento como falso não tem o condão de neutralizar a ação criminosa do agente pelo delito que teria perpetrado contra a Administração da Justiça" (TJSP – Rel. Lauro Malheiros – *RT* 540/263).

b) descaracteriza o crime de falso testemunho

"Inexiste justa causa para que se processe alguém por falso testemunho se na ação penal em que este foi prestado a punibilidade do então acusado foi julgada extinta pela prescrição da pretensão executória. Se não mais gerou efeitos á acusação feita ao beneficiário do depoimento, o falso testemunho passou também a constituir situação atípica, não sujeita ao *ius persequendi*"(TJSP – Rel. Corrêa Dias – *RT* 611/322).

Possibilidade de prisão em flagrante da testemunha

"É pacífico o entendimento desta Corte Superior no sentido de que o crime de falso testemunho é de natureza formal, consumando-se no momento da afirmação falsa a respeito de fato juridicamente relevante, aperfeiçoando-se quando encerrado o depoimento, podendo, inclusive, a testemunha ser autuada em flagrante delito" (STJ – HC n° 208576-SP – Rel. Jorge Mussi, j. 04.10.2011, DJe 13.10.2011).

Testemunha que busca não se auto incriminar não comete o crime de falso testemunho

"O direito de não produzir prova contra si foi positivado pela Constituição da República no rol petrificado dos direitos e garantias individuais (art. 5.º, inciso LXIII). É essa a norma que garante status constitucional ao princípio do 'Nemo tenetur se detegere'. O Paciente, ao testemunhar em juízo, negou ter adquirido o produto do furto de que eram acusados os réus, com claro intuito de não ser acusado da prática do crime de receptação. Ao contradizer as declarações prestadas na fase de inquérito, o Paciente não buscou isentar os réus de sua responsabilidade penal. Logo, não há como se reconhecer a prática do crime de falso testemunho, porquanto é atípica a conduta do depoente que se exime de auto incriminar-se" (STJ – HC n° 283627-SP – Rel. Laurita Vaz, j. 03.06.2014, DJe 11.06.2014).

Vítima não comete falso testemunho

"O depoimento da vítima do crime de lesões corporais na condução de veículo automotor não poderia configurar falso testemunho. Com efeito, o delito em comento é de mão própria, e só pode ser praticado por 'testemunha, perito, contador, tradutor ou intérprete'. O sujeito passivo do crime não pode ser considerado testemunha, sendo atípica sua conduta" (STJ – AgRg no REsp n° 1125145 – RJ – Rel. Laurita Vaz, j. 23.08.2011, DJe 08.09.2011).

Falso testemunho perante a Justiça Eleitoral. Competência da Justiça Federal

"A prática do delito de falso testemunho, cometido por ocasião de depoimento perante o Ministério Público Eleitoral, enseja a competência da Justiça Federal, em razão do evidente interesse da União na administração da Justiça Eleitoral. Precedentes" (STJ – CC n° 126729-RS – Rel. Marco Aurélio Bellizze, j. 24.04.2013, DJe 30.04.2013).

Art. 212. **As perguntas serão formuladas pelas partes diretamente à testemunha, não admitindo o juiz aquelas que puderem induzir a resposta, não tiverem relação com a causa ou importarem na repetição de outra já respondida. (Redação dada pela Lei nº 11.690, de 2008)**

Parágrafo único. Sobre os pontos não esclarecidos, o juiz poderá complementar a inquirição. (Incluído pela Lei nº 11.690, de 2008)

Cross-examination – Segundo se depreende da leitura deste dispositivo, o legislador, abandonando o sistema presidencialista – pelo qual as perguntas eram dirigidas, primeiramente, ao juiz, que depois as formulava à testemunha – adotou, com todas as letras, o sistema anglo-americano, também conhecido como *cross-examination*, que autoriza a inquirição direta das testemunhas, sem antes passar pelo filtro judicial. As vantagens dessa opção, amparada em respeitadas lições doutrinárias, são expostas nos comentários que tecemos ao art. 473 do código, que trata da prova testemunhal no plenário do Júri, pelo que fica sugerida sua leitura.

ATENÇÃO – A tese n. 12, da *Jurisprudência em Teses* do STJ, n. 59, de novembro de 2016, é no sentido de que: "a inquirição das testemunhas pelo Juiz antes que seja oportunizada às partes a formulação das perguntas, com a inversão da ordem prevista no art. 212 do Código de Processo Penal, constitui nulidade relativa".

JURISPRUDÊNCIA

Inobservância da ordem de perguntas. Nulidade relativa

"O art. 212 do Código de Processo Penal, com a redação da Lei nº 11.690/2008, inaugurou nova sistemática para a inquirição das testemunhas, franqueando às partes a formulação de perguntas diretamente e em primeiro lugar, com a complementação pelo juiz. A não observância de tal ordem, no caso, não implicou prejuízo processual, a atrair a aplicação do princípio maior regente da matéria – pas de nullité sans grief –, conforme o art. 563 do Código de Processo Penal, em se tratando de nulidade relativa. Não se prestigia a forma pela forma. Se do vício formal não deflui prejuízo, o ato deve ser preservado" (STF – HC n° 114512-RS, Rel. Rosa Weber, j. 24.09.2013, DJe 08.11.2013).

Nulidade absoluta

"A nova redação dada ao art. 212, do CPP, em vigor a partir de agosto de 2008, determina que as vítimas, testemunhas e o interrogado sejam perquiridos direta e primeiramente pela acusação e, na sequência, pela defesa, possibilitando ao magistrado complementar a inquirição sobre os pontos não esclarecidos. A abolição do sistema presidencial, com a adoção do método acusatório, permite que a produção da prova oral seja realizada de maneira mais eficaz, diante da possibilidade do efetivo exame direto e cruzado do contexto das declarações colhidas, bem delineando as atividades de acusar, defender e julgar, razão pela qual é evidente o prejuízo quando o ato não é procedido da respectiva forma, circunstância que configura violação do devido processo legal, como no caso concreto" (STJ – HC n° 151054-AP, Rel. Adilson Vieira Macabu, j. 01.12.2011, DJe 03.02.2012).

Possibilidade do juiz formular perguntas

"A nova redação do art. 212 do CPP dada pela Lei 11.690/2008 permitiu a inquirição das testemunhas diretamente pelas partes, mas não extinguiu a possibilidade de o Juiz também formular diretamente perguntas. Dessa forma, não há falar em nulidade quando o Magistrado inquire as testemunhas, principalmente se, como no caso dos autos, foi dada a palavra à defesa que, quando achou oportuno, formulou perguntas diretamente às testemunhas. Ademais, a jurisprudência desta Corte Superior posicionou-se no sentido de que eventual inobservância do art. 212 do CPP gera nulidade meramente relativa, sendo necessário, para seu reconhecimento, a manifestação oportuna, sob pena de preclusão e a comprovação do efetivo prejuízo, conforme o princípio do *pas de nullité sans grief*, previsto no art. 563 do CPP" (STJ – HC nº 237276-RS, Rel. Marilza Maynard, j. 18.06.2013, DJ 24.06.2013).

Possibilidade do juiz formular perguntas. Ausência do MP

"No caso dos autos, conquanto o Ministério Público não estivesse presente na ocasião em que ouvidas as testemunhas, o certo é que o próprio artigo 212 do Código de Processo Penal permite que o juiz participe das inquirições, sendo-lhe facultada, outrossim, na busca da verdade real, a produção de provas necessárias à formação do seu livre convencimento, nos termos do artigo 156, inciso II, do mencionado diploma legal, o que revela a inexistência do prejuízo suportado pelo apenado, sendo certo que o togado de origem não atuou como acusador, mas dentro dos limites que lhe são conferidos pelo ordenamento jurídico vigente. Ademais, a defesa teve a oportunidade de formular às testemunhas os questionamentos que entendeu pertinentes para o embasamento de sua tese, razão pela qual eventual nulidade somente poderia ser reclamada pela parte ausente ao ato. Nessa toada, sabe-se que o artigo 565 do Código de Processo Penal preceitua que 'nenhuma das partes poderá argüir nulidade a que haja dado causa, ou para que tenha concorrido, ou referente aformalidade cuja observância só à parte contrária interesse'." (STJ, Quinta Turma, AgRg no AREsp 1191886/PE, -Rel. Ministro JORGE MUSSI, Data do Julgamento: 06/12/2018, Data da Publicação/Fonte DJe 14/12/2018).

Art. 213. **O juiz não permitirá que a testemunha manifeste suas apreciações pessoais, salvo quando inseparáveis da narrativa do fato.**

Apreciações pessoais da testemunha – Como já afirmamos anteriormente, o testemunho tem um caráter histórico, no sentido de que deve retratar fatos passados, já ocorridos. Quando a testemunha passa a formular conjecturas, dando opiniões pessoais, sem interesse para o processo, mais emite palpites do que, propriamente, informações. É essa a conduta que o código busca inibir, cumprindo ao juiz advertir a testemunha para que se compenetre naquilo que lhe foi perguntado, evitando divagações desnecessárias. Mas não se deve olvidar, de outra parte, que, na maioria das vezes, são humildes as testemunhas, sendo comum a frase segundo a qual "vou começar do começo". O juiz sensível saberá entender essa situação e, educadamente, limitar o alcance do depoimento. Mais direto, nesse sentido, é o Código de Processo Penal português, ao dispor que "não é admissível como depoimento a reprodução de vozes ou rumores públicos" (art. 130, 1).

Tourinho Filho oferta um exemplo interessante sobre a "apreciação pessoal" da testemunha, ao mencionar um acidente de trânsito, na qual a testemunha deve indicar de que modo se deu a colisão e não o que faria se estivesse no lugar do motorista (*Código de Processo Penal Comentado*, vol. I, p. 567). Outra apreciação pessoal que se revela, na prática, ineficaz, é a chamada *testemunha de antecedentes*, convocada a juízo para tecer elogios à figura do réu, cuja vida pregressa, porém, pode ser apurada, com muito mais fidelidade, na análise de sua folha de antecedentes.

Art. 214. **Antes de iniciado o depoimento, as partes poderão contraditar a testemunha ou argüir circunstâncias ou defeitos, que a**

tornem suspeita de parcialidade, ou indigna de fé. O juiz fará consignar a contradita ou argüição e a resposta da testemunha, mas só excluirá a testemunha ou não lhe deferirá compromisso nos casos previstos nos arts. 207 e 208.

Contradita – Segundo Câmara Leal, "contradita é o ato inicial pelo qual se impugna o valor da testemunha, antes que ela preste seu depoimento" (ob. cit., vol. II, p. 48). De sorte que, suspeitando da parcialidade da testemunha ou, ainda, que ela não mereça fé pública, pode a parte que não a arrolou impugnar sua oitiva. Assim, por exemplo, se a testemunha for parente, amiga íntima ou inimiga capital de uma das partes.

O dispositivo, na prática, tem reduzido alcance, eis que, ainda que procedente a contradita, nada impede que o juiz, ao acolhê-la, ouça a testemunha na condição de mero informante. É o que ocorre, na maioria das vezes, no cotidiano forense. Demais disso, é irrelevante o fato de a pessoa ter sido ouvida em uma ou outra condição, posto que, testemunha ou informante, o juiz dará a seu depoimento o valor que entender cabível, nos termos do princípio do livre convencimento que orienta o processo penal. Pode, assim, considerar o depoimento de um informante e desprezar de uma testemunha, devidamente compromissada e sujeita ao crime de falso testemunho, posto que, entre ambas, não há qualquer hierarquia previamente estabelecida, de forma que um depoimento valha mais que o outro.

Em suma: a testemunha, ainda que procedente a contradita, não deve, *a priori*, ser excluída. Salvo nas hipóteses dos arts. 207 e 208 do código, que tratam, respectivamente, das pessoas proibidas de depor, em face do sigilo, e daquelas a quem não se cogita do compromisso de dizer a verdade, em virtude de parentesco ou afinidade, doença ou deficiência mental e menoridade. Mas, mesmo nesses casos, duas opões se abrem ao juiz: pode excluir a testemunha ou ouvi-la sem deferir o compromisso. Melhor que opte por esta última alternativa, em homenagem aos princípios do devido processo legal e da ampla defesa e acusação. Pensamos, assim, que a exclusão deve ser reservada para a única hipótese, exatamente aquela prevista no art. 207 do código, que trata das pessoas que são proibidas de depor. E, ainda assim, se a testemunha comprovar que foi desobrigada por aquele que lhe confiou o segredo, poderá depor, conforme consta da parte final do art. 207.

Procedimento – Formulada a contradita, cabe ao juiz, desde logo, ouvir a testemunha sobre o alegado, inquirindo, por exemplo, se ela tem amizade íntima ou inimizade capital com o réu. A parte adversa, caso tenha algo a sustentar, deve fazê-lo nesse momento, decidindo, em seguida, o juiz, no sentido de rejeitar a contradita ou, caso a acolha, excluir a testemunha ou ouvi-la na condição de informante. Essa decisão não é passível de qualquer impugnação naquele instante, nada impedindo que, em sede de eventual apelação, como preliminar, a parte prejudicada renove o debate.

Não vislumbramos a possibilidade da parte que arrolou a testemunha pretender contraditá-la. Se a defesa indicou determinada testemunha, presume-se que conhecia, de antemão, sua condição subjetiva, não fazendo sentido duvidar de sua parcialidade. O mesmo se diga da acusação. Assim, a acusação pode contraditar as testemunhas arroladas pela defesa e vice-versa. Não foi, contudo, o que pareceu ao STJ, em aresto abaixo transcrito. Nada impede, ainda, que o corréu contradite a testemunha indicada pela acusação ou pelo outro réu.

JURISPRUDÊNCIA

Momento oportuno

a) antes da oitiva

"Nos termos do art. 214 do CPP o momento de se contraditar a testemunha, arguindo circunstâncias ou defeitos que a tornem suspeita de parcialidade ou indigna de fé, ocorre em audiência, antes de iniciado o seu depoimento" (STF – Rel. Sydney Sanches – *RT* 744/518).

b) depois da oitiva. Nulidade relativa

"Manifestado o desejo de contraditar a testemunha, deve o Magistrado colher as razões da contradita antes de inquiri-la. Colhendo as razões apenas depois da inquirição das testemunhas, mas sopesando fundamentadamente os motivos pelos quais apenas a acolhia com relação a uma delas, ausente qualquer prejuízo à defesa. Ademais, é permitido ao Juiz ouvir as testemunhas mesmo depois de deferida a contradita, oportunidade em que não lhes serão deferido o compromisso" (STJ – RHC n° 16705-BA, Rel. Jane Silva, j. 01.04.2008, DJe 22.04.2008).

MP pode contraditar testemunha por ele arrolada

"É possível à acusação contraditar testemunha por ela própria arrolada, desde que fundada em fatos concretos que possam demonstrar sua eventual suspeição, notadamente quando a defesa também a arrolou" (STJ – RHC n° 16705-BA, Rel. Jane Silva, j. 01.04.2008, DJe 22.04.2008).

Art. 215. Na redação do depoimento, o juiz deverá cingir-se, tanto quanto possível, às expressões usadas pelas testemunhas, reproduzindo fielmente as suas frases.

Fidelidade do depoimento – A redação do depoimento deve se orientar pela fidelidade àquilo que foi dito pela testemunha, procurando, na medida do possível, reproduzir os termos por ela empregados. Em um país de dimensões continentais como o nosso, expressões utilizadas em uma determinada localidade são desconhecidas em outra ou possuem significado diverso. Em nossa experiência de Ministério Público, recordamos de atendimento realizado a uma mãe que dizia ter a filha "fugido" com seu namorado. Ao indagarmos do paradeiro da criança, a mãe apontou para a pessoa que estava ao seu lado, como aquela que "fugira". Na verdade, "fugir", nessa cidade de interior, não tem o sentido de ir embora, mas se refere a relacionamento sexual havido entre o agente e a "fugitiva". Uma mulher chamada de "rapariga", na região sul, se sentirá lisonjeada, posto que jovem ainda, donzela. Na região nordeste se ofenderá, já que comparada à prostituta.

A fidelidade não impõe, contudo, que evidentes erros de português sejam fielmente reproduzidos, obrigando o juiz a consignar expressões como "nóis fumo, nóis vimo, nóis chegô", nos exemplos espirituosos de Tourinho Filho (*Código de Processo Penal Comentado*, vol. 1, p. 568). A "ratio legis" que inspirou o legislador tem por objetivo evitar que o juiz empregue termos empolados, com retórica complexa e afetada, repletos de desnecessária erudição, que, embora possam ficar bem, por exemplo, num artigo de doutrina, mostram-se distantes daquilo que a testemunha efetivamente pretendeu exprimir. Se a testemunha indica o xingamento que ouviu, essa expressão, embora possa soar desagradável, deve ser textualmente reproduzida na redação do depoimento, de modo a preservar sua fidelidade.

Art. 216. O depoimento da testemunha será reduzido a termo, assinado por ela, pelo juiz e pelas partes. Se a testemunha não sou-

ber assinar, ou não puder fazê-lo, pedirá a alguém que o faça por ela, depois de lido na presença de ambos.

Redução a termo do depoimento – Tudo o que foi dito pela testemunha, oralmente, deverá ser reduzido a termo, isto é, deverá ser lançado no papel mediante ditado do juiz. Após essa providência, o próprio juiz, as partes e a testemunha assinarão esse depoimento. Nesse momento, a testemunha, bem como as partes, lendo o depoimento, poderão se insurgir contra alguma expressão que, eventualmente, não corresponda à realidade. Cabe ao juiz, caso entenda ser o caso, apreciar a reclamação, fazendo as correções que entender cabíveis, em providência hoje facilitada pelo emprego da informática, a evitar as ressalvas nas entrelinhas e os conhecidos "digos" de outrora.

Caso a testemunha não saiba assinar ou não puder fazê-lo (e, acrescentamos, conquanto sabendo e podendo assinar, se negue a fazê-lo), deverá o juiz pedir que alguém assine a rogo o depoimento, que, antes, será lido em voz alta pelo juiz, ao depoente. Eventual ausência de assinatura dos participantes da audiência configura mera irregularidade, como visto da jurisprudência abaixo transcrita.

JURISPRUDÊNCIA

Falta de assinatura do juiz, do MP ou da testemunha. Mera irregularidade

Instrução criminal. Audiência de inquirição de uma testemunha de defesa. Falta de assinatura, no termo, do defensor ad hoc. Simples irregularidade, sem prova da ausência. Depoimento, ademais, que não influiu na sentença de mérito. Pedido de habeas corpus indeferido (STF – HC nº 57.308 – DJ de 15.10.79, p. 7.654 – Rel. Leitão de Abreu).

"O fato de o promotor de Justiça deixar de assinar o termo da audiência, longe de configurar qualquer hipótese de nulidade, caracteriza mera irregularidade processual, que não dá ensejo à invalidação formal do procedimento penal persecutório" (STF – Rel. Celso de Mello – *RT* 842/463).

Quanto à falta de assinatura do juiz ou do MP, v. art. 405 abaixo

Estenotipia – Já foi muito comum, pelo menos no Estado de São Paulo, o emprego da estenotipia, tão frequente nos filmes americanos que narram julgamentos pelo júri. Por esse sistema, um técnico percute poucas teclas em um pequeno aparelho, simultaneamente ao que ouve, sem a necessidade de posterior ditado do juiz. Posteriormente, este mesmo técnico transpõe para o papel aquilo que colheu em audiência. A despeito de alguma crítica ao sistema, dado ao tempo tomado do servidor ao transcrever, posteriormente, o depoimento e, acrescentaríamos, ao tamanho enorme do depoimento que via de regra se verifica, com algumas expressões desnecessárias, mas constantes do termo (já que não passaram pelo filtro do juiz), trata-se de medida salutar, que permite a realização da audiência em tempo muito mais célere se comparado ao tradicional emprego do computador, com as perguntas respondidas sendo ditadas oralmente pelo juiz ao servidor.

O inconveniente que surge consiste na impossibilidade da testemunha – e mesmo das partes – impugnarem a veracidade daquilo que foi declarado. Se, pelo sistema tradicional, partes e testemunhas podem ler o depoimento, a esta altura já impresso (ou constante da tela do computador), apontando-lhe eventual imperfeição, essa possibilidade, tratando-se de estenotipia, inexiste, posto que a transcrição para o papel se dará dias depois. Duas alternativas se abrem para superar esse entrave: pode a parte interessada solicitar ao técnico que leia aquilo que está transcrito pelo sistema de estenotipia. Trata-se de diligência demorada, em face do tamanho das papeletas que saem daquele pequeno e estranho aparelho, e que tomará grande tempo do técnico. É citado, com frequência, um julgado do extinto Tribunal de Alçada Criminal do Estado de São Paulo, transcrito na RT 634/294, segundo o qual o juiz não poderia negar, à parte, o direito de leitura do depoimento colhido por estenotipia. Em acesso ao julgado, constatamos que ele não possui tal alcance. Primeiro, porque negou mandado de segurança ao interessado, que defendia seu direito de que o depoimento fosse colhido pela forma tradicional. Segundo, em virtude de que facultou ao juiz a possibilidade de determinar a leitura pelo estenotipista do depoimento. Ou seja, trata-se de faculdade conferida ao juiz e não obrigação.

Alternativamente e talvez mais eficaz, seja que o interessado leve consigo um gravador e, após comunicar esse fato ao juiz, grave o teor dos depoimentos, podendo confrontar, ao depois, o teor da fita com a transcrição dos depoimentos feitas pelo estenotipista.

> **ATENÇÃO** - O Código de Processo Civil, com aplicação no processo penal (art. 3º, do CPP), prevê expressamente a possibilidade de gravação da audiência pelas partes, "independentemente de autorização judicial" (art. 367, § 6º, do CPC).

Audiovisual – No Estado de São Paulo vem sendo largamente empregado o meio audiovisual pelo qual o depoimento das testemunhas, vítimas e interrogatório do réu, são tomados através de uma câmera, com um microfone instalado diante do depoente. Com isso, o depoimento assume total fidelidade, eis que desnecessária sua redução a termo pelo juiz. Demais disso, o depoente não poderá invocar algum equívoco na transcrição, posto que transcrição não há, senão a colheita ao vivo daquilo que foi dito. Tampouco às partes é dado algum protesto nesse sentido. Em algumas comarcas, até mesmo as alegações finais das partes são colhidas dessa forma, com a acusação e a defesa postando-se diante da câmera a formular seus pedidos, sem que se vislumbre, com isso, qualquer nulidade, em face da ausência de prejuízo nessa conduta.

A forma de qualificação da testemunha, nesse caso, vem regida pelo Provimento nº 08/2011, da Corregedoria Geral da Justiça, que, em seu item 77.2, determina que "a adoção desses meios de registro e documentação será objeto de anotação no termo de audiência, lançando-se, por escrito e em separado, as qualificações dos depoentes, que serão repetidas verbalmente quando da gravação, de modo a não deixar dúvidas quanto à identidade da pessoa ouvida". Ou seja, o depoente é qualificado em separado, em dado colhido, na prática, por um serventuário e, posteriormente, diante da câmera, é instado em repetir sua qualificação, de modo a afastar qualquer dúvida a respeito de sua identidade. O registro audiovisual dos depoimentos deverá ocorrer em mídia adequada, em arquivos individuais, identificados, de forma abreviada, pelo nome da pessoa ouvida e sua condição no processo (réu, testemunha de acusação, vítima, testemunha defesa). Caso "interposto recurso da sentença, quando da elaboração de certidão de remessa dos autos ao Tribunal, o Supervisor ou Coordenador deverá também certificar nos autos que o registro audiovisual se encontra em perfeito estado, de modo a possibilitar sua reprodução" (item 77.5).

O provimento deixa claro, ainda, que as fitas audiovisuais não serão objeto de transcrição, providência que, de fato, não faria qualquer sentido, não havendo razão para se reduzir a termo (colocar no papel), aquilo que está registrado de viva voz. Nesse sentido, a propósito, é o teor da Resolução nº 105/2010, do Conselho Nacional de Justiça, em seu art. 2º, pelo qual "os depoimentos documentados por meio audiovisual não precisam de transcrição". Na ferramenta conhecida como *Jurisprudência de Teses*, de n. 29, do STJ, publicada em 04.03.2015, restou assentado que "o registro audiovisual de depoimentos colhidos no âmbito do processo penal dispensa sua degravação ou transcrição, em prol dos princípios da razoável duração do processo e da celeridade processual, salvo comprovada demonstração de necessidade" (tese n. 10).

Sobre a desnecessidade de degravação da prova colhida por audiovisual, v. também art. 405, § 2º, abaixo.

Art. 217. Se o juiz verificar que a presença do réu poderá causar humilhação, temor, ou sério constrangimento à testemunha ou ao ofendido, de modo que prejudique a verdade do depoimento, fará a inquirição por videoconferência e, somente na impossibilidade dessa forma, determinará a retirada do réu, prosseguindo na inquirição, com a presença do seu defensor. (Redação dada pela Lei nº 11.690, de 2008)

Parágrafo único. A adoção de qualquer das medidas previstas no caput deste artigo deverá constar do termo, assim como os motivos que a determinaram. (Incluído pela Lei nº 11.690, de 2008)

Sobre o interrogatório por videoconferência, com maior profundidade, v. art. 185, § 2º, acima.

Retirada do réu da sala de audiência – Não é raro que a presença do réu, em sala de audiência, incomode vítima ou testemunha, inibindo a espontaneidade de seus depoimentos, caso prestados diante do acusado. Imagine-se uma vítima de estupro, obrigada a depor face a face com seu algoz. Ou mesmo aquele que suportou um sequestro, compelido a ser ouvido diante da quadrilha responsável pelo crime. Nessas hipóteses identificadas pelo juiz, em que o ânimo da testemunha ou vítima é afetado, ele poderá realizar a inquirição por videoconferência ou, na impossibilidade de emprego desse meio, determinar a retirada do réu, mantida, por óbvio, a presença de seu defensor.

Em que pese o texto legal fazer referência ao juiz, nada impede que a própria testemunha ou ofendido invoquem esse temor. É comum que, antes da audiência, por vezes no corredor que dá acesso à sala, tais pessoas procurem o membro do Ministério Público narrando seu constrangimento. Por vezes, não querem nem mesmo se deparar com o réu na sala de audiência, mesmo que venha a ser posteriormente retirado. Cabe ao promotor, então, levar o fato ao juiz, de modo a evitar qualquer contato visual entre depoente e acusado. Claro que, ao apreciar o pedido, deverá o juiz atentar ao caso concreto, tendo em mente que a regra geral se orienta no sentido da manutenção do réu na sala de audiência. Assim, por exemplo, não faria muito sentido, salvo situação excepcional, que um policial, na qualidade de testemunha, se negasse a depor diante do réu. Ou que um agente, em um crime de sonegação fiscal, invoque algum constrangimento em face da manutenção do acusado na sala. Lembre-se, ainda, da possibilidade de retirada do réu prevista no art. 796 do código, pelo qual "os atos de instrução ou julgamento prosseguirão com a assistência do defensor, se o réu se portar inconvenientemente".

Tal retirada é possível ainda que o réu atue em causa própria, conforme decisão do STJ abaixo transcrita. Nesse caso, porém, deve ser providenciada a nomeação de um defensor "ad hoc", a quem cumprirá acompanhar o ato.

JURISPRUDÊNCIA

Possibilidade de retirada do réu quando atua em causa própria

"Nos termos do art. 217, do CPP, o réu pode ser retirado da sala de audiências, quando constranger o depoimento de testemunhas, sendo irrelevante a circunstância de o réu atuar em causa própria, se o Juiz providenciou a assistência de dativo para o ato" (STJ – HC n° 11550-SP, Rel. Gilson Dipp, j. 15.08.2000, DJ 25.09.2000, p. 117).

Retirada do réu em videoconferência

"No caso em que a audiência para oitiva da vítima e da testemunha é realizada por meio de videoconferência, a interpretação mais consentânea com o objetivo do disposto no art. 217 do CPP é a de que o réu também pode ser impedido de acompanhar os depoimentos, pois busca-se a fidedignidade da prova colhida, bem como a preservação da dignidade e intimidade dos depoentes, que seriam prejudicadas pela presença do réu, mesmo a distância. Ademais, o contraditório e a ampla defesa do acusado permanecem resguardados pela indispensável presença da defesa técnica no ato processual. Na hipótese dos autos, devidamente fundamentado pelo Juízo singular que a vítima e a testemunha tinham temor de depor na presença do réu e presente a defesa técnica na audiência realizada por videoconferência, não há que se falar em nulidade." (STJ – AREsp 1961441/MS, 5ª Turma, Min. Rel. Joel Ilan Paciornik, j. 02/08/22)

Necessidade de fundamentação do ato – A jurisprudência de nossos Tribunais Superiores é cristalizada no sentido de permitir a retirada do réu da sala de audiências, sem que nisso se vislumbre qualquer espécie de cerceamento de defesa. Nesse sentido, o Superior Tribunal de Justiça. Mas é preciso cautela na interpretação desse dispositivo legal. Primeiro porque, no plexo de direitos que cercam o acusado, se inclui, indubitavelmente, o de estar presente à audiência, a fim de exercer sua autodefesa que, aliada à defesa técnica, aperfeiçoaram o contraditório e a ampla defesa, tão caros à Constituição da República. Ora, presente à audiência, poderá o acusado municiar seu defensor de dados importantes, que eventualmente venham a influir no rumo da prova e induzir mesmo à sua absolvição. E, segundo, deve estar presente o caráter de excepcionalidade da medida, somente aplicável quando a presença do acusado "causar humilhação, temor, ou sério constrangimento à testemunha ou ao ofendido". Há, portanto, que se avaliar se os motivos elencados em lei estão presentes, de forma concreta, a fim de justificar a medida de exceção. Pensar-se de forma diversa, determinando a saída do réu sem maior cuidado, importaria em transformar a exceção em regra, o que é inadmissível.

Daí a preocupação do legislador, manifestada neste dispositivo, no sentido de que tal decisão seja devidamente fundamentada (art. 315 do CPP), cumprindo que conste do termo de audiência os motivos concretos pelos quais foi o acusado retirado da sala. Com isso, faz-se coro à jurisprudência do Supremo Tribunal Federal.

JURISPRUDÊNCIA

Retirada do réu não configura cerceamento de defesa

"Ausência do acusado no depoimento da vítima. Alegação de violação ao contraditório e à ampla defesa, em virtude da não observância do art. 217 do CPP. Manifestação temerária da vítima em prestar declarações na presença do acusado no momento de seu depoimento. Presença do defensor na sala de audiência, que não se opôs no momento oportuno. Preclusão. Prejuízo não demonstrado" (STF – HC n° 115266-ES, Rel. Gilmar Mendes, j. 10.09.2013, DJe 24.09.2013).

"O art. 217 do CPP faculta ao juiz, uma vez verificado que a presença do réu poderá influir no ânimo da testemunha, de modo que prejudique a verdade do depoimento, retirá-lo, prosseguindo a inquirição com a presença de seu defensor, consignando em ata os motivos que determinaram o ato. Na hipótese, a Magistrada de primeiro grau fez constar no termo de audiência que as testemunhas da acusação foram todas ouvidas sem a presença do acusado em audiência em razão de pedido por elas formulado, inexistindo, por isso, qualquer constrangimento ilegal" (STJ – HC n° 89382-RS, Rel. Napoleão Nunes Maia Filho, j. 21.08.2008, DJe 22.09.2008).

O ato deve ser motivado

"Não ofende a Constituição e nem traduz cerceamento de defesa a decisão do juiz que, suficientemente motivada, ordena a retirada do acusado da sala de audiências, a pedido da vítima e das testemunhas, que se sentiram atemorizadas com a presença do réu. Esse poder de exclusão, deferido ao Magistrado, tem por fundamento o art. 217 do CPP e, na concreção do seu alcance, objetiva assegurar às testemunhas e ás vítimas a plena liberdade moral para deporem em juízo, sem qualquer receio ou temor. Para que essa extraordinária prerrogativa processual do Magistrado não se converta em fonte de abusos e de práticas arbitrárias, toma-se imprescindível que o ato decisório seja fundamentado, que o juiz faça constar do termo processual as razões que motivaram a retirada do acusado e que a instrução criminal seja realizada na presença do defensor técnico do réu" (STF – Rel. Octávio Gallotti – RT691/390).

Art. 218. Se, regularmente intimada, a testemunha deixar de comparecer sem motivo justificado, o juiz poderá requisitar à autoridade policial a sua apresentação ou determinar seja conduzida por oficial de justiça, que poderá solicitar o auxílio da força pública.

Testemunha faltosa – Caso regularmente intimada a testemunha não compareça, sem que justifique essa ausência, é dado ao juiz ordenar à autoridade policial sua apresentação ou determinar que, debaixo de vara, seja ela apresentada coercitivamente por oficial de justiça, que poderá solicitar o auxílio da polícia para a concretização da diligência. Trata-se de medida que se mostra mais eficaz em uma comarca de dimensões não tão extensas, a permitir que, suspensa a audiência, se mande buscar o faltoso. Nas grandes capitais, por exemplo, essa interrupção demandaria um largo espaço de tempo, até que a polícia ou o meirinho procurassem a testemunha e a apresentasse em juízo. Tem sido mais comum, nesses casos, a redesignação da audiência, com a emissão, desde logo, de ordem judicial para condução coercitiva da testemunha. O texto faz menção apenas à testemunha, mas lembramos que dispositivo idêntico consta do § 1°, do art. 201 acima, no que se refere ao ofendido.

Abuso de autoridade – O artigo 10 da Lei nº 13.869/19 prevê como modalidade de abuso de autoridade o fato de o agente decretar a condução coercitiva de testemunha manifestamente descabida ou sem prévia intimação de comparecimento ao juízo. O agente deve comportar-se abusivamente com a finalidade específica de prejudicar outrem ou beneficiar a si mesmo ou a terceiro, ou, ainda, por mero capricho ou satisfação pessoal. Eis o elemento subjetivo presente nos vários tipos incriminadores da Lei de Abuso de Autoridade, restringindo o alcance da norma de tal forma que, a nosso ver, o dolo eventual fica descartado.

ATENÇÃO – Nos termos da Resolução n.º 181/17 do Conselho Nacional do Ministério Público, pode o membro do *parquet* "notificar testemunhas e vítimas e requisitar sua condução coercitiva, nos casos de ausência injustificada, ressalvadas as prerrogativas legais" (art. 7º. inc. IV).

Art. 219. O juiz poderá aplicar à testemunha faltosa a multa prevista no art. 453, sem prejuízo do processo penal por crime de desobediência, e condená-la ao pagamento das custas da diligência. (Redação dada pela Lei nº 6.416, de 24.5.1977)

Sanções – O dispositivo prevê a aplicação de sanções à testemunha que imotivadamente faltar à audiência. A primeira delas, que se encontra em pleno vigor, diz respeito à multa que era prevista na redação original do art. 453 do código. Ocorre que esse dispositivo foi revogado pela Lei nº 11.689/2008, que passou a prever tal penalidade na redação atual do art. 458, *in verbis*: "Se a testemunha, sem justa causa, deixar de comparecer, o juiz presidente, sem prejuízo da ação penal pela desobediência, aplicar-lhe-á a multa prevista no § 2º do art. 436 deste Código". Essa multa, prevista no § 2º do art. 436, varia entre um e dez salários mínimos.

Além disso, fica a testemunha faltosa sujeita à prática do crime de desobediência, desde que, regularmente notificada, sem motivo justo, ausentar-se da audiência. E pode ainda ser condenada ao pagamento das custas relativas à diligência do oficial de justiça.

JURISPRUDÊNCIA

Testemunha que não comparece

a) responde pelo crime de desobediência

"O art. 219 do CPP declara, de maneira expressa, que as penalidades passíveis de serem aplicadas às testemunhas faltosas podem ser utilizadas sem prejuízo do crime de desobediência. Portanto, a existência de sanção administrativa para a hipótese não descaracteriza o crime do art. 330 do CP" (TJSP – Rel. Camargo Aranha – *RT* 546/344).

"Aquele que, regularmente intimado para depor em juízo, não comparece à audiência nem apresenta qualquer justificativa, limitando-se, posteriormente, a alegar esquecimento, há de ser responsabilizado pelo delito de desobediência, máxime se existe contra ele outro processo pelo mesmo crime, a demonstrar, induvidosamente, real desprezo pela Justiça" (TAMG – Rel. Xavier Lopes – *RT* 544/410).

b) havendo justificativa para a falta não comete o crime de desobediência

"Sendo escusável e perfeitamente justificável a ausência de testemunha chamada a juízo para depor, tal procedimento não caracteriza o crime de desobediência, sendo incabível, portanto, a sua condenação nas penas do art. 330 do CP" (TAMG – Rel. Fiúza Campos – *RT* 492/395).

Art. 220. As pessoas impossibilitadas, por enfermidade ou por velhice, de comparecer para depor, serão inquiridas onde estiverem.

Impossibilidade de comparecimento – Pode ocorrer, contudo, que a despeito do dever de ordem pública que tem a testemunha de comparecer a juízo, ela, por enfermidade ou velhice, se encontre impedida de se locomover, quando, então, deverá ser ouvida pelo Magistrado onde se encontre, devidamente intimadas as partes da data e horário dessa audiência, a fim de que a acompanhem. Esse dispositivo se estende, também, ao ofendido. Suponha-se, assim, que a vítima, baleada durante um roubo, encontre-se hospitalizada, sem condições, portanto, de se deslocar ao fórum. Nesses casos, deverá o juiz dirigir-se ao local em que se encontre para que a ouça.

Videoconferência de réu foragido – A Segunda Turma do Supremo Tribunal Federal (STF) referendou medida liminar concedida pelo ministro Edson Fachin que havia permitido que dois acusados de tráfico de drogas foragidos participassem, por videoconferência, da audiência de instrução e julgamento na ação penal a que respondem. O entendimento é de que as garantias constitucionais do contraditório, da ampla defesa, da eficiência e da celeridade processuais devem ser preservadas (HC 227671). Essa decisão colide com recente entendimento adotado pela Sexta Turma do STJ que, por unanimidade, denegou habeas corpus impetrado por um réu que alegou nulidade do processo por falta de interrogatório, após o indeferimento de sua inquirição de forma virtual enquanto estava foragido. A Corte afirmou que não se aplica ao caso analisado o artigo 220 do Código de Processo Penal – que estabelece que pessoas impossibilitadas por enfermidade ou velhice sejam inquiridas onde estiverem –, pois, como destacado pelo Tribunal de Justiça de São Paulo (TJSP), isso significaria "premiar a condição de foragido" (STJ – HC 640770, Rel. Min. Sebastião Reis Junior, j. em 15.06.21).

JURISPRUDÊNCIA

Videoconferência de réu foragido

A Sexta Tuma do STJ, por unanimidade, denegou habeas corpus impetrado por um réu que alegou nulidade do processo por falta de interrogatório, após o indeferimento de sua inquirição de forma virtual enquanto estava foragido. A Corte afirmou que não se aplica ao caso analisado o **artigo 220 do Código de Processo Penal** – que estabelece que pessoas impossibilitadas por enfermidade ou velhice sejam inquiridas onde estiverem –, pois, como destacado pelo Tribunal de Justiça de São Paulo (TJSP), isso significaria "premiar a condição de foragido". (STJ – HC 640770, Rel. Min. Sebastião Reis Junior, j. em 15.06.21)

Art. 221. **O Presidente e o Vice-Presidente da República, os senadores e deputados federais, os ministros de Estado, os governadores de Estados e Territórios, os secretários de Estado, os prefeitos do Distrito Federal e dos Municípios, os deputados às Assembléias Legislativas Estaduais, os membros do Poder Judiciário, os ministros e juízes dos Tribunais de Contas da União, dos Estados, do Distrito Federal, bem como os do Tribunal Marítimo serão inquiridos em local, dia e hora previamente ajustados entre eles e o juiz. (Redação dada pela Lei nº 3.653, de 4.11.1959)**

§ 1º O Presidente e o Vice-Presidente da República, os presidentes do Senado Federal, da Câmara dos Deputados e do Supremo Tribunal Federal poderão optar pela prestação de depoimento por escrito, caso em que as perguntas, formuladas pelas partes e deferidas pelo juiz, lhes serão transmitidas por ofício. (Redação dada pela Lei nº 6.416, de 24.5.1977)

§ 2º Os militares deverão ser requisitados à autoridade superior. (Redação dada pela Lei nº 6.416, de 24.5.1977)

§ 3º Aos funcionários públicos aplicar-se-á o disposto no art. 218, devendo, porém, a expedição do mandado ser imediatamente co-

municada ao chefe da repartição em que servirem, com indicação do dia e da hora marcados. (Incluído pela Lei nº 6.416, de 24.5.1977)

Hora marcada para inquirição – Determinadas pessoas, em virtude do cargo judicial ou administrativo que ocupam, possuem a prerrogativa de serem ouvidas, na qualidade de testemunhas, em local, data e horário previamente combinados entre elas e o juiz do feito. É de praxe, assim, que se deparando com o pedido de oitiva de um desses ocupantes de cargos públicos, o juiz expeça um ofício a fim de que eles indiquem data e horário que lhes pareçam convenientes. Quanto ao local a ser realizada a audiência, convém seja mesmo no prédio do fórum, sob pena de sério transtorno consistente no deslocamento de toda uma estrutura até onde se encontra a autoridade. Mas, se esta insistir – sobretudo aquelas mais graduadas – assim deverá ser feito, isto é, deverá ser ouvida no local que indicar. Já um prefeito municipal, por exemplo, não faria sentido ser ouvido na sede da prefeitura, em desnecessária e dispendiosa perda de tempo e dinheiro.

ATENÇÃO – Deve-se notar, entretanto, que a prerrogativa processual penal estampada no art. 221 do CPP é exclusiva para as autoridades enquanto ostentarem a condição de testemunha, não se aplicando quando investigados ou acusados.

Ratio legis – Essa prerrogativa leva em conta a importância das funções exercidas pelos ocupantes de tais cargos públicos e procura conciliar, de um lado, sua disponibilidade, sem que acarrete prejuízo ao normal andamento das relevantes atribuições que exercem e, de outro, o interesse da justiça em ouvi-los. Não se trata, porém, como já pareceu à doutrina, de um mero *convite*, como se a testemunha pudesse se negar a depor. Tal possibilidade de negativa, como já analisado, se limita às pessoas indicadas nos arts. 206 e 207 do código, com as ressalvas ali indicadas. O deputado, assim, tem a obrigação de depor, em atenção à regra geral prevista na parte inicial do art. 206 do código. Apenas possui a prerrogativa prevista no dispositivo em exame.

ATENÇÃO – Ao elenco das pessoas acima mencionadas, deverá ser incluído também o membro do *parquet*, pois, nos termos do art. 40, inc. I da Lei nº 8.625/1993, "constituem prerrogativas dos membros do Ministério Público, além de outras previstas na Lei Orgânica [...] ser ouvido, como testemunha ou ofendido, em qualquer processo ou inquérito, em dia, hora e local previamente ajustados com o Juiz ou a autoridade competente".

Pensamos que também o membro do Tribunal de Contas do Município de São Paulo, goze da mesma prerrogativa, vez que a Lei nº 9.167/1980, que reorganizou esse órgão, prevê em seu art. 6º que "desde a posse, aplicar-se-ão aos Conselheiros as mesmas garantias, prerrogativas e impedimentos da Magistratura".

Territórios – Lembramos que não mais existem territórios em nosso País. Os então existentes até a promulgação da Constituição (Amapá, Roraima e Fernando de Noronha), foram, pelas disposições transitórias (arts. 14 e 15), transformados em Estados (os dois primeiros), e anexado ao Estado de Pernambuco (o último). Nada impede, porém, que outros venham a ser criados, "[...] mediante aprovação da população diretamente interessada, através de plebiscito, e do Congresso Nacional, por lei complementar", na letra do art. 18, § 3.º, da CF.

JURISPRUDÊNCIA

Perda da prerrogativa por inércia

"Passados mais de trinta dias sem que a autoridade que goza da prerrogativa prevista no caput do art. 221 do Código de Processo Penal tenha indicado dia, hora e local para a sua inquirição ou, simplesmente, não tenha comparecido na data, hora e local por ela mesma indicados, como se dá na hipótese, impõe-se a perda dessa especial prerrogativa, sob pena de admitir-se que a autoridade arrolada como testemunha possa, na prática, frustrar a sua oitiva, indefinidamente e sem justa causa. Questão de ordem resolvida no sentido de declarar a perda da prerrogativa prevista no caput do art. 221 do Código de Processo Penal, em relação ao parlamentar arrolado como testemunha que, sem justa causa, não atendeu ao chamado da justiça, por mais de trinta dias" STF – Ap n° 421-SP, Rel. Eros Grau, j. 22.10.2009, DJe 04.02.2011).

Parlamentar que não comparece para ser interrogado

"O Parlamentar pode ser convidado a comparecer para o interrogatório no Inquérito Policial, (podendo ajustar, com a autoridade, dia, local e hora, para tal fim – art. 221 do Código de Processo Penal), mas, se não comparecer, sua atitude é de ser interpretada como preferindo calar-se. Obviamente, nesse caso, não pode ser conduzido coercitivamente por ordem da autoridade policial, o que, na hipótese, até foi reconhecido por esta, quando, nas informações, expressamente descartou essa possibilidade" (STF – HC n° 80592-PR, Rel. Sydney Sanches, j. 03.04.2001, DJ 22.06.2001, p. 224).

§ 1º O Presidente e o Vice-Presidente da República, os presidentes do Senado Federal, da Câmara dos Deputados e do Supremo Tribunal Federal poderão optar pela prestação de depoimento por escrito, caso em que as perguntas, formuladas pelas partes e deferidas pelo juiz, lhes serão transmitidas por ofício. (Redação dada pela Lei nº 6.416, de 24.5.1977)

Perguntas por escrito – Em virtude da relevância do cargo que ocupam, possuem as autoridades acima elencadas a faculdade de, querendo, responder às perguntas por escrito. Para tanto, por meio de ofício, o juiz enviará as perguntas formuladas pelas partes e que foram antes deferidas pelo Magistrado. Conquanto não se trate de procedimento ideal, por não permitir a interação entre o juiz, partes e testemunha, não se pode negar, por outro lado, que se traduz em medida altamente salutar, bastando se imaginar o inconveniente que se instalaria caso diversos réus, espalhados pelo país, resolvessem arrolar, por exemplo, o presidente da República como testemunha, obrigando-o a comparecer em juízo, em atitude incompatível com a função por ele exercida. Na prática, não fosse a cautela aqui prevista, jamais se conseguiria ouvir em juízo uma dessas autoridades, em franco prejuízo à celeridade processual.

§ 2º Os militares deverão ser requisitados à autoridade superior. (Redação dada pela Lei nº 6.416, de 24.5.1977)

Militar – Deve ser requisitado a seu superior hierárquico, ou seja, o militar não é intimado por meio de oficial de justiça. Caberá a esse superior, então, comunicar à testemunha a data e horário em que se realizará o ato.

§ 3º Aos funcionários públicos aplicar-se-á o disposto no art. 218, devendo, porém, a expedição do mandado ser imediatamente comunicada ao chefe da repartição em que servirem, com indicação do dia e da hora marcados. (Incluído pela Lei nº 6.416, de 24.5.1977)

Funcionário Público – Deve o funcionário público ser intimado a comparecer por meio de mandado judicial, a ser cumprido pelo oficial de justiça, seguindo-se, assim, a regra geral. Por cautela, contudo, o chefe da repartição será comunicado da data e horário da audiência, a fim de que possa providenciar a substituição do funcionário, evitando, com isso, prejuízo à continuidade do serviço público por ele prestado. Suponha-se que se trate de um médico, que atende em determinado posto de saúde. É fundamental que sua ausência, na data e horário da audiência, seja suprida por outro profissional e, para tanto, é que se avisa de antemão o superior hierárquico. Claro que se trata de medida de cunho administrativo, razão pela qual a falta dessa comunicação, embora altamente salutar, não traz qualquer consequência para o processo.

Art. 222. A testemunha que morar fora da jurisdição do juiz será inquirida pelo juiz do lugar de sua residência, expedindo-se, para esse fim, carta precatória, com prazo razoável, intimadas as partes.

Precatória – Prevê este artigo que a testemunha de fora seja ouvida por precatória, no local onde residir. E, de fato, em um país de dimensões continentais como o nosso, não faria sentido obrigar-se a testemunha a se deslocar até a sede do juízo, para que, perante o juiz da causa, fosse ouvida. Isso sem que haja qualquer previsão de pagamento, por exemplo, das despesas que teria que arcar ou do dia perdido junto ao empregador. Além disso, carece o juiz da causa de jurisdição para ouvir, em comarca diversa, a testemunha, razão pela qual pede ao colega do juízo deprecado a prática do ato.

De se ver que nada impede que a testemunha, querendo, seja ouvida perante o juiz da causa, ainda que resida em comarca diversa. Por vezes as comarcas são contíguas, próximas umas das outras, de forma que a presença da testemunha perante o juízo no qual tramita o processo não lhe causa qualquer transtorno, podendo o ato ser realizado, assim, sem maiores percalços. Mas se trata de mera faculdade, a ser exercida pela testemunha se quiser, e não de obrigação.

Intimação – Da expedição da carta precatória devem ser as partes intimadas. A jurisprudência é absolutamente pacífica no sentido de que obrigatória é a intimação quanto à expedição da carta precatória e não da data e horário nos quais, perante o juízo deprecado, será realizada a audiência. De sorte que, intimado o defensor da expedição da precatória, cabe a ele diligenciar, junto ao juízo deprecado, a fim de se inteirar sobre a realização da audiência. É o teor, a propósito, da Súmula nº 273 do STJ. E mesmo a falta de intimação quanto à expedição da precatória, nos termos do enunciado da Súmula nº 155 do STF, configura nulidade relativa, a depender, portanto, da demonstração do prejuízo oriundo da omissão e da arguição oportuna da nulidade.

Apontam-se críticas a esse entendimento, no sentido de que tal orientação obriga o defensor a se deslocar ao juízo deprecado, por vezes em verdadeira "via crucis", a fim de obter dados concretos a respeito da audiência a ser realizada. Pensamos, contudo, que nos dias de hoje, com a facilidade de comunicação propiciada pela rede mundial de computadores e com a implantação, ainda que paulatina, do chamado processo eletrônico, esse inconveniente pode ser facilmente superado, não havendo maior dificuldade para que o defensor obtenha informação concreta sobre a data da audiência, sem que, para tanto, tenha que se deslocar ao juízo deprecado.

A propósito, nas normas de serviço da Corregedoria Geral da Justiça do Estado de São Paulo (art. 113, inc. VI), há previsão expressa sobre a possibilidade de transmissão eletrônica de cartas precatórias, em caso de urgência.

ATENÇÃO - Segundo a "Jurisprudência de Teses", publicada pelo Superior Tribunal de Justiça, n. 59, de novembro de 2016, item 7, "a ausência de intimação da defesa sobre a expedição de precatória para oitiva de testemunha é causa de nulidade relativa". Já o item 8, da mesma publicação, é no sentido de que "a falta de intimação do defensor acerca da data da audiência de oitiva de testemunha no juízo deprecado não enseja nulidade processual, desde que a defesa tenha sido cientificada da expedição da carta precatória".

JURISPRUDÊNCIA

Basta a intimação da expedição da precatória, não da data da audiência

"Este Tribunal possui jurisprudência reiterada no sentido da desnecessidade da intimação dos defensores do réu pelo juízo deprecado, quando da oitiva de testemunhas por carta precatória, bastando que a defesa seja intimada da expedição da carta. Precedentes citados" (STF – Ap nº 470-MG, Rel. Joaquim Barbosa, j. 06.12.2007, DJe 14.03.2008).

É necessária, também, a intimação da data em que será realizada a audiência

Precatória – Audiência – Oitiva de Testemunhas – Defesa – Intimação –"O exercício do direito de defesa pressupõe a necessidade de intimação para a audiência designada, no juízo deprecado, visando à oitiva de testemunha. A formalidade é essencial à valia do ato, implicando, a falta de observação, a nulidade do processo. A ciência referente à expedição da carta precatória não a supre" (STF – Rel. Marco Aurélio – RJ 231/120).

É necessária a intimação da data em que será realizada a audiência quando se tratar de Defensoria Pública

"Jurisprudência consolidada do Supremo Tribunal Federal – e na mesma linha a do Superior Tribunal de Justiça –, no sentido de que, intimadas as partes da expedição da precatória, a elas cabe o respectivo acompanhamento, sendo desnecessária a intimação da data designada para a audiência no Juízo deprecado. Mitigação desse entendimento em relação à Defensoria Pública. As condições da Defensoria são variadas em cada Estado da Federação. Por vezes, não estão adequadamente estruturadas, com centenas de assistidos para poucos defensores, e, em especial, sem condições de acompanhar a prática de atos em locais distantes da sede do Juízo. Expedida precatória para localidade na qual existe Defensoria Pública estruturada, deve a instituição ser intimada da audiência designada para nela comparecer e defender o acusado necessitado" (STF – RHC nº 106394-MG – Rel. Rosa Weber, j. 30.10.2012, DJe 08.02.2013).

Ausência de intimação. Nulidade relativa

"De acordo com a Súmula 155 do Supremo Tribunal Federal, é relativa a nulidade do processo criminal por falta de intimação da expedição de precatória para inquirição de testemunha. No caso dos autos, foi expedida carta precatória para a inquirição de testemunha arrolada pelo acusado sem a necessária notificação da defesa. Todavia, da leitura da íntegra da ação penal em tela observa-se que a defesa do paciente não se insurgiu contra a falta de intimação acerca da expedição da precatória, somente arguindo a nulidade do feito em sede de habeas corpus impetrado após o trânsito em julgado da condenação" (STJ – HC n° 265921-SP, Rel. Jorge Mussi, j. 13.08.2013, DJe 23.08.2013).

Quando está demonstrado o prejuízo

"A falta de intimação do defensor da expedição de carta precatória para inquirição de testemunhas pode ensejar nulidade, reconhecível, se demonstrado, evidentemente, prejuízo ao réu – Súmula 155 do STF. *In casu*, tal prejuízo restou evidenciado, eis que, não tendo havido a devida intimação da defesa nem do acusado da expedição da carta, a audiência se realizou com a presença de defensor *ad hoc*, que se manteve absolutamente inerte e, ao final, a r. decisão de pronúncia levou em consideração as declarações da testemunha da acusação" (STJ – Rel. Félix Fischer – *RT* 819/545).

Requisitos da carta precatória – Da precatória deve constar, por óbvio, a cópia da denúncia ou queixa, bem como o nome e endereço da testemunha a ser ouvida. Segundo as normas de serviço da Corregedoria Geral da Justiça do Estado de São Paulo, deve ser instruída, ainda, com "depoimentos e declarações prestados na polícia, fotografias dos réus, etc." (art. 442), bem como a indicação de quem arrolou a testemunha (acusação ou defesa). Havendo mais de um réu, deverá ser apontado qual deles arrolou a testemunha a ser ouvida (art. 445).

As partes podem indicar, na precatória, perguntas que entendam pertinentes, a serem formuladas à testemunha. Jurisprudência abaixo transcrita, porém, desobriga o juiz deprecado a formular tais indagações, sob o argumento de que, se efetivamente relevantes, cumpriria ao defensor estar presente à audiência, a fim de, pessoalmente, inquirir a testemunha sobre os pontos tidos como cruciais. Trata-se de posicionamento do qual temos ressalvas, sobretudo quando se tratar de defensor dativo e mesmo quando grande a distância entre o juízo deprecante e deprecado, a dificultar o deslocamento do advogado.

JURISPRUDÊNCIA

Condições para deferimento da precatória

"Arrolar testemunhas inexistentes, residentes em locais distantes, não residentes no lugar indicado ou com endereço no exterior, vem sendo hábito tolerado pelo Judiciário. No entanto, a realidade impõe maior atenção a tal aspecto. O Juiz não pode frustrar o legítimo direito do réu em ouvir uma testemunha domiciliada fora da cidade em que se processa a ação penal. Mas não pode, da mesma forma, permitir que este direito do réu seja utilizado com desvio de intenção, preponderando o desejo de protelar a decisão sobre o interesse em ouvir a testemunha. Se isto for permitido estará sendo cerceado o direito do Ministério Público em ver julgada a ação penal" (TRF – Rel. Vladimir Freitas – *RT* 760/753).

Concentração da prova em audiência não impede a expedição de precatória para oitiva de testemunha

"Embora as testemunhas arroladas pela acusação e pela defesa devam ser ouvidas na audiência de instrução e julgamento, cuidou o legislador ordinário de permitir que a carta precatória para a oitiva daquelas residentes fora da jurisdição do juízo processante seja juntada aos autos a qualquer momento, ainda que configure inversão à ordem estabelecida no caput do artigo 400 do Código de Processo Penal, já que a sua expedição não tem o condão de suspender a instrução criminal, conforme estabelece o artigo 222, § 1º, do mesmo Estatuto Processual Penal. Precedentes" (STJ – HC nº 259758-ES – Rel. Jorge Mussi, j. 06.06.2013, DJe 12.06.2013).

Formulação de perguntas indicadas na precatória. Não obrigatoriedade

"Quanto ao alegado cerceamento de defesa, não ocorreu, uma vez que a defesa foi intimada da expedição da precatória e optou por enviar perguntas, que poderiam, ou não, ser formuladas, haja vista a falta de previsão expressa no sentido de sua obrigatoriedade. Poderia, caso entendesse necessário, se fazer presente na audiência, o que não fez, optando por estratégia diversa. Não pode, dada sua insatisfação com o resultado da prova, alegar prejuízo a que concorreu para dar causa. Com efeito, apenas o art. 177 do CPP é que prevê a transcrição de quesitos em precatória, mas em caso de perícia. Em se tratando de oitiva de testemunha, não há previsão – sequer a necessidade – do envio de questionamentos escritos, muito menos a obrigatoriedade de que o juízo deprecado valha-se deles. Caso a defesa os entendesse imprescindíveis, poderia se fazer presente na audiência, como já dito" (TJRS – MS n° 70057190704 – Rel. Manuel José Martinez Lucas, j. 11.12.2013).

Prazo razoável – Deve o juízo deprecante determinar um "prazo razoável" para cumprimento da carta precatória. A lei, portanto, não aponta um lapso temporal, deixando a critério do Magistrado, segundo um juízo de razoabilidade, a definição desse prazo. Como mera sugestão, antiga jurisprudência orientou o prazo de 20 dias para o réu preso e 40 se solto, em face da redação original do art. 401 do CPP (hoje revogado), que estipulava esses prazos para a oitiva das testemunhas de acusação (cf. RT 155/73). Parecem, contudo, exíguos esses prazos, sobretudo quando se tratar de local distante, desprovido de maiores recursos materiais e com a indicação de diversas testemunhas.

De outra parte, na fixação do prazo, cumpre ao juiz atentar ao fato do réu encontrar-se solto ou preso, sendo que, nesta última hipótese, o lapso deverá ser mais exíguo, em face do constrangimento ilegal que pode o acusado suportar em virtude da demora no cumprimento do ato. Mas nem por isso, achando-se solto o réu, deverá se deferir um prazo excessivamente dilatado, a conspirar contra a razoável duração do processo e sob o risco de sobrevir a prescrição por conta da demora.

Um prazo de 40 dias para o réu preso e de 80 dias se solto parece atender a estes princípios, de forma a propiciar, de um lado, condições práticas para o cumprimento da precatória, sem implicar, de outro, em demora excessiva da diligência.

Obrigatoriedade do cumprimento da precatória – Essa é a regra geral, ou seja, cabe ao juiz deprecado cumprir a precatória expedida pelo juízo deprecante. Não porque entre eles haveria alguma espécie de subordinação hierárquica, obrigando aquele primeiro a se curvar perante uma "ordem" deste último. Mas em virtude da cooperação que deve presidir as relações entre ambos os juízos, aliado ao fato de que, o juiz deprecante, como já dito, carece de competência territorial para realização do ato, fato que o obriga a valer-se do auxílio do colega. Já nos deparamos com uma situação na qual, expedida precatória para proposta de suspensão condicional do processo, negou-se o juízo deprecado a fazê-lo, sob o argumento de que o réu não preencheria os requisitos subjetivos de que trata o art. 89 da Lei n° 9.099/95. Trata-se, porém, de posicionamento equivocado, pois o cabimento do favor legal é matéria a ser observada perante o juízo deprecante, a partir de análise realizada pelo Ministério Público, não se cuidando de análise a ser elaborada pelo juízo deprecado a quem cabe, apenas, cumprir a precatória.

Nada impede, porém, que em situações excepcionais, e por analogia ao Código de Processo Civil, aplicável ao processo penal (art. 3° do CPP), se recuse o juiz deprecado a cumprir a precatória, nos termos do art. 267 e seus incisos, do CPC, se não estiver revestida dos requisitos legais ou quando carecer de competência em razão da matéria ou da hierarquia ou se tiver dúvida acerca de sua autenticidade.

JURISPRUDÊNCIA

Carta precatória e Lei n° 9099/95

Carta Precatória. Falta de condições a serem apresentadas ao réu no juízo deprecado. Lei 9.099/95, art. 89 – Competência – "Compete ao juiz deprecante, ao enviar carta precatória para os efeitos do art. 89, da Lei

9.099/95, fixar as condições pessoais a serem propostas ao acusado, antes, é evidente, sob formulação do MP" (STJ – Rel. José Arnaldo – RJ 239/134).

CASUÍSTICA

Testemunha não encontrada. Não é obrigatória a abertura de prazo para a defesa se manifestar

"O Juízo processante não é obrigado a abrir prazo para manifestação da Defesa sobre a devolução de precatória para oitiva de testemunha não encontrada, cabendo à Defesa requerer a substituição, sob pena do prosseguimento do processo" (STJ – RHC n° 29756-SC, Rel. Laurita Vaz, j. 16.04.2013, DJe 23.04.2013).

Indeferimento da expedição de precatória para oitiva de testemunha que seria apresentada pela defesa. Possibilidade

"Ausente a testemunha na audiência marcada para a sua oitiva, tendo a defesa se comprometido a levá-la independentemente de intimação, não há como se reclamar violação ao Código de Processo Penal, art. 222, porque o Juiz indeferiu posterior pedido de expedição de carta precatória para a tomada de seu depoimento em outra comarca" (STJ – REsp n° 205967-SP, Rel. Edson Vidigal, RT 787/575).

§ 1º A expedição da precatória não suspenderá a instrução criminal.

Não suspensão da instrução – A razão deste dispositivo é evitar que, em atitude pouco escrupulosa, a parte arrole inúmeras testemunhas de fora, em locais diversos deste país continental, como forma de ganhar tempo e, assim, ensejar eventual prescrição ou mesmo excesso de prazo na conclusão do feito, que culminaria com a soltura do réu. De sorte que, expedida a carta precatória, não se suspende o andamento da instrução criminal. O julgamento, porém, deve aguardar o retorno da precatória, no prazo razoavelmente fixado pelo juiz.

JURISPRUDÊNCIA

"Os § § 1º e 2º do artigo 222 da Lei Processual Penal disciplinam que na hipótese de oitiva de testemunha que se encontra fora da jurisdição processante, a expedição da carta precatória não suspende a instrução criminal, razão pela qual o togado singular poderá dar prosseguimento ao feito, em respeito ao princípio da celeridade processual, procedendo à oitiva das demais testemunhas, ao interrogatório do acusado e, inclusive, ao julgamento da causa, ainda que pendente a devolução da carta pelo juízo deprecado" (STJ – HC n. 231633-PR, Rel. Jorge Mussi, j. 25.11.2014).

"Embora o artigo 222, §1º, do Código de Processo Penal, disponha que a expedição da carta precatória não suspende a instrução criminal, a hipótese não autoriza a indiscriminada inversão procedimental da ordem prevista no artigo 400 do Código de Processo Penal, sendo necessário que o Juízo processante observe o interrogatório do acusado como ato final da instrução (RHC 118.854/SP, Rel. Ministro RIBEIRO DANTAS, QUINTA TURMA, DJe 28/2/2020). A Terceira Seção do Superior Tribunal de Justiça, na RvCr n. 5563/DF, de minha relatoria, julgado em 12/5/2021, DJe de 21/5/2021, reafirmou o entendimento de que a nulidade decorrente da inversão da ordem do interrogatório – prevista no artigo 400 do CPP – está sujeita à preclusão e demanda a demonstração de prejuízo." (STJ – AgRg no AREsp 2168397/RS, 5ª Turma, Min. Rel. Reynaldo Soares da Fonseca, j. 18/10/22)

§ 2º Findo o prazo marcado, poderá realizar-se o julgamento, mas, a todo tempo, a precatória, uma vez devolvida, será junta aos autos.

Julgamento sem o retorno da precatória – Transcorrido o prazo marcado para o cumprimento da precatória, ainda que não devolvida, o juiz está liberado para proferir a sentença. Com a reforma processual de 2008, a estipular uma audiência única, com a concentração de todos os atos processuais, a precatória deve ser cumprida até a data dessa audiência, pois nesse ato será, regra geral, proferida a sentença.

A jurisprudência é monótona no sentido de que, transcorrido o prazo assinalado pelo juiz para o cumprimento da precatória, a sentença pode ser proferida sem a devolução da carta. Ao contrário, configurará nulidade a prolação de sentença antes de transcorrido o prazo estipulado pelo juiz para cumprimento da precatória. Nulidade, porém, que entendemos relativa, a exigir a demonstração do prejuízo. Assim, se a sentença foi proferida quando ainda não devolvida a precatória, mas se o depoimento nela contido - constata-se depois - é de total irrelevância para a apuração da verdade (por exemplo, de uma testemunha que afirmou desconhecer o fato ou não o ter presenciado), não se reconhecerá a eiva.

Ainda em observância à sistemática atual do processo penal, deverá o juiz ter o cuidado de designar a audiência de julgamento em data posterior ao prazo marcado para cumprimento da precatória, em tempo hábil, assim, de propiciar sua juntada aos autos.

Devolvida a precatória, depois do julgamento, ela será, ainda assim, juntada aos autos, "a todo tempo". Deve-se entender, assim, que se o feito ainda estiver sob a instância do juiz de 1° grau, embora já tenha proferido a decisão, ele deve determinar a juntada da precatória aos autos. Encontrando-se em grau de recurso, deverá remetê-la ao relator, a quem caberá determinar sua juntada. E, mesmo depois do trânsito em julgado, providência idêntica deve ser adotada, como se extrai da expressão "a todo tempo".

JURISPRUDÊNCIA

Sentença proferida antes da devolução da precatória. Possibilidade

"Esta Corte Superior possui entendimento de que não há falar em nulidade diante da prolação de sentença condenatória sem a prévia juntada aos autos da carta precatória de oitiva de testemunha arrolada pela defesa, pois, conforme disposto no art. 222 do Código de Processo Penal, a expedição de carta precatória não suspende a instrução criminal. Ademais, segundo a legislação penal em vigor, é imprescindível quando se trata de nulidade de ato processual a demonstração do prejuízo sofrido, em consonância com o princípio *pás de nullité sans grief*, o que não ocorreu na espécie. Incidência da Súmula 83/STJ" (STJ –AgRG no AREsp n° 226412-TO, Rel. Maria Thereza de Assis Moura, j. 23.10.2012, DJe 29.10.2012).

"A inquirição de testemunhas que não residem no local da jurisdição do Juízo está regulamentada no artigo 222 do Código de Processo Penal, cujos § § 1º e 2º expressamente prevêem que a expedição da precatória não suspende a instrução criminal, e que é possível a realização de julgamento quando a carta não for devolvida no prazo marcado. Na hipótese vertente constata-se que a lei processual foi estritamente cumprida, uma vez que o magistrado responsável pelo feito, após o transcurso do período assinalado para o cumprimento da precatória expedida, decidiu prosseguir com a instrução processual, sobrevindo, posteriormente, sentença condenatória, não havendo que se falar em cerceamento de defesa, tampouco em vício a macular o édito repressivo. Precedentes" (STJ – HC n° 92638-GO, Rel. Jorge Mussi, j. 21.10.2010, DJe 13.12.2010).

Sentença proferida antes do prazo marcado para devolução da precatória. Impossibilidade

"Se a expedição da precatória não suspende a instrução criminal, não se poderá, no entanto, declará-la encerrada, enquanto não se escoar o prazo assinalado para seu cumprimento, segundo se depreende do disposto no art. 222, § § lº e 2º, do CPP" (TACRIM-SP – Rel. Celso Limongi –*JUTACRIM* 80/418).

Inversão da ordem de oitiva de testemunhas. Nulidade relativa

"Havendo a necessidade de se ouvir testemunha de acusação e Defesa por meio de carta precatória, excepciona-se a imposição de observância a ordem de oitiva: primeiro, a da acusação e, depois, a da defesa. Inteligência do art. 400 do Código de Processo Penal" (STJ – HC nº 236459-RO, Rel. Og Fernandes, j. 02.04.2013, DJE 23.09.2013).

§ 3º Na hipótese prevista no caput deste artigo, a oitiva de testemunha poderá ser realizada por meio de videoconferência ou outro recurso tecnológico de transmissão de sons e imagens em tempo real, permitida a presença do defensor e podendo ser realizada, inclusive, durante a realização da audiência de instrução e julgamento. (Incluído pela Lei nº 11.900, de 2009)

Videoconferência – Sobre o emprego da videoconferência, remetemos o leitor aos comentários tecidos ao art. 185, § 2º, acima. O dispositivo permite que a testemunha de fora seja ouvida por videoconferência ou outro meio similar. Essa oitiva, segundo se depreende do vocábulo "durante", poderá ocorrer em data anterior àquela na qual marcada a audiência de instrução e julgamento ou concomitantemente a essa audiência. Nesta última hipótese, ouvidas as testemunhas residentes na sede do juízo, abre-se uma "janela", durante a audiência, para que a testemunha de fora seja inquirida por videoconferência. Claro que, para tanto, exigir-se-á a existência de uma estrutura apropriada tanto no juízo deprecado como no juízo deprecante, ainda distante de nossa realidade.

Resolução nº 105/2010 do Conselho Nacional de Justiça – O CNJ, por meio de resolução, disciplinou a oitiva de testemunha, no juízo deprecado, por videoconferência. Assim, nos termos do art. 3º, §1º, da aludida resolução, recomenda que "o testemunho por videoconferência deve ser prestado na audiência una realizada no juízo deprecante, observada a ordem estabelecida no art. 400, caput, do Código de Processo Penal".

Já o § 2º, do art. 3º da resolução, dispõe que "a direção da inquirição de testemunha realizada por sistema de videoconferência será do juiz deprecante". E nem poderia ser diferente, pois não faria sentido que, em um sistema de videoconferência, a presidência do ato coubesse ao juiz deprecado. Com efeito, as perguntas do juiz e das partes (com a possibilidade de indeferimento, neste último caso), é atribuição a ser desenvolvida no juízo deprecante, a quem caberá, ao depois, proferir a sentença.

Presença do defensor – Ao se referir à presença "permitida" do defensor, parece que o legislador tornou facultativo esse acompanhamento. Não pensamos assim. De sorte que, sob nossa compreensão, é obrigatória a presença do defensor ao ato. Com efeito, se a oitiva por videoconferência da testemunha no juízo deprecado se realizar na mesma data da audiência de instrução e julgamento, não se concebe como seria possível que o ato não fosse acompanhado por defensor no juízo deprecante. Afinal, como já destacado, todos os atos probatórios e decisórios (oitiva de vítima e testemunha, interrogatório do réu, alegações finais e sentença), se concentram um uma única audiência, da qual participará obrigatoriamente o advogado, sob pena de grave violação ao direito de defesa. E, mesmo quando realizada essa audiência por videoconferência em data anterior, a salvaguarda de tão relevante direito imporá, decerto, a presença do defensor.

Art. 222-A. As cartas rogatórias só serão expedidas se demonstrada previamente a sua imprescindibilidade, arcando a parte requerente com os custos de envio. (Incluído pela Lei nº 11.900, de 2009)

Parágrafo único. Aplica-se às cartas rogatórias o disposto nos § 1º e 2º do art. 222 deste Código. (Incluído pela Lei nº 11.900, de 2009)

Sobre rogatória, v., ainda, art. 783 abaixo.

Rogatórias – Enquanto a carta precatória se destina ao cumprimento de um ato judicial no âmbito interno, dentro de nosso país, a carta rogatória será expedida quando esse ato deva ser realizado no exterior. A carta rogatória se diz "ativa" quando expedida por autoridade judiciária nacional para a realização de diligência em outros países. "Passiva" quando proveniente de juízes e tribunais estrangeiros e tenha por objeto a prática de ato processual no Brasil. Lembre-se que a Emenda Constitucional nº 45/04, atribuiu ao Superior Tribunal de Justiça a competência para concessão de "exequaturs", para cumprimento de rogatórias no Brasil.

Imprescindibilidade – Com o advento da Lei nº 11.900/2009, passou-se a exigir, para o deferimento da expedição de carta rogatória, que a parte interessada demonstre a imprescindibilidade da diligência. De sorte que, arrolada uma testemunha em um país estrangeiro, cumpre à parte indicar a relevância desse depoimento. Isso ocorre, por exemplo, quando se trate de uma testemunha presencial do fato e, mesmo neste caso, há que se avaliar se outras pessoas não o assistiram, de forma a tornar desnecessária a diligência. Ao contrário, ninguém irá indicar uma testemunha no exterior apenas para que ela enalteça os bons antecedentes do réu.

A medida revela-se salutar sob pena de, em atitude censurável, a parte arrolar testemunhas espalhadas pelo mundo, inviabilizando, com essa conduta, o desfecho do processo e provocando a iminente prescrição.

Essa comprovação – da imprescindibilidade – deverá ser apontada por meio de perguntas que a parte interessada em ouvir a testemunha formulará para análise do juiz. Este, diante dos quesitos apresentados, verificará se, efetivamente, a prova se revela imprescindível, deferindo-a ou não. Não se ignoram os inconvenientes desse procedimento. Primeiro, por obrigar a parte interessada na diligência em adiantar sua tese sem que a testemunha tenha sido ouvida, o que, por vezes, pode ser-lhe prejudicial. Segundo, em virtude de que nem sempre será fácil ao juiz, frente às perguntas que lhe foram endereçadas, aquilatar, de antemão, sobre a relevância ou não da prova. Dos males, porém, o menor. Pensar-se de maneira diferente importaria, como já destacado, em afronta ao princípio que impõe a rápida solução da lide, lembrando-se, ademais, que cumpre ao juiz indeferir as provas que considerar irrelevantes, impertinentes ou protelatórias, nos termos do § 1°, do art. 400 do CPP.

A propósito, a Portaria Interministerial nº 26, de 14 de agosto de 1990, do Ministério da Justiça e do Ministério das Relações Exteriores, em seu item 8, determina que "nas Cartas Rogatórias para inquirição é indispensável que as perguntas sejam formuladas pelo Juízo Rogante".

JURISPRUDÊNCIA

Imprescindibilidade da prova

"A expedição de cartas rogatórias para oitiva de testemunhas residentes no exterior condiciona-se à demonstração da imprescindibilidade da diligência e ao pagamento prévio das respectivas custas, pela parte requerente, nos termos do art. 222-A do Código de Processo Penal, ressalvada a possibilidade de concessão de assistência judiciária aos economicamente necessitados. A norma que impõe à parte no processo penal a obrigatoriedade de demonstrar a imprescindibilidade da oitiva da testemunha por ela arrolada, e que vive no exterior, guarda perfeita harmonia com o inciso LXXVIII do artigo 5º da Constituição Federal" (STF – AP 470-MG, Rel. Joaquim Barbosa, j. 10.06.2009, DJe 02.10.2009).

PENAL. DECISÃO QUE INDEFERE SUBSTITUIÇÃO DE TESTEMUNHA. AGRAVO REGIMENTAL. RECURSO REJEITADO. CONSTITUCIONALIDADE DO ART. 222-A DO CPP. PRECEDENTES. RECURSO DESPROVIDO – "Incabível a substituição de testemunha a ser ouvida por rogatória, quando não evidenciada a imprescindibilidade da prova, a teor do art. 222-A do CPP. O STF, nos autos da Ação Penal 470, reconheceu a constitucionalidade do art. 222-

A do CPP. Requisitos que não ofendem o direito constitucional à ampla defesa. Agravo regimental desprovido" (STF – AP 477-SP, Rel. Ricardo Lewandowski, j. 07.10.2010, DJe 25.10.2010).

Custos de envio – Além da demonstração da necessidade da prova, a parte que requerer a expedição da rogatória deverá arcar com os custos inerentes à sua expedição. Tais custos podem variar de país para país, segundo convenções internacionais, tratados bilaterais e acordos de reciprocidade firmados entre essas nações e o Brasil, que regem a matéria. Para exemplificar, uma rogatória expedida aos Estados Unidos, por força da legislação interna daquele país, reclama a prévia tradução para o inglês de seu teor. Claro que se a rogatória for expedida para Portugal essa providência é desnecessária. Demais disso, a depender da legislação interna de cada país, pode se exigir o prévio depósito de valores em dinheiro, para que o ato se cumpra.

Rogatória e acordos internacionais – Não há que confundir a rogatória com a possibilidade de cooperação estabelecida, por acordos bilaterais, firmado entre nações. Nesse sentido a lição de Vladimir Aras, para quem "as rogatórias não se confundem com os pedidos de assistência jurídica mútua em matéria penal ou *mutual legal assistance* (MLA), que têm fundamento nos tratados internacionais de cooperação e têm cumprimento simplificado, por meio de autoridades centrais, sem intervenção da via diplomática [...]. A assistência jurídica mútua em matéria penal tem por base tratados comumente chamados de *Mutual Legal Assistance Treaties* (MLAT). Trata-se de sistema de cooperação penal que coexiste com o sistema de rogatórias. Estas veiculam decisões da Justiça estrangeira, a serem executadas no Estado requerido após o *exequatur* do STJ; tramitam pela via diplomática e dependem da cortesia internacional (*comitas gentium*). Já os pedidos de *mutual legal assistance* (MLA), aqui também chamados de pedidos de auxílio direto, transitam por intermédio de autoridades centrais. São solicitações de auxílio que devem ser submetidas, quando necessário, ao Poder Judiciário local para decisão de fundo. A MLA funda-se em tratados e é mais célere e menos dispendiosa que o regime de rogatórias." (*Cooperação jurídica em matéria penal*. Porto Alegre: Verbo jurídico, organizadores Luciano Flores de Oliveira e José Paulo Baltazar, 2010, p. 346).

Ocorre que tais acordos, por vezes, são firmados apenas entre órgãos públicos. É dizer: acabam por impor limites à atuação da defesa, razão pela qual, nesses casos, a expedição da rogatória é medida que se impõe. Nesse sentido o julgado do Superior Tribunal de Justiça no qual foi relator o Ministro Jorge Mussi (HC nº 20863–SP), quando destacou: "O que se infere do teor dos esclarecimentos colacionados, assim como da leitura do acordo celebrado entre o Brasil e os Estados Unidos, é que este meio mais célere não pode ser utilizado para a produção de atos de interesse exclusivo da defesa, em razão dos princípios processuais que vigem na legislação Norte-Americana. Tal circunstância, entretanto, não permite que seja descartada, de plano, a via diplomática residual, representada pela expedição de carta rogatória com a observância dos seus requisitos legais, elencados nos artigos 222-A e 783, ambos do Código de Processo Penal. Com efeito, o devido processo legal constitucionalmente garantido pressupõe que sejam disponibilizados às partes os meios e oportunidades para a produção das provas que entendem pertinentes à comprovação das teses sustentadas em juízo, razão pela qual pretensão de oitiva de uma testemunha residente em país estrangeiro não pode ser negada apenas pelo fato do acordo bilateral existente não prever tal possibilidade. Deve-se, ao contrário, analisar se o pleito preenche os requisitos legais para a expedição da carta rogatória, com meio ordinário de realização de atos processuais no exterior, cujo cumprimentou ou não deve ficar cargo do País requerido, no âmbito da sua soberania internacionalmente reconhecida, tratando-se da única medida que, no caso em apreço, confere equilíbrio na relação processual estabelecida entre acusação e defesa. Entretanto, não se poderá falar em cerceamento de defesa caso o País requerido negue cumprimento à carta rogatória, já que, conforme salientado, trata-se de decisão que reside no âmbito de sua soberania [...]. Ante o exposto, concede-se a ordem par cassar a decisão que indeferiu a oitiva de testemunhas residentes nos Estados Unidos da América, arroladas pela defesa, determinando-se que o magistrado singular avalie se o pleito preenche os requisitos elencados nos artigos 222-A e 783, ambos do Código de Processo Penal".

Recurso cabível contra decisão que indefere a expedição de rogatória – Não há previsão de recurso contra essa decisão. De apelação não se cogita, por não se tratar de sentença definitiva de condenação ou absolvição, nem de decisão definitiva em sentido estrito ou terminativa de mérito, tampouco de decisão com força de definitiva ou interlocutória mista. Também não é o caso de recurso em sentido estrito, cujo rol do art. 581 não contempla essa possibilidade. Em julgado do Supremo Tribunal Federal, abaixo transcrito, indicou-se a correição parcial como meio adequado para impugnação dessa decisão.

Ousamos discordar. A correição parcial se presta para corrigir decisão judicial que acarretar, por erro ou abuso, inversão tumultuária do processo. O recurso, portanto, serve para corrigir o *error in procedendo*, isto é, o erro do juiz na condução do processo e não o *error in judicando*. Ora, a decisão que indefere a prova acaba por formular uma análise de mérito, ao entender o juiz, face aos elementos que lhe foram apresentados, que não se demonstrou a imprescindibilidade da prova. Não se trata, assim, de erro na condução do processo, mas erro que, se existente, refere-se ao próprio julgamento. Assim, por exemplo, se o juiz comete um erro na sentença, quando condena sendo caso de absolvição, a decisão é de mérito e a forma de se reverter o veredicto é através da apelação e não da correição parcial.

Entendemos, assim, que da decisão que indefere a expedição de rogatória não seja cabível nenhum recurso, nada impedindo, contudo, que a parte prejudicada, em eventual apelação, suscite preliminar de cerceamento de defesa ou acusação, pedindo a nulidade do julgado para que a prova seja produzida.

JURISPRUDÊNCIA

Recurso cabível contra decisão que indefere a expedição de rogatória

"A decisão que indefere o requerimento de oitiva de testemunhas, ainda que por carta rogatória, não se classifica como sentença definitiva, decisão definitiva em sentido estrito ou terminativa de mérito, ou, finalmente, decisão com força de definitiva ou interlocutória mista. Daí o não cabimento do recurso de apelação e, consequentemente, a correção da decisão que não recebeu o recurso interposto pelo apelante. O instrumento jurídico adequado era a correição parcial, ou seja, a providência administrativo-judicial cabível contra despachos do juiz que possam importar em inversão tumultuária do processo sempre que não houver recurso específico previsto em lei" (STF – AP n° 488-SE – Rel. Ellen Gracie, j. 11.09.2008, DJe 23.10.2008 – RT 879/515).

Parágrafo único. Aplica-se às cartas rogatórias o disposto nos § § 1º e 2º do art. 222 deste Código. (Incluído pela Lei nº 11.900, de 2009)

Não suspensão da instrução e prazo para cumprimento da rogatória – Ao fazer menção aos §§ 1° e 2° do art. 222 do código, este dispositivo indica que: 1°) não será suspensa a instrução criminal enquanto em trâmite a carta rogatória, mas o julgamento deverá aguardar o retorno da rogatória, no prazo razoavelmente fixado pelo juiz e 2°) ao término do prazo estipulado pelo juiz, o julgamento será realizado, ainda que não cumprida a carta rogatória, que poderá ser juntada aos autos qualquer tempo.

A exemplo do que se verifica com a carta precatória, a lei não estabelece um prazo para cumprimento da rogatória. A Portaria Interministerial nº 26, de 14 de agosto de 1990, do Ministério da Justiça e do Ministério das Relações Exteriores, em seu item 7, recomenda que a audiência de instrução seja designada com antecedência mínima de 240 dias, "a contar de expedição da Carta Rogatória, pelo Juízo Rogante".

O Comunicado n° 2381/2010, da Corregedoria Geral da Justiça, do Tribunal de Justiça do Estado de São Paulo, sugere o mesmo prazo (240 dias), com o acréscimo, porém, de mais 60 dias, a fim de viabilizar o trâmite da rogatória perante o setor responsável, resultando no total de 300 dias.

Videoconferência – Este dispositivo não faz qualquer referência à utilização de videoconferência para colheita de depoimento prestado no exterior. De se ver, porém, como já ressaltado, que a Convenção de Palermo (Convenções das Nações Unidas contra o Crime Organizado Transnacional), que foi introduzida no direito pátrio por meio do Decreto nº 5.015/2004, quanto à proteção das testemunhas, prevê a possibilidade do Estado "estabelecer normas em matéria de prova que permitam às testemunhas depor de forma a garantir a sua segurança, nomeadamente autorizando-as a depor com recurso a meios técnicos de comunicação, como ligações de vídeo ou outros meios adequados" (art. 24, 2, "b"). E, de fato, tratando-se de testemunha ou vítima residentes no exterior, a vantagem decorrente da utilização desse recurso seria imensa, em face, notadamente, da economia de tempo que se verificaria. Trata-se, porém, de medida ainda distante da realidade, pois exige que outro país conte com a mesma tecnologia, além da dificuldade de ordem prática em sua implantação, bastando se recordar que, dependendo da nacionalidade do depoente, seria necessária uma tradução simultânea de seu depoimento.

JURISPRUDÊNCIA

Custeio

"À míngua de disposição expressa no Cód. de Pr. Penal, o custeio das cartas rogatórias deve ser regulado pelo governo do país destinatário, conforme a parte final do art. 12 da Convenção Interamericana sobre Cartas Rogatórias, promulgada pelo Decreto nº 1.899/96. A embaixada brasileira somente está autorizada a fazer, de antemão, o pagamento quando as diligências forem requeridas pelo Ministério Público. Na espécie, a expedição da carta rogatória decorre do pedido da defesa – não beneficiada pela justiça gratuita – para a oitiva de testemunhas residentes fora do país; indispensável, portanto, o recolhimento das custas exigidas" (STJ – HC n° 151793-SP, Rel. Nilson Naves, j. 30.06.2005, DJ 13.02.2006, p. 849).

"A cobrança antecipada de despesa relativa à expedição de carta rogatória para a oitiva de testemunha defensiva não configura cerceamento de defesa. A gratuidade se refere, exclusivamente, às diligências requestadas pelo órgão ministerial público. Interpretação das letras "b" e "k" do item 10 da Portaria nº 26 de 14 de agosto de 1990, com a redação da Portaria nº 16 de setembro de 2003, ambas do Ministério das Relações Exteriores. Interpretação que afina com o art. 804 do Código de Processo Penal, que se destina aos feitos em curso no Brasil" (STF – HC 85653-SP, Rel. Ricardo Lewandowski, j. 05.08.2008, DJe 19.09.2008).

Meios alternativos

"A carta rogatória não constitui o único e exclusivo meio de solicitação de providências pelo juízo nacional ao estrangeiro, prevendo o direito processual internacional outras formas de auxílio como as convenções e acordos internacionais. O entendimento atual é o de que os acordos bilaterais, tal como o ora questionado, são preferíveis às cartas rogatórias, uma vez que visam a eliminar a via diplomática como meio de cooperação entre os países, possibilitando o auxílio direto e a agilização das medidas requeridas" (STJ – HC nº 147375-RJ, Rel. Jorge Mussi, j. 22.11. 2011, DJe 19.12.2011).

Art. 223. **Quando a testemunha não conhecer a língua nacional, será nomeado intérprete para traduzir as perguntas e respostas.**

Parágrafo único. Tratando-se de mudo, surdo ou surdo-mudo, proceder-se-á na conformidade do art. 192.

Intérprete – Sob pena de desnecessária repetição, indicamos ao leitor os comentários tecidos acima aos arts. 192 e 193 do código, que tratam, respectivamente, do interrogatório do mudo, surdo ou surdo-mudo e da necessidade de nomeação de intérprete.

JURISPRUDÊNCIA

Ausência de intérprete. Nulidade relativa

"Cerceamento de defesa não configurado, eis que a ausência de intérprete na audiência de oitiva das testemunhas de acusação não prejudicou a defesa do paciente, o qual estava, neste ato, acompanhado por sua defensora constituída, que garantiu sua defesa técnica" (TRF – 3ª Reg. – Rel. Carlos Loverra – *RT* 804/719).

Art. 224. **As testemunhas comunicarão ao juiz, dentro de um ano, qualquer mudança de residência, sujeitando-se, pela simples omissão, às penas do não-comparecimento.**

Comunicação quanto à mudança de endereço – Dispõe este artigo que, mudando de residência, deve a testemunha comunicar ao juízo, a fim de que possa ser localizada. Trata-se de decorrência natural do princípio segundo qual toda pessoa é obrigada a depor. De nada adiantará, com efeito, impor-se tal obrigação se, no momento de ser intimada, a diligência se frustrar, porque não localizada a testemunha. O prazo para que seja formulada essa comunicação é de um ano, contado da data na qual prestado o primeiro depoimento.

A doutrina costuma indicar a necessidade de que, ouvida na fase de inquérito policial, seja a testemunha advertida quanto à necessidade de comunicação sobre eventual mudança de endereço. Conquanto se possa recomendar essa cautela, inexiste previsão legal para tanto, vez que o dispositivo em exame menciona apenas o juiz, presumindo-se, assim, que se trata da testemunha a ser ouvida no processo-crime. Trata-se, ademais, de conduta que não ocorre na prática cotidiana, pois na fase de investigação, embora se colha o endereço da testemunha, nenhuma alusão é feita à mudança.

Nessa linha de raciocínio temos que a aplicação do artigo em análise tem incidência apenas para as testemunhas que foram arroladas para serem ouvidas em juízo. É possível, assim, que ouvidas em um primeiro momento, seja necessária nova inquirição para eventual acareação ou reconhecimento. Essa possibilidade, porém, é hoje bastante reduzida, em razão da concentração de todos os atos probatórios em uma só audiência, como determina a o art. 400 do código. Vislumbramos a incidência deste dispositivo, ainda, em caso de adiamento da audiência, quando a testemunha presente deverá ser advertida pelo juiz quanto à mudança de endereço. Mas ainda aqui é reduzido o alcance do dispositivo, pois a testemunha, no ato de redesignação, já sairá intimada sobre a nova audiência. Daí concluirmos que o artigo em estudo, atualmente, quase não tem nenhuma aplicação.

Sanções – As penas pelo não comparecimento são aquelas previstas nos arts. 218 e 219 do código. Quanto à possibilidade de condução coercitiva, prevista no art. 218, ela raramente se concretizará, pois se a testemunha se mudou, sem prévia comunicação, dificilmente será encontrada. Quanto ao pagamento de multa, ela é, em tese, cabível, em face do disposto no art. 458 do código. O mesmo se dirá em relação às custas da diligência do meirinho. Mas para que se imponha à testemunha essas penalidades, é preciso que, antes, ela tenha sido expressamente advertida quanto à necessidade de comunicação da mudança de endereço. Se ela simplesmente se mudou, ignorando a obrigação de prévia comunicação, por óbvio que não se cogitará de nenhuma sanção. O art. 219 prevê ainda que a testemunha ficará sujeita à prática do crime de desobediência. Temos como de improvável configuração esse delito. Que ele pode ser aplicado à testemunha que, regularmente intimada, não comparece, parece induvidoso, face aos termos do art. 219 do código. Situação diversa, porém, ocorre quando a testemunha deixa de comunicar a mudança de endereço. Com efeito, o crime previsto no art. 330 do Código Penal, não se consuma com a mera inobservância da lei, mas com o desatendimento de uma ordem direta e específica. De sorte que, para sua caracterização, na hipótese aqui tratada, é preciso que a testemunha tenha sido, antes, expressamente advertida a respeito da necessidade de comunicar sua mudança de residência. Sem isso a omissão, a nosso ver, é atípica.

Art. 225. Se qualquer testemunha houver de ausentar-se, ou, por enfermidade ou por velhice, inspirar receio de que ao tempo da instrução criminal já não exista, o juiz poderá, de ofício ou a requerimento de qualquer das partes, tomar-lhe antecipadamente o depoimento.

Ad perpetuam rei memoriam – É a denominação dada ao depoimento tomado antes do momento processual oportuno. Vem previsto neste dispositivo e também no art. 156, inc. I, do CPP, pela redação que lhe foi conferida pela Lei nº 11.690/2008. Trata-se, ainda, de providência expressamente contemplada no Código de Processo Civil (Lei n. 13.105/2015), que cuida, em seus arts. 381 a 383, da chamada produção antecipada de provas. De sorte que, em regra, a testemunha será ouvida em audiência, na qual será também o acusado interrogado e proferida a sentença. Ocorre que, por vezes, situações excepcionais exigem a antecipação desse depoimento, sob pena da prova perecer. Tais situações ocorrerão, por exemplo, quando a testemunha houver de ausentar-se para o exterior, para a realização de determinado curso, com duração prolongada. Ou quando estivera acometida de doença grave ou for idosa, com séria suspeita que, caso se aguarde o transcurso natural do processo, ela venha a falecer nesse ínterim. A medida pode ser requerida pela parte ou determinada, de ofício, pelo juiz. Sua (juiz) iniciativa não afronta o sistema acusatório, pois a produção da prova já foi requerida pela parte. O magistrado apenas estará antecipando a tomada do seu depoimento.

Conquanto a lei faça referência somente à testemunha, parece-nos claro que esse dispositivo se aplica, também, ao ofendido.

Caso determinada a produção antecipada da prova, quando já deflagrado o processo criminal, deverão ser intimadas as partes para que acompanhem o ato, inclusive, se for o caso, com a nomeação de defensor dativo em favor do réu.

Temos como possível a antecipação de prova, desde que reunidos os pressupostos do artigo em análise, antes mesmo de deflagrado o processo-crime, ou seja, ainda na fase de investigações. Não teria cabimento, com efeito, que o Ministério Público, acompanhando uma investigação, sabedor que uma testemunha se encontra em estado terminal, não pudesse provocar o juiz (das garantias, em regra) para que antecipasse seu depoimento. Nessa hipótese, cumpre ao promotor de Justiça ou procurador da República peticionar, invocando os motivos que justificariam a antecipação da prova, indicando, ainda, a qualificação completa da testemunha e do indiciado, para permitir a submissão do ato antecipado ao crivo do contraditório.

JURISPRUDÊNCIA

v. art. 366 abaixo

Cabimento da medida

"Havendo previsão expressa no sentido da possibilidade de se ouvir determinadas pessoas antes da instrução processual, não se pode afirmar que não teria sido observado o rito previsto no artigo 396 do Código de Processo Penal, uma vez que o artigo 225 do referido diploma legal permite, excepcionalmente, a colheita antecipada de elementos de convicção que podem vir a se perder, comprometendo o desfecho da ação penal. No caso dos autos, o pedido de antecipação da produção da prova oral fundamentou-se no fato de que a vítima e uma das testemunhas de acusação viajariam para o exterior sem data marcada para retornar, circunstância que autoriza a sua oitiva antecipada, sem que se possa falar em violação à ordem procedimental estatuída" (STJ – HC nº 166409-BA, Rel. Jorge Mussi, j. 13.12.2011, DJe 01.02.2012).

CAPÍTULO VII
DO RECONHECIMENTO DE PESSOAS E COISAS

Valor probatório – Tem se destacado, de há muito, a fragilidade do reconhecimento como meio de prova. Tourinho Filho, em feliz exemplo, recorre à mitologia, para destacar que Ulysses, da *Ilíada*, após permanecer por dez anos afastado de sua casa, ao retornar não foi reconhecido, desde logo, por Penélope, sua esposa, mas apenas pelo cachorro (*Processo penal*, 1997, São Paulo: Saraiva, vol. 3, p. 330). E, no mesmo trecho, ensina que "o reconhecimento é, de todas as provas, a mais falha, a mais precária. A ação do tempo, o disfarce, más condições de observação, erros por semelhança, a vontade de se reconhecer, tudo, absolutamente tudo, torna o reconhecimento uma prova altamente precária".

Hélio Tornaghi é ainda mais contundente, ao ressaltar que "quase todos os erros judiciários provêm de três tipos de provas perigosíssimas: a confissão, os indícios e o reconhecimento. Dos três, o último é o mais insidioso. Grandes injustiças, que se tornaram antológicas, e graves enganos que nunca vieram à luz têm decorrido de reconhecimentos equivocados" e exemplifica: "para um ocidental é mais fácil confundir dois chineses que dois americanos. Para um civil é mais viável a confusão entre dois militares uniformizados que entre dois civis com roupas diferentes" (ob. cit., pp. 433-4).

A despeito de tal sorte de críticas, é certo que, na prática, a jurisprudência confere enorme força probante ao reconhecimento, sobretudo quando realizado em juízo, de forma idônea e desinteressada, de modo a encontrar respaldo nas demais provas dos autos. E mesmo o reconhecimento realizado na polícia, desde que, aí sim, satisfeitas as formalidades imposta pela lei, tem inegável valor probatório.

Conceito – Enquanto meio de prova elencado no CPP, trata-se, na definição de Mariângela Tomé Lopes, de um "ato que busca obter de alguém (testemunha, vítima ou coimputado) a declaração de identificação positiva de uma pessoa (investigado), como sendo aquela envolvida no fato criminoso ou fazer com que uma testemunha, vítima ou coimputado aponte determinada coisa como aquela que teria sido utilizada no momento dos fatos" (*Reconhecimento de pessoas e coisas.* São Paulo: Revista dos Tribunais, 2023, p. 55). De acordo com o art. 2º da Resolução n. 484/2022, do CNJ, referindo-se apenas ao reconhecimento pessoal, é "o procedimento em que a vítima ou testemunha de um fato criminoso é instada a reconhecer pessoa investigada ou processada, dela desconhecida antes da conduta".

A parte final dessa definição do CNJ, além de correta, é muito importante para diferenciar *reconhecimento* de mera *identificação* do suspeito, quando já conhecido da vítima, caso em que o ato não é regido pelo procedimento previsto no CPP (**STJ, AgRg no HC n. 831.837; AgRg no RHC n. 154.165**). Assim, por exemplo, é possível que a vítima diga que foi roubada por indivíduo que já conhecia do bairro, mas com dados de identificação que lhes são desconhecidos. A polícia encontra o suspeito, e a vítima aponta se trata-se, de fato, daquela pessoa já conhecida sua, a quem se referiu antes. Isso não é, pois, reconhecimento.

Natureza jurídica – Discute-se a natureza jurídica do reconhecimento, variando entre considerá-lo um *ato instrutório informativo*, cujo objetivo é apenas esclarecer ou completar outra prova, sem capacidade de provar algo, e, de outro lado, verdadeiro *meio de prova*, já que, por seu intermédio, permitiria a demonstração da identidade física da pessoa. A doutrina nacional, de forma unânime, acompanha este segundo entendimento. Nosso código, de maneira inequívoca, adotou esta posição, ao inserir o reconhecimento no capítulo dedicado à prova, como, de resto, ressaltado em sua Exposição de Motivos (item VII). Trata-se, assim, como a prova testemunhal, de meio de prova dependente da memória humana e que vem provocando, há tempos, estudos multidisciplinares, cujas conclusões, com atraso, começam a ser seriamente discutidas no Brasil, tendo em vista o potencial que o reconhecimento tem de causar erros judiciários.

Ressalvas – Mas, alerta-se, há diferenças importantes entre o testemunho e o reconhecimento, que tornam este mais problemático se considerado seu aspecto epistêmico. Como bem ensinam Janaína Matida e William Cecconello, "embora testemunho e reconhecimento sejam espécies do gênero provas dependentes da memória, não se pode perder de vista que seus processos cognitivos são diferentes entre si. A repetibilidade do procedimento de sua produção representa uma dessas diferenças: quando técnicas de entrevistas adequadas são aplicadas, é possível que as informações recuperadas sejam relatadas pela vítima/testemunha repetidas vezes, sem que, necessariamente, haja prejuízo quanto à fidedignidade de seu conteúdo. O mesmo não se pode afirmar do reconhecimento, dado tratar-se de *procedimento inerentemente sugestivo*. Nele, a vítima/testemunha é apresentada a um ou mais rostos para que se decida se um dos rostos corresponde ao rosto visto quando o delito era cometido. Ou seja: o testemunho parte da memória da vítima/ testemunha em sentido ao mundo externo; por outro lado, o reconhecimento parte do mundo externo em sentido à memória (Cecconello; Ávila; Stein, 2018). Assim, uma vez que um rosto é reconhecido como sendo do autor do delito, a memória original para aquele rosto é alterada e reconhecimentos subsequentes estarão, desde logo, comprometidos. A função da memória humana é aprender, não recordar de delitos; sendo assim, ao reconhecer um rosto, o cérebro 'aprende' que este rosto – seja de um inocente, seja do culpado – corresponde ao próprio autor do crime (Cecconello; Stein, 2020)" (Reconhecimento fotográfico e presunção de inocência. *Revista Brasileira de Direito Processual Penal*, Porto Alegre, v. 7, n. 1, p. 409-440, jan./abr. 2021, p. 417).

Por isso, tem crescido a adesão ao entendimento de que o reconhecimento é *prova irrepetível*, pois, uma vez realizada, mesmo se na fase policial (o que, no mundo todo, é o que normalmente ocorre), há perda do valor epistêmico em sua repetição, uma vez que há, conforme pesquisas, risco de contaminação da memória ou de mero viés confirmatório. Este entendimento foi acolhido pelo **CNJ** no art. 2º, § 1º, da **Resolução n. 484/2022**.

JURISPRUDÊNCIA

Valor probatório do reconhecimento

"Como é de conhecimento, a Sexta Turma desta Corte Superior, no julgamento do HC 598.886 (Rel. Min. Rogério Schietti Cruz, DJe de 18/12/2020, propôs nova interpretação do art. 226 do CPP, estabelecendo que: "O reconhecimento de pessoa, presencialmente ou por fotografia, realizado na fase do inquérito policial, apenas é apto, para identificar o réu e fixar a autoria delitiva, quando observadas as formalidades previstas no art. 226 do Código de Processo Penal e quando corroborado por outras provas colhidas na fase judicial, sob o crivo do contraditório e da ampla defesa". Tal entendimento foi acolhido pela Quinta Turma desta Corte, no julgamento do Habeas Corpus n. 652.284/SC, de minha relatoria, em sessão de julgamento realizada no dia 27/4/2021." (STJ – AgRg no HC 717803/RJ, 5ª Turma, Min. Rel. Reynaldo Soares da Fonseca, j. 09/08/22).

"De acordo com a jurisprudência do Supremo Tribunal Federal, o reconhecimento de pessoa por fotografia, realizado em desconformidade com o disposto no art. 226 e seguintes do Código de Processo Penal, pode ser valorado pelo Órgão julgador, desde que haja outras provas, colhidas sob o crivo do contraditório, respaldando as conclusões alcançadas. Caso concreto em que não se vislumbram provas de autoria, além de reconhecimento fotográfico, em sede policial e em descompasso com a legislação de regência, de um objeto (capacete) supostamente utilizado pelo autor do crime. (STF – RHC 224699 AgR, Min. Rel. André Mendonça, Segunda Turma, j. 08-11-2023).

Art. 226. Quando houver necessidade de fazer-se o reconhecimento de pessoa, proceder-se-á pela seguinte forma:

I – a pessoa que tiver de fazer o reconhecimento será convidada a descrever a pessoa que deva ser reconhecida;

II – a pessoa, cujo reconhecimento se pretender, será colocada, se possível, ao lado de outras que com ela tiverem qualquer semelhança, convidando-se quem tiver de fazer o reconhecimento a apontá-la;

III – se houver razão para recear que a pessoa chamada para o reconhecimento, por efeito de intimidação ou outra influência, não diga a verdade em face da pessoa que deve ser reconhecida, a autoridade providenciará para que esta não veja aquela;

IV - do ato de reconhecimento lavrar-se-á auto pormenorizado, subscrito pela autoridade, pela pessoa chamada para proceder ao reconhecimento e por duas testemunhas presenciais.

Parágrafo único. O disposto no nº III deste artigo não terá aplicação na fase da instrução criminal ou em plenário de julgamento.

Espécies de reconhecimento – A doutrina sempre apontou dois tipos de reconhecimento: o formal e o informal. O primeiro deles é realizado com toda a solenidade, em atenção ao disposto nos incs. I a IV deste artigo em análise. O segundo, mais simples, limitando-se a indagar da vítima ou testemunha se reconhece o acusado. Os Tribunais sempre toleraram este na fase do processo, na presença do juiz e das partes. Aquele, formal, presente somente na fase da investigação. Hoje, a Corte Cidadã manda observar as formalidades do art. 226 do CPP, mesmo na presença do juiz e das partes, como veremos adiante.

Obrigatoriedade de observância do procedimento do CPP e seu valor probatório – A doutrina nacional há tempos apresenta suas preocupações a respeito deste meio de prova e da necessidade de observância do procedimento legal, no que era acompanhada pela jurisprudência, ao menos até o final do século XX. Assim, o STF, em julgado de 1966, já assentava a importância da observância do procedimento previsto no CPP, sob pena de faltar valor jurídico ao reconhecimento (HC n. 42.957), o que se repetiu até a década de 1990 (HC n. 70.936). Foi a partir do julgamento do HC n. 77.576 pela Segunda Turma do STF (1999) que se passou a flexibilizar a observância do procedimento legal, salvo quando o reconhecimento fosse realizado na fase de investigação, entendimento também seguido pelo STJ até 2019 (RHC n. 8.594; HC n. 41.813; AgRg no Ag no REsp n. 1.376.249). Em 2020, contudo, a **Sexta Turma** do **STJ** alterou seu entendimento, assentando que: "segundo estudos da Psicologia moderna, são comuns as falhas e os equívocos que podem advir da memória humana e da capacidade de armazenamento de informações. Isso porque a memória pode, ao longo do tempo, se fragmentar e, por fim, se tornar inacessível para a reconstrução do fato. O valor probatório do reconhecimento, portanto, possui considerável grau de subjetivismo, a potencializar falhas e distorções do ato e, consequentemente, causar erros judiciários de efeitos deletérios e muitas vezes irreversíveis."

Em tal julgado, foram extraídas as seguintes conclusões: "1) O reconhecimento de pessoas deve observar o procedimento previsto no art. 226 do CPP, cujas formalidades constituem garantia mínima para quem se encontra na condição de suspeito da prática de um crime; 2) À vista dos efeitos e dos riscos de um reconhecimento falho, a inobservância do procedimento descrito na referida norma processual torna inválido o reconhecimento da pessoa suspeita e não poderá servir de lastro a eventual condenação, mesmo se confirmado o reconhecimento em juízo; 3) Pode o magistrado realizar, em juízo, o ato de reconhecimento formal, desde que observado o devido procedimento probatório, bem como pode ele se convencer da autoria delitiva a partir do exame de outras provas que não guardem relação de causa e efeito com o ato viciado de reconhecimento; 4) O reconhecimento do suspeito por simples exibição de fotografia(s) ao reconhecedor, a par de dever seguir o mesmo procedimento do reconhecimento pessoal, há de ser visto como etapa antecedente a eventual reconhecimento pessoal e, portanto, não pode servir como prova em ação penal, ainda que confirmado em juízo" (**HC n. 598.886**, relator Min. Rogerio Schietti Cruz, Sexta Turma, j. 27/10/2020).

A **Quinta Turma** do **STJ** alinhou-se a tal posicionamento: "uma reflexão aprofundada sobre o tema, com base em uma compreensão do processo penal de matiz garantista voltada para a busca da verdade real de forma mais segura e precisa, leva a concluir que, com efeito, o reconhecimento (fotográfico ou presencial) efetuado pela vítima, em sede inquisitorial, não constitui evidência segura da autoria do delito, dada a falibilidade da memória humana, que se sujeita aos efeitos tanto do esquecimento, quanto de emoções e de sugestões vindas de outras pessoas que podem gerar 'falsas memórias', além da influência decorrente de fatores, como, por exemplo, o tempo em que a vítima esteve exposta ao delito e ao agressor; o trauma gerado pela gravidade do fato; o tempo decorrido entre o contato com o autor do delito e a realização do reconhecimento; as condições ambientais (tais como visibilidade do local no momento dos fatos); estereótipos culturais (como cor, classe social, sexo, etnia etc.). (...) Diante da falibilidade da memória seja da vítima seja da testemunha de um delito, tanto o reconhecimento fotográfico quanto o reconhecimento presencial de pessoas efetuado em sede inquisitorial devem seguir os procedimentos descritos no art. 226 do CPP, de maneira a assegurar a melhor acuidade possível na identificação realizada. Tendo em conta a ressalva, contida no inciso II do art. 226 do CPP, a colocação de pessoas semelhantes ao lado do suspeito será feita sempre que possível, devendo a impossibilidade ser devidamente justificada, sob pena de invalidade do ato. (...) O reconhecimento fotográfico serve como prova apenas inicial e deve ser ratificado por reconhecimento presencial, assim que possível. E, no caso de uma ou ambas as formas de reconhecimento terem sido efetuadas, em sede inquisitorial, sem a observância (parcial ou total) dos preceitos do art. 226 do CPP e sem justificativa idônea para o descumprimento do rito processual, ainda que confirmado em juízo, o reconhecimento falho se revelará incapaz de permitir a condenação, como regra objetiva e de critério de prova, sem corroboração do restante do conjunto probatório, produzido na fase judicial (**HC n. 652.284**, relator Min. Reynaldo Soares da Fonseca, Quinta Turma, j. 27/04/2021).

Assim, as duas Turmas do STJ concluíram que o procedimento previsto no art. 226 do CPP deve ser sempre seguido, não sendo possível uma condenação baseada em tal prova se houver tal irregularidade, salvo, como se verá, se houver outras provas, independentes do reconhecimento, que apontem a autoria.

A **Sexta Turma** voltou aos pontos tratados no HC n. 598.886, em especial à quarta conclusão acima transcrita, para rever o entendimento de que o reconhecimento fotográfico é apenas uma etapa antecedente ao reconhecimento pessoal, pois tal conclusão não contava com qualquer amparo nas pesquisas multidisciplinares a respeito do tema, mas, ao contrário, contrariava a conclusão destas de que o reconhecimento, fotográfico ou pessoal, além de terem o mesmo grau de confiabilidade, são irrepetíveis.

Em novo julgamento paradigmático, concluiu a Turma que "não se deve considerar propriamente o reconhecimento fotográfico como 'etapa antecedente a eventual reconhecimento pessoal', mas apenas como uma possibilidade de, entre outras diligências investigatórias, apurar a autoria delitiva. Não é necessariamente a prova a ser inicialmente buscada, mas, se for produzida, deve vir amparada em outros elementos de convicção para habilitar o exercício da ação penal. Segundo a doutrina especializada, o reconhecimento pessoal, feito na fase pré-processual ou em juízo, após o reconhecimento fotográfico (ou mesmo após um reconhecimento pessoal anterior), como uma espécie de ratificação, encontra sérias e consistentes dificuldades epistemológicas".

Trouxe, ainda, a Sexta Turma, a noção de que não se deve condenar um acusado com base exclusivamente em reconhecimento realizado pela vítima (no caso julgado, fotográfico), sem que nenhuma outra prova (apreensão de bens em seu poder, confissão, relatos indiretos etc.) autorizasse o juízo condenatório. Ademais, considerou viciado o reconhecimento se à vítima foi exibida fotografia do investigado (*show-up*), o que reforçaria sua crença de que teria sido este o autor do delito, comprometendo "a mínima aproveitabilidade desse reconhecimento. (...) O maior problema dessa dinâmica adotada pela autoridade policial está no seu efeito indutor, porquanto se estabelece uma percepção precedente, ou seja, um pré-juízo acerca de quem seria o autor do crime, que acaba por contaminar e comprometer a memória. Ademais, uma vez que a testemunha ou a vítima reconhece alguém como o autor do delito, há tendência, por um viés de confirmação, a repetir a mesma resposta em reconhecimentos futuros, pois sua memória estará mais ativa e predisposta a tanto" (**HC n. 712.781**, rel. Min. Rogerio Schietti Cruz, Sexta Turma, j. 15/03/2022).

Finalmente, a **Terceira Seção** do **STJ**, que reúne suas duas turmas criminais, igualmente trouxe algumas conclusões a respeito do reconhecimento. Assim, assentou, primeiramente, que o procedimento legal do art. 226 do CPP deve ser observado no reconhecimento e, *se tal ocorrer, poderá ser valorado pelo juiz*; *se não ocorrer, é nulo*.

Porém, a possibilidade de valoração implica na correta compreensão de que o reconhecimento é um meio de prova, como outros previstos em nosso ordenamento, de modo que, segundo a Corte, a afirmação do ofendido de que identifica determinada pessoa como o agente do crime não é, sempre, "prova cabal e irrefutável (...), [d]o contrário, a função dos órgãos de Estado encarregados da investigação e da acusação (Polícia e Ministério Público) seria relegada a segundo plano. O Magistrado, por sua vez, estaria reduzido à função homologatória da acusação formalizada pelo ofendido". É dizer, o reconhecimento positivo, que respeite as exigências legais, "é válido, sem, todavia, força probante absoluta, de sorte que não pode induzir, por si só, à certeza da autoria delitiva, em razão de sua fragilidade epistêmica". Logo, o reconhecimento "não prepondera sobre quaisquer outros meios de prova (confissão, testemunha, perícia, acareação, etc.); ao contrário, deve ser valorado como os demais".

Além disso, em entendimento que revela alguma familiaridade com a experiência daqueles que atuam, efetivamente, nas investigações e processos criminais, a Terceira Seção admitiu que "[h]á diferentes graus de confiabilidade de um reconhecimento. Se decorrido curto lapso temporal entre o crime e o ato e se a descrição do suspeito é precisa, isenta de contradições e de alterações com o passar do tempo (...) a prova, de fato, merece maior prestígio. No entanto, em algumas hipóteses o reconhecimento deve ser valorado com maior cautela, como, por exemplo, nos casos em que já decorrido muito tempo desde a prática do delito, quando há contradições na descrição declarada pela vítima e até mesmo na situação em que esse relato porventura não venha a corresponder às reais características físicas do suspeito apontado". Vê-se, aqui, postura mais flexível quanto à valoração do reconhecimento, ao menos quanto ao posicionamento adotado pela Sexta Turma, que não nos parece ter abandonado sua rigidez, a despeito do *decisum* que estamos a expor.

Não obstante, a Terceira Seção igualmente acolheu a tese do "viés de confirmação", inclinando-se, assim, para o entendimento do reconhecimento como prova irrepetível. (**HC n. 769.783**, rel. Min. Laurita Vaz, Terceira Seção, j. em 10/05/2023).

É certo que o fato de não ter sido seguido o procedimento legal não induz, necessariamente, à absolvição, pois é possível que a autoria se revele por outras provas, independentes do reconhecimento, como a perseguição imediata ao crime e apreensão de objetos em poder do imputado, filmagens etc. Nesse sentido, o posicionamento de ambas as Turmas do STJ (**Quinta: EDcl no AgRg no AREsp n. 2.210.510; AgRg no REsp n. 2.093.499; AgRg no HC n. 851.668; Sexta: AgRg no AREsp n. 1.721.120; REsp n. 2.046.123**).

No **STF**, a **Segunda Turma** deu importante guinada em seu entendimento sobre o tema, fixando, a respeito do reconhecimento, três teses, que a aproximam das posições adotadas na Corte da Cidadania: 1) O reconhecimento de pessoas, presencial ou por fotografia, deve observar o procedimento previsto no art. 226 do Código de Processo Penal, cujas formalidades constituem garantia mínima para quem se encontra na condição de suspeito da prática de um crime e para uma verificação dos fatos mais justa e precisa; 2) A inobservância do procedimento descrito na referida norma processual torna inválido o reconhecimento da pessoa suspeita, de modo que tal elemento não poderá fundamentar eventual condenação ou decretação de prisão cautelar, mesmo se refeito e confirmado o reconhecimento em Juízo. Se declarada a irregularidade do ato, eventual condenação já proferida poderá ser mantida, se fundamentada em provas independentes e não contaminadas; 3) A realização do ato de reconhecimento pessoal carece de justificação em elementos que indiquem, ainda que em juízo de verossimilhança, a autoria do fato investigado, de modo a se vedarem medidas investigativas genéricas e arbitrárias, que potencializam erros na verificação dos fatos (**RHC n. 206.846**, rel. Min. Gilmar Mendes, Segunda Turma, j. 22/02/2022).

Nessa decisão, a Segunda Turma do STF, confessadamente ecoa ensinamentos da doutrina especializada no tema. Como exemplo, podemos ver nítida influência doutrinária no item "3": "os pesquisadores da psicologia do testemunho têm justamente recomendado que o reconhecimento não seja o primeiro procedimento da investigação (Wells et al., 2020).

A **Primeira Turma**, porém, mantém-se na linha segundo a qual o procedimento do art. 226 do CPP, no que tange à colocação de outras pessoas junto ao acusado, é mera recomendação, não sendo de observância obrigatória, devendo ser observada sempre que possível (**RHC n. 125.026; HC n. 227.629**).

Outros meios de reconhecimento – O legislador brasileiro regulou apenas o reconhecimento pessoal e de coisas. No primeiro caso, não esclareceu se seria possível sua realização por fotografias, o que é compreensível, tendo em vista que as câmeras fotográficas não eram tão difundidas no início da década de 1940. Não obstante, tal forma de reconhecimento passou a ser largamente utilizada, sendo aceita como forma de reconhecimento tão confiável quanto o pessoal. Aliás, não vemos impedimento a que seja realizado também por vídeo do suspeito, pré-gravado ou ao vivo, neste último caso, até mesmo por videoconferência, apesar do "esquecimento" dos especialistas responsável pela elaboração da citada Resolução, não obstante muito utilizado em outros países.

Nada impede, ainda, que o reconhecimento se verifique por outros meios que não apenas os fisionômicos. Assim, por exemplo, o CPP italiano possui disposição expressa a admitir o reconhecimento pela voz. A despeito da falta de previsão legal, é possível que a testemunha reconheça o autor do crime pela voz ou mesmo por características fonéticas de seu linguajar (gagueira ou sotaque carregado, por exemplo), cabendo ao juiz, inspirado no princípio da livre apreciação da prova, conferir motivadamente o valor que entender cabível a essa espécie de prova.

JURISPRUDÊNCIA

Reconhecimento com base na voz e porte físico. Validade

"A identificação de uma pessoa pode ser feita pelo conjunto de suas características e não apenas pelo rosto. Dessa forma, é possível que as vítimas reconheçam os autores dos crimes pelas suas características físicas" (TJSP – Rel. Hélio Freitas – *RT* 817/555).

"O reconhecimento do agente do crime pode decorrer de diversos pormenores, inclusive o porte físico, a voz e alguns traços fundamentais, e não somente de aspectos ligados à fisionomia" (TACRIM-SP – Rel. Djalma Lofrano – *JUTACRIM* 65/345).

I - a pessoa que tiver de fazer o reconhecimento será convidada a descrever a pessoa que deva ser reconhecida;

Descrição da pessoa – Antes de se proceder ao reconhecimento, o reconhecedor deve descrever as características da pessoa ou coisa a ser reconhecida. Com isso, procura-se cercar o ato de maior cautela, evitando-se os sugestionamentos e conferindo maior segurança ao reconhecimento.

II - a pessoa, cujo reconhecimento se pretender, será colocada, se possível, ao lado de outras que com ela tiverem qualquer semelhança, convidando-se quem tiver de fazer o reconhecimento a apontá-la;

Condução do ato – Em seguida, a pessoa a ser reconhecida será colocada ao lado de outras, com quem guarde alguma semelhança física, procedendo-se, então, ao reconhecimento. A expressão "se possível" não terá sido inserida pelo legislador de maneira aleatória, razão pela qual há que se conferir alguma efetividade a ela, observando-se, como se diz, que a lei não contém palavras mortas.

O legislador não indicou o número de pessoas que devem compor o reconhecimento, referindo-se, apenas, que a pessoa a ser reconhecida deverá ser colocada ao lado "de outras" com quem guarde alguma semelhança. O Código de Processo Penal italiano, em seu art. 215.2, determina que sejam no mínimo duas as pessoas ("procurati, ove possibile, almeno due oggetti simili a quello da riconoscere..."). O mesmo número é indicado pelo Código de Processo Penal português (art. 147.2) e pelo Código de Processo Penal argentino (art. 272).

No silêncio de nossa legislação, entendemos que devam ser no mínimo três (incluindo o suposto autor do crime), o número de pessoas participantes do reconhecimento. De sorte que, um reconhecimento do qual participe o suposto autor e mais duas pessoas parece atender o objetivo da norma, conferindo a segurança necessária ao ato. Se puder ser maior o número de pessoas, melhor.

JURISPRUDÊNCIA

A Sexta Turma desta Corte Superior de Justiça, por ocasião do julgamento do HC n. 598.886/SC (relator Ministro Rogerio Schietti), realizado em 27/10/2020, conferiu nova interpretação ao art. 226 do CPP, a fim de superar o entendimento, até então vigente, de que o referido artigo constituiria "**mera recomendação**" e, como tal, não ensejaria nulidade da prova eventual descumprimento dos requisitos formais ali previstos. Na espécie, vê-se que o próprio juízo sentenciante reconheceu que foi descumprido o procedimento de que trata o art. 226 do CPP, pois, no reconhecimento feito pelas vítimas na delegacia, o acusado fora apresentado sozinho, ou seja, por meio do método show-up, o que não é admitido como procedimento válido. Além disso, em relação a uma das vítimas, ficou incontroverso que antes do reconhecimento teria tido acesso à fotografia do suposto roubador. "Estudos sobre a epistemologia jurídica e a psicologia do testemunho alertam que é contraindicado o **show-up** (conduta que consiste em exibir apenas a pessoa suspeita, ou sua fotografia, e solicitar que a vítima ou a testemunha reconheça se essa pessoa suspeita é, ou não, autora do crime), por incrementar o risco de falso reconhecimento. O maior problema dessa dinâmica adotada pela autoridade policial está no seu efeito indutor, porquanto se estabelece uma percepção precedente, ou seja, um pré-juízo acerca de quem seria o autor do crime, que acaba por contaminar e comprometer a memória. Ademais, uma vez que a testemunha ou a vítima reconhece alguém como o autor do delito, há tendência, por um viés de confirmação, a repetir a mesma resposta em reconhecimentos futuros, pois sua memória estará mais ativa e predisposta a tanto" (HC n. 712.781/RJ, relator Ministro Rogerio Schietti Cruz, Sexta Turma, julgado em 15/3/2022, DJe de 22/3/2022.) Assim, não houve conformidade com o procedimento previsto no art. 226 do CPP em nenhum dos atos de reconhecimento realizados em sede policial, ressaltando-se que não houve reconhecimento em juízo. Além disso, como se deflui da sentença condenatória e do acórdão impugnado, não se verifica nenhuma outra prova independente e idônea a formar o convencimento judicial sobre a autoria do crime de roubo que lhe foi imputado. (STJ – HC 822286/RJ, 6ª Turma, Min. Rel. Jesuino Rissato, j. 28/11/23)

III – se houver razão para recear que a pessoa chamada para o reconhecimento, por efeito de intimidação ou outra influência, não diga a verdade em face da pessoa que deve ser reconhecida, a autoridade providenciará para que esta não veja aquela;

Sala de reconhecimento – Trata-se de uma medida que visa, principalmente, a segurança da pessoa que procederá ao reconhecimento. Uma vítima de um roubo ou de um estupro, por exemplo, provavelmente não se sentiria à vontade caso colocada diante de seu algoz (ainda que na presença de outras pessoas), a fim de reconhecê-lo, temerosa por uma posterior retaliação. Demais disso, a intimidação decorrente dessa prática poderia reduzir a espontaneidade do ato, fazendo com que o reconhecedor, temeroso, deixasse de apontar o suposto autor do crime.

Na prática, essa providência, consistente na ausência de contato visual entre reconhecedor e reconhecido, se viabiliza através das chamadas "salas de reconhecimento", instaladas, com maior ou menor precariedade, nas delegacias de polícia. Nelas, a testemunha ou ofendido olha por meio de um vidro espelhado, que permite a visualização de fora para dentro, mas não o contrário. Assim, é possível que se veja o suposto autor do crime, na companhia de outras pessoas, sem que ele, porém, visualize quem está do lado externo da sala. Por vezes, um buraco na parede, perfurado de forma improvisada, substitui o visor.

IV – do ato de reconhecimento lavrar-se-á auto pormenorizado, subscrito pela autoridade, pela pessoa chamada para proceder ao reconhecimento e por duas testemunhas presenciais.

Auto – Deverá ser lavrado auto referente ao reconhecimento, atestando se ele foi positivo ou negativo. Os pormenores mencionados pela lei referem-se ao nome do reconhecedor, do suposto autor do crime e daqueles que foram colocados a seu lado. A lei não exige a assinatura do reconhecido, mas apenas do reconhecedor e de duas testemunhas que tenham presenciado o ato. Esse dispositivo tem aplicação apenas para o reconhecimento formulado na fase de investigação. Realizado em juízo, torna-se desnecessário, bastando que o juiz faça constar, do termo, que a testemunha ou vítima reconheceram o agente, quer diretamente, quer ao ser-lhes apresentado em uma sala de reconhecimento.

Parágrafo único. O disposto no nº III deste artigo não terá aplicação na fase da instrução criminal ou em plenário de julgamento.

Exceção – Este parágrafo único determina que, em se tratando de reconhecimento a ser efetuado em juízo, em audiência ou plenário do Júri, não terá incidência o disposto no inc. III acima, ou seja, o reconhecimento se fará diretamente, mediante o contato visual entre testemunha e autor. Segundo Espínola Filho, "quando o reconhecimento dever efetivar-se perante o julgador [...] não haverá motivo de providenciar desse modo, pois o ambiente, em que se realiza o ato, e a presença do juiz constituirão elementos de garantia suficientes, para nada temer o reconhecedor" (ob. cit., vol. I, p. 142).

Ousamos discordar desse entendimento para concluir que, sem embargo da literalidade da disposição legal, seja sim possível que o reconhecimento ocorra sem qualquer contato entre os envolvidos, ainda que realizado em juízo. Primeiro, porque nos dias atuais, com o vertiginoso aumento da criminalidade, não mais é possível afirmar-se que a presença física do juiz no ato de reconhecimento garantiria, por si só, a segurança daquele que irá reconhecer o agente. Lembre-se que a observação acima, do insuperável Espínola Filho, foi formulada quando da edição do código, em 1941. Atualmente, o juiz não consegue garantir nem mesmo sua segurança própria, que dizer em relação a terceiros. Tanto é assim que, uma das razões invocadas para a implantação da videoconferência, sem a presença do réu ao prédio do fórum, consistiu, exatamente, na preservação da segurança de todos aqueles envolvidos na audiência (juiz, promotor, advogado, serventuários da justiça e público em geral). Segundo, em virtude de que, se o art. 217 do código faculta ao juiz determinar a retirada do réu da sala de audiência, quando constatar que sua presença "poderá causar humilhação, temor, ou sério constrangimento à testemunha ou ao ofendido", não há razão para que, verificadas essas mesmas condições, se realize um reconhecimento "tetê-à-tête". Em outras palavras: suponha-se que uma vítima de sequestro, por razões óbvias, tenha optado por depor na ausência do acusado, sendo esse pedido deferido pelo juiz. Importaria em notável contrassenso que, após prestar seu depoimento, sem a presença do réu, ele adentrasse a sala de audiência, tendo que o ofendido, cara a cara e de viva voz, reconhecê-lo como autor do crime. Daí pensarmos que, ainda que o ato tenha que se realizar em juízo, é possível que o reconhecimento ocorra na forma prevista no inc. III acima, sem contato visual entre reconhecedor e reconhecido. Com isso se preserva bem valioso consistente na segurança daquele primeiro e se garante, de outra parte, a espontaneidade do ato.

Aliás, é assim que ocorre na prática. Pelo menos no Estado de São Paulo, nos fóruns são instaladas salas de reconhecimento, equipadas da forma mencionada no inc. III acima, exatamente para propiciar o seguro reconhecimento do suposto autor do delito, sem que a testemunha e vítima mantenham, com ele, qualquer contato visual. Quando não há uma sala específica, improvisa-se de alguma forma, tudo com o objetivo de preservar a incolumidade física do reconhecedor.

Art. 227. No reconhecimento de objeto, proceder-se-á com as cautelas estabelecidas no artigo anterior, no que for aplicável.

Reconhecimento de coisas – O reconhecimento, como regra, recai sobre pessoas, cabendo às testemunhas ou à vítima, por seu intermédio, identificar o autor do delito. Esse artigo cuida, porém, do reconhecimento de coisas, realizado sobre instrumentos do crime, como armas e objetos. Segundo expresso na norma em estudo, ao reconhecimento de coisas aplicam-se todas as disposições, no que couber, pertinentes ao reconhecimento pessoal. "Cumpre consignar, porém, que se de outra forma efetuar-se o reconhecimento de pessoa ou coisa, nem por isso deve o juiz *a priori* recusar-lhe qualquer valor probatório. Tal orientação não condiz com os princípios aceitos em nossa legislação sobre o livre convencimento", na precisa lição de José Frederico Marques (*Elementos de direito processual penal*, 1997, p. 308).

Art. 228. **Se várias forem as pessoas chamadas a efetuar o reconhecimento de pessoa ou de objeto, cada uma fará a prova em separado, evitando-se qualquer comunicação entre elas.**

Individualidade do reconhecimento – O reconhecimento, como é intuitivo, constitui-se em um ato individual, razão pela qual, se várias as pessoas chamadas a realizá-lo, cada uma delas deve fazê-lo de *per si*. Evita-se, com isso, que uma pessoa exerça alguma espécie de influência sobre a outra, garantindo-se, com essa cautela, a espontaneidade do ato e conferindo-lhe especial valor probatório.

CAPÍTULO VIII
DA ACAREAÇÃO

Art. 229. **A acareação será admitida entre acusados, entre acusado e testemunha, entre testemunhas, entre acusado ou testemunha e a pessoa ofendida, e entre as pessoas ofendidas, sempre que divergirem, em suas declarações, sobre fatos ou circunstâncias relevantes.**

Parágrafo único. Os acareados serão reperguntados, para que expliquem os pontos de divergências, reduzindo-se a termo o ato de acareação.

Acareação. Conceito – A acareação ou careação consiste no ato probatório através do qual são colocadas cara a cara, face a face, pessoas que apresentaram versões divergentes sobre determinado fato. Na definição de Vicente Greco Filho, "é o confronto entre quaisquer pessoas que prestem declarações no processo, testemunhas, informantes, ofendido, réu ou réus, a fim de se dirimir contradição entre afirmações feitas por elas" (*Manual de processo penal*, São Paulo: Saraiva, 1997, 6ª. ed., pp. 236-7).

Pressupostos – Segundo Julio Fabbrini Mirabete, "são dois os pressupostos para que se proceda à acareação. Em primeiro lugar, é necessário que as pessoas a serem acareadas tenham já prestado suas declarações, no mesmo juízo e sobre os mesmos fatos e circunstâncias. Não pode a autoridade acarear pessoas que ainda não tenham sido ouvidas. Em segundo lugar, é necessário que no relato das pessoas haja divergência, ou seja, que existam contradições ou versões distintas sobre o fato ou circunstâncias que interessem ao processo" (ob. cit., p. 296). Além disso, consoante lição de Hélio Tornaghi, "é necessário ainda que as divergências recaiam sobre pontos relevantes, sobre fatos realmente importantes para o processo. Seria grandemente frívola e desatinada a autoridade que promovesse acareações para dissipar dúvidas ou corrigir contradições que não viessem a influir no julgamento" (*Curso de processo penal*, 1990, vol. 1, p. 436). A acareação tratada neste artigo será feita em Juízo, sob a presidência, portanto, do Juiz, sendo, porém, permitido que a autoridade policial realize tal prova, na exata dicção do art. 6º, inc; VI, do CPP.

Valor probatório – Sobre o valor probatório da acareação, Tornaghi ensina que "a confrontação, face a face, de pessoas que divergem é de grande alcance. Se estão em boa-fé, poderão corrigir-se, instruir-se, uma com outra, esclarecer-se e retratar-se. Se alguma delas mentiu, dificilmente manterá a mesma serenidade diante da que a desmente. A atitude firme ou vacilante, a disposição calma ou intranquila, a postura natural ou estudada, a expressão fisionômica, a reação, a maneira de falar, tudo são elementos preciosos para um observador arguto e imparcial" (ob. cit., p. 436). Na doutrina estrangeira, Florian é outro a conferir valor a tal prova, consignando que "a acareação tem grande importância, porque coopera com a investigação da verdade, já que o contato entre as pessoas que estão em desacordo, o intercâmbio amistoso de idéias e impressões, a evocação de lembranças, que entre elas pode fazer-se ou também o choque rude, hostil e violento entre uma e outra pessoa, podem trazer fecundos elementos de convicção, dissipar muitas dúvidas e aclarar numerosos pontos obscuros" (*Das provas penais*, 1998, tomo II, p. 529).

A despeito de tal entendimento, a maioria da doutrina, secundada pela jurisprudência, confere reduzido valor probatório a tal ato processual, de forma a não configurar, inclusive, cerceamento de defesa o indeferimento quanto à realização dessa prova. No que se refere, com efeito, notadamente ao aspecto prático, o que se vê é uma tendência quase unânime de cada qual dos confrontados, ao se proceder à acareação, manterem suas versões originárias. É dizer: raramente alguém se retrata, aderindo à tese de seu acareado. Antes, cada qual, invariavelmente, sustenta o que dissera, razão pela qual essa espécie de prova raramente resulta em algum proveito prático.

JURISPRUDÊNCIA

Requisitos

"O deferimento da acareação, exige a presença de dois pressupostos: 1) as pessoas a serem acareadas já devem ter prestado suas declarações perante o mesmo juízo e sobre os mesmos fatos e circunstâncias; 2) as declarações já prestadas devem ser divergentes sobre algum ponto relevante para a solução da causa, hipóteses não presentes no caso dos autos, já que a defesa pretendia acareação de policiais civis não arrolados como testemunhas por nenhuma das partes e que não foram ouvidos na fase judicial ou extrajudicial da persecução criminal sobre o alegado emprego de tortura contra o paciente, estando ausente o pressuposto da declaração divergente." (STJ – HC 320974/SC, 5ª Turma, Min. Rel. Reynaldo Soares da Fonseca, j. 22/11/16)

Possibilidade de indeferimento da prova

"Ao magistrado é facultado o indeferimento, de forma fundamentada, da produção de provas que julgar protelatórias, irrelevantes ou impertinentes, devendo a sua imprescindibilidade ser devidamente justificada pela parte. Doutrina. Precedentes do STJ e do STF. Na hipótese em apreço, houve justificativas plausíveis para a negativa do pedido de acareação formulado pela defesa, valendo destacar que o magistrado singular vislumbrou a desnecessidade da providência sob o argumento de que eventuais discrepâncias nos depoimentos prestados em Juízo seriam devidamente valoradas quando da prolação de sentença" (STJ – RHC 28557-SP – Rel. Jorge Mussi, j. 02.10.2012, DJe 09.10.2012).

Reduzido valor probatório

"Constitui a acareação procedimento, em geral, pouco aconselhável e, no mor das vezes, totalmente inútil. Impõe-se esse reconhecimento, eis que a diligência tende à simples obtenção de harmonia absoluta, que, além de insignificativa, não passa de artificial" (TACRIM-SP – Rel. Fernando Prado – *JUTACRIM* 30/341).

"Quem não tem compromisso com a verdade, *v.g.*, réus envolvidos na mesma acusação, não se prestam para participar de acareação, cujo resultado, além de discutível, seria imprestável como prova (TACRIM-SP – Rel. Fernandes de Oliveira – *RJTACrim* 39/80).

Acareação no inquérito policial

"A acareação feita no inquérito policial, reputada ilegal por não ter havido o prévio interrogatório de um dos acareados, não macula a ação penal, por ser peça meramente informativa" (STF – RHC 81065/RJ – Rel. Maurício Corrêa – j. 14.08.2001, DJe 28.09.2001).

Acareação entre peritos oficiais e particulares

"Não constitui ilegalidade o indeferimento do pedido de oitiva e acareação dos peritos oficiais e particular, se não evidenciada a necessidade da diligência requerida, ainda mais em se tratando de feito em que a polícia especializada realizou perícia técnica no local dos fatos, logo após o acidente, a qual foi corroborada pelas demais provas dos autos" (STJ – REsp. nº 628730-SP – Rel. Gilson Dipp – j. em 24.05.2005, *DJ* de 13.06.2005, p. 333).

Acareação entre testemunha e perito

"Havendo divergência entre as conclusões do laudo pericial e as declarações do réu e das testemunhas, deve-se realizar a acareação destes com os Peritos, em busca da verdade real, sendo que, de outra forma, impõe-se a absolvição" (TACRIM-SP – Rel. Fábio de Araújo – *RJD* 21/269).

Momento oportuno para a acareação

"O momento para a acareação se dá após a colheita de toda a prova oral requerida pelas partes, já que as contradições podem ocorrer não só entre acusados, mas também entre acusados e testemunhas ou entre as próprias testemunhas" (STF – AP 470 QO – Rel. Joaquim Barbosa, j. 08.04.2010, DJe 02.09.2010).

Momento para impugnar o indeferimento do pedido

"Se o indeferimento de pedido de acareação de testemunhas não é impugnado na primeira oportunidade após o ato supostamente nulo – no caso, as alegações finais –, eventual nulidade, que seria relativa, resta convalidada pelo instituto da preclusão. Acrescente-se que nas razões recursais a matéria também sequer foi ventilada"(STJ – HC 94945 / SP – Rel. Laurita Vaz, j. 03.08.2010, DJe 23.08.2010)

Nomeação de um só defensor para réus com defesas colidentes. Nulidade relativa

"A nomeação de um só defensor para co-réus com defesas colidentes por ocasião da audiência de acareação, não é capaz de acarretar a nulidade do processo, sem a demonstração de efetivo prejuízo para a defesa, de acordo com o princípio *pas de nullité sans grief*, adotado pelo artigo 563 do Código de Processo Penal" (STF – HC 97062/PE – Rel. Ellen Gracie, j. 31.03.2009, DJe 23.04.2009).

"Em que pese na acareação ter a mesma defensora patrocinando réus com interesses divergentes, do ato não resultou qualquer prejuízo ao Paciente, já que não foram trazidos fatos novos ao processo, porque os acusados mantiveram as declarações pretéritas" (STJ – HC n° 79533-PE, Rel. Laurita Vaz – j. 18.09.2008, DJe 13.10.2008)

Art. 230. **Se ausente alguma testemunha, cujas declarações divirjam das de outra, que esteja presente, a esta se darão a conhecer os pontos da divergência, consignando-se no auto o que explicar ou observar. Se subsistir a discordância, expedir-se-á precatória à autoridade do lugar onde resida a testemunha ausente, transcrevendo-se as declarações desta e as da testemunha presente, nos pontos em que divergirem, bem como o texto do referido auto, a fim de que se complete a diligência, ouvindo-se a testemunha ausente,**

pela mesma forma estabelecida para a testemunha presente. Esta diligência só se realizará quando não importe demora prejudicial ao processo e o juiz a entenda conveniente.

Acareação por precatória – Pode acontecer que uma das pessoas a ser acareada esteja ausente. "Neste caso – explica Tourinho Filho – a Autoridade dará a conhecer à outra que estiver presente o ponto de divergência, consignando-se no auto o que explicar ou observar. Se, nessa oportunidade, a pessoa (que poderá ser o réu, a testemunha ou o ofendido, sem embargo do art. 230 falar em 'testemunha') voltar atrás ou concordar com as declarações da outra, não haverá problema. Mas se subsistir a discordância? Cumprirá, então, à Autoridade determinar a expedição de precatória àquela do lugar onde se encontrar o ausente (muito embora o art. 230 fale em lugar onde residir o ausente), transcrevendo-se nela as declarações da pessoa presente e da ausente, nos pontos de divergência, bem como o texto do referido auto, a fim de que se complete a diligência, isto é, ouvindo-se o ausente da mesma maneira como foi ouvido o presente" (ob. cit., pp. 333-4). O valor probatório da acareação da testemunha ausente é absolutamente nenhum, como ressalta Adalberto Camargo Aranha, para quem "embora processualmente possível, é de nenhuma utilidade já que o fator fundamental da acareação é o vínculo psicológico resultante das presenças, 'cara a cara', das pessoas cujos depoimentos foram conflitantes" (ob. cit., p. 101).

CAPÍTULO IX
DOS DOCUMENTOS

Art. 231. Salvo os casos expressos em lei, as partes poderão apresentar documentos em qualquer fase do processo.

Prova documental. Introdução – Mittermaier, em seu tratado, ensina que a lei romana já estabelecia que determinadas condenações deveriam vir fundadas em prova documental (ob. cit., p. 300). Parece, contudo, que a prova documental é mais recente, merecendo prestígio a partir da invenção da imprensa, no século XV, por Gutemberg. Foi a partir daí, também, que os códigos passaram a dedicar especial atenção a tal espécie de prova, de tal modo que a doutrina, a esse tempo, pugnava pela prevalência da prova documental sobre a testemunhal, por ser a primeira "mais segura, não sujeita aos efeitos da memória humana e da corrupção possível entre os homens", na sempre precisa lição de Adalberto Camargo Aranha (ob. cit., p. 192).

Classificação – Apontam-se diversas classificações para documento. Dentre as mais frequentes, tem-se aquela que leva em conta a autoria e, por isso, divide-se em documento público e documento particular. O primeiro, como o próprio nome indica, é aquele emanado de funcionário público ou de quem lhe faça as vezes, segundo a forma legal. São exemplos: uma certidão de nascimento, uma escritura de compra e venda lavrada pelo tabelião. Particular é o documento que não é público, isto é, elaborado por pessoa que não exerce função pública. São exemplos, a carta contendo ameaças ou juras de amor, um contrato de locação, uma declaração de pobreza, etc.

ATENÇÃO - O § 2º do art. 297, do Código Penal, dispõe que, para os efeitos penais, equiparam-se a documento público: a) *o emanado de entidade paraestatal*: na definição de Hely Lopes Meirelles, entes paraestatais são "pessoas jurídicas de Direito Privado dispostas paralelamente ao Estado, ao lado do Estado, para executar cometimentos de interesse do Estado, mas não privativos do Estado." (*Responsabilidade do prefeito. Revista Forense*, p. 257, Rio de Janeiro, Forense, p. 363). Assim, em razão do interesse público que cerca as atividades desempenhadas por esses entes, justifica-se a equiparação promovida pela lei; b) *o título ao portador ou transmissível por endosso*: é o cheque, a nota promissória, a letra de câmbio etc. Podem ser objetos do crime tanto o título emitido ao portador quanto os passíveis de transmissão por endosso. Assim, se perder essa característica, como no caso do cheque após o prazo de apresentação, o agente falsificador não incorrerá nas penas do art. 297, mas do delito subsequente (art. 298 do CP); c) *as ações de sociedade comercial*: considera-se equiparada qualquer espécie de ação proveniente de sociedades anônimas e sociedades em comandita por ações (preferenciais ou não); d) *os livros mercantis*: são os utilizados para a escrituração das atividades comerciais, não importando se obrigatórios ou facultativos; e) *o testamento particular*: a lei o equipara a documento público em razão da relevância jurídica que contém, já que se destina ao mesmo objetivo do testamento público, ou seja, a disposição de bens (não estão abrangidos os codicilos).

Outra classificação relevante é a que considera a forma do documento. Documento *original* é aquele em sua forma genuína, observando Espínola Filho que "também se reputa original o primeiro traslado, ou certidão, das escrituras lavradas nos livros de notas" (ob. cit., vol. 3, p. 161). *Cópia* é a reprodução do documento original, que pode se dar através de traslado, certidão, extrato, pública-forma, xerocópia, *fax*, microfilme, bem como a fotografia do documento, prevista no art. 232 do código.

ATENÇÃO - O Código de Processo Civil (com aplicação do processo penal, nos termos do art. 3º, do CPP), em seu art. 422, confere "aptidão para fazer prova dos fatos ou das coisas" a qualquer reprodução mecânica, "como a fotográfica, a cinematográfica, a fonográfica ou de outra espécie". Além disso, na dicção do § 1º, do mesmo dispositivo, "as fotografias digitais e as extraídas da rede mundial de computadores fazem prova das imagens que reproduzem, devendo, se impugnadas, ser apresentada a respectiva autenticação eletrônica ou, não sendo possível, realizada perícia". Caso se trate de fotografia divulgada em jornal ou revista, uma vez impugnada sua veracidade, será exigida a juntada de um exemplar original da publicação.

Valor probatório - Para que o documento tenha eficácia probatória exigem-se, basicamente, dois requisitos: autenticidade e veracidade. A autenticidade refere-se ao aspecto externo do documento, ou seja, à sua forma. Deve-se, assim, analisar se o documento é, de fato, proveniente daquele que o firmou, ou seja, se há coincidência entre o autor aparente e o autor real. Demais disso, se a pessoa que firmou o documento possui capacidade legal para fazê-lo. Saliente-se, ainda, que os documentos públicos gozam de presunção de autenticidade, enquanto que os particulares dependem de autenticação.

Veracidade é a qualidade do documento consistente em retratar a realidade. Em síntese, o documento pode ser autêntico (realmente elaborado pela pessoa que o subscreveu e que tenha capacidade para tanto), mas não ser veraz, posto não retratar a verdade. Ou pode ser veraz, sem ser autêntico, quando, embora dizendo a verdade, não foi subscrito pela pessoa apontada como seu autor ou por pessoa com atribuição legal para fazê-lo. Assim, se o oficial do Cartório de Registro de Imóveis certifica que sou proprietário de imóveis em Marte, esse documento é autêntico, mas não é verdadeiro. Já se um segurança do fórum emite uma certidão afirmando que sou promotor de justiça, esse documento é veraz, mas não é autêntico, pois elaborado por quem não ostenta capacidade para fazê-lo.

Como meio valioso de prova, contudo, deve o documento reunir, repita-se, ambos os requisitos: certeza e capacidade legal de quem o elaborou (autenticidade) e realidade do fato nele contido (veracidade).

Atualmente, sob o império do sistema da livre convicção do juiz – em contraposição ao sistema da prova legal ou tarifado – a prova documental tem valor idêntico a qualquer outra, máxime não tendo nosso código, conforme já salientado, estabelecido qualquer hierarquia entre as provas.

Momento de produção da prova documental – Ao contrário do que ocorre no âmbito civil, a lei processual penal não estabelece restrições ao momento de produção da prova documental. A regra, portanto, é que o documento possa ser exibido em qualquer fase do processo, justificando-se tal facilidade, segundo Espínola Filho, ante o "sistema dominante no processo penal atual, norteado no sentido da apuração mais completa e mais perfeita da verdade, por todos os meios e a todo tempo, sob a única condição de haver uma utilidade real para o esclarecimento da causa" (ob. cit., p. 158). É a adoção, destarte, do princípio da busca da verdade real (ou, pelo menos, da verdade processual), inspirador de todo o processo penal.

Tal regra, porém, sofre exceção, tratada no art. 479, do código, que veda a exibição de documento em plenário do júri, sem que a parte adversa tenha sido comunicada com antecedência mínima de três dias. De bem se ver que, além de tais restrições temporais, a lei impede, também, a apresentação de cartas ilegalmente interceptadas (art. 233), ou de documentos obtidos de forma ilícita (art. 5º, LVI, da CF).

JURISPRUDÊNCIA

Quando pode se indeferir a juntada de documento

"O Superior Tribunal de Justiça, ao interpretar o preceito contido no art. 231 do CPP, firmou entendimento de que é facultada às partes a juntada de documentos em qualquer fase processual, admitindo-se, entretanto, o indeferimento pelo órgão julgador na hipótese de os documentos apresentados terem caráter meramente protelatório ou tumultuário" (STJ – AgRG no AREsp nº 13573-RS, Rel. Jorge Mussi, j. 15.10.2013, DJe 23.10.2013)

"O TJ reconheceu a validade dos documentos médicos juntados pelo Parquet, após o interrogatório do réu, tendo em vista que a juntada foi deferida expressamente pela magistrada sentenciante, durante a audiência de instrução, com determinação de abertura de prazo para alegações finais apenas após a apresentação dos documentos, de modo a possibilitar o exercício do contraditório. Ademais, asseverou que a defesa não demonstrou a existência de prejuízo ao réu, até porque os documentos apresentados já constavam no inquérito policial, de maneira que não eram por ela desconhecidos. A jurisprudência desta Corte admite a juntada de prova documental após o interrogatório do réu, contanto que a referida prova seja submetida ao contraditório, o que foi observado no caso dos autos. Precedentes." (STJ – AgRg no AREsp 2236484/SC, 5ª Turma, Min. Rel. Joel Ilan Paciornik, j. 24/10/23)

Juntada de documento em embargos de declaração. Impossibilidade

"Não é possível a juntada de documento novo em sede de embargos de declaração. Precedentes" (STJ – EDcl no HC nº 236647-PI, Rel. Jorge Mussi, j. 06.06.2013, DJe 12.06.2013).

Juntada de documento após as alegações finais

a) impossibilidade

"Juntada de documento após as alegações finais. Sentença sem que fosse ouvida a defesa. Violação do princípio do contraditório. Prejuízo consubstanciado, visto que a sentença se baseou no documento para firmar a existência de lesão patrimonial" (STF – Rel. Djaci Falcão – *JUTACRIM* 78/67).

b) quando se admite

"A Corte de origem destacou que a dinâmica dos fatos imputados foi aferida a partir de outros documentos e que aqueles juntados extemporaneamente não foram essenciais na cognição judicial. As partes foram devidamente intimadas para contraditar os documentos juntados aos autos depois da apresentação dos memoriais." (STJ – AgRg no REsp 1937246/RS, 6ª Turma, Min. Rogerio Schietti Cruz, j. 07/06/22)

Juntada de documentos após a sentença de 1º grau

a) impossibilidade

"Sobre permitir a juntada de documento em qualquer fase do processo, não significa que o art. 231 do CPP estenda tal permissão para além da publicação da própria sentença, mormente em relação a circunstância agravante cuja existência cumpria comprovar-se até o instante processual da dosimetria da pena (art. 387, I, do CPP)" (STJ – Rel. José Dantas – *RT* 703/364).

"Não obstante os arts. 231 e 400, ambos do CPP, facultarem a juntada de documentos, até mesmo após a sentença, a regra não é absoluta, comportando, por isso mesmo, temperamentos. É que, se no processo penal busca-se a verdade real, isso também depende, não só da oportunidade de apresentação de documentos, mas, sobretudo, do bom andamento do feito, devendo o juiz para isso indeferir requerimentos com nítidos propósitos protelatórios e tumultuários, como ocorre no caso presente" (STJ – HC n° 20820-SP, Rel. Fernando Gonçalves, j. 18.02.2003, DJ 17.03.2003, p. 29ª).

b) possibilidade da juntada da folha de antecedentes

"Não há irregularidade alguma na juntada de folha de antecedentes criminais do acusado após a sentença condenatória, *ex vi* do art. 231, do CPP" (STJ – HC n° 13905-RJ, Rel. Jorge Scartezzini, j. 13.04.2004, DJ 14.06.2004, p. 239).

Juntada de documentos em 2º grau após recurso

No caso, trata-se de juntada de documento novo pela defesa em segundo grau de jurisdição, mesmo após o oferecimento de razões recursais. Objetivamente, o fato novo surgido no Tribunal Regional Federal foi a juntada, pelo Desembargador relator da apelação, da suposta íntegra das mensagens obtidas por meio das interceptações telemáticas (BlackBerry messenger), o que gerou o confronto pericial pela defesa. Caberia ao Tribunal de origem demonstrar, ainda que minimamente, as razões pelas quais a prova juntada aos autos pela defesa teria caráter manifestamente protelatório ou meramente tumultuário, o que, contudo, não ocorreu. Mais ainda, a Corte regional poderia, evidentemente, até refutar, motivadamente, as conclusões apresentadas no laudo pericial trazido pela defesa, mas não simplesmente se negar a examiná-lo sob a alegação de que sua juntada aos autos teria sido intempestiva, sob pena de violação do próprio disposto no art. 93, IX, da CF, máxime quando verificado que o pedido defensivo teve como causa situação processual superveniente, gerada pelo próprio Desembargador relator da apelação criminal. (STJ – HC 545097-SP, Min. Rel. Rogério Schietti Cruz, DJe. 28/11/21)

Juntada de documento sem a ciência da parte contrária. Nulidade relativa

"A juntada de documento, após a fase das alegações finais e sem que dele tivessem vista as partes, embora constitua procedimento reprovável, não implica nulidade, por cerceamento de defesa, se a sentença, com outros elementos de convicção suficientes, embasa a conclusão condenatória, tornando tal documento desinfluente na decisão da causa e na apuração da verdade substancial (art. 566 do CPP). Habeas corpus indeferido" (STF – Rel. Ilmar Galvão – *RT* 701/416).

Ônus do Ministério Público quanto à produção da prova documental

"Se o Ministério Público oferece denúncia contra qualquer réu por crime de corrupção de menores, cumpre-lhe demonstrar, de modo consistente – e além de qualquer dúvida razoável –, a ocorrência do fato constitutivo do pedido, comprovando documentalmente, mediante certidão de nascimento, a condição etária (menor de dezoito (18) anos) da vítima do delito tipificado no art. 1º da Lei nº 2.252/54" (STF – HC nº 73.338 – RJ – Rel. Celso de Mello, DJ 19.12.96).

Art. 232. Consideram-se documentos quaisquer escritos, instrumentos ou papéis, públicos ou particulares.

Parágrafo único. À fotografia do documento, devidamente autenticada, se dará o mesmo valor do original.

Conceito de documento – Tradicionalmente, a doutrina toma o termo *documento* em duas acepções: uma ampla, segundo o qual documento é tudo aquilo do qual se pode extrair a existência de um fato, isto é, qualquer coisa apta a representar um fato. Em um sentido mais restrito, porém, documento é o escrito, isto é, "aquilo que abriga a expressão gráfica de um fato", na definição de Hélio Tornaghi (*Curso de processo penal*, 1990, vol. 1, p. 440), ou, em outras palavras, documento é o objeto que contém um escrito, "uma expressão gráfica de valor probatório", segundo Magalhães Noronha (ob. cit. p. 126).

E é nessa acepção mais restrita que o código, no *caput* deste dispositivo, define documento como "quaisquer escritos, instrumentos ou papéis, públicos ou particulares". Entretanto embora preferindo restringir o conceito de documento, é certo que o legislador, em outras passagens, acaba aludindo à fotografia, desenhos, esquemas, etc. (arts. 165 e 170). Cremos, assim, que se deva adotar um conceito mais amplo, a abranger não só os escritos propriamente ditos, mas todo e qualquer elemento capaz de expressar determinado fato.

ATENÇÃO – Os documentos escritos a lápis, ainda que emanados do funcionário no exercício de suas funções, não serão considerados públicos, tendo em vista a insegurança em relação à manutenção de sua integridade. E tampouco são considerados documentos os apócrifos, vez que, se o autor não se identifica, evidencia-se o propósito de que não pretende documentar aquele conteúdo.

Instrumentos x papéis – Vê-se que o código, inspirado na lei civil, distingue *instrumentos* de *papéis*. Instrumentos (ou documentos pré-constituídos) são aqueles elaborados com o objetivo de comprovar determinado fato no futuro. Assim, por exemplo, uma escritura de compra e venda, o pacto antenupcial, uma confissão de dívida, etc. Já os papéis são escritos que podem eventualmente servir como meio de prova, embora, originariamente, não tivessem sido produzidos com esse objetivo. No sempre lembrado exemplo de Tornaghi, o sedutor que escreve uma carta de amor endereçada à vítima. Ou ainda o bilhete subscrito pelo autor da ameaça e enviado ao ofendido ou o pedido de entrega de drogas feito entre traficantes. Em todos esses casos, o propósito inicial, ao ser elaborado o documento, não era que ele se prestasse à produção de qualquer prova. Porém, uma vez apreendido o escrito, inegavelmente terá seu valor probatório sopesado.

Fotografia – Prevê o parágrafo único do dispositivo em exame que, sendo impossível a juntada do documento original, não importa o motivo (porque, *v.g.*, não pode deixar a repartição pública onde se encontra alojado ou porque juntado a outro processo), poderá a parte fotografá-lo e, mediante autenticação, juntá-lo ao processo, quando terá o mesmo valor probatório do documento original. A autenticação deverá ser feita pelo tabelião, o mesmo que se encontra habilitado para autenticar cópias "xerox", eis que a fotografia, de resto, nada mais é que um documento que, ao invés de conter um escrito, apresenta uma imagem. Ao que constatamos, nos dias de hoje é raro o pedido de autenticação de uma fotografia. Ainda sobre as fotografias, v. acima os comentários ao art. 231, sob a rubrica *atenção.*

Pensamos, outrossim, que nada impede a juntada de um documento a partir de uma fotografia tirada com uma câmera digital, cabendo à parte adversa, caso duvide de sua autenticidade (ou mesmo ao juiz, de ofício), suscitar a falsidade, como veremos na análise do art. 235 abaixo.

JURISPRUDÊNCIA

Livros contábeis da empresa não são protegidos pelo sigilo

"A jurisprudência desta Corte tem orientação no sentido de que os documentos e livros que se relacionam com a contabilidade de empresa não estão protegidos por nenhum tipo de sigilo e são, inclusive, de apresentação obrigatória por ocasião das atividades fiscais. A apreensão de documentos pela administração fazendária tem respaldo legal e na jurisprudência desta Corte" (STJ – HC n° 242750-DF, Rel. Campos Marques, j. 18.06.2013, DJe 01.07.2013).

Art. 233. As cartas particulares, interceptadas ou obtidas por meios criminosos, não serão admitidas em juízo.

Parágrafo único. As cartas poderão ser exibidas em juízo pelo respectivo destinatário, para a defesa de seu direito, ainda que não haja consentimento do signatário.

Impossibilidade de interceptação de cartas particulares – A interceptação de carta particular, obtida por meio ilícito, importa em ofensa ao princípio constitucional que assegura a inviolabilidade da correspondência, previsto no art. 5°, inc. XII, assim destacado no texto maior: "é inviolável o sigilo da correspondência e das comunicações telegráficas, de dados e das comunicações telefônicas, salvo, no último caso, por ordem judicial, nas hipóteses e na forma que a lei estabelecer para fins de investigação criminal ou instrução processual penal".

Essa é a regra geral, sujeita, porém, às exceções abaixo mencionadas nos comentários ao parágrafo único. Trata-se, assim de uma prova ilícita, posto que produzida ao arrepio da norma constitucional, não admitida, em reforço, no processo penal, ante a dicção do art. 157 do código, a cujos comentários remetemos o leitor.

Parágrafo único. As cartas poderão ser exibidas em juízo pelo respectivo destinatário, para a defesa de seu direito, ainda que não haja consentimento do signatário.

Exceções – Nada impede, porém, que a carta seja exibida em juízo por quem a recebeu, desde que a utilize na defesa de seu direito e ainda que o remetente discorde dessa apresentação. Suponha-se que a testemunha, tendo um filho sequestrado, receba uma carta do sequestrador, na qual ele pede um resgate em dinheiro para a liberação do ofendido, sob pena de matá-lo. Ora, não teria cabimento que, em nome do sigilo das comunicações, tão relevante prova não pudesse constar dos autos, em afronta ao princípio da razoabilidade e em verdadeiro estímulo à prática de condutas de tamanha gravidade. O mesmo se diga de uma carta escrita por um chefe de organização criminosa, do interior do presídio, na qual orienta seus comparsas quanto à eliminação de desafetos. Idem quando ele recebe uma encomenda externa ao cárcere na qual conste, de seu interior, grande quantidade de droga.

Parece-nos, assim, que não apenas o réu possa, em sua defesa, apresentar cartas em juízo, sem o prévio consentimento do signatário. Também a acusação, dependendo do caso concreto, pode fazê-lo. É verdade que o art. 5°, inc. XII da Constituição assegura a inviolabilidade da correspondência, protegida que se encontra pelo sigilo. A propósito configura crime, nos termos do art. 151 do Código Penal, "devassar indevidamente o conteúdo de correspondência fechada, dirigida a outrem".

Mas esse princípio não é absoluto. Com efeito, o próprio texto constitucional ressalva a possibilidade de sua quebra mediante ordem judicial. Demais disso, ele deve ser consonância com outras garantias, importando em verdadeiro contrassenso que a vítima não pudesse utilizar como prova, em nosso exemplo acima, a carta que lhe foi enviada pelo sequestrador, em entendimento que colocaria em risco a segurança do cidadão e só se prestaria como estímulo aos malfeitores. Aliás, o art. 240 do código permite a busca domiciliar, quando fundada em razões que a autorizem, para "cartas, abertas ou não, destinadas ao acusado ou em seu poder, quando haja suspeita de que o conhecimento do seu conteúdo possa ser útil à elucidação do fato".

Lembre-se, ademais, que dispõe o art. 41, em seu inc. XV da Lei de Execuções Penais, que "constituem direitos do preso: contato com o mundo exterior por meio de correspondência escrita, da leitura e de outros meios de informação que não comprometam a moral e os bons costumes". Mas ressalva o parágrafo único que tais direitos "poderão ser suspensos ou restringidos mediante ato motivado do diretor do estabelecimento".

Destaque-se, por último, que o Código Penal, em seus arts. 151 e 152, trata dos chamados crimes contra a inviolabilidade de correspondência. Além disso, a Lei n° 6.538/78, que dispõe sobre serviços postais, prevê como crime a conduta de quem "devassar indevidamente o conteúdo de correspondência fechada dirigida a outrem" (art. 40).

JURISPRUDÊNCIA

V., abaixo, comentários ao art. 240, § 1°, "f".

"Em se tratando de cartas e papéis referentes a tratamento psicológico escritos de próprio punho da vítima, cujo conteúdo poderia denegrir sua memória e havendo suspeitas de que foram obtidos por meios criminosos, correta a determinação do juiz em não permitir a permanência destes nos autos, cumprindo o que dispõe o art. 233 do CPP" (TACRIM-SP – Rel. Djalma Lofrano – *RT* 698/344).

Art. 234. Se o juiz tiver notícia da existência de documento relativo a ponto relevante da acusação ou da defesa, providenciará, independentemente de requerimento de qualquer das partes, para sua juntada aos autos, se possível.

Juntada de documento determinada de ofício pelo juiz – Bem ao gosto do legislador da época (bastando que se confira, para tanto, a exposição de motivos do Código de Processo Penal), mais uma vez se deferiu ao juiz a possibilidade de produzir prova de ofício, de maneira a complementar eventual inércia ou negligência das partes. O caráter publicista do processo penal, aliado ao princípio da busca da verdade real retirou do Magistrado a condição de mero "expectador de pedra" do processo, para transformá-lo em um agente ativo, capaz mesmo de ordenar a produção de provas "ex officio". Tal dinamismo conferido ao juiz foi saudado, ao tempo da edição do código, de forma alvissareira pela doutrina. Atualmente, porém, são mais discretos os aplausos. Com efeito, a partir da adoção, pelo direito brasileiro, de um sistema acusatório, a se presumir partes bem equipadas, cada qual com uma função definida no processo, não mais se justifica esse tipo de atuação do juiz, substituindo-se as partes. O juiz decide com o acervo probatório trazido pelas partes. É verdade que alguns documentos, dada sua natureza, somente poderão ser juntados ao processo mediante requisição judicial nesse sentido. Mas, mesmo aí, cumpre ao juiz aguardar requerimento da parte interessada no sentido da emissão de ordem judicial para exibição do documento e sua posterior juntada aos autos.

JURISPRUDÊNCIA

Sigilo profissional. Impossibilidade de revelação

Segredo profissional. – Sigilo médico – Estabelecimento hospitalar intimado, com seus médicos e advogados, a apresentar em juízo ficha clínica de vítima de aborto consentido lá internada – Ilegalidade da determinação judicial – Recusa legítima – Concessão de Mandado de Segurança – "A pública potestade só forçará o desvendar do fato sigiloso se a tanto autorizada por específica norma de lei formal. Trata-se de atividade totalmente regrada, prefixados os motivos pelo legislador, a não comportar a avaliação discricionária da autoridade administrativa ou judiciária do que possa constituir justa causa para excepcionar o instituto jurídico da guarda do segredo profissional. Este tutela a liberdade individual e a relação de confiança que deve existir entre profissional e cliente, para a proteção de um bem jurídico respeitável, como o é o direito à salvação adequada da vida ou da saúde. No embate com o direito de punir, o Estado prefere aqueles outros valores" (STF – Rel. Djaci Falcão – *RT 562/407*).

"Embora a obrigatoriedade do sigilo profissional não se apresente em caráter absoluto, admitindo exceções, também esbarra em restrições o poder ou faculdade da autoridade em requisitar informes ou elementos para instruir processos criminais. Assim, não se cuidando de crimes relacionados com a prestação de socorro médico ou de moléstia de comunicação compulsória, em que fica o profissional desonerado do aludido sigilo, é de se ter por subsistente cuidando-se de tratamentos particulares, seja no tocante à espécie de enfermidade, seja quanto ao diagnóstico ou à terapia aplicada. Por isso, neste mandado de segurança entendeu-se estar caracterizado o constrangimento ilegal, decorrente da intimação judicial feita a médico e hospital para apresentar as fichas clínicas e prontuários da vítima de suicídio, sob pena de responsabilidade e desobediência. Entendeu-se, afinal, ser inadmissível a intimação por ofensa ao sigilo profissional, constatando-se, ademais, a ausência de justa causa para tal exigência" (TJSP – Rel. Geraldo Gomes – *RT* 567/83).

Art. 235. A letra e firma dos documentos particulares serão submetidas a exame pericial, quando contestada a sua autenticidade.

Documento particular – O documento particular pode ser exibido em Juízo, ou em sua forma original ou, o que é mais comum, por meio de cópia devidamente autenticada pelo tabelião. Nos termos do art. 411 do Código de Processo Civil, "considera-se autêntico o documento quando: I – o tabelião reconhecer a firma do signatário; II – a autoria estiver identificada por qualquer outro meio legal de certificação, inclusive eletrônico, nos termos da lei; III – não houver impugnação da parte contra quem foi produzido o documento".

Mas, ainda assim, é possível que se lancem dúvidas sobre sua autenticidade quando, então, esses documentos ficam sujeitos à prova pericial. Segundo o art. 428 do Código de Processo Civil, a ser observado no processo penal, na dicção do art. 3° do CPP, "cessa a fé do documento particular quando: "I – for impugnada sua autenticidade e enquanto não se comprovar sua veracidade; II – assinado em branco, for impugnado seu conteúdo, por preenchimento abusivo". O ônus da prova vem previsto no art. 429 do mesmo *codex*, sendo assim distribuído: quando se tratar de falsidade de documento ou de preenchimento abusivo, cabe a prova a quem suscitou a questão. Quando a dúvida recair sobre a autenticidade do documento, o ônus de prová-la é da parte que produziu o documento.

Nesse caso ensejará, então, a deflagração do incidente de falsidade previsto nos arts. 145 a 148 do CPP, a cujos comentários remetemos o leitor.

Para a comprovação da letra lançada no documento, deverá o perito se pautar nas regras do art. 174 do código, que já foi objeto de nossa análise.

JURISPRUDÊNCIA

Prova pericial

a) necessária para comprovação do falso

"O delito de falsificação de documento particular previsto no art. 298 do CP é cometidos às escondidas, sem testemunhas, razão pela qual a prova pericial é de grande valia e, sendo segura, deve ser aceita integralmente" (TJSP – Rel. Otávio Henrique – *RT* 736/614).

b) pode ser suprida por outro meio de prova

"A essencialidade do exame de corpo de delito nos crimes de falsificação documental não implica a necessidade de que a perícia seja suficiente à certeza da materialidade do crime; se o laudo não exclui, mas até afirma indícios do preenchimento posterior de folha assinada em branco, é lícito somá-lo a outras provas para formar o convencimento do juiz" (STF – Rel. Sepúlveda Pertence – *RTJ* 133/742).

Momento de sua realização

"A autenticidade de escritos em documentos particulares deve ser verificada durante a instrução processual, não havendo nulidade na falta de realização da perícia, requerida, implicitamente, somente quando do oferecimento das alegações finais" (STJ – HC n° 39898-SP, Rel. Gilson Dipp, j. 07.06.2005, DJ 27.06.2005, p. 420).

Art. 236. Os documentos em língua estrangeira, sem prejuízo de sua juntada imediata, serão, se necessário, traduzidos por tradutor público, ou, na falta, por pessoa idônea nomeada pela autoridade.

Faculdade – Embora o legislador tenha empregado a expressão "se necessário", dando a entender não ser obrigatória a tradução do documento, parte da doutrina entende de forma diversa, ou seja, que a tradução para o português sempre deverá ocorrer. Ary Azevedo Franco ensina que "a tradução será sempre obrigatória, por tradutor público, ou, na falta, por pessoa idônea nomeada pela autoridade, previamente compromissada, tal como deverá se fazer para o intérprete, quando acusado ou testemunha não souberem falar a língua vernácula, na bastando que o juiz conheça a língua estrangeira em que esteja vazado o documento" (ob. cit., vol. I, p. 251). É também o pensar de

Câmara Leal, para quem "haverá sempre necessidade de uma tradução quando o instrumento esteja lavrado em língua estrangeira. Nem todos serão obrigados a conhecer línguas alienígenas, por mais familiar que possa ser o estudo de qualquer idioma estrangeiro" (ob. cit., vol. 2, p. 84). Nesse sentido o Código de Processo Civil, ao determinar, em seu art. 192, parágrafo único, que "o documento redigido em língua estrangeira somente poderá ser juntado aos autos quando acompanhado de versão para a língua portuguesa tramitada por via diplomática ou pela autoridade central, ou firmada por tradutor juramentado".

Essa, portanto, a regra geral, quanto à necessidade da tradução do documento, ainda que o juiz seja profundo conhecedor do idioma no qual elaborado. É que a prova, embora tenha o juiz como destinatário final, interessa também às partes que, por isso mesmo, devem ter acesso a seu conteúdo na língua pátria. Demais disso, em caso de eventual recurso, os julgadores de 2° grau, ao contrário do juiz, podem não deter o mesmo conhecimento do idioma no qual produzido o documento, razão pela qual se impõe a prévia tradução. E mais: o intérprete sujeita-se ao crime do art. 342 do Código Penal (falso testemunho ou falsa perícia), o que não se aplica, por óbvio, ao juiz.

De se ver, porém, que a lei não contém palavras inúteis, pelo que alguma interpretação deva ser dada à expressão "se necessário", contida neste dispositivo. Cremos, assim, que se o juiz verificar, de forma clara e insofismável, que o documento não guarda maior interesse para o deslinde da causa, poderá dispensar sua tradução. Imagine-se um documento redigido em espanhol, que ateste os bons antecedentes do réu. Não haverá motivo para que se determine sua tradução, sobretudo em face dos altos custos oriundos desse trabalho e da inevitável demora em sua conclusão. Ou, ainda que produzido em inglês, o documento se refira à constituição de uma pessoa jurídica, como na jurisprudência abaixo transcrita. Nessas hipóteses, o juiz pode perfeitamente entender pela desnecessidade da tradução, reconhecendo a inutilidade da prova que se pretende obter. O que pode ocorrer, na prática, é que seja impossível reconhecer essa desnecessidade de tradução do documento sem que o mesmo, antes, seja traduzido. Imagine-se um documento redigido em japonês, no alfabeto que lhe é típico. Difícil ao Magistrado realizar esse juízo de valor quanto à necessidade de tradução se desconhece, por completo, o conteúdo do documento. Nada impede, ainda assim, que intime a parte que produziu o documento para que aponte seu teor e o objetivo que persegue com a diligência, para depois, municiado desses dados, decida pela necessidade ou não da tradução.

JURISPRUDÊNCIA

Quando é facultativa a tradução

"Não se configura cerceamento de defesa o indeferimento de pedido de tradução de todos os documentos em língua estrangeira juntados aos autos se claramente consignado pelo Juiz sentenciante a suficiência, para a avaliação da conduta, dos documentos já traduzidos. A literalidade da norma determina expressamente que a tradução de documentos em língua estrangeira terá lugar se necessário, cumprindo ao Juiz – por ser ele o destinatário final da prova – ponderar e avaliar quais documentos carecem de tradução, para a livre formação de sua convicção" (STJ – REsp n° 1234097-PR, Rel. Gilson Dipp, j. 03.11.2011, DJe 17.11.2011).

Possibilidade de aproveitamento do documento estrangeiro

"Documentos em língua estrangeira podem ser utilizados para demonstração de indícios da eventual prática de crimes antecedentes à lavagem de dinheiro, máxime quando traduzidos por tradutor juramentado, nos termos do art. 236 do CPP" (STJ – HC n° 94965-SP, Rel. Felix Fischer, j. 10.03.2009, DJe 30.03.2009).

Art. 237. As públicas-formas só terão valor quando conferidas com o original, em presença da autoridade.

Pública-forma – Consiste em uma cópia do documento efetuado por um tabelião. Na obra clássica de De Plácido e Silva, é conceituada como a "denominação dada à cópia de um documento, feita por um Tabelião ou Escrivão, na qual faz constar, palavra por palavra, tudo a que está ou se encontra no original. A pública-forma, pois, é uma reprodução por cópia de um documento, ou ato escrito, cujo original é representado pelo mesmo documento ou escrito. É a cópia literal do documento." (*Vocabulário Jurídico*, Rio de Janeiro: Forense, 7. Ed., 1982, vol. III, p. 503). Não se trata, pois, de uma cópia xerocopiada, mas na descrição que o tabelião formula a respeito de um documento que lhe é exibido, devendo, em regra, ser conferida e consertada por outro oficial. Como é fácil perceber, trata-se de instrumento que, útil à época da edição do código (1941), caiu em desuso. Sobretudo quando, pela redação deste dispositivo, não bastava a pública-forma para que o documento tivesse eficácia probatória, mas, além disso, que o original ainda fosse conferido pelo juiz. Ou seja, deveria se elaborar a pública-forma e, em seguida, juntamente com o original, apresentá-la ao juiz que iria atestar sua autenticidade.

Atualmente, com muito mais eficácia, tendo em mãos um documento, o interessado solicita sua cópia autenticada, cabendo ao tabelião – ele mesmo – determinar a extração da cópia no cartório, a fim de evitar fraude, procedendo-se, em seguida, à sua autenticação. E mesmo a possibilidade de, no processo eletrônico, se juntar o original do documento, torna inaplicável, nos dias de hoje, o artigo em análise.

JURISPRUDÊNCIA

Necessidade de autenticação do documento

"A xerocópia de cheque, sem autenticação, é insuficiente para aquilatar as condições em que foram feitas sua emissão e apresentação no estabelecimento sacado, pois à simples fotocópia não se dá o mesmo valor do original" (TACRIM-SP – Ap. 294.711 – Rel. Reynaldo Ayrosa).

Cópia xerográfica. Valor probante – "Não se pode emprestar nenhuma valia probante a peças de interrogatório por cópia xerográfica, máxime quando não autenticada" (TACRIM-SP – Rel. Silva Franco – Ap. 332.569).

Quando é desnecessária a autenticação

"A eficácia probante das cópias xerográficas resulta, em princípio, de sua formal autenticação por agente público competente (CPP, art. 232, parágrafo único). Peças reprográficas não autenticadas, desde que possível a aferição de sua legitimidade por outro meio idôneo, podem ser validamente utilizadas em juízo penal" (STF – Rel. Celso de Melo – RT 709/418).

"As fotocópias de documentos oficiais, por serem oriundas de ente público, prescindem de autenticação e gozam de presunção juris tantum quanto à veracidade" (STJ – HC nº 97654-PA, Rel. Jorge Mussi, j. 28.05.2008, DJe 04.08.2008).

Cópia autenticada tem o mesmo valor do original

"A fotocópia de um documento é uma modalidade de sua cópia, vale dizer, a reprodução do original. Consubstancia o documento do documento. Desde que autenticada, se dará à mesma o valor do original" (TJSP – Rel. Humberto da Nova – *RT* 404/104).

Art. 238. Os documentos originais, juntos a processo findo, quando não exista motivo relevante que justifique a sua conservação

nos autos, poderão, mediante requerimento, e ouvido o Ministério Público, ser entregues à parte que os produziu, ficando traslado nos autos.

Restituição do documento – Uma vez findo o processo, isto é, transitada em julgado a decisão criminal, não há razão para que um documento, original ou autenticado, permaneça nos autos, podendo, por isso, ser devolvido à parte que o produziu, após a oitiva do Ministério Público. Essa é a regra geral, ou seja, a devolução do documento, com a manutenção, nos autos, de uma cópia. Afinal, se uma carta foi apreendida, em sua redação original, por qual motivo, findo o processo, deveria ela permanecer nos autos, quando pode, inclusive, ter algum valor sentimental para a parte?

A leitura apressada deste artigo não deve levar à conclusão que somente após o trânsito em julgado é cabível a devolução do documento. Mesmo antes, constatando o juiz que ele não mais interessa ao feito ou que, ainda que interesse, pode ser perfeitamente substituído por uma cópia, não há razão para que seja mantido nos autos. Eventual concordância do Ministério Público com o pedido reforçará a possibilidade de devolução.

JURISPRUDÊNCIA

Quando é incabível a restituição do documento

Restituição de documento apreendido – "Se discutível a pretensão do recorrente, visto que os documentos podem estar integrando o *corpus delicti*, não há como reconhecer-se o alegado direito líquido e certo" (STJ – MS nº 8948 – SP – DJ de 17.08.98, p. 77 – Rel. Félix Fischer).

CAPÍTULO X
DOS INDÍCIOS

Art. 239. Considera-se indício a circunstância conhecida e provada, que, tendo relação com o fato, autorize, por indução, concluir-se a existência de outra ou outras circunstâncias.

Definição – A definição de indícios vem tratada no próprio artigo em estudo. Para acrescentar, observa-se que Vincenzo Manzini, citado por Magalhães Noronha, ensina que "o indício é uma circunstância certa, da qual se pode tirar, por indução lógica, uma conclusão acerca da subsistência ou insubsistência de um fato a provar" (ob. cit., p. 130). Lapidar, nesse aspecto, o ensinamento de Mittermayer, para quem "um indício é um fato em relação tão precisa com um outro fato que de um o juiz chega ao outro por uma conclusão toda natural. É, pois, preciso que haja na causa dois fatos, um verificado, outro não estabelecido, e que se trata de demonstrar, raciocinando do conhecido para o desconhecido" (ob. cit., p. 323).

Trata-se, outrossim, de uma *prova indireta* ou *crítica*, pois depende de um raciocínio lógico, formulado pelo intérprete, para que se chegue a alguma conclusão. Nisso difere da chamada *prova direta* ou *histórica*, na qual o Juiz tem o fato diante de si, revelado por uma testemunha, por uma perícia ou através da confissão do réu, cabendo-lhe, apenas, a análise quanto à credibilidade de tal prova, sem que necessite recorrer a nenhuma construção lógica.

Depende, portanto, de um *silogismo*, isto é, partindo-se do geral chega-se ao particular (daí a crítica da doutrina quanto à expressão *indução* utilizada pelo legislador, quando o mais adequado seria *dedução*). No ensinamento de Adalberto Camargo Aranha, "é um silogismo puro em que a conclusão, que é o fato probando, é uma resultante da comparação entre o fato indiciário (premissa menor) e uma lei da experiência ou da razão (premissa maior)" (ob. cit., p. 159).

Assim, tomando-se o exemplo clássico do homicídio, suponha-se a presença de determinada pessoa, ao lado de um cadáver, portando uma faca, com as vestes ensanguentadas. Isso constitui uma *premissa maior*, ou seja, uma regra geral, abstrata, genérica, tirada da razão ou da experiência, no sentido de que, qualquer indivíduo encontrado nessa situação, é o provável autor do crime. Em seguida, verifica-se a *premissa menor*, isto é, que o sujeito foi, naquelas condições apontadas, encontrado ao lado da vítima. Essa é a circunstância indiciante, o fato concreto, particular, real, devidamente comprovado. Do cotejo de ambas, chega-se a uma *conclusão lógica*, que é a dedução no sentido de que a pessoa encontrada ao lado da vítima seja o provável autor do homicídio.

Indícios x presunções – Alguns autores procuram estabelecer distinções entre *indícios* e *presunções*. Para Hélio Tornaghi, "indício é o fato indicativo e a presunção, o fato indicado. A menoridade é indício de imaturidade, de incapacidade. Presume-se a incapacidade do menor. O indício é a menoridade; a presunção, a incapacidade" (*Curso de processo penal*, 1990, vol. 1, p. 457). Espínola Filho, transcrevendo ensinamento de Giuseppe Bettiol, ensina que "em relação ao procedimento lógico, não há nenhuma diferença entre prova indiciária e prova presuntiva: ambas pertencem ao gênero das provas chamadas críticas ou indiretas, porque não fixam diretamente o fato, em relação a que é querida uma determina conseqüência, mas servem para a verificação de um fato, do qual, por conexão lógica, se chega ao fato indiciado ou presumido" (ob. cit., vol. 3, p. 183). E José Frederico Marques, após asseverar que em nada diferem indícios e presunções, ensina que "os civilistas preferem falar de presunções, enquanto que os criminalistas usam da expressão *indícios*, e os juristas anglo-americanos de circunstâncias" (*Elementos de direito processual penal*, 1997, vol. 2, p. 343).

Valor probatório – Deixando de lado o sistema da prova legal, o legislador, temos dito, adotou o sistema do livre convencimento quanto à apreciação da prova, de modo que rejeitou qualquer espécie de hierarquia, conforme se observa da letra do art. 157, bem como da Exposição de Motivos do Código (item VII). Por conta disso, tem a prova indiciária, indiscutivelmente, valor idêntico ao conferido a qualquer uma outra prova. Daí observar Frederico Marques que "pelos indícios ou pela prova direta chega-se, de igual modo, à declaração e afirmativa da existência de um fato ou acontecimento histórico relevante para a ordem jurídico-penal. O que os distingue fundamentalmente é o modo ou forma de revelarem esse fato ou acontecimento; enquanto na prova histórica há a revelação direta do *factum probandum*, nos indícios essa representação é indireta e só adquire corpo através de construção lógico-crítica" (ob. cit., p. 345). Na mesma esteira é o ensinamento trazido por Espínola Filho, ao ressaltar que "os indícios e circunstâncias quando bem concatenados, não abalados nem desfeitos por outros indícios ou outras circunstâncias geram no espírito do julgador a certeza (certeza, não absoluta, que esta só existe no terreno das abstrações), a convicção segura e fundada do fato probando. A prova indiciária por ser de difícil apuração, para a qual terá o julgador de fazer uma operação de lógica, cuidadosa, deduzindo e raciocinando de fatos e circunstâncias conhecidas para chegar à afirmação ou à negação de certo resultado, que é o fato desconhecido – é das melhores provas que a lei investe o julgador" (ob. cit., p. 178).

Em verdade, a prova indiciária, ao contrário do que possa parecer em um primeiro momento, é empregada a todo instante para a formação da convicção do julgador. É que, na maioria das vezes, o processo lógico desenvolvido (premissa maior + premissa menor = conclusão), é tão veloz que nem se dá conta de sua utilização. A condenação de um sujeito, de péssimos antecedentes, afeito em atacar o patrimônio alheio, que é surpreendido logo após deixar uma casa, com a *res furtiva* em seu poder, é decorrência, inegavelmente, de uma operação lógica. Afinal, não há prova direta (ninguém o viu no exato momento em que executava o furto), e, nem por isso, se deixará de condenar o agente diante de prova tão robusta. Aqueles que insistem em negar valor probatório ao indício, ou não atentaram à letra da lei, que o insere no capítulo das provas (e como tal deve ser apreciado), ou, parece mais provável, empregam de maneira errada a expressão, dando-lhe uma conotação equivocada de *dúvida*, capaz de contaminar, por puro preconceito, todo o raciocínio desenvolvido. É óbvio que a prova indiciária deverá ser analisada em confronto com as demais provas dos autos, mas, nem por isso, tem menos valor. Afinal, isso não acontece apenas nesse caso. Também ao sopesar o valor, por exemplo, de uma confissão judicial, deverá o julgador fazê-lo dentro de um contexto probatório mais amplo (e ninguém nega o valor probante de tal confissão).

Assim, no silogismo que é desenvolvido, deve estar provado, com absoluta segurança e de forma direta, a circunstância indiciante (premissa menor). Ou seja, em nosso exemplo anterior, a saída do larápio da residência, trazendo consigo os objetos furtados, deverá estar cabalmente comprovada, de maneira direta, através do dizer de testemunhas ou da vítima, *v.g.*. Resta claro, porém, que a premissa maior, de ordem abstrata e genérica, jamais poderá ser provada diretamente, pois decorre de regras de experiência, bom senso, etc., que deverão ser sopesadas na "balança da razão", na feliz expressão de Mittermaier (ob. cit., p. 324). Isso em virtude de que, "no procedimento indiciário, do que se abre mão é, exclusivamente, da prova direta do fato indiciado, desconhecido, mas não da do circunstancial, indiciante, de que se induz a conclusão sobre aquele", na precisa lição de Espínola Filho (ob. cit., p. 187). A se privilegiar entendimento contrário, inclusive, correr-se-ia o risco apontado por Adalberto Camargo Aranha, para quem, do alto de sua vasta experiência de Juiz criminal, "se não usarmos os indícios, muitas vezes grandes e perigosos criminosos ficarão impunes" (ob. cit., p. 162).

Classificação dos indícios – A preocupação dos antigos em classificar os indícios justificava-se em virtude do sistema tarifado de apreciação da prova, onde, a cada categoria, era previamente estabelecido um valor. Nem que seja, todavia, por curiosidade histórica, vale que atentemos a duas classificações comumente utilizadas.

Na primeira delas, levando-se em conta o aspecto cronológico, dividem-se os indícios em: 1) *anteriores* ou *antecedentes*, ou seja, aqueles consistentes nos atos preparatórios à prática do crime. Num exemplo, *A* ameaça *B* de matá-lo e, para tanto, adquire uma arma; 2) *contemporâneos* ou *concomitantes*, são aqueles obtidos no momento em que o fato criminoso se realiza. Assim, os gritos e pedidos de socorro de *B* ou o encontro da arma utilizada para a execução ao lado de *A*; 3) *subsequentes* ou *posteriores* são os vestígios deixados após a prática do crime. Na mesma linha, a apuração de manchas de sangue de *B* nas vestes de *A*, sua fuga, etc.

Quanto ao valor probante, são classificados em: 1) *manifestos*, quando a dedução é direta, decorrente da situação provada. É o exemplo do acusado de estupro que é surpreendido nu junto à vítima; 2) *próximos*, "quando expressam uma relação direta, mas não necessária, com o fato a provar". Exemplo: o encontro da *res furtiva* em poder de determinada pessoa ou de instrumentos utilizados para a prática do crime; 3) *remotos*, "quando apenas traduzem uma relação contingente com o crime", como, *v.g.*, os antecedentes do acusado, a confissão na polícia, a delação de corréu, a companhia de pessoas de má índole, etc. (confira-se, nesse sentido, Bento de Faria, *Código de processo penal*, 1942, p. 307).

JURISPRUDÊNCIA

Valor probatório do indício

a) incapaz de fundamentar uma condenação

"Uma condenação criminal, como todos os seus gravames e conseqüências, só pode ser considerada com apoio em prova cabal e estreme de dúvidas, sendo que as presunções e indícios, isoladamente considerados, não se constituem em prova dotada dessas qualidades, de modo a serem insuficientes para amparar a procedência da denúncia" (TACRIM-SP – Rel. Pires Neto – *RJD* 17/149).

b) apto a fundamentar uma condenação

"Vigora no processo penal brasileiro o princípio do livre convencimento, segundo o qual o magistrado, desde que, fundamentadamente, pode decidir pela condenação, ainda que calcada em indícios veementes de prática delituosa" (STJ – Rel. Félix Fischer, j. 03.04.2001, DJ 24.04.2001, p.189).

"No que interessa ao direito processual, a força probante dos indícios é igual à de qualquer outro meio de prova Se o espírito humano, na maioria das vezes, não atinge a verdade senão por argumentos probatórios indiretos, para evidenciar a circunstância ignorada com o nexo de causalidade, ou de identidade específica, não poderia, pois, ser desprezada, nos juízos criminais, a prova indiciária, dês que cada vez mais a inteligência, a prudência e a cautela dos criminosos dificultam a prova direta" (TACRIM-SP – Rel. Luiz Ambra – *RT* 728/543).

"O indício vale como qualquer outra prova e impossível o estabelecimento de regras práticas para apreciação do quadro indiciário. Em cada caso concreto, incumbe ao Juiz sopesar a valia desse contexto e admiti-lo como prova, à luz do art. 239 do CPP. Uma coleção de indícios, coerentes e concatenados, pode gerar a certeza reclamada para a condenação" (TACRIM-SP – Rel. Renato Nalini – *RT* 758/583).

c) válido, desde que em consonância com outras provas

"Deve ser mantida a condenação baseada em indícios, quando estes são corroborados pelas demais provas produzidas no processo, mormente quando as declarações colhidas no inquérito policial são confirmadas nos depoimentos pessoais em juízo" (STF – Rel. Joaquim Barbosa – *RT* 823/506).

CAPÍTULO XI
DA BUSCA E DA APREENSÃO

Art. 240. **A busca será domiciliar ou pessoal.**

§ 1º Proceder-se-á à busca domiciliar, quando fundadas razões a autorizarem, para:

a) prender criminosos;

b) apreender coisas achadas ou obtidas por meios criminosos;

c) apreender instrumentos de falsificação ou de contrafação e objetos falsificados ou contrafeitos;

d) apreender armas e munições, instrumentos utilizados na prática de crime ou destinados a fim delituoso;

e) descobrir objetos necessários à prova de infração ou à defesa do réu;

f) apreender cartas, abertas ou não, destinadas ao acusado ou em seu poder, quando haja suspeita de que o conhecimento do seu conteúdo possa ser útil à elucidação do fato;

g) apreender pessoas vítimas de crimes;

h) colher qualquer elemento de convicção.

§ 2º Proceder-se-á à busca pessoal quando houver fundada suspeita de que alguém oculte consigo arma proibida ou objetos mencionados nas letras b a f e letra h do parágrafo anterior.

Introdução – A doutrina, de forma unânime, aponta a má colocação da *busca e apreensão* na sistemática do nosso código, elencada que se encontra entre as provas. Com efeito, por ter uma natureza nitidamente acautelatória, com o objetivo de impedir o perecimento de coisas ou pessoas, é considerada uma medida cautelar e, dentre elas, deverá estar relacionada em futura reforma legislativa, ao lado, por exemplo, do sequestro de bens do indiciado, da hipoteca legal ou do pedido de prisão preventiva.

Definição – Segundo Vincenzo Manzini, "as buscas são pesquisas materiais, realizáveis coercitivamente, autorizadas como exceção às garantias normais da liberdade individual e destinadas ao fim de assegurar, ao processo, coisas que possam servir à prova, ou de prender o acusado, ou outra pessoa, indiciada de crime ou evadida" (*apud* Espínola Filho, ob. cit., vol. III, pp. 195-6).

A *busca*, consistente na procura de coisa ou pessoa, antecede cronologicamente à *apreensão*, que é o ato de retirar a coisa ou pessoa da esfera de quem a detém. Portanto, busca-se primeiro para depois apreender. De se notar, contudo, que é possível a *busca sem apreensão*, como na hipótese em que, vasculhada a casa de um suposto traficante, nada é encontrado relacionado ao crime. Pode ocorrer, também, a *apreensão sem busca*, quando, no mesmo exemplo, antes mesmo de se iniciar a procura, o averiguado, espontaneamente, entrega o material entorpecente.

Rol exemplificativo – A busca e apreensão podem recair sobre coisas ou pessoas. Mais corriqueira é a primeira hipótese, quando se admite a detenção física dos objetos relacionados no art. 240, § 1º, "b" a "f". Vale atentar, todavia, ao ensinamento de Espínola Filho, para quem, "na realidade, o quadro é amplíssimo, e, de um modo geral, deve afirmar-se que pode a apreensão incidir sobre toda a sorte de coisas, cuja apreciação, submetidas, ou não, a prévio exame técnico, possa interessar, de alguma sorte, ao esclarecimento do caso" (ob. cit., vol. III, p. 197).

Momento da diligência – A diligência pode ser realizada durante o inquérito policial, já quando instaurado o processo ou mesmo na fase de execução da pena. Essa última hipótese é tratada no art. 145 da Lei de Execuções Penais, ao se admitir a apreensão da pessoa a fim de verificar seu comportamento quando no gozo de livramento condicional. Correta, porém, a observação de Tourinho Filho, quando assenta que "muito embora as buscas e apreensões possam ser realizadas na fase da instrução criminal, elas se verificam mais amiúde na fase pré-processual, durante o desenrolar da primeira etapa da *persecutio criminis*, vale dizer, durante a feitura do inquérito policial, não só porque a Polícia dispõe de meios mais rápidos e elementos mais eficazes para assegurar o seu bom êxito, como também porque, de regra, essas diligências se não forem levadas a cabo durante a fase do inquérito, perderão sua oportunidade" (*Processo penal*, 1997, vol. 3, p. 352).

JURISPRUDÊNCIA

Rol exemplificativo

"O artigo 240 do Código de Processo Penal, ao tratar da busca e apreensão, apresenta um rol exemplificativo dos casos em que a medida pode ser determinada, no qual se encontra a hipótese de arrecadação de objetos necessários à prova da infração ou à defesa do réu, não havendo qualquer ressalva de que não possam dizer respeito à intimidade ou à vida privada do indivíduo. Assim, estando a agenda em poder do paciente quando da sua prisão, e constituindo documento que guarda estreita relação com os fatos investigados na presente ação penal, não há qualquer impedimento a que seja feita sua apreensão" (STJ – HC nº 142205RJ, Rel. Jorge Mussi, j. 04.11.2010, DJe 13.12.2010).

Cabimento da medida

"A busca e apreensão, como meio de prova admitido pelo Código de Processo Penal, deverá ser procedida quando houver fundadas razões autorizadoras a, dentre outros, colher qualquer elemento hábil a formar a convicção do Julgador. Não há qualquer ilegalidade na decisão que determinou a busca e apreensão, se esta foi proferida em observância ao Princípio do Livre Convencimento Motivado, visando a assegurar a convicção por meio da livre apreciação da prova" (STJ – RMS nº 18061-SC, Rel. Gilson Dipp, j. 03.03.2005, DJe 28.03.2005, p. 294).

§ 1º Proceder-se-á à busca domiciliar, quando fundadas razões a autorizarem, para:

Busca domiciliar – A busca domiciliar, como o próprio nome indica, é aquela feita na casa de alguém. Sendo a casa, nos termos de preceito constitucional, o "asilo inviolável do indivíduo" (art. 5º, XI, da CF), somente nas hipóteses expressamente previstas em lei, admite-se exceção a tal princípio. Preocupou-se o constituinte, assim, em homenagear remotos dogmas da civilização, que sempre procuraram privilegiar o direito do indivíduo de não ser molestado, quando em sua casa ou de ninguém nela adentrar sem sua prévia autorização. O *digesto* já previa, em célebre máxima, "que a casa seja para cada um o refúgio e o receptáculo seguríssimo (*Digesto* II, 4, fr. 18). Conforme Marco Túlio Cícero, no *Prodomo*, 41, "que é mais sagrado, que é mais protegido do que toda religião, do que a casa de cada um?" A famosa expressão *"my house is my castle"*, é explicada por João Barbalho, em sua *Constituição Federal Brasileira – comentários*, 1902, p. 318: "E por que razão a casa de cada um é sua cidadela, sua fortaleza? Será por ser defendida por muralhas? Não. Seja mesmo uma choupana, em que penetrem a chuva e o vento, o rei não pode lá entrar".

Regra geral, portanto, não é permitido o ingresso na casa alheia sem o consentimento do morador e, por conta disso, somente nas hipóteses previstas no próprio texto constitucional, é que se admite exceção a tal mandamento.

Exceções à regra geral – Como exceções ao princípio geral, permite-se o ingresso na casa da pessoa: 1) a qualquer hora, em caso de flagrante delito, desastre ou para prestação de socorro; 2) fora de tais hipóteses, somente por meio de mandado judicial e durante o dia. Tourinho Filho indica outras exceções que, embora não previstas em lei, admitiriam o ingresso na casa alheira. Assim, aquele que invade o domicílio em *legítima defesa* de terceiro, vítima de agressão praticada pelo dono da casa; ou quem o faz em *estado de necessidade*, fugindo de um perseguidor; há, ainda, a possibilidade de adentrar a casa no *cumprimento de um dever legal* (visita do *mata-mosquito*), ou no *exercício regular de um direito*, como na hipótese do art. 587 do Código Civil [atual art. 1.313, inc. I], que obriga o dono da casa a consentir a entrada do vizinho, "quando seja indispensável à reparação ou limpeza, construção e reconstrução de sua casa" (ob. cit., p. 355).

Fundadas razões – A busca e apreensão, por cuidar-se de medida de caráter cautelar, exige os requisitos do *periculum in mora* e do *fumus boni juri*. O primeiro deles é de fácil constatação, posto que, regra geral, a demora na tomada da medida acarretará o perecimento da prova, dos vestígios do crime, tudo a recomendar a urgência em seu deferimento. Maior dificuldade é a análise do *fumus boni juris*, que, na hipótese vertente, vem definido na expressão *fundadas razões*, utilizada para a busca domiciliar (art. 240, § 1º), ou *fundada suspeita*, no caso da busca pessoal (art. 244).

O preclaro Hélio Tornaghi, após entender que ambas as expressões foram utilizadas pelo legislador no mesmo sentido, ensina que "fundadas razões são as que se estribam em indícios de que a pessoa ou coisa procurada se encontram na casa em que a busca deve ser feita" (*Curso de processo penal*, 1990, vol. 1, p. 463). Espínola Filho, citando lição de René Garraud, assevera que, para o deferimento da medida, é necessário que "haja indícios graves da culpabilidade do incriminado, condição que [...] se vincula à ideia de não ser a busca destinada a fazer incidir, sobre um indivíduo, suspeitas, por enquanto vagas e aplicáveis a outrem, mas a corroborar uma prova, que já se esboçou, e a apoiar presunções já estabelecidas" (ob. cit., vol. III, pp. 197-8). Valiosa a lição de Ada, Scarance e Magalhães, quando anotam que "é pressuposto essencial da busca que a autoridade, com base em elementos concretos, possa fazer um juízo positivo, embora provisório, da existência de motivos que possibilitem a diligência. Deve dispor de elementos informativos que lhe façam acreditar estar presente a situação legal legitimadora de sua ação" (*As nulidades no processo penal*, 1995, p. 147). De qualquer forma – já salientara Manzini – é sempre uma medida discricionária, cuja apreciação compete à autoridade, a quem caberá julgar a conveniência da diligência, certo que tal poder discricionário não deve confundir-se com arbitrariedade.

Entrada em domicílio sem mandado judicial – a busca domiciliar, como já alertado, é aquela feita na casa de alguém. Sendo a casa, nos termos de preceito constitucional, o "asilo inviolável do indivíduo" (art. 5º, XI, da CF), somente nas hipóteses expressamente previstas em lei, admite-se exceção a tal princípio. Preocupou-se o constituinte, assim, em homenagear remotos dogmas da civilização, que sempre procuraram privilegiar o direito do indivíduo de não ser molestado, quando em sua casa ou de ninguém nela adentrar sem sua prévia autorização. Regra geral, portanto, não é permitido o ingresso na casa alheia sem o consentimento do morador e, por conta disso, somente nas hipóteses previstas no próprio texto constitucional, é que se admite exceção a tal mandamento. Importante recordar, nesse tema, que o STF, em sede de repercussão geral, fixou a seguinte tese:

> "A entrada forçada em domicílio sem mandado judicial só é lícita, mesmo em período noturno, quando amparada em fundadas razões, devidamente justificadas "a posteriori", que indiquem que dentro da casa ocorre situação de flagrante delito, sob pena de responsabilidade disciplinar, civil e penal do agente ou da autoridade, e de nulidade dos atos praticados". (STF. Plenário. RE 603616/RO, Rel. Min. Gilmar Mendes, julgado em 4 e 5/11/2015 – repercussão geral – Tema 280 – Info 806).

Neste julgamento, trouxe a Corte Constitucional premissas muito importantes: a) muito embora o flagrante delito legitime o ingresso forçado em casa sem determinação judicial, a medida deve ser controlada judicialmente; b) a entrada forçada em domicílio, sem uma justificativa prévia conforme o direito, é arbitrária e não será a constatação de situação de flagrância, posterior ao ingresso, que justificará a medida, de forma que os agentes estatais devem demonstrar que havia elementos mínimos a caracterizar fundadas razões (justa causa) para a medida.

O STJ, contudo, ao considerar a mesma questão, vem estabelecendo teses bem mais restritivas sobre a possibilidade de ingresso no domicílio sem mandado ou autorização do morador para busca em razão de flagrante. Paradigmático, nesse ponto, o **HC n. 598.051**, da **Sexta Turma do STJ**, cujas conclusões vêm sendo adotadas pela **Quinta Turma**, sobretudo a partir do **HC n. 616.584**. Assim, pode-se dizer que a Corte da Cidadania estabeleceu cinco entendimentos centrais, que, como se pode notar, embora pareçam feitos sob medida para os flagrantes de tráfico de drogas, aplicam-se a todo e qualquer crime: 1º) Na hipótese de suspeita de flagrante, exige-se, em termos de *standard* probatório para ingresso no domicílio do suspeito sem mandado judicial, a existência de fundadas razões (justa causa), aferidas de modo objetivo e devidamente justificadas, de maneira a indicar que dentro da casa ocorre situação de flagrante delito; 2º) O tráfico ilícito de entorpecentes, em que pese ser classificado como crime de natureza permanente, nem sempre autoriza a entrada sem mandado no domicílio onde supostamente se encontra a droga. Apenas será permitido o ingresso em situações de urgência, quando se concluir que do atraso decorrente da obtenção de mandado judicial se possa, objetiva e concretamente, inferir que a prova do crime (ou a própria droga) será destruída ou ocultada; 3º) O consentimento do morador, para validar o ingresso de agentes estatais em sua casa e a busca e apreensão de objetos relacionados ao crime, precisa ser voluntário e livre de qualquer tipo de constrangimento ou coação; 4º) A prova da legalidade e da voluntariedade do consentimento para o ingresso na residência do suspeito incumbe, em caso de dúvida, ao Estado, e deve ser feita com declaração assinada pela pessoa que autorizou o ingresso domiciliar, indicando-se, sempre que possível, testemunhas do ato. Em todo caso, a operação deve ser registrada em áudio-vídeo, e preservada tal prova enquanto durar o processo; 5º) A violação a essas regras e condições legais e constitucionais para o ingresso no domicílio alheio resulta na ilicitude das provas obtidas em decorrência da medida, bem como das demais provas que dela decorrerem em relação de causalidade, sem prejuízo de eventual responsabilização penal dos agentes públicos que tenham realizado a diligência.

Sem desconsiderar a louvável intenção de seus Ministros, algumas críticas podem ser trazidas à postura da Corte Cidadã, sobretudo quanto à forma como vem aplicando os dois primeiros entendimentos, bem assim em relação aos terceiros e quarto, por entendermos que violam o inciso XI do art. 5º da CF, trazendo requisitos não previstos no dispositivo.

Não discordamos de que, para o ingresso desautorizado e sem mandado no domicílio alheio, deve-se exigir a presença de fundadas razões (justa causa), aferidas de modo objetivo e devidamente justificadas, de maneira a indicar que dentro da casa ocorre situação de flagrante delito. O problema é como a própria Corte da Cidadania vem aplicando esse entendimento aos milhares de casos que chegam para seu julgamento, na maior parte, sob a forma de *habeas corpus*. O estudo de diversos desses casos acaba por trazer dúvida sobre qual é, de fato, o conceito de justa causa para o STJ.

De fato, já se considerou ausente a fundada suspeita, quando o ingresso no domicílio deu-se "tão somente *com base nas denúncias anônimas* recebidas, os agentes adentraram a residência do réu, *sem antes realizar prévias diligências policiais* para aferir a veracidade das informações recebidas" (**AgRg no AResp n. 2.004.904**). Os itálicos serão nossos, para destaque.

Ainda, "[a] *apreensão de uma porção de cocaína em poder do Réu*, ainda que pudesse indicar que ele estivesse efetivamente realizando o tráfico no local, não autoriza, por si só, a conclusão de que mais drogas estariam armazenadas, naquele momento, em sua residência, a ponto de justificar a relativização da proteção constitucional do domicílio" (**AgRg no AREsp n. 1.961.428**). Mais: "não se verifica a presença de justa causa necessária para legitimar o ingresso dos policiais na residência em questão, visto que, conforme se extrai do caderno processual, durante patrulhamento na localidade, os agentes avistaram o paciente, acompanhado dos corréus (...), com *comportamento supostamente suspeito*, e, *quando os acusados visualizaram a viatura, teriam corrido*" (**AgRg no HC n. 728.853**). Ou, "[n]o presente caso, em razão de denúncias anônimas, os policiais foram até a residência do paciente e o corréu empreendeu fuga para dentro da residência ao avistar a guarnição policial, tais circunstâncias não trazem contexto fático que justifique a dispensa de investigações prévias ou do mandado judicial para a entrada dos agentes públicos na residência do paciente, acarretando a nulidade da diligência policial" (**HC n. 676.331**).

Também, "[a] *mera intuição acerca de possível traficância* praticada pelo recorrido, embora pudesse autorizar abordagem policial, em via pública, para averiguação, não configura, por si só, justa causa para o ingresso em seu domicílio, sem o consentimento do morador – que deve ser mínima e seguramente comprovado – e sem determinação judicial" (**REsp n. 1.498.685**). E "[a] existência de *denúncia anônima* e a *visualização do recorrente, pelo buraco de um muro, em aparente situação de traficância* não configuram justa causa a autorizar o ingresso desautorizado no domicílio" (**AgRg no REsp n. 2.271.276**). Ainda, "[n]o caso, as circunstâncias prévias que ensejaram o ingresso policial na residência – *denúncias anônimas, busca pessoal infrutífera, autorização de ingresso concedido por corré* (posteriormente absolvida) e *posterior apreensão de drogas na residência* – não pavimentam situação mitigadora da inviolabilidade domiciliar, ao contrário, os elementos anteriores ao ingresso domiciliar não ensejaram a situação excepcional a legitimar o ingresso no seio domiciliar sem autorização judicial" (**AgRg no AREsp n. 2.045.772**).

Finalmente, mesmo a menção a campana não foi suficiente para caracterização da fundada suspeita, pois, "[n]o caso em exame, verifica-se violação do art. 157 do Código de Processo Penal, observado que o ingresso forçado na casa onde foram apreendidas as drogas não se sustenta em fundadas razões extraídas da leitura dos documentos dos autos. Isso, porque *a diligência apoiou-se em mera movimentação de agentes entrando e saindo da residência*, circunstâncias que não justificam, por si sós, a dispensa de investigações prévias ou do mandado judicial. Assim sendo, o contexto fático narrado não corrobora a conclusão inarredável de que na residência praticava-se o crime de tráfico de drogas" (**HC n. 769.595**).

Por outro lado, já se decidiu que havia fundada suspeita num caso em que, "não obstante a *inexistência de menção à campanas*, ficou evidenciado que o domicílio dos agravantes já havia sido objeto de *diversas denúncias acerca da ocorrência do delito do tráfico de drogas*, sendo que, na ocasião do flagrante, houve *abordagem de outros usuários que apontaram a residência como local de venda de drogas* e os *agravantes como integrantes da facção criminosa* (...), tendo *um dos envolvidos empreendido fuga para a residência* ao avistar os policiais, circunstâncias que justificaram a entrada forçada dos policiais no local" (**AgRg no HC n. 628.748**). Na mesma linha, "é legítimo o ingresso em uma casa sem consentimento do morador, por configuração da exceção constitucionalmente prevista em caso de flagrante delito à garantia de inviolabilidade, quando, conforme a justificativa dada posteriormente pelos policiais militares, havia prévias fundadas razões para a entrada deles na residência, consistentes no fato de que os indivíduos que estavam diante do imóvel, ao avistarem os policiais, *correram para dentro da residência; e na existência de prévia informação de que no local ocorreria reunião de integrantes de organização criminosa*" (**RHC n. 136.992**).

No julgamento do **HC n. 423.838**, reconheceu-se a legalidade de diligência de busca domiciliar efetuada por policiais, após *sentirem cheiro de "maconha" advindo do interior de um imóvel*. Esse dado, somado ao *nervosismo demonstrado pelo agente*, revelou-se apto a configurar as fundadas razões, o que é curioso, visto que, num caso acima citado, os policiais viram uma transação de droga, mas isso não foi suficiente para justificar o ingresso na casa.

Em outro caso, assentou-se que "embora a busca no referido local tenha se originado de *denúncia anônima* acerca da prática do tráfico, os agentes de segurança realizaram breve campana na área, quando foi possível verificar um *fluxo intenso e suspeito de pessoas e automóveis*, justificando a entrada no imóvel" (**HC n. 538.832**), decisão em franca contradição com outra, vista acima.

Ainda, "os agentes públicos já *vinham monitorando os acusados, por meio de campanas e levantamento de dados, acompanhando a movimentação dos veículos* utilizados pelos réus para recolherem o dinheiro obtido por menores de idade proveniente da venda de entorpecentes. Os policiais passaram a fazer o monitoramento do imóvel, percebendo *movimentações suspeitas no local*, dando conotação de que ali realmente estaria ocorrendo o tráfico ilícito de entorpecentes" (**AgRg no REsp n. 2.043.880**). Na mesma linha, "a busca realizada e a entrada dos policiais no domicílio do agravante deu-se em virtude do *monitoramento levado a efeito após o recebimento de informações acerca das atividades ilícitas praticadas*, circunstância que justifica a dispensa de mandado judicial, já que havia substrato indiciário suficiente para se concluir pela prática delituosa" (**AgRg no HC n. 730.961**). Note-se como, em tais casos, campanas e observações do local foram consideradas relevantes para fins de caracterização da justa causa, mas, como é fácil perceber, nem sempre é suficiente.

Enfim, não é tarefa fácil tentar compreender o que, de fato, representa para o STJ a fundada suspeita (justa causa) para o ingresso de agentes de segurança pública no domicílio, sem prévia autorização judicial.

O **STF**, de outra parte, vem enfrentando essas mesmas questões e começa a refutar algumas conclusões a que chegou o STJ, justamente por entender que alguns julgados deste tribunal afastaram-se da premissa trazida no Tema n. 280.

Assim, na Corte Constitucional já se decidiu, com reforma do *decisum* da Corte da Cidadania, que este "foi mais longe, alegando que não obstante os agentes de segurança pública tenham recebido denúncia anônima acerca do tráfico de drogas no local e o suspeito, conhecido como chefe do tráfico na região, tenha empreendido fuga para dentro do imóvel ao perceber a presença dos policiais, tais fatos não constituem fundamentos hábeis a permitir o ingresso na casa do acusado. Assim, entendeu que o ingresso dos policiais no imóvel somente poderia ocorrer após 'prévias diligências', desconsiderando as circunstâncias do caso concreto, quais sejam: denúncia anônima, suspeito conhecido como chefe do tráfico e fuga empreendida após a chegada dos policiais" (**RE n. 1.447.289 AgR**, rel. Min.

Alexandre de Moraes, Primeira Turma, j. 02/10/2023). Na mesma linha: **RE n. 1.448.933 AgR**, rel. Min. Luiz Fux, Primeira Turma, j. 12/09/2023.

Quanto ao entendimento do STJ a respeito de como se deve comprovar o consentimento do morador quando do ingresso dos policiais no domicílio seguido da apreensão de material ilícito, parece-nos que tal Corte vem ressuscitando a prova tarifada, em tema que admite a liberdade de provas. Ora, não se comprova o consentimento apenas por meio de autorização escrita, testemunhas fora dos quadros policiais ou por gravação audiovisual, e essas exigências afastam, *a priori*, a validade do depoimento policial, sem qualquer base empírica que demonstre serem pouco confiáveis em tais casos. Aliás, exigir autorização escrita ou testemunhas sem relação com o evento delitivo representa, além da criação de requisito não contida no inciso XI do art. 5º do texto constitucional, exigência absolutamente distanciada da realidade encontrada pelos policiais nas apreensões que realizam, sobretudo nos casos de tráfico.

Não bastasse, a Corte interveio no ciclo de política de segurança pública a partir de, basicamente, dois casos concretos, portanto, individuais, que embasaram, a partir deles, toda a jurisprudência da Quinta e Sexta Turmas. Não houve o necessário debate para ser tratado como um litígio estrutural. Falta-lhes base empírica sólida, mas, mesmo assim, presume-se (pois é disso que se trata) a ilegalidade de atos dos agentes estatais. Já se chegou a afirmar, inclusive, ser "ingenuidade, academicismo e desconexão com a realidade conferir", em situações de ingresso em domicílio com consentimento do morador, "valor absoluto ao depoimento daqueles que são, precisamente, os apontados responsáveis pelos atos abusivos" (HC n. 598.051). Ora, tal afirmação não apresenta qualquer dado concreto, sério, fundado em pesquisas empíricas, com metodologia correta, que permita dizer ser a realidade o abuso por parte dos policiais. Não se constrói política criminal dessa forma, tampouco é esta uma tarefa do Poder Judiciário, ainda mais quando construída ao arrepio da Constituição.

Não há qualquer divergência, na doutrina e na jurisprudência, a respeito de ser possível o ingresso no domicílio alheio com o consentimento de seu morador. No **STF**, os precedentes são abundantes: **RHC n. 143.694**; **HC n. 148.965**; **HC n. 199.227 AgR**; **HC n. 191.508 AgR**. O problema atual reside nos requisitos para a comprovação do consentimento.

Diga-se que a paradigmática decisão da Sexta Turma do STJ, proferida no HC n. 598.051, foi parcialmente derrubada por decisão monocrática do Min. Alexandre de Moraes, do **STF**, sem oposição de recurso. De fato, no **RE n. 1.342.077**, decidiu a Corte Constitucional anular a decisão do HC n. 598.051, "na parte em que entendeu pela necessidade de documentação e registro audiovisual das diligências policiais, determinando a implementação de medidas aos órgãos de segurança pública de todas as unidades da federação".

Nem se diga que a Suprema Corte, nesse julgado, não afastou a possibilidade de se exigir a gravação audiovisual da anuência do morador para a entrada de policiais no domicílio, mas apenas a imposição, ao Poder Executivo, de aquisição de aparelhos aptos para isso, visto que o *decisum* foi expresso em dispensar a exigência de gravação da diligência, *verbis*: "**Não bastasse isso, em segundo lugar,** na presente hipótese, **o Tribunal da Cidadania extrapolou sua competência jurisdicional, pois sua decisão, não só desrespeitou os requisitos constitucionais previstos no inciso XI, do artigo 5º da Constituição Federal, restringindo as exceções à inviolabilidade domiciliar**, como também, **inovando em matéria constitucional,** criou uma nova exigência – gravação audiovisual da anuência de entrada no local – para a plena efetividade dessa garantia individual, **desrespeitando o**

decidido por essa SUPREMA CORTE no Tema 280 de Repercussão Geral. Em que pese a boa vontade e a sólida fundamentação em defesa dos direitos e garantias fundamentais, o Superior Tribunal de Justiça inovou no exercício de sua função jurisdicional, acrescentando ao inciso XI, do artigo 5º da Constituição Federal um requisito não previsto pelo legislador constituinte originário. (...) Na presente hipótese, apesar de ter alegado que *'ao Superior Tribunal de Justiça compete, na sua função judicante, buscar a melhor interpretação possível da lei federal, de sorte a não apenas responder ao pedido da parte, mas também formar precedentes que orientem o julgamento de casos futuros similares'*, o STJ excedeu-se, exercendo a *'pura legislação'*, pois criou requisito constitucional não existente para o afastamento excepcional da inviolabilidade domiciliar, ao exigir que, *'além da documentação escrita da diligência policial (relatório circunstanciado), seja ela totalmente registrada em vídeo e áudio, de maneira a não deixar dúvidas quanto à legalidade da ação estatal como um todo e, particularmente, quanto ao livre consentimento do morador para o ingresso domiciliar'*" (**RE n. 1.342.077**, rel. Min. Alexandre de Moraes, j. 02/12/2021).

Convém observar que o **STF** irá, no **Tema n. 1.208** (**RE n. 1.368.160**), decidir a respeito dos *pressupostos de validade do consentimento do morador para a busca e apreensão domiciliar*. Aguardemos, com a esperança de que, com a decisão, sejam esclarecidos esses pontos.

Mandado de busca e apreensão. Pessoa que se apresenta como representante. Consentimento expresso. Validade. Teoria da aparência – é válida a autorização expressa para busca e apreensão em sede de empresa investigada dada por pessoa que age como sua representante. Aplica-se, no caso, a teoria da aparência. Embora tal teoria tenha encontrado maior amplitude de aplicação jurisprudencial na seara civil, processual civil e no Código de Defesa do Consumidor, nada há que impeça sua aplicação também na seara penal. Contudo, para sua aplicação, há de reforçar a necessidade de conjugação da boa-fé com o erro escusável e alguns requisitos essenciais. Segundo a doutrina, são seus requisitos essenciais objetivos: a) uma situação de fato cercada de circunstâncias tais que manifestamente a apresentem como se fora uma situação de direito; b) situação de fato que assim possa ser considerada segundo a ordem geral e normal das coisas; c) e que, nas mesmas condições acima, apresente o titular aparente como se fora titular legítimo, ou o direito como se realmente existisse. São seus requisitos subjetivos essenciais: a) a incidência em erro de quem, de boa-fé, a mencionada situação de fato como situação de direito considera; b) a escusabilidade desse erro apreciada segundo a situação pessoal de quem nele incorreu. Assim, reputa-se válida a autorização de ingresso da autoridade policial no estabelecimento dada por empregados da empresa, ou quem se apresenta como tal, observados os requisitos supracitados, em face da teoria da aparência (RMS 57.740-PE, Rel. Min. Reynaldo Soares da Fonseca, Quinta Turma, por unanimidade, julgado em 23/03/2021).

a) prender criminosos;

Prisão de criminosos – Esse dispositivo, por conta da ordem constitucional vigente, a rigor nem possui mais aplicação prática. Com efeito, nos termos do art. 5°, inc. XI da Carta, é inviolável a casa do indivíduo, admitindo-se, porém, duas exceções que nos interessam mais de perto, quando se permite o ingresso ainda que contra a vontade do morador: em caso de flagrante delito ou mediante autorização judicial. É dizer: ou bem o executor da medida conta com uma ordem judicial que autoriza seu ingresso na casa ou bem se trata de uma hipótese de flagrante delito, na qual essa ordem é dispensável. O que se verifica na prática, por vezes, é que policiais preferem se munir do mandado judicial ainda que se trate de uma hipótese provável de flagrante, livrando-se, assim, de eventual acusação de abuso de autoridade. Ou seja, mesmo que tudo indique se tratar de uma situação de flagrante, há sempre a possibilidade de que, realizadas as buscas, nada seja encontrado. Ora, havendo a prévia expedição do mandado judicial, qualquer ilegalidade na diligência fica automaticamente superada. Se bem que o simples fato de agentes ingressarem na casa do indivíduo, quando tudo indicava a prática de um delito em flagrante, e nada encontrarem, não configura, por si só, qualquer ilegalidade. Em outras palavras: os policiais não são obrigados a acertarem sempre, em uma situação que admitiria apenas duas alternativas: ou se encontra algo e a diligência é legal ou nada é localizado e se perpetrou um delito de abuso de autoridade ou algum outro crime. Não. Por vezes, fundadas suspeitas, lastreada em fatos concretos, indicavam, em um primeiro momento, uma situação de flagrância que, realizada a busca, acaba por não se concretizar. Nem por isso há que se cogitar de ilegalidade na conduta estatal. O que não se tolera, por óbvio, é a realização de uma diligência de ingresso na casa alheia por mero capricho, perseguição ou suspeita infundada, desprovida de qualquer dado que indique a prática de um delito em flagrante.

b) apreender coisas achadas ou obtidas por meios criminosos;

Coisas achadas – Ao contrário do que parece, por vezes, ao senso popular, não é correta a afirmação coloquial no sentido de que "achado não é roubado". Antes, configura crime, nos termos do art. 169, parágrafo único, inc. II, do Código Penal, a conduta de "quem acha coisa alheia perdida e dela se apropria, total ou parcialmente, deixando de restituí-la ao dono ou legítimo possuidor ou de entregá-la à autoridade competente, dentro no prazo de quinze dias". O mesmo ocorre com aquele que se apropria de "coisa alheia vinda ao seu poder por erro, caso fortuito ou força da natureza" (art. 169, "caput", CP), ou acha um tesouro (art. 169, parágrafo único, inc. I, CP). Trata-se, ainda, de previsão contida no Código Civil (art. 1.233), pela qual "quem quer que ache coisa alheia perdida há de restituí-la ao dono ou legítimo possuidor". Acrescenta o parágrafo único que "não o conhecendo, o descobridor fará por encontrá-lo, e, se não o encontrar, entregará a coisa achada à autoridade competente". Tem-se, pois, que aquele que acha algo e não procede à devolução, quer ao dono quer à autoridade, mantém uma posse ilícita sobre a coisa, obtida que foi por meio criminoso, podendo a "res", assim, ser objeto de busca e apreensão.

Coisas obtidas por meios criminosos – Tudo quanto adquirido por meio criminoso pode ser objeto de busca e apreensão. Assim, por exemplo, o veículo roubado ou um televisor furtado. Porque oriundos de crime, tais objetos podem ser apreendidos, em mãos do agente propriamente dito ou mesmo de algum receptador.

Coisas obtidas com os proventos da infração – O dispositivo faz referência às coisas "obtidas por meios criminosos", não aludindo, porém, às coisas obtidas com os "proventos da infração". De sorte que, em nosso exemplo acima, se o agente furta um televisor e o troca por um rádio, não se admitirá, a rigor, a apreensão desse rádio, sendo necessário que se deflagre o procedimento de sequestro.

É que, para estes últimos casos, a medida cabível será o sequestro, como se vê da combinação dos arts. 121 e 133 e seu parágrafo, do CPP, quando a matéria foi analisada com maior profundidade.

c) apreender instrumentos de falsificação ou de contrafação e objetos falsificados ou contrafeitos;

Instrumentos de falsificação ou de contrafação e objetos falsificados ou contrafeitos – Nos termos do art. 174 do código, há necessidade de elaboração de perícia para reconhecimento de escritos, quando pairar suspeita da prática de algum delito. Para que tal exame se concretize, por óbvio que o experto deverá ter consigo os papéis ou objetos falsificados, entregues espontaneamente por seus possuidores ou apreendidos após busca que é aqui autorizada.

A "falsificação" constitui-se no ato ou efeito de alteração de coisa ou documento verdadeiro. Como "contrafação" deve se entender a reprodução de obra alheia, sem a devida autorização de seu autor. Assim, por exemplo, objetos que ostentam marcas, mas não são oriundos de seus fabricantes originais (roupas, tênis, etc.).

d) apreender armas e munições, instrumentos utilizados na prática de crime ou destinados a fim delituoso;

Armas, munições etc. – É de fundamental importância que armas e munições sejam apreendidas, assim como instrumentos utilizados na prática criminosa, como, por exemplo, uma chave falsa ou uma mixa utilizada para ingresso em um veículo, um pé de cabra usado no arrombamento de uma porta, uma escada que serviu para transpor um muro. O mesmo se diga de um telefone celular contendo mensagens ameaçadoras. A apreensão, aqui, atende a duas finalidades: a primeira delas diz respeito à obrigatoriedade de tais objetos se submeterem ao respectivo exame pericial, por força do disposto no art. 171 do código. Isto é, a própria materialidade do delito ou, pelo menos, a prova capaz de qualificar o crime, dependem, necessariamente, da realização dessa perícia, podendo apenas ser suprida, em casos excepcionais, pela prova testemunhal (art. 167 do CPP). Demais disso, a apreensão e posterior perícia são cruciais para demonstração da natureza e eficácia do instrumento apreendido, na dicção do art. 175 do código. Indicando a perícia tratar-se um de um revólver sem poder de vulnerabilidade ou mera arma de brinquedo, diversas serão as consequências para a tipificação legal da conduta. A segunda finalidade dessa apreensão guarda pertinência com a prova, ou seja, a apreensão de uma chave falsa com o suposto autor de um furto, aliada a outros dados, presta-se como elemento valioso na formação da convicção do juiz, no sentido da condenação do agente.

e) descobrir objetos necessários à prova de infração ou à defesa do réu;

Objetos necessários à prova de infração ou à defesa do réu – Por vezes será cabível a busca e apreensão de objetos que não necessariamente elencados nas alíneas acima (coisas achadas ou obtidas por meio criminosos, instrumentos de falsificação ou armas e munições). Nem por isso é vedada sua busca e apreensão. Um lençol manchado de sangue pode servir de valiosa prova em um crime de homicídio. A filmagem realizada por uma câmera instalada na via pública será apta a comprovar a ocorrência de um furto. Para apuração de um estupro, a apreensão de roupas íntimas da vítima é de crucial importância.

Conquanto o dispositivo faça referência à descoberta de objetos necessários "à defesa do réu", não há que se concluir que, tratando-se de objeto que interesse à acusação, sua apreensão seria vedada. Mesmo porque o inciso "h" abaixo, de forma genérica, autoriza sua apreensão. Em verdade, o interesse em jogo não se refere à defesa ou à acusação, mas guarda relação à busca da verdade real.

f) apreender cartas, abertas ou não, destinadas ao acusado ou em seu poder, quando haja suspeita de que o conhecimento do seu conteúdo possa ser útil à elucidação do fato;

Interceptação de cartas – A inviolabilidade da correspondência cuida-se de direito que possui assento constitucional, a garantir a intimidade da pessoa e o sigilo de sua correspondência (art. 5°, incs. X e XII, da CF). Observe-se, outrossim, que da redação do inc. XII, do art. 5° da Constituição, é feita apenas uma ressalva, no que se refere às comunicações telefônicas, passível de interceptação "por ordem judicial, nas hipóteses e na forma que a lei estabelecer para fins de investigação criminal ou instrução processual penal".

Com base nesse dispositivo, há quem sustente, na doutrina, a inconstitucionalidade do artigo em exame, na medida em que admite a apreensão de cartas destinadas ao acusado (ou em seu poder), enquanto a Constituição veda essa conduta. Discordamos desse posicionamento.

De se ver, com efeito, que esse direito, em que pese previsto na Constituição, não é absoluto, devendo, por isso mesmo, se harmonizar com outros direitos também listados na Carta, em interpretação que encontre o perfeito equilíbrio de todos os interesses em jogo. Como adverte Ada Pellegrini Grinover, "as liberdades públicas não são mais entendidas em sentido absoluto, em face da natural restrição resultante do princípio da convivência das liberdades, pelo qual nenhuma delas poder ser exercida de modo danoso à ordem pública e às liberdades alheias". E acrescenta: "nessa ordem de ideias, deve ser considerada a inviolabilidade do sigilo da correspondência e das comunicações telegráficas e telefônicas, com vistas à finalidade ética ou social do exercício do direito que resulta da garantia; tutela desta natureza não pode ser colocada para proteção de atividades criminosas ou ilícitas" (*Liberdades públicas e processo penal*. São Paulo: Saraiva, 1976, p. 306).

Nessa linha de raciocínio, não faria sentido que uma carta que o agente envie no qual exige o pagamento de determinada quantia em dinheiro para libertação de uma vítima de um sequestro, não pudesse ser interceptada, em nome do sigilo da correspondência. Parece óbvio que o sigilo e a intimidade não devam servir de escudo para a prática de atos criminosos e para a proteção de malfeitores.

Como destaca Marco Antonio de Barros, "não concordo com a mantença da inviolabilidade quando se trate de apurar a ocorrência de um crime, notadamente se a revelação do conteúdo da correspondência ou da comunicação telegráfica for imprescindível para a revelação da verdade. Negar a realização de diligências investigatórias nesse sentido, com apoio no que afirma o dispositivo constitucional, por certo não traduz nenhum absurdo jurídico. Tal decisão certamente seria a mais cômoda, mas nem sempre a mais justa. Parece cristalino que a norma em comento tem por objetivo proteger a pessoa de bem, o cidadão comum, ou a intimidade deste retratada na correspondência ou na comunicação telegráfica. Por outra versão, não pode ser destinatário de tão acentuado direito quem tenha cometido, ou seja, suspeito de haver cometido um crime. Nenhuma lógica seria capaz de explicar o argumento de que inviolabilidade impede a legítima repressão estatal. A tanto ela não chega" (*A busca da verdade no processo penal.* 3ª ed. São Paulo: Editora RT, 2011, p. 226).

Aliás, a incongruência do Constituinte ao admitir a quebra do sigilo telefônico e ao vedá-la quanto ao sigilo epistolar, causou estranheza a José Carlos Barbosa Moreira, ao ressaltar que "não é fácil perceber a razão de política legislativa capaz de justificar a disciplina heterogênea da matéria no tocante, por um lado, às comunicações telefônicas e, por outro, aos demais tipos de comunicação. Soa extravagante que se possa outorgar ao órgão judicial o poder de autorizar uma interceptação telefônica, e a mesma providência seja, ao contrário, inadmissível no que respeita a uma carta ou a um telegrama. Se dois membros de uma quadrilha conversam por telefone, existirá a possibilidade de escutar o que dizem, sem que eles saibam; mas, se um envia ao outro folha de papel, não haverá meio lícito de descobrir o que nela foi escrito, a menos que o próprio destinatário faça a cortesia de revelá-lo [...] O mínimo que cabe dizer é que o legislador constituinte revelou aí estranho amor pelo paradoxo" (*A Constituição e as provas ilicitamente obtidas.* Temas de Direito Processual. São Paulo: Saraiva, 1997, p. 117).

Daí entendermos que, procedendo-se a uma interpretação sistemática da Constituição, forte no princípio da proporcionalidade, que busca conciliar as liberdades públicas em jogo, é dado se concluir pela possibilidade da interceptação da correspondência e, por consequência, pela constitucionalidade do dispositivo em análise.

Cartas enviadas e destinadas a presos – Dentre os direitos do preso, elencados no art. 41, inc. XV da Lei de Execução Penal (Lei nº 7.210/84), encontra-se o de manter "contato com o mundo exterior por meio de correspondência escrita, da leitura e de outros meios de informação que não comprometam a moral e os bons costumes". Esse direito, a propósito, possui assento constitucional, a garantir a intimidade da pessoa e o sigilo de sua correspondência (art. 5º, incs. X e XII, da CF). Nem se diga que a pessoa, por encontrar-se presa, estaria, só por isso, fora da órbita de proteção constitucional.

O raciocínio aqui é o mesmo desenvolvido no item acima. Não se trata, assim, de um direito absoluto, devendo, pois, ser sopesado com outras garantias constitucionais. Nessa ordem de ideias, não faria sentido que uma determinada encomenda, enviada a um preso e contendo droga em seu interior, não pudesse ser alvo de interceptação, em nome do sigilo da correspondência. Parece óbvio que o sigilo e a intimidade não possuem tamanho alcance.

Aliás, é tão intensa a preocupação do legislador que, nos termos do art. 50, inc. VII, da Lei de Execução Penal, constitui falta grave atribuível ao preso ter "em sua posse, utilizar ou fornecer aparelho telefônico, de rádio ou similar, que permita a comunicação com outros presos ou com o ambiente externo". E mais, a atual redação do art. 349-A do Código Penal, tipifica como crime "ingressar, promover, intermediar, auxiliar ou facilitar a entrada de aparelho telefônico de comunicação móvel, de rádio ou similar, sem autorização legal, em estabelecimento prisional". Ressalte-se, ademais, que o art. 4º da Lei nº 10.792/2003, que estabeleceu o regime disciplinar diferenciado para o cumprimento de pena, prevê a instalação de "equipamentos de segurança, de bloqueadores de telecomunicação para telefones celulares, rádio-transmissores e outros meios".

Em suma: o direito ao sigilo das comunicações, quer para o preso quer para aquele que se ache em liberdade, não é absoluto, devendo ser interpretado em consonância com outros direitos também assegurados constitucionalmente, de forma a não se prestar à prática de delitos, quando, então, pode ter mitigado seus efeitos.

JURISPRUDÊNCIA

Inexistência de direito de caráter absoluto, ainda que previsto na Constituição

"Não há, no sistema constitucional brasileiro, direitos ou garantias que se revistam de caráter absoluto, mesmo porque razões de relevante interesse público ou exigências derivadas do princípio de convivência das liberdades legitimam, ainda que excepcionalmente, a adoção, por parte dos órgãos estatais, de medidas restritivas das prerrogativas individuais ou coletivas, desde que respeitados os termos estabelecidos pela própria Constituição. O estatuto constitucional das liberdades públicas, ao delinear o regime jurídico a que estas estão sujeitas – e considerado o substrato ético que as informa – permite que sobre elas incidam limitações de ordem jurídica, destinadas, de um lado, a proteger a integridade do interesse social e, de outro, a assegurar a coexistência harmoniosa das liberdades, pois nenhum direito ou garantia pode ser exercido em detrimento da ordem pública ou com desrespeito aos direitos e garantias de terceiros" (STF – MS n° 23452-RJ – Rel. Celso de Mello, j. 16.09.1999, DJ 12.-05.2000, p. 20).

"Não há falar em sobreposição de um direito fundamental sobre outro. Eles devem coexistir simultaneamente. Havendo aparente conflito entre eles, deve o magistrado buscar o verdadeiro significado da norma, em harmonia com as finalidades precípuas do texto constitucional, ponderando entre os valores em análise, e optar por aquele que melhor resguarde a sociedade e o Estado Democrático. Os direitos e garantias fundamentais, por possuírem característica essencial no Estado Democrático, não podem servir de esteio para impunidade de condutas ilícitas, razão por que não vislumbro constrangimento ilegal na captação de provas por meio da quebra do sigilo correspondência, direito assegurado no art. 5º, XII, da CF, mas que não detém, por certo, natureza absoluta" (STJ – HC n° 93874-DF, Rel. Arnaldo Esteves Lima, DJE 02.08.2010).

Interceptação de carta

"Razões de segurança pública, de disciplina penitenciária ou de preservação da ordem jurídica poderão justificar, sempre excepcionalmente, e desde que respeitada a norma inscrita no art. 41, parágrafo único, da LEP, a interceptação da correspondência remetida pelos sentenciados, eis que a cláusula tutelar da inviolabilidade do sigilo epistolar não pode constituir instrumento de salvaguarda de práticas ilícitas" (STF – Rel. Celso de Mello – *RT* 709/421).

"Não há falar em sobreposição de um direito fundamental sobre outro. Eles devem coexistir simultaneamente. Havendo aparente conflito entre eles, deve o magistrado buscar o verdadeiro significado da norma, em harmonia com as finalidades precípuas do texto constitucional, ponderando entre os valores em análise, e optar por aquele que melhor resguarde a sociedade e o Estado Democrático. Os direitos e garantias fundamentais, por possuírem característica essencial no Estado Democrático, não podem servir de esteio para impunidade de condutas ilícitas, razão por que não vislumbro constrangimento ilegal na captação de provas por meio da quebra do sigilo de correspondência, direito assegurado no art. 5º, XII, da CF, mas que não detém, por certo, natureza absoluta (STJ – HC 93874-DF, 5ª Turma, Rel. Arnaldo Esteves Lima, DJe 2.8.2010).

Interceptação de bilhete

Inquérito policial – Prova – Correspondência – Interceptação – Legalidade – "É de se reconhecer a legalidade de prova obtida mediante a interceptação policial de bilhete aberto redigido por preso, quando o procedimento vise a impedir a obstrução da ação investigatória, hipótese que constitui uma restrição autorizada ao direito de livre comunicação" (TAMG – Ap. Crim. nº 190.804-7/00 – Patrocínio – j. em 4.4.95 – Rel. Sérgio Braga).

Interceptação de encomenda

"Não constitui prova obtida por meio ilícito a violação de encomenda enviada pelo correio, para apreensão de entorpecente, feita pela Polícia Federal por Juiz competente, por haver fundada suspeita de ocorrência de crime, conforme a Lei 9.034/95, pois os valores tutelados de forma absoluta pela Constituição Federal em seu art. 5º, XII, são a privacidade e a intimidade das pessoas em suas correspondências e, conforme definição da Lei 6.538/78, correspondência é a comunicação de pessoa a pessoa, por meio de carta ou telegrama, de modo que, para os fins dos valores tutelados, encomenda não é correspondência" (STJ – Rel. Edson Vidigal – *RT* 791/557).

g) apreender pessoas vítimas de crimes;

Vítima – Pode ocorrer que a vítima de um crime esteja sendo mantida oculta, de forma que necessária sua busca e posterior apreensão. Isso ocorre, notadamente, nos crimes contra a liberdade pessoal, previstos nos arts. 148 e 149 do Código Penal, como o sequestro e o cárcere privado. De se ver, porém, que esses delitos são definidos como "crimes permanentes", cuja consumação se prolonga no tempo e no qual o agente se encontra sempre em estado de flagrância, enquanto não libertada a vítima. Ora, em casos de flagrante, é desnecessário qualquer mandado de busca e apreensão, sendo a entrada no local franqueada, ainda que contra a vontade do morador e em qualquer hora do dia, por força de expressa disposição constitucional (art. 5º, inc. XI da CF). Daí a reduzida aplicação prática desse dispositivo.

h) colher qualquer elemento de convicção.

Qualquer elemento de convicção – O dispositivo traz, por assim dizer, um "tipo aberto", permitindo a busca e apreensão de qualquer coisa que, de alguma forma, sirva como elemento de convicção, isto é, como prova do crime. Guarda relação com o disposto na alínea "e" acima, e será cabível "sempre que à autoridade parecer útil ou necessário proceder a alguma investigação ou pesquisa em determinada casa, a fim de examinar o local e aí verificar a existência ou não de alguma coisa que possa servir de elucidação à justiça", nas palavras de Câmara Leal (ob. cit., vol. 11, p. 96).

JURISPRUDÊNCIA

"Nos crimes contra a propriedade intelectual, de ação penal pública, a autoridade policial pode instaurar o inquérito e proceder à busca e apreensão de acordo com a regra geral descrita no art. 240, § 1º, do CPP, afastando-se a aplicação do artigo 527 do Código de Processo Penal" (REsp. n°-RJ, Rel. Gilson Dipp, j. 21.09.2004, DJ 16.11.2004, p. 313).

§ 2º Proceder-se-á à busca pessoal quando houver fundada suspeita de que alguém oculte consigo arma proibida ou objetos mencionados nas letras* b *a* f *e letra* h *do parágrafo anterior.

Busca pessoal – Na precisa lição de Eugenio Florian, a busca pessoal "leva em conta não o corpo da pessoa como tal, não o corpo como objeto de inspeção por si mesmo, mas a pessoa (corpo e vestes) enquanto considerada como esconderijo provável de objetos relacionados à prova" (*Das provas penais,* 1998, tomo I, pp. 309/310).

A busca pessoal, portanto, consiste "na inspeção do corpo e das vestes de alguém para apreensão de coisas. Inclui, além disso, toda a esfera de custódia da pessoa, como bolsas, malas, pastas, embrulhos etc., incluindo os veículos em sua posse (automóveis, motocicletas, barcos etc.)", na lição de Julio Fabbrini Mirabete (*Processo penal,* 1998, p. 322). Deve ser realizada, à evidência, de forma serena a contida, de molde a resguardar a integridade física e moral da pessoa, podendo eventual exagero de seu executor caracterizar o crime de abuso de autoridade, *ex vi* do disposto no art. 22 da Lei n. 13.869/19.

Por ocasião do julgamento do RHC n. 158.580/BA (Rel. MinistroRogerio Schietti, 6ª T, DJe 25/4/2022), a Sexta Turma do STJ, à unanimidade, propôs criteriosa análise sobre a realização de buscas pessoais e apresentou as seguintes conclusões: a) Exige-se, em termos de standard probatório para busca pessoal ou veicular sem mandado judicial, a existência de fundada suspeita (justa causa) – baseada em um juízo de probabilidade, descrita com a maior precisão possível, aferida de modo objetivo e devidamente justificada pelos indícios e circunstâncias do caso concreto – de que o indivíduo esteja na posse de drogas, armas ou de outros objetos ou papéis que constituam corpo de delito, evidenciando-se a urgência de se executar a diligência. b) Entretanto, a normativa constante do art. 244 do CPP não se limita a exigir que a suspeita seja fundada. É preciso, também, que esteja relacionada à "posse de arma proibida ou de objetos ou papéis que constituam corpo de delito". Vale dizer, há uma necessária referibilidade da medida, vinculada à sua finalidade legal probatória, a fim de que não se converta em salvo-conduto para abordagens e revistas exploratórias (fishing expeditions), baseadas em suspeição genérica existente sobre indivíduos, atitudes ou situações, sem relação específica com a posse de arma proibida ou objeto que constitua corpo de delito de uma infração penal. O art. 244 do CPP não autoriza buscas pessoais praticadas como "rotina" ou "praxe" do policiamento ostensivo, com finalidade preventiva e motivação exploratória, mas apenas buscas pessoais comfinalidade probatória e motivação correlata. c) Não satisfazem a exigência legal, por si sós, meras informações de fonte não identificada (e.g. denúncias anônimas) ou intuições/impressões subjetivas, intangíveis e não demonstráveis de maneira clara e concreta, baseadas, por exemplo, exclusivamente, no tirocínio policial. Ante a ausência de descrição concreta e precisa, pautada em elementos objetivos, a classificação subjetiva de determinada atitude ou aparência como suspeita, ou de certa reação ou expressão corporal como nervosa, não preenche o standard probatório de "fundada suspeita" exigido pelo art. 244 do CPP. d) O fato de haverem sido encontrados objetos ilícitos –independentemente da quantidade – após a revista não convalida a ilegalidade prévia, pois é necessário que o elemento "fundada suspeita" seja aferido com base no que se tinha antes da diligência. Se não havia fundada suspeita de que a pessoa estava na posse de arma proibida ou de objetos ou papéis que constituam corpo de delito, não há como se admitir que a mera descoberta casual de situação de flagrância, posterior à revista do indivíduo, justifique a medida. e) A violação dessas regras e condições legais para busca pessoal resulta na ilicitude das provas obtidas em decorrência da medida, bem como das demais provas que dela decorrerem em relação de causalidade, sem prejuízo de eventual responsabilização penal do(s) agente(s) público(s) que tenha(m) realizado a diligência.

Assim como ocorre com a busca domiciliar, também aqui a análise da casuística dos julgamentos levados a cabo pelas Quinta e Sexta Turmas do STJ traz dificuldades de compreensão a respeito do que tal Corte entende como fundada suspeita.

Já se considerou inexistente a fundada suspeita na busca realizada em razão de "isolado fundamento dele [o imputado] ser *conhecido nos meios policiais* pela prática de tráfico de entorpecentes" (**AgRg no REsp n. 1.976.801**). Decidiu-se ainda que "não basta a informação de que o indivíduo estava em *'atitude suspeita' sem que haja a descrição de mínimos elementos acerca da sua conduta*" (**HC n. 728.920**). Também se reconheceu "a ilegalidade da revista pessoal e veicular realizada, uma vez que *fundada apenas em denúncia anônima*, sem qualquer outro elemento concreto que demonstrasse a justa causa para a diligência policial" (**AgRg no HC n. 734.263**), bem como quando foi verificado o "*nervosismo do acusado* ao avistar a autoridade policial" (**HC n. 722.175**).

Embora os exemplos acima sejam extraídos de precedentes da Sexta Turma, a Quinta Turma igualmente segue os mesmos passos, como se verifica em caso no qual se reconheceu a ilegalidade da busca pessoal, pois "[a] ação não deve se pautar unicamente no tirocínio dos agentes de segurança, cuja avaliação pode estar sujeita a preconceitos, rotulações e estigmatizações das mais diversas origens. É necessário que a suspeita seja amparada em elementos concretos, tangíveis e perceptíveis inclusive por qualquer pessoa" (**AgRg no HC n. 809.069**).

O intérprete começa a ter um estranho sentimento de confusão quando se depara, por outro lado, com casos nos quais se reconheceu a legalidade da busca pessoal, não obstante seja fácil perceber que as diferenças em relação aos parâmetros acima não são propriamente expressivas.

Assim, já decidiu que "a busca pessoal efetivada não decorreu exclusivamente de um mero nervosismo de um dos acusados, como alegado no recurso, mas de todo um *contexto que fundou a convicção dos policiais* no sentido de fundada suspeita da prática de crime, uma vez que um dos envolvidos, ao passar pela viatura, *demonstrou bastante nervosismo* com a presença da equipe e, na sequência, *o meio de transporte passou a trafegar em maior velocidade*" (**AgRg no REsp n. 1.999.868**). Ou, ainda no campo da velocidade do automóvel e de impressões dos agentes de segurança pública, "[*i*]*n casu*, não há falar em ilegalidade na abordagem, posto que houve fundada suspeita diante da atitude do agente que, ao *avistar a viatura policial, reduziu expressivamente a velocidade e tentou deixar a estrada*, procurando vias de acesso, local onde estas não existiam" (**AgRg no HC n. 798.124**).

Em outro caso no qual se considerou lícitas a abordagem e a busca, "o veículo do agravante seria, inicialmente, apenas abordado (e não revistado) para procedimentos rotineiros de checagem e verificação de documentação, porém, com a *fuga do agravante* e a sua *posterior confissão de que transportava drogas*, a busca veicular tornou-se imperativa, havendo não somente razoável da prática de delito em flagrante, mas elementos para uma segura convicção nesse sentido" (**AgRg nos EDcl no HC n. 782.514**). Fica a dúvida sobre se, ausente a confissão informal, teria a Corte considerado legal a atuação policial.

Também se considerou haver fundada suspeita para a busca veicular na hipótese em que "quando *questionadas as pessoas presentes, sobre a propriedade do automóvel, ninguém se manifestou*, ressaltando-se que o *veículo estava estacionado e aberto na frente da loja do acusado*, com os motores ainda quentes, o que motivou as suspeitas dos agentes" (**AgRg no HC n. 781.689**). Também se entendeu presente a justa causa quando os policiais "avistaram alguns *indivíduos correndo ao interior de uma comunidade*, enquanto um *veículo em fuga passou em frente à viatura*" (**AgRg no HC n. 784.541**).

De outra parte, dispõe o art. 158, III, da Lei n. 14.597/2023 (Lei Geral do Esporte) que "são condições de acesso e permanência do torcedor no recinto esportivo, independentemente da forma de seu ingresso, sem prejuízo de outras condições prevista em lei: III – consentir com a revista pessoal de prevenção e segurança". Interessante destacar que o dispositivo cria uma situação de obrigatoriedade quanto à realização da revista pessoal, independentemente da presença de *fundada suspeita*, conforme exige o CPP. Pouco importa, assim, a ausência de qualquer desconfiança voltada àquele que ingressa no recinto esportivo. O simples fato de pretender adentrar a praça esportiva já autoriza a submissão do torcedor à revista, mesmo que, de concreto, nada se tenha contra ele. Trata-se mesmo de condição de acesso ao local, como consta do *caput* do dispositivo, sem a qual pode o torcedor, que impedir a busca, ver barrado seu ingresso. Não se trata de iniciativa inédita. Nos aeroportos, por exemplo, todo e qualquer passageiro, ao ingressar na área de embarque, se submete ao detector de metais, podendo mesmo ser revistado caso não se livre dos objetos que ensejem o acionamento do alarme. O STJ já decidiu que a "inspeção de segurança nas bagagens dos passageiros de ônibus, em fiscalização de rotina realizada pela Polícia Rodoviária Federal, tem natureza administrativa e prescinde de fundada suspeita (**HC n. 625.274/SP**).

Entendemos, portanto, que a revista pessoal, neste caso, a despeito de desconfortável e por vezes constrangedora, não possa ser taxada de ilegal, pois seu objetivo, como medida de prevenção geral, é reforçar a segurança nas praças esportivas, em benefício de todos que nela adentram, a legitimar, bem por isso, a ação dos agentes policiais.

Blitz – São comuns as realizações de diligências pelos agentes de autoridade, geralmente policiais militares, consistentes em, de forma indiscriminada, ordenar a parada de veículos para que sejam submetidos seus condutores à revista pessoal, apresentação da respectiva documentação e à inspeção do interior do veículo. Prestam-se à apreensão de armas, à regularidade do trânsito (quando inspecionam a documentação do veículo e suas condições de tráfego), e, notadamente em áreas fronteiriças, a fim de prevenir o contrabando. Trata-se de diligências de rotina, inseridas no âmbito do poder de polícia, inerentes, pois, ao próprio Estado e que, bem por isso, não exigem qualquer ordem judicial previamente expedida que as autorize. Nem sempre são vistas com simpatia por quem a elas se submete, sobretudo por aqueles que flagrados na prática de um crime ou de alguma irregularidade. Mas são aceitas pelo cidadão de bem, que reconhece o caráter preventivo da medida, capaz, por vezes, de evitar a prática de um crime futuro, já em sede de execução ou, ao menos, de preparação.

Não obstante, o STJ possui decisões em conflito. Assim, na Quinta Turma, já se decidiu que "a abordagem do agravante não se deveu apenas ao seu nervosismo, mas ocorreu no contexto de 'blitz' rotineira de trânsito (...), realizada em via pública, quando veículos e seus passageiros são ordinariamente escrutinados e inspecionados para a segurança da circulação. Assim, havendo razão concreta para a revista do motociclista, com quem foi encontrada considerável quantidade de droga, não é possível afirmar que a materialidade delitiva foi colhida com violação da privacidade e da intimidade (**AgRg no HC n. 816.857**).

No **STF**, embora não se possa dizer que há posição diametralmente oposta à da Corte da Cidadania sobre o tema, é certo que começam a aparecer julgados que indicam uma tendência em analisar a questão da fundada suspeita de forma menos rigorosa e, porque não dizer, mais próxima do bom senso. Nesse passo, na Segunda Turma da Corte Constitucional, se decidiu que "[a] Constituição que assegura o direito à intimidade, à ampla defesa, ao contraditório e à inviolabilidade do domicílio é a mesma que determina punição a criminosos e o dever do Estado de zelar pela segurança pública. O policiamento preventivo e ostensivo, próprio das Polícias Militares, a fim de salvaguardar a segurança pública, é dever constitucional. (...) *Fugir ao avistar viatura, pulando muros, gesticular como quem segura algo na cintura* e *reagir de modo próprio e conhecido pela ciência aplicada à atividade policial*, objetivamente, justifica a busca pessoal em via pública". (**RHC n. 229.514 AgR**, rel. Min. Gilmar Mendes, Segunda Turma, j. 02/10/2023).

Motor home – A exceção que se aponta, em relação a veículos, ocorre quando de sua utilização como verdadeira moradia, os chamados "motor home", ainda pouco utilizados no Brasil, mas ainda frequentes em outros países. Nesse caso, onde a "casa" da pessoa é seu automóvel, seu ingresso seguirá a regra geral, a exigir, pois, o respectivo mandado judicial, com todos os requisitos neles contidos e ressalvas previstas na própria Constituição.

Guarda Municipal – Cremos que nada impede que a guarda municipal realize busca pessoal em alguém que se ache em condição de suspeição. É que, se a qualquer do povo é dado prender em flagrante (o chamado "flagrante facultativo", previsto no art. 301 do código), tem a guarda, na qualidade de agente da autoridade, o poder de submeter terceiro à revista pessoal, preenchidos, por óbvio, os requisitos que autorizem essa diligência, sem os quais poderá ficar caracterizado o crime de abuso de autoridade. Essa impressão parece se reforçar a partir da edição da Lei nº 13.022/2014, que, em seu art. 5º, inc. XIV, regulamentou a atuação das guardas municipais, ao atribuir-lhe a função de "encaminhar ao delegado de polícia, diante de flagrante delito, o autor da infração, preservando o local do crime, quando possível e sempre que necessário". V., ainda, art. 6º, inc. I acima. O MPSP aprovou, no âmbito do seu Núcleo de Estudos Criminais (NECRIM – criado pela Resolução 1.484/2022), três teses envolvendo a atuação das Guardas Municiapais na persecução penal:

> TESE 1: Existente qualquer das hipóteses previstas no art. 302 do Código de Processo Penal, é lícita a prisão em flagrante realizada por guarda municipal, nos termos do art. 301 do referido diploma legal, e, no mesmo contexto, a realização de busca pessoal e veicular.
>
> TESE 2: É lícito às guardas municipais prestar apoio ao Ministério Público na fiscalização do cumprimento de medidas protetivas de urgência e medidas cautelares, mediante convênio ou termo de cooperação, sob supervisão e coordenação do órgão ministerial com atribuição.
>
> TESE 3: Nos municípios em que a Guarda Municipal detiver poder de polícia de trânsito reconhecido por decretos, leis ou convênios, se já constatada infração dessa natureza, no caso concreto, é lícita a determinação de parada para autuação e averiguação.

ATENÇÃO – De acordo com o Decreto 11.841/23, que regulamenta os incs. IV, XIII e XIV do caput, e o parágrafo único do art. 5º da Lei 13.022/14, na hipótese de ocorrências que configurem crime, as guardas municipais poderão: realizar a prisão em flagrante dos envolvidos; apresentar o preso e a correspondente notificação circunstanciada da ocorrência à polícia judiciária competente para a apuração do delito e contribuir para a preservação do local do crime, quando possível e sempre que necessário.

JURISPRUDÊNCIA

Busca realizada por guardas municipais

"É assente nesta Corte Superior a orientação de que os integrantes da guarda municipal não desempenham a função de policiamento ostensivo. Contudo, também é firme o entendimento jurisprudencial deste Superior Tribunal de Justiça no sentido de que, "nos termos do artigo 301 do Código de Processo Penal, qualquer pessoa pode prender quem esteja em flagrante delito, razão pela qual não há qualquer óbice à sua realização por guardas municipais. Precedentes" *In casu*, ao contrário do que sustentado na presente insurgência, verifica-se que configuraram-se as fundadas razões exigidas pela lei processual, uma vez que o ora agravante, que trafegava por via pública já conhecida pelos agentes como ponto utilizado para a realização do comércio espúrio com uma sacola em suas mãos, ao notar a presença de equipe policial que realizava patrulhamento de rotina, apresentou acentuado nervosismo, o que causou estranheza nos milicianos, que decidiram, somente então, realizar a abordagem. Por conseguinte, havendo, de fato, fundada suspeita de que o paciente estava na posse de objetos ilícitos, não há que se falar em nulidade da busca pessoal realizada."(Agravo Regimental no Habeas Corpus no 684.062/SP, STJ, 5a Turma, unânime, Rel. Min. Jesuíno Rissato, julgado em 19.10.2021, publicado no DJ em 3.11.2021)

Busca realizada por policiais rodoviários

Trata-se de caso em que a Polícia Rodoviária Federal encontrou no interior do automóvel a quantia de R$1.215.000,00. A defesa busca o trancamento do inquérito policial, aos argumentos de ilegalidade da busca e apreensão realizada no veículo pelos policiais rodoviários federais, ilegalidade da apreensão do automóvel, valores em dinheiro e celular, bem como ausência de justa causa para a instauração da investigação. Em se tratando do flagrante de transporte de vultosa quantia em dinheiro e não tendo o recorrente logrado justificar o motivo de tal conduta, não há que se falar em ausência de justa causa para as investigações. (STJ – RHC 142.250-RS, Min. Sebastião Reis Junior, DJe. 28/09/21)

Art. 241. Quando a própria autoridade policial ou judiciária não a realizar pessoalmente, a busca domiciliar deverá ser precedida da expedição de mandado.

Desnecessidade de mandado – Este dispositivo encontra-se, em parte, revogado pela atual ordem constitucional. De sorte que, de sua leitura, se extraia que era obrigatória a expedição de mandado de busca e apreensão domiciliar, salvo se a diligência fosse acompanhada pessoalmente pelo juiz ou pela autoridade policial. A primeira parte dessa formulação é verdadeira. Porém, a parte deste dispositivo que autoriza a busca domiciliar sem mandado judicial, desde que acompanhada pela autoridade policial, não foi recepcionada pela ordem constitucional instaurada a partir de 1988 – segundo entendimento unânime da doutrina – que, em seu art. 5°, inc. XI, determina que "a casa é asilo inviolável do indivíduo, ninguém nela podendo penetrar sem consentimento do morador, salvo em caso de flagrante delito ou desastre, ou para prestar socorro, ou, durante o dia, por determinação judicial".

JURISPRUDÊNCIA

Falta de mandado é suprida pela presença física do juiz

"Não há duvidar da validade probatória de apreensão de substância entorpecente se, inobstante a inexistência de mandado de busca e apreensão, for o tóxico encontrado na presença de magistrado, máxime tendo este comparecido ao local a pedido do próprio acusado" (TACRIM-SP – Rel. Aquino Machado – *JUTACRIM* 53/257).

Ingresso de agentes fiscais sem ordem judicial. Impossibilidade

"Conforme o art. 5º, XI, da Constituição – afora as exceções nele expressamente previstas ('em caso de flagrante delito ou desastre, ou para prestar socorro') só a 'determinação judicial' autoriza, e durante o dia, a entrada de alguém – autoridade ou não – no domicílio de outrem, sem o consentimento do morador. Em consequência, o poder fiscalizador da administração tributária perdeu, em favor do reforço da garantia constitucional do domicílio, a prerrogativa da auto-executoriedade, condicionado, pois, o ingresso dos agentes fiscais em dependência familiar do contribuinte, sempre que necessário vencer a oposição do morador, passou a depender de autorização judicial prévia" (STF – Rel. Sepúlveda Pertence – *RT* 826/522).

Desnecessidade de mandado quando autorizada a entrada pelo morador

"Tendo o acusado franqueado sua residência à entrada dos policiais, não há de ser impugnada a busca domiciliar por falta de mandado de autoridade competente, eis que ausente a violência configurada de ofensa ao preceito constitucional garantidor da inviolabilidade do domicílio" (TACRIM-SP – Rel. Galvão Coelho – *JUTACRIM* 33/226).

"Embora a lei exija mandado para a busca domiciliar, nem sempre, em razão da urgência da diligência, há condições de obtê-lo sob o risco de ser ver perdido longo e exaustivo trabalho de investigação prévia. Por outro lado, havendo consentimento do morador para a entrada da Polícia na casa, dispensável o mandado" (TACRIM-SP – Rel. Brenno Marcondes – *JUTACRIM* 87/416).

Busca e apreensão realizada por policiais militares

TRÁFICO DE ENTORPECENTES. BUSCA E APREENSÃO DA DROGA FEITA POR POLICIAL MILITAR EM OPERAÇÃO CONJUNTA ENTRE AS POLÍCIAS CIVIL E MILITAR. POSSIBILIDADE – "Não há nulidade por ter sido a apreensão efetuada por policiais militares, uma vez que estes podem auxiliar na execução das buscas. Registre-se que aqui se tratou de operação levada a efeito de forma conjunta entre as polícias civil e militar" (STJ – HC n° 232174-SC, Rel. Marco Aurélio Bellizze, j. 20.08.2013, DJe 27.08.2013).

"Da decisão judicial que autorizou a busca e apreensão e do respectivo mandado não se retira a exclusividade da execução da medida por autoridade policial, a quem inclusive se franqueia a requisição de auxílio. A realização de busca e apreensão por policiais militares não ofende o artigo 144 da Constituição Federal, não podendo ser acoimada de ilícita a prova que resulte do cumprimento do mandado por referidas autoridades. Precedentes do STF" (STJ – HC n° 131836-RJ, Rel. Jorge Mussi, j. 04.11.2010, DJe 06.04. 2011).

Busca e apreensão realizada por policiais florestais ou agentes do IBAMA

"Ainda que a busca e apreensão na casa do paciente e a sua custódia tivessem sido efetivadas por policiais ambientais ou agentes do IBAMA, não se poderia considerar tais pessoas desprovidas de atribuição para as medidas, porque, como já ressaltado à saciedade, a hipótese cuida de flagrante de crimes permanentes, sendo que o artigo 301 do Código de Processo Penal autoriza qualquer do povo a prender quem quer que seja encontrado em situação flagrancial" (STJ – HC n° 244016-ES, Rel. Jorge Mussi, j. 16.10.2012, DJe 05.11. 2012).

Art. 242. A busca poderá ser determinada de ofício ou a requerimento de qualquer das partes.

Determinação de ofício – Inspirado no princípio da busca da verdade real (ou melhor, processual), e no caráter publicista do processo, mais uma vez o legislador autoriza que o juiz, *sponte propria*, adote medidas no campo probatório, sem que tenha sido provocado a tanto. Contudo, adotado o sistema acusatório (art. 3º-A do CPP), essa sua atuação está vedada na fase da investigação, devendo ser meramente complementar na fase do processo.

Iniciativa das partes – Pode a acusação (Ministério Público ou querelante) formular pedido de busca. Também pode o réu e o querelado, na defesa de seus interesses. Conquanto a lei não preveja expressamente, a autoridade policial também se acha legitimada a tanto. Aliás, o art. 6°, inc. II do código, determina que essa autoridade, tão logo tenha conhecimento da prática de infração penal, deve "apreender os objetos que tiverem relação com o fato, após liberados pelos peritos criminais". Ora, se deve apreender objetos desde logo, assim que praticado o crime, por certo que também deve representar ao juiz no sentido da expedição de mandado de busca e apreensão, quando necessária a diligência. É prática corriqueira, aliás, no cotidiano forense.

Sobre cadeia de custódia e perícias em geral, ver nossos comentários aos arts. 158-A e ss. do CPP.

JURISPRUDÊNCIA

Associações possuem legitimidade para requerer a busca

"As associações estão legitimadas extraordinariamente a ajuizar em nome próprio ações de busca e apreensão objetivando comprovar violação de direitos autorais de seus associados, conforme assegurado pelos arts. 103 e 104 da Lei 5.988/73 e 5º, XXVIII, 'b', da CF. Agindo em nome próprio, não precisam nomear seus associados vítimas ou fazer prova da violação do direito (precisamente a isto se destina a busca e apreensão), muito menos provar o direito de ação, que, no crime do art. 184, § 1º, do CP, é perseguível por ação pública (art. 186)" (TJSP – Rel. Dante Busana – *RT* 669/311).

Prévia oitiva do Ministério Público. Desnecessidade

"Não havendo previsão legal acerca da necessidade de manifestação prévia do Ministério Público para o deferimento da medida cautelar de busca e apreensão, não se pode reputar nulo o ato praticado com tal omissão, mormente em razão da urgência verificada no caso e da ausência do representante do Órgão Ministerial na subseção judiciária na qual o pleito foi deferido" (STJ – HC nº 119205-MS, Rel. Jorge Mussi, j. 29.09.2009, DJe 16.11.2009).

Comissões Parlamentares de Inquérito – Temos que as CPIs podem determinar a expedição de mandado no sentido de permitir a busca domiciliar posto que, segundo expressa norma constitucional, tais entes são revestidos dos mesmos poderes inerentes ao juiz. Nesse sentido o art. 58, § 3º, da Carta, ao estabelecer que "as comissões parlamentares de inquérito, que terão poderes de investigação próprios das autoridades judiciais". Poderão seus membros efetuar tal busca, inclusive, pessoalmente, já que o artigo anterior faculta ao juiz essa possibilidade e, tendo a comissão os mesmos poderes deste, nada impede a diligência *in loco*.

Não ignoramos, porém, que o tema é dos mais polêmicos, quer na doutrina quer na jurisprudência, bastando lembrar a lição de Luís Roberto Barroso, para quem "ultrapassaria com exagero os limites da razoabilidade a suposição de que uma CPI – instância política, sujeita a paixões e excessos – pudesse livremente dispor da privacidade das pessoas" (*Comissões Parlamentares de Inquérito – limite de sua competência – sentido da expressão constitucional "poderes de investigação próprios das autoridades judiciais" – inadmissibilidade de busca e apreensão sem mandado judicial*. Revista Forense, nº 335, p. 173).

Confira-se, ainda, a observação formulada por Luiz Flavio Gomes e Cássio Juvenal Faria, que, a propósito da extensão dos poderes das Comissões Parlamentares de Inquérito, destacam que "são amplos, inegavelmente, os poderes investigatórios das CPIs, porém nunca ilimitados. Seus abusos não refogem, de modo algum, ao controle jurisdicional (HC 71.039-STF). É sempre necessário que o poder freie o poder (Montesquieu). Tais Comissões podem: (a) determinar as diligências que reputarem necessárias; (b) convocar ministros de Estado; (c) tomar o depoimento de qualquer autoridade; (d) ouvir indiciados; (e) inquirir testemunhas sob compromisso; (f) requisitar de órgão público informações e documentos de qualquer natureza (inclusive sigilosos); (g) transportar-se aos lugares aonde for preciso [...] O fundamental, nesse âmbito é jamais ultrapassar o intransponível limite da 'reserva jurisdicional constitucional', isto é, a CPI pode muita coisa, menos determinar o que a

Constituição Federal reservou com exclusividade aos juízes. Incluem-se nessa importante restrição: a prisão, salvo flagrante (CF, art. 5º, inc. LXI); a busca domiciliar (CF, art. 5º, inc. X) e a interceptação ou escuta telefônica (art. 5º, inc. XII); (b) impedir, em nome da tutela da privacidade constitucional (art. 5º inc. X), a publicidade do que é sigiloso, mesmo porque, quem quebra esse sigilo passa a ser dele detentor" (MS 33663 MC / DF); (c) não confundir 'poderes de investigação do juiz' (CF, art. 58, § 3º) com o poder geral de cautela judicial: isso significa que a CPI não pode adotar nenhuma medida assecuratória real ou restritiva do 'jus libertatis', incluindo-se a apreensão, sequestro ou indisponibilidade de bens ou mesmo a proibição de se afastar do país" (Boletim do Instituto Brasileiro de Ciências Criminais, nº 79, junho de 1999).

Aliás, o próprio campo de atuação das CPIs é tema controvertido, valendo recordar a lição de Gomes Canotilho, segundo a qual "não é fácil precisar o âmbito das comissões de inquérito. A regra é a de que o direito de inquérito existe em relação a assuntos para os quais o parlamento é competente, mas não para questões que são de exclusiva competência de outro órgão de soberania. Mas esta teoria – *Korollar-Theorie* lhe chama a doutrina alemã – que limita as comissões de inquérito ao âmbito da competência do Parlamento, não é fácil de precisar, porque se ela pretende manter válido, também neste campo, o princípio da separação e interdependência dos órgãos de soberania, há casos em que o princípio sofre entorses na própria Constituição" (*Direito Constitucional* – 5ª ed., Coimbra: Almedina, 1991, p. 752).

Direito a não-autoincriminação e o direito ao silêncio na CPI – V., acima, jurisprudência colacionada ao art. 186.

CPIs e Lei n. 13.367, de 05 de dezembro de 2016 – Acha-se em vigor, a partir de 05 de dezembro de 2016, a Lei n. 13.367, que promoveu alterações na Lei n. 1.579/1952, que dispõe sobre as Comissões Parlamentares de Inquérito. As alterações foram mínimas, com acréscimo de pequenos detalhes e a incorporação, ao texto infraconstitucional (de 1952), de normas previstas na Constituição de 1988. De sorte que, enquanto o art. 1º do diploma revogado dispunha que as CPIs tinham ampla ação nas pesquisas destinadas a apurar os fatos que deram origem à sua formação, reza o novo diploma que as comissões "terão poderes de investigação próprios das autoridades judiciais, além de outros previstos nos regimentos da Câmara dos Deputados e do Senado Federal, com ampla ação nas pesquisas destinadas a apurar fato determinado e por prazo certo". Poderia importar em um avanço, não tivesse o legislador apenas repetido o texto que já constava da Constituição, como se vê da primeira parte do § 3º, do art. 58 da Carta ("As comissões parlamentares de inquérito, que terão poderes de investigação próprios das autoridades judiciais...").

O art. 2º, do estatuto novel, em relação ao art. 2º, da lei revogada, traz apenas uma novidade: enquanto este previa a possibilidade de requisição de informações e documentos "de repartições públicas e autárquicas", a Lei n. 13.367/2016 amplia esse poder para que tais dados sejam colhidos junto à "administração pública direta, indireta ou fundacional".

O § 1º, art. 3º, da lei nova, prevê que "em caso de não comparecimento da testemunha sem motivo justificado, a sua intimação será solicitada ao juiz criminal da localidade em que resida ou se encontre, nos termos dos arts. 218 e 219 [...] do Código de Processo Penal. O texto é praticamente o mesmo da lei revogada, apenas com o acréscimo da menção ao art. 219 do CPP, que possibilita a aplicação, à testemunha faltosa, de multa e do pagamento das custas da diligência (decorrentes da condução coercitiva), além de sujeitá-la à prática do crime de desobediência.

Relevante inovação foi introduzida, pela nova lei, ao art. 3º, § 2º, ao determinar que "o depoente poderá fazer-se acompanhar de advogado, ainda que em reunião secreta". É verdade que essa orientação era cristalizada na jurisprudência do Supremo Tribunal Federal, como se extrai dos arestos abaixo transcritos. Salutar, contudo, para que não paire nenhuma dúvida, que seja a positivada em lei. A propósito, ainda que secreta a reunião, ainda assim a presença do advogado deve ser admitida, desde, é obvio, que o depoente a reclame. Com essa cautela se afasta, de vez, a prática invariável, de atos de truculência e desrespeito às prerrogativas que são inerentes ao exercício da advocacia.

Dispõe a nova redação do art. 3º-A da Lei n. 1.579/1952, que "caberá ao presidente da Comissão Parlamentar de Inquérito, por deliberação desta, *solicitar*, em qualquer fase da investigação, ao juízo criminal competente medida cautelar necessária, quando se verificar a existência de indícios veementes da proveniência ilícita de bens" (grifamos). Suponha-se, assim, a necessidade de sequestro de bens oriundos de atividade criminosa, a ser efetivado junto à Comarca na qual reside o investigado e aonde se encontram esses bens. Poderá a CPI solicitar ao juiz da comarca que ultime a realização dessa medida assecuratória. Não apreendemos, exatamente, o alcance do vocábulo "solicitar". Cremos que, ao empregá-lo, deixa margem para o descumprimento, em alternativa que nos parece incoerente com o texto constitucional que, em § 3º, do art. 58, defere "as comissões parlamentares de inquérito [...] poderes de investigação próprios das autoridades judiciais". Ora, se a CPI reúne poderes inerentes ao Juiz, seria o caso, sob nossa compreensão, não de "solicitar", mas de "requisitar" a medida. "Solicitação" tem o significado de pedido, requerimento, a ensejar, pois, eventual indeferimento. Já a "requisição" encerra inconfundível caráter de "ordem", a ser, portanto, obedecida.

Por derradeiro, o acréscimo introduzido pelo art. 6º-A, já vinha, em parte, previsto na Constituição, quando, no § 3º, do art. 58, determina que as conclusões da CPI devem ser encaminhadas ao Ministério Público. A novidade do novo diploma é que tais conclusões, agora, serão endereçadas, também, à Advocacia-Geral da União.

Vê-se, portanto, que as inovações introduzidas pela Lei n. 13.367/2016, quer porque incorporaram à legislação infraconstitucional competências já previstas na Constituição, quer em virtude de que encapou entendimento jurisprudencial consolidado em nossos Tribunais Superiores, em nada alteraram nossas observações lançadas acima, as quais reiteramos.

JURISPRUDÊNCIA

Obrigatoriedade da presença do advogado

O advogado – ao cumprir o dever de prestar assistência técnica àquele que o constituiu, dispensando-lhe orientação jurídica perante qualquer órgão do Estado – converte a sua atividade profissional, quando exercida com independência e sem indevidas restrições, em prática inestimável de liberdade. Qualquer que seja o espaço institucional de sua atuação (Poder Legislativo, Poder Executivo ou Poder Judiciário), ao advogado incumbe neutralizar os abusos, fazer cessar o arbítrio, exigir respeito ao ordenamento jurídico e velar pela integridade das garantias jurídicas – legais ou constitucionais –outorgadas àquele que lhe confiou a proteção de sua liberdade e de seus direitos, dentre os quais avultam, por sua inquestionável importância, a prerrogativa contra a auto- incriminação e o direito de não ser tratado, pelas autoridades públicas, como se culpado fosse, observando- e, desse modo, as diretrizes, previamente referidas, consagradas na jurisprudência do Supremo Tribunal Federal. Se, não obstante essa realidade normativa que emerge do sistema jurídico brasileiro, a Comissão Parlamentar de Inquérito – ou qualquer outro órgão posicionado na estrutura institucional do Estado – desrespeitar tais direitos que assistem à generalidade das pessoas, justificar-se-á, em tal específica situação, a intervenção, sempre legítima, do advogado, para fazer cessar o ato arbitrário ou, então, para impedir que aquele que o constituiu culmine por auto incriminar-se. O exercício do poder de fiscalizar eventuais abusos cometidos por comissão parlamentar de inquérito contra aquele que por ela foi convocado para depor traduz prerrogativa indisponível do advogado no desempenho de sua atividade profissional, não podendo, por isso mesmo, ser cerceado, injustamente, na prática legítima de atos que visem a neutralizar situações configuradoras de arbítrio estatal ou de desrespeito aos direitos daquele que lhe outorgou o pertinente mandato." (STF –HC n. 88.015-MG – Rel. Celso de Mello, j. 14.02.2006, DJ 21.02.2006)

"[...] Pelo exposto, na esteira da jurisprudência pacificada neste Supremo Tribunal Federal, defiro em parte a liminar requerida, para assegurar ao Paciente, ao ser inquirido perante a Comissão Parlamentar de Inquérito que Investiga Escutas Telefônicas Clandestinas/Ilegais: a) o direito de ser assistido e comunicar-se com os seus Advogados; b) de não ser obrigado a assinar termo de compromisso de dizer a verdade a ele eventualmente apresentado; e c) de não ser preso ou ameaçado de prisão ao invocar o direito constitucional ao silêncio com relação a respostas que, a seu critério ou a critério de seus advogados, possam incriminá-lo" (STF – HC n. 96.145 – Medida Cautelar – Rel. Cármen Lúcia, j. 16.09.2008, DJe 02.10.2008).

CPIs e expedição de mandado de busca e apreensão

a) impossibilidade

"IMPOSSIBILIDADE JURÍDICA DE CPI PRATICAR ATOS SOBRE OS QUAIS INCIDA A CLÁUSULA CONSTITUCIONAL DA RESERVA DE JURISDIÇÃO, COMO A BUSCA E APREENSÃO DOMICILIAR, v.g. – "[...] A Constituição da República, ao outorgar às Comissões Parlamentares de Inquérito "poderes de investigação próprios das autoridades judiciais" (art. 58, § 3º), claramente delimitou a natureza de suas atribuições institucionais, restringindo-as, unicamente, ao campo da indagação probatória, com absoluta exclusão de quaisquer outras prerrogativas que se incluem, ordinariamente, na esfera de competência dos magistrados e Tribunais, inclusive aquelas que decorrem do poder geral de cautela conferido aos juízes, como a decretação de indisponibilidade de bens da pessoa sob investigação legislativa [...] É por essa razão que a jurisprudência constitucional do Supremo Tribunal Federal – com apoio no magistério da doutrina (JOSÉ CRETELLA JÚNIOR, 'Comentários à Constituição de 1988', vol. V/2.700-2.701, item n. 303, 1991, Forense Universitária) – tem advertido que as Comissões Parlamentares de Inquérito não podem formular acusações nem punir delitos (RDA 199/205, Rel. Min. PAULO BROSSARD), nem desrespeitar o privilégio contra a autoincriminação que assiste a qualquer indiciado ou testemunha (RDA196/197, Rel. Min. CELSO DE MELLO – HC 79.244/DF, Rel. Min. SEPÚLVEDA PERTENCE), nem decretar a prisão de qualquer pessoa, exceto nas hipóteses de flagrância (RDA 196/195 , Rel. Min. CELSO DE MELLO – RDA 199/205, Rel. Min. PAULO BROSSARD) [...] Se é certo, observadas as restrições jurisprudenciais mencionadas, que a Comissão Parlamentar de Inquérito ' tem poderes imanentes ao natural exercício de suas atribuições, como os de colher depoimentos, ouvir indiciados, inquirir testemunhas, notificando-as a comparecer perante ela e a depor', bem assim os de 'requisitar documentos e buscar todos os meios de provas legalmente admitidos' (RDA 199/205, Rel. Min. PAULO BROSSARD), não é menos exato – segundo autorizado magistério doutrinário (LUÍS ROBERTO BARROSO, 'Comissões Parlamentares de Inquérito – Limite de sua Competência – Sentido da Expressão Constitucional 'Poderes de Investigação Próprios das Autoridades Judiciais' – Inadmissibilidade de Busca e Apreensão sem Mandado Judicial' in 'Revista Forense, vol. 335/165; FÁBIO KONDER COMPARATO, 'Comissões Parlamentares de Inquérito – Limites in 'Revista Trimestral de Direito Público, vol. 5/66) – que a Comissão Parlamentar de Inquérito não tem competência para praticar atos sujeitos à cláusula constitucional de reserva de jurisdição, vale dizer, não dispõe de competência para promover atos cuja efetivação a Constituição Federal atribuiu, com absoluta exclusividade, aos membros do Poder Judiciário" (STF- Rel. Min. Celso de Mello – MC em MS n° 33663-DF, j. 19.06.2015).

b) possibilidade

PENAL. HABEAS-CORPUS. COMISSÃO PARLAMENTAR DE INQUÉRITO. PODERES. CF/88, ART. 58, § 3º. MEDIDA DE BUSCA E APREENSÃO. DENÚNCIA. PROVA LÍCITA. VALIDADE – "O artigo 58, § 3º, da CF/88, estabelece que as Comissões Parlamentares de Inquérito têm os poderes próprios das autoridades judiciais na condução dos procedimentos investigatórios para os quais foram constituídas. – Se o Judiciário tem poder para realizar buscas no exercício de suas atribuições jurisdicionais, é inegável a competência das CPIs na expedição de mandado de busca e apreensão. – Reveste-se de vitalidade jurídica a denúncia oferecida com fundamento em provas obtidas por força de diligência de busca e apreensão determinada por Comissão Parlamentar de Inquérito. – Habeas-corpus denegado" (STJ – HC n° 3985-RJ – Rel. Vicente Leal – RT 784/552).

CPI e possibilidade do controle de seus atos pelo Poder Judiciário

O CONTROLE JURISDICIONAL DE ABUSOS PRATICADOS POR COMISSÃO PARLAMENTAR DE INQUÉRITO NÃO OFENDE O PRINCÍPIO DA SEPARAÇÃO DE PODERES – "A essência do postulado da divisão funcional do poder, além de derivar da necessidade de conter os excessos dos órgãos que compõem o aparelho de Estado, representa o princípio conservador das liberdades do cidadão e constitui o meio mais adequado para tornar efetivos e reais os direitos e garantias proclamados pela Constituição. Esse princípio, que tem assento no art. 2º da Carta Política, não pode constituir nem qualificar-se como um inaceitável manto protetor de comportamentos abusivos e arbitrários, por parte de qualquer agente do Poder Público ou de qualquer instituição estatal. – O Poder Judiciário, quando intervém para assegurar as franquias constitucionais e para garantir a integridade e a supremacia da Constituição, desempenha, de maneira plenamente legítima, as atribuições que lhe conferiu a própria Carta da República. O regular exercício da função jurisdicional, por isso mesmo, desde que pautado pelo respeito à Constituição, não transgride o princípio da separação de poderes. Desse modo, não se revela lícito afirmar, na hipótese de desvios jurídico-constitucionais nas quais incida uma Comissão Parlamentar de Inquérito, que o exercício da atividade de controle jurisdicional possa traduzir situação de ilegítima interferência na esfera de outro Poder da República" (STF – MS n° 23452-RJ – Rel. Min. Celso de Mello – RTJ 173/805).

Art. 243. O mandado de busca deverá:

I - indicar, o mais precisamente possível, a casa em que será realizada a diligência e o nome do respectivo proprietário ou morador; ou, no caso de busca pessoal, o nome da pessoa que terá de sofrê-la ou os sinais que a identifiquem;

II - mencionar o motivo e os fins da diligência;

III - ser subscrito pelo escrivão e assinado pela autoridade que o fizer expedir.

§ 1º Se houver ordem de prisão, constará do próprio texto do mandado de busca.

§ 2º Não será permitida a apreensão de documento em poder do defensor do acusado, salvo quando constituir elemento do corpo de delito.

I - indicar, o mais precisamente possível, a casa em que será realizada a diligência e o nome do respectivo proprietário ou morador; ou, no caso de busca pessoal, o nome da pessoa que terá de sofrê-la ou os sinais que a identifiquem;

Mandado de busca e apreensão coletivo – O dispositivo em exame procura individualizar a diligência, dado, inclusive, seu caráter de excepcionalidade. Assim, o tanto quanto possível, deverá ser indicado o nome daquele que será alvo da busca domiciliar ou, em caso de busca pessoal, senão o nome, pelo menos sinais capazes de identificá-la.

Ocorre que, em algumas situações, o cumprimento à risca do mandamento legal torna absolutamente inviável a realização de diligências imprescindíveis para a apuração de gravíssimas infrações penais. Basta lembrar uma realidade nacional: a ocupação de morros por milhares de pessoas, que se instalaram precariamente, sem endereço definido, em barracos quase sempre dispostos de forma a tornar impossível qualquer individualização. Este tipo de ocupação, aliás, somada à omissão de sucessivos governos na área de segurança pública – e em várias outras –, propiciou que facções criminosas simplesmente tomassem para si o controle de praticamente todo o território ocupado. O que se vê são pessoas submetidas a um poder paralelo criminoso. Algumas simplesmente aderem a esse poder e passam a integrá-lo, enquanto outras vivem sob tensão permanente, na expectativa de que em algum momento sejam atingidas pelas práticas criminosas que vigoram nesses locais. Os que se integram abrigam criminosos e permitem que em suas residências sejam escondidas armas e drogas; os que vivem sob jugo muitas vezes são obrigados a colaborar.

Tais circunstâncias trazem em si uma imensa dificuldade para as operações de combate ao crime. É nesse contexto que nasce a discussão sobre a legalidade (ou não) do mandado de busca e apreensão coletivo, expedido sem especificar quais imóveis serão objeto de devassa e quais pessoas suportarão a medida.

Este procedimento, que vai de encontro à disposição legal que exige precisão no mandado de busca e apreensão, tem sido utilizado diante da impossibilidade de empreender de outra forma as diligências. Já ocorreu no Estado do Rio de Janeiro em várias ocasiões, nas quais os mandados faziam referência apenas a bairros ou ruas, quando possível a identificação.

É fato que muitas pessoas são atingidas simplesmente porque residem no local, sem que lhes recaia nenhuma suspeita específica da prática de crime. Mas também não se pode negar que, ponderando os interesses em jogo, não é irrazoável que prevaleça a iniciativa de desmantelar organizações criminosas que impõem o caos e o terror generalizado. Nessas localidades, a ação policial baseada no mandado coletivo é a única forma de fazer cessar atividades criminosas de extrema gravidade e que vitimam inclusive os moradores injustamente atingidos pela busca domiciliar.

Os tribunais, no entanto, se dividem a respeito do cabimento desse tipo de medida. O STJ chegou a deferir liminar em habeas corpus – que, por prejudicialidade, não teve o mérito julgado –, na qual restabelecia decisão também liminar proferida pelo Tribunal de Justiça do Rio de Janeiro, que havia suspendido a execução de mandados de busca e apreensão coletivos:

> "(...) Com efeito, como observado na decisão do eminente Desembargador João Batista Damasceno, que deferiu a liminar na origem, em regime de plantão, o padrão genérico e padronizado com que se fundamentam decisões de busca e apreensão em ambiente domiciliar em favelas e bairros da periferia – sem suficiente lastro probatório e razões que as amparam – expressam grave violação ao direito dos moradores da periferia. A busca e apreensão domiciliar somente estará amparada no ordenamento jurídico se suficientemente descrito endereço ou moradia no qual deve ser cumprido em relação a cada uma das pessoas que será sacrificada em suas garantias. E, ainda que não se possa qualificá-la adequadamente é necessário que os sinais que a individualize sejam explicitados (fl. 160).
>
> Da mesma decisão, extraio mais os seguintes trechos (fls.160): No presente caso, temos um mandado judicial genérico, expedido com eficácia territorial ampla, geograficamente impreciso, que não se preocupa em determinar o fato concreto a

ser apurado. Pelo seu alto grau de dano a valores constitucionais, é absolutamente inadmitido o mandado genérico para tantas comunidades quanto são descritas na decisão recorrida. Faz-se imprescindível que a decisão e o mandado determinem qual a correlação dos indícios probatórios que se pretendem obter com a invasão de cada um dos domicílios a serem buscados. E, isto, não ocorreu.

Assim, entendo presente o fumus boni iuris, em razão da ausência de individualização das medidas de apreensão a serem cumpridas, o que contraria diversos dispositivos legais, dentre eles os arts. 242, 244, 245, 248 e 249 do CPP, além do art. 5º, XI, da Constituição Federal: a casa é asilo inviolável do indivíduo, ninguém nela podendo penetrar sem consentimento do morador, salvo em caso de flagrante delito ou desastre, ou para prestar socorro, ou, durante o dia, por determinação judiciar. Na minha concepção, também caracterizado o periculum in mora, diante da possibilidade concreta e iminente de ofensa ao direito fundamental à inviolabilidade do domicílio. Ante o exposto, defiro a liminar para suspender os efeitos da decisão ora impugnada, restabelecendo a liminar deferida pelo eminente Desembargador João Batista Damasceno em 25/08/2017 (fls. 147/162)" (HC 416.483/RJ, j. 18/09/2017).

O Tribunal de Justiça do Rio de Janeiro tem decisões ora admitindo, ora rechaçando a possibilidade de expedir mandados coletivos:

"(...) 5. Forçoso reconhecer que, no caso, o deferimento da medida cautelar de busca domiciliar não se revela idôneo, já que não individualiza minimamente a unidade domiciliar objeto de violação, qual seja, a casa, nos moldes definidos pelo inciso I do art. 243 do Código de Processo Penal, que deve ser indicada ¿o mais precisamente possível, tampouco informa o ¿nome do respectivo proprietário ou morador. 6. Busca domiciliar que possui como característica precípua a referibilidade, não sendo, portanto, um fim em si mesma, estando, ao revés, vinculada ao procedimento investigatório cuja efetividade se procura assegurar. Logo, a medida em questão não pode constituir uma autorização genérica para que se reúna as fundadas razões que deveriam justificá-la, sob pena de subversão total de sua lógica e, ainda, de delegação à autoridade policial não apenas da executoriedade do ato, mas da própria delimitação de seu objeto - a casa -, dos cidadãos que terão os seus direitos fundamentais mitigados e, por conseguinte, do alcance da medida sujeita à cláusula da primazia judiciária (...)" (HC 0061167-57.2016.8.19.0000, j. 02/02/2017).

"(...) Bem verdade que deve o mandado de busca e apreensão indicar, o mais precisamente possível, a casa em que será realizada a diligência e o nome do proprietário ou morador. Todavia, como muito bem realçado pela Juíza de primeiro grau, no plantão noturno, numa realidade em que o domínio, há mais de 30 (trinta) anos, de facção criminosa armada "impede a permanência do poder público para regulação e instalação de equipamentos de indicação e individualização de ruas e localidades; numa realidade em que todos os mínimos espaços foram ocupados de forma irregular, sendo impossível o acesso senão por becos aleatórios e acidentados, numa realidade em que novas "casas" são fundadas de forma independente, e quase imediata, pelo simples acréscimo de materiais a lajes de outras casas, sem que sejam registradas e ordenadas, não há como individualizar e indicar numerações sem uma incursão ao local". Neste ponto, é interessante mencionar que a busca e apreensão possui, em regra, natureza jurídica de meio de prova, mas também pode revestir-se de caráter assecuratório de direitos. No caso em questão, esta segunda natureza, associada à primeira, demonstra que ambas se amoldam à medida deferida, em virtude de buscar resguardar os interesses dos proprietários que estão sendo burlados em seus direitos absolutos e plenos de usar, gozar e dispor de seus bens, sendo coagidos a permitir que membros da facção criminosa deles se utilizem para guardar armas e substâncias tóxicas, ou como abrigos estrategicamente localizados, garantindo-lhes superioridade tática. Ordem denegada, com a determinação do imediato cumprimento da decisão aqui proferida, com determinação de expedição de ofícios" (0048172-75.2017.8.19.0000, j. 26/09/2017).

Note-se que a segunda decisão transcrita faz referência exatamente ao fato de que muitos moradores são coagidos pelos membros das organizações criminosas a permitir que suas casas sejam utilizadas para acobertar e disfarçar atividades ilícitas. Sem que se permita examinar as residências que integram as localidades dominadas por essas organizações, é impossível obter qualquer sucesso em operações de índole policial. E, uma vez impraticável a individualização dos imóveis, a única medida viável é realmente a expedição de mandados coletivos, que façam referência apenas ao bairro ou mesmo à rua, caso seja possível.

Habitação em prédio abandonado de escola municipal. Extensão interpretativa do conceito de domicílio – A habitação em prédio abandonado de escola municipal pode caracterizar o conceito de domicílio em que incide a proteção disposta no art. 5º, inciso XI da Constituição Federal. Foi o que decidiu o STF no exame do RE 603.616 (Tema 280/STF), reconhecido como de repercussão geral, assentando que "a entrada forçada em domicílio sem mandado judicial só é lícita, mesmo em período noturno, quando amparada em fundadas razões, devidamente justificadas *a posteriori*, que indiquem que dentro da casa ocorre situação de flagrante delito, sob pena de responsabilidade disciplinar, civil e penal do agente ou da autoridade e de nulidade dos atos praticados". Não procede, na visão da Corte, o fundamento de que o fato de o agravante habitar o prédio abandonado de uma escola municipal descaracterizaria o conceito de domicílio, para que haja proteção constitucional. Anotou-se, por fim, que o Decreto n. 7.053/2009, que instituiu a Política Nacional para População em Situação de Rua, reforça a condição de moradia aos habitantes de logradouros públicos e áreas degradadas (Processo: AgRg no HC 712.529-SE, Rel. Min. Ribeiro Dantas, Quinta Turma, por unanimidade, julgado em 25/10/2022, publicado em 04/11/2022).

JURISPRUDÊNCIA

Mandado genérico. Ilegalidade

"Segundo o art. 243 do Código de Processo Penal, o mandado de busca deverá: i) indicar, o mais precisamente possível, a casa em que será realizada a diligência e o nome do respectivo proprietário ou morador; ii) e mencionar o motivo e os fins da diligência. Hipótese concreta em que a decisão ordenou a expedição de um mandado de busca e apreensão indeterminado, ou seja, para qualquer crime, em qualquer lugar e para a apreensão de quaisquer objetos. Além disso, não trouxe nenhum fundamento que justificasse o emprego da medida" (HC nº 245466-CE, Rel. Sebastião Reis Júnior, j. 27.11.2012, DJe 18.12.2012).

Apreensão em local diverso do mesmo prédio. Validade

"O mandado de busca e apreensão deve conter a indicação mais precisa possível do local da busca, os motivos e fins da diligência e ser emanado de autoridade competente. É legal o mandado de busca e apreensão ainda que não tenha feito uma referência precisa do local a ser cumprido, quando autorizada a diligência em outro local do mesmo prédio, desde que a apreensão dos objetos seja realizada pelas fundadas suspeitas de relacionar-se com o crime em apuração" (STJ – HC n° 124253 – SP, Rel. Arnaldo Esteves Lima, j. 18.02.1010, DJe 05.04.2010).

II - mencionar o motivo e os fins da diligência;

Motivos e fins da diligência – É direito da pessoa, em caso de busca pessoal ou domiciliar, saber de antemão os motivos que levaram à expedição do respectivo mandado judicial. O art. 245, "caput", impõe aos executores da medida que leiam o teor do mandado, antes da efetivação da diligência. Aliás, mesmo que nada seja localizado, prevalece esse direito, como se vê do art. 247 abaixo. Até por uma questão de ordem prática se justifica a cautela, pois o morador, no ato da diligência, será intimado a mostrar a coisa ou pessoa procurada, nos termos do § 5°, do art. 245, podendo fazê-lo espontaneamente, sem que seja necessária a busca.

JURISPRUDÊNCIA

Detalhamento do tipo de documento apreendido. Desnecessidade

Não existe exigência legal de que o mandado de busca e apreensão detalhe o tipo de documento a ser apreendido, ainda que de natureza sigilosa. (STJ. 6ª Turma. RHC 141.737/PR, Rel. Min. Sebastião Reis Junior, julgado em 27/04/2021 – Info 694).

Capitulação legal do fato. Desnecessidade

"Inviável obstar o prosseguimento integral do procedimento indiciário, sob o enfoque de que foi instaurado por força de busca e apreensão autorizada sem o mínimo indício da existência dos crimes de falsidade e de quadrilha, se o decisum foi motivadamente exarado, encontra fundamento nos arts. 6º e 240 do CPP, e a capitulação dada ao fato no momento da medida acautelatória não é definitiva, sendo possível o reconhecimento de outras condutas periféricas por parte do paciente" (STJ – HC n° 94141-CE, Rel. Jorge Mussi, j. 02.12.2008, DJe 09.03.2009).

Perfeita indicação dos objetos a serem apreendidos. Desnecessidade

"O mandado de busca e apreensão deve conter a indicação mais precisa possível do local da busca, os motivos e fins da diligência e ser emanado de autoridade competente, conforme determinação legal. Todavia, sedimentou-se o entendimento jurisprudencial de que a exatidão exigida para o mandado é aquela aferível levando-se em conta o contexto dos fatos delituosos e os dados disponíveis de investigação que são apresentados ao magistrado" (STJ – HC n° 204699-PR, Rel. Og Fernandes, j. 10.09.2013, DJe 30.09.2013).

"É evidente que não poderia o Magistrado, de antemão, saber quais provas estariam em poder dos investigados e, portanto, não poderia listar precisamente quais delas deveriam ser colhidas na execução do mandado de busca e apreensão, mormente tendo em conta a enorme gama e complexidade das ilicitudes em investigação. O que a lei processual penal exige é a verificação pelo juiz da necessidade da medida para levantar elementos de prova, baseada em fundadas razões, como na hipótese em comento. Inteligência dos arts. 240 e 243 do Código de Processo Penal. Ausência de ilegalidade" (STJ – HC n° 59448-SP, Rel. Laurita Vaz, j. 01.04.2008, DJe 28.04.2008).

III - ser subscrito pelo escrivão e assinado pela autoridade que o fizer expedir.

Assinaturas – Caso a própria autoridade judicial não acompanhe a diligência, como previsto no art. 241 do código, haverá necessidade da expedição do mandado, subscrito pelo escrivão e assinado pelo juiz. Segundo Paolo Tonini, no direito italiano, para a hipótese de busca domiciliar, "deve ser entregue cópia da decisão ao interessado e àquele que tenha a disponibilidade do lugar, caso estejam presentes. Referidas pessoas dever ser advertidas da faculdade de serem assistidas ou representadas por uma pessoa de confiança, com a condição de que essa seja idônea e possa ser facilmente encontrada" (ob. cit., p. 245).

§ 1º Se houver ordem de prisão, constará do próprio texto do mandado de busca.

Prisão – Não é comum que no mandado de busca e apreensão, além da autorização da própria diligência em si, contenha também uma ordem de prisão. A prisão, com efeito, ou decorrerá do flagrante que se estabeleceu a partir da busca realizada ou será objeto de um mandado em apartado.

§ 2º Não será permitida a apreensão de documento em poder do defensor do acusado, salvo quando constituir elemento do corpo de delito.

Escritório de advocacia – Acha-se o advogado protegido pela inviolabilidade, quer por conta do princípio constitucional que assegura esse direito (art. 5°, inc. XI da CF), a abranger também o local de trabalho, como também por força de princípios que garantem a amplitude de defesa de seu constituído e mesmo do sigilo profissional que é inerente à profissão. Não se olvide, ademais, da indispensabilidade do advogado à administração da justiça (art. 133 da CF). Nesse sentido o teor do art. 7°, inc. II da Lei n° 8.906/94 (Estatuto da Advocacia e a Ordem dos Advogados do Brasil), que elenca, dentre os direitos do advogado, "a inviolabilidade de seu escritório ou local de trabalho, bem como de seus instrumentos de trabalho, de sua correspondência escrita, eletrônica, telefônica e telemática, desde que relativas ao exercício da advocacia".

Como ensina Reinaldo Assis Pellizzaro, "estas prerrogativas [inviolabilidade do advogado] que representam a necessária proteção decorrem do fato de que o profissional do direito milita em área de notória turbulência social intermediando o interesse conflitante das partes justificando-se por isso a proteção especial prevista em lei" (*Novo Estatuto da Ordem dos Advogados do Brasil comentado*. 2ª ed. Londrina: Editora Cotação da Construção, 1997, p. 32).

Tal princípio, porém, não é absoluto, a admitir a exceção prevista no próprio Estatuto. E nem poderia ser diferente. A inviolabilidade que protege o advogado (bem como qualquer cidadão) não pode ser interpretada ao ponto de autorizar a prática de crimes pelo profissional, valendo-se como verdadeiro escudo a impedir a investigação e posterior punição. Caso a atuação do advogado transcenda o âmbito da assistência jurídica e o transforme em verdadeiro coautor de um delito, seu local de trabalho poderá ser objeto de busca e apreensão, a exemplo do que se verifica com qualquer pessoa. Vamos aprofundar o assunto, objeto de recente alteração legislativa.

Escritório de advocacia e a Lei 14.365/2022 – Esta lei foi publicada em 03.06.2022 e alterou o Estatuto da Ordem dos Advogados do Brasil. Dentre as principais mudanças no campo penal e processual penal, podem ser citadas:

(a) a possibilidade de os ocupantes de cargos ou funções vinculados direta ou indiretamente a atividade policial de qualquer natureza e os militares de qualquer natureza, na ativa, de exercer advocacia em causa própria, estritamente para fins de defesa e tutela de direitos pessoais;

(b) autodefesa para servidores vinculados às instituições do art. 144 da CF;

(c) o sigilo na cadeia de custódia;

(d) a suspensão de prazos processuais em período de recesso forense; e

(e) vedação do advogado efetuar colaboração premiada contra quem seja ou tenha sido seu cliente e, em caso de descumprimento, possiblidade de responsabilização pelo art. 154 do Código Penal.

Na ocasião, a lei foi publicada com dispositivos vetados pelo Presidente da República. Ocorre que o Congresso Nacional, em 5 de julho de 2022, derrubou determinados vetos e, dentre eles, alguns dispositivos possuem influência direta nos meios de obtenção de prova e na atividade investigativa. Vejamos.

O art. 7º do Estatuto da OAB trata dos direitos dos advogados. Em seu § 6º, é estipulado que "presentes indícios de autoria e materialidade da prática de crime por parte de advogado, a autoridade judiciária competente poderá decretar a quebra da inviolabilidade de que trata o inciso II do caput deste artigo, em decisão motivada, expedindo mandado de busca e apreensão, específico e pormenorizado, a ser cumprido na presença de representante da OAB, sendo, em qualquer hipótese, vedada a utilização dos documentos, das mídias e dos objetos pertencentes a clientes do advogado averiguado, bem como dos demais instrumentos de trabalho que contenham informações sobre clientes."

A inviolabilidade citada no inciso II do caput do art. 7º é a do escritório ou local de trabalho, bem como dos instrumentos de trabalho, correspondência escrita, eletrônica, telefônica e telemática, desde que relativas ao exercício da advocacia. Assim, havendo indícios de autoria e materialidade da prática de crime por advogado, a quebra da inviolabilidade será decretada e, dentre as medidas judiciais a serem deferidas, situa-se a busca e apreensão.

Neste aspecto, o § 6º-A do art. 7º não possui maior repercussão, pois apenas refere que a medida judicial cautelar que importe na violação do escritório ou do local de trabalho do advogado será determinada em hipótese excepcional, desde que exista fundamento em indício, pelo órgão acusatório.

A redação possui técnica duvidosa, pois, desavisadamente, pode sugerir que medida judicial cautelar será determinada pelo órgão acusatório. Da leitura do dispositivo deve se inferir, por óbvio, que a medida cautelar que importe na relativização da inviolabilidade do local de trabalho, bem como dos instrumentos de trabalho, correspondência escrita, eletrônica, telefônica e telemática deve possuir fundamento em indícios demonstrados pelo "órgão acusatório".

Outro ponto importante é de que, por "órgão acusatório" há que se entender "órgão com atribuição para a investigação criminal", ou seja, a Polícia Judiciária e o Ministério Público. Uma interpretação restritiva da locução "órgão acusatório" poderia sugerir que apenas o Ministério Público pode requerer medida judicial pela relativização das inviolabilidades mencionadas, o que não parece ter sido a mens legis e, tampouco, poderá restringir a legitimidade da Autoridade Policial para a representação por medidas judiciais cuja legitimidade é legal e historicamente asseguradas no seu mister constitucional de conduzir as investigações de crimes comuns e de dirigir as polícias civil e federal.

Na mesma linha, até mesmo o Ministério Público, quando investiga na fase preliminar, não age na condição de "órgão acusador", que somente ocorre, técnica e formalmente, com o oferecimento da denúncia. Assim, levada à literalidade, o dispositivo poderia conduzir à aberrante interpretação de que as medidas judiciais de obtenção de prova somente poderiam ser requeridas iniciada a fase judicial.

Portanto, a Polícia Judiciária e o Ministério Público, na fase investigativa, poderão provocar a jurisdição para a obtenção de medidas judiciais relativizadoras das inviolabilidades previstas no art. 7º, inciso II do EOAB, bem como o Ministério Público no âmbito do processo criminal.

O art. 7º, § 6º-B, veda que medida cautelar que autorize a violação escritório de advocacia ou local de trabalho do advogado seja determinada com base, exclusivamente, em elementos produzidos em declarações do colaborador sem confirmação por outros meios de prova.

Em outras palavras, busca-se exigir a corroboração das declarações do colaborador para que sejam deferidas as medidas cautelares.

A disposição não é novidade, pois a Lei de Repressão às Organizações Criminosas (Lei 12.850/2013), com a redação conferida pelo Pacote Anticrime (Lei 13.964/2019), prescreve em seu art. 4º-B, § 16, inciso I, que nenhuma medida cautelar ou pessoal será decretada ou proferida com fundamento apenas nas declarações do colaborador. Portanto, exige-se a observância da regra da corroboração segundo a qual as declarações do colaborador devem ser confirmadas por outros elementos de prova para legitimar a medida.

Mesmo que já exista exigência da regra de corroboração em lei especial, a previsão no EOAB é pertinente para demonstrar que as declarações do colaborador que poderiam ensejar as medidas cautelares que relativizam as inviolabilidades do art. 7º, inciso II não são restritas a delitos praticados no âmbito das organizações criminosas. Se assim o fosse, a restrição prevista na Lei 12.850/2013 já cumpriria essa função. Em reforço à nossa posição, é importante mencionar precedente do Superior Tribunal de Justiça no sentido de que a colaboração premiada tem cabimento em qualquer crime praticado em concurso de agentes (HC 582.678 – RJ, DJe de 21/06/2022). Assim, o potencial gerador de medidas cautelares em desfavor de quaisquer investigados com base nas declarações do colaborador não se limita aos crimes de organização criminosa, sendo coerente que haja a proibição de medidas cautelares apenas com base nas declarações do colaborador em diploma legal diverso da Lei de Repressão às Organizações Criminosas.

De acordo com o art. 7º § 6º-C, o representante da OAB referido no § 6º deste artigo tem o direito a ser respeitado pelos agentes responsáveis pelo cumprimento do mandado de busca e apreensão, sob pena de abuso de autoridade, e o dever de zelar pelo fiel cumprimento do objeto da investigação, bem como de impedir que documentos, mídias e objetos não relacionados à investigação, especialmente de outros processos do mesmo cliente ou de outros clientes que não sejam pertinentes à persecução penal, sejam analisados, fotografados, filmados, retirados ou apreendidos do escritório de advocacia.

Certamente, trata-se de um dos dispositivos que irão gerar grande controvérsia na doutrina e jurisprudência.

A disposição legal assevera que o representante da OAB tem o direito a ser respeitado pelos agentes responsáveis pelo cumprimento do mandado de busca e apreensão, sob pena de abuso de autoridade. Contudo, o art. 7º-B do EOAB, incluído pela Lei de Abuso de Autoridade - Lei 13.869/2019, criminaliza a violação de direito ou de prerrogativa de advogado previstos nos incisos II, III, IV e V do caput do art. 7º. Imagina-se que o legislador pensa caracterizar o crime do art. 7º-B, por violação ao inc. II do art. 7º do Estatuto. O inc. II assegura a inviolabilidade de seu escritório ou local de trabalho, bem como de seus instrumentos de trabalho, de sua correspondência escrita, eletrônica, telefônica e telemática, desde que relativas ao exercício da advocacia. Não abrange a falta de respeito do agente público ao advogado que acompanha a busca. Forte no princípio da taxatividade da lei penal, temos que eventual desrespeito ao representante da OAB não encontra tipificação perfeita na Lei de Abuso de Autoridade. A conduta de desrespeitar o representante da Ordem, poderá constituir outro tipo penal como, por exemplo, delito contra a honra ou mesmo constrangimento ilegal. Lembre-se que eventual desrespeito no cumprimento da diligência é passível de apuração na esfera administrativa e sujeito à reparação cível. Ademais, para constituir abuso de autoridade, necessária a adequação da conduta a algum dos tipos penais da Lei 13.869/2019, acompanhada do dolo específico de prejudicar outrem ou beneficiar a si mesmo ou a terceiro, ou, ainda, por mero capricho ou satisfação pessoal, conforme art. 1º, § 1º da mencionada lei.

De outro lado, a conduta do representante da OAB e do advogado investigado que causem embaraço ao cumprimento da diligência poderá, a depender caso, constituir crime de resistência (art. 329 do CP), desobediência (art. 330 do CP), desacato (art. 331 do CP) ou fraude processual (art. 347 do CP). Aliás, sendo objeto da investigação organização criminosa ou crimes a ela atrelado, o comportamento do representante da OAB ou do advogado por significar, a depender das circunstâncias, embaraço ou impedimento de investigação, tipificando o delito do art. 2º, §1º, Lei 12.850/12.

Mas a principal questão envolvendo o analisado § 6º-C do art. 7º concerne ao dever do representante da OAB em impedir que documentos, mídias e objetos não relacionados à investigação, especialmente de outros processos do mesmo cliente ou de outros clientes que não sejam pertinentes à persecução penal, sejam analisados, fotografados, filmados, retirados ou apreendidos do escritório de advocacia.

É preciso destacar que a ordem judicial de busca e apreensão deve ser cumprida nos exatos termos em que proferida. Ganha relevo, portanto, a descrição dos limites da busca e apreensão no escritório ou local de trabalho desde a representação do Delegado de Polícia ou do requerimento pelo Promotor de Justiça até à decisão judicial de deferimento.

Contudo, é importante lembrar que as medidas cautelares utilizadas como meio de obtenção de prova são, via de regra, concedidas sem a oitiva prévia do investigado, visando a preservar a eficácia da diligência. Neste sentido, por mais detalhada que possa ser a ordem judicial, há que se considerar que somente a autoridade que conduz a persecução criminal pode avaliar a utilidade e pertinência das fontes de prova que serão analisadas e coletadas durante a diligência. O representante da OAB não terá condições, sobretudo em investigações complexas, de realizar a minuciosa análise de tudo o quanto possa interessar ou não a investigação e, dessa forma, impedir que documentos, mídias e objetos não relacionados à investigação, especialmente de outros processos do mesmo cliente ou de outros clientes que não sejam pertinentes à persecução penal, sejam analisados, fotografados, filmados, retirados ou apreendidos do escritório de advocacia.

Quem conduz a investigação é que possui condições de avaliar, inclusive, a ocorrência, *in locu*, do fenômeno da serendipidade objetiva ou subjetiva, ou seja, quando no cumprimento da diligência, se verificar a descoberta casual de outros crimes (objetiva), seja descobrindo outros autores ou partícipes (serendipidade subjetiva). Assim, o § 6º-C do art. 7º busca evitar a *fishing expedition*, ou pesca probatória, em que são apreendidos documentos e outros elementos de prova de maneira indiscriminada, sem qualquer critério, e buscando encontrar qualquer elemento que possa incriminar a pessoa, independente do objeto da investigação em curso.

Assim, o dispositivo legal, no que concerne a possibilidade de impedir a análise, filmagem, retirada ou apreensão de documentos do escritório de advocacia é claramente inconstitucional, por ofensa ao princípio do devido processo legal e à legítima obtenção de provas, além de constituir abuso de direito e desvio ou excesso de prerrogativa.

Anuncia o art. 7º, § 6º-F, da Lei nº 8.906 de 1994 ser garantido o direito de acompanhamento por representante da OAB e pelo profissional investigado durante a análise dos documentos e dos dispositivos de armazenamento de informação pertencentes a advogado, apreendidos ou interceptados, em todos os atos, para assegurar o cumprimento do disposto no inciso II do "caput" deste artigo. E a letra G, por sua vez, diz que a autoridade responsável informará, com antecedência mínima de 24 (vinte e quatro) horas, à seccional da OAB a data, o horário e o local em que serão analisados os documentos e os equipamentos apreendidos, garantido o direito de acompanhamento, em todos os atos, pelo representante da OAB e pelo profissional investigado para assegurar o disposto no § 6º-C deste artigo;

Em casos de urgência devidamente fundamentada pelo juiz, a análise dos documentos e dos equipamentos apreendidos poderá acontecer em prazo inferior a 24 (vinte e quatro) horas, garantido o direito de acompanhamento, em todos os atos, pelo representante da OAB e pelo profissional investigado para assegurar o disposto no § 6º-C deste artigo. É o que dispõe o art. 7º, § 6º-H, da Lei nº 8.906 de 1994.

Verifica-se que ao advogado investigado, é assegurada a presença, junto com o representante da OAB, no ato ou seção de análise dos documentos, equipamentos e mídias apreendidos. Além disso, a autoridade responsável pela apreensão deverá informar à seccional da OAB a data, o horário e o local em que ocorrerá a análise da apreensão. Ambas as normas constituem detalhamento específico do direito de acesso aos autos já garantido pela Súmula Vinculante 14 e pelo art. 7º, XIV, do EAOB (art. 7º: São direitos do advogado: (...) XIV - examinar, em qualquer instituição responsável por conduzir investigação, mesmo sem procuração, autos de flagrante e de investigações de qualquer natureza, findos ou em andamento, ainda que conclusos à autoridade, podendo copiar peças e tomar apontamentos, em meio físico ou digital). A regra de acesso aos autos, neste caso, é específica em relação ao acesso decorrente do cumprimento de ordem judicial que tenha relativizado as inviolabilidades do art. 7º, inciso II do EOAB.

Ainda, em caso de urgência devidamente fundamentada pelo juiz, a análise dos documentos e equipamentos apreendidos poderá acontecer em prazo inferior a 24 (vinte e quatro) horas, garantido o acesso ao ato tanto pelo representante da OAB, quanto pelo advogado investigado.

Em conclusão, temos que a maioria das regulamentações trazidas pelos dispositivos analisados são importantes para a manutenção do direito à inviolabilidade do escritório ou do local do trabalho do advogado, bem como de seus instrumentos de trabalho, de sua correspondência escrita, eletrônica, telefônica e telemática, desde que relativas ao exercício da advocacia.

O acesso aos autos, já garantido pela Súmula Vinculante 14 e pelo art. 7º, inciso XIV, do EOAB, recebe disciplina específica quando importar na análise do material apreendido por meio de ordem judicial.

Contudo, há que se guardar razoabilidade na interpretação da lei, impedindo que prerrogativas legitimamente previstas se convertam em blindagem ou em embaraço às investigações. As autoridades executoras das medidas, desde sempre, estão adstritas à legalidade e aos limites impostos pela ordem judicial, cuja fundamentação ganha relevância destacada na situação em exame.

Desse modo, o advogado investigado, seu defensor, bem como o representante da OAB, poderão valer-se de todos os instrumentos jurídicos previstos em lei (mandado de segurança, habeas corpus, representação em órgãos de correição, órgãos de de controle interno e externo, representação por ato de improbidade, ação indenizatória, etc.), sem, contudo, admitir-se a impossibilidade física de apreensão e retirada das fontes de prova consideradas pertinentes pela autoridade competente, por constituir abuso de direito e de prerrogativas, e ofensa ao princípio do devido processo legal.

Abuso de autoridade – O art. 7°-B, da Lei 8.906/1994, acrescido pela Lei 13.869/19, alterado em seguida pela Lei 14.365/22, pune detenção de dois a quatro anos transgredir a prerrogativa do advogado insculpida no inc. II do art. 7o. do Estatuto da Advocacia e da Ordem dos Advogados do Brasil, qual seja, da inviolabilidade de seu escritório ou local de trabalho, bem como de seus instrumentos de trabalho, de sua correspondência escrita, eletrônica, telefônica e telemática, desde que relativas ao exercício da advocacia.

JURISPRUDÊNCIA

Mandado de busca e apreensão em escritório de advocacia. Possibilidade

"A inviolabilidade do escritório de advocacia não é absoluta, ideia inclusive consagrada na própria Lei nº 8.906/94, em seu art. 7º, inciso II, combinado com seu § 6º – este incluído com o advento da Lei nº 11.767/2008 –, de tal sorte que é permitido nele ingressar para cumprimento de mandado de busca e apreensão – específico e pormenorizado – determinado por Magistrado de forma fundamentada, desde que presentes indícios de autoria e materialidade da prática de crime por parte de advogado. Na hipótese dos autos, o Juiz monocrático fundamentou a decisão que determinou a busca e apreensão, indicando expressamente as hipóteses do art. 240, § 1º, do Código de Processo Penal que embasaram a providência, quais sejam, as previstas nas alíneas "c", "d" e "h" do referido preceito legal, apresentando as peculiaridades do caso concreto e especificando os endereços onde a medida deveria ser cumprida, concluindo pela necessidade da cautelar para a instrução criminal, imprescindível para a identificação das relações mantidas entre os supostos participantes da organização, tudo em conforme ao disposto no ordenamento processual penal vigente" (STJ – RHC n° 21455-RJ, Rel. Jorge Mussi, j. 26.10.2010, DJe 13.12.2010).

Acompanhamento da OAB. Desnecessidade

"Nos autos da ADI n.º 1127/DF, o Excelso Supremo Tribunal Federal, em decisão plenária de 06/10/1994, concedeu liminar para suspender a eficácia, dentre outros dispositivos, da expressão 'e acompanhada de representante da OAB' do art. 7º, inciso II, da Lei n.º 8.906/94. In casu, mesmo sendo desnecessária a providência, foi a OAB informada acerca da busca e apreensão a ser realizada no escritório do advogado investigado, bem como foi solicitada a presença de um representante para acompanhá-la. A entidade, contudo, quedou-se inerte. A omissão em tela, frise-se, irrelevante, não poderia ter o condão de obstaculizar a ação policial determinada em sede cautelar pela Justiça" (STJ – RHC n° 12871-SP, Rel. Laurita Vaz, j. 13.04.2004, DJ 15.05.2004, p. 240).

Não é qualquer advogado, mas um representante da OAB

"De início, e sem nem mesmo entrar na questão da inexistência de fundamento da decisão que deferiu a busca, acredito que houve, sim, infringência do Estatuto da Ordem dos Advogados do Brasil; este, em seu art. 7.°, § 6.°, é muito claro: 'Presentes indícios de autoria e materialidade da prática de crime por parte de advogado, a autoridade judiciária competente poderá decretar a quebra da inviolabilidade de que trata o inciso II do caput deste artigo, em decisão motivada, expedindo mandado de busca e apreensão, específico e pormenorizado, a ser cumprido na presença de representante da OAB, sendo, em qualquer hipótese, vedada a utilização dos documentos, das mídias e dos objetos pertencentes a clientes do advogado averiguado, bem como dos demais instrumentos de trabalho que contenham informações sobre clientes'. Ora, é evidente que, ao referir-se a 'representante da OAB', não se refere a lei a qualquer advogado (não vai aqui, à evidência, nenhum desprestígio à profissional que acompanhou a diligência). Os advogados, é claro, são todos representados, de alguma forma, pela OAB, mas é claro que nem todos a representam, a não ser por designação especial por quem tenha poder para fazê-lo" (TJSP – Apelação nº 0008453-35.2012.8.26.0625 – Rel. Francisco Bruno, j. 30.04.2015).

Art. 244. A busca pessoal independerá de mandado, no caso de prisão ou quando houver fundada suspeita de que a pessoa esteja na posse de arma proibida ou de objetos ou papéis que constituam corpo de delito, ou quando a medida for determinada no curso de busca domiciliar.

Busca pessoal sem mandado – Havendo suspeita de que a pessoa esteja na posse de arma proibida não faz sentido que o agente busque, antes, um mandado judicial a fim de submetê-la à revista pessoal, para proceder à apreensão da arma. Imagine-se em um final de semana, durante a madrugada, se um policial, ao se deparar com pessoa portando um revólver, tivesse que obter um mandado judicial a fim de aprender o objeto. Das duas uma: ou seria obrigatória a liberação do sujeito frustrando, assim, a diligência ou ele permaneceria ilegalmente preso, por horas, até que providenciada a ordem judicial. Aliás, o caso seria de flagrante, que não exige ordem judicial nem para a busca domiciliar (art. 5°, inc. XII da Constituição), sendo com muito mais razão prescindível para a busca pessoal. O mesmo ocorre se o objetivo é de apreender objetos ou papéis que constituam corpo de delito ou no curso da busca domiciliar. Nesse último caso, autorizada por ordem judicial a busca na casa do suspeito, resta implícita a possibilidade de ele ser revistado. Não faria sentido que se procedesse à vasta busca no local, para apreender, por exemplo, drogas e restasse proibida a busca pessoal ao principal suspeito, que poderia trazê-las consigo.

Por ocasião do julgamento do RHC n. 158.580/BA (Rel. Ministro Rogerio Schietti, 6ª T, DJe 25/4/2022), a Sexta Turma do STJ, à unanimidade, propôs criteriosa análise sobre a realização de buscas pessoais e apresentou as seguintes conclusões: a) Exige-se, em termos de standard probatório para busca pessoal ou veicular sem mandado judicial, a existência de fundada suspeita (justa causa) – baseada em um juízo de probabilidade, descrita com a maior precisão possível, aferida de modo objetivo e devidamente justificada pelos indícios e circunstâncias do caso concreto – de que o indivíduo esteja na posse de drogas, armas ou de outros objetos ou papéis que constituam corpo de delito, evidenciando-se a urgência de se executar a diligência. b) Entretanto, a normativa constante do art. 244 do CPP não se limita a exigir que a suspeita seja fundada. É preciso, também, que esteja relacionada à "posse de arma proibida ou de objetos ou papéis que constituam corpo de delito". Vale dizer, há uma necessária referibilidade da medida, vinculada à sua finalidade legal probatória, a fim de que não se converta em salvo-conduto para abordagens e revistas exploratórias (fishing expeditions), baseadas em suspeição genérica existente sobre indivíduos, atitudes ou situações, sem relação específica com a posse de arma proibida ou objeto que constitua corpo de delito de uma infração penal. O art. 244 do CPP não autoriza buscas pessoais praticadas como "rotina" ou "praxe" do policiamento ostensivo, com finalidade preventiva e motivação exploratória, mas apenas buscas pessoais comfinalidade probatória e motivação correlata. c) Não satisfazem a exigência legal, por si sós, meras informações de fonte não identificada (e.g. denúncias anônimas) ou intuições/impressões subjetivas, intangíveis e não demonstráveis de maneira clara e concreta, baseadas, por exemplo, exclusivamente, no tirocínio policial. Ante a ausência de descrição concreta e precisa, pautada em elementos objetivos, a classificação subjetiva de determinada atitude ou aparência como suspeita, ou de certa reação ou expressão corporal como nervosa, não preenche o standard probatório de "fundada suspeita" exigido pelo art. 244 do CPP. d) O fato de haverem sido encontrados objetos ilícitos –independentemente da quantidade – após a revista não convalida a ilegalidade prévia, pois é necessário que o elemento "fundada suspeita" seja aferido com base no que se tinha antes da diligência. Se não havia fundada suspeita de que a pessoa estava na posse de arma proibida ou de objetos ou papéis que constituam corpo de delito, não há como se admitir que a mera descoberta casual de situação de flagrância, posterior à revista do indivíduo, justifique a medida. e) A violação dessas regras e condições legais para busca pessoal resulta na ilicitude das provas obtidas em decorrência da medida, bem como das demais provas que dela decorrerem em relação de causalidade, sem prejuízo de eventual responsabilização penal do(s) agente(s) público(s) que tenha(m) realizado a diligência.

Quem pode efetuar a busca na forma do art. 244 do CPP? – As buscas, no geral, são realizadas por policiais civis ou militares. No que concerne aos guardas municipais, há detalhes importantes que devem ser obervados. Reconhecendo a repercussão geral da questão, o STF decidiu que as guardas municipais são integrantes do sistema de segurança pública e que são inconstitucionais as interpretações judiciais que as excluam dessa qualidade (ADPF 995/DF). O STJ, por sua vez, embora reconheça as guardas municipais como órgãos de segurança pública, é restritivo em relação à possibilidade de que os agentes municipais efetuem busca pessoal. Para o tribunal, isso só é possível em situações excepcionais em que haja clara, direta e imediata relação com a finalidade da corporação:

> "O fato de as guardas municipais não haverem sido incluídas nos incisos do art. 144, caput, da Constituição Federal não afasta a constatação de que elas exercem atividade de segurança pública e integram o Sistema Único de Segurança Pública. Isso, todavia, não significa que possam ter a mesma amplitude de atuação das polícias.
>
> Bombeiros militares, por exemplo, integram o rol de órgãos de segurança pública previsto nos incisos do art. 144, caput, da Constituição, mas nem por isso se cogita que possam realizar atividades alheias às suas atribuições, como fazer patrulhamento ostensivo e revistar pessoas em via pública à procura de drogas.
>
> O Supremo Tribunal Federal, apesar de reconhecer em diversos julgados que as guardas municipais integram o Sistema Único de Segurança Pública e exercem atividade dessa natureza, nunca as equiparou por completo aos órgãos policiais para todos os fins.
>
> Não se pode confundir "poder de polícia" com "poder das polícias" ou "poder policial". "Poder de polícia" é conceito de direito administrativo previsto no art. 78 do Código Tributário Nacional e explicado pela doutrina como "atividade do Estado consistente em limitar o exercício dos direitos individuais em benefício do interesse público". Já o "poder das polícias" ou "poder policial", típico dos órgãos policiais, é marcado pela possibilidade de uso direto da força física para fazer valer a autoridade estatal, o que não se verifica nas demais formas de manifestação do poder de polícia, que somente são legitimadas a se valer de mecanismos indiretos

de coerção, tais como multas e restrições administrativas de direitos. Um agente de vigilância sanitária, por exemplo, quando aplica multa e autua um restaurante por descumprimento a normas de higiene, o faz em exercício de seu poder de polícia, mas nem de longe se pode compará-lo com um agente policial que usa a força física para submeter alguém a uma revista pessoal.

Dessa forma, o "poder das polícias" ou "poder policial" diz respeito a um específico aspecto do poder de polícia relacionado à repressão de crimes em geral pelos entes policiais, de modo que todo órgão policial exerce poder de polícia, mas nem todo poder de polícia é necessariamente exercido por um órgão policial.

Conquanto não sejam órgãos policiais propriamente ditos, as guardas municipais exercem poder de polícia e também algum poder policial residual e excepcional dentro dos limites de suas atribuições. A busca pessoal – medida coercitiva invasiva e direta – é exemplo desse poder, razão pela qual só pode ser realizada dentro do escopo de atuação da guarda municipal.

Ao dispor, no art. 301 do CPP, que "qualquer do povo poderá [...] prender quem quer que seja encontrado em flagrante delito", o legislador, tendo em conta o princípio da autodefesa da sociedade e a impossibilidade de que o Estado seja onipresente, contemplou apenas os flagrantes visíveis de plano, como, por exemplo, a situação de alguém que, no transporte público, flagra um indivíduo subtraindo sorrateiramente a carteira do bolso da calça de outrem e o detém. Distinta, no entanto, é a hipótese em que a situação de flagrante só é evidenciada depois de realizar atividades invasivas de polícia ostensiva ou investigativa, como a busca pessoal ou domiciliar, uma vez que não é qualquer do povo que pode investigar, interrogar, abordar ou revistar seus semelhantes.

A adequada interpretação do art. 244 do Código de Processo Penal é a de que a fundada suspeita de posse de corpo de delito é um requisito necessário, mas não suficiente, por si só, para autorizar a realização de busca pessoal, porque não é a qualquer cidadão que é dada a possibilidade de avaliar a presença dele. Em outras palavras, mesmo se houver elementos concretos indicativos de fundada suspeita da posse de corpo de delito, a busca pessoal só será válida se realizada pelos agentes públicos com atribuição para tanto, a quem compete avaliar a presença de tais indícios e proceder à abordagem e à revista do suspeito.

Da mesma forma que os guardas municipais não são equiparáveis a policiais, também não são cidadãos comuns, de modo que, se, por um lado, não podem realizar tudo o que é autorizado às polícias, por outro, também não estão plenamente reduzidos à mera condição de "qualquer do povo". Trata-se de agentes públicos que desempenham atividade de segurança pública e são dotados do importante poder-dever de proteger os bens, serviços e instalações municipais, assim como os seus respectivos usuários.

Dessa forma, é possível e recomendável que exerçam a vigilância, por exemplo, de creches, escolas e postos de saúde municipais, para garantir que não tenham sua estrutura danificada por vândalos, ou que seus frequentadores não sejam vítimas de furto, roubo ou algum tipo de violência, a fim de permitir a continuidade da prestação do serviço público municipal correlato a tais instalações. Nessa linha, guardas municipais podem realizar patrulhamento preventivo na cidade, mas sempre vinculados à finalidade da corporação, sem que lhes seja autorizado atuar como verdadeira polícia para reprimir e investigar a criminalidade urbana ordinária.

Não é das guardas municipais, mas sim das polícias, como regra, a competência para investigar, abordar e revistar indivíduos suspeitos da prática de tráfico de drogas ou de outros delitos cuja prática não atente de maneira clara, direta e imediata contra os bens, serviços e instalações municipais ou as pessoas que os estejam usando naquele momento.

Poderão, todavia, realizar busca pessoal em situações excepcionais – e por isso interpretadas restritivamente – nas quais se demonstre concretamente haver clara, direta e imediata relação com a finalidade da corporação, como instrumento imprescindível para a realização de suas atribuições. Vale dizer, salvo na hipótese de flagrante delito, só é possível que as guardas municipais realizem excepcionalmente busca pessoal se, além de justa causa para a medida (fundada suspeita), houver pertinência com a necessidade de tutelar a integridade de bens e instalações ou assegurar a adequada execução dos serviços municipais, assim como proteger os seus respectivos usuários, o que não se confunde com permissão para desempenharem atividades ostensivas ou investigativas típicas das polícias militar e civil para combate da criminalidade urbana ordinária em qualquer contexto.

No caso, guardas municipais estavam em patrulhamento quando depararam com o acusado em "atitude suspeita". Por isso, decidiram abordá-lo e, depois de revista pessoal, encontraram certa quantidade de drogas no bolso traseiro e nas vestes íntimas dele, o que ensejou a sua prisão em flagrante delito.

Ainda que, eventualmente, se considerasse provável que o réu ocultasse objetos ilícitos, isto é, que havia fundada suspeita de que ele escondia drogas, não existia certeza sobre tal situação a ponto de autorizar a imediata prisão em flagrante por parte de qualquer do povo, com amparo no art. 301 do CPP. Tanto que só depois de constatado que havia drogas dentro do bolso e das vestes íntimas do abordado é que se deu voz de prisão em flagrante para ele, e não antes.

Portanto, por não haver sido demonstrada concretamente a existência de relação clara, direta e imediata com a proteção dos bens, serviços ou instalações municipais, ou de algum cidadão que os estivesse usando, não estavam os guardas municipais autorizados, naquela situação, a avaliar a presença da fundada suspeita e efetuar a busca pessoal no acusado" (HC 830.530/SP, j. 27/09/2023).

Não se incluem entre os agentes legitimados a proceder à busca pessoal os seguranças de entidades privadas, ainda que de alguma forma ligadas ao serviço público. Foi o que decidiu o STJ no HC 470.937/SP (j. 04/06/2019), no qual se buscava a declaração de ilicitude de provas obtidas a partir da busca pessoal realizada por agentes de segurança da CPTM (Companhia Paulista de Trens Metropolitanos).

No caso, dois agentes de segurança de uma estação de trens em São Paulo abordaram o impetrante porque, segundo eles, este indivíduo demonstrava certa inquietude em sua presença. Durante a abordagem, os seguranças, que acreditavam se tratar de um vendedor ambulante, revistaram uma mochila trazida por ele e encontraram dois tabletes de maconha. Processado por tráfico de drogas, o impetrante foi absolvido em primeira instância, mas acabou condenado em virtude de recurso de apelação julgado procedente pelo Tribunal de Justiça.

No julgamento do *habeas corpus*, o STJ assentou que o impetrante não tinha a obrigação de se submeter à revista pessoal efetuada pelos seguranças, tendo em vista que diligências como buscas pessoais e domiciliares só podem ser realizadas por autoridades judiciais, policiais ou seus agentes. E não é o caso nem mesmo de equiparar os seguranças aos guardas municipais, pois se trata apenas de funcionários contratados por uma sociedade de economia mista que presta serviços de interesse público operando o sistema ferroviário:

> "Na hipótese, o agente objeto da revista pessoal não tinha a obrigação de sujeitar-se à mesma, ante a inexistência de disposição legal autorizadora desse ato pelos integrantes da segurança da CPTM.
>
> De outra parte, esses agentes de segurança não podem sequer serem equiparados a guardas municipais, porquanto são empregados de uma sociedade de economia mista operadora de transporte ferroviário no Estado de São Paulo, sendo regidos, portanto, pela Consolidação das Leis do Trabalho – CLT.
>
> (...)
>
> Confira-se, ainda, trecho do Tratado de Direito Administrativo, coordenado por Maria Sylvia Zanella di Pietro, Revista dos Tribunais, págs. 353/355:
>
> 'A contratação de segurança privada por particulares para a defesa pessoal e de seu patrimônio apenas pode envolver o manejo de poderes privados. Não implica a delegação de poderes públicos a particulares para o exercício de segurança privada.
>
> As empresas de segurança privada atuam no âmbito do direito privado e exercem poderes privados. Daí que os poderes de defesa podem exercer são apenas aqueles tolerados pelo direito privado e que têm o seu uso da força no contexto de legítima defesa e de flagrante delito.
>
> Isso significa que os atos praticados no âmbito da segurança privada são atos privados, que apenas podem envolver o manejo dos poderes a todos reconhecidos para fins de autodefesa e para afastar dano iminente. Os atos praticados devem, assim, observar os limites previstos na lei para o afastamento da ilicitude dos atos praticados em legítima defesa.
>
> A ampliação da participação da segurança privada é um fenômeno verificado nos mais diversos países. Chega-se a afirmar que a segurança não é mais concebida apenas em termos de agentes do Estado. A participação privada assumiu uma dimensão significativa especialmente nos espaços qualificados como semipúblicos, tais como centros de compra, hospitais e escolas, nos quais a população acaba vivendo até mesmo mais do que nos espaços públicos propriamente ditos.
>
> A questão adquire maior complexidade quando aquele que contrata a segurança privada é o próprio Estado, para fins de controle e vigilância de bens públicos e exercício de determinadas atividades de fiscalização.
>
> Nesse tipo de contratação, a questão reside em diferenciar quais tarefas podem ser exercidas no âmbito da segurança privada e quais integram necessariamente a segurança pública.

Em princípio, como se indicou acima, as empresas de segurança privada atuam no âmbito do direito privado e exercem poderes privados. Nesse contexto, poderão se utilizar da força apenas nos casos em que isso for autorizado para qualquer particular (por exemplo, nas hipóteses de legítima defesa e de flagrante delito).'"

Em razão disso, o tribunal reconheceu a ilicitude da prova obtida pela busca ilegal e concedeu a ordem para absolver o impetrante com fundamento no art. 386, inc. II, do CPP (falta de prova da existência do fato).

JURISPRUDÊNCIA

Fundada suspeita

HABEAS CORPUS. TERMO CIRCUNSTANCIADO DE OCORRÊNCIA LAVRADO CONTRA O PACIENTE. RECUSA A SER SUBMETIDO A BUSCA PESSOAL. JUSTA CAUSA PARA A AÇÃO PENAL RECONHECIDA POR TURMA RECURSAL DE JUIZADO ESPECIAL. "A 'fundada suspeita', prevista no art. 244 do CPP, não pode fundar-se em parâmetros unicamente subjetivos, exigindo elementos concretos que indiquem a necessidade da revista, em face do constrangimento que causa. Ausência, no caso, de elementos dessa natureza, que não se pode ter por configurados na alegação de que trajava, o paciente, um 'blusão' suscetível de esconder uma arma, sob risco de referendo a condutas arbitrárias ofensivas a direitos e garantias individuais e caracterizadoras de abuso de poder. Habeas corpus deferido para determinar-se o arquivamento do Termo" (STF – HC n° 81305-GO, Rel. Ilmar Galvão, j. 13.11.2001, DJ 22.02.2002, p. 35).

Desnecessidade de mandado

"Havendo fundada suspeita de que a pessoa esteja na posse de objetos ou papéis que constituam corpo de delito, como no caso, a busca em veículo, a qual é equiparada à busca pessoal, independerá da existência de mandado judicial para a sua realização" (STJ – HC n° 216437-DF, Rel. Sebastião Reis Júnior, j. 20.09.2012, DJe 08.03.2013).

Art. 245. **As buscas domiciliares serão executadas de dia, salvo se o morador consentir que se realizem à noite, e, antes de penetrarem na casa, os executores mostrarão e lerão o mandado ao morador, ou a quem o represente, intimando-o, em seguida, a abrir a porta.**

§ 1º Se a própria autoridade der a busca, declarará previamente sua qualidade e o objeto da diligência.

§ 2º Em caso de desobediência, será arrombada a porta e forçada a entrada.

§ 3º Recalcitrando o morador, será permitido o emprego de força contra coisas existentes no interior da casa, para o descobrimento do que se procura.

§ 4º Observar-se-á o disposto nos § § 2º e 3º, quando ausentes os moradores, devendo, neste caso, ser intimado a assistir à diligência qualquer vizinho, se houver e estiver presente.

§ 5º Se é determinada a pessoa ou coisa que se vai procurar, o morador será intimado a mostrá-la.

§ 6º Descoberta a pessoa ou coisa que se procura, será imediatamente apreendida e posta sob custódia da autoridade ou de seus agentes.

§ 7º Finda a diligência, os executores lavrarão auto circunstanciado, assinando-o com duas testemunhas presenciais, sem prejuízo do disposto no § 4º.

Conceito de "dia" – Como regra, a busca domiciliar deve ser cumprida durante o dia, podendo ser realizada à noite, porém, se o morador assim concordar. Perdura, contudo, dúvida na doutrina sobre qual o conceito exato do vocábulo "dia". Isso por conta do dispositivo constitucional que garante a inviolabilidade do domicílio, que pode ser quebrada, porém, mediante ordem judicial a ser cumprida durante o dia (art. 5º, inc. XI da CF). O objetivo do constituinte, ao impor a realização da diligência durante o dia, foi exatamente de garantir a transparência do ato, que, eventualmente, pode ser comprometida se efetuado na calada da noite, sem maior vigilância das pessoas, já recolhidas às suas casas. A noite propicia, com efeito, maior clandestinidade, ensejando, assim, a prática de ilegalidades e arbitrariedades.

Há quem defenda, segundo um critério cronológico, uma interpretação que considera, pura e simplesmente, o horário, ou seja, "dia" é o período que vai das 6 horas da manhã às 18 horas.

Por outro lado, alguns sustentam critério diverso, qual seja, "físico-astronômico", conceituando "dia" como o espaço de tempo entre a aurora e o crepúsculo. Parece o critério mais correto, sobretudo para aquelas regiões em que, em determinado período do ano, adotam o chamado "horário de verão". Nesses locais, a luz do dia sabidamente é estendida, não se podendo afirmar que, às 18h15min, por exemplo, seja noite. Ao contrário, a luminosidade por vezes supera as 19 horas. De sorte que, preservada a iluminação solar, ainda que ultrapassada as 18 horas, parece atendida a preocupação do constituinte e, por isso, não identificamos ilicitude na prova colhida dessa forma. Em suma: temos que, enquanto perdurar a luz solar (independentemente do horário), há dia. Com a escuridão, configura-se a noite.

Abuso de autoridade – a discussão acima, versando sobre o período defeso para o cumprimento do mandado de busca domiciliar, ganhou novo tempero. A Lei 13.869/19, no seu art. 22, §1º., III, pune com detenção de 1 a 4 anos o agente ou autoridade que, agindo com a finalidade específica de prejudicar outrem ou beneficiar a si mesmo ou a terceiro, ou, ainda, por mero capricho ou satisfação pessoal, cumpre mandado de busca e apreensão domiciliar *após as 21h00 (vinte e uma horas) ou antes das 5h00 (cinco horas)*.

Como as correntes citadas enfrentarão o dispositivo em comento? A primeira, por certo, lecionará que o período defeso referido no art. 22, §1º., III, da Lei 13.869/19 não alterou a sistemática atual. O mandado continua tendo que ser cumprido em dias úteis, das 6 (seis) às 18 (dezoito) horas. Se cumprido antes das 6h (mas não antes das 5h) ou depois das 18h (mas não depois das 21h), a prova eventualmente obtida é ilegal, mas sem caracterizar crime. Agora, se cumprido antes das 5h ou depois da 21h, além de a prova ser produzida de forma ilegal, haverá o crime de abuso de autoridade.

A segunda corrente, por sua vez, diante da "janela temporal" expressamente colocada no tipo (5h até 21h), ensinará que a Lei 13.869/19 criou novas balizas. Enquanto houver iluminação solar, desde que após 5h e antes das 21h, admite-se a medida excepcional. O crime ocorre se cumprido o mandado antes das 5h ou depois das 21h, mesmo que perdurar a luz do sol. É a que nos parece correta.

Continuidade das buscas após o anoitecer – Interessante questão que se coloca se refere à possibilidade de continuidade da diligência durante a noite, presumindo-se, claro, que seu início se deu com a luz do dia. É dizer: iniciada a diligência, por exemplo, às 17 horas, durante o dia, portanto, ela poderia se estender até às 22 horas, quando já é noite e após o período defeso pela Lei 13.869/19? Temos que sim. Quis o Constituinte, além das razões invocadas acima, assegurar a intimidade da pessoa, melhor tutelada caso o ingresso em sua casa ocorra apenas durante o dia. De se ver, porém, que mesmo a regra constitucional admite exceções contidas no próprio texto (a revelar que ela não encerra um princípio absoluto), quando prevê que, conquanto seja a casa o asilo inviolável da pessoa, é possível nela ingressar sem seu consentimento, "em caso de flagrante delito ou desastre, ou para prestar socorro, ou, durante o dia, por determinação judicial" (art. 5°, inc. XI da CF). Fundamental, portanto, que o ingresso tenha início sob a luz solar, mas não importa em nenhuma ilicitude o seguimento da diligência de busca e apreensão após o anoitecer.

Não se olvide, ademais, do disposto no art. 212, do Código de Processo Civil, que, podendo ser aplicado ao processo penal (art. 3°), estabelece que os atos processuais serão realizados das 6 às 20 horas. Mas ressalva o § 1°, do mesmo dispositivo do processo civil, que "serão concluídos após as 20 (vinte) horas os atos iniciados antes, quando o adiamento prejudicar a diligência ou causar grave dano".

Haveria, inclusive, uma dificuldade de ordem prática, a beirar quase o ridículo. Imagine-se uma diligência iniciada durante o dia e que tivesse que ser interrompida às 18 horas ou ao cair da noite, conforme a conceituação de "dia" a ser empregada, como referido acima. Sobrevindo a noite, haveria a suspensão dos trabalhos. Tratando-se, por exemplo, de uma habitação coletiva, ninguém poderia deixar o local, até o amanhecer do dia seguinte. Policiais em grande número seriam convocados para guardar o local, a fim de evitar a fuga daqueles que se encontrassem em seu interior (afinal, haverá sempre a possibilidade de uma prisão em flagrante dependendo do resultado da busca). O rodízio de milicianos seria necessário, eis que ninguém permaneceria todo o tempo acordado, conquanto, juntos – investigados e agentes de autoridade – pudessem, quem sabe, assistir a novela do momento ou algum jogo de futebol na televisão.

Consistiria em verdadeiro absurdo se admitir que todos os agentes deixassem o local com o cair da noite, frustrando por completo, assim, a diligência, pois se daria tempo daquele que é objeto da investigação desaparecer com a coisa procurada ou, ele mesmo, fugir, caso a busca se referisse à sua pessoa. Não temos dúvida em indicar, assim, que a norma constitucional reclama o início da diligência durante o dia, sem que se imponha sua suspensão com a chegada da noite.

§ 1º Se a própria autoridade der a busca, declarará previamente sua qualidade e o objeto da diligência.

Ver nossos comentários ao art. 241 do CPP.

§ 2º Em caso de desobediência, será arrombada a porta e forçada a entrada.

§ 3º Recalcitrando o morador, será permitido o emprego de força contra coisas existentes no interior da casa, para o descobrimento do que se procura.

§ 4º Observar-se-á o disposto nos § § 2º e 3º, quando ausentes os moradores, devendo, neste caso, ser intimado a assistir à diligência qualquer vizinho, se houver e estiver presente.

Resistência – Embora o art. 248 abaixo recomende parcimônia e equilíbrio na realização da diligência, não se pode olvidar que, não raras vezes, aquele que está sendo investigado oporá resistência à realização do ato. Ou pode ocorrer, também, que ninguém seja encontrado no local a ser investigado. Nesses casos, será possível – e mesmo necessário – o emprego da força, com o arrombamento de portas, armários, cofres, enfim, de tudo quanto necessário ao sucesso da diligência. O que não teria cabimento é que, no primeiro sinal de relutância, ficassem os agentes da autoridade inertes, desprovidos de instrumentos aptos a fazer valer a ordem judicial, o que não deve implicar, por óbvio, em abuso. Dependendo da intensidade da resistência, aliás, a conduta do teimoso pode mesmo configurar o crime previsto no art. 329 do Código Penal, "sem prejuízo das penas correspondentes à violência", nos termos do parágrafo único do mesmo artigo. Aliás, o Código de Processo Civil, em inovação introduzida no § 3º, de seu art. 844, prevê que se o executado fechar as portas de sua casa a fim de obstar a penhora de bens, "os oficiais de justiça lavrarão em duplicata o auto da ocorrência, entregando uma via ao escrivão ou ao chefe de secretaria, para ser juntada aos autos, e a outra à autoridade policial a quem couber a apuração criminal dos eventuais delitos de desobediência ou resistência".

Por vezes não haverá resistência, mas, ainda assim, o uso da força se imporá. Ocorrerá quando ausente o morador da casa, o que permitirá a entrada no local inclusive mediante arrombamento. Não faria sentido, com efeito, que a diligência sofresse uma interrupção decorrente da ausência do morador, cujo retorno, aliás, seria incerto, de modo a prejudicar o andamento dos trabalhos. Por cautela e desde seja possível sua observância, um vizinho deve ser convidado a assistir o ato.

§ 5º Se é determinada a pessoa ou coisa que se vai procurar, o morador será intimado a mostrá-la.

Exibição espontânea da pessoa ou coisa – Havendo indicação específica da pessoa ou coisa a ser apreendida, deve o agente da autoridade intimar o morador a apresentá-la. Com isso se pode evitar a busca e os dissabores que dela decorrem. Trata-se mesmo de uma questão de economia e que faz coro ao disposto no art. 248 do código, pelo qual a diligência deve ser realizada de forma discreta e criteriosa, sem exageros, de forma a não molestar os moradores da casa. Disposição idêntica consta do Código de Processo Penal italiano, em seu art. 248, 1 ("*se attraverso la perquisizione si ricerca uma cosa determinata, l' autorità giudiziaria puó invitare a consegnar-la*").

§ 6º Descoberta a pessoa ou coisa que se procura, será imediatamente apreendida e posta sob custódia da autoridade ou de seus agentes.

§ 7º Finda a diligência, os executores lavrarão auto circunstanciado, assinando-o com duas testemunhas presenciais, sem prejuízo do disposto no § 4º.

Auto – Uma vez encontrada a pessoa ou coisa que era objeto da busca, por óbvio que deve se proceder à sua apreensão. De tudo será lavrado um auto circunstanciado, assinado por duas testemunhas ou por um vizinho, caso os moradores não se encontrem no local. Desse auto deverá constar a data e horário da diligência e a pessoa ou coisa eventualmente localizadas. O tempo transcorrido da diligência, bem como eventual necessidade do uso da força para sua realização, devem também ser consignados. Enfim, uma síntese que esclareça a forma pela qual foi a ordem judicial executada. Exige a lei que duas testemunhas presenciais assinem o auto, mas a jurisprudência amenizou o rigor da recomendação, no sentido de que a ausência de tais assinaturas configura mera irregularidade. E, de fato, nem sempre será tarefa fácil que pessoas estranhas aos quadros da polícia se disponham a firmar no sentido de que testemunharam a diligência, face ao temor que impera no meio. Como alternativa – o que é comum – são colhidas assinaturas dos próprios agentes da autoridade, o que fragiliza o objetivo da norma. Daí a mitigação da exigência.

JURISPRUDÊNCIA

Assinatura de apenas uma testemunha. Mera irregularidade

"Da leitura do auto de exibição e apreensão anexado ao mandamus, constata-se que embora tenham sido declinados os dados de apenas uma testemunha da diligência, o documento possui duas assinaturas, o que indica a possível ocorrência de erro material na digitação do documento, circunstância que pode ser esclarecida no curso do inquérito ou da ação penal, e que não tem o condão de, por si só, invalidar a diligência realizada. Embora a assinatura de duas testemunhas seja a regra, ela pode ser dispensada ou relativizada em virtude das circunstâncias do caso concreto, não tendo o impetrante, na hipótese vertente, demonstrado a indispensabilidade do acompanhamento da medida por duas pessoas" (STJ – HC nº 143499–SP, Rel. Jorge Mussi, j. 27.03.2012, DJe 12.04.2012).

Falta de assinatura das testemunhas

a) mera irregularidade

"A circunstância de não constar no termo de busca e apreensão a assinatura de testemunhas, especificamente designadas para tal fim, conforme dispõem os arts. 245, § 7º, e 530-C do CPP, não tem o condão de ensejar a nulidade da diligência sub judice, por se tratar de mera irregularidade formal. De qualquer forma, os oficiais de justiça que participaram da busca e apreensão, assinando, inclusive, o respectivo termo, podem figurar como testemunhas para atestar a legalidade da diligência, não havendo nenhum impedimento legal nesse sentido" (STJ – RMS nº 31050-RS, Rel. Og Fernandes, j. 28.06.2011, DJe 13.10.2011).

b) nulidade relativa

AUTO DE APREENSÃO SEM A ASSINATURA DAS TESTEMUNHAS. APLICAÇÃO DA REGRA GERAL PREVISTA NO ART. 240, § 1º, DO CPP. NULIDADE. NÃO OCORRÊNCIA – "Prevalece no moderno sistema processual penal que eventual alegação de nulidade deve vir acompanhada da demonstração do efetivo prejuízo, a teor do que dispõe o art. 563 do Código de Processo Penal, sob pena de a forma superar a essência. A desobediência às formalidades estabelecidas na legislação processual somente implica a invalidade do ato quando, em virtude do vício verificado, sua finalidade estiver comprometida, o que não se verificou in casu, conforme explicitou o próprio Tribunal de origem" (STJ – HC nº 173660-RS, Rel. Marco Aurélio Bellizze, j. 27.11.2012, DJe 04.12.2012).

ATENÇÃO - Nos termos da Resolução n.º 181/17 do Conselho Nacional do Ministério Público, pode o membro do *parquet* "acompanhar buscas e apreensões deferidas pela autoridade judiciária " (art. 7º, inc. V).

Art. 246. Aplicar-se-á também o disposto no artigo anterior, quando se tiver de proceder a busca em compartimento habitado ou em aposento ocupado de habitação coletiva ou em compartimento não aberto ao público, onde alguém exercer profissão ou atividade.

Extensão do conceito de domicílio – A busca, embora se diga "domiciliar", pode se estender a outros locais que não o domicílio da pessoa, se tomado o conceito do Código Civil. "Domicílio", para o Código Civil, "é o lugar onde ela estabelece a sua residência com ânimo definitivo" (art. 71 do CC), bem como "quanto às relações concernentes à profissão, o lugar onde esta é exercida" (art. 72 do CC). De sorte que, além da residência da pessoa e do local onde ela exerce sua profissão, este dispositivo permite a busca, também, em habitação coletiva.

Conceito extensivo de casa – Cleonice A. Valentim Bastos Pitombo dá certa elasticidade ao conceito de "casa", ainda com fulcro nas disposições do Código Penal abaixo mencionadas, para abranger: "(a) a habitação definitiva ou morada transitória; (b) casa própria, alugada ou cedida; (c) dependência da casa, sendo cercada, gradeada ou murada; (d) qualquer compartimento habitado; (e) aposento ocupado de habitação coletiva, em pensão, hotel casa ou pousada; (f) estabelecimento comercial e industrial, fechado ao público; (g) local onde se exerce atividade profissional, não aberto ao público; (h) barco, trailer, cabinas de trem ou de navio e barraca de acampamento; (i) áreas comuns de condomínio, vertical ou horizontal" (*apud* Rogério Lauria Tucci, *Direitos e garantias individuais no processo penal brasileiro*, 2ª Ed. São Paulo: RT, 2004, p. 399).

Habitação coletiva – Como o nome indica é aquela que comporta um número maior de pessoas que não apenas o núcleo familiar. De igual teor o Código Penal que, em seu § 4°, inc. II, art. 150, dispõe que a expressão "casa", compreende o "aposento ocupado de habilitação coletiva". Compreende o cortiço ou um barraco de favela, que abrigue um número maior de pessoas e também o hotel. Assim, para ingresso nesses locais, exige-se o preenchimento dos requisitos previstos no art. 245 do CPP.

Já o § 5°, do mesmo artigo do Código Penal, exclui desse conceito a "hospedaria, estalagem ou qualquer outra habitação coletiva, enquanto aberta, salvo a restrição do n.º II do parágrafo anterior", bem como a "taverna, casa de jogo e outras do mesmo gênero". Significa dizer, nesta última hipótese, que, para adentrar essa espécie de estabelecimento, bem como outros do mesmo gênero (assim, por exemplo, prostíbulos, boates, bares, restaurantes, etc.), é desnecessária a prévia emissão de mandado judicial.

Escritório de advocacia – V. acima art. 243, inc. III, § 2°.

Locais que estão imunes à diligência (imunidade diplomática) – O art. 1º do Código de Processo Penal estabelece o chamado "princípio da territorialidade", segundo o qual a lei brasileira, por questão de soberania, é aplicada em todo território nacional. Idêntica disposição consta do art. 5º, "caput", do Código Penal. Contempla, porém, exceções, como se vê do inc. I, do art. 1º do CPP, quando, em que pese perpetrado o delito em nosso país, não se aplica a lei nacional, desde que haja previsão em "tratados, as convenções e regras de direito internacional". De sorte que, por exemplo, um diplomata, tendo cometido um crime no Brasil, goza da chamada "imunidade diplomática", sujeitando-se apenas à lei de seu país de origem. O mesmo ocorrerá, por reciprocidade, quando um diplomata brasileiro cometer um delito no exterior, quando incidirá a lei brasileira. Ora, nesse contexto, ante a impossibilidade de aplicação da lei nacional, se pode concluir, sem maior esforço, como inviável qualquer diligência de busca e apreensão em uma embaixada. A propósito, a Convenção de Viena (1961), ratificada pelo estado brasileiro e que ingressou em nosso sistema legislativo pelo Decreto nº 56.435/1965, reza em seu art. 29 que "a pessoa do agente diplomático é inviolável. Não poderá ser objeto de nenhuma forma de detenção ou prisão. O Estado acreditado tratá-lo-á com o devido respeito e adotará todas as medidas adequadas para impedir qualquer ofensa à sua pessoa, liberdade ou dignidade". Em seu art. 22, inc. I, dispõe que "os locais da Missão são invioláveis. Os Agentes do Estado acreditado não poderão neles penetrar sem o consentimento do Chefe da Missão". E, em seu inc. 3, que "os locais da Missão, o mobiliário e demais bens neles situados, assim como os meios de transporte da Missão, não poderão ser objeto de busca, requisição, embargo ou medida de execução".

Busca e apreensão em repartição pública – Diverge a doutrina sobre a possibilidade de realização de busca e apreensão em repartições públicas. Há quem sustente essa impossibilidade, pois, por vezes, o sigilo dos dados interessa à própria segurança do Estado, merecendo, inclusive, proteção constitucional, como se vê do disposto no inc. XXXIII, do art. 5º da CF, ao dispor que "todos têm direito a receber dos órgãos públicos informações de seu interesse particular, ou de interesse coletivo ou geral, que serão prestadas no prazo da lei, sob pena de responsabilidade, *ressalvadas aquelas cujo sigilo seja imprescindível à segurança da sociedade e do Estado*" (grifamos). Outros admitem a possibilidade da diligência, desde que o juiz ou a autoridade policial comuniquem, previamente, o chefe da repartição requisitando o objeto da busca e apreensão. Somente a partir de um eventual desatendimento do pedido, é que se justificaria a medida.

Pensamos de forma diversa. Da possibilidade de busca e apreensão em repartições públicas não nos parece remanescer qualquer dúvida. O eventual sigilo dos dados contidos nesses locais não pode servir de escudo às práticas delituosas. Demais disso, não há afronta maior à segurança do Estado do que aquela verificada no âmbito interno da própria repartição, logo ela que deve zelar pelo bom trato da coisa pública. De sorte que, desde que por óbvio preenchidos os requisitos legais, em decisão judicial devidamente fundamentada (art. 315 do CPP), cremos ser plenamente admissível a diligência ainda que em repartições públicas.

Não comungamos, outrossim, da tese pela qual cabe ao juiz primeiramente requisitar (poder, aliás, de que não dispõe a autoridade policial) ao chefe da repartição o objeto visado pela diligência para, somente depois, caso desobedecido, ordenar a busca. Peca esse entendimento por certa ingenuidade e, em termos práticos, redundaria em verdadeiro desastre, pois nada impediria que, ante a indicação da coisa, fosse ela ocultada. Isso sem dizer da possibilidade, infelizmente muitas vezes vista na prática, da própria autoridade administrativa estar vinculada à prática delituosa. Correto, nesse aspecto, o entendimento de Clademir Missaggia, para quem "a solução proposta, no sentido de que simplesmente não cabe busca e apreensão porque basta a requisição do documento, sujeitando-se o funcionário que se negou a entregá-lo ao crime de desobediência, não leva em conta a existência de um 'espaço privado' nas repartições públicas, locais onde podem ser ocultados objetos imprescindíveis à investigação criminal e que não se poderá muitas vezes - na perspectiva da eficácia da investigação - comunicar a diligência previamente ao chefe da repartição" (*Da busca e apreensão no Processo Penal Brasileiro.* Revista Ajuris nº 85 - março de 2002, p. 20).

Temos, em síntese, como plenamente cabível a diligência de busca a apreensão realizada no seio de pessoas jurídicas de direito público, a prescindir, pelas razões elencadas, de qualquer comunicação prévia à autoridade administrativa.

Estabelecimento comercial - O art. 5º da Constituição Federal faz menção a direitos individuais reconhecidos, apenas, em relação à pessoa física, quando se refere, por exemplo, a homens e mulheres (inc. I), à preservação da intimidade, vida privada, honra e imagem da pessoa (inc. X), à inviolabilidade da casa (inc. XI), etc. De se indagar, então, se a busca e apreensão em estabelecimento comercial reclama a prévia expedição de mandado judicial, desde que, por óbvio, não seja caso de flagrante, quando tal requisito é desnecessário. Temos que o ingresso é livre, afinal se o estabelecimento é público, com ilimitada possibilidade de acesso de qualquer pessoa, nela poderá ingressar também o agente da autoridade, desde que, é claro, durante o horário comercial. Tal acesso, porém, não implica na automática possibilidade de, no interior do local, buscar-se a aprender-se livremente coisas e pessoas, sem qualquer espécie de controle e sem ordem judicial que o autorize. Insistimos: se no local é comercializado, *v.g.*, produto adulterado, contrabandeado ou drogas, a configurar um delito permanente, com o flagrante se protraindo no tempo, não será de se exigir o mandado judicial, por conta da ressalva contida na parte final do art. 5º, inc. XI, da CF. Ao revés, caso se busque algum documento ou, genericamente, alguma prova de interesse do processo, impõe-se observância à regra geral.

Escritório de contabilidade e inspeções fiscais e trabalhistas - No entendimento de Clademir Missaggia, tratando-se de inspeções de ordem trabalhista ou fiscal, "não há necessidade de ordem judicial, sob pena de inviabilizar-se a atividade estatal" (ob. cit., p. 16). Quanto à segunda, o mencionado autor invoca o disposto no Código Tributário Nacional, ao prever, em seu art. 195, que "para os efeitos da legislação tributária, não têm aplicação quaisquer disposições legais excludentes ou limitativas do direito de examinar mercadorias, livros, arquivos, documentos, papéis e efeitos comerciais ou fiscais, dos comerciantes industriais ou produtores, ou da obrigação destes de exibi-los". Aliás, o art. 200 do CTN prevê que "as autoridades administrativas federais poderão requisitar o auxílio da força pública federal, estadual ou municipal, e reciprocamente, quando vítimas de embaraço ou desacato no exercício de suas funções, ou quando necessário à efetivação dê medida prevista na legislação tributária, ainda que não se configure fato definido em lei como crime ou contravenção". Lembre-se, ainda, do teor da Súmula nº 439 do STF, segundo a qual "estão sujeitos a fiscalização tributária ou previdenciária quaisquer livros comerciais, limitado o exame aos pontos objeto da investigação". Também a Consolidação das Leis do Trabalho, no que concerne à segurança do trabalhador, prevê em seu art. 157, inc. IV, que cabe à empresa "facilitar o exercício da fiscalização pela autoridade competente".

Concordamos, portanto, que o poder de fiscalizar, como atributo da autoexecutoriedade, seja inerente à própria atividade administrativa. Importaria, assim, em sério entrave ao exercício desse poder tivesse a administração que se valer de um prévio mandado judicial para que, a partir daí, pudesse, *v.g.*, fiscalizar as condições de salubridade de um trabalhador ou a regularidade de livros obrigatórios de uma empresa. Há, porém, que se buscar um ponto de equilíbrio entre aquilo que configura uma atividade típica da administração e o direito da pessoa de, por exemplo, não ter sua casa (*lato sensu*), invadida, em nítida afronta à Constituição. O aresto abaixo transcrito, oriundo do STF e da lavra do eminente Ministro Celso de Mello, em um de seus trechos apanha bem a questão, ao destacar que "a circunstância de a administração estatal achar-se investida de poderes excepcionais que lhe permitem exercer a fiscalização em sede tributária não a exonera do dever de observar, para efeito do legítimo desempenho de tais prerrogativas, os limites impostos pela Constituição e pelas leis da República, sob pena de os órgãos governamentais incidirem em frontal desrespeito às garantias constitucionalmente asseguradas aos cidadãos em geral e aos contribuintes em particular. Os procedimentos dos agentes da administração tributária que contrariem os postulados consagrados pela Constituição da República revelam-se inaceitáveis e não podem ser corroborados pelo Supremo Tribunal Federal, sob pena de inadmissível subversão dos postulados constitucionais que definem, de modo estrito, os limites – inultrapassáveis – que restringem os poderes do Estado em suas relações com os contribuintes e com terceiros".

Interessante, neste aspecto, que mesmo a legislação infraconstitucional estabelece limites à atividade jurisdicional, como se vê, por exemplo, do que consta do art. 1.190 do Código Civil, quando trata da escrituração da empresa, ao determinar que "ressalvados os casos previstos em lei, nenhuma autoridade, juiz ou tribunal, sob qualquer pretexto, poderá fazer ou ordenar diligência para verificar se o empresário ou a sociedade empresária observam, ou não, em seus livros e fichas, as formalidades prescritas em lei". Acrescenta o art. 1.911 do mesmo "codex" que "o juiz só poderá autorizar a exibição integral dos livros e papéis de escrituração quando necessária para resolver questões relativas a sucessão, comunhão ou sociedade, administração ou gestão à conta de outrem, ou em caso de falência". Também a jurisprudência impõe alguma limitação, bastando que se confira o teor da Súmula nº 260 do STF, pela qual "o exame de livros comerciais, em ação judicial, fica limitado as transações entre os litigantes".

Talvez se possa encontrar um meio termo que concilie, a um só tempo, os interesses da administração e os poderem que lhe são inerentes com as garantias constitucionalmente asseguradas ao cidadão. De tal sorte que, tratando-se de uma diligência cujo objetivo é meramente fiscalizatório, de caráter trabalhista, previdenciário, etc., sem conotação policial, seria possível uma interpretação mais elástica, a permitir a executoriedade do ato administrativo independentemente da intervenção do Poder Judiciário. Já quando se trate de uma investigação policial, invasiva ao bem maior do cidadão que é a liberdade, não haverá espaço para qualquer liberalidade, devendo ser observados, com rigor, todos os ditames da Carta.

JURISPRUDÊNCIA

Hotel. Necessidade de mandado

"Diligência realizada em horário não previsto em lei para a efetivação de busca e apreensão por autoridade policial – 'In casu', em que pese tratar-se de hotel, os seus compartimentos habitados são abrangidos pela expressão "casa", nos termos do art. 5º, XI, da CF, e do art. 150, par. 4º, II, do CP. Explicita o art. 245 do CPP que as buscas domiciliares serão executadas de dia, salvo se o morador consentir que se realizem à noite, e, antes de penetrarem na casa, os executores mostrarão e lerão o mandado ao morador, ou a quem o represente, intimando-o, em seguida, a abrir a porta" (TRF – Rel. Maria Helena – *RJ* 247/122).

Hotel. Desnecessidade de mandado

É lícita a entrada de policiais, sem autorização judicial e sem o consentimento do hóspede, em quarto de hotel não utilizado como morada permanente, desde que presentes as fundadas razões que sinalizem a ocorrência de crime e hipótese de flagrante delito. A Corte esclareceu que, embora o quarto de hotel regularmente ocupado seja, juridicamente, qualificado como "casa" para fins de tutela constitucional da inviolabilidade domiciliar (art. 5º, XI), a exigência, em termos destandardprobatório, para que policiais ingressem em um quarto de hotel sem mandado judicial não pode ser igual às fundadas razões exigidas para o ingresso em uma residência propriamente dita, a não ser que se trate (o quarto de hotel) de um local de moradia permanente do suspeito.Isso porque é diferente invadir uma casa habitada permanentemente pelo suspeito e até por várias pessoas (crianças e idosos, inclusive) e um quarto de hotel que, como no caso, é aparentemente utilizado não como uma morada permanente, mas para outros fins, inclusive, ao que tudo indica, o comércio de drogas. Com efeito, presentes as fundadas razões que sinalizem a ocorrência de crime e evidenciem hipótese de flagrante delito, é regular o ingresso da polícia no quarto de hotel ocupado pelo acusado, sem autorização judicial e sem o consentimento do hóspede. (STJ – HC 659527, rel. Ministro Rogerio Schietti Cruz, j. em 19.10.21)

Barraco vazio. Desnecessidade

"Barraco desabitado, localizado em terreno baldio e destinado a refúgio de marginais não pode ser confundido com "residência" para fins de aplicação do princípio constitucional da inviolabilidade domiciliar" (TACRIM-SP – Rel. Galvão Coelho – *JUTACRIM* 52/80).

Casa de prostituição. Desnecessidade

"A prisão em flagrante de quem explora casa de prostituição pode ser levada a efeito e qualquer hora do dia ou da noite, desde que ocorra hipótese de caso previsto no art. 150, par. 3º, II, do CP" (TJPR – Rel. Aurélio Feijó – *RT* 463/394).

Diligência em estabelecimento comercial. Necessidade de mandado

"A busca domiciliar – também em estabelecimento comercial – pressupõe a expedição de mandado judicial. No caso, a busca e apreensão, em razão da ausência de ordem judicial autorizadora, violou normas de natureza constitucional (art. 5º, XI e LVI) e de ordem processual penal (arts. 240 e 241), ainda que tenha contado com o consentimento da recorrente" (STJ– HC n° 18204-RS, Rel. Nilson Naves, j. 28.10.2008, DJe 16.02.2009).

Busca e apreensão em escritório de contabilidade. Necessidade do mandado

"Não são absolutos os poderes de que se acham investidos os órgãos e agentes da administração tributária, pois o Estado, em tema de tributação, inclusive em matéria de fiscalização tributária, está sujeito à observância de um complexo de direitos e prerrogativas que assistem, constitucionalmente, aos contribuintes aos cidadãos em geral. Na realidade, os poderes do Estado encontram, nos direitos e garantias individuais, limites intransponíveis, cujo desrespeito pode caracterizar ilícito constitucional. A administração tributária, por isso mesmo, embora podendo muito, não pode tudo. É que, ao Estado, é somente lícito atuar, 'respeitados os direitos individuais e nos termos da lei' (CF, art. 145, § 1º), consideradas, sobretudo, e para esse específico efeito, as limitações jurídicas decorrentes do próprio sistema instituído pela Lei Fundamental, cuja eficácia – que prepondera sobre todos os órgãos e agentes fazendários – restringe-lhes o alcance do poder de que se acham investidos, especialmente quando exercido em face do contribuinte e dos cidadãos da República, que são titulares de garantias impregnadas de estatura constitucional e que, por tal razão, não podem ser transgredidas por aqueles que exercem a autoridade em nome do Estado [...] Para os fins da proteção jurídica a que se refere o art. 5º, XI, da Constituição da República, o conceito normativo de 'casa' revela-se abrangente e, por estender-se a qualquer compartimento privado não aberto ao público, onde alguém exerce profissão ou atividade (CP, art. 150, § 4º, III), compreende, observada essa específica limitação espacial (área interna não acessível ao público), os escritórios profissionais, inclusive os de contabilidade, 'embora sem conexão com a casa de moradia propriamente dita' (NELSON HUNGRIA). Doutrina. Precedentes – Sem que ocorra qualquer das situações excepcionais taxativamente previstas no texto constitucional (art. 5º, XI), nenhum agente público, ainda que vinculado à administração tributária do Estado, poderá, contra a vontade de quem de direito ('invito domino'), ingressar, durante o dia, sem mandado judicial, em espaço privado não aberto ao público, onde alguém exerce sua atividade profissional, sob pena de a prova resultante da diligência de busca e apreensão assim executada reputar-se inadmissível, porque impregnada de ilicitude material" (STF – HC n° 82.788-RJ – Rel. Celso de Mello – j. 12.04.2005, DJ 02.06.2006).

Consultório de cirurgião-dentista. Necessidade

"Garantia constitucional da inviolabilidade domiciliar (CF, art. 5º, XI). Consultório profissional de cirurgião-dentista. Espaço privado sujeito à proteção constitucional (CP, ART. 150, § 4º, III). Necessidade de mandado judicial para efeito de ingresso dos agentes públicos. Jurisprudência. Doutrina. (...). Impõe-se destacar, por necessário, que o conceito de 'casa', para os fins da proteção jurídico-constitucional a que se refere o art. 5º, XI, da Lei Fundamental, reveste-se de caráter amplo, pois compreende, na abrangência de sua designação tutelar, (a) qualquer compartimento habitado, (b) qualquer aposento ocupado de habitação coletiva e (c) qualquer compartimento privado onde alguém exerce profissão ou atividade. Esse amplo sentido conceitual da noção jurídica de 'casa' — que abrange e se estende aos consultórios profissionais dos cirurgiões-dentistas (...) — revela-se plenamente consentâneo com a exigência constitucional de proteção à esfera de liberdade individual e de privacidade pessoal." (STF – RE n° 251.445 – Rel. Min. Celso de Mello – DJ 03.08.2000)".

Art. 247. Não sendo encontrada a pessoa ou coisa procurada, os motivos da diligência serão comunicados a quem tiver sofrido a busca, se o requerer.

Diligência infrutífera – Uma vez frustrada a diligência, porque não encontrada a coisa ou pessoa procurada, é direito de quem sofreu a busca saber os motivos que levaram à diligência, desde que peça essa informação. Cremos que tal explicação deva ocorrer assim que se der o ingresso no local, mediante a apresentação do respectivo mandado aos moradores da casa ou do local a ser investigado. Tudo como forma, inclusive, de facilitar a execução da diligência, evitando discussões desnecessárias sobre sua legalidade.

Art. 248. Em casa habitada, a busca será feita de modo que não moleste os moradores mais do que o indispensável para o êxito da diligência.

Cautela – Recomenda-se cautela e discrição na execução do ato, evitando-se molestar os moradores com exageros desnecessários, tanto em relação às pessoas que habitam a casa e mesmo no que tange a seu patrimônio. Se não há necessidade de arrombar uma porta, não há razão para fazê-lo. Não havendo resistência, não há razão para que se apontem armas ou se façam ameaças. Salvo, é claro, se o executor da ordem resistir seu cumprimento, quando, então, estará autorizado a se valer dos meios adequados a fim de fazê-la cumprir.

Laje do imóvel – recordemos que constitui crime de abuso de autoridade, previsto no art. 22 da Lei 13.869/19, punido com reclusão de 1 a 4 anos, invadir ou adentrar, clandestina ou astuciosamente, ou à revelia da vontade do ocupante, imóvel alheio ou suas dependências, ou nele permanecer nas mesmas condições, sem determinação judicial ou fora das condições estabelecidas em lei. Incorre na mesma pena quem: a) coage alguém, mediante violência ou grave ameaça, a franquear-lhe o acesso a imóvel ou suas dependências; b) cumpre mandado de busca e apreensão domiciliar após as 21h00 (vinte e uma horas) ou antes das 5h00 (cinco horas). Ao contrário do que ocorre com o tipo genérico de violação de domicílio (art. 150 do CP), o legislador se utilizou da palavra *imóvel*, ao invés de casa. Assim, o que devemos considerar como imóvel, objeto material do delito de abuso de autoridade em estudo? O art. 79 do Código Civil esclarece o conceito de imóvel, dizendo:

> "Art. 79. São bens imóveis o solo e tudo quanto se lhe incorporar natural ou artificialmente".

Portanto, qualquer edificação, desde o solo *in natura*, a exemplo dos terrenos, e todas as construções por ele sobrepostas serão consideradas imóveis para efeito do reconhecimento do abuso de autoridade. Somente entrarão nesse conceito aquelas edificações naturalmente não abertas ao público em geral, como ocorre com os terrenos, sejam eles murados ou não, as casas, os apartamentos, os escritórios, consultórios, enfim, todos os locais onde o ingresso é feito mediante a anuência expressa ou tácita de quem de direito. Outros lugares, entretanto, embora considerados imóveis, não se amoldam ao modelo em estudo, tal como ocorre com os locais onde não há qualquer restrição de acesso nas áreas destinadas ao público em geral, como restaurantes, bares, hotéis etc., permanecendo sob a proteção do artigo em exame os ambientes reservados, leia-se, aqueles destinados à administração desses estabelecimentos.

A laje de uma casa, por exemplo, localizada numa favela, pode ser considerada objeto material do crime de abuso de autoridade previsto no art. 22?

Sim, a laje, da mesma forma que o terraço de uma casa na zona nobre da cidade, ou o seu quintal, é considerada como parte do imóvel e, portanto, não pode ser violada, sob pena de cometer o agente o delito tipificado no caput do art. 22. Lembramos que a laje pode ter, ainda, matrícula própria, desatrelada do registro da propriedade. A reforçar nossa conclusão, ver arts. 55 e ss da Lei 13.465/17, que dispõe sobre a regularização fundiária rural e urbana e dá outras providências, bem como art. 176, §9º., da Lei 6.015/73, e art. 1510-A, §3º., do Código Civil, ambos com redação dada pela Lei 13.465/17. Sobre o tema, veja o que ensinam Christiano Chaves, Martha El Debs e Wagner Inácio (Direito de Laje: do puxadinho à digna moradia. 3.ed. Salvador: Editora Juspodivm, 2019):

> "Em defesa da natureza de direito real sobre coisa própria, poder-se-ia centralizar a compreensão do tema no fato de que o direito de laje é autônomo e independente em relação à propriedade do imóvel originariamente construído, inclusive gerando uma matrícula própria em cartório, desatrelada do registro da propriedade. Mais ainda: a laje tem funcionalidade própria, inclusive com acesso autônomo distinto daqueloutro da construção-base. Perlustrando esse caminho, então, vem se vislumbrando uma autonomia do direito de laje, não se enfeixando no conceito de direito real sobre a coisa alheia. Sustentando esse posicionamento, encontram-se os primitivos escritos de Carlos Eduardo Elias de Oliveira, assessor jurídico do Senado Federal, que diretamente colaborou na elaboração do texto legal: 'a natureza jurídica é esclarecida pela leitura dos arts. 1.510-A e seguintes do Código Civil e do novo §9º que foi acrescido ao art. 176 da Lei de Registros Públicos (conforme art. 56 da nova Lei). Na forma como foi redigido o Código Civil nesse ponto, o Direito Real de Laje é uma espécie de direito real de propriedade sobre um espaço tridimensional que se expande a partir da laje de uma construção-base em direção ascendente ou a partir do solo dessa construção em direção subterrânea. Esse espaço tridimensional formará um poliedro, geralmente um paralelepípedo ou um cubo. A figura geométrica dependerá da formatação da sua base de partida e também dos limites impostos no ato de instituição desse direito

real e das regras urbanísticas. Teoricamente, esse espaço poderá corresponder a um poliedro em forma de pirâmide ou de cone".22 Os defensores da segunda tese se apoiam em um relevante fato: a norma legal determina, expressamente, a abertura de uma matrícula autônoma e independente do imóvel-lajeado, desatrelada da construção-base (CC, art. 1.510-A, §3º e Lei de Registros Públicos, art. 176, §9º)".

Art. 249. A busca em mulher será feita por outra mulher, se não importar retardamento ou prejuízo da diligência.

Busca pessoal em mulher – Por uma razão de pudor, recomenda-se que a busca pessoal em mulher seja realizada por uma agente do mesmo sexo. É assim que ocorre, por exemplo, nos presídios, quando da visita de familiares aos detentos. Ou na entrada de praças esportivas, em dias de disputa. Essa deve ser, pois, a regra geral. Ocorre que nem sempre é possível cumpri-la. Imagine-se uma diligência efetuada de madrugada, por uma guarnição da Polícia Militar, em local ermo e sem a companhia de uma policial feminina. Não terá cabimento, dada à urgência da situação, que fosse acionada essa agente para, somente depois, se realizar a busca pessoal na mulher ali detida, em franco atraso e retardamento da diligência. Decerto que não se irá invalidar o ato de busca apenas porque realizado por um homem, podendo, nesse caso, ser realizada a diligência, desde que mantido, por óbvio, o decoro da conduta.

Ressalte-se, porém, que eventual exagero nessa ação pode até configurar alguns dos delitos previstos no Código Penal, na parte que trata dos crimes contra a liberdade sexual (arts. 213 e ss.), ou mesmo o crime de abuso de autoridade (art. 13 da Lei nº 13.869/19). Interessante a observação de Ary Azevedo Franco, para quem a busca, nesse caso, poderia ser realizada também "por médico ou parteira, pois os anais da criminalidade no Distrito Federal registram mais de um caso de mulher ocultar objetos furtados, notadamente papel moeda, nas partes pudendas, investigação que seria aconselhável fazer-se por pessoa profissionalmente habilitada a examinar mulher" (ob. cit. vol. 1, p. 264).

JURISPRUDÊNCIA

ILICITUDE DE PROVA. REVISTA PESSOAL EM MULHER REALIZADA POR POLICIAL DO SEXO MASCULINO. AUSÊNCIA DE FLAGRANTE ILEGALIDADE. RESSALVA CONTIDA NO PRÓPRIO ARTIGO 249 DO CÓDIGO DE PROCESSO PENAL – "Tratando-se o art. 249 de regra que não possui caráter absoluto, nos termos do próprio dispositivo legal, e à míngua de provas convergentes ou da demonstração de qualquer abuso no procedimento de revista, ou de sua recusa por parte da paciente, mostra-se inviável o reconhecimento da apontada nulidade pela inobservância do mandamento contido no dispositivo legal em comento" (STJ – HC n. 321208-SP – Rel. Felix Fischer, j. 13.09.2016, DJe 26.09.2016).

Art. 250. A autoridade ou seus agentes poderão penetrar no território de jurisdição alheia, ainda que de outro Estado, quando, para o fim de apreensão, forem no seguimento de pessoa ou coisa, devendo apresentar-se à competente autoridade local, antes da diligência ou após, conforme a urgência desta.

§ 1º Entender-se-á que a autoridade ou seus agentes vão em seguimento da pessoa ou coisa, quando:

a) tendo conhecimento direto de sua remoção ou transporte, a seguirem sem interrupção, embora depois a percam de vista;

b) ainda que não a tenham avistado, mas sabendo, por informações fidedignas ou circunstâncias indiciárias, que está sendo removida ou transportada em determinada direção, forem ao seu encalço.

§ 2º Se as autoridades locais tiverem fundadas razões para duvidar da legitimidade das pessoas que, nas referidas diligências, entrarem pelos seus distritos, ou da legalidade dos mandados que apresentarem, poderão exigir as provas dessa legitimidade, mas de modo que não se frustre a diligência.

Ingresso em território alheio – É comum, no cinema americano, que filmes retratem situações nas quais supostos criminosos são perseguidos pela polícia e, assim que conseguem transpor a fronteira de um estado para outro, se vejam livres da prisão. Justifica-se essa postura, naquele país, inclusive pela diversidade da legislação penal de cada uma das suas unidades da federação. No Brasil, onde o Código Penal vige em todo país, essa possibilidade inexiste. E não teria mesmo cabimento que, na perseguição de uma pessoa (e mesmo de uma coisa), tivessem os agentes que atentar às divisas entre os estados, em franco prejuízo do sucesso da diligência. Podem transpô-las, desde que "em seguimento da pessoa ou coisa". No que consiste esse "seguimento" vem tratado no parágrafo abaixo. Tal prerrogativa constitui exceção ao princípio segundo o qual os atos procedimentais somente devem ser praticados pela autoridade com competência *ratione loci*. Atente-se, por fim, ao disposto no art. 22 do código, pelo qual "no Distrito Federal e nas comarcas em que houver mais de uma circunscrição policial, a autoridade com exercício em uma delas poderá, nos inquéritos a que esteja procedendo, ordenar diligências em circunscrição de outra, independentemente de precatórias ou requisições, e bem assim providenciará, até que compareça a autoridade competente, sobre qualquer fato que ocorra em sua presença, noutra circunscrição".

JURISPRUDÊNCIA

v. art. 22 acima

Falta de precatória. Mera irregularidade

OPERAÇÃO "LAVA-JATO". MANDADO DE BUSCA E APREENSÃO. CUMPRIMENTO DA DILIGÊNCIA EM CIRCUNSCRIÇÃO ALHEIA. AUSÊNCIA DE PRECATÓRIA. IRREGULARIDADE. ILICITUDE DA PROVA. INOCORRÊNCIA – "O cumprimento do mandado, na residência do recorrente, foi realizado pela Polícia Federal, que tem o ingresso permitido em todo território nacional. E, como a execução da diligência tem natureza de ato administrativo, a eventual falta de carta precatória entre os juízes federais de seções judiciárias distintas não tem o condão de tornar ilegal a medida, uma vez que o ato do juiz deprecado não teria efetivamente caráter decisório. Portanto, no presente caso, trata-se de mera irregularidade" (STJ – RHC n. 64829-PR – Rel. Felix Fischer, j. 05.05.2016, DJe 13.05.2016).

§ 1º Entender-se-á que a autoridade ou seus agentes vão em seguimento da pessoa ou coisa, quando:

a) tendo conhecimento direto de sua remoção ou transporte, a seguirem sem interrupção, embora depois a percam de vista;

Perseguição – É o caso típico acima mencionado, onde ocorre uma perseguição da autoridade ou seus agentes em face de pessoa ou coisa. Iniciada essa perseguição, ela não se interromperá em virtude de uma divisa estadual ou municipal, capaz de impedir a diligência em território alheio, componente de jurisdição diversa daquela na qual lotada tais autoridades. O interesse público e o bom senso permitem o prosseguimento da diligência, desde que haja uma perseguição à pessoa ou coisa a ser apreendida. Tal perseguição, nos termos deste dispositivo, deve se ininterrupta, o que não significa dizer, porém, que a autoridade policial ou seus agentes devam manter o perseguido em seu campo visual, durante toda a diligência. Em outras palavras: podem perder o fujão de vista (o que ocorrerá, por exemplo, quando ele dobra uma esquina ou se embrenha em um matagal), e, ainda assim, ingressar em território alheio. A fim de legitimar a diligência, cumpre seja comunicada à "competente autoridade local" a apresentação da pessoa ou coisa apreendida, nos termos do "caput" deste artigo.

b) ainda que não a tenham avistado, mas sabendo, por informações fidedignas ou circunstâncias indiciárias, que está sendo removida ou transportada em determinada direção, forem ao seu encalço.

Informações – Aqui já não há mais que se cogitar de perseguição ou contato visual entre a autoridade ou seus agentes e a pessoa ou coisa em trânsito. Ao contrário, por meio de indícios ou informações fidedignas, recebe-se a notícia que determinada coisa ou pessoa está sendo transportada, quando, então, é autorizado o ingresso em território alheio. Imagine-se se a polícia obtém a informação de que, determinada vítima de um sequestro, está transpondo uma divisa municipal ou estadual. Não teria cabimento impedir, só por isso, a diligência policial de busca, que deve prosseguir ainda que a autoridade policial e seus agentes não possuam competência (no sentido lato) para realizá-la.

§ 2º Se as autoridades locais tiverem fundadas razões para duvidar da legitimidade das pessoas que, nas referidas diligências, entrarem pelos seus distritos, ou da legalidade dos mandados que apresentarem, poderão exigir as provas dessa legitimidade, mas de modo que não se frustre a diligência.

Dúvida – Pode ocorrer que a autoridade local, inclusive por não conhecer os agentes que ingressaram em sua área geográfica de atuação, desconfie da sua legitimidade, isto é, lance dúvidas se são mesmo policiais ou agentes autorizados a realizar a diligência. Ou ainda, que suspeite da legalidade do mandado apresentado. A primeira dúvida pode ser sanada com a apresentação das respectivas identidades funcionais, pelas quais os agentes comprovem sua condição profissional. A segunda, por meio de singela ligação telefônica para o cartório do qual emanada a ordem, que, de pronto, pode certificar sua legalidade. Mais complicado será se o ato se realizar, por exemplo, em um final de semana, no período noturno. Mas toda essa cautela deve ocorrer de forma a não frustrar a diligência.

Crime organizado – O art. 9º da Lei nº 12.850/2013, que trata da chamada "criminalidade organizada", prevê, em caso de ação controlada, a transposição de fronteiras para o exterior, "com a cooperação das autoridades dos países que figurem como provável itinerário ou destino do investigado, de modo a reduzir os riscos de fuga e extravio do produto, objeto, instrumento ou proveito do crime".

TÍTULO VIII
DO JUIZ, DO MINISTÉRIO PÚBLICO, DO ACUSADO E DEFENSOR, DOS ASSISTENTES E AUXILIARES DA JUSTIÇA

CAPÍTULO I
DO JUIZ

Art. 251. Ao juiz incumbirá prover à regularidade do processo e manter a ordem no curso dos respectivos atos, podendo, para tal fim, requisitar a força pública.

Sobre juiz das garantias e juiz do processo, ver nossos comentários aos arts. 3º-A e ss do CPP.

Imparcialidade – Cabe ao juiz o poder de, em nome do Estado, dizer o direito. Daí o vocábulo *jurisdição*, a indicar o poder que tem o juiz de dizer (*dição*), o direito (*juris*). De tal forma que ao juiz cabe a aplicação da lei abstrata ao caso concreto. A lei, que até então era genérica, abstrata, obrigando todos a obedecê-la, com a atividade do juiz passa a ter uma aplicação efetiva, concreta, dirigida para o caso específico colocado em julgamento. O juiz é assim, pela própria natureza de suas atividades, imparcial, ou seja, dele se espera um julgamento isento de paixões e ódios, equidistante das demais partes que atuam no processo.

Interessante que atualmente, por força de norma constitucional expressa (art. 93, inc. VII), deve o juiz residir na respectiva comarca (determinação que se estende aos membros do Ministério Público, nos termos do art. 129, § 4º, da CF). Mas nem sempre foi assim: ao tempo do Império, tanto no Brasil, como em Portugal, era notória a preocupação de não se nomear, para a Comarca, algum juiz que nela residisse, pois se temia que ele pudesse, dada à proximidade, se curvar ao poderio econômico, às amizades ou inimizades, enfim, atuar de forma parcial. O magistrado, assim, era alguém estranho ao lugar. Daí a denominação "juiz de fora", que acabou batizando a conhecida cidade mineira.

Garantias constitucionais da Magistratura – A fim de que possa atuar com tal imparcialidade, são outorgadas ao juiz três prerrogativas básicas (também estendidas aos membros do Ministério Público), previstas no art. 95 da Constituição, a saber: 1) *vitaliciedade*, significa dizer que, passado o estágio probatório de dois anos e uma vez confirmado na carreira, o juiz somente perderá o cargo por meio de uma sentença judicial; 2) *inamovibilidade*, ou seja, o juiz tem plena estabilidade no local onde exerce suas funções. Titular de determinado cargo em uma comarca, poderá nela permanecer durante o tempo que bem entender, a menos que o interesse público imponha sua remoção compulsória; 3) *irredutibilidade de subsídios*, isto é, o juiz não pode ter reduzidos seus vencimentos. A *ratio legis* consiste em garantir ao Magistrado a revisão periódica de usa remuneração, de forma a assegurar-lhe o poder aquisitivo, mantendo-o, assim, imune a tentações escusas decorrentes de eventual precariedade de sua situação financeira.

Vedações – Ao lado das prerrogativas, colocam-se as *vedações*, ou seja, proibições, (aplicáveis também aos membros do *parquet*), previstas no art. 95, parágrafo único, da Constituição, que são as seguintes: 1) *impossibilidade de exercer outro cargo*, à exceção do magistério; 2) *recebimento* de qualquer numerário em decorrência de sua atividade, como, por exemplo, custas; 3) exercer atividade *político-partidária*; 4) recebimento de auxílio ou contribuição de pessoas físicas, entidades públicas ou privadas e 5) *exercer a advocacia* perante o juízo ou tribunal no qual se afastou, antes de decorridos três anos do afastamento.

Pressupostos para atuação do juiz – São três os pressupostos apontados para que o juiz possa exercer sua atividade. São eles: 1) *capacidade funcional* ou *investidura*: deve o juiz se encontrar investido no cargo, através do respectivo concurso público e demais atos que seguem à aprovação como a posse, a nomeação, etc.; 2) *capacidade processual* ou *objetiva*: o juiz deve ser competente para o julgamento da causa; 3) *imparcialidade*: é a maior qualidade que se exige de um juiz, capaz de fazê-lo apreciar a causa com isenção de ânimo, imune a qualquer influência externa. Daí a existência das hipóteses de *impedimento* (art. 252), *incompatibilidade* (art. 253) e *suspeição* (art. 254), que podem ser declaradas de ofício pelo juiz ou mediante provocação da parte.

Poderes do juiz – O juiz exerce suas funções através de poderes que lhe são conferidos, que poderiam ser assim divididos: 1) *poder jurisdicional* é aquele exercido por meio de atos jurisdicionais no processo, que podem ser atos de impulso (que dão andamento ao processo), atos instrutórios (quando o juiz, por exemplo, preside a audiência) e atos decisórios (quando *v.g.*, profere a sentença); 2) *poder de polícia*, são aqueles conferidos ao juiz ou tribunal com o objetivo de manter a ordem (art. 794), podendo esses órgãos, em um exemplo, determinar que o ato processual se realize a portas fechadas (art. 792, § 1º). Ou, ainda, determinar a retirada do réu da sala de audiência em virtude do constrangimento que sua presença causa à testemunha (art. 217); 3) *poderes anômalos*, são os conferidos ao juiz, mas que não possuem um conteúdo jurisdicional, isto é, que fogem das atribuições normais e corriqueiras do Magistrado. Poderia ser lembrada a hipótese do art. 40 do CPP, quando o juiz, tendo contato com a prática de um crime de ação penal pública, remete cópias e documentos necessários ao Ministério Público, para adoção das medidas legais cabíveis à espécie.

Art. 252. O juiz não poderá exercer jurisdição no processo em que:

I – tiver funcionado seu cônjuge ou parente, consangüíneo ou afim, em linha reta ou colateral até o terceiro grau, inclusive, como defensor ou advogado, órgão do Ministério Público, autoridade policial, auxiliar da justiça ou perito;

II – ele próprio houver desempenhado qualquer dessas funções ou servido como testemunha;

III – tiver funcionado como juiz de outra instância, pronunciando-se, de fato ou de direito, sobre a questão;

IV - ele próprio ou seu cônjuge ou parente, consangüíneo ou afim em linha reta ou colateral até o terceiro grau, inclusive, for parte ou diretamente interessado no feito.

Causas de impedimento do juiz – Como visto acima, pressuposto fundamental para a atuação do juiz, em determinado processo, consiste em sua imparcialidade. O art. 252 elenca situações objetivas nas quais o legislador entende estar o juiz impedido de atuar. Pouco importa a análise se, em determinado caso – por exemplo, a defensora do réu ser sua esposa – ele ainda assim manteria sua imparcialidade. Prefere o legislador que não se faça essa espécie de indagação, razão pela qual, adiantando-se, impede o juiz de atuar, por mais isento que pudesse ser sua postura diante do feito.

Rol taxativo – A doutrina é unânime em apontar o rol do artigo em exame como taxativo, encerrando, assim, verdadeiro "numerus clausus". Significa dizer, portanto, que salvo as hipóteses previstas expressamente neste dispositivo, não há que se cogitar do impedimento do juiz. Sobre o rol exemplificativo nas hipóteses de suspeição, v. art. 254 abaixo.

Sobre o impedimento do juiz que tomou conhecimento da prova inadmissível, ver comentários ao §5º, art. 157, CPP.

JURISPRUDÊNCIA

Rol taxativo

"No âmbito do processo penal, as circunstâncias ensejadoras da declaração de impedimento do julgador, por serem de direito estrito, são enumeradas taxativamente, de modo exaustivo, nos arts. 252 e 253 do CPP, sendo defeso ao intérprete abrandar o conceito de jurisdição (ou de instância) para abarcar situações como a do paciente, pois se estaria ampliando as hipóteses legalmente previstas" (STJ – HC nº 42249-RJ, Rel. Gilson Dipp, j. 28.06.2005, DJe 01.08.2005, p. 497).

I - tiver funcionado seu cônjuge ou parente, consangüíneo ou afim, em linha reta ou colateral até o terceiro grau, inclusive, como defensor ou advogado, órgão do Ministério Público, autoridade policial, auxiliar da justiça ou perito;

Cônjuge – Se cônjuge ou parente do juiz atuou no processo na condição defensor ou advogado, órgão do Ministério Público, autoridade policial, auxiliar da justiça ou perito, o Magistrado, por consequência, estará impedido de oficiar no processo. *Cônjuge* é aquele com quem o juiz é legalmente casado, não havendo maior dificuldade na compreensão do conceito. Indaga-se se o companheiro ou companheira, com quem o juiz mantém união estável, estaria incluído no impedimento, vez que a Constituição (art. 226, § 3º), os teria equiparado aos casados. Pensamos que não. Se o rol das situações de impedimento é taxativo, a não admitir, portanto, ampliação, não nos parece possível que, por uma interpretação analógica, se pretenda equiparar o cônjuge àquele com quem o juiz mantém sociedade de fato. Não é, pois, causa de impedimento, mas, nem por isso, deverá o juiz atuar no feito, cabendo a ele invocar sua suspeição, por razões de foro íntimo, abstendo-se, assim, de julgar o feito. Sobre a noção de "foro íntimo", ver art. 254 abaixo.

Parentesco por consanguinidade – É aquele que se estabelece entre pessoas descendentes de um tronco comum, também chamado parentesco natural ou biológico. Assim, por exemplo, pai, avô e bisavô (na linha ascendente), ou filho, neto e bisneto (na linha descendente).

Parentesco por afinidade – Ocorre quando há vinculação com o parente do cônjuge ou companheiro, como dispõe o art. 1.595 do Código Civil, *in verbis*: "Cada cônjuge ou companheiro é aliado aos parentes do outro pelo vínculo da afinidade". São exemplos de parentes por afinidade o cunhado, sogra, enteado, padrasto, etc. Vale destacar a ressalva contida no art. 255 abaixo, pela qual cessa o impedimento ou suspeição decorrente da afinidade com a dissolução do casamento, salvo se advinda prole. Mas mesmo com o divórcio ou morte de um dos cônjuges, o juiz não deve funcionar nos casos específicos de sogro, padrasto, cunhado, genro ou enteado.

Linha reta – Nos termos do art. 1.591 do Código Civil, "são parentes em linha reta as pessoas que estão umas para com as outras na relação de ascendentes e descendentes".

Linha colateral – Segundo o art. 1.592 do Código Civil, "são parentes em linha colateral ou transversal, até o quarto grau, as pessoas provenientes de um só tronco, sem descenderem uma da outra".

Grau de parentesco – Na linha reta, são contados "os graus de parentesco pelo número de gerações", na dicção do art. 1.594 do Código Civil. Na linha colateral se dá da mesma forma, "subindo de um dos parentes até ao ascendente comum, e descendo até encontrar o outro parente", nos termos da parte final do mencionado dispositivo.

Escritório de Advocacia e Resolução do CNJ – O inc. I, do art. 252 do CPP, determina o impedimento do juiz quando "tiver funcionado seu cônjuge ou parente, consanguíneo ou afim, em linha reta ou colateral até o terceiro grau, inclusive, como defensor ou advogado, órgão do Ministério Público, autoridade policial, auxiliar da justiça ou perito". Sucede que, por vezes, é possível, em um exemplo, que o irmão do juiz não seja o advogado do réu, não esteja especialmente constituído para defendê-lo, mas participe de escritório de advocacia que o defenda.

Analisando o tema, o Conselho Nacional de Justiça editou a Resolução n. 200/2015, pela qual, nos termos do parágrafo único, do art. 1º, "o impedimento se configura não só quando o advogado está constituído nos autos, mas também quando integra ou exerce suas atividades no mesmo escritório de advocacia do respectivo patrono, como sócio, associado, colaborador ou empregado, ou mantenha vínculo profissional, ainda que esporadicamente, com a pessoa física ou jurídica prestadora de serviços advocatícios". O Código de Processo Civil, em seu art. 144, inc. VIII, acabou por incorporar a *ratio* dessa resolução, ao determinar o impedimento do juiz "quando figure como parte cliente do escritório de advocacia de seu cônjuge, companheiro ou parente, consanguíneo ou afim, em linha reta ou colateral, até o terceiro grau, inclusive, mesmo que patrocinado por advogado de outro escritório". Pensamos que essa recomendação se estenda, também, aos juízes criminais, ante a aplicação por analogia, tantas vezes mencionada, daquele *codex* ao processo penal, prevista no art. 3º, do CPP.

Síntese – Deve o juiz, por óbvio, se dar por impedido caso tenha atuado no feito, em uma das funções indicadas neste dispositivo, seu cônjuge. O mesmo ocorre para hipótese de parentesco, por consanguinidade ou afinidade, mas até terceiro grau. Significa que, por exemplo, que o juiz está impedido de atuar no processo no qual o bisavô oficiou como promotor de justiça. Ou quando ele (juiz) for bisneto do advogado. Isso quando se tratar de parentesco em linha reta. Na hipótese de parentesco na linha colateral, a regra é a mesma, isto é, o juiz estará impedido até o terceiro grau. A forma de contagem dos graus, para os casos de colateralidade, foi acima mencionada: considerando-se que, inexiste colateral de 1° grau, são considerados colaterais de 2° grau os irmãos e, de 3° grau, os tios e sobrinhos.

JURISPRUDÊNCIA

Impedimento do juiz em processo cujo filho exerceu funções de Ministério Público

"Nos termos do então vigente art. 252, inciso I, do Código de Processo Penal, o Magistrado não pode exercer jurisdição no processo em que tiver funcionado seu parente, consanguíneo ou afim, em linha reta, até o terceiro grau, como Membro do Ministério Público. Constatado que o Promotor de Justiça que ofereceu a denúncia em desfavor do Paciente é filho do Desembargador Relator do acórdão que julgou o apelo defensivo, impõe-se cassar o julgado" (STJ – HC n° 118507-GO, Rel. Laurita Vaz, j. 24.03.2009, DJe 20.04.2009).

II - ele próprio houver desempenhado qualquer dessas funções ou servido como testemunha;

Juiz como testemunha – O dispositivo não exige maiores esclarecimentos. É intuitivo que o juiz está impedido de julgar um feito no qual, anteriormente, ofertara a denúncia, então na condição de membro do Ministério Público. O mesmo ocorre se antes ele atuou como advogado, delegado de polícia, serventuário da justiça ou perito.

Também se serviu como testemunha de um determinado fato delituoso, está impedido de julgá-lo, afinal não pode, a um só tempo, prestar-se como testemunha para, adiante, sopesar a credibilidade de seu próprio depoimento, agora na condição de juiz. Situação interessante, conquanto censurável sob o ponto de vista ético, ocorreria se, a fim de provocar o impedimento de determinado juiz, a parte o arrolasse como testemunha. Assim, sabedor de antemão que determinado Magistrado é extremamente rigoroso no julgamento de traficantes de drogas, cujos acusados invariavelmente condena, a defesa o indica como testemunha, pretendendo provocar seu impedimento. Como resolver o impasse? O Código de Processo Penal português, em seu art. 39, 2, traz expressa solução para o problema. Assim, após afirmar que o juiz está impedido de atuar em processo no qual é testemunha, ele deve declarar "por despacho nos autos, se tem conhecimento de factos que possam influir na decisão da causa". Em caso afirmativo, ou seja, tendo conhecimento dos fatos, ele está impedido. Caso contrário, isto é, ignorando os fatos, ele "deixa de ser testemunha". A mesma solução pode ser adotada entre nós, por não se conceber possa o juiz ficar à mercê de tão vil conduta. Se foi testemunha, deve espontaneamente declarar-se impedido. Se nada sabe, deve negar o pedido da defesa e prosseguir no comando do processo, proferindo, ao final, a sentença. A propósito, o atual Código de Processo Civil, com plena aplicação no processo penal, trouxe a solução para o impasse, ao determinar, em seu art. 452, que sendo arrolado como testemunha e tendo conhecimento sobre os fatos, o juiz deverá se dar por impedido. Nada sabendo sobre o objeto do processo, "mandará excluir o seu nome" do rol de testemunhas.

III - tiver funcionado como juiz de outra instância, pronunciando-se, de fato ou de direito, sobre a questão;

Juiz que atuou no feito anteriormente – O objetivo da lei é claro. Não faria sentido, assim, que um juiz que atuou no feito em primeira instância, uma vez promovido ao Tribunal, fosse julgar eventual recurso contra aquela primeira decisão por ele proferida. Ou que fosse julgar, em 2° grau, "habeas corpus" ou revisão criminal decorrente de decisão que proferiu quando ainda em exercício em 1° grau de jurisdição. Em afronta ao princípio do duplo grau de jurisdição e sob pena de violação à imparcialidade do juiz, haveria uma forte tendência desse Magistrado em manter a decisão anterior, embora a retratação pudesse, em tese, ocorrer. É assim no recurso em sentido estrito, quando, em juízo de retratação, é admitido que o juiz reveja sua própria decisão. Também os embargos infringentes ou de nulidade admitem que um desembargador que julgou a apelação em um determinado sentido, reformule seu voto quando da apreciação do recurso. O legislador, de qualquer forma, preferiu não correr qualquer risco e, prudentemente, impôs esta causa de impedimento.

A causa de impedimento, como no exemplo acima, será mais frequente quando do julgamento em instância superior. Nada impede, porém, que ocorra o inverso, isto é, que o juiz convocado ao Tribunal julgue um recurso e, posteriormente, tenha que apreciar a causa em 1° grau. Suponha-se que determinado desembargador, convocado para atuar perante o Superior Tribunal de Justiça, tenha participado de um julgamento no qual se decretou a nulidade de acórdão. Tornando esse feito ao tribunal de origem e uma vez cessada a convocação do desembargador, ele está impedido de julgar o recurso.

De se ver, porém, que o impedimento, para restar configurado, deve ocorrer no mesmo processo, no qual o juiz se pronunciou sobre a questão em julgamento. Assim, não haverá impedimento, como visto na jurisprudência abaixo colacionada, caso o juiz criminal tenha, antes, atuado em processo cível. Num exemplo: suponha-se que, no cível, o juiz apreciou uma ação de nulidade de título extrajudicial com cancelamento de protesto, determinando, na sentença, que fossem os autos remetidos à polícia para apuração de um crime de falsidade do cheque. O mesmo juiz, nesse caso, não se acha impedido de julgar eventual ação criminal posteriormente deflagrada em virtude desse fato. Tampouco há impedimento do juiz que julgou – e condenou – o réu em determinado processo, para que venha a julgá-lo em outro feito criminal, deflagrado por fato diverso. É comum, aliás, em comarcas pequenas, que o juiz se depare diversas vezes com o mesmo acusado, em processos distintos, não se podendo afirmar que uma condenação anterior o tornará impedido (e mesmo suspeito) de julgá-lo ainda mais uma vez.

E mesmo quando a atuação se deu no mesmo feito, nem sempre restará caracterizado o impedimento. Assim, condenado o réu em 1° grau e anulado o feito em grau de recurso, o mesmo juiz que proferiu a sentença anulada deverá julgar novamente o processo. Em antiga jurisprudência do STF, abaixo lembrada, ocorreu a hipótese na qual, inicialmente, foi rejeitada a denúncia. Em grau de recurso se obteve a reforma dessa decisão, para receber a acusação. Não há impedimento para que aquele juiz que rejeitará a denúncia continue no comando do processo, cabendo a ele proferir a sentença.

Lembre-se, ainda, que para restar caracterizado o impedimento é necessário que o juiz tenha praticado algum ato de cunho decisório no processo. Assim, o juiz que decretou a prisão preventiva do réu em um feito, promovido ao tribunal, está impedido para julgar eventual recurso. Com mais razão, já vimos, aquele que sentenciou o réu. Pode ocorrer, porém, que a atuação do juiz se restrinja à prática de atos meramente ordinários, de impulso processual, sem caráter decisório. Nesse sentido, aliás, o regimento interno do Tribunal de Justiça do Estado de São Paulo ao dispor, em seu art. 109, § 1°, que "simples despacho de ordenação processual ou de colheita de prova, em primeira instância, não determina o impedimento do desembargador que o tenha praticado, quando deva oficiar, no Tribunal, no mesmo processo ou em seus incidentes".

JURISPRUDÊNCIA

Impedimento para atuar como desembargador

"O juiz que a) na fase policial da investigação do caso, decretou a prisão preventiva do paciente; b) recebeu a denúncia; c) interrogou o paciente e outros corréus; d) por duas vezes indeferiu pedidos de revogação de prisão preventiva formulados em prol do paciente; e) recusou uma exceção de suspeição que lhe foi oposta pelo próprio paciente, uma vez promovido a desembargador, não poderia, como ocorrido, participar do julgamento do recurso em sentido, no qual se ratificou a pronúncia" (STJ – HC n° 190754-PA, Rel. Maria Thereza de Assis Moura, j. 20.06.2013, DJe 01.07.2013).

Não configura impedimento prévia atuação em

a) processo administrativo

"Não há impedimento de magistrado para o julgamento da ação penal na hipótese em que participou do julgamento do processo administrativo disciplinar relativo ao mesmo acusado, pois tal situação não está prevista dentre as hipóteses taxativamente previstas no artigo 252 do CPP, cujo inciso III prevê impedimento apenas nos casos em que o juiz atuou no feito em outro grau de jurisdição, como forma de evitar ofensa ao princípio do duplo grau, não incluindo sua participação em feito disciplinar" (STJ – AgRg no Ag n° 1430977-SP, Rel. Maria Thereza de Assis Moura, j. 04.06.2013, DJe 12.06.2013).

b) processo administrativo com a prática de atos ordinatórios

b1) possibilidade

"A realidade fática delimitada no acórdão recorrido revela que a magistrada efetivou atos ordinatórios, em cumprimento de ordem de autoridade judiciária superior, em procedimento administrativo ligado aos mesmos fatos que desencadearam a ação penal. Os fatos descritos não se subsumem perfeitamente às hipóteses previstas no art. 254 do Código de Processo Penal, contudo, o rol de suspeições é exemplificativo, sendo, assim, imprescindível, para o reconhecimento da suspeição do magistrado, não a adequação perfeita da realidade à uma das proposições do referido dispositivo legal, mas sim, a constatação do efetivo comprometimento do julgador com a causa. As intimações realizadas pela magistrada revelam apenas duas finalidades primordiais: regularizar a tramitação e promover o andamento de processo atribuído à autoridade judicante superior que delegou a realização de atos meramente ordinatórios" (STJ – REsp n° 1379140-SC, Rel. Marco Aurélio Bellizze, j. 27.08.2013, DJe 03.09.2013).

b2) impossibilidade se praticou atos decisórios

"É defeso o julgamento de ação penal por magistrado que, anteriormente, participa de processo administrativo, propondo e obtendo, inclusive, a penalização do servidor público. Aplicação do disposto no art. 253, inc. III, do Código de Processo Penal" (STJ – HC n° 48248-MG, Rel. Laurita Vaz, j. 14.06.2007, DJ 06.08.2007, p. 547).

c) processo cível

"No tocante a alegação de nulidade do julgamento da apelação por estar impedido Juiz que dele participou apesar de ter exercido jurisdição em ação civil pública movida contra os réus pelas fraudes ocorridas na LBA, e ela improcedente, porquanto as causas, enumeradas no artigo 252 do Código de Processo Penal, que dão margem a impedimento, dizem respeito ao mesmo processo e não, como ocorre no caso, a outro. O inciso III desse artigo se refere ao impedimento de Juiz que, no mesmo processo, mas em outra instância, se houver pronunciado, de fato ou de direito, sobre a questão. Ademais, as causas de impedimento são taxativas e as normas que as enumeram em "numerus clausus" são de direito estrito" (STF – HC n° Rel. Moreira Alves, j. 03.10.1995, DJ 17.05.1996, p. 16324).

d) processo criminal na mesma instância

"A regra do art. 252, inciso III, do Código de Processo Penal não admite interpretação ampliativa, razão pela qual não há impedimento do Magistrado que atuou anteriormente no feito, porém, na mesma instância. Precedentes do STJ e do STF. Sendo assim, não se reconhece o impedimento dos Desembargadores que apreciaram a apelação interposta contra a primeira decisão do Tribunal do Júri, posteriormente anulada pelo Supremo Tribunal Federal, para julgarem o apelo manifestado contra a sentença proferida no segundo julgamento do réu pelo Júri popular" (STJ – HC n° 162358-SP, Rel. Laurita Vaz, j. 16.09.2010, DJe 11.10.2010).

e) apelação e posterior análise do cabimento de recurso extraordinário

"Nada obsta que o Desembargador Relator do recurso de apelação exerça, após assumir a Presidência (ou a Vice-Presidência, conforme o caso) do Tribunal de 2º Grau, o juízo de admissibilidade dos recursos de índole extraordinária interpostos contra o acórdão por ele próprio Relatado. Precedente. Nessa hipótese, não há que se falar em impedimento, pois a vedação do inciso III do mencionado dispositivo legal é de atuação do mesmo Magistrado no mesmo processo, mas em Instâncias diferentes, além de que, no juízo de admissibilidade dos recursos, não se aprecia o mérito (acerto ou desacerto) do aresto recorrido, mas tão-somente os requisitos legais previstos para o recebimento dos recursos" (STJ – HC n° 87132-SP, Rel. Jane Silva, j. 18.12.2008, DJe 19.12.2008).

f) do juiz que praticou ato meramente ordinatório

"O Desembargador que, quando juiz de primeiro grau, atuou na condução da ação penal em que restou condenado o paciente, praticando, 'ab initio', ato meramente ordinatório, não se encontra impedido para apreciar posteriormente o recurso de apelação" (STJ – HC n° 77868-SP, Rel. Felix Fischer, RT 870/581).

g) do juiz que rejeitara a denúncia

"A reforma, pelo Tribunal, de despacho que rejeitou a denúncia, não torna o seu prolator suspeito ou impedido, para presidir a instrução criminal e sentenciar no feito" (TJSP – Rel. Bernardes Junior – RT 154/53).

h) Impedimento do juiz em revisão criminal de sentença por ele proferida

"É nulo o julgamento de revisão criminal do qual participou genitor do Juiz prolator da sentença condenatória, ex vi do art. 252, I, do CPP, que veda o exercício da jurisdição no processo em que tiver funcionado parente até o terceiro grau" (STJ – HC n° 10612-SP, Rel. para o acórdão Vicente Leal, j. 15.02.2001, DJ 09.09.2002, p. 247).

Entrevista à imprensa – Questão interessante diz respeito à possibilidade de o juiz se manifestar publicamente a respeito de um fato pendente de julgamento. De início, cumpre invocar o disposto no art. 36, inc. III da Lei Orgânica da Magistratura (Lei Complementar nº 35/1979), pelo qual é vedado ao Magistrado "manifestar, por qualquer meio de comunicação, opinião sobre processo pendente de julgamento, seu ou de outrem, ou juízo depreciativo sobre despachos, votos ou sentenças, de órgãos judiciais, ressalvada a crítica nos autos e em obras técnicas ou no exercício do magistério".

Pensamos que os termos do dispositivo legal sirvam de parâmetro seguro para o enfrentamento da questão. Por óbvio que o juiz que irá presidir um Júri, não poderá, antes, conceder uma entrevista, enaltecendo a gravidade do crime e a crueldade demonstrada por seu autor. Com isso, estará manifestando opinião sobre processo pendente de julgamento, sob sua responsabilidade, além de influenciar o ânimo dos jurados. Agora, caso se limite a manifestar sua opinião de forma genérica, sem qualquer menção, por mínima que seja, ao fato concreto, não vemos razão que justifique seu impedimento ou suspeição. Fosse assim e um juiz que concedesse entrevista no sentido de que é favorável à redução da maioridade penal ou mesmo da pena de morte, dificilmente poderia continuar julgando feitos criminais. Ou um ministro do STF (como ocorreu efetivamente), que se posicionasse a favor da Lei da Ficha Limpa, não poderia julgar, adiante, processos que envolvessem esse diploma. O Magistrado é, antes de tudo, um cidadão e não um ser alheio à realidade que o cerca e, nessa condição, pode externar seu pensamento. O que não se admite é extrapolar, fazendo menção específica sobre determinado fato concreto que, adiante, julgará, antecipando sua opinião a respeito. Respeitado esse limite, não vemos razões para taxar o juiz de impedido ou suspeito.

JURISPRUDÊNCIA

Está impedido o juiz que concedeu entrevista manifestando-se sobre o crime

"Sobressai a parcialidade do Juiz Presidente do Tribunal do Júri para a condução do julgamento do paciente, se evidenciado que o Magistrado exarou manifestação prévia sobre um fato que seria levado a julgamento sob a sua presidência – tanto quando do debate televisivo, em que fez considerações sobre o paciente, quanto na oportunidade em que ressaltou, aos jurados da causa, detalhes do caso a ser levado a julgamento, possivelmente avançando na análise do fato criminoso" (STJ – HC n° 25416-MG, Rel. Gilson Dipp, j. 07.10.2003, DJ 03.11.2003, p. 331).

IV - ele próprio ou seu cônjuge ou parente, consanguíneo ou afim em linha reta ou colateral até o terceiro grau, inclusive, for parte ou diretamente interessado no feito.

Parte ou interessado no feito – Por tudo quanto já exposto na análise deste artigo, não teria mesmo cabimento que o juiz oficiasse em processo no qual ele e as pessoas indicadas no dispositivo fossem partes. "Parte", aqui, deve ser entendida em um sentido amplo, que por vezes não corresponde ao conceito extraído do processo civil. Assim, se a vítima (que, a rigor, não é parte no processo) é a esposa do juiz, não fará sentido ele julgar o feito. Sobre a definição de parentesco, consanguíneo ou afim, em linha reta ou colateral até o terceiro grau, v. inc. I acima.

Art. 253. Nos juízos coletivos, não poderão servir no mesmo processo os juízes que forem entre si parentes, consangüíneos ou afins, em linha reta ou colateral até o terceiro grau, inclusive.

Juízos coletivos – Na composição de turmas, seções, câmaras, grupos, ou seja, de juízos coletivos, conforme previsto no regimento interno dos respectivos tribunais, há impedimento para que parentes atuem simultaneamente perante o mesmo órgão julgador. Também para a hipótese do colégio recursal da Lei n° 9.099/95 (Juizados Especiais Criminais) se aplica este dispositivo. Como ensina Câmara Leal, "os laços de parentesco próximo geram uma certa afinidade entre as pessoas, determinando uma possível comunhão de ideias, podendo essa comunhão influir diretamente no julgamento. Para impedir essa consequência nociva aos interesses da justiça, foi que a lei achou conveniente tolher o funcionamento conjunto de juízes reciprocamente ligados pelo parentesco muito próximo" (ob. cit., vol. II, p. 124).

Talvez, porque à época da edição do código (1941) fossem pouquíssimos os casos de desembargadoras ou ministras de tribunais superiores, deixou o legislador de estender o impedimento ao cônjuge, como o fizera no artigo anterior. Mas é claro que, em juízos coletivos, não poderão atuar marido e mulher. Tampouco aqueles que mantêm união estável. Nesse sentido, a propósito, o regimento interno do Tribunal de Justiça do Estado de São Paulo ao dispor, em seu art. 60, que "não poderão participar do mesmo Grupo ou Câmara cônjuges, conviventes e parentes, consanguíneos ou afins, na linha ascendente ou descendente e, na linha colateral, até o terceiro grau, inclusive".

ATENÇÃO - Em sua jurisprudência de teses, de julho de 2017, o Superior Tribunal de Justiça entendeu que: "Inexiste nulidade no julgamento da apelação ou do recurso em sentido estrito quando o voto de Desembargador impedido não interferir no resultado final" (tese n. 11).

Art. 254. O juiz dar-se-á por suspeito, e, se não o fizer, poderá ser recusado por qualquer das partes:

I - se for amigo íntimo ou inimigo capital de qualquer deles;

II - se ele, seu cônjuge, ascendente ou descendente, estiver respondendo a processo por fato análogo, sobre cujo caráter criminoso haja controvérsia;

III - se ele, seu cônjuge, ou parente, consangüíneo, ou afim, até o terceiro grau, inclusive, sustentar demanda ou responder a processo que tenha de ser julgado por qualquer das partes;

IV - se tiver aconselhado qualquer das partes;

V - se for credor ou devedor, tutor ou curador, de qualquer das partes;

VI - se for sócio, acionista ou administrador de sociedade interessada no processo.

Sobre o reconhecimento da suspeição pelo juiz, v. comentários aos arts. 95, inc. I e 97 acima.

ATENÇÃO - A jurisprudência do Superior Tribunal de Justiça é no sentido de que, enquanto as causas de impedimento do juiz, elencadas no art. 252 do código, implicam em um rol taxativo, as causas de suspeição constituem um rol exemplificativo, ou seja, admitem ampliação para outras hipóteses além daqueles listadas no dispositivo em exame. É que as causas de impedimento possuem um caráter objetivo, impondo uma presunção absoluta de parcialidade do Magistrado, caso incorra em uma delas. Já as hipóteses de suspeição possuem como característica a subjetividade, sendo inviável que se exigisse do legislador a capacidade de prever todas as situações em que elas se manifestam, tamanha a diversidade de situações que podem ocorrer, aptas a configurar a parcialidade do juiz.

JURISPRUDÊNCIA

Rol exemplificativo

"A jurisprudência desta Corte Superior de Justiça é no sentido de que o rol de suspeições previstas no art. 254 do Código de Processo Penal é exemplificativo, sendo, assim, imprescindível, para o reconhecimento da suspeição do magistrado, não a adequação perfeita da realidade a uma das proposições do referido dispositivo legal, mas sim a constatação do efetivo comprometimento do julgador com a causa" (STJ – AgRg no AREsp n. 928838-SP – Rel. Reynaldo Soares da Fonseca, j. 16.08.2016, DJe 26.08.2016).

I - se for amigo íntimo ou inimigo capital de qualquer deles;

Amizade íntima – Como *amizade íntima* do juiz com algumas das partes deve se entender, por exemplo, a relação de familiaridade, frequência assídua à casa da pessoa, compadrio etc. Trata-se de conceito que nem sempre será fácil delimitar seu alcance. Mas, na lição de Carvalho Santos, "a amizade íntima, a que alude a lei, é aquela que uma pessoa nutre por outra, como se fosse um parente próximo, ou, melhor esclarecendo, é aquela que poder-se-ia qualificar de fraternal, capaz de levar um amigo a todos os sacrifícios pelo outro. Mesmo porque só essa amizade, que não enxerga sacrifícios, poderá legitimar a suspeição" (*Código de Processo Civil Interpretado*, 1940, vol. III, p. 69/70).

Inimizade capital – É um sentimento de ódio, rancor, vingança do juiz com a parte. Também aqui o conceito é um tanto subjetivo, valendo, por isso, a observação de Eduardo Espínola Filho, ao afirmar que "do que não resta dúvida é que a simples antipatia, o asco provocado pela vida desregrada de algumas das partes não é suficiente para configurar-se essa inimizade capital" (ob. cit., vol. I, p. 259). Anterior procedimento enérgico do juiz com o réu, como a condenação à pena exacerbada, não traduz inimizade. Tampouco precedente discussão do juiz com o advogado ou promotor de Justiça.

Advogados – A maioria da doutrina entende que a amizade íntima e inimizade capital que tornam o juiz suspeito devem se referir à parte, isto é, ao o réu e à vítima. Se tais sentimentos são nutridos em relação ao membro do Ministério Público ou ao advogado, não há suspeição. A possibilidade de adoção dos princípios do processo civil ao processo penal, prevista no art. 3º, do CPP, implica, certamente, em uma revisão deste posicionamento. É que o Código de Processo Civil, em seu art. 145, inc. I, dispõe que configura suspeição ser o juiz "amigo íntimo ou inimigo de qualquer das partes ou de seus advogados". Não temos dúvidas em afirmar que, a partir da legislação novel, é cabível invocar-se a suspeição do juiz quando capital a inimizade ou íntima a amizade do Magistrado também com o advogado ou com o membro do Ministério Público.

Saliente-se que, para configuração da suspeição, basta que tais sentimentos se refiram a um dos corréus, quando todo o processo será transferido a outro Magistrado, não havendo que se cogitar em desmembramento do feito.

JURISPRUDÊNCIA

Quanto à inimizade de membro do Ministério Público, v. art. 258 abaixo

Inimizade deve ser com a parte não com o defensor

"Exceção de suspeição – Juiz – Inimizade capital com o advogado da parte. Improcedência manifesta. Indeferimento liminar. Inexistindo qualquer irresignação pessoal dos acusados a pessoa do magistrado, com fulcro no citado art. 254, do Código de Processo Penal, mas somente a inimizade com o advogado, certa é a falta de legitimidade ativa 'ad causam' do causídico para a via processual eleita, uma vez que a exceção de suspeição destina-se a apurar eventual parcialidade do juiz pelo seu vínculo – positivo ou negativo – com uma das partes. Não obstante possa o magistrado considerar tal situação como motivo íntimo que recomende o seu afastamento. Exceção não conhecida." (TJGO – Exceção de Suspeição nº 262-0/138, Rel. G. Leandro S. Crispim, DJ 14841 de 18.09.2006).

Juiz que remete cópias de inquérito policial à OAB não é suspeito

"O simples fato de ter o Magistrado determinado a extração de cópia do inquérito policial que no qual o recorrente, advogado, restou indiciado e o seu envio à Ordem dos Advogados do Brasil, não demonstra, por si só, qualquer a suspeição daquele, notadamente em virtude de não haver requisição de abertura de qualquer procedimento administrativo à OAB, nem de ter sido anotada qualquer infração disciplinar eventualmente praticada" (STJ – REsp n° 603915-SP, Rel. Felix Fischer, j. 07.10.2004, DJ 03.11.2004, p. 233).

Comportamento enérgico do juiz

"O procedimento acaso enérgico do juiz não justifica seja averbado de suspeito" (TJSP – Rel. Mario Guimarães – RT 163/544).

Suspeição do jurado aluno do defensor. Inexistência

"Configura constrangimento ilegal a presunção de que o jurado, por ser aluno do defensor, *ipso facto* é suspeito. Na hipótese, seria necessário, para se inquinar de nulidade o julgamento, que fossem apresentados dados concretos que evidenciassem a propalada sujeição ilícita do discente perante seu mestre. Ordem concedida para cassar o acórdão atacado, restabelecendo-se a sentença absolutória" (STJ – HC n° 103223-SP, Rel. Maria Thereza de Assis Moura, j. 04.09.2008, DJe 22.09.2008).

II - se ele, seu cônjuge, ascendente ou descendente, estiver respondendo a processo por fato análogo, sobre cujo caráter criminoso haja controvérsia;

Processo por fato análogo – Nesse caso, o juiz é indiretamente interessado pois tenderia a uma decisão favorável ao réu para que não se considerasse criminoso fato semelhante praticado por ele ou parente. Assim, por exemplo, possuindo o juiz um filho que responde pelo furto de coisa de pequeno valor, não deve julgar um fato idêntico, onde é invocado o princípio da insignificância.

III - se ele, seu cônjuge, ou parente, consangüíneo, ou afim, até o terceiro grau, inclusive, sustentar demanda ou responder a processo que tenha de ser julgado por qualquer das partes;

Quando ele ou parente promova ou responda processo que tenha que ser julgado por qualquer das partes – O juiz não teria imparcialidade para julgar a parte a quem coubesse, em outro processo, julgar a ele próprio ou a uma das pessoas mencionadas no dispositivo legal. Como *parente* inclua-se, aqui, companheira, filho adotivo, etc. Imagine-se a situação do juiz criminal que fosse obrigado a julgar um caso em que a vítima é outro Magistrado, que atua no cível, a quem, por sua vez, cumprirá apreciar um pedido de investigação de paternidade movido contra o juiz criminal. A falta de isenção nesse caso leva ao reconhecimento da suspeição.

IV - se tiver aconselhado qualquer das partes;

Aconselhamento das partes – Se o juiz, antes do processo ser distribuído a ele para julgamento, aconselhou uma das partes, ele perde a isenção de ânimo para o julgamento. De se ver, porém, que a simples recomendação à contratação de advogado ou mero esclarecimento de forma genérica, sem adentrar no mérito, não configura suspeição. Tampouco a explicação quanto à vantagem de uma conciliação (possível nos crimes contra a honra e previsto nos Juizados Especiais Criminais - Lei n° 9.099/95), inibirá o juiz de, frustrado o acordo, prosseguir à frente do processo.

JURISPRUDÊNCIA

Juiz que se reuniu previamente com o réu

"Improcede a alegação de suspeição do Juiz de primeiro grau pelo fato de haver se reunido com o acusado, atendendo a pedido deste, fora das dependências do fórum, em gabinete do Procurador-Geral de Justiça do Estado. Da dita reunião não se extraiu, pelos elementos de cognição contidos neste habeas corpus, aconselhamento jurídico levado a efeito pelo magistrado. O fato de o encontro ter ocorrido fora das dependências do fórum, por si só, não acarreta a suspeição do magistrado, visto que o conteúdo e o alcance da conversação, presenciada, inclusive, pelo Procurador-Geral de Justiça, ficou bem delineada nos autos, e, de seu conteúdo, não se constata a existência de palavra ou atitude comprometedora de isenção do juiz. Em direito processual, é vedado às partes a adoção de comportamentos contraditórios (*nemo venire contra factum proprium*). Na espécie, foi o réu quem solicitou, com insistência, o encontro com o juiz. Inadmissível que, agora, pretenda acoimar o ato de suspeito" (STJ – HC nº 206706-PR, Rel. Og Fernandes, j. 27.09.2011, DJ 21.03.2012).

V – se for credor ou devedor, tutor ou curador, de qualquer das partes;

Credor, devedor, tutor e curador – Quando o juiz possui algum interesse no resultado do julgamento, interesse que pode ser afetivo ou financeiro, ele deve ser afastado do processo. Claro, o juiz que é credor ou devedor do réu não possui isenção de ânimo para julgá-lo. Nem o teria fosse ele o curador ou tutor da vítima do delito.

VI – se for sócio, acionista ou administrador de sociedade interessada no processo.

Sócio, acionista ou administrador de sociedade interessada no processo – Os motivos são os mesmos acima mencionados. Busca-se, sempre, preservar a imparcialidade do juiz, comprometida caso julgasse feito no qual é interessada sociedade da qual participa.

Trata-se de hipótese bastante improvável, pois, nos termos do art. 36, incs. I e II, da Lei Complementar nº 35/79 (Lei Orgânica da Magistratura Nacional), é vedado ao magistrado: I – exercer o comércio ou participar de sociedade comercial, inclusive de economia mista, exceto como acionista ou quotista; II – exercer cargo de direção ou técnico de sociedade civil, associação ou fundação, de qualquer natureza ou finalidade, salvo de associação de classe, e sem remuneração.

A propósito, o Conselho Nacional de Justiça, ao interpretar esse dispositivo, na análise do Pedido de Providências nº 775, em 14.11.2006, no qual foi relator o Conselheiro Marcus Faver, assentou, por maioria de votos, que "não pode, consequentemente, um juiz ser presidente ou diretor de Rotary, de Lion, de APAEs, de ONGs, de Sociedade Espírita, Rosa-Cruz etc., vedado também ser grão-mestre da maçonaria; síndico de edifício em condomínio; diretor de escola ou faculdade pública ou particular".

JURISPRUDÊNCIA

Rol exemplificativo

"A jurisprudência do Superior Tribunal de Justiça reconhece que as hipóteses de suspeição previstas no art. 254 do Código de Processo Penal são exemplificativas, e, por isso, admite a aplicação do art. 145, inciso IV, do Código de Processo Civil. No entanto, exige-se a indicação de elementos concretos que demonstrem a existência de vínculo subjetivo do julgador com o processo ou de seu interesse no resultado do processo."

(STJ –AgRg no HC n. 699.936/MG, relator Ministro Reynaldo Soares da Fonseca, Quinta Turma, julgado em 8/3/2022, DJe de 11/3/2022.)

"Tanto o impedimento quanto a suspeição buscam garantir a imparcialidade do Magistrado, condição *sine qua non* do devido processo legal, porém, diferentemente do primeiro, cujas hipóteses podem ser facilmente pré-definidas, seria difícil, quiçá impossível, ao legislador ordinário prever todas as possibilidades de vínculos subjetivos (juiz e partes) susceptíveis de comprometer a sua imparcialidade. Para atender ao real objetivo do instituto da suspeição, o rol de hipóteses do art. 254 do CPP não deve, absolutamente, ser havido como exaustivo. É necessária certa e razoável mitigação, passível de aplicação, também e em princípio, da cláusula aberta de suspeição inscrita no art. 135, V, do CPC c/c 3º do CPP" (STJ – HC n° 146796-SP, Rel. Arnaldo Esteves Lima, j. 04.03.2010, DJe 08.03.2010).

Rol taxativo

"O discurso empolgado, a utilização de certos termos inapropriados Em relação aos réus, além da manifestação de indignação no tocante aos crimes, não configura, por si, causa de suspeição do julgador. Não bastasse, o rol previsto no art. 254 do Código de Processo Penal, segundo a jurisprudência dominante desta Corte, não admite alargamento e interpretação extensiva" (STJ – REsp n° 1315619-RJ, Rel. Campos Marques, j. 15.08.2013, DJe 30.08.2013).

Foro íntimo – A par das situações abaixo relacionadas pelo legislador, a doutrina aponta mais uma que, embora não prevista expressamente no Código de Processo Penal, pode ser suscitada pelo juiz. Consiste em seu afastamento do processo por razões de foro íntimo. No dizer de Pontes de Miranda, "motivo íntimo é qualquer motivo que o juiz não quer revelar, talvez não deva mesmo revelar" (*Comentários ao Código de Processo Civil*, Rio: Forense, 1974, vol. II, p. 408). De se ver, aliás, que essa causa de suspeição vem prevista no § 1º, do art. 145 do Código de Processo Civil. Exatamente por se tratar de razões que se referem à intimidade do juiz, somente ele próprio pode suscitá-las, não cabendo a nenhuma das partes fazê-lo. Também porque íntimas, não deve o juiz decliná-las nos autos e, tampouco, é dado a seu substituto legal, a quem foi enviado o processo, formular qualquer espécie de apreciação a esse respeito.

A propósito, confira-se o art. 272, parágrafo único, do regimento interno do Superior Tribunal de Justiça: "Poderá o Ministro, ainda, dar-se por suspeito se afirmar a existência de motivo de ordem íntima que, em consciência, o iniba de julgar".

ATENÇÃO - Em vista de algum abuso constatado pelo Conselho Nacional de Justiça, quanto à utilização de um número elevado de declarações de suspeição por razões de foro íntimo, aquele órgão editou a Resolução n° 82, de 09 de junho de 2009, determinando que "o magistrado de primeiro grau fará essa afirmação nos autos e, em ofício reservado, imediatamente exporá as razões desse ato à Corregedoria local ou a órgão diverso designado pelo seu Tribunal [...] No caso de suspeição por motivo íntimo, o magistrado de segundo grau fará essa afirmação nos autos e, em ofício reservado, imediatamente exporá as razões desse ato à Corregedoria Nacional de Justiça".

Sucede que, em Ação Direta de Inconstitucionalidade n. 4.260-DF, ajuizada por três associações de magistrados - AMB, Ajufe e Anamatra - na qual se pretendia ver declarada a inconstitucionalidade da mencionada resolução do CNJ, o pedido, no dia 09 de setembro de 2016, foi julgado prejudicado face aos termos do art. 145, § 1º, do Código de Processo Civil, pelo qual "poderá o juiz declarar-se suspeito por motivo de foro íntimo, sem necessidade de declarar suas razões". De tal forma que, segundo a relatora Ministra Rosa Weber, a resolução do CNJ, anterior ao Código de Processo Civil em vigor, não mais subsiste, face à superveniente entrada em vigor do CPC, de modo a dispensar os juízes à comunicação aos órgãos superiores, quando se derem por suspeitos.

Art. 255. O impedimento ou suspeição decorrente de parentesco por afinidade cessará pela dissolução do casamento que lhe tiver dado causa, salvo sobrevindo descendentes; mas, ainda que dissolvido o casamento sem descendentes, não funcionará como juiz o sogro, o padrasto, o cunhado, o genro ou enteado de quem for parte no processo.

Dissolução do casamento cessa o impedimento ou suspeição – Interessante que o Código Civil, em seu art. 1.595, § 2°, estabelece que "na linha reta, a afinidade não se extingue com a dissolução do casamento ou da união estável". Disposição idêntica constava do Código Civil de 1916 (art. 335). Isso significa dizer, por exemplo, que mesmo após a dissolução do casamento, pelo divórcio ou morte de um dos cônjuges, o marido continua tendo sogra, a despeito das críticas invariavelmente injustas (por vezes nem tanto), lançadas contra essa figura.

O dispositivo em análise dá um enfoque diverso, ao dispor que o impedimento ou suspeição que derivava da afinidade desaparece uma vez rompido o casamento, salvo se desse casamento, adveio prole. E, mesmo sem prole, está impedido ou suspeito o juiz para julgar o juiz que foi sogro, padrasto, cunhado, genro ou enteado de quem for parte no processo. E o tio? Poderia o juiz divorciado julgar o tio de sua ex-esposa? Depende: se do casamento resultou o nascimento de filhos, o juiz está impedido. Caso contrário, não havendo prole, cessará o motivo do impedimento, já que o tio não se encontra dentre as pessoas indicadas neste dispositivo, podendo o juiz julgá-lo.

Art. 256. A suspeição não poderá ser declarada nem reconhecida, quando a parte injuriar o juiz ou de propósito der motivo para criá-la.

Suspeição provocada pela parte – Pode ocorrer que à parte não interesse que determinado juiz julgue o processo, por considerá-lo, por exemplo, extremamente rigoroso, naquilo que o jargão forense denomina "mão pesada". A fim de evitar que tal juiz julgue o feito, é possível que crie uma situação de suspeição, injuriando o juiz ou, propositalmente, dando algum motivo para criá-la. Suponha-se que, já distribuído o processo, a parte atente contra a honra – o vocábulo "injuriar" aqui empregado deve ser interpretado em seu sentido amplo – do juiz a quem tocou o feito, de modo a torná-los inimigos capitais (art. 254, inc. I do código). Essa conduta se verifica, por exemplo, por meio de petições juntadas ao processo, de caráter injurioso à pessoa do juiz, na qual se extrapola na discussão da causa, de forma a descaracterizar a chamada "imunidade judiciária" de que trata o art. 142, inc. I do Código Penal. Nesse caso, então, não será reconhecida a suspeição. Nem a parte poderá invocá-la (se o fizer será fatalmente rejeitada) e, tampouco, o juiz deverá de ofício dar-se por suspeito.

Mas a manutenção do juiz somente ocorrerá quando o ato da parte revestir-se de malícia, isto é, "de propósito", para empregarmos a expressão do legislador. Citando exemplo de Borges da Rosa, pode ocorrer o repentino casamento do réu com a irmã do juiz, de quem não era noivo quando do início do processo. Esse fato, que impede o juiz de julgar o agora cunhado, não se pode afirmar que tenha sido malicioso e, nesse caso, o afastamento do Magistrado se imporá.

Poderia se concluir, assim, que na maioria dos casos, as hipóteses de suspeição, para que sejam reconhecidas como tal, devem preceder a deflagração do processo-crime. Ou seja, devem ser espontâneas e anteriores ao processo e não criadas "a posteriori" e de má-fé pela parte interessada em afastar o juiz. Afirmamos que na maioria dos casos é assim em virtude da ressalva contida na parte final do art. 96 do código, que admite a procedência da suspeição "quando fundada em motivo superveniente". Na análise desse dispositivo, ao qual remetemos o leitor, apresentamos exemplos de casos que podem ensejar a suspeição do juiz e que surgiram no decorrer do processo.

JURISPRUDÊNCIA

Suspeição superveniente. Validade os atos até então praticados

"A suspeição por foro íntimo, em razão de causa superveniente à instauração da ação penal, não gera a nulidade dos atos processuais precedentes, sendo desnecessário que o magistrado decline os motivos que o levaram a assim se declarar. À míngua de qualquer nulidade, se a suspeição exsurge no decorrer do procedimento, os atos até então praticados devem ser tidos como válidos" (STJ – HC n° 95311-AM, Rel. Jorge Mussi, j. 28.04.2009, DJe 25.05.2009).

CAPÍTULO II
DO MINISTÉRIO PÚBLICO

Origens históricas – Buscar-se a origem do Ministério Público traduz-se em tarefa das mais árduas, dada à diversidade de informações que tratam do tema quase que a impedir que se indique, com precisão, a genealogia da Instituição. Tantas são as fontes encontráveis, quer na doutrina nacional, quer na doutrina alienígena, que o marco inicial do Ministério Público – e aí todos estão concordes – é impossível de ser apontado, embora se indiquem, aqui e acolá, alguns antecedentes, mesmo que remotos, capazes de, em maior ou menor grau, se aproximarem do que hoje constitui o Ministério Público. Soma-se a isso à parcialidade com que alguns autores abordam o tema, pretendendo trazer para sua respectiva pátria a origem da Instituição: os italianos, destarte, fincando sua semente na Itália, os franceses na França e assim por diante.

Egito – Há quem recue ao antigo Egito para aí identificar os primeiros resquícios do Ministério Público. É a lição de Roberto Lyra, que, lastreado em Valori, vê no Egito de 4.000 anos um embrião do *parquet*, indicando, inclusive, que eram seis os deveres cuja observância obrigava o *promotor*, embora, por óbvio, ainda sem essa denominação, a saber: "1 – É a língua e os olhos do rei do país; 2 – Castiga os rebeldes, reprime os violentos, protege os cidadãos pacíficos; 3 – Acolhe os pedidos do homem justo e verdadeiro, perseguindo o malvado e mentiroso; 4 – É o marido da viúva e o pai do órfão; 5 – Faz ouvir as palavras da acusação, indicando as disposições legais aplicáveis em cada caso; 6 – Toma parte nas instruções para descobrir a verdade" (*Teoria e Prática da Promotoria Pública*, 1937, pág. 9). Interessante a observação daquele que foi chamado de o *príncipe dos promotores públicos*. Anotamos, porém, que somente por curiosidade histórica, despida de maior rigor científico, se pode vislumbrar nessa figura do Egito algo que lembre o Ministério Público, pelo menos com o perfil que hoje conhecemos. Vê-se, ademais, que esse remoto *promotor*, ao constituir-se na *língua* e nos *olhos do rei*, mais defendia os interesses do monarca do que, propriamente, da sociedade.

Itália – Os italianos, por sua vez, chamam para si a origem da Instituição, citando Amaro Alves de Almeida Filho, nessa linha, a lição de Manzini, no sentido de que "se só se considerar o Ministério Público em sua qualidade de acusador público, pode ter razão Pertile (*Storia del diritto italiano*, vol. VI, 2, § 233), que sustenta que esse instituto tem origem italiana, e que não proveio nem do procurador do rei do direito francês nem do promotor fiscal da inquisição espanhola. Com efeito, em Veneza havia *avogadori di comum* que exerciam funções semelhantes as do nosso Ministério Público, e em alguns processos particulares se nomeava também um *abogado fiscal*, como, por exemplo, no processo contra o capitão general de mar Antonio Grimani. Devem recordar-se também os *conservadores de la lei de Florência, el abogado de la gan corte* de Nápoles etc.". (*Do Ministério Público*, Revista *Justitia* – volume XXIX – abril-junho, 1960, pág. 196).

França – A maioria dos tratadistas que se debruçaram sobre o tema, porém, identificam mesmo na França o berço do Ministério Público, de onde, bem mais tarde, teria se espalhado pela Europa acompanhando as investidas de Napoleão. Essa é a opinião de Roberto Lyra, em capítulo de seu livro denominado "A França, Berço do Ministério Público": Ressalta que "Cesare Lombroso, prefaciando o melhor dos livros de Raoul de La Grasserie – *Lês principes sociologiques de la criminologie* – salientou numa cortesia ao autor, que a França, desde os enciclopedistas, preside a todas as inovações. Assim foi com a instituição do Ministério Público, que é, essencialmente, nitidamente, francesa e foi introduzida nos parlamentos e noutras jurisdições para a defesa dos interesses do Estado, separados da pessoa e da propriedade do senhor feudal, do soberano" (ob., cit., pág. 13).

Era ainda, em verdade, um mero preposto do Rei, com atuação junto aos tribunais. Mas que já apresentava um traço da Instituição hoje conhecida, na medida, inclusive, que esse procurador do rei se constituía no titular do direito de acusar. Interessante, nesse aspecto, a observação de César Salgado: "Montesquieu, no seu precioso livro *De l'Esprit des Lois*, assinalou em sentenças memoráveis, o surgimento do Ministério Público. Ouçamo-lo, no original francês, para que se fixem, precisamente, o sentido e o alcance de seu enunciado: *Nous avon anjourd'hui une loi admirable; ctest celle qui vewut que le prince, 'etabli pour faire exécuter les lois, prépose um officier dans chaque tribunal pour poursuivre em son nom tous les crimes; (...) la parie publique veille pour les citoyens; elle agit, et ils sont tranquilles.* Em vernáculo, podemos dizer: "Dispomos agora de uma lei admirável, segundo a qual o príncipe, encarregado de executar as leis, nomeia um agente em cada tribunal para perseguir, em seu nome, todos os crimes; (...) a parte pública vela pelos cidadãos; ela age e eles se sentem tranqüilos" (*Justitia*, vol. XXXII – janeiro-março, 1961, pág. 30).

Destaquemos: foi mesmo na França onde inicialmente surgiu um esboço da noção que hoje temos do Ministério Público. Sobretudo se tomarmos o ponto de vista da ação penal. Já estava superada a fase da acusação privada e aquela em que a titularidade era deferida a qualquer do povo. Havia, naquele tempo, uma acusação pública, incumbida a um órgão estatal, em nome do Rei, é verdade, mas que, em síntese, acabava encarnando o interesse do Estado. Não se deve olvidar que passava a época de Luis XIV, auge do Absolutismo, onde a figura do monarca se confundia com a do Estado, conforme se pode extrair da famosa expressão *L'État c'est moi*.

Claro que os *gens du roi* velavam, também, pelos interesses do Rei. Trata-se, contudo, de atribuição que, nem por isso, impede que neles se identifiquem as mais remotas nuances do promotor de justiça de hoje. Aliás, há pouco tempo, mais precisamente até antes do advento da Constituição de 1988, o Ministério Público exercia funções típicas da advocacia pública, como, *verbi gratia*, a execução judicial de tributos em nome da União, tarefa hoje cominada aos procuradores da fazenda pública.

Parquet – A expressão *parquet*, que hoje frequentemente designa o Ministério Público, a propósito, é francesa. Segundo Tourinho Filho, "[...] na França antiga os Procuradores e os advogados do Rei não se sentavam sobre o mesmo estrado onde ficavam os Juízes, mas sobre o soalho (*parquet*) da sala de audiência, como as partes e seus representantes [...] Na sala das audiências havia um cancelo que separava os Juízes das demais pessoas. E porque os Procuradores do Rei (*les gens du Roi*) ficavam sentados aquém do cancelo, com suas cadeiras postadas sob o assoalho (*parquet*), e não sobre o estrado, surgiu a expressão *Procurereurs au parquet*, ou simplesmente *Parquet*, para aludir aos Procuradores" (*Processo penal*, São Paulo: Saraiva, 26 ª ed., 2004, vol. 2, p. 333). Para Hélio Tornaghi "os monarcas procuraram por todos os meios robustecer a posição de seus representantes, dar-lhes independência em relação aos juízes e colocá-los em pé de igualdade com esses, fazendo inclusive que subissem do *parquet*, isto é, do assoalho para o estrado".

O Ministério Público no Brasil – Origens históricas – Já as Ordenações Manuelinas, a partir de 1521, previam expressamente a existência do Ministério Público e, ao que se sabe, pela primeira vez teria sido utilizada a expressão *Promotor de Justiça*. Dessas Ordenações extrai-se o trecho a seguir, que preserva a linguagem da época: "O promotor de Justiça deve ser letrado, e bem entendido para saber espertar, e alegar as causas, e razões que pera lume, e clareza da Justiça, e pera inteira conservaçam della convem, ao qual mandamos que com grande cuidado, e diligencia requeira todas as causas que pertencerem à Justiça, e conservaçom de nossa jurisdiçom, em tal guisa, que por sua culpa, ou negligencia nom pareça Justiça, nem nossa jurisdiçom seja deturpada; porque fazendo o contrário, Deos no outro mundo, e a nós neste dará disto conta".

Ao Brasil dessa época, praticamente habitado apenas pela população indígena e com presença quase insignificante do colonizador português, as Ordenações não tinham qualquer aplicação. Com efeito, passou-se quase um século para que se implantasse a Justiça em nosso país, por meio do Alvará de 7 de março de 1609, do Rei Dom Felipe III, criando um Tribunal na cidade de Salvador, denominado *Relação do Brasil* e que, segundo José Henrique Pierangelli, pode ser considerado "a pedra angular do edifício da Justiça Brasileira" (*Justitia*, vol. CXVII – abril-junho, 1982 – pág. 234). Esse diploma legal instituiu um Tribunal, cuja composição é detalhada por Edgard Costa, utilizando-se das expressões originais do alvará: "Haverá na dita Relação dez desembargadores, entrando nesse número o Chanceler, o qual servirá de juiz da Chancelaria; três desembargadores de agravos; um ouvidor-geral; um juiz dos feitos da Coroa e um procurador da Coroa, Fazenda e Fisco e promotor de justiça" (*Efemérides judiciárias*, publicação do Ministério de Educação e Cultura, Rio de Janeiro, 1961, pág. 142).

Pierangelli destaca, porém, que "com a vinda da Família Real para o Brasil, D. João VI, então Príncipe Regente, por Alvará de 22 de abril de 1808, criou o Tribunal da Mesa do Desembargo do Paço e de Chancelaria e Ordens. Esse Alvará, no seu inciso III, criava um cargo de Promotor, que seria *exercitado por um Magistrado que eu houver de nomear*" (ob. e pág. citadas).

Império – Proclamada a Independência, ambos os imperadores cuidaram da função de promotor de justiça. D. Pedro I, por meio das decisões 160 e 161, de 21 de julho de 1825, determinou que os abusos eventualmente cometidos pela imprensa (lembre-se que a esse tempo surgiu o Júri em nosso país, inicialmente concebido exatamente para o julgamento de crimes de imprensa), fossem comunicados ao *Promotor Fiscal*, a quem equiparou aos Magistrados, determinando que a ele fosse reservado o tratamento de *excelência*. Seu sucessor, D. Pedro II, com o Decreto nº 1.723, de 16 de fevereiro de 1856, determinou que o *desembargador promotor de justiça* tivesse vista de todas as apelações apresentadas aos *Tribunais da Relação*, naquilo que se pode conceber como sendo a primeira semente da atribuição hoje exercida pelos Procuradores de Justiça.

Ainda era, contudo, uma atuação nitidamente vinculada aos interesses do soberano, muito mais identificada com a antiga figura dos *Les Gens du Roi*, e que refletia – e nem poderia ser diferente – o momento histórico ainda marcado pelo Absolutismo, conquanto, já a essa altura, bafejado pelos ares do liberalismo e do positivismo, que emergiam naquele século XIX.

República – O Ministério Público, porém, assumiria novo fôlego, aproximando-se mais do perfil hoje conhecido, com a proclamação da República. Daí se afirmar que o *parquet* é mesmo uma obra republicana, pois a partir daí, especialmente com o advento do Decreto nº 848, de 11 de outubro de 1890 e do Decreto nº 1.030, de 14 de dezembro de 1890, ganhou fôlego, deixando de se constituir em mero apenso do Poder Judiciário para se transformar na chamada "Magistratura de Pé". E, de fato, o art. 164, deste último diploma legal, em sua redação original, declarou expressamente que "o ministério público é perante as justiças constituídas o advogado da lei, o fiscal de sua execução, o procurador dos interesses geraes do Districto Federal e o promotor da acção pública contra todas as violações do direito". Essa lei foi fruto da criação de Manoel Ferraz de Campos Sales, à época Ministro da Justiça do recém-instituído governo provisório, que perduraria até 22 de janeiro de 1891. Dada à sua atuação à frente da pasta, se atribui a Campos Sales a láurea de *precursor da independência do Ministério Público do Brasil* e, por isso, o dia 13 de fevereiro, consagrado como "Dia do Ministério Público", coincide com a data de seu nascimento.

O Ministério Público e sua posição nas Constituições anteriores – A Constituição de 1891 não fez qualquer alusão ao Ministério Público, referindo-se, apenas, ao Procurador-Geral da República, a ser nomeado pelo Presidente da República dentre os Ministros do Supremo Tribunal Federal (art. 58, § 2º). Em cada um dos Estados, disse a Lei nº 221, de 1894, eram nomeados Procuradores Seccionais da República, a permanecerem no cargo "enquanto bem servirem", a exemplo da cláusula norte-americana do "during good behaviour", prevendo-se, assim, a possibilidade de demissão "ad nutum", segundo critérios discricionários do administrador.

Fez menção ao Ministério Público, pela primeira vez, a nível constitucional, a carta de 1934. Foi a instituição, assim, incluída no Título I, que tratava da "Organização Federal" e – vale pelo interesse histórico – mais especificamente no capítulo que cuidava dos "Órgãos de Cooperação nas Atividades Governamentais". Ao lado do Ministério Público, os outros *órgãos de cooperação* eram o Tribunal de Contas e os extintos Conselhos Técnicos. Como indica a denominação do título, a Constituição tratava da organização, apenas, do Ministério Público da União, do Distrito Federal e dos Territórios. Deixava-se, assim, a cada estado-membro da Federação a incumbência de organizar, localmente, o seu Ministério Público. Lembre-se que à época a lei processual penal não se achava unificada em todo país, possuindo a maioria dos Estados o seu código próprio, medida que se verificaria somente em 1941, com o advento do atual Código de Processo Penal.

Constituição de 1934 – A carta de 1934, a par de seu aspecto pioneiro, também previu outros direitos conferidos aos membros do Ministério Público e que, até os dias de hoje, perduram, como a vitaliciedade (art. 95, § 3º) e a equiparação entre os vencimentos do Procurador-Geral da República e do Ministro do Supremo Tribunal Federal (art. 95, § 1º). Demais disso, também prescreveu vedações ainda vistas, como o impedimento ao exercício de outra função pública senão a do magistério (art. 97). Outra importante inovação consistiu no fato de que o Procurador-Geral da República não mais seria escolhido dentre os Ministros do Supremo Tribunal Federal, mas sim, "dentre os cidadãos com os requisitos estabelecidos para os ministros da Suprema Corte".

Constituição de 1937 – A "polaca" de 1937, de sua parte, em posição retrógrada quando comparada à Constituição de 1934, tratou do Ministério Público apenas no art. 99, *in verbis*: "O Ministério Público Federal terá por chefe o Procurador-Geral da República, que funcionará junto ao Supremo Tribunal Federal e será de livre nomeação e demissão do Presidente da República, devendo recair a escolha em pessoa que reúna os requisitos exigidos para ministro do Supremo Tribunal Federal". Foi, portanto, omissa em relação à organização da Instituição, seu funcionamento, modo de ingresso, etc.

Constituição de 1946 – A Constituição de 1946 importou em notável avanço do Ministério Público. É dessa opinião Mário Dias, ao ressaltar que "embora não se tenha conseguido ainda completa vitória é, sem dúvida, digno de francos aplausos e altamente significativo para o futuro da instituição, o relevo a que atingiram, na sua estruturação constitucional, as discussões parlamentares, durante a elaboração da Carta Magna que ora rege os destinos do Brasil. Pela primeira vez, em nossa história constitucional, mereceu a instituição do Ministério Público brasileiro, as honras de um título especial no Estatuto básico da República, embora resumido em quatro únicos artigos, desprezadas que foram, ainda desta vez, as inúmeras emendas e sugestões apresentadas aos anteprojetos oficiais" (*Ministério Público brasileiro – Instituição, atribuições, processo*, Rio: Imprenta, 1955, p. 43).

E, de fato, embora mantendo a – criticada – possibilidade de demissão *ad nutum* do Procurador-Geral da República (art. 126), por outro lado a Carta trouxe importantes avanços, como a irremovibilidade, a vitaliciedade e a obrigatoriedade de ingresso na carreira mediante concurso público (art. 127). Obrigou, outrossim, em medida crucial para o futuro da instituição, que os Estados-Membros, na organização do Ministério Público local, atentassem a tais diretrizes fixadas na lei maior (art. 128). Cominou, ainda, aos Procuradores da República, a representação da União em juízo, "podendo a lei cometer esse encargo, nas comarcas do interior, ao Ministério Público local", em atribuição hoje inexistente.

Constituição de 1967 – Na Constituição de 1967, promulgada em 27 de janeiro daquele ano, foi o Ministério Público incluído na Seção IX, do Capítulo VIII, que tratava do Poder Judiciário. Alguns vislumbraram, em tal inclusão, um avanço, eis que o Ministério Público fora, finalmente, como verdadeira "Magistratura de Pé", colocado ao lado do Poder Judiciário, em igualdade de condições. Outros, no entanto – e aqui se destaca a lição de Pontes de Miranda – (*Comentários à Constituição de 1967*, vol. IV, pág. 322) – afirmam que, com essa iniciativa, o *parquet* passou a ser, aos olhos do constituinte, um mero "órgão auxiliar" do Poder Judiciário. E, efetivamente, parecia a posição mais correta na medida em que o art. 107 daquela carta, que elencava os órgãos do Poder Judiciário, em nenhum momento fazia menção ao Ministério Público.

Através da Emenda Constitucional nº 1, de 1969, o Ministério Público, pelo menos em termos topográficos, ocupou a posição dentro do Poder Executivo.

Em síntese, assim trataram, a partir da República, as diversas Constituições brasileiras o Ministério Público: a de 1934, como "órgão de cooperação das atividades governamentais"; a de 1937 mencionou o Ministério Público de forma isolada, apenas em um artigo; a de 1946 disciplinou o Ministério Público em um título próprio; a Carta de 1967, inseriu o *parquet* na seção do Poder Judiciário e, finalmente, a emenda de 1969, como órgão do Poder Executivo.

O Ministério Público na Constituição de 1988 – É induvidoso que a Carta de 1988 desenhou o perfil que hoje apresenta o Ministério Público. Embora se tratando de Instituição em constante mudança, por vezes com sua atuação ampliada, outras restringidas, ao sabor da jurisprudência dos Tribunais, é a "Cidadã de 1988" quem traça suas diretrizes, afastando-o, de vez, de qualquer papel representativo do Estado – e por consequência, das vetustas atribuições, *verbi gratia*, de defesa do erário ou dos atos governamentais – para assumir, indisputavelmente, a função de defensor da sociedade. É a exata dicção do art. 127, *caput*, de nossa Carta Magna, *in verbis*: "O Ministério Público é instituição permanente, essencial à função jurisdicional do Estado, incumbindo-lhe a defesa da ordem jurídica, do regime democrático e dos interesses sociais e individuais indisponíveis".

Inegável a confiança depositada na Instituição pelo Constituinte que, afastada qualquer intenção de *classificar* o Ministério Público como um *quarto poder* acrescido àqueles teorizados por Montesquieu – *classificação*, diria, que encerra uma discussão estéril, sem qualquer conteúdo prático – conferiu ao *parquet* verdadeiro *cheque em branco*, para utilizarmos a expressão de Ulysses Guimarães, seu principal condutor. Para Marcelo Pedroso Goulart, com efeito, "o constituinte reconheceu no Ministério Público um dos canais que a sociedade poderia dispor para a consecução do objetivo estratégico da República brasileira, qual seja, a construção de uma democracia econômica e social. A trajetória traçada historicamente pela Instituição habilitou-se à representação dos interesses sociais e dos valores democráticos. Nessa perspectiva, a Constituição de 1988 consolidou o novo perfil político-institucional do Ministério Público, definindo o papel essencial que deve desempenhar numa sociedade complexa, na defesa do regime democrático, da ordem jurídica e dos interesses sociais e individuais indisponíveis, instrumentalizando-o para tais fins". (*Ministério Público e Democracia – Teoria e Práxis*, Leme: Editora de Direito, 1998, pág. 90).

Garantias e vedações – As garantias dos membros do Ministério Público são as mesmas conferidas aos Magistrados, analisadas acima no exame ao art. 251. As vedações também não diferem, acrescentando apenas, nos termos do art. 128, § 5º, II, da CF, mais duas: a proibição de exercer a advocacia e de participar de sociedade comercial.

Princípios institucionais – Como princípios institucionais atinentes ao Ministério Público, apontados no art. 127, § 1º, da Constituição, devem ser citados: 1) *unidade*: ou seja, o Ministério Público é um único órgão, atuando sob uma única direção, já que os seus componentes não agem em nome próprio, senão da Instituição; 2) *indivisibilidade*: já que é um único órgão, seus membros podem ser substituídos uns pelos outros, por livre designação do Procurador-Geral, que poderá, ainda, avocar processos ou designar algum promotor para atuar especificamente num determinado feito. Essas possibilidades, porém, não são aceitas para os que defendem a existência do chamado *promotor natural* (v. abaixo), isto é, aquele com atribuição previamente estabelecida em lei e que não poderia ser substituído discricionariamente por outro colega; 3) *independência funcional*: o membro da Instituição atua segundo sua convicção pessoal, de forma independente, nada impedindo, por exemplo, que em um mesmo processo um promotor de Justiça peça a absolvição do réu e outro, proferida a sentença absolutória, recorra para obter a condenação do acusado. Também por isso, não há, portanto, nenhuma hierarquia ou subordinação entre os poderes Executivo, Legislativo e Judiciário e o Ministério Público.

JURISPRUDÊNCIA

Princípio do promotor natural

a) inexistência

"O STF não reconhece o postulado do promotor natural como inerente ao direito brasileiro (HC 67.759, Pleno, DJ 01.07.1993): 'Posição dos Ministros CELSO DE MELLO (Relator), SEPÚLVEDA PERTENCE, MARCO AURÉLIO e CARLOS VELLOSO: Divergência, apenas, quanto à aplicabilidade imediata do princípio do Promotor Natural: necessidade de 'interpositio legislatoris' para efeito de atuação do princípio (Ministro CELSO DE MELLO); incidência do postulado, independentemente de intermediação legislativa (Ministros SEPÚLVEDA PERTENCE, MARCO AURÉLIO e CARLOS VELLOSO). – Reconhecimento da possibilidade de instituição de princípio do Promotor Natural mediante lei (Ministro SIDNEY SANCHES). – Posição de expressa rejeição à existência desse princípio consignada nos votos dos Ministros PAULO BROSSARD, OCTAVIO GALLOTTI, NÉRI DA SILVEIRA e MOREIRA ALVES'. 4. Tal orientação foi mais recentemente confirmada no HC n° 84.468/ES (rel. Min. Cezar Peluso, 1ª Turma, DJ 20.02.2006)" (STF – HC n° 90277-DF – Rel. Ellen Gracie, j. 17.06.2008, DJe 31.07.2008).

b) existência

"O princípio do promotor natural, evidenciado na garantia constitucional acerca da isenção na escolha dos representantes ministeriais para atuarem na persecução penal, almeja assegurar o exercício pleno e independente das atribuições do Ministério Público, repelindo do nosso ordenamento jurídico a figura do acusador de exceção, escolhido arbitrariamente pelo Procurador-Geral" (STJ – HC n° 221805-SE – Rel. Laurita Vaz, j. 18.02.2014, DJe 05.03.2014).

Violação ao princípio do promotor natural

"Júri. Duplo homicídio duplamente qualificado. Atuação em plenário de julgamento de promotor de justiça estranho à comarca e ao feito. Ferimento ao princípio do promotor natural. Nulidade reconhecida. Embora não previsto expressamente em lei, o Princípio do Promotor Natural decorre de dispositivos constitucionais e é admitido na doutrina e na jurisprudência, ainda que comportando alguma relativização. No caso, a atuação em plenário de julgamento de um Promotor de Justiça estranho à Comarca e ao feito, sem regular designação e estando a titular da Promotoria em pleno exercício de suas funções, constitui ferimento ao referido princípio e acarreta a nulidade do julgamento" (STF – RE n° 638757-RS – Rel. Luiz Fux, j. 09.04.2013, DJe 25.04.2013).

Promotor natural e designações do Procurador-Geral

"O postulado do promotor natural, que se revela imanente ao sistema constitucional brasileiro, repele, a partir da vedação de designações casuísticas efetuadas pela chefia da instituição, a figura do acusador de exceção. Esse princípio consagra uma garantia de ordem jurídica, destinada tanto a proteger o membro do Ministério Público, na medida em que lhe assegura o exercício pleno e independente do seu ofício, quanto a tutelar a própria coletividade, a quem se reconhece o direito de ver atuando, em quaisquer causas, apenas o promotor cuja intervenção se justifique a partir de critérios abstratos e predeterminados, estabelecidos em lei. A matriz constitucional desse princípio assenta-se nas cláusulas da independência funcional e da inamovibilidade dos membros da instituição. O postulado do promotor natural limita, por isso mesmo, o poder do procurador-geral que, embora expressão visível da unidade institucional, não deve exercer a chefia do Ministério Público de modo hegemônico e incontrastável" (STF – HC n. 67759 – Rel. Celso de Mello – j. 06.08.1992, DJ 01.07.1993).

Promotor natural e art. 28 do CPP

"Nenhuma afronta ao princípio do promotor natural há no pedido de arquivamento dos autos do inquérito policial por um promotor de justiça e na oferta da denúncia por outro, indicado pelo procurador-geral de justiça, após o juízo local ter considerado improcedente o pedido de arquivamento" (STF – HC n. 92885, Rel. Cármen Lúcia, j. 29.04.2008, DJE de 20.06.2008).

Pedido de absolvição e recurso de outro promotor

"A pretensão de um órgão do Ministério Público não vincula os demais, garantindo-se a legitimidade para recorrer, em face do princípio da independência funcional" (STF – ARE n. 725491 – Rel. Luiz Fux, j. 26.05.2015, DJe 15.06,2015).

Promotor *ad hoc*

a) possibilidade em situações excepcionais

"O art. 129, I e seu § 2º, da Constituição diz que é função institucional do Ministério Público "promover, privativamente, a ação penal pública, na forma da lei"; o art. 55, "caput", da Lei Complementar nº 40/91, proíbe a nomeação de promotor "ad hoc"; e o art. 448 do C.P.P., ao tratar do julgamento pelo Júri, dispõe, em "caráter excepcional", que pode haver nomeação de promotor "ad hoc" quando houver ausência ilegal do Ministério Público. Em casos excepcionais, como este, é possível dar um rendimento residual ao art. 448 do C.P.P., sob pena de se permitir, como conseqüência de movimento paredista ilegal, a paralização do Poder Judiciário, o que seria um mal maior" (STF – HC n° 71198-GO, Rel. Maurício Corrêa, j. 21.02.1995, DJ 30.06.2000, p. 39).

"Embora a Lei Orgânica Nacional do Ministério Público e a Constituição da República Federativa do Brasil, estabeleçam regras de que as funções do Ministério Público são privativas dos integrantes da carreira, em casos excepcionais, como a paralisação da classe, é de se dar como válidos os atos praticados por promotor ad hoc, dado que ninguém pode obstaculizar o funcionamento do Poder Judiciário" (STF –Rel. Pedro Acioli – LEXSTJ 50/300).

b) impossibilidade quando viola o princípio do promotor natural

"O Promotor ou o Procurador não pode ser designado sem obediência ao critério legal, a fim de garantir julgamento imparcial, isento. Veda-se, assim, designação de Promotor ou Procurador ad hoc no sentido de fixar prévia orientação, como seria odioso indicação singular de magistrado para processar e julgar alguém. Importante, fundamental é prefixar o critério de designação. O Réu tem direito público, subjetivo de conhecer o órgão do Ministério Público, como ocorre com o juízo natural" (STF – RC n° 8513-BA, Rel. Luiz Vicente Cernicchiaro, j. 20.05.1999, DJ 28.06.1999, p. 154).

c) impossibilidade de criação por ato da Corregedoria de Justiça

MINISTÉRIO PÚBLICO – PROMOTOR AD HOC – IMPROPRIEDADE CONSTITUCIONAL – "A criação, por Corregedoria-Geral da Justiça, da figura do promotor ad hoc conflita com o disposto nos artigos 127, § 2º, 128, cabeça, parágrafos e inciso I, e 129, § § 2º e 3º, da Constituição da República. Inconstitucionalidade da alínea "e" do artigo 196 da Consolidação dos Atos Normativos da Corregedoria Geral da Justiça do Estado de Goiás" (STF – ADIn n° 2874-GO, Rel. Marco Aurélio, j. 28.08.2003, DJ 03.10.2003, p. 10).

Inviolabilidade das opiniões do MP

RECURSO ESPECIAL. PENAL. PROCESSO PENAL. ARTS. 138, 139 E 140 DO CÓDIGO PENAL. CRIMES CONTRA HONRA – "Nos termos da Lei 8.265/93, art. 41, V, é prerrogativa dos membros do Ministério Público, no exercício de suas funções institucionais, gozar de inviolabilidade pelas opiniões que externar ou pelo teor de suas manifestações processuais ou procedimentos" (STJ – REsp n° 346050-SP – Rel. José Arnaldo da Fonseca, j. 06.03.2002, DJ 31.03.2002, p. 244).

Art. 257. Ao Ministério Público cabe: (Redação dada pela Lei nº 11.719, de 2008).

I - promover, privativamente, a ação penal pública, na forma estabelecida neste Código; e (Incluído pela Lei nº 11.719, de 2008).

II - fiscalizar a execução da lei. (Incluído pela Lei nº 11.719, de 2008).

I - promover, privativamente, a ação penal pública, na forma estabelecida neste Código; e (Incluído pela Lei nº 11.719, de 2008).

Ação penal pública – A par de ser um órgão a quem cabe a defesa da ordem jurídica, do regime democrático e dos interesses sociais e individuais indisponíveis (art. 127 da CF), é o Ministério Público, mais especificamente no âmbito penal, o titular privativo (exclusivo) da ação penal pública, segundo expressa previsão constitucional (art. 129, I, da CF). Esse princípio ingressou na legislação infraconstitucional por conta da Lei nº 11.719, de 20 de junho de 2008, que, na nova redação do inc. I, do art. 257, do CPP, repetiu o texto constitucional, para reafirmar que cabe ao Ministério Público "promover, privativamente, a ação penal pública, na forma estabelecida neste Código". É, portanto, o *dominus littis*, isto é, o titular da ação penal pública.

Sobre a exclusividade do Ministério Público para a propositura da ação penal pública, convidamos o leitor a conferir os comentários que tecemos ao art. 24 acima, inclusive quanto à chamada *ação penal popular*.

JURISPRUDÊNCIA

Titular exclusivo da ação penal pública

"A Constituição Federal deferiu ao Ministério Público o monopólio da ação penal pública (art. 129, I). O exercício do jus actionis, em sede processual penal, constitui inderrogável função institucional do Ministério Público, a quem compete promover, com absoluta exclusividade, a ação penal pública. A cláusula de reserva, pertinente à titularidade da ação penal pública, sofre apenas uma exceção, constitucionalmente autorizada (art. 5º, LIX), na hipótese singular de inércia do Parquet. Não mais subsistem, em conseqüência, em face da irresistível supremacia jurídica de que se reveste a norma constitucional, as leis editadas sob regimes constitucionais anteriores, que deferiam a titularidade do poder de agir, mediante ação penal pública, a magistrados, a autoridades policiais ou a outros agentes administrativos" (STF – RHC nº 68314-DF, Rel. Celso de Mello, j. 20.09.1990, DJ 15.03.1991, p. 2648).

Condução das investigações pelo Ministério Público

"O poder de investigar compõe, em sede penal, o complexo de funções institucionais do Ministério Público, que dispõe, na condição de "dominus litis" e, também, como expressão de sua competência para exercer o controle externo da atividade policial, da atribuição de fazer instaurar, ainda que em caráter subsidiário, mas por autoridade própria e sob sua direção, procedimentos de investigação penal destinados a viabilizar a obtenção de dados informativos, de subsídios probatórios e de elementos de convicção que lhe permitam formar a "opinio delicti", em ordem a propiciar eventual ajuizamento da ação penal de iniciativa pública" (STF – HC nº 94173-BA, Rel. Celso de Mello, j. 27.10.2009, DJe 27.11.2009).

"De acordo com entendimento consolidado em ambas as Turmas que compõem a Terceira Seção deste Superior Tribunal de Justiça, amparado na jurisprudência do Pretório Excelso, ainda que não se permita ao Ministério Público a condução do inquérito policial propriamente dito, e tendo em vista o caráter meramente informativo de tal peça, não há vedação legal para que o parquet proceda a investigações e colheita de provas para a formação da opinio delicti" (STJ – RHC nº 31467-SP, Rel. Jorge Mussi, j. 13.08.2013, DJe 23.08.2013).

"Deve a autoridade policial agir de ofício. Qualquer do povo pode prender em flagrante. É dever de toda e qualquer autoridade comunicar o crime de que tenha ciência no exercício de suas funções. Dispõe significativamente o artigo 144 da Constituição da República que "A segurança pública, dever do Estado, direito e responsabilidade de todos, é exercida para a preservação da ordem pública e da incolumidade das pessoas e do patrimônio."

Não é, portanto, da índole do direito penal a feudalização da investigação criminal na Polícia e a sua exclusão do Ministério Público. Tal poder investigatório, independentemente de regra expressa específica, é manifestação da própria natureza do direito penal, da qual não se pode dissociar a da instituição do Ministério Público, titular da ação penal pública, a quem foi instrumentalmente ordenada a Polícia na apuração das infrações penais, ambos sob o controle externo do Poder Judiciário, em obséquio do interesse social e da proteção dos direitos da pessoa humana" (STJ – HC nº 35654-RO, Rel. Hamilton Carvalhido, j. 07.03.2006, DJ 20.03.2006, p. 357).

Requisitos da investigação conduzida pelo Ministério Público

"O procedimento investigatório instaurado pelo Ministério Público deverá conter todas as peças, termos de declarações ou depoimentos, laudos periciais e demais subsídios probatórios coligidos no curso da investigação, não podendo, o "Parquet", sonegar, selecionar ou deixar de juntar, aos autos, quaisquer desses elementos de informação, cujo conteúdo, por referir-se ao objeto da apuração penal, deve ser tornado acessível tanto à pessoa sob investigação quanto ao seu Advogado" (STF – HC nº 94173-BA, Rel. Celso de Mello, j. 27.10.2009, DJe 27.11.2009).

II - fiscalizar a execução da lei. (Incluído pela Lei nº 11.719, de 2008).

Custos iuris – Ao lado da função de parte no processo penal, como titular da ação penal pública, o Ministério Público, por vezes, atua como *custos iuris*, ou seja, como fiscal da ordem jurídica e da correta aplicação da lei. Essa incumbência vem expressa no dispositivo em exame. Isso ocorre na ação penal exclusivamente privada, na qual, embora não sendo parte, é obrigatória a atuação do *parquet*. Também em segundo grau de jurisdição, os procuradores de Justiça oficiam na qualidade de *custos iuris*. Mas mesmo na ação penal pública, embora considerado como *parte* no processo, na medida em que deduz a ação penal contra o denunciado, pedindo sua condenação na denúncia, é o Ministério Público uma *parte diferenciada*. Ou, como já se disse, valendo-se de uma figura de linguagem, uma *parte imparcial*, tendo em vista que age com imparcialidade, procurando defender os interesses da sociedade, velando pela correta aplicação da lei. Não se trata, pois, de um *acusador profissional*. É por isso mesmo que pode pedir a absolvição do réu, recorrer em favor dele, impetrar *habeas corpus* em prol do paciente, promover o arquivamento do inquérito policial etc. A despeito de tais possibilidades, reconhecidas, de forma unânime, pela doutrina e jurisprudência, não se deve perder de vista que o Ministério Público é, e continuará sendo, parte no processo. Não faria sentido uma legislação capaz de prever a convivência de dois juízes na mesma relação processual. Por isso mesmo se mostra salutar e, antes, necessário mesmo, que o juiz possa condenar o réu em face de pedido de absolvição formulado pelo Ministério Público (art. 385), sem embargo de crítica doutrinária que vê, nessa conduta, uma afronta ao sistema acusatório que inspira nosso processo penal.

Atuação do mesmo representante do Ministério Público em instâncias distintas – Constatando-se que um único membro do Ministério Público, numa mesma peça processual, apresentou contrarrazões ao recurso de apelação e ofertou parecer sobre o caso, configura ofensa ao disposto nos artigos 127 da Constituição Federal e 257 do Código de Processo Penal.

Em razão da diversidade de funções exercidas pelos representantes do Ministério Público, afigura-se inviável, por parte de qualquer agente público ou político, o exercício de uma fiscalização isenta após este mesmo agente ter atuado na defesa de interesse controvertido no seio de uma relação processual instituída em juízo.

Embora seja certo que a atuação do órgão Ministério Público no segundo grau de jurisdição não tenha nenhuma carga vinculativa para o julgamento da insurgência, já que exprime o que a instituição reputa por correto no caso concreto, trata-se de verdadeira instância de controle, essencial para a manutenção ou reparação da ordem jurídica, cuja defesa lhe é inerente.

A função fiscalizatória exercida pelo *parquet* também deve ser marcada pela imparcialidade, sob pena de se inviabilizar o alcance das suas incumbências constitucionais (artigo 127, *caput*, da Constituição Federal).

Diferente, contudo, é a situação em que atua como órgão de acusação em primeiro e em segundo grau. Não se vislumbra justificativa para que o impedimento disposto no art. 252, III, do CPP tenha aplicabilidade em relação a membro do Ministério Publico que, nas duas instâncias, atua no exercício, unicamente, da função acusatória - não fiscalizatória -, tendo em vista o disposto no art. 258 do CPP, que determina a extensão aos membros do *parquet*, "no que lhes for aplicável", das prescrições relativas à suspeição e aos impedimentos dos juízes (STJ- REsp 1542007/MT, Rel. Ministro RIBEIRO DANTAS, QUINTA TURMA, julgado em 22/03/2018, DJe 02/04/2018).

Deve ser lembrado, por fim, que a jurisprudência do STJ firmou entendimento no sentido de que o reconhecimento de nulidade no curso do processo penal reclama efetiva demonstração de prejuízo, à luz do art. 563 do Código de Processo Penal, segundo o princípio pas de nullité sans grief, o que não se verifica na espécie.

Sobre a possibilidade de sustentação oral do MP Estadual perante o STF, v. arts. 577 e 610 abaixo.

Sobre a atuação do MP Estadual perante o STJ e o STF, v. art. 577 adiante.

Idem quanto à possibilidade do MP Estadual pode ajuizar reclamação perante o STF.

Art. 258. **Os órgãos do Ministério Público não funcionarão nos processos em que o juiz ou qualquer das partes for seu cônjuge, ou parente, consangüíneo ou afim, em linha reta ou colateral, até o terceiro grau, inclusive, e a eles se estendem, no que lhes for aplicável, as prescrições relativas à suspeição e aos impedimentos dos juízes.**

Suspeição ou impedimento do Ministério Público – As mesmas causas de impedimento e suspeição aplicáveis ao juiz são cominadas, também, ao Ministério Público. De sorte que, enquadrando-se o membro do *parquet* em uma das situações previstas nos arts. 252 e 254, deverá se dar por impedido ou suspeito. A Lei Orgânica do Ministério Público de São Paulo (Lei nº 734/1993), em seu art. 171, vai mais além, para declarar impedido o promotor de Justiça "de servir conjuntamente com Juiz ou Escrivão que seja seu ascendente ou descendente, cônjuge, sogro ou genro, irmão ou cunhado, durante o cunhadio, tio, sobrinho ou primo". Fazemos essa afirmação porque a lei estadual estende a vedação também ao escrivão, conquanto julgamento do STF, abaixo transcrito, não reconheceu essa causa de impedimento.

Apenas para exemplificar, jurisprudência abaixo colacionada junto ao STJ vislumbrou suspeição do procurador de Justiça para emitir parecer em processo no qual ele, antes da promoção funcional, atuara com o promotor de Justiça. A analogia foi feita ao art. 252, inc. III, do código, que impede o juiz que atuou em uma instância funcionar em outra, atuando no feito, a um só tempo, como juiz e desembargador. Ora, se as causas de impedimento e suspeição impostas ao juiz vigoram também para o membro do Ministério Público, parece óbvio, nesse exemplo, o impedimento deste último.

JURISPRUDÊNCIA

Procurador que antes atuara como promotor de justiça. Impossibilidade

"Constatando-se que o Procurador de Justiça que integrou o julgamento da apelação criminal interposta em favor dos pacientes foi o mesmo membro do parquet que, no primeiro grau de jurisdição, propôs a ação penal e ofereceu as respectivas alegações finais acusatórias, configura-se a ofensa ao disposto no artigo 258, combinado com o artigo 252, inciso III, do Código de Processo Penal. Tendo-se em conta a diversidade de funções exercidas pelos representantes do Ministério Público, afigura-se inviável, por parte de qualquer agente público ou político, o exercício de uma fiscalização isenta após este mesmo agente ter atuado na defesa de interesse controvertido no seio de uma relação processual instituída em juízo, como ocorreu na hipótese. Embora seja certo que a atuação do Órgão Ministério Público no segundo grau de jurisdição não tenha nenhuma carga vinculativa para o julgamento da insurgência, já que exprime o que a instituição reputa por correto no caso concreto, trata-se de verdadeira instância de controle, essencial para a manutenção ou reparação da ordem jurídica, cuja defesa lhe é inerente. A função fiscalizatória exercida pelo parquet também deve ser marcada pela imparcialidade, sob pena de se inviabilizar o alcance das suas incumbências constitucionais (artigo 127, caput, da Constituição Federal)" (STJ – HC nº 136771-GO, Rel. para o acórdão Jorge Mussi, j. 27.09.2011, DJe 19.12.2011).

Juiz que antes atuara como promotor de justiça. Impossibilidade

"Flagrante é a ilegalidade resultante do recebimento da denúncia e prolação da sentença feita por juiz que atuou como promotor no mesmo feito, inclusive requerendo a instauração do inquérito policial. Impedimento que ressalta do artigo 252, II do Código de Processo Penal e que indiscutivelmente afeta a imparcialidade do órgão julgador" (STJ – HC nº 53528-MS, Rel. Maria Thereza de Assis Moura, j. 28.04.2009, DJe 18.05.2009).

Tribunais – Cremos que o vocábulo "juiz", empregado neste dispositivo, deve ser interpretado em seu sentido mais amplo e, com isso, a vedação prevista no art. 253, relativa aos órgãos colegiados, deve também ser contemplada pela norma. De tal forma que, na composição de determinada Câmara julgadora de um tribunal, não poderão atuar conjuntamente uma procuradora de Justiça com seu marido desembargador. Irrelevante – entendemos –, se a função do procurador, por não atuar como parte, é de fiscal da ordem jurídica, a quem caberia, portanto, ofertar um parecer isento. A proximidade doméstica não recomenda essa atuação conjunta.

Como já focalizamos acima, na análise do art. 112 do código, a suspeição (e também o impedimento) do órgão do Ministério Público deve ser declarada espontaneamente por seu titular. Não o fazendo, a parte interessada pode deflagrar a exceção de suspeição, que seguirá o mesmo rito aplicável aos juízes.

Promotor de Justiça que acompanhou a investigação policial – Certamente, movidos pelo espírito do sistema do juiz das garantias, haverá corrente sustentando ter-se criado campo fértil para o "promotor de Justiça das garantias", impedido de atuar na fase do processo, pois "contaminado". A tese contrária, contudo, é pacífica no sentido de que não se reconhece o impedimento ou suspeição do membro do Ministério Público que acompanhou a investigação policial. Vem, aliás, cristalizada na Súmula nº 234 do STJ, *in verbis*: "A participação de membro do Ministério Público na fase investigatória criminal não acarreta o seu impedimento ou suspeição para o oferecimento da denúncia". Inclusive se conduziu, unilateralmente, atos de investigação no âmbito interno da instituição, por meio, por exemplo, de um inquérito civil. Pensar-se de forma diversa importaria em exigir do Ministério Público uma imparcialidade que não lhe é inerente. Por mais que se possa taxá-lo, como alertamos acima, de *parte imparcial*, ele é sempre parte. A imparcialidade se reclama do juiz, não do órgão acusador. Caso haja abuso na acusação, posteriormente apurado no processo-crime, o juiz que absolva o réu e adote, se cabíveis, medidas de cunho correcional contra o promotor, enviando cópias dos autos aos setores competentes. Mas daí se entender que uma investigação conduzida por determinado membro do Ministério Público o inibiria, posteriormente, de ofertar a denúncia, parece que vai longa distância. Ao contrário, por bem conhecer o teor do material colhido, é ele, sob o ponto de vista prático, o ente mais vocacionado a deflagrar o processo-crime.

JURISPRUDÊNCIA

Parentesco com autoridade policial, auxiliar da justiça ou perito não configura impedimento

Impedimento. Ministério Público. Parentesco do promotor com o escrivão: impedimento inexistente (CPP, arts. 252 e 258) – "A invalidade do processo por impedimentos decorrentes de parentesco não exige que tenha sido concomitante a atuação dos parentes no feito. Os impedimentos do membro do ministério público em razão de parentesco são apenas os do art. 258 C. P. Penal: o parentesco do promotor com 'a autoridade policial, auxiliar da justiça ou perito', ao contrário do que sucede com o juiz, não lhe determina o impedimento para atuar no processo" (STF – HC n° 67828-AL – Rel. Sepúlveda Pertence, j. 03.04.1990, DJ 04.05.1990, p. 3695).

Não configuração de inimizade

"Para caracterizar a suspeição prevista na legislação processual penal vigente, a inimizade entre as partes deve ser pública, recíproca e estar fundada em atritos ou agressões mútuas, não podendo se relacionar com meras rusgas que podem ocorrer no ambiente profissional. Não há nos documentos anexados ao writ qualquer informação segura de que a atuação do órgão ministerial reputado suspeito, seja na instauração de procedimento preparatório de inquérito civil público, seja na requisição de abertura de inquérito policial contra o paciente, tenha decorrido de inimizade existente entre eles, ou por conta da anterior propositura de ação penal em face do acusado pelas supostas ameaças que teria proferido contra o promotor de justiça. Ao contrário, o que se observa é o simples cumprimento, pelo membro do Parquet, de suas atribuições constitucionais e legais, inexistindo indícios de que, por causa das investigações realizadas pelo Ministério Público em face do paciente, tenha se desenvolvido entre eles uma inimizade recíproca, pública e capital" (STJ – HC n° 204956-SP, Rel. Jorge Mussi, j. 18.09.2012, DJe 03.10.2012).

Entrevista do promotor não o torna suspeito

"Reconhecida a relevância da exceção de suspeição, não poderia o Tribunal a quo indeferir a produção da prova oral, de plano, sob o singelo argumento de que não teria o condão demonstrar a parcialidade do Juiz. Inteligência do art. 100, § 1º, do Código de Processo Penal. Evidenciado cerceamento de defesa" (STJ – HC n° 38087-SP, Rel. Arnaldo Esteves Lima, j. 12.04.2005, DJ 20.06.2005, p. 308).

Atuação no âmbito administrativo não impede a atuação no juízo criminal

EXCEÇÃO DE IMPEDIMENTO. MINISTÉRIO PÚBLICO FEDERAL. REJEIÇÃO – "A participação de membro do Ministério Público Federal em inquérito administrativo interno não o impede de funcionar, no exercício de suas atribuições, em processo criminal" (STJ – HC n° NC 348-DF, Rel. César Asfor Rocha, j. 20.10.2004, DJ 17.12.2004, p. 387).

Aproveitamento dos atos praticados pelo promotor suspeito

"A arguição de suspeição é exceção dirigida diretamente contra a pessoa, e não contra o Órgão. Assim, a substituição daquele apontado como excepto e a ratificação de denúncia por outro membro do Parquet, faz desaparecer os possíveis motivos da exceção. A declaração de suspeição de membro do Ministério Público não tem o poder de anular os atos já praticados, inclusive, a denúncia" (STJ – REsp n° 170137-MT, Rel. Gilson Dipp, j. 28.05.2002, DJ 01.07.2002, p. 369).

CAPÍTULO III
DO ACUSADO E SEU DEFENSOR

Art. 259. **A impossibilidade de identificação do acusado com o seu verdadeiro nome ou outros qualificativos não retardará a ação penal, quando certa a identidade física. A qualquer tempo, no curso do processo, do julgamento ou da execução da sentença, se for descoberta a sua qualificação, far-se-á a retificação, por termo, nos autos, sem prejuízo da validade dos atos precedentes.**

Acusado – O acusado, ou réu, é o sujeito passivo da relação processual, ou seja, é aquele contra quem se propõe a ação penal. Quando já recebida a denúncia na ação penal pública, ele é denominado réu. Na ação penal privada, querelado. Antes, durante o inquérito policial, é considerado suspeito ou indiciado. O réu será, via de regra, uma pessoa física, maior de 18 anos e que não goze de imunidade parlamentar ou diplomática. De se ver, porém, que a Lei nº 9.605/98 prevê a possibilidade de a pessoa jurídica figurar no polo passivo da relação processual, quando da prática de crime contra o meio ambiente.

Pessoa jurídica na condição de ré – Tema dos mais polêmicos se refere à possibilidade de a pessoa jurídica ocupar o polo passivo da relação processual. Não nos aprofundaremos na questão sob o ponto de vista do direito material, dando maior enfoque, contudo, à questão processual, alvo maior de nosso trabalho. De qualquer sorte, lembramos que a Constituição, em duas passagens, admite em tese essa possibilidade. É que o que consta do art. 173, § 5º, no que se refere aos crimes contra a ordem econômica e financeira e contra a economia popular e do art. 225, § 3º, nos crimes contra o meio ambiente.

Dos primeiros não se cogita em face da inexistência de legislação infraconstitucional que cuide da matéria. Já no que concerne aos crimes contra o meio ambiente, a Lei nº 9.605/1998, prevê, em seu art. 3º, que "as pessoas jurídicas serão responsabilizadas [...] penalmente conforme o disposto nesta Lei, nos casos em que a infração seja cometida por decisão de seu representante legal ou contratual, ou de seu órgão colegiado, no interesse ou benefício da sua entidade", sem prejuízo da responsabilidade "das pessoas físicas, autoras, coautoras ou partícipes do mesmo fato", nos termos do parágrafo único do mesmo dispositivo.

A partir daí é que surge a discussão de cunho processual, travada nos Tribunais Superiores, sobre a necessidade de que, para o processamento da pessoa jurídica, haja obrigatoriedade, também, de uma imputação simultânea contra a pessoa física. É a tese que predominava no Superior Tribunal de Justiça, como se vê da jurisprudência abaixo transcrita. Ou seja, somente pode prosperar uma denúncia, pela prática de crime ambiental contra pessoa jurídica se, juntamente com ela, for acusado também uma pessoa física, na qualidade de coautor ou partícipe do mesmo fato, naquilo que a doutrina denomina "sistema ou teoria da dupla imputação".

E, de fato, sob o aspecto processual, nos parece mesmo incompatível a denúncia isolada contra a pessoa jurídica. De se indagar, por exemplo, quem será citado ou interrogado, quais os efeitos da revelia, quem poderá exercer o direito ao silêncio, enfim, condutas que são próprias da pessoa física, inviáveis de serem cogitadas de um órgão que importa em uma ficção jurídica. Sob o aspecto da execução penal, como se daria a conversão da pena restritiva de direitos, não cumprida, em pena privativa de liberdade, prevista do art. 181 da Lei de Execução Penal?

Daí a correta observação de Rodrigo Iennaco de Moraes, para quem "embora prevista formalmente a responsabilidade criminal da pessoa jurídica, a lei não elabora um sistema específico de imputação e, da mesma forma, não há um procedimento próprio que atenda às peculiaridades do sujeito ativo do delito. O sistema de incriminação, sendo o mesmo para todos os crimes (do Código Penal ou das leis extravagantes), permanece atrelado à análise dogmática: tipicidade, ilicitude e culpabilidade. Sem a edificação de um subsistema, toda a disposição relativa à incriminação da pessoa jurídica, distinta da responsabilidade de seus membros, é letra morta, construção estéril que não se traduz em atuação pragmática do cotidiano forense, com vem demonstrando a experiência desde o advento da lei, no início de 1998" (*Considerações sobre a Responsabilidade Criminal das Pessoas Jurídicas*, RT 813/447-472).

ATENÇÃO – A despeito de nosso entendimento, de se observar que o Supremo Tribunal Federal decidiu em sentido diverso, concluindo que a responsabilização penal da pessoa jurídica independe da responsabilização da pessoa física. Argumentou-se que a obrigatoriedade de dupla imputação caracterizaria afronta ao art. 225, § 3º, da Constituição Federal, pois condicionaria a punição da pessoa jurídica à condenação simultânea da pessoa física. Assim, "é admissível a condenação de pessoa jurídica pela prática de crime ambiental, ainda que absolvidas as pessoas físicas ocupantes de cargo de presidência ou de direção do órgão responsável pela prática criminosa. (...) No mérito, anotou-se que a tese do STJ, no sentido de que a persecução penal dos entes morais somente se poderia ocorrer se houvesse, concomitantemente, a descrição e imputação de uma ação humana individual, sem o que não seria admissível a responsabilização da pessoa jurídica, afrontaria o art. 225, § 3º, da CF. Sublinhou-se que, ao se condicionar a imputabilidade da pessoa jurídica à da pessoa humana, estar-se-ia quase que a subordinar a responsabilização jurídico-criminal do ente moral à efetiva condenação da pessoa física. Ressaltou-se que, ainda que se concluísse que o legislador ordinário não estabelecera por completo os critérios de imputação da pessoa jurídica por crimes ambientais, não haveria como pretender transpor o paradigma de imputação das pessoas físicas aos entes coletivos" (RE 548.181, Primeira Turma, Rel. Min. Rosa Weber, DJe 19/06/2013).

Seguindo a mesma tendência, o STJ reviu seu posicionamento, decidindo que a imputação criminal pode recair exclusivamente na pessoa jurídica: "Conforme orientação da 1ª Turma do STF, 'o art. 225, § 3º, da Constituição Federal não condiciona a responsabilização penal da pessoa jurídica por crimes ambientais à simultânea persecução penal da pessoa física em tese responsável no âmbito da empresa. A norma constitucional não impõe a necessária dupla imputação' (RE 548181, Relatora Min. ROSA WEBER, Primeira Turma, julgado em 6/8/2013, acórdão eletrônico DJe-213, divulg. 29/10/2014, public. 30/10/2014). Tem-se, assim, que é possível a responsabilização penal da pessoa jurídica por delitos ambientais independentemente da responsabilização concomitante da pessoa física que agia em seu nome. Precedentes desta Corte" (RMS n. 39173-BA, – Rel. Reynaldo Soares da Fonseca, DJe 13/08/2015).

Dissolução da pessoa jurídica – E se, constatada a prática de um crime, a pessoa jurídica for dissolvida durante a apuração ou o processo criminal?

Não vemos óbice à continuidade da apuração ou do processo, nem à aplicação da pena, desde que isso ocorra antes da liquidação. É que o art. 51 do Código Civil dispõe que "Nos casos de dissolução da pessoa jurídica ou cassada a autorização para seu funcionamento, ela subsistirá para os fins de liquidação, até que esta se conclua". Logo, até o momento em que se dê a liquidação, a pessoa jurídica deve responder por suas obrigações, embora nem todas as penas sejam compatíveis com a situação da pessoa jurídica em dissolução. O art. 21 da Lei nº 9.605/98 estabelece a possibilidade de aplicação das penas de multa, restritivas de direitos e prestação de serviços à comunidade, mas somente a primeira é cabível nessa situação, pois as demais, dadas as suas características, pressupõem que a pessoa jurídica esteja no desempenho de suas atividades.

Pessoa jurídica de direito público e sua responsabilidade por infração ambiental – Estabelecida a possibilidade de a pessoa jurídica figurar como sujeito ativo de crime, outra controvérsia se instala quando o fato envolve pessoa jurídica de direito público autora de poluição, nos termos da Lei nº 9.605/98. Esse diploma, ao dispor sobre a punição da pessoa jurídica, estabelece que a responsabilização civil, administrativa e penal tem lugar em decorrência de atos ordenados pelo representante legal ou contratual no interesse ou benefício da entidade.

Inicialmente, destacamos haver uma diferença na relação existente entre a lei e as pessoas físicas e jurídicas de direito privado e entre a lei e o poder público. No primeiro caso, a lei transcende os indivíduos e os entes privados e representa a vontade do Estado na relação entre particulares. Na segunda hipótese, a lei representa a própria vontade do Estado; não lhe é transcendente, mas inerente. Quando o Estado atua, o que se dá por meio dos órgãos da Administração Pública, o faz vinculado à sua própria vontade manifestada por intermédio da lei. Mas qual é a vontade do Estado? Resumidamente, podemos afirmar que o Estado atua para garantir o bem comum por meio da manutenção da ordem e da criação de condições para que os indivíduos atinjam seus próprios fins de acordo com a ordem pré-estabelecida. Ou seja, o Estado não é um fim em si; atua sempre visando a um fim que lhe é superior.

Daqui retornamos à disposição da Lei nº 9.605/98 e indagamos: seria possível, dada a finalidade do Estado, um ente estatal agir no seu interesse ou benefício?

Há quem sustente que a omissão da Constituição e da Lei nº 9.605/98 em diferenciar, quanto à responsabilidade penal, as pessoas jurídicas de direito privado e de direito público, não autoriza a conclusão de que ambas podem se submeter à pena criminal. Isto porque se tratam de entes cuja natureza e propósitos não se confundem, e, por isso, não podem receber o mesmo tratamento, especialmente na esfera penal. Se o Estado não é um fim em si, mas atua com propósito que lhe transcende, não é possível que entidades públicas sejam equiparadas às privadas quando se trata de analisar suas finalidades.

Além disso, a punição criminal das pessoas jurídicas de direito público seria inadequada, pois em tais entidades, constituídas como meio para que o Estado atinja seus objetivos, seus dirigentes não atuariam, nos termos do art. 3º da Lei nº 9.605/98, "no interesse ou benefício" da entidade. Se assim o fizessem, haveria abuso de sua função e desvio de finalidade, acarretando a punição dos próprios dirigentes. Seria, ademais, absurdo admitir que o Estado pudesse de alguma forma se beneficiar da prática de um delito.

Para esta corrente, pesa também o fato de que não se poderia admitir o Estado na qualidade de delinquente, não só porque seus fins se pautam sempre pela legalidade como em virtude de ser o próprio Estado o titular do *ius puniendi*, ou seja, a condenação o forçaria a aplicar a pena em si mesmo. E nessa situação haveria um efeito inusitado: o Judiciário, que condenaria o Estado criminoso, consequentemente se inseriria na órbita da criminalidade. E mais: a reprimenda constituiria um ônus contra a própria sociedade, pois, independentemente da que fosse aplicada, a responsabilidade recairia sobre o Estado.

São, por exemplo, defensores da tese de que a pessoa jurídica de direito público não pode sofrer punição criminal, Gilberto e Vladimir Passos de Freitas (*Crimes contra a natureza*, 7. ed., São Paulo: RT, 2001).

Em outro extremo se encontram aqueles que sustentam positivamente essa possibilidade porque as normas que disciplinam a responsabilidade penal da pessoa jurídica (Constituição Federal e Lei nº 9.605/98) não excepcionam quanto às de direito público, devendo ambas receber tratamento isonômico. Afinal, se a lei não impõe barreiras, é defeso ao intérprete fazê-lo. Ademais, se o Estado se lança em atividades por meio de pessoas jurídicas, nada impede que tais entidades venham a delinquir. Neste particular, aliás, pode-se afastar o argumento de que os dirigentes da entidade de direito público não agem em benefício ou interesse dela, pois muito comum a constituição de pessoas jurídicas pelo Estado com a finalidade de atuar na esfera econômica, disputando mercado com o setor privado.

Adotada esta segunda orientação, cabe-nos esclarecer que nem todas as penas elencadas nos arts. 21 a 23 da Lei nº 9.605/98 são aplicáveis à pessoa jurídica de direito público.

O art. 21 estabelece que as penas aplicáveis às pessoas jurídicas são: multa, restritiva de direitos e prestação de serviços à comunidade. Nos termos do art. 22, as penas restritivas de direitos são: a) suspensão parcial ou total de atividades; b) interdição temporária de estabelecimento, obra ou atividade; c) proibição de contratar com o Poder Público, bem como dele obter subsídios, subvenções ou doações. E o art. 23 determina que a prestação de serviços à comunidade consiste em: a) custeio de programas e de projetos ambientais; b) execução de obras de recuperação de áreas degradadas; c) manutenção de espaços públicos; d) contribuições a entidades ambientais ou culturais públicas.

Diante desse quadro, pode-se estabelecer que, enquanto a multa é sempre aplicada, as penas restritivas de direitos não têm incidência indiscriminada, especialmente quando o crime é cometido no âmbito de pessoa jurídica vinculada à administração direta, como pelo próprio Município, por exemplo. Neste caso, não cabe considerar a imposição de suspensão de atividades, interdição de estabelecimento e notadamente proibição de contratar com o Poder Público. Já a pena de prestação de serviços à comunidade, a nosso ver, pode ser aplicada integralmente, pois nada impede que o ente público seja obrigado a adotar uma das medidas elencadas no art. 23 da Lei nº 9.605/98.

No tocante às sociedades de economia mista, o STJ, no RMS 39.173-BA (acima citado) admitiu, ainda que indiretamente, a responsabilidade penal. No julgado, em que o tribunal tratou da possibilidade de punição autônoma da pessoa jurídica – ou seja, independente dos dirigentes – a autoria delitiva recaía na Petrobrás, à qual se imputava crime de poluição (art. 54 da Lei nº 9.605/98) durante a implantação de um gasoduto.

Identificação do acusado – Pode ocorrer de ser induvidosa a "identidade física" do réu, ou seja, não pairar qualquer dúvida quanto ao fato de ter sido ele o autor do crime, já que, por exemplo, reconhecido por testemunhas. Mas, a despeito disso, ser incerto seu nome ou porque não foi registrado ou em razão de se utilizar de identidade falsa, não importa. De se ver que o art. 41 acima, ao elencar os requisitos da denúncia ou queixa, permite que o réu seja qualificado por meio de "esclarecimentos pelos quais se possa identificá-lo". É dizer: embora desejável a perfeita identificação civil do acusado, ele, em tese, poderia ser processado com base, por exemplo, em características físicas ou outros dados que permitam individualizá-lo. A denúncia, assim, sem indicar o nome do denunciado, poderia se referir a um sujeito de cabelo vermelho, com cerca de 1,80m de altura, que reside em um barraco pintado de amarelo, no alto do morro tal, que responde por um determinado apelido e possui uma tatuagem no braço direito. Óbvio que na prática se desconhece essa opção, mas, em tese, é possível.

Pois bem. Quando incerta a verdadeira identidade do réu, nem por isso se retardará a ação penal, significa dizer que tal incerteza não impede o transcurso regular do processo, inclusive com a condenação do acusado.

Uma vez descoberta sua real identidade, será feita a retificação por termo nos autos, com o aproveitamento de todos os atos processuais que, portanto, não precisarão ser repetidos. Essa correção, como consta do dispositivo legal, é cabível durante o processo ou posteriormente, já em fase de execução da pena. Lembre-se, porém, da ressalva formulada por Azevedo Franco, quando alerta que "todavia, se ocorrer, não falsidade na individualização do réu, mas substituição de pessoa, tratando-se, por conseguinte, de outra pessoa que não o réu, trazendo dúvida sobre a sua pessoa, e jamais sobre o seu nome, a nulidade do processo será manifesta" (ob. cit., vol. 1, p. 272). Em suma: a dúvida pode pairar em relação ao nome, mas não quanto à pessoa.

JURISPRUDÊNCIA

v. art. 381, inc. I, abaixo

Denúncia da pessoa jurídica obriga a denúncia da pessoa física

"Para a validade da tramitação de feito criminal em que se apura o cometimento de delito ambiental, na peça exordial devem ser denunciados tanto a pessoa jurídica como a pessoa física (sistema ou teoria da dupla imputação). Isso porque a responsabilização penal da pessoa jurídica não pode ser desassociada da pessoa física – quem pratica a conduta com elemento subjetivo próprio. Oferecida denúncia somente contra a pessoa jurídica, falta pressuposto para que o processo-crime desenvolva-se corretamente. Recurso ordinário provido, para declarar a inépcia da denúncia e trancar, consequentemente, o processo-crime instaurado contra a Empresa Recorrente, sem prejuízo de que seja oferecida outra exordial, válida" (STJ – RMS n° 37293-SP, Rel. Laurita Vaz, j. 02.05.2013, DJe 09.05.2013).

"A jurisprudência deste Sodalício é no sentido de ser possível a responsabilidade penal da pessoa jurídica em crimes ambientais desde que haja a imputação simultânea do ente moral e da pessoa natural que atua em seu nome ou em seu benefício" (STJ – EDcl no REsp n° 865864-PR, Rel. Adilson Vieira Macabu, j. 20.10.2011, DJe 01.02.2012).

Decisão do STF reconhecendo a constitucionalidade do tema

AGRAVO REGIMENTAL EM RECURSO EXTRAORDINÁRIO. DIREITO PENAL. CRIME AMBIENTAL. RESPONSABILIDADE PENAL DA PESSOA JURÍDICA. CONDICIONAMENTO À IDENTIFICAÇÃO E À PERSECUÇÃO DA PESSOA FÍSICA – "Tese do condicionamento da responsabilização penal da pessoa jurídica à simultânea identificação e persecução penal da pessoa física responsável, que envolve, à luz do art. 225, § 3º, da Carta Política, questão constitucional merecedora de exame por esta Suprema Corte. Agravo regimental conhecido e provido" (STF – Ag.Reg n° 548181-PR – Rel. Rosa Weber, j. 14.05.2013).

Art. 260. Se o acusado não atender à intimação para o interrogatório, reconhecimento ou qualquer outro ato que, sem ele, não possa ser realizado, a autoridade poderá mandar conduzi-lo à sua presença.

Parágrafo único. O mandado conterá, além da ordem de condução, os requisitos mencionados no art. 352, no que lhe for aplicável.

Dispositivo não recepcionado pela Constituição – Não temos dúvida em apontar, com base no princípio segundo o qual ninguém é obrigado a produzir prova contra si mesmo ("*nemo tenetur se detegere*"), a não recepção do dispositivo pela atual ordem constitucional, no que tange ao interrogatório. De sorte que, o não atendimento, pelo acusado, de intimação para que seja interrogado, acha-se inserido dentre o direito de não se autoincriminar. Em outras palavras: o réu não é obrigado a produzir prova contra si mesmo.

Aliás, se o réu pode negar-se a responder qualquer pergunta do juiz quando interrogado, sendo que esse silêncio "não importará em confissão, não poderá ser interpretado em prejuízo da defesa" (art. 186, parágrafo único do CPP). Se ao acusado se reconhece mesmo o direito de mentir, desde que tal mentira não configure os crimes de denunciação caluniosa ou comunicação falsa de crime ou de contravenção, previstos, respectivamente, nos arts. 339 e 340 do Código Penal. Enfim, se pode o réu preferir não ser interrogado, que sentido faz sua condução sob vara para que compareça em juízo... para ser interrogado?

Nessa linha de raciocínio, vimos acima, na análise do art. 174, inc. I, que o réu pode negar-se a se submeter a colheita de material gráfico, conforme, aliás, jurisprudência do STF ali citada. Ou, quando dos comentários ao art. 186, que tem o réu o direito ao silêncio quando da realização de seu interrogatório. Ou ainda, que a mera ausência ao interrogatório, por si só, não justifica a decretação da prisão preventiva do réu, como consignado no exame ao art. 185 do código (também com menção à jurisprudência do STF). São todas manifestações que derivam exatamente desse princípio, pelo qual o réu não é obrigado a produzir prova contra si mesmo e que, em nossa Constituição, vem respaldado pelo disposto no art. 5°, inc. LXIII, segundo o qual dentre os direitos do réu está o de permanecer calado. Destaque-se, ainda, que a Convenção Americana de Direitos Humanos, denominada Pacto de São José de Costa Rica, da qual o Brasil é subscritor, assegura à pessoa "o direito de não depor contra si mesma, e não confessar-se culpada" (art. 8°, § 2°, alínea "g"). Aliás, por curiosidade histórica, consta da 5ª emenda à Constituição dos Estados Unidos da América que ninguém "será obrigado, em um caso criminal, a testemunhar contra si mesmo" (*shall be compelled in any criminal case to be a witness against himself*).

Em suma, eventual determinação de condução coercitiva do acusado, porque não atendeu à intimação para interrogatório, configura constrangimento ilegal, passível, a nosso ver, de correção por meio de "habeas corpus", posto que caracterizada a ilegalidade da coação, ante a ausência de justa causa (art. 648, inc. I do CPP). Isso não significa que não possa ser conduzido coercitivamente, mas para outros fins (como, por exemplo, qualificação).

ATENÇÃO – Nosso entendimento acima, exposto já na 1ª edição desta obra, foi acolhido, em sede de medida cautelar, em duas ações de arguição de descumprimento de preceito fundamental, propostas pela OAB (ADPF 444), e pelo Partido dos Trabalhadores (ADPF 395), nas quais é relator o Ministro Gilmar Mendes e apreciadas em 18 de dezembro de 2017. Em ambas foram deferidas as liminares para impedir a condução coercitiva dos investigados para interrogatório. Como fundamento da decisão, o relator invocou que, ao se pretender a condução coercitiva do indiciado para fins de interrogatório, vêem-se violados os princípios que garantem o direito a não autoincriminação, ao tempo necessário para a preparação da defesa e, por conseqüência, ao devido processo legal. Aponta-se afronta, ainda, aos princípios da liberdade de locomoção e da presunção da não culpabilidade. Essa decisão, de urgência em face do recesso do Poder Judiciário, fora tomada *ad referendum* do colegiado do Supremo Tribunal Federal, e seria apreciada mais adiante por aquela E. Corte. Ressaltou o Ministro relator, ademais, que mesmo se admitida a condução coercitiva - o que não se verificou, como já dito - ainda assim ela jamais poderia ser determinada sem que, antes, fosse o investigado previamente intimado. Apenas a partir de sua ausência, sem motivo justificado, é que se poderia, em tese, cogitar do ato compulsório.

Finalmente, no julgamento pelo Plenário (em 14.06.2018), foi confirmada a liminar para se declarar, por maioria de votos, a inconstitucionalidade do artigo em exame. Em seu voto vencedor, o Ministro Celso de Mello, ao justificar a inconstitucionalidade do dispositivo, destacou que "há necessidade de se dar proteção efetiva ao devido processo legal, no sentido de que o processo penal é meio de contenção e delimitação dos poderes dos órgãos incumbidos da persecução penal". Demais disso, ainda segundo o decano da Corte, "aquele que se acha sob persecução penal possui direitos e titulariza garantias plenamente oponíveis ao Estado e seus agentes. Nesse ponto residindo a própria razão de ser do sistema de liberdades públicas, que se destina a amparar o cidadão contra eventuais excessos, abusos ou arbitrariedades emanados do aparelho estatal".

A respeito da condução coercitiva para indiciamento em inquérito policial, v. acima art. 6º, inc. IV.

Condução coercitiva da vítima, v. art. 201, § 1º, e condução coercitiva da testemunha, v. art. 218.

JURISPRUDÊNCIA

O réu não é obrigado a comparecer em Juízo, sob pena de condução coercitiva

"O comparecimento do réu aos atos processuais, em princípio, é um direito e não um dever, sem embargo da possibilidade de sua condução coercitiva, caso necessário, por exemplo, para audiência de reconhecimento. Nem mesmo ao interrogatório estará obrigado a comparecer, mesmo porque as respostas às perguntas formuladas ficam ao seu alvedrio" (STJ – REsp nº 346677-RJ, Rel. Fernando Gonçalves, j. 10.09.2002, DJ 30.09.2002, p. 297).

Características do direito a não autoincriminação

"[...] (a) o direito de permanecer em silêncio, (b) o direito de não ser compelido a produzir elementos de incriminação contra si próprio nem de ser constrangido a apresentar provas que lhe comprometam a defesa e (c) o direito de se recusar a participar, ativa ou passivamente, de procedimento probatório que lhe possam afetar a esfera jurídica, tais como a reprodução simulada (reconstituição) do evento delituoso e o fornecimento de padrões gráficos ou de padrões vocais para efeito de perícia criminal (STF – *HC* nº 99.289, Rel. Celso de Mello, j. 23.06.2009).

Abuso de autoridade – O artigo 10 da Lei nº 13.869/19 prevê como modalidade de abuso de autoridade o fato de o agente decretar a condução coercitiva de testemunha ou investigado manifestamente descabida ou sem prévia intimação de comparecimento ao juízo. Inexplicavelmente o delito não alcança a condução coercitiva abusiva do acusado. A lacuna não pode ser suprida pelo esforço do intérprete, respeitando-se a reserva legal.

Art. 261. **Nenhum acusado, ainda que ausente ou foragido, será processado ou julgado sem defensor.**

Parágrafo único. A defesa técnica, quando realizada por defensor público ou dativo, será sempre exercida através de manifestação fundamentada. (Incluído pela Lei nº 10.792, de 1º.12.2003)

Princípios do contraditório e da ampla defesa – Este dispositivo rende homenagem à norma constitucional que assegura "aos acusados em geral", o contraditório e a ampla defesa (art. 5°, inc. LV da Carta). Por *contraditório* se entende a possibilidade que se confere ao réu de conhecer, com exatidão, todo o processo e, em decorrência de tal ciência, contrariá-lo sem nenhuma espécie de limitação. Impõe-se, em consequência, a obrigatoriedade ao juiz de ouvir ambas as partes (chamada *ciência bilateral das partes*), antes de decidir. Estabelece-se, dessa forma, irrestrita igualdade entre acusação e defesa, que se situam no mesmo plano, sem privilégio em favor de uma ou outra, cumprindo ao juiz velar por tal equilíbrio. Nem mesmo a revisão criminal e os embargos infringentes ou de nulidade, remédios que somente podem ser utilizados pela defesa, são capazes de desigualar os dois pratos da balança. Nestas hipóteses, tem incidência o princípio do *favor rei* ou *favor libertatis*, que visa, exatamente, garantir o equilíbrio entre uma posição mais forte (do Estado), e uma mais frágil (do réu).

Tampouco a obrigatoriedade de intimação pessoal do Ministério Público quanto aos atos processuais (art. 370, § 4º do código) – enquanto que, para a defesa, basta a intimação, por exemplo, através do Diário Oficial – seria capaz de arranhar o princípio em estudo. É que se leva em conta, neste caso, a própria natureza da função, cuja carga de trabalho dispensaria o membro do *parquet* da leitura do órgão oficial, o que justifica o privilégio de ser pessoalmente intimado. Como exemplos efetivos de aplicação do princípio em estudo podem ser lembrados a obrigatoriedade de citação do réu para que tenha conhecimento do inteiro teor da acusação, bem como de ser pessoalmente intimado da sentença condenatória, a possibilidade ambas as partes têm de indicação do mesmo número de testemunhas e a suspensão do processo movido contra o réu que, citado por edital, não comparece e nem constitui defensor.

A *ampla defesa*, de sua parte, representa verdadeira consequência do contraditório. Se através do contraditório se reconhece a absoluta igualdade entre as partes, será por meio da ampla defesa que tal igualdade ganhará corpo, tornando-se efetiva e palpável. A ampla defesa consiste, portanto, na possibilidade do réu em contraditar a acusação. Para tanto, pode se valer de todos os meios, à exceção, por óbvio, da utilização das chamadas *provas ilícitas*, que, mesmo assim, conforme já visto acima, têm sido admitidas, dependendo do caso concreto, em favor do réu. Deverá contar com um defensor por ele constituído ou, à falta deste, com um nomeado pelo juiz (arts. 261 e 263 do CPP). Como *defensor* se entende, unicamente, aquele com formação superior em curso de Direito, regularmente inscrito na OAB.

Defesa fundamentada – Não basta, porém, uma mera defesa formal e decorativa, a simples aparência de defesa. Exige-se mais: a defesa deve ser concreta e efetiva, com a demonstração de que o advogado esteve presente aos atos processuais, formulando a defesa cabível à espécie e valendo-se dos recursos pertinentes. Não há que se exigir, é verdade, um brilhantismo incomum na conduta do defensor. Trata-se de predicado que raros possuem. Tampouco que esgote todos os meios recursais, como consta da jurisprudência abaixo colacionada. Mas que não se limite, por exemplo, a um mero pedido de absolvição ou, pior, uma súplica para que o juiz *faça justiça*, ambos desprovidos de qualquer motivação. A atuação contemplativa, desprovida de fundamentação, implica no reconhecimento de que o réu está indefeso, em situação a ensejar a nulidade do processo. De se ver, neste aspecto, que no Tribunal do Júri, já em plenário, é dado ao juiz dissolver o Conselho de Sentença, designando outro dia para julgamento, caso constate que o réu, face à omissão de seu advogado, não foi efetivamente defendido (art. 497, inc. V do código).

JURISPRUDÊNCIA

Voluntariedade do recurso

"A não interposição de apelação não equivale à ausência de defesa, porquanto o defensor constituído ofereceu embargos de declaração à sentença penal condenatória em tempo hábil. Ausência de recurso que se situa no âmbito da estratégia de defesa delineada pelo defensor constituído, dada a voluntariedade recursal" (STF – HC n° 93120-SC, Rel. Joaquim Barbosa, j. 08.04.2008, DJe 27.06.2008).

"A defesa do recorrente foi intimada pessoalmente da sentença condenatória, tendo optado pela não interposição de apelação, em consonância com o princípio da voluntariedade recursal. Não há, portanto, se falar em ausência de defesa, ainda mais quando sequer é demonstrado eventual prejuízo sofrido, quer durante a instrução processual, quer após a prolação da sentença" (STJ – AgRg no RHC n° 34139-PR, Rel. Marco Aurélio Bellizze, j. 21.05.2013, DJe 29.05.2013).

Defensor que pede a aplicação da pena mínima. Validade

"Não se considera indefeso o réu quando o seu defensor técnico – tendo presentes os elementos probatórios existentes nos autos – postula a aplicação da pena no seu mínimo legal. Orientação predominante na Primeira Turma do STF. Ressalva da posição pessoal do Relator, para quem o postulado do devido processo legal – de que a plenitude de defesa constitui uma de suas especificas projeções concretizadoras – não se satisfaz, no plano da defesa técnica, com a simples observância de meros ritos formais" (STF – HC n° 68926, Rel. Celso de Mello, RTJ 142/582).

Defensor que não formula perguntas à testemunha. Nulidade relativa

"A ausência de formulação de reperguntas às testemunhas, pelo Defensor do réu – precisamente porque essa inquirição constitui ato processual meramente facultativo da parte – não gera qualquer nulidade processual, especialmente se ficar evidenciado que essa omissão não provocou qualquer dano efetivo aos interesses do acusado. Precedentes. A eventual insuficiência da defesa técnica somente caracterizará hipótese de invalidação formal do processo penal condenatório, se se demonstrar, objetivamente, que houve prejuízo para os acusados (Súmula 523/STF). Situação de prejuízo inocorrente no presente caso" (STF – HC n° 80192-SP, Rel. Celso de Mello, j. 10.04.2001, DJ 03.10.2003, p. 26"

Defensor que não formula perguntas no interrogatório. Nulidade relativa

"O simples fato de a defensora dativa não haver formulado perguntas ao paciente não é suficiente para demonstrar o eventual prejuízo suportado, até mesmo porque negou a autoria dos fatos narrados na denúncia"(STJ – HC n° 250902-SP, Rel. Jorge Mussi, j. 20.06.2013, DJe 06.08.2013).

Defensor que desiste da oitiva de testemunha. Validade

"Não há que se falar em nulidade, se a defesa expressamente desistiu da oitiva das testemunhas arroladas na defesa prévia quando instada a se manifestar. A defesa técnica tem autonomia para se recusar a produzir provas que entender desnecessárias, sem que tal ato configure afronta ao princípio da ampla defesa" (STJ – HC nº 43.190 – MT – Rel. Gilson Dipp – j. em 25.10.2005, DJ de 21.11.2005, p. 264).

Defensor que sustenta a desclassificação de crime doloso para culposo. Nulidade relativa

"Não se pode qualificar como defeituoso o trabalho realizado pelo advogado constituído pelo paciente, pois atuou de acordo com a autonomia que lhe foi conferida por ocasião da habilitação ao exercício da advocacia, nos termos do artigo 7º, inciso I, da Lei n. 8.906/94. Entre inúmeras teses possíveis de sustentação pela defesa, e diante do conjunto probatório que se formou nos autos da ação penal em apreço, o patrono do paciente focou na desclassificação da conduta que lhe foi atribuída na exordial para a sua modalidade culposa, tencionando, assim, afastar a competência do Tribunal do Júri para o julgamento. Diante de um insucesso, para o crítico sempre haverá algo a mais que o causídico poderia ter feito ou alegado, circunstância que não redunda, por si só, na caracterização da deficiência de defesa, a qual, conforme salientado, depende da demonstração do prejuízo para o acusado, não verificado na hipótese" (STJ – HC n° 229306-MA, Rel. Jorge Mussi, j. 11.06.2013, DJe 20.06.2013).

Ausência de sustentação oral não caracteriza falha na defesa

"De acordo com o entendimento do Supremo Tribunal Federal, a defesa oral nas sessões de julgamento das ações penais originárias, prevista no inciso I do artigo 12 da Lei 8.038/1990, não é obrigatória, configurando faculdade colocada à disposição das partes. O caso dos autos não pode ser enquadrado como hipótese de falta de defesa, pois consoante as várias peças processuais acostadas ao mandamus, o paciente foi assistido por causídicos por ele contratados para patrocinar a sua defesa durante todo o curso do processo, sendo certo que a ausência de sustentação oral por parte dos Defensores Públicos nomeados não tem o condão, por si só, de macular o ato, já que se trata de ato facultativo" (STJ – HC n° 261630-RO, Rel. Jorge Mussi, j. 07.05.2013, DJe 22.05.2013).

Defensor que não recorrer extraordinariamente. Validade da defesa

"Não caracteriza ausência de defesa o fato de o advogado contratado pelo paciente não haver interposto recursos de natureza extraordinária, tendo em vista o princípio da voluntariedade que rege a sistemática recursal no Direito Processual Penal pátrio, não havendo como se impor a sua apresentação, mormente em razão dos seus requisitos específicos de admissibilidade. Precedentes" (STJ – RHC n° 208852-SP, Rel. Jorge Mussi, j. 07.05.2013, DJe 22.05.2013).

Razões de recurso que reproduzem as alegações finais. Validade

"As razões do recurso de apelação que reproduzem os argumentos lançados nas alegações finais não incorrem em deficiência da defesa técnica a atrair declaração de nulidade, máxime nas hipóteses em que a peça infirmou todos os fundamentos da sentença condenatória. O efeito devolutivo da apelação devolve ao tribunal o conhecimento amplo da matéria suscitada, permitindo ainda o exame das matérias de ofício que ainda não tenham sido resolvidas, o que fragiliza sobremaneira o argumento da deficiência da defesa técnica no caso sub judice. É que "o efeito devolutivo, tomado em profundidade, permite ao tribunal examinar aspectos ou tópicos não apreciados pelo juiz inferior: a profundidade do conhecimento do tribunal é a maior possível: pode levar em consideração tudo que for relevante para a nova decisão" (Ada Pellegrini Grinover et alii, Recursos no Processo Penal, São Paulo, RT, 1996, p. 52, nº 25; p. 156, nº 95)" (STJ – HC n° 105897-SP, Rel. Marco Aurélio, j. 13.09.2011, DJe 03.10.2011).

Defensor que recorre intempestivamente

"A interposição intempestiva do apelo não tem o condão de anular o feito, por deficiência da defesa técnica, já que nem mesmo a ausência de interposição do recurso ensejaria tal nulidade, em face do princípio da voluntariedade recursal, insculpido no art. 574, caput, do Código de Processo Penal" (STJ – HC n° 161160-AM, Rel. Laurita Vaz, j. 04.10.2011, DJe 14.10.2011).

Defensor que, no Júri, se limita a pedir a absolvição do réu. Nulidade

"Todo e qualquer réu, não importa a imputação, tem direito a efetiva defesa no processo penal (arts. 261 do CPP e 5º, inciso LV da Carta Magna). O desempenho meramente formal do defensor, em postura praticamente contemplativa, caracteriza a insanável ausência de defesa (Precedentes do Pretório Excelso). Inaceitável, portanto, que, no Plenário do Júri, o defensor do réu apenas requeira sua absolvição, sem, contudo, utilizar-se de argumentação mínima e necessária para sustentar seu ponto de vista, restringindo-se a mero comentário de 05 minutos" (STJ – HC n° 21938-RJ, Rel. Jorge Scartezzini, j. 10.12.2002, DJ 17.03.2003, p. 246).

Defensor constituído, público ou dativo – O defensor pode ser *constituído* ou *dativo*. *Constituído* ou *procurador*, como o nome indica, é aquele contratado pelo réu, segundo sua livre escolha. De sorte que, inserida no princípio da ampla defesa, se encontra a possibilidade de o réu eleger seu defensor. Tanto é assim que se o advogado constituído, por alguma razão, deixa o processo, não pode o juiz, de plano, nomear um defensor dativo, devendo antes consultar o réu para que ele, se desejar, contrate outro advogado. Já o *defensor dativo* é o nomeado pelo juiz, recaindo tal nomeação em membro da Defensoria Pública, carreira que tem previsão constitucional (art. 5º, inc. LXXIV, da Constituição). Atualmente, após a tardia criação desse órgão no Estado do Paraná, por meio da Lei Complementar nº 136/2001, a Defensoria Pública acha-se instalada em todo o país. Interessante que, no processo civil, somente se nomeia advogado para o necessitado, assim considerado "todo aquele cuja situação econômica não lhe permita pagar as custas do processo e os honorários de advogado, sem prejuízo do sustento próprio ou da família", na dicção do art. 2º, parágrafo único da Lei nº 1.060/50. No processo penal, ao contrário, por tratar da liberdade da pessoa, a nomeação é obrigatória, qualquer que seja a situação econômica do réu, bastando que ele não tenha um advogado. Percebendo, porém, que o réu se valeu de um defensor dativo, embora com condições de pagar um profissional, deve o juiz impor-lhe o pagamento de honorários, nos termos do parágrafo único do art. 263 do código.

Réu ausente ou foragido – O Código, em sua redação original, garante ao réu a ampla defesa, "ainda que ausente ou foragido". Ressalte-se, porém, que esse dispositivo deve ser interpretado em consonância com o art. 366, com a redação que lhe emprestou a Lei nº 9.271/96. De sorte que, tendo o réu sido pessoalmente citado, sua ausência ou fuga posteriores, não implicarão na interrupção do processo, que deve continuar com a nomeação de um defensor dativo, caso não tenha o réu um advogado constituído. Se, porém, foi o réu citado por edital e não compareceu e nem constituiu advogado, deverá ser suspenso o processo, no aguardo de sua presença, na dicção do art. 366 do código. A propósito, foram exatamente os princípios do contraditório e da ampla defesa que justificaram essa alteração da lei processual, quando se concluiu que não mais seria admissível a condenação de uma pessoa que ignorasse a existência do processo contra si, o que ocorria, na prática, quando alguém era citado por edital.

JURISPRUDÊNCIA

Teses conflitantes e um único defensor

"Se os acusados apresentam versões antagônicas quanto à existência do delito e possuem advogado comum, está caracterizada a colidência de defesas, uma vez que os interesses de um agente contrariam a do outro. Impetração não conhecida. Concessão de habeas corpus, de ofício, para anular o processo, a partir do oferecimento da defesa prévia, com reconhecimento da prescrição da pretensão punitiva e determinação de alvarás de soltura" (STJ – HC nº 135445-PE, Rel. Celso Limongi, j. 17.11.2009, DJe 07.12.2009).

"Apenas se configura o conflito de defesas na hipótese em que um réu atribui a outro a prática criminosa que só pode ser imputada a um único acusado, de modo que a condenação de um ensejará a absolvição do outro, ou quando o delito tenha sido praticado de maneira que a culpa de um réu exclua a do outro (Precedentes)" (STJ – HC nº 124037-MS, Rel. Felix Fischer, j. 21.05.2009, DJe 03.08.2009).

Nomeação de defensor dativo para oferta de alegações finais. Quando é cabível

"Uma vez verificado que o patrono constituído pelo paciente se quedou inerte no momento processual pertinente à apresentação das alegações finais (fase do antigo art. 500 do CPP), mesmo tendo sido devidamente intimado para a prática de tal ato, não se vislumbra a ocorrência de nulidade do processo quando constatado que houve a nomeação de defensor dativo ao réu. Precedentes. A nomeação de outro defensor ao paciente, na verdade, mostrou-se oportuna, uma vez que garantiu a marcha regular do processo, impediu que a entrega da prestação jurisdicional se subordinasse ao interesse exclusivo da acusação e assegurou ao paciente o direito à defesa técnica, nos termos do art. 5º, LV, da Constituição Federal e do art. 261 do Código de Processo Penal. O processo somente padeceria de nulidade se, embora devidamente intimado, o advogado constituído do paciente deixasse de apresentar alegações finais, sem que o Juiz, antes de proferir sentença condenatória, houvesse lhe designado defensor dativo ou público para suprir a falta, o que não é o caso dos autos, em que se nomeou ao paciente defensor dativo e este apresentou peça técnica, pleiteando a absolvição do paciente" (STJ – HC nº 161653-RS, Rel. Sebastião Reis Júnior, j. 16.04.2013, DJe 26.04.2013).

Falta de intimação para contrariar o recurso. Nulidade absoluta

"A ausência de intimação válida da paciente para apresentar contrarrazões ao recurso em sentido estrito, interposto contra o não recebimento da denúncia, acarreta nulidade absoluta. Súmula 707/STF. No caso em apreço, a paciente não foi regularmente intimada para oferecer contrarrazões ao recurso em sentido estrito. Esse fato comprometeu o exercício do direito constitucional à ampla defesa, uma vez que em decorrência do recurso interposto pelo Ministério Público, o Tribunal Regional Federal determinou o recebimento da inicial acusatória e o prosseguimento da ação penal, sendo flagrante o constrangimento ilegal a que ela está sendo submetida" (STJ – HC nº 126301-SP, Rel. Maria Thereza de Assis Moura, RSTJ 223/658).

Art. 262. Ao acusado menor dar-se-á curador.

Sobre a extinção da figura do curador, v. acima arts. 15 e 194.

Art. 263. Se o acusado não o tiver, ser-lhe-á nomeado defensor pelo juiz, ressalvado o seu direito de, a todo tempo, nomear outro de sua confiança, ou a si mesmo defender-se, caso tenha habilitação.

Parágrafo único. O acusado, que não for pobre, será obrigado a pagar os honorários do defensor dativo, arbitrados pelo juiz.

Advogado de confiança do réu – Bastando ao réu não possuir advogado, independentemente de sua condição econômica e social, é obrigatória a nomeação de um defensor, decorrência natural do disposto no art. 261 acima e dos princípios constitucionais que informam o processo penal, lá indicados. Isso não impede que o réu, a qualquer tempo, em substituição do defensor nomeado pelo juiz, indique outro profissional, de sua confiança, para que patrocine sua defesa. Daí prevalecer, em nossos tribunais superiores, o entendimento no sentido de que, tendo o advogado constituído do réu renunciado, é obrigatória a intimação daquele primeiro para que, querendo, constitua novo defensor. Apenas na hipótese de o acusado declinar dessa possibilidade ou em seu silêncio, é dado ao juiz nomear um defensor público ou dativo.

JURISPRUDÊNCIA

Renúncia do defensor constituído

a) necessidade de intimação do réu para que constitua outro defensor

"É precipitada a nomeação de defensor dativo, em razão da renúncia de advogado legalmente constituído, quando se tem notícia do paradeiro do paciente, que, nesses casos, deve ser efetivamente intimado para, querendo, constituir novo patrono" (STJ – HC nº 30100-SP, Rel. Paulo Gallotti, RT 853/524)

"A jurisprudência do Superior Tribunal de Justiça orienta-se no sentido de que a falta de intimação do acusado sobre a renúncia dos seus advogados constitui constrangimento ilegal, por ofensa ao princípio do processo legal. Frustrada essa intimação por mandato, cabe procedê-la por edital, para só então, se for o caso, determinar a nomeação de defensor público" (STJ – HC nº 21415-RJ, Rel. Arnaldo Esteves Lima, j. 06.03.2008, DJe 02.06.2008).

b) desnecessidade

"Se o defensor constituído abandona o processo, o juiz nomeará defensor dativo para a defesa do réu. Desnecessidade de intimação do réu para constituir novo defensor, certo que o réu poderá constituir novo defensor em qualquer fase do processo" (STF – HC nº 76850-PE, Rel. Carlos Velloso, j. 01.09.1998, DJ 16.10.1998, p. 136)

Defesa técnica elaborada pelo próprio réu – Também é direito do réu, ao negar a nomeação formulada pelo juiz, pretender exercer sua defesa em causa própria. Não se trata, sobretudo na área criminal, de postura das mais convenientes. As paixões que por vezes envolvem o debate, a perda da serenidade pelo réu/advogado, em franco prejuízo de sua defesa, não recomenda essa opção. No Direito Português, Luís Osório entendia que "ainda que se o réu for um advogado deve o juiz nomear-lhe um defensor oficioso [...]. A intervenção do defensor é uma garantia de ordem pública e não diminui, em coisa alguma, os direitos do réu e antes torna mais eficaz a sua defesa; pois, [...] é sempre difícil e muitas vezes perigoso o patrocínio de si mesmo" (*Apud*, Germano Marques da Silva; *Curso de Processo Penal*, vol. I, 3ª ed., Lisboa, Verbo, 1996, pp. 295 e 296). Em nossa legislação, contudo, não há essa restrição, valendo que se confira o teor do parágrafo único, do art. 103 do Código de Processo Civil, ao dispor que "é lícito à parte postular em causa própria quando tiver habilitação legal".

Para tanto, é óbvio, exige-se que o réu possua capacitação técnica para o exercício da advocacia, assim considerado aquele que se acha devidamente inscrito na OAB, após o preenchimento dos requisitos elencados no art. 8° Lei n° 8.906/1994 (Estatuto da Advocacia e a Ordem dos Advogados do Brasil), dentre outros a prévia graduação em Direito e a aprovação no exame de Ordem.

A propósito, o art. 4° do mesmo diploma dispõe que "são nulos os atos privativos de advogado praticados por pessoa não inscrita na OAB, sem prejuízo das sanções civis, penais e administrativas".

Honorários – Destacamos que o "caput" deste artigo impõe sempre a nomeação de defensor, independentemente da condição econômica do réu. Rico ou pobre, não poderá jamais suportar um processo sem a presença de um defensor, bastando que afirme não o possuir. Ocorre que, no transcurso do processo, pode se perceber, por conta de uma série de fatores, que o acusado reúne condições de contratar um advogado. Em nossa experiência como promotor criminal, de certa feita, da sala de audiência, na companhia do juiz, avistamos pela janela um automóvel importado (eram raros ainda na época), que acabara de estacionar na via pública, dele saindo determinada pessoa. Para nossa surpresa, minutos depois, nos deparamos com a mesma pessoa adentrando a sala, na condição de réu em favor de quem fora nomeado advogado. Depois de algumas perguntas ao réu e ante pedido expresso da Procuradoria do Estado (não fora instalada ainda, em São Paulo, a Defensoria Pública), o juiz, de pronto, ao proferir a sentença, impôs o pagamento da verba honorária. E nem poderia ser diferente, eis que o acusado não atendia os pressupostos contidos no art. 2°, parágrafo único, da Lei n° 1.060/50, para quem "considera-se necessitado, para os fins legais, todo aquele cuja situação econômica não lhe permita pagar as custas do processo e os honorários de advogado, sem prejuízo do sustento próprio ou da família".

Este diploma, a propósito, prevê a possibilidade da "parte contrária em qualquer fase da lide, requerer a revogação dos benefícios de assistência" (art. 7°), em incidente que se processará em autos próprios, apensados ao processo principal (art. 6°). Embora frequentes em processos cíveis, jamais nos deparamos com um pedido de impugnação à assistência judiciária em um processo criminal. Cremos mesmo ser inviável sua aplicação no crime. A um, porque o parágrafo único em estudo não prevê essa possibilidade, autorizando que de forma mais singela, nos próprios autos, seja reconhecida eventual desnecessidade do réu quanto ao favor legal. E, a dois, em virtude de que a Lei n° 1.060/50, quando da impugnação, confere legitimidade à "parte contrária" (art. 7°). Ora, de se indagar qual o interesse do Ministério Público, em uma ação penal pública, em pleitear a revogação do benefício em prol do advogado dativo, para que lhe sejam pagos honorários? Pensamos que nenhum.

JURISPRUDÊNCIA

Nomeação de defensor dativo *ad hoc*

"Não importa em constrangimento ilegal a nomeação pelo magistrado de defensor dativo para o acusado quando constatada a ausência do causídico constituído na audiência de oitiva das testemunhas arroladas pela acusação, preservando-se, assim, as garantias à ampla defesa e ao contraditório constitucionalmente previstos. Precedentes" (STJ – HC n° 96059-GO, Rel. Jorge Mussi, j. 18.02.1010, DJe 19.04.2010).

Falta de nomeação de defensor dativo

"O Juiz não nomeou defensor para acompanhar a oitiva da vítima e das testemunhas de acusação, ficando o acusado à mercê das acusações a ele irrogadas. Assim, ante o teor das informações prestadas pelo Juízo da comarca de Londrina, ficou comprovado que a audiência de instrução foi realizada sem a presença do recorrente e de nenhum defensor. Ora, referida audiência deve ser anulada, sob pena de violar princípios basilares que regem o processo, quais sejam, o contraditório e a ampla defesa" (STJ – RHC n° 25282-PR, Rel. Celso Limongi, j. 01.03.2011, DJe 21.03.2011).

Necessidade da defesa técnica por advogado, não podendo o réu fazê-la em nome próprio

"A defesa técnica é aquela exercida por profissional legalmente habilitado, com capacidade postulatória, constituindo direito indisponível e irrenunciável. A pretensão do paciente de realizar sua própria defesa mostra-se inadmissível, pois se trata de faculdade excepcional, exercida nas hipóteses estritamente previstas na Constituição e nas leis processuais. Ao réu é assegurado o exercício da autodefesa consistente em ser interrogado pelo juízo ou em invocar direito ao silêncio, bem como de poder acompanhar os atos da instrução criminal, além de apresentar ao respectivo advogado a sua versão dos fatos para que este elabore as teses defensivas. Ao acusado, contudo, não é dado apresentar sua própria defesa, quando não possuir capacidade postulatória" (STF – HC n° 102019-PB, Rel. Ricardo Lewandowski, RTJ 217/452).

"Não obstante não seja exigida capacidade postulatória para determinados atos processuais na esfera penal, como no caso da impetração de habeas corpus, nos termos da legislação aplicável à espécie (arts. 261 e 263, do CPP e 2º, do Estatuto da OAB), bem assim dos preceitos constitucionais (art. 5º, LIV e LV), tal possibilidade não se estende à defesa do réu na ação penal, uma vez que o direito de defesa é um direito indisponível. Ademais, não há de se falar, na espécie, em ofensa à Convenção Americana de Direitos Humanos (Pacto de San José da Costa Rica), que garante ao réu a possibilidade de exercer pessoalmente sua defesa, na medida em que tal prerrogativa lhe é assegurada pelo ordenamento jurídico pátrio em todos os atos do processo, mas que somente pode ser exercida de forma complementar à defesa técnica e não, salvo nas hipóteses excepcionais, de forma exclusiva. E ainda, ao contrário do sugerido na impetração, não tem a referida Convenção o condão de derrogar o Código de Processo Penal" (STJ – HC n° 100810-PB, Rel. Laurita Vaz, j. 29.04.2009, DJe 25.05.2009)

Julgamento da apelação tendo o advogado constituído renunciado. Necessidade de intimação do réu para que constitua outro

"Padece de nulidade absoluta o julgamento de Apelação após a renúncia do Advogado dativo, sem a intimação do réu constituir novo defensor. A renúncia do Advogado nomeado para defender o paciente ocorreu muito antes do julgamento do recurso de Apelação pelo Tribunal. Ainda que a renúncia tenha sido protocolizada no primeiro grau, era dever do Juízo intimar o réu para constituir novo defensor ou nomear-lhe outro; o fato é que o recurso de Apelação foi julgado sem que o réu estivesse, à época, assistido por defesa técnica própria. Nenhum acusado, ainda que ausente ou foragido, será processado ou julgado sem defensor (art. 261 do CPP). É nulo o julgamento da apelação se, após a manifestação nos autos da renúncia o único defensor, o réu não foi previamente intimado para constituir outro (Súmula 708/STF)" (STJ – HC n° 59441-SP, Rel. Napoleão Nunes Maia Filho, RSTJ 212/492)

Defensor não inscrito na OAB

a) nulidade relativa

PACIENTE CRIMINALMENTE DEFENDIDO POR ADVOGADO QUE HAVIA SIDO PUNIDO PELA O.A.B. COM O CANCELAMENTO DE SUA INSCRIÇÃO NA ENTIDADE. PRETENDIDA NULIDADE DO PROCESSO – "Circunstancia, todavia, insuficiente para autorizar a declaração de nulidade, se nem sequer foi alegado prejuízo para a defesa. Por outro lado, trata-se de caso em que o paciente concorreu para a pretensa nulidade, ao constituir o mencionado defensor" (STF – Rel. Sepúlveda Pertence – RTJ 138/564).

"A defesa patrocinada por bacharel, cuja inscrição junto a OAB tenha sido suspensa ou cancelada, não induz nulidade sem a comprovação concreta do prejuízo sofrido pelo acusado. Precedentes. Na espécie, além de o paciente, que foi declarado revel, não articular com fatos concretos demonstrativos do prejuízo, limitando-se a impugnar a falta de oferecimento da defesa previa, verifica-se ainda que o defensor atuou com o zelo presumível no processo, seja formulando perguntas as testemunhas, seja deduzindo alegações finais. Não demonstrado o prejuízo, e incabível a pretensão de anulação do processo" (STF – HC n° 70749-RJ – Rel. Ilmar Galvão, j. 08.03.1994, DL 06.05.1994, p. 10470).

b) nulidade absoluta

NULIDADE: AUSÊNCIA DE DEFESA TÉCNICA: DEFENSORA NÃO HABILITADA, CONSTITUÍDA PELO RÉU: PREJUÍZO PARA A DEFESA – "Tem-se como nulo o processo em que funcionou como defensor do réu, ainda que por este constituído, quem não estava regularmente inscrito em nenhuma Seccional da Ordem dos Advogados do Brasil. Não se pode emprestar ao caso dos autos a extensão da regra ínsita no art. 565 do CPP, de vez que o réu, outorgante do instrumento de mandato com poderes 'ad judicia', cuja profissão declarada é a de servente de pedreiro, não poderia deduzir que a outorgada, com escritório montado e frequentando o presídio onde o mesmo se achava preso, era falsa advogada e que se valia da inscrição de profissional habilitado para agir em Juízo. Comprovado nos autos o prejuízo para o réu pela inexistência de defesa técnica porque patrocinada por pessoa inabilitada para o exercício da advocacia, do que resultou por comprometer o seu 'status libertatis', impõe-se a declaração da nulidade do processo a partir do interrogatório e a expedição do alvará de soltura" (STF – HC n° 71705-SP – Rel. Maurício Corrêa, j. 26.03.1996, DJ 31.05.1996, p. 18800).

c) advogado inscrito em outra seção. Possibilidade

ALEGAÇÃO DE NULIDADE PROCESSUAL – ADVOGADO CONSTITUÍDO PELO PACIENTE – POSSIBILIDADE DE ATUAÇÃO DO ADVOGADO EM SEÇÃO DIVERSA DAQUELA EM QUE POSSUI INSCRIÇÃO PRINCIPAL – NÃO-COMPARECIMENTO A UMA AUDIÊNCIA – DESIGNAÇÃO JUDICIAL DE ADVOGADO AD HOC – REGULARIDADE – PEDIDO INDEFERIDO – "O Advogado somente estará sujeito a promover a sua inscrição suplementar, sempre que passar a exercer a sua profissão, em caráter de habitualidade (mais de cinco causas por ano), em Seção diversa daquela em cujo território possui domicílio profissional (Lei n. 8.906/94, art. 10, § 2º, in fine). Em conseqüência, não constitui nulidade processual o fato de o Advogado constituído pelo réu não se achar inscrito suplementarmente na Seção em que vem a exercer, de modo eventual, em favor do acusado, o patrocínio da causa penal, pois essa circunstância, só por si, nenhum prejuízo acarreta à condução da defesa técnica" (STF – HC n° 73524-SP – Rel. Celso de Mello, j. 02.04.1996, DJ 06.09.1996, p. 31851).

d) defesa realizada por estagiário. Nulidade absoluta

"O 'error' apontado, qual seja, ter o paciente sido assistido por estagiário da Fundação de Assistência Judiciária, desacompanhado de Defensor Público ou advogado, quando da oitiva de algumas testemunhas da acusação e da defesa, per si, configura falha fatal e absoluta. No processo penal, mais do que em qualquer outra seara, tendo em vista que está em jogo a liberdade do acusado ou até o estigma causado por condenação, exige-se um rigor adicional na observância do princípio da ampla defesa. Mais do que simplesmente se abrir ao acusado a chance de se defender, é preciso que a defesa seja realmente exercida" (STJ – HC n° 18693-DF – Rel. Félix Fischer, j. 19.02.2002, DJ 11.03.2002, p. 268).

Art. 264. Salvo motivo relevante, os advogados e solicitadores serão obrigados, sob pena de multa de cem a quinhentos mil-réis, a prestar seu patrocínio aos acusados, quando nomeados pelo Juiz.

Obrigatoriedade – O defensor dativo é obrigado a aceitar o *munus*, somente se admitindo a negativa por motivo justificado, conforme aqui disposto. Constitui, inclusive, infração disciplinar a negativa sem motivação (art. 34 da Lei nº 8.906/94). A multa imposta pela violação dessa norma, porém, perdeu, com o passar do tempo, sua expressão econômica, constituindo-se, hoje, em *letra morta*.

Art. 265. O defensor não poderá abandonar o processo sem justo motivo, previamente comunicado ao juiz, sob pena de responder por infração disciplinar perante o órgão correicional competente. (Redação dada pela Lei 14.752. de 2023).

§ 1º A audiência poderá ser adiada se, por motivo justificado, o defensor não puder comparecer. (Incluído pela Lei nº 11.719, de 2008).

§ 2º Incumbe ao defensor provar o impedimento até a abertura da audiência. Não o fazendo, o juiz não determinará o adiamento de ato algum do processo, devendo nomear defensor substituto, ainda que provisoriamente ou só para o efeito do ato. (Incluído pela Lei nº 11.719, de 2008).

§ 3º Em caso de abandono do processo pelo defensor, o acusado será intimado para constituir novo defensor, se assim o quiser, e, na hipótese de não ser localizado, deverá ser nomeado defensor público ou advogado dativo para a sua defesa." (NR)

Abandono do processo – O defensor dativo, como já vimos, é obrigado a aceitar o *munus*, somente se admitindo a negativa por motivo justificado, conforme dispõe o art. 264 do código. Antes da Lei 14.752/23, o *caput* do art. 265 do CPP previa multa de dez a cem salários mínimos a ser imposta ao defensor que, sem motivo imperioso, previamente comunicado ao juiz, abandonasse a causa. Essa possibilidade de aplicação da multa foi revogada. Agora, o abandono sem motivo justo pode resultar em infração disciplinar perante o órgão correicional competente. Em caso de abandono do processo pelo defensor, o acusado será intimado para constituir novo defensor, se assim o quiser, e, na hipótese de não ser localizado, deverá ser nomeado defensor público ou advogado dativo para a sua defesa (§3º).

ATENÇÃO – a revogação, por meio da Lei 14.752/23, da possibilidade de aplicação da pena de multa faz parte de uma opção política do legislativo federal. Vale lembrar que, bem antes, o Conselho Federal da Ordem dos Advogados do Brasil questionou perante o Supremo Tribunal Federal a constitucionalidade da aplicação da multa (ADI 4.398). Argumentava-se, em síntese, que o poder de punir seus inscritos é privativo da OAB e, demais disso, que eventual penalidade imposta violaria princípios constitucionais, como o contraditório e a ampla defesa, ao permitir a aplicação da multa sem o devido processo legal. A ação foi julgada em agosto de 2020, com relatoria da Ministra Carmen Lúcia, resolvendo que a aplicação de multa por abandono do processo "mostra-se razoável como meio prévio para evitar o comportamento prejudicial à administração da justiça e ao direito de defesa do réu, tendo em vista a imprescindibilidade da atuação do profissional da advocacia para o regular andamento do processo penal."

Não comparecimento à audiência – Justificado o não comparecimento até a abertura da audiência, o juiz determinará seu adiamento. Se inescusável a falta, a audiência será realizada com nomeação de "defensor substituto, ainda que provisoriamente ou só para o efeito do ato", o conhecido defensor *ad hoc*. É o rigor dos §§ 1° e 2° do art. 265 sob exame. O defensor dativo pode ser um *defensor público*, membro da *Defensoria Pública*, carreira que tem previsão constitucional (art. 5º, inc. LXXIV, da CF). Nas comarcas que não contarem com a atuação de defensores públicos (ou nas quais a Defensoria, embora instalada, não possuir a estrutura necessária) a função de defensor dativo é realizada por *advogados*, nomeados por meio de convênios firmados entre a OAB e o Estado. A lei não faz qualquer distinção, quanto ao abandono do processo, entre o defensor dativo ou constituído, não cabendo ao intérprete fazê-lo. De forma que a multa aqui prevista pode ser imposta num e noutro caso.

JURISPRUDÊNCIA

Quando se configura o abandono

"Prevê o art. 265, caput, do Código de Processo Penal, que '[o] defensor não poderá abandonar o processo senão por motivo imperioso, comunicado previamente o juiz, sob pena de multa de 10 (dez) a 100 (cem) salários mínimos, sem prejuízo das demais sanções cabíveis'. No caso, o Recorrente, embora pessoalmente intimado nas ocasiões, não praticou nenhum ato posterior à defesa preliminar, deixando de atender a dois chamados judiciais para a realização de audiência de instrução e julgamento sem que qualquer justificativa para as ausências fosse apresentada ao Juízo. Até o momento, não há orientação expressa da Suprema Corte sobre a constitucionalidade do art. 265 do Código de Processo Penal, razão pela qual o dispositivo se encontra em plena eficácia (...) No caso inexiste prejuízo processual a ensejar a anulação da multa, nomeadamente porque a ampla defesa e o contraditório restaram oportunizados mediante impugnação por mandado de segurança, tendo o Tribunal de origem inclusive deferido o pleito liminar para suspender o pagamento da penalidade. Não bastasse, o Recorrente teve oportunidade de se manifestar em ocasião pretérita à aplicação da reprimenda e permaneceu inerte, pois foi regularmente intimado de sua primeira falta e, mesmo ciente da literalidade do art. 265 do Código de Processo Penal, deixou de comparecer também à segunda audiência, sem deduzir qualquer justificativa para suas ausências (...)." (STJ – AREsp nº 496699, Decisão Monocrática, Rel. Rogerio Schietti Cruz, DJe 29.05.2014).

"Esta Corte, em situações em tudo semelhantes à examinada nestes autos, tem entendido que o não comparecimento de advogado a audiência, mesmo devidamente cientificado para tanto, sem apresentar prévia ou posterior justificativa plausível para sua ausência, pode ser qualificado como abandono de causa que autoriza a imposição da multa prevista no art. 265 do CPP. Precedentes. A postura do defensor ao não comparecer à audiência redesignada a seu pedido, sem qualquer comunicação prévia ao réu ou ao Juízo, porque deixou de receber parcela de valores previamente contratados com seu cliente, consiste em verdadeira afronta ao devido processo legal e à ampla defesa, paralisando a tramitação processual do feito, além de causar prejuízo ao erário, na medida em que foram efetuadas despesas para se transportar e escoltar o réu do núcleo de custódia em que se encontra recolhido, na cidade de Franca/SP, até a cidade de Ipuã/SP, para a audiência.Por óbvio, toda profissão legalmente exercida deve ser remunerada e não se olvida que o profissional liberal depende de seus honorários para sobreviver. No entanto, existe um procedimento correto e amparado na boa-fé objetiva para o recebimento de pagamento por serviços prestados e ele não se coaduna com a inércia em relação ao cumprimento de deveres profissionais, sem prévia comunicação a quem de direito, assumindo o risco de causar graves prejuízos ao contratante, ainda que esteja ele eventualmenteinadimplente" (STJ – AgRg nos EDcl no RMS n. 54291-SP – Rel. Reynaldo Soares da Fonseca, j. 12.09.2017, DJe 20.09.2017).

Quando não se configura o abandono

Processo Penal. Mandado de Segurança. Sanção do advogado que abandona a causa sem prévia comunicação ao Juízo (não comparecimento a audiência). Art. 265 do CPP. (...) Não é lícito ao Advogado abandonar sem justo motivo previamente comunicado ao Juízo, o patrocínio da causa, no momento da realização de ato processual ao qual, devidamente intimado, deve comparecer, por configurar, 'prima facie', menoscabo às atividades do Poder Judiciário, nas quais desempenha função essencial e insubstituível (art. 133 da Carta Magna). Não se deve confundir a ausência a determinado ato processual com o abandono do processo, tal como previsto no art. 265 do CPP (redação da Lei 11.719/08), tanto que cumpre ao Juiz, em tal hipótese, se for o caso, nomear defensor substituto, como dispõe o art. 265, § 2º do CPP (redação da Lei 11.719/08), mas sem afastar a atuação do causídico em atos processuais futuros. (...). Recurso a que se dá provimento, para conceder a ordem de segurança." (STJ – RMS n° 32742-MG, Rel. Napoleão Nunes Maia Filho, j. 15.02.2011, DJe 09.03.2011).

"O abandono de causa capaz de justificar a aplicação da multa prevista no art. 265 do CPP demanda que o defensor regularmente constituído reiteradamente deixe de promover os atos necessários à defesa do acusado, não bastando uma única omissão – como o não comparecimento à audiência – para caracterizá-lo. – A ausência do advogado, sem motivo razoável, pode indicar desídia do profissional e, ainda, abuso do direito, na hipótese de restar configurado o interesse em atrapalhar a regular marcha processual e causar tumulto mediante a postergação de ato do processo, mas não configura, por si só, abandono de causa. – A inércia do advogado não influenciou na defesa da parte patrocinada, posto que sua manifestação, exigida pelo Juízo impetrado, destinava-se tão somente ao exercício da ampla defesa em relação à própria aplicação da multa questionada" (TRF – 2ª Região – MS nº 2011.02.01.003548-0/RJ, Rel. Marcello Ferreira de Souza Granado, j. 21.06.2011, DJ 01.07.2011).

§ 1º A audiência poderá ser adiada se, por motivo justificado, o defensor não puder comparecer. (Incluído pela Lei nº 11.719, de 2008).

§ 2º Incumbe ao defensor provar o impedimento até a abertura da audiência. Não o fazendo, o juiz não determinará o adiamento de ato algum do processo, devendo nomear defensor substituto, ainda que provisoriamente ou só para o efeito do ato. (Incluído pela Lei nº 11.719, de 2008).

Adiamento da audiência por motivo justificado – Pode ocorrer que haja um motivo plenamente escusável a justificar a ausência do defensor. Suponha-se que, na semana em que designada audiência, tenha sido ele acometido de grave enfermidade, que o impeça de se locomover. Ou que, na véspera, perdera um ente próximo. Nesses casos, justificado o motivo, cumpre ao juiz adiar a realização da audiência e não a realizar, de pronto, com o acompanhamento de um defensor *ad hoc*, como previsto no § 2°. Sobre a ausência do defensor no plenário do júri, conferir nossos comentários abaixo ao art. 456 do código.

Esse *motivo justificado*, na letra do § 2°, deve ser comprovado "até a abertura da audiência", pois, caso contrário, ensejará a nomeação de *defensor substituto*. Tal dispositivo deve ser interpretado com certa cautela, amenizando-se seu rigor, dependendo do caso concreto. Imagine-se que no trajeto para o fórum o defensor se veja envolvido em um acidente de trânsito, do qual resultaram-lhe lesões corporais, com a consequente remoção a um hospital. Ora, nessa situação, não se vai exigir que ele prove seu *impedimento até a abertura da audiência*. O juiz, de sua parte, ignorando o fato, irá nomear um defensor *ad hoc* e a audiência será realizada. Comprovando-se, posteriormente, o ocorrido, bem como a incapacidade de locomoção e a impossibilidade de se avisar o juízo até a abertura da audiência, cumpre ao juiz anular a audiência, para que outra seja realizada com a presença do defensor, seja ele constituído ou dativo. Salvo se, da atuação do defensor *ad hoc*, não se tenha verificado qualquer prejuízo para o réu, quando, então, inexistirá motivo para a repetição do ato.

Art. 266. A constituição de defensor independerá de instrumento de mandato, se o acusado o indicar por ocasião do interrogatório.

Instrumento de mandato – Este dispositivo dispensa a apresentação de instrumento de mandado firmado pelo réu em favor de seu advogado, embora nada impeça que adote essa postura. A chamada procuração ***ad judicia et extra, firmada por escrito, é, assim, dispensável no processo penal.*** A mera manifestação verbal do acusado, portanto, prestada ao início da audiência (e não mais no interrogatório, realizado ao final do processo), quando aponta seu advogado, configura verdadeiro "mandado tácito", naquilo que se denomina procuração *apud acta*, suprindo qualquer outra necessidade formal.

JURISPRUDÊNCIA

"Defensor indicado pelo réu pode interpor todos os recursos cabíveis Embora, nessa hipótese, sem instrumento de mandato nos autos, certo é que o defensor pode interpor todos os recursos cabíveis e adotar as providências indispensáveis à defesa de seu constituinte. Código de Processo Penal, artigo 266. "Habeas corpus" deferido para que, afastada a preliminar relativa à representação do paciente, decida a Corte indigitada coatora o agravo de instrumento contra o despacho que não admitiu o recurso especial" (STF – HC nº 72035-8-RJ, Rel. Néri da Silveira; j. 03.02.1995 – JSTF 201/358).

Art. 267. Nos termos do art. 252, não funcionarão como defensores os parentes do juiz.

O dispositivo em tela é absolutamente desnecessário em face do que já consta do art. 252 do código, cujos comentários acima remetemos o leitor.

CAPÍTULO IV
DOS ASSISTENTES

Art. 268. Em todos os termos da ação pública, poderá intervir, como assistente do Ministério Público, o ofendido ou seu representante legal, ou, na falta, qualquer das pessoas mencionadas no Art. 31.

Assistente e advogado – Vale lembrar que o assistente de acusação é a própria vítima ou as pessoas relacionadas no artigo em comento ("seu representante legal, ou, na falta, qualquer das pessoas mencionadas no art. 31"), ou, ainda, outros entes, mencionados abaixo sob o item "rol exemplificativo". É muito comum, porém, principalmente em processos de Júri, que em dado momento se conceda à palavra ao "assistente de acusação". Em verdade, quem ocupará a tribuna é o *advogado* constituído pelo assistente e não ele próprio. *Assistente*, nesse caso, é, por exemplo, a vítima da tentativa de homicídio ou seu filho se consumado o delito, e não o advogado. Salvo, em hipóteses raríssimas, nas quais a própria vítima ostente a condição de advogado, habilitado, pois, a se manifestar em juízo.

Função do assistente – Duas teorias explicam a função do assistente de acusação no processo penal. Em uma visão mais clássica e conservadora, o objetivo do assistente se restringe unicamente à obtenção de uma condenação criminal que propicie, mais adiante, sua execução no âmbito cível. Afinal, dispõe o art. 515 do Código de Processo Civil, que são títulos executivos judiciais, "VI – a sentença penal condenatória transitada em julgado".

É dizer: suponha-se que o réu foi condenado pela prática de um homicídio doloso, no qual, em sua defesa, negou a autoria dos disparos da arma de fogo que mataram a vítima. Transitada em julgado essa decisão, proferida no âmbito criminal, não se irá reabrir a discussão no processo cível. Imagine-se o desconforto, em evidente desprestígio da justiça, se um juiz cível, a despeito da decisão criminal que condenou o réu, declarasse não ter sido ele o autor dos disparos. É por isso que, no âmbito cível, não mais se discutirá essa questão. Tampouco se é obrigação do réu indenizar ou não os familiares da vítima, por se tratar de consequência natural da sentença penal condenatória. O debate se restringirá, apenas, ao "quantum" que deve ser pago a título de indenização.

Nesse aspecto, aliás, o art. 935 do Código Civil, *in verbis*: "A responsabilidade civil é independente da criminal, não se podendo questionar mais sobre a existência do fato, ou sobre quem seja o seu autor, quando estas questões se acharem decididas no juízo criminal". Em outras palavras, que o condenado deve indenizar não há dúvida, posto que um dos efeitos da sentença penal condenatória consiste, exatamente, em tornar certa a obrigação de fazê-lo, pelo réu, quanto ao dano causado pelo crime (art. 91, inc. I, do Código Penal) (v., ainda, art. 63 do CPP). Apenas se discutirá, no cível, o valor a ser pago, considerando-se, por exemplo, a idade da vítima, o valor de seu salário quando da morte, o número de dependentes, etc. Lembre-se, em acréscimo, que já na sentença penal condenatória, deve o juiz fixar um valor mínimo a título de reparação, na dicção do art. 387, inc. IV do CPP, sem prejuízo de que a parte, entendendo insuficiente esse valor, busque sua complementação, na esfera civil. Nisto consistiria, para essa primeira corrente, a função do assistente, cujo objetivo, portanto, é apenas de obter uma sentença penal condenatória, cuja liquidação se dará no cível.

Pensamos que se possa avançar um pouco. Vislumbramos, no assistente, a figura também de um colaborador da justiça, a quem interessa não apenas uma condenação, mas uma condenação com pena justa e proporcional ao fato cometido. Suponha-se que num delito de homicídio qualificado por três circunstâncias, tenha o juiz fixado a pena do réu em 13 anos de reclusão. Quem adota a primeira tese, acima exposta, concluirá que o assistente, na inércia do Ministério Público, não poderá recorrer para majorar a pena, eis que a condenação que buscava foi alcançada, pouco importando o "quantum" de pena cominado. Para nós, não satisfaz ao assistente – insistimos – uma mera condenação, mais uma condenação justa e proporcional à gravidade crime, não fazendo sentido que um condenado pela prática de um homicídio qualificado com três circunstâncias, mereça sanção tão branda. Daí admitirmos, na inércia do Ministério Público, o apelo do assistente visando o aumento da pena, conforme, a propósito, tem sido reconhecido por nossos Tribunais Superiores, como se vê da jurisprudência colacionada ao art. 271 abaixo. Nesse sentido, ainda, do STF, confira-se: *RTJ* 101/1.140, 83/55, 78/923. Em sentido contrário, nos tribunais estaduais: *RT* 565/383, 540/417, 520/436.

Já eventual recurso do assistente, visando alterar a capitulação legal conferida pelo juiz na sentença condenatória, não há de ser conhecido. É que, obtida a condenação, atingiu-se o objetivo do assistente, pouco importando a classificação legal dada ao crime. Salvo, como visto acima, se o objetivo for de aumentar a pena.

JURISPRUDÊNCIA

Legitimidade para pleitear a majoração da pena

"A legitimidade do assistente de acusação para apelar, quando inexistente recurso do Ministério Público, é ampla, podendo impugnar tanto a sentença absolutória quanto a condenatória, visando ao aumento da pena imposta, já que a sua atuação justifica-se pelo desejo legítimo de buscar justiça, e não apenas eventual reparação cível. Doutrina. Precedentes do STJ e do STF" (STJ – HC nº 137339-RS, Rel. Jorge Mussi, j. 09.11.2010, DJe 01.02.2011).

"O Processo penal, complexo de relações jurídicas que têm por objetivo a aplicação da lei penal. Não há partes, pedido ou lide, nos termos empregados no processo civil. Juridicamente, acusação e defesa conjugam esforços, decorrência do contraditório e defesa ampla, para esclarecimento da verdade real. Ninguém pode ser condenado sem o devido processo legal. O assistente também, interessado na averiguação da verdade substancial. O interesse não se restringe aquisição de título executório para reparação de perdas e danos. O direito de recorrer, não o fazendo o Ministério Público, se dá quando a sentença absolveu o réu, ou postulado aumento da pena. A hipótese não se confunde com a justiça privada. A vítima, como o réu, tem direito a decisão justa. A pena, por seu turno, a medida jurídica do dano social decorrente do crime" (STJ – REsp nº 135549-RJ, Rel. Luiz Vicente Cernicchiaro, j. 02.04.1998, DJ 26.10.1998, p. 168).

Não tem interesse em recorrer para alterar a capitulação legal do delito conferida pela sentença condenatória

"A função do assistente no processo penal, cuja intervenção não é obrigatória, é de atuar ao lado do órgão acusador estatal, cooperando com a Justiça. Sua participação é, contudo, secundária, *ad coadjuvandum*, não podendo perder de vista o buscado interesse social que rege as demandas penais nem, tampouco, a atribuição constitucional e privativa do Ministério Público, dominus litis das ações públicas. O assistente não possui interesse processual para discordar da capitulação oferecida pelo Ministério Público e sentenciada pelo Juiz monocrático" (STJ – REsp nº 713822-RS, Rel. Hélio Quaglia Barbosa, j. 31.05.2005, DJ 20.06.2005, p. 392).

Rol exemplificativo – Segundo o disposto neste artigo, na ação penal pública poderá intervir o ofendido ou seu representante legal ou, à falta deles, as pessoas enumeradas no art. 31 (cônjuge, ascendente, descente ou irmão). Fica claro, assim, que somente se admite a figura do assistente na ação penal pública (incondicionada ou condicionada), ou seja, naquela cujo titular é o Ministério Público. Tratando-se de ação penal privada não há que se falar em assistente, pois a vítima já é a titular da ação penal, atuando como parte.

Discute-se se o rol do art. 268 é *taxativo*, não admitindo ampliação ou, ao contrário, meramente *exemplificativo*, isto é, com possibilidade de admissão do assistente para outras hipóteses além daquelas previstas no dispositivo legal. Cremos que o rol é exemplificativo, posto se admitir, por exemplo, que a companheira atue como assistente. Permite-se, também, que pessoas jurídicas, de direito público ou privado, funcionem ao lado do Ministério Público, como por exemplo a OAB ou associações legalmente constituídas que atuem em defesa do consumidor (Lei nº 8.079/90). Lembre-se, a propósito, que o Decreto-Lei nº 201/1967, que trata dos crimes cometidos por prefeitos e vereadores, permite a intervenção, como assistente, dos órgãos federais, estaduais e municipais, interessados na apuração da responsabilidade do prefeito, que "podem requerer a abertura de inquérito policial ou a instauração da ação penal pelo Ministério Público, bem como intervir em qualquer fase do processo, como assistente da acusação" (art. 2º, § 1º).

JURISPRUDÊNCIA

Pessoa jurídica. Legitimidade

"Diante da plausibilidade do pedido de assistência, pois restou demonstrado o interesse da vítima em futura restituição patrimonial, e do periculum in mora, tendo em vista que o processo-crime já se encontra na fase de alegações finais, cabível a concessão de efeito suspensivo para permitir a participação da Recorrente na lide como assistente de acusação até o julgamento do recurso ordinário em mandado de segurança interposto" (STJ – MC n° 13829-RJ, Rel. Laurita Vaz, j. 19.06.2008, DJ 18.08.2008).

Estado. Legitimidade

Processual penal. Recurso ordinário e habeas corpus substitutivo. Prejudicialidade e conhecimento. Crime de peculato. Sentença. Omissão do Ministério Público em recorrer. Legitimidade do Estado por seu procurador-geral. Interesse público – "O fato de ser o Ministério Público titular da ação penal pública incondicionada e de que está obrigado a recorrer, não impede que o procurador-geral do estado seja considerado legitimado para fazê-lo, em se tratando de peculato onde ofendido e o próprio Estado" (STJ – RHC n° 4041-RJ, Rel. Jesus Costa Lima, j. 16.11.1994, DJ 24.04.1995, p. 10408).

Filho da vítima ainda que tenha sido testemunha no inquérito. Legitimidade

"Não se vislumbra o alegado direito líquido e certo, na medida em que não há impedimento legal na referida participação do filho da vítima na qualidade de assistente de acusação, ainda que ele tenha sido ouvido como testemunha na fase inquisitorial" (STJ – RMS n° 15338-SP, Rel. José Arnaldo da Fonseca, j. 21.11.2002, DJ 16.12.2002, p. 350).

Ente da federação. Ilegitimidade

PROCESSUAL PENAL. RECURSO ORDINÁRIO EM MANDADO DE SEGURANÇA. LEGITIMIDADE DE ENTE DA FEDERAÇÃO PARA INGRESSAR COMO ASSISTENTE DA ACUSAÇÃO EM AÇÃO PENAL CUJO JULGAMENTO COMPETE AO TRIBUNAL DO JÚRI – "Ainda que se admita a prescindibilidade de eventual ação de reparação civil ex-delicto para que o interessado seja admitido como assistente da acusação, não há que se deferir a pretensão quando não demonstrado, de forma concreta, qualquer interesse extrapenal a respaldar o pedido. A natural busca pela boa aplicação do Direito deve, em sede de assistência, coexistir concretamente com o indicado interesse" (STJ – RMS n° 18034-MG, Rel. Felix Fischer, j. 21.10.2004, DJ 16.11.2004, p. 304).

Espólio. Ilegitimidade

"O espólio não tem legitimidade para intervir como assistente do Ministério Público. Inteligência dos arts. 268 e 31 do CPP" (STJ – REsp n° 366-SP, Rel. Costa Leite, RT 668/330).

Assistente e contravenção penal – É controversa, na doutrina, a possibilidade de assistência nos processos envolvendo contravenções penais. No sentido da não admissão, argumenta-se que, nas contravenções penais, não há propriamente a figura da vítima, sendo o Estado o sujeito passivo dessa espécie de infração penal. Pensamos de forma diversa. Com efeito, o único critério que, a rigor, diferencia a contravenção penal do crime é a quantidade da pena imposta em um e outro caso. De sorte que a figura da vítima – tomada a expressão em um sentido mais amplo – surgirá em ambas as hipóteses. Determinada pessoa que suporta perturbação de seu sossego pela prática da contravenção penal do art. 41 da lei própria, sem dúvida é vítima dessa ação. Teria, assim, legitimidade para se habilitar como assistente de acusação. Nesse sentido, aliás, o entendimento jurisprudencial abaixo lembrado.

Ocorre, na prática, que a partir da criação dos Juizados Especiais Criminais (Lei n° 9.099/95), a discussão perdeu um pouco de seu interesse prático, vez que as contravenções penais passaram a configurar *infrações penais de menor potencial ofensivo*, assim consideradas aquelas cuja pena máxima não supere dois anos (art. 61). De sorte que, uma vez ofertada pelo Ministério Público – e aceita pelo agente – a transação penal, não haverá lugar para atuação do assistente. É que esse instituto despenalizador antecede a denúncia, enquanto que o art. 268 do CPP admite a assistência na ação penal pública, isto é, após o recebimento da acusação. Insiste-se: como na transação penal não há oferta de denúncia, não se cogita da atuação do assistente de acusação.

JURISPRUDÊNCIA

Possibilidade de assistente no processo contravencional

"Contravenção penal. Perturbação do sossego alheio. Intervenção de assistente de acusação. Admissibilidade. Modalidade especialíssima de contravenção, onde possível identificar de modo próximo e direto a figura do 'ofendido'. Possibilidade, portanto, de perseguir a condenação do contraventor. Recurso por ele interposto que deve ser conhecido mesmo diante da vedação de seu ingresso na sentença. Aplicação do art. 598 e inteligência do art. 268 do CPP e dos arts. 17 e 42 do Dec.-Lei 3.688/41" (TACrimSP – Rel. Ribeiro dos Santos – RT 632/312).

Inviabilidade do assistente nos Juizados Especiais Criminais (Lei nº 9.099/95), se não ofertada a denúncia

CORREIÇÃO PARCIAL. CONTRAVENÇÃO PENAL DE PERTURBAÇÃO DO TRABALHO OU DO SOSSEGO ALHEIOS. TRANSAÇÃO PENAL. PARTES INTERESSADAS NÃO ADMITIDAS COMO ASSISTENTES DE ACUSAÇÃO. ILEGITIMIDADE RECURSAL – "Encontrando-se o feito em fase preliminar, em que ainda não oferecida a denúncia, inexiste a possibilidade de as partes interessadas se habilitarem como assistentes da acusação e, por conseguinte, de recorrerem judicialmente" (TJRS – Turma Recursal Criminal – Correição Parcial nº71003604352 – Rel. Cristina Pereira Gonzales, j. 27.02.2012).

Assistente de defesa – O Código de Processo Penal não contempla a figura do assistente de defesa, mas a Lei 8.906/94 (Estatuto da OAB) dispõe o seguinte em seu art. 49:

> "Art. 49. Os Presidentes dos Conselhos e das Subseções da OAB têm legitimidade para agir, judicial e extrajudicialmente, contra qualquer pessoa que infringir as disposições ou os fins desta lei.
>
> Parágrafo único. As autoridades mencionadas no caput deste artigo têm, ainda, legitimidade para intervir, inclusive como assistentes, nos inquéritos e processos em que sejam indiciados, acusados ou ofendidos os inscritos na OAB".

Teria então a OAB legitimidade para intervir como assistente de defesa de advogado processado criminalmente? Segundo Guilherme de Souza Nucci, "o dispositivo deve ser adaptado ao contexto do processo penal, tornando possível que a OAB atue como assistente de acusação em caso envolvendo advogado como réu, cuja demanda desperte o interesse de toda a classe dos advogados. Entretanto, é preciso salientar que a Lei 8.906/94 autoriza, expressamente, a assistência, também, do advogado que seja réu ou querelado, pois se refere à intervenção em inquéritos e processos em que sejam indiciados (nítida hipótese criminal), acusados ou ofendidos (em igual prisma) os inscritos na Ordem dos Advogados do Brasil. Dessa forma, nos moldes propostos pelo Código de Processo Civil, aplicado por analogia neste caso de lacuna do Processo Penal, a OAB pode atuar como assistente da defesa, quando possui interesse de que a sentença seja favorável ao réu-advogado, nos termos do art. 119 do CPC/2015: 'pendendo causa entre 2 (duas) ou mais pessoas, o terceiro juridicamente interessado em que a sentença seja favorável a uma delas poderá intervir no processo para assisti-la'" (NUCCI, Guilherme de Souza. *Código de Processo Penal Comentado*. Grupo GEN, 2020, p. 604).

O STJ tem decidido que o art. 49 da Lei 8.906/94 deve ser interpretado em consonância com o Código de Processo Penal, que não admite o assistente de defesa. O art. 49 não pode ser utilizado como uma modalidade de assistência genérica, apenas em razão de o réu ser inscrito nos quadros da Ordem dos Advogados. A legitimidade derivada da lei especial existe apenas quando presentes interesses institucionais ou de preservação das prerrogativas profissionais da categoria:

"A previsão contida no art. 49, parágrafo único, do Estatuto da OAB, deve ser interpretada em congruência com as normas processuais penais que não contemplam a figura do assistente de defesa. Ademais, a legitimidade prevista na norma do Estatuto da OAB somente se verifica em situações que afetem interesses ou prerrogativas da categoria dos advogados, não autorizando a intervenção dos Presidentes dos Conselhos e das Subseções da OAB, como assistentes da defesa, pela mera condição de advogado do acusado" (RMS 63.393/MG, j 23/06/2020).

Sobre a possibilidade de o assistente arrolar testemunhas para oitiva no plenário do Júri – v. art. 422 abaixo.

Assistente de acusação como testemunha – v. art. 207 acima.

Intimação do assistente da sentença – v. art. 391 abaixo.

Possibilidade de o assistente recorrer contra sentença de desclassificação – v. art. 419 abaixo.

Art. 269. O assistente será admitido enquanto não passar em julgado a sentença e receberá a causa no estado em que se achar.

Admissão do assistente – Este dispositivo deve ser analisado conjuntamente com o art. 268 acima. De sorte que, este último artigo, autoriza a participação do assistente "em todos os termos da ação penal pública". Ora, ação penal pública passa a existir após o recebimento da denúncia formulada pelo Ministério Público. Já o artigo em exame estende essa participação enquanto não transitada em julgado a sentença penal. Daí se concluir que a participação do assistente não é admissível nem na fase de inquérito policial e, tampouco, no âmbito da execução da pena. Na primeira, durante as investigações, porque não há ainda ação penal pública deflagrada, isto é, não há acusação pública que permita a participação de um assistente de acusação. Quanto à fase de execução da pena, das duas uma: ou o réu foi definitivamente absolvido e a função do assistente e do Ministério Público se esgotou (até porque o nosso direito não admite a revisão criminal "pro societate"), ou foi o réu condenado. Neste último caso, entende-se que, a partir da obtenção do título judicial que permite sua execução na esfera cível, esgotou-se a função do assistente. A execução da pena é matéria que interessa apenas ao Ministério Público, órgão que atuará em todos os seus termos. Nesse sentido, aliás, o art. 67 da Lei de Execução Penal (Lei nº 7.210/84).

JURISPRUDÊNCIA

Processo no estado em que se encontra

"O Assistente da acusação pode habilitar-se enquanto não transita em julgado a sentença, recebendo a causa no estado em que se encontra. Se é verdade, que o advogado recorrente esteve em Cartório e, repetidas vezes, foi informado que os autos se encontravam conclusos para sentença, cumpria-lhe, cautelarmente, habilitar-se, e não, depois de ultrapassado de muito o prazo de quinze dias do término daquele reservado para o Ministério Público, bem assim de certificado o trânsito em julgado, tentar habilitar-se e recorrer. É sabido que o ofendido não é intimado da sentença, a menos que esteja habilitado como assistente do Ministério Público" (STJ – RE nº 57816 – MT, Rel. Jesus Costa Lima, j. 08.03.95).

Procuração ao advogado do assistente

a) não exige poderes especiais

"Ao assistente de acusação não se faz necessária a outorga de procuração com poderes especiais a que se refere o art. 44, do CPP, bastando, para tanto, procuração com poderes ad judicia, desde que não restritos à área cível (Precedente do Pretório Excelso)" (STJ – HC n° 35912-PA, Rel. Felix Fischer, j. 19.10.2004, DJ 17.12.2004, p. 586).

b) exige poderes especiais

"Nos termos do art. 44, do CPP é necessário que a parte outorgue ao advogado, que irá intervir como assistente do Ministério Público, procuração com poderes especiais" (STJ – REsp n° 231382-MS, Rel. José Arnaldo da Fonseca, j. 02.12.1999, DJ 21.02.2000, p. 166).

Prazo para recorrer – A possibilidade de o assistente recorrer depende da análise de duas situações, a saber, se ele já estava habilitado nos autos como tal ou, ao contrário, se apenas se habilitou após a sentença, que ainda não transitou em julgado. Caso não habilitado, deve ser observada a regra do art. 598 do CPP, que faculta ao ofendido e às pessoas enumeradas no art. 31 do código, a possibilidade de recurso, na hipótese de o Ministério Público não recorrer. Nesse caso, o prazo para recurso será de 15 dias e correrá a partir do término do prazo para o Ministério Público (v. Súmula 448 do STF), que, portanto, deverá ser intimado antes da decisão. É o que dispõe o parágrafo único do art. 598 do código. Pode ocorrer, porém, que o assistente já participasse do processo, isto é, já estivesse habilitado nessa condição. Nesse caso o prazo para recurso será de 5 dias, adotando-se a regra geral do art. 593 do CPP.

JURISPRUDÊNCIA

Termo *a quo* para início do prazo recursal

Prazo – Assistente de acusação que, habilitado no processo, é intimado no mesmo dia em que o representante do Ministério Público – Contagem que começa a fluir do dia do trânsito em julgado para este – Inteligência: art. 391 do Código de Processo Penal – "O prazo recursal para o Assistente de acusação inicia-se com a data da sua intimação da sentença. Entretanto, como este não pode recorrer concomitantemente com o representante do Ministério Público, há duas hipóteses: se o Assistente é intimado após o trânsito em julgado da sentença para o Ministério Público o prazo recursal se inicia na data da intimação; se antes ou no mesmo dia da intimação do representante do Parquet, começa a fluir do dia em que a sentença transitar em julgado para este" (TACrimSP, Rel. Almeida Braga, RJD 5/158).

Prazo para o assistente recorrer

a) se habilitado no processo: 5 dias

"A jurisprudência dos Tribunais Superiores há muito é pacífica no entendimento de que o prazo de interposição do recurso de apelação para o assistente de acusação habilitado nos autos é de 5 (cinco) dias, a contar da sua intimação. Inteligência do artigo 598 do Código de Processo Penal" (STJ – REsp n° 235268-SC, Rel. para o acórdão Hamilton Carvalhido, j. 25.03.2008, DJe 04.08.2008).

b) se não habilitado: 15 dias

"Se o Assistente está habilitado no processo, o prazo para recorrer é de cinco dias, não se aplicando à hipótese o parágrafo único do art. 598 do Código de Processo Penal, devendo ser intimado da sentença. Se o Assistente não estiver habilitado no processo, aplica-se o disposto no parágrafo único do art. 598 do Código de Processo Penal, sendo o prazo para interposição do recurso de quinze dias e correrá do dia em que terminar o do Ministério Público" (STF – HC nº 69439 – RJ, Rel. Neri da Silveira, j. em 27.10.92).

Assistente que recorre antes de ser intimado. Irrelevância

"Recurso do Assistente de acusação interposto antes de sua intimação, não caracteriza intempestividade. Apenas perderá a eficácia se, no seu prazo, o Ministério Público recorrer" (STF – HC nº 77270-MS, Rel. Nelson Jobim, j. 06.10.1998, DJ 27.04.2001, p. 60).

Art. 270. O co-réu no mesmo processo não poderá intervir como assistente do Ministério Público.

Correú no mesmo processo – Não faz mesmo qualquer sentido que, por exemplo, dois réus processados pela prática de furto qualificado em concurso de agentes, intervenham como assistentes, um contra o outro. Ora, a lide que se estabelece coloca, de um lado, a acusação e, de outro, a defesa. De sorte que a contrariedade dos réus deve se voltar contra quem os acusa e jamais, reciprocamente, entre si.

Sucede, porém, que os acusados podem se encontrar em posições fáticas antagônicas, como, *v.g.*, em um processo-crime deflagrado pela prática de lesões corporais recíprocas, nas quais A lesionou B e foi por ele ferido. Ou seja, a tese de A será no sentido de que foi agredido por B e, este, ao contrário, de que experimentou o ataque de A. Mas, ainda aqui, a intervenção é inviável, ante a absoluta incompatibilidade de, a um só tempo, o réu ocupar a posição de acusado e de assistente. Afinal, a tese de um dos réus será sempre defensiva, jamais de acusação.

Recurso – Em nosso exemplo acima, caso condenado apenas o réu A, ele poderia recorrer para que B fosse também condenado? Depende: se o Ministério Público recorrer contra a absolvição de B, não é cabível nenhuma assistência promovida por A, nos termos do artigo em exame. Já se o Ministério Público não apelou, nada impede que A, habilitando-se na condição de assistente, recorra, buscando a condenação de B. É este o entendimento majoritário na doutrina.

JURISPRUDÊNCIA

Corréu absolvido

Processual penal. Lesões corporais recíprocas. Apelação subsidiária. – Corréu. Antiga orientação do Supremo Tribunal Federal sobre poder apelar como ofendido o corréu absolvido, embora lhe seja defeso habilitar-se como assistente (C.P.P., arts. 270 e 598)" (STJ – REsp nº 29594-RJ, Rel. José Dantas, RSTJ47/373).

Art. 271. Ao assistente será permitido propor meios de prova, requerer perguntas às testemunhas, aditar o libelo e os articulados, participar do debate oral e arrazoar os recursos interpostos pelo Ministério Público, ou por ele próprio, nos casos dos arts. 584, § 1º, e 598.

§ 1º O juiz, ouvido o Ministério Público, decidirá acerca da realização das provas propostas pelo assistente.

§ 2º O processo prosseguirá independentemente de nova intimação do assistente, quando este, intimado, deixar de comparecer a qualquer dos atos da instrução ou do julgamento, sem motivo de força maior devidamente comprovado.

Poderes do assistente – Acham-se relacionados neste artigo e são eles:

Possibilidade de propor meios de provas – A fim de auxiliar o Ministério Público, pode o assistente propor a produção de provas, quando o *parquet* deverá ser ouvido a respeito, nos termos do § 1° abaixo.

Pode arrolar testemunhas? – A partir do disposto no art. 268 do código, quanto ao momento de atuação do assistente, surge essa indagação. Ora, se o assistente é admitido na ação penal pública, isto é, após o recebimento da denúncia, já não haveria momento oportuno para que ele apresentasse seu rol de testemunhas, vez que o Ministério Público, com a denúncia, já o fez. Nada impede, contudo, que, nos termos do art. 209 do código, requeira ao juiz que ouça as pessoas que indicou como "testemunhas do juízo". Jurisprudência focalizada no art. 271 abaixo, com menção, inclusive, de decisões do STF, admite que o assistente arrole testemunhas, desde que não ultrapasse o número legal permitido, quando somadas as testemunhas indicadas pelo *parquet*.

A discussão, é bem de ver, não encerra mero interesse acadêmico. Caso se admita que o assistente possa arrolar testemunhas, sua oitiva, pelo juiz, é obrigatória, salvo casos evidentes de impertinência do pedido. Ao revés, admitindo-se apenas que o assistente indique testemunhas do juízo, a oitiva delas, nos termos do art. 209 do CPP, encerra mera faculdade concedida ao juiz, que poderá indeferir o pedido por entender desnecessária a diligência.

JURISPRUDÊNCIA

Pode arrolar testemunhas e postular sua substituição

"Embora a atuação do Assistente da Acusação seja limitada, a Lei lhe faculta propor meios de prova (art. 271 do CPP), razão pela qual não lhe é defeso postular a substituição da testemunha não encontrada, desde que o pedido seja ratificado pelo *dominus litis*, como ocorreu no caso concreto. A possibilidade de o Assistente da Acusação arrolar testemunhas já foi admitida pelo STF e por esta Corte, inexistindo, portanto, qualquer impedimento de que postule a substituição daquela que não foi encontrada (STJ-HC 74.467/MG, Rel. Min. FELIX FISCHER, DJU 04.06.07 e STF-HC 72484/GO, Rel. Min. ILMAR GALVÃO, DJU de 01.12.95)" (STJ – HC nº 102082-GO, Rel. Napoleão Nunes Maia Filho, j. 27.05.2008, DJ 17.11.2008).

Formulação de reperguntas às testemunhas – Além da possibilidade de inquirir testemunhas, acrescentaríamos que ao assistente é dado formular perguntas ao réu, no interrogatório, isso em face das alterações trazidas pela Lei nº 10.792/03 (v., nesse sentido, comentários ao art. 188 acima).

Aditar o libelo e articulados – O libelo, próprio dos crimes de competência do Tribunal do Júri, era a peça escrita na qual a acusação resumia a tese que, em plenário, iria sustentar. Vinha previsto no art. 416, dispositivo que, porém, foi revogado com a reforma do Júri, promovida pela Lei n° 11.689/2008. Confiram-se, nesse aspecto, nossos comentários abaixo ao art. 412 do CPP, sob a rubrica "a extinção do libelo". A possibilidade de aditar os articulados refere-se às alegações finais do Ministério Público, pleiteando, por exemplo, maior rigor na aplicação da pena. Com a reforma processual de 2008, porém, o art. 500 do CPP foi revogado, não havendo mais a figura das "alegações finais" por escrito, já que a instrução e julgamento se unificaram em uma só audiência, quando as partes deverão apresentar suas alegações finais oralmente, nos termos do disposto no atual art. 403 do código. Há, contudo, por exceção à regra geral, a possibilidade de oferta de memoriais, ou seja, da oferta de alegações por escrito, dependendo da "complexidade do caso ou o número de acusados", conforme excepciona o parágrafo 3° do mesmo art. 403. Nesse caso, poderá o assistente aditar o articulado escrito do Ministério Público que, no fundo, nada mais representará do que a sua própria oferta de memoriais.

Participação no debate oral – O art. 403, § 2°, que trata da instrução criminal do processo comum, prevê expressamente a concessão de prazo ao assistente para que, em dez minutos, prorrogáveis por mais dez, oferte oralmente suas alegações finais. No processo sumário há previsão idêntica (art. 534, § 2° do CPP). Já no procedimento do Júri, em plenário, o assistente falará após o Ministério Público (art. 476, § 1°, do código), pelo tempo combinado com o *parquet*, desde que não ultrapasse a hora e meia prevista no art. 477, "caput", do CPP.

Arrazoar os recursos do Ministério Público ou do próprio assistente – Entende-se como "arrazoar os recursos do Ministério Público", a possibilidade do assistente de reforçar a tese sustentada pelo *parquet*. É óbvio que deverá, também, fundamentar os recursos que ele mesmo interponha. Claro que, embora não previsto expressamente, caberá ainda ao assistente contrarrazoar os recursos ofertados pelo réu. Tendo o Ministério Público recorrido, em um exemplo, com o objetivo de majorar a pena imposta ao condenado, eventual recurso do assistente, no mesmo sentido, não será conhecido.

ATENÇÃO – Pode se verificar, contudo, que seja parcial o recurso do *parquet*, quando então se reconhece a legitimidade do assistente em recorrer. Em um exemplo: o réu, processado por furto e corrupção de menores, é condenado somente pela prática do furto, a uma pena cominada abaixo do mínimo legal. O Ministério Público recorre parcialmente, com o escopo de obter a condenação pelo crime de corrupção de menores. Nada impede que o assistente apele com o objetivo de majorar a pena imposta ao condenado.

JURISPRUDÊNCIA

Legitimidade para recorrer caso o MP não o faça

"A assistente de acusação tem legitimidade para recorrer da decisão que absolve o réu nos casos em que o Ministério Público não interpõe recurso. A manifestação do promotor de justiça, em alegações finais, pela absolvição da Paciente e, em seu parecer, pelo não conhecimento do recurso não altera nem anula o direito da assistente de acusação recorrer da sentença absolutória" (STF – HC n° 102085-RS, Rel. Cármen Lúcia, j. 1.06.2010, DJe 27.08.2010).

Legitimidade para recorrer quando o recurso do MP foi parcial

"O assistente de acusação tem legitimidade para recorrer quando o Ministério Público abstiver-se de fazê-lo ou quando o seu recurso for parcial, não abrangendo a totalidade das questões discutidas" (STJ – REsp n° 828418-AL, Rel. Laurita Vaz, DJ 23.04.2007).

Rol exemplificativo – Ao fazer referência aos arts. 584, § 1°, e 598 do código, o legislador admite os seguintes recursos que podem ser interpostos pelo assistente são: 1) apelação contra a decisão de impronúncia do réu (art. 416 do CPP); 2) recurso em sentido estrito contra decisão que declara extinta a punibilidade do réu (art. 581, inc. VIII do CPP) e 3) apelação (chamada *supletiva*), nos processos de competência do Júri ou do juiz singular, quando o Ministério Público não recorreu.

Temos que o rol de recursos que podem ser utilizados pelo assistente é meramente exemplificativo, podendo ser estendido a outras situações além daquelas descritas acima. Não teria cabimento negar-lhe, por exemplo, a possibilidade de oposição de embargos declaratórios, como admitido pelo STF na citação abaixo transcrita. Ainda que se entenda que seu único objetivo, no processo penal, seja de obter uma condenação que lhe sirva no cível. Suponha-se a hipótese na qual o juiz, após fundamentar sua sentença pela condenação, acaba por absolver o réu, naquilo que a doutrina denomina "sentença suicida". Não faria sentido impedir que, na inércia do Ministério Público, não pudesse o assistente se valer dos embargos para corrigir tamanho equívoco. Imagine-se, ainda, a situação em que o assistente, contra uma sentença absolutória e ante a inércia do Ministério Público, apresente apelação e, por razão que não importa, deixe o juiz de receber o recurso. Teria cabimento se impedir o assistente de recorrer em sentido estrito dessa decisão, nos termos do art. 581, inc. XV do CPP?

JURISPRUDÊNCIA

Legitimidade do assistente:

a) para opor embargos declaratórios

"No ponto, é firme a jurisprudência no sentido de que o assistente de acusação tem legitimidade para, quando já iniciada a persecução penal pelo seu órgão titular, atuar em seu auxilio e também supletivamente, na busca pela justa sanção, podendo apelar, opor embargos declaratórios e até interpor recurso extraordinário ou especial" (HC n. 730.100/SP, Quinta Turma, Rel. Min. Joel Ilan Paciornik, DJe de 3/3/2023.)

b) recorrer extraordinariamente

Súmula n° 210 do STF: "O assistente **do Ministério Público pode recorrer, inclusive extraordinariamente,** na ação **penal, nos casos dos artigos 584, parágrafo 1º e 598 do Código de** Processo Penal".

"Admissível o recurso extraordinário interposto pelo servidor ofendido e regularmente admitido como assistente da acusação na ação penal pública condicionada, quando o MP não recorre contra acórdão do STJ que acolhe tese rejeitada pelo STF, em recurso ordinário em habeas corpus, e anula a ação penal. O reconhecimento da legitimidade concorrente, pelo plenário do STF (INQ 726-AgR, Rel. Min. Sepúlveda Pertence, DJ 29.04.94), implica na impossibilidade de ser o servidor ofendido prejudicado em decorrência da opção feita" (STF – RE n° 387974-DF, Rel. Ellen Gracie, j. 14.10.2003, DJe 26.03.2004, p. 25).

c) recorrer contra decisão que extingue a punibilidade

"Com efeito, o artigo 581 do Código de Processo Penal assevera que a legitimidade do assistente de acusação para interposição de recurso em sentido estrito limita-se às situações de decisão que reconheça a prescrição ou julgue extinta a punibilidade do réu, o que foge ao caso em tela, uma vez que a decisão homologatória de suspensão processual não resulta em extinção da punibilidade, o que só ocorrerá, se for o caso , ao fim do período de prova, diante do cumprimento das condições impostas." (STJ – AgRg no AREsp 1140830/RJ, 3ª Seção, Rel. Nefi Cordeiro, j. 14/11/18)

d) recorrer da sentença de pronúncia que não acolhe por completo a denúncia

"Desclassificação de homicídio qualificado para simples. Ausência de recurso do Ministério Público. Recurso do assistente provido pelo tribunal, a fim de reintroduzir as qualificadoras imputadas na denúncia. Matéria controvertida na doutrina e na jurisprudência. Escassos precedentes do STF: RE 64.327, RECr 43.888. Tendência de tratamento liberal da Corte em matéria recursal. Interesse do ofendido, que não esta limitado a reparação civil do dano, mas alcança a exata aplicação da justiça penal. Princípio processual da verdade real. Amplitude democrática dos princípios que asseguram a ação penal privada subsidiaria e o contraditório, com os meios e recursos a ele inerentes, art. 5., LV e LIX, CF " (STF – HC n° 71453-GO, Rel. Paulo Brossard, j. 06.09.1994, DJU de 27.10.1994, p. 29163).

"Se o Juiz acolhe parcialmente a denúncia, quando da pronúncia, e o Ministério Público não recorre no prazo legal, é permitido ao Assistente fazê-lo para o restabelecimento da acusação contida na peça vestibular. Se o Juiz acolhe integralmente a denúncia, dando na pronúncia a capitulação ali contida, não há interesse recursal do Ministério Público, por consequência, não subsiste ao assistente igual interesse. Interposto recurso do assistente para que seja dada nova capitulação aos fatos, diversa da denúncia e da pronúncia, este não pode ser conhecido, pois lhe falta interesse para fazê-lo" (STJ – HC n° 118673-RJ, Rel. Jane Silva, j. 02.12.2008, DJe 19.12.2008).

e) recorrer da decisão de impronúncia

"A lei permite ao assistente de acusação interpor recurso de apelação, inclusive contra decisão de impronúncia, e recurso em sentido estrito na hipótese de o juiz julgar extinta a punibilidade, tendo o Supremo Tribunal Federal sumulado o entendimento de que ele possui legitimidade, ainda, para interpor recursos especial e extraordinário, desde que nas hipóteses previstas nos arts. 584, § 1º, art. 598 do Código de Processo Penal (Súmula 210/STF)." (STJ – HC 287948/DF, 6ª Turma, Rel. Sebastiao Reis Junior, j. 02/09/14)

f) recorrer da decisão de desclassificação

"O Assistente à Acusação possui legitimidade para recorrer da sentença de primeiro grau, pois a jurisprudência do Superior Tribunal de Justiça tem-se posicionado no sentido de flexibilizar o rigor da regra contida no art. 271 do Código de Processo Penal, de modo a, conferindo-lhe caráter mais abrangente, reconhecer a legitimidade recursal do assistente de acusação quando interpõe recurso contra decisão de desclassificação de crime de competência do tribunal do júri" (AgRg no HC n. 539.346/PE, relator Ministro JOÃO OTÁVIO DE NORONHA, Quinta Turma, julgado em 13/09/2022, DJe 16/09/2022).

g) pode apresentar razões diretamente no Tribunal

"Se o art. 600, § 4º, do CPP prevê expressamente a possibilidade do apelante de apresentar as razões recursais em segundo grau, sem qualquer ressalva, é legítima a atuação do assistente da acusação que, interpondo recurso de apelação, requer a apresentação de suas razões em segunda instância" (STJ – REsp n° 649665-BA, Rel. Gilson Dipp, j. 02.02.2006, DJ 06.03.2006, p. 429).

Ilegitimidade do assistente

a) na correição parcial

"O rol do art. 271 do CPP é taxativo, de forma que o assistente da acusação exerce os poderes estritamente dentro dos limites conferidos por este dispositivo legal. Os poderes para interpor e arrazoar os recursos restringem-se aos previstos nos dispositivos legais referidos na Lei Adjetiva Penal, quais sejam, recurso em sentido estrito e recurso de apelação, de maneira que a correição parcial encontra-se fora de suas atribuições legais. Ilegitimidade do assistente da acusação para interposição de correição parcial" (STJ – REsp n° 604379-SP, Rel. Gilson Dipp, j. 02.02.2006, DJ 06.03..2006, p. 428).

b) no recurso em sentido estrito contra decisão que revoga prisão preventiva

"O assistente de acusação não tem legitimidade para a interposição de recurso em sentido estrito contra decisão revogatória de prisão preventiva (artigo 271, caput, do Código de Processo Penal)" (STJ – HC n° 34795-ES, Rel. Hamilton Carvalhido, j. 27.10.2004, DJ 01.02.2005, p. 617).

c) para aditar a denúncia

"Não se reconhece ao assistente de acusação legitimidade para aditar a peça acusatória oferecida pelo Ministério Público, titular exclusivo da ação penal pública (art. 129, inc. I, da CF). A legitimação subsidiária do ofendido somente é admissível no caso de inércia do titular. Os atos que o assistente de acusação pode praticar estão previstos na lei processual penal, não lhe sendo permitida a iniciativa de modificar, ampliar ou corrigir a atividade do titular da ação penal" (STF – Pet n° 1030-SE – Rel. Ilmar Galvão, j. 24.04.1996, DJ 01.07.1996, p. 23860).

d) para recorrer da decisão que, nos termos da Lei n° 9099/95, suspende o processo

"A legitimidade recursal do assistente da acusação limita-se às hipóteses descritas no rol taxativo do art. 271 do CPP, quais sejam, impugnação da absolvição, da impronúncia (art. 584, § 1º, do CPP) e da extinção da punibilidade (art. 581, VIII, do CP). Por ausência de previsão legal expressa, o assistente da acusação carece de legitimidade para recorrer de sentença que homologa suspensão condicional do processo proposta pela acusação." (STJ – AgRg no AREsp 955268/RJ, 6ª Turma, Min. Rel. Rogerio Schietti Cruz, j. 12/03/19)

e) para ofertar agravo da decisão que negou recurso especial do MP

"O assistente de acusação não tem legitimidade para apresentação de agravo de instrumento em face de decisão que negou seguimento a recurso especial apresentado pelo Ministério público" (STJ – AgRg no Ag n° 1048509-MG, Rel. Felix Fischer, j. 19.03.2009, DJe 27.04.2009).

Indicação de assistente técnico – Nos termos do § 3°, do art. 159, do código, além do Ministério Público, do ofendido, do querelante e do acusado, pode também o assistente de acusação indicar assistente técnico na produção da prova pericial.

Sobre a legitimidade do assistente de acusação para requerer desaforamento – v. art. 428 abaixo.

Sobre a legitimidade do assistente de acusação para requerer a réplica no Tribunal do Júri – v. art. 476, § 4°.

A respeito da legitimidade para o pedido de prisão preventiva – v. art. 311 adiante.

Descabimento do assistente

a) no habeas corpus

"A intervenção do assistente do Ministério Público na presente causa não se justifica, eis que lhe falece legitimidade para atuar no processo penal de habeas corpus. As vítimas de qualquer infração penal, ou aquelas pessoas mencionadas no art. 268 do Código de Processo Penal, mesmo quando habilitadas como assistentes da Acusação – o que só ocorre nos crimes de ação penal pública – não possuem qualidade e nem dispõem de legitimação, por ausência absoluta de previsão legal, para intervir no procedimento judicial de habeas corpus. Na realidade, a atividade processual do assistente do Ministério Público não se revela ampla e nem ilimitada, especialmente no que concerne à sua participação no processo de habeas corpus, eis que são de direito estrito as faculdades jurídicas a ele outorgadas pelo ordenamento positivo (CPP, art. 271, caput)" (STF – HC n° 80022-MT, Rel. Celso de Mello, j. 09.03.2000, DJ 16.03.2000, p. 29).

b) na apuração de ato infracional

"O Estatuto da Criança e do Adolescente, no capítulo referente aos Recursos, prevê a adoção subsidiária das regras do Código de Processo Civil, razão pela qual não se estende ao mesmo a aplicação dos dispositivos do Código de Processo Penal referentes ao Ministério Público. Considerando o caráter de lei especial do Estatuto da Criança e do Adolescente, na qual não há qualquer referência à figura do assistente da acusação, ele é parte ilegítima para interpor recurso de apelação, por falta de previsão legal" (STJ – REsp n° 605025-MG, Rel. Gilson Dipp, j. 03.11.2005, DJ 21.11.2005, p. 275).

§ 1º O juiz, ouvido o Ministério Público, decidirá acerca da realização das provas propostas pelo assistente.

§ 2º O processo prosseguirá independentemente de nova intimação do assistente, quando este, intimado, deixar de comparecer a qualquer dos atos da instrução ou do julgamento, sem motivo de força maior devidamente comprovado.

Oitiva do Ministério Público – Conquanto deferida ao assistente a possibilidade de propor a produção de provas, é salutar a preocupação do legislador em, antes, ouvir o Ministério Público a respeito dessa sugestão. É que o *parquet*, na condição de fiscal da correta aplicação da lei, deverá, por exemplo, se opor à produção de uma prova que considere obtida ilicitamente. E mesmo como titular da ação penal pública, a quem deve o assistente coadjuvar com o fim de obter uma condenação, pode o Ministério Público impor algum obstáculo. Suponha-se a oitiva de determinada testemunha, proposta pelo assistente, em plenário do Júri, que o promotor de Justiça entenda prejudicial à tese da acusação. Poderá rebelar-se contra tal prova, cabendo ao juiz decidir a respeito.

Intimação do assistente – Faltando o assistente, sem justificativa, a algum ato do processo, ele é apenado na forma aqui prevista, ou seja, não mais será intimado dos atos subsequentes. Que se ressalve: não está impedido de participar desses atos, apenas não será intimado a fazê-lo, em virtude do desinteresse revelado pela anterior ausência.

Pensamos que a penalidade prevista neste dispositivo deva ser interpretada de forma restrita, limitando-se, assim, aos atos de instrução dos quais não mais será intimado o assistente. No que concerne, por exemplo, à intimação do assistente da sentença, prevista no art. 391 do código, ela deverá ser realizada, ainda que ele, antes, tenha injustificadamente se ausentado de algum ato. É que constituiria sanção extremamente drástica, não prevista com todas as letras neste dispositivo, privar o assistente dessa intimação.

JURISPRUDÊNCIA

"Se, após o oferecimento das razões de apelação pelo Ministério Público, o assistente de acusação, apesar de intimado, deixa de se manifestar, nos termos do art. 600, I, do Código de Processo Penal, fica evidenciado seu desinteresse na causa, não havendo mais necessidade de sua intimação para os atos posteriores, por força do disposto no art. 271, § 2º, do mesmo Estatuto, ficando afastada a nulidade reconhecida pela Corte de origem" (STJ – REsp n° 1035310-SP, Rel. Sebastião Reis Júnior, j. 02.04.2013, DJe 27.09.2013).

Art. 272. O Ministério Público será ouvido previamente sobre a admissão do assistente.

Oitiva do Ministério Público – Conforme disposto neste artigo, o Ministério Público deve ser, obrigatoriamente, ouvido a respeito da admissão do assistente no processo. Cumprirá ao membro do *parquet* avaliar se estão preenchidos os requisitos de ordem formal para admissão do assistente, como, por exemplo, se está legitimado para tanto, se seu advogado acha-se munido do instrumento de procuração etc. Não poderá, no entanto, valer-se de argumentos subjetivos para negar o auxílio do assistente, como, *v.g.*, alegar que seu advogado não possui experiência em plenário do Júri e que, por isso, sua presença somente irá dificultar a acusação.

Art. 273. Do despacho que admitir, ou não, o assistente, não caberá recurso, devendo, entretanto, constar dos autos o pedido e a decisão.

Irrecorribilidade – O dispositivo é claro ao não cogitar de qualquer espécie de recurso da decisão que admite ou nega a intervenção do assistente de acusação. A doutrina é unânime, contudo, quanto à possibilidade de utilização do mandado de segurança, desde que líquido e certo o direito daquele prejudicado pela decisão que admitiu ou rejeitou sua participação no feito. Nesse sentido também a jurisprudência (RT 481/299, 577/386). Também já se admitiu a correição parcial contra decisão que excluiu assistente dos autos (RT 618/294).

O pedido será processado no próprio processo-crime e, embora não admitindo recurso, esse requerimento, bem como a decisão, deverão permanecer nos autos.

JURISPRUDÊNCIA

"O habeas corpus não constitui meio idôneo para se pleitear a anulação da decisão que admitiu a vítima como assistente de acusação, uma vez que ausente qualquer violação ou ameaça à garantia do direito à liberdade de locomoção. Ademais, o artigo 273 do Código de Processo Penal disciplina, de forma expressa, o não cabimento de qualquer recurso contra a decisão que admite ou não o assistente de acusação, sendo certo que, caso evidenciada flagrante ilegalidade no referido ato, lhe restaria a via do mandado de segurança" (STJ – RHC n° 31667-ES, Rel. Jorge Mussi, j. 28.05.2013, DJe 11.06.2013).

CAPÍTULO V
DOS FUNCIONÁRIOS DA JUSTIÇA

Art. 274. As prescrições sobre suspeição dos juízes estendem-se aos serventuários e funcionários da justiça, no que lhes for aplicável.

Suspeição dos funcionários da justiça – Aplicam-se aos funcionários da justiça as mesmas regras de suspeição impostas ao juiz, elencadas no art. 254 do código. Antiga diferenciação feita entre *serventuários* e *funcionários* da justiça, estes últimos percebendo do Estado e os primeiros podendo receber custas e emolumentos das partes, não mais prevalece. Atualmente todos os funcionários da justiça ocupam cargos públicos, criados por lei, preenchidos por meio de concurso, sendo pagos pelo Estado.

O argumento, utilizado por parte da doutrina, no sentido de que as regras de suspeição não deveriam se estender aos funcionários, pelo fato deles não praticarem atos decisórios, não aproveita. É que, embora nada decidam, seus atos gozam de fé pública, válidos, portanto, até prova em contrário, razão pela qual devem estar revestidos de lisura. Demais disso, atentaria contra a imagem da justiça se o chefe do cartório continuasse à frente de processo-crime ajuizado contra um filho, por exemplo. O fato de se submeterem à fiscalização do juiz e das partes também não enfraquece o dispositivo. Juízes, membros do Ministério Público, peritos e intérpretes também se sujeitam à intensa fiscalização e, apesar disso, jamais alguém sugeriu que as regras da suspeição não lhe fossem aplicadas. Salutar, pois, o dispositivo, ante a possibilidade de o funcionário praticar, por exemplo, algum ato que importe em retardamento do feito, em virtude da relação que mantém com uma das partes, a gerar sua suspeição. Em nome da dignidade da justiça e para se evitar qualquer insinuação que a desabone, impõe-se que a suspeição seja reconhecida.

Embora o dispositivo faça menção somente à suspeição, vale observar que as causas de incompatibilidade ou impedimento também se aplicam aos funcionários da justiça, devendo ser declaradas espontaneamente ou reconhecidas por meio da respectiva exceção, como previsto no art. 112 do código.

Assistente técnico – Sobre a suspeição ou impedimento do assistente técnico, v. acima comentários ao art. 159, § 4º.

JURISPRUDÊNCIA

Parentesco entre escrivão e membro do MP. Irrelevância

Impedimento. Ministério Público. Parentesco do promotor com o escrivão: Impedimento inexistente (CPP, Arts. 252 e 258) – "A invalidade do processo por impedimentos decorrentes de parentesco não exige que tenha sido concomitante com a atuação dos parentes no feito. Os impedimentos do membro do Ministério Público em razão de parentesco são apenas os do art. 258 C. P. Penal: O parentesco do promotor com a autoridade policia, auxiliar da justiça ou perito, ao contrário do que sucede com o juiz, não lhe determina o impedimento para atuar no processo" (STF – HC n° 67828- AL, Rel. Sepúlveda Pertence, j. 03.04.1990, DJ 04.05.1990, p. 3695).

CAPÍTULO VI
DOS PERITOS E INTÉRPRETES

Art. 275. O perito, ainda quando não oficial, estará sujeito à disciplina judiciária.

Disciplina judiciária – A prova pericial e a relevância da função do perito foram objeto de nossa análise ao comentarmos o art. 158 acima. Perito oficial é aquele que exerce função pública, investido no cargo mediante concurso público, e que age por requisição da autoridade competente ou do diretor da repartição em que se acha lotado. O médico do Instituto Médico Legal, por exemplo. O perito não oficial é a pessoa idônea, preferencialmente portadora de diploma superior em área específica relacionada à perícia. Ambos estão sujeitos à *disciplina judiciária*, assim compreendida como toda gama de cominações legais que tratam da matéria, regendo as obrigações e deveres dos expertos, as sanções que podem suportar por recusa na aceitação do encargo ou, se aceito, negligência em sua elaboração, os crimes aos quais se sujeitam etc.

Apenas a título de exemplo, pode o perito perpetrar, mais especificamente, o delito previsto no art. 342 do Código Penal, consistente na falsa perícia. Além de outros delitos, mais genéricos, contemplados no capítulo do Código Penal que trata dos crimes praticados por funcionários públicos contra a administração em geral. De se ver que o art. 327 do Código Penal considera funcionário público todo aquele que, ainda que transitoriamente e sem remuneração, exerça "cargo, emprego ou função pública". Com isso inclui, também, o perito não oficial. Ainda porque sujeitos à *disciplina judiciária*, devem os peritos, sendo o caso, declararem-se suspeitos ou impedidos para o exercício do *munus*, como visto abaixo na análise dos arts. 278 e 280.

Art. 276. **As partes não intervirão na nomeação do perito.**

Ato privativo – Nem poderia ser diferente. Sendo o perito pessoa na qual o juiz ou a autoridade policial depositam especial confiança, não faria sentido pudessem as partes exercer alguma influência na sua nomeação. Caso não concorde com a nomeação, porque, por exemplo, suspeito o perito, cabe à parte suscitar a respectiva exceção, nos termos do art. 112 do código. Nesse sentido: RT 429/02. Sendo mais subjetiva a crítica quanto à nomeação, referindo-se, *v.g.*, à capacidade do experto, ela pode ser amenizada com a possibilidade de indicação, pelas partes, de assistentes técnicos, prevista no § 3º, do art. 159 do código.

Art. 277. **O perito nomeado pela autoridade será obrigado a aceitar o encargo, sob pena de multa de cem a quinhentos mil-réis, salvo escusa atendível.**

Parágrafo único. Incorrerá na mesma multa o perito que, sem justa causa, provada imediatamente:

a) deixar de acudir à intimação ou ao chamado da autoridade;

b) não comparecer no dia e local designados para o exame;

c) não der o laudo, ou concorrer para que a perícia não seja feita, nos prazos estabelecidos.

Art. 278. **No caso de não-comparecimento do perito, sem justa causa, a autoridade poderá determinar a sua condução.**

***Munus* público** – O perito exerce verdadeiro *munus* público e, como tal, é obrigado a aceitar a nomeação feita pelo juiz ou pela autoridade policial, já que toda pessoa tem o dever de cooperar para a realização da justiça. Disposição semelhante consta do Código de Processo Civil, em seu art. 157, pelo qual "o perito tem o dever de cumprir o ofício no prazo que lhe designar o juiz, empregando toda sua diligência, podendo escusar-se do encargo alegando motivo legítimo".

É verdade que, no processo penal, raras são as nomeações de *experts*, já que as perícias são realizadas, em sua enorme maioria, por órgãos oficiais. De qualquer forma, tão relevante é essa colaboração que se previu a imposição de multa em dinheiro em caso de recusa e mesmo a condução coercitiva do experto. Ou ainda quando, embora aceitando o encargo, mostrar-se negligente, como se vê das situações descritas nas alíneas *a*, *b*, e *c*. A multa, prevista no antigo anterior, porém, dada à extinção da moeda, perdeu sua expressão econômica. Claro que essa obrigação não é absoluta. Encontrando-se o perito sob uma causa de suspeição, impedimento ou incompatibilidade, ele deve recusar espontaneamente a nomeação podendo, ainda, a parte fazê-lo por meio de exceção (art. 112 do CPP). Pode ocorrer, ainda, que a recusa do perito ocorra por outra razão que não aquelas que configuram sua suspeição, impedimento ou incompatibilidade. Por exemplo, um perito nomeado que alegue ignorar o tema objeto do trabalho ou que afirme estar adoentado. Caberá ao juiz avaliar se a escusa é atendível, isto é, se é razoável o motivo apontado pelo perito para a não realização do trabalho, procedendo, se for o caso, à sua substituição.

Art. 279. Não poderão ser peritos:

I - os que estiverem sujeitos à interdição de direito mencionada nos ns. I e IV do art. 69 do Código Penal;

II - os que tiverem prestado depoimento no processo ou opinado anteriormente sobre o objeto da perícia;

III - os analfabetos e os menores de 21 anos.

Introdução – Além das causas de impedimento, incompatibilidade e suspeição cominadas ao juiz, que, já vimos, se aplicam também aos peritos, a lei relaciona outras situações nas quais, por razões distintas, a pessoa não pode funcionar como experto. São elas:

I - os que estiverem sujeitos à interdição de direito mencionada nos ns. I e IV do art. 69 do Código Penal;

Pena restritiva de direitos – A referência aos dispositivos do Código Penal está desatualizada. Atualmente, deve ser considerado o art. 47, incs. I e II do Código Penal. De sorte que, dentre as penas restritivas de direitos, encontra-se, no art. 42, inc. V, do Código Penal, a "interdição temporária de direitos". Já o art. 47, do CP, prevê como espécie de pena, "a proibição do exercício de cargo, função ou atividade pública, bem como de mandato eletivo" (inc. I). Ora, aquele a quem foi cominada essa sanção, está impedido de servir como perito, eis que não pode exercer função pública (*lato sensu*). O disposto no inc. II, do art. 47 do CP ("proibição do exercício de profissão, atividade ou ofício que dependam de habilitação especial, de licença ou autorização do poder público"), impede a nomeação do perito pelo fato dele, em virtude da condenação, achar-se impedido de exercer sua especialidade.

II – os que tiverem prestado depoimento no processo ou opinado anteriormente sobre o objeto da perícia;

Testemunho ou opinião anterior – A fim de se preservar a imparcialidade do perito, será incompatível sua nomeação caso tenha, anteriormente, servido como testemunha – diríamos no processo-crime e mesmo no inquérito policial. E, de fato, ao prestar depoimento, deu sua versão sobre determinado fato, o que pode, adiante, comprometer o trabalho pericial, que não mais seria totalmente livre, mas vinculado ao que dissera anteriormente. Também aquele que emitiu sua opinião a respeito do tema objeto da perícia. Assim, por exemplo, como o juiz deve abster-se de emitir sua opinião sobre fato *sub judice* (v. art. 252, inc. III, acima), também o experto que antes, de alguma forma, se manifestou, perde sua isenção, posto que deverá necessariamente manter-se, por coerência, fiel ao que declarara anteriormente.

JURISPRUDÊNCIA

Nulidade absoluta caso descumprido o preceito

"O art. 279, inciso II, do CPP, é taxativo ao dispor que não poderão ser peritos 'os que tiveram prestado depoimento no Processo ou opinado anteriormente sobre o objeto da perícia'. É norma cogente de ordem processual que trata dos impedimentos dos peritos. A comunicação dos próprios peritos impedidos ao juízo, de que se pronunciaram anteriormente, através de dois laudos, sobre a matéria objeto da perícia, como membros da subcomissão especial para investigação das irregularidades nas bolsas de valores junto à comissão de fiscalização e controle da Câmara dos Deputados, vicia e macula o processo judicial de nulidade a partir da perícia realizada, inclusive, em face do prejuízo causado à defesa. Recurso de habeas corpus conhecido e provido, para anular o processo a partir da perícia" (STJ – Rel. para o acórdão Pedro Acioli – LEXSTJ 48/263).

Pode ser testemunha

"Embora o art. 279, inciso II, do Código de Processo Penal, impeça que sejam nomeados como peritos os que tiverem prestado depoimento no processo ou opinado anteriormente sobre o objeto da perícia, não há dispositivo legal que proíba a oitiva de perito como testemunha" (STJ – RHC n° 34801-SC, Rel. Laurita Vaz, j. 21.03.2013, DJe 02.04.2013).

III – os analfabetos e os menores de 21 anos.

Analfabeto – O legislador considerou que o analfabeto não tem condição de prestar auxílio ao juiz. Parece um pouco preconceituosa essa conclusão, pois situações podem ocorrer em que, a despeito de iletrado, ele reúna um conhecimento sobre determinado tema que o juiz não detém. Imagine um homem do campo que, conquanto rústico e analfabeto, tenha grande conhecimento sobre a criação de animais ou o plantio de alguma cultura. Poderia prestar-se como perito, sendo o laudo redigido por outrem (que o assinaria a rogo), a partir de suas observações orais. Mas como a hipótese de nomeação de um perito, por si só, já é rara no processo penal e mais rara, ainda, a possibilidade de nomeação recair sobre um analfabeto, o tema passa a ter um interesse quase que exclusivamente acadêmico.

Menor de 21 anos – A restrição parece guardar relação com a incapacidade relativa que possuía o menor de 21 anos e maior de 18 anos, ao tempo do Código Civil de 1916. Sob a vigência do atual Código Civil (Lei n° 10.406/2002), porém, essa capacidade relativa se alterou. Ela, com efeito, é absoluta para o maior de 18 anos e relativa para aqueles entre 16 e 18 anos (art. 4°, inc. I, do CC). Talvez por isso não mais seja cabível essa restrição.

A observação acima, sobre a raridade da nomeação de um analfabeto, aqui se reproduz quanto ao menor de 21 anos, dando um tom bizantino à discussão.

JURISPRUDÊNCIA

Menor de 21 anos

"A norma do art. 279, III, do CPP, ao regular a proibição da escolha de perito menor de 21 anos visa evitar que eventual ausência de amadurecimento do jovem possa contaminar a busca da verdade real" (STJ – REsp n° 259725-SP, Rel. Maria Thereza de Assis Moura, RT 872/590).

Intérprete – V. art. 281 abaixo.

Art. 280. É extensivo aos peritos, no que lhes for aplicável, o disposto sobre suspeição dos juízes.

Equiparação – Como visto na análise do art. 277 acima, as causas de suspeição impostas aos juízes se estendem, também, aos peritos. O mesmo ocorre com as causas de impedimento ou incompatibilidade, por conta do disposto no art. 112 do CPP. As causas de suspeição do juiz foram por nós analisadas quando dos comentários ao art. 254 acima, bem como as de impedimento (art. 252) e incompatibilidade (art. 253), sendo demasiado repeti-las aqui, pelo que recomendamos sua consulta.

Art. 281. Os intérpretes são, para todos os efeitos, equiparados aos peritos.

Intérprete – É considerado quem serve de intermediário entre a autoridade policial ou judiciária e aquele que comparece para depor e que não se exprime adequadamente, quer por desconhecer o vernáculo, quer por se tratar de surdo, mudo ou surdo-mudo. Considera-se intérprete, ainda, o tradutor, público ou particular, nomeado para análise de documento estrangeiro, nos termos do art. 236 do código. Ao equiparar o intérprete do perito, o legislador impôs àquele primeiro toda disciplina judiciária cominada a este último, analisados no art. 275 acima, sujeitando-o, inclusive, a cominações de cunho penal.

O dispositivo em análise não faz qualquer menção ao *tradutor*, mas somente ao *intérprete*. Trata-se de figuras diversas: a *interpretação* ocorre, no mais das vezes, pela via oral, durante palestras, por exemplo, e, em se tratando do processo penal, no curso de uma audiência. Já a *tradução* se dá por escrito, quando se deita, *v.g.*, sobre um documento.

A conjugação dos arts. 279, inc. I, e 281, ambos do Código de Processo Penal, resulta que estão impedidos de funcionar como intérpretes "os que estiverem sujeitos à interdição de direito mencionada nos ns. I e IV do art. 69 do Código Penal". É omisso, o CPP, quanto aos tradutores. Ocorre que o Código de Processo Civil, em seu art. 163, inc. III, dispõe que "não pode ser intérprete ou tradutor quem: [...] III – estiver inabilitado para o exercício da profissão por sentença penal condenatória, enquanto durarem seus efeitos". Essa inclusão do tradutor tem plena aplicação, em nosso entendimento, ao processo penal, sem que se possa cogitar de qualquer espécie de analogia "in malam partem", mas mera interpretação extensiva do dispositivo, autorizada pelo art. 3º, do CPP.

TÍTULO IX
DA PRISÃO, DAS MEDIDAS CAUTELARES E DA LIBERDADE PROVISÓRIA (REDAÇÃO DADA PELA LEI Nº 12.403, DE 2011).

CAPÍTULO I
DISPOSIÇÕES GERAIS

Prisão – Prisão é a privação de liberdade de locomoção decretada através de ordem escrita da autoridade competente ou em consequência do flagrante.

São duas as formas de prisão: a *prisão-pena*, que é a decorrente de uma decisão penal condenatória transitada em julgado, isto é, daquela contra a qual não seja mais cabível nenhum recurso. E, por assim dizer, a *prisão sem pena*, também conhecida como *prisão processual* ou *provisória* ou *cautelar*, que não deflui de uma condenação, sendo decretada no curso do processo, antes, portanto, do trânsito em julgado da sentença penal condenatória.

ATENÇÃO – Como veremos mais adiante, o STF, em sede de controle concentrado de constitucionalidade, tendo como objeto o art. 283 do CPP, negou a execução penal provisória.

Por força do princípio constitucional da presunção de inocência ou estado de inocência (art. 5º, inc. LVII da Constituição), a rigor somente a prisão-pena deveria vigorar. Afinal, só após o trânsito em julgado da sentença condenatória se tem certeza quanto à responsabilidade do réu e, portanto, a partir daí é que ele iniciaria o cumprimento da sanção que lhe foi imposta.

Sucede que, em determinadas situações, como forma de garantir a eficácia da justiça e como manifestação de autodefesa do Estado, é restringida a liberdade individual em nome do interesse coletivo, antes mesmo da certeza de que foi o agente o autor do delito, certeza esta que somente poderia ser obtida com o trânsito em julgado da sentença penal condenatória.

Trata-se, portanto, de um *mal necessário*, no qual o sujeito, antes mesmo de condenado, já passa a cumprir pena. Pena no sentido de que se acha preso, sem um título definitivo que justifique esse encarceramento. É que, por vezes, como destaca João Mendes, "para eficácia da justiça humana, os legisladores estabelecem restrições à liberdade individual, no interesse da segurança social" (*apud*, Espínola Filho, ob. cit., vol. III, p. 302).

É o que se vê na chamada *prisão sem pena*. Essa espécie de prisão, no entanto, deve ser reservada para situações excepcionais, onde se revele, de forma concreta, a necessidade de sua manutenção ou decretação. Caso contrário, deve prevalecer a regra geral contida na Constituição, segundo a qual a pena deve ser decorrência de uma sentença penal condenatória da qual não se admita mais nenhum recurso.

As modalidades de prisão sem pena, de interesse processual, são as seguintes: 1) *prisão em flagrante* (arts. 301 e ss. do CPP); 2) *prisão preventiva* (arts. 311 e ss.); 3) *prisão resultante da pronúncia* (art. 413, § 3º); 4) *prisão resultante da sentença de 1º grau recorrível* (art. 387, § 1º) e 5) *prisão temporária* (Lei nº 7.960/89).

ATENÇÃO – A partir das alterações no CPP, introduzidas pelas Leis 11.689/2008 e 11.719/2008, parcela da doutrina não mais reconhece a autonomia das prisões resultantes de pronúncia e sentença condenatória de 1º grau. Se, nestas fases, o magistrado estiver convencido da necessidade da privação da liberdade do pronunciado ou sentenciado, deve decretar a preventiva, seguindo os fundamentos do art. 312 do CPP. Também não nos parece que o flagrante seja prisão processual, mas medida administrativa pré-cautelar, que pode ou não ser convertida em prisão provisória. Nesse mesmo sentido leciona Aury Lopes Jr.: "a prisão em flagrante não é uma medida cautelar pessoal, mas sim pré-cautelar, no sentido de que não se dirige a garantir o resultado final do processo, mas apenas destina-se a colocar o detido à disposição do juiz para que adote ou não uma verdadeira medida cautelar" (*Direito Processual Penal e sua conformidade com a Constituição*, São Paulo: Saraiva, 2012, pág. 63). Logo, adotando-se as lições acima, teríamos, hoje, somente duas espécies de prisões cautelares: temporária e preventiva.

Há doutrina que aponta, ainda, como forma de prisão, a *condução coercitiva*, a ser e determinada pelo juiz em face do investigado, acusado, testemunha, vítima, perito etc., que se recuse a comparecer em juízo ou mesmo à polícia. Não se trata, com a devida vênia, de prisão, mas mera diligência de oficial de justiça ou mesmo de agente policial tendente a fazer cumprir uma ordem emanada de autoridade, seja o juiz, seja o delegado de polícia. Tanto não é prisão que, por exemplo, a testemunha pode se deixar conduzir livremente pelo meirinho, sem qualquer espécie de resistência. E mesmo sua teimosia, a obrigar que, *v.g.*, seja algemado, não a transforma em prisão, mas mera diligência justificada pela necessidade de imobilização do conduzido.

Ao lado destas, podem ser citadas, ainda, a *prisão civil* por dívida de alimentos e a *prisão disciplinar*, a saber, aquela decretada pela autoridade militar em caso de transgressão militar ou crime propriamente militar, definidos em lei e que vem prevista na Constituição (art. 5º, inc. LXI).

ATENÇÃO – Foi editada a Lei nº 13.967, de 26 de dezembro de 2019, que, alterando o art. 18 do Decreto-Lei nº 667, de 2 de julho de 1969, extinguiu a pena de prisão disciplinar para as polícias militares e os corpos de bombeiros militares dos Estados, dos Territórios e do Distrito Federal, tendo esses entes federativos o prazo de doze meses para regulamentar e implementar a mencionada lei. Assim, de acordo com a atual redação do referido art. 18, *in verbis:*

Art. 18. As polícias militares e os corpos de bombeiros militares serão regidos por Código de Ética e Disciplina, aprovado por lei estadual ou federal para o Distrito Federal, específica, que tem por finalidade definir, especificar e classificar as transgressões disciplinares e estabelecer normas relativas a sanções disciplinares, conceitos, recursos, recompensas, bem como regulamentar o processo administrativo disciplinar e o funcionamento do Conselho de Ética e Disciplina Militares, observados, dentre outros, os seguintes princípios:

I - dignidade da pessoa humana;

II - legalidade;

III - presunção de inocência;

IV - devido processo legal;

V - contraditório e ampla defesa;

VI - razoabilidade e proporcionalidade;

VII - vedação de medida privativa e restritiva de liberdade.

A lei, contudo, não afasta a drástica punição dos agentes das Forças Armadas, para os quais a prisão disciplinar continua valendo.

A antiga *prisão administrativa*, decretada pela autoridade administrativa, e que tinha incidência nas hipóteses do art. 319 do CPP, não mais prevalece, revogado que foi esse dispositivo. E, de fato, sua possibilidade, segundo reiteradas decisões do STF, já não era admitida, face ao princípio constitucional previsto no art. 5º, inc. LXI, ao determinar que somente a autoridade judiciária competente possui tal atribuição (as exceções são as hipóteses de flagrante ou de crime militar próprio, estudadas em seguida). A revogação do art. 319 fez coro, pois, ao entendimento que já prevalecia na mais alta Corte do país.

ATENÇÃO - A doutrina indicava a prisão, para fins de expulsão, prevista no art. 69 da Lei nº 6.815/ 1980 (Estatuto do Estrangeiro), como uma modalidade de prisão administrativa, ainda remanescente em nosso sistema. Com efeito, dispunha o mencionado artigo que "o Ministro da Justiça, a qualquer tempo, poderá determinar a prisão, por 90 (noventa) dias, do estrangeiro submetido a processo de expulsão". Pensamos, contudo, que ainda nesse caso não havia que se cogitar da prisão administrativa. É que a jurisprudência se mostrava tranquila em sustentar, de um lado, a subsistência dessa espécie de prisão. Mas, de outro, ressaltava que ela somente pode ser decretada por meio de ordem judicial, firme no disposto no art. 5º, inc. LXI, da Constituição, pelo qual "ninguém será preso senão em flagrante delito ou *por ordem escrita e fundamentada de autoridade judiciária competente*, salvo nos casos de transgressão militar ou crime propriamente militar, definidos em lei" (grifamos). Ora, se somente um juiz de direito podia decretar essa espécie de prisão (e não mais o Ministro da Justiça), era de se concluir que ela não possuía um caráter administrativo. De sorte que, embora pudesse ainda ser denominada de *prisão administrativa*, teria perdido a principal característica dessa espécie de prisão, que residia, exatamente, na possibilidade de uma autoridade, que não judicial, decretá-la. Tal debate, contudo, acha-se superado, posto que a *Lei n. 13.445/2017, conhecida como Lei de Migração (que revogou o Estatuto do Estrangeiro), não mais trata da prisão para fins de expulsão. Cuida sim da possibilidade da prisão em casos de extradição, deixando claro, porém, que ela somente pode ser decretada pela "autoridade judicial competente", nos termos do art. 84, §1º, do mencionado diploma legal.*

Abuso de autoridade – A Lei 13.869/19 (Nova Lei de Abuso de Autoridade) pune no art. 9º, *caput*, decretar medida de privação da liberdade em manifesta desconformidade com as hipóteses legais.

Art. 282. **As medidas cautelares previstas neste Título deverão ser aplicadas observando-se a:**

I - necessidade para aplicação da lei penal, para a investigação ou a instrução criminal e, nos casos expressamente previstos, para evitar a prática de infrações penais;

II - adequação da medida à gravidade do crime, circunstâncias do fato e condições pessoais do indiciado ou acusado.

§ 1º As medidas cautelares poderão ser aplicadas isolada ou cumulativamente.

§ 2º As medidas cautelares serão decretadas pelo juiz a requerimento das partes ou, quando no curso da investigação criminal, por representação da autoridade policial ou mediante requerimento do Ministério Público.

§ 3º Ressalvados os casos de urgência ou de perigo de ineficácia da medida, o juiz, ao receber o pedido de medida cautelar, determinará a intimação da parte contrária, para se manifestar no prazo de cinco dias, acompanhada de cópia do requerimento e das peças necessárias, permanecendo os autos em juízo. Os casos de urgência ou de perigo deverão ser justificados e fundamentados em decisão que contenha elementos do caso concreto que justifiquem tal medida excepcional.

§ 4º No caso de descumprimento de qualquer das obrigações impostas, o juiz, mediante requerimento do Ministério Público, de seu assistente ou do querelante, poderá substituir a medida, impor outra em cumulação, ou, em último caso, decretar a prisão preventiva (art. 312, parágrafo único).

§ 5º O juiz poderá, de ofício ou a pedido das partes, revogar a medida cautelar ou substituí-la quando verificar a falta de motivo para que subsista, bem como voltar a decretá-la, se sobrevierem razões que a justifiquem.

§ 6º A prisão preventiva somente será determinada quando não for cabível a sua substituição por outra medida cautelar (art. 319). O não cabimento da substituição por outra medida cautelar deverá ser justificado de forma fundamentada nos elementos presentes no caso concreto, de forma individualizada.

Redação antes da Lei 13.964/19	Redação depois da Lei 13.964/19
Art. 282. As medidas cautelares previstas neste Título deverão ser aplicadas observando-se a: I – necessidade para aplicação da lei penal, para a investigação ou a instrução criminal e, nos casos expressamente previstos, para evitar a prática de infrações penais;	Art. 282. As medidas cautelares previstas neste Título deverão ser aplicadas observando-se a: I – necessidade para aplicação da lei penal, para a investigação ou a instrução criminal e, nos casos expressamente previstos, para evitar a prática de infrações penais;

Redação antes da Lei 13.964/19	Redação depois da Lei 13.964/19
II – adequação da medida à gravidade do crime, circunstâncias do fato e condições pessoais do indiciado ou acusado. § 1º As medidas cautelares poderão ser aplicadas isolada ou cumulativamente. § 2º As medidas cautelares serão decretadas pelo juiz, de ofício ou a requerimento das partes ou, quando no curso da investigação criminal, por representação da autoridade policial ou mediante requerimento do Ministério Público. § 3º Ressalvados os casos de urgência ou de perigo de ineficácia da medida, o juiz, ao receber o pedido de medida cautelar, determinará a intimação da parte contrária, acompanhada de cópia do requerimento e das peças necessárias, permanecendo os autos em juízo. § 4º No caso de descumprimento de qualquer das obrigações impostas, o juiz, de ofício ou mediante requerimento do Ministério Público, de seu assistente ou do querelante, poderá substituir a medida, impor outra em cumulação, ou, em último caso, decretar a prisão preventiva (art. 312, parágrafo único). § 5º O juiz poderá revogar a medida cautelar ou substituí-la quando verificar a falta de motivo para que subsista, bem como voltar a decretá-la, se sobrevierem razões que a justifiquem. § 6º A prisão preventiva será determinada quando não for cabível a sua substituição por outra medida cautelar (art. 319).	II – adequação da medida à gravidade do crime, circunstâncias do fato e condições pessoais do indiciado ou acusado. § 1º As medidas cautelares poderão ser aplicadas isolada ou cumulativamente. § 2º As medidas cautelares serão decretadas pelo juiz a requerimento das partes ou, quando no curso da investigação criminal, por representação da autoridade policial ou mediante requerimento do Ministério Público. § 3º Ressalvados os casos de urgência ou de perigo de ineficácia da medida, o juiz, ao receber o pedido de medida cautelar, determinará a intimação da parte contrária, para se manifestar no prazo de cinco dias, acompanhada de cópia do requerimento e das peças necessárias, permanecendo os autos em juízo. Os casos de urgência ou de perigo deverão ser justificados e fundamentados em decisão que contenha elementos do caso concreto que justifiquem tal medida excepcional. § 4º No caso de descumprimento de qualquer das obrigações impostas, o juiz, mediante requerimento do Ministério Público, de seu assistente ou do querelante, poderá substituir a medida, impor outra em cumulação, ou, em último caso, decretar a prisão preventiva (art. 312, parágrafo único). § 5º O juiz poderá, de ofício ou a pedido das partes, revogar a medida cautelar ou substituí-la quando verificar a falta de motivo para que subsista, bem como voltar a decretá-la, se sobrevierem razões que a justifiquem. § 6º A prisão preventiva somente será determinada quando não for cabível a sua substituição por outra medida cautelar (art. 319). O não cabimento da substituição por outra medida cautelar deverá ser justificado de forma fundamentada nos elementos presentes no caso concreto, de forma individualizada.

Medidas cautelares diversas da prisão – As alterações introduzidas ao capítulo da prisão pela Lei n. 12.403/2011 resultaram de trabalho desenvolvido por comissão nomeada pelo então Ministro da Justiça, sob o comando da Professora Ada Pellegrini Grinover, que justificou, da seguinte forma, os objetivos da proposta apresentada: "O projeto sistematiza e atualiza o tratamento da prisão, das medidas cautelares e da liberdade provisória, com ou sem fiança. Busca, assim, superar as distorções produzidas no Código de Processo Penal com as reformas que, rompendo com a estrutura originária, desfiguraram o sistema. Exemplo significativo é o da fiança que passa, com as alterações do Código, de instituto central no regime de liberdade provisória, a só servir para poucas situações concretas, ficando superada pela liberdade provisória sem fiança do parágrafo único do artigo 310. As novas disposições pretendem ainda proceder ao ajuste do sistema às exigências constitucionais atinentes à prisão e à liberdade provisória e colocá-lo em consonância com modernas legislações estrangeiras, como as da Itália e de Portugal".

Esta mesma conclusão indica as principais alterações sugeridas que, ao depois, foram adotadas no texto final da Lei n. 12.403/2011, a saber: "a) o tratamento sistemático e estruturado das medidas cautelares e da liberdade provisória; b) o aumento do rol das medidas cautelares, antes centradas essencialmente na prisão preventiva e na liberdade provisória sem fiança do art. 310, parágrafo único; c) manutenção da prisão preventiva, de forma genérica, para a garantia da instrução do processo e para a execução da pena e, de maneira especial, para acusados que possam vir a praticar infrações penais relativas ao crime organizado, à probidade administrativa ou à ordem econômica ou financeira consideradas graves, ou mediante violência ou grave ameaça à pessoa; d) impossibilidade de haver, antes de sentença condenatória transitada em julgada, prisão que não seja de natureza cautelar; e) valorização da fiança" (Luiz Flávio Gomes, *Prisão e Medidas Cautelares*, São Paulo: RT, 4ª. ed. 2014, p. 2).

ATENÇÃO - Não podemos confundir medidas cautelares alternativas à prisão cautelar com penas alternativas. As penas alternativas substituem prisão-pena (art. 44 e ss. do Código Penal). Já as medidas cautelares alternativas à prisão cautelar aparecem como instrumentos que visam a evitar a prisão processual. Não perdem, portanto, o caráter instrumental, pois estão a serviço do processo e da eficácia da justiça, garantindo o regular desenvolvimento do feito, assegurando a efetividade do poder de punir do Estado.

Imprescindibilidade - As medidas alternativas à prisão não pressupõem a ausência de requisitos da custódia preventiva, mas, sim, a existência de uma providência igualmente eficaz para o fim colimado com a medida cautelar extrema, porém com menor grau de lesividade à esfera de liberdade do indivíduo. Nesse sentido: STJ - HC 483.993/SP, j. 25/06/2019.

Prazo das medidas cautelares - Não há disposição legal que restrinja o prazo das medidas cautelares diversas da prisão, as quais podem perdurar enquanto presentes os requisitos do art. 282 do Código de Processo Penal, devidamente observadas as peculiaridades do caso e do agente (AgRg no HC 737.657-PE, Rel. Min. Reynaldo Soares da Fonseca, Quinta Turma, por unanimidade, julgado em 14/06/2022).

I - necessidade para aplicação da lei penal, para a investigação ou a instrução criminal e, nos casos expressamente previstos, para evitar a prática de infrações penais.

Requisitos - A redação do art. 282 do CPP apresenta grande semelhança com a do art. 312 do mesmo *codex*, este tratando dos pressupostos para a decretação da prisão preventiva, a saber, "garantia da ordem pública, da ordem econômica, por conveniência da instrução criminal, ou para assegurar a aplicação da lei penal". Indaga-se, então, qual o critério a ser utilizado pelo juiz, quando da opção por uma ou outra medida. O norte a ser seguido é o que orienta a prisão preventiva como última *ratio*, isto é, derradeira alternativa quando não restar outra menos gravosa. Esse caráter residual da prisão preventiva, cabível, de forma excepcional, quando se revelarem insuficientes ou ineficazes as demais medidas cautelares, inspirou a reforma. Nesse sentido, a propósito, o disposto no art. 282, § 6º, do código, alterado pela Lei 13.964/19, ao dispor que "a prisão preventiva somente será determinada quando não for cabível a sua substituição por outra medida cautelar (art. 319). O não cabimento da substituição por outra medida cautelar deverá ser justificada de forma fundamentada nos elementos presentes do caso concreto, de forma individualizada".

Proporcionalidade e razoabilidade, portanto, devem guiar o juiz ao optar fundamentadamente (art. 315 do CPP) pela liberdade do agente (medida menos grave), a adoção de medidas cautelares (de gravidade intermediária), ou a decretação da prisão preventiva (de intensa gravidade).

Nem sempre será fácil a opção. Suponha-se que determinado agente ameace a vítima, caso insista em apontá-lo como autor de um crime. Esse fato autoriza tanto a decretação da prisão preventiva, "por conveniência da instrução criminal" (art. 312), como a adoção de uma medida cautelar, face a "necessidade para [...] a instrução criminal", conforme o dispositivo em análise. Formulada a ameaça, poderá o juiz considerá-la uma mera bravata, sem maior seriedade e, assim, impor uma medida cautelar ou, ao revés, ante o concreto risco que corre a vítima, determinar a prisão preventiva do agente? Parece-nos que sim, ou seja, a intensidade da ameaça, a real capacidade de se concretizar, servirá de fundamento para uma ou outra opção. Ocorre que, em determinadas situações, não se poderá avaliar se determinada ameaça é mais branda quando comparada a outra. Nesse caso, quando os requisitos para ambas as medidas (prisão preventiva e medida cautelar), se acharem presentes, cumpre ao juiz a análise dos demais fundamentos que orientam a adoção de uma ou outra alternativa, devendo considerar, sobretudo, o disposto no inciso abaixo, quanto à adequação da medida e os aspectos objetivos e subjetivos que cercaram o delito.

Não há, assim, uma regra pré-definida, apta a solucionar todo e qualquer caso levado à apreciação do juiz. Apenas para exemplificar, o Superior Tribunal de Justiça, para dois casos de homicídios, teve entendimentos diversos. Em um deles, para concessão das medidas cautelares, considerou os bons antecedentes do agente, o fato de possuir residência fixa e profissão definida, bem como sua iniciativa em entregar espontaneamente a arma do crime. Em outro, a periculosidade do agente, revelada pelo *modus operandi* com que se houve, não autorizou o favor legal:

> HOMICÍDIO QUALIFICADO. MOTIVO FÚTIL – "Caso concreto em que se mostra devida e suficiente a imposição de medidas cautelares alternativas, dadas as circunstâncias em que cometido o delito e às condições pessoais do agente, primário, sem antecedentes criminais, residência fixa e profissão definida, que compareceu espontaneamente perante a autoridade policial para entregar a arma do crime e prestar seus esclarecimentos sobre os fatos. Condições pessoais favoráveis, mesmo não sendo garantidoras de eventual direito à soltura, merecem ser devidamente valoradas, quando demonstrada possibilidade de substituição da prisão por cautelares diversas, proporcionais, adequadas e suficientes ao fim a que se propõem. Habeas corpus não conhecido, concedendo-se, contudo, a ordem de ofício para revogar a prisão preventiva do paciente,

mediante a imposição das medidas alternativas previstas no art. 319, I, IV e V do Código de Processo Penal" (STJ - HC nº 270944-MG, Rel. Jorge Mussi, j. 20.08.2013, DJe 05.09.2013).

"Não há se falar em ilegalidade na manutenção da prisão preventiva decretada para garantia da ordem pública, com fundamento na periculosidade do paciente, que cometeu, em tese, dois crimes de homicídio tentado - contra sua ex-companheira e sua ex-cunhada -, tendo uma delas sido atingida por quatro projéteis e a outra por um, nas costas, o que demonstra a gravidade concreta da conduta. Encontrando-se devidamente justificada a necessidade da prisão cautelar, não se cogita a aplicação das medidas previstas no art. 319 do Código de Processo Penal. Igualmente, é cediço que a existência de condições pessoais favoráveis não implica, por si só, na concessão de liberdade provisória" (STJ - HC nº 269895-PR, Rel. Marco Aurélio Bellizze, j. 06.08.2013, DJe 13.08.2013).

Ninguém dirá que se trata de verdadeira *justiça lotérica*, despojada de um padrão de entendimento uniforme. Antes disso, se trata mesmo da análise específica da hipótese em julgamento, fincada em dados objetivos, despojada de paradigmas que impeçam o juiz de fazer justiça no caso concreto.

Por fim, a expressão "para evitar a prática de infrações penais" contida na parte final do inciso em análise nada mais representa do que o requisito previsto no art. 312 do código, que admite a decretação da prisão preventiva "como garantia da ordem pública". Com efeito, a prisão do agente ou a imposição de qualquer medida que, de alguma forma, restrinja sua liberdade, é justificada por tal fundamento, a fim de se preservar a paz social. A reiteração criminosa, assim, importa em inegável afronta à tranquilidade que deve reinar em sociedade, admitindo, pois, a decretação de medida cautelar, a fim de que cesse essa prática.

JURISPRUDÊNCIA

Preventiva como última alternativa

"A vigência da Lei 12.403/11, que alterou a sistemática das medidas assecuratórias da ação penal, dotou o magistrado com um rol de medidas restritivas de direitos menos gravosas ao réu, em estrita obediência aos princípios constitucionais da presunção de inocência, ampla defesa e devido processo legal, sendo certo que a prisão preventiva, medida excepcional, se revela última providência a ser adotada, quando as demais não se mostrarem adequadas ou suficientes" (STJ – RHC nº 30016-RJ, Rel. Adilson Vieira Macabu, DJe 07.10.2011).

Análise do caso concreto

"É plenamente possível que estejam presentes os motivos ou requisitos que justificariam e tornariam cabível a prisão preventiva, mas, sob a influência do princípio da proporcionalidade e a luz das novas opções fornecidas pelo legislador, deverá valer-se o juiz de uma ou mais das medidas indicadas no artigo 319 do CPP, desde que considere sua opção suficiente e adequada para obter o mesmo resultado – a proteção do bem sob ameaça – de forma menos gravosa. Vale dizer, cabível a prisão preventiva, não há dúvida de que poderia magistrado decretá-la, pondo a salvo, assim, o bem ameaçado pela liberdade do agente. No entanto, em avaliação criteriosa, cuja iniciativa não deve juiz olvidar, poderá ele entender que, para a mesma proteção ao bem ameaçado pela liberdade do agente, é adequado e suficiente proibir, por exemplo, o indiciado ou acusado de ausentar-se do País. E, para implementar e tornar mais segura a eficácia de tal cautela, o magistrado providenciará a comunicação da decisão às autoridades de fiscalizar as saídas do território nacional e intimará o indiciado ou acusado para entregar o passaporte, no prazo de 24 horas, nos termos do artigo 320 do CPP" (STJ – HC nº 282509. Rel. Rogério Schietti Cruz, DJ 22.11.2013).

II - adequação da medida à gravidade do crime, circunstâncias do fato e condições pessoais do indiciado ou acusado.

Adequação da medida - Exige-se, aqui, que a medida cautelar se revele adequada, isto é, cabível no caso concreto. Carece de idoneidade, por exemplo, proibir-se o réu ou indiciado de frequentar determinado lugar (art. 319, inc. II do código), que não guarde nenhuma relação com o crime que, em tese, cometeu. Tendo praticado um furto contra um supermercado, por qual razão seria proibido de frequentar um clube? Se não agrediu sua esposa, em uma situação de violência doméstica, não fará sentido, decerto, proibir que dela se aproxime (art. 319, inc. III do CPP). Nessa linha de raciocínio, é de se invocar, ainda, o chamado *princípio da homogeneidade*, por nós abaixo mencionado, na análise do art. 283, § 1º. Cumpre ao juiz, destarte, frente à acusação que pesa contra o réu ou em face do crime objeto de investigação policial contra o indiciado, antever, ainda que de forma provisória, a pena a ser imposta em caso de eventual condenação. Em outras palavras: revela verdadeiro contrassenso uma prisão processual, decretada antes da sentença, tornar-se mais rigorosa que a pena imposta na condenação. Não faz sentido, por isso, que se responda preso a um processo para, ao final, em caso de condenação, venha o réu a ser posto em liberdade.

A propósito, análise quanto à gravidade do crime e às condições pessoais do agente são bem apanhadas por Antônio Magalhães Gomes Filho, ao destacar que "embora sempre com a necessária ressalva de que o exame desses elementos, na fase de investigação ou durante o processo, não pode ser confundido com a antecipação do juízo de culpabilidade – incompatível com a presunção de inocência –, a gravidade do crime e as circunstâncias do caso podem fornecer um prognóstico sobre a pena no caso concreto, afastando o risco de que a medida imposta em caráter cautelar venha a ser mais gravosa do que a própria sanção esperada como resultado do processo" (*Medidas Cautelares no Processo Penal - Prisões e suas alternativas.* Editora Revista dos Tribunais, 2012, p. 43).

Gravidade do crime - Também a gravidade do crime (dado que a jurisprudência de nossos tribunais superiores, por si só, não reconhece como fundamento para a decretação da preventiva) deve ser cotejada com as circunstâncias do fato e as condições pessoais do indiciado ou acusado.

A gravidade do crime não pode ser tomada como um dado abstrato, mas depende da análise do caso concreto. Há, por exemplo, casos e casos de violência doméstica. Para alguns, que refletem a menor periculosidade do agente e mesmo a pouca gravidade de sua conduta, a mera imposição da medida cautelar prevista no art. 319, inc. III do código, consistente na proibição de se aproximar da vítima, se mostrará suficiente. Em outras situações, contudo, onde lesões corporais graves foram detectadas, com histórico de anteriores desavenças entre o casal, com descumprimento de medidas protetivas (e, ainda que elas não tenham sido deferidas), não haverá lugar para a substituição da prisão preventiva pela medida cautelar, cumprindo seja decretada aquela primeira.

JURISPRUDÊNCIA

Tráfico de drogas

a) quando é possível a imposição de medida cautelar

"Mostra-se necessária, devida e suficiente a imposição de medidas cautelares alternativas, dadas as circunstâncias do delito – apreensão de 36 gramas de maconha – a demonstrar que não se trata de tráfico de grande proporção, ou seja, a potencialidade lesiva da conduta em si considerada não é das mais elevadas –, e às condições pessoais do agente, primário, sem registro de antecedentes criminais e com residência fixa" (STJ – HC n° 38229-PB, Rel. Jorge Mussi, j. 13.08.2013, DJe 27.08.2013).

b) quando não se admite

"A manutenção da prisão preventiva justifica-se para resguardar a ordem pública, em razão da inequívoca periculosidade dos agentes que, presos em flagrante, não demonstraram ter ocupação lícita e regular, bem ainda qualquer vínculo com o distrito da culpa. Além disso, a quantidade e variedade de drogas apreendidas – 47 (quarenta e sete) porções de cocaína e 23 (vinte e três) pedras de crack – reforçam a necessidade da medida extrema. Estando presente a necessidade concreta da manutenção da custódia preventiva, as medidas cautelares alternativas à prisão, introduzidas com a Lei n.º 12.403/2011, não se mostram suficientes e adequadas à prevenção e repressão do crime de tráfico de drogas, razão pela qual são inaplicáveis ao caso em análise" (STJ – RHC n° 39284-SP, Rel. Marco Aurélio Bellizze, j. 19.09.2013, DJe 26.09.2013).

Estupro de vulnerável. Quando é possível

"Embora a custódia esteja justificada na garantia da ordem pública, mostra-se necessária, devida e suficiente a imposição de medidas cautelares alternativas, dadas as circunstâncias em que cometido o delito e às condições pessoais do agente, primário, sem registro de qualquer outro envolvimento criminal, residência fixa e profissão definida. Condições pessoais favoráveis, mesmo não sendo garantidoras de eventual direito à soltura, merecem ser devidamente valoradas, quando demonstrada possibilidade de substituição da prisão por cautelares diversas, proporcionais, adequadas e suficientes ao fim a que se propõem. Recurso ordinário parcialmente provido para revogar a prisão preventiva do paciente, mediante a imposição das medidas alternativas previstas no art. 319, I, II, IV e V do Código de Processo Penal, devendo o Juízo singular estipular distância mínima que o paciente deverá manter da vítima, bem como os lugares que não poderá acessar ou frequentar, a fim de evitar a reiteração delitiva" (STJ – RHC n° 37328-SP, Rel. Jorge Mussi, j. 25.06.2013, DJe 01.08.2013).

Uso de documento falso e falsificação de documento público. Possibilidade

"Caso em que o paciente, primário, é acusado da prática de delitos cometidos sem violência ou grave ameaça contra a pessoa, cujas penas mínimas e máximas não são elevadas, e em que o motivo que levou a mantê-lo preso foi a existência de condenação anterior por fato ocorrido há mais de 16 (dezesseis) anos, em que a sua punibilidade foi extinta pela prescrição. Observado o binômio proporcionalidade e adequação, devida e suficiente a imposição de medidas cautelares diversas à prisão para garantir a ordem pública, evitando-se a reiteração delitiva, para assegurar a conveniência da instrução criminal e a aplicação da lei penal" (STJ – HC n° 267637-SP, Rel. Jorge Mussi, j. 15.10.2013, DJe 30.10.2013).

Roubo

a) quando é possível

"Não pode o Magistrado tecer considerações abstratas, sem comprovar a existência dos pressupostos e motivos autorizadores da medida cautelar, com a devida indicação dos fatos concretos legitimadores de sua manutenção, nos termos do art. 93, inciso IX, da Constituição Federal. 'In casu', a decisão que converteu a prisão em flagrante em prisão preventiva, mantida pelo acórdão recorrido, apesar de a folha de antecedentes do Recorrente não apresentar qualquer intercorrência penal, está motivada na garantia da ordem pública, em face de supostos antecedentes e reincidência, o que indicaria sua personalidade voltada para a prática de delitos" (STJ – RHC n° 37912-MG, Rel. Laurita Vaz, j. 11.06.2013, DJe 21.06.2013).

b) quando não se admite

"Válida a fundamentação utilizada pelas instâncias ordinárias que, com expressa menção à situação concreta, entenderam inadequadas e insuficientes para garantia da ordem pública quaisquer das medidas cautelares alternativas à prisão, elencadas no art. 319 do Código de Processo Penal, com redação dada pela Lei n.º 12.403/2011" (STJ – RHC n° 40045-SP, Rel. Laurita Vaz, j. 01.10.2013, DJe 11.10.2013).

"Evidencia-se a concreta possibilidade de reiteração delitiva, porquanto o réu já foi condenado pela prática de outros três delitos contra o patrimônio, tratando-se de reincidente específico, o que denota a necessidade de se resguardar a ordem pública. Se demonstrada a probabilidade real de o réu voltar a delinquir caso seja posto em liberdade, não se vislumbra, igualmente, a possibilidade de aplicação de medida cautelar menos gravosa do que a prisão, conforme a nova dicção do art. 319, conferida após o advento da Lei nº 12.403/11" (STJ – HC n° 228915-MG, Rel. Gilson Dipp, j. 15.03.2012, DJe 22.03.2012).

Circunstâncias do fato – O legislador também se refere às "circunstâncias" que, na lição de Julio Fabbrini Mirabete, quando da análise do art. 59 do Código Penal, "podem referir-se ao tempo do delito, que pode demonstrar maior ou menor determinação do criminoso, a atitude durante ou após a conduta criminosa indicadora de insensibilidade ou indiferença ou arrependimento, ou se relacionar com a gravidade maior ou menor do dano causado pelo crime" (*Código Penal interpretado*. São Paulo: Atlas, 1999, p. 333). Acrescentaríamos ainda, nesse quesito, o "modus operandi", bem como eventual armamento utilizado na prática criminosa, elementos também associados à natureza e à gravidade do crime.

Condições pessoais do agente – Maus antecedentes, com inquéritos policiais e processos em trâmite, condenações anteriores incapazes de configurar a reincidência, prática de atos infracionais enquanto inimputável, são elementos que, embora não se prestem a configurar a reincidência do agente, em caso de eventual condenação, revelam a inconveniência da implantação da medida cautelar, a recomendar a decretação da preventiva. Há quem sustente que a análise das *condições pessoais* do agente enseja juízos de cunho excessivamente subjetivos, podendo dar margem, ainda, a indesejável *bis in idem*, posto que, uma vez condenado por fato anterior, essa condenação impediria o agente de ser beneficiado com determinada medida cautelar, punindo-o duas vezes. Embora não se afaste por completo esse risco, a confiança que se deposita no bom senso do julgador leva-nos a crer que ele saberá distinguir situações nas quais a personalidade do agente sugere a medida alternativa ou, antes, impõe sua prisão preventiva. Aliás, como tantas vezes decidido pelo Superior Tribunal de Justiça, "as condições pessoais favoráveis, tais como primariedade, residência fixa e ocupação lícita, não são suficientes, por si só, para assegurar a liberdade, quando há elementos concretos a justificar a prisão preventiva" (RHC n. 52713-MS, Rel. Ericson Maranho, j. 03.02.2015, DJ 19.02.2015).

ATENÇÃO – de acordo com o enunciado de Súmula 636 do STJ: "A folha de antecedentes criminais é documento suficiente a comprovar os maus antecedentes e a reincidência".

JURISPRUDÊNCIA

Inviabilidade da medida cautelar

a) agente foragido

"Inviável a incidência de medidas cautelares diversas da prisão quando, além de haver motivação apta a justificar o seqüestro corporal, haja vista a gravidade concreta dos delitos e a condição de foragidos dos condenados, a aplicação das referidas medidas não se mostraria suficiente à coibir a reiteração delitiva" (STJ – HC nº 265921-SP, Rel. Jorge Mussi, j. 06.08.2013, DJe 27.08.2013).

b) possibilidade de reincidência

"Inviável a incidência de medidas cautelares diversas da prisão quando, além de haver motivação apta a justificar o sequestro corporal, a bem da ordem pública, a aplicação das referidas medidas não se mostraria suficiente a coibir a reiteração delitiva, dada a demonstração da probabilidade concreta de que o acusado poderá voltar a delinquir" (STJ – RHC nº 36891-RJ, Rel. Jorge Mussi, j. 18.06.2013, DJe 01.08.2013).

c) processos-crime em trâmite

"A existência de processos-crime em trâmite em desfavor do réu evidencia a possibilidade deste voltar a delinquir caso seja posto em liberdade, o que obsta, igualmente, a aplicação de medida cautelar menos gravosa do que a prisão (Precedente)" (STJ – HC nº 224786-RJ, Rel. Gilson Dipp, j. 07.02.2012, DJe 14.02.2012).

Prova da Reincidência

"Este Superior Tribunal de Justiça firmou entendimento de que "a folha de antecedentes criminais é documento hábil e suficiente a comprovar os maus antecedentes e a reincidência, não sendo necessária a apresentação de certidão cartorária" (HC 291.414/SP, Rel. Ministro REYNALDO SOARES DA FONSECA, QUINTA TURMA, julgado em 22/9/2016, DJe 30/9/2016)" (STJ – HC n. 446462-SP – Rel. Felix Fischer, j. 21.06.2018, DJe 28.06.2018).

Atos infracionais

"Esta Corte Superior de Justiça possui entendimento de que a prática de atos infracionais, apesar de não poder ser considerada para fins de reincidência ou maus antecedentes, serve para justificar a manutenção da prisão preventiva para a garantia da ordem pública" (RHC n. 60.213/MS, Quinta Turma, Rel. Min. Gurgel de Faria, DJe de 3/9/2015). V – Revela-se inviável a análise de eventual pena ou regime a serem aplicados em caso de condenação, a fim de determinar possível desproporcionalidade da prisão cautelar, uma vez que tal exame deve ficar reservado ao Juízo de origem, que realizará cognição exauriente dos fatos e provas apresentados no caso concreto" (STJ – HC 487.672/SP, Rel. Ministro FELIX FISCHER, QUINTA TURMA, julgado em 26/02/2019, DJe 06/03/2019).

§ 1º As medidas cautelares poderão ser aplicadas isolada ou cumulativamente.

Aplicação cumulativa ou isolada – Não aplaudimos a orientação doutrinária segundo a qual a primazia será pela imposição de apenas uma medida. Por vezes, com efeito, a aplicação de duas medidas é quase obrigatória. Assim, não terá eficácia impor-se o monitoramento eletrônico ao agente (art. 319, inc. IX), se tal medida não estiver vinculada a outra que, por exemplo, impeça-o de ausentar-se da comarca (art. 319, inc. IV), ou de se aproximar de determina a pessoa (art. 319, inc. III). É que o monitoramento não se traduz em um fim em si mesmo, possuindo, por assim dizer, um caráter instrumental, pois visa fiscalizar o cumprimento de alguma outra medida. A suspensão do agente da função pública (art. 319, inc. VI), a envolver crimes mais complexos, relacionados, por exemplo, à prática de corrupção, será bem-vinda quando acompanhada da obrigação de comparecimento periódico do réu ou indiciado em juízo (art. 319, inc. I), ou mesmo da proibição do agente deixar o país (art. 320).

Mas, por outro lado – na análise do fato concreto, de sua gravidade, bem como das condições pessoais do agente – também poderá importar em exagero suspender-se o agente da função pública e, concomitantemente, obrigá-lo ao recolhimento domiciliar (art. 319, inc. V), uma vez ausente qualquer liame entre uma e outra medida. Enfim, sem que se estabeleça qualquer hierarquia, a justificar a adoção de uma ou mais medidas, deve o juiz sempre se orientar pela proporcionalidade, evitando a demasia na aplicação das medidas (sob o risco de se impor ônus quase mais graves do que decorrente da própria condenação), mas buscando, também, uma efetividade da alternativa que, afastando a prisão preventiva, deve ser dotada de um mínimo de seriedade, em nome, inclusive, da dignidade da justiça.

§ 2º As medidas cautelares serão decretadas pelo juiz a requerimento das partes ou, quando no curso da investigação criminal, por representação da autoridade policial ou mediante requerimento do Ministério Público.

Decretação de ofício – No curso das investigações criminais não é dado ao juiz decretar qualquer medida cautelar de ofício, eis que a legitimidade para pleiteá-la se reconhece, apenas, à autoridade policial, por meio de representação, ou ao Ministério Público, através de requerimento. *Contrario sensu*, quando já deflagrada a ação penal, o legislador admitia a decretação das medidas de ofício pelo juiz, independentemente de pedido das partes nesse sentido. A Lei 13.964/19 alterou a redação deste dispositivo (bem como do art. 311), proibindo o juiz decretar qualquer medida cautelar sem provocação, seja na fase da investigação, seja na fase do processo. Rende-se, assim, obediência ao sistema acusatório.

Ver nossos comentários ao art. 311 do CPP.

Ministério Público e autoridade policial – Por óbvio que o *parquet*, na condição que a Constituição lhe reserva de titular privativo da ação penal pública (art. 129, inc. I), detém legitimidade para o pedido, mediante requerimento nesse sentido. Já a autoridade policial o fará por meio de representação. Trata-se de uma exposição de motivos nas quais a autoridade indicará as razões pelas quais crê ser necessária a adoção da medida. Apenas não se dá o nome de requerimento porque, uma vez indeferida a representação, não detém a autoridade policial, por conta da função administrativa que exerce, legitimidade para recorrer.

Assistente de acusação – Há quem sustente que o assistente de acusação, na fase de investigação, quase sempre operada por meio do inquérito policial, teria legitimidade para o pedido de implantação de medidas cautelares. O argumento em que se funda essa opinião, lastreado no art. 311 do código, consiste no fato de que, se o assistente pode o mais (pedir a preventiva), pode também o menos (requerer as medidas cautelares). Sucede que na fase de investigação, não há ainda acusação, mas mero inquérito policial, pelo que não se cogita da figura do assistente de acusação, cuja atuação, de resto, só admitida em "em todos os termos da ação pública...", segundo o art. 268 do CPP. Se ainda não há ação penal, tampouco acusação, não há, por consequência, assistente da acusação. Outro fator que sepulta de vez a possibilidade de o assistente de acusação requerer a medida durante as investigações reside no fato de que, enquanto o art. 311 do código prevê expressamente sua legitimidade (no curso do processo, em nosso entendimento), o dispositivo em exame é absolutamente omisso a respeito, sendo incabível, dessa forma, qualquer analogia àquele outro artigo de lei, como proposto por parte da doutrina. Daí concluirmos que ao assistente somente se defere legitimidade para o pedido quando já instaurado o processo-crime.

Querelante – Também não possui legitimidade para o pedido, na fase de inquérito policial, por razões semelhantes àquelas acima invocadas, seja na condição de parte, na ação penal exclusivamente privada, quer na condição de titular da ação penal privada subsidiária da pública. Ora, *querelante* é o titular da ação penal exclusivamente privada, titularidade que somente se observa a partir do recebimento da queixa-crime. Antes disso ele é ofendido ou vítima. Com muito mais razão quando se tratar de ação penal privada subsidiária da pública (art. 29 do CPP), cuja titularidade somente é assumida a partir da inércia do Ministério Público, a se presumir, assim, o desfecho do inquérito policial. A propósito, quando quis deferir legitimidade ao querelante, o legislador o fez de forma expressa, como consta do art. 311 do código (cuja consulta remetemos o leitor), ao tratar da prisão preventiva. Já se deflagrado o processo-crime, tem aí plena legitimidade o querelante para o pedido, autor que é da ação penal privada, exclusiva ou subsidiária.

Recursos cabíveis – Caso indeferido o requerimento de prisão preventiva, porque o juiz determinou a soltura do agente, concedeu-lhe liberdade provisória ou impôs medida cautelar, caberá, a desafiar essa decisão, recurso em sentido estrito, nos termos do art. 581, inc. V do código. Uma vez determinada a prisão preventiva, cumpre à parte prejudicada a impetração de *habeas corpus*.

Mais precisamente em relação às medidas cautelares, vale anotar que algumas importam em restrição à liberdade de locomoção do agente e, por isso mesmo, ensejariam a utilização do *habeas corpus*. Outras, porque não dizem respeito ao direito de ir e vir, inviabilizariam o remédio heroico. Exemplos das primeiras são as medidas previstas nos incs. IV e V, do art. 319 do código (proibição de ausentar-se da comarca e recolhimento domiciliar noturno). Já a medida consistente na "suspensão do exercício de função pública" (art. 319, inc. VI), a despeito de sua gravidade, não implica na restrição ao direito de livre tráfego. Também a fiança, prevista no art. 319, inc. VIII.

A partir dessa constatação, formou-se entendimento doutrinário no sentido de que, para as medidas cautelares que restringem o direito de locomoção, seria cabível o emprego do *habeas corpus*. Para as demais, não. Pensamos, contudo, que se deva admitir o *habeas* qualquer que seja a hipótese. É que a possibilidade da prisão, ainda que remotamente, sempre estará presente, independentemente da natureza da medida cautelar imposta, em face do disposto nos arts. 282, § 4º, e 312, parágrafo único, ambos do CPP. Tais dispositivos, com efeito, autorizam a decretação da prisão preventiva em caso de descumprimento de alguma medida cautelar anteriormente imposta. Presentes, pois, a violência ou coação ilegal ao direito e ir e vir ou, ao menos, sua iminência, cabível será o *habeas corpus*, na dicção do art. 647 do CPP.

O Supremo Tribunal Federal, a propósito, confere especial amplitude ao *habeas corpus*, concebendo sua impetração em hipóteses nas quais o direito de deambulação não está diretamente em jogo. Lembre-se de caso no qual desembargador de determinada unidade da federação se encontrava afastado de suas funções aguardando – solto – o trâmite do processo. Decidiu-se, então: "Nesse particular, entendo que, preliminarmente, o habeas corpus é garantia cabível e apta para levar ao conhecimento deste Tribunal a apreciação do tema do excesso de prazo para a instrução criminal. É dizer, embora a decisão impugnada não repercuta diretamente no direito de ir e vir do paciente (liberdade de locomoção 'stricto sensu'), observa-se situação de constrangimento ilegal decorrente de mora na prestação jurisdicional no âmbito processual penal" (STF – HC-QO nº 90.617-PE, Rel. Gilmar Mendes, DJ 06.09.2007).

§ 3º Ressalvados os casos de urgência ou de perigo de ineficácia da medida, o juiz, ao receber o pedido de medida cautelar, determinará a intimação da parte contrária, para se manifestar no prazo de cinco dias, acompanhada de cópia do requerimento e das peças necessárias, permanecendo os autos em juízo. Os casos de urgência ou de perigo deverão ser justificados e fundamentados em decisão que contenha elementos do caso concreto que justifiquem tal medida excepcional.

Contraditório – Trata-se da possibilidade de o juiz, antes de decretar a medida tutelar, ouvir a parte contrária. Antes da Lei 13.964/19 não havia prazo para sua oitiva. Agora, são cinco dias.

Embora louvável a preocupação do legislador, detecta-se até mesmo uma dificuldade de ordem prática para sua implantação. Imagine-se na fase de inquérito policial, o juiz a consultar o investigado a respeito da possibilidade de suportar medidas cautelares que, de alguma forma, tolham sua liberdade, ainda que mais brandas que a prisão preventiva. Aliás, só poderá fazê-lo caso a autoridade policial tenha representado ou o Ministério Público requerido nesse sentido, nunca de ofício (v. item acima). E a intimação, por carta ou oficial de justiça (a lei não esclarece), de que valerá em se tratando, como na esmagadora maioria, de investigados sem conhecimento técnico nas coisas do Direito. Mais eficaz seria, quem sabe, designar-se uma audiência, onde ele, acompanhado de um advogado constituído ou, à falta, de um defensor público, pudesse ser esclarecido dos termos da proposta. Em juízo a aplicação deste dispositivo fica, pelo menos, mais fácil, pois já se conta, obrigatoriamente, com a presença da defesa, a propiciar maior esclarecimento ao réu. A medida, nesse caso, poderá ser concedida na própria audiência ser maior formalidade, com a presença, ademais, da acusação. Boas intenções à parte, o certo é que, em grande parte dos casos, com base na ressalva constante do início do texto (urgência ou perigo de ineficácia da medida), a providência não será adotada, resultando quase que em verdadeira *letra morta*. Só faltava mesmo antes de decretar a prisão preventiva o juiz consultar o acusado a respeito. Por sorte não se chegou a tanto. Os casos de urgência ou de perigo deverão ser justificados e fundamentados em decisão que contenha elementos do caso concreto que justifiquem tal medida excepcional.

O contraditório exigido por este dispositivo prescinde da designação de audiência, salvo no caso de prorrogação de medida cautelar, inclusive prisão provisória.

§ 4º No caso de descumprimento de qualquer das obrigações impostas, o juiz, mediante requerimento do Ministério Público, de seu assistente ou do querelante, poderá substituir a medida, impor outra em cumulação, ou, em último caso, decretar a prisão preventiva (art. 312, parágrafo único).

Descumprimento da medida – Trata-se de dispositivo idêntico ao contido no art. 312, §1º (antigo parágrafo único), do CPP. Revela, outrossim, com todas as letras, o caráter de excepcionalidade da prisão preventiva, que pode ser decretada na hipótese de descumprimento das medidas cautelares impostas ao agente, mas, ainda aqui, desde que não seja cabível a cumulação ou substituição da medida inicialmente imposta por outra. Há, pois, uma prioridade a ser, obrigatoriamente, observada pelo juiz que, ao se deparar com o descumprimento de alguma medida, deve adotar o procedimento retro mencionado, decretando a preventiva apenas "em último caso", como indica o legislador.

Suponha-se, contudo, que a despeito do juiz adotar esse *iter*, mesmo assim o agente tenha descumprido as medidas (tantos as inicialmente concedidas, como as demais, impostas substitutiva ou cumulativamente). Restará alternativa para o juiz senão decretar a prisão preventiva, se e quando provocado?

A questão tem ensejado alguma divergência doutrinária. Imaginemos um crime doloso cuja pena máxima não supere quatro anos, praticado por agente primário. Aplicadas medidas cautelares, depois substituídas por outras, o agente descumpriu todas elas. Haverá lugar para a preventiva? Uma primeira corrente responde negativamente à indagação, sob o fundamento de que não basta o mero descumprimento das medidas para ensejar, de pronto, a decretação da prisão preventiva. É necessário, também, que estejam presentes dos demais requisitos e pressupostos que a autorizam. Em nosso exemplo, como o crime tem pena inferior a quatro anos e seu autor não é reincidente, não seria cabível a decretação da preventiva, pois desatendido o fundamento previsto pelo inc. I, do art. 313 do código.

A doutrina, porém, em sua maioria, vem se inclinando em sentido contrário, ou seja, de que é possível a decretação da prisão preventiva ainda que o crime tenha pena inferior a quatro anos. O fundamento é de que, neste caso, a prisão preventiva ocorre em decorrência do descumprimento das medidas cautelares, isto é, em caráter subsidiário, por substituição daquelas medidas. Face aos termos expressos da lei (arts. 282, § 4º. e 313, §1º.), é possível, pois, sua decretação. Argumenta-se, em acréscimo, que impedir a decretação da prisão preventiva, quando descumprida a medida cautelar, importaria em abolir qualquer sanção pelo descumprimento, que seria assim incentivado, levando, de resto, ao descrédito à justiça, francamente atingida em seu prestígio.

Ao contrário, quando se tratar de prisão preventiva originária, que não decorre de nenhum descumprimento de medida cautelar, aí sim incidem os requisitos do art. 313 do código, dentre os quais – em nosso exemplo – a obrigatoriedade de ser cominada, ao crime doloso, pena superior a quatro anos.

Réu em situação de rua. Descumprimento de medida cautelar alternativa – Na análise do cabimento da prisão preventiva de pessoas em situação de rua, além dos requisitos legais previstos no CPP, o magistrado deve observar as recomendações constantes da Resolução n. 425 do CNJ, que instituiu, no âmbito do Poder Judiciário, a Política Nacional Judicial de Atenção a Pessoas em Situação de Rua e suas interseccionalidades e, caso sejam fixadas medidas cautelares alternativas, aquela que melhor se adequa a realidade da pessoa em situação de rua (Processo: HC 772.380-SP, Rel. Min. Rogerio Schietti Cruz, Sexta Turma, por unanimidade, julgado em 08/11/2022, DJe 16/11/2022). No que tange às medidas em procedimentos criminais, no art. 18 da citada Resolução, recomenda-se especial atenção às demandas das pessoas em situação de rua, com vistas a assegurar a inclusão social delas, observando-se a principiologia e as medidas de proteção de direitos previstas na resolução.

Assim, na análise do cabimento da prisão preventiva de pessoas em situação de rua, além dos requisitos legais previstos no Código de Processo Penal, o magistrado deve observar as recomendações constantes da Resolução n. 425 do CNJ, e, caso sejam fixadas medidas cautelares alternativas, aquela que melhor se adequa a realidade da pessoa em situação de rua, em especial quanto à sua hipossuficiência, hipervulnerabilidade, proporcionalidade da medida diante do contexto e trajetória de vida, além das possibilidades de cumprimento.

Tal como na prisão, para a fixação de medidas cautelares diversas, previstas no art. 319 do CPP, é preciso fundamentação específica (concreta), a fim de demonstrar a necessidade e a adequação da medida restritiva da liberdade aos fins a que se destina, consoante previsão do art. 282 do CPP. Nesse sentido, a jurisprudência desta Corte Superior não admite restrição à liberdade do agente sem a devida fundamentação concreta que indique a necessidade da custódia cautelar, sob pena de a medida perder a sua natureza excepcional e se transformar em mera resposta punitiva antecipada.

Substituição de ofício pelo juiz – antes da Lei 13.964/19 o juiz estava autorizado a agir de ofício, isto é, sem provocação de quem quer que seja, diante do descumprimento de qualquer das obrigações impostas, tinha o poder de substituir a medida, impor outra em cumulação, ou, em último caso, decretar a prisão preventiva. Com a novel Lei, em respeito ao sistema acusatório, o juiz deve ser provocado mediante requerimento do Ministério Público, de seu assistente ou do querelante.

§ 5º O juiz poderá, de ofício ou a pedido das partes, revogar a medida cautelar ou substituí-la quando verificar a falta de motivo para que subsista, bem como voltar a decretá-la, se sobrevierem razões que a justifiquem.

Rebus sic stantibus – A ideia aqui é a mesma que inspira o art. 316 do CPP (a cuja análise remetemos o leitor), e se insere na cláusula *rebus sic stantibus*, isto é, haverá sempre a possibilidade de alteração da decisão, que não possui, por isso, um caráter de definitividade.

Assim, concedida a medida cautelar e com a posterior alteração do quadro fático, ela poderá ser revogada e, depois, novamente concedida ou substituída por outra.

De ofício – diferentemente do clima presente na decretação da restrição, quando se trata de revogação ou substituição da medida por medida menos grave, o juiz está autorizado a agir de ofício. Já era assim. Com a nova redação do parágrafo em comento, o poder do magistrado fica ainda mais claro.

§ 6º A prisão preventiva somente será determinada quando não for cabível a sua substituição por outra medida cautelar (art. 319). O não cabimento da substituição por outra medida cautelar deverá ser justificado de forma fundamentada nos elementos presentes do caso concreto, de forma individualizada.

Última *ratio* – Esse dispositivo reforça o caráter residual da prisão preventiva, verdadeira última *ratio*, ou seja, a ser imposta, em caráter excepcional, apenas quando inexistente outra opção. Em atendimento, pois, ao princípio da presunção de inocência, a regra é a liberdade. Em um estágio intermediário, privilegia-se a adoção de medidas cautelares. E, apenas em último caso, quando inviável quaisquer das alternativas anteriores, decreta-se a prisão preventiva. A possibilidade de adoção da medida cautelar rompe, assim, com a anterior bipolaridade, que se restringia a duas possibilidades: a prisão ou a liberdade provisória (com ou sem fiança). Sintomática, nesse sentido, a expressão "em último caso", contida no § 4º, acima.

Como salienta Luiz Flávio Gomes, "cabe ao juiz aquilatar as vantagens e desvantagens de cada situação. A relação que permeia o princípio da necessidade é a fundada nos custos e benefícios. Se uma medida alternativa ou substitutiva é suficiente, deve-se evitar a prisão (princípio da suficiência das penas ou medidas alternativas ou substitutivas)" (ob, cit., p. 33).

A necessidade de fundamentação da decisão no caso concreto, sem paixões para fatores abstratos, moveu o legislador na Lei 13.964/19. É a segunda vez, no mesmo dispositivo (art. 282), que alerta o não cabimento da substituição por outra medida cautelar quando não justificado de forma fundamentada nos elementos presentes do caso concreto, de forma individualizada.

Suspensão cautelar da habilitação do motorista preso em flagrante – A receptação, o descaminho e o contrabando representam certamente parte muito significativa das infrações penais cometidas atualmente no Brasil. São, com efeito, alarmantes os números relativos a veículos e suas peças, eletrônicos e outros produtos furtados e roubados que acabam sendo receptados e vendidos em estabelecimentos comerciais regulares e irregulares. Em 2017, somente no Estado de São Paulo foram registrados 104.829 furtos e 67.964 roubos de veículos, além de 10.584 roubos de carga. É evidente que a receptação facilitada é a grande causa dos altos índices de furto e roubo, pois a maioria dos produtos é subtraída com destinação certa: o mercado paralelo ilegal. São também impressionantes os números relacionados ao contrabando e ao descaminho. Estima-se que, em conjunto, entre 2015 e 2017 ambos causaram prejuízos em torno de 345 bilhões de reais.

Em razão disso, diversas medidas têm sido adotadas para inibir a prática de tais crimes. A Lei 13.804/19 surge para somar esforços ao estabelecer punição administrativa a quem for flagrado cometendo receptação, descaminho ou contrabando por meio de veículo automotor. A lei insere no Código de Trânsito Brasileiro o art. 278-A, cujo *caput* dispõe:

> "O condutor que se utilize de veículo para a prática do crime de receptação, descaminho, contrabando, previstos nos arts. 180, 334 e 334-A do Decreto-Lei nº 2.848, de 7 de dezembro de 1940 (Código Penal), condenado por um desses crimes em decisão judicial transitada em julgado, terá cassado seu documento de habilitação ou será proibido de obter a habilitação para dirigir veículo automotor pelo prazo de 5 (cinco) anos."

Busca-se atingir de forma mais severa o motorista que se dedica a transportar para o Brasil produtos proibidos ou sobre os quais não há o recolhimento dos tributos devidos, bem como aquele que se presta a transportar de um lugar a outro mercadorias furtadas e roubadas.

Controvérsia que, acreditamos, pode surgir, diz respeito à aplicação da penalidade a motoristas profissionais, que, tendo a habilitação cassada, não podem mais exercer a profissão que lhes proporciona o sustento.

A nosso ver, é inquestionável a possibilidade de aplicar a cassação, a exemplo, aliás, do que já ocorre com a suspensão da habilitação para motoristas profissionais envolvidos em crimes culposos de trânsito. Há quem sustente que a pena de suspensão não pode ser aplicada contra o motorista profissional, mas o STJ se orienta em sentido diverso:

> "O fato de o agravante ser motorista profissional não impede a aplicação da pena acessória de suspensão da habilitação, pois é justamente tal categoria que deveria agir com maior prudência no trânsito. 5. De acordo com a jurisprudência deste Superior Tribunal de Justiça, os motoristas profissionais – mais do que qualquer outra categoria de pessoas – revelam maior reprovabilidade ao praticarem delito de trânsito, merecendo, pois, a reprimenda de suspensão do direito de dirigir, expressamente prevista no art. 302 do CTB, de aplicação cumulativa com a pena privativa de liberdade. Dada a especialização, deles é de se esperar maior acuidade no trânsito" (AgRg no REsp 1.744.154/CE, j. 23/10/2018).

Ora, se a suspensão da habilitação é possível até mesmo em crimes de resultado involuntário, com muito mais razão deve ser admitida a cassação nas situações em que o motorista faz de sua profissão um meio para a prática de delitos.

No mais, o § 2º do art. 278-A admite uma espécie de suspensão cautelar da habilitação do motorista preso em flagrante pelo cometimento de um dos citados delitos. Em caso de necessidade de garantir a ordem pública, a medida pode ser decretada em qualquer fase da investigação ou da ação penal, de ofício, a requerimento do Ministério Público ou mediante representação da autoridade policial. Inibe-se, com isto, a situação recorrente do motorista que, preso em flagrante, logo é solto e volta a conduzir veículos com o mesmo propósito. Embora possa parecer de pouca utilidade à primeira vista, a medida pode dificultar a ação de organizações criminosas que buscam conferir aparência de legalidade ao transporte, o que pressupõe motoristas aptos e sobre os quais não recaia suspeita imediata.

Art. 283. Ninguém poderá ser preso senão em flagrante delito ou por ordem escrita e fundamentada da autoridade judiciária competente, em decorrência de prisão cautelar ou em virtude de condenação criminal transitada em julgado.

§ 1º As medidas cautelares previstas neste Título não se aplicam à infração a que não for isolada, cumulativa ou alternativamente cominada pena privativa de liberdade.

§ 2º A prisão poderá ser efetuada em qualquer dia e a qualquer hora, respeitadas as restrições relativas à inviolabilidade do domicílio.

Redação antes da Lei 13.964/19	Redação depois da Lei 13.964/19
Art. 283. Ninguém poderá ser preso senão em flagrante delito ou por ordem escrita e fundamentada da autoridade judiciária competente, em decorrência de sentença condenatória transitada em julgado ou, no curso da investigação ou do processo, em virtude de prisão temporária ou prisão preventiva. § 1º As medidas cautelares previstas neste Título não se aplicam à infração a que não for isolada, cumulativa ou alternativamente cominada pena privativa de liberdade. § 2º A prisão poderá ser efetuada em qualquer dia e a qualquer hora, respeitadas as restrições relativas à inviolabilidade do domicílio.	**Art. 283.** Ninguém poderá ser preso senão em flagrante delito ou por ordem escrita e fundamentada da autoridade judiciária competente, em decorrência de prisão cautelar ou em virtude de condenação criminal transitada em julgado. § 1º As medidas cautelares previstas neste Título não se aplicam à infração a que não for isolada, cumulativa ou alternativamente cominada pena privativa de liberdade. § 2º A prisão poderá ser efetuada em qualquer dia e a qualquer hora, respeitadas as restrições relativas à inviolabilidade do domicílio.

Flagrante – A prisão, como regra, depende de ordem judicial nesse sentido, emitida pelo juiz competente. Essa é a regra geral que, porém, comporta uma exceção consistente na prisão em flagrante. Com efeito, ante a prática de um crime e dada à urgência na adoção da medida cabível, não teria cabimento que se buscasse um mandado judicial para se efetivar a prisão. O interesse público, a certeza visual proporcionada pelo flagrante e a necessidade de preservação da prova, justificam, em caráter excepcional, a imediata prisão do agente, a prescindir de ordem judicial que a autorize.

JURISPRUDÊNCIA

Condução do investigado à delegacia para esclarecimentos independe de ordem judicial ou prisão em flagrante

"A própria Constituição Federal assegura, em seu art. 144, § 4º, às polícias civis, dirigidas por delegados de polícia de carreira, as funções de polícia judiciária e a apuração de infrações penais. O art. 6º do Código de Processo Penal, por sua vez, estabelece as providências que devem ser tomadas pela autoridade policial quando tiver conhecimento da ocorrência de um delito, todas dispostas nos incisos II a VI. III. Legitimidade dos agentes policiais, sob o comando da autoridade policial competente (art. 4º do CPP), para tomar todas as providências necessárias à elucidação de um delito, incluindo-se aí a condução de pessoas para prestar esclarecimentos, resguardadas as garantias legais e constitucionais dos conduzidos. Desnecessidade de invocação da chamada teoria ou doutrina dos poderes implícitos, construída pela Suprema Corte norte-americana e incorporada ao nosso ordenamento jurídico, uma vez que há previsão expressa, na Constituição e no Código de Processo Penal, que dá poderes à polícia civil para investigar a prática de eventuais infrações penais, bem como para exercer as funções de polícia judiciária. Ordem denegada" (STF – HC n. 107644- SP – Rel. Ricardo Lewandowski, j. 06.09.2011, DJe 18.10.2011).

Sobre o conceito de noite e dia: v. acima art. 245.

Prisão cautelar – A Lei 13.964/19 alterou a redação do art. 283 para concentrar as demais hipóteses de prisão sem pena nele descritos numa única expressão, qual seja, "prisão cautelar", abrangendo, em suma, a prisão temporária e a prisão preventiva.

Prisão temporária – Introduzida pela Lei n. 7.960/89, a prisão temporária tem um caráter probatório, sobretudo em face do teor de seu inc. I, do art. 1º., que dispõe ser ela cabível "quando imprescindível para as investigações do inquérito policial". A despeito das críticas que experimentou, essa espécie de prisão em nada se equipara à chamada *prisão para averiguação*, de manifesta ilegalidade. Esta, com efeito, prescindia de ordem judicial, não sofria a fiscalização do Ministério Público, não contava com a participação da defesa e se desenvolvia, de forma clandestina, nos porões da ditadura. Já a prisão temporária somente pode ser decretada por ordem judicial, em face da representação da autoridade policial ou de requerimento do *parquet*, submetendo-se a rígido controle do juiz que pode, inclusive, determinar a condução do detido à sua presença.

No julgamento das ADIs 3.360 e 4.109, em 2022, o STF reconheceu a constitucionalidade da prisão temporária desde que observados, cumulativamente, os seguintes requisitos:

1) for imprescindível para as investigações do inquérito policial (art. 1º, I, Lei 7.960/1989);
2) houver fundadas razões de autoria ou participação do indiciado nos crimes previstos no art. 1º, III, Lei 7.960/1989;
3) for justificada em fatos novos ou contemporâneos que fundamentem a medida (art. 312, §2º, CPP);
4) a medida for adequada à gravidade concreta do crime, às circunstâncias do fato e às condições pessoais do indiciado (art. 282, II, CPP), respeitados os limites previstos no art. 313 do CPP;
5) não for suficiente a imposição de medidas cautelares diversas, previstas nos arts. 319 e 320 do CPP (art. 282, §6º, CPP).

Decretada a prisão temporária, expedir-se-á mandado de prisão, em duas vias, uma das quais será entregue ao indiciado e servirá como nota de culpa. A Lei 13.869/19 (Lei de Abuso de Autoridade) acrescenta mais uma formalidade: o mandado de prisão conterá necessariamente o período de duração da prisão temporária, bem como o dia em que o preso deverá ser libertado. O prazo será de 5 dias, prorrogável por igual período em caso de extrema e comprovada necessidade. Em se tratando de crime hediondo ou equiparado, o prazo passa a ser de 30 dias, também prorrogável. Discutia-se na doutrina e na jurisprudência se o dia do cumprimento do mandado de prisão inclui-se ou não no cômputo do prazo de prisão. A nova Lei de Abuso de Autoridade colocou pá de cal no debate, determinando que sim, deve ser incluído (§ 8º.).

A redação atual do §7º. do art. 2º. da Lei 7.960/89 anuncia que, decorrido o prazo contido no mandado de prisão, a autoridade responsável pela custódia deverá, independentemente de nova ordem da autoridade judicial, pôr imediatamente o preso em liberdade, salvo se já tiver sido comunicada da prorrogação da prisão temporária ou da decretação da prisão preventiva.

Prisão preventiva – O tema da prisão preventiva foi abordado, com maior profundidade, nos comentários tecidos aos arts. 311 a 315, aos quais remetemos o leitor.

Sentença condenatória transitada em julgado – temos, aqui, a prisão genuína, não cabendo mais recurso da condenação. Aliás, transitada em julgado a condenação, fica superada a alegação de falta de fundamentação para qualquer prisão cautelar.

Execução provisória da pena – A possibilidade de execução da pena após a decisão do recurso em segunda instância foi inicialmente estabelecida pelo STF no julgamento do habeas corpus 126.292, em 17 de fevereiro de 2016. À época, o tribunal modificou orientação firmada em 2009, quando, ao julgar o *habeas corpus* 84.078, havia considerado impossível que se executasse a pena antes do trânsito em julgado da sentença condenatória e estabeleceu a possibilidade de encarceramento apenas se verificada a necessidade de que isso ocorresse por meio de cautelar (prisão preventiva).

A decisão proferida em 2016 provocou muita controvérsia e suscitou debates a respeito da constitucionalidade da execução da pena antes de percorrida toda a cadeia recursal. O argumento central dos que advogam a tese de que a pena não pode ser executada até que a sentença condenatória se torne definitiva se baseia no art. 5º, inc. LVII, da Constituição Federal, segundo o qual "ninguém será considerado culpado até o trânsito em julgado de sentença penal condenatória". Tamanha foi a celeuma que, no mesmo ano, foram ajuizadas duas ações declaratórias de constitucionalidade (43 e 44), nas quais se pretendia a declaração de plena vigência e compatibilidade constitucional do art. 283 do CPP, que dispõe: "Ninguém poderá ser preso senão em flagrante delito ou por ordem escrita e fundamentada da autoridade judiciária competente, em decorrência de sentença condenatória transitada em julgado ou, no curso da investigação ou do processo, em virtude de prisão temporária ou prisão preventiva". Pretendia-se, com isso, evitar os efeitos da decisão tomada no habeas corpus já citado, ou seja, que a prisão se tornasse possível após o julgamento de recursos em segunda instância.

À época, o pleno do STF indeferiu medida cautelar para que fossem suspensas execuções antecipadas em curso e para que fossem impedidas novas execuções enquanto não julgado o mérito das ações constitucionais. Considerou-se, basicamente, que a presunção de inocência tem sentido dinâmico, modificando-se conforme se avança a marcha processual. Dessa forma, se no início do processo a presunção pende efetivamente para a inocência, uma vez proferido julgamento em recurso de segunda instância essa presunção passa a ser de não culpa, pois, nessa altura, encerrou-se a análise de questões fáticas e probatórias. Portanto, uma vez que o tribunal (TJ/TRF) tenha considerado bem provados o fato e suas circunstâncias, os recursos constitucionais não abordarão esses aspectos, pois estarão adstritos aos limites que lhe são impostos constitucional e legalmente. O acórdão foi publicado nos seguintes termos:

> "1. No julgamento do Habeas Corpus 126.292/SP, a composição plenária do Supremo Tribunal Federal retomou orientação antes predominante na Corte e assentou a tese segundo a qual "A execução provisória de acórdão penal condenatório proferido em grau de apelação, ainda que sujeito a recurso especial ou extraordinário, não compromete o princípio constitucional da presunção de inocência afirmado pelo artigo 5º, inciso LVII da Constituição Federal". 2. No âmbito criminal, a possibilidade de atribuição de efeito suspensivo aos recursos extraordinário e especial detém caráter excepcional (art. 995 e art. 1.029, § 5º, ambos do CPC c/c art. 3º e 637 do CPP), normativa compatível com a regra do art. 5º, LVII, da Constituição da República. Efetivamente, o acesso individual às instâncias extraordinárias visa a propiciar a esta Suprema Corte e ao Superior Tribunal de Justiça exercer seus papéis de estabilizadores, uniformizadores e pacificadores da interpretação das normas constitucionais e do direito infraconstitucional. 3. Inexiste antinomia entre a especial regra que confere eficácia imediata aos acórdãos somente atacáveis pela via dos recursos excepcionais e a disposição geral que exige o trânsito em julgado como pressuposto para a produção de efeitos da prisão decorrente de sentença condenatória a que alude o art. 283 do CPP. 4. O retorno à compreensão emanada anteriormente pelo Supremo Tribunal Federal, no sentido de conferir efeito paralisante a absolutamente todas decisões colegiadas prolatadas em segundo grau de jurisdição, investindo os Tribunais Superiores em terceiro e quarto graus, revela-se inapropriado com as competências atribuídas constitucionalmente às Cortes de cúpula. 5. A irretroatividade figura como matéria atrelada à aplicação da lei penal no tempo, ato normativo idôneo a inovar a ordem jurídica, descabendo atribuir ultratividade a compreensões jurisprudenciais cujo objeto não tenha reflexo na compreensão da ilicitude das condutas. Na espécie, o debate cinge-se ao plano processual, sem reflexo, direto, na existência ou intensidade do direito de punir, mas, tão somente, no momento de punir. 6. Declaração de constitucionalidade do art. 283 do Código de Processo Penal, com interpretação conforme à Constituição, assentando que é coerente com a Constituição o principiar de execução criminal quando houver condenação assentada em segundo grau de jurisdição, salvo atribuição expressa de efeito suspensivo ao recurso cabível. 7. Medida cautelar indeferida".

Em abril de 2018, nova ação declaratória de constitucionalidade (54) foi ajuizada com o mesmo propósito das anteriores. Em dezembro do mesmo ano, o ministro Marco Aurélio (relator) chegou a deferir liminar para suspender as execuções penais em curso, mas a decisão foi imediatamente suspensa pelo presidente da Corte.

Quando do julgamento do mérito das três ações, o tribunal, contrariando a tendência que se desenhava desde 2016, decidiu que a pena só pode ser executada após esgotados todos os recursos, marco do trânsito em julgado.

Na qualidade de relator de todas as ações, o ministro Marco Aurélio foi o primeiro a votar para julgar procedentes os pedidos e, consequentemente, declarar a constitucionalidade do art. 283 do CPP, com a consequente proibição de que penas sejam executadas antes do julgamento dos recursos (trânsito em julgado da sentença condenatória). De acordo com o ministro, o art. 5º, inc. LVII, da Constituição Federal, é claro e não deixa margem para dúvidas a respeito da necessidade da condenação definitiva.

Abrindo a divergência, o ministro Alexandre de Moraes votou pela possibilidade de que a pena seja executada após o julgamento dos recursos em segunda instância. O argumento é basicamente o mesmo que fundamentou o indeferimento da cautelar em 2016: observado o devido processo legal, a decisão condenatória em segunda instância afasta o princípio da presunção de inocência e abre o caminho para a execução da pena. Para o ministro Alexandre, é necessário dar efetividade às decisões das instâncias ordinárias, competentes para o exame dos fatos e das provas, decisões estas que, em caso de ilegalidade ou inconstitucionalidade, podem ser atacadas por meio de habeas corpus ou medida cautelar para que se aguarde o pronunciamento dos tribunais superiores em recursos de índole extraordinária.

Na mesma linha seguiu o ministro Edson Fachin, para quem a execução antecipada da pena é legítima a não ser que se confira efeito suspensivo ao recurso cabível contra a decisão de segunda instância. É inviável, no seu entendimento, impor que se aguarde a prisão até que "o último recurso da última corte constitucional tenha sido examinado".

Também alinhado a decisões anteriores, o ministro Luís Roberto Barroso acompanhou a divergência e ressaltou que o requisito para a imposição de prisão não é o trânsito em julgado, mas a ordem escrita e fundamentada da autoridade judicial. Não se confunde, portanto, o inciso LVII do art. 5º, segundo o qual não é possível considerar alguém culpado até o trânsito em julgado, com o inciso LXI, que trata da garantia de que ninguém será preso senão em flagrante delito ou por ordem escrita e fundamentada da autoridade competente. Condicionar a execução da pena ao trânsito em julgado serve apenas para incentivar a interposição de recursos protelatórios e contribui para a promoção da impunidade.

A ministra Rosa Weber, por sua vez, votou pela procedência das ações e, portanto, pela proibição da execução penal prévia ao trânsito em julgado. Após destacar que, até este momento, aderiu às decisões anteriormente proferidas pelo tribunal em respeito ao princípio da colegialidade, afirmou que o julgamento de mérito das ações constitucionais é o momento adequado para fazer valer sua interpretação de que a Constituição Federal garante a presunção de inocência até que a sentença condenatória tome caráter definitivo. A ministra ressaltou como um ponto capital, no seu entender, a diferença entre a prisão de natureza cautelar e a prisão com propósito punitivo, que só pode ser imposta quando formada definitivamente a culpa; qualquer prisão antes disso só pode ser decretada se presentes as circunstâncias características da cautelar.

O ministro Luiz Fux manteve sua orientação e divergiu do relator. Enxerga como viável a execução antecipada da pena. Mencionou diversos exemplos de graves crimes cujos autores estariam soltos se se exigisse o trânsito em julgado, não parecendo razoável impor limitação tão severa à imposição da consequência penal. A presunção de inocência não tem relação com a possibilidade de execução da pena após o pronunciamento de segunda instância, mas decorre do fato de que outrora cabia ao réu provar sua inocência, o que atualmente não ocorre, tendo em vista que o ônus recai na acusação. Isto quer dizer que até o trânsito em julgado o réu tem a possibilidade de contestar a acusação. Mas trata-se de uma presunção que admite prova em contrário, e à medida em que o processo tramita ocorre uma mitigação da mesma presunção. Esgotadas as instâncias ordinárias, há declaração de que o réu é culpado e sua prisão é necessária, seguindo-se, com isso, outras regras que relativizam a necessidade do trânsito em julgado, como a Lei Complementar 135/10 ("Lei da Ficha Limpa"). Concluiu destacando que a modificação da jurisprudência do tribunal é injustificável e prejudicial à segurança jurídica.

Votando em seguida, o ministro Ricardo Lewandowski manteve o tom de suas decisões anteriores sobre o tema, ou seja, considerou inconstitucional a execução antecipada da pena. Para o ministro, hão de ser consideradas as circunstâncias do sistema judiciário brasileiro, extremamente congestionado e disfuncional, com metas de produtividade cada vez mais severas, em que a possibilidade de erros na primeira e na segunda instâncias se multiplica. Nestas circunstâncias, a presunção de inocência como óbice à execução antecipada da pena serve como garantia de que inocentes não sejam submetidos a penas ilegítimas. Ainda segundo o ministro, a execução antecipada é um retrocesso que contraria frontalmente a vontade do legislador constituinte originário no sentido de que não é possível restringir a liberdade pela aplicação da pena antes da formação cabal da culpa.

A ministra Cármen Lúcia manteve seu convencimento já exposto nos julgamentos anteriores. Segundo a ministra, a disposição constitucional de que ninguém pode ser considerado culpado até o trânsito em julgado da sentença penal condenatória deve ser lida em conjunto com outros dispositivos, como o inciso LXI do art. 5º, segundo o qual ninguém será preso senão em flagrante delito ou por ordem escrita e fundamentada de autoridade judiciária competente. Isto revela que pode haver prisão independentemente do trânsito em julgado, bastando a obediência ao devido processo legal, que se cumpre com o esgotamento da matéria de fato nas instâncias ordinárias. Exigir o trânsito em julgado para a execução da pena desvirtua a ordem processual na medida em que confere a recursos de índole extraordinária um efeito suspensivo que não lhes é característico, embora seja possível, excepcionalmente, quando presente alguma justificativa, o que, aliás, afasta alegações de que direitos fundamentais seriam necessariamente ofendidos com a execução antecipada. A ministra fez, ainda, referência à necessidade de segurança jurídica e de efetividade do Direito Penal, que, no caso, se afirmam pela certeza da aplicação da pena e pela imposição de limites para que alguns indivíduos não se valham do intrincado e sofisticado sistema recursal para adiar indefinidamente as consequências de seus atos criminosos.

O ministro Gilmar Mendes modificou sua orientação – como, aliás, já vinha sinalizando – para considerar inconstitucional a execução antecipada da pena. O ministro iniciou sua explanação elencando situações em que o tribunal modificou sua própria orientação a respeito de questões de fundamental importância, bem como mencionou situações não menos relevantes em que o tribunal foi obrigado a decidir sobre a recepção de normas anteriores à atual ordem constitucional. O ministro seguiu seu voto afirmando que desde os primeiros debates sobre a matéria demonstrou sua inquietação a respeito da determinação automática de execuções penais após o julgamento em segunda instância, sem a devida individualização frente aos casos concretos. Na sua acepção, mudanças nos contextos normativo e fático subjacentes ao debate fizeram com que sua posição evoluísse diante da necessidade de proteção real do princípio da presunção de inocência. O que o tribunal admitiu nos julgamentos anteriores foi a possibilidade de que a pena fosse executada após a decisão de segunda instância, mas não a obrigatoriedade de que isso fosse feito. A imposição indiscriminada da execução antecipada e a decretação de prisões preventivas que, na sua visão, assumiam caráter permanente e eram decretadas sem fundamentação concreta fizeram com que se enfraquecesse sua esperança de que os tribunais de segunda instância seriam capazes de evitar abusos. Considerou, portanto, impossível a execução da pena até que sobrevenha o trânsito em julgado da sentença penal condenatória.

O ministro Celso de Mello também votou pela inconstitucionalidade da execução antecipada da pena. Iniciou afirmando que não se há de confundir o princípio da presunção de inocência com óbice às atividades investigativas e jurisdicionais contra a prática de crimes. O princípio revela uma garantia de todos os cidadãos contra a arbitrariedade e não impõe nenhuma barreira à punição decorrente do devido processo legal. Após ressaltar os efeitos nefastos da dominação da atividade política pelos atos de corrupção amplamente divulgados nos últimos anos, destacou que todos os ministros da corte, independentemente de sua orientação a respeito da necessidade do trânsito em julgado, são comprometidos com a repressão da prática da corrupção governamental e com a efetividade da justiça penal. A respeito especificamente do mérito das ações, o ministro assentou que o princípio da presunção de inocência impede que o poder público trate o réu como culpado até que a decisão condenatória se torne definitiva, e certamente a execução da pena tem como pressuposto a formação da culpa. Apontou ainda que não é possível relacionar a execução antecipada da pena a uma forma de evitar a impunidade em virtude da interposição de recursos de natureza extraordinária, destacando que restringir o trâmite desses recursos não é um problema a ser resolvido pelo Judiciário, mas pelo Legislativo, que pode limitar as possibilidades recursais. Também afirmou que o fato de impedir a execução da pena antes do trânsito em julgado não significa que ninguém pode ser preso, pois há situações que, em plena consonância com a ordem constitucional, autorizam as prisões cautelares, bastando que se cumpram os requisitos característicos desses meios restritivos de liberdade. Por isso, votou pela procedência das ações para considerar inconstitucional a execução da pena após a condenação na segunda instância.

Finalmente, o ministro Dias Toffoli modificou sua orientação anterior para votar pela procedência das ações e, consequentemente, pela inconstitucionalidade da execução antecipada da pena. Segundo o ministro, a redação do art. 283 do CPP é clara ao dispor que ninguém poderá ser preso senão em flagrante delito ou por ordem escrita e fundamentada da autoridade judiciária competente, em decorrência de sentença condenatória transitada em julgado ou, no curso da investigação ou do processo, em virtude de prisão temporária ou prisão preventiva. O dispositivo, considerado compatível com a Constituição Federal, não trata de considerar alguém culpado somente após o trânsito em julgado, mas, sim, estabelece limites à própria prisão, que só pode ser imposta em flagrante delito, em prisão cautelar ou em decorrência de sentença condenatória definitiva. Isto, segundo os termos do voto, revela que a vontade do legislador, que impôs esta redação ao art. 283 em 2012, é de que a execução da pena se torne possível apenas com a formação definitiva da responsabilidade penal.

Com a decisão, portanto, voltamos à situação em que estávamos até o julgamento do habeas corpus 126.292: a prisão para execução da pena só pode ser determinada após o trânsito em julgado da sentença penal condenatória. Qualquer prisão antes disso deve ser fundamentada, inicialmente, no artigo 312 do Código de Processo Penal: garantia da ordem pública, da ordem econômica, por conveniência da instrução criminal, ou para assegurar a aplicação da lei penal, quando houver prova da existência do crime e indício suficiente de autoria; ou ainda em caso de descumprimento de qualquer das obrigações impostas por força de outras medidas cautelares. A isto se deve somar o disposto no art. 313, segundo o qual a prisão preventiva é cabível: nos crimes dolosos punidos com pena privativa de liberdade máxima superior a quatro anos; se o agente tiver sido condenado por outro crime doloso, em sentença transitada em julgado; se o crime envolver violência doméstica e familiar contra a mulher, criança, adolescente, idoso, enfermo ou pessoa com deficiência, para garantir a execução das medidas protetivas de urgência.

Sobre a imediata prisão do réu, logo após sua condenação em Plenário do Júri, v. abaixo comentários ao art. 492, inc. I, "e", do código.

§ 1º As medidas cautelares previstas neste Título não se aplicam à infração a que não for isolada, cumulativa ou alternativamente cominada pena privativa de liberdade. (Incluído pela Lei nº 12.403, de 2011).

Não aplicação das medidas cautelares – Para a adoção das medidas cautelares aqui previstas, é necessário que o crime em tese perpetrado tenha previsão de cominação, ao réu eventualmente condenado, de pena privativa de liberdade, seja de forma isolada, cumulativa ou alternada.

Assim, nas infrações penais punidas apenas com multa, não terá cabimento a imposição da medida cautelar, posto que, em atenção ao princípio da razoabilidade, tais medidas devem atentar à gravidade da infração, nos termos do art. 282, inc. II do código. Também por isso não haverá lugar para a adoção de medida cautelar quando o delito for de menor potencial ofensivo, assim considerado aquele cuja pena máxima não supere dois anos, nos termos do art. 61 da Lei n. 9.099/95. Tal medida, com efeito, se mostraria desproporcional ante a pouca gravidade da infração. A propósito, se até a prisão em flagrante do agente, nestes casos, é vedada, ante seu imediato encaminhamento ao juizado ou seu compromisso de posteriormente se apresentar (art. 69, parágrafo único da Lei n. 9.099/95), não faria mesmo sentido a imposição de qualquer medida restritiva ao seu direito de liberdade. O mesmo raciocínio se aplica a outra medida despenalizadora prevista na Lei n. 9.099/95, consistente na suspensão condicional do processo (art. 89).

Invoca-se, nesse ponto, o chamado princípio da homogeneidade, pelo que se impede que alguém fique preso cautelarmente por prazo superior àquele que experimentará se eventualmente condenado. O esdrúxulo do tema é se supor que, por exemplo, o agente permaneça preso, no curso do processo, durante seis meses para depois, quando condenado, ser agraciado com a possibilidade de início de cumprimento de pena no regime aberto. Em outras palavras: a prisão cautelar, sem pena, revelar-se-ia, *ad absurdum*, muito mais gravosa do que a prisão definitiva, decorrente da condenação criminal.

Como bem observa Luiz Flavio Gomes, "cuida-se de uma vedação absoluta imposta pelo legislador, já fazendo uso do princípio da proporcionalidade ou, mais especificamente, do princípio da homogeneidade (entre a medida cautelar e o resultado final que se espera com o processo). Se a infração não é punida com prisão, torna-se excessivo (abusivo) qualquer tipo de medida cautelar, durante o andamento do processo. Se a sanção final é totalmente branda (pena de multa), faltaria inteira homogeneidade entre a medida cautelar e a pena esperada. Daí a proibição absoluta contemplada neste § 1.º" (ob. cit., pp. 8-9). Nessa linha, destaca Gustavo Henrique Badaró que "se a prisão preventiva, ou qualquer outra prisão cautelar for mais gravosa que a pena que se espera ser ao final imposta, não será dotada do caráter de instrumentalidade e acessoriedade inerentes à tutela cautelar. Mesmo no que diz respeito à provisoriedade, não se pode admitir que a medida provisória seja mais severa que a medida definitiva que a irá substituir e que ela deve preservar" (*Direito Processual Penal*, Rio de Janeiro: Campus Jurídico, 2ª Ed., p. 202).

JURISPRUDÊNCIA

Princípio da homogeneidade

"A prisão cautelar só se legitima quando, além de presentes os requisitos e as hipóteses autorizadoras descritas no art. 312 do Código de Processo Penal, não exceder o mal que pode ser causado pela imposição da reprimenda a ser aplicada em caso de eventual condenação. Precedentes. Sendo caso de tentativa de furto simples, cuja pena máxima em abstrato não poderá ultrapassar 2 anos e 8 meses de reclusão, a contrariedade ao princípio da homogeneidade é evidente, na medida em que se pode antever, com segurança, que o início do cumprimento da reprimenda se dará em modo menos rigoroso que atual em que o paciente se encontra recolhido (fechado). Constitui evidente constrangimento ilegal, por excesso de prazo, o fato de o acusado permanecer preso há um ano e quatro meses sem que haja notícia de quando será prolatada sentença, mormente quando tal lapso muito possivelmente é superior ao que poderá ser imposto como pena ao cabo da ação penal." (STJ, HC n. 117.535-DF, j. 17.11.2009, Rel. Napoleão Nunes Maia Filho, DJe 01.02.2010).

§ 2º A prisão poderá ser efetuada em qualquer dia e a qualquer hora, respeitadas as restrições relativas à inviolabilidade do domicílio. (Incluído pela Lei nº 12.403, de 2011).

Horário da prisão – Este dispositivo, de forma genérica, afirma que a prisão pode ser efetivada em qualquer dia e horário. Manda, porém, que sejam respeitadas as restrições concernentes à inviolabilidade do domicílio. Tais restrições são aquelas contidas no art. 5º., inc. XI da Constituição, pelo qual: "A casa é asilo inviolável do indivíduo, ninguém nela podendo penetrar sem consentimento do morador, salvo em caso de flagrante delito ou desastre, ou para prestar socorro, ou, durante o dia, por determinação judicial". Assim, para as hipóteses de flagrante delito não há qualquer restrição de horário. Não teria mesmo cabimento que, surpreendido o agente no exato momento em que comete um delito, devesse o condutor aguardar, por exemplo, que raiasse o dia para, aí sim, fazer cessar a conduta criminosa. Tratando-se, porém, de prisão ordenada pelo juiz (ou seja, qualquer outra que não a prisão em flagrante), há que se atentar ao disposto na Constituição, razão pela qual ela só pode se efetivar durante o dia.

Tais ressalvas são impostas para a hipótese na qual, para se efetivar a prisão, seja necessário o ingresso na casa do agente (e mesmo na casa de terceiros, como se verifica do art. 293 do CPP). Caso ele seja encontrado, por exemplo, na via pública ou em um local aberto ao público, a prisão pode ser concretizada sem qualquer espécie de limitação.

Lembre-se, ainda, que a expressão "casa", empregada pelo constituinte, tem sentido mais amplo do que o conceito de "casa" utilizado no Código Civil, abrangendo "qualquer compartimento habitado, aposento ocupado de habitação coletiva ou compartimento não aberto ao público, onde alguém exerce profissão ou atividade", na dicção do art. 150, § 4º, incs. I, II e III do Código Penal.

Art. 284. Não será permitido o emprego de força, salvo a indispensável no caso de resistência ou de tentativa de fuga do preso.

Uso da força – O dispositivo deixa claro ser vedado o emprego de força no cumprimento de ordem de prisão, sendo esta a regra geral que, inclusive, presta homenagem ao princípio da dignidade da pessoa humana, de expressa previsão constitucional (art. 1°, inc. III da CF). O exagero, inclusive, pode mesmo configurar crime de abuso de autoridade, como previsto no art. 13 da Lei nº 13.869/19. Tudo sem prejuízo de eventual configuração de crime mais grave, dependendo da análise do fato concreto. Trata-se de antiga norma, já prevista no Código Penal do Império (art. 180), cuja redação original, por curiosidade histórica, merece lembrança, a saber: "se o réo não obedece e procura evadir-se, o executor tem direito de empregar o grão da força necessaria para effectuar a prisão; se obedece porém, o uso da força é prohibido".

Fincada essa premissa, de se ver, contudo, que, por vezes, a necessidade do emprego da força se mostrará inevitável, sobretudo nos dias de hoje, com a vertiginosa escalada da violência. Resistindo o sujeito à prisão, poderá o agente da autoridade, portanto, valer-se da força física para fazer cumprir a ordem judicial ou efetivar a prisão em flagrante. Não faria qualquer sentido que, ante uma reação daquele que será preso, ficasse a autoridade à mercê de tal comportamento, inibida de cumprir a ordem, em omissão capaz de acarretar inequívoco desassossego à sociedade. Essa possibilidade não se restringe, aliás, àquele que se acha na iminência de ser preso, mas a todo e qualquer terceiro que, de alguma forma, se opuser à prisão, como se depreende do disposto no art. 292 do código. De outro lado, a teimosia daquele que se opõe à ordem, por meio de violência ou grave ameaça, pode configurar o crime de resistência, previsto no art. 329 do Código Penal. Desde que, portanto, proporcionais e razoáveis, podem e devem ser adotadas medidas que façam prevalecer o comando judicial. O excesso, contudo, será punido. A propósito, a Lei nº 13.060/14, em seu art. 2°, parágrafo único, inc. I, dispõe que não é legítimo o uso de arma de fogo "contra pessoa em fuga que esteja desarmada ou que não represente risco imediato de morte ou de lesão aos agentes de segurança pública ou a terceiros".

ATENÇÃO - Sobre a utilização de algemas, confira-se a jurisprudência anotada aos arts. 6°, inc. V e 304, bem como a doutrina indicada no art. 474, § 3° do código. Vale destacar, de qualquer sorte, o teor da Súmula vinculante n. 11, do STF; *in verbis*: "Só é lícito o uso de algemas em casos de resistência e de fundado receio de fuga ou de perigo à integridade física própria ou alheia, por parte do preso ou de terceiros, justificada a excepcionalidade por escrito, sob pena de responsabilidade disciplinar, civil e penal do agente ou da autoridade e de nulidade da prisão ou do ato processual a que se refere, sem prejuízo da responsabilidade civil do Estado". Esse entendimento acabou sendo encampado pelo Decreto n. 8.858/2016, que em seu art. 2º, dispõe que "é permitido o emprego de algemas apenas em casos de resistência e de fundado receio de fuga ou de perigo à integridade física própria ou alheia, causado pelo preso ou por terceiros, justificada a sua excepcionalidade por escrito". Já a Lei 13.434, de 12 de abril de 2017, acrescentou o parágrafo único ao art. 292 do código, dispondo que "é vedado o uso de algemas em mulheres grávidas durante os atos médico-hospitalares preparatórios para a realização do parto e durante o trabalho de parto, bem como em mulheres durante o período de puerpério imediato".

Art. 285. **A autoridade que ordenar a prisão fará expedir o respectivo mandado.**

Parágrafo único. O mandado de prisão:

a) será lavrado pelo escrivão e assinado pela autoridade;

b) designará a pessoa, que tiver de ser presa, por seu nome, alcunha ou sinais característicos;

c) mencionará a infração penal que motivar a prisão;

d) declarará o valor da fiança arbitrada, quando afiançável a infração;

e) será dirigido a quem tiver qualidade para dar-lhe execução.

Introdução – Quando o legislador, no "caput" do artigo em exame, alude à "autoridade", quer se referir, inicialmente, ao juiz (*lato sensu*), único com competência para emissão do mandado de prisão, nos termos do art. 5º, inc. LXI da Constituição, salvo a hipótese de flagrante que, por sua própria natureza, prescinde de ordem judicial. De tal sorte que, qualquer que seja a espécie de prisão processual (preventiva ou temporária), ou definitiva, o mandado de prisão dependerá, sempre, da firma do juiz ou do tribunal, não sendo deferido a nenhum outro órgão, por expressa vedação constitucional, essa possibilidade. A menos – insistimos – quando se cuidar de flagrante, quando qualquer do povo pode deter o conduzido e a autoridade tem a obrigação de fazê-lo (art. 301 do CPP).

ATENÇÃO - **Exceção** - O próprio texto constitucional, porém, traz uma ressalva a essa regra geral, ao excepcionar as hipóteses de transgressão militar ou crime propriamente militar (art. 5º, inc. LXI da CF), quando a prisão prescinde, então, de uma ordem do juiz. Essa norma está em pleno vigor e ninguém há de suscitar a *inconstitucionalidade* de um preceito lançado na Constituição. Justifica-se ante a peculiaridade do regime castrense, caracterizado pela disciplina e hierarquia. Assim, nos termos do art. 19 do Código de Processo Penal Militar, por ordem de comandante militar, poderá o indiciado permanecer preso por 30 dias (prorrogáveis por mais 30), no curso das investigações. Vale, porém, que se destaque a lição de Alexandre de Moraes, ao observar que "esse permissivo constitucional não consagra a possibilidade de arbítrio e ilegalidade no regime castrense. Assim, apesar do art. 142, § 2º, da Constituição Federal, estabelecer que não caberá 'habeas corpus' em relação a punições disciplinares militares, tal previsão constitucional deve ser interpretada no sentido de que não haverá 'habeas corpus' em relação ao mérito das punições disciplinares militares. Dessa forma, a Constituição Federal não impede o exame pelo Poder Judiciário dos pressupostos de legalidade, a saber: hierarquia, poder disciplinar, ato ligado à função e pena suscetível de ser aplicada administrativamente" (STF - HC n. 70.648/RJ - *Diário da Justiça*, 4 mar. 1994, p. 3.289; *JSTJ* 4/452; 34/94) (*Constituição do Brasil Interpretada*, São Paulo: Atlas, 2ª. ed., 2003, p. 398).

JURISPRUDÊNCIA

Prisão decretada por juiz incompetente

"Uma vez decretada a incompetência do Juízo, não subsiste a prisão preventiva por ele determinada" (STF – HC n. 69877-PB – Rel. Marco Aurélio, DJ 16.04.1993, p. 6434).

Prisão decretada por Ministro da Justiça para fins de expulsão. Impossibilidade

"Custódia de estrangeiro, mediante liberdade vigiada, para fim de expulsão, decretada administrativamente pelo Ministro da Justiça. Sendo a liberdade vigiada uma forma de confinamento, portanto uma restrição à liberdade de ir e vir, aplica-se-lhe 'mutatis mutandis' a exigência constitucional de competência exclusiva do Poder Judiciário para decretá-la (art. 5º., LXI, da Constituição Federal). Concessão de ordem de 'habeas corpus' de ofício para determinar a cassação das restrições impostas administrativamente ao paciente, até que o juiz competente decida a respeito" (STJ – Comp. n. 1-DF – Rel. Assis Toledo, *Ementário STJ*, n. 1/136).

Parágrafo único. O mandado de prisão:

a) será lavrado pelo escrivão e assinado pela autoridade;

b) designará a pessoa, que tiver de ser presa, por seu nome, alcunha ou sinais característicos;

c) mencionará a infração penal que motivar a prisão;

d) declarará o valor da fiança arbitrada, quando afiançável a infração;

e) será dirigido a quem tiver qualidade para dar-lhe execução.

Requisitos do mandado de prisão – O dispositivo elenca os requisitos formais que devem constar do mandado de prisão que, lavrado pelo escrivão, deve ser assinado pelo juiz. Mandado sem assinatura do juiz não passa de uma folha de papel sem qualquer valor jurídico. Presta-se a assinatura, ainda, para fixar a responsabilidade do Magistrado, em caso de eventual abuso. Óbvio que dele deve constar o nome da pessoa a ser presa, bem como sua alcunha ou sinais característicos (tatuagens, cicatrizes etc.), que facilitem sua identificação. Também a infração penal que motivou o decreto deve ser apontada, para que o preso saiba do que é acusado ou por qual crime foi condenado. Dele também pode constar o "nomem iuris" do crime (roubo, furto, homicídio etc.). O valor da fiança, quando arbitrada, deve também ser indicado, permitindo que, com seu recolhimento, seja evitada a prisão. Por último, deve constar a quem é endereçada a ordem. Não há necessidade de se nominar uma pessoa determinada, bastando que se indique, de forma genérica, a quem é dada a ordem (como regra, à Polícia Judiciária ou Oficial de Justiça).

Resolução do CNJ – Segundo a Resolução n. 251/2018, do Conselho Nacional de Justiça , que regulamentou o denominado Banco Nacional de Mandados de Prisão (BNMP), o mandado de prisão deve conter, no mínimo, as seguintes informações: 1) número do mandado e de processo que o originou; 2) nome do magistrado; 3) denominação do órgão judiciário em que foi expedido o mandado; 4) qualificação da pessoa a que se refere o mandado de prisão; 5) códigos nacionais dos assuntos criminais a que se refere o mandado; 6) espécie da prisão decretada; 7) dispositivo da decisão que decretou a prisão; 8) prazo da prisão, quando se tratar de prisão temporária; 9) pena imposta e regime de cumprimento da pena, quando se tratar de prisão decorrente de condenação criminal, recorrível ou definitiva; 10) data limite presumida para cumprimento do mandado de prisão de acordo com a prescrição em abstrato ou em concreto; 11) o valor do montante da fiança arbitrada, quando for o caso e 12) data e local da expedição.

ATENÇÃO – Nos termos da Resolução n.º 181/17 do Conselho Nacional do Ministério Público, que cuida do procedimento investigatório criminal, pode o membro do *parquet* "acompanhar cumprimento de mandados de prisão preventiva ou temporária deferidas pela autoridade judiciária" (art. 7º. inc. VI).

JURISPRUDÊNCIA

Utilização da decisão como mandado. Possibilidade

"Em ordenando o Juiz ele mesmo de forma expressa e motivada que, em face da urgência, se efetue a prisão cautelar à luz do seu próprio decreto, que supera as exigências do artigo 285 do Código de Processo Penal, não há falar em nulidade" (STJ – HC n° 24599-GO, Rel. Hamilton Carvalhido, j. 18.12.2002, DJ 23.06.2003, p. 450).

Mandado de prisão assinado pelo escrivão. Validade

"De acordo com o artigo 285, parágrafo único, alínea "a", do Código de Processo Penal, a assinatura do juiz constitui formalidade essencial para a validade do mandado de prisão. No caso dos autos, o magistrado singular converteu a prisão em flagrante do recorrente em preventiva, tendo o respectivo mandado sido assinado pelo escrivão, procedimento que foi excepcionalmente autorizado na respectiva decisão, uma vez que o Juiz de Direito estava respondendo por outra comarca simultaneamente, o que afasta a mácula suscitada no inconformismo" (STJ – RHC n. 52746-GO – Rel. Jorge Mussi, j. 18.11.2014, DJe 26.11.2014).

Art. 286. O mandado será passado em duplicata, e o executor entregará ao preso, logo depois da prisão, um dos exemplares com declaração do dia, hora e lugar da diligência. Da entrega deverá o preso passar recibo no outro exemplar; se recusar, não souber ou não puder escrever, o fato será mencionado em declaração, assinada por duas testemunhas.

Cópia do mandado – É direito do preso ter o pleno conhecimento dos motivos determinantes de sua prisão. Mesmo porque, com tal ciência, pode desde logo preparar sua defesa, seja a autodefesa, seja a defesa técnica, elaborada por advogado. Para tanto o mandado será emitido em duas vias, sendo que uma delas deverá ser-lhe entregue, dela constando a data, horário e local no qual foi detido. Ao preso caberá passar recibo no exemplar original. Caso se recuse a receber essa segunda via ou se analfabeto ou não puder escrever (imagine-se a hipótese de encontrar-se ferido), duas testemunhas firmarão uma declaração dando conta dessa circunstância.

Art. 287. **Se a infração for inafiançável, a falta de exibição do mandado não obstará à prisão, e o preso, em tal caso, será imediatamente apresentado ao juiz que tiver expedido o mandado, para realização da audiência de custódia.**

Redação antes da Lei 13.964/19	Redação depois da Lei 13.964/19
Art. 287. Se a infração for inafiançável, a falta de exibição do mandado não obstará à prisão, e o preso, em tal caso, será imediatamente apresentado ao juiz que tiver expedido o mandado.	**Art. 287.** Se a infração for inafiançável, a falta de exibição do mandado não obstará à prisão, e o preso, em tal caso, será imediatamente apresentado ao juiz que tiver expedido o mandado, para realização da audiência de custódia.

Urgência – A regra, como já alertamos nos comentários ao art. 283 do CPP, é que a prisão, salvo em flagrante, deve vir precedida da expedição do respectivo mandado de prisão, a ser portado por aquele responsável pela diligência.

Há situações, porém, em que, por algum motivo, o mandado pode não estar em mãos do executor da prisão. Suponha-se, assim, um cerco realizado em determinado local, com vários policiais envolvidos, no qual um deles, conquanto não tenha a ordem judicial em mãos, se depara com um dos procurados. Não faria sentido que deixasse de detê-lo imediatamente, em nome de um formalismo exagerado e em franco prejuízo aos interesses da sociedade. Deve fazê-lo, conduzindo o preso à presença do juiz para realização da audiência de custódia. Eduardo Espínola Filho vai mais além, concebendo mesmo a possibilidade de prisão ser decretada por meio de telefone ou telegrama, desde que induvidosa sua autenticidade, a ser confirmada, ato contínuo, com a imediata apresentação do preso ao juiz responsável pela ordem. Seria inconcebível, assim, para esse autor, que um policial, tendo absoluta certeza que contra determinado indivíduo pesa uma ordem de prisão, deixasse de efetuar a captura somente porque desprovido do mandado. Cabe a prisão, com a ressalva da parte final do dispositivo em exame (ob. cit. vol. I, p. 303) e desde que o crime não admita fiança.

Espécies de prisão – A audiência de custódia, na Resolução 213/15, deve servir para a apresentação de toda pessoa presa, abrangendo o flagrante e outras prisões, como temporária, preventiva ou definitiva. No caso de cumprimento de mandado de prisão temporária, preventiva ou definitiva apenas se justifica para assegurar a integridade do preso, não havendo espaço para o magistrado aquilatar o mérito da clausura, ou seja, se devida ou não a prisão. O artigo em comento reforça esse fim.

Sobre a audiência de custódia, solenidade positivada pela Lei 13.964/19, ver nossos comentários ao art. 310 do CPP.

Art. 288. **Ninguém será recolhido à prisão, sem que seja exibido o mandado ao respectivo diretor ou carcereiro, a quem será entregue cópia assinada pelo executor ou apresentada a guia expedida**

pela autoridade competente, devendo ser passado recibo da entrega do preso, com declaração de dia e hora.

Parágrafo único. O recibo poderá ser passado no próprio exemplar do mandado, se este for o documento exibido.

Recolhimento à prisão – Uma vez detido o conduzido, seu recolhimento à prisão dependerá da respectiva exibição, ao diretor ou carcereiro do estabelecimento penal, do mandado judicial ou de guia de recolhimento, a quem será entregue uma cópia. Aquele que recepcionar o preso deverá passar recibo da entrega, do qual conste data e horário, como forma, inclusive, de resguardar-se de qualquer responsabilidade sobre fatos ocorridos antes da apresentação. O condutor, de sua parte, a partir da entrega, não mais se responsabiliza pela custódia do preso, que passa à disposição do responsável pelo estabelecimento penal. O recibo, nos termos do parágrafo único – e na praxe é assim – pode ser passado no próprio mandado. Trata-se de regra que, de alguma forma, ameniza os efeitos do artigo anterior, pois se ali é autorizada a prisão sem a imediata exibição do mandado judicial, aqui somente se admite o recolhimento ao cárcere com essa ordem, sem possibilidade de exceções.

Art. 289. Quando o acusado estiver no território nacional, fora da jurisdição do juiz processante, será deprecada a sua prisão, devendo constar da precatória o inteiro teor do mandado. (Redação dada pela Lei nº 12.403, de 2011).

§ 1º Havendo urgência, o juiz poderá requisitar a prisão por qualquer meio de comunicação, do qual deverá constar o motivo da prisão, bem como o valor da fiança se arbitrada. (Incluído pela Lei nº 12.403, de 2011).

§ 2º A autoridade a quem se fizer a requisição tomará as precauções necessárias para averiguar a autenticidade da comunicação. (Incluído pela Lei nº 12.403, de 2011).

§ 3º O juiz processante deverá providenciar a remoção do preso no prazo máximo de 30 (trinta) dias, contados da efetivação da medida. (Incluído pela Lei nº 12.403, de 2011).

Precatória – O "caput" deste dispositivo prevê a regra geral, pela qual a prisão daquele que se encontrar fora da área de jurisdição do juiz do processo deverá se efetivar por meio de expedição de carta precatória. É que além dos limites da competência do juiz processante, ele está impedido de emitir qualquer ordem, necessitando, bem por isso, da colaboração do colega competente do local onde se encontra o indivíduo procurado.

ATENÇÃO – Na prática, o juiz colaborador (deprecado), depois de certificar a autenticidade da ordem, determina seu cumprimento ("CUMPRA-SE"). Qual será a consequência da execução da ordem de prisão sem o devido "CUMPRA-SE" do magistrado deprecado? Entendemos que a ordem de prisão é válida, constituindo-se a omissão da certificação pelo juiz colaborador mera irregularidade. A carta precatória surge, assim, como mero instrumento formal para o encaminhamento para que o mandado de prisão seja deslocado e cumprido entre diferentes comarcas. A atual realidade deve ser preocupar mais com o conteúdo - necessidade e adequação da prisão cautelar decretada por autoridade judiciária competente - do que com a forma de deslocamento da informação.

Outros meios – A regra, porém, dada à urgência da situação, como, por exemplo, a iminência de fuga do procurado para o exterior, admite a utilização de outros meios de comunicação à prisão, que não a precatória. Destaca a Exposição de Motivos do CPP que tal prisão, em casos urgentes, poderá se efetivar "mediante entendimento entre estas [autoridades] por via telegráfica ou telefônica, tomadas as necessárias precauções para evitar ludíbrio ou ensejo a maliciosas vinditas. Não se compreende ou não se justifica que os Estados, gravitando dentro da unidade nacional, se oponham mutuamente obstáculos na pronta repressão da delinquência" (item VIII). O art. 356 do código, aliás, permite a expedição de carta precatória por telégrafo, com o reconhecimento da firma do juiz, meio de comunicação que, é verdade, caiu em total desuso, mas que revela a intenção do legislador de sacrifício de formalidades em prol do interesse maior.

A jurisprudência do STJ, abaixo lembrada admitiu a prisão através de telegrama ou "fax". Não temos dúvida de apontar a possibilidade, inclusive, de envio de um "e-mail". Importante, com efeito, não é o meio utilizado, mas a autenticidade que advém da ordem. Uma vez certificada, como previsto no § 2º, nada impede a prisão. Relevante, nessa comunicação, é que dela conste o valor de eventual fiança arbitrada, cujo recolhimento pelo procurado o livrará da prisão.

JURISPRUDÊNCIA

Precatória

"O art. 289 do Código de Processo Penal, em sua redação anterior, que regulou o ato ora questionado, determinava fosse deprecada a prisão quando o réu estivesse em lugar estranho ao da jurisdição. Contudo, o parágrafo único do mesmo artigo mitigava a regra do caput, levando à conclusão de que a inobservância rigorosa das formalidades estabelecidas no procedimento de carta precatória não acarretavam a nulidade absoluta do ato de prisão. In casu, consta claramente dos autos, que a prisão foi regularizada com o recebimento da carta precatória expedida pelo Juízo deprecante, não havendo, pois, qualquer nulidade no procedimento de prisão do paciente." (STJ – HC n. 148.171/GO, relator Ministro Marco Aurélio Bellizze, Quinta Turma, julgado em 15/3/2012, DJe de 2/4/2012.)

Telegrama

"Em regra, o cumprimento a ordem de segregação cautelar, efetivada fora da jurisdição, deve ser precedida de envio de carta precatória, comportando exceção quando se tratar de medida urgente requisitada por telegrama (art. 289, parágrafo único, do CPP) e prisão efetuada em outra comarca do mesmo Estado" (STJ – HC nº 38741-GO, Rel. Felix Fischer, j. 22.02.2005, DJ 21.03.2005, p. 412).

Fax

"Inexiste o apontado vício na prisão decretada, porquanto efetivada a medida constritiva de acordo como o art. 289, § 1º, do Código de Processo Penal. A Corte de origem, atenta às peculiaridades do caso, assegura que a prisão por Juízo diverso da condenação, sem a existência de carta precatória, deu-se por medida de urgência. O envio do mandado de prisão via fac-símile ocorreu para assegurar o cumprimento imediato da constrição, porquanto contra o paciente pesava a condenação, já transitada em julgado, por crimes gravíssimos de estupro e atentado violento ao pudor" (STJ – HC nº 144699-TO, Rel. Og Fernandes, j. 04.10.2012, DJe 10.10.2012).

Prazo para remoção – A fim de evitar qualquer discussão a respeito de quem seria o Magistrado responsável pela remoção do preso, a Lei n. 12.403/2001 foi peremptória, atribuindo ao juiz deprecante essa tarefa. Cabe a ele, assim, uma vez preso o indivíduo em comarca diversa, encetar diligências para sua apresentação perante o juízo no qual tem curso o processo. Isso tudo no prazo de 30 dias, cujo excesso, se injustificado, poderá ensejar a impetração de "habeas corpus". Insistimos no "excesso injustificado", posto que, em um país de dimensões continentais como o nosso, nem sempre será possível a observância desse prazo. A razoabilidade na análise do caso concreto saberá indicar quando motivado ou não eventual excesso.

Art. 289-A. O juiz competente providenciará o imediato registro do mandado de prisão em banco de dados mantido pelo Conselho Nacional de Justiça para essa finalidade. (Incluído pela Lei nº 12.403, de 2011).

§ 1º Qualquer agente policial poderá efetuar a prisão determinada no mandado de prisão registrado no Conselho Nacional de Justiça, ainda que fora da competência territorial do juiz que o expediu. (Incluído pela Lei nº 12.403, de 2011).

§ 2º Qualquer agente policial poderá efetuar a prisão decretada, ainda que sem registro no Conselho Nacional de Justiça, adotando as precauções necessárias para averiguar a autenticidade do mandado e comunicando ao juiz que a decretou, devendo este providenciar, em seguida, o registro do mandado na forma do caput deste artigo. (Incluído pela Lei nº 12.403, de 2011).

§ 3º A prisão será imediatamente comunicada ao juiz do local de cumprimento da medida o qual providenciará a certidão extraída do registro do Conselho Nacional de Justiça e informará ao juízo que a decretou. (Incluído pela Lei nº 12.403, de 2011).

§ 4º O preso será informado de seus direitos, nos termos do inciso LXIII do art. 5º da Constituição Federal e, caso o autuado não informe o nome de seu advogado, será comunicado à Defensoria Pública. (Incluído pela Lei nº 12.403, de 2011).

§ 5º Havendo dúvidas das autoridades locais sobre a legitimidade da pessoa do executor ou sobre a identidade do preso, aplica-se o disposto no § 2º do art. 290 deste Código. (Incluído pela Lei nº 12.403, de 2011).

§ 6º O Conselho Nacional de Justiça regulamentará o registro do mandado de prisão a que se refere o caput deste artigo. (Incluído pela Lei nº 12.403, de 2011).

Ratio legis – Pretendeu o legislador, com o artigo em análise, facilitar o cumprimento de milhares de mandados de prisão espalhados pelo país, esquecidos em algum escaninho da administração. Para tanto, concebeu um cadastro geral, centralizado no Conselho Nacional de Justiça, cujos dados serão de acesso a toda e qualquer pessoa, independentemente de exercer alguma função pública. Muitas vezes, aquele que tinha contra si um mandado de prisão, expedido em determinada unidade da federação, ao mudar-se para outro estado, via-se livre de qualquer perseguição, ante a inexistência de comunicação entre o órgão expedidor da ordem e aquele competente para cumpri-la. Tem esse dispositivo a intenção de inibir essa possibilidade.

Mas não apenas em desfavor daquele que é buscado atua o dispositivo. Com efeito, não é raro, ainda hoje, que pessoas que cumpriram a prisão ou que, por algum motivo, tiveram a ordem de prisão revogada, sejam encarceradas por conta de um mandado pendente que, há muito, deveria ter sido atualizado a fim de impedir essa indesejável detenção. Abordados, por exemplo, em uma singela diligência de trânsito, acabam sendo presos porque, na consulta aos órgãos de praxe, pende um mandado não cumprido. O gerenciamento, pelo próprio Poder Judiciário, de um sistema que reúna todos os mandados do país, poderá, a partir de um *nada consta*, evitar tal injustiça.

Banco Nacional de Mandados de Prisão – A partir da edição da Lei n. 12.403/2011, o Conselho Nacional de Justiça, por meio da Resolução n. 137/2011 (revogada pela Resolução Nº 251 de 04/09/2018), regulamentou o funcionamento do banco de dados a que se refere o artigo em exame, denominado Banco Nacional de Mandados de Prisão - BNMP. O objetivo desse banco de dados é de centralizar todas as informações referentes a mandados de prisão expedidos no país, permitindo maior agilidade em seu cumprimento, bem como o acesso a seu conteúdo, pela rede mundial de computadores, por qualquer pessoa, "independentemente de prévio cadastramento ou demonstração de interesse" (art. 28 da resolução).

De se ver, porém, que a determinação legal contida neste artigo é, por assim dizer, de cunho administrativo, razão pela qual seu descumprimento não terá qualquer reflexo no que se refere à legalidade da prisão propriamente dita. Não propomos sua inobservância. Ao contrário, deve a lei ser fielmente cumprida, sujeitando o funcionário negligente às sanções administrativas de praxe. Afirmamos, apenas, que não será a falta de comunicação ao CNJ que ensejará a ilegalidade da prisão, com a consequente liberação do preso, conforme, aliás, jurisprudência do STJ abaixo transcrita.

Cumprimento do mandado - Uma vez decretada a prisão e cadastrada a ordem perante o CNJ, qualquer policial poderá cumpri-la, ainda que o mandado seja expedido por juízo diverso daquele em que se encontra o agente público. De outra parte, a falta de registro do mandado, no CNJ, não impede o cumprimento da ordem. Não teria cabimento que um agente policial, deparando-se com alguém procurado, deixasse de prendê-lo sob o fundamento de que uma questão de ordem burocrática (o registro do mandado no CNJ), não foi observada. Tem sim a obrigação de prender, com a cautela, porém, de averiguar a autenticidade do mandado. Essa cautela aconselha, por exemplo, que por telefone se contate o cartório criminal que, decerto, informará sobre a existência - ou não - da ordem de prisão. Nada impede, outrossim, que enquanto perdurar a dúvida sobre a legalidade do mandado, seja o preso colocado sob custódia, nos termos previstos no § 2º, do art. 290 do código. Cumprida a ordem, deve ser comunicado o juiz a quem, por seu turno, cabe providenciar o registro do mandado junto ao CNJ.

JURISPRUDÊNCIA

Possibilidade de prisão sem a prévia comunicação ao CNJ

"A regra do art. 289 do CPP é a da expedição de carta precatória na hipótese de existência de mandado de prisão. Contudo, é possível o cumprimento da prisão sem a sua anterior expedição, justificativa que se respalda na urgência da medida. Nesse viés, a reforma promovida pela Lei 12.403/11, no qual se permite a prisão do agente por qualquer agente policial, ainda que a ordem de prisão não esteja registrada no Conselho Nacional de Justiça, nos termos do art. 289-A, § 2º, do CPP. É evidente que a formalidade exigida visa conferir autenticidade à decisão judicial que determina a constrição à liberdade de um indivíduo. Todavia, não constitui regra de natureza absoluta, cujo descumprimento implicaria na própria nulidade do ato" (STJ – HC nº 171254-SE, Rel. Jorge Mussi, j. 06.09.201, DJe 21.09.2011).

Comunicações de praxe – Cumprido o mandado de prisão, cumpre seja o preso informado de seus direitos assegurados pela Constituição, "entre os quais o de permanecer calado, sendo-lhe assegurada a assistência da família e de advogado", na dicção do inc. LXIII da Carta. Não possuindo advogado, a prisão deve ser comunicada à Defensoria Pública. Tratando-se, contudo, de prisão em flagrante, não basta a mera comunicação, impondo-se a remessa de cópia integral do auto de prisão em flagrante à Defensoria Pública, no prazo de 24 horas, face ao disposto no § 1º do art. 306 do código.

Abuso de autoridade – o art. 12 da nova Lei de Abuso de Autoridade pune com detenção de 6 (seis) meses a 2 (dois) anos, e multa, quem: I – deixa de comunicar, imediatamente, a execução de prisão temporária ou preventiva à autoridade judiciária que a decretou; II – deixa de comunicar, imediatamente, a prisão de qualquer pessoa e o local onde se encontra à sua família ou à pessoa por ela indicada; III – deixa de entregar ao preso, no prazo de 24 (vinte e quatro) horas, a nota de culpa, assinada pela autoridade, com o motivo da prisão e os nomes do condutor e das testemunhas; IV – prolonga a execução de pena privativa de liberdade, de prisão temporária, de prisão preventiva, de medida de segurança ou de internação, deixando, sem motivo justo e excepcionalíssimo, de executar o alvará de soltura imediatamente após recebido ou de promover a soltura do preso quando esgotado o prazo judicial ou legal. Para que fique caracterizado o crime é indispensável a finalidade específica do agente de prejudicar outrem ou beneficiar a si mesmo ou a terceiro, ou, ainda, por mero capricho ou satisfação pessoal (art. 1º., §1º. da Lei 13.869/19).

ATENÇÃO – Nos termos da Convenção de Viena sobre Relações Consulares, de 1963, subscrita pelo Brasil e que ingressou em nosso direito pátrio pelo Decreto nº 61.078/1967, toda prisão de estrangeiro, qualquer que seja sua natureza (em flagrante, preventiva, temporária), deve ser comunicada ao respectivo Consulado do detido. Por isso mesmo, a Portaria n. 67, do Ministério da Justiça e Cidadania, datada de 14 de janeiro de 2017, determina, em seu art. 1º, que "as autoridades policiais das Polícias Federal e Rodoviária Federal, em todas as suas ramificações no território nacional, observadas as disposições constitucionais e legais, devem exercer e fiscalizar a notificação consular decorrente da aplicação do Artigo 36 da Convenção de Viena sobre Relações Consulares, de 1963, que impõe às autoridades brasileiras que cientifiquem, sem demora, a autoridade consular do País a que pertence o estrangeiro, sempre que este for preso, qualquer que seja a modalidade da prisão". Nesse sentido, ainda, a Recomendação n. 47, de 21 de novembro de 2016, do Conselho Nacional do Ministério Público, estendendo essa cautela aos "membros do Ministério Público brasileiro, em todas as suas ramificações no território nacional".

JURISPRUDÊNCIA

Prisão de estrangeiro

"O fato é que o estrangeiro preso no Brasil tem direito de ser cientificado, pelas autoridades brasileiras (policiais ou judiciárias), de que lhe assiste a faculdade de comunicar-se com o respectivo agente consular, bem assim dispõe da prerrogativa de ver notificado o seu próprio Consulado, " without delay", de que se acha submetido a prisão em nosso País [...] A essencialidade dessa notificação consular, em suma, resulta do fato de permitir, desde que formalmente efetivada, que se assegure a qualquer pessoa estrangeira que se encontre presa a possibilidade de receber auxílio consular de seu próprio país, viabilizando-se-lhe, desse modo, o pleno exercício de todas as prerrogativas e direitos que se compreendem na cláusula constitucional do devido processo" (STF – PPE n. 726-DF – Rel. Celso de Mello, j. 27.05.2015).

Art. 290. **Se o réu, sendo perseguido, passar ao território de outro município ou comarca, o executor poderá efetuar-lhe a prisão no lugar onde o alcançar, apresentando-o imediatamente à autoridade local, que, depois de lavrado, se for o caso, o auto de flagrante, providenciará para a remoção do preso.**

§ 1º - Entender-se-á que o executor vai em perseguição do réu, quando:

a) tendo-o avistado, for perseguindo-o sem interrupção, embora depois o tenha perdido de vista;

b) sabendo, por indícios ou informações fidedignas, que o réu tenha passado, há pouco tempo, em tal ou qual direção, pelo lugar em que o procure, for no seu encalço.

§ 2º Quando as autoridades locais tiverem fundadas razões para duvidar da legitimidade da pessoa do executor ou da legalidade do mandado que apresentar, poderão pôr em custódia o réu, até que fique esclarecida a dúvida.

Perseguição – Durante a perseguição do réu, pode ocorrer que, na fuga, ele adentre território diverso daquele no qual o juiz, que decretou a ordem, exerce sua jurisdição. Não teria cabimento, sob pena de grave atentado à dignidade da justiça e em franco prejuízo da sociedade, que o executor se visse privado de cumprir seu dever apenas pelo fato do perseguido haver transposto a divisa de uma cidade ou de um estado. Como fizemos ver nos comentários ao art. 250 acima, essa circunstância, tão comum nos filmes americanos, onde o ingresso do perseguido em outra unidade da federação o livra da prisão, merece tratamento diverso em nossa legislação, que é una em todo o país. Como bem observa Hélio Tornaghi, o Brasil constitui uma federação, com subordinação dos estados a um poder superior, e não uma confederação, "que á uma união contratual de verdadeiros estados soberanos" [...] não repugna ao conceito e à essência do federalismo o fato de a União praticar quaisquer atos nos territórios dos estados. E o executor do mandado de prisão, ainda que esse tenha sido expedido por autoridade local, estará aplicando lei federal, isto é, o Código de Processo Penal" (*Instituições de Processo Penal*, São Paulo: Saraiva, 1979, 2ª. ed., vol. 3, p. 238).

Com efeito, o dispositivo em exame autoriza sua prisão, cabendo ao executor a imediata apresentação do preso à autoridade local. "Autoridade" deve ser considerada a policial, já que o artigo determina, "se for o caso", a lavratura do flagrante, atribuição privativa do delegado de polícia. Essa ressalva ("se for o caso") justifica-se por diversas razões. Pode ocorrer, por exemplo, que não se trate de uma prisão em flagrante, mas do cumprimento de um mandado de prisão preventiva. Ou que não reste configurada a perseguição a que se refere o § 1º. Ou, ainda, que dúvida sobre a legitimidade do executor ou sobre a legalidade do mandado de prisão impeça a lavratura do flagrante (§ 2º.).

Configuração da perseguição – Há, como já visto, a possibilidade de prisão em local diverso daquele do qual emanou a ordem. Para tanto, contudo, é necessário que se configure a perseguição do executor ao réu. "Réu", aqui, deve ser entendido não apenas aquele que já responde a um processo-crime (que tem contra si, por exemplo, uma ordem da prisão preventiva), mas também o suspeito da prática de um crime, cuja detenção ensejará a lavratura do flagrante.

Pois bem. O executor, isto é, o responsável pelo cumprimento do mandado de prisão se já expedido ou pela prisão em caso de flagrante, tendo avistado o perseguido e dando início à captura, pode prendê-lo, ainda que em comarca ou estado diverso. É necessário, porém, uma perseguição contínua, que não tenha sofrido qualquer interrupção, embora não se exija que o executor tenha o perseguido, durante todo o tempo, sob seus olhos (alínea "a"). Ainda que o tenha perdido de vista, mas desde que prossiga a perseguição, é cabível a prisão. Daí Julio Fabbrini Mirabete se referir a essa espécie de diligência como "encalço fictício", por não haver, a rigor, uma perseguição real (ob. cit., p. 720). É possível, ainda, nos termos da alínea "b" acima, que, conquanto não tenha avistado o perseguido, o executor, por indícios ou informações de terceiros dignos de fé, tome conhecimento de que o réu tomou determinado rumo, quando deverá ir a seu encalço. Trata-se, no mais, de dispositivo que praticamente repete os termos do art. 250 do código que, ao cuidar da busca e apreensão, permite o ingresso de agente de autoridade "no território de jurisdição alheia, ainda que de outro Estado".

Necessidade de precatória? – Uma vez não configurada essa perseguição, nos moldes previstos nas alíneas "a" e "b" acima, resta inviabilizada a possibilidade da prisão e, como consequência, a necessidade de expedição de carta precatória, para que ela possa se efetivar. De se ver, porém, que este dispositivo foi concebido ao tempo da edição do código, constando de sua redação original. Alteração posterior, trazida com a Lei n. 12.403/2011, que incluiu o art. 289-A, mitiga sensivelmente a mencionada consequência (necessidade de expedição de precatória), parecendo-nos mesmo inconciliáveis as disposições contidas neste artigo em exame (art. 290), e aquela expressa no art. 289-A. De sorte que o art. 289-A, em seu § 1º, atento à necessidade de maior celeridade no cumprimento dos mandados de prisão e preocupado com a efetividade das decisões judiciais, permite que qualquer agente efetue a prisão determinada em mandado registrado no CNJ, "ainda que fora da competência territorial do juiz que o expediu". Não faz qualquer referência à perseguição do réu com o ingresso, pelo executor, em local diverso daquele cujo juiz que expediu o mandado exerce sua jurisdição. Simplesmente autoriza o cumprimento, por qualquer policial, do mandado de prisão, de forma célere e eficaz. Imaginar-se que um policial, deparando-se com o réu, não possa prendê-lo, porque não estava em sua perseguição quando ele ingressou em comarca diversa e, por consequência, impor-se a necessidade de expedição de precatória para que o mandado seja cumprido, parece configurar uma disposição anacrônica, que não mais encontra lugar nos dias atuais. Com efeito, a vertiginosa escalada na criminalidade, a necessidade óbvia de que decisões judiciais sejam cumpridas e, sobretudo, a facilidade de comunicação inaugurada com a era da "internet" (impensável para o legislador de 1941), tornam obsoletas as regras quanto à necessidade de perseguição do réu e, por isso mesmo, temos como revogados tacitamente tais dispositivos. Em suma e forte no teor do art. 289-A do código, cremos que a prisão do réu será sempre possível, em flagrante ou em cumprimento de mandado judicial, pouco importando o local no qual ele se encontre, sendo, assim, desnecessária a expedição da precatória.

Custódia – Pode ocorrer que surja alguma dúvida sobre a pessoa do executor, responsável pelo cumprimento do mandado de prisão em local diverso daquele no qual o juiz que expediu a ordem exerce sua jurisdição. É menos provável essa possibilidade, pois a identificação do executor, por meio de sua carteira funcional (quase sempre será um policial), sanará qualquer dúvida. Mas não é improvável que a dúvida recaia sobre a legalidade do mandado ou mesmo sobre a identidade da pessoa a ser presa. Em todos os casos é cabível a colocação do preso sob custódia até que se resolva o impasse. Não há um prazo estipulado em lei para a duração dessa custódia, mas o bom senso indica, por óbvio, que não deverá se estender por período maior que aquele necessário para colheita dos dados necessários para o esclarecimento da dúvida. Caso contrário, uma medida que visa proteger a pessoa do preso acabará por se voltar contra ele, com o prolongamento excessivo de sua custódia, o que não se admite. Sanada a dúvida, no sentido da legitimidade do executor, da legalidade do mandado ou da identidade do perseguido, ele será preso em flagrante ou se se tratar de outra espécie de prisão (preventiva, temporária, etc.), removido à sede do juízo que expediu o mandado. Caso a dúvida seja resolvida em sentido contrário (por exemplo, o executor não possuía legitimidade, o mandado de prisão não era autêntico), deve o custodiado ser imediatamente colocado em liberdade, adotando-se as medidas cabíveis para apuração dos fatos.

JURISPRUDÊNCIA

"Se o policial não exerce função jurisdicional, não cabe falar-se em incompetência *ratione loci*, sendo válido o auto de prisão em flagrante lavrado por autoridade de comarcas contíguas" (STJ – RHC nº 5204-SC, Rel. Anselmo Santiago, j. 27.05.1996, DJ 05.08.1996, p. 26422).

Art. 291. A prisão em virtude de mandado entender-se-á feita desde que o executor, fazendo-se conhecer do réu, lhe apresente o mandado e o intime a acompanhá-lo.

Momento da prisão – O legislador, neste artigo, procura estabelecer o instante exato em que se considera efetivada a prisão, a saber quando, apresentado o mandado ao preso, o executor o intima a acompanhá-lo. Algumas consequências podem advir da exata fixação da prisão, como, por exemplo, a ocorrência da circunstância agravante prevista no art. 61, inc. II, "i" do Código Penal ("ter o agente cometido o crime [...] quando o ofendido estava sob a imediata proteção da autoridade"). Como bem recorda Julio Fabbrini Mirabete, "além disso, o dispositivo determina o momento em que passa a existir a prisão legal, podendo ocorrer, daí em diante, os crimes de evasão violenta de preso (art. 352 do CP), arrebatamento de preso (art. 353 do CP) etc." (*Código de Processo Penal Interpretado*, São Paulo: Atlas, 11ª. ed., 2003, p. 721).

Art. 292. Se houver, ainda que por parte de terceiros, resistência à prisão em flagrante ou à determinada por autoridade competente, o executor e as pessoas que o auxiliarem poderão usar dos meios necessários para defender-se ou para vencer a resistência, do que tudo se lavrará auto subscrito também por duas testemunhas.

Parágrafo único. É vedado o uso de algemas em mulheres grávidas durante os atos médico-hospitalares preparatórios para a realização do parto e durante o trabalho de parto, bem como em mulheres durante o período de puerpério imediato. (introduzido pela Lei 13.434/2017).

Resistência à prisão – O tema foi focalizado no comentário ao art. 284 acima, ao qual remetemos o leitor.

Parto – Salutar a iniciativa do legislador. Nada justifica que durante o parto, bem como dos atos que o antecedem, permaneça a mulher algemada a um leito de hospital. Quer em virtude do reduzido risco de fuga que ela apresenta, quer em razão de que, imobilizada, poderá dificultar o trabalho de parto, seja natural, seja por meio da cirurgia cesárea. Essa proibição se estende ao período de puerpério imediato, assim entendido o prazo de duas horas após o parto.

Investigação de morte decorrente de intervenção policial – A Res. 129/15 estabelece regras mínimas de atuação do Ministério Público no controle externo da investigação de morte decorrente de intervenção policial. Determina o seu art. 1º., IV, competir ao Ministério Público, no âmbito institucional e interinstitucional, no caso de morte decorrente de intervenção policial, adotar medidas para garantir que haja comunicação do fato pela autoridade policial ao Ministério Público em até 24 (vinte e quatro) horas.

Art. 293. Se o executor do mandado verificar, com segurança, que o réu entrou ou se encontra em alguma casa, o morador será intimado a entregá-lo, à vista da ordem de prisão. Se não for obedecido imediatamente, o executor convocará duas testemunhas e, sendo dia, entrará à força na casa, arrombando as portas, se preciso; sendo noite, o executor, depois da intimação ao morador, se não for atendido, fará guardar todas as saídas, tornando a casa incomunicável, e, logo que amanheça, arrombará as portas e efetuará a prisão.

Parágrafo único. O morador que se recusar a entregar o réu oculto em sua casa será levado à presença da autoridade, para que se proceda contra ele como for de direito.

Prisão do réu em casa de terceiro – Se para fugir à iminência de sua prisão em flagrante ou para evitar o cumprimento de um mandado de prisão, o réu se esconder em casa de terceiro, o executor deverá intimar o morador para que entregue o perseguido. Morador, aqui, é o residente no local pouco importando se a título de proprietário, possuidor, locatário, etc. Vale destacar, porém, a lição de Câmara Leal, para quem "nem sempre o morador da casa estará em condições de fazer a entrega do preso, pois este poderá reagir. Nesse caso, mostrará sua obediência e boa vontade, facultando ao executor que penetre na casa para efetuar a prisão" (ob. cit., p. 218). Claro: pode ocorrer de o réu, com violência inclusive, se opor à ação do morador, o que impedirá sua entrega, quando não estará configurada a recusa prevista no parágrafo único abaixo. Nem há que se exigir que o morador busque o réu, trazendo-o aprisionado ao executor da medida, sob pena, por vezes, de pôr mesmo em risco sua segurança. É suficiente que franqueie o ingresso do executor na casa, para que, este sim, melhor preparado, efetue a prisão do réu.

De qualquer sorte, uma vez não entregue o réu e, sendo dia, estará autorizado o ingresso do executor, "manu militari", na casa de refúgio, cabendo, inclusive, o arrombamento de portas, caso necessário. A diligência, nessa hipótese, deverá ser acompanhada por duas testemunhas e, ao seu final, será lavrado um auto circunstanciado do ocorrido, no qual se colherão as assinaturas de tais testemunhas. Não vislumbramos motivo para que, do mandado de prisão, conste uma determinação específica, autorizando o ingresso na casa alheia. A simples expedição da ordem judicial, determinando que se cumpra a prisão, torna inerente ao ato a possibilidade desse ingresso, durante o dia. E se não houver morador na casa? Pensamos que poder aplicado, por analogia, o disposto no art. 245, § 4º, do código, que trata da busca e apreensão, cabendo o arrombamento da porta e intimando-se, se possível, um vizinho para que a tudo assista.

Já quando se tratar do período noturno, quando o ingresso, salvo em caso de flagrante, é vedado (v. artigo 294 abaixo), cumpre ao executor guardar as saídas da casa, para quem ninguém a deixe ou nela adentre e, com o raiar do dia, efetuar a prisão, ingressando no local, se for o caso, mediante arrombamento das portas de acesso. Ressalte-se que, nos termos do § 4º, do art. 150, do Código Penal "a expressão "casa" compreende: I – qualquer compartimento habitado; II – aposento ocupado de habitação coletiva; III – compartimento não aberto ao público, onde alguém exerce profissão ou atividade".

Sobre o conceito de "dia" e "noite": v. comentários ao art. 245 acima.

Recusa do morador – A recusa do morador na entrega do réu escondido em sua casa pode configurar, dependendo da análise do caso concreto, a prática dos crimes de favorecimento pessoal, previsto no art. 348 do Código Penal ("auxiliar a subtrair-se à ação de autoridade pública autor de crime a que é cominada pena de reclusão"), resistência, do art. 329 do CP ("opor-se à execução de ato legal, mediante violência ou ameaça a funcionário competente para executá-lo ou a quem lhe esteja prestando auxílio"), ou desobediência, segundo o art. 330 do mesmo "codex" ("desobedecer a ordem legal de funcionário público"). Para estes crimes, por serem considerados de menor potencial ofensivo, nos termos do art. 61 da Lei n. 9.099/95, comprometendo-se o agente a comparecer ao juizado, não lhe será decretada a prisão em flagrante (art. 69, parágrafo púnico da lei). Lembre-se, ainda, que fica isento de pena no crime do art. 348 do CP aquele que favorece "ascendente, descendente, cônjuge ou irmão do criminoso".

Isso se a recusa ocorrer durante o dia, quando a entrega do réu é obrigatória. Ocorrendo a recusa à noite, quando não há, portanto, a obrigação legal de entregar o perseguido, o morador estará agindo acobertado pelo exercício regular de um direito e, bem por isso, não terá cometido qualquer crime, posto que afastada a ilicitude do fato.

O executor do mandado de prisão, por seu turno, caso não atente ao previsto neste dispositivo, sujeita-se à prática do crime de abuso de autoridade, como previsto no art. 22 da Lei n. 13.869/19.

Art. 294. **No caso de prisão em flagrante, observar-se-á o disposto no artigo anterior, no que for aplicável.**

No que for aplicável – Tratando-se de prisão em flagrante, segundo este dispositivo, deve ser observado o regramento previsto no art. 293, "no que for aplicável". Em verdade, pouco do art. 293 pode ser aplicado, quando se tratar de flagrante. É que a própria Constituição, no art. 5º, inc. XI, ao tutelar a inviolabilidade do domicílio, ressalva a possibilidade de ingresso na casa, sem o consentimento do morador, em caso de flagrante delito. Tratando-se, outrossim, de delito permanente, "entende-se o agente em flagrante delito enquanto não cessar a permanência", nos termos do art. 303 do CPP. De sorte que, cuidando-se, por exemplo, de tráfico de entorpecentes, crime permanente por excelência, o ingresso na casa se dará sem a necessidade de que nenhuma das cautelas previstas no art. 293 seja observada, em razão do flagrante que se prolonga no tempo, enquanto não cessada a permanência. Desnecessário, assim, que se aguarde o amanhecer para a efetivação da prisão. Ou que se guardem as saídas da casa, posto que o ingresso, por conta da situação de flagrante, sempre será permitido.

Art. 295. **Serão recolhidos a quartéis ou a prisão especial, à disposição da autoridade competente, quando sujeitos a prisão antes de condenação definitiva:**

I - os ministros de Estado;

II - os governadores ou interventores de Estados ou Territórios, o prefeito do Distrito Federal, seus respectivos secretários, os prefeitos municipais, os vereadores e os chefes de Polícia; (Redação dada pela Lei nº 3.181, de 11.6.1957)

III - os membros do Parlamento Nacional, do Conselho de Economia Nacional e das Assembléias Legislativas dos Estados;

IV - os cidadãos inscritos no "Livro de Mérito";

V - os oficiais das Forças Armadas e os militares dos Estados, do Distrito Federal e dos Territórios; (Redação dada pela Lei nº 10.258, de 11.7.2001)

VI - os magistrados;

VII - os diplomados por qualquer das faculdades superiores da República;

VIII - os ministros de confissão religiosa;

IX - os ministros do Tribunal de Contas;

X - os cidadãos que já tiverem exercido efetivamente a função de jurado, salvo quando excluídos da lista por motivo de incapacidade para o exercício daquela função;

XI - os delegados de polícia e os guardas-civis dos Estados e Territórios, ativos e inativos.

§ 1º A prisão especial, prevista neste Código ou em outras leis, consiste exclusivamente no recolhimento em local distinto da prisão comum. (Incluído pela Lei nº 10.258, de 11.7.2001).

§ 2º Não havendo estabelecimento específico para o preso especial, este será recolhido em cela distinta do mesmo estabelecimento. (Incluído pela Lei nº 10.258, de 11.7.2001)

§ 3º A cela especial poderá consistir em alojamento coletivo, atendidos os requisitos de salubridade do ambiente, pela concorrência dos fatores de aeração, insolação e condicionamento térmico adequados à existência humana. (Incluído pela Lei nº 10.258, de 11.7.2001)

§ 4º O preso especial não será transportado juntamente com o preso comum. (Incluído pela Lei nº 10.258, de 11.7.2001)

§ 5º Os demais direitos e deveres do preso especial serão os mesmos do preso comum. (Incluído pela Lei nº 10.258, de 11.7.2001)

Razão do dispositivo – As pessoas elencadas neste dispositivo legal possuem o direito ao recolhimento a quartéis ou prisão especial, enquanto perdurar o processo-crime a que respondem, isto é, até que eventual sentença penal condenatória não tenha transitado em julgado.

Inconstitucionalidade? – Há quem vislumbre inconstitucionalidade neste dispositivo por violação ao princípio da isonomia, segundo o qual todos são iguais perante a lei (art. 5º, "caput" da Constituição). De sorte que o favor legal deveria ser estendido a todos, independentemente do cargo que ocupem, do grau de escolaridade que possuem, do relevante serviço público que tenham prestado etc.

Ousamos divergir. Observe-se, de plano, que, como regra, essa mercê somente é mantida enquanto perdurar o processo. Uma vez condenado definitivamente, o preso passa a cumprir pena juntamente com os demais, sem que se cogite, a partir daí, de qualquer privilégio. Demais disso, basta recordar a situação de um juiz, promotor de Justiça ou delegado de polícia que, sobretudo atuando na área criminal, não são figuras das mais simpáticas aos demais presos. Imagine-se se fossem obrigados a se misturar aos presos comuns, em convivência que, inegavelmente, os colocaria sob sério risco de morte.

Como bem destaca Hugo Nigro Mazzilli, "colocar, por exemplo, um policial na mesma prisão comum que os demais presos, será condená-lo à morte ou, no mínimo, a sevícias de todo o tipo, causadas pela inevitável vingança de todos aqueles que foram presos por ação sua. O mesmo se diga de colocar o juiz que condenou o criminoso na mesma prisão onde este cumpre sua pena ou sua prisão processual. Não é diverso o que ocorreria, ainda, com o membro do Ministério Público que acusou o preso que ora está a seu lado na prisão [...]

No que diz respeito aos agentes do Estado que estão encarregados da repressão criminal, ou que alguma vez já estiveram disso encarregados, quanto a eles o verdadeiro princípio da igualdade consiste em conferir-lhes proteção jurídica adequada, para que, embora possam e devam cumprir a prisão processual ou definitiva como os demais indivíduos, o façam sem que sua integridade física, saúde ou vida sejam desnecessariamente expostas, como o seriam com certeza, a todo o tipo de vinganças de todos aqueles que sentiriam prazer em desforrar-se deles, e que se encontram nas mesmas prisões. E mesmo um juiz de cível, ou um policial administrativo, ou um promotor de Justiça que jamais tivessem posto um só criminoso na cadeia, pagariam com sofrimentos atrozes por aqueles outros colegas que o fizeram, no julgamento simplista que se faz no dia a dia das prisões" (*Prisão especial para magistrados e membros do Ministério Público*, Revista Eletrônica do CEAF – Ministério Público do Rio Grande do Sul, vol. 1, n. 2, fev./maio 2012).

Sobre a não recepção do inciso VII, ver comentários abaixo.

Rol exemplificativo – A rigor, por se tratar de norma que, de alguma forma, cria benefício àqueles que se encontrem em alguma das situações abaixo, podendo violar o princípio da isonomia, que tem assento constitucional, a interpretação deveria ser restrita, não admitindo, assim, qualquer ampliação para outras hipóteses senão aquelas expressamente previstas neste dispositivo. Demais disso, se o legislador teve o cuidado de elencar diversas situações, pontuando cada uma delas, significa que, somente nelas, se admitiria a prisão especial. Tratar-se-ia, assim, de um rol taxativo, a não admitir, portanto, o favor legal fora daquelas hipóteses expressamente elencadas no dispositivo em exame.

Sucede que, após a edição do código, em 1941 e sua entrada em vigor no ano seguinte, foram tantas as leis esparsas, invariavelmente de cunho corporativo, que, individualmente, estenderam o mesmo benefício para seus membros que hoje, caso se pretendesse efetuar um levantamento dessa legislação, encontraríamos enorme dificuldade. O mais fácil seria o legislador indicar que tem direito ao favor legal as pessoas que indica, além daquelas apontadas em legislação extravagante.

De sorte que atualmente, sem qualquer titubeio, pode-se afirmar que o rol do art. 295 e seus incisos é meramente exemplificativo, permitindo-se se estender o direito à prisão especial a inúmeras outras situações que não previstas no texto legal. Buscaremos abaixo, a título de exemplo e sem a pretensão de esgotar o tema, indicar algumas legislações esparsas onde é previsto o benefício.

Outras hipóteses de cabimento da prisão especial – Como dito acima, são tantas as leis esparsas que preveem a prisão especial que não temos a pretensão de relacioná-las todas, em tarefa, ao que se saiba, ninguém ousou enfrentar. Poderíamos, contudo, citar que aos membros do Ministério Público o favor legal vem previsto no art. 40, inc.V da Lei n. 8.625/1993; quanto aos advogados, a previsão consta da Lei Complementar n. 8.906/1994, em seu 7º, inc. V. Confere-se esse direito aos membros da Defensoria Pública (Lei Complementar n. 80/1994 – art. 44, inc. III); aos juízes de paz (Lei Complementar n. 35/1979 – art. 112, § 2º); aos vigilantes de estabelecimentos financeiros (Lei n. 7.102/1983 – art. 19, inc. III); aos professores de ensino médio, de 1º e 2º graus (Lei n. 7.172/1983 – art. 1º); aos policiais civis dos Estados e Territórios (Lei n. 5.350/1967 – art. 1º); aos pilotos de aeronaves mercantes que tenham exercido função de comando (Lei n. 3.988/1961 – art. 1º); aos servidores do Departamento Federal de Segurança Pública (Lei n. 3.313/1957 – art. 1º, inc. I); aos dirigentes de entidades sindicais (Lei n. 2.860/1956 – art. 1º); aos oficiais da marinha mercante que tenham exercido função de comando (Lei n. 799/1949 – art. 1º); aos guardas municipais (Lei n. 13.022/2014 – art. 18).

Abuso de Autoridade – configura crime de abuso de autoridade violar direito do advogado de, no caso de prisão provisória, ser recolhido em sala de Estado Maior (art. 7º.-B da Lei 8.906/1941, acrescido pela Lei 13.869/19). Esse direito do advogado que teve sua constitucionalidade confirmada em julgamento realizado pelo Pretório Excelso (ADI 1.127-8), assegurando aos advogados presos provisoriamente o recolhimento em sala de Estado Maior ou, na sua falta, em prisão domiciliar. Por Estado Maior se entende o grupo de oficiais que assessoram o Comandante de uma organização militar (Exército, Marinha, Aeronáutica, Corpo de Bombeiros e Polícia Militar). "Assim sendo, sala de Estado Maior é o compartimento de qualquer unidade militar que, ainda que potencialmente, possa por eles ser utilizado para exercer suas funções. A distinção que se deve fazer é que, enquanto uma cela tem por finalidade típica o aprisionamento de alguém – e, por isso, de regra contém grades –, uma sala apenas ocasionalmente é destinada para esse fim (STJ – HC 45393-SP, Rel. Paulo Gallotti, j. em 28.08.2007, *DJe* 17.09.2007, p. 358)". Na falta de sala, reza o Estatuto que o advogado deve ser colocado em prisão domiciliar. Contudo, a jurisprudência é copiosa no sentido de que a ausência, por si só, não autoriza seja deferida prisão domiciliar ao advogado preso provisoriamente. Estando recolhido em cela especial, sem registro de eventual inobservância das condições mínimas de salubridade e dignidade humana, separado dos outros presos e sem o rigor e a insalubridade do cárcere comum, não há falar em ilegalidade. Nesse sentido: STJ – RE 1.648.174 –MT – Rel. Sebastião Reis Júnior, j. em 28.03.2017.

É importante esclarecer, ainda, que não fará jus ao recolhimento provisório em sala de Estado Maior advogado suspenso dos quadros da OAB. "Segundo previsão do art. 7º, V, da Lei 8.906/1994 (EOAB), o advogado tem direito de ser recolhido provisoriamente em sala de Estado Maior, o que, por certo, não se conserva diante da suspensão do exercício profissional, *ex vi* da dicção do art. 37, § 1º, do EOAB, a qual pressupõe a interdição dos direitos decorrentes da atuação profissional" (STJ – HC n. 368.393-MG, Rel. Maria Thereza de Assis Moura, j. em 20.09.2016, *DJe* 30.09.2016).

ATENÇÃO – A Lei n. 8.069/1990 (Estatuto da Criança e do Adolescente), estendia esses direitos aos conselheiros tutelares (art. 135 em sua redação original). Ocorre que esse dispositivo foi, posteriormente, revogado pela Lei nº 12.696/ 2012, que manteve a relevância do serviço público prestado pelo Conselho Tutelar e a presunção de idoneidade de seus membros, mas revogou a mercê da cela especial.

Prisão especial após o trânsito em julgado da condenação – Conquanto a prisão especial, em regra, deva perdurar somente no curso do processo, há situações nas quais, mesmo após o trânsito em julgado da sentença penal condenatória, a pena, agora definitiva, é cumprida nesse regime. Uma das exceções, com efeito, vem prevista no art. 84, § 2º, da Lei de Execução Penal, ao prever que o condenado que, ao tempo do crime, era funcionário da Administração da Justiça Criminal, cumprirá sua pena "em dependência separada". O § 3º, do art. 106 da LEP, a propósito, determina que da guia de recolhimento do condenado contenha expressa menção à sua condição funcional ao tempo da prática do crime.

Legislação esparsa e sem maior critério, também estende essa possibilidade a outras hipóteses. De sorte que a Lei n. 4.878/1965, que trata do regime jurídico dos policiais civis da União e do Distrito Federal, em seu art. 40, § 3º, dispõe que "transitada em julgado a sentença condenatória, será o funcionário encaminhado a estabelecimento penal, onde cumprirá a pena em dependência isolada dos demais presos não abrangidos por esse regime, mas sujeito, como eles, ao mesmo sistema disciplinar e penitenciário". O mesmo favor legal é reconhecido em prol dos funcionários da Polícia Civil dos Estados (Lei n. 5.350/1967). Já a Lei Complementar n. 75/1993, quanto ao Ministério Público da União, em seu art. 18, inc. II, "e", assegura a seus membros o cumprimento da pena em "dependência separada". A Lei n. 12.850/2013, que trata da criminalidade organizada, em seu art. 5º, inc. VI, garante àquele que foi beneficiado com a colaboração premiada, o direito de "cumprir pena em estabelecimento penal diverso dos demais corréus ou condenados".

A revogada Lei de Imprensa (Lei n. 5.250/1967), expurgada que foi do ordenamento jurídico por decisão do Supremo Tribunal Federal, que acolheu a Ação de Descumprimento de Preceito Fundamental nº 130-DF, proposta pelo Partido Democrático Trabalhista (PDT), também previa que a pena imposta ao jornalista seria cumprida em estabelecimento distinto dos destinados aos demais condenados (art. 66, parágrafo único).

Prisão domiciliar – Vem prevista na Lei n. 5.256/1967, e é cabível "nas localidades em que não houver estabelecimento adequado ao recolhimento dos que tenham direito a prisão especial" quando o juiz "poderá autorizar a prisão do réu ou indiciado na própria residência, de onde o mesmo não poderá afastar-se sem prévio consentimento judicial" (art. 1º). Este dispositivo já teve maior aplicação prática. Atualmente, frente à redação dos § § 1º, 2º, e 3º, do art. 295 do código, os conceitos de *prisão especial* e *cela especial* foram bastante simplificados, sendo pouco provável que determinado estabelecimento penal, por mais rústico, não conte com um local que atenda àqueles requisitos.

JURISPRUDÊNCIA

Transitada em julgado a condenação não mais se cogita da prisão especial

"Nos termos do art. 295 do Código de Processo Penal, o direito de policial militar ser recolhido a prisão especial não se estende aos condenados com sentença transitada em julgado" (STJ – HC nº 109978-PB, Rel. Arnaldo Esteves Lima, j. 05.05.2009, DJe 15.06.2009).

"Configurado o trânsito em julgado da condenação, confirmado pelo não recebimento do apelo, descabe apreciar o pedido de prisão especial" (STJ – HC nº 6394-RJ, Rel. William Patterson, j. 16.12.1997, DJ 23.03.1998, p. 169).

Prisão especial após o trânsito em julgado da condenação

"O policial, considerada a natureza da atividade profissional, é resguardado no cumprimento da pena, para não ficar em companhia de outras pessoas. A lei visa a preservar a integridade física e moral do condenado. Não implica, todavia, regime especial. Irrepreensível a solução do Magistrado que, atendendo a teleologia da norma, especifica o tratamento adequado, nos limites do regime de execução" (STJ – RHC n. 2018-ES, Rel. Luiz Vicente Cernicchiaro, j. 16.06.1992, DJ 03.08.1992, p. 11334).

Tem direito à prisão especial

a) advogado

"O Estatuto da Advocacia (Lei nº 8.906/94), em norma não derrogada pela Lei nº 10.258/2001 (que alterou o art. 295 do CPP), garante, ao Advogado, enquanto não transitar em julgado a sentença penal que o condenou, o direito de "não ser recolhido preso (...), senão em sala de Estado-Maior (...) e, na sua falta, em prisão domiciliar" (art. 7º, inciso V). – Trata-se de prerrogativa de índole profissional – qualificável como direito público subjetivo do Advogado regularmente inscrito na OAB – que não pode ser desrespeitada pelo Poder Público e por seus agentes, muito embora cesse com o trânsito em julgado da condenação pena" (STF – HC n° 109213-SP, Rel. Celso de Mello, j. 28.08.2012, DJe 14.09.2012).

b) policial civil

"A prisão especial não e uma regalia atentatória ao princípio da isonomia jurídica, mas consubstancia providencia que tem por Objetivo resguardar a integridade física do preso que ocupa funções de natureza pública, afastando-o da promiscuidade com outros detentos comuns. Os policiais civis, cujas funções correspondem àquelas exercidas pelos antigos guardas-civis, tem direito a prisão especial 'ex vi' do art. 295, XI, CPP" (STJ – HC n° 3848-ES, Rel. Vicente Leal, j. 31.10.1995, DJ 04.11.1996, p. 42524).

c) professores de 1° e 2° graus

HOMICÍDIO E OCULTAÇÃO DE CADÁVER. PRISÃO ESPECIAL. EXTENSÃO AOS PROFESSORES DE 1º A 2º GRAUS. LEI 7.172/83 – "Segundo o que dispõe a Lei 7.172/83, "é extensiva aos professores do ensino de 1º e 2º graus a regalia concedida pelo art. 295 do Código de Processo Penal" (STJ – HC n° 97319-RJ, Rel. Arnaldo Esteves Lima, j. 03.06.2008, DJe 01.09.2008).

d) comandante de navio mercante nacional

"O efetivo exercício de funções de comando de aeronaves mercantes nacionais, asseguram o benefício da prisão especial previsto no art. 295 do Código de Processo Penal, nos termos da Lei n. 3.988/61" (STJ – HC n° 1916-RS, Rel. Fláquer Scartezzini, j. 13.05.1992, DJ 08.06.1992, p. 8624).

Não tem direito à prisão especial

a) advogado suspenso na OAB

Decretada a prisão preventiva de advogado, este não fará jus ao recolhimento provisório em sala de Estado Maior caso esteja suspenso dos quadros da OAB. Segundo previsão do art. 7º, V, da Lei n. 8.906/1994 (EOAB), o advogado tem direito de ser recolhido provisoriamente em sala de Estado Maior, o que, por certo, não se conserva diante da suspensão do exercício profissional, *ex vi* da dicção do art. 37, § 1º, do EOAB, a qual pressupõe a interdição dos direitos decorrentes da atuação profissional" (STJ – HC n. 368.393-MG, Rel. Maria Thereza de Assis Moura, j. em 20.09.2016, DJe 30.09.2016).

b) policial excluído da corporação

"Segundo jurisprudência deste Superior Tribunal, a garantia de prisão especial prevista no art. 295, inciso V, do Código de Processo Penal, só pode ser invocada por aquele que ostente a condição de militar. No caso, o próprio Impetrante informa que o Paciente foi excluído da corporação pelo Comandante Geral do CBERJ, não fazendo mais parte do Corpo de Bombeiros do Rio de Janeiro" (STJ – HC n° 177271-RJ, Rel. Laurita Vaz, j. 10.09.2013, DJe 18.09.2013).

c) ex-prefeito

"O Prefeito Municipal, que se acha no efetivo exercício de seu mandato executivo, tem direito público subjetivo ao regime de prisão especial, quando eventualmente sujeito, durante aquele período, a recolhimento prisional que venha a ser decretado antes da consumação do trânsito em julgado da condenação penal (CPP, art. 295, II). Essa prerrogativa legal não se estende a quem já exerceu o mandato de Chefe do Poder Executivo local, eis que a legislação processual penal supõe, para efeito de sua incidência, a existência de necessária relação de contemporaneidade entre a data da efetivação da prisão e o desempenho – que deve ser atual – do cargo de Prefeito Municipal. A prerrogativa da prisão especial e outorgada *ratione muneris* aos Prefeitos Municipais, o que torna inviável, por efeito consequencial, a extensão desse benefício extraordinário a quem já não mais se acha *in officio*" (STF – HC n° 72465-SP, Rel. Celso de Mello, j. 05.09.1995, DJ 24.11.1995, p. 40387).

d) oficial CPOR

"Sendo a prisão especial uma exceção, deve ser sua aplicação interpretada restritivamente, para que o direito não se transforme em privilégio. Assim, quando o inc. V, do art. 296, do CPP, se refere aos oficiais das Forças Armadas, está se referindo aos militares da carreira, não os que, atendendo a convocação obrigatória, se preparam, em curto espaço, nos "NPOR", ou "CPOR", que compõem a reserva não remunerada ("r-2")" (STJ – RHC n° 6759-RS, Rel. Anselmo Santiago, j. 20.10.1997, DJ 10.11.1997, p. 57844).

I - os ministros de Estado;

O dispositivo é autoexplicativo, não exigindo maiores comentários.

II - os governadores ou interventores de Estados ou Territórios, o prefeito do Distrito Federal, seus respectivos secretários, os prefeitos municipais, os vereadores e os chefes de Polícia; (Redação dada pela Lei nº 3.181, de 11.6.1957)

Governadores – Não mais existem territórios em nosso País. Os então remanescentes, até a promulgação da Constituição de 1988 (Amapá, Roraima e Fernando de Noronha), foram, pelas disposições transitórias (arts. 14 e 15), transformados em Estados (os dois primeiros), e anexado ao Estado de Pernambuco (o último). Nada impede, porém, que outros venham a ser criados, "(...) mediante aprovação da população diretamente interessada, através de plebiscito, e do Congresso Nacional, por lei complementar", na letra do art. 18, § 3º, da CF. Também foi extinta a figura do prefeito do Distrito Federal, hoje denominado governador. Já o interventor tem previsão constitucional (art. 36, § 1º, da CF).

Chefes de polícia – Quanto aos "chefes de polícia", perdura alguma dúvida se se trataria do Delegado-Geral de Polícia ou do Secretário de Segurança Pública. Esse impasse é verificado, também, quanto ao destinatário do recurso contra decisão que indeferir o requerimento de abertura de inquérito policial, de que trata o § 2º, do art. 5º, do CPP. De qualquer sorte, entendendo-se ser o Delegado-Geral de Polícia, o direito à prisão especial já vem previsto no inc. XI abaixo (desde que se trate de um delegado de carreira). Caso se considere como chefe de polícia o Secretário de Segurança Pública, este inc. II prevê o favor legal.

III - os membros do Parlamento Nacional, do Conselho de Economia Nacional e das Assembléias Legislativas dos Estados;

Parlamentares federais e estaduais – Confira-se o art. 53, § 2º, da Constituição, pelo qual "desde a expedição do diploma, os membros do Congresso Nacional não poderão ser presos, salvo em flagrante de crime inafiançável. Nesse caso, os autos serão remetidos dentro de vinte e quatro horas à Casa respectiva, para que, pelo voto da maioria de seus membros, resolva sobre a prisão".

O Conselho de Economia Nacional foi extinto. Em verdade, nos termos do art. 205 da Constituição de 1946, o nome correto era Conselho Nacional de Economia, regulamentado que foi pela Lei n. 970/1949.

IV - os cidadãos inscritos no "Livro de Mérito";

Livro de mérito – Trata-se de distinção criada pelo Decreto-Lei n. 1.706/1939, destinada àqueles que "por doações valiosas ou pela prestação desinteressada de serviços relevantes, hajam notoriamente cooperado para o enriquecimento do patrimônio material ou espiritual da Nação e merecido o testemunho público do seu reconhecimento" (art. 1º). Assim, após parecer favorável de uma comissão, o Presidente da República, por meio de decreto, manda inscrever o nome do laureado no livro de mérito, sendo certificada tal inscrição por meio da expedição de um diploma (os primeiros homenageados inscritos foram dois engenheiros, a saber, José Maria da Silva Paranhos, o Visconde do Rio Branco e Alfredo d'Escragnolle Taunay, o Visconde de Taunay). O recebedor da láurea terá, por conseguinte, direito à prisão especial, nos termos do dispositivo em exame. O que se vê hoje, com mais frequência, é a inscrição de pessoas ilustres no "Livro dos Heróis da Pátria", depositado no Panteão da Liberdade e da Democracia, em Brasília. Recentemente recebeu essa láurea o Marechal Cândido Mariano da Silva Rondon, por meio da Lei n. 13.141, de 30 de junho de 2015.

Revogação do benefício – O art. 3º, do Decreto-Lei n. 1.706/1939, prevê o cancelamento da inscrição no livro de mérito daquele que praticar "ato contrário aos sentimentos de honra, ou de ofensa à dignidade nacional, importa o cancelamento da inscrição". Esse cancelamento dependerá de parecer unânime da comissão e dependerá, também, de decreto presidencial. Claro que a pessoa que, uma vez homenageada no livro de mérito, vem a ter cancelada essa inscrição, perderá o direito ao favor legal, consistente no recolhimento à prisão especial.

Outras distinções – De ver que diversas instituições também concedem, a pessoas que entendem merecedoras, a inscrição em seus respectivos livros de mérito. Assim, por exemplo, as Forças Armadas, universidades em geral e órgãos de classe. Tais distinções, porém, não se prestam a configurar o "livro de mérito" previsto neste dispositivo. Também não há que se confundir o "livro de mérito" aqui mencionado com a "ordem nacional do mérito", prevista no Decreto n. 203/1991. Trata-se de uma distinção que outorga colares e medalhas, bem como títulos (comendador, oficial, cavaleiro), por meio de decreto presidencial e após a oitiva de um conselho.

Com efeito, tratando-se de norma que cria um privilégio, ela é, por isso mesmo, excepcional e, como tal, deve ser interpretada de forma restrita. De sorte que, somente àqueles distinguidos na forma do Decreto-Lei n. 1.706/1939, por meio de nomeação, por decreto, do Presidente da República, será reconhecido o direito à prisão especial.

V – os oficiais das Forças Armadas e os militares dos Estados, do Distrito Federal e dos Territórios; (Redação dada pela Lei nº 10.258, de 11.7.2001)

Oficiais e militares – Sobre o inconveniente de se colocar, em um mesmo ambiente, presos comuns e autoridades. V. acima comentários ao art. 295, sob a rubrica "inconstitucionalidade".

Em acréscimo, vale lembrar a observação formulada por Silvio Maciel, ao destacar que "a propósito, não somente policiais e militares, mas todos quantos militam no sistema de *Justiça Criminal* (em sentido amplo) devem ter direito à prisão especial. E não somente durante a prisão cautelar, mas também para o cumprimento da pena definitiva. Isso porque a colocação dessas pessoas com os presos comuns significa submetê-los a tratamento degradante, desumano, à tortura e à pena de morte, tudo vedado pela Constituição Federal. É inimaginável colocar um policial militar ou um agente prisional para cumprir pena juntamente com presos comuns. Os presos comuns consideram como seus inimigos quaisquer pessoas que tenham funções relacionadas à prevenção ou repressão da criminalidade ou que tenham, na ótica deles, essa relação (como, por exemplo, os membros das Forças Armadas, os seguranças privados, os guardas civis etc.)" (*Prisão e Medidas Cautelares*, São Paulo: RT, 4ª. ed. 2014, pp. 8-9).

VI – os magistrados;

Magistrados – V. art. 33, inc. II da Lei Complementar n. 35/1979 (Lei Orgânica da Magistratura).

VII – os diplomados por qualquer das faculdades superiores da República;

Curso superior – O dispositivo, em uma leitura mais apressada, pode dar a impressão que somente aqueles diplomados em faculdades "da República" teriam esse direito, isto é, aqueles provenientes de faculdades públicas. Parece que o legislador disse menos do que queria (*minus dixit quam voluit*). De sorte que o favor legal se estende a todo que demonstrar ser portador de diploma em curso superior, pouco importando se pública ou privada a faculdade. A propósito, a Lei n. 9.394/96 (Lei de Diretrizes e Bases da Educação Nacional), em seu art. 16, dispõe que "o sistema federal de ensino compreende: I – as instituições de ensino mantidas pela União; II – as instituições de educação superior mantidas pela iniciativa privada; III – os órgãos federais de educação".

ATENÇÃO – A Procuradoria-Geral da República, no mês de março de 2015, ajuizou pedido de Arguição de Descumprimento de Preceito Fundamental (cabível para questionar a constitucionalidade de uma norma anterior à Constituição de 1988), especificamente quanto a este dispositivo. Sustentou, em resumo que "o critério de distinção não guarda conexão racional, digna e justa com a medida diferenciadora e atinge frontalmente a essência do conceito de República, a dignidade do ser humano, a igualdade material de tratamento que deve reger as ações do Estado perante os cidadãos, assim como a finalidade de construção de justa e solidária, de redução de desigualdades sociais e de promoção do bem geral, sem preconceitos e outras formas de discriminação". O STF julgou procedente o pedido da PGR. Para o relator, a norma impugnada não protege uma categoria de pessoas fragilizadas e merecedoras de tutela, pelo contrário, ela favorece aqueles que já são favorecidos por sua posição socioeconômica (ADPF 334)..

VIII – os ministros de confissão religiosa;

Religiosos – Aqui abrangidos não apenas os membros da igreja católica, mas também os pastores protestantes, os monges budistas, o imane muçulmano, o rabino judaico, etc.

JURISPRUDÊNCIA

PROCESSUAL PENAL – MINISTRO DE CONFISSÃO RELIGIOSA – SENTENÇA CONDENATÓRIA – PRISÃO ESPECIAL – "O Ministro de confissão religiosa faz jus à cela especial, quando sujeito à prisão antes de condenação definitiva. Aplicação do art. 295, VIII, CPP" (STJ – HC n. 4386-MG – Rel. Cid Flaquer Scartezzini, j. 16.04.1996, DJ 05.08.1996, p. 26368).

IX – os ministros do Tribunal de Contas;

Tribunal de Contas – Nos termos do § 3º, do art. 73 da Constituição, "os Ministros do Tribunal de Contas da União terão as mesmas garantias, prerrogativas, impedimentos, vencimentos e vantagens dos Ministros do Superior Tribunal de Justiça".

X - os cidadãos que já tiverem exercido efetivamente a função de jurado, salvo quando excluídos da lista por motivo de incapacidade para o exercício daquela função;

Efetivo exercício da função – Sem embargo da clareza do texto, já se entendeu inexigível o efetivo exercício da função de jurado, bastando que a pessoa tenha composto o número mínimo necessário para a instalação da sessão. É o pensar de Magalhães Noronha, assim exposto: Cremos que o *exercício efetivo* da função não é só ele [o jurado] haver julgado ou feito parte de um Conselho de Sentença. Exerce sua função o que comparece aos trabalhos do júri, para o *quorum* necessário, embora não sorteado" (*Curso de Direito Processual Penal*, São Paulo: Saraiva, 28ª ed., 2002, p. 207) (os grifos são originais). Não vingou esse entendimento, posto que carente de apoio na doutrina e, tampouco, na jurisprudência, como se vê dos julgados abaixo transcritos (v., ainda, art. 441 abaixo). Não se trata, com efeito, de propor uma interpretação gramatical da lei, mas o texto, neste caso, é de uma clareza solar, a impedir qualquer conclusão diversa daquela contida em suas palavras. Exerce, assim, de forma *efetiva*, a função de jurado, aquele que, dentre sete, compõe o Conselho de Sentença, julgando o caso concreto. Aquele que foi, por exemplo, excluído por impedimento (que são "considerados para a constituição do número legal exigível para a realização da sessão", nos termos do art. 451 do CPP), ou foi recusado ou, ainda, deixou de ser sorteado, não pode ser considerado como tendo exercido, efetivamente, a função de jurado, pelo simples fato de ter composto o número mínimo. Compôs, é verdade, o Tribunal do Júri, em número de 25, nos termos do art. 447 do CPP. Mas não foi, efetivamente, um jurado.

Exercício anterior do "munus" – Interessante que o legislador não exige que, ao ser preso, o jurado esteja no exercício dessa função, passível, assim, de ser a qualquer momento convocado a compor o Conselho de Sentença. Antes, se satisfaz com o efetivo exercício da função ainda que passado, como se depreende do tempo do verbo empregado pelo legislador ("tiverem"). Aquele, portanto, que já foi jurado, tendo funcionado alguma vez (e efetivamente), nessa condição, tem direito ao favor legal, ainda que, no momento da detenção, não se encontre no exercício do "munus". Salvo, é claro, se foi excluído da lista porque considerado incapaz para a função.

Sobre a manutenção da prisão especial para o jurado em vista da atual redação do art. 439, v. abaixo comentários a esse artigo de lei.

JURISPRUDÊNCIA

Jurado com efetivo exercício da função

EXERCÍCIO EFETIVO DA FUNÇÃO DE JURADO. DIREITO ASSEGURADO ATÉ O TRÂNSITO EM JULGADO DA DECISÃO CONDENATÓRIA – "O exercício da função de jurado assegura o direito à prisão especial, que só cessa com o trânsito em julgado da condenação (CPP, arts. 437 e 295, X)" (STF – HC n° 75811-RJ, Rel. Ilmar Galvão, j. 31.10.1997, DJ 12.12.1997, p. 65568).

Jurado que somente constou da lista não tem o direito

"O exercício o efetivo da função de jurado, para assegurar o benefício da prisão especial, pressupõe tenha o acusado integrado o conselho de sentença em algum julgamento pelo júri, não bastando a mera inclusão de seu nome na lista geral de jurados" (STJ – HC n° 2674-MG, Rel. Assis Toledo, j. 28.04.1993, DJ 24.05.1993, p. 10011).

XI – os delegados de polícia e os guardas-civis dos Estados e Territórios, ativos e inativos. (Redação dada pela Lei nº 5.126, de 20.9.1966)

Delegados de Polícia e guardas-civis – Aos guardas municipais se também estende o privilégio (Lei n. 13.022/2014 – art. 18).

§ 1º A prisão especial, prevista neste Código ou em outras leis, consiste exclusivamente no recolhimento em local distinto da prisão comum. (Incluído pela Lei nº 10.258, de 11.7.2001).

§ 2º Não havendo estabelecimento específico para o preso especial, este será recolhido em cela distinta do mesmo estabelecimento. (Incluído pela Lei nº 10.258, de 11.7.2001)

§ 3º A cela especial poderá consistir em alojamento coletivo, atendidos os requisitos de salubridade do ambiente, pela concorrência dos fatores de aeração, insolação e condicionamento térmico adequados à existência humana. (Incluído pela Lei nº 10.258, de 11.7.2001)

Cela especial – O "caput" deste artigo prevê o recolhimento do preso em quartéis ou em prisão especial. A existência de quartéis aptos a receber esses presos é comum, seja nas Forças Armadas, seja na Polícia Militar. Ocorre que tais instalações costumam acolher apenas presos que pertençam às respectivas corporações. Ao demais restaria a chamada "prisão especial", que encerrava um conceito vago, mas que se entendia satisfeito desde que ocorresse a separação do preso especial dos demais presos comuns.

A Lei n. 10.258/2001 esclareceu esses pontos obscuros, definindo que a prisão especial consiste no recolhimento do preso em local diverso daquele em que se encontra o preso comum. Sucede que são poucas as localidades que possuem um local específico para abrigamento do preso especial, razão pela qual se abre a alternativa prevista no § 2º. Assim, nada impede que o preso especial seja recolhido a um estabelecimento penal no qual se encontrem outros detentos já definitivamente condenados, que cumprem suas penas. Para tanto, prevê o legislador o recolhimento a uma cela distinta, no mesmo estabelecimento. O que se veda, a rigor, é o contato entre presos provisórios e condenados, o convívio sob o mesmo espaço, inclusive, como já visto, por questões de segurança. Essa cela, denominada "especial", não necessita ser individual. Pode, nos termos do § 3º, do mencionado diploma, ser coletiva, desde que preenchidas as condições mínimas de salubridade previstas no dispositivo para sua utilização. Tais condições (areação, insolação e condicionamento térmico), exigidas para a cela especial, não constituem novidade e tampouco privilégio, posto que, nos termos do art. 88, parágrafo único, "a", da Lei de Execução Penal, são aplicáveis a todo e qualquer preso.

JURISPRUDÊNCIA

Separação dos demais presos em local adequado já é suficiente

"Não se me afigura presente o alegado constrangimento ilegal, porquanto, a teor do art. 295, § § 1º, 2º e 3º, do Código de Processo Penal, com a redação dada pela Lei nº 10.258/2001, a garantia reservada para aqueles que têm direito à prisão especial está adstrita ao recolhimento em local distinto da prisão comum ou, inexistindo estabelecimento específico, em cela distinta, garantida a salubridade do ambiente. Assim, não havendo vagas ou inexistindo na localidade unidades prisionais que se prestam exclusivamente para a guarda de presos especiais, a manutenção do acautelamento em acomodações que atendem esses requisitos cumpre as exigências legais, sendo descabido deferir a prisão domiciliar" (STF – HC n° 117959-SP, Rel. Luiz Fux, j. 25.03.2014, DJe 09.04.2014).

Batalhão da Polícia Militar

"O tema referente ao recolhimento de advogado em Sala de Estado-Maior até o trânsito em julgado da sentença penal condenatória envolve a própria definição da noção de Sala de Estado-Maior. Em precedente desta Corte, considerou-se que se trata de "compartimento de qualquer unidade militar que, ainda que potencialmente, possa ser utilizado pelo grupo de Oficiais que assessoram o Comandante da organização militar para exercer suas funções, o local deve oferecer instalações e comodidades condignas" (Rcl. 4.535, rel. Min. Sepúlveda Pertence). A questão referente à existência de grades nas dependências da Sala de Estado-Maior onde o reclamante se encontra recolhido, por si só, não impede o reconhecimento do perfeito atendimento ao disposto no art. 7°, V, da Lei n° 8.906/94 (Rcl. 5.192, rel. Min. Menezes Direito)" (STF – Rcl n° 6387-SC, Rel. Ellen Gracie – RT 881/491)

"A Lei n. 8.906/1994 (Estatuto da Ordem dos Advogados do Brasil), garante a todos os Advogados, enquanto inscritos em seus quadros, o direito de serem cautelarmente constritos em sala de Estado-Maior ou, em sua falta, em prisão domiciliar. Constatado que o local em que se encontra o paciente, Batalhão da Polícia Militar, atende, aparentemente os requisitos legais, não há falar em configuração de constrangimento ilegal" (STJ – HC n° 247648-RS, Rel. Campos Marques, j. 11.12.2012, DJe 17.12.2012)

Estado Maior. Conceito

"Por Estado Maior se entende o grupo de oficiais que assessoram o Comandante de uma organização militar (Exército, Marinha, Aeronáutica, Corpo de Bombeiros e Polícia Militar); assim sendo, sala de Estado Maior é o compartimento de qualquer unidade militar que, ainda que potencialmente, possa por eles ser utilizado para exercer suas funções. A distinção que se deve fazer é que, enquanto uma cela tem por finalidade típica o aprisionamento de alguém – e, por isso, de regra contém grades –, uma sala apenas ocasionalmente é destinada para esse fim" (STJ – HC n° 45393-SP, Rel. Paulo Gallotti, j. 28.08.2007, DJe 17.09.2007, p. 358).

Ausência de sala do Estado Maior não implica na concessão da prisão domiciliar

"A ausência, simplesmente, de sala do Estado Maior não autoriza seja deferida prisão domiciliar ao paciente, advogado, preso preventivamente, dado que encontra-se segregado em cela separada do convívio prisional, em condições dignas de higiene e salubridade, inclusive com banheiro privativo" (HC n. 270.161/GO, Rel. Ministra MARIA THEREZA DE ASSIS MOURA, Sexta Turma, DJe de 25/8/2014)'. Dessa forma, estando o recorrido em cela especial, sem registro de eventual inobservância das condições mínimas de salubridade e dignidade humana, separado dos outros presos e sem o rigor e a insalubridade do cárcere comum, não há falar em ilegalidade" (STJ – RE n° 1.648.174 –MT – Rel. Sebastião Reis Júnior, j. 28.03.2017).

§ 4º O preso especial não será transportado juntamente com o preso comum. (Incluído pela Lei nº 10.258, de 11.7.2001)

Separação no transporte – O dispositivo prevê que presos especiais e presos comuns devam ser transportados separadamente. Há quem critique essa regra por criar odiosa distinção entre incultos e letrados, beneficiando estes últimos, apenas em virtude do grau que ostentam, em detrimentos dos primeiros. Não é bem assim. Basta imaginar a situação na qual um magistrado, tido como preso especial (inc. VI acima), com larga atuação na área criminal, se veja compelido a dividir o mesmo veículo com um preso comum, a quem condenou. Ou o caso de um delegado de polícia, também considerado preso especial (inc. XI acima), compelido a ocupar o mesmo espaço restrito daquele que, antes, prendera. Ora, o objetivo da lei não é de criar privilégios a detentores de determinados cargos, mas, antes de tudo, de garantir-lhes mesmo a segurança, fortemente comprometida caso se permitisse o amplo e irrestrito convívio entre adversos. Se até entre aqueles que já foram condenados há essa preocupação (por exemplo, separando-se membros de facções criminosas rivais, apartando-se aqueles que foram apenados pela prática de crimes contra a liberdade sexual), porque se obrigar que um juiz ou um delegado de polícia, por quem os infratores, decerto, não nutrem grande simpatia, sejam transportados no interior de uma mesma viatura? Salutar, pois, a medida.

Acrescente-se que a Lei n. 12.850/2013, ao tratar da criminalidade organizada, em seu art. 5º, inc. II, assegura àquele que foi beneficiado com a colaboração premiada, o direito de "ser conduzido, em juízo, separadamente dos demais coautores e partícipes".

§ 5º Os demais direitos e deveres do preso especial serão os mesmos do preso comum (Incluído pela Lei nº 10.258, de 11.7.2001)

Direitos e deveres do preso especial – O legislador, com este dispositivo, quis dizer que, excluindo-se os privilégios contemplados nos parágrafos anteriores, quanto ao resto submete-se o preso especial ao mesmo regime do preso comum, no que se refere a seus direitos e deveres. Tais direitos e deveres estão elencados na Lei de Execução Penal. Os primeiros (direitos), nos arts. 40 a 43, e os segundos (deveres), nos arts. 38 e 39 da LEP. Apenas para exemplificar, um Magistrado, preso provisoriamente e a despeito da relevância do cargo que ocupa, deve obediência ao servidor do estabelecimento penal onde se encontra recolhido, pois se trata de dever a ele imposto, em face do que dispõe o art. 39, inc. II da LEP. Terá, outrossim, direito à "visita do cônjuge, da companheira, de parentes e amigos em dias determinados", como previsto no art. 41, inc. X da LEP.

Art. 296. Os inferiores e praças de pré, onde for possível, serão recolhidos à prisão, em estabelecimentos militares, de acordo com os respectivos regulamentos.

Inferiores e praças de pré – Como "inferiores" devem ser considerados os policiais militares e os membros das Forças Armadas (exército, aeronáutica ou marinha), que não sejam oficiais (por exemplo, cabos e sargentos). "Praças de pré" são os soldados (militares ou das Forças Armadas), que recebem soldo. A propósito, a expressão "pré" deriva do francês "prêt", que significa o soldo dos militares. Quanto aos oficiais, eles se encontram mencionados no inc. V, do art. 295 acima.

Cautela – Não teria mesmo cabimento que um policial militar, uma vez preso, ficasse recolhido no mesmo ambiente dos demais detentos, sob pena de correr grave risco de morte, em face do ódio que sabidamente aqueles primeiros guardam em relação aos agentes da autoridade. Demais disso, haveria a possibilidade do militar se deparar com detento de cuja diligência, que culminou com essa prisão, ele participara, a causar franco acirramento dos ânimos. A manutenção de ambos na mesma cela importaria em verdadeira sentença de morte aplicada ao miliciano. Daí a imposição no sentido de que, enquanto aguardam o desfecho do processo, a prisão dos ocupantes dessas funções públicas deve ser efetivar em estabelecimentos militares. Quando se cuidar de prisão em flagrante, há dispositivo específico determinado o recolhimento ao quartel (art. 300, parágrafo único abaixo). Prevê, a propósito, o Código de Processo Penal Militar, em seu art. 239, que "as pessoas sujeitas a prisão provisória deverão ficar separadas das que estiverem definitivamente condenadas".

Nem sempre, contudo, será possível o recolhimento em prisão dentro do quartel. Basta imaginar um determinado local que não conte com um quartel das Forças Armadas ou da Polícia Militar. Daí a ressalva feita pela própria lei. Nesse caso, deve a autoridade responsável pelo recebimento do preso cuidar para que seja ele recolhido em local seguro, isolado dos demais presos, de forma a evitar qualquer contato entre eles.

JURISPRUDÊNCIA

Policial militar

POLICIAL MILITAR RECOLHIMENTO A ESTABELECIMENTO MILITAR. CPP, ART. 296 – "O Código de Processo Penal, no capítulo relativo às prisões processuais, ao dispor sobre prisão especial, prevê que 'os inferiores e praças de pré, onde for possível, serão recolhidos à prisão, em estabelecimentos militares, de acordo com os respectivos regulamentos' (art. 296)" (STJ – HC n° 7321-GO, Rel. Vicente Leal, j. 01.09.1998, DJ 28.09.1998, p. 116).

Art. 297. Para o cumprimento de mandado expedido pela autoridade judiciária, a autoridade policial poderá expedir tantos outros quantos necessários às diligências, devendo neles ser fielmente reproduzido o teor do mandado original.

Expedição de vários mandados – Uma vez recebido o mandado de prisão, expedido em duas vias (art. 286 do CPP), oriundo de determinado juízo criminal, pode a autoridade policial expedir outros que necessários para seu cumprimento. Imagine-se que vários investigadores de polícia saíram simultaneamente ao encalço do preso, cada um tomando rumo diverso, em face da diversidade de locais onde ele pode ser localizado. Nesse caso, para maior eficácia da diligência, cada um dos agentes deverá ter consigo um mandado. A leitura do dispositivo acima pode levar à conclusão de que cabe à autoridade policial expedir outros mandados, reproduzindo o anterior. Em verdade, basta que sejam extraídas cópias do mandado original, sem necessidade de que a autoridade policial, "sponte propria", expeça algum mandado. É o que se extrai, a propósito, da Exposição de Motivos do CPP, ao dispor que "a autoridade policial que recebe um mandado de prisão para dar-lhe cumprimento poderá, de sua própria iniciativa, fazer tirar tantas cópias quantas forem necessárias às diligências" (inc. VIII).

Art. 298. (Revogado pela Lei nº 12.403, de 2011).

Art. 299. A captura poderá ser requisitada, à vista de mandado judicial, por qualquer meio de comunicação, tomadas pela autoridade, a quem se fizer a requisição, as precauções necessárias para averiguar a autenticidade desta. (Redação dada pela Lei nº 12.403, de 2011).

Captura – A redação original deste dispositivo previa a possibilidade de a prisão ser determinada por meio de telefone. Com a alteração introduzida pela Lei n. 12.403/2001, foram ampliadas as formas de comunicação, admitindo-se, portanto, o salutar e eficaz emprego da "internet". Disposições idênticas constam do art. 289 acima, no que se refere à prisão daquele que se encontra fora da jurisdição do juiz que decretou a ordem de prisão. De sorte que o executor, após certificar-se da legalidade da ordem recebida, poderá efetuar a captura, ainda que não tenha em mãos o respectivo mandado de prisão.

Art. 300. **As pessoas presas provisoriamente ficarão separadas das que já estiverem definitivamente condenadas, nos termos da lei de execução penal. (Redação dada pela Lei nº 12.403, de 2011).**

Parágrafo único. O militar preso em flagrante delito, após a lavratura dos procedimentos legais, será recolhido a quartel da instituição a que pertencer, onde ficará preso à disposição das autoridades competentes. (Incluído pela Lei nº 12.403, de 2011).

Lei de Execução Penal – A Lei n. 7.210/1984 (LEP), em seu art. 84, contém disposição idêntica, no sentido de que "o preso provisório ficará separado do condenado por sentença transitada em julgado". Prevê, ainda, divisão entre primários e reincidentes (art. 84, § 1º.), bem como a separação de funcionários da Justiça Criminal (art. 84, § 2º.). A "ratio legis", no que concerne à separação entre os definitivamente condenados e os presos provisórios, é de impedir que estes últimos, se em convívio com os primeiros, se deixem "contaminar", recebendo influências negativas de alguém potencialmente mais perigoso, que reconhecida e definitivamente perpetrou um delito e, por isso mesmo, tem maior dificuldade de recuperação. Quanto à referência ao militar, prevista no parágrafo único, remetemos o leitor aos comentários tecidos acima aos arts. 295 e 296.

ATENÇÃO – Pela redação anterior deste dispositivo, em conjugação com o art. 84, *caput,* da Lei de Execuções Penais, os presos provisórios deveriam ficar separados dos definitivos, "sempre que possível". O atual artigo 300, no entanto, dá outra mensagem: os presos provisórios "ficarão" separados dos definitivamente condenados, deixando a separação de ser uma simples opção da administração prisional, tornando-se, pois, obrigatória.

CAPÍTULO II
DA PRISÃO EM FLAGRANTE

Art. 301. **Qualquer do povo poderá e as autoridades policiais e seus agentes deverão prender quem quer que seja encontrado em flagrante delito.**

Flagrante obrigatório e facultativo – Qualquer do povo *pode* (não é obrigado) prender em flagrante. Esse direito decorre da compreensão de que todos que vivem em sociedade possuem interesse na repressão de práticas delituosas e, como tal, estão autorizados a prender.

Já a autoridade policial e seus agentes *devem* fazê-lo (portanto são obrigados). Na primeira hipótese, encontramos o chamado *flagrante facultativo*, já que, como indica o nome, o particular não é obrigado a prender. Já na segunda há o *flagrante obrigatório* ou *compulsório*, pois a autoridade, esta sim, dada à natureza de suas funções, tem a obrigação de prender em flagrante, sob pena de cometer, inclusive, na eventual inércia, crime de prevaricação, além de sujeitar-se à sanção na esfera administrativa. *Sujeito ativo* do flagrante, portanto, é aquele responsável pela prisão, denominado *condutor*.

ATENÇÃO - A execução da prisão em flagrante por qualquer um do povo justifica-se pelo exercício regular de direito (pro magistratu). O Estado, ante a impossibilidade de estar presente para impedir a ofensa a um bem jurídico ou recompor, de imediato, a ordem pública, incentiva o cidadão a atuar em seu lugar. Já no caso das autoridades e agentes de polícia, mostra-se presente o estrito cumprimento de um dever legal, esta também uma causa de exclusão da ilicitude.

Prisão em flagrante efetuada por guardas municipais - O Tribunal de Justiça do Estado de São Paulo, na análise da Apelação n. 0001118-92.2017.8.26.0526, j.16.04.2018, na qual foi o Relator o Des. Márcio Bartoli, deu provimento ao recurso para absolver um réu que fora preso em flagrante, por guardas municipais, quando guardava consigo droga, para fim de entrega a terceiros. No caso, guardas municipais, efetuando diligência de rotina, em local conhecido pela prática do intenso comércio ilegal, surpreenderam o agente - primeiro na via pública e depois no interior de sua residência, onde foi-lhes franqueado o ingresso - guardando 171 papelotes de cocaína, 150 papelotes de *crack* e 140 de maconha, que ele admitiu destinarem-se ao tráfico. Aquela E. Corte, por meio de uma de suas mais ilustres Turmas e por maioria de votos, concluiu pela ilicitude da prova, vez que produzida em afronta do disposto no inc. LVI, do art. 5º, da Constituição. O *decisum* vem lastreado, em suma, na seguinte argumentação: *"Sob hipótese alguma, poderia tal prova - fruto de diligências investigativas realizadas em evidente desrespeito ao texto constitucional - ter sido admitida no processo e sequer poderia ter dado suporte à deflagração da ação penal [...] Por expressa previsão constitucional, às forças policiais civil e federal fora reservada atribuição para a investigação de fatos delituosos, ao passo que à guarda municipal não fora prevista qualquer atuação em matéria de segurança pública. E, enquanto agentes administrativos, regidos pelo princípio da legalidade, só podendo atuar aonde a lei autoriza, essa falta de previsão implica verdadeira vedação de agir".*

Ou seja: cabe à guarda municipal, na dicção do § 8º, do art. 144 da Constituição, a "proteção de seus bens, serviços e instalações [do Município], conforme dispuser a lei", e não a tarefa de realizar qualquer diligência de investigação policial, cuja atribuição é exclusiva das policiais federal e estadual.

Pensamos, com a devida vênia, de forma diversa. Ora, se o dispositivo em análise faculta a qualquer do povo a prisão do agente de quem se encontre em situação de flagrância, por qual motivo se impediria o guarda municipal dessa tarefa? Se o médico, o engenheiro, o pedreiro, dentre outros podem prender, não vemos motivo para se inibir o guarda municipal de fazê-lo, sobretudo quando, em sua atividade rotineira, frequentemente se deparam com a prática de crimes. É verdade que, de fato, o ato de policiamento preventivo não se constitui na atividade-fim da guarda. Mas daí a impedi-los de prender, quando qualquer outro poderia fazê-lo, parece que vai um passo bastante largo.

Nesse sentido, a propósito, calhou ao STJ decidir: "Nos termos do artigo 301 do Código de Processo Penal, qualquer pessoa pode prender quem esteja em flagrante delito, de modo que inexiste óbice à realização do referido procedimento por guardas municipais, não havendo, portanto, que se falar em prova ilícita no caso em tela. Precedentes" (RHC n. 94061-SP, Rel. Reynaldo Soares da Fonseca, j. 19.4.2018, DJe 30.04.2018).

O debate guarda certa pertinência com aquela conhecida discussão, sobre a legalidade da prisão em flagrante do agente, por tráfico, quando policiais se passam por usuário de drogas. A razão pela qual se reconhece a legalidade dessa prova reside exatamente no fato de que o tráfico, tratando-se de um crime permanente, já se consumara antes, enquanto o agente, por exemplo, guardava a droga consigo, no interior de sua casa. Daí a desnecessidade de um mandado judicial para o ingresso na casa, posto que, tratando-se de flagrante, é dispensada essa formalidade, conforme expressa previsão constitucional (art. 5º, inc. XI, da Carta). Aqui se dá o mesmo: os guardas municipais (poderiam ser o médico ou o pedreiro) simplesmente prenderam quem já estava em situação de flagrante antes mesmo da abordagem. Agiram, pois, como qualquer cidadão, valendo-se de uma faculdade prevista, com todas as letras, no presente dispositivo que, passado mais de meio século de sua entrada em vigor, ainda não teve reconhecida sua inconstitucionalidade.

Em uma última palavra na tentativa de reforçar nosso entendimento: com efeito, vale observar que o agente municipal, embora não possuindo a função policial, nos termos § 8º, do art. 144 da Constituição, de alguma forma exerce alguma atividade relacionada à segurança, ainda que restrita à proteção do patrimônio público. É, por assim dizer, alguém mais vocacionado à prisão de um traficante se comparado a "qualquer do povo", mencionado pelo artigo em análise. Impedi-lo, também por isso, de efetuar uma prisão em flagrante – somados aos demais argumentos acima alinhavados – cremos tratar-se de um equívoco.

ATENÇÃO – De acordo com o Decreto 11.841/23, que regulamenta os incs. IV, XIII e XIV do caput e o parágrafo único do art. 5º da Lei 13.022/14, na hipótese de ocorrências que configurem crime, as guardas municipais poderão: realizar a prisão em flagrante dos envolvidos; apresentar o preso e a correspondente notificação circunstanciada da ocorrência à polícia judiciária competente para a apuração do delito e contribuir para a preservação do local do crime, quando possível e sempre que necessário.

Sujeito passivo – É aquele que sofre a prisão em flagrante, é o chamado *conduzido*. Em regra geral, qualquer pessoa pode ser presa em flagrante. Há, no entanto, exceções, ou seja, pessoas que, em virtude do cargo ou função que exercem ou dependendo de situações concretas em que se encontrem, não se sujeitam à prisão em flagrante. São elas:

a) o Presidente da República, qualquer que seja o delito, não pode ser preso em flagrante, senão após o trânsito em julgado da sentença penal condenatória (art. 86, § 3º, da Constituição);

b) os menores de 18 anos, posto que inimputáveis (arts. 106 do ECA);

c) os diplomatas estrangeiros (art. 1º, inc. I, do CPP), desde que previstos tratados e convenções neste sentido;

d) o motorista que socorre a vítima em acidente de trânsito por ele provocado (art. 301 do Código de Trânsito Brasileiro);

e) o autor de infração penal de menor potencial ofensivo, quando imediatamente levado ao Juizado ou que se comprometa a ele comparecer (art. 69, parágrafo único, da Lei nº 9.099/95).

De outro lado, só podem ser presos em flagrante pela prática de crimes inafiançáveis (é dizer: se o crime admite fiança, não podem ser presos), as seguintes pessoas:

a) os membros do Congresso Nacional (Senadores e Deputados), conforme previsto no art. 53, § 2º, da CF;

b) os deputados estaduais, por analogia decorrente do art. 27, § 1º, da CF;

c) os membros do Poder Judiciário e do Ministério Público, segundo suas respectivas leis orgânicas;

d) os advogados, desde que o crime praticado guarde relação com o exercício da profissão.

Abuso de autoridade – A prisão em flagrante do advogado por crime afiançável ou inafiançável deve ser rodeada de solenidades que não podem ser ignoradas, sob pena de crime de abuso de autoridade (art. 7º.-B do EAOAB), nulidade do ato e possível relaxamento. Ao preso deve ser assegurada a presença de um representante da OAB. Ora, é evidente que, ao referir-se a "representante da OAB", não se refere a lei a qualquer advogado. Os advogados, é claro, são todos representados, de alguma forma, pela OAB, mas nem todos a representam, a não ser por designação especial por quem tenha poder para fazê-lo. Nesse sentido: TJSP – Apelação 0008453-35.2012.8.26.0625 – Rel. Francisco Bruno, j. em 30.04.2015. Essa cautela, contudo, deve ser observada apenas quando preso em flagrante, por motivo ligado ao exercício da advocacia. Nos demais casos contenta-se com a comunicação expressa à seccional da OAB. Percebemos que a praxe acabou por estender essa comunicação para todas as formas de prisão provisória, leia-se, temporária e preventiva, permitindo à autarquia profissional a tomada de providências disciplinares.

JURISPRUDÊNCIA

Guarda municipal. Possibilidade de prender em flagrante (v. Lei nº 13.022/14, art. 5º, inc. XIV).

"É assente nesta Corte Superior de Justiça a orientação de que os integrantes da guarda municipal não desempenham a função de policiamento ostensivo; todavia, em situações de flagrante delito, como restou evidenciado ser o caso, a atuação dos agentes municipais está respaldada no comando legal do art. 301 do Código de Processo Penal." (HC n. 471.229/SP, Ministro Joel Ilan Paciornik, Quinta Turma, DJe 1º/3/2019)

"Por ocasião do julgamento do REsp n. 1.977.119/SP, em 16/8/2022 (Rel. Ministro Rogerio Schietti), a Sexta Turma desta Corte Superior de Justiça, à unanimidade, propôs criteriosa análise sobre a atuação das **guardas municipais** e apresentou como conclusão, entre outras, que 'Não é das **guardas municipais,** mas sim das polícias, como regra, a competência para patrulhar supostos pontos de tráfico de drogas, realizar abordagens e revistas em indivíduos suspeitos da prática de tal crime ou ainda investigar denúncias anônimas relacionadas ao tráfico e outros delitos cuja prática não atinja de maneira clara, direta e imediata os bens, serviços e instalações municipais. Poderão, todavia, realizar busca pessoal em situações absolutamente excepcionais – e por isso interpretadas restritivamente – nas quais se demonstre concretamente haver clara, direta e imediata relação de pertinência com a finalidade da corporação, isto é, quando se tratar de instrumento imprescindível para a tutela dos bens, serviços e instalações municipais. Vale dizer, só é possível que as **guardas municipais** realizem excepcionalmente busca pessoal se houver, além de justa causa para a medida (fundada suspeita de posse de corpo de delito), relação clara, direta e imediata com a necessidade de proteger a integridade dos bens e instalações ou assegurar a adequada execução dos serviços municipais, o que não se confunde com permissão para realizarem atividades ostensivas ou investigativas típicas das polícias militar e civil para combate da criminalidade urbana ordinária'." (STJ – HC n. 772.471/SP, relator Ministro Rogerio Schietti Cruz, Sexta Turma, julgado em 18/10/2022, DJe de 21/10/2022.)

Guarda Municipal. Prisão decorrente de denúncia anônima. Impossibilidade.

Inexiste óbice à prisão em situação de flagrância, efetivada por guardas municipais ou qualquer outra pessoa, não havendo falar, em tais casos, em ilicitude das provas daí decorrentes. Na hipótese, entretanto, após denúncia anônima, guardas municipais abordaram o réu e, com ele não encontrando entorpecentes, seguiram até terreno localizado nas proximidades, onde foram apreendidos, além de maconha, 10 reais, um filme plástico utilizado para embalar a droga e documento relativo à execução criminal do réu. Desempenhada atividade de investigação, deflagrada mediante denúncia anônima, que desborda da situação de flagrância, deve ser mantido o reconhecimento da invalidade das provas dela decorrentes. (STJ, REsp 1.854.065-SP, Min. Rel. Nefi Cordeiro, 6ª Turma, j. 02/06/2020)

Polícia Militar

"Não prospera a alegação de que cabia à Polícia Civil, e não à Polícia Militar, a realização das diligências que acarretaram a prisão dos pacientes, uma vez que, nos termos do art. 301 do CPP, qualquer do povo poderá e as autoridades policiais e seus agentes deverão prender quem quer que seja encontrado em flagrante delito" (STJ – HC n° 163378-SP, Rel. Napoleão Nunes Maia Filho, j. 18.11.2010, DJe 13.12.2010).

Polícia Federal

"É faculdade de qualquer do povo e dever dos agentes policiais realizar a prisão de qualquer pessoa encontrada em flagrante delito, como no presente caso. A realização da prisão do agente que se encontrava praticando o ato criminoso era incumbência do policial federal, o qual, neste momento, agiu em razão de sua função, cumprindo dever legalmente estabelecido" (STJ – HC n° 49269-SP, Rel. Gilson Dipp, j. 15.08.2006, DJ 04.09.2006, p. 297).

Juiz cível

"A decisão proferida por Juízo Cível, no sentido de que se efetue a prisão em flagrante da pessoa responsável pela agência bancária, caso ainda persista o descumprimento da determinação judicial relativa à restituição de valores depositados em fundos de investimentos, por crime de desobediência, constitui constrangimento ilegal. Essa modalidade prisional – prisão em flagrante – é incompatível com a prévia determinação por escrito da autoridade judicial. Inteligência dos arts. 301 e 304 do CPP e art. 5º, inc. LXII, da CF. Embora compreensível a vontade do magistrado, no exercício da jurisdição cível, de querer ver satisfeita em sua plenitude a prestação jurisdicional, a ameaça efetiva de prisão, quando não se tratar das hipóteses de depositário infiel e devedor de alimentos, configura ilegalidade, por ausência de previsão legal" (STJ – HC n° 42896-TO, Rel. Arnaldo Esteves Lima, j. 28.06.2005, DJ 22.08.2005, p. 323).

Flagrante lavrado por autoridade policial incompetente. Validade

"Competência criminal. Prisão em flagrante. Auto lavrado pela autoridade policial onde a prisão se efetuou e não pela do local onde praticado o delito. Polícia que não exerce ato de jurisdição. Impossibilidade, portanto, de se falar em incompetência ratione loci" (TJSP – Rel. Canguçu de Almeida, JTJ-LEX 123/521).

"Os atos de investigação, por serem inquisitórios, não se acham abrangidos pela regra do art. 5°, LIII, da CF, segundo o qual só a autoridade competente pode julgar o réu. Ademais, o agente ativo na prisão em flagrante pode ser qualquer pessoa" (TJSP – Rel. Renato Talli, RT 691/297).

Flagrante lavrado em cidade diversa daquela onde se deu a prisão. Mera irregularidade

"Inexiste incompetência 'ratione loci', no fato do auto de prisão em flagrante ter sido lavrado em cidade diversa daquela onde se deu a detenção. Trata-se de mera irregularidade que não desnatura referido ato" (STJ – RHC n° 6448-MA, Rel. Anselmo Santiago, j. 01.09.1997, DJ 22.09.1997, p. 46560).

Art. 302. Considera-se em flagrante delito quem:

Flagrante – *Flagrante* deriva do latim *flagrare*, que significa queimar. *Flagrantis* é o ardente, brilhante, resplandecente, ou seja, o que é notório, visível, evidente. É comum, aliás, o emprego da expressão "no calor da discussão", para se referir a um debate que se trava naquele exato momento. Está em situação de flagrante delito, portanto, aquele que é surpreendido no instante em que comete o crime, no calor de sua prática, em uma circunstância evidente, irrecusável, que traz a *certeza visual do crime*, e que permite, dada à notoriedade da situação e à eloquência da prova, a detenção imediata do agente.

Essa certeza que advém do flagrante – que no Direito Romano permitia que o agente, surpreendido nessa condição, fosse imediatamente morto – resulta em duas consequências: a primeira, em permitir que seja a prisão realizada por qualquer pessoa e, a segunda, consistente na desnecessidade de mandado de prisão.

Conquanto se conheça alguma crítica doutrinária à prisão em flagrante, por importar em uma punição antes da sentença, como satisfação de um desejo de vingança, vale atentar ao magistério de Hélio Tornaghi: "A verdade é que a prisão em flagrante tem a seu favor o consenso universal e responde não ao desejo de represália, mas ao impulso natural do homem de bem, em prol da segurança e da ordem. Demais a lei oferece o corretivo para os exageros permitindo a concessão da liberdade provisória, mediante fiança, nos casos de infração leve [...] ou até independente de fiança nas hipóteses de a infração ser mínima [...] ou de o preso ser pobre [...] e de ocorrer causa que exclua a ilicitude" (*Instituições de Processo Penal*, vol. 3, p. 261).

Natureza jurídica – Discute-se a respeito da natureza jurídica da prisão em flagrante. Para alguns, ela seria decretada para impedir a fuga do criminoso ou como forma de satisfação e tranquilização da coletividade, que acabou de ser atingida pelo ato ilícito. Esse entendimento, porém, cai por terra em face da possibilidade de o sujeito preso em flagrante ser imediatamente posto em liberdade ante o pagamento da fiança e mesmo nos casos em que ele se livra solto. Em verdade, a natureza jurídica da prisão em flagrante é de um ato administrativo de cunho cautelar, cujo objetivo é de preservar a prova, na medida em que imediatamente se ouvem vítimas e testemunhas, se colhe o interrogatório do preso, se preserva o local do fato, etc.

I – está cometendo a infração penal;

II – acaba de cometê-la;

Flagrante próprio, real ou propriamente dito – Previsto nos incs. I e II acima. Verifica-se quando o agente está cometendo a infração penal ou acaba de cometê-la. Na primeira hipótese, em um exemplo, o agente é preso no momento em que desfecha golpes de faca na vítima, ou seja, no exato instante em que pratica o crime. Já no segundo caso, ele é detido, quase que imediatamente, ainda no local do crime, com a roupa manchada de sangue do ofendido e portando ainda a faca utilizada para a prática do homicídio. Neste último caso, "já não há fogo, mas existe a fumaça; a chama se apagou, mas a brasa está quente", no dizer de Tornaghi (ob. cit., p. 261), o que configura o flagrante.

JURISPRUDÊNCIA

Quando não se configura o flagrante

"Para fins de prisão por flagrante delito, nos termos do art. 302 do CPP, é preciso que o acusado esteja cometendo o crime ou tenha acabado de cometê-lo (flagrante próprio); tenha sido perseguido, logo após, pela autoridade, pela vítima ou por qualquer pessoa, em situação que se fizesse presumir ser o autor da infração (flagrante impróprio); ou seja encontrado, logo depois, com instrumentos, armas, objetos ou papéis que fizessem presumi-lo ser o autor da infração (flagrante presumido). No caso dos autos, a prisão da recorrente não decorreu de nenhuma das hipóteses legais de flagrância, mas em virtude de ter confessado o crime perante o delegado, após ter sido, no velório da vítima, recolhida pela autoridade policial para averiguações" (STJ – RHC nº 24027-PI, Rel. Arnaldo Esteves Lima, j. 14.10.2008, DJe 17.11.2008).

III – é perseguido, logo após, pela autoridade, pelo ofendido ou por qualquer pessoa, em situação que faça presumir ser autor da infração;

Flagrante impróprio ou quase-flagrante – Ocorre, na dicção deste inc. III, quando o agente é perseguido, logo após, pela autoridade, pela vítima ou por um particular, em situação que faça presumir ser ele o autor da infração.

Também aqui dois requisitos são exigidos, a saber: 1) a existência de perseguição logo após a prática do delito (*tempo*); 2) a detenção do agente em situação que faça presumir ser ele o autor do crime (*modo*).

Não se reclama, outrossim, o chamado "clamor público", exigido pelo Código de Processo Penal do Império (1.832), em seu art. 131, assim considerada a perseguição ao agente seguida do brado, o vozerio da população, o conhecido "pega, pega", lançado pela massa popular. Tampouco a acusação viva contra o agente, no sentido de ser ele o autor do crime que acaba de ser cometido, ainda que manifestada por uma única pessoa. É o que se extrai da Exposição de Motivos do CPP, ao salientar que "o clamor público deixa de ser condição necessária para que se equipare ao estado de flagrância o caso em que o criminoso, após a prática do crime, está a fugir. Basta que, vindo de cometer o crime, o fugitivo seja perseguido "pela autoridade, pelo ofendido ou por qualquer pessoa, em situação que faça presumir ser autor da infração". Preso em tais condições, entende-se preso em flagrante delito" (item VIII).

Logo após – A expressão *logo após* significa o tempo que transcorre da prática do crime até a colheita, por policiais ou particulares, de informações a respeito de seu autor, que passa a ser perseguido. O legislador não menciona um tempo determinado, sendo equivocada a impressão popular de que, passadas 24 horas, desaparece a situação de flagrância. De tal maneira que a análise deve ser feita, pelo juiz, à luz do caso concreto, sem que se estipule um lapso cronológico, no mais desconhecido em qualquer legislação alienígena. Desde que, quase que imediatamente após a prática do delito e sem qualquer interrupção, venha o agente a ser perseguido e preso, o flagrante está caracterizado, sendo irrelevante o tempo que transcorrer até sua detenção. Tal perseguição pode perdurar por cinco minutos ou por cinco horas, pouco importa. Relevante é que não sofra solução de continuidade, que o agente, em um crime de furto, por exemplo, não tenha a posse tranquila da *res*. Não se exige, tampouco, que o fugitivo permaneça, durante todo o tempo, na esfera visual de seu perseguidor, bastando que o encalço não sofra qualquer espécie de interrupção. Em suma: embora não sendo surpreendido quando cometia o crime ou acabava de cometê-lo (o que configuraria as hipóteses dos incs. I e II), verifica-se uma perseguição, iniciada logo após ("subito dopo", segundo o art. 382 do Código de Processo Penal Italiano), tão logo populares ou policiais tenham acesso a dados que permitam o imediato e contínuo encalço do agente. Este, de sua parte, deve ser detido em situação que faça presumir ter sido o autor do delito. Essa presunção pode decorrer de diversos fatores, como, por exemplo, estar o agente em fuga, encontrar-se na posse da "res furtiva", ter sido reconhecido como autor do furto por vítima ou testemunhas, haver sido surpreendido por câmeras de segurança, etc. Tais requisitos é que configuram o flagrante impróprio ou quase-flagrante aludido neste inc. III.

JURISPRUDÊNCIA

Flagrante impróprio ou quase-flagrante

"Conforme se extraí do auto de prisão em flagrante e do acórdão recorrido, o paciente foi preso em decorrência das ininterruptas diligências da polícia visando a sua captura, procedimento que se iniciou logo após a prática do delito, configurado o que na dicção da doutrina é chamado de flagrante impróprio ou quase-flagrante" (STJ – HC n° 163772-MG, Rel. Haroldo Rodrigues, j. 01.06.2010, DJe 02.08.2010).

"À luz do preceito inscrito no art. 302, III, do Código de Processo Penal, reveste-se de legalidade a prisão em flagrante quando o agente é perseguido, logo após a notícia do crime, e é encontrado em situação que faça presumir ser o autor da infração. Configura-se o estado de quase-flagrante, susceptível de ordem de prisão prevista no art. 302, do CPP, a situação em que o agente do crime de homicídio é preso pela Polícia, logo após souberam da prática do delito, portando em seu poder objetos indicativos do crime" (STJ – RHC n° 12491-MG – Rel. Vicente Leal, j. 23.04.2002, DJ 27.05.2002, p. 199).

"Logo após"

"A expressão 'logo após' permite interpretação elástica, havendo maior margem na apreciação do elemento cronológico, quando o agente é encontrado em circunstâncias suspeitas, aptas, diante de indícios, a autorizar a presunção de ser ele o autor do delito, estendendo o prazo a várias horas, inclusive ao repouso noturno até o dia seguinte, se for o caso" (STJ – HC n° 21111-RN, Rel. José Arnaldo da Fonseca, j. 11.06.2002, DJ 01.07.2002, p. 367).

Não configuração do flagrante impróprio ou quase-flagrante

"Não se configura o flagrante impróprio, nem qualquer outra sua forma, se os pacientes são presos três dias após o crime, sem que tenha havido sua perseguição ou tenham sido presos em situação que faça presumir terem sido autores da infração" (STJ – HC n° 71667-AM, Rel. Jane Silva, j. 06.09.2007, DJ 01.10.2007, p. 312).

"Tendo o réu sido encontrado em sua própria residência, no dia seguinte aos eventos, não resta caracterizado o estado de flagrância exigido. Fato que não se adequa à hipótese de flagrante impróprio, bem como às demais modalidades de flagrância previstas no rol taxativo do art. 302 do CPP, pois, quando da sua prisão, o paciente não estava cometendo as infrações ou sequer havia acabado de cometê-las, não tendo ainda sido apreendido, logo após os crimes, em circunstância que fizesse presumir ser ele o autor dos delitos" (STJ – HC n° 66616-SP, Rel. Gilson Dipp, j. 22.05.2007, DJ 25.06.2007, p. 264).

Pode se prolongar até o dia seguinte

"A expressão 'logo após' permite interpretação elástica, havendo maior margem na apreciação do elemento cronológico, quando o agente é encontrado em circunstâncias suspeitas, aptas, diante de indícios, a autorizar a presunção de ser ele o autor do delito, estendendo o prazo a várias horas, inclusive ao repouso noturno até o dia seguinte, se for o caso" (STJ – RHC n° 7622-MG – Rel. Fernando Gonçalves, j. 26.08.1998, DJ 08.09.1998, p. 118).

Auxílio de outrem não descaracteriza o flagrante

"A prisão em flagrante está disciplinada no art. 302, Código de Processo Penal. Encerra hipóteses de flagrância e quase-flagrância. O inciso III ('e perseguido, logo apos, pela autoridade, pelo ofendido, ou por qualquer pessoa') deve ser entendido normativamente. O dado cronológico passa para plano secundário. Assim, se uma pessoa, em tempo razoável, a perseguir, por si mesma, o agente do delito, preferiu, porque mais eficaz, buscar o auxílio do policial, normativamente, esta havendo a perseguição. O tempo não se mede no relógio; necessário socorrer-se do juízo de razoabilidade" (STJ – Rel. Luiz Vicente Cernicchiaro – LEXSTJ 90/293).

IV – é encontrado, logo depois, com instrumentos, armas, objetos ou papéis que façam presumir ser ele autor da infração.

Flagrante presumido ou ficto: Considera-se em flagrante quem é encontrado, logo depois, com instrumentos, armas, objetos ou papéis que façam presumir ser ele autor da infração penal. Aqui já não se exige a *perseguição* logo após a prática do crime, como na hipótese anterior do inc. III, mas simplesmente o fato do autor ser *encontrado*, mesmo que casualmente, logo depois de ter praticado o delito, em uma situação que faça surgir séria desconfiança de ser ele seu autor. Como exemplo, podemos mencionar o sujeito que é localizado em sua casa, sem que tenha sido perseguido pela polícia, com uma faca respingando sangue, em situação, portanto, que faz presumir ter ele praticado um crime de homicídio. Ou aquele que, logo depois da ocorrência de um furto, é surpreendido casualmente com a "res furtiva" em seu poder, sem que antes tenha sido perseguido. Trata-se de uma prisão que decorre de uma presunção, ou seja, presume-se, em nosso último exemplo, de que aquele que guarda consigo objetos furtados seja o autor do delito. Presunção, é verdade, relativa, bastando se imaginar a situação na qual o conduzido tenha achado aleatoriamente os objetos ou que os mesmos, em sua ausência, tenham sido deixados no local por terceiros. Daí a importância da apreensão quase que imediatamente após a prática do furto, a fim de evitar qualquer equívoco na imputação de seu suposto autor. De qualquer forma e a despeito de alguma crítica doutrinária quanto a este dispositivo, vale que se recorde dos termos da Exposição de Motivos do CPP, ao ressaltar, especificamente em relação ao inc. IV, que "o interesse da administração da justiça não pode continuar a ser sacrificado por obsoletos escrúpulos formalísticos, que redundam em assegurar, com prejuízo da futura ação penal, a afrontosa intangibilidade de criminosos surpreendidos na atualidade ainda palpitante do crime e em circunstâncias que evidenciam sua relação com este" (item VIII).

Logo depois – O termo "*logo depois*", é, em nosso sentir, sinônimo do "*logo após*", previsto no inciso anterior e importa em uma noção de relativa imediatidade. Ou seja, o agente comete o crime e, quase que imediatamente (em um "*tempo vizinho do delito*", como mencionado no Código do Império de 1808), é encontrado em condições que o façam presumir ser seu autor. Talvez a única diferença que se possa cogitar é que o "*logo depois*" pressupõe um espaço de tempo um pouco mais elástico em relação ao "*logo após*". Afinal, nesta última há *fuga* e *perseguição*, enquanto que na primeira, *crime* e *encontro*. De qualquer sorte, o alcance da expressão "*logo depois*", vai depender da análise do caso concreto, sendo impossível pretender-se sua aferição com base em um período cronológico não fixado pelo legislador. O Código de Processo Penal Português, em seu art. 256, a propósito, utiliza apenas a expressão "logo após o crime", tanto para aquele que é perseguido (*flagrante impróprio* ou *quase-flagrante*), como para aquele que "encontrado com objectos ou sinais que mostrem claramente que acabou de o cometer [o crime] ou nele participar" (flagrante presumido ou ficto).

JURISPRUDÊNCIA

Flagrante presumido

"Fica caracterizado o flagrante presumido se o Paciente foi encontrado, logo após a ocorrência do roubo, conduzindo veículo qual se encontravam os indivíduos reconhecidos pelas vítimas como sendo autores do crime, bem assim as vestimentas que teriam sido utilizadas na prática delitiva" (STJ – HC nº 157017-MG, Rel. Laurita Vaz, j. 13.04.2010, DJe 03.05.2010).

"Logo depois"

"A jurisprudência desta Corte Superior de Justiça firmou já entendimento no sentido de que a expressão 'logo depois', constante no inciso IV do artigo 302 do Código de Processo Penal, deve ser lida como tempo razoável, não havendo cogitar, pois, em intervalo temporal fixo a configurar o estado de flagrância" (STJ – HC nº 49323-PE, Rel. Hamilton Carvalhido, j. 09.05.2006, DJ 04.09.2006, p. 331).

"Para a caracterização do flagrante presumido, não há a necessidade de se demonstrar a perseguição imediatamente após a ocorrência do fato-crime, mas, sim, o encontro do autor, 'logo depois', em condições de se presumir sua ação (artigo 302, inciso IV, do Código de Processo Penal)" (STJ – Rel. Hamilton Carvalhido – RSTJ 146/553).

Prisão em local diverso daquele em que cometido o crime. Validade

"Em se tratando de flagrante presumido (art. 302, IV, do CPP), como no caso sub judice, a prisão pode ocorrer em localidade diversa daquela onde o crime se consumou. Por isso é que a posterior remessa dos autos ao Juízo competente, fundada no local de consumação do delito posteriormente apurado (art. 70, caput, do CPP), não nulifica o ato de homologação da prisão em flagrante que, ademais, tem natureza de ato administrativo, conforme precedentes (HC 71027/RJ, rel. Min. Ilmar Galvão, 1ªTurma, DJ de 9/9/94; HC 69509, Rel. Min. Celso de Mello, 1ª Turma, DJ de 12/3/1993; HC 69509, rel. Min. Celso de Mello, 1ª Turma, DJ de 12/3/1993)" (STF – HC nº 102646-PR, Rel. Luiz Fux, j. 02.08.2011, DJe 29.08.2011).

"Os crimes pelos quais o paciente é acusado – tráfico de substâncias entorpecentes e associação para o tráfico – permitem a dilatação temporal do estado de flagrância, na medida em que possuem natureza jurídica de delitos permanentes, razão pela qual a prisão do paciente em lugar diverso do que foi encontrado a droga não desnatura o estado de flagrância, ex vi do art. 303 do CPP" (STJ – HC nº 119708-SC, Rel. Napoleão Nunes Maia Filho, j. 19.03.2009, DJe 27.04.2009).

Prisão em flagrante em período eleitoral. Possibilidade

"Inserida a prisão em flagrante em uma das hipóteses permissivas de segregação cautelar no período eleitoral, inteligência do art. 236, caput, do Código Eleitoral, legítima é a prisão cautelar do paciente" (STJ – HC nº 197162-MG, Rel. Marco Aurélio Bellizze, DJe 07.03.2012).

Troca de nome dos conduzidos. Mera irregularidade

"A troca dos nomes dos indiciados no auto de prisão em flagrante constitui-se em mera irregularidade, que não tem o condão de ensejar o relaxamento da segregação cautelar. Ademais, não logrou a defesa demonstrar qual o prejuízo concreto gerado para a paciente capaz de macular o referido auto de prisão" (STJ – HC nº 168585-PA, Rel. Felix Fischer, j. 19.08.2010, DJe 20.09.2010).

Temos, em suma:

Flagrante próprio	Flagrante impróprio	Flagrante presumido
Art. 302, incs. I e II, CPP	Art. 302, inc. III, CPP	Art. 302, IV, CPP
O agente está no local	O agente não está mais no local do crime	O agente não está mais no local do crime
Cometendo ou depois de cometer o crime	Mas é perseguido logo após e preso em situação que faça presumir ser o autor do delito	Mas é encontrado logo depois em situação que faça presumir ser o autor do delito

Flagrante preparado, forjado e flagrante esperado ou prorrogado – Conquanto não se encontrem catalogados no dispositivo em exame, a doutrina costuma apontar outras espécies de flagrante, a saber: flagrante *preparado* ou *forjado* e flagrante *esperado* ou *prorrogado*, que serão objeto de nossa análise a seguir.

Flagrante preparado – Também chamado de *flagrante provocado*, ocorre quando alguém, de maneira maliciosa, induz (provoca) o agente à prática de um crime e, ao mesmo tempo, impede que o mesmo se consume. Exemplo clássico é o da patroa que, desconfiada da empregada, deixa dinheiro ostensivamente à mostra enquanto vigia por detrás da porta. No momento em que a empregada toma o dinheiro ela a surpreende, tornando impossível a consumação do delito em vista da cilada que montou. Vê-se que o agente é colocado em uma situação para cometer o delito (também chamado *crime de ensaio*), que, porém, não se concretiza em virtude da precaução que sobre ele é tomada, que pode ser exercida pela ofendida, como em nosso exemplo, ou mesmo por agentes policiais ou terceiros. Segundo a Súmula 145 do STF, "não há crime quando a preparação do flagrante pela polícia torna impossível a sua consumação". É uma modalidade de *crime impossível*, na qual embora existindo o elemento subjetivo (a empregada quis furtar o dinheiro), o elemento objetivo desaparece na medida em que são tomadas cautelas que impedem a consumação do delito.

Questão discutida constantemente é aquela na qual um policial, passando-se por viciado, adquire drogas de um traficante para, em seguida, dar-lhe voz de prisão. Parte da jurisprudência entende se tratar de verdadeiro flagrante preparado, já que foi a iniciativa do policial que induziu, provocou, incentivou a ação do agente. A maioria, porém, com apoio inclusive do STF, entende que o flagrante é válido, pois o crime se consumara anteriormente, quando o traficante trazia consigo a droga que foi, posteriormente, entregue ao policial disfarçado. Ou seja, o autuado já trazia consigo a droga, para entrega a terceiros, consumando aí o delito, sendo irrelevante a ação policial. Daí a possibilidade de sua prisão em flagrante.

JURISPRUDÊNCIA

Policiais que se fazem passar por usuários de droga. Validade do flagrante quanto ao tráfico

"Tráfico de entorpecentes. Art. 12, caput da Lei nº 6.368/76. Flagrante preparado. Não ocorrência. Paciente que, no momento dos fatos, se encontrava em local considerado ponto de tráfico, tendo ido buscar a droga após a solicitação de compra. A ser verídica a versão dos policiais, o paciente, após o pedido, teria ido buscar a droga em local onde a estava depositando, conduta que incidiria no art. 12, *caput* da Lei nº 6.368/76, na modalidade "ter em depósito", como capitulado na denúncia, inexistindo o flagrante preparado porque, a exemplo do entendimento esposado no HC nº 72.824/SP (Min. Moreira Alves), o crime, de caráter permanente, já se teria consumado" (STF – HC nº 81970-SP, Rel. Gilmar Mendes, j. 28.06.2002, DJe 30.08.2002, p. 97).

"O fato de os agentes policiais simularem a compra da droga somente evidencia que os acusados guardavam e tinham em depósito os entorpecentes, condutas previstas no tipo penal que lhes é imputado. Inexistência de flagrante preparado" (STJ – HC nº 52980-SP, Rel. Og Fernandes, j. 17.02.2011, DJe 09.03.2011).

Flagrante forjado – Também denominado flagrante *fabricado*, é obviamente ilegal, consistente na ação de policiais (ou mesmo de terceiros), que *criam* provas contra o suposto delinquente, como, por exemplo, fazendo inserir em seu bolso substância entorpecente. Além de ilegal e arbitrário, sujeita os agentes à prática do crime de abuso de autoridade ou de denunciação caluniosa.

Flagrante esperado – Ocorre quando a polícia, quase sempre através de uma denúncia anônima, arma uma estratégia para culminar com a prisão do criminoso. Aqui a autoridade não induz o agente, mas, simplesmente, aguarda o desenrolar dos fatos, deixando-o agir livremente, até o momento oportuno em que efetua a prisão. Imagine-se o exemplo no qual policiais vigiam, de longe, o entra e sai constante de pessoas de uma casa, sob suspeita de aquisição de drogas. Em dado instante, parecendo conveniente, os policiais ingressam na residência e, confirmando as suspeitas, prendem o traficante com grande quantidade de entorpecente. Nessa hipótese, o flagrante é plenamente válido, conforme entendimento unânime da doutrina e jurisprudência.

Flagrante prorrogado ou diferido – É também legal essa hipótese de flagrante a se verificar quando há um retardamento da atividade policial. Assim, a Lei n. 12.850/2013, que trata da criminalidade organizada, prevê a chamada *ação controlada*, no qual há um retardamento do flagrante, quando policiais, a invés de agirem de pronto, aguardam o momento oportuno para atuar, a fim de obter, com essa prorrogação, um resultado mais eficaz em sua diligência. A matéria é amplamente abordada nos comentários acima ao art. 157 do código, sob a rubrica "ação controlada".

Agente disfarçado – O agente provocador não pode ser confundido com o agente infiltrado nem com o agente disfarçado. Conceitualmente, no escólio de Alberto Silva Franco, agente infiltrado é o "funcionário da polícia que, falseando sua identidade, penetra no âmago da organização criminosa para obter informações e, dessa forma, desmantelá-la" (Leis penais especiais e sua interpretação jurisprudencial. 7ª edição. São Paulo: RT, 2002, pg. 584).

Nesse prisma, a infiltração pressupõe a imersão do agente em organização criminosa, mediante envolvimento articulado com os membros e adoção de postura estrategicamente complacente com as práticas criminosas, com o fito de angariar elementos que sirvam de sustentáculo à persecução penal. Dessarte, a figura jurídica da infiltração de agentes revela-se num estratagema investigativo, que se dá mediante prévia autorização judicial e cuja relação com o grupo criminoso é premeditada e planejada antecipadamente pelo Estado.

Introduzido em nosso ordenamento jurídico pela Lei 13.964/19 (Pacote Anticrime), o agente disfarçado é aquele que, ocultando sua real identidade, posiciona-se com aparência de um cidadão comum (não chega a infiltrar-se no grupo criminoso) e, partir disso, coleta elementos que indiquem a conduta criminosa preexistente do sujeito ativo. O agente disfarçado não se insere no seio do ambiente criminoso e tampouco macula a voluntariedade na conduta delitiva do autor dos fatos. É esta a razão pela qual a lei exige a demonstração de provas em grau suficiente a indicar que o autor realizou antes uma conduta criminosa, circunstância objeto da investigação proporcionada pelo disfarce. Há, portanto, uma relação utilitarista-consequencial entre esses elementos típicos. A investigação realizada pelo agente disfarçado, em razão da qualificada apreensão de informações proporcionada pelo disfarce, colhe elementos probatórios razoáveis acerca da conduta criminosa preexistente.

Em resumo:

Agente provocador	Agente infiltrado	Agente disfarçado
Induz ardilosamente a prática do delito e torna impossível a consumação em virtude da adoção de providências prévias.	Imerge em organização criminosa, envolvendo-se com seus membros e adotando postura estrategicamente complacente com as práticas criminosas.	Com aparência de um cidadão comum, sem infiltrar-se no grupo criminoso, oculta sua real identidade e coleta elementos que indiquem a conduta criminosa preexistente do sujeito ativo.

Câmeras da segurança – Outro debate interessante se verifica em locais onde instaladas câmeras de segurança, como, por exemplo, em uma loja de departamentos. Suponha-se que seguranças da loja, por meio de tais câmeras, constatem que determinada pessoa se apodera de roupas que esconde em sua bolsa. Passam, então, a acompanhá-la até que deixe o local sem pagar por esses produtos. Haveria *crime impossível*, eis que jamais poderia ser consumado o delito ante a ação da vigilância? Ou se configuraria o crime tentado, posto que não consumado por circunstância alheia à vontade do agente, consistente exatamente na ação eficaz dos funcionários? Não temos dúvida em indicar esta última alternativa. O crime se restringiu, é verdade, à mera tentativa, mas ocorreu, não havendo, bem por isso, que se cogitar de crime impossível. Tanto não é impossível que há a possibilidade dos seguranças, que saíram ao encalço do agente, não obterem sucesso em sua prisão, que acabou por escapar. Ora, nesse caso, pouco importa se, antes, era vigiada a ação do agente no interior do estabelecimento comercial, o crime estará configurado, inclusive em sua modalidade consumada.

ATENÇÃO – Nesse sentido, a jurisprudência cristalizada do STJ, na súmula n. 567: "Sistema de vigilância realizado por monitoramento eletrônico ou por existência de segurança no interior de estabelecimento comercial, por si só, não torna impossível a configuração do crime de furto".

JURISPRUDÊNCIA

Flagrante preparado, flagrante forjado e flagrante esperado

"No flagrante preparado, a polícia provoca o agente a praticar o delito e, ao mesmo tempo, impede que ele se consume, cuidando-se, assim, de crime impossível, ao passo que no flagrante forjado, a conduta do agente é criada pela polícia, tratando-se de fato atípico, sendo que hipótese totalmente diversa é a do flagrante esperado, em que a polícia tem notícias de que uma infração penal será cometida e aguarda o momento de sua consumação para executar a prisão. No caso dos autos, a polícia não provocou os pacientes a praticar o ilícito de tráfico de drogas, tampouco criou a conduta por eles praticada, tendo apenas os abordado diante da notícia de que seriam os compradores dos entorpecentes trazidos pela corré já presa em flagrante, ocasião em que confessaram que em sua residência haveria mais substâncias ilícitas, o que foi confirmado em busca realizada no local" (STJ – HC n° 204426-SP, Rel. Jorge Mussi, j. 23.04.2013, DJe 08.05.2013).

Flagrante esperado e não preparado

"Não caracteriza flagrante preparado, e sim flagrante esperado, o fato de a Polícia, tendo conhecimento prévio de que o delito estava prestes a ser cometido, surpreende o agente na prática da ação delitiva" (STF – HC n. 78250-RS – Rel. Maurício Correia, j. 15.12.1998, DJ 26.02.1999, p. 3)

Art. 303. Nas infrações permanentes, entende-se o agente em flagrante delito enquanto não cessar a permanência.

Crime permanente – É assim considerado aquele delito cuja consumação se prolonga no tempo enquanto não cessada a conduta criminosa. A execução, assim, se protrai no tempo por determinação do sujeito ativo. É a modalidade de crime em que a ofensa ao bem jurídico se dá de maneira constante e cessa de acordo com a vontade do agente. Os exemplos típicos são, dentre outros, os crimes de sequestro e tráfico de entorpecentes (este nas modalidades trazer consigo, transportar, guardar, manter em depósito e ocultar). Assim, enquanto a vítima permanecer em mãos dos sequestradores, estará se consumando o delito. Ou, durante todo o período em que a droga estiver sob a guarda do traficante, o flagrante está ocorrendo. Irrelevante, assim, se o ofendido foi encontrado, no cativeiro, no 1º ou no 5º dia após sua captura. Ou por quanto tempo a droga esteve guardada. Em uma ou outra data, porque a consumação do crime se prolonga, seu agente pode ser preso em flagrante. Essa caracterização do delito permanente tem importantes aspectos práticos, sendo o mais relevante aquele que se refere à inviolabilidade da casa da pessoa. De sorte que, por força de princípio constitucional já estudado em nosso trabalho, a casa é inviolável, "ninguém nela podendo penetrar sem consentimento do morador, salvo em caso de flagrante delito" (art. 5º., inc. XI da CF). Ora, saber-se se a situação configura ou não o flagrante é fundamental para a análise da legalidade da conduta daquele que invade a casa alheia. Em casos, por exemplo, de sequestro ou de tráfico de drogas, esse ingresso independerá da prévia expedição de ordem judicial e pode ser feito em qualquer horário, nos termos do preceito constitucional, exatamente porque, como já se disse, o delito é permanente, ou seja, situação de flagrante ocorre a todo tempo.

Nesse aspecto, o crime permanente se diferencia do chamado *crime instantâneo*. Este, como indica o nome, se consuma em momento determinado (consumação imediata), sem qualquer prolongação. Não significa que ocorre rapidamente, mas que, uma vez reunidos seus elementos, a consumação se dá peremptoriamente. É possível, dessa forma, se precisar o exato momento da consumação do delito. Assim um crime de homicídio que se consuma com a morte da vítima. Ou de furto, que se consuma quando o agente tem a posse tranquila da "res furtiva". Praticado um homicídio na semana passada, sem que tenha se seguido qualquer espécie de perseguição ininterrupta, não poderá se ingressar hoje, sem ordem judicial, na casa do agente para prendê-lo. Aliás, nem ser preso em flagrante, ainda que encontrado na via pública.

ATENÇÃO - O conceito de crime instantâneo não se confunde com a obtenção do proveito pelo sujeito ativo. O fato, por exemplo, de o agente roubar um veículo e com ele permanecer não torna o crime permanente, já que a consumação deu-se com a subtração, no momento em que, empregada a violência, a grave ameaça ou outro meio capaz de reduzir a vítima à impossibilidade de resistência.

Sobre o prazo decadencial no crime permanente, v. art. 38 acima; a respeito da competência nessa espécie de delito, v. art. 71; e sobre o ingresso em casa de terceiro, v. art. 294.

JURISPRUDÊNCIA

Não configuração do flagrante

"Mesmo nos crimes permanentes há necessidade de que o agente ativo seja encontrado em circunstância que autorize o reconhecimento do flagrante. Impossível o flagrante por crime de quadrilha se os demais co-réus se encontravam presos desde longa data, não podendo se reunir com o paciente" (STJ – HC n° 65834-AL, Rel. Jane Silva, j. 04.10.2007, DJ 22.10.2007, p. 322).

Receptação

"Nos moldes da autorização concedida pelo art. 5º, XI da Constituição da República, é perfeitamente legal a prisão em flagrante por receptação qualificada na modalidade ter em depósito na residência dos pacientes sem mandado judicial, uma vez tratar-se de crime permanente, cuja consumação se estende no tempo, tal como previsto no art. 303 do CPP" (STJ – HC n° 163378-SP, Rel. Napoleão Nunes Maia Filho, j. 18.11.2010, DJe 13.12.2010).

Formação de quadrilha

"O crime de formação de quadrilha, de natureza permanente, legitima a prisão em flagrante, nos termos do art. 303 do Código de Processo Penal, desde que surpreendidos os agentes em situação demonstrativa da conduta delituosa" (STJ – RHC n° 8176-SP, Rel. Vicente Leal, j. 08.06.1999, DJ 28.06.1999, p. 153).

Redução à condição análoga a de escravo

"Afigura-se legal a prisão em flagrante do ora Paciente pela prática do crime previsto no art. 149, do Código Penal, uma vez que, tendo em vista a sua natureza permanente, a teor do que dispõe o art. 303, do Código de Processo Penal, se deu quando ainda persistia a submissão das vítimas à condição análoga a de escravo" (STJ – HC n° 33484-PA, Rel. Laurita Vaz, RT 834/507).

Crime habitual – É a reiteração da mesma conduta reprovável, de forma a constituir um estilo ou hábito de vida. Exemplos, os crimes de curandeirismo (art. 284 do CP) e casa de prostituição (art. 229 do CP). Ou seja, a prática isolada de uma conduta não configura o crime que exige a pluralidade de ações. Aquele que, em uma única vez, receita um placebo para um doente, não comete o crime do art. 284. Se, todavia, o fizer com habitualidade, diversas vezes para diversos "pacientes", cometerá o curandeirismo. Quem, em determinado dia, emprestar sua casa a um amigo para que, furtivamente, explore sexualmente alguém, pratica um fato atípico. Agora, se ele torna isso uma conduta habitual, onde diversos homens se encontram com meretrizes, lucrando ou não com essa prática, configurado está o crime do art. 229 do Código Penal.

Por conta disso, parte da doutrina entende incabível a prisão, já que o flagrante iria retratar apenas um determinado ato isolado, que constitui, por si só, um indiferente penal. Em outras palavras: é impossível que o flagrante, ao incidir sobre o fato que ocorre em um determinado instante, constate a ocorrência de um crime que exige uma sucessão de atos.

Pensamos de forma diversa, no sentido da possibilidade da prisão em flagrante, desde que devidamente comprovada a habitualidade. Imagine-se a situação na qual policiais apuram a prática do crime do art. 229 do CP (casa de prostituição), crime habitual por excelência. Chegando ao local, se deparam com uma casa devidamente instalada, com iluminação escura, frequentada exclusivamente por homens que mantém contatos com mulheres, todas em trajes sumários. Um policial pode até mesmo se passar por "cliente". Pode ainda haver música em alto volume e "shows" de cunho erótico, de modo a não pairar qualquer dúvida sobre as atividades desenvolvidas no estabelecimento. Parece-nos óbvia a possibilidade do flagrante, sem a necessidade de que se demonstre a habitualidade, em vista veemência das provas colhidas e das características acima exemplificadas.

Partilhando deste entendimento, doutrina e jurisprudência começam a admitir o flagrante no crime de *stalking* (crime de perseguição), previsto no art. 147-A do Código Penal e incluído pela Lei 14.132/21. Trata-se de delito que pressupõe conduta reiterada que provoque medo na vítima (ameaça à integridade física ou psicológica) ou atinja sua capacidade de locomoção, liberdade ou privacidade. A habitualidade da conduta é requisito fundamental para a caracterização do delito.

JURISPRUDÊNCIA

Crime habitual

"Se as infrações transeuntes, que se caracterizam por um só ato, autorizam a prisão em flagrante, com mais razão ainda se há de decidir que as infrações permanentes, expressamente previstas no art. 303 do Cód. de proc. penal, e as que se caracterizam pela habitualidade, também autorizam essa espécie de prisão" (TJSP – Rel. Andrade Junqueira – RT 281/82).

"Ainda que a habitualidade venha a ser demonstrada no curso da ação penal, não se justifica, sem a sua plena e pronta comprovação, sob qualquer pretexto, a detenção de quem quer que seja. O auto de prisão em flagrante, por si só, não prova a habitualidade o crime de que é acusado o paciente. Logo, sofre ele inegável constrangimento legal, ferido que foi no seu indeclinável direito de liberdade, como cidadão" (TJSP – Rel. Hoppner Dutra – RJTJSP 37/241).

Apresentação espontânea do preso – O revogado art. 317 do código previa que "a apresentação espontânea do acusado à autoridade não impedirá a decretação da prisão preventiva nos casos em que a lei a autoriza". Porque redundante, cuidando mesmo de preceito óbvio, houve por bem o legislador extirpar esse dispositivo. Diríamos, porém, que a apresentação espontânea do preso impede sua prisão em flagrante. Claro, o flagrante pressupõe, sempre, fuga, quando não a detenção imediata daquele que comete ou acaba de cometer um crime. Ora, aquele que se apresenta sem ninguém ao seu encalço, é evidente que não se encontra em nenhuma dessas situações, pois espontaneidade e perseguição constituem-se em noções inconciliáveis entre si. Isso não impede, porém, que seja pedida pelo delegado de polícia a prisão preventiva daquele que, livremente, resolver se apresentar, desde que preenchidos os requisitos e pressupostos autorizadores dessa medida extrema.

JURISPRUDÊNCIA

Quando a apresentação espontânea afasta a prisão preventiva

"Ocorrendo a apresentaçãoespontânea do réu, não subsiste, como fundamento para a prisão cautelar decretada com o objetivo de garantir a aplicação da lei penal, a fuga anterior' (STJ – RHC n. 55058-CE – Rel. Rogério Schietti Cruz, j. 19.05.2015, DJe 28.05.2015).

"A apresentação espontânea aliada a condições favoráveis do recorrente afasta a necessidade da custódia preventiva, desde que o fundamento de fuga seja o único utilizado no decreto prisional, não caracterizando, a fuga anterior, portanto, óbice à aplicação da lei penal" (STJ – RHC n. 41770-SC – Rel. Felix Fischer, j. 02.10.2014, DJe 14.10.2014).

Art. 304. Apresentado o preso à autoridade competente, ouvirá esta o condutor e colherá, desde logo, sua assinatura, entregando a este cópia do termo e recibo de entrega do preso. Em seguida, procederá à oitiva das testemunhas que o acompanharem e ao interrogatório do acusado sobre a imputação que lhe é feita, colhendo, após cada oitiva suas respectivas assinaturas, lavrando, a autoridade, afinal, o auto. (Redação dada pela Lei nº 11.113, de 2005).

§ 1º Resultando das respostas fundada a suspeita contra o conduzido, a autoridade mandará recolhê-lo à prisão, exceto no caso de livrar-se solto ou de prestar fiança, e prosseguirá nos atos do inquérito ou processo, se para isso for competente; se não o for, enviará os autos à autoridade que o seja.

§ 2º A falta de testemunhas da infração não impedirá o auto de prisão em flagrante; mas, nesse caso, com o condutor, deverão assiná-lo pelo menos duas pessoas que hajam testemunhado a apresentação do preso à autoridade.

§ 3º Quando o acusado se recusar a assinar, não souber ou não puder fazê-lo, o auto de prisão em flagrante será assinado por duas testemunhas, que tenham ouvido sua leitura na presença deste. (Redação dada pela Lei nº 11.113, de 2005)

§ 4º Da lavratura do auto de prisão em flagrante deverá constar a informação sobre a existência de filhos, respectivas idades e se possuem alguma deficiência e o nome e o contato de eventual responsável pelos cuidados dos filhos, indicado pela pessoa presa. (Incluído pela Lei nº 13.257, de 2016)

Formalidades – Uma alteração importante trazida pela Lei n. 11.113/2005, consiste na possibilidade de cada peça (oitiva do condutor, testemunhas e vítima, interrogatório do preso) ser realizada individualmente, colhendo-se, em seguida, a assinatura do respectivo depoente. Com efeito, pelo sistema anterior, o flagrante se constituía em uma peça única, exigindo-se, por isso mesmo, que cada um daqueles que ouvidos aguardassem seu desfecho. Com isso, policiais se viam obrigados a permanecer durante horas em uma delegacia de polícia, enquanto não se terminava o auto, quando poderiam voltar às ruas, para exercer sua função precípua de policiamento preventivo. O mesmo ocorria em relação às testemunhas e vítimas (embora estas não tenham sido mencionadas no texto de lei). A partir da redação do art. 304 em vigor, cada depoimento é elaborado de *per si* e, após a colheita da assinatura do depoente, ele é liberado. Salvo se a autoridade entender cabível, por exemplo, uma acareação entre as testemunhas quando, então, não será possível sua liberação de plano.

Cópia do termo – A entrega de cópia do termo ao condutor tem um objetivo de ordem prática. Com efeito, o condutor – quase sempre um policial – certamente será arrolado, mais adiante, como testemunha, caso deflagrado um processo criminal. Quem milita na área criminal sabe que não é raro que policiais, em audiência, digam que não se recordam dos fatos, tamanho o número de flagrantes que participaram. Ou que se reportem ao declarado na fase policial, de que também nada se recordam. Essa providência permite que o condutor, ao depor em juízo, consulte a cópia que recebeu e, assim, se recorde da ocorrência em que se envolveu, prestando um depoimento fidedigno e eficaz.

Recibo de entrega – Cabe à autoridade competente, assim que apresentado o preso, emitir um recibo que será entregue ao condutor. Com essa providência se procura limitar a responsabilidade pela custódia do conduzido: até então do condutor e, a partir daí, da autoridade que o recebeu. Caso constatado, por exemplo, que o preso apresenta lesões corporais decorrentes de algum ato de sevícia, será possível se apurar quem era a autoridade responsável por sua custódia, adotando-se, a partir daí, as medidas cabíveis à espécie. O mesmo se diga em caso de fuga do preso. Eventual ausência dessa cautela legal, porém, configura mera irregularidade, sem o condão de macular o flagrante, como se vê da jurisprudência abaixo colacionada.

O legislador não manda indicar o horário no qual entregue o preso. De bom alvitre, contudo, que do recibo conste essa informação, a fim de precisar quando termina a responsabilidade de um e se inicia a de outro. Aliás, o art. 286 do código teve esse cuidado, mandando que se declare a hora em que o conduzido foi entregue à prisão.

JURISPRUDÊNCIA

Formalidades do ato

"Após confessar informalmente a autoria do latrocínio, o recorrente foi qualificado e interrogado na presença de duas testemunhas, constando do termo a circunstância de que foi devidamente cientificado e advertido dos seus direitos, fato também confirmado pelos testemunhos judiciais, o que afasta a afirmação de que não teriam sido observadas as garantias constitucionais de manter-se em silêncio e de se consultar com advogado" (STJ – RHC n° 25475-SP, Rel. Jorge Mussi, j. 16.09.2010, DJe 16.11.2010).

Falta do recibo de entrega do preso. Irrelevância

"A falta de outorga do recibo de entrega do preso ao condutor do flagrante não é capaz, por si só, de ensejar a soltura do agente, notadamente quando todas as garantias constitucionais lhe foram preservadas, eis que, inclusive, assistido por Advogado (ora impetrante), não havendo a mácula atingido a essência do ato" (STJ – HC n° 101540-GO, Rel. Jane Silva, j. 27.05.2008, DJe 09.06.2008).

Curador – Sobre a desnecessidade de nomeação de curador, caso o conduzido conte menos de 21 anos, v. acima nossos comentários ao art. 15 do código.

§ 1º Resultando das respostas fundada a suspeita contra o conduzido, a autoridade mandará recolhê-lo à prisão, exceto no caso de livrar-se solto ou de prestar fiança, e prosseguirá nos atos do inquérito ou processo, se para isso for competente; se não o for, enviará os autos à autoridade que o seja.

Fundada suspeita – O alcance da expressão "fundada a suspeita" sempre é motivo de controvérsia, na doutrina, em virtude da forte carga de subjetivismo que lhe é ínsita. O insuperável Hélio Tornaghi, após profunda análise do tema, resume que "haverá 'fundada suspeita' contra o conduzido quando os fatos apontados pelas pessoas que depuseram perante a autoridade autorizam a ter como 'provável' que ele, conduzido, seja autor da infração. Não basta a 'suspeita', a suposição, a conjetura, a dúvida; é necessária a suspeita fundada em fatos, em realidades" (ob. cit., vol. 3, pp. 300-3).

Na prática diária, porém, essa expressão raramente suscita alguma espécie de dúvida. A condução do preso em flagrante, por si só, já confere quase que uma "certeza" de ter sido ele o autor do delito a ele atribuído. Somam-se a isso as declarações do condutor, de testemunhas e vítimas, capazes de dissipar qualquer dúvida que eventualmente perdure no espírito da autoridade. Dúvidas surgem, é verdade, sobretudo na análise se o caso trazido enseja a prisão em flagrante, isto é, se estão configuradas as hipóteses do art. 302 do código. Mas, em relação à autoria propriamente dita, elas são mais raras.

Conduzido que se livra solto – Pode ocorrer que, embora elaborado o auto de prisão em flagrante, não seja o conduzido recolhido à prisão, porque se trate de infração penal na qual ele "se livra solto" ou porque o crime seja afiançável. É, aliás, o sentido do art. 309 do código. Pela redação original do art. 321 do CPP, o réu se livrava solto quando ao delito por ele praticado não fosse "isolada, cumulativa ou alternativamente, cominada pena privativa de liberdade" ou quando o delito tivesse pena cominada não superior a três meses. Sucede que na reforma promovida pela Lei n. 12.403/2011, esse art. 321 foi revogado, não mais se cogitando da hipótese do réu "se livrar solto". Nesse tópico, pois, a primeira parte deste § 1º, não tem mais aplicação.

Fiança – Pode ocorrer, porém, que o réu faça jus à fiança, arbitrada pela própria autoridade responsável pelo flagrante, quando, nesse caso, não será conduzido à prisão, desde que, é óbvio, recolha o respectivo valor. A hipótese na qual se autoriza à autoridade policial o arbitramento da fiança vem prevista no art. 322 do código, a saber, para os "casos de infração cuja pena privativa de liberdade máxima não seja superior a 4 (quatro) anos".

Quando o delegado de polícia pode deixar de lavrar o flagrante – Suponha-se que, diante do fato concreto que lhe é apresentado, receba a autoridade policial determinada pessoa, custodiada por outros policiais, a fim de que seja lavrado o flagrante pela prática de um crime de homicídio. Constatando que, à toda evidência, o agente agiu em legítima defesa, deverá, ainda assim, formalizar sua prisão em flagrante?

Há quem entenda incabível o relaxamento da prisão por parte do delegado de polícia, posto se tratar de ato privativo do juiz de direito, nos termos do art. 5º, inc. LXV da Constituição Federal, que determina "a prisão ilegal será imediatamente relaxada pela autoridade judiciária". Caberia à autoridade policial, assim, lavrar o flagrante e, apenas ao juiz relaxar a prisão, ao detectar que o agente agiu acobertado por uma causa excludente de antijuridicidade, na dicção do parágrafo único, do art. 310 do código.

Na doutrina, por outro lado, há posicionamento que admite o relaxamento do flagrante, valendo que se confira a lição de Hidejalma Muccio: "A autoridade policial, por força do art. 304, § 1º, do CPP, poderá, é certo, relaxar a prisão em flagrante, se da oitiva do condutor, das testemunhas, do ofendido e do interrogatório do autor do fato, verificar que delas não resulta contra o último fundada suspeita. O órgão do Ministério Público também poderá requerer, e o juiz determinar o arquivamento do inquérito policial, quando verificar que o indiciado agiu em legítima defesa, estado de necessidade, exercício regular de direito ou estrito cumprimento de dever legal. Contudo, para que a autoridade policial relaxe o flagrante, e o promotor de justiça requeira o arquivamento do inquérito policial, é necessário que a prova da excludente de antijuridicidade seja segura, indene de dúvida, forte, robusta, irretorquível, incontroversa, límpida etc. Na existência de dúvida, o flagrante não será relaxado e o inquérito policial não será arquivado, uma vez que nesta fase não se reclama juízo de certeza" (*Curso de Processo Penal*. 2ª. ed. Rio de Janeiro: Forense, 2011, p. 1.214).

De nossa parte, não nos preocupamos em demasia com o nome a ser conferido ao ato do delegado de polícia consistente em deixar de prender em flagrante, se é um *relaxamento* ou não. Antes, vislumbramos mesmo um certo academicismo na discussão, que carece de maior alcance prático. Interessa-nos, isto sim, é indagar se, diante da situação concreta, deparando-se a autoridade policial com um caso, por exemplo, de evidente legítima defesa com que se houve o agente, deve lavrar o flagrante ou, ao revés, tem autonomia para deixar de fazê-lo.

Afirmar-se que cumpre apenas à autoridade judicial o relaxamento do flagrante, o que, por consequência, obrigaria o delegado de polícia a sempre efetuar sua lavratura, parece despropositado, por impor ao agente um ônus desnecessário e injusto. Afinal, tendo agido em legítima defesa, circunstância que afasta a própria caracterização do crime, não faz sentido sua prisão para que, somente depois, venha ser eventualmente liberado, com o relaxamento determinado pelo juiz.

Trata-se, ainda, de posição que, de alguma forma, desmerece a autoridade policial. Com efeito, esquece-se, por vezes, que o delegado de polícia possui, obrigatoriamente, formação jurídica e assume as funções que lhe são inerentes mediante a aprovação em concurso público, tal qual juízes, promotores de Justiça e demais membros das chamadas *carreiras jurídicas*. Essas impressões são reforçadas pela Lei n. 12.830/2013, que, em seu art. 2º., identifica as funções de polícia judiciária como de natureza jurídica e determina que ao delegado de polícia seja dispensado "o mesmo tratamento protocolar que recebem os magistrados, os membros da Defensoria Pública e do Ministério Público e os advogados" (art. 3º.). Bem por isso, já assentou no Tribunal de Justiça do Estado de São Paulo que "o Delegado de Polícia não tem função robotizada. É bacharel em Direito. Submete-se a concurso público. Realiza, na própria Instituição, cursos específicos. Tem, na estrutura de sua função, chefias hierárquicas e órgão correcional superior. Não se pode, pois, colocar seu agir sempre sob a suspeita de cometimento de crime de prevaricação, caso não lavre o flagrante, principalmente quando esse seu agir pressupõe decisão de caráter técnico-jurídico, como o é no caso do auto de flagrante. Está na hora, pois, mormente neste momento em que se procura alterar o Código de Processo Penal, de se conferir ao Delegado de Polícia regras claras e precisas para que o exercício de sua função não seja um ato mecânico, burocrático, carimbativo, dependente, amedrontado ou heroico, enfim, não condizente com a alta responsabilidade e dever que a função exige, até para que se possa cobrar plenamente essa responsabilidade que lhe é conferida e puni-lo pelos desvios praticados" (HC 370.792).

De sorte que, investido da função pública que é inerente ao cargo e dotado de conhecimento jurídico própria da função pública que exerce, cabe ao delegado de polícia a análise do fato concreto que lhe é apresentado quando, ao verificar que o agente, de forma clara, agiu acobertado por uma excludente de ilicitude (e mesmo de culpabilidade, como visto acima), cumpre deixar de lavrar o flagrante. É que "a autoridade policial goza de poder discricionário de avaliar se efetivamente está diante de notícia procedente, ainda que em tese [...] não operando como mero agente de protocolo, que ordena, sem avaliação alguma, flagrantes e boletins indiscriminadamente", segundo entendimento do extinto Tribunal de Alçada Criminal de São Paulo (RJTACRIM 39/341).

Cuida-se, a propósito, de posicionamento que tem apoio na doutrina de Julio Fabbrini Mirabete, quando destaca que "ao receber o preso e as notícias a respeito do fato tido como criminoso, a autoridade policial deverá analisar estes e os elementos que colheu com muita cautela, a fim de verificar se é hipótese de lavrar o auto de prisão em flagrante. A prisão não implica obrigatoriamente na lavratura do auto, podendo a autoridade policial, por não estar convencida da existência de infração penal ou por entender que não houve situação de flagrância, conforme for a hipótese, dispensar a lavratura do auto, determinar a instauração de inquérito policial para apurar o fato, apenas registrá-lo em boletim de ocorrência etc.., providenciando então a soltura do preso" (*Código de Processo Penal interpretado*. 11. ed. São Paulo: Atlas. 2003, p. 759). Sobre o tema, a Delegacia Geral de Polícia do Estado de São Paulo editou a Recomendação nº 1/2005, do seguinte teor: "Caberá exclusivamente à Autoridade Policial formar, soberanamente, sua convicção jurídica e, então, determinar, ou não, a lavratura do auto de prisão, inadmitido qualquer tipo de ingerência relativamente ao enquadramento típico da conduta e à existência de estado flagrancial".

O sempre festejado Afrânio Silva Jardim sustenta a tese de que deva ser, primeiro, lavrado o auto de prisão em flagrante, com a possibilidade de posterior relaxamento pela autoridade policial. Mas não o relaxamento de plano, apontando, inclusive, um aspecto prático a não recomendar essa conduta. Confira-se: "Ademais, tal relaxamento se daria por ato oral e nada ficaria documentado para posterior fiscalização do Ministério Público [...], seja em relação à própria legalidade da prisão, seja em relação a eventual delito praticado pelo conduzido. Melhor é permitir que o delegado relaxe a prisão ilegal mediante decisão escrita e motivada, após colher a prova de como ela ocorreu e colher também a prova de eventual crime cometido pelo preso, tudo através da lavratura do auto de prisão em flagrante, que deve ser lavrado sempre" (Reforma do CPP deve corrigir distorções sobre prisão e liberdade provisórias. Site: conjur.com.br, acessado em 01/03.2015).

Ficamos com a primeira posição: não nos parece, em termos práticos, que seja razoável a lavratura do flagrante pela autoridade policial para, em seguida, constatando ter o agente agido, por exemplo, em legítima defesa, relaxar a prisão. Daí propormos que, detectando, de forma clara e extreme de dúvidas, ter o agente atuado sob o manto de excludente de ilicitude, o delegado de polícia não deve lavrar o flagrante e, por consequência, mandar recolhê-lo à prisão. Será de bom alvitre, a fim de permitir posterior análise da legalidade sua conduta, a elaboração detalhada boletim de ocorrência, narrando os fatos e no qual o delegado de polícia deve justificar sua opção em não lavrar o flagrante.

Remessa à autoridade competente – Ressalve-se o emprego impreciso do vocábulo "competente", a rigor reservado àqueles que possuem jurisdição (os juízes, portanto), sendo mais preciso que se dissesse "autoridade com atribuição". De qualquer sorte, lavrado o flagrante por "autoridade incompetente", nem por isso há que se cogitar de nulidade do ato. Não teria cabimento que o agente, colocando-se em fuga, fosse preso por policiais que saíram em seu encalço, em local distante daquele em que perpetrou o delito, e não pudesse, neste último sítio, ser lavrado o flagrante. Regras de competência são estabelecidas aos juízes, que ostentam jurisdição, não se aplicando àqueles que se constituem em autoridades administrativas. Basta, assim, que, findo o fragrante, sejam os autos enviados à autoridade policial originariamente com atribuição para conhecer da matéria.

JURISPRUDÊNCIA

Lavratura do flagrante em local diverso

"A lavratura de auto de prisão em flagrante em local diverso daquele onde foi efetuada a prisão nada tem de ilegal, porque a autoridade policial não exerce função jurisdicional" (STJ – HC n° 32319-PI – Rel. Paulo Medina, j. 18.12.2003, DJ 16.02.2004, p. 354).

Ofensa física ao conduzido implica em nulidade do flagrante

"Anula-se a prisão em flagrante em favor do réu que sofre ofensa física, mesmo que nada tenha confessado" (STJ – Rel. Edson Vidigal – RT 749/609).

Flagrante na hipótese de ação penal privada – Que os crimes que se processam mediante ação penal privada dependem da oferta de queixa-crime pelo ofendido, é tema que temos insistindo desde sempre. Prevalece, aqui, preponderantemente, não o interesse do Estado, mas o desejo da vítima em ver processado – ou não –seu ofensor. Indaga-se, então, se diante de uma situação de flagrância, pela prática de um crime de ação penal privada, quais as cautelas que devem ser adotadas pela autoridade policial?

Ressalte-se, desde logo, que essa espécie de crime, regra geral, possui uma pena reduzida, podendo ser citados, como exemplos, os crimes contra a honra (calúnia, difamação e injúria), todos com pena máxima inferior a dois anos (salvo na hipótese da injúria preconceito). Também ao crime de dano, nas suas diversas modalidades, é cominada pena máxima inferior a dois anos (à exceção da hipótese do dano qualificado, previsto no parágrafo único, do art. 163 do Código Penal). Queremos dizer, com isso, que a possibilidade de prisão em flagrante pela prática de crimes que se processam mediante ação penal privada, reduziu-se um bocado, por se tratarem infrações penais de menor potencial ofensivo, assim consideradas, nos termos do art. 61 Lei dos Juizados Criminais, as contravenções penais e os crimes a que a lei comine pena máxima não superior a dois anos. Ora, para tais delitos, o art. 69 da Lei n. 9.099/95 libera a prisão em flagrante do agente, desde que encaminhado, de pronto, ao juizado ou que ele se comprometa em lá comparecer, quando chamado, na dicção do parágrafo único, do art. 69, do mencionado diploma.

Crimes de ação penal de iniciativa privada cometidos no âmbito doméstico – Sem embargo do afirmado acima, vale observar que aos crimes perpetrados mediante violência doméstica, não se incidem os dispositivos dos Juizados Especiais Criminais, conforme excetua o art. 41 da Lei Maria da Penha (Lei n. 11.340/2006), cuja constitucionalidade, mais de uma vez, foi reconhecida pelo Supremo Tribunal Federal (cf., HC n. 106212-MS, Rel. Marco Aurélio, j. 24.03.2011). Conclui-se, assim, que ao vedar a aplicação dos favores legais previstos na Lei dos Juizados Criminais (dentre os quais de livrar-se o agente do flagrante, como destacado acima), é possível, por consequência, a prisão em flagrante daquele que, por exemplo, perpetrar um crime contra a honra de mulher, em um contexto doméstico, por óbvio. É certo que essa prisão ensejará pouco efeito prático, em face da possibilidade de arbitramento da fiança, pela própria autoridade policial, na dicção do art. 322 do CPP, já que as penas máximas, nesses crimes, não superam quatro anos. De qualquer sorte, é possível que o preso não reúna condições de pagar o valor da fiança que lhe foi imposta. Ou mesmo que, pela autoridade policial, não seja arbitrada a fiança, vislumbrando, na hipótese concreta, motivo que justifique a prisão preventiva do agente, decorrente do crime "envolver violência doméstica e familiar contra a mulher", *ex vi* do disposto no inc. III do art. 313 do CPP.

A prisão em si – Sucede que, para que se autorize o delegado de polícia a lavrar o auto de prisão em flagrante, pelas razões tantas vezes expostas, é preciso que conte, antes, com a concordância da vítima. É a lição de Hélio Tornaghi ao destacar que "o flagrante é também ato inicial do inquérito, e se esse não pode sequer começar sem precedente requerimento ou representação do ofendido, segue-se que nos crimes de ação privada ou nos de ação pública dependente de representação a prisão em flagrante e a lavratura do respectivo auto dependem do consentimento anterior do ofendido. O mesmo acontece com a requisição do Ministro da Justiça ou de quem de direito, quando a lei penal a exige" (*Curso de processo penal*. ob. cit., v 2., p. 61). Não se cogitará, decerto, de um requerimento expresso do ofendido para a instauração do inquérito policial, como previsto no inc. II, parte final, do art. 5º, do CPP. Isto porque o próprio flagrante já se constitui na chamada *notitia criminis de cognição coercitiva*, assim considerada aquela cujo conhecimento do fato, pela autoridade policial, decorre da prisão em flagrante de seu autor. Basta, portanto, à lavratura do flagrante, singela menção, no auto, no sentido de que a vítima pretende, mais à frente, ofertar queixa-crime contra seu ofensor. O mesmo raciocínio se adota para os crimes cuja iniciativa depende da prévia requisição do Ministro da Justiça.

Ausência da vítima e sua representação – Pode ocorrer que a vítima, por alguma razão, não reúna condições de se manifestar no momento da lavratura do flagrante. Ficará a autoridade policial inibida de deter o agente em flagrante enquanto não contar com o *pedido-autorização* da vítima no sentido de que deseja representar contra seu ofensor? Cremos que em hipóteses excepcionais, quando inviável a manifestação da vítima, seja cabível a detenção, concedendo-se, a esta última, um prazo razoável para se que se posicione. Esse prazo alvitramos ser de 24 horas, o mesmo conferido para a emissão da nota de culpa, de que trata o art. 306, § 2º do código. Expirado o prazo, caso a vítima represente contra seu algoz, fica mantida a prisão em flagrante. Caso contrário, cumprirá sua imediata liberação.

Lei de drogas – Dispõe o inc. I, do art. 52 da Lei n. 11.343/2006, que cumpre à autoridade policial, ao remeter o inquérito policial a juízo, devidamente relatado, apontar, de forma sumária, "as circunstâncias do fato, justificando as razões que a levaram à classificação do delito, indicando a quantidade e natureza da substância ou do produto apreendido, o local e as condições em que se desenvolveu a ação criminosa, as circunstâncias da prisão, a conduta, a qualificação e os antecedentes do agente". Embora esse dispositivo faça referência ao relatório da autoridade policial, pensamos que, em se tratando de prisão em flagrante, tal justificativa deve acompanhar o respectivo auto, quando de sua remessa ao juiz competente, determinada pelo § 1º, do art. 306 abaixo. O objetivo do legislador, com efeito, foi de impor à autoridade policial a exposição dos motivos que a levaram a tipificar a conduta do agente como, por exemplo, de traficante e não mero usuário. Tal motivação, bem por isso, deve acompanhar o comunicado do flagrante, onde poderá ser contestada, ensejando, eventualmente, caso frágil, o relaxamento do flagrante ou a substituição da prisão por uma medida cautelar. Ou, ao contrário, se robusta, reforçando a necessidade da conversão do flagrante em prisão preventiva.

Os critérios para que se conclua pela prática do tráfico são listados no inc. I, do art. 52 da Lei de Drogas. Destaque-se, de início, a quantidade da droga apreendida. Costuma-se afirmar que a quantidade elevada de material apreendido, por si só, não configura o tráfico. Na prática, porém, revela-se fator decisivo para a configuração do delito. Uma quantidade razoavelmente grande, muito superior aquela que, normalmente, traz consigo um mero usuário, serve de forte indício no sentido da prática do ilícito comércio. Drogas transportadas em carretas ou em aviões, face à audácia da conduta, certamente não se prestam ao mero uso.

A isso se soma a condição pessoal do agente, seu *modus vivendi* (ele vive do quê? possui vínculo formal de trabalho? onde mora?). Um sujeito desempregado, sem que exerça nenhuma atividade, ainda que na informalidade, não reúne – decerto – condições financeiras para trazer consigo 30 "papelotes" de cocaína ou razoável quantidade de maconha, salvo quando se prestarem a consumo de terceiros. Ou, ao contrário, sinais exteriores de riqueza, sem qualquer justificativa plausível, podem indicar a atividade ilegal do conduzido. A se considerar, ainda, o local em que preso o agente, isto é, se é ponto conhecido de tráfico de drogas, comumente frequentado por usuários. Sua vida pregressa, com anteriores ocorrências pela mesma prática, bem como o conhecimento que policiais tenham de sua pessoa, famoso pela prática da ilícita mercancia, são outros fatores fundamentais na formação da convicção da autoridade policial. A isso se somam, por óbvio, investigações anteriores efetuadas pela polícia, que contém, por exemplo, com interceptações telefônicas, a apontar, de forma inequívoca, a prática do tráfico.

Conquanto a classificação da autoridade policial, de qualquer modo, não vincule o Ministério Público ou mesmo o juiz competente, pois poderá ser questionada mais adiante, já na fase da defesa preliminar do processo, cuida-se de elemento valioso na formação da convicção dos atores processuais e, notadamente, na avaliação quanto ao acerto na capitulação do delito e, por consequência, na decretação da prisão em flagrante do agente.

Necessidade do laudo de constatação – Nos termos do § 1º, do art. 50 da Lei n. 11.343/2006, "para efeito da lavratura do auto de prisão em flagrante e estabelecimento da materialidade do delito, é suficiente o laudo de constatação da natureza e quantidade da droga, firmado por perito oficial ou, na falta deste, por pessoa idônea". Esse laudo, ainda que precário, se prestará, *prima facie*, à comprovação da materialidade do delito, autorizando, por conseguinte, a prisão em flagrante do agente (e a posterior oferta de denúncia pelo Ministério Público), ou, não sendo o caso, a deflagração do inquérito policial. De se ver, porém, que a aptidão definitiva da droga, como tal, deverá ser atestada mais adiante, com a oferta do laudo definitivo.

Em nossa experiência prática já nos deparamos com a apreensão de razoável quantidade de pontos de LSD, droga sintética, comumente utilizada em festas conhecidas como *raves*. Em virtude de se tratar de entorpecente mais raro, quando comparado, por exemplo, à maconha ou cocaína, não foi possível a elaboração, de imediato, do auto de constatação – a ser realizado dias depois, em laboratório mais bem equipado –, bem como a decretação da prisão em flagrante do agente, o que culminou com sua soltura, a despeito da eloquência dos fatos. Temos como absolutamente equivocada essa decisão da autoridade policial. Cumpriria, assim, a nomeação de um perito, que não necessita seja oficial (bastando cuidar-se de pessoa idônea), capaz de atestar, ainda que de forma provisória, tratar da referida droga. O LSD, com efeito, é embalado com características bem próprias, em pequenas quantidades, coloridas, como se fossem balas de mascar, qualquer policial, com um mínimo de experiência, sabe identificá-lo de pronto. Nada impede, sob nossa compreensão, que este policial constate tratar-se da mencionada droga, fato que, somado a outras circunstâncias (a presença do agente na festa, a grande quantidade de "pontos" com ele apreendida, sua eventual confissão, o depoimento de testemunhas, etc.), induza à conclusão quanto ao tráfico. O que soa esdrúxulo é que, por falta de uma estrutura mais adequada – que a lei, a propósito, não exige para esse primeiro momento –, deixe o traficante de ser preso em flagrante. Haverá quem afirme que o policial, porque envolvido com a diligência, não teria a isenção necessária para a elaboração do auto de constatação. Discordamos. Primeiro, pois como o vocábulo indica, trata-se de mera "constatação", a ser corroborada, adiante, desta feita por dois peritos, agora sim oficiais. Segundo, em virtude de que se o policial pode servir como testemunha – como vimos, de sobejo, na análise do art. 220 acima, a qual remetemos o leitor – por qual razão não se prestaria como "pessoa idônea", apta, bem por isso, a firmar um laudo precário, de mera constatação? Ou, que sentido faz cominar-lhe tão sérias atribuições, inerente à atividade policial, às quais se habilitou por meio de concurso público, se não lhe reconhece a possibilidade de constar a natureza da droga?

JURISPRUDÊNCIA

Denúncia sem o laudo de constatação. Inviabilidade

"O artigo 50, § 1º, da Lei 11.343/06 não admite a prisão em flagrante e o recebimento da denúncia sem que seja demonstrada, ao menos em juízo inicial, a materialidade da conduta por meio de laudo de constatação preliminar da substância entorpecente, que configura condição de procedibilidade para a apuração do ilícito de tráfico. Precedentes" (STJ – RHC n. 65205-RN – Rel. Jorge Mussi, j. 12.04.2016, DJe 20.04.2016).

Condenação sem o laudo definitivo. Inviabilidade

"Conquanto para a admissibilidade da acusação seja suficiente o laudo de constatação provisória, exige-se a presença do laudo definitivo para que seja prolatado um édito repressivo contra o denunciado pelo crime de tráfico de entorpecentes. No caso dos autos, tem-se que o paciente foi condenado sem que fosse anexado ao feito o indispensável laudo definitivo, o que é causa de nulidade absoluta do processo, e não de absolvição, como pretendido pela impetrante. Precedentes" (STJ – HC n. 196625-RN – Rel. Jorge Mussi, j. 12.03.2013, DJe 26.03.2013).

Condenação com base no laudo de constatação, sem o laudo definitivo. Viabilidade

"Nos casos em que ocorre a apreensão do entorpecente, o laudo toxicológico definitivo é imprescindível à demonstração da materialidade delitiva do delito e, nesse sentido, tem a natureza jurídica de prova, não podendo ser confundido com mera nulidade, que corresponde a sanção cominada pelo ordenamento jurídico ao ato praticado em desrespeito a formalidades legais [...] Isso, no entanto, não elide a possibilidade de que, em situação excepcional, a comprovação da materialidade do crime de drogas possa ser efetuada pelo próprio laudo de constatação provisório, quando ele permita grau de certeza idêntico ao do laudo definitivo, pois elaborado por perito oficial, em procedimento e com conclusões equivalentes. Isso porque, a depender do grau de complexidade e de novidade da droga apreendida, sua identificação precisa como entorpecente pode exigir, ou não, a realização de exame mais complexo que somente é efetuado no laudo definitivo" (STJ – EREsp n. 1544057-RJ – Rel. Reynaldo Soares da Fonseca, j. 26.10.2016, DJe 09.11.2016).

Laudo definitivo juntado em grau de recurso. Validade

"O laudo de constatação definitivo foi acostado aos autos em segundo grau de jurisdição, após a prolação de sentença condenatória, momento no qual foi apresentado à defesa, que pôde exercer o contraditório mas optou por apenas reiterar o pleito de nulificação, não se configurando, portanto, qualquer constrangimento ilegal diante da juntada extemporânea da perícia, com espeque no brocardo da instrumentalidade das formas" (STJ – HC n. 290501-MG – Rel. Maria Thereza de Assis Moura, j. 05.05.2015, DJe 05.06.2015).

Não apreensão da droga dispensa a elaboração do laudo definitivo

"A despeito da pacífica orientação desta Corte no sentido da indispensabilidade do laudo toxicológico para se comprovar a materialidade do crime de tráfico ilícito de drogas, já se posicionou esta Col. Quinta Turma (HC 91.727/MS, 5.ª Turma, Rel. Min. ARNALDO ESTEVES LIMA, DJe de 19/12/2008) no sentido de que o referido entendimento só é aplicável nas hipóteses em que a substância entorpecente é apreendida, a fim que se confirme a sua natureza. Dessa forma, é possível, nos casos de não apreensão da droga, que a condenação pela prática do delito tipificado no art. 33 da Lei n.º 11.343/2006 seja embasada em extensa prova documental e testemunhal produzida durante a instrução criminal que demonstrem o envolvimento com organização criminosa acusada do delito, o que, conforme se constata dos excertos transcritos, constitui a hipótese dos autos" (STJ – AgRg no AREsp 293492- MT – Rel. Laurita Vaz, j. 26.08.2014, DJe 02.09.2014).

Laudo de constatação elaborado por pessoa idônea, que não é perito. Validade

"De acordo com o artigo 50, § 1º, da Lei 11.343/2006, o laudo de constatação provisória não precisa ser elaborado por perito, podendo ser realizado por pessoa idônea, motivo pelo qual não se pode pretender que a pessoa responsável pelo exame preliminar seja portadora de diploma de curso de nível superior. Doutrina. Precedentes. No caso em tela, a autoridade policial nomeou pessoa para figurar como perito *ad hoc*, inexistindo nos autos notícias de que não seria idônea, como determinado pela lei, o que impede o reconhecimento do vício aventado no inconformismo" (STJ – RHC n. 52746-GO – Rel. Jorge Mussi, j. 18.11.2014, DJe 26.11.2014).

§ 2º A falta de testemunhas da infração não impedirá o auto de prisão em flagrante; mas, nesse caso, com o condutor, deverão assiná-lo pelo menos duas pessoas que hajam testemunhado a apresentação do preso à autoridade.

Testemunhas – Quando o "caput" deste dispositivo se refere a "testemunhas", empregando o plural, presume-se que sejam no mínimo duas. Sucede que eventual inexistência de testemunhas não impede a lavratura do flagrante. Tampouco a ausência da vítima (que pode, por exemplo, ter morrido, em um caso de homicídio). Nesse caso será ouvido o condutor e, além dele, mais duas testemunhas que presenciaram a apresentação do preso. Tais testemunhas, como já vimos, são chamadas *instrumentais* (ou *impróprias*). A jurisprudência tem admitido que o condutor seja computado como testemunha, caso em que bastará a oitiva de uma outra testemunha, para atingir o número de duas previsto neste dispositivo.

JURISPRUDÊNCIA

Condutor pode ser computado como testemunha

"Por construção jurisprudencial, aceita-se o condutor da prisão em flagrante como uma das testemunhas a fim de integrar a exigência numérica legal, prevista no art. 304 do CPP, de oitiva de pelo menos duas testemunhas" (STJ – HC nº 53275-SP, Rel. Napoleão Nunes Maia Filho, j. 07.08.2007, DJ 07.08.2007, p. 277).

Ausência de testemunhas presenciais não invalidade o flagrante

"A falta de testemunhas da prática delitiva não se presta para impedir a custódia em flagrante, desde que, juntamente com o condutor, duas testemunhas – que tenham presenciado a apresentação do preso à autoridade policial – assinem o auto de prisão, hipótese verificada *in casu*, já que evidenciada a assinatura das duas testemunhas, da autoridade policial, do conduzido, do escrivão e do condutor" (STJ – Rel. Gilson Dipp – RT 809/542).

Policiais podem ser testemunhas de apresentação

"Muito embora o artigo 304 do Código de Processo Penal se refira à oitiva das testemunhas do flagrante, o certo é que se tem entendido que os próprios policiais responsáveis pela custódia do acusado sejam inquiridos nessa condição, o que revela a desnecessidade de condução de terceiros para relatar como teriam ocorrido os fatos. Doutrina. Precedentes" (STJ – HC nº 188403-ES, Rel. Jorge Mussi, j. 02.10.2012, DJe 09.10.2012).

Preso estrangeiro e intérprete

Processual penal. Interrogatório. Auto de prisão em flagrante. Estrangeiro. Intérprete – "Quando o acusado não falar a língua nacional, o interrogatório será feito por intérprete, a teor da norma do art. 193 do CPP. A circunstância, entretanto, não impede que, na falta de intérprete do idioma do interrogado, o ato se desenrole em língua a ele acessível, permitindo-lhe entender os fatos, ter ciência de sua situação e fornecer respostas. Em decorrência, não e nulo o auto de prisão em flagrante de acusado de origem austríaca, falando alemão, mas entendendo o inglês, idioma utilizado em seu interrogatório" (STJ – Rel. Fernando Gonçalves – LEXSTJ 108/334).

§ 3º Quando o acusado se recusar a assinar, não souber ou não puder fazê-lo, o auto de prisão em flagrante será assinado por duas testemunhas, que tenham ouvido sua leitura na presença deste. (Redação dada pela Lei nº 11.113, de 2005)

Falta de assinatura do acusado – Pode ocorrer, o que não é raro, que o acusado se negue a assinar o auto de prisão em flagrante. É possível, ainda, que seja ele analfabeto. Ou, ademais, que ele esteja impossibilitado de assinar, por exemplo, porque ferido e levado a um hospital. Ou porque embriagado. Ressalvado o emprego impreciso do termo "acusado" (melhor seria "conduzido" ou "preso"), vale destacar que a falta de sua assinatura não impedirá a lavratura do flagrante, devendo a peça, nesse caso, ser assinada por duas testemunhas que tenham ouvido sua leitura (por isso chamadas "testemunhas de leitura" ou "signatárias"). Assim, cabe a leitura do auto ao conduzido e que essa leitura seja acompanhada por duas testemunhas a quem cumpre apor suas assinaturas. Não mais se exige, como na sistemática anterior, que essa leitura seja realiza diante do condutor, das testemunhas e do preso, mas somente na presença deste último.

JURISPRUDÊNCIA

Utilização de algemas. Possibilidade

"O recorrente, após ter sido conduzido à delegacia, lá confessou informalmente a prática do delito em apuração, sendo que, diante de tal situação, a autoridade policial representou pela sua prisão temporária, tendo ele sido algemado até que houvesse alguma definição no tocante à sua segregação. Desse modo, mostrou-se correta a atuação da polícia, até mesmo porque diante da presença da esposa da vítima e de outras testemunhas do crime no distrito policial, a manutenção do recorrente livre e sem algemas, mesmo depois de ter confessado a autoria do delito, poderia causar riscos à incolumidade física de todos aqueles que lá se encontravam" (STJ – RHC n° 25475-SP, Rel. Jorge Mussi, j. 16.09.2010, DJe 16.11.2010).

Falta de assinatura do conduzido. Validade

"A ausência de assinatura do réu no auto de prisão em flagrante não o nulifica, já que foi assinado por duas testemunhas, consoante possibilita o Código de Processo Penal, art. 304, § 3º" (STJ – HC n° 13463-SP, Rel. Edson Vidigal, j. 05.09. 2000, DJ 25.09.2000, p. 125).

Ausência de assinatura de duas testemunhas. Mera irregularidade

Prisão em flagrante de pessoa analfabeta. Formalidade – "O auto de prisão em flagrante deve ser assinado pela autoridade competente: o escrivão, o condutor, o acusado e as testemunhas. Mas, quando de trata de analfabeto, se tomada a impressão digital, outra pessoa assina 'a rogo'. A falta de assinaturas de duas outras testemunhas não o contamina de nulidade, posto que, por esse modo, não ocorreu omissão de formalidade essencial do ato. Já é tempo de se progredir neste país fazendo com que a formalidade não seja mais importante do que a essência do ato" (STJ – Rel. Costa Lima – RSTJ 31/156).

§ 4º Da lavratura do auto de prisão em flagrante deverá constar a informação sobre a existência de filhos, respectivas idades e se possuem alguma deficiência e o nome e o contato de eventual responsável pelos cuidados dos filhos, indicado pela pessoa presa. (Incluído pela Lei nº 13.257, de 2016)

Aspectos sociais da vida do preso – Este dispositivo repete, com todas as letras, o teor do art. 6º, inc. X, do código, pelo que remetemos o leitor à sua consulta.

Art. 305. **Na falta ou no impedimento do escrivão, qualquer pessoa designada pela autoridade lavrará o auto, depois de prestado o compromisso legal.**

Escrivão *ad hoc* – Regra geral, a função de escrivão deve ser exercida por um servidor público, ocupante do cargo a partir de concurso público ao qual foi aprovado e que percebe do Estado seus vencimentos pelo serviço que presta. Sucede, porém, que por alguma razão (inexistência do funcionário por falha da administração ou, se existente, deu-se por impedido ou suspeito), não conte determinada repartição com um servidor público, de forma a obrigar a designação de pessoa especialmente para a lavratura do auto de flagrante. Trata-se de medida que ainda hoje se vê, sobretudo em pequenas comarcas localizadas no interior do país. Mas mesmo no Estado de São Paulo é comum que investigadores de polícia e mesmo carcereiros exerçam essa função, à falta de um escrivão, o que tem gerado, inclusive, ações judiciais aforadas por carcereiros, invocando o desvio de função e pedindo, sob esse fundamento, paridade de vencimentos com os escrivães.

O escrivão, ainda que *ad hoc*, é obrigado a firmar o termo de compromisso legal, no qual se comprometerá a bem exercer sua função. Não há previsão de qualquer pagamento para o exercício do "munus" que, pensamos, não seja de aceitação obrigatória por aquele indicado pela autoridade que, por razões diversas, pode recusar a incumbência. Aceita, porém, ele passa a ser tido, para fins penais, um verdadeiro funcionário público (caso já não o seja), pois o art. 327 do Código Penal determina que "considera-se funcionário público, para os efeitos penais, quem, embora transitoriamente ou sem remuneração, exerce cargo, emprego ou função pública". Sujeita-se, assim, à prática dos crimes, por funcionário público, contra a administração da justiça, elencados nos arts. 312 *usque* 326 do CP. Nada impede, outrossim, que a própria autoridade lavre o auto, em conduta que não importará em qualquer nulidade. Claro: se ela pode *o mais* que é determinar a prisão em flagrante do indivíduo, com mais razão poderá *o menos*, consistente apenas em formalizar tal prisão.

Art. 306. A prisão de qualquer pessoa e o local onde se encontre serão comunicados imediatamente ao juiz competente, ao Ministério Público e à família do preso ou à pessoa por ele indicada. (Redação dada pela Lei nº 12.403, de 2011).

§ 1º Em até 24 (vinte e quatro) horas após a realização da prisão, será encaminhado ao juiz competente o auto de prisão em flagrante e, caso o autuado não informe o nome de seu advogado, cópia integral para a Defensoria Pública. (Redação dada pela Lei nº 12.403, de 2011).

§ 2º No mesmo prazo, será entregue ao preso, mediante recibo, a nota de culpa, assinada pela autoridade, com o motivo da prisão, o nome do condutor e os das testemunhas. (Redação dada pela Lei nº 12.403, de 2011).

Comunicação ao Juiz e ao Ministério Público – Este dispositivo praticamente repete norma contida na Constituição, pela qual "a prisão de qualquer pessoa e o local onde se encontre serão comunicados imediatamente ao juiz competente e à família do preso ou à pessoa por ele indicada" (art. 5º., inc. LXII da CF). Decorre, ainda, de outro princípio constitucional que veda a incomunicabilidade do preso, previsto no art. 163, inc. IV da Carta. Apenas incluiu a obrigatoriedade também de comunicação ao Ministério Público, já prevista, a propósito, no art. 10 da Lei Complementar no. 75/1993 (Lei Orgânica do Ministério Público da União). A Constituição não delimitou no que consistiria o vocábulo "imediatamente". Não se trata, em nosso sentir, do prazo de 24 horas previsto no § 1º, abaixo. Este, com efeito, se refere ao envio dos autos, ao juiz, referentes à prisão em flagrante. O "imediatamente" mencionado na Carta e neste dispositivo em exame deve ser entendido, sob nossa ótica, como a comunicação efetivada durante a lavratura do flagrante ou, acrescentaríamos, assim que o conduzido é entregue à autoridade. Só assim se poderá conferir efetividade, por exemplo, à providência da família em acionar um advogado. Esperar-se 24 horas, quando o flagrante já se acha concluído, torna inútil essa iniciativa.

Comunicação à família – Impõe-se, ainda, seja comunicada à família do preso ou, não se tratando de familiar, a pessoa por ele indicada (namorada, companheira, amigo, por exemplo). Salvo, é claro, se ele preferir não efetuar qualquer comunicação a seus chegados. Trata-se de medida salutar, aplicada comumente na prática, e que permite que pessoas próximas do conduzido adotem medidas que entender cabíveis, como, por exemplo, a constituição de um advogado para acompanhar o caso. E mesmo outras mais singelas, como providenciar alguma alimentação ao preso, vestes adequadas, etc.

Mitigação da norma – A jurisprudência abaixo colacionada, contudo, tem mitigado um pouco o rigor desse dispositivo, admitindo, na análise do caso concreto, certa elasticidade do prazo para a comunicação do flagrante, sem que essa demora enseje o relaxamento da prisão. Isso não inibe que, em relação à autoridade relapsa sejam adotadas medidas de cunho penal, lembrando que a Lei 13.869/19, em seu art. 12, parágrafo único, inc. II, tipifica como crime de abuso de autoridade deixa de comunicar, imediatamente, a prisão de qualquer pessoa e o local onde se encontra à sua família ou à pessoa por ela indicada.

JURISPRUDÊNCIA

Falta de comunicação ao juiz

"Ao juiz não se torna nulo o flagrante por ter sido a nota de culpa entregue ao paciente poucas horas depois das 24 horas, contadas da prisão, se o 'habeas corpus' foi impetrado já após ter sido realizada tal entrega e sem que se veja qual o prejuízo advindo para o paciente nessa apequena demora. É o que resulta do art. 563 do Cód. de Processo Penal. Quanto à falta de comunicação ao juiz no prazo, da prisão em flagrante, justificar-se-ia o 'writ' se a base de tal irregularidade tivesse ele sido impetrado antes de ela efetuar-se. Fora isso, a demora na comunicação pode implicar em responsabilidade funcional da autoridade policial, mas não em nulidade do flagrante" (STF – RHC n° 62187-GO – Rel. Aldir Passarinho, j. 13.11.1984, DJ 08.03.1985, p. 2599).

"A falta de comunicação imediata ao juiz da prisão em flagrante, por si só, não torna nulo o respectivo auto, notadamente se não restou evidenciado no feito que a ausência da imediata comunicação referida tenha dado ensejo à ocorrência de qualquer ordem de prejuízo, ainda mais pelo fato, do impetrante não ter trazido aos autos cópia do auto flagrancial ou de qualquer outra prova pré-constituída que pudesse denotar a presença de eventual irregularidade capaz de causar prejuízo à paciente por ocasião de sua prisão em flagrante delito" (TRF 3ª. R. – HC n°. 66652-SP – Rel. Higino Cinacchi, j. 03.10.2005).

Falta de comunicação à família

a) quando se admite

Prisão – Comunicação ao juiz competente e à família do preso ou a pessoa por ele indicada (Const., art. 5, LXII) – "A Constituição da República visa a resguardar o 'status libertatis', ensejando a pessoas de confiança do preso o conhecimento do fato, a fim de, diante de qualquer ilegalidade, ser afrontado o vício jurídico. A participação imediata do juiz competente é impostergável, a comunicação à família ou a pessoa pelo preso indicada configura direito público, subjetivo. A interpretação, porém, deve ser finalística. Pode ocorrer que o preso não tenha interesse, ou mesmo não deseje que tal aconteça. Urge respeito à sua intimidade. Se terceira pessoa, ainda que estranha a família ou pelo preso indicada, intervier, e de modo eficaz compensar a ausência de alguém do rol constitucional, suprida estará a situação jurídica. Exemplificativamente, a presença de defensor" (STJ – Rel. Luiz Vicente Cernicchiaro – RSTJ 27/123).

b) assistência do advogado supre a falta de comunicação à família

"A assistência do advogado constituído, no momento da lavratura do auto, supre a falta de comunicação de sua prisão, à família" (STJ – RHC n° 2526-MG, Rel. Cid Flaquer Scartezzini – RT 693/406).

Demora de comunicação à família não induz à nulidade do ato

"Se o auto de prisão em flagrante foi lavrado conforme o ordenamento processual penal, não há que se falar em nulidade do ato simplesmente por eventual atraso na comunicação da detenção a familiar indicado pelo paciente, que, ademais, dispensou a presença de advogado e teve todos os direitos constitucionalmente garantidos" (STJ – HC n° 107564-SP, Rel. Jorge Mussi, j. 23.06.2009, DJe 03.08.2009).

§ 1º Em até 24 (vinte e quatro) horas após a realização da prisão, será encaminhado ao juiz competente o auto de prisão em flagrante e, caso o autuado não informe o nome de seu advogado, cópia integral para a Defensoria Pública. (Redação dada pela Lei nº 12.403, de 2011).

Autos do flagrante – Aqui já não se trata da comunicação do flagrante, aludida no "caput" deste artigo e que deve ser feita imediatamente, após a prisão do conduzido. Mas do envio dos autos de flagrante, no prazo de 24 horas, no qual constem os depoimentos, interrogatórios do preso, autos de apreensão, etc. Trata-se de medida salutar, sobretudo por impor o envio de cópia à Defensoria Pública que, munida desse documento, poderá intentar em prol do conduzido a medida cabível.

Sobre audiência de custódia, ver nossos comentários ao art. 310 do CPP.

§ 2º No mesmo prazo, será entregue ao preso, mediante recibo, a nota de culpa, assinada pela autoridade, com o motivo da prisão, o nome do condutor e os das testemunhas. (Redação dada pela Lei nº 12.403, de 2011).

Nota de culpa – É a comunicação formal feita ao preso, devidamente assinada pela autoridade, sobre o motivo da prisão, contendo um breve relato do fato e os nomes do condutor e das testemunhas. Tem por objetivo evitar que alguém seja mantido preso ignorando os motivos que ensejaram tal privação. Torna, portanto, definitivo o motivo da prisão, ao noticiar a sua causa determinante, evitando, de um lado, a manutenção de uma medida abusiva e, de outro, permitindo ao detido que, desde logo, prepare sua defesa. Aliás, é direito assegurado pela Constituição que o preso tenha conhecimento da identificação dos responsáveis por sua prisão ou por seu interrogatório policial (art. 5º, inc. LXIV da CF). Conquanto não conste do dispositivo legal, aconselha-se que da nota de culpa conste que o crime admite fiança e qual o seu valor, possibilitando assim, com seu recolhimento, a soltura do preso. Estabelece-se, com isso, certa analogia ao art. 285, alínea "d" do código, que impõe seja apontado o valor da fiança no mandado de prisão.

A nota de culpa deve ser expedida no prazo de 24 horas contado da prisão (§ 1º., acima), sem que a inobservância desse prazo, contudo, acarrete a nulidade do flagrante, como visto na jurisprudência abaixo citada. Por precaução, deve ser obtido recibo do preso, dando conta da entrega da nota de culpa, livrando-se, assim, de qualquer responsabilidade a autoridade policial por eventual omissão. Daí a razão pela qual a nota de culpa deve ser expedida em duas vias, ficando uma com o preso e outra com a autoridade. Caso não queira assinar o recibo ou mesmo se não puder fazê-lo (porque analfabeto ou ferido), duas testemunhas devem fazê-lo, atestando a entrega da nota de culpa, por analogia ao § 3º., do art. 304 acima.

Abuso de autoridade – A Lei n. 13.869/19, em seu art. 12, parágrafo único, III, tipifica como crime de abuso de autoridade deixar de entregar ao preso, no prazo de 24 (vinte e quatro) horas, a nota de culpa, assinada pela autoridade, com o motivo da prisão e os nomes do condutor e das testemunhas. As condutas descritas na referida Lei constituem crime de abuso de autoridade quando praticadas pelo agente com a finalidade específica de prejudicar outrem ou beneficiar a si mesmo ou a terceiro, ou, ainda, por mero capricho ou satisfação pessoal.

JURISPRUDÊNCIA

Descumprimento do prazo da nota de culpa não invalida o flagrante

"O atraso na entrega da nota de culpa ao investigado preso em flagrante, embora constitua irregularidade, não determina a nulidade do ato processual regularmente válido. É princípio basilar do processo penal a assertiva de que não se declara nulidade de ato, se dele não resultar prejuízo comprovado para o réu, nos termos do art. 563 do Código de Processo Penal" (STJ – RHC nº 21532-PR, Rel. Laurita Vaz, j. 18.10.2007, DJ 12.11.2007, p. 239).

Exceções – Cremos seja possível, em situações excepcionais, que da nota de culpa não conste o nome do condutor, das testemunhas e das vítimas. Isso tudo para garantir a segurança de tais pessoas, quando se tratar de crime gravíssimo, como, por exemplo, os que envolvam criminalidade organizada. Note-se que a Lei n. 12.850/2013, que trata dessa espécie de criminalidade, concede ao colaborador (colaboração premiada), "ter [o] nome, qualificação, imagem e demais informações pessoais preservados" (art. 5º., inc. II). A mesma lei estende esse benefício ao agente infiltrado (art. 14, inc. III). Também a Lei n. 9.807/1999, assegura a vítimas e testemunhas, a "preservação da identidade, imagem e dados pessoais" (art. 7º., inc. IV). Nada impede, assim, que por analogia a tais dispositivos e, sobretudo, preocupado com a segurança daqueles que depuseram no flagrante, a autoridade policial omita seus nomes da nota de culpa, sem que, com essa conduta preventiva, incorra em nenhuma ilegalidade que dê ensejo ao relaxamento da prisão e, tampouco, na adoção de medidas sancionatórias, de cunho administrativo, contra o delegado de polícia.

Art. 307. Quando o fato for praticado em presença da autoridade, ou contra esta, no exercício de suas funções, constarão do auto a narração deste fato, a voz de prisão, as declarações que fizer o preso e os depoimentos das testemunhas, sendo tudo assinado pela autoridade, pelo preso e pelas testemunhas e remetido imediatamente ao juiz a quem couber tomar conhecimento do fato delituoso, se não o for a autoridade que houver presidido o auto.

Infração penal cometida na presença de autoridade – Já vimos que, se ao particular se concede a faculdade de prender em flagrante, a autoridade policial e seus agentes têm a obrigação de fazê-lo, na dicção do art. 301 do código. De sorte que, presenciando a ocorrência de uma infração penal ou sendo dela vítima, no exercício de suas funções, cumpre à autoridade, de plano, dar voz de prisão ao infrator, fazendo constar do auto a narrativa dos fatos, o interrogatório do preso e das testemunhas. O auto de prisão em flagrante será, então, presidido por essa autoridade. Entende a doutrina majoritária que *autoridade*, neste caso, é a policial e a judiciária. Como explica Tourinho Filho, quando o legislador se refere ao fato praticado em presença *da* autoridade (e não na presença *de* autoridade), quis se referir àquela com atribuição para lavrar e presidir o flagrante, isto é, a autoridade policial. Quanto ao juiz, a parte final deste dispositivo ("se não o for a autoridade que houver presidido o auto") deixa clara sua possibilidade de presidir o flagrante (*Código de Processo Penal Comentado*, vol. 1, p. 723). Neste último caso, tendo presidido o flagrante, estará o Magistrado impedido de atuar nos demais atos, de investigação e instrução.

ATENÇÃO - Aliás, o flagrante é uma das formas de instauração do inquérito policial. E, nos termos do que dispõe a Lei 12.830/13, só pode ser presidido pela autoridade policial. Não pode o juiz, forte no sistema acusatório, iniciar investigação, quanto mais presidi-la, ainda que num ato. Por isso, questiona-se a constitucionalidade desse dispositivo, no tocante ao magsitrado.

Art. 308. Não havendo autoridade no lugar em que se tiver efetuado a prisão, o preso será logo apresentado à do lugar mais próximo.

Ausência da autoridade policial – Não teria cabimento, sob pena de grave afronta à seriedade da justiça e das instituições em geral que, preso o autor de um delito em flagrante, não pudesse ser lavrado o auto ante a falta de autoridade policial em determinado lugar. Nesse caso, cabe a apresentação do preso no local mais próximo e que contar com autoridade apta a lavrar o flagrante. Claro que o ideal é a presidência do ato permanecer a cargo da autoridade com atribuição para tanto, isto é, aquela que exerce suas funções no território da culpa. Ocorre que, dado ao caráter administrativo do inquérito policial, não há que se falar em *incompetência* da autoridade policial, sendo que o código, em mais de uma passagem, autoriza a lavratura do auto de prisão em flagrante em local diverso daquele em que cometido o delito. Assim, por exemplo, nas hipóteses do art. 290 (quando o réu, perseguido, alcança outro município ou comarca), e do art. 304, § 1º, que prevê a possibilidade do envio do auto de prisão em flagrante à autoridade policial *competente*. Ressalte-se que essa possibilidade se mostra benéfica, também, ao preso, bastando que se imagine tratar-se de um delito que admite o arbitramento, pela autoridade policial, da fiança. Ora, assim que apresentado ao local mais próximo, poderá, com o recolhimento da fiança, ver-se solto.

Ver, ainda sobre o tema, os comentários acima ao art. 304, § 1º, sob a rubrica "remessa à autoridade competente".

Art. 309. Se o réu se livrar solto, deverá ser posto em liberdade, depois de lavrado o auto de prisão em flagrante.

Dispositivo revogado – Como já destacado nos comentários acima ao art. 304, § 1º., sob a rubrica "conduzido que se livra solto", aos quais remetemos o leitor, a reforma introduzida pela Lei n. 12.403/2011, revogou tacitamente o art. 321 em sua redação original, que previa as hipóteses nas quais o réu "se livrava solto".

Art. 310. Após receber o auto prisão em flagrante, no prazo máximo de 24 (vinte e quatro) horas após a realização da prisão, o juiz deve promover a audiência de custódia com a presença do acusado, seu advogado constituído ou membro da defensoria pública e o Membro do Ministério Público. Na audiência de custódia o juiz deverá fundamentadamente:

I - relaxar a prisão ilegal; ou

II - converter a prisão em flagrante em preventiva, quando presentes os requisitos constantes do art. 312 deste Código, e se revelarem inadequadas ou insuficientes as medidas cautelares diversas da prisão; ou

III - conceder liberdade provisória, com ou sem fiança.

§1º. Se o juiz verificar, pelo auto de prisão em flagrante, que o agente praticou o fato nas condições constantes dos incisos I, II ou III do caput do art. 23 do Decreto-Lei nº 2.848, de 7 de dezembro de 1940 - Código Penal, poderá, fundamentadamente, conceder ao acusado liberdade provisória, mediante termo de comparecimento a todos os atos processuais, sob pena de revogação.

§2º. Se o juiz verificar que o agente é reincidente, ou que integra organização criminosa arma ou milícia ou que porta arma de fogo de uso restrito deverá denegar liberdade provisória, com ou sem medidas cautelares.

§3º. A autoridade que deu causa, sem motivação idônea, a não realização da audiência de custódia no prazo estabelecido no caput deste artigo, responderá administrativa, civil e penalmente pela omissão.

§4º. Transcorridas 24 (vinte e quatro) horas após o decurso do prazo estabelecido no caput, a não realização da audiência de custódia, sem motivação idônea, ensejará também a ilegalidade da prisão, a ser relaxada pela autoridade competente, sem prejuízo da imediata decretação da prisão preventiva.

Redação antes da Lei 13.964/19	Redação depois da Lei 13.964/19
Art. 310. Ao receber o auto de prisão em flagrante, o juiz deverá fundamentadamente: I – relaxar a prisão ilegal; ou II – converter a prisão em flagrante em preventiva, quando presentes os requisitos constantes do art. 312 deste Código, e se revelarem inadequadas ou insuficientes as medidas cautelares diversas da prisão; ou III – conceder liberdade provisória, com ou sem fiança. Parágrafo único. Se o juiz verificar, pelo auto de prisão em flagrante, que o agente praticou o fato nas condições constantes dos incisos I a III do caput do art. 23 do Decreto-Lei nº 2.848, de 7 de dezembro de 1940 – Código Penal, poderá, fundamentadamente, conceder ao acusado liberdade provisória, mediante termo de comparecimento a todos os atos processuais, sob pena de revogação.	**Art. 310.** Após receber o auto prisão em flagrante, no prazo máximo de 24 (vinte e quatro) horas após a realização da prisão, o juiz deve promover a audiência de custódia com a presença do acusado, seu advogado constituído ou membro da defensoria pública e o Membro do Ministério Público. Na audiência de custódia o juiz deverá fundamentadamente: I – relaxar a prisão ilegal; ou II – converter a prisão em flagrante em preventiva, quando presentes os requisitos constantes do art. 312 deste Código, e se revelarem inadequadas ou insuficientes as medidas cautelares diversas da prisão; ou III – conceder liberdade provisória, com ou sem fiança.

Redação antes da Lei 13.964/19	Redação depois da Lei 13.964/19
	§1º. Se o juiz verificar, pelo auto de prisão em flagrante, que o agente praticou o fato nas condições constantes dos incisos I, II ou III do caput do art. 23 do Decreto-Lei nº 2.848, de 7 de dezembro de 1940 – Código Penal, poderá, fundamentadamente, conceder ao acusado liberdade provisória, mediante termo de comparecimento a todos os atos processuais, sob pena de revogação. §2º. Se o juiz verificar que o agente é reincidente, ou que integra organização criminosa arma ou milícia ou que porta arma de fogo de uso restrito deverá denegar liberdade provisória, com ou sem medidas cautelares. §3º. A autoridade que deu causa, sem motivação idônea, a não realização da audiência de custódia no prazo estabelecido no caput deste artigo, responderá administrativa, civil e penalmente pela omissão. §4º. Transcorridas 24 (vinte e quatro) horas após o decurso do prazo estabelecido no caput, a não realização da audiência de custódia, sem motivação idônea, ensejará também a ilegalidade da prisão, a ser relaxada pela autoridade competente, sem prejuízo da imediata decretação da prisão preventiva.

Audiência de custódia – Trata-se de cautela que atende, basicamente, à Convenção Americana de Direitos Humanos (art. 7. 5), a impor a apresentação do preso a um juiz. No mesmo sentido, o art. 9, 3 do Pacto Internacional sobre Direitos Civis e Políticos de Nova York.

No nosso ordenamento, a matéria, até o advento da Lei 13.964/19, estava prevista apenas na Resolução n. 213/2015, do Conselho Nacional de Justiça e em normas internas de tribunais. Agora temos Lei. Não nos parece que a citada Resolução, ato normativo primário, ficou superada, pois vai aclarar (e muito) lacunas deixadas pela novel Lei, como veremos em breve.

Por meio da audiência de custódia, ato solene de apresentação do preso, o juiz fica frente a frente com o custodiado, apurando-se as circunstâncias objetivas da sua prisão, sem adentrar o mérito dos fatos em si.

ATENÇÃO – A audiência de custódia (ou de apresentação) tem dupla finalidade: de proteção, a fim de tutelar a integridade física do preso, e de constatação, aquilatando, de acordo com as circunstâncias do caso concreto, a necessidade de ser mantida a prisão do autuado. Na citada Resolução, o CNJ determina o dever de apresentação de toda pessoa presa, abrangendo o flagrante e outras prisões, como temporária, preventiva ou definitiva. No caso de cumprimento de mandado de prisão temporária, preventiva ou definitiva apensa se justifica para assegurar a integridade do preso, não havendo espaço para o magistrado aquilatar o mérito da clausura, ou seja, se devida ou não a prisão. A Lei 13.964/19 disciplinou solenidade somente para o caso de prisão provisória (art. 3º-B, §1º), com especial ênfase normativa para o caso de flagrante (art. 310).

O Conselho Nacional do Ministério Público (CNMP) aprovou, no dia 13 de outubro, durante a 15ª Sessão Ordinária de 2020, proposta de resolução que versa sobre a atuação do Ministério Público na audiência de apresentação de toda pessoa presa à autoridade judiciária (audiência de custódia) e incorpora as providências de investigação referentes ao Protocolo de Istambul, da Organização das Nações Unidas (ONU), além de dar outras providências. Segundo o relator da proposta, conselheiro Otavio Luiz Rodrigues Jr., "a resolução constitui um oportuno avanço ao fomentar providências investigatórias para apuração de fatos noticiados como prática de tortura ou de maus-tratos por agentes de Estado". A proposta de resolução foi apresentada pelo então conselheiro Dermeval Farias, na 14ª Sessão Ordinária de 2019, realizada em 24 de setembro de 2019. De acordo com a resolução, a participação do membro do Ministério Público na audiência de custódia é obrigatória e integra o conjunto de atribuições constitucionalmente estabelecidas para a titularidade da ação penal e o controle externo da atividade policial. Ademais, o membro do MP com atribuição para a audiência de custódia diligenciará para reunir elementos que subsidiarão sua manifestação subsequente sobre a legalidade da prisão e, em especial, sobre a necessidade e a adequação de eventuais medidas cautelares a serem requeridas em face da pessoa presa. Cabe também ao membro do MP adotar providências para assegurar que os agentes de Estado responsáveis pela prisão ou investigação do fato determinante da prisão não estejam presentes na audiência de custódia. A resolução diz ainda que, após a inquirição pelo juiz, o membro do Ministério Público deverá formular, suplementarmente, questionamentos que se dirijam ao esclarecimento das circunstâncias da prisão, da realização do exame de corpo de delito e de eventual notícia de maus-tratos ou de tortura sofridos pela pessoa presa. Na sequência, a norma explica que, obtidos os devidos esclarecimentos, o membro do MP requererá, conforme o caso: o relaxamento da prisão em flagrante; a concessão da liberdade provisória com aplicação de medida cautelar diversa da prisão; a conversão da prisão em prisão preventiva; ou a adoção de outras medidas necessárias à preservação de direitos da pessoa. Diante dos relatos produzidos na audiência de custódia, o membro do Ministério Público deverá, imediatamente, requisitar a instauração de investigação dos fatos noticiados ou determinar a abertura de procedimento de investigação criminal. Por fim, na regulamentação das atribuições de seus órgãos de execução para audiência de custódia, os Ministérios Públicos farão constar o poder requisitório: de perícias e de apresentação imediata do preso para tanto e de outros elementos para informação.

Da indevida equiparação do Delegado de Polícia ao Juiz de Direito para fins de audiência de custódia – Chamou atenção dos operadores do Direito e, sobretudo, dos que militam no âmbito criminal, decisão do Tribunal de Justiça de São Paulo, em aresto do qual se extrai o seguinte trecho: "Quanto à afirmada ilegalidade da prisão em flagrante, ante a ausência de imediata apresentação dos pacientes ao Juiz de Direito, entendo inexistir qualquer ofensa aos tratados internacionais de Direitos Humanos. Isto porque, conforme já destacamos, dispõe o art. 7º, 5, da Convenção Americana de Direitos Humanos, toda pessoa presa, detida ou retida deve ser conduzida, sem demora, à presença de um juiz ou outra autoridade autorizada por lei a exercer funções judiciais. No cenário jurídico brasileiro, embora o Delegado de Polícia não integre o Poder Judiciário, é certo que a Lei atribui a esta autoridade a função de receber e ratificar a ordem de prisão em flagrante. Assim, in concreto, os pacientes foram devidamente apresentados ao Delegado, não se havendo falar em relaxamento da prisão. Não bastasse, em 24 horas, o juiz analisa o auto de prisão em flagrante" (TJSP – HC n. 2016152-70.2015.8.26.0000, j. 12.05.2015).

Ressalte-se, de plano, que tal decisão é anterior ao Provimento n. 03/2015, da E. Presidência do Tribunal de Justiça e Corregedoria Geral da Justiça daquela corte, datado de 22 de janeiro de 2015 e que instituiu, no âmbito estadual, a chamada audiência de custódia.

Pois bem. Pelo teor da decisão, tem-se que a apresentação do preso ao Delegado de Polícia, atenderia ao requisito exigido pela Convenção Americana de Direitos Humanos (Pacto de San José da Costa Rica), que, em seu art. art. 7º., 5, dispõe que "toda pessoa presa, detida ou retida deve ser conduzida, sem demora, à presença de *um juiz ou outra autoridade autorizada por lei* a exercer funções judiciais" (grifamos).

A despeito de entendermos que a realização da audiência de custódia – com a qual concordamos – esteja a merecer algum aprimoramento para sua aplicação prática, temos como extremamente forçado equiparar a figura do juiz ao do delegado de polícia, ambos considerados como "autoridades", para fins de apresentação do preso.

A alusão formulada no acórdão, quanto à Convenção Americana de Direitos Humanos (Pacto de San José da Costa Rica), foi, sob nossa ótica, totalmente equivocada. É que a CADH, no art. 7º, 5, dispõe que "toda pessoa presa, detida ou retida deve ser conduzida, sem demora, à presença de um juiz ou outra autoridade autorizada por lei a exercer funções judiciais". Redação idêntica tem o Pacto Internacional sobre os Direitos Civis e Políticos: "Todo o indivíduo preso ou detido sob acusação de uma infração penal será prontamente conduzido perante um juiz ou uma outra autoridade habilitada pela lei a exercer funções judiciárias" (art. 9º, 3). Ambos os diplomas, como é sabido, foram ratificados pelo Brasil.

Não se trata, pois, de qualquer autoridade, como sugeriu a decisão, mas de autoridade legalmente autorizada ao exercício de função judicial. Cremos não seja o caso do delegado de polícia. Haverá quem indague – em sentido contrário – em que consistiria essa "outra autoridade autorizada por lei a exercer funções judiciais". É difícil afirmar, já que os pactos possuem uma abrangência mundial, devendo atentar, bem por isso, a realidade interna de cada nação que os subscrevem. Decerto que alguns países devem contar com uma autoridade que, embora não seja juiz, exerça as funções judiciais, legalmente autorizada a tanto.

Longe de se pretender estabelecer, com essa premissa, qualquer demérito à função do Delegado de Polícia. Com efeito, ele possui, obrigatoriamente, formação jurídica e assume as funções que lhe são inerentes mediante a aprovação em concurso público, tal qual juízes, promotores de Justiça e demais membros das chamadas *carreiras jurídicas*. Inexiste, outrossim, qualquer subordinação hierárquica entre o delegado de polícia, o promotor de Justiça e o juiz de direito. Essas impressões são reforçadas pela Lei n. 12.830/2013, que, em seu art. 2º, identifica as funções de polícia judiciária como de natureza jurídica e determina que ao delegado de polícia seja dispensado "o mesmo tratamento protocolar que recebem os magistrados, os membros da Defensoria Pública e do Ministério Público e os advogados" (art. 3º).

Daí a se concluir que atenderia aos termos das convenções internacionais, às quais aderiu o Brasil, a apresentação do preso à autoridade policial, parece que vai grande distância. Imagine-se, de resto, a situação na qual o preso experimente alguma violência perpetrada por agentes policiais. Ora, a apresentação do conduzido ao delegado de polícia certamente frustraria o objetivo da norma. Lembremos que o art. 7º, inc. I do Provimento n. 03/2015, do Tribunal de Justiça do Estado de São Paulo, elenca que dentre as atribuições do juiz a quem é apresentado o preso, durante a audiência de custódia, encontra-se a determinação de "exame clínico e de corpo de delito do autuado", a fim de apurar "possível abuso cometido durante a prisão em flagrante". Nada disso restaria apurado caso a apresentação ocorresse à autoridade policial. São as razões pelas quais identificamos o equívoco da decisão.

A Lei 13.964/19 parece colocar pá de cal no assunto: a audiência de custódia se dá perante a autoridade judiciária.

Prazo para apresentação da pessoa presa – ver comentários ao art. 310, §4º.

Apresentação do juiz à pessoa presa – O caminho natural e esperado é a pessoa presa ser apresentada ao juiz competente. Mas situações excepcionais podem conduzir caminho inverso, isto é, o juiz se apresentar ao preso. Estabelece o §4º. do art. 1º. da Res. 213 do CNJ: "Estando a pessoa presa acometida de grave enfermidade, ou havendo circunstância comprovadamente excepcional que a impossibilite de ser apresentada ao juiz no prazo do caput, deverá ser assegurada a realização da audiência no local em que ela se encontre e, nos casos em que o deslocamento se mostre inviável, deverá ser providenciada a condução para a audiência de custódia imediatamente após restabelecida sua condição de saúde ou de apresentação". São situações excepcionais que podem culminar com o atraso no necessário contato visual do juiz com o preso.

Comete crime o preso que, mentirosamente, alega ter sido torturado por agentes do Estado? – No III Congresso Criminal do Ministério Público do Estado de São Paulo, realizado em Águas de Lindóia, entre 31 de agosto a 02 de setembro de 2017, foi aprovada a tese de n. 14, do seguinte teor: "Nas audiências de custódia ou interrogatórios em geral, pode incorrer em crime de calúnia ou denunciação caluniosa o preso ou réu que atribuir ao agente público responsável pela prisão, a prática de lesão corporal ou tortura sem existência de indícios mínimos de autoria e materialidade".

> **ATENÇÃO** – Ao analisar o Pedido de Providências n. 0003475-32.2016.2.00.0000, durante a 37ª Sessão Virtual do Conselho Nacional de Justiça (de 11 a 19 de outubro de 2018), aquele órgão alterou a Resolução 213, de 2015, para incluir expressamente a obrigatoriedade da realização de audiências de custódia também pela Justiça Militar e pela Justiça Eleitoral. Esse entendimento baseou-se na decisão do Supremo Tribunal Federal, proferida na Arguição de Descumprimento de Preceito Fundamental (ADPF) n. 347, no sentido de que a audiência de custódia deve ser realizada por todo e qualquer juízo ou tribunal.

Deveres do juiz na audiência de custódia – Na audiência de custódia o juiz, depois de ouvir MP e defesa, deverá fundamentadamente:

I – relaxar a prisão ilegal ou; II – converter a prisão em flagrante em preventiva, quando presentes os requisitos constantes do art. 312 deste Código, e se revelarem inadequadas ou insuficientes as medidas cautelares diversas da prisão ou; III – conceder liberdade provisória, com ou sem fiança.

Relaxamento do flagrante (art. 310, inc. I) – Trata-se de decorrência natural de mandamento constitucional, previsto no art. 5º., inc. LXV da Carta, pelo qual "a prisão ilegal será imediatamente relaxada pela autoridade judiciária". As razões que justificam o relaxamento do flagrante podem ser as mais diversas e dependerão sempre da análise do caso concreto. Suponha-se, assim, a prisão do agente, dias após a ocorrência do crime, sem que tenha sido perseguido ou sem que, em sua posse, tenham sido encontrados objetos que façam presumir ser ele autor da infração. Sua inadequação a qualquer uma das hipóteses do art. 302 ensejará, fatalmente, o relaxamento do flagrante. A mesma solução será adotada caso lavrado o flagrante por autoridade que não detenha essa atribuição (por um guarda municipal, por exemplo, que embora autorizado a prender em flagrante não pode lavrar o respectivo auto). Ou se lavrado o auto sem que se proceda à oitiva de nenhuma testemunha, da vítima e, tampouco, do condutor. Ou, ainda, quando o conduzido trata-se de um menor inimputável ou do presidente da República.

Abuso de autoridade – nos termos do art. 9º, parágrafo único, I, da Lei 13.869/19, constitui crime de abuso de poder o comportamento da autoridade judiciária que, dentro de prazo razoável, deixar de relaxar a prisão manifestamente ilegal. As condutas descritas na referida Lei constituem crime de abuso de autoridade somente quando praticadas pelo agente com a finalidade específica de prejudicar outrem ou beneficiar a si mesmo ou a terceiro, ou, ainda, por mero capricho ou satisfação pessoal.

Recurso cabível – Da decisão que relaxa a prisão em flagrante é cabível recurso em sentido estrito, nos termos do art. 581, inc. V, do código. Já a decisão que não relaxa pode ser desafiada por meio de *habeas corpus*.

Relaxamento do flagrante e conversão em preventiva – Frente ao caso concreto é possível se conceber a possibilidade de, uma vez relaxado o flagrante, de imediato ser decretada a prisão preventiva. Isso dependerá, por óbvio, da análise das razões pelas quais o flagrante foi relaxado. Assim, tomando por base os exemplos citados no item acima, detectando o juiz que a hipótese não se tratava de flagrante, por não atender às hipóteses do art. 302 do código, deve relaxá-lo, podendo, contudo, de imediato decretar a preventiva, desde que, é claro, preenchidos os requisitos e pressupostos que justifiquem a medida. E desde que não seja cabível, em alternativa à prisão, a adoção de alguma medida cautelar.

Relaxamento do flagrante e posterior oferta de denúncia – Segundo entendimento da 1ª. Turma do Supremo Tribunal Federal, em julgado proferido em 25.09.2018, no HC n. 157306, eventual relaxamento da prisão em flagrante, na audiência de custódia, não inibe que, mais adiante, o Ministério Público oferte a respectiva denúncia, ainda que, na decisão que determinou a soltura do agente, o juiz tenha invocado a atipicidade de sua conduta.

Conversão do flagrante em preventiva (art. 310, inc. II) – a prisão em flagrante será convertida em preventiva quando presentes os requisitos do art. 312 do CPP, e se revelarem inadequadas as medidas cautelares diversas da prisão. Com base no espírito que norteou a nova redação do art. 311 do CPP, que impede o juiz, na fase do inquérito policial, de decretar a prisão preventiva de ofício, há doutrina no sentido de que o Magistrado, por consequência, também não poderia converter a prisão em flagrante em prisão preventiva sem o prévio requerimento do Ministério Público ou sem a representação da autoridade policial nesse sentido. Tal conversão, com efeito, equivaleria a uma indireta decretação de ofício da preventiva. A Lei 13.964/19 estende a proibição para o processo, devendo o juiz sempre aguardar oportuna e pertinente provocação. Por mais coerente que pareça essa corrente, para a Sexta Turma do Superior Tribunal de Justiça (STJ), em situações excepcionais, é possível a conversão da prisão em flagrante em medida cautelar pessoal, inclusive a prisão preventiva, mesmo sem pedido expresso do Ministério Público ou da autoridade policial.

Para o relator, Min. Schietti, a conversão nem deveria ser vista propriamente como um ato de ofício, já que a lei obriga o juiz a optar entre uma das hipóteses indicadas no CPP. Essa decisão, em regra, será adotada em uma audiência de custódia, com a presença de representantes do MP e da defesa, ocasião em que as partes, inevitavelmente, irão se manifestar sobre a eventual conversão da prisão. Porém, como destacou o Min. Schietti, a audiência pode não se realizar no prazo legal por alguma razão justificável, a exemplo do que ocorreu no caso em julgamento.

Em tais situações, a providência mais prudente – na opinião do ministro – seria abrir vista ao órgão do Ministério Público, para se pronunciar sobre o flagrante e sua possível conversão em preventiva ou outra cautela, mas isso implicaria atraso na decisão, em prejuízo do autuado.

Min. Schietti alertou que simplesmente conceder liberdade provisória ao preso, independentemente do risco que isso venha a representar para a sociedade, seria desconsiderar outros fatores que estão em jogo além do interesse individual do autuado. Assim, "a conversão do flagrante em prisão preventiva e o envio imediato dos autos ao MP, em contraditório diferido, não se mostra medida ilegal ou arbitrária".

O voto do Min. Schietti foi seguido pela ministra Laurita Vaz e pelo ministro Antonio Saldanha Palheiro, ficando vencidos os ministros Sebastião Reis Júnior e Nefi Cordeiro (HC 583.995).

O STF, contudo, vem copiosamente reconhecendo a impossibilidade jurídica de o magistrado, dentro ou fora da audiência de custódia, decretar, de ofício, a prisão preventiva de qualquer pessoa submetida a atos de persecução criminal (inquérito policial, procedimento de investigação criminal ou processo judicial), tendo em vista as inovações introduzidas nessa matéria pela recentíssima Lei nº 13.964/2019 ("Lei Anticrime"), que deu particular destaque ao sistema acusatório adotado pela Constituição, negando ao Juiz competência para a imposição, *ex officio*, dessa modalidade de privação cautelar da liberdade individual do cidadão (HC Nº 620.105).

Conceder liberdade provisória, com ou sem fiança (art. 310, inc. III) – Anteriormente à reforma procedida pela Lei n. 12.403/2011, eram três as modalidades de liberdade provisória, a saber:

1) liberdade provisória sem fiança e sem vinculação, para os casos em que o acusado se "livrava solto", quando a pena máxima imposta à infração penal não superava três meses;

2) liberdade provisória sem fiança, com vinculação, quando o juiz detectava que o acusado não reunia condições de pagar a fiança, ou que cometeu o crime acobertado por uma causa excludente de ilicitude ou, ainda, quando não era o caso de se decretar a preventiva. Impunha ao agente, então, algumas obrigações (comparecimento sempre que chamado, proibição de mudar-se de residência sem prévia autorização etc.);

3) liberdade provisória mediante fiança, cabível para as hipóteses as quais a lei não proibia expressamente a fiança. Ou seja, o revogado art. 323 do CPP elencava as hipóteses nas quais a fiança não podia ser concedida e, por consequência, permitia o favor legal para os demais casos, não excepcionados no mencionado artigo de lei.

A figura do réu que se livra solto, prevista na anterior redação do art. 321, não mais subsiste no código atual. Mas, como lembra Silvio Maciel, "no Código de Processo Penal Militar continuam existindo hipóteses em que o preso em flagrante se livra solto: no caso de infrações não punidas com pena de prisão; em algumas infrações culposas e em certas infrações punidas com pena de detenção não superior a dois anos (art. 270 do CPPM)" (ob. cit., p. 28).

A atual disciplina da matéria estabelece três formas de liberdade provisória, sendo elas:

1) liberdade provisória sem fiança ou imposição de qualquer medida cautelar, mas com obrigação de comparecimento aos atos do processo, quando, do auto de prisão em flagrante, o juiz verificar que o agente cometeu o fato acobertado por uma causa excludente de ilicitude, nos termos do art. 310, parágrafo único do CPP;

2) liberdade provisória sem fiança, com imposição de medida cautelar e obrigação de comparecimento aos atos do processo, nos termos do art. 350 do CPP. É aquela imposta ao réu pobre que sacrificaria sua subsistência ou da família, caso obrigado a recolher o valor arbitrado na fiança. Embora liberado desse pagamento, o agente se obriga "a comparecer perante a autoridade, todas as vezes que for intimado para atos do inquérito e da instrução criminal e para o julgamento" (art. 327), proibido, ainda, de mudar de endereço ou ausentar-se da residência por mais de oito dias, sem prévia comunicação (art. 328), além da possibilidade de imposição de outras medidas cautelares;

3) liberdade provisória com ou sem fiança e com ou sem medida cautelar diversa da prisão, para os casos em que ausentes os requisitos da prisão preventiva (art. 321). Aqui, quando o juiz detecta não ser cabível a prisão preventiva, deve conceder a liberdade provisória, podendo impor alguma medida cautelar (art. 319), inclusive a fiança.

JURISPRUDÊNCIA

Liberdade provisória condicionada ao pagamento de fiança. Soltura imediata. Pandemia.

Em habeas corpus coletivo, a Defensoria Pública do Espírito Santo sustentou que, diante do cenário de pandemia da Covid-19, deveria ser superada a Súmula 691 do Supremo Tribunal Federal e, nos termos da Recomendação 62/2020 do CNJ, determinada a soltura imediata de todos os presos do estado que tiveram o deferimento da liberdade provisória condicionado ao pagamento de fiança. O ministro Sebastião Reis Júnior votou pela concessão do habeas corpus por reconhecer a plausibilidade jurídica das alegações e a flagrante ilegalidade da situação desses presos. "O quadro fático apresentado pelo estado do Espírito Santo é idêntico aos dos demais estados brasileiros: o risco de contágio pela pandemia do coronavírus (Covid-19) é semelhante em todo o país, assim como o é o quadro de superlotação e de insalubridade dos presídios brasileiros, razão pela qual os efeitos desta decisão devem ser estendidos a todo o território nacional", afirmou. Segundo o ministro, estudos mostraram que as pessoas que vivem em aglomerações, como nos presídios, são mais sujeitas a contrair a doença, mesmo se proporcionados equipamentos e insumos de proteção individual. O relator destacou ainda que tanto a Organização das Nações Unidas (ONU) quanto a Comissão Interamericana de Direitos Humanos (CIDH) recomendaram a adoção de medidas alternativas ao cárcere para mitigar os riscos elevados de propagação da doença no ambiente das prisões. Além disso, ele mencionou o entendimento do STF de que o sistema prisional brasileiro vive um estado de coisas inconstitucional (ADPF 347), para concluir que é necessário "dar imediato cumprimento às recomendações apresentadas no âmbito nacional e internacional, que preconizam a máxima excepcionalidade das novas ordens de prisão preventiva, inclusive com a fixação de medidas alternativas à prisão, como medida de contenção da pandemia mundialmente causada pelo coronavírus". (...) Nos termos em que preconiza o Conselho Nacional de Justiça em sua resolução, não se mostra proporcional a manutenção dos investigados na prisão, tão somente em razão do não pagamento da fiança, visto que os casos – notoriamente de menor gravidade – não revelam a excepcionalidade imprescindível para o decreto preventivo". (STJ. HC 568693, Min. Rel. Sebastião Reis Júnior, j. 01/04/2020).

Abuso de autoridade – nos termos do art. 9º, parágrafo único, II, da Lei 13.869/19, constitui crime de abuso de poder o comportamento da autoridade judiciária que, dentro de prazo razoável, deixar de substituir a prisão preventiva por medida cautelar diversa ou conceder liberdade provisória, quando manifestamente cabível. As condutas descritas na referida Lei constituem crime de abuso de autoridade somente quando praticadas pelo agente com a finalidade específica de prejudicar outrem ou beneficiar a si mesmo ou a terceiro, ou, ainda, por mero capricho ou satisfação pessoal.

ATENÇÃO – A Lei n. 13.804, de 10 de janeiro de 2019, acrescentou o art. 278-A, ao Código de Trânsito Brasileiro, a permitir, em seu § 2º, que o condutor de veículo, preso em flagrante, na prática de crime de receptação, descaminho, contrabando (arts. 180, 334 e 334-A do Código Penal), tenha decretada pelo juiz, de ofício ou mediante representação da autoridade policial ou requerimento do Ministério Público, "a suspensão da permissão ou da habilitação para dirigir veículo automotor, ou a proibição de sua obtenção.",

§1º. Se o juiz verificar, pelo auto de prisão em flagrante, que o agente praticou o fato nas condições constantes dos incisos I, II ou III do caput do art. 23 do Decreto-Lei nº 2.848, de 7 de dezembro de 1940 – Código Penal, poderá, fundamentadamente, conceder ao acusado liberdade provisória, mediante termo de comparecimento a todos os atos processuais, sob pena de revogação.

Excludentes de ilicitude – Percebendo o juiz, pelo teor do auto de prisão em flagrante, ter o conduzido agido acobertado por uma excludente de ilicitude (ou antijuridicidade), dentre aquelas elencadas no art. 23 do Código Penal (estado de necessidade, legítima defesa, estrito cumprimento do dever legal e exercício regular de um direito), poderá (*rectius*: deverá), mediante decisão fundamentada, conceder ao agente a liberdade provisória. Não se trata de pré-julgar o agente e, tampouco, de antecipar uma decisão de mérito cabível somente quando da prolação da sentença, na eventualidade de ser deflagrado o processo-crime. Mas apenas de vislumbrar, pelo que consta do auto de prisão em flagrante, se o conduzido agiu sob o manto de uma excludente de ilicitude. Quem milita na área criminal, valendo-se de sua experiência, pode perfeitamente identificar situações nas quais a excludente surge de forma clara, apenas com o material colhido durante o flagrante. É por isso mesmo que se cuida de medida excepcional, a ser adotada em situações nas quais a excludente reste demonstrada de forma evidente, constatável de plano e sem a necessidade de maior aprofundamento na análise da prova. Como bem observa Hidejalma Muccio, "admitir o processo quando a excludente de antijuridicidade se mostra provável, vamos lá, afinal é o meio adequado para que seja conhecida e reconhecida; mas admitir a prisão provisória quando há forte juízo de probabilidade de estar o réu acobertado por uma excludente de ilicitude seria grave ofensa ao direito de liberdade. Daí a garantia da liberdade provisória com fundamento no parágrafo único do art. 310 do CPP" (ob. cit., p. 1.215).

Nada impedirá, de resto, que no curso do processo-crime, com a colheita da prova em juízo e, portanto, munido de dados muito mais concretos, venha o juiz a decretar a preventiva do agente – desde que preenchidos os requisitos e pressupostos que justifiquem a medida – por detectar, agora, que, *v.g.*, a legítima defesa antes ventilada com o flagrante, não se verificou.

Excludentes de culpabilidade – O legislador não fez menção às excludentes de culpabilidade (ou exculpantes, ou dirimentes), mas, por adoção da analogia *in bonam partem*, entendemos que, uma vez demonstradas de plano, podem também ensejar a incidência deste dispositivo legal. Suponha-se, assim, que do flagrante se constate, de forma clara, que o agente atuou mediante coação irresistível ou em obediência de ordem, de superior hierárquico, não manifestamente ilegal, em causas que afastam a culpabilidade, nos termos do art. 22 do Código Penal. Não faria sentido que, por falta de previsão legal, ficasse o juiz impedido de corrigir o equívoco da prisão, deixando de conceder a liberdade provisória ao conduzido. Se deve fazê-lo nas hipóteses de excludentes de ilicitude, por conta de expresso texto de lei, pode adotar a mesma orientação para os casos de excludentes de culpabilidade, ainda que o legislador não tenha previsto essa possibilidade.

§2º. Se o juiz verificar que o agente é reincidente, ou que integra organização criminosa armada ou milícia ou que porta arma de fogo de uso restrito deverá denegar liberdade provisória, com ou sem medidas cautelares.

Vedação de liberdade provisória – O legislador, no parágrafo em comento, acrescentado pela Lei 13.964/19, determina ao juiz que negue liberdade provisória, com ou sem medidas cautelares, ao agente reincidente, ou que integra organização criminosa armada ou milícia ou que porta arma de fogo de uso restrito. A inovação, em que pese aplaudida por muitos, parece que não passará pelo crivo de constitucionalidade do legislador constitucional negativo. Atualmente, a orientação do STF é de que vedações em abstrato à concessão da liberdade provisória contrariam a Constituição Federal, devendo o juiz sempre fundamentar a proibição aquilatando as circunstâncias do caso concreto.

Reincidente – Cremos que a reincidência como critério para vedação da liberdade provisória merece atenção (e críticas). Há possibilidade de reincidência gerada em crime menos grave, sem violência ou grave ameaça à pessoa, ou até delito culposo, o que, por si só, não deve gerar presunção de periculosidade, muito menos a manutenção da medida extrema.

Organização criminosa armada – A Lei 12.850/13 definiu no § 1º do seu artigo inaugural a *organização criminosa* como sendo a associação de 4 (quatro) ou mais pessoas estruturalmente ordenada e caracterizada pela divisão de tarefas, ainda que informalmente, com objetivo de obter, direta ou indiretamente, vantagem de qualquer natureza, mediante a prática de infrações penais cujas penas máximas sejam superiores a 4 (quatro) anos, ou que sejam de caráter transnacional. Quando armada, anuncia o art. 2º, § 2º, que as suas penas são aumentadas de 1/6 até 1/2. Agora, com a Lei 13.964/19, passa a ser insuscetível de liberdade provisória.

O delito em estudo é da modalidade permanente, leia-se, sua consumação protrai-se no tempo. Se houver elementos indicando que o preso permanece vinculado à organização, a manutenção da prisão tem fundamento sólido, dispensando o dispositivo em comento. Ausente qualquer elemento nesse sentido, mantê-lo preso em face da imputação estatal parece clausura com base na gravidade em abstrato e, portanto, insustentável.

Milícia – A Assembleia Geral das Nações Unidas, em dezembro de 1989, por meio da resolução 44/162, aprovou os princípios e diretrizes para a prevenção, investigação e repressão às execuções extralegais, arbitrárias e sumárias, anunciando: "Os governos proibirão por lei todas as execuções extralegais, arbitrárias ou sumárias, e zelarão para que todas essas execuções se tipifiquem como delitos em seu direito penal, e sejam sancionáveis com penas adequadas que levem em conta a gravidade de tais delitos. Não poderão ser invocadas, para justificar essas execuções, circunstâncias excepcionais, como por exemplo, o estado de guerra ou o risco de guerra, a instabilidade política interna, nem nenhuma outra emergência pública. Essas execuções não se efetuarão em nenhuma circunstância, nem sequer em situações de conflito interno armado, abuso ou uso ilegal da força por parte de um funcionário público ou de outra pessoa que atue em caráter oficial ou de uma pessoa que promova a investigação, ou com o consentimento ou aquiescência daquela, nem tampouco em situações nas quais a morte ocorra na prisão. Esta proibição prevalecerá sobre os decretos promulgados pela autoridade executiva". Com espeque nessa recomendação (*soft law*), no ano de 2012 foi acrescentado ao Código Penal o crime do art. 288-A, com o especial propósito de endurecer as consequências jurídicas no combate às ações dos denominados *organizações paramilitares*, *grupos de extermínio* e das *milícias*. Considerando sua indisfarçável complexidade, vamos analisar suas definições em separado:

a) Organização paramilitar – paramilitares são associações civis, armadas e com estrutura semelhante à militar. Possuem as características de uma força militar, têm a estrutura e organização de uma tropa ou exército, sem sê-lo.

b) Milícia particular – grupo de pessoas, civis ou não, tendo como finalidade devolver a segurança retirada das comunidades mais carentes, restaurando a paz. Para tanto, mediante coação, os agentes ocupam determinado espaço territorial. A proteção oferecida nesse espaço ignora o monopólio estatal de controle social, valendo-se de violência e grave ameaça.

c) Grupo ou esquadrão (grupo de extermínio) – entende-se como tal a reunião de pessoas, matadores, justiceiros que atuam na ausência ou inércia do poder público, tendo como finalidade a matança generalizada, chacina de pessoas supostamente rotuladas como marginais ou perigosas.

Sem explicação razoável, o §2º do art. 310 do CPP veda a liberdade provisória somente no caso de milícia.

Como acontece com o delito de organização criminosa, a constituição de milícia é modalidade de crime permanente, leia-se, sua consumação protrai-se no tempo. Se houver elementos indicando que o preso permanece vinculado à milícia, a manutenção da prisão tem fundamento sólido, dispensando o dispositivo em comento. Ausente qualquer elemento nesse sentido, mantê-lo preso em face da imputação estatal parece clausura com base na gravidade em abstrato e, portanto, insustentável.

Arma de fogo de uso restrito – Também sem qualquer motivo aparente, o legislador proíbe liberdade provisória para o agente que porta arma de fogo de uso restrito, nada mencionando a de uso proibido, até mais gravemente punida no Estatuto do Desarmamento.

§3º. A autoridade que deu causa, sem motivação idônea, a não realização da audiência de custódia no prazo estabelecido no caput deste artigo, responderá administrativa, civil e penalmente pela omissão.

§4º. Transcorridas 24 (vinte e quatro) horas após o decurso do prazo estabelecido no caput, a não realização da audiência de custó-

dia, sem motivação idônea, ensejará também a ilegalidade da prisão, a ser relaxada pela autoridade competente, sem prejuízo da imediata decretação da prisão preventiva.

Prazo para apresentação da pessoa presa – A Lei 13.964/19, alterando a redação do art. 310 do CPP, diz, no caput, que *"Após receber o auto prisão em flagrante, no prazo máximo de 24 (vinte e quatro) horas após a realização da prisão, o juiz deve promover a audiência de custódia..."*. Ou seja, primeiro, a autoridade policial finaliza a autuação em flagrante do conduzido (que deverá ocorrer, segundo nossa legislação, em até 24h). Depois, encaminha o auto de prisão ao juiz competente. A autoridade judiciária deve, em seguida, promover a audiência de apresentação. Mas dentro de qual prazo? Os textos internacionais acima referidos não estabelecem um prazo determinado para a realização da audiência de custódia. Utilizando expressões abertas, indicam, contudo, imediatidade. A Resolução 213 do CNJ estabelece um limite de 24h da comunicação do flagrante (art. 1º). O §4º do artigo (art. 310) segue o mesmo espírito, isto é, 24h após o recebimento do auto prisão em flagrante.

Não realização da audiência de custódia, sem motivação idônea – A autoridade que deu causa, sem motivação idônea, a não realização da audiência de custódia, responderá administrativa, civil e penalmente pela omissão. Parece que a omissão, por si só, não configurará o crime de abuso de autoridade previsto no art. 9º, parágrafo único, da Lei 13.869/19. É que nesse crime da Lei 13.869/19 pune-se a indevida decisão não-liberatória, que pode ocorrer com, sem ou mesmo dentro da solenidade da audiência de custódia. Parece-nos que a não realização da audiência pode, a depender das circunstâncias, configurar o crime de prevaricação (art. 319 do CP).

Não bastasse a responsabilidade pessoal do magistrado, a não realização da audiência de custódia, sem motivação idônea, ensejará também a ilegalidade da prisão, a ser relaxada pela autoridade competente, sem prejuízo da imediata decretação da prisão preventiva. Fica superada a jurisprudência que, nesses casos, enxergava mera irregularidade.

> **ATENÇÃO** – a possibilidade da substituição do flagrante pela preventiva, nesses casos, vem sendo objeto de críticas, que exigem reflexão do operador. Por todos, merece transcrição o escólio de Gustavo de Almeida Ribeiro: "Entendo que não poderia ser a mera substituição de um tipo de prisão processual por outro a solução prevista para o descumprimento desmotivado do prazo legal. Além das sanções impostas à autoridade que deu causa imotivada à não realização da audiência, sua não ocorrência, em prazo razoável, deve, ou deveria ter, como consequência, a liberdade do conduzido, sob pena de se tornar inócuo o comando legal. Não tem sido esse, entretanto, o entendimento adotado pelo Superior Tribunal de Justiça em seus julgados, que mantêm hígida a prisão cautelar".

Motivação idônea – cumpre alertar que a não realização da audiência de custódia, por si só, não é capaz de ensejar a ilegalidade da prisão, sobretudo quando respeitados os direitos e garantias previstos na Constituição Federal e no Código de Processo Penal. Havendo motivo justo, parece mais importante do que o ato solene a efetiva análise da custódia por meio da atenta leitura do auto de prisão em flagrante.

Delegado de Polícia, excludentes de ilicitude e prisão em flagrante – v. art. 304 acima.

CAPÍTULO III
DA PRISÃO PREVENTIVA
(REDAÇÃO DADA PELA LEI Nº 5.349, DE 3.11.1967)

Art. 311. Em qualquer fase da investigação policial ou do processo penal, caberá a prisão preventiva decretada pelo juiz a requerimento do Ministério Público, do querelante ou do assistente, ou por representação da autoridade policial.

Redação antes da Lei 13.964/19	Redação depois da Lei 13.964/19
Art. 311. Em qualquer fase da investigação policial ou do processo penal, caberá a prisão preventiva decretada pelo juiz, de ofício, se no curso da ação penal, ou a requerimento do Ministério Público, do querelante ou do assistente, ou por representação da autoridade policial.	**Art. 311.** Em qualquer fase da investigação policial ou do processo penal, caberá a prisão preventiva decretada pelo juiz a requerimento do Ministério Público, do querelante ou do assistente, ou por representação da autoridade policial.

Introdução – A prisão preventiva, em um sentido amplo, é aquela decretada antes do trânsito em julgado da sentença penal condenatória e tem significado idêntico à prisão processual, cautelar, provisória ou prisão sem pena. Em um sentido mais estrito, vem prevista nos arts. 311 e ss. do CPP, objeto de nossa análise adiante.

Constitucionalidade da prisão preventiva – Há quem vislumbre inconstitucionalidade no dispositivo que autoriza a decretação da prisão preventiva, por afronta ao art. 5º, inc. LVII da Carta, que, ao fincar a presunção de inocência, assegura que "ninguém será considerado culpado até o trânsito em julgado de sentença penal condenatória". Expoente maior da chamada *doutrina garantista*, o italiano Luigi Ferrajoli entende ser inadmissível toda e qualquer prisão antes do trânsito em julgado da sentença penal condenatória, exatamente por violação ao princípio em estudo (*Teoria do garantismo penal*. 3ª. ed., Saraiva: São Paulo, 2010, p. 851). Francesco Carrara, muito antes, tinha a preventiva como "verdadeira crueldade" (*apud*, Câmara Leal, ob. cit., vol. II, p. 272).

Sucede que a Constituição deve ser interpretada de forma sistemática, jamais tomando-se um princípio de *per si*, para a partir daí elaborar-se determinada conclusão. Como destaca Luís Roberto Barroso: "a idéia de unidade da ordem jurídica se irradia a partir da Constituição e sobre ela também se projeta. Aliás, o princípio da unidade da Constituição assume magnitude precisamente pelas dificuldades geradas pela peculiaríssima natureza do documento inaugural e instituidor da ordem jurídica. É que a Carta fundamental do Estado, sobretudo quando promulgada em via democrática, é o produto dialético do confronto de crenças, interesses e aspirações distintos, quando não colidentes. Embora expresse um consenso fundamental quanto a determinados princípios e normas, o fato é que isso não apaga o pluralismo e antagonismo de idéias subjacentes ao pacto fundador. É precisamente por existir pluralidade de concepções que se torna imprescindível a unidade na interpretação. Afinal, a Constituição não é um conjunto de normas justapostas, mas um sistema normativo fundado em determinadas idéias que configuram um núcleo irredutível, condicionante da inteligência de qualquer de suas partes. O princípio da unidade é uma especificação da interpretação sistemática, e impõe ao intérprete o dever de harmonizar as tensões e contradições entre normas (...)" (*Interpretação e aplicação da Constituição: fundamentos de uma dogmática constitucional transformadora.* 7ª ed. rev. São Paulo: Saraiva, 2009, p. 202).

Nessa linha e raciocínio, o inc. LXI, do CF. 5º, da CF, prevê, de início, a possibilidade de prisão em flagrante para, em seguida, autorizar a prisão "por ordem escrita e fundamentada de autoridade judiciária competente". Esta última, por óbvio, não se trata da prisão em flagrante que, como já analisado, independe de ordem judicial. Trata-se, por certo, de toda e qualquer outra ordem de prisão, que pode ter origem tanto em uma sentença definitiva, quando já formada a culpa, como em um provimento de ordem cautelar, como a prisão preventiva. Aliás, a se privilegiar esse entendimento, em nome da presunção de inocência e resultante de uma análise isolada de determinado dispositivo constitucional, em detrimento de seu cotejo com um todo harmônico, nem mesmo a prisão em flagrante deveria ser admitida, no que consistiria inovação de nosso direito, desconhecida em qualquer outra legislação ocidental.

Ressalte-se, ainda, que a própria Constituição, no inc. LXV, do art. 5º, impõe ao juiz a obrigação de relaxar, de imediato, a prisão ilegal. Também a legislação infraconstitucional cerca de cuidados a possibilidade de decretação da prisão preventiva, reservando-a para situações bem específicas, sempre a enaltecer o seu caráter de absoluta excepcionalidade. O art. 282, em seu § 6º, do CPP, bem revela esse caráter, ao dispor que a preventiva só terá lugar quando não cabível sua substituição por outra medida cautelar, dentre as previstas no art. 319 do mesmo *codex*. A possibilidade de sua revogação, a todo tempo, prevista no art. 316 do código, é outro bom exemplo disso. Destaque-se, ainda, que de há muito foi extinta a figura da chamada *prisão preventiva obrigatória*, constante da redação do art. 312 do CPP.

Suponha, outrossim, o exemplo de um *serial killer*, que, confessadamente, já matou inúmeras pessoas e que admita a impossibilidade de contenção de seus impulsos. Ou de um estuprador contumaz, reconhecido por diversas de suas vítimas. Deverá, porque não foi preso em flagrante, ser liberado em nome do princípio da presunção de inocência? Nem o mais ferrenho defensor dos direitos humanos, tampouco o mais sonhador acadêmico, poderá propor tamanha enormidade, a permitir que, em casos como estes, em virtude da ausência de flagrante, possa permanecer o agente solto, enquanto responde ao processo, colocando em sobressalto toda uma comunidade e – o que é pior – multiplicando o número de suas vítimas. Há, com efeito, que se adotar desde logo uma medida urgente, apta a estancar essa reiteração de atos delituosos, pouco importando se o agente não foi preso em flagrante e, muito menos, condenado em definitivo. Irrelevante, outrossim, se a prisão tem poderes aptos a reabilitar o indivíduo. Parece óbvio que não. Não os terá nem quando se tratar de presos definitivos, muito menos quanto aos provisórios. Nem por isso ele deverá permanecer solto, face ao notável risco que representa à sociedade. Como adverte Julio Fabbrini MIrabete, "considerada um mal necessário, uma fatal necessidade, uma dolorosa necessidade social perante a qual todos devem se inclinar, justifica-se a prisão preventiva por ter como objetivo a garantia da ordem pública, a preservação da instrução criminal e a fiel execução da pena" (*Processo Penal*, São Paulo: Atlas, 2007, 18. edição, p. 389).

Trata-se, de resto, de medida conhecida em toda e qualquer legislação ocidental. O Código de Processo Penal Alemão (*Strafprozeßordnung - StPO*), a prevê expressamente seu art. 112, para, dentre outras hipóteses, quando da fuga do acusado ou se ele estiver escondido, ou quando possa exercer alguma espécie de influência contra corréu, testemunha ou perito. O Código Português, em seu art. 202, elenca algumas espécies de crimes nos quais, havendo indícios de sua prática, é cabível a prisão preventiva, como terrorismo, furto qualificado, dano qualificado, burla informática e nas comunicações, receptação, falsificação de documento, atentado à segurança de transporte rodoviário, crime cometido com arma, etc.

Demais disso, diplomas internacionais preveem essa espécie de medida, embora destaquem seu caráter de excepcionalidade. Assim, a Convenção Europeia de Direitos Humanos, quando assegura a liberdade pessoal de todo indivíduo, ressalva a possibilidade de prisão processual, "quando houver suspeita razoável de ter cometido uma infração, ou quando houver motivos razoáveis para crer que é necessário impedi-lo de cometer uma infração ou de se pôr em fuga depois de a ter cometido" (art. 5º, 1, "c"). Já o art. 9.3, do Pacto Internacional sobre Direitos Civis e Políticos, destaca que "a prisão preventiva de pessoas que aguardam julgamento não deverá constituir a regra geral, mas a soltura poderá estar condicionada a garantias que assegurem o comparecimento da pessoa em questão à audiência, a todos os atos do processo e, se necessário for, para a execução da sentença".

Daí concluirmos, sem qualquer hesitação, pela constitucionalidade da prisão preventiva, que, no mais, em nada colide com o princípio da presunção de inocência previsto na Carta maior.

JURISPRUDÊNCIA

Constitucionalidade da prisão preventiva

"Já se firmou a jurisprudência desta Corte no sentido de que a prisão cautelar não viola o princípio constitucional da presunção de inocência, conclusão essa que decorre da conjugação dos incisos LVII, LXI e LXVI, do artigo 5º da Constituição Federal" (HC nº 71.169-SP) (STF – HC n. 79920- RJ – Rel. Maurício Corrêa, j. 11.04.2000, DJ 01.06.2001, DJ 01.06.2001, p. 77).

Princípio da confiança no juiz do processo

"Em matéria de prisão preventiva, deve ser observado o princípio da confiança no juiz do processo, uma vez que está presente no local onde o crime é cometido e conhece as peculiaridades do caso concreto, sendo quem melhor pode avaliar a necessidade da decretação da segregação cautelar" (STJ – HC nº 243446-SE, Rela. Marilza Maynard, j. 15.08.2013, DJe 30.08.2013).

Momento para a decretação da prisão preventiva – A prisão preventiva, como consta do dispositivo em exame, pode ser decretada na fase de investigação policial ou quando já deflagrado o processo penal. O vocábulo "investigação policial" deve ser interpretado em seu sentido amplo para abranger toda e qualquer espécie de investigação. É dizer: não apenas durante a apuração conduzida pela polícia será admitida a prisão preventiva, mas também, por exemplo, em investigação presidida pelo Ministério Público, ou em uma Comissão Parlamentar de Inquérito ou, ainda, em um procedimento instaurado pela Receita Federal decorrente da prática de crime de sonegação fiscal. Em suma, qualquer que seja procedimento que antecede a deflagração do processo-crime, terá lugar a prisão preventiva, desde que, por óbvio, preenchidos seus requisitos de admissibilidade. Referindo-se à investigação policial, a anteceder a instauração do inquérito, parece clara possibilidade de sua decretação antes de deflagrado esse procedimento. Nesse sentido, confira-se: "A falta de inquérito policial não impede a decretação da custódia cautelar, desde que fundamentada em peças administrativas da existência de crime e indícios da autoria apresentados pelo órgão acusatório" (STJ – RHC n. 3682-RJ – Rel. Anselmo Santiago, j. 30.08.1994, DJ 07.11.1994, p. 30031). A propósito, a redação original deste dispositivo legal, previa a possibilidade de decretação da preventiva "em qualquer fase do inquérito policial". Ora, ao alterar a redação para permitir a medida "em qualquer fase da investigação policial", o legislador deixou evidente sua opção. Quisesse restringir os casos de decretação da preventiva à prévia instauração do inquérito policial e bastaria manter o texto primitivo do artigo de lei. Ao alterá-lo, afastou esse pré-requisito.

JURISPRUDÊNCIA

Inexistência de inquérito não impede a decretação da preventiva

Processual penal. Recurso em 'habeas corpus'. Prisão preventiva. Fundamentação suficiente. Inexistência de inquérito policial. Irrelevância – "A falta de inquérito policial não impede a decretação da custódia cautelar, desde que fundamentada em peças informativas da existência do crime e indícios de autoria apresentados pelo órgão acusatório" (STJ – HC n° 3682-RJ, Rel. Anselmo Santiago, j. 30.08.1994, DJ 07.11.1994, p. 30031).

Prazo máximo de duração da prisão preventiva – A nossa lei não estipula um prazo máximo de duração da prisão preventiva e, talvez, não devesse mesmo fazê-lo, já que a peculiaridade de cada caso concreto pode justificar tratamentos diversos.

Outras legislações preferem estipular um prazo determinado. Nesse sentido o Código de Processo Penal português, que, em seu art. 215, estabelece que será extinta a prisão preventiva quando decorridos "quatro meses sem que tenha sido deduzida acusação; oito meses sem que, havendo lugar a instrução, tenha sido proferida decisão instrutória; um ano e dois meses sem que tenha havido condenação em 1ª instância; um ano e seis meses sem que tenha havido condenação com trânsito em julgado".

Razoabilidade – Afastada em nosso direito, pois, a possibilidade de indicação de um lapso temporal para duração da prisão preventiva, adota-se, então, um critério de razoabilidade, previsto no art. 5º, inc. LXXVIII da Constituição, a partir do advento da Emenda Constitucional n. 45/2004, pelo qual "a todos, no âmbito judicial e administrativo, são assegurados a *razoável duração do processo* e os meios que garantam a celeridade de sua tramitação" (grifamos). Destaque-se, ademais, que tampouco os pactos internacionais arriscaram na fixação de um prazo determinado, preferindo adotar uma fórmula aberta, naquilo que já se denominou de "doutrina do não prazo". Nesse sentido, o art. 8º, 1, da Convenção Americana sobre Direitos Humanos (Pacto de São José da Costa Rica), aprovada pelo Congresso Nacional (Decreto-Legislativo nº 27/1992), de cumprimento determinado pelo Decreto nº 678/1992.

Revisão da necessidade da prisão preventiva – Considerando "a preocupação da magistratura com as situações de prisão provisória com excesso de prazo ou a manutenção da privação da liberdade após o cumprimento da sua finalidade", o Conselho Nacional de Justiça editou a Resolução 66/2009, onde determina que, estando o réu preso provisoriamente há mais de três meses, com o processo ou inquéritos parados, cumpre ao juiz (ou ao relator tratando-se de recurso), investigar as razões da demora, indicando, ainda, as providências adotadas, a serem, posteriormente, comunicadas à Corregedoria Geral de Justiça ou à Presidência do Tribunal (no caso do relator). A propósito, como observam Alberto Silva Franco e Maurício Zanoide, sendo o juiz "obrigado a declinar os motivos da demora sempre que concluir a instrução fora do prazo, com maior razão deverá fundamentar a necessidade da prisão cautelar, se o *arco de tempo processual*, a que alude Chiavario, previsto para um determinado procedimento, estiver consumido" (*Código de Processo Penal e sua Interpretação Judicial*, 2ª ed., vol. 1, São Paulo: Editora Revista dos Tribunais, 2004, p. 279) (grifo original).

A Lei 13.964/19, alterando o art. 316 do CPP, seguiu o espírito da referida Resolução. Diz que o órgão emissor da decisão deverá revisar a necessidade de sua manutenção a cada 90 dias, mediante decisão fundamentada (art. 315 do CPP), sob pena de tornar a prisão ilegal.

Súmulas aplicáveis – Essa disposição (art. 316, parágrafo único, CPP) coloca em xeque algumas súmulas do Tribunal Cidadão, como, por exemplo, as de número 21 e 52. A Súmula 21 do STJ anuncia que, pronunciado o réu, fica superada a alegação de constrangimento ilegal por excesso de prazo. No mesmo sentido, a de número 52, dizendo que, encerrada a instrução criminal, não há se falar em excesso de prazo. Ora, a revisão da necessidade da custódia preconizada pelo novel dispositivo deve ocorrer de forma copiosa, a cada 90 dias, não se podendo presumir legalidade do constrangimento em razão do ventilado estágio do processo.

JURISPRUDÊNCIA

Quando se justifica algum excesso na duração da prisão preventiva

"A razoável duração do processo não pode ser considerada de maneira isolada e descontextualizada das peculiaridades do caso concreto, até porque a melhor compreensão do princípio constitucional aponta para processo sem dilações indevidas", em que a demora na tramitação do feito há de guardar proporcionalidade com a complexidade do delito nele veiculado e as diligências e os meios de prova indispensáveis a seu deslinde [...] A jurisprudência deste Supremo Tribunal Federal é no sentido de que "o excesso de prazo da instrução criminal não resulta de simples operação aritmética, impondo-se considerar a complexidade do processo, atos procrastinatórios da defesa e número de réus envolvidos, fatores que, analisados em conjunto ou separadamente, indicam ser, ou não, razoável o prazo para o encerramento" (STF – HC n. 122250-PI, Rel. Rosa Weber, j. 02.06.2014).

Excesso de prazo da prisão preventiva

a) quando se configura

"Extrapola os limites da razoabilidade, havendo injustificada demora, se, como na espécie, encontra-se o paciente preso cautelarmente há dois anos, em decorrência de entraves do aparelhamento estatal, sem que a defesa tenha efetivamente dado causa à delonga" (STJ – HC n° 240218-PA, Rel. Maria Thereza de Assis Moura, j. 14.05.2013, DJe 23.05.2013).

b) admissibilidade, quando complexo o feito

"Os prazos para a conclusão da instrução criminal não são peremptórios, podendo ser flexibilizados diante das peculiaridades do caso concreto, em atenção e dentro dos limites da razoabilidade. Não se constata indícios de desídia do Estado-Juiz, que tem sido diligente no andamento do feito, em que se apura a prática dos crimes de latrocínio, estupro, porte ilegal de arma de fogo e formação de quadrilha armada envolvendo 6 (seis) réus, mormente quando se tem notícia de que a audiência para interrogatório do recorrente já foi realizada" (STJ – RHC n° 34949-BA, Rel. Jorge Mussi, j. 07.05.2013, DJe 22.05.2013).

"Não se constata indícios de desídia do Estado-Juiz, que tem sido diligente no andamento do feito, em que se apura a prática de crime de tentativa de extorsão envolvendo três réus, com advogados distintos, havendo a necessidade de expedição de precatória para oitiva das testemunhas e dos acusados residentes em comarcas diversas, circunstâncias que exigem que se utilize maior tempo para a solução da causa" (STJ – HC n° 259895-SP, Rel. Jorge Mussi, j. 14.05.2013, DJe 24.05.2013).

c) quando se configura no julgamento do recurso

"É certo que a apreciação da apelação não tem prazo fixado na lei processual. Porém, a demora desmotivada para o julgamento do recurso, de cerca de 02 (dois) anos e 04 (quatro) meses, consubstancia constrangimento ilegal, sanável pela via do habeas corpus. É de se reconhecer, portanto, que a demora injustificada configura, sem dúvidas, afronta ao Princípio da Duração Razoável do Processo, previsto no art. 5.º, inciso LXXVII, da Constituição da República, acrescido pela Emenda Constitucional n.º 45/2004 ("a todos, no âmbito judicial e administrativo, são assegurados a razoável duração do processo e os meios que garantam a celeridade de sua tramitação"). Ordem de Habeas corpus conhecida em parte e, nessa extensão, parcialmente concedida, tão-

-somente para determinar ao Tribunal de origem que julgue, com urgência, a Apelação Criminal n.º 0005367-81.2009.8.26.0101" (STJ – HC nº 244346-SP, Rel. Laurita Vaz, j. 06.08.2013, DJe 13.08.2013).

d) não configurado o excesso quando acarretado pela defesa

"Após a realização da primeira audiência de instrução, a defesa insistiu na oitiva de todas as testemunhas arroladas, inclusive aquelas que gozam de prerrogativa de função, as quais, como é sabido, devem ser inquiridas na forma do artigo 221 Código de Processo Penal, diligência sabidamente demorada, pela observância das formalidades legais. Ademais, a defesa de um dos corréus suscitou conflito negativo de competência, o que ocasionou a suspensão do andamento do processo, nos termos do art. 116, § 2º, do CPP, tendo o Tribunal de origem, posteriormente, julgado improcedente o conflito para declarar competentes os Juízos suscitados" (STJ – HC nº 255604-RJ, Rel. Og Fernandes, j. 18.12.2012, DJe 19.03.2013).

"Eventual retardamento na conclusão da formação da culpa, quando provocado pela defesa, como na hipótese de pedido de exame de insanidade mental, não caracteriza constrangimento ilegal. Súmula n.º 64 desta Corte. Por aplicação do Princípio da Razoabilidade, tem-se como justificada eventual dilação de prazo para a conclusão da instrução processual, quando a demora não é provocada pelo Juízo ou pelo Ministério Público, mas sim decorrente de diligências usualmente demoradas" (STJ, HC n. 156.536-SP, Rel. Gilson Dipp, j. 07.10.2010, DJe 25.10.2010).

e) não configurado o excesso quando diversos acusados e testemunhas

Habeas corpus – Homicídio qualificado – Prisão preventiva – Excesso de prazo – Pluralidade de acusados e diversas testemunhas – Razoabilidade – "Segundo pacífico entendimento doutrinário e jurisprudencial, a configuração de excesso de prazo na instrução não decorre de soma aritmética de prazos legais. A questão deve ser aferida segundo critérios de razoabilidade, tendo em vista as peculiaridades de cada caso. Havendo certa complexidade no feito, com diversos acusados e testemunhas, é razoável pequena demora para a conclusão da instrução criminal" (STJ, HC n. 177.870-PE, Rel. Og Fernandes, j. 04.04.2013).

f) não configurado o excesso quando encerrada a instrução criminal

"Finda a instrução criminal, uma vez que a Ação Penal aguarda apenas a apresentação de memoriais pela defesa, na forma do art. 403, § 3º do CPP, resta superada a alegação de constrangimento ilegal por excesso de prazo. Súmula 52/STJ" (STJ – HC nº 189417-SP, Rel. Napoleão Nunes Maia Filho, j. 22.01.2011, DJe 18.04.2011).

g) resta prejudicada a alegação de excesso de prazo quando proferida sentença condenatória

"É firme a jurisprudência do Supremo Tribunal Federal no sentido de que a alegação de excesso de prazo da instrução criminal fica superada pelo advento da sentença. Precedentes" (STF – HC nº 103020-SP, Rel. Cármen Lúcia, j. 15.03.2011, DJe 06.05.2011).

Decretação da prisão *ex officio* – A redação original do art. 311 permitia que o juiz decretasse a prisão preventiva de ofício, quer durante as investigações, quer no processo criminal. Essa possibilidade, antes do advento da Lei nº 12.403, de 2011, já era objeto de crítica da jurisprudência, a se conferir: "A decretação da preventiva *ex officio*, durante a fase do inquérito policial, está vedada pelo sistema acusatório, pois o juiz foi definitivamente afastado da persecução penal. Como não houve provocação da jurisdição pelo órgão competente, ao contrário manifestou-se só pelo relaxamento da prisão, não pode o magistrado agir *sponte própria* para decretar a prisão preventiva do indiciado. A hipótese só é viável no curso do processo judicial" (TJDF - HC n. 20090020136564 - Rel. Sandra de Santis, j. 01.10.2009).

Corrigindo tal imperfeição, o dispositivo foi alterado pela Lei 12.403/11, que limitou esse poder durante as investigações. Nessa fase, vedou a decretação da prisão preventiva "ex officio", devendo o juiz aguardar provocação do Ministério Público ou da Autoridade Policial. Já no curso do processo, o juiz poderia decretá-la independentemente de pedido ou representação nesse sentido.

Mesmo com a mudança, importante parcela da doutrina lecionava que o ideal seria a retirada, do juiz, desse poder de agir de ofício, como forma de preservação do sistema acusatório, que bem define a posição de cada um no processo penal. Se ao juiz é dado o poder de julgar e se, para tanto, deve manter uma posição de equidistância e imparcialidade, seria mais adequado que se deixasse às partes a possibilidade de requerer a prisão preventiva (inclusive durante o curso do processo), evitando-se, com isso, qualquer ação do juiz "sponte própria". A Lei 13.964/19, prestigiando o sistema acusatório, acabou por acolher os ensinamentos acima, alterando novamente o art. 311 do CPP, agora proibindo o juiz agir de ofício em qualquer das fases da persecução. A decretação da prisão preventiva, a exemplo da temporária, depende de provocação.

Lei Maria da Penha e a decretação da prisão preventiva de ofício – Como visto acima, é vedado ao juiz, de ofício, decretar a preventiva. De outra parte, o art. 20 da Lei n. 11.340/2006 (Lei Maria da Penha), prevê que "em qualquer fase do inquérito policial ou da instrução criminal, caberá a prisão preventiva do agressor, decretada pelo juiz, *de ofício*, a requerimento do Ministério Público ou mediante representação da autoridade policial" (grifamos). Instala-se, assim, aparente conflito: prevalece a disposição contida na atual redação do art. 311 do código ou aquela prevista na Lei Maria da Penha? Cremos que essa limitação introduzida no Código de Processo Penal tem incidência na Lei Maria da Penha, a impossibilitar o juiz de decretar, ex officio, a prisão preventiva. Não há mais, assim, essa possibilidade, em posicionamento que, de resto, rende homenagem ao princípio acusatório, a evitar que o juiz adote medidas de cunho persecutório. Afinal, como lembra Aury Lopes Júnior, "são logicamente incompatíveis as funções de investigar e ao mesmo tempo garantir o respeito aos direitos do imputado. São atividades que não podem ficar nas mãos de uma mesma pessoa, sob pena de comprometer a eficácia das garantias individuais do sujeito passivo e a própria credibilidade da administração de justiça. (...) Em definitivo, não é suscetível de ser pensado que uma mesma pessoa se transforme em um investigador eficiente e, ao mesmo tempo, em um guardião zeloso da segurança individual. É inegável que 'o bom inquisidor mata o bom juiz ou, ao contrário, o bom juiz desterra o inquisidor'" (*Investigação Preliminar no Processo Penal.* Rio de Janeiro: Lumen Juris, 2001, p. 74).

Haverá, decerto, quem invoque o princípio da especialidade, como argumento para a manutenção da regra contida na Lei Maria da Penha, a despeito da limitação introduzida pela Lei 13.964/19, a impedir que o juiz decrete de ofício a prisão preventiva. Por esse princípio, a norma mais específica é aplicada em detrimento da norma de caráter geral. Ou, em outras palavras, surgindo um aparente conflito de normas, exatamente por ser específica, deve prevalecer a *lex specialis*, sobre a lei geral, que abrange um todo. Nesse sentido, o teor do art. 12 do Código Penal, quando dispõe que "as regras gerais deste Código aplicam-se aos fatos incriminados por lei especial, se esta não dispuser de modo diverso". Ocorre que o art. 20 da Lei Maria da Penha não contém, em absoluto, nada de especial em relação ao Código de Processo Penal. Trata-se, antes, de mera transcrição, quase que completa, da redação original do art. 311 do CPP, vigente quando da sua sanção: "Em qualquer fase do inquérito policial ou da instrução criminal, caberá a prisão preventiva decretada pelo juiz, de ofício, a requerimento do Ministério Público, ou do querelante, ou mediante representação da autoridade policial". Já que é assim, alterada a redação do art. 311 do CPP, tem-se, por consequência lógica, que essa mudança deva incidir também sobre a Lei Maria da Penha, para se concluir que, não mais é dada ao juiz a possibilidade de decretação, de ofício, da prisão preventiva do agressor. A reforçar esse entendimento, lembremos do disposto no art. 13 da Lei n. 11.340/2006, quando determina que "ao processo, ao julgamento e à execução das causas cíveis e criminais decorrentes da prática de violência doméstica e familiar contra a mulher aplicar-se-ão as normas dos Códigos de Processo Penal e Processo Civil (...)". Somos, pois, pela impossibilidade de decretação da prisão preventiva, de ofício pelo juiz, na persecução criminal. Nesse sentido, ainda, Ana Paula Monte Figueiredo Pena

Barros (*Inovações Trazidas pela Lei nº 12.403/2011*, in "O Novo Regime Jurídico das Medidas Cautelares no Processo Penal", Rio de Janeiro: Emerj, 2002, p. 54).

> **ATENÇÃO** – Diferentemente do art. 20 da Lei Maria da Penha, o art. 17 da Lei 14.344./2022 (Lei Henry Borel) não autoriza o juiz decretar a cautelar máxima de ofício. Agiu bem o legislador. Mesmo na Lei Maria da Penha, essa atuação do magistrado vem sendo combatida. No âmbito do STJ, o ministro Rogerio Schietti Cruz, no RHC 145.225, ponderou que o princípio da especialidade não autoriza a atuação judicial de ofício, mesmo em se tratando de crime de violência doméstica e familiar contra a mulher. Todavia, uma vez motivado, poderá o magistrado eleger a medida de intervenção mais adequada ao caso. Segundo o ministro, "Impor ou não cautelas pessoais, de fato, depende de prévia e indispensável provocação; contudo, a escolha de qual delas melhor se ajusta ao caso concreto há de ser feita pelo juiz da causa. Entender de forma diversa seria vincular a decisão do Poder Judiciário ao pedido formulado pelo Ministério Público, de modo a transformar o julgador em mero chancelador de suas manifestações, ou de lhe transferir a escolha do teor de uma decisão judicial" (STJ, RHC 145225/RO, rel. Min. Rogério Schietti Cruz, 6ª Turma, Julgamento 15/02/2022).

Imposição de cautelares diversas das requeridas pelo Ministério Público – A escolha pelo Magistrado de medidas cautelares pessoais, em sentido diverso das requeridas pelo Ministério Público, pela autoridade policial ou pelo ofendido, não pode ser considerada como atuação *ex officio*. Foi o que decidiu a SEXTA TURMA do STJ, no AgRg no HC 626.529-MS, julgado em 26/04/2022. Essa conclusão, contudo, não foi seguida pela QUINTA TURMA que, firme na posição do STF, mantém a tese de que o juiz, assim agindo, viola o art. 311 do CPP e, por consequência, o sistema acusatório (A gRg no HC 754.506-MG, Rel. Min. Reynaldo Soares da Fonseca, Quinta Turma, por unanimidade, julgado em 16/08/2022, DJe 22/08/2022).

Legitimidade – Os entes relacionados no dispositivo legal (Ministério Público, querelante ou assistente) estão legitimados a requerer a prisão preventiva. Vale anotar, contudo, que na fase de investigações não se cogita da figura do assistente de acusação, cabível somente quando já deflagrada a ação penal, segundo o art. 268 do CPP. Tampouco há que se falar, nessa fase, de "querelante", por ser ele o autor da ação penal privada, a pressupor, assim, que a queixa-crime já tenha sido recebida. Tem-se, com isso, que no âmbito das investigações (policial ou por outro meio), o único legitimado para o requerimento da prisão preventiva é o Ministério Público ou a autoridade policial, por meio de representação. Já no curso do processo, essa legitimação se estende ao assistente e ao querelante.

Ministério Público – Na condição de titular privativo da ação penal pública, conforme expressa disposição constitucional (art. 129, inc. I da Constituição), é óbvia a legitimidade do Ministério Público para o pedido de prisão preventiva, reforçada pelo dispositivo em exame. Esse requerimento, como já ressaltado, pode ser formulado na fase de investigações ou posteriormente, no curso da ação penal, quando já ofertada a denúncia. Há entendimento no sentido de que, uma vez decretada a custódia cautelar, deve o Ministério Público oferecer a denúncia, não podendo, por exemplo, devolver o inquérito para a polícia para a realização de novas diligências. É que tanto para a decretação da prisão preventiva como para a oferta da denúncia, se exigem os mesmos requisitos, que são a certeza da ocorrência do crime e indícios de sua autoria. Ora, se presentes os requisitos que justificaram a decretação da preventiva, eles se prestam, também, a impor a imediata oferta de denúncia pela acusação. Nesse sentido a jurisprudência abaixo colacionada.

De se ver, porém, que o *parquet* exerce, também, a função de fiscal da ordem jurídica (*custos iuris*), notadamente nas hipóteses de ação penal exclusivamente privada. Nestas, como já ressaltado anteriormente, a titularidade é exclusiva do ofendido, ficando a seu critério a deflagração - ou não - da ação penal. De sorte que, em uma queixa-crime, ofertada pelo querelante, a participação do Ministério Público se dará na condição de fiscal da correta aplicação da lei e não mais como parte. Não poderá se opor - apenas para ficarmos com um exemplo - ao pedido de absolvição eventualmente formulado pelo querelante, cujo atendimento pelo juiz é obrigatório, a configurar a perempção (art. 60, inc. III do CPP). Ora, nessa espécie de ação, parece clara a ilegitimidade do Ministério Público para o pedido de decretação da prisão preventiva. Não sendo, pois, titular da ação penal exclusivamente privada, mas nela atuando apenas de forma coadjuvante, é óbvio que essa legitimidade se reconhece, apenas, em favor do querelante, como, aliás, previsto neste dispositivo em exame.

Situação diversa, porém, se verificará nas hipóteses de ação penal privada subsidiária da pública, que possuem expressa previsão constitucional (art. 5º, inc. LIX da CF), e são tratadas no art. 29 do código. Assim, quando inerte o órgão do Ministério Público, que deixa de ofertar a denúncia no prazo legal, legitima-se o ofendido a fazê-lo. Ocorre que, nesse caso, a posterior atuação do *parquet*, quando já deflagrado o processo-crime com o recebimento da queixa, na condição de "litisconsorte obrigatório", é a mais ampla possível, quando pode, inclusive, "retomar a ação como parte principal", como se vê da redação do art. 29 do código. Nesse caso, a legitimidade para o pedido de prisão preventiva deve ser reconhecida não apenas em favor do querelante, na condição de titular da ação penal, mas também em prol do Ministério Público, cuja atuação não mais se limita à mera fiscalização (como ocorre na ação penal exclusivamente privada), mas, ao revés, ocorre de forma ativa, segundo o já referido art. 29 do CPP.

JURISPRUDÊNCIA

Impossibilidade de decretação da preventiva de ofício.

"A reforma introduzida pela Lei nº 13.964/2019 ("Lei Anticrime") modificou a disciplina referente às medidas de índole cautelar, notadamente aquelas de caráter pessoal, estabelecendo um modelo mais consentâneo com as novas exigências definidas pelo moderno processo penal de perfil democrático e assim preservando, em consequência, de modo mais expressivo, as características essenciais inerentes à estrutura acusatória do processo penal brasileiro. – A Lei nº 13.964/2019, ao suprimir a expressão "de ofício" que constava do art. 282, §§ 2º e 4º, e do art. 311, todos do Código de Processo Penal, vedou, de forma absoluta, a decretação da prisão preventiva sem o prévio "requerimento das partes ou, quando no curso da investigação criminal, por representação da autoridade policial ou mediante requerimento do Ministério Público", não mais sendo lícita , portanto, com base no ordenamento jurídico vigente, a atuação "ex officio " do Juízo processante em tema de privação cautelar da liberdade." (STF. 2ª Turma. HC 188888/MG, Rel. Min. Celso de Mello, julgado em 6/10/2020)

Decretação de preventiva obriga a oferta de denúncia

"A regra básica, passível de raras exceções, é a de que,"ex hypothesis", existindo fundamentação para a segregação cautelar, por igual razão deve existir base para o oferecimento da denúncia" (STJ – HC n. 7140- DF – Rel. Felix Fischer, j. 04.06.1998, DJ 03.08.1998, p. 263).

"Se havia elementos para a decretação de prisão preventiva, com melhor razão deveria haver para a denúncia; não sendo esta oferecida com base em inquérito concluído, devidamente relatado, com retorno dos autos à Polícia para novas diligências, patente se mostra a ilegalidade da prisão preventiva" (TJPR – ED n. 1703262 – Rel. José Mauricio Pinto de Almeida, j. 02.08.2001, DJ 17.08.2001).

Preventiva requerida pelo MP Federal e decretada por juiz estadual. Irrelevância

"O fato de ter sido requerida a prisão preventiva do réu pelo Ministério Público Federal e esta ter sido acatada pelo Juízo Estadual, não é causa de nulidade, pois o decreto de prisão preventiva é ato do Juiz e não da Autoridade que o requisita, sendo que pode ser tomado, inclusive, de ofício" (STJ – HC n° 16333-RS, Rel. Gilson Dipp, j. 14.08.2001, DJ 15.10.2001, p. 275).

Preventiva decretada por juiz incompetente. Nulidade da decisão

"O decreto judicial de prisão preventiva ostenta, quanto ao seu conteúdo, irrecusável carga decisória. Essa decisão não pode subsistir quando reconhecida a absoluta incompetência do órgão judiciário que a prolatou. A incompetência absoluta do juízo anula os atos decisórios, notadamente quando estes veiculem ordem de prisão cautelar do acusado. A invalidação do procedimento penal instaurado perante magistrado absolutamente incompetente não impede que o Ministério Público, agindo novamente contra o acusado, inicie, desde que perante órgão judiciário investido de regular atribuição jurisdicional, a 'persecutio criminis' cabível" (STF – HC n° 70531-RJ, Rel. Celso de Mello, j. 08.02.1994, DJ 17.06.1994, p. 15708).

Querelante – A legitimidade do querelante para o pedido já constava da redação original do Código de Processo Penal e sempre foi reconhecida pela legislação posterior que alterou a disciplina da prisão preventiva. Tal legitimidade é atribuída ao querelante comum e ao querelante subsidiário, isto é, ao titular da ação penal exclusivamente privada e ao titular da ação penal subsidiária da pública. Não se vê, na prática, essa espécie de pedido e tal inocorrência pode ser facilmente explicada. No que se refere à ação penal exclusivamente privada, os crimes que a admitem possuem penas brandas que, dada à pouca gravidade da conduta, raramente admitirão um decreto de prisão preventiva. Já a ação penal subsidiária da pública é de quase nenhuma incidência no cotidiano forense. Se rara é a ação, mais rara ainda será um pedido de preventiva contido em seu bojo.

De qualquer sorte, a lei prevê ambas as possibilidades, deferindo expressa legitimidade ao querelante para o pedido. Insistimos que, ao mencionar o "querelante", a lei se refere ao titular da ação penal privada, pressupondo, assim, que o processo-crime já foi deflagrado. Daí concluirmos que, na fase pré-processual, onde não há que se falar, ainda, em querelante, este não possui legitimidade para o pedido, reconhecida, apenas, em favor da autoridade policial (por meio de representação), ou do Ministério Público, através de requerimento.

Assistente de acusação – Novidade introduzida pela Lei nº 12.403/2011, não prevista na redação anterior deste dispositivo e, tampouco, no art. 271 do código, é a legitimidade conferida ao assistente de acusação para o pedido de decretação da prisão preventiva. Ainda que se entenda que a função do assistente se limite à mera obtenção de uma condenação que propicie sua execução no âmbito cível, ainda assim é óbvio seu interesse (*rectius*: utilidade), para o pedido. Para exemplificar: a fuga de um acusado, citado por edital, que não tenha sido citado pessoalmente ou constituído defensor, inibirá a continuidade do processo, na dicção do art. 366 do código. Com a suspensão do feito, e sem que o réu compareça ou constitua advogado, não haverá, ao cabo do processo, uma sentença penal. Inegável, assim, o interesse do assistente no pedido de preventiva, como forma de assegurar a futura aplicação da lei penal, nos termos do art. 312 do código. Claro: com a prisão do réu, ele pode ser, adiante, condenado, permitindo ao assistente, com esse título, buscar a respectiva reparação no âmbito cível. Ao contrário, caso o réu fuja, essa condenação é impossível. Daí seu inegável interesse. Por analogia ao art. 271, § 1º do código, que determina a oitiva do Ministério Público "acerca da realização das provas propostas pelo assistente", pensamos que o *parquet* deva ser ouvido, também, a respeito do pedido de prisão preventiva formulado pelo assistente. Mas, como dito acima, sob a rubrica *legitimidade*, a possibilidade de o assistente pedir a prisão preventiva ocorre apenas a partir da deflagração do processo-crime, pois, antes, no âmbito das investigações, não se conhece dessa figura, cabível somente na ação penal (art. 268 do código). Aliás, como se cogitar de um assistente de acusação se nem acusação há?

Representação da autoridade policial – A prisão pode ser também provocada por representação policial e é comum que seja assim. "Representação", como já dito antes, trata-se de uma exposição de motivos, ainda que sucinta, na qual a autoridade indicará as razões que justificam a medida. Apenas não se utiliza a expressão "requerimento" em virtude de que a autoridade policial não atua no processo crime, exercendo apenas função (relevante) no âmbito administrativo. Tanto que, indeferido o requerimento de prisão preventiva, a parte que o requereu poderá se valer do recurso em sentido estrito para reforma da decisão (art. 581, inc. V do CPP), possibilidade que não se defere ao delegado de polícia, na hipótese de não acolhimento de sua representação.

Recurso cabível – Da decisão que nega o pedido de prisão preventiva ou revoga a prisão já decretada, é cabível recurso em sentido estrito, nos termos do art. 581, inc. V, do CPP. Contra a decisão que decreta a prisão preventiva não há previsão de recurso, podendo, contudo, ser impetrado "habeas corpus". Neste caso, interposto, equivocadamente, o recurso em sentido estrito, nada impede que o órgão julgador, de ofício, conceda o "writ".

Entendemos, com fundamento no art. 3º do CPP, que a decisão que substitui a preventiva por cautelares deve ser tratada, por meio da analogia, como denegação ou revogação de prisão provisória, cabendo também recurso em sentido estrito. É sabido que, onde existe a mesma razão deve existir o mesmo direito (*ubi eadem ratio, ibi eadem ius*). Com efeito, a decisão que defere a substituição gera consequências semelhantes à da denegação ou revogação da custódia, havendo, entre os atos judiciais, pontos de semelhança que justificam, no silêncio da lei, o mesmo tratamento.

A legitimidade recursal é a mesma de todos os entes legitimados para, em juízo, formular o pedido, isto é, do Ministério Público, do querelante e do assistente de acusação. Não a tem, contudo, a autoridade policial, pois sua atuação se restringe ao âmbito administrativo, extrajudicial. Nada impede, porém, que formulada a representação pela autoridade policial e ante a concordância com o pedido do Ministério Público, o *parquet* recorra contra a decisão que deixou de decretar a prisão, com base no art. 581, inc. V, do código.

JURISPRUDÊNCIA

Não cabimento de RESE contra decisão que indefere pedido de revogação da preventiva

"O elenco de hipóteses de cabimento do recurso em sentido estrito a que se refere o art. 581 do Código de Processo Penal é taxativo, não sendo pertinente este instrumento recursal contra decisão que indeferiu o pedido de revogação da prisão preventiva do recorrente" (TRF 1ª. R. – RSE n. 5545-BA, Rel. Marcus Vinicius Reis Bastos, j. 02.10.2012, DJ 09.10.2012, p. 161).

Revogação de medida cautelar diversa da prisão. Cabimento de RESE

"As hipóteses de cabimento de recurso em sentido estrito, trazidas no art. 581 do Código de Processo Penal e em legislação especial, são exaustivas, admitindo a interpretação extensiva, mas não a analógica. O ato de revogar prisão preventiva, previsto expressamente no inciso V, é similar ao ato de revogar medida cautelar diversa da prisão, o que permite a interpretação extensiva do artigo e, consequentemente, o manejo do recurso em sentido estrito" (STJ – REsp. n. 1628262-RS – Rel. Sebastião Reis Júnior , j, 13.12.2016, DJe 19.12.2016).

Preventiva pode ser imposta em qualquer fase do processo, ainda que o réu tenha respondido solto ao processo

"Nos termos do art. 311 do Código de Processo Penal, a prisão preventiva, como espécie de prisão cautelar de índole processual, poderá ser imposta em qualquer momento da fase de investigação ou do processo, de modo autônomo e independente, quando evidenciada, no caso concreto, que a soltura do réu possa ser prejudicial à garantia da ordem pública, da ordem econômica, por conveniência da instrução criminal, ou para assegurar a aplicação da lei penal [...] A decisão que decretou a prisão preventiva encontra-se alicerçada em elementos concretos, tendo em vista que, apesar do paciente ter respondido o processo em liberdade, o mesmo é reincidente específico, o que demonstra a reiteração na prática delitiva, justificando a imposição da custódia cautelar, com fulcro na garantia da ordem pública"(STJ – HC nº 228566-GO, Rela. Marilza Maynard, j. 20.06.2013, DJe 25.06.2013).

Art. 312. A prisão preventiva poderá ser decretada como garantia da ordem pública, da ordem econômica, por conveniência da instrução criminal, ou para assegurar a aplicação da lei penal, quando houver prova da existência do crime, indício suficiente de autoria e de perigo gerado pelo estado de liberdade do imputado.

§1º. A prisão preventiva também poderá ser decretada em caso de descumprimento de qualquer das obrigações impostas por força de outras medidas cautelares (art. 282, § 4º). (Incluído pela Lei nº 12.403, de 2011).

§2º. A decisão que decretar a prisão preventiva deve ser motivada e fundamentada em receio de perigo e existência concreta de fatos novos ou contemporâneos que justifiquem a adoção da medida adotada.

Redação antes da Lei 13.964/19	Redação depois da Lei 13.964/19
Art. 312. A prisão preventiva poderá ser decretada como garantia da ordem pública, da ordem econômica, por conveniência da instrução criminal, ou para assegurar a aplicação da lei penal, quando houver prova da existência do crime e indício suficiente de autoria. Parágrafo único. A prisão preventiva também poderá ser decretada em caso de descumprimento de qualquer das obrigações impostas por força de outras medidas cautelares (art. 282, § 4º).	**Art. 312.** A prisão preventiva poderá ser decretada como garantia da ordem pública, da ordem econômica, por conveniência da instrução criminal, ou para assegurar a aplicação da lei penal, quando houver prova da existência do crime, indício suficiente de autoria e de perigo gerado pelo estado de liberdade do imputado. §1º. A prisão preventiva também poderá ser decretada em caso de descumprimento de qualquer das obrigações impostas por força de outras medidas cautelares (art. 282, § 4º). (Incluído pela Lei nº 12.403, de 2011). §2º. A decisão que decretar a prisão preventiva deve ser motivada e fundamentada em receio de perigo e existência concreta de fatos novos ou contemporâneos que justifiquem a adoção da medida adotada.

Pressupostos da prisão preventiva – A prisão se justifica como forma de preservação da ordem pública e econômica, por conveniência (necessidade) da instrução criminal e como garantia da futura aplicação da lei penal. Como aponta Antônio Magalhães Gomes Filho, "na técnica processual, as providências cautelares constituem os instrumentos através dos quais se obtém a antecipação dos efeitos de um futuro provimento definitivo, exatamente com o objetivo de assegurar os meios para que esse mesmo provimento definitivo possa ser conseguido e, principalmente, possa ser eficaz" (*Presunção de Inocência e prisão cautelar*. São Paulo, Saraiva, 1991, p. 53). Tem, portanto, inegável caráter de uma prisão cautelar de natureza processual e, por conta disso, deve preencher os requisitos típicos de toda e qualquer medida cautelar, a saber, o *fumus comissi delicti* e o *periculum libertatis*.

Fumus comissi delicti – Trata-se da comprovação da existência de um crime e indícios suficientes de autoria. É a fumaça da prática de um fato punível. Estes são, portanto, os dois pressupostos que, presentes, autorizam a decretação da prisão preventiva.

Quanto à existência do crime nenhuma dúvida pode persistir. É preciso, assim, a prova da materialidade do delito, produzida, via de regra, com o exame de corpo de delito, direto ou indireto (art. 158 do CPP). Sem ela, não se decreta a prisão preventiva. Há doutrina que indica a impropriedade do emprego da expressão *prova da existência do crime*, quando o mais correto seria *prova da existência do fato criminoso*. É que, no exemplo da prática de um homicídio, o agente cometeu, em tese, um fato criminoso, mas pode não ter perpetrado um crime, bastando que se recorde da possibilidade de haver agido em legítima defesa. Nesse caso, não será decretada sua prisão preventiva, com fulcro no art. 314 abaixo.

Já em relação à autoria, se satisfaz o legislador com meros indícios. Ou seja, aqui não se exige a certeza absoluta da autoria do delito, necessária apenas quando da prolação da sentença, hipótese em que eventual dúvida é dirimida em favor do réu (*in dubio pro reo*). Na lição de Bento de Faria, exige-se a "*suspeita jurídica* da responsabilidade do acusado, ou seja, a *presunção veemente*, que será *fundada* quando constituída por um conjunto de circunstâncias que induzam a *menor incerteza* e a maior ligação do eu se conhece com o que é desconhecido" (ob. cit., vol. 2, p. 53) (grifos originais). Bastam, pois, indícios, isto é, a probabilidade razoável da autoria delitiva, que deverão ser analisados caso a caso, segundo o prudente arbítrio do juiz, sem uma regra preconcebida que os definam.

JURISPRUDÊNCIA

Indícios de autoria

"Para a decretação da prisão preventiva não se exige prova concludente da autoria delitiva, reservada à condenação criminal, mas apenas indícios suficientes desta, que, pelo cotejo dos elementos que instruem o 'mandamus', se fazem presentes" (STJ – RHC nº 34103-SP, Rel. Jorge Mussi, j. 04.06.2013, DJe 13.06.2013).

Periculum libertatis – O *fumus commissi delicti* deverá estar acompanhado do *periculum libertatis* para a aplicação das medidas cautelares e da prisão preventiva. Este se refere ao risco que o agente, em liberdade, possa criar à garantia da ordem pública, da ordem econômica, da conveniência da instrução criminal e para a aplicação da lei penal. Este requisito sempre foi lembrado pela doutrina e jurisprudência, mesmo que não explícito no artigo em comento. Agora, com as alterações trazidas pela Lei 13.964/19, o perigo gerado pelo estado de liberdade do imputado encerra o art. 312 do CPP.

Os fatos que justificam a prisão preventiva devem ser contemporâneos à decisão que a decreta – Na esteira da jurisprudência do STJ, o §2º do art. 312 do CPP, acrescentado pela Lei 13.964/19, reconhece que a urgência intrínseca às cautelares exige a contemporaneidade dos fatos justificadores dos riscos que se pretende evitar com a segregação processual. Tese outra não se coaduna com a excepcionalidade da prisão preventiva, princípio que há de ser observado para a convivência harmônica da cautela pessoal extrema com a presunção de não culpabilidade. A contemporaneidade pressupõe que o lapso temporal entre os fatos imputados e a determinação da prisão preventiva seja curto, leia-se, é necessário que haja proximidade temporal entre ambos. Em suma, estamos diante da atualidade da decisão que decreta a prisão. É um desdobramento lógico do *periculum libertatis*. O mesmo tribunal (STJ), contudo, já decidiu que "não há falar em ausência de contemporaneidade entre o fato delituoso e a segregação cautelar quando presente indisfarçável dificuldade em apurar o delito. (AgRg no HC 582.182/RS, Rel. Ministro SEBASTIÃO REIS JÚNIOR, SEXTA TURMA, julgado em 12/08/2020, DJe 21/08/2020). Não bastasse, a contemporaneidade da cautelar deve ser aferida tomando por base, além da data dos fatos investigados, a permanência de elementos que indicam que os riscos aos bens que se buscam resguardar com sua aplicação ainda existem (STJ, Ag. Reg. no HC 748.190-SP – 5ª. T – DJ 16.08.2022).

JURISPRUDÊNCIA

Contemporaneidade

"Embora os fatos imputados na ação penal sejam de extrema gravidade, o fundamento da custódia cautelar lastreado exclusivamente na preservação da ordem pública mostrava-se frágil, porquanto as condutas criminosas ocorreram entre 1997 e 1999, havendo um lapso temporal de mais de 18 anos entre a data da última prática criminosa e o decreto cautelar, tudo a indicar a ausência de contemporaneidade." (STF, AgReg no RO em HC 165.318/SP, rel Min. RICARDO LEWANDOWSKI, j. 06.09.19)

Para a decretação da prisão preventiva, é indispensável a demonstração da existência da prova da materialidade do crime e a presença de indícios suficientes da autoria. Exige-se, ainda, que a decisão esteja pautada em lastro probatório que se ajuste às hipóteses excepcionais da norma em abstrato (art. 312 do CPP), demonstrada, ainda, a imprescindibilidade da medida. Precedentes do STF e STJ. Réu é primário, possui emprego lícito, não é mais tesoureiro da Cooperativa e possui endereço fixo, o que evidencia a possibilidade de aplicação de outras medidas cautelares para resguardar a ordem pública e o regular desenvolvimento do processo. Conquanto essas condições pessoais não sejam garantidoras de eventual direito à soltura, elas devem ser sopesadas para fins de deferimento da liberdade provisória, mormente quando não demonstrada a imprescindibilidade da medida extrema. (STJ, AgRg no HC 562.498/PE, Rel. Ministro REYNALDO SOARES DA FONSECA, QUINTA TURMA, julgado em 04/08/2020, DJe 12/08/2020)

Em sentido contrário:

Não há falar em ausência de contemporaneidade entre o fato delituoso e a segregação cautelar, uma vez que a dificuldade em apurar delitos dessa natureza – homicídio qualificado – não pode ser utilizada em benefício do suposto agente criminoso, notadamente quando as instâncias ressaltaram que o réu responde a outros crimes. No caso, verifica-se que a prisão cautelar está devidamente amparada em elementos concretos para garantia da ordem pública, considerando-se as circunstâncias materiais do fato delituoso em análise, reveladoras, pelo modus operandi empregado, da real gravidade do crime e do agente (delito perpetrado a mando do agravante em razão de disputas internas dentro de uma mesma facção criminosa envolvida no tráfico de drogas, bem como por motivo de vingança pelo fato de a vítima ter se insinuado para a mulher do agravante). Além disso, existe o fundado receio de reiteração delitiva (tirado do fato de o agravante responder a outros processos criminais). Isso demonstra a periculosidade do agente e confere lastro de legitimidade à manutenção da medida extrema. Eventuais condições pessoais favoráveis não têm o condão de, por si sós, garantir a revogação da prisão preventiva. Não se revelam suficientes as medidas previstas no art. 319 do Código de Processo Penal. (AgRg no HC 582.182/RS, Rel. Ministro SEBASTIÃO REIS JÚNIOR, SEXTA TURMA, julgado em 12/08/2020, DJe 21/08/2020).

Fundamentos da prisão preventiva – Os seus fundamentos estão na primeira parte do art. 312. A prisão preventiva poderá ser decretada como garantia da ordem pública, da ordem econômica, por conveniência (necessidade) da instrução criminal, ou para assegurar a aplicação da lei penal. Vejamos cada um, separadamente.

Garantia da ordem pública – *Ordem pública* é a paz social, a tranquilidade no meio social cuja manutenção é um dos objetivos principais do Estado. Quando tal tranquilidade se vê ameaçada, é possível a decretação da prisão preventiva, a fim de evitar que o agente, solto, continue a delinquir. Assim, é possível a decretação da medida quando se constata que o agente, dada à periculosidade que ostenta, sente-se incentivado a prosseguir em suas práticas delituosas. Basileu Garcia aborda o tema da seguinte maneira: "para a garantia da ordem pública, visará o magistrado, ao decretar a prisão preventiva, evitar que o delinqüente volte a cometer delitos, ou porque é acentuadamente propenso a práticas delituosas, ou porque, em liberdade, encontraria os mesmos estímulos relacionados com a infração cometida. Trata-se, por vezes, de criminosos habituais, indivíduos cuja vida social é uma sucessão interminável de ofensas à lei penal: contumazes assaltantes da propriedade, por exemplo. Quando outros motivos não ocorressem, o intuito de impedir novas violações determinaria a providência" (*Comentários ao Código de Processo Penal*, v. III, pág. 169).

Maus antecedentes e reincidência, por revelarem a probabilidade de que outros crimes sejam praticados, autorizam a decretação de sua prisão preventiva. Nesse sentido a "Jurisprudência de Teses", n. 14, divulgada periodicamente pelo STJ, que, conquanto não possua o "status" de uma súmula, representa o entendimento da Corte sobre determinada matéria, *in verbis*: "Inquéritos policiais e processos em andamento, embora não tenham o condão de exasperar a pena-base no momento da dosimetria da pena, são elementos aptos a demonstrar eventual reiteração delitiva, fundamento suficiente para a decretação da prisão preventiva".

Não se desconsidera doutrina criticando o requisito da *ordem pública* como fundamento da prisão preventiva, argumentando, em resumo, tratar-se de expressão porosa, indeterminada, ambígua, nada clara, campo fértil para arbitrariedades. Roberto Delmanto Junior assim se manifesta: "(...) não há como negar que a decretação de prisão preventiva com o fundamento de que o acusado poderá cometer novos delitos baseia-se, sobretudo, em dupla presunção de culpabilidade: a primeira, de que o imputado realmente cometeu um delito; a segunda, de que, em liberdade e sujeito aos mesmos estímulos, praticará outro crime ou, ainda, envidará esforços para consumar o delito tentado. (...)." (*As modalidades de prisão provisória e seu prazo de duração*. Rio de Janeiro: Renovar, 2001. p. 179).

Sustenta-se, inclusive, a inconstitucionalidade da prisão preventiva quando decretada sob esse fundamento, vez que não cumpriria seu papel de tutela ao processo, desvirtuando, assim, seu caráter cautelar e instrumental. Em verdade, o conceito de *ordem pública* é por demais vago, sujeito, portanto, a interpretações variáveis, de cunho, inclusive, ideológico. Afinal, qual a paz que se busca preservar? Qual o *status quo* que o dispositivo tutela? De qualquer sorte, como já ressaltado acima, em que pese importar em um mal necessário, o certo é que a prisão preventiva não se justifica apenas por seu caráter instrumental, possuindo, além disso, um objetivo – como indica o nome – de prevenir a ocorrência de mais crimes, na tutela da *ordem pública*. A propósito, o inc. I, do art. 282 do código, ao prever medidas cautelares como sucedâneo da preventiva, recomenda sua adoção "para evitar a prática de infrações penais". Por mais vagueza que enseje a expressão, há um conceito que parece comum a todos.

Como alerta o juiz carioca Flávio Marcelo de Azevedo Horta Fernandes, "nestes termos, se a infração penal repercute de modo intenso em determinada comunidade, a comoção social, a insegurança coletiva e o sentimento de impunidade podem justificar a aplicação da prisão cautelar, mesmo que o meio social atingido seja um bairro ou uma pequena comunidade. De outra sorte, a ousadia do agente na realização do delito, bem como a premeditação ou o uso de métodos cruéis ou frívolos de execução [...], podem criar excepcionalidade ou anormalidade na conduta imputada, de modo a justificar a decretação da prisão preventiva. Outros fatores, como a possibilidade de reiteração delituosa, a personalidade sádica ou perversa, a péssima conduta social e o envolvimento com organizações criminosas são motivos que podem causar intranquilidade social, evidenciando não só a periculosidade do indiciado ou acusado, como também a necessidade de seu encarceramento" (*Ordem Pública" do Art. 312 do CPP - Necessidade de Observância da Cláusula de Reserva de Plenário para Afastar a Incidência, no Todo ou em Parte, do Referido Dispositivo Legal*, in "O Novo Regime Jurídico das Medidas Cautelares no Processo Penal", Rio de Janeiro, Emerj, 2002, p. 162).

Basta indagar - tomando nosso exemplo acima - se um estuprador contumaz, confesso e reconhecido por diversas de suas vítimas, deve permanecer solto posto que não foi preso em flagrante ou, antes, deve ser preso preventivamente, a fim de que as condutas delituosas não se repitam em detrimento de tantas e tantas vítimas e na proteção da sociedade como um todo. Com a palavra os que sustentam a inconstitucionalidade do dispositivo.

Segundo a tese n. 12, da "Jurisprudência de Teses", do STJ, "a prisão cautelar pode ser decretada para garantia da ordem pública potencialmente ofendida, especialmente nos casos de: reiteração delitiva, participação em organizações criminosas, gravidade em concreto da conduta, periculosidade social do agente, ou pelas circunstâncias em que praticado o delito (*modus operandi*)".

JURISPRUDÊNCIA

Mesmo a primariedade, residência e emprego fixos podem justificar a preventiva

"Verifica-se que a prisão cautelar foi adequadamente motivada pelas instâncias ordinárias, que demonstraram, com base em elementos concretos, sua necessidade para preservação da ordem pública, ante a gravidade concreta da conduta e a periculosidade do paciente, evidenciadas pelo modus operandi dos delitos – agentes públicos encarregados da segurança Pública (Guardas Civis de Indaiatuba/SP) que adotaram condutas criminosas "agredindo, torturando extorquindo e ameaçando cidadãos" – circunstâncias que demonstram risco ao meio social e a necessidade de se interromper ou reduzir a atuação do grupo criminoso. Nesse contexto, forçoso concluir que a prisão processual está devidamente fundamentada na garantia da ordem pública, não havendo falar, portanto, em existência de evidente flagrante ilegalidade capaz de justificar a sua revogação. 5. É entendimento do Superior Tribunal de Justiça – STJ que as condições favoráveis do paciente, por si sós, não impedem a manutenção da prisão cautelar quando devidamente fundamentada." (HC 516.672/SP, j. 27/08/2019).

"As condições pessoais favoráveis dos pacientes, como primariedade, residência fixa e emprego lícito, não garantem, por si só, a revogação de sua prisão cautelar, notadamente se há nos autos elementos suficientes para garantir a segregação preventiva" (STJ – RHC nº 38196-SP, Rela. Marilza Maynard, j. 20.06.2013, DJe 28.06.2013).

Prisão de estrangeiro e garantia da ordem pública

"A condição de estrangeiro do recorrente, sem vínculos com o país, tendo ele violado as normas do refúgio humanitário que havia solicitado por ter saído do país por diversas vezes, é considerado fundamento idôneo a autorizar a ordenação e preservação da prisão preventiva para assegurar a aplicação da lei penal" (STJ – RHC n. 79918-SP – Rel. Jorge Mussi, j. 16.02.2017, DJe 22.02.2017).

Sobretudo quando integrante de organização criminosa

"O STJ é firme em assinalar a idoneidade da fundamentação do decreto preventivo na hipótese de réu forâneo, sem vínculos com o país, a autorizar a prisão preventiva para assegurar a aplicação da lei penal. Precedente. O STF entende que "a necessidade de se interromper ou diminuir a atuação de integrantes de organização criminosa, enquadra-se no conceito de garantia da ordem pública, constituindo fundamentação cautelar idônea e suficiente para a prisão preventiva (HC n. 95024, Rel. Ministra Cármen Lúcia, 1º T., DJe 20/2/2009)" (STJ – HC n. 321973-SP – Rel. Rogério Schietti Cruz, j. 1º.09.2016, DJe 12.09.2016).

Inviabilidade da prisão preventiva em sentença que determina regime semiaberto

O Supremo Tribunal firmou jurisprudência no sentido da inviabilidade da manutenção da prisão preventiva em sentença condenatória pela qual se fixa o regime semiaberto para início do cumprimento da pena privativa de liberdade, não se admitindo sequer modulação da custódia cautelar para se adequar ao regime inicial menos gravoso (STF, HC 182.567/RJ, j. 18/03/2020).

Gravidade do crime – Prevalece o entendimento no sentido de que a mera gravidade do crime, por si só, não justifica a decretação da prisão preventiva. Como ensina Hélio Tornaghi, "nem a gravidade do crime, em tese, nem o rigor da pena são suficientes para autorizá-la [a prisão preventiva]. Os perigos que o réu poderia oferecer, para a ordem pública, para o processo ou para a execução dependem muito mais de sua personalidade, de seu caráter, de sua formação, que do crime. Em outras palavras: as condições subjetivas do agente e não a importância objetiva do crime é que permitem verificar ou até presumir a perigosidade do agente e a necessidade de prendê-lo" (ob. cit., vol. 3, p. 328). Necessário, portanto, que se demonstre o risco que correrá a sociedade, a intranquilidade por ela vivenciada, na manutenção em liberdade de um pretenso criminoso ante a probabilidade de ele voltar a delinquir.

Assim, nos termos da tese n. 9, da "Jurisprudência de Teses", do STJ, "a alusão genérica sobre a gravidade do delito, o clamor público ou a comoção social não constituem fundamentação idônea a autorizar a prisão preventiva". Não significa dizer, por óbvio, que a gravidade do crime, sua repercussão no meio no qual cometido, o desassossego que acarreta à sociedade, devam ser ignorados pelo julgador. Ao contrário, devem ser considerados, mas a partir de fundamentos precisos, extraídos da análise do caso concreto, e não buscados em afirmações genéricas, em frases feitas, de cunho abstrato, incompatíveis com a excepcionalidade que marca a prisão preventiva. Tal excepcionalidade, a conferir à prisão preventiva a característica de última *ratio* e, bem por isso, a possibilidade da adoção de medidas cautelares alternativas, exige do Magistrado que se abstenha da retórica vazia, procedendo a análise fundamentada e precisa quanto à necessidade da medida de exceção. Não implica afirmar, contudo, que deva se derramar em longas e enfadonhas citações doutrinárias e jurisprudenciais, de tudo desnecessárias. Basta a fundamentação, concreta, direta e objetiva. A propósito, segundo a tese n. 11, da "Jurisprudência de Teses", do STJ, "a prisão cautelar deve ser fundamentada em elementos concretos que justifiquem, efetivamente, sua necessidade".

JURISPRUDÊNCIA

Garantia da ordem pública

"A garantia da ordem pública, por sua vez, visa, entre outras coisas, evitar a reiteração delitiva, assim resguardando a sociedade de maiores danos. A garantia da ordem pública se revela, ainda, na necessidade de se assegurar a credibilidade das instituições públicas quanto à visibilidade e transparência de políticas públicas de persecução criminal. A prisão preventiva do paciente, conforme se infere do decreto prisional e da sentença condenatória, foi decretada para a garantia da ordem pública, tendo em vista a sua participação em cerca de outros vinte roubos de motocicletas, o que evidencia a prática reiterada de crimes e, por conseguinte, a periculosidade do acusado. A periculosidade do agente concretamente demonstrada, como no caso, acrescida da possibilidade de reiteração criminosa e a participação em organização criminosa são motivos idôneos para a manutenção da custódia cautelar, a fim de garantir a ordem pública" (STF – HC n. 104346-SP – Rel. Luiz Fux, j. 07.06.2011).

Menção à gravidade do delito

a) possibilidade da decretação da preventiva

"O mundo não pode ser colocado entre parênteses. O entendimento de que o fato criminoso em si não pode ser conhecido e valorado para decretação ou manutenção da prisão cautelar não é consentâneo com o próprio instituto da prisão preventiva, já que sua imposição tem por pressuposto a presença de prova da materialidade do crime e de indícios de autoria. Se as circunstâncias concretas da prática do crime indicam o envolvimento profundo do agente com o tráfico de drogas e, por conseguinte, a periculosidade e o risco de reiteração delitiva, estão justificados a decretação ou a manutenção da prisão cautelar para resguardar a ordem pública, desde que igualmente presentes boas provas da materialidade e da autoria" (STF – HC n° 106174-RO, Rel. Marco Aurélio, j. 29.05.2012, DJe 17.10.2012).

b) impossibilidade

A GRAVIDADE EM ABSTRATO DO CRIME NÃO CONSTITUI FATOR DE LEGITIMAÇÃO DA PRIVAÇÃO CAUTELAR DA LIBERDADE

"As prisões cautelares materializam-se como exceção às regras constitucionais e, como tal, sua incidência em cada caso concreto deve vir fulcrada em elementos que demonstrem a sua efetiva necessidade no contexto fático-probatório apreciado, sendo inadmissível sem a existência de razão sólida e individualizada a motivá-la, especialmente com a edição e entrada em vigor da Lei n. 12.403/2011. No caso, da leitura das decisões que ordenaram e mantiveram a segregação cautelar do paciente, constata-se que não foi apresentado qualquer fundamento idôneo para tanto, limitando-se o Juiz singular a fazer referência à gravidade em abstrato do delito que lhe foi imputado, ao clamor público e à credibilidade da justiça, o que, por si só, não justifica a segregação antecipada." (STJ – HC 497.006/MS, j. 07/05/2019).

Garantia da ordem pública

a) generalidade

"Há justa causa no decreto de prisão preventiva para garantia da ordem pública, quando o agente se revela propenso à prática delituosa, demonstrando menosprezo pelas normas penais [...]. A não decretação da prisão pode representar indesejável sensação de impunidade, que incentiva o cometimento de crimes e abala a credibilidade do Poder Judiciário" (STF – HC n. 83868-AM – Rel. Ellen Gracie, j. 05.03.2009).

b) organização criminosa

"A decisão que determinou a segregação provisória foi devidamente fundamentada para garantia da ordem pública, no intuito de desmantelar organizada associação criminosa, que, segundo fortes indícios, estava preparada especificamente para contrabandear grande quantidade de cigarros do Paraguai, com articulações criminais em todos os meios – polícia estadual, polícia rodoviária, servidores públicos e empresas" (STJ – HC n° 244851-MS, Rela. Marilza Maynard, j. 25.06.2013, DJe 1.08.2013).

c) tráfico de drogas

"A prisão cautelar foi decretada para garantia da ordem pública e aplicação da lei penal, ante o fato de o paciente e demais corréus dedicarem-se de forma reiterada à prática do crime de tráfico de drogas. Daí a necessidade da prisão como forma de desarticular as atividades da organização criminosa e para fazer cessar imediatamente a reiteração da prática delitiva. Essa orientação está em consonância com o que vêm decidindo ambas as Turmas desta Corte no sentido de que a periculosidade do agente e o risco de reiteração delitiva demonstram a necessidade de se acautelar o meio social para que seja resguardada a ordem pública, além de constituírem fundamento idôneo para a prisão preventiva" (STF – HC n° 115462-RO, Rel. Ricardo Lewandowski, j. 09.04.2013, DJe 23.04.2013).

"Para a manutenção da prisão cautelar nesses casos, faz-se necessária a demonstração da presença dos requisitos contidos no art. 312 do Código de Processo Penal, exatamente como efetuado na espécie. Não há ilegalidade na manutenção da prisão preventiva quando demonstrado, com base em fatores concretos, que a segregação se mostra necessária, dada a gravidade da conduta incriminada. A natureza lesiva e a elevada quantidade do entorpecente apreendido com o recorrente e dois corréus – 13.300 gramas de pasta-base de cocaína – e as circunstâncias em que se deram os fatos criminosos, bem demonstram a sua periculosidade social e a gravidade de concreta dos delitos que lhe são imputados, autorizando a conclusão pela necessidade da segregação para a garantia da ordem e saúde públicas" (STJ – HC n° 38107-DF, Rel. Jorge Mussi, j. 13.08.2013, DJe 27.08.2013).

d) roubo

"A garantia da ordem pública, por sua vez, visa, entre outras coisas, evitar a reiteração delitiva, assim resguardando a sociedade de maiores danos. A garantia da ordem pública se revela, ainda, na necessidade de se assegurar a credibilidade das instituições públicas quanto à visibilidade e transparência de políticas públicas de persecução criminal. A prisão preventiva do paciente, conforme se infere do decreto prisional e da sentença condenatória, foi decretada para a garantia da ordem pública, tendo em vista a sua participação em cerca de outros vinte roubos de motocicletas, o que evidencia a prática reiterada de crimes e, por conseguinte, a periculosidade do acusado. A periculosidade do agente concretamente demonstrada, como no caso, acrescida da possibilidade de reiteração criminosa e a participação em organização criminosa são motivos idôneos para a manutenção da custódia cautelar, a fim de garantir a ordem pública" (STF – HC n. 104346-SP – Rel. Luiz Fux, j. 07.06.2011).

"Não é ilegal o encarceramento provisório que se funda em dados concretos a indicar a necessidade da medida cautelar, decretada para o resguardo da ordem pública, em razão da periculosidade do acusado, evidenciada pelo *modus operandi* empregado, consistente em roubo praticado com arma de fogo em veículo automotor destinado a transporte coletivo, colocando em risco a vida de vários passageiros. Ademais, mencionou-se a reiteração delitiva do recorrente, que responde a outros processos criminais e, nem por isso, deixou de envolver-se em novo delito" (STJ – RHC n° 39564-BA, Rel. Maria Thereza de Assis Moura, j. 15.08.2013, DJe 26.08.2013).

"As circunstâncias em que ocorreu o delito – roubo de objeto e de certa quantia em dinheiro do caixa de estabelecimento comercial, cometido em concurso de dois agentes, um deles adolescente, mediante emprego de grave ameaça mediante o uso de simulacro de arma de fogo, tendo o recorrente, ainda, entrado em luta corporal com o ofendido – evidenciam a periculosidade dos roubadores e, via de consequência, a maior a reprovabilidade da conduta dos agentes envolvidos, autorizando a manutenção da prisão antecipada, a bem da ordem pública" (STJ – RHC n° 35447-MG, Rel. Jorge Mussi, j. 18.06.2013, DJe 01.08.2013).

e) arrombamento de caixas eletrônicos

"O paciente seria integrante de quadrilha armada especializada em cometer assaltos, com o qual teriam sido apreendidos utensílios próprios ao arrombamento de caixas eletrônicos bancários, condutas que colocam em risco a sociedade e abalam a ordem pública. Os objetos apreendidos em poder do paciente e demais denunciados – revólver, munição, espingarda de fabricação caseira, botijão de gás butano, maçarico artesanal e mangueira de alta pressão com válvula – evidenciam a efetiva periculosidade social do flagrado, indicativa da necessidade da prisão preventiva para garantia da ordem pública e social" (STJ – HC n° 231430-CE, Rel. Jorge Mussi, j. 25.06.2013, DJe 01.08.2013).

f) porte ilegal de arma de fogo

"Não há ilegalidade quando a prisão preventiva está fundada na necessidade de se acautelar a ordem pública, diante das circunstâncias em que ocorrido o delito, a demonstrar a sua gravidade concreta. Caso em que o condenado foi flagrado em local de ocorrência de tráfico de drogas – "boca de fumo" – portando ilegalmente arma de fogo com numeração raspada" (STJ – HC n° 263567-MG, Rel. Jorge Mussi, j. 11.06.2013, DJe 20.06.2013).

g) furto simples

"Verifica-se a necessidade da custódia antecipada para fazer cessar a reiteração criminosa, pois consta dos autos que o paciente é reincidente na prática de crimes contra o patrimônio, tendo sido condenado anteriormente pelos delitos de furto e roubo" (STJ – HC n° AgRg no HC 257241-MG, Rel. Jorge Mussi, j. 05.02.2013, DJe 19.02.2013).

h) receptação. Quando é cabível

"Em respeito ao princípio da legalidade, será preciso, para a decretação da prisão preventiva, nos termos do artigo 313, inciso I, do CPP, que o crime atribuído ao agente seja punido com pena privativa de liberdade superior a 4 (quatro) anos, ou que se trate de uma das hipóteses previstas nos incisos II (reincidente em crime doloso) e III (crime cometido em situação de violência doméstica), bem como no parágrafo único, do mesmo dispositivo (identidade civil duvidosa). Não obstante o crime atribuído ao paciente seja o de receptação, cuja pena máxima é igual a 4 anos de reclusão, verifico que se trata de hipótese de reincidente específico" (STJ – HC n° 268387-SP-RJ, Rel. Rogério Schietti Cruz, j. 08.10.2013, DJe 28.10.2013).

i) latrocínio

"Não é ilegal o encarceramento provisório que se funda em dados concretos a indicar a necessidade da medida cautelar, especialmente em elementos extraídos da conduta perpetrada pelo acusado, demonstrando a necessidade da prisão para garantia da ordem pública" (STJ – RHC n° 37740-MT, Rel. Maria Thereza de Assis Moura, j. 11.06.2013, DJe 18.06.2013).

j) tentativa de homicídio

"A decisão que decretou a prisão preventiva do paciente está calcada em fatos concretos, tendo em vista a violência e modus operandi do paciente na prática criminosa do homicídio tentado, revelando-se indivíduo de periculosidade acentuada e cuja folha de antecedentes criminais evidenciam a necessidade de sua custódia para que se evite a reiteração criminosa" (STJ – HC n° 254258-MG, Rel. Alderita Ramos de Oliveira, j. 11.12.2012, DJe 18.12.2012).

j) usuário de drogas sem emprego fixo

"A liberdade, não se pode olvidar, é a regra em nosso ordenamento constitucional, somente sendo possível sua mitigação em hipóteses estritamente necessárias. Contudo, a prisão de natureza cautelar não conflita com a presunção de inocência, quando devidamente fundamentada pelo juiz a sua necessidade, como é o caso dos autos. Na hipótese, as instâncias ordinárias apresentaram fundamentação idônea para a manutenção da prisão cautelar, consistente no fato de o agravante ser usuário de drogas, cumulado ao fato de, também, não ostentar emprego fixo, não fugindo, assim, ao que preconiza o art. 312 do Código de Processo Penal" (STJ – AgRg no RHC n° 35302-BA, Rel. Marco Aurélio Bellizze, j. 11.04.2013, DJe 18.04.2013).

m) estupro

"No caso concreto, a prisão do recorrente encontra-se fundamentada na sua periculosidade, caracterizadas pelo modus operandi do delito, vez que de forma reiterada, mediante ameaças constrangeu a vítima para com ele ter relação sexual" (STJ – RHC n° 32990-MG, Rel. Campos Marques, j. 06.12.2012, DJe 13.12.2012).

n) crime contra idoso

"A custódia cautelar, mantida pelo acórdão recorrido, encontra-se suficientemente fundamentada em face das circunstâncias do caso que, pelas características delineadas, retratam, in concreto, a necessidade da segregação para a garantia da ordem pública, em se considerando a gravidade do crime – agredir e ameaçar sua avó maior de sessenta anos para obter dinheiro para comprar drogas – e os fortes indicativos de que a atividade criminosa era reiterada, tendo em vista que a Recorrente responde a outros processos pelos mesmos crimes, inclusive contra a mesma vítima e outros membros da família" (STJ – HC n° 227595-MG, Rel. Laurita Vaz, j. 20.08.2013, DJe 27.08.2013).

Reincidente

"Verifica-se a necessidade da custódia antecipada para fazer cessar a reiteração criminosa, pois consta dos autos que a paciente é reincidente na prática de crimes contra o patrimônio, sendo que recentemente foi beneficiada com a liberdade provisória e fora novamente presa em flagrante delito, demonstrando não ser merecedora do benefício que a Justiça lhe concedeu outrora, circunstâncias que revelam a sua propensão a atividades ilícitas, demonstram a sua periculosidade e a real possibilidade de que, solta, volte a delinquir" (STJ – HC n° 255320-MG, Rel. Jorge Mussi, j. 04.12.2012, DJe 13.12.2012).

Antecedentes enquanto menor justificam a prisão preventiva do agente

"A teor do art. 312 do Código de Processo Penal, a prisão preventiva poderá ser decretada quando presentes o 'fumus comissi delicti', consubstanciado na prova da materialidade e na existência de indícios de autoria, bem como o 'periculum libertatis', fundado no risco que o agente, em liberdade, possa criar à ordem pública/econômica, à instrução criminal ou à aplicação da lei penal. No caso, forçoso convir que o decreto constritivo encontra-se fundamentado, considerando a circunstância do crime e o efetivo risco de reiteração delitiva, pois o recorrente possui registros anteriores pela prática de atos infracionais equiparados a homicídio, tentativa de homicídio e porte ilegal de arma de fogo, aptos a demonstrar sua periculosidade social" (STJ – HC n. 47671-SC, Rel. Gurgel de Faria, j. 18.12.2014, DJe 02.02.2015).

"Conquanto os atos infracionais equiparados a crimes contra o patrimônio praticados pelo recorrente não possam ser considerados para fins de reincidência, ou mesmo como maus antecedentes, servem para evidenciar o risco concreto da prática de novos delitos, uma vez que demonstram ser rotina na vida do agente o cometimento de ilícitos. Precedentes" (STJ – RHC n. 43350-MS, Rel. Marilza Maynard, j. 24.04.2014, DJe 17.09.2014).

Proteção do agente? – Não se aplaude, outrossim, antiga orientação doutrinária que, ao vislumbrar na prisão preventiva uma espécie de medida de segurança, em seu sentido lato, conceberia sua decretação em proteção ao suposto autor do crime, a fim de preservá-lo contra eventual vingança da vítima ou daqueles que lhe são próximos. Nesse sentido, as lições de Bento de Faria e Helvécio Gusmão (*apud* Ary Azevedo Franco, ob. cit., vol. 1, p. 309). Haverá, decerto, forma diversa de proteção ao agente, contra a vindicta de seus algozes, que não seu encarceramento.

Garantia da ordem econômica – Ainda como circunstância autorizadora da prisão preventiva tem-se a garantia da ordem econômica, hipótese incluída no art. 312, do CPP, pelo art.

86 da Lei 8.884/94 (antiga Lei Antitruste), que tem por objetivo, segundo o art. 1º da mencionada norma, coibir a ganância do agente que comete ações atentatórias à livre concorrência, à função social da propriedade, às relações de consumo e com abuso do poder econômico. Saliente-se, apenas, que hoje, à exceção dos arts. 86 e 87, a estrutura e as competências do CADE, bem como situações de direito concorrencial são reguladas pela Lei 12.529/2011.

Quando atividades ilícitas de grupo criminoso repercutem negativamente no comércio lícito e, portanto, alcançam um indeterminando contingente de trabalhadores e comerciantes honestos, geram evidente vulneração do princípio constitucional da livre concorrência e da livre iniciativa, merecendo a prisão cautelar.

Contudo, a indeterminação da expressão *ordem econômica* e sua notável fluidez conferem ao dispositivo as mesmas críticas formuladas ao conceito de ordem pública.

ATENÇÃO - Nestor Távora e Fábio Roque Araújo lembram que, "tratando dos crimes contra o sistema financeiro nacional, a Lei 7.492/1986 admite, além das hipóteses já contempladas no art. 312 do CPP, a decretação da prisão preventiva em razão da magnitude da lesão provocada pelo delito (art. 30). Segundo a doutrina majoritária, o fundamento não foi recepcionado pela Constituição Federal, afinal, a estatura da lesão, isoladamente, não pode servir para justificar a constrição da liberdade, sendo consequência do crime, devendo ser levada em conta para dosimetria da pena, e não para o cárcere cautelar. Todavia, a jurisprudência não é sensível ao argumento, que continua como elemento de sustentação do cárcere cautelar" (Código de processo penal, Salvador: Juspodivm, 2010, p. 395).

JURISPRUDÊNCIA

Preventiva como garantia da ordem econômica

"A negativa do direito de recorrer em liberdade também se faz necessária para a garantia da ordem econômica, tendo em vista a magnitude dos valores oriundos da associação para o narcotráfico que foram ocultados e dissimulados, versando a espécie sobre um sofisticado esquema criminoso voltado à reciclagem de dinheiro, por meio da utilização de laranjas, de vultosa quantia de dinheiro movimentada e de elevada quantidade de bens adquiridos por meio dos lucros auferidos com o tráfico transnacional de drogas. A manutenção da atuação de grupos organizados como o dos autos interfere, sobremaneira, no desenvolvimento econômico do País, seja em termos macroeconômicos, prejudicando as políticas estabelecidas e a estabilidade do mercado, seja em termos microeconômicos, em que a atuação criminosa dá azo a situações de concorrência desleal e de perturbação na circulação de bens no mercado" (STJ – RHC n. 49062-RJ – Rel. Rogério Schietti Cruz, j. 02.10.2014, DJ 23.10.2014).

Quando não é cabível

"Prisão preventiva para garantia da ordem econômica. Ausência de base fática, visto que o paciente teve seus bens seqüestrados, não possuindo disponibilidade imediata de seu patrimônio. A magnitude da lesão não justifica, por si só, a decretação da prisão preventiva. Precedentes. Referências meramente hipotéticas à possibilidade de reiteração de infrações penais, sem dados concretos a ampará-las, não servem de supedâneo à prisão preventiva. Precedentes. Ordem deferida, a fim de cassar o decreto de prisão cautelar" (STF – HC n. 99210- MG – Rel. Eros Grau, j. 01.12.2009, DJ 27.05.2010, p. 1031).

A prisão preventiva e o "insider trading" – Dentre esses fundamentos, talvez o menos utilizado seja o da garantia da ordem econômica porque, no geral, as prisões preventivas são decretadas para aprisionar cautelarmente criminosos perigosos, que gozando de liberdade podem causar sérios distúrbios sociais, ou para aprisionar criminosos que têm possibilidade de embaraçar o andamento do processo e de frustrar a aplicação da lei penal.

Ultimamente, no entanto, temos visto a proliferação de investigações envolvendo órgãos estatais, políticos e seus respectivos partidos e grandes conglomerados empresariais, que, aliás, invariavelmente se beneficiaram dessas relações espúrias para tornarem-se o que são.

Essas investigações têm revelado a prática dos mais diversos crimes, a começar, obviamente, por aqueles que atingem a Administração Pública – como corrupção e peculato –, aos quais se seguem outros como lavagem de dinheiro e contra o sistema financeiro em geral. São crimes cometidos por agentes influentes política e economicamente, que nem sempre colocam em risco direto a ordem pública, mas que nem por isso deixam de exercer influência negativa enquanto estão em liberdade.

Agentes detentores de grande poder financeiro podem muitas vezes provocar situações catastróficas na esfera econômica com a venda repentina de ativos, a manipulação do mercado financeiro, a evasão de divisas, etc. É a partir do surgimento desses casos que começa a ter importância a prisão preventiva como garantia da ordem econômica.

Recentemente, a Justiça Federal em São Paulo utilizou de forma inédita o fundamento da garantia da ordem econômica para decretar a prisão de Wesley e Joesley Batista, donos da JBS, no decorrer de investigação a respeito do cometimento do crime tipificado no art. 27-D da Lei 6.385/76.

Trata-se do denominado *insider trading*, que consiste em aproveitar informações privilegiadas a respeito de determinada empresa para efetuar operações financeiras e se beneficiar delas. O tipo penal pune a conduta de "Utilizar informação relevante ainda não divulgada ao mercado, de que tenha conhecimento e da qual deva manter sigilo, capaz de propiciar, para si ou para outrem, vantagem indevida, mediante negociação, em nome próprio ou de terceiro, com valores mobiliários".

No caso, Wesley Batista havia tomado parte, juntamente com seu irmão Joesley, na realização de colaboração premiada na qual foram relatados crimes que envolviam a empresa. Pouco antes do vazamento dos termos da delação, sabendo do impacto que haveria no mercado financeiro, Wesley promoveu a venda de ações da empresa para recomprá-las por menor valor, evitando dessa forma o prejuízo decorrente da queda do valor das ações quando da divulgação dos termos da delação. Além disso, um dia antes da divulgação a JBS foi a segunda maior compradora de dólares no Brasil, manobra que, segundo a investigação, foi promovida para que a empresa se beneficiasse da alta da moeda quando o teor do acordo se tornasse público. A operação teria rendido um lucro de US$ 100 milhões, quantia semelhante à multa acordada na própria colaboração.

O crime de *insider trading* tutela múltiplos bens jurídicos.

Nesse tipo de ação criminosa, o patrimônio dos investidores é sem dúvida objeto de proteção. O caso da JBS retrata muito bem isso, pois a operação de venda de ações evitou prejuízo apenas aos controladores, mas os demais investidores, sem conhecimento de que havia sido feito o acordo de colaboração, e, portanto, sem ideia do impacto que isso provocaria nas ações da empresa, absorveram considerável prejuízo.

Além disso, busca-se garantir a manutenção da confiança dos investidores no mercado de valores mobiliários. Especialmente os pequenos e médios investidores - no mais das vezes alheios à dinâmica do mercado - devem poder confiar na administração transparente da empresa, cujos controladores não podem se valer de informações privilegiadas para seu próprio benefício e transferir o prejuízo aos demais. Em suma, os investidores têm de ter a certeza de que a administração da sociedade é pautada pela boa-fé.

Finalmente, a tutela penal recai na confiança do próprio mercado financeiro, que, sabemos, é volátil e extremamente suscetível a operações que indiquem a possibilidade de prejuízos repentinos de grande monta. É necessário, portanto, que todos confiem na regularidade das operações para que não se extrapole a projeção de riscos e se mantenha a estabilidade na medida do possível e das características dessa espécie de operação financeira.

A conduta dos controladores da JBS, ao menos segundo o que foi divulgado até o momento, atingiu sem nenhuma dúvida esses bens jurídicos. Além do já mencionado prejuízo direto aos demais acionistas, é evidente que as operações realizadas abalaram a confiança não só desses mesmos investidores como de muitos outros em potencial, que se põem em estado de dúvida a respeito da boa-fé de quem controla a empresa. E, evidentemente, operações financeiras desse tipo são catastróficas para o mercado em geral, pois afetam a operação da Bolsa de Valores, provocam fuga de capital, alteram o mercado de câmbio e geram até mesmo consequências no meio político porque muitas ações de governo têm em consideração a condição do mercado e dependem dela.

A prisão preventiva foi, portanto, decretada porque a permanência dos empresários no comando da sociedade, especialmente em virtude dos desdobramentos do acordo de colaboração premiada em torno do qual as operações financeiras irregulares foram realizadas, colocava em risco a manutenção da ordem econômica pela probabilidade de reiteração de condutas semelhantes às que estavam sendo investigadas.

Conveniência (necessidade) da instrução criminal – O terceiro fundamento que pode ensejar a decretação da prisão preventiva é a *conveniência da instrução criminal*, cujo objetivo é de preservar a prova processual, garantindo sua regular produção, imune a qualquer ingerência nefasta do agente. Assim, se o agente se encontra ameaçando testemunhas e vítimas, aliciando testemunhas falsas, desaparecendo com vestígios do crime, destruindo documentos, enfim, dificultando ou desfigurando a prova, será cabível a medida extrema.

> **ATENÇÃO** – Talvez a redação atual do art. 312 do código devesse ter acolhido a crítica da doutrina, alterando a expressão conveniência para necessidade da instrução, em consonância com o caráter excepcional da medida extrema, só cabível quando demonstrada a imprescindibilidade da prisão preventiva.

Saliente-se a impossibilidade da prisão preventiva ser decretada com o fim de coagir ou estimular o agente a colaborar na investigação ou na instrução do processo criminal, posto que não recai sobre ele o dever de auxiliar as autoridades na descoberta da verdade real, produzindo provas contra si mesmo. É a leitura que se faz do privilégio contra a não autoincriminação (*nemo tenetur se detegere* ou *nemo tenetur se ipsum accusare* ou *nemo tenetur se ipsum prodere*). Nesse sentido, a lição de Germano Marques da Silva (*Curso de processo penal*, 2. ed. Lisboa: Editorial Verbo, 1999. vol. II, p. 245-246). Ainda sobre tal princípio, confiram-se comentários aos arts. 7º, 174, 186 e 420. Tampouco se decretará a preventiva por comodismo, ante "a facilidade de ter o acusado sempre à mão", na lição de Tornaghi (ob. cit., vol. 3, p. 337). Demais disso, eventual descumprimento pelo acusado de uma ordem legal pode ensejar a adoção da medida prevista no art. 260 do código, a implicar em sua condução coercitiva, embora, na análise desse artigo de lei acima, concluímos por sua não recepção pela Constituição em vigor.

Segurança da aplicação da lei penal – Como último fundamento, tem-se a possibilidade de decretação da prisão preventiva para assegurar a aplicação da lei penal. Assim, quando inexistente qualquer elemento que indique que o provável autor do crime, uma vez condenado, será efetivamente compelido a cumprir a pena, é possível a decretação de sua prisão preventiva. É uma forma, portanto, de se assegurar a futura aplicação da pena, que será fatalmente frustrada caso, desde logo, não se prenda o agente. Tem cabimento, v.g., em casos nos quais o agente não possui residência fixa ou ocupação lícita ou em que foge no curso do processo. A apressada alienação do patrimônio, a obtenção, sem maior justificativa, de uma cidadania estrangeira, o plano de mudança de domicílio sem qualquer comunicação ao distrito da culpa, são também exemplos que ensejariam, em tese, a decretação da medida extrema.

Segundo a tese n. 1, da "Jurisprudência de Teses", do STJ, "a fuga do distrito da culpa é fundamentação idônea a justificar o decreto da custódia preventiva para a conveniência da instrução criminal e como garantia da aplicação da lei penal".

JURISPRUDÊNCIA

Decretação de ofício.

a) possibilidade

Embora o art. 311 do CPP, aponte a impossibilidade de decretação da prisão preventiva, de ofício, pelo Juízo, é certo que, da leitura do art. 310, II, do CPP, observa-se que cabe ao Magistrado, ao receber o auto de prisão em flagrante, proceder a sua conversão em prisão preventiva, independentemente de provocação do Ministério Público ou da Autoridade Policial, desde que presentes os requisitos do art. 312 do CPP, exatamente como se verificou na hipótese dos autos, não havendo falar em nulidade quanto ao ponto. 3. Considerando a natureza excepcional da prisão preventiva, somente se verifica a possibilidade da sua imposição quando evidenciado, de forma fundamentada e com base em dados concretos, o preenchimento dos pressupostos e requisitos previstos no art. 312 do Código de Processo Penal – CPP. Deve, ainda, ser mantida a prisão antecipada apenas quando não for possível a aplicação de medida cautelar diversa, nos termos do previsto no art. 319 do CPP. In casu, verifica-se que a prisão preventiva do paciente foi adequadamente motivada, tendo sido demonstrada, com base em elementos concretos, a periculosidade do agente ante o modus operandi da conduta delitiva, haja vista que o paciente, em razão de desavença com o dono do bar que lhe negou uma cerveja, sacou uma arma de fogo e efetuou diversos disparos em sua direção, acertando os tiros no portão do estabelecimento e na orelha esquerda de outra pessoa que estava no local, recomendando-se a sua custódia cautelar para garantia da ordem pública e para assegurar a aplicação da lei penal. Impende consignar, por oportuno, que, conforme orientação jurisprudencial desta Corte, o modo como o crime é cometido, revelando a gravidade em concreto da conduta praticada, constitui elemento capaz de demonstrar o risco social, o que justifica a decretação da prisão preventiva para garantia da ordem pública. 4. As condições favoráveis do paciente, por si sós, não impedem a manutenção da prisão cautelar quando devidamente fundamentada. Precedentes. 5. São inaplicáveis quaisquer medidas cautelares alternativas previstas no art. 319 do CPP, uma vez que as circunstâncias do delito evidenciam a insuficiência das providências menos gravosas." (STJ, *Habeas Corpus* nº 581.811-MG, rel. Min. Joel Ilan Paciornik, 5ª T, j. 04/08/2020).

b) impossibilidade

A reforma introduzida pela Lei nº 13.964/2019 ("Lei Anticrime") modificou a disciplina referente às medidas de índole cautelar, notadamente aquelas de caráter pessoal, estabelecendo um modelo mais consentâneo com as novas exigências definidas pelo moderno processo penal de perfil democrático e assim preservando, em consequência, de modo mais expressivo, as características essenciais inerentes à estrutura acusatória do processo penal brasileiro. A Lei nº 13.964/2019, ao suprimir a expressão "de ofício" que constava do art. 282, § 2º, e do art. 311, ambos do Código de Processo Penal, vedou, de forma absoluta, a decretação da prisão preventiva sem o prévio "requerimento das partes ou, quando no curso da investigação criminal, por representação da autoridade policial ou mediante requerimento do Ministério Público", não mais sendo lícito, portanto, com base no ordenamento jurídico vigente, a atuação "ex officio" do Juízo processante em tema de privação cautelar da liberdade. A interpretação do art. 310, II, do CPP deve ser realizada à luz dos arts. 282, § 2º, e 311, também do mesmo estatuto processual penal, a significar que se tornou inviável, mesmo no contexto da audiência de custódia, a conversão, de ofício, da prisão em flagrante de qualquer pessoa em prisão preventiva, sendo necessária, por isso mesmo, para tal efeito, anterior e formal provocação do Ministério Público, da autoridade policial ou, quando for o caso, do querelante ou do assistente do MP. Magistério doutrinário. Jurisprudência (...). (STF, *Habeas Corpus* nº 186.421-SC, rel. Min. Celso de Mello, Decisão Monocrática, j. 17/07/2020).

Descumprimento das condições da liberdade provisória

"A quebra dos compromissos assumidos quando da concessão da liberdade provisória, a fuga do distrito da culpa e a indicação de endereço falso no termo de compromisso são fundamentos mais do que suficientes para a decretação da prisão preventiva, máxime quando o paciente permanece foragido, já que evidenciam o risco à aplicação da lei penal" (STF – HC n° 106000-MG, Rel. Gilmar Mendes, j. 28.02.2012, DJe 26.03.2012).

Fuga ou risco de fuga

"1. A prisão preventiva possui natureza excepcional, sempre sujeita a reavaliação, de modo que a decisão judicial que a impõe ou a mantém, para compatibilizar-se com a presunção de não culpabilidade e com o Estado Democrático de Direito – o qual se ocupa de proteger tanto a liberdade individual quanto a segurança e a paz públicas –, deve ser suficientemente motivada, com indicação concreta das razões fáticas e jurídicas que justificam a cautela, nos termos dos arts. 312, 313 e 282, I e II, do Código de Processo Penal. 2. Ao decretar a custódia provisória do paciente, o Juízo singular mencionou circunstâncias que denotam o intuito do acusado de se furtar à aplicação da lei penal, diante de sua fuga do interior da delegacia, no momento em que era lavrado o auto de prisão em flagrante, embora estivesse algemado e recolhido em uma cela no momento. 3. Apesar de a quantidade de droga apreendida não ser muito elevada, é idônea a motivação exarada para ensejar a custódia provisória, pois, se a autoridade judiciária competente decretou a prisão preventiva ante a fuga do suspeito, justifica-se a manutenção da cautela a fim de assegurar a instrução processual e a eventual aplicação da lei penal. 4. Pelos mesmos fundamentos, a adoção de medidas cautelares diversas não se prestaria a resguardar a instrução processual. 5. Ordem denegada." (HC 516.305/RJ, j. 27/08/2019).

Inexistência de vínculo empregatício e residência fixos

"Mostra-se 'quantum satis' motivado decreto de prisão preventiva imposta para efetiva aplicação da lei a acusado de crime de homicídio qualificado que, a par de não ter residência fixa, exerce atividade nômade, sem qualquer vínculo empregatício. Nestas condições, permanecendo indenes os motivos da prisão, não há justificativa para se aguardar em liberdade o julgamento do recurso interposto da sentença de pronúncia" (STJ – HC n. 6833- MG – Rel. Fernando Gonçalves, j. 17.03.1998, DJ 06.04.1998 p. 162).

Proibição de viajar sem prévia autorização judicial. Quando é ilegal

"Deferida liberdade provisória, porque o réu é primário, de bons antecedentes, com residência fixa e trabalho lícito, e também porque não ocorrentes quaisquer das hipóteses da prisão preventiva, é motivo de constrangimento ilegal o estabelecimento de condição no sentido de que obtenha, sempre que precisar viajar, prévia autorização judicial, imposição carente de previsão no art. 310 do Código de Processo Penal. Ainda mais na espécie, tendo demonstrado o réu, ora paciente, que é empregado de empresa petrolífera, multinacional, com sede no estrangeiro e filiais no Brasil e no mundo, sendo que, por imposição da suas atividades profissionais, precisa viajar ao exterior regularmente, o que fora, inclusive, firmado e reconhecido pelo juízo processante, embora tenha negado a autorização para o paciente viajar sem maiores digressões. Ordem concedida para garantir ao paciente possa viajar, no território nacional e para o exterior, sem prévia autorização judicial, devendo, no entanto, comunicar ao juízo" (STJ – HC n° 103896-RJ, Rel. Maria Thereza de Assis Moura, j. 01.03.2011, DJe 21.03.2011).

Apresentação espontânea

a) não impede a decretação da preventiva

"Os fundamentos apresentados na insurgência estão em dissonância da jurisprudência consolidada deste Superior Tribunal de Justiça, no sentido de que a apresentação espontânea à autoridade policial e as condições pessoais favoráveis, não impedem a decretação da prisão preventiva nos casos em que a lei a autoriza e nem são motivos para a sua revogação, caso estejam presentes outros requisitos de ordem objetiva e subjetiva que autorizem a decretação da medida extrema" (STJ – RHC n° 38709-BA, Rel. Laurita Vaz, j. 24.09.2013, DJe 02.10.2013).

b) impede a decretação da preventiva

"Não subsiste a necessidade da prisão para garantia da aplicação da lei penal com a apresentação espontânea do paciente, pouco tempo depois dos fatos, e um dia após o decreto da sua prisão preventiva, demonstrando que pretende colaborar com a administração da justiça, inclusive confessando a prática do crime, e fornecendo a sua versão. Ordem concedida para permitir ao paciente que aguarde em liberdade até o julgamento pelo tribunal do júri" (STJ – HC n° 71708-SE, Rel. Maria Thereza de Assis Moura, j. 16.10.2007, DJ 05.11.2007, p. 378).

Aprofundamento das investigações. Impossibilidade.

"No caso, a decretação da prisão preventiva está fundada em motivação inválida, pois não foram declinados dados categóricos que justificassem a necessidade da custódia – a qual está amparada, na verdade, na gravidade abstrata do delito e em elemento ínsito ao tipo penal. O Magistrado Singular consignou expressamente no decreto prisional que a custódia era necessária para o aprofundamento das investigações. Todavia, não há, no ordenamento jurídico pátrio, previsão de prisão preventiva com a finalidade de produção de elementos probatórios para instruir causas criminais (decretação judicial de prisão para averiguações)". (STJ – HC 682.400/PR, rel. Min. Laurita Vaz, j. em 24.08.21)

Outro fundamento – A tais fundamentos um outro pode ser incluído, constante do art. 282, § 6º, do código, pelo qual a prisão preventiva somente pode ser decretada desde que não seja cabível sua substituição por alguma medida cautelar. Cumpre ao juiz, assim, justificar as razões pelas quais, ao impor a prisão preventiva do agente, afastou a possibilidade de substituir a drástica medida por uma cautelar.

Descumprimento da medida – Trata-se de dispositivo idêntico ao contido no art. o art. 282, § 4.º, do CPP, quando o tema foi abordado e cuja consulta fica recomendada.

Art. 313. **Nos termos do art. 312 deste Código, será admitida a decretação da prisão preventiva;**

I - nos crimes dolosos punidos com pena privativa de liberdade máxima superior a 4 (quatro) anos;

II - se tiver sido condenado por outro crime doloso, em sentença transitada em julgado, ressalvado o disposto no inciso I do caput do art. 64 do Decreto-Lei nº 2.848, de 7 de dezembro de 1940 - Código Penal;

III - se o crime envolver violência doméstica e familiar contra a mulher, criança, adolescente, idoso, enfermo ou pessoa com deficiência, para garantir a execução das medidas protetivas de urgência;

IV - (revogado)

§1º. Também será admitida a prisão preventiva quando houver dúvida sobre a identidade civil da pessoa ou quando esta não fornecer elementos suficientes para esclarecê-la, devendo o preso ser colocado imediatamente em liberdade após a identificação, salvo se outra hipótese recomendar a manutenção da medida.

§2º. Não será permitida a decretação da prisão preventiva com a finalidade de antecipação de cumprimento de pena ou decorrência imediata de investigação criminal ou da apresentação ou recebimento da denúncia.

Redação antes da Lei 13.964/19	Redação depois da Lei 13.964/19
Art. 313. Nos termos do art. 312 deste Código, será admitida a decretação da prisão preventiva:	**Art. 313.** Nos termos do art. 312 deste Código, será admitida a decretação da prisão preventiva;
I – nos crimes dolosos punidos com pena privativa de liberdade máxima superior a 4 (quatro) anos;	I – nos crimes dolosos punidos com pena privativa de liberdade máxima superior a 4 (quatro) anos;
II – se tiver sido condenado por outro crime doloso, em sentença transitada em julgado, ressalvado o disposto no inciso I do caput do art. 64 do Decreto-Lei nº 2.848, de 7 de dezembro de 1940 – Código Penal;	II – se tiver sido condenado por outro crime doloso, em sentença transitada em julgado, ressalvado o disposto no inciso I do caput do art. 64 do Decreto-Lei nº 2.848, de 7 de dezembro de 1940 – Código Penal;
III – se o crime envolver violência doméstica e familiar contra a mulher, criança, adolescente, idoso, enfermo ou pessoa com deficiência, para garantir a execução das medidas protetivas de urgência;	III – se o crime envolver violência doméstica e familiar contra a mulher, criança, adolescente, idoso, enfermo ou pessoa com deficiência, para garantir a execução das medidas protetivas de urgência;
IV – (revogado).	IV – (revogado)
Parágrafo único. Também será admitida a prisão preventiva quando houver dúvida sobre a identidade civil da pessoa ou quando esta não fornecer elementos suficientes para esclarecê-la, devendo o preso ser colocado imediatamente em liberdade após a identificação, salvo se outra hipótese recomendar a manutenção da medida.	§1º. Também será admitida a prisão preventiva quando houver dúvida sobre a identidade civil da pessoa ou quando esta não fornecer elementos suficientes para esclarecê-la, devendo o preso ser colocado imediatamente em liberdade após a identificação, salvo se outra hipótese recomendar a manutenção da medida.
	§2º. Não será permitida a decretação da prisão preventiva com a finalidade de antecipação de cumprimento de pena ou decorrência imediata de investigação criminal ou da apresentação ou recebimento da denúncia.

Cabimento da prisão preventiva. Introdução – Uma vez preenchidos os requisitos e pressupostos elencados no art. 312 CPP, deve-se avaliar se o fato se amolda às condições abaixo relacionadas, que permitem a decretação da prisão preventiva. Observe-se que tais condições não exigem a simultaneidade entre si, isto é, a presença das três condições ao mesmo tempo. Em outras palavras: basta a incidência de uma delas para que se permita a decretação da prisão preventiva. Num exemplo: cometido um crime que envolva violência doméstica, tendo o agente descumprido alguma das medidas que lhe foram impostas, posto que ameaçou a vítima, é cabível a preventiva, com base no inc. III deste dispositivo, ainda que o crime de ameaça tenha pena máxima cominada em seis meses de detenção (art. 147 do Código Penal), não atendendo, assim, ao requisito previsto no inc. I.

I - nos crimes dolosos punidos com pena privativa de liberdade máxima superior a 4 (quatro) anos;

Crimes dolosos punidos com pena privativa de liberdade máxima superior a quatro anos – Face aos termos expressos da lei, afasta-se, de plano, a possibilidade de decretação da prisão preventiva pela prática de crime culposo. Do mesmo teor, aliás, era a redação do art. 313, "caput" do código, antes da entrada em vigor da Lei nº 12.403/ 2011. E, de fato, a própria natureza dessa espécie de delito, onde inexiste a voluntariedade do agente, revela-se incompatível com a decretação de tão drástica medida. Se prisão preventiva já se viu decretada, por exemplo, em delitos de trânsito, é porque se identificou, no caso concreto, a ocorrência do chamado *dolo eventual*. Mais aí o delito é doloso e não mais culposo. Ou porque o agente cometeu o crime de embriaguez ao volante que, de sua parte, também não é culposo.

JURISPRUDÊNCIA

Crimes culposos e preventiva. Impossibilidade

"Ressalte-se que a previsão do art. 366 do Código de Processo Penal – possibilidade de ser decretada prisão preventiva quando, uma vez citado por edital, o acusado não comparecer, nem constituir advogado – reclama a observância do disposto nos arts. 312 e 313 do CPP, que somente admitem a imposição de prisão cautelar nos crimes dolosos. E aos referidos preceitos legais não é possível conferir interpretação ampliativa para alcançar hipótese em que ao acusado foragido é imputada a prática de crime culposo, dado que, segundo regras de hermenêutica, normas restritivas de direito hão de ser interpretadas restritivamente" (STF – HC n. 116504-MG – Rel. Ricardo Lewandowski, j. 06.08.2013).

Contravenções penais – É incabível a prisão preventiva pela prática de contravenção penal, posto que o legislador se referiu a *crimes*, não se devendo cogitar do emprego da analogia, porque *in malam partem*, para estender esse conceito às contravenções penais. Não atenderia, ademais, ao princípio da proporcionalidade, a imposição de tão drástica medida em face de singela prática de contravenção penal que, se condenado o réu, raramente ensejaria sua prisão. Afinal, se depois de condenado, na maioria das vezes, não haveria prisão-pena, que sentido faz manter-se o réu encarcerado cumprindo prisão processual? Destaque-se, aliás, que o art. 6º da Lei das Contravenções Penais, impõe o cumprimento da pena de prisão simples em regime semiaberto ou aberto. De resto, não há qualquer contravenção penal cuja pena máxima supere os quatro anos, o que, por si só, desaconselha a imposição da medida extrema ao *crime-anão*.

Mas não é só: quando o legislador, diante de determinada situação, pretendeu abranger crimes e contravenções, ele o fez de forma expressa, com a utilização do vocábulo "infração penal". É assim, por exemplo, quando considera em flagrante delito "quem está cometendo a *infração penal*" (art. 302, inc. I), a autorizar, dessa forma, a prisão em flagrante tanto para crimes como para contravenções. Não é o caso da preventiva, onde o emprego do termo "crimes" deve ser entendido literalmente, sem lugar para interpretações extensivas, indevidas por se lidar com a liberdade do indivíduo.

Sobre as contravenções penais no ambiente doméstico e familiar contra a mulher, v. art. 313, III, abaixo.

Crimes punidos com reclusão ou detenção? – O art. 313, em sua redação anterior, só admitia a prisão preventiva para os crimes dolosos punidos com pena de reclusão. A norma em vigor não faz mais essa diferenciação, aludindo apenas à pena privativa de liberdade. Assim, é, em tese, cabível a decretação da prisão preventiva seja a pena cominada ao delito de reclusão ou detenção. Exige, contudo, que a pena máxima prevista ao crime supere quatro anos. Pesquisando no Código Penal, encontramos apenas dois delitos que, punidos com pena de detenção, possuem penas cominadas superiores a quatro anos. Cuidam-se do infanticídio (art. 23 do CP), e a exposição ou abandono de recém-nascido com resultado morte (art. 134, § 2º, do CP).

JURISPRUDÊNCIA

Crime apenado com detenção e prisão preventiva

a) possibilidade

"A despeito de os crimes pelos quais responde o Paciente serem punidos com detenção, o próprio ordenamento jurídico – art. 313, inciso IV, do Código de Processo Penal, com a redação dada pela Lei n.º 11.340/2006 – prevê a possibilidade de decretação de prisão preventiva nessas hipóteses, em circunstâncias especiais, com vistas a garantir a execução de medidas protetivas de urgência" (STJ – HC n° 170962-DF, Rel. Maria Thereza de Assis Moura, j. 03.05.2011, DJe 17.05.2011).

b) impossibilidade

"Embora o Código de Processo Penal autorize a decretação da prisão preventiva em delitos de violência doméstica e familiar contra a mulher, necessário o preenchimento dos requisitos contidos no art. 312 do referido diploma legal, o que não se vislumbra no caso concreto, observados, ainda, os princípios da razoabilidade e proporcionalidade" (STJ – RHC n° 27547-MG, Rel. Haroldo Rodrigues, j. 01.06.2010, DJe 14.09.2011).

"À falta de fundamentação concreta para decretação de prisão cautelar, sobretudo quando se trata de crime em apuração cuja pena é de detenção, impõe-se a revogação da medida. Além disso, no caso, houve o comparecimento espontâneo do denunciado e o comprometimento em comparecer a todos os atos do processo na companhia do patrono, a demonstrar a intenção do imputado em não causar embaraços à instrução criminal, bem como em não se furtar à aplicação da lei penal" (STJ – HC n° 110669-BA, Rel. Sebastião Reis Júnior, j. 18.12.2012, DJe 01.02.2013).

Pena máxima não superior a quatro anos – Há doutrina que entende cabível a decretação da preventiva ainda que o crime, em tese, atribuído ao agente, tenha previsão de pena máxima não superior a quatro anos. É a respeitável lição de Andrey Borges de Mendonça, que sintetiza da seguinte forma: "em situações concretas, excepcionais e devidamente justificáveis, diante das circunstâncias objetivas do caso concreto (gravidade do crime e circunstâncias do fato), ou, ainda, atento às circunstâncias pessoais do agente, nos termos do art. 282, inc. II, a prisão preventiva pode se mostrar a medida mais *adequada* para tutelar os bens jurídicos indicados no art. 282, inc.I, mesmo não preenchendo os requisitos do art. 313" (*Prisão e outras Medidas Cautelares Pessoais*. São Paulo: Ed. Método, 2012, p. 261).

Fazemos, porém, alguma ressalva a esse entendimento. Independentemente da pena cominada ao delito, se há dúvida quanto à identidade do agente, é cabível a preventiva, nos termos do §1º. deste dispositivo. O mesmo ocorrerá quando o agente descumpre alguma obrigação imposta por força de medida cautelar (art. 312, §1º.). Quando se tratar, porém, de prisão preventiva originariamente decretada, que não guarde relação com nenhuma das situações retro mencionadas (não identificação do agente ou conversão da medida cautelar em prisão), o decreto deverá atentar à pena imposta ao delito. Logo, já não pairando dúvida sobre sua real identidade, acusado pela prática de crime com pena máxima inferior a 4 anos, deve-se, primeiro, atendidos os requisitos objetivos e subjetivos, impor-lhe uma medida cautelar, nos termos do art. 282, § 6º do CPP. Somente depois, na eventualidade do descumprimento de alguma condição, será cabível a decretação da prisão preventiva (arts. 282, § 4º e 312, parágrafo único do CPP).

Pertinente, nesse aspecto, a observação de Rogério Schietti Cruz, ainda sob a luz da legislação anterior, mas com aplicação à disciplina atual: "Daí porque o juiz, ao analisar pedido de prisão preventiva, ou mesmo se já preso o acusado, para manter a custódia de forma legítima, deverá avaliar, diante das circunstâncias concretas deduzidas na acusação e já acolhidas na instrução criminal, se a pena que resultará de eventual sentença condenatória justifica o encarceramento preventivo, porquanto é bem possível que a sanção criminal que se antevê aplicável ao caso concreto seja bem inferior ao máximo cominado em abstrato para o ilícito em apuração. Com efeito, aparenta-se irrazoável suprimir a liberdade de alguém a título de prisão cautela, se essa pessoa, ao cabo do processo, não será efetivamente encarcerada a título de prisão pena" (*Prisão Cautelar: Dramas, Princípios e Alternativas*. Rio de Janeiro: Lumen Juris, 2006, p. 100).

JURISPRUDÊNCIA

Possibilidade de decretação da preventiva independentemente da pena máxima cominada ao crime

"A prisão preventiva pode ser decretada independentemente da pena máxima cominada ao crime, quando não se mostrarem efetivas as medidas cautelares do art. 319 do Código de Processo Penal, nos termos do art. 312, parágrafo único, do mesmo diploma legal (com a redação dada pela Lei nº 12.403, de 4 de maio de 2011)" (STJ – HC n. 216132-MG, Rel. Maria Thereza de Assis Moura, j. 11.02.2014, DJe 14.11.2014).

Impossibilidade da preventiva quando o crime apurado, em caso de condenação, permite o início do cumprimento da pena em regime semiaberto

"De acordo com o princípio da homogeneidade, corolário do princípio da proporcionalidade, mostra-se ilegítima a prisão provisória quando a medida for mais gravosa que a própria sanção a ser possivelmente aplicada na hipótese de condenação, pois não se mostraria razoável manter-se alguém preso cautelarmente em 'regime' muito mais rigoroso do que aquele que ao final eventualmente será Imposto" (STJ – HC nº 213830-RJ, Rel. Jorge Mussi, j. 13.08.2013, DJe 27.08.2013).

Crime hediondo por si só não justifica a preventiva

"A hediondez do delito e a gravidade abstrata do delito não são fundamentos idôneos para a decretação da custódia cautelar. Na hipótese dos autos, o decreto preventivo não trouxe elementos concretos, colhidos dos autos, que justificassem a segregação antecipada do ora recorrido" (STJ – AgRG no REsp nº 1217039-MT, Rela. Marilza Maynard, j. 06.08.2013, DJe 09.08.2013).

Concurso de crimes – Suponha-se a prática de dois crimes, em concurso material, cuja pena máxima isoladamente cominada para cada um deles não ultrapasse os quatro anos. Assim, após perpetrar um crime de furto simples (pena máxima de quatro anos), o agente ofende os policiais responsáveis por sua prisão, praticando o crime de desacato, que tem pena máxima de dois anos. Nesta hipótese de concurso material (heterogêneo), as penas de ambos os delitos, para fins de decretação da prisão preventiva, devem ser consideradas isoladamente ou, ao revés, somadas?

Tratam-se das duas correntes que se estabeleceram sobre o tema, sendo que Rômulo de Andrade Moreira, ao aderir à primeira delas, entende que "no caso de concurso de concurso material ou formal de crimes, ou em se tratando de crime continuado, entendemos que cada crime deve ser considerado isoladamente, aplicando-se, por analogia o art. 119 do Código Penal e a Súmula 497 do STF, posição que sofre restrição de boa parte da doutrina e da jurisprudência"(*Curso Temático de Direito Processual Penal*. 2. ed. Curitiba: Juruá, 2010, p. 583). Não é o posicionamento que vingou na doutrina, como reconhece o próprio autor baiano, embora seja aquele que mais restringe o cabimento da prisão preventiva, a destacar seu caráter de excepcionalidade. Nesse sentido, ainda, Adriana Therezinha Carvalho Souto Castanho de Carvalho (*O Novo Regime Jurídico das Medidas Cautelares no Processo Penal*, in "O Novo Regime Jurídico das Medidas Cautelares no Processo Penal", Rio de Janeiro: Emerj, 2002, p. 19).

Posiciona-se pela segunda corrente o promotor de Justiça da Bahia, João Paulo Schoucair, em alentado trabalho que publicou sobre o tema (*Prisão preventiva e pena em abstrato no concurso de crimes*), quando destaca que "para resolver o citado impasse e sublinhe-se, por relevante, mais razoável, seria exigir que a soma das penas dos crimes na alça de mira da Justiça seja superior a 4 (quatro) anos, vez que, além de ser cabível, em tese, uma condenação final a pena privativa de liberdade em regime fechado, *ex vi* do estabelecido no art. 33 do Código Penal, o legislador, em momento algum, indicou que sua aferição deveria ser individual, não se perdendo de foco que idêntica postura já estava pacificada nos casos de incidência dos benefícios das suspensão condicional do processo e fiança, quando em concurso de crimes, assim como no rito processual aplicado" (site *Jus navigandi*, Teresina, ano 17, n. 3296, 10 jul. 2012).

E, de fato, o entendimento do Superior Tribunal de Justiça, cristalizado em duas súmulas, em temas diversos, pode ser adotado, por analogia, à hipótese vertente. Assim, a Súmula n. 81 daquele tribunal, dispõe que, *verbis*: "Não se concede fiança quando, em concurso material, a soma das penas mínimas cominadas for superior a dois anos de reclusão". Já a Súmula n. 243 é no sentido de que: "O benefício da suspensão do processo não é aplicável em relação às infrações penais cometidas em concurso material, concurso formal ou continuidade delitiva, quando a pena mínima cominada, seja pelo somatório, seja pela incidência da majorante, ultrapassar o limite de um (01) ano". Este último entendimento se refere à possibilidade de concessão do chamado *sursis* processual, previsto na Lei dos Juizados Especiais Criminais (Lei n. 9099/95).

É o pensamento, ainda, de Fauzi Hassan Choukr, quando ressalta que da mesma forma "deixaram-se igualmente em aberto, e com as complicações naturalmente decorrentes dessa omissão, as hipóteses de concurso formal, material ou crime continuado quando se analisa que, pela somatória das penas em abstrato dos delitos imputados alcança-se piso superior ao dos quatro anos. Nestas hipóteses, cremos, tenderá a valer a mesma compreensão que tema análogo teve, a saber, a interpretação do art. 89 da Lei n. 9.099/1995 nessas situações, para concluir que, nas hipóteses de concurso formal, material e crime continuado as penas em abstrato devem ser somadas, superando eventualmente o máximo em abstrato de quatro anos e o respectivo impedimento para a decretação, de plano, da prisão preventiva" (*Medidas cautelares e prisão processual: Comentários à Lei 12.403/2011*. 1ª ed. Rio de Janeiro: Forense, 2011, pág. 94/95).

II - se tiver sido condenado por outro crime doloso, em sentença transitada em julgado, ressalvado o disposto no inciso I do caput do art. 64 do Decreto-Lei nº 2.848, de 7 de dezembro de 1940 - Código Penal; (Redação dada pela Lei nº 12.403, de 2011).

Condenação anterior – A preventiva também é cabível quando o acusado já foi condenado por outro crime doloso, castigado com pena de reclusão, detenção ou multa, em sentença transitada em julgado, ressalvado o disposto no inc. I do caput do art. 64 do CP. É a seguinte a redação do artigo do Código Penal: "Para efeito de reincidência: I – não prevalece a condenação anterior, se entre a data do cumprimento ou extinção da pena e a infração posterior tiver decorrido período de tempo superior a 5 (cinco) anos, computado o período de prova da suspensão ou do livramento condicional, se não ocorrer revogação."

Em outras palavras, é cabível a medida extrema nos casos em que o réu contar com uma condenação anterior (ainda que se tratando de infração diversa), capaz de configurar a reincidência na eventualidade de nova condenação. Ambos os delitos - o anterior e o posterior - devem se referir, por óbvio, a crimes dolosos. É, porém, feita a mencionada ressalva na parte final do dispositivo, quando alude ao inc. I do caput do art. 64 do Código Penal. Ou seja, caso ultrapassado o prazo de cinco anos entre a nova infração e a data do cumprimento ou extinção da pena, isto é, não mais configurada a reincidência, esse crime anterior não deve ser considerado, não justificando, assim a prisão preventiva do agente, pelo menos sob o fundamento previsto neste inc. II. Em remate: condenação anterior, por crime doloso, justifica, em tese, a decretação da prisão preventiva, a menos que essa condenação anterior não mais configure a reincidência.

Considerando que, segundo observado acima, as três hipóteses de cabimento da preventiva não precisam estar presentes cumulativamente, bastando a demonstração isoladamente de uma delas, não há que se exigir que os delitos - quer o anterior, quer o posterior - tenham penas máximas superiores a quatro anos.

Sentença no estrangeiro - A sentença no estrangeiro por crime vale para a reincidência, não necessitando de homologação do Superior Tribunal de Justiça. Salvo se o fato for atípico no nosso país, quando a condenação alienígena não configurará a reincidência. Para caracterizar a reincidência, não importa saber qual a pena imposta ao delito pretérito. Logo, condenação anterior com imposição de pena de multa também configura reincidência. A extinção da punibilidade em relação à infração anterior não gera reincidência se antes do trânsito em julgado; se após o trânsito em julgado, configura reincidência, salvo se a causa extintiva for anistia ou *abolitio criminis*. Ressalte-se, ainda, que o beneficiado com perdão judicial e que comete novo crime não será considerado reincidente, nos termos do art. 120 do Código Penal.

Insistimos, novamente, em um ponto: não bastará a mera reincidência para que, de plano, ensejar a decretação da preventiva. Será necessário, em acréscimo, o preenchimento dos demais requisitos previstos no art. 312 do código.

JURISPRUDÊNCIA

Embriaguez ao volante e prisão preventiva

a) possibilidade

In casu, é atribuída ao agravante a conduta descrita no art. 306 da Lei n. 9.503/97 (Código de Trânsito **Brasileiro**), cuja pena varia entre 6 meses e 3 anos de detenção, multa e suspensão ou proibição de se obter a permissão o a habilitação para dirigir veículo automotor. Todavia, trata-se de acusado **multirreincidente** específico, haja vista ter o Tribunal de origem ressaltado que o agente possui três condenações pretéritas com **trânsito** em julgado pela prática do mesmo **crime (condução de veículo automotor embriagado)**, além de outras duas condenações pelo crime de furto. Ademais, o agravante encontrava-se em cumprimento de pena em regime aberto quando da prática de novo delito. Nesse contexto, forçoso concluir que a prisão processual está devidamente fundamentada, não havendo falar, portanto, em existência de evidente flagrante ilegalidade capaz de justificar a sua revogação. Inaplicável medida **cautelar** alternativa quando as circunstâncias evidenciam que as providências menos gravosas seriam insuficientes para a manutenção da ordem pública (STJ, AgRg no HC 625863 / SC, Quinta Turma, Ministro JOEL ILAN PACIORNIK, j. em 23/02/21).

b) impossibilidade

Ao decretar a prisão preventiva, deteve-se o juízo a reproduzir os fatos ocorridos, não informando o que efetivamente viria a configurar "garantia da ordem pública". Ressalte-se que o fato de o recorrente não ser habilitado e conduzir o veículo embriagado quando dos fatos não denota, conforme querem fazer crer as instâncias de origem, possibilidade de reiteração delitiva. (STJ, RHC 119410 / MG, Sexta Turma, Ministro ANTONIO SALDANHA PALHEIRO, j. em 17/12/19).

III - se o crime envolver violência doméstica e familiar contra a mulher, criança, adolescente, idoso, enfermo ou pessoa com deficiência, para garantir a execução das medidas protetivas de urgência; (Redação dada pela Lei nº 12.403, de 2011).

Prisão preventiva, medidas protetivas e Lei Maria da Penha – O dispositivo em tela alargou as hipóteses de cabimento da prisão preventiva, possibilitando ao juiz decretar a prisão provisória em face do agressor, "para garantir a execução das medidas protetivas de urgência".

> **ATENÇÃO** - De acordo com o disposto no art. 19, § 4º, Lei Maria da Penha, "As medidas protetivas de urgência serão concedidas em juízo de cognição sumária a partir do depoimento da ofendida perante a autoridade policial ou da apresentação de suas alegações escritas e poderão ser indeferidas no caso de avaliação pela autoridade de inexistência de risco à integridade física, psicológica, sexual, patrimonial ou moral da ofendida ou de seus dependentes". Instala-se no âmbito da tutela da mulher vítima de violência doméstica e familiar o "in dubio pro tutela".

Com o advento da Lei 12.403/2011, caberá preventiva se o crime envolver violência doméstica e familiar contra a mulher, criança, adolescente, idoso, enfermo ou pessoa com deficiência, para garantir a execução das medidas protetivas de urgência.

Cabe observar, assim, que a lei reforça o entendimento de que as medidas protetivas da Lei Maria da Penha não são exclusivas da mulher ofendida, mas de qualquer pessoa vítima dessa espécie de violência (não importando o sexo), desde que vulnerável (como criança, adolescente, idoso, enfermo ou pessoa com deficiência).

Logo, cometido um delito de ameaça contra a mulher (art. 147 CP), pode seu autor ter decretada a prisão preventiva, embora esse crime seja apenado com detenção máxima de 6 (seis) meses. Essa espécie de prisão provisória, na redação anterior do art. 313 do CPP, praticamente não existia para os crimes apenados com detenção (a menos que fosse o réu vadio ou pairasse dúvida quanto à sua identidade, hipóteses raríssimas de se verificarem ou se, antes, tivesse sido condenado pela prática de crime doloso).

Essa iniciativa do legislador foi recebida com aplausos por significativa parcela doutrina. Nesse sentido as palavras de Eduardo Cabette: "O dispositivo é providencial, constituindo-se em um utilíssimo instrumento para tornar efetivas as medidas de proteção preconizadas pela novel legislação. Não houvesse essa modificação, a maioria dos casos de violência doméstica e familiar contra a mulher ficaria privada do instrumento coercivo da prisão preventiva por ausência de sustentação nos motivos elencados no art. 312, CPP, tradicionalmente e nos casos de cabimento arrolados no art. 313, CPP". *Anotações críticas sobre a lei de violência doméstica e familiar contra a mulher*. Disponível em: [www.jusnavigandi.com.br].

Arremata o autor que "a utilidade dessa inovação é cristalina. Basta, para exemplificar, destacar a inocuidade da medida protetiva de urgência de proibição ao agressor de aproximação da ofendida, de seus familiares e das testemunhas, fixando um limite mínimo de distância entre estes e o agressor (art. 22, III, a, da Lei 11.340/2006). Tal determinação judicial desprovida de um instrumento coercitivo rigoroso não passaria de formalidade estéril a desacreditar a própria Justiça".

Compartilhamos desse entusiasmo, mas, no entanto, recomendamos cautela na abordagem do tema. Para a decretação da medida de exceção, que o crime tenha sido perpetrado contra a mulher, criança, adolescente, idoso, enfermo ou pessoa com deficiência no âmbito doméstico ou familiar. É preciso que, além disso, estejam presentes, também, os pressupostos e fundamentos justificadores da prisão preventiva, elencados no art. 312 do CPP. **Sobre a decretação da prisão preventiva de ofício e a Lei Maria da Penha, v. art. 311 CPP.**

Vias de fato e não cabimento de prisão preventiva no âmbito da violência doméstica – O Superior Tribunal de Justiça, no julgamento do HC n. 437.535-SP, em 26 de junho de 2018, no qual foi relator para o Acórdão o Min. Rogério Schietti Cruz, entendeu, por maioria de votos, pelo não cabimento da prisão preventiva para a hipótese da prática de vias de fato, prevista no art. 21 da Lei das Contravenções Penais, ainda que perpetrada no âmbito da violência doméstica. O principal argumento foi no sentido de que o art. 313, inc. III, do Código de Processo Penal é expresso ao admitir a medida extrema apenas para ***crimes*** e não para ***contravenções penais***, não se autorizando, no caso, outra interpretação da lei que não seja a literal, sob pena de grave prejuízo ao agente.

Da ementa de tal decisão, extraímos o seguinte trecho:

"Em se tratando de aplicação da cautela extrema, não há campo para interpretação diversa da literal, de modo que não existe previsão legal autorizadora da prisão preventiva contra autor de uma contravenção, mesmo na hipótese específica de transgressão das cautelas de urgência diversas já aplicadas [...] Vedada a incidência do art. 313, III, do CPP, tendo em vista a notória ausência de autorização legal para a decisão que decretou a constrição cautelar do acusado. Ordem concedida, para que o paciente possa responder a ação penal em liberdade, se por outro motivo não estiver preso".

Criança, adolescente, pessoa idosa, enfermo, pessoa com deficiência – Considera-se criança, na definição dada pelo art. 2° da Lei n° 8.069/90 (Estatuto da Criança e do Adolescente), a pessoa até 12 anos de idade incompletos e, adolescente, aquela que contar entre 12 e 18 anos de idade.

> **ATENÇÃO** – De acordo com o art. 17 da Lei 14.344/22, em qualquer fase do inquérito policial ou da instrução criminal, caberá a prisão preventiva do agressor, decretada pelo juiz, a requerimento do Ministério Público ou mediante representação da autoridade policial.

Já pessoa idosa é aquela com idade igual ou superior a 60 anos, nos termos do art. 1° da Lei n° 10.741/2003 (Estatuto da Pessoa Idosa). É tido por enfermo, na definição do clássico Dicionário Aurélio, aquele que está doente. O conceito de pessoa portadora de deficiência é trazido pelo art. 2° da Lei n. 13.146/2015, a saber: "Considera-se pessoa com deficiência aquela que tem impedimento de longo prazo de natureza física, mental, intelectual ou sensorial, o qual, em interação com uma ou mais barreiras, pode obstruir sua participação plena e efetiva na sociedade em igualdade de condições com as demais pessoas". Para maior aprofundamento sobre o tema, sugerimos nosso *Estatuto da Pessoa com Deficiência comentado artigo por artigo*, em coautoria com Cristiano Chaves de Farias (editora Juspodivm, Salvador, 2016, 2. edição).

Cremos, no entanto, que não será todo e qualquer doente que merecerá a concessão de medidas protetivas. Há necessidade que, em virtude da doença, a pessoa se encontre, de alguma forma, em situação de vulnerabilidade, com sua capacidade de defesa reduzida, enfim, em um determinado estado que exija a adoção de medidas que a protejam, em análise a ser feita caso a caso. O portador de uma doença crônica (assim consideradas aquelas que se prolongam no tempo), como, por exemplo, diabetes ou asma, não se encontra, necessariamente, em situação de fragilidade a reclamar a proteção da lei. Já aquele acometido de um mal capaz de minar qualquer possibilidade de defesa ou reação, a ocupar, por exemplo, um leito de um quarto, necessitando do auxílio de terceiros para fazer frente às atividades básicas do cotidiano, esse, seguramente, merecerá a proteção da lei em estudo.

JURISPRUDÊNCIA

Cabimento da medida e violência doméstica

"Conforme a regra insculpida no art. 313 do Código de Processo Penal, nas hipóteses de violência doméstica e familiar contra a mulher caberá a prisão preventiva para assegurar a eficácia das medidas protetivas de urgência, quando estas em si se revelarem ineficazes para a tutela da mulher. Sendo certo que o recorrente, descumprindo medida protetiva anteriormente imposta, volta a ameaçar a vítima, está demonstrada de forma concreta a necessidade da custódia cautelar. Não é possível esperar que o agressor cumpra a ameaça para depois se tomar uma providência" (STJ – RHC n° 36063-MG, Rel. Sebastião Reis Júnior, j. 13.08.2013, DJe 13.09.2013).

Prisão preventiva à luz da Lei 12.403, de 04 de maio de 2011

"Nos termos do inc. IV do art. 313 do CPP, com a redação dada pela Lei 11.340/2006, a prisão preventiva do acusado poderá ser decretada "se o crime envolver violência doméstica e familiar contra a mulher, nos termos da lei específica, para garantir a execução das medidas protetivas de urgência". Evidenciado que o paciente, mesmo após cientificado das medidas protetivas de urgência impostas, ainda assim voltou a ameaçar a vítima, demonstrada está a imprescindibilidade da sua custódia cautelar, especialmente a bem da garantia da ordem pública, dada a necessidade de resguardar-se a integridade física e psíquica da ofendida, fazendo cessar a reiteração delitiva, que no caso não é mera presunção, mas risco concreto, e também para assegurar o cumprimento das medidas protetivas de urgência deferidas. Custódia cautelar. Incidência da Lei 12.403/2011. Impossibilidade. Descumprimento das medidas protetivas. Inviável a aplicação do referido benefício, tendo em vista se tratar de crime contra a mulher e, ainda, o contínuo descumprimento pelo denunciado das medidas protetivas de distanciamento e incomunicabilidade impostas pelo juízo singular, observando-se a nova redação do art. 313 do Código de Processo Penal, dada pela Lei 12.403/2011" (STJ, HC 230940/MG, j. 08.05.2012, rel. Min. Jorge Mussi, *DJe* 14.05.2012).

Crimes que envolvam violência doméstica e familiar contra a mulher, criança, adolescente, idoso, enfermo ou pessoa com deficiência, para o fim de garantir a execução das medidas protetivas de urgência.

"A despeito de os crimes pelos quais responde o Paciente serem punidos com detenção, não se perca de vista que o próprio ordenamento jurídico – art. 313, inciso IV, do Código de Processo Penal, com a redação dada pela Lei n.º 11.340/2006 – prevê a possibilidade de decretação de prisão preventiva mesmo diante de crimes apenados com detenção, em circunstâncias especiais, tais como a hipótese ora em apreço, com vistas a garantir a execução de medidas protetivas de urgência. Precedentes." (STJ – HC 490.988/MS, j. 27/08/2019).

Descumprimento de medida protetiva e crime de desobediência – Reinava certa divergência no Superior Tribunal de Justiça quanto à possibilidade de configuração do crime de desobediência (art. 330 do Código Penal), nas hipóteses em que o agressor descumprisse as medidas que lhe foram impostas, em proteção à mulher vítima de violência doméstica. Mais recentemente, porém, prevalecia, de forma monótona, o entendimento de que, havendo uma medida específica a ser adotada quando descumprida a medida protetiva, consistente, exatamente, na possibilidade de decretação da prisão preventiva, não se configurava o delito de desobediência. Esse debate, porém, foi superado com o advento da Lei n. 13.641/2018 que, ao incluir o art. 24-A na Lei Maria da Penha, passou a prever um crime específico para as hipóteses de "Descumprimento de Medidas Protetivas de Urgência Descumprimento de Medidas Protetivas de Urgência". De tal maneira, portanto, que uma vez descumprida uma medida protetiva, não mais se cogita da prática do crime de desobediência, mas, forte no princípio da especialidade, daquele previsto no art. 24-A da Lei n. 11.340/2006.

IV - (Revogado pela Lei nº 12.403, de 2011).

§1º. Também será admitida a prisão preventiva quando houver dúvida sobre a identidade civil da pessoa ou quando esta não fornecer elementos suficientes para esclarecê-la, devendo o preso ser colocado imediatamente em liberdade após a identificação, salvo se outra hipótese recomendar a manutenção da medida.

Dúvida sobre a identidade civil - Inovação trazida com a Lei n. 12.403/2011, consiste na possibilidade de decretação de prisão preventiva quando perdurar dúvida sobre a identidade civil da pessoa, quando esta não fornecer dados que permitam o esclarecimento da verdade. "Inovação", em verdade, quanto à possibilidade da preventiva, pois essa hipótese já era tratada na lei que cuida da prisão temporária. Com efeito, a Lei n. 7.960/89 - art. 1º, inciso II, parte final, dispõe que cabe a prisão temporária quando o indiciado "não fornecer elementos necessários ao esclarecimento de sua identidade".

A novidade foi saudada com entusiasmo pela doutrina, valendo que se confira o ensinamento de Valter Soleto Fantin, ao destacar que "a preventiva por dúvida de identidade tem relação com a própria persecução penal que pode ser dificultada pela falta de características pessoais do indiciado ou acusado ou até ser inócua, mas caracterizada por temporariedade atinente à obtenção da verdadeira identidade do indiciado, seja com ou sem a colaboração dele; é ínsita a presença de conveniência da instrução criminal e da garantia da aplicação da pena" (*Primeiras impressões da Lei 12.403/2011 sobre prisão preventiva e medidas cautelares.* In *Inovações à prisão preventiva e às medidas cautelares trazidas pela Lei nº 12.403/2011.* São Paulo: APMP, 2011, p. 57).

Temos algumas ressalvas. Primeiro, parece-nos óbvio que não basta, a justificar o decreto de preventiva, a existência de dúvida quanto à identidade da pessoa, sendo de se exigir, em acréscimo, a presença dos demais pressupostos que ensejam a decretação da preventiva (**prova da materialidade, indícios de autoria,** segurança de aplicação da lei penal *ou* conveniência da instrução criminal *ou* garantia da ordem pública ou econômica). Ademais, "se a dúvida sobre a identidade civil da pessoa ou sua inércia em fornecer elementos suficientes para esclarecê-la não constituir um obstáculo imprescindível à investigação criminal, não estará presente o *periculum in mora*, requisito cautelar dessa espécie de prisão", como bem observam Pedro Henrique Demercian e Jorge Assaf Maluly (*A prisão preventiva e as suas hipóteses previstas no art. 313 do CPP, conforme a Lei nº 12.403, de 2011.* In *Inovações à prisão preventiva e às medidas cautelares trazidas pela Lei nº 12.403/2011.* São Paulo: APMP, 2011, p. 39).

Ninguém irá cogitar, assim, de se prender o indivíduo somente porque não identificado, sendo evidente a necessidade da demonstração, antes de tudo, da prática de um crime. Tampouco existe a possibilidade dessa prisão quando se tratar, por exemplo, de um crime culposo, ante a total desproporcionalidade da medida, embora haja quem sustente em sentido contrário - a despeito do teor do art. 313, inc. I -, sob o argumento de que o legislador, neste dispositivo específico, não fez qualquer distinção entre uma e outra modalidade de crime (nesse sentido, André Luiz Nicolitt, *Lei 12.403/11: o novo processo penal cautelar, a prisão e as demais medidas cautelares*, Rio de Janeiro: Elsevier, 2011, p. 66).

Segundo, conquanto não nos coloquemos entre aqueles que vislumbram inconstitucionalidade em toda e qualquer lei (a propósito, sobre o *princípio da presunção de constitucionalidade dos atos do Poder Público*, v. abaixo comentários ao parágrafo único, do art. 414 do CPP), lançamos alguns questionamentos sobre essa possibilidade. É que a Lei n. 12.037/2009, em seu art. 2º, estabelece, como norma geral, as formas de identificação civil, por meio da carteira de identidade, da carteira de trabalho, etc. Como exceção, ainda nos termos desse diploma (art. 3º), é possível a identificação criminal quando o documento apresentar rasura ou tiver indício de falsificação, o documento apresentado for insuficiente para identificar cabalmente o indiciado, o indiciado portar documentos de identidade distintos, com informações conflitantes entre si (ainda sobre o tema, conferir comentários acima ao art. 6º, inc. VIII, sob a rubrica "identificação civil e criminal"). Decretar-se a prisão preventiva, medida drástica e de exceção, a atentar contra valor constitucionalmente assegurado, consistente na liberdade da pessoa, quando a própria legislação oferece meios para se solucionar a dúvida sobre a identidade do indivíduo, parece um pouco exagerado. Reconhecemos, porém, que mesmo antes dessa inovação, implantada pela Lei nº 12.403/2011, o Superior Tribunal de Justiça, como se vê abaixo, reconheceu a possibilidade de decretação da preventiva, a fim de viabilizar a investigação policial.

Essa impressão se reforça, quanto à (in)constitucionalidade do dispositivo, ao se constatar que ele não estabeleceu qualquer prazo para duração da medida. Limitou-se, simplesmente, a determinar a imediata soltura do preso assim que descoberta sua identidade. De se indagar, então: caso perdure, *v.g.*, por três meses essa apuração quanto à identidade, permanecerá o indivíduo preso, no aguardo da solução do impasse? Melhor solução foi dada pela Lei n. 7.960/89 que, em seu art. 2º, prevê um prazo de duração da prisão temporária, de cinco dias prorrogáveis por igual período. Não vislumbramos, outrossim, qualquer esvaziamento na disciplina da prisão temporária, como pareceu ao enunciado de n. 11, da Procuradoria de Justiça de "habeas corpus" e mandado de segurança do Ministério Público de São Paulo, pelo qual "a Lei n.º 12.403/2011 fez a prisão temporária perder em parte o objeto, ao prever a prisão preventiva quando houver dúvida sobre a identidade civil da pessoa ou quando não forem fornecidos elementos suficientes para esclarecê-la (CPP – art. 313, parágrafo único, do CPP). Essa hipótese, que ensejava a prisão temporária (Lei nº 7.960/89 – art. 1º, inciso II, parte final) agora está prevista como situação que admite a prisão preventiva por necessidade de investigação criminal (CPP – art. 282, I)". Entendemos que a Lei nº 7.960/89 continua em vigor e não conflita com a disciplina da prisão preventiva, pois ambas se apoiam em requisitos e pressupostos diversos. Na prática, parece até mais aconselhável o pedido de temporária, posto que apto a escapar de qualquer pecha de inconstitucionalidade, sobretudo por prever um lapso temporal de duração.

JURISPRUDÊNCIA

Quando se justifica a prisão

"Constitui fundamentação idônea a justificar a prisão cautelar, a não apresentação de quaisquer dos documentos civis que permita a identificação do preso, nos termos do art. 313, parágrafo único, do Código de Processo Penal, que dispõe que também será admitida a prisão preventiva quando houver dúvida sobre a identidade civil da pessoa ou quando esta não fornecer elementos suficientes para esclarecê-la, devendo o preso ser colocado imediatamente em liberdade após a identificação, salvo se outra hipótese recomendar a manutenção da medida" (STJ – RHC 51101-BA, Rel. Nefi Cordeiro, j. 04.11.2014, DJe 14.11.2004).

Prisão preventiva x prisão temporária

"A prisão preventiva e a prisão temporária não podem ser confundidas, pois constituem modalidades distintas de custódia cautelar, cada qual sujeita a requisitos legais específicos. A primeira pode ser decretada em qualquer fase da investigação criminal ou do processo penal e demanda a demonstração, em grau bastante satisfatório e mediante argumentação concreta (*fumus comissi delicti*), de que a liberdade do acusado implica perigo (*periculum libertatis*) à ordem pública, à ordem econômica, à conveniência da instrução criminal, ou à aplicação da lei penal (art. 312 do Código de Processo Penal). A segunda, por sua vez, subordina-se a requisitos legais distintos, previstos na Lei n.º 7.960/1989, e presta-se a garantir o eficaz desenvolvimento da investigação criminal quando se está diante de algum dos graves delitos elencados no art. 1.º, inciso III, da mesma Lei. A prisão temporária, por sua própria natureza instrumental, é permeada pelos postulados da não-culpabilidade e da razoabilidade, de modo que sua decretação só pode ser considerada legítima caso constitua medida comprovadamente adequada e necessária ao acautelamento da fase pré-processual, não servindo para tanto a mera suposição de que o suspeito virá a comprometer a atividade investigativa. A prisão temporária tem finalidade específica e diversa da prisão preventiva. Enquanto esta tem por requisitos os constantes no art. 312, do Código de Processo Penal, aquela, excepcionalíssima, "tem por única finalidade legítima a necessidade da custódia para as investigações" (STF, RHC 92.873/SP, Rel. Ministro JOAQUIM BARBOSA, Segunda Turma, julgado em 12/08/2008, DJe de 18/12/2008)" (STJ – HC n. 280999-GO 2013/0362154-5 – Rel. Laurita Vaz, j. 05.06.2014, DJe 17.06.2014).

§2º. Não será permitida a decretação da prisão preventiva com a finalidade de antecipação de cumprimento de pena ou decorrência imediata de investigação criminal ou da apresentação ou recebimento da denúncia.

Não cabimento da prisão preventiva – O novel dispositivo, acrescentado pela Lei 13.964/19, parece inútil, ou, quiçá, servindo como reforço de garantia. É óbvio, da redação do art. 312 do CPP, que a medida extrema deve pressupor prova do crime, indícios da autoria e demonstração de que o agente, em liberdade, é perigoso para a sociedade. A prisão preventiva deve estar fincada na garantia da ordem pública, ou da ordem econômica, da necessidade de instrução ou futura aplicação da lei penal. O juiz que decreta a prisão cautelar com finalidade de antecipação de cumprimento da pena ou decorrência imediata de investigação criminal ou da apresentação ou recebimento da incoativa, ignora, por completo, as premissas acima.

Art. 314. A prisão preventiva em nenhum caso será decretada se o juiz verificar pelas provas constantes dos autos ter o agente praticado o fato nas condições previstas nos incisos I, II e III do caput do art. 23 do Decreto-Lei nº 2.848, de 7 de dezembro de 1940 - Código Penal. (Redação dada pela Lei nº 12.403, de 2011).

Excludentes de ilicitude – Conforme o texto de lei, não cabe prisão preventiva quando o agente tiver praticado o fato típico acobertado por uma excludente de ilicitude (ou antijuridicidade), a saber, a legítima defesa, o estado de necessidade, o estrito cumprimento do dever legal e o exercício regular de um direito, previstas no Código Penal. Afinal, se a excludente afasta a própria existência do crime (ressalvado eventual excesso, nos termos do parágrafo único, do art. 23 do Código Penal), inexiste, por consequência, o pressuposto constante da parte final do art. 312 do CPP, que reclama a presença de "prova da existência do *crime*". Não se trata, pois, de *adiantar* a decisão, sob o argumento de que, praticado o fato nessas condições, o réu será fatalmente absolvido, o que não justificaria sua prisão no curso do processo. Insistimos: ocorre, isto sim, o afastamento de um pressuposto para a decretação da medida extrema, consistente na prova da existência do crime, posto que crime não há. Aliás, se o juiz pode (*rectius*: deve), conceder liberdade provisória ao agente que perpetrou o fato nessas condições, conforme determina o parágrafo único do art. 310 do código, não faria qualquer sentido a decretação, nessa hipótese, da prisão preventiva. Nada impede, outrossim, que mais adiante, recebida a denúncia e no curso do processo penal, o juiz decrete a prisão preventiva do agente, verificando, com os dados obtidos na instrução, que ele não perpetrou o fato sob o manto de qualquer excludente de ilicitude. Pode, nessa linha de raciocínio, pronunciar o réu pela prática de um crime contra a vida e determinar, por consequência, seu recolhimento à prisão.

Provas constantes dos autos – E que prova é essa a ser submetida a apreciação do juiz, como fundamento para a não decretação da preventiva? Não será, decerto, uma prova definitiva, completa, que somente pode ser exigida (mesmo assim com ressalvas), ao cabo da instrução produzida judicialmente. Mas a prova que o juiz tem em mãos naquele momento, ainda que não conclusiva, permite vislumbrar a prática de um fato, pelo agente, acobertado por alguma excludente de ilicitude.

Excludentes de culpabilidade – Conquanto o legislador não tenha feito expressa menção às excludentes de culpabilidade, de rigor, por analogia (*in bonam partem*), que se reconheça também a impossibilidade, nesses casos, de decretação da prisão preventiva. Como observam Nestor Távora e Fábio Roque Araújo, "mesmo sem previsão legal, entendemos que havendo indícios de uma excludente de culpabilidade, não há razão para decretação da preventiva, salvo quanto ao inimputável, que pode preencher os requisitos legais de justificação da medida" (*Código de Processo Penal*, Salvador: Juspodivm, 2010. p. 406).

Art. 315. **A decisão que decretar, substituir ou denegar a prisão preventiva será sempre motivada e fundamentada.**

§1º Na motivação da decretação da prisão preventiva ou de qualquer outra cautelar, o juiz deverá indicar concretamente a existência de fatos novos ou contemporâneos que justifiquem a adoção da medida adotada.

§2º Não se considera fundamentada qualquer decisão judicial, seja ela interlocutória, sentença ou acórdão, que:

I – se limitar à indicação, à reprodução ou à paráfrase de ato normativo, sem explicar sua relação com a causa ou questão decidida;

II – empregar conceitos jurídicos indeterminados, sem explicar o motivo concreto de sua incidência no caso;

III – invocar motivos que se prestariam a justificar qualquer outra decisão;

IV – não enfrentar todos os argumentos deduzidos no processo capazes de, em tese, infirmar a conclusão adotada pelo julgador;

V – se limitar a invocar precedente ou enunciado de súmula, sem identificar seus fundamentos determinantes nem demonstrar que o caso sob julgamento se ajusta àqueles fundamentos;

VI – deixar de seguir enunciado de súmula, jurisprudência ou precedente invocado pela parte, sem demonstrar a existência de distinção no caso em julgamento ou a superação do entendimento".

Redação antes da Lei 13.964/19	Redação depois da Lei 13.964/19
Art. 315. A decisão que decretar, substituir ou denegar a prisão preventiva será sempre motivada.	**Art. 315.** A decisão que decretar, substituir ou denegar a prisão preventiva será sempre motivada e fundamentada. §1º Na motivação da decretação da prisão preventiva ou de qualquer outra cautelar, o juiz deverá indicar concretamente a existência de fatos novos ou contemporâneos que justifiquem a adoção da medida adotada. §2º Não se considera fundamentada qualquer decisão judicial, seja ela interlocutória, sentença ou acórdão, que: I – se limitar à indicação, à reprodução ou à paráfrase de ato normativo, sem explicar sua relação com a causa ou questão decidida; II – empregar conceitos jurídicos indeterminados, sem explicar o motivo concreto de sua incidência no caso; III – invocar motivos que se prestariam a justificar qualquer outra decisão; IV – não enfrentar todos os argumentos deduzidos no processo capazes de, em tese, infirmar a conclusão adotada pelo julgador; V – se limitar a invocar precedente ou enunciado de súmula, sem identificar seus fundamentos determinantes nem demonstrar que o caso sob julgamento se ajusta àqueles fundamentos; VI – deixar de seguir enunciado de súmula, jurisprudência ou precedente invocado pela parte, sem demonstrar a existência de distinção no caso em julgamento ou a superação do entendimento".

Motivação e fundamentação – Como bem explica Carlos Aurélio Mota de Souza, a motivação das decisões submete-se ao princípio constitucional da publicidade e controle dos atos judiciais, a ser exercido pelos poderes públicos, pelos jurisdicionados, pela sociedade e pela comunidade jurídica. Tocante às decisões judiciais, a expressão fundamentar, com o mesmo significado de motivar, está a merecer apreciação diferenciada, em razão das funções distintas que exercem, dentro e fora do processo. Para o juiz estabelecer a necessária correlação entre a demanda e a sentença, a motivação deve se ocupar das questões de fato e de direito, apresentadas como "causa petendi", enquanto a fundamentação destina-se finalisticamente à solução do pedido, mediante a determinação de um fundamento jurídico aplicável ao caso concreto (Motivação e fundamentação das decisões judiciais e o princípio da segurança jurídica, disponível em http://esdc.com.br/seer/index.php/rbdc/article/viewFile/345/338).

O princípio pelo qual toda e qualquer decisão deve ser devidamente motivada tem previsão constitucional (art. 93, inc. IX da Carta), razão pela qual, a rigor, seria mesmo desnecessária a observação contida neste dispositivo. De qualquer maneira, a fim de reforçar o mandamento constitucional, o legislador houve por bem apontar essa necessidade de motivação e fundamentação.

Motivação e fundamentação adequadas – No dizer de Hélio Tornaghi, "o juiz deve mencionar de maneira clara e precisa os fatos que o levam a considerar *necessária* a prisão para garantia da ordem pública ou para assegurar a instrução criminal ou a aplicação da lei penal substantiva. Não basta de maneira alguma, não é fundamentação, frauda a finalidade da lei e ilude as garantias da liberdade o fato de o juiz dizer apenas: 'considerando que a prisão é necessária para a garantia da ordem pública [...]'. Ou então: 'a prova dos autos revela que a prisão é conveniente para a instrução criminal [...]'. Fórmulas como essas são a mais rematada da prepotência, do arbítrio e da opressão. Revelam displicência, tirania ou ignorância, pois além de tudo envolvem petição de princípio: com elas o juiz toma por base exatamente aquilo que deveria demonstrar" (ob. cit., vol. 3, pp. 334-5).

Motivação e fundamentação deficientes – O art. 315, §2º., deve ser observado em **qualquer decisão judicial, seja ela interlocutória, sentença ou acórdão**. Apenas os despachos dispensam a fundamentação, já que desprovidos de conteúdo decisório.

Decisão judicial suficientemente motivada e fundamentada, de acordo com a jurisprudência de nossos Tribunais Superiores, não reclama uma "obra" aprofundada em citações doutrinárias e pretorianas, evitando-se, ademais, o risco de se adiantar precipitadamente o mérito do julgamento em decisões que antecedem a sentença final.

No que diz respeito à decretação da prisão preventiva ou de qualquer outra cautelar, permite decisão sucinta, mas que, observe, com atenção, a Constituição e os pressupostos e requisitos autorizadores da medida. Nos termos da tese n. 5, da "Jurisprudência de Teses", do STJ, "as medidas cautelares diversas da prisão, ainda que mais benéficas, implicam em restrições de direitos individuais, sendo necessária fundamentação para sua imposição".

Da simples leitura do novel dispositivo acrescentado pela Lei 13.964/19, reprodução fiel do art. 489, §1º., do CPC, conclui-se que a decisão do magistrado deve fugir ao lugar comum, evitando frases feitas, verdadeiros "carimbos", que permitem sua reprodução em série, aplicáveis a todo e qualquer caso, sem o mínimo de individualização da situação posta em apreciação. Deve ficar evidente o porquê de o juiz ter tomado aquela decisão. Nessa linha de raciocínio, menções, por exemplo, à gravidade em abstrato do delito são repugnadas. Não basta afirmar que o crime de tráfico de drogas é grave, em observação, de resto, conhecida por todos. Se, por um lado, "a primariedade, os bons antecedentes, a residência fixa e a profissão lícita são circunstâncias pessoais que, de *per si*, não são suficientes ao afastamento da prisão preventiva" (STF – HC nº 114841-SP, Rel. Luiz Fux, j. 10.09.2013, DJe 24.09.2013), é de rigor, por outro, que na apreciação concreta do pedido, se demonstre, ainda que sucintamente, porque é necessária a decretação da medida de exceção, fincada em motivação própria e idônea, que faça alusão, por exemplo, à grande quantidade de droga apreendida, ao anterior envolvimento do réu com essa espécie de delito, à sua adesão a organização criminosa estruturada ao ilícito comércio, o *modus operandi* empregado, etc.

Decisões que se limitam a invocar precedente ou enunciado de súmula, sem identificar seus fundamentos determinantes nem demonstrar que o caso sob julgamento se ajusta àqueles fundamentos retratam, na realidade, pseudo- fundamentação, e por isso devem ser reprovadas. Se a decisão tem como único ou principal fundamento o precedente, seja ele obrigatório ou apenas persuasivo, e não realiza o necessário *distinguishing*, a decisão será rotulada nula por falta de fundamentação (ou fundamentação deficiente).

Do mesmo modo, merecem censura a decisão que deixar de seguir enunciado de súmula, jurisprudência ou precedente invocado pela parte, sem demonstrar a existência de distinção no caso em julgamento ou a superação do entendimento. É que, tratando-se de precedente vinculante, para que o julgador possa deixar de aplicá-lo, é necessário que especifique quais diferenças entre os casos julgado e em julgamento tornam inadequada essa aplicação (*distinguishing*), ou, em sendo competente para tal, que indique a superação do entendimento anterior (*overruling*), ou a limitação de sua abrangência (*overriding*).

JURISPRUDÊNCIA

Necessidade de fundamentação

"Embora o crime seja de natureza hedionda, importa reconhecer que o decreto constritivo não apresenta fundamentação concreta e individualizada a justificar a segregação cautelar. Para que o decreto de custódia cautelar seja idôneo, é necessário que especifique, de modo fundamentado, elementos fáticos concretos que justifiquem a medida, o que não ocorre na espécie. É da jurisprudência da Corte o entendimento de que 'a legalidade da decisão que decreta a prisão cautelar ou que denega liberdade provisória deverá ser aferida em função dos fundamentos que lhe dão suporte, e não em face de eventual reforço advindo dos julgamentos emanados das instâncias judiciárias superiores (...). A motivação há de ser própria, inerente e contemporânea à decisão que decreta (ou que mantém) o ato excepcional de privação cautelar da liberdade, pois a ausência ou a deficiência de fundamentação não podem ser supridas a posteriori' (HC nº 98.821/CE, Segunda Turma, Relator o Ministro Celso de Mello, DJe de 16/4/10)" (STF – HC nº 101980-SP, Rel. Dias Toffoli, j. 11.05.2010, DJe 04.06.2010).

Desnecessidade de extensa fundamentação

"É de acentuar que os crimes violentos e os crimes demonstrativos de conduta vil devem ser encarados com rigor pela Justiça Penal, até mesmo como medida de defesa da sociedade em face da criminalidade emergente. Daí porque não se deve emprestar rigor acadêmico à tese de longa fundamentação de decisões que decretam a custódia preventiva a criminosos violentos e confessos, cuja liberdade constitui motivo de insegurança e temos social" (STJ – HC n° 8478-SP, Rel. Vicente Leal, j. 20.04.1999, DJ 24.05.1999).

Mera alusão à gravidade do delito não é suficiente

"A jurisprudência desta Corte tem proclamado que a prisão cautelar é medida de caráter excepcional, devendo ser imposta ou mantida apenas quando atendidas, mediante decisão judicial fundamentada, as exigências do art. 312 do Código de Processo Penal. No caso, a prisão preventiva está amparada apenas na gravidade abstrata da infração, sem a indicação de elementos que revelem a periculosidade do acusado" (STJ – HC n° 235987-SP, Rel. Og Fernandes, j. 29.05.2012, DJe 18.06.2012).

Fundamentação no parecer do MP. Possibilidade

"Admite-se a decretação de custódia cautelar baseada em parecer Ministerial, quando este possuir fundamentação válida capaz de justificar a segregação social do Paciente, o que não se verifica na hipótese em apreço" (STJ – HC n° 132812-PE, Rel. Laurita Vaz, j. 19.08.2010, DJe 13.09.2010).

Art. 316. **O juiz poderá, de ofício ou a pedido das partes, revogar a prisão preventiva se, no correr da investigação ou do processo, verificar a falta de motivo para que subsista, bem como de novo decretá-la, se sobrevierem razões que a justifiquem.**

Parágrafo único. Decretada a prisão preventiva se, deverá o órgão emissor da decisão revisar a necessidade de sua manutenção a cada 90 (noventa) dias, mediante decisão fundamentada, de ofício, sob pena de tornar a prisão ilegal.

Redação antes da Lei 13.964/19	Redação depois da Lei 13.964/19
Art. 316. O juiz poderá revogar a prisão preventiva se, no correr do processo, verificar a falta de motivo para que subsista, bem como de novo decretá-la, se sobrevierem razões que a justifiquem.	**Art. 316.** O juiz poderá, de ofício ou a pedido das partes, revogar a prisão preventiva se, no correr da investigação ou do processo, verificar a falta de motivo para que subsista, bem como de novo decretá-la, se sobrevierem razões que a justifiquem. Parágrafo único. Decretada a prisão preventiva se, deverá o órgão emissor da decisão revisar a necessidade de sua manutenção a cada 90 (noventa) dias, mediante decisão fundamentada, de ofício, sob pena de tornar a prisão ilegal.

Rebus sic stantibus – O juiz pode, a requerimento das partes ou de ofício, revogar a prisão preventiva por ele mesmo decretada, desde que surja fato novo que não mais justifique sua manutenção. Não se estabelece, assim, uma situação irrevogável, mas, antes, uma apreciação da causa no estado em que se encontra (*rebus sic stantibus*). Dessa decisão cabe recurso em sentido estrito, nos termos do disposto no inc. V, do art. 581 do código.

De acordo com a parte final do dispositivo, nada impede, ainda, que, revogada a medida, surjam posteriormente motivos que autorizem nova decretação, estando autorizado o juiz a decidir nesse sentido. Essa última decisão, diferentemente da que revoga, deve ser sempre provocada (jamais de ofício), e pode ser desafiada por meio de *habeas corpus*. Há, contudo, tese no sentido de que, decretada medida cautelar diversa, sendo descumprida pelo beneficiário, o juiz está autorizado a decretar a preventiva de ofício. Condicionar a provocação tornaria esse dispositivo, nesse ponto, inútil.

Transitoriedade – Esse dispositivo reforça a ideia de transitoriedade, que é inerente à prisão preventiva. Com efeito, enquanto a prisão em flagrante se apoia na *certeza visual* do crime, a prisão preventiva se satisfaz com meros *indícios suficientes* de autoria, na dicção do art. 312 do código. Daí seu caráter de exceção, cujo cabimento é, por isso mesmo, reservado para hipóteses taxativamente elencadas em lei, a permitir, ademais, a revisão a todo tempo, seja para sua revogação, quando já decretada, seja para decretá-la novamente.

Dois exemplos se prestam a esclarecer a aplicação deste dispositivo. Suponha-se que, decretada a prisão preventiva, se apure, ainda que de forma provisória e precária, no curso do processo (ou mesmo durante o inquérito policial), mas antes de proferida a sentença, não ter sido ele o autor do delito. Terá, nesse caso, desaparecido "o indício suficiente de autoria", ao qual se refere o art. 312 do código, a justificar a revogação da prisão preventiva então decretada. De outra parte, negada a prisão preventiva, porque ausente tal indício, a autoridade policial, a partir de novas investigações encetadas, traz ao juiz elementos probatórios até então inexistentes, que reforçam a demonstração da autoria do crime. A partir desse novo quadro que se apresenta, pode o juiz, provocado pela referida autoridade, decretar a prisão preventiva que, antes, negara. Noutro exemplo, lembrado por Luiz Flávio Gomes, "suponha-se que o acusado tenha ameaçado determinada testemunha. Logo após a sua oitiva, já não se justifica a prisão preventiva. Se a ameaça retorna, em relação a outra testemunha, nada impede que o juiz decrete a prisão preventiva novamente. É nisso que consiste a natureza *rebus sic stantibus* da decisão do juiz" (ob. cit., p. 53).

Prazo obrigatório para revisão da necessidade da medida – Considerando "a preocupação da magistratura com as situações de prisão provisória com excesso de prazo ou a manutenção da privação da liberdade após o cumprimento da sua finalidade", o Conselho Nacional de Justiça (CNJ) editou a Resolução 66/2009, em que determina que, estando o réu preso provisoriamente há mais de três meses, com o processo ou inquéritos parados, cumpre ao juiz (ou ao relator, tratando-se de recurso) investigar as razões da demora, indicando, ainda, as providências adotadas, a serem, posteriormente, comunicadas à Corregedoria Geral de Justiça ou à Presidência do Tribunal (no caso do relator). A propósito, como observam Alberto Silva Franco e Maurício Zanoide, sendo o juiz "obrigado a declinar os motivos da demora sempre que concluir a instrução fora do prazo, com maior razão deverá fundamentar a necessidade da prisão cautelar, se o *arco de tempo processual*, a que alude Chiavario, previsto para um determinado procedimento, estiver consumido" (*Código de Processo Penal e sua Interpretação Judicial*, 2ª ed., vol. 1, São Paulo: Editora Revista dos Tribunais, 2004, p. 279) (grifo original).

A Lei 13.964/19, acrescentando ao art. 316 do CPP novel parágrafo, seguiu o espírito da referida Resolução. Diz que o órgão emissor da decisão deverá revisar a necessidade de sua manutenção a cada 90 dias, mediante decisão fundamentada, sob pena de o constrangimento, até então legal, se tornar ilegal. No julgamento das ADIs 6.581 e 6.582, de relatoria do Min. Edson Fachin, o Plenário do STF decidiu que o transcurso do prazo de 90 dias "não implica a revogação automática da prisão preventiva, devendo o juízo competente ser instado a reavaliar a legalidade e a atualidade de seus fundamentos". E, ainda, que a referida reavaliação "aplica-se até o final dos processos de conhecimento, onde há o encerramento da cognição plena pelo Tribunal de segundo grau, não se aplicando às prisões cautelares decorrentes de sentença condenatória de segunda instância ainda não transitada em julgado" (ADI 6.581, julgado em 9/3/2022).

ATENÇÃO – A obrigação de revisar a necessidade da prisão preventiva a cada 90 dias é imposta não apenas ao juiz ou ao tribunal que decretou a medida em processo originário (réu com foro por prerrogativa de função), mas também ao tribunal quando do exame do processo em grau de recurso ordinário (não abrangendo STF e STJ quando do julgamento de recurso extraordinário e especial, respectivamente). A inobservância do prazo nonagesimal do art. 316 do Código de Processo Penal (CPP) não implica automática revogação da prisão preventiva, devendo o juízo competente ser instado a reavaliar a legalidade e a atualidade de seus fundamentos.

Investigado ou acusado foragido – Essa obrigação de revisar a necessidade da clausura se aplica do caso de o investigado ou acusado encontrar-se foragido? Decidiu o STJ que, nesse quadro, não há o dever de revisão *ex officio* da prisão preventiva, a cada 90 dias, exigida pelo art. 316, parágrafo único, do Código de Processo Penal (Processo: RHC 153.528-SP, Rel. Min. Ribeiro Dantas, Quinta Turma, por unanimidade, julgado em 29/03/2022, DJe 01/04/2022).

Súmulas aplicáveis – Essa disposição (art. 316, parágrafo único, CPP) coloca em xeque algumas súmulas do Tribunal Cidadão, como, por exemplo, as de número 21 e 52. A Súmula 21 do STJ anuncia que, pronunciado o réu, fica superada a alegação de constrangimento ilegal por excesso de prazo. No mesmo sentido, a de número 52, dizendo que, encerrada a instrução criminal, não há se falar em excesso de prazo. Ora, a revisão da necessidade da custódia preconizada pelo novel dispositivo deve ocorrer de forma copiosa, a cada 90 dias, não se podendo presumir legalidade do constrangimento em razão do ventilado estágio do processo.

Prazo da prisão provisória e o princípio da razoabilidade – Um outro critério por alguns sugerido para aferir a razoabilidade do prazo da preventiva é o do cumprimento de dois terços da pena mínima cominada em abstrato para o crime imputado, seguindo orientação da Comissão Interamericana de Direitos Humanos. Esse referencial, contudo, isoladamente considerado, evidentemente não autoriza o Estado a manter uma pessoa em prisão preventiva por todo o tempo nele previsto. Como bem explica Aldo de Campos Costa, "Trata-se apenas de um limite, que superado, conduzirá a uma presunção relativa de excesso de prazo da custódia, a qual mesmo assim poderá persistir, desde que devidamente justificada. Não ultrapassado, tampouco legitima, por si só, a duração da medida, mas, conforme consignado, a subsistência dos fundamentos que a ensejaram deve ser examinada conjuntamente com as circunstâncias do caso concreto" (https://www.conjur.com.br/2014-dez-04/toda-prova-criterios-analisar-razoavel-duracao-prisao-preventiva#_ftn7, acesso em 27 de agosto de 2020).

JURISPRUDÊNCIA

Revisão periódica

A obrigação de revisão da decretação da prisão preventiva a cada 90 dias se restringe às hipóteses em que o édito foi decretado com fundamento no art. 316 e não com fundamento no art. 312, ambos do CPP. E é assim porque aquele dever de reanálise está anunciado no parágrafo único do art. 316 do CPP, o que o mantém confinado à essa hipótese dada a sua função relacional e acessória ao caput. Neste sentido: "O parágrafo único do artigo 316 do CPP, em sua nova redação, de acordo com a Lei nº 13.964/2019, refere-se ao caso em que, na hipótese de nova decretação da prisão preventiva, após a sua revogação, o juiz que decretou tal prisão deverá rever a necessidade de sua manutenção a cada noventa dias, mediante decisão fundamentada, de ofício, sob pena de tornar a prisão ilegal. Pois bem. Se a intenção do legislador fosse aquela pretendida pelo paciente – todas as decisões de prisões preventivas deveriam ser revistas a cada noventa dias – por certo, o parágrafo único do art. 316 do CPP [atual redação] estaria inserido no art. 312 do mesmo índex, o que, por óbvio, não é o caso. Estando devidamente fundamentada a r. decisão que determinou a prisão preventiva e persistindo os motivos nela elencados, não há como se acolher, neste momento, novo pedido de soltura, de modo a possibilitar ao paciente que recorra em liberdade. Destarte, descabe o relaxamento de prisão pretendido pelo paciente, motivo pelo qual o voto é no sentido de denegar a ordem". (TJPR. Processo: 0005318-45.2020.8.16.0000 (Acórdão). Rel. Des. Sérgio Roberto Nóbrega Rolanski. 3ª Câmara Criminal. Comarca de Marechal Cândido Rondon. J. 27/02/2020, p. 28/02/2020).

Atraso no prazo de 90 dias para revisão. Razoabilidade. Pandemia.

Os prazos processuais previstos na legislação pátria devem ser computados de maneira global e o reconhecimento do excesso deve-se pautar sempre pelos critérios da razoabilidade e da proporcionalidade (art. 5o, LXXVIII, da CF), considerando cada caso e suas particularidades. Fica afastada, por hora, a alegação de excesso de prazo, pois não foi demonstrada a demora irrazoável e injustificada para o término da instrução criminal. Os recentes andamentos processuais demonstram que o Juízo singular tem impulsionado o prosseguimento do feito, de maneira que a delonga não pode ser atribuída à autoridade judicial. No caso, conforme dito pelo Desembargador relator do writ originário, não há comprovação de que o acusado integre grupo de risco, bem como não existe, até o momento, caso de contágio no interior do estabelecimento prisional em que o requerente está recolhido, tendo em vista as medidas adotadas de prevenção e controle da pandemia. (STJ, AgRg no HC 588.513-SP, rel. Min. Rogerio Schietti Cruz, 6ª T, j. em 30/06/2020)

Revisão periódica. Prazo não peremptório.

Com o fim de assegurar que a prisão não se estenda por período superior ao necessário, configurando verdadeiro cumprimento antecipado da pena, a alteração promovida pela Lei n. 13.964/2019 ao art. 316 do Código Penal estabeleceu que o magistrado revisará a cada 90 dias a necessidade da manutenção da prisão, mediante decisão fundamentada, sob pena de tornar a prisão ilegal. (...) 5. Ora, é certo que em respeito ao princípio da dignidade humana, bem como ao da presunção de não culpabilidade, o reexame da presença dos requisitos autorizadores da prisão preventiva deve ser realizado a cada 90 dias, nos termos da novel norma processual. Contudo, não se trata de termo peremptório, isto é, eventual atraso na execução deste ato não implica automático reconhecimento da ilegalidade da prisão, tampouco a imediata colocação do custodiado cautelar em liberdade. (...) 9. Na interpretação das instâncias ordinárias e em juízo de cognição sumária, as circunstâncias que envolvem o fato demonstram que outras medidas previstas no art. 319 do Código de Processo Penal não surtiriam o efeito almejado para a proteção da ordem pública e para a devida instrução probatória. (STJ, AgRg no HC 580.323-RS, rel. Min. Reynaldo Soares da Fonseca, 5ª T, j.: 02/06/2020).

"Conforme a decisão do STF na ADI 6.581, a falta de revisão da prisão preventiva a cada 90 dias não enseja automaticamente a revogação da custódia ou o reconhecimento de qualquer nulidade, mas somente a interpelação do juízo responsável para que faça a reavaliação legalmente determinada. (...)" (STJ – AgRg no HC nº 756.968/MT, Min. Ribeiro Dantas, 5ª Turma, julgado em 14/11/2022)

Manutenção prisão preventiva. Contemporaneidade.

Apresentada fundamentação concreta para a decretação da prisão preventiva, evidenciada na vivência delitiva do agravante e no fato de que o crime foi cometido na companhia de adolescente, não há que falar em ilegalidade. 2. Para a manutenção da prisão preventiva, nos moldes do art. 316, parágrafo único, do Código de Processo Penal, não é necessária a ocorrência de fatos novos, bastando que subsistam os motivos ensejadores do decreto prisional. 3. A contemporaneidade deverá ser aferida entre a data dos fatos apurados e o decreto prisional, o que está patente no caso dos autos, tendo em vista que o flagrante foi realizado em 12/1/2020 e a prisão preventiva foi decretada em 16/1/2020. 4. Inexistindo ilegalidade para justificar a mitigação do enunciado da Súmula 691 do STF, o writ deve ser indeferido liminarmente. (STJ, AgRg no HC 591.512-MG, Rel. Min. Nefi Cordeiro, 6a T, j. em 18/08/2020).

Complexidade do processo e excesso de prazo

A complexidade da causa penal e o caráter multitudinário do feito (dezoito réus, no caso) justificam a maior duração do processo, salvo quando eventual retardamento se dê em virtude de inércia do Poder Judiciário. Ausência, no caso, de irrazoabilidade evidente na duração do processo apta a autorizar o reconhecimento de constrangimento ilegal decorrente de excesso de prazo da prisão preventiva. (STF. 2ª Turma. AgRg no HC 199.238, Rel. Min. Nunes Marques, julgado em 14/06/2021).

Decretação posterior

"A teor do art. 316 do Código de Processo Penal, é possível a decretação de prisão preventiva no curso do processo, ainda que esta tenha sido anteriormente revogada, se sobrevierem razões que justifiquem tal medida. Contudo, essa providência – de apreciar as alterações fáticas da situação determinantes da custódia –

compete ao juiz da causa, não podendo supri-la o Tribunal de origem em recurso exclusivo da Defesa" (STJ – HC nº 180363-ES, Rel. Laurita Vaz, j. 03.02.2011, DJe 12.04.2011).

Revogação posterior

"A prisão preventiva deve ser decretada quando absolutamente necessária. Ela é uma exceção à regra da liberdade. Não mais subsistentes os motivos que levaram a sua decretação, como no caso concreto, impõe-se que seja revogada" (STF – HC nº 80282SC, Rel. Nelson Jobim, j. 03.10.2000, DJ 02.02.2001, p. 75).

"A prisão preventiva, como medida excepcional, entretanto, deverá ser revogada quando os fundamentos que a esteiam não mais subsistem pois, do contrário, passa a constituir execução antecipada de pena, configurando constrangimento ilegal" (STJ – HC nº 114957-GO, Rel. Arnaldo Esteves Lima, j. 04.02.2010, DJe 08.03.2010).

Pode ser decretada após o encerramento da instrução criminal

"A prisão preventiva pode ser decretada após o encerramento da instrução criminal, em decisão fundamentada, como se infere da expressa autorização contida no art. 316 do CPP, onde se fala 'no correr do processo'. Precedente da turma (HC 2.183-5-RJ-DJ28/02/94)" (STJ – HC nº 2733-BA, Rel. Assis Toledo, j. 31.08.1994, DJ 10.10.1994, p. 27181).

CAPÍTULO IV
DA PRISÃO DOMICILIAR
(REDAÇÃO DADA PELA LEI Nº 12.403, DE 2011).

Art. 317. A prisão domiciliar consiste no recolhimento do indiciado ou acusado em sua residência, só podendo dela ausentar-se com autorização judicial. (Redação dada pela Lei nº 12.403, de 2011).

Introdução – De se observar que a prisão domiciliar não guarda relação com aquela outra, de mesmo nome, prevista na Lei de Execução Penal, em seu art. 117, embora semelhantes seus pressupostos e forma de implementação. De sorte que a prisão domiciliar aqui prevista tem o caráter de uma medida provisória, de cunho processual, precária, cautelar, capaz de substituir a prisão preventiva nas hipóteses em que é cabível. Já aquela aludida na Lei de Execução Penal, tem a índole de pena, pressupondo, assim, o trânsito em julgado da condenação, a ser aplicada aos condenados que cumprem pena em regime aberto e, em situações excepcionais, até mesmo aos presos do regime semiaberto e fechado.

Em resumo:

PRISÃO DOMICILIAR		
	Art. 117 LEP:	**Art. 318 CPP:**
NATUREZA JURÍDICA	Substitui casa do albergado (regime aberto), não substituindo penitenciária (regime fechado) ou colônia agrícola, industrial ou similar (regime semiaberto).	Substitui prisão preventiva.
	Prisão-penal.	Medida cautelar.

	PRISÃO DOMICILIAR	
	Art. 117 LEP:	**Art. 318 CPP:**
HIPÓTESES DE CABIMENTO	1) Condenado maior de 70 anos (não foi alterado pelo Estatuto da Pessoa Idosa).	1) Agente maior de 80 anos.
	2) Condenado acometido de doença grave (doença cujo tratamento fica difícil ou impossível no sistema penitenciário). O STF entendeu que o HIV por si só não é doença grave.	2) Agente extremamente debilitado por doença grave.
	3) Condenada com filho menor ou deficiente. Obs. 1: em face do art. 5º, inciso I, da CF (isonomia do homem com a mulher), o art. 117, inciso III da LEP também será aplicado ao sentenciado do sexo masculino, desde que comprove a dependência do filho. Obs. 2: nos termos do art. 2º da Lei 13.146/15 (Estatuto da Pessoa com Deficiência), considera-se pessoa com deficiência aquela que tem impedimento de longo prazo de natureza física, mental, intelectual ou sensorial, o qual, em interação com uma ou mais barreiras, pode obstruir sua participação plena e efetiva na sociedade em igualdade de condições com as demais pessoas.	3) Agente com filho menor de 6 anos ou deficiente.
HIPÓTESES DE CABIMENTO	4) Condenada gestante.	4) Gestante; (alterado pela Lei 13.769/18) 5) Mulher com filho de até 12 (doze) anos de idade incompletos; (Incluído pela Lei nº 13.257, de 2016) 6) Homem, caso seja o único responsável pelos cuidados do filho de até 12 (doze) anos de idade incompletos. (Incluído pela Lei nº 13.257, de 2016)
ATENÇÃO	De acordo com o STJ, admite-se a concessão da prisão domiciliar quando o sentenciado se encontra cumprindo pena em estabelecimento destinado ao regime mais rigoroso, por inexistência de vaga, situações que poderiam resultar em desvio de execução.	O preso provisório em regime domiciliar também pode ser obrigado a usar aparelho de monitoração eletrônica (art. 319, inciso IX do CPP).
	O condenado beneficiado pelo art. 117 da LEP pode ser obrigado ao uso de aparelho que permita sua monitoração eletrônica (art. 146-B, inciso IV da LEP).	

Não se aplaude, assim, entendimento pelo qual, em nome do princípio da isonomia, se deveria estender ao preso provisório os mesmos benefícios do preso definitivo, admitindo-se, por exemplo, a concessão do favor legal àquele que conte mais de 70 anos, como previsto no art. 117, inc. I da LEP, ao invés de se exigir os 80 anos reclamados neste dispositivo em exame. Ambas as prisões, com efeito, conquanto tenham o mesmo *nomen juris*, repousam em pressupostos e requisitos completamente diversos, a impedir que se estabeleça qualquer espécie de analogia entre elas ou se invoque, para ambas, isonomia de tratamento. É verdade que se pode vislumbrar algum paradoxo, quando se constata a exigência de um requisito mais rigoroso para a medida cautelar (80 anos), que tem o caráter de prisão processual, em relação à prisão definitiva (70 anos). Mas se trata de uma opção do legislador, sem eiva de inconstitucionalidade e a ser observada pelo intérprete.

De se ver, ainda, que para a substituição da prisão por medida alternativa, no caso a prisão domiciliar, deve se mostrar adequada e suficiente para garantia da ordem pública, da ordem econômica, do regular andamento da instrução criminal e da futura aplicação da lei penal. Em outras palavras: a prisão domiciliar se constitui, também, em uma medida cautelar, que não se justifica caso ausentes os pressupostos para decretação de preventiva, quando deve o juiz, então, conceder a liberdade provisória ao agente.

O não cabimento da substituição da prisão preventiva pela cautelar diversa deverá ser justificado de forma fundamentada nos elementos presentes no caso concreto, de forma individualizada. É a nova redação do §6º., do art. 282 do CPP, dada pela Lei 13.964/19.

ATENÇÃO - O legislador, por meio da Lei 13.964/19, acrescentou o §2º. ao art. 310 do CPP, determinando ao juiz que negue liberdade provisória, com ou sem medidas cautelares, ao agente reincidente, ou que integra organização criminosa armada ou milícia ou que porta arma de fogo de uso restrito. A inovação, em que pese aplaudida por muitos, parece que não passará pelo crivo de constitucionalidade do legislador constitucional negativo. Atualmente, a orientação do STF é de que vedações em abstrato à concessão da liberdade provisória contrariam a Constituição Federal, devendo o juiz sempre fundamentar a proibição aquilatando as circunstâncias do caso concreto.

Recurso cabível – É cabível o recurso em sentido estrito contra decisão que concede ou nega prisão domiciliar, por analogia ao art. 581, inc. V, do CPP, que prevê tal insurgência contra *decisum* que "indeferir requerimento de prisão preventiva ou revogá-la, conceder liberdade provisória ou relaxar a prisão em flagrante". Nada impede – antes, é recomendável, face à celeridade de seu rito – que na hipótese de indeferimento do pedido, seja impetrado "habeas corpus".

JURISPRUDÊNCIA

Cabimento de recurso em sentido estrito

"Não se pode excluir a possibilidade de interpretação extensiva, bem como da analogia, nos casos que não são evidentemente excluídos pelo rol de hipóteses de cabimento do recurso em sentido estrito (art.581, do CPP). É cabível a interposição de recurso em sentido estrito contra a decisão que concede prisão domiciliar, a ré presa em flagrante delito por prática de tráfico de entorpecentes, em razão de interpretação analógica do inc. V do art. 581 do CPP. Não havendo óbice à irresignação ministerial, nos termos em que proposta, o Tribunal a quo deve enfrentar o mérito do recurso lá interposto. Recurso provido" (STJ – REsp nº 296343-MG – Rel. Gilson Dipp, j. 15.08.202, DJ 16.09.2002, p. 218).

Art. 318. **Poderá o juiz substituir a prisão preventiva pela domiciliar quando o agente for: (Redação dada pela Lei nº 12.403, de 2011).**

I - maior de 80 (oitenta) anos; (Incluído pela Lei nº 12.403, de 2011).

II - extremamente debilitado por motivo de doença grave; (Incluído pela Lei nº 12.403, de 2011).

III - imprescindível aos cuidados especiais de pessoa menor de 6 (seis) anos de idade ou com deficiência; (Incluído pela Lei nº 12.403, de 2011).

IV - gestante; (Redação dada pela Lei nº 13.257, de 2016)

V - mulher com filho de até 12 (doze) anos de idade incompletos; (Incluído pela Lei nº 13.257, de 2016)

VI - homem, caso seja o único responsável pelos cuidados do filho de até 12 (doze) anos de idade incompletos. (Incluído pela Lei nº 13.257, de 2016)

Parágrafo único. Para a substituição, o juiz exigirá prova idônea dos requisitos estabelecidos neste artigo. (Incluído pela Lei nº 12.403, de 2011).

I - maior de 80 (oitenta) anos; (Incluído pela Lei nº 12.403, de 2011).

Idoso – Do maior de 80 anos se presume um grau de periculosidade reduzido, a justificar, assim, que, ao invés do cumprimento da prisão processual no cárcere, permaneça em casa. Aqui a *ratio legis*, portanto, não tem relação com qualquer doença grave, tratada no inciso abaixo. Não se exige, portanto, que a pessoa idosa esteja também doente ou que o enfermo conte mais de 80 anos de idade. É que os pressupostos para a concessão do favor legal não são cumulativos, isto é, não precisam estar presentes simultaneamente, bastando o preenchimento de um dos requisitos previstos nos incisos deste artigo. A prova, neste caso, é de caráter objetivo e será produzida mediante a juntada de certidão do Cartório de Registro Civil. A doutrina ensina, com razão, que este benefício não se constitui em um *direito subjetivo* do réu ou investigado, a ser aplicado automaticamente, assim que ele atingir os 80 anos de idade, sendo preciso que se analise a conveniência da medida, sopesada na hipótese concreta. O agente pode contar mais de 80 anos de idade e, apesar disso, representar sério risco à paz social, em virtude de seus antecedentes, da espécie de crime que pratica etc. Lembremos dos *capi mafiosi*, todos bastante idosos, mas com notável capacidade de praticar crimes.

II - extremamente debilitado por motivo de doença grave; (Incluído pela Lei nº 12.403, de 2011).

Doença grave – Trata-se de requisito a ser comprovado por meio de um relatório médico, podendo o juiz, caso não satisfeito com a prova apresentada, determinar a realização de perícia a fim de atestar a real condição do réu ou investigado. Dois requisitos se exigem simultaneamente: a presença da doença grave e a debilidade extrema decorrente desse mal. Isso porque uma não pressupõe, necessariamente, a outra, podendo a pessoa, embora portadora de doença grave, não se mostrar debilitada. Uma doença crônica como a Aids, ainda incurável, permite uma vida quase que normal a seu portador, não importando, na maioria das vezes, em maior debilidade de seu estado de saúde. Desde que ele receba, no local em que se encontra preso, a medicação prescrita ao caso, não haverá motivo para a concessão da prisão domiciliar. A propósito, o entendimento do STJ, por meio de sua "Jurisprudência de Teses" n. 32 (de 15 de abril de 2015) periodicamente publicada e sem caráter vinculante, impõe, ainda, que se demonstre a impossibilidade de tratamento no próprio local em que recolhido o doente. É este o teor do enunciado n. 3: "A substituição da prisão preventiva pela domiciliar exige comprovação de doença grave, que acarrete extrema debilidade, e a impossibilidade de se prestar a devida assistência médica no estabelecimento penal".

JURISPRUDÊNCIA

Cabimento

"Encontrando-se o investigado/acusado debilitado em razão de doença grave, de que exemplo o câncer, tem-se, na linha da melhor doutrina (PRADO, Geraldo; BADARÓ, Gustavo) direito subjetivo à prisão domiciliar. Na espécie, o paciente, portador de câncer na próstata, ainda se encontra sujeito a um quadro de diabetes, hipertensão, obesidade e depressão, contando com sessenta e três anos de idade, tendo, recentemente, que ser internado em hospital, sob custódia, por período de quarenta e quatro dias" (STJ – HC n° 278910-PB, Rel. Maria Thereza de Assis Moura, j. 17.10.2013, DJe 29.10.2013).

Quando não é cabível

"1. Esta Corte Superior [STJ] tem entendimento no sentido de que, à luz do disposto no art. 318, inciso II, do Código de Processo Penal, o preso deve comprovar, simultaneamente, o grave estado de saúde em que se encontra e a incompatibilidade entre o tratamento de saúde e o encarceramento. Precedentes. No caso, a situação merece atenção excepcional, pois, de acordo com laudo médico, o Paciente é portador de "insuficiência renal crônica terminal" e apresenta "risco aumentado de fraturas" e "de sangramentos, podendo evoluir a óbito"; necessita de "cuidados rigorosos com relação à alimentação e a ingesta de líquidos", de higiene rigorosa "devido ao elevado risco de complicações infecciosas" e de "cela reservada devido às condições clínicas imunológicas, com risco de infecções respiratórias". 3. Ordem de habeas corpus concedida para determinar a substituição da prisão preventiva do Paciente pela domiciliar, nos termos do art. 318, inciso II, do Código de Processo Penal, até que seu quadro clínico permita o retorno ao estabelecimento prisional, com as condições a serem definidas pelo Juízo das Execuções Penais." (STJ – HC 481.944/SP, j. 11/06/2019).

"Não comprovada a extrema debilidade do recluso ou a gravidade da enfermidade e asseguradas todas as garantias para que tivesse atendidas suas necessidades de saúde, inviável a sua colocação em prisão domiciliar, especialmente em se considerando a gravidade dos delitos pelos quais é acusado e o fato de, sendo estrangeiro, utilizar-se de documentos falsos para ingressar e sair do país. Devida a concessão da ordem, de ofício, apenas para assegurar ao preso a realização de todos os exames médicos requeridos, garantindo-se-lhe o direito à saúde e à dignidade humana" (STJ – HC n° 256670-ES, Rel. Jorge Mussi, j. 06.08.2013, DJe 27.08.2013).

Análise por meio de *habeas corpus*. Inviabilidade

"A análise acerca da fragilidade da saúde do paciente a ensejar a prisão domiciliar, nos termos do art. 318 do Código de Processo Penal, é questão que não pode ser dirimida na via sumária do habeas corpus, por demandar o reexame aprofundado das provas, consoante reiteradas decisões deste egrégio Superior Tribunal de Justiça" (STJ – HC n° 220501-SP, Rel. Jorge Mussi, j. 05.03.2013, DJe 15.03.2013).

III - imprescindível aos cuidados especiais de pessoa menor de 6 (seis) anos de idade ou com deficiência; (Incluído pela Lei nº 12.403, de 2011).

Cuidados especiais com terceiros – Este dispositivo prevê a possibilidade da substituição da prisão preventiva por prisão domiciliar quando o réu ou investigado tiver, sob seus cuidados, pessoa que conte menos de seis anos de idade ou que porte necessidades especiais. Deve, porém, ser aplicado com cautela, sob pena de desmoralização do instituto e, de resto, da própria imagem da justiça. Assim, a demonstração de que determinada criança, com menos de seis anos ou um portador de deficiência física, necessitam cuidados especiais, é presumida, isto é, não reclamará comprovação. O que exige comprovação é a *imprescindibilidade* da presença do agente. Em outras palavras: somente com a comprovação, primeiro, da idade da criança ou da presença da deficiência e, segundo, que a manutenção do réu ou investigado em casa é absolutamente necessária para que a criança ou o portador de necessidades especiais seja devidamente cuidado, é que se deferirá o favor legal. Nesse sentido, a propósito, a "Jurisprudência de Súmulas do STJ", tese n. 4 *in verbis*: "A prisão preventiva poderá ser substituída pela domiciliar quando o agente for comprovadamente imprescindível aos cuidados especiais de pessoa menor de 06 (seis) anos de idade ou com deficiência".

JURISPRUDÊNCIA

Comprovação

"O afastamento da prisão domiciliar para mulher gestante ou mãe de criança menor de 12 anos exige fundamentação idônea e casuística, independentemente de comprovação de indispensabilidade da sua presença para prestar cuidados ao filho, sob pena de infringência ao art. 318, inciso V, do Código de Processo Penal, inserido pelo Marco Legal da Primeira Infância (Lei n. 13.257/2016). 5. Ademais, a partir da Lei n. 13.769, de 19/12/2018, dispõe o Código de Processo Penal em seu art. 318-A, caput e incisos, que, em não havendo emprego de violência ou grave ameaça nem prática do delito contra os seus descendentes, a mãe fará jus à substituição da prisão preventiva por prisão domiciliar. Na presente hipótese, a paciente é mãe de criança menor de 12 anos, o fato narrado não foi exercido mediante emprego de violência ou grave ameaça, não houve prática de delito contra a sua descendência e não transparece nenhuma circunstância excepcional a justificar o afastamento dos preceitos normativos e jurisprudenciais expostos acima." (STJ – HC 517.186/MG, j. 10/09/2019)

"O Magistrado pode conceder a prisão domiciliar quando o réu é imprescindível aos cuidados especiais de pessoa menor de seis anos de idade, contudo, a concessão da benesse demanda prova inequívoca da presença dos requisitos legais previstos no art. 318 do Código de Processo Penal, o que não se verificou na espécie" (STJ – RHC nº 32637-RJ, Rel. Laurita Vaz, j. 02.05.2013, DJe 09.05.2013).

IV - gestante; (Redação dada pela Lei nº 13.257, de 2016)

Gestação – A redação anterior deste inciso autorizava a concessão da prisão do domiciliar desde que preenchidos dois requisitos: que a gestante se achasse com mais de sete meses de gestação ou que essa gravidez, independentemente do estágio em que se encontrasse, fosse de alto risco. Em sua redação atual, porém, o legislador excluiu essas condições, fazendo apenas alusão genérica à condição de "gestante" da presa. Significa dizer que não mais se exige a comprovação do lapso temporal (sete meses de gestação). Sendo gestante, veremos nos comentários ao art. 318-A do CPP, incluído pela Lei 13.769/18, que a prisão preventiva deverá ser substituída por prisão domiciliar quando o crime não tenha sido cometido com violência ou grave ameaça a pessoa ou contra o filho ou dependente.

V - mulher com filho de até 12 (doze) anos de idade incompletos; (Incluído pela Lei nº 13.257, de 2016)

VI - homem, caso seja o único responsável pelos cuidados do filho de até 12 (doze) anos de idade incompletos. (Incluído pela Lei nº 13.257, de 2016)

Requisitos objetivos – Os dois incisos acima indicam requisitos objetivos que autorizam a prisão domiciliar. Será que o fato da presa possuir um filho, com até 12 anos de idade, enseja, de pronto, a concessão do favor legal? Ou do preso ter um filho da mesma idade, sendo seu único responsável, confere-lhe o mesmo benefício? A resposta, com o advento da Lei 13.769/18, é uma para o inc. V e outra para o inc. VI. No caso de presa, mãe de criança de até 12 anos, a substituição será determinada, desde que o crime cometido não seja violento ou contra o próprio filho (art. 318-A CPP). Já em se tratando de homem, o benéfico da prisão domiciliar não importa em um direito subjetivo do réu. Essa conclusão se extrai da comparação dos dois dispositivos: o art. 318-A CPP emprega a expressão "deverá", enquanto que o "caput" do art. 318 utiliza o termo "poderá".

JURISPRUDÊNCIA

HC coletivo. Pais e responsáveis por crianças e pessoas com deficiência.

A Turma, por votação unânime, conheceu e concedeu a ordem de habeas corpus coletivo, para determinar a substituição da prisão cautelar dos pais e responsáveis por crianças menores e pessoas com deficiência, desde que observadas as seguintes condicionantes: (i) presença de prova dos requisitos do art. 318 do CPP, o que poderá ser realizado inclusive através de audiência em caso de dúvida sobre a prova documental carreada aos autos; (ii) em caso de concessão da ordem para pais, que haja a demonstração de que se trata do único responsável pelos cuidados do menor de 12 (doze) anos ou de pessoa com deficiência, nos termos acima descritos; (iii) em caso de concessão para outros responsáveis que não sejam a mãe ou o pai, a comprovação de que se trata de pessoa imprescindível aos cuidados especiais de pessoa menor de 6 (seis) anos de idade ou com deficiência; (iv) a submissão aos mesmos condicionamentos enunciados no julgamento do HC nº 143.641/SP, especialmente no que se refere à vedação da substituição da prisão preventiva pela segregação domiciliar em casos de crimes praticados mediante violência ou grave ameaça, ou contra os próprios filhos ou dependentes; (v) a concessão da ordem, em caráter emergencial, nos casos elencados na Recomendação nº 62/2020 do CNJ, para substituição da prisão preventiva por domiciliar ou concessão de saída antecipada do regime fechado ou semiaberto, nos termos da Súmula Vinculante 56 desta Corte; (vi) a comunicação da ordem ao DMF para acompanhamento da execução; (vii) a expedição de ofício a todos os Tribunais de Justiça e Tribunais Regionais Federais, com cópia desta decisão, para que comuniquem a esta Corte os casos de concessão de *habeas corpus* com base neste julgamento, no prazo de 45 (quarenta e cinco) dias. (STF, HC 165704, Min. Rel. Gilmar Mendes, j. em 20/10/2020).

Parágrafo único. Para a substituição, o juiz exigirá prova idônea dos requisitos estabelecidos neste artigo. (Incluído pela Lei nº 12.403, de 2011).

Ônus da prova – O parágrafo único anuncia que o ônus da prova, nessas hipóteses, recai sobre o preso, a quem caberá demonstrar o preenchimento dos requisitos que autorizam a concessão da prisão domiciliar.

Art. 318-A. A prisão preventiva imposta à mulher gestante ou que for mãe ou responsável por crianças ou pessoas com deficiên-

cia será substituída por prisão domiciliar, desde que: (Incluído pela Lei nº 13.769, de 2018).

I - não tenha cometido crime com violência ou grave ameaça a pessoa; (Incluído pela Lei nº 13.769, de 2018).

II - não tenha cometido o crime contra seu filho ou dependente. (Incluído pela Lei nº 13.769, de 2018).

Prisão domiciliar para presas gestantes e mães ou responsáveis por crianças ou pessoas com deficiência – em fevereiro de 2018, a 2ª Turma do STF concedeu *habeas corpus* coletivo (HC 143.641/SP, j. 20/02/2018) no qual figuravam como pacientes "todas as mulheres submetidas à prisão cautelar no sistema penitenciário nacional" que ostentassem "a condição de gestantes, de puérperas ou de mães com crianças com até 12 anos de idade sob sua responsabilidade", além das próprias crianças que porventura estivessem na companhia de suas mães.

Analisando o mérito do *habeas corpus*, os ministros invocaram tanto a legislação nacional quanto a internacional para justificar a concessão da ordem.

Como apontou a decisão, as Regras de Bangkok estabelecem prioridade para soluções judiciais que promovam alternativas ao encarceramento, especialmente nas situações prévias à formação definitiva da culpa. Além disso, temos no plano interno o art. 227 da CF/88, que determina prioridade absoluta para a garantia dos interesses de crianças, e a manutenção de presas sem efetiva necessidade atinge o direito delas, que acabam sofrendo injustamente as consequências da prisão. E, por fim, o quadro revelado no processo demonstrava a necessidade de cumprir a lei sobre as políticas públicas para a primeira infância (Lei 13.257/16), que inclusive alterou o art. 318 do CPP nas disposições relativas à substituição da prisão preventiva pela domiciliar, permitindo-a para gestantes, mulheres com filho de até doze anos incompletos e homens que sejam os únicos responsáveis pelos cuidados do filho de até doze anos incompletos.

O suporte fático para a concessão da ordem consistiu na comprovação de que mulheres grávidas e mães de crianças (compreendidas no sentido legal conferido pelo art. 2º do ECA: até doze anos incompletos) estavam sendo submetidas a prisões preventivas em situação degradante, não dispunham de cuidados médicos pré-natais e pós-parto e não contavam com berçários e creches para seus filhos.

Em razão disso, determinou-se "a substituição da prisão preventiva pela domiciliar – sem prejuízo da aplicação concomitante das medidas alternativas previstas no art. 319 do CPP – de todas as mulheres presas, gestantes, puérperas ou mães de crianças e deficientes, nos termos do art. 2º do ECA e da Convenção sobre Direitos das Pessoas com Deficiências (Decreto Legislativo 186/2008 e Lei 13.146/2015), relacionadas neste processo pelo DEPEN e outras autoridades estaduais, enquanto perdurar tal condição, excetuados os casos de crimes praticados por elas mediante violência ou grave ameaça, contra seus descendentes ou, ainda, em situações excepcionalíssimas, as quais deverão ser devidamente fundamentadas pelo juízes que denegarem o benefício". E estendeu-se a ordem de ofício a todas as demais presas gestantes, puérperas ou mães de crianças e de pessoas com deficiência, assim como às adolescentes sujeitas a medidas socioeducativas que estivessem na mesma situação daquelas beneficiadas diretamente pela impetração.

Pois bem, na esteira da decisão proferida pelo STF, a Lei 13.769/18 altera a legislação processual penal para disciplinar a matéria de forma expressa. Para tanto, a lei insere no Código de Processo Penal os artigos 318-A e 318-B.

O art. 318-A estabelece que a prisão preventiva decretada sobre a "mulher gestante ou que for mãe ou responsável por crianças ou pessoas com deficiência será substituída por prisão domiciliar", desde que a presa: I – não tenha cometido crime com violência ou grave ameaça a pessoa; II – não tenha cometido o crime contra seu filho ou dependente.

A lei processual penal, como vimos, já estabelecia a possibilidade de conceder prisão domiciliar em substituição à prisão preventiva para gestantes e mulheres com filho de até doze anos de idade incompletos no art. 318, incisos IV e V. Há, porém, uma diferença importante: o *caput* do art. 318 dispõe que o juiz **poderá substituir** a prisão preventiva pela domiciliar, ao passo que o *caput* do novo art. 318-A dispõe que a prisão preventiva **será substituída**, a não ser que uma das situações elencadas nos incisos o impeça.

Ao que tudo indica, a intenção do legislador foi criar um poder-dever para o juiz, isto é, somente os crimes cometidos com violência ou grave ameaça contra a pessoa e contra o próprio filho ou dependente podem impedir que mulheres gestantes ou responsáveis por criança ou pessoa com deficiência a substituição da prisão por cautelar, permanecendo presas cautelarmente. Neste passo, a nova lei é mais pródiga na concessão do benefício do que foi a decisão do STF no *habeas corpus* coletivo, cujo acórdão reconhece que "situações excepcionalíssimas" podem fundamentar a denegação da prisão domiciliar. Nesta ressalva era possível inserir crimes que, não obstante cometidos sem violência ou ameaça, guardavam acentuada gravidade. O STJ, por exemplo, tem decisões nas quais se refere a situações excepcionalíssimas referentes à prática de tráfico de drogas: "*V – O Supremo Tribunal Federal, no julgamento do Habeas Corpus coletivo n. 143.641, determinou a substituição da prisão preventiva pela domiciliar sem prejuízo da aplicação concomitante das medidas alternativas previstas no art. 319 do CPP de todas as mulheres presas, gestantes, puérperas ou mães de crianças e deficientes, excetuados os casos de crimes praticados por elas mediante violência ou grave ameaça, contra seus descendentes ou, ainda, em situações excepcionalíssimas. VI – Na presente hipótese, verifica-se situação excepcionalíssima que impede a concessão do benefício, porquanto a paciente foi presa em flagrante realizando a mercancia e armazenamento de drogas ilícitas em sua própria residência, local onde se encontrava seu filho de 1 ano de idade, consoante consignado no v. acórdão vergastado. Precedentes.*" (HC 471.503/RJ, j. 13/11/2018). "*O fato de a acusada comercializar entorpecentes em sua própria residência, local onde foi apreendida quantidade relevante de cocaína, já embalada em porções individuais, além de outros petrechos comumente utilizados para o tráfico de drogas, evidencia o prognóstico de que a prisão domiciliar não cessaria a possibilidade de novas condutas delitivas no interior de sua casa, na presença dos filhos menores de 12 anos, circunstância que inviabiliza o acolhimento do pleito*" (STJ – RHC 96.737/RJ, j. 19/06/2018). "*O fato de a acusada realizar a contabilidade do grupo criminoso e transmitir as ordens de seu companheiro – líder da associação, atualmente privado de sua liberdade – evidencia o prognóstico de que a prisão domiciliar não seria suficiente para evitar a prática delitiva no interior de sua residência, na presença dos filhos menores de 12 anos, circunstância que inviabiliza o acolhimento do pleito*" (RHC 96.157/RS, j. 05/06/2018).

A nosso ver, não andou bem o legislador. Acabou desconsiderando o cometimento de crimes graves como o já mencionado tráfico de drogas, a participação em associações e organizações criminosas voltadas à prática do próprio tráfico, fraudes de grande vulto e até mesmo determinadas figuras tipificadas na Lei 13.260/16, que trata do terrorismo.

A prisão domiciliar é, em si, uma medida de natureza cautelar e deve ser analisada sob as diretrizes estabelecidas no art. 292 do Código de Processo Penal, o qual dispõe que as medidas previstas no Título IX devem ser aplicadas de acordo com a **necessidade** e com **adequação da medida à gravidade do crime, circunstâncias do fato** e condições pessoais do indiciado ou acusado.

Ora, como apresentado, o novo dispositivo (art. 318-A) opõe-se abertamente às **regras gerais** para a concessão de cautelares, ignorando as circunstâncias do crime cometido, se a substituição é **adequada e suficiente** para impedir a reiteração delitiva e para garantir a aplicação da lei penal, a investigação ou a instrução criminal.

A substituição automática também acaba por violar o disposto no art. 5º da Constituição Federal, que garante a inviolabilidade do direito à vida, à liberdade, à igualdade, à segurança e à propriedade. Diante do plexo de direitos e garantias explicitados na Constituição, tem o legislador (e o juiz) a obrigação de proteger os bens jurídicos de forma suficiente. Em outras palavras: é tão indesejado o excesso quanto a insuficiência da resposta do Estado punitivo. A obrigação de que o juiz substitua a prisão preventiva pela domiciliar torna evidentemente falha a proteção de que se incumbe o Estado.

Por fim, ainda que se admita a existência de um direito subjetivo da presa à concessão do favor legal, sempre haverá algum espaço para que o magistrado formule um conceito de ordem subjetiva. Assim, por exemplo, há que se analisar se a criança, filha da presa, vive efetivamente sob sua companhia, pois é comum que se encontre sob a guarda de fato ou de direito de uma avó ou mesmo do pai. Em relação à pessoa portadora de deficiência, ela pode, eventualmente, encontrar-se internada em uma clínica, quando, então, os cuidados da detenta serão dispensáveis. Não se pode ignorar, também, o cabimento da preventiva como sanção processual para o caso de descumprimento injustificado do benefício legal.

Em decisão recente, o STJ nos dá razão ao ponderar que, mesmo diante do texto do art. 318-A, as circunstâncias excepcionais mencionadas pelo STF no HC 143.641/SP não podem ser ignoradas.

No caso julgado pela Corte Cidadã (HC 426.526/RJ, j. 12/02/2019), a impetrante era acusada de ter cometido tráfico de drogas em associação com o Comando Vermelho, no Rio de Janeiro, sendo que a imputação, que lhe atribuía a função de líder do tráfico na região e o emprego arma de fogo, fazia referência à apreensão de grande quantidade de drogas sob sua responsabilidade (470g de maconha e 857g de cocaína).

Em seu voto, o ministro Reynaldo Soares da Fonseca admite que o art. 318-A do CPP estabelece um poder-dever do juiz, ou seja, reconhece-se o caráter objetivo da norma, que em regra deve ser aplicada diante de situações que se subsumam às suas disposições. Isto, no entanto, não afasta os requisitos impostos pelo STF no habeas corpus coletivo, que, segundo o ministro, continua aplicável porque a Lei 13.769/18 contém clara omissão:

> "Entendo que não se trata de um silêncio eloquente da norma, mas apenas como uma omissão legislativa e é assim que deve ser interpretado.
>
> De fato – e aqui faço propositadamente uma redução ao absurdo da novidade legal, de forma a demonstrar a inevitabilidade da sua interpretação no sentido de que houve omissão legislativa –, a leitura do disposto em termos literais forçaria a concessão

da prisão domiciliar à mãe que nem sequer convive ou criou os filhos, unicamente porque o crime não envolveu violência ou grave ameaça ou dirigiu-se contra a prole.

A exceção da concessão do benefício em determinadas situações excepcionalíssimas deve, portanto, ao meu ver, subsistir. Como efeito, por meio desse parâmetro adicional era possível fazer um controle maior de condutas criminosas que, embora não alcançados pelas duas exceções, se revestiam de elevada gravidade, evidenciando um risco concreto de violação dos direitos da criança ou uma ameaça acentuada à ordem pública.

(...)

O fato de o legislador não ter inserido outras exceções na lei, não significa que o Magistrado esteja proibido de negar o benefício quando se deparar com casos excepcionais. Tenho que deve prevalecer a interpretação teleológica da lei, assim como a proteção aos valores mais vulneráveis. Com efeito, naquilo que a lei não regulou, o precedente da Suprema Corte deve continuar sendo aplicado, pois uma interpretação restritiva da norma pode representar, em determinados casos, efetivo risco direto e indireto à criança cuja proteção deve ser integral e prioritária, como determina a Constituição no art. 227, bem como à pessoa deficiente."

A decisão é salutar, porque, além de adequar o procedimento às regras gerais para a concessão de cautelares no processo penal, garante que a análise da substituição da prisão preventiva seja mais criteriosa e condizente com a natureza e as circunstâncias do crime imputado.

ATENÇÃO - A utilização do próprio filho para a prática de crimes, por se tratar de situação de risco ao menor, obsta a concessão de prisão domiciliar (Processo: AgRg no HC 798.551-PR, Rel. Ministro Jesuíno Rissato -Desembargador convocado do TJDFT-, Sexta Turma, por unanimidade, julgado em 28/2/2023).

Art. 318-B. A substituição de que tratam os arts. 318 e 318-A poderá ser efetuada sem prejuízo da aplicação concomitante das medidas alternativas previstas no art. 319 deste Código. (Incluído pela Lei nº 13.769, de 2018).

Aplicação concomitante de medidas cautelares alternativas – o art. 318-B dispõe que a substituição da prisão preventiva pela domiciliar pode ser efetuada com aplicação concomitante das medidas alternativas previstas no art. 319. Considerando que a prisão domiciliar consiste no recolhimento do indiciado ou acusado em sua residência, da qual só pode ausentar-se com autorização judicial, a nosso ver são compatíveis as seguintes medidas estabelecidas no art. 319:

- *proibição de manter contato com pessoa determinada quando, por circunstâncias relacionadas ao fato, deva o indiciado ou acusado dela permanecer distante;*
- *suspensão do exercício de função pública ou de atividade de natureza econômica ou financeira quando houver justo receio de sua utilização para a prática de infrações penais;*
- *monitoração eletrônica.*

CAPÍTULO V
DAS OUTRAS MEDIDAS CAUTELARES
(REDAÇÃO DADA PELA LEI Nº 12.403, DE 2011).

Rol taxativo? – Tendo o legislador se preocupado em elencar, com tamanha minúcia, as hipóteses nas quais cabíveis as medidas cautelares, parte da doutrina chega à conclusão de tratar-se de rol taxativo, a não admitir, portanto, sua ampliação. Ao juiz, com efeito, é dado aplicar mais de uma medida cautelar, como admite o § 1º, do art. 282 do código, mas sempre dentre aquelas previstas no dispositivo em exame. Aliás, o mesmo raciocínio se adota na discussão sobre a possibilidade de ampliação das diversas hipóteses de recurso em sentido estrito, relacionadas no art. 581 do código. Ao dispensar uma forma genérica, preferindo indicar cada uma das hipóteses de recurso, conclui-se pela taxatividade do rol. A propósito, quando o legislador pretende deixar uma fórmula aberta, de conteúdo indeterminado, ele o faz expressamente, como previsto no art. 66 do Código Penal, que trata da chamada atenuante inominada, *verbis*: "A pena poderá ser ainda atenuada em razão de circunstância relevante, anterior ou posterior ao crime, *embora não prevista expressamente em lei*" (grifei).

Como observa Antonio Magalhães Gomes Filho, "não se pode cogitar em matéria criminal de um 'poder geral de cautela', através do qual o juiz possa impor ao acusado restrições não expressamente previstas pelo legislador, como sucede no âmbito da jurisdição civil; tratando-se de limitação da liberdade, é imprescindível a expressa permissão legal para tanto, pois o princípio da legalidade dos delitos e das penas não diz respeito apenas ao momento da cominação, mas à 'legalidade da inteira repressão', que põe em jogo a liberdade da pessoa desde os momentos iniciais do processo até a execução da pena imposta" (*Presunção de inocência e prisão cautelar*. São Paulo: Saraiva, 1991. p. 57).

Rol exemplificativo? – Em sentido contrário, boa parte da doutrina e jurisprudência entende que o poder geral de cautela tem incidência no processo penal, sendo exemplificativo o rol de medidas cautelares diversas da prisão previsto no artigo em comento. Tanto é assim que, quanto à aplicabilidade desse poder no processo penal, é possível encontrar precedentes recentes do STF. Nos termos do entendimento do STF, ao juiz somente foi obstado pela Lei 12.403/11 o emprego de cautelares inominadas que atinjam a liberdade de ir e vir do indivíduo. Nos autos da Ação Penal 1.044/DF, por exemplo, o Min. Alexandre de Moraes revogou a prisão do Deputado Federal Daniel Silveira, substituindo por medidas cautelares diversas, quais sejam:

(1) Proibição de ter qualquer forma de acesso ou contato com os investigados nos Inquéritos 4.781/DF e 4.874/DF, salvo os parlamentares federais;

(2) Proibição de frequentar toda e qualquer rede social, – instrumento utilizado para a prática reiterada das infrações penais imputadas ao réu pelo Ministério Público – em nome próprio ou ainda por intermédio de sua assessoria de imprensa ou de comunicação e de qualquer outra pessoa, física ou jurídica, que fale ou se expresse e se comunique (mesmo com o uso de símbolos, sinais e fotografias) em seu nome, direta ou indiretamente, de modo a dar a entender esteja falando em seu nome ou com o seu conhecimento, mesmo tácito;

Ao tomar conhecimento que o réu Daniel Silveira, logo depois da substituição da prisão por cautelar diversa, reiterou, num programa de rádio, manifestações que implicaram sua prisão, o Min. Alexandre de Moraes endeureceu as medidas, impondo nova cautelar, em caráter cumulativo com as estabelecidas na decisão anterior, consistente na proibição de conceder qualquer espécie de entrevista, independentemente de seu meio de veiculação, salvo mediante expressa autorização judicial.

Analisando as medidas impostas, conclui-se que, na visão do STF, o rol previsto no art. 319 do CPP é meramente exemplificativo.

A jurisprudência do STJ, seguindo a doutrina majoritária, também admite a aplicabilidade subsidiária das normas processuais civis ao processo penal, desde que haja lacuna a ser suprida (art. 3º. CPP). Importante ressaltar que a lei processual penal não tratou, detalhadamente, de todos os poderes conferidos ao julgador no exercício da jurisdição.

Multa cominatória – Nesse sentido, conclui-se pela possibilidade de aplicação da multa cominatória em demandas penais como forma de conferir efetividade à decisão judicial. Note-se que essa multa não se confunde com a multa por litigância de má-fé, esta sim refutada pela jurisprudência pacífica do STJ.

Ademais, a teoria dos poderes implícitos também é um fundamento autônomo que, por si só, justificaria a aplicação de astreintes pelos magistrados.

No ponto, poderia surgir a dúvida quanto à aplicabilidade das astreintes a terceiro não integrante da relação jurídico-processual. Entretanto, é curioso notar que, no processo penal, a irregularidade não se verifica quando imposta a multa coativa a terceiro. Haveria, sim, invalidade se ela incidisse sobre o réu, pois ter-se-ia clara violação ao princípio do *nemo tenetur se detegere*.

Na prática jurídica, não se verifica empecilho à aplicação ao terceiro e, na doutrina majoritária, também se entende que o terceiro pode perfeitamente figurar como destinatário da multa. Ademais, não é exagero lembrar, ainda, que o Marco Civil da Internet traz expressamente a possibilidade da aplicação de multa ao descumpridor de suas normas quanto à guarda e disponibilização de registros conteúdos.

Por fim, vale observar, a propósito, a existência de dispositivos expressos, no próprio Código de Processo Penal, que estipulam multa ao terceiro que não colabora com a justiça criminal (arts. 219 e 436, § 2º).

JURISPRUDÊNCIA

Imposição de medida não prevista em lei. Impossibilidade

Poder geral de cautela. Incompatibilidade com os princípios da legalidade estrita e da tipicidade processual. Consequente inadmissibilidade da adoção, pelo magistrado, de medidas cautelares atípicas, inespecíficas ou inominadas em detrimento do "status libertatis" e da esfera jurídica do investigado, do acusado ou do réu. O processo penal como instrumento de salvaguarda da liberdade jurídica das pessoas sob persecução criminal. Inexiste, em nosso sistema jurídico, em matéria processual penal, o poder geral de cautela dos Juízes, notadamente em tema de privação e/ou de restrição da liberdade das pessoas, vedada, em consequência, em face dos postulados constitucionais da tipicidade processual e da legalidade estrita, a adoção, em detrimento do investigado, do acusado ou do réu, de provimentos cautelares inominados ou atípicos. O processo penal como instrumento de salvaguarda da liberdade jurídica das pessoas sob persecução criminal. (STF, Medida cautelar no HC 186421-SC, Min. Rel. Celso de Mello, j. 17/07/2020).

"As medidas protetivas de urgência, assim como as cautelares diversas da prisão, quando afetarem o 'status libertatis', obrigatoriamente devem observar o princípio da legalidade. A cumulação de providências cautelares deve sempre atentar para o binômio proporcionalidade e adequação, aqui incluída a necessidade da medida restritiva à liberdade. O juiz criminal não é dotado de poder geral de cautela para fins restritivos, tendo em vista os estritos limites da legalidade penal e o princípio da presunção de não-culpabilidade. Verificando-se que as demais medidas impostas pela Corte originária em substituição à prisão se mostram suficientes para os fins a que se propõem e que visam alcançar – garantir a segurança da vítima e evitar novas investidas violentas por parte do agente –, mostra-se flagrantemente ilegal e desproporcional a aplicação de medida não expressamente prevista no ordenamento jurídico, como a que proibiu o paciente de sair de casa, exceto para trabalhar" (STJ – HC nº 222298-SE, Rel. Jorge Mussi, j. 17.10.2013, DJe 30.10.2013).

Imposição de medida não prevista em lei. Possibilidade

A custódia foi implementada no âmbito de processo revelador de medida cautelar inominada incidental em recurso em sentido estrito, formalizado contra decisão judicial em que indeferido o pedido de prisão preventiva em primeiro grau. Relativamente ao suposto descabimento da citada medida, ante a ausência de previsão legal específica, tem-se a incidência do artigo 297 do Código de Processo Civil, com aplicação subsidiária viabilizada pelo artigo 3º do Código de Processo Penal, a revelar o poder geral de cautela, a fim de evitar a ocorrência de dano irreparável ou insuficiência de outras medidas. (STF, Medida cautelar no HC 151599-MG, Min. Rel. Marco Aurélio, j. 1/03/2018)

Astreintes. Aplicabilidade subsidiária do CPC ao processo penal.

Multa diária e poder geral de cautela. Teoria dos poderes implícitos. É possível a fixação de astreintes em desfavor de terceiros, não participantes do processo, pela demora ou não cumprimento de ordem emanada do Juízo Criminal (STJ, REsp 1.568.445-PR, Rel. Min. Rogerio Schietti Cruz, Rel. Acd. Min. Ribeiro Dantas, Terceira Seção, por maioria, julgado em 24/6/2020, DJe 20/8/2020).

Detração – Considera-se detração, nos termos do art. 42 do Código Penal, o desconto efetuado, na dosagem da pena condenatória do tempo em que o condenado permaneceu sob prisão provisória. De sorte que, condenado a oito anos de prisão, se permaneceu preso preventivamente por um ano, esse período deve ser abatido, devendo o condenado cumprir os restantes sete anos.

Indaga-se, então: o período no qual o condenado cumpriu medida cautelar diversa da prisão deve ser objeto de posterior detração?

Depende. Digamos que, no curso do processo, o réu foi proibido "de ausentar-se da Comarca", nos termos do art. 319, inc. IV do código. Ou, então, que teve o passaporte retido (art. 320). Ao cabo do processo, se ele vem a ser condenado a uma pena corporal, de detenção ou reclusão, não faz nenhum sentido se operar a detração. Suponha-se, de outro lado, que como medida diversa à prisão, tenha lhe sido imposta a proibição de frequentar determinados lugares (art. 319, inc. II). Condenado, recebe uma pena restritiva de direitos, consistente exatamente na "proibição de frequentar determinados lugares", nos termos do art. 47, inc. IV do Código Penal. Aqui, então, merecerá o favor legal da detração.

Em suma: se ao final do processo for aplicada uma pena corporal, de natureza diversa da medida cautelar, o condenado não fará jus à detração. Já se a medida cautelar for da mesma natureza da pena imposta pela sentença penal, a detração se impõe.

ATENÇÃO – O legislador, por meio da Lei 13.964/19, acrescentou o §2º. ao art. 310 do CPP, determinando ao juiz que negue liberdade provisória, com ou sem medidas cautelares, ao agente reincidente, ou que integra organização criminosa armada ou milícia ou que porta arma de fogo de uso restrito. A inovação, em que pese aplaudida por muitos, parece que não passará pelo crivo de constitucionalidade do legislador constitucional negativo. Atualmente, a orientação do STF é de que vedações em abstrato à concessão da liberdade provisória contrariam a Constituição Federal, devendo o juiz sempre fundamentar a proibição aquilatando as circunstâncias do caso concreto.

Art. 319. São medidas cautelares diversas da prisão: (Redação dada pela Lei nº 12.403, de 2011).

I - comparecimento periódico em juízo, no prazo e nas condições fixadas pelo juiz, para informar e justificar atividades; (Redação dada pela Lei nº 12.403, de 2011).

II - proibição de acesso ou frequência a determinados lugares quando, por circunstâncias relacionadas ao fato, deva o indiciado ou acusado permanecer distante desses locais para evitar o risco de novas infrações; (Redação dada pela Lei nº 12.403, de 2011).

III - proibição de manter contato com pessoa determinada quando, por circunstâncias relacionadas ao fato, deva o indiciado ou acusado dela permanecer distante; (Redação dada pela Lei nº 12.403, de 2011).

IV - proibição de ausentar-se da Comarca quando a permanência seja conveniente ou necessária para a investigação ou instrução; (Incluído pela Lei nº 12.403, de 2011).

V - recolhimento domiciliar no período noturno e nos dias de folga quando o investigado ou acusado tenha residência e trabalho fixos; (Incluído pela Lei nº 12.403, de 2011).

VI - suspensão do exercício de função pública ou de atividade de natureza econômica ou financeira quando houver justo receio de sua utilização para a prática de infrações penais; (Incluído pela Lei nº 12.403, de 2011).

VII - internação provisória do acusado nas hipóteses de crimes praticados com violência ou grave ameaça, quando os peritos concluírem ser inimputável ou semi-imputável (art. 26 do Código Penal) e houver risco de reiteração; (Incluído pela Lei nº 12.403, de 2011).

VIII - fiança, nas infrações que a admitem, para assegurar o comparecimento a atos do processo, evitar a obstrução do seu andamento ou em caso de resistência injustificada à ordem judicial; (Incluído pela Lei nº 12.403, de 2011).

IX - monitoração eletrônica. (Incluído pela Lei nº 12.403, de 2011).

§ 1º (Revogado pela Lei nº 12.403, de 2011).

§ 2º (Revogado pela Lei nº 12.403, de 2011).

§ 3º (Revogado pela Lei nº 12.403, de 2011).

§ 4º A fiança será aplicada de acordo com as disposições do Capítulo VI deste Título, podendo ser cumulada com outras medidas cautelares. (Incluído pela Lei nº 12.403, de 2011).

I - comparecimento periódico em juízo, no prazo e nas condições fixadas pelo juiz, para informar e justificar atividades; (Redação dada pela Lei nº 12.403, de 2011).

Comparecimento periódico – Trata-se de medida que não é estranha em nosso ordenamento. Com efeito, o hoje quase esquecido "sursis", elenca as condições para a suspensão condicional da pena, no art. 78, § 2º, do Código Penal, dentre elas o "comparecimento pessoal e obrigatório a juízo, mensalmente, para informar e justificar suas atividades" (alínea "c"). Também a Lei n. 9.099/95, ao cuidar da suspensão condicional do processo, contém dispositivo idêntico (art. 89, § 1º, inc. IV). A Lei de Execução Penal (Lei n. 7.210/1984) prevê, em seu art. 132, § 1º, "b", tal obrigação, quando da concessão do livramento condicional.

É uma forma de exercer algum controle sobre o réu, no que tange, sobretudo, a seu paradeiro, inibindo, com isso, seu desaparecimento e a consequente decretação da revelia que se estabeleceria no processo-crime ao qual responde. Ademais, dando conta de sua atividade (profissional, por exemplo), pode-se presumir sua boa conduta, a justificar a manutenção da medida. Ao contrário do que estabelecido nos outros diplomas citados, aqui a lei não indicou a periodicidade em que o réu deverá comparecer em juízo. Por analogia ao Código Penal e à Lei n. 9.099/95, parece-nos possível impor um comparecimento mensal. Já o prazo deverá perdurar enquanto em curso o processo.

II - proibição de acesso ou frequência a determinados lugares quando, por circunstâncias relacionadas ao fato, deva o indiciado ou acusado permanecer distante desses locais para evitar o risco de novas infrações; (Redação dada pela Lei nº 12.403, de 2011).

Proibição de frequência a determinados lugares – Como medida cautelar pode o juiz proibir que o indiciado ou réu frequente, por exemplo, o local onde se deu o fato criminoso. Suponha-se o interior de um clube, ou de determinado bar ou bordel, nos quais ocorreram os fatos que deram ensejo ao processo-crime, e onde, sabidamente, há risco de que as condutas se repitam, caso o agente torne ao local. Em casos envolvendo a prática de corrupção em órgãos públicos, tem sido comum a imposição de medida proibindo, por exemplo, o prefeito de ter acesso ao prédio da Prefeitura ou o vereador de ingressar na sede da Câmara Municipal.

Mas há que se observar, por óbvio, a pertinência entre o fato atribuído ao agente e a proibição que se pretende impor. Ninguém, em sã consciência, impedirá o acusado de frequentar um clube se a desavença com seu algoz ocorreu em praça pública. Trata-se de medidas também previstas no Código Penal, para a suspensão condicional da pena (art. 78, § 2º, "a"), e na Lei 9.099/95, como condição do chamado *sursis* processual (art. 89, § 1º, inc. II). Também a Lei Maria da Penha (Lei n. 11.340/2006), em seu art. 22, inc. III, "c", prevê a possibilidade de impedir o agressor de "freqüentação de determinados lugares a fim de preservar a integridade física e psicológica da ofendida" (v. item abaixo). Consta tal vedação, ainda, na Lei de Execução Penal (Lei n. 7.210/1984), que, em seu art. 132, § 2º, "c", permite essa imposição quando da concessão do livramento condicional.

III - proibição de manter contato com pessoa determinada quando, por circunstâncias relacionadas ao fato, deva o indiciado ou acusado dela permanecer distante; (Redação dada pela Lei nº 12.403, de 2011).

Proibição de contato – O dispositivo nos remete à chamada Lei Maria da Penha (Lei n. 11.340/2006), que, em seu art. 22, inc. III, "a" e "b", autoriza o juiz a aplicar medidas protetivas de urgência em prol da vítima, dentre as quais a proibição do agressor se aproximar "da ofendida, de seus familiares e das testemunhas", podendo fixar um limite máximo de distanciamento entre eles, bem como a vedação de "contato com a ofendida, seus familiares e testemunhas por qualquer meio de comunicação".

ATENÇÃO – De acordo com o disposto no art. 19, § 4º, Lei Maria da Penha, "as medidas protetivas de urgência serão concedidas em juízo de cognição sumária a partir do depoimento da ofendida perante a autoridade policial ou da apresentação de suas alegações escritas e poderão ser indeferidas no caso de avaliação pela autoridade de inexistência de risco à integridade física, psicológica, sexual, patrimonial ou moral da ofendida ou de seus dependentes". Instala-se no âmbito da tutela da mulher vítima de violência doméstica e familiar o "in dubio pro tutela".

Com efeito, é comum que em situações traumáticas, referentes à violência doméstica, de evidente animosidade entre as partes, envolvendo a prática de agressões e outros ataques, o agressor passe a atormentar o sossego não apenas da ofendida, mas também de familiares e testemunhas. Tal comportamento não se restringe ao recesso do lar, já que dele, provavelmente já tenha sido o agente afastado. Ocorre que o tormento prossegue, se estendendo ao local de trabalho da vítima, a lugares por ela frequentados etc., tudo a recomendar a adoção da medida (para maior aprofundamento, v. nosso *Violência Doméstica – Lei Maria da Penha comentada artigo por artigo*, Salvador: Ed. Juspodivm, 14ª. ed., 2024).

Nessa linha de raciocínio, é comum – sabem aqueles que atuam nas lides de família – que o agressor, além da ofensa física contra a mulher, passe a incomodá-la por meio, principalmente, de ligações telefônicas, mensagens por "internet", celular, etc. Estas ocorrem sem qualquer limitação de horário, prejudicando a mulher durante seu horário de descanso. Alcançam, por vezes, o local de trabalho da ofendida que, constantemente importunada pelo agressor, vê diminuído seu rendimento, colocando em risco seu emprego, já que o patrão nem sempre é tolerante com esse tipo de conduta. Para evitar esse comportamento é que pode o juiz impedir qualquer comunicação do agressor com a vítima, contato que pode ser realizado não apenas por telefone, mas por e-mail, cartas etc. Saliente-se que as medidas previstas neste tópico e no anterior visam a proteção não apenas da mulher, mas também, por exemplo, de familiares e testemunhas, como consta, aliás, do texto da Lei Maria da Penha. Lembre-se, ainda, que o in. III, do art. 313 do CPP, prevê a imposição de medidas protetivas em favor da criança, adolescente, idoso, enfermo ou pessoa com deficiência, justificando-se a decretação da prisão preventiva caso descumprida a ordem legal.

JURISPRUDÊNCIA

Proibição de aproximação do agressor

"A fixação de distância mínima de cinquenta metros para aproximação da vítima, realizada em audiência pela magistrada de primeiro grau, foi originada de declaração da ofendida, namorada do paciente, no sentido de que foi agredida e ameaçada por ele, tudo com base na Lei 11.340/2006. Segundo dispõe o art. 22, III, a, da Lei Maria da Penha, constatada a prática de violência contra a mulher, o juiz poderá, de imediato, proibir a aproximação do agressor, fixando limite mínimo de distância, exatamente como ocorreu na hipótese. Assim, por ora, não há constrangimento ilegal ocasionado pela magistrada de primeira instância, que agiu com base no relato da ofendida e no que dispõe a Lei 11.340/2006. O fato de ser ex-namorada do paciente, em tese, não retira a vítima do manto de proteção da Lei Maria da Penha, pois o art. 5.º da referida lei equipara à violência doméstica a agressão praticada em qualquer relação íntima de afeto, na qual o agressor conviva ou tenha convivido com a ofendida, independentemente de coabitação" (TJRS, HC n° 70020372793, Rel. Marco Antônio Ribeiro de Oliveira, j. 25.07.2007, DJ 10.08.2007).

"Em boa hora, a Lei 11.340/2006, chamada de Lei Maria da Penha, inseriu no ordenamento jurídico brasileiro um rol de medidas visando resgatar a cidadania feminina e assegurar à mulher o direito a uma vida sem violência. A partir de agora as agressões sofridas pelas mulheres sejam de caráter físico, psicológico, sexual, patrimonial e inclusive moral, passam a ter tratamento diferenciado pelo Estado. Dentro das medidas protetivas de urgência elencadas pela lei, o juiz possui a faculdade de fixar, inclusive em metros, a distância a ser mantida pelo agressor não apenas da residência, mas também dos locais de convivência da vítima, entre eles, de seu local de trabalho. A liberdade de locomoção encontra limite no direito do outro de preservação da vida e da integridade física. Assim, se mostra imperioso assegurar a integridade física e psíquica da recorrente, determinando que o agressor mantenha-se afastado a pelo menos 100 metros do local de trabalho da agravante. Aplicabilidade do art. 22, III, a, da Lei 11.340/2006" (TJRS, AgIn n° 70018581652, Rel. Maria Berenice Dias, j. 25.04.2007, DJ 30.04.2007).

IV - proibição de ausentar-se da Comarca quando a permanência seja conveniente ou necessária para a investigação ou instrução; (Incluído pela Lei nº 12.403, de 2011).

Ausência da comarca – Trata-se de medida também prevista em casos de suspensão condicional da pena (art. 78, § 2º, "b", do Código Penal) e de suspensão condicional do processo (art. 89, § 1º, inc. III da Lei n. 9.099/95). A proximidade do investigado no distrito da culpa beneficia a colheita da prova, caso necessários, por exemplo, o reconhecimento pessoal ou a acareação. Deflagrado o processo-crime, ter o acusado por perto garante sua presença em todos os atos onde ela é reclamada. Mas se deve ter algum cuidado na implementação dessa espécie de medida, a fim de não restarem violados princípios constitucionais assegurados ao cidadão. Assim, por exemplo, proibir um motorista profissional de se ausentar da comarca, implicará em impedir o exercício de sua profissão, com graves consequências à sua sobrevivência e de seus dependentes. O mesmo ocorrerá no caso de um médico que, prestando serviços em uma cidade vizinha, fosse proibido de fazê-lo, a fim de não se ausentar da comarca. Talvez por isso mesmo teve o legislador o cuidado de incluir a expressão "quando a permanência [do investigado ou acusado] seja conveniente ou necessária", que não é empregada no Código Penal e na Lei n. 9.099/95. Quanto à proibição de deixar o país, inclusive com a entrega de passaporte, v. art. 320 abaixo.

JURISPRUDÊNCIA

Constitucionalidade

"A condição do 'sursis', que não permite ao condenado se ausentar da Comarca sem comunicação prévia ao juízo, não fere mandamento constitucional, pois está prevista em Lei, e objetiva propiciar ao Juízo da Execução, maior fiscalização quanto á pessoa do réu" (TACRIM – SP – Rel. Fernando de Oliveira – RJD 23/369).

V - recolhimento domiciliar no período noturno e nos dias de folga quando o investigado ou acusado tenha residência e trabalho fixos; (Incluído pela Lei nº 12.403, de 2011).

Recolhimento ao domicílio – A Lei de Execução Penal (Lei n. 7.210/1984) também prevê, em seu art. 132, § 2º, "b", tal obrigação, cuja fixação é facultativa, quando da concessão do livramento condicional. Trata-se de medida salutar, por exemplo, no caso de um acusado pela prática de furto no período noturno ou constantemente envolvido em brigas à noite ou em finais de semana, em locais de grande acesso de pessoas. Interessante que a medida acaba penalizando mais o agente que conta com residência e trabalho fixos, quando comparado àquele que, desempregado, não tem paradeiro conhecido. Exigirá, também, certo cuidado em sua imposição, dado o risco de uma medida cautelar, imposta no curso da investigação ou do processo, tornar-se mais gravosa do que a pena propriamente dita, a ser cumprida após a condenação do agente. Isso porque acaba confinando o agente em sua residência, do trabalho para casa e da casa para o trabalho, limitando, ainda, seus períodos de folga. Razoabilidade e bom senso devem orientar o juiz na adoção da medida. Impor a um guarda noturno seu recolhimento domiciliar à noite implica em impedi-lo de trabalhar. É verdade que a Lei n. 9.605/1998, que pune os crimes ambientais, prevê, como pena restritiva de direitos, o recolhimento domiciliar (art. 8º, inc. V), "permanecendo [o condenado] recolhido nos dias e horários de folga em residência ou em qualquer local destinado à sua moradia habitual, conforme estabelecido na sentença condenatória" (art. 13). Mas aí já se trata de pena, imposta ao condenado e não mera medida cautelar alternativa à preventiva.

ATENÇÃO – O STJ, sobre recolhimento domiciliar, fixou três teses: 1 – o recolhimento obrigatório noturno e nos dias de folga, por comprometer o status libertatis do acusado, deve ser reconhecido como período a ser descontado da pena privativa de liberdade e da medida de segurança, em homenagem aos princípios da proporcionalidade e do non bis in idem; 2 – o monitoramento eletrônico associado não é condição indeclinável para a detração dos períodos de submissão àquelas medidas cautelares, não se justificando distinção de tratamento quando o uso do aparelho não for determinado ao investigado; 3- as horas de recolhimento domiciliar noturno e em dias de folga devem ser convertidas em dias para contagem da detração da pena, e, se no cômputo total remanescer período menor que 24 horas, essa fração de dia deverá ser desprezada.

JURISPRUDÊNCIA

"Considerando a gravidade do crime, as circunstâncias do fato e as condições pessoais do acusado, mostra-se adequado o recolhimento em domicílio das 20 horas às 6 horas da manhã, sem prejuízo de que esse horário seja flexibilizado pelo Juiz singular, caso o paciente (ora embargante) demonstre, de forma concreta, a real impossibilidade de cumprimento da medida no horário estabelecido" (STJ – EDcl no HC nº 240964-PE, Rel. Sebastião Reis Júnior, j. 09.09.2013, DJe 18.09.2013).

VI – suspensão do exercício de função pública ou de atividade de natureza econômica ou financeira quando houver justo receio de sua utilização para a prática de infrações penais; (Incluído pela Lei nº 12.403, de 2011).

Suspensão do exercício de função pública de atividade de natureza econômica ou financeira – Trata-se de medida já prevista na Lei de Drogas (Lei n. 11.343/2006), que, em seu art. 56, § 1º, contempla a possibilidade de o juiz, ao receber a denúncia, por crime de tráfico, "decretar o afastamento cautelar do denunciado de suas atividades, se for funcionário público, comunicando ao órgão respectivo". A Lei n. 12.850/2013, que cuida da criminalidade organizada, dispõe em seu art. 1º, § 5º que "se houver indícios suficientes de que o funcionário público integra organização criminosa, poderá o juiz determinar seu afastamento cautelar do cargo, emprego ou função, sem prejuízo da remuneração, quando a medida se fizer necessária à investigação ou instrução processual".

E, de fato, não faria sentido que, sendo investigado ou respondendo a processo-crime pela prática de um crime relacionado à função pública que exerce, continuasse o agente a ocupar o cargo. Sobretudo porque sua presença, nessa posição, poderia acarretar sério prejuízo à colheita da prova. Cremos, porém, que a medida somente deva ser imposta quando o crime em investigação ou o objeto do processo guardar alguma relação com a função pública exercida pelo agente. Sendo ele acusado, por exemplo, pela prática de um crime contra a esposa, a envolver violência doméstica, não há razão para se decretar seu afastamento, pelo menos sob este fundamento em exame.

Crimes funcionais – Este dispositivo tem aplicação quando da prática de *crimes funcionais*, isto é, aqueles que somente podem ser perpetrados por funcionários públicos, considerados como tais "quem, embora transitoriamente ou sem remuneração, exerce cargo, emprego ou função pública", nos termos do art. 327 do Código Penal. Já o funcionário público por equiparação e que também pode responder pelo crime, é aquele que "exerce cargo, emprego ou função em entidade paraestatal, e quem trabalha para empresa prestadora de serviço contratada ou conveniada para a execução de atividade típica da Administração Pública", na dicção do § 1º, do mesmo artigo de lei. Há, ainda, uma divisão entre crimes funcionais *próprios* e *impróprios*. Nos primeiros, exige-se a condição de funcionário público do agente, sob pena de tornar-se atípico o fato. No crime funcional *impróprio*, a ausência da condição funcional do agente faz com que a conduta configure outro crime, como se dá, no exemplo clássico, com o peculato que, se constatado cometido por um particular, configura o crime de furto. Pode-se concluir, assim, da incidência deste dispositivo somente para os crimes funcionais *próprios*.

Suspensão de atividade de natureza econômica ou financeira – Tratando-se, ainda, de crimes de caráter econômico ou financeiro, pode o juiz decretar a suspensão dessa atividade. Nesta hipótese, como destaca Jorge Luis Le Cocq D'Oliveira "o alvo foram os autores de crimes de lavagem de dinheiro, evasão de divisas, ou seja, dos chamados crimes do colarinho branco. Além do natural prejuízo à colheita de provas, seria um escárnio que, tanto em um como em outro caso, o agente continuasse a exercer suas funções e a enriquecer ilicitamente, enquanto sua conduta estivesse sendo apurada" (*O Novo Regime das Medidas Cautelares no Processo Penal*, in "O Novo Regime Jurídico das Medidas Cautelares no Processo Penal", Rio de Janeiro: Emerj, 2002, p. 195).

JURISPRUDÊNCIA

"A medida cautelar de suspensão do exercício da função de oficial de justiça se deu exatamente em razão de o paciente ter se prevalecido do seu cargo para a prática dos crimes pelos quais está sendo processado. Portanto, não se trata de situação intuitiva, mas de decisão motivada em dados concretos dos autos, que revelam a possibilidade de utilização do cargo para fins alheios ao seu mister'" (STJ – HC nº 260474-PE, Rel. Marco Aurélio Bellizze, j. 25.06.2013, DJe 01.07.2013).

Investigação de morte decorrente de intervenção policial – A Res. 129/15, estabelece regras mínimas de atuação do Ministério Público no controle externo da investigação de morte decorrente de intervenção policial. Recomenda seu art. 3º., que o órgão de execução do Ministério Público observe a necessidade de se postular, administrativa e judicialmente, a suspensão do exercício da função pública do agente.

Pessoa jurídica – A jurisprudência do STJ vem entendendo que a suspensão do exercício de atividade econômica ou financeira de pessoa jurídica tem amparo legal no art. 319, VI, do CPP e está intimamente ligada à possibilidade de reiteração delitiva e à existência de indícios de crimes de natureza financeira. Não há necessidade de que a pessoa jurídica tenha sido denunciada por crime para que lhe sejam impostas medidas cautelares tendentes a recuperar o proveito do crime, a ressarcir o dano por ele causado ou mesmo a prevenir a continuação do cometimento de delitos, quando houver fortes evidências de que a pessoa jurídica é utilizada como instrumento do crime de lavagem de dinheiro.

VII – internação provisória do acusado nas hipóteses de crimes praticados com violência ou grave ameaça, quando os peritos concluírem ser inimputável ou semi-imputável (art. 26 do Código Penal) e houver risco de reiteração; (Incluído pela Lei nº 12.403, de 2011).

Internação – A medida de segurança, consistente na "internação em hospital de custódia e tratamento psiquiátrico ou, à falta, em outro estabelecimento adequado", já era prevista no art. 96, inc. I do Código Penal. Mas como decorrência de uma sentença penal definitiva, denominada sentença penal absolutória imprópria. Prevê este dispositivo, agora, sua possibilidade antes da sentença definitiva, na condição de prisão processual ou *prisão sem pena*.

Assim, praticado um crime, mediante violência ou grave ameaça à pessoa, tendo os peritos concluído pela inimputabilidade ou semi-imputabilidade do agente, será cabível sua internação provisória, desde que presente o risco de reiteração da prática criminosa. Como anota Jorge Luis Le Cocq D'Oliveira, ao saudar com entusiasmo o dispositivo em exame, "com a extinção da medida de segurança provisória, desde o advento da Lei de Execução Penal (a Lei nº 7.210/1984), não havia providência adequada para as hipóteses em que um doente mental, autor de um delito grave, continuasse a pôr em risco a integridade das pessoas. Muitas vezes, o Juiz, por falta de opção, adotando a teoria da ponderação de valores – ou do mal menor –, terminava por decretar a prisão preventiva desse inimputável, que, até sentença, ficava confinado em uma unidade prisional comum e não em um hospital de custódia, que seria o mais acertado" (ob. cit., p. 196). E, de fato, por vezes, no enfrentamento do caso concreto, obrigado a dar uma solução ao impasse que se estabelecia, o juiz não tinha alternativa senão determinar a prisão do agente em cela comum, junto aos demais detentos, em providência que, embora longe do ideal, era a única que se revelava possível. Com a possibilidade inaugurada com o dispositivo em análise, o juiz passa a ter uma opção mais razoável, que priva o agente do contato com os demais presos, possibilitando seu recolhimento em local, inclusive, adequado ao tratamento.

Críticas – Há quem critique a opção do legislador quanto ao "risco de reiteração" da conduta, sob o argumento de que se trata de exercício de vidência, verdadeira "bola de cristal", inviável em um sistema que preza a presunção da inocência. Não é bem assim. Há casos que, em virtude da notória periculosidade do agente, decorrente de seu deteriorado estado mental, aliada à sua vida pregressa, com envolvimento em fatos anteriores da mesma espécie, a presunção de que irá cometer novos crimes é evidente e, caso não seja preso, fatalmente se concretizará. Daí a necessidade da adoção da medida, de caráter excepcional e devidamente respaldada por laudos técnicos.

Curador – De rigor, nos termos do art. 151 do código, caso constatada a inimputabilidade do agente, o prosseguimento do processo, com a nomeação de curador. Na hipótese de doença mental superveniente, verificada após a prática da infração, o processo deve ser suspenso, podendo o juiz decretar a internação do agente, na dicção do art. 152 e seu parágrafo do CPP.

> **ATENÇÃO** – No caso da medida cautelar de internação provisória, mencionada neste dispositivo, também deverá ocorrer a detração na medida de segurança ou pena ao final aplicada. O art. 42 do Código Penal, com efeito, expressamente determina que o tempo de internação provisória deve ser descontado na pena ou medida de segurança cominada ao fim do processo. Assim, mesmo que seja aplicada pena ao semi-imputável deve haver a detração referente ao período de internação provisória cautelar.

VIII – fiança, nas infrações que a admitem, para assegurar o comparecimento a atos do processo, evitar a obstrução do seu andamento ou em caso de resistência injustificada à ordem judicial; (Incluído pela Lei nº 12.403, de 2011).

Fiança – O instituto da fiança é analisado abaixo, nos comentários aos arts. 322 e ss., do código.

IX – monitoração eletrônica. (Incluído pela Lei nº 12.403, de 2011).

Monitoramento eletrônico – O art. 146-B, da Lei de Execução Penal (Lei nº 7.210, de 11 de julho de 1984), prevê a utilização da monitoração eletrônica quando autorizada a saída temporária do preso ou se determinada sua prisão domiciliar.

No Estado de São Paulo, a Lei n. 12.906/2008, instituiu a pulseira eletrônica, a ser implantada, por decisão judicial e após concordância do condenado, naqueles que, beneficiados pelo regime aberto, cumpram pena em residência particular, nos termos do art. 117 da Lei de Execução Penal; em quem se acha proibido de frequentar determinados lugares e nos beneficiários pelo livramento condicional ou com a saída temporária. O diploma elenca, ainda, um rol de crimes, todos graves, nos quais é cabível a medida.

Incluída agora no CPP, como medida cautelar, sua aplicação só fará sentido quando cumulada com outras medidas, da mesma natureza, como, por exemplo, a proibição de frequência a determinados lugares (inc. II), ou de ausentar-se da Comarca (inc. IV), e mesmo a obrigação de recolhimento domiciliar (inc. V). Se o indiciado ou o réu não sofrem qualquer limitação em seu direito de livre deambulação, porque lhes foi imposta, *v.g.*, somente, a suspensão do exercício de função pública (inc. VI), não há razão para que seja implantado o monitoramento eletrônico.

Inconstitucionalidade? – Há quem vislumbre inconstitucionalidade na inovação – aliás, parece que alguns se especializam em esmiuçar inconstitucionalidades em todo e qualquer diploma legal, olvidando o chamado *princípio da presunção de constitucionalidade dos atos do Poder Público*, que analisamos nos comentários ao art. 414 abaixo, sob a rubrica "nossa posição". Afirma-se, assim, que o monitoramento feriria os princípios da intimidade e privacidade, violando, ainda, o direito constitucional de ir e vir das pessoas, ainda que condenadas. Dentro em breve – se argumenta – será instalado um verdadeiro *Big Brother*, com tudo sendo vigiado pelo *Grande Irmão*, como previsto por George Orwell. Lirismos à parte, parece-nos claro que nada de inconstitucional há na medida. De se ver, desde logo, que ela importa em um benefício ao preso ou acusado, pois, cumprindo as obrigações que lhe foram impostas quando da concessão de algum benefício, poderá, adiante, obter novas mercês, facilitando, inclusive, a concessão de um regime de pena mais brando, em caso de condenação. Ora, o monitoramento eletrônico se presta como meio eficaz para se fiscalizar a correta observância, pelo indiciado ou acusado, das condições que lhe foram impostas e, por consequência, revelar seu mérito para continuar a elas submetido, ao invés de encarcerado na prisão. A medida importa, de outro lado, em franca proteção à sociedade. Com efeito – e aqui já tratando da execução da pena – quando eram inúmeras as críticas à chamada saída temporária, era mesmo de se impor que alguma forma de controle mais eficaz fosse estabelecida, tamanho o número de delitos praticados por aqueles que se viam beneficiados com esse favor legal, aliado ao índice também elevado dos que não retornavam ao cárcere.

Nessa linha é o pensar de Rogério Greco, para quem "embora todo raciocínio que tente preservar a dignidade do ser humano seja louvável, não podemos nos esquecer que não existe direito absoluto, a não ser, como se afirma majoritariamente, o direito de não ser torturado ou de ser escravizado. Não podemos, ainda, agir com ingenuidade na defesa de certos princípios fundamentais, sob pena de inviabilizarmos qualquer projeto, mesmo os benéficos à pessoa humana. No caso do monitoramento, entendemos que, entre colocar o condenado num sistema falido que, ao invés de ressocializá-lo, fará com que retorne completamente traumatizado ao convívio em sociedade, com toda a certeza, será preferível o seu controle pelo Estado em algum local extra muros, previamente determinado" (***Monitoramento Eletrônico***. Disponível em www.rogeriogreco.com.br. Acesso em: 12 set 2010). Nada de inconstitucional, pois, há de ser apontado na implantação do chamado monitoramento eletrônico.

Eficácia? – O juiz carioca Jorge Luis Le Cocq D'Oliveira salienta que "em entrevista à Revista Veja (edição nº 2230, ano 44, nº 33, pág. 21), o psiquiatra inglês Anthony Daniels, que usa o pseudônimo Teodore Dalrymple e trabalhou durante quinze anos como médico em prisões britânicas, ao ser indagado sobre o que achava da adoção do monitoramento eletrônico e da fiança pela Justiça brasileira, respondeu, com conhecimento de causa: 'Pela experiência britânica, tais medidas são um desastre. Um terço de todos os crimes da Escócia, inclusive estupros e assassinatos, é cometido por pessoas em liberdade condicional. Sou a favor desse recurso em algumas circunstâncias, como para crimes não violentos, mas para uso geral é uma tragédia. As tornozeleiras eletrônicas são uma temeridade em lugares onde a administração pública não é eficiente. Nem na Inglaterra a polícia consegue controlar os criminosos com esses equipamentos'" (ob. cit., p. 197).

Não pensamos assim. Se o equipamento não garante uma proteção absoluta (e é difícil imaginar qual dispositivo seria capaz de fazê-lo), pelo menos serve como instrumento hábil para que alguma fiscalização se exerça sobre aquele no qual foi instalado, na impossibilidade material de se colocar um agente de segurança para acompanhar todos os seus passos.

Para exemplificar, como ressaltamos em nosso *Violência Doméstica – Lei Maria da Penha comentada artigo por artigo*, "interessante iniciativa, nesse sentido, foi implementada pelo Tribunal de Justiça de Minas Gerais, que adotou a utilização de tornozeleiras eletrônicas, a fim de acompanhar os passos de possíveis agressores de vítimas de violência doméstica. De sorte que, uma vez concedida alguma medida protetiva, a fiscalização de seu cumprimento, até então, ficava quase que somente sob responsabilidade da própria ofendida. A partir do mês de março de 2013, no entanto, as Varas Especializadas em Violência Doméstica e Familiar contra a Mulher de Minas Gerais, em parceria com outros órgãos (Polícia Militar, Polícia Civil, Ministério Público etc.), passaram a contar com esse poderoso instrumento de monitoramento acerca da efetividade da proteção concedida à vítima. Assim, instalada a tornozeleira no agressor é, concomitantemente, distribuído um dispositivo eletrônico para a vítima, que emite um alerta (por meio de mensagem de texto através do telefone celular), caso aquele primeiro se aproxime. Essa mesma mensagem é enviada a uma central de monitoramento que, de imediato, aciona a polícia a fim de que se evite qualquer espécie de aproximação" (ob. cit., p. 32). Trata-se, pois, de um exemplo clássico no qual o monitoramento se revela eficaz em proteção à mulher vítima de violência doméstica e que teve medidas protetivas impostas em seu favor e contra seu agressor. Não concebemos, assim, forma mais eficaz de controlar, por exemplo, a aproximação do agressor à ofendida.

Princípios que regem a monitoração eletrônica – O Conselho Nacional de Política Criminal e Penitenciária, por meio da Resolução n. 5, de 05 de outubro de 2017, elencou uma série de princípios que devem orientar a aplicação e o acompanhamento dessa medida cautelar diversa da prisão. De interesse ao processo penal, são eles:

a) **princípio da reserva da lei ou legalidade**, pelo qual a medida somente pode ser aplicada quando prevista na legislação, não podendo implicar em agravamento na condição processual ou no cumprimento da pena à pessoa a ela submetida;

b) **princípio da subsidiariedade e intervenção penal mínima**, a admitir a medida em caráter excepcional, destinadas a situações mais graves e quando não se mostre possível a adoção de alternativa menos gravosa;

c) **princípio da presunção de inocência**, posto que a medida não possui o caráter de punição, pelo que, antes de sua adoção, deve-se garantir observância aos princípios da ampla defesa e do devido processo legal;

d) **princípio da dignidade**, segundo o qual a aplicação da medida não poderá ensejar formas degradantes de cumprimento ou o desrespeito a direitos fundamentais;

e) **princípio da necessidade**, a permitir a adoção da medida quando considerada imprescindível e uma vez demonstrada a insuficiência de outra alternativa menos gravosa;

f) **princípio da adequação social,** quando cumpre avaliar se o monitoramento eletrônico estará em consonância com as condições sociais do agente, considerando-se "horários e demais elementos relativos a condições sócio-familiares e de trabalho, saúde, crença religiosa, estudo, entre outros";

g) **princípio da provisoriedade**, a reclamar um prazo razoável para a duração da medida que deve ser revogada quando se mostrar inadequada ou desnecessária;

h) **princípio da individualização da medida**, quando se deve considerar a particularidade da pessoa antes de se impor o monitoramento;

i) **princípio da normalidade**, a determinar que a medida deve se restringir ao estritamente necessário, evitando prejuízo à rotina da pessoa monitorada;

j) **princípio da proteção de dados**, a tutelar as informações obtidas a partir do monitoramento eletrônico;

k) **princípio do menor dano**, que visa **minimizar os danos** físicos, psicológicos e sociais causados pela utilização do equipamento.

§ 1º (Revogado pela Lei nº 12.403, de 2011).

§ 2º (Revogado pela Lei nº 12.403, de 2011).

§ 3º (Revogado pela Lei nº 12.403, de 2011).

§ 4º A fiança será aplicada de acordo com as disposições do Capítulo VI deste Título, podendo ser cumulada com outras medidas cautelares. (Incluído pela Lei nº 12.403, de 2011).

Cumulação da fiança – A imposição da fiança, cuja análise será enfrentada abaixo, pode ser determinada de forma cumulativa com algumas das medidas cautelares, em providência que somente pode ser aplicada pelo juiz. É que, embora a autoridade policial, nas hipóteses elencadas em lei, possa arbitrar a fiança, as medidas cautelares previstas no "caput" deste artigo são de competência exclusiva do Magistrado. A fiança, nesse caso, garante maior fidelidade do indiciado ou réu ao processo, a pressupor, assim, que cumprirá com todas as obrigações que lhe forem determinadas e, demais disso, presta a assegurar o pagamento de custas processuais e multa, caso eventualmente imposta uma condenação.

Medidas cautelares e sua aplicação a parlamentares – A Constituição Federal concede aos deputados federais e senadores, além da prerrogativa de foro para que sejam julgados pelo Supremo Tribunal Federal em matéria criminal (delitos funcionais), a imunidade relativa à prisão (*freedom from arrest*), segundo a qual esses parlamentares só podem ser presos em flagrante por crime inafiançável, ficando essa prisão sujeita à confirmação pela Casa respectiva (art. 53, § 2º). O texto constitucional em nenhum momento faz referência a outras possibilidades cautelares de encarceramento, como as prisões temporária e preventiva.

Ocorre que, nos últimos anos, foram incontáveis os casos envolvendo parlamentares federais em crimes contra a Administração Pública e organização criminosa. Desde o escândalo do *Mensalão*, que corria paralelo a outro esquema de corrupção desmantelado durante a operação *Lava Jato*, temos assistido inúmeros membros do Poder Legislativo (e do Executivo) envolvidos nos mais diversos atos de malversação e apropriação de dinheiro público.

O crescente número de investigações envolvendo esses agentes levou o Supremo Tribunal Federal à conclusão de que a regra constitucional pura e simples a respeito da prisão em flagrante não era mais suficiente para lidar com a crise institucional que se instalava.

Baseando-se na necessidade de contornar a inviabilidade provocada pela lacônica norma constitucional, no final de 2015 o STF decretou a prisão preventiva do senador Delcídio do Amaral - seguindo, aliás, providência que, pouco antes, havia adotado em relação a um deputado estadual, também imune. Na época, o tribunal fundamentou o afastamento da imunidade prisional do parlamentar considerando as circunstâncias específicas do caso concreto e invocou o postulado da *derrotabilidade* (ou *superabilidade*). Sobre o assunto, explica o constitucionalista Marcelo Novelino: "Nos casos de conflito entre princípios e regras situados em planos distintos, o afastamento da regra legal somente deve ocorrer nos casos de inconstitucionalidade, de manifesta injustiça ou em situações excepcionalíssimas que, por escaparem da normalidade, não poderiam ter sido ordinariamente previstas pelo legislador. O afastamento da aplicação de regras válidas ante as circunstâncias específicas do caso concreto é conhecido como *derrotabilidade* (ou *superabilidade*). Em tais hipóteses, o intérprete confere ao princípio da justiça e aos princípios que justificam o afastamento da regra um peso maior do que ao princípio da segurança jurídica e àqueles subjacentes à regra. A ponderação, portanto, não é feita entre a regra e o princípio, mas entre princípios que fornecem razões favoráveis e contrárias à aplicação da regra naquele caso específico. Não há nisso, qualquer desobediência ao direito, pois a decisão é pautada por normas estabelecidas pelo próprio ordenamento jurídico." (*Curso de Direito Constitucional*. 11. ed. Salvador: Editora Juspodivm, 2016).

Não é despropositado atribuir a origem disso, ao menos em parte, ao fato de que a Constituição Federal permite apenas e tão somente a prisão em flagrante por crime inafiançável, mas o texto constitucional não abrange, obviamente, normas procedimentais, só fazendo referência à prisão em flagrante, que é disciplinada no Código de Processo Penal. Ocorre que, até 2011, o agente era preso em flagrante e, se não fosse relaxada (porque ilegal), essa prisão podia perdurar até o final do inquérito policial, quando então o órgão do Ministério Público, ao oferecer a denúncia, devia se manifestar pela conversão do flagrante em preventiva ou pela liberdade provisória. O problema é que, em 2011, a Lei 12.403 alterou esse procedimento. Desde então, no momento mesmo em que o juiz recebe o auto de prisão em flagrante - em até 24 horas após a prisão -, deve decidir se: 1) relaxa a prisão; 2) converte o flagrante em preventiva, caso as medias cautelares não sejam suficientes; 3) concede liberdade provisória. Isso gera um problema nesse caso em que a Constituição permite apenas a prisão em flagrante, porque, segundo a regra atual, essa prisão só ocorre em determinado momento. Se um parlamentar é preso em flagrante e o auto de prisão é encaminhado ao Parlamento, e for mantida a prisão, cria-se um problema para o STF: qual modalidade, se a prisão em flagrante não pode perdurar? É preciso, então, decidir se se decreta a preventiva, que, se não for decretada, dá lugar a medidas cautelares ou à liberdade provisória.

Isso provoca a seguinte indagação: se é possível decretar a prisão preventiva em decorrência do flagrante, por que não seria possível fazê-lo diretamente diante de um caso em que, embora sem a situação de flagrância, a liberdade do parlamentar expõe a risco a ordem pública, a ordem econômica, a instrução processual ou a aplicação da lei penal?

Mas, como era de se esperar, a controvérsia não se cingiu à prisão preventiva.

Em maio de 2017, a Procuradoria Geral da República requereu ao STF, no bojo de um inquérito policial, a decretação da prisão preventiva do senador Aécio Neves. O pedido de prisão foi negado, mas o ministro Edson Fachin, então relator, impôs ao senador medidas cautelares diversas da prisão, porque considerou presentes indícios da prática dos crimes de corrupção passiva e de obstrução de investigação de infração penal envolvendo organização criminosa. Entre as medidas impostas estava o afastamento do mandato parlamentar.

Mas, desmembrado o inquérito, o novo relator, ministro Marco Aurélio, revogou as medidas cautelares e restabeleceu o mandato do senador. Para o ministro, não é possível que o Judiciário estabeleça medidas que a Constituição não contempla: "É mais que hora de a Suprema Corte restabelecer o respeito à Constituição, preservando as garantias do mandato parlamentar. Sejam quais forem as denúncias contra o senador mineiro, não cabe ao STF, por seu plenário e, muito menos, por ordem monocrática, afastar um parlamentar do exercício do mandato. Trata-se de perigosíssima criação jurisprudencial, que afeta de forma significativa o equilíbrio e a independência dos Três Poderes. Mandato parlamentar é coisa séria e não se mexe, impunemente, em suas prerrogativas".

Em razão de recurso interposto pela Procuradoria Geral da República, a Primeira Turma do STF restabeleceu o afastamento cautelar do senador. Para o ministro Barroso, "Seria uma incongruência entender que se aplica a prisão domiciliar aos coautores menos relevantes sem a aplicação de nenhum tipo de restrição à liberdade de ir e vir a quem, supostamente, teria sido o mandante. Há indícios, bastaste suficientes a meu ver, de autoria e materialidade".

Nesse ínterim, três partidos políticos ajuizaram ação direta de inconstitucionalidade (ADI 5526) pedindo que o tribunal conferisse interpretação conforme a Constituição aos artigos 312 e 319 do CPP, para que a aplicação das medidas cautelares impostas a parlamentares fosse submetida à deliberação da respectiva Casa Legislativa em vinte e quatro horas, seguindo a regra relativa à apreciação da prisão em flagrante (art. 53, § 2º, da CF).

A ação foi julgada parcialmente procedente em 11/10/2017, oportunidade em que o tribunal reconheceu, por maioria, a necessidade de confirmação da medida de afastamento do cargo e de medidas que de alguma forma limitem ou embaracem o exercício da função parlamentar.

Diante da complexidade e das controvérsias que cercam o tema relativo às prerrogativas constitucionais de parlamentares em face do cometimento de crimes por quem se aproveita justamente das prerrogativas para criar uma espécie de indenidade, não foram poucas as divergências entre os ministros.

Os ministros Edson Fachin, Luís Roberto Barroso, Rosa Weber, Luiz Fux e Celso de Mello votaram pela improcedência da ação. Em seus votos, os ministros admitiam a possibilidade de decretação de qualquer medida cautelar sem submissão à apreciação do Legislativo, independentemente da restrição provocada no exercício do mandato parlamentar. Basicamente, o fundamento foi o de que o mandato é revestido de prerrogativas que garantem seu livre exercício na medida em que evitam perseguições políticas, mas que não podem servir de escudo para o cometimento de crimes.

Ao referir-se às disposições constitucionais, o ministro Barroso afirmou que as possibilidades de manifestação sobre a prisão em flagrante de crime inafiançável, de sustação do andamento de ação penal e deliberação sobre perda de mandato (art. 55, § 2º) são exceções impostas pela Constituição ao regular andamento de processos criminais contra parlamentares. Se são exceções, e as únicas impostas, não é possível ampliá-las por via judicial.

Nessa esteira, qualquer óbice à aplicação das regras penais e processuais penais além daqueles impostos expressamente na Constituição contraria o princípio republicano.

Mas não foi essa a tese vencedora.

O ministro Alexandre de Moraes foi contrário, *a priori*, à possibilidade de decretar medidas cautelares que de alguma forma impeçam o exercício do mandato parlamentar exatamente porque essas medidas não são contempladas na Constituição Federal. Mas apontou que, caso admitida a decretação, é necessária a manifestação da Casa Legislativa respectiva para os fins dispostos no art. 53, § 2º, da CF. Também impôs a necessidade de manifestação do

Parlamento o ministro Dias Toffoli, para quem, no entanto, as cautelares só podem ser decretadas no caso de flagrante de crime inafiançável ou se houver "superlativa excepcionalidade".

O ministro Ricardo Lewandowski também votou pela necessidade de manifestação do Poder Legislativo, mas desde que se trate de medida limitadora do exercício do mandato. Caso contrário, pode ser aplicada pelo Judiciário sem nenhuma espécie de confirmação.

Para o ministro Gilmar Mendes, que igualmente admitiu as medidas seguidas de manifestação do Parlamento, não se trata exatamente de ampliar ou restringir prerrogativas parlamentares, mas de conferir o devido sentido a tais normas, que não têm o propósito de atribuir salvaguarda a atos criminosos.

O ministro Marco Aurélio votou contrariamente à possibilidade de impor qualquer das medidas cautelares do art. 319 do CPP a parlamentares, seguindo assim a orientação que já havia exposto quando revogou o afastamento do mandato imposto ao senador Aécio Neves. Mas também afirmou que, caso se admitisse essa possibilidade, seria imprescindível o controle político pelo Legislativo.

Finalmente, a ministra Cármen Lúcia – que desempatou o julgamento – ponderou que, embora seja necessário o cumprimento de medidas penais determinadas contra parlamentares, o mandato não pertence à pessoa do parlamentar – esse, aliás, é o fundamento das prerrogativas constitucionais. Por isso, é plenamente possível a aplicação das medidas cautelares de que trata o art. 319 do CPP, mas, caso se trate de algo que impeça o pleno exercício do mandato, a deliberação do Poder Legislativo é imprescindível. Assim, no julgamento da Ação Direta de Inconstitucionalidade n. 5526, julgada em 11.10.2017, em votação apertada (6 x 5), o Plenário do Supremo Tribunal Federal decidiu que o Poder Judiciário tem competência para impor a parlamentares as medidas cautelares tratadas no dispositivo em exame. Salvo se a medida, de alguma forma, cercear o exercício do mandado eletivo. Assim, por exemplo, a obrigatoriedade de recolhimento noturno do parlamentar (inc. V). Cuida-se de uma medida que, por óbvio, impedirá ou, ao menos, dificultará a atividade do parlamentar, posto que as sessões legislativas, como regra, ingressam noite adentro, sendo, pois, vedada sua imposição. O mesmo ocorreria caso fosse o parlamentar suspenso do exercício de função pública (in. VI). Nada impede, de outra parte, que ao parlamentar seja arbitrada fiança ou seja ele submetido a monitoramento eletrônico (incs. VIII e IX). Caso, porém, imposta uma medida que restrinja o exercício do mandato eletivo, deve essa decisão ser comunicada, no prazo de 24 horas, à respectiva Casa Legislativa que, por analogia ao art. 53, § 2º da Constituição, deverá deliberar pela manutenção ou não da medida cautelar.

Posto isso, a controvérsia serviu a todos para que se perceba o óbvio: o estatuto do Congressista (dentre outros) deve ser repensado. A imunidade prisional, por exemplo, serve, cada vez mais, como escudo para a prática de crime por uma parcela do parlamento, ficando seu autor no exercício do mandato, legislando em causa própria (e contra os interesses da sociedade). Ao invés de se pensar numa emenda que fortaleça a cadeia de imunidades (discurso já adotado por alguns congressistas), a sociedade clama mudanças que a restrinjam, caminhando mesmo para sua abolição.

Imunidade quanto à prisão e os parlamentares estaduais – como alertado no item anterior, na ADI 5526, o STF, conferindo interpretação conforme a Constituição aos artigos 312 e 319 do CPP, estabeleceu que a aplicação das medidas cautelares impostas a parlamentares deve ser submetida a deliberação da respectiva Casa Legislativa em vinte e quatro horas, seguindo a regra relativa à apreciação da prisão em flagrante (art. 53, § 2º, da CF).

Após esta decisão, as Assembleias Legislativas de alguns Estados passaram a aplicar a mesma regra no caso de prisão de deputados estaduais. No final de 2017, deputados estaduais do Rio de Janeiro tiveram a prisão preventiva decretada pelo TRF da 2ª Região em uma investigação envolvendo crimes de corrupção, associação criminosa, lavagem de dinheiro e evasão de divisas. Como a Constituição Federal estabelece expressamente que aos deputados estaduais se aplicam as regras da própria Constituição "sobre sistema eleitoral, inviolabilidade, imunidades, remuneração, perda de mandato, licença, impedimentos e incorporação às Forças Armadas" (art. 27, § 1º – grifamos), a Assembleia Legislativa do Rio de Janeiro decidiu analisar a prisão e acabou determinando a soltura dos parlamentares que haviam sido presos. Dias depois, o TRF 2 restabeleceu a prisão sob o fundamento de que a soltura havia sido ilegal.

A controvérsia chegou ao STF por meio de ações diretas de inconstitucionalidade (ADIs 5823, 5824 e 5825) contra dispositivos de constituições estaduais que estendem a deputados estaduais as imunidades formais concedidas pela Constituição Federal aos parlamentares federais, pois, argumenta-se, apenas a inviolabilidade nas opiniões, palavras e votos seria de repetição obrigatória nas constituições estaduais; as imunidades formais não podem ser repetidas porque, no âmbito estadual, não cumprem o mesmo desiderato estabelecido pelo constituinte originário, que é a preservação do sistema representativo federal. E a decisão do STF impondo a necessidade de confirmação de medidas cautelares decretadas contra parlamentares federais considerou justamente o aspecto relativo à divisão de Poderes e à manutenção do sistema representativo no âmbito federal, não no dos estados.

O STF iniciou o julgamento do pedido liminar em 2017, mas, suspensa a análise, somente em 08 de maio de 2019 foram proferidos os votos faltantes.

Quando suspensa a sessão, eram cinco os votos pela concessão da liminar e, portanto, da restrição das imunidades formais aos deputados estaduais; quatro ministros haviam votado contra a liminar. Em artigo publicado à época, resumimos os votos da seguinte forma:

> "O ministro Edson Fachin, relator de duas das ações, concedeu a liminar argumentando que as decisões que decretam medidas cautelares envolvem um juízo técnico-jurídico, não político. Decidiu o ministro conferir aos dispositivos estaduais interpretação – conforme a Constituição – de que aquelas regras não vedam a decretação de medidas cautelares de natureza penal contra deputados estaduais, tampouco concedem às assembleias legislativas poder para revogar ou sustar atos judiciais.
>
> A ministra Rosa Weber concedeu a liminar fundamentando-se no fato de que, ao decidir que as medidas cautelares aplicadas a parlamentares federais devem ser submetidas à respectiva Casa Legislativa, o Supremo não estabeleceu nenhuma extensão aos deputados estaduais.
>
> O ministro Luiz Fux, por sua vez, afirmou que as prerrogativas do § 2º do art. 53 da CF são aplicáveis aos deputados estaduais, mas o dispositivo deve ser interpretado no sentido de que, até o recebimento da denúncia, a prerrogativa de decidir sobre qualquer medida é do Judiciário (recebida a denúncia, o Judiciário informa ao Legislativo, que pode sustar o andamento da ação penal – art. 53, § 3º, CF/88).
>
> O ministro Dias Toffoli argumentou que a prerrogativa de analisar a prisão dos parlamentares é do Congresso Nacional, não de seus membros, ou seja, não é uma imunidade, mas uma prerrogativa da instituição, razão por que não se estende aos parlamentares estaduais. Para o ministro, a imunidade contra a prisão de que a trata a Constituição Federal é de reprodução vedada nas constituições estaduais.

> Finalmente, a ministra Cármen Lúcia se valeu do já conhecido argumento de que imunidade não pode significar impunidade. As imunidades estabelecidas na Constituição Federal existem não para proteger os indivíduos que ocupam o cargo, mas as instituições que eles compõem, razão pela qual se justifica a interpretação restritiva no sentido de que as imunidades formais se restringem à esfera federal.
>
> Por outro lado, o ministro Marco Aurélio, relator de uma das ações, indeferiu a liminar argumentando que as imunidades estabelecidas na Constituição Federal são aplicáveis, por expressa disposição, aos deputados estaduais. Na mesma linha decidiu o ministro Alexandre de Moraes, que apontou a possibilidade de revisão, pelo Poder Judiciário, das decisões tomadas com abuso de poder ou desvio de finalidade pelas assembleias legislativas.
>
> Também se referiram à extensão expressa, formulada pelo constituinte originário, os ministros Gilmar Mendes e Celso de Mello."

Na ocasião, nossa conclusão – que mantemos – foi de que não havia possibilidade de restringir a decisão do STF na ADI 5526 aos parlamentares federais, pois o art. 27, § 1º, da Constituição é expresso ao estender aos deputados estaduais as imunidades – no plural – concedidas aos parlamentares federais:

> "Data maxima venia, os argumentos utilizados para a concessão da liminar são demasiadamente genéricos e não se sustentam (e, se bem aplicados, funcionam contrariamente à decisão tomada pelo próprio STF na ADI 5526).
>
> Ora, o fato de que o Judiciário faz um juízo técnico-jurídico, não político, aplica-se também ao STF no tocante aos parlamentares federais; o fato de que o STF não estabeleceu nenhuma extensão aos deputados estaduais quando decidiu a ADI 5526 é de todo irrelevante, pois a Constituição Federal estabelece expressamente a extensão; o argumento de que, até o recebimento da denúncia, a prerrogativa de decidir sobre qualquer medida é do Judiciário também se aplica aos parlamentares federais; tampouco se sustenta o argumento de que a decisão sobre a prisão é uma prerrogativa da instituição, não dos parlamentares, porque a Constituição trata dessa prerrogativa como uma imunidade parlamentar e a estende ao âmbito estadual, no qual também existem instituições (no caso, as assembleias legislativas); e nem se fale do argumento de que imunidades não podem significar impunidade. Ora, isso é evidente, porém não é disso que se trata. O que está em jogo é a aplicação de uma regra constitucional expressa e muito clara que estende aos parlamentares estaduais as imunidades – todas – estabelecidas para os congressistas.
>
> O equívoco, parece-nos, iniciou-se na decisão que concedeu ao Legislativo o poder de rever determinações judiciais. Na verdade, a pretexto de obstar a utilização do cargo – e consequentemente das imunidades – para a prática de ilícitos e de evitar a impunidade, o STF decidiu por aplicar medidas penais que a Constituição Federal não contempla; e, para diminuir o impacto dessa iniciativa e evitar o enfraquecimento do sistema de separação de poderes, decidiu conferir ao Congresso Nacional uma espécie de controle sobre decisões judiciais, controle este que a Constituição Federal tampouco contempla. Agora, ao que parece, busca evitar os efeitos negativos de sua própria decisão." – destaque no original

Na conclusão do julgamento do pedido liminar, o tribunal concluiu, por seis votos a cinco, pela extensão das imunidades formais aos parlamentares estaduais.

O ministro Dias Toffoli retificou seu voto para aderir à tese de que as imunidades formais podem ser estendidas aos parlamentares estaduais. No mesmo sentido votou o ministro Ricardo Lewandowski, que se ateve ao texto expresso do art. 27, § 1º e apontou que no conflito entre preservação da imunidade parlamentar e a eficácia da persecução penal, "[d]o ponto de vista de densidade histórica, a proteção da imunidade parlamentar possui muito mais peso e substância".

Alinhando-se à tese contrária, o ministro Luís Roberto Barroso argumentou que, mesmo em relação a parlamentares federais, a Constituição só admite que o Parlamento delibere sobre a prisão de seus membros em situação de flagrante de crime inafiançável. Logo, não se cogita de nenhuma extensão aos deputados estaduais. O ministro seguiu a linha de seu próprio voto – vencido – na ADI 5526, ou seja, pela possibilidade de decretação de qualquer medida cautelar sem submissão à apreciação do Legislativo, independentemente da restrição provocada no exercício do mandato parlamentar.

A nosso ver, a conclusão a que se chegou era mesmo inevitável em razão da simetria estabelecida pelo art. 27, § 1º, da Constituição Federal. Se houve deslize – reitere-se –, isto se deu em decisões anteriores que criaram institutos não contemplados pelo ordenamento constitucional.

Prazo das medidas cautelares – Não há disposição legal que restrinja o prazo das medidas cautelares diversas da prisão, as quais podem perdurar enquanto presentes os requisitos do art. 282 do Código de Processo Penal, devidamente observadas as peculiaridades do caso e do agente (AgRg no HC 737.657-PE, Rel. Min. Reynaldo Soares da Fonseca, Quinta Turma, por unanimidade, julgado em 14/06/2022).

JURISPRUDÊNCIA

Fiança aplicada isoladamente ou em conjunto com outras medidas

"Após a alteração trazida pela Lei nº 12.403/2011, a fiança pode ser fixada isoladamente ou em conjunto com outras medidas que se entendam necessárias, dentre as previstas no art. 319 do Código de Processo Penal, a fim de se evitar o decreto da prisão cautelar, nos casos em que esta não seja imprescindível" (STJ – HC nº 252807-BA, Rel. Marco Aurélio Bellizze, j. 24.09.2013, DJe 02.10.2013).

Art. 320. **A proibição de ausentar-se do País será comunicada pelo juiz às autoridades encarregadas de fiscalizar as saídas do território nacional, intimando-se o indiciado ou acusado para entregar o passaporte, no prazo de 24 (vinte e quatro) horas. (Redação dada pela Lei nº 12.403, de 2011).**

Retenção do passaporte – Trata-se de mais uma medida cautelar que, na melhor técnica legislativa, deveria ter sido incluída no inc. IV acima, bastando que se mencionasse que, além de proibido de deixar a Comarca, o réu ou indiciado estaria proibido também de se ausentar do País. De qualquer sorte, imposta a medida, cumpre ao juiz comunicar às autoridades de fronteira, bem como àquelas responsáveis pelo tráfego internacional, marítimo e terrestre, quando ao teor de sua decisão. Deve, ainda, determinar a entrega do passaporte. Era medida já admitida, inclusive, pela jurisprudência do STJ, antes mesmo de sua inclusão pela Lei nº 12.403/2011, sob o fundamento de sua inserção no poder geral de cautela do juiz. A *ratio legis* é evidente: recolhido o passaporte do réu ou indiciado, ainda no curso do processo ou das investigações, ele, por consequência, se verá impedido de deixar o país. A experiência mais recente, porém, demonstra que a eficácia dessa medida é relativa, já que as fronteiras secas de nosso território, de dimensão continental, e a ausência de maior fiscalização, têm permitido a saída furtiva de muitos investigados ou réus – e mesmo condenados – para o exterior, seguindo-se, daí, processos de extradição extremamente morosos e nem sempre bem sucedidos.

Entrega espontânea do passaporte – Como bem observa Silvio Maciel, "o STF e o STJ entendem que a entrega espontânea do passaporte às autoridades demonstra interesse em colaborar com a Justiça, de forma a impedir a decretação da prisão cautelar. Nesse sentido: 'Superados os pressupostos que autorizam a decretação da prisão preventiva, a liberdade provisória deve ser imediatamente concedida. A comprovação de bons antecedentes, residência fixa e a entrega voluntária de passaporte por estrangeiro, acusado da prática de crimes contra o sistema financeiro, demonstra a intenção de submeter-se à jurisdição brasileira' (STF, HC 93.134/SP, rel. Min. Ricardo Lewandowski, DJe 29.02.2008) [...]. Assim sendo, caso o juiz não decrete a medida, nada impede que o indiciado ou acusado ofereça o passaporte para apreensão, demonstrando assim sua disposição de não fugir das investigações ou do processo" (ob. cit., p. 27).

JURISPRUDÊNCIA

Proibição de viajar

"A medida acautelatória de proibição de viajar para o exterior sem a prévia autorização judicial, quando imposta com o objetivo de assegurar a escorreita instrução criminal, por si só, não configura constrangimento ilegal" (STJ – HC nº 209139-RJ, Rel. Og Fernandes, j. 29.05.2012, DJe 18.06.2012).

Entrega do passaporte e poder geral de cautela

"Mesmo enquanto não editada a Lei n. 12.403/2011, reputava-se legítimo que o Magistrado ordenasse ao réu a entrega do seu passaporte em juízo, com fundamento no poder geral de cautela, quando se verificasse indispensável. Nesse sentido, este precedente do Pretório Excelso que, inclusive, faz referências a julgados de 2008: HC n. 101.830, Rel. Ministro LUIZ FUX, Primeira Turma, DJe de 04/05/2011. A possibilidade de entrega do passaporte do réu ao Juízo ficou expressamente positivada no art. 320 do Código de Processo Penal, dispositivo legal explicitamente referido no acórdão impugnado, de forma adequadamente fundamentada. Em verdade, ainda que o art. 320 não houvesse sido precisamente redigido no texto do acórdão, de nenhuma valia teria a devolução do passaporte ao paciente, já que eventual viagem ao exterior que ele pretendesse realizar permanecesse dependendo de autorização judicial. Outrossim, em todas as ocasiões em que o paciente precisou ausentar-se da comarca em que reside, protocolizou pedidos de deslocamento intermunicipais e interestaduais, que foram, em sua integralidade, deferidos pelo Magistrado singular, sendo certo que a última ocasião ocorreu há menos de dois meses' (STJ – HC n. 357814-PR – Rel. Antonio Saldanha Palheiro, j. 16.02.2017, DJe 24.02.2017).

Possibilidade de retenção do passaporte antes da vigência da Lei nº 12.403/ 2011

"A presunção de não culpabilidade não exclui a determinação de medidas cautelares, visando eventual aplicação da lei penal, devidamente fundamentadas em fatos concretos, entre elas a apreensão de passaporte" (STJ – HC n. 85495-SP, Rel. Min. Jane Silva, DJ 12.11.2007).

CAPÍTULO VI
DA LIBERDADE PROVISÓRIA, COM OU SEM FIANÇA

Art. 321. Ausentes os requisitos que autorizam a decretação da prisão preventiva, o juiz deverá conceder liberdade provisória, impondo, se for o caso, as medidas cautelares previstas no art. 319

deste Código e observados os critérios constantes do art. 282 deste Código. (Redação dada pela Lei nº 12.403, de 2011).

I - (Revogado pela Lei nº 12.403, de 2011).

II - (Revogado pela Lei nº 12.403, de 2011).

Introdução – Anteriormente à reforma procedida pela Lei n. 12.403/2011, eram três as modalidades de liberdade provisória, a saber: 1) *liberdade provisória sem fiança e sem vinculação*, para os casos em que o acusado se "livrava solto", quando a pena máxima imposta à infração penal não superava três meses; 2) *liberdade provisória sem fiança, com vinculação*, quando o juiz detectava que o acusado não reunia condições de pagar a fiança, ou que cometeu o crime acobertado por uma causa excludente de ilicitude ou, ainda, quando não era o caso de se decretar a preventiva. Impunha ao agente, então, algumas obrigações (comparecimento sempre que chamado, proibição de mudar-se de residência sem prévia autorização etc.); 3) *liberdade provisória mediante fiança*, cabível para as hipóteses as quais a lei não proibia expressamente a fiança. Ou seja, o revogado art. 323 do CPP elencava as hipóteses nas quais a fiança não podia ser concedida e, por consequência, permitia o favor legal para os demais casos, não excepcionados no mencionado artigo de lei.

A figura do réu que *se livra solto*, prevista na anterior redação do art. 321, não mais subsiste no código atual. Mas, como lembra Silvio Maciel, "no Código de Processo Penal Militar continuam existindo hipóteses em que o preso em flagrante se livra solto: no caso de infrações não punidas com pena de prisão; em algumas infrações culposas e em certas infrações punidas com pena de detenção não superior a dois anos (art. 270 do CPPM)" (ob. cit., p. 28).

Disciplina atual – A atual disciplina da matéria estabelece três formas de liberdade provisória, sendo elas: 1) *liberdade provisória sem fiança ou imposição de qualquer medida cautelar, mas com obrigação de comparecimento aos atos do processo*, quando, do auto de prisão em flagrante, o juiz verificar que o agente cometeu o fato acobertado por uma causa excludente de ilicitude, nos termos do art. 310, §1º., do CPP; 2) *liberdade provisória sem fiança, com imposição de medida cautelar e obrigação de comparecimento aos atos do processo*, nos termos do art. 350 do CPP. É aquela imposta ao réu pobre que sacrificaria sua subsistência ou da família, caso obrigado a recolher o valor arbitrado na fiança. Embora liberado desse pagamento, o agente se obriga "a comparecer perante a autoridade, todas as vezes que for intimado para atos do inquérito e da instrução criminal e para o julgamento" (art. 327), proibido, ainda, de mudar de endereço ou ausentar-se da residência por mais de oito dias, sem prévia comunicação (art. 328), além da possibilidade de imposição de outras medidas cautelares; 3) *liberdade provisória com ou sem fiança e com ou sem medida cautelar diversa da prisão*, para os casos em que ausentes os requisitos da prisão preventiva (art. 321). Aqui, quando o juiz detecta não ser cabível a prisão preventiva, deve conceder a liberdade provisória, podendo impor alguma medida cautelar (art. 319), inclusive a fiança.

ATENÇÃO - O legislador, por meio da Lei 13.964/19, acrescentou o §2º. ao art. 310 do CPP, determinando ao juiz que negue liberdade provisória, com ou sem medidas cautelares, ao agente reincidente, ou que integra organização criminosa armada ou milícia ou que porta arma de fogo de uso restrito. A inovação, em que pese aplaudida por muitos, parece que não passará pelo crivo de constitucionalidade do legislador constitucional negativo. Atualmente, a orientação do STF é de que vedações em abstrato à concessão da liberdade provisória contrariam a Constituição Federal, devendo o juiz sempre fundamentar a proibição aquilatando as circunstâncias do caso concreto.

Abuso de autoridade – nos termos do art. 9º, parágrafo único, II, da Lei 13.869/19, constitui crime de abuso de poder o comportamento da autoridade judiciária que, dentro de prazo razoável, deixar de substituir a prisão preventiva por medida cautelar diversa ou conceder liberdade provisória, quando manifestamente cabível. As condutas descritas na referida Lei constituem crime de abuso de autoridade somente quando praticadas pelo agente com a finalidade específica de prejudicar outrem ou beneficiar a si mesmo ou a terceiro, ou, ainda, por mero capricho ou satisfação pessoal.

Art. 322. A autoridade policial somente poderá conceder fiança nos casos de infração cuja pena privativa de liberdade máxima não seja superior a 4 (quatro) anos. (Redação dada pela Lei nº 12.403, de 2011).

Parágrafo único. Nos demais casos, a fiança será requerida ao juiz, que decidirá em 48 (quarenta e oito) horas. (Redação dada pela Lei nº 12.403, de 2011).

Fiança. Conceito – Na lição de Joaquim Bernardes da Cunha, "é a faculdade concedida ao réu de se livrar solto debaixo de certa caução". Para Bento de Faria, "é a permissão deferida ao acusado, em certos crimes, de conservar provisoriamente a liberdade para, assim tratar de seu livramento mediante a prestação de uma garantia, observadas as obrigações que lhe foram impostas" (ambos citados por Ary Azevedo Franco, ob. cit., vol. 1, p. 328). A essas definições, acrescentamos que a fiança tem por objetivo, ainda, assegurar o "pagamento das custas, da indenização do dano, da prestação pecuniária e da multa, se o réu for condenado", nos termos do art. 336 do CPP. Demais disso, evita a total impunidade daquele que, uma vez condenado, não se apresentar para o início do cumprimento da pena, já que perde o valor total da fiança, na letra do art. 344 do código.

De origem remota, era conhecida dos gregos e romanos. No Brasil, teve assento na Constituição do Império e manteve-se, até hoje, com esse *status*, como se vê da Carta de 1988, que prescreve, em seu art. 5º, inc. LXVI, que "ninguém será levado à prisão ou nela mantido, quando a lei admitir a liberdade provisória, com ou sem fiança".

Natureza jurídica – Já se entendeu que a natureza jurídica da fiança seria de uma contracautela. Assim, se a manutenção da prisão em flagrante serviria como cautela para garantir a tramitação do processo, a fiança, por seu turno, seria uma contracautela, a impedir, com seu recolhimento, a prisão do agente. A partir, contudo, da Constituição de 1988, que reforçou sobremaneira o princípio da presunção da inocência, essa ideia não mais subsiste, como, aliás, ressaltam Luiz Otávio Rocha e Marco Antônio Baz, para quem "essa concepção (contracautela), se aceitável outrora, em época que vigorava a regra da necessidade da manutenção da prisão em flagrante do réu durante o processo, não prevalece diante da ordem constitucional hodierna, pois existe agora expressa presunção da não culpabilidade durante o processo penal, donde o réu somente por exceção deve permanecer preso enquanto tramitar o feito, um vero rigor extremo reservado tão somente para aqueles casos em que a hipótese fática revelar a necessidade absoluta da custódia. O instituto tem natureza cautelar, atinente à liberdade do imputado" (*Fiança criminal e liberdade provisória*. 1ª ed. São Paulo: Revista dos Tribunais, 1999, p. 18).

Pode-se afirmar, assim, que a natureza jurídica da fiança é de uma medida cautelar, cujo objetivo é de substituir a prisão em flagrante ou a prisão preventiva, livrando o agente da prisão uma vez recolhida. Essa impressão se reforça ante o disposto no art. 319, inc. VIII, que elenca a fiança dentre as medidas cautelares alternativas à prisão.

Fiança concedida pela autoridade policial – Pela antiga redação deste dispositivo, à autoridade policial somente era dada a concessão da fiança nos casos punidos com detenção ou prisão simples. O texto atual deixou de lado a modalidade de prisão para se concentrar na quantidade da pena e, com isso, alargou sensivelmente as hipóteses nas quais o delegado de polícia pode, após a prisão em flagrante, conceder a fiança.

Tentativa – Na hipótese de crime tentado, o art. 14, parágrafo único, do Código Penal, autoriza a redução da pena de um a dois terços. Cumpre ao delegado de polícia, assim, considerar a pena máxima cominada ao delito e, sobre ela, fazer incidir a redução mínima prevista para a tentativa, isto é, um terço. Sua missão, recorde-se, deve ser apurar em abstrato a pena máxima que o crime comportará. Suponha-se um crime de infanticídio (art. 123 do Código Penal), cuja pena máxima é de seis anos, o que, *a priori*, inibiria a autoridade policial de arbitrar a fiança. Perpetrado, porém, na sua forma tentada, deve o delegado calcular a redução mínima, de um terço, obtendo, com isso, exatamente os quatro anos que o autorizam a arbitrar a fiança. Conclui-se, pois, por uma conta simples, que qualquer infração penal, que se restrinja à tentativa e que tenha pena máxima superior a seis anos, veda ao Delegado de Polícia o arbitramento da fiança, a ser pleiteada, por consequência, perante a autoridade judiciária.

Concurso de crimes – Pode ocorrer de o conduzido ser preso em flagrante pela prática de mais de um crime, em concurso. Assim, em um *concurso material*, no qual o agente é preso por furto simples (pena máxima que não supera quatro anos), mais resistência (pena máxima de dois anos), não será cabível a concessão da fiança pela autoridade policial, pois a soma das duas penas ultrapassa os quatro anos. Nesse sentido, aliás, o verbete da Súmula 81 do STJ, pela qual "não se concede fiança quando, em concurso material, a soma das penas mínimas cominadas for superior a dois anos de reclusão".

Em interessante artigo intitulado "O passo-a-passo dos cálculos de pena para a possibilidade de arbitramento de fiança pelos delegados de polícia", Ivens Carvalho Monteiro, com razão, destaca algumas situações nas quais, por prudência, deverá a autoridade policial abster-se de conceder a fiança. Trata-se de hipóteses que autorizam a redução da pena, mas se colocam em uma zona cinzenta, como nos casos de arrependimento posterior (art. 16 do Código Penal), erro sobre a ilicitude do fato (art. 21 do CP), semi-imputabilidade do agente (art. 26 do CP) e embriaguez proveniente de caso fortuito ou força maior (art. 28 do CP) (sítio jusnavigandi.com.br, acessado em 16.03.2015).

Em São Paulo, a Recomendação n. 4, de 21.07.2011, do Delegado Geral de Polícia determina que: "as Autoridades Policiais, ao decidirem sobre a liberdade provisória mediante fiança prevista no art. 322 do Código de Processo Penal, poderão analisar, de acordo com seu convencimento jurídico, concurso material e outras causas de aumento e/ou diminuição de pena, decidindo motivada e fundamentadamente, a respeito da possibilidade ou não da concessão do benefício legal".

Causas de aumento e diminuição da pena – Estas devem ser enfrentadas pela autoridade policial, não demandando maior dificuldade no cálculo. Tomando exemplos de Ivens Carvalho Monteiro, acima mencionado, imaginemos um crime de denunciação caluniosa (art. 339 do Código Penal), cuja pena máxima é de oito anos e, portanto, não autorizaria o arbitramento da fiança pela autoridade policial. Ocorre que o § 2º, do art. 339 do CP, prevê que sendo a imputação referente à prática de uma contravenção, a pena é reduzida pela metade (quatro anos), fator que, nos termos do "caput" do dispositivo em exame, permite que o delegado de polícia arbitre a fiança. Num outro exemplo, suponha-se o crime de aliciamento de trabalhadores, previsto no art. 207 do CP, cuja pena máxima é de três anos. Sucede que, "se a vítima é menor de dezoito anos, idosa, gestante, indígena ou portadora de deficiência física ou mental", a pena é aumentada de um sexto a um terço, na dicção do § 2º, do art. 207 do CP. Ora, aplicando a majoração máxima, de um terço, se chegará a quatro anos, a autorizar a fiança arbitrada pelo delegado de polícia. O mesmo ocorre em um homicídio culposo, cuja pena máxima é de três anos. Se "o agente deixa de prestar imediato socorro à vítima, não procura diminuir as consequências do seu ato, ou foge para evitar prisão em flagrante", essa pena é aumentada em 1/3, nos termos do § 4º, do art. 121 do Código Penal, resultando em uma pena de quatro anos que admite o arbitramento da fiança pela autoridade policial.

Imagine-se, agora, o crime de apropriação indébita, cuja pena máxima é de quatro anos, que autorizaria o arbitramento da fiança pela autoridade policial. Quando essa apropriação, porém, ocorre "em razão de ofício, emprego ou profissão", a pena é aumentada em um terço, nos termos do § 1º, do art. 168 do Código Penal, auferindo-se uma sanção superior a quatro anos, que já não admite a iniciativa do delegado de polícia.

Fiança arbitrada pela autoridade policial e a Lei Maria da Penha – A partir do advento da Lei nº 12.403/2011, que alterou substancialmente a disciplina da prisão preventiva e da liberdade provisória, esboça-se um entendimento no sentido de que, para os delitos a envolver violência doméstica, não poderia a autoridade policial arbitrar fiança, em ato que, por consequência, seria privativo de juiz de direito.

Nesse sentido os ensinamentos de Fausto Rodrigues de Lima (*Fiança policial, violência doméstica e a Lei nº 12.403/2011*. Disponível em www.jusnavigandi.com.br) e Jorge Romcy Auad Filho (*A liberdade provisória na Lei Maria da Penha*. Disponível em www.jusnavigandi.com.br). Desse teor, ainda, o Enunciado nº 6 da Comissão Permanente de Promotores da Violência Doméstica do Brasil (COPEVID), *verbis*: "Nos casos de violência doméstica e familiar contra a mulher, criança, adolescente, idoso, enfermo ou pessoa com deficiência, é vedada a concessão de fiança pela Autoridade Policial, considerando tratar-se de situação que autoriza a decretação da prisão preventiva nos termos do artigo 313, III, CPP".

O argumento principal desses respeitáveis entendimentos reside no fato de que, delitos perpetrados em contexto de violência doméstica, admitem a decretação da prisão preventiva, nos termos do inc. III, do art. 313 do Código de Processo Penal, quando "o crime envolver violência doméstica e familiar contra a mulher, criança, adolescente, idoso, enfermo ou pessoa com deficiência, para garantir a execução das medidas protetivas de urgência". Sendo assim, por admitirem a prisão preventiva, a autoridade policial se veria impedida de arbitrar fiança, mesmo que ao delito seja cominada pena privativa de liberdade não superior a quatro anos (art. 322 do CPP), desautorizada pela dicção do inc. IV, do art. 324 do CPP, que veda o favor legal "quando presentes os motivos que autorizam a decretação da prisão preventiva".

Discordamos desse posicionamento. Pensamos que, a fim de avaliar a possibilidade da autoridade policial em arbitrar fiança se deva, em um primeiro momento, atentar à textualidade do art. 322 do CPP, isto é, se a pena máxima cominada ao delito não supera quatro anos. Adotado tal parâmetro, tem-se que o delito de lesões corporais leves contra a mulher (art. 129, §13, do CP) admite a fiança a ser arbitrada pelo delegado de polícia. Também se permite a mercê em prol daquele que cometeu ameaça em um contexto de violência doméstica. Tomamos, assim, os dois crimes que, com mais frequência, afligem as mulheres em situação de vulnerabilidade. Esse o primeiro dado a ser considerado. Em seguida, cumpre observar se, embora atendendo o critério objetivo, o agente não se acha inserido na hipótese que admite a prisão preventiva, do inc. III, do art. 313 do CPP. Aqui reside nossa divergência com o posicionamento inicialmente aludido.

Não basta, com efeito, que o delito envolva "violência doméstica e familiar contra a mulher" para que se admita a prisão preventiva, mas que, além disso, essa prisão se justifique "para garantir a execução das medidas protetivas de urgência", na dicção da parte final do inc. III do art. 313 do CPP. É dizer, em reforço: o simples fato de o crime ser praticado em contexto de violência doméstica, por si só, não impede a concessão da fiança pela autoridade policial. Haverá sim impedimento se, ademais, o delito for perpetrado quando, em favor da vítima, medidas protetivas de urgência tenham sido deferidas.

Não cabe ao intérprete distinguir onde o legislador não distinguiu, sobretudo no trato de matéria a envolver a liberdade da pessoa. Aliás, a se privilegiar tal entendimento, mas em conclusão que jamais foi cogitada, o furto simples perpetrado contra uma pessoa idosa, a apropriação indébita tendo como vítima um enfermo, o delito de maus-tratos e de abandono de incapaz – para ficarmos com alguns exemplos – também não permitiriam o arbitramento da fiança pela autoridade policial, eis que, nos termos do inc. III, do art. 313 do Código de Processo Penal, admitiriam a prisão preventiva dada á condição subjetiva de vulnerabilidade das vítimas.

Nem vale argumentar com a gravidade do delito. Delitos apenados de forma muito mais gravosa, como, por exemplo, o aborto provocado pela gestante ou com o seu consentimento, do art. 124 do CP ou, ainda, o perigo de contágio de moléstia grave, previsto no art. 131 do mesmo *codex*, permitem ao delegado de polícia, face à pena máxima a eles cominada e no exercício de verdadeiro poder-dever, o arbitramento da fiança.

Por último, quisesse o legislador, de fato, vedar a concessão da fiança pelo Delegado de Polícia, seguramente o teria feito de maneira expressa na Lei Maria da Penha, incluindo dispositivo que impedisse esse favor legal. Foi assim que ele agiu, por exemplo, ao proibir a fiança policial no crime do art. 24-A da Lei Maria da Penha ("Descumprir decisão judicial que defere medidas protetivas de urgência previstas nesta Lei"). Ora, um legislador que foi tão direto e objetivo nessa circunstância, não teria qualquer constrangimento em incluir, no texto legal, dispositivo que impedisse a concessão da fiança pela autoridade policial em qualquer crime envolvendo violência doméstica e familiar contra a mulher. Seu eloquente silêncio a respeito deve ser interpretado como nítida intenção de, em regra, não proibir a concessão do benefício.

Concluímos, bem por isso, que: 1) à autoridade policial, como regra, cumpre arbitrar fiança em prol do autor preso em flagrante pela prática de um delito em situação de violência doméstica, desde que a pena máxima cominada não exceda a quatro anos e 2) esse direito do agente somente será negado (quando caberá, então, ao juiz de direito apreciar a questão), se ele, com sua ação, descumpriu medidas protetivas que, antes, foram deferidas em favor da vítima.

JURISPRUDÊNCIA

Quando não é exigida fiança nos crimes de menor potencial ofensivo

"A Lei 9.099/95, modificada pela Lei 10.259/01, estabeleceu nova sistemática nos casos das infrações definidas como de menor potencial ofensivo: não se lavrará auto de prisão em flagrante e não se exigirá fiança sempre que o agente for encaminhado imediatamente ao Juizado ou quando assumir o compromisso de fazê-lo" (STJ – Pet n° 6906-SC, Rel. Arnaldo Esteves Lima, j. 23.03.2010, DJe 26.04.2012).

Art. 323. Não será concedida fiança: (Redação dada pela Lei nº 12.403, de 2011).

I - nos crimes de racismo; (Redação dada pela Lei nº 12.403, de 2011).

II - nos crimes de tortura, tráfico ilícito de entorpecentes e drogas afins, terrorismo e nos definidos como crimes hediondos; (Redação dada pela Lei nº 12.403, de 2011).

III - nos crimes cometidos por grupos armados, civis ou militares, contra a ordem constitucional e o Estado Democrático; (Redação dada pela Lei nº 12.403, de 2011).

IV - (Revogado pela Lei nº 12.403, de 2011).

V - (Revogado pela Lei nº 12.403, de 2011).

Crimes inafiançáveis – O dispositivo repete o texto constitucional que, em seu art. 5º, incs. XLII, XLIII e XLIV, prevê exatamente as mesmas hipóteses nas quais não se admite a fiança.

Art. 324. Não será, igualmente, concedida fiança: (Redação dada pela Lei nº 12.403, de 2011).

I - aos que, no mesmo processo, tiverem quebrado fiança anteriormente concedida ou infringido, sem motivo justo, qualquer das obrigações a que se referem os arts. 327 e 328 deste Código; (Redação dada pela Lei nº 12.403, de 2011).

II - em caso de prisão civil ou militar; (Redação dada pela Lei nº 12.403, de 2011).

III – (Revogado pela Lei nº 12.403, de 2011).

IV – quando presentes os motivos que autorizam a decretação da prisão preventiva (art. 312). (Redação dada pela Lei nº 12.403, de 2011).

I – aos que, no mesmo processo, tiverem quebrado fiança anteriormente concedida ou infringido, sem motivo justo, qualquer das obrigações a que se referem os arts. 327 e 328 deste Código; (Redação dada pela Lei nº 12.403, de 2011).

Quebramento da fiança – As causas que ensejam a quebra da fiança acham-se relacionadas no art. 341 do código. De sua parte, as condições elencadas nos arts. 327 e 328 que, uma vez descumpridas, impedem a concessão de nova fiança, são a obrigatoriedade de comparecimento do beneficiário perante a autoridade, todas as vezes que for intimado para atos do inquérito e da instrução criminal e para o julgamento e a proibição de mudar de residência, sem prévia permissão da autoridade processante, ou ausentar-se por mais de oito dias de sua residência, sem comunicar àquela autoridade o lugar onde será encontrado.

II – em caso de prisão civil ou militar; (Redação dada pela Lei nº 12.403, de 2011).

Prisão civil – A prisão civil, em nosso ordenamento jurídico, tem expressa previsão constitucional, como se vê do disposto no inc. LXVII, do art. 5º, da Carta, que a admite em casos de depositário infiel e alimentos. No que se refere, porém, à prisão do depositário infiel, o Supremo Tribunal Federal afastou de vez essa possibilidade, posto que, "desde a adesão do Brasil, no ano de 1992, ao Pacto Internacional dos Direitos Civis e Políticos (art. 11) e à Convenção Americana sobre Direitos Humanos 'Pacto de San José da Costa Rica' (art. 7º, 7), não há base legal par aplicação da parte final do art. 5º, inciso LXVII, da Constituição, ou seja, para a prisão civil do depositário infiel" (RE n. 466.343 – Rel. Gilmar Mendes, j. 03.12.2008, *DJe* 05.06.2009). A matéria hoje vem cristalizada por meio da Súmula vinculante n. 25 do Supremo Tribunal Federal, pela qual "é ilícita a prisão civil de depositário infiel, qualquer que seja a modalidade de depósito".

Subsiste, contudo, a prisão por dívida alimentar. De se ver, porém, que essa espécie de prisão civil, conforme aponta a doutrina unânime, não possui a natureza jurídica de uma punição, não importa em imposição de pena, tratando-se somente de um meio coercitivo para que o alimentante, constrangido pela execução, cumpra sua obrigação. Despida desse caráter de sanção penal, a prisão civil não poderia mesmo admitir a fiança. Afinal, "prende-se o executado, não para puni-lo, como se criminoso fosse, mas para forçá-lo indiretamente a pagar, supondo-se que tenha meios de cumprir a obrigação e queira evitar a prisão ou readquirir sua liberdade", como ensina Yussef Cahali (*Dos Alimentos*. São Paulo: RT. 1984, p. 625). Tanto é assim que "o cumprimento da pena não exime o devedor do pagamento das prestações vencidas e vincendas", nos termos do art. 528, § 5º, do Código de Processo Civil. Aliás, muito mais prático e de maior alcance social é a utilização do numerário para o pagamento dos alimentos em prol dos necessitados do que o recolhimento da fiança, caso fosse ela admitida.

Crime militar – A doutrina critica a inclusão, no Código de Processo Penal, dessa vedação, proibindo a concessão da fiança, posto que a matéria ficaria melhor colocada no âmbito da própria Justiça Militar. Ressalte-se, de qualquer forma, que a fiança é mesmo estranha aos delitos castrenses, em face, ao que parece, do caráter nitidamente disciplinar que inspira a Justiça Militar. Não faria sentido, assim, que perpetrada uma falta disciplinar, pudesse o infrator se livrar da prisão mediante o recolhimento da fiança. Isso não significa dizer, porém, que, cometido um crime militar, o agente deverá obrigatoriamente responder preso ao inquérito ou ao processo. O Código de Processo Penal Militar, nos arts. 270 e 271, contempla expressamente a possibilidade de concessão da liberdade provisória, inclusive para situações nas quais o réu "se livra solto". O art. 263, do mesmo *codex*, prevê ainda o instituto da menagem, que permite que o agente responda em liberdade "nos crimes cujo máximo da pena privativa da liberdade não exceda a quatro anos, tendo-se, porém, em atenção a natureza do crime e os antecedentes do acusado".

De sorte que, em que pese não admitir a fiança, o autor de um crime militar pode ser beneficiado com a liberdade provisória ou com a menagem. Este instituto, inclusive, guarda semelhança com a fiança e, como tal, serve de alternativa à prisão. Nesse sentido o ensinamento de Márcio Luiz Chila Freysleben, para quem "a menagem foi instituída historicamente como liberdade provisória, sendo equiparada por alguns, no início deste século, à fiança. A menagem só adquiriu perfil de prisão provisória, porque o padrão e o conceito de liberdade de nossa época evoluíram sensivelmente. No entanto, a menagem, em qualquer de suas versões, continua a cumprir o seu vetusto papel de servir de sucedâneo ao cárcere" (*A prisão provisória no CPPM*, Belo Horizonte: Ed. Del Rey, pág. 160).

III – (Revogado pela Lei nº 12.403, de 2011).

IV – quando presentes os motivos que autorizam a decretação da prisão preventiva (art. 312). (Redação dada pela Lei nº 12.403, de 2011).

Cabimento da prisão preventiva – Se a fiança se constitui, exatamente, em uma medida cautelar alternativa à prisão preventiva (art. 319, inc. VIII do código), parece óbvio que ela não será cabível sempre que presentes os pressupostos e requisitos que autorizem a medida extrema.

Violência doméstica e familiar contra mulher, criança e adolescente – A Lei Maria da Penha (Lei 11.340/06), no seu art. 12-C, §2º (que inspirou o art. 14 da Lei Henry Borel) traz, a nosso ver, disposição inútil ao estabelecer que nos casos de risco à integridade física da ofendida ou à efetividade da medida protetiva de urgência não será concedida liberdade provisória ao preso. É inútil porque se o agente está preso e sua soltura é um risco à integridade física da ofendida ou à efetividade da medida, não seria mesmo o caso de lhe conceder a liberdade provisória segundo o que já dispõem as regras para a decretação da prisão preventiva no Código de Processo Penal. Aliás, ressalte-se que, conforme já decidiu o STJ (cf. Informativo 632), a prática de contravenções penais no âmbito doméstico e familiar contra a mulher não dá ensejo à prisão preventiva porque os artigos 312 e 313, inciso III, do CPP, fazem menção apenas a crime, e não é possível estender o alcance de tais dispositivos a contravenções penais. A situação permanece a mesma, pois o art. 12-C não altera as regras de decretação da prisão preventiva, que devem ser extraídas exclusivamente do Código de Processo Penal.

JURISPRUDÊNCIA

Quando se admite fiança

"O art. 324, IV, do diploma processual, ressalva que não se concederá fiança quando estiverem presentes os motivos que autorizariam a decretação da prisão preventiva. Entretanto, no caso, a questão deve se resolver à luz do princípio da proporcionalidade, uma vez que sendo a liberdade a regra e a prisão a exceção neste momento processual, não se justifica manter o acusado preso em infração que admite fiança, mormente quando a pena privativa de liberdade em tese projetada não seja superior a quatro anos" (STJ – HC n° 59009-SP, Rel. Maria Thereza de Assis Moura, j. 28.11.2006, DJ 03.09.2007, p. 228).

Art. 325. O valor da fiança será fixado pela autoridade que a conceder nos seguintes limites: (Redação dada pela Lei nº 12.403, de 2011).

a) (revogada); (Redação dada pela Lei nº 12.403, de 2011).

b) (revogada); (Redação dada pela Lei nº 12.403, de 2011).

c) (revogada). (Redação dada pela Lei nº 12.403, de 2011).

I - de 1 (um) a 100 (cem) salários mínimos, quando se tratar de infração cuja pena privativa de liberdade, no grau máximo, não for superior a 4 (quatro) anos; (Incluído pela Lei nº 12.403, de 2011).

II - de 10 (dez) a 200 (duzentos) salários mínimos, quando o máximo da pena privativa de liberdade cominada for superior a 4 (quatro) anos. (Incluído pela Lei nº 12.403, de 2011).

§ 1º Se assim recomendar a situação econômica do preso, a fiança poderá ser: (Redação dada pela Lei nº 12.403, de 2011).

I - dispensada, na forma do art. 350 deste Código; (Redação dada pela Lei nº 12.403, de 2011).

II - reduzida até o máximo de 2/3 (dois terços); ou (Redação dada pela Lei nº 12.403, de 2011).

III - aumentada em até 1.000 (mil) vezes. (Incluído pela Lei nº 12.403, de 2011).

§ 2º (Revogado pela Lei nº 12.403, de 2011).

I - (Revogado pela Lei nº 12.403, de 2011).

II - (Revogado pela Lei nº 12.403, de 2011).

III - (Revogado pela Lei nº 12.403, de 2011).

Valor da fiança – Pela redação original do código, o valor da fiança era fixado pela moeda da época, em contos de réis, o que ensejava sua corrosão pela inflação e, por consequência, a pouca eficácia do instituto. Leis posteriores passaram a considerar o salário mínimo de referência como parâmetro. Ocorre que este *salário mínimo de referência* foi extinto pela Lei n. 7.789/1989 (art. 5º), vigorando apenas o salário mínimo. Deve a autoridade, portanto, basear-se no salário mínimo nacional para o arbitramento da fiança, orientação salutar seguida pela reforma de 2011.

O legislador prevê faixas variáveis, estabelecidas em salários mínimos, que não demandam maior explicação: de um a cem salários mínimos quando a pena máxima não superar quatro anos e de dez a duzentos salários mínimos quando a pena máxima superar os quatro anos.

Situação econômica do réu (i) – Trata-se de fator preponderante a ser considerado pela autoridade policial ou judiciária no momento do arbitramento da fiança, como visto no comentário ao artigo seguinte, sob a rubrica *situação econômica*. De tal forma que, precária a condição do agente, pode o juiz (mas não a autoridade policial), nos termos do art. 350 do código, dispensar a fiança, concedendo-lhe liberdade provisória mediante a obrigação de comparecimento perante a autoridade (policial ou judiciária), sempre que chamado (art. 327), e de comunicação ao juízo caso mude de residência ou se ausente por mais de oito dias (art. 328). Além de tais obrigações, é possível ainda a fixação de medidas cautelares, dentre as previstas nos arts. 319 e 320 do código. O conceito de pobreza, a justificar a liberação da fiança, pode ser extraído do disposto no art. 32, § 1º, do código, para quem "considerar-se-á pobre a pessoa que não puder prover às despesas do processo, sem privar-se dos recursos indispensáveis ao próprio sustento ou da família". Não se reclama, pois, uma condição de total penúria, um estado de absoluta miserabilidade, mas apenas a comprovação de que o recolhimento da fiança seria apto a comprometer o sustento do agente ou de sua família. Tal comprovação pode ser produzida por meio de atestado firmado pela autoridade policial (art. 32, § 2º, do CPP), ou por outro meio de prova.

É possível, ainda, sempre se atentando à condição econômica do agente, a redução da fiança em até 2/3 de seu valor. Entende-se que tal redução pode ser operada tanto pelo juiz como pelo delegado de polícia, já que o art. 350 do código exige decisão judicial apenas para as hipóteses de concessão de liberdade provisória sem fiança. Pode o valor da fiança ser ainda majorado em até mil vezes, por decisão exclusiva do juiz, sempre que se demonstrar que o agente, abonado, reúne condições para efetuar esse pagamento.

Art. 326. **Para determinar o valor da fiança, a autoridade terá em consideração a natureza da infração, as condições pessoais de fortuna e vida pregressa do acusado, as circunstâncias indicativas de sua periculosidade, bem como a importância provável das custas do processo, até final julgamento.**

Introdução – Cumpre apenas anotar, nessa nota introdutória, que as causas acima elencadas devem ser observadas quando já se optou pelo arbitramento da fiança. Em outras palavras: a periculosidade do agente, por exemplo, não deve se prestar, neste estágio, para indeferir o benefício que, a essa altura, já se entendeu cabível, mas apenas para majorar o valor da fiança.

Natureza da infração – Deverá a autoridade (policial ou judiciária), de plano, atentar à natureza da infração, isto é, "o conjunto dos elementos constitutivos da infração penal, que o tornam mais ou menos grave, que provoquem alarme maior ou menor, indignação mais ou menos forte, repúdio mais ou menos generalizado", nas palavras de Borges da Rosa (ob. cit., p. 441).

Considerando o teor do art. 322 do código, essa tarefa, de análise da natureza da infração, é facilitada para a autoridade policial, pois ela somente poderá arbitrar a fiança "nos casos de infração cuja pena privativa de liberdade máxima não seja superior a quatro anos". De sorte que, por se tratarem de infrações penais de menor gravidade, o delegado de polícia, na prática, quase que só atenta à pena cominada, para o arbitramento da fiança. Do juiz, ao contrário, se exige especial atenção a esse requisito, sobretudo após a reforma promovida pela Lei n. 12.403/2011, que revogou a inafiançabilidade para os crimes punidos com reclusão cuja pena mínima fosse superior a dois anos, conforme anterior redação do art. 323, inc. I, do código. Pela atual disciplina, não mais subsiste esse impedimento, que se refere ao *quantum* de pena previsto para infração penal, devendo ser observadas, apenas, as restrições contidas nos arts. 323 e 324 do código. De forma que, sendo cabível, em tese, a fiança para a totalidade das infrações penais (salvo as exceções retro aludidas), a natureza da infração perpetrada assume especial relevância no momento da fixação da fiança.

No que se refere ao concurso de crimes e causas de aumento e diminuição da pena, a serem consideradas na concessão da fiança, v. acima os comentários tecidos ao art. 322, parágrafo único.

Situação econômica do réu (ii) – Fator a ser ponderado, dos mais relevantes, é a fortuna do acusado, de modo a equilibrar, de um lado, sua possibilidade de pagamento e, de outro, um *quantum* que o faça temer a perda, caso descumpra as condições que lhe foram impostas. Em outras palavras: nem se deve fixar um valor exagerado, impossível de ser pago e, tampouco, um valor irrisório, que seja indiferente ao beneficiário, incapaz de fazê-lo temer por sua perda. Tamanha é a relevância que o legislador confere à situação econômica do preso que, como visto acima, o art. 325, § 1º, incs. II e III, permite sua redução ou aumento, na proporção que indica, segundo esse critério pessoal de condição econômica.

A propósito e por curiosidade histórica, o Código de Processo Criminal do Império, de 1832, continha interessante observação, no sentido de que o juiz deveria fixar a fiança "de maneira que nem seja ilusória para o rico, nem impossível para o pobre", na redação original do art. 109, § 2º. Não se aplaude, assim, a conduta de algumas autoridades policiais que, após a prisão em flagrante de um agente, acabam por fixar valores elevados, como forma de, na prática, mantê-lo preso, em situação que somente poderá ser corrigida, mais adiante, pelo juiz, ante a possibilidade de, sendo pobre o preso, conceder-lhe a liberdade provisória sem fiança, como previsto no art. 350 do código. Mas também não merece elogios a fixação de valores muito abaixo das reais condições do agente, cujo pagamento lhe será insignificante, em atitude que acaba por afetar a própria credibilidade da justiça.

Vida pregressa do acusado – Cabe à autoridade analisar, ainda, a vida pregressa do acusado, a influir no valor da fiança. De se destacar que o legislador não se referiu à primariedade, contentando-se com a análise da vida pregressa, isto é, não se exige, para o indeferimento do pedido de fiança, seja demonstrada a condição de reincidente do preso. Ele pode ser tecnicamente primário e, ainda assim, não merecer o benefício, desde que, por exemplo, tenha contra si inquéritos policiais instaurados, ações penais em curso, anotações da prática, enquanto inimputável, de atos infracionais, etc. Como destaca, com razão, Tourinho Filho, "o cidadão reincidente e de maus antecedentes não pode receber o mesmo tratamento dispensado ao primário e de bons antecedentes" (ob. cit., vol. 1, p. 777).

Impõe-se, assim, maior rigor no arbitramento da fiança, sendo mais onerosa ao indivíduo de maus antecedentes.

Circunstâncias indicativas de sua periculosidade – Convém, ainda, seja majorada a fiança quando assim indicar a periculosidade do agente. Aquele que comete o crime de forma perversa, revelando a temeridade de que é portador, merece um tratamento mais rigoroso quando comparado a outro que, na execução do delito, não demonstrou maior gravidade em sua conduta. Um delito contra a vida ou contra a incolumidade física da pessoa justifica maior rigor do que aquele perpetrado, sem violência, contra o patrimônio, em tema relacionado, também, à natureza da infração, acima analisado.

ATENÇÃO – O legislador, por meio da Lei 13.964/19, acrescentou o §2º. ao art. 310 do CPP, determinando ao juiz que negue liberdade provisória, com ou sem medidas cautelares, ao agente reincidente, ou que integra organização criminosa armada ou milícia ou que porta arma de fogo de uso restrito. A inovação, em que pese aplaudida por muitos, parece que não passará pelo crivo de constitucionalidade do legislador constitucional negativo. Atualmente, a orientação do STF é de que vedações em abstrato à concessão da liberdade provisória contrariam a Constituição Federal, devendo o juiz sempre fundamentar a proibição aquilatando as circunstâncias do caso concreto.

Provável valor das custas do processo – É sabido que um dos objetivos da fiança consiste, exatamente, no aproveitamento de seu valor para fazer frente às despesas com as custas do processo, na hipótese de condenação do réu. Nesse sentido o art. 336 do código. Sucede que esse artigo dispõe que o valor arrecadado com a fiança deve ser prestar, também, ao pagamento "da indenização do dano, da prestação pecuniária e da multa". Esses fatores, porém, não devem ser considerados pela autoridade ao fixar o valor do benefício, mas apenas o provável valor das custas, como expresso de forma restrita no dispositivo em estudo, não devendo se cogitar de qualquer interpretação extensiva (v. art. 3º, acima), em prejuízo do agente.

Na prática trata-se de requisito ao qual se dá pouca atenção, em comparação com os demais pressupostos. Há quem sustente, inclusive, a inexistência de custas no processo penal, ante a ausência de previsão legal nesse sentido (cf. do Tribunal de Justiça de São Paulo, Apelação Criminal n. 0019940-05.2011.8.26.0509, Rel. Francisco Menin, j. 19.09.2012). Ainda no Estado de São Paulo, em caso de condenação, o valor das custas é de 100 UFESPs, que no ano de 2024, equivaliam a R$ 3.536. Parece pouco provável que atento, por exemplo, à condição econômica do agente, vá a autoridade ainda se preocupar com o valor das custas, a serem pagas somente após o trânsito em julgado de eventual condenação.

Custas e da taxa judiciária no Estado de São Paulo – Sobre a o pagamento de custas e da taxa judiciária no Estado de São Paulo, v., respectivamente, arts. 804 e 805 abaixo.

Recursos e abuso de autoridade – Da decisão que "conceder, negar, arbitrar, cassar ou julgar inidônea a fiança", é cabível recurso em sentido estrito, na dicção do art. 581, inc. V, do CPP. Também comporta recurso *stricto juris* a decisão "que julgar quebrada a fiança ou perdido o seu valor" (art. 581, inc. VII). A via do habeas corpus, porém, estará sempre aberta, pois o art. 648, inc. V do CPP, indica como coação ilegal a não admissão da fiança quando a lei a autorizar.

JURISPRUDÊNCIA

Discricionariedade do juiz

"De acordo com o artigo 316 do CPP, o Juiz tem ampla discricionariedade no arbitramento da fiança, encontrando limite apenas na capacidade econômica do réu, portanto, é deixar de conferir-lhe sentido meramente simbólico e inócuo, impondo-a em valores irrisórios, para transformá-la em efetiva contrapartida econômica ao encarceramento de natureza processual" (TJPR – HC n. 2408835 – Rel. Lauro Augusto Fabrício de Melo – j. 25.09.2003).

Parâmetro para fixação da fiança

"No que se refere ao montante fixado a título de fiança, é necessário registrar que, assim como sua fixação em valor exacerbado pode tornar-se obstáculo à liberdade, também é certo que estabelecer fiança em montante irrisório, meramente simbólico, torna inócua sua função de garantia processual por meio da vinculação do afiançado ao juízo no qual está sendo processado, motivo pelo qual o valor deve ser considerável. Entender de modo diverso levaria à ineficácia da prestação jurisdicional em favor da coletividade, bem como desacreditaria a atuação do Poder Judiciário." (TRF 4ª. R – RSE 5007697-90.2014.404.7002-PR, Rel. João Pedro Gebran Neto, j. 14.08.2014).

Valor exagerado

"FIANÇA CRIMINAL – Fixação no décuplo do máximo permitido em lei – Circunstância que equivale, na espécie, à sua denegação – Paciente que não tem condições financeiras para prestá-la – Constrangimento ilegal caracterizado – Concessão de 'habeas corpus'- Inteligência dos arts. 325e 326 do Código de Processo Penal e da Lei n. 6.146, de 1977 – "A fixação da fiança em valor impossível de ser atendido pelo acusado, dada a sua condição econômico-financeira, equivale praticamente à denegação do benefício legal" (TJPR – HC n. 1723119 – Rel. Duarte Medeiros, j. 08.05.2001).

Cabe ao réu demonstrar a impossibilidade de pagamento.

"É ônus do recorrente demonstrar a impossibilidade financeira para o recolhimento da fiança. A simples alegação de miserabilidade, desacompanhada de elementos de prova de tal condição, não obstam a exigibilidade de caução fixada pela autoridade judicial" (TRF 4ª. R – RSE 5007697-90.2014.404.7002-PR, Rel. João Pedro Gebran Neto, j. 14.08.2014).

Art. 327. **A fiança tomada por termo obrigará o afiançado a comparecer perante a autoridade, todas as vezes que for intimado para atos do inquérito e da instrução criminal e para o julgamento. Quando o réu não comparecer, a fiança será havida como quebrada.**

Art. 328. **O réu afiançado não poderá, sob pena de quebramento da fiança, mudar de residência, sem prévia permissão da autoridade processante, ou ausentar-se por mais de 8 (oito) dias de sua residência, sem comunicar àquela autoridade o lugar onde será encontrado.**

Obrigações do afiançado – O pagamento da fiança, por si só, não se constitui na liberação total do afiançado, que, mediante um aporte em dinheiro ou objeto de valor, poderia se ver livre de qualquer outra obrigação, a conferir relevância excessiva ao aspecto monetário, próprio da esfera cível, mas um tanto distante do espírito do Direito Penal.

Comparecimento obrigatório quando chamado – A primeira causa que determina o quebramento da fiança consiste no não comparecimento do afiançado perante a autoridade quando intimado para atos do inquérito ou do processo-crime. Conclui-se, assim, que sua omissão, ainda na fase de investigação, enseja o quebramento da fiança que, porém, não pode ser decretada pela autoridade policial, mas somente pelo juiz. É o que se depreende do art. 341 do código, ao empregar o verbo *julgar-se-á*. De tal sorte que, faltando o afiançado a algum ato do inquérito policial, cumpre à autoridade policial comunicar o juiz, por ofício, a fim de que sejam adotadas as medidas cabíveis à espécie. Em ambos os casos – em juízo ou no âmbito administrativo – é preciso que o afiançado tenha sido regularmente intimado (*rectius*: notificado), e que, sem motivo justificável, tenha se omitido, nos termos do art. 341, inc. I, do código, a ser aplicado em conjunto com este dispositivo em análise.

Prévia autorização judicial – Com o objetivo de manter o afiançado ligado ao distrito da culpa, o legislador impõe medidas que o vinculem, dificultando sua saída e permitindo, pelo menos em tese, uma fiscalização mais próxima de seus passos. Assim, querendo mudar de residência ou dela se ausentar por mais de oito dias, deverá antes comunicar à autoridade, policial ou judicial. Tratando-se da primeira, a mesma cautela acima mencionada deve ser adotada, comunicando-se o juiz da intenção do afiançado. Pode o juiz, inclusive, discordar da mudança de residência, desde que perceba que, com esse ato, não mais ficará o afiançado adstrito ao processo em face de sua ida a lugar distante e de difícil acesso. O objetivo, pois, é de manter o afiançado à disposição da justiça, sempre que chamado a comparecer, seja em juízo, seja durante o inquérito policial. Por isso, também, que, pretendendo se ausentar deve, previamente, comunicar o juízo, apontando o tempo de ausência e onde possa ser encontrado.

Motivo justo – Como já ressaltado, este dispositivo de lei deve ser interpretado conjuntamente com o art. 341, inc. I do código. Assim, além da notificação do afiançado, se ausente, deve ser analisada eventual justificativa para sua falta. Se deixou de comparecer porque, *v.g.*, o transporte público estava paralisado em virtude de greve ou se seu veículo, no trajeto, apresentou um defeito mecânico, ou pela morte de familiar ou, ainda, porque acometido de alguma doença, tais motivos, desde que devidamente comprovados, fazem relevar sua inércia.

Outras situações que ensejam o quebramento da fiança – Saliente-se que também o art. 341 abaixo elenca situações nas quais se dará o quebramento da fiança. E que o art. 319, inc. VIII, inclui a fiança como uma das medidas cautelares (que pode ser cumulada com outras medidas cautelares, nos termos do § 4º, do mesmo dispositivo), e, uma vez descumprida, pode dar ensejo à decretação da prisão preventiva, nos termos dos arts. 282, § 4º, e 312, parágrafo único, ambos do CPP.

Consequências – As consequências advindas do descumprimento das condições acima indicadas estão relacionadas no art. 343 e importam na perda da metade do valor da fiança, na decretação da prisão preventiva ou na imposição de outras medidas cautelares.

JURISPRUDÊNCIA

"Condição que deve ser estipulada também para os crimes inafiançáveis. Estipulada a proibição de afastar-se do distrito da culpa para os delitos afiançáveis – artigo 328 do Estatuto Processual Repressivo –, com mais propriedade deve ser imposto para os crimes inafiançáveis" (STJ – HC nº 139235-GO, Rel. Maria Thereza de Assis Moura, RSTJ 227/851).

Art. 329. Nos juízos criminais e delegacias de polícia, haverá um livro especial, com termos de abertura e de encerramento, numerado e rubricado em todas as suas folhas pela autoridade, destinado especialmente aos termos de fiança. O termo será lavrado pelo

escrivão e assinado pela autoridade e por quem prestar a fiança, e dele extrair-se-á certidão para juntar-se aos autos.

Parágrafo único. O réu e quem prestar a fiança serão pelo escrivão notificados das obrigações e da sanção previstas nos arts. 327 e 328, o que constará dos autos.

Termos da fiança – Prestada a fiança, será lavrado um termo, em livro obrigatório existente na Delegacia de Polícia, que contenha os requisitos acima relacionados. Desse termo deverão constar as assinaturas da autoridade e daquele que prestou a fiança. De bom alvitre, em que pese não constar do texto legal, que se colha também a assinatura do beneficiário, sobretudo para reste claro que ele foi devidamente advertido quanto às obrigações e penalidade previstas nos arts. 327 e 328 do código. Nesse sentido, inclusive, a recomendação da jurisprudência abaixo transcrita. A importância deste dispositivo reside mais em seu parágrafo único, quando determina a notificação do réu, bem como de terceiro que tenha, eventualmente, prestado a fiança, quanto às obrigações e penalidade previstas nos arts. 327 e 328 do código. Com isso se dá ciência aos interessados das obrigações a serem cumpridas e da consequência advinda do descumprimento.

JURISPRUDÊNCIA

Requisitos do termo

"O termo de fiança deve ser explícito quanto às condições previstas nos arts. 327 e 328 do CPP, mormente quanto à conseqüência do eventual encarceramento. É o que está dito, à semelhança das audiências admonitórias da suspensão condicional da pena, no parágrafo único do art. 329 do C.P.P. Resta, pois, sem efeito a declaração de quebra de fiança" (STJ – RHC n° 8988-SP, Rel. Felix Fischer, j. 04.11.1999, DJ 13.12.1999, p. 161).

"Fiança criminal – Concessão irregular – Ausência do respectivo termo no qual constem as obrigações que o afiançado deve cumprir, sob pena de revogação do benefício – Conversão do julgamento da apelação em diligência – Inteligência dos arts.327, 328 e 329, par. ún., do CPP" (TJSP – Rel. Onei Raphael – RT 556/316).

Assinatura do beneficiário

"A fiança guarda extrema semelhança com o instituto do *sursis*, pois a ele se assemelha no sentido de permitir que o condenado não se recolha à prisão para poder apelar e, como o primeiro, contém determinadas condições que, não cumpridas, ocasionam sua quebra e subseqüente custódia do afiançado. Por isso, o termo deve ser lavrado e assinado pelo beneficiado, contendo as condições estabelecidas nos arts. 327 e 328 do CPP, tal como observa a regra cogente do art. 329, parágrafo único, do aludido diploma" (TJSC – HC n. 99.019629-1, Rel. Jorge Mussi, j. 30.11.1999).

Livros obrigatórios – A propósito, constituem-se em livros obrigatórios na Polícia Civil do Estado de São Paulo, segundo a Portaria n. 10/2010, do Delegado Geral de Polícia e o Decreto nº 54.750/2009, aqueles em que constem os registros de: a) Inquéritos Policiais, com índice; b) Termos Circunstanciados de Ocorrência, com índice; c) Termos de Fianças Criminais, com índice; d) Ocorrências Policiais; e) Boletim de Identificação Criminal; f) Apreensão de Adolescentes; g) Cartas Precatórias Expedidas; h) Cartas Precatórias Recebidas; i) Inquéritos Policiais e Termos Circunstanciados de Ocorrência em Trânsito e para Diligências; j) Carga para Inquéritos Policiais e Termos Circunstanciados de Ocorrências; k) Drogas Apreendidas; l) Armas Apreendidas; m) Veículos Automotores Apreendidos; n) Ordens de Serviço; o) Inventário e Tombo; p) Termos de Visitas em Correição do Poder

Judiciário; q) Termos de Visitas em Correição da Polícia Civil; r) Termos de Visitas da Defensoria Pública; s) Termos de Visitas do Ministério Público; t) Termos de Compromisso de Funcionário "ad hoc"; u) Correspondência Expedida; v) Correspondência Recebida; w) Ponto para Funcionários Públicos de Carreiras não Policiais; x) Carga de Armas e de Algemas; y) Uso de Algemas.

Art. 330. **A fiança, que será sempre definitiva, consistirá em depósito de dinheiro, pedras, objetos ou metais preciosos, títulos da dívida pública, federal, estadual ou municipal, ou em hipoteca inscrita em primeiro lugar.**

§ 1º A avaliação de imóvel, ou de pedras, objetos ou metais preciosos será feita imediatamente por perito nomeado pela autoridade.

§ 2º Quando a fiança consistir em caução de títulos da dívida pública, o valor será determinado pela sua cotação em Bolsa, e, sendo nominativos, exigir-se-á prova de que se acham livres de ônus.

Definitividade da fiança – Diz-se que a fiança é *definitiva* porque, antes da entrada em vigor do Código de Processo Penal, antiga legislação do Império (Lei n. 2033/1871), previa a chamada *fiança provisória* a ser concedida, inclusive, pela autoridade policial e pelos juízes de paz. Dada às dificuldades de comunicação da época e a fim de evitar que o agente, que residisse distante do distrito da culpa, permanecesse indevidamente preso, concedia-se a provisoriamente a fiança, pelo tempo de 30 dias, prazo no qual o agente deveria comparecer à presença do juiz competente para conceder a fiança definitiva.

Modalidades de fiança – São duas: por *depósito*, a saber, aquela que recai sobre "dinheiro, pedras, objetos ou metais preciosos, títulos da dívida pública, federal, estadual ou municipal", ou por *hipoteca*, que incide, via de regra, sobre imóveis. Os bens e direitos passíveis de hipoteca estão relacionados no art. 1.473 do Código Civil que, além dos imóveis, prevê como tal, por exemplo, navios e aeronaves. Quanto ao imóvel dado em hipoteca, porque a lei não faz tal exigência, não há necessidade do mesmo estar localizado no distrito da culpa, como observa Helio Tornaghi (ob. cit., vol. 3, p. 379).

Pedras e metais preciosos não exigem maiores explicações. Objetos preciosos podem ser um quadro, uma escultura, um documento antigo, um item de colecionador etc. Cabe ao perito, nomeado pelo juiz, avaliar a preciosidade desses objetos. É relevante que o perito apure o correto valor da coisa, posto que, se insuficiente para cobrir o valor arbitrado da fiança, poderá o juiz determinar seu reforço, confirme previsto no art. 340 do código.

Os títulos da dívida pública são emitidos para que o governo capte recursos de particulares que, de sua parte, investem nessa espécie de papel. A Lei n. 10.179/2001 dispõe sobre títulos da dívida pública emitidos pela União. Já a Lei n. 8.727/1993 trata dos títulos de responsabilidade dos Estados, do Distrito Federal e dos Municípios. A Emenda Constitucional n. 03/1995 e a Resolução do Senado Federal n.º 78/1998, proibiram a emissão de título da dívida pública pelos estados e municípios. Serão avaliados segundo sua cotação em Bolsa de Valores, obtida no dia em que dados em fiança.

No cotidiano prático se desconhece outra espécie de recolhimento da fiança que não seja por meio de dinheiro, após sua fixação pela autoridade policial ou judiciária, nos termos do art. 325 do código.

Dinheiro – Parte da doutrina entende que o legislador, ao aludir a *dinheiro*, admite qualquer espécie de moeda que possua valor de mercado, bastando que, ao tempo do depósito, seja realizada a respectiva conversão. Outra parte pensa que a lei quis se referir à moeda em curso no país, de forma que a fiança deverá ser recolhida em reais. Mas esta última corrente admite que a moeda estrangeira seja recebida como um objeto precioso, o que retira qualquer alcance prático da controvérsia.

JURISPRUDÊNCIA

Imóvel como fiança. Possibilidade

"Não há impedimento legal para a aceitação de bem imóvel, com valor patrimonial e desimpedido, para pagamento de fiança. Pelo contrário, o art. 330 do Código de Processo Penal – CPP determina que a fiança, que será sempre definitiva, consistirá em depósito de dinheiro, pedras, objetos ou metais preciosos, títulos da dívida pública, federal, estadual ou municipal, ou em hipoteca inscrita em primeiro lugar. Portanto, não há fundamento válido para a negativa da hipoteca inscrita em primeiro lugar" (STJ – EDcl no HC n. 384.497 – SP – Rel. Nefi Cordeiro, j. 23.02.2017).

Art. 331. O valor em que consistir a fiança será recolhido à repartição arrecadadora federal ou estadual, ou entregue ao depositário público, juntando-se aos autos os respectivos conhecimentos.

Parágrafo único. Nos lugares em que o depósito não se puder fazer de pronto, o valor será entregue ao escrivão ou pessoa abonada, a critério da autoridade, e dentro de três dias dar-se-á ao valor o destino que lhe assina este artigo, o que tudo constará do termo de fiança.

Depósito judicial – A lei faz menção ao depósito da fiança em "repartição arrecadadora federal ou estadual", que se constituem nas receitas estadual ou federal, dependendo perante qual *justiça* tramita o processo. A despeito dessa indicação, o que se costuma ver é o depósito em bancos federais, se o crime é de alçada da Justiça Federal ou em bancos estaduais, para os crimes de competência da Justiça Estadual. Aliás, o art. 840, inc. I, do Código de Processo Civil, dispõe que "as quantias em dinheiro, os papéis de crédito e as pedras e os metais preciosos, [serão depositadas] no Banco do Brasil, na Caixa Econômica Federal ou em banco do qual o Estado ou o Distrito Federal possua mais da metade do capital social integralizado, ou, na falta desses estabelecimentos, em qualquer instituição de crédito designada pelo juiz", o que pode ser aplicado, por analogia, ao processo penal (art. 3º, do CPP). As Normas de Serviço da Corregedoria Geral do Tribunal de Justiça do Estado de São Paulo determinam, em seu art. 500, que "a fiança ou valores em dinheiro sujeitos a depósito judicial serão recolhidos junto ao Banco do Brasil S.A., preferencialmente em agência instalada no prédio do fórum da comarca, à disposição do juízo, mediante guia própria".

A possibilidade de entrega do valor ao depositário público, conquanto prevista essa figura como auxiliar da justiça (art. 149 do CPC), a ser nomeado pelo juiz, não tem mais razão de ser nos dias de hoje, quando os depósitos podem ser feitos *on-line*, por meio de computadores, de qualquer parte do mundo.

Parágrafo único. Nos lugares em que o depósito não se puder fazer de pronto, o valor será entregue ao escrivão ou pessoa abonada, a critério da autoridade, e dentro de três dias dar-se-á ao valor o destino que lhe assina este artigo, o que tudo constará do termo de fiança.

Entrega ao escrivão ou pessoa abonada – De qualquer sorte, na remota impossibilidade de ser efetuado o depósito na forma sugerida acima, o valor da fiança poderá ser entregue ao escrivão ou pessoa abonada. Dessa entrega à pessoa de posses, jamais se teve notícia no cotidiano forense. Já em favor do escrivão, sobretudo antes do advento da *internet*, parece que era mais comum. Em um caso ou em outro, cumpre a tais pessoas, no prazo de três dias, adotarem as providências previstas no *caput* deste dispositivo, lavrando-se o respectivo termo.

Art. 332. Em caso de prisão em flagrante, será competente para conceder a fiança a autoridade que presidir ao respectivo auto, e, em caso de prisão por mandado, o juiz que o houver expedido, ou a autoridade judiciária ou policial a quem tiver sido requisitada a prisão.

Competência para concessão da fiança – Em se tratando de fiança decorrente de prisão em flagrante, presidida pela autoridade policial, é sua, por óbvio, a atribuição para arbitramento da fiança. Sucede, porém, que nem sempre a autoridade policial possui legitimidade para conceder a fiança, o que ocorre quando a pena cominada à infração superar os quatro anos, nos termos do art. 322 do código. Nesse caso, o favor legal somente pode ser concedido pelo juiz de direito. Também quando a prisão decorre de mandado judicial, o autor da ordem é o competente para eventual fixação da fiança.

Convém lembrar, apenas, que a partir da instalação dos plantões judiciais, com funcionamento em finais de semana e feriados, é permitido que esse juiz aprecie o pedido de fixação da fiança, ainda que não tenha sido ele o responsável pela ordem de prisão.

Art. 333. Depois de prestada a fiança, que será concedida independentemente de audiência do Ministério Público, este terá vista do processo a fim de requerer o que julgar conveniente.

Prescindibilidade da oitiva do Ministério Público – Diz a lei, com todas as letras, que não se exige a prévia oitiva do *parquet*, antes da concessão do pedido de arbitramento de fiança. A justificativa é de que tal providência, se adotada, acarretaria maior demora na apreciação do pedido, em franco prejuízo do agente que se encontra preso. E, de fato, não teria cabimento que em uma fiança arbitrada pelo delegado de polícia, tivesse que antes ser colhida manifestação do Ministério Público, quando nem mesmo o juiz é consultado. Já quando a fiança é de competência do juiz de direito, seria de bom alvitre sua prévia oitiva, na condição não apenas de titular da ação penal pública, como também de fiscal da correta aplicação da lei. A justificativa quanto à demora não convence, pois nessa espécie de pedido os autos são devolvidos, via de regra, no mesmo dia, senão na mesma hora após o envio ao *parquet*. Adoção de meios mais céleres para o andamento dos processos, como o chamado *processo eletrônico*, apenas reforçam essa ideia. No mais, em virtude de ser o promotor de Justiça, nos casos de ação penal pública, quem irá eventualmente ofertar mais adiante a denúncia, ele poderá fornecer relevantes subsídios ao juiz, que irão facilitar sua tarefa no momento de apreciação do pedido. Assim, por exemplo, poderá, ainda que precariamente, adiantar sua convicção quanto à prática de um crime de tortura, insuscetível de fiança (art. 323, inc. II do CPP). Ou apontar-lhe motivos que justifiquem a prisão preventiva do agente e que, portanto, não autorizam a concessão da fiança (art. 324, inc. IV do código).

Mas essa argumentação se dá de *lege ferenda*, pois a lei não obriga a oitiva do *parquet*, conquanto, na prática do cotidiano forense, os juízes como regra facultem tais manifestações. Mesmo porque, nos termos do art. 306 do código, a prisão de qualquer pessoa será imediatamente comunicada ao Ministério Público e, nessa comunicação, geralmente segue o pedido de fixação da fiança, sobre o qual deverá se posicionar o *parquet*.

Art. 334. A fiança poderá ser prestada enquanto não transitar em julgado a sentença condenatória. (Redação dada pela Lei nº 12.403, de 2011).

Tempo da fiança – A fiança, como regra, é prestada no nascedouro do inquérito policial, quando arbitrada pela autoridade policial ou assim que fixada pelo juiz de 1º grau. Nada impede, porém, que em grau de recurso, enquanto a condenação não se faz definitiva, seja ela concedida. Destaque-se que mesmo nas hipóteses de recurso especial ou extraordinário, para os quais se concedeu efeito suspensivo, ainda assim é cabível a fiança, posto que a decisão condenatória ainda não transitou em julgado.

Óbvio que, uma vez transitada em julgado a sentença condenatória, a situação do agente se definiu, não havendo mais lugar para a prisão preventiva e, por consequência, para a fiança, que se presta como sucedâneo daquela primeira. Caso absolvido o réu ou tendo extinta sua punibilidade, ser-lhe-á restituído o valor da fiança, nos termos do art. 337 abaixo.

Competência nos tribunais – A competência para apreciação do pedido será definida no regimento interno de cada tribunal. No Supremo Tribunal Federal (art. 198 do RISTF), no Superior Tribunal de Justiça (art. 208 do RISTJ), e no Tribunal de Justiça de São Paulo (art. 209 do RITJSP), tal competência é deferida ao relator do recurso.

JURISPRUDÊNCIA

Fiança a qualquer tempo

"Nos casos em que a lei a admite, a fiança pode ser concedida desde a prisão em flagrante até o trânsito em julgado da sentença condenatória. Não se impede a sua concessão durante o inquérito policial, por ocasião do recebimento da denúncia, ou após a sentença condenatória recorrível" (STF – Rel. Celso de Mello – HC n° 75318- RJ, j.02.05.1997, DJ 01.08.1997, p. 33530).

Fiança cabível mesmo sem efeito suspensivo

"Fiança: a afiançabilidade de infração penal, a partir da L. 6.416/77, verifica-se em função do mínimo da pena abstratamente cominada, independentemente da que concretamente tenha sido aplicada pela decisão condenatória recorrível. Fiança: prestação a qualquer tempo, enquanto não transitar em julgado a decisão condenatória (C.Pr.Pen., art. 334): irrelevância da inexistência de efeito suspensivo dos recursos contra ela cabíveis e de a prisão dele decorrente constituir execução provisória da condenação: retratação de entendimento contrario em decisões precedentes (HC 70.798, Plen., 14.12.93, Pertence)" (STF – HC n° 72169- RJ – Rel. Sepúlveda Pertence – j. 21.02.1995, DJ 09.06.1995, p. 17232).

Art. 335. Recusando ou retardando a autoridade policial a concessão da fiança, o preso, ou alguém por ele, poderá prestá-la, mediante simples petição, perante o juiz competente, que decidirá em 48 (quarenta e oito) horas. (Redação dada pela Lei nº 12.403, de 2011).

Recusa ou retardamento – Vale anotar que a recusa ou retardamento, pela autoridade policial, não se constitui, via de regra, em uma atitude movida pelo capricho. Há, com efeito, situações em que ao arbitramento da fiança pode se revelar duvidoso, como vimos acima nos casos de concurso de crimes (art. 322 do código). Ou que o delegado de polícia, imerso no poder discricionário que lhe é inerente, tenha exagerado no valor da caução. Cumpre ao juiz, então, reparar tais situações, podendo fazê-lo a partir de singela petição do interessado ou de terceiro, sem a necessidade, pois, de impetração de habeas corpus em face do ato aparentemente abusivo da autoridade policial. Observa a doutrina, com razão, que a hipótese de interposição de recurso em sentido estrito, contra a decisão que nega a fiança (art. 581, inc. V do CPP), pressupõe uma decisão judicial, ou seja, não será cabível mencionado recurso quando a recusa ou retardamento for proveniente da autoridade policial. Nessa hipótese – insiste-se – mera petição dirigida ao juiz mostra-se suficiente. Caso a decisão judicial negue a fiança, aí sim será cabível o recurso em sentido estrito ou, mais prático e ágil, o habeas corpus, ante a coação ilegal apontada no art. 648, inc. V do código ("quando não for alguém admitido a prestar fiança, nos casos em que a lei a autoriza").

Oitiva do coator – Recomenda a doutrina majoritária que, antes de apreciar o pedido, deve o juiz colher a oitiva da autoridade policial, a fim de saber dos motivos que a levaram a negar a concessão da fiança. Não parece ser assim na prática onde a urgência na apreciação do pedido tem desaconselhado essa orientação.

Art. 336. O dinheiro ou objetos dados como fiança servirão ao pagamento das custas, da indenização do dano, da prestação pecuniária e da multa, se o réu for condenado. (Redação dada pela Lei nº 12.403, de 2011).

Parágrafo único. Este dispositivo terá aplicação ainda no caso da prescrição depois da sentença condenatória (art. 110 do Código Penal). (Redação dada pela Lei nº 12.403, de 2011).

Utilização da fiança – O objetivo da fiança, já vimos, consiste em preservar o réu, em liberdade, junto ao distrito da culpa, mediante condições que lhe são impostas, dentre as quais de se apresentar de pronto, sempre que chamado. Mas não se restringe a isso o instituto. Tem por fim, também, assegurar o pagamento de custas, indenização do dano, prestação pecuniária e multa, caso condenado o réu, quando o valor que depositou será empregado para fazer frente a tais encargos. No que se refere às custas, remetemos o leitor aos comentários tecidos ao art. 804 abaixo. Quanto à indenização do dano, vale destacar que a atual redação do art. 387, inc. IV do código, determina que o juiz, ao condenar o réu, deverá fixar "valor mínimo para reparação dos danos causados pela infração", podendo o valor da fiança, assim, ser aproveitado para esse fim. A prestação pecuniária, por seu turno, consiste em uma espécie de pena restritiva de direitos, conforme previsto no art. 43, inc. I do Código Penal. O destino do numerário dado a esse título vem regulamentado pela Resolução nº 154 de 13 de julho de 2012, do Conselho Nacional de Justiça. A multa é pena (arts. 49 a 52 do Código Penal), e o valor da fiança pode ser aproveitada para seu pagamento. Parece claro que, diante de tantos ônus, na maioria das vezes, dificilmente o valor da fiança será capaz de atender a todos os compromissos.

ATENÇÃO – No caso de ter havido fixação de fiança e esta ter sido efetivamente paga pelo(a) investigado(a), mostra-se possível pactuar como cláusula do acordo de não persecução penal – ANPP (art. 28-A CPP), considerando o disposto no art. 336 do CPP, que o valor depositado judicialmente seja revertido a título de reparação de danos civis.

Prescrição – O parágrafo único deste dispositivo faz menção à "prescrição depois de transitar em julgado sentença final condenatória", nos termos do art. 110 do Código Penal. Isto é, o réu é condenado, mas, em face ao decurso do tempo, sua pena não pode mais ser executada, perdendo o Estado essa pretensão. Nesse caso, em virtude da condenação petrificada, o dinheiro ou objetos serão aproveitados para pagamento dos encargos já mencionados. Pode ocorrer, porém, de se verificar a prescrição da pretensão punitiva, antes do trânsito em julgado da sentença penal condenatória, com a consequente extinção da punibilidade, quando, então, será cabível a devolução da fiança, nos termos do artigo seguinte.

Art. 337. Se a fiança for declarada sem efeito ou passar em julgado sentença que houver absolvido o acusado ou declarada extinta a ação penal, o valor que a constituir, atualizado, será restituído sem desconto, salvo o disposto no parágrafo único do art. 336 deste Código. (Redação dada pela Lei nº 12.403, de 2011).

Restituição da fiança – Tendo sido o réu absolvido, extinta sua punibilidade ou, antes, se arquivado o inquérito policial (ou outro procedimento investigatório) contra ele deflagrado, fará jus, por consequência, à devolução do valor ou bem dado em fiança. E nem poderia ser diferente. Prestando-se a fiança como medida alternativa à prisão, não faz sentido que livre de qualquer sanção ficasse ainda privado do bem que deu em garantia. É cabível a devolução, ainda, quando a fiança for declarada sem efeito. As causas que tornam a fiança sem efeito são as seguintes: 1) reconhecimento de não ser ela cabível (art. 338); 2) inovação da classificação legal não mais autorizando a fiança (art. 340, inc. III); 3) quando exigido o reforço da fiança o réu não a presta (art. 340, parágrafo único). Nesses casos, porque será decretada a prisão preventiva do agente ou imposta alguma medida cautelar, o valor da fiança deve ser-lhe restituído (ou a terceiro que a prestou). A ressalva formulada na parte final deste dispositivo se refere à prescrição da pretensão executória e foi objeto de comentário no artigo anterior.

ATENÇÃO - Entendemos que a absolvição imprópria, consequência processual no caso de reconhecimento da inimputabilidade do agente autor de injusto penal, não acarreta a restituição da fiança. O artigo em exame trata no seu bojo apenas da absolvição própria.

JURISPRUDÊNCIA

Trancamento do inquérito policial e devolução da fiança

"Hipótese na qual o inquérito policial instaurado em desfavor do paciente foi trancado por esta Corte, por não estar configurado o tipo penal a ele atribuído, não tendo sido examinado o pleito de devolução da fiança prestada pela defesa. Reconhecida a atipicidade da conduta imputada ao réu, com o conseqüente trancamento do inquérito policial contra ele instaurado, resta caracterizada hipótese legal permissiva da devolução integral da fiança prestada pela defesa" (STJ – EDcl no HC nº 45796-RR, Rel. Gilson Dipp, j. 17.08.2006, DJ 11.09.2006, p. 318).

Prescrição

"A fiança é agregada ao processo a fim de, eventualmente, o réu, quando condenado, pagar as custas, as despesas e também a indenização. Em caso de extinção da punibilidade pela prescrição, não há condenação, cessando o poder de processar do Estado. Deve, pois, ser restituído o valor da fiança" (STJ – REsp nº 124149-SP, Rel. Luiz Vicente Cernicchiaro, j. 02.03.1999, DJ 10.05.1999, p. 233).

Art. 338. A fiança que se reconheça não ser cabível na espécie será cassada em qualquer fase do processo.

Cassação da fiança – Por não ser irrevogável a decisão que concedeu a fiança, é possível que, após sua concessão, seja pela autoridade policial ou judiciária, algum dado surja no sentido de que não era cabível o favor legal, o que culminará com sua cassação, por meio de decisão judicial. Suponha-se que, deferida a fiança pela autoridade policial, já no curso do processo-crime o réu passe a ameaçar testemunhas, justificando a decretação de sua prisão preventiva por conveniência da instrução criminal, nos termos do art. 312 do código. Verifica-se, nesse caso, não ser cabível a concessão da fiança, porque "presentes os motivos que autorizam a decretação da prisão preventiva", na dicção do art. 324, inc. IV do código, a justificar a decretação da prisão preventiva e a consequente restituição do valor dado em fiança. Imagine-se, ainda, tenha a fiança sido concedida em virtude da prática de um crime militar. Detectado o equívoco, face ao contido no art. 324, inc. II do código, ela será cassada e restituída ao agente ou a terceiro.

Cassação x quebramento – A doutrina costuma distinguir as duas hipóteses. No *quebramento*, o agente age ou se omite por vontade própria, quando, por exemplo, deixa de comparecer a algum ato do processo (art. 341, inc. I), comete nova infração penal (art. 341, inc. II), ou muda da residência sem prévia comunicação ao juízo (art. 328). Já a *cassação* ocorre por fatores externos, que não dizem respeito ao agente e para os quais não concorreu, decorrentes, por exemplo, da errônea classificação legal atribuída ao delito. A distinção não guarda mero interesse acadêmico, posto que, na dicção do art. 343 do código, o quebramento importa na perda da metade do valor da fiança, penalidade que não é imposta em caso de cassação.

Art. 339. **Será também cassada a fiança quando reconhecida a existência de delito inafiançável, no caso de inovação na classificação do delito.**

Inovação na classificação legal – Temos que a possibilidade de nova classificação jurídica possa ocorrer em três hipóteses: a primeira delas, quando arbitrada a fiança pelo delegado de polícia. Suponha-se, assim, que, em um primeiro momento, perpetrado, aparentemente, um crime de injúria religiosa (art. 140, § 3º, do Código Penal), tenha a autoridade policial arbitrado fiança, com fulcro no art. 322 do CPP. Ao receber os autos de inquérito policial, contudo, detecta o Ministério Público a prática, em verdade, de um crime de racismo religioso, cuja fiança é vedada pelo art. 323, inc. I, do CPP. Pode ocorrer o inverso, ou seja, que no curso do processo ou, antes, quando da oferta da acusação, se perceba que o delito, tido inicialmente como inafiançável, em verdade admite o benefício. Será o caso, então, de arbitramento da fiança pelo juiz.

ATENÇÃO – A jurisprudência dos Tribunais Superiores já havia sedimentado a tese de que a injúria racial está abrangida no crime de racismo. Essa jurisprudência foi, em parte, prestigiada pela Lei 14.532/23, que promoveu mudanças no crime de injúria e na Lei de Racismo, migrando várias formas do crimes do art. 140, §3º, do CP, para a Lei 7.716/89. Exclui-se da forma qualificada do crime de injúria ofensas envolvendo a utilização de elementos referentes a raça, cor, etnia ou procedência nacional. Estas modalidades de preconceito migraram para a Lei 7.716/89, não havendo mais dúvidas de que devem sofrer as mesmas consequências do crime de racismo, isto é, imprescritível, inafiançável e de ação penal pública incondicionada. Curiosamente não migrou para a lei especial o preconceito religioso, igualmente objeto da Lei 7.716/89, faltando, nesse tanto, atenção da Casa de Leis. No que se refere ao preconceito religioso o intérprete terá que redobrar a atenção. Se o caso espelhar ofensas, será o crime do art. 140, §3º, do CP; se indicar segregação ou incentivo à segregação, crime da Lei 7.716/89.

Um segundo caso ocorre quando a acusação adita a denúncia ou queixa, fazendo incluir um crime mais grave, que já não admite a fiança.

A terceira hipótese ocorre nos casos de *emendatio libelli* ou *mutatio libelli*, previstas, respectivamente, nos arts. 383 e 384 do CPP.

JURISPRUDÊNCIA

Cassação da fiança

"Não constitui constrangimento ilegal a cassação da fiança precipitadamente concedida na fase indiciária, se a imputação contida na denúncia recebida em juízo a torna inviável (arts. 338 e 339 do CPP). (Precedentes)" (STJ – HC n° 26920-SC, Rel. Felix Fischer, j. 04.03.2004, DJ 03.05.2004, p. 166).

"Não é ilegal a decisão monocrática que motivadamente, quando do recebimento da denúncia e atendendo promoção ministerial, cassa fiança concedida pela autoridade policial, após nova definição jurídica dos fatos feita pela acusação, que apontou a existência de delito mais grave inafiançável. Precedentes" (STJ – HC n° 13273-RJ, Rel. Gilson Dipp, j. 13.03.2001, DJ 23.04.2001, p. 171).

Alteração da classificação no recebimento da denúncia

"Habeas corpus. Cassação de fiança no despacho de recebimento da denúncia que classifica – em contraposição à classificação dada pela autoridade policial – o delito como inafiançável. Pela conjugação dos artigos 338 e 339 do Código de Processo Penal, tem-se que a desclassificação, para efeito de cassação da fiança, pode dar-se no próprio despacho de recebimento da denúncia, até porque, como decorre, inequivocadamente, dos termos do art. 383 do CPP, a classificação provisória do delito é a da denúncia, e não a da autoridade policial. Não ocorrência, no caso, de classificação abusiva do Ministério Público" (STF – RHC n° 61116-MG, Rel. Moreira Alves, j. 06.09.1983, DJ 16.12.1983, p. 20118).

Art. 340. **Será exigido o reforço da fiança:**

I - quando a autoridade tomar, por engano, fiança insuficiente;

II - quando houver depreciação material ou perecimento dos bens hipotecados ou caucionados, ou depreciação dos metais ou pedras preciosas;

III - quando for inovada a classificação do delito.

Parágrafo único. A fiança ficará sem efeito e o réu será recolhido à prisão, quando, na conformidade deste artigo, não for reforçada.

Reforço da fiança – É possível que, ao fixar a fiança, por descuido ou desatenção, a autoridade (policial ou judiciária) o tenha feito em patamar insuficiente para fazer frente a todos os fins típicos do instituto, previstos na parte final do art. 326 do código. Nesse caso será cabível o reforço da fiança, determinado pela própria autoridade policial que a arbitrou ou pelo juiz, caso reconheça a necessidade de suplementação.

Pode ocorrer, ainda, desvalorização do bem dado em garantia, em virtude, por exemplo, do desgaste de um veículo que ficou guardado em um depósito, por longo tempo, sujeito à instabilidade climática e mesmo à ação de terceiros, que lhe subtraíram algumas peças. Ou mesmo a depreciação acarretada por contingências econômicas, como, *v.g.*, o ouro, que se submete às oscilações do mercado. E se a moeda sofrer desvalorização? Como o legislador se refere à depreciação de bens hipotecados ou caucionados, metais ou pedras preciosas, entende-se que a desvalorização da moeda, em caso de depósito em dinheiro, não está sujeita ao reforço da fiança, não se admitindo uma interpretação extensiva desfavorável ao agente. Como alternativa à inflação, melhor que se deposite o numerário em uma conta que garanta alguma espécie de correção monetária, a exemplo do que se verifica com os depósitos judiciais em geral. O reforço da fiança, quando não se tratar de dinheiro, se submete à avaliação do perito, conforme previsto no art. 330, § 1°, do código. E se a desvalorização incidir sobre títulos da dívida pública, federal, estadual ou municipal, passíveis de fiança, nos termos do art. 330 do CPP? Também aqui não se exigirá o reforço, pois prevalece o valor apurado em cotação da Bolsa de Valores, obtida no dia em que dados esses papeis em fiança.

Os casos de inovação da classificação legal da infração penal, a que se refere o inc. III, foram objeto de análise no artigo anterior. No artigo acima, porém, tem-se as hipóteses nas quais, a partir da nova classificação, o delito torna-se inafiançável. Aqui, apesar da nova definição jurídica, o delito continua a autorizar a fiança, mas em um valor superior àquele inicialmente arbitrado, a exigir, portanto, seu reforço. Imagine-se, assim, que inicialmente se cogitou da prática de um crime cuja pena máxima era de dois anos e, por isso mesmo, foi a fiança fixada em cinco salários mínimos (art. 325, "a" do código). Posteriormente, a partir da nova definição, constata-se a prática de um crime cuja pena máxima é superior a quatro anos. Essa nova definição impõe um reforço no valor da fiança, a ser majorada entre vinte e cem salários mínimos, nos termos do art. 325, "c" do CPP.

A doutrina, sem se aprofundar, entende que a determinação para reforço da fiança pode ser ordenada de ofício, isto é, sem provocação da parte interessada. Assim, se a autoridade policial ou judiciária detectar a insuficiência, poderá notificar o réu para fins de majoração. Caso a autoridade policial, que arbitrou a fiança, não exija a suplementação, poderá fazê-lo o juiz. Nada impede, outrossim, que a acusação – pública ou privada – formule pedido nesse sentido. Reclama-se, de qualquer sorte, a prévia notificação do réu para que reforce a fiança. Caso tenha sido prestada por terceiro, este também deverá ser notificado.

Recurso – Com a ordem de reforço, o juiz reconhece inidônea a fiança, cabendo, assim, recurso em sentido estrito contra essa decisão, *ex vi* do disposto no art. 581, inc. V do código. De outra parte, na hipótese de a acusação pleitear o reforço da fiança e o juiz indeferir o pedido, também será cabível o recurso em sentido estrito, com base no mesmo fundamento legal, pois essa decisão corresponde à negativa da fiança. Confira-se, ainda, o item abaixo sob a rubrica *recurso e efeito suspensivo.*

Consequência – O parágrafo único acima dispõe, como consequência natural da inércia do réu em reforçar a fiança, a decretação de sua prisão. Este dispositivo, contudo, deve ser interpretado à luz da disciplina atual que rege as prisões processuais. Nada impede, assim, que ao invés de tornar o réu à situação anterior de preso em flagrante, decretando sua prisão preventiva, o juiz opte pela adoção de uma medida cautelar, que prepondera sobre a preventiva, nos termos do art. 282, § 6º, do CPP, alterado pela Lei 13.964/19: "A prisão preventiva somente será determinada quando não for cabível a sua substituição por outra medida cautelar (art. 319). O não cabimento da substituição por outra medida cautelar deverá ser justificado de forma fundamentada nos elementos presentes no caso concreto, de forma individualizada". Essa alternativa é reforçada pelo disposto no § 4º, do mesmo artigo, que indica a decretação da prisão preventiva somente "em último caso", isto é, quando inviável a substituição ou cumulação com outra medida cautelar.

JURISPRUDÊNCIA

Reiteração criminosa justifica o reforço da fiança

"A reiteração da conduta delitiva e consequente quebra da fiança demonstram um maior grau de periculosidade que não poderia ser relevado anteriormente, no momento em que fixada a fiança pela primeira vez, fato este que autoriza a determinação de reforço da fiança" (TRF 4ª. R – RSE 5007697-90.2014.404.7002-PR, Rel. João Pedro Gebran Neto, j. 14.08.2014).

Art. 341. Julgar-se-á quebrada a fiança quando o acusado: (Redação dada pela Lei nº 12.403, de 2011).

I – regularmente intimado para ato do processo, deixar de comparecer, sem motivo justo; (Incluído pela Lei nº 12.403, de 2011).

II – deliberadamente praticar ato de obstrução ao andamento do processo; (Incluído pela Lei nº 12.403, de 2011).

III - descumprir medida cautelar imposta cumulativamente com a fiança; (Incluído pela Lei nº 12.403, de 2011).

IV - resistir injustificadamente a ordem judicial; (Incluído pela Lei nº 12.403, de 2011).

V - praticar nova infração penal dolosa. (Incluído pela Lei nº 12.403, de 2011).

I - regularmente intimado para ato do processo, deixar de comparecer, sem motivo justo; (Incluído pela Lei nº 12.403, de 2011).

Não comparecimento – Além do depósito em dinheiro ou bens, a fiança submete o agente a outras obrigações, dentre as quais a prevista no art. 327 do código, de comparecer "perante a autoridade, todas as vezes que for intimado para atos do inquérito e da instrução criminal e para o julgamento". Caso se ausente, sem um motivo justificado e desde que regularmente intimado, terá quebrada a fiança. Esse ato de quebra da fiança encerra uma decisão judicial, como se depreende do emprego, pelo legislador, do verbo "julgar-se-á" não podendo, assim, ser decretado pela autoridade policial.

JURISPRUDÊNCIA

Necessidade da intimação

"O art. 341, I, do Código de Processo Penal exige a regular intimação do Acusado para que compareça em juízo. Assim, a quebra da fiança só pode ser decretada mediante prova idônea de que o Réu está se ocultando ou após ser cientificado" (STJ – HC nº 192845-RJ, Rel. Regina Helena Costa, j. 24.09.2013, DJe 02.10.2013).

Réu desaparecido

"A concessão de liberdade provisória mediante fiança vincula-se ao compromisso de comparecimento ao processo. Encontrando-se o réu em local incerto e não sabido, quebrada está a fiança, justificando-se assim a decretação de sua prisão preventiva" (TRF 4ª. R – HC n. 50072578520134040000, Rel. Álvaro Eduardo Junqueira, j. 3004.2013).

II - deliberadamente praticar ato de obstrução ao andamento do processo; (Incluído pela Lei nº 12.403, de 2011).

Atos de obstrução – A utilização, ainda que exagerada, dos recursos cabíveis, a impetração de reiterados *habeas corpus*, o arrolamento de testemunhas em diversos locais distantes do distrito da culpa, devem ser considerados como atos de defesa e, se incabíveis, merecem o repúdio do tribunal ou indeferimento, pelo juiz, por exemplo, da expedição de carta precatória. Mas não podem ser considerados como atos de obstrução ao andamento do processo, capazes de justificar o quebramento da fiança. Poderia se imaginar o réu que, no dia de sua audiência, telefona furtivamente para o prédio do fórum, dizendo ter instalado uma bomba. A virtual evacuação do prédio e o consequente adiamento da audiência importam em ato que inegavelmente obstrui o curso do processo. A ameaça do acusado a uma testemunha, que, por esse motivo, deixa de comparecer, justifica também o quebramento da fiança sob esse fundamento, bem como a decretação da prisão preventiva "por conveniência [necessidade] da instrução criminal", nos termos do art. 312 do CPP.

III - descumprir medida cautelar imposta cumulativamente com a fiança; (Incluído pela Lei nº 12.403, de 2011).

Medida cautelar – Conforme disposto no art. 319, § 4º., do CPP, a fiança pode ser aplicada cumulativamente com outra medida cautelar. Caso o réu descumpra essa medida imposta em acréscimo terá declarada quebrada a fiança. Aliás, o descumprimento de alguma medida cautelar dá ensejo à decretação da prisão preventiva, nos termos dos arts. 282, § 4º, e 312, ambos do CPP, situação, por óbvio, incompatível com a fiança, que tem por objetivo exatamente evitar a medida mais drástica. Pensamos que antes de julgar quebrada a fiança, deve o juiz sopesar a possibilidade de substituição da medida ou cumulação com outra, já que a prisão preventiva é a última *ratio* a ser decretada em caráter residual e em último caso.

IV - resistir injustificadamente a ordem judicial; (Incluído pela Lei nº 12.403, de 2011).

Resistência à ordem judicial – A doutrina, com razão, tem apontado certa dificuldade na compreensão deste dispositivo. Qual seria a ordem judicial que, injustificadamente descumprida, ensejaria a quebra da fiança? O não comparecimento a um ato do processo, quando regularmente intimado, enquadraria o agente no inc. I acima. Caso a resistência importe em obstrução ao andamento do processo, a hipótese é a do inc. II. O descumprimento de alguma medida cautelar amolda-se ao inc. III. Parece um caso de superfetação legislativa.

V - praticar nova infração penal dolosa. (Incluído pela Lei nº 12.403, de 2011).

Nova infração penal – Dará causa ao quebramento da fiança o beneficiário que, após prestá-la, comete nova infração penal. A disciplina anterior à Lei n. 12.403/2011, não fazia distinção entre crime doloso e culposo. A redação atual deste dispositivo, com acerto, considera apenas a infração penal dolosa, de sorte que a prática de um delito culposo não dá ensejo à quebra da fiança.

Contravenção penal – Quando a lei se refere à infração penal, abarca, também, os casos de contravenção penal. Com efeito, infração penal (gênero) é a conduta que se amolda a um tipo penal, da qual são espécies o crime e a contravenção penal. A rigor, não há diferença ontológica entre um e outra, mas axiológica. As infrações mais graves devem ser rotuladas como crimes; as menos graves, como contravenções. O art. 1º da Lei de Introdução ao Código Penal, que considera ambos como infrações penais, anuncia: "Considera-se *crime* a infração penal que a lei comina pena de reclusão ou de detenção, quer isoladamente, quer alternativa ou cumulativamente com a pena de multa; *contravenção*, a infração penal a que a lei comina, isoladamente, pena de prisão simples ou de multa, ou ambas, alternativa ou cumulativamente". Assim, por mais que se procure evitar a interpretação literal da lei, não há como fugir à textualidade deste dispositivo, que claramente menciona *infração penal*, querendo se referir, também, às contravenções penais. Aliás, quando o legislador pretende restringir, ele o faz expressamente, como na hipótese do art. 312 do código que, ao mencionar os requisitos para a decretação da prisão preventiva, refere-se à prova da existência de *crime*, deixando claro o não cabimento da medida extrema para os casos de contravenção penal.

Desnecessidade de condenação – Não é de se exigir, ademais, que o beneficiário venha a ser condenado pela prática desta segunda infração penal. O simples fato de ter cometido um fato típico, apurado, por exemplo, através de inquérito policial, ainda que sem a deflagração do processo-crime, já permite se considerar quebrada a fiança, segundo entendimento prevalente na doutrina. Há quem pense, contudo, que se deva contar com a denúncia do Ministério Público, não sendo suficiente a mera notícia quanto à prática de novo delito, para o quebramento da fiança (nesse sentido, Ary Azevedo Franco, ob. cit., vol. 1, p. 356 e Bento de Faria, ob. cit., vol. 2, p. 80). A suspensão condicional do processo, prevista na Lei n. 9.099/95, deferida ao agente em um segundo feito, foi considerada como causa de quebramento da fiança (RT 749/714).

De outra parte, observa a doutrina, com razão, que, percebendo o juiz que o beneficiário, neste segundo caso, agiu acobertado por uma excludente de ilicitude, não deverá decretar a quebra da fiança, pois a lei alude à *infração penal*, que se considera inexistente quando da prática de uma conduta nas condições previstas no art. 23 do Código Penal. Observe-se, ainda, que a quebra da fiança somente pode ser decretada por decisão judicial, não sendo dada ao delegado de polícia essa possibilidade.

Consequência – Como tem sido reiterado neste trabalho, a prisão preventiva é sempre a última alternativa, não sendo automática sua imposição, ainda que o réu tenha dado causa ao quebramento da fiança. De sorte que, na conjugação dos arts. 282, § 6º e 319, § 4º, pode o juiz, antes de decretar a preventiva, por conta da prática de nova infração, optar pela substituição ou cumulação por outra medida cautelar.

Recurso e efeito suspensivo – Da decisão "que julgar quebrada a fiança ou perdido o seu valor", cabe recurso em sentido estrito, nos termos do art. 581, inc. VII, do CPP. Vale observar que, nos termos do disposto no art. 584 do mesmo código, "os recursos terão efeito suspensivo nos casos de perda da fiança". Assim, tal decisão somente ensejará a prisão preventiva do réu (ou sua substituição ou cumulação com outra medida cautelar), quando transitar em julgado, isto é, a partir do julgamento do recurso sentido estrito pelo tribunal. Até então, uma vez interposto o recurso, deve ser mantida a liberdade do agente.

JURISPRUDÊNCIA

Desnecessidade de condenação

"O simples cometimento de delito – agora doloso, conforme a Lei n. 12.403/2011 – praticado na vigência da fiança autoriza o quebramento do benefício, e tal não precisará se evidenciar pela sentença, muito menos pelo trânsito em julgado da condenação. A liberdade mediante fiança significa dizer que, naquele momento, não há razões suficientes para a custódia do acusado. No entanto, ocorrendo no curso do processo fatos que desabonem essa situação, torna-se legítima a prisão preventiva, sem que com isso haja qualquer antecipação do cumprimento da pena a que está sujeito o réu em tese (HC n. 82.215/RJ – STF, Ministro Maurício Corrêa, Segunda Turma, DJ 1º/8/2003)" (STJ – HC nº 129438-RJ, Rel. Sebastião Reis Júnior, j. 16.05.2013, DJe 31.05.2013).

"Não há ilegalidade na decisão que indefere pedido de liberdade provisória mediante novo arbitramento de fiança, se evidenciada a quebra da fiança anteriormente concedida ao paciente, em função do cometimento de nova infração penal na vigência da fiança anterior – justificando o restabelecimento da prisão em flagrante e afastando eventual direito à liberdade provisória" (STJ – HC nº 16562-PE, Rel. Gilson Dipp, j. 02.08.2001, DJ 17.09.2001, p. 178).

Contravenção penal

"FIANÇA – Prática de outra infração na vigência do benefício (art. 341 do CPP) – Termo que abarca tanto o crime quanto a contravenção (TACrimSP) RT 677/365" (TJSP – HC nº 14087018201182600000 – Rel. Sérgio Rui, j. 13.10.2011).

A decretação da prisão preventiva não é automática

"Segundo o artigo 343 do Código de Processo Penal, a quebra injustificada da fiança importa na perda de metade do seu valor. Além disso, o Magistrado deverá decidir sobre a imposição de outras medidas cautelares ou, se for o caso, deve analisar a possibilidade de decretar-se a prisão preventiva. In verbis: Art. 343. O quebramento injustificado da fiança importará na perda de metade do seu valor, cabendo ao juiz decidir sobre a imposição de outras medidas cautelares ou, se for o caso, a decretação da prisão preventiva. (Redação dada pela Lei nº 12.403, de 2011). Afere-se da leitura do dispositivo legal que a segregação cautelar não é efeito automático da quebra da fiança. O próprio texto a determina como alternativa, após análise do cabimento de outras medidas cautelares. De forma que o Magistrado deve verificar se no caso concreto, encontram-se presentes os requisitos autorizadores da prisão preventiva, previstos no artigo 312 do Código de Processo Penal." (TJDF – HC n° 20140020332157, Rel. Souza e Ávila, j. 29.01.2015).

Art. 342. Se vier a ser reformado o julgamento em que se declarou quebrada a fiança, esta subsistirá em todos os seus efeitos.

Reforma da decisão – Já vimos que, da decisão que declara quebrada a fiança, cabe recurso em sentido estrito (art. 581, inc. VII do CPP). Quebrada a fiança, esta decisão pode ser reformada, quer pelo próprio juiz, quer pelo tribunal que apreciará a insurgência. Pelo juiz de 1° grau no exercício do chamado *juízo de retratação*. Assim, a exemplo do que ocorre com o agravo de instrumento no cível, interposto o recurso em sentido estrito e ouvido o recorrido (ou mesmo sem a resposta dele), o juiz, em dois dias, proferirá nova decisão, mantendo o quebramento da fiança ou, caso se retrate, restabelecendo o benefício. Caso mantida a decisão impugnada, os autos subirão ao tribunal. Negado provimento ao recurso, resta definitivamente quebrada a fiança. Se acolhida o reclamo pelo tribunal, a fiança será restabelecida.

Esse recurso se processa em autos apartados, conclusão que se chega diante da leitura, *contrario sensu*, do disposto no art. 583, inc. II do código, que elenca as hipóteses nas quais o recurso em sentido estrito sobe nos próprios autos. Não possui, outrossim, efeito suspensivo, pois se trata de *quebra* da fiança, e não *perda*, que autorizaria esse efeito, nos termos do art. 584 do código. Significa dizer que, interposto o recurso em sentido estrito, o processo segue seu curso normal em 1° grau de jurisdição.

Art. 343. O quebramento injustificado da fiança importará na perda de metade do seu valor, cabendo ao juiz decidir sobre a imposição de outras medidas cautelares ou, se for o caso, a decretação da prisão preventiva. (Redação dada pela Lei nº 12.403, de 2011).

Perda da metade da fiança – Em decorrência do quebramento injustificado da fiança, o réu perde metade de seu valor. É que o quebramento pressupõe tenha ele descumprido as obrigações que assumiu quando da concessão do favor legal, previstas nos arts. 327, 328 e 341 do código, merecendo, por isso, a sanção da perda. Entenda-se: metade é perdida pelo réu (ou por terceiro que tenha prestado a fiança em seu favor), e a outra metade lhe é devolvida (ou ao terceiro fiador), efetuados os descontos previstos no art. 345. E nem poderia ser diferente, pois se ele tem a prisão preventiva decretada, não faz mais sentido a manutenção da fiança, que se presta, exatamente, como sucedâneo da medida extrema da prisão. A imposição dessa penalidade depende de decisão judicial, não podendo, assim, ser decretada pela autoridade policial que eventualmente arbitrou a fiança. Mesmo porque somente a decisão judicial enseja o manuseio de recurso em sentido estrito para o tribunal.

Consequência – A redação original deste artigo era no sentido de que o quebramento da fiança importava, além da perda da metade de seu valor, no imediato recolhimento do réu à prisão. O legislador, com a inovação trazida pela Lei n. 12.403/2011, dispõe que, antes de decretar a prisão preventiva, deve o juiz sopesar a possibilidade de adoção de alguma medida cautelar, como previsto no art. 282, § 6º, do CPP, alterado pela Lei 13.964/19. Com isso, deixa claro que a prisão preventiva, como tantas vezes destacado neste trabalho, se constitui na última *ratio*, isto é, na derradeira alternativa, a ser decretada apenas em "último o caso", como destaca o art. 282, § 4º, do código.

Recurso e efeito suspensivo – Cabe recurso em sentido estrito da decisão que impõe a perda do valor da fiança, nos termos do art. 581, inc. VII do CPP. Esse recurso tem efeito suspensivo, segundo o art. 584 do código, mas somente no tópico que, ao quebrar a fiança, deu como perdido metade de seu valor. De sorte que, no que se refere à prisão do réu, decretada em virtude da quebra da fiança, a decisão surte efeitos imediatos e, portanto, deve o mesmo ser preso. Suspende-se, pois, somente o efeito da decisão referente à perda de parte da fiança, enquanto não julgado o recurso, o que não obsta a prisão do réu.

Art. 344. Entender-se-á perdido, na totalidade, o valor da fiança, se, condenado, o acusado não se apresentar para o início do cumprimento da pena definitivamente imposta. (Redação dada pela Lei nº 12.403, de 2011).

Perda total da fiança – A fiança, como tantas vezes destacado, se presta exatamente como alternativa à prisão e uma garantia do efetivo cumprimento da pena, razão pela qual se o réu, uma vez condenado definitivamente, não se recolhe ao cárcere, não faz sentido a manutenção da garantia, cabendo sua perda. No mais, quando da concessão do benefício, ele se comprometeu a comparecer quando chamado, nos termos do art. 327 do código e, sua fuga, denota descumprimento a ensejar a perda da totalidade da fiança. Aliás, o réu que não se apresenta espontaneamente foi, decerto, procurado pela autoridade em seu endereço e, lá não sendo localizado, já dava causa à quebra da fiança, na dicção do art. 328 do código.

As observações deduzidas no artigo acima, sob a rubrica *perda da metade da fiança*, quanto à necessidade de uma decisão judicial, são plenamente aplicáveis também na hipótese de perda total da fiança. O recurso cabível e seu efeito foram também abordados no artigo anterior e são aplicáveis, *in totum*, para este dispositivo em exame.

A redação original deste dispositivo não continha a expressão *definitivamente*, incluída pela Lei n. 12.403/2011. Quis o legislador, com isso, destacar que apenas quando certa a condenação, isto é, quando não mais couber qualquer recurso em relação a ela, será cabível a perda.

Art. 345. No caso de perda da fiança, o seu valor, deduzidas as custas e mais encargos a que o acusado estiver obrigado, será re-

colhido ao fundo penitenciário, na forma da lei. (Redação dada pela Lei nº 12.403, de 2011).

Destino da fiança – Sobre custas e taxa judiciária (no Estado de São Paulo), indicamos a leitura abaixo dos comentários abaixo tecidos aos arts. 804 e 805. Já os encargos, uma vez decretada a perda da fiança, são aqueles previstos no art. 336 do código, que deverão ser abatidos para fazer frente às despesas referentes à indenização do dano, à prestação pecuniária e à multa, caso condenado o réu. No que se refere à indenização do dano, antes da reforma processual de 2008, sugeria a doutrina remessa de numerário ao juízo cível, caso estivesse o réu sendo processado por força de indenização do dano *ex delicto*. Com o advento, porém, da Lei n. 11.719/2008, um dos requisitos da sentença condenatória é a fixação, pelo juiz, de um "valor mínimo para reparação dos danos causados pela infração, considerando os prejuízos sofridos pelo ofendido", na dicção do art. 387, inc. IV do código. Claro que nada impede que o juiz criminal, tendo conhecimento de eventual ação cível em andamento, opte pelo envio de numerário à disposição deste último. Fixado, pois, esse valor (que, aliás, não impede que a vítima, no cível, busque uma complementação, caso o considere insuficiente), ele poderá ser também abatido da fiança perdida. Efetuados tais descontos, caso sobre algum recurso, o que parece pouco provável, ele será remetido ao fundo penitenciário (Funpen).

Tais determinações exigem que: 1) a sentença penal condenatória tenha transitado em julgado. Uma vez absolvido o réu, não lhe são impostas quaisquer sanções de caráter penal, quer principais, quer acessórias, o que não impede de a vítima buscar no cível sua reparação, dependendo do fundamento legal, dentre os previstos no art. 386 do código, em que se baseou a absolvição; 2) tenha transitado em julgado, também, o recurso contra decisão que julgou quebrada a fiança. É que tal recurso corre em separado ao processo penal, sem suspendê-lo (do art. 584, § 3º, do CPP), podendo não ter sido julgado ao tempo em que proferida a sentença penal condenatória, nos autos principais; 3) o réu não tenha se apresentado à prisão (art. 344).

FUNPEN – A redação original deste artigo determinava que o valor perdido com a fiança, efetuados os respectivos descontos, se destinaria ao Tesouro Nacional. A Lei n. 12.403/2001, alterando este tópico, impõe a reversão desse numerário ao fundo penitenciário. E, de fato, a Lei Complementar n. 79/1994, criou o Fundo Penitenciário Nacional (Funpen), que prevê como recursos a serem recebidos pelo fundo, dentre outros, aqueles provenientes de "fianças quebradas ou perdidas", nos termos de seu art. 2º, inc. VI. Tais recursos devem ser aplicados, obrigatoriamente, no aprimoramento do sistema penitenciário brasileiro, como previsto no mencionado diploma legal.

O art. 3º, § 1º, da Lei Complementar n. 79/1994, dispõe que "os recursos do Funpen poderão ser repassados mediante convênio, acordos ou ajustes, que se enquadrem nos objetivos fixados neste artigo". No Estado de São Paulo, pela Lei Estadual n. 9.171/195 (alterada pela Lei 13.500/17), foi criado o Fundo Penitenciário (Funpensp), cujas receitas são provenientes do Fundo Penitenciário Nacional e provenientes de "convênios, acordos ou contratos" (art. 2º., incs. I e III).

Art. 346. No caso de quebramento de fiança, feitas as deduções previstas no art. 345 deste Código, o valor restante será recolhido ao fundo penitenciário, na forma da lei. (Redação dada pela Lei nº 12.403, de 2011).

Perda da metade do valor da fiança – Os comentários tecidos ao artigo anterior se aplicam, no pertinente, a este dispositivo. A diferença é que no caso de *perda* da fiança, o valor *total* é utilizado para cobrir os encargos (art. 344 do código); já no *quebramento* da fiança, apenas *metade* é retirado do réu (ou de terceiro), pare esse fim (art. 343 do CPP). A outra metade será devolvida ao réu ou a terceiro que, em favor dele, prestou a fiança.

Art. 347. Não ocorrendo a hipótese do art. 345, o saldo será entregue a quem houver prestado a fiança, depois de deduzidos os encargos a que o réu estiver obrigado.

Devolução da fiança – Pode ocorrer, todavia, que não tenha sido decretado o quebramento da fiança, previsto no art. 345, tendo o réu, ademais, se apresentado à prisão. Nesse caso, depois de deduzidos os encargos, o restante lhe será devolvido ou ao terceiro fiador. Caso absolvido o réu (ou extinta sua punibilidade), por óbvio, o valor total será restituído, sem qualquer espécie de desconto.

Art. 348. Nos casos em que a fiança tiver sido prestada por meio de hipoteca, a execução será promovida no juízo cível pelo órgão do Ministério Público.

Execução da hipoteca – Prevista no art. 330 do código, a fiança pode ter sido prestada por meio de hipoteca. Ocorrendo a perda ou quebramento da fiança (ou mesmo na hipótese do art. 347), deve ser avaliado o bem que, posteriormente, será objeto de arrematação por terceiro ou remição da dívida em hasta pública. Com o valor obtido, devem ser pagos os encargos aludidos nos artigos anteriores e, sobrando algo, será devolvido ao devedor hipotecário.

Tratando-se de comarca que conta com vários promotores de Justiça, uns atuando na esfera criminal e, outros, no âmbito cível, pensamos que não cabe àqueles primeiros ingressar com a execução perante o Juízo civil, por não contarem com legitimidade para tanto. Alvitramos a possibilidade de extração de cópias pelo promotor criminal com seu envio à secretaria da promotoria cível, para que sejam adotadas as medidas cabíveis à espécie. Reforça esse posicionamento o emprego, pelo legislador, do vocábulo *Ministério Público*, de forma genérica, sem especificar qual órgão deve promover a execução, devendo ser lembrado, ainda, o caráter uno e indivisível do *parquet*.

Art. 349. Se a fiança consistir em pedras, objetos ou metais preciosos, o juiz determinará a venda por leiloeiro ou corretor.

Pedras, objetos e metais preciosos – O art. 330 do código prevê a possibilidade de a fiança ser prestada por meio de pedras, objetos ou metais preciosos. A venda desses bens deve se dar judicialmente, por meio de leilão, aquinhoado aquele que ofertar o maior lanço. O valor obtido com a venda se prestará ao pagamento dos encargos já aludidos, típicos da fiança. Tendo sido o réu condenado, mas não dando ensejo à quebra ou perda da fiança, o que sobrar ser-lhe-á devolvido ou em favor de terceiro que tenha dados os objetos em garantia. É o que dispõe o art. 347 acima.

Leiloeiro – Figura prevista no Decreto n. 21.981, de 19 de outubro de 1932, essa função mereceu atualização do regulamento do mencionado diploma, por meio da Lei n. 13.138, de 26 de junho de 2015, a prever que "compete aos leiloeiros, pessoal e privativamente, a venda em hasta pública ou público pregão, dentro de suas próprias casas ou fora delas, inclusive por meio da rede mundial de computadores, de tudo que, por autorização de seus donos por alvará judicial, forem encarregados, tais como imóveis, móveis, mercadorias, utensílios, semoventes e mais efeitos, e a de bens móveis e imóveis pertencentes às massas falidas, liquidações judiciais, penhores de qualquer natureza, inclusive de joias e warrants de armazéns gerais, e o mais que a lei mande, com fé de oficiais públicos". Trata-se, insistimos, de melhor adequação do Decreto n. 21.981/1932, que continua em vigor, mas atualizado aos novos tempos. Com essa atualização, que inclusive prevê a possibilidade de venda pela "internet", parece mais conveniente ao juiz a nomeação de um leiloeiro, cuja lista pode ser obtida na Junta Comercial, ao invés de optar por um corretor. Lembre-se que nos termos do art. 1º, do Decreto n. 21.981/1932, "a profissão de leiloeiro será exercida mediante matrícula concedida pelas juntas Comerciais, do Distrito Federal, dos Estados e Território do Acre, de acordo com as disposições deste regulamento". Dispõe, ainda, o art. 44 do mesmo decreto, que "as Juntas Comerciais publicarão em edital afixado à porta das suas sedes e inserto no Diário Oficial, ou, onde não houver órgão oficial, em jornal de maior circulação, durante o mês de março de cada ano, a lista dos leiloeiros matriculados".

De se destacar, porém, que ambas as funções – leiloeiro e corretor – são públicas, como se depreende do art. 880 do Código de Processo Civil.

Art. 350. Nos casos em que couber fiança, o juiz, verificando a situação econômica do preso, poderá conceder-lhe liberdade provisória, sujeitando-o às obrigações constantes dos arts. 327 e 328 deste Código e a outras medidas cautelares, se for o caso. (Redação dada pela Lei nº 12.403, de 2011).

Parágrafo único. Se o beneficiado descumprir, sem motivo justo, qualquer das obrigações ou medidas impostas, aplicar-se-á o disposto no § 4º do art. 282 deste Código. (Redação dada pela Lei nº 12.403, de 2011).

Liberdade provisória sem fiança – O debate sobre a situação econômica do réu foi por nós focalizado, detalhadamente, nos comentários acima aos art. 325 e 326, sob as rubricas *situação econômica do réu (i) e (ii)*. Fizemos ver, nessas ocasiões, a relevância que esse dado assume no arbitramento da fiança, a ponto do juiz, sendo pobre o réu, poder dispensar a fiança ou reduzi-la em 2/3 (art. 325, § 1º, incs. I e II do código). Pois bem. Fazendo coro a essa orientação, o artigo em análise permite seja liberada a fiança desde que pobre o indiciado ou réu. Mas se a fiança, como sucedâneo da prisão preventiva, não é cabível, há a necessidade de vincular o indiciado ou réu, de alguma forma, ao processo. De modo que, embora liberada a fiança, o juiz deve impor-lhe condições, que são, exatamente, a obrigação de comparecimento perante a autoridade (policial ou judiciária), sempre que chamado (art. 327), e de comunicação ao juízo caso mude de residência ou se ausente por mais de oito dias (art. 328). É possível, além de tais obrigações, a fixação de medidas cautelares, dentre as previstas nos arts. 319 e 320 do código. O legislador empregou o vocábulo *poderá* que, porém, interpretamos como *deverá*, por não concebermos que uma liberdade provisória, na qual já se dispensou a fiança, seja ainda concedida sem qualquer espécie de ônus, em atitude apta a acarretar inegável desprestígio à justiça.

Descumprimento – Liberado do pagamento da fiança, caso venha o réu a descumprir as medidas que lhe foram impostas, deverá o juiz observar o disposto no art. 282, § 4º, isto é, de ofício ou por provocação, poderá substituir as medidas, impor outras em acréscimo ou "em último caso, decretar a prisão preventiva". Ressalte-se, ainda mais uma vez, que a prisão preventiva é a última *ratio*, isto é, providência a ser adotada somente quando não houver outra alternativa dentre aquelas colocadas à disposição do juiz. Queremos dizer, com isso, que o mero descumprimento, pelo réu, das condições as quais se obrigou, quando da concessão da liberdade provisória, não implica, de imediato, na sua prisão preventiva, cuja imposição somente em "último caso".

JURISPRUDÊNCIA

Não pagamento da fiança e liberdade provisória

"Conforme reiterada jurisprudência desta Corte Superior de Justiça, toda custódia imposta antes do trânsito em julgado de sentença penal condenatória exige concreta fundamentação, nos termos do disposto no art. 312 do Código de Processo Penal. 'In casu', existe manifesta ilegalidade pois se o próprio magistrado de primeiro grau reconheceu não estarem presentes os requisitos que autorizam a segregação cautelar, o não pagamento da fiança arbitrada, por si só, não justifica a preservação da custódia, além de trata-se de réu juridicamente pobre, assistido pela Defensoria Pública" (STJ – HC nº 303458 -AC, Rel. Maria Thereza de Assis Moura, j. 09.09.2014, DJe 24.09.2014).

Em razão da pandemia da covid-19, foi concedida, em habeas corpus coletivo, ordem para soltura de todos os presos a quem foi deferida liberdade provisória condicionada ao pagamento de fiança e que ainda se encontravam em prisão cautelar em razão do não pagamento do valor. (STJ – HC 568693/ES, Rel. Ministro SEBASTIÃO REIS JÚNIOR, TERCEIRA SEÇÃO, julgado em 14/10/2020, DJe 16/10/2020)

"Com o advento da Lei n.º 12.403/11, externaram-se os comandos constitucionais que identificam na prisão provisória o caráter de última *ratio*. 'In casu', existe manifesta ilegalidade pois o não pagamento da fiança arbitrada, por si só, não justifica a preservação da custódia cautelar, a teor do artigo 350 do Código de Processo Penal. Trata-se de réu juridicamente pobre e imputação de falso testemunho, cuja pena mínima cominada é de 1 (um) ano de reclusão. Habeas corpus não conhecido. Ordem concedida de ofício a fim de garantir a liberdade provisória ao paciente, independentemente do pagamento de fiança, aplicando-se o disposto no artigo 350 do Código de Processo Penal" (STJ – HC nº 231723-DF, Rel. Maria Thereza de Assis Moura, j. 23.10.2012, DJe 29.10.2012).

"A imposição da fiança, dissociada de qualquer dos pressupostos legais para a manutenção da custódia cautelar, não tem o condão, por si só, de justificar a prisão cautelar do réu, a teor do disposto no art. 350, do Código de Processo Penal, quando a situação econômica do réu assim não a recomenda, tal como se verifica na hipótese, em que o Paciente se diz hipossuficiente e que se encontra preso desde maio de 2012. Precedente" (STJ – HC nº 247271-DF, Rel. Laurita Vaz, j. 25.09.2012, DJe 02.10.2012).

TÍTULO X
DAS CITAÇÕES E INTIMAÇÕES

CAPÍTULO I
DAS CITAÇÕES

Art. 351. A citação inicial far-se-á por mandado, quando o réu estiver no território sujeito à jurisdição do juiz que a houver ordenado.

Introdução – O processo judicial, como é sabido, constitui-se na prática de uma série de atos, em sequência e adiante, que culminam com a prolação da sentença. O primeiro ato, naturalmente, há de ser o chamamento do réu em juízo, quando ele, oficialmente, toma conhecimento do processo-crime que lhe pesa, propiciando-lhe, a partir daí, que aparelhe sua defesa. Trata-se mesmo de ato que atende ao princípio do devido processo legal, previsto no art. 5º, inc. LIV da Constituição, pelo qual "ninguém será privado da liberdade ou de seus bens sem o devido processo legal" e do contraditório e da ampla defesa, previstos no mesmo dispositivo (inc. LV). Assim, recebida a denúncia ou queixa-crime, o processo somente se completará com a citação do acusado, nos termos do art. 363 do código. Poderíamos definir a citação, portanto, como o meio regular de chamar o réu a juízo, dando-lhe ciência do processo, a proporcionar-lhe a organização da defesa. É o *in jus vocatio* (chamamento a juízo) do Direito Romano.

Modalidades – São quatro as modalidade de citação previstas no Código de Processo Penal, a saber: 1) citação *pessoal* (art. 351 e ss.): na qual o acusado é citado pessoalmente, *in facien*, constituindo-se na forma ideal de chamamento, por importar em uma presunção absoluta (*juris et de jure*), de que ele tem pleno conhecimento do processo; 2) citação por *requisição* (art. 358): feita ao militar por meio de seu superior hierárquico, 3) citação *por edital* (art. 361): quando não encontrado o acusado, faz-se expedir edital pelo qual se presume passe ele a ter conhecimento do processo. Trata-se de uma ficção, pois se ignora que o réu, assim chamado a juízo, tenha efetivamente tomado conhecimento do processo. Aliás, jamais se soube que alguém tenha comparecido a juízo a partir de consulta ao diário oficial ou órgão de imprensa, razão pela qual essa modalidade é conhecida também como citação *ficta*; 4) citação por *hora certa* (art. 362): cabível quando houver suspeita de que o réu se oculta para evitar a citação.

Temos que a citação por precatória ou rogatória, a despeito de cumpridas por órgão diverso daquele que expediu o mandado, constituem-se em modalidades de citação pessoal e, por isso, não as incluímos como modalidades autônomas de citação.

Tempo e local para a citação – O Código de Processo Penal não estipula limitações quanto ao local, data e horário em que se deva efetivar a citação que, assim, poderia ser realizada a qualquer momento. O ato, com efeito, pode ser praticado, segundo o art. 797 do CPP, "em período de férias, em domingos e dias feriados". A urgência, outrossim, que é típica do processo penal, também não recomendaria qualquer espécie de restrição. Deve-se, porém, atentar ao princípio constitucional que assegura a inviolabilidade do domicílio (art. 5º, inc. XI da Constituição), a impedir o ingresso do meirinho na casa do acusado durante a noite, salvo se ele a consentir.

Aplicação do Código de Processo Civil – O Código de Processo Civil, em seu art. 244, elenca situações nas quais não se deve efetuar a citação, "salvo para evitar o perecimento do direito". São elas: a) quando o citando estiver participando de ato de culto religioso; b) nos sete dias seguintes à morte de cônjuge, de companheiro ou de qualquer parente do morto, consanguíneo ou afim, em linha reta ou na linha colateral em segundo grau do citando; c) nos três dias seguintes ao casamento do acusado; d) de doente em estado grave. Reconhecida a capacidade mental do réu, ser-lhe-á nomeado curador (art. 255, § 4º, do CPC).

Cremos que tais orientações do processo civil podem se estender ao processo penal, de resto autorizadas pelo art. 3º, do CPP. Assim, não se verificando urgência e ausente qualquer suspeita de que o acusado, uma vez deixando de ser citado nessas situações, procurará evitar a citação, tais orientações do processo civil podem se estender ao processo penal. Por qual motivo se citaria um réu durante o enterro de seu pai? Ou em plena lua de mel? Ensina Câmara Leal que "os dispositivos [do processo civil] devem ter aplicação também em relação à citação criminal, pois obedecem a motivos de ordem especial, cujas razões devem prevalecer também no crime". Afinal, completa, "onde há a mesma razão deve haver a mesma disposição – *ubi eadem ratio ibi eadem dispositio* – é o princípio hermenêutico que rege a interpretação analógica" (ob. cit., vol. II, p. 402). Claro que não se estende esse raciocínio às hipóteses de mandado de prisão, onde a urgência da ordem impõe seja ela cumprida de imediato, quaisquer que sejam as circunstâncias.

Antecedência da citação em relação ao interrogatório – Antigas discussões sobre a possibilidade de citação alguns dias antes do interrogatório ou mesmo no dia do ato, acham-se superadas posto que, pela nova redação do art. 393 do CPP, o acusado não é mais citado para interrogatório, mas sim para, inicialmente, responder a acusação por escrito, no prazo de dez dias. Somente depois, uma vez recebida a denúncia ou queixa, é que ele será intimado da data da audiência uma (art. 399 do código), quando será também interrogado, como último ato da instrução probatória.

JURISPRUDÊNCIA

Imprescindibilidade da citação

"A citação e o ato pelo qual o réu é chamado a juízo para defender-se do 'delictum' descrito na peça acusatória, sendo imprescindível para assegurar o princípio da ampla defesa, sob pena de nulidade do processo, por não ter se completado o 'actio trium personarum', 'ex vi' do art. 564, inciso III, alínea 'c', do CPP" (STJ – RHC nº 4770-RJ, Rel. Vicente Leal, j. 28.08.1995, DJ 30.10.1995, p. 36811).

Ausência de citação. Comparecimento espontâneo.

"O Superior Tribunal de Justiça possui pacífica jurisprudência no sentido de que eventual nulidade decorrente da ausência de citação pessoal é sanada quando do comparecimento do acusado nos autos, conforme dispõe o art. 570 do CPP. No caso, a citação pessoal, não concretizada, no primeiro momento, em razão da suspensão gerada pela pandemia do novo coronavírus, restou aperfeiçoada pelo comparecimento espontâneo do paciente nos autos, por meio de sua defesa constituída, oportunidade na qual requereu o acesso digital aos autos, o que afasta a alegação de nulidade no feito." (STJ – HC n. 710.068/SP, relator Ministro Reynaldo Soares da Fonseca, Quinta Turma, julgado em 15/3/2022, DJe de 18/3/2022.)

Citação por WhatsApp. Possibilidade

"O paciente foi citado por meio de aplicativo instantâneo de troca de mensagens por telefone celular (WhatsApp). Esse formato foi adotado pelo Tribunal a quo, sobretudo em razão da emergência sanitária causada pela pandemia do novo coronavírus. 3. Neste caso, verifica-se que o paciente aderiu de forma voluntária à realização do ato na forma aqui questionada. Ademais, não há dúvida quanto à sua ciência da existência de processo criminal movido em seu desfavor, tendo em vista que manifestou interesse em ser patrocinado pela Defensoria Pública, não se constatando qualquer prejuízo às garantias constitucionais do paciente. Além disso, o comportamento do acusado viola a proibição do venire contra factum proprium, pois, em um primeiro momento, o acusado ter concordado com a realização do ato processual para, em seguida, questionar a forma em que a citação se aperfeiçoou." (STJ – RHC n. 140.752/DF, relator Ministro Reynaldo Soares da Fonseca, Quinta Turma, julgado em 9/3/2021, DJe de 15/3/2021.)

Art. 352. **O mandado de citação indicará:**

I – o nome do juiz;

II – o nome do querelante nas ações iniciadas por queixa;

III – o nome do réu, ou, se for desconhecido, os seus sinais característicos;

IV – a residência do réu, se for conhecida;

V – o fim para que é feita a citação;

VI – o juízo e o lugar, o dia e a hora em que o réu deverá comparecer;

VII – a subscrição do escrivão e a rubrica do juiz.

Sobre a necessidade de nova citação em caso de aditamento à denúncia, v. art. 384 abaixo

I – o nome do juiz;

Indicação do juiz – A obrigatoriedade de constar, do mandado, o nome do juiz, justifica-se como forma de se averiguar sua competência para conhecer da causa. Lembremos que o art. 5º, inc. LIII da Constituição, determina que "ninguém será processado nem sentenciado senão pela autoridade competente". Por vezes não é indicado o nome do juiz, mas do juízo. Assim, por exemplo, "*manda o juiz da 4ª. Vara Criminal de Santos...*". Será válido o mandado, mesmo porque improvável a demonstração de prejuízo que a omissão do nome do Magistrado possa acarretar ao acusado.

II – o nome do querelante nas ações iniciadas por queixa;

Querelante – Tratando-se de ação penal privada, deve constar do mandado o nome de seu autor, ou seja, do querelante. Cuida-se, com efeito, de uma acusação particular, cumprindo, assim, que se informe ao querelado a correta identificação de seu acusador. A mesma providência não se reclama nas hipóteses de ação penal pública, inaugurada por meio do recebimento da denúncia. Aqui o polo ativo é ocupado pelo Estado ou, mais precisamente, pelo Ministério Público, titular privativo dessa espécie de ação penal (art. 129, inc. I da Constituição), sendo, por isso mesmo, irrelevante constar do mandado o nome do membro da instituição – uma e indivisível – que subscreveu a denúncia.

III - o nome do réu, ou, se for desconhecido, os seus sinais característicos;

Identificação do réu – É óbvio que, do mandado, deva constar o nome do réu, a fim de que o meirinho possa localizá-lo e dar cumprimento à ordem judicial. Será assim na imensa maioria dos casos, mas, em tese, nada impede a oferta de uma acusação contendo esclarecimentos pelos quais se possa identificar o acusado, nos termos do que dispõe o art. 41 do código. Em outras palavras: é possível que, de uma queixa ou denúncia, não conste o nome do acusado, porque não se obteve sua qualificação. Nesse caso, outros dados capazes de identificá-lo devem ser mencionados, como, por exemplo, codinome do acusado, suas características físicas (cor, altura, tatuagens, etc.). Importa, assim, nos termos do art. 259 do CPP, saber-se ao certo a identidade física do réu, isto é, que ele existe, ainda que ignorado seu nome. Sobre o tema, ver comentários acima ao art. 41 do código, sob a rubrica *qualificação do acusado*.

Procuração – De se observar que, no processo penal, não há possibilidade de citação por meio de procuração, ainda que o procurador detenha poderes para tanto. Tampouco o preposto, tão conhecido na justiça trabalhista, é cogitado na área penal. A citação, portanto, deve se dar pessoalmente, *in facien*, isto é, cara a cara entre o réu e aquele responsável pelo ato. Ou, quando impossível a citação pessoal, nas demais modalidades indicadas acima, mas nunca por procuração.

Réu incapaz – Pode ocorrer, no entanto, do réu apresentar algum problema mental, incapacitando-o de entender os termos do mandado e da acusação que lhe é atribuída. Nesse caso, possuindo um curador (porque interditado judicialmente), caberá a este receber a citação. Caso não tenha sido interditado, cabe a deflagração do incidente de insanidade mental, previsto nos arts. 149 a 154 do código, com a suspensão do processo e demais consequências previstas em lei. O Código de Processo Civil (Lei n. 13.105/2015), em seu art. 245, determina que "não se fará citação quando se verificar que o citando é mentalmente incapaz ou está impossibilitado de recebê-la", quando será cabível, então, a nomeação de um curador ao citando (art. 245, § 4º, do CPC).

Pessoa jurídica – A Constituição, em seu art. 225, § 3º, prevê a possibilidade de a pessoa jurídica responder pela prática de crimes contra o meio ambiente, em dispositivo que foi reforçado pelo art. 3º, da Lei n. 9.605/98. Nessas hipóteses, quando o réu não se trata de uma pessoa física, quem deverá ser citado? Entendemos que a resposta deva ser buscada no Código de Processo Civil (Lei n. 13.105/2015), que, em seu art. 75, elenca as pessoas físicas legitimadas a representar em juízo as pessoas jurídicas, ativa e passivamente. Assim, a pessoa jurídica deve ser representada "por quem os respectivos atos constitutivos designarem ou, não havendo essa designação, por seus diretores" (inc. VIII). A massa falida pelo administrador judicial (inc. V), o município pelo prefeito, etc.

JURISPRUDÊNCIA

Não indicação do nome do réu. Nulidade

"Nula é a citação por edital efetivada em virtude de não constar, no mandado citatório, o nome correto do paciente, nem o endereço completo, declinado na fase policial" (STJ – RHC nº 362-PE, Rel. Cid Flaquer Scartezzini, j. 20.11.1989, DJ 04.12.1989, p. 17887).

IV – a residência do réu, se for conhecida;

Endereço – A residência do acusado deve também ser indicada no mandado a fim de que o oficial de justiça possa localizá-lo. Por vezes é apontado mais de um endereço, como, por exemplo, o local de trabalho do réu, onde deverá ser também diligenciado, sob pena de nulidade da citação por edital posteriormente determinada. A propósito, as Normas de Serviço da Corregedoria Geral do Tribunal de Justiça do Estado de São Paulo determinam a inclusão, no mandado, do endereço do local de trabalho do réu (art. 105, § 1º). Sobre o tema, v., ainda, o art. 361 abaixo e, mais especificamente, a rubrica *não esgotamento dos meios*.

JURISPRUDÊNCIA

Réu não procurado em seu local de trabalho

"É de ter-se como irregular a citação por edital se o paciente fornecer dois endereços, o comercial e o residencial, e somente neste último foi procurado" (STF – RHC n. 61406-RJ, Rel. Aldir Passarinho, DJ 06.04.1984, p. 15100).

V – o fim para que é feita a citação;

Objetivo – Deve constar do mandado o fim buscado pela citação, isto é, o objetivo do ato. A citação se dará para que o acusado responda aos termos da denúncia ou queixa, como disposto no art. 396 do código. Nessa resposta, segundo o art. 396-A do código, "o acusado poderá arguir preliminares e alegar tudo o que interesse à sua defesa, oferecer documentos e justificações, especificar as provas pretendidas e arrolar testemunhas, qualificando-as e requerendo sua intimação, quando necessário". Para tanto e com a intenção de propiciar a ampla defesa do réu, costumeiramente o mandado é acompanhado de uma cópia da acusação, conquanto a lei não contenha determinação expressa nesse sentido. É verdade, como observa Bento de Faria, que "a citação para acompanhar os termos do processo obriga ao acusado a estar atento ao seu desenvolvimento", mas, como ressalva o autor, esse cuidado "não dispensa a ciência especial que deve ter dos atos que a exigem e possam ser prejudiciais à sua defesa" (ob. cit., vol. 2, p. 94).O art. 4º, § 1º., da Lei n. 8.038/1990, que cuida dos processos com trâmite perante o STF e o STJ, prevê expressamente que, ofertada a acusação, o réu será notificado, recebendo cópia da denúncia ou queixa.

VI – o juízo e o lugar, o dia e a hora em que o réu deverá comparecer;

Audiência – Anteriormente à reforma processual de 2008, o interrogatório se consistia no primeiro ato da instrução probatória, quando era designada uma data para sua realização e, outra, para a colheita do restante da prova. Daí a razão pela qual este dispositivo determina que o local, dia e hora do comparecimento do réu, para interrogatório, devam ser indicados no mandado. Sucede que, a partir da reforma, nos termos do art. 396 do código, caso não rejeitada *in limine* a denúncia ou queixa, o acusado será citado para responder à acusação. Uma vez recebida a denúncia ou queixa, aí sim "o juiz designará dia e hora para a audiência, ordenando a intimação do acusado", na dicção do art. 399 do CPP. Em suma: a data e horário do interrogatório, que agora é colhido por último, somente é definida após o recebimento da acusação, cabendo a intimação do réu e não mais, a essa altura, sua citação, que já se efetivou anteriormente. Daí porque o requisito previsto neste dispositivo perdeu muito de sua aplicação prática.

ATENÇÃO - Por conta das alterações acima mencionadas, o Tribunal de Justiça do Estado de São Paulo, em suas Normas de Serviço da Corregedoria-Geral, determina que no mandado de citação deve ser feita referência à resposta à acusação, devendo constar, ainda, a advertência segundo a qual "a defesa escrita deverá ser realizada por advogado, na qual poderão ser arguidas preliminares e invocadas todas as razões de defesa, oferecidos documentos e justificações, especificadas as provas pretendidas, bem como arroladas testemunhas até o limite legal" (art. 436, inc. I). Ainda segundo as normas, "é dever do oficial de justiça perguntar ao acusado se o mesmo possui defensor constituído, certificando-se nos autos" (inc. II). Não o possuindo, cumpre ao meirinho indicar o endereço da Defensoria Pública que, uma vez procurada, será "nomeada para todos os atos do processo" (inc. III).

VII - a subscrição do escrivão e a rubrica do juiz.

Rubrica do juiz - O mandado é lavrado pelo escrivão, que o subscreve, colhendo, em seguida, a rubrica do juiz. Na assinatura lança-se o nome por inteiro, enquanto que na rubrica há uma abreviação. Mas a ausência da rubrica configura mera irregularidade, desde que não persista qualquer dúvida a respeito da origem e legalidade da ordem judicial. Vale atentar que o art. 250, inc. VI do Código de Processo Civil, libera a rubrica do juiz no mandado de citação, bastando a assinatura do escrivão ou do chefe de secretaria e a declaração de que subscreve o mandado por ordem do Magistrado.

JURISPRUDÊNCIA

Falta de assinatura do juiz. Mera irregularidade

"A alegação de nulidade por falta de assinatura do magistrado no mandado de citação, tendo em vista que efetivamente cumprido, sem a demonstração do prejuízo resultante de tal vício de formalidade, constitui mera irregularidade, insuficiente à anulação do processo" (STJ – HC n° 117117-DF, Rel. Adilson Vieira Macabu, j. 06.09.2011, DJe 10.10.2011).

Aditamento da denúncia e desnecessidade de expedição de outro mandado de citação

"A tese de nulidade do feito não procede, tendo em vista que, após oferecido o aditamento da denúncia, foi o réu devidamente citado na audiência de inquirição de testemunha, inclusive com a abertura de prazo para a manifestação da defesa. Desse modo, desnecessária a realização de nova citação por mandado, já que inequívoca a ciência do acusado sobre os novos fatos que lhe foram atribuídos. Aplicável, portanto, o disposto no art. 572, inciso II, do Código de Processo Penal. Não tendo sido demonstrada a existência do prejuízo efetivamente sofrido, deve prevalece o disposto no art. 563 do Código de Processo Penal, que consagra, na lei processual pátria, o princípio do pas de nullité sans grief" (STJ – RHC n° 25512-SC, Rel. Laurita Vaz, j. 03.03.2011, DJe 28.03.2011).

Falta de indicação de um dos delitos constantes da denúncia. Mera irregularidade

"O simples fato de se omitir no mandado de citação, a capitulação de um dos delitos imputados ao réu, constitui mera irregularidade quando é entregue ao citando cópia da denúncia com inteiro teor da acusação" (STJ – HC n° 37063-PR, Rel. Paulo Medina, j. 06.10.2005, DJ 21.11.2005, p. 305).

Art. 353. Quando o réu estiver fora do território da jurisdição do juiz processante, será citado mediante precatória.

Precatória – É cabível sua expedição quando o réu se encontrar em território diverso do local em que o juiz do feito exerce sua jurisdição. Ou seja, o processo-crime tem tramite em local diferente daquele em que se acha o acusado. Nesse caso, por meio da precatória, o juiz do distrito da culpa (juízo deprecante), solicita ao colega de jurisdição diversa (juízo deprecado), que, por mandado, ordene a citação do réu. A providência se impõe ante a impossibilidade de o juiz da causa exercer atos de jurisdição fora de sua comarca, sob pena de instauração da mais absoluta balbúrdia, em franco desprestígio à imagem da justiça. É cabível a expedição da precatória tanto entre comarcas da mesma unidade da federação, como de um estado para outro.

Cumprimento – Ao juiz deprecado não é dado emitir qualquer juízo de valor a respeito do pedido emanado do juiz deprecante. Em nossa experiência como promotores de Justiça, de certa feita nos deparamos com curiosa situação. O juiz deprecante mandou expedir carta para a realização de audiência perante o juiz deprecado, na qual seria apresentada ao réu proposta de suspensão condicional do processo, prevista na lei dos juizados criminais. Ao receber a carta, o juiz deprecado determinou sua devolução, sob o argumento de que o acusado não preenchia os requisitos objetivos e subjetivos previstos na Lei n. 9.099/95. É óbvio o equívoco desse entendimento. A análise a respeito do cabimento ou não do favor legal é tarefa exclusiva do juízo deprecante – e, mais especificamente, do órgão do Ministério Público que lá atua – devendo o juízo deprecado apenas dar cumprimento ao ato. Essa conduta – de cumprir o ato deprecado – justifica-se, como já ressaltado, pelo fato de o juiz deprecante não contar com *jurisdição* fora de sua comarca, necessitando, assim, da intervenção do juiz deprecado, este sim competente para a prática daquele ato concreto. Demais disso, a colaboração recíproca que deve imperar entre os Magistrados (v., nesse sentido, o teor do art. 67 do Código de Processo Civil), como forma, inclusive, de exteriorizar uma boa imagem da justiça, impõe o pronto atendimento do pedido oriundo do juízo deprecante. De sorte que, salvo uma situação excepcional, quando patenteada evidente ilegalidade do pedido, pode ser negado o cumprimento da precatória, com sua devolução ao juízo de origem onde constem os motivos da recusa.

Aliás, o Código de Processo Civil, no seu art. 267, elenca as possibilidades em que admissível a devolução da carta pelo juízo deprecado, quando ela, a saber: a) não estiver revestida dos requisitos legais; b) faltar ao juiz competência em razão da matéria ou da hierarquia; c) o juiz tiver dúvida acerca de sua autenticidade.

Prazo – A lei não estabelece prazo para cumprimento da precatória, devendo o juízo deprecante, porém, atentar à celeridade, sobretudo quando se cuidar de réu que esteja preso. O art. 261 do Código de Processo Civil determina que o juiz fixe um prazo para cumprimento da precatória, "atendendo à facilidade das comunicações e à natureza da diligência". Mas não estipula qual é esse prazo.

ATENÇÃO – No Estado de São Paulo, o art. 441 das Normas de Serviço da Corregedoria Geral do Tribunal de Justiça, determina o prazo de 60 dias estando o réu solto. Caso se encontre preso, o prazo é de 20 dias, quando a precatória deva ser cumprida no Estado de São Paulo e 30 dias para outras unidades da federação.

Comarcas contíguas – É possível a dispensa da expedição de carta precatória por aplicação analógica do Código de Processo Civil. Assim, o art. 255 do CPC, dispõe que "nas comarcas contíguas de fácil comunicação e nas que se situem na mesma região metropolitana, o oficial de justiça poderá efetuar, em qualquer delas, citações, intimações, notificações, penhoras e quaisquer outros atos executivos". Há, no país, inúmeras comarcas que são contíguas, separadas, por vezes, apenas por uma via pública ou que compõem uma mesma região metropolitana. Nesses casos, inspirado nos princípios da celeridade e economia processual, é possível o cumprimento do mandado de citação sem a necessidade de expedição de carta precatória. Inimaginável, outrossim, o prejuízo que poderia suportar o acusado, posto ser-lhe indiferente a citação por oficial de justiça do distrito da culpa ou por meirinho lotado no juízo deprecado.

JURISPRUDÊNCIA

Comarcas contíguas e desnecessidade de expedição de precatória

"Nas comarcas contíguas, de fácil comunicação, e nas que se situem na mesma região metropolitana, o oficial de justiça poderá efetuar citações ou intimações em qualquer delas" (art. 230 do CPC). A regra estabelecida no art. 230 do CPC tem como escopo a efetivação do chamado do réu a compor a lide, de forma mais célere e menos onerosa ao Estado para o efetivo desenvolvimento do processo. Na hipótese dos autos, é passível de aplicação o art. 230 do CPC, sem que isso traga prejuízo ao réu, uma vez que, devidamente representado por advogado e efetivamente citado, negando-se, entretanto, a receber a contrafé, restou ciente da ação penal contra ele movida" (STJ – HC nº 48228-PB, Rel. Arnaldo Esteves Lima, j. 02.09.2008, DJe 20.10.2008).

Art. 354. A precatória indicará:

I - o juiz deprecado e o juiz deprecante;

II - a sede da jurisdição de um e de outro;

III - o fim para que é feita a citação, com todas as especificações;

IV - o juízo do lugar, o dia e a hora em que o réu deverá comparecer.

Requisitos – Não diferem, na essência, os requisitos da precatória daqueles reclamados para o mandado de citação, focalizados no art. 352 acima. Aliás, a citação por precatória se efetiva por meio de mandado, só que expedido por juiz diverso daquele em que corre o feito. Dela deverão constar os nomes do juiz deprecado e deprecante, nada impedindo, porém, que conste apenas a indicação dos juízos, como já observamos acima. Deve se apontar a sede dos juízos deprecantes e deprecados. O objetivo da citação e dados sobre a audiência. Em verdade, como já observamos no art. 352, inc. VI acima, com a citação do réu, abre-se a oportunidade para que ele responda à acusação, nos termos do art. 396 do código. Não será, portanto, designada desde logo data para o interrogatório, posto que sua realização ocorrerá no juízo deprecante, em virtude do princípio da identidade física do juiz (art. 399, § 2º, do CPP). Apenas em situações excepcionais, esse ato se processará perante o juízo deprecado. Sobre a possibilidade da realização do interrogatório do réu por precatória, face ao princípio da identidade física do juiz, v. abaixo comentários ao art. 399, sob a rubrica *precatória*.

Cópia da denúncia – Nos termos do art. 442 das Normas de Serviço da Corregedoria Geral do Tribunal de Justiça do Estado de São Paulo, "a carta precatória será instruída com os documentos necessários ao seu cumprimento, como cópia de denúncia (e, acrescentaríamos, da queixa, quando se tratar de ação penal privada), depoimentos e declarações prestados na polícia, fotografias dos réus, etc., nela devendo constar, se for o caso, a data designada pelo juízo deprecante para a realização da audiência de instrução e julgamento". Também o art. 260, inc. I, do Código de Processo Civil, impõe como requisito da precatória a juntada do inteiro teor da petição inicial.

JURISPRUDÊNCIA

Requisitos

"A redação do art. 354, IV, do Código de Processo Penal, é categórica ao dispor que a carta precatória deve indicar o dia e a hora em que o réu deverá comparecer para ser interrogado. Tal informação, como é cediço, é essencial para a validade da citação, sem a qual a relação processual não se angulariza, implicando, assim, em flagrante ofensa aos princípios constitucionais do contraditório e da ampla defesa. Ordem concedida para anular o processo desde a citação" (STJ – HC n° 42096-RS, Rel. José Arnaldo da Fonseca, j. 04.10.2005, DJ 14.11.2005, p. 353).

Art. 355. **A precatória será devolvida ao juiz deprecante, independentemente de traslado, depois de lançado o "cumpra-se" e de feita a citação por mandado do juiz deprecado.**

§ 1º Verificado que o réu se encontra em território sujeito à jurisdição de outro juiz, a este remeterá o juiz deprecado os autos para efetivação da diligência, desde que haja tempo para fazer-se a citação.

§ 2º Certificado pelo oficial de justiça que o réu se oculta para não ser citado, a precatória será imediatamente devolvida, para o fim previsto no art. 362.

Cumpra-se – Uma vez recebida a precatória, o juízo deprecado lança um despacho da própria carta, no sentido de que seja a mesma cumprida. Em seguida, ainda no juízo deprecado, é expedido um mandado, contendo todos os requisitos elencados no artigo anterior. Nada impede, porém – e é assim na prática –, que a própria precatória sirva como mandado, evitando-se, por economia, a expedição de outro mandado pelo juízo deprecado. Aliás, as Normas da Corregedoria Geral do Tribunal de Justiça do Estado de São Paulo, em seu art. 126, dispõem que "as cartas precatórias, quando possível, servirão como mandado". Uma vez cumprida a precatória, a citação do acusado "será imediatamente informada, por meio eletrônico, pelo juiz deprecado ao juiz deprecante", nos termos do art. 232 do Código de Processo Civil (Lei n. 13.105/2015), cuja aplicação, no processo penal, é autorizada pelo art. 3º, do CPP.

§ 1º Verificado que o réu se encontra em território sujeito à jurisdição de outro juiz, a este remeterá o juiz deprecado os autos para efetivação da diligência, desde que haja tempo para fazer-se a citação.

Precatória itinerante – Caso o juiz deprecado constate, por meio de certidão do oficial de justiça, que o réu se encontra em outra comarca, ao invés de devolver a precatória ao juízo deprecante, deve, por medida de economia, enviar a carta diretamente a este local, indicado como atual paradeiro do acusado. Assim, expedida a precatória pelo juízo de Santos (juízo deprecante), para o juízo de Campinas (juízo deprecado), nesta última comarca detecta-se que o réu se encontra em Ribeirão Preto. O juízo de Campinas, animado pela praticidade, deve remeter a precatória diretamente a Ribeirão Preto, sem necessidade de devolução ao colega de Santos. É o que a doutrina denomina de precatória *itinerante*.

A ressalva quanto ao "tempo para fazer-se a citação", não mais faz sentido, pois com a reforma processual de 2008, como já alertado, o réu não é mais citado para interrogatório e sim para responder à acusação. Sempre haverá, portanto, tempo hábil para a realização do ato.

O art. 262, parágrafo único, do Código de Processo Civil, de adoção permitida no processo penal (art. 3º, do CPP), determina que, no caso de precatória itinerante, "o encaminhamento da carta a outro juízo será imediatamente comunicado ao órgão expedidor, que intimará as partes".

§ 2º Certificado pelo oficial de justiça que o réu se oculta para não ser citado, a precatória será imediatamente devolvida, para o fim previsto no art. 362.

Ocultação do réu – Na hipótese de o meirinho verificar que o réu se oculta, como forma de livrar-se da citação, deverá proceder à sua citação com hora certa, como prevê o art. 362 do CPP. Antes da reforma de 2008, tal ocultação dava ensejo à citação por edital do acusado, segundo a redação primitiva do art. 362 do código. Com a redação atual desse dispositivo, tem lugar a citação com hora certa, a ser efetivada pelo oficial de justiça, independentemente de devolução da precatória ao juízo deprecante.

Art. 356. Se houver urgência, a precatória, que conterá em resumo os requisitos enumerados no art. 354, poderá ser expedida por via telegráfica, depois de reconhecida a firma do juiz, o que a estação expedidora mencionará.

Formas de transmissão da precatória – Havendo urgência, este dispositivo admite a expedição da precatória por via telegráfica. Vale lembrar que o código é datado de 1941, ao tempo em que o telégrafo se constituía em um meio eficaz de comunicação, em vista de sua rapidez. Hoje em desuso, é possível a substituição do telegrama, segundo a tecnologia atualmente existente, por outras formas mais céleres de comunicação. A propósito, o art. 130 das Normas da Corregedoria Geral do Tribunal de Justiça do Estado de São Paulo, autoriza a transmissão da precatória por "fac-símile (fax), telegrama, telefone, radiograma ou correio eletrônico (*e-mail*), observando-se as cautelas previstas nos arts. 206 e 207 do Código de Processo Civil e nos arts. 354 e 356 do Código de Processo Penal" (a menção aos arts. 206 e 207 referem-se ao CPC de 1973). A urgência a que se refere o legislador, em se tratando de precatória com o objetivo de citar o réu, é de configuração mais difícil, em razão de que ele não é mais citado para interrogatório, mas para responder à acusação. Talvez em uma situação em que ele se ache preso, por período mais longo, a reclamar maior rapidez na obtenção de sua resposta à acusação. Nos termos do art. 263 do Código de Processo Civil "as cartas deverão, preferencialmente, ser expedidas por meio eletrônico, caso em que a assinatura do juiz deverá ser eletrônica, na forma da lei".

Art. 357. **São requisitos da citação por mandado:**

I – leitura do mandado ao citando pelo oficial e entrega da contrafé, na qual se mencionarão dia e hora da citação;

II – declaração do oficial, na certidão, da entrega da contrafé, e sua aceitação ou recusa.

Fé e contrafé – *Fé* consiste na presunção de verdade que decorre do ato praticado pelo oficial de justiça. Presunção relativa (*juris tantum*), a admitir, portanto, prova em contrário, mas presunção. Especificamente no caso de mandado de citação, a fé "é o ato pelo qual o oficial de justiça certifica, afirma ou atesta haver citado alguém para algum fim, por determinação do juiz competente", na lição de Bento de Faria, que completa "é, portanto, a narração certificada do modo pelo qual foi realizada a diligência" (ob. cit., vol. 2, p. 97). (V., abaixo, art. 361 e o tópico *certidão*). *Contrafé* é a cópia fiel do mandado de citação a ser entregue ao acusado, certificando o meirinho a respeito. A assinatura, pelo acusado, lançada no mandado, porque não prevista em lei, não se constitui em formalidade essencial ao ato, mesmo porque – não é incomum – ele poderá se negar a assinar. Nesse caso, cumpre ao oficial de justiça certificar essa recusa.

Conforme já lembrado acima, a citação, pela sistemática atual do art. 396 do código, não mais se dá para que o réu seja interrogado em determinado dia e horário, mas para que apresente resposta à acusação. Bem por isso, como já destacado, o Tribunal de Justiça de São Paulo determina, em suas Normas da Corregedoria Geral (art. 436), que é dever do oficial de justiça "perguntar ao acusado se o mesmo possui defensor constituído, certificando-se nos autos". Afirmando que não, o meirinho deve indagar do acusado se deseja a atuação da Defensoria Pública, "cujo endereço deverá lhe ser fornecido, bem como orientado de que a mesma [a Defensoria Pública] deverá ser procurada pessoalmente ou por familiar".

JURISPRUDÊNCIA

Falta de assinatura do réu. Irrelevância

"A lei processual pena não exige a assinatura do citando na certidão do oficial de justiça ou na primeira via do mandado. Para a perfeição do chamamento, é suficiente que o meirinho certifique sobre a aceitação ou recusa da contrafé, após a leitura do mandado" (STJ – HC nº 5674-GO, Rel. José Dantas, j. 09.09.1996, DJ 30.09.1996, p. 36646).

Falta de assinatura do oficial. Nulidade relativa

"Declara-se a nulidade da citação cujo mandado não contém assinatura do Oficial de Justiça, desde que tal eiva implique prejuízo para a defesa. In casu, tal prejuízo restou comprovado, eis que, citado irregularmente, o réu não compareceu ao interrogatório, sendo-lhe decretada a revelia" (STJ – RHC nº 8454-SC, Rel. José Arnaldo da Fonseca, j. 20.04.1999, DJ 24.05.1999, p. 183).

Leitura do mandado – Trata-se de formalidade essencial ao ato de citação, indicando a doutrina mais antiga a obrigatoriedade de sua realização, cumprindo ao oficial de justiça a leitura integral do mandado, certificando a respeito. Não se exigirá, decerto, que o meirinho leia o inteiro teor da acusação, mesmo porque, na prática, cópias da denúncia ou queixa são entregues ao acusado. Mas que advirta ao acusado a respeito das prescrições contidas no art. 396 do código, sobretudo sobre o prazo de dez dias que possui para resposta à acusação. A despeito da orientação doutrinária e da textualidade da lei, o STJ entendeu que eventual omissão quanto à leitura do mandado configura nulidade relativa, a exigir, portanto, arguição oportuna e prova do prejuízo.

JURISPRUDÊNCIA

Falta de leitura do mandado. Nulidade relativa.

"A simples alegação de que o mandado de citação não foi lido ao paciente, tendo em vista que tal ação não consta da respectiva certidão do seu cumprimento, não autoriza a declaração da nulidade do ato, já que não se demonstrou a ocorrência de qualquer prejuízo para a defesa" (STJ – HC nº 107743-DF, Rel. Jorge Mussi, j. 19.08.2009, DJe 21.09.2009).

Art. 358. A citação do militar far-se-á por intermédio do chefe do respectivo serviço.

Citação por requisição– É aquela que se efetiva não na pessoa do militar, mas de seu superior a quem se acha subordinado. Este, assim, recebe uma requisição judicial, contendo os requisitos de todo e qualquer mandado de citação, a qual deverá transmitir ao acusado.

Ratio legis – O objetivo do legislador não foi de conferir algum privilégio ao militar, mas apenas de evitar qualquer transtorno ao bom andamento do serviço público. Imagine-se se no dia designado para a audiência, esteja o militar embarcado fora do país ou convocado a participar de alguma operação policial. Com a prévia comunicação, haverá tempo hábil de se promover a respectiva substituição do miliciano, evitando-se maiores percalços ao bom andamento do serviço público. É medida que se aplica, também, quando o militar serve como testemunha, na dicção do art. 221, § 2º, do código. Essa orientação é aproveitada, também, em relação ao funcionário público, tratado no artigo seguinte, mas, por questões de disciplina e hierarquia militar, ante a impossibilidade dele se ausentar do local onde se encontra destacado, para este se exige a requisição e, já para o outro, a mera notificação ao chefe da repartição é o bastante. Não se trata, como já entendeu a doutrina, de se impedir que o oficial de justiça ingresse em uma dependência militar, mesmo porque tal acesso seria desnecessário, posto que da guarita, após se identificar e explicar os motivos das diligências, ele pode pedir a chamada do militar, quando será certamente atendido. Mas – insiste-se – uma questão de disciplina e hierarquia que marcam as carreiras militares.

Teor do ofício – Entendemos que, do ofício, devem constar todos os dados que, segundo o art. 352, compõem o mandado de citação.. Achamos mesmo que, conquanto não previsto em lei, seria de bom alvitre o envio de cópia da denúncia ou queixa, tudo como forma de propiciar a mais elástica possibilidade de defesa ao acusado.

Militar – Deve, aqui, ser entendido no sentido mais amplo, a encampar os milicianos, oficiais e praças, das Forças Armadas (Aeronáutica, Exército e Marinha), os policiais militares (Federal, Estadual e do Distrito Federal, incluindo os bombeiros e rodoviários), e os membros da polícia ferroviária federal (art. 144, parágrafo 3º da Constituição e Lei nº 12.462, de 4 de agosto de 2011). Todos, à evidência, enquanto na ativa, posto que a regra não se estende ao militar reformado.

Guardas municipais – No que se refere aos guardas municipais, entendemos que, pela interpretação da Lei n. 13.022/2014, a conclusão é no sentido da desnecessidade da requisição. É que, mencionado diploma legal deixa claro, em seu art. 2º, que a guarda municipal possui caráter civil, conquanto uniformizada e armada. Ora, se tem caráter *civil*, obviamente se contrapõe a outras instituições que possuem caráter *militar*. Reforça essa ideia o teor do art. 19 da mesma lei, ao destacar que "a estrutura hierárquica da guarda municipal não pode utilizar denominação idêntica à das forças militares, quanto aos postos e graduações, títulos, uniformes, distintivos e condecorações". Pretendeu o legislador, assim, afastar qualquer característica militar às guardas municipais, o que justifica nosso posicionamento.

Polícia penal – a Emenda Constitucional (EC) 104 criou as polícias penais federal, dos estados e do Distrito Federal. Pelo texto, os quadros da nova corporação serão compostos pela transformação dos cargos dos atuais agentes penitenciários e equivalentes. Logo, a exemplo dos guardas civis, não são militares, observando as cautelas necessárias para a citação do servidor público em geral (art. 359 do CPP).

Domicílio do militar – Lembre-se, ainda, que o domicílio do militar, na dicção do art. 76, parágrafo único, do Código Civil, é do local onde servir "e sendo da Marinha ou da Aeronáutica, a sede do comando a que se encontrar imediatamente subordinado; o do marítimo, onde o navio estiver matriculado". Achando-se o militar em comarca diversa do distrito da culpa, é cabível expedição de carta precatória, devendo o juízo deprecado efetuar a respectiva requisição.

Consequência da não requisição – Suponha-se que, por um equívoco, tenha sido o militar citado por mandado. Haverá alguma nulidade decorrente dessa omissão? Parece-nos óbvio que não, desde que o miliciano compareça em juízo, nos termos do art. 570 do CPP. Inconcebível, no mais, imaginar-se o prejuízo experimentado por ele decorrente de sua citação pessoal, quando deveria ser comunicado por seu superior, como determina o dispositivo em análise. Caso ele não compareça, cumprirá ao juiz, sob nossa compreensão, renovar o ato, atendido agora o requisito que prevê a requisição. Parece-nos um tanto drástica a imposição de sua de sua revelia, porque citado pessoalmente, quando um requisito legal foi antes descumprido. Claro que se foi regularmente comunicado pelo chefe e, ainda assim, ausentou-se, os efeitos de tal omissão incidirão com todo seu vigor.

Observe-se que não cabe ao juiz conferir se a requisição foi ou não cumprida. Não tendo recebido qualquer comunicação, do chefe do serviço, dando conta de eventual impossibilidade de comparecimento (porque gozando férias ou em missão no exterior, por exemplo), é de se presumir que a ordem judicial tenha sido repassada ao militar acusado da prática de infração penal. Na prática, quase sempre há uma resposta do superior dando conta da transmissão feita a seu subordinado.

JURISPRUDÊNCIA

Quando é dispensável

"A citação, notificação ou intimação do militar mediante ofício requisitório ao comandante da unidade, na forma prevista no art. 358 do CPP não consubstancia um privilégio ou imunidade processual, mas uma providência legal para atender as condições especiais do serviço e da disciplina castrense. Estando o militar em gozo de férias ou por qualquer motivo afastado do serviço ativo, a sua notificação pessoal para comparecer aos atos do processo torna irrelevante a requisição por ofício, cuja omissão não constitui nulidade" (STJ – REsp n° 69249-SP, Rel. Vicente Leal, j. 25.03.1996, DJ 10.06.1996, p. 20401).

Acusado que comparece

"A citação, via seu superior hierárquico, de militar acusado é válida, sobretudo se o denunciado atende ao chamamento, nada alega contra o ato e indica seu advogado (STJ – HC n° 11391-RJ, Rel. Fontes de Alencar, DJ 29.04.2002).

Art. 359. **O dia designado para funcionário público comparecer em juízo, como acusado, será notificado assim a ele como ao chefe de sua repartição.**

Ratio legis – Em nada difere o objetivo da lei quanto ao militar e ao funcionário público. Procura-se evitar, com a comunicação ao chefe da repartição pública, dano ao serviço público, que poderia ser interrompido caso desconhecida a necessidade de o réu apresentar-se em juízo. Imagine-se um médico, que presta serviço em um pronto-socorro municipal e que se ache de plantão exatamente no dia em que será interrogado em juízo. Claro que seu superior deverá, para aquele dia e horário, providenciar a respectiva substituição, de modo que o serviço não sofra qualquer solução de continuidade, em prejuízo dos pacientes que esperam ser atendidos.

Funcionário público – É aquele que recebe do Estado, possui atribuições específicas e foi admitido mediante aprovação em concurso público. Mas não apenas ele se inclui neste dispositivo. Cabe, assim, tomar-se de empréstimo a definição de funcionário público apontada no art. 327 do Código Penal, pela qual "considera-se funcionário público, para os efeitos penais, quem, embora transitoriamente ou sem remuneração, exerce cargo, emprego ou função pública". E completa no § 1º.: "Equipara-se a funcionário público quem exerce cargo, emprego ou função em entidade paraestatal, e quem trabalha para empresa prestadora de serviço contratada ou conveniada para a execução de atividade típica da Administração Pública". De sorte que um conselheiro tutelar, escolhido por eleição e que tem mandato previamente definido, conquanto não se possa, a rigor, caracterizá-lo como um funcionário público, exerce, inegavelmente, função pública. O mesmo ocorre com um estagiário de um órgão público, ainda que nada perceba por seu trabalho. O segurança contrato junto a uma empresa particular para atuar em um órgão público, submete-se ao mesmo regime. Em todos esses casos, portanto, haverá a necessidade de comunicação ao chefe da repartição na qual o acusado pertence.

Como observado no artigo anterior, o domicílio do servidor público, segundo o art. 76, parágrafo único, do Código Civil, é do "lugar em que exercer permanentemente suas funções".

Necessidade de citação pessoal – Interessante observar que, em nenhum momento, o legislador dispensa a citação pessoal (ou, dependendo do caso concreto, a citação por edital), do funcionário público. Ao contrário do verificado no artigo anterior, quando a citação é comunicada ao chefe do militar que, posteriormente, a transmite ao subordinado, aqui há a necessidade de citação *in facien* do acusado. A notificação do chefe da repartição traduz apenas uma cautela, evitando, como já ressaltado, percalços ao bom andamento do serviço público. Este chefe, de sua parte, não poderá negar o afastamento do funcionário público, pois determinada judicialmente. Assim, se o funcionário, cumprindo a ordem judicial, comparecer em juízo, não poderá suportar qualquer desconto em seu salário e, tampouco, sujeitar-se à prática de falta funcional. Claro que razões de ordem prática (viagem ou missão no exterior, férias ou gozo de licenças, etc.), poderão impedir a presença do réu, devendo seu superior comunicá-las ao juízo.

Lembre-se que também quando o funcionário público é intimado a depor na condição de testemunha, a data e horário da audiência, pelas razões já expostas, devem ser comunicados ao chefe da repartição em que servir, nos termos do art. 221, § 3º., do CPP.

Consequências da falta – Parte da doutrina entende que, uma vez citado pessoalmente o funcionário público, mas ausente a prévia comunicação a seu chefe, o acusado estaria dispensado de comparecer. Pensamos de forma diversa. Ora, se é exigida a citação pessoal do funcionário, se ele foi regularmente citado, parece-nos óbvio a sua obrigação em atender a ordem judicial. Ele que adote as providências cabíveis junto a ser superior, comunicando-lhe a data e horário em que deverá ausentar-se. Não fosse assim e não faria sentido exigir-se a citação *in faciem* do funcionário, bastando que se adotasse a solução preconizada no artigo anterior, com o envio de requisição ao chefe que, de sua parte, a transmite ao militar. De tal forma que, citado pessoalmente e não comparecendo (salvo se por motivo justificado), cremos que deverá ser decretada a revelia do funcionário público, com as consequências daí advindas.

JURISPRUDÊNCIA

A notificação não dispensa a obrigatoriedade da citação pessoal

"Tratando-se de réu funcionário público ou autárquico, a simples notificação a que alude o art. 359 do CPP não supre a citação pessoal. Deve ser expedido mandado para citação daquele e ofício ao chefe da sua repartição, comunicando-lhe esse fato" (TACrimSP – Rel. Lauro Malheiros – RT 441/398).

Objetivo

"A notificação ao chefe da repartição pública, prevista no art. 359 do CPP, busca evitar que a ausência do funcionário resulte em danos aos serviços desempenhados por ele, sendo que a não realização de tal ato não é capaz de causar nulidade no âmbito do processo criminal" (STJ – RHC nº 11235-MG, Rel. Gilson Dipp, j. 02.08.2001, DJ 10.09.2001, p. 400).

Art. 360. Se o réu estiver preso, será pessoalmente citado. (Redação dada pela Lei nº 10.792, de 1º.12.2003)

Necessidade de citação pessoal – A antiga redação deste dispositivo não exigia a citação *in facien* do réu preso, mas apenas sua requisição judicial ao responsável pelo estabelecimento penal, a fim de que, na data e horários marcados para a audiência, ele apresentasse o acusado em juízo. Em que pese alguma crítica da doutrina, a jurisprudência monótona era no sentido da desnecessidade da expedição de mandado de citação, sob o argumento de que, antes de seu interrogatório, ele tomaria plena ciência da imputação que lhe pesava. De se observar, porém, que ainda hoje e a despeito da alteração legislativa, a jurisprudência majoritária de nossos tribunais superiores é no sentido de que a presença do réu em juízo, sem que tenha sido pessoalmente citado, mas assistido por defensor, supre qualquer nulidade. É que se vê dos arestos abaixo transcritos.

Em boa hora o legislador promoveu a inovação trazida com a Lei nº 10.792/2003, a exigir, também para o réu preso, sua citação pessoal. Era comum àqueles que militam no âmbito criminal, se depararem com réus que, somente após a leitura da denúncia, tomavam conhecimento do motivo pelo qual se encontravam perante o juiz. Até então não tinham a menor ideia dos motivos que justificariam sua presença, por vezes, é certo, tamanha a quantidade de crimes pelos quais respondiam. Tal necessidade se reforça a partir da nova disciplina introduzida pela Lei n. 11.719/2008, que prevê uma resposta preliminar à acusação, com possibilidade de absolvição sumária do réu (art. 397 do CPP), e a hiperconcentração dos atos processuais em uma única audiência (art. 400).

Com a citação pessoal, rende-se homenagem a princípios tão caros ao processo penal, com assento na Constituição, como da ampla defesa e do contraditório. Poderá o réu preso, assim, ciente da acusação que lhe é imputada, preparar de antemão sua defesa, ainda que leiga e, posteriormente, em contato com um advogado constituído ou com um defensor público, aparelhar-se tecnicamente para tanto. É verdade que a redação atual do art. 399, § 1º., introduzida pela Lei n. 11.719/2008 (posterior, portanto, à Lei nº 10.792/2003), determina a requisição do réu preso junto ao poder público, a quem caberá seu transporte e apresentação. Mas se trata de providência de cunho meramente administrativo, que em nada colide com o disposto neste artigo em análise, cujo fundamento, como se disse, deita raízes em princípios constitucionais.

v. art. 185, § 7° acima.

JURISPRUDÊNCIA

Mera requisição

a) não é suficiente

"A nova redação do art. 360 do Código de Processo Penal, introduzida pela Lei 10.792/03, passou a exigir a citação pessoal do réu preso para o interrogatório judicial, sendo incabível a simples requisição do réu, sob pena de nulidade absoluta. A alteração do citado dispositivo processual teve por objetivo dar maior ênfase ao princípio constitucional da ampla defesa, nas modalidades autodefesa e defesa técnica, possibilitando ao acusado tomar conhecimento da acusação com tempo suficiente para preparar sua defesa, bem como entrevistar-se reservadamente com seu advogado nos termos do art. 185, § 2º, do CPP" (STJ – HC n° 69838-PI, Rel. Arnaldo Esteves Lima, j. 28.05.2008, DJe 04.08.2008).

b) quando é suficiente

"Embora o art. 360 do Código de Processo Penal, com a redação dada pela Lei n. 10.792/2003, determine que, se o réu estiver preso, deverá ser pessoalmente citado, não há falar em nulidade decorrente da ausência do ato citatório quando verificado que houve a condução e o comparecimento do paciente ao interrogatório, ato no qual foi devidamente assistido por seu defensor – sendo certo que, antes de dar início ao interrogatório, ainda teve oportunidade de se entrevistar com seu patrono –, já que evidentemente possibilitado o exercício do contraditório e da ampla defesa" (STJ – HC n° 170697-MG, Rel. Sebastião Reis Júnior, j. 04.09.2012, DJe 17.09.2012).

Art. 361. **Se o réu não for encontrado, será citado por edital, com o prazo de 15 (quinze) dias.**

Citação por edital – Também conhecida como citação *presumida* ou *ficta*, contrapõe-se, exatamente, à citação pessoal. De sorte que, não encontrado o réu para que seja citado pessoalmente, resta a alternativa de sua citação por edital, o que faz presumir tenha ele tomado conhecimento da imputação que lhe é irrogada. A despeito das críticas endereçadas a essa espécie de citação, trata-se de uma fórmula concebida pelo legislador de levar ao conhecimento do réu a acusação que lhe é formulada, ainda que se saiba, na prática, que dificilmente alguém atenda ao edital. Era mais grave antes da edição a Lei n. 9.271/1996, quando o réu, citado por edital e, seguramente, desconhecendo a existência do processo, podia ser condenado. Com a nova redação do art. 366 do código, essa possibilidade foi afastada, o que enfraquece em muito qualquer critica mais feroz à citação por edital que, de resto, é conhecida também no processo civil (art. 246, inc. IV do CPC - Lei n. 13.105/2015).

Exceção – Tem-se que o ideal será sempre a citação *in facien*, constituindo-se a citação por edital, portanto, medida de exceção. Bem por isso, ela somente é admitida depois de esgotados todos os meios na tentativa de localização do acusado, conforme destacado na jurisprudência, de nossos tribunais superiores, abaixo colacionada. Como *esgotamento dos meios* devem ser entendidas as diligências encetadas nos endereços (residencial e de trabalho), fornecidos pelo réu, valendo que se lembre, por exemplo, que, nos termos do art. 328 do código, "o réu afiançado não poderá, sob pena de quebramento da fiança, mudar de residência, sem prévia permissão da autoridade processante". De tal forma que, ainda nos termos de jurisprudência abaixo mencionada, não é obrigatória a expedição de ofícios a órgãos públicos (TRE, DRF, etc.), na tentativa de obtenção de endereços. É de praxe, porém, essa cautela, sobretudo a consulta ao órgão responsável pelo cadastro de presos de determinado estado, para que não se incorra na nulidade prevista na Súmula n. 351 do Supremo Tribunal Federal. Parece reforçar a ideia da necessidade de expedição de ofícios o disposto no art. 256, § 3º., do Código de Processo Civil (Lei n. 13.105/2015), que determina, na tentativa de localização do réu, a "requisição pelo juízo de informações sobre seu endereço nos cadastros de órgãos públicos ou de concessionárias de serviços públicos".

Ressalte-se, ainda, o disposto no art. 13, incs. I e II do CPP, pelo qual incumbe à autoridade policial fornecer "as informações necessárias à instrução e julgamento dos processos", sempre que "requisitadas pelo juiz ou pelo Ministério Público". Com base nestes dispositivos é pedido o auxílio da polícia civil na tentativa de localização do acusado, em diligência que, por vezes, obtém sucesso, sobretudo em cidades menores.

Certidão – Será a certidão lançada pelo oficial de justiça o meio hábil a se apurar se o réu foi procurado em todos os endereços constantes dos autos. Ressalte-se que, nos termos do art. 154, inc. I, do Código de Processo Civil (Lei n. 13.105/2015), incumbe ao meirinho fazer pessoalmente citações, sempre que possível na presença de duas testemunhas, "certificando no mandado o ocorrido, com menção ao lugar, ao dia e à hora". O mesmo *codex*, que tem aplicação no processo penal (art. 3º do CPP), dispõe que o oficial é auxiliar da justiça (art. 149 do CPC), e, como tal, seus atos gozam de fé pública, gerando presunção de veracidade. Tal presunção, *juris tantum*, somente pode ser elidida mediante a produção de prova robusta nos autos no sentido da falsidade daquilo que certificado pelo oficial de justiça.

Juizados Especiais Criminais – Destaque-se que a Lei n. 9.099/95, que cuida dos juizados especiais criminais, não prevê, para os procedimentos das infrações penais de menor potencial ofensivo, a citação por edital. É que se trata de medida incompatível com a celeridade que se espera dessa espécie de procedimento (art. 62 da lei). De sorte que, não sendo possível a citação pessoal do acusado, cumpre ao juiz encaminhar os autos ao juízo comum, onde deverá ter curso o processo, aí sim com a possibilidade da citação ficta do réu, nos termos do art. 66, parágrafo único da Lei n. 9.099/95. Destaque-se que posterior localização do acusado que, perante a justiça comum, venha a ser citado pessoalmente, não implica na devolução dos autos aos juizados especiais criminais. Nesse sentido é o teor do Enunciado n. 5, aprovado pelo Órgão Especial do Tribunal de Justiça de São Paulo, *in verbis*: "A remessa dos autos ao juízo comum, na hipótese do art. 66, parágrafo único, da Lei 9.099/95, exaure a competência do Juizado Especial Criminal, que não se restabelecerá com localização do acusado".

JURISPRUDÊNCIA

Súmula nº 351 do STF: "É nula a citação por edital de réu preso na mesma unidade da federação em que o juiz exerce a sua jurisdição"

Citação por edital de réu preso na mesma unidade da federação. Nulidade

"Não pode o Juízo processante, diante da devolução de carta precatória, determinar a citação por edital do réu sem tomar qualquer medida no sentido de localizá-lo. Evidenciado o constrangimento ilegal na espécie, sobretudo porque o réu encontrava-se recolhido na mesma unidade da federação em que tramitava a ação penal contra ele instaurada, situação em que cumpre ao Magistrado determinar a sua requisição. "É nula a citação por edital de réu preso na mesma unidade da federação em que o juiz exerce a sua jurisdição." Enunciado da Súmula 351 do Supremo Tribunal Federal" (STJ – RHC nº 34916-BA, Rel. Laurita Vaz, j. 14.05.2013, DJe 21.05.2013).

Não esgotamento dos meios

"Citação editalícia diretamente determinada pelo Juízo, à vista de anterior informação, colhida na fase de inquérito, de que o então indiciado não fora localizado em seu local de trabalho e no endereço residencial que constava de sua ficha cadastral. Constata-se que não foram esgotados todos os meios disponíveis para a citação pessoal do paciente, antes de proceder-se à citação por edital. Não se verificando a regular cientificação do acusado, com uso de todos os meios ao alcance do Juízo para que fosse localizado, negou-se-lhe o direito ao interrogatório, ato classificado pela melhor doutrina, ao mesmo tempo, como meio de prova e de defesa, e, em acréscimo, lhe foi retirada a prerrogativa de, livremente, escolher o advogado incumbido de sua defesa, elegendo, junto com este, as testemunhas que caberia arrolar e as demais provas que poderia produzir. Precedentes. Patente situação de constrangimento ilegal. 6. Ordem deferida para anular o processo a partir da citação editalícia" (STF – HC nº 88548-SP, Rel. Gilmar Mendes, RTJ 208/1098).

"Pacífico o entendimento do Superior Tribunal de Justiça de que devem ser esgotadas todas as diligências possíveis para a localização do réu antes de se determinar a citação por edital, sob pena de nulidade. No caso, apesar de declinada nos autos da ação penal de que se cuida a alteração de endereço do paciente, esta não foi observada, o que ensejou a sua não localização e a citação por edital, restando evidenciado, assim, o alegado constrangimento ilegal" (STJ – HC n° 55059-PR, Rel. Haroldo Rodrigues, j. 16.08.2011, DJe 26.10.2011).

"A citação editalícia, como medida de exceção, só tem lugar quando esgotados todos os meios disponíveis para localizar o réu, o que não foi observado na hipótese vertente, porque havia nos autos da ação penal em andamento novo endereço residencial, onde o Paciente não foi procurado. Nulidade evidenciada. Precedentes" (STJ – HC n° 245933-MG, Rel. Laurita Vaz, j. 23.10.2012, DJe 31.10.2012).

Esgotamento dos meios para citação pessoal

"A citação, em regra, deve ser feita pessoalmente, em consagração ao princípio da ampla defesa. A citação por edital, portanto, é medida de exceção. Se for realizada antes de esgotadas as diligências possíveis de localização do réu constituirá causa de nulidade do processo. Não há falar em inobservância do procedimento citatório quando é sabido que o réu reside em determinada cidade, mas não há informação precisa de seu paradeiro, inviabilizando, assim, a citação pessoal" (STJ – HC n° 96031-MS, Rel. Arnaldo Esteves Lima, j. 23.02.2010, DJe 22.03.2010).

"Não se acolhe alegação de nulidade da citação por edital, se foram esgotados todos os meios à disposição do juízo, que determinou a realização de diligências para a localização do paciente com base nos endereços constantes dos autos, a fim de promover a citação por mandado. Pertence ao acusado o ônus da devida comunicação de mudança de endereço, nos autos de cada feito a que responde" (STJ – RHC n° 15108-SP, Rel. Gilson Dipp, j. 16.12.2003, DJ 25.02.2004, p. 191).

"Não há como acolher a tese de ilegalidade da citação editalícia, porquanto, os autos evidenciam que o oficial de justiça se dirigiu ao endereço indicado no mandado e fornecido pelo próprio acusado quando ouvido no inquérito policial, não obtendo informações sobre seu paradeiro, vindo a certificar que deixou de citá-lo por se encontrar "em lugar incerto e não sabido". Posteriormente, o meirinho foi procurá-lo na cadeia pública local, onde deveria estar em razão da prisão em flagrante, não sendo encontrado, permanecendo foragido durante todo o transcorrer do processo" (STJ – HC n° 41376-PB, Rel. Paulo Gallotti, j. 16.03.2006, DJ 10.04.2006, p. 302).

Expedição de ofício ao TRE ou a outros órgãos públicos. Desnecessidade

"A validade da citação editalícia independe de prévia consulta ao Tribunal Regional Eleitoral, quanto ao endereço do réu" (STJ – HC n° 12210-RJ, Rel. Hamilton Carvalhido, j. 24.10.2000, DJ 19.02.2001, p. 246).

"Não constando nos autos, qualquer endereço do citando, correta se entremostra a sua citação por edital, sendo desnecessário diligenciar o seu paradeiro junto a órgãos públicos e privados" (STJ – RHC n° 6805- RJ – Rel. Anselmo Santiago – RSTJ 105/429).

Presunção de veracidade da certidão

"É válida a citação por edital realizada quando esgotadas as diligências necessárias à localização do réu, em obediência ao disposto no art. 361 do CPP. A certidão expedida por oficial de justiça goza de fé pública, que somente pode ser infirmada diante de prova em contrário, idônea e inequívoca. Ordem denegada" (STF, HC n. 85473, Rel. Ricardo Lewandowski, j 19.09.2006, DJ 24.11.2006, p. 76).

"Citação edital. Nulidade. Réu procurado pelo oficial de justiça no endereço indicado e não encontrado. Certidão do meirinho que, por gozar da fé pública, não pode ser invalidada por meras deduções, a partir de documentos que provam a residência naquele endereço da companheira do réu, não dele próprio. RHC improvido" (STF – RHC n° 60119-SP, Rel. Cordeiro Guerra, j. 03.08.1982, DJ 03.09.1982, p. 85000).

"Presume-se a regularidade do ato citatório se o Oficial de Justiça certifica e dá fé ter dado, por inteiro, cumprimento ao mandado de citação, máxime se inexiste nos autos prova em sentido contrário" (STJ – HC n° 8989-SP, Rel. José Arnaldo da Fonseca, j. 27.04.1999, DJ 31.05.1999, p. 162).

Nulidade da citação por edital é suprida pelo comparecimento do réu

"A citação editalícia irregular da acusada restou sanada em razão de seu comparecimento em juízo, acompanhada de advogado constituído, momento em que foi determinada a realização do interrogatório, a ciência da acusação formulada e a abertura do prazo de defesa preliminar" (STJ – RHC n° 15653-PR, Rel. Laurita Vaz, j. 15.03.2005, DJ 11.04.2005, p. 332).

Art. 362. **Verificando que o réu se oculta para não ser citado, o oficial de justiça certificará a ocorrência e procederá à citação com hora certa, na forma estabelecida nos arts. 227 a 229 da Lei nº 5.869, de 11 de janeiro de 1973 – Código de Processo Civil. (Redação dada pela Lei nº 11.719, de 2008).**

Parágrafo único. Completada a citação com hora certa, se o acusado não comparecer, ser-lhe-á nomeado defensor dativo. (Incluído pela Lei nº 11.719, de 2008).

Citação com hora certa – Inovação interessante foi introduzida pela Lei nº 11.719/2008. Com efeito, até então, o réu que se ocultasse era citado por edital, com o prazo de cinco dias, nos termos da redação primitiva do dispositivo em exame. É verdade que, na prática, raramente se deparava com essa espécie de citação ficta. Os réus, via de regra, eram citados por edital em virtude de que não encontrados (art. 363, § 1º do CPP), e não porque se ocultavam à ação do oficial de justiça. De qualquer sorte, tomando de empréstimo regra do processo civil, a citação com hora certa foi incorporada ao processo penal.

A citação com hora certa deverá atentar ao regramento dos arts. 252 e 253 do Código de Processo Civil (Lei n. 13.105/2015), que indica a conduta a ser adotada pelo meirinho no cumprimento da diligência. Vale, por isso, que se reproduza a redação do processo civil:

> *Art. 252. Quando, por 2 (duas) vezes, o oficial de justiça houver procurado o citando em seu domicílio ou residência sem o encontrar, deverá, havendo suspeita de ocultação, intimar qualquer pessoa da família ou, em sua falta, qualquer vizinho de que, no dia útil imediato, voltará a fim de efetuar a citação, na hora que designar.*
>
> *Parágrafo único. Nos condomínios edilícios ou nos loteamentos com controle de acesso, será válida a intimação a que se refere o caput feita a funcionário da portaria responsável pelo recebimento de correspondência.*
>
> *Art. 253. No dia e na hora designados, o oficial de justiça, independentemente de novo despacho, comparecerá ao domicílio ou à residência do citando a fim de realizar a diligência.*
>
> *§ 1º Se o citando não estiver presente, o oficial de justiça procurará informar-se das razões da ausência, dando por feita a citação, ainda que o citando se tenha ocultado em outra comarca, seção ou subseção judiciárias.*
>
> *§ 2º A citação com hora certa será efetivada mesmo que a pessoa da família ou o vizinho que houver sido intimado esteja ausente, ou se, embora presente, a pessoa da família ou o vizinho se recusar a receber o mandado.*
>
> *§ 3º Da certidão da ocorrência, o oficial de justiça deixará contrafé com qualquer pessoa da família ou vizinho, conforme o caso, declarando-lhe o nome.*

Pelo menos uma discussão, talvez de cunho acadêmico, restou superada com a presente inovação. Com efeito, nos termos da Lei nº 9.271/96, que alterou o art. 366 do CPP, o réu que, citado por edital, não comparecer em juízo e tampouco constituir advogado, terá o processo suspenso, com todas as demais consequências previstas no dispositivo legal.

Os principais objetivos dessa inovação foram apontados na sua Justificação à Mensagem nº 1.269, de 1994, do Poder Executivo, quando se destacou que: "os princípios da ampla defesa e do contraditório, adotados no ordenamento jurídico brasileiro, e a previsão da Constituição Federal de que ninguém será privado de liberdade ou de seus bens sem o devido processo legal (art. 5º, LVI) conferem o respaldo legal à nova pretensão do art. 366, ainda mais quando a ela se acrescenta (§ 1º) a autorização para que se produzam, antecipadamente, as provas consideradas de maior urgência". À época da entrada em vigor da lei, discutiu-se sobre a citação por edital daquele que se ocultava. Ora, o réu que se ocultasse ardilosamente, com o objetivo de fugir à citação pessoal, não poderia alegar ignorância quanto ao processo que contra ele se instaurou e, por isso, sem embargo de citado fictamente, deveria o feito ter regular prosseguimento. Agora, para o que se oculta, a citação será feita com hora certa e, consequentemente, não haverá mais lugar para incidência do art. 366 do CPP. Também por isso que o parágrafo único do artigo em análise determina a nomeação de defensor dativo àquele que citado com hora certa, devendo o processo seguir seu tramite regular, não se cogitando, aqui, de qualquer suspensão.

Constitucionalidade? – Pendia no Supremo Tribunal Federal, da relatoria do Ministro Luiz Fux, o Recurso Extraordinário n. 635145, no qual se discutia a constitucionalidade da citação por hora certa, sob fundamento de violação os princípios constitucionais do contraditório e da ampla defesa, uma vez que, segundo o recorrente, "o acusado tem o direito de ser pessoalmente informado da acusação que lhe é imputada para, assim, poder exercer plenamente sua defesa". O Ministro reconheceu a existência de repercussão geral, remetendo o debate, por isso, ao plenário da mais alta Corte do país.

Pareceu-nos equivocada a tese sustentada no recurso. Ninguém coloca em dúvida o direito do acusado em ser citado pessoalmente, desde que, por óbvio, propicie, ele mesmo, condições para a efetivação do ato. Se, por malícia e má-fé, insiste em se ocultar, a fim de evitar a citação *in facien*, cumpre ao legislador apresentar uma alternativa a tão vil comportamento. O que não se pode tolerar é o acusado se beneficiar da própria torpeza, insistindo-se em uma citação pessoal que somente não se concretiza em vista de sua conduta. Muita mais grave, aliás, era a situação anterior, acima mencionada, quando não prevista a citação com hora certa no processo penal, em que o réu que se ocultava acabava sendo citado por edital, reduzindo, aí, sim, sua possibilidade de amplo conhecimento da acusação. Agora, a possibilidade de realização do ato na pessoa de um familiar ou vizinho, corresponde quase que a uma citação pessoal, por parecer evidente que o acusado, que procurou se esquivar da citação, certamente terá acesso a todos os seus termos. Apreciando o mérito do pedido, em julgamento ocorrido em 1º de agosto de 2016, o STF julgou, por maioria de votos, improcedente a ação, por entende inexistir, com a citação por hora certa, nenhuma afronta ao princípio da ampla defesa.

Juizados Especiais Criminais – A citação por edital, vimos acima, não é cabível nos juizados especiais criminais, por força de expressa vedação legal (art. 66, parágrafo único da Lei n. 9.099/95). E a citação por hora certa? Não vislumbramos ilegalidade em sua adoção no procedimento das infrações penais de menor potencial ofensivo. Com efeito, o principal argumento para impedir a citação por edital é sua incompatibilidade com a celeridade que se espera dos juizados. Ora, cuidando-se de citação por hora certa, não se vislumbra nenhum percalço que venha a acarretar grande delonga, exceto um número maior de diligências a serem efetuadas pelo oficial de justiça, sem qualquer prejuízo ao andamento regular do processo. Acarretaria demora bem mais elástica, decerto, o envio dos autos ao juízo comum. Alguém dirá que a Lei n. 9.099/95 não prevê, expressamente, essa espécie de citação. Mas nem poderia fazê-lo. Com efeito, a citação por hora certa era desconhecida em nosso processo penal até o advento da Lei n. 11.719/2008. Ora, sendo a lei dos juizados de 1995, não poderia mesmo contemplar esse tipo de chamamento. Em reforço a nosso entendimento, vale observar que o art. 92 da Lei n. 9.099/95 prevê a aplicação subsidiária do Código de Processo Penal, naquilo que não for incompatível com os juizados. E incompatibilidade não há. Essa foi a conclusão, aliás, do XXV Fórum Nacional de Juizados Especiais (FONAJE), realizado em São Luiz do Maranhão, entre 27 e 29 de maio de 2009, quando se aprovou o Enunciado n. 110, com a seguinte redação: "No Juizado Especial Criminal é cabível a citação com hora certa".

ATENÇÃO - A Lei 13.603/18: acrescenta a simplicidade entre os critérios processuais da Lei 9.099/95.

Redação anterior à Lei 13.603/18	Redação posterior à Lei 13.603/18
Art. 62. O processo perante o Juizado Especial orientar-se-á pelos critérios da oralidade, informalidade, economia processual e celeridade, objetivando, sempre que possível, a reparação dos danos sofridos pela vítima e a aplicação de pena não privativa de liberdade.	**Art. 62.** O processo perante o Juizado Especial orientar-se-á pelos critérios da oralidade, **simplicidade**, informalidade, economia processual e celeridade, objetivando, sempre que possível, a reparação dos danos sofridos pela vítima e a aplicação de pena não privativa de liberdade.

Desde a entrada em vigor da Lei 9.099/95, os processos em trâmite nos Juizados Especiais criminais devem ser guiados pelos seguintes critérios:

a) **oralidade**, por meio da qual se privilegia a palavra oral sobre a palavra escrita, o que torna o procedimento mais célere e muito menos burocrático. Trata-se, aliás, de princípio constitucional atribuído aos Juizados Especiais (art. 98, I).

b) **informalidade**, que estabelece formas menos rígidas para os atos processuais, que devem privilegiar a célere prestação jurisdicional em detrimento de solenidades muitas vezes inúteis.

c) **economia processual**, que incentiva a célere resolução da demanda mediante o afastamento de atos protelatórios e desprovidos de relevância prática.

d) **celeridade**, decorrência direta do anterior. Processo célere é aquele no qual os atos procedimentais são realizados com a menor complexidade e no menor tempo possível.

Agora, com a entrada em vigor da Lei 13.603/18, inclui-se outro critério, consistente na **simplicidade**, que, aliás, já estava inserido no art. 2º da Lei 9.099/95, na condição de disposição geral, ou seja, já era, embora não expressamente, um princípio informador dos processos perante os Juizados Especiais Criminais.

Em verdade, o critério da simplicidade não agrega nada de novo, pois trata unicamente de buscar a realização de atos processuais de forma facilitada, sem formalismo exacerbado e mesmo com uma linguagem que preze a clareza em oposição a termos exageradamente técnicos, o que se pode extrair do próprio critério da informalidade. O que fez o legislador, portanto, foi apenas e tão somente adequar a redação do art. 62 a todos os critérios gerais que já integravam o art. 2º.

JURISPRUDÊNCIA

Validade da citação

"Tem-se por válida a citação por hora certa realizada nos autos, diante da informação de que foram empreendidas as diligências necessárias à localização do denunciado, bem assim de que havia indícios da sua ocultação para não ser citado. Precedentes" (STJ – RHC n° 31421-SP, Rel. Laurita Vaz, j. 08.05.2012, DJe 21.05.2012).

Art. 363. O processo terá completada a sua formação quando realizada a citação do acusado. (Redação dada pela Lei nº 11.719, de 2008).

I - (revogado); (Redação dada pela Lei nº 11.719, de 2008).

II - (revogado). (Redação dada pela Lei nº 11.719, de 2008).

§ 1º Não sendo encontrado o acusado, será procedida a citação por edital. (Incluído pela Lei nº 11.719, de 2008).

§ 2º (VETADO) (Incluído pela Lei nº 11.719, de 2008).

§ 3º (VETADO) (Incluído pela Lei nº 11.719, de 2008).

§ 4º Comparecendo o acusado citado por edital, em qualquer tempo, o processo observará o disposto nos arts. 394 e seguintes deste Código. (Incluído pela Lei nº 11.719, de 2008).

Citação do réu – Segundo Vicente Greco Filho, "a citação é o chamamento do acusado a juízo, vinculando-o ao processo e a seus efeitos. Pela citação válida completa-se a relação processual e o processo pode desenvolver-se regularmente" (Manual de Processo Penal, São Paulo: Saraiva, 4ª. ed., 1997, p. 291). É através da citação válida, portanto, que se instaurada o *actum trium personarum*, ou seja, a partir dela "o processo terá completada a sua formação", como salienta o legislador. Instala-se, assim, a relação angular que coloca em um ponto a acusação, noutro o juiz a quem o pedido é endereçado e, por último o acusado, que, citado, passa a compor essa relação.

Em determinados procedimentos, o juiz, antes de receber a denúncia ou queixa, determina a notificação do acusado para que se manifeste sobre a acusação. É o que se verifica, por exemplo, na Lei de Drogas (Lei n° 11.343/06), em seus arts. 54 a 56, quando a mera notificação do acusado (a despeito de que ele tenha, a partir daí pleno conhecimento do feito) não *completa* a formação do processo, pois se exige sua respectiva citação, após o recebimento da denúncia ou queixa. A observação não envolve mera discussão acadêmica e pelo menos um efeito prático pode ser extraído. Suponha-se que o acusado tenha sido notificado previamente, respondido aos termos da acusação que, posteriormente, foi recebida. Ao se tentar, contudo, sua citação pessoal, percebeu-se que ele desaparecera, impondo-se, em consequência, seu chamamento por edital. Nesse caso, a suspensão do prazo prescricional (desde que o réu não compareça e tampouco constitua advogado), prevista no art. 366 do CPP, será contada a partir da citação por edital e não da notificação.

I - (revogado); (Redação dada pela Lei nº 11.719, de 2008).

II - (revogado). (Redação dada pela Lei nº 11.719, de 2008).

Disposições revogadas – Estranha para dizer o mínimo, a revogação dos incisos acima. O inc. I determinava a citação do réu por edital quando inacessível o local em que ele se encontrava, em virtude de epidemia, guerra ou outro motivo. O inc. II, de sua parte, impunha o mesmo chamamento "quando incerta a pessoa que tiver de ser citada". Quanto a esse último, a doutrina sempre apontou a possibilidade do acusado ser qualificado (e, assim, atendido o disposto no art. 41 do CPP), embora se ignorando sua exata identidade. Posso, assim, desconhecer a real identidade do acusado, mas sei que conta cerca de 50 anos, mede 1,80 m, ostenta cabeleira ruiva, atende pela alcunha de *Foguinho* e reside em uma casa amarela, no alto do morro. Uma denúncia ofertada nestes termos, embora omitindo o nome do acusado, autorizaria, sem esforço, sua individualização e seria, fatalmente, recebida. De qualquer sorte, talvez preocupado em inibir pretensões temerárias e atendo, ainda, ao fato de que, na prática, não se tem notícia dessa espécie de denúncia, foi o inc. II revogado.

Já a revogação do inc. I encerra evidente equívoco, a ser reparado. Explicamos: o texto original que gerou a Lei nº 11.719/2008, aprovado no Congresso e levado à sanção presidencial, previa, em seu art. 366, que "a citação ainda será feita por edital quando inacessível, por motivo de força maior, o lugar em que estiver o réu", praticamente repetindo, desse modo, a redação anterior. Ocorre que o art. 366, tal qual constava do projeto, acabou sendo vetado, sob o inusitado argumento de que "a nova redação do art. 366 não inovaria substancialmente no ordenamento jurídico pátrio, pois a proposta de citação por edital, quando inacessível, por motivo de força maior, o lugar em que estiver o réu, reproduz o procedimento já previsto no Código de Processo Civil e já extensamente aplicado, por analogia, no Processo Penal pelas cortes nacionais". Ora, uma vez vetado o art. 366 (do texto original), seria de rigor que se mantivesse íntegro o inc. I do art. 363 em estudo. Da maneira pela qual foi publicado o texto final da lei, não há qualquer solução para a hipótese de citação do acusado que se encontre em local inacessível. Da citação por edital não se cogita. Tampouco da citação com hora certa, sob pena de grave risco de morte ao oficial de justiça. O único consolo é que também se desconhece, no cotidiano forense, alguém que tenha sido citado nessas condições. De resto, é torcer para que não tenhamos epidemias, guerras ou outros motivos de força maior, que impeçam a citação do acusado.

§ 1º Não sendo encontrado o acusado, será procedida a citação por edital. (Incluído pela Lei nº 11.719, de 2008).

§ 2º (VETADO) (Incluído pela Lei nº 11.719, de 2008).

§ 3º (VETADO) (Incluído pela Lei nº 11.719, de 2008).

Dispositivos vetados – Os dois dispositivos vetados previam a possibilidade de cisão do art. 366 do CPP, ou seja, seria suspenso, de um lado, o prazo prescricional, mas, de outro, o feito teria seu regular andamento. Isso porque, o texto do projeto levado à sanção presidencial, fazia referência, além de outras medidas (produção antecipada de provas urgentes, decretação da prisão preventiva), à suspensão da prescrição, sendo omisso quanto à correspondente suspensão do processo. As razões do veto, corretas, inclusive, porque atentas ao entendimento pacífico do Supremo Tribunal Federal, tantas vezes reafirmado, que repudia essa espécie de cisão (v. comentários ao art. 366 abaixo), foram assim vazadas: "Permitir a situação na qual ocorra a suspensão do prazo prescricional, mas não a suspensão do andamento do processo, levaria à tramitação do processo à revelia do acusado, contrariando os ensinamentos da melhor doutrina e jurisprudência processual penal brasileira e atacando frontalmente os princípios constitucionais da proporcionalidade, da ampla defesa e do contraditório".

§ 4º Comparecendo o acusado citado por edital, em qualquer tempo, o processo observará o disposto nos arts. 394 e seguintes deste Código. (Incluído pela Lei nº 11.719, de 2008).

Comparecimento do réu citado por edital – Era, praticamente, a mesma redação do § 2°, do art. 366 do CPP (que foi revogado), conferida pela Lei n° 9.271/96. Fez-se, apenas, uma correção terminológica. Pela antiga redação do § 2°, do art. 366 do CPP, "comparecendo o acusado, ter-se-á por citado *pessoalmente*, prosseguindo-se o processo em seus ulteriores atos". Ora, citado, em verdade, ele já fora, por edital. Em razão disso, a redação do dispositivo em estudo, acertadamente, não faz qualquer menção à citação pessoal do réu. De se ver, porém, que esse comparecimento tardio do réu não implica na renovação dos atos processuais ou, em outras palavras, ele ingressará no processo no estágio em que se encontra.

Art. 364. No caso do artigo anterior, nº I, o prazo será fixado pelo juiz entre 15 (quinze) e 90 (noventa) dias, de acordo com as circunstâncias, e, no caso de nº II, o prazo será de trinta dias.

Prazo do edital – Estranha a manutenção deste dispositivo, pois faz alusão aos incs. I e II do art. 363, quando ambos foram revogados pela reforma processual de 2008. De qualquer sorte, esses incisos, pela redação original do código, se referiam à inacessibilidade o lugar onde se encontrava o réu (inc. I) e à incerteza quanto à sua pessoa (inc. II), o que justificava, em ambos os casos, sua citação por edital. O prazo era fixado entre 15 e 90 dias. Ao contrário do chamado *prazo legal*, que é aquele determinado pela lei, tem-se aqui um *prazo judicial*, pois fica a critério do juiz fixá-lo.

Art. 365. O edital de citação indicará:

I - o nome do juiz que a determinar;

II - o nome do réu, ou, se não for conhecido, os seus sinais característicos, bem como sua residência e profissão, se constarem do processo;

III - o fim para que é feita a citação;

IV - o juízo e o dia, a hora e o lugar em que o réu deverá comparecer;

V - o prazo, que será contado do dia da publicação do edital na imprensa, se houver, ou da sua afixação.

Parágrafo único. O edital será afixado à porta do edifício onde funcionar o juízo e será publicado pela imprensa, onde houver, devendo a afixação ser certificada pelo oficial que a tiver feito e a publicação provada por exemplar do jornal ou certidão do escrivão, da qual conste a página do jornal com a data da publicação.

Requisitos do edital – O edital deve conter os requisitos exigíveis para o mandado de citação, listados no art. 352 do código, pelo que remetemos o leitor aos comentários tecidos a esse dispositivo. Claro, naquilo que for pertinente, não se exigindo, porque inconcebível, *v.g.*, a rubrica do juiz no edital. O nome do juiz e do réu, bem como os sinais característicos deste último, caso desconhecido, são requisitos exigidos tanto para a citação por edital, como por mandado (art. 352, inc. I e III). Quanto ao fim para que é feita a citação, também reclamada em ambos os casos, merece destaque o teor da Súmula 366 do STF, *verbis*: "Não é nula a citação por edital que indica o dispositivo da lei penal embora não transcreva a denúncia ou queixa ou não resuma os fatos em que se baseia". De tal forma que, a despeito das observações que fizemos quanto ao acompanhamento de cópia da denúncia ou queixa, quando se tratar de citação por mandado, cuidando-se de citação por edital não se reclama a transcrição da acusação no édito. Pelo menos na visão da mais alta Corte do país. Quanto ao "dia, a hora e o lugar em que o réu deverá comparecer", repetimos aqui a mesma observação antes formulada: pela atual sistemática do código, o acusado não é mais citado para interrogatório (quando era exigível, por isso, a indicação de data, hora e local), mas para responder à acusação (art. 393 do CPP), razão pelo qual este dispositivo não mais tem aplicação. O prazo de edital será de 15 dias, como previsto no art. 361 do CPP.

JURISPRUDÊNCIA

Não indicação do endereço do réu. Irrelevância

"A ausência do endereço do réu no edital de citação não implica em irregularidade que comprometa a legitimidade do processo, se consta do edital a qualificação completa do paciente, com nome, filiação, local e data de nascimento, atendendo-se aos demais requisitos do art. 365 do CPP" (STJ – HC n° 14814-SP, Rel. Gilson Dipp, j. 03.04.2001, DJ 04.06.2001, p. 196).

Equívoco na grafia do nome do réu. Mera irregularidade

HABEAS CORPUS. QUALIFICAÇÃO EQUIVOCADA. CITAÇÃO EDITALÍCIA VICIADA. INOCORRÊNCIA – "O equívoco na grafia do nome do acusado, por si só, não basta para gerar a nulidade na citação, desde que seja possível a individualização do acusado. Sendo possível a identificação do increpado por meio de dados obtidos de conhecidos e vizinhos, inclusive alcançando-se sua alcunha, não há falar-se em insegurança jurídica" (STJ – HC n° 45332-CE, Rel. Maria Thereza de Assis Moura, j. 08.03.2007, DJ 26.03.2007, p. 286).

Parágrafo único. O edital será afixado à porta do edifício onde funcionar o juízo e será publicado pela imprensa, onde houver, devendo a afixação ser certificada pelo oficial que a tiver feito e a publicação provada por exemplar do jornal ou certidão do escrivão, da qual conste a página do jornal com a data da publicação.

Publicação do edital – A publicação do edital na imprensa comum não é exigida pela lei e jamais, ao que se saiba, foi reclamada pela doutrina ou jurisprudência. Importaria, ademais, em uma despesa enorme para os cofres públicos impor-se tal requisito. Nesse sentido é o posicionamento do Supremo Tribunal Federal, quanto à desnecessidade de publicação na imprensa privada (JSTF 159/299, RT 556/427 e RTJ 80/73). E mesmo a publicação do edital na imprensa oficial é medida que somente se reclama quando disponível esse serviço. Na ausência, a mera fixação do edital à porta do fórum será suficiente, com o visto da jurisprudência abaixo lembrada.

Não se ignora a reduzida probabilidade de alguém dirigir-se ao fórum para conferir a relação dos acusados que foram citados por edital, como também é pouco provável que alguém o faça quando a publicação do édito se dá pela imprensa oficial. De qualquer sorte, trata-se da maneira pela qual o legislador faz presumir que a citação por edital atingiu seus objetivos, imaginando-se, por ficção, que o réu tomou conhecimento da acusação que lhe é imputada. Tem pouco prestígio, contudo, a determinação legal, pois o STJ já decidiu que a ausência de fixação do edital à porta do fórum reveste-se de mera irregularidade, assim como a falta de certidão, lavrada pelo oficial de justiça, a respeito dessa afixação. Uma vez publicado o edital na imprensa, sua comprovação será feita com a juntada da respectiva página do jornal ou por meio de certidão lavrada pelo escrivão que, por possuir fé pública, dispensa a anexação do exemplar do periódico. É relevante essa medida pois a partir da data publicação na imprensa será contado o prazo do edital (inc. V acima).

O Código de Processo Civil (Lei n. 13.105/2015), em seu art. 257, inc. II, prevê "a publicação do edital na rede mundial de computadores, no sítio do respectivo tribunal e na plataforma de editais do Conselho Nacional de Justiça", medida que pode ter aplicação no processo penal, face ao contido no art. 3., do CPP.

JURISPRUDÊNCIA

Falta do nome do defensor no edital. Irrelevância

"Não se vislumbra eiva no segundo edital de intimação, do qual não teria constado o nome do advogado do réu, pois o edital é para a intimação do acusado, e não de seu defensor, estando seus requisitos previstos no artigo 365 do Código de Processo Penal, dentre os quais não se encontra a necessidade de menção ao nome do causídico que patrocina a causa" (STJ – RHC n° 35881-PE, Rel. Jorge Mussi, j. 02.05.2013, DJe 22.05.2013).

Publicação na imprensa comum. Descabimento

"Não há nulidade do ato citatório, quando realizados todos os meios de tentativa de localização do paciente, mormente se descritos os qualificativos pessoais contidos nos autos. Nos termos do que preceitua o artigo 365, parágrafo único, do Código de Processo Penal, o edital de citação deve ser afixado na porta do edifício em que funciona o juízo e publicado pela imprensa oficial, onde houver, não existindo menção à necessidade de publicação na imprensa comum" (STJ – RHC n° 20117-PE, Rel. Adilson Vieira Macabu, j. 15.03.2012, DJe 16.04.2012).

"Não há irregularidade na citação por edital de paciente que se encontrava em local incerto e não sabido, conforme certificado por Oficial de Justiça. Inexiste previsão legal que determine a publicação de edital de citação em imprensa comum nas comarcas onde inexista imprensa oficial" (STJ – HC n° 184416-GO, Rel. Gilson Dipp, j. 05.04.2011, DJe 14.04.2011).

Quando é dispensável a publicação na imprensa oficial

"Em comarcas sediadas no interior do País, onde não existe imprensa oficial, a citação por edital realiza-se pela afixação do chamamento nos logradouros públicos e no portal de entrada do Foro" (STJ – HC nº 21923 – PE, Rel. Vicente Leal, j. 22.10.2002, DJU. de 05.05.2003, p. 322).

"Nas Comarcas do Interior, quando inexistente imprensa oficial local, exige-se, tão-somente, a afixação no Fórum, a teor do disposto no artigo 365, parágrafo único, do Código de Processo Penal" (STJ – HC n° 41441-GO, Rel. Hélio Quaglia Barbosa, j. 29.11.2005, DJ 19.12.2005, p. 475).

Não fixação do edital à porta do fórum. Mera irregularidade

"A suposta falta de afixação do edital de citação no átrio do Fórum é mera irregularidade, que não conduz a nulidade da instrução criminal, sobretudo quando a própria defesa reconhece que o ato citatório foi publicado na imprensa, não havendo de falar-se, na hipótese, em prejuízo manifestou para a defesa do acusado" (STJ – RHC n° 24065-SP, Rel. Laurita Vaz, j. 02.12.2010, DJe 17.12.2010).

Ausência de certidão quanto à afixação do edital. Mera irregularidade

"A falta de certidão de que o edital foi afixado no local público de costume não é motivo para anular-se o processo. Tamanho formalismo não tem cabimento, especialmente se nunca foi alegado. Réu foragido que não vai ao fórum espionar a afixação de um edital" "(STJ – RHC n° 4050-PR, Rel. Jesus Costa Lima, j. 17.10.1994, DJ 31.10.1994, p. 29510).

Art. 366. **Se o acusado, citado por edital, não comparecer, nem constituir advogado, ficarão suspensos o processo e o curso do prazo prescricional, podendo o juiz determinar a produção antecipada das provas consideradas urgentes e, se for o caso, decretar prisão preventiva, nos termos do disposto no art. 312. (Redação dada pela Lei nº 9.271, de 17.4.1996) (Vide Lei nº 11.719, de 2008).**

Ratio legis – Pela redação original do art. 366, o réu que, citado (pessoalmente ou por edital), não comparecesse, sem motivo justificado, teria decretada sua revelia, prosseguindo-se o curso normal do processo. Esse dispositivo, notadamente a partir da Constituição Cidadã de 1988, passou a ser alvo de críticas da doutrina no que tange ao prosseguimento do feito em face daquele que foi citado por edital. Sabendo-se, com efeito, que a citação por edital encerra uma ficção, isto é, dificilmente aquele que é citado dessa forma toma efetivo conhecimento da existência do processo, tinha-se, como consequência, que réus eram condenados sem que jamais soubessem que, contra si, foi deflagrado um processo-crime. Essa possibilidade, apontava a doutrina, feria de morte os princípios constitucionais da ampla defesa e do contraditório. Qual a possibilidade de autodefesa de um réu que ignorava a acusação que lhe pesava? Que defesa técnica poderia se esperar de um defensor dativo que jamais teve contato com o acusado? Eram perguntas que inquietavam a doutrina e que culminaram com a radical alteração trazida pela Lei nº 9.271/1996.

Mas não era só isso: uma questão de ordem prática também justificou a alteração. É que, na imensa maioria dos casos, os condenados, citados por edital, que eram julgados à revelia, também não eram, posteriormente, encontrados para cumprimento do mandado de prisão. É dizer: se não eram localizados antes, no limiar da ação penal, também não eram encontrados depois, quando do cumprimento da ordem de prisão. Havia, pois, uma perda de tempo e dinheiro, decorrente da instauração de uma ação penal que, a seu final, resultaria em um provimento absolutamente ineficaz, na medida em que não localizado o condenado.

Leis especiais – A Lei n. 9.613/1998, que trata da lavagem de dinheiro, contém disposição expressa que veda a aplicação deste art. 366 aos crimes nela previstos. É o que consta de seu art. 2º., § 2º., devendo se proceder à citação por edital do acusado que não compareça ou constitua advogado, prosseguindo-se o feito com a nomeação de defensor dativo. A explicação doutrinária é que, dada à gravidade dos crimes de lavagem de dinheiro e ante a necessidade de confisco de bens dos envolvidos, não se justifica a suspensão do processo. Há doutrina que, com base nos princípios da ampla defesa e do contraditório, leciona no sentido da inconstitucionalidade desse dispositivo.

Separação de processos – Suponha-se um crime cometido em concurso de agentes, no qual um dos réus é citado pessoalmente e, o outro, por edital. A este último, porque não compareceu e nem constituiu advogado, será aplicado o artigo em estudo, suspendendo-se o processo. Em relação ao primeiro acusado, que foi citado pessoalmente, o processo-crime terá seu curso normal, razão pela qual se imporá o desmembramento do processo em dois: um em trâmite e o outro suspenso. Trata-se de um caso de conexão intersubjetiva por simultaneidade (ou ocasional), previsto no art. 76, inc. I do CPP, que imporia, a rigor, um julgamento conjunto de ambos os réus. Ocorre que, sem embargo da conexão, o art. 79, § 2º., prevê uma exceção a essa regra geral, autorizando o desmembramento do processo, com o julgamento separado dos réus, "se houver corréu foragido".

JURISPRUDÊNCIA

Incabível a suspensão havendo defensor constituído

"Mostra-se incabível a suspensão do processo com base no art. 366 do Código de Processo Penal, quando a parte possui advogado constituído nos autos, como na hipótese, em que o patrono do Paciente atuou na ação penal, oferecendo, inclusive, contrarrazões ao recurso em sentido estrito interposto pelo Ministério Público, não obstante tenha, após a citação, abandonado a causa" (STJ – HC n° 189703-SP, Rel. Laurita Vaz, j. 07.02.2013, DJe 18.02.2013).

Suspensão da prescrição – Uma vez determinada a suspensão do processo, porque o réu, citado por edital, não compareceu e nem constituiu defensor, deve ser suspenso, também, o prazo prescricional. Seria mesmo demasiado que o réu, nessas condições, já beneficiado com a suspensão do processo (e, portanto, imune a eventual condenação), ainda contasse com a possibilidade de ver sua punibilidade extinta pela prescrição da pretensão punitiva. Haveria, assim – em que pese a possibilidade de decretação da prisão preventiva – inegável estímulo à fuga, criando-se uma situação de impunidade incompatível com o Direito. Como alertou Damásio de Jesus, quando da entrada em vigor da nova redação do art. 366 do CPP (que prevê a suspensão do prazo prescricional para o réu citado por edital), "é necessário tocar o sino dos dois lados para se saber onde está desafinado, se na parte da acusação ou da defesa" (*Notas ao art. 366 do Código de Processo Penal, com a redação da Lei n° 9271/96*, Boletim IBCCrim n° 42, edição especial, junho de 1996). Outras hipóteses de suspensão do prazo prescricional, em legislação extravagante, podem ser lembradas: a Lei n. 9.430/96 que, ao tratar de crimes tributários, prevê a suspensão do prazo prescricional durante o período que a pessoa física estiver incluída no parcelamento do débito (art. 83, § 2º.). E Lei n° 12.850/2013 (organização criminosa), que, em seu art. 4º., § 3º., contempla essa suspensão em relação ao colaborador, pelo prazo de seis meses, "até que sejam cumpridas as medidas de colaboração". Já o art. 368 do CPP prevê a suspensão do prazo prescricional enquanto não cumprida a carta rogatória.

Debate aguerrido foi travado com a entrada em vigor dessa alteração legislativa, referente ao período pelo qual deveria permanecer suspenso o prazo prescricional. Alguns defendiam que a suspensão deveria ocorrer por prazo indeterminado, vigorando *ad aeternum*, em posicionamento que foi logo superado, posto que, se aceito, criaria uma situação de imprescritibilidade, não prevista na Constituição, que admite serem crimes imprescritíveis, somente, os crimes de racismo e aqueles perpetrados por grupos armados "contra a ordem constitucional e o Estado Democrático" (art. 5º., incs. XLII e XLIV). Além disso, não faria o menor sentido que um fato sem qualquer gravidade, que importasse, por exemplo, na prática de uma contravenção penal, aguardasse eternamente em um escaninho do cartório o improvável comparecimento do réu citado por edital. E por quanto tempo: vinte, trinta, quarenta anos? Daí a inconveniência da proposta. Sem embargo de tais observações, o Supremo Tribunal Federal chegou a adotar esse posicionamento, no Recurso Extraordinário n. 460.971-RS, em que foi relator o Ministro Sepúlveda Pertence, julgado em 13.02.2007.

Pensou-se, ainda, na possibilidade de se tomar o prazo máximo de prescrição, independentemente da infração penal em tese perpetrada pelo réu, ou seja, aquele de vinte anos, previsto no art. 109, inc. I do Código Penal.

A matéria hoje se encontra hoje pacificada pela jurisprudência do Superior Tribunal de Justiça, que editou a Súmula n° 415, do seguinte teor: "O período de suspensão do prazo prescricional é regulado pelo máximo da pena cominada". De tal forma que, num crime de roubo simples, cuja pena varia entre quatro e dez anos, deve ser considerada a pena máxima prevista, isto é, dez anos. A prescrição, nesse caso, ocorre em 16 anos, na dicção do art. 109, inc. II do Código Penal. O processo, assim, deverá ficar suspenso por 16 anos e, superado esse período, retomar seu curso prescricional regular, quando se contarão mais 16 anos, **sem desconsiderar o prazo decorrido entre o recebimento da inicial e a decisão que determinou a suspensão do feito**. Passados esses 32 anos, deve ser decretada extinta a punibilidade do réu, com fulcro no art. 107, inc. IV do Código Penal.

ATENÇÃO – No julgamento do RE 600.851, tema n. 438 de repercussão geral, o STF concordou com o posicionamento do STJ consolidado na súmula supramencionada e, ainda, passou a admitir que, nos casos de crimes previstos na Constituição Federal como imprescritíveis (art. 5o, XLII e XLIV), é possível a suspensão do processo *ad aeternum*, ou seja, apenas nas hipóteses que o texto constitucional elegeu como imprescritíveis é que se poderá admitir a paralisação do processo por tempo indeterminado. (STF, RE 600.851, Min. Rel. Edson Fachin, j. 07/12/2020)

JURISPRUDÊNCIA

Súmula n° 415 do STJ: "O período de suspensão do prazo prescricional é regulado pelo máximo da pena cominada."

Prazo máximo de suspensão do processo

"O período máximo de suspensão do prazo prescricional, na hipótese do art. 366 do CPP, não pode ultrapassar aquele previsto no art. 109 do Código Penal, considerada a pena máxima cominada ao delito denunciado. Inteligência do enunciado sumular n.º 415/STJ" (STJ – AgRG no Ag n° 1404931-RS, Rel. Alderita Ramos de Oliveira, j. 18.06.2013, DJe 01.07.2013).

Suspensão do processo e do prazo prescricional

"Citação por edital e revelia: L. 9.271/96: aplicação no tempo. Firme, na jurisprudência do Tribunal, que a suspensão do processo e a suspensão do curso da prescrição são incindíveis no contexto do novo art. 366 CPP (cf. L. 9.271/96), de tal modo que a impossibilidade de aplicar-se retroativamente a relativa à prescrição, por seu caráter penal, impede a aplicação imediata da outra, malgrado o seu caráter processual, aos feitos em curso quando do advento da lei nova. Precedentes" (STF – HC n° 83864-DF – Rel. Sepúlveda Pertence, j. 20.04.2004, DJ 21.05.2004, p. 43).

> "A norma inserta no art. 366, do Código de Processo Penal, possui natureza dúplice, não podendo ser cindida. Assim, ao ser suspenso o processo, o mesmo deve ocorrer com o prazo prescricional" (STJ – HC n° 178300-DF, Rel. Laurita Vaz, j. 10.04.2012, DJe 17.04.2012).

Antecipação da prova – Assim que editada a Lei nº 9.271/1996, parte da doutrina que timidamente se formou era no sentido de que, uma vez suspenso o processo, a antecipação da prova seria sempre cabível. Dizia-se que o esquecimento dos fatos era inevitável com o passar inexorável do tempo, ou seja, toda e qualquer testemunha (e também a vítima), fatalmente não mais se lembrariam de detalhes do ocorrido, razão pela qual sua oitiva antecipada deveria ser sempre determinada. Isso sem dizer da certeza quanto à morte da testemunha, outra consequência natural da existência humana. Conjecturava-se, ainda, com a possibilidade de a testemunha desaparecer, mudando de endereço, o que impediria sua posterior oitiva em juízo. Foi esse o entendimento inicial do STJ, como abaixo transcrito e pelo STF (RT 743/632). Jurisprudência e doutrina, mais adiante, evoluíram em sentido diverso, abandonando esse posicionamento, culminando com a cristalização do entendimento resumido na Súmula n° 455 do STJ, a saber: "A decisão que determina a produção antecipada de provas com base no art. 366 do CPP deve ser concretamente fundamentada, não a justificando unicamente o mero decurso do tempo".

E, de fato, conquanto corretas as assertivas inicialmente invocadas (lapso de memória e certeza da morte, por ação do tempo), uma vez acolhidas, importariam na obrigatoriedade da antecipação da prova em todo e qualquer caso, havendo ou não urgência, esvaziando, ademais, a faculdade concedida ao juiz pelo legislador, que empregou o vocábulo *poderá*, ao invés de *deverá*. Daí prevalecer o entendimento de que a mera alusão genérica a tais fatores, formulada de maneira especulativa e sem a demonstração concreta da urgência na antecipação da prova (*periculum in mora*), autoriza que o juiz, dentro da discricionariedade que lhe foi concedida pelo legislador, indefira tal diligência. Sob pena, assim não sendo, da exceção tornar-se a regra.

Mas é preciso, sob nossa compreensão, que se estabeleça algum critério, por mínimo que seja, sob pena de se autorizar que o juiz, por capricho, rejeite o pedido de antecipação de prova. Em outras palavras: embora se identifique a discricionariedade concedida pela lei ao juiz, de bom alvitre que alguma baliza seja indicada a fim de orientar a decisão judicial. Nessa linha de raciocínio, cremos que o entendimento adotado pelo Supremo Tribunal Federal seja o mais adequado. Assim, para a mais alta Corte do país, prova testemunhal urgente, a justificar sua antecipação, segundo o prudente arbítrio do juiz, é aquela indicada no art. 255 do código, verificável "se qualquer testemunha houver de ausentar-se, ou, por enfermidade ou por velhice", de forma a "inspirar receio de que ao tempo da instrução criminal já não exista". Na análise acima a esse dispositivo, indicamos alguns exemplos e aludidos ao Código de Processo Civil, que trata da do depoimento colhido *ad perpetuam rei memoriam*.

Destaque-se, ainda, que a Lei n. 9.807/1999, que trata da proteção de vítimas e testemunhas ameaçadas, prevê a obrigatoriedade da antecipação do depoimento dessas pessoas, uma vez incluídas no programa de proteção (art. 19-A).

> **ATENÇÃO** – Prevalece no STJ ser possível a antecipação de provas para a oitiva de testemunhas policiais, dado que, pela natureza dessa atividade profissional, diariamente em contato com fatos delituosos semelhantes, o decurso do tempo traz efetivo risco de perecimento da prova testemunhal por esquecimento.

JURISPRUDÊNCIA

Súmula n° 455 do STJ: "A decisão que determina a produção antecipada de provas com base no art. 366 do CPP deve ser concretamente fundamentada, não a justificando unicamente o mero decurso do tempo".

Colheita antecipada da prova

a) é sempre cabível

"A produção antecipada de prova oral, mesmo sob a regência da Lei 9.271/96, é medida legalmente facultada ao Juiz, sendo inegável o seu caráter de urgência. E tanto o é que o art. 92, do CPP, que trata da suspensão do processo enquanto pendente questão prejudicial no juízo cível, prevê a inquirição de testemunhas durante a suspensão, por se tratar de prova de natureza urgente. Com efeito, a prova testemunhal deve ser colhida no tempo mais próxima possível do ato, em face do fenômeno humano ao esquecimento. Se os fatos são recentes, a memória testemunhal é valiosa e idônea com feições de credibilidade. O tempo é senhor de muitas coisas e produtor de muitos efeitos. O decurso do tempo faz morrer a memória dos homens. Assim é de se reconhecer que a prova testemunhal deve ser classificada como prova de natureza urgente, devendo sempre ser colhida em tempo próximo dos fatos a serem demonstrados. Evitar a produção de prova oral é obstruir a ação da justiça penal, é buscar a impunidade. E o legislador não quis esse resultado ao editar a Lei 9.271/69" (STJ – RMS nº 7.995/SP, *DJU* de 20.04.98 – Rel. Vicente Leal).

"Esta Corte orienta que se a demora na produção das provas puder prejudicar a busca da verdade real, ante a grande probabilidade das testemunhas não serem encontradas ou pela demora não se lembrarem dos fatos presenciados, encontra-se caracterizada a urgência da medida prevista no art. 366 do CPP" (STJ – RHC n° 38244-DF, Rel. Campos Marques, j. 27.08.2013, DJe 02.09.2013).

b) somente é cabível quando demonstrada a efetiva urgência, dependendo do caso concreto

"A produção antecipada de provas está adstrita àquelas consideradas de natureza urgente pelo Juízo processante, consoante sua prudente avaliação, no caso concreto. Não serve como justificativa do pedido a alusão abstrata e especulativa no sentido de que as testemunhas podem se esquecer dos fatos ou que poderão mudar de endereço ou até vir a falecer durante o tempo em que perdurar a suspensão do processo. Muito embora sejam assertivas passíveis de concretização, não passam, no instante presente, de mera conjectura, já que desvinculadas de elementos objetivamente deduzidos. A afirmação de que a passagem do tempo propicia um inevitável esquecimento dos fatos, se considerada como verdade absoluta, implicaria a obrigatoriedade da produção antecipada da prova testemunhal em todos os casos de suspensão do processo, na medida em que seria reputada de antemão e inexoravelmente de caráter urgente, retirando do Juiz a possibilidade de avaliá-la no caso concreto" (STJ – EREsp. nº 469.775-SP – Rela. Laurita Vaz – j. em 24.11.2004, *DJ* de 02.03.2005, p. 186).

c) cabível antecipação quando presentes os requisitos do art. 255 do CPP

"De acordo com a jurisprudência desta Suprema Corte, tem-se entendido que toda a antecipação de prova realizada nos termos do art. 366 do Código de Processo Penal está adstrita à fundamentação da necessidade concreta desse ato. Não tendo sido aventada, na espécie, nenhuma circunstância excepcional que justificasse a antecipação da produção da prova testemunhal prevista no art. 225 do Código de Processo Penal, penso que deva ser reconhecida a ilegalidade da colheita antecipada da prova oral na hipótese em exame" (STF – HC n° 114519-DF, Rel. Dias Toffoli, j. 26.02.2013, DJe 12.04.2013).

d) a mera possibilidade de esquecimento

d1) justifica a antecipação da prova

"Esta Corte orienta que se a demora na produção das provas puder prejudicar a busca da verdade real, ante a grande probabilidade das testemunhas não serem encontradas ou pela demora não se lembrarem dos fatos presenciados, encontra-se caracterizada a urgência da medida prevista no art. 366 do CPP" (STJ – HC n° 38244-DF, Rel. Campos Marques, j. 27.08.2013, DJe 02.09.2013).

d1) não justifica a antecipação da prova

"Consoante o entendimento jurisprudencial sumulado desta Corte Superior, a mera possibilidade de esquecimento por parte das testemunhas, em decorrência do decurso do tempo, não atende aos pressupostos legais exigidos pela norma vigente para a adoção da medida excepcional antecipatória de que trata o art. 366 do CPP. Inteligência do enunciado sumular n.º 455/STJ" (STJ – HC n° 123003-SP, Rel. Alderita Ramos de Oliveira, j. 05.03.2013, DJe 15.03.2013).

Fuga do réu justifica a antecipação

"Paciente que se encontrava foragido do distrito da culpa, ensejando a antecipação da oitiva das testemunhas até então arroladas nos autos. Precedentes. Cabe ao juiz da causa decidir sobre a necessidade da produção antecipada da prova testemunhal, podendo utilizar-se dessa faculdade quando a situação dos autos assim recomendar, como no caso em apreço, especialmente por tratar-se de ato que decorre do poder geral de cautela do magistrado (art. 366 do CPP)" (STF – HC n° 109728-SP, Rel. Ricardo Lewandowski, j. 15.05.2012, DJe 05.06.2012).

Antecipação da prova não prejudica a defesa

"O deferimento da realização da produção antecipada de provas não traz qualquer prejuízo para a defesa, já que, além do ato ser realizado na presença de defensor nomeado, caso o acusado compareça ao processo futuramente, poderá requerer a produção das provas que entender necessárias para a comprovação da tese defensiva" (STJ – HC n° 239269-SP, Rel. Jorge Mussi, j. 13.11.2012, DJe 19.11.2012).

Pode ser determinada pelo juiz, de ofício

"Inocorre cerceamento por afronta ao princípio constitucional da ampla defesa na determinação da produção antecipada de provas, uma vez suspenso o processo nos termos do art. 366 do CPP, pois é providência de interesse comum, tanto do réu, quando do Órgão Acusatório, e bem assim do Juiz, que não é mais um espectador inerte da produção das provas, podendo até mesmo determinar, no exercício do poder cautelar que lhe é ínsito, a realização das que lhe parecerem úteis, velando para que não se diluam ou se percam, porque no processo penal o que se busca é a verdade real" (TACRIM-SP – Rel. Nogueira Filho -*RJTACrim* 37/410).

Prisão preventiva – Com o advento dessa relevante alteração do código, firmou-se um entendimento inicial no sentido de que a prisão preventiva seria sempre cabível. Afinal, tratando-se de um réu que se encontra foragido, que foi, bem por isso, citado por edital porque inviável seu chamamento *in facien*, restaria apenas decretar-lhe a prisão, como forma, inclusive, de obter-se sua localização a fim de propiciar a retomada do curso do processo. Esse entendimento mereceu o prestígio do Superior Tribunal de Justiça (HC n. 6789-SP).

Passado esse primeiro momento e com o amadurecimento das interpretações, o entendimento que hoje prevalece é no sentido de que a decretação da prisão preventiva dependerá da análise concreta, frente ao caso em exame, da presença dos requisitos e pressupostos que justifiquem essa medida extrema. Em outras palavras: o fato, por si só, de ter sido o réu citado por edital (não tendo comparecido e, tampouco, constituído defensor) não implica na automática decretação de sua prisão preventiva, sobretudo quando o código não mais prevê qualquer hipótese em que seja obrigatória essa espécie de prisão (lembre-se que nem sempre foi assim, já que a redação original do art. 312 do código tinha como *obrigatória* a decretação da preventiva para os crimes cuja pena máxima fosse igual ou superior a dez anos). Reforça essa impressão o caráter de exceção da preventiva, nitidamente estabelecido pela Lei n. 12.403/2011, mais precisamente no art. 282, § 4º do código, ao dispor que sua decretação somente é cabível "em último caso". Por vezes, com efeito, a irrelevância do delito, em tese, perpetrado pelo réu, seus bons antecedentes, enfim, a ausência de qualquer elemento que justificaria tivesse decretada a prisão preventiva caso citado pessoalmente, também não autorizam a decretação da medida, somente porque citado por edital. Recorde-se, ainda, da lição de Tourinho Filho, para quem nem sempre a citação ficta faz concluir que o réu está foragido, podendo ter se mudado em face de "despejo, procura de outro lugar onde encontre melhor colocação, p, ex." (ob. cit., vol. I, pag. 817).

JURISPRUDÊNCIA

Decretação da prisão preventiva não é automática

"O art. 312 do Código de Processo Penal apresenta como pressupostos da prisão preventiva o periculum libertatis e o fumus commissi delicti, este caracterizado pela prova da existência do crime e indício suficiente de autoria; aquele consiste no perigo que a permanência do agente em liberdade representa para a aplicação da lei penal, para a investigação ou instrução criminal, e para a segurança da própria coletividade (ordem pública). A 6.ª Turma do Superior Tribunal de Justiça entende "que o perigo para a aplicação da lei penal não deflui do simples fato de se encontrar o réu em lugar incerto e não sabido. Não há confundir evasão com não localização" (STJ, RHC 50.126/SP, Rel. Ministro NEFI CORDEIRO, SEXTA TURMA, DJe 19/10/2015.) No caso, as instâncias ordinárias fundamentaram a necessidade da prisão preventiva do Paciente com base na gravidade abstrata do delito e para garantir a aplicação da lei penal, tendo em vista que ele não foi localizado, mesmo tendo sido citado por edital. Ordem de habeas corpus concedida para, confirmando a liminar, assegurar a liberdade do Paciente, se por outro motivo não estiver preso, sem prejuízo, entretanto, da aplicação de eventuais medidas cautelares diversas da prisão, a serem fixadas pelo Juízo Singular." (STJ – HC 471.247/MS, j. 21/03/2019).

Recurso – A lei não indica qual o recurso cabível contra decisão que defere – ou não – a suspensão condicional do processo e, tampouco, uma vez suspenso o feito, qual a insurgência adequada quanto à produção de provas urgentes e decretação da prisão preventiva. Jurisprudência e doutrina, por seu turno, jamais chegaram a um consenso sobre o tema, já tendo se cogitado de recurso em sentido estrito, correição parcial (*RT* 777/691), apelação (*RSTJ* 134/555), mandado de segurança (RT 785/590, JTJ 196/333) e mesmo *habeas corpus* (que não tem a natureza jurídica de recurso). Trata-se, pois, de um caso típico de adoção do chamado *princípio da fungibilidade*, previsto no art. 579 do CPP, a permitir o conhecimento de recurso erroneamente interposto, desde que não tenha havido má-fé e, acrescentamos, erro grosseiro em seu manejo. Tem prevalecido, porém, o entendimento de que é o recurso em sentido estrito é o adequado para atacar decisões que se refiram ao dispositivo em análise, conforme decisões do STJ abaixo colacionadas.

Não se ignora a taxatividade do rol listado no art. 581 do CPP, para as hipóteses de recurso em sentido estrito, a não admitir, portanto, qualquer espécie de ampliação. Óbvio, ainda, que a hipótese tratada neste artigo não poderia mesmo constar do rol do art. 581, já que introduzida em 2008, pela Lei n. 11.719, quando o código é datado de 1941. A despeito desse entendimento, nada impede que, por meio de interpretação extensiva, outras hipóteses não previstas no dispositivo legal admitam, também, o recurso *stricto sensu*. Trata-se de tema abordado abaixo, nos comentários tecidos ao art. 581 do código. Fincada essa premissa, a admissão do recurso em sentido estrito se faz com base no inc. XVI, do art. 581, que prevê o recurso em sentido estrito contra decisão que "ordenar a suspensão do processo, em virtude de questão prejudicial". Não se cogita, à evidência, de nenhuma questão prejudicial, mas a referência à suspensão do processo autoriza o entendimento de que, para os casos previstos neste dispositivo, também é cabível o recurso em sentido estrito.

Outra extensão que se permite fazer, em relação ao cabimento do recurso em sentido estrito, é encontrada no inc. V, do art. 581, a admitir esse recurso da decisão que "indeferir requerimento de prisão preventiva". De sorte que, uma vez suspenso o processo, caso o juiz não decrete a preventiva, a parte sucumbente pode, com fulcro no inc. V, do art. 581 do código, interpor o recurso em sentido estrito. E caso o juiz a decrete? Aí será o caso de *habeas corpus*, não se podendo invocar a interpretação extensiva para uma hipótese não elencada no art. 581 do código.

JURISPRUDÊNCIA

Cabe RESE contra decisão que indefere a suspensão do processo ou a produção antecipada de prova

"A controvérsia consiste na divergência entre o acórdão embargado, da Sexta Turma, que decidiu ser inviável o manejo do recurso em sentido estrito para impugnar decisão judicial que indefere a produção antecipada de provas em ação penal, fundado na permissão constante na parte final do art. 366 do CPP, e o entendimento da Quinta Turma sobre o mesmo tema. Com efeito, dentre as hipóteses elencadas no art. 581 do CPP que autorizam a interposição de recurso em sentido estrito, não se encontra a possibilidade de reforma de decisão que indefere pedido de produção antecipada de provas. Entretanto, baseada no fato de que o art. 3º do Código de Processo Penal admite expressamente tanto a realização de interpretação extensiva quanto de aplicação analógica na seara processual penal, a jurisprudência tem entendido possível a utilização de interpretação extensiva para se admitir o manejo do recurso em sentido estrito contra decisões interlocutórias de 1º grau que, apesar de não constarem literalmente no rol taxativo do art. 581 do CPP, tratam de hipótese concreta que se assemelha àquelas previstas nos incisos do artigo. Exemplos disso se tem no cabimento de recurso em sentido estrito contra a decisão que não recebe o aditamento à denúncia ou à queixa (inciso I do art. 581 do CPP) e na decisão que delibera sobre o *sursis processual* (inciso XI do art. 581 do CPP). Assim, como cabível o manejo de recurso em sentido estrito contra decisão que ordenar a suspensão do processo, as providências de natureza cautelar advindas de tal decisão devem, como ela, ser impugnáveis pelo mesmo recurso" (EREsp 1.630.121-RN, Rel. Min. Reynaldo Soares da Fonseca, por unanimidade, julgado em 28/11/2018, DJe 11/12/2018).

§ 1º (Revogado pela Lei nº 11.719, de 2008).

§ 2º (Revogado pela Lei nº 11.719, de 2008).

Dispositivos revogados – Lendo e relendo este dispositivo, concluímos, salvo melhor juízo, ter havido algum equívoco na redação final da lei, posto que incabível a revogação deste § 1° em questão. Para tanto, remetemos o leitor à análise que fizemos acima, nos comentários ao art. 363, que foi vetado. Então vejamos, em acréscimo: o projeto original previa, em seu art. 363, § 2°, inc. II, que "o juiz, a requerimento do Ministério Público ou do querelante ou de ofício, determinará a produção antecipada de provas consideradas urgentes e relevantes, observando a necessidade, adequação e proporcionalidade da medida". Já o § 3°, do mesmo projeto, determinava que tais provas "serão produzidas com a prévia intimação do Ministério Público, do querelante e do defensor público ou dativo". Esses § § 2° e 3° do art. 363 do projeto, foram vetados, eis que "em virtude da redação do § 3° do referido dispositivo remeter ao texto do § 2° há também que se indicar o veto daquele". Pois bem. Vetado o 363, § 2°, inc. II, que previa a produção antecipada de prova *na presença do Ministério Público e do defensor dativo,* e revogado o § 1°, do art. 366, que tinha a mesma redação, chega-se à conclusão absurda de que, pelo texto atual, não mais se exigirão tais presenças, já tão arraigadas na praxe forense e que traduzem inequívoca manifestação dos princípios constitucionais da ampla defesa e do contraditório, exigíveis mesmo para um processo que se encontra suspenso. Cumpriria ao texto final, portanto, ter mantido íntegro o § 1° em estudo. Se não o fez, cabe retificação, antes que a jurisprudência tome a incumbência da tarefa.

Art. 367. O processo seguirá sem a presença do acusado que, citado ou intimado pessoalmente para qualquer ato, deixar de comparecer sem motivo justificado, ou, no caso de mudança de residência, não comunicar o novo endereço ao juízo. (Redação dada pela Lei nº 9.271, de 17.4.1996)

Revelia – O réu tem por obrigação comparecer aos atos processuais, sempre que citado ou intimado pessoalmente para tanto. Confira-se, por exemplo, o disposto no art. 327 do código, que obriga o réu beneficiado com a liberdade provisória com fiança, "a comparecer perante a autoridade, todas as vezes que for intimado para atos do inquérito e da instrução criminal e para o julgamento". A propósito, o art. 341, inc. I do CPP considera quebrada a fiança quando o réu "regularmente intimado para ato do processo, deixar de comparecer, sem motivo justo". Ausentando-se, sem motivo justificado, terá, por consequência, decretada sua revelia. A revelia, portanto, constitui-se em uma pena de caráter processual,

Na hipótese de o acusado ter sido pessoalmente citado para oferta da resposta de que trata o art. 396-A do código e, a despeito disso, deixar de apresentá-la, cabe ao juiz nomear-lhe um defensor dativo, como previsto no § 2º., do mesmo dispositivo.

Efeitos – Temos como equivocado o entendimento de que, no processo penal, inexistiria a revelia. Em verdade, a revelia, no processo penal, incide com muito menos vigor se comparado ao processo civil. Neste, revel o suplicado, os fatos alegados serão tidos como verdadeiros, ante a ausência de contestação (art. 341 do Código de Processo Civil – Lei n. 13.105/2015). No processo penal, ao contrário, não se cogita da imposição da pena de confissão ao réu revel ou, em outras palavras, a revelia do acusado não libera a acusação de fazer prova sobre o que alega, nos termos do disposto no art. 156 do código. Não há, pois, presunção de veracidade sobre os fatos alegados que decorra da revelia do acusado. Tampouco se pode extrair tal conclusão ante o silêncio do réu, face aos termos do art. 5º., inc. LXIII da Constituição. Enfraquece, ainda mais, os efeitos da revelia no processo penal o fato de ser obrigatória a nomeação de defensor, na dicção do art. 396-A mencionado acima. Mas não significa dizer, fincadas tais premissas, que inexistiria revelia no processo penal. Ela existe, tanto que pode culminar com a decretação da prisão do acusado, como visto no item anterior. Demais disso, sua ausência injustificada libera o juízo de intimá-lo para os atos subsequentes do processo, em hipótese menos provável de ocorrer atualmente, em virtude da concentração, em audiência única, de atos processuais.

JURISPRUDÊNCIA

Quando se justifica a decretação da revelia

"Revelia devidamente decretada, nos termos do art. 367 do Código de Processo Penal. Recorrente que deixou de comparecer a ato processual para o qual foi devidamente intimado e não demonstrou nenhuma ocorrência de prejuízo decorrente da revelia" (STJ – RHC n° 32507-RJ, Rel. Sebastião Reis Júnior, j. 25.06.2013, DJe 01.08.2013).

Mudança de endereço deve ser comunicada

"É dever do acusado informar a mudança de endereço, conforme disciplina o art. 367 do Código de Processo Penal. Não se mostra consentânea com o moderno direito processual a alegação de que não foi alertado acerca da necessidade de avisar a mudança de endereço. Se tinha ciência do processo a que respondia e não demonstrou interesse em atualizar sua localização, mostra-se contraditória a tentativa de responsabilizar o próprio Estado pela descoberta de seu paradeiro. A contradição entre seus atos e suas alegações enseja, ademais, a aplicação do instituto do venire contra factum proprium, o qual deriva da boa-fé objetiva, princípio que permeia todo o ordenamento jurídico" (STJ – AgRg no RHC n° 34139-PR, Rel. Marco Aurélio Bellizze, j. 21.05.2013, DJe 29.05.2013).

Art. 368. Estando o acusado no estrangeiro, em lugar sabido, será citado mediante carta rogatória, suspendendo-se o curso do

prazo de prescrição até o seu cumprimento. (Redação dada pela Lei nº 9.271, de 17.4.1996)

Rogatória – Cabível sempre que o acusado resida no exterior, em local sabido. Alguém já a conceituou como verdadeira "precatória para o estrangeiro". Trata-se de ato que se constitui em *cooperação jurídica internacional*, como enfatiza o art. 37 do Código de Processo Civil (Lei n. 13.105/2015). Como destaca Ricardo Perlingeiro, "a preferência pela expressão cooperação jurídica internacional decorre da idéia de que a efetividade da jurisdição, nacional ou estrangeira, pode depender do intercâmbio não apenas entre órgãos judiciais, mas também entre órgãos administrativos, ou, ainda, entre órgãos judiciais e administrativos, de Estados distintos" (*Cooperação Jurídica Internacional, in O Direito Internacional Contemporâneo*, org. Carmen Tibúrcio e Luís Roberto Barroso. Rio de Janeiro: Renovar, 2006, p. 797/810). Destaque-se que o art. 26 do Código e Processo Civil (Lei n. 13.105/2015), inova ao introduzir um capítulo denominado *da cooperação internacional*. Cuida-se também aqui (como nas precatórias), – insistimos – de um ato de cooperação entre os diversos Poderes Judiciários, entre países quem mantém entre si relações diplomáticas. A reciprocidade, outrossim, caracteriza essa espécie de colaboração, destacando-se que o art. 784 do CPP prevê o cumprimento, no Brasil, de "cartas rogatórias emanadas de autoridades estrangeiras competentes", desde que o fato seja tido como criminoso também por nossa legislação. Esse cumprimento se dá por meio *exequatur*, nos termos do artigo 105, inciso I, alínea "i", da Constituição Federal, cuja competência é do Superior Tribunal de Justiça (v., ainda, Resolução nº 9 do STJ).

A redação original do art. 367 do código fazia uma distinção quanto ao acusado residente no exterior. Inafiançável o crime pelo qual respondia, a citação deveria ocorrer por rogatória. Já se afiançável o delito, bastava a citação por edital. O legislador, no artigo em análise, não mais distinguiu entre uma e outra situação, determinando a citação por rogatória do réu, qualquer que seja a natureza do delito, em tese, por ele cometido.

Destaque-se o dispositivo não faz diferenciação (vedada, pois, ao intérprete) entre acusado estrangeiro e nacional, nada impedindo, assim, que um brasileiro, tendo praticado um crime em nosso país e mudando-se para o exterior, seja citado por rogatória. O mesmo ocorre se o delito for perpetrado por estrangeiro em território nacional, que depois se mudou para o exterior. Lembre-se, de passagem, que o conceito de *território nacional* é mais amplo que os limites terrestres de nosso país, incluindo-se, como tal, "as embarcações e aeronaves brasileiras, de natureza pública ou a serviço do governo brasileiro onde quer que se encontrem, bem como as aeronaves e as embarcações brasileiras, mercantes ou de propriedade privada, que se achem, respectivamente, no espaço aéreo correspondente ou em alto-mar" (art. 5º, § 1º, do Código Penal). Incluem-se neste conceito, ainda, os "crimes praticados a bordo de aeronaves ou embarcações estrangeiras de propriedade privada, achando-se aquelas em pouso no território nacional ou em voo no espaço aéreo correspondente, e estas em porto ou mar territorial do Brasil" (art. 5º., § 1º., do Código Penal). Ver, ainda, o conceito de *extraterritorialidade*, quando se admite a aplicação da legislação brasileira para crimes cometidos no exterior, segundo o art. 7, do Código Penal.

A carta rogatória pode ser *ativa*, quando requerida pelo Estado brasileiro, ou *passiva*, se pedida por nação estrangeira. Neste último caso, exige-se um procedimento prévio quanto à admissibilidade do pedido, de delibação, a ser realizado pelo Superior Tribunal de Justiça, a partir da Emenda Constitucional n. 45/2004, que atribui tal competência, que antes era do Supremo Tribunal Federal, ao *Tribunal da Cidadania.*

Cartas rogatórias podem ser expedidas, também, para oitiva no exterior de testemunhas, desde que demonstrada a imprescindibilidade desses depoimentos, na dicção do art. 222-A do CPP, a cujos comentários remetemos o leitor.

Suspensão do prazo prescricional – O objetivo claro desta medida é de impedir que réus inescrupulosos se mudem para países distantes, com dificuldade ou mesmo impossibilidade de cumprimento da rogatória, o que fatalmente culminaria, com o passar do tempo, com a decretação da prescrição da pretensão punitiva estatal e consequente extinção da punibilidade do réu, nos termos do art. 109, inc. IV do Código Penal. Agora, expedida a rogatória, fica suspenso o prazo prescricional, aplicando-se, sob nossa compreensão, quanto ao prazo de suspensão, a mesma disciplina exposta no art. 366 acima, que explicamos sob a rubrica *suspensão da prescrição.*

De se ver, porém, que nos países que não cumprem rogatórias expedidas pelo Brasil, a única alternativa será a citação por edital do acusado, como, aliás, previsto no Código de Processo Civil (Lei n. 13.105/2015), que, ao tratar da citação por edital, considera inacessível "o país que recusar o cumprimento da carta rogatória" (art. 256, § 1º do CPC), a justificar sua citação ficta. No fundo, em vista da reduzida probabilidade de comparecimento do réu ou mesmo dele contratar defensor, terá o mesmo efeito quanto à suspensão do prazo prescricional, agravado, porém, ante a possibilidade de decretação da prisão preventiva do réu (de difícil execução no exterior, quando o país rogado não cumpre nem ao menos a rogatória para citação), e de produção antecipada da prova.

Citação para responder à acusação – Pensamos que, em face do disposto nos arts. 396 a 399 do CPP, ser incabível, de pronto, a expedição de rogatória para interrogatório do réu. Isso seria possível em vista da disciplina anterior, quando em um só ato, citava-se e notificava-se para interrogatório. A partir da sistemática inaugurada pela Lei nº 11.719, de 2008, primeiro se abre a possibilidade de o acusado responder a acusação, não tendo sido ela rejeitada liminarmente (art. 396 do código). Poderá arguir, então, as matérias listadas no art. 397 que, se acolhidas, implicarão em sua absolvição sumária. Rejeitadas tais alegações, o juiz receberá a denúncia ou queixa, e "designará dia e hora para a audiência", na dicção do art. 399 do CPP. Nessa audiência uma, onde toda a prova é concentrada, será, ao final, interrogado o réu.

Cremos, assim, que em um primeiro momento, deve ser observado o art. 396, determinando-se, por rogatória, que o acusado responda aos termos da inicial. Rejeitados seus argumentos, marca-se a audiência, inclusive para que ele seja ele interrogado. Este interrogatório, a nosso sentir, pode ser realizado por rogatória. Afinal, admitindo-se esse posicionamento até mesmo para as cartas precatórias, dada à dimensão continental de nosso país (sobre a possibilidade da realização do interrogatório do réu por precatória, face ao princípio da identidade física do juiz, v. abaixo comentários ao art. 399, sob a rubrica *precatória*), com mais razão se deve adotar o mesmo entendimento quando residente o réu no exterior. Não teria cabimento, pois, obrigar-se o deslocamento de um réu que mora em outro continente para que fosse interrogado em audiência, após a colheita da prova. Pode-se primeiro encerrar a instrução probatória para, depois, expedir-se uma segunda rogatória – a primeira foi expedida a fim de que o acusado respondesse à acusação –, para interrogatório do réu.

Forma de cumprimento – A Portaria nº 501, de 21 de março de 2012, editada pelos Ministérios das Relações Exteriores e da Justiça, relaciona os diversos requisitos de ordem formal a serem observados para a expedição de carta rogatória. Em notável trabalho elaborado em 2008, pelo Ministério da Justiça, denominado *Cooperação Jurídica Internacional e Recuperação de Ativos – Cooperação em Matéria Penal*, são relacionadas as inúmeras nações que possuem tratados multilaterais com o Brasil, posto que firmaram a Convenção das Nações Unidas Contra o Crime Organizado Transnacional (Convenção de Palermo), a Convenção contra o Tráfico Ilícito de Entorpecentes e Substâncias Psicotrópicas (Convenção de Viena, 1988), a Convenção das Nações Unidas Contra a Corrupção (Convenção de Mérida), a Convenção Interamericana Sobre Assistência Mútua em Matéria Penal (Convenção de Nassau, OEA) e ao Protocolo de Assistência Jurídica Mútua em Assuntos Penais do Mercosul (Protocolo de São Luís). O trabalho de fôlego aponta, ainda, nações que formalizaram acordos bilaterais e multilaterais com o Brasil. Trata-se de rol que não cabe ser aqui transcrito, dada à natureza da proposta do trabalho, mas que merece ser consultado quer pela excelência de sua elaboração, quer por prestar-se de valioso guia quando da expedição de rogatórias. Destaque-se nesse campo, ainda, o Comunicado n. 2381/2010, da Corregedoria-Geral do Tribunal de Justiça do Estado de São Paulo, em seu item II, relaciona algumas regras a serem observadas na expedição de cartas rogatórias para o exterior.

JURISPRUDÊNCIA

V. art. 185 acima, sobre o interrogatório do estrangeiro

Carta rogatória para citação

"Hipótese em que a ampliação dos efeitos da carta rogatória, expedida apenas para a citação do paciente, para que este possa, desde logo, ser interrogado no país em que se encontra atualmente, além de não prevista no art. 368 do Código de Processo Penal, implica tornar inócua a prisão preventiva decretada, revogando-a indiretamente. Ordem indeferida" (STF – HC n° 83410-RJ, Rel. Ellen Gracie, RTJ 191/238).

Citação de brasileiro por crime cometido no exterior. Possibilidade

"Citação de brasileiro residente no Brasil, para responder a processo penal perante a Justiça rogante, acusado de crime praticado no exterior: possibilidade, porque a citação não é ofensiva da soberania nacional. Precedente: CR 6.514 (AgRg)-Portugal, Gallotti, Plenário, 29.06.94, RTJ 155/154" (STF – CR n° 9191-Espanha, Rel. Marco Aurélio, RTJ 184/148).

Endereço ignorado e rogatória

"Não se acolhe alegação de nulidade da citação por edital, se os autos evidenciam terem sido esgotados todos os meios à disposição do juízo para, em seguida, proceder à citação editalícia, tratando-se de réu que se encontrava em lugar incerto e não sabido. Expedição de três mandados citatórios, com endereços diversos, além de ofícios para TRE e Receita Federal, que não foram eficientes para localizar o paciente. Ausente, nos autos do processo-crime, informação oficial de que o réu estaria no Chile, bem como o endereço em que poderia ser encontrado, não poderia ser expedida carta rogatória, eis que não preenchidos os requisitos do art. 368 do Diploma Processual Penal" (STJ – RHC n° 13914-DF – Rel. Gilson Dipp, j. 02.10.2003, DJ 03.11.2003, p. 326).

Art. 369. As citações que houverem de ser feitas em legações estrangeiras serão efetuadas mediante carta rogatória. (Redação dada pela Lei nº 9.271, de 17.4.1996)

Legações estrangeiras – Como *legação estrangeira,* deve ser entendida, no artigo em comento, como o edifício, localizado no Brasil, utilizado por pessoas em missões diplomáticas de um determinado país estrangeiro. Assim, por exemplo, a embaixada americana em Brasília. Apesar de não ser considerada extensão do território que representa, é inviolável.

O juiz brasileiro não possuía jurisdição para determinar a prática de qualquer ato, não podendo ordenar, no que nos interessa aqui, a realização de uma citação. Por isso, a redação original do art. 368 do código determinava que tais citações deveriam ser efetivadas por intermédio do Ministro da Justiça, que as remetia ao país rogado, após a expedição da rogatória que lhe era enviada.

A Lei nº 9.271/1996, porém, alterou esse panorama, permitindo que essas citações se realizem através de carta rogatória. Ora, tendo esse dispositivo alterado a redação original do art. 368, deixando de exigir o envio da rogatória ao Ministro da Justiça, temos que esse requisito não é mais obrigatório, salvo se considerarmos, *ad absurdum*, a supressão contida na redação atual do art. 369 do código como *letra morta*. Mas se continua, na prática, procedendo-se ao envio de rogatórias ao Ministério da Justiça, por força, sobretudo, das peculiaridades que envolvem esses pedidos e dos trâmites complexos burocráticos que lhe são próprios.

De qualquer sorte, como ressalta Romeu Tuma Junior, "as últimas décadas, todavia, é crescente a substituição da carta rogatória pelo mecanismo de cooperação chamado, entre nós, de auxílio direto. Por ele, não há um pedido de cooperação de um juízo para outro, mas a busca de uma decisão genuinamente estrangeira que se refira a um litígio interno. No auxílio direto, o papel das Autoridades Centrais é ainda mais importante, no sentido de auxiliar o interessado a propor sua demanda da melhor maneira possível, valendo-se da utilização dos órgãos nacionais do Estado, onde é desejada a obtenção de algum provimento judicial. Além disso, quando estabelecida em tratado, a cooperação por meio de Autoridades Centrais pode trazer ao ordenamento jurídico brasileiro algumas regras que tornam a cooperação mais célere, como a dispensa de legalização e autenticação de documentos, a dispensa de tradução juramentada, o provimento de assistência jurídica gratuita, a estipulação legal de prioridade em favor do procedimento, a comunicação direta entre Autoridades Centrais, etc." (*Cooperação Jurídica Internacional e Recuperação de Ativos – Cooperação em Matéria Penal*, editado pelo Ministério da Justiça, 1ª. edição, Brasília, 2008, p. 15).

E completa, citando a doutrina de Eduardo Tellechea Bergman ao enfatizar os benefícios que advêm da cooperação por meio de Autoridades Centrais: "A transmissão e o recebimento da cooperação jurídica internacional via Autoridades Centrais constitui a forma moderna de ajuda jurídica internacional, existente primeiro na cooperação civil e comercial e agora também na [cooperação] penal. Trata-se de um procedimento que permite uma comunicação ágil e técnica entre as autoridades requerente e requerida, capaz de superar os encadeamentos burocráticos que tornam lento o processo, próprios da tradicional via diplomática ou consular"(*Cometidos y funcionamiento de la autoridad central en el Tratado de Asistencia Juridica Mutua en Asuntos Penales entre la Republica Oriental del Uruguay y los Estados Unidos de América, especialmente en lo relativo al rehusamiento de la cooperacion impetrada, in*: ARAÚJO, João Marcelo de (Org.). *Curso de cooperacion penal internacional.* Montevideo: Carlos Alvarez, 1994. p. 209).

O Código de Processo Civil (Lei n. 13.05/2015), em seus arts. 26 e 27, prevê, com todas as letras, a cooperação jurídica internacional, inclusive para fins de citação (art. 27, inc. I). Na ausência de uma autoridade central, dispõe que essa função será exercida pelo Ministério da Justiça (art. 26, § 4º).

CAPÍTULO II
DAS INTIMAÇÕES

Art. 370. Nas intimações dos acusados, das testemunhas e demais pessoas que devam tomar conhecimento de qualquer ato, será observado, no que for aplicável, o disposto no Capítulo anterior. (Redação dada pela Lei nº 9.271, de 17.4.1996)

§ 1º A intimação do defensor constituído, do advogado do querelante e do assistente far-se-á por publicação no órgão incumbido da publicidade dos atos judiciais da comarca, incluindo, sob pena de nulidade, o nome do acusado. (Redação dada pela Lei nº 9.271, de 17.4.1996)

§ 2º Caso não haja órgão de publicação dos atos judiciais na comarca, a intimação far-se-á diretamente pelo escrivão, por mandado, ou via postal com comprovante de recebimento, ou por qualquer outro meio idôneo. (Redação dada pela Lei nº 9.271, de 17.4.1996)

§ 3º A intimação pessoal, feita pelo escrivão, dispensará a aplicação a que alude o § 1º. (Incluído pela Lei nº 9.271, de 17.4.1996)

§ 4º A intimação do Ministério Público e do defensor nomeado será pessoal. (Incluído pela Lei nº 9.271, de 17.4.1996)

Intimação e notificação – A doutrina costuma diferenciar a *intimação* da *notificação*. Na intimação, é dada ciência ao interessado da prática de determinado ato. Já a notificação implica no conhecimento dado à parte ou interessado de um ato processual, ao qual deva praticar ou comparecer. A intimação, portanto, pressupõe que o ato já foi praticado (passado), enquanto que a notificação sugere que o ato ainda será praticado (futuro). Assim, *intima-se* da sentença e *notifica-se* a testemunha de uma audiência a qual deverá comparecer. O código costuma baralhar os conceitos e, como aponta Julio Fabbrini Mirabete, o art. 370 em estudo trata, em verdade, de notificações e não de intimações (ob. cit., p. 951). A circunstância, porém, do código empregar equivocadamente ambos os vocábulos, aliado ao uso corrente do termo *intimação*, não implica em afirmar que se tratem de sinônimos, impondo a boa técnica que se faça a devida distinção.

As regras utilizadas para a citação incidem, no que for aplicável, às intimações. *No que for aplicável* porque há condutas previstas para a citação que são incompatíveis com a intimação, não se cogitando, por exemplo, da intimação por edital de uma testemunha e, tampouco, da intimação por hora certa de um perito, para que compareçam em juízo.

De se ver, porém, que em relação à intimação da sentença, há todo um regramento próprio, previsto no art. 392 do código. Quanto às vítimas e testemunhas, as Normas da Corregedoria Geral do Tribunal de Justiça do Estado de São Paulo, em seu art. 440, para os casos em que sofram "coação ou grave ameaça", preveem a expedição de mandados individualizados, nos quais não serão consignados "os endereços e dados das pessoas procuradas", e, uma vez cumpridos, serão destruídos pelo escrivão.

JURISPRUDÊNCIA

Súmula nº 431 do STF: "É nulo o julgamento de recurso criminal, na segunda instância, sem prévia intimação, ou publicação da pauta, salvo em habeas-corpus."

Intimação do réu. Necessidade de mandado

"A intimação do réu no processo penal dá-se por meio de mandado, conforme dicção do artigo 370 c.c. o artigo 351 do Código de Processo Penal. Evidencia nulidade a presunção de ciência do paciente que, solto dias antes da audiência de instrução e julgamento, teria sido, segundo informações do Diretor do Presídio, cientificado da data do ato processual; marcante, ademais, o prejuízo para o paciente que, ausente do ato processual, teve a revelia decretada, sendo inviabilizada a colheita de seu interrogatório" (STJ – HC nº 177807-SP, Rel. Maria Thereza de Assis Moura, j. 15.08.2013, DJe 26.08.2013)

§ 1º A intimação do defensor constituído, do advogado do querelante e do assistente far-se-á por publicação no órgão incumbido da publicidade dos atos judiciais da comarca, incluindo, sob pena de nulidade, o nome do acusado. (Redação dada pela Lei nº 9.271, de 17.4.1996)

Publicação pela imprensa – Tratando-se de advogado constituído, pelo réu, pelo querelante e pelo assistente de acusação, não há necessidade de sua intimação pessoal, obrigatória apenas para o defensor nomeado e para o Ministério Público, nos termos do § 4º. É efetuada a intimação pela imprensa, por meio do Diário Oficial. Esse Diário Oficial pode ser, também, o eletrônico (DJe), naqueles juízos que dispuserem desse serviço.

Tratando-se de banca que conte com mais de um advogado, a jurisprudência do STJ se posiciona no sentido que basta a intimação de um deles. É medida salutar, pois não faria sentido lançar no Diário Oficial rol constando, por vezes, dezenas de advogados, componentes de um escritório. Presume-se, ademais, que o advogado constituído tenha diligência e estrutura suficientes p,ara acompanhar as publicações realizadas no Diário Oficial.

Cuidando-se de recurso, é obrigatória a intimação do defensor quanto à data do julgamento, sobretudo quando existente pedido expresso de sustentação oral, que se constitui em inequívoco direito da parte. A propósito, confiram-se abaixo os comentários tecidos ao art. 610 do código, sob a rubrica *direito à sustentação oral*.

ATENÇÃO – Segundo a "Jurisprudência de Teses" do Superior Tribunal de Justiça, (tese n. 5), "a nulidade decorrente da ausência de intimação - seja a pessoal ou por diário oficial - da data de julgamento do recurso não pode ser arguida a qualquer tempo, sujeitando-se à preclusão temporal". Ainda nos termos da mesma "Jurisprudência de Teses" do Superior Tribunal de Justiça, (tese n.

10), "o falecimento do único advogado, ainda que não comunicado o fato ao tribunal, poderá dar ensejo à nulidade das intimações realizadas em seu nome".

JURISPRUDÊNCIA

Pluralidade de advogados. Basta a intimação de um deles

"A jurisprudência deste Superior Tribunal de Justiça firmou-se no sentido de que a intimação de um dos vários advogados da parte é, em regra, válida e eficaz, de modo que prescindível seja a intimação dirigida a todos eles. 'In casu', há de se ressaltar que não houve requerimento, por ocasião da juntada do substabelecimento de procuração, no sentido de que as publicações fossem realizadas em nome de todos os patronos constituídos. Ainda que assim não fosse, insta consignar que não se logrou demonstrar a existência de qualquer prejuízo com a intimação em nome de um dos advogados, havendo de se aplicar o princípio pas de nullitté sans grief" (STJ – HC n° 224523-PA, Rel. Maria Thereza de Assis Moura, j. 15.08.2013, DJe 23.08.2013)

Intimação da sentença pela imprensa. Validade

"A regra da intimação dos atos judiciais pela imprensa oficial é norma que visa, antes de tudo, dar maior celeridade ao processo penal. Com a implementação do Diário de Justiça eletrônico, informatizando-se, portanto, o processo penal, seria no mínimo contraditório considerar que a intimação da sentença condenatória, ao advogado constituído, só poderá ser feita pessoalmente. Referida providência ensejaria, ainda, grande dispêndio de recursos materiais e humanos, o que denota patente retrocesso" (STJ – RHC n° 28363-PR, Rel. Marco Aurélio Bellizze, j. 02.04.2013, DJe 09.04.2013).

Intimação do julgamento de recurso. Necessidade

"Ocorre nulidade, por cerceamento de defesa, se o advogado constituído não foi intimado da pauta da sessão de julgamento do recurso de apelação (Precedentes). Na hipótese dos autos, constou da publicação no órgão oficial o nome de advogado que não mais representava o réu" (STJ – HC n° 245488-TO, Rel. Maria Thereza de Assis Moura, j. 02.05.2013, DJe 10.05.2013).

"A ausência de intimação válida da defesa para a sessão de julgamento do recurso em sentido estrito acarreta nulidade absoluta, por falta de defesa técnica. No caso em apreço, a intimação acerca da sessão de julgamento do recurso em sentido estrito, bem como de seu resultado, foi feita apenas em nome do único advogado constituído, falecido quase dois anos antes, consubstanciando efetivo prejuízo à defesa do paciente, mormente porque, desprovido o recurso, ficou mantida a decisão de pronúncia" (STJ – HC n° 135825-SP, Rel. Adilson Vieira Macabu, j. 21.06.2012, DJe 02.08.2012).

Desnecessidade de inteira transcrição do acórdão

"Não constitui ofensa ao direito de defesa do paciente o fato de não ter sido publicado o inteiro teor do acórdão de apelação, se a ementa do julgado foi devidamente disponibilizada, incumbindo ao próprio advogado constituído procurar junto ao Tribunal competente, ou via internet, o conteúdo integral do voto proferido. Precedentes" (STJ – HC n° 218525-MG, Rel. Og Fernandes, j. 18.12.2012, DJe 06.02.2013).

Suspensão do prazo processual e comunicação individual em cada processo. Desnecessidade

"Editado o ato normativo para a suspensão dos prazos processuais por autoridade competente, em hipótese autorizada por lei e, ainda, observada a exigência de sua publicidade, não há nulidade a ser reconhecida. Não há previsão legal no sentido de que a suspensão dos prazos em virtude de força maior deva ser comunicada, individualmente, aos interessados de cada processo com tramitação perante o Poder Judiciário" (STJ – HC n° 200491-SP, Rel. Laurita Vaz, j. 15.08.2013, DJe 26.08.2013).

Falha, quanto à intimação, do serviço contratado pelo advogado. Irrelevância

"No processo penal, a intimação do Advogado constituído pelo Acusado dá-se por intermédio da imprensa oficial (§ 1.º, do art. 370, do Código de Processo Penal). É responsabilidade do Patrocinador da causa zelar pelos prazos processuais. Se a publicização de decisão foi realizada na forma concebida pela lei, a falha do serviço contratado pelo Advogado para comunicar-lhe as intimações judiciais publicadas no Diário da Justiça não pode ensejar a restituição do prazo recursal transcorrido in albis" (STJ – HC n° 186683-ES, Rel. Laurita Vaz, j. 17.05.2013, DJe 28.05.2013).

§ 2º Caso não haja órgão de publicação dos atos judiciais na comarca, a intimação far-se-á diretamente pelo escrivão, por mandado, ou via postal com comprovante de recebimento, ou por qualquer outro meio idôneo. (Redação dada pela Lei nº 9.271, de 17.4.1996)

Outros meios de intimação – Inexistindo órgão de imprensa na comarca, que se constitui na regra geral (a imprensa oficial somente é instalada nas capitais dos estados e no Distrito Federal), a intimação pode ser realizada diretamente pelo escrivão, ou por outras formas, como o mandado, a carta com aviso de recebimento (AR), ou por outro meio idôneo. Privilegia-se, aqui, o caráter instrumental do processo, ou seja, desde que o ato atinja seu objetivo, de cientificar o interessado, pouco importa a forma pela qual praticado.

Processo eletrônico – A Lei n. 11.419/2006, de aplicação no processo penal (art. 1º, § 1º), prevê a intimação por meio eletrônico, que substitui "qualquer outro meio e publicação oficial, para quaisquer efeitos legais, à exceção dos casos que, por lei, exigem intimação ou vista pessoal" (art. 4º, § 2º). Considera-se, nesse caso, realizada a intimação no dia em que efetivada a consulta eletrônica, prorrogando-se para o primeiro dia útil seguinte caso realizada em finais de semana, feriados, etc. (art. 5º). A Quinta Turma do Superior Tribunal de Justiça, em decisão monocrática do Min. Felix Fischer, deu provimento ao Recurso Especial nº 1.803.485 – MS (2019/0079773-7), interposto pelo Ministério Público do Estado de Mato Grosso do Sul, para determinar que o Tribunal de Justiça do Estado de Mato Grosso do Sul examine apelação ministerial, dada a sua tempestividade, ante a aplicação da regra prevista no artigo 5º, §1º e §3º, da Lei nº 11.419/2006, segundo a qual a intimação eletrônica é consumada na data em que o intimado efetivar a consulta eletrônica do teor da intimação, que pode ser realizada em até 10 (dez) dias, contados da data do envio, sob pena de considerar-se a intimação automaticamente realizada na data do término desse prazo.

A propósito, o Código de Processo Civil, no art. 183, § 1º, prevê a possibilidade de intimação pessoal por meio eletrônico. Julgado abaixo transcrito, oriundo do STJ, admitiu a intimação do defensor, quanto à sessão de julgamento, através de *e-mail* e telefone.

JURISPRUDÊNCIA

Intimação, por telefone ou e-mail, quanto ao julgamento da apelação. Validade

"A alegação de cerceamento de defesa por ausência de intimação dos advogados constituídos da sessão de julgamento do recurso de apelação não pode ser acolhida, pois noticiou o Tribunal de origem que a defesa do paciente foi devidamente notificada, por meio de contato telefônico e comunicação via e-mail, afirmativa essa que não pode ser rechaçada por esta Corte na via exígua do writ, notadamente em razão da ausência de juntada de prova em contrário por parte dos impetrantes. Embora a intimação dos defensores constituídos não tenha sido realizada nos moldes preconizados pelo art. 370, § 1º, do Código de Processo Penal, a comunicação, tal como feita, alcançou a finalidade pretendida, qual seja, cientificar os causídicos da sessão de julgamento do recurso de apelação, de modo que o simples inconformismo com o procedimento utilizado, desprovido de prova inequívoca da mácula ocasionada, não se presta para o reconhecimento de nulidade, especialmente na atual sistemática processual, em que a formalidade há de ceder à substância, havendo esta de prevalecer se e quando em confronto com aquela. Ora, as formas processuais representam tão somente um instrumento para a correta aplicação do direito; sendo assim, a eventual desobediência às formalidades estabelecidas pelo legislador não deve conduzir ao reconhecimento da invalidade do ato quando atingido seu objetivo" (STJ – HC nº 237388-SP, Rel. Marco Aurélio Bellizze, j. 05.09.2013, DJe 16.09.2013).

Lei Estadual n. 3947/83 – No Estado de São Paulo, o mencionado diploma autoriza a intimação de testemunhas por carta, desde que haja a concordância do Ministério Público e da parte adversa (art. 9º), podendo o *parquet* e a defesa, ainda, responsabilizarem-se pela entrega da correspondência (§ 1º).

STF e STJ – O art. 9º, § 2º, da Lei n. 8.038/1990, que cuida dos processos com trâmite perante o STF e o STJ, prevê expressamente que, "por expressa determinação do relator, as intimações poderão ser feitas por carta registrada com aviso de recebimento".

JURISPRUDÊNCIA

"AR" recebido por outra pessoa que não o advogado. Validade

"Dispõe o art. 370, § 2º, do CPP que 'caso não haja órgão de publicação dos atos judiciais na comarca, a intimação far-se-á diretamente pelo escrivão, por mandado, ou via postal com comprovante de recebimento, ou por qualquer outro meio idôneo'. Tal artigo não faz qualquer menção à exigência de intimação feita em mão própria. Logo, impõe-se concluir que a finalidade do ato judicial é atendida mesmo nas situações nas quais outra pessoa, que não o advogado, assine o aviso de recebimento, desde que no endereço por ele fornecido para a remessa da correspondência" (STJ – HC nº 152782-PA, Rel. Og Fernandes, j. 11.10.2011, DJe 26.10.2011).

§ 3º A intimação pessoal, feita pelo escrivão, dispensará a aplicação a que alude o § 1º. (Incluído pela Lei nº 9.271, de 17.4.1996)

Dispensa de publicação na imprensa – Mais uma vez atento ao princípio da economia processual e desapegado de maior formalismo, o código prevê que, realizada a intimação pessoal, pelo escrivão, fica dispensada a necessidade de intimação pela imprensa, prevista no § 1º, acima. E, de fato, configuraria desnecessária superfetação, exigir-se que, uma vez intimado pessoalmente, fosse o interessado novamente intimado pela imprensa.

§ 4º A intimação do Ministério Público e do defensor nomeado será pessoal. (Incluído pela Lei nº 9.271, de 17.4.1996)

Introdução – O art. 41, inc. IV, da Lei Orgânica do Ministério Público (Lei n. 8.625/1993), reza que constituem prerrogativas dos membros da instituição, "receber intimação pessoal em qualquer processo e grau de jurisdição, através da entrega dos autos com vista".

Dispõe, de sua parte, o art. 44, inc. I, da Lei Complementar n. 80/1994, que organiza a Defensoria Pública da União, do Distrito Federal e dos Territórios, que constitui-se em prerrogativa de seus membros "receber, inclusive quando necessário, mediante entrega dos autos com vista, intimação pessoal em qualquer processo e grau de jurisdição ou instância administrativa, contando-se-lhes em dobro todos os prazos". Tais diplomas, pela Lei n. 9.271/1996, acabaram se incorporando ao texto do Código de Processo Penal. Pensamos que esse dispositivo, a despeito do silêncio da lei, tenha aplicação, também à Defensoria Pública, nos termos do mencionado § 4º, do art. 370, lembrando, ainda, que a Lei Complementar n. 80/1994, que organiza a Defensoria Pública da União, do Distrito Federal e dos Territórios, afirma constituir-se em prerrogativa de seus membros "receber, inclusive quando necessário, mediante entrega dos autos com vista, intimação pessoal em qualquer processo e grau de jurisdição ...".

Intimação genérica – A intimação pode ser genericamente dirigida à instituição, por exemplo, ao Ministério Público e à Defensoria Pública, sem necessidade de indicação específica do nome de determinado promotor ou defensor. Mesmo porque são corriqueiras as substituições de tais pessoas por outras, componentes do mesmo órgão, quando a obrigatoriedade de indicação de determinado nome importaria em evidente atraso da prestação jurisdicional, atentando contra a celeridade e economia. Destaque-se, ainda, que no processo penal não se cogita do prazo em dobro para o Ministério Público recorrer, ao contrário do processo civil (v. art. 180 do Código de Processo Civil - Lei n. 13.05/2015).

JURISPRUDÊNCIA

Basta a intimação da Defensoria e não de determinado Defensor

"A realização da intimação pessoal prevista no artigo 5º, § 5º, da Lei 1.060/1950 na pessoa de outro membro da Defensoria Pública que não o atuante no processo que será submetido a julgamento não implica a sua nulidade, em observância ao princípio da indivisibilidade da aludida instituição, previsto no artigo 3º da Lei Complementar 80/1994. Precedentes" (STJ – HC nº 274588-PR, Rel. Jorge Mussi, j. 05.11.2013, DJe 12.11.2013).

Defensor público – No conceito de *defensor nomeado* deve ser incluído não apenas o Defensor Público, mas também aquele que, não compondo a instituição (Defensoria Pública), atua na condição de defensor dativo. No Estado de São Paulo, por exemplo, vige convênio firmado entre a OAB e a Defensoria Pública, pelo qual milhares de réus são defendidos por advogados dativos, até porque a Defensoria Pública não se encontra instalada em todas as comarcas. Estes advogados também devem ser intimados pessoalmente, como previsto no dispositivo em exame.

ATENÇÃO - Segundo a "Jurisprudência de Teses" do Superior Tribunal de Justiça, (tese n. 6), "o defensor dativo que declinar expressamente da prerrogativa referente à intimação pessoal dos atos processuais não pode arguir nulidade quando a comunicação ocorrer por meio da imprensa oficial".

JURISPRUDÊNCIA

Intimação pessoal da Defensoria Pública ou do defensor dativo

a) obrigatoriedade

AÇÃO PENAL. Defensor público. Defensoria pública. Assistência judiciária. Sentença condenatória confirmada em grau de apelação. Intimação pessoal do procurador. Não realização. Nulidade processual reconhecida. Ofensa ao art. 5°, § 5°, da Lei n° 1.060/50, art. 128, I, da Lei Complementar n° 80/94, e art. 370, § 4º, do Código de Processo Penal. Precedentes – "É nulo o processo penal desde a intimação do réu que não se fez na pessoa do defensor público que o assiste na causa" (STF – HC n° 98905-RJ, Rel. Cezar Peluso, j. 08.09.2009, DJe 16.10.2009).

b) da data de julgamento da apelação. Necessidade

"O Superior Tribunal de Justiça possui o entendimento pacífico de que, nos termos do art. 370 do CPP, do art. 5º, § 5º, da Lei n. 1.060/1950 e dos arts. 44, I, e 128, I, ambos da Lei Complementar n. 80/1994, a ausência de intimação pessoal da Defensoria Pública ou Defensor Dativo para a sessão de julgamento da apelação, gera nulidade absoluta do acórdão, ante o cerceamento de defesa" (STJ – HC n° 263077-SP, Rela. Marilza Maynard, j. 18.06.2013, DJe 24.06.2013).

"Não se pode exigir que a intimação do defensor público seja feita por mandado na pessoa do mesmo membro oficiante na causa. Configura-se razoável, para fins de intimação pessoal, proceder-se à inequívoca ciência da Defensoria Pública, por intermédio de ofício ou mandado, devidamente recebido, competindo à instituição organizar a atuação de seus membros, sob pena de burocratizar o processo, em total desrespeito à efetividade e celeridade da Justiça" (STJ – HC n° 233377-SP, Rel. Sebastião Reis Júnior, j. 23.04.2013, DJe 07.05.2013).

c) intimação pela imprensa não supre a necessidade da intimação pessoal

"A mera publicação, pela imprensa oficial, da inclusão do feito em pauta, não supre a intimação pessoal do defensor dativo. Assim, evidente está o prejuízo sofrido pelo paciente, que teve preterido seu direito de ser representado, com realização de sustentação oral, quando do julgamento do recurso" (STJ – HC n° 262618-SP, Rela. Marilza Maynard, j. 28.05.2013, DJ 03.06.2013).

d) quando se dispensa o mandado

"A intimação pessoal, embora usualmente se efetive por meio de mandado a ser cumprido por oficial de justiça, também pode se concretizar, v.g., por meio da entrega dos autos com vista. Na verdade, embora esta última forma constitua prerrogativa do Ministério Público, não há empeço para que o Magistrado, em alguma situação específica, determine a sua utilização para outros sujeitos do processo. No caso em debate, tendo sido encaminhados os autos com vista à Procuradoria de Assistência Judiciária, por ordem expressa do Relator, para que tomasse ciência do despacho que designava a data sessão do julgamento da apelação, operou-se a sua intimação pessoal, não havendo ofensa à regra do art. 370, § 1º, do Código de Processo Penal" (STJ – HC n° 121071-SP, Rel. Laurita Vaz, j. 16.12.2010, DJe 07.02.2011).

Intimação pessoal do Núcleo de Práticas Jurídicas de Instituição de Ensino Superior. Necessidade

"Nos termos da jurisprudência desta Corte, o Núcleo de Práticas Jurídicas de Instituição de Ensino Superior possui a prerrogativa de intimação pessoal, por exercer atividade equivalente a de Defensor Dativo (HC 37.784/DF, Rel. Min. JOSÉ ARNALDO DA FONSECA, DJU 08.11.04)" (STJ – HC n° 101370-MG, Rel. Napoleão Nunes Maia Filho, j. 21.08.2008, DJe 15.09.2008).

Advogado de sindicato não é defensor dativo

"O fato da defesa ter sido exercida por advogados indicados pelo sindicato da categoria profissional não tem o condão de equipará-los aos defensores dativos, pois estes são nomeados em juízo quando o acusado declara que não possui patrono constituído, para que se garanta a indispensável defesa técnica" (STJ – HC n° 220138-DF, Rel. Jorge Mussi, j. 27.11.2012, DJe 03.12.2012).

Intimação do Ministério Público (v., ainda, art. 390)

a) início da contagem do prazo recursal para o MP. Data do recebimento dos autos no setor administrativo do órgão

"A entrega de processo em setor administrativo do Ministério Público, formalizada a carga pelo servidor, configura intimação direta, pessoal, cabendo tomar a data em que ocorrida como a da ciência da decisão judicial. Imprópria é a prática da colocação do processo em prateleira e a retirada à livre discrição do membro do Ministério Público, oportunidade na qual, de forma juridicamente irrelevante, apõe o ´ciente´, com a finalidade de, somente então, considerar-se intimado e em curso o prazo recursal. Nova leitura do arcabouço normativo, revisando-se a jurisprudência predominante e observando-se os princípios consagradores da paridade de armas" (HC nº 83.55-5-SP – Rel. Marco Aurélio, DO 12.03.2004).

"A partir do julgamento do HC 83.255-5/SP, pelo Plenário do Supremo Tribunal Federal, ficou consolidado o entendimento de que a contagem dos prazos para a interposição de recursos pelo Ministério Público ou pela Defensoria Pública começa a fluir da data do recebimento dos autos com vista no respectivo órgão, e não da ciência de seu membro no processo" (STJ – REsp n° 1278239-RJ, Min. Nancy Andrighi, DJe 29.10.2012).

b) não constando a data do recebimento dos autos prevalece a data de abertura de vista

"Na ausência de qualquer certidão atestando a retirada dos autos pelo Parquet estadual para ciência da sentença, deve-se considerar aquela que atesta a abertura de vista para tal órgão, para fins de se fixar o termo inicial do prazo para a interposição de recurso" (STJ – HC n° 250917-MG, Rel. Jorge Mussi, j. 07.05.2013, DJe 22.05.2013).

c) O MP não possui prazo em dobro para recorrer

RECURSO ESPECIAL. RECURSO DO MINISTÉRIO PÚBLICO. PRAZO SIMPLES. INTEMPESTIVIDADE. RECURSO NÃO CONHECIDO – "O Ministério Público, em se tratando de matéria criminal, não goza do benefício do prazo em dobro para a interposição de recursos" (STJ – REsp n° 259830-SP – Rel. Gilson Dipp, j. 26.02.2002, DJ 08.04.2002, p. 261).

Art. 371. Será admissível a intimação por despacho na petição em que for requerida, observado o disposto no art. 357.

Intimação por despacho – Ao invés de se expedir um mandado, como se verifica corriqueiramente, a intimação (e também a notificação) podem se efetivar à vista da própria petição na qual foram requeridas. Suponha-se que o juiz defira um pedido de adiamento de audiência, formulado em uma petição do advogado. Proferido o despacho diante do advogado, claro que ele já estará automaticamente intimado de seu conteúdo. Caso contrário, cumprirá ao oficial de justiça ler ao interessado o teor do despacho, certificando a respeito, como previsto no art. 357 do código. De se ver, contudo, que somente intimações e notificações podem ser realizadas dessa forma mais singela. Tratando-se de citação, contudo, há que observar as formalidades que lhe próprias, listadas no art. 352 do código.

Art. 372. Adiada, por qualquer motivo, a instrução criminal, o juiz marcará desde logo, na presença das partes e testemunhas, dia e hora para seu prosseguimento, do que se lavrará termo nos autos.

Adiamento da audiência – Adiada por algum motivo a audiência (por ausência do réu preso ou de uma testemunha, adiantado da hora, falta de segurança, *v.g.*), estando as partes, vítimas e testemunhas presentes ao ato que não se realizou, elas serão de pronto intimadas da redesignação da audiência em continuação. Forte no princípio da economia processual, não faria mesmo sentido a expedição de mandados de intimação quando, de pronto, é possível colher-se o "ciente" de tais pessoas, que já saem intimadas quanto à obrigatoriedade de comparecimento à próxima audiência. De tudo se lavrará termo nos autos, assinado pelos presentes, comprovando-se, assim, que foram efetivamente intimados. É óbvio que, por vezes, essa conduta desapegada de maior formalismo não será possível, bastando imaginar a situação na qual a audiência foi adiada em virtude, exatamente, da ausência de uma testemunha. Caberá, então, a intimação dessa testemunha por meio do respectivo mandado. Se foi intimada para a audiência adiada e não compareceu, desta feita terá lugar sua condução coercitiva (v. arts. 411, § 7º, e 535).

TÍTULO XI
DA APLICAÇÃO PROVISÓRIA DE INTERDIÇÕES DE DIREITOS E MEDIDAS DE SEGURANÇA

Art. 373. A aplicação provisória de interdições de direitos poderá ser determinada pelo juiz, de ofício, ou a requerimento do Ministério Público, do querelante, do assistente, do ofendido, ou de seu representante legal, ainda que este não se tenha constituído como assistente:

I - durante a instrução criminal após a apresentação da defesa ou do prazo concedido para esse fim;

II - na sentença de pronúncia;

III - na decisão confirmatória da pronúncia ou na que, em grau de recurso, pronunciar o réu;

IV - na sentença condenatória recorrível.

§ 1º No caso do nº I, havendo requerimento de aplicação da medida, o réu ou seu defensor será ouvido no prazo de 2 (dois) dias.

§ 2º Decretada a medida, serão feitas as comunicações necessárias para a sua execução, na forma do disposto no Capítulo III do Título II do Livro IV.

Art. 374. Não caberá recurso do despacho ou da parte da sentença que decretar ou denegar a aplicação provisória de interdições de direitos, mas estas poderão ser substituídas ou revogadas:

I - se aplicadas no curso da instrução criminal, durante esta ou pelas sentenças a que se referem os ns. II, III e IV do artigo anterior;

II - se aplicadas na sentença de pronúncia, pela decisão que, em grau de recurso, a confirmar, total ou parcialmente, ou pela sentença condenatória recorrível;

III - se aplicadas na decisão a que se refere o nº III do artigo anterior, pela sentença condenatória recorrível.

Art. 375. O despacho que aplicar, provisoriamente, substituir ou revogar interdição de direito, será fundamentado.

Art. 376. A decisão que impronunciar ou absolver o réu fará cessar a aplicação provisória da interdição anteriormente determinada.

Art. 377. Transitando em julgado a sentença condenatória, serão executadas somente as interdições nela aplicadas ou que derivarem da imposição da pena principal.

Art. 378. A aplicação provisória de medida de segurança obedecerá ao disposto nos artigos anteriores, com as modificações seguintes:

I - o juiz poderá aplicar, provisoriamente, a medida de segurança, de ofício, ou a requerimento do Ministério Público;

II - a aplicação poderá ser determinada ainda no curso do inquérito, mediante representação da autoridade policial;

III - a aplicação provisória de medida de segurança, a substituição ou a revogação da anteriormente aplicada poderão ser determinadas, também, na sentença absolutória;

IV - decretada a medida, atender-se-á ao disposto no Título V do Livro IV, no que for aplicável.

Art. 379. **Transitando em julgado a sentença, observar-se-á, quanto à execução das medidas de segurança definitivamente aplicadas, o disposto no Título V do Livro IV.**

Art. 380. **A aplicação provisória de medida de segurança obstará a concessão de fiança, e tornará sem efeito a anteriormente concedida.**

Revogação – As interdições de direitos ao mais se aplicam provisoriamente, constituindo-se em efeitos penais ou extrapenais da sentença condenatória. Já as medidas de segurança são tratadas nos arts. 171 e 174 da Lei de Execução Penal (Lei n. 7.210/1984). Em razão disso, os artigos 373 *usque* 380, foram tacitamente revogados, não tendo mais qualquer aplicação.

TÍTULO XII
DA SENTENÇA

Introdução – Há uma concepção de *sentença* em um sentido amplo, que englobaria a prática de qualquer ato jurisdicional, com alguma carga decisória, incluindo-se neste conceito, assim, as decisões interlocutórias. Estudaremos, agora, porém, a sentença em sentido estrito, a sentença *definitiva*, ou seja, "a sentença final do procedimento de primeiro grau", no dizer de Enrico Tullio Liebman (*Curso de direito processual civil*, 1951, p. 196).

Quando se emprega o vocábulo *definitiva*, não implica dizer que aquela decisão transitou em julgado. *Definitiva*, aqui, é a sentença que, julgando o mérito, extingue o processo naquela instância em que proferida, pouco importando se será, eventualmente, interposto recurso. Pertinente, pois, a observação de Vicente Greco Filho, no sentido de que "é comum confundir-se *sentença definitiva* com *sentença transitada em julgado*. No sentido técnico, que é o utilizado pelo Código, *sentença definitiva* é a que define ou resolve o mérito. Na outra hipótese, utiliza o diploma, corretamente, a expressão *sentença transitada em julgado*" (ob. cit., p. 325).

É, portanto, por meio da sentença, através do trabalho intelectual, lógico e histórico de seu prolator, que a lei será aplicada ao caso concreto, compondo o litígio penal. Daí ser possível defini-la, segundo Vincenzo Cavallo, como "o ato mediante o qual se individualiza o Direito" (*apud*, José Frederico Marques, ob. cit., p. 25).

A sentença, neste sentido estrito, divide-se em *absolutória, condenatória* ou *terminativa de mérito*. Sentença absolutória é aquela que não acolhe a pretensão punitiva. Sentença condenatória é aquela que o faz, total ou parcialmente. E sentença terminativa de mérito, também chamada de *definitiva em sentido estrito*, é aquela que não absolve e tampouco condena, mas encerra a relação processual julgando o mérito, como, em exemplos lembrados por Tourinho Filho, "a decisão que reconhece a ausência de condição objetiva de punibilidade, a que decreta extinta a punibilidade, a que declara extinta a medida de segurança pelo decurso do tempo, a que resolve o incidente referido no § 1º do art. 120 do CPP etc." (ob. cit., p. 216). As sentenças absolutória e condenatória serão mais bem estudadas quando abaixo comentados os artigos que delas tratam especificamente.

> **ATENÇÃO** – Em que pese a classificação acima, temos que a reforma de 2008, alterando a redação do art. 397 do CPP, previu hipóteses em que o magistrado absolve antecipadamente o acusado, antes mesmo da instrução. Entre as hipóteses, temos a existência de causa extintiva da punibilidade (ex. prescrição). A falta de técnica do legislador não passou despercebida pela doutrina, já se discutindo qual o recurso cabível nesse caso: recurso em sentido estrito ou apelação? O tema será melhor explorado mais adiante.

Atos judicionais – Como o nome indica, são aqueles praticados pelo juiz na presidência do processo.

Despacho de mero expediente – O *despacho de mero expediente* tem por objetivo, apenas, garantir o normal andamento do processo, a marcha regular do feito, segundo rito fixado no Código. São atos singelos, de extrema simplicidade e que não carregam nenhum cunho decisório. Assim, aquele em que é designada data para audiência. Ou ainda, quando o juiz determina seja dada ciência às partes sobre a juntada de um documento ou da perícia. Na medida em que nada é decidido, não há sucumbência e, portanto, inexiste a possibilidade de tais atos serem atacados através de recurso. A propósito, confira-se o art. 1.001 do Código de Processo Civil: "Dos despachos não cabe recurso". Excepcionalmente, porém, é possível que surja um prejuízo, como, por exemplo, quando o Juiz, ao designar audiência, inverte a produção da prova testemunhal, primeiro determinando a oitiva de testemunhas de defesa e, depois, de acusação, cindindo a audiência (quando o correto seria ouvir a todos no mesmo ato, determinando, inclusive, o interrogatório do réu). Ora, nesse caso, havendo prejuízo para as partes, a forma de repará-lo dar-se-á através de *correição parcial*, que tem a inegável natureza jurídica de recurso. O prazo para exarar tal despacho, por força do disposto no art. 800, inc. III, do Código, é de um dia.

Decisões interlocutórias – Já as *decisões interlocutórias* representam um *plus* em relação aos despachos de expediente. De sorte que, no curso do processo, em virtude de incidentes provocados pelas partes, na dedução de suas pretensões, o juiz é chamado a decidir e solucionar o embate criado. Aqui já não se trata mais de um mero despacho ordinário, proferido na condução do feito. Mais que isso, há a tomada de uma decisão, sem que, porém, se ingresse na discussão de mérito.

As decisões interlocutórias dividem-se em ***simples*** e ***mistas***. Nas primeiras, são solucionadas questões emergentes no curso do processo, a exigir sejam proferidas decisões que, no entanto, não colocam fim ao processo e nem atingem o fundo da causa. Como exemplo, a decisão que recebe denúncia ou queixa (onde se dá início ao processo penal, através de um mero juízo provisório, sem análise do mérito), ou aquela em que é decretada a prisão preventiva, a busca ou o sequestro. Ou que concede fiança, liberdade provisória ou, ainda, as decisões que rejeitam as exceções de litispendência, coisa julgada ou ilegitimidade de parte. Já aqui o prazo para que sejam proferidas tais decisões é de cinco dias (art. 800, inc. II). Vale repetir que, em todos esses exemplos mencionados, tomadas as decisões apontadas, o processo tem seu regular andamento. Assim, concedida a liberdade provisória o processo seguirá com o réu solto. Negado o benefício, com ele preso. Em ambos os casos, contudo, o processo somente terminará com a sentença. Tais decisões, por apresentarem inegável cunho decisório, podem ser atacadas através de recurso, conforme a previsão legal específica. Via de regra, comportam recurso em sentido estrito, admitindo, também, dependendo da hipótese concreta, correição parcial (por exemplo, a decisão que, ao receber a denúncia, altera-lhe a classificação legal), ou mandado de segurança (*v.g.*, quando é negado o pedido de habilitação do assistente técnico), ou, ainda, *habeas corpus* que, embora não tenha natureza jurídica de recurso, pode ser impetrado, por exemplo, contra decisão que recebe denúncia ou queixa.

As ***decisões interlocutórias mistas*** ou ***decisões com força definitivas*** são aquelas que, ainda sem adentrar o mérito, encerram o processo ou, pelo menos, uma de suas fases. *Com força de definitiva*, por colocar fim ao processo prejudicando o julgamento da questão principal, isto é, do mérito. Como exemplo, as decisões que acolhem (não as que rejeitam, ver acima), exceções de litispendência, coisa julgada ou ilegitimidade de parte, bem como as que proclamam a perempção da ação ou sua decadência. Ou, ainda, a rejeição da denúncia ou queixa. Em todos esses exemplos, há o encerramento do processo, sem o julgamento do mérito e, por isso, denominam-se ***decisões interlocutórias mistas terminativas***. Pode ocorrer, no entanto, que se encerre, com tal *decisum*, uma fase do processo, como ocorre, no único exemplo conhecido, na decisão de pronúncia. Neste caso, então, chamam-se ***decisões interlocutórias mistas não terminativas***. Numa ou noutra, o prazo para decisão do Juiz é de dez dias (art. 800, inc. I). Evidente, outrossim, a carga decisória contida em tais decisões, de molde a gerar prejuízo à parte atingida por seus efeitos e, em consequência, óbvia é a possibilidade de interposição de recurso para desafiá-las. O remédio cabível será, na imensa maioria dos casos, o recurso em sentido estrito, bastando que se consulte o rol detalhado do art. 581. Por vezes, porém, é cabível apelação de tais decisões, face ao disposto no art. 593, inc. II, desde que não comportem o recurso em sentido estrito. Assim, a decisão que rejeita a denúncia no Juizado Especial Criminal (Lei n. 9.099/95), desafia, por expressa disposição legal, apelação. Ou aquela que remete as partes às vias ordinárias no pedido de restituição de um objeto apreendido, bem como que rejeita o pedido de levantamento de sequestro (Julio Fabbrini Mirabete, *Processo Penal*, 1997, p. 639). Nesses casos, ante a imprevisão do recurso *stricto sensu*, caberá apelação.

Art. 381. **A sentença conterá:**

I - os nomes das partes ou, quando não possível, as indicações necessárias para identificá-las;

II - a exposição sucinta da acusação e da defesa;

III - a indicação dos motivos de fato e de direito em que se fundar a decisão;

IV - a indicação dos artigos de lei aplicados;

V - o dispositivo;

VI - a data e a assinatura do juiz.

I - os nomes das partes ou, quando não possível, as indicações necessárias para identificá-las;

II - a exposição sucinta da acusação e da defesa;

Relatório – Um dos requisitos formais da sentença, segundo dispostos nos incs. I e II do dispositivo em análise, é o relatório (ou histórico). Segundo Tourinho Filho, "a sentença, como todo e qualquer ato processual, para produzir a eficácia que a lei prevê, está sujeita a determinados requisitos. Um deles é o relatório. Nele o Juiz consigna os nomes das partes, a súmula do pedido e da contestação ou a exposição da acusação e da defesa, em forma sucinta, e as principais ocorrências surgidas no andamento do feito. Constitui o relatório, na lapidar expressão de Pontes de Miranda, a história relevante do processo. Processo sem relatório é como uma peça teatral em 3 ou mais atos, em que só é levado à cena o epílogo" (*Processo penal*, São Paulo: Saraiva, 1997, vol. 4, p. 226).

Ratio legis – O principal fundamento para a exigência do relatório consiste no fato de que, através dele, é possível pressupor-se que o Magistrado tenha lido o processo, conhecendo, portanto, as alegações de ambas as partes, tudo de molde a permitir-lhe a prolação de uma decisão completa, onde todas as teses suscitadas tenham merecido a respectiva análise. A propósito, o vocábulo "vistos", empregado invariavelmente no preâmbulo da sentença, indica que o juiz viu e leu o processo.

A exigência do relatório justifica-se, ainda, sob o aspecto prático. Conforme ensina Espínola Filho, "um bom histórico, na sentença, fornece elementos preciosos para o tribunal, ao julgar o recurso, apreender, sem desperdício de tempo, toda a causa, nos seus mínimos detalhes, controlando a fidelidade da argumentação do juiz" (ob. cit., vol. IV, p. 50). Ainda sob esse aspecto, lembra Jorge Americano que "os nomes das partes são requisito da sentença, a fim de incorporá-la à causa de forma inconfundível. A sentença só faz coisa julgada quando dirime o objeto da demanda, por certo fundamento, entre partes determinadas. Ora, seria necessário sujeitar a sentença, exibida por certidão, à pesquisa indireta dos nomes das partes, por meio de certidões complementares, desde que a lei não impusesse a declaração dos nomes daquelas, no próprio corpo da sentença" (*Comentários ao código de processo civil do Brasil*, 1941, vol. I, p. 597).

É o relatório, portanto, formalidade essencial da sentença, de forma que sua falta acarretará inafastável nulidade do ato, na exata dicção do art. 564, III, *m* e IV, do Código (exceção ocorre na Lei n. 9.099/95, que, ao instituir o Juizado Especial Criminal, dispensa, em seu art. 81, parágrafo 3º, sua elaboração).

De se ver, porém, que o legislador se contentou com a realização de um mero resumo do feito, sem impor ao Juiz a elaboração de verdadeira transcrição das teses suscitadas pelos contendores. O que se procura preservar, com tal formalidade – repita-se – é a certeza de que o julgador tem pleno conhecimento daquilo que é objeto do debate. Dessa forma, o que induz à nulidade é a ausência do relatório e não um histórico falho, incompleto. Eventual omissão no relatório pode ser suprida pela fundamentação da sentença, onde se constate que o Magistrado conhece, exatamente, a extensão do pedido e o conteúdo da defesa. Para tanto, basta a indicação dos nomes das partes e de *exposição sucinta da acusação e da* defesa. Pensar-se de forma contrária seria demonstrar um excessivo apego ao formalismo, afrontando o espírito do Código e acarretando indesejável protelação na prestação jurisdicional.

JURISPRUDÊNCIA

Omissão do nome do réu

a) nulidade absoluta

Sentença criminal – Nulidade – Omissão do nome do réu – Requisito essencial – Inteligência e aplicação dos arts. 381 e 546, n. IV, do Código de Processo Penal – "Os requisitos formais da sentença mencionados no art. 381 do Código de Processo Penal, são indeclináveis, resultando a omissão de algum deles em nulidade, nos termos do art. 564, n. IV, do mesmo estatuto" (TASP, Rel. Adriano Marrey, RT 252/366).

b) mera irregularidade

Sentença – Julgamento "citra petita"- Inocorrência – Omissão do nome do denunciado no dispositivo sentencial – Irrelevância – Invocação explícita na motivação, quando lhe foi reconhecida a extinção da punibilidade, pela prescrição da pretensão punitiva – Preliminar de nulidade afastada – Inteligência do art. 381 do CPP – "Não há nulidade por julgamento "citra petita" quando um dos denunciados, cujo nome foi omitido no dispositivo sentencial, o teve, contudo, e explicitamente, invocado na motivação, ao lhe ser reconhecida extinta a punibilidade, pela prescrição punitiva do Estado" (TARS, Rel. Luiz Gonzaga Pila Hofmeister, RT 626/352).

Nome do réu indicado erroneamente

a) nulidade absoluta

Nulidade – Agente processado e condenado sem a respectiva identificação pessoal – Afronta ao disposto no art. 259 do CPP – Eiva reconhecida – "Indispensável para instaurar-se a ação penal a identidade física do acusado, como pessoa natural, ainda que haja impossibilidade de sua plena individualização, como o nome verdadeiro e outros qualificativos, os quais poderão ser obtidos durante a fase instrutória. Se houver erro e o processo for movido contra pessoa que depois se apura inexistente, ou diversa da do agente da infração, uma vez conhecido o verdadeiro responsável, haverá que renovar a ação, a partir da peça inicial, para dar a este oportunidade de defesa" (TACrimSP, Rel. Gonçalves Nogueira, JUTACrim 87/288).

b) mera irregularidade

"Não há falar em reformatio em pejus na retificação do **nome do réu** no dispositivo da sentença, mas em mera retificação de **erro** material, passível de correção de ofício. Precedentes." (STJ – HC n. 512.216/SP, relator Ministro Nefi Cordeiro, Sexta Turma, julgado em 12/11/2019, DJe de 21/11/2019.)

É suficiente a exposição sucinta

Sentença – Nulidade – Alegada insuficiência do relatório – Eiva não reconhecida – "O relatório, como se sabe, é o resumo do que ocorreu no curso da lide; e, por se tratar de resumo, não é razoável exigir-se que o Juiz minudencie ali lance por lance do andamento do feito; o simples fato de se referir o prolator da decisão a um memorial integrado aos autos conduz, fatalmente, à presunção de que a peça foi por ele lida cuidadosamente em toda sua extensão" (TACrimSP,- Rel. Sinésio de Souza, JUTACrim 71/340).

Omissão do relatório, mas menção dos fatos na fundamentação. Validade

"O entendimento pretoriano, capitaneado pelo Supremo Tribunal Federal, se direciona no sentido de que a falta ou deficiência da exposição das teses articuladas pelas partes somente nulifica a sentença se provado prejuízo para o réu. Afasta-se ainda a mácula de nulidade se, mesmo existente o defeito no relatório, o 'decisum' analisa em seu bojo a prova coletada em face dos argumentos oferecidos pela defesa" (STJ – RHC n° 7934-MG, Rel. Fernando Gonçalves, j. 15.10.1998, DJ 09.11.1998, p. 175).

Relatório falho, sem indicação da data, local, horário dos fatos e dispositivo legal

a) nulidade absoluta

"É nula a sentença que em seu relatório não contém os fatos pelos quais o sentenciado está sendo condenado, bem como o dia, local e hora em que ocorreram, vez que deste modo o réu não poderá saber qual o evento que ensejou sua condenação" (TACrimSP, Rel. Rubens Gonçalves, *RJD* 13/144).

b) não é nulo, se feita remissão à denúncia

"O simples fato de a sentença ser silente quanto à data da prática do crime não conduz à nulidade. Suficiente é o concurso de elementos ligados à contemporaneidade, à materialidade e à autoria" (STF, Rel. Marco Aurélio, *RT* 684/394).

Sentença criminal – Omissão quanto à data, local dos fatos, nome da vítima e outros pormenores – Remissão, porém, à denúncia onde tais dados estão contidos – Omissão suprida – Inexistência de nulidade – "A remissão da sentença à denúncia faz com que as omissões que apresenta quanto a detalhes da infração, sobretudo aqueles para os quais não há rigor existente para com a fundamentação e o dispositivo, não acarreta a sua anulação" (STF – HC – GB – Rel. Eloy José da Rocha – julgado em 25.2.75).

c) é nulo quando apenas faz referência ao relatório do MP

Sentença – Nulidade – Magistrado que apenas se reporta a relatório do órgão acusatório – Inadmissibilidade – Desobediência do art. 381 do CPP – "Não se admite a providência por via da qual o magistrado, ao invés de elaborar o relatório, como era seu dever, reporta-se ao relatório do órgão acusatório. Esse inusitado procedimento implicou em nulidade da sentença. Outra deverá ser proferida com observância do que determina o art. 381 do CPP" (TJSP, Rel. Cunha Bueno, RT 698/336).

Adoção, no acórdão, do relatório da sentença. Validade

"A mera adoção do relatório da sentença no acórdão não tem o condão de caracterizar a presença de contradição, sendo necessário, outrossim, demonstrar a inadequação lógica entre os elementos que o compõem" (TACrimSP, Rel. Nogueira Filho, *RJD* 15/189).

Data do crime indicada erroneamente. Irrelevância

"Inexiste nulidade no fato da peça incoativa e da sentença terem registrado erroneamente o dia do fato criminoso, se tal ato prejuízo algum causou ao réu e tampouco obstou-lhe o exercício da ampla defesa" (TACrimSP, Rel. Roberto Mortari, *RJD* 20/129).

III – a indicação dos motivos de fato e de direito em que se fundar a decisão;

Fundamentação – É sabido que o Código, ao adotar, expressamente, o princípio do livre convencimento do Juiz quanto à análise da prova (Exposição de Motivos, item VII), aboliu, de vez, o antigo sistema da prova legal. De sorte que o julgador não mais se acha preso a qualquer fórmula preconcebida, pelo legislador, de avaliação da prova. Ao contrário, tem a mais ampla liberdade para conferir, segundo seu livre convencimento, a valoração que bem entender a cada prova que lhe for submetida à análise.

Tal possibilidade, contudo, sujeita-se a alguns controles, como, por exemplo, aquele imposto ao magistrado de julgar somente com as provas constantes dos autos, já que *quod non est in actis non est in mundo*. Dentre tais controles, porém, o mais relevante, sem dúvida, é o que impõe ao julgador a obrigatoriedade de fundamentar suas decisões. Ou seja, pode o Juiz julgar da forma que bem entender (daí o seu *livre convencimento*), sem qualquer limitação, certo ou errado, com boa ou má análise dos fatos, desde que o faça fundamentadamente. A sentença nula, assim, não é a *mal fundamentada*, mas a *não fundamentada*. A primeira pode ser corrigida pelo Tribunal, em grau de recurso. Já a segunda acha-se irremediavelmente contaminada de nulidade que, uma vez declarada, impõe que outra seja proferida. A Lei 13.964/19 acrescentou ao artigo 564 do CPP o inc. V, reconhecendo nula a decisão carente de fundamentação.

> **ATENÇÃO** - Não se considera fundamentada qualquer decisão que não observe o §2º, do art. 315 do CPP, incluído pela Lei 13.964/19. O citado dispositivo deve ser observado em qualquer decisão judicial, seja ela interlocutória, sentença ou acórdão. Apenas os despachos dispensam a fundamentação, já que desprovidos de conteúdo decisório.

A sentença, portanto, deve ser fruto de um raciocínio lógico do Juiz, onde as razões que o levaram a optar por uma das teses em debate estejam devidamente apontadas, de forma clara, a permitir o conhecimento e a eventual impugnação dos interessados na lide.

Daí a preocupação da Constituição ao impor que "todos os julgamentos dos órgãos do Poder Judiciário serão públicos, e fundamentadas todas as decisões, sob pena de nulidade." (art. 93, inc. IX). Embora previsto em capítulo dedicado ao Poder Judiciário, é certo que tal requisito deve ser considerado como verdadeira garantia do cidadão e, como tal, se encontraria melhor colocado dentre os direitos individuais e coletivos elencados no art. 5º, da Carta Magna.

Nessa linha de raciocínio, mostra-se perfeita a lição de Ada, Scarance e Magalhães, quando explicam a necessidade da fundamentação da sentença: "São três os pontos básicos em que se assenta a idéia de motivação como garantia: primeiro, aparece como garantia de uma atuação equilibrada e imparcial do magistrado, pois só através da motivação será possível verificar se ele realmente agiu com a necessária imparcialidade; num segundo aspecto, manifesta-se a motivação como garantia de controle da *legalidade* das decisões judiciárias: só a aferição das razões constantes da sentença permitirá dizer se esta deriva da lei ou do arbítrio do julgador; finalmente, a motivação é garantia das partes, pois permitem que elas possam constatar se o juiz levou em conta os argumentos e a prova que produziram: como visto, o direito à prova não se configura só como direito a produzir a prova, mas também como direito à valoração da prova pelo juiz" (*As nulidades no processo penal*, São Paulo: RT, 1995, p. 169).

A motivação da sentença como garantia da imparcialidade do julgador não passou despercebida por Flávio Renato Correia de Almeida, para quem "a fundamentação das decisões é uma das formas de se assegurar a imparcialidade do juiz. Se é dever do juiz propiciar um rápido desenvolvimento ao processo, cumpre-lhe constantemente proferir decisões. Ao fundamentá-las, o juiz demonstra sua imparcialidade, pois torna transparente às partes que o rumo de seus julgamentos é dirigido pelo direito, e não por fatores outros. Não basta ao juiz ser imparcial, deve mostrar-se imparcial. Se o julgamento por ele proferido dirige-se às pessoas, estas é que devem se convencer se o julgamento é justo. E a melhor forma de mostrar a retidão e justeza no julgar é exatamente fundamentando a decisão, de forma a mais esclarecer que sentenciar" (*Da fundamentação das decisões judiciais*, *Revista de Processo* 67/202).

Também o Estado sente-se mais seguro frente a uma decisão devidamente fundamentada, conforme observou Vincenzo Manzini, ao ensinar que "a motivação constitui uma garantia para o Estado, porquanto lhe interessa que a sua vontade seja acatada com exatidão e que a justiça se administre corretamente; constitui uma garantia para o cidadão e constitui, também, garantia para o próprio Juiz que, motivando suas decisões, se acoberta contra a suspeita de arbitrariedade, de parcialidade ou de outra injustiça" (*apud*, Tourinho Filho, *Processo penal*, São Paulo: Saraiva, 1997, vol. 4, pp. 228-9).

Em consequência da necessidade de motivação da sentença, cumpre ao Juiz, por igual, a abordagem de todas as teses suscitadas pelas partes. De forma que, a chamada *rejeição implícita* de uma tese, tolerada por uma doutrina mais antiga, não mais é admitida. Assim, é tida por não fundamentada a decisão que, ao adotar determinado entendimento, considerasse implicitamente rejeitado um outro, em sentido diverso. Cabe ao Magistrado, portanto, a apreciação de tudo quanto levado ao debate, salvo, é óbvio, que se cuide de argumentação totalmente desprovida de sentido, que não guarde nenhuma relação com o objeto da lide.

Tal exigência não implica, entretanto, na necessidade do julgador em realizar verdadeira exposição doutrinária, com demonstração de conhecimento por vezes enfadonho, como quem, de maneira superabundante, buscasse a cátedra de uma universidade. Basta seja dada atenção a cada um dos tópicos levados à discussão, sendo que a motivação, mesmo que sucinta, é admitida, pois, conforme observa Athos Gusmão Carneiro, "a sentença apenas sucintamente fundamentada, em que as questões controvertidas hajam sido consideradas com sumariedade e singeleza, não serão modelares e muito menos aconselháveis; mas não são nulas, cabendo uma relativa tolerância, máxime se os temas em debate forem simples e várias vezes já resolvidos no sentido adotado na sentença" (*Sentença mal fundamentada e sentença não fundamentada, Revista de Processo* 81/223).

Será, destarte, a falta de fundamentação ou a fundamentação contraditória – verificável, por exemplo, na chamada *sentença suicida*, na qual há discrepância entre a motivação e a conclusão – que levarão à nulidade da sentença, tolerando-se, porém, a motivação por vezes sucinta, desde que todas as questões em jogo tenham sido abordadas.

JURISPRUDÊNCIA

Necessidade de fundamentação da sentença

"É inquestionável que a exigência de fundamentação das decisões estatais, mais do que expressiva imposição consagrada e positivada pela ordem constitucional, reflete uma poderosa garantia contra eventuais excessos do Estado, pois, ao torná-la elemento imprescindível e essencial dos atos que veiculam a privação da liberdade individual, quis o ordenamento jurídico erigi-la como fator de limitação dos poderes deferidos às autoridades públicas. – Não se pode jamais esquecer que a exigência de motivação dos atos judiciais constritivos da liberdade individual deriva de postulado constitucional inafastável, que traduz expressivo elemento de restrição ao exercício do próprio poder estatal, além de configurar instrumento essencial de respeito e proteção às liberdades públicas. – A fundamentação dos atos decisórios qualifica-se como pressuposto constitucional de validade e eficácia das decisões emanadas do Poder Judiciário, de tal modo que a inobservância do dever imposto pelo art. 93, IX, da Constituição Federal, precisamente por afetar a legitimidade jurídica dessas deliberações estatais, gera, de maneira irremissível, a sua própria nulidade" (STF – HC n° 95034-PE, Rel. Celso de Mello, j. 15.05.2012, DJe 15.10.2012).

"A sentença, como ato de inteligência, deve conter a análise pormenorizada das defesas das partes, pouco importando a procedência, ou não, do articulado. Evocada a figura do crime impossível, o exame há de se fazer de modo expresso. Não resta atendido dever do Estado-juiz de apresentar a prestação jurisdicional de maneira completa se se manifesta, sobre as imputações formalizadas, mediante texto genérico" (STF, Rel. Marco Aurélio, *RJD* 26/306).

Ausência de fundamentação não pode ser suprida em 2° grau

"Na verdade, a decisão padece de vício insanável, posto que incompleta, cuja correção não pode ser efetuada em Segunda Instância, salvo com sacrifício inconcebível de um grau de jurisdição, como alertara o parecer da ilustrada Procuradoria de Justiça (fls.). Com efeito, levantados em alegações finais os temas relativos à inépcia da denúncia, por inobservância do princípio da legalidade ou obrigatoriedade da ação penal, com alegação de cerceamento de defesa, cabia ao digno prolator da sentença a apreciação da matéria questionada, que deveria, ademais, ser mencionada no relatório o que não ocorreu, embora interessasse a rigor, a todos os réus condenados, ora apelantes" (TJSP, Rel. Márcio Bonilha, *RT* 520/370).

Necessidade de fundamentação de acórdão

"O acórdão impugnado, estando no lugar da sentença absolutória, deveria ter apreciado a tese alternativa da defesa: desclassificação do delito para sua forma tentada. Tendo o réu apresentado duas defesas, e o Juiz – acolhendo uma única – julga improcedente o pedido, a apelação do autor devolve ao órgão *ad quem* o conhecimento de ambas. Deve o tribunal de origem analisar todas as teses da defesa" (STF – HC nº 72.704 – SP – Rel. Francisco Rezek, DJ 25.04.97 – p. 15.199).

"Configura-se *citra petita*, por isso devendo ser complementado, o julgamento que deixou de apreciar todas as teses aduzidas no recurso de apelação interposto em relação à totalidade da sentença. Tem-se como incompleto o acórdão que exauriu, de modo satisfatório, o exame do pedido articulado no recurso de apelação, referente à autoria e à materialidade do delito, mas que não apreciou as demais questões suscitadas no apelo: redução da pena-base para o mínimo legal, conversão da pena de multa e concessão do *sursis*" (STF, Rel. Maurício Corrêa, *RT* 791/527).

Rejeição implícita das teses suscitadas

a) possibilidade

"Nos termos do entendimento desta Corte Superior de Justiça, não há falar em afronta ao inciso III do art. 381 do Código de Processo Penal quando "[...] o Tribunal de origem se pronunciou sobre todos os aspectos relevantes para a definição da causa. Ressalte-se que o julgador não é obrigado a rebater, um a um, todos os argumentos das partes, bastando que resolva a situação que lhe é apresentada sem se omitir sobre os fatores capazes de influir no resultado do julgamento" (STJ – AgRg no REsp n. 1.954.737/PR, relator Ministro RIBEIRO DANTAS, Quinta Turma, julgado em 26/10/2021, REPDJe de 18/11/2021, DJe de 04/11/2021).

b) impossibilidade

"É nula a sentença que se omite na apreciação das teses defensivas. O argumento da 'rejeição implícita' da preliminar não pode ser levado em conta, uma vez que a sentença deve apreciar todas as questões suscitadas pelas partes, sob pena de denegação da prestação jurisdicional" (STF, Rel. Célio Borja, *RJD* 3/242).

"Considerando que, por imposição de norma constitucional, as decisões judiciais devem ser fundamentadas, assistindo à defesa o direito de ver suas teses examinadas, ainda que de forma resumida, pelo Juiz, considerando ademais que não existe decisão implícita, e estas devem ser claras e expressas, para que a parte saiba quais os motivos que levaram o Magistrado a decidir desta ou daquela maneira, há que se anular o julgado de Primeiro Grau que deixa de examinar alegação feita pelo defensor do réu" (TACrimSP – Rel. Ferreira Rodrigues – *RJTACrim* 29/264).

Fundamentação sucinta. Validade

"O art. 93, IX, da Constituição Federal exige que o acórdão ou decisão sejam fundamentados, ainda que sucintamente, sem determinar, contudo, o exame pormenorizado de cada uma das alegações ou provas." (STF – AI 791292 QO-RG, Relator(a): Min. GILMAR MENDES, Julgamento: 23/06/2010, Publicação: 13/08/2010).

Fundamentação sucinta x ausência de fundamentação

"A sentença que apresenta fundamentação sucinta não pode ser acoimada de carente de fundamentação. No caso dos autos, após trazer toda a denúncia com descrição dos fatos, na sentença constou o acolhimento da tese acusatória, inexistindo dúvida sobre o que foi considerado para autoria e a materialidade. Assim, sequer houve prejuízo para a defesa que pode refutar os fundamentos da condenação em recurso de apelação e ver novamente analisada a questão da autoria e da materialidade." (STJ – AgRg nos EDcl no AREsp n. 1.040.819/SP, relator Ministro Joel Ilan Paciornik, Quinta Turma, julgado em 26/6/2018, DJe de 1/8/2018.)

Não é obrigatória a análise do todas as teses defensivas

"O julgador não está obrigado a refutar expressamente todas as teses e fundamentos aventados pelas partes, desde que pela motivação apresentada seja possível aferir as razões pelas quais acolheu ou rejeitou as pretensões deduzidas. Precedentes. No caso dos autos, embora o magistrado singular e a autoridade apontada como coatora não tenham mencionado, um a um, os depoimentos citados e transcritos pela defesa, entenderam que a prova testemunhal revelaria a existência de indícios suficientes da autoria delitiva, motivo pelo qual o paciente foi pronunciado, circunstância que impede o reconhecimento da eiva suscitada no presente remédio constitucional" (STJ – HC n° 250902-SP, Rel. Jorge Mussi, j. 20.06.2013, DJe 06.08.2013).

Sentença que não analisou todos os delitos constantes da denúncia

"Por não dar a prestação jurisdicional senão em parte, é radicalmente nula a decisão que aprecia somente uma das imputações feitas ao acusado, não esgotando, pois, as questões propostas na peça acusatória. Se a pretensão punitiva colima a condenação por dois delitos, cumpre ao juiz examiná-la integralmente. Nesse caso, sendo ato unitário complexo, fica o decisório inteiramente contaminado por vício substancial. E, constituindo nulidade absoluta, de ordem pública, pode ser declarada de ofício, isto é, ainda que não haja argüição a respeito. Decisão anulada" (TJRS – Apel. Crim. 21.514 – Rel. Rubens Rebelo Magalhães).

Sentença que contém palavras duras ou irônicas. Validade

"O fato do Juiz sentenciante usar de palavras duras para expressar seu repúdio ao reprovável comportamento do réu, não significa que tenha atuado com parcialidade, pois, como se sabe, a sentença judicial não se presta apenas a, friamente, subsumir os fatos à lei, constituindo, também, importante instrumento pedagógico, através do qual se explicita, para o criminoso e a sociedade em geral, a *mens legis*, desvendando, em particular, o sentido axiológico do texto legal" (TACrimSP, Rel. Ricardo Lewandowski, *RJD* 21/299).

Sentença criminal – Nulidade pretendida em face de expressões por vezes candentes do magistrado – Inexistência – 'Cólera Santa'- Preliminar repelida – Inteligência do art. 381 do CPP – "A veemência a linguagem e o calor indignado de certos tópicos de uma sentença jamais constituíram motivo para que ela fosse declarada nula" (TJSP, Rel. Marino Falcão, RT 586/272).

Argumentação de notória improcedência. Desnecessidade de fundamentação

"A valoração da prova, entre nós, segue o sistema da persuasão racional, o qual exige a fundamentação da decisão, com a indicação da prova que serviu de base à condenação, assegurando às partes e aos tribunais conferir o raciocínio do julgador. Não há necessidade de o julgador demorar-se, na sentença, com resposta à tese impertinente proposta pela defesa como único propósito de perpetuar a instância penal" (TARS – Rel. Vladimir Giacomuzzi – *RT* 711/378).

Fundamentação *ad relationem* ou *per relationem* – Segundo Antônio Magalhães Gomes Filho, "*existe motivação ad relationem quando sobre um ponto decidido o juiz não elabora uma justificação autônoma ad hoc, mas se serve do reenvio à justificação contida em outra decisão*" (*A motivação das decisões penais.* 2ª ed. São Paulo: RT, 2013, p. 163). Em outras palavras, a fundamentação *ad relationem* ou *per relationem* é aquela na qual o julgador não se vale de argumentação própria, oriunda exclusivamente de seu raciocínio, mas, antes, louva-se em manifestações lançadas nos autos, por outros órgãos, às quais faz alusão. Costumeiramente, nessa espécie de decisão, se utiliza a expressão *adoto como razões de decidir*... Assim, por exemplo, quando o juiz, para acolher um pedido de prisão preventiva, encampa como motivação de decidir a representação da autoridade policial ou o requerimento do Ministério Público. Ou quando defere requerimento de arquivamento do inquérito policial com base na argumentação lançada pelo *parquet*.

Quanto à sentença, porém, a jurisprudência de nossos Tribunais Superiores (STF e STF) tem admitido essa espécie de conduta. Não é nula, assim, por exemplo, a sentença que faz menção à manifestação do Ministério Público, e adota seus fundamentos para absolver ou condenar o réu. Mas esse entendimento merece alguma ressalva, já apontada, inclusive, pelos próprios tribunais que o admitem. Vale, nesse aspecto, que se destaque a lição de Fredie Didier Jr., Paula Sarno Braga e Rafael Oliveira, quando listam os pressupostos para admissão desse tipo de motivação. São eles: 1) a inexistência de veiculação de fato ou argumento novo; 2) a peça processual referida encontre-se suficientemente motivada; 3) tal peça esteja nos autos para propiciar acesso das partes (*Curso de Direito Processual Civil*: 5. ed. Salvador: Juspodivm, 2010. v. 2, p. 299).

ATENÇÃO - Segundo a "Jurisprudência de Teses", publicada pelo Superior Tribunal de Justiça, n. 59, de novembro de 2016, item 18, "a utilização da técnica de motivação per relationem não enseja a nulidade do ato decisório, desde que o julgador se reporte a outra decisão ou manifestação dos autos e as adote como razão de decidir". A jurisprudência desta Corte é pacífica no sentido de que a fundamentação per relationem - ou "aliunde" - demanda, ainda que concisamente, a aposição de fundamentação pelo magistrado ou exposição das premissas fáticas que formaram sua convicção para justificar a invasão à esfera privada do cidadão. Nesse sentido, "É nula a decisão que apenas realiza remissão aos fundamentos de terceiros, desprovida de acréscimo pessoal que indique o exame do pleito pelo julgador e clarifique suas razões de convencimento." (AgRg no HC 741.194/RS, relator Ministro Rogerio Schietti Cruz, Sexta Turma, julgado em 13/3/2023).

Requisitos – De sorte que, embora se admita essa técnica da sentença, é necessário que alguns requisitos estejam presentes. Assim, por exemplo, se ao recorrer a parte suscita uma argumentação inédita, superveniente à sentença (v.g., *abolitio criminis, novatio legis in mellius*, alteração da jurisprudência de tribunais superiores, etc.), não enfrentada, portanto, pelo juiz de 1º grau, não se permitirá que o tribunal *ad quem*, pura e simplesmente, invoque a decisão recorrida para negar provimento ao recurso, sem que tenha formulado qualquer análise sobre os temas trazidos a debate. Tampouco é de se tolerar, por exemplo, que o Tribunal faça alusão à sentença de 1º grau que, por seu turno, mostrou-se carente de motivação idônea. Suponha-se que o condenado, perante o juízo *a quo*, invocou determinada tese que, apesar de relevante, não foi enfrentada na sentença. Opostos embargos declaratórios, não foi suprida a omissão. É óbvio que ao tribunal, ao apreciar o recurso, não será dado singelamente transcrever a sentença de 1º grau, eis que incompleta. Cumprirá ao tribunal, dependendo do caso concreto, analisar a tese defensiva ou mesmo anular a sentença para que outra seja proferida com o enfrentamento de todas as questões postas em discussão. Também não se admite que a sentença adote, por exemplo, a manifestação do Ministério Público que, de sua parte, revelou-se frágil, desprovida de maior fundamentação, sem análise das questões de fato e de direito suscitadas pelo réu. O juiz, nesse caso, estará encampando, uma manifestação pobre e omissa, oriunda de uma das partes, em conduta que não atende ao princípio que o obriga a motivar suas decisões.

JURISPRUDÊNCIA

Fundamentação *per relationem*

a) quando se admite

"A jurisprudência do Supremo Tribunal Federal firmou-se no sentido de que a técnica da fundamentação per relationem, na qual o magistrado se utiliza de trechos de decisão anterior ou de parecer ministerial como razão de decidir, não configura ofensa ao disposto no art. 93, IX, da CF" (STF – RHC n. 116166-SP. Rel. Gilmar Mendes, 27.05.2014).

b) quando não se admite

"Segundo entendimento deste Superior Tribunal de Justiça, inexiste nulidade na decisão que acolhe, como razão de decidir, os fundamentos da sentença condenatória ou do parecer ministerial, que, devidamente motivados, examinam todas as teses defensivas. Precedentes desta Corte e do Supremo Tribunal Federal. No caso específico dos autos, contudo, o Tribunal de origem não se desonerou do dever constitucional de fundamentação previsto no art. 93, inciso IX, da Constituição da República, pois se limitou a fazer referência aos argumentos da sentença condenatória e ao parecer ministerial, sem apontar os trechos cuja concordância permitia afastar as alegações defensivas e sem tampouco agregar fundamentos próprios que, ainda que concisos, justificassem o desprovimento do recurso, tornando impossível às partes e à sociedade como um todo avaliar as razões em tese incorporadas à decisão, com notória violação ao princípio do duplo grau de jurisdição. Precedentes desta Corte" (STJ – HC nº 242767-SP, Rel. Laurita Vaz, j. 06.08.2013, DJe 13.08.2013).

ATENÇÃO – O Tribunal de Justiça do Estado de São Paulo, em seu regimento interno (art. 252), dispõe que "nos recursos em geral, o relator poderá limitar-se a ratificar os fundamentos da decisão recorrida, quando, suficientemente motivada, houver de mantê-la". A iniciativa é louvável posto que atende aos princípios da celeridade processual e da razoável duração do processo, este com assento constitucional (art. 5º., inc. LXXVIII da Carta). Mas ainda aqui se recomenda cautela. A supressão de delongas e a rapidez que se espera da decisão, não justificam que o tribunal negue o recurso do condenado em praticamente apenas um parágrafo, com a transcrição do artigo regimental que autorizaria essa prática. É preciso que, ao menos, se faça alguma referência ao julgado recorrido, transcrevendo seus pontos principais (notadamente aqueles em que se rebates as teses do recurso) e, se for o caso, agregando alguma argumentação. Acórdãos oriundos do Tribunal de Justiça do Estado de São Paulo, em que tais requisitos não foram observados, acabaram anulados pelo STJ, como se vê das transcrições a seguir.

JURISPRUDÊNCIA

Regimento interno de tribunal que autoriza singela menção a decisão de 1º grau. Nulidade absoluta

"Segundo entendimento deste Superior Tribunal de Justiça, inexiste nulidade na decisão que acolhe, como razão de decidir, os fundamentos da sentença condenatória ou do parecer ministerial, que, devidamente motivados, examinam todas as teses defensivas. Precedentes desta Corte e do Supremo Tribunal Federal. No caso dos autos, contudo, o Tribunal a quo, com base em dispositivo de seu Regimento Interno, limitou-se a adotar, no acórdão impugnado, os fundamentos da própria sentença condenatória como razões de decidir, sem ao menos transcrever parte da aludida decisão de primeiro grau, o que configura manifesta afronta ao artigo 93, XI, da Constituição Federal. Precedentes desta Corte" (STJ – HC nº 181441-SP, Rel. Laurita Vaz, j. 02.05.2013, DJe 09.05.2013).

Ministério Público – A propósito, quanto à manifestação do Ministério Público, cabe uma observação: ao adotar a manifestação do promotor de Justiça – órgão de 1º, grau e, portanto, parte – deve o juiz redobrar sua cautela. Afinal, o *parquet*, aqui, atua com parcialidade e, conquanto possa pedir a absolvição, recorrer em favor do condenado, etc., é parte, no sentido de que, pelo menos ao ofertar a denúncia, pediu algo (a condenação), contra alguém (o réu). Já quando o tribunal, em grau de recurso, encampa a manifestação do Procurador de Justiça, admite-se uma tolerância maior, posto que, nesse estágio processual, a atuação do *parquet* ocorre na condição de *custos iuris*, o que lhe conferiria certa imparcialidade em seus posicionamentos.

JURISPRUDÊNCIA

Sentença fundamentada em manifestação do MP

a) possibilidade

"A decisão apelada não é nula, já que, ao adotar como razão de decidir a manifestação do Dr. Promotor, a que faz referência expressa, incorporou os argumentos ali deduzidos, contendo fundamentação que, embora sucinta, afigura-se suficiente à espécie" (TACrimSP – Rel. Renê Ricupero, *RJTACrim* 29/260).

Nulidade – Parecer do Ministério Público acolhido como sentença – Admissibilidade – Eiva repelida – "Acolhida pelo Juiz a manifestação ministerial que passou a fazer parte integrante do *decisum* não há que se falar em nulidade, por ocorrer coincidência entre dispositivo e fundamentação" (TACrimSP, Rel. Fortes Barbosa, *JUTACrim* 81/193)

b) impossibilidade

Sentença – Fundamentação – Razões finais do Ministério Público – Adoção literal – Ordem concedida – "É nula a sentença que se limita a adotar literalmente a última cota do Ministério Público acusador, omitindo análise dos argumentos de defesa, depurados com extrema objetividade, procedentes ou não" (STF, Rel. Francisco Rezek, *RT* 732/547).

"Não pode o Magistrado, então, poupar-se ao trabalho intelectual de analisar cada qual dos argumentos alinhados por qualquer das partes; não pode deixar de sustentar e de explicar, com coerência, clareza e viabilidade de inteligência para o leitor, as razões de seu convencimento. Não pode, tampouco, atrelar-se comodamente ao arrazoado de um dos litigantes, para fazê-lo razão de decidir. Pois, se assim o fizer, há de estar maculando a sentença de nulidade irreparável, fazendo-a írrita, carente de seu requisito estrutural que é a fundamentação" (TJSP, Rel. Canguçu de Almeida, *RJTJSP* 117/457)

Fundamentação com base na sentença de 1º grau ou na manifestação do MP. Validade

"A reprodução de fundamentos declinados pelas partes ou pelo órgão do Ministério Público ou mesmo de outras decisões atendem ao comando normativo, e também constitucional, que impõe a necessidade de fundamentação das decisões judiciais. O que não se tolera é a ausência de fundamentação" (STJ – HC nº 263356-SP, Rel. Laurita Vaz, j. 21.05.2013, DJe 28.05.2013).

Possibilidade da sentença se fundar em manifestação do Procurador de Justiça

Habeas corpus – *Acórdão – Fundamentação – Parecer do Ministério Público – Adoção* – "Não se encontra desfundamentada a decisão que adota a manifestação do Ministério Público apresentada como custos legais. Jurisprudência da Corte. Ordem denegada" (STF – Rel. Ilmar Galvão – Informativo do STF nº 117 de 29/06 a 07/08/98).

"Esta corte tem entendido que está fundamentada decisão que adota como razão de decidir a fundamentação, que transcreve do Ministério Público que atua como *custos legis* (assim, no AgIn 140.524 e no HC 69.848)" (STF – HC 70.607-0-SC – Rel. Moreira Alves – *DJU* 4.3.94, p. 3.289).

Sentença fundamentada em outra que foi anulada

a) possibilidade

"A circunstância de haver a sentença repetido os mesmos termos e fundamentos da que fora anteriormente anulada, embora a prática não seja recomendável, tal fato não inquina de nulidade a peça posterior" (STJ – RHC nº 2.392-6-RS – Rel. Flaquer Scartezzini – *DJU* de 17.12.92 – p. 24.257).

b) impossibilidade

Sentença criminal – Nulidade – Falta de fundamentação – Decisão que se reporta a uma anterior, anulada – Prescrição consumada – Extinção da punibilidade – Inteligência do art. 318, III, do CPP e Súmula 146 do STF – "Nula é a sentença que, como motivação, adota integralmente a fundamentação de anterior decisão anulada" (TACrimSP, Rel. Dias Filho, *RT* 568/316).

IV - a indicação dos artigos de lei aplicados;

V - o dispositivo;

Dispositivo – O Estado, de forma geral e abstrata, dispõe sobre o direito, fazendo prevalecer, através das leis, o seu poder, que a todos obriga. Na parte dispositiva da sentença (também conhecida por *conclusão*), porém, há a aplicação do direito ao caso concreto. Aquele direito, até então genérico e abstrato, passa, com a sentença, a ter aplicação específica e particular à hipótese levada a julgamento. É neste tópico da sentença que o juiz, de forma expressa, após a utilização dos tradicionais *posto isto posto, ante o exposto, sendo assim* etc., declara o réu absolvido, condenado, reabilitado, pronunciado, dentre alternativas surgidas dos autos.

Ainda faz parte da conclusão da sentença a indicação dos artigos de lei aplicados (inc. IV). A fim de que o réu saiba em qual artigo de lei foi condenado ou sob qual fundamento do art. 386 do Código foi absolvido, deve o *decisum* apontar expressamente tais dispositivos. Também por uma questão de ordem prática justifica-se tal requisito: é bem mais simples, no momento de expedição de uma certidão, que o escrivão vá direto ao tópico final da sentença, onde conste o artigo pelo qual foi o réu condenado. Mais complicado seria se, ao certificar a condenação do acusado, tivesse que buscar, no corpo da sentença, o dispositivo legal no qual foi incurso.

Embora tal formalidade constitua requisito essencial, tem sido admitida sua falta, desde que, no relatório ou na fundamentação conste o artigo de lei pelo qual foi o réu condenado, permitindo que ele saiba, com clareza, como o Juiz capitulou o delito, sem causar-lhe, portanto, qualquer prejuízo.

JURISPRUDÊNCIA

Obrigatoriedade de alusão aos artigos

"No julgamento criminal é indispensável que a sentença capitule exatamente o delito. Quando assim não procede o Juiz, diz-se que a sentença é nula. Tratando-se de crime de contrabando, a decisão condenatória tem que mencionar a disposição em que inclui o acusado, se no art. 334, *caput*, ou em alguma das letras, de "a" a "d", do parágrafo 1º. A exigência não é simples formalidade, pois, sendo diversos os requisitos de prova em cada modalidade da previsão legal, a falta de indicação prejudica a defesa; no uso do recurso adequado. Além disso, estando na espécie muito simplificada a denúncia, ficou com a sentença o encargo de classificar, claramente, o delito. A falha anotada justifica a concessão de *habeas corpus*, por nulidade da sentença, a fim de que outra seja proferida, de acordo com as regras da lei" (STF – RE nº 78870 – GB, Rel. Rodrigues Alckmin, j. 22.08.75).

Sua falta configura mera irregularidade

"Não há que se anular a decisão condenatória, sob a alegação de omissão, na fundamentação da pena, quanto ao dispositivo legal a ser aplicado no caso, se a toda evidência se sabia que a condenação se referia ao delito previsto no art. 157, § 2º, I e II, do CP" (STJ – HC n° 34127-PE, Rel. Felix Fischer, j. 28.09.2004, DJ 03.11.2004, p. 213).

Nulidade relativa, a depender da demonstração do prejuízo

"A ausência de indicação na sentença do dispositivo legal violado não é causa de sua nulidade uma vez inexistente prejuízo para a defesa, desde que perfeitamente suprível a omissão por outros elementos, como quando atrelados os fatos à imputação inicial e aplicada pena condizente com o fato criminoso" (TJSP, Rel. Gentil Leite, RT 640/283).

Omissão dos artigos aplicados, mas menção no relatório ou na fundamentação. Validade

"Inocorre nulidade de sentença que no dispositivo final deixar de mencionar artigos em que os réus foram incursos, constantes, entretanto, do relatório, bem como que omitir o dispositivo e respectivo inciso do Código de Processo Penal em que o Julgador houver se louvado para absolver o co-réu, pois são eivas de natureza técnica, que não chegam a causar prejuízo às partes, tanto que analisadas exaustivamente as teses suscitadas pela defesa e acusação" (TACrimSP, Rel. Silva Rico, *RJD* 11/153)

Não há nulidade se o réu, ao apelar, demonstrou conhecimento do artigo em que foi incurso

"Sentença criminal – Nulidade – Inocorrência – Decisão prolatada sem conter indicação do dispositivo legal em que se baseou a condenação – Hipótese em que o réu apelou da sentença demonstrando conhecimento do motivo do processo e do artigo em que foi condenado" (TJSP, Rel. Baptista Garcia, RJTJSP 85/410).

Omissão do artigo mas acolhimento total da denúncia. Validade

"Nula não é a sentença, por omitir o inciso legal em que se baseou para impor a condenação, se acolhe, integralmente, a denúncia, da qual consta o dispositivo legal violado pelo réu. Não houve, deste modo, o menor prejuízo ao mesmo, tanto que na sua petição de recurso demonstrou ter pleno conhecimento do exato texto legal ofendido" (TJSP, Rel. Costa Manso, *RT* 239/97).

Aplicação de dispositivo penal revogado. Nulidade

Nulidade – Aplicação de dispositivo penal revogado – Ordem concedida – "O princípio *nullum crimem, nula poena sine lege*, veda a aplicação de dispositivo penal revogado e torna nula a sentença proferida" (TACrimSP, Rel. Gentil Leite, *RT* 231/87).

Omissão do dispositivo é causa de nulidade

"A parte dispositiva, na qual se contém a decisão, é a aplicação do direito objetivo ao caso concreto feita pelo órgão do Juiz. É o pronunciamento sintético e imperativo do Magistrado, que declara qual é a vontade da lei com referência à pretensão punitiva que se realiza mediante a ação penal. A falta ou o incomplemento da parte dispositiva em seus elementos essenciais torna nula a sentença" (TACrimSP, Rel. Andrade Cavalcanti, *JUTACrim* 70/281).

Não há nulidade, podendo o Tribunal suprir a omissão

"Sentença criminal – Nulidade – Inocorrência – Decisão que admite a existência do crime e deixa de punir o infrator – Omissão que pode ser sanada pelo Tribunal, havendo apelação, mantendo ou reformando a sentença – Nulidade repelida" (TJSP, Rel. Felizardo Calil, *RJTJSP* 65/325).

Erro material na indicação do dispositivo violado

a) anula a sentença

Sentença – Magistrado que por um lapso, fixa a pena em 'um mês' e não em 'um ano'- Falta de interposição de embargos declaratórios – Princípio da invariabilidade da sentença no campo criminal – "Salvo os casos onde admitidos embargos declaratórios, somente se compreenderá, pois, modificação da redação da sentença quando isso não implique em constrangimento maior para o réu, qualquer seja a espécie deste, visto como o *nullum crimen, nulla pena, nulla constrictio sine lege* impede que, sem texto legal expresso, se modifique a redação da sentença *in pejus* ... Em face da preclusão, porém, cristalizou-se o equívoco, que não pode ser corrigido como se fora mero erro material" (TACrimSP, Rel. Adauto Suannes, *JUTACrim* 71/269).

b) não é causa de nulidade

Sentença – Erro na indicação do dispositivo legal aplicado – Nulidade superável, uma vez que a defesa não se considerou embaraçada e o dispositivo correto acaba identificado pelo contexto – "Não alegada oportunamente, evidência de que a defesa não se considerou embaraçada, a incorreção quanto ao artigo de lei aplicado constitui nulidade superável se o dispositivo correto acaba identificado pelo contexto" (TARS, Rel. Fernando Mottola, *RT* 718/468).

Sentença – Nulidade – Conclusão que não decorre da fundamentação. Defeito resultante de equívoco material, passível de correção a qualquer tempo, inclusive ex officio pelo próprio juiz – Matéria que não transita em julgado – "No caso, com a devida vênia, é manifesto o erro em que incidiu a sentença, que salta aos olhos pela sua simples leitura – e também resulta claro, ter sido não intencional, fruto tão-somente de equívoco material, próprio da falibilidade inerente à nossa pobre condição humana – e, a propósito dos conceitos emitidos pelas informações, os erros materiais, tal como aqui constatado, sequer passam em julgado, passíveis de correção a qualquer tempo, *ex officio*, pelo próprio Dr. Juiz de Direito prolator da sentença, ou então, com igual naturalidade, por seu substituto legal" (TACrimSP, Rel. Marrey Neto, *RT* 651/295).

VI – a data e a assinatura do juiz.

Parte autenticativa – Neste inciso em estudo, consta aquilo que Manzini denominou de *parte autenticativa* da sentença, ou seja, a data e assinatura do juiz. A falta de assinatura, mais do que traduzir mera nulidade, importa em verdadeira inexistência da sentença. Uma sentença, sem que esteja assinada, não passa de um trabalho impresso no papel, sem que se saiba sobre sua autoria. É – repita-se – um ato inexistente, um *não ato*. Já a falta de rubrica em todas as páginas do *decisum*, a despeito do contido no art. 388, é causa de mera irregularidade, sem, portanto, o condão de levar à nulidade.

De se ver, porém, que a adoção do chamado *processo eletrônico* introduziu notáveis mudanças na forma da sentença, a permitir, por exemplo, a chamada *assinatura eletrônica*, prevista no Código de Processo Civil, segundo o qual "a assinatura dos juízes, em todos os graus de jurisdição, pode ser feita eletronicamente, na forma da lei" (art. 205, § 2º., do CPC).

Irrelevante, por igual, a não indicação, pelo Juiz, da data em que prolatou a sentença. É que a data que prevalece não é a apontada na decisão, mas sim aquela em que foi a sentença entregue em mãos do escrivão. Portanto, a decisão considera-se prolatada na data em que o escrivão, em obediência ao disposto no art. 389, lavrou o *respectivo termo* de sua entrega, pouco importando, assim, a data indicada pelo julgador.

JURISPRUDÊNCIA

Prevalece a data certificada de entrega ao escrivão e não aquela consignada na sentença

"A data da entrega da sentença criminal em cartório, e não a da sua assinatura, serve para determinar a competência do juiz substituto que a prolatou" (STF – HC 65.041-58, Rel. Octávio Gallotti, j. em 9.6.87).

"O que conta, para a verificação da competência do Juiz prolator, não é a data da assinatura da sentença, mas a da publicação, em mãos do escrivão, que lhe confere existência no mundo jurídico" (TJPR, Rel. Ivan Righi, *RT* 675/392).

Tratando-se de acórdão, prevalece a data do julgamento e não da publicação

"A data em que o acórdão condenatório – que reformou sentença de absolvição – interrompe a prescrição é aquela em que se realizou a sessão de julgamento na qual o Tribunal decidiu o recurso interposto pelo Ministério Público ou por seu assistente, e não a data em que se deu a publicação formal de referido acórdão. Precedentes" (STF – HC nº 70810-RS, Rel. Celso de Mello, j. 06.09.1994, DJ 01.12.2006, p. 75).

Sentença não assinada pelo juiz

a) inexistência

"Juridicamente inexistente a sentença se, embora prolatada em audiência, não estiver, o respectivo termo, devidamente assinado pelo Magistrado. Impõe-se a solução, porque é a assinatura que dá autenticidade ao decisório" (TACrimSP, Rel. Lauro Alves, *JUTACrim* 33/405).

Sentença Penal – Falta de assinatura – Nulidade – "Nula a sentença não autenticada com a assinatura do Juiz, por faltar-lhe requisito essencial previsto no art. 381, VI, do CPP" (TAMG – Ap. Crim. nº 149.543-0 – Mateus Leme – j. 17.08.93 – Rel. Herculano Rodrigues).

b) quando é válida

Sentença – Nulidade – Falta de assinatura do Magistrado – Juiz que se limita a rubricar folha da decisão – Inautenticidade do ato não reconhecida – Voto vencido– "Inexiste nulidade se, embora não assinando a sentença, demonstrar o Magistrado a autenticidade do ato decisório mediante rubrica de uma de suas folhas e de outros despachos que a tornam induvidosa" (TACrimSP, Rel. Xavier Homrich, *JUTACrim* 50/314).

Art. 382. Qualquer das partes poderá, no prazo de 2 (dois) dias, pedir ao juiz que declare a sentença, sempre que nela houver obscuridade, ambigüidade, contradição ou omissão.

Introdução – A sentença, já vimos, representa o ponto culminante do processo e a própria razão da magistratura. Nela, pondo-se fim ao debate, é aplicado o direito ao caso concreto, como manifestação maior da vontade estatal, em clara demonstração de poder. Inequívoco e incontestável poder, diga-se, na medida em que a vontade das partes se subjuga à decisão estatal. Consequência de tal relevância é a necessidade da sentença em cercar-se de inúmeros requisitos, tanto na forma como na substância, de modo a resultar em um provimento lógico, em que se permita investigar, de maneira transparente, as razões que levaram o julgador a decidir de uma ou de outra maneira. Assim, não interessa ao Estado e, tampouco, às partes, uma decisão obscura, ambígua, contraditória ou omissa.

Embargos de declaração. Conceito – Trata-se de recurso que tem por objetivo desfazer obscuridade, ambiguidade, contradição ou omissão de sentença ou acórdão. Há, portanto, duas modalidades de embargos de declaração: aqueles voltados contra acórdão, previstos no art. 619, e os opostos contra sentença de 1º grau, aqui examinados, denominados pela doutrina como "*embarguinhos*". Diz-se que o recurso tem um caráter *iterativo*, já que o mesmo órgão que proferiu a decisão irá apreciar o recurso. Assim, a devolução da matéria é feita para o mesmo órgão (juiz ou relator), que proferiu a decisão, cabendo a ele o julgamento do recurso.

Ambiguidade é o que admite duas ou mais interpretações. *Obscuridade* ocorre quando não há clareza na redação. *Contradição* é a colidência entre duas afirmações, uma excluindo a outra e *omissão* é a lacuna, quando se deixa de dizer algo que era indispensável.

ATENÇÃO - a Lei 13.964/19 criou nova causa suspensiva da prescrição no inciso III do art. 116 do CP. Agora não corre o prazo prescricional na pendência de embargos de declaração ou de recursos aos Tribunais Superiores, quando inadmissíveis.

JURISPRUDÊNCIA

Cabimento

"Os embargos de declaração têm pressupostos certos: quando houver no acórdão obscuridade, dúvida, ou contradição. Não se prestam para desconstituir os fundamentos do acórdão impugnado, certo que a contradição a viabilizar a interposição dos embargos é a existente entre os fundamentos da decisão e a sua conclusão" (STF – HC n° 82214-DF, Rel. Carlos Velloso, j. 22.10.2002, DJ 22.11.2002, p. 82).

"A contradição que autoriza o acolhimento dos embargos de declaração deve ser interna, verificada entre os fundamentos da própria decisão, e não entre tais fundamentos e as alegações da parte" (STJ – Edcl no AgRg no REsp n° 1114822-RS, Rela. Marilza Maynard, j. 06.08.2013, DJ 09.08.2013).

Juiz que profere sentença e a modifica de ofício. Impossibilidade

"Esgotada a jurisdição pela prolação da sentença, é defeso ao Magistrado lançar novo édito, salvo em sede de embargos de declaração. Na hipótese de proferir o Juiz nova decisão após a sentença de mérito, o segundo *decisum* é ato inexistente, sem qualquer validade jurídica, podendo seus efeitos serem afastados pelo Juízo de Segundo Grau sem que tal providência importe em *reformatio in pejus*" (STJ, Rel. Vicente Leal, RBCCrim 31/333).

Outras decisões embargáveis – Embora previstos os embargos apenas em desafio a sentenças e acórdãos, doutrina e jurisprudência admitem sua oposição em relação a toda e qualquer decisão judicial que apresente algum dos vícios acima apontados. Nesse sentido, o teor da Súmula 152 das Mesas de Processo Penal da USP, *in verbis*: "Embora a lei preveja embargos de declaração apenas de sentença e acórdão, qualquer decisão judicial pode ser embargada, enquanto não ocorrer preclusão". Daí a possibilidade, inclusive, da oferta de embargos de declaração contra decisão proferida em embargos de declaração.

JURISPRUDÊNCIA

Embargos de declaração de embargos de declaração. Possibilidade

Embargos de declaração opostos em embargos de declaração – Viabilidade – Omissão – Ocorrência – Embargos recebidos – "Admite-se, em princípio, embargos declaratórios de acórdão relativo a embargos declaratórios, visto que esse acórdão, em tese, também é possível de conter os efeitos que ensejam provocar a declaração" (TJPR – ED nº 7318 – Curitiba – j. em 06.02.95 – Rel. Rotoli de Macedo).

Embargos de declaração opostos em embargos de declaração – Reiteração de pedido anterior, com caráter de infringência – Impossibilidade – Não conhecimento – "Não se conhece dos embargos de declaração opostos em embargos de declaração quando se trata de mera reiteração do pedido anterior, com caráter de infringência, o que não é admissível" (TJPR – ED nº 7557 – Curitiba – j. em 10.04.95 – Rel. Adolpho Pereira).

Natureza jurídica – Considerando que os embargos são apreciados pelo mesmo órgão que proferiu a decisão, não admitem o contraditório e, demais disso, não permitem a alteração do julgado, isto é, não autorizam a modificação do mérito da decisão (observadas as ressalvas abaixo); não possuindo, portanto, caráter infringente, parte da doutrina deixa de identificá-los como recurso. Nesse sentido, é a lição de Sady de Gusmão (*Código de processo penal; breves anotações*, 1942, p. 197). Os embargos declaratórios teriam, assim, a natureza jurídica de um *incidente processual*, simples meio de correção da sentença, a ser integrada (completada) pelo julgador.

Em sentido oposto e, segundo entendemos, mais acertadamente, é o posicionamento, dentre outros, de José Frederico Marques (*Elementos de direito processual penal*, 1997, vol. IV, pp. 291-2), ao apontar a existência de um gravame contra o embargante e que deve ser corrigido através dos embargos. Ou seja, a partir do momento em que a parte foi atingida pela decisão incompleta, detectado, pois, um prejuízo, e que pode, valendo-se de um remédio, atacar tal vício, resta clara a natureza jurídica de recurso. Afirmar-se, peremptoriamente, que os embargos não possuem caráter infringente e, por isso, não se constituem em recurso, não é totalmente correto, como visto no item acima. O fato de ser julgado pelo mesmo órgão que proferiu a decisão, por si só, também não descaracteriza sua condição de recurso. O extinto protesto por novo júri era julgado pelo mesmo juiz que proferiu a sentença condenatória e, nem por isso, alguém lhe negava o caráter de recurso. O mesmo ocorre com os embargos infringentes ou de nulidade, recurso que é apreciado pelo mesmo tribunal que julgou a apelação, embora com sua composição ligeiramente alterada. Destaque-se, ainda, que o art. 619, que trata dos embargos declaratórios contra decisões de tribunais, está inserido no capítulo do código que trata dos recursos.

Na precisa lição de Eduardo Espínola Filho, "se recurso é a provocação de novo exame de um ponto decidido pelo julgador, não há dúvida, tecnicamente, os embargos de declaração se apresentam com tal caráter, porque provocam outro exame da questão focalizada, embora com a finalidade exclusiva de obter se dirima a contradição, preencha a omissão, explique a parte obscura ou ambígua, pois é ponto assente não poder haver, sob pretexto de decidir tais embargos, modificação do julgado, na sua essência ou substância" (ob. cit., vol. VI, p. 42). Tal entendimento é reforçado pela tendência jurisprudencial de conferir maior abrangência aos embargos de declaração, em homenagem, inclusive, ao princípio da economia processual (*RTJ* 94/1167; *RT* 818/628, 606/295).

Caráter infringente dos embargos? – Os embargos não possuem caráter infringente, significa dizer que não se pode, através deles, buscar a alteração da decisão quanto ao mérito. Assim, se o réu foi condenado e almejar sua absolvição, o recurso cabível é a apelação, já que o juiz de 1º grau, ao proferir a sentença, esgotou a prestação jurisdicional, não mais podendo alterá-la, a não ser para corrigir algum defeito através dos embargos declaratórios. Em suma, no recurso, segundo Bento de Faria, "não pode pedir-se correção, alteração ou mudança alguma, nem modificação que aumente ou diminua o julgamento; e só sim e unicamente o esclarecimento do que foi decidido, ou da dúvida em que se labora ... declarar não é por certo reformar, adicionar, corrigir ou estabelecer disposição nova; a não ser assim um tal expediente iludiria a lei" (ob. cit., vol. 2, p. 340).

A despeito dessa observação, não há como negar que, em determinadas hipóteses, raras é verdade, os embargos acabam assumindo um nítido caráter infringente, ou seja, prestam-se sim para modificar o mérito do julgamento. Suponha-se um julgado do Supremo Tribunal Federal, proferido, portanto, em última instância, no qual cometido um determinado equívoco – passível de ocorrer posto que o erro é inerente à condição humana. Ora, teria cabimento se fechar a porta para a correção calcado no dogma de que os embargos não se prestam à modificação do mérito? Óbvio que não. Pode e deve ser realizada a correção, submetida a matéria, neste caso – claro – aos demais pares.

Um exemplo de Eduardo Arruda Alvim, conquanto atinente ao processo civil, tem total pertinência: "Imagine-se, por exemplo, que a sentença tenha decretado a procedência da ação, sem, contudo, apreciar a alegação do réu quanto à ocorrência de prescrição (omissão), que, aliás, hoje pode ser reconhecida de ofício (...). Opostos embargos declaratórios, o juiz, ao apreciá-los, pode vir a reconhecer a ocorrência de prescrição (...). Na verdade, há nova decisão sobre questão antes não decidida (prescrição), o que deve conduzir necessariamente à improcedência do pedido" (*Direito Processual Civil*, 3ª. ed., RT: 2010, p. 864).

JURISPRUDÊNCIA

Embargos declaratórios com caráter infringente

a) impossibilidade

"É firme a jurisprudência no sentido de que são incabíveis os embargos de declaração quando a parte, a pretexto de esclarecer uma inexistente situação de obscuridade, omissão ou contradição, vem a utilizá-los com o objetivo de infringir o julgado e de, assim, viabilizar um indevido reexame da causa" (STF – Ap n° 396-RO, Rel. Cármen Lúcia, j. 12.1.2012, DJe 18.03.2013).

"Não há no acórdão ambiguidade, contradição, obscuridade ou omissão, consoante disposto no artigo 619 do CPP. No caso, os embargantes manifestam o seu inconformismo quanto ao entendimento externado no decisum embargado, revestindo-se a pretensão de caráter nitidamente infringente, o que não se coaduna com a medida integrativa" (STJ – EDcl no AgRg no REsp n° 1264865-CE, Rel. Marilza Maynard, j. 28.05.2013, DJe 06.06.2013).

b) possibilidade em casos excepcionais

"Os embargos declaratórios em *habeas corpus* devem ser recebidos com flexibilidade, afastando-se visão ortodoxa, considerados os vícios que os respaldam – a omissão, a obscuridade e a contradição. Verificada a prescrição da pretensão punitiva, ante a menoridade do Paciente à época do fato que lhe é imputado, e não tendo sido coberto pelo manto da coisa julgado o acórdão da Turma, impõe-se, quer sob o ângulo dos embargos declaratórios, quer sob o ângulo da questão de ordem, declarar extinta a pretensão punitiva do Estado, levando-se em conta documento anexado aos autos após julgado o *habeas corpus*" (STF, RHC (ED. nº 80.520-RJ, Rel. Marco Aurélio, *Informativo do STF* nº 230, de 28 de maio a 1º de junho de 2001).

"Embargos declaratórios. Caráter infringente dos fundamentos deduzidos pelo embargante. Orientação do Supremo Tribunal Federal, atribuindo, excepcionalmente, maior elasticidade aos embargos declaratórios, em face da circunstância de não caber outro recurso de suas decisões. Para tal é necessário que o erro alegado se apresente manifesto" (STF – Ed no RE n° 87092-MG – Rel. Soares Munõz, j. 24.04.1979, DJ 18.05.1979, p. 3865).

Sentença suicida – Lembraríamos, agora no âmbito penal, a hipótese da *sentença suicida*, denominação dada pela doutrina italiana àquela que apresenta contradição entre a fundamentação e a parte dispositiva. Assim, se o juiz desenvolvesse, na motivação, todo um raciocínio tendente à condenação do réu (ele é confesso em juízo, foi reconhecido pelo ofendido e pelas testemunhas, a *res furtiva* foi apreendida em seu poder etc.), e, a despeito disso, o absolvesse, parece evidente o equívoco dessa conclusão, acarretada por circunstâncias que não importam (quem sabe, um erro no manejo do computador). Pois bem. Em homenagem ao princípio da economia processual, abre-se ao Ministério Público a possibilidade de, ao invés de apelar para o tribunal, opor embargos de declaração e, assim, corrigir o erro já na origem. Ora, essa decisão proferida nos embargos tem inegável caráter infringente, já que transforma uma absolvição em condenação.

Em suma: embora, regra geral, os embargos não se prestem para modificar o mérito da decisão e, por isso mesmo, costuma-se negar seu caráter infringente, há situações, raras e específicas, em que esse efeito modificativo pode ser aplicado, corrigindo-se evidente equívoco ainda que, para tanto, se altere o *meritum*. A propósito, o Código de Processo Civil, em seu art. 1.022, inc. III, dispõe que "cabem embargos de declaração contra qualquer decisão judicial para [...] corrigir erro material".

JURISPRUDÊNCIA

Sentença suicida

"É indispensável à validade de sentença apresentar o Magistrado uma linha de raciocínio coerente, de modo a não perder de vista o referencial em torno do qual se desenvolve o pensamento jurídico. Assim, nulo é o decisório se, desenvolvendo o julgador a fundamentação do decreto, de modo claro e insofismável, no sentido de concluir necessariamente pela condenação ou pela absolvição do agente termina por julgar a conduta de modo oposto ao raciocínio expendido" (TACrimSP, Rel. Xavier Homrich, *JUTACrim* 30/206).

"O Juiz, ao elaborar a sentença, deve fazer um silogismo perfeito: na premissa maior acha-se a exposição dos fatos apresentados pelas partes; na menor, os motivos, isto é, as provas e as regras do direito normativo, e, na conclusão, a decisão condenando ou absolvendo o acusado. A incoerência, por si só, torna totalmente imprestável o decisório prolatado. Assim, não há reconhecer como válida, a sentença em que discrepam o corpo e a conclusão" (TACrimSP, Rel. Denser de Sá, *JUTACrim* 67/296).

Prazo e processamento – Os embargos, contra sentença de 1º grau ou contra acórdão (art. 619), devem ser opostos no prazo de *dois dias*. Quando se voltam contra sentença de 1º grau, o termo *a quo* se inicia da data da intimação da decisão e devem ser manejados através de petição endereçada ao juiz prolator da sentença. Vale atentar, porém, que regimentos internos de diversos tribunais têm fixado prazos diversos para os embargos declaratórios. Assim, no STF e no STJ, o prazo para o recurso é de cinco dias. Esse é também o prazo nos Juizados Especiais Criminais (art. 49 da Lei nº 9.099/95).

JURISPRUDÊNCIA

CPC/15 e prazo para os embargos

"O início da vigência do Novo Código de Processo Civil não interferiu no prazo dos embargos de declaração no processo penal, visto que possui disciplina própria no âmbito penal" (STJ – EDcl n. HC 360123-SP – Rel. Ribeiro Dantas, j. 25.10.2016, DJe 09.11.2016).

Legitimidade – Qualquer das partes envolvidas no processo penal possui interesse na oferta dos embargos (inclusive o assistente de acusação, embora omisso o art. 271), desde que demonstre a utilidade (*rectius*: necessidade) que o esclarecimento advindo do recurso lhe propiciará. Quanto ao assistente, não vamos novamente lembrar que sua legitimidade recursal não se limita às hipóteses elencadas no art. 271 do código. Mas destacar, apenas, que se a ele é facultada a possibilidade de recorrer da sentença absolutória, não teria cabimento negar-lhe os embargos que visassem esclarecer, antes, alguma falha dessa decisão (nesse sentido, STF – ED no HC nº 70.274-4-RJ, Rel. Marco Aurélio, j. 10.5.1994, DJU 24.6.1994, p. 16637).

São oponíveis, ainda, os embargos pelo Ministério Público, em favor do réu, assim agindo como *custos iuris*, isto é, fiscal da ordem jurídica e da correta aplicação da lei. Confira-se: "Ao membro do Ministério Público assiste o direito de interpor embargos de declaração em favor do réu, no segundo grau inclusive" (TACrimSP, Rel. Haroldo Luz, *RT* 722/464).

Sobre a legitimidade do assistente de acusação para opor embargos declaratórios, v. art. 271 acima.

JURISPRUDÊNCIA

Legitimidade do MP em favor do réu

"Ao membro do Ministério Público assiste o direito de interpor embargos de declaração em favor do réu, no segundo grau inclusive" (TACrimSP, Rel. Haroldo Luz, *RT* 722/464).

Legitimidade do corréu

"Corréu não apelante tem legitimidade para pedir declaração de acórdão naquela porção em que a ele se fez referência, com vistas à aplicação do art. 580 do CPP" (TACrimSP, Rel. Barreto Fonseca, *JUTACrim* 86/190).

Processamento sem a oitiva da parte contrária – Observe-se que os embargos se processam sem a oitiva da parte adversa. Assim, recebido o recurso, cabe ao juiz ou relator do acórdão, julgá-lo de plano, não havendo previsão legal de abertura de vista à parte contrária, para fins de contrariedade. Interessante a ressalva concebida por Ada, Magalhães e Scarance, quando recomendam a oitiva da parte adversa antes da declaração do juiz. Ressaltam que "se o juiz ou tribunal vislumbrar, pelo teor dos embargos, a possibilidade de a nova decisão ter efeito infringente, deverá dar ao recorrido a oportunidade de oferecer contra-razões" (*Recursos no processo penal*, RT, 4ª. Ed., 2005, p. 235). Nesse sentido, ainda, o teor da Súmula 151 das Mesas de Processo Penal da USP, *in verbis*: "A vista à parte contrária, antes do julgamento dos embargos de declaração, embora não prevista em lei, é necessária para a preservação do contraditório, sempre que se vislumbre possibilidade de infringência do julgado".

Relembremos a hipótese da *sentença suicida*, acima mencionada, cujo acolhimento dos embargos importará em substancial alteração da decisão, quanto ao mérito. Ora, essa decisão proferida nos embargos tem inegável caráter infringente, já que transforma uma absolvição em condenação. Se é assim, e na esteira da lição dos mestres acima aludidos, cabe ao juiz, vislumbrando a possibilidade de infringência, facultar a manifestação do réu, como forma de homenagem ao princípio do contraditório. Destaque-se que o art. 1.023, § 2º, do Código de Processo Civil, determina a intimação da parte contrária, para contrariar o recurso, sempre que o juiz detectar que seu eventual acolhimento possa implicar na modificação da decisão embargada.

JURISPRUDÊNCIA

Pretendendo-se a alteração do julgado, deve ser aberta vista à parte adversa, para contrariar o recurso

"Visando os embargos declaratórios a modificação do provimento embargado, impõe-se, considerado o devido processo legal, a ciência da parte contrária para, querendo, apresentar contra-razões. A inobservância dessa formalidade, porque essencial à valia do julgamento, implica transgressão à garantia constitucional do contraditório e assim, ato de constrangimento passível de ser fulminado na via do *habeas corpus*" (STF, Rel. Marco Aurélio, RBCCrim 19/352).

Efeitos do recurso – Os embargos possuem o efeito *devolutivo*. Tal efeito, contudo, tem a peculiaridade de devolver o conhecimento da matéria para o mesmo órgão prolator da decisão. Assim, cumpre o julgamento dos *embarguinhos* ao juiz prolator da sentença de 1º grau ou ao relator do acórdão embargado, quando opostos os embargos em grau superior.

Possuem os embargos, outrossim, efeito *suspensivo*. Aqui já não se trata de discutir se a oferta dos embargos *suspende* ou *interrompe* o prazo para outro recurso. Isso se refere à contagem do prazo recursal. O *efeito suspensivo* aqui mencionado é o mesmo, por exemplo, da apelação e diz respeito à suspensão da eficácia da sentença enquanto não julgado o recurso ou, melhor, enquanto não transitada em julgado a decisão. Assim, se a sentença condenatória determina a imediata prisão do réu, nos termos do art. 594 do CPP e, se dela, são opostos embargos de declaração, entendemos que, enquanto não apreciado este recurso, não se possa executar a prisão do sentenciado. Agora, se a sentença de 1º grau for absolutória, tem incidência o disposto no art. 596 do CPP, devendo o réu, por consequência, ser imediatamente colocado em liberdade, pouco importando, *v.g.*, se o Ministério Público manejou os embargos que, se opostos, deverão ser recebidos apenas no efeito devolutivo. Tais regras, segundo entendemos, prestam-se tanto para os embargos opostos da sentença de 1º grau, quanto àqueles que se voltam contra acórdão.

Do efeito *regressivo* não há que se cogitar, na medida em que o juiz, ao prolatar a decisão (seja sentença ou acórdão), esgotou a prestação jurisdicional, não se admitindo, como já vimos, qualquer alteração de fundo a partir daí. Tanto que o código utiliza as expressões *sentenças definitivas* e *decisões definitivas* para exemplificar hipóteses passíveis de apelação (art. 593, I e II, do CPP). Não se ignora, contudo, que em determinas situações, já analisadas, os embargos acabam assumindo uma feição infringente, como ocorre, por exemplo, nos casos de omissão. Assim, quando o juiz, uma vez opostos os embargos, aponta o regime inicial de pena a ser cumprido pelo sentenciado, está inovando, já que inserindo algo até então inexistente. Sob essa ótica é possível se vislumbrar o caráter de retratação da decisão.

Inegável, por derradeiro, o efeito *extensivo* do recurso (STJ – REsp. nº 77.554 – Rel. Vicente Leal – DJU de 24.6.1996, p. 22.838), bastando imaginar a situação na qual dois réus, por agirem em concurso de agentes, fossem condenados sem que o juiz, no entanto, fixasse o regime de cumprimento inicial de pena. Opostos os embargos declaratórios por apenas um dos réus, caberia ao juiz, acolhendo o recurso, indicar o regime a ser imposto também ao outro sentenciado, que não recorreu. Aqui, inclusive, pouco importaria se a situação de ambos os réus, sob o aspecto objetivo, fosse ou não idêntica, não aproveitando a ressalva lançada na parte final do art. 580 do CPP. O juiz teria que acolher os embargos mesmo que, por exemplo, para impor aos réus regimes diferenciados para cumprimento inicial das respectivas penas. Vale dizer, poderia impor o regime inicial fechado ao réu que recorreu e o semiaberto àquele que se manteve inerte.

JURISPRUDÊNCIA

Efeito extensivo. Possibilidade

Processual Penal – Recurso – Efeito extensivo – Embargos de declaração – "Em matéria penal, os recursos, além dos efeitos suspensivo e devolutivo, podem ter o efeito extensivo, previsto no art. 580, do CPP, que preconiza, no caso de concurso de agentes, a extensão aos co-réus de uma decisão proferida em recurso interposto por um deles, desde que não fundado em motivos de caráter pessoal. A extensão dos efeitos da decisão proferida no recurso poderá ser ordenada de ofício ou a requerimento da parte, inclusive em sede de embargos de declaração" (STJ – ED nº 77554 – PR – Rel. Vicente Leal, j. em 07.05.96).

Interrupção ou suspensão do prazo para outro recurso? – Acalorada é a discussão na doutrina a respeito da *interrupção* ou *suspensão* do prazo para outro recurso, quando ofertados os embargos de declaração, já que a lei nada esclarece. Convém, inicialmente, explicar uma e outra expressão. Na *interrupção*, julgados os embargos, o prazo para outro recurso é reaberto por inteiro. Assim, se o réu tinha cinco dias para apelar da sentença e contra ela opôs os embargos, a partir do julgamento destes o prazo para apelação lhe é totalmente devolvido, *começando a contar do zero*, ou seja, será de *cinco dias*. Já na *suspensão*, o prazo recomeça de onde parou, isto é, o prazo é o que restava quando da oferta dos embargos. Suponha-se, no mesmo exemplo acima, que o réu ofertou os embargos após dois dias de intimado da sentença. Julgados os embargos, ele terá mais *três dias* para ingressar com a apelação.

Esclarecido esse ponto, volta-se ao debate inicialmente proposto. Uma parte da doutrina entende que o prazo para outro recurso fica *suspenso*. Assim, ante a omissão do código a respeito, deveria ser aplicada a analogia à Lei nº 9.099/95 (Juizados Especiais Criminais) que, em seu art. 83, § 2º, determinava a suspensão do prazo para outro recurso, enquanto não julgados os embargos. Outra analogia possível seria com o Código Eleitoral, que em seu art. 275, § 4º, prevê a suspensão do prazo para outro recurso. Não haveria, ademais, qualquer motivo que justificasse a analogia ao Código de Processo Civil quando, no âmbito penal, se pode encontrar diploma legal, a saber a Lei dos Juizados Criminais (Lei nº 9.099/95), capaz de preencher a lacuna (nesse sentido, Julio Fabbrini Mirabete, *Processo penal*, p. 726; na jurisprudência, STJ: *RSTJ* 32/224). Nos regimentos internos do STF (art. 339) e do STJ (art. 265), há previsão de suspensão do prazo.

ATENÇÃO – O Código de Processo Civil em vigor, em seu art. 1.066, alterou o art. 83, § 2º, da Lei dos Juizados Especiais (Lei 9.099/95), passando a prever, com todas as letras, que também nestes procedimentos "os embargos de declaração interrompem o prazo para a interposição de recurso".

Outra corrente doutrinária (Tourinho Filho, *Código de Processo Penal comentado*, vol. I, p. 837; Ada, Magalhães e Scarance, *Recursos no Processo Penal*, p. 236), ao contrário, entende que a analogia (autorizada pelo art. 3º do CPP), deve ser ao Código de Processo Civil, que em seu art. 1.026, impõe a *interrupção* do prazo. Este último é o entendimento que prevalece e que, de fato, parece mais correto. Afinal, somente após esclarecidos os pontos defeituosos da decisão, estando ela, portanto, completa, é que a parte interessada poderá ter conhecimento de seu inteiro teor, devendo, a partir daí, ser-lhe reaberto o prazo para recurso.

Essa posição é reforçada quando se abre a possibilidade, inclusive, de oferta de embargos aos embargos, cabíveis quando a segunda decisão contiver algum daqueles vícios que autorizam o recurso (*RTJ* 160/389, 115/372). Demais disso, a analogia à Lei nº 9.099/95, não parece totalmente adequada, já que a apelação, no Juizado, possui um prazo mais dilatado para sua interposição (dez dias, segundo o art. 42 da Lei nº 9.099/95), ao invés dos cinco dias concedidos pelo CPP. E mesmo os embargos, segundo esse diploma legal (art. 83, § 1º), quando opostos contra a sentença, têm prazo maior (cinco dias).

Conforme observam Ada, Magalhães e Scarance, novamente por analogia ao processo civil, a interrupção do prazo para outro recurso atinge não apenas o embargante, mas também a parte contrária, "porquanto não é possível a qualquer das partes interpor recurso de uma decisão cujo conteúdo é duvidoso, por contradição, omissão, ambigüidade ou obscuridade e que só após a declaração poderá surgir dotado de certeza, segurança e inteireza" (ob. cit., p. 236).

Enfim, no processo penal, os embargos de declaração interrompem – não suspendem – o prazo para a interposição de recurso da decisão embargada, salvo se manifestamente protelatórios e assim declarados na decisão que os rejeitar, por analogia ao art. 275, § 4º, do Código Eleitoral, e ao art. 83, § 2º, da Lei 9.099/95, por força do art. 3º do Código de Processo Penal. Tal entendimento parece definitivamente consolidado a partir do advento do Código de Processo Civil em vigor, que, em seu art. 1.026, dispõe que "os embargos de declaração não possuem efeito suspensivo e interrompem o prazo para a interposição de recurso". Vale, apenas, ressalvar o entendimento de origem pretoriana no sentido de que, vislumbrando-se na oposição dos embargos de declaração um caráter exclusivamente protelatório, cujo objetivo claro seja de impedir o trânsito em julgado a decisão, será cabível, por exceção, conferir ao recurso um efeito meramente suspensivo.

JURISPRUDÊNCIA

Embargos e prazo para outro recurso

a) interrupção

"O entendimento desta Corte é no sentido de que o prazo para interposição de recurso se inicia com a publicação, no órgão oficial, do acórdão que julgou os embargos declaratórios, uma vez que estes interrompem o prazo para interposição do extraordinário (AI 820.070-AgR/SP, Rel. Min. JOAQUIM BARBOSA). Embargos declaratórios no processo penal. Interrompem o prazo para outro recurso, a despeito de o respectivo Código não dispor expressamente a respeito do pormenor. Aplicação analógica do art. 538, 'caput', do Código de Processo Civil, autorizada pelo art. 3º, do Código de Processo Penal (RTJ 82/126, Rel. Min. ANTONIO NEDER)" (STJ – HC n° 115870-CE, Rel. Celso de Mello, j. 22.11.2012, DJe 28.11.2012).

b) suspensão

Processual Penal – Prazo – Contagem – "Suspensão do prazo para outro recurso pela interposição de embargos declaratórios. Não se computam o dia da interposição dos embargos bem como o dia da publicação do acórdão declaratório, suspendendo-se o prazo no dia da interposição dos embargos e recomeçando-se a contagem, pelo que resta, no primeiro dia útil após a publicação do acórdão declaratório" (STJ – RE nº 559 – PI – j. em 28.3.1996 – Rel. Assis Toledo).

ATENÇÃO – O Código de Processo Civil, cuja aplicação no processo penal já foi ressaltada tantas vezes em nosso trabalho, prevê que, uma vez reconhecido, o caráter protelatório dos embargos de declaração, o juiz ou tribunal, "condenará o embargante a pagar ao embargado multa não excedente a dois por cento sobre o valor atualizado da causa", podendo essa multa ser majorada em mais 10% (art. .026, § § 2º e 3º). Demais disso, não se admitirá um terceiro recurso se os dois embargos anteriores "houverem sido considerados protelatórios! (§ 4º).

JURISPRUDÊNCIA

Embargos manifestamente protelatórios. Não interrupção do prazo para outro recurso

PROCESSO PENAL. AGRAVO REGIMENTAL EM AGRAVO DE INSTRUMENTO. EMBARGOS DE DECLARAÇÃO OPOSTOS A ACÓRDÃO. JULGAMENTO MONOCRÁTICO. SÚMULA 281 DO STF. EMBARGOS DE DECLARAÇÃO MANIFESTAMENTE INCABÍVEIS. NÃO INTERRUPÇÃO DO PRAZO RECURSAL. PRECEDENTES DO STJ – "Nos termos da Súmula 281 do STF, aplicável por analogia ao Recurso Especial, é inadmissível Recurso Extraordinário, quando couber na justiça de origem, recurso ordinário da decisão impugnada. A jurisprudência do Superior Tribunal de Justiça é firme em considerar que a interposição de recurso manifestamente incabível ou intempestivo não interrompe o prazo para a interposição do recurso próprio" (STJ – AgRg no Ag n° 1315699-SP, Rel. Vasco Della Giustina, j. 08.05.2012, DJe 10.05.2012).

"Evidenciada a natureza meramente procrastinatória do recurso, é possível, antes mesmo do trânsito em julgado da condenação, e independentemente da publicação do acórdão, o início da execução da pena imposta. Precedentes. Embargos de declaração rejeitados, com a determinação de que seja iniciada de imediato a execução da sentença condenatória, independentemente da publicação deste acórdão ou da interposição de qualquer outro recurso" (STJ – Edcl nos EDcl no AgRG no REsp n° 1171743RJ, Rel. Sebastião Reis Júnior, j. 01.10.2013, DJe 14.10.2013).

Erro material – Constando da decisão algum erro material, incapaz de influir em seu mérito, nada impede que, por meio dos embargos de declaração, seja efetuada a respectiva correção. Assim, se ao condenar o réu pela prática de um roubo majorado, o juiz aplica uma pena de cinco meses e quatro dias de reclusão, é possível, forte no princípio da economia processual, que opostos os embargos, se proceda à correção para cinco anos e quatro meses de reclusão. Seria demasiado impor-se a obrigatoriedade de uma apelação quando tamanha a evidência do equívoco. Eventual discordância nesse ponto parece-nos que foi solucionada pelo art. 1.022, inc. II do Código de Processo Civil, com aplicação no processo penal (art. 3º do CPP), a admitir o recurso para "corrigir erro material".

Sobre os embargos declaratórios em 2º grau de jurisdição e no STF e STJ, v. art. 619 abaixo.

JURISPRUDÊNCIA

Correção de erro material

"Tratando-se de erro manifesto de soma na aplicação da pena, justa é a concessão de *habeas corpus* para se consertar o engano da sentença e reduzir aquela à sua quantidade legal" (STF – HC nº 50.986 – Guanabara – Rel. Antônio Nader – j. em 27.04.73).

Processual Penal – Embargos de declaração – Correção de erro material no relatório do acórdão – Possibilidade – "Recebimento parcial dos embargos unicamente para esse fim, sem qualquer influência na fundamentação e conclusão do acórdão" (STJ – ED nº 2492 – RS – j. em 12.09.1990 – Rel. Assis Toledo).

Embargos para reduzir a pena

"Se, no julgamento dos embargos de declaração, os mesmos são acolhidos para modificar a pena-base antes fixada e alterar o regime inicial imposto em relação a um dos réus, sanando-se, assim, de maneira fundamentada, as apontadas omissões e contradição, não há porque não se aceitar os efeitos infringentes dos embargos. Os efeitos infringentes devem ser admitidos quando, suprida a omissão ou sanada a contradição, tem-se como resultado a alteração do julgado, em decorrência direta dos defeitos sanados, reputando-se como incoerente eventual subsistência da decisão embargada. Precedente desta Corte" (STJ – HC nº 9297-PR – Rel. Gilson Dipp, j. 29.06.1999, DJ 16.08.1999, p. 85).

Regime prisional não pode ser alterado através dos embargos

"Se a sentença, certa ou erradamente, desenganadamente, fixa regime aberto para o início do cumprimento da pena, inobstante reconhecendo reincidência e péssimos antecedentes do réu, inadmissível sua modificação via embargos de declaração, dado não terem estes caráter infringentes do julgado" (TACrimSP, Rel. Paulo Franco, *RT* 671/333).

Possibilidade de interposição dos embargos antes da publicação da decisão embargada – A orientação do Supremo Tribunal se firmava no sentido de que, antes de publicada a decisão a ser embargada, não era possível o manejo dos embargos declaratórios. Era a posição pacífica daquela Corte, como se vê da ementa a seguir, pela qual "o Supremo Tribunal Federal assentou que a simples notícia do julgamento não fixa o termo inicial da contagem do prazo recursal, de modo que o recurso interposto antes da publicação do acórdão recorrido é prematuro, a menos que seja posteriormente ratificado" (RE n. 606.376-RS, Rel. Cármen Lúcia, Tribunal Pleno, Dje 19/12/2014). É dizer: até se admitia a oposição antecipada dos embargos desde que, posteriormente, com a publicação da decisão embargada, fosse o recurso confirmado.

A partir, contudo, da decisão abaixo transcrita, houve uma guinada nessa orientação. Pareceu àquela Corte um apego excessivo ao formalismo, com indesejável afronta à celeridade do processo, exigir-se a prévia publicação da decisão para, somente depois, permitir-se a oposição do recurso. Demais disso, se a parte embargou implica dizer que teve pleno conhecimento do julgado, independentemente de sua intimação por meio de publicação oficial. A tais argumentos acrescentaríamos um outro, ainda ausente quando do julgamento abaixo transcrito. É que o Código de Processo Civil, que ainda não vigorava àquela época, prevê, textualmente, essa possibilidade, ao dispor que "os atos processuais serão realizados nos prazos prescritos em lei [...] será considerado tempestivo o ato praticado antes do termo inicial do prazo" (art. 218, § 4º do CPC).

JURISPRUDÊNCIA

"A extemporaneidade não se verifica com a interposição de recurso antes do termo a quo e consequentemente não gera a ausência de preenchimento de requisito de admissibilidade da tempestividade [...] A finalidade da publicação do acórdão de julgamento é dar ciência à parte do teor da decisão, de modo que a interposição anterior do recurso denota que o referido propósito foi atingido por outros meios. Penalizar a parte diligente, que contribuiu para a celeridade do processo, é contrariar a própria razão de ser dos prazos processuais e das preclusões: evitar que o processo se transforme em um retrocesso, sujeito a delongas desnecessárias" (STF – Emb. Decl. nos Emb.Div. nos Emb. Decl. no AGReg, no AG n. 703.269- MG – Rel. Luiz Fux, j. 05.03.2015).

Art. 383. O juiz, sem modificar a descrição do fato contida na denúncia ou queixa, poderá atribuir-lhe definição jurídica diversa, ainda que, em conseqüência, tenha de aplicar pena mais grave. (Redação dada pela Lei nº 11.719, de 2008).

§ 1º Se, em conseqüência de definição jurídica diversa, houver possibilidade de proposta de suspensão condicional do processo, o juiz procederá de acordo com o disposto na lei. (Incluído pela Lei nº 11.719, de 2008).

§ 2º Tratando-se de infração da competência de outro juízo, a este serão encaminhados os autos. (Incluído pela Lei nº 11.719, de 2008).

Emendatio libelli - O dispositivo em tela trata da chamada *emendatio libelli*. É sabido que deve haver perfeita relação entre o fato narrado na denúncia ou queixa e aquele pelo qual foi o réu condenado. Tal vínculo, fundamental e imprescindível, entre a imputação e a sentença, decorre do chamado ***princípio da correlação*** ou ***princípio da congruência*** da condenação com a imputação ou ***princípio da correspondência*** entre o objeto da ação e o objeto da sentença.

Por conta de tal princípio, portanto, não pode o Juiz, de forma alguma, desvencilhar-se do fato trazido pelo autor na inicial, não devendo julgar, portanto, nem além, nem aquém e nem fora do que foi narrado pela acusação. De se ver, porém, que a correspondência que se exige é aquela existente entre o fato e a sentença e não entre a capitulação dada pelo acusador e a decisão final do Juiz. Em outras palavras: o julgador não está vinculado à classificação legal, sugerida pela denúncia ou queixa, podendo, em consequência, "atribuir-lhe [ao fato] definição jurídica diversa, ainda que, em conseqüência, tenha de aplicar pena mais grave", conforme expressamente previsto no dispositivo legal em estudo. Tal possibilidade decorre, basicamente, de dois fatores. O primeiro deles é que o Juiz tem a livre dicção do direito, conhece o direito, de quem cabe cuidar, isto é, *jura novit curia*. E, em segundo lugar, que o réu se defende não do dispositivo penal apontado pelo acusador na inicial, mas sim dos fatos por ele narrados. Tal constatação vem consubstanciada no princípio *narra mihi factum dabo tibi jus*, ou seja, narra-me o fato (ao julgador) e te darei o direito.

Nesta hipótese, onde o fato é perfeitamente narrado na denúncia ou queixa, pode o Juiz corrigir o libelo, isto é, a acusação, no que se chama *emendatio libelli*, dando ao fato a capitulação legal que bem entender, sem que precise adotar nenhuma providência prévia, ainda que, em decorrência de tal alteração, tenha a pena que ser aumentada. Nem se argumente ter sido o réu, com tal mudança, tomado de surpresa, de forma a ver prejudicada sua defesa. Não, pois sua defesa – repita-se – refere-se ao fato narrado na inicial e não à classificação que lhe foi conferida pela denúncia ou queixa.

JURISPRUDÊNCIA

Defende-se o réu dos fatos constantes da denúncia e não da capitulação legal contida na inicial

"A nova classificação jurídica dada aos fatos relatados de modo expresso na denúncia, inobstante a errônea qualificação penal por ela atribuída aos eventos delituosos, não tem o condão de prejudicar a condução da defesa técnica do réu desde que presentes, naquela peça processual, os elementos constitutivos do próprio tipo descrito nos preceitos referidos no ato sentencial. Defende-se o réu do fato delituoso narrado na denúncia, e não da classificação jurídico-penal dela constante. A regra do art. 384 do CPP só teria pertinência e aplicabilidade se a nova qualificação jurídica dada aos fatos descritos na peça acusatória do Ministério Público dependesse, para sua configuração, de circunstâncias elementar não contida, explícita ou implicitamente, na denúncia" (STF, Rel. Celso de Mello, RT 662/364).

"Na concreta situação dos autos, a inicial acusatória tratou explicitamente de todos os fatos ensejadores da condenação do paciente. Fatos, todavia, que receberam do Juízo processante classificação jurídica diversa daquela efetuada pelo órgão de acusação, o que se coaduna com o art. 383 do Código de Processo Penal. Pelo que o caso é mesmo de *emendatio libelli* (correção da inicial) e não de *mutatio libelli* (alteração do próprio fato imputado ao acusado)" (STF – HC n° 94443-MS, Rel. Ayres Britto, j. 29.06.2010, DJe 08.10.2010).

"No processo penal o acusado se defende dos fatos narrados na denúncia, e não da qualificação que lhes é dada pelo Ministério Público, de modo que eventual discussão acerca da figura típica a ser imputada à recorrente – estelionato ou apropriação indébita – mostra-se totalmente descabida nesta fase processual, pois poderá ser modificada pelo Juízo ao proferir eventual sentença condenatória" (STJ – HC n° 30199-PE, Rel. Jorge Mussi, j. 23.04.2013, DJe 08.05.2013).

Também na ação penal privada

"O Juízo processante pode dar aos fatos descritos na queixa-crime definição jurídica diversa da que desta constar, mesmo que em conseqüência tenha que aplicar pena mais grave (CPP, art. 383)" (STJ – HC n° 41597-RJ, Rel. Arnaldo Esteves Lima, j. 04.04.2006, DJ 24.04.2006, p. 419).

Momento de aplicação da *emendatio libelli* – Em face da própria colocação da matéria, no capítulo do código que trata da sentença, parece claro que a análise quanto à correção da acusação somente neste estágio processual deve ser realizada. Ou seja, após o recebimento da denúncia ou queixa e finda a instrução criminal, aí sim, ao proferir a sentença, deve o juiz verificar o acerto da classificação legal conferida, pela acusação, ao fato descrito na inicial. É este o entendimento predominante na jurisprudência do STF e do STJ e assim deve ser na maioria dos casos. Ocorre que, em situações excepcionais, estes mesmos Tribunais Superiores têm admitido que, no momento do recebimento da inicial, proceda o juiz à emendatio libelli. Para tanto, é preciso que se constate evidente exagero na inicial que, uma vez mantido, possa acarretar grave dano ao status libertatis do acusado.

JURISPRUDÊNCIA

Momento adequado para a *emendatio libelli*

a) antes do recebimento da denúncia ou queixa

"Segundo a jurisprudência do Supremo Tribunal Federal é a sentença o momento processual oportuno para a emendatio libelli, a teor do art. 383 do Código de Processo Penal. Tal posicionamento comporta relativização – hipótese em que admissível juízo desclassificatório prévio –, em caso de erro de direito, quando a qualificação jurídica do crime imputado repercute na definição da competência. Precedente" (STJ – HC n° 115831-MA, Rel. Rosa Weber, j. 22.10.2013, DJe 19.11.2013).

"Se se tem, na denúncia, simples erro de direito na tipificação da imputação de fato idoneamente formulada é possível ao juiz, sem antecipar formalmente a desclassificação, afastar de logo as conseqüências processuais ou procedimentais decorrentes do equívoco e prejudiciais ao acusado. Na mesma hipótese de erro de direito na classificação do fato descrito na denúncia, é possível, de logo, proceder-se a desclassificação e receber a denúncia com a tipificação adequada à imputação fática veiculada, se, por exemplo, da qualificação jurídica do fato imputado depender a fixação da competência ou a eleição do procedimento a seguir" (STF – HC n° 84653-SP, Rel. Sepúlveda Pertence, j. 01.08.2005, DJe 14.10.2005, p. 275)".

"Não se desconhece a existência de julgados desta Corte no sentido de ser indevida a desclassificação da conduta em juízo antecipado da exordial acusatória, por ser medida mais apropriada para a fase da prolação da sentença. Entretanto, em razão das alterações promovidas pela Lei n. 11.719/08, o Superior Tribunal de Justiça vem entendendo que, quando o magistrado verificar, de plano, que a conduta narrada na inicial não se amolda ao tipo penal capitulado, por questão de economia processual e para evitar nulidades de atos processuais, poderá corrigir, desde logo, a definição jurídica aos fatos ali narrados" (STJ – REsp n° 1069151-RJ, Rel. Og Fernandes, j. 06.08.2013, DJe 02.09.2013).

b) somente na sentença

"Não é lícito ao Juiz, no ato de recebimento da denúncia, quando faz apenas juízo de admissibilidade da acusação, conferir definição jurídica aos fatos narrados na peça acusatória. Poderá fazê-lo adequadamente no momento da prolação da sentença, ocasião em que poderá haver a emendatio libelli ou a mutatio libelli, se a instrução criminal assim o indicar" (STF – HC nº 87324-SP, Rel. Cármen Lúcia, j. 10.04.2007, DJe 18.05.2007).

"Ainda que se trate de mera retificação da capitulação jurídica dos fatos descritos na vestibular, tal procedimento não pode ser realizado no momento do recebimento da inicial, sendo cabível apenas quando da prolação da sentença, nos termos do artigo 383 do Código de Processo Penal. Doutrina. Precedentes do STJ e do STF" (STJ – HC nº 253951-SP, Rel. Jorge Mussi, j. 07.11.2013, DJe 21.11.2013).

Aplicação do princípio em grau de recurso – Vale observar, por fim, que embora o artigo de lei fale em *juiz*, nada impede que também o Tribunal, em grau de recurso, altere a qualificação legal dada ao delito, desde que, como antes, esteja o fato perfeitamente narrado na denúncia ou queixa. Não incide, neste caso, a Súmula 453 do STF, que veda tal alteração, em segundo grau, apenas nas hipóteses de *mutatio libelli*. Nesta hipótese, porém, uma ressalva deve ser feita: tratando-se de recurso exclusivo do réu e se em virtude da nova definição jurídica decorrer prejuízo para ele, não será mais possível tal alteração (ou, se admitida a pena não pode ser piorada), sob pena de afronta ao princípio que proíbe a chamada *reformatio in pejus*. Saliente-se, novamente, que tais disposições se referem ao poder que tem o Juiz de livremente dizer o direito. Não fosse assim, ele seria obrigado a acatar todo e qualquer pedido de absolvição deduzido pelo Ministério Público, fato que, além de soar absurdo, afronta o disposto no art. 385 do Código (diferente da ação penal privada, onde o pedido de absolvição, por corresponder à perempção – art. 60, III – deve necessariamente, ser acatado).

JURISPRUDÊNCIA

Possibilidade de nova definição jurídica em grau de recurso

"Eventual capitulação equivocada dada aos fatos narrados na exordial acusatória pode ser emendada, inclusive em sede de apelação, já que o réu defende-se dos fatos objetivamente descritos na denúncia e não da classificação jurídico-penal atribuída pelo órgão ministerial ao fato delituoso" (STJ – REsp n° 975243-SP, Rel. Jorge Mussi, j. 19.10.2010, DJe 08.11.2010).

Possibilidade de nova definição jurídica em grau de recurso e *reformatio in pejus*

"Perfeitamente possível, segundo entendimento pacificado nesse Superior Tribunal, a aplicação da emendatio libelli – permitida pelo art. 383 do CPP – em segundo grau, mas desde que nos limites do art. 617 do CPP, que proíbe a reformatio in pejus. Evidenciado que o Tribunal, julgando recurso exclusivo da defesa, ao desclassificar a conduta do art. 5º da Lei 7.492/86 para aquela do art. 312, § 1º, do CP, aplicou finalmente pena mais severa do que aquela fixada em primeira instância pela mesma conduta, resta evidenciada a reforma a pior nesse ponto – dosimetria da pena – e ofensa ao art. 617 do CPP" (STJ – HC n° 106467-PR, Rel. Jorge Mussi, j. 14.04.2009, DJe 25.05.2009).

Ainda que para aumentar a pena

"Conforme autoriza o art. 383 do CPP, pode o Juiz, ao proferir a sentença condenatória, conferir ao fato descrito na denúncia definição jurídica diversa daquela que lhe deu o Ministério Público, mesmo que tenha que aplicar sanção mais severa" (STJ, Rel. Vicente Leal, *RT* 760/564).

Emendatio libelli. Hipóteses diversas

a) de crime tentado para consumado

a1) possibilidade de *emendatio libelli*

"Não configura nulidade a atribuição pelo magistrado de definição jurídica diversa, sem imputação de fato novo. O afastamento, na sentença, da modalidade tentada foi feito com base nos fatos já narrados na peça acusatória. O equívoco na denúncia quanto à capitulação do crime imputado ao acusado – modalidade tentada, em vez de consumada – pode ser corrigido na sentença, por meio da emendatio libelli, prevista no art. 383 do Código de Processo Penal. O réu se defende dos fatos imputados na denúncia, e não da classificação a eles atribuída" (STJ – HC n° 158545-SP, Rel. Sebastião Reis Júnior, j. 19.11.2012, DJe 27.11.2012).

a2) necessidade da *mutatio libelli*

"É nula a sentença que condena o réu por crime consumado, mesmo diante do reconhecimento explícito pelo Ministério Público da recuperação dos bens subtraídos da vítima, com aplicação de pena mais grave, sem observância do procedimento previsto no art. 384 do Código de Processo Penal. Precedentes desta Corte" (STJ – HC nº 145470– MA, Rel. Gilson Dipp, j. 09.11.2010, DJe 22.11.2010).

b) de crime consumado para crime tentado. Possibilidade de *emendatio libelli*

Inexistência de *mutatio libelli* pelo fato de o Tribunal a quo ter reformado a sentença, dando o crime como tentado e não como consumado – "Tentativa não é figura autônoma, uma vez que seu elemento subjetivo é o mesmo do crime consumado (Hungria Magalhães Noronha). Na realidade, o Tribunal *a quo* não deu nova definição jurídica ao fato delituoso, que continuou capitulado no art. 213 c.c. art. 224, *b*, do CP. Assim, não se pode falar em *emendatio libelli*" (STJ – RE nº 38.756– AC, Rel. Adhemar Maciel, DJde 25.04.94, p. 9.279).

c) de receptação dolosa para culposa

c1) possibilidade de *emendatio libelli*

"Receptação – Nova definição jurídica. Justa causa. Réu denunciado por receptação dolosa e condenado por receptação culposa. Inexistência de ofensa ao artigo 384, do Código de Processo Penal, pois houve aplicação do artigo 383, do Código de Processo Penal" (STF, Rel. Bilac Pinto, RTJ 72/352).

c2) necessidade da mutatio libelli

"Se a denúncia imputou ao réu a prática de receptação dolosa (art. 180, *caput*, do C. Penal), sem aludir, implícita ou explicitamente, às circunstâncias elementares previstas no parágrafo 1º do mesmo dispositivo, não podia o Juiz tê-lo condenado por receptação culposa, sem antes cumprir o disposto no art. 384 do C.P. Penal" (STF – HC nº 66.807-1 – MS, Rel. Sydney Sanches – j. em 18.11.88).

d) de peculato para apropriação indébita

"Denunciado o agente pelo crime do art. 312 do Código Penal, não há vedação à desclassificação da conduta e à condenação pelo crime do art. 168, § 1º, inciso III, do Código Penal, na hipótese de não estar configurada a elementar do tipo "funcionário público", até porque a resposta penal do delito de apropriação indébita é menor que a do crime de peculato" (STJ – REsp n° 1221433-MG, Rel. Marco Aurélio Bellizze, j. 23.04.2013, DJe 29.04.2013).

e) de gestão fraudulenta para estelionato. Possibilidade de *emendatio libelli*

A desclassificação do crime de gestão fraudulenta para estelionato é perfeitamente possível, quando, ao utilizar o instituto da emendatio libelli, previsto no artigo 383 do CPP, o Tribunal apenas dá nova classificação jurídica aos fatos descritos na denúncia, sem alterá-los" (STJ – AgRg no AResp n° 210218-RS, Rel. Campos Marques, j. 21.03.2013, DJe 26.03.2013).

f) de uso de documento particular para falsidade ideológica. Possibilidade de *emendatio libelli*

"Não há *mutatio libelli*, mas sim *emendatio libelli*, se, tendo em vista a induvidosa natureza do documento falsificado, o Juiz condenou o paciente pelo uso de documento objeto de falsidade ideológica (art. 304, c.c. o art. 299, do CP), e não pelo uso de documento particular falsificado (art. 304, c.c. o art. 298, do CP), descabendo, assim, a aplicação da regra do art. 384 do CPP. A condenação pelo art. 304 c.c. o art. 299 do CP não significa condenação pelos dois crimes, mas sim a indicação de que a pena pelo uso de documento falsificado ideologicamente era aquela prevista no art. 299, que trata do crime de falsidade ideológica, isto tendo em vista que o Código Penal fixa a pena pelo uso com a mesma prevista para a falsificação" (STF, Rel. Aldir Passarinho, RT 633/378).

g) majorante de associação, no tráfico, e condenação pela associação

DENÚNCIA QUE IRROGA A MAJORANTE DE ASSOCIAÇÃO EVENTUAL. CONDENAÇÃO PELA ASSOCIAÇÃO PERMANENTE. HIPÓTESE DE EMENDATIO LIBELLI. ILEGALIDADE. AUSÊNCIA – "Tem-se por respeitado o princípio da correlação entre acusação e sentença quando na denúncia se aponta a majorante da associação eventual mas se condena pela associação permanente, uma vez descrita suficientemente a vinculação habitual entre os imputados. In casu, tem-se patente incidência do art. 383 do Código de Processo Penal, não se configurando hipótese de mutatio libelli" (STJ – HC nº 119213-PB, Rel. Maria Thereza de Assis Moura, j. 06.10.2011, DJe 24.10.2011).

É possível o reconhecimento de concurso material não descrito na denúncia

Sentença – Emendatio libelli – Reconhecimento de concurso material em complementação à classificação dos fatos imputados na denúncia – Circunstância exposta claramente na peça oferecida pelo Ministério Público – Prejuízo à defesa não configurado – Nulidade inexistente – Inteligência e aplicação do art. 383 do CPP – "Descrevendo a denúncia fatos típicos penais, pode o Juiz, em observância a estes, dar-lhes outra classificação jurídica, na forma do que estabelece o art. 383 do CPP, sem que tal procedimento acarrete nulidade à sentença" (STJ – Rel. Fláquer Scartezzini – RT 693/410).

É possível o reconhecimento de concurso formal não descrito na denúncia

"O fato de a queixa-crime apontar a existência de concurso material e a sentença entender pela ocorrência de concurso formal imperfeito não ofende o princípio da correlação, tendo em vista que o réu se defende dos fatos e não de sua capitulação legal (art. 383 do CPP)" (STJ – HC nº 43857-GO, Rel. Arnaldo Esteves Lima, j. 21.03. 2006, DJ 10.04.2006, p. 240).

É possível o reconhecimento de crime continuado não descrito na denúncia

"Sentença – Emendatio libelli – Crime continuado reconhecido, afastado o concurso material – Definição jurídica diversa que implica aplicação de pena mais grave – Desconsideração da conseqüência jurídica pela decisão – Possibilidade de determinação em 2º grau independentemente de pedido específico – Desnecessidade deste seja porque a continuidade delitiva é um minus em relação ao objetivado no recurso ministerial, seja porque a *emendatio libelli* é procedida de ofício assim em 1º como em 2º graus"(STJ, Rel. Costa Leite, *RT* 661/353).

É possível o reconhecimento de causa de aumento de pena não descrita na denúncia

"O magistrado pode reconhecer a existência da majorante prevista no art. 12, inciso I, da Lei nº 8.137/90, ainda que não conste da exordial acusatória pedido expresso nesse sentido. Extrai-se do art. 383 do Código de Processo Penal que o réu, ao longo da instrução penal, defende-se dos fatos que lhe são imputados pelo órgão acusador e não dos dispositivos legais eventualmente indicados" (STJ – HC n° 235487-SP, Rel. Campos Marques, j. 20.06.2013, DJe 28.06.2013).

§ 1º Se, em conseqüência de definição jurídica diversa, houver possibilidade de proposta de suspensão condicional do processo, o

juiz procederá de acordo com o disposto na lei. (Incluído pela Lei nº 11.719, de 2008).

Nova definição jurídica e a Lei n° 9.099/95 – Novidade introduzida pela Lei n° 11.719/2008, diz respeito à aplicação da Lei n° 9.099/95, que trata dos juizados especiais criminais. Com efeito, na dicção atual deste dispositivo, se em face da definição jurídica diversa da constante na acusação (portanto, uma nova classificação legal para o fato), o delito permitir, agora, a suspensão condicional do processo (art. 89, Lei 9.099/95), cumpre ao próprio juiz proceder "de acordo com o disposto na lei". Ou seja, designar audiência para que a acusação formule proposta de *sursis* processual. Num exemplo: processado por roubo, ao término da instrução constata o juiz que o fato narrado na denúncia, em verdade, configura um furto simples. Deverá o juiz encaminhar os autos ao Ministério Público para que oferte a proposta de suspensão condicional do processo.

Ressalte-se, ainda, que a partir da redação deste § 1°, o legislador prestigiou monótono entendimento jurisprudencial, cristalizado na Súmula n° 337 do STJ, *in verbis*: "É cabível a suspensão condicional do processo na desclassificação do crime e na procedência parcial da pretensão punitiva".

> **ATENÇÃO** – recusando-se o *parquet* formular a proposta de concessão do favor legal, incide, então, a Súmula 696 do STF, segundo a qual "reunidos os pressupostos legais permissivos da suspensão condicional do processo, mas se recusando o Promotor de Justiça a propô-la, o Juiz, dissentindo, remeterá a questão ao Procurador-Geral, aplicando-se por analogia o art. 28 do Código de Processo Penal".

Transação penal e acordo de não persecução penal – O mencionado dispositivo se refere, apenas, à suspensão condicional do processo (art. 89, Lei 9.099/95). Entendemos, porém, que, se da nova definição jurídica, surgir uma infração penal a admitir a transação penal (art. 76, Lei 9.099/95) ou acordo de não persecução penal (art. 28-A do CPP), pode o juiz, por analogia, adotar o mesmo procedimento.

A Res. 1.618/23 do MPSP tem dispositivo nesse exato sentido, isto é, se, ao final da instrução, verificar-se a ocorrência de *emendatio libelli* ou *mutatio libelli* que altere a classificação jurídica do crime, a ponto de tornar possível o ANPP, é perfeitamente viável sua celebração (art. 10).

No que diz respeito à transação penal, ante a omissão, duas alternativas se abrem: em uma interpretação fria da norma, não restaria alternativa ao juiz senão determinar o envio dos autos ao JECrim. Ou, mediante uma interpretação analógica e sistemática da lei, aplicaria, também aos delitos de menor potencial ofensivo, este dispositivo, abrindo oportunidade ao Ministério Público para que, frente à nova definição legal, formule o pedido de transação penal. Preferimos a segunda opção.

JURISPRUDÊNCIA

> "No momento da prolação da sentença condenatória, havendo desclassificação da conduta criminosa imputada ao réu para outra que se enquadra nos termos do art. 89 da Lei nº 9.099/95 (*nos crimes em que a pena mínima cominada for igual ou inferior a um ano, abrangida ou não por esta Lei, o Ministério Público, ao oferecer a denúncia, poderá propor a suspensão do processo...*), deve o Juiz instar o Ministério Público para que

se pronuncie a respeito da proposta de suspensão condicional do processo" (STF – HC nº 75.894-SP – Rel. Marco Aurélio. – j. 01.04.1998).

§ 2º Tratando-se de infração da competência de outro juízo, a este serão encaminhados os autos. (Incluído pela Lei nº 11.719, de 2008).

Nova definição jurídica e incompetência do juiz – Já se o juiz atribuir ao fato uma nova definição jurídica que o torne incompetente, deverá encaminhar os autos ao juízo competente, nos termos do § 2º, do art. 383 do CPP, em sua nova redação. Num exemplo: o réu foi denunciado por latrocínio (crime contra o patrimônio) e, ao cabo da instrução criminal, entende o juiz que o delito, em verdade, é de homicídio (crime contra a vida). Deverá, nos termos do artigo em estudo, remeter os autos à Vara do Júri, como, aliás, sempre foi feito.

Art. 384. Encerrada a instrução probatória, se entender cabível nova definição jurídica do fato, em conseqüência de prova existente nos autos de elemento ou circunstância da infração penal não contida na acusação, o Ministério Público deverá aditar a denúncia ou queixa, no prazo de 5 (cinco) dias, se em virtude desta houver sido instaurado o processo em crime de ação pública, reduzindo-se a termo o aditamento, quando feito oralmente. (Redação dada pela Lei nº 11.719, de 2008).

§ 1º Não procedendo o órgão do Ministério Público ao aditamento, aplica-se o art. 28 deste Código. (Incluído pela Lei nº 11.719, de 2008).

§ 2º Ouvido o defensor do acusado no prazo de 5 (cinco) dias e admitido o aditamento, o juiz, a requerimento de qualquer das partes, designará dia e hora para continuação da audiência, com inquirição de testemunhas, novo interrogatório do acusado, realização de debates e julgamento. (Incluído pela Lei nº 11.719, de 2008).

§ 3º Aplicam-se as disposições dos § § 1º e 2º do art. 383 ao caput deste artigo. (Incluído pela Lei nº 11.719, de 2008).

§ 4º Havendo aditamento, cada parte poderá arrolar até 3 (três) testemunhas, no prazo de 5 (cinco) dias, ficando o juiz, na sentença, adstrito aos termos do aditamento. (Incluído pela Lei nº 11.719, de 2008).

§ 5º Não recebido o aditamento, o processo prosseguirá. (Incluído pela Lei nº 11.719, de 2008).

Mutatio libelli – A hipótese aqui tratada é da chamada *mutatio libelli*. No art. 383, anteriormente estudado, é aberta ao Juiz a possibilidade de alterar a qualificação jurídica sugerida na inicial, ou seja, pode corrigir, emendar o libelo, por isso, *emendatio libelli*. Basta, para tanto, que o fato venha corretamente narrado na denúncia ou queixa.

Já aqui, no art. 384, a situação é diversa. Não mais se trata de simples correção ao errôneo enquadramento legal formulado pela acusação. Mais que isso. Há o surgimento de um novo dado, que fora omitido na denúncia ou queixa, de molde a se exigir sua alteração, sua mudança, daí surgindo a chamada *mutatio libelli*. Enquanto no art. 383 do Código não há alteração do fato, mas apenas de sua classificação legal, aqui, no art. 384, a hipótese é outra, a impor a adoção de cautelas especiais, de forma a preservar o direito de defesa do réu.

Para que se autorize a alteração da acusação, é necessário, porém, que este novo fato, surgido no curso da instrução criminal, guarde alguma pertinência com aquele inicialmente tratado na denúncia ou queixa. Assim, por exemplo, se a denúncia narra um delito de receptação culposa que, durante a colheita de provas, revelou ser, em verdade, dolosa. Ou se em uma denúncia por homicídio culposo na modalidade de negligência, apura-se ter ocorrido a imprudência. Bem como se atribuído ao réu um crime de furto, se prova a ocorrência de verdadeira apropriação indébita. Em todas essas hipóteses, pouco importando se a pena será alterada ou permanecerá a mesma, impõe-se a adoção das cautelas aqui tratadas, pois, caso contrário, o réu seria surpreendido com uma condenação pela prática de fato não descrito na inicial, do qual não se defendeu, violando-se, assim, o princípio da ampla defesa e, demais disso, aquele que preserva perfeita harmonia entre a acusação e a condenação.

JURISPRUDÊNCIA

Princípio da correlação entre acusação e sentença

"O princípio da correlação entre a imputação e sentença representa uma das mais relevantes garantias do direito de defesa, que se acha tutelado por via constitucional. Qualquer distorção, sem observância do disposto no art. 384 da Lei Processual Penal, significa ofensa àquele princípio e acarreta a nulidade da sentença. Recurso conhecido e provido para anular o feito a partir da sentença de 1º grau" (STJ –, REsp nº 44.619-AM, Rel. Pedro Acioli, DJ 30.05.1994, p. 13521).

O aditamento é necessário qualquer que seja a pena imposta ao novo delito cogitado na *mutatio libelli* – Pela sistemática anterior, antes da alteração promovida pela Lei nº 11.719/2008, era feita uma diferenciação entre a *mutatio libelli*, prevista no *caput* do art. 384, e a *mutatio libelli* com aditamento, do parágrafo único do mesmo dispositivo legal. Assim, se da nova definição jurídica surgisse um crime cuja pena fosse igual ou inferior àquela prevista para o delito mencionado na inicial, cumpria ao juiz abrir vista à defesa para que, no prazo de oito dias, se manifestasse, podendo arrolar até três testemunhas. Já se o juiz constatasse que a nova definição jurídica importaria na aplicação de uma pena mais grave, deveria baixar os autos ao Ministério Público para que aditasse a denúncia ou queixa, facultando-se, ao depois, a manifestação da defesa no prazo de três dias, quando poderiam ser arroladas até três testemunhas.

A Lei nº 11.719/2008 trouxe importantes inovações a respeito do tema. De sorte que na atual redação do art. 384 do CPP, é irrelevante se a nova definição jurídica importará na aplicação de uma pena igual, mais leve ou mais grave. Qualquer que seja a pena, o Ministério Público deve, se ficar convencido da inovação fática, proceder ao aditamento da inicial, no prazo de cinco dias.

Elemento ou circunstância da infração penal – Cumpre, pois, a análise daquilo que o legislador batizou como "elemento ou circunstância da infração penal não contida na acusação", que determina a aplicação do dispositivo legal em estudo. *Elemento* ou *elementar* é tudo aquilo que compõe o tipo penal. No crime de roubo, por exemplo, são elementares "subtrair", "coisa alheia", "grave ameaça ou violência" etc. Afastado o elemento ou elementar, o crime desaparece (atipicidade absoluta) ou, então, a conduta passa a configurar outro crime (atipicidade relativa). Assim, em um crime de roubo, afastada a grave ameaça ou a violência, subsiste o furto. No delito de peculato, sem o elemento "funcionário público", remanesce o furto ou a apropriação indébita. Num crime de furto, afastada a elementar "coisa alheia", o fato pode configurar exercício arbitrário das próprias razões. *Circunstâncias* são dados que interferem na pena, como qualificadoras, agravantes, atenuantes, minorantes e majorants. Uma vez excluídas, permanece o fato principal, que constitui crime, só que punido com menor ou maior gravidade. Qualifica um crime de furto o emprego, pelo agente, de chave falsa (art. 155, § 4º, inc. III do Código Penal). Demonstrado, durante a instrução probatória, que a chave não era falsa, mas original, o agente responderá pelo crime de furto simples, afastando-se, assim, a circunstância qualificadora, mas preservada a imputação principal consistente no furto.

Aditamento da queixa pelo Ministério Público – Quando a lei fala em aditamento da *queixa*, refere-se, à evidência, somente à queixa ofertada pelo particular, em casos de ação penal privada subsidiária da pública, verificável nas hipóteses em que, frente à inércia do *parquet*, o particular assume a titularidade da ação penal pública. Nestas, pode o Ministério Público, a todo tempo, aditar a queixa, intervir no processo, retomá-lo face à negligência do querelante etc., nos termos previstos no art. 29 do Código. O mesmo não se verifica nos casos de ação penal exclusivamente privada, vez que orientados em conceitos de *conveniência e oportunidade* do particular, onde não é dado ao Ministério Público aditar a queixa para incluir delito que dela foi inicialmente omitido. É nesse sentido que a parte final do art. 384 menciona "se em virtude desta houver sido instaurado o processo em crime de ação pública".

Mas nada impede, segundo nosso entendimento, que esta disposição se estenda, por analogia, também, às ações exclusivamente (ou genuinamente) privadas. Digamos que o querelante, narre, na queixa, um fato que configura o crime de injúria, mas, no decorrer da instrução criminal, surjam fatos novos, a indicar a prática de calúnia. Já que o Ministério Público não possui legitimidade para o aditamento, cumpre ao querelante essa tarefa.

Prazo para o aditamento – Antes da alteração legislativa trazida com a Lei nº 11.719/2008, o prazo para tal aditamento, na omissão do Código, se presumia de três dias, por analogia com o art. 46, § 2º. A atual redação do *caput* do art. 384 do CPP dissipou qualquer dúvida, estipulando um prazo de cinco dias para que o *parquet* promova o aditamento.

Aditamento e provocação do juiz – De se ver que o Ministério Público não fica na dependência de provocação para aditar a denúncia ou queixa, podendo, ao contrário, fazê-lo de ofício, a qualquer momento da marcha processual, na exata dicção do art. 569 do Código.

Em obediência ao sistema acusatório, reforçamos que não mais existe espaço para o juiz, de ofício, provocar essa mudança na acusação. Se o Ministério Público não aditou a denúncia até a sentença, o juiz, entendendo cabível nova definição jurídica do fato, em conseqüência de prova existente nos autos de elemento ou circunstância da infração penal não contida na acusação, não pode, *sponte propria*, encaminhar os autos para que o promotor de Justiça altere a imputação inaugural. Esse procedimento o coloca participando, sem disfarces, da acusação. Diferente é o cenário quando existe requerimento da vítima, atuando como assistente da acusação, ou do próprio acusado. Qualquer deles, nas derradeiras alegações, pode instigar o juiz a provocar a atuação do órgão acusador. Se o juiz concordar com os termos alegados, encaminhará os autos para análise do promotor de Justiça.

Em suma, o art. 384, alterado pela Lei 11.719/2008, diz que se o Ministério Público entender cabível nova definição jurídica do fato, em consequência de prova existente nos autos de elemento ou circunstância da infração penal não contida na acusação, deverá aditar a denúncia ou queixa. Qualquer outra conclusão, colocando o juiz agindo de ofício, viola o art. 129, I, CF/88.

Aditamento da inicial e decisão judicial - Aditada a inicial, o juiz pode rejeitar ou aceitar a mudança de imputação. Rejeitando o aditamento, caberá a interposição de recurso em sentido estrito, em aplicação analógica à hipótese de rejeição da denúncia, contemplada no art. 581, I, do *codex*. Aceitando, deve-se proceder a uma nova instrução, designando-se outra audiência na qual poderão ser ouvidas testemunhas (bem como a vítima), cumprindo seja novamente interrogado o réu (§2º).

JURISPRUDÊNCIA

O MP não depende da provocação judicial para ofertar o aditamento

"Imprescindível o aditamento da peça acusatória inicial quando, no curso da instrução criminal, se verificar a existência de causa que possa alterar a modalidade delituosa. O aditamento à denúncia mencionado no parágrafo único, do art. 384, do CPP pode ser espontâneo, independentemente de provocação judicial" (TACrimSP, Rel. Silva Pinto, *JUTACrim* 82/411).

"Ao Ministério Público pertence a iniciativa da ação penal pública, logo, verificando este, por fato apurado no decorrer da instrução, que o delito praticado é mais grave do que o capitulado na denúncia, poderá, em qualquer momento do processo, antes da sentença, promover o aditamento, independentemente da provocação judicial prevista no § único do art. 384 do CPP" (TAMG – REsp. nº 217.058-1 – Muzambinho, Rel. Jane Silva, j. 03.09.96).

Hipóteses diversas em que se impõe a *mutatio libelli*

a) desclassificação de crime doloso para culposo

"O fato imputado aos réus na inicial acusatória, em especial a forma de cometimento do delito, da qual se infere o elemento subjetivo, deve guardar correspondência com aquele reconhecido na sentença, a teor do princípio da correlação entre a acusação e a sentença. Encerrada a instrução criminal, concluindo-se que as condutas dos recorrentes subsumem-se à modalidade culposa do tipo penal e ausente a descrição de circunstância elementar, atinente ao elemento subjetivo do injusto na denúncia, imperativa a observância da regra inserta no art. 384, caput, do CPP, ainda que a nova modalidade de delito comine pena inferior, baixando-se os autos ao Ministério Público para aditar a inicial, sob pena violação ao princípio da ampla defesa e contraditório" (STJ – RE n. 1388440-ES, Rel. Nefi Cordeiro, j. 05.03.2015. DJe 17.03.2015).

b) na desclassificação de lesões corporais graves para tortura

"É certo que o réu defende-se dos fatos narrados na denúncia, não de sua capitulação legal. Contudo, se circunstâncias elementares do tipo penal de tortura não foram descritas na denúncia, que imputava ao paciente a prática de lesões corporais graves, fica afastada a hipótese de emendatio libelli. Trata-se de mutatio libelli, a qual depende da estrita observância do procedimento previsto no art. 384 do Código de Processo Penal. Embora o magistrado, analisando as provas produzidas, tenha concluído que a conduta do paciente amolda-se àquela descrita no tipo penal de tortura, não poderia tê-lo condenado por tal crime se algumas de suas circunstâncias elementares não estavam descritas na inicial acusatória. Era imprescindível que se ouvisse o Ministério Público acerca do interesse em aditar a denúncia, sob pena de evidente violação do devido processo legal "(STJ – HC n° 160940-PE, Rel. Maria Thereza de Assis Moura, j. 05.04.2010, DJe 26.04.2010).

b) na desclassificação de furto para apropriação indébita

Empregado de estabelecimento farmacêutico que após subtrair vários produtos do mesmo, vem a vendê-los, recuperando e devolvendo-os, quando surpreendido – Agente denunciado por furto e condenado por apropriação indébita – Inteligência e aplicação do art. 383 do CPP – "A apropriação indébita e o furto são figuras diferentes e o reconhecimento de uma pela outra não indica desclassificação. É que como as penas são iguais, estando os fatos descritos no libelo acusatório pode o Juiz dar nova definição jurídica independente de qualquer providência, conforme a regra autorizadora do art. 383 do CPP tratando o princípio do *narra mihi factum dabo tibi jus*" (TACrimSP, Rel. Ribeiro dos Santos, *RJD* 3/126).

c) na desclassificação de furto para receptação culposa

Nulidade – Magistrado que ao vislumbrar, no final da instrução criminal, nova definição jurídica do fato, não contida na denúncia, desclassifica a conduta do acusado, de furto para receptação culposa – Inobservância do art. 384 do CPP – Eiva reconhecida– "O Juiz, ao vislumbrar no final da instrução criminal, definição jurídica ao fato que não estava implícita ou explicitamente contida na denúncia, deve observar o art. 384 do CPP, sob pena de nulidade da sentença" (TACrimSP, Rel. Raul Motta, *JUTACrim* 84/383).

d) na desclassificação de falsificação de documento público para estelionato

"Ocorre nulidade absoluta no fato da denúncia atribuir ao réu o crime de falsificação de documento público, e a sentença, sem observância ao art. 384 do CPP, condená-lo pela prática de estelionato, cujas circunstâncias elementares não constam da inicial acusatória, pois não se cuida de mera desclassificação benéfica ao réu, mas de nova definição jurídica do fato" (TACrimSP, Rel. Márcio Bártoli, *RJD* 23/365).

e) na desclassificação de apropriação indébita para estelionato

Nulidade – Sentença que não mantém correlação com a imputação inicial – Agente denunciado por apropriação indébita e condenado por estelionato – Inobservância do disposto no art. 384 do CPP – Reconhecimento – "Ninguém pode ser condenado por crime não mencionado, expressa ou implicitamente, na imputação" (TACrimSP, Rel. Silva Pinto, *JUTACrim* 84/277).

d) na desclassificação de lesão corporal dolosa para culposa

"É defeso ao Juiz sentenciante condenar o réu por crime de lesões corporais culposas quando a denúncia o dá como autor de lesões dolosas e contra esta imputação, expressamente descrita, é que ele se defende. Era, no caso, de se cumprir o disposto no art. 384, *caput*, do Código de Processo Penal e, sem esta providência, nula é a sentença" (TJSC – Ap. Crim. nº .22.254 – Ibirama – Rel. Márcio Batista – j. em 04.12.86).

e) na desclassificação de roubo qualificado tentado para tentativa de latrocínio

"É eivada de nulidade a sentença que condena por tentativa de latrocínio o réu que foi denunciado por roubo qualificado tentado, pois a consideração de uma nova circunstância elementar – o latrocínio na forma tentada – não contida explícita ou implicitamente na denúncia enseja a aplicação do parágrafo único do art. 384 do CPP, a fim de que o Ministério Público adite a denúncia com a conseqüente abertura de vista à Defesa" (TACrimSP – HC nº 367.018-Campinas – Rel. Silveira Lima – j. em 24.8.2000).

§ 1º Não procedendo o órgão do Ministério Público ao aditamento, aplica-se o art. 28 deste Código. (Incluído pela Lei nº 11.719, de 2008).

Negativa do promotor de Justiça em aditar a denúncia – O juiz, provocado por requerimento da vítima ou do próprio acusado, concordando com seus termos, encaminha os autos para o promotor de Justiça aditar a incoativa. Recusando-se aditar, deve ser aplicado o art. 28 do CPP. O procurador-geral de Justiça, portanto, é chamado para dirimir o conflito. Pode concordar com o aditamento ou não. Negando o aditamento, resta ao Juiz duas alternativas: ou absolve o réu ou o condena pela imputação inicialmente manejada, mas jamais pelo novo delito cogitado, surgido no curso da instrução criminal.

JURISPRUDÊNCIA

Negado o aditamento pelo MP, eventual condenação deve se restringir ao contido na denúncia ou absolver o réu

"Nova definição jurídica do crime – Condenação do paciente a pena mais grave – Necessidade de se julgar o réu de conformidade com a denúncia, uma vez que não aditada a mesma pela acusação – "O aditamento nunca seria compulsório. Negado, em defesa do limite da acusação, não prosperaria, impondo-se ao julgador decidir a questio juris, segundo a coloca o dominus litis" (TJSP, Rel. Cantidiano de Almeida, RJTJSP 2/370).

"Se o Magistrado, convencido da ocorrência de outro delito que não o descrito na denúncia e do qual defendeu-se o acusado, encaminhou o feito ao Promotor de Justiça para aditamento da denúncia da inicial acusatória, cuja negativa impôs o encaminhamento ao Procurador-Geral da Justiça, que também se negou a proferir o aditamento solicitado, impõe-se a absolvição do réu por atipicidade da conduta, haja vista a falta de congruência ou correlação entre o fato da acusação e o provado na instrução" (TJRS, Rel. Aramis Nassif, RT 788/680).

Não formulado o aditamento em 1º grau, impõe-se a absolvição em grau de recurso

"Para que a sentença possa reconhecer nova definição jurídica do crime, que importe agravação da situação do réu, exige-se aditamento da denúncia pelo MP. Quando tal não ocorra, é vedada à 2ª Instância fazê-lo (Súmula nº 453, do STF), obrigando a solução absolutória" (TACrimSP, Rel. Prestes Barra, *JUTACrim* 20/210).

§ 2º Ouvido o defensor do acusado no prazo de 5 (cinco) dias e admitido o aditamento, o juiz, a requerimento de qualquer das partes, designará dia e hora para continuação da audiência, com inquirição de testemunhas, novo interrogatório do acusado, realização de debates e julgamento. (Incluído pela Lei nº 11.719, de 2008).

Continuação da audiência – Uma vez recebido o aditamento deve-se proceder a uma nova instrução, designando-se outra audiência na qual poderão ser ouvidas testemunhas (bem como a vítima), cumprindo seja novamente interrogado o réu. Essa providência se justifica em homenagem ao princípio do contraditório e da ampla defesa, afinal se um novo fato surgiu, se "elemento ou circunstância da infração penal não contida na acusação" é agora discutido, se deve mesmo abrir a oportunidade de o réu defender-se. São três as testemunhas que podem ser arroladas pelas partes, no prazo de cinco dias, conforme o § 4º, abaixo. Ainda que não produzida a prova testemunhal, porque não indicadas testemunhas, pensamos que seja obrigatória a realização do interrogatório do acusado. Trata-se, com efeito, da única oportunidade que lhe é concedida de trazer sua versão a respeito da nova acusação que lhe é formulada, decorrente do aditamento. Caso eventualmente entenda que nada deve dizer, basta que se valha de seu direito de permanecer calado. Temos, outrossim, como desnecessário que o réu seja novamente citado, quer por se tratar de medida não prevista pelo legislador, quer porque importaria em excessivo apego ao formalismo tal providência.

JURISPRUDÊNCIA

Nova requisição do réu. Ausência de previsão legal

"O art. 384, § 2º, do Código de Processo Penal, com redação determinada pela Lei n.º 11.719/2008, não abarca o entendimento de que o juiz é obrigado a requisitar novamente o Réu para entrevista pessoal com seu Defensor se houver aditamento a denúncia. Ao revés, o mencionado dispositivo legal apenas obriga que, "ouvido o defensor do acusado no prazo de 5 (cinco) dias e admitido o aditamento, o juiz, a requerimento de qualquer das partes, designará dia e hora para continuação da audiência, com inquirição de testemunhas, novo interrogatório do acusado, realização de debates e julgamento." No caso dos autos, houve regular abertura de prazo legal para a Defesa se manifestar a respeito do aditamento à denúncia, tomando prévio conhecimento dos fatos narrados na audiência de instrução e julgamento" (STJ – HC nº 153129-RJ, Rel. Laurita Vaz, j. 06.12.2011, DJe 19.12.2011).

Nova citação

a) desnecessidade em se tratando da *emandatio libelli*

"Aditamento da denúncia para correção de erro material, sem alteração substancial da imputação, mantendo-se a anterior capitulação dos fatos. Desnecessidade de nova citação. Precedente" (STJ – RHC nº 14186-DF, Rel. Laurita Vaz, j. 07.06.2005, DJ 01.08.2005, p. 477).

b) desnecessidade em se tratando da *mutatio libelli*

"Quando ocorrer a hipótese do art. 384 do CPP não há necessidade de se citar o réu, pois a lei adjetiva determina que se dê vista à defesa, mas, quando ocorre um aditamento à denúncia, imputando-se um fato novo, a citação é obrigatória, pois o acusado tem o direito de saber de que fato está sendo processado, para poder articular sai defesa" (TJSP – Rel. Almeida Braga – RT 653/302).

§ 3º Aplicam-se as disposições dos § § 1º e 2º do art. 383 ao caput deste artigo. (Incluído pela Lei nº 11.719, de 2008).

Nova definição jurídica e incompetência do juiz – A exemplo do previsto na *emendatio libelli*, se da nova definição jurídica descrita surgir um delito que admita a suspensão condicional do processo (art. 89, Lei 9.099/95), o próprio juiz deve designar audiência para encaminhamento da proposta, conforme destacamos acima, na análise dos § § 1° e 2° do art. 383, a qual remetemos o leitor. Se, por outro lado, para o julgamento desse delito o juiz for incompetente, deverá enviar os autos ao juízo competente.

ATENÇÃO - O mencionado dispositivo se refere, apenas, à suspensão condicional do processo. Entendemos, porém, que, se da nova definição jurídica, surgir uma infração penal a admitir a transação penal (art. 76, Lei 9.099/95) ou acordo de não persecução penal (art. 28-A do CPP), pode o juiz, por analogia, adotar o mesmo procedimento. Nesse sentido, art. 10 da Res. 1.618/23, do MPSP, que regulamentou o ANPP.

§ 4º Havendo aditamento, cada parte poderá arrolar até 3 (três) testemunhas, no prazo de 5 (cinco) dias, ficando o juiz, na sentença, adstrito aos termos do aditamento. (Incluído pela Lei nº 11.719, de 2008).

Aditamento – Uma vez admitido o aditamento ofertado pelo Ministério Público e após a oitiva da defesa no prazo de cinco dias, será renovada a instrução probatória, com designação de audiência para inquirição de testemunhas (e da vítima), novo interrogatório, "debates e julgamento". Essa renovação da instrução deve ocorrer por provocação das partes, nos termos do § 2°, do art. 384 do CPP.

O número de testemunhas que, após o aditamento, podem as partes arrolar é de três, no prazo de cinco dias. Aqui outra novidade: pela sistemática anterior, não se facultava ao promotor de Justiça a possibilidade de arrolar testemunhas com o aditamento à denúncia, havendo mesmo entendimento jurisprudencial que vedava essa possibilidade (*RJDTACrimSP* 34/267). Agora, em face do contido neste dispositivo, há expressa previsão de arrolamento de três testemunhas pelas partes, ou seja, pelo Ministério Público, pelo assistente de acusação (desde que, somadas as testemunhas indicadas pelo *parquet*, não ultrapasse o número máximo de três), e pela defesa.

A *mutatio libelli* não vincula o juiz na sentença – Vale observar que o ato do Juiz que aplica a disposição em tela não vincula seu posterior entendimento. Assim, num exemplo, finda a instrução criminal, lendo requerimento do assistente de acusação, que o alerta para fato novo surgido no decorrer da instrução probatória, parece ao juiz ter ocorrido um crime de roubo e não de furto, como constou da denúncia. O magistrado encaminha os autos ao Ministério Público. Provocado e convencido, o promotor de Justiça adita a denúncia. Nada impede que o julgador, agora com a possibilidade de uma análise mais aprofundada dos autos, tendo sido renovada a instrução, condene o réu pelo furto ou até o absolva, afastando a ocorrência do roubo. É que a decisão de recebimento do aditamento tem caráter meramente provisório, não representando uma postura definitiva do julgador. É por isso mesmo que o despacho de encaminhamento dos autos ao órgão acusador deve ser deduzido em tons sóbrios, sem que represente um prejulgamento da causa. Tal precariedade será afastada quando da prolação da sentença, momento em que o Juiz, aí sim, com maior liberdade na análise da prova, põe termo ao processo.

Caberá ao Ministério Público, se for o caso, recorrer do *decisum*, a fim de que, em grau de recurso, se declare a ocorrência do roubo. Nesta hipótese, em que ocorreu o aditamento à denúncia, pode o Tribunal, acatando o recurso ministerial, proferir condenação pelo roubo.

ATENÇÃO – Caso não tenha havido aditamento, porém, não é possível, em grau de recurso, a aplicação da disposição em estudo, nos termos da Súmula 453 do STF, *in verbis*; "Não se aplicam à 2ª Instância o art. 384**,** e parágrafo único do CPP, que possibilitam dar nova definição jurídica ao fato delituoso, em virtude de circunstância elementar não contida explícita ou implicitamente na denúncia ou na queixa". Nesse caso**,** não restará ao Tribunal alternativa senão a de absolver o réu.

JURISPRUDÊNCIA

A sentença não se vincula ao despacho anterior que cogitou da *mutatio libelli*

Nulidade – Sentença que não se pauta por despacho que entrevia a possibilidade de nova classificação jurídica dos fatos – Inexistência – "O Juiz, ao lavrar a sentença, não está obrigado a orientar-se por despacho que entrevia possibilidade de nova classificação jurídica dos fatos" (TACrimSP, Rel. Djalma Lofrano, JUTACrim 68/470).

Ao aplicar a *mutatio libelli,* juiz não deve adiantar sua convicção

"Ao baixar os autos para providências mencionadas no art. 384 do CPP, o Juiz deve fazê-lo em termos que não traduzam um prejulgamento, mas sim um juízo de mera possibilidade, sendo nula a decisão se der o acusado como incurso nas penas de crime diverso do apontado na denúncia, afastando definitivamente a classificação original" (TACrimSP, Rel. Barbosa de Almeida, RJTACrim 34/272).

Aplicação da *mutatio libelli* em 2° grau de jurisdição. Impossibilidade

"Sem ser a infração descrita ou capitulada na denúncia, que deixou de ser aditada em tempo hábil, inaplicável à segunda instância, outrossim, o art. 384 e § único, do CPP (STF, Súm. 453), que permitiu a *mutatio libelli* ao Juiz, e não ao Tribunal, e em tal situação é de rigor manter-se a absolvição decretada em primeiro grau" (TACrimSP, Rel. João Morenghi, *RT* 765/618).

§ 5º Não recebido o aditamento, o processo prosseguirá. (Incluído pela Lei nº 11.719, de 2008).

Rejeição do aditamento – Na hipótese de o juiz não receber o aditamento proposto pelo Ministério Público, o processo terá seu trâmite regular, nos termos deste § 5°. Da decisão que não recebe o aditamento à denúncia cabe, a nosso ver, recurso em sentido estrito, com base no inc. I, do art. 581, do CPP. Ora, o não recebimento do aditamento à denúncia corresponde, praticamente, ao não recebimento da denúncia. Aplica-se, aqui, em exemplo clássico, a interpretação extensiva, a permitir a ampliação das hipóteses de cabimento do recurso *stricto sensu* para outras situações além daquelas previstas no art. 581 do CPP.

JURISPRUDÊNCIA

É irrecorrível a decisão que reconhece a *mutatio libelli*

"A providência facultada no art. 384 do CPP é despacho irrecorrível com que apenas se previne um desvio da sentença ante a possibilidade de novo enquadramento jurídico dos fatos. Trata-se de decisão sem força definitiva, por isso que, uma vez cumpridas as formalidades apontadas em mencionado dispositivo instrumental, não fica o Juiz adstrito à nova definição jurídica aventada, de tal modo que lhe será lícito, reexaminando a prova, aplicação a pena segundo a classificação primitiva" (TACrimSP, Rel. Corrêa de Moraes, RJD 07/162).

Art. 385. Nos crimes de ação pública, o juiz poderá proferir sentença condenatória, ainda que o Ministério Público tenha opinado pela absolvição, bem como reconhecer agravantes, embora nenhuma tenha sido alegada.

Pedido de absolvição pelo Ministério Público – Trata o art. 385 do CPP da possibilidade de o Juiz, mesmo diante de pedido de absolvição do *parquet*, condenar o réu. Temos corrente no sentido de que, frente ao requerimento de absolvição formulado pela acusação oficial, estaria o juiz obrigado a atender o pedido e, por consequência, absolver o réu. O argumento dessa corrente é no sentido de que a Constituição de 1988 adotou, de forma clara, o sistema acusatório, prevendo a nítida separação entre órgão acusador e órgão julgador. Na compreensão de Américo Bedê Freire Júnior, "deve-se ir além. Mais do que simplesmente a separação entre acusação e julgamento há, para efetivação do jus puniendi, a necessidade de que a acusação e o julgador se entendam quanto à existência de crime. Na verdade, há uma relação de prejudicialidade entre o convencimento do promotor e do magistrado, melhor explicando: entendendo o Ministério Público pela não existência de crime, não cabe ao magistrado exercer qualquer juízo de valor sobre a existência ou não do crime, uma vez que a partir desse momento o magistrado estaria atuando de ofício, ou seja, sem acusação e em flagrante desrespeito ao sistema acusatório" (Boletim do IBCCrim, nº 152 – julho 2005, p. 19). Essa lição é sustentada pelo art. 3º-A do CPP: "o processo penal terá estrutura acusatória, vedadas a iniciativa do juiz na fase de investigação e a substituição da atuação probatória do órgão de acusação".

Para outra corrente, diametralmente oposta, invocar-se o sistema acusatório como fator impeditivo para que o juiz condene frente a um pedido de absolvição parece absolutamente equivocado. Afinal, se há evidente separação entre acusador, defensor e julgador, cada um ocupando um compartimento estanque na relação processual, aí sim há de se admitir a condenação mesmo com anterior pedido de absolvição. Com efeito, a vinculação do juiz ao pedido do Ministério Público, da forma que sugerida, é que romperia com o sistema, na medida em que transferiria para a acusação pública o poder de julgar, reunindo, em um só órgão, as funções de acusar e decidir, em clara e indesejável reminiscência ao sistema inquisitivo.

A Quinta Turma do STJ, no julgamento do AREsp 1940726, adotou posição intermediária, buscando conciliar as duas. Por maioria de votos, decidiu que, para o juiz proferir sentença condenatória em contrariedade à posição do MP demanda-se do magistrado um ônus de fundamentação mais elevado, como forma de justificar a excepcionalidade da decisão.

A Sexta Turma, por sua vez, decidiu não existir violação do art. 3°-A do CPP ("o processo penal terá estrutura acusatória, vedadas a iniciativa do juiz na fase de investigação e a substituição da atuação probatória do órgão de acusação") e art. 2°, § 1°, da Lei de Introdução às Normas do Direito Brasileiro ("a lei posterior revoga a anterior quando expressamente o declare, quando seja com ela incompatível ou quando regule inteiramente a matéria de que tratava a lei anterior"), porquanto o art. 385 do CPP não é incompatível com o sistema acusatório entre nós adotado e não foi tacitamente derrogado pelo advento da Lei n. 13.964/2019, responsável por introduzir o art. 3º-A no Código de Processo Penal.

ATENÇÃO - Conforme destacamos na análise do art. 60, inc. III acima, ns ações penas privadas, se o querelante, em sede de alegações finais, pede a absolvição do querelado, está o juiz proibido de condená-lo, devendo extinguir a ação penal, reconhecendo a perempção, nos termos do art. 107, inc. IV, do Código Penal.

A respeito do pedido de absolvição em plenário do júri, v. abaixo as observações ao art. 476 do código.

Sobre a possibilidade de o Ministério Público apelar da sentença condenatória, v. abaixo comentários ao art. 577, **sob a rubrica o Ministério Público pode recorrer em favor do réu?**

Reconhecimento de agravantes – É sabido que deve haver perfeita relação entre o fato narrado na denúncia ou queixa e aquele pelo qual o réu é condenado. Tal vínculo, fundamental e imprescindível entre a imputação e a sentença, decorre do princípio da correlação, da congruência ou da adstrição da condenação com a imputação. Contudo, nos termos do artigo 385 do Código de Processo Penal, entende-se perfeitamente possível reconhecer circunstância agravante não articulada na denúncia, procedimento que, segundo a orientação majoritária, não ofende o princípio da adstrição:

> "A jurisprudência do Superior Tribunal de Justiça se firmou no sentido de que, 'não ofende o princípio da correlação a condenação por circunstâncias agravantes ou atenuantes não descritas na denúncia, nos termos dos arts. 385 e 387, I e II, ambos do Código de Processo Penal. Precedentes" (AgRg nos EREsp 1.587.239/RS, Rel. Min. Felix Fischer, Terceira Seção, j. 12/06/2019).

JURISPRUDÊNCIA

Constitucionalidade do dispositivo

"Nos termos do art. 385 do Código de Processo Penal, nos crimes de ação pública, o juiz poderá proferir sentença condenatória, ainda que o Ministério Público tenha opinado pela absolvição. O artigo 385 do Código de Processo Penal foi recepcionado pela Constituição Federal. Precedentes desta Corte" (STJ – AgRg no REsp n. 1612551-RJ – Rel. Reynaldo Soares da Fonseca, j. 02.02.2017, DJe 10.02.1017).

Princípio do livre convencimento

"A circunstância de o Ministério Público se manifestar pela absolvição do acusado, como custos legis, em alegações finais ou em contrarrazões recursais, não vincula o órgão julgador, cujo mister jurisdicional funda-se no princípio do livre convencimento motivado, conforme interpretação sistemática dosartigos 155,caput, e 385, ambos do Código de Processo Penal" (STJ – HC 623.598, rel. Min Laurita Vaz, j. em 12.11.20)

"É verdade que o Ministério Público requereu, em alegações finais, a absolvição dos pacientes. E, nas contrarrazões do recurso de apelação criminal por eles interposto, também se manifestou pelo provimento, para absolvê-los. No entanto, é pacífico o entendimento de que a condenação, em tais circunstâncias, não caracteriza coação ilegal, pois o julgador não está vinculado à manifestação do Ministério Público. Tem ele liberdade de decidir, de acordo com o seu livre convencimento" (STJ – HC n° 137322-SP, Rel. Celso Limongi, j. 05.05.2011, DJe 23.05.2011).

Reconhecimento de agravantes

a) impossibilidade

"O reconhecimento das agravantes genéricas, concernentes ao fato imputado, pelo Juízo sentenciante ou pelo Tribunal de origem, sem que tal matéria tenha constado da peça acusatória, sequer de forma implícita, revela afronta aos princípios da ampla defesa e do contraditório. Posição contrária implicaria violação da garantia do contraditório: se a circunstância agravante não foi imputada na denúncia ou queixa, o acusado não teve oportunidade de se manifestar ou produzir provas sobre ela. Aliás, o art. 41 do CPP exige que a denúncia ou queixa contenham a 'exposição do fato criminoso com todas as suas circunstâncias" (STJ – HC n° 171806-RJ, Rel. Maria Thereza de Assis Moura, j. 13.08.2013, DJe 01.10.2013).

b) possibilidade

"As agravantes, ao contrário das qualificadoras, sequer precisam constar da denúncia para serem reconhecidas pelo Juiz. É suficiente, para que incidam no cálculo da pena, a existência nos autos de elementos que as identifiquem. No caso sob exame, consta na sentença que a paciente organizou a cooperação no crime, dirigindo a atividade criminosa" (STF – HC n° 93211-DF, Rel. Eros Grau, j. 12.12.2008, DJe 25.04.2008).

Reconhecimento de qualificadora não descrita na denúncia

a) possibilidade, configurando *emendatio libelli*

"Sentença condenatória – Validade – Aplicação da causa especial da pena – ser internacional o tráfico de entorpecentes (Lei nº 6.368/76, art. 18, I) – que, embora não incluída na capitulação do fato pela denúncia, nela vinha descrita com clareza; hipótese de classificação jurídica de imputação (C.Pr. Penal, art. 383) e não de decisão *ultra petita* (C. Pr. Penal, art. 384)" (STF – HC nº 76.320 – Rel. Sepúlveda Pertence – Informativo do STF nº 99 de 9 a 13/12 de 1998).

"A sentença pode concluir por classificar o crime descrito na denúncia de modo diverso sem que possa ser considerada *"extra petita"*. O Ministério Público, embora tenha narrado o modo como procedeu o paciente submetendo a vítima cárcere privado e a sessões de espancamento, omitiu a qualificadora que expressamente articulara. O caso é, pois, de '*emendatio libelli*', que tem apoio no art. 383 do CPP" (STJ, Rel. Jesus Costa Lima, *RT* 724/598).

b) impossibilidade, necessitando *mutatio libelli*

"Procedência do fundamento de cerceamento da defesa, em face da falta de correlação entre a denúncia e a sentença, uma vez que nesta se levou em consideração qualificadora que não foi descrita naquela sem que fosse observado, se ocorrente a hipótese prevista no art. 384 do Código de Processo Penal, o disposto nesse preceito legal" (STF, Rel. Moreira Alves, RBCCrim15/411).

"Reconhecida, pelo julgador, a partir da prova colhida durante a instrução, a presença de qualificadora não imputada aos acusados na denúncia, faz-se necessária a observância da regra disposta no art. 384, parágrafo único, do Código de Processo Penal" (STJ – HC n° 149139-DF, Rel. Arnaldo Esteves Lima, j. 22.06.2010, DJe 02.08.2010).

Art. 386. O juiz absolverá o réu, mencionando a causa na parte dispositiva, desde que reconheça:

I - estar provada a inexistência do fato;

II - não haver prova da existência do fato;

III - não constituir o fato infração penal;

IV - estar provado que o réu não concorreu para a infração penal; (Redação dada pela Lei nº 11.690, de 2008)

V - não existir prova de ter o réu concorrido para a infração penal; (Redação dada pela Lei nº 11.690, de 2008)

VI - existirem circunstâncias que excluam o crime ou isentem o réu de pena (arts. 20, 21, 22, 23, 26 e § 1º do art. 28, todos do Código Penal), ou mesmo se houver fundada dúvida sobre sua existência; (Redação dada pela Lei nº 11.690, de 2008)

VII - não existir prova suficiente para a condenação. (Incluído pela Lei nº 11.690, de 2008)

Parágrafo único. Na sentença absolutória, o juiz:

I - mandará, se for o caso, pôr o réu em liberdade;

II - ordenará a cessação das medidas cautelares e provisoriamente aplicadas; (Redação dada pela Lei nº 11.690, de 2008)

III - aplicará medida de segurança, se cabível.

Sentença absolutória - A sentença absolutória, já se viu, é aquela que desacolhe a pretensão punitiva. Diz-se, por conta disso, que a sentença absolutória tem um caráter *declaratório-negativo*, na medida em que "o juiz ou Tribunal declara inexistente o *jus puniendi* e, em consequência, a relação jurídico-penal nele consubstanciada", segundo lição de José Frederico Marques (*Elementos de direito processual penal*, 1997, vol. III, p. 42). Pela sentença absolutória, portanto, declara-se que o réu não é culpado ou não é responsável pelo crime que lhe fora imputado na acusação, pública ou privada. Como consequência, transitada em julgado essa decisão, não mais poderá ser reaberto o processo contra o acusado, já que o nosso sistema processual inadmite a revisão criminal *pro societate*.

Sentença absolutória em *sentido lato* e em *sentido estrito* - De se ver, porém, que, além das causas listadas nos incisos seguintes, que dão ensejo à absolvição e que se referem diretamente ao mérito, outras situações podem levar à mesma conclusão, conquanto não ingressem no *meritum causae*. Assim, por exemplo, a sentença que declara a ilegitimidade de parte ou que reconhece perempta a ação penal privada. Daí parte da doutrina classificar a sentença penal absolutória em *sentido lato* e em *sentido estrito*. Esta última quando absolvido o réu com incursão no mérito, conforme os incisos abaixo elencados. E a primeira (*lato sensu*), quando a absolvição se funda na ausência de pressupostos processuais ou condições de procedibilidade. Nesse sentido, José Frederico Marques (ob. cit., p. 41). Preferimos a orientação majoritária da doutrina que conceitua como *sentença terminativa de mérito* aquela que não absolve e nem condena, encerrando a relação processual, como nos exemplos acima, sem ingressar propriamente no mérito, isto é, se o fato é típico, se está comprovado, etc.

Fundamentação legal - Mostra-se de grande relevância apurar-se por qual dos fundamentos legais deve ser o réu absolvido, tendo em vista a possibilidade de ser proposta posterior ação de indenização no âmbito cível, reparatória do ato praticado. Assim, cumpre ao julgador cuidar para que tal decreto venha corretamente embasado em uma das hipóteses que autorizam a absolvição, segundo o rol do Código. Tamanha é a importância deste enquadramento, que hoje é dado, ao réu absolvido, recorrer da decisão, a fim der alterar seu fundamento legal. É que, no ensinamento de José Frederico Marques, "a vinculação da responsabilidade civil à criminal, longe, pois, de constituir exceção, é, antes, a regra geral, atualmente, em nosso Direito positivo. Desde que a jurisdição penal entenda *lícita* a conduta do réu, incabível será a indenização civil, salvo para alguns casos relativos ao *estado de necessidade*" (*Estudos de direito processual penal*, 1960, p. 169).

JURISPRUDÊNCIA

Apelação para alterar o fundamento da absolvição

a) possibilidade

"Conhecidos os efeitos da sentença penal absolutória na jurisdição civil e trabalhista, resta óbvio e até mesmo intuitivo o interesse recursal daquele que pretende ver modificado o fundamento da absolvição do inc. VI (insuficiência de prova para condenação) para o inc. IV do art. 386 do CPP (falta de prova de ter o réu concorrido para a infração penal)" (TACrimSP, Rel. Barbosa de Almeida, RT 669/326).

"O réu tem legítimo interesse em recorrer da sentença absolutória, questionando o dispositivo legal em que se fundamenta a absolvição, exatamente pelos reflexos que daí possam advir, notadamente quanto ao conceito do acusado perante a sociedade" (TACrimSP, Rel. San Juan França, *RJD* 25/381).

b) impossibilidade

"Se o recurso tem por finalidade a alteração do fundamento da absolvição do inciso VI (insuficiência de prova para condenação) para o inciso II (não haver prova da existência do fato) ou IV (inexistência de prova da concorrência do réu para a infração penal), falece o recorrente de interesse jurídico, uma vez que tal modificação, se fosse feita, não produziria qualquer mudança na sua situação jurídica, não teria reflexos quer na esfera civil quer em área administrativa, porquanto tudo redunda, em última análise, em falta de prova" (TACrimSP, Rel. Hélio de Freitas, RT 672/317).

c) possibilidade, desde que demonstrada a utilidade oriunda de eventual alteração

"Para que possa ser conhecido o recurso que pretende a mudança na capitulação legal que fundamentou a absolvição, deve o recorrente demonstrar o prejuízo que o inciso aplicado lhe conferiu, sob pena de faltar legítimo interesse em agir no apelo. Isso porque, justamente, um dos pressupostos ao recurso é a sua utilidade, ou seja, o interesse que a parte tem para ver sua pretensão atendida e a nítida consequência favorável e prática que a reforma da decisão implicaria. Caso a absolvição por um ou outro inciso do artigo 386 do Código de Processo Penal acarrete os mesmos efeitos processuais penais, tais como a liberdade, a ausência de registros, a liberação de bens, dentre outros, sem que haja patente inferência na esfera cível ou em qualquer outro campo indicado expressamente pela defesa, o recurso não deve ser conhecido por falta de interesse na reforma ou modificação da decisão, conforme inteligência do art. 577, parágrafo único, do Código de Processo Penal" (TJSP – Apelação n° 0009523-18.2008.8.26.0079, Rel. Salles Abreu, j. 11.12.2013).

Sentença absolutória criminal, independência entre instâncias e a Lei de Improbidade Administrativa – Consoante a jurisprudência das Cortes Superiores, a absolvição no juízo criminal, diante da relativa independência entre as instâncias cível e criminal, apenas vincula o juízo cível quando ficar reconhecida a inexistência do fato ou atestar não ter sido o demandado seu autor. Deve ser observado, porém, que na Lei de Improbidade Administrativa, alterada pela Lei 14.230/21, diz o § 4º do art. 21 que "A absolvição criminal em ação que discuta os mesmos fatos, confirmada por decisão colegiada, impede o trâmite da ação da qual trata esta Lei, havendo comunicação com todos os fundamentos de absolvição previstos no art. 386 do CPP". Este dispositivo, alerto, teve sua eficácia suspensa pelo STF na ADI 7236, promovida pela Associação Nacional dos Membros do Ministério Público (CONAMP).

I - estar provada a inexistência do fato;

Prova da inexistência do fato – É intuitivo que o fato trazido pela acusação deva, ao final da instrução, restar definitivamente demonstrado, quanto à sua existência. É o que se denomina *materialidade do fato*. Não havendo prova dessa existência, impõe-se a condenação. Já se demonstrada sua inexistência, a absolvição encontra amparo neste inciso (inc. I). Prova-se, aqui, que o fato não existiu, sendo esta "a mais radical forma de isenção", no dizer de Hélio Tornaghi (*Curso de processo penal*, 1992, vol. 2, p. 178). Colha-se o exemplo de um homicídio onde a pretensa *vítima* aparece viva. Ora, se o fato tido por criminoso pela acusação não existiu sob o aspecto material, óbvio que se impõe a absolvição. Resta clara, outrossim, a impossibilidade de se buscar, na esfera civil, qualquer reparação, conforme, aliás, previsto no art. 66 do código, que a admite "quando não tiver sido, categoricamente, reconhecida a inexistência material do fato".

JURISPRUDÊNCIA

"A absolvição na forma do art. 386, I, do Código de Processo Penal, através de sentença criminal transitada em julgado, impede tome a instância administrativa por base aqueles mesmos fatos, reputados inexistentes, para sancionar pretensa falta residual, ainda que estejam eles tipificados na legislação local como aptos a ensejar a pena de demissão. Incide a letra do art. 1.525 do Código Civil" (STJ, Rel. Fernando Gonçalves, *Boletim do IBCCrim* n. 108/565).

II - não haver prova da existência do fato;

Falta de prova da existência do fato – A hipótese aqui tratada é diversa da anterior (inc. I), onde, de forma peremptória, conclui-se que o fato inexistiu. Aqui, embora a *inexistência* do fato não tenha ficado demonstrada, também não se comprovou sua existência. É possível até que o fato tenha ocorrido, mas não se prova, com a certeza desejável, nem a existência e tampouco a inexistência, incidindo, assim, o velho brocardo do *in dubio pro reo*. Assim, *v.g.*, o réu que, respondendo pelo crime de apropriação indébita, alega que, em verdade, o objeto era um presente da vítima. Esta, todavia, insiste na ocorrência do crime, estabelecendo-se, a partir daí, dúvida que não foi superada na instrução criminal, culminando no *non liquet*. Pode-se buscar, neste caso, reparação no cível: a um, porque não vedada expressamente tal possibilidade, pelo art. 66 do código, como no caso anterior. A dois, em virtude da independência entre as responsabilidades civil e criminal. E, a três, ante a possibilidade de produzir, no âmbito cível, a prova que faltou na esfera criminal.

JURISPRUDÊNCIA

Sentença Criminal – Fundamento legal – Modificação – Réus absolvidos por insuficiência de prova – Alteração para o inciso II do art. 386 do CPP, eis que não comprovada a existência do fato – Recursos providos para esse fim – "As provas produzidas não demonstram a efetiva ocorrência do fato, nascendo daí a razoabilidade da pretensão, posto que a alteração do inciso produz reflexos na esfera cível" (TJSP – Ap. Crim. nº 122.618-3-SP, Rel. Poças Leitão, j. 04.11.93).

III - não constituir o fato infração penal;

Não constituir o fato infração penal – Hipótese, ainda, de absolvição, é aquela tratada no inciso em exame, ou seja, quando *não constituir o fato infração penal*, assim compreendidos os crimes e as contravenções penais. Logo, o fato pode até ter existido, mas ele não é definido como crime ou contravenção penal, isto é, ele é atípico. Exemplo clássico quando alguém dirige um veículo automotor sem habilitação, deixando, porém, de gerar perigo de dano. Ora, o tipo penal previsto no art. 309 do Código de Trânsito Brasileiro, não se satisfaz apenas com a mera falta de habilitação, exigindo a exposição ao dano. Demonstrado, assim, que o condutor era apenas inabilitado, mas que conduzia seu veículo com cautela, sem risco a terceiros, tem-se que sua conduta não constitui infração penal.

Aqui não há, também, impedimento para a propositura de ação no juízo cível, porquanto uma conduta pode ser penalmente atípica, mas constituir um ilícito civil, a merecer reparação. Por isso mesmo o art. 67, inc. III, do Código, prevê expressamente a possibilidade de ingresso com a ação reparatória, neste caso. Demais disso, em nosso exemplo acima, a conduta do piloto inabilitado, na dicção do art. 162, é definida como infração administrativa gravíssima, a saber: "Dirigir veículo: I – sem possuir Carteira Nacional de Habilitação", sujeitando seu autor a multa e a apreensão do veículo.

JURISPRUDÊNCIA

"Existe diferença jurídica entre a absolvição por falta de provas e por não constituir o fato infração penal, pois na primeira, restará sempre a dúvida da prática de um crime que não se logrou provar, enquanto que, na segunda, tem-se a certeza de que o fato imputado não se constitui infração penal" (TACrimSP, Rel. José Urban, *RJD* 22/394).

"O reconhecimento do crime impossível equivale a admitir que o fato não constitui crime algum. Logo, melhor, nesse caso, que a absolvição se funde no art. 386, III, do CPP ('não constituir o fato infração penal') e não no art. 386, VI, do CPP ('não existir prova suficiente para a condenação')" (TACrimSP, Rel. Ercílio Sampaio, *BMJ* abril – 83/15).

IV – estar provado que o réu não concorreu para a infração penal; (Redação dada pela Lei nº 11.690, de 2008)

V – não existir prova de ter o réu concorrido para a infração penal; (Redação dada pela Lei nº 11.690, de 2008)

Concurso do réu para a infração – Trata-se de fundamentos legais para a absolvição até então não previstos no texto primitivo do Código. Embora suas redações pareçam, em um primeiro momento, semelhantes, não se vai admitir que o legislador, com a inovação, tenha pretendido apenas repetir as palavras, a revelar total ausência de tecnicidade e desnecessária abundância. Há, portanto, que se estabelecer uma diferenciação entre um e outro fundamento legal. Aqui, ao contrário do que se verifica na hipótese do inc. I, o fato ocorreu e está provada sua existência (inc. II), todavia, não há prova quanto à autoria ou coautoria deste fato (incs. IV e V).

Pois bem. Na hipótese do inciso V, dá-se a absolvição em virtude de "não existir prova de ter o réu concorrido para a infração penal". É dizer: ao cabo da instrução criminal, não se demonstrou, com a certeza que se exige para uma condenação, ter o réu, de alguma forma, concorrido para a prática do crime, na qualidade de autor ou partícipe. Trabalha-se, pois, com a dúvida, decorrente de um acervo probatório frágil, a incutir incerteza no espírito do julgador e, por consequência, levá-lo à absolvição do réu, na linha do conhecido brocardo do *in dubio pro reo*. Assim, no exemplo em que um relógio é furtado por dois indivíduos (fato incontestável), a vítima aponta um dos réus (conhecido ladrão), por encontrar-se nas proximidades e que confessa a prática delituosa. O comparsa, porém, que desde o início negara qualquer participação, não é reconhecido pelo ofendido e, tampouco, delatado pelo corréu ou apreendida a *res furtiva* consigo. Finda a instrução, nada de mais concreto se apura, cabendo ao Juiz, então, proferir decreto absolutório, no que tange ao segundo réu, com fulcro neste dispositivo legal. No caso, também é admitido o ajuizamento da ação civil *ex delicto*, ante a possibilidade de, nesta última instância, produzir-se a prova de que reclamou o Juiz criminal.

O inc. IV, todavia, foi além. De se ver, inicialmente, que o legislador pretendeu inovar, dando um passo adiante, somente se justificando sua inclusão porque algo foi alterado, pois, não fosse assim, teria mantido a redação original, deixando de incluir este inciso legal. A diferença básica entre um e outro dispositivo reside no seguinte tópico: o inc. V, conforme já destacado, cogita da dúvida, ou seja, da inexistência de prova suficiente para a condenação, já que a prova dos autos não foi segura nesse sentido. Já o inc. IV é peremptório: restou "provado que o réu não concorreu para a infração penal". Enquanto no inc. V não há prova de ter o réu concorrido para a infração penal, no inc. IV há prova de que ele não concorreu. Para tomarmos o exemplo acima, o comparsa, acusado pelo furto, comprovou que, no dia e hora dos fatos, encontrava-se em cidade distante mais de 500 Km, submetendo-se a uma entrevista para obtenção de emprego, conforme fartamente demonstrou no processo, por meio de prova documental. A diferença, aparentemente sutil, irradia importantes efeitos no âmbito cível, em sede de reparação do dano.

Com efeito, a absolvição com fulcro no inc. V, não inibe a vítima de, na esfera civil, buscar a reparação do prejuízo que alega ter experimentado. Insiste-se: é que a prova que deixou de ser formulada na esfera penal (e que, por isso, culminou com a absolvição do réu), pode, no âmbito cível, ser produzida. Suponha-se que o réu, pela prática de um homicídio culposo, tenha sido criminalmente absolvido, porque duas testemunhas que presenciaram o acidente deixaram de comparecer à audiência, sendo inviável sua localização. Por razões que não importam, tais testemunhas são, posteriormente, localizadas, o que estimula os sucessores da vítima ao ingresso de ação reparatória na esfera civil. Poderão fazê-lo sem constrangimento, almejando produzir no cível a prova que não foi feita no crime, ante, inclusive, a independência que se estabelece pelo art. 935 do Código Civil, entre uma e outra responsabilidade. Para tanto, as testemunhas serão agora ouvidas e, se provada a culpa do réu, o juiz cível deverá condená-lo, obrigando-o a satisfazer o dano acarretado aos autores. Não se cogita, neste caso, de qualquer contradição entre o decidido pelos dois juízes. O primeiro, criminal, reconheceu a inexistência da prova, ou seja, sua fragilidade e, em consequência, absolveu o réu, com fulcro no inc. V, abaixo. Já o segundo, na esfera do direito privado, a partir dos testemunhos produzidos em juízo, entendeu que a culpa do réu se caracterizou e, por isso, julgou procedente a *actio civilis*.

Já se a absolvição se fundar no inciso IV, parece que a ação reparatória na esfera civil resta prejudicada. Aqui, insistimos, não mais se trata da *inexistência de prova* de ter o réu concorrido para a infração penal, como consta do inciso V. Não. O que a inovação legislativa contempla é que restou provado não ter o réu concorrido para a infração penal. No inc. V, *não há prova suficiente de que ele concorreu*. Já no inc. IV, *restou provado não ter ele concorrido*. A exemplo do que se verifica na análise dos incs. I e II, do art. 386 do CPP, que apresentam redação assemelhada (e que foram preservados pela reforma), a distinção, aparentemente acadêmica, revela, no entanto, grande distinção entre uma e outra hipótese.

Distinção que, a nosso juízo, impedirá a propositura de ação reparatória no âmbito civil, caso tenha sido o réu absolvido com base neste inc. IV. Imagine-se a situação na qual um juiz criminal, com todas as letras, tenha reconhecido "que o réu não concorreu para a infração penal". Para tomarmos nosso exemplo inicial, o juiz absolve o réu porque não era ele quem conduzia o veículo que se envolveu na colisão que culminou com a morte da vítima. Ou seja, restou cabalmente "provado que o réu não concorreu para a infração penal". Importaria em inegável desprestígio à Justiça, comprometendo indesejavelmente sua seriedade, que um juiz cível, posteriormente, afirmasse o contrário, isto é, que era sim o acusado quem pilotava o veículo envolvido no sinistro. A independência que se estabelece entre as duas responsabilidades (civil e criminal), estampada no art. 935 do Código Civil, não pode conduzir a tamanho disparate. Aliás, este mesmo dispositivo legal, em sua segunda parte, orienta a solução, ao ressaltar que, no âmbito civil, não se pode mais questionar a decisão criminal "sobre a existência do fato, *ou sobre quem seja seu autor*". Ora, se o juiz criminal reconhece que o acusado "não concorreu para a infração penal", ele admite, por conseguinte, que o réu não é seu autor, o que, nos termos do art. 935 do Código Civil, impede a propositura da ação reparatória na esfera cível.

Somente isso parece justificar a inovação. Fosse para manter a situação anterior e, decerto, nada teria sido alterado. Não teria o legislador incorrido em mero "jogo de palavras". Ao incluir este inciso, pretendeu ir além, possibilitando ao juiz que, deixando de adotar a forma tradicional, consistente em absolver o réu por "não existir prova de ter o réu concorrido para a infração penal", absolva o acusado por estar provado que ele não concorreu para a infração penal. Decisão que, uma vez transitada em juízo, tem relevantes consequências no âmbito do Direito Civil, conforme já ressaltado.

VI – existirem circunstâncias que excluam o crime ou isentem o réu de pena (arts. 20, 21, 22, 23, 26 e § 1º do art. 28, todos do Código Penal), ou mesmo se houver fundada dúvida sobre sua existência; (Redação dada pela Lei nº 11.690, de 2008)

Excludentes de antijuridicidade ou culpabilidade – O legislador tomou o texto original do inc. V – elaborado á época em que entrou em vigor do Código de Processo Penal (1941) – e o inseriu no inc. VI, tendo a cautela de atualizá-lo à luz da reforma da Parte Geral do Código Penal de 1984.

Assim, acarreta a absolvição o erro de tipo (art. 20 do Código Penal), o erro de proibição (art. 21 do CP) e a coação moral irresistível e obediência hierárquica (art. 22 do CP). Dá causa, ainda, à absolvição ter o agente perpetrado o ato acobertado por uma causa excludente de ilicitude (ou antijuridicidade), dentre as previstas no art. 23 do Código Penal, a saber o estado de necessidade, a legítima defesa, o estrito cumprimento de dever legal e o exercício regular de direito. Autoriza a mesma solução a presença de causas de exclusão da imputabilidade, isto é, a inimputabilidade do agente por doença mental ou desenvolvimento mental incompleto ou retardado, que dá ensejo à sentença pena absolutória imprópria (art. 26 do Código Penal), e a embriaguez acidental do agente, (art. 28, § 1º., do Código Penal).

Mas não foi só: criou-se mais um fundamento para a absolvição, justificada "se houver fundada dúvida sobre sua existência". Observe-se, de plano, que os incs. I e II do art. 386 não foram revogados. Não se trata, aqui, portanto, de absolvição por "estar provada a inexistência do fato" ou "por não haver prova da existência do fato". Qual seria, então, a dúvida que justificaria a absolvição? A dúvida, sob nossa compreensão, é aquela que incidirá sobre as "circunstâncias que excluam o crime ou isentem o réu de pena". Com efeito, para tomarmos o exemplo do art. 23 do Código Penal, remanescendo dúvida, ao tempo da sentença, se o réu agiu em estado de necessidade, legítima defesa, estrito cumprimento do dever legal ou exercício regular de direito, deverá o juiz absolvê-lo, forte no brocardo do *in dubio pro reo*. Saliente-se, porém, que não será qualquer dúvida que, desde logo, redundará na absolvição do réu. A dúvida, segundo o texto legal, há de ser fundada, ou seja, deve emergir do conjunto probatório com um mínimo de credibilidade, apta, concretamente, a gerar incerteza no espírito do julgador e, por isso, desaguar em um decreto absolutório. Tratando-se de crime doloso contra a vida, *v.g.*, redobra-se a cautela, pois, como se sabe, a dúvida deve ser dissipada pelos jurados, quando do julgamento em plenário, cumprindo ao juiz, via de regra, pronunciar o réu na primeira fase do procedimento (*judicium accusationis*).

Com a inovação, se a dúvida se referir às "circunstâncias que excluam o crime ou isentem o réu de pena", previstas nos arts. 20, 21, 22, 23, 26 e § 1º do art. 28, do Código Penal, o juiz deverá absolver o réu com base neste dispositivo legal específico (inc. VI), e não adotar a fórmula genérica do inc. VII abaixo. A intenção do legislador, ao que parece, foi de propiciar um texto mais técnico e preciso, capaz de gerar menos discussões, de modo a aperfeiçoar a prestação jurisdicional. Nenhum reflexo, porém, incidirá no campo cível, pois a absolvição fundada na dúvida, quer com base neste inciso, quer com base no inciso seguinte, não inibe a vítima ou seus sucessores de manejarem a respectiva ação de reparação.

Cabe, porém, uma observação. Em relação à absolvição em que se reconheceu uma causa excludente de ilicitude (ou antijuridicidade), dentre as previstas no art. 23 do Código Penal, não há, em regra, possibilidade de se buscar a satisfação do dano no cível, face ao disposto no art. 65 do Código, ao prever que *faz coisa julgada no cível a sentença pe-*

nal que reconhecer ter sido o ato praticado em estado de necessidade, em legítima defesa, em estrito cumprimento do dever legal ou no exercício regular de direito. Nos demais casos, é possível a propositura da ação. Assim, por exemplo, em uma hipótese de discriminante putativa. Sendo constante ameaçado de morte, certo dia, na escuridão da noite, me deparo com um irmão gêmeo de meu algoz que, (apurou-se depois), para ajustar seu cinto, parecia pretender acionar um revólver. Sem hesitar, nele atiro, matando-o. Eventual absolvição pelo júri não impedirá que herdeiros do falecido morto por engano, ajuízem ação de reparação contra o atirador.

ATENÇÃO - Enquanto que no estado de necessidade defensivo não há obrigação de reparar o dano, no estado de necessidade agressivo essa obrigação se impõe, admitindo-se, todavia, ação regressiva contra o causador do risco. Isso decorre da diferenciação havida entre a excludente da ilicitude em exame e as excludentes de responsabilidade civil (caso fortuito, força maior e culpa exclusiva da vítima). A primeira afasta da conduta a contrariedade ao direito, mas não previne, de maneira absoluta, a obrigação de indenizar os danos causados. Assim, por exemplo, o agente que, para afastar o perigo causado pelo ataque de um cão feroz, sobe na capota de um veículo, que não pertence ao dono do animal, provocando um dano. Deve reparar esse dano, tendo, porém, ação regressiva contra o proprietário do animal. Também é passível de reparação o dano a terceiro na legítima defesa com erro na execução. No caso, não obstante seja lícita a conduta, há o dever de indenizar quem não praticava a agressão, mas foi acidentalmente atingido pelo ato de quem a repelia.

VII - não existir prova suficiente para a condenação. (Incluído pela Lei nº 11.690, de 2008)

In dubio pro reo - Cabe, ainda, a absolvição quando não existir prova suficiente para a condenação. A doutrina aponta a dificuldade de aplicação deste dispositivo, pois, via de regra, a absolvição encontrará repouso em uma das causas anteriormente aludidas. Por conta disso, chega mesmo a proclamar sua inutilidade. Poderia se citar, contudo, o exemplo em que, praticadas lesões corporais recíprocas, não se apura o autor do ataque inicial. Também aqui, onde a absolvição funda-se na dúvida, é possível que se pleiteie, na esfera civil, a respectiva indenização, pelas razões anteriormente expostas. Trata-se, pois, mais uma vez, da adoção do conhecido jargão do *in dubio pro reo*, pelo qual a dúvida ser resolve em favor do acusado, sendo preferível a absolvição de um culpado à condenação de um inocente. Rende-se homenagem, ademais, ao princípio da presunção de inocência. Como destaca José Antonio Pimenta Bueno "a prova é o ato ou atos, ou antes o meio jurídico ou moral pelo qual se certificam ou convencem os juízes da veracidade dos fatos: é uma parte muito essencial do processo, e especialmente do crime, porque a presunção natural é a da inocência [...] e tanto que na colisão de provas ou na dúvida a absolvição deve por certo prevalecer: *in ambiguis humaniorem sentatiam, non minus justius est quam tutius*" (*Apontamentos Sobre* o *Processo Criminal Brasileiro, 2*" ed., Rio de Janeiro: 1857, p. 147).

Não teria mais cabimento, assim, nos dias atuais, a curiosa solução adotada pelo Código da Bavária (1813), repetida pela legislação alemã de 1946, a permitir que, uma vez não comprovada a prática criminosa, se condenasse o réu por um crime menos grave (cf., Manuel Gonçalves Cavaleiro Ferreira, *Direito Penal Português. Parte geral*, 2ª. ed., Lisboa: Verbo, 1982, p. 111).

JURISPRUDÊNCIA

In dubio pro reo

"A aplicação da máxima in dubio pro reo é decorrência lógica dos princípios da reserva legal e da presunção de não culpabilidade e, como tal, exige juízo de certeza para a prolação do juízo condenatório, sendo que qualquer dúvida acerca da materialidade e autoria delitivas resolvem-se a favor do acusado" (STJ –AgRg no AResp n° 63199-MG – Rel. Marco Aurélio Bellizze, j. 27.08.2013, DJe 03.09.2013).

"À Justiça Penal, cuja missão é a de distribuir penas, importa capitalmente uma graduada certeza – ainda que inevitavelmente moral – sobre a autoria dos crimes. A persistência de dúvida grave nesse tema leva à absolvição, como reclamo indeclinável, primeiro, da prudência e, depois, da licitude do Juízo. Para que um Juízo seja ato de justiça, disse Santo Tomás de Aquino, dele se exigem três condições: que proceda de uma inclinação de justiça; que emane da autoridade competente; que seja pronunciado segundo a reta razão. Faltante a primeira dessas condições, o Juízo diz-se injusto; a segunda, usurpado; a terceira, suspicaz ou temerário: quando falta a certeza racional, como se alguém julga das coisas que são duvidosas ou ocultas por algumas ligeiras conjecturas" (TACrimSP, Rel. Ricardo Dipp, RJTACrim 48/260).

Parágrafo único. Na sentença absolutória, o juiz:

I - mandará, se for o caso, pôr o réu em liberdade;

Liberdade imediata – Consequência natural da absolvição do réu será sua imediata colocação em liberdade. Para exemplificar, em um processo relativo ao júri, ao qual respondia preso, absolvido em plenário, deve ser solto, de pronto. O mesmo ocorrerá quando proferida a sentença absolutória em audiência (e fora dela, também), ou quando tal absolvição decorrer do julgamento de um recurso ou algum outro remédio constitucional. Sucede que, por vezes, o réu responde preso a outros processos, além daquele no qual foi absolvido. Nesse caso incide a conhecida fórmula *se por al não estiver preso*, lançada no alvará de soltura, a indicar que deve ser o réu posto em liberdade, desde que não esteja preso por outro motivo. As Normas da Corregedoria Geral do Tribunal de Justiça do Estado de São Paulo, em seu art. 408, inc. IV, dispõem que "além dos requisitos gerais, nos alvarás de soltura serão consignados ainda a cláusula "se por al não estiver preso".

Nem sempre foi assim. Pela redação original do art. 596 do código, a apelação da sentença absolutória, quando a pena máxima cominada ao delito fosse igual ou superior a oito anos, era recebida apenas no efeito suspensivo. De sorte que, caso o réu tivesse respondido preso ao processo e viesse, mais adiante, a ser absolvido, eventual apelação suspendia os efeitos da sentença, a determinar que ele aguardasse preso o julgamento do recurso. Isso – insistimos – para os crimes com previsão de pena máxima igual ou superior a oito anos. Tão odioso dispositivo foi logo revogado pela Lei n. 263/1948, ao determinar que "a apelação da sentença absolutória não impedirá que o réu seja posto imediatamente em liberdade".

Sobre a imediata liberação do réu absolvido em plenário do júri, v. abaixo art. 492, inc. II, "a".

II - ordenará a cessação das medidas cautelares e provisoriamente aplicadas; (Redação dada pela Lei nº 11.690, de 2008)

Medidas cautelares – Prejudicada, com a absolvição, qualquer possibilidade de aplicação da pena (efeito principal da condenação), resta também afastado o acessório, segundo o conhecido brocardo romano pelo qual *accessio cedit principali*.

Importaria, assim, em verdadeiro contrassenso, por exemplo, que o réu, a quem se concedeu o benefício de responder em liberdade ao processo, com a imposição, porém, de monitoramento eletrônico (art. 319, inc. IX do CPP), uma vez absolvido, continuasse a usar qualquer aparato capaz de restringir sua liberdade. Ou que fosse obrigado a comparecer periodicamente em juízo a fim de justificar suas atividades, conquanto absolvido (art. 319, inc. I do CPP). De tal forma que a absolvição, além de isentar o acusado da pena, livra-o também de qualquer outra medida cautelar ou provisória aplicada no curso do processo.

Mas, além dessas medidas de cunho corporal, que impõem uma restrição ao *status libertatis* do réu, outras são previstas no código, de caráter patrimonial, visando o ressarcimento dos danos causados pelo crime ou o pagamento das despesas do processo. Tratam-se do sequestro e arresto que, uma vez absolvido o réu, devem também ser levantados. Assim, determina o art. 131, inc. III do código, o levantamento do sequestro quando "for julgada extinta a punibilidade ou absolvido o réu, por sentença transitada em julgado". Nesses casos, o art. 141 do CPP prevê, ainda, o levantamento do arresto ou cancelamento da hipoteca. Ainda como consequência da absolvição, deve se operar à restituição da fiança, na dicção do art. 337 do código. Sobre a possibilidade de restituição de coisas apreendidas, ver acima comentários ao art. 119.

JURISPRUDÊNCIA

"Diante da absolvição do Acusado, a presunção deve agora operar em seu favor. Se antes havia indícios da autoria delitiva a justificar o sequestro dos bens, agora há sentença penal, amparada na prova colhida na fase instrutória, afirmando a sua inocência. Nessa esteira, mostra-se escorreita a decisão judicial que determinou o levantamento dos bens constritos, por ser o que determina o art. 386, parágrafo único, inciso II, do Código de Processo Penal (com redação dada pela Lei n.º 11.690/08). Precedente" (STJ – AgRg no REsp n° 1254603-PR, Rel. Laurita Vaz, j. 17.10.2013, DJe 29.10.2013).

III - aplicará medida de segurança, se cabível.

Sentença absolutória imprópria – É aquela que, embora reconhecendo a tipicidade e ilicitude na conduta do agente, deixa de impor-lhe uma pena, em face de sua inimputabilidade. Em outras palavras: o agente cometeu um fato típico e antijurídico, mas por ser inimputável, não recebe pena, sendo-lhe imposta outra sanção penal, qual seja, medida de segurança, da espécie internação em estabelecimento adequado ou tratamento ambulatorial (art. 96, inc. I e II, do Código Penal, com as adequações trazidas pela Res. 487 do CNJ).

Vê-se, claramente, que, conquanto denominada *sentença absolutória*, ela acarreta um gravame ao agente, posto que deverá cumprir a medida de segurança em regime de internação (excepcionalmente) ou se submeter a tratamento ambulatorial (regra). Daí a necessidade de se demonstrar, antes, a tipicidade e ilicitude na conduta do agente para, somente depois, aplicar-lhe a medida de segurança. Assim, num exemplo, é possível que o agente, a despeito de inteiramente incapaz de entender o caráter ilícito do fato (e, portanto, inimputável, nos termos do art. 26 do Código Penal), tenha agido em legítima defesa. Assim o sujeito que, absolutamente louco, é injustamente atacado e, em resposta imediata e proporcional, mata seu agressor. Parece óbvio que, nesse caso, não merecerá uma sentença absolutória *imprópria*, capaz de impor-lhe uma internação, mas sim uma sentença absolutória *própria*, fundada no art. 386, inc. VI do CPP.

ATENÇÃO - Ressalte-se que antiga discussão a respeito do tempo de duração da medida de segurança foi superada pelo teor da Súmula 527 do STF, a saber: "O tempo de duração da medida de segurança não deve ultrapassar o limite máximo da pena abstratamente cominada ao delito praticado".

Ainda sobre o tema, conferir comentários abaixo ao art. 415 do código, sob a rubrica *inimputabilidade.*

JURISPRUDÊNCIA

A medida de segurança pressupõe a prática de fato típico

"Para a absolvição do réu em razão da inimputabilidade e conseqüente aplicação de medida de segurança, não basta prova da doença mental ou perturbação da saúde mental, visto que indispensável o pressuposto de que tenha ele praticado um fato típico punível. Assim, antes de indagar do elemento culpabilidade, a sentença deve apreciar a existência do fato típico, quer quanto a autoria, bom como a ocorrência ou não de alguma cláusula de exclusão de ilicitude do fato, sendo nula a decisão que assim não procede" (TACrimSP, Rel. Gomes de Almeida, RJD 8/215).

Absolvido o réu por insanidade mental, é obrigatória a imposição de medida de segurança

"Embora a prática de delito punível abstratamente com pena de reclusão imponha a adoção de medida de segurança de internação, se o réu considerado inimputável em razão de oligofrenia não revela periculosidade, deve ser concedido tratamento ambulatorial se este se adapta melhor à sua situação" (TJMG, Rel. Odilon Ferreira, RT 791/664).

Ainda que punido com detenção o delito

"Na fixação da medida de segurança – por não se vincular à gravidade do delito perpetrado, mas à periculosidade do agente –, cabível ao magistrado a opção por tratamento mais apropriado ao inimputável, independentemente de o fato ser punível com reclusão ou detenção, em homenagem aos princípios da adequação, da razoabilidade e da proporcionalidade" (STJ – REsp nº 1266225–PI, Rel. Sebastião Reis Júnior, j. 16.08.2012, DJe 03.09.2012).

Art. 387. O juiz, ao proferir sentença condenatória: (Vide Lei nº 11.719, de 2008)

I - mencionará as circunstâncias agravantes ou atenuantes definidas no Código Penal, e cuja existência reconhecer;

II - mencionará as outras circunstâncias apuradas e tudo o mais que deva ser levado em conta na aplicação da pena, de acordo com o disposto nos arts. 59 e 60 do Decreto-Lei nº 2.848, de 7 de dezembro de 1940 - Código Penal; (Redação dada pela Lei nº 11.719, de 2008).

III - aplicará as penas de acordo com essas conclusões; (Redação dada pela Lei nº 11.719, de 2008).

IV - fixará valor mínimo para reparação dos danos causados pela infração, considerando os prejuízos sofridos pelo ofendido; (Redação dada pela Lei nº 11.719, de 2008).

V - atenderá, quanto à aplicação provisória de interdições de direitos e medidas de segurança, ao disposto no Título XI deste Livro;

VI - determinará se a sentença deverá ser publicada na íntegra ou em resumo e designará o jornal em que será feita a publicação (art. 73, § 1º, do Código Penal).

§ 1º O juiz decidirá, fundamentadamente, sobre a manutenção ou, se for o caso, a imposição de prisão preventiva ou de outra medida cautelar, sem prejuízo do conhecimento de apelação que vier a ser interposta. (Incluído pela Lei nº 12.736, de 2012)

§ 2º O tempo de prisão provisória, de prisão administrativa ou de internação, no Brasil ou no estrangeiro, será computado para fins de determinação do regime inicial de pena privativa de liberdade. (Incluído pela Lei nº 12.736, de 2012)

I - mencionará as circunstâncias agravantes ou atenuantes definidas no Código Penal, e cuja existência reconhecer;

II - mencionará as outras circunstâncias apuradas e tudo o mais que deva ser levado em conta na aplicação da pena, de acordo com o disposto nos arts. 59 e 60 do Decreto-Lei nº 2.848, de 7 de dezembro de 1940 - Código Penal; (Redação dada pela Lei nº 11.719, de 2008).

III - aplicará as penas de acordo com essas conclusões; (Redação dada pela Lei nº 11.719, de 2008).

Sentença condenatória – Como garantia do cidadão, em observância ao princípio da legalidade penal, disposto no artigo 1º do Código Penal e no artigo 5º, XXXIX, da Carta Magna, não há pena sem prévia cominação legal, devendo o legislador, na sua criação, observar a proporcionalidade da resposta estatal em relação ao bem jurídico tutelado.

Praticada a infração penal, nasce para o Estado o direito de aplicar a sanção abstratamente cominada, forma de retribuir o mal causado e meio (supostamente eficaz) de inibir a reincidência. Para tanto, exige-se o devido processo legal, que se encerra com a sentença, ato judicial que impõe ao acusado a pena individualizada de acordo com a gravidade do crime e as condições pessoais do condenado.

No Brasil, em regra, as penas abstratamente previstas na lei penal são privativas de liberdade e/ou multa, não havendo, em regra, cominação de penas restritivas de direitos, que são quase sempre substitutivas da reclusão, detenção ou prisão simples.

ATENÇÃO - Na Lei de Drogas (Lei 11.343/06) temos um tipo penal - art. 28 - que comina no seu preceito secundário penas restritivas de direitos. Trata-se de caso excepcional de penas restritivas não substitutivas, mas principais.

Aplicação da pena privativa de liberdade – O Código Penal, em seu artigo 68, adotou o sistema trifásico na aplicação da pena, concebido por Nelson Hungria, para o cálculo da pena privativa de liberdade. Assim, sobre a pena cominada abstratamente no tipo penal, em uma primeira fase, estabelece-se a pena-base atendendo às circunstâncias judiciais trazidas pelo artigo 59 do CP; em seguida, fixada a pena-base, sobre ela incidirão eventuais circunstâncias agravantes e atenuantes (arts. 61, 62, 65 e 66); por fim, encerrando o *quantum* da reprimenda, serão consideradas as causas de diminuição e aumento de pena previstas tanto na Parte Geral como na Especial do Código.

ATENÇÃO – Considerando que se trata de fases com fundamentos diversos, não pode o juiz compensar o elemento de uma delas com outro de fase distinta, como circunstâncias judiciais com atenuantes ou atenuantes com causas de aumento: "Em observância ao critério trifásico estabelecido no art. 68 do Código Penal, as circunstâncias atenuantes não podem ser compensadas com circunstâncias judiciais desfavoráveis ou causa de aumento de pena. Nesse diapasão, a pretendida compensação é indevida, conforme inteligência do art. 68 do Código Penal, tendo em vista que tais elementos são valorados em fases distintas da dosimetria" (AgRg no HC 447.785/SC, Rel. Min. Felix Fischer, j. 11/09/2018).

É importante notar que as qualificadoras não fazem parte das etapas de fixação da pena, pois integram o preceito secundário do tipo penal e, deste modo, são consideradas como ponto de partida para a dosimetria da pena. Assim, se no crime de homicídio simples, a aplicação da pena parte dos limites de 6 a 20 anos, no homicídio qualificado o cálculo da reprimenda penal parte da pena de 12 a 30 anos, sobre a qual incidirão as circunstâncias de cada uma das três etapas.

O método trifásico de aplicação da pena tem por objetivo viabilizar o exercício do direito de defesa, explicando para o réu os parâmetros que conduziram o juiz à determinação da reprimenda.

Depois de calculada a pena privativa de liberdade, deve o Magistrado anunciar o regime inicial para seu cumprimento, bem como a possibilidade (ou não) de substituição da pena por medidas alternativas (restritivas de direitos, multa ou suspensão condicional da execução da pena – *sursis*).

Em síntese:

Sistema Trifásico		
Preceito Secundário Simples /Preceito Secundário Qualificado		
1ª FASE: fixar a pena-base atentando-se para as circunstâncias judiciais (art. 59 do CP)	**2ª FASE:** fixar a pena intermediária, considerando as agravantes (arts. 61 e 62 do CP) e atenuantes (arts. 65 e 66 do CP).	**3ª FASE:** fixar a pena definitiva, aplicando as causas de aumento e diminuição de pena
* Fixada a pena definitiva, deve o Juiz anunciar o regime para seu inicial cumprimento * Por fim, deve aquilatar os requisitos que permitem: **(A)** substituição da pena privativa de liberdade por sanção alternativa ou **(B)** a suspensão condicional de execução da pena (*sursis*)		

JURISPRUDÊNCIA

Não observância do sistema trifásico

a) nulidade da sentença

Sentença criminal – Nulidade – Cálculo da pena – Falha de fundamentação – Desobediência ao critério trifásico – Invalidação – Inteligência da Lei 7.209/94 – "Cumpre ao juiz, na sentença, destacar, motivadamente, os fatores que explicam o alvitre da pena-base acima do mínimo legal. O Código Penal, com a inovação da Lei 7.209/84, tornou obrigatório o critério trifásico para o cálculo da reprimenda (art. 68)" (STF, Rel. Francisco Rezek, RT 606/420).

Pena – Critério trifásico – Art. 68 do Código Penal – "Na fixação da pena final, descabe considerar, a um só tempo, os antecedentes criminais (circunstância judicial) e a reincidência (agravante, disciplinados, respectivamente, nos artigos 59 e 61 do CP). O vício de procedimento não é afastado pelo fato de a pena final haver ficado acima, em apenas um ano, da mínima prevista para o tipo. O preceito do art. 68 do CP tem como escopo maior viabilizar o exercício do direito de defesa pelo condenado, consubstanciando, assim, princípio a ser observado. Violar um princípio é muito mais grave que transgredir uma norma qualquer (Celso Antônio Bandeira de Mello – Curso de Direito Administrativo, 5ª. ed., pag. 451)" (STF, Rel. Marco Aurélio, RJ 219/85).

b) não é nula quando fixada a pena no mínimo legal

"A inobservância do critério trifásico não é, em si, conducente à nulidade da sentença, se a pena for fixada no mínimo legal. Precedentes do STF. Nulidade que ocorre, na espécie, porque a pena foi majorada em função da reincidência, circunstância legal que deve ser apreciada destacadamente das circunstâncias judiciais mencionadas no art. 59 do CP" (STF, Rel. Francisco Rezek, RBCCrim 2/239).

Primeira fase de aplicação da pena - Como já alertado, a primeira etapa de aplicação da sanção privativa de liberdade tem por **finalidade fixar a pena-base**, partindo do preceito secundário simples ou qualificado estampado no tipo incriminador, sobre o qual incidirão as circunstâncias judiciais previstas no artigo 59 do Código Penal: *culpabilidade, antecedentes, conduta social, personalidade do agente, motivos, circunstâncias e consequências do crime, bem como o comportamento da vítima.*

ATENÇÃO - Caso exista mais de uma circunstância qualificadora do crime (por exemplo, furto qualificado pelo rompimento de obstáculo e concurso de pessoas, art. 155, § 4º, I, e IV, do CP), somente uma delas deverá ser aplicada como ponto de partida, ficando a outra relegada **(A)** à segunda fase de aplicação da pena, caso encontre previsão legal em uma das circunstâncias agravantes dos artigos 61 ou 62 do Código Penal, ou **(B)** à análise em sede de circunstâncias judiciais, ainda na primeira fase. A respeito, confira-se entendimento do STJ: "Havendo mais de uma qualificadora do delito, é possível que uma delas seja utilizada como tal e as demais sejam consideradas como circunstâncias desfavoráveis, seja para agravar a pena na segunda etapa da dosimetria, seja para elevar a pena-base na primeira fase do cálculo" (AgRg no AREsp 830.554/SP, Rel. Min. Jorge Mussi, j. 20/09/2018).

Nota-se que o Código Penal não fixou o *quantum* de aumento para as circunstâncias judiciais desfavoráveis ao sentenciado (maus antecedentes, por exemplo). Esse montante, portanto, fica a critério do juiz, que deverá sempre fundamentar a sua decisão. A jurisprudência sugere 1/6 para cada circunstância presente; a doutrina, 1/8. De todo modo, nesta etapa, o juiz está atrelado aos limites mínimo e máximo abstratamente previstos no preceito secundário da infração penal (art. 59, II, CP), não podendo suplantá-los.

ATENÇÃO - A pena-base fixada acima do mínimo sem fundamentação dá ensejo à anulação da sentença nesse ponto, devendo o Tribunal reconhecer a nulidade e remeter os autos para que o juiz proceda à nova aplicação da pena, desta vez de forma motivada. Meras referências genéricas às circunstâncias judiciais não são suficientes. Nas palavras de Ruy Rosado de Aguiar, "A garantia constitucional da individualização exige a fundamentação de todas as opções decisórias do juiz na fixação da pena. Portanto, para estabelecer a pena-base, deve ele considerar cada uma das circunstâncias do art. 59, enumerando todas as que se encontrem presentes nos autos e sejam relevantes, explicitando o modo pelo qual se realizam no caso em julgamento e indicando os fatos reveladores. Isso não significa, porém, que esteja o juiz obrigado a analisar exaustivamente cada uma das circunstâncias previstas no art. 59, 'bastando fixar-se nas reputadas decisivas para a dosagem' (HC 70303-SP, 2.ª T., Min. Paulo Brossard)" (Doutrinas Essenciais de Direito Penal. *Aplicação da pena*. RT. vol. 4. p. 933/964. Out/2010).

Dentro desse espírito, o magistrado sentenciante deve partir da pena mínima para, reconhecendo presente circunstância desfavorável ao réu, dirigir-se na direção da pena máxima. Não havendo circunstâncias judiciais relevantes (ou presente somente circunstâncias favoráveis), a pena base deverá ser fixada no mínimo legal (respeitando, sempre, o limite mínimo trazido pelo preceito punitivo). A pena-base somente se afastará do patamar mínimo se estiverem presentes circunstâncias judiciais desfavoráveis.

ATENÇÃO - Note-se que o art. 315 do CPP, com redação dada pela Lei 13.964/19 (Pacote Anticrime), dispõe que não se considera fundamentada qualquer decisão judicial, seja ela interlocutória, sentença ou acórdão, que: I - se limitar à indicação, à reprodução ou à paráfrase de ato normativo, sem explicar sua relação com a causa ou questão decidida; II - empregar conceitos jurídicos indeterminados, sem explicar o motivo concreto de sua incidência no caso; III - invocar motivos que se prestariam a justificar qualquer outra decisão; IV - não enfrentar todos os argumentos deduzidos no processo capazes de, em tese, infirmar a conclusão adotada pelo julgador; V - se limitar a invocar precedente ou enunciado de súmula, sem identificar seus fundamentos determinantes nem demonstrar que o caso sob julgamento se ajusta àqueles fundamentos; VI - deixar de seguir enunciado de súmula, jurisprudência ou precedente invocado pela parte, sem demonstrar a existência de distinção no caso em julgamento ou a superação do entendimento. Da simples leitura do novo dispositivo - reprodução fiel do art. 489, §1º, do CPC -, conclui-se que a decisão deve fugir ao lugar comum, evitando frases feitas, verdadeiros "carimbos" que permitem sua reprodução em série, aplicáveis a todo e qualquer caso, sem o mínimo de individualização. Deve ficar evidente o porquê de o juiz ter tomado aquela decisão. Nessa linha de raciocínio, menções genéricas às circunstâncias judiciais são repugnadas. Não basta afirmar, por exemplo, que a culpabilidade do autor do crime é acentuada; ou que as circunstâncias do crime demonstram sua gravidade. É preciso apontar por que determinado indivíduo agiu de forma mais reprovável e por que o crime é mais grave do que o normal.

JURISPRUDÊNCIA

Individualização da pena

"O art. 59 do CP encerra conquista histórica, impulsionada pelos movimentos, hoje, conhecidos por Direitos Humanos. Vários séculos são passados. Da vingança privada, quando o ofendido respondia ao ofensor, como quisesse, ou pudesse. A pena de talião, na ótica atual, exemplo de barbárie, em seu tempo, representou conquista lenta e pesasora. Delimitou a sanção: dente por dente, olho por olho, braço por braço. A história da Criminologia é o relato das causas da delinqüência a fim de a sanção ser adequada, justa e oportuna. Nessa linha o positivismo de Lombroso, o sociologismo de Ferri, a busca do delito natural de Garofalo, a Criminologia Clínica de Di Tullio, Sociologia Criminal, com a célebre Escola de Chicago, retornando a teoria da 'anomia' de Durkhein. Firma-se a moderna sociologia americana, devendo ser realçado o surgimento do instituto, hoje, universalmente reconhecido – 'white collar' – que lembra sempre as pesquisas de Sutherland. Não se olvidem ainda as tendências socialistas com esteio nas idéias de Carlos Marx. Apesar das diversas ideologias, notadamente do ponto de partida, voltam-se para o mesmo fim: disciplinar a atuação do Estado, presente no processo penal, e que a sanção penal, ao contrário do início, da vingança privada, tenha – utilidade social. Além disso, com a experiência ainda das conseqüências iníquas e funestas da mencionada etapa histórica, policiar o próprio Estado – detentor do poder (não é simples direito) de punir. Em síntese, a atividade judicial de aplicar a pena é discricionária. Discricionária quanto à matéria. Vinculada na forma. O juiz precisa explicar (fundamentar, enfim) todos os seus passos. E, para tanto, cativo a este raciocínio: adequar o fato à norma. Esta é extensa (sentido lógico do termo). O fato, por seu turno, posto nessa extensão. Em outras palavras, o ser compreendido no dever-ser. Dessa forma, na motivação o juiz precisa adequar o fato à norma. E mais. Fazê-lo expressamente. Não há fundamentação implícita. O Código de Processo Penal, nessa linha histórico-política, comanda no art. 381: 'A sentença conterá ... III – a indicação dos motivos de fato e de direito em que se fundar a decisão'. E – importante – no inc. IV – acrescenta – 'a indicação dos artigos de lei aplicados' (...) No caso sub judice, a pena-base foi majorada 'pela intensidade do dolo'. Essa qualificação é normativamente inadequada. Além do mais, ainda que tais considerações não se façam procedentes dada a exigência da fundamentação explícita, o juiz precisaria motivar a referida intensidade. Termo que, ontologicamente, contém graus. Aliás, a lei vigente não menciona mais – intensidade do dolo – como se referira a Parte Geral revogada do Código Penal. Abandonou-se a teoria da causalidade. Ainda que permitido fosse invocar a antiga nomenclatura, impunha-se, pelo mencionado art. 381, III, 'a indicação dos motivos do fato'. Esta referência genérica, sem dúvida, reclama, no caso concreto, descrição do acontecimento histórico em julgamento. Se assim não o fizer, limitar-se-ia a indicar – o artigo de lei. A nulidade, porque instituto de exceção, deve alcançar somente o que não for aproveitável. Na espécie, somente o tópico da individualização da pena evidencia vício. Nessa extensão deverá ser recepcionada" (STJ, Rel. Luiz Vicente Cernicchiaro, RBCCrim 28/300).

Necessidade de fundamentação na aplicação da pena

"A exigência de motivação da individualização da pena – hoje garantia constitucional do condenado (CF, arts. 5º, XLVI, e 93, IX) -, não se satisfaz com a existência na sentença de frases ou palavras quaisquer, a pretexto de cumpri-la: a fundamentação há de explicitar a sua base empírica e essa, de uma vez, há de guardar relação de pertinência, legalmente adequada, com a exasperação da sanção penal, que visou justificar. É nula, no ponto, a sentença na qual o Juiz, explicitando os dados de fato em que assentou a exacerbação da pena – no caso, ao ponto de quadruplicar o mínimo da cominação penal, desvela o subjetivismo dos critérios utilizados, de todo distanciados dos parâmetros legais" (STF, Rel. Sepúlveda Pertence, RTJ 143/600).

Desnecessidade de fundamentação quando aplicada pena no mínimo legal

"A sentença criminal deve conter fundamentação suficiente, e não abundante. A parte da sentença que diz respeito à fixação da pena deve ser fundamentada, entretanto, se a pena foi fixada na quantidade mínima, sem prejudicar o réu, não se anula a decisão" (STF, Rel. Antônio Nader, RTJ 68/348).

Segunda fase de aplicação da pena – A segunda fase de aplicação da pena tem por finalidade encontrar a pena intermediária. O seu ponto de partida é a pena-base, fixada na etapa anterior, fazendo incidir sobre ela as circunstâncias agravantes (arts. 61 e 62) e atenuantes (arts. 65 e 66) previstas na Parte Geral do Código Penal.

Por encontrarem previsão na Parte Geral do Código, estas circunstâncias são chamadas de genéricas.

ATENÇÃO - Nada impede que a legislação especial traga, para os crimes de que dispuser, atenuantes e agravantes próprias. É o que ocorre, por exemplo, com a Lei de Crimes Ambientais, que prevê agravantes e atenuantes específicas para estes delitos.

As agravantes e atenuantes genéricas podem ser definidas como circunstâncias objetivas ou subjetivas que não integram a estrutura do tipo penal, mas se vinculam ao crime, devendo ser consideradas pelo juiz no momento de aplicação da pena.

O Código Penal, a exemplo da primeira fase, não fixou o *quantum* de aumento ou diminuição para as circunstâncias agravantes e atenuantes, deixando ao prudente arbítrio do juiz, que deverá sempre fundamentar a sua decisão. Consagrou-se, no entanto, que a fração deve ser de 1/6. Nesse contexto, se o magistrado concluir pela aplicação de fração outra, está obrigado a fundamentar sua decisão de maneira adequada, sob pena de nulidade. É o que entende o STJ: "Nos termos da jurisprudência desta Corte, a aplicação de fração superior a 1/6 pela reincidência exige motivação idônea" (HC 229.371 - Rel. Min. Laurita Vaz - DJe 04/09/2013).

Também nesta etapa, apesar de não haver previsão legal, entende a doutrina (seguida pela jurisprudência) que o juiz está atrelado aos limites mínimo e máximo abstratamente previstos no preceito secundário da infração penal, não podendo suplantá-los (Súmula 231 do STJ).

Em suma, o magistrado sentenciante deve partir da pena-base, fixada na etapa anterior, para, reconhecendo presente circunstância agravante, dirigir-se na direção da pena máxima. Havendo somente atenuantes, a pena intermediária caminha na direção do mínimo abstratamente previsto no preceito secundário (lembrando que, no caso de a pena-base ter sido fixada no mínimo, não se aplica a atenuante). Não existindo circunstâncias relevantes (agravantes ou atenuantes), a pena intermediária simplesmente confirmará a pena-base.

Concurso entre circunstâncias agravantes e atenuantes - Aplica-se o artigo 67 do Código Penal, devendo a pena intermediária aproximar-se do limite indicado pelas circunstâncias preponderantes, entendendo-se como tais as que resultam dos motivos determinantes do crime, da personalidade do agente e da reincidência. Qual a ordem de preponderância no concurso de agravantes e atenuantes? Analisando a redação do art. 67 do CP, a doutrina e a jurisprudência estabelecem a seguinte ordem: **1º)** atenuantes da *menoridade* e da *senilidade*; **2º)** agravante da reincidência; **3º)** atenuantes e agravantes subjetivas; **4º)** e, por fim, atenuantes e agravantes objetivas.

ATENÇÃO - o STJ se orientava no sentido de que a condenação por porte de drogas para consumo próprio (art. 28 da Lei 11.343/06) gerava reincidência, pois, não obstante tenha havido despenalização em relação a esta infração penal, sua natureza criminosa permanece. A Quinta e a Sexta Turmas do tribunal, no entanto, modificaram sua orientação e têm decidido que embora se mantenha o caráter criminoso da infração, é desproporcional, diante da inexistência de sanção privativa de liberdade, sopesar a condenação para os efeitos da reincidência. Considerar, neste caso, em desfavor do agente a reincidência significa lhe conferir tratamento mais severo do que se houvesse sido condenado por contravenção penal, que, passível de prisão simples, não gera reincidência, como se extrai dos artigos /41 (cf. AgRg no REsp 1.778.346/SP, j. 23/04/2019 e HC 453.437/SP, j. 04/10/2018).

Compensação entre a circunstância agravante da reincidência e a circunstância atenuante da confissão espontânea do réu – A questão gera indisfarçável controvérsia. Para uma corrente, é inviável a compensação, pois a circunstância agravante da reincidência é preponderante, devendo prevalecer sobre a atenuante da confissão espontânea, nos exatos termos do art. 67 do Código Penal. Para outra, a compensação mostra-se possível, eis que ambas as circunstâncias são preponderantes: a primeira, por expressa previsão legal; a segunda, por se ater diretamente à personalidade do agente (capacidade de assumir erros e suas consequências).

> "A Terceira Seção desta Corte Superior, no julgamento do EREsp 1.154.752/RS, de relatoria do Ministro Sebastião Reis Júnior, firmou o entendimento segundo o qual a atenuante da confissão espontânea, uma vez que compreende a personalidade do agente, é circunstância preponderante, devendo ser compensada com a agravante da reincidência, igualmente preponderante" (HC 527.285/SP, Rel. Min. Nefi Cordeiro, j. 01/10/2019).

A compensação é admitida inclusive no caso de reincidência específica:

> "[...] 3. A Terceira Seção, no julgamento do Recurso Especial Representativo de Controvérsia 1.341.370/MT, firmou o entendimento de que, aferidas as especificidades do caso concreto, "é possível, na segunda fase da dosimetria da pena, a compensação da atenuante da confissão espontânea com a agravante da reincidência". Em 11/10/17, no julgamento do Habeas Corpus 365.963/SP, firmou a jurisprudência no sentido que a especificidade da reincidência não obstaculiza sua compensação com a atenuante da confissão espontânea. 4. Tratando-se de condenado que registra apenas uma condenação transitada em julgado anterior, não há qualquer óbice à compensação integral da atenuante da confissão espontânea com a agravante da reincidência, ainda que específica [...]"(HC 558.571/RJ, Rel. Min. Ribeiro Dantas, j. 09/06/2020).

Note-se, no entanto, que o tribunal impede a compensação integral nos casos em que o agente é multirreincidente, pois o contrário implicaria ofensa aos princípios da individualização da pena e da proporcionalidade:

> "É possível, na segunda fase da dosimetria da pena, a compensação integral da atenuante da confissão espontânea com a agravante da reincidência, seja ela específica ou não. Todavia, nos casos de multirreincidência, deve ser reconhecida a preponderância da agravante prevista no art. 61, I, do Código Penal, sendo admissível a sua compensação proporcional com a atenuante da confissão espontânea, em estrito atendimento aos princípios da individualização da pena e da proporcionalidade." (REsp 1.931.145/SP, Rel. Min. Sebastião Reis Júnior, j. 22/06/2022).

O STF, por sua vez, decidindo *habeas corpus* impetrado contra acórdão em que houvera sido negada a compensação, considerou que a decisão impugnada estava em conformidade com a jurisprudência de ambas as Turmas do tribunal "no sentido de que, a teor do art. 67 do Código Penal, 'a agravante da reincidência prepondera sobre a atenuante da confissão espontânea, razão pela qual é inviável a compensação pleiteada'" (HC 105.543/MS, Rel. Min. Roberto Barroso, j. 29/04/2014. No mesmo sentido: RHC 135.819/DF, Rel. Min. Marco Aurélio, j. em 29/05/2018).

Ainda sobre o tema, o STJ decidiu que a atenuante da confissão espontânea se compensa com a agravante de ter sido o crime praticado com violência contra a mulher:

> "O STJ tem firme entendimento de que a atenuante da confissão espontânea, por envolver a personalidade do agente, deve ser utilizada como circunstância preponderante quando do concurso entre agravantes e atenuantes, nos termos consignados pelo art. 67 do CP. Nessa linha intelectiva, o STJ, por ocasião do julgamento do REsp 1.341.370-MT, Terceira Seção, DJe 17/4/2013, submetido ao rito do art. 543-C do CPC, pacificou a compreensão de que a agravante da reincidência e a atenuante da confissão espontânea, por serem igualmente preponderantes, devem ser compensadas entre si. Nessa senda, o referido entendimento deve ser estendido, por interpretação analógica, à hipótese em análise, dada sua similitude, por também versar sobre a possibilidade de compensação entre circunstâncias preponderantes" (AgRg no AREsp 689.064/RJ, Rel. Min. Maria Thereza de Assis Moura, DJe 26/8/2015). Decidiu igualmente que a mesma atenuante se compensa com a agravante da promessa de recompensa: "É possível compensar a atenuante da confissão espontânea (art. 65, III, "d", do CP) com a agravante da promessa de recompensa (art. 62, IV). O STJ pacificou o entendimento no sentido de ser possível, na segunda fase da dosimetria da pena, a compensação da atenuante da confissão espontânea com a agravante da reincidência (REsp 1.341.370-MT, Terceira Seção, DJe 17/4/2013). Esse raciocínio, mutatis mutandis, assemelha-se à presente hipótese, por se tratar da possibilidade de compensação entre circunstâncias igualmente preponderantes, a saber, a agravante de crime cometido mediante paga com a atenuante da confissão espontânea" (HC 318.594/SP, Rel. Min. Felix Fischer, DJe 24/02/2016).

As agravantes incidem em todos os crimes? – Em regra, só incidem sobre os crimes dolosos (devendo ficar demonstrado que o agente tinha conhecimento da sua existência). Excepciona-se a agravante da reincidência, também aplicável nos culposos.

ATENÇÃO – No que diz respeito aos crimes preterdolosos, não se pode ignorar que sua conduta-base é dolosa, sendo o resultado culposo mera consequência, constituindo elemento relevante em sede de determinação da quantidade da pena. Dentro desse espírito, na análise das agravantes, os crimes preterdolosos devem ser tratados como dolosos, admitindo todas as agravantes dos arts. 61 e 62 do CP. Nesse sentido, aliás, decidiu recentemente o STJ: "É possível a aplicação da agravante genérica do art. 61, II, "c", do CP nos crimes preterdolosos, como o delito de lesão corporal seguida de morte (art. 129, § 3º, do CP). De início, nos termos do art. 61, II, "c", do CP, são circunstâncias que sempre agravam a pena, quando não constituem ou qualificam o crime, ter o agente cometido o crime à traição, de emboscada, ou mediante dissimulação, ou outro recurso que dificultou ou tornou impossível a defesa do ofendido. De fato, apesar da existência de controvérsia doutrinária e jurisprudencial, entende-se que não há óbice legal ou incompatibilidade qualquer na aplicação da citada agravante genérica aos crimes preterdolosos. Isso porque, nos crimes qualificados pelo resultado na modalidade preterdolosa, a conduta-base dolosa preenche autonomamente o tipo legal e o resultado culposo denota mera consequência que, assim sendo, constitui elemento relevante em sede de determinação da medida da pena. Ademais, o art. 129, § 3º, do CP descreve conduta dolosa que autonomamente preenche o tipo legal de lesões corporais, ainda que dessa conduta exsurja resultado diverso mais grave a título de culpa, consistente na morte da vítima. Assim, no crime de lesão corporal seguida de morte, a ofensa intencional à integridade física da vítima constitui crime autônomo doloso, cuja natureza não se altera com a produção do resultado mais grave previsível mas não pretendido (morte), resolvendo-se a maior reprovabilidade do fato no campo da punibilidade. Além do mais, entende a doutrina que nos casos de lesões qualificadas pelo resultado, o tipo legal de crime é o mesmo (lesão corporal dolosa), não se alterando o tipo fundamental, apenas se lhe acrescentando um elemento de maior punibilidade (REsp n. 1.254.749-SC, Rel. Min. Maria Thereza de Assis Moura, j. 06.05.2014)".

Agravante não articulada na denúncia pode ser reconhecida? – Nos termos do artigo 385 do Código de Processo Penal, entende-se perfeitamente possível reconhecer circunstância agravante não articulada na denúncia.

E as atenuantes, incidem em todos os crimes? – Sim. Diferente das agravantes, as atenuantes incidem nos crimes dolosos, culposos e preterdolosos.

Prova da circunstância indicativa de maus antecedentes ou reincidência – tradicionalmente, a prova das condenações se fazia por meio de certidões emitidas individualmente pelos cartórios das respectivas varas judiciais de trâmite dos processos. O STJ, contudo, há algum tempo flexibiliza esta exigência, admitindo a comprovação através de folha de antecedentes criminais, documento de emissão muito mais simples e que geralmente reúne, com suficiência, as informações necessárias para a análise dos antecedentes do acusado:

> "A jurisprudência desta Corte tem posicionamento firme no sentido de considerar a folha de antecedentes criminais documento hábil e suficiente para comprovar os antecedentes e a reincidência do réu." (HC 509.192/SP, j. 04/06/2019)

A súmula 636 consolida a orientação do tribunal e dirime qualquer controvérsia que pudesse restar.

Seguindo a tendência, a 1ª Turma do STF flexibilizou ainda mais a possibilidade de comprovar a reincidência. Na decisão proferida no HC 162.548 AgR/SP (j. 16/06/2020) admitiu-se a comprovação por meio de informações extraídas de páginas na internet mantidas pelos tribunais.

Terceira fase de aplicação da pena – A última fase do cálculo da pena tem como finalidade a fixação da reprimenda definitiva. Toma como ponto de partida a pena-intermediária da etapa anterior, fazendo incidir sobre ela as causas de aumento e de diminuição de pena. Também denominadas majorantes e minorantes, estão situadas tanto na parte geral quanto na parte especial do Código Penal (sem esquecer que podem estar também previstas na legislação extravagante) e são facilmente identificadas, porque estabelecem um *quantum* (geralmente em fração) para o aumento ou diminuição. Este *quantum* pode ser fixo ou variável, conforme a previsão legal.

Causas de aumento/diminuição x agravantes/atenuantes – Não há de se confundir, sob qualquer aspecto, as causas de aumento e de diminuição de pena com as circunstâncias agravantes e atenuantes. Podemos dizer que a principal diferença entre elas é o efeito: as majorantes e minorantes podem elevar a pena para além do patamar máximo, bem como reduzir para aquém do limite mínimo da pena cominada (enquanto as agravantes e atenuantes, como visto, não têm esse condão).

Causas de aumento x qualificadoras – As causas de aumento também se distinguem da qualificadora. A primeira majora a pena; a segunda qualifica o crime, dando-lhe novo preceito secundário. O tipo qualificado, como já mencionado, é utilizado como ponto de partida na primeira fase de fixação da pena (tal qual o tipo simples). Caracteriza-se por estabelecer novos patamares mínimo e máximo para a reprimenda penal em abstrato (ex: homicídio simples, pena de 6 a 12; homicídio qualificado, pena de 12 a 20). As causas de aumento de pena, por sua vez, são manejadas na terceira fase e incidem sobre a pena intermediária.

Concurso entre causas de aumento e/ou diminuição de pena – Havendo uma só causa de aumento ou uma só causa de diminuição, alternativa não resta ao Magistrado: com base no *quantum* previsto em lei, deve aumentar a pena do crime ou diminuí-la, fundamentando sua decisão quando se tratar *quantum* variável, lembrando que, nesta etapa, não está adstrito aos limites mínimo e máximo previstos no preceito secundário.

É possível, no entanto, concurso entre causas de aumento (pluralidade de majorantes) ou concurso de causas de diminuição (pluralidade de minorantes) ou concurso de causas de aumento e de diminuição (majorante concorrendo com minorante).

Vejamos como proceder em cada hipótese.

CONCURSO (HOMOGÊNEO) DE CAUSAS DE AUMENTO

a) Causas de aumento previstas na Parte Geral

Quando previstas na parte geral do Código Penal, o juiz, sem escolha, deve aplicar as duas, observando, no entanto, o *princípio da incidência isolada*, isto é, o segundo aumento recai sobre a pena precedente, não sobre a pena já aumentada.

Exemplo: Pena-intermediária de 6 anos. Sobre ela incidirão duas causas de aumento previstas na parte geral: uma majora de 1/3, a outra de 1/2. A operação se resume: 6 anos + 1/3 de 6 anos (2 anos) + 1/2 de 6 anos (3 anos) = 11 anos de prisão (6 + 2 + 3). Percebam que o juiz primeiro aumenta a pena de 1/3 (6 anos + 1/3 = 8 anos). O segundo aumento (1/2) recai também sobre a pena-intermediária de 6 anos, somando-se, em seguida, os dois resultados. Atenção: não se aplica, no caso, o princípio da *incidência cumulativa* (segundo aumento recai sobre a pena já aumentada), pois prejudicaria o réu, como se nota da operação: 6 anos + 1/3 de 6 anos (2 anos) = 8 anos. 8 anos + 1/2 de 8 anos (quatro anos) = 12 anos de prisão (6 + 2 + 4).

b) Causas de aumento previstas na Parte Especial

Quando previstas na parte especial, o artigo 68, parágrafo único, do CP anuncia: "No concurso de causas de aumento (...) previstas na parte especial, pode o juiz limitar-se a um só aumento (...), prevalecendo, todavia, a causa que mais aumente (...)".

Dentro desse espírito, o juiz, atento aos fins da pena, escolhe aplicar as duas (observando o *princípio da incidência isolada*) ou apenas uma, escolhendo, nesse caso, a que mais aumenta.

c) Causas de aumento, uma na Parte Geral e outra na Parte Especial

Quando previstas uma na Parte Geral e outra na Parte Especial, deve o juiz aplicar as duas, observando, no entanto, o *princípio da incidência isolada*, isto é, o segundo aumento recai sobre a pena precedente, não sobre a pena já aumentada. Atenção: não incide a regra do art. 68, parágrafo único, do CP, que exige ambas na Parte Especial.

CONCURSO (HOMOGÊNEO) DE CAUSAS DE DIMINUIÇÃO

a) Causas de diminuição previstas na Parte Geral

Quando previstas na parte geral do Código Penal, o juiz, sem escolha, deve aplicar as duas, observando, no entanto, o *princípio da incidência cumulativa*, isto é, a segunda diminuição recai sobre a pena já diminuída.

Exemplo: Pena-intermediária de 6 anos. Sobre ela incidirão duas causas de diminuição previstas na parte geral: as duas minorantes têm a mesma fração (1/2). A operação se resume: 6 anos - 1/2 de 6 anos (3 anos). 3 anos - 1/2 de 3 anos (1 ano e 6 meses) = 1 ano e 6 meses de prisão (6 - 3 - 1 ano e 6 meses). Percebam que o juiz primeiro diminui a pena de 1/2 (6 anos - 1/2 = 3 anos). A segunda diminuição (1/2) recai sobre a pena já diminuída (3 anos - 1/2). Atenção: não se aplica, no caso, o princípio da *incidência isolada* (segunda diminuição recai sobre a pena precedente, e não sobre a pena diminuída), pois resultaria no risco de pena zero (0), como se nota da operação: 6 anos - 1/2 de 6 anos (3 anos) - 1/2 de 6 anos (3 anos) = 0 (6 - 3 - 3).

b) Causas de diminuição previstas na Parte Especial

Quando previstas na parte especial, o artigo 68, parágrafo único, do CP anuncia: "No concurso de causas (...) de diminuição previstas na parte especial, pode o juiz limitar-se (...) a uma só diminuição, prevalecendo, todavia, a causa que mais (...) diminua".

Dentro desse espírito, o juiz, atento aos fins da pena, escolhe aplicar as duas (observando o *princípio da incidência cumulativa*) ou apenas uma, escolhendo, todavia, a que mais diminua.

c) Causas de diminuição, uma na Parte Geral e outra na Parte Especial

Quando previstas uma na Parte Geral e outra na Parte Especial, deve o juiz aplicar as duas, observando, no entanto, o *princípio da incidência cumulativa*, isto é, a segunda diminuição recai sobre a pena já diminuída. Atenção: não incide a regra do art. 68, parágrafo único, do CP, que exige ambas na Parte Especial.

CONCURSO (HETEROGÊNEO) DE CAUSAS DE AUMENTO E DE DIMINUIÇÃO

Quando o juiz se deparar com uma causa de aumento concorrendo com uma causa de diminuição (não importando em qual parte do Código estão estampadas), deve aplicar as duas, observando, na operação, o *princípio da incidência cumulativa*.

Por fim, alertamos que o juiz deve desprezar as frações de dia (as horas), nos exatos termos do que disposto no art. 11 do CP.

IV - fixará valor mínimo para reparação dos danos causados pela infração, considerando os prejuízos sofridos pelo ofendido; (Redação dada pela Lei nº 11.719, de 2008).

Valor da reparação – Com efeito, pela atual redação do art. 387, em seu inc. IV, cumpre ao juiz, ao condenar o réu, fixar um valor mínimo, em prol do ofendido, para reparação dos danos causados pela infração, considerados os prejuízos sofridos. Sobre o tema, remetemos o leitor aos comentários tecidos acima ao art. 63 do CPP, onde a matéria foi amplamente analisada.

Pedido deve constar da denúncia ou queixa? – não se desconsidera a existência de acórdãos admitindo o pedido a qualquer tempo (ou até mesmo dispensando pedido expresso), como, por exemplo, o TJ/RS: "Especificamente à fixação do montante indenizatório, pelo sentenciante, nada mais fez do que observar o disposto no art. 387 do CPP, que tornou aquela medida integrante do ato condenatório, como o são a imposição de pena, a consideração de circunstâncias agravantes e atenuantes e tudo o mais que deva ser levado em conta na sua fixação; a aplicação de eventual interdição de direitos e medidas de segurança; a determinação de publicação do 'decisum' e fundamentação acerca de manutenção ou imposição de prisão preventiva ou de outra medida cautelar. Como efeito da condenação, a ausência de pedido expresso na peça vestibular, ou discussão a respeito, no decorrer do feito, não obsta sua imposição, assim como a ausência de discussão acerca dos demais efeitos do ato condenatório, como a imposição de pena, por exemplo, não impossibilita sua aplicação" (TJRS – Ap. n° 70055000954, Rel. Fabianne Breton Baisch, j. 11.09.2013).

Contudo, outros tribunais, como o de São Paulo, por exemplo, em diversos julgados, vêm exigindo que o valor a ser eventualmente fixado pelo juiz, em caso de condenação, conste expressamente da denúncia ou queixa, a fim de que o réu tenha condições de rebater pontualmente essa pretensão:

> "Insta observar que a condenação dos apelantes a reparar os danos dos ofendidos deve ser afastada, posto que como não houve pedido expresso na denúncia de valor mínimo de indenização, não é devida a reparação dos danos causados pela infração prevista no artigo 387, inciso IV, do Código de Processo Penal, nos moldes do determinado na r. decisão recorrida (Nesse sentido: Apelação Criminal nº 0001420-13.2010.8.26.0318, Rel. Des. Nuevo Campos, julgado em 04/10/2012)" (TJSP – Apelação nº 0054898-42.2008.8.26.0564. Rel. Nelson Fonseca Junior, j. 12.12.2013).
>
> "Como não houve requerimento de reparação de danos pelas partes ofendidas e entendendo não ser devido o arbitramento de ofício pelo Juiz, revogo a indenização fixada na r. sentença monocrática, sem prejuízo de que as partes possam requerê-la no Juízo Cível" (TJSP – Apelação nº 0034465-65.2012.8.26.0050, Rel. Paulo Rossi, j. 11.12.2013).

No mesmo sentido vem decidindo o STJ:

> "Este Superior Tribunal, em relação à fixação de valor mínimo de indenização a título de danos morais, nos termos do art. 387, IV, do Código de Processo Penal, entende que se faz indispensável o pedido expresso do ofendido ou do Ministério Público, este firmado ainda na denúncia, sob pena de violação ao princípio da ampla defesa" (STJ – AgRg no REsp n. 1626962- MS – Rel. Sebastião Reis Júnior, j, 06.12.2016, DJe 16.12.2016).

> "Este Tribunal sufragou o entendimento de que deve haver pedido expresso e formal, feito pelo *parquet* ou pelo ofendido, para que seja fixado na sentença o valor mínimo de reparação dos danos causados à vítima, a fim de que seja oportunizado ao réu o contraditório e sob pena de violação ao princípio da ampla defesa" (STJ – AgRg no AREsp nº 389234-DF, Rel. Maria Thereza de Assis Moura, j. 08.10.2013, DJe 17.10.2013).

O TRF da 4ª. Região editou Súmula na mesma linha:

Súmula 131:

> "Para que o juiz possa fixar o valor mínimo para a reparação dos danos causados pela infração, é necessário que a denúncia contenha pedido expresso nesse sentido ou que controvérsia desta natureza tenha sido submetida ao contraditório da instrução criminal".

Dano moral – De acordo com o STJ, admite-se a fixação de indenização mínima por danos morais, nos termos do art. 387, IV, do CP, que, aliás, dispensa instrução probatória acerca do dano psíquico ou do grau de sofrimento da vítima, bastando que conste pedido expresso na inicial acusatória, garantia suficiente ao exercício do contraditório e da ampla defesa.

> **ATENÇÃO:** De acordo com o STJ, é inviável fixar, na esfera penal, indenização mínima a título de danos morais, sem que tenha havido a efetiva comprovação do abalo à honra objetiva da pessoa jurídica (info 792).

Sobre a fixação da indenização mínima em favor da vítima e, inclusive, sobre a possibilidade de pedido de ressarcimento sobre dano moral, v. acima comentários ao art. 63 do Código.

Violência doméstica e familiar contra a mulher – a Terceira Seção do Superior Tribunal de Justiça decidiu que, nos casos de violência doméstica e familiar contra a mulher, é possível a fixação de valor mínimo indenizatório a título de dano moral, desde que haja pedido expresso da acusação ou da parte ofendida, independentemente de instrução probatória. A Corte Cidadã, com fundamento nos princípios constitucionais da dignidade da pessoa humana (CF, art. 1º, III), da igualdade (CF, art. 5º, I) e da vedação a qualquer discriminação atentatória dos direitos e das liberdades fundamentais (CF, art. 5º, XLI), e em razão da determinação de que "O Estado assegurará a assistência à família na pessoa de cada um dos que a integram, criando mecanismos para coibir a violência no âmbito de suas relações" (art. 226, § 8º), tem avançado na maximização dos princípios e das regras do novo subsistema jurídico introduzido em nosso ordenamento com a Lei n. 11.340/2006, vencendo a timidez hermenêutica na censura à violência doméstica e familiar contra a mulher, como deixam claro os verbetes sumulares n. 542, 588, 589 e 600. Refutar, com veemência, a violência contra as mulheres implica defender sua liberdade (para amar, pensar, trabalhar, se expressar), criar mecanismos para seu fortalecimento, ampliar o raio de sua proteção jurídica e otimizar todos os instrumentos normativos que de algum modo compensem ou atenuem o sofrimento e os malefícios causados pela violência sofrida na condição de mulher. A evolução legislativa ocorrida na última década em nosso sistema jurídico evidencia uma tendência, também verificada em âmbito internacional, a uma maior valorização e legitimação da vítima, particularmente a mulher, no processo penal. Entre diversas outras inovações introduzidas no Código de Processo Penal com a reforma de 2008, nomeadamente com a Lei n. 11.719/2008, destaca-se a inclusão do inciso IV ao art. 387, que, consoante pacífica jurisprudência desta Corte Superior, contempla a viabilidade de indenização para as duas espécies de dano - o material e o moral -, desde que tenha havido a dedução de seu pedido na denúncia ou na queixa. Mais robusta ainda há de ser tal compreensão quando se cuida de danos morais experimentados pela mulher vítima de violência doméstica. Em tal situação, emerge a inarredável compreensão de que a fixação, na sentença condenatória, de indenização, a título de danos morais, para a vítima de violência doméstica, independe de indicação de um valor líquido e certo pelo postulante da reparação de danos, podendo o quantum ser fixado minimamente pelo Juiz sentenciante, de acordo com seu prudente arbítrio. No âmbito da reparação dos danos morais - visto que, por óbvio, os danos materiais dependem de comprovação do prejuízo, como sói ocorrer em ações de similar natureza –, a Lei Maria da Penha, complementada pela reforma do Código de Processo Penal já mencionada, passou a permitir que o juízo único - o criminal - possa decidir sobre um montante que, relacionado à dor, ao sofrimento, à humilhação da vítima, de difícil mensuração, deriva da própria prática criminosa experimentada. Não se mostra razoável, a esse fim, a exigência de instrução probatória acerca do dano psíquico, do grau de humilhação, da diminuição da autoestima etc., se a própria conduta criminosa empregada pelo agressor já está imbuída de desonra, descrédito e menosprezo à dignidade e ao valor da mulher como pessoa. Também justifica a não exigência de produção de prova dos danos morais sofridos com a violência doméstica a necessidade de melhor concretizar, com o suporte processual já existente, o atendimento integral à mulher em situação de violência doméstica, de sorte a reduzir sua revitimização e as possibilidades de violência institucional, consubstanciadas em sucessivas oitivas e pleitos perante juízos diversos. O que se há de exigir como prova, mediante o respeito ao devido processo penal, de que são expressão o contraditório e a ampla defesa, é a própria imputação criminosa - sob a regra, derivada da presunção de inocência, de que o onus probandi é integralmente do órgão de acusação –, porque, uma vez demonstrada a agressão à mulher, os danos psíquicos dela derivados são evidentes e nem têm mesmo como ser demonstrados (STJ, Terceira Seção, REsp 1643051/MS, Rel. Min. Rogerio Schietti Cruz, julgado em 28/02/2018).

Sobre violência institucional dentro do processo penal e as medidas de prevenção, ver nossos comentários aos arts. 400-A e 474-A, ambos deste Código.

Ressarcimento de despesas decorrentes da assistência prestada a vítimas de violência doméstica - O art. 9º da Lei 11.340/06 disciplina a assistência à mulher vítima de violência doméstica e familiar. Os mecanismos de assistência tripartem-se em: (a) assistência social (Lei 8.742/1993), com inclusão da ofendida no cadastro de programas assistenciais dos governos federal, estadual e municipal; (b) saúde, prestada por meio do Sistema Único de Saúde (Lei 8.080/90), compreendendo o acesso aos benefícios decorrentes do desenvolvimento científico e tecnológico, incluindo os serviços de contracepção de emergência, a profilaxia das Doenças Sexualmente Transmissíveis (DST) e da Síndrome da Imunodeficiência Adquirida (AIDS) e outros procedimentos médicos necessários e cabíveis nos casos de violência sexual; (c) segurança pública, garantindo à vítima proteção policial, bem como abrigo ou local seguro, quando houver risco de vida, e, se necessário, acompanhamento da ofendida para assegurar a retirada de seus pertences do local da ocorrência ou do domicílio familiar.

O tratamento médico é certamente a modalidade de assistência prestada com mais frequência nos casos de violência doméstica e familiar contra a mulher. Mesmo com falhas e limitado pelos conhecidos problemas estruturais, o Sistema Único de Saúde é diariamente acionado para proporcionar o imediato socorro médico à vítimas de violência. Isto, evidentemente, onera ainda mais o orçamento do sistema público de saúde, que, além de atender a milhões de pacientes enfermos, é obrigado a multiplicar seus esforços para tratar vítimas de ferimentos infligidos no âmbito doméstico e familiar.

A solução encontrada para ao menos tentar amenizar o impacto provocado no Sistema passa pela imposição de que o agressor pague o custo correspondente ao atendimento dispensado à sua própria vítima. É com este propósito que entra em vigor a Lei 13.871/19, que insere no art. 9º da Lei 11.340/06 os §§ 4º, 5º e 6º para dispor a respeito do ressarcimento de despesas decorrentes da assistência prestada a vítimas de violência doméstica.

De acordo com o § 4º, quem, por ação ou omissão, por meio de violência física, sexual ou psicológica, provocar lesão, dano moral ou patrimonial à mulher fica obrigado a ressarcir todos os danos causados, bem como, conforme a tabela do SUS, os custos relativos aos serviços de saúde prestados para o tratamento da vítima, recolhidos os recursos ao Fundo de Saúde do ente federativo responsável pelas unidades de saúde que prestarem o atendimento. Assim, se a vítima agredida for encaminhada a um hospital municipal e necessitar, por exemplo, de exame de raio-x, suturas e medicamentos, o município pode providenciar a cobrança do tratamento de acordo com os valores constantes da tabela do SUS.

Embora se trate de novidade no âmbito normativo, a jurisprudência já caminhava nesse sentido. Foram noticiados casos em que o agressor foi obrigado a ressarcir o INSS em razão da pensão por morte devida aos dependentes da vítima assassinada:

> "Com efeito, as normas insculpidas nos arts. 120 e 121 da Lei n. 8.213/91 são claras em autorizar o ajuizamento de ação regressiva em face da empresa empregadora causadora de dano à autarquia previdenciária em razão de condutas negligentes. Os referidos dispositivos, contudo, devem ser lidos à luz dos arts. 186 e 927 do Código Civil, que transcrevo:
>
> (...)
>
> Ora, como se observa do cotejo dos dispositivos retromencionados, deve ser reconhecido ao INSS o direito de regresso – com base nos arts. 120 e 121 da Lei n. 8.213/91 – em casos nos quais se demonstre a ocorrência de ato ilícito – art. 186 do Código Civil – e a consequente necessidade de reparação – art. 927 do Código Civil.
>
> Restringir as hipóteses de ressarcimento ao INSS somente às hipóteses estritas de incapacidade ou a morte por acidente do trabalho nos quais há culpa do empregador induziria a negativa de vigência dos dispositivos do Código Civil. Assim, resta evidente que, apesar de regramento fazer menção específica aos acidentes de trabalho, é a origem em uma conduta ilegal que possibilita o direito de ressarcimento da autarquia previdenciária.
>
> Isso fica mais evidente quando se verifica que o art. 121 da Lei de Benefícios, que prevê que o pagamento das prestações por acidente do trabalho pela Previdência Social, não excluirá a responsabilidade civil da empresa ou de outrem. Dessa forma, isso se

traduz na possibilidade de cumulação de um benefício previdenciário com a reparação civil oriunda de um ato ilícito e, portanto, a abertura ao ressarcimento da autarquia.

Em síntese, mostra-se acertada a tese de que é possível a ação regressiva da autarquia previdenciária contra o recorrente com o objetivo de ressarcimento de valores pagos a título de pensão por morte aos filhos da ex-companheira vítima de homicídio.

Logo, o INSS possui legitimidade e interesse para postular o ressarcimento de despesas decorrentes da concessão de benefício previdenciário aos dependentes de segurado, vítima de assassinato." (REsp nº 1.431.150/RS, j. 23/08/2016)

A nova lei tem exatamente a mesma índole, mas se refere especificamente à restituição de valores despendidos para o atendimento imediato da vítima de violência doméstica.

Nesse tanto, demonstrados nos autos os valores gastos com o atendimento da vítima, o Ministério Público tem legitimidade para requerer, no processo penal, o ressarcimento, nos moldes do art. 387, IV, CPP. Recordemos o que anuncia a Súmula 329 do STJ:

"O Ministério Público tem legitimidade para propor ação civil pública em defesa do patrimônio público".

O promotor de Justiça, por óbvio, não estará, nesse caso, tutelando a Fazenda Pública, mas o patrimônio público atingido pelo ato ilícito. O valor, como esclarecido acima, deverá ser recolhido ao Fundo de Saúde do ente federativo responsável pelas unidades de saúde que prestarem o atendimento.

O § 5º impõe uma segunda obrigação de ressarcimento, agora dos custos relativos aos dispositivos de segurança destinados ao uso em caso de perigo iminente e disponibilizados para o monitoramento das vítimas de violência doméstica ou familiar.

Mas o que seriam equipamentos disponibilizados para o monitoramento das vítimas? À primeira vista, a expressão pode causar estranheza, pois normalmente se fala em monitoramento do criminoso, por meio da chamada "tornozeleira eletrônica". No entanto, em alguns lugares é possível encontrar equipamentos que são disponibilizados às vítimas e que podem funcionar em conjunto com as tornozeleiras. Por exemplo, o chamado "botão do pânico", que pode ser acionado caso o agressor desrespeite a distância mínima imposta em medida protetiva. Aliás, a Comissão de Seguridade Social e Família da Câmara dos Deputados aprovou proposta que torna obrigatório o fornecimento de dispositivo móvel ou outro meio com conexão direta e constante com uma unidade policial. Uma vez acionado, o dispositivo envia alerta imediato à polícia. Caso o projeto seja de fato aprovado e sancionado, o art. 23 da Lei 11.340/06 passará a contar com dois parágrafos:

"§ 1º Para conferir maior efetividade às medidas protetivas de urgência deverá ser fornecido à ofendida dispositivo móvel, aplicativo ou qualquer meio que viabilize conexão constante com unidade policial, de modo a permitir o envio imediato de alertas de ameaça ou de outra violação de direitos."

"§ 2º Quando o agressor estiver submetido à monitoramento eletrônico, o dispositivo de que trata o parágrafo anterior será dotado de recurso que permita à ofendida e à unidade policial saber que o autor da violência doméstica ultrapassou o limite mínimo de distância estabelecido em medida protetiva."

Por meio deste mesmo projeto, no art. 22 da Lei 11.340/06 seria acrescentado o § 5º, que impõe ao agressor a obrigação de pagar por seu próprio equipamento de monitoramento eletrônico. É provavelmente em virtude deste projeto de lei que o novo § 5º do art. 9º se limita a tratar do equipamento de monitoramento da vítima, embora, a nosso ver, nada impeça que este dispositivo seja utilizado também para cobrar o ressarcimento dos custos relativos ao equipamento do agente, se vinculado àquele concedido para monitorar a agredida.

Por fim, no § 6º o legislador tomou a precaução de tornar expressa a vedação a que o ressarcimento imposto nos parágrafos anteriores atinja de alguma forma o patrimônio da vítima e de seus dependentes. Isto quer dizer que, no caso do marido que agride a mulher, é preciso que se adote o cuidado de resguardar a parte do patrimônio que cabe a ela e a eventuais dependentes. Nada mais razoável, pois, do contrário, a lei imporia à vítima o risco de ter de suportar o ônus do monitoramento em razão da agressão cometida contra ela mesma.

Além disso, o próprio § 6º deixa claro que o ressarcimento pelo tratamento de saúde e pelos equipamentos de monitoramento não pode ser considerado em benefício do agressor para atenuar a pena ou para substituir a pena aplicada. Bem, a substituição é mesmo vedada, pois incompatível com a natureza de condutas envolvendo violência doméstica e familiar contra a mulher, independentemente da natureza da infração penal (súmula 588 do STJ). Por outro lado, o óbice à atenuação da pena é importante porque previne pretensões baseadas no art. 66, inc. III, b, do CP (quando o agente procura, por sua espontânea vontade e com eficiência, logo após o crime, evitar-lhe ou minorar-lhe as consequências, ou, antes do julgamento, repara o dano). Mesmo que o agressor tome a iniciativa de reparar o custo do equipamento – hipótese muito pouco provável, para não dizer impossível –, não poderá ter a pena atenuada por este motivo.

JURISPRUDÊNCIA

Aplicação aos crimes perpetrados antes da entrada em vigor da Lei nº 11.719/2008. Impossibilidade

a) inaplicabilidade

"A regra do art. 387, inciso IV, do Código de Processo Penal, que dispõe sobre a fixação, na sentença condenatória, de valor mínimo para reparação civil dos danos causados ao ofendido, é norma híbrida, de direito processual e material, razão pela que não se aplica a delitos praticados antes da entrada em vigor da Lei n.º 11.719/2008, que deu nova redação ao dispositivo" (STJ – REsp nº 1193083-RS, Rel. Laurita Vaz, j. 20.08.2013, DJe 27.08.2013).

b) aplicação aos processos em curso

"A Lei 11.719, de 20 de junho de 2008, publicada em 23 de junho de 2008, entrou em vigor 60 (sessenta) dias após a data de sua publicação. No presente caso, na sentença, proferida em 10/09/2008, isto é, quando já vigente a norma em questão, o Juiz reconheceu a incidência da nova redação do inciso IV do art. 387 do Código de Processo Penal, fixando valor para reparação de danos causados pela infração. A norma de Direito Processual Penal se aplica imediatamente às sentenças proferidas após a sua entrada em vigor. Sendo assim, a norma do art. 387, IV, do CPP deve ser aplicada ao presente caso, em que a sentença condenatória foi proferida quando já vigente a lei que modificou os dispositivos da lei adjetiva penal" (STJ – REsp nº 1208510-RS, Rel. Gilson Dipp, j. 24.05.2011, DJe 15.06.2011).

Fixação do valor

a) deve constar da denúncia

Súmula 131 do Tribunal Regional Federal da 4ª Região: "Para que o juiz possa fixar o valor mínimo para a reparação dos danos causados pela infração, é necessário que a denúncia contenha pedido expresso nesse sentido ou que controvérsia desta natureza tenha sido submetida ao contraditório da instrução criminal".

b) desnecessidade de pedido expresso na denúncia

"Especificamente à fixação do montante indenizatório, pelo sentenciante, nada mais fez do que observar o disposto no art. 387 do CPP, que tornou aquela medida integrante do ato condenatório, como o são a imposição de pena, a consideração de circunstâncias agravantes e atenuantes e tudo o mais que deva ser levado em conta na sua fixação; a aplicação de eventual interdição de direitos e medidas de segurança; a determinação de publicação do 'decisum' e fundamentação acerca de manutenção ou imposição de prisão preventiva ou de outra medida cautelar. Como efeito da condenação, a ausência de pedido expresso na peça vestibular, ou discussão a respeito, no decorrer do feito, não obsta sua imposição, assim como a ausência de discussão acerca dos demais efeitos do ato condenatório, como a imposição de pena, por exemplo, não impossibilita sua aplicação" (TJRS – Ap. n° 70055000954, Rel. Fabianne Breton Baisch, j. 11.09.2013).

Não deve ser feita a fixação de valores no Juízo Criminal

"Afasta-se a imposição de reparação dos danos (artigo 387, inciso IV, do Código de Processo Penal, com a redação dada Lei 11.719, de 20 de junho de 2008), por seu caráter nitidamente indenizatório, que se antecipa a eventual propositura de ação civil, onde se instauraria o contraditório específico para apuração da responsabilidade indenizatória e seu montante. A fixação de um valor reparatório demanda a análise de elementos de prova que permitam aferir o real prejuízo sofrido pelas vítimas em contraposição à situação econômica dos réus, aspectos esses de difícil disponibilização no âmbito penal. Ademais, a fixação dos referidos valores depende da realização de pedido formal pelos ofendidos, seu advogado ou pelo próprio órgão acusador e de instrução específica para a respectiva apuração monetária, sem os quais é defeso ao julgador optar por qualquer cifra, porquanto nítida seria a ofensa ao princípio da ampla defesa" (TJSP –Apelação nº 0005437-39.2010.8.26.0368. Rel. Marco de Lorenzi, j. 19.12.2013).

Reconhecida a prescrição, extingue-se também a condenação pecuniária

"Extinta a condenação pela prescrição, extingue-se também a condenação pecuniária fixada como reparação dos danos causados à vítima, nos termos do art. 387, IV, do Código de Processo Penal, pois dela decorrente, ficando ressalvada a utilização de ação cível, caso a vítima entenda que haja prejuízos a serem reparados" (STJ – EDcl no AgRg no REsp n° 1260305-ES, Rel. Sebastião Reis Júnior, j. 12.03.2013, DJe 19.03.2013).

Impossibilidade de discussão na via do *habeas corpus*

"A via processual do habeas corpus não é adequada para impugnar a reparação civil fixada na sentença penal condenatória, com base no art. 387, inciso IV, do Código de Processo Penal, tendo em vista que a sua imposição não acarreta ameaça, sequer indireta ou reflexa, à liberdade de locomoção" (STJ – HC n° 184929-DF, Rel. Laurita Vaz, j. 04.12.2012, DJe 11.12.2012).

V – atenderá, quanto à aplicação provisória de interdições de direitos e medidas de segurança, ao disposto no Título XI deste Livro;

Medida de segurança – Espécie de sanção penal, é a resposta dada pelo Estado ao agente não imputável infrator da norma incriminadora. Diferentemente das penas, a medida de segurança tem uma finalidade essencialmente preventiva (e não retributiva). Volta-se para o futuro (e não para o passado, como faz a pena). Busca a segurança social e, principalmente, a cura daquele a quem é imposta, ou a possibilidade de um tratamento que minimize os efeitos da doença ou perturbação mental.

Nos termos do art. 96 do CP, a medida de segurança pode ser de duas espécies: *detentiva* ou *restritiva*.

A medida de segurança *detentiva* (art. 96, I, CP) representa a internação em hospital de custódia e tratamento psiquiátrico. Por sua vez, a medida de segurança *restritiva* (art. 96, II, CP) corresponde ao tratamento ambulatorial. A Resolução 487/23 do CNJ, contudo, proíbe a internação em instituição de caráter asilar como os hospitais de custódia e tratamento psiquiátrico e estabelecimentos congêneres, como hospitais psiquiátricos (arts. 3º, VIII e 13, § 1º). Segundo a norma, a medida de segurança deve ser cumprida em leito de saúde mental em Hospital Geral ou outro equipamento de saúde referenciado por um centro da Rede de Atenção Psicossocial.

ATENÇÃO - Da simples leitura do caput do art. 97 do CP percebe-se que a regra é a internação do inimputável, podendo o juiz, no caso de crime punido com detenção, submetê-lo a tratamento ambulatorial. A doutrina moderna, contudo, ensina que a reclusão não implica, necessariamente, em internação. Não se tratando de delito grave, mas necessitando o paciente de tratamento que o possibilite viver socialmente, sem oferecer risco para a sociedade e a si próprio, a melhor medida de segurança é o tratamento ambulatorial, em meio livre. Tendo isso em consideração, a Terceira Seção do STJ firmou a orientação de que o fator determinante para a imposição de medida de segurança não é a natureza da pena que seria imposta ao imputável, mas sim o nível de periculosidade do inimputável. Se o exame que conclui pela inimputabilidade estabelece que não há um elevado grau de periculosidade, a medida de segurança restritiva é suficiente ainda que o fato seja punido com reclusão (EREsp 998.128/MG, Rel. Min. Ribeiro Dantas, j. 27/11/2019).

Não se pode ignorar, contudo, a tendência atual de *sempre* evitar a internação. Já em 2010 o Conselho Nacional de Justiça editou a Resolução nº 113, que em seu artigo 17 dispõe: "*o juiz competente para a execução da medida de segurança, sempre que possível buscará implementar políticas antimanicomiais, conforme sistemática da Lei nº 10.216, de 06 de abril de 2001*". Na Resolução 487/23, a excepcionalidade da internação é ainda mais destacada. A norma institui a Política Antimanicomial do Poder Judiciário e estabelece procedimentos e diretrizes para implementar a Convenção Internacional dos Direitos das Pessoas com Deficiência e a Lei 10.216/01, no âmbito do processo penal e da execução das medidas de segurança. Entre os princípios e diretrizes, destacam-se os seguintes:

a) a adoção de política antimanicomial na execução de medida de segurança;

b) interesse exclusivo do tratamento em benefício à saúde, com vistas ao suporte e reabilitação psicossocial por meio da inclusão social, a partir da reconstrução de laços e de referências familiares e comunitárias, da valorização e do fortalecimento das habilidades da pessoa e do acesso à proteção social, à renda, ao trabalho e ao tratamento de saúde (isso reforça a ideia do caráter terapêutico da medida de segurança);

c) o direito à saúde integral, **privilegiando-se o cuidado em ambiente terapêutico em estabelecimentos de saúde de caráter não asilar**, pelos meios menos invasivos possíveis, com vedação de métodos de contenção física, mecânica ou farmacológica desproporcional ou prolongada, excessiva medicalização, impedimento de acesso a tratamento ou medicação, isolamento compulsório, alojamento em ambiente impróprio e eletroconvulsoterapia em desacordo com os protocolos médicos e as normativas de direitos humanos;

d) a internação fundada exclusivamente em razões clínicas de saúde, privilegiando-se a avaliação multiprofissional de cada caso, pelo período estritamente necessário à estabilização do quadro de saúde e apenas quando os recursos extra-hospitalares se mostrarem insuficientes, vedada a internação em instituição de caráter asilar, como os Hospitais de Custódia e Tratamento Psiquiátrico e estabelecimentos congêneres.

Por expressa disposição do art. 13 da Resolução 487/23, a medida de internação tem caráter **absolutamente excepcional**, quando não cabíveis ou suficientes outras medidas cautelares diversas da prisão e quando compreendida como recurso terapêutico momentaneamente adequado no âmbito do conjunto de propostas de condutas terapêuticas articuladas para aquele indivíduo, enquanto necessárias ao restabelecimento da saúde da pessoa, desde que prescritas por equipe de saúde da Rede de Atenção Psicossocial.

A internação deve ser cumprida em leito de saúde mental em Hospital Geral ou outro equipamento de saúde referenciado por um centro da Rede de Atenção Psicossocial, cabendo ao Poder Judiciário atuar para que **nenhuma pessoa com transtorno mental seja colocada ou mantida em unidade prisional, ainda que em enfermaria, ou seja submetida à internação em instituições com características asilares**, assim entendidas aquelas sem condições de proporcionar assistência integral à saúde da pessoa ou de possibilitar o exercício dos direitos previstos no art. 2º da Lei 10.216/01 (art. 13, § 1º).

ATENÇÃO - Há muito o STJ decidiu que a manutenção do indivíduo com transtornos mentais em unidade prisional é vedada: "o inimputável submetido à medida de segurança de internação em hospital de custódia e tratamento psiquiátrico não poderá cumpri-la em estabelecimento prisional comum, ainda que sob a justificativa de ausência de vagas ou falta de recursos estatais. Isso porque não pode o paciente ser submetido a situação mais gravosa do que aquela definida judicialmente" (HC 231.124, Quinta Turma, Rel. Min. Laurita Vaz, j. 23/04/2013).

A internação deve cessar quando, a critério da equipe de saúde multidisciplinar, restar demonstrada a sua desnecessidade como recurso terapêutico. Nesse caso, comunicada a alta hospitalar à autoridade judicial, o acompanhamento psicossocial poderá continuar nos demais dispositivos da Rede de Atenção Psicossocial, em meio aberto (art. 13, § 2º).

ATENÇÃO - O Plenário do Supremo Tribunal Federal definiu tese relacionada à concessão de indulto presidencial à pessoa sujeita à medida de segurança. Para os ministros, "reveste-se de legitimidade jurídica a concessão pelo presidente da República do benefício constitucional do indulto - Constituição Federal, artigo 84, XII - que traduz expressão do poder de graça do Estado, mesmo se se tratar de indulgência destinada a favorecer pessoa que, em razão de sua inimputabilidade ou semi-imputabilidade, sofre medida de segurança, ainda que de caráter pessoal e detentivo". A tese foi aprovada por unanimidade para efeitos de aplicação da repercussão geral (RE 628658).

A medida de segurança, em resumo, deve atender a dois interesses: a segurança social e principalmente ao interesse da obtenção da cura daquele a quem é imposta ou a possibilidade de um tratamento que minimize os efeitos da doença mental.

VI - determinará se a sentença deverá ser publicada na íntegra ou em resumo e designará o jornal em que será feita a publicação (art. 73, § 1º, do Código Penal).

Revogação - A redação original do Código Penal dispunha, em seu art. 73, § 1º, que a sentença condenatória, sempre que exigisse o interesse público, deveria ser publicada "em jornal de ampla circulação, à custa do condenado, ou se este é insolvente, em jornal oficial". A reforma penal de 1984 não acolheu este dispositivo, razão pela qual se acha revogado o artigo em exame. Lembra a doutrina, porém, que em casos de condenação pela prática de crime contra o consumidor, pode ser imposta medida consistente na publicação da sentença em "órgãos de comunicação de grande circulação ou audiência, às expensas do condenado, de notícia sobre os fatos e a condenação" (art. 78, inc. II, da Lei n. 8.078/90).

§ 1º O juiz decidirá, fundamentadamente, sobre a manutenção ou, se for o caso, a imposição de prisão preventiva ou de outra medida cautelar, sem prejuízo do conhecimento de apelação que vier a ser interposta. (Incluído pela Lei nº 12.736, de 2012)

Prisão – O dispositivo em tela impõe ao juiz que, condenando o réu, decida, fundamentadamente, sobre sua manutenção preso ou, caso tenha respondido em liberdade do processo, sobre a necessidade "de prisão preventiva ou de outra medida cautelar, sem prejuízo do conhecimento da apelação que vier a ser interposta". Quis o legislador demonstrar, com isso, que a regra geral consiste na possibilidade de se recorrer em liberdade. Caso mantida (ou determinada) a prisão, cumpre ao juiz esclarecer, de maneira fundamentada, os motivos que justificam a medida de exceção. Pode-se afirmar, assim, que a prisão deixa de ser um efeito natural da sentença condenatória (art. 393, inc. I do CPP), passando a exigir fundamentação idônea que a justifique. Essa opção do legislador atinge, diretamente, o art. 594 do CPP, que, aliás, foi expressamente revogado, nos termos do art. 3° da Lei n° 11.791/08.

Medidas cautelares – Analisando, ainda, o § 1°, do art. 387, verifica-se que o legislador determinou ao juiz que, condenando o réu, decida sobre a prisão preventiva (acima estudada) ou sobre *outra medida cautelar*". As medidas cautelares estão elencadas no art. 319 do código. Num exemplo, pode o juiz, ao condenar o agente pela prática de lesões corporais contra a esposa, em ambiente de violência doméstica, determinar a monitoração eletrônica desse réu, para que dela não se aproxime, nos termos do inc. IX do mencionado dispositivo legal.

Deserção – A parte final do parágrafo único do art. 387, em sua nova redação, dispõe que o juiz decidirá sobre a prisão, "sem prejuízo do conhecimento da apelação que vier a ser interposta". Ou seja, o recebimento e posterior processamento da apelação independe da prisão do réu. Não mais se estabelece, portanto, qualquer liame entre prisão e conhecimento do recurso. Se é assim, encontra-se tacitamente revogado o art. 595 do CPP, que cuida da deserção. Trata-se, aliás, de posicionamento que já vinha sendo plasmado na jurisprudência e que, no Superior Tribunal de Justiça, foi objeto da Súmula 347, cujo verbete é o seguinte: "O conhecimento do recurso de apelação do réu independe de sua prisão".

Sobre a possibilidade de prisão do réu logo após sua condenação em plenário do Júri, v. abaixo art. 492, inc. I, "e", CPP.

JURISPRUDÊNCIA

Réu que respondeu ao processo preso se apelar deve ser assim mantido

"A orientação pacificada nesta Corte Superior é no sentido de que não há lógica em deferir ao condenado o direito de recorrer solto quando permaneceu preso durante a persecução criminal, se presentes os motivos para a segregação preventiva. Não se vislumbra incompatibilidade entre a negativa de recorrer em liberdade e a fixação do regime aberto, caso preenchidos os requisitos do art. 312 do Código de Processo Penal, pois os institutos são diferenciados. Entretanto, faz-se necessário compatibilizar a manutenção da custódia cautelar com o regime inicial determinado na condenação, sob pena de se estar impondo ao acusado modo de execução mais gravoso tão somente pelo fato de ter optado pela interposição de recurso. Habeas corpus não conhecido, concedendo-se, contudo, a ordem de ofício, nos termos do art. 654, § 2º, do CPP, apenas para determinar que o paciente aguarde o julgamento de eventual recurso em estabelecimento adequado ao regime fixado na condenação" (STJ – HC n° 231430-CE, Rel. Jorge Mussi, j. 25.06.2013, DJe 01.08.2013).

Réu que respondeu ao processo solto somente em situações excepcionais deve ser preso

"Tendo o réu permanecido solto durante toda a instrução criminal, por não se entender, em momento algum do processo, pela necessidade da prisão antecipada, comparecendo a todos os atos judiciais quando intimado, mostra-se injustificada a segregação ordenada na sentença com base unicamente na gravidade dos crimes em que condenado e na sua personalidade, tida por isso como negativa. Não havendo indicação de que, durante o tempo em que esteve em liberdade, tenha o réu atentado contra a ordem pública, reiterando em práticas delitivas, atrapalhado a conveniência da instrução criminal ou dado mostras de que pretendia furtar-se à aplicação da lei penal, tem-se por ilegal a negativa de recorrer em liberdade" (STJ – HC n° 255154-RJ, Rel. Jorge Mussi, j. 21.05.2013, DJe 06.06.2013).

Primariedade, bons antecedentes, residência fixa e profissão lícita não asseguram, por si só, o recurso em liberdade

"A primariedade, os bons antecedentes, a residência fixa e a profissão lícita são circunstâncias pessoais que, de per se, não são suficientes ao afastamento da prisão preventiva" (HC 112.642, Segunda Turma, Relator o Ministro Joaquim Barbosa, DJ de 10.08.12). No mesmo sentido: HC 106.474, Primeira Turma, Relatora a Ministra Rosa Weber, DJ de 30.03.12; HC 108.314, Primeira Turma, Relator o Ministro Luiz Fux, DJ de 05.10.11; HC 103.460, Primeira Turma, Relator o Ministro Luiz Fux, DJ de 30.08.11; HC 106.816, Segunda Turma, Relatora a Ministra Ellen Gracie, DJ de 20.06.11; HC 102.354, Segunda Turma, Relator o Ministro Joaquim Barbosa, DJ de 24.05.11, entre outros)" (STF – HC n° 114841-SP, Rel. Luiz Fux, j. 10.09.2013, DJe 24.09.2013).

Condição econômica do condenado e suposta possibilidade de fuga não impedem seu apelo em liberdade

"A sentença condenatória não se reveste de idônea motivação, na parte em que negou ao paciente o direito de recorrer em liberdade, pois baseou-se em meras conjecturas e simples presunções, sem se reportar a nenhum fato indicativo da necessidade da custódia antecipada da liberdade individual. A condição econômica do réu e a suposta possibilidade de fuga não constituem motivos suficientes para a imposição de prisão cautelar, notadamente se o paciente respondeu ao processo em liberdade" (STJ – HC n° 162952-SP, Rel. Og Fernandes, j. 23.04.2013, DJe 30.04.08.2013).

Reincidência por si só não justifica a prisão

"A reincidência, por si só, é indicação vaga e que não se presta a justificar a decretação da prisão cautelar na sentença, principalmente na hipótese em que o réu respondeu ao processo em liberdade" (STJ – HC n° 213822-PR, Rel. Maria Thereza de Assis Moura, j. 08.10.2013, DJe 17.10.2013).

Réu deve apelar preso se:

a) representa risco à segurança da vítima

"Não fere o princípio da presunção de inocência e do duplo grau de jurisdição a vedação do direito de recorrer em liberdade, se ocorrentes os pressupostos legalmente exigidos para a custódia do paciente na prisão. Mostra-se devida a vedação do apelo em liberdade em razão da necessidade de se preservar a integridade das vítimas, quando há notícias de constantes ameaças, inclusive de morte, e o risco de que essas ameaças se concretizem é efetivo, dada a personalidade violenta do condenado, agravada pela sua condição de dependente químico. Verifica-se a necessidade da prisão antecipada para acautelar a ordem pública da reiteração criminosa, já que há informação de que o paciente é reincidente, revelando a propensão a atividades ilícitas e demonstrando a sua periculosidade social e a real possibilidade de que, solto, volte a delinqüir" (STJ – HC n° 256535-SP, Rel. Jorge Mussi, j. 11.06.2013, DJe 20.06.2013).

NEGATIVA DE RECURSO EM LIBERDADE. DESCUMPRIMENTO DE COMPROMISSO FIRMADO. GARANTIA DE APLICAÇÃO DA LEI PENAL. CONSTRANGIMENTO ILEGAL NÃO EVIDENCIADO. "A decisão que negou ao paciente o direito de recorrer em liberdade trouxe fundamentação idônea que respalda a necessidade da segregação cautelar para se garantir a aplicação da lei penal, levando em consideração o descumprimento de obrigação assumida quando da concessão da liberdade provisória no curso da instrução processual" (STJ – HC n° 242143-BA, Rel. Og Fernandes, j. 28.05.2013, DJe 17.06.08.2013).

b) reincidente

"A negativa do direito de recorrer em liberdade encontra-se devidamente fundamentada. O Apenado permaneceu preso durante toda a instrução criminal e foi condenado, com reconhecida reincidência, pelas infrações penais acima indicadas. Tais circunstâncias evidenciam a pertinência da manutenção da constrição cautelar, como forma de garantir a ordem pública, dado o risco concreto de reiteração delitiva" (STJ – HC n° 226574-MG, Rel. Laurita Vaz, j. 15.08.2013, DJe 26.08.2013).

c) descumpriu as condições da liberdade provisória

"Descumpridas as condições judiciais impostas para a concessão de liberdade provisória, no caso, revelia injustificada da paciente, não caracteriza constrangimento ilegal a sentença condenatória que restabelece, fundamentadamente, a prisão cautelar do condenado. A Lei nº 11.464/07, que alterou o art. 2º da Lei nº 8.072/90, não derrogou o obstáculo ao deferimento do benefício ora em análise, pois a Lei nº 11.343/06, legislação especial, possui dispositivo expresso no sentido da vedação da liberdade provisória aos delitos de tráfico de drogas. Em síntese, tratando-se de crime hediondo, previsto na Lei nº 11.343/06, a prisão cautelar é a regra, sem qualquer nuance de ilegalidade, regra que pode ser afastada excepcionalmente pelo julgador, no caso concreto, se evidenciada situação de desnecessidade da medida extrema" (STJ – HC n° 234053-SP, Rel. Marco Aurélio Bellizze, j. 15.08.2013, DJe 22.08.2013).

§ 2º O tempo de prisão provisória, de prisão administrativa ou de internação, no Brasil ou no estrangeiro, será computado para fins de determinação do regime inicial de pena privativa de liberdade. (Incluído pela Lei nº 12.736, de 2012)

Regime inicial de cumprimento de pena – Após ser fixada a reprimenda definitiva, o juiz determinará, na própria sentença, o regime inicial para seu cumprimento, podendo ser o fechado, o semiaberto e o aberto. Atenderá aos seguintes fatores para identificar o regime inicial mais justo (e coerente com os fins da pena): (A) espécie de pena (reclusão/detenção); (B) quantidade da pena definitiva (art. 33, § 2º., CP); (C) condições especiais do condenado; (D) circunstâncias judiciais (art. 59, CP).

Gravidade do crime – A nossa jurisprudência é copiosa no sentido de que a opinião do julgador sobre a gravidade em abstrato do crime não constitui motivação idônea para a imposição de regime mais severo do que o permitido segundo a pena aplicada (Súmula 718 do STF). A imposição de regime de cumprimento mais severo exige motivação idônea, leia-se, com base na gravidade em concreto do delito (Súmula 719 do STF).

> **ATENÇÃO** – Algumas leis especiais subtraem do magistrado a possibilidade de fixar o regime inicial de cumprimento da pena. É o que fazem a Lei de Crimes Hediondos e a Lei de Tortura, determinando, para esses crimes obrigatoriamente o regime inicial fechado, independentemente da pena e das condições pessoais do condenado. Não obstante a dicção legal, ressaltamos, mais uma vez, que o STF, nos autos do HC nº 111.840, em decisão do Tribunal Pleno, julgou inconstitucional o artigo 2º, § 1º, da Lei nº 8.072/90, determinando ao juiz que analise as circunstâncias do caso concreto para a fixação do (justo) regime inicial de cumprimento da pena.

Organização criminosa – Tratando-se de lideranças de organizações criminosas armadas ou que tenham armas à disposição, o início do cumprimento da pena deve ser em estabelecimentos penais de segurança máxima, como dispõe o §8º, do art. 2º, da Lei 12.850/13, incluído pela Lei 13.964/19.

Pena base fixada no mínimo e regime inicial mais severo – Nada impede que o magistrado fixe a pena base no mínimo legal e, no momento de determinação do regime de cumprimento da pena, entenda ser cabível regime mais grave do que a pena aplicada sugeriria, à luz das alíneas "a", "b" e "c" do art. 33, § 2º, do Código Penal. É que o artigo 59 do mesmo Código traz critério orientador da aplicação da pena tanto na primeira etapa quanto no momento de fixação do regime. Guilherme de Souza Nucci, entretanto, discorda: "Pensamos ser muito difícil para o magistrado separar completamente os requisitos do art. 59 em duas fases distintas, conseguindo argumentos suficientes para dar pena mínima, ao mesmo tempo em que extrai outros para estabelecer regime mais severo. Afinal, se o crime é grave – não pela simples descrição típica, mas pelos aspectos fáticos que envolve –, a pena não deveria situar-se no mínimo, atendendo-se ao disposto nos elementos 'circunstâncias e consequências do crime', previstos no art. 59" (*Manual de Direito Penal*, ob. cit., p. 402).

De todo modo, o que se exige do magistrado, mais uma vez, é a fundamentação adequada (art. 315 do CPP), compatível com as circunstâncias concretas, e não com a compreensão abstrata que se tem acerca do delito. Nesse sentido, o STJ: "*Fixada a pena-base no mínimo legal, é vedado o estabelecimento de regime prisional mais gravoso do que o cabível em razão da sanção imposta, com base apenas na gravidade abstrata do delito*" (Súmula nº 440).

Detração penal – A partir dessa inovação legislativa, introduzida pela Lei nº 12.736/2012, cumpre ao juiz, ao proferir a sentença penal condenatória, abater da pena imposta ao réu o tempo no qual ele permaneceu preso cautelarmente, em caráter provisório, para fins processuais. Trata-se, pois, do instituto da detração penal, previsto no art. 42 do Código Penal, *verbis*: "Computam-se, na pena privativa de liberdade e na medida de segurança, o tempo de prisão provisória, no Brasil ou no estrangeiro, o de prisão administrativa e o de internação em qualquer dos estabelecimentos referidos no artigo anterior". A inovação legislativa veio anunciada em um "pacote" elaborado pelo Ministério da Justiça, no âmbito do "Programa Nacional de Apoio ao Sistema Prisional", a fim de agilizar a execução penal.

Nisto consiste sua novidade. Antes, a competência exclusiva para aplicação da detração penal era do Juízo da Execução, segundo o art. 66, inciso III, aliena "c" da Lei nº 7.210/84 (LEP). Ou seja: o réu era condenado e somente depois, em fase de execução penal, caberia ao juiz descontar, de sua pena, o período no qual ficou preso antes de proferida a sentença penal condenatória. A partir do novo dispositivo, cumpre ao próprio juiz da condenação, no momento em que dosar a pena, já abater esse período de prisão processual. É dizer: há uma antecipação de um juízo de valor cuja formulação, antes, era exclusiva da execução penal e que, agora, é elaborada pelo juízo de mérito. Com isso, argumentam os idealizadores da legislação ao justificarem o projeto de lei, a prestação jurisdicional se torna mais célere, evitando "sofrimento desnecessário e injusto à pessoa presa [...], além do judicialmente estabelecido", minorando, ademais, "o gasto público nas unidades prisionais com o encarceramento desnecessário".

A despeito da procedência dos argumentos que justificaram a inovação legislativa, há que se apontar, desde logo, certa perplexidade que sua aplicação prática fatalmente acarretará.

Pensemos no seguinte exemplo: "A" e "B", agindo em concurso de agentes, cometem determinado delito. Ambos primários e por preencherem requisitos de ordem subjetiva, são condenados à pena mínima de nove anos de reclusão, obrigados, bem por isso, a iniciar o cumprimento da reprimenda em regime fechado, na dicção do art. 33, § 2°, alínea "a" do Código Penal. Ocorre que "A" permaneceu preso em flagrante durante um ano, enquanto que "B" respondeu ao processo em liberdade.

Ao aplicar a detração penal na sentença penal condenatória, nos termos da atual redação do art. 387 do CPP, cumpriria ao juiz abater da pena de "A" o período no qual ficou preso processualmente, resultando em uma pena definitiva de oito anos de reclusão, enquanto que "B", por ter respondido solto ao processo, receberia uma pena de nove anos de reclusão. Com isso, "A" ingressaria diretamente no regime semiaberto, já que sua pena não ultrapassou oito anos (art. 33, § 2°, alínea "b" do Código Penal). Já "B", porque não recebeu o abatimento de sua pena, obrigatoriamente iniciaria o cumprimento em regime inicial fechado.

A situação padece de evidente injustiça. Afinal, ambos os réus perpetraram o mesmo delito e reúnem condições subjetivas idênticas. Apesar disso, "A" já adentraria o regime semiaberto, enquanto que "B" teria que cumprir pelo menos 16% de sua pena em regime fechado para, a partir daí, progredir para o regime menos rigoroso, nos termos do art. 112 da Lei de Execução Penal.

ATENÇÃO – Com o fim de contornar esse quadro de proteção deficiente do Estado, sustentamos que a detração, nessa fase, só é capaz de permitir regime prisional menos rigoroso se o tempo de prisão provisória, administrativa ou internação coincidir com o requisito temporal da progressão (art. 112 da LEP), sem desconsiderar outros requisitos objetivos inerentes ao incidente (como a reparação do dano nos crimes contra a administração pública).

JURISPRUDÊNCIA

Dispositivo deve ser aplicado para os crimes perpetrados antes da Lei n° 12.736/12

""O estabelecimento do regime prisional deve observar os termos do § 2.º do art. 387 do Código de Processo Penal, com redação dada Pela Lei n.º 12.736/12, segundo o qual "o tempo de prisão provisória, de prisão administrativa ou de internação, no Brasil ou no estrangeiro, será computado para fins de determinação do regime inicial de pena privativa de liberdade'. A norma supratranscrita, de natureza jurídica mista (processual/material), deve retroagir em benefício do Paciente, em obséquio ao preceito contido no inciso XL do art. 5.º da Constituição Federal, notadamente porque, ao conceder ao condenado a viabilidade de iniciar o cumprimento de pena em regime mais brando, atinge de forma menos severa o seu direito de ir e vir" (STJ – HC n° 274228-SP, Rel. Laurita Vaz, j. 08.10.2013, DJe 16.10.2013).

A análise deve ser feita pelo Juízo das Execuções, quando a sentença for anterior à Lei n° 12.736/12

"A possibilidade de o tempo de prisão provisória, de prisão administrativa ou de internação, no Brasil ou no estrangeiro, ser computado pelo juiz para fins de determinação do regime inicial de pena privativa de liberdade, ao proferir sentença condenatória, passou a constar no § 2º do art. 387 do Código de Processo Penal, com a entrada em vigor da Lei nº 12.736, que se deu apenas em 30/12/2012. No caso, a decisão monocrática que fixou o regime inicial semiaberto de execução foi proferida em 8/11/2012, antes, portanto, da edição da referida lei, razão pela qual a análise da detração penal deverá ser realizada pelo Juízo das Execuções Penais conforme disposição do art. 42 do Código Penal e dos arts. 65 e 66, III, b, ambos da Lei de Execuções Penais" (STJ – AgRg nos EDcl no AREsp n° 70941-SP, Rel. Marco Aurélio Bellizze, j. 25.06.2013, DJe 01.07.2013).

Não é apenas o lapso temporal que deve ser considerado para fixação do regime de pena

"Ainda que o artigo 387, § 2º, do Código de Processo Penal estabeleça que o tempo da prisão provisória seja considerado para a fixação do regime, existem outros elementos a serem considerados nessa fixação, como os antecedentes, a culpabilidade, os desdobramentos do fato e suas consequências. Em outras palavras, o regime não será fixado apenas em função do lapso temporal cumprido, mas em consideração ao todo" (TJSP – HC nº 0055967-79.2013.8.26.0000, Rel. Pinheiro Franco, j. 18.04.13).

"Para que não fique sem registro, é oportuno observar, ainda, que o MM. Juiz 'a quo' estabeleceu o regime inicial fechado, em razão da personalidade absolutamente deformada do paciente, que, como já acentuado, é reincidente específico. Em sendo assim, ainda que se considere o tempo de prisão provisória, tal contagem não tem o condão de alterar o regime fixado, ex vi do art. 33, § 2º, alíneas "b" e "c", do Código Penal. O disposto no § 2º do art. 387 do CPP" (TJSP – HC nº 0054871-29.2013.8.26.0000, Rel. Sérgio Coelho, j. 16.05.13)

"É verdade que a decisão ora embargada foi prolatada quando já em vigor o artigo 387, parágrafo 2º, introduzido pela Lei nº 12.736/2012, segundo o qual o tempo de prisão provisória será computado para fins de determinação do regime inicial de pena privativa de liberdade. Todavia, a análise acerca da possibilidade da fixação de regime menos severo não se submete apenas ao montante da pena aplicada, devendo ser feita de forma casuística, no caso concreto, considerando outros fatores que não apenas aqueles previstos no artigo 33, parágrafo 2º, alíneas "a", "b" e "c", do Código Penal" (TJSP – ED nº nº 0011949-66.2011.8.26.0606/50000, Rel. Francisco Orlando, j. 20.05.13).

Dificuldade na aplicação do dispositivo por não se submeter aos requisitos da LEP

"Assim, se pode concluir que a intenção do legislador foi positiva, mas a execução da medida deixou a desejar, considerando a redação final do dispositivo [...]. Grande dificuldade prática decorre da aplicação literal desse mandamento: se o Magistrado prolator da sentença condenatória considerar o tempo de prisão processual cumprido, a ser detraído do total, para fixação do regime inicial, estaria por conceder verdadeira progressão de regime prisional, fazendo-o, todavia, sem acesso às eventuais intercorrências da execução penal, ainda que provisória. Assim, fixaria regime mais brando em razão do tempo de pena cumprido, sem analisar o comportamento carcerário do condenado. Não bastasse isso, ao receber o processo, o Juiz da Execuções teria que conceder uma progressão de regime verdadeira quase que imediatamente, nos termos do artigo 112 da Lei de Execução Penal, para que o preso passe do regime fixado na sentença (o regime inicial de cumprimento) para o mais brando. Na prática, nessa hipótese, haveria duas concessões de progressão de regime, a primeira delas sem análise do requisito subjetivo, mas ambas com base no mesmo tempo de cumprimento da pena (que seria considerado duas vezes em favor do condenado, em evidente ilegalidade" (TJSP – HC nº 0152636-97.2013.8.26.0000, Rel. Otávio de Almeida Machado, j. 22.10. 2013).

Em sentido contrário, por não se tratar de progressão

"Cumpre ressaltar, por oportuno, que a aplicação do artigo 387, § 2º, do CPP, pelo juízo de conhecimento não se confunde com progressão de regime prisional, porquanto o magistrado estará apenas individualizando a pena e estabelecendo as balizas iniciais que orientarão o Juízo da Execução. Com efeito, não se deve confundir prisão cautelar e pena, porquanto aquela caracteriza antecipação desta, o que, sabemos, viola o princípio constitucional da presunção de inocência. Dessa forma, somente poderá ser beneficiado com a progressão de regime quem a iniciou. Assim, o magistrado ao aplicar a detração não realiza a progressão de regime (competência do Juiz da execução, a teor do art. 66, inciso III, alínea "b" da LEP), apenas promove a compensação do tempo de prisão provisória para fins de determinação do regime inicial do cumprimento da pena privativa da liberdade" (TJSP – HC nº 0074346-68.26.0000, Rel. Paulo Rossi, j. 03. 06.2013.

Art. 388. A sentença poderá ser datilografada e neste caso o juiz a rubricará em todas as folhas.

Sentença datilografada – No que diz respeito à assinatura do Juiz, remeto o leitor ao art. 381, quando se trata da *parte autenticativa* da sentença. De qualquer sorte, observo que uma sentença na qual se omita a assinatura de seu prolator, é, mais que um ato nulo, um ato inexistente, um não ato, incapaz, por isso mesmo, de gerar qualquer efeito no mundo jurídico. Já a falta de rubrica nas folhas, conforme se vê pela jurisprudência abaixo colacionada, é causa de mera irregularidade, sem o condão de comprometer a sentença.

Quanto à possibilidade de a sentença ser datilografada (e, atualmente no processo eletrônico, é digital), nenhum comentário é necessário. Todavia, apenas por uma curiosidade histórica, vale se atentar à crítica formulada por Jorge Americano, ao tempo da promulgação do código, contra essa espécie de *modernidade*: "É essencial para a dignidade da magistratura, que o juiz mantenha sigilo quanto à sua opinião sobre a demanda, até o momento de lavrar a sentença. Qualquer conversação sobre ela travada conduziria à discussão com as partes, com grave prejuízo da austeridade e até a honra do magistrado... Ora, permitir que a sentença seja datilografada é tolerar o seu conhecimento pelo datilógrafo, antes de publicada. É certo que a sentença, enquanto em estado de rascunho, pode ser modificada, e só adquire força depois de publicada. Basta uma hesitação da parte do juiz, em presença do datilógrafo, um erro que corrija, uma modificação que introduza, para criar no espírito desse auxiliar uma suspeita sobre a integridade do juiz ou, quando tal não se dê, trazer a público incidentes curiosos ou anedóticos quanto à maneira de lavrar a sentença... eis porque parece mais sábio manter a tradição, segundo a qual o juiz lavra, data e assina a sentença do próprio punho" (*apud* Antônio Luiz da Câmara Leal, *Comentários ao código de processo penal brasileiro*, Freitas Bastos, 1942, vol. III, pp. 21-2). O tempo revelou o anacronismo desse posicionamento.

JURISPRUDÊNCIA

Sentença datilografada pelo Cartório

"Sentença datilografada pelo Cartório, mediante orientação do Juiz e conforme modelo por ele apontado, não importa em delegação da atividade jurisdicional" (TACrimSP, Rel. Barreto Fonseca, *JUTACrim* 88/146).

Ausência de rubrica. Mera Irregularidade

"Milita a favor dos provimentos judiciais a presunção de autenticidade. A simples circunstância de as folhas respectivas não contarem com a rubrica do prolator – artigo 388 do Código de Processo Penal – não é conducente a procedência da pecha de nulidade, desde que haja a assinatura ao final" (STF – HC nº 70.316-SP – Rel. Marco Aurélio, j. 17.08.93 , DJ de 17.09.1993, p. 18.928).

"Se o Juiz deixa de lançar a rubrica em algumas folhas da sentença datilografada, nem por isso esta se torna nula, pois, além de não cominada nulidade (art. 388 do C.P.Penal), não há prejuízo para o réu, se não põe em duvida a autenticidade de tal peca do processo" (STF – HC nº 72214-PR, Rel. Sydney Sanches, j. 26.03.1996 , DJ 17.05.1996, p. 362).

RHC – Processual Penal – Sentença – Folhas – Rubrica – "A assinatura do Juiz é necessária à sentença. De outras razões, caracterizará a competência, decorrente do Juízo natural. Irrelevante, porém, as folhas serem rubricadas. A interpretação jurídica não pode prender-se a aspectos formais secundários" (STJ – RO nº 3155 – SP, Rel. Luiz Vicente Cernicchiaro, j. 08.11.1993).

Art. 389. **A sentença será publicada em mão do escrivão, que lavrará nos autos o respectivo termo, registrando-a em livro especialmente destinado a esse fim.**

Publicação da sentença – *Publicação* é o ato pelo qual se leva, ao conhecimento das partes e de quem possa interessar, o conteúdo da sentença. Ela ocorre no exato momento em que deixa a esfera íntima do julgador e é entregue em mãos do escrivão. Ou seja, aquilo que até então era um mero trabalho intelectual do Juiz, restrito ao seu exclusivo conhecimento, passa, com a publicação e como o próprio nome indica, a se tornar público.

Nesse instante – insistimos – ela se torna pública e, por isso mesmo, é irrelevante a data consignada pelo Juiz no *decisum*, prevalecendo aquela na qual foi entregue ao escrivão. Tal observação, aparentemente sem interesse prático, assume enorme relevância quando suscitadas, por exemplo, questões relativas à prescrição ou à competência do juiz que a prolatou.

Observe-se, porém, que a publicação da sentença em mãos do escrivão, quando se torna pública, não dispensa a obrigatoriedade de intimação das partes a respeito de seu teor. Daí a necessidade de observância das regras contidas nos arts. 390, 391 e 392 abaixo.

É óbvio que sendo a sentença proferida oralmente (em audiência, no Plenário do Júri ou em Tribunais Superiores), a intimação se dá naquela mesma data.

Registro – Uma vez proferida a sentença, deve ser registrada em um livro próprio, mantido em cartório para esse único fim, no qual é transcrito todo teor da decisão. De se ver, porém, como observa Espínola Filho, citando Bento de Faria, que o registro não se traduz em formalidade indispensável à existência da sentença, mas mero ato visando sua conservação (ob. cit., vol. 2, p. 180).

As Normas da Corregedoria Geral do Tribunal de Justiça do Estado de São Paulo, em seu art. 64, inc. V, determinam a obrigatoriedade de manutenção, pelos ofícios de justiça, de um *livro de registro de sentença*, "salvo se cadastrada [a sentença] no sistema informatizado oficial, com assinatura digital ou com outro sistema de segurança aprovado pela Corregedoria Geral da Justiça e que também impeça a sua adulteração".

Recurso interposto antes de publicada a decisão – Discute-se na jurisprudência da possibilidade de interposição de recurso antes de publicada a decisão recorrida. Ou seja, antes mesmo de se tornar pública, a parte interessada, sabedora do resultado (porque, por exemplo, prolatada a decisão por um tribunal), dela recorre. A jurisprudência do Supremo Tribunal Federal, de forma tranquila, vinha se posicionando no sentido do não conhecimento do recurso. Ou, quando não, exigia a posterior ratificação do recurso, a ser realizada após a publicação da decisão atacada. Decisão mais recente, porém, oriunda do Pleno da mais alta Corte (abaixo transcrita), entendeu no sentido do conhecimento do recurso, conforme se vê do aresto abaixo transcrito. Não se ignora que tal *decisum* foi prolatado em uma ação de natureza cível, mas decerto que deverá prevalecer, também, para as causas criminais. Lembre-se, nesse aspecto, que o art. 218, § 4º., do Código de Processo Civil (Lei n. 13.105/2015), dispõe que "os atos processuais serão realizados nos prazos prescritos em lei" e que "será considerado tempestivo o ato praticado antes do termo inicial do prazo".

JURISPRUDÊNCIA

Publicação da sentença ocorre com sua entrega ao escrivão

"Conforme orientação firmada nesta Corte Superior, um dos marcos interruptivos da prescrição da pretensão punitiva é a publicação da sentença em cartório (art. 389 do CPP), que se dá com a entrega do decisum ao Escrivão, e não na data de sua publicação na imprensa oficial" (STJ – REsp nº 1154383-MG, Rel. Napoleão Nunes Maia Filho, j. 21.09.10, DJe 03.11.2010).

Prevalece a data de entrega ao escrivão e não aquela consignada na sentença

"A data da entrega de sentença criminal em cartório, e não a da sua assinatura, serve para determinar a competência do Juiz substituto que a prolatou (art. 389 do Código de Processo Penal)" (STF – HC nº 65.041-SP – Rel. Octávio Gallotti, DJ 07.08.87, p. 15434).

"É princípio assente que os efeitos da sentença não correm da data que a mesma abriga, mas da efetiva entrega em cartório. E isso se verifica de termo de recebimento ou data e, na falta deste, da publicação. Juiz promovido, que se desliga da comarca, não tem mais jurisdição para julgar os feitos mesmo com instrução finda, pois não tem tal alcance (competência por vinculação). Conseqüentemente nula é a sentença" (TJRS – Ap. Crim. nº 20.283 – Estrela – Rel. Alaor Antônio Wiltgen Terra – j. em 03.11.77).

Irrelevante a data do registro da sentença

"A publicidade da sentença decorre da sua entrega em Cartório. O seu registro, mesmo que tardio não pode ser levado em conta já que o ato de registrar a sentença é destinado a imprimir maior segurança à documentação, já que publicada a sentença em mãos do escrivão, antes que o registro se efetive" (TACrimSP, Rel. Brenno Marcondes, JUTACrim 83/393).

Ausência de certidão do escrivão. Irrelevância

"Na omissão da lavratura do termo de recebimento pelo escrivão, previsto no art. 389 do Código de Processo Penal, a sentença deve ser considerada publicada na data da prática do ato subsequente, que, de maneira inequívoca, demonstre a publicidade do decreto condenatório."(STJ - RHC 28.822/AL, Rel. Ministro Sebastião Reis Júnior, SEXTA TURMA, julgado em 22/08/2011, DJe 13/10/2011).

Publicação e intimação da sentença

"A sentença é publicada em razão da publicidade do processo e para os interessados tomarem ciência. Decorrem vários efeitos. Ilustrativamente, marco para o cálculo da prescrição. Publicação da sentença é o ato pelo qual o juiz a coloca em cartório (salvo se proferida em audiência), tornando-a pública. Não se confunde com a publicação na imprensa, ou pessoalmente, por intimação ao réu e ao defensor, para efeitos processuais, para, querendo, manifestar recurso" (STJ, Rel. Luiz Vicente Cernicchiaro, *RT* 734/660).

Depois de publicada é irretratável a sentença

"A sentença publicada é irretratável sendo de todo impossível ao Juiz retroceder e deixar o dito pelo não dito, a menos que seja a mesma impugnada, através de recurso previsto em lei, quando, só então, seja pelo próprio Juiz, seja pelo Órgão Superior, será possível a sua alteração" (TACrimSP, Rel. Silva Franco, JUTACrim 65/158).

Recurso antes de publicada a decisão

a) possibilidade

"A extemporaneidade não se verifica com a interposição de recurso antes do termo *a quo* e consequentemente não gera a ausência de preenchimento de requisito de admissibilidade da tempestividade. O princípio da instrumentalidade do Direito Processual reclama a necessidade de interpretar os seus institutos sempre do modo mais favorável ao acesso à justiça (art. 5º, XXXV, CRFB) e à efetividade dos direitos materiais (OLIVEIRA, Carlos Alberto Alvaro de. O formalismo valorativo no confronto com o formalismo excessivo. *In:* Revista de Processo, São Paulo: RT, n.º 137, p. 7-31, 2006; DINAMARCO, Cândido Rangel. A instrumentalidade do processo. 14ª ed. São Paulo: Malheiros, 2009; BEDAQUE, José Roberto dos Santos. Efetividade do Processo e Técnica Processual. 3ª ed. São Paulo: Malheiros, 2010). As preclusões se destinam a permitir o regular e célere desenvolvimento do feito, não sendo possível penalizar a parte que age de boa-fé e contribui para o progresso da marcha processual com o não conhecimento do recurso por ela interposto antecipadamente, em decorrência de purismo formal injustificado" (STF – AI n. 703269 AGR-ED-ED-EDV-ED-MG, Rel. Luiz Fux, j. 05.03.2015).

b) impossibilidade

"A simples notícia do julgamento não fixa o termo inicial da contagem do prazo recursal, de modo que o recurso interposto antes da publicação do acórdão recorrido é prematuro, a menos que seja posteriormente ratificado" (STF – RE n. 606376 ED-EDv-RS, Rel. Min. Cármen Lúcia, j. 19.11.2014, DJe 18.12.2014)

"A jurisprudência desta Corte é pacífica no sentido de ser extemporâneo o recurso interposto antes da publicação do julgado recorrido e sem posterior ratificação no novo prazo recursal. Agravo regimental não provido" (STF – RE n. 469338 ED-RS, Rel. Dias Toffoli, j. 24.08.2010, DJe 22.11.2010).

Art. 390. O escrivão, dentro de três dias após a publicação, e sob pena de suspensão de cinco dias, dará conhecimento da sentença ao órgão do Ministério Público.

Ministério Público – A intimação do órgão do Ministério Público, em qualquer grau de jurisdição, será sempre pessoal, não se admitindo, em relação a ele, a intimação através da imprensa. Tal imposição decorre de expresso texto de lei nesse sentido, conforme se verifica do disposto no § 4º, do art. 370, do Código de Processo Penal, com a redação que lhe foi dada pela Lei nº 9.271/96. Aliás, mesmo antes de dessa alteração, a intimação pessoal do *parquet* já era exigida, por força do art. 41, inc. IV, da Lei nº 8.625/93, a Lei Orgânica do Ministério Público.

Por conta disso, o prazo para oferta de eventual recurso começa a fluir da data em que o órgão acusador lançou seu *ciente* da decisão, consoante entendimento que tem prevalecido no STF. Uma posição jurisprudencial que vem ganhando força na mais alta Corte do país, porém, entende que o prazo deva ser iniciado da data em que foram os autos enviados ao Ministério Público e não daquela em que seu representante houve por bem lançar seu *ciente*.

Processo eletrônico – A Lei n. 11.419/2006, de aplicação no processo penal (art. 1º, § 1º.), prevê a intimação por meio eletrônico, que substitui "qualquer outro meio e publicação oficial, para quaisquer efeitos legais, à exceção dos casos que, por lei, exigem intimação ou vista pessoal" (art. 4º., § 2º.). Considera-se, nesse caso, realizada a intimação no dia em que efetivada a consulta eletrônica, prorrogando-se para o primeiro dia útil seguinte caso realizada em finais de semana, feriados, etc. (art. 5º). A Quinta Turma do Superior Tribunal de Justiça, em decisão monocrática do Min. Felix Fischer, deu provimento ao Recurso Especial nº 1.803.485 - MS (2019/0079773-7), interposto pelo Ministério Público do Estado de Mato Grosso do Sul, para determinar que o Tribunal de Justiça do Estado de Mato Grosso do Sul examine apelação ministerial, dada a sua tempestividade, ante a aplicação da regra prevista no artigo 5º, §1º e §3º, da Lei nº 11.419/2006, segundo a qual a intimação eletrônica é consumada na data em que o intimado efetivar a consulta eletrônica do teor da intimação, que pode ser realizada em até 10 (dez) dias, contados da data do envio, sob pena de considerar-se a intimação automaticamente realizada na data do término desse prazo. A Terceira Seção do STJ firmou, sobre o tema, a seguinte tese em sede de recurso repetitivo: "O termo inicial da contagem do prazo para impugnar decisão judicial é, para o Ministério Público, a data da entrega dos autos na repartição administrativa do órgão, sendo irrelevante que a intimação pessoal tenha se dado em audiência, em cartório ou por mandado" (Tema 959, DJe de 14/9/2017).

Sobre o tema, v., ainda, os comentários ao art. 370, § 4º., acima.

JURISPRUDÊNCIA

Súmula nº 310 do STF: "Quando a intimação tiver lugar na sexta-feira, ou a publicação com efeito de intimação for feita nesse dia, o prazo judicial terá início na segunda-feira imediata, salvo se não houver expediente, caso em que começará no primeiro dia útil que se seguir."

Considera-se o MP intimado da sentença

a) na data em que efetivada a consulta eletrônica

"Nos termos do art. 5º, §§ 1º e 3º, da Lei 11.419/2006, a **intimação do Ministério Público** considera-se realizada no dia em que efetivada a consulta eletrônica a seu teor. Caso contrário, considerar-se-á efetivada ao término do prazo de 10 dias, contados da data do envio eletrônico." (STJ – PET no REsp n. 1.468.085/PA, relator Ministro João Otávio de Noronha, Quinta Turma, julgado em 13/9/2022, DJe de 16/9/2022.)

b) na data em que lança seu ciente na decisão

"A intimação do Ministério Público deve ser pessoal e o prazo para a interposição de recurso ministerial tem início na data da aposição do ciente pelo representante do Parquet e, não, do ingresso dos autos na Procuradoria de Justiça" (STJ – REsp nº 300157-MG, Rel. Gilson Dipp, j. 04.10.2001, DJ 19.11.2001, p. 308).

c) na data em que os autos são recebidos

"A intimação do Ministério Público se perfaz no momento em que, comprovadamente, o Promotor recebe do escrivão, para ciência, a decisão de seu interesse – e não na data em que se dispõe a compulsar o processo, lançando o ciente sobre a sentença" (STF – RE nº 105178-RJ, Rel. Francisco Rezek, DJ 06.09.85, p. 14876).

"Sedimenta-se a jurisprudência no sentido de a pessoalidade das intimações não se verificar com o recebimento dos autos na secretaria da instituição, sendo indispensável a oposição, no processo, do ciente, o que tem levado a lamentáveis abusos, com a exacerbação do desequilíbrio de armas, tendo em vista a defesa. Simplesmente o próprio órgão do Ministério Público fixa o termo inicial do prazo previsto em lei, porquanto somente lança o ciente quando bem entende, ou seja, quando se dispõe, encontrando tempo, a examinar o processo e a praticar o ato que lhe cabe. Prazos de dias são transformados em prazos de meses. Deixo este registro para o amadurecimento do quadro pelos integrantes da Turma, pois estou convencido da necessidade de uma evolução, tendo-se o Ministério Público como intimado com o simples recebimento do processo, certificado pela secretaria da instituição" (STF – Rel. Marco Aurélio – Informativo do STF nº 117, de 29 de junho a 7 de agosto de 1998).

Divergência entre a certidão do escrivão e a data indicada pelo MP. Prevalência desta última

"Havendo divergência de datas entre certidão genérica do cartório, referente a intimação da sentença ao Promotor, e a data do *ciente*, na própria sentença, aposto pelo representante do Ministério Público, prevalece esta última. Em matéria de recurso, na dúvida, decide-se em favor da sua admissibilidade, em consequência do princípio da pluralidade dos graus de jurisdição" (STJ – REsp nº 7.411-SP – Rel. Assis Toledo – *DJ* de 18.03.91).

Ausência de intimação quanto à sentença que concede HC. Irrelevância

"Falta de intimação do Ministério Público Federal de sentença concessiva do *writ*. Nulidade não declarada por inocorrente prejuízo, tendo em vista o recurso *ex officio* interposto. Art. 563 do CPP. Precedente RE nº 69.976 – RTJ 55/460. Interpretação razoável do art. 241 do CPP, tendo em vista as circunstâncias de fato" (STF – RE nº 92.194 – SP, Rel. Cordeiro Guerra, j. 07.04.81).

Penalidade imposta ao escrivão

"É o Escrivão passível das penas dos arts. 390 e 799 do CPP, quando demonstra ser desidioso, procrastinando as providências legais de publicação de sentença ou quando, no prazo legal, deixa de dar conhecimento do decisório ao órgão do MP" (TACrimSP, Rel. Geraldo Pinheiro, JUTACrim 45/281).

Art. 391. **O querelante ou o assistente será intimado da sentença, pessoalmente ou na pessoa de seu advogado. Se nenhum deles for encontrado no lugar da sede do juízo, a intimação será feita mediante edital com o prazo de 10 dias, afixado no lugar de costume.**

Querelante e assistente – Neste caso, tratando-se do autor da ação penal privada (querelante), ou do auxiliar do Ministério Público na ação penal pública (assistente), devem, ambos, ser intimados da sentença. Tal intimação poderá ser feita em audiência, se desde logo foi proferida sentença ou por meio de mandado judicial, pessoalmente, a ser cumprido por oficial de justiça. Conforme expresso no texto, supre a intimação pessoal de ambos, contudo, a intimação realizada na pessoa do advogado. Ou seja, da intimação do advogado, deve se atentar à regra do art. 370, § 1º., que determina a intimação por meio do órgão oficial de imprensa. Em suma: é possível se optar pela intimação pessoal do querelante ou do assistente de acusação ou – parece a opção que ocorre na prática – pela mera intimação de seu advogado, neste último caso pela imprensa.

Não sendo nenhum deles encontrado na sede do Juízo, a intimação far-se-á por edital – em dispositivo que entendemos em pleno vigor –, não se expedindo precatória ou rogatória, mesmo que conhecidos os paradeiros (nesse sentido, Julio Fabbrini Mirabete, *Código de processo penal interpretado*, Atlas, 2001, p. 872).

Optando-se pela primeira hipótese – intimação pessoal do querelante ou assistente – caso não residam na Comarca, cremos devam ser intimados através da expedição de carta precatória. Afinal, tratando-se de ação penal privada, aquele primeiro passa a ocupar a posição de órgão de acusação, agindo como verdadeiro substituto processual do Ministério Público, em determinadas situações nas quais o legislador excepcionou a regra geral. Ora, se ao *parquet* se impõe a necessidade de intimação pessoal da sentença (art. 370, § 4º e art. 390), também ao querelante, que aqui faz as vezes daquele, deverá ser observado tal requisito.

JURISPRUDÊNCIA

Necessidade de intimação do querelante

"Não se tratando de resguardar o direito da ampla defesa inserido no artigo 153, § 15, da Constituição Federal, e sim noticiar o despacho de uma ação penal exclusivamente privada e preliminarmente rejeitada, a intimação realizada na pessoa do querelante, atendeu às exigências legais, sendo intempestivo o recurso ofertado dez dias após a intimação" (TACrimSP, Rel. Rocha Lima, JUTACrim 68/342).

Intimação do advogado do querelante pela imprensa. Possibilidade

Intimação – Sentença – Comunicação ao advogado do querelante através da Imprensa Oficial na forma do parágrafo 2º, do art. 370, do Código de Processo Penal – Possibilidade – "A intimação da sentença ao querelante far-se-á, alternativamente, na pessoa deste, caso em que a intimação será pessoal, ou na pessoa de seu advogado, quando poderá observar a forma prevista no parágrafo 2º, do art. 370, do Código de Processo Penal, ou seja, pela simples publicação do ato no órgão oficial" (TACrimSP – RSE nº 987.451 – j. em 25.4.96 – Rel. Érix Ferreira).

Deve ser certificada a intimação do querelante

Processual Penal – Recurso – Termo inicial do prazo – "A simples abertura de vista, mediante carimbo nos autos, subscrito pelo escrevente, não supre a ausência de certidão de intimação da sentença ao querelante, nos termos do art. 391 do CPP. Ausente essa intimação, não corre o prazo para recurso, por inobservância do art. 798, parágrafo 5º, "a", do CPP. De resto, na dúvida, decide-se em favor da admissibilidade do recurso, em consequência do princípio da pluralidade dos graus de jurisdição" (STJ – RE nº 13491 – MG, Rel. Assis Toledo, j. em 02.10.91).

Início do prazo para recurso do querelante

"A contagem do prazo do recurso contra a sentença proferida em queixa-crime inicia-se a partir da intimação do advogado do querelante pela imprensa oficial ou similar, ou da intimação pessoal do querelante. Um ou outro, de acordo com os arts. 370, § 1º e 391 do CPP" (TAMG – RSE nº 253.135-9 – Betim, Rel. Hyparco Immesi, j. 11.08.98).

Necessidade de intimação do assistente

"Deve o assistente ser inteirado da sentença (art. 391 do Código de Processo Penal) para que lhe seja lícito usar do recurso adequado, se o não fizer o Ministério Público" (STF – RE nº 32.199, Rel. Afrânio Costa, DJ 27.12.56, p. 15918).

"O assistente da acusação não é delegado do Ministério Público, o qual age em defesa da sociedade, enquanto o assistente atua em nome do ofendido ou de seu representante legal, podendo arrazoar os recursos por ele próprio interpostos, segundo previsão legal. Por conseguinte, é nula a publicação que omite o nome do assistente da acusação, mesmo dizendo que a recorrente é a Justiça Pública" (STJ, Rel. Jesus Costa Lima, RT 708/388).

Necessidade de intimação do assistente, desde que habilitado os autos

"Conforme registrou o ilustre representante ministerial, em não havendo habilitação preexistente à prolação da sentença absolutória, não há se falar em inobservância do artigo 391 do CPP, pois somente se o sucessor da vítima estivesse previamente habilitado no processo como assistente de acusação é que haveria a obrigatoriedade de sua intimação, o que não se verificou o caso em exame" (STJ – AgRG no REsp nº 985592-MT, Rel. Napoleão Nunes Maia Filho, j. 29.04.2009, DJe 01.06.2009).

Intimação do advogado do assistente

a) é suficiente

"Para o Assistente do Ministério Público o prazo para apresentação de recurso de apelação começa a fluir da intimação da sentença, seja ela efetuada pessoalmente ou na pessoa de seu Advogado, sendo, portanto, desnecessário ambos sejam intimados" (TACrimSP, Rel. Rubens Gonçalves, RJD 10/200).

Sentença – Cientificação de AMP na pessoa de seu advogado – Admissibilidade – "Tal como a pública, a parte acusatória particular, seja principal ou secundária, deve ter, da sentença, um conhecimento efetivo, que tanto lhe pode ser dado pessoalmente, como por intermédio de seu advogado" (TACrimSP, Rel. Silvio Lemmi, JUTACrim 43/158).

b) é desnecessária

Sentença – Decreto absolutório – Falta de intimação de patrono de AMP – Irrelevância – "A falta de intimação de patrono de AMP, não obsta o trânsito em julgado de sentença absolutória" (TACrimSP, Rel. Silvio Lemmi, JUTACrim 44/433).

Prazo para o assistente recorrer (v. art. 268 acima)

Art. 392. **A intimação da sentença será feita:**

I – ao réu, pessoalmente, se estiver preso;

II – ao réu, pessoalmente, ou ao defensor por ele constituído, quando se livrar solto, ou, sendo afiançável a infração, tiver prestado fiança;

III – ao defensor constituído pelo réu, se este, afiançável, ou não, a infração, expedido o mandado de prisão, não tiver sido encontrado, e assim o certificar o oficial de justiça;

IV – mediante edital, nos casos do nº II, se o réu e o defensor que houver constituído não forem encontrados, e assim o certificar o oficial de justiça;

V – mediante edital, nos casos do nº III, se o defensor que o réu houver constituído também não for encontrado, e assim o certificar o oficial de justiça;

VI – mediante edital, se o réu, não tendo constituído defensor, não for encontrado, e assim o certificar o oficial de justiça.

§ 1º O prazo do edital será de 90 dias, se tiver sido imposta pena privativa de liberdade por tempo igual ou superior a um ano, e de 60 dias, nos outros casos.

§ 2º O prazo para apelação correrá após o término do fixado no edital, salvo se, no curso deste, for feita a intimação por qualquer das outras formas estabelecidas neste artigo.

Intimação – Consiste na ciência que é dada às partes, quanto à prática de um ato, despacho ou sentença no processo. Refere-se a um ato já praticado e difere, neste aspecto, da notificação, que é a comunicação dada aos interessados de um ato processual que deverá ser praticado no futuro. Assim, por exemplo, *intima-se* de uma sentença e *notifica-se* a testemunha a comparecer a uma audiência.

De se ver que a Lei n. 9.271/96, ao alterar o art. 370 do Código, trouxe profundas inovações em relação à intimação, permitindo, a exemplo do que se verifica no Código de Processo Civil, a intimação pela imprensa ou por carta com aviso de recebimento ("AR"). De outra parte, sistematizando disposições contidas em legislação esparsa, passou a exigir a intimação pessoal do Ministério Público e da Defensoria Pública.

A doutrina em sua maioria, porém, vem entendendo que, em relação à intimação da sentença, as regras a serem observadas são aquelas previstas neste artigo em estudo e não aquelas contempladas no art. 370 do Código. É que, tratando-se de regras especiais e dada a relevância do ato cuja intimação se processa, aplica-se este dispositivo, que tem rito próprio e não admite, por exemplo, a intimação da sentença por via postal (cf., nesse sentido, Julio Fabbrini Mirabete, *Processo penal*, 1997, p. 438 e Pedro Henrique Demercian e Jorge Assaf Maluly, *Curso de processo penal*, 1999, p. 311).

Intimação por mandado ou por precatória e início do prazo recursal – Nesses casos perdurava alguma dúvida sobre o início da contagem do prazo para eventual recurso, entendendo boa parte da doutrina que deveria ser observada a disciplina do Código de Processo Civil, ou seja, o prazo se iniciaria da data da juntada aos autos do mandado ou da precatória. Nesse sentido, aliás, o art. 231, incs. II e VI, do Código de Processo Civil (Lei n. 13.105/2015). Era a posição que prevalecia na jurisprudência, até que o Supremo Tribunal Federal deu uma guinada em seu posicionamento, alterando-o substancialmente com a edição da Súmula 710, do seguinte teor: "No processo penal, contam-se os prazos da data da intimação e não da juntada aos autos do mandado ou da carta precatória ou de ordem".

Trata-se de entendimento sumular que mereceu acertada crítica da doutrina, sobretudo no que se tange à carta precatória. Afinal, em um país de dimensões continentais como o nosso, somente com o retorno da precatória é que se irá se certificar sobre o resultado da intimação. Preferiu-se, porém, a adoção da regra do art. 798, § 5º., "a", pela qual "salvo os casos expressos, os prazos correrão [...] da intimação".

Intimação por via eletrônica – Cuidando-se, porém, de intimação por via eletrônica, ante o silêncio do CPP, pensamos deva ser aplicada a regra contida no Código de Processo Civil (Lei n. 13.105/2015), que, em seu art. 231, inc. V, estabelece o *dies a quo* como "o dia útil seguinte à consulta ao teor da citação ou da intimação ou ao término do prazo para que a consulta se dê, quando a citação ou a intimação for eletrônica".

Curador – Com a extinção da figura do curador, pela Lei n. 10.792/2003, prevista no art. 194 do Código, não mais prevê de sua nomeação em favor do réu que conte mais de 18 e menos de 21 anos. Sobre o tema, remetemos o leitor aos comentários tecidos acima ao art. 194 do CPP. De sorte que, extinta essa figura, por óbvio que não há que se cogitar de qualquer espécie de intimação. Ocorre que o texto revogado fez referência, apenas, ao menor de 21 anos, remanescendo a figura do curador, porém, em outras passagens do código, como, por exemplo, no art. 149, § 2º., que impõe a nomeação de um curador ao réu que se submeter a exame de insanidade mental. Ou do curador previsto no art. 631, para os casos de revisão criminal, "quando, no curso da revisão, falecer a pessoa, cuja condenação tiver de ser revista". Nesses casos, proferida a sentença, deve ser intimado o curador. Salvo, por óbvio, se o *munus* recair sobre o próprio defensor do réu (em cumulação admitida, há tempos, pela jurisprudência), quando bastará a ciência a este último.

JURISPRUDÊNCIA

Intimação por precatória e contagem do prazo

a) da datada da efetiva intimação no juízo deprecado

Confira-se Súmula 710 do STF, aprovada em 24.09.2003: "No processo penal, contam-se os prazos da data da intimação e não da juntada aos autos do mandado ou da carta precatória ou de ordem"

"Nos termos do enunciado 710 da Súmula de Jurisprudência do Supremo Tribunal Federal, no processo penal, a contagem dos prazos quando a intimação se faz por meio de carta precatória se dá da data da intimação, e não da juntada aos autos do mandado ou da carta precatória ou de ordem" (STJ – REsp nº 1194930-RS-PE, Rel. Gilson Dipp, j. 15.02.2011, DJe 28.02.2011).

b) da data da juntada da precatória aos autos

"Na ocorrência de intimação do réu ou do seu defensor da sentença penal condenatória por meio de carta precatória, o termo inicial para a contagem do prazo recursal será da juntada da intimação cumprida aos autos, em virtude da aplicação analógica do art. 241, inciso IV, do Código de Processo Civil, nos termos do que dispõe o art. 3.º, do Código de Processo Penal" (STJ – REsp nº 799552-PE, Rel. Laurita Vaz, DJ 30.104.2006, p. 398).

"Socorrida da subsidiariedade legalmente recomendada (CPP, art. 3º, e CPC, art. 241, V), em tais casos, impõe-se a orientação pretoriana sobre iniciar-se o prazo recursal na data da juntada da precatória, no Juízo deprecante. Precedentes do STF e STJ" (STJ, Rel. José Dantas, RT 718/492).

I - ao réu, pessoalmente, se estiver preso;

Réu preso – Uma vez condenado e achando-se preso, deve o réu ser intimado pessoalmente da sentença. Claro que, proferida a decisão em sua presença, dela será imediatamente intimado, não havendo motivo para se exigir a posterior expedição de um mandado nesse sentido, quando a ciência do ato possa se dar de imediato. Atualmente, com a nova sistemática processual a impor a concentração dos atos probatórios e a prolação da sentença em uma única audiência, na maioria das vezes o réu *sairá* intimado da decisão. O mesmo ocorrerá nas hipóteses de decisões proferidas em plenário do Júri. Mas pode acontecer de a sentença não ser proferida em audiência, como previsto, aliás, ainda que de forma excepcional, no art. 403, § 3º., do código, que permite a oferta pelas partes de memoriais por escrito, tendo o juiz, em seguida, o prazo de 10 dias para proferir a sentença. Nesse caso, deverá o réu ser intimado pessoalmente, por mandado, da sentença penal condenatória, inclusive por precatória se for o caso. Privilegia-se, assim, o direito de defesa do acusado, mais precisamente, de autodefesa, a saber aquele que pode ser exercido pelo réu independentemente e, por vezes, contrariamente mesmo à defesa técnica, exclusiva do advogado. A propósito, se o art. 577 do código autoriza a interposição de recurso pelo réu ou por seu advogado ou, em outras palavras, se o réu (ainda que leigo) possui legitimidade concorrente para recorrer com seu defensor, não faria sentido deixasse de ser intimado da sentença. A propósito o teor da Súmula 705 do STF, *in verbis*: "A renúncia do réu ao direito de apelação, manifestado sem a assistência do defensor, não impede o conhecimento da apelação por este interposta". A discussão é aprofundada nos comentários ao art. 577 abaixo, sob a rubrica *renúncia do condenado e recurso de seu defensor.*

De qualquer sorte, antiga orientação do Supremo Tribunal Federal, abaixo transcrita, entendeu desnecessária a intimação pessoal do réu preso, quando seu advogado foi regularmente intimado e recorreu da sentença condenatória. De se aplaudir essa orientação, posto que inexistente qualquer prejuízo ao réu que, a despeito de não intimado, teve o recurso de seu defensor conhecido pelo tribunal. Tem incidência mesmo o conhecido adágio do "pas de nullité sans grief".

Sobre a imediata liberação do réu absolvido em plenário do júri, v. abaixo art. 492, inc. II, "a".

Intimação do defensor – Conquanto este dispositivo se refira, apenas, à intimação do réu preso, parece óbvia a necessidade de se intimar, também seu defensor, seja constituído ou dativo. Quanto ao primeiro, dispõe o art. 370, § 1º., que a "intimação do defensor constituído [...] far-se-á por publicação no órgão incumbido da publicidade dos atos judiciais da comarca" ou, à falta deste órgão de publicação, "a intimação far-se-á diretamente pelo escrivão, por mandado, ou via postal com comprovante de recebimento, ou por qualquer outro meio idôneo", na dicção do § 2º., do mesmo dispositivo. No que tange ao defensor nomeado, exige-se também sua intimação pessoal, a teor do § 4º., do mesmo artigo de lei. Caso a nomeação recaia sobre um defensor público, a necessidade de sua intimação pessoal deriva de expresso texto de lei (art. 44, inc. I, da Lei Complementar n. 80/1994, que organiza a Defensoria Pública da União, do Distrito Federal e dos Territórios). Redundaria, no mais, em notável contrassenso, exigir-se a intimação pessoal do réu que, na imensa maioria das vezes, não detém qualquer conhecimento técnico que o habilite a aferir o acerto da decisão, e liberar-se o defensor desse requisito, logo ele que, por força de seu grau, pode avaliar o acerto ou equívoco do *decisum*.

Sentença absolutória – A leitura deste dispositivo não faz qualquer distinção quanto à necessidade de intimação do réu preso, seja a sentença condenatória, seja absolutória. A jurisprudência, porém, como se vê do julgado do STJ abaixo transcrito, ameniza o rigor dessa regra, quando absolutória a sentença. E, de fato, embora se vislumbre interesse (*rectius*: utilidade), no recurso do acusado contra a sentença que o absolveu, como, por exemplo, para alterar o fundamento legal da absolvição, de forma a inibir a propositura, no cível, de ação de ressarcimento (o tema é analisado com mais profundidade nos comentários ao art. 577, sob a rubrica *condenado que recorre contra decisão absolutória*), é inimaginável que o réu, leigo que é, recorrerá de uma decisão que o absolveu. Enquanto que na sentença condenatória, um impulso natural de ver reapreciado seu caso, o estimula a recorrer, na sentença absolutória ele vê atendidas todas as suas expectativas, razão pela qual se dispensa, neste caso, sua intimação pessoal, sem prejuízo, é claro, da intimação do defensor que, tecnicamente, avaliará se é caso de recurso, em que pese absolutória a decisão.

Termo de recurso ou indagação, pelo oficial, do desejo do réu em recorrer – A jurisprudência de nossos tribunais superiores é pacífica no sentido de não exigir que acompanhe, no mandado de intimação do réu, qualquer termo do qual conste sua intenção de recorrer ou, mesmo, sua renúncia ao recurso. Tampouco se reclama que o oficial de justiça, ao intimar o réu, dele indague se desejar recorrer. O principal fundamento desse entendimento repousa no fato de que a legislação, em nenhum momento, impõe tal obrigação. Esse argumento é reforçado em vista da obrigatoriedade de intimação, também, do defensor do réu, seja ele constituído ou dativo, a quem caberá, com maior propriedade e conhecimento, avaliar se é mesmo o caso de se recorrer da decisão.

A despeito desse posicionamento, as Normas da Corregedoria Geral do Tribunal de Justiça do Estado de São Paulo, em seu art. 439, § 1º., dispõem, quanto à intimação da sentença, que "o oficial de justiça levará o impresso contendo termo de recurso e de renúncia ao direito de recorrer e consultará o réu sobre sua intenção, colhendo a assinatura no espaço próprio. Na sequência preencherá por completo o termo correspondente à opção do sentenciado e inutilizará a parcela do formulário rechaçada".

JURISPRUDÊNCIA

Réu preso. Deve ser intimado também seu defensor

"Apesar da previsão de que os recursos são voluntários (CPP, art. 594) e de que a ampla defesa estaria resguardada com a intimação da sentença às partes, o art. 392 do CPP vem sendo interpretado no sentido de exigir a intimação do réu preso e do seu advogado ou defensor, em homenagem ao referido princípio" (STF – HC nº 76526-RJ, Rel. Maurício Corrêa, j. 17.03.1998, DJ 30.04.1998, p. 328).

"O Supremo Tribunal Federal firmou orientação no sentido de reconhecer que o direito à ampla defesa – que compreende a autodefesa e a defesa técnica – somente será respeitado, em sua integridade, se tanto o acusado preso quanto o seu defensor, não importando se constituído ou dativo, forem regularmente intimados da sentença penal condenatória. Precedentes" (STF – HC nº 73681-RJ, Rel. Celso de Mello, j. 20.08.1996, DJ 01.04.2005, p. 36).

Desnecessidade de intimação do réu preso caso tenha seu advogado recorrido

"A falta de intimação pessoal do réu da sentença condenatória não acarreta a nulidade do processo se o seu defensor, devidamente intimado, dela recorreu, não ensejando qualquer prejuízo para o réu" (STF – Rel. Octávio Gallotti – Informativo do STF nº 105, de 30/3 a 10/4 de 1998).

Ausência de intimação do réu quanto à sentença absolutória. Irrelevância

"A falta de intimação pessoal do acusado acerca da sentença absolutória não é causa de nulidade processual, mormente quando a defesa toma ciência inequívoca do seu teor e pugna pela sua manutenção nas contrarrazões ao recurso interposto pelo Ministério Público" (STJ – HC nº 220138-DF, Rel. Jorge Mussi, j. 27.11.2012, DJe 03.12.2012).

Intimação pessoal do réu quanto ao acórdão

a) desnecessidade

"Intimação do réu e de seu defensor do acórdão da apelação mediante publicação do dispositivo do acórdão no Diário Oficial. Ato válido. Desnecessidade de intimação pessoal do réu e do defensor constituído. Exigência só pertinente à intimação da sentença de primeiro grau" (STF – HC nº 101643-MG, Rel. Dias Toffoli, j. 28.09.2010, DJe 30.11.2010).

"Como é cediço, "[a] jurisprudência firmada por esta Corte Superior de Justiça dispensa a intimação pessoal do réu do acórdão que julga a apelação, sendo suficiente a intimação pelo órgão oficial de imprensa, no caso de estar assistido por advogado constituído, ou pessoal, nos casos de patrocínio pela Defensoria Pública ou por defensor dativo, como ocorreu no caso (HC n. 353.449/SP, Ministro Felix Fischer, Quinta Turma, DJe 30/8/2016). A intimação pessoal somente é exigida da sentença que condena o réu preso (art. 392, I, do CPP)." (AgRg no HC 372.423/RS, Rel. Ministro SEBASTIÃO REIS JÚNIOR, SEXTA TURMA, julgado em 21/03/2019, DJe 02/04/2019.)" (STJ – AgRg no HC n. 765.859/SP, relatora Ministra Laurita Vaz, Sexta Turma, julgado em 27/9/2022, DJe de 3/10/2022.)

b) quando é necessária

Alegação de nulidade, ao argumento de que somente o defensor dativo fora intimado do acórdão condenatório que reformara sentença absolutória, não tendo interposto qualquer recurso, o que permitiu o trânsito em julgado da condenação, impondo ao paciente grave prejuízo. Ocorrência – "Tenho para mim que, dada a singularidade da espécie sob exame – envolvendo sentença absolutória em primeiro grau, acórdão condenatório em segundo, falta de intimação pessoal do paciente patrocinado por defensor dativo – houve afronta ao devido processo legal, mais especificamente nas vertentes do contraditório e da ampla defesa, pois é perfeitamente razoável concluir que o paciente pode não ter tomado ciência da intimação pela imprensa oficial, o que lhe retiraria, por conseguinte, a oportunidade de deliberar sobre a conveniência ou não da interposição dos pertinentes recursos" (STF – HC n° 105298-PR, Rel. Gilmar Mendes, j. 31.05.2011, DJe 14.06.2011).

c) necessidade estando o réu preso

"Em se tratando de acórdão que transforma absolvição em condenação, somente se cogita da intimação pessoal do acusado se este encontrar-se sob a custódia do Estado – Inteligência do art. 392 do Código de Processo Penal" (STF – HC n° 98218-SC, Rel. Marco Aurélio, j. 12.04.2011, DJe 04.05.2011).

d) basta a publicação, na imprensa, da ementa do acórdão e não de seu inteiro teor

"Não constitui ofensa ao direito de defesa do paciente o fato de não ter sido publicado o inteiro teor do acórdão de apelação, se a ementa do julgado foi devidamente disponibilizada, incumbindo ao próprio advogado constituído procurar junto ao Tribunal competente, ou via internet, o conteúdo integral do voto proferido. Precedentes" (STJ – HC n° 218525-MG, Rel. Og Fernandes, j. 18.12.2012, DJe 06.02.2013).

Intimação pessoal do réu quanto à decisão do Juízo das Execuções. Desnecessidade

"A intimação pessoal a que se refere o art. 392 do CPP só é exigível quando se tratar de condenação proferida em primeiro grau de jurisdição. Em se tratando de decisões proferidas pelo Juízo das Execuções Criminais, a intimação do apenado se aperfeiçoa com a publicação do respectivo decisório no órgão oficial de imprensa. In casu, não há nulidade a ser sanada, eis que o paciente é assistido por defensor constituído e este foi regularmente intimado do decisum que unificou sua pena" (STJ – HC n° 163478-SC, Rel. Felix Fischer, j. 22.06.2010, DJe 09.08.2010).

Termo de apelação. Desnecessidade

"Prevista no art. 392 do Código de Processo Penal, a **intimação** pessoal do **réu preso** é exigida para a ciência do teor da sentença condenatória proferida, o que efetivamente ocorreu no caso concreto. Com efeito, conforme jurisprudência desta Corte, não há previsão legal no sentido de que o réu deve ser questionado sobre a intenção em recorrer no momento da **intimação** da sentença. Precedentes." (STJ – AgRg no HC n. 699.442/SP, relator Ministro Ribeiro Dantas, Quinta Turma, julgado em 23/11/2021, DJe de 29/11/2021.)

Indagação, pelo oficial de justiça, se quer o réu recorrer. Desnecessidade

"Segundo o art. 392 do Código de Processo Penal, não há uma sequência na intimação da sentença, relativamente a acusado e defensor. De acordo com tal comando, igualmente, inexiste determinação de que o oficial de justiça deva, verbalmente, indagar o sentenciado acerca de seu interesse em recorrer" (STJ – HC n° 145957-SP, Rel. Maria Thereza de Assis Moura, j. 02.08.2012, DJe 15.08.2012).

Comparecimento do réu em cartório. Desnecessidade

"Se o réu e seu defensor foram intimados da sentença condenatória e aquele até manifestou, na oportunidade, perante o oficial de Justiça, o desinteresse em recorrer, não há necessidade de que se colha em cartório, ou em Juízo, a renúncia do direito ao recurso, para que se opere o trânsito em julgado" (STF – HC nº 68.410 – SP, Rel. Sydney Sanches, DJ 15.03.91, p. 2.649).

"É indispensável que a intimação da sentença condenatória se faça ao réu condenado e ao seu defensor, se dativo, pessoalmente. A intimação para comparecer a Juízo a fim de tomar ciência da sentença desatende ao disposto no art. 392, do CPP, razão por que é de se cancelar a certidão do trânsito em julgado" (STJ – RHC nº 6.498-DF – Rel. José Arnaldo, DJU 01.09.97, p. 40854).

Intimação do réu estrangeiro. Necessidade de intérprete

"Tratando-se de réu estrangeiro, que não possui o domínio do idioma nacional, é imprescindível que a intimação da sentença penal condenatória se faça na presença de intérprete que o esclareça sobre os seus termos e da possibilidade de recorrer" (TRF, 3ª. Reg., Rel. Aricê Amaral, RT 791/719).

Intimação no plenário do Júri

"Nos processos de competência do Tribunal do Júri, publicada a sentença ao final da sessão de julgamento, ficam a acusação e a defesa intimadas pessoalmente nesse momento. É intempestivo o recurso ministerial interposto após o prazo de 5 dias, contados da sua intimação (precedente)" (STJ – HC n° 259602-MA, Rel. Sebastião Reis Júnior, j. 21.02.2013, DJe 01.03.2013).

II - ao réu, pessoalmente, ou ao defensor por ele constituído, quando se livrar solto, ou, sendo afiançável a infração, tiver prestado fiança;

Réu solto ou afiançável a infração – Pode ocorrer que o réu tenha respondido ao processo em liberdade ou porque beneficiado com a fiança. Ou mesmo quando agraciado com a conversão do flagrante em liberdade provisória, com ou sem a imposição de medidas cautelares. Nessas hipóteses, em que – repita-se – em liberdade o réu, o legislador oferta duas alternativas: ou se intima pessoalmente o acusado – sem distinguir entre sentença absolutória ou condenatória – ou se intima o defensor constituído. Tratando-se, porém, de defensor dativo (defensor público ou nomeado mediante convênio firmado com a OAB), segue-se a regra geral a obrigar sua intimação pessoal a teor do art. 370, § 4º., do código.

Pensamos, de *lege ferenda*, que se deveria fazer uma distinção: tratando-se de sentença condenatória, a despeito do texto legal em exame, melhor seria a intimação pessoal do réu. É posicionamento que, conquanto não previsto no código, melhor atenderia ao princípio constitucional da ampla de defesa, a incluir não apenas a defesa técnica, promovido por advogado, mas também a autodefesa, de incumbência do próprio acusado. Já se a sentença for absolutória, aí bastaria a intimação do defensor constituído, a ser efetuada pela imprensa, na dicção do art. 370, § 1º, do CPP.

JURISPRUDÊNCIA

Intimação pessoal do réu solto

a) desnecessidade

"Nos termos da jurisprudência dominante no âmbito desta Corte Superior, em se tratando de **réu solto,** a **intimação** da sentença condenatória pode se dar apenas na pessoa do advogado constituído, ou mesmo do **defensor** público designado, sem que haja qualquer empecilho ao início do prazo recursal e a posterior certificação do trânsito em julgado". (AgRg nos EDcl no HC n. 680.575/SC, Ministro Joel Ilan Paciornik, Quinta Turma, julgado em 16/11/2021, DJe 19/11/2021).

b) necessidade

"É pacífico na jurisprudência que o princípio constitucional da ampla defesa impõe que a intimação da sentença condenatória seja feita tanto ao réu, pessoalmente (pouco importando se preso ou em liberdade), como ao seu defensor (dativo ou constituído), fluindo o prazo a partir da última realizada" (STF, Rel. Néri da Silveira, RT 726/592).

"Ao interpretar o inciso II do artigo 392 do Código de Processo Penal, esta Corte Superior de Justiça, em observância à garantia da ampla defesa, consolidou o entendimento de que é necessária a intimação da sentença condenatória tanto do acusado quanto do seu defensor, ainda que constituído" (STJ – HC nº 224901-SP, Rel. Jorge Mussi, j. 27.03.2012, DJe 12.04.2012).

c) necessidade, tratando-se de defensor dativo

"Ainda que se trate de réu em liberdade, atuando defensor dativo, incumbe a dupla intimação pessoal – do defensor e do réu. Concretude maior do disposto nos artigos 261, 263 e 392 do Código de Processo Penal, no que consagram o direito de defesa" (STF – RHC nº 86318-MG, Rel. Marco Aurélio, j. 06.12.2005, DJe 07.04.2006, p. 38).

Intimação do defensor pela imprensa é suficiente

"É prescindível a intimação pessoal de advogado constituído da sentença penal condenatória na hipótese de réu solto – art. 392, inciso II, do Código de Processo Penal, uma vez que é suficiente, para sua efetivação, a intimação via imprensa oficial" (STJ – AgRg no HC nº 258642-SP, Rel. Marco Aurélio Bellizze, j. 26.02.2013, DJe 04.03.2013).

Conta-se o prazo para recurso da intimação

"É pacífica a jurisprudência do STF, no sentido de que o curso do prazo, para apelação, se inicia após a intimação do réu e seu defensor (art. 798, § 5º, *a*, do CPP) – e não apenas da juntada do mandado. Precedentes. Assim decidiu acórdão do STJ, que denegou o *writ* lá impetrado, por considerar correto o TJSP, que não conheceu de apelação por intempestiva, interposta fora do prazo respectivo, assim contado" (STF – HC nº 80.666-SP – Rel. Sydney Sanches – Informativo de Jurisprudência do STF nº 233, de 18 a 22 de junho de 2001).

Tratando-se de advogado constituído, basta a intimação pessoal do réu e, do defensor, pela imprensa

"Segundo entendimento aceito nos Tribunais, dentre os quais esta Corte, a necessidade do conhecimento do decisum condenatório pessoalmente à defesa só ocorre quando o patrocínio é dativo ou público, ou quando, constituído, o réu não fora encontrado para cientificar-se da sentença, nos termos do art. 392, III, do CPP. Agora, tratando-se de patrocínio da indicação do acusado, e intimado o réu pessoalmente, a comunicação se exaure pelo meio hábil assim definido na previsão do § 1º do art. 370 do CPP, ou seja, mediante a publicação no órgão incumbido da publicidade dos atos judiciais, exigida, em qualquer caso, a formalidade do nome do acusado. Foi o que, por sinal, ocorrera no processo que originou este remédio heroico. Por essa razão, tal procedimento assegurou o cumprimento das garantias do contraditório e da ampla defesa, inexistindo qualquer mácula em sua formalização" (STJ – HC n° 23685-DF, Rel. José Arnaldo da Fonseca, j. 06.05.2003, DJ 02.06.2003, p. 310).

Transcrição total da sentença na intimação por precatória

"Nula é a intimação de sentença condenatória por precatória de que conste apenas a conclusão do decisório, e não seu inteiro teor" (TACrimSP, Rel. Geraldo Ferrari, *JUTACrim* 26/178).

"Iterativa a jurisprudência no sentido de que, para a regular intimação da sentença condenatória por carta precatória, é curial a obrigatoriedade da transcrição integral da decisão e não apenas de sua parte dispositiva, sob pena de necessidade de renovação da diligência e consequente devolução ao réu do prazo para recurso" (TACrimSP, Rel. Cunha Camargo, *JUTACrim* 37/24).

Sobre o início do prazo quando a prova é colhida por estenotipia, v. art. 405, § 1°, abaixo.

Ordem das intimações

a) primeiro o réu, depois seu defensor

"Somente após a intimação do defensor do réu é que se satisfaz o pleno exercício da defesa, porque o réu, às vezes inculto e inciente da problemática processual, não é capaz de saber da conveniência, ou não, da interposição de recurso" (TACrimSP, Rel. Camargo Sampaio, *JUTACrim* 67/408).

"A intimação da sentença deve ser feita ao acusado e ao seu defensor, nessa ordem, sem o que, a despeito do respeitável entendimento em contrário do STF, não se garante a plenitude do direito de defesa, constitucionalmente prevista" (TACrimSP, Rel. David Haddad, *JUTACrim* 82/33).

b) é indiferente a ordem

"É irrelevante a ordem em que sejam feitas as intimações ao réu e ao seu defensor, desde que se assegure o prazo do recurso a contar da última dessas intimações" (STF, Rel. Moreira Alves, JUTACrim 80/602).

Intimação – Sentença condenatória – Desnecessidade de observância de ordem para a sua efetivação – Prazo recursal que tem seu termo inicial a partir do último ato intimatório – "Processual penal. Intimação da sentença condenatória. Ordem de sua efetivação. Intimados o réu e seu defensor, conta-se da última diligência o prazo para apelar, não importando ao trânsito em julgado da sentença a ordem cronológica em que cumprida a dúplice intimação" (STJ, Rel. José Dantas, RT 662/349).

Deve constar o nome do advogado e das partes

"A intimação tem por finalidade dar conhecimento, aos litigantes e seus procuradores, das decisões e demais atos processuais, facultando-lhes a interposição dos RECURSOS cabíveis. É indispensável, para fins de intimação, a correta inclusão dos nomes dos advogados e das partes nas publicações respectivas. A omissão compromete a própria identificação do processo, impedindo a ciência do ato anunciado, em manifesta ofensa ao contraditório" (STJ – HC n° 15837-SE, Rel. Edson Vigidal, j. 12.06.2001, DJ 13.08.2001, p. 190).

III – ao defensor constituído pelo réu, se este, afiançável, ou não, a infração, expedido o mandado de prisão, não tiver sido encontrado, e assim o certificar o oficial de justiça;

Réu não encontrado – Uma vez não encontrado o réu, segundo certidão do meirinho e tratando-se de sentença penal condenatória (o que se supõe em face da menção do texto quanto ao mandado de prisão), será intimado seu defensor constituído, pela imprensa, nos termos do art. 370, § 1º., do CPP. Caso se trate de defensor dativo, a intimação – obrigatória – deve ser pessoal (art. 370, § 4º., do código). Nesse caso, ainda, em que o réu não constituiu defensor, impõe-se sua intimação da sentença – absolutória ou condenatória – por edital, na dicção do inc. VI abaixo.

IV - mediante edital, nos casos do nº II, se o réu e o defensor que houver constituído não forem encontrados, e assim o certificar o oficial de justiça;

Réu e defensor constituído não encontrados (réu solto) – É improvável essa hipótese, devidamente certificada pelo meirinho, sobretudo quanto a não localização do defensor constituído pelo réu. Presta-se ao réu solto, daí a menção ao inc. II. Mas como a intimação do defensor constituído será feita pela imprensa, nos termos do art. 370, § 1º., do código, tem-se que essa possibilidade de sua intimação editalícia não mais prevalece. No que tange ao defensor dativo, reiteramos os comentários anteriores quanto à obrigatoriedade de sua intimação pessoal.

V - mediante edital, nos casos do nº III, se o defensor que o réu houver constituído também não for encontrado, e assim o certificar o oficial de justiça;

Réu e defensor constituído não encontrados (réu preso) – As mesmas considerações tecidas acima se aplicam a este dispositivo, com a diferença que, neste caso, foi o réu condenado, justificando, assim a alusão ao inc. III.

VI - mediante edital, se o réu, não tendo constituído defensor, não for encontrado, e assim o certificar o oficial de justiça.

Intimação por edital – Caso o réu não seja localizado, mas possua defensor constituído, bastará a intimação deste último quanto à sentença, nos termos do inc. III acima. Pode ocorrer, porém, que lhe tendo sido nomeado defensor dativo, o réu não tenha sido encontrado, segundo certidão do oficial de justiça. Impõe-se, nesse caso, sua intimação da sentença por edital.

Nos comentários ao art. 361 acima, destacamos a excepcionalidade da citação por edital, a necessidade de esgotamento dos meios na tentativa de localização do réu e a fé-pública de que goza a certidão do oficial de justiça. Dada à pertinência do tema com o dispositivo em exame, remetemos o leitor àquelas observações.

JURISPRUDÊNCIA

Esgotamento dos meios

"Tratando-se de réu que se encontrava em lugar incerto e não sabido, não há que se falar em nulidade da intimação da sentença condenatória, se os autos evidenciam terem sido esgotados todos os meios à disposição do juízo para, em seguida, proceder-se à intimação editalícia" (STJ – HC nº 131753-MG, Rel. Adilson Vieira Macabu, j. 15.03.2012, DJe 16.04.2012).

Fé pública da certidão do oficial de justiça

"A certidão apresentada pelo oficial de justiça goza de fé pública e a recorrente, conforme constatado pelo TJSP, não logrou apresentar prova apta a demonstrar que à época da frustrada citação residia no endereço constante dos autos. O Tribunal de Justiça de São Paulo não divergiu da orientação da jurisprudência desta Corte Superior, no sentido de que cabe à parte manter seu endereço atualizado junto ao Juízo processante. Ademais, o defensor à época constituído pela própria recorrente foi regularmente intimado, não havendo falar em prejuízo ao exercício da defesa pelo simples não interposição de recurso." (STJ – RHC 106797/SP, 5ª Turma, Rel. Joel Ilan Paciornik, j. 21/03/19)

Hipóteses diversas nas quais não se justifica a intimação por edital do réu

a) não observância do novo endereço

Intimação – Pessoalidade – Sentença – "Em não sendo observado o novo endereço do condenado, constante dos autos, impõe-se a conclusão sobre a nulidade do processo" (STF – HC nº 74.000- SP – Rel. Marco Aurélio, DJ 11.04.97, p. 12.186).

b) não procurado em todos os endereços constantes dos autos

"A intimação do réu da sentença penal condenatória através de edital, determinada mesmo diante do conhecimento de outros endereços do mesmo, macula definitivamente o ato, porquanto não esgotados todos os meios para a sua localização, configurando, assim, evidente prejuízo à defesa, impondo-se a nulidade de referido ato processual" (TRF, 3ª Reg., Rel. Sinval Antunes, RBCCrim 16/381).

"Embora admitida pelo Código de Processo Penal a intimação-edital de sentença condenatória, devem os textos legais referentes ao assunto ser interpretados com todo o rigor e cuidado, a fim de impedir substancial violação da plenitude de defesa do réu. Assim, inadmissível é a intimação ficta de decreto adverso antes da comprovação de não ter sido o condenado encontrado em todos os endereços constantes dos autos" (TACrimSP, Rel. Cunha Camargo, JUTACrim 40/17).

c) réu residente em outra comarca

"Tendo o réu endereço certo em comarca diversa da do Juízo processante, para efeito de intimação da sentença o meio regular é a expedição de carta precatória, sendo insubsistente a intimação edital antes dessa providência" (TACrimSP, Rel. Gonçalves Sobrinho, *JTA* XIV/159).

d) inexistência de certidão do oficial de justiça ou certidão inconclusiva

"Se o próprio oficial de justiça não certifica conclusivamente acerca da situação dos réus, deixando a entender a possibilidade de se efetivar a citação real daqueles – à par de equívoco na tentativa de localização do endereço de um deles – o processo deve ser anulado em virtude de precipitação na citação por edital" (STJ – HC nº 8.596-SP – Rel. Félix Fisher – j. em 20.4.99, DJU de 20.4.99, p. 110).

"Só se justifica a intimação da sentença condenatória por edital quando, dentro dos limites razoáveis, se torna impossível a cientificação pessoal do réu. É evidentemente nula a intimação por edital calcada na informação de oficial de justiça que asseverara não ter conseguido localizar o endereço do acusado onde ele – o mesmo oficial de justiça – o intimara anteriormente" (STJ – Rel. Felix Fischer, RBCCrim 32/340).

e) réu preso no mesmo Estado com paradeiro conhecido. Nulidade

Réu preso em penitenciária do Estado – Intimação pessoal da sentença – Art. 392, I, do Código de Processo Penal – "Habeas corpus deferido, em parte, para anular parcialmente o processo a que respondeu o paciente, a partir da intimação da sentença, por edital, inclusive, devendo o paciente ser intimado pessoalmente da sentença condenatória, em ordem a que tenha a oportunidade de interpor apelação, querendo" (STF – HC nº 75.207-1-SP – Rel. Néri da Silveira – j. em 27.7.97, DJU de 3.3.00, p. 1.337).

Quando se justifica a intimação por edital

a) réu preso em outro Estado sem paradeiro conhecido

"Válida é a citação por edital de réu preso em outra unidade da Federação, sem conhecimento do Juiz do processo. Esse primeiro aplica-se, por força do disposto no art. 370 do Código do Processo Penal, à intimação. Inclusive à intimação da sentença" (TJSP, Rel. Mendes Pereira, *RT* 491/289).

b) réu que muda de endereço sem prévia comunicação

"No caso concreto, a impossibilidade de intimação pessoal do agravante foi causada pelo próprio, sobretudo porque, além de solto, foi declarado revel, mas devidamente intimado da sentença condenatória por edital. Na origem, havia sido consignado que ele alterou seu endereço sem a devida comunicação ao Poder Judiciário. Outrossim, ao contrário da irresignação defensiva acerca da sentença condenatória, da qual o ora agravante fora intimado em 21/8/2014, o feito somente transitou em julgado em 21/11/2014, após transcorrido o prazo de 90 dias para a d. Defesa se manifestar (a qual deixou o prazo transcorrer in albis). (STJ – AgRg no HC 760644/SC, 5ª Turma, Rel. Messod Azulay Neto, j. 06/03/23)

§ 1º O prazo do edital será de 90 dias, se tiver sido imposta pena privativa de liberdade por tempo igual ou superior a um ano, e de 60 dias, nos outros casos.

Prazo do edital – Este dispositivo, que não reclama maiores comentários, estipula o prazo do edital: para a sentença condenatória cuja pena seja igual ou superior a um ano, o prazo é de 90 dias. Tratando-se de sentença condenatória com pena inferior a um ano ou se for o caso de sentença absolutória, o prazo é de 60 dias. A não observância desses prazos, segundo jurisprudência abaixo transcrita, dá ensejo à nulidade da intimação ficta.

JURISPRUDÊNCIA

Não observância do prazo do edital. Nulidade

"É imprescindível ao trânsito em julgado da sentença seja dela intimado o defensor dativo. Há nulidade, outrossim, se o edital referente à intimação do réu ocorreu por prazo inferior ao previsto pelo § 1º, do art. 392, do CPP" (TACrimSP, Rel. Pedro Gagliardi, RJD 07/239).

Transcrição da totalidade da sentença no edital

a) necessidade

"A intimação por edital segue as regras da citação (art. 392, VI, do CPP) segundo o art. 370 do CPP, logo, do corpo do edital deve constar, obrigatoriamente, a sua finalidade. Assim, a importância e a seriedade do ato não permitem se aceite a menção de ser feita a intimação *conforme cópia em* anexo" (TACrimSP, Rel. Rubens Gonçalves, *RJD* 03/226).

b) desnecessidade

"Se é certo que para a validade da intimação pessoal da sentença reclama-se o conhecimento de seu inteiro teor e se não é razoável exigir o mesmo para a ciência ficta, pois a publicação pela imprensa da íntegra da decisão recorrível equivaleria a verdadeira pena acessória, que a lei não mais contempla, não é menos exato que esta deverá levar ao conhecimento do réu, sem ambiguidades ou equívocos, a notícia resumida dos crimes que ditaram a condenação e das penas respectivas" (TACrimSP, Rel. Dante Busana, JUTACrim 84/119).

Expedição de ofício ao TRE. Desnecessidade

"Descabem quaisquer providências visando à pesquisa de paradeiro do réu junto à E. Justiça Eleitoral para intimá-lo de sentença condenatória, bastando sua procura nos endereços já conhecidos nos autos" (TACrimSP, Rel. Haroldo Luz, *RT* 650/284).

§ 2º O prazo para apelação correrá após o término do fixado no edital, salvo se, no curso deste, for feita a intimação por qualquer das outras formas estabelecidas neste artigo.

Início do prazo para recurso – Findo o prazo do edital, tem início o prazo para a apelação e – diríamos – se for o caso, para os embargos de declaração. A ressalva formulada na parte final deste dispositivo se justifica pois pode ocorrer – é pouco provável – que o réu ou o defensor por ele constituído, tomem conhecimento do edital e, apresentando-se em cartório, sejam intimados pessoalmente da sentença.

Art. 393. (Revogado pela Lei nº 12.403, de 2011).

LIVRO II
DOS PROCESSOS EM ESPÉCIE

TÍTULO I
DO PROCESSO COMUM

CAPÍTULO I
DA INSTRUÇÃO CRIMINAL

Art. 394. O procedimento será comum ou especial. (Redação dada pela Lei nº 11.719, de 2008).

§ 1º O procedimento comum será ordinário, sumário ou sumaríssimo: (Incluído pela Lei nº 11.719, de 2008).

I - ordinário, quando tiver por objeto crime cuja sanção máxima cominada for igual ou superior a 4 (quatro) anos de pena privativa de liberdade; (Incluído pela Lei nº 11.719, de 2008).

II - sumário, quando tiver por objeto crime cuja sanção máxima cominada seja inferior a 4 (quatro) anos de pena privativa de liberdade; (Incluído pela Lei nº 11.719, de 2008).

III - sumaríssimo, para as infrações penais de menor potencial ofensivo, na forma da lei. (Incluído pela Lei nº 11.719, de 2008).

§ 2º Aplica-se a todos os processos o procedimento comum, salvo disposições em contrário deste Código ou de lei especial. (Incluído pela Lei nº 11.719, de 2008).

§ 3º Nos processos de competência do Tribunal do Júri, o procedimento observará as disposições estabelecidas nos arts. 406 a 497 deste Código. (Incluído pela Lei nº 11.719, de 2008).

§ 4º As disposições dos arts. 395 a 398 deste Código aplicam-se a todos os procedimentos penais de primeiro grau, ainda que não regulados neste Código. (Incluído pela Lei nº 11.719, de 2008).

§ 5º Aplicam-se subsidiariamente aos procedimentos especial, sumário e sumaríssimo as disposições do procedimento ordinário. (Incluído pela Lei nº 11.719, de 2008).

Art. 394-A. Os processos que apurem a prática de crime hediondo terão prioridade de tramitação em todas as instâncias. (Incluído pela Lei 13.825 de 2016)

Espécies de procedimento – Com o advento da Lei nº 11.719, de 20 de junho de 2008, importantes modificações foram introduzidas na disciplina do procedimento que, aliadas às mudanças do Júri, alteraram, significativamente, todo o panorama, nesse aspecto, da legislação pátria.

De sorte que, segundo a atual redação do art. 394 do CPP, o procedimento se divide em ***comum*** ou ***especial***. O procedimento comum será aplicado "a todos os processos", nos termos do § 2º, do art. 394. E o especial àqueles que dispuserem de forma contrária o próprio código ou legislação especial. Exemplos: o CPP prevê um procedimento especial para o Júri, razão pela qual, nesse caso específico, não se aplicam as regras do procedimento comum, conforme, aliás, ressalva contida no § 3º, do artigo em análise. O código prevê rito especial em outras situações (crimes de responsabilidade de funcionários públicos, contra a honra). Assim também a legislação extravagante, como a Lei de Drogas (Lei nº 11.343/06). Repetindo: o procedimento comum é aplicado a todos os processos, salvo naqueles em se prevê um procedimento especial, para os quais serão aplicadas as regras do próprio CPP ou da respectiva legislação.

Divisão – Feita essa distinção e ainda na análise do art. 394 e seus incisos, tem-se que o procedimento comum se divide em:

1) ***ordinário***: aplicado aos crimes cuja pena máxima cominada for igual ou superior a quatro anos;

2) ***sumário***: cabível quando a sanção máxima cominada ao crime for inferior a quatro anos; e

3) ***sumaríssimo***: aplicável "para as infrações penais de menor potencial ofensivo", assim consideradas as contravenções penais e os crimes a que a lei comine pena máxima não superior a 2 (dois) anos, cumulada ou não com multa, nos termos do art. 61 da Lei nº 9.099/95.

Algumas observações – 1) as disposições referentes ao procedimento ordinário são aplicáveis também, subsidiariamente, aos procedimentos especial, sumário e sumaríssimo, *ex vi* do § 5º, do art. 394 do CPP; 2) as disposições contidas nos arts. 395 a 397 (o art. 398 foi revogado), que tratam da rejeição da denúncia ou queixa, da resposta preliminar do acusado, antes do recebimento da denúncia e da possibilidade de sua absolvição sumária, são aplicáveis "a todos os procedimentos penais de primeiro grau, ainda que não regulados neste Código" (art. 394, § 4º). Vale dizer: todo e qualquer procedimento especial, previsto no próprio CPP ou em legislação extravagante, deverá observar as regras específicas contidas nos arts. 395 a 397 em estudo; 3) na hipótese de concurso de crimes, cujas penas isoladamente não atinjam os quatro anos, mas somente quando somadas, deve ser aplicado o procedimento ordinário. Suponha-se um crime de homicídio culposo (pena máxima três anos - art. 121, § 3º do CP), no qual o agente, após perpetrá-lo, oculta o cadáver (pena máxima de três anos - art. 211 do CP). Somam-se, então, as penas e, por consequência, se adota o rito ordinário, em tese mais amplo, capaz, por isso, de enaltecer os princípios da ampla defesa e do contraditório; 4) no concurso de crimes, sendo um processado pelo rito comum, outro especial, demandando unidade de processo, ambos devem ser processados pelo rito mais amplo.

Crimes hediondos e prioridade – Segundo o art. 394-A do CPP (com a redação dada pela Lei n. 13.285/2016), "os processos que apurem a prática de crime hediondo terão prioridade de tramitação em todas as instâncias". A *ratio legis* se justifica pelo fato de que, essa espécie de crime, dada à sua gravidade, reclama uma solução mais célere, uma resposta mais eficaz do Estado. Além disso, seus autores respondem, quase sempre, presos aos processos, o que reforça a necessidade de uma rápida solução.

A Lei dos Crimes Hediondos foi sensivelmente alterada pela Lei 13.964/19, nela incluindo inúmeras infrações penais. Atualmente, com o advento da recente Lei 14.811/24, são os seguintes: **a)** homicídio (art. 121), quando praticado em atividade típica de grupo de extermínio, ainda que cometido por um só agente, e homicídio qualificado (art. 121, § 2º, I, II, III, IV, V, VI, VII, VIII e IX); **b)** lesão corporal dolosa de natureza gravíssima (art. 129, § 2º) e lesão corporal seguida de morte (art. 129, § 3º), quando praticadas contra autoridade ou agente descrito nos arts. 142 e 144 da Constituição Federal, integrantes do sistema prisional e da Força Nacional de Segurança Pública, no exercício da função ou em decorrência dela, ou contra seu cônjuge, companheiro ou parente consanguíneo até terceiro grau, em razão dessa condição; **c)** roubo com restrição de liberdade da vítima (art. 157, § 2º, inciso V), com emprego de arma de fogo (art. 157, § 2º-A, inciso I), com emprego de arma de fogo de uso proibido ou restrito (art. 157, § 2º-B) e qualificado pelo resultado lesão corporal grave ou morte (art. 157, § 3º; **d)** extorsão qualificada pela restrição da liberdade da vítima, ocorrência de lesão corporal ou morte;; **e)** extorsão mediante sequestro e na forma qualificada (art. 159, *caput*, e §§ 1º, 2º e 3º); **f)** estupro (art. 213, *caput* e §§ 1º e 2º); **g)** estupro de vulnerável (art. 217-A, *caput* e §§ 1º, 2º, 3º e 4º); **h)** epidemia com resultado morte (art. 267, § 1º); **i)** falsificação, corrupção, adulteração ou alteração de produto destinado a fins terapêuticos ou medicinais (art. 273, *caput* e § 1º, § 1º-A e § 1º-B); **j)** favorecimento da prostituição ou de outra forma de exploração sexual de criança ou adolescente ou de vulnerável (art. 218-B, caput, e §§ 1º e 2º); **k)** furto qualificado pelo emprego de explosivo ou de artefato análogo que cause perigo comum (art. 155, § 4º-A); **l)** induzimento, instigação ou auxílio a suicídio ou a automutilação realizados por meio da rede de computadores, de rede social ou transmitidos em tempo real (art. 122,caput e § 4º); **m)** sequestro e cárcere privado cometido contra menor de 18 (dezoito) anos (art. 148, § 1º, inciso IV); **n)** tráfico de pessoas cometido contra criança ou adolescente (art. 149-A,caput, incisos I a V, e § 1º, inciso II); **o)** o genocídio (arts. 1º, 2º e 3º, da Lei 2.889/56); **p)** posse ou porte ilegal de arma de fogo de uso proibido (art. 16 da Lei 10.826/03); **q)** comércio ilegal de arma de fogo (art. 17 da Lei 10.826/03); **r)** tráfico internacional de arma de fogo, acessório ou munição (art. 18 da Lei nº 10.826/03); **s)** organização criminosa, quando direcionada à prática de crime hediondo ou equiparado; **t)** os crimes previstos no Código Penal Militar (Decreto-Lei 1.001/69) que apresentem identidade com os crimes previstos no art. 1º da Lei 8.072/90; **u)** os crimes previstos no § 1º do art. 240 e no art. 241-B da Lei nº 8.069, de 13 de julho de 1990 (Estatuto da Criança e do Adolescente).

> **ATENÇÃO** – O legislador, no art. 394-A do CPP, mencionou apenas os crimes hediondos, esquecendo-se dos crimes a eles equiparados (tráfico de drogas, tortura e terrorismo). Com base no art. 3º do código, sustentamos que, também para esses crimes, deve ser garantida a prioridade desejada pela Lei 13.285/16, não se podendo ignorar que a celeridade na tramitação do processo, obedecendo prazo razoável, constitui-se em garantia do cidadão.

JURISPRUDÊNCIA

Adoção do rito equivocado. Nulidade relativa

"Conquanto o princípio do devido processo legal compreenda a garantia ao procedimento tipificado em lei, não se admitindo a inversão da ordem processual ou a adoção de um rito por outro, não se pode olvidar que as regras procedimentais não possuem vida própria, servindo ao regular desenvolvimento do processo, possibilitando a aplicação do direito ao caso concreto. A adoção de procedimento incorreto só pode conduzir à nulidade do processo se houver prejuízo às partes, o que, de fato, não se verifica ter ocorrido na hipótese, já que a impetrante se limitou a pleitear a anulação da ação penal sem declinar, contudo, a extensão de eventuais danos suportados pela defesa" (STJ – HC n° 184530-RJ, Rel. Jorge Mussi, j. 05.02.2013, DJe 15.02.2013).

Adoção do rito especial

Lei de drogas

"A Lei 11.343/2006 regulamenta o procedimento a ser seguido nas ações penais deflagradas para a apuração da prática dos delitos ali descritos, dentre os quais o de tráfico de entorpecentes, estabelecendo, assim, rito especial em relação ao comum ordinário, previsto no Código de Processo Penal. Por conseguinte, e em estrita observância ao princípio da especialidade, existindo rito próprio para a apuração do delito atribuído ao paciente, afastam-se as regras do procedimento comum ordinário previstas no Código de Processo Penal, cuja aplicação pressupõe, por certo, a ausência de regramento específico para a hipótese. Se a Lei 11.343/2006 determina que o interrogatório do acusado será o primeiro ato da audiência de instrução e julgamento, ao passo que o artigo 400 do Código de Processo Penal prevê a realização de tal ato somente ao final, não há dúvidas de que deve ser aplicada a legislação específica, pois, como visto, as regras do procedimento comum ordinário só têm lugar no procedimento especial quando nele houver omissões ou lacunas" (STJ – HC n° 204079-PE, Rel. Jorge Mussi, j. 10.09.2013, DJe 18.09.2013).

Delitos com ritos diversos. Adoção do rito ordinário

"Verificando-se a existência de conexão ou continência entre o crime de tráfico ilícito de entorpecentes, que possui rito peculiar, e outra infração penal, cujo previsto é o ordinário, o procedimento a ser adotado será o ordinário, ressalvados os da competência absoluta do júri e das jurisdições especiais. Na espécie, é imputado, ainda, o delito de posse de arma de fogo com numeração raspada e munições de uso restrito, sendo esses crimes conexos" (STJ – HC n° 181039-SP, Rel. Maria Thereza de Assis Moura, j. 06.06.2013, DJe 14.06.2013).

Art. 395. **A denúncia ou queixa será rejeitada quando: (Redação dada pela Lei nº 11.719, de 2008).**

I - for manifestamente inepta; (Incluído pela Lei nº 11.719, de 2008).

II - faltar pressuposto processual ou condição para o exercício da ação penal; ou (Incluído pela Lei nº 11.719, de 2008).

III - faltar justa causa para o exercício da ação penal. (Incluído pela Lei nº 11.719, de 2008).

Parágrafo único. (Revogado). (Incluído pela Lei nº 11.719, de 2008).

Rejeição da denúncia – Conforme já alertado, os arts. 395, 396 e 397, são aplicáveis para todo e qualquer procedimento, quer seja comum (ordinário, sumário e sumaríssimo), quer seja especial, previsto no CPP ou em legislação esparsa. O artigo em análise lista as hipóteses nas quais será rejeitada a denúncia ou a queixa. Saliente-se que o art. 43 do CPP, que cuidava da mesma questão, foi expressamente revogado, como se vê do art. 3° da Lei n° 11.719, de 20 de junho de 2008. Ocorrerá, portanto, a rejeição quando:

I – **for manifestamente inepta**: a denúncia (e também a queixa) será considerada inepta quando não atender os requisitos do art. 41 do CPP, dispositivo que, vale salientar, não sofreu qualquer alteração com o advento da Lei n° 11.719/08. A peça de acusação, portanto, deve conter "a exposição do fato criminoso, com todas as suas circunstâncias, a qualificação do acusado ou esclarecimentos pelos quais se possa identificá-lo, a classificação do crime e, quando necessário, o rol das testemunhas". A doutrina de Tourinho Filho aponta outros requisitos obrigatórios da denúncia ou queixa, que devem ser observados, conquanto não previstos no art. 41 do CPP, como, por exemplo, o órgão a quem é dirigida, sua elaboração em português, o lançamento da assinatura do promotor de justiça (na denúncia), ou do advogado com poderes especiais, conferidos pelo querelante, na queixa (*Código de Processo Penal comentado*, Saraiva: São Paulo, 9ª. ed., 2005, vol. I, p. 155).

II – **faltar pressuposto processual ou condição para o exercício da ação penal**: conforme ressalta o promotor de justiça mineiro Rodrigo de Abreu Fudoli, em bem elaborado trabalho (*Inovações referentes a procedimentos penais*, sítio www.jusnavigandi.com.br, elaborado em 25.06.2008), "os pressupostos processuais são a demanda judicial (veiculada pela denúncia ou queixa), a jurisdição (e a competência e imparcialidade do Juízo), a existência de partes que possam estar em Juízo (capacidade processual e de ser parte), a originalidade (ausência de litispendência ou coisa julgada) As condições da ação são a tipicidade em tese da conduta descrita na peça acusatória; a legitimidade ativa e passiva; e o interesse de agir".

III – **faltar justa causa para o exercício da ação penal**: a amplitude da expressão *justa causa*, sobretudo quando utilizada como fundamento para impetração de *habeas corpus* (art. 648, inc. I do CPP), dificulta uma conceituação mais precisa de seu alcance. De qualquer forma, considera-se justa causa aquele mínimo de suporte fático, aquele início de prova (mesmo que indiciária), capaz de justificar a oferta da acusação em juízo. Assim, denúncia e queixa não podem surgir da imaginação fértil de seus autores, devendo ambas ser precedidas de algum procedimento, alguma documentação ou investigação devidamente formalizada, dando apoio à acusação. Esse lastro, via de regra, é conferido pelo inquérito policial que, porém, não se traduz em uma peça essencial para a oferta da denúncia e tampouco da queixa.

Mais especificamente sobre esse juízo prévio de admissibilidade da acusação, confiram-se nossos comentários ao art. 406, § § 2° e 3°, com ampla citação doutrinária.

Prescindibilidade do inquérito policial – No crime de ação penal pública, v. acima art. 4º. No crime de ação penal privada, cf. acima o art. 40.

Denúncia anônima – V. acima art. 27.

JURISPRUDÊNCIA

Requisitos da denúncia

"O exame da inicial acusatória é balizado pelos arts. 41 e 395 do Código de Processo Penal. No art. 41, a lei adjetiva penal indica um necessário conteúdo positivo para a denúncia. É dizer: ela, denúncia, deve conter a exposição do fato normativamente descrito como criminoso (em tese, portanto); as respectivas circunstâncias, de par com a qualificação do acusado; a classificação do crime e o rol de testemunhas (quando necessário). Aporte factual, esse, que viabiliza a plena defesa do acusado, incorporante da garantia processual do contraditório. Já no art. 395, o mesmo diploma processual impõe à peça acusatória um conteúdo negativo. Se, pelo art. 41, há uma obrigação de fazer por parte do Ministério Público, pelo art. 395, há uma obrigação de não fazer; ou seja, a peça de acusação não pode incorrer nas impropriedades que o art. 395 assim enumera: inépcia, falta de pressuposto processual ou de condição de ação e falta de justa causa para a ação penal" (STF – HC nº 10908-SP – Rel. Carlos Britto, j. 24.11.2009, DJe 04.02.2010).

Natureza da decisão de recebimento da denúncia ou da queixa

"A decisão que recebe a denúncia possui natureza interlocutória e emite juízo de mera prelibação. Logo, não há como reconhecer nulidade na decisão que, ao receber a denúncia, adotou fundamentação sucinta, como no caso dos autos, notadamente porque expressamente consignado estarem presentes os requisitos do art. 41 do CPP, com o destaque de não ser o caso de rejeição da denúncia conforme o art. 395 do mesmo dispositivo legal'" (AgRg no HC 535.321/RN, Rel. Ministro Rogerio Schietti Cruz, Sexta Turma, DJe 17/3/2020).

Art. 396. Nos procedimentos ordinário e sumário, oferecida a denúncia ou queixa, o juiz, se não a rejeitar liminarmente, recebê-la-á e ordenará a citação do acusado para responder à acusação, por escrito, no prazo de 10 (dez) dias. (Redação dada pela Lei nº 11.719, de 2008).

Recebimento da denúncia – O dispositivo acima não implica em um juízo prévio de admissibilidade, realizado antes do recebimento da acusação e previsto, por exemplo, na Lei nº 9.099/95 (juizados especiais criminais – art. 81) e na Lei nº 11.343/06 (lei de drogas – art. 55) e mesmo nos procedimentos dos crimes de competência originária dos Tribunais, nos casos de competência por prerrogativa de foro. Não. Aqui a denúncia ou queixa é recebida, como mencionado, textualmente, no artigo em exame. *Receber* não é sinônimo de *ter em mãos*. O vocábulo *receber* somente admite sua interpretação sob o aspecto técnico e, bem por isso, recebimento da denúncia ou queixa é o ato pelo qual o juiz acata a acusação, nela vislumbrando elementos mínimos que autorizam a deflagração do processo penal. Ademais, a lei determina a citação do acusado. Ora, citação pressupõe, necessariamente, a existência da ação penal. Nesse sentido, aliás, a redação do art. 363, *in verbis*: "O processo terá completada a sua formação quando realizada a citação do acusado". É verdade que o art. 399 torna a mencionar o recebimento da denúncia ou queixa, dando a impressão desavisada que tais acusações, até então, não haviam sido recepcionadas. Não é assim. Na verdade, o vocábulo *recebida* foi indevidamente empregado pelo legislador no art. 399, que teria andado melhor caso utilizasse a expressão "não tendo sido o acusado absolvido sumariamente". A propósito, não se imagina que alguém possa ser absolvido sem que esteja sendo processado. Apurou-se mais técnica, a propósito, na Lei de Drogas ao dispor, em seu art. 55, que "oferecida a denúncia, o juiz ordenará a *notificação* do acusado para oferecer defesa prévia ...".

Bem, se não se confere ao acusado a possibilidade de reagir contra a denúncia ou queixa, porque já recebidas, para que se prestariam as medidas previstas no art. 396-A? A resposta somente pode ser uma: para que o réu ou o querelante (esses os termos mais corretos, pois já não se trata mais de mero acusado), após "arguir preliminares e alegar tudo o que interesse à sua defesa, oferecer documentos e justificações, especificar as provas pretendidas e arrolar testemunhas", possam eventualmente, ser absolvidos sumariamente, outra importante inovação prevista no art. 397 do CPP, adiante analisada.

Possibilidade de o juiz alterar a classificação legal quando do recebimento da denúncia – V., acima, comentários ao art. 383 do código, sob a rubrica *momento de aplicação da emendatio libelli*, com apontamentos da jurisprudência.

Sistema de juiz das garantias – O juiz das garantias permanecerá nos autos até o oferecimento da inicial. Foi o que decidiu o STF nas ADIs 6.298, 6.299, 6.300 e 6.305. Quem recebe (ou não) a acusação é o juiz da instrução.

Comunicação à vítima – temos recente e importante decisão do TJMG, que reconheceu a obrigatoriedade do Poder Judiciário comunicar à vítima a deflagração de ação penal manejada pelo Ministério Público. Decidiu configurar "error in procedendo" o indeferimento de pedido feito pelo Ministério Público, com respaldo em normativa do CNJ que determina à autoridade judicial que comunique a vítima quanto à instauração da ação penal (TJMG - Correição Parcial (Adm) 1.0000.22.161470-4/000, Relator(a): Des.(a) Valéria Rodrigues Queiroz, CONSELHO DA MAGISTRATURA, julgamento em 07/12/2022, publicação da súmula em 24/01/2023).

JURISPRUDÊNCIA

Recebimento da denúncia

"Após a reforma legislativa operada pela Lei 11.719/2008, o momento do recebimento da denúncia se dá, nos termos do artigo 396 do Código de Processo Penal, após o oferecimento da acusação e antes da apresentação de resposta à acusação, seguindo-se o juízo de absolvição sumária do acusado, tal como disposto no artigo 397 do aludido diploma legal. A alteração criou para o magistrado a possibilidade, em observância ao princípio da duração razoável do processo e do devido processo legal, de absolver sumariamente o acusado ao vislumbrar hipótese de evidente atipicidade da conduta, a ocorrência de causas excludentes da ilicitude ou culpabilidade, ou ainda a extinção da punibilidade, situação em que deverá, por imposição do artigo 93, inciso IX, da Constituição Federal, motivadamente fazê-lo, como assim deve ser feito, em regra, em todas as suas decisões [...] Tendo o togado singular, no caso em apreço, afastado motivadamente todas as preliminares suscitadas pela defesa, deixando de se manifestar unicamente sobre o mérito da acusação, não há falar em falta de fundamentação da decisão" (STJ – HC nº54363-PE, Rel. Jorge Mussi, j. 03.03.2015, DJe 11.03.2015).

"A par da divergência doutrinária instaurada, na linha do entendimento majoritário (Andrey Borges de Mendonça; Leandro Galluzzi dos Santos; Walter Nunes da Silva Junior; Luiz Flávio Gomes; Rogério Sanches Cunha e Ronaldo Batista Pinto), é de se entender que o recebimento da denúncia se opera na fase do art. 396 do Código de Processo Penal. Apresentada resposta pelo réu nos termos do art. 396-A do mesmo diploma legal, não verificando o julgador ser o caso de absolvição sumária, dará prosseguimento ao feito, designando data para a audiência a ser realizada" (STJ – HC n. 138089-SC, Rel. Felix Fischer, j. 02.03.2010, DJe 22.03.2010 – RSTJ vol. 218 p. 551).

O recebimento inicial da denúncia não impede sua posterior rejeição

"O fato de a denúncia já ter sido recebida não impede o Juízo de primeiro grau de, logo após o oferecimento da resposta do acusado, prevista nos arts. 396 e 396-A do Código de Processo Penal, reconsiderar a anterior decisão e rejeitar a peça acusatória, ao constatar a presença de uma das hipóteses elencadas nos incisos do art. 395 do Código de Processo Penal, suscitada pela defesa. As matérias numeradas no art. 395 do Código de Processo Penal dizem respeito a condições da ação e pressupostos processuais, cuja aferição não está sujeita à preclusão (art. 267, § 3º, do CPC, c/c o art. 3º do CPP). Hipótese concreta em que, após o recebimento da denúncia, o Juízo de primeiro grau, ao analisar a resposta preliminar do acusado, reconheceu a ausência de justa causa para a ação penal, em razão da ilicitude da prova que lhe dera suporte" (STJ – REsp n° 1318180-DF, Rel. Sebastião Reis Júnior, j. 16.05.2013, DJe 29.05.2013).

"Após a reforma legislativa operada pela Lei 11.719/2008, o momento do recebimento da denúncia se dá, nos termos do artigo 396 do Código de Processo Penal, após o oferecimento da peça vestibular e antes da apresentação de resposta à acusação, seguindo-se o juízo de absolvição sumária do acusado, tal como disposto no artigo 397 do aludido diploma legal. Assim, não se vislumbra qualquer ilegalidade no recebimento da inicial antes do oferecimento de defesa preliminar pela paciente pois, após apresentada a mencionada peça, cabe ao magistrado proferir decisão absolvendo-a sumariamente ou não. Precedentes" (STJ – HC n° 254261-SP, Rel. Jorge Mussi, j. 04.12.2012, DJe 18.12.2012).

Recebimento da denúncia e afastamento da absolvição sumária. Nulidade

"A manifestação sobre a absolvição sumária no momento do recebimento da denúncia, antes mesmo da apresentação de resposta à acusação pela defesa, contraria o devido processo legal, sendo evidente o prejuízo ao paciente, que não teve as suas razões previamente analisadas pela magistrada de origem. Mesmo que após o oferecimento da resposta preliminar a Juíza singular pudesse mudar sua opinião e efetivamente absolver sumariamente o paciente, não há dúvidas de que a sua manifestação precipitada por ocasião do recebimento da denúncia já revela a sua convicção sobre a causa, do que se retira o evidente dano à defesa do acusado, que viu negada a possibilidade de sua absolvição sumária sem que fossem observados os princípios do contraditório e da ampla defesa, assegurados no artigo 396-A do Código de Processo Penal" (STJ – HC n° 153751-SP, Rel. Jorge Mussi, j. 13.03.2012, DJe 30.03.2012).

Viabilidade da denúncia deve ser analisada antes da proposta de suspensão condicional do processo

"Diante da possibilidade de absolvição sumária, mostra-se desarrazoado admitir que a suspensão condicional do processo seja oferecida ao denunciado antes da análise de sua resposta à acusação, na qual pode veicular teses que, se acatadas, podem encerrar a ação penal. Não se pode exigir que o acusado aceite a suspensão condicional do processo antes mesmo que suas alegações de inépcia da denúncia, de falta de justa causa para a persecução penal, ou de questões que possam ensejar a sua absolvição sumária sejam devidamente examinadas e refutadas pelo magistrado singular. Ademais, revela-se extremamente prejudicial ao réu o entendimento de que a suspensão condicional do processo deve ser ofertada antes mesmo do exame da sua resposta à acusação, pois seria obrigado a decidir sobre a aceitação do benefício sem que a própria viabilidade da continuidade da ação penal seja verificada"(STJ – HC n° 239093-MG, Rel. Jorge Mussi, j. 22.10.2013, DJe 29.10.2013).

Parágrafo único. No caso de citação por edital, o prazo para a defesa começará a fluir a partir do comparecimento pessoal do acusado ou do defensor constituído (Redação dada pela Lei nº 11.719, de 2008).

Citação por edital – Pressupõe-se, aqui, que o processo esteja suspenso (bem como o lapso prescricional), por conta da citação por edital do réu e nos termos do art. 366 do CPP. Não faria sentido se aguardar indefinidamente o comparecimento pessoal do acusado ou do defensor por ele constituído, para que fosse ofertada a resposta à acusação. Comparecendo o réu ou tendo ele constituído advogado, o prazo para oferta da defesa será de dez dias. Na hipótese de o réu atender ao chamamento, mas não contar com advogado, tem incidência o § 2º., do art. 396-A, ou seja, cumpre ao juiz nomear-lhe um defensor dativo.

Art. 396-A. Na resposta, o acusado poderá argüir preliminares e alegar tudo o que interesse à sua defesa, oferecer documentos e justificações, especificar as provas pretendidas e arrolar testemunhas, qualificando-as e requerendo sua intimação, quando necessário. (Incluído pela Lei nº 11.719, de 2008).

§ 1º A exceção será processada em apartado, nos termos dos arts. 95 a 112 deste Código. (Incluído pela Lei nº 11.719, de 2008).

§ 2º Não apresentada a resposta no prazo legal, ou se o acusado, citado, não constituir defensor, o juiz nomeará defensor para oferecê-la, concedendo-lhe vista dos autos por 10 (dez) dias. (Incluído pela Lei nº 11.719, de 2008).

Defesa preliminar – Na resposta o acusado, que foi citado pessoalmente, deverá suscitar todas as teses de interesse para sua defesa, inclusive matérias preliminares ao mérito, sob pena de, não o fazendo neste momento oportuno, operar-se a preclusão. As matérias podem ser as mais diversas, mas, em especial, deve-se atentar ao disposto no art. 397 abaixo, que dão ensejo à absolvição sumária do acusado, caso acolhida a respectiva alegação. Assim, nessa oportunidade devem ser agitadas causas excludentes de ilicitude, culpabilidade ou punibilidade e a atipicidade da conduta. Poderíamos lembrar, ainda, as causas supralegais de exclusão da ilicitude, consistente no consentimento da vítima. Imagine-se, por exemplo, a realização de uma tatuagem cuja autorização do ofendido afasta a incidência do crime de lesões corporais.

A juntada de documentos que interessem à defesa, bem como o rol das testemunhas que pretenda ouvir (oito no procedimento ordinário e cinco no sumário, segundo, respectivamente, os arts. 401 e 532 do código), devem ser aí indicados. Caso a defesa pretenda obter esclarecimento do perito, acareações, reconhecimentos, a serem produzidos na audiência prevista no art. 400, será esse também o momento oportuno para que se requeiram essas provas. Em suma: nessa resposta, a defesa deve preparar a atuação que desenvolverá posteriormente, na audiência una de que trata o art. 400 do código, a ser realizada caso não tenha sido o acusado absolvido sumariamente.

Justificações – O artigo menciona a possibilidade de oferta de *justificações*. Há uma justificação admitida no processo penal, utilizada sobretudo para as hipóteses de revisão criminal, que vem detalhada nos comentários abaixo ao art. 621, inc. II. Neste procedimento, tomado do processo civil e no qual nada é decidido, simplesmente se produz a prova requerida pelo interessado que, posteriormente, irá instruir o pedido revisional. Com efeito, o Código de Processo Civil, ao disciplinar a produção antecipada da prova (art. 381, § 5º), admite a justificação para demonstração "de algum fato ou relação jurídica para simples documento e sem caráter contencioso".

Decerto o dispositivo em exame não trata dessa justificação. Tampouco se deve interpretar como *justificação* a indicação, pelo acusado, de alguma excludente de ilicitude, denominadas *justificativas*, máxime porque ele pode arguir, também, excludentes de culpabilidade ou punibilidade. *Justificação* aqui deve ser interpretada em um sentido amplo, como sendo todo e qualquer argumento que possa interessar à defesa, capaz de enfraquecer a acusação. Assim, por exemplo, a fragilidade da prova produzida na investigação.

Rol de testemunhas apresentado de forma extemporânea pela defesa - Inexiste nulidade na desconsideração do rol de testemunhas quando apresentado fora da fase estabelecida no art. 396-A do Código de Processo Penal. Nos moldes do artigo em comento, o rol de testemunhas deve ser apresentado no momento processual adequado, ou seja, quando da apresentação da resposta preliminar, sob pena de preclusão. Em respeito à ordem dos atos processuais não configura cerceamento de defesa o indeferimento da apresentação extemporânea do rol de testemunhas STJ AgRg no RHC 161.330-RS, Rel. Min. Reynaldo Soares da Fonseca, Quinta Turma, por unanimidade, julgado em 05/04/2022, DJe 08/04/2022). Não bastasse, no processo penal, as nulidades observam ao princípio *pas de nullité sans grief*, consagrado no art. 563 do CPP, segundo o qual "nenhum ato será declarado nulo, se da nulidade não resultar prejuízo para a acusação ou para a defesa". Nesse sentido se posiciona o STJ: não é de presumir-se o prejuízo para o réu, pois a inquirição - se essencial para a busca da verdade real - poderá ser realizada, de ofício, nos termos do artigo 156 do Código de Processo Penal, restando, ainda, a possibilidade de aportarem-se aos autos tais fontes de prova sob a forma documental, posto que atípica (HC 202.928/PR, Rel. Ministro Sebastião Reis Júnior, Rel. p/ Acórdão Ministro Rogerio Schietti Cruz, Sexta Turma, julgado em 15/05/2014, DJe de 08/09/2014).

> ***§ 1º A exceção será processada em apartado, nos termos dos arts. 95 a 112 deste Código. (Incluído pela Lei nº 11.719, de 2008).***

Autos apartados – O dispositivo em exame praticamente repete a redação do art. 111 do código, segundo o qual "as exceções serão processadas em autos apartados e não suspenderão, em regra, o andamento da ação penal".

> ***§ 2º Não apresentada a resposta no prazo legal, ou se o acusado, citado, não constituir defensor, o juiz nomeará defensor para oferecê-la, concedendo-lhe vista dos autos por 10 (dez) dias. (Incluído pela Lei nº 11.719, de 2008).***

É obrigatória a oferta de resposta? – O dispositivo em análise merece uma observação que temos como relevante. Caso o réu não tenha apresentado resposta, cumpre ao juiz nomear-lhe um defensor dativo, a quem incumbirá de fazê-lo. Tem-se, assim, que para as hipóteses de defensor dativo, a resposta à acusação se constitui em peça obrigatória, cuja omissão, por afronta aos princípios do contraditório e ampla defesa, enseja nulidade do feito. Já se o réu possui advogado constituído, pensamos ser facultativa essa manifestação. Tanto que o § 2º, acima apenas impõe a nomeação de defensor dativo (e a respectiva obrigação de ofertar a resposta), para os casos em que o acusado "não constituir defensor". Com efeito, tratando-se de advogado constituído, pode entender, por uma questão de estratégia ou mesmo porque nada há que alegar, ser dispensável essa resposta. A propósito, ao tempo em que vigia a redação original do art. 395 do código, que cuidava da chamada *defesa prévia*, sempre se entendeu pela dispensabilidade dessa peça. O Supremo Tribunal Federal ia além, entendendo dispensável sua apresentação ainda que dativo o defensor (nesse sentido: HC n. 51463, HC n. 69034, HC n. 69544). Era também a orientação do Superior Tribunal de Justiça (RT 722/547).

É verdade que esse é o momento oportuno para que o réu exerça relevantes atos de defesa, como, por exemplo, de indicar as testemunhas que pretende ouvir, como consta do "caput" deste dispositivo. Ocorre que, por exemplo, não é obrigatória a oferta de um rol de testemunhas pela defesa constituída pelo réu, que pode entender desnecessária essa prova. Cremos, assim, em conclusão, que, tratando-se de réu que não possui defensor, cabe a nomeação de um dativo a quem, obrigatoriamente, cumprirá ofertar a resposta. Já quando o réu constituir advogado, é facultativa essa manifestação. Nulidade, nessa hipótese, ocorrerá caso não facultada oportunidade para que ele o faça, isto é, uma vez descumprida a regra do "caput" do art. 396 do código. A partir daí, a oferta de resposta do advogado constituído se reveste de mera faculdade, a ser exercida segundo sua conveniência e oportunidade.

Réplica da acusação após a oferta da resposta à denúncia pela defesa – Indaga-se se, após a oferta da defesa preliminar, há necessidade de se facultar a manifestação da acusação, para que rebata os argumentos lançados naquela peça defensiva. O debate chegou aos tribunais superiores e, como se vê das ementas abaixo transcritas, não se vislumbrou qualquer nulidade nesse procedimento, taxado, quando muito, como mera irregularidade. Na praxe forense, aliás, vem se constituindo em prática comum, adotada quase que indistintamente pelos juízes em geral.

E, de fato, conquanto inexistente previsão legal expressa nesse sentido, temos como salutar essa iniciativa, como forma, sobretudo, de preservação do princípio do contraditório, tão caro ao processo penal. Sobretudo quando o acolhimento da tese sustentada na resposta possui tão grave consequência capaz de induzir à absolvição sumária do réu, nos termos do art. 397 do código.

Como fundamento, poderia se invocar, em um primeiro momento, o Código de Processo Civil, a ser aplicado, por analogia, ao processo penal (art. 3° do CPP). Ora, dispõe o art. 351 daquele *codex* que, "se o réu alegar qualquer das matérias enumeradas no art. 337, o juiz determinará a oitiva do autor no prazo de 15 (quinze) dias, permitindo-lhe a produção de prova".

Dentre as matérias enumeradas no mencionado art. 337 está, por exemplo, a inépcia da petição inicial (inc. IV), alegação corriqueira nas defesas preliminares deduzidas na resposta do réu no processo penal.

Há previsão semelhante na legislação extravagante, valendo que se confira a Lei n° 8.038/90, que trata de normas procedimentais para os crimes de competência originária com trâmite perante o STJ e o STF. Dispõe esse diploma que, após a notificação prévia do acusado, se na resposta forem apresentados documentos novos, "será intimada a parte contrária para sobre eles se manifestar, no prazo de cinco dias" (art. 5°).

Mas o próprio Código de Processo Penal tem previsão expressa nesse sentido, ao cuidar dos crimes de competência do Júri. De sorte que o art. 409 dispõe que "apresentada a defesa, o juiz ouvirá o Ministério Público ou o querelante sobre preliminares e documentos, em 5 (cinco) dias". Não se vislumbra qualquer motivo razoável para que o procedimento do Júri preveja essa cautela e, para os demais procedimentos, ela tenha sido relegada. Talvez um cochilo do legislador?

O que não há que se admitir, sob nossa compreensão, é a tréplica posterior da defesa, sob pena de se eternizar uma decisão que pressupõe certa rapidez (até porque não se exige uma fundamentação das mais profundas, sob pena mesmo do juiz adiantar sua convicção), em nítida afronta ao princípio da celeridade processual.

JURISPRUDÊNCIA

Apresentação obrigatória

"Dúvidas não há acerca da imprescindibilidade de apresentação da defesa preliminar, seja por meio de defensor constituído, seja por meio de causídico nomeado pelo juiz. A ausência de tal contraditório antecipado é causa de nulidade absoluta" (STJ – HC n° 158801-PR, Rel. Maria Thereza de Assis Moura, j. 20.06.2013, DJe 01.07.2013).

Oitiva do MP após a apresentação da resposta

a) possibilidade

"Apresentada defesa prévia em que são articuladas, até mesmo, preliminares, é cabível a audição do Estado-acusador, para haver definição quanto à sequência, ou não, da ação penal" (STF – HC n° 105739-RJ, Rel. Marco Aurélio, j. 07.02.2012, DJe 28.02.2012).

"A manifestação acusatória após a defesa inicial, embora não prevista em lei, vem justamente a atender ao princípio do contraditório, como oportunidade de ambas as partes se manifestarem sobre teses e fatos do processo, sob pena de vir o magistrado a diretamente acolher preliminares arguidas na defesa preliminar sem jamais a respeito ter-se manifestado a parte contrária. Manifestações das partes não produzem diretamente prejuízos, por não se qualificarem como fatos ou provas e assim não constituírem fundamento decisório (art. 563 do CPP)" (STJ – RHC n° 45164-DF, Rel. Nefi Cordeiro, j. 15.05.2014, DJe 03.06.2014).

b) mera irregularidade

"Conquanto não encontre previsão legal, a manifestação do Ministério Público acerca do conteúdo da resposta à acusação não implica a nulidade do processo, caracterizando mera irregularidade" (STJ – HC n° 232878-SP, Rel. Jorge Mussi, j. 17.09.2013, DJe 26.09.2013).

Momento de arrolar testemunhas sob pena de preclusão

"Não tendo sido apresentado o rol de testemunhas no momento oportuno, tem-se o fenômeno da preclusão. Não se reveste de juridicidade a menção de excesso de serviço e precariedade dos quadros da Defensoria Pública, na medida em que, tempestivamente, apresentada a resposta escrita. A circunstância de não se dispor dos endereços das testemunhas não impediria o seu arrolamento, apontando-se a peculiaridade ao juízo, com a solicitação de prazo para a complementação da qualificação (STJ – HC n° 192959-RS, Rel. Maria Thereza de Assis Moura, j. 11.04.2013, DJe 23.04.2013).

"O pedido de conversão do julgamento em diligência foi corretamente indeferido pelo Juízo sentenciante, não havendo se falar em nulidade por cerceamento de defesa, pois instada a arrolar testemunhas no prazo de cinco dias após o interrogatório judicial, a Defensoria permaneceu inerte e deixou precluir a produção da prova" (STJ – HC n° 204632-SP, Rel. Laurita Vaz, j. 13.08.2013, DJe 23.08.2013).

Ônus quanto à qualificação da testemunha

"Não obstante seja direito do acusado arrolar testemunhas para que, em juízo, prestem declarações comprobatórias das teses declinadas no seu interesse, é certo incumbe à defesa a fiel individualização da pessoa a ser inquirida, conforme preceitua o caput do artigo 396-A do Código de Processo Penal, colaborando, assim, com a formação do devido processo legal. Os meios legais para a produção da prova testemunhal requerida foram oportunizados à defesa, a qual não se desincumbiu do ônus de apresentar a correta qualificação da testemunha. Em nenhum momento o juízo processante se opôs à oitiva requerida pela defesa, já que admitiu, mais de uma vez, que o defensor declinasse novo endereço no qual poderia ser encontrada a testemunha, postergando a realização do ato processual e, por consequência, a entrega da prestação jurisdicional. É certo que a ampla defesa é garantia constitucional do cidadão. Entretanto, no ordenamento jurídico pátrio não existem direitos absolutos, cujo exercício abusivo os tornam ilegítimos, o que afasta o alegado cerceamento de defesa" (STJ – HC n° 212522-SP, Rel. Jorge Mussi, j. 10.09.2013, DJe 18.09.2013).

Legalidade na nomeação de defensor público

"Não constitui nulidade a nomeação de defensor público para apresentação de resposta à acusação quando o advogado constituído não o faz, uma vez que expressamente previsto no art. 396-A, § 2.º, do Código de Processo Penal. Da mesma forma, não constitui nulidade a ausência de apresentação de resposta à acusação, uma vez que oportunizado o momento à Defesa, nos termos do art. 396-A, do Código de Processo Penal" (STJ – HC n° 153718, Rel. Laurita Vaz, j. 27.03.2012, DJe 03.04.2012).

Designação de audiência antes da oferta da resposta

a) irrelevância

"Alegações genéricas de nulidade sem comprovação nos autos não dão ensejo à invalidação da ação penal, sendo imprescindível a demonstração de prejuízo, pois o art. 563, do Código de Processo Penal, positivou o dogma fundamental da disciplina das nulidades – *pas de nullité sans grief*. E não se vislumbra nulidade pelo fato de a audiência de instrução e julgamento ter sido marcada antes da apresentação da resposta à acusação, pois o ato somente se realizou após apresentada a peça defensiva" (STJ – HC n° 187670-SP, Rel. Laurita Vaz, j. 15.08.2013, DJe 26.08.2013).

b) impossibilidade

"Com o advento da Lei nº 11.719/08, o recebimento da denúncia passou a tratar-se de ato complexo, a ser exercido em duas fases distintas. Assim, após o recebimento da denúncia o juiz ordenará a citação do acusado para oferecer resposta à inicial acusatória, devendo se manifestar sobre as razões deduzidas na resposta à acusação. A inobservância do disposto no art. 397 do Código de Processo Penal contraria o devido processo legal, sendo evidente o prejuízo ocasionado ao paciente, que não teve as suas razões previamente analisadas pelo magistrado de origem. 'Se não fosse necessário exigir que o Magistrado apreciasse as questões relevantes trazidas pela defesa – sejam preliminares ou questões de mérito – seria inócua a previsão normativa que assegura o oferecimento de resposta ao acusado' (HC 138.089/SC, Rel. Ministro Félix Fischer, DJe 2.3.10)" (STJ – HC n° 183355-MG, Rel. Adilson Vieira Macabu, j. 03.05.2012, DJe 19.09.2012).

Requisição do réu preso para se entrevistar com o defensor. Descabimento

"Hipótese em que se busca o reconhecimento do direito do Paciente de ser requisitado para se entrevistar pessoalmente com o Defensor Público, com a finalidade de subsidiar a elaboração da resposta à acusação. Contudo, as normas processuais penais não prevêem a requisição do preso na situação descrita. Até mesmo ao tratar do interrogatório, momento em que a lei processual garante ao acusado o direito de entrevista prévia e reservada com o seu defensor, a requisição do réu preso constitui hipótese excepcional, cabível apenas quando o ato não se realizar na forma prevista nos § § 1.º e 2.º do art. 185 do Código de Processo Penal" (STJ – HC n° 207898-RJ, Rel. Laurita Vaz, j. 21.03.2013, DJe 02.04.2013).

Art. 397. Após o cumprimento do disposto no art. 396-A, e parágrafos, deste Código, o juiz deverá absolver sumariamente o acusado quando verificar: (Redação dada pela Lei nº 11.719, de 2008).

I - a existência manifesta de causa excludente da ilicitude do fato; (Incluído pela Lei nº 11.719, de 2008).

II - a existência manifesta de causa excludente da culpabilidade do agente, salvo inimputabilidade; (Incluído pela Lei nº 11.719, de 2008).

III - que o fato narrado evidentemente não constitui crime; ou (Incluído pela Lei nº 11.719, de 2008).

IV - extinta a punibilidade do agente. (Incluído pela Lei nº 11.719, de 2008).

Absolvição sumária – O artigo em exame prevê a possibilidade de o acusado (para ficarmos com a expressão do legislador) ser absolvido sumariamente, já nessa fase inicial e antes mesmo de iniciada a instrução probatória em juízo. Tal decisão é cabível quando o juiz verificar: I) a existência manifesta de causa excludente da ilicitude do fato; II) a existência manifesta de causa excludente da culpabilidade do agente, salvo inimputabilidade; III) que o fato narrado evidentemente não constitui crime; ou IV) extinta a punibilidade do agente.

Ressalva quanto à inimputabilidade – Interessante é a parte final do inc. II, ao afirmar que a absolvição sumária não é cabível quando relacionada à inimputabilidade do agente. A razão é óbvia: sendo inimputável o agente (por doença mental, *v.g.*), há necessidade de que o processo seja regularmente instaurado, com a respectiva produção de prova em juízo e observância de todo trâmite legal, que culminará ou com a absolvição própria do réu ou com sua absolvição imprópria, assim entendida aquela que reconhece que o fato é típico, ilícito, mas não impõe pena, senão medida de segurança. Em outras palavras: ainda que inimputável por doença mental, o agente pode ter agido, por exemplo, em legítima defesa, caso em que receberá uma sentença absolutória própria (art. 386, inc. VI do código), que o livrará de qualquer penalização. Ao contrário, reconhecida sua inimputabilidade de plano, fosse permitida essa hipótese, o agente perderia a oportunidade de comprovar sua inocência (a legítima defesa, em nosso exemplo), merecendo, de plano, uma sentença absolutória imprópria (art. 386, parágrafo único, inc. III do CPP), a impor-lhe internação em manicômio ou submissão a tratamento ambulatorial (art. 96 e ss. do Código Penal).

Não vislumbramos, pois, como sugere alguma doutrina, qualquer equívoco no artigo em exame, quando ressalva a inimputabilidade, tratando-se, ao revés, de dispositivo salutar, permitindo que o agente seja libertado sem qualquer ônus ao invés de internado em um manicômio, cujas condições são bastante conhecidas.

Aliás, no procedimento do Júri há previsão semelhante, quando o art. 415, em seu parágrafo único, somente admite a absolvição sumária do agente, por inimputabilidade, "quando esta for a única tese defensiva". A matéria vem melhor analisada abaixo, nos comentários ao mencionado dispositivo. Mas a *ratio legis* é a mesma deste artigo em análise. Afinal, pode ser de interesse da defesa demonstrar, em plenário, que o réu, conquanto louco, agiu em legítima defesa, ensejando assim sua absolvição própria e livrando-o de qualquer internação ou tratamento ambulatorial.

Excepcionalidade – Saliente-se que a possibilidade de absolvição sumária, nos termos do art. 397 do CPP, repousa, por assim dizer, em causas objetivas (manifesta existência de causas excludentes de ilicitude e culpabilidade, atipicidade do fato e extinção da punibilidade do agente). Significa dizer que essa decisão, porque proferida ainda no limiar da ação penal, não é lugar para que se produza ampla abordagem da prova dos autos. Por isso mesmo o legislador empregou adjetivação contundente, somente admitindo a absolvição sumária quando *manifesta* a presença de causa excludente da ilicitude ou de culpabilidade do agente ou quando o fato narrado *evidentemente* não constituir crime. Tanto que, na prática, raramente se acolhe o pedido de absolvição sumária, preferindo os juízes, na imensa maioria dos casos, repelir os argumentos defensivos e designar, como consequência, a audiência de que trata o art. 400 do código.

JURISPRUDÊNCIA

Excepcionalidade da absolvição sumária

"A rejeição da denúncia e a absolvição sumária do agente, por colocarem termo à persecução penal antes mesmo da formação da culpa, exigem que o Julgador tenha convicção absoluta acerca da inexistência de justa causa para a ação penal. Deveras, embora não se admita a instauração de processos temerários e levianos ou despidos de qualquer sustentáculo probatório, nessa fase processual, deve ser privilegiado o princípio do *in dubio pro societate*. De igual modo, não se pode admitir que o Julgador, na fase preambular do processo, termine por cercear o *jus accusationis* do Estado, salvo se manifestamente demonstrada a carência de justa causa para o exercício da ação penal" (STJ – RHC n. 61030-SP – Rel. Ribeiro Dantas, j. 21.02.2017, DJe 03.03.2017).

Fundamentação – Para que o juiz rejeite as alegações do acusado e, por consequência, *receba* a denúncia (art. 399 do CPP) – para ficarmos com o verbo empregado pelo código –, não se exige uma fundamentação longa e exaustiva, que aborde com excessiva profundidade todos os temas colocados em debate. Contentam-se, doutrina e jurisprudência, com uma motivação sucinta, mas suficiente (art. 315 do CPP), sob pena de o juiz adiantar sua convicção, com indevida introdução no mérito da causa, em momento inapropriado para fazê-lo. Traduz-se esse estágio, outrossim, em um mero juízo de admissibilidade da acusação, cuja dúvida, aliás, impõe seu recebimento, neste momento processual. Somente depois, com a produção da prova em juízo e com observância de todos os princípios que são típicos do processo penal, é que se fará – obrigatoriamente – uma análise aprofundada da prova quando, então, eventual dúvida se resolverá em favor do réu.

Nessa linha de raciocínio, admite-se, por exemplo, a chamada *motivação per relationem*, assim entendida aquela na qual o juiz não elabora um raciocínio próprio, mas se louva em manifestação de outro órgão. Assim, por exemplo, ao adotar, como fundamento para a decretação da prisão preventiva, a motivação oriunda da representação formulada pela autoridade policial ou da manifestação do Ministério Público. O mesmo ocorre no momento processual aqui analisado. Ofertada a resposta pelo acusado e manifestando-se, em réplica, o Ministério Público, ao juiz é dado rejeitar a tese defensiva com base na manifestação acusatória.

Isso não significa admitir, porém, a ausência completa de fundamentação. Uma decisão que, após a resposta do acusado, se limite a designar data e horário para a audiência do art. 400 do código, é, sem dúvida, nula, porquanto não dedicou uma linha sequer aos argumentos trazidos pela defesa. O mesmo ocorrerá caso o juiz adote as razões do Ministério Público que, porém, se revelaram absolutamente lacônicas, omissas mesmo quanto às teses em discussão. Uma coisa é a má fundamentação. Coisa diversa é a total ausência de fundamentação. Tivesse o legislador se contentado com essa espécie de decisão (ou de *ausência* de decisão), e, decerto, não teria inovado, introduzindo no código a resposta à acusação e a possibilidade, inclusive, de absolvição sumária do acusado. Em outras palavras: bastaria deixar tudo como antes, onde se previa, quase que como mera formalidade, útil apenas para que se arrolassem testemunhas, a chamada *defesa prévia*, do revogado art. 395 do CPP. Se foi além é porque impôs a análise pelo juiz das teses sustentadas pela defesa, cuja rejeição deve ser devidamente fundamentada, como, aliás, determina o preceito constitucional do art. 93, inc. IX, da Carta.

Sentença e fundamentação *per relationem* – V. acima comentários aos arts. 315 e 381, inc. III.

JURISPRUDÊNCIA

Obrigatoriedade da análise

"A inobservância do disposto no art. 397 do Código de Processo Penal contraria o devido processo legal, sendo evidente o prejuízo ocasionado ao paciente, que não teve as suas razões previamente analisadas pelo magistrado de origem. 'Se não fosse necessário exigir que o Magistrado apreciasse as questões relevantes trazidas pela defesa – sejam preliminares ou questões de mérito – seria inócua a previsão normativa que assegura o oferecimento de resposta ao acusado' (HC 138.089/SC, Rel. Ministro Félix Fischer, DJe 2.3.10)" (STJ – AgRg no HC nº 177311-PE, Rel. Marco Aurélio Bellizze, j. 09.04.2013, DJe 16.04.2013).

Alcance da análise

"Dentre as teses apresentadas em defesa preliminar, apenas a alegação de atipicidade poderia eventualmente ensejar a absolvição sumária, nos termos do que disciplina o art. 397 do Código de Processo Penal. No entanto, considerou-se que referida análise demandaria exame aprofundado de questões de mérito, as quais dependem de instrução processual e, portanto, do prosseguimento da ação penal. A ausência de motivação exaustiva quanto à mencionada tese não representa cerceamento de defesa, pois o recorrente terá todo o processo para demonstrar e fazer prova acerca da atipicidade da conduta, matéria que será efetivamente analisada por ocasião da sentença de mérito. De fato, não se pode ampliar demasiadamente o espectro de análise da defesa preliminar, sob pena de se invadir a seara relativa ao próprio mérito da demanda, quando a decisão depender de prévia instrução processual para que o julgador possa formar seu convencimento. Portanto, mostrar-se-ia temerário analisar certas teses de forma exaustiva, quer para acolhê-las quer para rejeitá-las, antes da colheita de provas" (STJ – RHC n° 37165-SP, Rel. Marco Aurélio Bellizze, j. 20.08.2013, DJe 27.08.2013).

Fundamentação sucinta. Validade

"A fundamentação sucinta não se confunde com a ausência de motivação do ato (HC 105349-AGR/SP, rel. Min. Ayres Britto, 2ªTurma, DJ de 17/2/2011; HC 98504/MG, rel. Min. Cármen Lúcia, 1ªTurma, DJ de 12/2/2010; HC 98673/SP, rel. Min. Ellen Gracie, 2ª Turma, DJ de 29/10/2009). 'In casu', o Juiz, ao receber a denúncia oferecida contra o paciente pela prática do crime de sonegação fiscal, tipificado no art. 1º, II, da Lei n. 8.137/90, afastou a possibilidade de absolvição sumária afirmando, quanto à alegada ausência de fraude suscitada pela defesa, tema único desta impetração, que 'não está presente nenhuma hipótese de absolvição sumária', impondo-se ter como motivada, ainda que sucintamente, a recusa à tese da ausência do elemento subjetivo do tipo, sobretudo porque na fase processual de exame da defesa preliminar o juiz deve utilizar, tal como ocorre na sentença de pronúncia, linguagem comedida para não incorrer em prejulgamento" (STF – HC n° 111127-DF, Rel. Luiz Fux, j. 09.04.2013, DJe 10.05.2013).

"A decisão que rejeita a resposta à acusação, apresentada na fase do artigo 396-A do Código de Processo Penal, consubstancia um juízo de mera admissibilidade da imputação, em que se trabalha com verossimilhança, e não com certeza. Na espécie, não poderia o juiz de primeiro grau adentrar verticalmente o exame de questões que foram genericamente mencionadas na resposta à acusação de modo que, ao entender que a petição inicial está apta a ensejar a defesa, descrevendo minimamente a conduta, satisfez o dever de motivação" (STJ – HC n° 202928-PR, Rel. Rogério Schietti Cruz, j. 15.05.2014, DJe 08.09.2015).

"Esta Corte Superior de Justiça firmou o entendimento de que a motivação acerca das teses defensivas apresentadas por ocasião da resposta escrita deve ser sucinta, limitando-se à admissibilidade da acusação formulada pelo órgão ministerial, evitando-se, assim, o prejulgamento da demanda. Precedentes. Tendo o magistrado singular afirmado que os fatos e fundamentos contidos na defesa preliminar não afastariam os indícios de autoria e materialidade atribuídos à paciente em sede extrajudicial, consideram-se afastadas as teses defensivas ventiladas na resposta preliminar, não havendo que se falar em falta de fundamentação da decisão" (STJ – HC n° 243687-SP, Rel. Jorge Mussi, j. 06.08.2013, DJe 23.08.2013).

Mas alguma fundamentação é necessária

"A decisão que confirma o recebimento denúncia, afastando a absolvição sumária, proferida após a apresentação defesa preliminar, deve conter um mínimo de fundamentação, notadamente se, com no caso concreto, há diversas preliminares suscitadas, inclusive de incompetência, sem ter o magistrado tecido qualquer fundamentação condizente com a espécie" (STJ – HC n° 29860-ES – Rel. para o Acórdão Maria Thereza de Assis Moura, j. 16.20,2014).

"A partir da nova sistemática, tem-se a previsão de uma defesa robusta, ainda que realizada em sede preliminar, na qual o acusado poderá "arguir preliminares e alegar tudo o que interesse à sua defesa, oferecer documentos e justificações, especificar as provas pretendidas e arrolar testemunhas, qualificando-as e requerendo sua intimação, quando necessário." Não haveria razão de ser na inovação legislativa se não se esperasse do magistrado a apreciação, ainda que sucinta e superficial, das questões suscitadas pela defesa na resposta à acusação. No caso, o magistrado de piso, após recebida a resposta à acusação, em que se debatiam diversas questões, preliminares e de mérito, apenas proferiu despacho determinando a designação de audiência, concluindo, assim, pelo prosseguimento do feito, sem que se manifestasse minimamente sobre as teses defensivas, o que enseja inarredável nulidade" (STJ – HC n° 232842-RJ, Rel. Og Fernandes, RSTJ 228/785).

Adoção da manifestação do Ministério Público. Validade

"Não configura negativa de prestação jurisdicional ou inexistência de motivação a decisão que adota, como razões de decidir, os fundamentos do parecer lançado pelo Ministério Público, ainda que em fase anterior ao recebimento da denúncia" (STF – AgRg no AI n. 738.982-PR. Rel. Joaquim Barbosa, j. 29.04.2012).

Quando se presume o recebimento da denúncia

"O Superior Tribunal de Justiça e o Supremo Tribunal Federal possuem o entendimento de que é possível presumir o recebimento implícito da exordial acusatória quando o Juiz designa data para audiência de instrução e julgamento, isto é, quando pratica atos no sentido do prosseguimento da ação penal deflagrada No caso dos autos, conquanto não tenha afirmado expressamente que a denúncia havia sido recebida, a togada singular agendou audiência para o dia 17.9.2009, o que revela que, ainda que tacitamente, acolheu a vestibular apresentada pelo órgão ministerial" (STJ – HC n° 194601-BA, Rel. Jorge Mussi, j. 13.08.2013, DJe 23.08.2013).

I - a existência manifesta de causa excludente da ilicitude do fato; (Incluído pela Lei nº 11.719, de 2008).

Causas excludentes de ilicitude ou antijuridicidade – São as revistas no artigo 23 do Código Penal, a saber: o estado de necessidade, a legítima defesa, o estrito cumprimento do dever legal e o exercício regular de direito. Além de ensejarem a absolvição sumária, desde que extreme de dúvidas, como se infere do emprego do vocábulo *manifesta*, a constatação de uma dessas causas obriga a concessão da liberdade provisória (art. 310, parágrafo único do código), e impedem a decretação da prisão preventiva (art. 314 do CPP). A despeito da divergência doutrinária, cuja análise, porque típica do Direito Penal, foge ao objetivo de nosso trabalho, seria possível acrescentar, ao rol das causas excludentes de ilicitude, o *consentimento do ofendido*, assim considerado como *causa supralegal* de justificativa.

Na lição de Júlio Fabbrini Mirabete, "o problema do consentimento do ofendido, na prática do fato típico, não é solucionado expressamente em nossa lei. Parte da doutrina o considera como causa supralegal de exclusão da ilicitude. [...]. Reconhece-se, portanto, a existência de bens indisponíveis, aqueles em cuja conservação há interesse coletivo, do Estado (vida, integridade corporal, família, regularidade da administração pública etc.), e disponíveis, exclusivamente de interesse privado (patrimônio, honra etc.). Atingidos estes últimos, pode não haver crime, por exclusão do tipo (inexiste violação de domicílio quando o morador acaba consentindo na entrada ou permanência do sujeito; não há estelionato quando o agente, ciente da fraude, entrega seu bem jurídico ao que o tenta ludibriar etc.), ou por exclusão da antijuridicidade (a injúria e a difamação aceitas pela vítima, embora figuras típicas, não são antijurídicas)" (*Manual de Direito Penal. Parte Geral.* 19ª. ed., São Paulo: Ed. Atlas, 2003, p. 192).

II - a existência manifesta de causa excludente da culpabilidade do agente, salvo inimputabilidade; (Incluído pela Lei nº 11.719, de 2008).

Causas excludentes de culpabilidade – São de nominadas, também, como *dirimentes*, *exculpantes* ou *eximentes*. Estão previstas no Código Penal, a saber: erro inevitável sobre a ilicitude do fato, denominado *erro de proibição* (art. 21); coação irresistível e obediência hierárquica (art. 22). Há previsão, ainda, no art. 26 (doença mental ou desenvolvimento mental incompleto ou retardado), art. 27 (inimputabilidade pela menoridade), art. 28, § 1º, (embriaguez completa, proveniente de caso fortuito ou força maior). Estas últimas hipóteses, relacionadas ao aspecto do agente, a doutrina costuma denominar como *causas excludentes de imputabilidade*.

Quanto à ressalva em relação à inimputabilidade, conferir comentário acima.

III - que o fato narrado evidentemente não constitui crime; ou (Incluído pela Lei nº 11.719, de 2008).

Atipicidade – É possível, ainda que em uma análise preliminar, que o juiz absolva o acusado ante a atipicidade do fato, em raciocínio que, via de regra, envolve muito mais uma questão de direito do que de fato, a prescindir, portanto, da realização da audiência de que cuida o art. 400 do código. Sendo, pois, evidente essa atipicidade, demonstrada, por exemplo, por inequívoca prova documental, cabe a absolvição sumária. Persistindo, porém, alguma dúvida, cumpre seja confirmado o recebimento da acusação para que, no *locus* adequado (a audiência), seja ela dissipada. Imagine-se o acusado pela prática de um crime de sonegação fiscal que demonstre, documentalmente, que antes do recebimento da denúncia quitou o tributo. Ou daquele que foi acusado pela prática do art. 309 da Lei nº 9.503/1997 (Código de Trânsito Brasileiro), pelo simples fato de conduzir veículo automotor sem habilitação legal, sem que a denúncia dedique uma linha sequer ao perigo de dano a terceiros acarretado com sua conduta. Somente essa prova já ensejará sua absolvição sumária.

De outra parte, suponha-se que o acusado invoque o *princípio da insignificância* ou *bagatela*, que guardaria relação à tipicidade do fato, a despeito de alguma discussão na doutrina a esse respeito. Há a possibilidade de não se admitir, desde logo, a absolvição sumária, se, por exemplo, há dúvida quanto ao real valor da *res*, se o bem foi efetivamente restituído à vítima, quanto aos antecedentes do acusado, etc. Tais incertezas deverão ser esclarecidas durante a instrução probatória, razão pela qual, nesse caso, não se admite a absolvição sumária.

IV - extinta a punibilidade do agente. (Incluído pela Lei nº 11.719, de 2008).

Decisão que extingue a punibilidade – É possível que, já no âmbito preliminar, sem a necessidade de produção de prova em acréscimo que não aquela trazida na resposta do acusado, o juiz detecte, de plano, uma causa que dê ensejo à extinção da punibilidade do agente, devendo, nesse caso, absolvê-lo sumariamente. Imagine-se que, em uma ação penal privada, perceba o juiz que a oferta da queixa-crime em juízo tenha sido recebida quando transcorrido o prazo de seis meses – previsto no art. 38 do Código de Processo Penal e art. 103 do Código Penal – da ocorrência do fato e do conhecimento de seu autor. Com fulcro no art. 107, inc. IV, última parte, do Código Penal, declarará extinta a punibilidade. Ou que, após o recebimento da denúncia, é comprovada a morte superveniente do agente (art. 107, inc. I, do CP). Ou mesmo que, com base na pena máxima em concreto prevista para determinado delito, perceba que entre a data do fato e do eventual recebimento da denúncia, já se escoou o prazo prescricional (art. 107, inc. IV, primeira parte, do CP). Não faria sentido, nesses casos, submeter-se o acusado às agruras do processo, prolongado com a confirmação do recebimento da denúncia e com a realização da audiência do art. 400 do código para, ao final, chegar-se à mesma conclusão que, desde o início, já era nitidamente antevista. Rende-se homenagem, com isso, aos princípios constitucionais da dignidade da pessoa humana (art. 1º, III), e da razoável duração do processo (art. 5º, inc. LXXVIII).

ATENÇÃO – Como já alertamos, chama a atenção a falta de técnica do legislador. É sabido que a decisão que reconhece causa extintiva da punibilidade não é condenatória nem absolutória, mas declaratória. Por não enfrentar o mérito, entende-se cabível o recurso em sentido estrito. Atualmente, com a sua inclusão no art. 397, há corrente doutrinária sustentando o cabimento de apelação. Esse tema será explorado com mais atenção no capítulo que trata dos recursos.

Art. 398. (Revogado pela Lei nº 11.719, de 2008).

Art. 399. Recebida a denúncia ou queixa, o juiz designará dia e hora para a audiência, ordenando a intimação do acusado, de seu defensor, do Ministério Público e, se for o caso, do querelante e do assistente. (Redação dada pela Lei nº 11.719, de 2008).

§ 1º O acusado preso será requisitado para comparecer ao interrogatório, devendo o poder público providenciar sua apresentação. (Incluído pela Lei nº 11.719, de 2008).

§ 2º O juiz que presidiu a instrução deverá proferir a sentença. (Incluído pela Lei nº 11.719, de 2008).

Designação da audiência – Conforme já salientamos, a denúncia, nesse estágio processual, já foi recebida. Teria sido mais técnico o legislador com o emprego da expressão *não absolvido sumariamente o acusado*. Com efeito, não tivesse sido ainda recebida a denúncia e a lei não teria se satisfeito com a mera *intimação* do acusado, exigindo sua efetiva citação.

Juiz das garantias – De acordo com a redação do art. 3º-C, o juiz das garantias teria que atuar até esta etapa do art. 399 do CPP. Contudo, o STF, julgando as ADIs 6.298, 6.299, 6.300 e 6.305, decidiu que sua atuação tem como termo final o oferecimento da denúncia ou queixa-crime.

JURISPRUDÊNCIA

Recebida a denúncia, não pode o juiz voltar atrás

"O processo penal encerra uma série de atos coordenados, constituindo verdadeira 'marcha para frente', tendo em vista a finalidade a que ele se destina. Não pode, portanto, o juiz, após ter recebido a denúncia e manifestado-se sobre a admissibilidade da acusação, simplesmente voltar atrás e reformar o seu despacho, em prejuízo à segurança jurídica, pois operada contra ele a preclusão pro judicato. Caso surja, durante a instrução criminal, circunstâncias de fato ou de direito que levem à improcedência, total ou parcial, da pretensão punitiva estatal, deverá o juiz, ao sentenciar, levar em consideração tais circunstâncias, utilizando-se, entretanto, de fundamentação diversa daquela relativa à inadmissibilidade da exordial acusatória" (STJ – REsp nº 1354838-MT, Rel. Campos Marques, j. 02.04.2013, DJe 05.04.2013).

§ 1º O acusado preso será requisitado para comparecer ao interrogatório, devendo o poder público providenciar sua apresentação. (Incluído pela Lei nº 11.719, de 2008).

Requisição do réu preso – A requisição aqui tratada é semelhante àquela prevista no art. 360 do CPP, depois revogado pela Lei nº 10.793/03. Expede-se uma ordem judicial, dirigida ao diretor do estabelecimento penitenciário no qual se encontra o acusado recolhido, a fim de que ele seja apresentado em juízo, no dia e hora designados.

JURISPRUDÊNCIA

Réu preso

a) obrigatoriedade da citação

"Diante da obrigatoriedade da citação pessoal do réu preso, trazida pela Lei n.º 10.793/03, e em respeito ao princípio da ampla defesa, o atual entendimento deste Superior Tribunal de Justiça é no sentido de que a ausência do ato citatório é nulidade absoluta, sendo certo que a simples requisição do réu preso não o supre. Precedentes" (STJ – HC nº 175807-MG, Rel. Laurita Vaz, j. 22.02.2011, DJe 14.03.2011).

b) possibilidade de requisição

"Ausência de citação do paciente para audiência de interrogatório. Réu apenas requisitado à autoridade carcerária. Vício sanado com o comparecimento do acusado em juízo" (STF – RHC nº 106461-DF – Rel. Gilmar Mendes, j. 07.05.2013, DJe 10.09.2013).

§ 2º O juiz que presidiu a instrução deverá proferir a sentença. (Incluído pela Lei nº 11.719, de 2008).

Princípio da identidade física do Juiz – Iniciativa das mais relevantes, trazida pela Lei nº 11.719/2008, foi a adoção, tantas vezes reclamada pela doutrina, do princípio da identidade física do juiz, como se vê, com todas as letras, do teor deste dispositivo. Antes previsto apenas no âmbito do processo civil, foi definitivamente incorporado ao processo penal, onde se mostra muito mais urgente e necessário, por propiciar o indispensável contato físico e visual entre acusado e julgador, bem como a colheita imediata da prova por aquele que, efetivamente, vai proferir a decisão. Como salienta René Ariel Dotti, escrevendo antes da reforma de 2008, "a ausência, no processo penal, do aludido e generoso princípio permite que o julgador condene, com lamentável frequência, seres humanos que desconhece" (*O interrogatório à distância*. Revista Consulex 29/23, maio 1999, Brasília). Extinguiu-se, assim, a esdrúxula situação, por vezes vista na prática, na qual um juiz interrogava o réu, outro ouvia as testemunhas e um terceiro proferia a sentença. Louvável a atitude do legislador, que poderia, apenas, ter ressalvado as situações nas quais o princípio seria mitigado, a exemplo do que se verificava no CPC de 1973 (art. 132), que isentava o juiz que presidiu a instrução de julgar a lide quando estivesse "convocado, licenciado, afastado por qualquer motivo, promovido ou aposentado...". Nada impedia, antes se recomendava, que, por analogia (art. 3º do CPP), se transferisse para o processo penal esse dispositivo. Esta, a propósito, a linha de entendimento francamente adotada pela jurisprudência do STJ.

Interessante que o Código de Processo Civil em vigor não mais prevê esse princípio. A justificativa dos autores do projeto é que o processo eletrônico e suas especificidades permitem o total acesso à prova dos autos e, notadamente, aos depoimentos prestados em juízo, ainda que produzidos perante outro Magistrado. De sorte que o contato visual e direto do juiz com a prova, que o torna capaz de sentir as reações das testemunhas e do réu, tão caros na formação de sua convicção, restariam preservados com a adoção do processo eletrônico e a gravação em vídeo e áudio dos depoimentos, não mais se justificando, no âmbito cível, a manutenção desse princípio.

De qualquer sorte, tratando-se de uma audiência onde os atos são concentrados, presididos por um único Magistrado, a quem cabe proferir, nesse momento, a sentença (art. 403 do CPP), o mencionado princípio naturalmente se impõe. Porém, a cautela do legislador se explica: o § 3° do mesmo art. 403, faculta ao juiz, "considerada a complexidade do caso ou o número de acusados", a julgar não em audiência, mas no prazo de 10 dias. Que fique claro que, por força do novo dispositivo, cumpre ao juiz que chamou os autos à conclusão proferir a sentença, o que não se via à luz da disciplina anterior, onde a desvinculação entre a colheita da prova e a figura do julgador era absoluta.

É verdade que se apontava, na doutrina, alguma manifestação anterior do princípio, como ocorre nos Juizados Especiais Criminais (Lei n° 9.099/95), em virtude da concentração dos atos processuais e da imediatidade que caracteriza o procedimento. Entretanto, a jurisprudência, inclusive dos tribunais superiores, sempre se plasmou no sentido de que nosso ordenamento jurídico não contemplava, no processo penal, a identidade física do juiz, razão pela qual, forte nesse argumento, jamais reconheceu qualquer nulidade na realização do interrogatório do réu por precatória. Esse aspecto específico merece atenção: o que o princípio introduzido pela reforma proíbe é que um juiz interrogue e outro, atuando perante a mesma Vara, profira a sentença, nada impedindo, por exemplo, que o interrogatório ocorra por meio de precatória.

JURISPRUDÊNCIA

Inobservância do princípio

"Esta Corte Superior de Justiça tem se orientado no sentido de que deve ser admitida a mitigação do princípio da identidade física do juiz nos casos de convocação, licença, promoção, aposentadoria ou afastamento por qualquer motivo que impeça o juiz que presidiu a instrução de sentenciar o feito, por aplicação analógica da regra contida no art. 132 do Código de Processo Civil. Verificado que foi prolatada sentença penal condenatória por juiz diverso do que presidiu toda a instrução e que não está configurada nenhuma das hipóteses previstas no art. 132 do Código de Processo Civil, impõe-se a concessão da ordem para que seja anulada a sentença, determinando que outra seja proferida, dessa vez pelo Juiz titular da Vara ou por seu sucessor, conforme o caso" (STJ – HC n° 185859-SP, Rel. Sebastião Reis Júnior, RSTJ 226/807).

Quando se admite exceção ao princípio

"O princípio da identidade física do juiz (art. 399, § 2º, do CPP) deve ser aplicado com temperamentos, de modo que a sentença só deverá ser anulada nos casos em que houver um prejuízo flagrante para o réu ou uma incompatibilidade entre aquilo que foi colhido na instrução e o que foi decidido. Precedentes. Os autos foram conclusos para sentença quando o magistrado titular encontrava-se em gozo de férias, situação que se enquadra na expressão "afastado por qualquer motivo" disposta no art. 132 do Código de Processo Civil, que deve ser aplicado por analogia ao processo penal (art. 3º do CPP)" (STF – RHC n° 116205-DF, Rel. Ricardo Lewandowski, j. 16.04.2013, DJe 30.04.2013).

"De acordo com o princípio da identidade física do juiz, que passou a ser aplicado também no âmbito do processo penal após o advento da Lei 11.719, de 20 de junho de 2008, o magistrado que presidir a instrução criminal deverá proferir a sentença no feito, nos termos do § 2º do artigo 399 do Código de Processo Penal. Em razão da ausência de outras normas específicas regulamentando o referido princípio, nos casos de convocação, licença, promoção ou de outro motivo que impeça o juiz que tiver presidido a instrução de sentenciar o feito, por analogia – permitida pelo artigo 3º da Lei Adjetiva Penal -, deverá ser aplicada a regra contida no artigo 132 do Código de Processo Civil, que dispõe que os autos passarão ao sucessor do magistrado. Doutrina. Precedente. No caso em apreço, afirmou o Tribunal de origem que, à época na qual foi prolatado o édito condenatório, os magistrados responsáveis pela colheita da prova no curso da instrução criminal se encontravam em uma das aludidas situações excepcionais – designação para atuar em outras varas -, razão pela qual não se vislumbra qualquer mácula na prolação de sentença por Juíza de Direito diversa" (STJ – HC n° 260057-DF, Rel. Jorge Mussi, j. 12.03.2013, DJe 26.03.2013).

"Ofensa ao princípio do juiz natural, em virtude de a sentença ter sido prolatada por juiz diverso do que presidiu e concluiu a instrução do feito, sem que tenha ocorrido alguma das situações previstas no art. 132 do CPC, inexistente. Sentença proferida por Magistrado diverso do que conduziu a instrução, em virtude da ocorrência de "(...) sucessão regular do magistrado que presidiu a instrução", ou seja, nas hipóteses legais de substituição do magistrado de acordo com as regras de competência e organização judiciária, não havendo que se falar em ofensa ao art. 399, § 2º, do Código de Processo Penal, bem como pelo fato de não ter sido demonstrado efetivo prejuízo". (Agravo Regimental nos Embargos Declaratórios no Recurso Especial nº 1.873.472/PR, STJ, 5ª Turma, unânime, Rel. Min. Reynaldo Soares da Fonsseca, julgado em 26.10.2021, publicado no DJ em 3.11.2021)

Regime de mutirão

"Inexiste violação do princípio da identidade física do juiz quando não comprovado o efetivo prejuízo ao réu, nos casos em que há designação para o juiz atuar em vara, em regime de mutirão, para agilizar os processos em cumprimento às diretrizes do Conselho Nacional de Justiça" (STJ – AgRG no AREsp n° 204031-PI, Rel. Sebastião Reis Júnior, j. 15.08.2013, DJe 06.09.2013).

Embargos de declaração

"A competência para o julgamento dos embargos de declaração opostos contra a sentença condenatória é do órgão jurisdicional que proferiu a decisão embargada, não pressupondo, necessariamente, a identidade da pessoa física do magistrado" (STJ – HC nº 46.408 – SP, Rel. Arnaldo Esteves Lima, DJ 01.10.2009).

Precatória – Daí não se deve apressadamente concluir que, a partir do sistema inaugurado, restaria inibida a possibilidade de se expedir carta precatória a fim de que se proceda ao interrogatório do réu ou à oitiva de testemunhas. Aliás, em relação a esta última, o art. 222 do CPP, que autoriza a oitiva de testemunhas por precatória, continua em pleno vigor e é, inclusive, expressamente mencionado no art. 400 abaixo. Lembremos que nosso país possui uma dimensão continental, traduzindo verdadeiro absurdo imaginar-se que um acusado, por exemplo, que resida em Manaus, tenha que se deslocar até a cidade de Curitiba, onde tramita o processo, para ser interrogado (sobretudo quando sua presença é facultativa, consequência lógica do direito ao *silêncio constitucional* do qual é titular). O mesmo se aplica à testemunha. Em situações como a narrada acima, o interrogatório do réu por precatória se encontra plenamente justificado e, antes, se impõe, como única forma pela qual se propiciará sua oitiva em juízo, a fim de ofertar sua valiosa versão para os fatos, no mais amplo exercício de autodefesa. Por óbvio que duas opções sempre restarão: a primeira, já mencionada, consistente na negativa do réu em ser interrogado; e, a segunda, na possibilidade dele, por conta própria, deslocar-se ao juízo do feito, o que parece improvável quando se conhece a *clientela* que frequenta nossos processos-criminais, em sua imensa maioria desprovida de recursos financeiros.

Preservada, pois, a possibilidade de realização da oitiva de testemunhas e do interrogatório do réu por precatória, nos parece que uma cautela se imporá ao juízo deprecante, quando da expedição da carta. Não no que se refere à oitiva de testemunhas, pois o código é expresso em admitir a prolação de sentença antes da devolução da precatória, no prazo marcado para a realização da diligência (art. 222, § 2°). Mas no que tange ao interrogatório, a sistemática do código, como se vê do dispositivo seguinte, atenta à doutrina mais moderna, locou sua realização para o último ato da instrução. De sorte que, sua realização, antes da audiência de instrução e julgamento, redundaria em malvista inversão dos atos processuais e, mais grave, inibiria o direito de defesa do réu, sobretudo quando o interrogatório teve ressaltado seu caráter de ato defensivo, por conta das alterações que experimentou com o advento da Lei n° 10.792/03. Sendo assim, o juízo deprecante deve se empenhar no sentido de que a audiência de instrução e julgamento seja realizada antes do interrogatório do acusado, informando, inclusive, sua data ao juízo deprecado, para que esse, de sua parte, vele para que o ato ocorra após a audiência marcada no juízo de origem. A sentença, obviamente, não será proferida em audiência, porquanto a carta precatória, a essa altura, ainda não terá sido devolvida, cumprindo ao juiz, por consequência, aplicar o art. 403, § 4°, juntando-se os memoriais das partes e proferindo-se a sentença. Só assim, a nosso juízo, se atenderá a *ratio legis*.

JURISPRUDÊNCIA

Interrogatório por precatória. Possibilidade

"Com a introdução do princípio da identidade física do Juiz no processo penal pela Lei 11.719/08 (art. 399, § 2º do CPP), o Magistrado que presidir os atos instrutórios, agora condensados em audiência una, deverá proferir a sentença, descabendo, em regra, que o interrogatório do acusado, visto expressamente como autêntico meio de defesa e deslocado para o final da colheita da prova, seja realizado por meio de carta precatória, mormente no caso de réu preso, que, em princípio, deverá ser conduzido pelo Poder Público (art. 399, § 1º do CPP); todavia, não está eliminada essa forma de cooperação entre os Juízos, conforme recomendarem as dificuldades e as peculiaridades do caso concreto, devendo, em todo o caso, o Juiz justificar a opção por essa forma de realização do ato. A adoção do princípio da identidade física do Juiz no processo penal não pode conduzir ao raciocínio simplista de dispensar totalmente e em todas as situações a colaboração de outro juízo na realização de atos judiciais, inclusive do interrogatório do acusado, sob pena de subverter a finalidade da reforma do processo penal, criando entraves à realização da Jurisdição Penal que somente interessam aos que pretendem se furtar à aplicação da Lei" (STJ – CC n° 99023-PR, Rel. Napoleão Nunes Maia Filho, j. 10.062009, DJe 28.08.2009).

"A sistemática da audiência concentrada, bem como a ausência da previsão do interrogatório por carta precatória, deixam clara a intenção do legislador de que o acusado seja interrogado pelo Juiz da causa. Diante de situações excepcionais, é possível a mitigação das regras processuais penais, para facilitar o exercício do direito de defesa. Hipótese em que os réus respondem ao processo em liberdade, residindo a oitenta quilômetros de distância da Comarca em que tramita a ação penal. Instrução onde se faz necessária a realização de diversas audiências, em razão do elevado número de testemunhas e de acusados. Exigência de deslocamento dos pacientes ao Juízo da causa que dificultaria o exercício do direito de defesa. Requerimento, ademais, formulado pelo Defensor constituído. Ordem de *habeas corpus* concedida, com determinação confirmada a liminar antes deferida. (TJSP – HC nº 0031836-11.2011.8.26.0000 – Rel. Amado de Faria, j. 02.06.11.)

Mera comodidade para o réu não justifica seu interrogatório por precatória

"O interrogatório é um importante meio de prova e de autodefesa do acusado e, ordinariamente, deve ser realizado por aquele que preside a instrução criminal. Aplicação do princípio da identidade física do juiz, agasalhado no Código de Processo Penal após a recente reforma. O interrogatório do réu por carta precatória é admissível somente em casos excepcionais, quando razões de ordem material impeçam o comparecimento do acusado perante o juiz natural; a mera comodidade do acusado não serve de razão para amesquinhar as regras processuais. Ordem denegada" (TRF – 3ª. R. – HC n. 0026179-97.2010.4.03.0000 – Rel. Johonsom Di Salvo, j. 16.11.2010).

Pluralidade de réus

"A exigência do art. 399, § 2º, do Código de Processo Penal, não é absoluta, podendo ser excepcionada quando a ação penal é complexa, com vários réus e advogados diferentes, que exija a realização de várias audiências. Assim, não há como ser reconhecido o vício, se dele não resultou qualquer prejuízo à defesa" (STJ – AgRg no AREsp n° 235373-DF, Rel. Campos Marques, j. 02.04.2013, DJe 05.04.2013).

Art. 400. **Na audiência de instrução e julgamento, a ser realizada no prazo máximo de 60 (sessenta) dias, proceder-se-á à tomada de declarações do ofendido, à inquirição das testemunhas arroladas pela acusação e pela defesa, nesta ordem, ressalvado o disposto no art. 222 deste Código, bem como aos esclarecimentos**

dos peritos, às acareações e ao reconhecimento de pessoas e coisas, interrogando-se, em seguida, o acusado. (Redação dada pela Lei nº 11.719, de 2008).

§ 1º As provas serão produzidas numa só audiência, podendo o juiz indeferir as consideradas irrelevantes, impertinentes ou protelatórias. (Incluído pela Lei nº 11.719, de 2008).

§ 2º Os esclarecimentos dos peritos dependerão de prévio requerimento das partes. (Incluído pela Lei nº 11.719, de 2008).

Audiência – O legislador, a exemplo do verificado no procedimento do júri, concentrou todos os atos de instrução em uma audiência única, na qual as partes apresentarão, ainda, alegações finais orais e o juiz proferirá a sentença. Optou com isso, francamente, pela oralidade que tem, por características, a predominância da palavra falada, a imediatidade da relação do juiz com a prova e a hiperconcentração dos atos processuais. Nesse passo, a Lei nº 11.719/08, em seu art. 3º, revogou expressamente os arts. 499 e 500 do CPP. A audiência, segundo adverte o artigo em análise, deve ser realizada no prazo máximo de 60 dias, contado, quer parecer, da data em que recebida a denúncia ou queixa, pouco importando se preso ou solto o réu. O prazo – oxalá possamos nos enganar – parece absolutamente inexequível em vista do movimento assoberbado que atinge a maioria das comarcas do país. Incorreu o legislador, assim, no mesmo equívoco verificado no Código de Processo Civil de 1973 que, em sua redação original, previa que, no procedimento sumaríssimo, a sentença deveria ser proferida no prazo máximo de 90 dias (art. 281). A prática logo demonstrou a total inviabilidade da iniciativa, que caiu no ridículo e entrou para o folclore processual do país. O procedimento, embora *sumaríssimo*, por vezes, era mais demorado que o rito ordinário. Já que se optou por se estabelecer um prazo, melhor que fosse um pouco mais dilatado, atento à realidade de nosso foro. E, sobretudo, que se tivesse feito uma distinção, que nos parece fundamental, entre o réu preso (para quem a definição do processo é muito mais urgente) e o réu solto. De qualquer sorte, *legis habemus* e – tomara – não se confirme nosso pessimismo.

Na audiência, os atos processuais seguirão a seguinte ordem:

1) **Declarações do ofendido**: lembre-se que, nos termos do § 4º, do art. 201, com a redação conferida pela Lei nº 11.690, de 9 de junho de 2008, "antes do início da audiência e durante a sua realização, será reservado espaço separado para o ofendido".

2) **inquirição de testemunhas de acusação e de defesa**: as testemunhas, ouvidas nessa ordem, são aquelas arroladas pelas partes. Nada impede que sejam indicadas testemunhas de fora, que serão ouvidas por precatória, nos termos do art. 222 do CPP. As perguntas poderão ser feitas diretamente pelas partes às testemunhas, sem que seja necessário passar pelo *filtro* do juiz, como autoriza a redação do art. 212 do CPP. O número máximo de testemunhas, no rito ordinário, é de oito, na letra do art. 401 do CPP, não se computando, nesse rol, as que não prestarem compromisso ou as referidas, nos termos do § 1º do mencionado dispositivo. As testemunhas que não prestam compromisso, conhecidas como *informantes*, estão relacionadas no art. 208 do CPP. São os doentes e deficientes mentais, os menores de quatorze anos, bem como os ascendentes, descendentes, o afim em

linha reta e os demais mencionados no art. 206 do mesmo *codex*. Testemunha *referida* é aquela mencionada por outra testemunha e que, embora não arrolada pelas partes, pode ser ouvida pelo juiz, nos termos do § 1º, do art. 209 do CPP. Se não foi arrolada e se tem o juiz a faculdade (não a obrigação) de ouvi-la, não pode mesmo ser computada no número máximo de testemunhas indicadas pelas partes, tanto que conhecida, no cotidiano forense, como *testemunha do juízo*. A parte que arrolou a testemunha pode desistir de seu depoimento.

3) **esclarecimentos dos peritos**: se oficial o perito, melhor seria a utilização no singular, posto que a Lei nº 11.690, de 9 de junho de 2008, alterando o art. 159 do CPP, se satisfez com apenas um perito oficial e não mais dois, como constava da redação original. Não havendo perito oficial, o exame poderá ser feito por duas pessoas idôneas, com formação superior e finidade com a matéria. Sua oitiva em juízo depende de prévio requerimento nesse sentido (art. 400, § 2º). Embora omisso o dispositivo em estudo, nada impede que também os assistentes técnicos sejam ouvidos em audiência, conforme previsto, expressamente, no art. 159, § 5º, inc. II do CPP, do diploma legal acima aludido.

4) **acareações**: A acareação ou careação consiste no ato probatório através do qual são colocadas cara a cara, face a face, pessoas que apresentaram versões divergentes sobre determinado fato. Podem ser acareadas as pessoas elencadas no art. 229 do CPP e o seu valor probatório é praticamente nenhum, eis que a pessoa que a ela se submete, via de regra, mantém a versão inicialmente apresentada.

5) **reconhecimento**: trata o reconhecimento de um cotejo entre elementos atuais e passados, capazes de propiciar a identidade de determinada pessoa ou coisa. O reconhecimento pode ser *formal* ou *informal*. O primeiro, realizado, como regra, na fase policial, como o nome indica, deve atender às formalidades do art. 226 do CPP. Já o segundo é aquele realizado em audiência, na presença do juiz e das partes e que, segundo jurisprudência ultrapassada, prescinde das formalidades legais mencionadas.

Sobre o procedimento do reconhecimento e as consequências da sua não observância, ver nossos comentários ao art. 226 do CPP.

6) **interrogatório**: pode-se definir o interrogatório como sendo a resposta dada pelo acusado às perguntas que lhe são formuladas para esclarecimento do fato delituoso e suas circunstâncias. Seguindo moderna tendência, o interrogatório do acusado é o último ato da instrução, o que realça seu caráter de meio de defesa. Nele deverão as partes estar presentes, quando poderão formular perguntas ao acusado.

ATENÇÃO – No julgamento do HC 127900, em 03.03.2016, em que foi relator o Min. Dias Toffoli, o STF entendeu que aos crimes militares, embora sujeitos ao Código de Processo Penal Militar, aplica-se a regra do art. 400 do CPP, razão pela qual o interrogatório do réu deve ser realizado ao final da instrução criminal. Esse entendimento, conforme o julgado que modulou seus efeitos, deve ser aplicado a todas as instruções ainda em curso, bem como aos processos de natureza penal eleitoral e aos procedimentos penais regidos por legislação especial. É que importa, segundo a Corte, em regra mais benéfica ao réu, assegurar-lhe a ampla defesa e o contraditório. Também por força desse julgado, não mais tem aplicação a Súmula nº 15 do Superior Tribunal Militar, *in verbis*: "A alteração do art. 400 do CPP, trazida pela Lei nº 11.719, de 20 Jun 08, que passou a considerar o interrogatório como último ato da instrução criminal, não se aplica à Justiça Militar da União".

JURISPRUDÊNCIA

V. art. 222 acima, sobre a inversão da ordem de oitiva das testemunhas

Juiz que pergunta de início. Nulidade relativa

"Pelo que se tem nos autos, não foi vedado à defesa nem à acusação inquirir diretamente as testemunhas. O juiz de primeira instância apenas afirmou, com base na sua interpretação do art. 212 do Código de Processo Penal, com a alteração da Lei n. 11.690/2008, que deveria inquirir primeiramente as testemunhas. O princípio do *pas de nullité sans grief* exige, sempre que possível, a demonstração de prejuízo concreto pela parte que suscita o vício" (STF – RHC nº 113382-DF, Rel. Joaquim Barbosa, j. 25.09.2012, DJe 08.10.2012).

"Esta Superior Corte de Justiça firmou entendimento no sentido de que a ordem das perguntas não gera nulidade absoluta, mas relativa, a depender da arguição no momento oportuno e comprovação de efetivo prejuízo. No caso concreto, a defesa, na primeira oportunidade, suscitou o alegado vício. Todavia, o fato de o magistrado ter perguntado primeiro e não ao final, constitui mera irregularidade, que se afigura, ao menos em tese, como vantagem processual à defesa que inquiriu as testemunhas por último" (STJ – HC nº 256416-MG, Rel. Alderita Ramos de Oliveira, j. 16.04.2013, DJe 05.06.2013).

Interrogatório do réu antes da oitiva de testemunhas. Nulidade relativa

"Nos termos do artigo 571, inciso VIII, do Código de Processo Penal, as nulidades ocorridas em audiência deverão ser argüidas assim que ocorrerem. Na espécie, o Defensor Público responsável pelo patrocínio do paciente, e que também impetrou o presente mandamus em seu favor, estava presente à audiência de instrução e julgamento, não tendo questionado a oitiva do acusado como primeiro ato da instrução processual, tampouco se insurgido contra a forma como a magistrada singular formulou as perguntas à testemunha, o que reforça a inexistência de mácula a contaminar o processo" (STJ – HC nº 243681-SP, Rel. Jorge Mussi, j. 19.11.2013, DJe 05.12.2013).

Detentor de prerrogativa de foro e momento do interrogatório

"O art. 400 do Código de Processo Penal, com a redação dada pela Lei 11.719/2008, fixou o interrogatório do réu como ato derradeiro da instrução penal. Sendo tal prática benéfica à defesa, deve prevalecer nas ações penais originárias perante o Supremo Tribunal Federal, em detrimento do previsto no art. 7º da Lei 8.038/90 nesse aspecto. Exceção apenas quanto às ações nas quais o interrogatório já se ultimou. Interpretação sistemática e teleológica do direito" (STF – AP nº 528-DF, Rel. Cármen Lúcia, j. 24.03.2011, DJe 08.06.2011).

Defensor ausente. Nomeação de dativo. Validade

"Ante o não comparecimento ou o atraso do advogado constituído, não há óbice à nomeação de defensor dativo para o ato, a fim de se imprimir a necessária celeridade à ação penal, em observância ao princípio da duração razoável do processo, sem se descurar, no entanto, do princípio da ampla defesa. No mais, eventual deficiência da defesa só enseja nulidade se demonstrado o prejuízo, a teor do enunciado nº 523 da Súmula do Pretório Excelso, o que não se verificou in casu" (STJ – HC nº 185868-MG, Rel. Marco Aurélio Bellizze, j. 12.03.2013, DJe 18.03.2013).

Defensor ausente. Falta de nomeação de dativo. Nulidade relativa

"Ainda que os acusados e seus patronos não houvessem participado da inquirição da testemunha, e mesmo que não se tivesse procedido à nomeação de defensor ad hoc para acompanhar a produção da prova testemunhal, o certo é que não houve a demonstração do prejuízo decorrente da inobservância da mencionada formalidade, especialmente tendo-se em conta que, ao proferir sentença condenatória no feito, o magistrado de origem não se utilizou de tais declarações para fundamentar o seu convencimento" (STJ – HC n. 221015-PR, Rel. Jorge Mussi, DJe23.08.2013).

Tumulto acarretado por advogado em audiência. Cabimento de nomeação de defensor público

"A designação de defensor público apenas para atuar em determinada assentada, na qual restaram ouvidas as testemunhas, deu-se após a injustificada recalcitrância dos causídicos constituídos em atuar na audiência, não obstante estivessem inicialmente presentes, tendo apresentado pleitos outros – que foram indeferidos pelo julgador -, e teve como objetivo evitar o tumulto processual causado pelos advogados mandatários, que permaneceram atuando para os subseqüentes atos processuais, visto que não houve renúncia, inexistindo falar, na espécie, em violação do princípio da ampla defesa, a sobressair, portanto, o escorreito trâmite processual – artigo 265, § 2.º, do Código de Processo Penal. A relação processual é pautada pelo princípio da boa-fé objetiva, da qual deriva o subprincípio da vedação do *venire contra factum proprium* (proibição de comportamentos contraditórios). Assim, diante de um comportamento sinuoso dos advogados constituídos, não dado é reconhecer-se a nulidade" (STJ – HC n. 369759-PB – Rel. Maria Thereza de Assis Moura, j. 06.12.2016, DJE 16.12.2016).

MP ausente. Nulidade relativa

"Não obstante a alegação do agravante, a decisão deve ser mantida para reconhecer a nulidade da audiência de instrução e julgamento e determinar a renovação da instrução e dos atos subsequentes, com vistas à prolação oportunamente de nova sentença. A ausência do Ministério Público no ato judicial, com a consequente produção de provas pelo Magistrado, gera um desequilíbrio na estrutura paritária do processo e viola, em última análise, a sua formatação acusatória segundo a qual a produção de provas compete ao órgão acusatório, não ao julgador." (STJ- AgRg no HABEAS CORPUS Nº 839191, 6ª Turma, MINISTRO SEBASTIÃO REIS JÚNIOR, j. 11/12/23)

"Nos termos do posicionamento jurisprudencial firmado neste Superior Tribunal de Justiça, a simples ausência do órgão acusatório na audiência de oitiva de testemunhas não enseja a nulidade do ato, quando não restar devidamente demonstrada a ocorrência de prejuízos. Precedentes."(STJ, Quinta Turma, AgRg no REsp 1712039/RO-Rel. Ministro JORGE MUSSI, j. em 03/05/2018)

MP não intimado da audiência. Nulidade relativa

"Não caracteriza inversão tumultuária do processo, impugnável via correição parcial, a medida zelosa do magistrado que colheu depoimento de menor, vítima de crime, sem a presença do membro do Ministério Público, que se encontrava no Tribunal do Júri. A presença do Ministério Público não é condição da validade da prova e a ausência de sua intimação só há de ensejar a declaração de nulidade do feito, em se evidenciando, de modo peremptório, a ocorrência de prejuízo" (STJ – REsp n° 730079-RS, Rel. Hamilton Carvalhido, RT 877/551).

Ausência do réu à audiência. Nulidade relativa

"A presença do acusado na audiência judicial está compreendida no direito à ampla defesa protegido constitucionalmente (art. 5.º, LV, da Constituição Federal). Como consectário da ampla defesa, de rigor a requisição do acusado preso para participar de audiência de instrução perante o Juízo processante, sob pena de nulidade do ato. Circunstâncias especiais do caso, especialmente a anuência do defensor com a realização do ato, o fato do acusado ser confesso, a ausência de arguição da nulidade antes da fase de apelo, e a falta de prejuízo efetivo, que não autorizam, como exceção, o reconhecimento da nulidade" (STF – HC n° 103971-RS, Rel. Rosa Weber, j. 28.08.2012, DJe 25.09.2012).

"A autodefesa desdobra-se em "direito de audiência" e em 'direito de presença', é dizer, tem o acusado o direito de ser ouvido e falar durante os atos processuais (e não apenas, como se verifica no direito brasileiro, em seu interrogatório judicial), bem assim o direito de assistir à realização dos atos processuais, sendo dever do Estado facilitar seu exercício, máxime quando o imputado se encontre preso, impossibilitado de livremente deslocar-se ao fórum. Não se trata, contudo, de direito indisponível e irrenunciável do réu, tal qual a defesa técnica – conforme positivado no art. 261 do CPP, cuja regra ganhou envergadura constitucional com os arts. 133 e 134 da Carta de 1988-, de modo que o não comparecimento do acusado às audiências não pode ensejar, por si, a declaração da nulidade absoluta do ato, sendo imprescindível a comprovação de prejuízo e a sua arguição no momento oportuno (precedentes do STF e do STJ)" (STJ – HC n° 127902-SP, Rel. Rogério Schietti Cruz, j. 24.04.2014, DJe 05.05.2014).

Réu não requisitado para audiência. Nulidade relativa

"A ausência do acusado na audiência de instrução não constitui vício insanável apto a ensejar a nulidade absoluta do processo, posto tratar-se de nulidade relativa, exigindo-se, para o seu reconhecimento, a demonstração de prejuízo à defesa. In casu, o paciente encontra-se sob custódia e o Juízo deprecante deixou de requisitá-lo para participar de audiência de oitiva de testemunhas no Juízo deprecado, em razão de dificuldades enfrentadas pelo Estado de São Paulo em "promover o transporte e a devida escolta de presos", assegurando, todavia, a presença de seu defensor no ato. O defensor do paciente compareceu ao ato processual, tendo, inclusive, formulado reperguntas, comprovando a inexistência de prejuízo para a defesa ('pas de nullités sans grief'). A possibilidade de o réu não comparecer à audiência é uma expressão do direito constitucional ao silêncio (art. 5º, LXIII, da CF/88), pois 'nemo tenetur se deterege'" (STF – HC n° 109978-DF – Rel. Luiz Fux, j. 18.06.2013, DJe 07.08.2013).

Quando se configura a nulidade absoluta

"Ausência de intimação do defensor constituído para comparecer na audiência de oitiva das testemunhas da acusação. O legislador processual penal acolheu expressamente o princípio de conservação, significando que, sem prejuízo, não há que se reconhecer nulidade, ainda que se esteja diante de vício existente. Prejuízo aferido em relação ao procedimento concreto no qual está sendo questionado o descumprimento da normativa estabelecida em lei. Desrespeito aos princípios constitucionais do contraditório e da ampla defesa, uma vez que a prova oral produzida na audiência de instrução realizada sem a prévia intimação do defensor constituído e do próprio réu foi relevante na conclusão do juízo condenatório Prejuízo demonstrado. Nulidade reconhecida" (STF – RHC n° 107394-ES, Rel. Rosa Weber, j. 16.04.2013, DJe 06.05.2013).

Réu preso e ausência à audiência em outra comarca. Nulidade relativa

"A alegação de necessidade da presença do réu em audiências deprecadas, estando ele preso, configura nulidade relativa, devendo-se comprovar a oportuna requisição e também a presença de efetivo prejuízo à defesa"(STF – HC n° 100382-PR, Rel. Ricardo Lewandowski, j. 08.06.2010, DJe 03.09.2010).

"A garantia ao contraditório, inerente ao devido processo legal implantado no seio de um Estado Democrático de Direito, deve ser respeitada durante toda a instrução criminal, já que se trata de uma forma de controle de legalidade da prova posta à disposição das partes, por meio da qual podem, inclusive, produzir elementos probatórios aptos a dar embasamento à tese sustentada em juízo, seja ela acusatória ou de defesa. Embora seja relativa a nulidade por falta de intimação das partes acerca da expedição de carta precatória destinada à oitiva de testemunha residente fora da comarca do juízo processante, o não comparecimento ao ato do patrono constituído, somado à falta de nomeação de defensor ad hoc, importa no reconhecimento da sua eiva absoluta, porque configurada a ausência de defesa. Aplicação do enunciado n. 523 da Súmula do Supremo Tribunal Federal" (STJ – HC n° 172901-RS, Rel. Napoleão Nunes Maia Filho, j. 28.06.2011, DJe 17.10.2011).

Inversão da ordem. Possibilidade se tratando de precatória

"Esta Corte Superior de Justiça consolidou jurisprudência no sentido de que não configura nulidade a inversão da ouvida de testemunhas de acusação e de defesa, quando a inquirição for feita por meio de carta precatória, cuja expedição não suspende a instrução criminal [...]. Não se pode olvidar que a vítima não pode ser considerada testemunha, contudo, a sistemática processual de sua ouvida pode e deve ser a ela equiparada neste aspecto" (STJ – HC n. 74223-RS – Rel. Ribeiro Dantas, j. 21.02.2017, DJe 03.03.2017).

Juiz que se reporta ao depoimento prestado na polícia. Nulidade relativa

"A eventual nulidade verificada na oitiva das testemunhas, mediante a simples leitura do depoimento prestado na fase de inquérito, indagando-se, em seguida, pela confirmação da versão inicial dos fatos, é relativa. Se o defensor do réu, presente na audiência, nada reperguntou, nem levantou qualquer objeção, não há como reconhecer qualquer vício" (STJ – HC n° 15385-MG, Rel. Felix Fisher, RSTJ 150/473).

Expedição de precatória

"Embora as testemunhas arroladas pela acusação e pela defesa devam ser ouvidas na audiência de instrução e julgamento, cuidou o legislador ordinário de permitir que a carta precatória para a oitiva daquelas residentes fora da jurisdição do juízo processante seja juntada aos autos a qualquer momento, ainda que configure inversão à ordem estabelecida no caput do artigo 400 do Código de Processo Penal, já que a sua expedição não tem o condão de suspender a instrução criminal, conforme estabelece o artigo 222, § 1º, do mesmo Estatuto Processual Penal (STJ – HC n° 259758-ES, Rel. Jorge Mussi, j. 06.06.2013, DJe 12.08.2013).

Interrogatório na Justiça Eleitoral após a prova testemunhal

"Crime eleitoral. Procedimento Penal definido pelo próprio Código Eleitoral ('lex specialis'). Pretendida observância do novo 'iter' procedimental estabelecido pela reforma processual penal de 2008, que introduziu alterações no Código de Processo Penal ('lex generalis'). Antinomia meramente aparente, porque superável mediante aplicação do critério da especialidade ('lex specialis derogat legi generali'). Concepção ortodoxa que prevalece, ordinariamente, na solução dos conflitos antinômicos que opõem leis de caráter geral àquelas de conteúdo especial. Pretendida utilização de fator diverso de superação dessa específica antinomia de primeiro grau, mediante opção hermenêutica que se mostra mais compatível com os postulados que informam o estatuto constitucional do direito de defesa. Valioso precedente do Supremo Tribunal Federal (AP 528-Agr/DF, rel. Min. Ricardo Lewandowski). Nova ordem ritual que, por revelar-se mais favorável ao acusado (CPP, Arts. 396 e 396-a, na redação dada pela lei nº 11.719/2008), deveria reger o procedimento penal, não obstante disciplinado em legislação especial, nos casos de crime eleitoral. Plausibilidade jurídica dessa postulação. Ocorrência de 'periculum in mora'. Medida cautelar deferida" (STF, HC 107.795-MC-SP, rel. Min. Celso de Melo, j. 28.10.11).

Interrogatório na Justiça Militar após a prova testemunhal

"O art. 400 do Código de Processo Penal, com a redação dada pela Lei nº 11.719/2008, fixou o interrogatório do réu como ato derradeiro da instrução penal, sendo certo que tal prática, benéfica à defesa, deve prevalecer nas ações penais em trâmite perante a Justiça Militar, em detrimento do previsto no art. 302 do Decreto-Lei nº 1.002/69, como corolário da máxima efetividade das garantias constitucionais do contraditório e da ampla defesa (CRFB, art. 5º, LV), dimensões elementares do devido processo legal (CRFB, art. 5º LIV) e cânones essenciais do Estado Democrático de Direito (CRFB, art. 1º, caput). Precedente do Supremo Tribunal Federal (Ação Penal nº 528 AgR, rel. Min. Ricardo Lewandowski, Tribunal Pleno, j. em 24/03/2011, DJe-109 divulg. 07-06-2011)" (STF – HC n° 115530-PR – Rel. Luiz Fux, DJe 14.08.2013).

§ 1º As provas serão produzidas numa só audiência, podendo o juiz indeferir as consideradas irrelevantes, impertinentes ou protelatórias. (Incluído pela Lei nº 11.719, de 2008).

Indeferimento de provas – Conforme já destacado, o rito procedimental prevê a hiperconcentração dos atos probatórios em uma audiência una, cabendo ao juiz indeferir as provas que considerar irrelevantes, impertinentes ou protelatórias. Trata-se de atividade corriqueira do juiz na presidência do processo e corolário lógico de seu regular andamento, porquanto o Magistrado deve velar pela observância do princípio do impulso oficial, para que o processo siga sua marcha, conduzindo-o fase a fase, privilegiando, inclusive, a rapidez na solução da lide. Cuida-se, de resto, de possibilidade conhecida pelo CPP, bastando que se atente ao disposto no art. 184, que faculta ao juiz indeferir a realização de perícia requerida pelas partes. Ou à redação do art. 212, que confere ao juiz a faculdade de não admitir perguntas à testemunha que induzam sua resposta, que não tenham relação com a causa ou que sejam repetidas. Lembre-se, ainda, do disposto no art. 357, § 7º, do Código de Processo Civil, pelo qual "o juiz poderá limitar o número de testemunhas levando em conta a complexidade da causa e dos fatos individualmente considerados". Claro que à parte interessada resta insistir para que, por exemplo, as perguntas indeferidas (ou qualquer outra prova que tenha sido rejeitada) conste da ata de audiência, a fim de que, adiante, em eventual preliminar de apelação (ou mesmo um *habeas corpus*, dependendo do caso concreto), possa retomar o debate.

Substituição de testemunha – Interessante que a reforma introduzida pela Lei nº 11.719/2008, revogou o art. 397 do CPP, cuja primitiva redação permitia a substituição da testemunha, caso não encontrada. De sorte que, salvo hipótese de má-fé, era dado à parte pleitear a substituição, por exemplo, da testemunha que faleceu ou que se mudou para endereço ignorado. Ao juiz, nos termos do revogado art. 397, era facultada a possibilidade de deferir esse pedido, o que se extraia do emprego do verbo *poderá*. Entendia-se, contudo, que uma vez afastada a hipótese de verdadeira chicana processual, não havia razão para o Magistrado rechaçar a pretensão. A despeito da mencionada revogação do dispositivo legal, não há motivo que impeça a substituição da testemunha. Primeiro, como forma de se assegurar o direito à ampla defesa e à ampla acusação, já que o pedido de substituição pode ser formulado por ambas as partes. E, depois, porque o art. 451 do Código de Processo Civil elenca as hipóteses nas quais se permite a substituição da testemunha – quando falecida, enferma ou não localizada – em dispositivo que, em nossa compreensão, tem plena aplicação ao processo penal, consoante, aliás, já decidiu o STF.

JURISPRUDÊNCIA

Indeferimento de provas

"Ao magistrado é facultado o indeferimento, de forma fundamentada, das providências que julgar protelatórias, irrelevantes ou impertinentes, muito embora o acusado no processo penal tenha o direito à produção da prova necessária a dar embasamento à tese defensiva, devendo a imprescindibilidade probatória ser devidamente justificada pela parte, o que não se verifica ter ocorrido na hipótese, pois, em observância ao princípio do livre convencimento motivado, com base na desnecessidade à instrução processual, restou devidamente fundamentada a negativa de produção das provas pelo magistrado de primeiro grau, soberano na análise dos fatos e das provas, de forma a sobressair a hígida aplicação dos arts. 156, II, e 251 do CPP" (STJ – AgRG no REsp n° 1170268-PR, Rel. Jorge Mussi, j. 11.09.2012, DJe 18.09.2012).

Indeferimento de prova testemunhal

"Não obstante a produção probatória estar intrinsecamente relacionada aos princípios constitucionais da ampla defesa e do contraditório, é necessária a efetiva preterição das mencionadas garantias, para que se reconheça eventual nulidade. As testemunhas arroladas não presenciaram os fatos, tendo a defesa justificado a necessidade de suas oitivas apenas para que se manifestassem acerca da vida pregressa do réu. O Juiz, contudo, considerou desnecessária a prova, nos termos do art. 400, § 1º, do Código de Processo Penal, haja vista não haver nada nos autos que desabonasse a conduta do recorrente, mostrando-se despicienda, portanto, a prova pretendida. Dessarte, não se cogita de prejuízo, o que impede eventual reconhecimento de nulidade, nos termos do art. 563 do Código de Processo Penal" (STJ – HC n° 35292-PI, Rel. Marco Aurélio Bellizze, j. 28.05.2013, DJe 10.06.2013).

"O indeferimento justificado da inquirição de testemunha, notadamente quando as razões por ela mesma apresentadas se mostram plausíveis, longe de implicar em violação ao princípio da ampla defesa, se apresenta, a uma, como medida em perfeita consonância com as funções do juiz no processo penal a quem, segundo o art. 251 do CPP, incumbe prover a regularidade do processo e manter a ordem no curso dos respectivos atos e, a duas, como providência concordante, coerente com o princípio da celeridade processual ou razoável duração do processo (art. 5º, inciso LXXVIII, da *Lex Fundamentalis*)" (STJ – AgRG na APn n° 390-DF, Rel. Felix Fischer, j. 16.04.2008, DJe 05.05.2008).

Possibilidade de substituição da testemunha

"A recente Reforma Processual Penal alterou capítulos inteiros e inúmeros dispositivos do Código de Processo Penal. No contexto dessa reforma, a Lei n° 11.719/2008 deu nova redação a inúmeros artigos e revogou diretamente outros. Dentre os dispositivos cujo texto foi alterado, encontra-se o art. 397, que previa a possibilidade de o juiz deferir a substituição de testemunha que não fosse localizada. A ausência de previsão específica do Código de Processo Penal acerca do direito à substituição não pode ser interpretada como 'silêncio eloqüente' do legislador. A busca por um provimento jurisdicional final justo e legítimo não pode ser fulminado pelo legislador, sob pena de o processo não alcançar sua finalidade de pacificação da lide. A prova testemunhal é uma das mais relevantes no processo penal. (...) Daí porque não se pode usurpar o direito da parte de, na eventualidade de não ser localizada uma das testemunhas que arrolou para comprovar suas alegações, substituí-la por outra que considere apta a colaborar com a instrução. É inadmissível a interpretação de que a 'vontade do legislador', na Reforma Processual Penal, seria no sentido de impedir quaisquer substituições de testemunhas no curso da instrução, mesmo quando não localizada a que fora originalmente arrolada. Tal interpretação inviabilizaria uma prestação jurisdicional efetiva e justa, mais próxima possível da 'verdade material'. Perfeitamente aplicável, à espécie, o art. 408, III, do Código de Processo Civil, tendo em vista que a testemunha substituída não foi localizada em razão de mudança de endereço" (STF – Ap n° 470-DF, Rel. Joaquim Barbosa, j. 23.10.2008, DJe 29.04.2009).

Quando se admite o indeferimento da substituição de testemunhas

"O momento adequado para o arrolamento de testemunhas pela defesa é o da resposta à acusação, sendo certo que a substituição de testemunhas arroladas tempestivamente apenas se justifica na eventualidade de não serem encontradas ou por motivo de força maior – como, por exemplo, a morte da testemunha ou o acometimento por doença terminal ou enfermidade que a impossibilite de depor. Não há constrangimento ilegal no indeferimento do pedido de substituição das testemunhas quando verificado que a defesa não enquadrou seu pedido em nenhuma das hipóteses legalmente previstas (art. 397 do CPP, com redação anterior à Lei n. 11.719/2008), tampouco apresentou qualquer justificativa para o pedido de substituição das testemunhas que havia indicado na resposta à acusação" (STJ – HC n° 166769-SE, Rel. Sebastião Reis Júnior, j. 06.08.2013, DJe 15.08.2013).

Possibilidade de substituição da testemunha nas hipóteses do art. 408 do CPC

"Tanto a redação anterior do art. 397 do Código de Processo Penal – em vigor à época da apreciação do pedido de substituição de testemunha feito pelo impetrante – quanto o art. 408 do Código de Processo Civil (aplicado analogicamente ao caso após a entrada em vigor da Lei n.º 11.719/2008, conforme autoriza o art. 3º do Código de Processo Penal), restringem a substituição de testemunhas às hipóteses ali previstas" (STJ – RHC n° 112860-RJ, Rel. Marco Aurélio Bellizze, j. 13.03.2012, DJe 02.04.2012).

Substituição de testemunhas. Medida excepcional

"A substituição de testemunhas arroladas tempestivamente é medida excepcional, possível, por exemplo, em situações de falecimento, doença ou paradeiro desconhecido da pessoa indicada inicialmente ou consoante a prudente discricionariedade do juiz. Prejuízo para o réu inexistente, pois, se ao juiz parecer necessário, poderá ouvir outras testemunhas além das indicadas no rol pela defesa, que, ainda, poderá requerer diligência cuja necessidade se origine de circunstâncias ou fatos apurados na instrução, na fase do art. 402 do CPP" (STJ – AgRg no RHC 51642-CE – Rel. Rogério Schietti Cruz, j. 15.12.2016, DJe 02.02.2017).

Oitiva de testemunhas dispensadas pela defesa. Possibilidade

"PRODUÇÃO DE PROVAS PELO MAGISTRADO. OITIVA DE TESTEMUNHAS DISPENSADAS PELA DEFESA. VIOLAÇÃO AO SISTEMA ACUSATÓRIO. INOCORRÊNCIA – "É firme a jurisprudência desta Corte no sentido de que o ordenamento jurídico permite ao magistrado a produção de provas, bem como a oitiva de testemunhas necessárias à formação do seu convencimento, desde que o faça de forma fundamentada. *In casu*, verifica-se que a atividade instrutória realizada pelo MM. Magistrado de piso foi determinada de acordo com as peculiaridades do caso concreto e devidamente fundamentada" (STJ –AgRg no AgRg no AREsp 857264-DF – Rel. Felix Fischer, j. 22.11.2016, DJe 16.12.2016).

Falta de intimação das testemunhas de defesa. Nulidade absoluta

"Deve-se reconhecer a nulidade processual, por ofensa aos princípios constitucionais do contraditório, da ampla defesa e do devido processo legal, porquanto, marcada a audiência de instrução, não se intimaram as testemunhas arroladas pela defesa, bem como pelo prazo exíguo, não lhes foi aberta possibilidade de comparecimento espontâneo" (STJ – RHC n° 31265-RJ, Rel. Adilson Vieira Macabu, j. 27.03.2012, DJe 08.05.2012).

Atraso na instrução. Testemunha de férias

O STJ concedeu habeas corpus para determinar a soltura de uma ré presa que aguardava apenas a oitiva de uma testemunha que não pôde ser intimada porque estava de férias. A ação penal, relativa a um furto de equipamentos médicos avaliados em oitocentos mil reais, tramitava com a prisão decretada havia oito meses, e, dadas as circunstâncias, o tribunal considerou presente o constrangimento ilegal e reconheceu o excesso de prazo para formação de culpa.

§ 2º Os esclarecimentos dos peritos dependerão de prévio requerimento das partes. (Incluído pela Lei nº 11.719, de 2008).

Esclarecimentos do perito – O *caput* do dispositivo em estudo prevê a possibilidade da oitiva, em audiência, do perito. Mas essa prova depende do prévio requerimento das partes ou, em outras palavras, não pode ser determinada de ofício pelo juiz.

Art. 400-A. Na audiência de instrução e julgamento, e, em especial, nas que apurem crimes contra a dignidade sexual, todas as partes e demais sujeitos processuais presentes no ato deverão zelar pela integridade física e psicológica da vítima, sob pena de responsabilização civil, penal e administrativa, cabendo ao juiz garantir o cumprimento do disposto neste artigo, vedadas:

I – a manifestação sobre circunstâncias ou elementos alheios aos fatos objeto de apuração nos autos;

II – a utilização de linguagem, de informações ou de material que ofendam a dignidade da vítima ou de testemunhas. (Incluído pela Lei 14.245, de 2021)

Revitimização e violência institucional - Um sistema penal humanizado precisa preocupar-se em reduzir a revitimização (ou vitimização secundária), entendida como aquela provocada pelos agentes do Estado ou – segundo uma concepção mais ampla – pela própria sociedade, pela forma como se culpabiliza a vítima. Compreende o sofrimento das vítimas e testemunhas causado pelas instituições "encarregadas de fazer Justiça: policiais, juízes, peritos, criminólogos, funcionários de instituições penitenciárias etc." (BERISTAIN, Antonio. Nova criminologia à luz do direito penal e da vitimologia. Brasília: UNB, 2000. p. 105)

Não se pode negar que a intervenção institucional provoca, com maior ou menor intensidade, constrangimentos à vítima. O simples fato de ter que rememorar o crime já serve de campo fértil para a revitimização. Logo, não tem como ser evitada por completo, mas deve ser reduzida ao máximo. Como? Com estratégias de tratamento afável e acolhedor, assegurando à ofendida ambiente adequado para participar de cada fase da persecução penal.

Conforta-nos perceber a evolução legislativa ocorrida nos últimos anos, que evidencia essa preocupação, presente há tempos no âmbito internacional.

A Lei Maria da Penha, por exemplo, operou uma revolução vitimológica ao estruturar um novo sistema de Justiça centrado nas necessidades da vítima (a mulher em situação de violência doméstica e familiar).

Recentemente, o entendimento do STJ quanto à obrigatoriedade de o juiz fixar danos morais quando da prolação da sentença penal condenatória por violência doméstica e familiar, considerando que tais danos são propter rem (que dispensam prova adicional, pois derivados do próprio ato de violência), infla o quadro de efetiva tutela dos direitos da vítima.

Além de reduzir o espectro de revitimização, deve ser coibida a violência institucional, discutindo-se estratégias de atuação do Estado na efetivação de políticas que assegurem esse novo paradigma, em especial nos crimes com predicados de violência de gênero (como o feminicídio). Todos os atores do sistema de Justiça, principais ou coadjuvantes, devem estar preparados para essa missão. Sabemos que nesses processos, não raramente, se reproduzem afirmações machistas e questionamentos morais, potencializando o sofrimento das ofendidas.

Essa forma de violência está no raio de preocupação do Judiciário. O Conselho Nacional de Justiça, por exemplo, dela cuidou na Resolução 254, de 04 de setembro de 2018:

> "Configura violência institucional contra as mulheres no exercício de funções públicas a ação ou omissão de qualquer órgão ou agente público que fragilize, de qualquer forma, o compromisso de proteção e preservação de direitos das mulheres".

Já a Resolução 40/34 da ONU prevê, na Declaração dos Princípios Fundamentais de Justiça Relativos às Vítimas, que:

> "Art. 4. As vítimas devem ser tratadas com compaixão e respeito pela sua dignidade. Têm direito ao acesso às instâncias judiciárias e a uma rápida reparação do prejuízo por si sofrido, de acordo com o disposto na legislação nacional".

Não custa lembrar que, hoje, a violência institucional pode significar crime. A Lei 14.321/22 incluiu, na Lei de Abuso de Autoridade, novo tipo penal, mais precisamente o art. 15-A, punindo criminalmente submeter a vítima de infração penal ou a testemunha de crimes violentos a procedimentos desnecessários, repetitivos ou invasivos, que a leve a reviver, sem estrita necessidade, a situação de violência ou outras situações potencialmente geradoras de sofrimento ou estigmatização.

A violência institucional, estatisticamente bastante presente nos crimes contra a dignidade sexual de mulheres, de qualquer idade, acaba por refletir a violência estrutural das relações sociais patriarcais e de opressão sexista.

Os já mencionados atores do sistema de Justiça, consciente ou inconscientemente, acabam tratando as mulheres vítimas da mesma forma como os homens as tratam, não raras vezes desviando o foco da reprovação. Ao invés de se julgar o agressor, julga-se a vítima, a qual sofre total interferência na sua intimidade, com o abjeto escopo de descobrir sua reputação e concluir se contribuiu ou não para o crime. Não raras vezes, a idoneidade da vítima pesa mais que a própria violência cometida.

A recente Lei 14.245/21 (Lei Mariana Ferrer) introduziu no Código de Processo Penal e na Lei 9.099/95 normas de reforço para que na audiência de instrução e julgamento, e, em especial, nas que apurem crimes contra a dignidade sexual, todas as partes e demais sujeitos processuais presentes no ato, zelem pela integridade física e psicológica da vítima, ficando vedadas manifestação sobre circunstâncias ou elementos alheios aos fatos objeto de apuração nos autos, bem como a utilização de linguagem, de informações ou de material que ofendam a dignidade da vítima ou de testemunha.

Nem mesmo a bandeira da ampla ou plenitude da defesa pode servir de argumento para se constranger a vítima. Sobre o assunto, reparemos o que diz o Enunciado 47 do FONAVID:

> ENUNCIADO 47: A plenitude da defesa no júri deve se conformar ao disposto no art. 7º, "e", da Convenção Interamericana para Prevenir, Punir e Erradicar a Violência contra a Mulher "Convenção de Belém do Pará" e ao disposto no capítulo IX itens 9.1.2 e 9.1.3 das Diretrizes Nacionais para Investigar, Processar e Julgar com perspectiva de gênero as mortes violentas de mulheres – Feminicídio, sendo

recomendável ao(à) Juiz(a) Presidente considerar como excesso de linguagem argumentos violentos ofensivos à dignidade da mulher por questão de gênero, devendo intervir nos termos do art. 497, III, do CPP e art. 10-A da Lei 11.340/06.

No mesmo sentido, o STF conferiu, na ADPF 1.107/DF, interpretação conforme à Constituição para a expressão "elementos alheios aos fatos", presente dispositivo em comento, visando excluir a possibilidade de invocação, pelas partes ou procuradores, de elementos referentes à vivência sexual pregressa da vítima ou ao seu modo de vida em audiência de instrução e julgamento de crimes contra a dignidade sexual e de violência contra a mulher, sob pena de nulidade do ato ou do julgamento, nos termos dos arts. 563 a 573 do Código de Processo Penal. Além disso, a decisão veda que o magistrado valore, quando da fixação da pena, a vida sexual pregressa da vítima ou seu estilo de vida, sob pena de responsabilização civil, administrativa e penal.

Fácil concluir pela necessidade de uma série de protocolos de atendimento à vítima, respeitando a dignidade da pessoa humana, assegurando uma recepção não revitimizante, não discriminatória, acatando sua privacidade, confidencialidade, memória, verdade, autonomia da vontade e consentimento, e uma política de reparação de danos não apenas de ordem material.

Revitimização e razoável duração do processo - Há, no estágio atual da vitimologia, um movimento que se tem denominado "humanização do sistema penal", que tem o objetivo de garantir à vítima o acesso à Justiça efetiva e sem discriminação. Um dos aspectos que tem sido muito destacado nesse contexto é a razoável duração do processo como direito não só do réu, mas também da vítima.

A razoável duração do processo raramente é encarada sob esse aspecto, mas o texto da Convenção Americana sobre Direitos Humanos dispõe que "toda pessoa" tem direito ao prazo razoável (art. 8.1). O mesmo faz a Constituição Federal, que garante a "todos" a razoável duração do processo (art. 5º, LXXVIII). Nenhuma das normas se limita implícita ou explicitamente ao investigado ou ao acusado.

No âmbito do processo penal, são muito comuns as referências à razoável duração do processo na perspectiva do investigado e do acusado, que, embora tenham a seu favor o cômputo do prazo prescricional, não podem ter contra si, mesmo dentro desse limite, inquéritos policiais e ações penais que tramitem por tempo além do necessário para a prestação jurisdicional. Com efeito, não são raras as decisões judiciais que ordenam o trancamento de inquéritos policiais que, tramitando há anos, não chegam à conclusão alguma. Também são frequentes decisões que determinam a libertação de indivíduos encarcerados provisoriamente por vários anos sem que a ação penal seja sentenciada.

Há, no entanto, outra perspectiva pela qual deve ser interpretada a razoável duração do processo: a da vítima. É preciso lembrar que um dos princípios mais relevantes na seara criminal é o da proporcionalidade, que, ao mesmo tempo, proíbe o excesso e exige a proteção eficiente (imperativo de tutela). A proibição do excesso contempla o ajuste da sanção penal à relevância do bem jurídico tutelado e às condições pessoais do agente. Por outro lado, impõe-se a obrigação de proteger os bens jurídicos de forma suficiente. Ora, um processo criminal que se arrasta por anos a fio sem solução é um constrangimento bifronte (configurando excesso e proteção insuficiente). Não é razoável insistir apenas em proporcionar ao acusado o direito de ser julgado sem demora desnecessária; é preciso também incluir a vítima nessa perspectiva para lhe assegurar um pronunciamento judicial eficiente, que realize a justiça e lhe garanta – ou a seus familiares – a reparação integral.

A razoável duração do processo como direito da vítima tem sido utilizada, inclusive, como fundamento para condenações do Brasil na Corte Interamericana de Direitos Humanos. A última condenação sofrida pelo país é relativa ao caso "Honorato e outros *vs* Brasil", com sentença proferida em 27 de novembro de 2023. É relativa a uma ação policial ocorrida em 2002 (conhecida como "Operação Castelinho"), durante a qual doze indivíduos foram mortos em confronto com a Polícia Militar.

No caso, o processo penal tramitou por aproximadamente quinze anos, com falhas na investigação e sem a devida apuração de responsabilidades. Em relação à duração do processo, a Corte estabeleceu os seguintes critérios de análise:

a) a complexidade do assunto;

b) a atividade processual do interessado;

c) a conduta das autoridades judiciais;

d) o impacto gerado na situação jurídica da suposta vítima.

Note-se, em primeiro lugar, que a "duração do processo" é apurada desde o primeiro ato processual até o proferimento da sentença definitiva, incluindo os recursos. E é atribuída ao Estado a obrigação de justificar, com fundamento nesses critérios, o tempo necessário para a investigação e o processo, e, caso não haja justificativa, a Corte tem amplas atribuições para fazer sua própria estimativa a respeito.

A Corte reconheceu que o caso envolvendo a "Operação Castelinho" era complexo, pois, além de doze vítimas, havia cinquenta e três agentes públicos e indivíduos privados de liberdade que participaram de operações encobertas antecedentes aos fatos. Era necessário, portanto, colher e analisar muitas provas e formular laudos periciais extensos e detalhados. Não obstante, nesse caso foram identificados problemas como a falta de diligências probatórias básicas e a não adoção de medidas adequadas para a custódia das provas. Nesse contexto, a longa tramitação do processo foi considerada excessiva e violadora de garantias judiciais.

Art. 401. Na instrução poderão ser inquiridas até 8 (oito) testemunhas arroladas pela acusação e 8 (oito) pela defesa. (Redação dada pela Lei nº 11.719, de 2008).

§ 1º Nesse número não se compreendem as que não prestem compromisso e as referidas. (Incluído pela Lei nº 11.719, de 2008).

§ 2º A parte poderá desistir da inquirição de qualquer das testemunhas arroladas, ressalvado o disposto no art. 209 deste Código. (Incluído pela Lei nº 11.719, de 2008).

Número de testemunhas – Quanto ao número de testemunhas, àquelas que não são computadas nesse número e a possibilidade de desistência, remetemos o leitor aos comentários tecidos acima ao art. 400, sob a rubrica "inquirição de testemunhas de acusação e de defesa". Lembre-se que no processo sumário é de cinco o número máximo de testemunhas (art. 532 do CPP).

ATENÇÃO – O Código de Processo Penal Militar (CPPM) estabelece, para o processo ordinário no âmbito da justiça militar, o número de até seis testemunhas para o Ministério Público (art. 77, "h", do CPPM) e para a Defesa, até três por réu (art. 417, § 2º, do CPPM), ao passo que no processo especial, até três testemunhas para cada parte (art. 457, § 4º, do CPPM).

Testemunha referida – Ver comentário retro ao art. 202, sob a rubrica "classificação".

Desistência – Nada impede que a parte, segundo sua conveniência, desista da testemunha que arrolou. Para uns, pode o juiz, a despeito dessa desistência, ainda assim ouvir a testemunha, posto que também comprometido com a busca da verdade real (ou processual). Para outros, essa insistência do magistrado viola o sistema acusatório.

JURISPRUDÊNCIA

O número máximo de testemunhas se refere a cada um dos fatos imputados

"O art. 401, do CPP, estabelece que 'na instrução poderão ser inquiridas até 8 (oito) testemunhas arroladas pela acusação e 8 (oito) pela defesa.' O número limite de testemunhas previsto em lei refere-se a cada fato criminoso e devem ser observados os princípios da razoabilidade e da proporcionalidade ao se levar em consideração a quantidade de fatos imputados ao denunciado" (STJ – RHC nº 29236-SP, Rel. Gilson Dipp, j. 28.06.2011, DJe 01.08.2011).

Juiz pode determinar a redução do número de testemunhas arroladas acima do máximo legal

"Não configura cerceamento de defesa a determinação do Juiz para a adequação do rol de testemunhas ao número máximo legal, ressaltando que a demais pessoas indicadas poderiam vir a ser ouvidas, se necessário, como testemunhas do Juízo, nos termos do CPP, arts. 209 e 407" (STJ – Rel. Edson Vidigal – *RT* 787/575).

Juiz pode ouvir as oito primeiras testemunhas quando o rol excede o máximo legal

"O critério utilizado pelo Juiz que determina a oitiva das oito primeiras testemunhas arroladas no extenso rol apresentado pela parte não constitui cerceamento de defesa, principalmente quando esta foi intimada para adequar o rol ao número legal previsto no art. *398* do CPP e assim não procedeu. O processo tem que caminhar para a frente, sob a direção do Juiz, na forma da lei, e não segundo a vontade e interesse das partes" (STF – Rel. Néri da Silveira – RT 741/531).

Art. 402. Produzidas as provas, ao final da audiência, o Ministério Público, o querelante e o assistente e, a seguir, o acusado poderão requerer diligências cuja necessidade se origine de circunstâncias ou fatos apurados na instrução. (Redação dada pela Lei nº 11.719, de 2008).

Pedido de diligências – Ao término da audiência e superadas as fases acima apontadas, é dada às partes a possibilidade de requerer alguma diligência. Saliente-se, porém, que a diligência somente será deferida caso se relacione com algum fato surgido durante a instrução, nos termos deste dispositivo, mesmo porque o primitivo art. 499 do CPP foi expressamente revogado pela reforma processual penal (art. 3° da Lei n° 11.719/08). Em outras palavras: a lei é clara no sentido de que, se a diligência cuja necessidade é pleiteada for anterior à realização da audiência, ela deve ser indeferida. Tal rigor, decerto, merecerá certa mitigação, dependendo do caso concreto, sob pena de importar em eventual cerceamento de defesa ou acusação e mesmo frustrar a busca da verdade real (ou processual) com a qual, de resto, está comprometido também o juiz, nos termos da redação atual do art. 156 do CPP. Aliás, o revogado art. 499 também continha essa ressalva, no sentido de que a diligência requerida deveria guardar relação com fatos e circunstâncias surgidas durante a instrução, mas, nem por isso, era indeferido, por exemplo, pedido de juntada de certidões que atestassem a vida pregressa do réu, que, a rigor, não tinha qualquer relação com a instrução criminal. Uma vez deferida a realização da diligência, a audiência será concluída sem a oferta de alegações finais orais, conforme dispõe o art. 404 do CPP.

JURISPRUDÊNCIA

Ausência de indagação sobre diligência. Irrelevância

"Muito embora ao término da audiência de instrução e julgamento o magistrado singular não tenha questionado as partes se desejariam requerer alguma diligência, o certo é que tanto acusação quanto defesa poderiam ter pleiteado a produção de alguma prova ao ter vista dos autos para oferecer alegações finais, o que não ocorreu. O simples fato da formalidade prevista no artigo 402 do Código de Processo Penal não haver sido observada não enseja a nulidade da ação penal, até mesmo porque em momento algum os advogados responsáveis pelo patrocínio do réu especificaram quais providências, cuja necessidade tenha se originado de circunstâncias ou fatos apurados na instrução, pretendiam solicitar ao togado responsável pelo feito" (STJ – HC n° 278917-PE, Rel. Jorge Mussi, j. 19.11.2013, DJe 04.12.2013).

Intimação da defesa para requerimento de diligência. Desnecessidade

"A leitura do art. 402 do Código de Processo Penal deixa claro que a Defesa poderá requerer diligências ao final da audiência, se as circunstâncias ou fatos apurados na instrução assim fizerem necessário. Como se vê do relatório da sentença, nada foi pedido pela Defesa. Portanto, não cabe ao magistrado intimar a Defesa para requerer diligências, uma vez que se trata de iniciativa da parte" (STJ – HC n° 180435-SC, Rel. Laurita Vaz, j. 02.08.2012, DJe 13.08.2012).

Possibilidade de indeferimento da diligência

PROCESSUAL PENAL. HABEAS CORPUS. INDEFERIMENTO DE DILIGÊNCIA. ANTIGA REDAÇÃO DO ARTIGO 499 DO CÓDIGO DE PROCESSO PENAL. AGORA ARTIGO 402 DO MESMO DIPLOMA PROCESSUAL. VIOLAÇÃO À AMPLA DEFESA. INOCORRÊNCIA. ORDEM DENEGADA – "O deferimento de provas submete-se ao prudente arbítrio do magistrado, cuja decisão, sempre fundamentada, há de levar em conta o conjunto probatório já existente. É lícito ao juiz indeferir diligências que reputar impertinentes, desnecessárias ou protelatórias (art. 400, § 1º, do CPP, incluído pela Lei 11.719/2008). Indeferimento devidamente fundamentado. Inocorrência de afronta aos princípios da ampla defesa e do contraditório ou às regras do sistema acusatório"(STF – HC n° 102719-MS, Rel. Ricardo Lewandowski, j. 01.06.2010, DJe 18.06.2010).

Dispositivo corresponde ao revogado art. 499 do CPP

"Com a modificação do rito ordinário, empreendida pela Lei 11.719/08, a providência do antigo art. 499 do CPP passou, em essência, a constar do art. 402 do mesmo Diploma Legal. Nesse contexto, tendo o juiz assegurado às partes oportunidade de formular requerimentos, à luz do quanto elucidado na instrução, não há falar em violação ao devido processo legal" (STJ – RHC n° 26410-SP, Rel. Maria Thereza de Assis Moura, j. 12.06.2012, DJe 27.06.2012).

Art. 403. Não havendo requerimento de diligências, ou sendo indeferido, serão oferecidas alegações finais orais por 20 (vinte) minutos, respectivamente, pela acusação e pela defesa, prorrogáveis

por mais 10 (dez), proferindo o juiz, a seguir, sentença. (Redação dada pela Lei nº 11.719, de 2008).

§ 1º Havendo mais de um acusado, o tempo previsto para a defesa de cada um será individual. (Incluído pela Lei nº 11.719, de 2008).

§ 2º Ao assistente do Ministério Público, após a manifestação desse, serão concedidos 10 (dez) minutos, prorrogando-se por igual período o tempo de manifestação da defesa. (Incluído pela Lei nº 11.719, de 2008).

§ 3º O juiz poderá, considerada a complexidade do caso ou o número de acusados, conceder às partes o prazo de 5 (cinco) dias sucessivamente para a apresentação de memoriais. Nesse caso, terá o prazo de 10 (dez) dias para proferir a sentença. (Incluído pela Lei nº 11.719, de 2008).

Alegações finais orais – Não havendo pedido de diligências ou tendo sido as mesmas indeferidas, cumpre às partes a oferta oral de alegações finais, na seguinte ordem: Ministério Público (por 20 minutos prorrogáveis por mais 10), assistente de acusação (por 10 minutos) e defesa (por 20 minutos prorrogáveis por mais 10). Tendo o assistente se manifestado, se confere mais 10 minutos para a defesa. Há possibilidade de o juiz, dada à complexidade do caso ou o número de acusados, substituir o debate oral pela oferta de memoriais por escrito, no prazo de cinco dias para cada parte (§ 3º, abaixo). Ofertados os memoriais, tem o juiz o prazo de 10 dias para proferir sentença. Também terá cabimento, nos termos do art. 404, a oferta de memoriais na hipótese, já mencionada, em que se deferiu, durante a audiência, a realização de alguma diligência. O prazo para oferta dos memoriais e para que o juiz sentencie é o mesmo do art. 403.

ATENÇÃO - Em processos de competência originária, decorrentes da prerrogativa de função, cujo trâmite ocorra perante o Supremo Tribunal Federal ou junto ao Superior Tribunal de Justiça, não há lugar para a oferta de alegações orais pelas partes. Ao contrário, as alegações finais serão sempre escritas, devendo ser apresentadas no prazo de 15 dias. É o que consta do art. 241 do RISTF e do art. 227 do RISTJ.

§ 1º Havendo mais de um acusado, o tempo previsto para a defesa de cada um será individual. (Incluído pela Lei nº 11.719, de 2008).

§ 2º Ao assistente do Ministério Público, após a manifestação desse, serão concedidos 10 (dez) minutos, prorrogando-se por igual período o tempo de manifestação da defesa. (Incluído pela Lei nº 11.719, de 2008).

§ 3º O juiz poderá, considerada a complexidade do caso ou o número de acusados, conceder às partes o prazo de 5 (cinco) dias sucessivamente para a apresentação de memoriais. Nesse caso, terá

o prazo de 10 (dez) dias para proferir a sentença. (Incluído pela Lei nº 11.719, de 2008).

Princípio da oralidade – Deve se ter em mente que a regra geral impõe a oferta de alegações finais orais (para ficarmos com a expressão legal). Com isso se homenageia o princípio da oralidade, francamente adotado pelo legislador e, por outro lado, se ressalta sua preocupação de garantir maior celeridade ao processo. Daí se concluir que a oferta de memoriais importa em verdadeira exceção, admitida nas hipóteses aqui elencadas, isto é, quando complexo o caso e razoável o número de acusados (ou ainda na situação tratada no artigo seguinte). Eventual alegação, por exemplo, de que manifestações orais das partes tomarão tempo precioso da audiência, atrasando as demais que se seguirão, decerto que não justifica seja determinada a oferta de peça escrita. Melhor que se organize mais adequadamente a pauta, de modo a prever eventuais atrasos no decorrer dos trabalhos. Óbvio que essa regra nem sempre poderá ser aplicada, bastando que se lembre da hipótese na qual o promotor de justiça esteja ausente da audiência. E mesmo, talvez, quando, ausente o advogado constituído, seja o réu acompanhado, em audiência, por defensor *ad hoc*. No mais, cumpre às partes insistirem no debate oral. Se a defesa concordar com a oferta de memoriais, o promotor de justiça (ou o querelante), que oferte suas alegações finais orais. A partir daí, o juiz se acha liberado para julgar em audiência (e assim cumprir a regra geral) ou, por exceção, chamar o feito à conclusão para julgá-lo em dez dias. O que não se deve permitir é que a exceção tome o lugar da regra, fazendo verdadeira tábula rasa da intenção do legislador.

JURISPRUDÊNCIA

"A prerrogativa do Ministério Público de ter vista pessoal dos autos é conferida por lei, sendo certo que para os réus com advogados constituídos os prazos correm em cartório, cumprindo à defesa, no caso de não possuir recursos para extrair cópias do processo, como suscitado na impetração, manifestar-se em juízo, para que o magistrado responsável pelo feito possa adotar as providências cabíveis, o que não foi feito" (STJ – HC n° 205870, Rel. Jorge Mussi, j. 07.05.2013, DJe 22.05.2013).

Preliminar suscitada em alegações finais. Abertura de vista à parte contrária. Legalidade

"Quando a defesa argúi questão preliminar nas alegações finais, é legítima a abertura de vista e a manifestação do Ministério Público, ambos com respaldo legal na aplicação analógica do art. 327, primeira parte, do Código de Processo Civil, como previsto no art. 3º do Código de Processo Penal, pois em tal caso é de rigor que a outra parte se manifeste, em homenagem ao princípio do contraditório, cujo exercício não é monopólio da defesa" (STF – RHC nº 104261-SP, Rel. Dias Tófolli, j. 15.03.2012, DJe 06.08.2012).

Art. 404. Ordenado diligência considerada imprescindível, de ofício ou a requerimento da parte, a audiência será concluída sem as alegações finais. (Redação dada pela Lei nº 11.719, de 2008).

Parágrafo único. Realizada, em seguida, a diligência determinada, as partes apresentarão, no prazo sucessivo de 5 (cinco) dias, suas alegações finais, por memorial, e, no prazo de 10 (dez) dias, o juiz proferirá a sentença. (Incluído pela Lei nº 11.719, de 2008).

Memoriais - Aqui surge mais uma possibilidade de substituição dos debates orais pela oferta de memoriais e que se justifica plenamente. Se foi realizada uma diligência imprescindível, e a audiência, por seu turno, encerrada sem as alegações finais, atende ao princípio do contraditório e da ampla defesa a abertura de vista às partes para que se manifestem a respeito dessa prova acrescida, da qual, até então, não tinham conhecimento. O prazo para oferta dos memoriais e para prolação da sentença é o mesmo previsto no artigo anterior.

Diligências de ofício - Muita cautela nas diligências determinadas de ofício pelo juiz, devendo observar o sistema acusatório, com gênese constitucional, e reforçado pelo art. 3º-A do CPP: o processo penal terá estrutura acusatória, vedadas a iniciativa do juiz na fase de investigação e a substituição da atuação probatória do órgão de acusação, *podendo o juiz, pontualmente, nos limites legalmente autorizados, determinar a realização de diligências suplementares, para o fim de dirimir dúvida sobre questão relevante para o julgamento do mérito.*

Ordem na apresentação dos memoriais - em que pese o nosso código não enfrentar a questão da ordem da apresentação dos memoriais da defesa, quando presente a pluralidade de réus patrocinados por advogados/defensores distintos, a praxe ditou o prazo comum. Contudo, decidiu o STF que, em sede de delação premiada, delator, mesmo sendo réu, é figura híbrida, pois aduz imputação contra corréu. Diante desse quadro, para se respeitar o sistema bilateral (contraditório e ampla defesa), o procedimento a ser adotado deve ser o seguinte: abertura inicial de prazo para alegações finais do Ministério Público. Em seguida, prazo para o réu colaborador oferecer suas derradeiras alegações. Somente ao final manifesta-se por escrito réu delatado.

Art. 405. Do ocorrido em audiência será lavrado termo em livro próprio, assinado pelo juiz e pelas partes, contendo breve resumo dos fatos relevantes nela ocorridos. (Redação dada pela Lei nº 11.719, de 2008).

§ 1º Sempre que possível, o registro dos depoimentos do investigado, indiciado, ofendido e testemunhas será feito pelos meios ou recursos de gravação magnética, estenotipia, digital ou técnica similar, inclusive audiovisual, destinada a obter maior fidelidade das informações. (Incluído pela Lei nº 11.719, de 2008).

§ 2º No caso de registro por meio audiovisual, será encaminhado às partes cópia do registro original, sem necessidade de transcrição. (Incluído pela Lei nº 11.719, de 2008).

Termo de audiência - De tudo quanto ocorrido em audiência deverá ser lavrado termo. Daí a importância de se insistir para que seja lançado, nesse termo, incidentes como, por exemplo, a não admissão, pelo juiz, de alguma pergunta à testemunha (art. 212 do CPP), ou o indeferimento de algum esclarecimento pleiteado pelo interessado no interrogatório do réu (art. 188 do CPP). Caso contrário, não se poderá invocar, mais adiante, tais situações, posto que não documentadas nos autos. O Supremo Tribunal Federal taxou de mera irregularidade a falta de assinatura do promotor de justiça e de testemunha de defesa e do defensor dativo no termo de audiência.

JURISPRUDÊNCIA

Falta de assinatura do defensor ou do MP. Mera irregularidade

Instrução criminal. Audiência de inquirição de uma testemunha de defesa. Falta de assinatura, no termo, do defensor ad hoc. Simples irregularidade, sem prova da ausência. Depoimento, ademais, que não influiu na sentença de mérito. Pedido de habeas corpus indeferido (STF – HC nº 57.308 – DJ de 15.10.79, p. 7.654 – Rel. Leitão de Abreu).

"O fato de o promotor de Justiça deixar de assinar o termo da audiência, longe de configurar qualquer hipótese de nulidade, caracteriza mera irregularidade processual, que não dá ensejo à invalidação formal do procedimento penal persecutório" (STF – Rel. Celso de Mello – *RT* 842/463).

Quanto à falta de assinatura da testemunha, v. art. 216 acima

§ 1º Sempre que possível, o registro dos depoimentos do investigado, indiciado, ofendido e testemunhas será feito pelos meios ou recursos de gravação magnética, estenotipia, digital ou técnica similar, inclusive audiovisual, destinada a obter maior fidelidade das informações. (Incluído pela Lei nº 11.719, de 2008).

"Sempre que possível" – Em um caso levado ao conhecimento do STJ (HC n. 428511-RJ – DJE 12.112.2017), o juiz de 1º grau, mesmo tendo à disposição o sistema audiovisual que propiciava a gravação da audiência, preferiu não se valer desse recurso, sob o fundamento de que "a gravação é uma disponibilidade posta ao alcance do magistrado que preside a audiência, não uma obrigação". Por meio do *writ*, o debate chegou ao Tribunal da Cidadania, tendo o Ministro Ribeiro Dantas como relator, que assim se posicionou: "A partir da entrada em vigor da Lei 11.719/08, a melhor exegese da disposição legal que regula a matéria não comporta outra interpretação, senão a de que o juiz que disponha de meio ou recurso para gravação deverá, obrigatoriamente, utilizá-lo para o registro dos depoimentos de investigado, indiciado, ofendido, testemunha e, inclusive, de réu" [...] "excepcionalmente, ante impedimento fático, poderá o magistrado proceder à colheita dos depoimentos por meio da sistemática tradicional, desde que motivadamente justifique a impossibilidade, sem que isso inquina de ilegalidade o ato". Em resumo: se o Magistrado não conta com recursos técnicos que permitam a gravação audiovisual, por óbvio que não poderá dela se valer. Ao revés, contando com esse recurso, seu emprego é obrigatório.

Sobre a colheita de depoimento por meio audiovisual, v. art. 216 acima.

JURISPRUDÊNCIA

Estenotipia e cerceamento de defesa

"A Defesa do Paciente teve ciência, antes das alegações finais, de todo o conteúdo da prova oral produzida durante a instrução, tanto que fundamentou a tese defensiva de inocência nos depoimentos prestados pela vítima e pelas testemunhas, o que afasta a alegação de que o uso de estenotipia para colher a prova oral dificultou a perfeita compreensão da prova produzida em desfavor do réu. Comprovada a inexistência de prejuízo à defesa, aplica-se o princípio 'pas de nullité sans grief', disposto no art. 563, do Código de Processo Penal" (STJ – HC nº 116017-SP – Rel. Laurita Vaz, j. 24.03.2009, DJe 20.04.2009).

"Preliminarmente, o impetrante argui a nulidade absoluta da audiência de instrução, em razão do registro dos depoimentos pelo método de estenotipia em detrimento do método audiovisual. (...) verifica-se que o MM Magistrado de primeiro grau se utilizou de método previsto na legislação penal, em estreita observância ao art. 405, § 1º, do Código de Processo Penal. (...) Assim, não há que se falar em nulidade diante do método escolhido para registro dos depoimentos, vez que resultante de expressa determinação legal, motivo pelo qual afasto a preliminar arguida." (STJ – HC 497857/SP, 5ª Turma, Rel. Felix Fischer, j. 23/04/19)

Estenotipia e prazo para recurso

"A sentença que, embora proferida em audiência, dependia de formalidades posteriores para existir nos autos, gera incerteza quanto ao início do prazo recursal, pois inviabiliza a recorribilidade imediata'"(REsp 714810/RS, 4ª T., Min. Cesar Asfor Rocha, DJ de 29.05.2006). Nessas situações, o prazo recursal deve começar a fluir no momento de concretização de tais formalidades. No caso, tendo sido determinada a juntada da transcrição do termo de audiência com a sentença nele proferida, bem como oportunizada a impugnação dessa transcrição, o prazo para interposição de recurso tem início na conclusão dessas diligências e não da data da audiência" (STJ – REsp n° 692819-RS – Rel. Teori Zavascki, j. 11.03.2008, DJe 02.04.2008).

§ 2º No caso de registro por meio audiovisual, será encaminhado às partes cópia do registro original, sem necessidade de transcrição. (Incluído pela Lei nº 11.719, de 2008).

Meios de registro da prova oral – A fim de propiciar maior celeridade na colheita da prova, o legislador prevê a utilização de "gravação magnética, estenotipia, digital ou técnica similar", recursos que, na prática, já são amplamente empregados, sobretudo a estenotipia. Nessa orientação, também contemplou o dispositivo em análise a possibilidade de o registro da audiência ser realizado por meio audiovisual, ou seja, tudo quanto ocorrido seria gravado por câmeras e cópias das gravações entregues às partes. Embora seja o ideal, por garantir a absoluta fidelidade do ocorrido, a estrutura do Poder Judiciário, na imensa maioria dos casos, não permite a implantação desse sistema nem a médio prazo. Saliente-se que, de forma literal, o legislador dispensou a necessidade de degravação dos depoimentos, em dispositivo que tem merecido constante aprovação do STJ. Nesse sentido, a propósito, é o teor da Resolução n° 105/2010, do Conselho Nacional de Justiça, em seu art. 2°, pelo qual "os depoimentos documentados por meio audiovisual não precisam de transcrição". Na ferramenta conhecida como *Jurisprudência de Teses*, de n. 29, do STJ, publicada em 04.03.2015, restou assentado que "o registro audiovisual de depoimentos colhidos no âmbito do processo penal dispensa sua degravação ou transcrição, em prol dos princípios da razoável duração do processo e da celeridade processual, salvo comprovada demonstração de necessidade" (tese n. 10).

JURISPRUDÊNCIA

Da denúncia não precisa constar toda degravação da interceptação telefônica

"O Plenário do Supremo já assentou não ser necessária a juntada do conteúdo integral das degravações de interceptações telefônicas realizadas, bastando que sejam degravados os trechos que serviram de base ao oferecimento da denúncia" (STF – HC n. HC 137924-PE - Rel. Ricardo Lewandovski, j. 03.07.2017).

Desnecessidade de degravação do material

"A lei processual conferiu maior agilidade à colheita de provas, possibilitando o registro dos depoimentos do investigado, indiciado, ofendido e testemunhas pelos meios ou recursos de gravação magnética, estenotipia, digital ou técnica similar, inclusive audiovisual, consignando que, no registro por meio audiovisual, será encaminhado às partes cópia do registro original, sem necessidade de transcrição, respeitando desta forma os princípios da celeridade, duração razoável do processo e oralidade. O Superior Tribunal de Justiça possui entendimento pacífico no sentido de que a busca da celeridade na prestação jurisdicional é hoje imperativo constitucional, estabelecido no art. 5º, inciso LXXVIII, da Constituição da República, segundo o qual "a todos, no âmbito judicial e administrativo, são assegurados a razoável duração do processo e os meios que garantam a celeridade de sua tramitação" (STJ – HC n° 247912-RS – Rel. Nefi Cordeiro, j. 03.06.2014, DJe 20.06.2014).

Tribunal que não analisa a prova porque não possui meios para transcrever as gravações. Nulidade absoluta

"Viola o princípio do duplo grau de jurisdição o acórdão que, negando provimento ao recurso de apelação, não reexamina a prova colhida em audiência de instrução e julgamento e limita-se a ratificar a sentença condenatória, deixando de enfrentar as razões recursais expostas pela defesa. Na espécie, o Tribunal de origem, em grau de apelação, deixou de analisar as provas produzidas durante a instrução armazenadas em meio audiovisual, ao argumento de que não dispõe dos meios necessários para transcrever as gravações realizadas em audiência. Ilegalidade manifesta" (STJ – HC nº 213518-SP, Rel. Sebastião Reis Júnior, j. 11.04.2013, DJe 25.04.2013).

Tribunal que converte a apelação em diligência para degravação. Impossibilidade

"A conversão do julgamento de apelação em diligência para que a primeira instância providencie a degravação de conteúdo registrado em meio audiovisual contraria frontalmente o art. 405, § 2º, do Código de Processo Penal, assim como o princípio da razoável duração do processo. Precedente" (STJ – HC nº 172840-SP, Rel. Gilson Dipp, j. 19.10.2010, DJe 03.11.2010).

Contagem de prazo não é mera operação aritmética

"Os prazos indicados na legislação pátria para a finalização dos atos processuais servem como parâmetro geral, não se podendo deduzir o excesso tão somente pela soma aritmética dos mesmos, admitindo-se, em homenagem ao princípio da razoabilidade, certa variação, de acordo com as peculiaridades de cada caso, devendo o constrangimento ser reconhecido como ilegal somente quando o retardo ou a delonga sejam injustificados e possam ser atribuídos ao Judiciário" (STJ – RHC nº 247242-RJ, Rel. Jorge Mussi, j. 16.05.2013, DJe 24.05.2013).

CAPÍTULO II
DO PROCEDIMENTO RELATIVO AOS PROCESSOS DA COMPETÊNCIA DO TRIBUNAL DO JÚRI

Origem histórica do Júri – Das mais ingratas é a tarefa consistente em se investigar a origem da instituição do Júri no direito comparado. Há quem vislumbre na *polis* grega (séc. V a.C.), com o florescimento da participação popular na República e com a valorização da retórica, as primeiras manifestações do Júri. É lá que o cidadão, frequentador da *ágora* (praça pública), tinha livre acesso à *Heliéia* (tribunal popular), "centro da vida judiciária ateniense, o concorrido espaço onde os cidadãos reuniam-se em assembleia, do nascer ao pôr do sol, pondo à prova sua criação constitucional, a democracia deliberativa e direta", segundo nos informam Nádia de Araújo e Ricardo R. Almeida (*O Tribunal do Júri nos Estados Unidos – sua evolução histórica e algumas reflexões sobre seu estado atual*, Revista Brasileira de Ciências Criminais, nº 15, julho-setembro de 1996, p. 201).

Resquícios do Júri podem ser encontrados, ainda, nas *quaestiones perpetuae* romanas (149 a.C.) ou no *tribunal de assises* de Luís, o Gordo, na França (1137). Ou, séculos depois, entre os povos normandos da Noruega, Suécia e Dinamarca. Porém, após ressaltar que "tribunais com as mesmas características do júri sempre existiram", Hélio Tornaghi esclarece que "na verdade, não há qualquer filiação histórica do júri a essas instituições" (*Instituições de Processo Penal*, Saraiva, 1977, 2ª. ed., p. 72).

Acompanha, assim, o entendimento prevalente, no sentido de que o Júri deitaria raízes na Grã-Bretanha. Pelo menos o Júri com a feição mais aproximada da que temos hoje da instituição. Atribui-se, com efeito, a Henrique II, rei da Inglaterra entre 1154 até 1189, a implantação do Júri. Conforme esclarece Tornaghi, "mal ocorria um crime e logo os moradores do lugar eram convocados para examinar o corpo de delito e investigar a autoria" para, no final, decidirem se o réu era inocente (*not guilty*) ou culpado (*guilty*) (ob. cit., p. 74).

A partir daí o Júri se disseminou por todos os povos anglo-saxões e, séculos depois, por toda Europa, tendo adotado características peculiares em cada país, preservado, contudo, seu perfil atual, de julgamento do réu por seus pares.

O Júri no Brasil – Mais fácil é identificar o surgimento, entre nós, do Júri. Assim, a instituição do Júri no Brasil nasce em 1822, através de Decreto da lavra do Príncipe Regente D. Pedro e – interessante – previa a competência do tribunal popular *"para o julgamento do abuso de liberdade de imprensa"*. Sua composição era de 24 cidadãos, *"homens bons, honrados, inteligentes e patriotas"*, nomeados pelo *Corregedor do Crime da Corte e Casa*. De sorte que a primeira notícia que se tem do Júri no país não se refere aos crimes dolosos contra a vida, mas sim, talvez em virtude do contexto histórico e político da época, ao julgamento dos *abusos* cometidos pela imprensa.

Salienta José Frederico Marques (ele mesmo, talvez, o mais feroz crítico da instituição), que "segundo Enéas Galvão, a lei do júri foi aplicada pela primeira vez, no Brasil, em 1825, em ação penal decorrente de carta injuriosa, publicada com as iniciais R.P.B., no Diário Fluminense, visando o intendente geral, da polícia da Côrte, Francisco Alberto Ferreira de Aragão" (*O Júri no Direito Brasileiro,* Saraiva: São Paulo, 1955, 2ª. ed., p. 49). Ressalvada a curiosidade histórica, hoje não mais perdura esse Tribunal Popular, posto que não previsto pela Lei de Imprensa (Lei 5.250/67), revogada por decisão do STF que entendeu que esse diploma não foi recepcionado pela Constituição em vigor e, tampouco, pelo CPP ou legislação extravagante.

Posteriormente, a Constituição do Império de 1824, em seu artigo 151, dispôs que "o poder judicial é independente, e será composto por juízes e jurados, os quais terão lugar, assim no cível, como no crime, aos casos e pelo modo que os códigos determinarem". Aqui mais uma excentricidade, na medida em que aos jurados se conferia competência para o julgamento, inclusive, de causas cíveis, embora não haja registro histórico de um julgamento envolvendo tal matéria.

A Constituição Republicana de 1891 (art. 72, § 31), manteve o Júri e, pouco antes, criou-se o Júri Federal (Decreto nº 848 de 1890), constituído de 12 jurados e, ao que se sabe, de vida efêmera (Tourinho Filho, *Processo penal*, vol. 4, p. 83).

A Constituição de 1934 preservou o Júri (art. 72) e a de 1937 foi omissa a respeito, embora o Decreto-lei 167 de 1938 tivesse mantido sua existência. Apenas com a Constituição de 1946 (art. 141, § 28), é que o Júri foi restabelecido com todo vigor, garantindo-se expressamente, inclusive, a soberania dos veredictos. Foi a instituição mantida pela Constituição de 1967 e pela Emenda Constitucional nº 1 de 1969, embora com a retirada, do texto, de qualquer menção à sua soberania. Pela Constituição Cidadã de 1988 (art. 5º, inc. XXXVIII, "*a*"a "*d*"), o Júri finalmente assume a feição atual, com seus princípios bem definidos e que serão objeto de estudo a seguir.

O Júri de ontem – Com efeito, os autores, sobretudo, os mais antigos, que defendem com ardor o júri, dedicam inúmeras linhas para justificar a manutenção da instituição. Falam como se estivessem a ocupar uma tribuna, elencando posturas que devem ser adotadas e apontando outras a se evitar, indicando o método a ser utilizado, recheando o ensinamento com adjetivações intermináveis. Roberto Lyra, dos mais ardorosos defensores do Júri, ao aconselhar a acusação, advertindo-a contra improvisos, salienta que "não bastam poses, gestos, adjetivos, imagens que espumejam, na admiração superficial e transitória de um público automatizado. Brilho, correção, eloquência, ênfase, diapasão são apenas meios"

(*Como julgar, como defender, como acusar*, p. 160). Para Firmino Whitaker, "a acusação do promotor deve revestir-se de mais absoluta imparcialidade ... quando seu representante [da sociedade], abandonando a verdade e a lógica, socorre-se, para vencer, dos artifícios da palavra e vícios de argumentação, amesquinha o mandado, merecendo censura". Já a defesa, para o renomado autor, "deve ser calma, imparcial, moderada e séria. No júri não devem entrar sentimentos de ódio e vingança. As alegações devem ser expostas com clareza, lealdade e lógica, baseando-se em provas convincentes. A verdade não precisa de artifícios da palavra, nem da astúcia que a rabulice geralmente emprega" (ob. cit., pp. 93-7).

Tais ensinamentos, porém, lirismos à parte, teriam pouca aplicação prática nos dias atuais. São todos oriundos da época em que a instituição viveu seu apogeu, que vai do início do século XX até meados da década de 70. Ali sim, raros os crimes de morte, a acarretar, por isso, enorme curiosidade do público e igual espaço na imprensa sensacionalista (as emissoras de rádio chegavam a transmitir ao vivo os debates), os tribunos do Júri, conhecidíssimos no meio social, como quem ocupa um palco e animados pela comoção social, valiam-se de seus discursos inflamados, em uma luta interminável, por vezes retórica e vazia. Travava-se uma batalha sem vencedor, pois o menos importante era o destino do réu. Relevante e inesquecível era o duelo entre acusação e defesa, permeado de gestos teatrais e frases de efeito.

O Júri de hoje – A situação hoje é totalmente diversa. Os crimes contra a vida, antes esporádicos, se banalizaram. Comarcas que, há quarenta anos, realizavam três a quatro julgamentos por ano, hoje superam esse número em apenas uma semana. Com isso o interesse da sociedade pelo Júri se esvaziou por completo. A imprensa já não mais lhe concede manchetes. À exceção de um ou outro caso mais rumoroso (de regra envolvendo pessoas abonadas), o que se vê atualmente são plenários vazios, não sendo raro, nos grandes centros, que *nenhuma* pessoa assista aos debates.

A vertiginosa escalada da violência é inversamente proporcional à curiosidade que o Júri desperta. A figura do jurado humilhado e envergonhado pela recusa de uma das partes, impedido, por isso, de exercer o seu dever cívico, conforme lembrado na crônica de Bilac, é hoje inexistente. Chega a ser constrangedora a imagem do jurado que, uma vez recusado ou não sorteado, de punhos cerrados, celebra sua exclusão do conselho de sentença, como quem comemora um tento. A liberação dos jurados não sorteados, pelo juiz-presidente, implica em verdadeira debandada, cada um querendo deixar o local mais rapidamente que o outro, receosos de ainda serem chamados. Os pedidos de recusa formulados pelos jurados às partes, antes do início da sessão, bem revelam com que espírito estão armados os julgadores. Ao revés, aquele que é escolhido ocupa seu lugar com desdém pela instituição, desempenhando tarefa para a qual não se acha preparado. No caminho percorrido entre o auditório e a cadeira que ocupará, não faltam os suspiros de enfado, andando o jurado – presumimos – como quem vai para a forca antes da execução.

Essa é a regra, cuja exceção se resume, quase que exclusivamente, ao jurado que vê no desempenho de seu *dever cívico* a oportunidade de faltar ao trabalho sem que qualquer desconto no salário lhe seja impingido. A própria Tribuna do Júri, antes local sagrado, de rica decoração e que guardava toda a pompa que a instituição merecia, hoje é peça de museu, talvez a confirmar a posição de Nélson Hungria, que ensinava, há mais de 50 anos, que o tribunal popular já "devia ter sido recolhido a um museu de curiosidades históricas" (*A justiça dos jurados, RF* 166/7).

ATENÇÃO - Não é assim em todas as nações do mundo. Há países, como os Estados Unidos, por exemplo, em que a participação popular nos julgamentos pelo Júri (envolvendo causas criminais e mesmo cíveis), compõe a própria cultura do povo, acostumado a intervir, diretamente, no destino de seus pares. É o que ressaltam Nádia de Araújo e Ricardo R. Almeida, em artigo publicado sob o título *O Tribunal do Júri nos Estados Unidos - sua evolução histórica e algumas reflexões sobre seu estado atual*: "Já as características da tradição política do povo americano possibilitaram o surgimento de um espírito cívico e de uma consciência jurídica comum, que tornam materialmente exequível o júri como regra e não a exceção. Nos Estados Unidos, a participação do cidadão nas atividades dos tribunais é qualitativa e quantitativamente bastante elevada. O júri assume todos os caracteres de que seus apologistas, tradicionalmente, lhe atribuem. O júri exerce plenamente sua função educativa, formadora de cidadãos respeitadores da lei. Cada um sabe que, mais dia, menos dia, será convocado para o serviço do júri, o que certamente não constituirá embaraço, pois o tribunal e sua mística são profundamente acolhidos pela cultura popular. O estereótipo do advogado do júri é um sempre presente ícone de massa, um herói da América" (*Revista Brasileira de Ciências Criminais*, nº 15, julho-setembro de 1996, p. 209). Convenhamos, é um tanto diverso o panorama em nosso país.

Princípios constitucionais que regem o Júri – A instituição do Júri é informada por quatro princípios básicos, todos eles mencionados no art. 5º, inc. XXXVIII, *"a"* a *"d"*, da Constituição Federal, a saber: plenitude de defesa, sigilo das votações, soberania dos veredictos e competência mínima para julgamentos dos crimes dolosos contra a vida.

Plenitude da defesa – O primeiro deles, que trata da *plenitude de defesa*, significa dizer que, nos processos de Júri, mais que a *ampla* defesa, exigida em todo e qualquer processo criminal (art. 5º, inc. LV, da CF), vigora a *plenitude* de defesa. De tal forma que, no Júri, não apenas a defesa técnica, relativa aos aspectos jurídicos do fato, pode ser produzida. Mais que isso, dada às peculiaridades do processo e ao fato de que são leigos os juízes, permite-se a utilização de argumentação não jurídica, com referências a questões sociológicas, religiosas, morais, etc. Ou seja, argumentos que, normalmente, não seriam considerados fosse o julgamento proferido por um juiz togado, no Júri ganham especial relevância, podendo ser explorados à exaustão.

Esse, aliás, é um dos pontos positivos salientados pelos defensores da instituição, pois o Júri propicia um julgamento que vai além da frieza da lei e da tecnicidade do processo, na medida em que os jurados, inclusive, não podem fundamentar suas decisões e julgam conforme suas consciências, não ficando adstritos à severidade da prova dos autos. De se ver, contudo, que dentre os constitucionalistas prevalece o entendimento de que a plenitude de defesa mencionada no texto nada mais é do que uma consequência natural do princípio da ampla defesa, também de índole constitucional, não havendo qualquer distinção entre um e outro.

ATENÇÃO: De acordo com o STJ, a plenitude de defesa exercida no Tribunal do Júri não impede que o magistrado avalie a pertinência da produção da prova. A Constituição prescreve a plenitude de defesa como postulado fundamental do Tribunal do Júri, nos termos de seu art. 5º, inciso XXXVIII, alínea *a*. E não há dúvida de que o direito à prova é instrumento para o exercício adequado daquele princípio. Todavia, o direito à produção de provas não é absoluto. Ao magistrado é conferida discricionariedade para indeferir, em decisão fundamentada, as provas que reputar protelatórias, irrelevantes ou impertinentes. A discricionariedade judicial é balizada pela avaliação dos critérios da objetividade e da pertinência da prova.

Ainda como consequência de tal princípio, ressalta Pontes de Miranda (*Comentários à Constituição de 1946*, p. 270), inclui-se o fato de os jurados serem tirados de todas as classes sociais para julgamento de seus semelhantes (pares), o que confere um tom democrático ao julgamento. Ressalte-se, por derradeiro, que o princípio em análise se refere tanto à autodefesa, verificada no interrogatório do réu, como à defesa técnica, realizada por seu advogado. Daí se entender que, na hipótese de contradição entre uma e outra (por exemplo, o réu nega a autoria do crime no interrogatório enquanto que o advogado sustenta a legítima defesa), ambas as teses devem ser objeto do questionário a ser respondido pelos jurados. Nesse sentido, *RT* 754/557 (STF), 778/584; *JTJ* 183/311. Trata-se, porém, de questão não pacífica, havendo ponderável corrente jurisprudencial na linha de que apenas as teses sustentadas pela defesa devam ser incluídas no questionário e não aquelas apresentadas, em contrariedade, pelo réu no interrogatório (cf. *RTJ* 130/680, *RT* 786/626, 779/650).

Já percebemos importante corrente, capitaneada pelo promotor de Justiça Caio Márcio Loureiro, defendendo que, do princípio em exame, extrai-se outro, coligado, qual seja, o ***princípio da plenitude da tutela da vida***. Usando como alicerce o garantismo integral, leciona Caio que o modelo ideal de direito penal garantista é aquele que busca não apenas evitar a hipertrofia da punição, mas também, com a mesma ênfase, impedir a intervenção insuficiente do Estado na tutela do bem jurídico apontado como indispensável para a convivência harmônica do homem em sociedade, no caso, a vida. Portanto, a plenitude da defesa deve coexistir com a plenitude da tutela da vida (O princípio da plenitude da vida no tribunal do júri: Carlini e Caniato, 2017). Nessa mesma linha, o STF, no julgamento do HC 104.210/RS, decidiu: "Os direitos fundamentais não podem ser considerados apenas como proibições de intervenção (Eingriffsverbote), expressando também um postulado de proteção (Schutzgebote). Pode-se dizer que os direitos fundamentais expressam não apenas uma proibição do excesso (Übermassverbote), como também podem ser traduzidos como proibições de proteção insuficiente ou imperativos de tutela (Untermassverbote)." (Segunda Turma – HC 104410 – Rel. Min. Gilmar Mendes – DJe 27.03.2012).

Sigilo das votações – Cuida ainda a Constituição do *sigilo das votações*, ou seja, embora público o debate produzido em plenário, o momento da colheita dos veredictos é sigiloso, mantida, portanto, a sala secreta do Júri para tal fim. Justifica-se esse cuidado em virtude da própria natureza do Júri e da proteção que se deve conferir ao jurado leigo (sem as garantias, portanto, do juiz togado), que não encontraria tranquilidade para julgar fosse pública a votação, sujeita à interferência de populares, parentes da vítima, amigos do réu, etc. Também o trabalho do juiz, por vezes extremamente árduo, consistente em explicar aos jurados todo o procedimento da votação, restaria prejudicado se tivesse que ser realizado em público. Preserva-se, assim, a livre formação da convicção do jurado, imune a qualquer influência externa, preocupação verificada, também, no dispositivo que impõe a incomunicabilidade entre os componentes do conselho de sentença, a fim de que um não interfira na decisão do outro.

Aliás, não havendo possibilidade de o jurado fundamentar sua decisão, a necessidade de publicidade do julgamento seria mesmo inócua. Esse princípio não afronta outro, também de índole constitucional, que garante a publicidade de todos os julgamentos dos órgãos do Poder Judiciário (art. 93, inc. IX, da CF). É que a própria norma constitucional prevê a possibilidade de exceção à regra, *"se o interesse público o exigir"*. Ademais, entre uma disposição mais restrita (a que impõe o sigilo das votações) e outra mais abrangente (a que garante a publicidade do julgamento), deve prevalecer, por aplicação da hermenêutica, a primeira. Tanto que o STF, apreciando esse conflito aparente de normas, manifestou-se no sentido da legalidade da votação obtida na sala secreta (*JSTF* 167/368 e *RT* 658/321).

Interessante notar que se tratando de um veredicto obtido de forma unânime (7 x 0), seja para condenar ou absolver, o princípio em estudo restava prejudicado, ante a conclusão óbvia de que todos os jurados julgaram da mesma maneira. Por isso se sustentava, com base na jurisprudência francesa, que uma vez obtida a maioria necessária para a obtenção de um veredicto irreversível (por exemplo, 4 x 1 pela absolvição ou 6 x 0 pela condenação), melhor seria que se interrompesse a colheita dos demais votos, como forma de se preservar o sigilo. Preciosa, nesse sentido, a lição de Ruy Barbosa, para quem "tão absoluto é o império desse preceito, de tal modo se liga às funções vitais da instituição, que, para encerrar o sigilo das responsabilidades do jurado no mistério mais impenetrável, a jurisprudência francesa anula os veredictos [...] quando contarem com a declaração de unanimidade, porque a resposta nesses termos dá virtualmente a conhecer a opinião de todos os jurados" (*O júri e a responsabilidade penal dos jurados*, Rio de Janeiro, 1896, *apud* César de Faria Júnior, *Revista Brasileira de Ciências Criminais*, nº 34, abril-junho 2001, Ed. RT, p. 273). Pois bem. A reforma do Júri, operada em 2008, comprometida com a preservação do sigilo e atenta à sugestão doutrinária, corrige essa falha. De sorte que o § 1º do art. 483, determina que "a resposta negativa, de mais de 3 (três) jurados, a qualquer dos quesitos referidos nos incisos I e II do *caput* deste artigo encerra a votação e implica a absolvição do acusado". É dizer: se mais de três jurados responderem negativamente aos quesitos referentes à materialidade do fato e à autoria ou participação, a votação estará automaticamente encerrada, no sentido da absolvição do réu, sem que seja necessário se proceder à colheita dos demais votos. Disposição semelhante é encontrada no § 2º do art. 483.

A revelação de que as votações de determinados quesitos foram unânimes é capaz de anular o julgamento? Segundo decidiu o STJ no REsp 1.745.056/MG (j. 15/04/2019), não há nulidade.

No caso julgado pela Corte Cidadã, o juiz presidente prosseguiu na apuração dos votos até o final, o que acabou revelando votações unânimes. O Tribunal de Justiça declarou a nulidade do julgamento por violação ao sigilo das votações, mas o Ministério Público interpôs recurso especial alegando não ter havido "prejuízo comprovado aos jurados ou ao réu pela inobservância ao disposto no art. 483, § 1º e § 2º, do CPP, que determina a interrupção da apuração de um quesito quando alcançada a maioria de votos", além de "inexistir nulidade expressamente prevista no texto legal pela apuração de todos os votos".

Invocando precedentes, o ministro Joel Ilan Paciornik deu razão ao Ministério Público. Segundo escreveu em seu voto, mesmo em casos como o julgado a nulidade só deve ser reconhecida se demonstrado o prejuízo decorrente do ato atacado, o que não foi apontado nem mesmo pelo tribunal de origem. Por isso, deu provimento ao recurso especial para afastar a nulidade e determinar o prosseguimento do julgamento dos recursos de apelação pela segunda instância:

"O Tribunal de origem entendeu pela ocorrência de nulidade absoluta por ofensa ao sigilo das votações porque os votos de quesitos julgados de forma unânime foram abertos e divulgados na sua totalidade, em potencial prejuízo ao acusado. Cito o trecho:

'B- DA NULIDADE ABSOLUTA DO JULGAMENTO. Analisando detidamente os autos, constata-se que lamentavelmente padecem estes de vicio insanável, a exemplo do que já decidi quando do julgamento dos Embargos Infringentes n° 1.0024.11.221650-2/009. In casu, a ocorrência verificada no julgamento em tela colide frontalmente com a nova redação do artigo 483, § 2º. do CPP, dada pela Lei n° 11.689/2008, e, principalmente, encontra-se em confronto com o princípio do sigilo das votações do Tribunal do Júri. Na forma determinada pelo art. 483, do CPP, deveria o d. Magistrado ter iniciado a divulgação das cédulas de votação, cessando a publicidade quando alcançados 04 (quatro) votos em um mesmo sentido, já que o referido dispositivo legal não determina que todas as cédulas sejam abertas, mas pelo contrário, define que em caso de alcançar quatro votos "sim" ou "não", ou seja, a maioria, deve o magistrado cessar a leitura dos votos em relação àquele quesito. (...) '

Contudo, esta Corte se posicionou pela necessidade de demonstração de prejuízo para declaração de nulidade, conforme art. 563 do CPP, inclusive para casos de divulgação de todos os votos dados em quesitos apurados no Tribunal do Júri. Cito precedentes:

PROCESSO PENAL. AGRAVO REGIMENTAL NO RECURSO ESPECIAL. HOMICÍDIO QUALIFICADO. TRIBUNAL DO JÚRI. SIGILO DAS VOTAÇÕES. VOTAÇÃO DOS QUESITOS LEVADA ATÉ O FINAL, SEM TER SIDO ENCERRADA QUANDO OBTIDA A MAIORIA. ARTIGO 483, §§ 1º E 3º, DO CPP. NULIDADE DO JULGAMENTO. IMPOSSIBILIDADE. SÚMULA 523/STF. AUSÊNCIA DE PREJUÍZOS À DEFESA. MERA IRREGULARIDADE. 1. Cinge-se à questão acerca da nulidade da sessão plenária por ter sido a votação dos quesitos levada até o final, sem ter sido encerrada quando obtida a maioria, em desrespeito ao contido no artigo 483, §§ 1º e 3º, do CPP. 2. No ponto, o Tribunal de origem afastou o vício por não ter o acusado demonstrado o prejuízo sofrido, além de considerar a matéria preclusa. 3. No campo da nulidade no processo penal vigora o princípio "pas de nulité sans grife", segundo o qual, o reconhecimento de nulidade exige a comprovação de efetivo prejuízo (art. 563 do Código de Processo Penal). Foi, desse modo, editado pelo Supremo Tribunal Federal o enunciado sumular 523, que assim dispõe: No processo penal, a falta de defesa constitui nulidade absoluta, mas a sua deficiência só o anulará se houver prova de prejuízo para o réu. Nessa linha, a demonstração do prejuízo sofrido pela defesa – que, em alguns casos de nulidade absoluta, por ser evidente, pode

> decorrer de simples raciocínio lógico do julgador – é reconhecida pela jurisprudência atual como imprescindível tanto para a nulidade relativa quanto para a absoluta. 4. No presente caso, o Tribunal a quo afastou a ocorrência de qualquer prejuízo. Assim, ausente a demonstração do prejuízo sofrido pelo recorrente, por ter sido a votação dos quesitos levada até o final, sem ter sido encerrada quando obtida a maioria, não há nulidade a ser sanada. 5. Ademais, segundo julgado da Sexta Turma desta Corte Superior de Justiça "conquanto a regra contida nos §§ 2º e 3º do art. 483 do CPP, com a redação determinada pela Lei nº 11.689/2008, estabeleça o encerramento da votação com a resposta de mais de 3 (três) jurados, a circunstância de o magistrado haver prosseguido na abertura das respostas dos demais jurados não maculou o princípio do sigilo das votações, tratando-se de mera irregularidade" (HC 162.443/SP, Rel. Ministro OG FERNANDES, SEXTA TURMA, julgado em 10/04/2012, DJe 09/05/2012). 6. Agravo regimental improvido (AgRg no REsp 1454610/SP, Rel. Ministro REYNALDO SOARES DA FONSECA, QUINTA TURMA, DJe 25/05/2016).
>
> (...)
>
> Logo, considerando que no caso concreto a Corte de origem não declinou o efetivo prejuízo suportado pelo recorrido com a divulgação de todos os votos dados para cada quesito, deve ser rechaçada a declaração de nulidade".

Soberania dos veredictos – O terceiro princípio atinente ao Júri – e talvez o mais marcante – é o da *soberania dos veredictos*. Por ele, somente os jurados podem decidir pela procedência ou não da imputação. Na precisa lição de José Frederico Marques, a soberania deve ser entendida como a "impossibilidade de os juízes togados se substituírem aos jurados na decisão da causa" (*Elementos de direito processual penal*, III/262). Em suma: um tribunal formado por juízes togados não pode modificar, no mérito, a decisão do Júri popular.

Soberania dos veredictos e o sistema do juiz das garantias – prevaleceu, no julgamento das ADIs 6.298, 6.299, 6.300 e 6.305, que o sistema do juiz das garantias não deve ser aplicado no procedimento especial do júri. Argumentam, em resumo, que no Tribunal do Júri o juiz do julgamento (jurados) está separado do juiz da instrução (juiz togado). Quem julga, inclusive, é soberano. Ousamos, desde logo, discordar. Em que pese a decisão de mérito, em regra, ser de competência constitucional dos juízes leigos (jurados), temos casos em que o juiz togado decide o tema central, reconhecendo autoria e materialidade. Conseguimos vislumbrar, pelo menos, duas hipóteses em que esse cenário ocorre. A primeira, quando, ao encerrar a fase de prelibação do procedimento, o juiz acolhe a única tese da defesa, julgando o réu inimputável, estando autorizado, desde logo, a julgar o mérito do processo e aplicar sanção penal (da espécie medida de segurança). Na segunda, quando os jurados, ao desclassificarem o crime em julgamento para outro diverso não doloso contra a vida (por exemplo, de homicídio tentado para lesão corporal), dão ao juiz togado o poder de julgar o mérito, podendo o magistrado absolver ou condenar o réu. Esses dois panoramas parecem indicar ser mais correto observar a figura do juiz das garantias no tribunal do júri. Não podemos ignorar, ainda, que o conceito de soberania dos veredictos admite mitigação (como veremos logo em seguida).

Mitigação ao princípio da soberania – É relativo, porém, o conceito de soberania dos veredictos, que não deve ser entendido como um poder absoluto acima de qualquer outro. Assim, por exemplo, pode a decisão do Júri, quando prejudicial ao réu, ser modificada através de revisão criminal, conforme entendimento pacífico da jurisprudência (*RT* 479/321, 548/331). E, de fato, seria inconcebível imaginar que uma decisão, absolutamente injusta, não pudesse ser alterada em nome do princípio em estudo. Imagine-se o exemplo em que, apesar do réu ter sido condenado definitivamente por homicídio, surge a *vítima* viva (como no célebre caso dos *irmãos Naves*, em Araguari-MG). Afrontaria o senso comum de justiça que, em atendimento à soberania do Tribunal do Júri, fosse mantida tão absurda condenação. Daí a oportuna lição de Tourinho Filho, ao ensinar que "entre manter a soberania dos veredictos intangível e procurar corrigir um erro em benefício da liberdade, obviamente o direito de liberdade se sobrepõe a todo e qualquer outro, mesmo porque as liberdades públicas, notadamente as que protegem o homem do arbítrio do Estado, constituem uma das razões do processo de organização democrática e constitucional do Estado ... entre o direito de liberdade e a garantia constitucional da soberania dos veredictos, a prevalência é daquele" (*Código de processo penal comentado, vol.* 2, p. 395).

ATENÇÃO – Também como forma de mitigação do princípio, tem-se a possibilidade de apelação contra a decisão do Júri *"manifestamente contrária à prova dos autos"* (art. 593, inc. III, *d*). Há quem sustente a inconstitucionalidade de tal dispositivo. Afinal, se o Júri é soberano, não poderia um tribunal superior, composto por juízes togados, anular o julgamento para que outro seja proferido, sob o argumento de desrespeito à prova dos autos. Nesse sentido a lição de Hélio Tornaghi (*Instituições de processo penal*, vol. II, p. 100-1) e James Tubenchlak (*apud*, Tourinho Filho, ob. cit. p. 78). Não é esse, porém, o entendimento que prevalece na doutrina e jurisprudência. Com efeito, seria inconcebível que uma decisão, obviamente divorciada da prova do processo, não pudesse ser revista através de recurso, o que afrontaria outro princípio previsto implicitamente na Constituição que é o do duplo grau de jurisdição, ou seja, a possibilidade da parte prejudicada, pelo menos uma vez, ver reexaminada a matéria por um órgão superior. Ademais, o tribunal togado não está *substituindo* a decisão dos jurados, mas simplesmente reconhecendo o equívoco e determinando que outro Júri seja realizado. No segundo julgamento, qualquer que seja o resultado, a decisão será definitiva (restando apenas a via da revisão criminal, exclusiva do condenado), ante a impossibilidade de nova apelação sob o mesmo fundamento legal (art. 593, § 3º, parte final). No STF, há decisões em ambos os sentidos, razão pela qual foi recentemente afetado ao Plenário o julgamento do tema n. 1087 de repercussão geral: "Possibilidade de tribunal de 2º grau, diante da soberania dos veredictos do Tribunal do Júri, determinar a realização de novo júri em julgamento de recurso interposto contra absolvição assentada no quesito genérico, ante suposta contrariedade à prova dos autos".

Competência mínima – Por último, a Constituição prevê o princípio da *competência mínima para julgamento dos crimes dolosos contra a vida*. Diz-se *mínima* em virtude de que, *no mínimo*, os crimes dolosos contra a vida devem ser julgados pelo Tribunal do Júri, nada impedindo que o legislador infraconstitucional amplie tal competência para que outros delitos, de natureza diversa, sejam também apreciados pelo povo. Aliás, houve tempo em que crimes de imprensa e crimes contra a economia popular eram julgados pelo Júri (v. item específico abaixo). O motivo que levou a constituinte a incluir tal dispositivo vem bem-apanhado por Guilherme de Souza Nucci, ao ressaltar que a preocupação foi de evitar um esvaziamento do Tribunal do Júri, a exemplo do que ocorreu em outros países. Ao se prever tal competência expressamente no texto constitucional, garante-se que, pelo menos para os crimes dolosos contra a vida, fica mantida a instituição do Júri (*Júri – princípios constitucionais*, p. 174).

Quando a Constituição se refere a *crimes dolosos contra a vida*, inclui, por óbvio, os delitos consumados e os tentados (art. 74, § 1º). São eles o homicídio (simples, privilegiado ou qualificado), o induzimento, instigação e auxílio ao suicídio, o infanticídio e o aborto, em suas diversas formas. De outro lado, em virtude de disposição expressa do Código de Processo Penal (art. 78, inc. I), havendo conexão entre um delito contra a vida e um outro crime de natureza diversa (por exemplo, homicídio doloso e resistência, homicídio doloso e ocultação de cadáver), ambos serão atraídos pelo Júri, para fins de unidade do processo e do julgamento (art. 79), o que confirma a possibilidade do legislador ordinário ampliar a competência do tribunal popular. Saliente-se, porém, que se o dolo do agente não foi de atentar contra a vida, como ocorre, *v.g.*, no latrocínio (v. Súmula 603 do STF), estupro seguido de morte, lesão corporal com o mesmo resultado, etc., a competência para o julgamento será do Juiz singular.

ATENÇÃO – A Lei nº. 13.491/2017, promoveu relevante alteração no art. 9º, § 2º, do Código Penal Militar, ao dispor que os delitos "dolosos contra a vida e cometidos por militares das Forças Armadas contra civil, serão da competência da Justiça Militar da União". Esse dispositivo não abrange todo e qualquer delito contra a vida perpetrado por componentes das Forças Armadas, mas somente aqueles praticados no seguinte contexto: "I - do cumprimento de atribuições que lhes forem estabelecidas pelo Presidente da República ou pelo Ministro de Estado da Defesa; "II - de ação que envolva a segurança de instituição militar ou de missão militar, mesmo que não beligerante; ou "III - de atividade de natureza militar, de operação de paz, de garantia da lei e da ordem ou de atribuição subsidiária, realizadas em conformidade com o disposto no art. 142 da Constituição Federal ...". Ressaltamos, novamente, que tal competência se restringe aos crimes dolosos cometidos por membros da Marinha, Exército e Aeronáutica. Tratando-se de policial militar, a competência é da Justiça Militar estadual, por conta de expresso texto constitucional, in verbis: "Compete à Justiça Militar estadual processar e julgar os militares dos Estados, nos crimes militares definidos em lei e as ações judiciais contra atos disciplinares militares, ressalvada a competência do júri quando a vítima for civil ...". O tema vem aprofundado nos comentários que tecemos ao art. 9º, inc. III, do códex.

Participação em automutilação (Lei 13.968/19) – A Lei 13.968/19 promoveu importantes alterações no art. 122 do CP, que passou a tipificar conjuntamente o induzimento, a instigação e o auxílio ao suicídio e à automutilação. A participação em suicídio, crime doloso contra a vida, é de competência do júri. Mas e a participação em automutilação? É de competência do júri? Vejamos, primeiro, o novo tipo:

Induzimento, instigação ou auxílio a suicídio ou a automutilação

Art. 122. Induzir ou instigar alguém a suicidar-se ou a praticar automutilação ou prestar-lhe auxílio material para que o faça:

Pena – reclusão, de 6 (seis) meses a 2 (dois) anos.

§ 1º Se da automutilação ou da tentativa de suicídio resulta lesão corporal de natureza grave ou gravíssima, nos termos dos §§ 1º e 2º do art. 129 deste Código:

Pena - reclusão, de 1 (um) a 3 (três) anos.

§ 2º Se o suicídio se consuma ou se da automutilação resulta morte:

Pena - reclusão, de 2 (dois) a 6 (seis) anos.

§ 3º A pena é duplicada:

I - se o crime é praticado por motivo egoístico, torpe ou fútil;

II - se a vítima é menor ou tem diminuída, por qualquer causa, a capacidade de resistência.

§ 4º A pena é aumentada até o dobro se a conduta é realizada por meio da rede de computadores, de rede social ou transmitida em tempo real.

§5º Aumenta-se a pena em metade se o agente é líder ou coordenador de grupo ou de rede virtual.

§ 6º Se o crime de que trata o § 1º deste artigo resulta em lesão corporal de natureza gravíssima e é cometido contra menor de 14 (quatorze) anos ou contra quem, por enfermidade ou deficiência mental, não tem o necessário discernimento para a prática do ato, ou que, por qualquer outra causa, não pode oferecer resistência, responde o agente pelo crime descrito no § 2º do art. 129 deste Código.

§ 7º Se o crime de que trata o § 2º deste artigo é cometido contra menor de 14 (quatorze) anos ou contra quem não tem o necessário discernimento para a prática do ato, ou que, por qualquer outra causa, não pode oferecer resistência, responde o agente pelo crime de homicídio, nos termos do art. 121 deste Código.

Desde logo, alertamos: errou o legislador. Misturou, no mesmo tipo, comportamentos manifestamente distintos. Cumulou na mesma redação típica crime doloso contra a vida e crime de natureza diversa. Não que o delito de participação em automutilação não merecesse punição própria. Apenas deveria estar tipificado em artigo outro, como, por exemplo, art. 129-A, topograficamente mais coerente. E agora, o novo crime (participação em automutilação) é de competência do júri?

A automutilação pode ser definida como o ato intencional de provocar lesões no próprio corpo, sem o propósito consciente de cometer suicídio. Figura na literatura médica como sintoma de transtornos mentais e pode ocorrer por meio de inúmeras condutas elencadas na Classificação Internacional de Doenças (CID). O item F98.4, por exemplo, dispõe que "comportamentos estereotipados automutiladores" incluem "bater a cabeça, esbofetear a face, colocar o dedo nos olhos, morder as mãos, os lábios ou outras partes do corpo". A CID também elenca, entre os itens X60 e X84, diversas formas e meios de lesões autoprovocadas intencionalmente: enforcamento, estrangulamento, sufocação, afogamento, submersão, disparo de arma de fogo na mão, uso de objeto cortante, penetrante ou contundente, precipitação de lugar elevado, precipitação ou permanência diante de um objeto em movimento, impacto de veículo a motor, eletrocussão, inalação de fumaça, exposição ao fogo, a chamas ou a explosivos, exposição a vapor de água, gases ou objetos quentes, dentre outras.

O fundamento para a tipificação de induzimento, instigação ou auxílio à automutilação reside no número cada vez maior de casos ocorridos especialmente por meio da internet e entre jovens, estimulados a participar de jogos que envolvem lesões a seu próprio corpo e que não raro os levam à morte. Muito embora, o tipo não restrinja as condutas aos meios eletrônicos nem tutele exclusivamente menores de idade ou vulneráveis, não há dúvida de que são eles que, com acesso muitas vezes irrestrito à internet, acabam sendo alvos das condutas punidas. É o que se extrai das justificativas do projeto da lei que reformulou o tipo penal.

Não nos parece que o novel crime seja da competência do júri. É que em momento algum aparece essa intenção na discussão do projeto. E se esse fosse o objetivo do legislador, certamente teria alterado o art. 74, §1º., do CPP, o que não ocorreu.

Genocídio – Dúvida perdurava em relação ao crime de genocídio, previsto na Lei 2.889/56. De sorte que o art. 1º, "a", do mencionado diploma legal, atento ao conceito formulado pelo Estatuto de Roma, que instituiu o Tribunal Penal Internacional, define como crime de genocídio matar, "com a intenção de destruir, no todo ou em parte, grupo nacional, étnico, racial ou religioso". Sucede que, para configuração do delito, não é exigido o ato de matar, prevendo-se outras figuras típicas, como, por exemplo, "a adoção de medidas destinadas a impedir os nascimentos no seio do grupo" (alínea "d"), ou a "transferência forçada de crianças do grupo para outro grupo" (alínea "e"). Em relação a esse crime, tendo em vista que, praticamente, se desconhecia sua existência em nosso país (ou, pelo menos, se perpetrado, não foi submetido à apreciação do Poder Judiciário), pouco se deteve a doutrina e, na jurisprudência, nada era encontrado.

Mais recentemente, contudo, o tema foi trazido a debate, em vista de massacre de que foram vítimas índios da tribo *ianomâmis*, em episódio que ficou conhecido como *Massacre de Haximu*. Apreciando a questão, em recurso especial manejado pelo Ministério Público, o STJ entendeu que a competência para julgamento é do juiz singular e não do Tribunal do Júri, extraindo-se o seguinte trecho do aresto: "o crime de genocídio tem objetividade jurídica, tipos objetivos e subjetivos, bem como sujeito passivo, inteiramente distintos daqueles arrolados como crimes contra a vida. Assim, a ideia de submeter tal crime ao Tribunal do Júri encontra óbice no próprio ordenamento processual penal, porquanto não há em seu bojo previsão para este delito, sendo possível apenas e somente a condenação dos crimes especificamente nele previstos, não se podendo neles incluir, desta forma, qualquer crime que haja morte da vítima, ainda que causada dolosamente. Aplicação dos arts. 5º, inciso XXXVIII, da Constituição Federal c/c 74, parág. 1º, do Código de Processo Penal" (REsp nº 222653-RR, Rel. Felix Fischer, j. 12.09.2000, DJ de 30.10.2000, p. 174).

A questão, outrossim, chegou ao STF, por meio de recurso extraordinário interposto, pela defesa, contra a decisão do *Tribunal da Cidadania*, que insistia no julgamento dos réus pelo Tribunal do Júri (RE n. 351487-RR, Rel. Cezar Peluso). Dada à relevância da matéria, afetou-se ao Plenário o julgamento do extraordinário, quando, em sessão ocorrida em 03.8.2006, o relator negou provimento ao reclamo dos acusados, como se vê da ementa abaixo transcrita.

Poderá parecer, à primeira vista, que tendo negado provimento ao recurso dos réus, teria o Supremo chancelado o posicionamento do STJ, no sentido de que a competência não seria do Tribunal do Júri, mas do juiz singular federal. Não é essa, porém, a conclusão que se chega pela leitura atenta de todo o julgado. Com efeito, a mais alta Corte do país negou provimento ao recurso, mas sob fundamento diverso, entendendo que, havendo – como havia no caso concreto – concurso formal entre o crime de genocídio e o de homicídio, a competência é sim do Tribunal do Júri, no caso o *júri federal*. Isso por força de normas processuais que regem a matéria, notadamente a prevista no art. 78, inc. I, do CPP, que atraem para o Júri a competência para o julgamento dos crimes conexos aos delitos contra a vida. Haverá, então, quem indague se, ao reconhecer a competência do Tribunal do Júri, não deveria o Supremo dar provimento ao recurso dos réus para submetê-los ao tribunal popular. Ocorre que nesse aspecto reside a peculiaridade do julgado, a reclamar sua integral leitura e não apenas da ementa capaz de ensejar alguma dúvida. É que os réus não foram denunciados por genocídio em concurso formal com homicídio – como seria correto –, mas pela prática de genocídio em concurso material com os crimes de lavra garimpeira, dano qualificado, ocultação de cadáver, contrabando e formação de quadrilha. De sorte que, conquanto o STF tenha reconhecido que, havendo concurso formal entre genocídio e homicídio, a competência seria do Tribunal do Júri, enviar os réus a júri popular importaria em inegável violação ao princípio que veda a *reformatio in pejus*, já que, em recurso exclusivo da defesa, não se poderia incluir o crime de homicídio que não foi objeto da denúncia, em franco prejuízo aos recorrentes.

ATENÇÃO – Em síntese, pode-se extrair do julgado do Supremo Tribunal Federal que: 1) o crime de genocídio não protege a vida ou a integridade física da pessoa, tendo objetividade jurídica diversa do homicídio, já que tutela a existência do grupo racial, étnico, nacional ou religioso, a que pertence a pessoa ou pessoas imediatamente lesionadas, sendo, pois, um delito de caráter coletivo ou transindividual; 2) quando, porém, perpetrado em concurso formal com o homicídio, a competência será do júri, que exerce *vis attractiva* para julgamento dos demais crimes conexos aos delitos contra a vida (art. 78, inc. I do CPP); 3) o julgamento é de competência da justiça federal, por ser o genocídio um crime político (em sentido impróprio), nos termos do art. 6º., da Lei 2.889/56 e porque a causa envolvia disputa sobre direitos indígenas (art. 109, incs. IV e XI da Constituição); 4) o julgamento, na hipótese de concurso de crimes (genocídio + homicídio), ocorrerá perante um *júri federal*.

Crimes contra a economia popular e Lei de Imprensa – Duas outras hipóteses de crimes, cujo julgamento era afeto ao Tribunal do Júri, não mais perduram. Assim, os crimes contra a economia popular (Lei 1.521/51) não são julgados pelo Júri, pois tal competência desapareceu com o advento do Decreto-lei 2/66. Tampouco os crimes de imprensa, já que a Lei de Imprensa (Lei 5.250/67), que tratava, na verdade, de um escabinato ou escabinado (posto que o juiz togado e os juízes leigos votavam em conjunto), foi considerada incompatível com a Constituição Federal, assim declarada pelo Supremo Tribunal Federal no julgamento da Arguição de Descumprimento de Preceito Fundamental (ADPF n° 130), em julgamento concluído em 30 de abril de 2009.

Exceções – Resta observar que a doutrina sempre ensinou que a competência do Tribunal do Júri para julgamento dos crimes dolosos contra a vida não tinha um caráter absoluto, admitindo exceções, como aquela que se verificava nas hipóteses de prerrogativa de foro (ou foro privilegiado) estabelecido na Constituição Federal. De sorte que, se um Senador da República praticasse um homicídio doloso, ele não seria julgado pelo Júri, mas pelo STF (arts. 53, §1o. e 102, ambos da CF). Confirmando essa conclusão, a súmula vinculante 45 (ratificando o teor da súmula 721 do STF) anuncia: "a competência constitucional do Tribunal do Júri prevalece sobre o foro por prerrogativa de função estabelecido exclusivamente pela Constituição Estadual".

Contudo, o STF, por meio de questão de ordem na Ação Penal 937, debateu o exagerado alcance do foro especial dos Congressistas, decidindo, por ampla maioria, limitar a prerrogativa aos crimes cometidos em razão do ofício e que digam respeito ao desempenho da função parlamentar.

Em seu voto, o Min. Luís Roberto Barroso liderou a tese vencedora, sustentando, em resumo, que o sistema atual do foro por prerrogativa, abrangendo qualquer espécie de infração penal, cometida antes ou durante o mandato, é altamente disfuncional, muitas vezes impedindo a efetividade da justiça criminal, criando situações de impunidade que contrariam princípios constitucionais como os da equidade, da moralidade e da probidade administrativa, abalando, portanto, valores republicanos estruturais.

Para o Ministro, essa situação só pode ser modificada pela interpretação restritiva da regra do foro por prerrogativa de função, aplicado apenas para crimes funcionais. O foro por prerrogativa de função é concebido para conferir a devida proteção ao exercício funcional, não para dificultar a persecução penal decorrente da prática de crimes. Por isso, há de se fazer presente o nexo de causalidade entre o exercício funcional e a conduta criminosa.

A proposta de redução é harmoniosa com restrições interpretativas que o próprio STF vem impondo até mesmo à imunidade material dos parlamentares. Se, portanto, o tribunal admite a restrição da imunidade dita absoluta, com mais razão deve se permitir interpretar restritivamente a imunidade relativa, especialmente diante dos efeitos deletérios que sua aplicação incondicional tem causado.

Diante dessa nova orientação da Corte, crimes não funcionais cometidos por Deputados Federais e Senadores, a partir de agora, serão processados no primeiro grau, e, em se tratando de delito doloso contra a vida, o julgamento será perante o Tribunal do Júri, salvo, em casos raríssimos, de um homicídio no exercício e em razão da função. Na AP 937, o STF discutiu apenas a restrição do foro para os parlamentares federais, preferindo, mesmo provocado pelo Min. Dias Toffoli, não alargar o debate para todos os casos de autoridades com foro no nosso ordenamento. A tendência, porém, será a simetria, repercutindo em todas as esferas de foro especial, ficando desidratadas as súmulas 721 e vinculante 45.

JURISPRUDÊNCIA

Competência. Genocídio

CRIME. Genocídio. Definição legal. Bem jurídico protegido. Tutela penal da existência do grupo racial, étnico, nacional ou religioso, a que pertence a pessoa ou pessoas imediatamente lesionadas. Delito de caráter coletivo ou transindividual. Crime contra a diversidade humana como tal. Consumação mediante ações que, lesivas à vida, integridade física, liberdade de locomoção e a outros bens jurídicos individuais, constituem modalidade executórias. Inteligência do art. 1º da Lei nº 2.889/56, e do art. 2º da Convenção contra o Genocídio, ratificada pelo Decreto nº 30.822/52 – "O tipo penal do delito de genocídio protege, em todas as suas modalidades, bem jurídico coletivo ou transindividual, figurado na existência do grupo racial, étnico ou religioso, a qual é posta em risco por ações que podem também ser ofensivas a bens jurídicos individuais, como o direito à vida, a integridade física ou mental, a liberdade de locomoção etc". (STF, RE 351487, Relator Min. CEZAR PELUSO, Tribunal Pleno, j. em 03/08/2006, DJe 10-11-2006)

"Ação penal. Conexão. Concurso formal entre genocídio e homicídios dolosos agravados. Feito da competência da Justiça Federal. Julgamento cometido, em tese, ao tribunal do júri. Inteligência do art. 5º, XXXVIII, da CF, e art. 78, I, cc. Art. 74, § 1º, do Código de Processo Penal. Condenação exclusiva pelo delito de genocídio, no juízo federal monocrático. Recurso exclusivo da defesa. Improvimento. Compete ao tribunal do júri da Justiça Federal julgar os delitos de genocídio e de homicídio ou homicídios dolosos que constituíram modalidade de sua execução". (STF, RE n. 351487-RR, Rel. Cezar Peluso, j. 03.08.2006).

Obtida a maioria, não mais se contam os votos restantes

"A descontinuação da apuração dos votos do júri, ao responder um quesito, não inflige qualquer pecha ao procedimento, ante o alcance lógico do resultado pela obtenção da maioria, nos termos das alterações procedidas pela norma ordinária de 2008 ao Código de Processo Penal" (STJ – HC n. 288116-MG, Rel. Maria Thereza de Assis Moura, j. 17.11.2015, DJe 30.11.2015).

Lei 13.491/17 e a competência da Justiça Militar da União para crimes dolosos contra a vida – a Lei nº. 13.491/2017 promoveu relevante alteração no art. 9º, § 2º, do Código Penal Militar, ao dispor que os delitos "dolosos contra a vida e cometidos por militares das Forças Armadas contra civil, serão da competência da Justiça Militar da União". Esse dispositivo não abrange todo e qualquer delito contra a vida perpetrado por componentes das Forças Armadas, mas somente aqueles praticados no seguinte contexto: "I – do cumprimento de atribuições que lhes forem estabelecidas pelo Presidente da República ou pelo Ministro de Estado da Defesa; "II – de ação que envolva a segurança de instituição militar ou de missão militar, mesmo que não beligerante; ou "III – de atividade de natureza militar, de operação de paz, de garantia da lei e da ordem ou de atribuição subsidiária, realizadas em conformidade com o disposto no art. 142 da Constituição Federal ...". Interessante observar que a lei incide não apenas quando o militar estiver em situação de confronto, tão comuns, ultimamente, nas comunidades cariocas, mas também em "operação de paz". Apenas para exemplificar, ao tempo em que o Exército brasileiro, em missão de paz da ONU, atuava no Haiti (intervenção que se findou em outubro de 2017), um crime ali praticado seria da competência da Justiça Militar, ainda que a missão não tivesse nenhum caráter beligerante.

Lei 13.491/17 e a competência da Justiça Militar dos Estados para crimes dolosos contra a vida – alertamos, de plano, que estão abrangidos pela alteração levada pela lei em comento os crimes dolosos contra a vida cometidos por integrantes das Forças Armadas, assim considerados, na dicção do art. 142 da Constituição, os membros da Marinha, Exército e Aeronáutica. Queremos dizer, com isso, que os crimes contra a vida de civil perpetrados por policiais militares estaduais, continuam sendo de competência da Justiça Comum, julgados pelo Júri Popular, nos termos do § 4º, do art. 125 da Carta, in verbis: "Compete à Justiça Militar estadual processar e julgar os militares dos Estados, nos crimes militares definidos em lei e as ações judiciais contra atos disciplinares militares, ressalvada a competência do júri quando a vítima for civil ...". Insistimos: cometido um crime contra a vida por um miliciano estadual, competente para o julgamento será a Justiça Militar estadual, a menos que a vítima seja civil, quando, então, a competência será da justiça comum, por meio do Júri, na dicção da norma constitucional.

Para maiores comentários sobre a Lei 13.491/17, v. art. 1º., II, acima.

JURISPRUDÊNCIA

Competência. Tribunal do júri

A competência para o julgamento dos delitos de homicídios contra civis praticados por policiais militares em serviço, ainda que verificadas as excludentes de ilicitude de legítima defesa e do estrito cumprimento do dever legal, é da Justiça Comum, não cabendo ao Juízo Militar, de ofício, a determinação do arquivamento do inquérito penal militar. (STJ - AgRg no AgRg no AREsp 2264343 / SP, 5ª Turma, Ministro Joel Ilan Paciornik, j. 17/10/23)

SEÇÃO I
DA ACUSAÇÃO E DA INSTRUÇÃO PRELIMINAR

Procedimento bifásico – Ainda sob a égide do Código de Processo Penal de 1941, dizia-se que o procedimento do Júri era *bifásico* ou *escalonado*, na medida em que se bifurcava em duas fases: a primeira denominada *iudicium accusationis* ou sumário de cul-

bre-se, inclusive, que segundo o STJ, eventual insuficiência de certeza sobre a identidade do acusado citado por WhatsApp gera nulidade do ato (STJ. HC 652.068. 6ª T. Rel. Min. Sebastião Reis Júnior. j. 24.08.2021).

Por isso a própria Lei 14.195/2021 prevê uma garantia de certificação aos dispor que "as citações por correio eletrônico serão acompanhadas das orientações para realização da confirmação de recebimento e de código identificador que permitirá a sua identificação na página eletrônica do órgão judicial citante" (§ 4º). E se essa confirmação não for realizada no prazo de até 3 dias úteis (do ato de recebimento da citação eletrônica), aí terá que ser feito o procedimento de citação conforme a ordem prevista nas alíneas do § 1º-A do art. 246 do CPC.

> ***§ 1º O prazo previsto no caput deste artigo será contado a partir do efetivo cumprimento do mandado ou do comparecimento, em juízo, do acusado ou de defensor constituído, no caso de citação inválida ou por edital. (Redação dada pela Lei nº 11.689, de 2008)***
>
> ***§ 2º A acusação deverá arrolar testemunhas, até o máximo de 8 (oito), na denúncia ou na queixa.***

Número de testemunhas – Pelo sistema anterior à reforma do júri de 2008, acusação e defesa, na denúncia ou queixa e na defesa prévia (no chamado *iudicium accusationis* ou sumário de culpa), poderiam arrolar até oito testemunhas, seguindo a regra geral do revogado art. 398. E, para oitiva em plenário, o número máximo era de cinco testemunhas, conforme disposto nos revogados arts. 418, § 2º e 421, § 2º.

Nenhuma alteração, nesse sentido, foi introduzida com a reforma do júri de 2008. O atual art. 406, § 2° continua a prever, para a fase inicial do procedimento, o número máximo de oito testemunhas para acusação e defesa e, para oitiva em plenário, a redução para cinco testemunhas (art. 422 do CPP).

> ***§ 3º Na resposta, o acusado poderá arguir preliminares e alegar tudo que interesse a sua defesa, oferecer documentos e justificações, especificar as provas pretendidas e arrolar testemunhas, até o máximo de 8 (oito), qualificando-as e requerendo sua intimação, quando necessário. (Incluído pela Lei nº 11.689, de 2008)***

Projeto original (PL nº 4.203/01) – O projeto original, submetido ao Congresso Nacional, previa a defesa do acusado, antes do recebimento da denúncia ou da queixa e mesmo a absolvição sumária no momento do juízo de admissibilidade da acusação, conforme concebido por Ada Pellegrini Grinover (*A reforma do processo penal, apud* Rui Stoco, *Tribunal do Júri e o projeto de reforma de 2001, Revista Brasileira de Ciências Criminais*, RT: São Paulo, ano 9, n° 36, out-dez 2001, pp. 207-8). Pelas razões expostas no item seguinte, essa proposta primitiva restou mutilada quando da elaboração do texto final da lei, quando se optou pela forma clássica segundo a qual, de início, o juiz recebe a acusação (denúncia ou queixa), deflagrando, assim, a ação penal. A partir daí, se procede à citação do acusado, bem como à prática dos demais atos defensivos e probatórios que comporão, nesta primeira fase, uma audiência única, com ênfase na oralidade, na qual, inclusive, será proferida sentença, pela qual se operará a pronúncia, impronúncia ou absolvição sumária do réu ou, ainda, a desclassificação do delito. Tais alternativas serão objeto de nosso estudo em seguida.

Inovações do Projeto de Lei nº 4.203/01 que não foram recepcionadas na redação final da reforma de 2008 – Esse rito, que explicamos de forma sintética acima, experimentaria radical alteração caso fossem acolhidas as propostas lançadas pelo Projeto de Lei nº 4.203/01, na forma que originariamente submetido à análise do Congresso Nacional.

Pelo projeto, se instalaria verdadeiro contraditório, condição prévia para análise da admissibilidade da acusação. Somente depois dessa dilação probatória é que o juiz decidiria sobre o recebimento ou rejeição da acusação. Saliente-se, em acréscimo, que, ao admitir a denúncia ou queixa, não mais poderia se valer de um juízo singelo de apreciação. Ao contrário, deveria proferir uma decisão de pronúncia, com todos os requisitos que a cercam, com apreciação obrigatória da prova produzida para, a partir daí, receber a acusação e remeter o réu a Júri.

O objetivo do legislador foi bem sintetizado nas palavras de Rui Stoco, ele mesmo um dos membros da comissão que elaborou o anteprojeto, em artigo intitulado *Tribunal do Júri e o projeto de reforma de 2001*, quando advertiu que as alterações no procedimento do Tribunal do Júri "buscam resgatar essa democratização desejada e aparelhar esse sistema de julgamento popular com mecanismos de proteção e defesa dos acusados, revalorizando a figura do jurado leigo e garantindo às partes um processo justo e rápido, de modo que a sociedade receba desde logo uma prestação de conta e resposta quase imediata da atuação do Estado, e o condenado receba a pena no momento que ainda se mostra pertinente, eficaz e com força para alcançar o que dela se espera (prevenção, repressão, segregação, desestímulo, reparação e regeneração) e, pois, se apresente adequada para aquele momento, sabido que justiça tardia não é justiça mas arremedo" (Revista Brasileira de Ciências Criminais, RT: São Paulo, ano 9, nº 36, out-dez 2001, p. 204).

Era a consagração, com efeito, de um prévio juízo de admissibilidade da acusação, caracterizado pelo contraditório. Não se tratava, é verdade, de iniciativa totalmente inédita em nosso sistema.

De sorte que o próprio Código de Processo Penal (art. 514), ao dispor sobre os crimes de responsabilidade do funcionário público, sendo afiançável o delito, impõe a prévia notificação do acusado, para que responda aos termos da acusação. Somente a partir dessa resposta é que o juiz, na exata dicção do art. 516 do código, irá analisar sobre o recebimento ou rejeição da denúncia ou queixa. Trata-se de providência adotada pelo legislador com o objetivo de proteger não o funcionário, mas a própria Administração Pública, razão pela qual cerca o procedimento dessa cautela. Também as Leis 8.038/90 e 8.658/93, que tratam dos crimes de competência originária dos Tribunais, perpetrados por aqueles que gozam do chamado *foro privilegiado*, contemplam uma fase preliminar, consistente na notificação do acusado para que, no prazo de 15 dias, responda à acusação. Somente depois dessa resposta é que o respectivo Tribunal deliberará sobre o recebimento ou rejeição da denúncia ou queixa.

A *ratio legis* vem bem-apanhada na obra de Antonio Scarance Fernandes, quando propõe a adoção de um *procedimento-modelo* (ou *procedimento-tipo*) para o processo penal. Salienta o autor que "sem uma prévia investigação do fato e da autoria, há o risco de acusações infundadas e apressadas. Após ser formulada a acusação e antes de ser ela admitida, deve-se proporcionar ao acusado um momento inicial para reagir à imputação e

Exceções – A defesa do réu, no processo penal, pode ser direta ou indireta. *Defesa direta* é aquela na qual o réu nega a existência do fato, invoca uma causa excludente da antijuridicidade ou culpabilidade, etc. *Defesa indireta* é aquela que ataca o processo, sem adentrar o mérito. São as *exceções*. Exceção, assim, é um meio de defesa indireto com o objetivo de extinguir a ação penal ou dilatar o seu exercício.

Quanto aos efeitos, a exceção pode ser *dilatória*, quando visa procrastinar o processo ou transferir seu exercício, sem que o processo seja extinto. São elas as exceções de suspeição, incompetência ou ilegitimidade de parte. Ou pode ser *peremptória*, aquela que, se acolhida, acarreta a extinção do processo. São elas as exceções de coisa julgada e litispendência. Lembramos que devem ser processadas em autos apartados e que não suspendem o processo principal (art. 111 do CPP).

Art. 408. Não apresentada a resposta no prazo legal, o juiz nomeará defensor para oferecê-la em até 10 (dez) dias, concedendo-lhe vista dos autos. (Redação dada pela Lei nº 11.689, de 2008)

Art. 409. Apresentada a defesa, o juiz ouvirá o Ministério Público ou o querelante sobre preliminares e documentos, em 5 (cinco) dias. (Redação dada pela Lei nº 11.689, de 2008)

Resposta do acusado – Antes de designar a audiência de que trata o art. 411, cumpre ao juiz analisar a resposta dada pelo acusado. Caso tenha sido citado e não tenha apresentado defesa ou constituído defensor, impõe-se a nomeação de um defensor dativo, que terá o prazo de dez dias para, obrigatoriamente, oferecer resposta à acusação.

Com a apresentação da defesa, será dada oportunidade para que o autor da ação penal (Ministério Público ou querelante) se manifeste no prazo de cinco dias (art. 410). Será esse, portanto, o momento oportuno para que o autor da ação penal se posicione sobre a resposta do réu, na qual alegou, por exemplo, alguma preliminar, juntou algum documento ou justificação, etc., como lhe faculta a nova redação do § 2°, do art. 406 do código.

O rito é muito parecido com o adotado pela Lei de Drogas (art. 55 da Lei n° 11.343/06), com a diferença de que, nesta última, a resposta do acusado se dá antes do recebimento da denúncia. No procedimento do Júri, primeiro é recebida a denúncia ou queixa (art. 406), para, depois, se colher a resposta do réu.

Art. 410. O juiz determinará a inquirição das testemunhas e a realização das diligências requeridas pelas partes, no prazo máximo de 10 (dez) dias. (Redação dada pela Lei nº 11.689, de 2008)

Prazo para oitiva de testemunhas – Um tanto exíguo o prazo estipulado pelo legislador, sobretudo em face da notória dificuldade de cumprimento de mandados de intimação nas grandes cidades. Talvez mais prudente fosse a adoção de um prazo mais dilatado e uma disciplina diversa, caso estivesse o réu preso ou solto, a exemplo do que prevê o art. 401 do CPP, ao determinar que a audiência de oitiva de testemunhas de acusação será realizada em 20 dias, estando preso o réu e 40 dias, caso esteja solto.

Art. 411. Na audiência de instrução, proceder-se-á à tomada de declarações do ofendido, se possível, à inquirição das testemunhas arroladas pela acusação e pela defesa, nesta ordem, bem como aos esclarecimentos dos peritos, às acareações e ao reconhecimento de pessoas e coisas, interrogando-se, em seguida, o acusado e procedendo-se o debate. (Redação dada pela Lei nº 11.689, de 2008)

§1º Os esclarecimentos dos peritos dependerão de prévio requerimento e de deferimento pelo juiz. (Incluído pela Lei nº 11.689, de 2008)

§ 2º As provas serão produzidas em uma só audiência, podendo o juiz indeferir as consideradas irrelevantes, impertinentes ou protelatórias. (Incluído pela Lei nº 11.689, de 2008)

§ 3º Encerrada a instrução probatória, observar-se-á, se for o caso, o disposto no art. 384 deste Código. (Incluído pela Lei nº 11.689, de 2008)

§ 4º As alegações serão orais, concedendo-se a palavra, respectivamente, à acusação e à defesa, pelo prazo de 20 (vinte) minutos, prorrogáveis por mais 10 (dez).(Incluído pela Lei nº 11.689, de 2008)

§ 5º Havendo mais de 1 (um) acusado, o tempo previsto para a acusação e a defesa de cada um deles será individual. (Incluído pela Lei nº 11.689, de 2008)

§ 6º Ao assistente do Ministério Público, após a manifestação deste, serão concedidos 10 (dez) minutos, prorrogando-se por igual período o tempo de manifestação da defesa. (Incluído pela Lei nº 11.689, de 2008)

§ 7º Nenhum ato será adiado, salvo quando imprescindível à prova faltante, determinando o juiz a condução coercitiva de quem deva comparecer. (Incluído pela Lei nº 11.689, de 2008)

§ 8º A testemunha que comparecer será inquirida, independentemente da suspensão da audiência, observada em qualquer caso a ordem estabelecida no caput deste artigo. (Incluído pela Lei nº 11.689, de 2008)

§ 9º Encerrados os debates, o juiz proferirá a sua decisão, ou o fará em 10 (dez) dias, ordenando que os autos para isso lhe sejam conclusos. (Incluído pela Lei nº 11.689, de 2008)

Audiência una – A privilegiar o princípio da oratória, quem tem orientado nosso legislador e, de resto, as legislações mais modernas (pelo menos do mundo ocidental), este dispositivo determina a hiperconcentração dos atos probatórios, todos reunidos, assim, em uma só audiência, elaborados de viva voz (v. § 2º, abaixo), cabendo ao juiz, também, via de regra, proferir decisão de pronto (v. § 9º, adiante).

Ofendido. Conceito - Ofendido é o titular do bem jurídico ameaçado ou atingido, pessoa sobre a qual recai a conduta criminosa do agente. Sobre o tema, ver acima comentários ao art. 202 do código.

Prova testemunhal. Conceito - Considera-se testemunha a pessoa física que, em Juízo, declara o que sabe sobre os fatos em litígio no processo penal. A matéria é aprofundada nos comentários aos arts. 202 a 225 do CPP.

Reconhecimento. Definição - Trata o reconhecimento de um cotejo entre elementos atuais e passados, capazes de propiciar a identidade de determinada pessoa ou coisa. A matéria vem aprofundada nos comentários aos arts. 226 a 228 acima. Ver, espacialmente, o art. 226, parágrafo único, sob a rubrica *exceção.*

Acareação. Definição - A acareação ou careação consiste no ato probatório através do qual são colocadas cara a cara, face a face, pessoas que apresentaram versões divergentes sobre determinado fato. A matéria é por aprofundada nos comentários aos arts. 229 e 230 do código.

§ 1º Os esclarecimentos dos peritos dependerão de prévio requerimento e de deferimento pelo juiz. (Incluído pela Lei nº 11.689, de 2008)

Esclarecimentos dos peritos - Se oficial o perito, melhor seria a utilização no singular, posto que a Lei nº 11.690, de 9 de junho de 2008, alterando o art. 159 do CPP, se satisfez com apenas um perito oficial e não mais dois, como constava da redação original. Não havendo perito oficial, o exame poderá ser feito por duas pessoas idôneas, com formação superior e afinidade com a matéria. Sua oitiva em juízo depende de prévio requerimento nesse sentido (art. 400, § 2º). Embora omisso o dispositivo em estudo, nada impede que também os assistentes técnicos sejam ouvidos em audiência, conforme previsto, expressamente, no art. 159, § 5º, inc. II do CPP, do diploma legal acima aludido.

Ao pleitear a oitiva dos peritos em Juízo, deve a parte apontar a pertinência dessa prova, indicando os pontos relativos à perícia efetuada que suscitam dúvidas, cumprindo ao juiz, não demonstrada tal necessidade, indeferir a produção da prova, como consta expressamente deste dispositivo. Somente quando indicado o esclarecimento que se almeja do técnico é que a prova deve ser admitida. Como já se decidiu "embora não formalmente proibido, é racionalmente irrelevante e pouco recomendável, fora dos casos de pedido de esclarecimentos, depoimento de perito que já expendeu sua opinião no laudo próprio, pois, para não ser contraditório consigo mesmo, obviamente procurará sustentar o ponto de vista já explicitado" (TACRIM-SP - Rel. Chiaradia Netto - *JUTACRIM* 22/352).

§ 2º As provas serão produzidas em uma só audiência, podendo o juiz indeferir as consideradas irrelevantes, impertinentes ou protelatórias. (Incluído pela Lei nº 11.689, de 2008)

Audiência - Sobre a audiência una, v. acima os comentários ao art. 400, § 1º.

ATENÇÃO - Tratando-se do procedimento do júri, não foi estabelecido o prazo de 90 dias (art. 412), sem distinção - que nos parece que seria recomendado - entre réus presos e soltos. Certa razoabilidade deve ser considerada na análise desse prazo, levando-se em conta peculiaridades do feito, que podem justificar em uma maior dilação de tempo, como sua complexidade, número de réus, diligências requeridas pelas partes (expedição de precatórias, exame de sanidade mental, etc.).

Indeferimento de provas – Ver, acima, art. 400, § 1º.

§ 3º Encerrada a instrução probatória, observar-se-á, se for o caso, o disposto no art. 384 deste Código. (Incluído pela Lei nº 11.689, de 2008)

Mutatio libelli – A alusão feita ao art. 384 do código refere-se à chamada *mutatio libelli*, assim prevista no mencionado dispositivo: "Encerrada a instrução probatória, se entender cabível nova definição jurídica do fato, em consequência de prova existente nos autos de elemento ou circunstância da infração penal não contida na acusação, o Ministério Público deverá aditar a denúncia ou queixa, no prazo de 5 (cinco) dias, se em virtude desta houver sido instaurado o processo em crime de ação pública, reduzindo-se a termo o aditamento, quando feito oralmente". Convidamos o leitor, assim, à consulta dos comentários lançados naquele artigo de lei.

§ 4º As alegações serão orais, concedendo-se a palavra, respectivamente, à acusação e à defesa, pelo prazo de 20 (vinte) minutos, prorrogáveis por mais 10 (dez).(Incluído pela Lei nº 11.689, de 2008)

§ 5º Havendo mais de 1 (um) acusado, o tempo previsto para a acusação e a defesa de cada um deles será individual. (Incluído pela Lei nº 11.689, de 2008)

§ 6º Ao assistente do Ministério Público, após a manifestação deste, serão concedidos 10 (dez) minutos, prorrogando-se por igual período o tempo de manifestação da defesa. (Incluído pela Lei nº 11.689, de 2008)

Debates em audiência – Ver, acima, os comentários ao art. 403 do CPP, que tratam da matéria.

ATENÇÃO – Segundo a *Jurisprudência de Teses*, n. 75, do Superior Tribunal de Justiça, "a ausência do oferecimento das alegações finais em processos de competência do Tribunal do Júri não acarreta nulidade, uma vez que a decisão de pronúncia encerra juízo provisório acerca da culpa" (tese n. 7).

Memoriais. Ressalva – Não é raro, porém, que as partes optem por, ao invés de se manifestarem oralmente, em audiência, ofertarem seus respectivos memoriais por escrito. É assim na Lei de Drogas (Lei 11.343/06), que, em seu art. 57, prevê os debates orais, mas cuja substituição pelos memoriais vem sendo admitida. E mesmo o art. 403, § 3º, introduzido na reforma processual de 2008, prevê que "o juiz poderá, considerada a complexidade do caso ou o número de acusados, conceder às partes o prazo de 5 (cinco) dias sucessivamente para a apresentação de memoriais. Nesse caso, terá o prazo de 10 (dez) dias para proferir a sentença".

Trata-se de questão polêmica. Afinal, a norma de processo é de ordem pública e sua alteração, por convenção das partes, mesmo contando com a autorização do juiz, parece configurar uma espécie de transação não tolerada. Se no processo civil ainda há algum espaço para que prevaleça a vontade das partes (quando há, por exemplo, a eleição do foro), no processo penal tal possibilidade inexiste. Ademais, a substituição dos debates por memoriais, atentaria contra a celeridade do processo, que constituiu uma das preocupações do legislador, como se infere da nova redação do art. 412 do CPP.

ATENÇÃO – Sem embargo de tais observações, o certo é que a jurisprudência tende a amenizar o rigor dessa obrigatoriedade. Calhou ao Superior Tribunal de Justiça assim se posicionar sobre o tema: "Inexiste nulidade, caso o Ministério Público e a defesa concordem em substituir as alegações orais por memorial" (*RT* 697/360). De outra parte, a oferta de memoriais, se não configurar qualquer prejuízo para as partes, enseja um maior aprofundamento na análise da prova, na medida em que permite o manuseio dos autos, propiciando um estudo mais apurado de se teor. Tal conclusão é reforçada nos procedimentos do Júri, quase sempre complexos, a não permitir que as partes exerçam seus direitos de acusação e defesa na plenitude, caso obrigadas a, oralmente, se manifestarem sobre prova que acabou de ser colhida. Cumpre ao Juiz, portanto, na análise do caso concreto – avaliando, por exemplo, a complexidade do caso, o número de testemunhas ouvidas, o número de acusados, as nuances da prova recém-produzida – decidir se passa, de imediato, aos debates ou se permite sejam eles substituídos por memoriais.

JURISPRUDÊNCIA

Ausência de alegações finais. Irrelevância

"O entendimento desta Corte Superior é no sentido de que a ausência do oferecimento das alegações finais, em processos de competência do Tribunal do Júri, não acarreta nulidade, por constituir, a decisão de pronúncia, mero juízo de seriedade da prova de provisório quanto à autoria e da materialidade. A defesa foi devidamente intimada para a apresentação das peças defensivas, oportunidade em que, dada as peculiaridades do caso, entendeu por bem aguardar a pronúncia para que, em Plenário, pudesse exercer a defesa dos pacientes, até mesmo porque encontravam-se foragidos desde a prática do fato delituoso, inviabilizando, dessa forma, a plena defesa" (STJ – HC n. 143977-PE,j. 20.10.2015, DJe 06.11.2015).

§ 7º Nenhum ato será adiado, salvo quando imprescindível à prova faltante, determinando o juiz a condução coercitiva de quem deva comparecer. (Incluído pela Lei nº 11.689, de 2008)

Não adiamento do ato como regra geral – Prevê o § 7°, do dispositivo em estudo, que nenhum ato será adiado, salvo se imprescindível à prova faltante. Assim, a regra é o não adiamento da audiência, a menos que a prova que deixou de ser realizada se revelar imprescindível. Poderá o juiz, ainda, determinar a condução coercitiva do faltoso, em observação legal que parece desnecessária, face aos termos do art. 218 do CPP. O legislador parece que pretendeu dotar o juiz de certo poder discricionário, pelo qual avaliaria a imprescindibilidade ou não da prova, para, somente a partir daí, deferir o adiamento da audiência para realização da prova faltante. Na prática se, *v.g.*, determinada testemunha se ausentar, não vemos como possa o juiz, de antemão, avaliar a relevância de tal testemunho para o deslinde do feito. Cumpre a ele, portanto, sob pena de afronta ao direito de acusação ou de defesa, designar nova audiência para oitiva da testemunha ausente, sob pena da parte prejudicada se valer de correição parcial para reforma da decisão ou dela reclamar, mais adiante, em sede de preliminar de recurso em sentido estrito, manejado contra a sentença de pronúncia.

§ 8º A testemunha que comparecer será inquirida, independentemente da suspensão da audiência, observada em qualquer caso a ordem estabelecida no caput deste artigo. (Incluído pela Lei nº 11.689, de 2008)

Testemunha que comparece – Este dispositivo afirma que a testemunha que comparecer será ouvida, obedecida a ordem do *caput* do mesmo artigo. Essa ordem impõe que, primeiro, sejam ouvidas testemunhas de acusação e, depois, de defesa. Trata-se, assim, de observação absolutamente inútil, pois é óbvio que a testemunha, comparecendo, deva mesmo ser ouvida, sem que haja qualquer motivo para o adiamento da audiência.

§ 9º Encerrados os debates, o juiz proferirá a sua decisão, ou o fará em 10 (dez) dias, ordenando que os autos para isso lhe sejam conclusos. (Incluído pela Lei nº 11.689, de 2008)

Autos conclusos para sentença – Quanto à possibilidade de o juiz julgar de plano, oralmente ou, se preferir, chamar os autos à conclusão para, por escrito, proferir sua sentença (no prazo de dez dias), remetemos o leitor às observações que fizemos acima ao § 6°, sob as rubricas *Princípio da oralidade* e *Memoriais. Ressalva.*

Art. 412. O procedimento será concluído no prazo máximo de 90 (noventa) dias. (Redação dada pela Lei nº 11.689, de 2008)

Prazo para encerramento desta fase do processo – Determina a lei que esta primeira fase do procedimento do Júri termine no prazo máximo de noventa dias. Nítida, aqui, a intenção do legislador em dotar essa espécie de rito de maior celeridade, já que as nuances do procedimento anterior ensejavam a superveniência de decisões, por vezes, dez anos depois de praticado o crime. Rui Stoco, um dos autores do anteprojeto, em artigo já aludido, sintetizou o objetivo das alterações produzidas: "É nesse caminho que se dirigiu, buscando imprimir um procedimento ágil, despido de formalismos, mas não de formalidades – posto que estas são da essência dos atos – que permita um julgamento tão rápido quanto seguro; sem descurar das garantias constitucionais e do direito do acusado ao *due process of law*" (ob. cit., p. 205).

A questão referente ao prazo para julgamento do feito, convém assinalar, mais do que nunca merece especial atenção, face ao teor da Emenda Constitucional nº 45, de 09 de dezembro de 2004, que acrescentando o inc. LXXVIII, ao art. 5º, da lei maior, passou a considerar, dentre as garantias fundamentais do ser humano, "a razoável duração do processo e os meios que garantam a celeridade de sua tramitação".

De se ver que, embora estipulando um prazo para encerramento da primeira fase do procedimento do Júri, silenciou o legislador quanto à realização do plenário, uma vez pronunciado o réu.

Para os tribunais, pronunciado o réu, fica superada a alegação de constrangimento ilegal por excesso de prazo (Súmula 21 do STJ). É necessário, porém, que o teor deste enunciado seja analisado à luz do bom senso ou, em outras palavras, o simples fato de ter sido o réu pronunciado não implica em se dizer que, a partir daí, possa vir a ser julgado em Plenário em prazo indefinido. Dita Súmula, reflexo de jurisprudência firme inclusive do STF, traduz-se em regra que deve ser "interpretada *cum grano salis*, não comportando excessos gritantes", como já decidiu a mais alta Corte do país (*RTJ* 181/1064). O Supremo Tribunal Federal, assim, ao analisar pedido de *habeas corpus* no qual o réu, pronunciado há mais de cinco anos, não havia sido, ainda, submetido a Júri, deferiu a ordem, para conceder a liberdade provisória ao paciente, extensiva aos demais corréus, por exceder o limite da razoabilidade (HC 90022-SP, Rel. Min. Sepúlveda Pertence, j. 13.2.2007, DJ 9.3.2007, p. 43).

Sobre o dever do juiz, periodicamente, rever a necessidade da prisão provisória, ver nossos comentários ao art. 316, parágrafo único, do CPP.

Levando-se em conta que o dispositivo não fez qualquer distinção, presume-se que esse prazo de noventa dias é válido quer preso o réu, quer solto. Com efeito, sempre que o legislador pretendeu distinguir uma situação de outra, ele o fez de forma expressa. Assim, *v.g.*, o art. 10 do CPP, que determina deva o inquérito policial terminar em dez dias estando o réu preso e, trinta, se solto. Ou o art. 46 do mesmo *codex*, que estipula o prazo para oferta da denúncia em cinco ou quinze dias, caso o réu esteja, respectivamente, preso ou solto. E mesmo a Lei de Drogas, que em seu art. 51 marca o prazo de 30 ou 90 dias, para conclusão do inquérito, dependendo da condição do réu. Isso para demonstrar – insistimos – que o legislador, quando quis tratar de forma diferenciada, o preso do solto, o fez expressamente. No caso do novo procedimento do Júri, onde há silêncio a esse respeito, presume-se que o prazo de noventa dias seja aplicado em uma e outra situação.

Embora válida a intenção do legislador, não se deixa de encarar com certo pessimismo a efetiva aplicação prática do dispositivo, como forma de propiciar maior rapidez na conclusão da primeira fase do *judicium accusationis*. Nesse sentido é o sentir de Luiz Flávio Gomes, em artigo intitulado *Novo procedimento do Júri*: "Dificilmente conseguirá a Justiça cumprir todos esses atos em 90 dias. De qualquer modo, não se pode afirmar a total irrelevância da fixação de um prazo. Caso haja excesso não justificado, deve o acusado preso ser solto. Quem lê o novo procedimento, com prazo fixado para seu término, audiência concentrada etc., tem a sensação de que a Justiça finalmente 'vai funcionar aceleradamente'. Na prática, entretanto, nem sempre é assim. No Estado de São Paulo, por exemplo, havendo recurso contra a pronúncia, é certo que o Tribunal de Justiça não irá julgá-lo em menos de dois anos. É esse atraso na prestação jurisdicional que dá a sensação de impunidade (que é a que fica no imaginário popular). Em um projeto que apresentamos na Câmara dos Deputados (pelo Deputado Luciano Castro – PR-RR) estamos sugerindo a prioridade absoluta para os processos de competência do tribunal do júri, incluindo-se a fase recursal. Prioridade zero para esses processos também nos tribunais. Só assim se conseguirá prestar a Justiça em tempo razoável".

A extinção do libelo – Conforme dispunha o revogado art. 416 do CPP, uma vez transitada em julgado a sentença de pronúncia, abria-se vista do processo para a oferta, pelo Ministério Público ou pelo querelante, do libelo, inaugurando-se, assim, a segunda fase do procedimento escalonado do Júri, chamada juízo da causa (*judicium causae*), que se estendia até o julgamento em plenário. O libelo podia ser definido como a peça acusatória na qual se fazia uma exposição, escrita e articulada, do fato criminoso em que foi o réu pronunciado. *Peça escrita*, porque assim lançada nos autos por seu autor. E *articulada*, já que redigida em forma de artigos, isto é, em partes, de modo a facilitar, inclusive, a futura elaboração do questionário a ser submetido aos jurados.

Críticas – Muitos criticavam a existência do libelo, destacando sua absoluta inutilidade, que se prestava, apenas, como fonte geradora de arguições de nulidade. Destaque-se a lição de Múcio de Abreu e Lima, para quem "o libelo nenhuma força própria tem; todo o seu vigor provém da pronúncia, da qual é ele uma reprodução; é à pronúncia que assiste a função de classificar o crime, caracterizando-o em seus elementos qualificadores, especificando o artigo ou artigos de lei em que está incurso o delinquente, quem seja ele e sua atividade criminosa; a pronúncia fixa a natureza, a extensão e os termos da acusação" (*Do libelo crime acusatório*, pp. 19-20).

Nessa linha de raciocínio, dois anteprojetos de Código de Processo Penal, elaborados em 1970 (Projeto *José Frederico Marques*) e 1979 (da lavra do Deputado Sérgio Murilo) e que não vingaram, suprimiam o libelo, sendo que, pela legislação proposta, o rol de testemunhas, a juntada de documentos e eventuais requerimentos, seriam formulados à véspera do julgamento. Já a leitura do libelo antes de iniciada a acusação (antigo art. 471), seria substituída pela leitura da denúncia ou da queixa que o substituiu.

Pontos positivos – Havia, outrossim, pontos favoráveis quanto à manutenção do libelo. Primeiro, porque duvidoso o argumento de que sua eliminação evitaria a interposição de recursos, abreviando, assim, a conclusão do processo. Por certo, os recursos apresentados contra o libelo se voltarão, com sua extinção, contra a pronúncia, acarretando a mesma demora que se busca evitar com a alteração legislativa. Segundo, em razão de que questões referentes à dosagem da pena (a reincidência do réu, por exemplo), que obrigatoriamente deveriam constar do *libellum*, nos termos do revogado art. 417, inc. III, não ficariam bem postas em uma sentença de pronúncia, cuja função principal é a de admitir a acusação em plenário do Júri. Servia o libelo, nesse caso, como uma verdadeira complementação da pronúncia, quando articulava circunstâncias pertinentes à graduação da pena. Terceiro, em virtude de que o libelo, quando bem elaborado, por sua concisão e objetividade, permitia identificar mais facilmente o teor da acusação, garantindo a defesa do réu que jamais poderia alegar surpresa e facilitando a tarefa do juiz togado, tanto na fiscalização dos debates em plenário, como na elaboração dos quesitos que seriam apreciados pelos jurados.

De qualquer forma, trata-se de questão superada, na medida em que a comissão elaboradora do projeto aboliu definitivamente o libelo, nele não vislumbrando qualquer alcance prático, senão fonte inesgotável de nulidades. Cumpre, assim, à decisão de pronúncia, ao delimitar a acusação a ser manejada em plenário, fazer as vezes do extinto libelo.

Tratando-se, outrossim, de matéria que tem caráter unicamente processual, incide, por consequência, o disposto no art. 2º do CPP, ou seja, a extinção do libelo se deu imediatamente, assim que a reforma de 2008 entrou em vigor, em atenção ao *princípio do efeito imediato* ou *princípio da aplicação imediata da lei processual penal*. Vale dizer: transposta a *vacatio legis* e com a nova disciplina do Júri em pleno vigor, está abolido o libelo, pouco importando, aqui, se o delito foi perpetrado antes ou depois da inovação. Não se pode, com efeito, identificar nenhum conteúdo de Direito Penal na extinção do libelo, capaz de configurar uma *norma processual penal material*, que justifique sua manutenção para os delitos cometidos antes da vigência da nova lei. Tampouco é correto afirmar que a extinção do libelo poderia acarretar alguma espécie de prejuízo para o réu, afrontando, por exemplo, o seu direito de defesa e, por isso, justificando sua manutenção para os fatos anteriores à sua extinção. Não. O libelo, como já destacado, será substituído pela sentença de pronúncia, cabendo à parte que se sentir prejudicada, discordando desta decisão, dela recorrer. Prevalece, assim, o *tempus regit actum* e, com a entrada em vigor da nova disciplina do Júri, está, definitivamente, extinto o libelo.

JURISPRUDÊNCIA

Excesso de prazo

a) quando verificado

"O paciente, acusado da suposta prática do crime de homicídio qualificado, encontra-se preso preventivamente desde 13 de abril de 2009 – ou seja, há cerca de dois anos – sem que, neste ínterim, tenha encerrado a primeira etapa do rito bifásico do júri [...]Cabe ao aparelho estatal zelar pela celeridade dos processos sob sua tutela, sobretudo em casos de réu preso, sob pena de submeter os supostos agentes de um delito – que, até o momento, estariam resguardados pela presunção de não culpabilidade – a uma constrição que, pelo decurso do tempo, converter-se-ia em verdadeira antecipação da pena, antes mesmo da análise do mérito da ação penal. Ordem concedida, para que o paciente aguarde o julgamento popular em liberdade, determinando-se a expedição do competente alvará de soltura em seu favor, se por outro motivo não estiver preso" (STJ – HC n° 166751-BA, Rel. Jorge Mussi, j. 13.125.2011, DJe 01.02.2012).

"Evidenciada a coação advinda de excesso de prazo quando a audiência de instrução será realizada quando o recorrente completará mais de cinco anos no cárcere, delonga atribuível ao fato de não se conseguir lograr êxito em nomear defensor em favor de um dos corréus, pois nenhum advogado dativo aceitou o encargo e a Defensoria Pública não dispunha de servidor para atendê-lo, não se vislumbrando, de igual forma, rápida resolução da lide que ainda se encontra na primeira fase. Demonstrado que o retardo ou a delonga ultrapassaram os limites da razoabilidade e podem ser atribuídos unicamente ao Estado e ao Judiciário, de ser reconhecido o constrangimento ilegal." (STJ – RHC 45526/CE, 5ª Turma, Rel. Jorge Mussi, j. 07/06/16)

b) quando não verificado

"Não ocorre excesso de prazo quando o processo tramita regularmente, retardando-se em razão da complexidade da causa e da existência de vários réus, de maneira que os autos seguem o seu regular e razoável andamento, não tendo sido evidenciada qualquer omissão ou desídia do juízo. O pedido de desaforamento, feito pelo Ministério Público Estadual, não dá ensejo ao alegado constrangimento ilegal por excesso de prazo, principalmente quando ele é julgado procedente para transferir o julgamento da ação penal para a comarca da capital a fim de preservar a imparcialidade do júri." (STJ – RHC 48188/RJ, 5ª Turma, Min. Rel. Gurgel de Faria, j. 21/10/14)

SEÇÃO II
DA PRONÚNCIA, DA IMPRONÚNCIA E DA ABSOLVIÇÃO SUMÁRIA

Art. 413. O juiz, fundamentadamente, pronunciará o acusado, se convencido da materialidade do fato e da existência de indícios suficientes de autoria ou de participação. (Redação dada pela Lei nº 11.689, de 2008)

§ 1º A fundamentação da pronúncia limitar-se-á à indicação da materialidade do fato e da existência de indícios suficientes de autoria ou de participação, devendo o juiz declarar o dispositivo legal em que julgar incurso o acusado e especificar as circunstâncias qualificadoras e as causas de aumento de pena. (Incluído pela Lei nº 11.689, de 2008)

§ 2º Se o crime for afiançável, o juiz arbitrará o valor da fiança para a concessão ou manutenção da liberdade provisória. (Incluído pela Lei nº 11.689, de 2008)

§ 3º O juiz decidirá, motivadamente, no caso de manutenção, revogação ou substituição da prisão ou medida restritiva de liberdade anteriormente decretada e, tratando-se de acusado solto, sobre a necessidade da decretação da prisão ou imposição de quaisquer das medidas previstas no Título IX do Livro I deste Código. (Incluído pela Lei nº 11.689, de 2008)

Pronúncia – Encerrada a primeira fase do procedimento do Júri, denominada de *instrução preliminar*, caso o juiz se veja convencido da materialidade do crime e da existência de indícios de autoria, deve pronunciar o réu, conforme prescrito neste artigo. Essa nova redação praticamente repete o texto do revogado art. 408, que tratava da pronúncia.

A sentença de pronúncia, portanto, é cabível sempre que o juiz reconhecer a existência do crime e indícios de quem seja seu autor, quando então remeterá o acusado para julgamento pelo Júri. Trata-se, assim, de sentença processual de conteúdo declaratório em que o juiz proclama admissível a acusação para que esta seja decidida no plenário do Júri (José Frederico Marques, ob. cit. vol. 3, p. 181).

Na lapidar lição de Magarinos Torres, "pronúncia é a decisão em que se apuram a existência do crime, certeza provisória da autoria e indícios da responsabilidade do réu" (*Processo penal do júry no Brasil*, Rio de Janeiro: Jacintho, 1939, p. 105).

Existência do crime – Ela é comprovada através do respectivo exame de corpo de delito, desde que, nos termos do art. 158 do código, deixe vestígios a infração penal. Uma tentativa de homicídio onde o projétil de arma de fogo passe próximo ao corpo da vítima sem causar-lhe qualquer lesão, prescindirá do exame reclamado pelo mencionado dispositivo legal. De outro lado, o exame de corpo de delito pode ser *direto*, quando é feita uma inspeção ocular no corpo da vítima e o perito apura, por exemplo, quantos tiros a alvejaram, qual o trajeto que eles seguiram, etc. Ou pode ser *indireto*, na forma do art. 167 do CPP, quando testemunhas suprirão a falta do exame direto (*RT* 643/281, 457/322). Assim, em um exemplo clássico, a morte da vítima, alvejada por inúmeros tiros, ocorrida no convés de um navio em que o autor, após praticar o crime, lança o cadáver ao mar.

O exame de corpo de delito direto, por óbvio, está prejudicado, nada impedindo, porém, que testemunhas que a tudo presenciaram atestem a materialidade do crime.

Dolo eventual e qualificadoras do homicídio – a jurisprudência dos Tribunais Superiores oscila a respeito da compatibilidade ou incompatibilidade do dolo eventual no homicídio com as qualificadoras objetivas (art. 121, § 2º, III e IV). Aqueles que compreendem pela incompatibilidade do dolo eventual com as qualificadoras objetivas, escoram tal posição na percepção de que o autor escolhe o meio e o modo de proceder com outra finalidade, lícita ou não, embora seja previsível e admitida a morte. Tal posicionamento, retira, definitivamente do mundo jurídico, a possibilidade fática de existir um autor que opte por utilizar meio e modo específicos mais reprováveis para alcançar fim diverso, mesmo sendo previsível o resultado morte e admissível a sua concretização. Ainda, a justificativa de incompatibilidade entre o dolo eventual e as qualificadoras objetivas, inexistência de dolo direto para o resultado morte, se contrapõe à admissão na Corte Cidadã de compatibilidade entre o dolo eventual e o motivo específico e mais reprovável (art. 121, § 2º, I e II, do CP). Com essas considerações, o STJ elegeu o posicionamento pela compatibilidade, em tese, do dolo eventual também com as qualificadoras objetivas (art. 121, § 2º, III e IV, do CP). Em resumo, as referidas qualificadoras serão devidas quando constatado que o autor delas se utilizou dolosamente como meio ou como modo específico mais reprovável para agir e alcançar outro resultado, mesmo sendo previsível e tendo admitido o resultado morte.

Indícios de autoria – Ao se satisfazer, de outro lado, com meros *indícios de autoria*, quis o legislador deixar claro que a sentença de pronúncia encerra um simples juízo de probabilidade na qual o juiz julga admissível a acusação, apta, portanto, a ser conhecida pelo Júri. Por indícios, na lição de Borges da Rosa, "se consideram os fatos conhecidos que, por sua força e precisão, são capazes de determinar uma só e única conclusão: a de que não foi outro se não o indiciado o autor ou cúmplice do fato criminoso" (*Processo penal brasileiro*, Porto Alegre: Globo, 1942, vol. II, p. 494-5).

Com efeito, a saída apressada de um homem, com a camisa totalmente manchada de sangue, da casa onde foi encontrada a vítima esfaqueada, é indício forte de que ele tenha sido o autor do homicídio. Seria o bastante para que fosse ele pronunciado, já que a simples suspeita quanto à autoria já autoriza a pronúncia. Nem poderia ser diferente. A certeza absoluta deve estar presente quando do julgamento em plenário. Aí sim os jurados devem orientar seus veredictos no sentido de apenas condenarem quando munidos da mais absoluta convicção, oriunda da prova dos autos, de que o autor cometeu o crime. Eventual dúvida se resolve, então, em favor do acusado, com o conhecido brocardo do *in dubio pro reo*. Para a pronúncia, ao revés, a regra é do *in dubio pro societate*, significa dizer que aqui não se exige a mesma certeza que se faz necessária para condenar. Na dúvida, deve o juiz pronunciar, cabendo ao Tribunal do Júri, com competência constitucional para tanto, dar a última palavra ao julgar o mérito da acusação. Nesse sentido, *RSTJ* 115/462; *RT* 729/545, 735/657.

Os indícios de autoria, no entanto, devem se basear em prova minimamente amparada em elementos concretos. Em decisão recente, o STJ concluiu que o *in dubio pro societate* não subsiste se a prova produzida na primeira fase se resume a testemunhos indiretos, desacompanhados de elementos que possam corroborar a versão apresentada:

> "Muito embora a análise aprofundada dos elementos probatórios seja feita somente pelo Tribunal Popular, não se pode admitir, em um Estado Democrático de Direito, a pronúncia baseada, exclusivamente, em testemunho indireto (por ouvir dizer) como prova idônea, de per si, para submeter alguém a julgamento pelo Tribunal Popular" (STJ. 5ª Turma. HC 673.138-PE, Rel. Min. Reynaldo Soares da Fonseca, julgado em 14/09/2021).

O *in dubio pro societate* no rito especial do júri – a influência do *in dubio pro societate* na fase de pronúncia é inconteste. O Superior Tribunal de Justiça decide reiteradamente que o juízo a ser feito nesta fase dispensa a prova robusta, reservando-se a resolução de eventuais dúvidas aos jurados:

> *"1. A decisão de pronúncia encerra simples juízo de admissibilidade da acusação, satisfazendo-se, tão somente, pelo exame da ocorrência do crime e de indícios de sua autoria. A pronúncia não demanda juízo de certeza necessário à sentença condenatória, uma vez que as eventuais dúvidas, nessa fase processual, resolvem-se em favor da sociedade – in dubio pro societate. 2. Além disso, a jurisprudência do STJ*

é no sentido de que constitui usurpação da competência do Conselho de Sentença a desclassificação do delito operado pelo Juízo togado, na hipótese em que não há provas estreme de dúvidas sobre a ausência de animus necandi. Precedentes." (AgRg no AREsp 1.276.888/RS, j. 19/03/2019)

Também no STF as decisões no geral atribuem ao *in dubio pro societate* a função de remeter a apreciação profunda da prova ao Tribunal do Júri:

"O acórdão recorrido se encontra consentâneo com o entendimento desta Corte, no sentido de que na sentença de pronúncia deve prevalecer o princípio in dubio pro societate, não existindo nesse ato qualquer ofensa ao princípio da presunção de inocência, porquanto tem por objetivo a garantia da competência constitucional do Tribunal do Júri." (ARE 986.566 AgR/SE, j. 21/08/2017)

"O princípio do in dubio pro societate, insculpido no art. 413 do Código de Processo Penal, que disciplina a sentença de pronúncia, não confronta com o princípio da presunção de inocência, máxime em razão de a referida decisão preceder o judicium causae. Precedentes: ARE 788288 AgR/GO, Rel. Min. Cármen Lúcia, Segunda Turma, DJe 24/2/2014, o RE 540.999/SP, Rel. Min. Menezes de Direito, Primeira Turma, DJe 20/6/2008, HC 113.156/RJ, Rel. Min. Gilmar Mendes, Segunda Turma, DJe 29/5/2013" (ARE 788.457 AgR/SP, j. 13/05/2014).

Ocorre que, mais recentemente, a Corte Maior proferiu decisão em que coloca em xeque o *in dubio pro societate* na fase de pronúncia.

No caso julgado (ARE 1.067.392/CE, j. 26/03/2019), a decisão de primeira instância havia impronunciado dois dos acusados devido à inexistência de indícios suficientes de autoria. O Ministério Público recorreu e o Tribunal de Justiça local proveu o recurso sob o fundamento de que, naquele momento, havia dúvida a respeito da autoria, o que deveria conduzir os acusados ao julgamento pelo júri. Em recurso extraordinário, alegou a defesa que o reconhecimento da existência de dúvida sobre a autoria do crime deveria levar à impronúncia em respeito ao princípio da presunção de inocência.

Embora o STF tenha negado seguimento ao recurso, concedeu *habeas corpus* de ofício para restabelecer a decisão de impronúncia proferida em primeira instância.

Segundo o ministro Gilmar Mendes, embora não haja definição rígida de critérios para valoração da prova, o juízo a ser feito deve ser orientado pela lógica e pela racionalidade. No caso, o juiz de primeira instância havia negado a existência de indícios mínimos de autoria porque as testemunhas presenciais afirmaram não terem visto os acusados agredindo a vítima. As únicas referências à responsabilidade de ambos partiram de familiares da vítima, que, no entanto, nada presenciaram. Para o ministro, tais referências não podem ser consideradas provas razoáveis para fundamentar a pronúncia.

Pois bem, até este ponto, não há novidade. É evidente que a indicação de indícios suficientes de autoria passa pela avaliação da prova, que não é guiada por critérios rígidos e pode levar a conclusões diversas a depender da perspectiva e de quem faz a análise. Não por acaso, há recursos para atacar as decisões de pronúncia e de impronúncia, recursos cuja conclusão frequentemente contraria o que foi decidido em primeira instância.

O aspecto interessante desta decisão está na expressa refutação do *in dubio pro societate*, que, segundo o ministro Gilmar Mendes, desvirtua o sistema de valoração de provas:

"Considerando tal narrativa, percebe-se a lógica confusa e equivocada ocasionada pelo suposto "princípio in dubio pro societate", que, além de não encontrar qualquer

amparo constitucional ou legal, acarreta o completo desvirtuamento das premissas racionais de valoração da prova. Além de desenfocar o debate e não apresentar base normativa, o in dubio pro societate desvirtua por completo o sistema bifásico do procedimento do júri brasileiro, esvaziando a função da decisão de pronúncia. (...) Sem dúvidas, para a pronúncia, não se exige uma certeza além da dúvida razoável, necessária para a condenação. Contudo, a submissão de um acusado ao julgamento pelo Tribunal do Júri pressupõe a existência de um lastro probatório consistente no sentido da tese acusatória. Ou seja, requer-se um standard probatório um pouco inferior, mas ainda assim dependente de uma preponderância de provas incriminatórias.

(...)

Como visto, neste caso concreto, conforme reconhecido pelo juízo de primeiro grau e também em conformidade com os argumentos aportados pelo Tribunal, há uma preponderância de provas no sentido da não participação dos imputados José Reginaldo e Cleiton nas agressões que ocasionaram o falecimento da vítima.

Ainda que se considere os elementos indicados para justificar a pronúncia em segundo grau e se reconheça um estado de dúvida diante de um lastro probatório que contenha elementos incriminatórios e absolutórios, igualmente a impronúncia se impõe. Se houver uma dúvida sobre a preponderância de provas, deve então ser aplicado o in dubio pro reo, imposto nos termos constitucionais (art. 5º, LVII, CF), convencionais (art. 8.2, CADH) e legais (arts. 413 e 414, CPP) no ordenamento brasileiro."

Parece-nos, no entanto, equivocada a argumentação.

Ora, em primeiro lugar, embora não se trate de princípio explícito, o *in dubio pro societate* decorre da própria formulação dos requisitos mínimos para a pronúncia. O art. 413 do CPP estabelece, afinal, que o juiz *pronunciará* o acusado, se convencido da materialidade do fato e da *existência de indícios suficientes* de autoria ou de participação. Se é possível se contentar com a existência de *indícios suficientes* – e não de prova razoável – da autoria, é óbvio que esta fórmula traz consigo a possiblidade de que haja uma parcela razoável de dúvida que, não obstante, é incapaz de impedir o prosseguimento do processo para julgamento pelo órgão competente, que é o Tribunal do Júri. Se nesta fase preponderasse o *in dubio pro reo*, a pronúncia jamais poderia se fundamentar em indícios suficientes da autoria; o texto legal deveria fazer referência à existência de *prova* da autoria.

É, ademais, perigoso opor um óbice dessa magnitude já no juízo de instrução preliminar, estruturado apenas para garantir que o crime de fato ocorreu e de que há *elementos mínimos* sobre a autoria. Não se pode exigir, neste momento, que a prova existente esteja além da dúvida razoável, pois isso traria à fase de instrução preliminar um peso que jamais lhe foi conferido historicamente. É bom lembrar, além disso, que prova da materialidade e indícios de autoria são os mesmos requisitos para o próprio oferecimento da denúncia, momento em que também não vigora o *in dubio pro reo*, servindo a primeira fase do procedimento do júri para confirmar, agora sob o manto da ampla defesa e do contraditório – com maior segurança, portanto –, os elementos mínimos angariados na investigação.

Não fosse bastante, o *in dubio pro societate* privilegia (assegurando) um princípio fundamental do júri: a soberania dos vereditos. Por ele, somente os jurados podem decidir pela procedência ou não da imputação. Na precisa lição de José Frederico Marques, a soberania deve ser entendida como a "impossibilidade de os juízes togados se substituírem aos jurados na decisão da causa" (*Elementos de direito processual penal*, III/262).

Normalmente, invoca-se a soberania dos vereditos diante de questões relativas ao mérito, como no caso do julgamento de recursos. É graças à soberania que a apelação contra o julgamento pelos jurados tem fundamentação vinculada, só pode ser interposta nas situações permitidas no art. 593, inc. III, alíneas *a*, *b*, *c* e *d*, do CPP. Ao contrário do que ocorre em outros casos, na apelação do júri o tribunal jamais poderá reapreciar o mérito e modificar a conclusão a que chegou o Conselho de Sentença porque, por exemplo, não havia provas suficientes para a condenação. Mas a soberania dos vereditos não se limita a garantir a integridade do julgamento já realizado, senão que se aplica também em perspectiva, ou seja, deve ser observada para garantir o julgamento pelo juiz natural dos crimes contra a vida. Quando profere a sentença no encerramento do juízo preliminar do procedimento do júri, o juiz deve ter em perspectiva a soberania dos vereditos para não usurpar a competência dos jurados. Daí porque o *in dubio pro societate* funciona como uma garantia daquele princípio, porque obriga que se remeta ao órgão com competência constitucional a apreciação da autoria do fato, ainda que sobre isso pairem certas dúvidas.

Pode ser que no caso concreto julgado pelo Supremo Tribunal Federal não houvesse mesmo indícios mínimos de autoria que pudessem autorizar o julgamento pelo júri. Isto é uma questão de apreciação de provas que, como já dissemos, pode dar azo a conclusões diversas. Mas não se pode concordar com a exclusão *a priori* da solução que, frente à dúvida, prefere o julgamento pelo órgão competente segundo a Constituição Federal.

Pronúncia fundada exclusivamente em elementos informativos obtidos na fase inquisitorial • A doutrina e a jurisprudência discutem se cabe pronúncia motivada somente em elementos obtifos na fase de investigação, havendo indisfarçável controvérsia. O STJ já admitiu. Na oportunidade concluiu que, embora a vedação imposta no art. 155 do CPP se aplique a qualquer procedimento penal, inclusive dos do Júri, não se pode perder de vista o objetivo da decisão de pronúncia não é o de condenar, mas apenas o de encerrar o juízo de admissibilidade da acusação (*iudicium accusationis*). Na pronúncia opera o princípio in dubio pro societate, porque é a favor da sociedade que se resolvem as dúvidas quanto à prova, pelo Juízo natural da causa. Constitui a pronúncia, portanto, juízo fundado de suspeita, que apenas e tão somente admite a acusação. Não profere juízo de certeza, necessário para a condenação, motivo pelo qual a vedação expressa do art. 155 do CPP não se aplica à referida decisão (STJ. 5ª Turma. AgRg no AgRg no AREsp 1702743/GO, Rel. Min. Joel Ilan Paciornik, julgado em 15/12/2020; 6ª Turma. AgRg no AREsp 1609833/RS, Rel. Min. Rogerio Schietti Cruz, julgado em 06/10/2020).

Reconhecemos, porém, que, os mais recentes julgados, das duas turmas, caminham noutro sentido, ou seja, haverá violação ao art. 155 do CPP. Além disso, muito embora a análise aprofundada seja feita somente pelo Júri, não se pode admitir, em um Estado Democrático de Direito, a pronúncia sem qualquer lastro probatório colhido sob o contraditório judicial, fundada exclusivamente em elementos informativos obtidos na fase inquisitorial (STJ. 5ª Turma. HC 560.552/RS, Rel. Min. Ribeiro Dantas, julgado em 23/02/2021; 6ª Turma. HC 589.270, Rel. Min. Sebastião Reis Júnior, julgado em 23/02/2021).

Fundamentação baseada exclusivamente em testemunho indireto (por ouvir dizer) - Embora a análise aprofundada dos elementos probatórios, nos crimes dolosos contra a vida, seja feita somente pelo Tribunal do Júri, não se pode admitir, em um Estado Democrático de Direito, a pronúncia baseada, exclusivamente, em testemunhos indiretos (por ouvir dizer). Nesse sentido: AgRg no REsp 1.959.515/RS, rel. ministra Laurita Vaz, Sexta Turma, julgado em 26/04/2022, Dje 29/04/2022.

Inimputabilidade do agente – v. art. 415 abaixo.

ATENÇÃO - O Superior Tribunal de Justiça, no n. 75, de sua *Jurisprudência de Teses*, fixou o seguinte entendimento: "A exclusão de qualificadora constante na pronúncia só pode ocorrer quando manifestamente improcedente e descabida, sob pena de usurpação da competência do Tribunal do Júri" (tese n. 4).

JURISPRUDÊNCIA

Pronúncia e *in dubio pro societate*

a) Não cabimento

"Na decisão de pronúncia, havendo fortes indícios de autoria e materialidade, o acusado deve ser pronunciado. No entanto, se tais indícios forem inconsistentes, deve-se impronunciar o réu e não aplicar o adágio forense in dubio pro societate, por ferir a garantia constitucional da presunção de inocência" (STF - ARE 1.304.605 ED-AgR, 2ª T., Rel. Min. Ricardo Lewandowiski, j. 12-5-2021).

"Discute-se nos autos se, na primeira fase do rito do Júri, em que prevalece o princípio do *jus accusationis*, consubstanciado no brocardo *in dubio pro societate*, de forma que a dúvida razoável acerca da autoria delitiva, enseja a submissão do caso controvertido ao Tribunal do Júri, órgão responsável por perquirir, em profundidade, a prova angariada nos autos, seria viável a imputação do crime ao acusado baseada, exclusivamente, em testemunho indireto, ou seja, em relatos de terceiros que ouviram dizer sobre a autoria delitiva. Entretanto, entende-se que para a pronúncia, não obstante a exigência da comprovação da materialidade e da existência de indícios suficientes de autoria nos crimes submetidos ao rito do Tribunal do Júri, órgão constitucionalmente competente para julgar os crimes dolosos contra a vida, sabe-se que esta Corte Superior não admite a pronúncia fundada, apenas, em depoimento de "ouvir dizer", sem que haja indicação dos informantes e de outros elementos que corroborem tal versão." (STJ - HC 673.138/PE, j. 14/09/2021).

"O sistema jurídico-constitucional brasileiro não admite nem tolera a possibilidade de prolação de decisão de pronúncia com apoio exclusivo em elementos de informação produzidos, única e unilateralmente, na fase de inquérito policial ou de procedimento de investigação criminal instaurado pelo Ministério Público, sob pena de frontal violação aos postulados fundamentais que asseguram a qualquer acusado o direito ao contraditório e à plenitude de defesa. A regra "in dubio pro societate" – repelida pelo modelo constitucional que consagra o processo penal de perfil democrático – revela-se incompatível com a presunção de inocência, que, ao longo de seu virtuoso itinerário histórico, tem prevalecido no contexto das sociedades civilizadas como valor fundamental e exigência básica de respeito à dignidade da pessoa humana." (STF – HC 180.144, rel. Min. Celso de Mello, j. 10.10.20)

b) Cabimento

"Decisão de Pronúncia. Alegada violação ao princípio constitucional da presunção de inocência. Inexistente. O princípio in dubio pro societate deve prevalecer na sentença de pronúncia, de modo que não existe, neste ato, ofensa ao princípio da presunção de inocência, uma vez que objetiva-se garantir a competência constitucional do Tribunal do Júri" (STF - RHC 192846 AgR, 2ª T., Rel. Min. Gilmar Mendes, j. 24-5-2021)

"A decisão de pronúncia encerra simples juízo de admissibilidade da acusação, satisfazendo-se, tão somente, pelo exame da ocorrência do crime e de indícios de sua autoria. A pronúncia não demanda juízo de certeza necessário à sentença condenatória, uma vez que as eventuais dúvidas, nessa fase processual, resolvem-se em favor da sociedade – in dubio pro societate. Além disso, a jurisprudência do STJ é no sentido de que constitui usurpação da competência do Conselho de Sentença a desclassificação do delito operado pelo Juízo togado, na hipótese em que não há provas estreme de dúvidas sobre a ausência de animus necandi. Precedentes." (STJ - AgRg no AREsp 1.276.888/RS, j. 19/03/2019)

Excepcionalidade da exclusão das qualificadoras

"Em respeito ao princípio do juiz natural, somente é cabível a exclusão das qualificadoras na sentença de pronúncia quando manifestamente improcedentes e descabidas, porquanto a decisão acerca da sua caracterização ou não deve ficar a cargo do Conselho de Sentença. Precedentes" (STJ – AgRg no REsp n. 1.320.344/DF, Quinta Turma, Rel. Min. Reynaldo Soares da Fonseca, DJe de 1º/8/2017).

Inclusive meio cruel

"A reiteração de golpes na vítima, ao menos em princípio e para fins de pronúncia, é circunstância indiciária do 'meio cruel' previsto no inciso III do parágrafo 2º do artigo 121 do Código Penal, de modo que não pode o julgador suprimir a qualificadora, pena de usurpação da competência constitucionalmente atribuída ao Tribunal do Júri" (STJ – REsp n° 1.241.987-PR, Rel. Maria Thereza de Assis Moura, DJe 24.02.2014).

"Na hipótese, ao contrário do alegado na impetração, constata-se que a pronúncia motivou suficientemente a existência de indícios da qualificadora do homicídio, devido ao meio cruel utilizado pelo réu, consistente na reiteração de golpes com barra de ferro na cabeça da vítima, já caída no chão com o primeiro golpe. Ademais, esta Corte Superior tem reiteradamente decidido que 'somente é cabível a exclusão das qualificadoras na sentença de pronúncia quando manifestamente improcedentes e descabidas, porquanto a decisão acerca da sua caracterização ou não deve ficar a cargo do Conselho de Sentença' (HC 198.945/SP, 5.ª Turma, Rel. Min. JORGE MUSSI, DJe 19/10/2011)" (STJ – HC n° 224773-DF, Rel. Laurita Vaz, DJe 06.06.2013).

Também a utilização de recurso que dificultou a defesa da vítima

"Em respeito ao princípio do juiz natural, somente é cabível a exclusão das qualificadoras na sentença de pronúncia quando manifestamente improcedentes e descabidas, porquanto a decisão acerca da sua caracterização ou não deve ficar a cargo do Conselho de Sentença, conforme já decidido por esta Corte. A análise acerca da forma como foram praticadas as condutas supostamente delituosas é tarefa que deve ser feita de acordo com a narrativa dos fatos constantes da denúncia, com o auxílio do conjunto fático-probatório produzido no âmbito do devido processo legal, a cargo da Corte Popular, juiz natural da causa, o que impede a afirmação ou exclusão da qualificadora por este Sodalício" (STJ – HC n° 225153-DF, Rel. Jorge Mussi, j. 17.04.2012, DJe 03.05.2012).

Vingança

"É defeso ao Tribunal, ao examinar recurso em sentido estrito contra decisão de pronúncia, excluir uma qualificadora, valorando provas e aspectos particulares do caso, porquanto tal competência pertence exclusivamente ao Conselho de Sentença, juiz natural da causa, sob pena de usurpar as atribuições singulares do Tribunal do Júri (art. 5º, XXXVIII, da CF). Na fase da pronúncia (iudicium accusationis), em decorrência do aforismo in dubio pro societate, qualificadoras somente podem ser excluídas na hipótese de se mostrarem, de plano, escatológicas, completamente improcedentes ou divorciadas do conjunto probatório dos autos. O que não ocorreu in casu (art. 413 do CPP)" (STJ – REsp n° 1171609-RS, Rel. Sebastião Reis Júnior, DJe 02.10.2012).

Pronúncia e dolo eventual

"É possível, em crimes de homicídio na direção de veículo automotor, o reconhecimento do dolo eventual na conduta do autor, desde que se justifique tal conclusão excepcional com base em circunstâncias fáticas que, subjacentes ao comportamento delitivo, indiquem haver o agente previsto o resultado morte e a ele anuído. O Tribunal estadual, ao pronunciar o acusado, apontou elementos dos autos a indicar a possibilidade de haver o agravante agido com dolo, mesmo que eventual. Com efeito, a referida Corte registrou haver indícios de que o réu conduzia o veículo embriagado, em velocidade maior do que a permitida para a via e sem habilitação."Havendo elementos indiciários que subsidiem, com razoabilidade, as versões conflitantes acerca da existência de dolo, ainda que eventual, a divergência deve ser solvida pelo Conselho de Sentença, evitando-se a indevida invasão da sua competência constitucional" (AgRg no REsp n. 1.588.984/GO, Rel. Ministro Antonio Saldanha Palheiro, 6ª T., DJe 18/11/2016)." (STJ – AgRg no HC n. 626.886/MS, relator Ministro Rogerio Schietti Cruz, Sexta Turma, julgado em 17/5/2022, DJe de 19/5/2022.)

Correlação entre a denúncia e a pronúncia

"O princípio da correlação entre a acusação e a decisão de pronúncia representa uma das mais relevantes garantias do direito de defesa, uma vez que assegura que apenas podem constar da pronúncia os fatos que foram narrados na inicial acusatória, de forma a assegurar a não submissão do acusado ao Conselho de Sentença por fatos não descritos na denúncia. No caso, a definição da espécie de dolo (se direto ou se eventual) não afastou o fundamental, que foi a afirmação, já constante da denúncia, do caráter doloso da conduta imputada ao paciente" (STJ – HC n° 245123-SP, Rel. Sebastião Reis Júnior, j. 14.05.2013, DJe 23.05.2013).

§ 1º A fundamentação da pronúncia limitar-se-á à indicação da materialidade do fato e da existência de indícios suficientes de autoria ou

de participação, devendo o juiz declarar o dispositivo legal em que julgar incurso o acusado e especificar as circunstâncias qualificadoras e as causas de aumento de pena. (Incluído pela Lei nº 11.689, de 2008)

Teor da sentença de pronúncia – Também em virtude desse caráter restrito da pronúncia, é que se diz que o juiz deve se valer de linguagem sóbria e comedida, sem excessivo aprofundamento na análise da prova, de resto desnecessária porquanto na pronúncia – repita-se – apenas se remete o réu a Júri, cabendo ao Tribunal Popular, este sim, a análise detida do mérito. O excesso na linguagem poderá, mais adiante, exercer indesejável influência na convicção dos jurados que, leigos, decerto podem se deixar impressionar com a terminologia utilizada pelo juiz togado.

Como destaca Antonio Magalhães Gomes Filho, em artigo publicado sob o título *Excesso de motivação da pronúncia e modelo acusatório*, "ao contrário do que normalmente sucede em relação às decisões de mérito, nas quais se espera que o juiz exponha clara e amplamente as razões de seu convencimento, aqui o que importa é a concisão, a economia de palavras, tudo no sentido de assegurar a pureza da manifestação do juiz natural da causa, que é o tribunal do júri" (*Revista Brasileira de Ciências Criminais*, São Paulo: RT, ano 5, nº 19, jul-set 1997, p. 303).

Certamente foi por isso que o legislador, na atual redação que conferiu ao artigo em análise, ressaltou que a fundamentação da sentença de pronúncia *"limitar-se-á* à indicação da materialidade do fato e da existência de indícios...", utilizando expressão (*limitar-se-á*) que não constava do revogado art. 408 do CPP.

ATENÇÃO – O Superior Tribunal de Justiça, no n. 75, de sua *Jurisprudência de Teses*, fixou o seguinte entendimento: "A sentença de pronúncia deve limitar-se à indicação da materialidade do delito e aos indícios de autoria para evitar nulidade por excesso de linguagem e para não influenciar o ânimo do Conselho de Sentença" (tese n. 10).

Nulidade decorrente do excesso de linguagem – Não é raro, nessa linha de raciocínio, que se decrete a nulidade de sentenças nas quais o juiz exagerou nas adjetivações contra o réu, utilizando-se de fundamentação contundente, extravasando os limites da pronúncia (que se satisfaz com indícios), para analisar o mérito. Tal conduta não se justifica, por importar quase que em um prejulgamento pelo juiz togado, sem que detenha competência para tanto. A recomendação quanto à sobriedade da pronúncia estende-se também aos Tribunais superiores, conforme orientação do STF (*RT* 682/393, 523/486).

ATENÇÃO – No julgado do STF cuja ementa abaixo se transcreve, a questão foi bem apanhada, valendo que se confira: "É inadmissível, conforme a jurisprudência consolidada do STF, a pronúncia cuja fundamentação extrapola a demonstração da concorrência dos seus pressupostos legais (CPrPen, art. 408) e assume, com afirmações apodíticas e minudência no cotejo analítico da prova, a versão acusatória ou rejeita peremptoriamente a da defesa (v.g., HC 68.606, 18/06/91, Celso, RTJ 136/1215; HC 69.133, 24/03/92, Celso, RTJ 140/917; HC 73.126, 27/02/96, Sanches, DJ 17/05/96; RHC 77.044, 26/05/98, Pertence, DJ 07/08/98). O que reclama prova, no juízo da pronúncia, é a existência do crime; não, a autoria, para a qual basta a concorrência de indícios, que, portanto, o juiz deve cingir-se a indicar. No caso, as expressões utilizadas pelo órgão prolator do acórdão confirmatório da sentença de pronúncia, no que concerne à autoria dos delitos, não se revelam compatíveis com a dupla exigência de sobriedade e de comedimento a que os magistrados e Tribunais, sob pena de ilegítima influência sobre o ânimo dos jurados, devem submeter-se quando praticam o ato culminante do *judicium accusationis* (RT 522/361)" (HC 85.260-RJ, Rel. Min. Sepúlveda Pertence, j. 15.2.2005, DJ 4.3.2005, p. 23).

Desentranhamento dos autos – Esse cuidado é tamanho que no julgamento do HC 81.959-MG, Rel. Min. Sepúlveda Pertence, j. 28.5.2004, DJ 17.12.2004, p. 57, após se reconhecer a inadmissível *eloquência acusatória* da sentença de pronúncia, foi acolhido o *writ* para, além de se decretar a nulidade da decisão, determina-se seu desentranhamento dos autos. E mais: tamanha foi a preocupação do legislador nesse sentido que o § 4°, do art. 474, veda seja feita, durante os debates em plenário, qualquer menção "à sentença de pronúncia ou ao acórdão que a confirmou, sob pena de nulidade".

ATENÇÃO – Segundo a *Jurisprudência de Teses*, n. 75, do Superior Tribunal de Justiça, "Reconhecida a nulidade da pronúncia por excesso de linguagem, outra decisão deve ser proferida, visto que o simples envelopamento e desentranhamento da peça viciada não é suficiente" (tese n. 12). E, ainda, segundo a tese n. 11: "É possível rasurar trecho ínfimo da sentença de pronúncia para afastar eventual nulidade decorrente de excesso de linguagem".

Necessidade de fundamentação – Isso não isenta o juiz, por certo, de motivar, ainda que sucintamente, sua decisão e, tampouco, apreciar as teses arguidas pelas partes, em atendimento, inclusive, de mandamento constitucional que impõe sejam fundamentadas todas as decisões do Poder Judiciário (art. 93, inc. IX, da CF). Deve, assim, valorar a prova apresentada, explicando os motivos que justificam o envio do réu a julgamento pelo Júri. A sobriedade que se exige do Juiz não implica em dizer que deva ele deixar de motivar seu *decisum*. Nesse sentido julgado do STJ inserto na *RT* 847/511.

Dispositivo legal – Deverá ainda, em atendimento ao disposto na parte final deste § 1°, indicar em qual dispositivo legal se encontra pronunciado o réu. Poderá dar ao fato classificação legal diversa da contida na denúncia ou queixa, reconhecendo, por exemplo, a existência de uma qualificadora (*RT* 598/323). Duas situações se colocam nessa hipótese. Se a qualificadora vem mencionada na inicial, embora omissa na classificação legal (o promotor, por exemplo, fez referência a ela, deixando, porém, de incluí-la na capitulação de sua denúncia), pode o juiz reconhecê-la na pronúncia, por analogia ao art. 383 que prevê a *emendatio libelli*. Isso sem importar em qualquer prejuízo para o réu que se defende dos fatos articulados na inicial e não da classificação jurídico-penal dada a eles (STF – *RT* 662/364). Caso, porém, a qualificadora surja no transcorrer da instrução, sem que tenha sido cogitada na inicial, deverá adotar as regras da *mutatio libelli*, acima estudadas.

Exclusão de qualificadoras – Discute-se a possibilidade do juiz togado, na pronúncia, excluir alguma qualificadora apontada na inicial. Há entendimento que não reconhece tal faculdade, pois, assim agindo, estaria usurpando competência que, pela Constituição, é do Tribunal do Júri. Este sim é o juiz natural do processo, a quem cumpre dar a última palavra, inclusive em relação às qualificadoras. É o posicionamento prevalente no STJ (*RSTJ* 84/325, 92/339; *RT* 730/475). Entendemos incorreta essa posição. Afinal, se é dado ao juiz impronunciar o réu e até mesmo absolvê-lo sumariamente, não faria sentido vedar-lhe a possibilidade de, alterando a acusação e inspirado no princípio do livre convencimento, efetuar a mencionada exclusão. Eventual inconformismo da acusação seria, nesse caso, manifestado com a interposição do respectivo recurso ao Tribunal de Justiça.

Prevalece a posição, contudo, de forma quase unânime, que embora possa o juiz excluir qualificadoras, deve fazê-lo em situações excepcionais, apenas quando cabalmente demonstrada a inconsistência e exagero da acusação nesse tópico. Na dúvida, cabe ao Tribunal Popular a apreciação, em plenário, da pertinência ou não das qualificadoras, resolvendo-se o impasse, mais uma vez, em favor da sociedade (*RSTJ* 98/430).

Qualificadoras – Pode ocorrer, entretanto, que a qualificadora surja no transcurso da instrução criminal, não tendo sido mencionada, portanto, explícita ou implicitamente, na acusação. Nesse caso deverá atentar ao disposto no § 3°, do art. 411, que permite a aplicação do art. 384 do código que trata da *mutatio libelli*, cumprindo ao acusador proceder ao respectivo aditamento da inicial, sob pena de, não o fazendo, tomar o réu de surpresa, em nítida afronta ao princípio da ampla defesa. Confira-se o entendimento do STF a respeito: "O reconhecimento na pronúncia de qualquer qualificadora não articulada na denúncia acarreta a nulidade do processo por cerceamento de defesa, colhida de surpresa pela não-observância do disposto no art. 384, parágrafo único, do CPP" (*RT* 336/495). Lembre-se, ainda, que o art. 418 do código autoriza, também no procedimento do júri, da chamada *emendatio libelli*.

Causa de diminuição de pena – Fato indiscutível consiste em se vedar ao juiz a possibilidade de pronunciar o réu reconhecendo uma causa de diminuição de pena, conforme se depreende da Lei de Introdução ao Código de Processo Penal, ao ressaltar, em seu art. 7º, que *"o juiz da pronúncia, ao classificar o crime, consumado ou tentado, não poderá reconhecer a existência de causa especial de diminuição da pena"*. Inviável, assim, a pronúncia do réu pela prática de homicídio privilegiado (art. 121, § 1º, do Código Penal), conforme tranquilo entendimento jurisprudencial (*RT* 777/663, 672/313, 602/341), devendo ser apontado, nesse caso, o réu como incurso no art. 121, *caput*, do mesmo Código (homicídio simples).

Concurso de crimes – Tampouco deve o juiz fazer na pronúncia qualquer menção ao concurso de crimes (material, formal ou crime continuado), por se tratar de matéria que interessa à fixação da pena, a ser analisada apenas após o julgamento em plenário que concluir pela condenação do réu. Nesse sentido: *RT* 671/310, 597/301.

Crimes conexos – Havendo crime conexo, o juiz, ao pronunciar o réu pelo crime doloso contra a vida, deverá fazê-lo, também, em relação ao outro delito. A propósito, o art. 78, inc. I do código dispõe que "na determinação da competência por conexão ou continência, serão observadas as seguintes regras [...] inc. I – "no concurso entre a competência do júri e a de outro órgão da jurisdição comum, prevalecerá a competência do júri".

Assim, não lhe é dado, por exemplo, pronunciar o réu pelo homicídio e absolvê-lo ou condená-lo pelo crime de destruição, subtração ou ocultação de cadáver (art. 211 do Código Penal). Caso agisse dessa forma, estaria retirando do Júri a sua competência natural para a apreciação de ambos os delitos, que, por força da conexão, determinam a unidade do julgamento. Nesse sentido, *RJTJSP* 114/540.

Recurso contra a pronúncia – O recurso cabível contra a sentença de pronúncia, *ex vi* do disposto no art. 581, IV, do CPP, é o recurso em sentido estrito. Com efeito, contra a sentença de impronúncia ou de absolvição sumária, com a reforma de 2008, o recurso cabível passou a ser a apelação (art. 416). No que se refere à pronúncia, o art. 2º da nova disciplina do Júri, manteve expressamente o recurso *strictu juris* que, nesse passo, não suportou qualquer mudança em relação à legislação original.

Legitimidade – Ele pode ser interposto pelo réu, a fim de se ver impronunciado ou absolvido sumariamente. E mesmo para impugnar parte da decisão, recorrendo, por exemplo, para que o homicídio qualificado seja desclassificado para homicídio simples. Ou para que lhe seja reconhecido o direito de, uma vez pronunciado, aguardar o julgamento em liberdade, embora seja mais eficaz, em tais casos, a impetração de *habeas corpus* diretamente no Tribunal de Justiça.

> **ATENÇÃO** – O Ministério Público, como parte diferenciada que é, velando pela correta aplicação da lei (*custos legis*), pode recorrer em favor do réu, visando, por exemplo, sua absolvição sumária (*RT* 655/285, 560/426) ou investindo contra qualificadoras incluídas pelo juiz na pronúncia que não foram apontadas na denúncia.

Assistente e legitimidade para o recurso – Entende-se que ao assistente não se defere a possibilidade de recorrer da sentença de pronúncia, já que tendo interesse apenas na condenação do réu, não lhe é permitido ampliar a acusação para, *v.g.*, pretender a inclusão de qualificadoras afastadas pela pronúncia (*RT* 602/315, 630/294). Interessante notar, porém, que há entendimento no sentido de que, ao afastar alguma qualificadora, está o juiz, em verdade, impronunciando o réu naquele tópico específico (Júlio Fabbrini Mirabete, *Código de processo penal interpretado*, p. 1.115), o que autoriza, em consequência, o recurso do assistente, face à legitimidade reconhecida pelo *caput* do art. 271 (*RT* 309/118, 303/127).

Temos ressalvas quanto a esse entendimento. Com efeito, duas teorias explicam a função do assistente de acusação no processo penal. Em uma visão mais clássica e conservadora, o objetivo do assistente se restringiria unicamente à obtenção de uma condenação criminal que ensejasse, mais adiante, sua execução no âmbito cível. Afinal, dispõe o art. 515, inc. VI, do Código de Processo Civil, que são títulos executivos judiciais, "a sentença penal condenatória transitada em julgado". É dizer: suponha-se que o réu foi condenado pela prática de um homicídio doloso, no qual, em sua defesa, negou a autoria dos disparos da arma de fogo que mataram a vítima. Transitada em julgado essa decisão proferida no âmbito criminal, não se irá reabrir a discussão no processo cível, sob pena, caso fosse o contrário, da possibilidade de duas decisões conflitantes, em evidente desprestígio da justiça. Basta se imaginar que, em hipotético processo cível, o juiz ao final sentenciasse no sentido de que os tiros não foram disparados pelo réu, a despeito da decisão criminal que o condenou. Não é assim. No âmbito civil não mais se discutirá a autoria dos disparos, já definida no processo-crime antecedente. Tampouco se é obrigação do réu indenizar ou não os familiares da vítima, por se tratar de consequência natural da sentença penal condenatória, mas apenas o "quantum" deve ser pago à título de indenização. Nesse aspecto, aliás, o art. 935 do Código Civil, *in verbis*: "A responsabilidade civil é independente da criminal, não se podendo questionar mais sobre a existência do fato, ou sobre quem seja o seu autor, quando estas questões se acharem decididas no juízo criminal". Em outras palavras, que o condenado deve indenizar não há dúvida, posto que um dos efeitos da sentença penal condenatória consiste, exatamente, em tornar certa a obrigação de fazê-lo, pelo réu, quanto ao dano causado pelo crime (art. 91, inc. I, do Código Penal) (v., ainda, art. 63 do CPP). Apenas se discutirá, no cível, o valor a ser pago. Lembre-se, em acréscimo, que já na sentença penal condenatória, deve o juiz fixar um valor mínimo à título de reparação, na dicção do art. 387, inc. IV do CPP, sem prejuízo de que a parte, entendendo insuficiente esse valor, busque na esfera civil, sua complementação. Nisto restringiria, para essa primeira corrente, a função do assistente.

Pensamos que se possa avançar um pouco. Vislumbramos, no assistente, a figura também de um colaborador da justiça, a quem interessa não apenas uma condenação, mas uma condenação com pena justa e proporcional ao fato cometido. Suponha-se que em delito de homicídio triplamente qualificado, tenha o juiz fixado a pena do réu em 13 anos de reclusão. Quem adota a primeira tese, acima exposta, concluirá, necessariamente, que o assistente, na inércia do Ministério Público, não poderá recorrer para majorar a pena, eis que a condenação que buscava foi alcançada, pouco importando o "quantum" de pena cominado. Para nós, não basta ao assistente - insistimos - uma mera condenação, mais uma condenação justa e proporcional à gravidade do fato ocorrido, não fazendo sentido, assim, em nome dessa noção de justiça, que um condenado pela prática de um homicídio triplamente qualificado, mereça pena tão branda. Daí admitirmos o apelo do assistente visando o aumento da pena, bem como seu recurso para inclusão de alguma qualificadora excluída da pronúncia, reclamo que, por óbvio, somente será conhecido caso não tenha o Ministério Público manejado o recurso.

JURISPRUDÊNCIA

A fundamentação é necessária

"Não obstante a norma contida no § 1º do artigo 413 do Código de Processo Penal, não há dúvidas de que a sentença que submete o acusado a julgamento pelo Tribunal do Júri deve ser motivada, inclusive no que se refere às qualificadoras do delito, notadamente diante do disposto no artigo 93, inciso IX, da Constituição Federal, que impõe a fundamentação de todas as decisões judiciais. No caso dos autos, não tendo o magistrado singular motivado, ainda que sucintamente, a admissibilidade das qualificadoras do delito de homicídio imputado à paciente, e tendo a Corte de origem considerado tal proceder legítimo, atestando a desnecessidade de motivação, impõe-se a anulação da provisional no ponto" (STJ – HC nº 188989-PB, Rel. Jorge Mussi, j. 25.06.2013, DJe 06.08.2013).

Excesso de linguagem

a) inexistência

"A fundamentação da sentença de pronúncia não se desbordou do figurino legal, por isso não ostenta a nulidade ora suscitada, ressaindo nítido que o Magistrado ateve-se ao relato dos fatos, revelados nos interrogatórios das vítimas, para concluir, fundamentadamente, pela existência de indícios suficientes de autoria e de materialidade, como exigido pelo artigo 413, por imposição do disposto no art. 93, IX, da constituição Federal" (STF – HC nº 110260-SP, Rel. Luiz Fux, j. 11.12.2012, DJe 06.02.2013).

"O juízo de primeiro grau apenas descreveu os fatos com as suas circunstâncias, baseando-se, para tanto, nos laudos periciais e nos depoimentos colhidos em juízo, que seriam suficientes para comprovar a materialidade do crime e indicar os fortes indícios da autoria. A decisão ora atacada está em perfeita consonância com a jurisprudência desta Corte, sedimentada no sentido de que não se mostra ilegal, nem excessiva, a sentença de pronúncia que se limita a expor, fundamentadamente, os motivos do convencimento do juiz sobre a materialidade e a autoria, conforme dispunha o art. 408 do Código de Processo Penal (atualmente o art. 413 do CPP), vigente à época da prolação do decisum" (STF – HC n° 111505-SP, Rel. Ricardo Lewandowski, j. 22.05.2012, DJe 05.06.2012).

"Árdua é a tarefa do julgador ao motivar a sentença de pronúncia, pois, se excede na fundamentação, pode influir no convencimento dos jurados. Se, em contrapartida, às vezes primando por uma atuação mais cautelosa, deixa de apontar na decisão o lastro probatório mínimo que ensejou suas razões de convencimento, incide em nulidade, não por excesso de linguagem, como ocorre na primeira hipótese, mas por ausência de motivação, ante a inobservância do que preceitua o art. 93, IX, da Constituição Federal" (STJ – HC n° 225323-PE, Rel. Marco Aurélio Bellizze, j. 06.06.2013, DJe 14.06.2013).

b) configuração

"Na primeira fase dos procedimentos afetos à competência do tribunal do júri, deve-se proceder a apenas um juízo de admissibilidade da acusação, ou seja, avalia-se se há prova da materialidade do delito e indícios suficientes de autoria, para fins de pronúncia do acusado. Na fase instrutória do julgamento dos delitos de competência do tribunal do júri, a afirmação da certeza quanto à autoria delitiva configura inadmissível excesso de linguagem e enseja o reconhecimento da nulidade do decisum." (STJ – AgRg no HC n. 690.278/RS, relator Ministro João Otávio de Noronha, Quinta Turma, julgado em 27/9/2022, DJe de 30/9/2022.)

"Há excesso de linguagem quando o magistrado togado emite juízo peremptório acerca do dolo do acusado." (STJ – AgRg no HC n. 673.891/SP, relator Ministro Joel Ilan Paciornik, relator para acórdão Ministro João Otávio de Noronha, Quinta Turma, julgado em 23/8/2022, DJe de 26/8/2022.)

"Tanto a antiga redação do art. 408, quanto o atual art. 413 (na redação dada pela Lei 11.689/2008), ambos do CPP, indicam que o juiz, ao tratar da autoria na pronúncia, deve limitar-se a expor que há indícios suficientes de que o réu é o autor ou partícipe do crime. Todavia, o texto da pronúncia afirma que o paciente foi o autor do crime que lhe foi imputado, o que, à evidência, pode influenciar os jurados contra o acusado" (STF – HC n° 99834-SC, Rel. Joaquim Barbosa, j. 15.02.2011, DJe 16.03.2011).

"Para a pronúncia, que encerra simples juízo de admissibilidade da acusação, exige o ordenamento jurídico o exame da ocorrência da materialidade do fato e da existência de indícios suficientes da autoria ou de participação, não se demandando aqueles requisitos de certeza necessários à prolação de uma sentença condenatória. Inteligência do art. 413 do Código de Processo Penal. No caso dos autos, verifica-se que houve verdadeira manifestação acerca do mérito da acusação, capaz de exercer influência no ânimo dos jurados, principalmente em razão dos termos assertivos empregados pelo Juiz singular – como "restou igualmente comprovada", "está evidenciado", "atesta", "inegavelmente submetida" –, expressões essas de caráter incisivo" (STJ – HC n° 228630-RJ, Rel. Sebastião Reis Júnior, j. 21.03.2013, DJe 07.08.2013).

c) momento oportuno para ser suscitado

"Na espécie, não se verifica que o paciente tenha arguido o excesso de linguagem no momento processual oportuno, qual seja, no recurso em sentido estrito, visto que a questão somente foi suscitada por meio de habeas corpus, circunstância a evidenciar que a matéria se encontra atingida pelo instituto da preclusão" (STJ – HC n° 156135-RJ, Rel. Adilson Vieira Macabu, j. 26.06.2012, DJe 07.08.2012).

Excesso de linguagem e proibição da leitura da decisão de pronúncia em plenário

De início, anota-se que "esta Corte Superior, em inúmeros julgados, já reconheceu que a mera leitura da pronúncia, ou de outros documentos em plenário, não implica, obrigatoriamente, a nulidade do julgamento, notadamente porque os jurados possuem amplo acesso aos autos. Assim, somente fica configurada a ofensa ao art. 478, I, do Código de Processo Penal, se as referências forem feitas como argumento de autoridade que beneficie ou prejudique o réu" (HC n. 149.007/MT, relator Ministro GURGEL DE FARIA, QUINTA TURMA, julgado em 5/5/2015, DJe 21/5/2015).

Verificado excesso de linguagem, deve ser decretada a nulidade da decisão e não apenas seu desentranhamento e arquivamento em pasta própria

"Assentou-se neste Supremo Tribunal que Juízes e Tribunais, ao pronunciar os réus, devem submeter-se à dupla exigência de sobriedade e de comedimento no uso da linguagem, sob pena de ilegítima influência sobre o ânimo e a vontade dos membros integrantes do Conselho de Sentença, excedendo os limites da competência legal o órgão judiciário que, descaracterizando a natureza da decisão confirmatória da pronúncia, converte-a de juízo fundado de suspeita em inadmissível juízo de certeza. Precedente. A solução apresentada pelo Superior Tribunal de Justiça representa constrangimento ilegal imposto ao Recorrente e também dupla afronta à soberania dos veredictos assegurada à instituição do júri, tanto ofender o Código de Processo Penal, conforme se extrai do art. 472, alterado pela Lei n. 11.689/2008, e por contrariar o art. 5º, inc. XXXVIII, al. c, da Constituição da República. Recurso ao qual se nega provimento. Ordem concedida de ofício para determinar-se que o Tribunal de Justiça de Sergipe emita novo julgamento sem a formação da pasta decidida pelo Superior Tribunal de Justiça, garantindo-se a soberania do júri, nos termos do decidido no precedente (Habeas Corpus n. 103.037) " (STF – RHC n° 122909-SE – Rel. Cármen Lúcia, j. 04.11.2014).

Em sentido contrário

"Depreende-se da leitura do voto impugnado que o Relator valeu-se de expressões peremptórias reveladoras de convicção acerca da autoria do delito que excede os limites legais, incorrendo em evidente eloquência acusatória. Não obstante o reconhecimento do excesso, em homenagem ao princípio da economia processual, impõem-se determinar que o Juízo de 1º grau providencie o desentranhamento do acórdão que julgou o recurso em sentido estrito, arquivando-o em pasta própria, mandado certificar nos autos a condição de pronunciado do Paciente, com a menção dos dispositivos legais nos quais incurso, prosseguindo-se o processo. Habeas corpus não conhecido. Ordem concedida, de ofício, para determinar que o Juízo de 1º grau providencie o desentranhamento do acórdão que julgou o recurso em sentido estrito, arquivando-o em pasta própria, mandado certificar nos autos a condição de pronunciado do Paciente, com a menção dos dispositivos" (STJ – HC n° 13946 – SE – Rel. Regina Helena Costa, j. 03.04.2014, DJe 10.04.2014).

Ilegitimidade do assistente de acusação para recorrer da pronúncia

"Se o Juiz acolhe parcialmente a denúncia, quando da pronúncia, e o Ministério Público não recorre no prazo legal, é permitido ao Assistente fazê-lo para o restabelecimento da acusação contida na peça vestibular. Se o Juiz acolhe integralmente a denúncia, dando na pronúncia a capitulação ali contida, não há interesse recursal do Ministério Público, por conseqüência, não subsiste ao assistente igual interesse." (STJ – HC n. 118.673/RJ, relatora Ministra Jane Silva (desembargadora Convocada do Tj/mg), Sexta Turma, julgado em 2/12/2008, DJe de 19/12/2008.)

"A atividade processual do assistente do Ministério Público sofre explícitos condicionamentos impostos pela lei, a cuja disciplina tal atividade se acha juridicamente sujeita. É por isso que o assistente do Ministério Público, mesmo nas estritas hipóteses legais que justificam a sua intervenção assistencial, "(...) não pode recorrer, extraordinariamente, de decisão concessiva de 'habeas corpus'" (Súmula 208/STF); não pode recorrer em sentido estrito da sentença de pronúncia (RTJ 49/344); não pode interpor recurso extraordinário para o Supremo Tribunal Federal de decisão que absolve o condenado em revisão criminal (RTJ 70/500); não pode, ainda, postular, nas causas de competência do Júri, o desaforamento de seu julgamento (RTJ 56/381)." (STF – RE 700853, Relator Min. CELSO DE MELLO, j. 21/06/2013, Publicação: 01/08/2013)

§ 2º Se o crime for afiançável, o juiz arbitrará o valor da fiança para a concessão ou manutenção da liberdade provisória. (Incluído pela Lei nº 11.689, de 2008)

Fiança – É possível que, ao pronunciar o réu, o juiz, mediante o pagamento de fiança, lhe conceda a liberdade provisória ou a mantenha, caso já concedida. Há quem exemplifique com a desclassificação de um crime de homicídio qualificado (dito inafiançável), para um delito de instigação ao suicídio (que admitiria fiança), quando, então, o juiz poderia arbitrar a fiança, concedendo, assim, a liberdade provisória para o réu. De se ver, porém, que a reforma de 2011, que alterou a sistemática das prisões provisórias, não mais leva em conta a pena cominada ao delito, como fator que impediria o arbitramento da fiança. De sorte que a redação original do art. 323, inc. I, que vedava esse favor para os crimes punidos com reclusão, foi revogada. As causas que, atualmente, impedem a fiança estão relacionadas nos arts. 323 e 324 e – insiste-se – não levam em conta a espécie de pena cominada ao delito, se de reclusão, de detenção ou de multa.

Nessa linha de raciocínio, pode ocorrer que, ao pronunciar o réu, o juiz perceba que não mais subsistem as razões que justificaram a manutenção do réu preso, quer em virtude de flagrante, quer por força da decretação da prisão preventiva. Assim, suponha-se que o réu teve sua prisão preventiva decretada, nos termos do art. 312 do CPP, "por conveniência da instrução criminal", já que ameaçara uma testemunha caso depusesse, em juízo, contra seus interesses. Ao tempo da pronúncia, constata-se que essa testemunha, por causa diversa, acabou morrendo. Ora, afastada a causa que, antes, justificara a prisão preventiva do réu, nada impede que, agora, seja-lhe concedida a liberdade provisória, mediante o pagamento de fiança.

§ 3º O juiz decidirá, motivadamente, no caso de manutenção, revogação ou substituição da prisão ou medida restritiva de liberdade anteriormente decretada e, tratando-se de acusado solto, sobre a necessidade da decretação da prisão ou imposição de quaisquer das medidas previstas no Título IX do Livro I deste Código. (Incluído pela Lei nº 11.689, de 2008)

Prisão decorrente da pronúncia – De se observar que o revogado § 1º, do art. 408, determinava a prisão do réu pronunciado ou, se já se encontrasse preso, que fosse assim mantido. Prevalecia, portanto, a tese de que a prisão do réu se constituía em um efeito natural da sentença de pronúncia, conforme, aliás, entendimento cristalizado no STF, valendo que se confira: "A prisão provisória constitui efeito jurídico-processual que decorre, ordinariamente, da sentença de pronúncia. A concessão de liberdade provisória ao réu pronunciado traduz mera faculdade legal reconhecida ao Juiz (CPP, art. 408, § 2º). Pronunciado o réu, que já se encontrava preso preventivamente, não se nulifica a sua custódia provisória, desde que subsistam os motivos que justificaram a decretação daquela prisão cautelar. São irrelevantes, para esse feito, a primariedade e os bons antecedentes do acusado, que nenhum direito tem, nesse contexto, à obtenção da liberdade provisória" (*RT* 690/380).

Nesse passo, a jurisprudência dos Tribunais Superiores do país é tranquila em admitir a coexistência entre o princípio constitucional do estado de inocência (art. 5º, inc. LVII, da CF) e a possibilidade de ser decretada a prisão processual (também conhecida como prisão *sem pena* ou provisória) do réu. Precisa, nesse sentido, a lição de Júlio Fabbrini Mirabete, na análise dos preceitos constitucionais, ao ressaltar que "quando se refere, no art. 5º, à prisão em flagrante ou por ordem escrita e fundamentada da autoridade judiciária competente (inc. LXI) e à liberdade provisória, quando a lei a admitir (inc. LXVI), à evidência permite o recolhimento à prisão durante o processo quando houver previsão legal" (*Processo penal*, p. 490).

Trata-se de matéria, inclusive, pacificada na Súmula nº 9 do STJ, aplicável à prisão do réu como consequência da pronúncia, *in verbis*: "A exigência da prisão provisória, para apelar, não ofende a garantia constitucional da presunção de inocência". Entendemos, porém, que a concessão da liberdade provisória ao réu que preencha os requisitos exigidos para a obtenção do benefício, não se traduza em mera faculdade conferida ao juiz, mas, ao revés, em verdadeiro direito subjetivo do réu (STF – *RT* 771/537). Tanto que cumpre ao juiz motivar a decisão a respeito da prisão do réu em decorrência da pronúncia ou de sua manutenção em liberdade. Nessa linha o posicionamento do STF (*RTJ* 103/129) e do STJ (*RT* 693/408).

Inovação trazida com a reforma do júri de 2008 – Ocorre que o § 3º, do art. 413, alterou esse panorama. De sorte que a prisão do réu pronunciado, que era quase uma consequência imediata da sentença de pronúncia, passou a exigir motivação específica a respeito de sua decretação (estando solto o réu até então), e de sua manutenção ou revogação (caso preso o réu).

Parece que uma orientação razoável é no sentido de que, se o réu respondeu solto ao processo é forçoso concluir que não deu causa à revogação de sua liberdade provisória, caso tenha sido preso em flagrante ou à decretação de sua prisão preventiva. Assim, por exemplo, encontrar-se em liberdade significa dizer que não tornou a delinquir (afrontando a ordem pública), ou ameaçou testemunhas (dificultando a instrução criminal). Ora, ausentes os requisitos ensejadores da prisão preventiva, é justo que, uma vez pronunciado, continue solto, aguardando o julgamento em liberdade. Ao contrário, se respondeu ao processo preso presume-se que havia motivação suficiente que justificasse sua prisão cautelar. Sendo assim, reforça-se a necessidade de que seja mantido preso, vedando-se, nesse caso, a concessão da liberdade provisória. Explicamos melhor: se antes, apenas com os dados constantes do inquérito policial e ante a acusação formalmente recebida, já se reuniam os elementos justificadores da prisão provisória, agora, frente ao surgimento da pronúncia – que identifica a possibilidade do réu ser o autor do crime, além de confirmar a materialidade do delito – com mais razão deve ser ele mantido no cárcere, enquanto aguarda o julgamento.

Isso não significa dizer, porém, que esteja o juiz impedido de, tendo o réu respondido a primeira fase do processo em liberdade, seja determinada, com a pronúncia, a sua prisão. É que, fatos supervenientes, até então não detectáveis, podem ter eventualmente surgido durante o processo, a justificar, nessa fase, a prisão decorrente da pronúncia. Nesse sentido, a propósito, a jurisprudência do STJ abaixo colacionada.

Sobre a imediata prisão do réu, logo após sua condenação em Plenário do Júri, v. abaixo comentários ao art. 492, inc. I, "e", do código.

JURISPRUDÊNCIA

Nada impede que, tendo respondido o processo em liberdade, seja o réu preso com a pronúncia

"A jurisprudência desta Corte Superior é remansosa no sentido de que a determinação de segregação do réu, antes de transitada em julgado a condenação, deve efetivar-se apenas se indicada, em dados concretos dos autos, a necessidade da cautela (periculum libertatis), à luz do disposto no art. 312 do Código de Processo Penal. Na espécie, embora o recorrente tenha permanecido parte do transcurso do processo em liberdade, por decisão concessiva da Corte 'a quo', a decisão de pronúncia traz motivação suficiente – a reiterada conduta delitiva do agente – para amparar a prisão cautelar, com o fim de acautelar o meio social, dada a incorporação de informações ao processo que indicam a existência de duas condenações contra o recorrente pelos crimes de tráfico de drogas e posse irregular de arma de fogo, delitos esses praticados após o evento criminoso objeto desta ação penal. A restrição antecipada da liberdade também encontra respaldo na especial gravidade dos fatos atribuídos ao recorrente, haja vista sua participação em um grupo organizado e de extrema periculosidade, que 'costuma eliminar pessoas que supostamente estejam atrapalhando seus negócios'" (STJ – RHC n. 42285-PR – Rel. Rogério Schietti Cruz, j. 18.11.204, DJe 05.12.2014).

Desnecessidade de nova fundamentação para a manutenção da prisão

"Consoante entendimento pacificado nesta Corte Superior, caso persistam os motivos que ensejaram a decretação da prisão preventiva, desnecessária se torna proceder à nova fundamentação quando da prolação da decisão de pronúncia, mormente quando inexistem fatos novos capazes de promover a soltura do acusado" (STJ – HC n° 114975-SP, Rel. Napoleão Nunes Maia Filho, j. 09.02.2010, DJe 15.03.2010).

Réu que muda de endereço sem comunicação

"A não localização do acusado no endereço constante dos autos, tendo seus familiares se recusado a informar onde poderia ser encontrado, o que impede o cumprimento de mandado de intimação da decisão de pronúncia, é motivação suficiente a embasar a segregação cautelar para assegurar a aplicação da lei penal. Precedente" (STJ – RHC n° 35881-PE, Rel. Jorge Mussi, j. 02.05.2013, DJe 22.05.2013).

"A mudança do réu do distrito da culpa, desde a prolação da sentença de pronúncia, sem informar ao Judiciário, revela sua intenção de se furtar à aplicação da lei penal, sendo suficiente para obstar a revogação da custódia cautelar. Precedentes do STJ e do STF" (STJ – HC n° 60140-MG, Rel. Gilson Dipp, j. 19.09.2006, DJ 16.10.2006, p. 409).

Art. 414. Não se convencendo da materialidade do fato ou da existência de indícios suficientes de autoria ou de participação, o juiz, fundamentadamente, impronunciará o acusado. (Redação dada pela Lei nº 11.689, de 2008)

Parágrafo único. Enquanto não ocorrer a extinção da punibilidade, poderá ser formulada nova denúncia ou queixa se houver prova nova. (Incluído pela Lei nº 11.689, de 2008)

Impronúncia – A sentença de impronúncia, que tem a natureza interlocutória mista terminativa, vem tratada neste dispositivo legal que praticamente repetiu o revogado art. 409 do código, que cuidava da matéria, não trazendo nenhuma inovação relevante, salvo um ou outro aperfeiçoamento na redação.

Assim, é cabível a impronúncia quando o juiz não se convence da *"materialidade do fato ou da existência de indícios suficientes de autoria e de participação"*. Se para se pronunciar o réu, conforme vimos acima, basta a certeza quanto à existência do fato típico e indícios referentes a seu autor, a sentença de impronúncia importa em se reconhecer o inverso, isto é, que não se conta nem com o mínimo necessário capaz de autorizar o julgamento do acusado pelo Júri. Com ela, portanto, o réu deixa de ser encaminhado a Júri, já que – repita-se – ausente um dos requisitos (ou ambos), para a pronúncia.

ATENÇÃO – Nessa decisão o juiz não condena e tampouco absolve o réu. Ele apenas reconhece que a acusação não reúne os elementos mínimos autorizadores do julgamento pelo Júri, extinguindo o processo sem julgamento do mérito. Por isso mesmo se diz que tal decisão faz *coisa julgada formal*, podendo ser revista, a qualquer tempo (desde que não prescrita a pretensão punitiva estatal), face ao surgimento de novas provas que importem na possibilidade de pronúncia do acusado (art. 414, parágrafo único).

Novas provas – Como *novas provas* poderíamos exemplificar o surgimento do cadáver da vítima até então desaparecido. Ou a localização de testemunhas não ouvidas no processo original. E mesmo a confissão do acusado posterior à "impronúncia, agora arrependido. Há entendimento doutrinário no sentido de que apenas as provas *substancialmente novas* (assim consideradas aquelas ocultas ou inexistentes à época da impronúncia), ensejariam a retomada do processo. Já as provas *formalmente novas* (aquelas que foram produzidas no processo, mas ganharam, posteriormente, nova versão), não se prestariam para ensejar novo processo. Discordamos de tal posicionamento. No conceito de *provas novas* devem se incluir não apenas aquelas cuja produção era, até então, impossível. Mas também aquelas que, por razões que são irrelevantes, foram alteradas posteriormente ou mesmo negligenciadas pela polícia durante a investigação criminal. Suponha-se a hipótese em que uma testemunha fundamental ao deslinde da causa, tenha mentido de forma evidente, gerando, com essa conduta, a impronúncia do réu. Faz sentido que, surgindo depois tal testemunha e prestando depoimento coeso e verossímil, arrependida da mentira, não pudesse ser reaberto o processo? Ou que o réu, na mesma condição, viesse a confessar a prática do crime, na presença do advogado que constituiu e, mesmo assim, ficasse o Estado impedido de processá-lo? Pensar-se de forma diversa importa em evidente afronta ao princípio da busca da verdade real, tão caro ao processo penal.

Vale atentar que a sentença de impronúncia encerra a relação processual, constituindo-se em verdadeira absolvição de instância, razão pela qual, se novas provas surgirem e se for pretendida, com base nelas, a reabertura do processo, deve o acusador ofertar outra denúncia ou queixa, perante o mesmo Juiz, que estará prevento. Caso este Juiz receba a denúncia, instaurar-se-á um novo processo, em ação autônoma, com outra instrução probatória, etc., tudo com objetivo de se preservar a ampla defesa e o contraditório. Os autos antigos, nos quais foi o réu impronunciado, deverão ser apensados aos novos, à disposição para consulta.

Críticas à impronúncia - São respeitáveis as críticas formuladas à sentença de impronúncia. A primeira delas dirigida ao parágrafo único do dispositivo em análise, que prevê a existência de um segundo processo a partir do surgimento de novas provas. Haveria, aqui, afronta ao princípio que veda o "ne bis in idem", que proíbe alguém ser julgado duas vezes pelo mesmo fato.

É o entendimento de Vicente Grecco Filho, a se conferir: "No caso de impronúncia, enquanto não extinta a punibilidade, poderá, em qualquer tempo, ser instaurado processo contra o réu, se houver prova nova; no caso de absolvição sumária, ocorre a coisa julgada material, que é absoluta e soberana em favor do réu. Tal distinção, porém, é inadmissível em face do princípio constitucional do 'ne bis in idem', ou seja, ninguém poderá ser processado penalmente duas vezes pelo mesmo fato. Considerando que, na impronúncia, a cognição do juiz é também plena e profunda, na medida em que deve examinar as provas dos autos e não se convencer da existência do crime e indício de que seja o réu o seu autor, não tem sentido que se continue a aceitar que o réu não tenha sido processado, quer no sentido teórico, quer no sentido prático, de todos os ônus que tal situação acarreta para o acusado, inclusive no plano moral. Não é argumento jurídico dizer-se que o 'homicídio é o crime rei'. Qualquer crime pode ser atribuído à competência do júri e não ser por isso que o seu julgamento por falta de prova do fato ou autoria resulte na possibilidade de novo processo, havendo novas provas" (*Tribunal do Júri: Estudo sobre a mais democrática instituição brasileira.* Coordenador Rogério Lauria Tucci, São Paulo: Ed. Revista dos Tribunais. 2000. pp. 122).

Demais disso – outra crítica – é no sentido de que a possibilidade de revisão da sentença de impronúncia, com a consequente reabertura do processo a partir do surgimento de novas provas, se prestaria como verdadeira *espada de Dâmocles* a pender sobre a cabeça do réu que, a qualquer momento, poderia ver reaberto o processo, em franca violação, inclusive, ao princípio da presunção de inocência (nesse sentido, Paulo Rangel, *Direito Processual Penal.* 17ª ed., Lumen Juris. 2007, p. 182).

Nossa posição – Ousamos discordar desse respeitável entendimento. De se anotar, desde logo, que em favor da lei há uma presunção que milita, invariavelmente, no sentido de sua constitucionalidade. É o que consiste no chamado *princípio da constitucionalidade das leis*, pelo qual o ato normativo somente perde sua eficácia e validade mediante uma declaração judicial que declare sua desconformidade com a Constituição. Na lição de clássica de Luís Roberto Barroso, "o princípio da presunção de constitucionalidade dos atos do Poder Público, notadamente das leis, é uma decorrência do princípio geral da separação dos Poderes e funciona como fator de autolimitação da atividade do Judiciário, que, em reverência à atuação dos demais Poderes, somente deve invalidar-lhes os atos diante de casos de inconstitucionalidade flagrante e incontestável" (*Interpretação e aplicação da Constituição: fundamentos de uma dogmática constitucional transformadora*. 7ª ed. rev. São Paulo: Saraiva, 2009, p. 193).

Por conta desse princípio, portanto, somente se for patente a inconstitucionalidade ela deve ser declarada, em situações nas quais seja impossível sua interpretação em consonância com a Carta, sob pena de indevida ingerência no Poder Legislativo. Como observa João Pedro Gebran Neto "o intérprete deve tentar extrair validade das leis e dos atos normativos do Poder Público sempre que possível, só declarando sua inconstitucionalidade quando esta for flagrante e incontestável. A declaração de inconstitucionalidade sempre é medida excepcionalmente adotada, porque implica restrição ao exercício de atividade legítima de outro Poder" (*A aplicação imediata dos direitos e garantias individuais*, São Paulo, RT, 2002, pág. 108).

Imaginar-se, destarte, que a possibilidade de reabertura do processo, prevista no parágrafo único do dispositivo em análise, violaria o princípio do *ne bis in idem*, seria ignorar os direitos individuais da vítima e o direito à segurança da qual é titular a sociedade, ambos com assento constitucional e tão caros quanto o direito do réu em não se ver processado duas vezes pelo mesmo fato. Essa formulação nos parece bastante razoável, capaz de preservar a presunção da constitucionalidade do dispositivo, pois sopesa ambos os direitos, de modo a prevalecer a possibilidade de reabertura do processo, sobretudo quando se cuida de crime gravíssimo, por atentar contra o bem jurídico mais valioso – vida – a reclamar forte atuação estatal em seu combate.

Mesmo a afirmação no sentido de que o réu seria processado duas vezes, pelo mesmo fato, merece uma reflexão mais aprofundada e guarda pertinência com a própria natureza jurídica da sentença de impronúncia. Com efeito, embora impugnável por meio de apelação, segundo a redação atual do art. 416 do CPP, continuamos a entender que a natureza jurídica dessa decisão é interlocutória mista, de conteúdo terminativo, pois encerra uma primeira fase do processo, sem ingressar no mérito. Ora, se não há investigação sobre o mérito, tarefa que cabe ao Júri, nada impede a rediscussão da causa, sobretudo quando o legislador teve o cuidado de exigir a oferta de outra denúncia ou queixa, a partir do surgimento de novas provas, preservando, assim, o contraditório e a ampla defesa do acusado. O que os críticos não explicam é a forma de solucionar a hipótese na qual, inicialmente impronunciado o réu, porque não localizado o corpo da vítima, este venha posteriormente a surgir. Sobretudo quando nosso Direito não admite a chamada revisão criminal *pro societate*. Ficaria o Estado impedido de agir, em tão clamorosa situação? Haverá quem afirme que, em outras situações, cuidando-se de crimes que não sejam da competência do Tribunal do Júri, pode ocorrer o mesmo, isto é, uma vez absolvido o réu, com o trânsito em julgado da sentença, nada mais pode ser feito. É verdade, mas nenhum caso – insistimos – dirá respeito a crime de tamanha gravidade como aqueles que são levados ao Júri, a exigir, em seu trato, especial cuidado do legislador.

A propósito, não temos dúvida em afirmar que, na prática, eventual remoção do mundo jurídico desse dispositivo, porque inconstitucional, implicaria inegável prejuízo aos réus. Isso porque ninguém ignora o caráter de excepcionalidade da sentença de absolvição sumária, por subtrair do Júri (seu juiz natural, segundo a Constituição), o julgamento dos crimes dolosos contra a vida. É dizer: situações nas quais o réu seria impronunciado, a partir da extinção dessa espécie de decisão, invariavelmente redundariam na pronúncia, levando o agente a Júri, sujeitando-o a uma condenação despida de provas, passível de ocorrência ante a inexistência de motivação das decisões do Conselho de Sentença e de definitividade, face ao princípio constitucional que garante a soberania do *decisum*.

Também não comungamos da tese pela qual a decisão de impronúncia acarretaria uma situação de incerteza para o réu, dada a possibilidade de reabertura do processo que, de resto, afrontaria o princípio da presunção de inocência. A um, porque a possibilidade de reabertura do processo sofre uma limitação temporal, na medida em que perdura enquanto não verificada a prescrição. Passado esse lapso, não é mais possível falar-se em novo processo. A dois, em virtude de que não será toda e qualquer prova que autorizará outra denúncia ou queixa, mas somente aquela prova nova, formal ou substancialmente nova. E, a três, em razão de que o réu não sofre qualquer condenação, podendo, ainda, ser absolvido pelo Júri, caso a nova acusação redundar em pronúncia.

Aliás, a se privilegiar esse entendimento, tem-se uma situação muito mais grave ao réu no art. 366 do CPP, quando, citado por edital, não comparece e tampouco constitui defensor. Aqui ocorre a interrupção do lapso prescricional, com a suspensão do processo (perdurando, assim, a situação de incerteza), mas com um fator agravante, que consiste exatamente na possibilidade da decretação de sua prisão preventiva. Apesar disso, ao que saiba, ninguém jamais sustentou a inconstitucionalidade desse dispositivo, saudado, ao revés, como salutar ao réu, por impedir sua condenação mesmo ignorando a existência do processo-crime. São as razões pelas quais não vislumbramos inconstitucionalidade no dispositivo em exame.

Impronúncia e crimes conexos – A impronúncia impede o julgamento, pelo Tribunal do Júri, de crime conexo apontado na denúncia ou na queixa (nesse sentido, *RJTJSP* 102/377). Assim, por exemplo, sendo o réu acusado de matar a vítima e, em seguida, na fuga daqueles que visavam sua captura, de atropelar e matar um pedestre, se impronunciado em relação ao homicídio doloso, afasta-se a competência do Júri para o crime de homicídio culposo. Quanto a este último, se a Comarca contar com vara privativa do Júri e outras varas comuns, cumpre ao juiz, face à sua incompetência, determinar a distribuição dos autos livremente ao juiz singular. Sendo o juiz togado o único da Comarca, ele mesmo deverá proferir o julgamento em relação ao delito conexo.

Despronúncia – Ocorre quando a decisão de pronúncia é reformada. Era cabível, antes da reforma de 2008, em duas hipóteses: quando o Juiz de primeiro grau, após pronunciar o réu e ante a oferta de recurso em sentido estrito, se retratava, impronunciando-o. Ou, quando mantida a decisão de pronúncia pelo juiz, o Tribunal de Justiça acolhia recurso em sentido estrito contra tal decisão interposto pelo réu, impronunciando-o.

> **ATENÇÃO** – Da decisão de impronúncia não é mais cabível o recurso em sentido estrito e sim a apelação, nos termos da atual redação do art. 416 do código, de forma que somente se pode cogitar da despronúncia quando, ao dar provimento à apelação do réu que fora pronunciado, o Tribunal venha a impronunciá-lo.

JURISPRUDÊNCIA

Constitucionalidade da sentença de impronúncia

"A sentença de impronúncia não fere o princípio da presunção de inocência, pois com ela o processo é extinto sem julgamento do mérito, visando justamente resguardar a condição de inocente do acusado, em face da inexistência de provas convincentes que pudessem obrigá-lo a se submeter ao Tribunal do Júri. E, enquanto não houver sentença penal condenatória transitada em julgado contra si, o acusado permanecerá sendo considerado inocente, e isso é uma garantia oriunda de um Estado Democrático de Direito. Assim, inexistindo a inconstitucionalidade arguida, não há que se falar em absolvição sumária, até porque, a absolvição sumária só é aplicada nos casos de exclusão do crime ou isenção de pena, conforme dispõe o art. 411 do CPP, o que não é o caso dos autos" (TJPA – RSE n° 200430039636 – Rel. Raimundo Holanda Reis, j. 04.03.2010).

Art. 415. O juiz, fundamentadamente, absolverá desde logo o acusado, quando: (Redação dada pela Lei nº 11.689, de 2008)

I - provada a inexistência do fato; (Redação dada pela Lei nº 11.689, de 2008)

II - provado não ser ele autor ou partícipe do fato; (Redação dada pela Lei nº 11.689, de 2008)

III - o fato não constituir infração penal; (Redação dada pela Lei nº 11.689, de 2008)

IV - "demonstrada causa de isenção de pena ou de exclusão do crime". (Redação dada pela Lei nº 11.689, de 2008)

Parágrafo único. Não se aplica o disposto no inciso IV do caput deste artigo ao caso de inimputabilidade prevista no caput do art. 26 do Decreto-Lei nº 2.848, de 7 de dezembro de 1940 - Código Penal, salvo quando esta for a única tese defensiva. (Incluído pela Lei nº 11.689, de 2008)

Absolvição sumária. Introdução – O objetivo da absolvição *in limine* é destacado por Edgard de Moura Bittencourt, para quem "segundo uniforme jurisprudência dos nossos tribunais, a absolvição no sumário da culpa é uma medida que a lei adotou para libertar inocentes das delongas do julgamento perante o júri" (*A instituição do júri*, São Paulo: Saraiva, 1939, p. 95).

Decisão de mérito – Trata-se, portanto, de decisão definitiva, pois ingressa na discussão do mérito, quando o juiz togado inocenta o acusado. Assim, ao contrário da impronúncia que faz coisa julgada formal permitindo, na eventualidade do surgimento de novas provas, a renovação do processo, a absolvição sumária induz à profunda análise do mérito, onde se reconhece que, embora típico o fato, ele não é ilícito ou seu autor não merece reprovação e, por isso, deve ser definitivamente absolvido. Faz, por isso mesmo, coisa julgada material. Tal sentença deve, portanto, atender aos requisitos dos arts. 381 e 386 do código.

Distinção entre impronúncia e a absolvição sumária – Como destaca José Frederico Marques, "a diferença entre a impronúncia e a absolvição sumária está em que a primeira é simples *absolutia ab instantia* e a segunda *absolutio ab causa*. Com a impronúncia, encerra-se o juízo da formação da culpa e a instância do processo penal condenatório, porque não há lastro para a acusação; na absolvição sumária, encerra-se o processo e a ação penal, porque a pretensão punitiva deduzida na acusação é improcedente. No tocante aos elementos integrantes do crime, a impronúncia é sentença que só incide sobre o fato típico, enquanto que a absolvição sumária é decisão sobre todos os fatores constitutivos do crime: o juiz declara provado o fato típico, mas absolve o réu, ou por ausência de antijuridicidade, ou por ausência de culpabilidade. Na impronúncia, a falta de prova do crime, como fato típico, tira qualquer consistência à denúncia, porquanto sem o *corpus delicti* não pode haver acusação em plenário. Na absolvição sumária, malgrado haja 'corpo de delito' ou comprovação do fato típico, não pode o réu ser punido, pois o fato não se apresenta como penalmente ilícito, ou então, deve ser tido como não culpável" (*A Instituição do Júri*, p. 242-243).

Cabimento – A absolvição sumária tem cabimento para as hipóteses em que, nos termos do artigo em exame, restar "provada a inexistência do fato" (inc. I) ou que o réu não é seu autor (inc. II), quando "o fato não constituir infração penal" (inc. III) ou demonstrada causa de isenção de pena ou de exclusão do crime (inc. IV).

ATENÇÃO – A tais hipóteses, uma outra deve ser acrescida, constante do inc. IV, do art. 397 do código, a saber quando "extinta a punibilidade do agente". Alguém poderá indagar da razão pela qual esse dispositivo, que não consta da parte do código que trata do Júri, deve ser invocado. Ocorre que o § 4°, do art. 394, determina que "as disposições dos arts. 395 a 398 deste Código aplicam-se a todos os procedimentos penais de primeiro grau, ainda que não regulados neste Código". Nessa linha de raciocínio, a regra do art. 397 (nele incluído seu inc. IV), deve se estender, também, ao Júri.

Nesse passo, entendemos que as hipóteses de absolvição sumária são duas, proferidas após a resposta do agente, ainda no limiar da ação penal ou depois, quando produzida toda instrução probatória, consoante disposto, respectivamente, nos arts. 397 e 415 do código. Claro que em se tratando de crimes de competência do Júri, se já é excepcional a absolvição sumária, com mais razão ainda será incomum a rejeição da denúncia. Mas nem por isso negamos essa possibilidade.

Andou bem o legislador da reforma de 2008. Prevalecia, com efeito, o entendimento de que o rol do revogado art. 411 era taxativo, não permitindo, assim, qualquer espécie de ampliação para outras hipóteses senão as nele previstas (excludentes de ilicitude e de culpabilidade). Entendíamos equivocado tal posicionamento. Imagine-se a situação em que o réu, respondendo pela prática de um homicídio, é surpreendido pelo surgimento da vítima viva. A pronúncia ou a desclassificação, no caso, soariam absurdas. Restariam, pelo sistema antigo, a impronúncia ou a absolvição sumária. A impronúncia, por permitir sempre a reabertura do processo, parecia inadequada porquanto incompatível com a certeza que decorre do fato da vítima encontrar-se viva. Melhor, nesse caso, que se conferisse um caráter de definitividade à sentença, absolvendo-se de vez o réu. Isso, porém, não era possível, já que a absolvição sumária somente era permitida quando presentes de excludentes de ilicitude e de culpabilidade, podendo, assim, ser o agente levado à Júri em situação tão esdrúxula. Tal impasse foi solucionado pela nova disciplina do Júri, ao permitir que, nesse exemplo, seja, de pronto, absolvido o réu, com base na inexistência do fato.

Excepcionalidade da absolvição sumária – A absolvição sumária, por importar em exceção ao princípio geral que impõe ao Júri o julgamento dos crimes dolosos contra a vida, deve ser reservada para os casos em que as excludentes de ilicitude (justificativas) ou culpabilidade (dirimentes) restarem absolutamente demonstradas. Ou que, em vista da redação do art. 415, a inexistência do fato, sua eventual atipicidade ou a prova de que o réu não foi seu autor, fiquem evidenciadas de forma cabal, não persistindo qualquer dúvida a respeito. Remanescendo alguma dúvida, ela deve ser resolvida em favor da competência do Júri, de índole constitucional, *pro societate*, cabendo ao juiz, portanto, a pronúncia do réu.

Assim, por exemplo, não se pode absolver sumariamente por falta de provas, quando o caso é de impronúncia (*RT* 629/320, 519/343). Tampouco quando o laudo que atestou a inimputabilidade do agente por doença mental seja precário e impreciso (*RT* 695/311). Nesses casos, impõe-se a pronúncia do réu, cabendo ao conselho de sentença decidir se há prova suficiente para a condenação ou se o agente era inimputável à época da prática do delito. Nada impede – ao contrário, impõe-se – que o juiz, cabalmente demonstrada a inimputabilidade do réu decorrente de doença mental, o absolva sumariamente, aplicando, em seguida, a respectiva medida de segurança (nesse sentido, *RT*762/613, 631/285). Já se se tratar de um réu semi-imputável, situado na condição de fronteiriço, deve o juiz pronunciá-lo, para julgamento pelo conselho de sentença (confira-se *RT* 558/382).

Constitucionalidade – Há respeitável doutrina que sustenta a inconstitucionalidade deste art. 415, sobretudo após a reforma do Júri operada em 2008, que alargou as hipóteses de absolvição sumária. É que, ao absolver sumariamente, o juiz togado retira do Júri a competência para o julgamento dos crimes dolosos contra a vida, que tem previsão constitucional (art. 5°, inc. XXXVIII, "d"). Afrontaria, ainda, com essa decisão, a soberania dos veredictos, igualmente albergada no texto constitucional (art. 5°, inc. XXXVIII, "c").

Por outro lado, ao absolver sumariamente o réu, livrando-o de uma acusação infundada e evitando seja o mesmo submetido às agruras de um julgamento pelo Júri, o juiz age em consonância com princípios que também possuem previsão constitucional, a saber o da dignidade da pessoa humana – este verdadeiro fundamento da República brasileira, nos termos do art. 1°, inc. III da Carta –, e da duração razoável do processo (art. 5°, inc. LXXVIII).

De qualquer forma, ao se reconhecer a excepcionalidade da absolvição sumária, reservada para casos específicos e extreme de dúvidas, se afasta eventual alegação de inconstitucionalidade deste dispositivo, por afronta a princípios previstos na Carta.

Inimputabilidade – Situação interessantíssima surge quando, embora plenamente configurada a inimputabilidade do réu, pretenda a defesa demonstrar, por exemplo, que não foi ele o autor do delito (negativa de autoria). Nesse caso, cumpre ao juiz pronunciar o acusado, cabendo ao Júri decidir se ele cometeu, ou não, o fato típico. Isso porque a chamada sentença absolutória imprópria, embora denominada absolutória, possui inegável carga de condenação, já que submete o agente ao desconforto de sua internação em hospital de custódia ou à submissão a tratamento ambulatorial (art. 96, inc. I, do Código Penal).

Explicamos melhor: é possível, por exemplo, que o agente, em virtude de doença mental, seja inteiramente incapaz de entender o caráter ilícito do fato e, por isso mesmo, inimputável, nos termos do art. 26 do Código Penal. Essa condição, mesmo que plenamente reconhecida por laudo técnico, não significa dizer, de plano, que ela tenha cometido um homicídio. Pode não ter sido o autor do disparo que matou a vítima. Ou, sendo o autor do disparo, é possível que tenha agido em legítima defesa. Estas duas circunstâncias (autoria e excludente de antijuridicidade), devem ser analisadas pelo Júri. Ou alguém duvidará que, ao réu, é mais vantajoso ser absolvido em plenário a ter que suportar uma internação no manicômio?

Pertinente, nessa linha de raciocínio, a lição de Antonio Carlos da Ponte, ao destacar que "não se alegue que os hospitais de custódia e tratamento psiquiátrico não se confundem com os presídios. A realidade tem mostrado que as diferenças se situam apenas no campo teórico. A chance de uma pessoa que acuse perturbação da saúde mental recuperar-se em um desses estabelecimentos é nula" (*Inimputabilidade e Processo Penal*. 2.ed. 2007, São Paulo: Quartier Latin).

Há sim, portanto, interesse do réu em receber uma sentença absolutória propriamente dita, que reconheça não ter ele cometido o crime. É o que se extrai do parágrafo único do art. 415 do CPP. Aliás, em decisão do STF, anterior à reforma do Júri, foi concedido *habeas corpus* voltado contra decisão que, absolvendo sumariamente o réu, lhe impôs, como medida de segurança, internação em estabelecimento próprio. Colhe-se a seguinte notícia publicada no *Informativo do STF*: "Entendeu-se que a conjugação da absolvição com a medida de segurança conflita com a soberania do tribunal do júri, tendo em conta o direito de o cidadão somente ter a culpa presumida após o exercício do direito de defesa perante o juiz natural, no caso, o tribunal do júri. No tocante ao art. 411 do CPP, asseverou-se que este dispositivo somente pode ser aplicado pelo juízo ou pelo órgão revisor quando implicar simples absolvição, não resultando na imposição de medida de segurança, haja vista que esta consubstancia sanção penal" (*Informativo do STF*, nº 462, de abril de 2007).

Daí a salutar ressalva formulada no parágrafo único do art. 415 do CPP, no sentido de que a inimputabilidade não dá ensejo à absolvição sumária, "salvo quando esta for a única tese defensiva". Em síntese: comprovada a inimputabilidade do agente, deve o juiz absolvê-lo sumariamente. Em um caso, contudo, não poderá fazê-lo: exatamente quando, a despeito de tal incapacidade, outra tese defensiva ter sido suscitada (negativa de autoria ou legítima defesa, para ficarmos com nosso exemplo inicial), quando, então, a pronúncia se impõe para que o Júri, juiz natural dos crimes dolosos contra a vida, aprecie o fato.

Semi-imputabilidade – O réu que, por meio do respectivo incidente de insanidade mental, for considerado semi-imputável deve, mesmo assim, ser pronunciado, desde que, por óbvio, preenchidos os demais requisitos que justifiquem sua submissão ao Júri. É que essa condição de semi-imputabilidade não guarda nenhuma relação com o fato propriamente dito (autoria e materialidade), tampouco com as excludentes de antijuridicidade ou culpabilidade. Se, ao final, ficar demonstrada a autoria e a existência do crime, deve o agente ser condenado. A única consequência do reconhecimento do seu estado de semi-imputabilidade é a redução da pena, de um a dois terços, nos termos do parágrafo único, do art. 26, do Código Penal, ou a sua substituição por medida de segurança. Ora, fixação de pena, na sistemática do Júri, é tarefa exclusiva do juiz togado, na qual o jurado não tem qualquer participação. Assim, submetido o réu ao Júri e, uma vez condenado, cabe ao juiz reduzir-lhe a pena (ou substituir a reprimenda por medida de segurança), uma vez reconhecida sua semi-imputabilidade. Mas essa operação – insistimos – deve se processar perante o Júri, nada justificando, dessa forma, seja o agente absolvido sumariamente por conta de sua reconhecida semi-imputabilidade. Aliás, o art. 415, inc. IV do código, dispõe ser cabível a absolvição sumária quando "demonstrada causa de isenção de pena", sendo que a semi-imputabilidade, como já destacado, não induz à isenção da pena, mas à sua mera redução.

Absolvição sumária e crimes conexos – De se ver, por último, que é possível, por força da conexão, que outros delitos estejam ligados ao homicídio. Imagine-se a situação na qual o juiz absolve sumariamente o réu pelo homicídio, mas há um outro delito apurado em conexão, por exemplo, um roubo. Não poderá, nesse caso, também apreciar o roubo, devendo, primeiro, aguardar o julgamento de eventual apelação interposta contra a absolvição sumária (*RT* 496/287, 512/361). A razão é simples: pode ocorrer do Tribunal de Justiça, dando provimento ao recurso, pronunciar o réu. Ora, nesse caso, a competência para julgamento dos dois crimes (homicídio e roubo), será do Tribunal do Júri. Tivesse o juiz togado julgado desde logo o roubo, sem aguardar o pronunciamento do Tribunal de Justiça e subtrairia do Júri tal competência. De outra parte, caso mantida a sentença de absolvição sumária, deverá o juiz-presidente aplicar, por analogia, o disposto no art. 419, remetendo os autos ao juiz singular competente para conhecer do crime de roubo.

JURISPRUDÊNCIA

No item acima *in dubio pro societate*, nos comentários feitos ao art. 413, são reunidos julgados que mencionam os requisitos para a decisão de pronúncia e, por consequência, a excepcionalidade da sentença de absolvição sumária.

Inimputabilidade. Quando é cabível a absolvição sumária

"Havendo prova da autoria e da materialidade do delito, tendo sido reconhecida a inimputabilidade do acusado, revela-se ausente pressuposto para a submissão do acusado ao Júri Popular, qual seja, a culpabilidade; ademais, no caso concreto, não aventada pela defesa qualquer excludente de ilicitude ou negativa de autoria, mostra-se imperativa a absolvição sumária com a imposição de medida de segurança, dada, inclusive, a periculosidade acentuada no laudo psiquiátrico, em consonância com o disposto no art. 411 do CPP c/c o art. 97 do CPB. Precedentes do STJ: HC 42.314/SP, Rel. Min. GILSON DIPP, 19.12.05, HC 38.500/MG, Rel. Min. ARNALDO ESTEVES LIMA, DJU 01.07.05 e HC 38.498/MG, Rel. Min. LAURITA VAZ, DJU 08.05.06" (STJ – HC n° 88234-SP – Rel. Napoleão Nunes Maia Filho, DJe 18.08.2008).

"Pronúncia. Homicídio qualificado (art. 121, § 2º, inc. II, III e IV, do Código Penal). Recurso defensivo visando reforma da decisão para absolver sumariamente o réu inimputável. Provimento. Reforma da sentença para absolver sumariamente de forma imprópria, pois a inimputabilidade é a única tese defensiva, nos termos do art. 415, inc. IV e parágrafo único, do C.P.P. Negativa de autoria em sede de interrogatório não configura tese defensiva. Defesa técnica pleiteou apenas a absolvição imprópria. Aplicação de medida de segurança. Internação pelo prazo mínimo de 03 anos, em razão da gravidade do crime Recurso provido" (TJSP – RSE n° 0013673-83.2009.8.26.0248 – Rel. Salles Abreu, j. 23.10.2013).

Inimputabilidade reconhecida. Quando se justifica a submissão ao Júri

"Havendo tese defensiva relativa à excludente de ilicitude prevista no art. 23 do Código Penal (legítima defesa), não deve subsistir a sentença que absolveu sumariamente o paciente e aplicou-lhe medida de segurança, em face de sua inimputabilidade, por ser esta tese mais gravosa que aquela outra" (STJ – HC n° 99649-MG – Rel. Arnaldo Esteves Lima, j. 17.06.2010, DJe 02.08.2010).

"Deixa-se aqui claro, outrossim, que a reconhecida inimputabilidade do recorrente, como atestado no incidente específico (em apenso), não impede seja ele levado perante o Conselho de Sentença, pois, se eventualmente reconhecida a excludente de antijuridicidade alegada (legítima defesa), o réu será absolvido e não se lhe imporá qualquer restrição à sua liberdade, nem mesmo internação para tratamento" (TJSP – RSE n° º 0015995-58.2010.8.26.0566 – Rel. Roberto Solimene, j. 12.12.2013).

Absolvição sumária – Aplicação de medida de segurança. Impossibilidade. Inteligência do artigo 415, inciso IV, parágrafo único (Parágrafo único – "Não se aplica o disposto no inciso IV do caput deste artigo ao caso de inimputabilidade prevista no caput do artigo 26 do Decreto-Lei nº 2.848, de 7 de dezembro de 1940 – Código Penal, salvo quando esta for a única tese defensiva) – "Cuidando-se de réu inimputável, faz-se necessário, antes de se aplicar medida de segurança, verificar se o fato praticado constitui crime, ou se encontra-se acobertado por alguma causa excludente de antijuridicidade, ocorrendo nesta última hipótese a absolvição plena" (TJSP – RSE nº 000281-48.2010 – Rel. Borges Pereira, j. 10.12.2013).

Pronunciado o réu, não é mais cabível o reconhecimento de sua inimputabilidade pelo juiz togado

"A absolvição sumária pode ser alcançada ao final do *iudicium accusationis*, constatada a inimputabilidade do réu. Entretanto, operado o trânsito em julgado da decisão que pronunciou o paciente, não pode ser esta decisão alterada pelo mesmo juiz togado em decorrência da superveniência de laudo que atesta a insanidade mental do acusado, pois já não mais ostentará competência, agora transferida ao Conselho de Sentença, juiz natural da causa (Precedentes)" (STJ – HC 141887-ES – Rel. Felix Fischer, j. 17.11.2009, DJe 29.03.2010).

Dúvida quanto à imputabilidade. Submissão ao Júri

"É possível, em tese, mesmo com a reforma processual, a absolvição sumária quando reconhecida à inimputabilidade do agente ativo, desde que essa tenha sido a única tese defensiva desenvolvida. A absolvição sumária exige certeza absoluta do julgador quanto à inimputabilidade do réu, portanto, sendo um dos laudos dúbio e o outro taxativo quanto à consciência da ilicitude, a questão deve ser examinada pelos Jurados, juízes naturais para o exame dos crimes dolosos contra a vida e os que lhe são conexos" (TJMG – RSE n.° 1.0023.04.000560-7/001, Rel. Jane Silva, j. 17.11.2009, DJe 05.02.2010).

Semi-imputabilidade e pronúncia

"Hipótese em que houve a discussão acerca da imputabilidade em razão da existência de dois resultados decorrentes de perícias diferentes, um fornecido pela CREMESP, que aponta a imputabilidade, e outro elaborado pelo IMES, que entendeu pela semi-imputabilidade**,** sendo juntado também pelo Membro do Ministério Público apostilas de origem apócrifa, cujo conteúdo trazia instruções de como burlar exames psicológicos, as quais foram refutadas quanto a sua eficiência pela perita oficial. Não há nulidade na opção pelos jurados de reconhecer a imputabilidade do acusado, pois admitiu a Corte local a existência de acervo probatório a lastrear essa decisão, inclusive com laudos periciais nesse sentido." (STJ – REsp n. 1.662.529/SP, relator Ministro Nefi Cordeiro, Sexta Turma, julgado em 21/9/2017, DJe de 13/10/2017)

"À vista de laudos psiquiátricos antagônicos, a inimputabilidade do paciente à época dos fatos não ficou cabalmente demonstrada, de tal sorte que a Juíza Presidente do Tribunal do **Júri** chamou o feito à ordem para a realização de novo exame de sanidade mental, nos termos do art. 149 do CPP. Embora o último exame realizado tenha atestado que, à época dos fatos (1995), o paciente estava sob o abrigo do caput do art. 26 do CP, por apresentar quadro de esquizofrenia paranoide, esse mesmo laudo também concluiu que "a evolução da doença é caracterizada por surtos com remissões", de tal sorte que não se pode ter certeza de que, após o primeiro diagnóstico da doença, o paciente fosse inteiramente incapaz de compreender o caráter ilícito dos atos delitivos praticados. A decisão do Tribunal do **Júri** que, apoiada em outras provas - depoimentos de testemunhas e interrogatório do acusado em Plenário -, além da prova pericial, decide pela condenação do réu, afastando a tese defensiva de sua inimputabilidade, não pode ser considerada manifestamente contrária à prova dos autos." (STJ – HC n. 139.513/RJ, relator Ministro Rogerio Schietti Cruz, Sexta Turma, julgado em 10/5/2016, DJe de 19/5/2016)

Art. 416. Contra a sentença de impronúncia ou de absolvição sumária caberá apelação. (Redação dada pela Lei nº 11.689, de 2008)

Apelação – A sentença de impronúncia e de absolvição sumária, segundo o disposto na redação original dos incisos IV e VI, do art. 581 do CPP, podiam ser desafiadas por meio de recurso em sentido estrito. Com a alteração operada em 2008, conforme texto expresso de lei, o recurso cabível passou a ser a apelação. Parece correta a opção do legislador. Com efeito, a absolvição sumária põe termo ao processo, não se justificando, por isso, a previsão do recurso em sentido estrito, mais afeito a questões incidentes, dada à sua semelhança, inclusive, com o agravo do processo civil. E a impronúncia, de sua parte, embora admitindo a reabertura do processo (art. 414, parágrafo único), tem o efeito também, de alguma forma, de encerrar a relação processual, fazendo coisa julgada formal. Lembre-se que a decisão de pronúncia (e de desclassificação, analisada a seguir), porém, continua a admitir o recurso *stricti juris*, conforme previsto no art. 581, inc. IV do CPP.

A alteração não guarda mero interesse bizantino, mas, ao revés, produz concretos efeitos práticos. Destarte, o efeito que mais caracteriza o recurso em sentido estrito é o *regressivo*, também denominado de *iterativo* ou *diferido*, que importa na faculdade conferida ao juiz de reformar sua própria decisão. Assim, proferida uma decisão impugnável através de recurso em sentido estrito e tendo sido ele interposto, cabe ao juiz, após a apresentação da contrariedade ao recurso, decidir se mantém a decisão anterior ou, ao contrário, se a reforma. Essa nova decisão deve ser proferida no prazo de dois dias. É o chamado *juízo de retratação*, previsto no art. 589 do código.

Ora, a partir da alteração legislativa, que aboliu, para as sentenças de impronúncia e absolvição sumária, a possibilidade de recurso em sentido estrito, tem-se, por conseguinte, que desapareceu, também, a possibilidade de o juiz se retratar, na medida em que a apelação não admite essa espécie de efeito. Tampouco há que se cogitar, agora, da faculdade conferida à parte contrária, pelo parágrafo único do art. 589 do código, de pedir a remessa do recurso ao tribunal, por mera petição, eis que prejudicada pela retratação. Enfim, trata-se de alteração que, antes de encerrar discussão acadêmica, tem efeitos concretos no cotidiano dos operadores do Direito.

ATENÇÃO – Por se tratar de uma apelação, da decisão do Tribunal que, acolhendo o apelo, pronuncia o réu, são cabíveis embargos de nulidade ou infringentes, caso não unânime o julgado. São cabíveis, ainda, recurso extraordinário para o STF art. 102, inc. inc. III, "a" a "d" da Constituição), ou recurso especial para o STJ (art. 105, inc. III, "a" a "c" da CF), desde que presente os pressupostos autorizadores dessas formas extraordinárias de impugnação do julgado. Como observa Tourinho Filho, "também, dependendo da hipótese, pode ser impetrado habeas corpus, diretamente ao STJ, com fundamento no art. 105, I, c, da CF" *(Processo Penal*, 29a. Ed. São Paulo: Saraiva, 2007. Vol. 4. 2007, p. 73).

Extinção do chamado recurso obrigatório contra a sentença de absolvição sumária – Discute-se sobre a utilização da expressão *recurso de ofício* em contraste com o chamado *recurso voluntário*, que dependeria apenas da parte interessada, a sua interposição. Na doutrina há entendimento no sentido de que não há qualquer interesse processual que justifique o juiz recorrer, impugnando sua própria decisão e, portanto, a classificação que divide os recursos entre voluntários e obrigatórios, careceria de maior rigor científico. Na verdade, conforme lição de Grinover, Magalhães e Scarance (*Recursos no processo penal*, p. 88), o que se denomina *recurso de ofício*, nada mais é que uma *condição de eficácia da sentença*, isto é, a decisão somente será eficaz quando sujeita a um reexame por um órgão superior, sob pena, inclusive, de não transitar em julgado caso não observada tal condição (v. Súmula 423 do STF). E, de fato, recurso não é, por faltar-lhe um de seus pressupostos subjetivos que é o interesse. Afinal, no dizer do STF, "a pesquisa da natureza jurídica do que se contém sob a expressão 'recurso ex officio' revela que se trata, na verdade, de decisão que o legislador submete ao duplo grau de jurisdição, e não de recurso no sentido próprio e técnico" (*RT* 762/558).

Em razão da excepcionalidade da decisão de absolvição sumária, o legislador a via com certa *desconfiança*, impondo ao juiz, por isso, que dela recorresse de ofício para o Tribunal de Justiça, conforme indicava a parte final do art. 411 e mesmo o art. 574, inc. II. Caso o Tribunal mantivesse a decisão do juiz *a quo*, o réu não era submetido a Júri. Caso contrário, dando provimento ao recurso obrigatório, o Tribunal, em consequência, pronunciava o réu que, então, seria julgado pelo tribunal popular.

Pois bem. Com a nova disciplina do Júri, trazida pela reforma de 2008, nossa posição é no sentido de que o impropriamente denominado recurso de ofício ou obrigatório não mais subsiste. Com efeito, a redação primitiva do art. 411 do CPP, que tratava da absolvição sumária, determinava, em sua parte final, que, uma vez absolvido o réu, pelas razões ali apontadas, cumpria ao juiz recorrer "de ofício, de sua decisão". Ora, o atual art. 415, inserido na reforma do Júri, não mais reproduziu essa observação final, pelo que se pode concluir, sem demandar maior esforço, quanto à desnecessidade de remessa dos autos à Superior Instância, para fins de confirmação da sentença de absolvição sumária. É verdade que o legislador poderia ter sido mais direto e objetivo, revogando, de forma expressa, o disposto no inc. II, do art. 574 do CPP, de modo a privilegiar a técnica. Mas tal omissão não impede que se produza uma interpretação sistemática, coerente com o espírito do projeto e com a doutrina que rejeita essa espécie de *recurso*, por assim dizer. A propósito, entendendo prejudicada pela absolvição sumária, cumpre à parte dela apelar, sem que seja necessária a utilização do vetusto e anacrônico *recurso de ofício*.

Outra questão interessante consiste em investigar se, após o advento da Constituição de 1988, continua em vigor o dispositivo que determina o reexame necessário pelo Tribunal de Justiça contra a sentença de absolvição sumária. Formou-se, inicialmente, posição no sentido de que, por força da nova ordem constitucional, que confere ao Ministério Público, privativamente, a iniciativa da ação penal pública (art. 129, inc. I, CF), não mais faz sentido a existência de um recurso obrigatório. Além disso, ao adotar o sistema acusatório, em contrapartida ao sistema inquisitivo, o constituinte deixou claro que, no processo penal, há inequívoca repartição de atribuições, com um órgão acusando e outro julgando. Ora, a atuação de ofício do juiz de remeter os autos à instância superior, importaria em violação desse sistema. Especificamente nesse último aspecto, confira-se *RT* 698/483. Cumpriria, assim, ao Ministério Público, uma vez inconformado com a sentença de absolvição sumária, a interposição do respectivo recurso. Trata-se, porém, de entendimento que não vingou, sendo que o STF já se posicionou pela manutenção do recurso obrigatório (*RT* 762/558). Com efeito, de se ver, inicialmente, que o fato de ser privativa a atribuição do Ministério Público para a propositura da ação penal pública, não tem o condão de revogar mencionado recurso de ofício, porquanto nada impede que, mesmo nos crimes dolosos contra a vida, a iniciativa do processo se dê através de ação penal privada subsidiária da pública (art. 29 do CPP), movimentada mediante a oferta de queixa-crime. Ademais, conforme já ressaltado, o requisito exigido pela lei, somente de forma imprópria pode ser conceituado como recurso. Afinal, "a pesquisa da natureza jurídica do que se contém sob a expressão 'recurso ex officio' revela que se trata, na verdade, de decisão que o legislador submete a duplo grau de jurisdição, e não de recurso no sentido próprio e técnico" (STF-*RT* 762/558). Portanto, o fato da Constituição deferir ao Ministério Público a legitimidade exclusiva para a propositura da ação pena pública, não eliminou o recurso obrigatório. Ainda nesse sentido: *JTJ* 231/304, 198/144.

Legitimidade para a apelação contra a sentença de impronúncia – Pode ser interposta apelação pelo Ministério Público, pelo assistente de acusação, pelo ofendido ou pelos sucessores deste (art. 31). Discute-se sobre a possibilidade de o réu manejar tal "recurso. Alguns admitem essa legitimidade, reconhecendo o interesse do réu na absolvição sumária, o que o livraria definitivamente da acusação, enquanto que, impronunciado, poderia a todo tempo ver contra si reaberto o processo (nesse sentido, *RT* 513/377). A par da quase improbabilidade dessa hipótese se verificar na prática, entendemos incabível a oferta do recurso pelo acusado, já que representaria inegável contrassenso o Juiz decidir que não há prova do crime e nem indícios de sua autoria e o réu, ao contrário, recorrer afirmando que houve sim o crime, que ele foi seu autor, mas que agiu, por exemplo, em legítima defesa. Adotando essa última posição, confira-se *RT* 554/341. Já a legitimidade do assistente de acusação para o recurso vem expressamente prevista no *caput* do art. 271 quando faz remissão ao art. 584, § 1º.

ATENÇÃO – Quando o Juiz afasta alguma qualificadora apontada pela acusação, para uns, cabe, por parte da acusação, recurso em sentido estrito contra a decisão de pronúncia. Para outros, essa decisão está, automaticamente, impronunciando o réu nesse tópico específico (qualificadora) e, portanto, aqui também será cabível o recurso de apelação. Vale observar que, ao contrário do que ocorria na sentença de absolvição sumária, antes da reforma de 2008 (arts. 411 e 574, inc. II), da impronúncia jamais se admitiu o chamado recurso de ofício ou obrigatório (*RT* 525/353).

Legitimidade para a apelação contra a sentença de absolvição sumária – Terá a acusação (Ministério Público ou querelante), interesse em recorrer contra a sentença de absolvição sumária, a fim de que, com o provimento do apelo, seja o réu pronunciado pela Superior Instância e, por consequência, levado a plenário do Júri.

Réu – Poderá, também a defesa, valer-se da apelação contra a absolvição sumária na hipótese já mencionada em que o réu tem reconhecida, pelo juiz togado, sua inimputabilidade em decorrência de doença mental, mas almeja a absolvição em plenário, alegando, por exemplo, ter agido em legítima defesa.

Assistente – Já ao assistente não se deferia tal possibilidade, segundo entendimento que prevalecia na doutrina e jurisprudência (RT 547/396). A justificativa é que, na redação original do Código, da absolvição sumária era cabível recurso em sentido estrito (art. 581, inc. VI), e, para o assistente, no caso de tal recurso, o código somente admitia sua interposição em dois casos, conforme se infere do art. 271 combinado com o art. 584, § 1º, já mencionados: da impronúncia e da decisão que decreta extinta a punibilidade. Portanto, o rol de possibilidades de oferta do recurso em sentido estrito, para o assistente, era taxativo, não admitindo ampliação para outras hipóteses senão aquelas duas acima aludidas. Ademais, por comportar recurso de ofício, seria desnecessário o recurso do assistente (*RT* 547/396).

Entendíamos equivocada tal posição, não havendo, com efeito, razão para se impedisse o assistente de apresentar o recurso *stricto sensu*. É que o rol de recursos, elencado no art. 271, nunca nos pareceu taxativo, admitindo, ao contrário, ampliação. Basta lembrar que a doutrina, quase que unânime, reconhece legitimidade ao assistente para oposição de embargos de declaração, conquanto não prevista naquele dispositivo. Vê-se, assim, que o primeiro dos argumentos não prospera, já que as possibilidades de recurso para o assistente de acusação transcendem às duas hipóteses mencionadas no art. 271.

Mas não é só: a sentença de absolvição sumária, embora pudesse ser atacada através de recurso em sentido estrito (art. 581, inc. VI), nada mais era do que uma sentença absolutória própria, exatamente igual àquelas previstas no art. 598 do código, para as quais se admite o recurso do assistente.

Agora, quando se passou a admitir apelação para desafio à sentença de absolvição sumária, não se vislumbra motivo que impeça o assistente de recorrer dessa decisão. A propósito, não há qualquer razão que logicamente explique por qual motivo pode o assistente recorrer de uma sentença absolutória proferida em plenário do Júri ou de uma sentença absolutória proferida por um juiz singular, e não poderia atacar a absolvição sumária. Dizer-se que era em virtude da previsão de recurso obrigatório, nos termos do revogado art. 411 do CPP, parece não satisfazer a dúvida. É que a existência do recurso obrigatório jamais impediu o Ministério Público, na sistemática anterior, de recorrer em sentido estrito contra a absolvição sumária, não se justificando, portanto, que se impeça o assistente de se valer do mesmo recurso.

JURISPRUDÊNCIA

Sentença proferida antes da entrada em vigor da reforma submete-se ao reexame necessário

"Proferida sentença de absolvição sumária antes da entrada em vigor da Lei n. 11.689/2008, imprescindível a submissão da decisão do Juízo sumariante ao crivo do Tribunal a quo por meio de reexame necessário. Na hipótese, considerando-se que a sentença de absolvição sumária foi proferida em 12/9/1998 e que a remessa de ofício para casos como tais deixou de ser exigida pelo ordenamento processual penal apenas em agosto de 2008 – por ocasião da entrada em vigor da Lei n. 11.689/2008 –, não há falar em não conhecimento do reexame necessário" (STJ – HC n° 278124- PI – Rel. Marco Aurélio Bellizze, j. 10.06.2014, DJe 18.06.2014).

Recurso em sentido estrito. Erro grosseiro

"A fungibilidade recursal, a teor do art. 579 do CPP, é possível desde que observado o prazo do recurso que se pretenda reconhecer e a inexistência de erro grosseiro e de má-fé" (REsp 109.8670/SP, 5.ª Turma, Rel. Min. ARNALDO ESTEVES LIMA, DJe de 13/10/2009). Nos termos do art. 416 do Código de Processo Penal, com redação dada pela Lei n.º 11.689/2008, "contra a sentença de impronúncia ou de absolvição sumária caberá apelação." A indicação expressa, no Estatuto Processual Penal quanto ao recurso cabível na espécie, afasta a aplicação do princípio da fungibilidade recursal, diante da constatação do erro grosseiro" (STJ – HC n° 172515-MG – Rel. Laurita Vaz, j. 20.03.2012, DJe 29.03.2012).

Art. 417. **Se houver indícios de autoria ou de participação de outras pessoas não incluídas na acusação, o juiz, ao pronunciar ou impronunciar o acusado, determinará o retorno dos autos ao Ministério Público, por 15 (quinze) dias, aplicável, no que couber, o art. 80 deste Código. (Redação dada pela Lei nº 11.689, de 2008)**

Pessoas não incluídas na denúncia – Pode ocorrer que, finda a instrução probatória, já na fase de pronúncia, se constate que, da prova colhida em juízo, surgiu a participação de uma outra pessoa no crime, que não fora mencionada na denúncia ou queixa. Assim, acusado o réu pela prática de um homicídio, ele confessa a autoria, acrescentando que fora levado ao local por um amigo, que sabia de sua intenção e, inclusive, emprestou-lhe a arma utilizada para matar a vítima. Esse fato novo, não mencionado pela acusação e que surgiu depois, enseja o envio dos autos ao Ministério Público para que, no prazo de 15 dias, promova o aditamento da denúncia. A mesma providência, com a remessa dos autos ao querelante, deve ser adotada caso se trate de ação penal privada subsidiária da pública, nas raríssimas hipóteses em que deflagrada, dessa forma, a ação penal.

ATENÇÃO – O dispositivo, porém, faz uma ressalva em sua parte final, ao referir-se ao art. 80 do CPP. Esse artigo faculta a possibilidade de separação dos processos, dentre outras razões, para não prolongar o tempo de prisão provisória. Suponha-se, assim, que, em nosso exemplo acima, o réu esteja preso, em virtude de flagrante ou de prisão preventiva. Eventual aditamento da denúncia, com a citação daquele terceiro que também participara do crime e a renovação de toda instrução criminal, culminaria, fatalmente, com o excesso de prazo na prisão do réu originário. Nesse caso e com fulcro no art. 80 do CPP, parece mais aconselhável a separação dos processos, pronunciando-se, se for o caso, o primeiro, para que seja logo submetido ao júri e deflagrando-se se, em separado, o processo-crime contra o segundo, a partir do recebimento da denúncia ou queixa. Já se aquele primeiro acusado estiver respondendo, em liberdade, ao processo, sem que se possa identificar qualquer prejuízo com eventual demora, temos que se deva seguir a regra geral, permitindo-se, dessa forma, o julgamento de ambos os réus em conjunto, em sessão única.

Recusa quanto ao aditamento – Pode ocorrer que o Ministério Público, antes de analisar o cabimento do aditamento, requeira diligências, cumprindo ao juiz deferir o pedido, salvo se for de manifesta improcedência, pois, caso contrário, estaria obrigando o *parquet* a denunciar, o que não se concebe.

Tendo o Ministério Público se recusado a aditar, sugerimos o mesmo procedimento a ser adotado no art. 384, §1º, CPP, para onde remetemos o leitor.

Em se tratando de ação penal privada subsidiária da pública – tão rara que a abordagem do tema vale mais por seu caráter doutrinário – caso o querelante se negue a aditar a queixa, cabe ao Ministério Público retomar a ação, nos termos do art. 29 do CPP, ofertando, se assim entender, a respectiva denúncia contra aquele terceiro surgido durante a instrução probatória.

Art. 418. O juiz poderá dar ao fato definição jurídica diversa da constante da acusação, embora o acusado fique sujeito a pena mais grave. (Redação dada pela Lei nº 11.689, de 2008)

Emendatio libelli – Sobre a *emendatio libelli*, v. acima o art. 383 do CPP, que repete a mesma redação deste dispositivo.

Art. 419. **Quando o juiz se convencer, em discordância com a acusação, da existência de crime diverso dos referidos no § 1º do art. 74 deste Código e não for competente para o julgamento, remeterá os autos ao juiz que o seja. (Redação dada pela Lei nº 11.689, de 2008)**

Parágrafo único. Remetidos os autos do processo a outro juiz, à disposição deste ficará o acusado preso. (Incluído pela Lei nº 11.689, de 2008)

Desclassificação. Definição – A decisão de desclassificação, prevista neste dispositivo, é cabível quando o juiz entender que o delito apontado na acusação não se inclui dentre aqueles de competência do Tribunal do Júri. Isso ocorre, como já vimos, em virtude da possibilidade que tem o juiz de dar ao fato capitulação legal diversa daquela constante da inicial, já que no processo penal vigora o princípio da livre dicção do direito (*jura novit curia*), em atendimento ao velho brocardo do *mihi factum dabo tibi jus* ("narra-me o fato e te darei o direito"), conforme se verifica do art. 383.

Não se admite, portanto, que o juiz inicialmente competente, em sua primeira fase procedimental, para o julgamento dos crimes dolosos contra vida, ao reconhecer a existência de crime diverso, que não de competência do Júri, profira ele mesmo uma sentença, julgando esse novo fato.

Pode ocorrer, no entanto, que embora desclassificando a imputação inicial, o delito continue sendo de competência do Júri. Nada impede, assim, que capitulando a denúncia um crime de "Induzimento, instigação ou auxílio a suicídio", previsto no art. 122 do Código Penal, o juiz, nessa fase, reconheça a existência de um homicídio. Deverá, nesse caso, pronunciar o réu por este último delito, irrelevante, aqui, a maior gravidade da pena em relação ao crime inicialmente cogitado. É o que a doutrina denomina *desclassificação imprópria*.

Reconhecendo, todavia, que o crime não é de competência do Júri, cabe ao juiz enviar os autos ao juízo competente. O revogado art. 410, em sua parte final, determinava a abertura vista à defesa para que arrolasse testemunhas, diversas daquelas já ouvidas, observando-se, em seguida, os arts. 499 e seguintes. Operada a desclassificação, era obrigatória tal cautela, ainda que o juiz que proferiu a desclassificação fosse também competente para o julgamento do crime que recebeu nova capitulação, como ocorre tratando-se de uma comarca de vara única. Era incorreta, assim, a sentença que desclassificava e, imediatamente, julgava o réu pelo novo crime, pois ofendia o princípio da ampla defesa, posto que o réu, até então, se defendia da imputação de um crime doloso contra a vida (homicídio, por exemplo), não podendo, sem qualquer cautela, ver-se surpreendido com uma condenação por outro crime (latrocínio, *v.g.*). Nesse sentido, *RT* 595/399, 596/312, 665/276, 538/443 (STF).

A redação atual do art. 419 omitiu esse cuidado, vale dizer, não mais indicou o procedimento a ser seguido perante o juízo competente. Apenas afirmou que esse juiz deverá adotar "o rito adequado". Nada impede, contudo, que o juiz a quem foi enviado o processo, em homenagem ao princípio da ampla defesa, permita a prévia manifestação da defesa, autorizando, inclusive, a produção de prova testemunhal, para, somente depois, se aplicar "o rito adequado" ao qual se referiu a lei.

ATENÇÃO - No caso do art. 419 do CPP, há quem entenda que o procedimento a ser observado passa pela aplicação da *emendatio* ou *mutatio libelli*. Esse é o entendimento de Nestor Távora e Rosmar Rodrigues Alencar, para quem, existindo alteração fática, deverá ser aplicado "art. 384 do CPP, que trata da mutatio libelli, permitindo-se que a acusação adite a inicial, indicando provas, e na sequencia deve haver manifestação defensiva, para que a instrução seja retomada, agora em razão de novos fatos, com produção probatória, interrogatório do imputado, debates, e, enfim, prolação da sentença. Por outro lado, não tendo havido alteração fática, e apenas novo enquadramento legal, oportunizando a desclassificação, não haverá aditamento da inicial, entretanto, para que o contraditório seja respeitado, no juízo competente, as partes devem se manifestar, podendo inclusive indicar provas e requerer diligências, e após a instrução e debates, terá cabimento a sentença" (Curso de direito processual penal. Salvador: Juspodivm, 2016. p. 1234).

Juiz que recebe o feito - E o juiz que recebe o processo, vê-se obrigado em reconhecer sua competência? A questão é controversa, merecendo duas interpretações na doutrina e jurisprudência. Pela primeira, se ocorreu a desclassificação e tal decisão transitou em julgado (quer porque não ofertado recurso, quer porque negado provimento a ele), a matéria se encontra preclusa, acobertada pelo manto da coisa julgada e, assim, resta ao Juiz que recebeu o processo, após facultar a manifestação da defesa, julgá-lo. Este, portanto, seria obrigado a receber o processo e não poderia suscitar o conflito negativo de competência. Nesse sentido, *RTJ* 70/106 (STF) e *RT* 644/256. Essa é a lição de Sady de Gusmão, para quem "o meio normal de compelir o juízo à pronúncia é o recurso, não interposto este, virtualmente definida está a questão no seu mérito, no concernente à inexistência do fato criminoso da competência do tribunal do júri" (*Código do processo penal - breves anotações*, p. 135).

Outra corrente, no entanto, pensa de modo diverso. Entende que nada impede que o juiz a quem se remeteu o processo possa, também, dar-se por incompetente. Inclusive, segundo Eduardo Espínola Filho (*Código de processo penal brasileiro anotado*, vol. II, p. 274), quando a questão foi decidida pelo Tribunal de Justiça, ao negar provimento ao recurso em sentido estrito manejado contra a sentença de desclassificação. É que a decisão desclassificatória tem natureza meramente processual, podendo, por isso, ser modificada através do respectivo conflito negativo de competência. Confira-se nesse sentido: *RT* 570/395 (STF).

De se ver que o juiz, ao proceder a desclassificação, não deve fixar a nova capitulação legal (embora se o fizer nenhuma nulidade ocorrerá), bastando que aponte a inexistência de um crime doloso contra a vida. Com efeito, a tarefa de classificar o delito é, agora, do juiz singular que recebeu os autos, a quem caberá o julgamento. A conduta do juiz presidente do Júri, ao qualificar o fato, importaria em inequívoco prejulgamento, para o qual não é competente. Ademais, consistiria tarefa inócua, na medida em que ao juiz singular que recebeu o processo, é dado julgar livremente, não ficando vinculado à classificação anterior dada pelo Juiz do Júri. Nesse sentido, *RT* 550/297, 629/324.

Recurso cabível contra a desclassificação - Contra a decisão que desclassifica é cabível recurso em sentido estrito (art. 581). A tal conclusão se chega pela leitura do art. 416 do CPP. Com efeito, antes, contra a sentença de impronúncia ou absolvição sumária, cabia recurso em sentido estrito. Com a mudança, tais decisões passaram a ser atacadas por meio de apelação. Ora, se o legislador não fez qualquer menção à decisão de desclassificação, conclui-se que, em relação a ela, continua prevalecendo a legislação anterior, a admitir o recurso *stricti juris*.

> **ATENÇÃO** - Discutia-se em qual fundamento legal deveria assentar o recurso contra a decisão de desclassificação. Havia entendimento no sentido de que o recurso encontrava fundamento no inc. II, do art. 581, pois ele é cabível quando se *"concluir pela incompetência do juízo"*. Afinal, ao desclassificar, o juiz está reconhecendo que inexistiu um crime doloso contra a vida e, portanto, o Júri é incompetente para seu julgamento (nesse sentido, *RT* 589/325, 501/274). Outros sustentavam que o recurso devia se basear no inc. IV do mesmo dispositivo legal, que o admitia contra a decisão *"que pronunciar ou impronunciar o réu"*, já que a desclassificação nada mais era do que uma espécie de impronúncia, ao subtrair do Júri o julgamento do fato trazido pela acusação. Parece óbvio que o recurso *stricti juris* deva mesmo vir fundamentado no inc. II do art. 581, pois se trata de decisão que concluiu, evidentemente, pela incompetência do juízo. Demais disso, o inc. IV, na parte que admitia o recurso sem estrito contra a decisão de impronúncia, foi revogado.

Legitimidade para o recurso. Acusação – Tem legitimidade para recorrer a acusação, quando pretender que seja mantida a competência do Júri, máxime quando a desclassificação importar no reconhecimento de crime menos grave, como por exemplo, a desclassificação de tentativa de homicídio para lesões corporais leves ou de infanticídio para abandono de recém-nascido. Não vemos, outrossim, motivo para se negar ao réu o direito de recorrer contra a desclassificação. Havendo, por exemplo, dúvida quanto à prática de um homicídio ou de um latrocínio, e tendo o juiz togado entendido pela ocorrência deste último, pode o acusado ter interesse em ser julgado pelo Júri, mormente quando se sabe que nele predomina a *plenitude de defesa* – de maior abrangência que a *ampla defesa* – no qual argumentos outros, além dos jurídicos, podem ser sustentados em plenário. Afinal, se um dos fundamentos daqueles que defendem a instituição reside, exatamente, na possibilidade de os jurados proferirem um veredicto mais *humano*, alheio à letra fria da lei, parece mais favorável ao acusado o julgamento pelo Júri, ao invés de se submeter ao *tecnicismo* de um juiz togado.

Assistente – Já em relação ao assistente de acusação duas correntes se formam: a primeira entende ausente o interesse (*rectius*: utilidade), na oferta do recurso, pois, como forma geral, seu objetivo no processo penal se limita à mera obtenção de uma condenação que propicie sua execução no âmbito cível (art. 63 do CPP). Ademais, nos termos do disposto no art. 271, ao assistente se permitiria recorrer, apenas, nas hipóteses tratadas no art. 584, § 1º (impronúncia ou extinção da punibilidade) e no art. 598 (sentença absolutória do juiz singular ou do Júri). Nesse sentido, *RT* 611/340.

Pensamos de maneira diversa e, para isso, é preciso conceber a atuação do assistente de uma forma mais abrangente, com objetivo que não se satisfaça com a simples obtenção de uma futura indenização, mas que, além disso, busque uma condenação justa e proporcional ao fato perpetrado. Transcende, pois, seu interesse ao ressarcimento, constituindo-se em um verdadeiro colaborador com a realização da Justiça. Imagine-se um exemplo em que se opere uma desclassificação de um crime de homicídio qualificado (cuja pena mínima é de 12 anos), para outro de homicídio culposo, que tem pena mínima de 1 ano e que admite, inclusive, a suspensão condicional do processo da Lei nº 9099/95. O assistente que teve seu parente morto, não se vê obrigado a concordar com tal desclassificação, por parecer-lhe injusta e desproporcional ao crime ocorrido. Máxime quando se sabe que, no juízo singular, por força de eventual suspensão do processo, não advirá nenhuma sentença condenatória, fato que obrigará o assistente, no cível, a buscar uma indenização através de um processo de conhecimento e não mais a execução calcada no título executivo judicial oriundo da sentença penal condenatória. Induvidoso, aqui, o interesse em recorrer como sinônimo de *utilidade*, a justificar o recurso do assistente. Mais um argumento em favor da tese que admite o recurso pelo assistente: a desclassificação, não raras vezes, acaba acarretando a extinção da punibilidade pela prescrição, em virtude da pena mais leve que, como regra, é cominada ao novo delito. Demais disso, se pode o assistente recorrer da sentença de impronúncia (art. 584, § 1º) e se esta, na prática, tem o mesmo efeito da desclassificação, já quem em ambas o réu não vai a Júri, não há razão para negar-lhe o direito ao recurso. Nesse sentido, *RT* 636/320, 746/531.

JURISPRUDÊNCIA

Excepcionalidade da desclassificação

"A jurisprudência assente nesta Corte é no sentido de que só se admite a desclassificação da conduta criminosa para delito estranho à competência do Tribunal do Júri, sem usurpação da competência do Conselho de Sentença, se o Juízo da Pronúncia se deparar com provas que evidenciem, sem qualquer esforço de análise das circunstâncias fáticas ou subjetivas, a ausência de dolo caracterizador de crime contra a vida, o que não ocorreu nos presentes autos. Havendo fundada dúvida, ou seja, se existirem elementos indiciários conflitantes que subsidiem, com razoabilidade, as versões conflitantes acerca da existência de dolo, a divergência deve ser deslindada pelo veredicto dos jurados, porquanto é o Conselho de Sentença o juiz natural da causa, não o Tribunal de Justiça, nos termos da Carta Constitucional de 1988" (STJ – EDcl no AgRg no REsp n° 1359451-MT, Rel. Laurita Vaz, j. 04.06.2013, DJe 12.06.2013).

"Em razão da competência do Tribunal do Júri e, em especial, pela soberania da qual seus veredictos são dotados, a exclusão do julgamento da causa pelo órgão popular, pela desclassificação da conduta delituosa, poderá ocorrer tão somente quando não houver absolutamente nenhum elemento que indique a presença do dolo de matar, direto ou eventual. Se existir qualquer indício, por menor que seja, que aponte no sentido da possibilidade de existência do animus necandi, deve o acusado ser remetido ao Tribunal do Júri, não cabendo ao magistrado sopesar tal indício com o restante do conjunto probatório, mormente para considerá-lo como insuficiente para demonstrar a existência do dolo, pois nessa fase tem prevalência o princípio do in dubio pro societate" (STJ – REsp n° 1245836-RS, Rel. Sebastião Reis Júnior, j. 19.02.2013, DJe 27.02.2013).

Juiz que recebe os autos não se vincula à primeira decisão

"A decisão que, a teor do disposto no art. 410 do Código de Processo Penal, reconhecendo a incompetência do Tribunal do Júri, remete os autos a vara criminal comum, mesmo não sendo interposto recurso pelo Ministério Público, não tem caráter vinculante em relação ao magistrado que os recebe, mostrando-se possível a este, dentro de sua convicção, suscitar o conflito de competência" (STJ – CC n° 35294-SP, Rel. Paulo Gallotti, j. 13.10.2004, DJ 18.04.2005, p. 211).

Art. 420. A intimação da decisão de pronúncia será feita: (Redação dada pela Lei nº 11.689, de 2008)

I - pessoalmente ao acusado, ao defensor nomeado e ao Ministério Público; (Incluído pela Lei nº 11.689, de 2008)

II - ao defensor constituído, ao querelante e ao assistente do Ministério Público, na forma do disposto no § 1º do art. 370 deste Código. (Incluído pela Lei nº 11.689, de 2008)

Parágrafo único. Será intimado por edital o acusado solto que não for encontrado. (Incluído pela Lei nº 11.689, de 2008)

Intimação da pronúncia – Significativa alteração na sistemática da intimação da pronúncia foi introduzida pela reforma do Júri de 2008.

Sistema anterior – De sorte que não se admitia a intimação por edital do réu, ante a impossibilidade de realização do Júri sem a sua presença. Surgia, nesse caso, a chamada *crise de instância*, isto é, o processo permanecia suspenso até que o réu fosse intimado pessoalmente da decisão ou até que ocorresse a prescrição, cumprindo ao juiz, em vista da não localização do acusado após o esgotamento de todas as diligências cabíveis, decretar-lhe a prisão preventiva. Se houvesse um corréu regularmente intimado da pronúncia, era inevitável a separação do processo, continuando o feito, com o julgamento em plenário, apenas em relação a ele.

Caso se tratasse de crime afiançável (infanticídio, autoaborto e aborto consentido), a intimação se dava na forma do art. 415, em sua redação original. Aí se admitia a intimação por edital do réu desaparecido e mesmo o julgamento em plenário sem a sua presença (antigo art. 451, § 1°), em situações, no entanto, mais raras na prática, posto que, na imensa maioria dos casos, são inafiançáveis os crimes levados a julgamento no Júri. Caso houvesse conexão entre um crime contra a vida afiançável e outro inafiançável, para ambos se exigia a intimação pessoal do réu, nos termos do antigo art. 414.

Sistema atual – Com a legislação em vigor, o julgamento em plenário não mais deixará de ocorrer caso ausente o réu, conforme se observa do disposto na atual redação do art. 457, *caput*, do CPP. Ou, em outras palavras, o julgamento sem a presença física do acusado, que antes era admitido apenas quando afiançável o delito, passa, atualmente, a ser possível qualquer que seja o delito perpetrado. É a leitura que se faz, ainda, do parágrafo único, do art. 420 do CPP, a determinar a intimação da pronúncia, por edital, do réu solto, quando não encontrado pessoalmente.

Nemo tenetur se detegere – Trata-se de mudança que visa atender ao princípio que garante ao réu o direito de permanecer em silêncio. Afinal, se é inegável esse direito, no sentido de não ser obrigado a se autoincriminar (*nemo tenetur se detegere*), como consequência se deve reconhecer, também, a faculdade de se ausentar, deixando de comparecer ao julgamento em plenário. Essa inovação, portanto, que, em uma primeira análise, pode ser compreendida como prejudicial ao réu, em verdade lhe é benéfica. Pelo menos foi com esse objetivo que a comissão que elaborou o anteprojeto a imaginou. Nesse sentido a observação de Rui Stoco, ao salientar que "permite-se a realização do julgamento sem a presença do acusado, que, em liberdade, poderá exercer a faculdade de não-comparecimento como um corolário lógico do direito ao silêncio constitucionalmente assegurado. Como a prisão provisória, que era regra, converte-se em exceção, a exigência do acusado solto em Plenário como condição para o julgamento já não mais se harmoniza com o novo sistema. Embora o acusado *preso* deva, obrigatoriamente e para a garantia de um julgamento justo, ser intimado a comparecer, sendo que a ausência desse ato impede a realização do julgamento, permite-se-lhe requerer dispensa de comparecimento à sessão de julgamento, sem prejuízo de sua realização. Contudo, também para maior segurança, o requerimento haverá de ser subscrito por ele e por seu defensor" (ob. cit., p. 218).

Um tanto discutível esse posicionamento, bastando lembrar a lição de Theodomiro Dias Neto, em artigo que publicou sob o título *O direito ao silêncio: tratamento nos direitos alemão e norte-americano*: "No direito alemão, a presença do acusado no interrogatório e nas audiências não é somente um direito, mas uma obrigação que se aplica às diversas fases do procedimento. Como regra geral, não haverá audiência oral sem a presença do réu. Nestes casos se ordenará a sua condução coativa, ou se decretará ordem de prisão. Trata-se de um discutido instrumento de proteção do acusado" (*Revista Brasileira de Ciências Criminais*, São Paulo: RT, ano 5, nº 19, jul-set 1997, p. 184).

Vale lembrar que a análise da questão (se a nova norma é – ou não – favorável ao réu), não guarda mero interesse acadêmico, mas, ao revés, tem sério desdobramento de ordem prática. Assim, caso se entenda, como pareceu à comissão responsável pela reforma, que se trata de instrumento que visa favorecer o réu, por consequência terá que se concluir, também, que deve ele retroagir, alcançando todos aqueles acusados que não foram intimados pessoalmente da sentença de pronúncia que, agora, deverão ser julgados. Ao contrário, ao se admitir que a nova regra acarreta prejuízo ao acusado, consequentemente os processos nos quais ele não foi localizado, deverão permanecer paralisados, aguardando a prisão eventualmente decretada.

De resto, a forma de intimação da decisão de pronúncia é aquela preconizada pela nova redação do art. 420 do CPP, impondo-se a intimação pessoal do acusado (caso não encontrado, deverá ser intimado por edital, na forma do parágrafo único), do defensor nomeado (aqui incluído, por óbvio, o defensor público), e do Ministério Público. Já o defensor constituído, o querelante e o assistente de acusação, devem ser intimados na forma do § 1°, do art. 370, do CPP, ou seja, pela imprensa oficial. À falta de um *diário oficial*, a intimação poderá ser feita pelo próprio escrivão, conforme prevê o § 3°, do art. 370. Ou através de carta ou "por qualquer outro meio idôneo" (§ 2°), aí incluído *e-mail, fax, telefone*, etc.

> **ATENÇÃO** – Segundo a *Jurisprudência de Teses*, n. 75, do Superior Tribunal de Justiça, "Na intimação pessoal do réu acerca de sentença de pronúncia ou condenatória do Júri, a ausência de apresentação do termo de recurso ou a não indagação sobre sua intenção de recorrer não gera nulidade do ato" (tese n. 9).

Prazo do edital – O parágrafo único do dispositivo acabou por não definir um prazo para o edital. Por meio de uma análise sistemática, tem-se entendido que o prazo será de 15 dias. Com efeito, reza o art. 361 do Código que "se o réu não for encontrado, será citado por edital, com o prazo de 15 (quinze) dias". Já o art. 370, ao tratar da intimação do acusado, determina a observância, no que for aplicável, do disposto no capítulo anterior. Ora, nesse "capítulo anterior" se insere, exatamente, o art. 361 do *codex*, que, já ressaltamos, prevê o prazo de 15 dias para citação por edital, aplicável, por analogia, à intimação ficta.

JURISPRUDÊNCIA

Inexistência de violação ao princípio da ampla defesa

"O artigo 420 do Código de Processo Penal, com a redação determinada pela Lei n.º 11.689/2008, não viola a ampla defesa, pois, ainda que procedida a intimação ficta por não ser o acusado encontrado para ciência pessoal da pronúncia, o ato foi precedido por anterior citação pessoal após o recebimento da denúncia, ainda na fase inicial do processo" (STF – RHC n° 108070-DF, Rel. Rosa Weber, j. 04.09.2012, DJe 05.10.2012).

Aplicação imediata mesmo para os crimes cometidos antes da entrada em vigor da Lei n° 11.689/2008

"O artigo 420, parágrafo único, do Código de Processo Penal, alterado com a edição e entrada em vigor da Lei 11.689/2008, que permite a citação por edital do réu solto que não for encontrado, é norma de natureza processual, motivo pelo qual deve ser aplicada de forma imediata sobre os atos processuais pendentes. Precedentes. Dessa forma, não se vislumbra qualquer ilegalidade na intimação do recorrente por edital, já sua notificação ficta foi implementada quando já estava em vigor a Lei 11.689/2008" (STJ – RHC n° 35881-PE, Rel. Jorge Mussi, j. 02.05.2013, DJe 22.05.2013).

Não aplicação para os crimes cometidos antes da entrada em vigor da Lei n° 9.271/96 e nos quais foi o réu citado por edital

"O artigo 420, parágrafo único, do Código de Processo Penal, alterado com a edição e entrada em vigor da Lei 11.689/2008, que permite a citação por edital do réu solto que não for encontrado, é norma de natureza processual, motivo pelo qual deve ser aplicada de forma imediata sobre os atos processuais pendentes. Precedentes. Todavia, tal norma processual penal não pode ser aplicada aos fatos anteriores à Lei 9.271/1996, nas específicas hipóteses em que foi decretada a revelia do réu, uma vez que tal compreensão implicaria a sua submissão a julgamento pelo Tribunal do Júri sem que sequer se tenha certeza da sua ciência acerca da acusação que pesa contra si" (STJ – RHC n° 33059-RS, Rel. Jorge Mussi, j. 08.10.2013, DJe 16.10.2013).

Art. 421. **Preclusa a decisão de pronúncia, os autos serão encaminhados ao juiz presidente do Tribunal do Júri. (Redação dada pela Lei nº 11.689, de 2008)**

§ 1º Ainda que preclusa a decisão de pronúncia, havendo circunstância superveniente que altere a classificação do crime, o juiz ordenará a remessa dos autos ao Ministério Público. (Incluído pela Lei nº 11.689, de 2008)

§ 2º Em seguida, os autos serão conclusos ao juiz para decisão. (Incluído pela Lei nº 11.689, de 2008)

Preclusão da decisão de pronúncia – Com o trânsito em julgado da decisão de pronúncia, segundo este dispositivo, o processo será encaminhado ao juiz presidente do Tribunal do Júri. Isso, é claro, nas hipóteses em que, segundo a lei de organização judiciária local, um juiz preside a primeira fase do procedimento e, outro, a segunda. Tratando-se do mesmo juiz, competente para ambas as fases do procedimento, não se aplica esse dispositivo.

Sobre a aplicação do sistema do juiz das garantias ao procedimento do júri, ver nossos comentários ao art. 3º-B do CPP.

Discutia-se na doutrina e na jurisprudência o alcance da expressão "preclusa", contido no citado dispositivo, havendo duas correntes: a) pressupõe o esgotamento de todos os recursos, de natureza ordinária ou extraordinária (recursos especial e extraordinário); b) abrange somente os recursos ordinários.

Em julgados recentes, o STF vem adotando a segunda corrente, isto é, a preclusão da pronúncia, dada a ausência de efeito suspensivo aos recursos de natureza extraordinária (recursos especial e extraordinário - art. 637 do CPP), coincide com o exaurimento da matéria em recursos inerentes ao procedimento do júri apreciados pelas instâncias ordinárias. A interposição de recursos especial ou extraordinário contra acórdão confirmatório da decisão de pronúncia não obstaculiza a realização do julgamento pelo Tribunal do Júri.

§ 1º Ainda que preclusa a decisão de pronúncia, havendo circunstância superveniente que altere a classificação do crime, o juiz ordenará a remessa dos autos ao Ministério Público. (Incluído pela Lei nº 11.689, de 2008)

Circunstância superveniente – A "circunstância superveniente", mencionada neste dispositivo, capaz de alterar a classificação do crime ocorrerá, por exemplo, quando denunciado o réu por tentativa de homicídio, a vítima falece no transcurso do processo ou mesmo depois do trânsito em julgado da pronúncia. Cumprirá ao Ministério Público, nesse caso, ofertar o respectivo aditamento à denúncia, sendo novamente instaurado o contraditório até nova decisão (art. 421, § 2°). Da nova decisão - de pronúncia - cabe recurso em sentido estrito (art. 581, IV).

Insistimos na possibilidade de instauração do contraditório sempre que o caso concreto assim o exigir. Suponha-se que pretenda o réu demonstrar que a morte superveniente do ofendido não guardou nenhuma relação com o ataque inicial. Em outras palavras: que inexiste qualquer liame entre a primeira ação (que ensejou a denúncia por tentativa de homicídio) e a morte posterior da vítima. Daí ser de bom alvitre que se confira, à defesa, a possibilidade de se manifestar sobre eventual produção de prova, não bastando a mera abertura de vista ao Ministério Público.

§ 2º Em seguida, os autos serão conclusos ao juiz para decisão. (Incluído pela Lei nº 11.689, de 2008)

Decisão – A *decisão* aqui mencionada no § 2° se verificará apenas na hipótese de surgimento de uma circunstância superveniente. Assim, tomando nosso exemplo acima, mesmo após a preclusão da decisão de pronúncia, outra deverá ser proferida, para incluir o réu como incurso na prática de um homicídio consumado e não mais tentado, como se cogitou originariamente. Não surgindo nada de novo, cabe ao juiz proferir despacho de mero expediente, em cumprimento ao disposto no artigo seguinte.

SEÇÃO III
DA PREPARAÇÃO DO PROCESSO PARA JULGAMENTO EM PLENÁRIO

Art. 422. **Ao receber os autos, o presidente do Tribunal do Júri determinará a intimação do órgão do Ministério Público ou do querelante, no caso de queixa, e do defensor, para, no prazo de 5 (cinco) dias, apresentarem rol de testemunhas que irão depor em plenário, até o máximo de 5 (cinco), oportunidade em que poderão juntar documentos e requerer diligência. (Redação dada pela Lei nº 11.689, de 2008)**

Rol de testemunhas – Em virtude da extinção do libelo e de sua respectiva contrariedade, passou a ser este o momento processual adequado para que as partes apresentem o rol de testemunhas que pretendem sejam ouvidas em plenário.

Essa petição deve ser apresentada no prazo de cinco dias e será formulada pelo Ministério Público, quando se tratar de crime de ação penal pública, em processo deflagrado mediante o recebimento da denúncia (o que ocorre na imensa maioria dos casos). Ou pode ser subscrita pelo querelante, na raríssima hipótese em que a acusação se deu por meio de queixa-crime, por ser o crime de ação penal exclusivamente privada ou de ação penal privada subsidiária da pública. Neste último caso, da ação penal privada subsidiária da pública, mantendo-se inerte o querelante, cumpre ao Ministério Público, em atendimento ao disposto no art. 29 do CPP, *"retomar a ação como parte principal"*, ofertando o rol de testemunhas.

Por óbvio, cabe a oferta dessa petição à defesa que, no mesmo prazo (cinco dias), poderá apresentar seu rol de testemunhas.

Testemunha criança ou adolescente – No dia 5 de abril de 2017 foi publicada a Lei n. 13.431/2017, estabelecendo o sistema de garantia de direitos da criança e do adolescente vítima ou testemunha de violência, trazendo importantes inovações.

A novel legislação, criando medidas de assistência e proteção à criança e ao adolescente, nada mais fez do que seguir diretriz da Constituição Federal, que em seu art. 227 estatui ser dever do Estado (e também da família e da sociedade) assegurar ao infante, com absoluta prioridade, direitos como a vida e a dignidade, além de colocá-lo a salvo de toda forma de violência. Também está em consonância com o art. 19 da Convenção sobre Direitos da Criança (promulgada pelo Decreto n. 99.710/1990), cuja intenção é proteger integralmente a criança e o adolescente contra todas as formas de violência. Na mesma linha, obedece ao art. 8.º do Protocolo Facultativo à Convenção sobre os Direitos da Criança referente à venda de crianças, à prostituição infantil e à pornografia infantil (promulgado pelo Decreto n. 5.007/2004), e à Resolução n. 20/2005 do Conselho Econômico e Social das Nações Unidas, que traz diretrizes sobre pessoas em desenvolvimento vítimas e testemunhas de crimes.

Como se sabe, a criança (idade de até 12 anos incompletos) e o adolescente (idade entre 12 anos completos e 18 anos incompletos) merecem proteção integral pelo simples fato de serem pessoas em estágio peculiar de desenvolvimento físico, psíquico e moral (arts. 2.º e 3.º do Estatuto da Criança e do Adolescente e art. 2.º da Lei n. 13.431/2017).

Nesse sentido, todos os entes federativos devem desenvolver políticas integradas e coordenadas que visem garantir os direitos humanos da criança e do adolescente e resguardá-los de toda forma de violência.

Com relação ao âmbito de aplicação, assim como o Estatuto da Criança e do Adolescente, a Lei n. 13.431/2017 se aproveita de forma excepcional aos jovens entre 18 e 21 anos de idade (art. 3.º, parágrafo único).

Dentre os direitos e garantias da criança e do adolescente (art. 5.º), merecem destaque: a) prioridade absoluta; b) recebimento de informação adequada; c) manifestação de desejos e opiniões de maneira confidencial (sem afetar a troca de informações para fins de assistência à saúde e persecução penal), ou permanência em silêncio; d) assistência jurídica e psicossocial; e) ser ouvido em horário que lhe for mais adequado e conveniente, sempre que possível; f) segurança.

Em adição, a criança ou o adolescente vítima ou testemunha de violência têm direito a pleitear, por meio de seu representante legal, medidas protetivas contra o autor da violência (art. 6.º). Tais medidas consistem não apenas naquelas listadas no art. 21 da Lei n. 13.431/2017, mas também no art. 101 da Lei n. 8.069/1990 e arts. 22, 23 e 24 da Lei n. 11.340/2006, conclusão que se extrai da exigência (art. 6.º, parágrafo único) de interpretação sistemática da Lei n. 13.431/2017 com o Estatuto da Criança e do Adolescente e a Lei Maria da Penha.

ATENÇÃO - Devem ser acrescentados ao rol das normas protetivas da criança e do adolescente os arts. 20 e 21 da Lei 14.344/22 (Lei Henry Borel). Esta situação pode, sim, gerar uma sobreposição de normas de proteção. Quando se trata de concurso de normas de proteção, deve-se aplicar a norma como o escopo mais alargado de proteção; se ambas as normas são idênticas, não há conflito a ser solucionado, pois a aplicação de qualquer das normas produziria resultado idêntico.

Importante novidade albergada pela Lei 13.431/17 foi a definição das formas peculiares de oitiva de criança ou adolescente acerca da situação de violência (art. 4º, § 1.º), quais sejam, a escuta especializada e o depoimento especial. A intenção é reduzir a chamada vitimização secundária.

Escuta especializada é o procedimento de entrevista sobre situação de violência com criança ou adolescente perante órgão da rede de proteção, limitado o relato espontâneo e estritamente ao necessário para o cumprimento de sua finalidade (art. 7.º).

Já o depoimento especial é o procedimento de oitiva de criança ou adolescente vítima ou testemunha de violência perante autoridade policial ou judiciária (art. 8.º). Também conhecido como depoimento sem dano, é realizado de forma multidisciplinar (com auxílio especialmente de assistente social ou psicólogo), permitindo um ambiente menos constrangedor e mais propício para a busca da verdade.

O art. 28, § 1.º, do ECA já determinava que, sempre que possível, a criança ou o adolescente deve ser previamente ouvido por equipe interprofissional, respeitado seu estágio de desenvolvimento e grau de compreensão sobre as implicações da medida. Trata-se de clara aplicação da doutrina da proteção integral e do princípio da oitiva obrigatória e participação (art. 100, parágrafo único, do ECA). Essa forma peculiar de ouvir crianças e adolescentes é igualmente determinada pela Henry Borel (art. 12).

Em regra, o depoimento especial deve ser realizado uma única vez (art. 11), por meio de produção antecipada de prova judicial, garantida a ampla defesa do investigado, ou seja, preferencialmente deve ser realizado como prova antecipada, a ser produzida perante o juiz com observância do contraditório real antes mesmo do início do processo, ou, se deflagrado o processo, antes da audiência de instrução e julgamento.

Diz a Lei que a prova deverá (necessariamente) ser colhida de forma antecipada em duas situações (arts. 11, § 1º, e 3.º, parágrafo único): a) criança menor de sete anos; b) criança, adolescente, ou jovem até 21 anos em situação de violência sexual. Para muitos, nessas situações, não existe campo para análise da necessidade da medida cautelar, podendo o juiz agir de ofício na produção dessa prova antecipada. Ousamos discordar. O processo penal terá estrutura acusatória, determinada pela Constituição Federal, vedadas a iniciativa do juiz na fase de investigação e a substituição da atuação probatória do órgão de acusação.

Não obstante grande parte dos crimes violentos contra crianças e adolescentes ser praticada na clandestinidade, longe dos olhares de testemunhas (situação em que a palavra da vítima assume especial relevo e possui força probatória suficiente para amparar condenação), a polícia judiciária deve se esforçar para que o depoimento especial não seja o único meio de prova (art. 22).

Não será admitida a tomada de novo depoimento especial, salvo quando justificada a sua imprescindibilidade pela autoridade competente e houver a concordância da vítima ou da testemunha, ou de seu representante legal (art. 11, § 2.º).

O depoimento especial abrange (arts. 9.º, 10 e 12), quanto aos aspectos formais: a) local apropriado e acolhedor, com infraestrutura e espaço físico que garantam a privacidade da criança ou do adolescente vítima ou testemunha de violência; b) resguardo da criança ou do adolescente de qualquer contato, ainda que visual, com o suposto autor ou acusado, ou com outra pessoa que represente ameaça, coação ou constrangimento; c) presença do imputado na sala de audiência, em regra, admitindo-se excepcionalmente seu afastamento caso o profissional especializado verifique que sua presença possa prejudicar o depoimento especial ou colocar o depoente em situação de risco; d) gravação do depoimento em áudio e vídeo e transmissão em tempo real para a sala de audiência, em regra, podendo ser restritas se houver risco à vida ou à integridade física da vítima ou testemunha; e) tomada de todas as medidas para preservação da intimidade e da privacidade da vítima ou testemunha, inclusive a tramitação em segredo de Justiça. E quanto aos aspectos materiais: f) esclarecimento de direitos e procedimentos, vedada a leitura de peças; g) livre narrativa da criança ou do adolescente sobre a situação de violência, diretamente ao juiz se assim o entender, ou ao profissional especializado que pode intervir quando necessário, utilizando técnicas que permitam a elucidação dos fatos; h) possibilidade de perguntas complementares, após consulta ao Ministério Público e defesa, organizadas em bloco e feitas pelo profissional especializado com linguagem de melhor compreensão da criança ou do adolescente.

Como medida de proteção à intimidade e à segurança, o depoimento especial pode se dar por meio da inquirição sem rosto ou envelopada. Consiste no registro fracionado da oitiva em dois documentos, a inquirição propriamente dita a ser juntada nos autos, e a qualificação completa que será mantida apartada e acessível apenas aos envolvidos. Tal proceder não exige necessariamente a inclusão em programa formal de proteção e não viola os princípios do contraditório e da ampla defesa, pois não impede o acesso da defesa.

Aliás, sendo constatada gravidade da coação ou da ameaça à integridade física ou psicológica, nada impede (art. 21, V) a aplicação dos mecanismos de proteção especial a vítimas e testemunhas previstos na Lei n. 9.807/1999.

ATENÇÃO - A Lei 13.431/17 foi regulamentada pelo governo federal através do Decreto 9.603/18.

Assistente de acusação - De se ver que a lei silenciou quanto ao assistente de acusação, não fazendo referência a ele no cuidadoso rol de pessoas autorizadas a indicar testemunhas.

No que diz respeito a tal possibilidade, o debate é o mesmo que se instala quando se discute se ele possui a faculdade de arrolar testemunhas em todo e qualquer processo, havendo divergência doutrinária a respeito do tema.

Alguns entendem que o momento processual oportuno para que sejam arroladas as testemunhas de acusação é na denúncia. Ora, se o assistente somente pode ingressar no processo na "ação pública" (art. 268 do código), após, portanto, o recebimento da denúncia, não encontrará lugar para indicar suas testemunhas. Outros admitem que o assistente arrole testemunhas, desde que não ultrapasse o número máximo previsto em lei. Ou seja, se num crime de homicídio o promotor de Justiça arrolou três testemunhas, poderá o assistente completar esse rol com mais duas, de forma a não ultrapassar o limite máximo de cinco, previsto no art. 422. Uma terceira corrente é no sentido de admitir que o assistente arrole testemunhas sem ultrapassar o limite máximo previsto em lei, não estando impedido, porém, de, mesmo tendo o Ministério Público arrolado o número máximo de testemunhas (em nosso exemplo, cinco), ele assistente indique ao juiz testemunhas de seu interesse, para que sejam ouvidas como testemunhas do Juízo (art. 209). Há, contudo, nesse caso, de se salientar que, em relação às testemunhas arroladas, o juiz é obrigado a ouvi-las, sob pena de cerceamento de acusação ou defesa. Já as testemunhas indicadas encerram uma mera faculdade ao juiz, que determinará suas oitivas caso entenda necessário para a elucidação dos fatos. Parece ser este o entendimento mais correto e que homenageia, inclusive, o princípio da busca da verdade real, tão caro ao processo penal.

Especificamente no caso do Júri, não havia, até então, como se negar ao assistente a possibilidade de arrolar testemunhas, já que a ele era dado aditar o libelo (art. 271). Ocorre que o libelo desapareceu com a reforma do júri e, por consequência, essa faculdade que se conferia ao assistente. O panorama se complica ao se constatar, conforme já ressaltamos, que a lei foi omissa em apontar o assistente dentre os autorizados a ofertar o rol de testemunhas.

Conquanto presentes tais circunstâncias, somos de opinião, novamente invocando o princípio da busca da verdade real, que ao assistente é dado indicar testemunhas. Colhendo um exemplo do Júri, caso o Ministério Público indique quatro testemunhas para que sejam ouvidas em plenário, nada impede que o assistente complemente esse elenco, apontando mais uma. Se esgotado o número de testemunhas de acusação – insistimos – pode o assistente sugerir ao juiz que ouça outras na forma do art. 209 do CPP.

Cláusula de imprescindibilidade – As testemunhas apresentadas com essa petição podem ser diversas daquelas arroladas na inicial pela acusação ou na resposta, pela defesa do réu (art. 406, § 2°). Pretendendo efetivamente ouvir as testemunhas, devem as partes arrolá-las com cláusula de imprescindibilidade, ou seja, salientando ser indispensável sua oitiva e apontando seu endereço. Isso é necessário porque o art. 461 ressalta que a ausência da testemunha não será causa para adiamento do julgamento. Em suma: caso arrolada sem a cláusula de imprescindibilidade, a não localização da testemunha não impede a realização do Júri (*RT* 583/342). Ao contrário, se a testemunha é arrolada como imprescindível, não pode o juiz realizar o julgamento sem a sua presença (STF – *RT* 549/429), cabendo ao Magistrado, caso intimada a testemunha (*RT* 652/316), fazer cumprir o disposto no § 1º, do art. 461, suspendendo o julgamento e mandando buscá-la ou designando o julgamento para o primeiro dia útil seguinte. Caso não encontrada a testemunha para o julgamento que foi remarcado, o Júri se realizará mesmo com sua ausência (art. 461, § 2º).

Número de testemunhas em plenário – De se observar que, na primeira fase do procedimento do Júri, é de oito o número de testemunhas de acusação, ofertadas com a denúncia ou queixa (art. 406, § 2°), e oito testemunhas de defesa, na resposta do réu (art. 406, § 3°). Já em plenário há redução para cinco testemunhas (art. 422 do CPP), podendo ser outras que não aquelas arroladas pelas partes na fase anterior.

Vítima – Atente-se que, ao contrário do que ocorre com a prova testemunhal, não é a vítima computada como testemunha numerária. Nesse sentido o ensinamento de Júlio Fabbrini Mirabete, para quem "o ofendido não pode ser computado como testemunha, que não é, não prejudicando, assim, o número máximo de depoentes permitido em lei para cada tipo de procedimento penal" (*Processo penal*, ob. cit., p. 276). Assim, nada impede que, a título de exemplo, a acusação arrole cinco testemunhas para oitiva em plenário e mais duas vítimas, sem que, com isso, se extrapole o número legal.

Juntada de documentos e requerimento de diligências – Ainda nessa fase, *ex vi* do disposto na parte final do art. 422, podem as partes juntar documentos e requerer diligências. De forma que, pretendendo apresentar algum documento em plenário (por exemplo, folha de antecedentes ou cópia de outra denúncia contra o réu), cumpre às partes juntá-lo aos autos nessa fase procedimental, embora também possa fazê-lo mais à frente, com antecedência mínima de três dias úteis antes do julgamento (art. 479). As diligências são mais raras nesse estágio, porquanto foi o réu pronunciado, presumindo-se, assim, que todas as provas necessárias já foram produzidas. Poderia se imaginar pertinente, *v.g.*, a reconstituição do fato delituoso, que por alguma razão não pôde ser realizada na fase anterior do processo.

ATENÇÃO: De acordo com o STJ, a plenitude de defesa exercida no Tribunal do Júri não impede que o magistrado avalie a pertinência da produção da prova. A Constituição prescreve a plenitude de defesa como postulado fundamental do Tribunal do Júri, nos termos de seu art. 5º, inciso XXXVIII, alínea *a*. E não há dúvida de que o direito à prova é instrumento para o exercício adequado daquele princípio. Todavia, o direito à produção de provas não é absoluto. Ao magistrado é conferida discricionariedade para indeferir, em decisão fundamentada, as provas que reputar protelatórias, irrelevantes ou impertinentes. A discricionariedade judicial é balizada pela avaliação dos critérios da objetividade e da pertinência da prova.

JURISPRUDÊNCIA

Inversão da ordem de intimação. Irrelevância

"A inversão da ordem de intimação prevista no art. 422 do CPP não tem o condão de anular o julgamento pelo Tribunal do Júri, uma vez não ter sido comprovado nenhum prejuízo, além de ter ocorrido a preclusão consumativa" (STJ – Resp. nº 1.503.640 – PB, Rel. Gurgel de Faria, j. 04.08.2015).

Possibilidade do indeferimento da oitiva de testemunhas

"Inexiste ilegalidade flagrante a ser sanada, pois o magistrado, antes de indeferir a inquirição das testemunhas arroladas, solicitou, por duas vezes, que a defesa declinasse a relevância da oitiva de cada testemunha, visando não só evitar a procrastinação do feito como otimizar a produção das provas, o que não foi atendido, atraindo a incidência do art. 565 do Código de Processo Penal, que dispõe que 'ninguém pode arguir nulidade para a qual tenha concorrido ou dado causa'. Ao contrário do sustentado, o intento daquele julgador não era, em absoluto, a antecipação das teses a serem sustentadas pela defesa, tanto que o próprio magistrado explicou que a justificativa deveria se dar de forma sucinta, a fim de apenas demonstrar se a testemunha era presencial, 'de ouvir dizer' ou de antecedentes. O que se pretendia, portanto, era tão somente evitar a inquirição de testemunhas irrelevantes, impertinentes e protelatórias, ao menos para aquele momento processual, a teor do art. 400, § 1º, do Código de Processo Penal, uma vez que o juiz deixou claro que as testemunhas de antecedentes não deveriam ser arroladas na fase do judicium acusationis por não influir no julgamento da causa, mas apenas interessar 'na formação da convicção sobre as circunstâncias judiciais do art. 59 do CP'" (STJ – HC nº 180249-SP, Rel. Marco Aurélio Bellizze, j. 27.11.2012, DJe 04.12.2012).

Pode o assistente arrolar testemunhas

É possível o arrolamento de testemunhas pelo assistente de acusação, respeitando-se o limite de 5 (cinco) previsto no art. 422 do CPP, visto que a legislação de regência lhe faculta propor meios de prova (art. 271 do

CPP), notadamente quando já inseridos os nomes daquelas no rol da denúncia(STJ – Resp. nº 1.503.640 – PB, Rel. Gurgel de Faria, , j. 04.08.2015).

Não pode o assistente arrolar testemunhas intempestivamente

"Embora seja facultado ao assistente de acusação arrolar testemunhas, deve fazê-lo tempestivamente, na fase própria. Se a admissão do assistente de acusação ocorre após ultrapassada a fase de indicação de provas a serem produzidas em plenário (art. 422 do CPP), não poderá o assistente arrolar testemunhas, sob pena de inaceitável retrocesso na tramitação do processo. Correição Parcial nº 886514-3. – Nos termos do art. 269 do Código de Processo Penal, 'o assistente será admitido enquanto não passar em julgado a sentença e receberá a causa no estado em que se achar'" (TJPR – CP n° 8865143 – Rel. Jesus Sarrão, j. 12.04.2012).

Juntada de prova após a fase do art. 422. Quando se admite

"Não se constata violação à ampla defesa e ao contraditório no deferimento de juntada de áudios e relatórios de interceptação telefônica após a fase do art. 422 do Código de Processo Penal, pois tais documentos, desaparecidos durante a instrução, foram anteriormente disponibilizados à Defesa, que teria, inclusive, feito uso da prova. Também não se constata preclusão, uma vez que a juntada dos documentos foi requerida pelo Ministério Público desde a denúncia e já havia sido deferida pelo Juízo, em decisão fundamentada e não impugnada" (STJ – RHC n° 35744-SE – Rel. Laurita Vaz, j. 24.04.2014, DJe 08.05.2014).

Assistente técnico não é computado como testemunha

"Assistente técnico não é testemunha, pois, possuem função diversa, designação diferente e disciplina jurídica própria. Nenhuma dúvida de que os assistentes técnicos não se incluem no limite legal de testemunhas para plenário" (STJ – RHC n. 80034-SP – Rel. Sebastião Reis Júnior, j. 17.02.2017).

Art. 423. Deliberando sobre os requerimentos de provas a serem produzidas ou exibidas no plenário do júri, e adotadas as providências devidas, o juiz presidente: (Redação dada pela Lei nº 11.689, de 2008)

I - ordenará as diligências necessárias para sanar qualquer nulidade ou esclarecer fato que interesse ao julgamento da causa; (Incluído pela Lei nº 11.689, de 2008)

II - fará relatório sucinto do processo, determinando sua inclusão em pauta da reunião do Tribunal do Júri. (Incluído pela Lei nº 11.689, de 2008)

Ordenamento do processo – Terminado o prazo para as partes arrolarem testemunhas e requererem diligências, passa-se a observar o disposto no art. 423, pelo qual o juiz proferirá um despacho de ordenamento do processo, colocando o feito, portanto, em condições para ser levado a plenário. Através de tal despacho que, na visão de José Frederico Marques, guarda certa semelhança com o despacho saneador do processo civil (ob. cit., vol. III, p. 198), são realizadas diligências a fim de que sejam sanadas quaisquer nulidades ou esclarecidos fatos de interesse para o julgamento. Nessa fase, ao tempo da vigência da lei anterior, já se admitiu, por exemplo, que o juiz determinasse a oitiva, em plenário, de testemunhas não arroladas no libelo e tampouco em sua contrariedade (*RT* 569/308; STF-*RTJ* 80/444). Hoje, com a clareza do art. 3º.-A do CPP, essa sua iniciativa parece impensável.

Relatório – Cabe ao Juiz, ainda, nesse despacho, incluir o feito na pauta de julgamento, em atendimento ao inc. II, do art. 423. Como novidade, prevê a lei a elaboração de "relatório sucinto do processo", determinação que não era prevista no revogado art. 425. Interessante que a disciplina atual do Júri aboliu o relatório que era feito, pelo Juiz, em plenário, logo após o interrogatório do réu, na exata dicção do revogado art. 466. Mas, por outro lado, impôs que o jurado receba cópias da pronúncia e do relatório do processo, segundo a redação atual do parágrafo único, do art. 472, do CPP (medida que, antes, não era obrigatória, nos termos do revogado § 2°, do art. 466). Conclui-se, necessariamente, que o relatório a ser entregue ao jurado, em plenário, só pode ser o aqui tratado, elaborado nesta fase processual, após o trânsito em julgado da pronúncia.

ATENÇÃO – O relatório do processo, a ser entregue ao jurado, em nada se distingue do relatório exigido quando da elaboração da sentença. No dizer de Tourinho Filho, citando Pontes de Miranda, "constitui o relatório a história relevante do processo. Processo sem relatório é como uma peça teatral em 3 ou mais atos, em que só é levado à cena o epílogo" (*Processo penal*, vol. 4, p. 226). Deve o juiz, portanto, ser claro, preciso, imparcial e sintético na elaboração do relatório, destacando os pontos de efetivo interesse no julgamento, evitando se perder em detalhes inúteis ou em divagações que servirão, apenas, para fatigar os jurados. Até porque a eles é conferida a faculdade de indagar, do juiz, algum ponto que restou obscuro e que exija esclarecimento (art. 480, § § 1° e 2°).

Art. 424. Quando a lei local de organização judiciária não atribuir ao presidente do Tribunal do Júri o preparo para julgamento, o juiz competente remeter-lhe-á os autos do processo preparado até 5 (cinco) dias antes do sorteio a que se refere o art. 433 deste Código. (Redação dada pela Lei nº 11.689, de 2008)

Parágrafo único. Deverão ser remetidos, também, os processos preparados até o encerramento da reunião, para a realização de julgamento. (Redação dada pela Lei nº 11.689, de 2008)

Processo preparado – Prevê este dispositivo o envio do feito ao juiz que presidirá o julgamento em plenário, na hipótese de o processo ter sido preparado por juiz diverso, em caso que parece raro nos dias de hoje, já que as normas de organização judiciária quase sempre contemplam a competência do mesmo juiz, tanto para o julgamento em plenário, quanto para a condução da primeira fase do processo (*judicium accusationis*).

SEÇÃO IV
DO ALISTAMENTO DOS JURADOS

Art. 425. Anualmente, serão alistados pelo presidente do Tribunal do Júri de 800 (oitocentos) a 1.500 (um mil e quinhentos) jurados nas comarcas de mais de 1.000.000 (um milhão) de habitantes, de 300 (trezentos) a 700 (setecentos) nas comarcas de mais de 100.000 (cem mil) habitantes e de 80 (oitenta) a 400 (quatrocentos) nas comarcas de menor população. (Redação dada pela Lei nº 11.689, de 2008)

§ 1º Nas comarcas onde for necessário, poderá ser aumentado o número de jurados e, ainda, organizada lista de suplentes, depositadas as cédulas em urna especial, com as cautelas mencionadas na parte final do § 3º do art. 426 deste Código. (Incluído pela Lei nº 11.689, de 2008)

§ 2º O juiz presidente requisitará às autoridades locais, associações de classe e de bairro, entidades associativas e culturais, instituições de ensino em geral, universidades, sindicatos, repartições públicas e outros núcleos comunitários a indicação de pessoas que reúnam as condições para exercer a função de jurado. (Incluído pela Lei nº 11.689, de 2008)

Sorteio e convocação dos jurados – A composição do Tribunal do Júri vem prevista no art. 447, e é constituída por um juiz togado, que o preside e por 25 jurados dentre os quais serão sorteados 7, para que componham o conselho de sentença de cada sessão de julgamento. O revogado art. 433 previa um número menor, de 21 jurados, que compunham o Júri.

Número de jurados – O número de jurados que se submetiam ao sorteio, determinado pelo antigo art. 439, achava-se um tanto desatualizado, vez que sugerido ao tempo da entrada em vigor do código, no ano de 1941, quando a realidade social era outra e os julgamentos pelo Júri muito menos frequentes do que se vê nos dias de hoje. Apenas para que se tenha uma ideia, na Capital do Estado de São Paulo, segundo consta do Provimento nº 744/2000, do Conselho Superior da Magistratura, são 38.000 jurados alistados para o sorteio, o que praticamente inviabiliza a realização de uma seleção criteriosa pelo juiz presidente e a fiscalização da lista pelo Ministério Público e advogados.

Tratou a reforma de atualizar esses números, nos termos do art. 425, determinando o alistamento anual da seguinte forma:

- de 800 a 1.500 jurados nas comarcas com mais de um milhão de habitantes;
- de 300 a 700 jurados nas comarcas com mais de cem mil de habitantes;
- de 80 a 400 jurados nas comarcas de menor população.

Desses, serão sorteados 25 jurados que comporão cada reunião periódica do Júri (art. 432). Tal sorteio deve ser realizado entre o 15º e o 10º dia útil antecedente à instalação da reunião (art. 433, § 1º).

§ 2º O juiz presidente requisitará às autoridades locais, associações de classe e de bairro, entidades associativas e culturais, instituições de ensino em geral, universidades, sindicatos, repartições públicas e outros núcleos comunitários a indicação de pessoas que reúnam as condições para exercer a função de jurado. (Incluído pela Lei nº 11.689, de 2008)

Seleção dos jurados – Com o objetivo de aprimorar o Júri, conferindo-lhe o efetivo perfil democrático, tão caro aos defensores da instituição, prevê a nova legislação que o juiz, na convocação dos jurados, requisitará a indicação de nomes junto às autoridades locais, associações de classe e de bairro, entidades associativas e culturais, dentre outras exemplificadas no § 2º, do art. 425.

Trata-se de medida que veio em boa hora, sem embargo de que já encontrava previsão na parte final do revogado art. 439, *caput*. A diferença que se aponta é que, antes, o dispositivo legal utilizava a expressão *"poderá"*, ou seja, atribuía ao juiz a faculdade de, entendendo conveniente e oportuno, requisitar das pessoas ali apontadas a indicação de cidadãos com aptidão para serem jurados. Agora parece que essa medida passa a ser obrigatória, quando o legislador emprega a expressão *"requisitará"*.

O rol exemplificativo, além disso, foi um pouco ampliado, a fim de incluir associações de bairro, entidades associativas e culturais, instituições de ensino, inclusive superior, que não constavam da antiga redação do art. 439.

Critério na seleção dos jurados – A despeito da salutar iniciativa do legislador, não se ignora que a seleção dos jurados continuará sendo um dos pontos nucleares para o bom funcionamento do Júri. O ideal seria que o Magistrado pudesse manter um contato pessoal com cada um daqueles que foram arregimentados, capaz de sentir-lhes a vocação para o exercício do *munus* (não a tendência para condenar ou absolver) e, mais que isso, se, efetivamente, acham-se dispostos à prestação do serviço. Com o evidente declínio do Júri e a banalização da criminalidade, ser jurado, de há muito, deixou de importar em verdadeiro *atestado de idoneidade*, como concebido no início do século passado. Hoje, o cidadão, na maioria dos casos, longe de se sentir honrado pela escolha, torce fervorosamente para não ingressar na lista de jurados e, se dela não conseguir escapar, pelo menos para que não seja sorteado no dia da sessão. O ideal seria, portanto, que o juiz presidente conhecesse cada um dos candidatos, podendo, inclusive, a partir de sua impressão pessoal, excluir da lista aqueles menos vocacionados. Mas o gigantismo de muitas comarcas, o excesso de serviço e as dificuldades verificadas no cotidiano forense, tornam impossível essa espécie de iniciativa.

Como salientam Kai Ambos e Fauzi Hassan Choukr, "no que tange à escolha do jurado, poucas são as mudanças concretas. Com efeito, o contato direto entre as partes e o participante popular continua sendo tênue, limitando-se a uma mera aceitação ou recusa formal sem explicações ou fundamentada, nos já previstos casos de impedimento/suspeição. Neste ponto teria sido melhor ousar, possibilitando um momento específico prévio ao julgamento onde as partes pudessem ter a oportunidade de perquirir as impressões pessoais do jurado ainda a ser escolhido e verificar sua eventual inclinação para preconceitos raciais, religiosos, econômicos, etc. Acrescente-se que tal hipótese não é desconhecida de legislações nas quais o júri é parte intrínseca do sistema, e não um apêndice isolado como no direito brasileiro" (*A reforma do Processo Penal no Brasil e na América Latina*, Método: São Paulo, 2001, p. 117).

JURISPRUDÊNCIA

Critério para seleção dos jurados

"Não assiste ao Juiz Presidente do Tribunal do Júri a prerrogativa de escolher livremente entidades privadas (empresas) às quais possa requisitar diretamente nomes para a formação da lista anual de Jurados, visando à composição do futuro Conselho de Sentença, eis que deverá atender à indicação constante do art. 425, § 2º. do CPP; destarte, não lhe é abonada a faculdade de oficiar à direção de empresas privadas de sua escolha e lhes requisitar o pronto fornecimento de nomes de seus empregados, para atender à elaboração daquela listagem anual. O art. 425, § 2º. do CPP, ao apontar as entidades privadas a que o Juiz deve encaminhar a sua requisição, indica invariavelmente a sua natureza associativa, apontando a contrario sensu inadmitir-se a seleção direta de empresas privadas, ainda que se possa proclamar, como neste caso, o elevado propósito funcional de dinamização da formação da lista de Jurados, que a deliberação judicial claramente revestiu; a necessidade objetiva de acréscimo àquela listagem deverá, porém, observar a referida nota associativa, não se legitimando, assim, a inclusão direta de empresas privadas, de qualquer área econômica, naquele rol, mas sempre com a intermediação das respectivas entidades classistas. A composição do Tribunal de Júri, pela sua vocação democrática, deve refletir a pluralidade dos valores morais e das classes sociais em cujo meio irá ter atuação, pelo que se impõe coibir a possibilidade de predominância de qualquer ideologia grupal, viés ocupacional ou ideias preconcebidas: nenhum ente privado pode, isoladamente, fazer-se como que representado na lista anual de Jurados" (STJ – RMS n° 32205-ES, Rel. Napoleão Nunes Maia Filho, j. 18.11.2010, DJe 06.12.2010).

Art. 426. A lista geral dos jurados, com indicação das respectivas profissões, será publicada pela imprensa até o dia 10 de outubro de cada ano e divulgada em editais afixados à porta do Tribunal do Júri. (Redação dada pela Lei nº 11.689, de 2008)

§ 1º A lista poderá ser alterada, de ofício ou mediante reclamação de qualquer do povo ao juiz presidente até o dia 10 de novembro, data de sua publicação definitiva.(Incluído pela Lei nº 11.689, de 2008)

§ 2º Juntamente com a lista, serão transcritos os arts. 436 a 446 deste Código. (Incluído pela Lei nº 11.689, de 2008)

Sobre a lista de jurados, v. § 5° abaixo.

§ 3º Os nomes e endereços dos alistados, em cartões iguais, após serem verificados na presença do Ministério Público, de advogado indicado pela Seção local da Ordem dos Advogados do Brasil e de defensor indicado pelas Defensorias Públicas competentes, permanecerão guardados em urna fechada a chave, sob a responsabilidade do juiz presidente. (Incluído pela Lei nº 11.689, de 2008)

Urna fechada – De se aplaudir, outrossim, a disposição consistente em permitir que os nomes dos jurados alistados sejam guardados em urna fechada, na presença e sob a fiscalização não só do Ministério Público, mas de representantes da Ordem dos Advogados do Brasil e da Defensoria Pública (art. 426, § 3°). Com isso, se pretendeu democratizar o sistema, propiciando amplo acesso de todos os órgãos envolvidos no julgamento, em providência não cogitada pela legislação anterior que, no revogado art. 440, exigia a presença, apenas, do Ministério Público.

ATENÇÃO – Com a reforma de 2008, não mais se cogitou da esdrúxula e anacrônica determinação legal, contida no revogado art. 428, no sentido de que o sorteio fosse realizado por um menor de 18 anos, a fim de "evitar toda e qualquer fraude que as paixões pudessem aconselhar", na lição de Pimenta Bueno (*Apontamentos sobre o processo criminal brasileiro*, p. 210).

§ 4º O jurado que tiver integrado o Conselho de Sentença nos 12 (doze) meses que antecederem à publicação da lista geral fica dela excluído. (Incluído pela Lei nº 11.689, de 2008)

Jurado profissional – Outra preocupação consistiu em se coibir a presença do *jurado profissional*. Mas não apenas dele, senão também daquele que – é comum nas pequenas comarcas – invariavelmente serve com o jurado, em *munus* que, por vezes, lhe é incômodo e mesmo nocivo ao desenvolvimento de suas atividades profissionais. Por isso, prevê o § 4º, do art. 426, a exclusão da lista geral do jurado que integrou o Conselho de Sentença no ano anterior. Mas é preciso que, efetivamente, tenha o jurado composto o conselho, não bastando, para justificar sua dispensa, o fato de ter ingressado na lista geral e, tampouco, de uma vez sorteado, ter sido recusado por uma das partes ou mesmo considerado suspeito ou impedido para o julgamento.

JURISPRUDÊNCIA

Nulidade absoluta

"Deve ser reconhecida a nulidade absoluta de ação penal, desde a sessão de julgamento em Tribunal do Júri, na hipótese em que um dos jurados do Conselho de Sentença tenha integrado o júri de outro processo nos doze meses que antecederam à publicação da lista geral de jurados, considerando que o placar da votação tenha sido o de quatro a três em favor da condenação do réu, ainda que a defesa tenha deixado de consignar a insurgência na ata de julgamento da sessão. De acordo com o § 4º do art. 426 do Código de Processo Penal, não pode ser incluída na lista geral de jurados a pessoa que tenha integrado Conselho de Sentença nos doze meses que antecederem à publicação da lista" (STJ – AgRg no REsp n. 1363403-SP, Rel. Sebastião Reis Júnior, j. 17.11.2015, DJe 04.12.2015).

§ 5º Anualmente, a lista geral de jurados será, obrigatoriamente, completada. (Incluído pela Lei nº 11.689, de 2008)

Lista de jurados – Todo ano será elaborada uma lista de jurados, na forma e número previstos no art. 425, na qual conste o nome e profissão de cada um deles (art. 426), que deverá ser afixada na porta do Tribunal do Júri e publicada na imprensa, tudo sob a responsabilidade do juiz. A publicação na imprensa, contudo, tem sido dispensada pela jurisprudência (*RT* 504/389), desde que a mera afixação do edital tenha atingido sua finalidade, ou seja, o conhecimento público de quem são os jurados. Nesse sentido, STF – Pleno – HC 69.416 – Rel. Min. Celso de Mello – *DJU* 20.8.92, p. 13.4540.

Essa lista poderá ser alterada de ofício pelo juiz ou mediante reclamação de qualquer do povo (art. 426, § 1º). Cabe recurso em sentido estrito da decisão do juiz que incluiu ou excluiu algum jurado (art. 581, XIV). O prazo para tal recurso é de 20 dias (art. 586, parágrafo único) e ele é dirigido ao Presidente do Tribunal de Justiça (art. 582, parágrafo único). O termo *a quo* para esse recurso deve ser contado a partir do dia 10 de novembro, data em que a lista é publicada em caráter definitivo.

SEÇÃO V
DO DESAFORAMENTO

Art. 427. Se o interesse da ordem pública o reclamar ou houver dúvida sobre a imparcialidade do júri ou a segurança pessoal do

acusado, o Tribunal, a requerimento do Ministério Público, do assistente, do querelante ou do acusado ou mediante representação do juiz competente, poderá determinar o desaforamento do julgamento para outra comarca da mesma região, onde não existam aqueles motivos, preferindo-se as mais próximas. (Redação dada pela Lei nº 11.689, de 2008)

§ 1º O pedido de desaforamento será distribuído imediatamente e terá preferência de julgamento na Câmara ou Turma competente. (Incluído pela Lei nº 11.689, de 2008)

§ 2º Sendo relevantes os motivos alegados, o relator poderá determinar, fundamentadamente, a suspensão do julgamento pelo júri. (Incluído pela Lei nº 11.689, de 2008)

§ 3º Será ouvido o juiz presidente, quando a medida não tiver sido por ele solicitada. (Incluído pela Lei nº 11.689, de 2008)

§ 4º Na pendência de recurso contra a decisão de pronúncia ou quando efetivado o julgamento, não se admitirá o pedido de desaforamento, salvo, nesta última hipótese, quanto a fato ocorrido durante ou após a realização de julgamento anulado. (Incluído pela Lei nº 11.689, de 2008)

Introdução – No que concerne ao desaforamento, não foram grandes as alterações trazidas pela nova disciplina do Júri de 2008. De forma que o desaforamento, antes, vinha previsto no art. 424 do CPP, cuja redação foi, praticamente, repetida nos atuais arts. 427 e 428. Procurou-se, com razão, atualizar as expressões empregadas pelo texto primitivo, como, *v.g.*, a utilização do vocábulo *Tribunal* (ao invés de *Tribunal de Apelação*), e a supressão do *termo* (pequena circunscrição, de competência limitada, presidida por pretores, não mais existente na organização judiciária pátria). Demais disso, algum entendimento jurisprudencial mais recente foi incorporado ao novo texto. Criou-se, ainda, uma nova hipótese de desaforamento, um tanto parecida, contudo, com aquela prevista no parágrafo único do antigo art. 424 do código. Na essência, porém, a ideia central foi preservada.

Conceito – O desaforamento vem previsto nos art. 427 e 428 do CPP e consiste na prática de um ato, pela Instância Superior, que modifica a regra de competência territorial nas hipóteses de Júri. Através do desaforamento, portanto, o réu, por motivos que a lei relaciona, é julgado em foro diverso daquele em que cometeu o crime, deixando de ser observada, assim, a competência pelo lugar da infração mencionada no art. 70 do código (competência *ratione loci*). Desaforar, pois, na precisa lição de Júlio Fabbrini Mirabete, "é retirar o processo do foro em que está para que o julgamento se processe em outro" (*Processo penal*, ob. cit., p. 502).

Críticas – Há quem critique o desaforamento. Ora, a maior virtude da instituição do Júri – dizem- residiria, exatamente, em propiciar o julgamento do réu por seus pares, que o conhecem, que vivem no mesmo contexto social e que, assim, estariam aptos a proferir um julgamento justo, afastado, por vezes, da letra fria da lei, mais atento à realidade que os cerca. O Júri, argumentam seus defensores, possui esse viés democrático, verdadeiro reflexo da soberania popular, da autoridade suprema e poder absoluto do povo, nas palavras de Roberto Lyra, na introdução à obra de Ruy Barbosa (*O júri sob todos os aspectos*, p. 25).

Assim, não faria sentido o desaforamento, segundo a lição de Magarinos Torres, "porque a maior virtude do júri é o julgamento do homem pelos que o conheçam, ou estejam mais em condições de apreciar-lhe o caráter, pela ciência pessoal de seus antecedentes e os da vítima, do meio social e da moral aí dominante... julgar um homem fora do meio é proferir a justiça empírica dos técnicos, adstritos aos preceitos teóricos da lei uniforme, alheados da realidade da vida e da desigualdade natural dos homens; é fazer do júri um simulacro de justiça, nada humana e ainda menos científica" (ob. cit, p. 257).

Quando é necessário - A despeito de tais críticas, é certo que, em determinadas situações, sempre em caráter excepcional, o desaforamento é medida que se impõe, máxime quando se constatar que a imparcialidade dos jurados, maior qualidade que se espera de um juiz, seja leigo ou togado, encontra-se por alguma razão viciada. Não se deve olvidar, ainda, que por vezes o desaforamento é deferido para preservar a integridade física do réu, tratando-se de cautela que prepondera sobre a conveniência do julgamento no local em que se deram os fatos. Por óbvio, é regra geral que o agente seja julgado por seus pares e que tal julgamento ocorra no local em que o crime foi praticado, onde foi atingida a ordem social. Mas por exceção - repita-se - guardada para situações muito peculiares, geralmente em comarcas pequenas (nas comarcas maiores, os crimes contra a vida, infelizmente, se banalizaram), é admitido o deslocamento da competência. Quanto à excepcionalidade do desaforamento, confira-se o entendimento do STF *in JSTF* 262/255 e *RT*587/320, 701/408.

Requisitos - Ele é admitido em quatro hipóteses, na exata dicção dos arts. 427 e 428, do CPP, a saber: 1) por interesse da ordem pública; 2) quando pairar dúvida sobre a imparcialidade do Júri; 3) quando houver risco à segurança pessoal do acusado e 4) quando injustificadamente o Júri não se realizar no prazo de seis meses contado do trânsito em julgado da decisão de pronúncia.

Interesse da ordem pública - De sorte que o primeiro pressuposto a admitir o desaforamento é o *interesse da ordem pública*. Assim, o julgamento em plenário deve se cercar de serenidade, realizado em um ambiente tranquilo, imune a influências externas, tudo como forma de garantir a livre manifestação dos jurados (também por isso é prevista a *sala secreta*). Cuida-se de requisito que se exige para todo e qualquer julgamento, mas que tem sua relevância destacada quando se trata do Júri, na medida em que os jurados são leigos e não possuem, portanto, as mesmas garantias do juiz togado.

Mais do que um juiz profissional, assim, o jurado precisa se sentir seguro para julgar. Uma vez comprovado que o julgamento poderá acarretar intranquilidade aos jurados e à sociedade, tirando-lhes a paz, graças ao estado de inquietação que se instalou na comarca, é possível o desaforamento. Porém, o alarde criado pela imprensa (*RT* 522/307, 663/364), ou a formação de duas correntes na comarca (uma a favor e outra contra o réu), por si só, não justificam a medida excepcional. Ressalte-se que, sob o fundamento do interesse da ordem pública, já se acolheu pedido de desaforamento formulado pelo juiz que se viu em frente a uma pauta extensa, com vários processos já preparados, mas que demorariam mais de ano e meio para julgamento, estando os réus presos, conforme recorda Hermínio Marques Porto (*Júri*, São Paulo: RT, 6ª. ed., 1990, p. 108).

Dúvida sobre a imparcialidade dos jurados - O segundo pressuposto, que, na prática, fundamenta a imensa maioria dos pedidos de desaforamento, é a *dúvida sobre a imparcialidade dos jurados*. Ora, é sabido que se espera do juiz, quer togado, quer leigo, que aprecie a causa com imparcialidade. A imparcialidade é, por assim dizer, verdadeiro sinônimo de justiça, não se cogitando da existência de uma sem a outra. Por vezes, no entanto, a repercussão do crime ganha tamanha intensidade que é capaz de gerar dúvida quanto à condição dos jurados para proferirem um veredicto imparcial. O jurado, nesses casos, mesmo sem conhecer o processo a fundo, muitas vezes ignorando a prova dos autos e antes de ouvir os debates, já tem sua convicção previamente formada. Em outras palavras: ele já sai de casa com a conclusão precipitadamente estabelecida, seja para condenar, seja para absolver. Essa situação, vivida hoje em dia quase que apenas em pequenas cidades, deve ser evitada, como forma de preservação da imparcialidade do Júri e, para tanto, se prevê o desaforamento.

Exige-se, portanto, para o desaforamento, que a opinião do jurado esteja turvada pelo ódio contra o acusado em virtude do crime bárbaro que cometeu, tão intenso que se mostre capaz de retirar-lhe o equilíbrio, podendo ser citado, como exemplo, o réu que mata conhecido e estimado padre de pequena cidade, com vários anos de sacerdócio. Está *condenado* muito antes de ser julgado. E se o assassino do padre vem a ser morto, posteriormente, por um terceiro, munido de extraordinário espírito de vingança? Este Júri também estará contaminado, caso mantida a competência original, por contar o réu com enorme simpatia dos jurados, que fatalmente o levariam à absolvição, podendo, pois, ser desaforado. Pode ocorrer o inverso a justificar também o desaforamento. O prestígio do réu na cidade, sua influência política ou econômica, enfim, uma série de fatores que revelem a grande probabilidade de perda da isenção dos jurados, tendentes à absolvição.

Lembrem-se, ainda, situações em que a família do réu exerça grande influência, política e econômica, na pequena comunidade perante a qual será julgado, gerando um espírito de parcialidade nos jurados (*RT* 780/525, 728/587). Também foi acolhido o desaforamento quando a periculosidade do réu revelou-se tamanha a ponto de causar temor nos jurados (*RT* 756/628), embora já se tenha decidido em sentido contrário (*RT* 781/574). A fim de ressaltar, novamente, o caráter excepcional da medida, posto que o crime deve ser julgado no distrito da culpa, isto é, no local em que ocorreu (*"ubifacinus perpetravit, ibi poena reddita"*), registre-se interessante julgado no qual pessoas de prestígio na cidade (presidente da subsecção local da OAB, da Câmara Municipal, do Rotary Club, Prefeito Municipal e muitos de seus secretários), subscreveram manifestação atestando a boa índole do réu. Mesmo assim, manteve-se a competência original, indeferindo-se, em consequência, o desaforamento (*RT* 822/592). Meras conjecturas, assim, não autorizam o desaforamento, conforme já decidiu o STF (*RT* 603/425), sendo necessária prova clara calcada em dados objetivos (*RT* 787/582).

Por vezes, o longo tempo passado entre a prática do crime e a realização do Júri, faz com que a paixão e o ódio, capazes de inspirar negativamente o jurado, se diluam, não mais se justificando, então, a derrogação da competência (nesse sentido, *RT* 744/630). Ressalte-se, por derradeiro, que a possibilidade que se abre às partes de recusarem determinado jurado, já serve de poderoso filtro a eliminar aquele que, previamente, demonstra sua parcialidade para o julgamento.

Dúvida sobre a segurança pessoal do acusado – Justifica-se, ainda, o desaforamento, quando surgir *dúvida sobre a segurança pessoal do acusado*. De forma que, por mais grave e repugnante que tenha sido o crime praticado, deve seu autor submeter-se ao julgamento pelo Tribunal do Júri, através do respectivo processo legal, onde se preservem todas as garantias constitucionais, como, *v.g.*, a ampla defesa e o contraditório. Vai longe o tempo da chamada *vingança privada*, eis que hoje, qualquer que seja a sanção de ordem criminal, ela deve passar, necessariamente, pelo crivo do Estado, que detém, com exclusividade, o monopólio da Justiça. Jamais se admitiria, portanto, a entrega do réu à vingança do povo, muitas vezes animado pela comoção do crime e sedento em fazer justiça pelas próprias mãos. Assim, há situações em que a manutenção do Júri no local em que perpetrado o delito acarreta um grande risco à vida ou à incolumidade física do réu, como ocorre quando há promessa de linchamento promovido pela população enfurecida. Nesse caso, admite-se o desaforamento, segundo entendimento jurisprudencial (*RT* 610/459, 709/350).

Embora não se ignore o dever do Estado em propiciar a segurança do acusado, é induvidoso que em determinados casos, diante da revolta popular, quando nem mesmo a polícia consiga serenar os ânimos, a única solução plausível a derrogação da competência. Mas também aqui é necessária a existência de prova concreta, cabalmente demonstrada, quanto à insegurança da realização do Júri no local em que o crime foi cometido. Meras conjecturas, desprovidas de dados mais objetivos, não justificam o deslocamento da competência (*RT* 639/291, 745/632). De se ver que não apenas o risco de linchamento justifica o desaforamento, valendo recordar interessante exemplo trazido por Espínola Filho (*Código de processo penal brasileiro anotado*, vol. II, p. 339), quando se deferiu a medida em favor do réu que, acometido de doença grave, não tinha condições de ser atendido na cidade em que preso enquanto aguardava o julgamento. Foi então o Júri desaforado para comarca que reunia condições de propiciar-lhe tal atendimento.

Deslocamento da competência – Como consequência da acolhida do pedido, conforme dispõe a parte final do art. 427 do CPP, tem-se o desaforamento para "outra comarca da mesma região, onde não existam aqueles motivos, preferencialmente as mais próximas". Trata-se de redação mais moderna quando comparada àquela empregada pelo revogado art. 424, que previa a deslocamento da competência para comarca ou termo próximo. O *termo* (pequena circunscrição, de competência limitada, presidida por pretores), era figura desconhecida nas leis de organização judiciária e, por isso, andou bem o legislador ao excluir essa figura.

De se ver que a comarca para a qual será desaforado o julgamento não é, necessariamente, a mais próxima ou a vizinha. É que, por vezes, o crime acarreta uma comoção regional, com um impacto que transcende os limites da cidade onde perpetrado para atingir uma área territorial maior. Deve o desaforamento, nesse caso, ocorrer para uma comarca onde não subsistam os motivos que ensejaram a alteração da competência, como deixa claro o art. 424. Nesse sentido o entendimento do Supremo Tribunal Federal, no HC 84.651-PE, no qual foi relator o Min. Carlos Britto, que assim se posicionou: "Atende às exigências legais e jurisprudenciais o desaforamento, para comarca da Capital, de julgamento a envolver conflito entre famílias de grande influência na localidade do delito e também nas comarcas vizinhas" (HC nº 84.651-PE, *Diário da Justiça* nº 57, de 23.3.2007).

O anteprojeto do Código de Processo Penal, da lavra do Prof. José Frederico Marques, criava o *Júri regional*, sediado em cidades maiores, com competência para julgamento dos crimes ocorridos em uma área mais extensa e com jurados tirados de cada cidade da região. Tudo com o objetivo de livrar os jurados das pressões políticas e garantir-lhes a imparcialidade, conforme salienta Hermínio Marques Porto (ob. cit. p. 112). Não vingou a iniciativa, eis que o anteprojeto não se concretizou em um novo código.

De qualquer sorte, o desaforamento para a comarca *mais próxima* deve ser a regra (*JSTF* 262/255), só se admitindo a realização do Júri em local mais distante quando situações excepcionais autorizarem a medida, até pelas dificuldades de ordem prática que ela acarreta (deslocamento de testemunhas, do réu, etc.). O STJ, apreciando questão tormentosa envolvendo policiais civis e militares em confronto com populares, relativa à posse de terras, acolheu o desaforamento para a Capital do Estado (*RT* 769/551).

JURISPRUDÊNCIA

Excepcionalidade da medida

"O desaforamento de julgamento para outra comarca é medida de exceção, quando a regra é da competência em razão do lugar, devendo ocorrer quando: a) o interesse de ordem pública o reclamar; b) houver dúvida sobre a imparcialidade do júri; c) houver dúvida quanto à segurança do réu; d) na pendência de recurso contra a decisão de pronúncia ou quando efetivado o julgamento, não se admitirá o pedido de desaforamento, salvo, nessa última hipótese, quanto a fato ocorrido durante ou após a realização de julgamento anulado. Em qualquer das hipóteses, incumbe a quem postula o desaforamento a comprovação, com base em fatos concretos, do comprometimento, na localidade de consumação do delito (juízo competente), da ocorrência de fatos que justifiquem a medida pleiteada." (STJ – HC n. 618.687/BA, relator Ministro Reynaldo Soares da Fonseca, Quinta Turma, julgado em 17/11/2020, DJe de 23/11/2020)

Cabimento

"Nos termos do art. 427 do CPP, se o interesse da ordem pública o reclamar ou houver dúvida sobre a imparcialidade do júri ou a segurança pessoal do acusado, o Tribunal, a requerimento do Ministério Público, do assistente, do querelante ou do acusado ou mediante representação do juiz competente, poderá determinar o desaforamento do julgamento para outra comarca da mesma região, onde não existem aqueles motivos, preferindo-se as mais próximas. (HC 492.964/MS, Rel. Ministro RIBEIRO DANTAS, QUINTA TURMA, julgado em 03/03/2020, DJe 23/03/2020). Na espécie, o Relator, examinando as provas colacionadas nos autos, afirmou expressamente que é público e notório o latente prejuízo no que se refere à permanência do julgamento na região, mormente por tratar-se de uma pequena cidade de interior, sendo indiscutível a sensação de medo e de insegurança, inclusive em relação aos policiais, a quem tinha o dever de proteção. Portanto, permitir o julgamento por órgão jurisdicional sobre cuja imparcialidade pairam severas dúvidas, como na espécie, colocaria em risco a segurança e a soberania do corpo de jurados, assim como representaria irreparável afronta à garantia constitucional da ampla defesa." (STJ – AgRg no HC n. 735.863/RO, relator Ministro Reynaldo Soares da Fonseca, Quinta Turma, julgado em 24/5/2022, DJe de 30/5/2022)

"A fixação da competência para o julgamento dos crimes dolosos contra a vida, em regra, se dá no local onde se consumou a infração penal, de acordo com o disposto no artigo 70, primeira parte, do Código de Processo Penal. Admite-se, de forma excepcional, a modificação desta competência em razão da verificação de eventos específicos elencados no artigo 427 do Código de Processo Penal. No caso em apreço, 11 (onze) dos jurados sorteados pleitearam a dispensa de comparecimento ao Tribunal do Júri, por motivos diversos, sendo que alguns deles expressamente mencionaram que teriam sido procurados pelos familiares do réu, circunstâncias que levaram a magistrada singular a crer que a população estaria se sentindo ameaçada e intimidada. Demonstrados elementos concretos e específicos passíveis de interferir na imparcialidade dos jurados e aptos a justificar o deslocamento da competência para o julgamento do paciente, não se vislumbra o alegado constrangimento ilegal" (STJ – HC n° 200398-MG, Rel. Jorge Mussi, j. 20.06.2013, DJe 06.08.2013).

"Estando suficientemente comprovado que grande parte da lista dos jurados é composta por funcionário público municipal nomeado pelo paciente, na qualidade de prefeito, acertada a decisão que acolhe pleito de desaforamento requerido pelo Ministério Público, ao fundamento de existência de forte dúvida a respeito da imparcialidade dos membros que poderão integrar o Tribunal do Júri. Sob pena de comprometimento da lisura no julgamento popular, a existência de motivos concretos e objetivos quanto à ligação dos jurados com o paciente, é motivo bastante a gerar dúvida pertinente à imparcialidade dos juízes leigos, autorizadora do deslocamento do Tribunal do Júri para outra comarca, sem, por isso, caracterizar constrangimento ilegal" (STJ – HC n° 90801-ES, Rel. Jorge Mussi, j. 26.08.2008, DJe 10.11.2008).

Quando não é cabível

A mera presunção de parcialidade dos jurados em razão da divulgação dos fatos e da opinião da mídia é insuficiente para o deferimento da medida excepcional do desaforamento da competência" (STJ, HC 492.964/MS, j. 03/03/2020).

"Se o interesse da ordem pública o reclamar ou houver dúvida sobre a imparcialidade do júri ou sobre a segurança pessoal do acusado, o Tribunal de Justiça estadual, a requerimento do órgão ministerial, de eventual assistente ou do próprio acusado, ou mesmo mediante representação do juiz competente, poderá determinar o desaforamento do julgamento para outra comarca da mesma região, onde não existam aqueles motivos, consoante o disposto no art. 427 do Código de Processo Penal. Na espécie dos autos, a Corte estadual fundamentou, concretamente, a impossibilidade de desaforamento do julgamento do paciente para outra comarca, sob o argumento de que não veio para estes autos qualquer prova ou mesmo indício de predisposição do juiz do júri contra o requerente, o mesmo se podendo dizer dos alegados maus tratos, de maneira que se mostra inviável acolher-se o pleito de desaforamento do julgamento do paciente, como pretendido" (STJ – HC n° 243121-SP, Rel. Sebastião Reis Júnior, j. 11.06.2013, DJe 27.06.2013).

"A incerteza sobre a imparcialidade do júri que leva a se excepcionar a aplicação do princípio do juiz natural – de matiz constitucional –, por meio de derrogação de competência territorial, deve decorrer de comoção social grave, que não se confunde com a veiculação em imprensa acerca do fato, tampouco a pacata manifestação de familiares ou pessoas próximas à vítima, até mesmo porque natural, sobretudo em pequenas cidades, tendo em vista a perda de entes queridos. Na realidade, a dúvida que compromete a isenção do julgamento pelo corpo de jurados capaz de motivar o desaforamento deve ser importante, é dizer, deve ser séria, de forma a não merecer contestação razoável ou aceitável. Em outras palavras, a indignação ou repulsa gerada pela notícia do crime deve ser de tal monta que já revele uma predisposição concreta da população contra o acusado, o que, no caso vertente, não restou comprovada" (STJ – HC n° 151053-BA, Rel. Haroldo Rodrigues, j. 04.05.2010, DJe 28.06.2010).

"A repercussão do delito na imprensa e a movimentação de familiares da vítima pedindo 'justiça' ao caso não consubstanciam motivos suficientes para o desaforamento, mormente havendo nos autos informação do juiz oficiante atestando a normalidade do feito e a inexistência de motivos para a medida " (STJ – HC n°18873-PE – Rel. Gilson Dipp, j. 27.11.2001, DJ 25.02.2002, p. 423).

"O fato de as Autoridades locais estarem empreendendo esforços para chamar a população do distrito da culpa, mediante utilização de carro de som, para comparecer ao julgamento do paciente, não é capaz de prejudicar a imparcialidade do Conselho de Sentença de comarcas vizinhas" (STJ – HC n° 55570-SE, Rel. Gilson Dipp, j. 06.06.2006, DJ 01.08.2006, p. 494).

Não importa em violação ao princípio do juiz natural

"O desaforamento do julgamento perante o Tribunal do Júri não viola o Princípio do Juiz Natural, nem configura tribunal de exceção (ad hoc). Trata-se, tão somente, de garantia à isenção e imparcialidade do julgamento. Poderá ser realizado sempre que houver interesse da ordem pública, comprometimento da imparcialidade dos jurados, dúvida sobre a segurança do réu ou atraso injustificável na realização do julgamento popular" (STJ – HC n° 163800-MG, Rel. Laurita Vaz, j. 17.03.2011, DJe 04.04.2011).

Desaforamento do segundo Júri. Possibilidade

"Evidenciada a ocorrência de ameaças a testemunhas, bem como pelo fato de os pacientes já terem sido julgados perante o Tribunal Popular e absolvidos, com a determinação de anulação do Júri, pela ocorrência de julgamento contrário à prova dos autos, restam configuradas, objetiva e concretamente, as hipóteses legais autorizadoras do desaforamento, o qual não foi fundado apenas em meras suposições ou alegações que não sejam baseadas em fatos concretos" (STJ – HC n° 40004-PB, Rel. Gilson Dipp, j. 08.03.2005, DJ 08.03.2005, p. 301).

Momento adequado para o pedido

"O desaforamento, que implica apenas na realização do julgamento em comarca distinta daquela do distrito da culpa, pressupõe estar o processo pronto para ser submetido ao Tribunal do Júri, sendo, por isso, prematuro seu deferimento na pendência de recurso contra a pronúncia" (STF – HC n° 690554-MT – Rel. Celso Borja – RTJ 139/242).

Após o julgamento já não mais cabe o pedido

"Pedido de desaforamento prejudicado pela realização do julgamento. Deferi-lo, após essa realização, importaria em, via obliqua, invalidar o pronunciamento do júri. Interpretação do art.424 do C.P.P" (STF – Rel. Oscar Correa – RTJ 103/368).

Desaforamento para comarca mais próxima

a) quando é cabível

"Evidenciado que a influência do réu é restrita ao Município no qual ocorreram os fatos, não se podendo falar em interesse da ordem pública, tampouco em dúvida acerca da parcialidade dos jurados ou em ameaça à segurança do acusado em qualquer das comarcas vizinhas ao distrito da culpa. O desaforamento do julgamento deve ser "para comarca ou termo próximo", a não ser que a causa que justificou a transferência do Júri subsista neste local, devendo tal situação ser ressaltada na decisão de desaforamento, justificando, assim, o julgamento na capital. Havendo outras comarcas mais próximas do local do crime e não tendo sido fundamentada a transferência do julgamento para a capital, resta demonstrada a ocorrência de constrangimento ilegal" (STJ – HC n° 56246-RJ, Rel. Gilson Dipp, j. 20.06.2006, DJ 01.08.2006, p. 497).

b) quando se admite exceção

"A partir das circunstâncias delimitadas nos autos – o fato de o paciente ser 'conhecido e influente na comunidade local, com vida social intensa e, em princípio, com potencial de influência sobre as provas do processo', além de haver manifestação favorável do Juiz condutor do feito –, é possível concluir pela configuração de dúvida quanto à imparcialidade dos jurados, o que, por sua vez, autoriza a medida sempre excepcional do desaforamento. A competência será deslocada para o local mais próximo daquele em que originariamente tramitava o feito, caso ali não persistam os mesmos motivos que ensejaram a medida, pois, se persistirem, e desde que o Tribunal o faça de forma fundamentada, o julgamento poderá ocorrer em localidades mais remotas (precedentes). Exsurgindo dos autos que os motivos que autorizaram o desaforamento extravasaram os limites da comarca em que iniciada a ação penal, correta se mostra a remessa do feito para julgamento na Comarca da Capital" (STJ – HC n. 323880-MG, Rel. Felix Fischer, j. 15.10.2015, DJe 26.10.2015).

§ 1º O pedido de desaforamento será distribuído imediatamente e terá preferência de julgamento na Câmara ou Turma competente. (Incluído pela Lei nº 11.689, de 2008)

Processamento – O pedido de desaforamento só é possível após o trânsito em julgado da sentença de pronúncia, ou seja, quando tal decisão se mostrar definitiva. Portanto, não deve ser admitido antes, conforme visto acima, já que ele se volta contra o *julgamento* e não contra o sumário de culpa.

Nas hipóteses relacionadas no *caput* do art. 427 (interesse da ordem pública, dúvida sobre a imparcialidade dos jurados e risco à segurança do réu), o desaforamento pode ser requerido por qualquer das partes (Ministério Público, assistente, querelante ou acusado) e mesmo por representação do próprio juiz-presidente e seu julgamento está afeto aos Tribunais de Justiça estaduais ou aos Tribunais Regionais Federais, quando se tratar de um Júri de competência da justiça federal.

O réu tem interesse no desaforamento podendo requerê-lo, através de seu defensor, na hipótese, *v.g.*, em que há parcialidade do Júri, fartamente constatada, eis que os jurados já se manifestaram no sentido de sua condenação. O Ministério Público também detém legitimidade para o pedido quando a parcialidade dos jurados, ao contrário, se inclina pela absolvição do réu. Também lhe é reconhecida legitimidade para pleitear o desaforamento em favor do réu, quando, por exemplo, sua segurança está em risco (*RT* 759/653) ou mesmo quando revelada a parcialidade dos jurados contra o acusado. É que, antes de ser parte, o promotor de Justiça é fiscal da lei (ou da ordem jurídica), a quem cumpre velar, sobretudo, pela realização da justiça. Nessa tarefa de promover a justiça, se concebe um pedido de desaforamento *in favor rei*, a exemplo do que ocorre no pedido de absolvição, promoção de arquivamento do inquérito policial, na interposição de recurso ou *habeas corpus* em prol do acusado, etc. Também ao querelante, nas raríssimas hipóteses em que ofertada queixa-crime (em uma ação penal privada subsidiária da pública), se reconhece legitimidade para propor o pedido de desaforamento. Nem poderia ser diferente, na medida em que, afinal, é o autor da ação penal.

Dúvida perdurava quanto à legitimidade do assistente de acusação para a formulação do pedido. A jurisprudência mais recente, inclusive do STF (*RT* 600/453, 649/357), era no sentido de não admitir tal legitimidade, já que o art. 271 do CPP, que trata das hipóteses de sua intervenção, não faz qualquer alusão ao desaforamento.

A questão se acha superada, pois, como já salientamos, a lei foi expressa em atribuir ao assistente legitimidade para o pedido. E com acerto. Mesmo que se admitisse que o assistente tenha por objetivo único a condenação, só por isso já se devia identificar sua possibilidade de requerer o desaforamento. Imaginemos o exemplo, outras vezes citado, em que o réu, por prestígio extraordinário que possui na comarca, está, por assim dizer, *absolvido*, antes mesmo de ser julgado. Ora, se o assistente tem interesse em sua condenação, para fins de posterior ressarcimento no âmbito cível, não havia como negar-lhe o direito de pedir o deslocamento do Júri para outra comarca. Comungava dessa opinião a doutrina majoritária, conforme ensinam Hermínio Marques Porto (ob. cit., p. 113), Júlio Fabbrini Mirabete (ob. cit, p. 505) e Tourinho Filho (*Processo penal*, vol. 4, p. 79). Especificamente a respeito do tema, vale que se confira artigo da lavra de Welton Roberto, publicado na Revista Síntese de Direito Penal e Processual Penal, nº 23, p. 59 (*Assistente da acusação: legitimidade para requerer desaforamento*). O legislador do novo Júri brasileiro, sensível ao posicionamento doutrinário, expressamente conferiu ao assistente legitimidade para ajuizar o pedido de desaforamento.

> **ATENÇÃO** – Interessante notar que, na hipótese de desaforamento prevista no "caput" do art. 428, não tem o juiz legitimidade para formular o pedido. Ora, se a demora na realização do julgamento não pode ser creditada à inércia do juiz, mas, ao revés, ao volume excessivo de trabalho ou à pauta carregada de julgamentos, deveria se admitir que o Magistrado, preocupado com a correta distribuição da justiça e zeloso de sua função, pudesse, através de petição fundamentada e devidamente documentada, provocar o tribunal no sentido do deslocamento do Júri para outra comarca menos assoberbada de serviço. Caso se vislumbrasse, com tal iniciativa, eventual intenção do juiz em se esquivar do trabalho, cumpriria à corregedoria adotar as medidas cabíveis à espécie. Não se previu, contudo, essa possibilidade.

Órgão julgador do pedido – O pedido de desaforamento é dirigido, conforme dispõe o art. 427, ao *Tribunal*. Segundo as normas de organização judiciária hoje em vigor e pelos critérios de competência que regem a matéria, tem-se que o pedido deve ser apreciado pelos Tribunais de Justiça dos respectivos estados, quando o crime, como ocorre na imensa maioria dos casos, for de competência da Justiça Estadual. Caso seja da competência da Justiça Federal, deve apreciá-lo o Tribunal Regional Federal da respectiva região.

Oitiva do Ministério Público em 2º grau – Em ambas as hipóteses, segundo texto expresso da lei revogada, era colhida a manifestação do Ministério Público: do Procurador-Geral de Justiça no âmbito estadual ou do Procurador-Chefe no âmbito federal. Desse teor era o primitivo art. 424 do CPP, ao utilizar a expressão "... ouvido sempre o procurador-geral ...". Ocorre que, não se sabe se propositadamente ou por cochilo do legislador, simplesmente foi retirado do novo texto qualquer menção ao Ministério Público, de tal forma que, na literalidade da lei, a oitiva do *parquet*, que atua perante a 2ª instância, não é mais obrigatória. Mas deixando de lado a mera leitura fria do texto legal e atento a uma análise mais ampla, que leve em conta o sistema, pensamos que nada impede que os regimentos internos dos respectivos Tribunais continuem facultando a participação do Procurador-Geral (no regimento interno do Tribunal de Justiça de São Paulo a matéria é tratada em seu art. 724). Aliás, é medida que se recomenda, máxime quando se constata que nos pedidos de desaforamento que tenham por base as hipóteses do *caput* do novo art. 427, não há previsão, tampouco, de oitiva do promotor de justiça. A ausência de qualquer manifestação do Ministério Público, em ambos os graus de jurisdição, conforme concebida pelo legislador, importa em franca violação ao princípio do contraditório, a merecer reparação pela jurisprudência que, decerto, se formará a respeito do tema.

§ 2º Sendo relevantes os motivos alegados, o relator poderá determinar, fundamentadamente, a suspensão do julgamento pelo júri. (Incluído pela Lei nº 11.689, de 2008)

Efeito suspensivo – O desaforamento, por ausência de previsão legal nesse sentido, não tinha efeito suspensivo, significava dizer que nada impedia a realização do julgamento em plenário na pendência de apreciação do pedido, conforme já decidira o STF (*RT* 592/444). Não parecia, entretanto, fosse prudente essa conduta. Imaginemos a inusitada situação na qual o réu fosse condenado pelo Júri antes do Tribunal apreciar seu pedido de desaforamento e, logo em seguida à condenação, sobreviesse a notícia de que a superior instância acolheu o desaforamento. Para evitar esse inconveniente, era melhor que o juiz adiasse o julgamento em plenário até o julgamento do desaforamento pelo Tribunal. Por isso mesmo, o STF deferiu liminar para suspensão do Júri enquanto não apreciado o pedido (*RT* 551/413).

Agora a questão vem solucionada pelo § 2°, do art. 427, ao autorizar que o relator suspenda a realização do julgamento pelo Júri, desde que relevantes os motivos alegados. De qualquer forma, como decidiu o STJ, "realizado o julgamento do paciente perante o Tribunal do Júri, não merece reparo acórdão que julga prejudicado pedido de desaforamento, em virtude da perda do seu objeto" (HC n. 57.368-MS. Rel. Min. Arnaldo Esteves Lima, 5ª. T., *v.u.*, j. 03.08.2006, Boletim do STJ nº 15, 1ª. quinzena de outubro de 2006).

§ 3º Será ouvido o juiz presidente, quando a medida não tiver sido por ele solicitada. (Incluído pela Lei nº 11.689, de 2008)

Manifestação do juiz e das partes – Fundamental, na exata dicção do § 3°, do art. 427, do CPP, que o juiz-presidente do Júri se manifeste a respeito do pedido, a menos, é claro, que tenha sido dele a iniciativa do desaforamento. É que vivendo a realidade da comarca, conhecedor, portanto, da sociedade e de seu cotidiano, ninguém melhor que o juiz para, com imparcialidade e serenidade, opinar sobre a conveniência do desaforamento. Nesse sentido, *RT*696/323 e 595/325.

Embora não haja previsão legal a respeito, parece de bom tom que se ouçam as partes a respeito do pedido, em homenagem aos princípios do contraditório e ampla defesa. Assim, quando formulado pelo Ministério Público, deve ser colhida a manifestação da defesa (STF-*RT* 613/418). Nesse sentido, inclusive, a Súmula 712 do STF, ao enunciar que "é nula a decisão que determina o desaforamento de processo da competência do Júri sem audiência da defesa". E, se manejado o pedido pela defesa, ouvido o *parquet*, conquanto entendamos, nesse último caso, que eventual falta de intervenção possa ser suprida pela manifestação do Procurador-Geral. Quando o desaforamento é proposto pelo juiz, ambas as partes – e, inclusive, eventual assistente de acusação – devem ser consultados.

Tais entendimentos, prestigiados pela doutrina e jurisprudência, poderiam ter sido incluídos no novo texto legal, por se revelarem em consonância com os princípios constitucionais da ampla defesa e do contraditório, tão caros ao processo penal. Infelizmente o legislador se omitiu nesse aspecto. Mais prudente, nesse tópico, foi o Tribunal de Justiça de São Paulo, que em seu regimento interno prevê tais cautelas, como se depreende da leitura de seu art. 725, *in verbis*: "No pedido de desaforamento requerido pelo Ministério Público ou solicitado pelo juiz, será assinada a dilação de dez dias ao réu, para que possa responder às razões deduzidas".

JURISPRUDÊNCIA

Relevância da manifestação do juiz e das partes

"Segundo a jurisprudência do Supremo Tribunal, a definição dos fatos indicativos da necessidade de deslocamento para a realização do júri – desaforamento – dá-se segundo a apuração feita pelos que vivem no local. Não se faz mister a certeza da parcialidade que pode submeter os jurados, mas tão somente fundada dúvida quanto a tal ocorrência. A circunstância de as partes e o Juízo local se manifestarem favoráveis ao desaforamento, apontando-se fato 'notório' na comunidade local apto a configurar dúvida fundada sobre a parcialidade dos jurados, justifica o desaforamento do processo (Código de Processo Penal, art. 424)" (STF – HC n° 109023-SP, Rel. Dias Toffoli, j. 13.12.2011, DJe 27.02.2012).

"Conforme precedentes desta Corte, a opinião do magistrado de primeiro grau, devido a proximidade com os fatos da causa, tem enorme relevância quando da verificação da necessidade do desaforamento" (STJ – AgRg no AREsp n° 335533-MG, Rel. Regina Helena Costa, j. 05.11.2013, DJe 11.11.2013).

Contraditório no desaforamento

V. Súmula nº 712 do STF: "É nula a decisão que determina o desaforamento de processo da competência do Júri sem audiência da defesa"

"De acordo com o enunciado 712 da Súmula do Supremo Tribunal Federal, "é nula a decisão que determina o desaforamento de processo da competência do júri sem audiência da defesa". No caso dos autos, verifica-se que apenas o corréu se pronunciou no incidente de desaforamento, tendo a autoridade impetrada informado que o paciente não foi intimado para se manifestar quanto ao pleito ministerial de deslocamento da competência, o que enseja a anulação do aresto impugnado quanto a ele." (STJ – HC n. 522.747/RJ, relator Ministro Jorge Mussi, Quinta Turma, julgado em 15/10/2019, DJe de 23/10/2019)

Mas não vincula o Tribunal

"O Tribunal, ao examinar o pedido de desaforamento, não está vinculado, exclusivamente, à informação do juiz, já que esta, apesar de sua enorme valia, deve ser analisada em conjunto com os demais elementos probatórios" (STF – HC 80226-PA – Rel. Ilmar Galvão, j. 15.08.2000, DJ 10.11.2000, p. 81).

§ 4º Na pendência de recurso contra a decisão de pronúncia ou quando efetivado o julgamento, não se admitirá o pedido de desaforamento, salvo, nesta última hipótese, quanto a fato ocorrido durante ou após a realização de julgamento anulado. (Incluído pela Lei nº 11.689, de 2008)

Inadmissibilidade do pedido – O § 4º, do art. 428, veda que seja o pedido de desaforamento formulado "na pendência de recurso contra a decisão de pronúncia ou quando efetivado o julgamento". E nem poderia ser diferente. Se a decisão de pronúncia pende de recurso, significa dizer que ainda não há certeza quanto à realização do Júri e, portanto, o desaforamento é mesmo incabível, pois, como já ressaltamos, apenas o julgamento em plenário pode ser desaforado. De outra parte, se tal julgamento já se realizou, o pedido de desaforamento perde, por consequência, seu objeto (nesse sentido, STJ – HC 57.368-MS, Rel. Min. Arnaldo Esteves Lima, j. 3.8.2006, Boletim do Superior Tribunal de Justiça nº 15, da 1ª. quinzena de outubro de 2006). Nessa última hipótese, como excepciona o texto legal, é possível o desaforamento, desde que venha a ser anulado o julgamento.

Trata-se de medida judicial – Bem se vê, por outro lado, que o desaforamento é medida de cunho judicial, a exigir, portanto, um provimento jurisdicional, de caráter decisório. Por isso o STJ anulou determinação, de natureza administrativa, de Conselho Superior da Magistratura que, preocupado com o acúmulo de serviço na comarca, determinara o deslocamento da competência do Júri para outro local (*RT* 747/617).

Art. 428. **O desaforamento também poderá ser determinado, em razão do comprovado excesso de serviço, ouvidos o juiz presidente e a parte contrária, se o julgamento não puder ser realizado no prazo de 6 (seis) meses, contado do trânsito em julgado da decisão de pronúncia. (Redação dada pela Lei nº 11.689, de 2008)**

§ 1º Para a contagem do prazo referido neste artigo, não se computará o tempo de adiamentos, diligências ou incidentes de interesse da defesa. (Incluído pela Lei nº 11.689, de 2008)

§ 2º Não havendo excesso de serviço ou existência de processos aguardando julgamento em quantidade que ultrapasse a possibilidade de apreciação pelo Tribunal do Júri, nas reuniões periódicas previstas para o exercício, o acusado poderá requerer ao Tribunal que determine a imediata realização do julgamento. (Incluído pela Lei nº 11.689, de 2008)

Atraso na realização do julgamento – Por derradeiro, defere-se a medida quando o Júri não se realizar no prazo de seis meses contado do trânsito em julgado da decisão de pronúncia, conforme dispõe a atual redação do *caput* do art. 428 do CPP. Era diverso o texto antes da reforma, pois se autorizava o desaforamento quando, no prazo de um ano contado da data em que recebido o libelo, não fosse realizado o julgamento. Agora, com a extinção do libelo, alterou-se, por consequência, o termo *a quo*, a ser contado – insiste-se – a partir do trânsito em julgado da pronúncia.

Vale observar que, ao tempo da legislação anterior, era dificílimo que um Júri fosse realizado no prazo acima mencionado. Ao contrário, estivesse solto ou mesmo quando preso o réu, a regra era a não observância de tal lapso temporal, o que revelava o pequeno alcance prático do dispositivo legal. Aliás, a jurisprudência vinha se firmando no sentido de que não se exigia observância ao prazo de um ano para realização do julgamento, estando o réu solto, já que, com tal demora, ele não experimentava qualquer espécie de constrangimento (*RT* 774/582).

Não cremos que o quadro deva sofrer grande alteração. Ao contrário, parece pouco provável que o Júri se realize no prazo de seis meses, em face da considerável redução incorporada pelo estatuto novel (repetimos, antes o prazo era de um ano), sobretudo não tendo o legislador feito qualquer distinção entre réu preso e solto. De qualquer forma não se deve deixar de aplaudir a *ratio legis*, que manifestou franca preocupação com a celeridade do processo, inclusive ao reduzir de um ano para seis meses, o prazo para a realização do Júri. A intenção do legislador, nesse passo, autoriza que se formule uma releitura do enunciado da Súmula 21 do Superior Tribunal de Justiça, assim plasmada: "Pronunciado o réu, fica superada a alegação do constrangimento ilegal da prisão por excesso de prazo na instrução". Tal verbete, que causa, para dizer o mínimo, enorme estranheza, parece merecer urgente revisão. Máxime porque aprovado em dezembro de 1990, muito antes, portanto, da Emenda Constitucional nº 45, de dezembro de 2004, que introduziu o inc. LXXVIII ao art. 5º do texto maior, assegurando a razoável duração do processo e os meios que garantam a celeridade de sua tramitação. Aliás, o art. 8º, 1, da Convenção Americana sobre Direitos Humanos (Pacto de São José da Costa Rica), aprovada pelo Congresso Nacional, através do Decreto-Legislativo nº 27, de 26.05.1992, já introduzira em nosso ordenamento jurídico a questão da duração razoável do processo.

Revisão da necessidade da prisão provisória - o art. 316, parágrafo único, do CPP, coloca em xeque algumas súmulas do Tribunal Cidadão, como, por exemplo, as de número 21 e 52. A Súmula 21 do STJ anuncia que, pronunciado o réu, fica superada a alegação de constrangimento ilegal por excesso de prazo. No mesmo sentido, a de número 52, dizendo que, encerrada a instrução criminal, não há se falar em excesso de prazo. Ora, a revisão da necessidade da custódia preconizada pelo novel dispositivo deve ocorrer de forma copiosa, a cada 90 dias, não se podendo presumir legalidade do constrangimento em razão do ventilado estágio do processo.

> **ATENÇÃO** - STJ e STF entendem que a inobservância do prazo nonagesimal do art. 316 do Código de Processo Penal (CPP) não implica automática revogação da prisão preventiva, devendo o juízo competente ser instado a reavaliar a legalidade e a atualidade de seus fundamentos. Para o STJ, a obrigação de revisar de ofício a necessidade da prisão preventiva a cada 90 dias é imposta apenas ao juiz ou ao tribunal que decretou a medida. É desarrazoado, ou mesmo inexequível, estender essa tarefa aos órgãos judiciários competentes para o exame do processo em grau de recurso. Nesse tanto, o STF discordou. Para o Pretório Excelso, a missão de revisitar a necessidade da prisão é do juiz ou tribunal que a decretou, bem como ao tribunal em grau de recurso. Na seara recursal, somente não alcança STF e STJ.

§ 1º Para a contagem do prazo referido neste artigo, não se computará o tempo de adiamentos, diligências ou incidentes de interesse da defesa. (Incluído pela Lei nº 11.689, de 2008)

Demora acarretada pela defesa – Excepciona o dispositivo as hipóteses em que a demora ocorreu no interesse da defesa quando, então, não se cogita do desaforamento. Assim, por exemplo, se após o trânsito em julgado da pronúncia o advogado requer a instauração de incidente de insanidade mental, acarretando adiamento do julgamento já designado. Não será essa uma razão para o desaforamento. Procura-se, aqui, evitar qualquer espécie de manobra que tenha por objetivo precipitar o desaforamento. Suponha-se que, não interessando à defesa a realização do Júri em determinada comarca, comece, então, a manejar pedidos procrastinatórios, acarretando o *estouro* do prazo de seis meses. Em adoção ao conhecido brocardo segundo o qual ninguém deve se beneficiar da própria torpeza, o almejado desaforamento, neste caso, não será deferido.

Não se entende, contudo, por qual razão o § 1° do art. 428 faz menção, apenas, ao atraso acarretado no interesse da defesa. Por vezes o atraso pode ser atribuído ao Ministério Público, ao assistente de acusação, aos funcionários da justiça e ao próprio juiz e, nesses casos, também não deveria ser autorizado o desaforamento. Suponha-se o exemplo no qual o juiz, não querendo realizar o Júri em sua comarca, provoca indevido retardamento, designando o julgamento para um ano após o trânsito em julgado da decisão de pronúncia. Ou que o promotor de justiça, temeroso quanto ao vigor do debate que, fatalmente, se desenvolverá em plenário, formule pedidos que impeçam a realização do Júri no curtíssimo prazo de seis meses. Parece claro que, nessas hipóteses, o desaforamento não deve ser admitido, embora a lei – repita-se – vede o atraso apenas quando debitado à defesa.

§ 2º Não havendo excesso de serviço ou existência de processos aguardando julgamento em quantidade que ultrapasse a possibilidade de apreciação pelo Tribunal do Júri, nas reuniões periódicas previstas para o exercício, o acusado poderá requerer ao Tribunal que determine a imediata realização do julgamento. (Incluído pela Lei nº 11.689, de 2008)

Pedido do réu – O dispositivo faculta ao réu a possibilidade de requerer a realização imediata do júri, quando inexistente qualquer razão que justifique a demora, quer por excesso de serviço ou porque existentes outros julgamentos a serem realizados. Ignora-se, na prática, sua utilização, por parecer pouco provável que o réu tenha interesse em antecipar seu julgamento. Caso solto, decerto que preferirá continuar nessa situação. Estando preso, fatalmente se valerá de um habeas-corpus não para provocar a realização do júri, mas para responder em liberdade do processo.

Cautela – A cautela, portanto, deverá inspirar o Tribunal quando da análise de pedidos de desaforamento com fulcro nesta última hipótese que autoriza o deferimento da medida. Sob pena, inclusive, de se premiar (para ficarmos com os exemplos acima), o juiz menos zeloso ou o promotor de justiça intimidado, comportamento que, ressaltamos, importam em absoluta exceção à regra. Ainda nessa linha de raciocínio, observamos que, por vezes, o desaforamento com base no excesso de serviço poderá acarretar uma mera transferência do problema. Colha-se o exemplo no qual todas as comarcas da região apresentem excesso de serviço relativo ao Júri, o que não é improvável em virtude do expressivo número de crimes contra a vida que são perpetrados de forma indiscriminada. Ora, pura e simplesmente se desaforar o Júri da comarca *A* para a *B*, importará em *resolver* o problema daquela primeira, mas criar um inconveniente para esta última. Em suma, a ponderação e o bom senso deverão inspirar a Superior Instância na apreciação do pedido de desaforamento, neste caso específico. Aliás, eram raros, ao tempo da legislação anterior, pedidos de desaforamento decorrentes da não realização do Júri no prazo de um ano. A imensa maioria deles se fundava na imparcialidade dos jurados.

Numerus clausus – São esses, portanto, os pressupostos que autorizam o desaforamento que, por se tratar de medida de exceção, não pode ser estendido a outras hipóteses que não as mencionadas em lei, importando, assim, em verdadeiro *numerus clausus*. Por isso, ao tempo da legislação anterior, se indeferiu pedido formulado pelo juiz que alegava ausência de instalações adequadas para a realização do Júri (*RT* 548/307), embora, pelo mesmo motivo, já se tenha acolhido o desaforamento (*RT* 547/321).

Desaforamento, crimes conexos e concurso de agentes – Desnecessário salientar que o desaforamento, quando acolhido, atinge também os crimes conexos aos delitos dolosos contra a vida que, em virtude da regra da unidade do processo e julgamento (arts. 78, inc. I e 79 do CPP), são atraídos para o Júri. Também por isso, havendo concurso de agentes para a prática do delito, todos os corréus são atingidos pelo desaforamento, mesmo aqueles que não se enquadrem em uma das causas que justificam a medida. Tome-se o exemplo em que um homicídio é perpetrado por duas pessoas. A primeira delas de imenso poder econômico e político na cidade, capaz de influir decisivamente na convicção dos jurados, tirando-lhes a imparcialidade. Já a segunda se trata de um estranho, desconhecido na pequena comunidade, onde nunca estivera. Embora somente em relação ao primeiro réu se justifique o desaforamento, também o segundo será julgado em outra comarca, caso deferida a medida. É que não se admite, aí, o desmembramento do processo.

ATENÇÃO – Saliente-se que o desaforamento só é possível nos crimes de competência do Júri (*RT* 477/327). Quando se tratar de julgamento afeto ao juiz singular e caso se verifique sua parcialidade, deve a parte prejudicada se valer das exceções de suspeição ou impedimento, conforme o caso concreto, que também podem ser conhecidas de ofício (*RT* 477/327). Por outro lado, o desaforamento atinge, apenas, o *julgamento*, conforme expresso no art. 427, ou seja, a realização do plenário propriamente dito. Os atos de instrução, anteriores à pronúncia e presididos pelo juiz togado, por óbvio que não estão sujeitos à derrogação da competência (*RT* 541/410, 507/373), não podendo o juiz, *v.g.*, deixar de apreciar a causa sob o argumento de que pressionado pela fúria da população, devendo se valer, se for o caso, da providência prevista no § 1º, do art. 792 do código.

Não se aplaude, assim, o entendimento de Borges da Rosa, para quem "o desaforamento pode compreender também os atos do processo anterior ao julgamento, isto é, os atos de instrução criminal" (*Processo penal brasileiro*, vol. III, p. 17). Imaginar-se dessa forma implicaria em concluir, de forma absurda, que em todo e qualquer processo (não apenas do Júri), presidido por um juiz togado, seria cabível o desaforamento. Aliás, quando o legislador incluiu o desaforamento no capítulo do código que trata, especificamente, do Júri é porque não quis estender a possibilidade de sua aplicação a outras hipóteses.

***Habeas corpus* e desaforamento** – Contra a decisão que acolhe ou rejeita o desaforamento, não há previsão de qualquer recurso. Indeferido, somente poderá ser renovado o pedido com fundamento em novos fatos diversos daqueles que embasaram o primeiro pedido. Admite a jurisprudência, no entanto, a utilização do *habeas corpus*, sobretudo em face do caráter amplo que historicamente se tem conferido a tal instituto no direito brasileiro (*RSTJ* 114/417), tendo o STF, conforme destacamos acima, concedido liminar a fim de que se suspendesse o julgamento em plenário até que fosse apreciado o *writ* (*RT* 551/413).

Desaforamento e posterior execução da pena – Suponha-se que, perpetrado um homicídio doloso na cidade de Serrana, o júri é desaforado para a vizinha comarca de Ribeirão Preto, onde vem a ser condenado o réu. Indaga-se, então: qual o juízo competente para a posterior execução da pena? A resposta, induvidosa, é no sentido de que a execução deverá transcorrer na comarca de Serrana, salvo, por óbvio, se o sentenciado cumprir a pena em estabelecimento penal diverso, em outra comarca, quando então a execução restará afeta a este Juízo. É que o desaforamento, pelas razões acima elencadas (sobretudo no que se refere a isenção dos jurados), restringe-se apenas ao julgamento em plenário propriamente dito, não irradiando seus efeitos a nenhum ato posterior do processo, como a respectiva execução da pena.

Reaforamento – Como *reaforamento*, na precisa lição de Borges da Rosa, se entende "a volta do processo ao conhecimento do foro do delito, donde fora retirado em virtude de decisão judicial" (*Comentários ao código de processo penal*, p. 521). Ou seja, é a possibilidade de, após ter sido desaforado o julgamento, ele torne ao foro original, onde foi cometido o crime. O reaforamento não é tolerado em nosso sistema, nem mesmo quando as causas que concorreram para o desaforamento desapareçam. Tomemos o exemplo no qual o julgamento é desaforado em virtude do risco quanto à segurança do réu, já que a comarca era desprovida de policiamento. Meses depois, tal comarca vê-se aparelhada de notável contingente policial, em virtude de numeroso batalhão que ali se instalou. Seria possível tornar o julgamento à comarca original? A resposta que se impõe é negativa, pelo simples fato que inexiste previsão legal amparando essa possibilidade. É que, no magistério de Eduardo Espínola Filho, "definitivos são os efeitos do desaforamento, e, assim, se proscreve o reaforamento, mesmo quando, antes do julgamento, tenham desaparecido as causas que o determinaram" (ob. cit. p. 342).

O que já admitiu a jurisprudência do STF, porém, foi o reaforamento quando preenchidos dois requisitos: no novo foro persistirem as razões que justificaram o desaforamento (em nosso exemplo acima, também não existir policiamento suficiente na comarca para qual desaforado o julgamento) e, no foro original, desaparecerem as causas que autorizaram a mudança da competência (chegada de grande número de policiais capazes de garantir a segurança do réu). Nesse sentido, *RT* 581/390. Em um caso apreciado pelo STF, o primeiro Júri foi anulado em virtude de tumulto causado pela plateia, na tentativa de agressão ao réu, fato que justificou o desaforamento do segundo julgamento (*RT* 610/459).

JURISPRUDÊNCIA

Reaforamento

"É curial que a decisão concessiva de desaforamento não é imutável. Se no novo foro há, também motivos que autorizam o desaforamento, outro há de ser eleito, nada impedindo, inclusive, o reaforamento, se não mais subsistirem as razões que determinaram o deslocamento da competência anterior, principalmente quando tais razões foram de ordem meramente material, como falta de instalações adequadas" (STF – Rel. Néri da Silveira – RT 581/390).

SEÇÃO VI
DA ORGANIZAÇÃO DA PAUTA

Art. 429. **Salvo motivo relevante que autorize alteração na ordem dos julgamentos, terão preferência: (Redação dada pela Lei nº 11.689, de 2008)**

I - os acusados presos; (Incluído pela Lei nº 11.689, de 2008)

II - dentre os acusados presos, aqueles que estiverem há mais tempo na prisão; (Incluído pela Lei nº 11.689, de 2008)

III - em igualdade de condições, os precedentemente pronunciados. (Incluído pela Lei nº 11.689, de 2008)

§ 1º Antes do dia designado para o primeiro julgamento da reunião periódica, será afixada na porta do edifício do Tribunal do Júri a lista dos processos a serem julgados, obedecida a ordem prevista no caput deste artigo. (Redação dada pela Lei nº 11.689, de 2008)

§ 2º O juiz presidente reservará datas na mesma reunião periódica para a inclusão de processo que tiver o julgamento adiado. (Redação dada pela Lei nº 11.689, de 2008)

Ordem do julgamento - A ordem de realização das sessões do Júri vem prevista neste dispositivo, de forma que os réus presos tenham prioridade no julgamento (inc. I). Havendo mais de um, julga-se primeiro aquele que estiver preso há mais tempo (inc. II). Estando todos em igualdade de condições, são julgados aqueles que tiverem sido pronunciados primeiro (inc. III).

Nada mais justo, assim, que o réu preso, que já experimenta verdadeira *antecipação da pena*, seja julgado antes daquele que se acha solto. De se salientar, porém, que essa ordem pode ser alterada por *"motivo relevante"* (a redação anterior do art. 431 falava em *"motivo de interesse público"*), conforme exceção prevista no próprio *caput* do art. 429.

Exceções - Como exemplo poderia ser citada a antecipação de um Júri de um réu solto, a ser realizado antes do julgamento de um réu preso, em vista da possibilidade de se verificar a prescrição e consequente extinção da punibilidade. Mas não apenas o *interesse público* justificava a alteração da ordem normal dos julgamentos, pelo que andou bem o legislador ao acrescentar o *motivo relevante*. Assim, por vezes a viagem do defensor marcada para a data do Júri ou o acúmulo, para o promotor, de dois plenários de difícil realização em dias seguidos, são situações exemplificadas pela doutrina que recomendariam a antecipação ou postergação do plenário. Cumpre ao juiz presidente analisar caso a caso, de forma criteriosa, máxime quando se sabe que do despacho que designa o julgamento não cabe nenhum recurso (*RT* 706/348); que não há prazo para a realização do plenário e, mais, quando a jurisprudência firmou entendimento no sentido de que, uma vez pronunciado o réu, não há mais que se cogitar de constrangimento ilegal por excesso de prazo ante a demora na realização do Júri (Súmula 21 do STJ; STF - *RT* 756/502).

Publicação da pauta – A publicação da pauta, conforme determina o § 1°, do art. 429, deverá ser feita com afixação, na porta do edifício do Tribunal do Júri, da lista de processos que serão submetidos a plenário, com as respectivas datas de julgamento.

Em cautela desconhecida pela legislação anterior, determina o § 2°, do art. 429, que o juiz reserve algumas datas, na mesma reunião, para que sejam julgados processos que foram, antes, adiados.

Art. 430. O assistente somente será admitido se tiver requerido sua habilitação até 5 (cinco) dias antes da data da sessão na qual pretenda atuar. (Redação dada pela Lei nº 11.689, de 2008)

Assistente e advogado – Vale lembrar que o assistente de acusação é a própria vítima ou as pessoas relacionadas neste dispositivo ("seu representante legal, ou, na falta, qualquer das pessoas mencionadas no art. 31"), ou, ainda, outros entes, mencionados abaixo sob o item "rol exemplificativo". É muito comum, porém, principalmente em processos de Júri, que em dado momento se conceda à palavra ao "assistente de acusação". Em verdade, quem ocupará a tribuna é o *advogado* constituído pelo assistente e não ele próprio. *Assistente*, nesse caso, é, por exemplo, a vítima da tentativa de homicídio ou seu filho, se consumado o delito, e não o advogado. Salvo, em hipóteses raríssimas, nas quais a própria vítima ostente a condição de advogado, habilitado, pois, a se manifestar em juízo.

Função do assistente – Duas teorias explicam a função do assistente de acusação no processo penal. Em uma visão mais clássica e conservadora, o objetivo do assistente se restringiria unicamente à obtenção de uma condenação criminal que ensejasse, mais adiante, sua execução no âmbito cível. Afinal, dispõe o art. 515, inc. VI, do Código de Processo Civil, que são títulos executivos judiciais, "a sentença penal condenatória transitada em julgado". É dizer: suponha-se que o réu foi condenado pela prática de um homicídio doloso, no qual, em sua defesa, negou a autoria dos disparos da arma de fogo que mataram a vítima. Transitada em julgado essa decisão proferida no âmbito criminal, não se irá reabrir a discussão no processo cível, sob pena, caso fosse o contrário, da possibilidade de duas decisões conflitantes, em evidente desprestígio da justiça. Basta se imaginar que, em hipotético processo cível, o juiz ao final sentenciasse no sentido de que os tiros não foram disparados pelo réu, a despeito da decisão criminal que o condenou. Não é assim. No âmbito civil não mais se discutirá a autoria dos disparos, já definida no processo-crime antecedente. Tampouco se é obrigação do réu indenizar ou não os familiares da vítima, por se tratar de consequência natural da sentença penal condenatória, mas apenas o "quantum" deve ser pago à título de indenização. Nesse aspecto, aliás, o art. 935 do Código Civil, *in verbis*: "A responsabilidade civil é independente da criminal, não se podendo questionar mais sobre a existência do fato, ou sobre quem seja o seu autor, quando estas questões se acharem decididas no juízo criminal". Em outras palavras, que o condenado deve indenizar não há dúvida, posto que um dos efeitos da sentença penal condenatória consiste, exatamente, em tornar certa a obrigação de fazê-lo, pelo réu, quanto ao dano causado pelo crime (art. 91, inc. I, do Código Penal) (v., ainda, art. 63 do CPP). Apenas se discutirá, no cível, o valor a ser pago. Lembre-se, em acréscimo, que já na sentença penal condenatória, deve o juiz fixar um valor mínimo à título de reparação, na dicção do art. 387, inc. IV do CPP, sem prejuízo de que a parte, entendendo insuficiente esse valor, busque na esfera civil, sua complementação. Nisto restringiria, para essa primeira corrente, a função do assistente.

Pensamos que se possa avançar um pouco. Vislumbramos, no assistente, a figura também de um colaborador da justiça, a quem interessa não apenas uma condenação, mas que seja com pena justa e proporcional ao fato cometido. Suponha-se que em delito de homicídio triplamente qualificado, tenha o juiz fixado a pena do réu em 13 anos de reclusão. Quem adota a primeira tese, acima exposta, concluirá, necessariamente, que o assistente, na inércia do Ministério Público, não poderá recorrer para majorar a pena, eis que a condenação que buscava foi alcançada, pouco importando o "quantum" de pena cominado. Para nós, não basta ao assistente - insistimos - uma mera condenação, mais uma condenação justa e proporcional à gravidade do fato ocorrido, não fazendo sentido, assim, em nome dessa noção de justiça, que um condenado pela prática de um homicídio triplamente qualificado, mereça pena tão branda. Daí admitirmos o apelo do assistente visando o aumento da pena, conforme, a propósito, tem sido reconhecido por nossos Tribunais Superiores, como se vê da jurisprudência colacionada ao art. 271 abaixo. Nesse sentido, ainda, do STF, confira-se: *RTJ* 101/1.140, 83/55, 78/923. Em sentido contrário, nos tribunais estaduais: *RT* 565/383, 540/417, 520/436.

Habilitação do assistente - Caso pretenda atuar no plenário do Júri, deve o assistente do Ministério Público requerer sua habilitação no prazo de cinco dias antes da data do julgamento. É o que dispõe o atual art. 430 do CPP, que, nesse aspecto, dilatou, com acerto, o prazo anteriormente previsto, que era de três dias, nos termos do revogado parágrafo único do art. 447. O Senado Federal, por meio de substitutivo enviado à Câmara Federal, propôs alteração desse prazo, para que fosse mantido o lapso do texto original, de três dias. Essa modificação, porém, não foi acolhida pelo relator do projeto naquela casa de leis, Deputado Flávio Dino, pois, como ressaltou, "o prazo mais longo (de 5 dias antes da realização de sessão, conforme o texto aprovado pela Câmara) tem por objetivo evitar incidentes processuais em data muito próxima à realização de sessão. Além disso, o prazo mais longo tornará mais viável o conhecimento do requerimento por parte da defesa".

É óbvio que essa disposição somente se aplica ao assistente ainda não habilitado nos autos. Pode ocorrer, inclusive, que ele já tenha se manifestado nos autos (v. § 6°, do art. 411), quando, então, será desnecessária nova habilitação apenas para atuar em plenário.

Admissão do assistente - A admissão do assistente, no processo penal, exige a análise dos arts. 268 e 269 do CPP. De sorte que o art. 268 autoriza a participação do assistente "em todos os termos da ação penal pública". Ora, *ação penal pública* se configurará apenas após o recebimento da denúncia formulada pelo Ministério Público. Já o art. 269 estende essa participação enquanto não transitada em julgado a sentença penal. Daí se concluir que a participação do assistente não é admissível nem na fase de inquérito policial e, tampouco, no âmbito da execução da pena. Na primeira, durante as investigações, porque não há ainda ação penal pública deflagrada, isto é, não há acusação pública que permita a participação de um assistente de acusação. Quanto à fase de execução da pena, das duas uma: ou o réu foi definitivamente absolvido e a função do assistente e do Ministério Público se esgotou (até porque o nosso direito não admite a revisão criminal "pro societate"), ou foi o réu condenado. Neste último caso, se entenda que a função do assistente não é mais admissível a partir da obtenção do título judicial que permite sua execução na esfera cível, razão pela qual a posterior execução da pena criminal é matéria que interessa apenas ao Ministério Público, órgão que atuará em todos os seus termos. Nesse sentido, aliás, o art. 67 da Lei de Execução Penal (Lei n° 7.210/84).

Oitiva do Ministério Público – Sobre esse pedido de habilitação, conforme disposto no art. 272 do CPP, o Ministério Público deve ser, obrigatoriamente, ouvido a respeito. Cumprirá ao membro do *parquet* avaliar se estão preenchidos os requisitos de ordem formal para admissão do assistente, como, por exemplo, se está legitimado para tanto, se seu advogado acha-se munido do instrumento de procuração, etc. Não poderá, no entanto, valer-se de argumentos subjetivos para negar o auxílio do assistente, como, por exemplo, alegar que seu advogado não possui experiência em plenário do Júri e que, por isso, sua presença somente irá dificultar a acusação.

ATENÇÃO - O art. 273 do CPP é claro ao não cogitar de qualquer espécie de recurso da decisão que admite ou nega a intervenção do assistente de acusação. A doutrina é unânime, contudo, quanto à possibilidade de utilização do mandado de segurança, desde que líquido e certo o direito daquele prejudicado pela decisão que admitiu ou rejeitou sua participação no feito. Nesse sentido também a jurisprudência (RT 481/299, 577/386). Também já se admitiu a correição parcial contra decisão que excluiu assistente dos autos (RT 618/294).

Prazo para recorrer – A possibilidade de o assistente recorrer depende da análise de duas situações, a saber, se ele já estava habilitado nos autos como tal ou, ao contrário, se apenas se habilitou após a sentença, que ainda não transitou em julgado. Caso não habilitado, deve ser observada a regra do art. 598 do CPP, que faculta ao ofendido e às pessoas enumeradas no art. 31 do código, a possibilidade de recurso, na hipótese do Ministério Público não recorrer. Nesse caso, o prazo para recurso será de 15 dias e correrá a partir do término do prazo para o Ministério Público (v. Súmula 448 do STF), que, portanto, deverá ser intimado antes da decisão. É o que dispõe o parágrafo único do art. 598 do código. Pode ocorrer, porém, que o assistente já participasse do processo, isto é, já estivesse habilitado nessa condição. Nesse caso o prazo para recurso será de 5 dias, adotando-se a regra geral do art. 593 do CPP.

JURISPRUDÊNCIA

Procuração ao advogado do assistente

a) não exige poderes especiais

"Ao assistente de acusação não se faz necessária a outorga de procuração com poderes especiais a que se refere o art. 44, do CPP, bastando, para tanto, procuração com poderes ad judicia, desde que não restritos à área cível (Precedente do Pretório Excelso)" (STJ – HC n° 35912-PA, Rel. Felix Fischer, j. 19.10.2004, DJ 17.12.2004, p. 586).

b) exige poderes especiais

"Nos termos do art. 44, do CPP é necessário que a parte outorgue ao advogado, que irá intervir como assistente do Ministério Público, procuração com poderes especiais" (STJ – REsp n° 231382-MS, Rel. José Arnaldo da Fonseca, j. 02.12.1999, DJ 21.02.2000, p. 166).

Prazo para o assistente recorrer

"Nos termos da jurisprudência deste Tribunal Superior, se o assistente de acusação está habilitado nos autos, deve ser aplicado o prazo de 5 dias para apelação. Ainda, deve ser o assistente intimado da sentença, daí correndo o prazo referenciado, ou a partir do término do período conferido ao Ministério Público para interposição de seu apelo." (STJ – AgRg no REsp n. 1.376.266/SP, relator Ministro Antonio Saldanha Palheiro, Sexta Turma, julgado em 13/6/2017, DJe de 23/6/2017)

"A jurisprudência desta Corte é pacífica no sentido de que o prazo recursal será de 5 dias, caso o assistente já tenha se habilitado nos autos (art. 593 do CPP), e de 15 dias, se ainda não estiver habilitado (art. 598 do CPP)". (STJ – AgRg no HC n. 666.908/SP, relator Ministro Reynaldo Soares da Fonseca, Quinta Turma, julgado em 17/8/2021, DJe de 20/8/2021)

Tem legitimidade para recorrer

"A jurisprudência do STJ tem-se posicionado no sentido de flexibilizar o rigor da regra contida no art. 271 do Código de Processo Penal, de modo a, conferindo-lhe caráter mais abrangente, reconhecer a legitimidade recursal do assistente de acusação quando interpõe recurso contra decisão de desclassificação de crime de competência do tribunal do júri." (STJ – AgRg no HC n. 539.346/PE, relator Ministro João Otávio de Noronha, Quinta Turma, julgado em 13/9/2022, DJe de 16/9/2022)

"O assistente de acusação tem legitimidade para recorrer nos casos de absolvição, impronúncia e extinção da punibilidade (arts. 584, § 1.º, e 598 do Código de Processo Penal), em caráter supletivo, ou seja, somente quando o Ministério Público abstiver-se de fazê-lo, como no caso, ou, ainda, quando o seu recurso for parcial, não abrangendo a totalidade das questões discutidas." (STJ – HC n. 580.662/MG, relatora Ministra Laurita Vaz, Sexta Turma, julgado em 22/3/2022, DJe de 29/3/2022)

"Nos termos da Súmula 210/STF, o assistente do Ministério Público pode recorrer, inclusive extraordinariamente, na ação penal. De fato, consoante a pacífica jurisprudência deste Superior Tribunal e da Excelsa Corte - já sedimentada, inclusive, em seu verbete sumular n. 210-, o assistente de acusação tem legitimidade para, quando já iniciada a persecução penal pelo seu órgão titular, atuar em seu auxilio e também supletivamente, na busca pela justa sanção, podendo apelar, opor embargos declaratórios e até interpor recurso extraordinário ou especial (REsp 1.675.874/MS). Importane gizar, outrossim, que a legitimidade recursal do assistente da acusação é limitada ao pleito condenatório ministerial, inclusive o manifestado em alegações finais, e exclui a possibilidade de requerimento desclassificatório, pois implica a imposição de outra pena, que não se confunde com o mero agravamento da anterior (STJ- AgRg no AgRg no AREsp 886.752/RJ, Rel. Ministro ROGERIO SCHIETTI CRUZ, SEXTA TURMA, DJe 17/03/2020).

"Esta Corte Superior de Justiça adota exegese restritiva quanto à intervenção do assistente de acusação, admitindo sua participação apenas nos atos taxativamente previstos no rol do art. 271 do Código de Processo Penal. Assim, a legitimidade recursal do assistente de acusação depende da inércia do Ministério Público, bem como da natureza da decisão a ser impugnada. In casu, a assistente de acusação interpôs recurso em sentido estrito contra a decisão que rejeitou parcialmente a denúncia em relação aos pacientes e outro réu, com fundamento na inépcia e ausência de justa causa para a ação penal, mesmo não tendo havido recurso por parte do Ministério Público.Se o próprio dominus litis da ação penal deixou de recorrer, conformando-se com a decisão que rejeitou a denúncia quanto aos pacientes, mostra-se manifesta a ilegitimidade do assistente de acusação para interpor recurso em sentido estrito, buscando o recebimento da denúncia, pois tal hipótese não está prevista no rol do art. 271 do Código de Processo Penal." (STJ – HC n. 430.317/ES, relator Ministro Felix Fischer, Quinta Turma, julgado em 7/8/2018, DJe de 14/8/2018)

"Como o recurso especial acusatório foi interposto tão-somente pelas Vítimas T. T. de M. e I. M. C., na condição de Assistentes de Acusação, não tendo havido insurgência do Ministério Público, a majoração da pena-base pode se incidir tão-somente às penas aplicadas quanto aos crimes contra elas praticados. Como Assistentes de Acusação, a sua legitimidade recursal é restrita aos crimes das quais foram Vítimas. Não possuem legitimidade para pleitear a majoração das penas impostas quanto aos delitos praticados em relação à Vítima D. F., que não interpôs recurso especial contra o acórdão recorrido e que sequer chegou a se habilitar como Assistente de Acusação." (STJ – REsp n. 1.865.567/SP, relatora Ministra Laurita Vaz, Sexta Turma, julgado em 7/12/2021, DJe de 16/12/2021)

Também para opor embargos

"Consoante a pacífica jurisprudência deste Superior Tribunal e da Excelsa Corte- já sedimentada, inclusive, em seu verbete sumular n. 210-, o assistente de acusação tem legitimidade para, quando já iniciada a persecução penal pelo seu órgão titular, atuar em seu auxilio e também supletivamente, na busca pela justa sanção, podendo apelar, opor embargos declaratórios e até interpor recurso extraordinário ou especial (REsp 1.675.874/MS)." (STJ – AgRg no REsp n. 1.928.679/SP, relator Ministro Reynaldo Soares da Fonseca, Quinta Turma, julgado em 1/6/2021, DJe de 8/6/2021)

Art. 431. Estando o processo em ordem, o juiz presidente mandará intimar as partes, o ofendido, se for possível, as testemunhas e os peritos, quando houver requerimento, para a sessão de instrução e julgamento, observando, no que couber, o disposto no art. 420 deste Código. (Redação dada pela Lei nº 11.689, de 2008)

Intimações – Uma vez ordenado o processo, o juiz determinará a intimação das partes, do ofendido, das testemunhas e peritos, para a sessão de julgamento. Como o art. 431 remete ao art. 420, tem-se, por consequência, que a intimação do acusado, de seu defensor (quando nomeado) e do Ministério Público, deve ser pessoal.

Tratando-se de defensor constituído, do querelante e do assistente de acusação, a intimação deve ser feita na forma dos § § 1° e 2°, do CPP, ou seja, por meio da imprensa oficial ou mesmo por mandado, através do escrivão, carta ou qualquer outro meio eficaz. Já os jurados serão convocados na forma dos arts. 432 a 435 do Código.

JURISPRUDÊNCIA

Não localizado o réu, basta a intimação de seu defensor constituído

"Esta Corte Superior de Justiça já decidiu que, em se tratando de decisão de pronúncia e não tendo sido o acusado localizado para ser intimado da decisão, basta a intimação do defensor constituído. O mesmo entendimento se aplica à intimação da sessão de julgamento do Tribunal do Júri, uma vez que o art. 431 do Código de Processo Penal, ao disciplinar a intimação das partes da sessão de julgamento do Júri, faz referência à aplicação, no que couber, ao disposto a respeito da intimação da decisão de pronúncia" (STJ – HC n° 215956-SC, Rel. Sebastião Reis Júnior, j. 02.10.2012, DJe 16.10.2012).

SEÇÃO VII
DO SORTEIO E DA CONVOCAÇÃO DOS JURADOS

Art. 432. Em seguida à organização da pauta, o juiz presidente determinará a intimação do Ministério Público, da Ordem dos Advogados do Brasil e da Defensoria Pública para acompanharem, em dia e hora designados, o sorteio dos jurados que atuarão na reunião periódica. (Redação dada pela Lei nº 11.689, de 2008)

Art. 433. O sorteio, presidido pelo juiz, far-se-á a portas abertas, cabendo-lhe retirar as cédulas até completar o número de 25 (vinte e cinco) jurados, para a reunião periódica ou extraordinária. (Redação dada pela Lei nº 11.689, de 2008)

§ 1º O sorteio será realizado entre o 15º (décimo quinto) e o 10º (décimo) dia útil antecedente à instalação da reunião. (Incluído pela Lei nº 11.689, de 2008)

§ 2º A audiência de sorteio não será adiada pelo não comparecimento das partes. (Incluído pela Lei nº 11.689, de 2008)

§ 3º O jurado não sorteado poderá ter o seu nome novamente incluído para as reuniões futuras. (Incluído pela Lei nº 11.689, de 2008)

Art. 434. **Os jurados sorteados serão convocados pelo correio ou por qualquer outro meio hábil para comparecer no dia e hora designados para a reunião, sob as penas da lei. (Redação dada pela Lei nº 11.689, de 2008)**

Parágrafo único. No mesmo expediente de convocação serão transcritos os arts. 436 a 446 deste Código. (Incluído pela Lei nº 11.689, de 2008)

Art. 435. **Serão afixados na porta do edifício do Tribunal do Júri a relação dos jurados convocados, os nomes do acusado e dos procuradores das partes, além do dia, hora e local das sessões de instrução e julgamento. (Redação dada pela Lei nº 11.689, de 2008)**

Sorteio – Em disposição antiquada, determinava a lei revogada, em seu art. 428, que o sorteio fosse feito por um menor de 18 anos, a fim de "evitar toda e qualquer fraude que as paixões pudessem aconselhar", na lição de Pimenta Bueno (*Apontamentos sobre o processo criminal brasileiro*, Rio de Janeiro: J. Ribeiro dos Santos, 1922, 5ª. ed., p. 210). Claro que o sorteio realizado pelo próprio juiz configurava mera irregularidade. O STF, a propósito, entendeu válido o sorteio realizado por oficial de justiça (HC 70.418-2-RS – *DJU* de 17.7.94, p. 15.722). Não havia razão, destarte, para tal cuidado, máxime quando o sorteio era realizado *"a portas abertas"*. Aliás, se o juiz presidente sorteava os 7 jurados que compunham o Conselho de Sentença, porque atribuir a um menor o sorteio dos 21 jurados que funcionariam na reunião do Júri?

Essa vetusta imposição legal foi, a bom tempo, revogada pela atual disciplina do Júri. Embora determinando que as portas permaneçam abertas (em atendimento ao princípio da publicidade), o sorteio dos 25 jurados passa a ser presidido pelo juiz.

Outra disposição, com o nítido objetivo de garantir maior transparência ao sorteio, consiste em se determinar a intimação do Ministério Público e de membros da Ordem dos Advogados do Brasil e da Defensoria Pública, para que acompanhem o ato.

Convocação – Findo o sorteio, passa-se à convocação dos jurados. Determinava o antigo art. 429 que a intimação dos jurados devesse ser pessoal, através de oficial de justiça, a menos que não encontrado o jurado, quando o mandado poderia ser deixado em sua casa (art. 429, § 2º). Mais atento à realidade atual, permite o art. 434, sejam os jurados intimados pelo correio "ou por qualquer outro meio hábil". Como tal se pode entender um *e-mail, fax*, telefone, etc. Caso atendida a finalidade do ato, ou seja, comparecendo o jurado à sessão de julgamento, parece claro que o ato é válido, já que inexistente qualquer prejuízo.

SEÇÃO VIII
DA FUNÇÃO DO JURADO

Art. 436. **O serviço do júri é obrigatório. O alistamento compreenderá os cidadãos maiores de 18 (dezoito) anos de notória idoneidade. (Redação dada pela Lei nº 11.689, de 2008)**

§ 1º Nenhum cidadão poderá ser excluído dos trabalhos do júri ou deixar de ser alistado em razão de cor ou etnia, raça, credo, sexo, profissão, classe social ou econômica, origem ou grau de instrução. (Incluído pela Lei nº 11.689, de 2008)

§ 2º A recusa injustificada ao serviço do júri acarretará multa no valor de 1 (um) a 10 (dez) salários mínimos, a critério do juiz, de acordo com a condição econômica do jurado. (Incluído pela Lei nº 11.689, de 2008)

Jurado – Na definição de Firmino Whitaker, jurado "é o cidadão incumbido pela sociedade de declarar se os acusados submetidos a julgamento do júri são culpados ou inocentes" (*O jury*, p. 15). Essa definição merece ressalvas de José Frederico Marques, onde o autor aproveita, inclusive, para demonstrar seu desprezo pela instituição do Júri, a qual não poupava críticas (*O júri no direito brasileiro*, p. 237). Assim, contesta a afirmação de que o jurado é *incumbido pela sociedade* de julgar o réu, pelo que não há que se invocar os postulados da democracia para justificar a existência do Júri. Afinal – alertava – o que determina a escolha do jurado é um sorteio, verdadeira *lotteria*, no dizer de Carrara, na qual nenhuma representação popular lhe é outorgada.

Adotando-se os conceitos de José Frederico Marques, poderia se definir o jurado como a pessoa leiga que compõe o Poder Judiciário e é investida por lei na função de julgar os delitos submetidos ao Júri. A palavra *jurado*, segundo nos ensina Magarino Tôrres (ob. cit., p. 17), deriva do juramento que fazem os cidadãos no qual se comprometem a proferir uma decisão de acordo com suas consciências *"e os ditames da justiça"*.

A função do jurado, na observação de Câmara Leal (ob. cit., p. 138), é, a um só tempo, *direito* e *dever*. Dever, na medida em que nenhum cidadão regularmente alistado poderá recusar-se a exercer a função (art. 436), sob pena de perda dos direitos políticos (art. 438) e imposição de multa pelo não comparecimento (art. 442), sem prejuízo de eventual responsabilização penal pela prática de crime de desobediência (art. 330 do CP). Direito porque é dada ao cidadão, inclusive, a possibilidade de, exercendo um dever cívico, tido como honroso, recorrer da decisão que não o incluiu, ou o excluiu, da lista de jurados (art. 581, inc. XIV do CPP).

Requisitos objetivos – Elenca o art. 436 dois requisitos de ordem objetiva exigidos do jurado: deve ser cidadão e contar mais de 18 anos.

Por *cidadão* se entende aquele nascido no Brasil ou naturalizado brasileiro e que se encontra no gozo de seus direitos políticos. De se ver que os cargos privativos de brasileiro nato são aqueles relacionados no § 3º, do art. 12 da Constituição, em enumeração que é taxativa, não admitindo, portanto, qualquer espécie de ampliação. Nesse rol não se encontra óbice para que o naturalizado exerça a função de juiz de direito (só não pode ser Ministro do STF – inc. IV).

Ora, inexistindo razão que o impeça de compor o Poder Judiciário, como juiz togado, também não há impedimento para que seja jurado, exercendo *munus* de juiz leigo. Impedido está o estrangeiro, a quem não se defere a possibilidade de exercer função jurisdicional. Aquele que perde ou tem suspensos seus direitos políticos, em uma das hipóteses previstas no art. 15 da Carta Magna, deixa de ser cidadão e, por consequência, também está impedido de funcionar como jurado.

Isenção do maior de 70 anos – Quanto à idade cronológica, vale observar que o revogado art. 434 isentava o maior de 60 anos da função de jurado. Essa idade máxima foi majorada, com a reforma de 2008, para 70 anos (inc. IX, do art. 437). Outra medida salutar, afinal, conforme acentua Guilherme de Souza Nucci, "permitir que o maior de 60 anos continue ligado aos interesses da sua comunidade, valendo-se de sua experiência da vida para julgar o semelhante, é conduta positiva" (ob. cit., p. 638).

ATENÇÃO - Vale observar que o maior de 70 anos não está impedido de ser jurado, mas apenas não é obrigado. São coisas diferentes. Enquanto o maior de 18 anos, preenchidos os demais requisitos legais, é obrigado a servir como jurado, o maior de 70 servirá se quiser, não é obrigado e tampouco está impedido. Porém, não pretendendo exercer o *munus*, deve pleitear ao juiz sua dispensa, na exata dicção do inc. IX, do art. 437, do CPP. Caso não o faça, se obrigará a compor o Tribunal do Júri.

Idade mínima – No que se refere à idade mínima, a legislação anterior, no art. 434, determinava que somente os maiores de 21 anos poderiam servir como jurados.

Com o advento do Código Civil de 2002, que conferiu capacidade plena ao maior de 18 anos, já se entendia que a restrição cronológica quanto à função de jurado não mais subsistia. Nesse sentido, Ronaldo Batista Pinto (*Alguns reflexos do novo código civil no direito processual penal*, Revista Síntese de Direito Penal e Processual Penal, 24/10). Agora, a atual disciplina do Júri, inaugurada com a reforma de 2008 e em consonância com a mais recente legislação civil, permite que, a partir de 18 anos, possa o cidadão ser jurado, conforme posicionamento que prevaleceu no texto final aprovado pela Câmara dos Deputados, mas que foi alvo de crítica pelo Senado Federal, que apresentou emenda (não aprovada), alertando da dificuldade de se "aferir a notória idoneidade daquele que acabou de atingir a maioridade". A solução alvitrada pela Câmara pareceu a mais adequada. Salutar, com efeito, que se confira ao maior de 18 anos (apto a escolher, pelo voto, seus representantes nos Poderes Legislativo e Executivo, imputável penalmente, capaz de conduzir veículo automotor. etc.), a possibilidade de ser jurado. Sua "notória idoneidade" pode sim ser aferida, a despeito da tenra idade. Basta, para tanto, que se colham informações entre seus pares (na escola em que frequenta, no clube do qual é sócio, etc.), e mesmo que se busquem informações, junto ao Cartório da Infância e Juventude, sobre seus antecedentes enquanto menor, tudo com o objetivo de se apurar se ele, efetivamente, reúne as condições que se aguardam de um jurado.

Por interesse histórico, de se ver, sob a égide da legislação anterior, que, em relação ao menor de 21 anos, doutrina e jurisprudência eram unânimes em ressaltar seu impedimento para compor o conselho de sentença, tendo sido declarada a nulidade de julgamento onde seu voto foi decisivo (*RT* 751/636), mas mantido o veredicto quando sua presença não influiu no resultado (STF – *RT* 620/396; 732/659). Podia se concluir, assim, que se tratava de nulidade relativa, a exigir a comprovação do prejuízo. Também ao menor de 21 anos que, por algum motivo, adquiriu a maioridade civil (pelo casamento, por exemplo), não se permitia que participasse do Júri. Nesse sentido, *RT* 596/314, 464/412.

ATENÇÃO – Ainda como critério objetivo, esqueceu-se o legislador de indicar que apenas o cidadão residente na comarca pode ser jurado. Ora, se o Júri se caracteriza pelo julgamento do réu por seus pares, diretamente atingidos por sua ação delituosa e se, conforme o STF, "o cidadão é jurado por ter íntima ligação com o meio em que vive" (*RTJ* 44/646), não faz sentido que morador de fora componha o conselho de sentença.

Requisitos subjetivos – Ao lado dos requisitos objetivos, tem-se um requisito de ordem subjetiva e, por isso mesmo, de difícil definição, que é a *"notória idoneidade"*, exigida do jurado nos termos do *caput* do art. 436 (parte final). Na lição de Borges da Rosa, "idoneidade significa aptidão, capacidade. Pode ser moral e intelectual. Tem idoneidade moral, o cidadão que se conduz de maneira conforme à Lei, à Moral e aos bons costumes. Tem idoneidade intelectual o cidadão que possui conhecimentos suficientes para exercer satisfatoriamente a função de jurado (...) tanto vale dizer que o corpo de jurados se deve compor dos cidadãos mais notáveis do Município por seus conhecimentos, experiência, retidão de conduta, independência e elevação de caráter" (*Comentários ao código de processo penal*, p. 531). E Espínola Filho destaca que "além da moralidade, da compostura, é preciso capacidade intelectual, descortino, bom senso, pois nada há mais pernicioso do que o juiz genial, mas sem um perfeito equilíbrio na forma de examinar as situações de fato, para encaixá-las nas regras de direito" (ob. cit., p. 366).

Antiga legislação que tratava do Júri (Decreto-lei nº 167 de 1938), em seu art. 7º, era mais detalhista ao dispor que *"os jurados devem ser escolhidos dentre os cidadãos que, por suas condições, ofereçam garantias de firmeza, probidade e inteligência no desempenho da função"*. Daí a observação de Ary Azevedo Franco, para quem "o Estado considera o jurado a alma da instituição, que só vive a atender aos seus fins, na medida do valor pessoal, da inteireza do caráter, da nitidez, da linha ética dos homens chamados a formar o Conselho Julgador" (*O júri no estado novo*, p. 21).

Impedido é por razões óbvias, o surdo, não por se tratar de verdadeiro *imbecil*, como já se quis adjetivá-lo (Firmino Whitaker, ob. cit., pp. 15, 16 e 22), ou um *idiota*, no forte linguajar de Souza Lima (*RT* 557/316), mas somente porque impossibilitado de ouvir o discurso das partes. O cego, impedido de examinar provas que por vezes são apresentadas em plenário (fotografias, perícias, etc.), embora com a capacidade intelectual plenamente preservada, também não está habilitado a servir como jurado. E, por último, parece evidente, deve o jurado gozar de higidez mental que o habilite a exercer tão relevante função. A participação no Júri, com efeito, de um jurado esquizofrênico, foi causa de nulidade do julgamento, segundo entendeu o STF em antigo julgado (HC 51.834-PB – 2a. T. – j. em 29.4.1974 – Rel. Min. Thompson Flores – *DJU* de 28.6.74).

Vedação à discriminação – Embora possa, *a priori*, parecer desnecessária a disposição contida no § 1º, já que deita suas raízes em preceito constitucional, não há como se negar o caráter didático do texto, a vedar, expressamente, qualquer exclusão dos trabalhos do Júri que decorram de condições subjetivas do candidato.

Jurado analfabeto – Anteriormente à reforma do Júri de 2008, exigia-se que o jurado contasse mais de 21 anos e que possuísse notória idoneidade (art. 436 na sua redação original). A partir da reforma, foi incluído o § 1º a tal dispositivo, pelo qual ninguém poderá ser excluído da função por conta de seu "grau de instrução". Indaga-se, então, se um analfabeto estaria habilitado a exercer a função. Entendemos, certamente, que não. É verdade que os trabalhos do Júri se orientam, em sua maioria, pela oralidade, onde prevalecem os debates orais diante dos escritos. E, claro, para se entender o que é dito não se exige que o jurado seja letrado, mas apenas que tenha a compreensão de toda e qualquer pessoa comum (compreensão, aliás, que por vezes é mais lúcida para um analfabeto, mas com experiência de vida, do que para um graduado).

Ocorre que, em situações cruciais do julgamento, que se dão fora do palco do debate, a necessidade de leitura se imporá. Assim, por exemplo, ao receber a cédula de votação, nos termos do art. 486 do CPP, terá que identificar os vocábulos *sim* ou *não* para, a partir daí, formar sua convicção. Demais disso, antes mesmo do debate, os jurados receberam cópias da pronúncia e um relatório do processo (art. 472, parágrafo único), providência inútil em se tratando de um analfabeto. Também a faculdade que possuem os jurados de pedir ao orador que indique folhas dos autos referentes a algum tema (art. 480), não teria qualquer aplicação nesse caso. De resto, qualquer manifestação do jurado analfabeto, a pedir, por exemplo, algum esclarecimento que seu baixo grau de instrução não atinge, fatalmente acarretaria a quebra do sigilo do voto, que guarda proteção constitucional (art. 5º, inc. XXXVIII, "b" da CF).

De sorte que, por mais que se enalteça o caráter democrático do Júri, onde ricos julgam pobres, letrados analfabetos, humildes poderosos, há, por outro lado, de se exigir um mínimo de preparo do jurado, que o habilite a compreender o que se passa em plenário e o veredicto que está prestes a formar. Não que se pretenda, em visão elitista, formar um corpo de jurados composto apenas por graduados, em evidente afronta ao caráter democrático da instituição. Mas, de outro lado, é necessário um entendimento mínimo para enfrentar questões que, não raras vezes, se mostram complexas e que, decerto, escaparão à compreensão do analfabeto.

JURISPRUDÊNCIA

Réu que pretende ser julgado por pessoas de sua raça. Inviabilidade

"Não encontra amparo jurídico a pretensão formulada em prol do paciente consistente na tese de que em sendo ele negro, o Conselho de Sentença competente para o julgamento do homicídio por ele praticado deveria ser exclusivamente formado por pessoas da mesma raça. Tal discriminação, por ele proposta, mostra-se desarrazoada, conflitante com o princípio da isonomia. Como bem enfatizado pelo Parquet: a pretensão em que o réu seja julgado por quem pertença à sua cor ou raça, ou contrário de atender ao postulado da igualdade material, contraria o princípio da isonomia assegurado no artigo 5º da CF, já que parte de uma premissa apriorística, a parcialidade do 'outro'" fundada na raça ou cor; ademais, não se ajusta ao objetivo preconizado no art. 3º, I, da CF, de se construir uma "sociedade solidária"; finalmente, vai de encontro aos expressos termos do § 1º do art. 436 do CPP (na redação dada pela Lei nº 11.689/08): 'Nenhum cidadão poderá ser excluído dos trabalhos do júri ou deixar de ser alistado em razão de cor ou etnia, raça, credo, sexo, profissão, classe social ou econômica, origem ou grau de instrução'. Ademais, o crime praticado não possui qualquer conotação racial, capaz de sustentar a dúvida levantada, no sentido de que a decisão dos jurados teria sido tomada em decorrência de concepções preconceituosas em desfavor da raça negra. Trata-se, ao que parece, de crime passional comum" (STJ – HC n° 121813-SC, Rel. Felix Fischer, RT 897/565).

Conselho composto somente por mulheres. Irrelevância

"Quanto ao pedido de decretação de nulidade do processo, a partir do Edital de Convocação dos Jurados, em razão do Conselho de Sentença ter sido composto exclusivamente por mulheres, melhor sorte não assiste ao impetrante, visto que a defesa não apontou qualquer irregularidade no momento oportuno, tratando-se de questão preclusa, arguida somente após a condenação. Como é sabido, a imparcialidade é condição para compor o Conselho de Sentença, independentemente do sexo, raça, credo religioso, poder econômico, orientação sexual etc; portanto, não se vislumbra nenhuma ilegalidade no julgamento do paciente" (STJ – HC n° 45511-RO, Rel. Og Fernandes, j. 10.03.2009, DJe 30.03.2009).

Conselho composto por alunos de Direito. Irrelevância

"A suposta nulidade na seleção dos jurados, em razão de a lista de escolha ser composta de alunos de duas faculdades de direito do Município, não foi arguida em Plenário. Além disso, o Impetrante não demonstrou em que consistiria o prejuízo na seleção dos jurados dentre alunos de faculdades de direito. Alegações genéricas de nulidade, desprovidas de demonstração do concreto prejuízo, não podem dar ensejo à invalidação da ação penal. É imprescindível a demonstração de prejuízo, pois o art. 563, do Código de Processo Penal, positivou o dogma fundamental da disciplina das nulidades – *pas de nullité sans grief*" (STJ – HC n° 209838-GO, Rel. Laurita Vaz, j. 05.11.2013, DJe 19.11.2013).

Acesso do MP à vida pregressa do jurado. Legalidade

Júri. Lista geral de jurados. Investigação da vida pregressa dos jurados pelo Ministério Público através do sistema consultas integradas. Ausência de ilegalidade ou abuso de poder. Alegado direito líquido e certo não evidenciado – "Não vejo, também, em princípio, ilegalidade na conduta dos Promotores de Justiça, que atuando como fiscais da lei, utilizaram-se do acesso disponibilizado ao sistema, para apurar a aptidão dos jurados, pois ter "notória idoneidade" é requisito obrigatório para exercer tal função, considerado serviço público relevante. Na prática, sabe-se que a 'notória idoneidade' acaba sendo apurada apenas pela ausência de antecedentes criminais, pois é o que está ao alcance do magistrado nas grandes Comarcas. Veja-se que nas comarcas interioranas, o juiz, tendo ciência de outros elementos, componentes da conduta social do indivíduo, pode pautar-se pelas informações que obtém privadamente junto à comunidade. Assim, nada mais justo que o Ministério Público se utilize do sistema, para trazer mais subsídios ao magistrado. Aliás, segundo o disposto no art. 426, § 1º, do CPP, qualquer pessoa do povo pode impugnar o jurado, sob a alegação de inidoneidade, por exemplo, cabendo ao juiz decidir" (TJRS – AGR n° 70056759152 – Rel. Gaspar Marques Batista, j. 14.10.2013).

Acesso também à defesa

"Quanto ao pedido alternativo, para que a defesa tenha acesso às mesmas informações obtidas pelo Ministério Público, penso que é da mais absoluta justiça. O Sistema Consultas Integradas não deve ser um privilégio de policiais e promotores, devendo qualquer pessoa ter amplo acesso, principalmente juízes e desembargadores, para que saibam quem estão julgando. A ocultação da qualidade de criminoso, que hoje se alardeia necessária, por equivocada interpretação da Constituição, é fator de aumento da criminalidade e deve ser revista, já que o crime continua sendo um comportamento execrável e não uma opção de vida, que o Direito Penal persiste em tentar banir do meio social" (TJRS – AGR n° 70056759152 – Rel. Gaspar Marques Batista, j. 14.10.2013).

§ 2º A recusa injustificada ao serviço do júri acarretará multa no valor de 1 (um) a 10 (dez) salários mínimos, a critério do juiz, de acordo com a condição econômica do jurado. (Incluído pela Lei nº 11.689, de 2008)

Recusa imotivada – Na maioria das vezes, a recusa do cidadão quanto ao exercício do *munus* de jurado terá alguma justificativa. Poderá ser de caráter religioso, filosófico ou político, nos termos do art. 438 do código. Nesses casos, não se aplica exatamente uma sanção, mas o dever de prestar um serviço alternativo, como previsto no *caput* do mencionado dispositivo. Sucede que, em hipóteses raras, pode o jurado negar-se ao serviço sem que, para tanto, tenha invocado nenhuma razão ou, a tendo alegado, não se mostrou plausível. Suponha-se que, convocado, o jurado alegue impossibilidade por falta de tempo ou que não tem paciência par ouvir os debates. Poderá ser-lhe imposta a multa prevista neste dispositivo legal, cujo valor, inspirado em um critério de razoabilidade, deve considerar a condição econômica do jurado.

Art. 437. Estão isentos do serviço do júri: (Redação dada pela Lei nº 11.689, de 2008)

I - o Presidente da República e os Ministros de Estado; (Incluído pela Lei nº 11.689, de 2008)

II - os Governadores e seus respectivos Secretários; (Incluído pela Lei nº 11.689, de 2008)

III - os membros do Congresso Nacional, das Assembléias Legislativas e das Câmaras Distrital e Municipais; (Incluído pela Lei nº 11.689, de 2008)

IV - os Prefeitos Municipais; (Incluído pela Lei nº 11.689, de 2008)

V - os Magistrados e membros do Ministério Público e da Defensoria Pública; (Incluído pela Lei nº 11.689, de 2008)

VI - os servidores do Poder Judiciário, do Ministério Público e da Defensoria Pública; (Incluído pela Lei nº 11.689, de 2008)

VII - as autoridades e os servidores da polícia e da segurança pública; (Incluído pela Lei nº 11.689, de 2008)

VIII - os militares em serviço ativo; (Incluído pela Lei nº 11.689, de 2008)

IX - os cidadãos maiores de 70 (setenta) anos que requeiram sua dispensa; (Incluído pela Lei nº 11.689, de 2008)

X - aqueles que o requererem, demonstrando justo impedimento. (Incluído pela Lei nº 11.689, de 2008)

Hipóteses de isenção – Sem embargo da relevância da função de jurado, há outros cargos igualmente importantes e que, por isso, a lei isenta seus titulares do serviço do Júri. São os ocupantes dos cargos relacionados nos incs. I a VIII, do art. 437, como o Presidente da República e os Ministros de Estado, membros do Congresso, da Magistratura, do Ministério Público, prefeitos municipais, etc. Esses já vinham previstos no revogado art. 436, que tratava da matéria. Como novidade se incluíram os membros da Defensoria Pública e seus funcionários (incs. V e VI), bem como os funcionários do Ministério Público (inc. VI). Além disso, foi aumentada para 70 anos (ao invés de 60, como previsto no revogado art. 434), a idade a partir da qual o jurado está isento da função.

Foram abolidas, ainda, outras previsões anacrônicas de dispensa, previstas no texto original do Código, como a dos *médicos* e *ministros de confissões religiosas* e os *farmacêuticos* e *parteiras*, previstos nas alíneas *a* e *b*, do inc. XI, do revogado art. 436. Também a mulher que exerça função pública ou doméstica, não é mais passível de dispensa, revogado, assim, o inc. IX, do art. 436, do CPP.

Outra novidade é observada no inc. X, do art. 437, do CPP, ao determinar que estão isentos do Júri "aqueles que o requerem, demonstrando justo impedimento". Trata-se de cláusula aberta, vinda em boa hora, que deixa a critério do Juiz, inspirado no bom senso, decidir se é caso ou não de dispensa, à vista do caso concreto. Mas, insistimos, impõe-se o bom senso, a fim de evitar que qualquer razão de somenos justifique a dispensa. A isenção indiscriminada, sem maior critério, com base nesse dispositivo, acarretará uma avalanche de pedidos, sobretudo nos tempos atuais quando são poucos os que se dispõem a servir como jurados. Como exemplo de isenção não prevista no rol do art. 437, mas que parece razoável, poderíamos citar o pesquisador que, ao tempo da realização das sessões, estará no exterior, em estudos. Ou daquele impedido por séria doença que o acomete. Ou, quem sabe, de pessoa abalada pela recente perda de um familiar. Já a recusa "fundada em convicção religiosa, filosófica ou política", não poderá ser aceita, pois sujeita o cidadão à prestação de serviço alternativo ou perda ou suspensão dos direitos políticos (art. 438 do CPP).

ATENÇÃO - O revogado inc. X, do art. 436, previa a isenção do serviço do Júri ao jurado que tivesse funcionado no período anterior e fosse novamente convocado, no prazo de um ano. Trata-se de dispositivo que vem previsto, agora, no § 4°, do art. 426, que exclui da lista geral de jurados, pelo prazo de doze meses, aquele que "tiver integrado o Conselho de Sentença no ano anterior".

Art. 438. **A recusa ao serviço do júri fundada em convicção religiosa, filosófica ou política importará no dever de prestar serviço alternativo, sob pena de suspensão dos direitos políticos, enquanto não prestar o serviço imposto. (Redação dada pela Lei nº 11.689, de 2008)**

§ 1º Entende-se por serviço alternativo o exercício de atividades de caráter administrativo, assistencial, filantrópico ou mesmo produtivo, no Poder Judiciário, na Defensoria Pública, no Ministério Público ou em entidade conveniada para esses fins. (Incluído pela Lei nº 11.689, de 2008)

§ 2º O juiz fixará o serviço alternativo atendendo aos princípios da proporcionalidade e da razoabilidade. (Incluído pela Lei nº 11.689, de 2008)

Obrigatoriedade – A confirmar o caráter de *obrigatoriedade* do Júri, o art. 438 comina com a perda dos direitos políticos àquele que se negar a ser jurado, por questões religiosas, filosóficas ou políticas, a menos que se submeta à prestação de *serviço alternativo*, em vista da *"recusa de cumprir obrigação a todos imposta"*, nos termos do inc. IV, do art. 15 da Constituição. É o que se chama de *escusa de consciência*.

Convicção religiosa, filosófica ou política – Por questão religiosa já nos deparamos, em nossa experiência de promotores criminais, com jurados, de orientação católica, que afirmaram que "apenas a Deus cabia condenar". Já espíritas, da linha Kardecista, alegaram que o destino da vítima e de seu algoz já estavam previamente definidos, antes mesmo de nascerem, não cabendo, por isso, nenhuma punição ao criminoso. Quanto à escusa por convicção filosófica ou política, a abranger ambos os conceitos, imaginemos um anarquista, que professe corrente de pensamento segundo a qual nenhuma espécie de governança deva ser admitida. Decerto que não acreditará, também, na instituição do Júri e, como tal, poderá validamente, recusar-se ao exercício da função de jurado.

Escusa de consciência – Trata-se de dispositivo que já vinha previsto no revogado art. 435 do CPP, mas que não tinha aplicação prática. De sorte que o mencionado inc. IV, do art. 15 da CF, prevê a cassação dos direitos políticos a quem se recusar a cumprir obrigação a todos imposta, como, por exemplo, a função de jurado ou o serviço militar obrigatório (v., também, art. 5°, inc. VIII, da CF). Como opção àquele que se recusa é possível o cumprimento de *prestação alternativa*, conforme expressamente previsto nos dois dispositivos constitucionais mencionados.

Para a recusa ao serviço militar obrigatório, a Lei n° 8.239/91 prevê a prestação alternativa a ser imposta (atividades de caráter administrativo, assistencial, filantrópica, etc.). Já em relação ao Júri, jamais fora editada uma lei disciplinando no que consistiria essa prestação alternativa. Agora, de acordo com a atual disciplina do Júri, essa questão se acha superada, porquanto o § 1°, do art. 438, do CPP, define, exatamente, do que se trata essa prestação alternativa, que se constituirá no "exercício de atividades de caráter administrativo, assistencial, filantrópico ou mesmo produtivo, no Tribunal de Justiça, na Defensoria Pública, no Ministério Público ou na entidade conveniada para esses fins". Recomenda, ainda, o § 2°, do mesmo artigo de lei, que, na fixação da medida, o juiz atenda aos princípios da proporcionalidade e razoabilidade.

Art. 439. O exercício efetivo da função de jurado constituirá serviço público relevante e estabelecerá presunção de idoneidade moral. (Redação dada pela Lei nº 12.403, de 2011).

Art. 440. Constitui também direito do jurado, na condição do art. 439 deste Código, preferência, em igualdade de condições, nas licitações públicas e no provimento, mediante concurso, de cargo ou função pública, bem como nos casos de promoção funcional ou remoção voluntária. (Redação dada pela Lei nº 11.689, de 2008)

Art. 441. Nenhum desconto será feito nos vencimentos ou salário do jurado sorteado que comparecer à sessão do júri. (Redação dada pela Lei nº 11.689, de 2008)

Privilégios do jurado – A relevância da função do jurado lhe concede algumas regalias, mas impõe, igualmente, ônus e obrigações. Assim, por exemplo, *"nenhum desconto será feito nos vencimentos ou salário do jurado sorteado que comparecer à sessão do júri"*, conforme dispõe o artigo em análise, em benefício que também se estende à testemunha (art. 459). E, de fato, não teria sentido que o jurado, exercendo serviço público relevante (art. 439), ainda tivesse descontado de seu salário o dia em que faltou para servir ao Júri. Vale anotar que não se exige a efetiva participação no conselho de sentença para que se proíba o desconto, bastando o mero comparecimento à sessão do Júri.

Na doutrina, Magarinos Torres propõe, de *lege ferenda*, o pagamento das despesas com transporte, alimentação, etc., bem como de diárias principalmente aos profissionais liberais, lembrando, do alto de sua experiência de juiz presidente do Tribunal do Júri do então Distrito Federal, no Rio de Janeiro, do exemplo de um notável dentista que, "a cada vez que era sorteado para servir em conselho, pedia fosse telefonado à sua secretária ordenando desmarcasse todas as horas já pagas pelos clientes; e não tinha nenhum ressarcimento do sacrifício, assim proporcionado aos funcionários públicos, cujos proventos a lei assegura" (ob. cit., p. 439). Trata-se de sugestão que não foi acolhida pela nova disciplina do Júri e que, convenhamos, seria de difícil aplicação na prática, ante (apenas para ficar com um exemplo) a quase impossibilidade de se apurar o *quantum* um profissional liberal deixou de perceber naquele dia em que foi chamado a exercer a função de jurado.

Ainda no âmbito das vantagens, o art. 439, após conferir a definição de serviço público relevante à função de jurado, diz que ela estabelece presunção de idoneidade moral e assegura prisão especial ao jurado enquanto responder a processo criminal.

ATENÇÃO – É preciso, no entanto, que tenha ocorrido exercício efetivo da função de jurado, significa dizer, que o cidadão tenha composto o conselho de sentença, não aproveitando tais mercês àqueles que não foram sorteados ou, se sorteados, se deram por impedidos ou suspeitos ou mesmo foram recusados pelas partes. Nesse sentido, a lição de Magarino Torres (ob. cit., p. 105). Em sentido contrário, isto é, que basta o atendimento à convocação para a sessão, independentemente de ter sido ou não sorteado ou quando recusado, é o ensinamento de Espínola Filho (ob. cit., p. 374). Mas esse último posicionamento parece superado ante os termos expressos do art. 439, a exigir *"o exercício efetivo da função de jurado"*.

Tais regalias se estendem a todo o território nacional, perdurando por tempo indeterminado e não apenas durante o período das reuniões do Júri, só as perdendo o jurado que foi excluído da lista por desmerecimento ou aquele que incorreu na prática dos crimes elencados no art. 445 do código. Há doutrina, contudo, que entende, parece com razão, que os privilégios devam perdurar enquanto o jurado compuser a lista anual, desaparecendo quando ele for excluído, qualquer que seja a razão. Embora certo que os arts. 439 e 440 não façam tal restrição, parece absurdo que o jurado retirado da lista por razão indigna ou processado criminalmente, possa ainda ser beneficiado com vantagens oriundas da função que, durante seu exercício, não honrou.

Ainda perduraria a prisão especial para o jurado? – Discute-se na doutrina se, com a reforma do júri, que alterou sua sistemática, ainda perduraria o privilégio da prisão especial em favor do jurado. Explicamos: a redação original do art. 437 do CPP, assegurava ao jurado o direito à prisão especial. Com o advento da Lei n. 12.403/2011, a matéria passou a ser tratada no art. 439 do código que, porém, retirou a menção que fazia à prisão especial. Teria o jurado, então, perdido esse privilégio ou prevaleceria a regra do art. 295, inc. X do código que lhe garante a prisão especial?

Pensamos que está mantida a prisão especial para o jurado. Destaque-se, de plano, que esse privilégio é da tradição de nosso direito e já era previsto antes mesmo do advento do Código de Processo Penal, como se observa do art. 8º., do Decreto-lei n. 167/1938 que, até então, tratava do júri. Pois bem. A Lei n. 12.403/2011 foi minuciosa em sua redação, tendo revogado diversos artigos do CPP que ela indica expressamente. Quisesse o legislador, efetivamente, retirar do jurado esse privilégio e, decerto, o teria feito expressamente, bastando que fizesse menção ao art. 295, inc. X do código, onde a mercê é prevista. Assim agiu em relação a outros dispositivos que foram expressamente revogados, total ou parcialmente (arts. 298, 313, 319, 321, 323, 324, 325, 393 e 595). Esse raciocínio, sob nossa compreensão, afasta o argumento de que a lei posterior (o atual art. 439), teria revogado tacitamente a lei anterior (o art. 295, inc. X).

Vale atentar, em acréscimo, que nos termos do art. 2º, § 1º, do Decreto-lei n. 4.657/1942, "a lei posterior revoga a anterior quando expressamente o declare, quando seja com ela incompatível ou quando regule inteiramente a matéria de que tratava a lei anterior". *In casu*, não houve, como já alertamos, revogação expressa. Tampouco se verifica incompatibilidade entre um e outro artigo de lei ou alteração expressiva da matéria tratada. A propósito, o § 2º, do mesmo dispositivo da Lei de Introdução às normas do Direito Brasileiro dispõe que "a lei nova, que estabeleça disposições gerais ou especiais a par das já existentes, não revoga nem modifica a lei anterior".

Temos dúvida, outrossim, se a regra do art. 439 pode ser considerada *especial* quando comparada à norma *geral* do art. 295, inc. X, o que levaria à revogação deste último dispositivo, segundo entendimento de alguma doutrina que se formou sobre o tema. Como lei especial deve ser entendida aquela que prevê uma situação determinada, específica, quando comparada à lei geral, de abrangência genérica. No conflito que se estabeleça entre ambas, tem primazia a lex *specialis*, porque mais restrita (*lex posterior generalis non derogat legi priori speciali*). Ocorre que, se o art. 439 é específico em relação ao jurado, o art. 295 traz também uma situação de especificidade, quando, ao fugir da regra geral, lista situações nas quais, dependendo da condição da pessoa, ela terá direito à prisão especial.

De se observar, por último, que a despeito de toda crítica que se possa estabelecer em relação à prisão especial, ela se constitui em um direito subjetivo conferido àqueles apontados no Código de Processo Penal e mesmo em legislação esparsa. Como tal, a interpretação desse dispositivo não deve ser formulada de maneira a restringir esse direito, mas, ao revés, de privilegiá-lo. Retirar do jurado, assim, tal privilégio, sem que a lei posterior expressamente o tenha declarado, parece-nos equivocado, pelo que entendemos como intacta a regra do art. 295, inc. X do código, mantida, pois, a prisão especial para o jurado.

A presunção de idoneidade moral – A *presunção de idoneidade moral* referida no art. 439 já é prevista como verdadeiro pressuposto para a função de jurado, conforme consta do art. 436 e, na prática, não tem nenhuma aplicação, pois, em um concurso público, por exemplo, tal comprovação (da idoneidade moral) é realizada através de juntada de certidões, informações, etc.

Prisão especial – A *prisão especial* assegurada ao jurado pelo art. 295, inc. X, do código, durante o transcurso do processo, também não chega a configurar grande vantagem, na medida em que, até hoje, não há legislação capaz de definir o que se considera uma *prisão especial*. De qualquer sorte, o § 3º, do art. 295 do CPP, determina que a cela especial "poderá consistir em alojamento coletivo, atendidos os requisitos de salubridade do ambiente, pela concorrência dos fatores de aeração, insolação e condicionamento térmico adequados à existência humana". Em termos práticos, esse privilégio, previsto, dentre outros, aos titulares dos cargos mencionados no art. 295 do CPP, lhes garante o recolhimento a uma cela composta por pessoas de menor periculosidade, geralmente devedores de alimentos, autores de crimes menos graves e, por incrível que possa parecer, acusados de delitos contra a liberdade sexual.

JURISPRUDÊNCIA

Tem direito à prisão especial jurado com efetivo exercício da função

"Surge relevante o que articulado no tocante à observância da custódia em penitenciária que preencha os requisitos da prisão especial, considerado o exercício da função de jurado. O artigo 295, inciso X, do Código de Processo Penal prevê que serão recolhidos a quartéis ou a prisão especial, à disposição da autoridade competente, quando sujeitos à constrição da liberdade antes de condenação definitiva, os cidadãos que já tiverem exercido efetivamente a função de jurado, salvo quando excluídos da lista por motivo de incapacidade para o desempenho da atividade." (STF – HC 148402 MC, Relator Min. MARCO AURÉLIO, j. 29/11/2017, Publicação: 07/12/2017)

Em caso de prisão preventiva

"Possibilidade de prisão preventiva daquele que exerceu a função de jurado. Descabimento de prisão especial. Isto porque, com a superveniência da Lei n. 12.403/11, responsável por modificar o panorama então vigente das prisões cautelares e inserir as medidas cautelares diversas da prisão, parece-me ter havido a revogação tácita do art. 295, X, do Código de Processo Penal e, consequentemente, do malfadado benefício legal que, a despeito de tentar evitar que determinadas pessoas sejam punidas ou discriminadas nos estabelecimentos prisionais provisórios em razão de específicas funções por elas exercidas, cria, no duro, verdadeira discriminação entre pessoas iguais por natureza, tal como previsto no art. 5º, "caput", da Constituição Federal. Inteligência da doutrina de Eugênio Pacelli, Douglas Fischer e Renato Brasileiro de Lima." (STJ – RHC n. 83.120, Ministro Joel Ilan Paciornik, DJe de 02/05/2018)

Não o tem jurado que somente constou da lista

"No caso em tela, o impetrante alega que o registro demonstrando que o paciente tenha exercido a função de jurado foi destruído num incêndio no Fórum ocorrido no dia 09/07/1970, conforme a declaração do Desembargador Waldemir Luiz da Rocha, fl. 30. Por outro lado, na certidão de fl. 56, a escrivã certificou que nos livros de Sorteio de Jurados n.º 03 e de Registro de Atas do Júri n.º 13 não consta o nome do paciente Vanderlei Crema. Além disso, as declarações juntadas pelo impetrante não demonstram que o paciente teve exercício efetivo da função de jurado, razão pela qual não é possível a concessão de prisão especial ao paciente." (STJ – HC n. 111.083, Ministro Humberto Gomes de Barros, DJe de 06/08/2008)

Preferência em licitações, em concursos públicos e na promoção ou remoção funcional – Terá o jurado, sim, preferência, quando em igualdade de condições, nas licitações. Sempre pareceu que tal condição se limitava às licitações (ou, para utilizar a expressão anterior, às concorrências). Pela disciplina anterior, não se estendia essa vantagem aos concursos públicos, como entendia Espínola Filho (ob. cit., p. 373), pois se tratando de norma de exceção, que de alguma forma tangencia o princípio da isonomia, deveria ser interpretada de maneira restrita, sem que se admitissem ampliações não previstas pelo legislador.

Agora, contudo, a lei foi expressa ao outorgar preferência ao jurado no provimento de cargo mediante concurso público, desde que tenha empatado com outro candidato que não detenha a mesma condição. Exagerou o legislador nessa inovação. Com efeito, por mais que se pretenda valorizar a condição do jurado, com a criação de condições que o torne estimulado ao exercício de tão espinhosa missão, conferir-lhe preferência em um concurso público, em igualdade de condições, com outro candidato se mostra demasiado. O mesmo se diga no que concerne à outra regalia, também prevista no art. 440, quando assegura ao jurado, que exerça função pública, prioridade na *"promoção funcional"* ou *"remoção voluntária"*. São novidades que afrontam o princípio da isonomia e que, por desproporcionais e irrazoáveis no *discrimen*, decerto serão afastadas em eventual discussão a respeito de sua constitucionalidade.

Obrigações – De outro lado os jurados podem ser responsabilizados pela prática de crimes, na mesma forma que são os juízes, segundo o art. 445. É que o jurado, embora transitoriamente e sem remuneração, exerce função pública, razão pela qual é considerado funcionário público na definição ampla do art. 327 do CP. O revogado art. 438, indicava os crimes nos quais os jurados poderiam atuar como sujeito ativo, a saber concussão, corrupção ou prevaricação. A nova disciplina do Júri preferiu não indicar os artigos de lei nos quais pode incorrer o jurado. Mas é possível afirmar que, além daqueles três delitos, acima apontados, o jurado (e, também, o suplente, nos termos do art. 446), está sujeito a cometer todo e qualquer crime contra a administração pública, dentre os previstos nos arts. 312 *usque* 326 do CP.

Dependendo do caso concreto, pode ainda o jurado ser processado pelo crime de desobediência, como na hipótese em que, apesar de regularmente intimado, deixar de comparecer à sessão de julgamento (*RJDTACrimSP* 5/244).

> **ATENÇÃO** - Sanções de ordem administrativa, consistentes na imposição de pena de multa ao jurado negligente, não foram recepcionadas pela reforma do Júri. Aplicavam-se nas hipóteses de injustificada ausência do jurado (revogado art. 443, § 1º), por sua retirada antes da dispensa pelo juiz (revogado art. 443, § 2º), ou por quebra da incomunicabilidade (revogado art. 458, § 1º).

Art. 442. Ao jurado que, sem causa legítima, deixar de comparecer no dia marcado para a sessão ou retirar-se antes de ser dispensado pelo presidente será aplicada multa de 1 (um) a 10 (dez) salários mínimos, a critério do juiz, de acordo com a sua condição econômica. (Redação dada pela Lei nº 11.689, de 2008)

Falta sem justificação e multa – Àquele que, sem motivo justificado, deixa de comparecer, é aplicada multa que varia entre um a dez salários-mínimos, dependendo de sua condição econômica. Mais grave ainda pode ser a conduta daquele que, tendo comparecido, retira-se do júri sem autorização do juiz-presidente. Basta imaginar o transtorno causado pelo jurado que, compondo o conselho de sentença, no intervalo do julgamento, deixa o recinto, comprometendo, com essa conduta, a continuidade dos trabalhos. Para imposição da multa presume-se, contudo, que a falta ou saída do jurado não seja por um motivo justificado. Ao contrário, havendo razão para essa conduta, não há porque se aplicar qualquer sanção. Imagine-se o jurado que foi acometido de um mal súbito que o impeça de comparecer ou, tendo comparecido, o obrigue a deixar o local. Caberá à Fazenda Pública da União a cobrança da multa, conforme, a propósito, previa o revogado art. 444 do CPP.

Art. 443. Somente será aceita escusa fundada em motivo relevante devidamente comprovado e apresentada, ressalvadas as hipóteses de força maior, até o momento da chamada dos jurados. (Redação dada pela Lei nº 11.689, de 2008)

Comunicação quanto à falta – A falta do jurado, deverá, quando possível, ser comunicada até o momento da chamada, admitindo-se, para tanto, qualquer forma de comunicação.

Claro que há que se ressalvar um motivo de força maior, a impedir que o jurado comunique sua falta antes da chamada. Basta lembrar-se da possibilidade do jurado, durante o deslocamento até o prédio do fórum, ter sofrido um acidente de trânsito, no qual, ferido, foi levado ao hospital, onde permaneceu internado.

JURISPRUDÊNCIA

Escusa ofertada após o julgamento. Multa mantida

"À falta de prova do justo motivo alegado, cujo pedido de dispensa foi reapresentado intempestivamente, consoante dispõe o artigo 443 do Código de Processo Penal, não há falar em revogação da multa cominada ao jurado faltoso. Força maior é o evento imprevisto, não se ajustando ao conceito legal a consulta médica previamente agendada. Afora inexistir demonstração inequívoca de que o jurado não teve ciência do indeferimento de dispensa, em sendo obrigatório o serviço do júri, permanece a obrigação de tomar parte do corpo de jurados até autorização expressa do juiz presidente" (STJ – RMS n° 31619-SP, Rel. Hamilton Carvalhido, j. 26.10.2010, DJe 10.12.2010).

Art. 444. **O jurado somente será dispensado por decisão motivada do juiz presidente, consignada na ata dos trabalhos. (Redação dada pela Lei nº 11.689, de 2008)**

Decisão quanto à dispensa do jurado – Apresentada a justificativa, caberá ao juiz analisar sua pertinência e, acolhendo-a, deverá fazer constar da ata esse incidente (art. 495, inc. III do CPP). Dando por injustificada a falta, o juiz, em consequência, aplicará a pena pecuniária prevista no art. 442 acima.

Art. 445. **O jurado, no exercício da função ou a pretexto de exercê-la, será responsável criminalmente nos mesmos termos em que o são os juízes togados. (Redação dada pela Lei nº 11.689, de 2008)**

V., acima, os comentários ao art. 441, sob a rubrica "obrigações".

Art. 446. **Aos suplentes, quando convocados, serão aplicáveis os dispositivos referentes às dispensas, faltas e escusas e à equiparação de responsabilidade penal prevista no art. 445 deste Código. (Redação dada pela Lei nº 11.689, de 2008)**

Suplentes – O dispositivo se explica por si só, ao estabelecer que, aos suplentes, se aplicam as mesmas regras atinentes ao jurado titular.

SEÇÃO IX
DA COMPOSIÇÃO DO TRIBUNAL DO JÚRI E DA FORMAÇÃO DO CONSELHO DE SENTENÇA

Art. 447. O Tribunal do Júri é composto por 1 (um) juiz togado, seu presidente e por 25 (vinte e cinco) jurados que serão sorteados dentre os alistados, 7 (sete) dos quais constituirão o Conselho de Sentença em cada sessão de julgamento. (Redação dada pela Lei nº 11.689, de 2008)

Art. 448. São impedidos de servir no mesmo Conselho: (Redação dada pela Lei nº 11.689, de 2008)

I - marido e mulher; (Incluído pela Lei nº 11.689, de 2008)

II - ascendente e descendente; (Incluído pela Lei nº 11.689, de 2008)

III - sogro e genro ou nora; (Incluído pela Lei nº 11.689, de 2008)

IV - irmãos e cunhados, durante o cunhadio; (Incluído pela Lei nº 11.689, de 2008)

V - tio e sobrinho; (Incluído pela Lei nº 11.689, de 2008)

VI - padrasto, madrasta ou enteado. (Incluído pela Lei nº 11.689, de 2008)

§ 1º O mesmo impedimento ocorrerá em relação às pessoas que mantenham união estável reconhecida como entidade familiar. (Incluído pela Lei nº 11.689, de 2008)

§ 2º Aplicar-se-á aos jurados o disposto sobre os impedimentos, a suspeição e as incompatibilidades dos juízes togados. (Incluído pela Lei nº 11.689, de 2008)

Suspeição ou impedimento – Sujeitam-se os jurados às mesmas causas de suspeição e impedimento cominadas ao juiz togado, conforme menção feita pelo art. 448, § 2º, do CPP, tudo com o objetivo de garantir a imparcialidade do julgador, requisito fundamental e indispensável, a ser exigido tanto do Magistrado de carreira, como do leigo.

Tomando-se a lição do saudoso Júlio Fabbrini Mirabete, pode-se afirmar que a *suspeição* resulta do vínculo do juiz com quaisquer das partes, enquanto o *impedimento* decorre da relação de interesse do juiz com o objeto do processo. (*Código de processo penal interpretado*, p. 394).

Especificidades do Júri – Em relação, especificamente, ao Júri, o art. 448 determina que estão impedidos de servir no mesmo Conselho: a) marido e mulher; b) ascendente e descendente; c) sogro e genro ou nora; d) irmãos e cunhados, durante o cunhadio; e) tio e sobrinho; f) padrasto e madrasta ou enteado.

Estão, ainda, impedidos de funcionar no mesmo Conselho as pessoas que mantenham união estável reconhecida como entidade familiar, nos termos do § 1º, do art. 448, do CPP. Antes da reforma, a matéria era discutível na doutrina, parte entendendo que as causas de impedimento encerravam *numerus clausus* e, por consequência, não poderiam se estender para situações não previstas em lei, como a da união estável. E, outra parte, adotando a analogia, no sentido de que os impedimentos deveriam alcançar, também, os conviventes que, de resto, têm a mesma situação de fato do marido e da mulher. Com a reforma, conclui-se que o legislador optou, com todas as letras, por esta última corrente.

§ 2º Aplicar-se-á aos jurados o disposto sobre os impedimentos, a suspeição e as incompatibilidades dos juízes togados. (Incluído pela Lei nº 11.689, de 2008)

Impedimento do juiz aplicável ao jurado – As causas de impedimento se encontram no art. 252 do CPP. Está, assim, impedido de atuar como jurado, no processo em que: a) tiver funcionado seu cônjuge ou parente, consanguíneo ou afim, em linha reta ou colateral até o terceiro grau, inclusive, como defensor ou advogado, órgão do Ministério Público, autoridade policial, auxiliar da justiça ou perito; b) ele próprio houver desempenhado qualquer dessas funções ou servido como testemunha; c) tiver funcionado como juiz de outra instância, pronunciando-se, de fato ou de direito, sobre a questão. Remetemos o leitor à consulta a esse dispositivo.

ATENÇÃO – A doutrina é unânime em apontar o rol do artigo em exame como taxativo, encerrando, assim, verdadeiro "numerus clausus". Significa dizer, portanto, que salvo as hipóteses previstas expressamente neste dispositivo, não há que se cogitar do impedimento do juiz.

Causas de suspeição do juiz (aplicáveis ao jurado) – As causas que determinam a suspeição, aplicáveis ao juiz, seja togado ou leigo, são as relacionadas no art. 254 do Código, que foram objeto de nossa análise acima.

Foro íntimo – A respeito do tema, v. acima os comentários ao art. 254, inc. VI, do código.

Juízos coletivos e incompatibilidades – O art. 253 do CPP relaciona as causas de incompatibilidades, cuja consulta sugerimos ao leitor.

Art. 449. Não poderá servir o jurado que: (Redação dada pela Lei nº 11.689, de 2008)

I – tiver funcionado em julgamento anterior do mesmo processo, independentemente da causa determinante do julgamento posterior; (Incluído pela Lei nº 11.689, de 2008)

II – no caso do concurso de pessoas, houver integrado o Conselho de Sentença que julgou o outro acusado; (Incluído pela Lei nº 11.689, de 2008)

III – tiver manifestado prévia disposição para condenar ou absolver o acusado. (Incluído pela Lei nº 11.689, de 2008)

Impedimentos – Este dispositivo enumerou mais três causas de impedimento, não podendo o jurado servir no Conselho de Sentença quando: a) tiver funcionado no julgamento anterior do mesmo processo, independentemente da causa determinante do julgamento anterior; b) em caso de concurso de pessoas, houver integrado o Conselho de Sentença que julgou o outro acusado; c) tiver manifestado prévia disposição para condenar ou absolver o réu.

Quanto à primeira das causas acima, vale observar que o revogado § 3º, do art. 607, impedia que no segundo julgamento, decorrente de protesto por novo júri (hoje extinto), participasse jurado que funcionou no primeiro. Mas a doutrina, de forma maciça, entendia que esse impedimento deveria se estender a todo e qualquer novo julgamento, mesmo que fosse por consequência de apelação no qual foi anulado o primeiro Júri. Esse entendimento, inclusive, culminou com a edição da Súmula 206 do STF, *in verbis*: "É nulo o julgamento ulterior pelo júri com a participação de jurado que funcionou em julgamento anterior do mesmo processo". Foi esse espírito que o legislador trouxe, expressamente, para o texto legal, cujo objetivo claro é garantir a imparcialidade do jurado, que poderá apreciar os fatos sem ideias previamente concebidas, com base nos dados que lhe forem apresentados durante os debates e sem qualquer influência de um julgamento anterior.

Essa foi também a ideia que inspirou o impedimento do inc. II, do art. 449. Assim, perpetrado o delito em concurso de pessoas e havendo desmembramento dos autos (cf. § 1°, do art. 469), o jurado que participou do primeiro julgamento de um dos acusados, não poderá participar, posteriormente, do julgamento do outro réu. Procura-se, novamente, liberar o jurado de todo e qualquer preconceito, estando livre para julgar segundo sua consciência e sem a influência do outro julgamento.

Por último, outra novidade trazida pela reforma de 2008 é o impedimento do jurado que, de alguma forma, tiver manifestado previamente sua intenção de condenar ou absolver o réu. Novamente é a imparcialidade que se busca, imparcialidade que estaria seriamente arriscada na hipótese, por exemplo, em que um jurado, antes do julgamento, concedesse uma entrevista à imprensa adiantando seu veredicto. Ou mesmo que, em pequena comarca, em um círculo de amigos, procedesse da mesma forma, antecipando sua convicção, pouco importando se tal revelação seja no sentido da condenação ou absolvição do acusado.

ATENÇÃO – Decidiu a jurisprudência pelo impedimento dos jurados nas seguintes hipóteses: quando funcionaram, no mesmo conselho de sentença, tio e sobrinho, ainda que por afinidade (*RT* 580/397); cunhados entre si (*RT* 514/436), sogro e genro (*RT* 480/358), e cunhados (*RT* 514/436); jurado cujo filho participou do julgamento anterior (*RJTJSP* 74/292); tio do advogado do réu (*RT* 494/302); escrivão que atuou no inquérito policial (*RT* 432/318); irmão do oficial de justiça (*RT* 573/365); de jurado que, antes, participou de julgamento do corréu (*RT* 636/274). Admitiu-se, por outro lado, a participação de jurado que é comissário de menores (*RT* 534/345); de primo do advogado do réu (*RT* 492/312); de marido da intérprete que atuou no processo (*RT* 590/436); de concunhados no mesmo conselho de sentença (*RT* 396/95); de funcionário público (*RT* 771/635); de irmão de jurado que participou de julgamento anterior (*RT* 455/424), de irmão de escrevente que funcionou no processo (*RT* 425/350) ou daquele que foi jurado em processo diverso contra o mesmo réu (*JTJ* 186/280).

Manifestação espontânea do jurado ou provocada pela parte – A suspeição e o impedimento devem ser revelados espontaneamente pelo jurado, assim que sorteado, conforme intui o art. 466, cabendo ao juiz decidir sobre a pertinência dos fundamentos apresentados. Na eventual omissão, cabe à parte interessada suscitá-la na dicção do art. 106 do código, ou seja, oralmente, assim que sorteado o jurado, sob pena de preclusão (STF – *RT* 590/436). De forma que, sorteado o jurado, deve a exceção ser oposta oralmente, produzindo-se, se possível, prova a respeito do alegado (por exemplo, a apresentação de certidão dando conta de que marido e mulher participarão do conselho de sentença). O jurado, então, pode reconhecer o impedimento, a suspeição ou a incompatibilidade. Não o fazendo, cumpre ao juiz, de plano, decidir o incidente. Caso rejeitada a arguição, o julgamento prosseguirá normalmente (art. 460), devendo, porém, constar o incidente da ata, a fim de permitir que se invoque a nulidade do Júri em eventual recurso de apelação (art. 564, I). Acolhida a exceção, está excluído o jurado, sorteando-se outro.

Influência do voto do jurado impedido ou suspeito – De se observar, que, pela disciplina anterior do Júri, o impedimento, a suspeição ou a incompatibilidade do jurado, somente quando decisivas para a obtenção do veredicto, seriam capazes de determinar a anulação do julgamento. Assim, por exemplo, se dois irmãos atuassem no mesmo conselho de sentença, mas o resultado fosse unânime (7 x 0) ou, ainda 6 x 1 ou 5 x 2, não haveria razão para se reconhecer a nulidade, ante a inexistência de prejuízo. Nesse sentido, era o posicionamento do STF: *RT* 590/437, 611/328. Atualmente, porém, face à redação do art. 483, a votação é encerrada quando obtida a maioria dos votos (mais de três), sendo proibida a divulgação total do resultado, como forma de preservar o sigilo das votações, que era obviamente quebrado quando de uma votação unânime, quer pela absolvição, quer pela condenação. Sendo assim, para ficarmos com nosso exemplo inicial, não temos dúvida em afirmar que, hoje, a presença de dois irmãos no mesmo conselho de sentença acarreta nulidade absoluta do julgamento, ante a impossibilidade de se apurar se o voto de um deles (ou de ambos), foi ou não decisivo.

Participação em segundo julgamento – O art. 452, de sua parte, também praticamente repete o antigo art. 463, permitindo que os membros do Conselho de Sentença que participaram de um julgamento, desde que estejam de acordo, componham outra sessão, no mesmo dia. Na prática tal conduta ocorre, por vezes, quando no primeiro julgamento o promotor de Justiça pede a absolvição do réu, abreviando, assim, o tempo de debate e facilitando a decisão dos jurados (claro, que poderão não aceitar o pedido), já que não se utiliza todo o tempo disponível de debates, não há apartes e tampouco incidentes, dispensando-se a réplica, resultando em um julgamento curto o suficiente que permita, após pequeno intervalo, a realização de outro. Nesse segundo julgamento, porém, deve ser novamente colhido o compromisso dos jurados a que alude o art. 462 do Código.

JURISPRUDÊNCIA

V. Súmula nº 206 do STF: "É nulo o julgamento ulterior pelo júri com a participação de jurado que funcionou em julgamento anterior do mesmo processo".

Jurado que participou de anterior julgamento do réu não está impedido

"O disposto no art. 449 do Código de Processo Penal elenca o impedimento do jurado que (I) tiver funcionado em julgamento anterior do mesmo processo, (II) houver integrado o Conselho de Sentença que julgou outro ou outros acusados, no caso de concurso de pessoas, (III) que tiver manifestado prévia disposição para condenar ou absolver o acusado. Esta última hipótese não pode ser aferida a partir de julgamento de processo diverso, mas isto sim, desde que tenha manifestado, por qualquer forma, a predisposição para condenar ou absolver o réu. Na espécie, a defesa apenas recusou um dos jurados, não tendo nada alegado a respeito dos outros três que haviam composto o Conselho de Sentença por diferente processo do paciente. A hipótese caracteriza-se como possível suspeição, e não impedimento, circunstância que, a teor do art. 571, inciso VIII, do Código de Processo Penal deveria ter sido arguida no primeiro momento, em plenário, propiciando-se ao juiz-presidente decidir sobre o incidente, nos moldes do art. 106 do mesmo diploma legal, sob pena de convalescimento da eventual nulidade" (STJ – HC n° 139835-SP, Rel. Campos Marques, j. 27.08.2013, DJe 02.09.2013).

Art. 450. **Dos impedidos entre si por parentesco ou relação de convivência, servirá o que houver sido sorteado em primeiro lugar. (Redação dada pela Lei nº 11.689, de 2008)**

Ordem de manifestação de suspeição ou impedimento – Segundo este dispositivo, dos jurados impedidos entre si por parentesco ou relação de convivência, servirá o que foi primeiramente sorteado. Trata-se de dispositivo que praticamente repete o antigo § 2°, do art. 458. De sorte que sorteado, de início, o homem e, em seguida, sua companheira, é esta última que deve proclamar seu impedimento, afastando-se do julgamento no qual permanecerá aquele primeiro.

Art. 451. **Os jurados excluídos por impedimento, suspeição ou incompatibilidade serão considerados para a constituição do número legal exigível para a realização da sessão. (Redação dada pela Lei nº 11.689, de 2008)**

***Quorum* mínimo** – O Júri, nos termos do que dispõe o art. 447 do código, é composto por 25 jurados. Mas comparecendo pelo menos 15 jurados, já se pode dar início ao julgamento, segundo o art. 463 do CPP. Esse é o chamado *quorum* mínimo, de 15 jurados, que permite a realização da sessão de julgamento. Suponha-se que formado este *quorum* mínimo, 3 jurados se deram por impedidos, restando, pois, 12 jurados. Nem por isso se deixará de realizar a sessão, segundo este dispositivo, eis que os jurados excluídos por impedimento, suspeição ou incompatibilidade, apesar desse alijamento, serão computados para formação do *quorum* mínimo.

Art. 452. **O mesmo Conselho de Sentença poderá conhecer de mais de um processo, no mesmo dia, se as partes o aceitarem, hipótese em que seus integrantes deverão prestar novo compromisso. (Redação dada pela Lei nº 11.689, de 2008)**

Outro Júri no mesmo dia – O dispositivo abre a possibilidade da realização de mais de um plenário no mesmo dia, desde que haja concordância das partes. É comum, sobretudo nos grandes centros, que, sabendo de antemão que um júri será de fácil solução (em virtude, por exemplo, do pedido de absolvição a ser formulado pelo Ministério Público), o juiz marque, para o mesmo dia, outro julgamento. Nesse caso, é possível o aproveitamento do Conselho de Sentença que funcionou no primeiro júri, renovando-se, apenas, o compromisso do jurado (art. 472 do CPP).

SEÇÃO X
DA REUNIÃO E DAS SESSÕES DO TRIBUNAL DO JÚRI

Art. 453. **O Tribunal do Júri reunir-se-á para as sessões de instrução e julgamento nos períodos e na forma estabelecida pela lei local de organização judiciária. (Redação dada pela Lei nº 11.689, de 2008)**

Reunião e sessões – Não há que se confundir reunião com sessão. *Reunião* é a época em que o Tribunal do Júri é realizado. Assim, por exemplo, no Estado de São Paulo, nas Comarcas menores, de entrância inicial, as reuniões ocorrem nos meses pares (fevereiro, abril, junho etc.). *Sessão* é o julgamento propriamente dito, o funcionamento diário do Júri, podendo se dizer, tomando de empréstimo o exemplo de Tourinho Filho, que "na reunião do Tribunal do Júri do mês de março ... houve treze sessões" (*Código de processo penal comentado*, vol. 2, p. 61).

A reforma do Júri não tratou do assunto, deixando de determinar os períodos nos quais devam ser realizadas as reuniões ou sessões. E era mesmo desnecessário fazê-lo, porquanto não cabe ao Código definir os períodos nos quais se realizarão os julgamentos pelo Júri. Cumpre, isto sim, à lei de organização judiciária local, atenta às suas peculiaridades próprias, indicar qual a época mais adequada para os julgamentos.

Art. 454. **Até o momento de abertura dos trabalhos da sessão, o juiz presidente decidirá os casos de isenção e dispensa de jurados e o pedido de adiamento de julgamento, mandando consignar em ata as deliberações. (Redação dada pela Lei nº 11.689, de 2008)**

Isenção e dispensa – Suponha-se que, convocado um jurado que conte mais de 70 anos de idade, ele comunique esse fato ao juiz, requerendo sua isenção, com base no art. 437, inc. IX do CPP. Ou que um jurado, porque acometido de um mal súbito, peça sua dispensa. Caberá ao juiz, antes da abertura dos trabalhos, decidir a respeito. Deverá constar da ata os casos de isenção ou adiamento, bem como de adiamento, como dispõe o art. 495, incs. IV e VI, do CPP.

Pedido de adiamento formulado pelas partes – Há quem sustente a possibilidade do juiz, atendendo a pedido consensualmente formulado pelas partes, deferir o adiamento da sessão, desde que não cause prejuízo ao réu. Discordamos desse posicionamento. Não faz sentido – e chegaria mesmo arranhar a imagem da justiça – que, uma vez preparado o júri, com a presença dos jurados que deixaram seus afazeres, com toda estrutura montada para esse tipo de julgamento, pudesse um singelo pedido de adiamento, ainda que firmado em consenso pelas partes, ser atendido. Ou estão presentes motivos relevantes que justifiquem o adiamento ou, à sua falta, deve ser realizada a sessão, irrelevante, aqui, se solto ou preso o réu.

Art. 455. **Se o Ministério Público não comparecer, o juiz presidente adiará o julgamento para o primeiro dia desimpedido da mesma**

reunião, cientificadas as partes e as testemunhas. (Redação dada pela Lei nº 11.689, de 2008)

Parágrafo único. Se a ausência não for justificada, o fato será imediatamente comunicado ao Procurador-Geral de Justiça com a data designada para a nova sessão. (Incluído pela Lei nº 11.689, de 2008)

Ausência do Ministério Público – O dispositivo em exame cuida da ausência do Ministério Público. Se justo o motivo para o não comparecimento, o julgamento será adiado para o primeiro dia vago, na mesma reunião periódica, cientificadas as partes e as testemunhas. Caso injustificada a ausência, deve o fato, nos termos do § 1°, do dispositivo legal em estudo, ser comunicado ao Procurador-Geral, para que sejam, inclusive, adotadas medidas de cunho disciplinar, eventualmente cabíveis em decorrência da falta imotivada. Lembre-se que, nos termos do art. 43, inc. V da Lei Orgânica do Ministério Público (Lei n° 8.625/1993), é obrigação do *parquet* "assistir aos atos judiciais, quando obrigatória [...] a sua presença". O certo é que, justificado ou não o motivo da ausência do membro do *parquet*, o Júri deverá ser, necessariamente, adiado.

A legislação anterior, no parágrafo único, do art. 448, previa a possibilidade de nomeação de um promotor *ad hoc*, caso injustificada a ausência do Ministério Público e inexistindo substituto legal. O mesmo ocorria na hipótese em que o promotor, dentro do prazo legal, não ofertasse o libelo (antigo art. 419). A reforma tratou de afastar essa possibilidade, que era objeto de crítica doutrinária e jurisprudencial, ante o impedimento de pessoas externas à carreira do Ministério Público exercerem suas funções, *ex vi* do disposto no art. 129, § 2º, da CF e na Lei nº 8.625, de 12.2.93 (Lei Orgânica Nacional do MP). Conferir nesse sentido, *Informativo do STF*, nº 97.

Art. 456. Se a falta, sem escusa legítima, for do advogado do acusado, e se outro não for por este constituído, o fato será imediatamente comunicado ao presidente da seccional da Ordem dos Advogados do Brasil, com a data designada para a nova sessão. (Redação dada pela Lei nº 11.689, de 2008)

§ 1º Não havendo escusa legítima, o julgamento será adiado somente uma vez, devendo o acusado ser julgado quando chamado novamente. (Incluído pela Lei nº 11.689, de 2008)

§ 2º Na hipótese do § 1º deste artigo, o juiz intimará a Defensoria Pública para o novo julgamento, que será adiado para o primeiro dia desimpedido, observado o prazo mínimo de 10 (dez) dias. (Incluído pela Lei nº 11.689, de 2008)

Ausência do advogado – Quanto à ausência do advogado do réu, aplica-se, de início, o art. 456, ou seja, o julgamento é automaticamente adiado, independentemente de se perquirir se justificada ou não a falta, ante a impossibilidade de se nomear, imediatamente, um defensor *ad hoc*, em evidente prejuízo à defesa do acusado.

Se, todavia, justificável a ausência, o advogado funcionará, normalmente, no segundo plenário designado. Caso injustificável a falta, cabe ao juiz, inicialmente, combinando o art. 456, *caput* e o seu § 1°, comunicar a ausência à Ordem dos Advogados do Brasil. É que essa ausência, dependendo do caso concreto, pode configurar a infração disciplinar prevista no inc. XI, do art. 34, da Lei n° 8.906/94 (Estatuto da Advocacia), consistente no abandono da causa "sem justo motivo ou antes de decorridos 10 (dez) dias da comunicação da renúncia". Deve, ainda, intimar a Defensoria Pública, para que atue no novo julgamento, eis que o primeiro, pela ausência do advogado, foi adiado, conforme previsto no § 2° do dispositivo em exame. Parece mais conveniente que, ao invés de intimar, de plano, a Defensoria Pública, o juiz abra oportunidade para que o réu constitua advogado de sua preferência, intimando-o para tanto, conforme, aliás, previa a parte final do parágrafo único do art. 449, já revogado.

ATENÇÃO - Antes da Lei 14.752/23, o *caput* do art. 265 do CPP previa multa de dez a cem salários mínimos a ser imposta ao defensor que, sem motivo imperioso, previamente comunicado ao juiz, abandonasse a causa. Essa possibilidade de aplicação da multa foi revogada. Agora, o abandono sem motivo justo pode resultar em infração disciplinar perante o órgão correicional competente. Em caso de abandono do processo pelo defensor, o acusado será intimado para constituir novo defensor, se assim o quiser, e, na hipótese de não ser localizado, deverá ser nomeado defensor público ou advogado dativo para a sua defesa (§3º).

JURISPRUDÊNCIA

Intimação da Defensoria Pública

"Não havendo escusa legítima, o julgamento será adiado somente uma vez, devendo o acusado ser julgado quando chamado novamente. Nesse caso, o Juiz deverá intimar a Defensoria Pública para o novo julgamento, que será adiado para o primeiro dia desimpedido, observado o prazo mínimo de 10 dias (art. 456, § § 1º. e 2º. do CPP). As medidas ou atitudes adotadas pela defesa do paciente, consubstanciados (i) no não comparecimento dos procuradores, devidamente intimados, à sessão plenária previamente designada, (ii) na renúncia do Advogado no dia do segundo Júri e (iii) na indicação tardia de novo causídico, também, no mesmo dia do julgamento, evidenciam que se tratava de estratégia da defesa para procrastinar o feito e frustrar o julgamento do réu pelo Tribunal do Júri. O Processo Penal não é um fim em si mesmo e objetiva, sobretudo, garantir o respeito a princípios constitucionais considerados fundamentais; todavia, em vista mesmo de sua importância e dos postulados a serem resguardados, devem ser repelidas tentativas de sua utilização como forma de prejudicar ou impedir a atuação jurisdicional. Por isso, no momento em que fica patente que se trata de tentativa da defesa para prolongar ou evitar a conclusão do processo, o Poder Judiciário não a pode tolerar, sob pena de postergação da eficiência da Justiça Criminal. O prazo dado à Defensoria para estudo dos autos, além de ter sido maior do que os 10 dias fixados em lei (art. 456, § 2º. do CPP), em momento algum, teve seu elastério requerido pelo Defensor Público. Não há que se falar em deficiência de defesa técnica se o paciente, mediante prévia anuência, é representado com esmero pela Defensoria Pública, que dispensou jurados, requereu a leitura de partes do processo e defendeu a tese de absolvição do réu por uma hora e meia na tribuna" (STJ – HC n° 178797-PA, Rel. Napoleão Nunes Maia Filho, j. 15.02.2011, DJe 08.04.2011).

Art. 457. O julgamento não será adiado pelo não comparecimento do acusado solto, do assistente ou do advogado do querelante, que tiver sido regularmente intimado. (Redação dada pela Lei nº 11.689, de 2008)

§ 1º Os pedidos de adiamento e as justificações de não comparecimento deverão ser, salvo comprovado motivo de força maior, previamente submetidos à apreciação do juiz presidente do Tribunal do Júri. (Incluído pela Lei nº 11.689, de 2008)

§ 2º Se o acusado preso não for conduzido, o julgamento será adiado para o primeiro dia desimpedido da mesma reunião, salvo se houver pedido de dispensa de comparecimento subscrito por ele e seu defensor. (Incluído pela Lei nº 11.689, de 2008)

Ausência do réu solto – Dentre as inovações trazidas pelo novo procedimento do Júri, uma das mais relevantes é a que trata, exatamente, da ausência do réu no plenário.

Antes, ausente o réu solto e justificada sua falta, o julgamento era adiado (antigo art. 451). A menos que se tratasse de crime afiançável, de reduzida incidência prática, quando então o julgamento era realizado mesmo sem a presença do acusado (§ 1º, do revogado art. 451). Sendo inafiançável o delito, era impossível o julgamento do réu à sua revelia, segundo entendimento que sempre prevaleceu na doutrina e que recebia apoio, inclusive, do STF (HC 71.923-6-PE, *DJU* de 24.2.95, p. 3.678), que considerou *indispensável* a presença do réu em plenário. Cabia, nesse caso, a decretação de sua prisão preventiva, ainda conforme entendimento da mais alta Corte do país (*RT* 542/443).

A reforma de 2008 inovou nesse sentido, já que o réu "poderá exercer a faculdade de não-comparecimento como um corolário lógico do direito ao silêncio constitucionalmente assegurado", no dizer de Rui Stoco (ob. cit., p. 218). Remetemos o leitor, nesse tema, ao item acima *intimação da pronúncia*, quando dos comentários tecidos ao art. 420 do código.

Trata-se, contudo, de regra que não escapou à crítica da doutrina, formulada à época, ainda, da discussão do anteprojeto. Nesse sentido é a lúcida lição de Kai Ambos e Fauzi Hassan Choukr, ao salientarem que "a opção pela possibilidade da ausência do réu vai de encontro à tradição do direito pátrio que a admitia apenas nas hipóteses dos crimes afiançáveis, o que tornava seu emprego prático escasso. No entanto, algumas ponderações no tocante às justificativas apresentadas para o texto merecem ser feitas. Num primeiro plano é de ser questionada a propalada sinonímia entre direito ao silêncio e possibilidade de ausência que, se levada ao limite, pode acarretar o puro e simples escanteamento do réu da ciência da relação processual. Outrossim, estimular a ausência do réu significa diminuir a possibilidade do exercício da auto-defesa que, ao lado da defesa técnica, formam o sustentáculo de uma participação efetiva na relação jurídica de direito processual. Ainda, deve ser sempre lembrado que é o corpo de jurados o juiz natural dos crimes dolosos contra a vida e que a sessão de julgamento é o primeiro (e único) momento em que o acusado pessoalmente se fará conhecer (e conhecerá) pelos seus julgadores [...] Há nesse tratamento legislativo projetado a preocupante possibilidade do acusado ser submetido a um julgamento sem o contato direto com o juiz natural da causa. Ainda que se argumente que tal pode se dar no rito perante o juiz monocrático (ex.: réu citado e que espontaneamente não comparece para os atos processuais) a situação perante o júri popular é substancialmente diferente pela própria natureza da estrutura valorativa e procedimental que ornamentam a participação popular na administração da Justiça" (ob. cit., pp. 111-2).

Sem embargo da profundidade da crítica, optou o legislador por trilhar outro caminho. Assim, a ausência do réu solto, qualquer que seja o motivo, não mais determina o adiamento do Júri, conforme se conclui da redação do *caput* do art. 457 do CPP. Torna-se, portanto, facultativa sua presença, pouco importando se afiançável ou inafiançável o delito a ser julgado. Pareceu um tanto rigorosa essa inovação. Ora, se o réu solto se ausenta, mas justifica sua falta (por inúmeros motivos: doença, um acidente, um problema no meio de transporte que o impediu de chegar a tempo, etc.), o mais razoável seria o adiamento da sessão, na medida em que é direito do acusado acompanhar o julgamento, para que possa, interrogado, dar sua versão dos fatos, conhecer as provas produzidas em plenário, comunicar-se com o defensor, enfim exercer em sua plenitude o direito de defesa. A realização do Júri, ante a ausência justificada do réu, afronta esses princípios, o que torna, sob esse aspecto, discutível a constitucionalidade do art. 457.

Já se o réu estiver solto e não justificar sua ausência previamente ao Juiz, nos termos previstos no § 1°, do art. 457, o plenário deve ser realizado.

Ausência do assistente – O assistente de acusação, caso não esteja habilitado nos autos, conforme já ressaltamos, pretendendo atuar em plenário, deve requerer nesse sentido, fazendo-o com antecedência mínima de cinco dias da realização do julgamento, na exata dicção do atual art. 430 do CPP. Antes esse prazo era mais reduzido, de três dias, nos termos do antigo parágrafo único, do art. 447 do CPP.

> **ATENÇÃO** – Vale salientar que a ausência do advogado do assistente de acusação, qualquer que seja o motivo, não é causa para adiamento da sessão (art. 457), desde que regularmente intimado do julgamento. Nesse sentido a jurisprudência anterior à reforma (*RT* 447/339). Parece um tanto rigorosa essa disposição. Melhor seria que, ausente o advogado do assistente, mas por uma razão plenamente justificável, fosse adiado o julgamento.

Ausência do advogado do querelante – Como alertado antes, é possível, embora raríssimo na prática, que o procedimento do Júri se deflagre por meio de queixa (ação penal privada subsidiária) ou por denúncia em conjunto com queixa-crime (conexão entre dois crimes, um de ação penal pública e outro de ação penal privada).

A ausência do advogado do querelante, que a legislação primitiva denominava *acusador particular* (antigo art. 451), não é causa de adiamento do Júri, conforme dispõe a nova redação do art. 457 do CPP.

Contudo, sugerimos cautela na sua leitura e conclusão. Tratando-se de ausência justificada, o adiamento não parece descabido. Apenas quando injustificada, assumindo o promotor de Justiça a acusação no primeiro caso ocorrendo a perempção no segundo.

§ 2º Se o acusado preso não for conduzido, o julgamento será adiado para o primeiro dia desimpedido da mesma reunião, salvo se houver pedido de dispensa de comparecimento subscrito por ele e seu defensor. (Incluído pela Lei nº 11.689, de 2008)

Ausência do réu preso – Para o acusado preso e inspirado nos mesmos fundamentos invocados quando da análise, acima, da ausência do réu solto, a redação do § 2°, do art. 457, torna também facultativa sua presença. Optando, porém, pela ausência, deve ser elaborado expresso pedido de dispensa, firmado pelo próprio réu e por seu advogado. Procurou-se, assim, cercar de maior segurança essa opção do réu preso: é facultativa sua presença, mas somente será válida sua manifestação nesse sentido desde que o pedido de dispensa preencha as cautelas acima elencadas. Note-se que a lei exige que o pedido de dispensa seja assinado pelo réu *e* por seu defensor, vale dizer, por ambos conjuntamente e não apenas por um deles apenas. Impasse decerto surgirá na hipótese na qual o réu preso, por motivos que não importam, se recuse a comparecer em plenário, firmando declaração nesse sentido, mas que o advogado, entendendo fundamental essa presença, por estratégia defensiva, insista em tal comparecimento. Subsistirá a vontade do réu que, maior interessado no deslinde da causa, abriu mão, espontaneamente, de comparecer em plenário ou, ao contrário, prevalecerá a manifestação do defensor que, técnico, se mostra capaz de analisar, com conhecimento, a relevância dessa presença e os efeitos nefastos que a ausência do acusado pode acarretar no espírito dos jurados leigos (fato que, certamente, será explorado pela acusação durante os debates)?

Como tentativa de se encontrar uma boa saída para a questão, poderia ser invocado um raciocínio semelhante com o enunciado da Súmula 705 do STF, cujo verbete é o seguinte: "A renúncia do réu ao direito de apelação, manifestada sem a assistência do defensor, não impede o conhecimento da apelação por este interposta". A lição jurisprudencial, plasmada por meio de súmula da mais alta Corte do país, deixa evidente que no eventual conflito entre a vontade do réu (leigo) e a intenção do defensor (técnico), deve prevalecer esta última. É o posicionamento que, à primeira vista, parece mais correto. Todavia, não se pode negar, por outro lado, o quanto seria desastroso para a defesa a presença do réu em plenário contra sua vontade, por insistência do defensor. Aliás, se imporia, no caso, sua condução coercitiva, já que, de início, afirmou que não compareceria. Lembremos que os jurados são leigos e, por isso mesmo, facilmente influenciados por detalhes que, na maioria das vezes, guardam pouca relevância com a prova dos autos. Tão nociva à defesa será a contrariada presença do acusado preso como sua ausência, que, sem exigir maior habilidade, pode ser invocada pela acusação, como forma de se esquivar da responsabilidade, em argumentação que, seguramente, calará no espírito do jurado.

De qualquer sorte, sem olvidar a dificuldade de se cogitar de uma solução que contemple ambos os interesses, parece que deva mesmo prevalecer, nesse caso, a vontade do réu. Tendo optado por abrir mão do direito de autodefesa que lhe é inerente, deixando espontaneamente, por isso, de comparecer ao julgamento, deverá ser realizado o Júri, sem que haja lugar para que o defensor insista na presença do acusado. Eventual condução coercitiva do réu fere o espírito da reforma, cujo objetivo foi de tornar facultativa sua presença em plenário, "como corolário lógico do direito ao silêncio constitucionalmente assegurado", na observação de Rui Stoco (*Tribunal do Júri e o projeto de reforma de 2001*, Revista Brasileira de Ciências Criminais, RT: São Paulo, ano 9, nº 36, out-dez 2001, p. 218). Consigne-se, aliás, nessa linha de raciocínio, o ensinamento de José Francisco de Fyschinger e Rodrigo Oliveira de Camargo, em artigo publicado no Boletim do IBCCrim nº 187, de junho de 2008, p. 16, para quem "em observância ao princípio *nemo tenetur se degetere*, não se pode submeter o acusado preso a uma intervenção, mesmo que da natureza do deslocamento para o local de audiência, sem o seu prévio consentimento. Em outras palavras, não pode sofrer nenhum prejuízo jurídico, ou até mesmo corporal, por omitir-se de colaborar em uma atividade probatória da acusação por exercer seu direito de silêncio quando do interrogatório" (*A condução coercitiva para o ato do interrogatório do acusado preso e o constitucional direito da defesa pessoal negativa*).

Não havendo pedido de dispensa, eventual ausência do réu preso (por razões, v.g., como a falha administrativa em sua condução até o plenário ou a greve deflagrada por servidores públicos que impediu tal transporte) é causa para o adiamento do julgamento, nos termos do mesmo dispositivo legal.

Condução coercitiva do acusado - no ano de 2019, o STF publicou o acórdão da decisão proferida nas ADPFs 395 e 444, nas quais se questionou a constitucionalidade da condução coercitiva para interrogatório. O STF considerou procedente o pleito em julgamento. Aprofundamos o assunto nos comentários ao art. 186 do CPP.

JURISPRUDÊNCIA

Ausência do réu solto

"Pela atual redação do art. 457, caput, do Código de Processo Penal a ausência do réu (solto) à sessão do Júri não é motivo para adiar o julgamento. Na espécie, a defesa técnica já tinha conhecimento do dia em que seria o Júri realizado e o réu foi intimado com tempo suficiente para se deslocar até a comarca onde foi o ato realizado. Não o fazendo, não pode suscitar nulidade que, em tal caso, se apresenta desarrazoada" (STJ – HC n° 186396-PB, Rel. Maria Thereza de Assis Moura, j. 21.03.2013, DJe 02.04.2013).

"O paciente possuía ciência da ação que lhe era movida, pois foi citado e, posteriormente, intimado da decisão de pronúncia, pessoalmente. Sendo opção do réu participar ou não da sessão de julgamento perante a Corte Popular e possuindo o paciente plena ciência da ação penal em curso, pois citado e intimado pessoalmente da pronúncia, não há falar em violação à garantia da plenitude de defesa. À época do julgamento, o paciente se encontrava em lugar incerto e não sabido – com mandado de prisão expedido em seu desfavor – fato que justificou sua intimação por edital para a sessão do Tribunal do Júri, não se verificando qualquer mácula em tal Procedimento" (STJ – HC n° 216684-MS, Rel. Jorge Mussi, j. 18.09.2012, DJe 03.10.2012).

Art. 458. Se a testemunha, sem justa causa, deixar de comparecer, o juiz presidente, sem prejuízo da ação penal pela desobediência, aplicar-lhe-á a multa prevista no § 2º do art. 436 deste Código. (Redação dada pela Lei nº 11.689, de 2008)

Desobediência – A falta da testemunha, sem a oferta de qualquer escusa, nos termos deste dispositivo, configura, em tese, o crime de desobediência, previsto no art. 330 do Código Penal. Para tanto, por óbvio, é necessário que a falta seja imotivada. Havendo razão para a ausência (mal súbito, acidente de trânsito no trajeto, morte de algum familiar, etc.), não se cogitará da prática de nenhum crime e, tampouco, da imposição de multa. Determinará, ainda, a imposição de multa, no valor de 1 a 10 salários mínimos, segundo sua condução econômica (v. § 2°, do art. 436 do CPP).

Art. 459. Aplicar-se-á às testemunhas a serviço do Tribunal do Júri o disposto no art. 441 deste Código. (Redação dada pela Lei nº 11.689, de 2008)

Proibição de desconto – A exemplo do que ocorre com o jurado, "nenhum desconto será feito nos vencimentos ou salário" da testemunha que, atendendo ao chamamento judicial, compareceu a Juízo (pouco importando, aqui, se foi ou não ouvida).

Art. 460. **Antes de constituído o Conselho de Sentença, as testemunhas serão recolhidas a lugar onde umas não possam ouvir os depoimentos das outras. (Redação dada pela Lei nº 11.689, de 2008)**

Separação das testemunhas – Parece óbvio que cada uma das testemunhas deva ser ouvida separadamente em audiência, a fim de que umas não saibam do teor dos depoimentos das outras, garantindo-se, assim, maior fidelidade na colheita da prova, que deve, na medida do possível, se aproximar o quanto mais da realidade. Repete-se, aqui, a redação do art. 210 do código, que trata mais especificamente da prova testemunhal.

O parágrafo único, do art. 210, dispõe que "antes do início da audiência e durante a sua realização, serão reservados espaços separados para a garantia da incomunicabilidade das testemunhas". Esse dispositivo, conquanto não repetido neste capítulo, tem plena aplicação também no júri. É que ele tem por objetivo preservar, de um lado, a incomunicabilidade das testemunhas e, de outro, sua própria segurança, embora, é verdade, a lei não faça expressa menção quanto a este último aspecto. Não seria salutar, assim, que em um mesmo ambiente permanecessem as testemunhas de defesa (por vezes um comparsa inimputável do réu ou um parente seu), juntamente com as testemunhas de acusação (o policial responsável pela prisão, um vizinho que a tudo assistiu). Mas eventual quebra dessa incomunicabilidade configurará nulidade relativa, a depender, portanto, de arguição oportuna e da demonstração do prejuízo advindo dessa omissão.

Art. 461. **O julgamento não será adiado se a testemunha deixar de comparecer, salvo se uma das partes tiver requerido a sua intimação por mandado, na oportunidade de que trata o art. 422 deste Código, declarando não prescindir do depoimento e indicando a sua localização. (Redação dada pela Lei nº 11.689, de 2008)**

§ 1º Se, intimada, a testemunha não comparecer, o juiz presidente suspenderá os trabalhos e mandará conduzi-la ou adiará o julgamento para o primeiro dia desimpedido, ordenando a sua condução. (Incluído pela Lei nº 11.689, de 2008)

§ 2º O julgamento será realizado mesmo na hipótese de a testemunha não ser encontrada no local indicado, se assim for certificado por oficial de justiça. (Incluído pela Lei nº 11.689, de 2008)

Ausência da testemunha – Ausentando-se a testemunha, arrolada com cláusula de imprescindibilidade, cumpre ao juiz, em aplicação ao disposto no atual § 1º, do art. 461 do CPP, determinar sua condução coercitiva, podendo, ainda, adiar o julgamento "para o primeiro dia desimpedido, ordenando a sua condução".

É possível, no entanto, que haja *justa causa* para a ausência da testemunha. Nesse caso, duas alternativas se abrem: se ela foi arrolada com cláusula de imprescindibilidade e intimada por mandado, o juiz deve, inicialmente, tentar sua condução coercitiva. Infrutífera tal diligência, o julgamento será adiado para o primeiro dia desimpedido. Agora, se ao arrolar a testemunha a parte deixou de requerer sua intimação por mandado e não apontou ser imprescindível sua oitiva, conforme previsto no *caput* do art. 461, o julgamento será realizado a despeito da falta, não cabendo, nesse caso, qualquer adiamento. É a leitura que se faz do art. 461 e seu § 1°, do CPP.

No segundo julgamento, realizado por força do adiamento acima referido, tem incidência o § 2°, do art. 461: não sendo encontrada a testemunha, conforme certificado pelo oficial de justiça, o júri será realizado.

ATENÇÃO - A testemunha residente fora da comarca, se arrolada, face ao conhecido posicionamento jurisprudencial, não tem o dever de comparecer. Para esses casos, o projeto de lei que deu ensejo a reforma de 2008, inovara, como consta pela leitura do parágrafo único, do art. 422, da redação original, prevendo a oitiva da testemunha por carta precatória, que deveria ser juntada aos autos com antecedência de, no mínimo, cinco dias úteis da realização do plenário. Havendo pedido das partes e dos jurados, seria possível a leitura do teor dessa precatória em plenário, na exata dicção do § 3°, do art. 473 do CPP. Tal salutar medida, porém, foi alterada pelo Senado Federal, sob o argumento de que "poderia se consubstanciar em causa de adiamento do julgamento por tempo indefinido, bastando, para tanto, o arrolamento de testemunha em locais distantes e de difícil cumprimento de cartas precatórias". A sugestão foi acolhida na votação da Câmara e, com isso, ficou de fora da redação final do texto. Manteve-se, assim, a disciplina da matéria conforme previsto na legislação anterior, ou seja, não é obrigatório o comparecimento da testemunha ouvida por precatória, por maior relevância que tal depoimento possa exprimir.

JURISPRUDÊNCIA

Ausência da testemunha não é causa de nulidade, ainda que arrolada com caráter de imprescindibilidade

"Nos termos dos § § 1º e 2º do artigo 461 do Código de Processo Penal, não há nulidade do julgamento pelo Tribunal do Júri quando a testemunha arrolada com caráter de imprescindibilidade não é inquirida por não haver sido encontrada no endereço constante dos autos. Precedentes. Na espécie, embora a testemunha tenha sido arrolada com cláusula de imprescindibilidade, foi intimada e não compareceu ao julgamento, tendo a magistrada singular suspendido a sessão para que o oficial de justiça a conduzisse coercitivamente, não tendo sido ela encontrada no endereço declinado no processo, o que afasta a mácula suscitada na impetração" (STJ – HC n. 282691-SP, Rel. Leopoldo de Arruda Raposo, j. 06.08.2015, DJe 18.08.2015).

Art. 462. Realizadas as diligências referidas nos arts. 454 a 461 deste Código, o juiz presidente verificará se a urna contém as cédulas dos 25 (vinte e cinco) jurados sorteados, mandando que o escrivão proceda à chamada deles. (Redação dada pela Lei nº 11.689, de 2008)

Art. 463. Comparecendo, pelo menos, 15 (quinze) jurados, o juiz presidente declarará instalados os trabalhos, anunciando o processo que será submetido a julgamento. (Redação dada pela Lei nº 11.689, de 2008)

§ 1º O oficial de justiça fará o pregão, certificando a diligência nos autos. (Incluído pela Lei nº 11.689, de 2008)

§ 2º Os jurados excluídos por impedimento ou suspeição serão computados para a constituição do número legal. (Incluído pela Lei nº 11.689, de 2008)

Abertura do julgamento – Após a realização das diligências relacionadas nos arts. 454 a 461, acima analisadas, o juiz presidente procede à abertura do julgamento, regido pelos arts. 462 e ss., do código.

Com efeito, verifica, na urna própria, a existência de 25 cédulas com os nomes de todos os jurados sorteados. Conforme já salientamos, a atual redação do art. 462 aumentou o número de jurados de que compõem o Tribunal do Júri, passando-se dos 21 anteriormente previstos pelo revogado art. 433, para os atuais 25.

O juiz determina, em seguida, que o escrivão promova a chamada dos jurados, cumprindo a cada um se identificar assim que mencionado seu nome. Verificando a presença de, pelo menos, 15 jurados, o juiz presidente instala a sessão, ordenando, ainda, que seja feito o pregão.

§ 1º O oficial de justiça fará o pregão, certificando a diligência nos autos. (Incluído pela Lei nº 11.689, de 2008)

Pregão – É o chamamento, em voz alta, feito pelo oficial de justiça, que deverá certificar a respeito. No cotidiano forense por vezes é dispensado, eis que as partes (promotor, defensor, assistente), já se instalaram, via de regra, no plenário, cada uma ocupando seu lugar. As testemunhas, por seu turno, se encontram em uma sala própria, isoladas (art. 460), sem que haja qualquer necessidade de seu chamamento. E o réu já se encontra no recinto, em sala isolada ou mesmo no plenário. Sua falta, em nossa compreensão, configura mera irregularidade ou, quando muito, nulidade relativa, na improvável comprovação do prejuízo advindo da ausência do pregão.

> **ATENÇÃO** – Relevante observar, porém, que as nulidades ocorridas após a pronúncia devem ser arguidas, sob pena de preclusão, nesse instante, isto é, logo depois de apregoadas as partes, nos termos do inc. V, do art. 571 do código. Demais disso, menção ao pregão deve ser feita na ata de julgamento, na letra do art. 495, inc. VIII do CPP.

§ 2º Os jurados excluídos por impedimento ou suspeição serão computados para a constituição do número legal. (Incluído pela Lei nº 11.689, de 2008)

***Quorum* mínimo** – Repete-se, aqui, a redação do art. 451 do código, ao qual remetemos o leitor.

Art. 464. Não havendo o número referido no art. 463 deste Código, proceder-se-á ao sorteio de tantos suplentes quantos necessários, e designar-se-á nova data para a sessão do júri. (Redação dada pela Lei nº 11.689, de 2008)

Art. 465. Os nomes dos suplentes serão consignados em ata, remetendo-se o expediente de convocação, com observância do disposto nos arts. 434 e 435 deste Código. (Redação dada pela Lei nº 11.689, de 2008)

Mínimo de 15 jurados – Não se contando, porém, com esse número mínimo de 15 jurados, deve ser designada nova data para a sessão do Júri (art. 464). Inviável, aqui, conforme já decidiu o STF (ao tempo da legislação anterior), se pretender aproveitar jurados convocados de outro plenário, quando não atingido o número mínimo de jurados necessários para a instalação da sessão. Nesse sentido: "Dada a relevância para as partes do conhecimento prévio dos jurados convocados para a sessão do Júri e que, assim, poderão compor o Conselho de Sentença, é de observância imprescindível o art. 442 C.Pr.Penal, segundo a qual a instalação da sessão depende do comparecimento de pelo menos 15 jurados, *quorum* que, se não atingido, implica nova convocação para o dia útil imediato. Daí que, não alcançando o quorum legal entre os convocados para determinado julgamento, é inadmissível, para atingi-lo a chamada de jurados incluídos na lista convocada para outros julgamentos previstos para a mesma data em diferentes *plenários* do mesmo Tribunal do Júri" (HC 88.801-SP, Rel. Min. Sepúlveda Pertence, j. 6.6.2006, Diário da Justiça nº 173 de 8.9.2006).

Assim, não atingido o número mínimo de 15 jurados, deve ser adiado o julgamento, procedendo-se, ainda, ao sorteio dos suplentes (art. 464). A forma de convocação do suplente é a mesma preconizada para o jurado, prevista no art. 434. Seus nomes também serão afixados na porta do edifício do Tribunal do Júri (art. 435), tudo conforme determinado pelo art. 465.

ATENÇÃO – Segundo o Superior Tribunal de Justiça, no n. 75, de sua *Jurisprudência de Teses*: "A complementação do número regulamentar mínimo de 15 jurados por suplentes de outro plenário do mesmo Tribunal do Júri, por si só, não enseja nulidade do julgamento" (tese n. 5).

JURISPRUDÊNCIA

Jurado tomado de empréstimo de outro plenário. Possibilidade

"No presente caso, não se falar em nulidade, pois o aresto hostilizado é firme no sentido de que "não há qualquer nulidade absoluta no empréstimo de jurados do mesmo juízo para que se complete o número mínimo exigido em lei" estando tal entendimento em consonância com a jurisprudência deste Tribunal Superior." (STJ – AgRg no AREsp 1791869 / SP, 5ª Turma, Rel. Reynaldo Soares da Fonseca, j. 09/03/21)

Número mínimo de jurados

"Instaurada a sessão plenária com o número de jurados legalmente exigido, é desinfluente a posterior dispensa de jurados em quantidade que não impede o direito de recusa das partes e a correta formação do Conselho de Sentença. Possíveis irregularidades havidas no sorteio dos jurados, por constituírem nulidade relativa, devem ser arguidas em momento oportuno, sob pena de preclusão" (STJ –HC nº 217542-MT, Rel. Og Fernandes, j. 20.08.2013, DJe 06.09.2013).

Art. 466. **Antes do sorteio dos membros do Conselho de Sentença, o juiz presidente esclarecerá sobre os impedimentos, a suspeição e as incompatibilidades constantes dos arts. 448 e 449 deste Código. (Redação dada pela Lei nº 11.689, de 2008)**

§ 1º O juiz presidente também advertirá os jurados de que, uma vez sorteados, não poderão comunicar-se entre si e com outrem, nem manifestar sua opinião sobre o processo, sob pena de exclusão do Conselho e multa, na forma do § 2º do art. 436 deste Código. (Redação dada pela Lei nº 11.689, de 2008)

§ 2º A incomunicabilidade será certificada nos autos pelo oficial de justiça. (Redação dada pela Lei nº 11.689, de 2008)

Esclarecimento sobre impedimento, suspeição e incompatibilidade – Antes de realizar o sorteio, cabe ao juiz, na forma deste artigo, esclarecer aos jurados das causas de impedimento, suspeição e incompatibilidade, que já foram objeto de nossa análise (art. 448 do CPP). Cumpre ao jurado, nesse momento, identificando alguma causa capaz de retirar-lhe a imparcialidade, dentre as relacionadas em lei, comunicar o fato ao juiz. Nada impede, porém, que mais adiante, ao ser efetivamente sorteado (art. 467), o jurado o faça.

Quanto aos impedimentos do juiz togado, que se aplicam também ao jurado, nos termos do § 2º, do art. 448 do código, remetemos o leitor aos comentários tecidos a este dispositivo legal.

Será esse o momento oportuno, ainda, para que o juiz aprecie eventual justificativa para falta do jurado. Tais escusas são aquelas referidas no art. 443, ou seja, explicação que o jurado apresentou, geralmente por escrito, capaz de justificar sua ausência. Por exemplo, um atestado médico, levado por terceiro, dando conta de grave doença que acomete o jurado. Quando possível, devem ser apresentadas no momento em que se procede à chamada do jurado. Quando não, dentro de prazo que, antes a omissão da lei, pode ser o de 48 horas previsto no revogado § 4º, do art. 443.

§ 1º O juiz presidente também advertirá os jurados de que, uma vez sorteados, não poderão comunicar-se entre si e com outrem, nem manifestar sua opinião sobre o processo, sob pena de exclusão do Conselho e multa, na forma do § 2º do art. 436 deste Código. (Redação dada pela Lei nº 11.689, de 2008)

§ 2º A incomunicabilidade será certificada nos autos pelo oficial de justiça. (Redação dada pela Lei nº 11.689, de 2008)

Incomunicabilidade – Na mesma oportunidade, o juiz advertirá os jurados quanto à incomunicabilidade que devem guardar durante todo o julgamento. Algo já foi visto a respeito quando tratamos, dentre os princípios que regem o Júri, do sigilo das votações. De forma que, assim que sorteado e aceito pelas partes, o jurado "se constitui juiz", no dizer de Firmino Whitaker, devendo, por isso, se conservar incomunicável, "podendo somente dirigir-se ao presidente por ofício ou em voz alta perante o público" (ob. cit., p. 21).

Ratio legis – A intenção do legislador foi de garantir um voto livre e espontâneo, fruto, exclusivamente, da consciência do jurado, imune a qualquer espécie de influências externas ou sugestionamentos espúrios, que, por certo, ocorreriam caso se autorizasse que, durante o julgamento, pudesse o julgador conversar livremente com seus pares ou com pessoas estranhas ao Conselho de Sentença.

É por isso mesmo que, em nosso sistema, não se admite que, uma vez suspenso o julgamento (dado ao adiantado da hora, por exemplo), possa o jurado tornar à sua casa. Ao contrário, em homenagem à incomunicabilidade, deve permanecer no prédio do Fórum, dormindo em local apropriado, fazendo suas refeições e atendendo suas necessidades ali mesmo, em situações que, não raras vezes, acarretam enorme transtorno e desconforto (v. art. 497, VIII). Mas, de qualquer sorte, são contratempos decorrentes do sistema de Júri adotado em nosso país e que impõe a incomunicabilidade entre os jurados. Antigas penalizações, previstas no revogado art. 458, § 1º e impostas ao jurado que quebrasse a incomunicabilidade (exclusão do Conselho de Sentença e pagamento de multa), foram revogadas na legislação atual.

Razoabilidade na interpretação do conceito de incomunicabilidade – Mas é preciso que se aplique de forma razoável esse preceito, a fim de coibir exageros em sua adoção, evitando o excessivo rigor naquilo que se interpreta como *incomunicabilidade*. Aliás, a própria lei não decreta uma incomunicabilidade absoluta ao permitir que o jurado formule perguntas diretamente ao ofendido e às testemunhas (art. 473, § 2º) e, por meio do juiz, ao réu (art. 474, § 2º), requeira acareações, reconhecimentos e esclarecimentos dos peritos (art. 473, § 3º), manifeste sua habilitação para o julgamento (art. 480, § § 1º e 2º), etc.

O que visa o legislador, em verdade, é impedir o jurado de exteriorizar o seu voto, influindo na convicção dos demais (*RT* 432/299). Isso não implica em se decretar um isolamento absoluto do jurado, a quem é permitido, com a fiscalização do Juiz, por exemplo, manter diálogo na sala secreta desde que a respeito de assunto alheio ao julgamento (*RT* 427/351), mesmo que seja com o advogado de defesa (*RT* 562/358).

Em interessante julgado, esclarecendo o alcance da previsão legal de incomunicabilidade, assim se manifestou o STJ: "A incomunicabilidade não é isolamento do jurado, vedado comentar o fato em julgamento. Simples telefonema, por si só, não é vedado, notadamente quando dado antes dos debates. Além disso, só acarreta nulidade demonstrado o prejuízo" (REsp 1.052-RS, Rel. Min. Luiz Vicente Cernicchiaro, j. 16.4.1991, *DJ* 6.5.1991, p. 5673). Mas já se entendeu de forma diversa, quanto ao telefonema (*RT* 581/299).

Também no STF a matéria foi ventilada, quando se tratou de interpretar de forma razoável a exata extensão do vocábulo *incomunicabilidade*, valendo que se confira: "Relativamente à segunda alegação, considerou-se que, de acordo com a ata da sessão de julgamento, o juiz-presidente suspendera a sessão durante 5 minutos para que os jurados comunicassem a terceiros que iriam participar do julgamento, sendo que as ligações teriam sido realizadas diante de todos os presentes na sessão, sem nenhuma referência ao processo por julgar. Ressaltou-se, também, que a incomunicabilidade dos jurados, nos termos do § 1º do art. 458 do CPP, não se revestiria de caráter absoluto, porquanto diria respeito apenas a manifestações atinentes ao processo" (AO nº 1047-RR – Rel. Joaquim Barbosa – *Informativo do STF* nº 490, de 26 a 30 de novembro de 2007).

De se ver, ainda, que a quebra da incomunicabilidade entre os jurados é causa de nulidade, conforme previsto no art. 564, III, *j*, do código. Não se exige, porém, a lavratura de um *termo de incomunicabilidade*, nem que ela seja certificada por oficial de justiça e conste da ata de julgamento (*RT* 735/559; *RSTJ* 89/460). Cumpre ao juiz, tornamos a salientar, velar pela incomunicabilidade entre os jurados e é por conta dessa incumbência que se critica o comportamento de alguns Magistrados que, de forma negligente, deixam o plenário por tempo exagerado, em ausência que impede qualquer fiscalização e que já deu causa, inclusive, à nulidade do julgamento (*RT* 452/350).

JURISPRUDÊNCIA

Comunicação permitida

"Não se constitui em quebra da incomunicabilidade dos jurados o fato de que, logo após terem sido escolhidos para o Conselho de Sentença, eles puderam usar telefone celular, na presença de todos, para o fim de comunicar a terceiros que haviam sido sorteados, sem qualquer alusão a dados do processo. Certidão de incomunicabilidade de jurados firmada por oficial de justiça, que goza de presunção de veracidade. Desnecessidade da incomunicabilidade absoluta. Precedentes. Nulidade inexistente" (STF – AO nº 1047-RO, Rel. Joaquim Barbosa, j. 28.11.2007, DJe 11.04.2008).

"A garantia da incomunicabilidade entre os jurados relaciona-se à decisão propriamente dita, referindo-se às opiniões sobre o mérito da causa, evitando-se qualquer espécie de pressão sobre a deliberação do Conselho de Sentença. Na espécie, o pronunciamento do jurado, além de não guardar nenhuma pertinência com os fatos do processo, em nada prejudicou o convencimento dos seus pares, inexistindo teratologia a ser sanada. Precedente" (STJ – HC nº 168620-SP, Rel. Marco Aurélio Bellizze, j. 25.06.2013, DJe 01.07.2013).

Irregularidades no sorteio devem ser arguidas desde logo

"As eventuais irregularidades havidas no ato de sorteio de jurados e de convocação de suplentes devem ser concebidas como nulidades relativas, que merecem ser levantadas no momento oportuno, qual seja, antes da sessão de julgamento pelo Tribunal do Júri, sob pena de preclusão, o que não ocorreu no caso concreto, conforme se depreende do trecho transcrito do acórdão ora combatido" (STJ – HC nº 127207-SP – Rel. Adilson Vieira Macabu, j. 06.12.2011, DJe 25.05.2012).

Art. 467. **Verificando que se encontram na urna as cédulas relativas aos jurados presentes, o juiz presidente sorteará 7 (sete) dentre eles para a formação do Conselho de Sentença. (Redação dada pela Lei nº 11.689, de 2008)**

Art. 468. **À medida que as cédulas forem sendo retiradas da urna, o juiz presidente as lerá, e a defesa e, depois dela, o Ministério Público poderão recusar os jurados sorteados, até 3 (três) cada parte, sem motivar a recusa. (Redação dada pela Lei nº 11.689, de 2008)**

Parágrafo único. O jurado recusado imotivadamente por qualquer das partes será excluído daquela sessão de instrução e julgamento, prosseguindo-se o sorteio para a composição do Conselho de Sentença com os jurados remanescentes. (Incluído pela Lei nº 11.689, de 2008)

Sorteio dos jurados e recusas – Transposto o art. 466, passa-se ao sorteio dos sete jurados que formarão o Conselho de Sentença, conforme previsto neste dispositivo. A reforma manteve o número de sete jurados, que é da tradição do nosso Tribunal do Júri, embora com a advertência de José Frederico Marques, no sentido de que, em outros países, se opta, quase sempre, por um número par de jurados, "para que as decisões condenatórias sejam mais difíceis por exigirem sempre uma diferença mínima de dois votos. O número tradicional é, aliás, doze" (*O Júri no Direito brasileiro*, São Paulo: Saraiva, 1955, 2ª. ed., p. 61).

Recusas motivadas – No art. 468 trata o código das recusas. Elas podem ser *motivadas* ou *imotivadas*, estas últimas também conhecidas como *peremptórias*. A recusa motivada é aquela que advém da suspeição, do impedimento ou da incompatibilidade dos jurados. Assim, se por acaso o promotor de Justiça percebe que o irmão do réu foi sorteado, não tendo ele espontaneamente se dado por impedido para funcionar como jurado, cabe à acusação suscitar o impedimento, na forma prevista no art. 106, ou seja, oralmente, assim que realizado o sorteio. Há, nesse caso, uma recusa motivada, pela qual não se aceita a participação do jurado no Conselho de Sentença. O juiz deve julgar de plano a recusa que, desacolhida, dá ensejo ao prosseguimento do julgamento (art. 470) e, se acolhida, impõe o sorteio de outro jurado.

Recusas imotivadas ou peremptórias – Como o nome indica, é aquela que pode ser manejada independentemente de qualquer fundamentação. Aqui não se exige uma razão, como na recusa motivada, em que a lei relaciona os casos em que ela é cabível. Basta a singela manifestação da acusação e da defesa. Assim, sorteado o jurado (é de praxe que se levante) e lido seu nome em voz alta, pode primeiro a defesa e depois a acusação, recusá-lo, em número máximo de três. De se ver que o limite máximo de três recusas, previsto no artigo em exame, diz respeito às recusas imotivadas. Havendo motivo para a recusa, nas hipóteses de suspeição, impedimento ou incompatibilidade, a parte interessada poderá recusar quantos jurados entender pertinente, cabendo ao juiz julgar, de plano, a exceção (art. 470).

Críticas à recusa peremptória – Há quem critique a possibilidade de recusa do jurado sem qualquer motivação. É famosa uma crônica da lavra de Olavo Bilac, publicada no *Correio Paulistano* de 2 de dezembro de 1907, na qual ele relata a agrura do jurado que, sem qualquer explicação, é recusado por uma das partes. Diz o poeta que "não há figura mais triste, mais desajeitada, mais vexada do que a de um jurado que, chamado pelo presidente do Tribunal e pondo-se a caminho do seu posto, é detido no meio da sala por um seco e insultuoso – recuso! – proferido pelo promotor público ou pelo defensor do réu. Por que me não aceita como jurado o defensor de um acusado? Por que sou um homem sério e verdadeiro, que é incapaz de dizer que é um anjo um patife que tem as mãos sujas de sangue humano? Mas é de seriedade e sinceridade de que mais se precisa ali! E por que recusa o meu auxílio o acusador desse mesmo acusado? Por que sou um homem justo e tolerante, incapaz de condenar um inocente, ou pelo simples prazer de fazer mal, carregar a mão no julgamento de um pobre diabo, que muitas vezes só foi preso e só é julgado porque é pobre e humilde? Mas o papel de jurado não é papel de algoz e o sentimento de justiça não é incompatível com o sentimento de humildade! ... Em quaisquer dos casos, devo ter o direito de saber por que é que sou recusado" (*apud* Espínola Filho, ob. cit. 412).

Posição favorável à recusa peremptória – A maioria da doutrina, porém, se posiciona no sentido de que é salutar a possibilidade de recusa do jurado sem qualquer espécie de justificação, como na clássica lição de Ruy Barbosa: "O direito à recusação peremptória é ingênito ao júri e dele inseparável. Nasceu com a instituição, com ela existiu sempre, e, a ela inerente, a acompanha por toda a parte. Para mostrar como este direito constitui um dos elementos primários dessa entidade, a que ponto entre, por assim dizer, no seu plasma orgânico, bastará notar que, realizando-se ela conforme os povos que a adotaram, em dois tipos, distintos a vários respeitos, o britânico e o francês, num e noutro se manteve com a mesma amplitude e a mesma irrecusabilidade, esse caráter, essa raiz comum, que os irmana..." (*apud* César de Faria Júnior, *Ruy Barbosa, o júri e a responsabilidade penal dos juízes (o crime de hermenêutica)*, Revista Brasileira de Ciências Criminais, nº 34, abril-junho 2001, p. 273).

A propósito, à época em que elaborada a crônica de Bilac, no início do século passado, decerto que a recusa acarretava inegável desconforto ao jurado. Nos dias de hoje, contudo, com a banalização do Júri e seu inegável declínio, é comum que o próprio jurado, pouco antes do sorteio, se acerque do promotor de justiça e do defensor pedindo para ser recusado, invocando os mais diversos *problemas particulares* que o impediriam de atuar no Conselho de Sentença. É nítida, aliás, a sensação de alívio e conforto que o jurado expressa quando recusado, pois vislumbra no Júri, na maioria das vezes, um trabalho enfadonho, para o qual não se acha preparado a enfrentar. O que outrora era motivo de honra, capaz de distinguir o jurado entre seus pares na sociedade, hoje, para maioria deles, não passa de tarefa desimportante, que rouba seu tempo, prejudica suas atividades profissionais e, não raras vezes, sobretudo em pequenas cidades, o incompatibiliza com familiares e amigos do réu ou da vítima. De tal forma que, atualmente, é motivo de comemoração o jurado constatar haver terminado o sorteio, sem que ele tenha sido escolhido, tamanho o desprestígio que o júri, por motivos já expostos, experimenta.

De outro lado, há situações que, embora não se encaixando entre as hipóteses de suspeição e impedimento elencadas pelo código, podem perfeitamente interferir na imparcialidade do Júri. Imagine-se o exemplo no qual o jurado é inimigo capital do advogado de defesa. Levando-se em conta que é taxativo o rol do art. 254 do CPP, a não admitir ampliação (*RT* 689/327), tem-se que essa inimizade não é causa de suspeição do juiz leigo (*RT* 706/314). Sendo assim, o defensor, em flagrante prejuízo ao réu, não poderia recusar o jurado, não fosse a possibilidade de fazê-lo independentemente de qualquer motivação.

Daí a oportuna observação do Marquês de São Vicente, ao salientar que "pode haver ódios, antipatias, ou fundadas, ou nascidas somente de prevenções, preconceitos que não se podem explicar, e menos provar, e que, entretanto, exerçam influência e impressões incômodas e aflitivas sobre o espírito do acusado, ou acusador. Podem haver motivos ocultos, que não se possam nem ao menos expressar, porque ofendam conveniências públicas, ou graves interesses. É por isso que a lei não obriga, e, até, proíbe expor as razões das recusações peremptórias; e certamente que o contrário fora reduzi-las aos únicos casos de suspeição e ilegitimidade, é destruir uma das condições que purificam e mais ilustram a instituição" (*apud*, Ruy Barbosa, *"O júri sob todos os aspectos"*, p. 127).

ATENÇÃO - Saliente-se que não se concede ao assistente do Ministério Público a possibilidade de recusar jurados, senão de sugerir ao promotor eventual negação, que poderá ser aceita ou não. Contudo, em hipótese apreciada pelo STJ, abaixo transcrita, considerou-se como relativa a nulidade decorrente de recusa manifestada pelo assistente. Da mesma forma, se iniciado o processo através de queixa, na ação penal privada subsidiária da pública (art. 29 do CPP), apenas o querelante poderá exercer o direito de recusa e não o promotor.

JURISPRUDÊNCIA

Recusa peremptória pelo assistente. Nulidade relativa

"Assevera-se a existência de violação ao princípio da igualdade das partes, mas sequer pode-se valer dessa garantia, vez que as defesas juntas recusaram cinco e a acusação também cinco no total. Ainda que a d. Procuradoria-Geral de Justiça opine pelo acolhimento da preliminar, e, de consequência, a realização de novo júri, diante de alegado malferimento do procedimento com a participação da figura supletiva do Assistente de Acusação nas recusas peremptórias, a questão comporta mera irregularidade alcançada pela preclusão, nos termos do art. 571, VIII, c.c, art. 572, do CPP. (...) Dispõe o art. 566 do CPP: 'Não será declarada a nulidade de ato processual que não houver influído na apuração da verdade substancial ou na decisão da causa'. Diga-se, ademais, que fora formado um único Conselho de Sentença para três acusados, cada qual com a sua defesa, cabendo-lhes 3 recusas peremptórias, cada, nos termos do 468 do CPP [...] Outrossim, possíveis irregularidades havidas no sorteio dos jurados, por constituírem nulidade relativa, devem ser arguidas em momento oportuno, sob pena de preclusão. Na espécie, consoante se depreende do excerto transcrito da ata, não houve manifestação da defesa acerca da recusa dos jurados pelo assistente de acusação e pelo Ministério Público no momento próprio, razão pela qual está preclusa a matéria. Ademais, em tema de nulidades, vige o princípio *pas de nullité sans grief* (art. 563 do CPP), cabendo ao interessado demonstrar objetivamente o prejuízo suportado pelo ato que aponta como processualmente inválido, o que não ocorreu na hipótese" (STJ – HC nº 217542-MS – Rel. Og Fernandes, j. 20.08.2013).

Art. 469. Se forem 2 (dois) ou mais os acusados, as recusas poderão ser feitas por um só defensor. (Redação dada pela Lei nº 11.689, de 2008)

§ 1º A separação dos julgamentos somente ocorrerá se, em razão das recusas, não for obtido o número mínimo de 7 (sete) jurados para compor o Conselho de Sentença. (Incluído pela Lei nº 11.689, de 2008)

§ 2º Determinada a separação dos julgamentos, será julgado em primeiro lugar o acusado a quem foi atribuída a autoria do fato ou, em caso de co-autoria, aplicar-se-á o critério de preferência disposto no art. 429 deste Código. (Incluído pela Lei nº 11.689, de 2008)

Recusas em caso de mais de um réu – O dispositivo em exame disciplina as recusas quando no julgamento houver mais de um réu. Sendo um único defensor para vários réus, o número de recusas não se aumenta, isto é, o advogado somente poderá recusar, sem motivação, três jurados. Se, no entanto, os réus são defendidos por advogados distintos, é possível, mediante prévio acordo entre eles, que apenas um tenha a incumbência de realizá-las, quando será mantido o número máximo de três recusas. É o que se extrai do vocábulo *poderão*, empregado no artigo em análise, a indicar que se trata de mera faculdade, vale dizer, se concordes os defensores, apenas um se incumbirá das recusas. Não havendo tal ajuste, cada defensor poderá exercer, de *per si*, seu direito de recusa.

Nesse caso, aceito o jurado por um réu, negado por outro e, por fim, aceito pela acusação, o julgamento não mais será desmembrado, como ocorria no regime anterior à reforma de 2008. É que, antes, o jurado somente seria excluído, havendo mais de um réu, se todos o recusassem ou se, apenas um recusasse, o promotor também o fizesse. Do contrário, aquele réu que expressou sua recusa não poderia ser julgado por aquele conselho de sentença, forçando o desmembramento do julgamento. Agora, não mais. Recusado o jurado por qualquer dos defensores, estará automaticamente excluído e não se perguntará sobre ele aos demais advogados e ao promotor (art. 468, parágrafo único).

Por isso, a separação dos julgamentos somente ocorrerá se, em razão das recusas, não for obtido o número mínimo de sete jurados para compor o Conselho de Sentença, conforme regra expressa contida no § 1º do art. 469. Nesse caso, a atual disciplina do Júri, no § 2º, do mesmo artigo, indicou critérios que definem qual dos réus será primeiramente julgado. Assim, tem prioridade aquele a quem se atribui a autoria. Tratando-se de coautoria, aplica-se o critério do art. 429 (julga-se primeiro o que estiver preso; ambos presos, a preferência é do que estiver mais tempo na prisão; igualando-se todos os critérios anteriores, o que foi inicialmente pronunciado). Na hipótese, não rara, de todos os critérios coincidirem (afinal, o crime e seus autores são os mesmos), caberá às partes, sob orientação do juiz, o ajuste quanto ao réu que será julgado.

JURISPRUDÊNCIA

Cada réu tem direito a três recusas

"O direito às três recusas imotivadas é garantido ao acusado, e não à defesa, ou seja, cada um dos réus terá direito às suas três recusas imotivadas, sob pena de violação da plenitude de defesa" (STJ – REsp n. 1540151-MT, Rel. Sebastião Reis Júnior, j. 08.09.2015, DJe 29.09.2015).

Art. 470. Desacolhida a arguição de impedimento, de suspeição ou de incompatibilidade contra o juiz presidente do Tribunal do Júri, órgão do Ministério Público, jurado ou qualquer funcionário, o julgamento não será suspenso, devendo, entretanto, constar da ata o seu fundamento e a decisão. (Redação dada pela Lei nº 11.689, de 2008)

Desacolhimento da recusa – Não acolhida a exceção, o julgamento deve prosseguir normalmente, devendo constar da ata (art. 495, inc. XII do CPP), porém, a fundamentação da decisão do juiz (art. 315 do CPP), a fim de possibilitar, inclusive, que adiante a matéria seja novamente enfrentada, em eventual preliminar de apelação.

Art. 471. Se, em consequência do impedimento, suspeição, incompatibilidade, dispensa ou recusa, não houver número para a formação do Conselho, o julgamento será adiado para o primeiro dia desimpedido, após sorteados os suplentes, com observância do disposto no art. 464 deste Código. (Redação dada pela Lei nº 11.689, de 2008)

Estouro da urna – Se em virtude do impedimento, suspeição, incompatibilidade, dispensa ou recusa, não for atingido o número mínimo de jurados, naquilo que a doutrina denomina *estouro da urna*, proceder-se-á na forma do art. 471, ou seja, o julgamento será adiado para o primeiro dia desimpedido, com o sorteio dos suplentes.

Art. 472. **Formado o Conselho de Sentença, o presidente, levantando-se, e, com ele, todos os presentes, fará aos jurados a seguinte exortação: (Redação dada pela Lei nº 11.689, de 2008)**

Em nome da lei, concito-vos a examinar esta causa com imparcialidade e a proferir a vossa decisão de acordo com a vossa consciência e os ditames da justiça.

Os jurados, nominalmente chamados pelo presidente, responderão:

Assim o prometo.

Parágrafo único. O jurado, em seguida, receberá cópias da pronúncia ou, se for o caso, das decisões posteriores que julgaram admissível a acusação e do relatório do processo. (Incluído pela Lei nº 11.689, de 2008)

Compromisso do jurado – Este dispositivo prevê a tomada do compromisso dos jurados, no qual o juiz os concitará para que julguem com imparcialidade, segundo suas consciências e os ditames da justiça. Cada um deles, de pé (inclusive o juiz e todos os presentes), após a chamada, repetirá em voz alta *"assim o prometo"*.

Não há necessidade de se levantar a mão, como ainda determinam, vez ou outra, alguns juízes. Esse requisito, previsto no Decreto-lei nº 167, de 1938, mais parecia um gesto fascista ou integralista, no dizer de Magarino Torres (ob. cit., p. 334), e, talvez por isso, tenha sido abolido no código em vigor. Não mais se trata de um *juramento* (de onde adveio a expressão *jurado*), como exigia o Código de Processo Criminal do Império (art. 278), onde, após a exortação do juiz, o jurado respondia *"assim o juro"*. Mas de compromisso obtido do leigo, a fim de que julgue de forma imparcial, de acordo com sua consciência e os ditames da justiça.

Sua falta gera nulidade relativa, que depende da improvável demonstração de prejuízo suportado pela parte que a invocar. Na verdade, o objetivo do compromisso é de estabelecer uma forma solene, que confira maior credibilidade ao Júri e advirta o jurado da responsabilidade e relevância da missão que terá pela frente. Mesmo o compromisso, saliente-se, não escapou da crítica doutrinária, como se observa da opinião de Câmara Leal, para quem "não são as frases abundantes que influem na consciência do júri, para um julgamento reto, imparcial e justo. Cada jurado deve estar compenetrado de seu dever e animado do melhor propósito em fazer justiça, desde o momento em que toma assento no conselho de sentença. As exortações que lhe são dirigidas pelo presidente são antes ofensivas, do que estimulatórias, porque presumem uma certa dúvida em relação à imparcialidade e retidão do jurado" (ob. cit., vol. III, p. 197). Da ata do Júri, conforme se observa do art. 495, inc. XIII do código, deverá constar menção ao termo de compromisso prestado pelos jurados.

O jurado receberá, nesse instante, cópias da pronúncia ou, se for o caso, "das decisões posteriores que julgarem admissível a acusação" (a única que se imagina é o acórdão da superior instância que, dando provimento à apelação manejada contra a sentença de impronúncia ou de absolvição sumária – art. 416 da reforma – houve por bem enviar o réu a Júri). Já o relatório é aquele previsto no inc. II, do art. 423 do CPP, elaborado pelo juiz e que tem por objetivo coibir a enfadonha e desnecessária leitura de peças em plenário, objeto de nossa análise mais adiante.

JURISPRUDÊNCIA

Quando não deve ser entregue cópia da pronúncia aos jurados

"Reconhecido o excesso de linguagem no acórdão que confirmou a sentença de pronúncia, é vedado entregar aos jurados, após prestarem juramento, cópia da referida peça processual, sob pena nulidade do julgamento pelo Conselho de Sentença, consoante dispõe o parágrafo único do artigo 472 do Código de Processo Penal. Ordem concedida de ofício para, mantida a confirmação da sentença de pronúncia pela instância superior, reconhecer o excesso de linguagem no acórdão impugnado e anular a condenação proferida pelo Tribunal do Júri, determinando-se seja o réu submetido com brevidade a novo julgamento, devendo o acórdão ser desentranhado dos autos e lacrado, ficando inacessível aos jurados e certificando-se a confirmação da sentença de pronúncia pelo Tribunal" (STJ – HC nº 193734-SP, Rel. Marco Aurélio Bellizze, j. 11.06.2013, DJe 21.06.2013).

SEÇÃO XI
DA INSTRUÇÃO EM PLENÁRIO

Art. 473. **Prestado o compromisso pelos jurados, será iniciada a instrução plenária quando o juiz presidente, o Ministério Público, o assistente, o querelante e o defensor do acusado tomarão, sucessiva e diretamente, as declarações do ofendido, se possível, e inquirirão as testemunhas arroladas pela acusação. (Redação dada pela Lei nº 11.689, de 2008)**

§ 1º Para a inquirição das testemunhas arroladas pela defesa, o defensor do acusado formulará as perguntas antes do Ministério Público e do assistente, mantidos no mais a ordem e os critérios estabelecidos neste artigo. (Incluído pela Lei nº 11.689, de 2008)

§ 2º Os jurados poderão formular perguntas ao ofendido e às testemunhas, por intermédio do juiz presidente. (Incluído pela Lei nº 11.689, de 2008)

§ 3º As partes e os jurados poderão requerer acareações, reconhecimento de pessoas e coisas e esclarecimento dos peritos, bem como a leitura de peças que se refiram, exclusivamente, às provas colhidas por carta precatória e às provas cautelares, antecipadas ou não repetíveis. (Incluído pela Lei nº 11.689, de 2008)

Oitiva da vítima e de testemunhas – Tomado o compromisso dos jurados, terá início a instrução em plenário, nos termos dos arts. 473 e ss., do CPP.

No mencionado dispositivo legal está prevista a oitiva da vítima e das testemunhas. Na oitiva do ofendido e das testemunhas de acusação, após as perguntas formuladas pelo juiz presidente, é facultado que o Ministério Público, o assistente, o querelante e o defensor do réu também dirijam suas indagações, *"sucessiva e diretamente"*. Para testemunhas de defesa (§ 1º), após as perguntas do juiz, a ordem se inverte, ou seja, primeiro são feitas as indagações do defensor, depois da acusação (Ministério Público ou querelante) e, por último, do assistente.

Cross-examination – Debate que se estabelecia frequentemente se referia à possibilidade das partes e dos jurados formularem perguntas, *diretamente*, às testemunhas e ao ofendido. Havia, praticamente, unanimidade de entendimento que a legislação anterior, nesse ponto, abandonara o sistema presidencialista (ou italiano), pelo qual a pergunta é dirigida, inicialmente, ao juiz que, deferindo-a, em seguida, a formula à testemunha, nos moldes do art. 212 do CPP.

Com efeito, em se tratando de Júri, em vista da regra específica, era adotado o sistema anglo-americano, também conhecido como *cross-examination*, que autoriza a inquirição direta das testemunhas, sem antes passar pelo filtro do juiz. Explica Hermínio Marques Porto a vantagem desse procedimento, eis que "em Plenário, a inquirição direta da testemunha mostra ser a fórmula acertada e necessária para a melhor aferição do valor do depoimento pelos jurados que não possuem, a tal respeito, a mesma experiência do Juiz singular; na inquirição direta, o jurado, que é Juiz, observa melhor a testemunha ao inquiri-la, bem como quando é ela inquirida pelas partes" (ob. cit., p. 131).

É este também o sentir de Antonio Magalhães Gomes Filho, para quem "na técnica da *cross examination* evidenciam-se as vantagens do contraditório na coleta do material probatório, uma vez que após o exame direto, abre-se à parte contrária, em relação à qual a testemunha é presumidamente hostil, um amplo campo de investigação; no exame cruzado, é possível fazer-se uma reinquirição a respeito dos fatos já abordados no primeiro exame (*cross examination as to facts*), como também formular questões que tragam à luz elementos para a verificação da credibilidade do próprio depoente ou de qualquer outra testemunha (*cross examination as to credit*)" (*Direito à prova no processo penal*, São Paulo: RT, 1997, pp. 152-3).

Filtro pelo juiz – Com a reforma do Júri do 2008, nenhuma dúvida mais persiste, pois o legislador, francamente, autorizou que as partes, segundo dicção do art. 473, se dirijam *"diretamente"* ao ofendido e às testemunhas, formulando as perguntas que entender pertinentes. Isso, por óbvio, não inibe o juiz de, na condição de presidente dos trabalhos, coibir a formulação de perguntas impertinentes e despropositadas ou que não guardem nenhuma relação com o debate, sem interesse de ordem prática ou que tenham por objetivo direcionar a resposta do depoente, apenas para citar alguns exemplos. Insistimos: a possibilidade que se abre às partes de perguntar diretamente não importa em verdadeira franquia, capaz de autorizá-las às mais descabidas indagações. Continua o juiz com o poder de filtrar as perguntas, quer por meio de protesto da parte adversa, quer de ofício, prescindido de qualquer reclamação. Eventual indeferimento deve constar da ata (art. 495, inc. XV do CPP), havendo pedido nesse sentido, a fim de que, mais adiante, em sede de preliminar de eventual apelação, se possa argumentar cerceamento de defesa ou acusação.

Sistema tradicional – Nada impede, outrossim, que, preferindo, as partes se valham do sistema tradicional, dirigindo as perguntas ao juiz que, em seguida, as formulará ao depoente. Ao tempo da legislação anterior, se decidiu que a oitiva de testemunhas na forma tradicional, ou seja, com as perguntas sendo dirigidas, inicialmente, ao juiz, não era causa de nulidade do feito, posto que improvável a comprovação do prejuízo (*RT* 456/325).

Perguntas dos jurados – Também os jurados poderão dirigir perguntas à vítima e às testemunhas, conforme já previam, aliás, os antigos arts. 467 e 468. Com uma diferença, expressa no § 2º, do art. 473: as perguntas dos jurados são formuladas por intermédio do juiz presidente. Essa última restrição, feita aos jurados, que os impede de perguntar diretamente, por certo tem como objetivo evitar que, dependendo do tom da indagação, se deixe escapar o voto, adiantando o veredicto, quebrando, assim, o princípio constitucional do sigilo das votações. Além disso, sendo o conselho de sentença, em sua maioria, formado por leigos, revela-se mais prudente permitir que o juiz interprete a pergunta do jurado para, a partir daí, formulá-la ao ofendido ou à testemunha.

Falso testemunho em plenário – Eventual crime de falso testemunho cometido em plenário, embora não havendo disposição legal expressa a respeito, deve ser objeto de um quesito especial a ser apreciado pelos jurados (*RT* 583/330), sem embargo de entendimento no sentido de que o delito independa da declaração de falsidade feita pelo Conselho de Sentença (*RT* 627/285). Discute-se, também, sobre a quem cabe a iniciativa de propor a inclusão do quesito sobre o falso testemunho. Hermínio Marques Porto (ob. cit., p. 133), entende que apenas os jurados podem fazê-lo, vedando às partes e ao juiz presidente essa faculdade. Para Magalhães Noronha, ao contrário, a propositura, pelo jurado, de tal quesito, ensejaria a quebra do sigilo das votações (ob. cit., p. 367). Já Ary Azevedo Franco entende que é do juiz presidente, exclusivamente, essa iniciativa (*O júri e a constituição de 1946*, p. 274). Parece mais correto deferir-se a iniciativa quanto à votação de quesito referente ao falso testemunho apenas às partes, isto é, Ministério Público e eventual assistente, querelante e defensor. O juiz presidente tomar essa iniciativa importaria em inequívoca intromissão, capaz de refletir no ânimo dos jurados. Estes, de sua parte, se o fizerem, estarão quebrando o sigilo das votações e a incomunicabilidade. Melhor que a parte que se viu prejudicada pela mentira – e somente ela, como destacam Marrey, Franco e Stoco – peça a inclusão do quesito (ob. cit., p. 313).

É o posicionamento, também, de Antonio Carlos da Ponte, ao ressaltar que "dadas as peculiaridades do Tribunal do Júri, a melhor solução aponta para a iniciativa da parte prejudicada, que deverá requerer a elaboração do quesito especial. Afirmada a ocorrência do crime de falso testemunho, a testemunha mendaz, ao término do julgamento, deverá ser apresentada à Autoridade Policial para a lavratura do competente auto de prisão em flagrante delito. Tal conclusão, embora possa parecer radical para alguns, é a que decorre da preocupação com a isenção do julgamento popular e, sobretudo, com a efetiva aplicação da lei penal. Um Estado, que se intitula Democrático de Direito, não pode conviver de forma passiva com a mendacidade, mormente quando esta é exteriorizada em um Tribunal Popular, representante maior do anseio de Justiça de nosso povo" (*Falso testemunho no procedimento do júri*. Revista do Instituto de Pesquisas e Estudos, Bauru, n. 44, p. 12, set./ dez. 2005).

Reconhecida, pelos jurados, a prática do delito, aplica-se o disposto no parágrafo único do art. 211, ou seja, deverá a testemunha ser apresentada imediatamente à autoridade policial. Discute-se a respeito da possibilidade da prisão em flagrante da testemunha, recomendada por Antonio Carlos da Ponte. Para Espínola Filho "essa apresentação é para efeito da instauração do inquérito, não traduzindo prisão, que não pode ser efetuada em flagrante, de vez que, entre o depoimento e a emanação da decisão, há, infalivelmente, um transcurso de tempo bastante para interromper a continuidade entre a execução do crime e a ordem de prisão. Não fica vedada, porém, a conveniência da decretação da prisão preventiva" (ob. cit., vol. III, p. 120).

Retratação – A retratação do depoente, capaz de livrá-lo da imputação (art. 342, § 2º, do Código Penal), a nosso juízo, pode ser realizada até a votação dos quesitos. Discordamos, aqui, do posicionamento de Hermínio Marques Porto, para quem a retratação é possível até a sentença publicada, em plenário, pelo juiz presidente (ob. cit., p. 133). Esta apenas acolhe o veredicto dos jurados, aplicando a pena em caso de condenação. Ora, uma retratação, após a votação dos quesitos e antes de elaborada a sentença, já não teria efeito prático nenhum, ante a impossibilidade de, a essa altura, modificar-se o veredicto. Se o objetivo da retratação é de propiciar que se atinja a veracidade dos fatos, nenhuma eficácia resultará de sua realização depois de colhidos os votos.

JURISPRUDÊNCIA

Corréus ouvidos como vítimas. Quando se admite

"O procedimento previsto no art. 473 do Código de Processo Penal assegura que sejam colhidas as declarações da vítima, quando possível, em plenário do Tribunal do Júri. Hipótese em que os corréus, anteriormente julgados e absolvidos, foram ouvidos em plenário na condição de vítimas" (STJ – AgRg no AREsp n. 122969-RS, Rel. Rogério Schietti Cruz, j. 10.11.2015, DJe 25.11.2015).

Transmissão da sessão por rádio e TV. Validade

"O artigo 792, do Código de Processo Penal dispõe que as sessões serão, em regra, públicas. Vislumbro que não foi determinado o sigilo do julgamento e houve prévia autorização judicial para a gravação da sessão, conforme afirmam os defensores que estavam em plenário e não fizeram constar em ata qualquer irresignação. É notório que a participação da imprensa é garantia ainda maior de que há transparência e acesso às informações de interesse público. Acrescente-se que a mera alegação de constrangimento aos jurados não é motivo apto a declarar a nulidade, considerando que os réus não fizeram prova de efetivo prejuízo, nos termos do artigo 563, do Código de Processo Penal" (TJGO – Ap. Crim. n. 40515- 72 .20 11 .8.09.0 129 – Rel Ivo Favaro, j. 14.04. 2015).

§ 3º As partes e os jurados poderão requerer acareações, reconhecimento de pessoas e coisas e esclarecimento dos peritos, bem como a leitura de peças que se refiram, exclusivamente, às provas colhidas por carta precatória e às provas cautelares, antecipadas ou não repetíveis. (Incluído pela Lei nº 11.689, de 2008)

Acareação – Já analisamos, no curso deste estudo (arts. 229 e 230), essa modalidade de prova. Salientamos, em acréscimo, quanto à acareação, que em relação ao Júri, seu valor probatório é reduzidíssimo, já que a tendência é de cada acareado sustentar o que dissera antes. Isso talvez explique porque é rara a produção dessa espécie de prova em plenário.

Especificamente em relação ao Júri, vigorava certa dúvida doutrinária, quanto às pessoas que poderiam ser acareadas. Assim, face aos termos restritos do revogado art. 470, havia entendimento de que somente testemunhas poderiam ser acareadas. Outros, porém, entendiam que as pessoas que podiam ser submetidas a essa prova eram aquelas elencadas no *caput* do art. 229. Tal dúvida não mais persiste, na medida em que o legislador tratou do tema de forma ampla, sem qualquer distinção entre procedimentos comuns e do Júri, pelo que se conclui que podem ser acareadas as pessoas relacionadas no *caput* do art. 229.

Reconhecimento – Quanto ao reconhecimento, sendo ele realizado em plenário, já foi monótona a jurisprudência no sentido de ser inexigível a série de formalidades previstas no art. 226 do CPP. Tais formalidades (descrição da pessoa a ser identificada, sua colocação ao lado de outras semelhantes etc.), somente eram reclamadas na fase administrativa, em sede de inquérito policial. Em Juízo, bastava, por exemplo, que a testemunha se dirigisse ao réu, identificando-o como o autor do fato, para que a prova tenha validade, cabendo aos jurados conferirem a tal reconhecimento o valor probatório cabível. Agora, temos tese diversa. Seja na polícia seja na presença do juiz e das partes, há farta jurisprudência determinando seja observada a série de formalidades do art. 226.

ATENÇÃO - Sendo o acusado conhecido das testemunhas, não se trata propriamente de reconhecimento, mas de identificação, dispensando a solenidade do art. 226 do CPP

Ver nossos comentários ao art. 226 do CPP

Esclarecimentos do perito – Por último, serão colhidos os esclarecimentos dos peritos, caso tenha se protestado por essa prova. De se ressaltar que, ainda na fase inicial do procedimento, podem ser ouvidos os expertos, conforme autoriza o art. 411, em prova, contudo, que exige o prévio requerimento e deferimento pelo juiz.

Parece que a intenção do legislador, aqui, foi propiciar à acusação e à defesa (e aos jurados) que indaguem do perito das razões que o levaram a concluir em determinado sentido, refutando a conclusão ou reforçando-a, segundo interesse de cada um. As partes, caso queiram ouvir o perito em plenário, deverão formular esse pedido na fase do art. 422 do código. Ocorre que, como a faculdade de requerer esclarecimentos do perito se estende, também, aos jurados, a rigor todo *expert*, que tenha atuado no feito, deveria ser avisado, de antemão, quanto à possibilidade de ser chamado, evitando-se, com isso, o adiamento do Júri na eventualidade de sua não localização. Na prática, porém, em face, inclusive, do desinteresse dos jurados, que é a regra, dificilmente será pedida essa diligência.

Salienta Antonio Magalhães Gomes Junior, que "no sistema anglo-americano, ao contrário disso, o perito é introduzido no processo como uma testemunha da parte (*expert witness*) e presta um depoimento oral, sujeito às mesmas *rules of evidence* pertinentes à prova testemunhal comum; assim, através da inquirição direta e cruzada das partes, evita-se que possa trazer informações que não sejam de seu conhecimento pessoal, o que constituiria violação da *hearsay rule*" (ob. cit., p. 156).

Leitura de peças – Prevê, ainda, esse dispositivo, a possibilidade de leitura de peças em plenário, mas somente as que se refiram às provas colhidas por carta precatória e às provas cautelares, antecipadas ou não repetíveis.

Sistema anterior – Em boa hora o legislador teve a iniciativa de disciplinar a leitura de peças em plenário. Tal matéria, antes, era tratada no § 1º, do art. 466, que deixava a critério das partes a indicação de peças a serem lidas. Essa leitura de peças, quando pleiteada de forma ponderada e comedida, se traduzia em medida salutar, pois permitia aos jurados um primeiro contato com dados relevantes do processo. As partes, por seu turno, segundo seus interesses, procuravam chamar a atenção para algum ponto específico que, embora viesse a ser objeto do debate que se seguiria, podia desde logo influir no espírito dos jurados. Estes, já orientados pelo relatório formulado pelo juiz, se familiarizavam, ainda mais, com o caso a ser julgado. Isso quando a leitura de peças era orientada pelo bom senso. Infelizmente, nem sempre era assim.

Já se viu, no meio forense, promotor de Justiça que, a fim de obter tempo hábil para o estudo do caso, requeria a leitura de *todo* o processo. Ou advogado que, pretendendo cansar os jurados e assim, baralhando-lhes o raciocínio, segundo sua ótica distorcida, facilitar a absolvição do réu, se utilizar do enfadonho expediente.

Sistema atual – Agora as peças que podem ser objeto de leitura, em plenário, são expressamente apontadas pelo legislador. Com tal medida se coibiu o abuso antes verificado. Saliente-se, outrossim, que a entrega ao jurado de cópia da sentença de pronúncia e do relatório (parágrafo único, do atual art. 472), bem como a faculdade que lhe é aberta de solicitar algum esclarecimento do juiz (art. 480, § § 1° e 2°), são medidas que suprem, com folga, a proibição da cansativa leitura de peças.

Com efeito, as peças que as partes e os jurados poderão requerer sua leitura são: a) aquelas colhidas por carta precatória; b) as provas cautelares; c) as provas antecipadas e d) as provas não repetíveis. Com isso, preocupou-se o legislador em garantir aos jurados o acesso e conhecimento às provas que, em plenário, não serão produzidas.

Carta precatória – De se recordar, assim, que o parágrafo único, do art. 422, prevê que a testemunha residente fora da comarca deva ser ouvida por carta precatória, cuja juntada ocorrerá com antecedência mínima de cinco dias úteis antes do julgamento. Levando em conta que essa testemunha não está obrigada a depor em plenário, é que o legislador previu a possibilidade da leitura de seu depoimento.

Prova cautelar – É, outrossim, bastante ampla a noção de *prova cautelar*. De qualquer sorte, nela se pode identificar a presença dos requisitos que caracterizam essa modalidade de prova, a saber o *fumus boni juris* e o *periculum in mora*. Assim, havendo indício da prática de um delito, a urgência pode justificar a produção da prova cautelar, de índole preparatória da ulterior ação penal, como ocorre, *v.g.*, na busca e apreensão, na interceptação telefônica, na quebra do sigilo bancário, etc. Já que essa prova não se sujeitou ao contraditório – se o fizesse perderia sua eficácia, na medida em que desfeita a surpresa que tal espécie de diligência requer – e, de outro lado, sendo impossível sua repetição em plenário, previu o legislador a possibilidade de leitura das peças que a constituem.

Prova antecipada – É, por exemplo, aquela referida no art. 225 do CPP. Assim, havendo indício de que, por enfermidade ou velhice, a testemunha (e, acrescentamos, a vítima) não possa, posteriormente, depor em plenário, é possível que o juiz, mediante requerimento, a ouça antecipadamente. Trata-se da prova denominada *ad perpetuam rei memoriam*, produzida antes do momento processual oportuno, prevista, como ressaltado, no art. 225 e também no art. 156, inc. I, do CPP, pela redação que lhe foi conferida pela Lei n° 11.690/2008. Trata-se, ainda, de providência expressamente contemplada no Código de Processo Civil, que cuida, em seus arts. 846 a 851, da chamada produção antecipada de provas.

Também aqui é cabível a leitura desse depoimento, desde que – parece claro – a testemunha não tenha acabado de depor em plenário, já que a *ratio legis*, como salientamos, é de permitir o conhecimento de determinado depoimento que não foi produzido durante o julgamento.

Prova não repetível – Como o nome sugere, é aquela impossível de ser renovada em plenário, como, por exemplo, a prova pericial, a exumação do cadáver, a reconstituição, etc., que, via de regra, são produzidas ainda na fase de inquérito policial, sem que sejam submetidas ao contraditório. Quaisquer das partes, bem como os jurados, podem requerer a leitura de peças que se refiram a essa espécie de prova.

São, com efeito, provas que, por sua própria natureza, não permitem reprodução em Juízo. Nesses casos, embora produzidas extrajudicialmente, pode o juiz basear sua decisão em tais provas. Imagine-se um caso de homicídio. O exame necroscópico a ser sopesado pelo julgador é aquele realizado no âmbito administrativo, ainda durante o inquérito policial. Não se reclamará, decerto, que passados três ou quatro anos da prática do crime, vá se reproduzir a perícia em plenário, em face, inclusive, do total desaparecimento do material a ser levado a exame. A prova válida e eficaz será aquela produzida ainda na fase policial, embora – insistimos – sem contar com as garantias do contraditório e da ampla defesa, exigíveis, apenas, para o processo criminal.

É o que dispõe, a propósito, o art. 155 do CPP, ao determinar que o juiz "formará sua convicção pela livre apreciação da prova produzida em contraditório judicial, não podendo fundamentar sua decisão exclusivamente nos elementos informativos colhidos na investigação, *ressalvadas as provas cautelares, não repetíveis e antecipadas*" (grifamos).

JURISPRUDÊNCIA

Sobre a prova colhida na fase policial e a decisão de pronúncia, bem como a decisão do júri, v. jurisprudência acima, nos comentários acima ao art. 413.

Cabimento da medida

"Havendo previsão expressa no sentido da possibilidade de se ouvir determinadas pessoas antes da instrução processual, não se pode afirmar que não teria sido observado o rito previsto no artigo 396 do Código de Processo Penal, uma vez que o artigo 225 do referido diploma legal permite, excepcionalmente, a colheita antecipada de elementos de convicção que podem vir a se perder, comprometendo o desfecho da ação penal. No caso dos autos, o pedido de antecipação da produção da prova oral fundamentou-se no fato de que a vítima e uma das testemunhas de acusação viajariam para o exterior sem data marcada para retornar, circunstância que autoriza a sua oitiva antecipada, sem que se possa falar em violação à ordem procedimental estatuída" (STJ – HC nº 166409-BA, Rel. Jorge Mussi, j. 13.12.2011, DJe 01.02.2012).

Art. 474. A seguir será o acusado interrogado, se estiver presente, na forma estabelecida no Capítulo III do Título VII do Livro I deste Código, com as alterações introduzidas nesta Seção. (Redação dada pela Lei nº 11.689, de 2008)

§ 1º O Ministério Público, o assistente, o querelante e o defensor, nessa ordem, poderão formular, diretamente, perguntas ao acusado. (Redação dada pela Lei nº 11.689, de 2008)

§ 2º Os jurados formularão perguntas por intermédio do juiz presidente. (Redação dada pela Lei nº 11.689, de 2008)

§ 3º Não se permitirá o uso de algemas no acusado durante o período em que permanecer no plenário do júri, salvo se absolutamente necessário à ordem dos trabalhos, à segurança das testemunhas ou à garantia da integridade física dos presentes. (Incluído pela Lei nº 11.689, de 2008)

Interrogatório – Na linha da legislação mais moderna, que vislumbra no interrogatório um meio de defesa, a reforma do Júri prevê a realização desse ato por último, após a produção das demais provas (testemunhal, oitiva da vítima etc.). Como ressalta Antonio Scarance Fernandes, "com a posição de que é [o interrogatório] manifestação de autodefesa garantida constitucionalmente, melhor inseri-lo, no procedimento, como ato posterior ao da inquirição das testemunhas" (*Teoria geral do procedimento e procedimento no processo penal*, São Paulo: RT, 2005, p. 141).

Assim, prevê o artigo em exame, o interrogatório do acusado. Esse dispositivo legal indica que o interrogatório, em plenário, deve ser realizado na forma estabelecida no Capítulo III do Título VII do Livro I deste Código, com as alterações introduzidas nesta Seção. Em suma, conforme previsto nos arts. 185 e ss., *no que for aplicável*. E, de fato, o interrogatório, no Júri, tem peculiaridades próprias. Ademais, não se devem perder de vista as importantíssimas alterações trazidas pela Lei nº 10.792, de 1º de dezembro de 2003, que deu nova roupagem ao interrogatório, atingindo, em consequência, esse ato também quando realizado em plenário.

Destinatários da prova – Vale atentar inicialmente, com efeito, que o interrogatório, embora presidido pelo juiz togado, tem como destinatário os jurados leigos. Explicamos melhor: enquanto nos procedimentos comuns, o interrogatório é importante meio de prova para formação da convicção do juiz togado (embora seja, também, meio de defesa, o que lhe confere um caráter misto), no Júri ele influenciará muito mais os jurados que, por exemplo, se impressionarão com a confissão do réu feita de viva voz em plenário. Não que essa confissão seja irrelevante para o juiz togado, tanto que a levará em conta quando da dosagem da pena. Mas ela gera seus efeitos, de forma mais contundente, na convicção dos juízes leigos.

ATENÇÃO – Expressões que parecem claras ao técnico, podem confundir o leigo. Detalhes que para o primeiro são insignificantes, assumem especial relevância sob a ótica do segundo. Teses exóticas e que não mereceriam o apoio do juiz presidente tivesse ele que proferir a sentença (por exemplo, a legítima defesa da honra), assumem especial importância no Júri, dada à plenitude de defesa que nele se instala. Daí o cuidado redobrado que deve inspirar o juiz no momento da colheita dessa prova.

Em suma, a prova que deflui do interrogatório será analisada não por quem a preside, mas por quem a ouve. Por isso correta a observação de Hermínio Marques Porto, ao salientar que "a postura do Juiz Presidente do Tribunal do Júri na realização do interrogatório em Plenário, deve estar voltada, e centralmente, para a informação do jurado, que é leigo e, em regra, sem experiência de tais momentos, por isso competindo ao Juiz Presidente não olvidar que está sendo o instrumento informativo de terceiros, também juízes, além de um especial policiamento de suas expressões, pois podem, então indevidamente, refletir o convencimento pessoal e crítico sobre a versão defensiva ou parte dela" (ob. cit., p. 123).

Outro dado deve ser acrescido. O princípio da plenitude da defesa se refere tanto à autodefesa, verificada no interrogatório do réu, como à defesa técnica, realizada por seu advogado. Daí se entender que, na hipótese de contradição entre uma e outra (por exemplo, o réu nega a autoria no interrogatório enquanto que o advogado sustenta a legítima defesa), ambas as teses devem ser objeto do questionário a ser respondido pelos jurados (nesse sentido, *RT* 754/557; *JTJ* 183/311). É mais um argumento a sugerir cautela do juiz togado ao presidir o interrogatório. Por força de tais cuidados, foi censurada a postura de alguns juízes consistente em, pura e simplesmente, se reportarem ao interrogatório do réu realizado no sumário de culpa, gerando, com essa omissão, nulidade do feito (*RT* 621/352, 458/335).

Perguntas dos jurados – Também como característica típica do julgamento em plenário, tem-se a possibilidade de o jurado formular perguntas ao réu, hipótese, é verdade, rara no cotidiano forense. Claro que deverá agir com cautela, velando para que, ao indagar o réu, não deixe escapar seu convencimento, tão precocemente estabelecido, mas capaz de gerar a nulidade do julgamento, posto que quebrado o princípio do sigilo das votações e da incomunicabilidade dos jurados. Daí a prudência do legislador ao impor que a pergunta passe pelo filtro do juiz presidente, que a reformulará ao réu (art. 474, § 2º).

Imprescindibilidade – Trata-se, outrossim, de ato processual imprescindível, cominando o código de nulidade a sua falta (art. 564, inc. III, *e*). Antes, especificamente em plenário, não havia qualquer motivo que justificasse sua não realização, já que a presença do réu era sempre obrigatória (salvo se afiançável o delito). Agora, com a possibilidade do julgamento à revelia do acusado, o interrogatório somente será realizado quando presente o réu. Mesmo assim, no exercício do direito à não autoincriminação, nada impede que o réu se negue a ser interrogado ou, submetendo-se a tal ato, permaneça em silêncio, cumprindo aos jurados interpretar essas opções da forma que bem entenderem.

Interrogatório e as alterações trazidas pela Lei nº 10.792/03 – Cumpre sejam analisadas, agora, as alterações trazidas pela Lei nº 10.792, de 1º de dezembro de 2003, em confronto com a legislação anterior, no que tange, especificamente, ao interrogatório realizado em plenário.

A atual redação do *caput* do art. 185, traz como alteração, no que tange à norma anterior, a obrigatoriedade da presença de advogado, constituído ou nomeado, que deve acompanhar o réu no ato do interrogatório. Tal determinação não tem nenhum reflexo no plenário do Júri pois, conforme já vimos, inexiste qualquer possibilidade de o réu ser julgado sem que conte com um defensor. Se não o tiver – o que é absolutamente improvável em se tratando de Júri, pois o acusado já vem sendo defendido por um advogado, constituído ou dativo – deverá ser adiada a sessão. A mesma providência será tomada na eventual falta do defensor, justificada ou não (art. 456 do CPP).

De se ver, assim, que a inovação contida no § 1º, do art. 185, não tem qualquer aplicação para o plenário do Júri. E mesmo aquela lançada no § 2º, que garante a prévia entrevista do defensor com o réu, antes do interrogatório, é de abrangência limitada, eis que, chegando o procedimento do Júri em seu ponto culminante com a realização dos debates, decerto o advogado já manteve anterior contato com o réu.

A antiga redação do art. 186 enunciava a possibilidade de o réu permanecer em silêncio, cabendo ao juiz ressalvar, porém, que tal silêncio poderia ser interpretado em seu desfavor. Tratava-se de advertência que já vinha sendo criticada pela jurisprudência (*RT* 755/719, 725/604, 709/313), por não se compatibilizar com a garantia constitucional prevista no art. 5º, inc. LXIII, da Carta Magna, no que se convencionou denominar de *silêncio constitucional*. Claro, como se admitir que o réu, valendo-se de um direito previsto na Constituição, venha a ser penalizado ao exercê-lo. Por isso, a nova redação do art. 186, em seu *caput*, mantém a observação que o juiz deve fazer ao réu quanto ao direito de se calar.

Mas no parágrafo único é enfático ao dispor que, primeiro, o silêncio não importará em confissão e, segundo, jamais poderá ser interpretado contra o réu.

Essa disposição tem eficácia bastante abrandada nos julgamentos pelo Júri. É que o juiz leigo julga livremente, segundo critérios que jamais serão conhecidos, posto que proibido de manifestar e fundamentar seu voto. Sendo assim, revela-se impossível a tarefa daquele que pretenda impedir o jurado de, por exemplo, se incomodar ante o silêncio do réu em plenário, interpretando tal inércia, em consequência, como verdadeira confissão. Pode parecer ao jurado, sim, que a reação normal de quem é inocente consista, exatamente, em proclamar essa inocência, sobretudo quando na presença de seu defensor e do juiz. A opção pelo silêncio, ao leigo, soará estranha e jamais ninguém saberá se foi ela decisiva, ou não, na formação de sua convicção. É, portanto, disposição que não se aplica ao Júri.

Já o novo art. 187, bastando que se atente à sua leitura, tem plena aplicação em plenário, cumprindo ao juiz, inicialmente, dirigir perguntas ao acusado de caráter subjetivo (residência, profissão, oportunidades, etc.) e, depois, sobre o fato propriamente dito, objeto do julgamento.

Contraditório no interrogatório? – Ver, acima, os comentários ao art. 185 do Código.

Ordem de perguntas – Interessante observar que ao permitir às partes a formulação de reperguntas, a Lei nº 10.792/03, quando alterou a redação do art. 188 do CPP, deixou de indicar a ordem a ser seguida, ou seja, quem tomaria, de início, a palavra. Formou-se, no cotidiano forense, a práxis de, após as perguntas do Juiz, facultar-se a manifestação da acusação (Ministério Público ou querelante), assistente e defensor, nessa ordem. Tal conduta, decorrente da omissão do art. 188 do CPP, não escapou à crítica doutrinária. Em artigo publicado no Boletim do IBCCrim nº 183, de fevereiro de 2008, p. 19, Roberto Delmanto formula a seguinte observação: "O interrogatório do acusado é, antes de tudo, um meio de defesa, tanto que ele tem o direito constitucional de permanecer em silêncio, se assim o quiser (CF, art. 5º, inc. LXIII), direito este também assegurado pelo Código de Processo Penal (art. 186, *caput*), não importando o silêncio 'em confissão' nem podendo 'ser interpretado em prejuízo da defesa' (art. 186, parágrafo único). Pensamos, por isso, que ao interrogatório judicial deverá ser aplicado, por analogia, o que a lei adjetiva penal estabelece para as testemunhas de defesa (CPP, art. 468), que, ao contrário das de acusação (CPP, art. 467), são reperguntadas *primeiro* pelo defensor e só *depois* pela acusação. Isto porque, é a parte que as arrolou que sabe os motivos de tê-lo feito e a prova que pretende produzir, cabendo à parte contrária o direito de reperguntar" (*O art. 188 do código de processo penal em face das garantias constitucionais do contraditório e da ampla defesa*).

A nova disciplina do Júri dissipou qualquer dúvida, que pudesse ainda subsistir, a respeito do tema. De sorte que, no § 1° do art. 474 do CPP, estabeleceu, de forma expressa, a ordem na qual poderão as partes formular reperguntas, a saber, primeiro o Ministério Público, depois o assistente, o querelante e o defensor. A aplicação da analogia, portanto, à prova defensiva, conforme sugerido na doutrina acima, não mais tem lugar, em face dos termos peremptórios estabelecidos pelo atual regramento do Júri. Analogia, aliás, poderá ser utilizada, agora, de forma inversa. Quando surgir alguma dúvida, nos procedimentos comuns, a respeito da ordem a ser concedida a palavra para reperguntas, deverá o Magistrado, invocando a nova redação do § 1° do art. 474 do CPP, observar a orientação deste último dispositivo.

Postura firme do juiz no interrogatório – A adoção de uma postura mais firme e incisiva por parte do juiz presidente do tribunal do júri, durante os interrogatórios, não configura hipótese de suspeição. Para a Sexta Turma do Superior Tribunal de Justiça (STJ), a alegação é insuficiente para anular o julgamento sem que haja demonstração de eventual prejuízo – ainda mais quando a defesa nem sequer cogitou de influência do magistrado sobre a posição dos jurados, pois são eles que analisam o mérito da causa, e não o presidente da sessão. Com esse entendimento, o colegiado negou o pedido da defesa para anular a sessão do júri que condenou um réu por homicídio qualificado e aborto provocado por terceiro: "a alegada suspeição do juiz togado parece até ser, *in casu*, desinfluente para a solução da controvérsia, porque o magistrado presidente não tem competência constitucional para julgar os crimes dolosos contra a vida. Em outras palavras, também não há como reconhecer o alegado vício porque o mérito da causa não foi analisado pelo juiz de direito, mas pelos jurados" (HC 682.181).

ATENÇÃO – Pelas mesmas razões que consignamos quando da análise da prova testemunhal (e das perguntas ao ofendido), eventual repergunta formulada pelo jurado deverá se submeter, antes, ao filtro do juiz presidente, a quem cabe, depois de ouvi-la, endereçá-la ao acusado, conforme indica o § 2° do art. 474 em exame.

JURISPRUDÊNCIA

Direito ao silêncio não impede que as partes e o juiz formulem perguntas ao réu

"No presente caso, observa-se que o acusado, após responder às **perguntas** feitas pelo Juiz Presidente, exerceu seu direito constitucional de permanecer em silêncio quando realizada as **perguntas** pelo Ministério Público, o qual requereu ao juízo a consignação das **perguntas** feitas ao réu, ainda que sem respostas. Ou seja, observa-se que o exercício do **direito ao silêncio** do réu foi devidamente respeitado, não tendo o condão de afastar a possibilidade de as partes elaborarem pergunta ao réu. Dessa forma, a alegação de que permitir a consignação das **perguntas** do Ministério Público diante do silêncio do réu equivaleria a subtrair da defesa a oportunidade de fazê-las, já que teria sido surpreendida, não merece prosperar, não podendo se falar em violação a plenitude de defesa." (STJ – AREsp n. 1.301.961, Ministro Rogerio Schietti Cruz, DJe de 16/09/2022)

"O direito ao silêncio é um consectário do nemo tenetur se detegere, sendo este uma garantia da não autoincriminação, segundo o qual ninguém é obrigado a produzir prova contra si mesmo, ou seja, ninguém pode ser forçado, por qualquer autoridade ou particular, a fornecer involuntariamente qualquer tipo de informação ou declaração que o incrimine, direta ou indiretamente. Trata-se de princípio de caráter processual penal, já que intimamente ligado à produção de provas incriminadoras" (AgRg no HC n. 506.975/RJ, relator Ministro REYNALDO SOARES DA FONSECA, QUINTA TURMA, julgado em 6/6/2019, DJe 27/6/2019). Nesse contexto, o indeferimento das perguntas formuladas pelo advogado de defesa, pois anteriormente formuladas pela acusação e não respondidas pelo réu, não viola o disposto no art. 186 do Código de Processo Penal. Precedente." (STJ – AgRg no AREsp n. 85.063/SC, relator Ministro Antonio Saldanha Palheiro, Sexta Turma, julgado em 13/4/2021, DJe de 20/4/2021)

§ 3º Não se permitirá o uso de algemas no acusado durante o período em que permanecer no plenário do júri, salvo se absolutamente necessário à ordem dos trabalhos, à segurança das testemunhas ou à garantia da integridade física dos presentes. (Incluído pela Lei nº 11.689, de 2008)

Uso de algemas – Veda este dispositivo que o acusado, durante o plenário, permaneça algemado, "salvo se absolutamente necessário à ordem dos trabalhos, à segurança das testemunhas ou à garantia da integridade física dos presentes".

O debate sempre mereceu entendimentos antagônicos na doutrina. Assim, Antônio Magalhães Gomes Filho, posicionava-se frontalmente contrário à utilização de algemas durante o julgamento. Para ele "esse tipo de tratamento imposto ao acusado, além de aviltar os direitos humanos mais elementares, compromete a igualdade das partes que caracteriza o processo acusatório e é condição primeira do *fair hearing* nos países civilizados, afirmado pelos textos internacionais, sem o qual não será possível atingir-se uma decisão correta e imparcial" (Revista Brasileira de Ciências Criminais, São Paulo: RT, número de lançamento, p. 115).

Diz-se, ainda, que a utilização das algemas seria capaz de acarretar uma *má apresentação do acusado diante de seus julgadores* que, leigos, poderiam se impressionar com a cena e, desde logo, emitirem um juízo de valor desfavorável ao réu. Assim, ficaria a critério do juiz, como manifestação do poder de polícia que lhe é inerente (art. 497), decidir sobre a conveniência ou não de se manter o réu algemado. Esse argumento é bem refutado na obra de Marrey, Franco e Stoco (*Teoria e prática do júri*, p. 277), para quem, à exceção do interrogatório, a manutenção do réu algemado não importa em qualquer espécie de constrangimento.

Na jurisprudência prevalecia o entendimento que autorizava o uso de algemas em plenário. Nesse sentido, *RT* 744/645, 675/371, 694/318. No STF, RHC 65.465-SP – j. em 5.9.78, Rel. Min. Cordeiro Guerra. No STJ, confira-se RHC nº 6922-RJ – j. em 10.11.97, Rel. Min. Vicente Leal, *DJ* de 9.12.97, p. 64.777. Em posicionamento minoritário, tem-se *RT* 643/285, 785/692. Merece destaque ainda, nessa linha, artigo publicado na *Revista Síntese de Direito Penal e Processual Penal*, 16/11, da lavra de Luis Guilherme Vieira.

Regulamentação do tema – De se ver que a matéria não está prevista em lei. O art. 199 da Lei de Execuções Penais (Lei nº 7.210/84), anterior à Constituição em vigor, com efeito, deixou para um decreto federal a disciplina a respeito do uso de algemas, que, até agora, sem embargo da relevância do tema, não fora editado (cf., Sérgio Marcos de Moraes Pitombo, *Emprego de algemas – Notas em prol de sua regulamentação – RT* 592/275). Sucede que o Decreto n. 8.858/2016 regulamentou esse dispositivo da LEP, determinando em seu art. 2º, que "é permitido o emprego de algemas apenas em casos de resistência e de fundado receio de fuga ou de perigo à integridade física própria ou alheia, causado pelo preso ou por terceiros, justificada a sua excepcionalidade por escrito". Demais disso, "é vedado emprego de algemas em mulheres presas em qualquer unidade do sistema penitenciário nacional durante o trabalho de parto, no trajeto da parturiente entre a unidade prisional e a unidade hospitalar e após o parto, durante o período em que se encontrar hospitalizada". O mencionado decreto praticamente transcreveu, *in totum*, o teor da Súmula vinculante n. 11, do STF, para quem "só é lícito o uso de algemas em caso de resistência e de fundado receio de fuga ou de perigo à integridade física própria ou alheia, por parte do preso ou de terceiros, justificada a excepcionalidade por escrito, sob pena de responsabilidade disciplinar civil e penal do agente ou da autoridade e de nulidade da prisão ou do ato processual a que se refere, sem prejuízo da responsabilidade civil do Estado".

Em notícia publicada no site do Conjur de 15.12.2018, consta que, no exame da Medida Cautelar na Reclamação 32.623-SC, no qual foi relator o Ministro Celso de Mello, foi indeferido pedido da defesa que invocava afronta à Súmula vinculante n. 11, do STF, sob o fundamento de que, em julgamento em plenário, foi o réu mantido algemado. Como justificativa de seu voto, o Decano destacou que "os elementos contidos nestes autos e as informações prestadas pela juíza revelam-se em conformidade com aquelas que deram suporte à Súmula Vinculante 11/STF, que permite excepcionalmente o uso de algemas, desde que justificada a sua necessidade, o que basta para afastar, por inocorrente, a alegação de desrespeito".

Segundo informações da Assessoria de Imprensa do Tribunal de Justiça de Santa Catarina, antes do início do julgamento, os jurados foram alertados, de forma sucinta (exatamente para evitar qualquer influência em relação ao veredicto), sobre o teor da súmula do STF (a permitir, em casos excepcionais, o emprego das algemas), e, além disso, que essa medida não fazia presumir a responsabilidade dos réus e, tampouco, poderia ser utilizada pela acusação como fundamento de sua tese.

Influência do uso de algemas para o jurado – Dizer-se que a manutenção do réu algemado é cena capaz de influir no espírito do julgador leigo, não parece totalmente correto. Há situações, aliás, que se verifica exatamente o contrário, ou seja, uma certa compaixão do jurado com a figura do réu que, cabisbaixo e por vezes choroso, ingressa em plenário imobilizado pelas algemas. De qualquer sorte, a se privilegiar esse entendimento, não poderia o acusado ocupar o chamado *banco dos réus*, porque os jurados seriam sugestionados com esse posicionamento. Ademais, nem de réu ou acusado deveria ser chamado, sob pena de se violar o princípio da presunção de inocência. Tampouco a utilização do uniforme cedido pelo estabelecimento prisional seria admitida, ante a má impressão que o traje causaria ao conselho de sentença. E mesmo a presença de policiais ao seu lado, por si só, já ensejaria a antecipação de um veredicto condenatório, sem contar no inadmissível vexame acarretado ao réu com tão incômoda presença. Parece óbvio o equívoco de tais entendimentos, a merecer uma análise desapaixonada e mais consentânea com o atual estágio de violência que assola o país.

Textos internacionais – Pois bem. A afirmativa de que *textos internacionais* inibiriam sua utilização não é totalmente correta. De sorte que o art. 33 das Regras Mínimas da Organização das Nações Unidas (ONU), impede o uso de *"algemas, correntes, grilhões, e camisas-de-força"*, como sanção ou meio de coerção, admitindo, no entanto, sua utilização *"como medida de precaução contra fuga"*, embora devendo ser retirados quando na presença da autoridade judicial. Ora, quando o réu se submete a julgamento pelo Júri, ele não se encontra, apenas, na presença do Magistrado, mas em contato com o acusador (por quem, decerto, não nutre grande simpatia), com seu defensor, com os serventuários da Justiça, com os jurados e, não raras vezes, com um público numeroso que ocupa o auditório. Assim, a precaução que deve ser adotada pelo juiz é muito maior do que aquela observada, por exemplo, quando o réu é levado à sua presença para interrogatório em uma sala de audiências, acompanhado de dois ou três policiais que se revelam suficientes para garantir a segurança das poucas pessoas que se encontram no local.

Fixação de um critério mais objetivo – Cabe, portanto, que se fixe um critério, o mais objetivo possível, que fuja da discricionariedade total que se propõe seja deferida ao juiz, para decidir a respeito da utilização das algemas, atitude que, por vezes, acarreta enorme tumulto já no início da sessão de julgamento. Entendemos que, durante o interrogatório, devam ser retiradas as algemas do réu. Claro: mantê-lo com as mãos imobilizadas inibiria seu direito de defesa, na medida em que impedido de expor, com a clareza que por vezes os gestos propiciam, a forma como se deram os fatos. Assim, por exemplo, o réu que alegue ter agido em legítima defesa, em vista de um ataque com utilização de faca que lhe desferira a vítima, por certo necessitará das mãos livres para explicar seu ato defensivo e o posterior revide. Algemado, restaria impedido de, com maior precisão e riqueza de detalhes, ofertar sua versão defensiva. Já durante a realização do plenário, com o calor dos debates, o cansaço atingindo a todos, parece mais conveniente que se estabeleça a seguinte regra: se o réu responde solto ao processo, não há razão, por óbvio, de que seja algemado durante o julgamento, a menos que apresente comportamento inconveniente que justifique a medida. Ao revés, se está preso, deve ser mantido em ferros no plenário.

Réu solto – Vale dizer: se o réu se acha nessa condição é porque não reuniu os pressupostos ensejadores da decretação de sua prisão preventiva. Se preso em flagrante, foi posteriormente beneficiado com a liberdade provisória. Tampouco se mostrou necessária essa cautela quando proferida a sentença de pronúncia. A despeito do crime cometido, não demonstrou, pelo menos até então, periculosidade que impusesse a necessidade do uso de algemas durante o plenário.

Réu preso – O mesmo não se pode dizer do réu preso. Nessa condição é porque, quase sempre, ostenta maus antecedentes. Quando não, é em virtude do cometimento de um crime hediondo. Ou então porque se trata de réu que, por seu comportamento, mereceu ter decretada a prisão preventiva. Ora, se é assim, parece evidente que deva o réu permanecer algemado durante os debates. Invocar-se aqui o princípio da presunção de inocência temos como inoportuno. Afinal, em se tratando de julgamento pelo Júri, o réu já passou pelo filtro da sentença de pronúncia, capaz de identificar, no mínimo, indícios de autoria e materialidade do delito. Além disso, se jamais se investiu contra a presença do réu algemado em audiências presididas pelo juiz singular (STJ – HC nº 25.856-PR – j. em 17.6.03, Rel. Min. Gilson Dipp, *DJ* de 25.8.03, p. 336), onde a segurança pode ser mantida com muito mais facilidade, dado ao número pequeno de pessoas na sala, ao seu tamanho exíguo, etc., porque se reclamar dessa cautela em se tratando de um julgamento pelo Júri, onde a preocupação com a incolumidade das pessoas (jurados, populares e demais presentes), deva ser infinitamente superior? Mais: se o Magistrado tem o poder até de ordenar a retirada do acusado do plenário (art. 497, inc. VI), não se vê motivo razoável que o impeça de manter o réu algemado durante os trabalhos.

O Supremo Tribunal Federal, em acórdão relatado pela Ministra Cármen Lúcia, assim se posicionou sobre o tema: "O uso legítimo de algemas não é arbitrário, sendo de natureza excepcional, a ser adotado nos casos e com as finalidades de impedir, prevenir ou dificultar a fuga ou reação indevida do preso, desde que haja fundada suspeita ou justificado receio de que tanto venha a ocorrer, e para evitar agressão do preso contra os próprios policiais, contra terceiros ou contra si mesmo" (HC nº 89429-RO, j. em 22.8.2006, Diário da Justiça nº 24 de 02.02.2007).

Conclusão – Apartando-se de um critério de extremo subjetivismo, parece razoável que o juiz, na qualidade de presidente dos trabalhos, se oriente pela regra que propusemos: se o réu responde o processo em liberdade, deve ser mantido solto durante o plenário, a menos que situações supervenientes autorizem a adoção de medida mais drástica. Ao contrário, se preso ao longo do processo, assim deve ser mantido, devidamente algemado, durante a sessão do Júri.

JURISPRUDÊNCIA

Quanto à proibição de referência ao uso de algemas, v. art. 478, inc. I, abaixo.

Sobre a necessidade de constar da ata de julgamento o uso de algemas, v. art. 495 abaixo.

Quando não se permite o emprego de algemas

"Configura constrangimento ilegal a determinação de uso de algemas durante o julgamento pelo Tribunal do Júri sem a devida fundamentação em elementos concretos que demonstrem a existência de risco à ordem dos trabalhos, à segurança das testemunhas ou à garantia da integridade física dos presentes na sessão de julgamento, mormente quando consignado em ata o bom comportamento carcerário do acusado" (STJ – HC n. 142.428-SP, Rel. Nefi Cordeiro, j 10.11.2015, DJe 25.11.2015).

Quando é admitido

"O número reduzido de policiais para garantir a segurança dos presentes durante a realização de ato judicial é argumento legítimo para autorizar o excepcional uso de algemas" (STF – AgReg na Reclamação n. 19.501-SP SP, Rel. Alexandre de Morais, j. 20.02.2018).

"O emprego de algemas, como constante da súmula vinculante 11, e, mais recentemente do § 3.º do art. 474 do Código de Processo Penal, é excepcional. A sua utilização, em plenário de júri, depende de motivada decisão judicial. In casu, bem se desincumbiu a autoridade que presidira a assentada, quando motivou a restrição nas peculiaridades do local em que realizado o julgamento e nas observações realizadas pelos agentes da segurança. O prédio do fórum encontrava-se em reforma, tendo sido efetuada a sessão no auditório da OAB – espaço claramente improvisado. Ademais, o paciente, de acordo com o relato dos responsáveis pela escolta, demonstrava, pelo seu retrospecto, condições pessoais que conduziam à necessidade da providência constritiva" (STJ – HC n° 189619-SP, Rel. Maria Thereza de Assis Moura, j. 07.02.2013, DJe 20.02.2013).

Gravidade do delito justifica a utilização de algemas

"Nulidade – Indeferimento de pedido de retirada de algema – Não ocorreu a pretendida nulidade, posto que a permanência do paciente algemado visou garantir a segurança de todos os presentes, ante a gravidade dos delitos a ele imputados, além da resistência por ele perpetrada, vez que logo após a suposta prática de homicídio, foi surpreendido por guardas civis e em pleno salão de bailes, passou a disparar tiros na direção destes – Súmula 11, do STF" (TJSP – HC n° 990.10.207879-5, Rel. Machado de Andrade, j . 29.07.2010).

Utilização de algemas não faz presumir a responsabilidade do réu

"Os jurados, embora leigos, são pessoas de inteligência média, eles têm discernimento suficiente para saber que devem julgar pelas provas, pela força dos argumentos da acusação e da defesa, e não pela aparência do acusado, pelo modo como ele se apresenta em Plenário. Eles prestam compromisso de examinar a causa com imparcialidade e decidir de acordo com a consciência deles e os ditames da justiça (art. 472 do CPP). Eles têm consciência de que o uso de algemas não constitui presunção de culpa, mas decorrência do fato de o réu estar preso, e de que a prisão é imposição da lei. Se não se entender assim, não haverá razão para a subsistência do Tribunal do Júri, porque estar-se-ia reconhecendo que os juízes leigos não têm capacidade para julgar seus pares, pois facilmente influenciáveis pelas aparências das pessoas que lhes são submetidas a julgamento" (TJSP – Apelação n° 990.09.265490-0, Rel. Paulo Rossi, j. 28.02.2011).

Art. 474-A. Durante a instrução em plenário, todas as partes e demais sujeitos processuais presentes no ato deverão respeitar a dignidade da vítima, sob pena de responsabilização civil, penal e administrativa, cabendo ao juiz presidente garantir o cumprimento do disposto neste artigo, vedadas:

I – a manifestação sobre circunstâncias ou elementos alheios aos fatos objeto de apuração nos autos;

II – a utilização de linguagem, de informações ou de material que ofendam a dignidade da vítima ou de testemunhas. (Incluído pela Lei 14.245, de 2021)

Revitimização e violência institucional - Um sistema penal humanizado precisa preocupar-se em reduzir a revitimização (ou vitimização secundária), entendida como aquela provocada pelos agentes do Estado ou – segundo uma concepção mais ampla – pela própria sociedade, pela forma como se culpabiliza a vítima. Compreende o sofrimento das vítimas e testemunhas causado pelas instituições "encarregadas de fazer Justiça: policiais, juízes, peritos, criminólogos, funcionários de instituições penitenciárias etc." (BERISTAIN, Antonio. Nova criminologia à luz do direito penal e da vitimologia. Brasília: UNB, 2000. p. 105)

Não se pode negar que a intervenção institucional provoca, com maior ou menor intensidade, constrangimentos à vítima. O simples fato de ter que rememorar o crime já serve de campo fértil para a revitimização. Logo, não tem como ser evitada por completo, mas deve ser reduzida ao máximo. Como? Com estratégias de tratamento afável e acolhedor, assegurando à ofendida ambiente adequado para participar de cada fase da persecução penal.

Conforta-me perceber a evolução legislativa ocorrida nos últimos anos, que evidencia essa preocupação, presente há tempos no âmbito internacional.

A Lei Maria da Penha, por exemplo, operou uma revolução vitimológica ao estruturar um novo sistema de Justiça centrado nas necessidades da vítima (a mulher em situação de violência doméstica e familiar).

Recentemente, o entendimento do STJ quanto à obrigatoriedade de o juiz fixar danos morais quando da prolação da sentença penal condenatória por violência doméstica e familiar, considerando que tais danos são *propter rem* (que dispensam prova adicional, pois derivados do próprio ato de violência), infla o quadro de efetiva tutela dos direitos da vítima.

Além de reduzir o espectro de revitimização, deve ser coibida a violência institucional, discutindo-se estratégias de atuação do Estado na efetivação de políticas que assegurem esse novo paradigma, em especial nos crimes com predicados de violência de gênero (como no feminicídio). Todos os atores do sistema de Justiça, principais ou coadjuvantes, devem estar preparados para essa missão. Sabemos que nesses processos, não raramente, se reproduzem afirmações machistas e questionamentos morais, potencializando o sofrimento das ofendidas.

Essa forma de violência está no raio de preocupação do Judiciário. O Conselho Nacional de Justiça, por exemplo, dela cuidou na Resolução 254, de 04 de setembro de 2018:

> "Configura violência institucional contra as mulheres no exercício de funções públicas a ação ou omissão de qualquer órgão ou agente público que fragilize, de qualquer forma, o compromisso de proteção e preservação de direitos das mulheres".

A Resolução 40/34 da ONU prevê, na Declaração dos Princípios Fundamentais de Justiça Relativos às Vítimas, que:

> "Art. 4. As vítimas devem ser tratadas com compaixão e respeito pela sua dignidade. Têm direito ao acesso às instâncias judiciárias e a uma rápida reparação do prejuízo por si sofrido, de acordo com o disposto na legislação nacional".

Não custa lembrar que, hoje, a violência institucional pode significar crime. A Lei 14.321/22 incluiu, na Lei de Abuso de Autoridade, novo tipo penal, mais precisamente o art. 15-A, punindo criminalmente submeter a vítima de infração penal ou a testemunha de crimes violentos a procedimentos desnecessários, repetitivos ou invasivos, que a leve a reviver, sem estrita necessidade, a situação de violência ou outras situações potencialmente geradoras de sofrimento ou estigmatização.

A violência institucional, estatisticamente bastante presente nos crimes contra a dignidade sexual de mulheres, de qualquer idade, acaba por refletir a violência estrutural das relações sociais patriarcais e de opressão sexista.

Os já mencionados atores do sistema de Justiça, consciente ou inconscientemente, acabam tratando as mulheres vítimas da mesma forma como os homens as tratam, não raras vezes desviando o foco da reprovação. Ao invés de se julgar o agressor, julga-se a vítima, a qual sofre total interferência na sua intimidade, com o abjeto escopo de descobrir sua reputação e concluir se contribuiu ou não para o crime. Não raras vezes, a idoneidade da vítima pesa mais que a própria violência cometida.

A recente Lei 14.245/21 (Lei Mariana Ferrer) introduziu no Código de Processo Penal e na Lei 9.099/95 normas de reforço, para que na audiência de instrução e julgamento, e, em especial, nas que apurem crimes contra a dignidade sexual, todas as partes e demais sujeitos processuais presentes no ato, zelem pela integridade física e psicológica da vítima, ficando vedadas manifestação sobre circunstâncias ou elementos alheios aos fatos objeto de apuração nos autos, bem como a utilização de linguagem, de informações ou de material que ofendam a dignidade da vítima ou de testemunha.

Nem mesmo a bandeira da ampla ou plenitude da defesa pode servir de argumento para se constranger a vítima. Sobre o assunto, reparemos o que diz o Enunciado 47 do FONAVID:

> ENUNCIADO 47: A plenitude da defesa no júri deve se conformar ao disposto no art. 7º, "e", da Convenção Interamericana para Prevenir, Punir e Erradicar a Violência contra a Mulher "Convenção de Belém do Pará" e ao disposto no capítulo IX itens 9.1.2 e 9.1.3 das Diretrizes Nacionais para Investigar, Processar e Julgar com perspectiva de gênero as mortes violentas de mulheres – Feminicídio, sendo recomendável ao(à) Juiz(a) Presidente considerar como excesso de linguagem argumentos violentos ofensivos à dignidade da mulher por questão de gênero, devendo intervir nos termos do art. 497, III, do CPP e art. 10-A da Lei 11.340/06.

Fácil concluir pela necessidade de uma série de protocolos de atendimento à vítima, respeitando a dignidade da pessoa humana, assegurando uma recepção não revitimizante, não discriminatória, acatando sua privacidade, confidencialidade, memória, verdade, autonomia da vontade e consentimento, e uma política de reparação de danos não apenas de ordem material.

JURISPRUDÊNCIA

Revitimização

"Não obstante exista o entendimento de que o depoimento da vítima tem valor probante diferenciado nos crimes de violência doméstica, obrigar a vítima prestar novo depoimento, quando outros elementos de ordem objetiva embasaram a absolvição, pode gerar indesejável **revitimização,** o que vai contra o objetivo da sua proteção integral. No caso concreto, o magistrado, ao indeferir pedido de redesignação de audiência e absolver o réu, considerou que os autos já estavam suficientemente instruídos com o laudo de exame de corpo de delito e depoimento da vítima, bem como declinou razões no sentido de que a defesa do réu teria sido prejudicada na fase do inquérito." (STJ – AgRg no REsp n. 1.862.530/AM, relator Ministro Joel Ilan Paciornik, Quinta Turma, julgado em 2/2/2021, DJe de 8/2/2021.)

Art. 475. **O registro dos depoimentos e do interrogatório será feito pelos meios ou recursos de gravação magnética, eletrônica, estenoti-**

pia ou técnica similar, destinada a obter maior fidelidade e celeridade na colheita da prova. (Redação dada pela Lei nº 11.689, de 2008)

Parágrafo único. A transcrição do registro, após feita a degravação, constará dos autos. (Incluído pela Lei nº 11.689, de 2008)

Registro dos atos probatórios – Admite a lei, expressamente, que o teor do interrogatório e dos testemunhos seja registrado "*pelos meios ou recurso de gravação magnética, eletrônica, estenotipia ou técnica similar*". No entanto, ainda à época da legislação anterior, foi reconhecida a nulidade de julgamento no qual a estenotipista deixou o plenário antes de realizar a transcrição dos depoimentos, o que impossibilitou a defesa de ter acesso à prova produzida, em manifestou cerceamento de sua tarefa (*RJTJSP* 127/274). Na ferramenta conhecida como *Jurisprudência de Teses*, de n. 29, do STJ, publicada em 04.03.2015, restou assentado que "o registro audiovisual de depoimentos colhidos no âmbito do processo penal dispensa sua degravação ou transcrição, em prol dos princípios da razoável duração do processo e da celeridade processual, salvo comprovada demonstração de necessidade" (tese n. 10).

JURISPRUDÊNCIA

Ausência da degravação. Nulidade relativa

"Consoante os termos do acórdão recorrido, a gravação contendo os depoimentos das testemunhas e os debates orais ocorridos no julgamento estavam à disposição da defesa que contou ainda com a presença, nos autos, de ata de julgamento contendo os detalhes principais ocorridos em plenário. Ademais, o entendimento consagrado desta Corte é no sentido de que a nulidade do art. 475 do Código de Processo Penal, para ser declarada, deve haver demonstração inequívoca do prejuízo sofrido pelo Acusado, sob pena de se convalidar. Precedentes" (STJ – HC nº 148499-DF, Rel. Laurita Vaz, j. 06.12.2011, DJe 19.12.2011).

Prova colhida na primeira fase do procedimento e repetida em Plenário. Validade

"Tratando-se de processo da Competência do Tribunal do Júri, a colheita da prova efetuada na primeira fase poderá ser repetida em Plenário, podendo, nessa etapa, incidir o art. 475, parágrafo único do CPP." (HC n. 247920-RS, Rel. Marila Maynard, DJe 18.06.2014).

SEÇÃO XII
DOS DEBATES

Art. 476. Encerrada a instrução, será concedida a palavra ao Ministério Público, que fará a acusação, nos limites da pronúncia ou das decisões posteriores que julgaram admissível a acusação, sustentando, se for o caso, a existência de circunstância agravante. (Redação dada pela Lei nº 11.689, de 2008)

§ 1º O assistente falará depois do Ministério Público. (Incluído pela Lei nº 11.689, de 2008)

§ 2º Tratando-se de ação penal de iniciativa privada, falará em primeiro lugar o querelante e, em seguida, o Ministério Público, salvo se este houver retomado a titularidade da ação, na forma do art. 29 deste Código. (Incluído pela Lei nº 11.689, de 2008)

§ 3º Finda a acusação, terá a palavra a defesa. (Incluído pela Lei nº 11.689, de 2008)

§ 4º A acusação poderá replicar e a defesa treplicar, sendo admitida a reinquirição de testemunha já ouvida em plenário. (Incluído pela Lei nº 11.689, de 2008)

Ordem das falas – Nos debates, falará, inicialmente, a acusação, por meio do Ministério Público, pelo prazo de uma hora e meia, conforme previsto no *caput* do art. 477. Se contar com um assistente de acusação, a distribuição do tempo deve ser combinada entre ambos. Não havendo acordo sobre esse aspecto, cumpre ao juiz decidir (art. 477, § 1º). Não são incomuns, na prática, discussões a respeito da divisão do tempo, quando, por vezes, o promotor de justiça acaba *invadindo* o tempo do assistente, tudo a reclamar a pronta intervenção do Juiz. Ressalte-se que eventual tempo tomado pelo promotor do assistente, não será restituído em favor deste último, sob pena de configuração de evidente prejuízo à defesa. De qualquer forma, o assistente falará, sempre, depois do *parquet* (art. 476, § 1°, do CPP).

Manifestação da acusação – Dispõe este artigo que, uma vez encerrada a instrução, será aberta vista à ao Ministério Público para que, nos limites da pronúncia, sustente sua acusação.

ATENÇÃO – O revogado art. 471 impunha a leitura do libelo. Hoje, com a supressão do *libellum*, tal obrigação, por consequência, não mais subsiste. Tampouco será necessária a leitura da pronúncia, pois, à essa altura, os jurados já terão recebido cópia dessa decisão, como determina o parágrafo único do art. 472 do CPP.

Pedido de absolvição – Houve tempo em que se discutia a possibilidade de o Ministério Público, em plenário, requerer a absolvição do réu ou sustentar tese contrária ao libelo que, de alguma forma, beneficiasse o acusado (*v.g.*, o homicídio privilegiado). Doutrinadores de renome como Borges da Rosa entendiam que fosse o caso, efetivamente, de absolvição, então deveria o réu, antes, ser absolvido sumariamente ou, então, impronunciado e até operada a desclassificação. A partir do momento em que o debate alcançou o plenário, já pronunciado o réu através de decisão transitada em julgado, cumpriria ao acusador sustentar a condenação, sob pena, inclusive, de nulidade absoluta do feito (art. 564, inc. III, *l*).

Para o festejado autor, "a lei manda dar a palavra ao promotor para fazer a acusação, isto é, para demonstrar a culpabilidade do réu, o que quer dizer, que não é para fazer a sua defesa ... se o promotor, invadindo as atribuições da defesa, solicitar a absolvição do réu, cumpre ao Juiz presidente do Tribunal declarar vaga a cadeira da acusação ... a única concessão que se pode fazer, na hipótese questionada, é tolerar que o agente do Ministério Público, exposto o fato e as suas circunstâncias em face da prova existente nos autos, limite-se a pedir justiça, naqueles casos em que os autos não lhe fornecem elemento algum para acusar" (ob. cit., p. 567).

Era também a opinião de José Frederico Marques, segundo o qual "o Ministério Público é parte no processo penal, e não órgão judiciário. Sua função é a de acusar, e não a de julgar; e se em procedimentos perante o juiz singular, é admissível que peça a absolvição, o mesmo não acontece relativamente ao plenário do júri, visto já existir uma sentença de pronúncia declarando admissível a acusação por ser o réu suspeito de crime" (*O júri no direito brasileiro*, p. 205). Já Ary Azevedo Franco (ob. cit., p. 109), entendia que, se a prova fosse fraca e incapaz de alicerçar a condenação do réu, caberia ao promotor *pedir justiça*, mas jamais a absolvição.

Tal posicionamento, hoje, não encontra mais nenhuma ressonância, quer na doutrina, quer na jurisprudência. Eduardo Espínola Filho, em contrapartida às lições acima, destaca que "outra é a opinião de Whitaker, frisando, muito bem, que o libelo é a base do pedido de punição (Júri, 6ª ed., 1930, p. 95). Proclama, entretanto, ser dever do promotor 'pela dignidade do cargo', considerar-se vencido, confessando lealmente a impotência da acusação', se o réu demonstrar à evidência sua inocência ou seu direito. A causa da justiça ... é a causa da verdade" (ob. cit., vol. II, p. 452).

Este é a tese que comungamos. A um, em virtude que eventual pedido de absolvição formulado pelo promotor de justiça, em absoluto obriga os jurados a acolhê-lo. Investidos na condição de juízes, aos jurados se aplica a regra contida no art. 385 do CPP, que permite a condenação mesmo em face de pedido de absolvição do Ministério Público. A dois, porque se trata de uma visão antiga e ultrapassada em relação às funções do Ministério Público. Já não se mede mais o bom promotor de justiça, por exemplo, segundo o número de condenações que, naquele mês, obteve no Júri, em uma análise fria da estatística. Já não é mais um acusador profissional. Ao contrário, é hoje o promotor, sobretudo, um defensor da sociedade, atuando, antes da acusação, como *custos legis*, conquanto o cinema e a televisão, por vezes, insistam em apresentá-lo dessa forma. Ora, à sociedade, por certo, não interessa a condenação de um inocente e o promotor, como defensor que é da sociedade, deve, nessas hipóteses, pedir a absolvição do réu em plenário. É esse o posicionamento que tem prevalecido na jurisprudência (*RT* 496/265).

Como destaca Jorge Americano, "obrigado a intervir, o Ministério Público estuda o fato e fiscaliza a aplicação do direito. Expõe os seus argumentos com sobriedade de firmeza, com precisão e energia, mas sem paixão nem violência. Tem em vista a moralidade e a justiça. Responde aos argumentos dos diversos interessados, sem jamais sacrificar a verdade. Poupa a reputação alheia. Abandona os gracejos e os doestos, economiza a adjetivação. Encara o episódio como um fato jurídico e não como questão pessoal contra os demais interessados." (*Apud* Roberto Lyra, Teoria e Prática da Promotoria Pública, coedição da Sergio Antonio Fabris Editor e Escola Superior do Ministério Público do Rio Grande do Sul, Porto Alegre, 1989, p. 74).

JURISPRUDÊNCIA

Pedido de absolvição pelo MP em plenário. Assistente se bate pela condenação. Impossibilidade

"Se em plenário do tribunal do júri o promotor pedir a absolvição do réu, o assistente não poderá falar pedindo a condenação. O assistente é parte acessória, e o MP é a parte principal. Aqui aplica-se o brocardo *Accessorium sequitur principale*: o acessório segue a sorte do principal. Seria um contra-senso os jurados ouvirem o promotor (Estado-administração), parte principal, pedir a absolvição por ser medida de justiça, diante do caso concreto, e ouvir, logo após, o assistente (particular), parte acessória, pedir a condenação. E aqui é que esqueceram as lições de Espínola Filho (ESPÍNOLA FILHO, Eduardo (atualizado por José Geraldo da Silva e Wilson Lavorenti). Código de Processo Penal Brasileiro Anotado. São Paulo: Bookseller, 2000, p. 329, vol. III.), *in verbis*: O assistente só funciona, porém, como auxiliar da acusação pública" (TJRJ – Apel. Crim. n. 0166606-35.2008.8.19.0001, Rel. Paulo Rangel, j. 22.06.2010).

§ 2º Tratando-se de ação penal de iniciativa privada, falará em primeiro lugar o querelante e, em seguida, o Ministério Público, salvo

se este houver retomado a titularidade da ação, na forma do art. 29 deste Código. (Incluído pela Lei nº 11.689, de 2008)

Queixa-crime – Tratando-se de queixa-crime (em hipóteses raríssimas), na improvável existência de uma ação penal privada subsidiária da pública se sucede o mesmo. Primeiro fala o querelante e, depois, o Ministério Público. O dispositivo ressalva a possibilidade de a ação ter sido retomada pelo Ministério Público. Suponha-se uma tentativa de homicídio que, dada à inércia do promotor de Justiça, tenha a vítima ofertado queixa-crime, naquilo que a doutrina denomina *ação penal privada subsidiária da pública*. Caso o querelante, por algum motivo, abandone a ação, cumpre ao Ministério Público, na exata dicção do art. 29 do código, retomá-la como parte principal. Nesse caso, a regra a ser observada é a do *caput* do art. 476.

Também a divisão do tempo entre os defensores deve ser decidida entre eles (art. 477, § 1º). Se por acaso o julgamento envolver mais de um réu, acresce-se uma hora para cada parte, bem como se dobra o tempo da réplica e tréplica (art. 477, § 2º). Sendo vários os réus, sob pena de ser-lhes cerceada a defesa, parece mais conveniente a separação dos julgamentos (art. 80).

§ 3º Finda a acusação, terá a palavra a defesa. (Incluído pela Lei nº 11.689, de 2008)

Manifestação da defesa – Remetemos o leitor, de início, ao tópico *princípios que regem o Júri*, em comentários ao Capítulo II acima, quando destacamos a *plenitude de defesa*, como um dos pilares da instituição. Em virtude dos princípios constitucionais da ampla defesa e do contraditório (art. 5º, inc. LV), e do contido no art. 261 do código, tem-se a impossibilidade de o réu estar em Juízo sem a presença de um defensor. Por óbvio, como *defensor* deve ser entendido o advogado, único legitimado a atuar em juízo. A nomeação de um leigo importa em afronta ao princípio do contraditório, na medida em que desrespeitada a paridade que deve imperar entre as partes, pois colocaria, de um lado, o promotor de justiça (nas ações penais públicas, que são a imensa maioria), com formação técnica para o debate e, de outro, um jejuno desprovido de conhecimento jurídico. Apesar disso, mesmo o STF, em virtude da inexistência de advogado não impedido na Comarca, tolerou a nomeação de um leigo (*RT* 532/445), em posição também adotada por outros Tribunais (*RT* 618/285, 613/316, 591/359).

Na lição de Borges da Rosa, "os piores criminosos, mesmo aqueles que as multidões alarmadas e possuídas de justa indignação desejam lapidar ou linchar na praça pública, têm sempre direito a uma defesa, por fraca que seja" (ob. cit., p. 570). Esse antigo ensinamento somente não tem aplicação, hoje, quando se satisfaz com uma defesa *fraca*. Assim já não basta a mera defesa formal na qual o advogado desempenhe uma simples função contemplativa de espectador inerte do processo. Mais que isso, sem exigir brilhantismo, é preciso, para atender aos princípios constitucionais regentes da matéria, que o advogado atue efetivamente na tutela do réu, suscitando as teses defensivas cabíveis ao caso concreto, apresentando a defesa preliminar, participando da audiência, enfim, revelando a prática de uma defesa concreta, sob pena de ser o réu considerado indefeso. Esse é o atual posicionamento do STF, valendo que se confiram: *JSTJ* 166/294; *RT* 583/408. Afinal, "a presença formal de um defensor dativo, sem que a ela corresponda a existência efetiva de defesa substancial, nada significa no plano do processo penal e no domínio tutelar das liberdades públicas" (HC nº 68.929-9-SP – Rel. Min. Celso de Mello, *DJ* de 28.8.1992, seção I, p. 582).

No que concerne especificamente ao Júri, essa exigência se fortalece. Com efeito, sendo leigos os jurados mais facilmente podem ser sugestionados. Uma defesa falha em um processo comum pode ser suprida, com cautela, pelo juiz togado que a saberá relevar, dando ao réu, por vezes, aquilo que passou despercebido aos olhos de seu advogado. Em plenário essa fragilidade se potencializará: a pobreza do discurso pode ser facilmente detectada pelos jurados ou aproveitada pela acusação, tudo em evidente prejuízo ao réu. Já presenciamos plenário no qual, tamanha era debilidade do advogado, que o juiz se viu na obrigação de, dissolvendo o Conselho de Sentença logo que iniciado o discurso da defesa, designar novo julgamento, intimando-se o réu para constituição de outro defensor, conforme lhe é autorizado pelo art. 497, inc. V. Nesse sentido *RT* 590/388, 637/252. Também já se reconheceu nulidade no julgamento no qual o advogado ocupou a tribuna por apenas dez minutos (*RT* 564/367, 648/278), embora não se exija o esgotamento de todo o tempo (*RT* 759/589).

Vê-se, nessa linha de raciocínio, que à defesa não é dado concordar com o pedido de condenação formulado pela parte contrária. Assim agindo, fulminará de nulidade o processo, *ex vi* do disposto no art. 564, inc. III, *l*. Nada impede, porém, que, por exemplo, admita a autoria do disparo de arma de fogo desfechado pelo réu, pleiteando, porém, o reconhecimento do homicídio privilegiado ou, na mesma hipótese, a exclusão de alguma qualificadora. Significa dizer que a defesa não está obrigada, sempre, a pedir a absolvição do réu. Tal pedido, dependendo do caso concreto, soaria ridículo aos olhos dos jurados, culminando por desmoralizar todo o discurso defensivo. Mais conveniente que se bata pelas teses que guardem alguma credibilidade e possam, embora condenado o réu, minorar-lhe a situação. Aliás, o cotidiano do Júri está repleto de exemplos nos quais, embora condenado o réu, o veredicto foi-lhe altamente favorável. Assim, um advogado que assuma a defesa de réu pronunciado por homicídio duplamente qualificado e que deixe o plenário com uma condenação por homicídio privilegiado estará, seguramente, *satisfeito* com a condenação, convicto de que mais não poderia fazer ante a absoluta impossibilidade de se obter a absolvição. Esse foi o posicionamento do STF (*RTJ* 124/635).

***Acordo* entre as partes** – Outra questão que deve ser colocada diz respeito à possibilidade de um prévio *acordo* formulado entre a acusação e a defesa, tão comum no cotidiano forense. Através dele, as partes, de antemão, ajustam entre si as teses que sustentarão em plenário. Assim, por exemplo, pronunciado o réu por homicídio qualificado, combina-se que a acusação pedirá a condenação por homicídio simples, no que contará com o apoio da defesa. Ou, referindo-se a pronúncia a um homicídio simples, acusação e defesa concordam em uma condenação por homicídio privilegiado.

Diz-se que, com essa conduta, estaria violado o princípio da soberania dos veredictos, na medida em que subtraída do Conselho de Sentença a possibilidade de amplo acesso à prova. Entendemos, com a devida vênia, absolutamente equivocado tal raciocínio. Primeiro porque nada impede que os jurados decidam de forma diversa daquela que foi sugerida pelas partes, *ex vi* do disposto no art. 385 do código. Segundo, em razão de que o referido acordo não impede, em absoluto, que os jurados tenham acesso às provas, já que podem inquirir, diretamente, as testemunhas de acusação e defesa, determinar a acareação ou solicitar esclarecimentos do juiz, caso não se sintam habilitados ao julgamento. Terceiro, em razão de que, caso se entenda que o prévio ajuste entre as partes afrontaria a soberania dos jurados, jamais se poderia admitir o pedido de absolvição feito pelo promotor de Justiça. Claro: se ele não pode acordar com a defesa uma solução que lhe parece conveniente (que é o menos), não poderá, decerto, pedir a absolvição do réu (que é o mais). Violaria o princípio da soberania dos veredictos, isto sim, o juiz que, ante o *acordo* celebrado entre as partes, dissolvesse o Conselho de Sentença, retirando deste último a competência constitucionalmente prevista de julgar o acerto – ou não – da tese que sustentaram. Aliás, e se a acusação for privada, em caso de conexão com um crime de ação penal pública, por acaso o pedido de absolvição formulado pelo querelante não importará em perempção, que o Júri deve obrigatoriamente reconhecer (art. 60, inc. III do CPP)?

Na verdade, a expressão *acordo* é empregada de um modo um tanto pejorativo, podendo dar a impressão de embuste ardilosamente tramado entre as partes, com fins escusos. Pode ocorrer, no entanto, exatamente o contrário. Ou seja, de ser a solução alvitrada pelas partes a mais justa, naquele caso concreto e que represente uma punição adequada para o réu, proporcional ao fato cometido. Fruto não de um ardil sordidamente preparado por elas, com o maquiavélico objetivo de enganar os jurados ou de abreviar o julgamento, mas de uma análise criteriosa e com base nas provas do processo. Quantas vezes, frente ao estudo aprofundado da hipótese dos autos, não se mostra de bom tamanho a condenação do réu pelo homicídio privilegiado, quando a pronúncia se referia a um homicídio simples. Ou por esse último crime, tendo a pronúncia insistido exageradamente em um homicídio qualificado. Havendo equívoco na proposta, os jurados que a rejeitem, não o juiz a quem falta competência legal para tanto. Essa alternativa – insistimos – a qual os jurados não se vinculam, presta-se por vezes, ademais, a abreviar os trabalhos, poupando todos os envolvidos no Júri de um cansaço excessivo que, no mais das vezes, levaria à mesma conclusão de início alvitrada por um *acordo* que não se concretizou. Ocorrendo malícia do promotor de Justiça, que, com sua conduta, revelou-se negligente e desidioso no exercício de sua função, que seja ele submetido a eventual aplicação de sanções de ordem ética e disciplinar cabíveis à espécie. Equivocada, portanto, a afirmação no sentido de que a exposição em plenário, pelas partes, de teses idênticas, ofenderia a soberania do Tribunal do Júri.

Posição ocupada pelo Promotor de Justiça em plenário – Interessante debate, a guardar interesse prático, é travado quanto ao posicionamento a ser ocupado pelo Ministério Público no plenário do Júri. Por força da Lei Orgânica Nacional do Ministério Público (Lei nº 8.625/93), mais precisamente no inc. XI, do art. 41, constitui prerrogativa dos membros do *parquet* "tomar assento à direita dos Juízes de primeira instância ou do Presidente do Tribunal, Câmara ou Turma". Em razão desse dispositivo – e mesmo, por tradição, muito antes dele – o lugar reservado ao promotor de justiça, em plenário, é ao lado direito do juiz, mais abaixo, na mesma bancada, posicionada contígua ao assento ocupado pelo Magistrado.

O tema, em algumas ocasiões, foi submetido à apreciação dos Tribunais. Em medida cautelar intentada pela 57ª Subseção de Guarulhos da Ordem dos Advogados do Brasil – Seccional de São Paulo, objetivando a concessão de efeito suspensivo a recurso ordinário, o Superior Tribunal de Justiça analisou a questão (Medida Cautelar nº 12.417 – SP, j. 24.1.2007).

Segundo a inicial manejada pela OAB, esse posicionamento ofenderia a igualdade entre as partes, quando induz os jurados a pensarem que "[...] magistrado e promotor são uma só pessoa ou órgão, ou se trata da mesma equipe, situação absurda que viola gravemente o sagrado e consagrado princípio constitucional da isonomia". Violaria, ademais, o art. 6º da Lei nº 8.906/94 (Estatuto da OAB), que estabelece a inexistência de hierarquia ou subordinação entre "advogados, magistrados e membros do Ministério Público".

Outro argumento é de que a proximidade física entre o promotor e o juiz, sentados lado a lado, mantendo, por vezes, conversas em tom baixo, a revelar certa intimidade, seria nociva à defesa, posto que os jurados, impressionados com tamanha cumplicidade, poderiam conferir maior credibilidade ao discurso acusatório em prejuízo da defesa, cujo advogado tem como companheiro mais próximo o próprio réu.

Nessa linha, em entrevista concedida ao *site* Consultor Jurídico, em 31 de janeiro de 2007, o advogado criminal Alberto Zacharias Toron fez ver que "a regra prejudica a defesa porque o jurado tende a dar mais credibilidade a quem está ao lado do juiz, que representa a isenção. O ideal seria que defesa e acusação se colocassem à frente do juiz".

A despeito de tais argumentações, a liminar foi indeferida, parecendo ao relator Min. Francisco Peçanha Martins que "a prerrogativa de os membros do Ministério Público tomarem assento à direita dos Juízes de primeira instância ou do Presidente do Tribunal, Câmara ou Turma decorre da própria legislação de regência (art. 41, XI, da Lei n. 8.625/93), a qual leva em conta a importância das funções desempenhadas pela instituição (arts. 127, caput; e 129, da Constituição Federal), inexistindo qualquer ofensa à igualdade entre as partes".

Em situação um pouco diversa, o tema foi abordado pelo Supremo Tribunal Federal (RMS 21844-DF, Rel. Min. Marco Aurélio, j. 17.5.1994, DJ 25.11.1994, p. 32302). O debate colocava, de um lado, o Código de Processo Penal Militar (art. 400) e, de outro, a Lei Orgânica do Ministério Público (art. 18, I, da Lei Complementar 75/93). Aquele primeiro determina que a bancada reservada aos Juízes é composta pelo presidente, sentando-se, à direita deste, o auditor e, à esquerda, os juízes leigos. Já a lei do *parquet* garante aos membros do Ministério Público tomar assento à direita do juiz.

Instalou-se, assim, o impasse: quem deveria ocupar o lado direito do juiz, o membro do Ministério Público ou o auditor militar?

Entendeu-se, desta feita, que esse lugar deve ser ocupado pelo juiz-auditor. É que a colocação do Ministério Público, na mesma bancada com os juízes, importaria em violação ao princípio que impõe a igualdade entre acusação e defesa. Os componentes da bancada julgadora, porque membros do Poder Judiciário, devem se posicionar na mesma bancada, reservando-se às partes (promotor e defensor), lugar separado, em igualdade de condições.

Afinal, como constou do voto do relator, "acusação e defesa devem estar em igualdade de condições, não sendo agasalhável, constitucionalmente, interpretação de normas reveladoras da ordem jurídica que desague em tratamento preferencial. A *par condicio* é inerente ao devido processo legal [...]dentre os deveres da Magistratura está o ligado à atuação que denote imparcialidade consideradas as partes do processo. A partir do momento em que a presunção, a girar em torno de um dever, fique de alguma maneira comprometida, surge o correspondente direito subjetivo à preservação".

Esse julgado contou, inclusive, com parecer de Ada Pellegrini Grinover, quando ressaltou que "vê-se daí que a Lei Processual Penal Militar revela o maior cuidado para com a situação de paridade das partes e equidistância que ambas devem manter em relação ao órgão judicante. Este, em bancada única, há de permanecer fisicamente reunido, até porque, inexistindo incomunicabilidade entre os Juízes, os leigos podem valer-se do Juiz-Auditor para o esclarecimento de questões de ordem jurídica, assim como o Juiz Togado pode valer-se dos demais membros do Conselho de Julgamento para dirimir eventuais dúvidas ligadas à vida militar".

O julgado acima mencionado serve de norte seguro à abordagem da questão. Talvez fosse mesmo mais aconselhável que, a exemplo do que se vê no Júri norte-americano, permanecesse o juiz isolado em sua bancada e as partes (acusação e defesa), em pé de igualdade, em mesas separadas, no mesmo nível e equidistantes do Magistrado. Com isso se evitaria uma proximidade entre a Magistratura e o Ministério Público capaz de influenciar o espírito do jurado que, leigo, se impressionaria com a aparente intimidade entre o primeiro que encarna a imparcialidade e, o segundo, que é, por definição, parte. A reforma, contudo, não tratou do tema, perdendo, neste aspecto, valiosa oportunidade para disciplinar tão relevante questão.

JURISPRUDÊNCIA

Pequena superação do tempo. Nulidade relativa

"A superação, no caso, de sete minutos pelo Ministério Público do limite de uma hora e meia, previsto no artigo 477, caput, do CPP, somente poderia importar em nulidade, que é meramente relativa, se tivesse redundado em prejuízo efetivo para a parte contrária (como a negativa de igual acréscimo ao tempo da Defesa) e arguição oportuna da irregularidade na Ata" (TJSP – Apelação nº 990.09.148765-1, Rel. Renê Ricupero, j. 13.05.2010).

Dois promotores em plenário. Possibilidade

"Em relação à suposta nulidade por excesso de acusação, em razão da atuação conjunta de dois Promotores de Justiça, não há falar em nulidade, visto que consoante acertadamente consignou a Corte de origem: a designação dos Promotores de Justiça para atuarem, conjuntamente, na sessão Plenária deu-se em caráter excepcional e temporário. Ainda, a Defensoria Pública foi previa e devidamente intimada da designação (fl. 1.458), não tendo manifestado inconformidade (e-STJ fl. 205). Ademais, esta Corte possui entendimento no sentido de que Não há violação ao princípio do promotor natural se houve regular designação de representante do Ministério Público para atuar em conjunto com outro membro do Parquet. (HC 40.394/MG, Rel. Ministro OG FERNANDES, Sexta Turma, julgado em 14/4/2009, DJe de 4/5/2009)." (STJ – HC n. 498.993, Ministro Reynaldo Soares da Fonseca, DJe de 19/06/2019)

Advogado distante do Juiz. Nulidade inexistente

"É prerrogativa legal do membro do Ministério Público tomar assento à direito do juiz nas sessões de julgamento, inclusive do tribunal do júri. A alegação de nulidade disso decorrente, por uma pretensa quebra da paridade de armas, é imprópria ao veio do habeas corpus, porquanto não importa em direta relação com o direito de ir e vir do réu. Arguição de total despropósito. Ausência de ilegalidade a ser Amparada" (STJ – RHC n. 59978-RS, Rel. Maria Thereza de Assis Moura, j. 27.10.2015, DJe 13.11.2015).

"O fato de o defensor do réu não estar assentado ao lado do Juiz Presidente por ocasião de julgamento na Sessão Plenária do Tribunal do Júri não configura constrangimento ilegal à liberdade de ir e vir. A igualdade entre as partes, defesa e acusação, no Tribunal Popular, é verificada pelo mesmo tempo de que dispõem para que, em pé, da mesma forma, diante dos jurados, possam proferir suas alegações, sustentando a tese defensiva ou acusatória. A posição do patrono ao lado do réu possibilita a melhor comunicação entre eles, facilitando eventuais orientações e obtenção de informações para a promoção da defesa. O posicionamento do Ministério Público, que se coloca sentado ao lado do Magistrado Presidente do Tribunal do Júri, decorre da Lei 8.625/93, não significando superioridade em relação ao defensor" (RHC nº 13.729-SP, Rel. Min. Gilson Dipp. j. 6.10.2003).

§ 4º A acusação poderá replicar e a defesa treplicar, sendo admitida a reinquirição de testemunha já ouvida em plenário. (Incluído pela Lei nº 11.689, de 2008)

Reinquirição de testemunhas – É possível que, na fase de réplica e tréplica, sejam reinquiridas testemunhas (e, por óbvio, também a vítima) já ouvidas em plenário, nos termos do § 4º do art. 476. A *mens legis* vem bem-apanhada por Espínola Filho ao salientar que "a providência visa, evidentemente, a conferir às partes o poder de chamar, novamente, à barra das testemunhas, alguém que, antes, deu o seu depoimento, a fim de anular algum argumento, ou algum elemento probatório, de que haja adversário lançado mão, na oração anterior. Assim, essa reinquirição, que apenas versará sobre o ponto ou os pontos em questão, fica subordinada ao desenvolvimento dos debates" (ob. cit., p. 466).

O pedido de reinquirição de testemunhas pode ser formulado pelas partes ou pelos jurados, na forma do art. 497, inc. XI (*RT* 771/517). Pertinente a observação de Guilherme de Souza Nucci para quem a testemunha deve ser ouvida dentro do prazo de meia hora conferido a quem requereu seu depoimento (ob. cit., p. 670).

Trata-se de disposição de pouca utilização na prática. Com efeito, chegando o julgamento à sua parte final, com os oradores (e também os jurados) inevitavelmente cansados, não se encontra ânimo para se retomar a oitiva de testemunhas que – insiste-se – foram ouvidas há pouco, no mesmo plenário. Melhor que se deixe a prova como está, para que os jurados, com o acervo que contam até então, julguem o feito. A repetição enfadonha e, por vezes, desnecessária dos testemunhos, servirá apenas para adiar a conclusão, na vã tentativa de se retomar uma discussão que, à essa altura, já se imagina superada. Cuida-se, assim, de diligência que exige bom senso de quem a requerer e deve ser guardada para situações excepcionais, quando a reinquirição da testemunha se revelar, concretamente, medida indispensável. Sobretudo quando, antes, as partes puderam protestar pela realização de acareações, reconhecimento e esclarecimentos dos peritos, conforme permite o § 3º, do art. 473 do CPP. Fora tais situações, não sendo razoável o pedido, cumpre ao juiz presidente indeferir a realização da prova.

Art. 477. **O tempo destinado à acusação e à defesa será de uma hora e meia para cada, e de uma hora para a réplica e outro tanto para a tréplica. (Redação dada pela Lei nº 11.689, de 2008)**

§ 1º Havendo mais de um acusador ou mais de um defensor, combinarão entre si a distribuição do tempo, que, na falta de acordo, será dividido pelo juiz presidente, de forma a não exceder o determinado neste artigo. (Incluído pela Lei nº 11.689, de 2008)

Ver item *ordem das falas* acima, nos comentários ao art. 476.

§ 2º Havendo mais de 1 (um) acusado, o tempo para a acusação e a defesa será acrescido de 1 (uma) hora e elevado ao dobro o da réplica e da tréplica, observado o disposto no § 1º deste artigo. (Incluído pela Lei nº 11.689, de 2008)

Réplica e tréplica – Terminada a defesa do réu, cumpre ao juiz indagar, da acusação, se pretende fazer uso da réplica. Trata-se de mera faculdade – e não obrigação – que a acusação exerce livremente (*RT* 464/409, 547/326), como se depreende da leitura deste dispositivo e do art. 476 do CPP. Se responder afirmativamente, terá o prazo de mais uma hora para ocupar a tribuna, reforçando os argumentos inicialmente expendidos e refutando a tese sustentada pela defesa em sua fala. Sendo pública a acusação e havendo assistente, cabe a ambos, de comum acordo, ajustarem o tempo de cada um na réplica. Havendo mais de um réu, o prazo é dobrado (art. 477, § 2º). Pode o assistente de acusação replicar, a despeito da negativa do promotor de justiça, tendo sido decretada a nulidade de julgamento no qual, pleiteada a réplica pelo assistente, foi-lhe negado tal direito (*RT* 468/304).

ATENÇÃO - A negativa quanto ao direito de réplica, formulado pela acusação, deve limitar-se a um simples *"não"*. Se algo acrescer a essa negativa (*"a prova dos autos revelou-se mais que suficiente para a condenação do réu"* ou *"a acusação acha-se satisfeita já que a defesa não refutou seus argumentos"*), já estará dando ensejo, à defesa, de treplicar.

Aceita a réplica, aberta se acha a possibilidade de a defesa exercer a tréplica. Discute-se se é obrigatória a ida da defesa para a tréplica. Para Espínola Filho, a tréplica encerra mera faculdade, da qual a defesa se valerá se entender cabível naquele momento. Segundo esse autor, "fica ao critério do defensor decidir se há conveniência em rebater os novos argumentos da acusação, relembrando, outrossim, os pontos da defesa, ou não. Muita vez, como demonstração de que a réplica é oca de significação, a abstenção do advogado de defesa, salientada numa declaração nesse sentido, é mais eloquente do que qualquer discurso. É tudo questão de oportunidade, de uma hábil exploração da situação" (ob. cit., p. 464). Nesse sentido, *RT* 547/326.

Já para Heráclito Mossin, uma vez apresentada a réplica, importa em verdadeira obrigação a defesa ocupar a tribuna para a tréplica. Explica o autor que, "embora seja facultado à defesa promover a tréplica, nada mais evidente salientar que, havendo a réplica, não há praticamente como o defensor deixar de rebater os argumentos colacionados pela acusação. Sua omissão implicaria, possivelmente, deixar o acusado indefeso ou enfraquecer sobremaneira as teses suscitadas pela defesa em plenário" (*Júri, crimes e processo*, p. 405). Parece ser mesmo o posicionamento mais correto, por render homenagem aos princípios do contraditório e da ampla defesa, que restariam violados caso o defensor se mantivesse inerte, após a réplica deduzida pela acusação.

Tréplica sem réplica? – A indagação, em outras palavras, é a seguinte: poderia a defesa se valer da tréplica sem que a acusação, antes, fizesse uso da réplica? A resposta óbvia é negativa, mas, por mais esdrúxulo que possa parecer, há quem sustente essa possibilidade. A um, porque, sob o ponto de vista semântico, se a tréplica consiste exatamente na resposta que se dá à réplica, como é possível imaginá-la sem esta última. É dizer: a réplica é o *principal* e, a tréplica, o *acessório*, que depende, para seu surgimento, da existência da primeira. E, a dois, em razão que a dicção do § 4° é clara em conceder à acusação a faculdade de se utilizar da réplica quando, somente a partir daí, se abre possibilidade de tréplica. Aliás, o Código de Processo Penal, em sua versão original, continha dispositivo idêntico, como se vê da redação do revogado art. 473 ("O acusador poderá replicar e defesa treplicar, sendo admitida a reinquirição de qualquer das testemunhas já ouvidas em plenário"). Tal redação, neste § 4°, foi praticamente repetida pela reforma do Júri de 2008.

Interessante que, por maior que seja a aberração, há um projeto de lei aprovado na Câmara dos Deputados, desde julho de 2013 (PL n° 5295/2009, da Deputada Dalva Figueiredo), que confere nova redação a este § 4°, nestes termos: "A acusação poderá replicar e a defesa, independentemente da utilização ou não do tempo pela acusação para réplica, treplicar, sendo admitida a reinquirição de testemunha já ouvida em plenário". Pretende-se instituir, assim, a possibilidade da tréplica sem a réplica.

Caso se torne lei, teríamos, na prática, o seguinte absurdo: a acusação, nos termos do art. 477, falaria por uma hora e meia e, a defesa, por igual tempo. Não sendo utilizada a faculdade da réplica pela acusação, segundo o infeliz projeto, teria a defesa mais uma hora para a *tréplica*.

Ou seja, enquanto a acusação discursaria por uma hora e meia, à defesa se daria o prazo de duas horas e meia. Haverá quem argumente que a acusação, então, que se valha da réplica, garantindo-se, dessa forma, a paridade de tempo para ambos os contendores. A se privilegiar esse entendimento, porém, a utilização da réplica deixaria de se traduzir em uma faculdade para se constituir em verdadeira obrigação. Melhor, então, que se extinguisse a possibilidade de réplica, a se encampar tão exótica proposta legislativa.

Inovação na tréplica – Questão altamente polêmica importa em avaliar se no procedimento do Júri, mais precisamente na tréplica, pode a defesa trazer ao debate tese jurídica até então inédita. Suponha-se, assim, que a linha defensiva venha se pautando no sentido da negativa de autoria. Poderia a defesa, já na tréplica, inovar a fim de sustentar a legítima defesa?

Embora reconhecendo o debate que se desenvolve em torno da questão, entendemos ser mesmo incabível deferir-se à defesa a possibilidade de, na tréplica, invocar tese nova, até então não ventilada nos debates.

Argumentação a favor da possibilidade de inovação – Os argumentos em sentido contrário, quando admitem a inovação, são basicamente os seguintes: a) o princípio do contraditório, de índole constitucional, garante a possibilidade da parte contrária se manifestar a respeito de alguma prova nova ou fato novo surgido no transcurso do processo, mas não obriga a oitiva do *ex adverso* se a novidade se referir a teses jurídicas. Tanto – argumentam os que admitem a inovação – que no procedimento comum, com o julgamento afeto a um juiz togado, se surgir nova tese invocada pela defesa em suas alegações finais, cumpre ao Magistrado proferir a sentença e não determinar o pronunciamento do órgão acusatório; b) vigora no procedimento do júri o princípio da *plenitude da defesa*, de maior abrangência do que a mera *ampla defesa*. Por conta disso, nenhum obstáculo deve ser tolerado capaz de afrontar esse princípio, que autoriza a sustentação de qualquer tese, a qualquer momento, desde que em favor do réu. Chegou-se a afirmar que "o Ministério Público, sim, tem que abrir o jogo. O réu pode surpreender o Ministério Público" (STJ, RE 5.329-GO, 6a. T., voto do min. Vicente Cernicchiaro, j. em 31.8.1992). Porém, é salientado que o juiz, percebendo que a tese nova, por ilógica, é capaz de prejudicar o réu, deve dá-lo por indefeso, dissolvendo o Conselho de Sentença; c) a possibilidade de apartes concedidos ao órgão acusatório, restabelece o contraditório; d) cabe ao promotor de justiça sustentar a pronúncia e não rebater os argumentos da defesa, sendo que, por isso, qualquer intervenção na tréplica formulada pela acusação seria inócua; e) a acusação jamais poderá alegar ter sido tomada de surpresa, pois cabe a ela *prever* os argumentos que serão utilizados pela defesa (*RT* 693/331).

Nosso posicionamento contra a possibilidade de inovação – Cremos equivocada essa argumentação. É preciso, inicialmente, averiguar o alcance do princípio constitucional do contraditório. Segundo ensina a doutrina, o contraditório se constitui na "ciência bilateral dos atos e termos processuais e a possibilidade de contrariá-los", na exata lição de Joaquim Canuto Mendes de Almeida (*Princípios fundamentais do processo penal*, p. 80). Vê-se, portanto, que a preocupação desse princípio é, primordialmente, de garantir a igualdade entre as partes. A mesma arma que se concede a uma parte deve, também, ser concedida a outra, de modo a garantir a absoluta igualdade entre ambas. Com efeito, como ensina Vicente Greco Filho, no contraditório "todos os atos do processo devem ser realizados de modo que a parte contrária possa deles participar ou, pelo menos, possa impugná-los em contramanifestação" (*Manual de processo penal*, p. 63). Daí discordamos de que a necessidade da audiência bilateral, tão cara aos romanos (*audiatur et altera pars*), se refira apenas a fatos ou provas novas e não a teses jurídicas novas. Uma tese jurídica, até então inédita, surgida no plenário apenas na tréplica, não deixa de ser um *fato novo* e, assim, deveria permitir a manifestação da parte contrária. Máxime quando se sabe que, no Júri, os jurados julgam, basicamente, questões de fato e não de direito. Daí a oportuna lição de Giovanni Leone, citado por Demercian e Maluly, para quem "o princípio do contraditório consiste no dever imposto ao juiz de ouvir todas as partes, assegurando-lhes que intervenham e exponham suas razões de convencimento" (*Curso de processo penal*, p. 46). Repita-se: o princípio do contraditório determina não apenas a audiência da parte contrária sobre fato ou prova, indo além para garantir a ampla manifestação a respeito de qualquer ponto do debate, quer se trate de questão fática ou jurídica. Aresto do STJ, em que foi relator o Min. Sálvio de Figueiredo, coloca bem a matéria: "o princípio do contraditório, com assento constitucional, vincula-se diretamente ao princípio maior da igualdade substancial, sendo certo que essa igualdade, tão essencial ao processo dialético, não ocorre quando uma das partes se vê cerceada em seu direito de produzir prova ou debater a que se produziu" (*Informativo do STJ* nº 1/378). Se não há possibilidade dessa manifestação, sob pena de tornar-se infindável o debate, então que não se admita sua utilização, evitando, assim, tomar de surpresa a acusação.

A comparação que se pretende estabelecer entre o procedimento comum no qual o juiz não deve abrir vista à acusação para se manifestar sobre tese jurídica nova suscitada pela defesa, em sede de razões finais, e o procedimento do Júri, é absolutamente equivocada. A um, pois, na prática, quase sempre os juízes, preocupados com a igualdade processual, facultam sim a acusação a possibilidade de se manifestar sobre questão jurídica nova trazida pela defesa em suas alegações finais. E, a dois, em virtude de que uma decisão da lavra de um juiz togado revela contornos completamente diversos daquela proferida pelo Conselho de Sentença. Ora, os jurados, leigos que são nas coisas do Direito, decerto se impressionarão muito mais com uma tese jurídica nova trazida pela defesa, sobretudo quando apresentada por último e sem a possibilidade de contestação pela acusação. Já ao juiz togado o ineditismo não acarretará qualquer alteração em sua convicção. É, portanto, incabível a analogia que se pretende afirmar entre as duas situações, posto que fincadas em pressupostos distintos.

Também não aproveita o segundo dos argumentos elencados em favor da possibilidade de inovação, que se funda no princípio da plenitude de defesa, de maior abrangência se comparado à ampla defesa. Vale atentar, de início, que os constitucionalistas, em sua maioria, não identificam qualquer distinção entre os princípios da plenitude de defesa, previsto para o procedimento do Júri e o da ampla defesa, exigido para os demais procedimentos judiciais. Assim, Cretella Júnior ensina que "a plenitude de defesa do réu, ou acusado, diante do conselho de sentença e do juiz que preside ao julgamento, é princípio que, fixado no início do art. 5º, XXXVIII, 'a', desta Constituição de 5 de outubro de 1988, mais adiante se repete, em inciso do mesmo art. 5º sob nº LIV ('ninguém será privado da liberdade sem o devido processo legal') e sob número LV ('aos acusados, em geral, são assegurados o contraditório e a ampla defesa')" (*Comentários à constituição de 1988*, vol. I, p. 469). Alexandre de Moraes, de sua parte, ensina que "a plenitude de defesa encontra-se dentro do princípio maior da ampla defesa, previsto no art. 5º, LV, da Constituição Federal. Além disso, conforme salienta Pontes de Miranda, na plenitude de defesa inclui-se o fato de serem os jurados tirados de todas as classes sociais e não apenas de uma ou de algumas" (*Constituição do Brasil interpretada*, p. 307). Ora, todos esses exemplos de exercício da plenitude de defesa se aplicam, igualmente, ao princípio da ampla defesa. Aliás, não se entende por qual razão o constituinte teria optado por uma defesa *plena* para o Júri e, para os demais procedimentos, se contentaria apenas com uma defesa *ampla*, ferindo o princípio da isonomia em nítido prejuízo para o réu julgado pela prática de um crime doloso contra a vida.

Mas admitamos que o constituinte não pretendeu apenas reforçar a ideia de ampla defesa quando cogitou da plenitude da defesa. Que tenha, efetivamente, se preocupado em garantir uma defesa absoluta, sem qualquer restrição, muito mais abrangente de que a mera ampla defesa, que guardou para os demais procedimentos. Mesmo que tenha sido essa a *ratio legis*, será válida a inovação na tréplica? Continuamos entendendo que não.

De sorte que se estabelecer a plenitude de defesa não significa dizer que a intenção do constituinte tenha sido de livrar o réu de todo e qualquer regramento processual. A plenitude de defesa não deve jamais importar na implantação de um verdadeiro *vale-tudo*, desprovido de qualquer disciplina e em franca violação às normas processuais. A se privilegiar tal entendimento, se deveria permitir, por exemplo, que a defesa ocupasse a tribuna por quatro ou cinco horas, já que qualquer limitação contida no art. 477, feriria o princípio da plenitude da defesa. Sob essa ótica, ainda, não obstante o teor do art. 479, jamais poderia se impedir a defesa de apresentar documento novo em plenário, mesmo que tomando a acusação de surpresa. Também não seria plena a defesa se o juiz indeferisse o requerimento defensivo que pretendesse ouvir dez testemunhas em plenário, apesar do disposto no parágrafo único do art. 422. Ora, já decidiu o STF que "os princípios constitucionais que garantem o livre acesso ao Poder Judiciário, o contraditório e a ampla defesa, não são absolutos e hão de ser exercidos, pelos jurisdicionados, por meio das normas processuais que regem a matéria, não se constituindo negativa de prestação jurisdicional e cerceamento de defesa a inadmissão de recursos quando não observados os procedimentos estatuídos nas normas instrumentais" (STF – Pleno – Ag. Rg. Nº 152.676/PR – Rel. Min. Maurício Corrêa, *DJ*, Seção I, j. em 3.11.1995). Vê-se, portanto, que o mandamento constitucional que trata da *plenitude de defesa* não deve ser interpretado a ponto de isentar a defesa de submissão às regras do processo, sob pena de se estabelecer a balbúrdia, obstando, inclusive, o esgotamento da prestação jurisdicional.

Tampouco de isentar o defensor de um outro princípio que é típico do processo, a saber o que prega a *lealdade processual*. Com efeito, na lição de Cintra, Grinover e Dinamarco, "sendo o processo, por sua índole, eminente dialético, é reprovável que as partes se sirvam dele faltando ao dever de verdade, agindo com deslealdade e empregando artifícios fraudulentos. Já vimos que o processo é um instrumento posto à disposição das partes não somente para a solução de suas lides, como também para a atuação do direito. Diante desta sua finalidade, deve ele revestir-se de uma dignidade que corresponda a seus fins. O princípio que impõe esses deveres de moralidade e probidade a todos aqueles que participam do processo [...] denomina-se princípio da lealdade processual" (*Teoria geral do processo*, pp. 38-9).

Indaga-se, então, agora com uma visão prática, tirada do cotidiano do Júri: qual a tese que, até então ignorada pela defesa, seria capaz de surgir apenas na tréplica? Que poder sobrenatural é esse que, assolando abruptamente o defensor, o inspiraria a ponto de cogitar de uma versão até então inédita? Ora, a experiência revela que a inovação na tréplica implica, isso sim, em estratégia desonesta, cujo objetivo é de ludibriar a acusação que, a essa altura, já não mais encontrará tempo hábil para refutá-la. Para se valer da mesma figura de linguagem utilizada no julgamento do STJ, cuja ementa foi acima transcrita, trata-se de carta tirada do bolso do colete, com que a defesa, astuciosamente, movida por intensa má-fé, pretende quebrar a regra do jogo.

Em nada enfraquece nosso posicionamento aventar-se com a possibilidade de apartes, suficientes para que a acusação contestasse a tese inédita. É que os apartes dependem de prévia concessão pelo Magistrado (art. 497, inc. inc. XII). Ora, bastaria que o juiz negasse a concessão de apartes para que a possibilidade de refutação restasse completamente prejudicada. Demais disso, os apartes devem ser curtos, precisos, limitados ao tempo de duração de três minutos, insuficientes, assim, para que a acusação, tomada de surpresa pela nova versão, possa refutar a nova e surpreendente argumentação.

São também equivocados os dois últimos argumentos favoráveis à inovação, quando se alega, primeiramente, que à acusação cumpre sustentar sua tese nos limites da pronúncia e não contrariar o discurso defensivo. Afinal, é típico do Júri e constitui-se mesmo em uma de suas características mais marcantes, a possibilidade de confronto entre as teses, da argumentação e contra-argumentação, no mais pleno exercício da dialética processual. Imaginar-se que o acusador deve, única e exclusivamente, limitar-se ao que foi objeto da pronúncia e ignorar todo o discurso defensivo revela, no mínimo, desconhecimento da instituição. O segundo argumento, preconizado em um julgado (*RT* 693/331), pelo qual deve o Promotor de Justiça *prever* os argumentos que serão utilizados pela defesa, somente pode ser interpretado seriamente quando se impede, exatamente, a possibilidade de apresentação da tese inédita. Claro: se a defesa mantiver uma linha de coerência, construída desde a fase do sumário de culpa, saberá a acusação, de antemão, qual a tese defensiva. Ao contrário, se surgir com nova tese, apenas na tréplica, se retira da acusação a possibilidade de *adivinhação* sugerida no aresto.

Conclusão – Em síntese, na lição de José Frederico Marques, "a réplica é um complemento da acusação, assim como a tréplica é um complemento da defesa, e uma decorrência da regra de que o acusado sempre fala em último lugar" (*O júri no direito brasileiro*, p. 204). Presta-se a tréplica, portanto, como o último momento processual conferido à defesa a fim de que reforce sua argumentação, tornando a contestar a oração do acusador, realçando algum ponto obscuro, valendo-se de alguma frase de efeito ou mesmo utilizando-se de algum dado ainda não explorado, mas constante dos autos. Jamais se admite, porém, a utilização da tréplica como verdadeira armadilha tramada pela defesa que teve à sua disposição todo o processo para invocar as mais variadas teses jurídicas e, ardilosamente, deixou somente para o último momento a apresentação da tese inédita. É da essência do Júri – repita-se – o confronto, conforme salienta Roberto Lyra, um de seus mais ardorosos defensores, para quem "toda tese tem sua antítese, toda crítica tem sua réplica, todo argumento tem seu contra-argumento" (introdução à obra de Ruy Barbosa, *O júri sob todos os aspectos*, p. 17). Com essa conduta desleal, a defesa priva a parte contrária do contraditório, cerceando seu direito de acusação, em atitude que deve ser coibida pelo Magistrado, a quem resta, como única alternativa, deixar de incluir no questionário quesito específico versando sobre a novidade trazida pela defesa.

JURISPRUDÊNCIA

Inovação na tréplica

a) possibilidade

"A inovação de conteúdo na tréplica viola o princípio do contraditório, pois, embora seja assegurada ao defensor a palavra por último - como expressão inexorável da ampla e plena defesa - tal faculdade, expressa no art. 477 do CPP, não pode implicar a possibilidade de inovação em momento que não mais permita ao titular da ação penal refutar seus argumentos. Tal entendimento, todavia, não se aplica à tese de clemência, uma vez que o quesito previsto no art. 483, III, do Código de Processo Penal é obrigatório, independentemente do sustentado em plenário, em razão da garantia constitucional da plenitude de defesa, cuja ausência de formulação acarreta nulidade absoluta. Na hipótese, embora haja sido pugnada a absolvição genérica sem conteúdo na tréplica, não identifico a ocorrência de nenhum prejuízo à acusação, nem mesmo violação do contraditório. Isso porque não se pode aceitar haver sido o Ministério Público surpreendido pela defesa - razão de ser da norma processual inserta no art. 482, parágrafo único, do CPP -, especialmente porquanto, pela ata de julgamento, a defesa apenas sustentou a tese absolutória sem conteúdo, ou seja, aquela prevista obrigatoriamente em lei. (STJ – REsp n. 1.451.538/DF, relator Ministro Rogerio Schietti Cruz, Sexta Turma, julgado em 8/11/2018, DJe de 23/11/2018)

b) impossibilidade

A "inovação de tese defensiva na fase de tréplica, no Tribunal do Júri, viola o princípio do contraditório, porquanto impossibilita a manifestação da parte contrária acerca da quaestio" (AgRg no REsp n. 1.306.838/AP, relator Ministro SEBASTIÃO REIS JÚNIOR, SEXTA TURMA, julgado em 28/8/2012, DJe 12/9/2012). Incidência do óbice previsto no enunciado n. 83/STJ." (STJ – AgRg no REsp n. 1.359.840/RS, relator Ministro Antonio Saldanha Palheiro, Sexta Turma, julgado em 15/3/2022, DJe de 18/3/2022)

"O processo - seja civil ou penal - não pode coonestar comportamentos dos sujeitos processuais que impliquem falta de boa-fé e de lealdade com a parte adversária, mesmo em feitos de cariz popular quanto os da competência do Tribunal do Júri. Embora a defesa técnica tenha assegurada a palavra por último - como expressão inexorável da ampla e plena defesa - tal faculdade, expressa no art. 477 do CPP, não pode implicar a possibilidade de que a defesa inove ao apresentar tese defensiva em momento que não mais permita ao titular da ação penal refutar seus argumentos." (STJ – REsp n. 1.390.669/DF, relator Ministro Rogerio Schietti Cruz, Sexta Turma, julgado em 20/6/2017, DJe de 26/6/2017)

Réplica pelo assistente

Produção da réplica pelo assistente de acusação. Nulidade – "Inocorre nulidade quando, em sede de julgamento pelo Tribunal do Júri Popular, apenas o Assistente de Acusação utiliza da faculdade de replicar, e o Ministério Público silenciar" (TJRO – Apelação nº 10150120050097135, Rel. José Antonio Robles, j. 25.01.2007).

A acusação não pode extrapolar o que foi decidido na pronúncia

"Com o advento da Lei n. 11.689/2008, o legislador ordinário extirpou do ordenamento jurídico pátrio a figura do libelo-crime acusatório, restando como fonte principal do questionário a decisão de pronúncia, a qual, juntamente com a denúncia, fixa os limites da acusação. O Ministério Público não pode inovar sua tese principal durante o julgamento em Plenário, devendo ater-se ao que narrado na denúncia e contido na pronúncia, sob pena de ofensa ao contraditório expressamente garantido na Constituição Federal. Na hipótese, a pretensão do órgão acusatório de obter a condenação do paciente pela prática do crime de latrocínio já havia sido rechaçada pelo Tribunal de origem, por ocasião do julgamento do recurso em sentido estrito defensivo. Com a preclusão da decisão de pronúncia autorizando a submissão do paciente a julgamento pelo Tribunal do Júri pela suposta prática do crime de homicídio qualificado, encerrou-se o judicium accusationis, razão pela qual se mostra atentatória ao princípio do contraditório a sustentação pelo Ministério Público, por ocasião do julgamento em Plenário, da tese reclassificatória outrora afastada pelo Tribunal de origem. Ofensa à coisa julgada e à competência constitucional atribuída ao Tribunal do Júri" (STJ – HC nº 125069-SP, Rel. Jorge Mussi, j. 08.02.2011, DJe 29.08.2011).

"A norma processual penal relativa ao procedimento adotado no Tribunal do Júri é bastante particular e regrada. Em plenário, tais normas possuem grande relevância no desfecho do julgamento e visam assegurar a imparcialidade dos jurados, cidadãos leigos, que têm o dever, sob juramento, de examinar a causa e decidir segundo sua consciência e razão, sem qualquer influência do tecnicismo da justiça togada. Na hipótese, a acusação, na tréplica, foi muito além de fazer referência ao acórdão proferido pelo Tribunal a quo. A Promotora de Justiça, ao afirmar ter sido aluna do Desembargador, relator do feito, assegurou aos jurados que ele não teria assinado um documento sem examinar as provas dos autos e que, se a Câmara decidiu haver sido a decisão contrária à prova dos autos, era para ser respeitado (argumento ad verecundiam), violando, assim, a regra inserta no art. 478, I, do Código de Processo Penal." (STJ – REsp n. 1.408.359/RS, relator Ministro Rogerio Schietti Cruz, Sexta Turma, julgado em 15/8/2017, DJe de 24/8/2017)

Art. 478. **Durante os debates as partes não poderão, sob pena de nulidade, fazer referências: (Redação dada pela Lei nº 11.689, de 2008)**

I - à decisão de pronúncia, às decisões posteriores que julgaram admissível a acusação ou à determinação do uso de algemas como argumento de autoridade que beneficiem ou prejudiquem o acusado; (Incluído pela Lei nº 11.689, de 2008)

II - ao silêncio do acusado ou à ausência de interrogatório por falta de requerimento, em seu prejuízo. (Incluído pela Lei nº 11.689, de 2008)

Ratio legis - O objetivo da inovação trazida com a reforma de 2008, neste dispositivo, consiste em vedar às partes, durante os debates em plenário, qualquer menção ao silêncio do acusado no interrogatório, à utilização das algemas, à sentença de pronúncia ou acórdão que a confirmou.

Procura, dessa maneira, disciplinar a postura das partes, indicando tópicos que não podem ser objeto de comentários, impondo, assim, verdadeira e inaceitável censura. É claro que a disciplina deve sempre imperar. Parece, todavia, mais fácil deixar essa tarefa ao juiz presidente, na análise do caso concreto, do que se estabelecer, de antemão, assuntos proibidos.

De qualquer sorte, a justificativa alegada é no sentido de garantir um julgamento mais afeito à prova dos autos, no qual os jurados atentariam ao que de fato interessa e não a aspectos incidentais, como, por exemplo, ao fato do réu se achar algemado ou ter se mantido em silêncio quando do interrogatório.

Menção à pronúncia - Assim, procurou-se evitar que a acusação empregue de modo excessivo e inadequado a mera decisão de pronúncia, enaltecendo o fato de ter sido proferido por um juiz togado, pretendendo, desse modo, transformá-la em verdadeira sentença de mérito – o que não é.

ATENÇÃO - O Superior Tribunal de Justiça, no n. 75, de sua *Jurisprudência de Teses*, fixou o seguinte entendimento: "A simples leitura da pronúncia no Plenário do Júri não leva à nulidade do julgamento, que somente ocorre se a referência for utilizada como argumento de autoridade que beneficie ou prejudique o acusado." (tese n. 8).

Menção ao uso de algemas – Quanto às algemas, o objetivo é de inibir qualquer insinuação entre o fato do réu encontrar-se nesse estado de imobilização e representar um perigo à sociedade, devendo, só por isso, ser condenado. De se ver, porém, que o § 3°, do art. 474, limitou consideravelmente o emprego desse instrumento, relacionando as situações que justificariam sua utilização.

Menção ao silêncio do réu – Dada ao réu a possibilidade de manter-se em silêncio e não sendo ele obrigado a produzir prova contra si mesmo, o legislador impede que a acusação aluda a essa inércia, no sentido de que, tivesse ele algo para alegar em sua defesa e, decerto, não permaneceria silente. Ou, em um linguajar mais coloquial, impede que a acusação invoque o proverbial "quem cala, consente".

Críticas – Por qual razão não poderia o promotor de justiça ressaltar a estranheza que causou o silêncio do réu ao ser interrogado pelo juiz? Alguém dirá que em virtude do disposto no parágrafo único, do art. 186, do Código, que proíbe seja o silêncio interpretado em prejuízo da defesa. Ora, mas essa orientação é dirigida ao juiz togado, no julgamento dos demais crimes que não os dolosos contra a vida. No Júri, já salientamos, o jurado não é obrigado a fundamentar seu voto e, por consequência, poderá atribuir ao silêncio o valor que sua consciência indicar, sem que jamais alguém saiba desse raciocínio desenvolvido.

Imaginemos, por outro lado, uma sentença de pronúncia que, afastando as qualificadoras incluídas na inicial, remeteu o acusado a Júri pelo homicídio simples. Tal decisão, em nosso exemplo, além de aplacar a ânsia acusatória, ainda fez forte menção à legítima defesa, transferindo, porém, na dúvida, para o Júri a decisão final. Por qual motivo a defesa não poderá fazer menção à dúvida que assolou o juiz togado ou ao apetite exagerado do acusador?

Demais disso, nada impede que o tema abordado por uma parte seja, na réplica ou na tréplica, refutado pela parte adversa. E mesmo, de pronto, através de apartes. Essa é a essência do Júri, um tanto tolhida pela inovação em comento.

No mais, especificamente quanto à leitura da decisão de pronúncia, o dispositivo parece de pouca eficácia, eis que os jurados, antes do início dos debates, recebem cópias dessa decisão, bem como "das decisões posteriores que julgaram admissível a acusação e do relatório do processo", nos termos do parágrafo único do art. 472 do CPP. É dizer: um jurado atento – como se presume deva ser – terá lido a decisão de pronúncia, independentemente da menção a ela que possa eventualmente ser deduzida pelos debatedores.

> **ATENÇÃO** – A jurisprudência do STJ é no sentido de que a menção ao silêncio do acusado, em seu prejuízo, no plenário do tribunal do júri, é procedimento vedado pelo artigo 478, inciso II, do Código de Processo Penal (CPP). No entanto, a mera referência ao silêncio do acusado, sem a exploração do tema, não enseja a nulidade.

Padrão de discurso – Nesse quadro, constitui tarefa inglória se pretender estabelecer um padrão de discurso, seja para a acusação, seja para a defesa. Cada qual vai se valer dos argumentos, jurídicos ou não, que mais lhes parecer adequados para aquele momento. Não está o promotor adstrito às provas do processo. Tampouco a defesa. Uma frase de efeito ou uma tirada espirituosa, embora vazias de sentido, para o leigo valem mais do que o exame de corpo de delito ou o interrogatório do réu. Cada um, portanto, que utilize a arma mais eficaz para alcançar seu objetivo.

De qualquer forma, para atender a inovação e permitir, em sede de recurso, suscitar a nulidade como preliminar, deve a parte prejudicada requerer, de imediato, ao juiz que conste da ata a menção feita pelo *ex adverso*, de um dos temas que, agora, são intocáveis.

Argumento de autoridade – Vale destacar que o legislador impede a menção à pronúncia, às decisões posteriores que admitiram a acusação e ao uso de algemas (e, incluiríamos, também ao silêncio do réu), quando tal discurso é empregado como "argumento de autoridade". Como tal deve-se se entender o argumento que pretende se passar por irrefutável, que tenha sido praticamente o único a ser utilizado para fundamentar a tese sustentada pela acusação ou pela defesa. Por isso mesmo a jurisprudência vem mitigando o alcance da proibição, ao entender que a mera alusão a esses aspectos não é suficiente para decretar a nulidade do julgamento. Mais que isso, é preciso se demonstrar – o que, na prática, nem sempre será tarefa fácil – que tais menções foram decisivas para a formação da convicção do jurado. Assim, por exemplo, deverá constar da ata de julgamento um protesto da defesa, dando conta de que o discurso da acusação restringiu-se, quase que exclusivamente, ao teor da decisão de pronúncia. Caso se demonstre, ao contrário, que a menção foi meramente incidental (ou mesmo que a pronúncia, porque proferida em tons sóbrios, em nada poderia influir no julgamento), a jurisprudência, inclusive do STJ, não tem reconhecido a nulidade.

Numerus clausus – Há quem sustente que a proibição se estenda a outros temas que não apenas aqueles relacionados no dispositivo.

É a lição de Gustavo Henrique Badaró, ao destacar que "se a leitura do decreto de prisão preventiva ou da folha de antecedentes for feita com o objetivo de extrair uma 'presunção de culpa', haverá indevida influência no julgamento dos jurados e eventual veredicto condenatório será nulo. O art. 478 não constitui uma hipótese de *numerus clausus*. Não será apenas, única e exclusivamente, com essa finalidade que os jurados serão influenciados. Qualquer outra linha argumentativa, com finalidade persuasiva, mas que possa induzir o jurado a erro, implicará nulidade de julgamento. A diferença é que, nas hipóteses dos incisos I e II do novo art. 478, demonstrada a situação de base – o acusado foi pronunciado, ou o acusado está algemado, ou, ainda, o acusado permaneceu em silêncio, o que indica que seja culpado –, haverá nulidade, posto que o legislador, previamente, considera que neste caso haverá evidente prejuízo. No entanto, em qualquer outra hipótese, desde que se demonstre concretamente que linhas argumentativas seguidas pelas partes efetivamente influenciaram, de forma indevida e falaciosa, o convencimento dos jurados, a nulidade também será de se reconhecer. Aliás, mesmo antes do novo dispositivo, era isso o que a jurisprudência fazia no tocante a indevido argumento de presunção de culpa a partir da 'periculosidade' do acusado que estivesse algemado" (*Processo Penal*. Rio de Janeiro: Campus: Elsevier, 2012, p. 510).

Ousamos discordar. Primeiro, porque tendo o legislador relacionado todos os temas que não podem ser suscitados em plenário, significa dizer que, somente em relação a eles há o impedimento. Quisesse estender a limitação a outras hipóteses (leitura do decreto de prisão preventiva ou da folha de antecedentes, por exemplo), e o teria feito expressamente. Ou, então, deixado uma cláusula em aberto, para a análise no caso concreto e não especificado os casos de pronúncia, decisões posteriores, algemas e silêncio do réu. Segundo, em virtude de que uma norma que restringe deve ser interpretada de forma restritiva. E, terceiro, em função da enorme dificuldade prática em se disciplinar os trabalhos, já que o juiz ficaria constantemente preocupado em reprimir o discurso das partes, amordaçando sua argumentação em franca violação aos princípios da ampla defesa e da ampla acusação e em detrimento do debate, que representa a verdadeira *alma* do Júri.

Constitucionalidade do dispositivo – Há, na doutrina, quem vislumbre nesse dispositivo nítida afronta a princípios constitucionais. Nesse sentido o posicionamento de Guilherme de Souza Nucci ao destacar que "a vedação imposta pelo art. 478 é inconstitucional. Cerceia-se o direito de qualquer das partes de explorar as provas lícitas constantes dos autos. Somente as ilícitas é que estão vedadas pela Constituição Federal (art. 5º, LVI). Por isso, a contrário senso, são admissíveis no processo todas as provas obtidas por meios lícitos." (Código de Processo Penal Comentado 8ª ed., pág. 802/803).

Pensamos de forma diversa. De sorte que, o fato – inconteste – da Constituição vedar a produção da prova ilícita não significa dizer que a norma infraconstitucional não possa, também, limitar alguma espécie de prova. Em outras palavras: afastando-se obrigatoriamente a prova ilícita, cuja produção é inadmissível, não significa que, a partir daí, se abra campo vasto para a produção de qualquer outra espécie de prova, em verdadeiro *vale-tudo*, sem regras e limitações, tudo em nome da soberania dos veredictos e no resguardo da livre convicção dos jurados.

Aliás, ao se privilegiar o entendimento pela inconstitucionalidade do dispositivo, teríamos obrigatoriamente que concluir pela inconstitucionalidade, também, do artigo seguinte (art. 479 do CPP), que veda a leitura de documento ou exibição de documento não juntado com antecedência de três dias. É dizer: mesmo o princípio que garante a mais ampla liberdade na produção da prova, previsto no art. 155 do CPP, contém exceções previstas em lei, sofrendo, assim, limitação.

Mais um exemplo: conquanto vigore, em nosso sistema, o princípio da ampla liberdade na produção da prova, o parágrafo único do art. 155 dispõe que, em relação ao estado das pessoas "serão observadas as restrições estabelecidas na lei civil". Assim, embora a Constituição garanta a ampla defesa, se no registro civil constar o agente como sendo maior de 18 anos, de nada adiantará a defesa pretender comprovar, por meio de testemunhas, que ele era inimputável.

ATENÇÃO – Lembre-se, ainda, da chamada questão prejudicial obrigatória, de que cuida o art. 93 do CPP. Suponha-se que, durante a apuração de um crime de bigamia (art. 235 do CP), foi o processo criminal suspenso enquanto não decidido, no âmbito cível, se o agente era ou não casado, quando da celebração do segundo casamento. Ora, essa decisão do cível terá força de coisa julgada de tal forma que, declarado por este juiz a inexistência do primeiro casamento, será inútil o esforço da acusação em demonstrar, no campo penal, que o primeiro casamento era válido.

O que se deve ter presente, para exata compreensão do tema, é que não apenas a prova ilícita é vedada, por força de expresso preceito constitucional, mas também a chamada *prova ilegítima*, a saber aquela que importa em violação de uma norma processual. Concluímos, assim, que o legislador infraconstitucional, ao formular a limitação em análise, não afrontou a Carta, em dispositivo que, bem por isso, taxamos de constitucional.

JURISPRUDÊNCIA

Leitura da decisão de pronúncia

a) inadmissibilidade

"Se a representante do Ministério Público declara, em Plenário, que pelo fato de o réu ter sido pronunciado deve ser condenado, configurada está a ofensa ao art. 478, inc. I, do Código de Processo Penal, pois tal declaração pode induzir o corpo de jurados ao entendimento de que a sentença de pronúncia significa um julgamento prévio, ao qual a decisão do conselho de sentença deve estar vinculada. A reforma do art. 478, inc. I do Código de Processo Penal, realizada pela 11.689/2008, vedando a referência à decisão de pronúncia, por ocasião dos debates no Tribunal do Júri, visou à reafirmação da soberania do corpo de jurados e independência de suas decisões, as quais devem ser tomadas sem influências tendenciosas e dirigidas a comprometer a imparcialidade dos jurados, em prejuízo do réu. Precedentes do STJ e do STF" (STJ – REsp n° 1198890-AC, Rel. Gilson Dipp, j. 16.12.2010, DJe 01.02.2011).

b) admissibilidade desde que não alterem a situação do réu

"A vedação constante do artigo 478, inciso I, do Código de Processo Penal, de não se poder fazer referência à pronúncia ou outras decisões que julgaram admissível a acusação durante os debates no Júri, tem por objetivo preservar a imparcialidade dos jurados. A jurisprudência do Superior Tribunal de Justiça, todavia, firmou entendimento no sentido de que a leitura da decisão de pronúncia não acarreta, necessariamente, a nulidade do julgamento, devendo o réu demonstrar o prejuízo sofrido. Na espécie, a observação feita pela acusação, de constar da pronúncia a existência de qualificadora, não teve o condão de influenciar ou comprometer a imparcialidade dos jurados e em prejuízo do réu, inexistindo a alegada nulidade" (STJ – AgRg no REsp. n. 1346253-SP, Rel. Jorge Mussi, j. 19.11.2015, DJe 25.11.2015).

"A interpretação conjunta e sistemática dos dispositivos do Código de Processo Penal que disciplinam os debates em Plenário do Tribunal do Júri leva à conclusão de que a simples leitura da pronúncia ou demais decisões que julgaram admissível a acusação não conduz, por si só, à nulidade do julgamento, o que só ocorre quando a menção a tais peças processuais é feita como argumento de autoridade, de modo a prejudicar o acusado. Doutrina. Precedente" (STJ – HC n° 248617-MT, Rel. Jorge Mussi, j. 05.09.2013, DJe 17.09.2013).

c) admissibilidade da leitura do acórdão que anulou o julgamento anterior

"O texto do art. 478 deve ser analisado em cotejo com o art. 480, do Código de Processo Penal, que possibilita aos jurados e às partes "a qualquer momento e por intermédio do juiz presidente, pedir ao orador que indique a folha dos autos onde se encontra a peça por ele lida ou citada, facultando-se, ainda, aos jurados solicitar-lhe, pelo mesmo meio, o esclarecimento de fato por ele alegado". E o art. 480, § 3º, acrescenta que: "os jurados, nesta fase do procedimento, terão acesso aos autos e aos instrumentos do crime se solicitarem ao juiz presidente." Portanto, não há ilegalidade na leitura do acórdão que julgou a apelação porque é permitida a leitura de documentos em Plenário pelas partes, desde que a menção de tais peças processuais não seja feita como argumento de autoridade, em prejuízo do acusado." (STJ – REsp n. 1.321.276/SP, relator Ministro Moura Ribeiro, Quinta Turma, julgado em 5/8/2014, DJe de 15/8/2014)

Rol taxativo

"É entendimento pacífico deste Superior Tribunal que o rol constante no art. 478, inciso I, do Código de Processo Penal é taxativo, não comportando interpretações ampliativas, sendo vedada a leitura em plenário apenas da decisão de pronúncia ou das decisões posteriores que julgaram admissível a acusação e desde que essa referência seja feita com argumento de autoridade para beneficiar ou prejudicar o réu, não havendo quaisquer óbices, portanto, a que sejam feitas menções pelo Parquet em plenário a boletins de ocorrência, à folha de antecedentes ou a decisões proferidas em medidas protetivas contra o acusado." (STJ, AgRg no REsp n. 1.879.971/RS, Relator Ministro Messod Azulay Neto, Quinta Turma, DJe de 20/4/2023.)

Inadmissível a leitura se a pronúncia apresenta excesso de linguagem

"O inciso I do art. 478 do Código de Processo Penal veda às partes fazerem referência à decisão de pronúncia e às posteriores que julgaram admissível a acusação, mas os jurados podem ter acesso aos autos e, obviamente, ao conteúdo da pronúncia, caso solicitem ao juiz presidente, consoante dispõe o art. 480, § 3º, do mesmo diploma legal. Portanto, haverá nulidade sempre que as referidas peças processuais apresentarem excesso de linguagem capaz de alterar o ânimo dos jurados, sobretudo quando a leitura, reforçada pelas palavras proferidas pelo Promotor ao final da sessão, resulta em evidente prejuízo à defesa, consubstanciado na condenação do réu, como ocorreu no presente caso (STJ – HC n° 193734-SP, Rel. Marco Aurélio Bellizze, j. 11.06.2013, DJe 21.06.2013).

Necessidade de se apurar se a leitura teve influência na votação

"As disposições do artigo 472, parágrafo único, e artigo 478, ambos do Código de Processo Penal voltam-se para a preservação da hígida condução dos debates na segunda etapa do procedimento escalonado do júri, vedando apenas a utilização das peças processuais de forma capciosa, a macular o ânimo dos jurados, o que não se verificou na espécie" (STJ – HC n. 288116-MG, Rel. Maria Thereza de Assis Moura, j. 17.11.2015, DJe 30.11.2015).

Leitura da decisão de pronúncia pelos jurados. Possibilidade

"A lei processual não só permite, como determina, que aos jurados sejam entregues cópia da decisão de pronúncia, bem assim de eventuais decisões posteriores que julgaram admissível a acusação e do relatório do processo (artigo 472, parágrafo único, do CPP), providência necessária para proporcionar aos julgadores leigos o conhecimento de todo o processado até então. Por consequência, a mera proposição de leitura da sentença de pronúncia, sem mencionar ou enfatizar, mesmo que implicitamente, sobre a adequação ou a inadequação das razões de decidir, a meu ver, não é causa da nulidade, tal como requerido" (TJSP – Apelação nº 0004985-26.2011.8.26.0196, Rel. Sérgio Coelho, j. 21.11.2013).

Leitura de sentença que condenou corréu. Possibilidade

"O caput do artigo 480 do Código de Processo Penal prevê a possibilidade de leitura de peças processuais pelas partes, podendo a acusação, a defesa e os jurados, a qualquer momento e por intermédio do Juiz Presidente, pedir que o orador indique a folha dos autos onde se encontra o trecho lido ou citado. Desse modo, não se pode afirmar que a leitura pelo membro do Ministério Público do édito repressivo prolatado contra corréu tenha se dado em dissonância com o que prevê a legislação processual penal pertinente, não se vislumbrando a ocorrência da eiva indicada pelos impetrantes" (STJ – HC n° 198574-SP, Rel. Jorge Mussi, j. 26.02.2013, DJe 12.03.2013).

Leitura da decisão que recebeu a denúncia e que decretou a preventiva. Possibilidade

"A decisão por meio da qual a denúncia é recebida, assim como aquela que decreta a segregação cautelar do acusado, não constam dos incisos I e II do artigo 478 da Lei Processual Penal, inexistindo óbice à sua menção por quaisquer das partes. Aliás, o próprio caput do artigo 480 do Código de Processo Penal estabelece a possibilidade de leitura de peças processuais pelas partes, podendo a acusação, a defesa e os jurados, a qualquer momento e por intermédio do Juiz Presidente, pedir que o orador indique a folha dos autos onde se encontra o trecho lido ou citado. Desse modo, não se pode afirmar que a leitura pelo membro do Ministério Público da decisão que admitiu a inicial acusatória e decretou a custódia preventiva do paciente tenha se dado em dissonância com o que prevê a legislação processual penal pertinente, não se vislumbrando a ocorrência da eiva indicada pelos Impetrantes" (STJ – HC n° 153121-SP, Rel. Jorge Mussi, j. 23.08.2011, DJe 01.09.2011).

Leitura de *habeas corpus*. Possibilidade

"Segundo entendimento desta Corte, a leitura de documentos em Plenário não implica, obrigatoriamente, a nulidade de julgamento, tendo em vista que os jurados possuem amplo acesso aos autos. Na hipótese, foi feita a leitura em Plenário de decisões de habeas corpus impetrados pelo réu cuja ordem fora denegada, não havendo falar em violação do art. 478, I, do CPP" (STJ – AgRg no REsp n. 1171968-RJ, Rel. Nefo Cordeiro, j. 13.10.2015, DJe 03.11.2015).

Leitura de procedimento administrativo. Possibilidade

"Não se constata nulidade no fato de o Ministério Público ter feito a leitura de peças do procedimento administrativo que aplicou ao réu a pena de demissão do cargo de agente de serviço externo junto à Corte de origem, uma vez que, conforme ressaltado pelo acórdão recorrido, esta peça constava nos autos e, é sabido que aos membros do Conselho de sentença é assegurado o conhecimento de todo o conteúdo do processo" (STJ – AgRg no AREsp n° 42539-PR, Rel. Laurita Vaz, j. 02.02.2012, DJe 13.02.2012).

Leitura dos antecedentes criminais do acusado. Possibilidade.

A teor do art. 478, I, do Código de Processo Penal, é vedada a referência de certas peças que integram os autos da ação penal em plenário do Tribunal do Júri, a impingir aos jurados o argumento da autoridade. A jurisprudência desta Corte Superior é firme em assinalar que o rol previsto nesse dispositivo legal é taxativo. A folha de antecedentes do acusado é peça que compõe a instrução processual de qualquer feito criminal e não há nenhum constrangimento em juntar tal documento aos autos. Ademais, o próprio Código de Processo Penal impõe que seja perguntado ao acusado, em plenário, sobre seus antecedentes criminais, nos termos da previsão do art. 474 do diploma processual penal, ao dispor sobre a aplicabilidade das disposições do art. 187 da lei adjetiva ao interrogatório no júri. (STJ, AgRg no REsp nº 1815618 – RS, Sexta Turma, Min. Rel. Rogério Schietti Cruz, j. em 18/08/2020)

Menção à prova declarada ilícita. Impossibilidade

"O reconhecimento da ilicitude de interceptação telefônica e sua prorrogação, em razão de ausência de fundamentação da decisão judicial, gera o seu desentranhamento dos autos, bem como a proibição de menção a ela durante o julgamento em Plenário do Tribunal do Júri, mas não impede a manutenção da pronúncia dos acusados quando se verifica que as instâncias ordinárias encontraram indícios suficientes da autoria na prova testemunhal produzida em juízo, sem qualquer indicação de terem as autoridades chegado a ela como decorrência da prova reconhecida como ilícita." (STJ – AgRg no AREsp n. 484.267/RS, relator Ministro Ribeiro Dantas, Quinta Turma, julgado em 4/5/2021, DJe de 10/5/2021)

Menção à autoridade superior do Poder Judiciário. Impossibilidade

"A norma processual penal relativa ao procedimento adotado no Tribunal do Júri é bastante particular e regrada. Em plenário, tais normas possuem grande relevância no desfecho do julgamento e visam assegurar a imparcialidade dos jurados, cidadãos leigos, que têm o dever, sob juramento, de examinar a causa e decidir segundo sua consciência e razão, sem qualquer influência do tecnicismo da justiça togada. Na hipótese, o Promotor de Justiça, para convencer os jurados sobre questão jurídica técnica, ao invés de explicar a teoria da prova e suas implicações no julgamento de um réu em processo criminal, buscando convencer os jurados quanto à validade da prova indiciária, recorreu ao argumento de que uma autoridade superior do Poder Judiciário já considerara válida a utilização das 'provas' inquisitoriais no julgamento do Tribunal do Júri do correu (argumento ad verecundiam), violando, assim, a regra inserta no art. 478, I, do Código de Processo Penal" (STJ – REsp n. 1239852-SC, Rel. para o acórdão Rogério Schietti Cruz, j. 08.09.2015, DJe 05.10.2015).

Prova emprestada

"Não há nulidade por terem sido juntadas aos autos do processo principal – e eventualmente relevadas em julgamento plenário do Tribunal do Júri – provas emprestadas de outro processo-crime. Precedentes" (STF – HC n° 109909-SP, Rel. Cármen Lúcia, j. 12.03.2013, DJe 04.04.2013).

Decisão de recebimento da denúncia. Possibilidade de alusão

"A decisão por meio da qual a denúncia é recebida, assim como aquela que decreta a segregação cautelar do acusado, não constam dos incisos I e II do artigo 478 da Lei Processual Penal, inexistindo óbice à sua menção por quaisquer das partes. Aliás, o próprio caput do artigo 480 do Código de Processo Penal estabelece a possibilidade de leitura de peças processuais pelas partes, podendo a acusação, a defesa e os jurados, a qualquer momento e por intermédio do Juiz Presidente, pedir que o orador indique a folha dos autos onde se encontra o trecho lido ou citado. Desse modo, não se pode afirmar que a leitura pelo membro do Ministério Público da decisão que admitiu a inicial acusatória e decretou a custódia preventiva do paciente tenha se dado em dissonância com o que prevê a legislação processual penal pertinente, não se vislumbrando a ocorrência da eiva indicada pelos impetrantes" (STJ – HC n° 153121-SP, Rel. Jorge Mussi, j. 23.08.2011, DJe 01.09.2011).

Art. 479. Durante o julgamento não será permitida a leitura de documento ou a exibição de objeto que não tiver sido juntado aos autos com a antecedência mínima de 3 (três) dias úteis, dando-se ciência à outra parte. (Redação dada pela Lei nº 11.689, de 2008)

Parágrafo único. Compreende-se na proibição deste artigo a leitura de jornais ou qualquer outro escrito, bem como a exibição de vídeos, gravações, fotografias, laudos, quadros, croqui ou qualquer outro meio assemelhado, cujo conteúdo versar sobre a matéria de fato submetida à apreciação e julgamento dos jurados. (Incluído pela Lei nº 11.689, de 2008)

Exibição e leitura de documentos em plenário – A regra geral quanto à prova documental, nos termos do disposto no art. 231 do CPP, é a possibilidade de sua produção em qualquer fase do processo. Essa regra, no procedimento do Júri, sofre exceção, conforme se depreende do art. 479, ao permitir a produção de prova documental ou leitura de documentos somente quando dada à parte contrária, com antecedência de pelos menos três dias, a possibilidade de ter acesso a essa prova. A *ratio legis* é clara, já que se procura evitar que a parte adversa seja tomada de surpresa com a apresentação ou leitura de um documento, em plenário, cujo teor e autenticidade ignore, impedindo, portanto, sua contestação. Sem falar na surpresa que assaltará a parte contrária pela exibição de ou objeto até então desconhecido. Atende-se, assim, o princípio da lealdade processual que deve inspirar a conduta das partes.

ATENÇÃO – O revogado art. 475, proibia a leitura de "jornais ou qualquer escrito", sem que, antes, se adotasse a cautela de comunicar a parte contrária (o prazo de antecedência, era o mesmo, de três dias). Mantida a necessidade de prévia comunicação ao adversário, a reforma foi adiante, pois além de proibir a leitura de jornais e escritos, vedou, também, "a exibição de vídeos, gravações, fotografias, laudos, quadros, croqui ou qualquer outro meio assemelhado, cujo conteúdo versar sobre a matéria de fato submetida à apreciação e julgamento dos jurados".

Leitura de doutrina e jurisprudência – Como explica Rui Stoco, "significa, a *contrario sensu*, que não se compreende na proibição deste artigo a leitura de jurisprudência ou compêndio de doutrina ou a distribuição de cópias de peças dos autos, desde que sem quaisquer anotações, grifos ou realces" (ob. cit., p. 220).

A exibição proibida, sem a prévia comunicação da parte contrária, é do documento que guarde pertinência com a causa – Saliente-se, porém, que somente se exige essa cautela quando o documento a ser exibido guarde alguma relação com a matéria de fato tratada no processo. Cuidando-se de questão genérica, sem relação direta com o objeto do processo, a exibição é autorizada, sem necessidade de prévia comunicação. Nesse sentido decidiu (antes da reforma) o Superior Tribunal de Justiça, ao permitir a apresentação de fita de vídeo sobre incêndio, de conteúdo, portanto, científico: "A lei processual penal é explícita ao referir que é proibida a produção de documento, cujo conteúdo verse sobre matéria de fato constante do processo, sem o conhecimento da outra parte. O julgamento só seria passível de anulação, se restasse evidenciada a relação direta entre o conteúdo da fita e o fato em julgamento, prejudicial à defesa" (REsp. nº 255787-PR, 5ª. T., Rel. Min. Gilson Dipp, j. em 21.5.2002, *DJ* 01.07.2002, p. 370).

Ciência à parte adversa – De se ver que não basta a juntada do documento com antecedência mínima de três dias. É preciso que a parte contrária tome ciência desse documento antes do tríduo legal. Assim, na lição de Edílson Mougenout Bonfim, anterior à mudança em estudo, "se o promotor junta documentos cinco dias antes da data designada para o julgamento, e não obstante, a defesa não é intimada, ou intimada a destempo ... claro está o impedimento da utilização de tal prova em plenário" (*Júri – do inquérito ao plenário*, São Paulo: Saraiva, 1994, p. 195).

Na doutrina havia entendimento de que bastava a juntada do documento aos autos no prazo legal, sendo irrelevante a data na qual a parte adversa, efetivamente, dele tomou ciência. Hoje a questão se encontra superada, pois a redação anterior do art. 475, que tratava da matéria, se satisfazia com a mera *comunicação* da parte adversa, enquanto que a redação atual, trazida com a reforma de 2008, é peremptória em exigir a *ciência* da parte contrária. A intimação do promotor de justiça e do defensor nomeado deve ser pessoal (art. 370, § 4º), razão pela qual, principalmente o primeiro, a fim de evitar o adiamento do julgamento ou ver-se na iminência de ser impedido de apresentar o documento, deverá redobrar a cautela, juntando-o com antecedência suficiente para que o advogado do réu dele tome conhecimento, através de mandado a ser cumprido por oficial de justiça, que poderá encontrar dificuldades na localização do defensor. Perdura o cuidado do Ministério Público sendo constituído o advogado, já que deverá ser intimado pela imprensa ou, em sua falta, por mandado ou carta com aviso de recebimento (art. 370, § 2º).

Nulidade relativa – Eventual desobediência a esse dispositivo, porém, enseja nulidade relativa, a depender, assim, de oportuna arguição (STF – *RT* 589/432, 589/431), bem como da comprovação do prejuízo. De sorte que, se apresentado um documento sem a prévia audiência da parte contrária, mas que não contenha nenhum dado relevante, incapaz, por isso, de influenciar no ânimo dos jurados, não se reconhecerá a nulidade. Ou ainda, se o documento, embora não avisado o *ex adverso*, deixou de ser lido em plenário (*JSTJ* 213/322), ou foi apreendido pelo juiz (*RT* 742/618), não há ensejo para nulidade.

Prova documental – Sobre a prova documental, v. comentários acima ao art. 231 a 238 do código.

Casuística – A partir do conceito de documento, de forma casuística, a jurisprudência elenca uma série de exemplos, nos quais se admitiu, ou não, a exibição do documento em plenário sem o prévio conhecimento da parte contrária. São julgados colhidos antes da reforma de 2008, mas que ainda se revelam atuais, justificando, por isso, a pertinência de sua menção.

Assim, já se permitiu a leitura de notícia de jornal, referente ao crime praticado, sem a prévia comunicação à parte adversa, sob o argumento de que se tratava de fato notório (*RT* 513/326, 460/314). Parece absolutamente equivocado esse posicionamento, já que a parte final do revogado art. 475, proibia expressamente tal leitura.

De outro lado, a leitura de notícia veiculada pela imprensa referente a fatos que não são objeto do processo (alto índice de criminalidade, fatores sociais que colaboram para isso, inaptidão do cárcere para a recuperação do preso, etc.), exatamente por tratarem de questões estranhas ao julgamento em si, são permitidas, sem a necessidade de comunicação ao *ex adverso* (*RT* 504/326, 645/281).

Também por isso é admitida a leitura de livros técnicos contendo questões genéricas, de ordem filosófica, ética ou jurídica (STF – RT 593/460; *RT* 634/300). Também da arma utilizada pelo réu (*RT* 774/563, 632/289). Vacila a jurisprudência quanto à reconstituição do crime, vez a autorizando sem conhecimento prévio da outra parte (*RT* 630/289; *JSTJ* 32/327), vez exigindo a prévia comunicação (*RT* 544/346).

A utilização, pelas partes, de métodos para melhor esclarecer a dinâmica dos fatos, como *croquis* (*RT* 494/374), bonecos articulados (*RT* 588/322), gráficos (*RT* 516/298) e fotografias (*RT* 565/313), era admitida sem a exigência de qualquer cautela prévia. A partir da inovação trazida com o parágrafo único do art. 479, a exibição de tais documentos exigirá a comunicação prévia da parte adversa.

Já a reprodução de programa televisivo ou de fita gravada, relacionada ao fato, exigia, segundo a jurisprudência, a comunicação à parte contrária (*JTJ* 156/298; *RT* 511/326). Como também de cartas (*RT* 554/405), e de parecer médico-legal (*JSTJ* 19/235). Com a inovação se reforça essa exigência. Quanto à exibição de folha de antecedentes, quer do réu, quer da vítima, entendemos necessária a ciência da parte contrária, se tal documento não estiver juntado aos autos (*RT* 610/338). Ao contrário, se o documento constar dos autos, sendo, portanto, de conhecimento das partes, a ele pode se fazer qualquer alusão sem que se fira o dispositivo legal em estudo. A exibição de outro processo movido contra o réu, sem o conhecimento da parte contrária, deu ensejo à nulidade do feito (*RT* 581/285). Memoriais escritos entregues aos jurados, antes da sessão, também foram considerados ilegais (*RT* 589/323), inclusive por afrontar o princípio da oralidade que inspira o Júri (*RT* 627/287).

Calhou ao Supremo Tribunal Federal, no HC nº 85682-PR, julgado em 29.8.2006, no qual foi o relator o Ministro Cezar Peluso, ressaltar que "não ofende o disposto no art. 475 do Código de Processo Penal, nem outra norma qualquer, a leitura, durante sessão do tribunal do júri, de cópia ou extrato de sentença condenatória do réu noutro processo, se tal documento já constava dos autos na certidão de antecedentes" (*Diário da Justiça* nº 188, de 29.9.2006).

O argumento de que já se valeu a doutrina no sentido de que cumpre ao juiz coibir a utilização da folha de antecedentes, alertando o conselho de sentença a respeito da presunção de inocência do réu, é absolutamente equivocado. Ora, estando o documento juntado aos autos, ele passa a ser público e, por isso, cada parte o utiliza da forma que parecer mais conveniente à sustentação de seus argumentos. Cabe aos jurados, e somente a eles, a análise da pertinência ou não das teses sustentadas com base naquele documento. A intervenção do juiz alertando aos jurados de que, embora da folha de antecedentes do réu constem inúmeros processos, deve ser presumida sua inocência, importaria em inequívoca interferência no ânimo dos leigos, que ficariam impressionados com aquela manifestação, em evidente prejuízo à acusação.

Da mesma forma, não se concebe a conduta do juiz que, interrompendo a defesa ou mesmo na sala secreta, informe aos jurados que a folha de antecedentes da vítima não se constitui em dado relevante para o deslinde do caso. Uma atuação pautada por tal comportamento, afrontaria a própria essência do Júri, que se caracteriza pela soberania dos veredictos, sem que se exija dos jurados a fundamentação de seus votos, último resquício do sistema da íntima convicção do julgador. Se a condenação ou absolvição se fundamentar, indevidamente, na folha de antecedentes do réu ou da vítima – hipótese que, na prática, parece de difícil comprovação – cabe à parte prejudicada apelar ao Tribunal de Justiça a fim de que outro julgamento seja realizado, anulado o primeiro com fulcro no art. 593, III, *d*, do código.

JURISPRUDÊNCIA

Observância do prazo mínimo

"O prazo estabelecido no art. 479 do Código de Processo Penal ('Durante o julgamento não será permitida a leitura de documento ou a exibição de objeto que não tiver sido juntado aos autos com a antecedência mínima de 3 (três) dias úteis, dando-se ciência à outra parte') difere bastante dos demais prazos processuais, a começar pelo fato de a contagem ser feita para trás. Além disso, ainda há a peculiaridade de ser contado apenas em "dias úteis". Outrossim, a parte contrária deve ser imediatamente intimada, de modo a garantir-se-lhe a paridade de armas para o exercício do contraditório. E o mais importante: a regra geral do § 1.º do art. 798 ('Não se computará no prazo o dia do começo, incluindo-se, porém, o do vencimento') é mitigada, na medida em que o prazo para juntada de documento ou objeto a ser utilizado em julgamento no Plenário do Júri estabelece 'antecedência mínima' a ser observada. Concluiu-se, pois, que o prazo em tela estabelece um interstício mínimo entre a juntada de documento ou objeto e a respectiva sessão de julgamento perante o Tribunal do Júri. Assim, se o julgamento está aprazado para segunda-feira (como no caso), o material deve ser juntado pela parte até a terça-feira da semana anterior, termo final do prazo, de modo a respeitar o interstício mínimo de três dias úteis entre esse ato e o julgamento" (STJ – REsp n° 1307166-SP, Rel. Laurita Vaz, j. 27.08.2013, DJe 06.09.2013).

Folha de antecedentes não constitui *documento* ou *objeto*

"A proibição constante no art. 479 do CPP diz respeito diretamente à situação fática tratada nos autos e submetida à apreciação dos jurados. Visa evitar que a parte seja colhida de surpresa, de forma a prejudicar a sua linha de argumentação, evitando-se, assim, lesão aos princípios do contraditório e da ampla defesa. A certidão de antecedentes criminais não tem o condão de colocar um inocente indevidamente no sítio dos fatos. É documento que ordinariamente integra o processo, utilizada pelo juiz togado no cálculo da pena e fixação do regime" (STJ – AgRg no REsp n. 1403161-SP, Rel. Reynaldo Soares da Fonseca, j. 20.08.2015, DJe 28.08.2015).

"A proibição prevista no parágrafo único do atual art. 479 do Código de Processo Penal se refere a documentos 'cujo conteúdo versar sobre a matéria de fato submetida à apreciação e julgamento dos jurados'. Ora, a certidão de antecedentes não se enquadra nessa vedação, pois, além de não constituir matéria de fato sobre o processo, seu conteúdo influi tão-somente na aplicação do quantum da pena, o que é feito pelo magistrado e não pelos jurados" (TJSP – Apelação nº 9000002-06.1999.8.26.0597, Rel. Paulo Rossi, j. 27.06.2012)

Vídeo de programa televisivo. Necessidade de prévia juntada aos autos

"O impetrante alega que a exibição do programa 'Linha Direta' no plenário do Tribunal do Júri, além de ilegal, feriria o princípio da igualdade de partes e da paridade de armas, contaminando, inclusive, a imparcialidade do Conselho de Sentença. Na espécie, foi respeitado o prazo de três dias de antecedência para a comunicação da parte contrária do deferimento da exibição do vídeo. Ademais, os advogados do paciente não se insurgiram contra a decisão. Nesse ponto, portanto, não há que se falar em violação legal alguma. A exibição do vídeo contendo o programa 'Linha Direta' também não possui o condão de violar os princípios da igualdade de partes e da paridade de armas, como pretende a impetração. Nas palavras da Procuradoria-Geral da República: "Se tal fita dispõe de cunho tendencioso, fantasioso, dramatizado, emocional, conforme alega o impetrante, tal não é de forma alguma fator impeditivo para, a priori, inviabilizar a exibição pretendida. Isso porque será permitido à defesa, em Plenário, esclarecer tal fato ao Conselho de Sentença, competindo a este último por derradeiro, em sua soberania constitucional (que, aliás, restaria vulnerada acaso aprioristicamente afastada a exibição), avaliar a relevância e pertinência de tal prova'" (STF – HC n° 102970-BA, Rel. Ellen Gracie, j. 14.12.2010, DJe 07.02.2011).

Certidão de óbito da vítima. Possibilidade

"Não há violação ao art. 475 do CPP quando o Juiz Presidente do Tribunal do Júri admite, com a anuência e para proveito de ambas as partes, a apresentação e juntada aos autos, durante dos debates, da certidão de óbito da vítima, sobretudo quando já constava nos autos, por outros meios, a informação de sua *causa mortis* – asfixia mecânica, insuficiente, aliás, para o deslinde do caso, em que aventadas as teses de homicídio, pela acusação, e de suicídio, pela defesa" (STJ – AgRg no REsp n. 1134048-SP – Rel. Rogério Schietti Cruz, j. 14.02.2017, DJe 23.02.2017).

Trena. Necessidade de prévia juntada aos autos

"Nos termos do artigo 479 do Código de Processo Penal, na redação dada pela Lei 11.689/2008, já em vigor quando da realização da sessão plenária em apreço, a exibição de objeto perante o Tribunal do Júri por quaisquer das partes pressupõe a sua juntada aos autos com a antecedência mínima de 3 (três) dias úteis. Conquanto a defesa tenha se manifestado dentro dos três dias úteis anteriores ao julgamento, verifica-se que os patronos do acusado apenas noticiaram que pretendiam usar uma trena na sessão de julgamento, sem contudo, proceder à sua juntada aos autos, para que fosse conhecida pela acusação e pela própria Juíza Presidente, circunstância que evidencia o descumprimento do disposto no mencionado dispositivo da legislação processual penal" (STJ – HC nº 153121-SP, Rel. Jorge Mussi, j. 23.08.2011, DJe 01.09.2011).

Esqueleto não configura "documento"

"No julgamento pelo Tribunal do Júri, a exibição de cópia de esqueleto humano em Plenário, com o intuito de ilustrar as regiões em que a vítima foi atingida, não está condicionada à prévia comunicação da parte contrária, uma vez que o conceito de documento, para os efeitos do art. 475 do CPP, restringe-se à peça contendo elementos gráficos em que se expressa o pensamento de determinada pessoa" (TJSP – Rel. José Damião Pinheiro Machado Cogan – RT 836/541).

Apólice de seguro. Desnecessidade de prévia juntada aos autos

"As nulidades ocorridas antes da sessão de julgamento do Tribunal do Júri devem ser arguidas na primeira oportunidade, sob pena de preclusão, nos termos do art. 571, V, do Código de Processo Penal. Na hipótese, registrou o Tribunal a quo que a defesa teve ciência do documento exibido em plenário, apólice de seguro de vida da vítima em favor do acusado, antes do início do julgamento, mas se quedou inerte, arguindo a nulidade apenas ao final da sessão de julgamento" (STJ – AgRg no REsp n. 1152714-AP, Rel. Nefi Cordeiro, j. 13.10.2015, DJe 03.11.2015).

Organograma e *power point* não configuram "documentos"

"O organograma nada mais é que um roteiro, conferindo maior clareza à exposição dos fatos constantes dos autos, o qual, por óbvio, não configura documento, não sendo necessária assim, a observância de antecedência de 3 dias úteis para a sua juntada e ciência à parte contrária (art. 479, parágrafo único). A utilização de recurso de informática, como o power point, ou a exibição de organograma explicitando de forma sucinta os acontecimentos vislumbrados durante a marcha processual, no plenário, constitui exercício de liberdade de manifestação, de modo a facilitar a intelecção do Conselho de Sentença, não configurando ofensa ao contraditório" (STJ – HC nº 174006-MS, Rel. Alderita Ramos de Oliveira, j. 14.08.2012, DJe 27.08.2012).

Leitura de jornais. Quando não se admitiu

O art. 479 do Código de Processo Penal não permite, durante o julgamento em Plenário do Júri, a leitura de documento ou a exibição de objeto que não tiver sido juntado aos autos com antecedência mínima de três dias, quando o seu conteúdo versar sobre matéria de fato constante do processo. 5. No caso, em respeito aos princípios do contraditório e da ampla defesa, o Juiz singular indeferiu a exibição e leitura de material jornalístico acerca de homicídios ocorridos na região em circunstâncias semelhantes à dos autos, a fim de evitar qualquer surpresa à acusação, sendo autorizada a referência aos documentos na sessão plenária, a fim de amparar a tese de negativa de autoria sustentada pela defesa" (STJ – REsp. nº 1.503.640 – PB, Rel. Gurgel de Faria, j. 04.08.2015).

Leitura de repertório de jurisprudência. Possibilidade

"Se o documento ou objeto não guarda relação direta com os fatos retratados nos autos e imputados ao agente, desnecessária sua juntada dentro do tríduo legal. 3. Referência doutrinárias e repertórios jurisprudenciais que não digam respeito ao caso submetido a julgamento não estão abrangidas pela proibição constante do art. 479 do CPP" (REsp n. 1339266-DF, Rel. Maria Thereza de Assis Moura, DJe 24.06.2014).

Leitura de doutrina. Possibilidade

"Referências doutrinárias não podem ser equiparadas aos documentos cuja leitura ou exibição são vedadas no art. 479 do CPP" (EDcl no AgRg no AREsp n. 82143-MG, Rel. Marco Aurélio Bellizze, j. 06.11.2012, DJe 14.11.2012).

Art. 480. **A acusação, a defesa e os jurados poderão, a qualquer momento e por intermédio do juiz presidente, pedir ao orador que indique a folha dos autos onde se encontra a peça por ele lida ou citada, facultando-se, ainda, aos jurados solicitar-lhe, pelo mesmo meio, o esclarecimento de fato por ele alegado. (Redação dada pela Lei nº 11.689, de 2008)**

§ 1º Concluídos os debates, o presidente indagará dos jurados se estão habilitados a julgar ou se necessitam de outros esclarecimentos. (Incluído pela Lei nº 11.689, de 2008)

§ 2º Se houver dúvida sobre questão de fato, o presidente prestará esclarecimentos à vista dos autos. (Incluído pela Lei nº 11.689, de 2008)

§ 3º Os jurados, nesta fase do procedimento, terão acesso aos autos e aos instrumentos do crime se solicitarem ao juiz presidente. (Incluído pela Lei nº 11.689, de 2008)

Indicação da folha dos autos referida no discurso – É possível que, feita referência a determinada peça constante do processo, seja pedida a indicação da folha dos autos onde conste a mencionada peça. Trata-se, assim, de conferir se aquilo que é dito por um dos debatedores se acha, efetivamente, no processo. Pela sistemática anterior, apenas aos jurados era concedida essa faculdade. A reforma de 2008 a estendeu à defesa e à acusação (aqui incluído o assistente de acusação). Podem os jurados, ainda, caso tenham alguma dúvida, pedir esclarecimento ao orador sobre determinado fato objeto do discurso. Essa última possibilidade se defere apenas aos jurados. A parte adversa, caso tenha dúvida, deve rebatê-la em sua fala ou por meio de apartes.

ATENÇÃO – Tratando-se de jurados, dada ao reduzido interesse que o júri é capaz de despertar-lhes, é raro o pedido de esclarecimentos ou de esclarecimentos. Era assim antes de 2008 e continua sendo, atualmente, da mesma forma. De qualquer sorte, se formulado o pedido pelo jurado, deve ter a cautela de, na manifestação, não adiantar o seu voto e, tampouco, influenciar na convicção de seus pares.

§ 1º Concluídos os debates, o presidente indagará dos jurados se estão habilitados a julgar ou se necessitam de outros esclarecimentos. (Incluído pela Lei nº 11.689, de 2008)

§ 2º Se houver dúvida sobre questão de fato, o presidente prestará esclarecimentos à vista dos autos. (Incluído pela Lei nº 11.689, de 2008)

Recolhimento dos jurados à sala secreta – Com o término da manifestação da defesa, após a fala da acusação, encerram-se os debates, cumprindo ao juiz indagar dos jurados se estão habilitados ao julgamento da causa. Caso algum jurado não se sinta habilitado, poderá solicitar do juiz esclarecimento sobre "questão de fato". Como destaca Espínola Filho, "é preciso tenha o jurado, para poder manifestar a sua decisão, com pleno, completo e perfeito conhecimento de causa, todos os esclarecimentos, que o possam orientar, na pesquisa da verdade e numa conclusão para a qual é proscrita toda influência estranha, tomando por guia, apenas, a consciência, servida pelo critério, pelo bom senso e pela inteligência..." (ob. cit., p. 478).

Entende-se como "questão de fato" a que se refira à matéria probatória, podendo o juiz, por isso, esclarecer o jurado sobre o depoimento de alguma testemunha, indicar-lhe nos autos a página para leitura, etc. Com a pergunta não deve o jurado, de forma alguma, adiantar a sua convicção, sob pena de quebrar a incomunicabilidade do julgamento, fulminando-o de nulidade. Tal explicação, por outro lado, deve ser dada de maneira cautelosa, velando o juiz para, com a resposta, não influenciar no ânimo do leigo. Deve o juiz, porém, negar qualquer esclarecimento sobre questões jurídicas ("questão de direito"), proibido que se encontra, assim, *v. g.*, de esclarecer se o réu agiu ou não em legítima defesa, se houve ou não excesso culposo, etc., sob pena de nulidade do julgamento (*RT* 558/289). Procura-se, aqui, ressaltar a clássica divisão entre a *questão de fato* (a ser dirimida pelo jurado) e a *questão de direito* (a ser enfrentada pelo juiz togado), contra a qual se voltava José Frederico Marques, entendendo que constituía erro clamoroso a afirmativa de que os jurados só decidiam matéria de fato. Dizia o saudoso autor: "na atualidade, impossível é defender a vigência do absurdo princípio. Quem quer que medite um pouco sobre os assuntos que no júri são resolvidos, não pode endossar tamanha baboseira. Tantas e tantas são as questões de direito a que respondem os jurados, através das perguntas contidas no questionário, que seria ocioso arrolá-las. Como notou Jiménez de Asúa, a própria indagação sobre o chamado fato principal envolve uma questão jurídica, pois ao respondê-la o jurado está julgando da existência do primeiro elemento jurídico do crime, que é o fato típico" (*Estudo de Direito Processual Penal*, Forense: Rio, s.d., p. 230).

JURISPRUDÊNCIA

Esclarecimento não pode adiantar o voto

"A solicitação de esclarecimentos pelos membros do Tribunal do Júri é perfeitamente viável, cabendo ao Juiz Presidente controlar o conteúdo das expressões empregadas pelos jurados, evitando que manifestem, por meio de suas dúvidas, opinião quanto ao mérito da causa. No caso dos autos, um dos jurados elaborou pergunta que, da forma como externada, demonstrou aos demais membros do Conselho de Sentença qual era a sua convicção a respeito do crime em análise. Tendo a defesa se insurgido tempestivamente sobre o referido questionamento, faz-se necessária a anulação do julgamento, restando evidente o prejuízo suportado pelo paciente, que foi condenado por membros do júri que decidiram sob a influência da opinião de um deles, enunciada indevidamente ao tentar sanar uma dúvida" (STJ – HC n° 163197-MS, Rel. Jorge Mussi, RSTJ 224/549).

Esclarecimentos pelo juiz. Possibilidade

"Não há ilegalidade ou abuso de poder pela interferência do Juiz Presidente no momento da votação para esclarecimento de quesitos, prevenindo-se, dessa forma, contra eventual declaração de nulidade do julgamento por incoerência do veredicto com a instrução do processo" (TJSP – HC n° 990.10.158883-8, Rel. Willian Campos, j. 17.10.2010).

§ 3º Os jurados, nesta fase do procedimento, terão acesso aos autos e aos instrumentos do crime se solicitarem ao juiz presidente. (Incluído pela Lei nº 11.689, de 2008)

Acesso aos autos – Terão os jurados, ainda nesta fase, acesso aos autos e aos instrumentos do crime, desde que o solicitem ao juiz presidente, nos termos do dispositivo acima. Tomados, contudo, pelo cansaço decorrente das horas de debate e ansiosos em colocar um ponto final no julgamento, parece pouco provável que utilizem tal faculdade, prevista, aliás, no revogado art. 476 do texto original.

JURISPRUDÊNCIA

Acesso aos autos pelos jurados

"Não há constrangimento ilegal pelo fato de o Juiz Presidente do Tribunal do Júri, nos exatos termos do art. 480 do Código de Processo Penal, reservar o acesso dos jurados aos autos após concluídos os debates, mormente quando indemonstrado prejuízo à defesa, como na espécie" (STJ – HC nº 187467-ES, Rel. Laurita Vaz, j. 25.06.2013, DJe 01.08.2013).

Art. 481. **Se a verificação de qualquer fato, reconhecida como essencial para o julgamento da causa, não puder ser realizada imediatamente, o juiz presidente dissolverá o Conselho, ordenando a realização das diligências entendidas necessárias. (Redação dada pela Lei nº 11.689, de 2008)**

Parágrafo único. Se a diligência consistir na produção de prova pericial, o juiz presidente, desde logo, nomeará perito e formulará quesitos, facultando às partes também formulá-los e indicar assistentes técnicos, no prazo de 5 (cinco) dias. (Redação dada pela Lei nº 11.689, de 2008)

Dissolução do Conselho de Sentença – O artigo acima trata da possibilidade de dissolução do Conselho de Sentença, quando a verificação de algum fato, "reconhecida como essencial para o julgamento da causa, não puder ser realizada imediatamente". Lembra a doutrina, como exemplos, a elaboração de um *croquis* a respeito da dinâmica do tiro ou a realização de um exame a fim de apurar a sanidade mental do réu. Pode ocorrer, portanto, que, encerrados os debates, as partes peçam ao juiz a verificação de algum fato que restou inconcluso ou, então, que os jurados reputem necessária tal verificação. Tratando-se de requerimento formulado pelas partes, cumprirá ao juiz, *ex vi* do disposto no art. 497, inc. XI, decidir a respeito, deferindo ou indeferindo o pedido.

E se o jurado entender necessária alguma diligência? Duas correntes se formam a respeito: a primeira entende que resta ao juiz, apenas, determinar sua realização, explicando antes, por óbvio, da relevância e conveniência do pedido. Mas, se o jurado insistir no esclarecimento, mesmo que impertinente, caberá ao juiz atendê-lo, caso contrário o jurado não se revelará habilitado para o julgamento, nos termos do art. 480, § 1°, tratando-se de questão de foro íntimo, a não admitir qualquer discussão. Nessa linha, Ary Azevedo Franco, *Código de processo penal*, p. 111.

Corrente diversa (Magarino Torres, ob. cit., p. 362) é no sentido de que cabe ao juiz analisar a pertinência ou não do pedido também quando formulado pelo jurado. Este, de sua parte, não pode escusar-se de proferir seu voto, sob o pretexto de não esclarecidos os fatos. É que se ao juiz togado, no procedimento comum, não é dado deixar de sentenciar porque falta algum esclarecimento, também não se pode permitir ao juiz leigo essa espécie de omissão. Que "dê o seu voto, com a consciência e o sossego de quem se pronunciou, com os dados de que dispôs", sugere Espínola Filho (ob. cit., p. 475). Estamos com essa corrente. Não faria sentido obrigar-se o juiz-presidente a deferir toda e qualquer diligência, por mais absurda que fosse, somente porque o jurado a sugeriu. Máxime porque importaria na dissolução do Conselho de Sentença e a consequente perda de todo o trabalho até então desenvolvido, a ser renovado em outra sessão. De sorte que, revelando-se impertinente, deve ser indeferida a diligência, cabendo ao jurado julgar com os dados até então constantes do processo e com base na argumentação exposta pelos debatedores.

Deferida a realização da diligência, duas questões surgem: se a diligência puder ser realizada em tempo razoável (por exemplo, a reinquirição de uma testemunha ou a acareação), cabe ao juiz suspender a sessão pelo período necessário à sua concretização, conforme determina o art. 497, inc. VII do código. Ao contrário, se a diligência não puder ser realizada imediatamente, incide o art. 481 em estudo, ou seja, é dissolvido o Conselho de Sentença, formulados os quesitos referentes a tais diligências e designado novo julgamento, com jurados diversos, componentes de outro conselho. É que, não fosse assim, estaria quebrado o princípio da incomunicabilidade dos jurados, vital à existência do Júri.

Cuida-se de medida rara nos dias atuais, face ao notório inconveniente que acarreta, em virtude, como já salientado, da dissolução do Júri na parte final dos trabalhos e a necessidade de repetição de tudo que foi feito em novo julgamento, com outros jurados (Súmula 206 do STF). Isso quando não esconder a verdadeira motivação do jurado consistente em livrar-se do julgamento. Por isso, ao juiz cumpre fazer ver aos jurados que devem julgar com as provas até então produzidas e, às partes, demonstrarem seus argumentos com os dados constantes do processo. De qualquer sorte, caso insista o jurado na realização da diligência e em face de sua inevitável demora, ao juiz, entendendo razoável o pedido, não restará outra alternativa senão, jogando fora tudo que até então foi produzido, dissolver o Conselho de Sentença.

ATENÇÃO – Em outras hipóteses mostra-se possível a dissolução do Conselho de Sentença: quando ocorre quebra da incomunicabilidade entre os jurados. Ou quando o juiz der o réu como indefeso (art. 497, inc. V) e ainda quando um jurado e mesmo o juiz e as partes, falecerem ou sentirem-se mal.

Parágrafo único. Se a diligência consistir na produção de prova pericial, o juiz presidente, desde logo, nomeará perito e formulará quesitos, facultando às partes também formulá-los e indicar assistentes técnicos, no prazo de 5 (cinco) dias. (Redação dada pela Lei nº 11.689, de 2008)

Prova pericial – Interessante destacar que, uma vez dissolvido o Conselho de Sentença, para produção de prova pericial, o juiz, de imediato, nomeará o perito, formulando quesitos e facultando, às partes, também formulá-los. É o que consta deste dispositivo, que não traz grande diferença com a antiga redação do art. 477. A inovação surge, porém, quando se permite às partes a indicação de assistentes técnicos, figura até então ignorada em nosso sistema.

A reforçar, ademais, essa ideia, vale observar que na primeira fase do procedimento do Júri, com trâmite perante o juiz togado, o legislador prevê a oitiva do perito em Juízo (art. 411), não fazendo, no entanto, qualquer menção ao assistente técnico. Depois, já em plenário, novamente se abre a possibilidade de ouvida do perito (art. 473, §3º), sem que uma linha sequer seja dita a respeito do assistente. Estranho que somente nesta fase, quando se reconhece a necessidade de alguma diligência (diga-se, raramente vista na prática), venha prever sua participação, ainda que para emissão de parecer.

Trata-se, na prática, de medida raramente aplicada, sendo mesmo difícil imaginar uma situação na qual seja necessária a produção de uma prova pericial, após os debates em plenário, quando, antes, as partes já tiveram a oportunidade de protestar por essa espécie de prova.

SEÇÃO XIII
DO QUESTIONÁRIO E SUA VOTAÇÃO

Art. 482. **O Conselho de Sentença será questionado sobre matéria de fato e se o acusado deve ser absolvido. (Redação dada pela Lei nº 11.689, de 2008)**

Parágrafo único. Os quesitos serão redigidos em proposições afirmativas, simples e distintas, de modo que cada um deles possa ser respondido com suficiente clareza e necessária precisão. Na sua elaboração, o presidente levará em conta os termos da pronúncia ou das decisões posteriores que julgaram admissível a acusação, do interrogatório e das alegações das partes. (Incluído pela Lei nº 11.689, de 2008)

Quesitação – Os quesitos, seguindo mandamento legal, versarão sobre questões de fato e indagarão se o acusado deve ser absolvido. Devem ser redigidos em proposições afirmativas (nunca na forma negativa), simples e distintas, de modo que cada um deles possa ser respondido com suficiente clareza e necessária precisão. Veremos em seguida que o legislador quis simplificar a quesitação aos jurados, mas não se pode perder de vista que fundamental – insistimos – é a clareza e a precisão que se possam obter em suas respostas. Na sua elaboração, o juiz presidente levará em conta os termos da pronúncia (que delimita os debates em plenário) ou das decisões posteriores que julgaram admissível a acusação (acórdão que manda o réu a julgamento do júri), do interrogatório do réu, em ato de autodefesa e das alegações das partes, externadas no plenário do júri, durante os debates.

Explica Borges da Rosa que "a expressão 'quesito' vem do latim, de 'quaesitum' que significa pergunta, ponto a que se tem que responder, questão interrogativa sobre que se há de emitir julgamento, parecer, voto ou opinião" (ob. cit., p. 571). Já o questionário é o conjunto de quesitos que será respondido pelos jurados.

O júri brasileiro, tradicionalmente, adotou o sistema francês, através do qual o veredicto é obtido por meio das respostas dos jurados aos quesitos, que versam sobre o tema debatido nos autos e no plenário, formulados pelo juiz presidente. Apartou-se, assim, do sistema americano (ou inglês), em que uma única indagação é feita aos julgadores leigos, de forma clara e objetiva, qual seja, se o réu tem ou não culpa (*guilty or not guilty*). Considerando os princípios norteadores do júri brasileiro, sobretudo o sigilo da votação e a incomunicabilidade entre os jurados, o sistema francês parece, de fato, o mais adequado.

Com o advento, porém, da Lei 11.689/2008, apesar de persistirem os princípios gerais, os dois sistemas passaram a coexistir no ordenamento jurídico brasileiro. Assim, entre as várias formulações dirigidas ao Conselho de Sentença, típicas do sistema francês, haverá um quesito próprio indagando se o acusado deve ser absolvido, próprio do sistema anglo-americano, como veremos logo abaixo.

JURISPRUDÊNCIA

Tese sustentada pelo réu mas não por seu advogado deve ser objeto de quesitação

"O direito à plenitude de defesa é garantido aos Réus submetidos ao Tribunal do Júri, cabendo ao magistrado incluir no questionário tese levantada pelo Réu no momento de seu interrogatório, ainda que não apresentada pela defesa técnica, sob pena de nulidade, nos termos do art. 484, inciso III, do Código de Processo Penal (com redação anterior à vigência da Lei n.º 11.689/2008) e por força do art. 482, parágrafo único, do referido estatuto" (STJ – REsp n° 737824-CE, Rel. Laurita Vaz, j. 19.11.2009, DJe 15.12.2009).

Quesito sobre aborto. Quando é válido

"O quesito elaborado com a seguinte redação: "O aborto foi realizado sem o consentimento da gestante?", relativo ao art. 125, CP, não viola o art. 482, CPP, sendo certo, ademais, que a defesa não arguiu a suposta nulidade no momento oportuno, nem demonstrou, objetivamente, qual o prejuízo sofrido com tal formulação" (STJ – REsp. nº 1.503.640 – PB, Rel. Gurgel de Faria, j. 04.08.2015).

Art. 483. Os quesitos serão formulados na seguinte ordem, indagando sobre: (Redação dada pela Lei nº 11.689, de 2008)

I – a materialidade do fato; (Incluído pela Lei nº 11.689, de 2008)

II – a autoria ou participação; (Incluído pela Lei nº 11.689, de 2008)

III – se o acusado deve ser absolvido; (Incluído pela Lei nº 11.689, de 2008)

IV – se existe causa de diminuição de pena alegada pela defesa; (Incluído pela Lei nº 11.689, de 2008)

V – se existe circunstância qualificadora ou causa de aumento de pena reconhecidas na pronúncia ou em decisões posteriores que julgaram admissível a acusação. (Incluído pela Lei nº 11.689, de 2008)

§ 1º A resposta negativa, de mais de 3 (três) jurados, a qualquer dos quesitos referidos nos incisos I e II do caput deste artigo encerra a votação e implica a absolvição do acusado. (Incluído pela Lei nº 11.689, de 2008)

§ 2º Respondidos afirmativamente por mais de 3 (três) jurados os quesitos relativos aos incisos I e II do caput deste artigo será formulado quesito com a seguinte redação: (Incluído pela Lei nº 11.689, de 2008)

O jurado absolve o acusado?

§ 3º Decidindo os jurados pela condenação, o julgamento prossegue, devendo ser formulados quesitos sobre: (Incluído pela Lei nº 11.689, de 2008)

I - causa de diminuição de pena alegada pela defesa; (Incluído pela Lei nº 11.689, de 2008)

II - circunstância qualificadora ou causa de aumento de pena, reconhecidas na pronúncia ou em decisões posteriores que julgaram admissível a acusação. (Incluído pela Lei nº 11.689, de 2008)

§ 4º Sustentada a desclassificação da infração para outra de competência do juiz singular, será formulado quesito a respeito, para ser respondido após o 2º(segundo) ou 3º (terceiro) quesito, conforme o caso. (Incluído pela Lei nº 11.689, de 2008)

§ 5º Sustentada a tese de ocorrência do crime na sua forma tentada ou havendo divergência sobre a tipificação do delito, sendo este da competência do Tribunal do Júri, o juiz formulará quesito acerca destas questões, para ser respondido após o segundo quesito. (Incluído pela Lei nº 11.689, de 2008)

§ 6º Havendo mais de um crime ou mais de um acusado, os quesitos serão formulados em séries distintas. (Incluído pela Lei nº 11.689, de 2008)

Ordem de quesitação – O legislador, na construção do questionário (conjunto de quesitos), modificou a estrutura anterior, demasiadamente prolixa e que ensejava inúmeras nulidades, determinando a formulação dos quesitos em proposições simples e distintas, de maneira a se evitar a ambiguidade e a complexidade.

Com fundamento nessa estrutura, os quesitos devem atender à seguinte ordem:

a) materialidade: inaugurando o rol de perguntas, os jurados decidirão, em conformidade com a pronúncia, o interrogatório e as alegações das partes, sobre a conduta criminosa, o resultado (evento) e o nexo causal.

Tratando-se de um crime consumado, a depender do caso concreto, parece-nos prudente o juiz dividir a indagação em dois quesitos separados, como ocorria no sistema anterior, proporcionando ao jurado a oportunidade de se manifestar a respeito de concausas (absoluta ou relativamente independentes). Se a defesa, com efeito, nega a relação de causalidade entre a conduta e o resultado, o questionário não pode ignorar essa tese defensiva, apresentando a seguinte arquitetura:

1º) No dia 10 de janeiro de 2014, na Rua Azul, Bairro Verde, nesta cidade, "A" recebeu disparos de arma de fogo, sofrendo as lesões descritas no laudo de fls.?

2º) Essas lesões foram a causa eficiente da sua morte?

ATENÇÃO – A resposta negativa de mais de três jurados ao primeiro quesito encerra a votação, com a consequente absolvição do acusado, posto que reconhecida a inexistência do fato. Se negarem, por maioria, apenas a segunda indagação, a votação prossegue, pois os jurados, apesar de anunciarem que o resultado não pode ser imputado ao acusado, reconheceram a lesão, sendo necessário analisar a sua autoria e finalidade (lesão corporal ou morte tentada).

Por que a necessidade do segundo quesito, ainda sobre a materialidade? Porque a vítima pode ter sofrido lesão provocada, por exemplo, por um disparo de arma de fogo, mas sua morte não ter decorrido dessa lesão, e sim de outra causa totalmente independente da conduta do agente (concausa absolutamente independente).

Em um exemplo: a vítima foi atingida por um disparo, mas sua morte decorreu de traumatismo craniano gerado por desabamento causado por um terremoto (que é uma concausa absolutamente independente da conduta do agente).

Há controvérsia acerca da necessidade desse desdobramento e há quem sustente que o propósito da reforma processual de 2008 foi o de simplificar a votação, evitando que o jurado seja submetido a procedimento confuso, do qual lhe surjam dúvidas que dificultem a tomada de decisão. Pensamos, todavia, que a simplificação do procedimento não pode ser de tal forma ampliada a ponto de desvirtuar a técnica processual e impedir que indagação imprescindível seja apreciada pelo Conselho de Sentença. Ora, se o defensor do acusado não nega a existência do fato, mas argumenta sobre a incidência de uma concausa, é preciso que os jurados apreciem esta alegação, o que se torna impossível se a materialidade (abrangendo o nexo) for questionada em quesito único. E não nos parece tampouco correto que esta apreciação se transfira para a autoria sob a alegação de que, incidente a concausa, o acusado não poderia ser considerado o autor responsável pelo resultado. A proposta é equivocada posto que, no quesito relativo à autoria, questiona-se se o agente foi autor da lesão, não se esta foi a causa do resultado. Reiteramos, portanto, que, em nome da precisão e da boa técnica processual, o juiz, na análise do caso concreto, desdobre o quesito para tratar separadamente o nexo causal.

Note-se, por fim, que este dispositivo, ao tratar expressamente de "materialidade", não pode ser sempre interpretado literalmente sob pena de tornar impossível, em certas situações, a quesitação. Efetivamente, no caso, por exemplo, de tentativa branca de homicídio, em que o agente, embora pretendesse matar a vítima, disparou contra ela, mas sequer a atingiu, não haverá materialidade. Neste caso, a indagação será formulada com base na concreta possibilidade de que a vítima sofresse lesão.

Por exemplo: No dia 10 de janeiro de 2014, na Rua Azul, Bairro Verde, nesta cidade, Fulano de tal foi alvo de disparo de arma de fogo, sem que fosse atingido?

b) autoria ou participação: nesta segunda oportunidade de manifestação, os jurados serão indagados sobre autoria, coautoria ou participação. Por exemplo:

Autor: "A" foi o autor dos disparos que causaram a morte da vítima?

Partícipe: "B", ao induzir o atirador, concorreu, de qualquer modo, para a realização dos disparos que causaram a morte na vítima?

ATENÇÃO – A resposta negativa, de mais de três jurados, a este quesito encerra a votação e implica na absolvição do acusado, concluindo-se pela negativa de autoria, de coautoria ou de participação.

Em regra, a votação absolutória relativa a um dos agentes não prejudica a apreciação pelos jurados da conduta dos demais. É plenamente possível que, imputado um homicídio em coautoria, os julgadores absolvam um dos autores e condenem outro. Tratando-se, todavia, de participação, em que se imputa a alguém, por exemplo, o fornecimento da arma de fogo ao autor do homicídio, negada a materialidade ou a autoria do crime contra a vida, resta prejudicado o julgamento sobre a conduta do partícipe, pois, sendo acessória a participação, sua punição há de ser decorrente do reconhecimento do crime e de sua autoria. Com efeito, se os jurados consideram inexistente o fato ou afastam a autoria, não é possível condenar isoladamente o partícipe por ter auxiliado alguém a cometer um crime que, na verdade, não ocorreu ou por ter auxiliado alguém que não cometeu crime nenhum (nesse sentido, STJ - RHC nº 14097-MG - Rel. Paulo Medina - j. 02/06/2005 - DJ 01/08/2005; STF - HC nº 69741-DF - Rel. Francisco Rezek, j. 15.12.1992 - DJ 19.02.1993).

c) desclassificação, tentativa e divergência sobre a tipificação do delito:

Desclassificação - No julgamento em plenário, é possível à defesa aventar a desclassificação do crime para outro que não seja de competência do Tribunal do Júri. Neste caso, determina o § 4º do art. 483 que se formule quesito específico, a ser apreciado após estabelecidas a materialidade e a autoria do delito.

A desclassificação pode ser:

i) *própria*: quando o Conselho de Sentença desclassifica o crime para outro que não seja de sua competência, mas não se manifesta acerca de qual infração efetivamente ocorreu. É o caso, por exemplo, em que se reconhece a materialidade, estabelece-se a autoria, mas se afasta a tentativa de homicídio. Os jurados desclassificam, mas não apontam a infração remanescente, competindo ao juiz, neste caso, apreciar a conduta à luz das normas penais, sem vínculo com a decisão do Conselho;

ii) *imprópria*: neste caso, o Conselho de Sentença desclassifica mas aponta qual a infração penal resultante da conduta. É o caso, por exemplo, em que se afasta o dolo de matar, estabelecendo-se o homicídio culposo. Adstrito à decisão do Conselho, resta ao juiz condenar o acusado por ter causado involuntariamente a morte da vítima.

Por exemplo: "A" causou o resultado morte (descrito no primeiro quesito) de forma culposa (ou não intencional)? Sendo afirmativa a resposta a esse quesito, está desclassificada a infração para homicídio culposo (não intencional), competindo ao juiz presidente proferir a sentença adequada à desclassificação (imprópria) dos jurados.

Tentativa - É possível, ainda, que ao acusado esteja sendo imputado um crime tentado (§ 5º). Neste caso, uma vez estabelecidas a materialidade e a autoria delitivas, deve ser formulado um quesito específico a respeito do *conatus*.

Por exemplo: "A", assim agindo, deu início à execução de um crime de homicídio que não se consumou por circunstâncias alheias à sua vontade, consistente no pronto e eficaz socorro médico prestado à vítima?

Divergência sobre a tipificação do delito - Existe a possibilidade de a defesa do acusado provocar a divergência a respeito da tipificação do delito, sustentando a ocorrência de outra infração, igualmente de competência do Tribunal do Júri (§ 5º), como ocorre na situação em que a acusada sofre imputação de homicídio, mas o defensor argumenta ter ela cometido infanticídio. Também aqui se formula quesito após a votação positiva a respeito da materialidade e da autoria.

Por exemplo: "A" agiu sob influência do estado puerperal, matando o próprio filho durante ou logo após o parto?

d) o jurado absolve o acusado? Se o Conselho de Sentença se manifesta positivamente a respeito dos quesitos relativos à materialidade e à autoria, recusando teses de desclassificação, não se impõe, ainda, a condenação, pois, conforme estabelece o art. 483, inciso III e § 2º, indaga-se se o jurado absolve o acusado por outras causas. Ressaltamos, apenas, que a ordem aqui referida quanto à desclassificação pode ser alterada a depender da qualidade que a defesa atribua a esta tese. É que, sendo a desclassificação a única tese defensiva, será quesitada em terceiro lugar, antes, portanto, do quesito obrigatório (o jurado absolve o réu); se, todavia, for tese subsidiária a um pedido expresso de absolvição, será quesitada em quarto lugar, ou seja, posteriormente à indagação sobre se o jurado absolve o acusado.

Este quesito (o jurado absolve o réu), como já tivemos a oportunidade de mencionar, é novidade introduzida pela Lei nº 11.689/08, responsável por atrair ao procedimento do júri brasileiro uma característica inerente ao sistema criminal americano, despertando, no entanto, indisfarçável controvérsia acerca de sua compatibilidade com o nosso sistema.

A novidade veio sob a justificativa de tornar mais simples o procedimento de votação nos crimes dolosos contra a vida ao facilitar a elaboração e, principalmente, a compreensão dos quesitos pelos jurados. Parece-nos, todavia, que o propósito não foi cumprido porque, além de permanecer a necessidade de se elaborarem diversos outros quesitos, anteriores e posteriores a este, para estabelecer a materialidade, a autoria, a tentativa, a incidência de minorantes, de qualificadoras e de majorantes, a generalização que caracteriza o novo quesito proporciona diversas situações, no mínimo, inusitadas, que, por sua natureza, podem contrariar a Constituição Federal.

Vejamos, separadamente, os principais questionamentos surgidos com a introdução desta nova regra.

Formulação do quesito – A crítica primeira que deve recair sobre este quesito é a de que os termos em que formulado claramente induzem o jurado a votar pela absolvição. Não só porque indaga se o jurado absolve o acusado, direcionando a resposta, como porque inverte os termos até então aplicados à quesitação: sobre materialidade e autoria, os jurados votaram "sim"; em seguida, para que mantenham a mesma orientação, devem votar "não", ou seja, devem afirmar que, para condenar, não absolvem. Vê-se, portanto, que a forma de elaboração do quesito, no mínimo, conduz ao equívoco. E colabora para isso o fato de a indagação ser genérica, sem especificar as teses a que a defesa tenha recorrido durante os debates no plenário. Imagine o leitor a cena de um julgamento: o Ministério Público faz sua explanação; a defesa expõe suas teses; na réplica, o órgão da acusação contradita tais teses, em seguida reiteradas na tréplica. Após algumas horas submetidos a densa argumentação jurídica, os jurados são indagados simplesmente se absolvem o acusado e têm de recordar todos os argumentos lançados, sem nenhuma referência. É, efetivamente, o caminho certo para a inexatidão.

Pluralidade de teses defensivas – A maioria da doutrina leciona que o novo quesito abrange todas as teses argumentadas pela defesa. Assim, se em plenário o defensor do acusado sustenta a legítima defesa e obediência hierárquica, ambas devem ser apreciadas conjuntamente no momento em que os jurados votam o quesito genérico relativo à absolvição.

Não nos parece, entretanto, que seja assim tão simples.

Quando uma só tese defensiva foi sustentada (legítima defesa, por exemplo), não há maiores questionamentos. Uma vez afirmativa a resposta da maioria, está encerrado o julgamento com absolvição do acusado (sem nenhuma dúvida sobre a tese acolhida pelos jurados). Nesse caso não pairam controvérsias sobre as consequências jurídicas, extraídas a partir da simples análise da tese defendida: o Ministério Público poderá, se o caso, interpor apelação quando convencido de que a decisão foi manifestamente contrária à prova dos autos.

O mesmo não ocorre, no entanto, se em favor do réu são sustentadas duas ou mais teses em plenário (não raras vezes colidentes). Se o defensor invoca a legítima defesa e a dirimente da obediência hierárquica, por exemplo, saber se a absolvição se deu por força da primeira tese (legítima defesa) ou em virtude da segunda (obediência hierárquica) é de suma importância: qual será a base recursal da parte sucumbente? Ora, feita a pergunta por meio de um único questionamento ("O jurado absolve o acusado"?), fica o Ministério Público sem saber qual o alcance da decisão do Conselho de Sentença e, consequentemente, sem saber se contrariou (ou não) a prova dos autos.

Como resolver esse problema?

Destacamos, inicialmente, a patente falta de técnica do legislador ao introduzir a obrigatoriedade de apenas um quesito relativo à absolvição. E o propósito da reforma, sem dúvida, foi o de submeter todas as teses da defesa a este único quesito, pois, do contrário, a lei não o teria imposto, mas, como faz a respeito de outras teses debatidas, estabeleceria a formulação de quesitos específicos conforme a natureza dos argumentos aventados em plenário (como, aliás, fazia a lei revogada).

Ocorre que esta imposição é absolutamente despropositada porque ignora por completo os fundamentos do júri. Efetivamente, a votação é sigilosa, razão pela qual, no caso de absolvição, não é possível que se saiba qual foi a tese adotada se não houver quesito específico. A nova sistemática, portanto, ignora o princípio do contraditório, pois, como já destacamos, se o órgão acusatório não tem ciência da tese de absolvição consagrada, como poderá interpor recurso? Não se pode olvidar, na mesma esteira, a clara ofensa ao princípio da paridade de armas, vez que à acusação é imposto um óbice processual, desprovido de qualquer fundamento técnico, ao qual a defesa passará imune.

Há quem sustente, nesta situação de pluralidade de teses defensivas, a necessidade de que a acusação, caso pretenda recorrer da decisão, ataque, nas razões de insurgência, todas as teses veiculadas em plenário. A sugestão, porém, é despropositada não somente porque, uma vez mais, contraria-se a equidade processual (sobrecarregando-se a acusação), como também porque se mostra de todo ineficaz, já que o tribunal, ao analisar o recurso, também não saberá qual tese merece acolhida e, por óbvio, não poderá dar provimento amparando a todas elas, nem poderá aleatoriamente optar por qual lhe pareça mais adequada. Aqui, aliás, surge outra potencial afronta à Constituição Federal, pois esta indefinição põe em sério risco a soberania do júri.

Não bastasse, há outro aspecto nefasto nessa forma de quesitação das teses defensivas. Resumidas todas numa única indagação, é possível, a depender do número de teses debatidas, que o acusado seja absolvido sem que nenhuma delas tenha sido adotada pela maioria dos jurados. Se o defensor propuser, por exemplo, quatro teses de absolvição, nada impede que 4 dos 7 jurados sintam-se seduzidos, porém cada um por uma tese distinta. Consagra-se a absolvição, em que pese as teses da defesa tenham sido rechaçadas por 6 dos 7 jurados.

Dados os contornos que assumem a imposição deste quesito, parece-nos que, na verdade, o propósito da reforma foi o de introduzir e consagrar a possibilidade de que o Conselho de Sentença possa absolver a qualquer custo, o que se nos afigura de todo absurdo porque equivale a sustentar a possibilidade de que se julgue sem abrigo na prova dos autos.

A nosso ver, como forma de mitigar a clara deficiência da lei e garantir o pleno exercício da função julgadora do tribunal do júri, constitucionalmente assegurada, impõe-se, desde que sustentadas duas ou mais teses defensivas, a individualização dos argumentos de defesa em quesitos próprios, prevalecendo a individualização das teses como forma de levar o Conselho de Sentença a se manifestar sobre cada uma isoladamente (sem desdobramentos outros), permitindo que se saibam as razões da absolvição para que as providências daí decorrentes possam ser adotadas com segurança. Assim, no mesmo exemplo já citado, em que o defensor argumenta sobre a legítima defesa e sobre a obediência hierárquica, possibilita-se ao acusador conhecer as razões da improcedência da acusação para subsidiar eventual peça recursal.

Dessa forma, se o patrono do acusado sustentou em plenário a legítima defesa e a obediência hierárquica, o Conselho de Sentença deverá ser indagado:

a) o jurado absolve o acusado por ter ele, usando moderadamente dos meios necessários, repelindo injusta agressão, atual ou iminente, a direito seu ou de outrem?

b) o jurado absolve o acusado por ter ele cometido o fato em estrita obediência a ordem, não manifestamente ilegal, de superior hierárquico?

Alguns certamente criticarão nossa sugestão em vista da "complexidade" dos quesitos acima (na verdade, mera reprodução de artigos de lei). Não vemos problema na simplificação da sua redação, desde que individualizadas as teses defensivas:

a) o jurado absolve o acusado pela legítima defesa?

b) o jurado absolve o acusado pela obediência hierárquica?

ATENÇÃO – A resposta positiva da maioria num ou noutro sentido absolve o réu. Negados ambos os quesitos que acabam de ser sugeridos, a votação prossegue (porque o acusado não foi absolvido, ao contrário, foi condenado).

A americanização (em verdade, a adoção do sistema inglês, que foi transportado para os EUA) do quesito simplificado pretendido pelo legislador ("O jurado absolve o acusado"?) deve ser bem compreendida. No sistema inglês (ou americano) os jurados se comunicam e buscam em todo momento o consenso (a unanimidade). Tudo pode ser resumido a um só quesito ("Guilty or not guilty?") porque em torno de todas as teses expostas pela defesa os jurados promovem o mais aprofundado debate, até se chegar a um consenso. No Brasil vigora a incomunicabilidade dos jurados, de modo que um não pode tentar influenciar o outro a adotar essa ou aquela tese. Daí a imperiosa necessidade de individualização das teses defensivas, em quesitos próprios.

Tese negativa de autoria – O quesito relativo à absolvição é, sem nenhuma dúvida, obrigatório. As redações do *caput* do art. 482 e do art. 483, inciso III e § 2º são claras: os jurados serão indagados a respeito da absolvição.

Pois bem. Imaginemos a situação em que a única tese defensiva verse sobre a negação da autoria delitiva, argumentando-se extensamente, em plenário, entre acusação e defesa, a concorrência do réu para a prática criminosa. Pela ordem estabelecida no art. 483, inicialmente os jurados votam sobre a materialidade e, em seguida, sobre a autoria. Submetido o segundo quesito à votação, os jurados negam a tese da defesa e decidem que o acusado foi o autor daquele crime posto em julgamento. Por imperativo lógico, diante dessa decisão, a votação deveria prosseguir apenas quanto às circunstâncias do crime cuja materialidade e autoria acabaram de ser estabelecidas. Não obstante, impõe-se que se indague se os jurados absolvem o acusado. Ora, absolvem por qual motivo? Afinal, não acabaram de estabelecer, decidindo com base na única tese defensiva (negativa de autoria) que o crime ocorreu e que o acusado foi o seu autor? Indagar, logo em seguida, se o jurado absolve o acusado é verdadeira teratologia, aliada, ademais, à esdrúxula situação em que, para condenar, votaram "sim" nos dois primeiros quesitos e, no terceiro, para manter a condenação, devem votar "não".

Há quem sustente que o defensor tem o dever de amparar o pedido de absolvição em mais de uma tese, o que nos parece absurdo porque embaraça o mister da defesa, a quem compete, com exclusividade, eleger os argumentos que considera adequados para que a imputação seja refutada. Se, diante dos fatos concretamente postos em julgamento, o defensor pensa apropriado sustentar uma única tese, não é possível obrigá-lo a estender sua estratégia apenas para contornar a evidente inadequação da lei.

Além do mais, embora não haja, é certo, impossibilidade técnica que o defensor argumente em plenário, por exemplo, não ter sido o acusado o autor do crime e, subsidiariamente, busque o reconhecimento da legítima defesa, na prática do tribunal do júri essa manobra pode funcionar em sentido absolutamente contrário aos interesses do acusado, pois, para juízes leigos, não versados, portanto, em matéria jurídica, soa incoerente o defensor sustentar, por quase todo o tempo de explanação, que o acusado não foi o autor do crime e, no final, dizer que, se foi, atuou nos limites da legítima defesa. Reiteramos, portanto, não ser adequado obrigar o defensor a lançar mão de uma tese que pode contrariar os interesses do réu somente porque a lei contém uma inegável impropriedade.

Recusada pelos jurados a tese única de negação da autoria, há orientações no sentido de que, com base no quesito da absolvição, seja possível ao Conselho de Sentença, afastando-se da legalidade estrita, absolver por qualquer razão, inclusive por compaixão. Trata-se, no entanto, de mais uma proposta descabida. Inicialmente, porque, ignorando-se os fatos, sobre os quais, aliás, os jurados já assentaram a materialidade e a autoria delitivas, consagra-se o direito penal do autor. Não fosse isso o bastante, é a legalidade estrita que garante ao acusado o devido processo legal, que, se num extremo impede a absolvição por simples sentimento de compaixão, noutro impede a condenação em virtude de mera antipatia. O contrário, para absolver ou para condenar, seria odioso porque, na absolvição infundada, a sociedade se veria desamparada diante do cometimento comprovado do mais grave dos crimes; na condenação vazia, teríamos o tolhimento da liberdade de um indivíduo em razão da simples e irrelevante impressão de que sua personalidade despertasse nos jurados.

Considerando, porém, que o quesito é obrigatório, mesmo nas situações em que a negação da autoria é a única tese, refutada quando da votação relativa ao segundo quesito, não se afasta a possibilidade de que a absolvição ocorra infundadamente. E, neste caso, já decidiu o STJ que o juiz não pode sequer advertir os jurados a respeito da contradição com o quesito anterior para que nova votação seja efetuada, pois, sendo obrigatória a indagação a respeito da absolvição, o júri é soberano para decidir. Neste caso, segundo aquele tribunal, resta à acusação recorrer sustentando que a decisão foi manifestamente contrária à prova dos autos (HC n. 233420-DF, Rel. Min. Jorge Mussi, j. 19.09.2013, DJe 26.09.2013). Vê-se, portanto, o absurdo provocado pela introdução deste quesito: o juiz, percebendo a inequívoca contradição e constatando que todo o trabalho desenvolvido até aquele momento poderá se tornar imprestável, não poderá se manifestar e terá de admitir a conclusão absurda; o Ministério Público deverá então recorrer; caso seja provido o apelo, novo julgamento será realizado simplesmente porque a mesma lei que prevê o recurso contra a decisão manifestamente contrária à prova dos autos permite abertamente que os jurados decidam de forma manifestamente contrária a estas mesmas provas!

Não apreciação do excesso culposo – Imposta a quesitação única para as teses da defesa, não existe indagação específica sobre a caracterização de eventual excludente da ilicitude. Imaginemos um caso de legítima defesa. Na sistemática anterior, os jurados eram indagados especificamente, razão por que poderiam se manifestar de forma expressa a respeito do eventual excesso ao considerar que o agente não usou moderadamente os meios necessários. Atualmente, com a simples pergunta se o jurado absolve o acusado, não é possível a avaliação do excesso na medida em que não se aprecia a moderação dos meios utilizados, no que pode constituir um prejuízo à própria defesa.

Isto porque, no plenário, é possível que o defensor sustente a legítima defesa, mas não invoque, subsidiariamente, o excesso culposo. Como antes os jurados eram instados a se manifestar especificamente sobre a moderação dos meios, podiam afastar a justificante e reconhecer o excesso culposo, mesmo sem provocação. Agora, a indagação, pura e simples, sobre a absolvição fere a plenitude de defesa, pois os jurados podem, por exemplo, votar contrariamente à absolvição porque consideraram desproporcional a reação do acusado, embora não o quisessem condenar pelo homicídio doloso. Mas se não apreciam a moderação dos meios, não poderão, por sua própria iniciativa, considerar o excesso.

E mesmo no caso em que a defesa faça referência expressa ao excesso, a única forma de contornar o óbice imposto aos jurados é a introdução de quesito específico após a votação negativa da absolvição, o que mais uma vez revela a absoluta impropriedade da nova sistemática porque este quesito simplesmente não encontra amparo legal. Na letra fria da lei, se os jurados condenam, a votação prossegue quanto às minorantes, qualificadoras e majorantes; se absolvem, encerra-se a votação.

Inimputabilidade – Corroborando a inconveniência do quesito único de absolvição, vejamos o que acontece quando o defensor sustenta inimputabilidade por doença mental em conjunto com outra tese de absolvição.

O defensor, em plenário, baseado em exame pericial, argumenta para os jurados que o acusado, no momento da ação, em razão de doença mental, não entendia o caráter ilícito do fato e não podia se determinar de acordo com este entendimento. A par desse argumento, o defensor alega que a vítima atacou desmotivadamente o acusado, que apenas se limitou a repelir a injusta agressão (legítima defesa).

Encerrados os debates, os jurados votarão os quesitos. Na pergunta obrigatória "o jurado absolve o acusado?", o Magistrado resolve não individualizar as teses defensivas (legítima defesa e inimputabilidade). Obtida a maioria pela absolvição, *quid iuris*? Considera-se reconhecida a legítima defesa ou a inimputabilidade? A absolvição foi própria (sem sanção penal) ou imprópria (com sanção penal, da espécie medida de segurança)?

Diante da inadequação da nova sistemática, que simplesmente ignora a possibilidade de absolvição imprópria, sustentamos, novamente, que o mais adequado seja o juiz formular quesitos individualizados relativos a cada uma das teses defensivas. Embora não encontre amparo direto no texto do art. 483, esta é a única forma de permitir a apuração adequada da decisão do Conselho de Sentença e de garantir a soberania dos veredictos, que tem fundamento constitucional. A proposta de desdobramento garante que a manifestação do Conselho de Sentença seja inteiramente compreendida e proporciona um julgamento verdadeiramente justo.

No dia a dia forense, em casos semelhantes, percebemos que a maioria dos juízes formula o quesito obrigatório ("o Jurado absolve o réu?"). Se os jurados votarem favoravelmente, reconhece-se a legítima defesa; se votarem pela condenação, o juiz formula um novo quesito a respeito da inimputabilidade, esclarecendo o Conselho.

e) causa de diminuição de pena alegada pela defesa: Superada a votação dos quesitos iniciais e estabelecida a condenação, os jurados serão instados sobre eventuais causas de diminuição de pena alegadas pela defesa. É consectário do princípio da plenitude da defesa que estas circunstâncias sejam votadas antes das qualificadoras e das majorantes, alegadas pela acusação, como, aliás, já ocorria antes da reforma.

Inicialmente, recordamos que, embora se trate de uma minorante, a tentativa não é votada neste momento, pois o respectivo questionamento é submetido a votação após o segundo quesito, relativo à autoria.

As postulações mais comuns concernentes a causas de diminuição de pena são o privilégio no homicídio, a semi-imputabilidade e a participação de menor importância. É possível também que se submetam a votação, por exemplo, o erro inescusável sobre a ilicitude do fato e a embriaguez incompleta decorrente de caso fortuito ou de força maior.

No que concerne ao privilégio no homicídio, deve-se destacar que sua admissão pelo Conselho de Sentença necessariamente provoca o afastamento das qualificadoras de natureza subjetiva. Sabemos que a jurisprudência firmou o entendimento de que o homicídio qualificado-privilegiado é possível, desde que as qualificadoras sejam de natureza objetiva (art. 121, § 2.º, incs. III, IV, VI, VII – no exercício da função -, VIII e IX), vez que o privilégio será sempre subjetivo. Por isso, se ao acusado estiver sendo imputado homicídio qualificado pelo motivo fútil e pelo emprego de tortura, invocado pelo defensor, com sucesso, motivo de relevante valor moral, sequer será votada a futilidade que pudesse ter movido o homicida.

A fim de que bem se especifiquem quais causas de diminuição serão rejeitadas pelo Conselho de Sentença, hão de ser formulados quesitos individualizados para cada uma delas. Por exemplo:

a) "A" agiu sob domínio de violenta emoção, logo em seguida a injusta provocação da vítima?

b) "A", em virtude de perturbação de saúde mental ou por desenvolvimento mental incompleto ou retardado, era relativamente capaz de entender o caráter ilícito do fato ou de determinar-se de acordo com esse entendimento?

f) circunstância qualificadora ou causa de aumento de pena reconhecida na pronúncia ou em decisões posteriores que julgaram admissível a acusação: votadas as causas de diminuição de pena alegadas pela defesa, o juiz submeterá a votação às circunstâncias qualificadoras e às causas de aumento de pena que tenham sido reconhecidas na sentença de pronúncia ou na decisão de eventual recurso em sentido estrito interposto contra aquele *decisum*. Não é possível, portanto, que a acusação articule qualificadora ou majorante apenas em plenário para que sejam votadas após os debates. É pressuposto que tenham sido objeto de cognição na primeira fase do rito procedimental do júri.

Neste caso também devem ser individualizados os quesitos relativos às circunstâncias qualificadoras e às causas de aumento de pena que tenham sido alegadas em conjunto. Por exemplo:

a) "A" agiu por motivo torpe consistente na ganância?

b) "A", mediante reiteração de golpes, usou de meio cruel para matar a vítima?

c) A vítima era maior de sessenta anos, conhecendo o agente essa circunstância?

Dolo eventual e qualificadoras do homicídio – a jurisprudência dos Tribunais Superiores oscila a respeito da compatibilidade ou incompatibilidade do dolo eventual no homicídio com as qualificadoras objetivas. Aqueles que compreendem pela incompatibilidade escoram tal posição na percepção de que o autor escolhe o meio e o modo de proceder com outra finalidade, lícita ou não, embora seja previsível e admitida a morte. Tal posicionamento, retira, definitivamente do mundo jurídico, a possibilidade fática de existir um autor que opte por utilizar meio e modo específicos mais reprováveis para alcançar fim diverso, mesmo sendo previsível o resultado morte e admissível a sua concretização. Ainda, a justificativa de incompatibilidade entre o dolo eventual e as qualificadoras objetivas, inexistência de dolo direto para o resultado morte, se contrapõe à admissão na Corte Cidadã de compatibilidade entre o dolo eventual e o motivo específico e mais reprovável (art. 121, § 2º, I e II, do CP). Com essas considerações, o STJ elegeu o posicionamento pela compatibilidade, em tese, do dolo eventual também com as qualificadoras objetivas (em especial, art. 121, § 2º, III e IV, do CP). Em resumo, as referidas qualificadoras serão devidas quando constatado que o autor delas se utilizou dolosamente como meio ou como modo específico mais reprovável para agir e alcançar outro resultado, mesmo sendo previsível e tendo admitido o resultado morte.

ATENÇÃO – O Superior Tribunal de Justiça, no n. 75, de sua *Jurisprudência de Teses*, fixou o seguinte entendimento: "Compete ao Tribunal do Júri decretar, motivadamente, como efeito da condenação, a perda do cargo ou função pública, inclusive de militar quando o fato não tiver relação com o exercício da atividade na caserna" (tese n. 14).

JURISPRUDÊNCIA

Quesito obrigatório

"O art. 483, III, do CPP, após a alteração promovida pela Lei 11.689/2008, prevê o quesito de absolvição genérica, independentemente da tese sustentada pela defesa em plenário. Trata-se de quesito obrigatório, não se revelando contraditório com a resposta afirmativa ao primeiro e segundo quesitos de materialidade e autoria" (STJ – AgRg no REsp n. 1215688-DF, Rel. Nefi Cordeiro, j. 13.10.2015, DJe 03.11.2015).

Quesito obrigatório ainda que não haja pedido expresso de absolvição pela defesa

"No Tribunal do Júri, o Conselho de Sentença pode absolver o réu mesmo quando inexistente pedido expresso formulado pela defesa ou pela promotoria, em razão do quesito absolutório genérico superveniente, previsto no art. 483, III, § 2º, do Código de Processo Penal. Apesar da única tese defensiva sustentada em plenário versar acerca do homicídio privilegiado – não se explicitando hipótese de legítima defesa –, a resposta positiva do Conselho de Sentença sobre o terceiro quesito (absolvição), *in casu*, não contradiz as provas colhidas nos autos, a ratificar a soberania dos veredictos proferidos pelo Tribunal do Júri" (STJ – REsp n° 1262366-DF, Rel. Sebastião Reis Júnior, j. 27.08.2013, DJe 12.09.2013).

Quesito obrigatório mesmo quando reconhecida autoria e materialidade

"Nos termos do § 2º do artigo 483 do Código de Processo Penal, sendo respondidos afirmativamente os quesitos referentes à materialidade e à autoria ou participação, passa-se ao questionamento relativo à absolvição do réu. O quesito referente à absolvição é obrigatório, devendo ser elaborado mesmo quando a defesa se limite a negar a autoria ou a participação do acusado nos fatos narrados na denúncia. Doutrina. Precedentes" (STJ – HC n° 223044-ES, Rel. Jorge Mussi, j. 27.08.2013, DJe 17.09.2013).

Falta do quesito. Nulidade absoluta

"Com o advento da Lei 11.689/2008, modificou-se a forma de elaboração dos quesitos de defesa, concentrando-se em um único questionamento – o que indaga se os jurados absolvem o réu – todas as teses sustentadas pelo acusado e por seu patrono em Plenário. O quesito referente à absolvição é obrigatório, devendo ser elaborado mesmo quando a defesa se limite a negar a autoria ou a participação do acusado nos fatos narrados na denúncia. Doutrina. Precedentes. No caso dos autos, ao apreciarem o questionário relativo ao paciente, os jurados, embora tenham respondido afirmativamente às proposições referentes à materialidade, à participação e à tentativa, houveram por bem absolvê-lo, tendo o Tribunal de Justiça do Distrito Federal e Territórios anulado tal decisão, sob o argumento de que, sendo a negativa de autoria a única tese defensiva, não poderia o Juiz Presidente formular a indagação relativa à absolvição. Tal entendimento contraria o artigo 483 da Lei Penal Adjetiva, que dispõe ser obrigatório o quesito referente à absolvição, não havendo que se falar em contradição pelo simples fato de os jurados haverem afirmado a materialidade e a participação do acusado, e em seguida o absolvido" (STJ – HC n° 233420-DF, Rel. Jorge Mussi, j. 19.09.2013, DJe 26.09.2013).

Vícios nos quesitos devem ser invocados após sua leitura

"No Tribunal do júri, a alegação de nulidade por vício na quesitação deverá ocorrer no momento oportuno, isto é, após a leitura dos quesitos e explicação dos critérios pelo Juiz presidente (art. 571 do CPP), sob pena de preclusão (precedentes do STJ e do STF)" (STJ – AgRg no AREsp n. 718871-MT, Rel. Sebastião Reis Júnior, j. 05.11.2015, DJe 24.11.2015).

Absolvição pode ser amparada em qualquer tese defensiva, ainda que os jurados, antes, tenham reconhecido a autoria e materialidade do delito

"Esta Corte tem decidido que, embora os jurados tenham respondido positivamente aos quesitos da autoria e da materialidade, é possível a absolvição do réu amparada em qualquer tese defensiva, ainda que não sustentada em plenário, como decorrência lógica do sistema da íntima convicção e consagrado na norma insculpida no inciso III do art. 483 do Código de Processo Penal (Precedente)" (STJ – AgRg no AgRg no REsp n. 1308258-DF, Rel. Ribeiro Dantas, j. 13.10.2015, DJe 22.10.2015).

Desnecessidade de quesitação versando sobre todas as teses defensivas

"A ausência de realização de quesitação específica, no Tribunal de Júri, sobre tese defensiva alternativa ou subsidiária, não gera nulidade, pois no art. 483, inciso III, § 2º do CPP, dispõe ser obrigatória apenas a apresentação de quesito único acerca da absolvição do réu, o qual subsume todas as teses defensivas. Somente a forma de quesitação restou unificada pela norma legal, mantendo-se garantida a exposição, perante do Conselho de Sentença, de todas as teses, alternativas ou subsidiárias, voltadas para a absolvição do réu, razão pela qual não há se falar em ofensa ao princípio da ampla defesa. O juiz-processante formulou quesitos de acordo com o disposto no art. 483, inciso III, § 2º do CPP, com a redação dada pela Lei n.º 11.689/08, apresentando indagações acerca da possibilidade de absolvição do acusado, nas quais foram abrangidas todas as teses expostas pela defesa, razão pela qual inexistente a nulidade na presente hipótese" (STJ – EDcl no HC nº 202190-DF, Rel. Gilson Dipp, j. 22.11.2011, DJe 01.12.2011).

Quesito da legítima defesa deve preceder o da desclassificação

"Estando a defesa assentada em tese principal absolutória (legítima defesa) e tese subsidiária desclassificatória (ausência de animus necandi), e havendo a norma processual permitido a formulação do quesito sobre a desclassificação antes ou depois do quesito genérico da absolvição, a tese principal deve ser questionada antes da tese subsidiária, pena de causar enorme prejuízo para a defesa e evidente violação ao princípio da amplitude da defesa" (STJ – Resp. n. 1509504-SP, Rel. Maria Thereza de Assis Moura, j. 27.102015, DJe 13.11.2015).

Réu absolvido como mandante do crime. Continuidade da quesitação sobre participação de modo diverso. Possibilidade

"A resposta negativa a quesito que indagava se o paciente foi o mandante do crime não impede que se prossiga na formulação dos demais quesitos, com a finalidade de definir se houve participação na morte da vítima de forma diversa, observados os limites traçados pela pronúncia e pelo libelo" (STJ – HC n. 144945, Rel. Gurgel de Faria, j. 06.10.2015, DJe 22.10.2015).

Resposta afirmativa ao quesito não impede que se reconheça, pelo Tribunal de Justiça, que o julgamento foi contrário à prova dos autos

"O Paciente foi pronunciado pela suposta prática do delito de homicídio qualificado e, por ocasião da Sessão do Tribunal de júri, os jurados responderam afirmativamente as assertivas relativas à materialidade e à autoria delitivas. Em seguinte, eles também responderam positivamente ao quesito constante do § 2.º do art. 483 do Código de Processo Penal ('O jurado absolve o acusado?'). Prolatada sentença absolutória, a Corte a quo deu provimento ao apelo ministerial para cassar o decisum, determinando a submissão do Réu a novo julgamento. A resposta afirmativa ao precitado quesito não se reveste de caráter absoluto, a ponto de eliminar, completamente, a possibilidade de o Tribunal de origem cassar a decisão dos jurados manifestamente contrária à prova dos autos" (STJ – HC nº 217651-MG, Rel. Laurita Vaz, j. 05.11.2013, DJe 19.11.2013).

"Na atual sistemática de quesitação dada pela Lei 11.689/08, todas as questões relativas às excludentes de ilicitude e de culpabilidade integram, necessariamente, o quesito da absolvição. Daí, independentemente da possibilidade da apresentação de tese inovadora pela defesa, seja na tréplica ou mesmo após, no caso concreto não há falar em nulidade por ausência de quesitação defensiva, uma vez que os jurados responderam negativamente para a absolvição do réu" (STJ – HC nº 207158-SP, Rel. Jorge Mussi, j. 04.10.2011, DJe 13.10.2011).

Legítima defesa putativa. Quesito desnecessário

"Não há nulidade no julgamento realizado pelo Tribunal do Júri na hipótese em que não houve elaboração de quesito específico sobre a ocorrência de legítima defesa putativa, pois, com a alteração dada pela Lei 11.689/08, faz-se necessária apenas a elaboração de pergunta genérica, questionando-se 'o jurado absolve o acusado?' (artigo 483, III, e § 2º, do CPP)" (STJ – REsp nº 1359316-DF, Rel. Campos Marques, j. 12.03.2013, DJe 15.03.2013).

Indagação: "O réu deve ser absolvido?". Mera irregularidade

"No Júri, os quesitos devem ser formulados em proposições simples e bem definidas, para que possam ser respondidos com suficiente clareza, de modo a não causar, nos jurados leigos, dúvidas ou perplexidade. Assim, quesitos complexos ou com formulação deficiente geram a nulidade do julgado. No caso, embora não tenha sido empregada a redação especificada no § 2.º do art. 483 do Código de Processo Penal, não se detecta a apontada nulidade, uma vez que se formulou o quesito referente à absolvição com conteúdo similar ao mencionado no texto legal. Com efeito, ao perguntar 'O réu deve ser absolvido?', o Juiz Presidente do Tribunal do Júri submeteu aos jurados o questionamento genérico de absolvição, sendo certo que a não observância da forma exatamente prevista no § 2.º do art. 483 do Código de Processo Penal configurou mera irregularidade que não prejudicou a intelecção dos senhores jurados leigos" (STJ – HC nº 199438-CE, Rel. Laurita Vaz, j. 15.12.2011, DJe 01.02.2012).

Má formulação dos quesitos. Inocorrência

"Apenas pode-se considerar nulo o julgamento realizado pelo Tribunal do Júri quando os quesitos forem apresentados com má redação ou, ainda, com redação complexa, a ponto de dificultar o entendimento dos jurados" (HC 53512/MG, Rel. Min. NEFI CORDEIRO, Sexta Turma, DJe 27/3/2015). Os quesitos impugnados não se contradizem, uma vez que se referem ao reconhecimento da autoria (3º quesito) e à presença das qualificadoras pelas quais o paciente foi pronunciado: mediante paga ou promessa de recompensa (4º quesito) e usando de emboscada, dissimulação ou outro recurso que dificulte ou torne impossível a defesa do ofendido (5º quesito). Pelos resultados obtidos nos referidos quesitos, observa-se que o conselho de sentença reconheceu a autoria do paciente, mas afastou as qualificadoras, motivando o édito condenatório pela prática do homicídio simples" (STJ – HC n. 143653-GO, Rel. Gurgel de Faria, j. 25.08.2015, DJe 11.09.2015).

Explicação, pelo juiz, do conceito de "motivo fútil"

"A mera leitura, pelo magistrado togado, de uma ficha contendo a orientação jurisprudencial dos Tribunais sobre a noção jurídica de motivo fútil, não configura, só por si, causa ensejadora de nulidade processual. Nada impede que o Juiz-Presidente do Tribunal do Júri, objetivando esclarecer os jurados, forneça-lhes, até mesmo *ex officio*, informações sobre conceitos de natureza jurídico-legal" (STF – HC n° 69072-SP, Rel. Celso de Mello, j. 13.04.1992, DJe 04.09.1992, p. 14091).

Explicação, pelo juiz, do "quantum" de pena a ser aplicado. Possibilidade

"A simples explicação acerca do quantum de pena a ser aplicado, acaso se configure o homicídio simples ou o homicídio qualificado, não tem, por si só, o condão de influenciar no ânimo dos jurados, os quais, não obstante serem juízes leigos, podem ser conscientizados acerca da repercussão da votação dos quesitos" (STJ – AgRg no REsp n° 715022-DF, Rel. Maria Thereza de Assis Moura, j. 23.02.2010, DJe 15.03.2010).

Quesitação quanto à tentativa

"É obrigatória quesitação referente à tentativa, antes da pergunta sobre a eventual absolvição do réu, a teor do art. 483, § 5.º, do Código de Processo Penal. No caso em tela, muito embora o Ministério Público somente tenha arguido o vício de quesitação em sede recursal, constata-se que não se trata de mera irregularidade ou mesmo defeito na formulação de quesito – hipóteses que se sujeitam à preclusão quando não arguidas oportuno tempore –, mas de efetiva inexistência de quesito obrigatório, sem o qual resta irremediável e absolutamente nula a decisão. Inteligência da Súmula n.º 156 do Supremo Tribunal Federal. Precedente" (STJ – HC n° 232236-SP, Rel. Laurita Vaz, j. 28.05.2013, DJe 06.06.2013).

Quesitação da tentativa deve preceder o que trata da absolvição do réu

"É obrigatória quesitação referente à tentativa, antes da pergunta sobre a eventual absolvição do réu, a teor do art. 483, § 5º, do Código de Processo Penal (HC n. 232.236/SP, Ministra Laurita Vaz, Quinta Turma, DJe 6/6/2013)" (STJ – AgRg no AREsp n. 694673-RJ, Rel. Sebastião Reis Júnior, j. 03.09.2015, DJe 23.09.2015).

Reconhecida a tentativa, resta prejudicado quesito sobre a desclassificação

"Se, na votação referente à ocorrência de tentativa, reconheceu-se a prática do homicídio tentado, ficou prejudicada a tese de desclassificação da conduta, não havendo necessidade de que sobre ela fosse formulado quesito específico" (STJ – AgRg no AREsp n. 694673-RJ, Rel. Sebastião Reis Júnior, j. 03.09.2015, DJe 23.09.2015).

Quesito da desclassificação não precisa indicar o crime menos grave

"Não há falar em ocorrência de nulidade absoluta no julgamento pelo Tribunal do Júri, por ausência de quesito obrigatório, na hipótese em que houve a efetiva quesitação acerca da tese da desclassificação, ainda que sem indicação expressa de qual crime menos grave a recorrente quis participar" (STJ –. REsp. n. 1501270-PR, Rel. Maria Thereza de Assis Moura, j. 01.10.2015, DJe 23.10.2015).

Absolvição por clemência e julgamento contrário à prova dos autos – É induvidosa a possibilidade dos jurados, ainda que admitindo a autoria e materialidade delitivas, absolvam o réu, no que se denomina *absolvição por clemência*, prevista no inc. III, do art. 483 acima. Isso não implica dizer, porém, que essa decisão se revista de imutabilidade. Ou, em outras palavras: nada impede que, absolvido o réu com base nesse quesito genérico, venha o Tribunal de Justiça, ao apreciar eventual apelação, dar provimento ao recurso, a fim de que o réu seja submetido a novo julgamento, forte no disposto no art. 593, inc. III, "d", do código, reconhecendo que "a decisão dos jurados manifestamente contrária à prova dos autos". Nem se argumente com eventual afronta ao princípio da soberania dos veredictos que possui expressa previsão constitucional (art. 5º, inc. XXXVIII, "d", da Carta). Violação desse princípio ocorreria caso o Tribunal, dando provimento à apelação, condenasse o réu. Não é, todavia, o caso, posto que em grau de recurso pode o Tribunal mandar o réu a novo Júri, mas jamais proferir uma decisão que adentre o mérito (tanto que, se novamente absolvido o réu, dessa segunda decisão não mais caberá apelação sob o mesmo fundamento, na dicção do art. 593, § 3º, do *codex*).

Nesse sentido o entendimento do STJ, a se conferir: "A absolvição do réu pelos jurados, com base no art. 483, III, do CPP, ainda que por clemência, não constitui decisão absoluta e irrevogável, podendo o Tribunal cassar tal decisão quando ficar demonstrada a total dissociação da conclusão dos jurados com as provas apresentadas em plenário. Assim, resta plenamente possível o controle excepcional da decisão absolutória do Júri, com o fim de evitar arbitrariedades e em observância ao duplo grau de jurisdição. Entender em sentido contrário exigiria a aceitação de que o conselho de sentença disporia de poder absoluto e peremptório quanto à absolvição do acusado, o que, ao meu ver não foi o objetivo do legislador ao introduzir a obrigatoriedade do quesito absolutório genérico, previsto no art. 483, III, do CPP" (STJ – HC n. 313251-RJ, Rel. Joel Ilan Paciornik, j. 28.02.2018, DJe 27.03.2018).

O debate sobre a soberania das decisões do Júri e a possibilidade de revisão de suas decisões, vem aprofundado nos comentários aos arts. 593, inc. III, "d" e 621 (este mais especificamente no que se refere à possibilidade do emprego da revisão criminal contra decisões do Tribunal popular).

Vamos aprofundar o tema.

A reforma do procedimento dos crimes dolosos contra a vida trazida pela Lei nº 11.689/2008 introduziu um quesito genérico referente às teses absolutórias, com o objetivo de simplificar a votação, evitando que aos jurados fosse apresentado um infindável questionário, confuso para o juiz leigo e que, não raro, impedia um veredicto absolutório, mesmo quando havia maioria disposta a não condenar.

Porém, como a pergunta passou a ser genérica – "o jurado absolve o réu?", conforme o § 2º do artigo 483 do Código de Processo Penal – passou-se a admitir que o jurado poderia acolher tese não sustentada pela defesa ou mesmo absolver por pura clemência. À parte a tentativa de encontrar explicações para uma decisão imotivada, fato é que o veredicto dos jurados exige maioria e nada mais, sendo mesmo vedada qualquer justificação por parte deles, o que impede saber exatamente o que motivou cada voto.

Por conta disso, nos últimos anos ganhou corpo a tese de que o veredicto absolutório do tribunal do júri em razão de suposta "clemência" seria inapelável pelo mérito, pois, argumenta-se, uma vez que não se pode exigir dos juízes populares qualquer observância da lei ou das provas produzidas no processo – eis que julgam com base apenas em sua íntima convicção – e, considerando a falta de motivação da decisão, que não permite estabelecer um nexo entre a razão de decidir e as provas produzidas, não haveria como se afirmar que o veredicto absolutório é manifestamente contrário à prova dos autos, tal como exige o artigo 593, inciso III, alínea "d", do Código de Processo Penal, para que se possa sujeitar o réu a novo julgamento. Argumenta-se, então, que a invalidação do julgamento e determinação de novo júri mostra-se solução atentatória à soberania dos veredictos.

Nada mais equivocado, pois o conceito de soberania dos veredictos não deve ser entendido como um poder absoluto acima de qualquer outro.

De acordo com o desenho constitucional do júri brasileiro, trata-se de uma instituição, que deve ser sempre regulada pela lei, que deverá assegurar a plenitude de defesa, o sigilo das votações, a soberania dos veredictos e a competência para o julgamento dos crimes dolosos contra a vida.

Alguns buscam justamente na soberania dos veredictos o argumento para petrificar a absolvição pelos jurados, com base na afirmação do quesito genérico.

Cabe, assim, definir de forma mais precisa o que se entende por soberania dos veredictos.

De acordo com Olavo de Oliveira, citando Gustavo Capanema, a soberania do júri sempre se reconheceu como a capacidade de dizer a última palavra, o que, segundo ele, com razão, foi ferido pela lei do Estado Novo que deu tal capacidade ao tribunal ad quem, retirando-a dos jurados (O júri na Terceira República (Comentários ao at. 141, § 28 da Constituição de 18 de setembro de 1946 e à Lei n. 263 de 23 de fevereiro de 1948). Rio de Janeiro: Livraria Freitas Bastos, 1949, p. 110).

Para José Frederico Marques, soberania dos veredictos é uma expressão técnico-jurídica que deve ser definida segundo a ciência dogmática do processo penal, e não de acordo com uma exegese de lastro filológico alimentada em esclarecimentos vagos de dicionários (A instituição do júri. Campinas: Bookseller, 1997, p. 79). Afirma o antigo mestre:

> "Se soberania do Júri, no entender da communis opinio doctorum, significa a impossibilidade de outro órgão judiciário substituir ao Júri na decisão de uma causa por ele proferida, soberania dos veredictos traduz, mutatis mutandis, a impossibilidade de uma decisão calada em veredicto dos jurados ser substituída por outra sentença sem esta base. Os veredictos são soberanos, porque só os veredictos é que dizem se é procedente ou não a pretensão punitiva. O problema se situa, assim, no campo da competência funcional. (...) Aos tribunais superiores, o objeto do juízo, na sua competência funcional, se restringe à apreciação sobre a regularidade do veredicto, sem o substituir, mas pronunciando ou não pronunciando o sententia rescindenda sit. No tocante à decisão do juiz togado, a competência funcional será de grau, podendo assim a jurisdição superior retificá-la (art. 593, § 1º). O Tribunal, portanto, não decide sobre a pretensão punitiva, mas apenas sobre a regularidade do veredicto".

Guilherme de Souza Nucci aduz que soberania dos veredictos significa ser o júri a última instância de decisão dos crimes dolosos contra a vida, com supremacia e independência (Júri: princípios constitucionais. São Paulo: Editora Juarez de Oliveira, 1999, p. 87).

Rafael Schwez Kurkowski compreende tal soberania pelo seu caráter insubstituível, no sentido de que os magistrados togados não podem substituir os veredictos por seu próprio entendimento (Execução provisória da pena no júri: fundamentos políticos e jurídicos. Belo Horizonte: Editora D'Plácido, 2019, p. 62).

Segundo Gustavo Badaró, soberania dos veredictos significa que "cabe aos jurados dar a última palavra sobre a existência do crime, em todos os seus elementos, e sobre a autoria delitiva" (O ato de homologação judicial do acordo de colaboração premiada: conteúdo, natureza e meios de impugnação. In: SALGADO, Daniel de Resende; KIRCHER, Luis Felipe Schneider; QUEIROZ, Ronaldo Pinheiro de. Justiça consensual: acordos criminais, cíveis e administrativos. Salvador: Juspodivm, p. 343-369, 2022, p. 678).

Tem-se, desse modo, uma definição de soberania dos veredictos: significa que a decisão dos jurados é a última palavra sobre o mérito da imputação colocada em julgamento, não podendo ser alterada ou substituída pelo juiz ou tribunal de apelação.

Tal definição, como se percebe, não afasta o fato de que as decisões do júri estão sujeitas a recurso de apelação, como, de resto, estabelece o artigo 593, inciso III, do Código de Processo Penal. É dizer, o Código admite o recurso, mas, em respeito à soberania dos veredictos, não permite que o tribunal reforme a decisão dos jurados: somente se permite que haja determinação, e apenas uma vez, de novo julgamento.

Essa é, inclusive, a tradição de nosso direito processual penal, de acordo com Olavo Oliveira, que cita as regras permissivas da insurgência contra a decisão dos jurados contidas na Lei nº 261/1841 (artigo 79, § 1º), no Regulamento nº 120/1842 (artigo 449, § 1º), no Decreto nº 3.084/1898 (artigos 313 e 321), no Decreto nº 8.259/1910 (artigo 307), na Lei nº 16.751/1924 (artigos 643, n. 4, e 648), e nos códigos processuais penais dos Estados do Amazonas, Piauí, Paraíba, Sergipe, Espírito Santo, Paraná, Minas Gerais, bem como no Código Judiciário de Santa Catarina (op. cit., p. 106-107). O mesmo autor ainda observa que a infalibilidade do júri não era um cânon constitucional nas Cartas de 1824 e 1891 (idem, p. 109-110), e que o Supremo Tribunal Federal, mesmo antes da Lei nº 263/1948, já proclamara a soberania dos veredictos, prevista no artigo 141, § 28, da Constituição de 1946 – redigido em termos muito semelhantes ao atual texto constitucional –, inteiramente compatível com a possibilidade de apelação, quando não se encontrasse apoio algum na prova dos autos (idem, p. 113).

Eis alguns precedentes históricos dessa Corte Constitucional, nesse mesmo sentido:

> "A antiga disposição do art. 593, III, "b", do Cód. de Proc. Penal não era incompatível com a soberania dos veredictos do júri, porque o tribunal superior apenas podia dar provimento à apelação para submeter o réu a novo julgamento. Deste julgamento poderá haver apelação, que se funde em motivo diverso do indicado na letra "d" do citado art. 593, III, consoante o disposto no art. 8º, § 3º, da Lei 263, de 23 de fevereiro de 1948". (HC 30374, Relator(a): LAUDO DE CAMARGO, julgado em 14/07/1948)

"A lei nº 263, de 23 de fevereiro de 1948, atendeu, nos arts. 8º e 12, à histórica definição da soberania dos veredictos do júri, e, assim, não pode ser contrária ao disposto no art. 141, § 28, da Constituição". (HC 30596, Relator(a): HAHNEMANN GUIMARAES, julgado em 15/12/1948)

"Júri. Soberania do seu veredicto. O julgamento não pode ser alterado para absolver e condenar o acusado. Preceito constitucional vigente". (HC 30733, Relator(a): LAFAYETTE DE ANDRADA, julgado em 22/04/1949)

"É fora de dúvida que a soberania do Júri não exclui a apelação contra a decisão contrária à evidência do processo, para o fim de submeter o réu a novo julgamento. O reexame de prova que, nesse caso, cabe ao Tribunal proceder, não atenta contra o principio da soberania dos veredictos, assegurada pelo art. 141, § 28 da Carta Magna". (HC 34390, Relator(a): RIBEIRO DA COSTA, Tribunal Pleno, julgado em 26/09/1956, DJ 22-11-1956 PP-14248 EMENT VOL-00280-01 PP-00200)

Mais recentemente, Rafael Schwez Kurkowski assim se manifestou a respeito (Historicidade da soberania dos veredictos no Brasil: a consolidação do respeito à vontade da sociedade. Revista de Estudos Jurídicos do Superior Tribunal de Justiça, Brasília, v. 2, n. 2, p. 411-451, dez. 2021, p. 430):

> "Aliás, o CPP, no seu sistema recursal atual, é compatível com a soberania dos veredictos, no júri, pois não permite o questionamento do mérito (condenação ou absolvição) via recurso. Ele permite, no máximo, a rescisão da decisão dos jurados, condenatória ou absolutória, e apenas por uma vez. Nesse ponto, desconhece-se doutrina ou jurisprudência que sustente a inconstitucionalidade do artigo 593, III, 'd', do CPP, por não permitir o recurso contra a essência do júri: a pretensão de reforma da decisão dos jurados".

Logo, presente a hipótese legal, pode a decisão do Júri ser revista, para que se determine novo julgamento. A soberania dos veredictos não é atingida quando a lei permite que o Tribunal de Justiça mande o réu a novo Júri. E nem poderia ser diferente, já que deve existir um meio de serem evitadas decisões evidentemente equivocadas. Não que o Tribunal de Justiça vá, por meio de uma apelação, condenar ou absolver o réu, mas poderá, sem arranhar o princípio constitucional em análise, determinar que outro julgamento seja realizado.

Não bastasse, os recursos são previstos em nosso ordenamento jurídico como direito das partes de questionar as decisões judiciais, com o objetivo de obter sua reforma ou declaração de nulidade, o que se aplica também ao processo penal.

Vale lembrar que a possibilidade de recurso aparece como desdobramento lógico do direito de ação (ou de defesa).

Os recursos são previstos em nosso ordenamento jurídico como direito das partes de questionar as decisões judiciais, com o objetivo de obter sua reforma ou declaração de nulidade, o que se aplica também ao processo penal. Pode-se dizer que o duplo grau de jurisdição é verdadeiro princípio constitucional, que decorre dos princípios da igualdade, do devido processo legal e da necessidade de controle da legalidade dos órgãos estatais, embora não previsto expressamente no texto da Carta de 1988. É a lição de Ada Pellegrini Grinover, Antonio Magalhães Gomes Filho e Antonio Scarance Fernandes (Recursos no processo penal. 7ª ed. São Paulo: Revista dos Tribunais, 2011, p. 23):

> "Pode-se afirmar, assim, que a garantia do duplo grau, embora só implicitamente assegurada pela Constituição brasileira, é princípio constitucional autônomo, decorrente da própria Lei Maior, que estrutura os órgãos da chamada jurisdição superior. Em outro enfoque, que negue tal postura, a garantia pode ser extraída do princípio constitucional da igualdade, pelo qual todos os litigantes, em paridade de condições, devem poder usufruir ao menos de um recurso para a revisão das decisões, não sendo admissível que venha ele previsto para algumas e não para outras. Uma terceira colocação retira o princípio do duplo grau daquele da necessária revisão dos atos estatais, como forma de controle da legalidade e da justiça das decisões de todos os órgãos de Poder Público.
>
> Seja como for, um sistema de juízo único fere o devido processo legal, que é garantia inerente às instituições político-constitucionais de qualquer regime democrático".

Normalmente, tendo em vista o dever que têm os juízes de fundamentar suas decisões, *ex vi* do disposto no artigo 93, inciso IX, da Constituição Federal, todo o raciocínio feito pelo julgador pode ser acompanhado pelas partes do processo, que, desse modo, podem recorrer da sentença atacando sua motivação, nos aspectos jurídico e/ou factual. O resultado da decisão recorrida será relevante, em geral, para apontar a existência de interesse recursal. Portanto, a motivação das decisões possui um duplo aspecto: garante às partes a possibilidade de impugnar o decisum e, ao mesmo tempo, permite o controle social sobre a atividade do Poder Judiciário.

Assim, o recurso da parte prejudicada pela decisão judicial é importante forma de controle das decisões judiciais.

Todavia, o veredicto dos jurados no tribunal do júri brasileiro não é motivado, sequer havendo entre eles discussão a respeito do mérito. Ao contrário, os jurados não podem se comunicar entre si sobre o caso sub judice, tampouco podem revelar sua opinião durante o julgamento, mas apenas deverão depositar o voto, sigiloso, sobre cada um dos quesitos apresentados pelo juiz-presidente. A decisão de mérito será formada pelo voto da maioria dos componentes do conselho de sentença e o veredicto deverá ser obrigatoriamente observado pelo juiz togado quando da elaboração da sentença.

Equivoca-se, porém, quem entende que a decisão dos jurados não é passível de controle, ainda que resulte em absolvição com base no quesito genérico.

Vejamos um exemplo desse entendimento equivocado:

> "Em consonância com o entendimento do Min. Celso de Mello, a partir das alterações promovidas pela Lei n. 11.689/2008 que, entre tantas significativas modificações, deu vida ao chamado 'quesito genérico de absolvição' (CPP, art. 483, III), os jurados passaram a ter a liberdade de absolver o acusado pelos mais diversos motivos, jurídicos ou não, inclusive por clemência, dando proeminência à plenitude de defesa, ao sigilo das votações e à soberania dos veredictos do Conselho de Sentença. A indagação genérica a respeito da absolvição, sem estar atrelada a uma tese em específico, prestigia a aplicação prática do princípio do livre convencimento e, ao mesmo tempo, diante da sigilosidade do voto (CR, art. 5º, XXXVIII, " b"), impede o controle da motivação pelas cortes togada. (...) A tentativa de as cortes togadas buscarem encontrar a razão pela qual os jurados optaram pela absolvição do acusado acolhendo o quesito genérico constitui – para Streck – uma aporia, um dilema insolúvel (SILVA, Rodrigo Faucz Pereira e; AVELAR, Daniel Ribeiro Surdi de. Manual do tribunal do júri. São Paulo: Revista dos Tribunais, 2020, p. 542).

Tais argumentos, embora os autores certamente não percebam, servem para qualquer decisão dos jurados, sobre qualquer quesito, pois jamais se poderá conhecer as razões que efetivamente levaram os jurados a responder positiva ou negativamente a cada um deles. Portanto, o júri não é só soberano quando absolve, mas também quando condena, o que não significa liberdade para proferir decisões ilegais ou arbitrárias.

Naturalmente, por não haver motivação, a forma de controle das decisões do conselho de sentença possui contornos diversos daquela que envolve decisões de juízes togados.

No júri, o controle somente poderá se dar pelo resultado, seja condenatório, com ou sem reconhecimento de todas as circunstâncias imputadas na denúncia ou as apresentadas pela defesa no julgamento, seja absolutório, com acolhimento da negativa de autoria, negativa da materialidade ou do quesito genérico.

Se é verdade que não se pode conhecer os motivos que levaram o júri a absolver ou a condenar, pode-se confrontar o resultado da votação com as provas coligidas ao longo da persecução penal, verificando-se, assim, o acerto ou erro dos jurados, determinando-se a realização de novo julgamento, caso constatado o completo divórcio entre o veredicto e os fatos apurados.

Se o jurado decidir condenar ou absolver o acusado em razão da cor de sua pele ou de sua orientação sexual – para usarmos exemplos extremos, mas infelizmente distantes do campo da ficção – jamais será possível saber, pois, em razão das regras aplicáveis aos julgamentos do júri, a motivação ficará presa à mente do julgador e não será externalizada. Fato é, porém, que isso não é verdadeiramente relevante em nosso sistema, pois a única forma de controle das decisões do júri, quanto ao mérito, diz respeito ao seu resultado.

Com efeito, os jurados poderão reconhecer a participação do acusado num homicídio por ele ser reincidente, e não porque as provas indicam seu envolvimento nos fatos. Ou poderão negar o quesito da autoria por pura clemência, nem chegando-se a votar o quesito genérico. Em alguns casos, os jurados poderão absolver o acusado por clemência, não obstante ter a defesa sustentado causa de exclusão da ilicitude; ou poderão negar-lhe a absolvição por compaixão com a família da vítima falecida, não obstante a dúvida concreta sobre a ocorrência ou não da causa de exclusão.

Nunca saberemos. Só saberemos uma coisa: o resultado foi a condenação ou a absolvição e poderemos então afirmar, comparando-o com as provas dos autos, se houve ou não um erro de julgamento.

Poder-se-á argumentar, ante o uso do argumento da clemência pela defesa perante os jurados, que não será possível determinar-se novo julgamento, pois não se tratou, da parte do Conselho de Sentença, de julgamento conforme as provas dos autos, não havendo aspecto epistêmico a ser considerado, mas axiológico; consequentemente, poder-se-ia discordar da decisão dos jurados, mas jamais dizer que foi manifestamente contrária à prova dos autos.

Tal sedutora linha de raciocínio, possui uma falha lógica, já que se mantém presa à ideia de que será possível determinar a correlação entre o que sustentou a defesa e a razão da decisão dos jurados. No entanto, a despeito do que sustente a defesa, os jurados podem decidir absolver o acusado por motivo outro que não o alegado pelo defensor.

Ademais, não se pode admitir uma forma de julgamento isenta de qualquer controle, é dizer, não se pode inscrever em nosso ordenamento forma do exercício do poder de julgar isenta de mecanismos de controle e revisão. O Estado não pode abrir mão de verificar se as decisões proferidas por um de seus poderes estão erradas, se representam uma injustiça, tampouco lhe cabe evitar mecanismos de correção do erro.

O exercício de um poder sem controle é forma de arbítrio.

O jurado pode julgar pelos motivos que entender corretos, o que inclui a possibilidade de, levado pela emoção, aplicar a clemência; mas pode também julgar com base em puro preconceito, por mais abjeto e repugnante que se mostre. O jurado tem essa faculdade, o que não significa um dever da sociedade e do Estado de suportá-la.

Assim, não há incompatibilidade alguma entre a falta de motivação das decisões dos jurados e a possibilidade de controle de suas decisões, já que, nesse caso, é o resultado do julgamento o que realmente importa.

Tendo a nossa civilização, no estágio atual, escolhido o processo como meio para a demonstração da hipótese acusatória, o que se faz pela produção de provas epistemologicamente válidas e legalmente permitidas, não pode o Estado renunciar à exigência de que qualquer decisão de seus órgãos judiciais observe a correspondência, mínima que seja, entre o julgamento e os fatos apurados no processo.

Por fim, a afirmação de que em razão da ausência de motivação e/ou do princípio constitucional da soberania dos veredictos essa decisão torna-se irrecorrível acarreta afronta ao direito à vida, assegurado pelo artigo 5º da Constituição Federal, representando verdadeira proteção deficiente.

Nos últimos anos, o Brasil tem chamado a atenção do mundo não só pela devastação ambiental, pelos altos índices de corrupção, pela desigualdade na distribuição da riqueza, pela falta de transparência de seus órgãos públicos, pela violência contra profissionais de imprensa, pelo péssimo estado de suas instalações carcerárias, mas também pelas dezenas de milhares de pessoas que são, todos os anos, assassinadas. Sabemos, ainda, que o índice de solução desses casos é muito baixo, não passando, na melhor das hipóteses, de quarenta por cento.

Ou seja, os números de homicídios, por si, revelam que a vida é direito pouco valorizado em terras brasileiras e se não bastasse, não tem o Estado empregado esforços suficientes para ver punidos seus perpetradores.

O Brasil também tornou-se famoso mundialmente pela ocorrência de chacinas, múltiplas mortes ocorridas em grandes centros urbanos, não raro de responsabilidade de agentes do Estado fora de controle. E para completar, nosso país é território hostil e perigoso para pessoas que fazem da defesa dos direitos humanos sua razão de existir. Com efeito, não é necessário ter boa memória para lembrar dos massacres da Candelária, de Vigário Geral, do Carandiru e de Eldorado dos Carajás, bem como dos assassinatos de Marielle Franco, Chico Mendes e Dorothy Stang.

Neste último caso, por sinal, um dos mandantes do crime, um fazendeiro, foi absolvido e foi graças ao recurso da acusação que se determinou a realização de novo julgamento. Fosse hoje, num país ideologicamente dividido, em que a opinião pública é fortemente influenciada por algoritmos desenhados em redes sociais, haveria, inegavelmente, o risco de absolvição por motivos outros que não a prova dos autos. E pensar que não seria possível um recurso nesse caso levar-nos-ia a um mundo de pesadelo.

Os direitos e garantias fundamentais previstos na Constituição Federal, assim como aqueles assegurados pelas convenções de direitos humanos das quais o Brasil é signatário, não permitem que a prática de homicídio reste impune por questões ligadas ao sentimento do julgador, de suas ideologias, simpatias políticas, credo religioso, orientação sexual, senão pela análise das provas coligidas ao longo do processo.

Se o Estado não pode obrigar o jurado a decidir de modo racional, com base no apurado durante a persecução, tem, por outro lado, o dever de assegurar que o resultado dos julgamentos pelo tribunal do júri corresponda ao resultado probatório. Ao menos, segundo a lei, uma única vez. A impunidade admitida é somente aquela resultante da ausência de provas para a condenação. O Estado não pode permitir que considerações de outra ordem – "clemência", por exemplo – sirvam de fundamento para livrar das sanções legais aquele que viola um dos direitos mais fundamentais.

Em outras palavras, não pode o próprio Estado aceitar que fator não previsto em lei seja fundamento para que se deixe de aplicá-la.

Vale lembrar que havendo um homicídio, fato típico e ilícito, e sendo o acusado culpável, deverá ser sancionado nos termos previstos em nosso ordenamento, não havendo forma de se afastar a aplicação da pena, salvo na incidência de hipótese expressamente enumerada. Fora disso, qualquer decisão que afaste a responsabilidade penal será arbitrária, contrária ao ordenamento jurídico e, assim, violadora da própria proteção trazida pela Constituição Federal aos bens jurídicos mais relevantes, bem como ao Estado Democrático de Direito e à própria repartição de poderes, eis que se estaria chancelando atitude de ignorância às leis votadas e promulgadas pelo Parlamento.

O Supremo Tribunal Federal já se debruçou recentemente sobre hipótese de tese defensiva atentatória à dignidade da pessoa humana, decidindo, então, pela inconstitucionalidade de sua sustentação perante o Tribunal do Júri. Ora, a "tese" da "clemência" também pode servir como recurso argumentativo/retórico odioso, desumano e cruel, para imputar às vítimas a causa de suas próprias mortes. Basta que se pense no mote "bandido bom é bandido morto", ainda hoje usado por advogados de maus policiais, adeptos da violência estatal descontrolada, das execuções sumárias extrajudiciais, para convencer o júri a absolver, pelo quesito genérico, membros de verdadeiros grupos de extermínio. Por que se permitir o emprego de tal argumento perante o Júri? E por que não se permitir a insurgência do Ministério Público quando tenha havido a possibilidade de seu reconhecimento pelo Conselho de Sentença?

Há, portanto, uma obrigação do Estado de agir para evitar que desse modo se concretize a impunidade das violações ao direito à vida.

A omissão estatal - in casu, a negação da possibilidade de revisão de suas próprias decisões - pode representar verdadeiro incentivo a tais violações. Pense-se na realidade de algumas comunidades, tomadas por milícias ou organizações criminosas: tais criminosos, sabedores de que a absolvição pelo quesito genérico será irrecorrível, farão de tudo para intimidar os jurados a fim de obter tal resultado, e nada, absolutamente nada, poderá ser feito para reverter esse estado de injustiça, caso negada a possibilidade de recurso ministerial.

A vedação ao recurso contra decisão imotivada fere a Convenção Americana de Direitos Humanos. Recentemente, em Roche Azaña y Otros vs. Nicarágua, a Corte Interamericana de Direitos Humanos (CIDH) enfrentou caso trazido pela Comissão Interamericana em que ocorreu a absolvição de policiais acusados de matar um cidadão equatoriano durante fiscalização da polícia. No caso, o julgamento se deu num tribunal popular, em que, tal como no Brasil, o veredicto é imotivado.

A Corte reconheceu em sua sentença que a falta de acesso e participação da vítima e seus familiares no processo configura violação ao devido processo, consubstanciado pelas regras dos artigos 8.1 e 25 da Convenção Interamericana de Direitos Humanos, o que inclui o direito de ser ouvido e de recorrer ao Poder Judiciário para garantia de seus direitos (https://www.corteidh.or.cr/docs/casos/articulos/seriec_403_esp.pdf).

No Brasil, ainda que não tenha se habilitado nos autos como assistente de acusação, tem a vítima ou seus familiares a possibilidade de recorrer das decisões proferidas pelo Poder Judiciário, caso o não faça o Ministério Público, conforme prevê o artigo 598, caput, do Código de Processo Penal, verbis:

> Art. 598. Nos crimes de competência do Tribunal do Júri, ou do juiz singular, se da sentença não for interposta apelação pelo Ministério Público no prazo legal, o ofendido ou qualquer das pessoas enumeradas no art. 31, ainda que não se tenha habilitado como assistente, poderá interpor apelação, que não terá, porém, efeito suspensivo.

Trata-se de forma de participação da vítima no processo, que fica indevidamente obstaculizada caso se entenda não haver possibilidade de recurso quando do reconhecimento do requisito genérico da absolvição pelo júri.

Essa vedação efetiva da participação da vítima ou de seus familiares no processo penal representa violação ao Pacto de San José da Costa Rica, havendo, pois, vício de convencionalidade, notadamente aos artigos 8.1 e 25, a saber:

ARTIGO 8

Garantias Judiciais

1. Toda pessoa tem direito a ser ouvida, com as devidas garantias e dentro de um prazo razoável, por um juiz ou tribunal competente, independente e imparcial, estabelecido anteriormente por lei, na apuração de qualquer acusação penal formulada contra ela, ou para que se determinem seus direitos ou obrigações de natureza civil, trabalhista, fiscal ou de qualquer outra natureza.

ARTIGO 25

Proteção Judicial

1. Toda pessoa tem direito a um recurso simples e rápido ou a qualquer outro recurso efetivo, perante os juízes ou tribunais competentes, que a proteja contra atos que violem seus direitos fundamentais reconhecidos pela constituição, pela lei ou pela presente Convenção, mesmo quando tal violação seja cometida por pessoas que estejam atuando no exercício de suas funções oficiais.

2. Os Estados-Partes comprometem-se:

a) a assegurar que a autoridade competente prevista pelo sistema legal do Estado decida sobre os direitos de toda pessoa que interpuser tal recurso;

b) a desenvolver as possibilidades de recurso judicial; e

c) a assegurar o cumprimento, pelas autoridades competentes, de toda decisão em que se tenha considerado procedente o recurso.

Por sinal, a lei nicaraguense prevê que a decisão absolutória do júri é irrecorrível, o que foi analisado, não pela Corte, mas pela Comissão Interamericana de Direitos Humanos quando se debruçou sobre o mesmo caso. As conclusões da Comissão foram inequívocas: a impossibilidade de recurso das decisões do júri afronta a proteção aos direitos estabelecidos pela Convenção, na medida em que o procedimento não oferece garantias suficientes para o escrutínio dos veredictos e para assegurar que não foram arbitrários ou violadores de direitos e garantias judiciais e à proteção judicial das vítimas.

Portanto, a adoção da tese de irrecorribilidade das decisões absolutórias pelo quesito genérico fere a Convenção Interamericana de Direitos Humanos, fonte importante para o desenvolvimento de um processo penal democrático e verdadeiramente garantista.

§ 6º Havendo mais de um crime ou mais de um acusado, os quesitos serão formulados em séries distintas. (Incluído pela Lei nº 11.689, de 2008)

Quesitos em séries – Seguindo a fórmula já existente antes da Lei nº 11.689/08, o § 6º do art. 483 dispõe que serão formuladas séries distintas de quesitos se houver mais de um crime ou mais de um acusado. Observada essa regra, se um réu estiver sendo julgado por homicídio e estupro, por exemplo, haverá uma série de quesitos relativos a materialidade, autoria, absolvição, causas de diminuição, qualificadoras e causas de aumento para o crime doloso contra a vida, e outra série destacada para o crime contra a dignidade sexual.

Assim é porque o contrário acarretaria evidente prejuízo. Fossem votados os dois crimes na mesma série, os jurados seriam obrigados a condenar ou a absolver em conjunto, panorama inadmissível. Separadamente, individualiza-se a apreciação dos elementos probatórios pelo Conselho de Sentença, que poderá livremente votar pela condenação em um delito e pela absolvição em outro. Além disso, todas as circunstâncias das infrações de que é acusado o agente são analisadas em detalhes, o que possibilita aos jurados a decisão específica acerca de circunstâncias que possam aumentar ou diminuir a pena de cada crime.

Com maior razão, os quesitos também devem ser formulados em séries distintas se houver mais de um acusado. Houvesse a apreciação conjunta da imputação contra dois ou mais agentes, seria impossível individualizar as condutas criminosas de acordo com a efetiva responsabilidade de cada um, outra possibilidade que se afasta peremptoriamente.

ATENÇÃO - Lembramos, por fim, que na quesitação não mais figuram as circunstâncias agravantes e atenuantes, que passam à atribuição do juiz presidente, desde que tenham sido debatidas em plenário, a teor do art. 492, I, "b" do código.

JURISPRUDÊNCIA

Quando é desnecessária a elaboração de mais de uma série de quesitos

"Na forma descrita na denúncia, a prática do homicídio teria ocorrido pelo auxílio do recorrido a terceiro que disparou a arma de fogo e por disparos por ele próprio efetuados, tudo no mesmo contexto fático. A elaboração de um só quesito para questionar a prática de ambas as ações pelo recorrido não se mostrou confusa ou apta a gerar dúvida na interpretação dos jurados, mas refletiu a própria narração dos fatos efetivada pelo órgão acusatório. Desnecessidade, diante das circunstâncias concretas, de que houvesse a elaboração de quesitos distintos para cada uma das ações, não procedendo a alegação de nulidade, por erro de quesitação, do julgamento que não reconheceu a autoria delitiva" (STJ – REsp. n. 1313525-RS, Rel. Sebastião Reis Júnior, j. 13.10.2015, DJe 05.11.2015).

Circunstância atenuante. Atribuição do juiz-presidente

"Com o advento da Lei n. 11.689/2008, é competência do juiz-presidente e não do Conselho de Sentença considerar as circunstâncias atenuantes que foram objeto dos debates, não havendo que se falar em ausência de quesito obrigatório relativo à atenuante da confissão alegada nas razões do recurso especial" (STJ – EDcl no AgRg no AREsp nº 245469-RS – Rela. Marilza Maynard, j. 25.06.2013, DJe 1.08.2013).

Art. 484. A seguir, o presidente lerá os quesitos e indagará das partes se têm requerimento ou reclamação a fazer, devendo qualquer deles, bem como a decisão, constar da ata. (Redação dada pela Lei nº 11.689, de 2008)

Parágrafo único. Ainda em plenário, o juiz presidente explicará aos jurados o significado de cada quesito. (Redação dada pela Lei nº 11.689, de 2008)

Leitura dos quesitos – Determina o artigo em estudo que, estando os jurados habilitados ao julgamento, cumpre ao juiz proceder à leitura dos quesitos em plenário, embora a prática de tal ato na sala secreta tenha sido considerada mera irregularidade (RT 603/400, 518/348). A formulação dos quesitos deve ser a mais clara possível, permitindo uma resposta positiva ou negativa, evitando-se a utilização de termos técnicos, capazes de causar confusão no raciocínio do jurado ou a redação ambígua que traga perplexidade ao leigo (RT 619/376, 766/580, 777/675). Na explicação dos quesitos, como de resto em todo o julgamento, deve o juiz ter a cautela de não deixar transparecer sua opinião sobre o fato, evitando, assim, influenciar no ânimo dos jurados. Dessa forma, não pode sugerir aos jurados qual a tese que merece maior credibilidade (RT 661/271). Permite-se, no entanto, explicação a respeito da pena a ser imposta ao réu caso acolhida determinada qualificadora (RT 767/672).

Lidos os quesitos, o juiz indagará das partes se têm algum requerimento ou reclamação, nos termos da parte final do art. 484. Esse é o momento processual oportuno para que se formule alguma reclamação referente ao questionário, sendo que eventual silêncio inibirá posterior arguição de nulidade (JSTF 252/272; RT 770/520, 749/631). Em seguida, os jurados são encaminhados para a sala especial a que se refere o art. 485, conhecida como sala secreta, na qual estarão presentes também os acusadores e defensores, que não poderão, entretanto, intervir nas votações (RT 578/331, 536/292), sob de pena de ser-lhes determinada a retirada do recinto (art. 483).

JURISPRUDÊNCIA

Explicação do quesito na sala secreta. Nulidade relativa

"Não há falar em ofensa ao artigo 479, atual artigo 484 do Código de Processo Penal, em virtude de o juiz presidente ter procedido à explicação de quesito na sala secreta, ante a ausência de prejuízo. A simples explicação acerca do quantum de pena a ser aplicado, acaso se configure o homicídio simples ou o homicídio qualificado, não tem, por si só, o condão de influenciar no ânimo dos jurados, os quais, não obstante serem juízes leigos, podem ser conscientizados acerca da repercussão da votação dos quesitos" (STJ – AgRg no REsp nº 715022-DF, Rel. Maria Thereza de Assis Moura, j. 23.02.2010, DJe 15.03.2010).

Art. 485. Não havendo dúvida a ser esclarecida, o juiz presidente, os jurados, o Ministério Público, o assistente, o querelante, o defensor do acusado, o escrivão e o oficial de justiça dirigir-se-ão à sala especial a fim de ser procedida a votação. (Redação dada pela Lei nº 11.689, de 2008)

§ 1º Na falta de sala especial, o juiz presidente determinará que o público se retire, permanecendo somente as pessoas mencionadas no caput deste artigo. (Incluído pela Lei nº 11.689, de 2008)

§ 2º O juiz presidente advertirá as partes de que não será permitida qualquer intervenção que possa perturbar a livre manifestação do Conselho e fará retirar da sala quem se portar inconvenientemente. (Incluído pela Lei nº 11.689, de 2008).

Encaminhamento à sala especial – Lidos e explicados os quesitos, os jurados devem ser encaminhados para a sala especial a que se refere o art. 485, conhecida como sala secreta, na qual estarão presentes também a acusação e a defesa, além do escrivão e do oficial de justiça. O Ministério Público e o defensor, embora devam estar presentes para, juntamente com os demais, assegurar a lisura da votação, não poderão efetuar nenhuma intervenção, sob de pena de lhes ser determinada a retirada daquele recinto. Note-se, no entanto, que a proibição do ingresso do promotor de justiça e do advogado na sala secreta enseja a nulidade do julgamento (RT 568/284).

A lei anterior determinava que os acusadores e os defensores permanecessem em seus lugares, o que, embora não esteja mais expresso, nos parece ainda adequado, pois a livre circulação de interessados no deslinde da votação pode constranger os jurados, especialmente se tais indivíduos se posicionarem proximamente. A fim de que se evite, portanto, desnecessário tumulto, é prudente que o juiz estabeleça o local onde devem permanecer aqueles que, sem tomar parte na votação, devem acompanhá-la.

Há quem sustente que o fato de a votação ocorrer em sala especial, apartada do público, contraria a regra constitucional da publicidade dos julgamentos (art. 93, inciso IX, da Constituição Federal). A controvérsia, no entanto, não é relevante, pois superada tanto pela doutrina quanto pela jurisprudência, que, ponderando os interesses em pauta, consideram que o sigilo das votações e a imparcialidade dos jurados justificam que o procedimento ocorra reservadamente.

De fato, o art. 93, inciso IX, da Constituição Federal estabelece a publicidade dos julgamentos, ao passo que o art. 5º, inciso XXXVIII da Carta, ao assegurar a instituição do júri, garante o sigilo das votações. Embora pareça haver colisão, é certo que as normas constitucionais não podem ingressar em círculo conflitante, cabendo ao operador compatibilizar os sentidos possíveis de normas aparentemente colidentes.

Neste caso, a publicidade dos julgamentos é garantida na medida em que seja assegurado, durante os trabalhos em plenário, o ingresso de qualquer pessoa que deseje acompanhar o julgamento. O fato de os jurados se recolherem em sala secreta apenas e tão somente para proceder à votação não contraria a regra constitucional, mas, ao revés, garante que a manifestação dos jurados ocorra em ambiente isento, adequado à expressão da livre convicção na interpretação das provas, sem o possível constrangimento a que estariam submetidos se fossem obrigados a votar aos olhos de todos os presentes no plenário. Imaginemos a situação em que dois indivíduos sejam julgados pelo cometimento de um homicídio e de um estupro, com o plenário repleto de populares e familiares da vítima. Durante a votação da primeira série de quesitos, os jurados absolvem o acusado. Fosse a votação, não obstante secreta, em recinto aberto, é evidente que os jurados seriam imediatamente submetidos a toda sorte de manifestações contrárias ao veredicto, situação que com razoável probabilidade poderia conduzi-los ao decreto condenatório do segundo acusado, mesmo que, inicialmente, houvessem se inclinado no sentido da absolvição. Ainda na hipótese em que, diante das manifestações exacerbadas, o juiz determinasse o esvaziamento do plenário, o constrangimento já estaria consumado. Há de se ter em consideração que os jurados são juízes leigos, sem preparo para suportar determinadas pressões que ao juiz togado passariam por irrelevantes. A regra de que a votação seja efetuada em sala secreta tem, portanto, o propósito de evitar constrangimentos dessa natureza e de garantir que o resultado, este sim proferido publicamente, não seja influenciado por manifestações de terceiros.

JURISPRUDÊNCIA

Intervenção indevida

"Qualquer intervenção, da defesa ou da acusação, com propósito de influenciar os jurados por ocasião da votação dos quesitos na sala secreta pode acarretar a nulidade do julgamento, exigindo-se apenas que a parte prejudicada faça constar em ata o seu protesto. Constatada a intervenção indevida do defensor, consubstanciada na reafirmação das suas teses perante os jurados reunidos na sala secreta, tem-se configurado o prejuízo causado à acusação, violando-se o disposto no artigo 481 do Código de Processo Penal" (STF – RHC nº 81061-RO, Rel. Maurício Corrêa, j. 18.09.2001, DJ 12.04.2002, p. 53).

Art. 486. Antes de proceder-se à votação de cada quesito, o juiz presidente mandará distribuir aos jurados pequenas cédulas, feitas de papel opaco e facilmente dobráveis, contendo 7 (sete) delas a palavra *sim*, 7 (sete) a palavra *não*. (Redação dada pela Lei nº 11.689, de 2008).

Votação – Para que os jurados se manifestem em votação a respeito das teses elaboradas pela acusação e pela defesa, é necessário que lhes sejam distribuídas cédulas apropriadas. Como os quesitos são elaborados na forma interrogativa, são confeccionadas, em papel opaco e facilmente dobrável, sete cédulas com a palavra "sim" e outras sete com a palavra "não". Adotou o código o uso de cédulas "feitas de papel opaco e facilmente dobráveis", abolindo, assim, antiga fórmula segundo a qual a votação se dava através de bolas brancas e pretas, que invariavelmente acarretavam confusão, pois não se definia qual servia para condenar e qual para absolver.

O texto anterior do art. 486 determinava que o juiz, no instante em que fosse proceder à votação relativamente a determinado quesito, lesse aos jurados o quesito que seria objeto da resposta. Não há, atualmente, referência a esta providência na lei processual, mas se recomenda a sua manutenção a fim de que se assegure a correta compreensão dos jurados em relação a cada uma das várias tarefas que se seguirão.

ATENÇÃO – Embora não haja disposição legal expressa, é interessante que o juiz recomende aos jurados a adoção de cautela no manejo das cédulas, especialmente no momento em que as depositarão na urna, a fim de que seja assegurado o sigilo da votação.

Art. 487. Para assegurar o sigilo do voto, o oficial de justiça recolherá em urnas separadas as cédulas correspondentes aos votos e as não utilizadas. (Redação dada pela Lei nº 11.689, de 2008)

Art. 488. Após a resposta, verificados os votos e as cédulas não utilizadas, o presidente determinará que o escrivão registre no termo a votação de cada quesito, bem como o resultado do julgamento. (Redação dada pela Lei nº 11.689, de 2008)

Parágrafo único. Do termo também constará a conferência das cédulas não utilizadas. (Incluído pela Lei nº 11.689, de 2008)

Recolhimento dos votos – Elaborados os quesitos, o juiz, em cumprimento ao disposto no art. 486, distribui aos jurados as cédulas, "contendo sete delas a palavra *sim* e sete a palavra *não*". A necessidade de manutenção do sigilo das votações e a impossibilidade das partes se manifestarem nesse momento, já foram anteriormente analisadas.

Ainda nos termos do primitivo art. 486, eram dois os oficiais de justiça que atuavam na colheita das cédulas: um primeiro a quem cabe recolher os votos proferidos pelos jurados, que eram depositados em um receptáculo próprio, denominado "urna de votação" ou "urna de carga". Esses são os votos válidos, que definiram o destino do réu. E um outro meirinho que recolhia os votos descartados. A redação atual do art. 487, em sua parte final, faz alusão a somente um oficial de justiça, a quem cumpriria, assim, recolher todos os votos, tanto os válidos como os descartados ("urna de descarga"). Tendo em vista que a inovação tem menos alcance prático, importando em demora na condução dos trabalhos, nada impede que se mantenha a antiga praxe, funcionando dois oficiais de justiça no momento da colheita dos votos. Por cautela, podem ser ouvidas as partes a respeito, sendo difícil imaginar alguma oposição que venha a ser apresentada quanto à forma de condução dos trabalhos.

Abertos pelo juiz, serão anunciados em voz alta e ditados ao escrivão, a quem cabe lavrar o termo de votação ("termo especial", a que se refere o art. 488). Ato contínuo, um outro oficial de justiça (ou o mesmo, segundo a redação atual), passará recolhendo os votos que sobraram, depositando-os em urna diversa da primeira, que também deverá ser aberta pelo juiz, permitindo, assim, a fiscalização quanto à correta distribuição das cédulas. De tudo será lavrado um termo, referente a cada quesito específico.

JURISPRUDÊNCIA

Falta de assinaturas. Nulidade relativa

Nulidade. Omissão de formalidade. Falta de assinaturas nos termos do julgamento. Ausência de arguição – "A omissão de formalidade (art. 564, IV, do CPP), tal como deve ser concebida a falta de assinatura dos jurados e do juiz em atos do julgamento, deve ser considerada sanada se não arguida no tempo oportuno (art. 572, I, do CPP).O tribunal não pode acolher a nulidade e, em consequência, anular o julgamento que absolveu o réu se o recurso da acusação a ela não se referiu, no tempo oportuno" (STJ – REsp n° 9775-RS – Rel. William Patterson – RSTJ 26/507).

Desnecessidade de fundamentação

"A Constituição Federal, em seu artigo 5º, inciso XXXVIII, Alíneas 'b' e 'c', conferiu ao Tribunal do Júri a soberania dos seus veredictos e o sigilo das votações, tratando-se de exceção à regra contida no inciso IX do artigo 93, razão pela qual não se exige motivação ou fundamentação das decisões do Conselho de Sentença, fazendo prevalecer, portanto, como sistema de avaliação das provas produzidas, a íntima convicção dos jurados" (STJ – RHC n° 257629-ES, Rel. Jorge Mussi, j. 04.06.2013, DJe 12.06.2013).

Art. 489. As decisões do Tribunal do Júri serão tomadas por maioria de votos. (Redação dada pela Lei nº 11.689, de 2008)

Maioria – Trata-se de disposição desnecessária, na medida em que, sendo impar o número de jurados, o empate jamais se verificará. Ao tempo em que o número de jurados era de 12, eventual empate era decidido pelo juiz presidente, a quem cabia proferir o voto de Minerva.

Considerando serem sete os jurados encarregados de proceder à votação, obtidos quatro votos em determinado sentido, encerra-se o procedimento. Além disso, pela própria estrutura exposta no art. 483, que determina o encerramento da votação se obtidos mais de três votos em favor da condenação ou da absolvição, sabe-se que em nenhuma hipótese haverá decisão unânime.

ATENÇÃO – Embora o art. 483 trate expressamente sobre o encerramento da votação apenas quanto à materialidade e à autoria delitivas (§ § 1º e 2º), entende-se que o mesmo procedimento se aplica à votação de todos os quesitos, sempre como forma de garantir o sigilo.

Art. 490. Se a resposta a qualquer dos quesitos estiver em contradição com outra ou outras já dadas, o presidente, explicando aos jurados em que consiste a contradição, submeterá novamente à votação os quesitos a que se referirem tais respostas. (Redação dada pela Lei nº 11.689, de 2008)

Parágrafo único. Se, pela resposta dada a um dos quesitos, o presidente verificar que ficam prejudicados os seguintes, assim o declarará, dando por finda a votação. (Incluído pela Lei nº 11.689, de 2008)

Contradição nas respostas – Segundo este dispositivo, verificada alguma contradição na resposta aos quesitos, cabe ao juiz explicar aos jurados no que consistiu tal incongruência, renovando a votação daquele quesito específico. Assim, por exemplo, se os jurados reconhecem que o réu agiu de forma imoderada na legítima defesa, deverão, em consequência, admitir também a existência do excesso doloso ou culposo. E se acaso, apesar da explicação, os jurados insistirem no erro na segunda votação do quesito? A doutrina pouco trata dessa hipótese. Ensina Câmara Leal que "se esta nova resposta for ainda contraditória, o presidente, explicando melhor a contradição existente, e o modo pelo qual a resposta deve ser dada para evitar a incongruência apontada, procederá a uma terceira votação, de modo a desaparecer a contradição" (ob. cit., p. 238). Caso o juiz não adote essa medida, resta à parte prejudicada apelar ao Tribunal de Justiça, a quem cumpre, por tratar-se de nulidade absoluta, *ex vi* do disposto no art. 564, parágrafo único (RT 716/429), reconhecer o vício e determinar a realização de novo julgamento.

Não se reconheceu, na jurisprudência, qualquer contradição quando os jurados, sendo diversas as vítimas, entenderam que o réu cometeu o delito contra uma delas, absolvendo-o, assim, em relação às demais (RT 513/371, 590/365). Tampouco na hipótese em que, sendo diversos os autores, apenas um foi condenado (RT 516/391). Ou quando os jurados, condenando o réu por homicídio, o absolvem pelo crime conexo de lesão corporal (RT 445/362). Ou, ainda, quando reconheceram a atenuante da violenta emoção após o excesso culposo (RT 434/334). Foi, ainda, considerado válido o julgamento no qual os jurados, após admitirem o homicídio privilegiado, reconheceram a qualificadora da surpresa (RT 525/350), da traição (RT 414/341), da crueldade (RT 430/339). Perfeito é também o julgamento no qual se rejeita o homicídio privilegiado, mas se reconhece a atenuante genérica do art. 65, III, *a*, do CP, consistente em ter o agente cometido o crime por relevante valor moral ou social (RT 556/316).

De outra parte foi declarada a contradição nas seguintes hipóteses em que se admitiu: legítima defesa cometida por motivo torpe (RT 504/338, 531/321); homicídio privilegiado qualificado pelo motivo fútil (RT 585/420, 545/431); homicídio privilegiado qualificado pela surpresa (RT 593/338); homicídio privilegiado qualificado pelo meio cruel (RT 593/338); tentativa de homicídio em um crime culposo (RT 451/374); atenuante da violenta emoção em crime culposo (RT 436/335).

Destacamos que o juiz deve observar, antes que ocorra a contradição, se o quesito seguinte por si contraria o resultado dos anteriores e, se o caso, deve julgar prejudicada a votação. Nos exemplos citados no parágrafo anterior, em que as contradições foram reconhecidas em recursos, as nulidades seriam evitadas se aqueles que tomaram parte nos julgamentos houvessem empregado a diligência necessária para evitar a óbvia incompatibilidade entre a votação de uma excludente da ilicitude e de uma qualificadora relativamente ao mesmo fato; ou entre a votação do privilégio e de uma qualificadora subjetiva no homicídio; ou, com maior razão, entre a votação da tentativa e da culpa.

Como indica o parágrafo único do art. 490, pode ocorrer, ainda, que a votação de um determinado quesito torne prejudicados os quesitos seguintes, quando caberá ao juiz, então, dar por encerrada a votação. Assim, por exemplo, se os jurados reconhecem a negativa de autoria, não há qualquer razão que justifique a apreciação de teses subsidiárias (RT 662/273). Ou, para aqueles que rejeitam a possibilidade da existência do chamado homicídio qualificado-privilegiado, quando os jurados admitem o privilégio, não há que se perquirir a respeito das qualificadoras (RT 478/300). Ou quando operada a desclassificação própria (RT 776/678), que será objeto de análise em seguida. É nulo, ainda, o julgamento no qual os jurados reconhecem a legítima defesa e, logo em seguida, são indagados a respeito das qualificadoras (RT 531/321, 504/338). Cumpria ao juiz - repita-se - ter encerrado a votação, assim que reconhecida a causa excludente da ilicitude.

JURISPRUDÊNCIA

Alcance do dispositivo

"O fato de a decisão dos jurados se distanciar das provas coletadas durante a instrução criminal não justifica a renovação da votação ou caracteriza contrariedade entre as respostas. Eventual discordância da acusação deve ser ventilada por meio do recurso próprio, nos termos do art. 593, inciso III, alínea d, do Código de Processo Penal. Os jurados são livres para absolver o acusado, ainda que reconhecida a autoria e a materialidade do crime, e tenha o defensor sustentado tese única de negativa de autoria. Não cabe ao Juiz Presidente, a pretexto de evitar a contradição entre os quesitos, pela influência direta que exerceria na formação da convicção dos jurados, fazer considerações sobre a suficiência das provas, pois a matéria se insere na competência do órgão revisional, em recurso de apelação" (STJ – HC n° 200440-SP, Rel. Marco Aurélio Bellizze, RSTJ 226/734).

Absolvição do réu tendo os jurados admitido autoria e materialidade. Validade, ainda que a única tese defensiva seja a negativa de autoria

"Em observância à regra do artigo 483 do Código de Processo Penal, não há problemas em os jurados absolverem o acusado mesmo tendo respondido afirmativamente aos quesitos anteriores, sobre materialidade e autoria, ainda que a negativa desta tenha sido a única tese sustentada pela defesa. Isso porque, após a reforma da Lei 11.689/2008, o quesito genérico do § 2º, do art. 483, do Código de Processo Penal só pode ser formulado se os jurados responderem afirmativamente aos quesitos anteriores, que tratam da materialidade e autoria delitivas. Caso contrário, nem se chegaria ao quesito genérico da absolvição, por uma questão lógica sequer se confirmaria a existência do crime e a participação do acusado. E, neste entendimento, não é de se supor razoável que os jurados não tenham liberdade de responder tanto sim quanto não ao quesito sobre a absolvição, por qualquer razão que entenderem pertinente, ainda que extrajurídica. A soberania do veredicto deve ser preservada, não ocorrendo a alegada nulidade ou contradição, a não ser que se observasse uma grande injustiça no caso concreto, o que não ocorreu" (TJSP – Apelação n° nº 990.10.250952-4, Rel. Otávio de Almeida Toledo, j. 16.04.2013).

Art. 491. Encerrada a votação, será o termo a que se refere o art. 488 deste Código assinado pelo presidente, pelos jurados e pelas partes. (Redação dada pela Lei nº 11.689, de 2008)

Termo – Colhidas as respostas dos jurados é elaborado um termo, segundo o art. 488 do código, que deverá conter a votação de cada um dos quesitos propostos aos leigos. Esse termo, conforme o artigo em análise, deverá ser assinado pelo juiz-presidente e pelas partes. A redação original do art. 491 determinava a assinatura apenas dos jurados e do juiz-presidente. Com a inclusão das partes, trazida pela reforma de 2008, conferiu-se maior publicidade ao ato e expandiu-se a possibilidade de sua fiscalização. Tendo atuado assistente de acusação, temos como de bom alvitre que se colha também sua assinatura. Já a assinatura do réu parece desnecessária, pois se trata de ato que teve o acompanhamento de seu advogado, sob e presidência do juiz togado e fiscalização do membro do Ministério Público, a conferir credibilidade em sua realização.

Saliente-se, porém, que a ausência de alguma das assinaturas configura mera irregularidade ou, quando muito, uma nulidade relativa, a reclamar, portanto, de sua arguição no momento oportuno e da demonstração de prejuízo decorrente da omissão. Confira-se, nesse sentido, a jurisprudência colacionada aos comentários ao art. 488 acima.

SEÇÃO XIV
DA SENTENÇA

Sentença no júri - A sentença oriunda do Júri, prevista no art. 492 do CPP, se diz subjetivamente complexa ou de formação complexa, isto porque envolve dois órgãos jurisdicionais diversos. Um, o Conselho de Sentença que aprecia o fato e suas circunstâncias, e outro, o juiz togado, a quem cabe aplicar a pena.

Tratando-se de sentença absolutória própria, cabe ao juiz determinar a imediata soltura do réu, a menos que se encontre preso pela prática de outro delito.

Tratando-se de sentença absolutória imprópria, assim entendida aquela que conclui pela incapacidade do agente em entender o caráter ilícito do fato que cometeu, cumpre ao juiz aplicar a medida de segurança cabível à espécie, dentre aquelas previstas no art. 96 do Código Penal (sem ignorar os princípios orientadores estampados na Res. 487 do CNJ, em especial, políticas antimanicomiais).

Sendo pela condenação a conclusão dos jurados, a sentença do juiz deverá atentar ao disposto no artigo em análise. Ele se diferencia, em caso de condenação, da sentença tratada no art. 387 do CPP. Primeiro, por dispensar a elaboração do relatório e, segundo, por não exigir fundamentação. Óbvio que a dispensa de fundamentação se restringe ao mérito da decisão que, tomada pelo Conselho de Sentença, tem como característica o sigilo. Quanto à dosimetria da pena, cumpre ao juiz motivar as razões que o levaram a dosá-la, em atenção ao sistema trifásico adotado pelo art. 68 do Código Penal.

Art. 492. Em seguida, o presidente proferirá sentença que:

I - no caso de condenação:

a) fixará a pena-base;

b) considerará as circunstâncias agravantes ou atenuantes alegadas nos debates;

c) imporá os aumentos ou diminuições da pena, em atenção às causas admitidas pelo júri;

d) observará as demais disposições do art. 387 deste Código;

e) mandará o acusado recolher-se ou recomendá-lo-á à prisão em que se encontra, se presentes os requisitos da prisão preventiva, ou, no caso de condenação a uma pena igual ou superior a 15 anos de reclusão, determinará a execução provisória das penas, com expedição de mandado de prisão, se for o caso, sem prejuízo do conhecimento de recursos que vierem a ser interpostos.

f) estabelecerá os efeitos genéricos e específicos da condenação;

II - no caso de absolvição:

a) mandará colocar em liberdade o acusado se por outro motivo não estiver preso;

b) revogará as medidas restritivas provisoriamente decretadas;

c) imporá, se for o caso, a medida de segurança cabível.

§ 1º Se houver desclassificação da infração para outra, de competência do juiz singular, ao presidente do Tribunal do Júri caberá proferir sentença em seguida, aplicando-se, quando o delito resultante da nova tipificação for considerado pela lei como infração penal de menor potencial ofensivo, o disposto nos arts. 69 e seguintes da Lei no 9.099, de 26 de setembro de 1995.

§ 2º Em caso de desclassificação, o crime conexo que não seja doloso contra a vida será julgado pelo juiz presidente do Tribunal do Júri, aplicando-se, no que couber, o disposto no § 1o deste artigo.

§ 3º O presidente poderá, excepcionalmente, deixar de autorizar a execução provisória das penas de que trata a alínea "e" do inc. I deste artigo, se houver questão substancial cuja resolução pelo tribunal a quem competir o julgamento possa plausivelmente levar à revisão da condenação.

§4º. A apelação interposta contra decisão condenatória do Tribunal do Júri a uma pena igual ou superior a 15 anos de reclusão não terá efeito suspensivo.

§5º Excepcionalmente, poderá o tribunal atribuir efeito suspensivo à apelação de que trata o §4º, quando verificado cumulativamente que o recurso:

I - não tem o propósito meramente protelatório; e

II - levanta questão substancial e que pode resultar em absolvição, anulação da sentença, novo julgamento ou redução da pena para patamar inferior a 15 anos de reclusão.

§6º O pedido de concessão de efeito suspensivo poderá ser feito incidentalmente na apelação ou por meio de petição em separado dirigida diretamente ao relator, instruída com cópias da sentença condenatória, das razões de apelação e de prova da tempestividade, das contrarrazões e das demais peças necessárias à compreensão da controvérsia.

Redação antes da Lei 13.964/19	Redação depois da Lei 13.964/19
Art. 492. Em seguida, o presidente proferirá sentença que: I – no caso de condenação: a) fixará a pena-base; b) considerará as circunstâncias agravantes ou atenuantes alegadas nos debates; c) imporá os aumentos ou diminuições da pena, em atenção às causas admitidas pelo júri; d) observará as demais disposições do art. 387 deste Código; e) mandará o acusado recolher-se ou recomendá-lo-á à prisão em que se encontra, se presentes os requisitos da prisão preventiva; f) estabelecerá os efeitos genéricos e específicos da condenação; II – no caso de absolvição: a) mandará colocar em liberdade o acusado se por outro motivo não estiver preso; b) revogará as medidas restritivas provisoriamente decretadas; c) imporá, se for o caso, a medida de segurança cabível. § 1º Se houver desclassificação da infração para outra, de competência do juiz singular, ao presidente do Tribunal do Júri caberá proferir sentença em seguida, aplicando-se, quando o delito resultante da nova tipificação for considerado pela lei como infração penal de menor potencial ofensivo, o disposto nos arts. 69 e seguintes da Lei nº 9.099, de 26 de setembro de 1995.	Art. 492. Em seguida, o presidente proferirá sentença que: I – no caso de condenação: a) fixará a pena-base; b) considerará as circunstâncias agravantes ou atenuantes alegadas nos debates; c) imporá os aumentos ou diminuições da pena, em atenção às causas admitidas pelo júri; d) observará as demais disposições do art. 387 deste Código; e) mandará o acusado recolher-se ou recomendá-lo-á à prisão em que se encontra, se presentes os requisitos da prisão preventiva, ou, no caso de condenação a uma pena igual ou superior a 15 anos de reclusão, determinará a execução provisória das penas, com expedição de mandado de prisão, se for o caso, sem prejuízo do conhecimento de recursos que vierem a ser interpostos. f) estabelecerá os efeitos genéricos e específicos da condenação; II – no caso de absolvição: a) mandará colocar em liberdade o acusado se por outro motivo não estiver preso; b) revogará as medidas restritivas provisoriamente decretadas; c) imporá, se for o caso, a medida de segurança cabível.

Redação antes da Lei 13.964/19	Redação depois da Lei 13.964/19
§ 2º Em caso de desclassificação, o crime conexo que não seja doloso contra a vida será julgado pelo juiz presidente do Tribunal do Júri, aplicando-se, no que couber, o disposto no § 1º deste artigo.	§ 1º Se houver desclassificação da infração para outra, de competência do juiz singular, ao presidente do Tribunal do Júri caberá proferir sentença em seguida, aplicando-se, quando o delito resultante da nova tipificação for considerado pela lei como infração penal de menor potencial ofensivo, o disposto nos arts. 69 e seguintes da Lei nº 9.099, de 26 de setembro de 1995.
	§ 2º Em caso de desclassificação, o crime conexo que não seja doloso contra a vida será julgado pelo juiz presidente do Tribunal do Júri, aplicando-se, no que couber, o disposto no § 1º deste artigo.
	§ 3º O presidente poderá, excepcionalmente, deixar de autorizar a execução provisória das penas de que trata a alínea "e" do inc. I deste artigo, se houver questão substancial cuja resolução pelo tribunal a quem competir o julgamento possa plausivelmente levar à revisão da condenação.
	§4º. A apelação interposta contra decisão condenatória do Tribunal do Júri a uma pena igual ou superior a 15 anos de reclusão não terá efeito suspensivo.
	§5º Excepcionalmente, poderá o tribunal atribuir efeito suspensivo à apelação de que trata o §4º, quando verificado cumulativamente que o recurso:
	I - não tem o propósito meramente protelatório; e
	II - levanta questão substancial e que pode resultar em absolvição, anulação da sentença, novo julgamento ou redução da pena para patamar inferior a 15 anos de reclusão.
	§6º. O pedido de concessão de efeito suspensivo poderá ser feito incidentalmente na apelação ou por meio de petição em separado dirigida diretamente ao relator, instruída com cópias da sentença condenatória, das razões de apelação e de prova da tempestividade, das contrarrazões e das demais peças necessárias à compreensão da controvérsia.

Sobre a fixação da pena privativa de liberdade, convidamos o leitor à leitura dos comentários tecidos ao art. 387.

a) fixará a pena-base; (Incluído pela Lei nº 11.689, de 2008)

Primeira fase de aplicação da pena – Como já alertado, a primeira etapa de aplicação da sanção privativa de liberdade tem por finalidade fixar a pena-base, partindo do preceito secundário simples ou qualificado estampado no tipo incriminador, sobre o qual incidirão as circunstâncias judiciais previstas no artigo 59 do Código Penal: *culpabilidade, antecedentes, conduta social, personalidade do agente, motivos, circunstâncias e consequências do crime, bem como o comportamento da* vítima. Caso exista mais de uma circunstância qualificadora do crime (por exemplo, homicídio qualificado pela torpeza e meio cruel, art. 121, § 2º, I, e III, do CP), somente uma delas deverá ser aplicada como ponto de partida, ficando a outra relegada à segunda fase de aplicação da pena, encontrando previsão legal nas agravantes do artigo 61 do Código Penal. Nota-se que o Código Penal não fixou o *quantum* de aumento para as circunstâncias judiciais desfavoráveis ao sentenciado. Esse montante, portanto, fica a critério do juiz, que deverá sempre fundamentar a sua decisão (art. 315 do CPP). De se ver que a pena-base fixada acima do mínimo sem fundamentação dá ensejo à anulação da sentença nesse ponto, devendo o Tribunal reconhecer a nulidade e remeter os autos para que o juiz proceda à nova aplicação da pena, desta vez de forma motivada. Meras referências genéricas às circunstâncias judiciais não são suficientes.

A jurisprudência sugere 1/6 para cada circunstância presente; a doutrina, 1/8. De todo modo, nesta etapa, o juiz está atrelado aos limites mínimo e máximo abstratamente previstos no preceito secundário da infração penal (art. 59, II, CP), não podendo suplantá-los.

Com essa orientação, o magistrado sentenciante deve partir da pena mínima para, reconhecendo presente circunstância desfavorável ao réu, dirigir-se rumo à pena máxima. Não havendo circunstâncias judiciais relevantes (ou presentes somente circunstâncias favoráveis), a pena base deverá ser fixada no mínimo legal, respeitando, sempre, o limite mínimo trazido pelo preceito punitivo. A pena-base somente se afastará do patamar mínimo se estiverem presentes circunstâncias judiciais desfavoráveis.

JURISPRUDÊNCIA

Necessidade de fundamentação na aplicação da pena

"A dosimetria da pena exige do julgador uma cuidadosa ponderação dos efeitos ético-sociais da sanção e das garantias constitucionais, especialmente a garantia da individualização do castigo. Em matéria penal, a necessidade de fundamentação das decisões judiciais, penhor de status civilizatório dos povos, tem na fixação da pena um dos seus momentos culminantes. Não há ilegalidade ou abuso de poder se, no trajeto da aplicação da pena, o julgador explicita, devidamente, os motivos de sua decisão. O inconformismo do recorrente com a análise das circunstâncias do crime não é suficiente para indicar a evidente falta de motivação ou de congruência dos fundamentos da pena afinal fixada pelo duplo homicído protagonizado pelo paciente." (STF – RHC 94608, Relator Min. CARLOS BRITTO, Primeira Turma, julgado em 24/11/2009, DJe 04-02-2010)

"A exigência de motivação da individualização da pena – hoje garantia constitucional do condenado (CF, arts. 5º, XLVI, e 93, IX) –, não se satisfaz com a existência na sentença de frases ou palavras quaisquer, a pretexto de cumpri-la: a fundamentação há de explicitar a sua base empírica e essa, de uma vez, há de guardar relação de pertinência, legalmente adequada, com a exasperação da sanção penal, que visou justificar. É nula, no ponto, a sentença na qual o Juiz, explicitando os dados de fato em que assentou a exacerbação da pena – no caso, ao ponto de quadruplicar o mínimo da cominação penal, desvela o subjetivismo dos critérios utilizados, de todo distanciados dos parâmetros legais" (STF, Rel. Sepúlveda Pertence, RTJ 143/600).

Necessidade de fundamentação na aplicação da pena acima do mínimo legal

"Embora não haja vinculação a critérios puramente matemáticos, os princípios da individualização da pena, da proporcionalidade, do dever de motivação das decisões judiciais, da prestação de contas (accountability) e da isonomia exigem que o julgador, a fim de balizar os limites de sua discricionariedade, realize um juízo de coerência entre (a) o número de circunstâncias judiciais concretamente avaliadas como negativas; (b) o intervalo de pena abstratamente previsto para o crime; e (c) o quantum de pena que costuma ser aplicado pela jurisprudência em casos assemelhados." (STJ – HC n. 704.196/SP, relatora Ministra Laurita Vaz, Sexta Turma, julgado em 14/6/2022, DJe de 21/6/2022)

Pena fixada aquém do mínimo legal

a) impossibilidade

"O critério trifásico de individualização da pena, trazido pelo art. 68 do Código Penal, não permite ao Magistrado extrapolar os marcos mínimo e máximo abstratamente cominados para a aplicação da sanção penal" (Terceira Seção, Recurso Especial repetitivo n. 1.170.073/PR). O reconhecimento da circunstância atenuante da confissão espontânea não pode levar à redução da pena para aquém do mínimo legal, sob pena de ofensa à Súmula n. 231 do STJ." (STJ – AgRg no AREsp n. 2.029.179/TO, relator Ministro João Otávio de Noronha, Quinta Turma, julgado em 15/3/2022, DJe de 18/3/2022)

"Circunstâncias agravantes e atenuantes genéricas, tais como a confissão espontânea, examinadas na segunda fase do método trifásico de aplicação da pena, não podem reduzir a pena aquém do mínimo legal ou aumentá-la em patamar superior aos limites previstos na lei penal. Precedentes: HC 100.371/CE, Relator Min. Ricardo Lewandowski, Primeira Turma, Julgamento em 27/4/2010, HC 93.946/RS, Relator Min. Joaquim Barbosa, Segunda Turma, Julgamento em 19/8/2008, HC 94.409/RS, Relator Min. Ayres Britto, Primeira Turma, Julgamento em 17/6/2008" (STF – HC nº 99266-SP, Rel. Luiz Fux, j. 25.10.2011, DJe 22.11.2011).

b) possibilidade

"No processo trifásico de individualização da pena é possível a sua fixação definitiva abaixo do mínimo legal na hipótese em que a pena-base é fixada no mínimo e se reconhece a presença de circunstância atenuante, em face da regra imperativa do art. 65, do Código Penal, que se expressa no comando literal de que tais circunstâncias sempre atenuam a pena" (STJ, Rel. Vicente Leal, Bol. IBCCrim 84/398).

"O princípio da individualização da pena (Constituição, art. 5º, XLVI), materialmente, significa que a sanção deve corresponder às características do fato, do agente e da vítima, enfim, considerar todas as circunstâncias do delito. A cominação, estabelecendo grau mínimo e grau máximo, visa a esse fim, conferindo ao Juiz, conforme o critério do art. 68 do CP, fixar a pena in concreto. A lei trabalha com o gênero. Da espécie cuida o magistrado. Só assim, ter-se-á direito dinâmico e sensível à realidade, impossível, formalmente, ser descrita em todos os pormenores. Imposição ainda da justiça do caso concreto, buscando realizar o direito justo. Na espécie sub judice, a pena-base foi fixada no mínimo legal. Reconhecida, ainda, a atenuante da confissão espontânea (CP, art. 65, III, d). Todavia, desconsiderada porque não poderá ser reduzida. Essa conclusão significa desprezar a circunstância. Em outros termos, não repercutir na sanção aplicada. Ofensa ao princípio e ao disposto no art. 59 do CP, que determina ponderar todas as circunstâncias do crime" (STJ, Rel. Luiz Vicente Cernicchiaro, RBCCrim 23/258).

b) considerará as circunstâncias agravantes ou atenuantes alegadas nos debates; (Incluído pela Lei nº 11.689, de 2008)

Segunda fase de aplicação da pena – A segunda fase de aplicação da pena tem por finalidade encontrar a pena intermediária. O seu ponto de partida é a pena-base, fixada na etapa anterior, fazendo incidir sobre ela as circunstâncias agravantes (arts. 61 e 62 do CP) e atenuantes (arts. 65 e 66 do CP) previstas na parte geral do Código Penal.

Por encontrarem previsão na parte geral do Código, estas circunstâncias são chamadas de genéricas. Ressalte-se que nada impede que a legislação especial traga, para os crimes de que dispuser, atenuantes e agravantes próprias. É o que ocorre, por exemplo, com a Lei de Crimes Ambientais, que prevê agravantes e atenuantes específicas para estes crimes. Assim, as agravantes e atenuantes genéricas podem ser definidas como circunstâncias objetivas ou subjetivas que não integram a estrutura do tipo penal, mas se vinculam ao crime, devendo ser consideradas pelo juiz no momento de aplicação da pena.

O Código Penal, a exemplo da primeira fase, não fixou o "quantum" de aumento ou diminuição para as circunstâncias agravantes e atenuantes, deixando ao prudente arbítrio do juiz, que deverá sempre fundamentar a sua decisão (art. 315 do CPP). Consagrou-se, na jurisprudência, que a fração deve ser de 1/6. Nesse contexto, se o magistrado concluir pela aplicação de fração outra, está obrigado a fundamentar sua decisão de maneira adequada, sob pena de nulidade. É o que entende o STJ: *"Nos termos da jurisprudência desta Corte, a aplicação de fração superior a 1/6 pela reincidência exige motivação idônea"* (HC n° 229.371 - Rel. Laurita Vaz - DJe 04.09.2013).

Também nesta etapa, apesar de não haver previsão legal, entende a doutrina, seguida pela jurisprudência, que o juiz está atrelado aos limites mínimo e máximo abstratamente previstos no preceito secundário da infração penal, não podendo suplantá-los. Nesse sentido a Súmula 231 do STJ.

Em suma, o magistrado deve partir da pena-base, fixada na etapa anterior, para, reconhecendo presente circunstância agravante, dirigir-se rumo à pena máxima. Havendo somente atenuantes, a pena intermediária caminha na direção do mínimo abstratamente previsto no preceito secundário (lembrando que, no caso da pena-base ter sido fixada no mínimo, não se aplica a atenuante). Não existindo circunstâncias relevantes (agravantes ou atenuantes), a pena intermediária simplesmente confirmará a pena-base.

Concurso entre circunstâncias agravantes e atenuantes – No concurso de agravantes e atenuantes, aplica-se o artigo 67 do Código Penal, devendo a pena intermediária aproximar-se do limite indicado pelas circunstâncias preponderantes, entendendo-se como tais as que resultam dos motivos determinantes do crime, da personalidade do agente e da reincidência.

Agravante não articulada na denúncia pode ser reconhecida? – O juiz pode reconhecer, desde que debatida em plenário.

JURISPRUDÊNCIA

Atenuante deve ser aplicada independentemente de quesitação específica

"A partir do advento da Lei n.º11.689/2008, não há mais a exigência de submeter ao Conselho de Sentença quesitos sobre a existência de circunstâncias atenuantes ou agravantes, cabendo ao magistrado togado, no momento de proferir a sentença, decidir pela aplicação, ou não, das circunstâncias atenuantes e agravantes, desde que alegadas pelas partes e debatidas em Plenário" (STJ – HC n° 243571-MG, Rel. Laurita Vaz, j. 11.04.2013, DJe 17.04.2013).

Reconhecimento da atenuante ainda que não debatida em plenário

a) possibilidade

"Pode o Juiz Presidente do Tribunal do Júri reconhecer a atenuante genérica atinente à confissão espontânea, ainda que não tenha sido debatida no plenário, quer em razão da sua natureza objetiva, quer em homenagem ao predicado da amplitude de defesa, consagrado no art. 5º, XXXVIII, "a", da Constituição da República. É direito público subjetivo do réu ter a pena reduzida, quando confessa espontaneamente o envolvimento no crime. A regra contida no art. 492, I, do Código de Processo Penal, deve ser interpretada em harmonia aos princípios constitucionais da individualização da pena e da proporcionalidade" (STF – HC n° 106376-MG, Rel. Cármen Lúcia, j. 01.03.2011, DJe 01.06.2011).

b) impossibilidade

"Com a reforma introduzida pela Lei nº 11.698/08 não há mais necessidade de submeter aos jurados quesitos acerca da existência de circunstâncias agravantes ou atenuantes. Não obstante, embora tenha sido transferido o exame da presença das referidas circunstâncias ao Juiz Presidente do Tribunal do Júri, elas somente serão consideradas na dosimetria da pena desde que suscitadas nos debates orais, a teor do que prescreve o art. 492, inciso I, alínea b do CPP" (STJ – REsp n° 1157292-MG, Rel. Felix Fischer, j. 02.09.2010, DJe 04.10.2010).

> "A partir do advento da Lei n.º 11.689/2008, não há mais a exigência de submeter ao Conselho de Sentença quesitos sobre a existência de circunstâncias atenuantes ou agravantes, cabendo ao magistrado togado, no momento de proferir a sentença, decidir pela aplicação, ou não, das circunstâncias atenuantes e agravantes, desde que alegadas pelas partes e debatidas em Plenário" (STJ – HC nº 194737-PB, Rel. Sebastião Reis Júnior, j. 11.12.2012, DJe 19.12.2012).

c) imporá os aumentos ou diminuições da pena, em atenção às causas admitidas pelo júri; (Incluído pela Lei nº 11.689, de 2008)

Terceira fase de aplicação da pena – A última fase do cálculo da pena tem como finalidade a fixação da reprimenda definitiva. Considera como ponto de partida a pena intermediária da etapa anterior, fazendo sobre ela incidir as causas de aumento e de diminuição de pena.

Também denominadas *majorantes* e *minorantes*, estão situadas tanto na parte geral quanto na parte especial do Código Penal, podendo ainda, ter previsão na legislação extravagante. São facilmente identificadas, porque estabelecem um *quantum* (geralmente em fração) para o aumento ou diminuição. Este *quantum* pode ser fixo ou variável, conforme a previsão legal.

ATENÇÃO - Não há de se confundir, sob qualquer aspecto, as causas de aumento e de diminuição de pena com as circunstâncias agravantes e atenuantes. Podemos dizer que a principal diferença entre elas é o efeito: as majorantes e minorantes podem elevar a pena para além do patamar máximo, bem como reduzir para aquém do limite mínimo da pena cominada, enquanto as agravantes e atenuantes, como visto, não têm esse condão. A causa de aumento também se distingue da qualificadora. A primeira majora a pena; a segunda qualifica o crime, dando-lhe novo preceito secundário. O tipo qualificado, como já mencionado, é utilizado como ponto de partida na primeira fase de fixação da pena (tal qual o tipo simples). Caracteriza-se por estabelecer novos patamares mínimo e máximo para a reprimenda penal em abstrato (ex: homicídio simples, pena de 6 a 12; homicídio qualificado, pena de 12 a 20). As causas de aumento de pena, por sua vez, são manejadas na terceira fase e incidem sobre a pena intermediária.

Havendo uma só causa de aumento ou uma só causa de diminuição, alternativa não resta ao Magistrado: com base no "quantum" previsto em lei, deve aumentar a pena do crime ou diminuí-la, fundamentando sua decisão quando se tratar "quantum" variável, lembrando que, nesta etapa, não está adstrito aos limites mínimo e máximo previstos no preceito secundário.

É possível, no entanto, concurso entre causas de aumento (pluralidade de majorantes) ou concurso de causas de diminuição (pluralidade de minorantes). Em se tratando de causas de aumento, observar-se-á o *princípio da incidência isolada*, isto é, o segundo aumento recai sobre a pena precedente, não sobre a pena já aumentada. Já no caso de pluralidade de minorantes, aplica-se o *princípio da incidência cumulativa*, isto é, a segunda diminuição recai sobre a pena já diminuída. Se as mjorantes ou minorantes estão previstas na parte especial, o juiz pode limitar-se a um só aumento ou a uma só diminuição, escolhendo a que mais aumente ou mais diminua a pena (art. 68, parágrafo único, do CP).

Deparando-se o magistrado com uma causa de aumento concorrendo com uma causa de diminuição (não importando em qual parte do Código estão estampadas), o juiz deve aplicar as duas, observando, na operação, o *princípio da incidência cumulativa*.

d) observará as demais disposições do art. 387 deste Código; (Incluído pela Lei nº 11.689, de 2008)

Sobre o tema, v. os comentários ao art. 387 CPP.

e) mandará o acusado recolher-se ou recomendá-lo-á à prisão em que se encontra, se presentes os requisitos da prisão preventiva, ou, no caso de condenação a uma pena igual ou superior a 15 (quinze) anos de reclusão, determinará a execução provisória das penas, com expedição do mandado de prisão, se for o caso, sem prejuízo do conhecimento de recursos que vierem a ser interpostos; (Incluído pela Lei nº 13.964, de 2019)

Condenado ao cumprimento de pena inferior a 15 anos – Uma vez condenado o réu, em plenário, ao cumprimento de pena inferior a 15 anos de reclusão, cabe ao juiz-presidente decidir se ele deve ser mantido preso ou, se solto, se cabe sua prisão de imediato. A primeira parte deste dispositivo, a nosso ver, deve ser interpretado em consonância com o § 1°, do art. 387 do código, que impõe ao juiz, em caso de condenação, decidir "fundamentadamente, sobre a manutenção ou, se for o caso, a imposição de prisão preventiva ou de outra medida cautelar, sem prejuízo do conhecimento de apelação que vier a ser interposta".

Pode-se afirmar, de plano, que, ressalvada a segunda parte do dispositivo em comento, acrescentada pela Lei 13.964/19, a prisão deixa de ser um efeito natural da sentença condenatória (art. 393, inc. I do CPP), passando a exigir fundamentação idônea que a justifique. Essa opção do legislador atinge, diretamente, o art. 594 do CPP, que, aliás, foi expressamente revogado pela Lei n° 11.791/08. Quis o legislador demonstrar, com isso, que a regra geral consiste na possibilidade de se recorrer em liberdade. Caso mantida (ou determinada) a prisão, cumpre ao juiz esclarecer, de maneira fundamentada, os motivos que justificam a medida de exceção.

O raciocínio aqui desenvolvido é o mesmo que sempre defendemos no capítulo da manutenção ou decretação da prisão do réu em caso de pronúncia. A orientação que sempre nos pareceu razoável é no sentido de que: 1) tendo o réu respondido solto ao processo implica dizer que ele não deu causa à revogação de sua liberdade provisória, caso tenha sido preso em flagrante, ou à decretação de sua prisão preventiva. Ora, ausentes os requisitos ensejadores da prisão preventiva, é justo que, uma vez condenado, possa em liberdade recorrer. Já se respondeu ao processo preso, não faz qualquer sentido seja, depois de condenado em plenário, colocado em liberdade. Claro: se antes já se reuniam os elementos justificadores da prisão provisória, agora, em face da condenação, com mais razão ainda deve ser ele mantido no cárcere, enquanto aguarda o julgamento.

Essa a orientação, que parece inspirar os tribunais superiores, reclama, sempre, a análise do caso concerto, não podendo, assim, ser tomada como absoluta. Queremos dizer, com isso, que nada impede ao juiz que, na análise específica do caso, identifique a necessidade do imediato recolhimento do réu à prisão, ainda que tenha respondido em liberdade ao processo. Suponha-se a presença de forte indício de que, porque condenado, o réu empreenderá fuga. Ora, a partir de fundamentação idônea, nada impede que o juiz, como forma de garantir a aplicação da lei penal (art. 312 do CPP), determine desde logo a prisão do condenado que, antes, respondera solto ao processo. Sobre a possibilidade do réu que respondeu, até então, a primeira fase do processo em liberdade, ser preso com a pronúncia, v. acima comentários ao art. 413, § 3º do CPP.

Prisão imediata do réu condenado ao cumprimento de pena igual ou superior a 15 anos – A possibilidade de execução da pena após a decisão do recurso em segunda instância foi inicialmente estabelecida pelo STF no julgamento do habeas corpus 126.292, em 17 de fevereiro de 2016. À época, o tribunal modificou orientação firmada em 2009, quando, ao julgar o habeas corpus 84.078, havia considerado impossível que se executasse a pena antes do trânsito em julgado da sentença condenatória e estabeleceu a possibilidade de encarceramento apenas se verificada a necessidade de que isso ocorresse por meio de cautelar (prisão preventiva).

A decisão proferida em 2016 provocou muita controvérsia e suscitou debates a respeito da constitucionalidade da execução da pena antes de percorrida toda a cadeia recursal. O argumento central dos que advogam a tese de que a pena não pode ser executada até que a sentença condenatória se torne definitiva se baseia no art. 5º, inc. LVII, da Constituição Federal, segundo o qual "ninguém será considerado culpado até o trânsito em julgado de sentença penal condenatória". Tamanha foi a celeuma que, no mesmo ano, foram ajuizadas duas ações declaratórias de constitucionalidade (43 e 44), nas quais se pretendia a declaração de plena vigência e compatibilidade constitucional do art. 283 do CPP, que dispõe: "Ninguém poderá ser preso senão em flagrante delito ou por ordem escrita e fundamentada da autoridade judiciária competente, em decorrência de sentença condenatória transitada em julgado ou, no curso da investigação ou do processo, em virtude de prisão temporária ou prisão preventiva". Pretendia-se, com isso, evitar os efeitos da decisão tomada no habeas corpus já citado, ou seja, que a prisão se tornasse possível após o julgamento de recursos em segunda instância.

À época, o pleno do STF indeferiu medida cautelar para que fossem suspensas execuções antecipadas em curso e para que fossem impedidas novas execuções enquanto não julgado o mérito das ações constitucionais. Considerou-se, basicamente, que a presunção de inocência tem sentido dinâmico, modificando-se conforme se avança a marcha processual. Dessa forma, se no início do processo a presunção pende efetivamente para a inocência, uma vez proferido julgamento em recurso de segunda instância essa presunção passa a ser de não culpa, pois, nessa altura, encerrou-se a análise de questões fáticas e probatórias. Portanto, uma vez que o tribunal (TJ/TRF) tenha considerado bem provados o fato e suas circunstâncias, os recursos constitucionais não abordarão esses aspectos, pois estarão adstritos aos limites que lhe são impostos constitucional e legalmente.

Em abril de 2018, nova ação declaratória de constitucionalidade (54) foi ajuizada com o mesmo propósito das anteriores.

Quando do julgamento do mérito das três ações (ADCs 43, 44 e 54), o tribunal, contrariando a tendência que se desenhava desde 2016, decidiu que a pena só pode ser executada após esgotados todos os recursos, marco do trânsito em julgado.

Na qualidade de relator de todas as ações, o ministro Marco Aurélio foi o primeiro a votar para julgar procedentes os pedidos e, consequentemente, declarar a constitucionalidade do art. 283 do CPP, com a consequente proibição de que penas sejam executadas antes do julgamento dos recursos (trânsito em julgado da sentença condenatória). De acordo com o ministro, o art. 5º, inc. LVII, da Constituição Federal, é claro e não deixa margem para dúvidas a respeito da necessidade da condenação definitiva.

Ao final do julgamento, contudo, o presidente da Corte alertou que o julgamento realizado na oportunidade pelo STF não deveria abranger as decisões tomadas pelo Conselho de Sentença nos crimes dolosos contra a vida.

Esta observação do ministro presidente se alinha a uma decisão proferida em 2017 pela 1ª Turma do tribunal quando do julgamento do habeas corpus HC 118.770. Na ocasião, o ministro Luis Roberto Barroso, que teve sua tese acolhida por maioria, destacou que "[...] a presunção de inocência é princípio (e não regra) e, como tal, pode ser aplicada com maior ou menor intensidade, quando ponderada com outros princípios ou bens jurídicos constitucionais colidentes. No caso específico da condenação pelo Tribunal do Júri, na medida em que a responsabilidade penal do réu já foi assentada soberanamente pelo Júri, e o Tribunal não pode substituir-se aos jurados na apreciação de fatos e provas (CF/88, artigo 5º, XXXVIII, c), o princípio da presunção de inocência adquire menor peso ao ser ponderado com o interesse constitucional na efetividade da lei penal, em prol dos bens jurídicos que ela visa resguardar (CF/88, artigos 5º, caput e LXXVIII e 144). Assim, interpretação que interdite a prisão como consequência da condenação pelo Tribunal do Júri representa proteção insatisfatória de direitos fundamentais, como a vida, a dignidade humana e a integridade física e moral das pessoas".

Partiu-se da premissa de que, face à soberania que é inerente ao Tribunal do Júri, decorrente de expresso texto constitucional (art. 5º, inc. XXXVIII, "c"), deve ser admitida a imediata prisão do réu, assim que condenado pelo tribunal popular. Vê-se, portanto, que a execução antecipada da pena no caso dos crimes dolosos contra a vida tem fundamento mais amplo do que a execução nos demais casos, pois baseada no princípio constitucional de que a decisão tomada pelos jurados não pode ser desrespeitada. Mas, como se tratou de uma decisão tomada por maioria no âmbito restrito de uma das turmas do tribunal, é muito provável que o tema volte a julgamento no plenário.

Com a nova Lei 13.964/19, sacramenta-se a possibilidade de execução provisória no júri, mas condicionada ao "quantum" da pena imposta na sentença. Somente no caso de condenação a uma pena igual ou superior a 15 anos de reclusão, o juiz presidente do Tribunal do Júri determinará a execução provisória das penas, com expedição de mandado de prisão, se for o caso. Nessa hipótese, eventual apelação interposta, em regra, não terá efeito suspensivo (§4º.). O juiz presidente poderá, excepcionalmente, deixar de autorizar a execução provisória das penas de que trata esta alínea "e" se houver questão substancial cuja resolução pelo tribunal a quem competir o julgamento possa plausivelmente levar à revisão da condenação (§3º.). A expressão "excepcionalmente" indica que a não execução provisória pressupõe condenação anormal, inusitada, fora do comum. A regra, então, é a execução imediata da pena, ainda que em caráter provisório.

O próprio tribunal competente para julgar a apelação poderá, também em situações excepcionais, atribuir efeito suspensivo ao recurso quando verificado cumulativamente (e não isoladamente) que o recurso não tem o propósito meramente protelatório e levanta questão substancial e que pode resultar em absolvição, anulação da sentença, novo julgamento ou redução da pena para patamar inferior a 15 anos de reclusão (5º.). Em razão da soberania dos veredictos, o tribunal, no julgamento da apelação, jamais absolverá o apelante, mas, se o caso, anulará o julgamento para nova sessão perante o Conselho de Sentença. Por isso, ficamos sem entender o que buscou o legislador ao descrever que um dos requisitos para o efeito suspensivo é a presença de "questão substancial que pode resultar em absolvição".

O pedido de concessão de efeito suspensivo poderá ser feito incidentalmente na apelação ou por meio de petição em separado dirigida diretamente ao relator, instruída com cópias da sentença condenatória, das razões de apelação e de prova da tempestividade, das contrarrazões e das demais peças necessárias à compreensão da controvérsia (6º.).

Concurso de crimes – para atingir o patamar mínimo autorizador da execução imediata da pena deve ser levado em conta eventual concurso de crimes (homicídio e ocultação de cadáver, por exemplo). O legislador não restringiu o limite mínimo ao crime doloso contra a vida, razão pela qual não cabe ao intérprete fazê-lo. Esse raciocínio do concurso de delitos para análise das suas consequências já ocorre em outros institutos, como do regime inicial de cumprimento de pena, cabimento das reprimendas alternativas ou do "sursis" etc. Aqui, em sede de execução penal provisória da pena no júri não deve ser diferente.

Lei no tempo – estamos diante de verdadeira execução provisória da pena, autorizada por lei e fundamentada na soberania dos veredictos. Sua (ir)retroatividade vai ser objeto de indisfarçável controvérsia. O STF, quando admitiu a execução penal provisória (julgado acima referido), permitiu a sua aplicação imediata, mesmo para os casos pretéritos. Encarou a prisão imediata após confirmação da condenação pela segunda instância como sendo norma estritamente processual (marco inicial da execução). Esse entendimento, contudo, foi bastante criticado. Como ocorreu lá, também aqui haverá corrente lecionando que o dispositivo em comento se apresenta como norma mista, tratando, a um só tempo, de direito material e adjetivo. Ora, quando a lei tem essa característica, não incide o art. 2º do CPP (*tempus regit actum*), mas os princípios que regem a aplicação da lei penal no tempo e que proíbem a retroatividade da lei mais severa. Já que a lei trouxe uma situação mais gravosa ao réu condenado em 1º. grau, porquanto autoriza sua prisão imediata, consequentemente não deve retroagir aos delitos cometidos antes de sua entrada em vigor.

JURISPRUDÊNCIA

Aplicação retroativa. Impossibilidade.

Conforme pacífica jurisprudência do STJ, é ilegal a decisão que nega o direito de recorrer em liberdade sem a indicação de elementos concretos, fundada apenas na premissa de que deve ser executada prontamente a condenação proferida pelo tribunal de júri. Não apresentada motivação concreta para a custódia cautelar na sentença, que apenas faz referência genérica ao fato de ter o paciente respondido preso ao processo e à pena aplicada ao paciente pelo tribunal de júri, há manifesta ilegalidade. O art. 492, I, e, do CPP, com redação dada pela Lei 13.964/19, embora violador ao constitucional princípio da presunção de inocência, não pode de todo modo ser retroativamente aplicado, incidindo em sentença prolatada em data anterior à sua vigência. (RHC 124.377-MS, Rel Min. Nefi Cordeiro, Sexta Turma, j. 09/06/2020)

O alcance do princípio da soberania do Júri e a apelação – De se ver, inicialmente, que se conferiu ao princípio da soberania do Júri um alcance que aparentemente ele não ostenta. De sorte que, embora com previsão constitucional, esse princípio é relativo, sofrendo forte mitigação quando a lei permite, na dicção do art. 593, III, "d", do Código de Processo Penal, que o Tribunal de Justiça mande o réu a novo Júri, acolhendo apelação e reconhecendo que a decisão dos jurados foi manifestamente contrária à prova dos autos. E nem poderia ser diferente, já que embora se admitindo a soberania dos veredictos, há que se ter um meio de revisão das decisões evidentemente equivocadas. Não que ao Tribunal de Justiça se autorize, por meio de uma apelação, condenar ou absolver o réu. Mas poderá, sem arranhar o aludido princípio constitucional, determinar que outro julgamento seja realizado. Nesse sentido o posicionamento do STF: "A soberania dos veredictos do Júri – não obstante a sua extração constitucional – ostenta valor meramente relativo, pois as decisões emanadas do Conselho de Sentença não se revestem de intangibilidade jurídico-processual. A competência do Tribunal do Júri, embora definida no texto da Lei Fundamental da República, não confere, a esse órgão especial da Justiça comum, o exercício de um poder incontrastável e ilimitado. As decisões que dele emanam expõem-se, em conseqüência, ao controle recursal do próprio Poder Judiciário, a cujos Tribunais compete pronunciar-se sobre a regularidade dos veredictos. A apelabilidade das decisões emanadas do Júri, nas hipóteses de conflito evidente com a prova dos autos, não ofende o postulado constitucional que assegura a soberania dos veredictos do Tribunal Popular" (STF – HC nº 81423-SP, Rel. Celso de Mello, j. 18.12.2001, DJe 19.04.2001). Daí porque já foi denominado esse recurso, quando manejado contra decisões provenientes do Júri, de apelação *sui generis*, já que atua como verdadeiro *juízo de cassação*, posto que, segundo lição de José Frederico Marques, "a soberania continua a existir, mas desaparece a onipotência arbitrária" (*Elementos de Direito Processual Penal*, Campinas: Bookseller, 1997, vol. IV, p. 228). Em sentido contrário: "O sistema de íntima convicção dos jurados não os submete ao acervo probatório produzido ao longo do processo penal de conhecimento, inclusive à prova testemunhal realizada perante o próprio plenário do júri. Isso significa, portanto, que a apelação do Ministério Público, fundada em alegado conflito da deliberação absolutória com a prova dos autos, caso admitida fosse, implicaria frontal transgressão aos princípios constitucionais da soberania dos veredictos do Conselho de Sentença, da plenitude de defesa do acusado e do modelo de íntima convicção dos jurados, que não estão obrigados – ao contrário do que se impõe aos magistrados togados (CF, art. 93, IX) – a decidir de forma necessariamente motivada, mesmo porque lhes é assegurado, como expressiva garantia de ordem constitucional, "o sigilo das votações" (CF, art. 5º, XXXVIII, "b"), daí resultando a incognoscibilidade da apelação interposta pelo "Parquet"" (STF, HC n. 185068, Min. Rel. Celso de Mello, j. 01/07/2020).

O alcance do princípio da soberania do Júri e a revisão criminal – A reforçar o entendimento acima, demonstrando, mais uma vez, que o princípio em análise não tem um caráter dogmático, devendo ser interpretado *cum grano salis*, tem-se que, em sede de revisão criminal, conforme admitido pela maioria da doutrina, é cabível a absolvição do réu, desconstituindo-se, dessa forma, uma sentença proveniente do Tribunal do Júri. É que, assim como a soberania dos veredictos, o direito à liberdade também tem previsão constitucional e, por isso, é possível o ajuizamento da revisão. Opta-se, assim, por corrigir um erro em benefício da liberdade da pessoa a se manter uma decisão injusta, em nome da soberania dos veredictos. Imagine-se a situação na qual a suposta *vítima* de um homicídio apareça viva. Teria cabimento que se impedisse a revisão criminal para que se absolvesse o réu condenado definitivamente pela prática do crime? Parece claro que não. E nem seria lógico mandá-lo a novo julgamento pela prática de um crime que não ocorreu. A injustiça da solução contrária não se encontra em eventual manutenção do réu preso. Isto poderia ser facilmente corrigido, através de *habeas corpus* ou mesmo de um pedido liminar dirigido ao relator que, de imediato, ordenaria a soltura do réu. O absurdo é se determinar um novo julgamento pela prática de um *homicídio* estando o ofendido *vivo*. Aliás, não teria cabimento se admitir uma forma de correção para a decisão do juiz togado, que possui conhecimento técnico e, portanto, se encontra presumivelmente preparado para julgar e se conferisse caráter de intangibilidade à decisão do leigo que, na maioria das vezes, não ostenta qualquer preparo teórico a respeito do direito. Homens e, portanto, falíveis, são tanto o togado como o leigo. Este mais que àquele, por ignorar as coisas do Direito.

A propósito, ainda recentemente (em abril de 2017), na sua conhecida *Jurisprudência de Teses*, o Superior Tribunal de Justiça firmou dois entendimentos, cristalizados nas teses ns. 13 e 14, segundo os quais "não viola o princípio da soberania dos veredictos a cassação da decisão do Tribunal do Júri manifestamente contrária à prova dos autos" e "a soberania do veredicto do Tribunal do Júri não impede a desconstituição da decisão por meio de revisão criminal".

f) estabelecerá os efeitos genéricos e específicos da condenação; (Incluído pela Lei nº 11.689, de 2008)

Efeitos penais da condenação – O principal efeito da sentença penal condenatória é, sem dúvida, submissão do condenado à execução forçada da sanção imposta. A condenação, todavia, possui outras consequências que atingem a pessoa do condenado, como a reincidência, a interrupção do prazo prescricional do crime praticado, tornar certa a obrigação de reparar do dano, podendo, inclusive, fazer com que o sentenciado venha a perder o cargo, função pública ou mandato eletivo.

Nota-se, portanto, que os efeitos da sentença condenatória transitada em julgado não estão circunscritos ao campo penal, havendo consequências extrapenais.

Os *efeitos penais* são divididos em *principais* (imposição da sanção penal e sua execução forçada) e *secundários* (maus antecedentes e reincidência como condições desfavoráveis do agente, a conversão das penas restritivas de direitos, a interrupção do prazo prescricional, revogação do "sursis" e do livramento condicional etc.).

Os *efeitos extrapenais* são também repartidos em dois: *genéricos* (art. 91 do CP) e *específicos* (art. 92 do CP).

II – no caso de absolvição: (Redação dada pela Lei nº 11.689, de 2008)

a) mandará colocar em liberdade o acusado se por outro motivo não estiver preso;

Soltura imediata do réu – O júri, como já vimos, pode ser realizado sem a presença física do réu em plenário. Ou, então, estando presente, na condição de solto, porque respondendo ao processo em liberdade ou preso, em virtude de flagrante, preventiva ou por algum processo diverso ao qual responde. De qualquer sorte, uma vez absolvido em plenário, o réu deve, de imediato, ser colocado em liberdade, posto que eventual recurso contra essa decisão não é recebido no efeito suspensivo. Em outras palavras: a decisão absolutória produz efeitos de pronto, dentre os quais a imediata soltura do réu preso. Nesse sentido, a propósito, o teor do art. 596 do CPP, *in verbis*: "a apelação da sentença absolutória não impedirá que o réu seja posto imediatamente em liberdade". Há apenas uma ressalva: pode ocorrer que o réu esteja preso por um outro processo que não o do júri, pelo qual acaba de ser absolvido. Nesse caso, sua liberação, por óbvio, não é cabível, por depender de decisão em processo diverso. Profere o juiz, então, a conhecida decisão pela qual "solte-se o réu, se por al não estiver preso".

As Normas da Corregedoria Geral do Tribunal de Justiça do Estado de São Paulo, em seu art. 417, § 1º, permitem que, uma vez absolvido o réu em plenário, seja ele, a critério do juiz, solto de imediato, "sendo dispensada a escolta e comunicada a soltura à autoridade responsável pelo presídio, cadeia ou distrito policial de origem do réu". E por qual razão essa imediata liberação ficaria "a critério do juiz"? Primeiro, porque há que se perquirir se ele não está preso, também, por outro processo. Segundo, em virtude de que, por vezes, a saída do réu, por assim dizer, pela *porta da frente* do plenário, pode não ser conveniente, inclusive para sua segurança pessoal. Imagine-se um júri de grande repercussão, assistido por inúmeros familiares e amigos da vítima e o risco de represálias oriundo da absolvição. E, terceiro, por uma questão de ordem prática mesmo. Por vezes o réu tem a necessidade de retornar ao cárcere, para pegar seus pertences, cumprir algum requisito de ordem burocrática, etc., e, só por isso, não é imediatamente solto, devendo ser escoltado, porém, à essa altura, já sem algemas, eis que absolvido.

JURISPRUDÊNCIA

Soltura imediata

"Segundo consta no art. 386, par. único, e art. 596, ambos do CPP, um dos efeitos da sentença absolutória é colocar o réu imediatamente em liberdade, independente de existir recurso pendente, exceto se for o caso de estar preso por outro motivo ou na hipótese do art. 411 do CPP. Em caso de ter sido absolvido, o réu não precisa aguardar o julgamento de recurso, e, ainda que assim fosse, teria que aguardar em estabelecimento prisional compatível com sua condição de preso provisório e não na penitenciária, local próprio dos condenados" (TJMA, Rel. Mário Barros Ferraz, RT 784/660).

b) revogará as medidas restritivas provisoriamente decretadas; (Redação dada pela Lei nº 11.689, de 2008)

Revogação das medidas restritivas – É possível que, além da prisão do réu, ainda durante o transcurso do processo, outras medidas restritivas tenham sido-lhe impostas. De se ver, porém, que as medidas provisórias consistentes na interdição de direitos, bem como aquelas previstas nos arts. 373 *usque* 380 do CPP, não mais subsistem. Tais medidas constituem, atualmente, efeitos da sentença penal condenatória, pressupondo, portanto, uma condenação. Isto é: não mais podem ser decretadas, de forma precária, durante o curso do processo, exigindo, para sua implantação, uma condenação.

Sucede, porém, que ao réu, durante o processo, podem ser impostas medidas cautelares, em substituição à prisão preventiva, na dicção do § 6°, do art. 282 do código. Suponha-se que, como alternativa à prisão preventiva, tenha sido determinada a prisão domiciliar do réu enquanto responde ao processo (art. 317 do CPP). Ou, mais especificamente, que tenha o réu se submetido a algumas das medidas cautelares elencadas no art. 319 do código. Uma vez absolvido, não faz sentido, por exemplo, que continue obrigado a comparecer em juízo para justificar suas atividades (inc. I), ou que seja proibido de ausentar-se da comarca (inc. IV), ou que se submeta a monitoramento eletrônico (inc. IX).

ATENÇÃO – Também as medidas assecuratórias, eventualmente decretadas, devem ser revogadas. Assim, é caso de levantamento do sequestro a absolvição do réu, nos termos do art. 131, inc. III do CPP. Também "o arresto será levantado ou cancelada a hipoteca", na hipótese de absolvição do acusado (art. 141 do CPP). São essas as medidas provisórias, de cunho restritivo, que, uma vez absolvido o réu, devem se revogadas.

JURISPRUDÊNCIA

Levantamento dos bens

"Diante da absolvição do Acusado, a presunção deve agora operar em seu favor. Se antes havia indícios da autoria delitiva a justificar o sequestro dos bens, agora há sentença penal, amparada na prova colhida na fase instrutória, afirmando a sua inocência. Nessa esteira, mostra-se escorreita a decisão judicial que determinou o levantamento dos bens constritos, por ser o que determina o art. 386, parágrafo único, inciso II, do Código de Processo Penal (com redação dada pela Lei n.º 11.690/08). Precedente" (STJ – AgRg no REsp n° 1254603-PR, Rel. Laurita Vaz, j. 17.10.2013, DJe 29.10.2013).

c) imporá, se for o caso, a medida de segurança cabível. (Redação dada pela Lei nº 11.689, de 2008)

Sentença absolutória imprópria – É possível que, nos termos do art. 26 do Código Penal, conquanto identificada tipicidade e antijuridicidade na conduta do agente, seja ele considerado inimputável, posto que "por doença mental ou desenvolvimento mental incompleto ou retardado, era, ao tempo da ação ou da omissão, inteiramente incapaz de entender o caráter ilícito do fato ou de determinar-se de acordo com esse entendimento".

Trata-se da chamada "sentença absolutória imprópria", que não importa em cominação de uma pena, mas de uma medida de segurança, impondo ao réu sua internação em hospital de custódia ou a submissão a tratamento ambulatorial (art. 96, I, do Código Penal). Ela não inibe a propositura da ação civil. É que nela se reconhece que o fato foi típico e ilícito, somente não se aplicando a pena em virtude da ausência de culpabilidade do agente. É o pensar de Clovis Bevilacqua, para quem "a isenção de responsabilidade criminal não indica a da responsabilidade civil; tal é o caso dos inimputáveis por imbecilidade nativa ou enfraquecimento senil [...]. Isentos de qualquer punição, na ordem penal, nem por isso estarão isentos de indenizar, civilmente, os prejuízos que causaram" (*Código Civil do Brasil Comentado*, vol. 5°, 1926, p. 306). Sobre o tema, v., ainda, os comentários acima ao art. 415, parágrafo único, sob a rubrica *inimputabilidade*.

JURISPRUDÊNCIA

A medida de segurança pressupõe a prática de fato típico

"Para a absolvição do réu em razão da inimputabilidade e consequente aplicação de medida de segurança, não basta prova da doença mental ou perturbação da saúde mental, visto que indispensável o pressuposto de que tenha ele praticado um fato típico punível. Assim, antes de indagar do elemento culpabilidade, a sentença deve apreciar a existência do fato típico, quer quanto a autoria, bom como a ocorrência ou não de alguma cláusula de exclusão de ilicitude do fato, sendo nula a decisão que assim não procede" (TACrimSP, Rel. Gomes de Almeida, RJD 8/215).

Absolvido o réu por insanidade mental, é obrigatória a imposição de medida de segurança

"Embora a prática de delito punível abstratamente com pena de reclusão imponha a adoção de medida de segurança de internação, se o réu considerado inimputável em razão de oligofrenia não revela periculosidade, deve ser concedido tratamento ambulatorial se este se adapta melhor à sua situação" (TJMG, Rel. Odilon Ferreira, RT 791/664).

Ainda que punido com detenção o delito

"Na fixação da medida de segurança – por não se vincular à gravidade do delito perpetrado, mas à periculosidade do agente –, cabível ao magistrado a opção por tratamento mais apropriado ao inimputável, independentemente de o fato ser punível com reclusão ou detenção, em homenagem aos princípios da adequação, da razoabilidade e da proporcionalidade" (STJ – REsp nº 1266225–PI, Rel. Sebastião Reis Júnior, j. 16.08.2012, DJe 03.09.2012).

Outras consequências. Isenção de custas – Como consequência, ainda, da sentença absolutória, embora não prevista neste dispositivo, tem-se a isenção do pagamento de custas ao réu, posto que "vencedor" no processo. É o que se extrai, "contrario sensu", da letra do art. 804 do CPP, pela qual "a sentença ou o acórdão, que julgar a ação, qualquer incidente ou recurso, condenará nas custas o vencido".

Devolução da fiança – Uma vez absolvido o réu impõe-se, ainda, seja-lhe devolvido o valor da fiança, devidamente atualizado, nos termos do art. 337 do CPP.

§ 1º Se houver desclassificação da infração para outra, de competência do juiz singular, ao presidente do Tribunal do Júri caberá proferir sentença em seguida, aplicando-se, quando o delito resultante da nova tipificação for considerado pela lei como infração penal de menor potencial ofensivo, o disposto nos arts. 69 e seguintes da Lei nº 9.099, de 26 de setembro de 1995. (Redação dada pela Lei nº 11.689, de 2008)

Desclassificação – Deve o juiz, ainda, decidir a respeito de desclassificação do crime operada pelo Conselho de Sentença. Tal sentença não se confunde com aquela prevista no art. 419, proferida na primeira fase do procedimento do Júri, quando o juiz entende que o delito apontado na denúncia ou queixa não se inclui dentre aqueles de competência do Tribunal do Júri. Agora a decisão pela desclassificação é do Júri, havendo que se aplicar o disposto nos § § 1° e 2°, do art. 492. Daí nossa objeção à tese de não aplicação do juiz das garantias no procedimento do júri (ver nossos comentários ao art 3°-B do CPP).

Desclassificação própria – Essa desclassificação se diz *própria* quando o Júri desclassifica o crime para outro que não é de sua competência, sem especificar qual o crime, "assumindo o juiz presidente a capacidade decisória sobre o fato sem estar condicionado pela manifestação do Conselho de Sentença", na precisa lição de Júlio Fabbrini Mirabete (*Processo penal*, p. 540). Assim por exemplo, quando os jurados não reconhecem a tentativa de homicídio, cabe ao juiz o julgamento da lesão corporal (gravíssima ou grave). Vale atentar que, uma vez operada a desclassificação própria, o juiz se acha liberado para julgar de forma absolutamente livre, sendo dada a ele, inclusive, a possibilidade de absolver o réu (*RT* 731/578). Mesmo as circunstâncias atenuantes não mais devem ser objeto de indagação aos jurados, cabendo ao juiz apreciá-las (*RT* 776/678).

Desclassificação imprópria – A desclassificação se diz *imprópria* quando os jurados reconhecem sua incompetência para julgar o crime, mas indicam o delito cometido pelo réu. Ocorre, por exemplo, quando o Conselho de Sentença, após admitir os quesitos referentes à materialidade e letalidade das lesões, desclassifica o crime para homicídio culposo. Aqui a situação do juiz é diversa, pois ele se vê na obrigação de acatar a decisão dos jurados, condenando o réu pelo delito por eles indicado.

Crimes de menor potencial ofensivo – É possível que, em decorrência da desclassificação, se verifique, por exemplo, a ocorrência de uma lesão corporal leve ou do crime previsto no art. 132 do CP ou, ainda, da contravenção penal de vias de fato. Nessas hipóteses, determina o § 1°, do art. 492, a remessa dos autos ao Juizado Especial Criminal de que trata a Lei n° 9099/95.

Interessante que a redação do § 1°, nesse aspecto específico, observou as alterações trazidas pela Lei n° 11.313 de 29 de junho de 2006, que modificou alguns dispositivos das Leis 9099/95 e 10.259/01, que tratam do JECrim. Assim, pela nova redação do parágrafo único do art. 60 da Lei n° 9099/95 e do art. 2° da Lei 10.259/01, "na reunião de processos, perante o juízo comum ou o tribunal do júri, decorrentes da aplicação das regras de conexão e continência, observar-se-ão os institutos da transação penal e da composição dos danos civis".

As consequências dessas alterações, no que diz respeito ao Júri, foram apanhadas por Luiz Flávio Gomes, ao concluir que: "A força atrativa, para a reunião dos processos (como não poderia ser diferente), é do juízo comum (estadual ou federal) ou do tribunal do júri (estadual ou federal). Ou seja: seguindo o disposto no art. 78 do CPP manda a nova lei que no caso de crimes conexos haja reunião dos processos na vara comum ou no tribunal do júri [...] Manda a nova lei que, na vara comum ou no tribunal do júri, sejam observados os institutos da transação penal e da composição dos danos civis. Em outras palavras: a reunião dos processos não constitui fato impeditivo para a aplicação desses institutos. A vara comum ou o tribunal do júri conta com competência para isso" (*Lei n° 11.313/2006 - novas alterações nos Juizados Criminais*, publicado no *site* www.jusnavigandi.com.br).

É dizer: em virtude das modificações oriundas da Lei n° 11.313/2006, ao juiz presidente do Tribunal do Júri, ante a desclassificação operada em plenário, *v.g.* de tentativa de homicídio para lesão corporal leve, cumpre a aplicação dos dispositivos despenalizadores previstos nos Juizados Especiais Criminais, como a composição dos danos e a transação penal. Foi essa a linha de raciocínio que orientou o legislador na redação do dispositivo em exame.

Há quem entenda de forma diversa, no sentido de que, operada a desclassificação, devam os autos ser remetidos ao Juizado Especial Criminal, posição, porém, que não se sustenta face aos termos expressos do dispositivo em análise.

Nem sempre se constituirá em tarefa fácil, máxime após um julgamento prolongado, que, por exemplo, desclassificado o delito de tentativa de homicídio para lesões corporais leves, reúna-se o juiz com os envolvidos, já naquele instante, tomando, naquele momento, a representação da vítima (exigida pelo art. 88 da Lei n° 9.099/95), esclarecendo da possibilidade de composição dos danos e de aceitação, pelo réu, "da proposta de aplicação imediata de pena não privativa de liberdade" (art. 72 da Lei n° 9.099/95). Nada impede, em nosso sentir, que uma audiência seja marcada posteriormente para esse fim. Nem se argumente que o julgamento pelo Júri, nesse caso, sofreria solução de continuidade, pois do Júri não há mais que se cogitar, posto que identificada sua incompetência, com o reconhecimento de não se tratar de um crime doloso contra a vida.

Aliás, avançamos para afirmar ser mesmo vedada essa possibilidade de realização de imediata audiência para a propositura dos benefícios da Lei n° 9.099/95. Isso porque, dessa decisão, é cabível apelação, caso, por exemplo, entenda a acusação que a decisão dos jurados foi "manifestamente contrária à prova dos autos" (art. 593, III, "d"). De forma que, somente após o trânsito em julgado da decisão do Júri e uma vez não interposto o recurso no prazo de cinco dias (art. 593 do CPP), poderá se cogitar da transação penal. Salvo, talvez, se a acusação, ainda em plenário, renunciasse ao direito de recurso, aceitando, dessa maneira, a decisão que desclassificou o delito para uma infração penal de menor potencial ofensivo.

Suspensão condicional do processo – Conquanto a lei se refira apenas aos crimes de menor potencial ofensivo, é certo que, cabendo a suspensão condicional do processo de que cuida a Lei nº 9.099/95, a mesma disciplina deverá ser observada, não havendo razão para um tratamento diferenciado. É a observação, aliás, de Andrey Borges de Mendonça, ao destacar que "embora não previsto no texto legal, também em caso de desclassificação para infração que admita a suspensão condicional do processo – vale lembrar que este benefício se aplica às infrações cuja pena mínima seja igual ou inferior a um ano, mesmo que não se enquadre no conceito de infração de menor potencial ofensivo (art. 89 da Lei 9.099/95) – , também deverá o juiz presidente, após o trânsito em julgado, abrir oportunidade para o Ministério Público verificar se é o caso de oferecimento do benefício" (*Nova Reforma do Código de Processo Penal: Comentada artigo por artigo*. – São Paulo: Método, 2008, p. 137).

JURISPRUDÊNCIA

Operada a desclassificação, cabe ao juiz togado o julgamento

"Afastada pelos jurados a intenção da recorrente em participar do delito doloso contra a vida em razão da desclassificação promovida em plenário, o juiz natural da causa não é mais o Tribunal do Júri, não competindo ao Conselho de Sentença o julgamento do delito, e sim ao juiz presidente do Tribunal do Júri, nos termos do que preceitua o artigo 492, § 1º, primeira parte, do Código de Processo Penal. Ainda que se entendesse que deveria ter sido expressamente indicado o delito menos grave, tal circunstância configuraria mera nulidade relativa, estando a questão preclusa. Aplicação do princípio *pas de nullité sans grief*, ante a não ocorrência de prejuízo à acusação" (STJ –. REsp. n. 1501270-PR, Rel. Maria Thereza de Assis Moura, j. 01.10.2015, DJe 23.10.2015).

Suspensão do processo (Lei nº 9.099/95), somente após o trânsito em julgado da decisão de desclassificação

"A suspensão do processo, prevista na Lei 9.099/95, não pode ser efetivada antes do trânsito em julgado da decisão que desclassifica o delito de homicídio doloso para culposo, não configurando constrangimento apto a ensejar a impetração de habeas corpus o reconhecimento da invalidade de sua realização. – Recurso ordinário desprovido" (STJ, RHC 11529/SP, Rel. Min. Vicente Leal, j. 20.11.2001, DJ 04.02.2002, p. 549).

Aplicação também quando se tratar de suspensão condicional do processo

JÚRI. HOMICÍDIO. DESCLASSIFICAÇÃO. LESÃO CORPORAL GRAVE. PROCESSO. SUSPENSÃO CONDICIONAL – "Operada, pelo Conselho de Sentença, a desclassificação do delito para lesão corporal grave (artigo 129, § 1º, inciso II, do CP), deve o Juiz processante conceder ao Ministério Público oportunidade para propor a suspensão condicional do processo, uma vez presentes os requisitos legais. Precedentes do STJ e do STF. Ordem concedida" (STJ – HC nº 24677-RS, Rel. Paulo Medina, j. 26.08.2003, DJU 05.04.2004, p. 329).

§ 2º Em caso de desclassificação, o crime conexo que não seja doloso contra a vida será julgado pelo juiz presidente do Tribunal do Júri, aplicando-se, no que couber, o disposto no § 1º deste artigo. (Redação dada pela Lei nº 11.689, de 2008)

Crimes conexos – Tratando-se de crimes conexos, operada a desclassificação, a competência para seu julgamento é também assumida pelo juiz, não tendo cabimento que o Conselho de Sentença aprecie delitos não dolosos contra a vida. Vale salientar que se trata de hipótese diversa daquela mencionada acima, abordada no item *crimes conexos*. Lá, os jurados absolveram o réu do crime doloso contra a vida, analisando o mérito e, por isso, devem julgar os crimes conexos. Aqui, desclassificaram o delito, reconhecendo sua incompetência para apreciação do fato e, por isso, não podem julgar também os demais delitos. Nesse sentido a lição de Heleno Cláudio Fragoso (*Jurisprudência criminal*, 1º v., nº 319).

§ 3º O presidente poderá, excepcionalmente, deixar de autorizar a execução provisória das penas de que trata a alínea "e" do inc. I deste artigo, se houver questão substancial cuja resolução pelo tribunal a quem competir o julgamento possa plausivelmente levar à revisão da condenação.

Ver nossos comentários ao art. 492, inc I, alínea "e".

§ 4º. A apelação interposta contra decisão condenatória do Tribunal do Júri a uma pena igual ou superior a 15 anos de reclusão não terá efeito suspensivo.

Ver nossos comentários ao art. 492, inc I, alínea "e".

§ 5º Excepcionalmente, poderá o tribunal atribuir efeito suspensivo à apelação de que trata o §4º, quando verificado cumulativamente que o recurso:

I - não tem o propósito meramente protelatório; e

II - levanta questão substancial e que pode resultar em absolvição, anulação da sentença, novo julgamento ou redução da pena para patamar inferior a 15 anos de reclusão.

Ver nossos comentários ao art. 492, inc I, alínea "e".

§ 6º. O pedido de concessão de efeito suspensivo poderá ser feito incidentalmente na apelação ou por meio de petição em separado dirigida diretamente ao relator, instruída com cópias da sentença condenatória, das razões de apelação e de prova da tempestividade, das contrarrazões e das demais peças necessárias à compreensão da controvérsia.

Ver nossos comentários ao art. 492, inc I, alínea "e".

Art. 493. A sentença será lida em plenário pelo presidente antes de encerrada a sessão de instrução e julgamento. (Redação dada pela Lei nº 11.689, de 2008)

Leitura da sentença – A sentença, a qual se dispensa a elaboração de relatório (*RT* 422/101), deverá ser lida em plenário, nos termos do dispositivo em análise, considerada assim publicada. Recomenda a praxe e atento à solenidade do ato, que todos os presentes, inclusive o juiz, ponham-se nesse instante de pé. Tanto é considerada aí publicada, que se admite que a parte recorra verbalmente da decisão, ainda em plenário, juntando, ao depois, as razões de inconformismo. Trata-se do recurso interposto "por termo nos autos", a que alude o art. 578 do CPP. Ou seja, ao invés de se valer de uma petição (o que ocorre na imensa maioria dos casos), no júri se admite que a parte inconformada com a decisão, manifeste verbalmente sua intenção de recorrer ainda em plenário, quando, então, deverá constar do termo essa rebeldia, abrindo-se, ao depois, o prazo de oito dias para a oferta das respectivas razões de apelação (art. 600 do CPP). Claro que nada impede que o recurso seja interposto por petição, como também previsto no art. 578 do *codex*. Será assim, na maioria das vezes.

Lida a sentença, em plenário, consideram-se intimadas as partes, contando-se, a partir daí, o prazo para recurso, nos termos do art. 798, § 5º, "b", que estabelece o termo *a quo*" da audiência ou sessão em que for proferida a decisão, se a ela estiver presente a parte". Esse prazo tem início no dia seguinte à sessão de julgamento, na dicção do § 1º, do art. 798 do código pelo qual "não se computará no prazo o dia do começo, incluindo-se, porém, o do vencimento".

ATENÇÃO - Lembre-se, a propósito, do teor da Súmula nº 310 do STF, *in verbis*: "Quando a intimação tiver lugar na sexta-feira, ou a publicação com efeito de intimação for feita nesse dia, o prazo judicial terá início na segunda-feira imediata, salvo se não houver expediente, caso em que começará no primeiro dia útil que se seguir".

Intimação quando o réu esteve ausente do plenário – É possível que o Júri seja realizado sem a presença do réu, quer em virtude de que – solto – não compareceu à sessão, quer em razão de que – preso – pediu sua dispensa. É a letra do art. 457 do CPP.

No caso de ausência do réu em plenário, algumas observações devem ser deduzidas. Caso tenha defensor constituído, bastará a intimação deste, nos termos dos incs. II e III, do art. 392 do código. Bastará também a intimação do advogado quando o réu formulou pedido de dispensa da sessão, em requerimento subscrito também por seu defensor (seja dativo ou constituído). Pensamos assim em virtude de que, o réu que pede dispensa do plenário e, juntamente com o defensor, elabora um requerimento nesse sentido, tem, indubitavelmente, conhecimento do processo e, por isso mesmo, não nos parece necessária sua posterior intimação.

Mas os casos de ausência mais comum do réu ocorrerão quando ele, encontrando-se solto, é intimado por edital da decisão de pronúncia, como permite o parágrafo único, do art. 420 do CPP. Nesse caso, realizado o Júri sem a presença do réu, cuja defesa coube a um defensor dativo, proferida a sentença sua intimação se processará por edital, como dispõe o inc. VI, do art. 392 do código.

JURISPRUDÊNCIA

Recurso por termo nos autos no Tribunal do Júri

TRIBUNAL DO JÚRI. ABSOLVIÇÃO. APELO MINISTERIAL. MANIFESTAÇÃO ORAL NOS AUTOS DA INTENÇÃO DE RECORRER. APRESENTAÇÃO DAS RAZÕES POSTERIORMENTE. ADMISSIBILIDADE DO RECURSO. APLICAÇÃO DO PRINCÍPIO DA INSTRUMENTALIDADE DAS FORMAS – "Pela regra do art. 578 do Código de Processo Penal, o recurso criminal poderá ser interposto por petição ou por termo nos autos, entendendo-se como tal a manifestação inequívoca da parte quanto à intenção de recorrer. Uma vez apresentadas as razões do recurso, após manifestação oral da vontade de recorrer, reduzida a termo na ata de julgamento e, em atenção ao despacho de intimação da lavra do Juiz de Primeiro grau, têm-se por satisfeitas as prescrições do art. 578 do Diploma Processual Penal" (STJ – REsp n° 401360-GO, Rel. Laurita Vaz, j. 16.12.2004, DJ 28.02.2005, p. 348).

Leitura da sentença e intimação

Criminal. *HC*. Homicídio e homicídio tentado. Sentença condenatória proferida em plenário do Júri. Intimação expressa das partes. Início imediato da contagem do prazo recursal. Desnecessidade de aposição do ciente nos autos. Ordem denegada – "Hipótese na qual se sustenta a tempestividade do recurso de apelação, ao argumento de que a intimação pessoal do defensor somente se aperfeiçoaria com a aposição de seu ciente na ata de julgamento do Tribunal do Júri. O Código de Processo Penal dispensa a intimação formal das partes, sendo certo que o advogado do réu foi regularmente intimado, pois estava presente na sessão de julgamento, tendo tomado conhecimento do teor da sentença após a sua leitura pelo Juiz" (STJ – HC n° 62649-SP – Rel. Gilson Dipp, j. 30.10.2006).

Recurso verbal em plenário. Admissibilidade

"A apelação, no Tribunal do Júri, pode ser interposta por requerimento verbal e as razões podem ser deduzidas posteriormente" (STJ – REsp n° 139233-PE – Rel. Felix Fischer, j. 16.09.1997, DJ 13.10.1997, p. 51627).

SEÇÃO XV
DA ATA DOS TRABALHOS

Art. 494. De cada sessão de julgamento o escrivão lavrará ata, assinada pelo presidente e pelas partes. (Redação dada pela Lei nº 11.689, de 2008)

Ata da sessão de julgamento – Impõem os dispositivos em exame a obrigatoriedade de elaboração da ata, como já o fazia, em artigo semelhante, a legislação anterior (também no art. 494). A diferença agora verificada é que a ata, antes assinada somente pelo juiz e o membro do Ministério Público, deve ser assinada, também, "pelas partes", em conceito que envolve o defensor e o assistente de acusação, quando houver. Vale anotar, porém, que a despeito da observação legal, sempre se entendeu, na jurisprudência, que a falta de tais assinaturas não dá ensejo a qualquer nulidade (*RT* 673/371; *JSTF* 209/273).

Art. 495. A ata descreverá fielmente todas as ocorrências, mencionando obrigatoriamente: (Redação dada pela Lei nº 11.689, de 2008)

I – a data e a hora da instalação dos trabalhos; (Redação dada pela Lei nº 11.689, de 2008)

II – o magistrado que presidiu a sessão e os jurados presentes; (Redação dada pela Lei nº 11.689, de 2008)

III – os jurados que deixaram de comparecer, com escusa ou sem ela, e as sanções aplicadas; (Redação dada pela Lei nº 11.689, de 2008)

IV – o ofício ou requerimento de isenção ou dispensa; (Redação dada pela Lei nº 11.689, de 2008)

V – o sorteio dos jurados suplentes; (Redação dada pela Lei nº 11.689, de 2008)

VI – o adiamento da sessão, se houver ocorrido, com a indicação do motivo; (Redação dada pela Lei nº 11.689, de 2008)

VII – a abertura da sessão e a presença do Ministério Público, do querelante e do assistente, se houver, e a do defensor do acusado; (Redação dada pela Lei nº 11.689, de 2008)

VIII – o pregão e a sanção imposta, no caso de não comparecimento; (Redação dada pela Lei nº 11.689, de 2008)

IX – as testemunhas dispensadas de depor; (Redação dada pela Lei nº 11.689, de 2008)

X – o recolhimento das testemunhas a lugar de onde umas não pudessem ouvir o depoimento das outras; (Redação dada pela Lei nº 11.689, de 2008)

XI – a verificação das cédulas pelo juiz presidente; (Redação dada pela Lei nº 11.689, de 2008)

XII – a formação do Conselho de Sentença, com o registro dos nomes dos jurados sorteados e recusas; (Redação dada pela Lei nº 11.689, de 2008)

XIII – o compromisso e o interrogatório, com simples referência ao termo; (Redação dada pela Lei nº 11.689, de 2008)

XIV – os debates e as alegações das partes com os respectivos fundamentos; (Redação dada pela Lei nº 11.689, de 2008)

XV – os incidentes; (Redação dada pela Lei nº 11.689, de 2008)

XVI – o julgamento da causa; (Redação dada pela Lei nº 11.689, de 2008)

XVII – a publicidade dos atos da instrução plenária, das diligências e da sentença. (Redação dada pela Lei nº 11.689, de 2008)

Conteúdo – Em seguida, o art. 495, indica, de forma minuciosa, todo o conteúdo da ata. Ela é, no dizer de Magalhães Noronha, "o registro, lavrado pelo escrivão do que ocorreu na sessão do júri, assinado pelo juiz e pelo promotor público [acrescentaríamos, agora, *pelas partes*]" (ob. cit., p. 371).

Sua elaboração e seu conteúdo são de enorme importância, na medida em que dela devem constar, dentre outros requisitos, todos os incidentes verificados no transcorrer do julgamento (art. 495, inc. XV). Assim, a parte que se considerar prejudicada em virtude de algum fato durante o plenário, deve, primeiro, manifestar seu protesto e, depois, cuidar para que essa rebeldia conste da ata. Na eventual omissão da ata, presume-se que não houve qualquer incidente e que a parte concordou com a realização do ato, não podendo reclamar posteriormente. Assim, por exemplo, se a defesa pretender a acareação entre duas testemunhas, deverá formular o requerimento e, no caso de indeferimento, pedir para que conste da ata seu protesto. Somente assim poderá alegar, em grau de recurso, eventual cerceamento de defesa. Se nada constar da ata, não se poderá jamais apurar se o pedido foi efetivamente manejado e indeferido. O mesmo ocorrerá com a omissão da oitiva de uma testemunha de defesa na qual não foi feito o protesto imediatamente (*RT* 432/394).

Presunção de veracidade – Em suma, merece conferência o ensinamento do STF a respeito do tema: "A ata do julgamento pelo Plenário é o espelho das ocorrências nele verificadas. Se dela não constam as circunstâncias invocadas pela defesa, ou protesto seu a respeito dos pontos impugnados, não há como se anular o julgamento" (*RTJ* 85/525). Afinal, "a ausência de reclamação ou de protesto da parte interessada reveste-se de aptidão para gerar, de modo irrecusável, a preclusão de sua faculdade processual de arguir qualquer nulidade porventura ocorrida" (STF – Rel. Min. Celso de Mello – *RT* 678/399). Presume-se, portanto, que aquilo que não constar da ata, não constou do processo (*RT* 549/388, 678/399).

No sentir, porém, de Firmino Whitaker, "tal presunção é relativa, admitindo prova em contrário; pois, presunções absolutas são de direito estrito, não existindo senão por disposição expressa, taxativa, da lei. Se assim não fora, se as partes não pudessem atacar as referências ou sanar as faltas da ata, bastaria a inépcia ou má-fé de um escrivão para que nulos ficassem processos na realidade válidos, e válidos os que contivessem omissões intencionalmente encobertas" (ob. cit., p. 212). Claro que, para se suscitar alguma nulidade do julgamento, se admite a prova quanto a determinado fato omitido pela ata. Mas tal prova será muito mais difícil sem a consignação do protesto.

Rol exemplificativo – Todos os requisitos da ata encontram-se arrolados no artigo em análise. Trata-se de um rol exemplificativo, a admitir, portanto, ampliação, ou seja, a inclusão na ata de outros atos não enumerados no dispositivo legal. Assim, por exemplo, se uma das partes interpõe recurso contra a decisão por termo nos autos (art. 578), esse ato deve constar da ata, embora não relacionado no artigo em estudo (*RT* 692/335, 693/373). Poderíamos citar, ainda, o uso de algemas pelo réu em plenário, que deve constar da ata caso a defesa proteste contra essa providência. Ou a leitura, pela acusação, do teor da decisão de pronúncia.

Já abordamos, no transcurso deste trabalho, todos os tópicos constantes no art. 495. Eles se explicam por si só, sendo desnecessária a análise, de *per si*, de cada um deles. Importante, tornamos a salientar, é que a ata, sem se derramar em detalhes insignificantes, se traduza em verdadeiro espelho do julgamento, permitindo que a parte prejudicada, em grau de recurso, faça menção a ela, a fim de reforçar sua tese.

JURISPRUDÊNCIA

Relevância da ata

"O valor da ata de julgamento, cujo conteúdo traduz a expressão fiel de todas as ocorrências do julgamento em Plenário do Júri (CPP, art. 495), reveste-se de importância jurídica essencial. Meras alegações discordantes da parte, desprovidas de qualquer comprovação, não se revelam suficientes para descaracterizar o teor de veracidade que esse registro processual reflete. – A ausência de reclamação ou de protesto torna preclusa a faculdade processual de a parte arguir qualquer nulidade eventualmente ocorrida. O silêncio da parte – que se mostra pleno de expressão semiológica – tem efeito convalidador dos vícios acaso verificados durante o julgamento, ressalvados os defeitos e irregularidades, que, por sua seriedade e gravidade, hajam induzido os jurados a erro, dúvida, incerteza ou perplexidade sobre o fato objeto de sua apreciação decisória. Precedentes. Os protestos das partes – Ministério Público e acusado – não se presumem. Hão de ser especificamente lavrados, sob pena de a inércia de qualquer dos sujeitos da relação processual penal traduzir a consumação da preclusão de sua faculdade jurídica de protestar e de reclamar contra eventuais erros ou defeitos cometidos ao longo do julgamento ou na elaboração dos questionários" (STF – RHC n° 79952-MG, Rel. Celso de Mello, j. 02.02.2002, DJ 22.11.2002, p. 84).

Utilização de algemas deve constar da ata

"A nulidade decorrente do uso de algemas pelo paciente na sessão de julgamento não foi arguida no momento oportuno, quando do julgamento. Da ata de julgamento nem sequer existe menção a esse fato, ausente, portanto, prova pré-constituída da ilegalidade suscitada na impetração" (STJ – HC nº 152790-SP, Rel. Sebastião Reis Júnior, j. 16.08.2011, DJe 05.09.2011).

Art. 496. A falta da ata sujeitará o responsável a sanções administrativa e penal. (Redação dada pela Lei nº 11.689, de 2008)

Prazo e sanções – A ata deverá ser lavrada pelo escrivão, no prazo de dois dias, conforme prescrito no art. 799 do CPP. O art. 496 sujeita o escrivão faltoso, que deixou de elaborar a ata, "a sanções administrativa e penal". A sanção penal que se pode imaginar consistiria na prática de um crime de prevaricação, na improvável hipótese de que o funcionário tenha deixado de elaborar a ata, de forma dolosa, "para satisfazer interesse ou sentimento pessoal", nos termos do art. 319 do Código Penal. Ou mesmo de corrupção ativa, prevista no art. 317 do mesmo *codex*, caso tenha o funcionário solicitado ou recebido, para si ou para outrem, alguma vantagem indevida, para não cumprir seu dever de ofício. Já a sanção administrativa decorre de falta funcional, a ser apurada perante a respectiva corregedoria, à luz das normas do estatuto do servidor público. A multa prevista na antiga redação do artigo de lei, de quarenta centavos a um cruzeiro, possuía valor inexequível nos dias de hoje e, por isso, foi em boa hora suprimida.

SEÇÃO XVI
DAS ATRIBUIÇÕES DO PRESIDENTE DO TRIBUNAL DO JÚRI

Art. 497. São atribuições do juiz presidente do Tribunal do Júri, além de outras expressamente referidas neste Código: (Redação dada pela Lei nº 11.689, de 2008)

I - regular a polícia das sessões e prender os desobedientes; (Redação dada pela Lei nº 11.689, de 2008)

II - requisitar o auxílio da força pública, que ficará sob sua exclusiva autoridade; (Redação dada pela Lei nº 11.689, de 2008)

III - dirigir os debates, intervindo em caso de abuso, excesso de linguagem ou mediante requerimento de uma das partes; (Redação dada pela Lei nº 11.689, de 2008)

IV - resolver as questões incidentes que não dependam de pronunciamento do júri; (Redação dada pela Lei nº 11.689, de 2008)

V - nomear defensor ao acusado, quando considerá-lo indefeso, podendo, neste caso, dissolver o Conselho e designar novo dia para o julgamento, com a nomeação ou a constituição de novo defensor; (Redação dada pela Lei nº 11.689, de 2008)

VI - mandar retirar da sala o acusado que dificultar a realização do julgamento, o qual prosseguirá sem a sua presença; (Redação dada pela Lei nº 11.689, de 2008)

VII - suspender a sessão pelo tempo indispensável à realização das diligências requeridas ou entendidas necessárias, mantida a incomunicabilidade dos jurados;(Redação dada pela Lei nº 11.689, de 2008)

VIII - interromper a sessão por tempo razoável, para proferir sentença e para repouso ou refeição dos jurados; (Redação dada pela Lei nº 11.689, de 2008)

IX - decidir, de ofício, ouvidos o Ministério Público e a defesa, ou a requerimento de qualquer destes, a arguição de extinção de punibilidade; (Redação dada pela Lei nº 11.689, de 2008)

X - resolver as questões de direito suscitadas no curso do julgamento; (Redação dada pela Lei nº 11.689, de 2008)

XI - determinar, de ofício ou a requerimento das partes ou de qualquer jurado, as diligências destinadas a sanar nulidade ou a suprir falta que prejudique o esclarecimento da verdade; (Redação dada pela Lei nº 11.689, de 2008)

XII - regulamentar, durante os debates, a intervenção de uma das partes, quando a outra estiver com a palavra, podendo conceder até 3 (três) minutos para cada aparte requerido, que serão acrescidos ao tempo desta última. (Incluído pela Lei nº 11.689, de 2008)

Atribuições do Juiz. Introdução – As atribuições do juiz-presidente estão relacionadas neste dispositivo e diversas delas já foram objeto de nossa análise, mesmo que de forma superficial. Nos deteremos, agora, ao estudo de cada uma das hipóteses legais, podendo classificá-las como *funções de polícia, funções processuais* e *funções decisórias.*

I - regular a polícia das sessões e prender os desobedientes; (Redação dada pela Lei nº 11.689, de 2008)

II - requisitar o auxílio da força pública, que ficará sob sua exclusiva autoridade; (Redação dada pela Lei nº 11.689, de 2008)

Funções de polícia – Como *funções de polícia* se caracterizam, principalmente, aquelas mencionadas nos incs. I, II e VI, que impõem ao juiz a incumbência de *"regular a polícia das sessões e prender os desobedientes"*, bem como *"requisitar o auxílio da força pública, que ficará sob sua exclusiva autoridade"* e retirar da sala o réu que se comporte de forma inconveniente. Deve o juiz, portanto, zelar pela boa condução dos trabalhos, em um ambiente de serenidade, evitando o tumulto, onde as partes possam expor seus fundamentos livremente, mas com respeito e no qual os jurados encontrem condições para formarem livremente suas convicções, sem pressões e interferências externas.

Para isso, como corolário de tal função, segundo o art. 795, deve o juiz coibir a manifestação dos espectadores das sessões, sob pena de ser-lhes ordenada a retirada do recinto. Pode, ainda, em casos excepcionais e atento ao direito que tem o réu de assistir o julgamento, retirá-lo da sala ante a prática de ameaças e injúrias que atentem contra o bom andamento do julgamento (inciso VI). Também a retirada dos acusadores e defensores da sala secreta, prevista no § 2º, do art. 485, insere-se no poder de polícia conferido ao juiz.

Menores no julgamento – A presença de menores no recinto, segundo os autores mais antigos, deve ser proibida. Para Borges da Rosa, menores de 16 anos não podem assistir aos debates (ob. cit., p. 580). Câmara Leal propõe a mesma medida contra os menores de 18 anos (ob. cit. p. 261). Parece que nos dias de hoje, dado ao notável avanço verificado nas relações sociais, com o incrível manancial de informações que se coloca à disposição dos jovens e com a possibilidade do maior de 16 anos, inclusive, exercer o direito do voto, não há mais lugar para essa espécie de restrição, de resto não prevista em lei. Ao contrário, o exercício de democracia praticado no Júri servirá, por certo, como exemplo saudável para o jovem, em vista da participação popular no julgamento e, demais disso, quem sabe, despertar-lhe a vocação para a Magistratura, o Ministério Público e a Advocacia. É claro que se o comportamento revelar-se inconveniente, deve o jovem ser retirado da sala, mas aí se trata de sanção que se aplica a todos. Ressalte-se, por último, que a fim de garantir a regularidade dos trabalhos, deve o juiz requisitar policiamento, que permanecerá sob suas ordens, além de prender, *v.g.* por desobediência ou desacato, os que se portarem inconvenientemente.

III – dirigir os debates, intervindo em caso de abuso, excesso de linguagem ou mediante requerimento de uma das partes; (Redação dada pela Lei nº 11.689, de 2008)

Funções processuais – São analisadas abaixo, nos comentários ao inc. V.

IV – resolver as questões incidentes que não dependam de pronunciamento do júri; (Redação dada pela Lei nº 11.689, de 2008)

Funções decisórias – Dentre as *funções decisórias*, encontra-se a prevista no inciso IV. *Questões incidentes* são as que surgem no curso do julgamento e cuja decisão não seja de competência do Conselho de Sentença. Assim, por exemplo, decidir se algum fato é *essencial para a decisão da causa*, conforme previsto no art. 481, é incumbência do juiz e não dos jurados. Também quando o juiz decide sobre arguição de suspeição ou impedimento dos jurados. O inciso IX trata de outra função decisória, quando o juiz acolhe pedido de extinção da punibilidade. Cuida-se de hipótese desconhecida na prática, mas que pode ocorrer, por exemplo, advindo a morte do réu durante o julgamento que, por isso, terá sua punibilidade extinta (art. 107, I, do CP) ou quando, tratando-se de um crime conexo manejado através de ação penal privada, peça o querelante, em plenário, a absolvição do réu, caracterizando, assim, a perempção (art. 107, inc. IV, do CP).

As *questões de direito* mencionadas no inc. X, de caráter decisório, são, por exemplo, a organização dos quesitos e a votação do questionário. A mais importante delas, porém, não foi incluída no art. 497, que é exatamente aquela consistente na elaboração da sentença prevista no art. 492.

V - nomear defensor ao acusado, quando considerá-lo indefeso, podendo, neste caso, dissolver o Conselho e designar novo dia para o julgamento, com a nomeação ou a constituição de novo defensor; (Redação dada pela Lei nº 11.689, de 2008)

Funções processuais – Como *funções processuais* podem ser apontadas aquelas previstas nos incisos III, V, VII, IV, VIII, XI e XII. *Dirigir os debates*, segundo o inc. III, significa manter a boa ordem, cuidando da observância do tempo destinado a cada um dos oradores, coibindo a troca de ofensas e agressões verbais recíprocas. Devem ser proibidos, portanto, os excessos de linguagem, mas sem perder de vista o Magistrado, imbuído de serenidade e bom senso, que alguma exaltação deve ser tolerada, fruto do ambiente que, por vezes, se forma no plenário, *saturado de eletricidade* no dizer de Ruy Barbosa (*O júri sob todos os aspectos*, p. 129). A inovação relacionada à disciplina dos apartes, introduzida pelo inc. XII, já foi objeto de análise quando abordamos o tema em separado.

O inciso V prevê a possibilidade do juiz, considerando o réu indefeso, nomear-lhe outro advogado, dissolvendo o Conselho de Sentença. Essa hipótese foi abordada no tópico *defesa*, quando nos detivemos em salientar que, em homenagem aos princípios do contraditório e da ampla defesa, não mais se admite uma mera atuação formal do advogado, exigindo-se, hoje, uma defesa efetiva que se revele, senão brilhante, pelo menos comprometida com a causa, sustentando as teses porventura favoráveis ao réu, comparecendo aos atos processuais e, especialmente no Júri, valendo-se de argumentos capazes de impressionar os jurados. Entendemos, apenas, que o juiz não deve imediatamente nomear defensor ao réu, conforme previsto em lei, mas, antes, intimá-lo a fim de que, querendo, contrate advogado de sua confiança. Apenas na eventual inércia é que deverá, aí sim, nomear um defensor dativo.

A deficiência de acusação também admite a mesma medida, embora não prevista no dispositivo legal em estudo. Tarefa ingrata conferida ao juiz é a de avaliar se a acusação está sendo manejada da forma desejável, razão pela qual as raras hipóteses em que, na jurisprudência, se verificou tal situação, na verdade diziam respeito ao abandono do promotor de justiça do plenário, quando se reconheceu a nulidade com base no art. 564, III, *l*. Afirmar-se que sucinto pedido de absolvição formulado pelo promotor de justiça dá causa à dissolução do conselho por deficiência da acusação, parece incorreto. Primeiro porque, após a fala do Ministério Público, virá a manifestação do defensor que poderá, com argumentos mais poderosos, reforçar o pedido de absolvição. Segundo em virtude de que cumpre ao juiz, na sala secreta, explicar os quesitos que serão objeto da apreciação dos jurados, quando então, sem ingressar no debate propriamente dito, por não ser sua função, deverá melhor esclarecer o posicionamento da acusação. E, por último, em razão de que o jurado não é obrigado a acatar o pedido de absolvição, julgando livremente, sem obrigação de fundamentar sua decisão.

É, ainda, função processual a prevista no inciso VII, que atribui ao juiz a possibilidade de suspensão do julgamento para execução de alguma diligência como, por exemplo, mandar buscar uma testemunha cujo depoimento parece fundamental. Se houver tempo razoável para o cumprimento da diligência, suspende-se o julgamento. Caso contrário, deverá dissolver o Conselho de Sentença (art. 481). Também é prevista no inciso VIII a função processual consistente na interrupção do julgamento para repouso ou refeição dos jurados (e, por equidade, de todos aqueles que participam do julgamento).

Interessante questão foi submetida á apreciação do Superior Tribunal de Justiça, por meio de *habeas corpus*, publicado no *Boletim do STJ* nº 1, na 1ª quinzena de fevereiro de 2006. Na hipótese, relatada pelo Min. Hamilton Carvalhido, os debates foram interrompidos, para almoço, durante a fala da defesa, sem que, na retomada dos trabalhos, o advogado tivesse restituído todo o tempo para seu discurso. Ou seja, interrompido seu discurso, o defensor se viu obrigado, depois da refeição, a reiterar toda a argumentação antes utilizada, sob pena de comprometer o encadeamento de sua tese, o que fez em nítido prejuízo de seu tempo. Assim:

> "A interrupção da defesa, para almoço, não lhe sendo restituído o tempo integral, é causa de nulidade absoluta, quando ofende o direito à ampla defesa constitucionalmente assegurado aos acusados (Constituição da República, artigo 5º, inciso LV), como sói acontecer nos casos em que o patrono do réu, diante das peculiaridades que gravam o *veredictum* dos jurados, não podia dispensar-se de recuperar as alegações antes produzidas, fazendo-se manifesta a diminuição do tempo legal" (HC nº 35.253-0, j. 17.11.2005).

Por derradeiro, tem-se a função processual prevista no inciso XI, que confere ao juiz a possibilidade de, a requerimento das partes, dos jurados ou de ofício, ordenar diligências e sanar nulidades que prejudiquem a apuração da verdade. Cuida-se de questão já analisada em mais de uma passagem de nossa exposição e que vem baseada no princípio da busca da verdade real (ou processual), com o qual se compromete o juiz. Tal faculdade, no entanto, deve ser exercida com cautela pelo juiz, sob pena de, perdendo a imparcialidade que é exatamente a qualidade que dele mais se espera, acabar por assumir o lugar do acusador ou do defensor.

JURISPRUDÊNCIA

Réu indefeso

"A lei processual penal não estipula um tempo mínimo que deve ser utilizado pela defesa quando do julgamento do júri. Contudo não se consegue ver razoabilidade no prazo utilizado no caso concreto, por mais sintética que tenha sido a linha de raciocínio utilizado. Hipótese concreta em que o defensor dativo utilizou apenas quatro minutos para fazer a defesa do paciente, perante o plenário do Tribunal do Júri. A exiguidade do tempo utilizado, no caso, aponta no sentido de que não houve o desenvolvimento válido de nenhuma tese, levando à conclusão de que a defesa do paciente teve caráter meramente formal, o que determina a aplicação da primeira parte da Súmula 523/STF. Deveria, portanto, ter havido a intervenção do Juiz presidente, com a nomeação de novo defensor ou a dissolução do Conselho e a marcação de novo dia de julgamento, a fim de garantir o cumprimento da norma constitucional que garante aos acusados a plenitude de defesa" (STJ – HC nº 234758-SP, Rel. Sebastião Reis Júnior, j. 19.06.2012, DJe 01.08.2012).

VI – mandar retirar da sala o acusado que dificultar a realização do julgamento, o qual prosseguirá sem a sua presença; (Redação dada pela Lei nº 11.689, de 2008)

Poder de polícia – Trata-se de evidente função policial do juiz, pelo que remetemos à leitura do inc. II acima.

VII – suspender a sessão pelo tempo indispensável à realização das diligências requeridas ou entendidas necessárias, mantida a incomunicabilidade dos jurados;(Redação dada pela Lei nº 11.689, de 2008)

VIII - interromper a sessão por tempo razoável, para proferir sentença e para repouso ou refeição dos jurados; (Redação dada pela Lei nº 11.689, de 2008)

IX - decidir, de ofício, ouvidos o Ministério Público e a defesa, ou a requerimento de qualquer destes, a arguição de extinção de punibilidade; (Redação dada pela Lei nº 11.689, de 2008)

X - resolver as questões de direito suscitadas no curso do julgamento; (Redação dada pela Lei nº 11.689, de 2008)

XI - determinar, de ofício ou a requerimento das partes ou de qualquer jurado, as diligências destinadas a sanar nulidade ou a suprir falta que prejudique o esclarecimento da verdade; (Redação dada pela Lei nº 11.689, de 2008)

XII - regulamentar, durante os debates, a intervenção de uma das partes, quando a outra estiver com a palavra, podendo conceder até 3 (três) minutos para cada aparte requerido, que serão acrescidos ao tempo desta última. (Incluído pela Lei nº 11.689, de 2008)

Função decisória - Todas as hipóteses, dos incs. VII *usque* XII acima, importam em decisões e, como tal, sugerimos a leitura dos comentários ao inc. IV acima.

Apartes - Questão que já suscitou controvérsia é a que diz respeito aos apartes. Há quem negasse a possibilidade de sua produção em plenário, ressaltando sua inconveniência, pois, na lição de Borges da Rosa, "estes dão lugar a interrupções, são em geral perturbadores e muitas vezes tornam prejudicialmente acalorados os debates, dando margem a atritos e invectivas, com grave ofensa do decoro do tribunal. Às partes só é permitido falar pela ordem em que lhes é concedida a palavra" (ob. cit. p. 144).

É entendimento que não vingou. Os apartes, embora não tivessem previsão legal (sendo, também por isso, permitidos), sempre foram da tradição do Júri, constituindo-se na alma do debate e na essência do discurso. Um discurso sem possibilidade de crítica imediata, transforma-se em incansável monólogo. Já se disse, inclusive, que os apartes constituem o *tempero* dos debates. Óbvio que devem ser curtos e pertinentes, sob pena de se transformarem em verdadeiro discurso paralelo, dificultando a compreensão dos jurados e retirando precioso tempo do orador que se viu aparteado. Melhor que sejam concedidos pela parte que detiver a palavra. Caso esta se recuse e ante a imprescindibilidade do aparte, cumpre ao interessado requerê-lo ao juiz presidente, que, nos termos deste dispositivo, pode concedê-lo.

Mas não apenas para *apimentar* a polêmica ou para acalorar os debates, prestam-se os apartes. Por vezes são mesmo necessários quando, por exemplo, na tréplica, o defensor sustentar tese até então inédita ou invocar fato notadamente mentiroso. Ou a acusação se vale dos apartes ou não encontrará outro momento oportuno para refutar as alegações.

Notável a lição de Espínola Filho, ao salientar que "apartes, sim; mas, curtos e oportunos - aconselha a boa técnica; comedidos, não insistentes, nem prolongados, e em termos moderados - exige a perfeita ordem dos trabalhos, que não pode ser sacrificada pelas interrupções dos debates e pelas respostas dos oradores, em termos desrespeitosos e agressivos, capazes de estabelecer o tumulto" (ob. cit., p. 451). Na jurisprudência é franco o posicionamento favorável aos apartes (*RT* 746/580, 659/262, 549/304).

Como inovação, a reforma do Júri de 2008, de forma expressa, reconheceu a possibilidade de apartes e, inclusive, disciplinou sua utilização. É o que se depreende da leitura deste dispositivo, ao determinar que cumpre ao juiz regulamentar a intervenção de uma das partes na manifestação da outra, concedendo o prazo de até três minutos para tal manifestação. Esse prazo, por óbvio, deverá ser acrescido ao tempo daquele que foi interrompido.

CAPÍTULO III DO PROCESSO E DO JULGAMENTO DOS CRIMES DA COMPETÊNCIA DO JUIZ SINGULAR

Arts. 498 a 502. *(Revogados pela Lei 11.719/2008)*

TÍTULO II DOS PROCESSOS ESPECIAIS

CAPÍTULO I DO PROCESSO E DO JULGAMENTO DOS CRIMES DE FALÊNCIA

Arts. 503 a 512. *(Revogados pela Lei 11.101/2005)*

CAPÍTULO II DO PROCESSO E DO JULGAMENTO DOS CRIMES DE RESPONSABILIDADE DOS FUNCIONÁRIOS PÚBLICOS

Art. 513. Os crimes de responsabilidade dos funcionários públicos, cujo processo e julgamento competirão aos juízes de direito, a queixa ou a denúncia será instruída com "documentos ou justificação que façam presumir a existência do delito ou com declaração fundamentada da impossibilidade de apresentação de qualquer dessas provas.

Parágrafo único. Se não for conhecida a residência do acusado, ou este se achar fora da jurisdição do juiz, ser-lhe-á nomeado defensor, a quem caberá apresentar a resposta preliminar.

Introdução – A lei penal necessita obrigatoriamente do processo para a sua aplicação ao caso concreto; aquela – o direito penal material – define os crimes, as penas e as medidas de segurança aplicáveis aos seus agentes; este – o processo – o modo de proceder para verificar juridicamente a ocorrência dos crimes, determinar seus autores e aplicar-lhes as sanções, quando disso for o caso. As formalidades e a sequência com que os atos processuais se realizam dentro do processo, chama-se procedimento (ou rito).

Crimes de responsabilidade (crimes funcionais) – O Capítulo I do Título XI do Código Penal trata dos *crimes funcionais*, praticados por determinado grupo de pessoas – *funcionários públicos* – no exercício de sua função, associado ou não com pessoa alheia aos quadros administrativos, impregnando o correto funcionamento dos órgãos do Estado. A propósito, a Administração Pública em geral - direta, indireta e empresas privadas prestadoras de serviços públicos, contratadas ou conveniadas - será vítima primária e constante, podendo, secundariamente, figurar no polo passivo eventual administrado prejudicado.

Crimes dessa natureza afetam, sempre, a probidade administrativa, promovendo o desvirtuamento da Administração Pública nas suas várias camadas, ferindo, dentre outros, os princípios norteadores da *legalidade*, *impessoalidade*, *moralidade* e *eficiência*. O agente, representando o Estado, contraria uma norma, buscando com sua conduta, muitas vezes, fim obscuro e imoral, demonstrando nefasta ineficiência do seu serviço. Cuida-se de forma qualificada de desvio de poder, realizando o servidor desejo pessoal ou de terceiro – *interesse particular* –, gerando dano ou perigo de dano para a ordem administrativa.

Crimes funcionais próprios e impróprios – Nos *crimes funcionais próprios (puros ou propriamente ditos)*, faltando a qualidade de funcionário público ao autor, o fato passa a ser tratado como um indiferente penal, não se subsumindo a nenhum outro tipo incriminador - *atipicidade absoluta* – *v.g.*, a prevaricação (art. 319 do CP). Já nos *impróprios* (*impuros ou impropriamente ditos*) desaparecendo a qualidade de servidor do agente, desaparece também o crime funcional, operando-se, porém, a desclassificação da conduta para outro delito, de natureza diversa – *atipicidade relativa* – *v.g.*, peculato furto (art. 312, § 1º).

Rito especial – nos arts. 513 e ss., o CPP anuncia procedimento especial para o processo e julgamento dos crimes funcionais. A despeito de alguma divergência doutrinária, prevalece o entendimento de que não basta a qualidade do agente parar impor a disciplina processual aqui tratada. É necessário, ainda, que a infração de que seja acusado constitua delito funcional típico, previsto nos arts. 312 a 326 do Código Penal.

JURISPRUDÊNCIA

Não aplicação do rito especial quando se tratar de crime comum, ainda que perpetrado por funcionário público

"O procedimento previsto nos arts. 513 e seguintes do CPP reservam-se aos casos em que são imputados ao réu apenas crimes funcionais típicos, o que não se tem na espécie. A paciente foi denunciada, com outros indivíduos, pela prática, em tese, dos crimes de roubo qualificado e formação de quadrilha" (STF – HC n° 95667-AM, Rel. Ricardo Lewandowski, j. 16.06.2010, DJe 01.07.2010).

Prescindibilidade do inquérito policial – De se ver, inicialmente, que o artigo em estudo prevê a possibilidade de oferta de denúncia ou queixa instruída com documentos ou justificação que façam presumir a existência do crime ou com declaração no sentido de que é impossível a apresentação dessas provas. Torna-se, assim, dispensável a instauração de inquérito policial. Ocorre que, não sendo a acusação lastreada em inquérito policial, presumindo-se, assim, mais precária e menos fundamentada, é também por isso necessária a oitiva preambular eliminar do acusado, por meio da defesa preliminar. Entende-se, *contrario sensu*, que não há necessidade da defesa preliminar se a denúncia do Ministério Público estiver fundamentada em inquérito policial. Nesse sentido o teor da Súmula 330 do STJ: "É desnecessária a resposta preliminar de que trata o artigo 514, do Código de Processo Penal, na ação penal instruída por inquérito policial". E mesmo quando fundada a acusação em "documentos ou justificação que façam presumir a existência do delito", tem-se entendido que essa omissão acarreta nulidade relativa, a exigir, pois, a comprovação do prejuízo.

Juiz das garantias e ação penal que dispensou investigação criminal – No sistema do juiz das garantias, diz o art. 3º-B, IV, que qualquer investigação de cunho criminal deve ser comunicada ao juiz das garantias, magistrado responsável pelo controle da legalidade da investigação criminal e pela salvaguarda dos direitos individuais cuja franquia tenha sido reservada à autorização prévia do Poder Judiciário. Mas e se não existiu investigação? Sabemos que o titular da ação penal, tendo elementos indicando autoria e prova da materialidade, pode agir, mesmo sem qualquer procedimento investigatório prévio. Nesse cenário, fica dispensado o juiz das garantias? Sim, pois de acordo com o STF, nas ADIs 6.298, 6.299, 6.300 e 6.305, o juiz das garantias atua até o oferecimento da inicial. Quem recebe é o juiz da instrução.

JURISPRUDÊNCIA

Nulidade relativa

A ausência de notificação do acusado para apresentar defesa antes do recebimento da denúncia, prevista no artigo 514 do Código de Processo Penal, gera nulidade relativa, cujo reconhecimento demanda a arguição oportuna e comprovação do prejuízo" (STJ – RHC n° 36582-RJ, Rel. Jorge Mussi, j. 14.05.2013, DJe 29.05.2013).

Notificação do acusado com endereço ignorado ou que residir fora – Desconhecido o endereço do acusado ou residindo fora do juízo da culpa, determina o parágrafo único deste dispositivo que caberá ao juiz nomear-lhe defensor, para que oferte a defesa preliminar. Ignorado o endereço, não se justiça sua intimação por edital, face aos termos textuais do artigo de lei. Muito mais prático que, desde logo, seja indicado um advogado dativo, já que o edital atende à mera formalidade, pois, é cediço, ninguém o lê. Morando fora, não se impõe a expedição de carta precatória, também nos termos peremptórios da lei. Trata-se de dispositivo que não escapou à crítica doutrinária, para quem não faz sentido que, uma vez conhecido o endereço do acusado, fora da comarca, se deixe de expedir a precatória, como forma de assegurar o contraditório e a ampla defesa. Pensamos que com razão.

Art. 514. Nos crimes afiançáveis, estando a denúncia ou queixa em devida forma, o juiz mandará autuá-la e ordenará a notificação do acusado, para responder por escrito, dentro do prazo de quinze dias.

Ratio legis – No que diz respeito aos crimes funcionais, na lição de Julio Fabbrini Mirabete, "cuidou a lei de estabelecer um rito especial, tendo em vista os elevados interesses da Administração Pública, resguardando-a no que respeita à probidade, ao decoro, à segurança e outros bens jurídicos que lhe são essenciais ao bom funcionamento, com determinadas cautelas. Com isso também se protege a pessoa do funcionário, em decorrência do exercício das suas funções, muitas vezes alvo de acusações infundadas por motivos até políticos" (*Código de Processo Penal Interpretado*, 4ª ed., São Paulo: Atlas, 1996, pg. 588).

Essa cautela do legislador, a ser adotada quando da prática de um crime por funcionário público, em crimes afiançáveis, trata-se da chamada *defesa preliminar*, prevista neste dispositivo. Assim, antes de receber a denúncia ou queixa, ao suspeito é dada a oportunidade de oferecer uma resposta, a qual poderá, inclusive "ser instruída com documentos e justificações", nos termos do parágrafo único, do art. 515 do código.

Como alertado nos comentários ao art. 513, o STJ tem súmula (330) no seguinte sentido: "É desnecessária a resposta preliminar de que trata o artigo 514, do Código de Processo Penal, na ação penal instruída por inquérito policial". E mesmo quando fundada a acusação em "documentos ou justificação que façam presumir a existência do delito", tem-se entendido que essa omissão acarreta nulidade relativa, a exigir, pois, a comprovação do prejuízo.

JURISPRUDÊNCIA

Desnecessidade da defesa preliminar, sendo inafiançável o delito

"A jurisprudência do Supremo Tribunal Federal põe-se no sentido de não violar o princípio do contraditório e ampla defesa a não-apresentação de defesa prévia (art. 514 do Código de Processo Penal) quando o crime praticado por servidor público é exercido com violência e grave ameaça, por ser inafiançável" (STF – HC n° 85779-RJ, Rel. Cármen Lúcia, j. 28.02.2007, DJe 29.06.2007).

Fases do procedimento – As fases do procedimento dos crimes praticados por funcionários públicos são as seguintes:

1) oferta da denúncia ou queixa;

2) notificação do acusado para resposta no prazo de 15 dias;

3) rejeição da denúncia ou queixa (a admitir recurso em sentido estrito, na dicção do art. 581, inc. I, do CPP); ou

4) recebimento da denúncia ou queixa;

5) adoção do procedimento comum ou ordinário.

Crime de abuso de autoridade – O crime de abuso de autoridade é, tipicamente, um crime funcional próprio, posto ser a função pública de seu autor, dado fundamental à configuração do delito. A Lei 4.898/65 anunciava procedimento especial que deveria ser observado. Daí entender a jurisprudência, na época, que, praticado um crime de abuso de autoridade, não incidia a disciplina dos artigos 513 a 518 do CPP. A nova Lei de Abuso de Autoridade (Lei 13.869/19) manda observar a Lei 9.099/95 (para as infrações de menor potencial ofensivo) e o CPP, no que couber, para as demais infrações. Parece-nos que, agora, não paira dúvida: deve ser aplicado o rito dos delitos funcionais para os delitos de abuso com pena máxima superior a 2 anos. Assim, antes de receber a denúncia ou queixa, ao imputado deve ser dada a oportunidade de oferecer uma resposta, a qual poderá, inclusive ser instruída com documentos e justificações.

Crime praticado por funcionário público em coautoria com particular – Uma vez praticado um delito em concurso ente um funcionário público e um particular, ambos serão julgados em um único feito. Conforme já decidiu o STF, "o particular pode figurar como co-autor do crime descrito no § 1º do art. 312 do Código Penal (Peculato-furto). Isto porque, nos termos do artigo 30 do CP, 'não se comunicam as circunstâncias e as condições de caráter pessoal, salvo quando elementares do crime'. Se a condição de funcionário público é elementar do tipo descrito no artigo 312 do Código Penal, esta é de se comunicar ao coautor (particular), desde que ciente este da condição funcional do autor"(HC n. 90337-SP – Rel. Carlos Britto, j. 19.06.2007, DJe 05.09.2007). Juntos ambos os réus no mesmo processo, porém, só há que facultar a apresentação da defesa preliminar em favor do funcionário público, posto que o particular não goza desse favor legal. Na prática esse posicionamento não tem mais nenhuma eficácia, posto que, de qualquer forma, será o corréu particular instado a apresentar sua defesa preliminar, *ex vi* do que reza o art. 396 do código.

JURISPRUDÊNCIA

"Não enseja a defesa preliminar prevista no art. 514 do Código de Processo Penal se a denúncia imputa ao agente público crime funcional e crime não-funcional. Precedentes." A defesa preliminar é aplicada nos casos de crimes funcionais, praticados por funcionário público no exercício de suas funções ouem razão destas, mas apenas nos casos dos delitos descritos nos art.312 a art. 326, do Código Penal, que tratam dos crimes funcionais próprios" (RHC 18.336/MS, 5.ª Turma, Rel. Min. GILSON DIPP, DJ de 08/05/2006).Mesmo se o caso ensejasse a defesa preliminar, esta diz respeito apenas ao servidor público, não ao co-réu particular" (STJ – HC n. 79220-DF – Rel. Laurita Vaz, j. 26.06,2007, DJ 13.08.2007, p. 401).

Réu que deixa a função pública no curso do processo – Pode ocorrer que, tendo perpetrado um delito funcional, enquanto no exercício da função pública, venha o agente, posteriormente, a perder essa condição, porque se aposentou, foi exonerado, etc. nessa hipótese, prevalece, na jurisprudência, o entendimento de que não mais se justifica a aplicação às regras contidas neste dispositivo, devendo ser afastado o rito especial para adoção do rito comum.

JURISPRUDÊNCIA

Não se aplica ao servidor público aposentado ou que deixou a função

"O procedimento especial estabelecido nos artigos 513 a 516 do Código de Processo Penal não é aplicável ao servidor público aposentado. Circunstância omitida na impetração, mas comprovada documentalmente pelo Ministério Público Federal" (STF – HC n° 96058-SP, Rel. Eros Grau, j. 15.12.2009, DJe 30.04.2010).

"O procedimento especial previsto no artigo 514 do CPP não é de ser aplicado ao funcionário público que deixou de exercer a função na qual estava investido" (STF – HC n° 95402-SP, Rel. Eros Grau, j. 02.06.2009, DJe 07.08.2009).

Art. 515. No caso previsto no artigo anterior, durante o prazo concedido para a resposta, os autos permanecerão em cartório, onde poderão ser examinados pelo acusado ou por seu defensor.

Parágrafo único. A resposta poderá ser instruída com documentos e justificações.

Autos em cartório – Dispõe este artigo que, durante o prazo para resposta preliminar, os autos permanecerão em cartório, por 15 dias, à disposição do acusado e seu defensor. Presume-se, com essa regra, que fica vedada a retirada dos autos da serventia. Leis posteriores, contudo, revogaram tacitamente esse dispositivo. Assim, a Lei n. 3.836/1960, faculta ao advogado constituído, pelo prazo de três dias, a retirada dos autos da secretaria, "desde que não prejudique o andamento do processo" (art. 2º). Salvo se o prazo for comum entre mais de um advogado, quando caberá aos "respectivos procuradores efetuarem em conjunto a retirada dos autos" (art. 3º, parágrafo único). Posteriormente, a Lei n. 8.906/1994 (Estatuto da OAB), assegurou ao advogado "ter vista dos processos judiciais ou administrativos de qualquer natureza, em cartório ou na repartição competente, ou retirá-los pelos prazos legais" (art. 7º, inc. XV).

Documentos e justificações – No bojo de sua resposta, poderá o acusado suscitar ampla diversidade de questões, como, por exemplo, a atipicidade do fato, a negativa da autoria, a falsidade de um documento, etc., trazido com a inicial. Deverá, porém – tal qual se exige no mandado de segurança – valer-se de prova previamente constituída (por isso a menção a documentos), não se constituindo, essa fase inicial, o *locus* adequado para produção de prova testemunhal, realização de perícia, etc. Tais provas, com efeito, encontrão momento oportuno para sua produção mais adiante, na fase de instrução probatória, quando já deflagrado o processo-crime. Mesmo a justificação aludida no texto se limita a algo que o acusado já tenha previamente consigo, produzida em caráter contencioso, para apresentação futura. Não se cogita de se produzir essa prova nessa fase inicial do feito.

Art. 516. **O juiz rejeitará a queixa ou denúncia, em despacho fundamentado, se convencido, pela resposta do acusado ou do seu defensor, da inexistência do crime ou da improcedência da ação.**

Rejeição da denúncia ou queixa – Convencido da pertinência da resposta do acusado, quanto à "inexistência do crime ou da improcedência da ação", cabe ao juiz rejeitar a denúncia ou queixa. A estas causas, de conteúdo mais aberto e um tanto indeterminado, é possível que se somem outras, que dão ensejo a rejeição da acusação, listadas no art. 395 e seus incisos, a saber: a) quando manifestamente inepta a denúncia ou queixa; b) se faltar pressuposto processual ou condição para o exercício da ação penal e c) quando ausente justa causa para o exercício da ação penal.

Recurso – Cabe recurso em sentido estrito da decisão que rejeitar a denúncia ou a queixa, na dicção do art. 581, inc. I, do código, aberta a possibilidade de o juiz, se retratando, receber posteriormente a acusação, segundo o art. 589 do mesmo "codex". Verificada a retratação, não pode o agora acusado pedir a subida dos autos ao Tribunal, nos termos do mesmo art. 589, pois da decisão que *recebe* denúncia ou queixa, não cabe o recurso *strictu juris*, restando-lhe, apenas, a via do *habeas corpus*.

Notificação pessoal e posterior citação por edital do réu – Imagine-se a hipótese na qual, notificado pessoalmente para oferta da defesa preliminar, o acusado posteriormente desapareça, sendo inviável sua citação *in facien*, a impor a citação por edital. Indaga-se: citado por edital, não comparecendo e não constituindo advogado, deverá ter o processo suspenso, nos termos do art. 366 do código? A questão tem cunho meramente acadêmico, quase impossível de se verificar na prática. De qual forma, merece uma resposta, que, sob nossa compreensão, é negativa. De sorte que a inovação trazida com o art. 366, como vimos acima, teve por objetivo evitar que o réu fosse processado e, por vezes, condenado, ignorando a existência do feito. É o que, na prática, ocorria, pois nenhum réu, em sã consciência, se dá ao trabalho de consultar diários oficiais. Sucede que, na hipótese aqui ventilada, não há que se falar em desconhecimento do processo. Claro, se o acusado apresentou resposta à acusação (ou, não o fazendo, por opção própria, foi pelo menos notificada a tanto), significa dizer que teve pleno conhecimento da acusação, ainda que precária, que lhe fora irrogada. Daí mostrar-se inviável a suspensão do feito (e do prazo prescricional), neste caso. Aliás, situação idêntica ocorre no caso de citação por hora certa, quando se presume que o réu tenha tomado conhecimento do processo, ainda que por terceiros, não havendo razão para incidência do art. 366 do código.

Art. 517. Recebida a denúncia ou a queixa, será o acusado citado, na forma estabelecida no Capítulo I do Título X do Livro I.

Art. 518. Na instrução criminal e nos demais termos do processo, observar-se-á o disposto nos Capítulos I e III, Título I, deste Livro.

Recebimento da acusação – A partir do recebimento da denúncia ou queixa, o processo seguirá seu curso normal, pelo procedimento ordinário, nos termos dos arts. 351 a 369 do código, impondo-se, inclusive, a citação do réu.

Juizados Especiais Criminais – A observação acima merece uma ressalva. Se o crime ou contravenção penal em apuração for daqueles de menor potencial ofensivo, assim considerados os que a lei comine pena máxima não superior a dois anos (art. 61 da Lei n. 9.099/95), caberá a remessa dos autos aos Juizados Especiais Criminais, para fins de transação penal.

CAPÍTULO III
DO PROCESSO E DO JULGAMENTO DOS CRIMES DE CALÚNIA E INJÚRIA, DE COMPETÊNCIA DO JUIZ SINGULAR

Art. 519. No processo por crime de calúnia ou injúria, para o qual não haja outra forma estabelecida em lei especial, observar-se-á o disposto nos Capítulos I e III, Titulo I, deste Livro, com as modificações constantes dos artigos seguintes.

Calúnia, injúria e difamação – Em que pese tenha o legislador se referido, apenas, ao processo dos crimes de calúnia e injúria, é de se incluir, nesse rol, também o delito de difamação. A explicação para a omissão do legislador vem bem apanhada por Tourinho Filho, ao esclarecer que, ao tempo do Código Penal de 1890, não havia previsão da difamação como um delito autônomo, incluída que era como uma modalidade de injúria. Embora entrando em vigor em 1942, o CPP, por cochilo do legislador, manteve a disciplina de 1890, quando o Código Penal, de 1940, já previa a difamação, com esse *nomem juris*, em seu art. 139.

Para o qual não haja outra forma – Significa essa expressão que, praticado um crime contra a honra, o procedimento a ser adotado é este tratado nos artigos em exame. Salvo quando se tratar de crimes contra a honra elencados em legislação esparsa, como no Código Eleitoral, que prevê o crime de calúnia no art. 324 ("Caluniar alguém, na propaganda eleitoral, ou visando fins de propaganda, imputando-lhe falsamente fato definido como crime"), de difamação no art. 325 ("Difamar alguém, na propaganda eleitoral, ou visando a fins de propaganda, imputando-lhe fato ofensivo à sua reputação"), e de injúria no art. 326 ("Injuriar alguém, na propaganda eleitoral, ou visando a fins de propaganda, ofendendo-lhe a dignidade ou o decoro").

Juizados Especiais Criminais – A Lei n. 9.099/1995, que trata dos Juizados Especiais Criminais, define infrações penais de menor potencial ofensivo, aquelas cuja pena máxima não supere dois anos (art. 61 da Lei n. 9.099/95). Os crimes de calúnia, difamação e injúria, previstos no Código Penal, quando cometidos na sua forma simples, se incluem nesse conceito. Salvo a injúria preconceito, do art. 140, § 3º, do CP, cuja pena máxima é de três anos. Também todos os crimes contra a honra do Código Eleitoral se incluem na mesma categoria. Pretendemos dizer, com isso, que os dispositivos listados neste capítulo caíram, praticamente, em desuso, posto que a competência, na imensa maioria das vezes, será dos Juizados Especiais Criminais, que conta com seu regramento próprio.

Pedido de explicações – Previsto no art. 144 do Código Penal, é cabível quando a ofensa for vaga, ambígua, lacunosa. Nesse caso, a fim de se apurar o verdadeiro alcance da manifestação do ofensor, a vítima pode ingressar com um prévio pedido de explicações, preparatório para a oferta da queixa. Trata-se, porém, de mera faculdade, não sendo obrigatória sua propositura. Significa dizer que não será a ausência de um pedido de explicações que frustrará o recebimento da acusação e eventual condenação, posterior, do querelado.

Dispõe a parte final do art. 144 do CP, que "aquele que se recusa a dá-las ou, a critério do juiz, não as dá satisfatórias, responde pela ofensa". A leitura apressada deste dispositivo pode dar margem ao entendimento de que, à falta das explicações pedidas, o autor da ofensa quase que estaria a confessar a prática do delito. Prevalece na doutrina e jurisprudência, contudo, o entendimento de que não há obrigatoriedade na resposta, assim como não é compulsória a presença do ofensor à audiência para tentativa de conciliação.

JURISPRUDÊNCIA

Natureza do pedido de explicações

"O pedido de explicações constitui típica providência de ordem cautelar, destinada a aparelhar ação penal principal tendente a sentença penal condenatória. O interessado, ao formulá-lo, invoca, em juízo, tutela cautelar penal, visando a que se esclareçam situações revestidas de equivocidade, ambiguidade ou dubiedade, a fim de que se viabilize o exercício futuro de ação penal condenatória. A notificação prevista no Código Penal (art. 144) traduz mera faculdade processual sujeita à discrição do ofendido. E só se justifica na hipótese de ofensas equívocas. – O pedido de explicações em juízo acha-se instrumentalmente vinculado à necessidade de esclarecer situações, frases ou expressões, escritas ou verbais, caracterizadas por sua dubiedade, equivocidade ou ambiguidade. Ausentes esses requisitos condicionadores de sua formulação, a interpelação judicial, porque desnecessária, revela-se processualmente inadmissível. – Onde não houver dúvida objetiva em torno do conteúdo moralmente ofensivo das afirmações questionadas ou, então, onde inexistir qualquer incerteza a propósito dos destinatários de tais declarações, aí não terá pertinência nem cabimento a interpelação judicial, pois ausentes, em tais hipóteses, os pressupostos necessários à sua utilização. Doutrina. Precedentes" (STF – Agr. Reg. na Petição nº 4444 – Rel. Celso de Mello – j. 26.11.2008).

Possibilidade de recusa quanto às explicações

"Se o art. 144 do CP prevê a hipótese de o interpelado recusar-se a atender o pedido de explicações em juízo, não pode o juiz constrangê-lo a prestá-las, posto que, feita a notificação e realizada a audiência com ou sem o seu comparecimento, está exaurida a tarefa judicial. A designação de nova audiência para explicações do interpelado constitui constrangimento ilegal, remediável por *habeas corpus*" (STF – RHC n. 60953-RS – Rel. Rafael Mayer, j. 30.06.1983, DJ 09.09.1983, p. 13555).

Pedido de explicações e competência originária

"O Supremo Tribunal Federal possui competência originária para processar pedido de explicações formulado com apoio no art. 144 do Código Penal, quando deduzido contra Ministro de Estado, por tratar-se de autoridade que dispõe de prerrogativa de foro "ratione muneris" nos ilícitos penais comuns (CF, art. 102, I, "c")" (STF – Pet n. 5557-DF – Rel. Celso de Mello, j. 09.03.2015).

Recurso cabível – A decisão que indefere rejeita o pedido de explicações, tem a natureza de sentença com força de definitiva, razão pela qual deve ser desafiada por meio de apelação, a teor do art. 593, inc. II, do Código de Processo Penal.

Pedido de explicações e não interrupção do prazo decadencial – Vale anotar que o mero pedido de explicações não tem o condão de interromper o prazo decadencial, geralmente de seis, para a oferta da queixa-crime em juízo. Suponha-se que, praticado um crime hoje e sabendo o ofendido de sua autoria, ele ingresse com um pedido de explicações daqui a quatro meses. Dadas – ou não – as explicações, ele não terá reposto o prazo de seis meses para ajuizamento da ação penal. O prazo será o restante, de dois meses, no qual deverá manejar a ação penal privada.

JURISPRUDÊNCIA

"O prazo para propositura de ação penal privada, ante seu caráter decadencial, não se suspende ou interrompe pela formulação de pedido de explicações, nos moldes do art. 144 do Código Penal , em face da ausência de previsão legal a respeito" (STJ – REsp n. 204291-PR – Rel. Fernando Gonçalves, j. 17.08.2000, DJ 04.09.2000, p. 202).

Crimes contra a honra perpetrados pela imprensa – O art. 25 da Lei 5.250/67 (Lei de Imprensa) previa a figura do pedido de explicações, estabelecendo rito apropriado. Com a não recepção do referido diploma pela Constituição, a partir de decisão do Supremo Tribunal Federal (Ação de Descumprimento de Preceito Fundamental n° 130-DF), instalou-se a lacuna. De início, imaginou-se cabível o procedimento das regras do procedimento das então vigentes justificações avulsas, definidas nos arts. 861 a 866 do revogado Código de Processo Civil. Sucede que o atual Código de Processo Civil extinguiu o rito das justificações avulsas, razão pela qual sugerimos que seja aplicado, ao pedido de explicações, o procedimento das notificações e interpelações.

Art. 520. Antes de receber a queixa, o juiz oferecerá às partes oportunidade para se reconciliarem, fazendo-as comparecer em juízo e ouvindo-as, separadamente, sem a presença dos seus advogados, não se lavrando termo.

Obrigatoriedade da designação de audiência – É mesmo obrigatória a designação dessa audiência, a quem já se conferiu, por isso, a categoria de verdadeira *condição imprópria de procedibilidade*. Mas devemos ressaltar: compulsória é a designação da audiência, não o comparecimento das partes. Caso ausentes, dão sinal inequívoco no sentido de que não desejam a conciliação. A propósito, como vimos na análise do instituto da perempção (art.

60, inc. III do código), a ausência do querelante, sem embargo de algum entendimento em sentido diverso, não enseja a extinção da punibilidade por aquela causa. Antes de demonstrar seu desinteresse pelo prosseguimento do feito, revela seu desapego pela conciliação. Não aplaudimos, bem por isso, doutrina que cogita da possibilidade de condução coercitiva do querelado e, tampouco, do querelante, absolutamente inadequada frente aos princípios que regem a ação penal privada.

Ausência dos advogados – Nem se argumente que a oitiva separada dos contendores, sem a presença dos respectivos defensores, de alguma forma coataria a atuação da Advocacia. Trata-se, com efeito, de ato informal, mais de orientador do que de jurista, onde se busca explicar os efeitos – por vezes nefastos – do prosseguimento do feito. Se a conversa versa menos sobre Direito e mais sobre a vida, em um *tetê-à-tête* individual, de cunho privado, é mesmo de se dispensar a assistência dos advogados. Afinal, como acentua Tourinho Filho, "procura o Juiz, como um bom *pater familiae*, restabelecer, muitas vezes, a amizade que havia entre as partes, reatando-a, ou, se não havia, congraçando-os, enfim. Essa é a razão da ação ser reservada" (*Comentários ao Código de Processo Penal*, ob. cit., vol. 2, p. 196).

Possibilidade de conciliação e crimes de ação penal privada – É intuitivo que somente terá lugar a audiência para tentativa de conciliação quando se cuidar de um crime de ação penal privada, manejado por meio da oferta de queixa-crime. Este, como tantas vezes alertado, se orienta por critérios de conveniência e oportunidade, sendo dado ao querelante que, discricionariamente, resolva conciliar-se com seu ofensor, forte no *princípio da disponibilidade* que orienta tais ações. Já em se tratando de uma ação penal pública (condicionada ou incondicionada), decerto que não se cogita desse ato, em pese possível a justiça consensual, notadamente, transação penal, acordo de não persecução penal (art. 28-A, CPP) e suspensão condicional do processo, a depender, cada instituto, das circunstâncias do caso concreto e condições pessoais do agente.

Quanto à ausência do querelante à audiência e não configuração de perempção, v. comentários ao art. 60, inc. III, acima.

JURISPRUDÊNCIA

Procedimento

"A realização de audiências entre Juiz e querelante e Juiz e querelado não configura ofensa ao art. 520, do Código de Processo Penal, que dispõe ser necessária a oitiva das partes, separadamente, antes do recebimento da queixa. Somente quando o Juiz vislumbrar a possibilidade de acordo entre as partes, estará obrigado a realizar audiência com ambas as partes simultaneamente, a teor do que dispõe o art. 521 do Código de Processo Penal" (STJ – REsp n° 650355-PE, Rel. Gilson Dipp, j. 07.10.2004, DJ 29.11.2004, p. 394).

Possibilidade de indeferimento liminar da queixa-crime antes da audiência de conciliação

"Não existe violação ao art. 520 do Código de Processo Penal, nos casos em que o magistrado indefere liminarmente a queixa-crime, sem marcar audiência de tentativa de conciliação, quando entende ausente requisito necessário para o recebimento da exordial acusatória, como a atipicidade da conduta. Precedente" (STJ – REsp n° 647446-SP, Rel. Laurita Vaz, j. 05.10.2004, DJ 08.11.2004, p. 287).

Art. 521. Se depois de ouvir o querelante e o querelado, o juiz achar provável a reconciliação, promoverá entendimento entre eles, na sua presença.

Reunião conjunta – Aqui já se cumpre o estágio seguinte à conversa tratada no artigo anterior. Afigurando-se a possibilidade de reconciliação, extraída daquele encontro individual, o juiz traz ambas as partes à sua presença e, juntos agora, tenta o ajuste.

Art. 522. **No caso de reconciliação, depois de assinado pelo querelante o termo da desistência, a queixa será arquivada.**

Reconciliação – Operada a reconciliação entre as partes, este ato corresponde à renúncia ao direito de queixa, posto que formulado antes da deflagração do processo-crime (nisso difere do perdão, admitido apenas no curso da ação penal e a depender de aceitação do querelado). Daí impor-se a extinção da punibilidade do agente com fulcro no inc. V, do art. 107, do Código Penal. Frustrado o consenso, restará ao juiz decidir a respeito de eventual prosseguimento do feito, recebendo a queixa-crime ou sobre seu término, rejeitando a ação particular.

Ação penal originária e possibilidade de reconciliação – O entendimento que prevalece na jurisprudência, de forma apertada, é no sentido de que, cuidando-se de ação penal privada, a ser julgada em competência originária pelos tribunais superiores, por conta da prerrogativa de função do querelado, não haveria lugar para a prévia tentativa de conciliação. Como principal argumento emprega-se o fato de a Lei n. 8.038/1990, que estabelece normas procedimentais para os processos perante o Superior Tribunal de Justiça e o Supremo Tribunal Federal, ser omissa a respeito. Lançamos dúvida quanto ao acerto desse entendimento. A um, em virtude de que a Lei n. 8.038/1990 trata superficialmente do tema, determinando, em seu a art. 7º, que "recebida a denúncia ou a queixa, o relator designará dia e hora para o interrogatório, mandando citar o acusado ou querelado e intimar o órgão do Ministério Público, bem como o querelante ou o assistente, se for o caso". Não chega, salvo engano, a vedar peremptoriamente a possibilidade de propor-se a conciliação as partes.

A dois, porque este diploma é anterior à Lei n. 9.099/1995, que tratou dos Juizados Especiais Criminais, que tem, como um de seus fundamentos, a busca "sempre que possível, a conciliação ou a transação" (art. 2º, parte final). Diríamos mesmo que a Lei dos Juizados, posterior, teria revogado a lei anterior (Lei n. 8.038/1990), vez que com "com ela incompatível", nos termos do art. 2º, do § 1º, da Lei de Introdução às Normas do Direito Brasileiro (Decreto-Lei n. 4.657/1942).

A três, a Lei 13.964/19 criou campo fértil para o consenso no âmbito da Lei 8.038/90, prevendo a possibilidade de celebração do acordo de não persecução penal.

Ora, partindo-se desse prisma, qual sentido faz se permitir a toda e qualquer pessoa a possibilidade de conciliação contra seu ofensor e negar-se àquele que goza do foro por prerrogativa de função, a mesma possibilidade? A conciliação, nos tempos atuais, é considerada a via mais célere e eficaz de pacificação dos conflitos, recompondo a ordem natural das coisas e evitando o prolongamento de um processo, por desgastante e penoso. Destaque-se ainda, nessa linha de raciocínio, que o Código de Processo Civil, em seu art. 3º, § 2º, incumbe ao Estado, "sempre que possível, a solução consensual dos conflitos". E, no § 3º, do mesmo dispositivo, recomenda que "a conciliação, a mediação e outros métodos de solução consensual de conflitos deverão ser estimulados por juízes, advogados, defensores públicos e membros do Ministério Público, inclusive no curso do processo judicial". Sob nossa ótica, portanto, não faz mais nenhum sentido impedir-se que, nas hipóteses de competência originária do STF e do STJ, se negue a possibilidade de conciliação, em entendimento que vai de encontro às tendências mais modernas do processo civil, presa a um fetichismo inútil e menos preocupada com a pacificação dos conflitos.

JURISPRUDÊNCIA

Ação penal originária. Inexistência de audiência de conciliação

"Tratando-se de ação penal privada sujeita à lei 8.038/90, não há falar-se em audiência de conciliação. Precedentes" (STJ – APn nº 165-DF, Rel. para o acórdão Edson Vidigal, j. 29.11.2000, DJ 22.04.2002, p. 154).

Art. 523. Quando for oferecida a exceção da verdade ou da notoriedade do fato imputado, o querelante poderá contestar a exceção no prazo de dois dias, podendo ser inquiridas as testemunhas arroladas na queixa, ou outras indicadas naquele prazo, em substituição às primeiras, ou para completar o máximo legal.

Exceção da verdade na calúnia – Em defesa do interesse da moralidade pública, o nosso Código admite a *exceptio veritatis*, isto é, a prova da verdade da imputação, com o reconhecimento da consequente atipicidade da conduta. Trata-se de verdadeira questão prejudicial, a ser enfrentada antes do julgamento da ação principal. Claro, se o querelado comprovar verdadeiro o fato que imputou ao querelante, será, por consequência, absolvido. Em suma: se há prova de crime praticado pelo querelante, não há calúnia e, portanto, é atípico o fato.

Não será, contudo, admitida a exceção da verdade, nos termos do art. 138, § 3º, do Código Penal, quando:

I – *se, constituindo o fato imputado crime de ação privada, o ofendido não foi condenado por sentença irrecorrível.* A razão é óbvia: permitir ao caluniador provar a verdade dos fatos imputados seria admitir a terceiro provar crime sobre o qual a própria vítima, real titular do direito de perseguir os fatos, preferiu o silêncio. A ressalva final do inciso em comento deixa claro que, havendo condenação definitiva, a exceção da verdade é cabível.

II – *se o fato é imputado a Presidente da República ou chefe de governo estrangeiro.* A ressalva deve ser ampliada pelo intérprete, abrangendo a expressão "chefe de governo estrangeiro" também o primeiro ministro. Razões políticas e diplomáticas ditam a pertinência da ressalva aqui estudada.

III – *se do crime imputado, embora de ação pública, o ofendido foi absolvido por sentença irrecorrível.* Proclamada a absolvição do acusado (não importa o motivo), deve ser reconhecida a autoridade da coisa julgada, presumindo-se, absolutamente, a falsidade da imputação.

Meio de defesa e a vedação da prova da verdade - Veja-se, por outro lado, que a exceção da verdade é, inegavelmente, um meio de defesa, e, em razão disso, existe entendimento de que qualquer vedação ao uso do instituto (tal como ocorre nas três hipóteses acima) fere o princípio constitucional que assegura ao acusado o contraditório e a ampla defesa.

Assim, aliás, já decidiu o extinto TAMG:

> "A proibição de apresentação de *exceptio veritatis* nas hipóteses elencadas no § 3º do art. 138 e nos termos do art. 523 do Código de Processo Penal não tem o condão de criar um tipo derivado da calúnia definido no *caput* do citado dispositivo, onde a falsidade da imputação não seria mais seu elemento constitutivo. Nenhum dispositivo infraconstitucional pode cercear o direito que o réu tem de se defender de uma acusação. Se esta paira sobre a prática do crime de calúnia, não se pode proibir o acusado de pugnar pela atipicidade de sua conduta por ausência do elemento normativo do tipo 'falsidade'. A limitação da exceção da verdade alcança apenas a interposição formal do incidente, tal como previsto no art. 523 do Código de Processo Penal, mas não obriga que o magistrado presuma, *iuris et de iure*, a falsidade da imputação, o que seria negação da presunção de inocência." (Ap. 0347.975-8-51421/Uberlândia, Rel. Juiz Alexandre Victor de Carvalho, j. 26.02.2002).

Finalidade - Seja como for, o que se busca na exceção é a comprovação de que o fato imputado, tido como falso pelo querelante, realmente ocorreu. Não se trata de um procedimento destinado a comprovar simplesmente o equívoco da acusação, razão pela qual, não cumprido o propósito para o qual a exceção foi concebida, a solução é sua rejeição:

> "2. Não se admite exceção da verdade quando o excipiente deixa de atribuir qualquer conduta ao excepto, bem como não comprova fato capaz de afastar a ação penal" (*STJ* - ExVerd 49/PR, Rel. Min. Fernando Gonçalves, j. 04/10/2006).

Exceção de notoriedade na calúnia – Aqui, como o nome sugere, é aberta a possibilidade, ao querelado (tanto na calúnia como na difamação), de demonstrar que são públicos os fatos que anunciou, de modo que, sua revelação, posto que conhecida de todos, não se mostra apta a atentar contra a honra da vítima. Afirmar-se que o ofendido é usuário de substância entorpecente, quando ele é conhecido participante de passeatas a favor da liberação de drogas e já postou nas redes sociais vídeos nos quais fumava maconha, decerto que não irá atingir sua honra subjetiva, ante a publicidade dos fatos.

Exceção da verdade na difamação – A exceção da verdade, em caso de difamação, somente se admite se o ofendido é funcionário público, segundo o art. 327 do Código Penal e, além disso, se a ofensa se relacionar ao exercício de suas funções (art. 139, parágrafo único do mesmo *codex*). Nesse caso, provando o ofensor a verdade da imputação, exclui-se a ilicitude da sua conduta, embora permaneça a tipicidade, já que a falsidade não integra o tipo.

Permanência no cargo público – Caso a ofensa tenha sido praticada enquanto a vítima exercia um cargo público, será cabível a exceção da verdade, ainda que, ao tempo da ação penal, já tenha se exonerado. Se, porém, sua honra foi atingida quando não mais ocupava função pública, ela, a essa altura, já perdera sua condição de funcionário público, elementar do tipo penal e, bem por isso, não mais poderá manejar a *exceptio veritatis*.

A Exposição de Motivos do Código Penal, no seu item 49, adverte que a disposição não alcança o "Presidente da República, ou chefe de governo estrangeiro, em visita ao país". As razões são as mesmas do art. 138, § 3º, II, do CP.

Exceção de notoriedade na difamação – A exemplo do crime anterior, parcela da doutrina tem sustentado que não se justifica punir alguém porque repetiu o que era de conhecimento público, que todo mundo sabe e todo mundo diz, ante sua notoriedade.

Exceção da verdade e de notoriedade na injúria – Na injúria, porque não há imputação de fato, mas a opinião que o agente emite sobre o ofendido, a exceção da verdade nunca será admitida. Tampouco se cogita da exceção de notoriedade. Em ambos os casos, dado ao caráter subjetivo do bem violado, a atingir a autoestima da vítima, mostra-se inviável pretender-se demonstrar a veracidade da ofensa.

Ainda sobre a exceção da verdade, quando se cuidar de pessoa detentora de foro por prerrogativa de função, a impor o julgamento pelo respectivo tribunal, v. comentários acima ao art. 85.

Procedimento – Dada à relevância da exceção da verdade, cujo resultado, se procedente, pode culminar com a absolvição do querelado, é dada ao querelante a possibilidade de contestá-la, no prazo de dois dias. Será facultada, ainda, a produção de prova testemunhal, consistente nas testemunhas arroladas na queixa ou outras em substituição, desde que não exceda o máximo legal de cinco, nos termos do art. 539 do CPP.

Momento para suscitar a exceção da verdade – A doutrina sempre ensinou que a defesa prévia constituiria o momento oportuno para que fosse agitada a exceção da verdade, nos termos do art. 395 do código, em sua versão originária. Sucede que a reforma processual de 2008 extinguiu essa figura, passando a prever, em substituição (e com alcance bem mais expandido), a chamada *defesa preliminar* ou *resposta à acusação*, de que cuida o art. 396 do CPP. Terá o querelado, portanto, no prazo de dez dias, oportunidade de, por escrito, suscitar a exceção da verdade, cuja eventual omissão acarretará, fatalmente, a preclusão da matéria, impedindo-se, assim, a renovação do debate.

CAPÍTULO IV
DO PROCESSO E DO JULGAMENTO DOS CRIMES CONTRA A PROPRIEDADE IMATERIAL

Art. 524. **No processo e julgamento dos crimes contra a propriedade imaterial, observar-se-á o disposto nos Capítulos I e III do Título I deste Livro, com as modificações constantes dos artigos seguintes.**

Crimes – Os crimes contra a propriedade imaterial estão previstos no Código Penal e em legislação esparsa. No Código Penal, os arts. 184 a 185 tratam dos crimes contra a propriedade intelectual, que se constitui em uma modalidade de crime contra a propriedade imaterial. São eles os crimes de *violação de direito autoral* e *usurpação de nome ou pseudônimo alheio*. Já a Lei n. 9.279/1996, em seus arts. 183 a 195, lista os crimes contra a propriedade industrial, dividindo-os em *crimes contra as patentes, crimes contra os desenhos industriais, crimes contras as marcas, crimes cometidos por meio de marca, título de estabelecimento e sinal de propaganda, crimes contra indicações geográficas e demais indicações* e *crimes de concorrência desleal*. Tais delitos, portanto, submetem-se ao regramento específico tratado nos dispositivos abaixo.

ATENÇÃO – O STF indeferiu habeas corpus em que a Defensoria Pública do Estado de São Paulo requeria, com base no princípio da adequação social, a declaração de atipicidade da conduta imputada a condenado como incurso nas penas do art. 184, § 2º, do CP. Sustentava-se que a referida conduta seria socialmente adequada, haja vista que a coletividade não recriminaria o vendedor de CDs e DVDs reproduzidos sem a autorização do titular do direito autoral, mas, ao contrário, estimularia a sua prática em virtude dos altos preços desses produtos, insuscetíveis de serem adquiridos por grande parte da população. De acordo com o Supremo, o fato de a sociedade tolerar a prática do delito em questão não implicaria dizer que o comportamento do paciente poderia ser considerado lícito. Salientou-se, ademais, que a violação de direito autoral e a comercialização de produtos "piratas" sempre fora objeto de fiscalização e repressão. Afirmou-se que a conduta descrita nos autos causaria enormes prejuízos ao Fisco pela burla do pagamento de impostos, à indústria fonográfica e aos comerciantes regularmente estabelecidos (HC 115.986/ES, rel. Min. Luiz Fux, DJe 16/8/2013). No mesmo sentido temos decisões no STJ: HC 233.382/SP, rel. Min. Og Fernandes, DJe 20/03/2013, que, aliás, sumulou a orientação (Súmula 502: Presentes a materialidade e a autoria, afigura-se típica, em relação ao crime previsto no art. 184, § 2º, do CP, a conduta de expor à venda CDs e DVDs piratas).

Ação penal nos crimes previstos no Código Penal – Nos crimes contra a propriedade imaterial, previstos no Código Penal, a titularidade da ação penal vem disciplinada no art. 186 do CPP. Assim, é de ação penal privada o delito de *violação de direito autoral*, quando perpetrado na forma do *caput*, do art. 184 do Código Penal. Serão de ação penal pública incondicionada os crimes previstos nos § § 1º e 2º do art. 184 do CP, isto é, quando a violação, em resumo, visar lucro direto ou indireto. São também de ação penal incondicionada os crimes "cometidos em desfavor de entidades de direito público, autarquia, empresa pública, sociedade de economia mista ou fundação instituída pelo Poder Público". E, finalmente, caberá a ação penal pública condicionada à representação, no crime do art. 184, § 3º, do CP, "se a violação consistir no oferecimento ao público, mediante cabo, fibra ótica, satélite, ondas ou qualquer outro sistema que permita ao usuário realizar a seleção da obra ou produção para recebê-la em um tempo e lugar previamente determinados por quem formula a demanda, com intuito de lucro, direto ou indireto, sem autorização expressa, conforme o caso, do autor, do artista intérprete ou executante, do produtor de fonograma, ou de quem os represente". Ignora-se a razão pela qual se optou por um sistema tão complexo, capaz de prever, em um só dispositivo, as três espécies de ação penal, quando muito mais prático seria igualar-se todas as situações, definindo apenas um titular para o manejo da ação penal.

Ação penal nos crimes previstos na Lei n. 9.279/1996 – Como visto acima, os crimes contra a propriedade imaterial possuem previsão, além do Código Penal, também na Lei n. 9.279/1996. Nestes crimes, a ação penal é privada, salvo quanto aos crimes cometidos *por meio de marca, título de estabelecimento e sinal de propaganda*, quando a ação penal é pública incondicionada.

JURISPRUDÊNCIA

Tratando-se de crime de ação penal pública, segue-se o rito do art. 240 do CPP

"Nos crimes contra a propriedade imaterial que se processam mediante ação penal de iniciativa pública, a busca e a apreensão podem ser efetuadas pela autoridade policial, nos termos da regra geral do art. 240, §

1º, do CPP, como normalmente ocorre na apuração das demais infrações criminais" (STJ – RMS nº 31050-RS, Rel. Og Fernandes, j. 28.06.2011, DJe 13.10.2011).

Art. 525. No caso de haver o crime deixado vestígio, a queixa ou a denúncia não será recebida se não for instruída com o exame pericial dos objetos que constituam o corpo de delito.

Exame pericial – Essa espécie de crime, dada sua peculiaridade, invariavelmente deixará vestígios. Aquele que, sem autorização de seu titular, reproduz uma marca, imitando-a "de modo que possa induzir confusão", comete o crime previsto no art. 189 da Lei n. 9.279/1996. Quem "fabrica produto que seja objeto de patente de invenção", sem autorização, perpetra o delito do art. 183 do mesmo diploma. São todos delitos que deixam vestígios, relacionados à prática de *falsum*, a reclamar, portanto, a elaboração de exame de corpo de delito, segundo o art. 158 do CPP.

Por conta dessa característica, é de rigor que a denúncia ou queixa venham previamente instruídas com o respectivo exame pericial, sem o qual não serão recebidas. Assim como se exige da vítima, para determinados crimes, a prévia representação, aqui se reclama o exame pericial, que se constitui, portanto, em verdadeira *condição de procedibilidade* que, uma vez não preenchida, importará na rejeição da denúncia ou queixa. Quanto à forma de prova do crime, o STJ sumulou o entendimento de que se dispensa a realização de perícia sobre todo o material apreendido, bastando que seja feita por amostragem. E não é necessário que se identifiquem os titulares dos direitos autorais violados (Súmula nº 574).

Sobre cadeia de custódia e perícias em geral, ver nossos comentários aos arts. 158-A e ss. do CPP.

JURISPRUDÊNCIA

Necessidade da perícia

"A persecução penal dos denominados crimes contra a propriedade imaterial, que deixam vestígios, exige, como condição para o recebimento da queixa-crime, a demonstração prévia da existência da materialidade do delito atestada por meio de perícia técnica." (STJ – REsp nº 336553-SP, Rel. José Arnaldo da Fonseca, RT 814/566).

Art. 526. Sem a prova de direito à ação, não será recebida a queixa, nem ordenada qualquer diligência preliminarmente requerida pelo ofendido.

Ofendido – A *prova de direito à ação*, a que alude o dispositivo, se vincula à condição de vítima do interessado. É dizer: para que seja recebida a queixa, e mesmo para que medidas preparatórias sejam deferidas, é preciso que o interessado, antes, comprove sua condição de titular dos direitos violados. Essa demonstração será feita por meio da exibição da respectiva concessão da patente, do registro do desenho industrial ou do registro da marca, obtidos junto ao Instituto Nacional da Propriedade Industrial (INPI), como consta do art. 19 da Lei n. 9.279/1996.

Art. 527. A diligência de busca ou de apreensão será realizada por dois peritos nomeados pelo juiz, que verificarão a existência de fundamento para a apreensão, e quer esta se realize, quer não, o laudo pericial será apresentado dentro de 3 (três) dias após o encerramento da diligência.

Parágrafo único. O requerente da diligência poderá impugnar o laudo contrário à apreensão, e o juiz ordenará que esta se efetue, se reconhecer a improcedência das razões aduzidas pelos peritos.

Art. 528. Encerradas as diligências, os autos serão conclusos ao juiz para homologação do laudo.

Dois peritos – Embora o dispositivo seja claro ao exigir que a busca e apreensão seja realizada por dois peritos, a jurisprudência tem mitigado esse rigor, admitindo, como visto abaixo, que apenas um experto participe da diligência, ou mesmo que nenhum perito a acompanhe. Vale observar que, nos termos do art. 201, da Lei n. 9.279/1996, a diligência de busca e apreensão, será realizada por um oficial de justiça, acompanhado de um perito, "que verificará, preliminarmente, a existência do ilícito, podendo o juiz ordenar a apreensão de produtos obtidos pelo contrafator com o emprego do processo patenteado".

Impugnação – Pode ocorrer que o laudo pericial, a ser elaborado no prazo de três dias contados da apreensão, seja contrário ao interesse daquele que requereu a diligência. Imagine-se a hipótese na qual os peritos concluem que os objetos apreendidos não são falsificados. Abre-se, nesse caso, a possibilidade de impugnação ao laudo. Homologando o laudo – e, portanto, dando razão aos peritos – o juiz não deferirá nenhuma medida reclamada pela suposta vítima, devendo mesmo proceder à devolução dos materiais apreendidos. Ao contrário, caso aceite a impugnação, reconhecendo o equívoco do trabalho pericial (ao qual não se vincula, na forma do art. 182 do código), declarará a legalidade da medida de busca e apreensão.

Homologação – Em nenhuma outra oportunidade o código exige do juiz a homologação formal da perícia. Aqui, porém, o legislador foi expresso ao exigir esse requisito, como condição para posterior oferta da acusação. A propósito, homologado o laudo, ele deve permanecer em cartório, no aguardo da oferta de queixa, no prazo de 30 dias, nos crimes que se processam mediante ação penal privada.

JURISPRUDÊNCIA

Diligência realizada por um só perito ou mesmo por nenhum perito. Validade

"Em relação aos crimes contra a propriedade imaterial que deixam vestígios, prevê o Código de Processo Penal a necessidade de realização de exame pericial dos objetos que constituam o corpo de delito e que o respectivo laudo deverá instruir a ação penal. Tratando-se de ação penal privada, a diligência de busca e apreensão deve ser realizada por dois peritos nomeados pelo juiz, a fim de que possam verificar a existência de fundamento para a apreensão, de modo a evitar o recolhimento de provas dispensáveis à instrução do feito, conforme disposto no art. 527 do Código de Processo Penal. Na situação em apreço, o Juízo de primeiro grau, ao deferir a medida postulada pela Querelante, apresentou as razões da impossibilidade de nomeação imediata de peritos oficiais para a realização da diligência, diante da urgência da medida. Ademais, o magistrado teve a cautela de indicar dois oficiais de justiça para o cumprimento do mandado, esclarecendo que o auto circunstanciado deveria ser lavrado com minuciosa descrição das peças, documentos e outros objetos apreendidos. E mais: assim que foi cumprido o mandado, foram nomeados peritos oficiais, que confeccionam o laudo pericial homologado pelo Juízo. Observa-se que, embora a diligência não tenha observado estritamente os termos do art. 527 do Código de Processo Penal, não há nulidade a ser declarada, tendo em vista que a finalidade do ato foi atingida, incidindo, pois, à hipótese, o princípio *pas de nullité sans grief*, consagrado no art. 566 do Código de Processo Penal" (STJ – RHC n° 27964-RS, Rel. Laurita Vaz, j. 26.06.2012, DJe 01.08.2012).

Art. 529. Nos crimes de ação privativa do ofendido, não será admitida queixa com fundamento em apreensão e em perícia, se decorrido o prazo de 30 dias, após a homologação do laudo.

Parágrafo único. Será dada vista ao Ministério Público dos autos de busca e apreensão requeridas pelo ofendido, se o crime for de ação pública e não tiver sido oferecida queixa no prazo fixado neste artigo.

Prazo decadencial– Tratando-se de crime que se apura mediante ação penal privada, tem a vítima o prazo de 30 dias para oferta da queixa-crime, contado da data em que homologado o laudo. Não observado esse prazo, a ação penal estará, fatalmente, fulminada pela decadência, a exigir a extinção da punibilidade do suposto autor do delito, *ex vi* do disposto no art. 107, inc. IV, do Código Penal.

Ministério Público – Ainda que o crime se processe mediante ação penal pública, é possível que o interessado peça a busca e apreensão de objetos oriundos de falso. Embora se reconhecendo essa iniciativa, não detém o ofendido a legitimidade para deflagração da ação penal, porque pública a *actio*. Nesse caso, então, será dada vista ao Ministério Público para que oferte a respectiva denúncia. A parte final deste parágrafo único, que trata da não oferta de queixa no prazo, acha-se revogada. Fazia sentido antes da Constituição de 1988, ao prever uma *legitimidade concorrente* entre o Ministério Público e o ofendido. Ou seja: caso o ofendido deixasse de ofertar a queixa, o Ministério Público poderia fazê-lo. Com a titularidade privativa da ação penal pública, conferida pela Carta (art. 129, inc. I), não há mais lugar para este dispositivo.

ATENÇÃO - O art. 38 do CPP dispõe, como regra geral, que o ofendido decairá do direito de queixa se não o exercer dentro do prazo de seis meses, contado do dia em que vier a saber quem é o autor do crime. Tratando-se de crime que se submete ao rito dos arts. 524 a 530-I, indaga-se: o prazo de trinta dias é o único a ser considerado, ou a decadência também se baseia na regra geral do art. 38? Em outras palavras: embora transcorrido o prazo de seis meses, é possível ajuizar a queixa-crime se o laudo pericial foi homologado há menos de trinta dias, ou extingue-se a punibilidade? A Sexta Turma do STJ decidiu que o prazo decadencial de seis meses não é prejudicado pelo prazo especial do art. 529 do CPP. Portanto, a partir do momento em que sabe quem é o autor do crime, a vítima tem seis meses para ajuizar a queixa. Nesse período, deve ser homologado o laudo pericial, momento a partir do qual se inicia a contagem do prazo especial de trinta dias (REsp 1.762.142/MG, j. 13/04/2021).

JURISPRUDÊNCIA

Prazo de 30 dias

"É possível e adequado conformar os prazos previstos nos arts. 38 e 529, ambos do CPP, de modo que, em se tratando de crimes contra a propriedade imaterial que deixem vestígio, a ciência da autoria do fato delituoso dá ensejo ao início do prazo decadencial de 6 meses, sendo tal prazo reduzido para 30 dias se homologado laudo pericial nesse ínterim. A adoção de interpretação distinta, de modo a afastar o prazo previsto no art. 38 do CPP em prol daquele preconizado no art. 529 do CPP, afigura-se desarrazoada, pois implicaria sujeitar à vontade de querelante o inicio do prazo decadencial, vulnerando a própria natureza jurídica do instituto, cujo escopo é punir a inércia do querelante." (STJ – Resp 1762142/MG, 6ª Turma, Rel. Sebastiao Reis Junior, j. 13/04/21)

"O conhecimento pelo ofendido da autoria do fato criminoso dá início à contagem do prazo decadencial de 6 meses para a propositura da ação penal privada (art. 38 do CPP); contudo, iniciado procedimento judicial de apuração, em que se objetiva averiguar a autoria ou a materialidade do delito, o prazo decadencial a ser aplicado deve ser o de 30 dias, *ex vi* do art. 529 do CPP" (STJ – HC n° 91101-RJ, Rel. Napoleão Nunes Maia Filho, RT 876/556).

Falha na representação processual

a) deve ser sanada em 30 dias

"Eventual defeito na representação processual do querelante só pode ser sanada dentro do prazo decadencial que, *in casu*, é de 30 dias a partir da homologação do laudo pericial. Precedentes do STJ e STF" (STJ – HC n° 91101-RJ, Rel. Napoleão Nunes Maia Filho, RT 876/56).

b) pode ser sanada a qualquer tempo

"A falha na procuração, em virtude do que dispõe o art. 44 do CPP, não sendo questão pertinente à legitimidade de parte mas, isto sim, à representação, possibilita ao julgador aplicar o disposto no art. 568 do CPP ('poderá ser a todo tempo sanada'), inclusive se superado o prazo decadencial (Precedentes STJ e STF)" (STJ – HC n° 12815-SP, Rel. Felix Fischer, RT 798/564).

Art. 530. Se ocorrer prisão em flagrante e o réu não for posto em liberdade, o prazo a que se refere o artigo anterior será de 8 (oito) dias.

Réu preso – O dispositivo reduz o prazo previsto no art. 529. Ao invés dos 30 dias para oferta de queixa, uma vez preso o averiguado, esse prazo é reduzido para oito dias. Essa mesma disposição deve ser observada para a oferta de denúncia, nas ações penais públicas.

Art. 530-A. O disposto nos arts. 524 a 530 será aplicável aos crimes em que se proceda mediante queixa (Incluído pela Lei nº 10.695, de 1º.7.2003).

Segundo este dispositivo, a disciplina contida nos arts. 524 a 530 somente é aplicável aos delitos que se processam mediante a oferta de queixa-crime. Tratando-se de delito de ação penal pública incondicionada, a depender da oferta de denúncia, o procedimento a ser observado é o previsto nos arts. 530-B a 530-H do código.

Art. 530-B. Nos casos das infrações previstas nos § § 1º, 2º e 3º do art. 184 do Código Penal, a autoridade policial procederá à apreensão dos bens ilicitamente produzidos ou reproduzidos, em sua to-

talidade, juntamente com os equipamentos, suportes e materiais que possibilitaram a sua existência, desde que estes se destinem precipuamente à prática do ilícito. (Incluído pela Lei nº 10.695, de 1º.7.2003)

Ação penal pública incondicionada – Cuidando-se de crime cuja deflagração do processo dependa da oferta de denúncia (que representam a minoria em se tratando de crimes contra a propriedade imaterial), cabe à autoridade policial agir de ofício (art. 5º, inc. I), não se exigindo qualquer requerimento ou prévia representação do ofendido a fim de provocar sua atuação. Cabe, assim, proceder à apreensão dos bens tidos por falsos, a exemplo, aliás, do que determina o inc. II, do art. 6º do código. Dentre esses objetos, podem ser apontados roupas, tênis, bolsas, perfumes e toda sorte de objetos que se prestam à falsificação. CD's *piratas*, filmes com o mesmo vício, relógio, etc. Também o material empregado para a falsificação deve ser objeto de apreensão, como, por exemplo, o maquinário utilizado para falsificação de um CD.

Art. 530-C. Na ocasião da apreensão será lavrado termo, assinado por 2 (duas) ou mais testemunhas, com a descrição de todos os bens apreendidos e informações sobre suas origens, o qual deverá integrar o inquérito policial ou o processo. (Incluído pela Lei nº 10.695, de 1º.7.2003)

Art. 530-D. Subseqüente à apreensão, será realizada, por perito oficial, ou, na falta deste, por pessoa tecnicamente habilitada, perícia sobre todos os bens apreendidos e elaborado o laudo que deverá integrar o inquérito policial ou o processo. (Incluído pela Lei nº 10.695, de 1º.7.2003)

Perícia sobre todos os bens apreendidos? – A despeito da textualidade do dispositivo, a jurisprudência vem mitigando seu alcance, admitindo que a perícia seja elaborada sobre parte dos objetos apreendidos. E, de fato, não teria cabimento que, na apreensão, por exemplo, de milhares de roupas falsificadas, tivesse que cada peça ser individualmente periciada, em tarefa exaustiva e desnecessária. Isso porque a constatação, quanto à falsificação, de um ou de mil objetos, tem o mesmo resultado quanto à materialidade do delito, podendo, quando muito, ter influência na dosimetria da pena. É dizer: o crime se consumará independentemente do número de peças falsificadas, pelo que se admite uma perícia por amostragem a fim de revelar sua materialidade.

> **ATENÇÃO** – Quanto à forma de prova do crime, o STJ sumulou o entendimento de que se dispensa a realização de perícia sobre todo o material apreendido, bastando que seja feita por amostragem. E tampouco é necessário que se identifiquem os titulares dos direitos autorais violados (Súmula nº 574).

JURISPRUDÊNCIA

Perícia em todo material apreendido. Desnecessidade

"Não obstante a redação do art. 530-D do Código de Processo Penal disponha que a perícia deva ser realizada sobre todos os bens apreendidos, essa exigência não se presta para fins de comprovação da materialidade delitiva, até porque basta a apreensão de um único objeto para que, realizada a perícia e concluído sobre a sua falsidade, esteja configurado o delito previsto no art. 184 do Código Penal. Na hipótese, a materialidade do crime restou amplamente demonstrada, uma vez que foram apreendidos 137 mídias falsificadas, tendo sido realizada perícia, por amostragem, atestando-se a falsificação das mesmas" (STJ – AgRg no REsp n° 1456256-MG – Rel. Marilza Maynard, j. 07.08.2014, DJe 22.08.2014).

Identificação das vítimas. Desnecessidade

"O exame técnico tem por finalidade atestar a ocorrência ou não de reprodução procedida com violação aos direitos autorais, sendo desnecessária a identificação das supostas vítimas, até mesmo porque o ilícito em exame é, consoante consignado alhures, perseguido mediante ação penal pública incondicionada, nos termos do inciso II do artigo 186 do Estatuto Repressivo" (STJ – HC n° 233230-MG, Rel. Jorge Mussi, j. 16.04.2013, DJe 24.04.2013).

Inexistência de contraditório

"Embora a medida cautelar tenha por objeto reunir condições de sustentação e procedibilidade ao futuro ajuizamento da queixa-crime, tal procedimento preparatório prescinde do contraditório. Ademais, quando houver questões de fato controvertidas a exigir maiores esclarecimentos, com na hipótese dos autos – ocorrência ou não da alegada renúncia tácita –, cujo deslinde reclama investigação probatória, a matéria deve ficar reservada ao processo principal" (STJ – AgRg no REsp n° 402488-SP, Rel. Og Fernandes, j. 17.11.2009, DJe 07.12.2009).

Art. 530-E. Os titulares de direito de autor e os que lhe são conexos serão os fiéis depositários de todos os bens apreendidos, devendo colocá-los à disposição do juiz quando do ajuizamento da ação. (Incluído pela Lei nº 10.695, de 1º.7.2003)

Depositário – A vítima – titular do direito autoral violado – será nomeada como fiel depositária dos bens apreendidos, cabendo velar por sua integridade, deles não podendo se desfazer, salvo mediante ordem judicial. Até por uma questão de ordem prática é melhor que seja assim, em face, por vezes, da quantidade enorme de material apreendido, impossível de ser guardado, com a segurança que se exige, em uma repartição policial.

Art. 530-F. Ressalvada a possibilidade de se preservar o corpo de delito, o juiz poderá determinar, a requerimento da vítima, a destruição da produção ou reprodução apreendida quando não houver impugnação quanto à sua ilicitude ou quando a ação penal não puder ser iniciada por falta de determinação de quem seja o autor do ilícito.(Incluído pela Lei nº 10.695, de 1º.7.2003)

Destruição – Uma vez elaborada a perícia, a fim de constar a ilicitude dos objetos apreendidos, pode o juiz, a requerimento da vítima, determinar a destruição do material. Essa possibilidade de abre desde que não haja dúvida quanto à ilicitude dos objetos ou quando incerto o autor do delito.

Sobre cadeia de custódia e perícias em geral, ver nossos comentários aos arts. 158-A e ss. do CPP.

Art. 530-G. O juiz, ao prolatar a sentença condenatória, poderá determinar a destruição dos bens ilicitamente produzidos ou reproduzidos e o perdimento dos equipamentos apreendidos, desde que precipuamente destinados à produção e reprodução dos bens, em favor da Fazenda Nacional, que deverá destruí-los ou doá-los aos Estados, Municípios e Distrito Federal, a instituições públicas de ensino e pesquisa ou de assistência social, bem como incorporá-los, por economia ou interesse público, ao patrimônio da União, que não poderão retorná-los aos canais de comércio. (Incluído pela Lei nº 10.695, de 1º.7.2003)

Perdimento – Com o trânsito em julgado da sentença penal condenatória, os bens ilícitos serão destruídos. Já os equipamentos, poderão ser declarados perdidos em favor da Fazenda Nacional, a quem caberá dar-lhes o destino previsto neste dispositivo. É possível, por exemplo, que uma máquina de *xerox* tenha sido apreendida, porque utilizada na ilegal reprodução de um livro. Condenado o réu, não há razão para que se lhe devolva o equipamento, quando, então, se abre a possibilidade de sua incorporação ao patrimônio público.

Art. 530-H. As associações de titulares de direitos de autor e os que lhes são conexos poderão, em seu próprio nome, funcionar como assistente da acusação nos crimes previstos no art. 184 do Código Penal, quando praticado em detrimento de qualquer de seus associados. (Incluído pela Lei nº 10.695, de 1º.7.2003)

Associações – O art. 97, da Lei n. 9.610/1998, que trata dos direitos autorais, dispõe que "para o exercício e defesa de seus direitos, podem os autores e os titulares de direitos conexos associar-se sem intuito de lucro". Um exemplo é o Escritório Central de Arrecadação e Distribuição (ECAD), responsável pela a arrecadação e distribuição dos direitos autorais relativos à obras musicais. Praticado um crime em detrimento de um titular de direito autoral, a este órgão se permitirá atuar como assistente de acusação, tratando-se, à evidência, de um crime que se apura mediante ação penal pública.

Art. 530-I. Nos crimes em que caiba ação penal pública incondicionada ou condicionada, observar-se-ão as normas constantes dos arts. 530-B, 530-C, 530-D, 530-E, 530-F, 530-G e 530-H. (Incluído pela Lei nº 10.695, de 1º.7.2003)

Tratando-se de crime de ação penal pública, condicionada ou incondicionada, o procedimento a ser observado é o dos arts. 530-B a 530-H, salvo se se tratar de um delito de menor potencial ofensivo, quando a disciplina será a prevista na Lei n. 9.099/1995.

CAPÍTULO V
DO PROCESSO SUMÁRIO

Art. 531. Na audiência de instrução e julgamento, a ser realizada no prazo máximo de 30 (trinta) dias, proceder-se-á à tomada de declarações do ofendido, se possível, à inquirição das testemunhas arroladas pela acusação e pela defesa, nesta ordem, ressalvado o disposto no art. 222 deste Código, bem como aos esclarecimentos dos peritos, às acareações e ao reconhecimento de pessoas e coisas, interrogando-se, em seguida, o acusado e procedendo-se, finalmente, ao debate.(Redação dada pela Lei nº 11.719, de 2008).

Art. 532. Na instrução, poderão ser inquiridas até 5 (cinco) testemunhas arroladas pela acusação e 5 (cinco) pela defesa. (Redação dada pela Lei nº 11.719, de 2008).

Art. 533. Aplica-se ao procedimento sumário o disposto nos parágrafos do art. 400 deste Código. (Redação dada pela Lei nº 11.719, de 2008).

§ 1º (Revogado pela Lei nº 11.719, de 2008).

§ 2º (Revogado pela Lei nº 11.719, de 2008).

§ 3º (Revogado pela Lei nº 11.719, de 2008).

§ 4º (Revogado pela Lei nº 11.719, de 2008).

Rito sumário – O rito sumário, reservado para o crime cuja sanção máxima cominada seja inferior a quatro anos de pena privativa de liberdade, na dicção do art. 394, inc. II do CPP, se orienta, praticamente, pelas mesmas regras do rito ordinário, analisadas acima, cuja consulta remetemos o leitor. Há, com efeito, a designação de audiência na qual se concentrarão todos os atos probatórios, as alegações finais das partes e a sentença a ser proferida pelo juiz. Porém, duas diferenças em relação ao procedimento ordinário podem ser apontadas: o prazo para realização da audiência é de 30 dias (art. 531) e não 60, previstos no procedimento ordinário (art. 400). E o número máximo de testemunhas, aqui, é de cinco (art. 532) e não oito, como no rito ordinário (art. 401). De resto, segue-se o mesmo procedimento, inclusive quanto ao deferimento de provas e oitiva dos peritos (art. 533) e a oferta de alegações finais orais.

Precatória – A ressalva feita neste dispositivo, quanto ao art. 222 do código, se refere à possibilidade de expedição de carta precatória ou rogatória para oitiva de testemunha ou vítima. Ninguém dirá, com efeito, que apenas em virtude da celeridade que se busca adotar nesta espécie de procedimento estaria a acusação e a defesa impedidas de ouvir testemunhas de fora, cabendo ao juiz, porém, indeferir as provas consideradas "irrelevantes, impertinentes ou protelatórias", nos termos do § 1º, do art. 400 do CPP.

Art. 534. As alegações finais serão orais, concedendo-se a palavra, respectivamente, à acusação e à defesa, pelo prazo de 20 (vinte)

minutos, prorrogáveis por mais 10 (dez), proferindo o juiz, a seguir, sentença. (Redação dada pela Lei nº 11.719, de 2008).

§ 1º Havendo mais de um acusado, o tempo previsto para a defesa de cada um será individual. (Incluído pela Lei nº 11.719, de 2008).

§ 2º Ao assistente do Ministério Público, após a manifestação deste, serão concedidos 10 (dez) minutos, prorrogando-se por igual período o tempo de manifestação da defesa. (Incluído pela Lei nº 11.719, de 2008).

Inexistência de memoriais – O art. 534 e seus § § repetem, na totalidade, o art. 403 do acima. Interessante que, pela própria natureza do rito sumário, não se admite a possibilidade de substituição dos debates por memoriais. Entendemos, contudo, que em situações excepcionais, desde que presentes os requisitos dos arts. 403, § 3° (complexidade do feito e número excessivo de réus) e 404 (realização de diligência imprescindível), nada impede essa substituição. Antes, se justifica. Com efeito, se deferida a realização da diligência, porque imprescindível, não restará mesmo outra alternativa senão aplicar, por analogia, o parágrafo único do art. 404, para que as partes se manifestem sobre a prova nova, sob pena de nítido cerceamento de acusação ou defesa e afronta ao princípio do contraditório.

Art. 535. Nenhum ato será adiado, salvo quando imprescindível a prova faltante, determinando o juiz a condução coercitiva de quem deva comparecer. (Redação dada pela Lei nº 11.719, de 2008).

§ 1º (Revogado pela Lei nº 11.719, de 2008).

§ 2º (Revogado pela Lei nº 11.719, de 2008).

Condução coercitiva de testemunha e vítima – A possibilidade de condução coercitiva do ofendido vem prevista na atual redação do art. § 1°, do art. 201 do CPP e, da testemunha, no o art. 218 do mesmo *codex*. Tal medida não se concebe quando se tratar de interrogatório do acusado. Primeiro, porque não há previsão legal que a autorize. E, segundo, em virtude do caráter defensivo do interrogatório, que, sem perder sua característica também de prova, autoriza o réu a abrir mão desse ato de autodefesa.

ATENÇÃO - para uma corrente contemporânea, a condução coercitiva de vítima deve ser evitada. A vítima é sujeito de direitos, e não mero objeto ou simples fonte de prova. O estado que incentiva a condução coercitiva do ofendido se considera mais vítima do que a própria vítima. Isso não impede, contudo, sua condução protetiva. Se existe suspeita de que a ausência da vítima não seja voluntária, mas imposta por terceiro interessado, pode o juiz mandar conduzi-la à sua presença para que a situação seja verificada e esclarecida.

Preocupado com a celeridade, impôs o legislador a regra geral consistente no não adiamento da audiência, "salvo quando imprescindível a prova faltante". Essa imprescindibilidade deve ser analisada com cautela pelo juiz. Difícil, por exemplo, se apurar, de antemão, se o depoimento de determinada testemunha é ou não imprescindível para a apuração dos fatos. A realização da audiência, sem que seja ouvida a testemunha (porque considerada *prescindível* ou porque frustrada sua condução coercitiva), pode ensejar eventual cerceamento de acusação ou de defesa. Talvez seja mais prudente o adiamento da audiência do que se ver declarada, mais à frente, a nulidade do processo. Decerto que o tempo perdido com a primeira providência será infinitamente inferior àquele decorrente de uma decisão do Tribunal, que pode, uma vez identificada a nulidade, de plano reconhecer a prescrição da pretensão acusatória. A propósito, sobre a inversão da ordem de oitiva das testemunhas, v. art. 222 acima.

Art. 536. A testemunha que comparecer será inquirida, independentemente da suspensão da audiência, observada em qualquer caso a ordem estabelecida no art. 531 deste Código. (Redação dada pela Lei nº 11.719, de 2008).

Testemunha ouvida a qualquer tempo – Presume-se seja uma testemunha que, eventualmente, se atrasou ou aquela que foi conduzida coercitivamente. O problema é que o dispositivo determina observância à ordem do art. 531, isto é, primeiro a oitiva de testemunhas de acusação e depois de defesa. A inquirição de uma testemunha de acusação, quando já ouvidas as de defesas, pode alterar essa ordem. De bom tom que, nesse caso, seja ouvido o defensor a respeito dessa inversão, circunstância que, embora discutível (já que lida com o direito de defesa do acusado), pelo menos confere uma aparência de maior cautela ao ato, posto que respaldado por quem possui conhecimento técnico. De qualquer sorte, eventual nulidade aqui suscitada teria o caráter relativo, a exigir, portanto, a demonstração do prejuízo advinda em face da não observância da ordem estabelecida no art. 531.

Art. 537. (Revogado pela Lei nº 11.719, de 2008).

Art. 538. Nas infrações penais de menor potencial ofensivo, quando o juizado especial criminal encaminhar ao juízo comum as peças existentes para a adoção de outro procedimento, observar-se-á o procedimento sumário previsto neste Capítulo. (Redação dada pela Lei nº 11.719, de 2008).

§ 1º (Revogado pela Lei nº 11.719, de 2008).

§ 2º (Revogado pela Lei nº 11.719, de 2008).

§ 3º (Revogado pela Lei nº 11.719, de 2008).

§ 4º (Revogado pela Lei nº 11.719, de 2008).

Alcance do dispositivo – Para as infrações penais de menor potencial ofensivo, assim consideradas aquelas cuja pena máxima não seja superior a dois anos, nos termos do art. 61 da Lei nº 9.099/95, o código prevê o rito sumaríssimo (art. 394, § 1º, inc. III). Caso o agente não preencha requisitos de ordem objetiva ou subjetiva que o façam merecedor dos favores legais previstos nos juizados, cumpre seja ofertada a denúncia ou queixa, mantida a competência do JECrim, onde deve tramitar o processo. Vislumbra-se, assim, ser diminuto, na prática, o raio de incidência do dispositivo. A menos, por exemplo, que, no juizado, seja reconhecida a incompetência para julgamento do feito, porque a soma das penas dos crimes cometidos em concurso seja superior a dois anos. Nesse caso, há que se analisar o *quantum* de pena decorre da soma. Caso da soma resulte uma sanção máxima cominada inferior a quatro anos, o procedimento será o sumário (art. 394, § 1°, inc. II). Ao contrário, se a pena máxima for igual ou superar os quatro anos, o procedimento a ser adotado é o ordinário (art. 394, § 1°, inc. I).

Devem ser lembradas outras duas hipóteses de encaminhamento dos autos do JECrim ao juízo comum: a impossibilidade da citação pessoal do réu, eis que nos juizados não se cogita da citação por edital (art. 66, parágrafo único da Lei n° 9.099/95). E a complexidade e a circunstâncias do caso a impedirem a oferta de denúncia ou queixa (art. 77, § § 2° e 3° do mencionado diploma legal). Nesses casos, julgado o réu no juízo comum, o recurso deve ser endereçado ao Tribunal de Justiça (órgão revisor das decisões do juiz criminal) ou para a Turma Recursal (pois a redistribuição não retira do crime sua etiqueta de menor potencial ofensivo)? Temos decisões nos dois sentidos. Vejamos os principais argumentos de cada uma:

Competência do TJ	Competência da Turma Recursal
# a remessa dos autos ao juízo comum, na hipótese do art. 66, parágrafo único, da Lei 9.099/1995, exaure a competência do Juizado Especial Criminal, que não se restabelecerá com a localização do acusado	# a remessa dos autos ao juízo comum, na hipótese do art. 66, parágrafo único, da Lei 9.099/1995, não retira do delito seu caráter de menor potencial ofensivo, devendo ser restabelecida a competência do Juizado em sede recursal

Art. 539. (Revogado pela Lei nº 11.719, de 2008).

Art. 540. (Revogado pela Lei nº 11.719, de 2008).

CAPÍTULO VI
DO PROCESSO DE RESTAURAÇÃO DE AUTOS EXTRAVIADOS OU DESTRUÍDOS

Art. 541. Os autos originais de processo penal extraviados ou destruídos, em primeira ou segunda instância, serão restaurados.

§ 1º Se existir e for exibida cópia autêntica ou certidão do processo, será uma ou outra considerada como original.

§ 2º Na falta de cópia autêntica ou certidão do processo, o juiz mandará, de ofício, ou a requerimento de qualquer das partes, que:

a) o escrivão certifique o estado do processo, segundo a sua lembrança, e reproduza o que houver a respeito em seus protocolos e registros;

b) sejam requisitadas cópias do que constar a respeito no Instituto Médico-Legal, no Instituto de Identificação e Estatística ou em estabelecimentos congêneres, repartições públicas, penitenciárias ou cadeias;

c) as partes sejam citadas pessoalmente, ou, se não forem encontradas, por edital, com o prazo de dez dias, para o processo de restauração dos autos.

§ 3º Proceder-se-á à restauração na primeira instância, ainda que os autos se tenham extraviado na segunda.

Restauração dos autos – Pelos mais diversos motivos, animado por dolo ou culpa (ou mesmo por caso fortuito), sujeitam-se os autos ao desaparecimento. Decorrência de má-fé (se alguém os subtrai), de culpa (quando não há cuidado em sua guarda, culminando com a perda), ou de caso fortuito (suponha-se a ocorrência de um incêndio no prédio do fórum), o certo é que, nestes casos, a fim de se restabelecer a situação original, haverá necessidade de se proceder à restauração dos autos. Como *autos* deve se entender tudo que compõe o processo, como petições, incidentes, documentos, perícias, etc.

Processo eletrônico – Com o advento do processo eletrônico, torna-se mais rara essa espécie de procedimento, embora o Código de Processo Civil preveja a restauração também nesses casos, segundo o art. 712 do CPC. Soma-se a isso a existência dos chamados *autos suplementares*, quando são reproduzidas as principais peças do processo, aptas a suprir eventual extravio. No Estado de São Paulo, segundo as Normas de Serviço da Corregedoria Geral de Justiça do Tribunal de Justiça, há possibilidade de formação de autos suplementares, quando da remessa dos autos à segunda instância, se "o processo envolver questão de alto risco conforme determinação judicial" (art. 46.3).

Cópia autêntica ou certidão – Claro que, se a respeito de determinado documento, constar uma cópia autenticada ou uma certidão a respeito de seu teor, tanto melhor. Tais documentos gozam de fé pública e se prestarão, sem maior dificuldade, à comprovação da veracidade de algo que desapareceu dos autos.

Certidão de lembrança – Inexistindo cópia autêntica de alguma peça ou de certidão a respeito, caberá ao escrivão certificar sobre aquilo de que se lembra. Animado pela fé pública de sua certidão, a gerar presunção relativa de veracidade quanto ao que alega, esse documento pode ser valioso no processo de restauração.

Requisição de documentos – Institutos públicos, como o IML ou aqueles que tratam da identificação das pessoas, guardam, em seus arquivos, cópias daquilo que produziram. Um exame de corpo de delito juntado, no original, a um inquérito policial, decerto que conta com uma cópia junto ao IML. Também as delegacias de polícia costumam manter os chamados *prontuários*, onde cópias daquilo que é relevante do inquérito policial são anexadas. Daí a importância de se requisitarem, junto a tais órgãos, a remessa do que constar de interesse à restauração. A possibilidade de tal requisição se estende durante o curso do processo e mesmo depois, quando conclusos ou autos para sentença, como consta do parágrafo único, do art. 544, do código.

Legitimidade – O Código de Processo Penal não aponta a legitimidade para deflagração do processo de restauração. Específico, nesse sentido, é o Código de Processo Civil, quando, em seu art. 712, dispõe que "verificado o desaparecimento dos autos, eletrônicos ou não, pode o juiz, de ofício, qualquer das partes ou o Ministério Público, se for o caso, promover-lhes a restauração". A atuação do juiz, não raras vezes de ofício, no procedimento de restauração convive sem problemas com o sistema acusatório. O juiz tem como norte restabelecer a situação original, sem implicar na produção de provas até então desconhecidas. Nele, procedimento de restauração, não é discutido o mérito da causa ou a identificação do culpado pela perda, destruição ou extravio. Mais precisamente, o objetivo da restauração dos autos é recolocar o processo no estado em que se encontrava, o mais próximo possível, antes de terem sido extraviados ou destruídos. Não se reabrem questões ou disputas.

Citação – Impõe-se a citação, pessoal ou por edital, das partes. O código não dispôs sobre o prazo para contestação, podendo, contudo, se tomar de empréstimo, do Código de Processo Civil, o prazo de cinco dias (art. 714 do CPC).

JURISPRUDÊNCIA

Citação das partes

a) necessidade

"É nulo o processo de restauração de autos realizado sem a prévia citação das partes, ex vi dos artigos 541 e seguintes do Código de Processo Penal" (STJ – HC n° 30902-MG, Rel. Hamilton Carvalhido, j. 09.03.2006, DJ 05.02.2007, p. 383).

b) desnecessidade

"Mostra-se desnecessária a citação da parte para o processo de restauração dos autos, se existir ou for apresentada uma cópia autêntica do processo, que será considerada como original. Inteligência do § 1º do art. 541 do Código de Processo Penal" (STJ – HC n° 264355-GO, Rel. Campos Marques, j. 20.08.2013, DJe 06.08.2013).

Pedido não pode ser analisado em sede de habeas corpus

"A análise da necessidade de restauração dos autos impõe revolvimento de fatos e provas, o que ultrapassa os limites do procedimento sumário e documental do habeas corpus" (STF – HC n° 9260-SP, Rel. Cármen Lúcia, j. 16.10.2007, DJe 08.11.2007).

§ 3º Proceder-se-á à restauração na primeira instância, ainda que os autos se tenham extraviado na segunda.

Competência – Tenham se extraviados os autos na segunda ou primeira instância, a restauração terá curso perante esta última. Salvo quando se tratar de crime que se processa nos tribunais, por conta do foro por prerrogativa de função, quando, então, a competência originária para conhecer da matéria será da respectiva corte. Interessante notar, porém, que o Código de Processo Civil possui orientação diversa quando, em seu art. 717, dispõe que "se o desaparecimento dos autos tiver ocorrido no tribunal, o processo de restauração será distribuído, sempre que possível, ao relator do processo".

JURISPRUDÊNCIA

Competência do STJ

"A restauração de autos extraviados ou destruídos, quando já decidido o recurso especial interposto, pendente de apreciação embargos de declaração tempestivamente oferecidos (art. 619 do CPP), observadas, no que for compatível as prescrições dos arts. 541 *usque* 548 do CPP, inclusive no que respeita à citação da parte, deverá ser procedida, em princípio, no próprio Superior Tribunal de Justiça" (STJ – Pet n. 1001-ES – Rel. Fernando Gonçalves, RSTJ 150/550).

Art. 542. **No dia designado, as partes serão ouvidas, mencionando-se em termo circunstanciado os pontos em que estiverem acordes e a exibição e a conferência das certidões e mais reproduções do processo apresentadas e conferidas.**

Audiência – É o momento adequado para que sejam ouvidas as partes, sendo que, daquilo que estiverem de acordo, será elaborado um termo circunstanciado. Claro: não remanescendo nenhuma controvérsia sobre determinado ato processual, não há razão para repetição.

Art. 543. **O juiz determinará as diligências necessárias para a restauração, observando-se o seguinte:**

I – caso ainda não tenha sido proferida a sentença, reinquirir-se-ão as testemunhas podendo ser substituídas as que tiverem falecido ou se encontrarem em lugar não sabido;

II – os exames periciais, quando possível, serão repetidos, e de preferência pelos mesmos peritos;

III – a prova documental será reproduzida por meio de cópia autêntica ou, quando impossível, por meio de testemunhas;

IV – poderão também ser inquiridas sobre os atos do processo, que deverá ser restaurado, as autoridades, os serventuários, os peritos e mais pessoas que tenham nele funcionado;

V – o Ministério Público e as partes poderão oferecer testemunhas e produzir documentos, para provar o teor do processo extraviado ou destruído.

Diligências – A fim de instruir o processo, o artigo em análise lista as medidas que podem ser adotadas pelo juiz que, a propósito, não dependem de requerimento dos interessados, podendo ser determinadas de ofício. Não tendo sido proferida sentença nos autos originais, serão reinquiridas as testemunhas, cabendo, em caso de morte ou desaparecimento, sua substituição. Cabe, ainda, a repetição dos exames, em hipótese pouco provável, pois cópias dos exames originais certamente foram arquivadas nos órgãos responsáveis pela perícia. Cópias autenticadas são de enorme valia, podendo ser supridas por prova testemunhal. Também a oitiva daqueles que funcionaram diretamente no processo desaparecido será de enorme utilidade, dada à capacidade de se recordarem do ocorrido anteriormente. Às partes é facultada a possibilidade de produzir prova testemunhal e documental.

JURISPRUDÊNCIA

Denúncia do Ministério Público

"Sendo materialmente impossível que conste do processo restaurado cópia da denúncia, que não foi encontrada, mas se acha provada por outras pecas dos autos, não há que se falar em nulidade. Orientação do Supremo Tribunal Federal: RE 79.757 – RTJ 74/750" (STF – HC n. 72871-RJ – Rel. Ilmar Galvão, j. 07.11.1995, DJ 02.02.1996, p. 852).

Art. 544. **Realizadas as diligências que, salvo motivo de força maior, deverão concluir-se dentro de vinte dias, serão os autos conclusos para julgamento.**

Parágrafo único. No curso do processo, e depois de subirem os autos conclusos para sentença, o juiz poderá, dentro em cinco dias, requisitar de autoridades ou de repartições todos os esclarecimentos para a restauração.

Teor da sentença – É preciso que se delimite, adequadamente, o alcance da sentença que julga o processo de restauração dos autos. Com efeito, acolhido o pedido, o juiz declara que os autos estão restaurados, quando o processo, se ainda não estiver findo, retoma seu curso natural. Não será a restauração, portanto, o *locus* adequado para que se reavalie a prova ou para que se adentre ao mérito da causa. Suponha-se que, condenado o réu em 1º grau, em sede de recurso são extraviados os autos. Por óbvio que, no processo de restauração, não se irá proferir outra sentença, desta feita absolvendo o réu. Por isso mesmo que às testemunhas eventualmente ouvidas deve-se cobrar que repitam o depoimento anterior, na medida do que se recordarem. Jamais ofertando novas versões para os fatos, alterando o depoimento inicialmente prestado. O momento oportuno para que se proceda à análise da prova se dará no processo já restaurado, quando retomada a marcha processual.

Sentença de improcedência – Pode ocorrer que, ao cabo do processo, conclua o juiz pela improcedência do pedido, isso em virtude da fragilidade da prova, da precariedade dos documentos trazidos aos autos, da inexistência de certidões ou cópias autenticadas, etc. Nessa hipótese, deverá declarar os autos como não restaurados. Pensamos que, como consequência desse *non liquet*, se imporá a decretação da nulidade do processo original. É que, se não há mais autos, revelando-se inviável sua restauração, como se admitir o exercício da ampla defesa e acusação e do contraditório (para ficarmos com dois dos mais caros princípios do processo penal)? A única alternativa plausível impõe o recomeço do processo, com a oferta de nova denúncia ou queixa, seguindo-se, a partir daí, o curso regular do feito.

Art. 545. **Os selos e as taxas judiciárias, já pagos nos autos originais, não serão novamente cobrados.**

O dispositivo fala por si só, não tendo cabimento impor-se a quem não deu causa ao desaparecimento dos autos, nenhuma espécie de pagamento em dobro. Já àquele que agiu com dolo ou culpa, submete-se às sanções previstas no artigo seguinte.

Art. 546. **Os causadores de extravio de autos responderão pelas custas, em dobro, sem prejuízo da responsabilidade criminal.**

Sanções – Como penalidade imposta ao responsável pelo extravio dos autos – tenha agido com dolo ou culpa – prevê este dispositivo o pagamento das custas em dobro. Segundo o art. 716 do Código de Processo Civil, aquele que "houver dado causa ao desaparecimento dos autos responderá pelas custas da restauração e pelos honorários de advogado, sem prejuízo da responsabilidade civil ou penal em que incorrer". Pensamos, contudo, inviável o emprego deste dispositivo no processo penal, eis que trata de honorários advocatícios (quase que inexistentes no âmbito penal), além de importar em uma situação mais gravosa ao agente, em analogia que iria prejudicá-lo.

Responsabilidade penal – Além da responsabilização de cunho, por assim dizer, civil, o causador do extravio dos autos, desde que agindo dolosamente, sujeita-se, ainda, à prática de crime. A doutrina aponta, no Código Penal, os crimes do art. 314 (*extravio, sonegação ou inutilização de livro ou documento*), do art. 337 (*subtração ou inutilização de livro ou documento*), e do art. 356 (*sonegação de papel ou objeto de valor probatório*).

Art. 547. Julgada a restauração, os autos respectivos valerão pelos originais.

Parágrafo único. Se no curso da restauração aparecerem os autos originais, nestes continuará o processo, apensos a eles os autos da restauração.

Recurso – O recurso cabível, contra decisão que julga a restauração, nos termos do art. 593, inc. II, do código, é a apelação, por se tratar de decisão definitiva, não elencada dentre as hipóteses que comportam recurso em sentido estrito.

JURISPRUDÊNCIA

"Tem razão o acórdão impugnado, quando conclui que, uma vez julgada a Restauração de Autos, da sentença cabe Apelação, que só pode cuidar da Restauração propriamente dita (art. 593, II, do Código de Processo Penal). Não, assim, da sentença de mérito" (STF – HC n. 74240-SP – Rel. Sydney Sanches, j. 18.02.1997, DJ 11.04.1997, p. 12187).

Aparecimento dos autos – O parágrafo único acima trata do reaparecimento dos autos originais, após a deflagração de sua restauração, quando, então, o processo continuará naqueles primeiros, com o apensamento dos autos da restauração. Admitimos nossa dificuldade em apreender o real alcance deste dispositivo. Ora, se os autos que se achavam extraviados, surgem posteriormente, não se vê motivo para a continuidade do processo, cujo objeto, a essa altura, já se perdeu.

JURISPRUDÊNCIA

"Reproduzida em juízo a prova oral inquisitória que se alega ausente e juntada aos autos da restauração por cópia, cuja indispensabilidade, para o fim pretendido, foi afirmada pelo próprio recorrente, não há falar em mácula na decisão que julgou restaurados os autos, por suficientemente instruídos" (STJ – REsp n° 711063-RS-GO, Rel. Hamilton Carvalhido, j. 18.04.2006, DJ 14.08.2006, p. 343).

Art. 548. Até à decisão que julgue restaurados os autos, a sentença condenatória em execução continuará a produzir efeito, desde que conste da respectiva guia arquivada na cadeia ou na penitenciária, onde o réu estiver cumprindo a pena, ou de registro que torne a sua existência inequívoca.

Sentença condenatória - Ainda que em curso o processo de restauração e enquanto não julgado, a sentença condenatória surte seus efeitos regulares. Ou, em outras palavras: o desaparecimento dos autos não se presta como verdadeiro *efeito suspensivo*, a permitir, por exemplo, que a prisão do réu ocorra somente após a deflagração e julgamento de processo para sua restauração. Pensar-se assim poderia, inclusive, dar ensejo a práticas maliciosas, já que o sumiço dos autos impediria a prisão do condenado. Não é assim. Com a guia de recolhimento (art. 105 da Lei de Execuções Penais), já se inicia a execução da pena, ainda que desaparecidos os autos. A execução da pena aqui admitida, deve ser compreendida em seu sentido mais amplo, a abarcar, inclusive, penas pecuniárias, restritiva de direitos, medidas de segurança, etc.

Livro de registro de sentença - Vale observar, a propósito, que embora possam desaparecer os autos, a sentença será sempre preservada. Isso porque o art. 389 do código determina que, uma vez prolatada, seja ela registrada "em livro especialmente destinado a esse fim". No Estado de São Paulo, como visto nos comentários ao art. 389, esse livro se denomina "livro de registro de sentença". Essa exigência reforça a ideia de que a sentença condenatória gera seus efeitos, independentemente do rumo que tomar o processo de restauração.

JURISPRUDÊNCIA

"Embora ausente a Guia de Recolhimento, em decorrência do extravio dos autos da ação penal, não há falar em constrangimento ilegal na custódia do paciente, que pretende aguardar a restauração dos autos em liberdade, eis que presente a sentença, registrada em livro próprio, atestando sua condenação" (STJ – RHC n° 14761-PI, Rel. Hamilton Carvalhido, j. 16.12.2004, DJ 06.02.2006, p. 311).

CAPÍTULO VII
DO PROCESSO DE APLICAÇÃO DE MEDIDA DE SEGURANÇA POR FATO NÃO CRIMINOSO

Art. 549. Se a autoridade policial tiver conhecimento de fato que, embora não constituindo infração penal, possa determinar a aplicação de medida de segurança (Código Penal, arts. 14 e 27), deverá proceder a inquérito, a fim de apurá-lo e averiguar todos os elementos que possam interessar à verificação da periculosidade do agente.

Art. 550. O processo será promovido pelo Ministério Público, mediante requerimento que conterá a exposição sucinta do fato, as suas circunstâncias e todos os elementos em que se fundar o pedido.

Art. 551. O juiz, ao deferir o requerimento, ordenará a intimação do interessado para comparecer em juízo, a fim de ser interrogado.

Art. 552. Após o interrogatório ou dentro do prazo de dois dias, o interessado ou seu defensor poderá oferecer alegações.

Parágrafo único. O juiz nomeará defensor ao interessado que não o tiver.

Art. 553. O Ministério Público, ao fazer o requerimento inicial, e a defesa, no prazo estabelecido no artigo anterior, poderão requerer exames, diligências e arrolar até três testemunhas.

Art. 554. Após o prazo de defesa ou a realização dos exames e diligências ordenados pelo juiz, de ofício ou a requerimento das partes, será marcada audiência, em que, inquiridas as testemunhas e produzidas alegações orais pelo órgão do Ministério Público e pelo defensor, dentro de dez minutos para cada um, o juiz proferirá sentença.

Parágrafo único. Se o juiz não se julgar habilitado a proferir a decisão, designará, desde logo, outra audiência, que se realizará dentro de cinco dias, para publicar a sentença.

Art. 555. Quando, instaurado processo por infração penal, o juiz, absolvendo ou impronunciando o réu, reconhecer a existência de qualquer dos fatos previstos no art. 14 ou no art. 27 do Código Penal, aplicar-lhe-á, se for caso, medida de segurança.

Observação – A partir da reforma na parte geral do Código Penal, operada em 1984, abandonou-se a possibilidade de aplicação concomitante de pena e medida de segurança, o chamado sistema do duplo binário ou dos dois trilhos. Vigora, atualmente, o sistema vicariante ou unitário, obrigando o juiz a impor uma ou outra espécie de sanção. De sorte que todo este capítulo, que tratava da aplicação de medida de segurança, acha-se revogado.

TÍTULO III
DOS PROCESSOS DE COMPETÊNCIA DO SUPREMO TRIBUNAL FEDERAL E DOS TRIBUNAIS DE APELAÇÃO
(REVOGADO PELA LEI Nº 8.658, DE 26.5.1993)

CAPÍTULO I
DA INSTRUÇÃO
(REVOGADO PELA LEI Nº 8.658, DE 26.5.1993)

Arts. 556 a 560. (Revogados pela Lei nº 8.658, de 26.5.1993)

CAPÍTULO II
DO JULGAMENTO
(REVOGADO PELA LEI Nº 8.658, DE 26.5.1993)

Arts. 561 e 562. (Revogados pela Lei nº 8.658, de 26.5.1993)

Observação – Estes dispositivos, que, segundo sua redação originária, tratavam do procedimento a ser observado nos crimes de competência originária do STF e dos Tribunais de Apelação (*rectius*: Tribunais de Justiça), foram revogados pela Lei n. 8.658/1993, que dispõe sobre as ações penais originárias, perante os Tribunais de Justiça e nos Tribunais Regionais Federais.

LIVRO III
DAS NULIDADES E DOS RECURSOS EM GERAL

TÍTULO I
DAS NULIDADES

Nulidade – É o vício processual decorrente da inobservância de determinada exigência legal. Ou seja, a lei prevê a forma pela qual deva ser praticado um ato e, apesar disso, o ato é perpetrado de maneira diversa, contrariamente os seus termos. Assim, o ato praticado *contra legem* possui um vício, um defeito. Mas, dependendo da gravidade desse vício, se mínimo, o ato pode ser plenamente aproveitado, configurador de mera irregularidade. Ou, na hipótese mais extrema, quando enorme a falha, pode nem mesmo ingressar no mundo jurídico.

Sistema adotado pelo código – A história tem demonstrado a existência de três sistemas referentes à disciplina das nulidades. Pelo primeiro, chamado sistema francês, a lei relaciona, de forma minuciosa, em lista taxativa, todas as hipóteses de nulidade, não dando margem que nenhuma outra, senão a constante do rol, seja decretada. Outro sistema, adotado, segundo Espínola Filho (ob. cit., vol. 2, p. 425), nos códigos espanhol (1882) e suíço (1851), faz apenas uma menção genérica à nulidade, sem indicar em quais casos concretos ela se verificaria, dando ensejo ao risco decorrente da vasta possibilidade de interpretação da norma. Era o sistema da equidade. Adotou nosso código um sistema eclético (também conhecido como sistema da finalidade da lei e do prejuízo), no qual não se esmiúçam todas as causas de nulidade, mas, ao contrário, se elenca um mínimo de situações, verdadeiramente relevantes, na qual ela pode se configurar. E, tampouco se deixa um campo aberto, propiciado por uma norma genérica e de conteúdo indefinido, capaz de dar margem a toda espécie de interpretação e a propiciar o arbítrio do juiz, em franco prejuízo ao bom andamento do feito. É ainda de Espínola Filho a lição na qual cita Mortara: "O projeto é infenso ao excessivo rigorismo formal, que dá ensejo, atualmente, para infindável série das nulidades. Segundo a justa advertência do ilustre processualista italiano, 'um bom direito processual penal deve limitar as sanções de nulidade àquele estrito mínimo que não pode ser subtraído sem lesar legítimos e graves interesses o Estado e dos cidadãos'" (ob. cit., vol. 2, p. 426).

Daí a advertência contida na Exposição de Motivos do Código de Processo Penal, segundo a qual "as nulidades processuais, reduzidas ao mínimo, deixam de ser o que têm sido até agora, isto é, um meandro técnico por onde se escoa a substância do processo e se perdem o tempo e a gravidade da justiça. É coibido o êxito das fraudes, subterfúgios e alicantinas" (item 22).

Vícios do ato e suas consequências processuais – Já focalizado que a divergência entre a moldura legal e a prática de determinado ato contra a fórmula descrita na lei pode configurar a nulidade, veremos abaixo a classificação desses vícios e suas consequências, graduadas segundo o prejuízo decorrente da inobservância da lei.

a) irregularidades – Aqui é desatendida uma exigência legal sem maior relevância. Tal exigência é estabelecida em norma infraconstitucional, traduzindo um fim em si mesma, ou seja, sem acarretar prejuízo para nenhuma das partes. Portanto, não se anula o ato quando este configura mera irregularidade, embora praticado em contrariedade ao que determina a lei processual.

Assim, por exemplo, o art. 471 do CPP determinava a leitura do libelo antes de se produzir a acusação em plenário. Caso, porém, o acusador se esquecesse de produzir tal leitura, essa omissão, por não ter acarretado nenhum prejuízo, configurava simples irregularidade. Ou ainda, o art. 216 impõe que na hipótese da testemunha que não sabe assinar, alguém assinará a rogo o seu depoimento. A falta dessa assinatura, porém, não dá causa à nulidade, posto configurar mera irregularidade. Ou o juiz que na sentença condenatória erra o nome do réu ou o artigo em que ele está incurso. Ou, ainda, a falta de rubrica do juiz nas folhas da sentença, determinada pelo art. 388 do código que, se ausente, não é causa de nulidade do decisum. Lembre-se, ainda, da oferta de denúncia fora do prazo legal (art. 46) que pode acarretar até a soltura do réu, mas que, ainda assim, continua sendo válida como peça de acusação. Percebe-se que, nesses casos, a formalidade não observada não é essencial ao ato e por isso não o invalida.

b) nulidade relativa – É desatendida uma exigência legal estabelecida em norma infraconstitucional. Tal formalidade é essencial, pois resguarda interesse de uma das partes. O interesse maior, portanto, é de uma das partes e, em razão disso, somente será declarada a nulidade se demonstrado o prejuízo e quando agitada em tempo oportuno. Em um exemplo: é obrigatória a intimação pessoal do Ministério Público para participar da audiência, bem como da Defensoria Pública (art. 370, § 4º), omissão capaz de acarretar a nulidade do ato. Entretanto, se o Promotor comparece espontaneamente está sanada a falta e o ato é aproveitado. Ou ainda, a falta de intimação da defesa da expedição de carta precatória (Súmula 155-STF). Se por acaso o advogado não comparece na audiência, posto que não intimado, mas a testemunha presta um depoimento irrelevante, o ato é válido. Portanto, em todos esses casos, para que se reconheça a nulidade, é preciso que se demonstre o prejuízo sofrido. Outras duas características da nulidade relativa é que, primeiro, ela seja suscitada no momento oportuno (art. 571), sob pena de preclusão e, segundo, que não pode ser reconhecida de ofício pelo juiz, ou seja, depende de provocação da parte interessada.

JURISPRUDÊNCIA

Nulidade absoluta e prejuízo

"Esta Corte vem assentando que a demonstração de prejuízo, a teor do art. 563 do CPP, é essencial à alegação de nulidade, seja ela relativa ou absoluta, eis que "o âmbito normativo do dogma fundamental da disciplina das nulidades *pas de nullité sans grief* compreende as nulidades absolutas" (HC 85.155/SP, Rel. Min. Ellen Gracie). Precedentes" (STF – RHC n° 117102-SP, Rel. Ricardo Lewandowski, j. 25.06.2013, DJe 13.08.2013).

Ausência de intimação pessoal do Defensor Público e preclusão

"É prerrogativa do Defensor Público a intimação pessoal da data da sessão de julgamento de recurso, nos termos dos arts. 5º, § 5º, da Lei 1.060/50, 370, § 4º, do Código de Processo Penal, e 128, I, da Lei Complementar 80/94, constituindo nulidade, por cerceamento do direito de defesa, a sua inobservância. Hipótese em que o Defensor Público não foi intimado, pessoalmente, da sessão de julgamento da apelação, apontando-se, em princípio, para a existência de possível constrangimento ilegal. Entretanto, consoante a atual jurisprudência do Supremo Tribunal Federal e do Superior Tribunal de Justiça, a nulidade, pela ausência de intimação pessoal do Defensor Público ou dativo da data de julgamento do recurso, não pode ser arguida a qualquer tempo, sujeitando-se à preclusão temporal, nos termos dos arts. 564, IV, 571, VIII, e 572, I, do CPP" (STJ – HC n° 209553-SP, Rel. Assusete Magalhães, j. 05.03.2013, DJe 25.03.2013).

c) nulidade absoluta – Nela se desatende uma formalidade de caráter constitucional, ou seja, são afrontados princípios constitucionais do Processo Penal. Aqui a formalidade não interessa apenas às partes, mas à ordem pública. Em razão disso, independe da demonstração de prejuízo (que é presumido) e pode ser conhecida de ofício, sem necessidade de provocação das partes, não se sujeitando à preclusão. Tome-se o exemplo da votação dos quesitos no julgamento do Júri realizado publicamente, quando a Constituição prevê o sigilo das votações. Ou um processo que tem curso sem a nomeação de um defensor, prevendo a Carta a ampla defesa. Ou ainda, se não é aberta oportunidade para a defesa se manifestar em alegações finais, quando o contraditório é um princípio constitucionalmente previsto.

ATENÇÃO - A tendência demonstrada, sobretudo, pela jurisprudência de nossos tribunais superiores, é no sentido de conferir, a praticamente todo e qualquer vício, a roupagem de nulidade relativa, a exigir, notadamente, a demonstração de prejuízo. No aresto abaixo mencionado, ressaltou-se que, ainda que absoluta a nulidade, sem a demonstração do prejuízo, ela não será reconhecida:

"Esta Corte vem assentando que a demonstração de prejuízo, a teor do art. 563 do CPP, é essencial à alegação de nulidade, seja ela relativa ou absoluta, eis que "o âmbito normativo do dogma fundamental da disciplina das nulidades pas de nullité sans grief compreende as nulidades absolutas" (HC 85.155/SP, Rel. Min. Ellen Gracie). Precedentes" (STF - RHC nº 117102-SP, Rel. Ricardo Lewandowski, j. 25.06.2013, DJe 13.08.2013).

Embora podendo a nulidade absoluta ser conhecida de ofício, há exceções a tal princípio. Assim, por exemplo, sendo o réu absolvido, não se declara nulidade absoluta em revisão criminal pro societate. Ou ainda, não será declarada nulidade absoluta em prejuízo do réu quando apenas ele recorreu. Num exemplo: se apenas o réu recorreu, não pode o Tribunal anular o processo porque não se abriu vista ao Ministério Público para apresentar alegações finais, devendo, se for o caso, dar provimento ao recurso para absolver o réu. A possibilidade de se declarar a nulidade haveria se também o *parquet* tivesse recorrido, suscitando a nulidade. É a aplicação da Súmula 160 do STF, no sentido de que o tribunal não pode conhecer nulidade (ainda que absoluta) contra o réu não arguida em recurso da acusação, a menos que se trate de recurso de ofício. Há entendimento, porém, que se tratando de incompetência absoluta do juiz, deve o Tribunal declará-la de ofício, mesmo que em recurso exclusivo do réu e em seu prejuízo.

d) ato inexistente - É aquele ato que, porque possui um vício de tamanha gravidade, nem chega a ingressar no mundo jurídico, por não reunir elementos para existir. Assim, nem mesmo é necessária uma decisão judicial que o reconheça como inexistente. É o chamado "não ato". Como exemplos poderiam ser lembrados a sentença sem assinatura do juiz, que não passa de um mero pedaço de papel ou aquela proferida por um juiz absolutamente incompetente. Ou ainda, quando a lei prevê recurso de ofício, não havendo remessa dos autos à instância superior, a certidão que declarou o trânsito em julgado é considerada inexistente, cabendo o envio dos autos, a qualquer momento, para o Tribunal (Súmula 423 do STF).

Extinção da punibilidade pela suposta morte do réu que se apura vivo – Questão interessante, a ser lembrada neste tópico que trata dos atos inexistentes, emerge do seguinte exemplo: suponha-se que determinada pessoa, tendo contra si inúmeros processos em andamento e diversas condenações definitivas (cuja soma das penas atinge mais de cem anos), tenha declarada extinta sua punibilidade, posto que falecida (art. 107, inc. I, do Código Penal) e após a regular apresentação da certidão de óbito (art. 62 do CPP). Passado algum tempo, transitada em julgado tal decisão, se constata a falsidade da certidão de óbito apresentada em juízo e que serviu de base para a sentença. A partir daí se estabelece o debate.

A doutrina majoritária é no sentido de que a decisão de extinção da punibilidade, pela morte do agente, encontra-se definitivamente acobertada pelo manto da coisa julgada, o que importa no reconhecimento da imutabilidade do comando que dela emerge. Assim, irreversível a situação e não admitido, em nosso direito, a chamada revisão criminal *pro societate*, a única alternativa que resta é a deflagração de processo, contra o sujeito, pela prática dos crimes falsidade ou de uso de documento falso. É o que ensina Vicente Greco Filho, quando, ao tratar da coisa julgada, reconhece a "imutabilidade absoluta" da decisão que extinguiu a punibilidade, alertando, ainda, ao comentar situação idêntica ao nosso exemplo, para o risco de se "comprometer o sistema de garantia da pessoa contra a violência estatal" (ob. cit., p. 343). Não discrepa a lição de Basileu Garcia, ao ressaltar que "indiferente a sugestões do Direito comparado, em que é prevista a absoluta ineficácia do julgado, a nossa legislação não cogitou da hipótese, que, assim, permanece irremediável, salvo proceder-se por falsidade contra os responsáveis pela elaboração e pelo uso do documento destinado a provar óbito fictício" (*Instituições de direito penal*, 5ª. ed., São Paulo: Max Limonad, 1980, vol. 1, p. 751). Ainda nesse sentido: Magalhães Noronha, *Direito Penal*, vol. 1, 25ª. ed., 1987, p. 331).

Tornando ao nosso exemplo inicial, a se privilegiar a tese acima exposta, teríamos que àquele sujeito, cujas condenações ultrapassam os cem anos – sem dizer dos processos em andamento – restaria, somente, um processo pelo uso de documento falso ou pela falsificação em si, que possuem penas máximas de seis anos de reclusão (arts. 297 e 304 do Código Penal).

Ante o absurdo da situação e a despeito de nossa legislação, efetivamente, ser omissa quanto a esse tema – dentre as legislações que permitem, nesse caso específico, a revisão criminal *pro societate*, vale destacar o Código de Processo Penal Português (art. 499, I) e o Código de Processo Penal Italiano (art. 69, § 2º) – tratou a doutrina (minoritária, é verdade), de tentar reparar o equívoco. Destaque-se, aí, a lição de Hélio Tornaghi, ao ensinar: "Creio que a solução correta é a seguinte: a sentença declarou extinta a punibilidade do morto, não do vivo. O morto é coisa, não pode ser punido; o vivo é pessoa e responde por seus atos. A sentença que transitou em julgado dizia apenas que a coisa, o cadáver, não está sujeito à pena. Não declara a impunidade do vivo. Logo, verificado que o réu está vivo, o processo deve retomar seu curso pois a sentença não lhe diz respeito. Ela se refere a uma coisa, não a uma pessoa" (ob. cit., v. 2, p. 450).

Em antigo julgado do STF, datado de 1978 (HC 55.901, Rel. Min. Cunha Peixoto), constou do voto vencedor do Ministro Soares Muñoz, observação bastante interessante, na linha de entendimento de Tornaghi, ao ressaltar que, a despeito da omissão legislativa, "a única solução possível, porque inspirada na boa razão, é a que considera ineficaz a decisão em tela, diante da falsidade que lhe deu causa. Não é viável a conciliação da duplicidade que outra solução ensejaria, a de uma mesma pessoa ser considerada morta e viva ao mesmo tempo. Morto para responder ao crime de estelionato e vivo para responder pela falsificação da certidão de óbito com base na qual lhe fora extinta a punibilidade daquele delito. Isto seria dar razão a Benthan quando, ironicamente, dizia que o processo é a arte de ignorar metodicamente aquilo que todo mundo sabe".

E, de fato, a ausência de expressa previsão legal a autorizar a revisão criminal *pro societate* – como se verifica na legislação alienígena acima mencionada – por si só não é suficiente para autorizar decisão que contenha tamanho disparate, reconhecendo-se a extinção da punibilidade pela morte de quem está vivo. Trata-se mesmo de erro material que, ao ser constatado, pode – e deve – ser retificado de ofício pelo juiz ou tribunal, sob pena de afronta à regra segundo a qual ninguém pode ser beneficiado pela própria torpeza. Tal decisão, assim, calcada em um fato juridicamente inexistente, revela-se absolutamente inapta a gerar qualquer efeito, não sendo o caso de se invocar o manto da coisa julgada a fim de encobrir esse despropósito.

Nessa esteira o *decisum* do STF, que acórdão que teve como relator o Min. Rafael Mayer: "A singularidade da verdade real, no caso, não se acomoda ao formalismo, impondo-se por si só, sob pena de consagrar-se o *non sense* e a incongruência, no plano do Direito Penal em que tem maior peso a realidade humana e factual. E os primeiros princípios lógicos estariam em causa ao admitir-se ter o agente extinta a punibilidade em razão da própria morte, quando vivo está" (HC 60095/RJ, j. em 30.11.1982).

Vale atentar, ademais, que a extinção da punibilidade do agente, que inviabiliza o prosseguimento dos processos e das execuções penais em curso, deriva da efetiva morte e não da sentença que se limita, apenas, a declará-la. Não é, em outras palavras, a autoridade da coisa julgada que impede a prosseguibilidade do feito, mas a morte efetivamente verificada no mundo fenomênico. A sentença apenas declara o ocorrido, irradiando suas consequências. Constatado, *a posteriori*, que a morte não ocorreu, parece claro que nenhuma consequência possa daí advir. É a lição de Manzini, lembrada por Florêncio de Abreu (ob. cit., vol. V, p. 421).

Calhou ao STJ enfrentar a questão e a decisão foi na linha de nosso raciocínio, tendo como relator o eminente Min. Félix Fischer (HC 31.234/MG, 5ª. T., j. em 16.12.2003, *DJ* de 09.02.2004, p. 198). Por conta dessa decisão, oriunda do *Tribunal da Cidadania*, foi impetrado *habeas corpus* perante o STF, que negou a ordem, valendo que se confira o teor da ementa do Rel. Min. Carlos Velloso: "A decisão que, com base em certidão de óbito falsa, julga extinta a punibilidade do réu pode ser revogada, dado que não gera coisa julgada em sentido estrito" (HC n. 84.525-MG, j. 16.11.2004, *DJ* 03.12.2004, p. 50).

De se concluir, portanto, que a sentença de extinção da punibilidade, lastreada em óbito que, posteriormente, se verificou não ocorrido, mostra-se incapaz de gerar qualquer efeito, por se colocar mesmo em um plano de inexistência ou invalidade, devendo, por isso, se retomar normalmente as ações penais e inquéritos policiais - ou qualquer outro expediente - em andamento, bem como as execuções penais, atingidas por aquela decisão. Sem prejuízo das sanções penais a serem suportadas pelo suposto morto, em decorrência do *falsum*.

JURISPRUDÊNCIA

Sentença que extingue a punibilidade face à morte do réu que, posteriormente, apurou-se estar vivo

a) prevalece a sentença

"A morte do agente equivocadamente reconhecida e que acarretou a extinção de sua punibilidade não pode reavivar a ação penal após conhecida a falsidade do óbito pela simples razão de que o que está extinto não reaviva, não renasce. A lei reconhece a irreversibilidade da sentença declaratória de extinção de punibilidade a partir do momento em que transite em julgado a respectiva decisão, que se torna irreversível" (TACrimSP, Rel. Canguçu de Almeida, *RT* 580/349).

b) não prevalece a sentença

"A decisão que, com base em certidão de óbito falsa, julga extinta a punibilidade do réu pode ser revogada, dado que não gera coisa julgada em sentido estrito' (STF – HC n° 104998-SP, Rel. Dias Toffoli, j. 14.12.2010, DJe 06.05.2011).

Hipóteses de nulidade absoluta e nulidade relativa – A despeito da classificação que mencionamos acima, nem sempre será tarefa fácil, na prática, identificar se a atipicidade formal configura uma nulidade relativa ou absoluta. Conceituar-se singela irregularidade não importa em grande dificuldade, por encerrar, no mais das vezes, mera falha, sem maiores consequências. No outro extremo, no ato inexistente, a preterição da solenidade é de tamanha evidência, que sua detecção também não traz maior complexidade (tanto é assim que a lei nem chega a tratar, expressamente, do não ato). O problema se instala – repetimos – ao se procurar definir, na análise da hipótese concreta, se determinado ato, praticado ao arrepio da forma legal, configura nulidade relativa ou absoluta, havendo, não é raro, entendimentos doutrinários e jurisprudenciais inconciliáveis entre si.

O caminho, a nosso ver, deve começar a ser trilhado pela compreensão do art. 572 do código, que trata do chamado princípio da convalidação. Neste dispositivo, são listadas as hipóteses passíveis de convalescimento, isto é, os casos em que a falha é suprida caso não agitada no momento oportuno. Ora, se a nulidade absoluta, como vimos acima, pode ser reconhecida a qualquer tempo, tem-se, contrario sensu, que as hipóteses tratadas no caput do art. 572, que admitem convalidação, configuram nulidades relativas. Assim e em reforço, quando o código lista os atos que podem ser objeto de sanabilidade, configuradores, portanto, de nulidade relativa, conclui-se, por exclusão, que as demais hipóteses, não apontadas na lei, tratam-se de nulidades absolutas.

Assim, são nulidades relativas, aquelas que, segundo o art. 572 do código, podem ser sanadas, a saber "as nulidades previstas no art. 564, Ill, "d" e "e", segunda parte, "g" e "h", e IV".

As demais hipóteses não abrangidas pelo art. 572, listadas no art. 564, e que, portanto, não admitem convalidação, configuram, por consequência, nulidades absolutas.

Sem embargo dessa explicação, o que se verifica, em verdade, é que a jurisprudência, francamente apoiada no princípio do prejuízo, raramente vem identificando nulidades absolutas, salvo, como orienta o "pas de nullité sans grief", quando demonstrado o efetivo prejuízo advindo do preterimento da forma, conforme decisão transcrita abaixo.

JURISPRUDÊNCIA

Nulidade absoluta e demonstração de prejuízo

"Esta Suprema Corte igualmente assentou o entendimento de que 'a demonstração de prejuízo, a teor do art. 563 do CPP, é essencial à alegação de nulidade, seja ela relativa ou absoluta" (HC nº 85.155/SP, de relatoria da Min. Ellen Gracie, DJ de 15/4/05)'" (STF – AI n. 825534, Rel. Dias Toffoli, j. 07.06.2011, DJE 07.06.2011).

Art. 563. Nenhum ato será declarado nulo, se da nulidade não resultar prejuízo para a acusação ou para a defesa.

Princípio do prejuízo ou da finalidade da lei – Para que seja declarada uma determinada nulidade, é preciso a demonstração do prejuízo sofrido pela parte interessada, em decorrência da omissão, nos termos do dispositivo em exame. É a aplicação do brocardo francês denominado pas de nullité sans grief. Assim, se o ato foi praticado em desconformidade com a lei, mas, a despeito disso, não acarretou qualquer prejuízo, ele é válido. Isso em se tratando de nulidade relativa. A preterição da forma, portanto, não é causa, por si só, do reconhecimento da nulidade, desde que o ato tenha atingido seu objetivo. Tratando-se, porém, de nulidade absoluta, como já visto, é desnecessária a demonstração do prejuízo, pois ele é presumido. Na lição de Nélson Hungria, "o que vale e conta, acima de tudo, é a verdade material, uma vez que não se verifique evidente e irremediável prejuízo da acusação e da defesa. Não será declarada a nulidade de nenhum ato processual, quando este não haja influído concretamente na decisão da causa ou na apuração da verdade real" (apud, Ary de Azevedo Franco, ob. cit., vol. 2, o. 209). Assim, para exemplificar, a hipótese de um réu que, condenado, foi defendido por um estagiário, constitui uma nulidade absoluta, na qual se presume o prejuízo, pouco importando se brilhante a defesa exercida, se o réu confessou a prática do crime, se com ele foi apreendida a res furtiva, se testemunhas o reconheceram, etc.

JURISPRUDÊNCIA

Pas de nullité sans grief

"Em tema de nulidade no processo penal, as vigas mestras do sistema assentem-se nas seguintes assertivas: (a) ao argüir-se nulidades, dever-se-á indicar, de modo objetivo os prejuízos correspondentes, com influência na apuração da verdade substancial e reflexo na decisão da causa (CPP, art. 566); (b) em princípio, as nulidades consideram-se sanadas se não forem argüidas no tempo oportuno, por inércia da parte. Eventual irregularidade no curso da instrução, sem prova de influência na busca da verdade ou repercussão na sentença, não tem relevância jurídica e resulta sanada, à míngua de argüição na fase, prevista no art. 571, II, do CPP" (STJ – RHC n° 9480-SP, Rel. Vicente Leal, RSTJ 159/674).

"Prevalece no moderno sistema processual penal que eventual alegação de nulidade deve vir acompanhada da demonstração do efetivo prejuízo, o que não se verificou no caso. Portanto, não se proclama uma nulidade sem a comprovação do prejuízo concreto suportado pela parte, sob pena de a forma superar a essência. Vigora a máxima de que não se declara a nulidade sem demonstração do prejuízo sofrido, a teor do que dispõe o art. 563 do Código de Processo Penal" (STJ – AgRg no HC n° 249030-ES, Rel. Marco Aurélio Bellizze, j. 17.09.2013, DJe 25.09.2013).

Art. 564. A nulidade ocorrerá nos seguintes casos:

I - por incompetência, suspeição ou suborno do juiz;

II - por ilegitimidade de parte;

III - por falta das fórmulas ou dos termos seguintes:

a) a denúncia ou a queixa e a representação e, nos processos de contravenções penais, a portaria ou o auto de prisão em flagrante;

b) o exame do corpo de delito nos crimes que deixam vestígios, ressalvado o disposto no Art. 167;

c) a nomeação de defensor ao réu presente, que o não tiver, ou ao ausente, e de curador ao menor de 21 anos;

d) a intervenção do Ministério Público em todos os termos da ação por ele intentada e nos da intentada pela parte ofendida, quando se tratar de crime de ação pública;

e) a citação do réu para ver-se processar, o seu interrogatório, quando presente, e os prazos concedidos à acusação e à defesa;

f) a sentença de pronúncia, o libelo e a entrega da respectiva cópia, com o rol de testemunhas, nos processos perante o Tribunal do Júri;

g) a intimação do réu para a sessão de julgamento, pelo Tribunal do Júri, quando a lei não permitir o julgamento à revelia;

h) a intimação das testemunhas arroladas no libelo e na contrariedade, nos termos estabelecidos pela lei;

i) a presença pelo menos de 15 jurados para a constituição do júri;

j) o sorteio dos jurados do conselho de sentença em número legal e sua incomunicabilidade;

k) os quesitos e as respectivas respostas;

l) a acusação e a defesa, na sessão de julgamento;

m) a sentença;

n) o recurso de oficio, nos casos em que a lei o tenha estabelecido;

o) a intimação, nas condições estabelecidas pela lei, para ciência de sentenças e despachos de que caiba recurso;

p) no Supremo Tribunal Federal e nos Tribunais de Apelação, o quorum legal para o julgamento;

IV - por omissão de formalidade que constitua elemento essencial do ato.

V – em decorrência de decisão carente de fundamentação.

Parágrafo único. Ocorrerá ainda a nulidade, por deficiência dos quesitos ou das suas respostas, e contradição entre estas. (Incluído pela Lei nº 263, de 23.2.1948)

Redação antes da Lei 13.964/19	Redação depois da Lei 13.964/19
Art. 564. A nulidade ocorrerá nos seguintes casos:	**Art. 564.** A nulidade ocorrerá nos seguintes casos:
I - por incompetência, suspeição ou suborno do juiz; II - por ilegitimidade de parte; III - por falta das fórmulas ou dos termos seguintes:	I - por incompetência, suspeição ou suborno do juiz; II - por ilegitimidade de parte; III - por falta das fórmulas ou dos termos seguintes:
a) a denúncia ou a queixa e a representação e, nos processos de contravenções penais, a portaria ou o auto de prisão em flagrante;	a) a denúncia ou a queixa e a representação e, nos processos de contravenções penais, a portaria ou o auto de prisão em flagrante;
b) o exame do corpo de delito nos crimes que deixam vestígios, ressalvado o disposto no Art. 167;	b) o exame do corpo de delito nos crimes que deixam vestígios, ressalvado o disposto no Art. 167;
c) a nomeação de defensor ao réu presente, que o não tiver, ou ao ausente, e de curador ao menor de 21 anos;	c) a nomeação de defensor ao réu presente, que o não tiver, ou ao ausente, e de curador ao menor de 21 anos;
d) a intervenção do Ministério Público em todos os termos da ação por ele intentada e nos da intentada pela parte ofendida, quando se tratar de crime de ação pública;	d) a intervenção do Ministério Público em todos os termos da ação por ele intentada e nos da intentada pela parte ofendida, quando se tratar de crime de ação pública;

Redação antes da Lei 13.964/19	Redação depois da Lei 13.964/19
e) a citação do réu para ver-se processar, o seu interrogatório, quando presente, e os prazos concedidos à acusação e à defesa;	e) a citação do réu para ver-se processar, o seu interrogatório, quando presente, e os prazos concedidos à acusação e à defesa;
f) a sentença de pronúncia, o libelo e a entrega da respectiva cópia, com o rol de testemunhas, nos processos perante o Tribunal do Júri;	f) a sentença de pronúncia, o libelo e a entrega da respectiva cópia, com o rol de testemunhas, nos processos perante o Tribunal do Júri;
g) a intimação do réu para a sessão de julgamento, pelo Tribunal do Júri, quando a lei não permitir o julgamento à revelia;	g) a intimação do réu para a sessão de julgamento, pelo Tribunal do Júri, quando a lei não permitir o julgamento à revelia;
h) a intimação das testemunhas arroladas no libelo e na contrariedade, nos termos estabelecidos pela lei;	h) a intimação das testemunhas arroladas no libelo e na contrariedade, nos termos estabelecidos pela lei;
i) a presença pelo menos de 15 jurados para a constituição do júri;	i) a presença pelo menos de 15 jurados para a constituição do júri;
j) o sorteio dos jurados do conselho de sentença em número legal e sua incomunicabilidade;	j) o sorteio dos jurados do conselho de sentença em número legal e sua incomunicabilidade;
k) os quesitos e as respectivas respostas;	k) os quesitos e as respectivas respostas;
l) a acusação e a defesa, na sessão de julgamento;	l) a acusação e a defesa, na sessão de julgamento;
m) a sentença;	m) a sentença;
n) o recurso de oficio, nos casos em que a lei o tenha estabelecido;	n) o recurso de oficio, nos casos em que a lei o tenha estabelecido;
o) a intimação, nas condições estabelecidas pela lei, para ciência de sentenças e despachos de que caiba recurso;	o) a intimação, nas condições estabelecidas pela lei, para ciência de sentenças e despachos de que caiba recurso;
p) no Supremo Tribunal Federal e nos Tribunais de Apelação, o quorum legal para o julgamento;	p) no Supremo Tribunal Federal e nos Tribunais de Apelação, o quorum legal para o julgamento;
IV - por omissão de formalidade que constitua elemento essencial do ato.	IV - por omissão de formalidade que constitua elemento essencial do ato.
	V – em decorrência de decisão carente de fundamentação.
Parágrafo único. Ocorrerá ainda a nulidade, por deficiência dos quesitos ou das suas respostas, e contradição entre estas. (Incluído pela Lei nº 263, de 23.2.1948)	Parágrafo único. Ocorrerá ainda a nulidade, por deficiência dos quesitos ou das suas respostas, e contradição entre estas. (Incluído pela Lei nº 263, de 23.2.1948)

I - por incompetência, suspeição ou suborno do juiz;

Incompetência, suspeição ou suborno do juiz – A competência é o fator que limita a jurisdição. O poder (*juris*) de dizer (*dicere*) o Direito, todos os juízes o possuem. Mas a fim de propiciar uma correta organização da justiça, sob pena de se estabelecer o caos, é a competência a responsável pela limitação desse poder jurisdicional. De sorte que há nulidade *absoluta* quando um juiz *absolutamente* incompetente julga determinado feito. Imagine-se um juiz cível julgando um processo criminal, em hipótese que, a despeito de parecer absurda, já ocorreu na justiça paulista. Já quando se trate de um juiz *relativamente* incompetente, a nulidade será, por consequência, *relativa*. É relativa, por exemplo, a competência decorrente do local da infração (*ratione loci*), ou seja, não suscitada no primeiro momento oportuno, se convalidará, não ensejando, pois, a nulidade da sentença. Suponha-se que, praticado um roubo em Santo André, a *res* é vendida em Diadema. Ambos os delitos (roubo e receptação), praticados por dois agentes, devem ser objeto de um único processo. A competência, nesse caso, será do juízo de Santo André, pois, nos termos do art. 78, inc. II, "a", do código, no concurso de jurisdições da mesma categoria "preponderará a do lugar da infração, à qual for cominada a pena mais grave". Caso não observada essa regra, tendo o processo-crime transcorrido perante o foro de Diadema, sem que houvesse qualquer impugnação, a sentença é válida. Na análise acima, ao art. 70 do código, aprofundamos a questão, especialmente sob as rubricas *sentença proferida por Juiz absolutamente incompetente e reformatio in pejus e competência absoluta.*

Haverá, ainda, nulidade decorrente da suspeição do juiz e, não se sabe se por cochilo do legislador, obviamente também em casos de impedimento ou incompatibilidade, que, a propósito, se estendem também aos jurados (art. 466). E nem poderia ser diferente. A imparcialidade se constitui em uma das maiores expectativas da justiça e será fatalmente arranhada caso um juiz suspeito, impedido ou viciado pela incompatibilidade (quando é vedada a atuação do juiz pelos regimentos internos dos tribunais), esteja à frente do processo. Com muito mais razão em casos de suborno do juiz. De se ver, porém, que ainda que proferida uma sentença por um juiz absolutamente, uma vez transitada em julgado e tratando-se de decisão absolutória, ela se torna imutável. É que, por falta de previsão, em nosso direito não se cogita da chamada revisão criminal *pro societate*, a permitir a desconstituição de sentença absolutória. Já quando se tratar de sentença condenatória, proferida, *v.g.*, por um juiz subornado, ela pode ser desafiada por meio de apelação, ou, já tendo transitado em julgado, por revisão criminal (art. 626, parte final), ou mesmo *habeas corpus* (art. 648, inc. VI).

JURISPRUDÊNCIA

Sentença proferida por Juiz cível. Nulidade

É nula a sentença relativa à matéria criminal quando proferida por Juízo Cível, em virtude de sua incompetência absoluta, sendo necessária, a remessa dos autos ao Juiz competente, nos termos do art. 113, § 2º, do CPC" (TACrimSP, Rel. Paulo Franco, *RJD* 17/205).

Incompetência absoluta e *reformatio in pejus*

"Anulada a sentença em razão de incompetência absoluta do Juízo processante, a ela não se vincula a prestação jurisdicional. *Reformatio in pejus* que não se reconhece" (STJ – HC n° 12673-SP, Rel. Edson Vidigal, j. 29.062000, DJ 14.08.2000, p. 185).

Ato inexistente (sentença) e reformatio *in pejus*

"Esgotada a jurisdição pela prolação da sentença, é defeso ao magistrado lançar novo édito, salvo em sede de embargos de declaração. Na hipótese de proferir o Juiz nova decisão após a sentença de mérito, o segundo *decisum* é ato inexistente, sem qualquer validade jurídica, podendo os seus efeitos serem afastados pelo Juízo de Segundo Grau sem que tal providência importe em *reformatio in pejus*" (STJ – HC n° 164877-RS, Rel. Vicente Leal, j. 14.09.1999, DJ 18.10.1999, p. 2845).

II – por ilegitimidade de parte;

Ilegitimidade de parte – Como observa a doutrina, ocorre nulidade quer se trate de ilegitimidade para agir (*legitimatio ad causam*), quer se cuide de legitimidade para o processo (*legitimatio ad processum*). Na primeira hipótese, de ilegitimidade para agir, imagine-se um crime de ação penal privada cujo processo é deflagrado por meio de denúncia do promotor de justiça. Na segunda, de legitimidade para o processo, suponha-se que, perpetrado um crime contra a honra de um menor de 18 anos, venha a queixa a ser manejada por um primo distante, com quem o incapaz não tenha nenhum contato mais próximo. Lembramos, ainda, da incapacidade postulatória, conferida apenas aos advogados, quando haveria nulidade caso, por exemplo, fosse uma queixa-crime ajuizada por um estagiário ou por quem não possui formação superior em Direito.

A nulidade poderá ser absoluta ou relativa, dependendo do caso concreto. Uma sentença condenatória, em um crime que, embora se processasse mediante ação penal privada, foi objeto de denúncia do Ministério Público, é absolutamente nula, ante a impossibilidade, a essa altura, de ratificação. Já a queixa ofertada pelo primo, pode ser objeto de ratificação, a ser exercida, por exemplo, pelo pai do menor, nos termos do art. 568 do código.

III – por falta das fórmulas ou dos termos seguintes:

a) a denúncia ou a queixa e a representação e, nos processos de contravenções penais, a portaria ou o auto de prisão em flagrante;

Ausência de denúncia, queixa ou representação – A doutrina aponta, com razão, a quase impossibilidade de se verificar, na prática, um processo-crime do qual não conste a denúncia ou queixa. Tratam-se, ambas, do pedido formulado pelo Ministério Público ou pela querelante, no sentido de que, ao autor do suposto crime, seja-lhe aplicada uma sanção penal. Tais peças, portanto, encarnam, pelo menos em um primeiro momento, sempre um pedido de condenação, ainda que, ao final do processo, seja dado ao *parquet* pedir a absolvição do réu e, ao querelante, abandonar o feito, de maneira a configurar a perempção. São, pois, pedidos formulados ao juiz, nos quais se postula uma condenação e cuja falta, por óbvio, impede a deflagração do processo. Daí se entender que o legislador, ao se referir à falta desse "termo", disse menos do que pretendia. Ou seja, jamais se cogitará de um processo desprovido de denúncia ou queixa, requisito fundamental para sua formação. Já se disse que um processo sem acusação corresponde a um corpo sem cabeça. Ora, se o art. 363 do código dispõe que "o processo terá completada a sua formação quando realizada a citação do acusado", esse ato (citação), pressupõe sempre um pedido anterior, uma demanda a ser respondida pelo acusado. Bem por isso se confere um alcance diferenciado a este dispositivo, para se afirmar que não apenas a falta de denúncia ou queixa acarreta a nulidade (o que é da mais absoluta obviedade), mas, também, uma acusação que venha desprovida de elementos mínimos que autorizem o início da ação penal. Que não contenha uma imputação precisa, um requerimento específico ou que não narre fatos atípicos. Ou que, os narrando, o faça de forma ilógica, sem correspondência na investigação que se precedeu.

Representação – O dispositivo alude, ainda, à falta de representação. Que determinados crimes, ditos de ação penal pública condicionada, exigem a prévia representação da vítima, é matéria que temos insistido no curso deste trabalho. Pois bem. Para essa espécie de delito, a representação possui inegável caráter de *condição de procedibilidade*, cuja falta, como indica a expressão, impede o Ministério Público de processar o suposto autor do crime. Ausente essa representação, passa a faltar uma fórmula essencial à denúncia, pelo que o reconhecimento da nulidade se impõe, ressalvada a possibilidade de suprimento abaixo indicada.

Requisição do Ministro da Justiça – Embora omisso o dispositivo, parece claro que o raciocínio acima se aplica, também, à requisição do Ministro da Justiça, para os crimes nos quais ela é reclamada. Trata-se, assim como a representação, de uma condição de procedibilidade e, como tal, há de ser exigida a fim de legitimar a atuação do Ministério Público (o tema é aprofundado nos comentários acima ao art. 24 do código).

Contravenções Penais – A parte final deste dispositivo refere-se ao chamado *procedimento judicialiforme*, que era previsto no art. 26 do código, a permitir que, nas hipóteses de contravenção penal, tivesse o processo início a partir de portaria (do juiz ou delegado de polícia), ou auto de prisão em flagrante. É dizer: ao invés de uma denúncia do Ministério Público, inaugurava-se o processo por meio de uma portaria, sendo possível que, a um só tempo, o mesmo juiz acusasse e julgasse o feito. Tão esdrúxulo procedimento não foi recepcionado pela Constituição de 1988, que conferiu ao *parquet*, com exclusividade, a titularidade da ação penal pública (art. 129, inc. I, da Carta). Lembre-se, ademais, do teor do art. 17 da Lei das Contravenções Penais, a conferir o caráter público à ação penal a essa espécie de infração.

b) o exame do corpo de delito nos crimes que deixam vestígios, ressalvado o disposto no Art. 167;

Exame de corpo de delito – A exigência contida neste inciso apenas repete os termos do disposto no art. 158 do código, a reclamar a elaboração do exame de corpo de delito (chamado *direto*), nos crimes que deixam vestígios. A ressalva ao art. 167, refere-se, exatamente, a possibilidade desse exame ser suprido pela prova testemunhal, quando inviável a elaboração do exame de corpo de delito. É o chamado exame de corpo de delito *indireto*. Para aprofundamento, sugerimos a consulta aos comentários a tais artigos de lei.

Não observância da cadeia de custódia – No tema cadeia de custódia, quando se discute preservação do vestígio e a garantia da autenticidade da prova, não se pode olvidar sobre a possibilidade de sua contaminação, gerada, por exemplo, pela a presença de pessoa não autorizada no local do fato, acondicionamento inadequado do material coletado, ausência de identificação de todos os agentes que tiverem contato com o vestígio nas diversas fases da cadeia etc. Nesse quadro, inevitável a pergunta: a falha em alguma etapa da cadeia de custódia terá qual consequência? Passa a ser ilegal? Deixa de ser autêntica? Poderíamos escalonar a autenticidade em graus? Absoluta, média ou reduzida? O juiz poderá rejeitar essa prova? Ou atribuir um valor mitigado pelo grau de autenticidade alcançado?

Em que pese corrente em sentido contrário, entendemos que não observância dos regramentos da cadeia de custódia não pode ser rotulada (ou confundida) com a obtenção ilegal de prova. A prova a ser custodiada é legal, pois, do contrário, nem merece ser guardada. O elemento objeto da custódia não tem vícios instrumentais na sua obtenção, processuais ou legais. Em razão de algum evento acidental ou intencional, tem maculada a sua custódia genuína. Isso interfere na sua qualidade.

Nossa posição é a de que a prova permanece legítima e lícita, podendo ser questionada a sua autenticidade. Seu valor será maior ou menor quanto mais ou menos se respeitou o procedimento da cadeia de custódia. Não pode ser descartada pelo juiz, mas valorada.

No dizer do saudoso Ministro do Supremo Tribunal Federal Bento de Faria, o juiz, ao aferir o valor probatório do laudo pericial, "objetivamente, deve examinar se o perito, nas suas pesquisas, se utilizou de materiais apropriados ou elementos seguros; se entre as premissas e as conclusões existe o necessário nexo lógico; se o parecer é preciso ou perplexo, concludente ou inconcludente, decisivo ou não; se a respectiva ciência ou arte fornece seguros elementos para autorizar a opinião, ou meras hipóteses mais ou menos racionais"

(Código de Processo Penal. Volume I. Arts. 1 a 250. Distribuidora Record Editora. Rio de Janeiro. 2ª ed. 1960. p. 278).

Quando a quebra da cadeia de custódia, por exemplo, impedir o contraditório ou a ampla defesa, parece evitando a imprestabilidade do material. Mas esse cenário extremo nem sempre ocorre.

É certo que competirá somente ao juiz a adoção de critério de valoração da prova produzida na salvaguarda da novatio legis, havendo que se considerar, ademais, o constante no artigo 182 do CPP, cujo enunciado preconiza que o juiz em seu convencimento, não está vinculado de forma absoluta à conclusão do laudo pericial.

Para aprofundar o tema, ver nossos comentários aos arts. 158-A e ss do CPP.

JURISPRUDÊNCIA

"É fato que a jurisprudência desta Corte Superior, interpretando os arts. 158 e 159 do Código de Processo Penal – CPP, consolidou entendimento no sentido de ser necessário o exame de corpo de delito nas infrações que deixam vestígios, indicando, ainda, que não supre sua ausência a prova testemunhal ou a confissão do acusado, quando possível a realização da perícia, nos termos dos arts. 158 e 159 do CPP" (STJ – HC n. 362890–SC – Rel. Joel Ilan Paciornik, j.27.09.2016, DJe 10.10.2016).

c) a nomeação de defensor ao réu presente, que o não tiver, ou ao ausente, e de curador ao menor de 21 anos;

Defensor – Por força de expresso texto constitucional, a assegurar a ampla defesa, o contraditório e o devido processo legal (art. 5º, incs. LIV e LV da Carta), resta evidente a exigência de nomeação de um defensor àquele que não contar com um advogado constituído. Quando o legislador faz menção ao réu ausente, deve se entender aquele que, citado pessoalmente, não comparece. Quem é chamado por edital e não responde ao édito, tampouco, constitui advogado, deve ter o processo suspenso, segundo o art. 366 do código.

Defensor dativo é, via de regra, o membro da Defensoria Pública. Contudo, onde este órgão não se encontrar devidamente estruturado para atender suas demandas, convênios são celebrados com a OAB, nos quais advogados atuam em prol dos acusados.

A exigência decorre, ainda, de norma infraconstitucional, bastando lembrar do disposto no art. 263 do código, a impor a nomeação, pelo juiz, de um defensor dativo àquele que não tiver constituído advogado ou que não possuir habilitação para defender-se a si próprio. Irrelevante aqui, inclusive, eventual condição financeira privilegiada do réu. Pobre ou rico, deverá contar com um defensor, ressalvada a possibilidade constante do parágrafo único do art. 263, a autorizar a fixação de honorários ao dativo, desde que detectadas condições econômicas do acusado em pagá-los.

Doutrina mais antiga parece que se satisfazia com a mera nomeação do defensor. Na visão de Espínola Filho, "quanto à orientação, que o advogado ou curador entende de imprimir para defesa do réu, a lição dos julgados é haver independência completa do profissional, sem que seja lícito ao juiz ou tribunal intervir, no sentido de proclamar nulidade ainda quando tome uma direção francamente infeliz à objetivação daquela defesa" (ob. cit., vol. 22, p. 484). Parece que não é mais bem assim. Não há que se exigir, por óbvio, raro brilhantismo ou notória inteligência. Cuidam-se de requisitos subjetivos, por isso mesmo de difícil avaliação. A interposição de todos os recursos e o esgotamento de todas as instâncias recursais tampouco são reclamados. Mas é preciso que um mínimo de defesa esteja presente. A total omissão verificada em audiência, quando nenhuma pergunta sequer é endereçada à testemunha ou ao réu, em seu interrogatório, o desprezo em alegar nulidade em favor do acusado, a adoção, sem maior aprofundamento, de chavões como aquele que se limite a "pedir justiça" ao juiz, constituem-se em manifestações evidentes de uma defesa meramente formal, apta, pois, a atender a um requisito legal, mas sem o condão de assegurar, ao acusado, uma defesa mais efetiva e concreta. Sintomático, nesse aspecto, o teor do art. 497, inc. V, do código, ao permitir que o juiz dissolva o Conselho de Sentença, em processos do Júri, quando considerar indefeso o réu.

Súmula 523 do Supremo Tribunal Federal – Segundo o enunciado dessa súmula, "no processo penal, a falta da defesa constitui nulidade absoluta, mas a sua deficiência só o anulará se houver prova de prejuízo para o réu". Antes de enfraquecer nosso entendimento acima, parece que o entendimento sumular o reforça. Assim, havendo comprovação do prejuízo suportado pelo réu por conta da fragilidade da defesa que lhe foi oferecida, como nos exemplos acima mencionados, é de se declarar a nulidade. Trata-se, no mais, de confirmação do princípio que orienta a teoria das nulidades, pelo qual ela não será reconhecida sem a prova do efetivo prejuízo.

Extinção da figura do curador – Destaque-se que a parte final deste dispositivo, que comina com pena de nulidade a falta de nomeação de curador ao menor de 21 anos, foi revogada pela Lei nº 10.792/2003 que, alterando o art. 194 do CPP, em sua redação original, extinguiu essa figura. Tudo em consonância com o atual Código Civil (Lei nº 10.406/2002), que conferiu plena capacidade ao maior de 18 anos. Convidamos o leitor a conferir os comentários tecidos ao art. 15 acima, quando a matéria é desenvolvida com maior profundidade.

De se observar, porém, que a nomeação de curador continua sendo necessária em outras hipóteses, como, por exemplo, quando deflagrado o incidente de insanidade mental do acusado (art. 149, § 2º) e, na revisão criminal, quando em seu curso, falecer a pessoa em favor de quem se ajuizou o pedido (art. 631). Ou, ainda, quando "o ofendido for menor de 18 anos, ou mentalmente enfermo, ou retardado mental, e não tiver representante legal, ou colidirem os interesses deste com os daquele" (art. 33).

JURISPRUDÊNCIA

Citação do curador. Necessidade

"Na esteira do parecer ministerial, a citação do curador nomeado para representar o paciente no processo é indeclinável. Sua ausência gera nulidade dos atos processuais decorrentes. Ordem concedida para anular os atos processuais a partir da citação do paciente, determinando-se a regular citação de seu curador" (STJ – HC nº 20745-SP, Rel. Jorge Scartezzini, j. 27.08.2002, DJ 18.11.2002, p. 262).

d) a intervenção do Ministério Público em todos os termos da ação por ele intentada e nos da intentada pela parte ofendida, quando se tratar de crime de ação pública;

Ação penal pública – Porque a Constituição atribuiu, ao Ministério Público, a titularidade privativa da ação penal pública, na dicção de seu art. 129, inc. I, é intuitivo que em todos os seus termos deverá intervir o *parquet*. Cumpre, pois, como consequência deste dispositivo, o comparecimento às audiências, a oferta de manifestações orais ou escritas, enfim, a intervenção em todos os atos que envolvam a ação penal pública. Também por isso não se admite a figura do chamado promotor *ad hoc*, já que o art. 129, § 2º, da Constituição, determina que "as funções do Ministério Público só podem ser exercidas por integrantes da carreira". O tema é aprofundado na análise feita, acima, ao art. 257 do código.

Ação penal privada subsidiária da pública – Ao mencionar a *parte ofendida* como titular da ação penal pública, o legislador aludiu ao art. 29 do código, que admite a ação penal privada subsidiária da pública, a ser manejada pelo ofendido, sempre que inerte o Ministério Público (em previsão existente também na Constituição, nos termos do art. 5º, inc. LIX). Tal dispositivo é claro ao impor a atuação do *parquet* em todo o curso dessa ação penal, podendo "aditar a queixa, repudiá-la e oferecer denúncia substitutiva, intervir em todos os termos do processo, fornecer elementos de prova, interpor recurso e, a todo tempo, no caso de negligência do querelante, retomar a ação como parte principal".

Ação penal exclusivamente privada – O dispositivo em exame parece claro em não impor a atuação obrigatória, do Ministério Público, nas ações penais privadas. Não pensamos assim. Com efeito, o art. 257 do código lista duas atribuições do *parquet*. A primeira, conhecida, de titular privativo da ação penal pública (inc. I). E, a segunda, de fiscal da execução da lei (inc. II). Ora, não se vai imaginar que a pretensão do legislador foi reforçar, com o inc. II, o que dissera no inciso anterior, em desnecessária superfetação. Não. A ideia é que são duas as atribuições: a primeira, como titular da ação penal pública e, a segunda, como *custos legis*, fiscalizando a correta aplicação da lei. Fosse dispensável a atuação ministerial e, por consequência, não faria sentido o disposto art. 45 do código, a permitir que o *parquet* ("a quem caberá intervir em todos os termos subsequentes do processo"), possa, eventualmente, aditar a queixa. Demais disso, se cabe ao Ministério Público velar pela indivisibilidade da ação penal privada, segundo o art. 48 do código, como fazê-lo sem acesso aos autos? Na prática, aliás, é normal que seja assim, facultando-se a manifestação ministerial antes mesmo do recebimento da queixa-crime. A propósito, a expurgada Lei de Imprensa (Lei n. 5.250/1967), em seu art. 40, § 2º, continha expressa previsão de atuação do Ministério Público, "em todos os processos por abuso de liberdade de imprensa, ainda que privados". Temos, contudo, que se trate de nulidade relativa, na medida em que o art. 572 é expresso em admitir a possibilidade de sanação da nulidade decorrente da não intervenção do Ministério Público.

JURISPRUDÊNCIA

Promotor *ad hoc*. Possibilidade em situações excepcionais

"O art. 129, I e seu § 2º, da Constituição diz que é função institucional do Ministério Público "promover, privativamente, a ação penal pública, na forma da lei"; o art. 55, "caput", da Lei Complementar nº 40/91, proíbe a nomeação de promotor "ad hoc"; e o art. 448 do C.P.P., ao tratar do julgamento pelo Júri, dispõe, em "caráter excepcional", que pode haver nomeação de promotor "ad hoc" quando houver ausência ilegal do Ministério Público. Em casos excepcionais, como este, é possível dar um rendimento residual ao art. 448 do C.P.P., sob pena de se permitir, como consequência de movimento paredista ilegal, a paralização do Poder Judiciário, o que seria um mal maior" (STF – HC nº 71198-GO, Rel. Maurício Corrêa, j. 21.02.1995, DJ 30.06.2000, p. 39).

e) a citação do réu para ver-se processar, o seu interrogatório, quando presente, e os prazos concedidos à acusação e à defesa;

Citação – Inegável a relevância que assume a citação, enquanto ato que permite ao acusado ter conhecimento da imputação que lhe é irrogada, podendo, a partir daí, aparelhar sua defesa. Somente assim pode se assegurar observância aos princípios do contraditório e da ampla defesa, tão caros ao processo penal e com expresso assento na Constituição. Daí a prioridade que assume a citação pessoal do réu, pois garante que o acusado, efetivamente, tomou ciência da imputação. À falta a citação *in facien*, todavia, opta-se pela citação por edital, onde, fictamente, presume-se tenha sido o agente cientificado do processo. A destacar, ainda, a relevância de ser o acusado informado do processo, o art. 366 determina a suspensão do feito, não mais autorizando sua condenação, quando citado por edital, salvo se comparecer ou constituir advogado.

Vale lembrar que a partir da reforma processual de 2008, o acusado é citado para, em dez dias, responder à acusação, caso não rejeitada, *in limine*, a denúncia ou a queixa. Não sendo o caso de absolvição sumária e, por consequência, recebida a acusação, determina o art. 399 a *intimação* do réu, não mais se exigindo a citação, posto que, antes, já fora cientificado sobre o processo.

A despeito da relevância do ato, prevalece na doutrina o entendimento de que sua falta é causa de nulidade relativa, a teor do disposto nos arts. 572 e 564, inc. III, "e", 2ª. parte. Autoriza, pois, sua sanação, a teor do disposto no art. 570 do código, bastando imaginar a hipótese na qual o réu, embora não citado, compareça espontaneamente a juízo, nem que seja apenas para suscitar o vício da citação.

Ainda quanto à citação, conferir acima comentários aos arts. 351 e ss. Especialmente quanto à citação do militar e do funcionário público, v., respectivamente, os arts. 358 e 359.

JURISPRUDÊNCIA

Citação válida

"Não há falar em nulidade no prosseguimento do feito, sob a alegação de pecha na citação, vez que o acusado teve ciência do processo em seu desfavor, constituindo patrono e outorgando-lhe poderes para receber citações e intimações, atuando o causídico efetivamente em sua defesa e representando o Mandante" (STJ – RHC n. 62.026-DF – Rel. Maria Thereza de Assis Moura, j. 22.09.2015).

Citação por edital e comparecimento espontâneo do acusado

"Encontrando-se o réu foragido, em lugar incerto e não sabido, correta a determinação da citação editalícia. Contudo, a constituição de advogado, mediante procuração nos autos, configura comparecimento espontâneo do acusado, suprindo eventual falta ou nulidade da citação (Precedentes)" (STJ – HC n. 293320 –MS – Rel. Sebastião Reis Junior, j. 11.11.2014, DJe 01.122.2014).

A constituição de advogado para o pedido de liberdade provisória não supre a falta de citação

"A citação é pressuposto de existência da relação processual e sua obrigatoriedade não pode ser relativizada somente porque o réu constituiu advogado particular quando foi preso em flagrante. O fato de o Juiz ter determinado a juntada, nos autos da ação penal, de cópia da procuração outorgada ao advogado no processo apenso, relacionado ao pedido de liberdade provisória, bem como que o causídico apresentasse resposta à acusação, não supre a falta de citação e nem demonstra, sem o comparecimento espontâneo do réu a nenhum ato do processo, sua ciência inequívoca da denúncia e nem que renunciou à autodefesa" (STJ – REsp n. 1580435-GO – Rel. Rogério Schietti Cruz, j. 17.03.2016, DJe 31.03.2016).

Em sentido contrário

"Além da presunção inicial de ciência pela outorga de procuração em fase investigatória, a ação plena do advogado, por toda ação penal, em favor de cliente constituído, também no mesmo sentido indica a ciência pelo acusado da própria ação penal. A própria atuação plena da defesa técnica, intervindo em toda ação penal, apresentando resposta à acusação, alegações finais e recurso de apelação, afasta a idéia inicial de prejuízo, nos termos do art. 570 do CPP" (STJ – HC n. 311533-MA – Rel. Nefi Cordeiro, j. 07.04.2015, DJe 16.04.2015).

Requisição do réu preso – Tamanha a relevância da citação que o art. 360 do código a exigiu, ainda que preso o acusado. De sorte que, pela sistemática anterior, uma vez recolhido o acusado, dispensava-se sua citação pessoal, bastando que, por meio de requisição (*rectius*: ordem), o juiz determinasse sua apresentação em audiência, para ser interrogado. Atualmente – insiste-se – mesmo que preso, é compulsória sua citação pessoal. A despeito, nesse sentido, da literalidade do art. 360, a jurisprudência vem mitigando esse rigor, no sentido de que eventual nulidade, decorrente da falta de citação pessoal, é sanada com o comparecimento do acusado para ser interrogado judicialmente.

JURISPRUDÊNCIA

Requisição suprindo a citação pessoal

"Mesmo após a edição da Lei n. 10.792/2003, e passando o artigo 360 do Código de Processo Penal a determinar a citação pessoal do réu preso, 'a jurisprudência deste Superior Tribunal de Justiça firmou o entendimento no sentido de que eventual nulidade decorrente da ausência de citação pessoal é sanada em razão do comparecimento do acusado, em cumprimento à requisição, para ser interrogado judicialmente' (HC n. 97.737/MG, Rel. Min. ROGERIO SCHIETTI CRUZ, Sexta Turma, Dje 24/2/2014)" (STJ – RHC n. 42451-MG – Rel. Reynaldo Soares da Fonseca, j. 02.06.2016, DJe 08.06.2016).

Interrogatório – Da importância do interrogatório, como ato crucial do processo, sobretudo em face do caráter de meio de defesa que tem assumido, é tema que já focalizamos, quando dos comentários aos arts. 185 e ss., do código. Prevê este dispositivo que sua falta dá ensejo à nulidade do processo, sendo, pois, obrigatória sua realização estando o réu presente. E, de fato, não se cogita, na prática, situação na qual, estando presente o réu, ele possa deixar de ser interrogado. Máxime em virtude da concentração de toda a instrução probatória em uma única audiência, com o interrogatório se constituindo na última prova a ser produzida. Ressalve-se, por óbvio, a possibilidade de o réu, citado pessoalmente, não comparecer, quando não é interrogado, mas aí por opção própria. Ou mesmo quando, interrogado, optar pelo silêncio. Tamanha a importância do ato que o art. 196 permite sua renovação a todo tempo, por decisão de ofício do juiz ou a pedido das partes.

JURISPRUDÊNCIA

Novo interrogatório

"A realização de novo interrogatório não é direito subjetivo do réu, mas sim faculdade conferida ao julgador, não havendo nulidade por cerceamento de defesa decorrente do ato que indefere pedido nesse sentido. Inteligência do art. 196 do Código de Processo Penal' (STJ – RHC 74386-RJ – Rel. Maria Thereza de Assis Moura, j. 06.09.2016, DJe 19.09.2016).

Aditamento da denúncia não obriga a novo interrogatório

"A realização de novo interrogatório após o aditamento da denúncia não é uma regra compulsória (Precedentes). Assim, deve restar evidenciado o prejuízo decorrente da não-realização deste ato processual para que se possa falar em nulidade, requisito inocorrente na espécie" (STJ – REsp n. 998239-MG – Rel. Felix Fischer, j. 24.11.2008, DJe 09.02.2009).

Prazos – É causa, ainda, de nulidade, a não concessão de prazo às partes ou, também, a concessão de um prazo mais reduzido do que aquele previsto em lei, por implicar em inegável cerceamento de acusação ou defesa. Assim, por exemplo, prevendo o CPP que o acusado terá o prazo de dez dias para responder à acusação, a teor do art. 396 do código, a concessão de um prazo menor impõe o reconhecimento da nulidade da decisão, a depender, contudo (porque relativa), da demonstração do prejuízo.

JURISPRUDÊNCIA

Rito inadequado. Nulidade absoluta

"A adoção do procedimento especial de rito sumário ao invés do procedimento comum do juízo singular, cabível no caso, ainda que com o consenso das partes, importa em restrição inaceitável ao direito de defesa, assegurado em lei e causa de nulidade absoluta do processo" (STF – Rel. Rafael Mayer – RTJ 105/563).

f) a sentença de pronúncia, o libelo e a entrega da respectiva cópia, com o rol de testemunhas, nos processos perante o Tribunal do Júri;

Pronúncia – Prevista no art. 413 do código, pela decisão de pronúncia o juiz, identificando a materialidade do fato e os indícios de sua autoria, remete o acusado a Júri. Ela encerra, assim, a primeira parte do procedimento do júri, denominada de *instrução preliminar*, que tem trâmite perante o juiz togado. A partir daí, com seu trânsito em julgado, inaugura-se o procedimento para o julgamento em plenário do Júri. Parece óbvia a impossibilidade de se imaginar um julgamento pelo Júri quem, antes, não tenha vindo precedido de uma decisão de pronúncia, cujo um dos objetivos é, exatamente, de estabelecer os limites da acusação que será desenvolvida em plenário. Nesse aspecto pode-se afirmar, assim, a absoluta inaplicabilidade prática deste dispositivo. Mas ele decerto não se refere, apenas, à ausência da pronúncia, mas se estende, certamente, aos vícios da decisão de pronúncia. Na lição de Heráclito Mossin, "é o que ocorreria, *exempli gratia*, se seu prolator não fizesse o relatório da decisão ou não motivasse seu convencimento, sem entrar no mérito, quanto à comprovação do *corpus deliciti* e dos indícios suficientes de que o imputado seja o autor do fato típico alinhado na denúncia ou na queixa. Também inexistente seria a pronúncia se ela não fixasse o dispositivo penal em que julgasse incurso o imputado" (*Curso de Processo Penal*, São Paulo: Atlas, 1998, vol. 3, p. 408). Como vício da pronúncia, acrescentaríamos a fundamentação exagerada, rica em adjetivação desfavorável ao acusado, proferida, pois, em afronta ao disposto no parágrafo único, do art. 413, do código. A discussão é aprofundada nos comentários que tecemos aos arts. 413 e ss., do código.

Libelo – O libelo vinha previsto no revogado art. 416 do CPP. Tratava-se peça acusatória na qual se fazia uma exposição, escrita e articulada, do fato criminoso pelo qual foi o réu processado, com base na sentença de pronúncia, transitada em julgado. Definia os limites da acusação que seria desenvolvida em plenário e servia de valioso elemento para a elaboração dos quesitos. Com sua extinção, não há mais que se falar na entrega de cópia ao réu, com o rol de testemunhas de acusação, para que apresentasse contrariedade, como determinava a redação primitiva do art. 421 do código. Pela sistemática atual, uma vez transitada em julgado a sentença de pronúncia, as partes são intimadas para que, em cinco dias, apresentem o rol de testemunhas que pretendam ouvir em plenário, em número máximo de cinco (podendo, ainda, juntar documentos e requerer diligências), tudo nos termos do art. 422 do código. A falta desse termo (da intimação das partes para que indiquem testemunhas ou que produzam alguma prova), impõe o reconhecimento da nulidade, de caráter relativo, a depender de anúncio no momento oportuno. Suponha-se que, embora não intimada para indicar testemunhas, a defesa não as tivesse. Decerto que não se vai reconhecer a nulidade, por conta do princípio do prejuízo que anima nosso sistema de nulidades.

g) a intimação do réu para a sessão de julgamento, pelo Tribunal do Júri, quando a lei não permitir o julgamento à revelia;

Intimação do réu no Júri – Pela sistemática anterior à reforma do Júri, de 2008, ausente o réu, o julgamento, em plenário, não se realizava. É dizer: não se cogitava, no Júri, de um julgamento à revelia. Salvo nas raras hipóteses de crime afiançável, quando o acusado que, regularmente intimado, não comparecesse e não justificasse sua falta, poderia ser julgado, segundo a redação primitiva do § 1º, do art. 451 do código. O texto em vigor, nesse aspecto, trouxe relevantes alterações. Como desdobramento natural do princípio que assegura o direito ao silêncio do réu, desobrigado a produzir prova contra si mesmo (*nemo tenetur se detegere*), pode ser sua opção, a ser respeitada, a ausência em plenário, sujeitando-se, por óbvio, a eventuais efeitos negativos dessa falta, que certamente serão explorados pela acusação. Mas não será a falta que impedirá a realização da sessão, estando solto o réu, a teor do disposto no art. 457 do código. Nos comentários aos arts. 455, 456 e 457, analisamos, com maior profundidade, os efeitos da ausência, em plenário, do Ministério Público, do réu, de seu defensor, da testemunha, do querelante e do assistente de acusação. E caso esteja o réu preso? Incide a regra do art. 457, § 2º, do código, a impedir o julgamento sem a presença do acusado, a menos que ele, expressamente, tenha pedido sua dispensa.

Daí a relevância da intimação do réu para a sessão de julgamento, que deverá atentar à dicção do art. 431 do código, quando, transitada em julgado a decisão de pronúncia, o juiz designará data e horário para o plenário. Em virtude da expressa menção que o art. 431, em sua parte final, faz ao art. 420 do código, tem-se que essa intimação deva ser pessoal. Trata-se, outrossim, de nulidade relativa, a ser superada caso o réu, ainda que não intimado pessoalmente, compareça à sessão de julgamento.

h) a intimação das testemunhas arroladas no libelo e na contrariedade, nos termos estabelecidos pela lei;

Intimação das testemunhas – Salientamos, novamente, que o código em vigor não mais cogita do libelo e sua contrariedade. Pela sistemática atual, transitada em julgado a decisão de pronúncia, é determinada a intimação das partes para que indiquem suas testemunhas, em número máximo de cinco, a teor do art. 422 do código. Intimada a testemunha, caso ela se ausente, sem motivo justificado, cabe ao juiz suspender os trabalhos, mandando conduzi-la coercitivamente ou, na impossibilidade, adiar o julgamento para a sessão seguinte, nos termos do art. 461, § 1º, do código. Mas isso se a testemunha foi arrolada com cláusula de imprescindibilidade, pois, caso contrário, sua ausência não impedirá o julgamento em plenário, como se depreende da parte inicial do art. 461 do código. Também quando se tratar de testemunha de fora, deverá ser intimada por precatória, com a ressalva, porém, de não ser obrigatória sua presença, dada, inclusive, às dimensões continentais do país, sem que o legislador tenha previsto qualquer espécie de ressarcimento das despesas oriundas do deslocamento. O tema é esmiuçado nos comentários ao art. 461 abaixo. A nulidade é aqui também relativa, pois cabível sanação, caso a testemunha, a despeito de não intimada, compareça. Já se ela, regularmente arrolada, não foi intimada, cremos configurar-se nulidade absoluta, por ser direito da parte sua oitiva.

i) a presença pelo menos de 15 jurados para a constituição do júri;

Número mínimo de jurados e nulidade – Nos termos do art. 433 do código, cabe ao juiz, na convocação dos jurados, realizar o sorteio, até que se atinja o número de 25. Esses jurados, juntamente com o juiz togado, compõem o Tribunal do Júri, segundo o art. 447 do código. Desde que, na sessão, compareçam, ao menos, 15 jurados, serão instalados os trabalhos do Júri, nos termos do art. 463 do código. Observe-se que, nesse número, de 15, são computados "os jurados excluídos por impedimento ou suspeição", na dicção do § 2º, do art. 463, do código. Em um exemplo: imagine-se a presença mínima de 15 jurados, suficiente para a instalação dos trabalhos. Se dois se derem por impedidos, incursos em uma das hipóteses do art. 448, ainda assim será realizado o julgamento, com os 13 jurados restantes. E se, em virtude dos impedimentos, das suspeições e das recusas, não se atingir o número mínimo de sete jurados para compor o Conselho de Sentença? A solução é encontrada na letra do art. 464 do código, designando-se nova data para julgamento e procedendo-se ao sorteio dos jurados suplentes.

JURISPRUDÊNCIA

Convocação de jurados de outro plenário

"Eventuais irregularidades ocorridas durante a sessão de julgamento pelo Júri devem ser arguidas em momento oportuno, a teor do que dispõe o art. 571, do Código de Processo Penal, o que não ocorreu no caso concreto. Preclusão. Não enseja nulidade a complementação do número regulamentar mínimo de 15 jurados, por suplentes do mesmo Tribunal do Júri" (STJ – HC nº 118491, Rel. Adilson Vieira Macabu, j. 08.11.2011, DJe 01.02.2012).

j) o sorteio dos jurados do conselho de sentença em número legal e sua incomunicabilidade;

Sorteio e incomunicabilidade – O dispositivo contém uma observação óbvia, na medida em que não se cogitará a formação do Conselho de Sentença sem que, antes, seja realizado o sorteio dos jurados. Claro que na inadmissível hipótese na qual o juiz, ao invés de sortear os jurados, os escolhesse a dedo, o caso imporia o reconhecimento da nulidade absoluta. Quanto à incomunicabilidade dos jurados, remetemos o leitor aos comentários tecidos ao art. 466, § 1º, onde a matéria é analisada com profundidade e são colacionados entendimentos jurisprudenciais a respeito do tema.

k) os quesitos e as respectivas respostas;

Quesitos – Ao contrário do sistema americano, onde os jurados respondem a única indagação (*guilty or not guilty*), o júri brasileiro adotou o sistema francês, onde a decisão é tomada por maioria de votos, a partir da formulação de quesitos que são respondidos pelos jurados. Curioso que, a partir da reforma do júri, de 2008, o art. 483, § 2º, passou a prever um quesito único e obrigatório, formulado em uma proposição direta e objetiva, no sentido de que "o jurado absolve o acusado?" Nesse aspecto, embora ainda prevalecendo o sistema francês, é possível se afirmar que algo do sistema americano foi incorporado entre nós. Feitas tais anotações, parece claro que, em um procedimento do júri, a elaboração dos quesitos e suas respectivas respostas seja mesmo obrigatória. Lembre-se que a Súmula 156 do STF, é enfática ao afirmar que "é absoluta a nulidade do julgamento, pelo júri, por falta de quesito obrigatório". Sem embargo disso por vezes são detectados quesitos formulados de forma errônea ou mesmo a omissão de um quesito obrigatório, a fulminar de nulidade o feito.

JURISPRUDÊNCIA

Quesito obrigatório

"Com o advento da Lei 11.689/2008, modificou-se a forma de elaboração dos quesitos de defesa, concentrando-se em um único questionamento – o que indaga se os jurados absolvem o réu – todas as teses sustentadas pelo acusado e por seu patrono em Plenário. Nos termos do § 2º do artigo 483 do Código de Processo Penal, sendo respondidos afirmativamente os quesitos referentes à materialidade e à autoria ou participação, passa-se ao questionamento relativo à absolvição do réu. O quesito referente à absolvição é obrigatório, devendo ser elaborado mesmo quando a defesa se limite a negar a autoria ou a participação do acusado nos fatos narrados na denúncia" (STJ – HC n. 352330-PB – Rel. Jorge Mussi, j. 28.06.2016, DJe 01.08.2016).

l) a acusação e a defesa, na sessão de julgamento;

Acusação e defesa em plenário – Não se vislumbra a possibilidade de um julgamento, pelo júri, sem que acusação e defesa se manifestem em plenário. A confrontação das teses e o debate de ideias, marcam indelevelmente essa espécie de procedimento, a tolerar, por vezes, até mesmo certa exacerbação no confronto dialético que se instala. De tal forma que, a ausência de acusação e defesa, que se constituem na *alma* do procedimento, só pode mesmo culminar com a nulidade do julgamento. Mas não apenas a ausência de acusação e defesa, senão, também, uma defesa frágil, incapaz de enfrentar, como o mínimo de paridade, as teses contrárias. Sucede que, em face das inúmeras peculiaridades do júri, nem sempre será tarefa fácil identificar essa deficiência. Por vezes, a adesão da defesa à tese da acusação (que almeja, por exemplo, a desclassificação de homicídio qualificado para homicídio simples), é o melhor resultado possível a se vislumbrar em favor do réu, naquele caso concreto. Pode ser mais vantajoso, aos olhos da defesa, aceitar um homicídio simples, cuja pena, por vezes, pode até mesmo ensejar uma imediata progressão de regime (suponha-se que preso o réu), a insistir em um debate aberto capaz de culminar com a condenação pelo homicídio qualificado. Mas algumas pistas podem indicar uma fragilidade da defesa. Embora não conste, do rol do art. 495 do código, é comum que juízes indiquem, na ata, o horário em que cada uma das partes iniciou seu discurso. Ora, uma ata na qual conste que o defensor ocupou a tribuna por 10 minutos, parece deixar evidente que o réu viu-se indefeso, por não se cogitar que, em tão exíguo espaço de tempo, a realização de uma defesa efetiva. Claro que se trata de uma nulidade relativa, pois ausente prejuízo para o réu, por ter sido absolvido, não se irá de decretar a nulidade do julgamento. A propósito, nos termos da Súmula 523 do Supremo Tribunal Federal, "no processo penal, a falta da defesa constitui nulidade absoluta, mas a sua deficiência só o anulará se houver prova de prejuízo para o réu".

Ausência de acusação – Por encarnar o próprio Estado e a defesa dos direitos que lhe são caros, não se concebe a falta de acusação pública em plenário. Talvez se pudesse imaginar uma situação na qual o promotor de Justiça, após fazer as saudações de praxe, abandone o recinto, não restando alternativa para o juiz senão dissolver o Conselho de Sentença, adotando, as medidas previstas no art. 455, com a redesignação do julgamento e a comunicação ao Procurador-Geral.

Nem se argumente, como fazia doutrina hoje superada, que o pedido de absolvição formulado, em plenário, pelo Ministério Público, corresponderia à ausência de acusação. Na análise que fizemos ao art. 476 do código, abordamos o tema com detalhamento, procurando demonstrar o quanto é ampla essa possibilidade, forte no princípio de que não é o promotor de Justiça um frio e calculista acusador profissional, mas antes alguém que busca a realização da justiça que, no caso concreto, pode estar traduzida em um pedido de absolvição.

Lembre-se, nesse aspecto, que o art. 497, inc. V, do código, autoriza o juiz a dissolver o Conselho de Sentença, ao considerar o réu indefeso, designando-se outra data para a sessão, com a nomeação de um novo defensor. Interessante, porém, que este mesmo dispositivo não faz qualquer menção à fragilidade da acusação.

Acusação particular – Na remotíssima hipótese da acusação se fizer por meio de ação penal privada subsidiária da pública, ausente o querelante em plenário, é também inviável a realização do júri, devendo serem adotadas as mesmas providências do art. 455 do código. Cabe, a nosso ver, a intimação do Ministério Público para a sessão seguinte, posto que o art. 29 do código autoriza o *parquet* "a todo tempo, no caso de negligência do querelante, retomar a ação como parte principal".

JURISPRUDÊNCIA

Réu indefeso

"No caso em exame, contudo, não há elementos que indiquem ter o réu permanecido indefeso durante a sessão de julgamento que se busca anular. Com efeito, o paciente foi assistido por defensor regularmente constituído que não concordou com a imputação nos termos em que formulada pela acusação na denúncia. Ademais, o fato de ter anuído nos debates orais com a tese de desclassificação da imputação para homicídio simples, formulada pelo Parquet em Plenário, por si só, não configura a nulidade aventada pela defesa. Tal tese revelou-se plausível de ser adotada, de igual modo, pela defesa, porquanto atendia aos propósitos legítimos de se afastar possível condenação pelo tipo qualificado narrado na denúncia e admitido na pronúncia" (STJ – HC n. 233274-RJ – Rel. Felix Fischer, j. 26.4.2016, DJe 23.05.2016).

m) a sentença;

Sentença – Aqui, mais uma vez, cumpre investigar o real alcance do dispositivo. De sorte que não há que cogitar da *ausência* da sentença. Sentença sempre haverá, por importar no ponto culminante do processo e, no caso específico do júri, por refletir o veredicto advindo dos jurados. Sucede que, por vezes, conquanto existindo a sentença, ela contém tamanhos vícios que sua prolação corresponde mesmo à inexistência. Deve a sentença, portanto, atentar aos requisitos listados no art. 492 do código, aplicáveis especificamente ao procedimento do júri.

n) o recurso de oficio, nos casos em que a lei o tenha estabelecido;

Recurso de ofício e nulidade por sua não interposição – No chamado *recurso de ofício*, perde-se uma das características típicas de todo e qualquer recurso, consistente na voluntariedade. Significa dizer que, como regra, o recurso dependerá, sempre, da vontade da parte, que poderá dele se utilizar ou não. No também chamado recurso obrigatório (ou reexame necessário), ao contrário, proferida uma decisão, o próprio juiz dela recorre, ainda que satisfeitas as partes com o teor do *decisum*. As hipóteses de recurso *ex officio*, no código, estão relacionadas no art. 574, a saber: contra sentença que concede *habeas corpus* e da sentença de absolvição sumária. Quanto a este último tópico, cabe uma observação. A redação original do art. 411 do CPP, antes da reforma do Júri, de 2008, determinava, em sua parte final, que, uma vez absolvido o réu, pelas razões ali apontadas, cumpria ao juiz recorrer "de ofício, de sua decisão". Sucede que a redação atual do art. 415, conferida pela reforma do Júri de 2008, não reproduziu essa exigência, pelo que se entende, e de forma unânime na doutrina, pela revogação tácita do inc. II, do art. 574, não mais subsistindo o recurso de ofício contra decisão de absolvição sumária. Embora não constando do rol do art. 574, o código prevê mais uma hipótese de reexame necessário da decisão. É a do art. 746, quando o juiz recorrerá de ofício sempre que conceder a reabilitação do condenado. Outros exemplos de recurso *ex officio*, encontráveis em legislação extravagante, são objeto de nossa análise quando dos comentários ao art. 574 do código. Lembre-se, ainda, do enunciado da Súmula 423 do Supremo Tribunal Federal, segundo a qual "não transita em julgado a sentença por haver omitido o recurso *ex officio*, que se considera interposto *ex lege*". De se destacar, por último, que se uma das partes maneja o recurso, a nulidade decorrente da não interposição do recurso de ofício resta superada.

o) a intimação, nas condições estabelecidas pela lei, para ciência de sentenças e despachos de que caiba recurso;

Ausência de intimação – Como consequência natural dos princípios da ampla defesa, do contraditório e do devido processo legal, surge a necessidade de que as partes sejam cientificadas "das sentenças e despachos de que caiba recurso". E nem poderia ser diferente. Se a parte interessada desconhece a prolação de uma sentença, de uma decisão interlocutória ou de singelo despacho, não poderá valer-se dos instrumentos que lhe são propiciados para impugnação desses atos. Lembre-se que deve ser pessoal a intimação do Ministério Público, da Defensoria Pública e do defensor dativo (art. 370, § 4º, do código). Trata-se de nulidade relativa, podendo ser sanada se, por exemplo, embora não intimado, ainda assim o defensor interponha o recurso cabível à espécie. Conferindo um alcance um pouco mais abrangente a este dispositivo, configura nulidade, segundo jurisprudência de nossos tribunais superiores, a colocação em pauta de recurso sem que a parte seja intimada, de forma a impedir a sustentação oral. Toda disciplina sobre a intimação foi por nós analisada quando dos comentários ao art. 370 e ss., do CPP, aos quais convidamos o leitor à consulta.

Confira-se, ainda, o teor da Súmula 431 do STF: "É nulo o julgamento de recurso criminal, na segunda instância, sem prévia intimação ou publicação da pauta, salvo em habeas corpus".

JURISPRUDÊNCIA

Recurso

"A ausência de intimação do defensor constituído para a sessão de julgamento do recurso de apelação, a despeito de pedido expresso neste sentido anteriormente deferido, impossibilitando-o de sustentar suas razões oralmente, configura cerceamento de defesa" (STJ – HC n. 220614 – AM – Rel. Jorge Mussi, j. 28.02.2012, DJe 07.03.2012).

Decisão que rejeita exceção de incompetência. Desnecessidade de intimação

"Deve ser afastada a alegação de nulidade, proveniente da ausência de intimação, do patrono dos recorrentes, da decisão que rejeitou a Exceção de Incompetência, oposta em 1º Grau, uma vez que, segundo o art. 564, III, 'o', do Código de Processo Penal, somente ocorrerá nulidade quando não houver intimação de decisões recorríveis, o que não é o caso da decisão que rejeita Exceção de Incompetência" (STJ – AgRg no RHC nº 22512-SP, Rel. Assusete Magalhães, j. 12.03.2013, DJe 08.04.2013).

p) no Supremo Tribunal Federal e nos Tribunais de Apelação, o quorum legal para o julgamento;

***Quorum* mínimo** – Os recursos são julgados, na imensa maioria dos casos, por órgãos colegiados, isto é, compostos por três ou mais juízes. Para que se possa conhecer de um recurso, é necessário, portanto, um *quorum* mínimo, ou seja, um número mínimo de juízes que comporão o colegiado. Ninguém irá conceber o julgamento de um recurso por apenas um Magistrado, em franca violação ao princípio do colegiado, ressalvadas as hipóteses nas quais se admite uma decisão monocrática, como aquela mencionada abaixo, segundo jurisprudência do STJ. Afinal, como destaca José Frederico Marques, "o princípio que domina e rege todo o Direito Processual pátrio, em matéria de recurso, é o princípio da colegialidade do Juízo *ad quem*. Com isto, os julgamentos em grau de recurso infundem maior confiança e, de certo modo, são mais seguros que os de primeiro grau (*Instituições de direito processual civil*. Rio de Janeiro: Forense, vol. IV, 2ª ed., 1963, p. 7).

Esse número mínimo de juízes que comporão o colegiado vem definido nos regimentos internos dos respectivos tribunais. No Supremo Tribunal Federal, segundo o art. 143 de seu regimento interno, tratando-se de julgamento em plenário, o número mínimo de ministros é de seis. Cai para três o *quorum* mínimo quando o julgamento compete às turmas (art. 147 do RISTF). No STJ, nas sessões plenárias, o número mínimo é de 2/3 dos membros do tribunal (art. 171, parágrafo único, do RISTJ). Já para os julgamentos de competência da Corte Especial, exige a maioria absoluta dos Ministros (art. 172). Para as turmas reclama-se o mínimo de três Ministros (art. 179).

Quando o dispositivo faz alusão Tribunais de Apelação, entendam-se os atuais Tribunais de Justiça e Tribunais Regionais Federais. Saliente-se, ainda, que a regra se estende a todos os tribunais superiores, como, por exemplo, o STJ.

JURISPRUDÊNCIA

Excepcionalidade da decisão monocrática em grau de recurso

"Só é possível ao relator de um recurso decidir de maneira monocrática, quando o tema a ele submetido inserir-se no rol contido no art. 557 do Código de Processo Civil (manifesta inadmissibilidade do pedido, na improcedência, prejudicialidade ou confronto com súmula ou jurisprudência dominante), sob pena de incorrer em violação ao referido princípio. Nem se diga que a simples possibilidade de a decisão ser apreciada pelo colegiado por meio de agravo interno, por si só, supriria tal violação, porquanto esse recurso restringiria, como de fato restringe, a possibilidade de defesa ampla (inviabilidade de sustentação oral, julgamento independente de pauta, etc), inerente ao recurso ou à ação originária e, portanto, acabaria por vulnerar, injustificadamente, este princípio de matiz constitucional" (STJ – RE n. 942407-SP- Rel. Rogério Schietti Cruz, j. 30.05.2014).

IV - por omissão de formalidade que constitua elemento essencial do ato.

Parágrafo único. Ocorrerá ainda a nulidade, por deficiência dos quesitos ou das suas respostas, e contradição entre estas. (Incluído pela Lei nº 263, de 23.2.1948)

Omissão de formalidade – Além dos casos de nulidade que o legislador descreveu, minuciosamente, nos incisos acima, tem-se aqui uma fórmula mais aberta, que comina com pena de nulidade todo ato em que houver omissão de formalidade que se constitua em elemento essencial à sua validade. *Essencial*, já indica o vocábulo, é o imprescindível, o indispensável, aquilo que, se inexistente, não produz efeitos. A nulidade somente ocorrerá quando a falta de solenidade o impeça de atingir seu objetivo. Se, a despeito da inobservância da forma prevista em lei, o ato atingiu seu objetivo, ele é tido como válido, em homenagem ao princípio do prejuízo tantas vezes mencionado em nosso estudo.

Há, assim, formalidades cuja preterição não acarreta qualquer consequência. Assim, por exemplo, a falta de rubrica nas folhas da sentença, a despeito do que reza o art. 388 do código. Trata-se de uma formalidade, exigida em lei, mas que não constitui elemento essencial do ato. Já a sentença sem assinatura de seu prolator, em violação ao art. 381, inc. VI, é causa de nulidade absoluta, configurando, mesmo, um ato inexistente. Cuida-se a assinatura, nesse caso, de uma formalidade essencial ao ato. Uma sentença sem fundamentação vem despida de uma formalidade (a motivação), que é essencial ao ato (a sentença). Afronta, a um só tempo, o art. 381, inc. III, do código e o art. 93, inc. IX, da Constituição. Já se dela não consta a data de sua prolação, ao arrepio do art. 381, inc. VI, a preterição dessa formalidade colateral não traz qualquer consequência, pois prevalece a data em que a decisão é entregue em mãos do escrivão, tornando-se, assim, pública (art. 389).

Quesitos – O tema foi abordado no item "k" acima e mereceu análise mais aprofundada quando dos comentários aos arts. 483 e ss., do código.

JURISPRUDÊNCIA

Prevalece a data de entrega ao escrivão e não aquela consignada na sentença

"A data da entrega de sentença criminal em cartório, e não a da sua assinatura, serve para determinar a competência do Juiz substituto que a prolatou (art. 389 do Código de Processo Penal)" (STF – HC nº 65.041-SP – Rel. Octávio Gallotti, DJ 07.08.87, p. 15434).

Quesitos contraditórios e soberania do júri

"O art. 490 do Código de Processo Penal autoriza ao Juiz Presidente a renovação da votação dos quesitos contraditórios, sem que isso revele afronta ao princípio da soberania dos veredictos. De fato, não se pode descurar que o Tribunal do Júri é composto por juízes leigos, razão pela qual é imperativa a necessidade de esclarecimentos quando houverem dúvidas ou contradições, conforme se verificou ser o caso dos autos" (STJ – HC n. 269764-SP – Rel. Reynaldo Soares da Fonseca, j. 05.04.2016, DJe 13.05.2016).

V - em decisão carente de fundamentação.

Decisão carente de fundamentação - A Lei 13.964/19 acrescentou ao artigo em comento o inc. V, reconhecendo nula a decisão carente de fundamentação. Contudo, a necessidade de fundamentação de toda e qualquer decisão judicial já decorre de mandamento constitucional (art. 93, inc. IX da Carta), e, por isso mesmo, a rigor, nem precisaria ser mencionada. Aliás, o CPC, no art. 489, §1º., foi além. Não somente repudia a decisão carente de fundamentação, mas acaba por anunciar o que se entende por decisão não fundamentada, seja ela interlocutória, sentença ou acórdão:

> "Art. 489
>
> (...)
>
> §1º.
>
> I - se limitar à indicação, à reprodução ou à paráfrase de ato normativo, sem explicar sua relação com a causa ou a questão decidida;
>
> II - empregar conceitos jurídicos indeterminados, sem explicar o motivo concreto de sua incidência no caso;
>
> III - invocar motivos que se prestariam a justificar qualquer outra decisão;
>
> IV - não enfrentar todos os argumentos deduzidos no processo capazes de, em tese, infirmar a conclusão adotada pelo julgador;
>
> V - se limitar a invocar precedente ou enunciado de súmula, sem identificar seus fundamentos determinantes nem demonstrar que o caso sob julgamento se ajusta àqueles fundamentos;
>
> VI - deixar de seguir enunciado de súmula, jurisprudência ou precedente invocado pela parte, sem demonstrar a existência de distinção no caso em julgamento ou a superação do entendimento".

Talvez em razão da teimosia em se obedecer ao citado mandamento constitucional, o legislador, não raras vezes, tem que explicar que não somente a "cocada vem do coco, mas que o coco vem do coqueiro".

A fundamentação aparece como consectário lógico do devido processo legal. Como bem ensina Luíz Guilherme Marinoni (Curso de Processo Civil vol. 2. 1º ed. 2015. RT. Pag. 446), fundamentar é atividade que parte da escolha interpretativa do julgador e, a partir desta premissa, deve sua decisão fundamentadamente conter a justificação dos enunciados com base em critérios que evidenciem ter sido sua escolha racionalmente apropriada.

Com exceção da decisão de mérito, outras decisões, notadamente de caráter interlocutório, não precisam ser longas e exaustivas, abordando com excessiva profundidade todos os temas colocados em debate. Contentam-se, doutrina e jurisprudência, com uma motivação sucinta, sob pena de o juiz adiantar sua convicção, com indevida introdução no mérito da causa, em momento inapropriado para fazê-lo. Fundamentação sucinta não se confunde com carência de fundamentação.

Art. 565. Nenhuma das partes poderá argüir nulidade a que haja dado causa, ou para que tenha concorrido, ou referente a formalidade cuja observância só à parte contrária interesse.

Princípio da lealdade – Previsto na parte inicial deste dispositivo, reza que a ninguém é dado suscitar nulidade a qual deu causa. No exemplo clássico, se o réu não foi notificado para a audiência porque transferiu sua residência sem a prévia comunicação ao juízo (ou, pelo menos, a seu defensor), ainda que sem malícia nesta conduta, não poderá, mais adiante, agitar a nulidade do ato. Tendo o agente, portanto, dado causa à nulidade (por ação ou omissão), ou, de alguma forma, concorrido para que ela se verificasse, não pode invocá-la em seu favor, almejando dela se prevalecer.

Princípio do interesse – Vem anunciado na segunda parte deste dispositivo. Assim, a ninguém é dado suscitar nulidade que interesse à parte contrária. Em outras palavras, só pode arguir nulidade a parte que possa extrair, de tal decreto de nulidade, algum proveito. De se demonstrar, pois, o interesse (*rectius*: utilidade), da medida. Em exemplo tirado da jurisprudência do Superior Tribunal de Justiça, abaixo transcrito (HC nº 186397-SP), não se conheceu de pedido no qual a defesa cobiçava a decretação da nulidade da audiência por conta da ausência do Ministério Público. Parece óbvia a conclusão, afinal, não se cogita de nenhum prejuízo que possa ter experimentado o réu em virtude da falta do *parquet*. Ao contrário, pode até mesmo ter sido beneficiado, posto que não foram encaminhadas perguntas pela acusação, facilitando, com isso, a tarefa da defesa. De sorte que a ausência, nesse exemplo, somente poderia ser agitada pelo próprio *parquet*, invocando, por exemplo, sua impossibilidade de comparecimento porque respondia por outra comarca ou outra causa qualquer capaz de justificar a falta. Mas jamais pelo réu, que não extrai nenhuma vantagem desse vício.

> **ATENÇÃO:** De acordo com o STJ, não é aceitável que o acusado, após a mudança de endereço sem informar ao Juízo, venha a arguir a nulidade da revelia, porquanto a vedação ao comportamento contraditório (*venire contra factum proprium*) aplica-se a todos os sujeitos processuais.

Falecimento do advogado – Em um caso bem específico, o STF não reconheceu a nulidade da intimação formulada a advogado já falecido, posto que, depois da morte (não comunicada ao Tribunal coator), outro patrono prosseguiu interpondo recursos (recurso em sentido estrito e embargos infringentes decididos por Tribunal de Justiça, além de recursos especial e extraordinário). O HC n. 138097-SP, foi julgado em 23.10.2018 (Relator para o Acórdã o Ministro Luis Roberto Barroso), e, por maioria de votos, foi-lhe negado provimento, não se reconhecendo a nulidade forte no disposto no art. 565 do CPP (publicado no *Informativo do STF* n. 921, de 22 26.10.2018).

JURISPRUDÊNCIA

Ausência do MP à audiência não pode ser invocada pela defesa

"A inquirição das testemunhas de Acusação pelo Juiz, quando ausente o Ministério Público Estadual, constitui nulidade relativa. Assim, sem a demonstração do prejuízo, nos termos exigidos pelo art. 563 do Código de Processo Penal, não se procede à anulação do ato. Além disso, conforme o disposto no art. 565 do mesmo Estatuto, falta legitimidade para a Defesa alegar esse vício, mormente em se considerando que ela estava presente na audiência de instrução para inquirir as testemunhas arroladas pelo Ministério Público. Com efeito, não há que se arguir nulidade relativa referente a formalidade cuja observância interesse exclusivamente à parte contrária" (STJ – HC nº 186397-SP, Rel. Laurita Vaz, j. 16.06.2011, DJe 28.06.2011).

Advogado licenciado da OAB

"Nulidade do processo-crime não configurada, pois além de não ter sido demonstrado qualquer prejuízo advindo do exercício da defesa por advogado licenciado da Ordem dos Advogados do Brasil, o princípio da falta de interesse, tal como estabelecido no art. 565, primeira parte, do Código de Processo Penal, não admite a argüição da nulidade por quem tenha dado causa ou concorrido para a existência do vício. Precedentes" (STF – HC nº 99457-RS, Rel. Carmen Lúcia, j. 13.10.2009, DJe 04.06.2010).

Pedido de redesignação de audiência

"Se a acusada já tinha ciência que não poderia comparecer à audiência de instrução e julgamento e não comunica o Juízo requerendo o seu adiamento, não pode ela, posteriormente à implementação do ato, pretender a sua anulação ante a sua ausência, uma vez que, de acordo com o artigo 565 do Código de Processo Penal, não possui interesse no reconhecimento de nulidade para a qual haja Concorrido" (STJ – HC n° 273361-SP, Rel. Jorge Mussi, j. 05.11.2013, DJe 12.11.2013).

Ausência do réu

"Se o exame pericial para a verificação de alcoolismo patológico do recorrente somente não foi realizado por este não ter comparecido ao ato, apesar de devidamente intimado, não pode a defesa argüir a pretensa nulidade, em observância ao disposto no art. 565 do CPP (Precedentes do c. STF e desta Corte)" (STJ – REsp n° 623445- RS, Rel. Félix Fisher, j. 04.11.2004, DJ 22.11.2004, p. 382).

Dispensa da vítima

"Tendo a defesa concordado expressamente com a dispensa da oitiva da vítima em audiência, não pode ela, agora, pretender a anulação do julgamento pela falta de inquirição da ofendida em juízo, uma vez que, de acordo com o artigo 565 do Código de Processo Penal, não possui interesse no reconhecimento da nulidade para a qual concorreu" (STJ – HC n° 163041-MG, Rel. Jorge Mussi, j. 11.10.2011, DJe 28.10.2011).

Advogado que deixa o prédio do fórum em virtude do atraso no horário da audiência

"Tendo o advogado do réu, devidamente intimado e presente, desistido voluntariamente de aguardar a realização de audiência de inquirição das testemunhas arroladas pelo Ministério Público, mesmo advertido pela magistrada de que o ato se realizaria naquela data, por se tratar de réu preso, não há que se falar em nulidade do ato realizado na presença de Defensor Público. Não podem os impetrantes, devido a incidente criado pela própria defesa, mesmo advertida de que a audiência, por envolver réu preso, seria realizada na data agendada, ainda que em horário mais adiantado, invocar a própria torpeza para a sua anulação (CPC, art. 565)" (STF – HC n° 110820-ES, Rel. Dias Toffoli, j. 29.05.2012, DJe 25.06.2012).

Insurgência contra nomeação de defensor dativo

"Conforme o disposto no artigo 565 do Código de Processo Penal, não cabe a arguição de nulidade pela própria parte que lhe deu causa ou que tenha concorrido para a sua existência. No caso em apreço, inexiste manifesta ilegalidade, pois não há falar em nulidade ante a ausência de intimação do acusado, após a renúncia de seu patrono, para a indicação de novo defensor de sua confiança, eis que o paciente não se insurgiu contra a nomeação de defensor dativo nos atos subsequentes ao libelo, nem na sessão plenária do júri, nem mesmo no recurso de apelação, anuindo portanto com a nomeação do causídico dativo" (STJ – HC n° 185303-SP, Rel. Maria Thereza de Assis Moura, j. 20.06.2013, DJe 01.07.2013).

Exceções – Esse princípio merece alguma mitigação, a saber: 1) o Ministério Público pode arguir nulidade em favor do réu, pois o seu interesse é em uma condenação válida e não em uma decisão nula; 2) tratando-se de nulidade absoluta, o Tribunal pode reconhecê-la, mesmo em recurso exclusivo da acusação.

Se a decisão de mérito pode ser favorável à parte que arguiu a nulidade, ela não deve ser declarada. Exemplo: defesa recorreu suscitando nulidade, mas o Tribunal percebe que é caso de absolvição, deve absolver. Ainda por força de tal princípio, também não se declara a nulidade se a própria parte deu causa a ela. Exemplo: réu que deixa de ser intimado de um ato porque mudou de endereço sem informar o juízo, não poderá suscitar nulidade porque não intimado pessoalmente da sentença.

Art. 566. Não será declarada a nulidade de ato processual que não houver influído na apuração da verdade substancial ou na decisão da causa.

Princípio da instrumentalidade das formas – Segundo tal princípio, a forma não é um fim em si mesma, portanto, o ato é válido se atingiu seus objetivos, mesmo que sem a observância da moldura legal. A forma possui, portanto, inegável caráter instrumental, a impedir que venha a se sobrepujar à substância. Esse princípio vem previsto, também, no art. 572, inc. II e, de resto, cuida-se mesmo de desdobramento do art. 563, pelo qual não há nulidade sem prejuízo. Assim, por exemplo, é obrigatória a citação do réu, que, porém, pode ser sanada por seu comparecimento espontâneo (art. 570). Ou ainda, quando o advogado, não sendo intimado quanto à realização de uma audiência, a ela comparece. Desatendida a forma, mas em se tratando de omissão que em nada influiu no julgamento da causa, o ato é válido. Há que se distinguir, mais uma vez, as nulidades relativas das absolutas, no sentido de que, em relação às últimas, o ato falho independe da demonstração do prejuízo, pelo que deveria, a rigor, ser decretada a nulidade. Contudo, o que se verifica, na prática, a partir de entendimentos pretorianos, é uma notável tendência quanto ao aproveitamento de todo e qualquer ato, ainda que fulminado de nulidade absoluta. De sorte que, senão demonstrado o prejuízo, o ato é válido, mesmo que praticado em afronta a um princípio constitucional, capaz de configurar uma nulidade absoluta.

JURISPRUDÊNCIA

Necessidade de demonstração do prejuízo, ainda que se trate de nulidade absoluta

"Esta Corte vem assentando que a demonstração de prejuízo, a teor do art. 563 do CPP, é essencial à alegação de nulidade, seja ela relativa ou absoluta, eis que "o âmbito normativo do dogma fundamental da disciplina das nulidades pas de nullité sans grief compreende as nulidades absolutas" (HC 85.155/SP, Rel. Min. Ellen Gracie). Precedentes" (STF – RHC n° 117102-SP, Rel. Ricardo Lewandowski, j. 25.06.2013, DJe 13.08.2013).

Instrumentalidade das formas

"No terreno das nulidades no âmbito no processo penal vige o sistema da instrumentalidade das formas, no qual se protege o ato praticado em desacordo com o modelo legal caso tenha atingido a sua finalidade, cuja invalidação é condicionada à demonstração do prejuízo causado à parte, ficando a cargo do magistrado o exercício do juízo de conveniência acerca da retirada da sua eficácia, de acordo com as peculiaridades verificadas no caso concreto" (STJ – HC n° 194601-BA, Rel. Jorge Mussi, j. 13.08.2013, DJe 23.08.2013).

Art. 567. A incompetência do juízo anula somente os atos decisórios, devendo o processo, quando for declarada a nulidade, ser remetido ao juiz competente.

Incompetência do juízo – Uma leitura mais apressada deste dispositivo pode ensejar a equivocada conclusão no sentido de que, qualquer que seja a espécie de incompetência (relativa ou absoluta), será sempre possível de ratificação, salvo quanto aos atos decisórios. Em verdade, a espécie de competência que admite o aproveitamento dos atos-não decisórios é a incompetência relativa (*ratione loci*), a depender, pois, de arguição em tempo oportuno, sob pena de preclusão. Assim, por exemplo, se reconhecida a incompetência relativa antes de proferida a sentença (em hipótese mais rara, atualmente, em face da concentração da instrução e sentença em uma mesma audiência), os atos probatórios (oitiva de testemunhas, interrogatório do réu), são preservados, remetendo-se os autos ao juízo competente para decisão final.

Tratando-se, porém, de incompetência absoluta (que pode, a qualquer tempo, ser conhecida de ofício e que não depende da comprovação de prejuízo), não há possibilidade de aproveitamento de nenhum ato, seja de cunho decisório ou não. Com efeito, tendo a Constituição assegurado o princípio do juiz natural (art. 5º, inc. III), não há mais lugar para a incidência deste dispositivo às hipóteses de incompetência absoluta (*ratione personae*). Suponha-se um promotor de Justiça que, tendo cometido um crime, está sendo processado perante um juiz de 1º grau, quando, por conta do chamado foro por prerrogativa de função, a competência é do Tribunal de Justiça. A incompetência é absoluta e, como tal, não admite nenhuma espécie de aproveitamento, seja de atos decisórios, seja de atos não decisórios. Cumpre seja anulado o feito *ab ovo*, reiniciando-se do zero um novo processo. Sem embargo dessa compreensão, há entendimento, de tribunais superiores, no sentido do aproveitamento dos atos não decisórios, inclusive do recebimento da denúncia. Temos, porém, como equivocado esse posicionamento. A incompetência constitucional do juiz não autoriza nenhuma espécie de convalidação, sobretudo quanto ao recebimento da acusação, por não se tratar de mero ato de impulso processual ou de ordenamento do processo, mas, antes, de inequívoca decisão interlocutória.

Pensamos, em síntese, que o dispositivo em análise tem incidência apenas quando se cuidar de incompetência relativa (em que se admite o aproveitamento dos atos não decisórios). Tratando-se de incompetência absoluta, nada pode ser aproveitado. Há, todavia, entendimento do Supremo Tribunal Federal em sentido inverso, permitindo, mesmo para as hipóteses de incompetência absoluta, o aproveitamento dos atos não decisórios e – mais que isso – admitindo até a ratificação dos atos decisórios pelo juízo competente.

JURISPRUDÊNCIA

Incompetência absoluta

"Em princípio, a jurisprudência desta Corte entendia que, para os casos de incompetência absoluta, somente os atos decisórios seriam anulados. Sendo possível, portanto, a ratificação de atos não-decisórios. Precedentes citados: HC nº 71.278/PR, Rel. Min. Néri da Silveira, 2ª Turma, julgado em 31.10.1994, DJ de 27.09.1996 e RHC nº 72.962/GO, Rel. Min. Maurício Corrêa, 2ª Turma, julgado em 12.09.1995, DJ de 20.10.1995. Posteriormente, a partir do julgamento do HC nº 83.006-SP, Pleno, por maioria, Rel. Min. Ellen Gracie, DJ 29.08.2003, a jurisprudência do Tribunal evoluiu para admitir a possibilidade de ratificação pelo juízo competente inclusive quanto aos atos decisórios" (STF – HC n° 88262, Rel. Gilmar Mendes, j. 18.12.2006, DJ 30.03.2007).

"No caso de reconhecimento de incompetência, ainda que absoluta, é possível ao Juízo competente ratificar os atos decisórios praticados pelo órgão incompetente, inclusive o recebimento da denúncia. Precedentes do STJ e do STF" (STJ - AgRg nos EDcl no AREsp n. 1.520.223/SP, relatora Ministra Laurita Vaz, Sexta Turma, julgado em 15/9/2020, DJe de 29/9/2020).

"Anote-se que a Corte Especial desta Corte Superior já se manifestou no sentido de que 'até mesmo atos decisórios são ratificáveis, de acordo com o que dispõe o artigo 108, § 1.º, do Código de Processo Penal: 'Se, ouvido o Ministério Público, for aceita a declinatória, o feito será remetido ao juízo competente, onde, ratificados os atos anteriores, o processo prosseguirá'. Acrescente-se que o STF e o STJ, nos casos de incompetência absoluta, firmaram entendimento que os atos decisórios são ratificáveis'. (QO na APn n. 843/DF, relator Ministro Herman Benjamin, Corte Especial, julgado em 6/6/2018, DJe de 14/6/2018.)" (STJ - AgRg no HC 856269/GO, 5ª Turma, Rel. Reynaldo Soares da Fonseca, j. 03/10/23)

Anula-se apenas a sentença

"Conquanto o tema ainda enseje certa controvérsia, prevalece o entendimento de que, constatada a incompetência absoluta, os autos devem ser remetidos ao Juízo competente, que pode ratificar ou não os atos já praticados, nos termos do artigo 567 do Código de Processo Penal, e 113, § 2º, do Código de Processo Civil. Doutrina. Precedentes. Na hipótese em exame, já foi proferida sentença condenatória pelo Juízo absolutamente incompetente, no que se refere a delito de uso de documento falso, pelo que se impõe a anulação tão somente do édito repressivo quanto ao ponto, facultando-se a ratificação, pela Justiça Federal, dos demais atos processuais anteriormente praticados, inclusive os decisórios não referentes ao mérito da causa" (STJ – RHC n° 23500-SP, Rel. Jorge Mussi, RSTJ 233/691).

Anula-se todo ato decisório, inclusive o recebimento da denúncia

"Todos os atos praticados perante juiz constitucionalmente incompetente são absolutamente nulos – ratione materiae. Em tal categoria se inserem o recebimento da denúncia, que não é despacho, mas decisão, e o próprio oferecimento da incoativa. Ordem concedida para anular o processo a partir do oferecimento da denúncia, inclusive" (STJ – HC n° 99247-SP, Rel. Maria Thereza de Assis Moura, j. 23.02.2010, DJe 17.05.2010).

Ratificação dos atos anteriores – Nos termos do § 1° do artigo 108 do Código de Processo Penal, acolhida a exceção de incompetência, "o feito será remetido ao juízo competente onde, ratificados os atos anteriores, o processo prosseguirá". Há, porém, entendimento do STF, cuja ementa se transcreve abaixo, no sentido da não exigência de ratificação (HC n. 85137-MT). De rigor, contudo, que se leia a fundamentação do voto para que se compreenda a peculiaridade do caso. Na hipótese, um membro do Ministério Público Federal oferecera denúncia (que foi recebida), sendo, posteriormente, reconhecida a competência de outro juízo, também da alçada federal. Nesse caso concreto, reconheceu-se a dispensabilidade da ratificação, na medida em que o órgão é único, caracterizado pela unidade de seus membros. Cremos, assim, que tal posicionamento bem se adapte ao caso concreto, não podendo, todavia, servir como regra geral.

JURISPRUDÊNCIA

Tratando-se de incompetência relativa, cabe a confirmação dos atos decisórios

"Em caso de incompetência relativa, o Juízo competente deve confirmar os atos decisórios proferidos, para que se revistam de legalidade. Ao analisar os autos e acolher a vestibular, determinando a citação dos acusados, a magistrada reconhecida como a competente para o julgamento da ação penal em tela, ainda que de forma implícita, analisou a legalidade da custódia cautelar dos réus e a manteve, circunstância que afasta o constrangimento ilegal de que estaria sendo vítima o paciente" (STJ – HC n° 185407-SP, Rel. Jorge Mussi, j. 12.03.2013, DJe 26.03.2013).

Tratando-se de incompetência absoluta, cumpre a remessa dos autos ao juiz competente

"Constatada a incompetência absoluta, os autos devem ser remetidos ao Juízo competente, que pode ratificar ou não os atos já praticados, inclusive os decisórios, nos termos do artigo 567 do CPP, e 113, § 2º, do CPC" (STJ – AgRg na APn n° 675-GO, Rel. Nancy Andrighi, j. 19.09.2012, DJe 01.02.2013).

Reconhecida a incompetência pode ser aditada a denúncia

"O arrolamento do recorrente como testemunha na primeira denúncia ofertada pelo Parquet não implica em arquivamento implícito, mas sim que o órgão acusatório não entendeu que havia, naquele momento, a presença da materialidade e autoria referentes ao denunciado, sendo possível, inclusive, o aditamento da denúncia nos termos do art. 569 do Código de Processo Penal (Precedentes do STJ). É plenamente possível que, reconhecida a incompetência daquele juízo e remetidos os autos para o órgão ministerial legitimado para a causa, este ofereça nova exordial acusatória, incluindo o paciente como denunciado, uma vez que, pelo princípio da independência funcional – previsto no art. 127, § 1º, da Constituição Federal – o teor da primeira denúncia acusatória oferecida não vincula a opinio delicti que será formada por outro membro do Parquet quando reavaliar os autos do inquérito" (STJ – HC n° 22588-PR, Rel. Jorge Mussi, j. 23.02.2010, DJe 26.04.2010).

Desnecessidade de ratificação da denúncia

Denúncia. Ratificação. Desnecessidade. Oferecimento pelo representante do Ministério Público Federal no juízo do foro em que morreu uma das vítimas. Declinação da competência para o juízo em cujo foro se deu o fato. Foros da Justiça Federal. Atuação, sem reparo, do outro representante do MP. Atos praticados em nome da instituição, que é una e indivisível. Nulidade inexistente. HC indeferido. Aplicação do art. 127, § 1º, da CF. Inteligência do art. 108, § 1º, do CPP – "O ato processual de oferecimento da denúncia, praticado, em foro incompetente, por um representante, prescinde, para ser válido e eficaz, de ratificação por outro do mesmo grau funcional e do mesmo Ministério Público, apenas lotado em foro diverso e competente, porque o foi em nome da instituição, que é una e indivisível" (STF – HC n. 85137-MT – Rel. Cezar Peluso, j. 13.09.2005, DJ 28.10.2005, p. 50).

Art. 568. **A nulidade por ilegitimidade do representante da parte poderá ser a todo tempo sanada, mediante ratificação dos atos processuais.**

Ilegitimidade do representante da parte – Como tem observado a doutrina, a ilegitimidade de que trata este dispositivo não é da parte, mas sim de seu representante legal (ilegitimidade *ad processum*). Imagine-se o ofendido mentalmente enfermo, sem representante legal ou havendo colidência entre seus interesses e deste último. O direito de queixa, nesse caso, "poderá ser exercido por curador especial, nomeado [...] pelo juiz", segundo o art. 33 do código. No curso do processo, constata-se que a queixa foi ofertada não pelo curador, mas por um irmão da vítima. Nesse caso, "a todo tempo", essa omissão poderá ser sanada, cumprindo seja intimado o curador para que ratifique os atos até então praticados.

Em que pese o dispositivo fazer referência à ilegitimidade *ad processum* do representante da parte, pensamos que, em se tratando de advogado do ofendido, a regra também tenha aplicação. Assim, em um processo deflagrado mediante a oferta de queixa, detecta-se que o advogado não se muniu da procuração especial exigida pelo art. 39 do código, valendo-se de singela *procuração* "ad judicia". Nada impede a regularização desse instrumento de mandato.

Ilegitimidade da parte – Tratando-se, porém, de ilegitimidade *da parte* (e não de seu representante), o dispositivo reclama uma observação que nos parece relevante. Suponha-se que, a despeito do inquérito policial revelar, com absoluta nitidez, tratar-se da prática de um crime de dano simples, o Ministério Público oferta denúncia, ao arrepio do disposto no art. 167 do Código Penal. Ao final da instrução, confirmando-se aquilo que se afigurara desde o início, resta configurada a ilegitimidade do *parquet*. Indaga-se: poderá o ofendido ratificar a denúncia, ensejando, por consequência, a possibilidade de condenação do réu? Pensamos que não. O crime, porque de ação penal privada, exigia a oferta de queixa-crime, não mais cabível a essa altura, posto que, certamente, transcorrido o prazo decadencial de seis meses a que alude o art. 38 do CPP (e também o art. 103 do Código Penal). Restará, nesse caso, a decretação da extinção da punibilidade do agente, posto que reconhecida a decadência, nos termos do art. 107, inc. IV, do Código Penal. Suponha-se, ainda, a prática de um crime de ameaça (art. 147 do CP), no qual o Ministério Público oferte denúncia, sem contar com a prévia representação da vítima, reclamada na dicção do parágrafo único do mesmo artigo. Constatada, quando do momento oportuno para prolação da sentença, a omissão, não será cabível a ratificação, pela vítima, da denúncia do *parquet,* salvo se ainda não transcorrido o prazo decadencial, o que é absolutamente improvável. Afirmamos *improvável* porque dificilmente, entre a data do fato e a realização da audiência, não terá transcorrido o prazo decadencial de seis meses. De qualquer forma, na difícil hipótese de haver tempo hábil, será cabível a ratificação, com a oferta da representação que confira condição de procedibilidade ao Ministério Público.

Sobre a regularização da representação na queixa-crime, v., ainda, art. 44 acima.

Art. 569. **As omissões da denúncia ou da queixa, da representação, ou, nos processos das contravenções penais, da portaria ou do auto de prisão em flagrante, poderão ser supridas a todo o tempo, antes da sentença final.**

Omissões – Observe-se, de plano, que a possibilidade de suprimento da portaria ou do auto de prisão em flagrante, nos processos a envolver a prática de contravenções penais, não mais subsiste, como fizemos ver nos comentários ao art. 26 do código, que previa o chamado procedimento judicialiforme. Remanesce, porém, a possibilidade de se corrigirem omissões da denúncia, da queixa ou da representação.

Aditamentos – Tais omissões serão supridas por meio de aditamentos, que podem ser processados mediante provocação, na chamada *mutatio libelli*, prevista no art. 384 do código. Ou independentemente de qualquer instigação, como disposto no artigo em exame, sendo dado ao Ministério Público e ao querelante ofertar o respectivo aditamento.

Alcance do aditamento – Há quem entenda que o aditamento aqui previsto se refira, apenas, a aspectos formais, atinentes, por exemplo, a horários, datas e locais dos fatos, não apontados adequadamente na denúncia ou queixa. E, realmente, a redação deste dispositivo, em um primeiro momento, pode levar a essa conclusão, posto que o vocábulo *aditar* tem um significado de acrescentar, suprir, complementar, não indo além disso. Sucede que este artigo deve ser interpretado à luz do que dispõe, também, o art. 384 do código, ao tratar da chamada *mutatio libelli*. Por tal dispositivo, se no curso do processo surgir a possibilidade de nova definição jurídica, em decorrência de "elemento ou circunstância da infração penal não contida na acusação", será cabível o aditamento. Como *elemento* (ou *elementar*), se considera tudo aquilo que compõe o tipo penal. Assim, no crime de roubo, por exemplo, é elementar a "grave ameaça ou violência". Configurada a subtração, mas afastado o elemento "grave ameaça ou violência", o crime passa a ser de furto. *Circunstâncias* são dados que interferem na pena. Sua exclusão não prejudica o fato principal. Em um crime de furto, ele se qualifica em virtude da escalada (art. 155, § 4°, inc. II do Código Penal). Uma vez demonstrado, por exemplo, que era baixo o muro transposto pelo agente, a não exigir-lhe nenhuma espécie de esforço especial, afasta-se a qualificadora, mas se preserva a configuração do furto simples. O tema á aprofundado nos comentários tecidos ao art. 384, cuja leitura fica recomendada.

Quisemos dizer, com isso, que o aditamento, ao contrário do que pode parecer *a priori*, não se restringe à singela correção de erros materiais, referentes a aspectos secundários e colaterais dos fatos. Mais que isso, pode incluir elementos ou circunstâncias surgidas no curso do processo, alargando, com a cautela apontada em seguida, o âmbito da acusação.

Aditamento espontâneo, aditamento provocado e aditamento subsidiário – Como salientamos nos tópicos acima, o aditamento pode ocorrer de forma *espontânea*, quando o Ministério Público – forte no princípio da obrigatoriedade – e o querelante – animado pelo princípio da indivisibilidade da ação penal privada – ofertem o aditamento, prescindindo de qualquer instigação a respeito. Mas ele pode ser, também, *provocado*. Com fundamento no sistema acusatório, a doutrina moderna, incentivada pelos arts. 129, I, CF/88, e art. 3º-A do CPP, nega que juízes e tribunais figurem como legitimados para provocar a ação das partes.

Ousamos indicar uma nova espécie de aditamento, ao qual denominamos *aditamento subsidiário*. Ocorre nas hipóteses de ações penais privadas subsidiárias da pública, quando o ofendido, em face da inércia do Ministério Público, oferta queixa-crime que irá substituir a denúncia. Nesses casos, ao *parquet* é dada a possibilidade de aditar a queixa-crime, como consta expressamente do art. 29 do código. Aproxima-se, é verdade, do aditamento espontâneo, dele se diferenciando, contudo, – primeiro – por ter lugar em uma ação penal privada. E – segundo – por ser admitido no caso de omissão do querelante. A propósito, o art. 45 do código autoriza o aditamento da queixa pelo Ministério Público, mas, como vimos com profundidade na análise desse dispositivo, apenas para correção de aspectos formais da acusação privada.

Dies ad quem – O termo final, para que se supram omissões, é a sentença. Antes disso, a todo tempo é cabível o aditamento. Depois, não mais. É que, estabelecidos os limites da lide, em 1º grau de jurisdição, já proferida a sentença, não teria cabimento que, em grau de recurso, fosse renovada a possibilidade de aditamento, dada, inclusive, à inviabilidade de produção de prova nessa instância, crucial para garantir observância aos princípios do contraditório e da ampla defesa. Eventual nulidade detectada na denúncia, queixa ou representação, deverá se voltar, agora, contra a sentença e não mais em face da acusação, posto que preclusa a matéria. Salvo, por óbvio, quando se tratar de crime processado em competência originária, por força do foro por prerrogativa de função, quando os aditamentos se processarão perante o respectivo tribunal.

JURISPRUDÊNCIA

Após a sentença não há se falar em correção da denúncia ou queixa

"A jurisprudência deste Supremo Tribunal entende coberta pela preclusão a questão da inépcia da denúncia, quando aventada após a sentença penal condenatória, entendimento que somente não se tem aplicado quando a sentença vem a ser proferida na pendência de habeas corpus já em curso" (STF – HC nº 96883-SP, Rel. Cármen Lúcia, j. 02.12.2010, DJe 01.02.2011).

No Júri o aditamento é cabível até a pronúncia

"Consoante o disposto no art. 569, do Código de Processo Penal, as omissões da denúncia poderão ser supridas a todo tempo, desde que antes da sentença final. Não se vislumbra, assim, a alegação de intempestividade do aditamento à exordial, uma vez que ocorreu antes da pronúncia do Paciente" (STJ – HC nº 219350-GO, Rel. Laurita Vaz, j. 15.05.2012, DJe 23.05.2012).

Recurso cabível – Da decisão que não recebe o aditamento à acusação, cabe recurso em sentido estrito, afinal, se é previsto este recurso da decisão que não recebe denúncia ou queixa (art. 581, inc. I do código), deve-se, por analogia, admiti-lo também contra decisão que não recebe o *aditamento* à denúncia ou queixa.

JURISPRUDÊNCIA

RSE contra rejeição de aditamento à denúncia

"O aditamento, enquanto substancia imputação de fato criminoso, submete-se à disciplina legal da acusatória inicial quanto à sua forma, matéria e impugnação recursal, correndo firme a jurisprudência dos Tribunais

Superiores no sentido de que cabe recurso em sentido estrito contra decisão que indefere aditamento da denúncia" (STJ – REsp n° 254494-DF, Rel. Hamilton Carvalhido, j. 24.11.2004, DJe 01.02.2005, p. 621).

Omissão da representação – Suponha-se a existência de uma omissão na representação da vítima, quanto, por exemplo, aos autores do crime que ela pretendia ver processados. Essa omissão pode ser sanada no curso do processo? Pode, mas é desnecessária. Como alertamos na análise do art. 39 do código, sob a rubrica "indicação dos autores do crime", da representação não se exige que o ofendido aponte todos os *autores* do crime, em incumbência que cabe à polícia judiciária apurar, mas apenas que manifeste seu desejo de vê-los processados. É o que basta, razão pela qual, sob esse aspecto, não há que se cogitar de qualquer aditamento. Indaga-se, então: a respeito de qual omissão, na representação, teria se referido o legislador, sempre sob a perspectiva de que a lei não contém *letras mortas*? A omissão, nesse caso, pode se referir, por exemplo, à legitimidade na hipótese de menoridade do ofendido, que, segundo o art. 33 do código, é de seu representante legal. Ocorre que a jurisprudência tem mitigado, significativamente, esse dispositivo, admitindo que pessoas próximas à vítima, como avós, tios, irmãos, padrastos e até vizinhos, exerçam esse direito, avós, tios, irmãos, padrastos (nos comentários ao art. 24, § 1°, consignamos indicamos entendimentos jurisprudenciais que conferem legitimidade a tais pessoas). Imagine-se que seja suscitada a nulidade da representação porque ofertada pelo avô, tendo a vítima pai que o represente. Nada impede que, antes de prolatada a sentença de 1° grau, colha-se a manifestação paterna, de modo a afastar qualquer alegação de ilegitimidade. Pode a omissão se referir, ainda – como já vimos – ao instrumento de procuração conferido ao advogado, onde não lhe são conferidos poderes especiais, reclamados pelo art. 39 do código. Impõe-se, nesse caso, a intimação da vítima para que regularize a representação processual de seu advogado, em ato a ser praticado antes da sentença.

Omissão da queixa – Diverge a doutrina quanto ao prazo para aditamento da queixa ou para a regularização da representação. Para alguns, é cabível o aditamento, desde que realizado no prazo decadencial de seis meses, a que alude o art. 38 do código. Há quem entenda, ao revés, que o aditamento se permite até a sentença final, nos termos do dispositivo em análise. Ficamos com a segunda posição. Com efeito, a adoção do primeiro entendimento implicaria em concluir que o dispositivo em análise contém letra morta, o que, já vimos, não se admite. É dizer: se este artigo, com todas as letras, admite que omissões da queixa sejam corrigidas até a sentença final, como se conceber que essa possibilidade se restrinja ao prazo decadencial de seis meses? A menos que se conclua, *ad absurdam*, que o legislador incluiu uma alternativa totalmente inútil, sem qualquer aplicação, a orientação que temos como mais correta é mesmo de admitir o suprimento de omissões, da queixa ou da representação, até a sentença.

Aditamento da denúncia ou queixa e interrupção do prazo prescricional – É sabido que uma das causas de interrupção da prescrição, prevista no art. 117, inc. I, do Código Penal, ocorre exatamente com o recebimento da denúncia ou queixa. Indaga-se, então, se o *aditamento* da denúncia ou queixa tem o mesmo condão.

Depende. Há entendimento do Supremo Tribunal Federal que não admite essa hipótese, já que "o aditamento à denúncia não configura causa de interrupção da prescrição, por ausência de previsão legal" (HC n. 84606-SP – Rel. Carlos Velloso, j. 05.10.2004, DJ 28.10.2004, p. 51). Trata-se, contudo, de debate que reclama uma análise mais aprofundada e que deve investigar, necessariamente, da espécie de aditamento de que se cuida na hipótese concreta. Pode ocorre que o aditamento tenha visado, apenas, a correção de um erro material, quanto, por exemplo, ao local e horário dos fatos. A essa espécie, a doutrina dá o nome de *aditamento impróprio*. Noutras vezes, porém, o aditamento excede a mera questão formal, atingindo mesmo o cerne da acusação, que é sensivelmente ampliada. A este a doutrina denomina *aditamento próprio real*.

Pois bem. Se o aditamento se limitou à singela correção de algum aspecto formal, seu recebimento decerto que não acarretará a interrupção do prazo prescricional. Ao revés, caso se trate de *aditamento próprio real*, com a inclusão de fatos novos, será de rigor o reconhecimento dessa causa de interrupção do lapso prescricional. Nessa linha de raciocínio, a propósito, o ensinamento de Heleno Claudio Fragoso, para quem "se a denúncia ou a queixa foi aditada para suprir erro ou omissão, o aditamento não tem o efeito de interromper a prescrição [...]. Se o aditamento se referir a novo fato delituoso (hipótese bastante discutível), a interrupção se restringe ao novo fato" (*Lições de Direito Penal*, Rio: Forense, 1990, 1ª. ed., p. 411). É a compreensão que nos afigura mais acertada.

JURISPRUDÊNCIA

Quando o aditamento não interrompe o prazo prescricional

"É entendimento consagrado pela doutrina nacional e pela jurisprudência desta Corte que o aditamento da denúncia que não relata fatos novos, mas apenas dá definição jurídica diversa da que foi apontada na acusação primitiva, não tem o condão de interromper o prazo prescricional, o que só ocorre nas hipóteses taxativas previstas no art. 117 do Código Penal" (STF – HC n. 109635-ES – Rel. Ricardo Lewandowski, j. 30.10.2012, DJe de 20.11.2012).

Aditamento da denúncia para inclusão de corréu – Suponha-se que ausente da denúncia originária, venha o corréu, a ser incluído, posteriormente, no polo passivo da relação processual, por meio de aditamento promovido pelo Ministério Público. Ou, em termos mais singelos: denunciados, inicialmente, "A" e "B", é depois aditada a denúncia para incluir "C". Indaga-se: qual será o termo interruptivo da prescrição, quanto a "C": o recebimento da denúncia em relação a si próprio ("C"), ou a recepção da acusação no que se refere a "A" e "B"? A opção acertada é, desenganadamente, a primeira. Haverá, pois, dois marcos distintos a interromper a prescrição. O primeiro e anterior para "A" e "B", e, um segundo e posterior, para "C". Plasmou-se nesse sentido a jurisprudência do Superior Tribunal de Justiça, a se conferir: "Se anteriormente ao aditamento da inicial não havia qualquer acusação contra o recorrido, o recebimento da denúncia, em sua versão original – sem o referido aditamento – não poderia ser considerado termo inicial para efeito de contagem de prazo prescricional relativamente a ele" (REsp n. 722.157-RS, Rel. Gilson Dipp, j. em 24.05.2005, DJ de 13/06/2005, p. 345).

Calhou, porém, ao Tribunal de Justiça do Rio de Janeiro, enfrentar interessante questão, no julgamento da Apelação n. 00194637719988190038, em que foi relator o Desembargador Marcus Henrique Pinto Basílio e cujo acórdão foi publicado em 04.12.2012. Na hipótese, determinado agente não fora incluído na denúncia original, ofertada contra outros corréus. Posteriormente, o Ministério Público ofertou denúncia autônoma contra este último. Novamente para facilitar. "A" e "B" foram denunciados pela prática de determinado crime e, posteriormente, sem aditamento, mas como nova acusação, foi denunciado

"C". Indaga-se: a interrupção do prazo prescricional a ser considerada para todos os réus é única, relativa a "A" e "B", ou, ao contrário, haverá um marco interruptivo para "A" e "B" e outro, distinto, para "C"?

Optou aquela Corte pela primeira alternativa, no sentido de que todos os corréus se sujeitam ao mesmo marco interruptivo da prescrição. É que, segundo o relator, "no caso concreto, apesar da denúncia originária se referir expressamente que os acusados atuaram na companhia de terceira pessoa, o ora apelado não foi incluído no polo passivo respectivo". Entendeu-se, assim, que a menção a esta terceira pessoa ("C"), que não foi inicialmente denunciada, implica em estender-lhe, no processo que responde sozinho, a mesma causa interruptiva relativa aos demais ("A" e "B"). Conclui o relator, ainda, que "na hipótese, apesar de não se tratar de aditamento e sim de nova denúncia, isto porque já ocorreu o trânsito em julgado com relação àquela originária, deve ser aplicado analogicamente o mesmo entendimento, sob pena de flagrante prejuízo ao acusado".

Correndo o risco de nos precipitarmos, posto que não tivemos acesso aos autos, a permitir uma análise mais aprofundada, mas apenas à ementa do acórdão, cremos, com a devida vênia, equivocada a conclusão do julgado. Chama atenção, de início, que não se trata propriamente de um aditamento à denúncia, mas de uma nova denúncia ofertada isoladamente contra "C". Ora, nessa condição, não vemos como se cogitar do aproveitamento de um marco interruptivo de um processo anterior (movido contra "A" e "B"), para o processo posterior, manejado contra "C". Parece-nos claro que, para cada um dos feitos, haverá um marco distinto e autônomo. Imagine-se, outrossim, que se tratasse de um aditamento. Os prazos, nessa hipótese, seriam distintos, como destacamos de início. Com mais razão, então, quando se trata de outra denúncia, sendo irrelevante, sob nossa compreensão, o fato da acusação original ter feito menção a uma "terceira pessoa".

Réu que deixa a função pública no curso do processo – Pode ocorrer que, tendo perpetrado um delito funcional, enquanto no exercício da função pública, venha o agente, posteriormente, a perder essa condição, porque se aposentou, foi exonerado, etc. Nessa hipótese, prevalece, na jurisprudência, o entendimento de que não mais se justifica a aplicação as regras contidas neste dispositivo, devendo ser afastado o rito especial para adoção do rito comum.

JURISPRUDÊNCIA

Não se aplica ao servidor público aposentado ou que deixou a função

"O procedimento especial estabelecido nos artigos 513 a 516 do Código de Processo Penal não é aplicável ao servidor público aposentado. Circunstância omitida na impetração, mas comprovada documentalmente pelo Ministério Público Federal" (STF – HC n° 96058-SP, Rel. Eros Grau, j. 15.12.2009, DJe 30.04.2010).

"O procedimento especial previsto no artigo 514 do CPP não é de ser aplicado ao funcionário público que deixou de exercer a função na qual estava investido" (STF – HC n° 95402-SP, Rel. Eros Grau, j. 02.06.2009, DJe 07.08.2009).

Art. 570. A falta ou a nulidade da citação, da intimação ou notificação estará sanada, desde que o interessado compareça, antes de o ato consumar-se, embora declare que o faz para o único fim de argüi-la.

O juiz ordenará, todavia, a suspensão ou o adiamento do ato, quando reconhecer que a irregularidade poderá prejudicar direito da parte.

Falta de citação, intimação ou notificação – O dispositivo em análise trata da possibilidade de saneamento de eventuais nulidades verificáveis na citação, intimação ou notificação. Assim, em que pese se reconhecer a imprescindibilidade da citação do réu, cuja ausência é causa de nulidade absoluta, nos termos do art. 564, inc. III, "e", caso ele, ainda que não citado, compareça à audiência na qual será interrogado, entende-se como curado o vício. É a síntese do princípio do prejuízo, que anima toda a disciplina das nulidades em nosso sistema. É dizer: ausente qualquer prejuízo ao réu em decorrência da falta de sua citação, posto que compareceu em juízo, dando-se por citado, a omissão é considerada sanada. E se houver prejuízo? Cumpre ao juiz, então, aplicar a parte final desde dispositivo, suspendendo ou adiando o ato.

JURISPRUDÊNCIA

Ausência de citação suprida pelo comparecimento do réu

"A decisão ora questionada está em perfeita consonância com a jurisprudência desta Suprema Corte, fixada no sentido de que "eventual nulidade da citação do acusado é sanada com a constituição de defesa técnica que passou a atuar desde o início do processo, com oferecimento de alegações preliminares, requerimentos e alegações finais" (HC nº 94.619/SP, Segunda Turma, Relatora a Ministra Ellen Gracie, DJ de 25/9/08)" (STF – HC n° 96465-MG, Rel. Dias Toffoli, j. 14.12.2010, DJe 06.05.2011).

"Embora a citação do paciente não tenha ocorrido formalmente, porque não foi localizado, se ele compareceu espontaneamente ao interrogatório judicial, tendo sido nomeado para o referido ato defensor dativo, eventual nulidade encontra-se sanada nos termos do art. 570 do CPP" (STJ – HC n° 152829-SP, Rel. Og Fernandes, j. 21.08.2012, DJe 29.08.2012).

Ausência de citação suprida pela constituição de advogado pelo réu

"A citação é o ato por meio do qual o acusado é chamado para integrar a relação processual, no seio da qual poderá usufruir de todas as garantias previstas na Constituição Federal para exercer o seu direito ao contraditório e à ampla defesa. Constitui exigência fundamental que todo acusado seja cientificado da existência do processo e do seu desenvolvimento, pois, sem a adequada informação dos atos já praticados em seu desfavor, sua participação seria ilusória e incapaz de influenciar o convencimento do magistrado. Nos termos do artigo 570 do CPP, eventual nulidade da citação estará sanada desde que o interessado compareça, antes de o ato consumar-se. No caso concreto, o recorrente constituiu, após o oferecimento da denúncia, advogados particulares para patrocinar sua defesa e juntou aos autos uma procuração ad judicia. Tal providência demonstra, de maneira inequívoca, que tomou ciência da ação penal deflagrada em seu desfavor. Além disso, o recorrente estava em local incerto e não sabido desde a fase inquisitorial, informação destacada na exordial acusatória e na procuração que juntou aos autos da ação penal. Assim, não há como declarar eventual nulidade quando o recorrente para ela contribuiu, exigindo-se do órgão judicante a realização de diligências que, de antemão, pelas particularidades do caso, seriam inócuas para localizar o acusado, em apego exagerado ao modus faciendi, quando o objetivo final do ato foi atingido" (STJ – RHC n° 39105-SC, Rel. Rogério Schietti Cruz, j. 13.05.2014, DJe 03.06.2014).

Vício na citação por edital é suprido pelo comparecimento do réu

"Na hipótese em apreço, não foi determinada a citação pessoal do acusado, partindo-se diretamente para a sua notificação por edital, pois seu endereço não constaria dos autos. Contudo, mesmo que se considere hipótese de eiva absoluta a citação por edital realizada antes de esgotados os meios para a notificação pessoal do acusado, a própria Lei Processual Penal, no artigo 570, estabelece a possibilidade de regularização da falta ou nulidade do referido ato processual. No caso em exame, após ser preso preventivamente, o paciente foi pessoalmente citado para apresentar defesa, que foi devidamente ofertada, tendo participado regularmente dos demais atos processuais, com a observância aos princípios do contraditório e da ampla defesa, não se podendo falar, por conseguinte, em anulação do processo desde o recebimento da denúncia" (STJ – HC nº 177297-PB, Rel. Jorge Mussi, j. 11.10.2011, DJe 28.10.2011).

Art. 571. As nulidades deverão ser argüidas:

I - as da instrução criminal dos processos da competência do júri, nos prazos a que se refere o art. 406;

II - as da instrução criminal dos processos de competência do juiz singular e dos processos especiais, salvo os dos Capítulos V e VII do Título II do Livro II, nos prazos a que se refere o art. 500;

III - as do processo sumário, no prazo a que se refere o art. 537, ou, se verificadas depois desse prazo, logo depois de aberta a audiência e apregoadas as partes;

IV - as do processo regulado no Capítulo VII do Título II do Livro II, logo depois de aberta a audiência;

V - as ocorridas posteriormente à pronúncia, logo depois de anunciado o julgamento e apregoadas as partes (art. 447);

VI - as de instrução criminal dos processos de competência do Supremo Tribunal Federal e dos Tribunais de Apelação, nos prazos a que se refere o art. 500;

VII - se verificadas após a decisão da primeira instância, nas razões de recurso ou logo depois de anunciado o julgamento do recurso e apregoadas as partes;

VIII - as do julgamento em plenário, em audiência ou em sessão do tribunal, logo depois de ocorrerem.

Princípio da convalidação ou da sanabilidade – Este dispositivo estabelece o momento adequado para que as nulidades relativas sejam suscitadas. Caso não o sejam, tais nulidades são atingidas pela preclusão, a importar na falta de alegação no momento oportuno, e se consideram sanadas, isto é, convalidadas. Visa garantir o regular andamento do processo, a evitar marchas e contramarchas, idas e vindas, tudo a conspirar contra sua célere conclusão, que hoje tem previsão constitucional (art. 5º, inc. LXXVIII da Carta. *Processo* significa andar para frente, não podendo ficar a critério da parte arguir nulidades no momento que bem entender, sob pena de retrocesso. De se ressaltar, porém, que a possibilidade de convalidação, quando não observados os marcos abaixo indicados, referem-se às nulidades relativas, posto que as absolutas, como já ressaltamos, não se sujeitam à preclusão, a permitir sejam reconhecidas a qualquer tempo, inclusive de ofício.

JURISPRUDÊNCIA

Princípio da convalidação

"Em tema de nulidade no processo penal, as vigas mestras do sistema assentam-se nas seguintes assertivas: (a) ao argüir-se nulidades, dever-se-á indicar, de modo objetivo os prejuízos correspondentes, com influência na apuração da verdade substancial e reflexo na decisão da causa (CPP, art. 566); (b) em princípio, as nulidades consideram-se sanados se não forem argüidas no tempo oportuno, por inércia da parte" (STJ – REsp nº 326118-MS, Rel. Vicente Leal, j. 14.05.2002, DJ 17.06.2002, p. 311).

I - as da instrução criminal dos processos da competência do júri, nos prazos a que se refere o art. 406;

Júri – O art. 406 foi revogado em virtude da reforma do júri de 2008. Esse dispositivo determinava que, terminada a instrução probatória da primeira parte do procedimento do júri, chamada sumário de culpa ou *iudicium accusationis*, as partes apresentariam suas alegações finais, por escrito. Esse era, então, o momento oportuno para que, eventuais nulidades ocorridas durante a instrução, fossem agitadas. A reforma do júri de 2008, aboliu essa possibilidade de oferta de alegações finais escritas, concentrando todos os atos probatórios em uma única audiência e determinando que as partes, oralmente, ofertem suas alegações finais. Será, portanto, neste momento, previsto no § 4º, do art. 411 do código, que as partes poderão suscitar alguma nulidade ocorrida na instrução probatória.

II - as da instrução criminal dos processos de competência do juiz singular e dos processos especiais, salvo os dos Capítulos V e VII do Título II do Livro II, nos prazos a que se refere o art. 500;

Procedimento ordinário e sumário – Raciocínio semelhante ao exposto no item acima é aqui também aplicável. O art. 500 a que se refere este dispositivo, que previa a oferta de alegações finais por escrito, foi revogado com a reforma processual de 2008. Atualmente, os atos probatórios se unificam em uma só audiência, tendo as partes, segundo o art. 403 do código, finda a instrução, o prazo de 20 minutos para oferta de alegações finais orais. Será este, portanto, o momento adequado para que nulidades eventuais ocorridas na instrução sejam arguidas.

JURISPRUDÊNCIA

Momento oportuno para suscitar nulidade decorrente de:

a) falta de intimação da expedição de precatória para inquirição de testemunha.

"De acordo com a Súmula 155 do Supremo Tribunal Federal, 'é relativa a nulidade do processo criminal por falta de intimação da expedição de precatória para inquirição de testemunha'. No caso dos autos, foi expedida carta precatória para a inquirição de testemunha arrolada pelo acusado sem a necessária notificação da defesa. Todavia, da leitura da íntegra da ação penal em tela observa-se que a defesa do paciente não se insurgiu contra a falta de intimação acerca da expedição da precatória, somente arguindo a nulidade do feito em sede de habeas corpus impetrado após o trânsito em julgado da condenação. Como se sabe, consoante o disposto no artigo 571, inciso II, do Código de Processo Penal, as nulidades da instrução criminal nos processos de competência do juiz singular devem ser suscitadas no momento do oferecimento das alegações finais. Assim, não tendo a mácula sido suscitada no momento oportuno, conclui-se que se encontra sanada pelo instituto da preclusão " (STJ – HC nº 265921-SP, Rel. Jorge Mussi, j. 13.08.2013, DJe 23.08.2013).

b) ausência de proposta de suspensão condicional do processo

"No caso em comento, não tendo a defesa questionado o não oferecimento do benefício previsto no artigo 89 da Lei 9.099/95 oportunamente, ou seja, antes de proferida sentença condenatória em seu desfavor, na conformidade com o art. 571, II, do CPP, resta referida nulidade acobertada pelo manto da preclusão. 'A teor do entendimento pacífico desta Corte, resta precluso o pleito à suspensão condicional do processo, se já foi proferida a sentença penal condenatória' (HC 150.229/DF, Rel. Ministra LAURITA VAZ, QUINTA TURMA, DJe 24/05/2010)" (STJ – HC nº 139670-DF, Rel. Jorge Mussi, j. 09.10.2012, DJe 22.10.2012).

III - as do processo sumário, no prazo a que se refere o art. 537, ou, se verificadas depois desse prazo, logo depois de aberta a audiência e apregoadas as partes;

Revogação – O art. 537 mencionado neste dispositivo tratava do chamado procedimento judicialiforme, que permitia ao juiz ou ao delegado de polícia, dar início à ação penal, nas hipóteses da prática de contravenções penais, na dicção do art. 26 do código. Como já fizemos ver nos comentários àquele artigo, trata-se de procedimento não mais admitido face à ordem constitucional em vigor, que atribui ao Ministério Público, com exclusividade, a iniciativa da ação penal pública. Este dispositivo, portanto, não tem mais nenhuma aplicação.

JURISPRUDÊNCIA

"Contravenção penal. Procedimento sumaríssimo. Ação penal pública privativa do Ministério Público. Revogação dos arts. 26 e 531 do CPP pela Constituição Federal de 1988, art.129, I. Com o advento da nova Constituição Federal, art. 129, I, foram revogados, porque não recepcionados pelo texto constitucional, os dispositivos do CPP (arts. 26 e 531) que previam o procedimento de oficio (auto de prisão em flagrante, portaria do delegado ou do juiz), cabendo agora ao Ministério Público iniciar por denúncia, também nessas hipóteses, a ação penal respectiva. Precedentes do STF" (STJ – RHC n° 1886-SP, Rel. Assis Toledo, j. 20.04.1992, DJ 11.05.1992 p. 6442).

IV - as do processo regulado no Capítulo VII do Título II do Livro II, logo depois de aberta a audiência;

Medida de segurança – O Capítulo VII do Título II do Livro II, acima mencionado, refere-se ao processo de aplicação de medida de segurança que, como vimos nos comentários aos arts. 549 e ss., do código, não mais subsiste, em virtude da reforma penal de 1984, pelo que se trata de dispositivo revogado.

V - as ocorridas posteriormente à pronúncia, logo depois de anunciado o julgamento e apregoadas as partes (art. 447);

Após a pronúncia – O art. 447 do código, em sua redação primitiva, dispunha que, aberta a sessão do júri e após a realização do sorteio dos jurados, fosse realizado o pregão, anunciando o início do julgamento. Este era o momento oportuno para que eventuais nulidades, ocorridas depois da pronúncia até aquele momento, fossem suscitadas. Com a reforma do júri, foi revogado este dispositivo, sendo que eventuais nulidades posteriores à pronúncia devem ser arguidas na abertura dos trabalhos, após o pregão, nos termos do art. 463, § 1º, do código. Este dispositivo, aliás, praticamente repete os termos do antigo art. 447 do código. De se ver, porém, que com a reforma do júri de 2008, que extinguiu a figura do libelo, parece pouco provável a ocorrência de alguma nulidade entre a sentença de pronúncia transitada em julgado e a data em que se realizará o júri. Com efeito, o libelo dava ensejo a toda sorte de arguição de nulidades, que eram frequentes. A partir de sua extinção, reduziu-se a possibilidade de ocorrência de alguma nulidade nesse período.

VI – as de instrução criminal dos processos de competência do Supremo Tribunal Federal e dos Tribunais de Apelação, nos prazos a que se refere o art. 500;

Competência originária – Tratando-se de detentor de foro por prerrogativa de função, cujos crimes são de competência originária do Supremo Tribunal Federal ou de qualquer outro tribunal superior, como o STJ, por exemplo, este dispositivo indica que o momento oportuno para se agitar nulidade é o do art. 500 do código. Este art. 500, porém, que previa a oferta de alegações finais escritas, foi revogado, pelo que repetimos a explicação dada ao inc. II acima, constando que eventuais nulidades devem ser anunciadas na fase do atual art. 403 do código.

VII – se verificadas após a decisão da primeira instância, nas razões de recurso ou logo depois de anunciado o julgamento do recurso e apregoadas as partes;

Recurso – Que qualquer nulidade surgida no feito e que foi repelida pelo juiz, pode ter seu debate renovado em sede de preliminar, na apelação, é matéria da qual não se tem dúvida. Assim, apontada a nulidade, nos momentos indicados neste artigo de lei e não sendo acolhida, a parte interessada, ao recorrer, pode reabrir o debate. A hipótese aqui tratada é, porém, diversa. Cuida-se de nulidade verificada *após* a sentença de 1º grau, em hipótese pouco provável, difícil mesmo de indicar um exemplo onde seja cabível a aplicação deste inciso. Indicar-se, como certa doutrina, o exemplo do juiz que, não atentando ao disposto no art. 212, formula pergunta à testemunha antes das partes, não parece correto, pois tal nulidade, se existente, ocorreu durante a instrução probatória e não após a decisão da primeira instância, como exige o dispositivo em exame. Aliás, essa hipótese (de nulidade surgida durante a audiência), é tratada, expressamente, no inciso seguinte. Tampouco aproveita o exemplo no qual o juiz, antes de proferir a sentença, determina alguma diligência sem que, antes, ouça as partes sobre o resultado da prova. Também aqui a nulidade, caso pertinente, ocorreu antes da sentença de 1º grau, não se encaixando – o exemplo –, na moldura típica prevista neste inciso. Quem sabe se possa imaginar alguma nulidade decorrente de vício existente na intimação da sentença de 1º grau, mas ainda assim de difícil ocorrência, pois o manejo do recurso possivelmente terá sanado a falha. De qualquer sorte, ocorrendo a nulidade, deve ser suscitada nas razões recursais ou logo após anunciado o pregão, a se presumir, nesse caso, que o recorrente se valerá de sustentação oral perante a corte.

VIII – as do julgamento em plenário, em audiência ou em sessão do tribunal, logo depois de ocorrerem.

Plenário, audiência e sessão – Verificando-se alguma nulidade relativa no curso de audiência, ela deve ser, sob pena de preclusão, imediatamente suscitada, velando o interessado, ainda, que conste da ata o incidente. A mesma orientação aproveita ao júri, onde há, inclusive, previsão expressa a exigir que, da ata, constem os incidentes (art. 495, inc. XV).

Pensamos que o legislador, quando alude à sessão de tribunal, queira se referir aos julgamentos em competência originária da respectiva corte, em casos de detentores de foro por prerrogativa de função. Não se vislumbra a hipótese na qual, em um julgamento de um recurso, por exemplo, pelo STF, possa o defensor interrompê-lo para agitar alguma nulidade. Mesmo porque, na maioria das vezes – em caso de recurso, insistimos – o defensor nem mesmo estará presente.

JURISPRUDÊNCIA

Suspeição ou impedimento de jurado

"Segundo o artigo 571, inciso VIII, da Lei Processual Penal, a ausência de protesto acerca da suspeição ou impedimento de jurados no momento oportuno, qual seja, durante a sessão de julgamento, acarreta preclusão". (HC n° 167133-SC, Rel. Jorge Mussi, DJe 28.10.2011).

Quesitos

"Homicídio doloso. Tribunal do Júri. Condenação. Alegação de nulidade processual relativa. Vício na formulação de quesitos. Incognoscibilidade. Falta de protesto oportuno durante a sessão de julgamento. Preclusão consumada. HC denegado. Inteligência dos arts. 494, 495 e 572, I, cc. 571, VIII, do CPP. Precedentes. Não se cogitando de nulidade absoluta, as que eventualmente gravem a sessão de julgamento em plenário do Júri hão de ser, sob pena de preclusão, arguidas logo depois de ocorrerem" (STF – HC n° 93753-SP, Rel. Cezar Peluso, j. 05.08.2008).

Nulidade quanto à dispensa de testemunhas em plenário

"Não constitui cerceamento de defesa a dispensa da oitiva de testemunhas arroladas, principalmente, devido à inércia da Defesa que não protestou o fato, consoante se verifica da ata de Julgamento da Sessão do Tribunal do Júri" (STJ – RHC n° 40368-PB, Rel. Laurita Vaz, j. 21.11.2013, DJe 04.12.2013).

Nulidade quanto à ausência de assinatura dos jurados no termo de julgamento

"Prevalece na jurisprudência desta Corte o entendimento de que a nulidade deve ser alegada no momento oportuno e está condicionada à demonstração do prejuízo da parte, não se invalidando ato irregular que não comprometeu a função jurisdicional. Na hipótese concreta, ficou caracterizada a violação do artigo 571, VIII, do CPP, pois as nulidades reconhecidas pelo acórdão recorrido, atinentes à ausência do número total de votos afirmativos e negativos para cada quesito e de assinatura dos jurados no termo de julgamento, são relacionadas aos interesses das partes e não foram arguidas pela defesa logo depois de ocorrerem, nem apontadas nas razões do recurso de apelação criminal. Ademais, pela ausência de ressalva das partes e ante a existência de assinatura dos jurados no compromisso do Conselho de Sentença, se infere que as irregularidades reconhecidas pelo Tribunal de origem não comprometeram a legitimidade do veredicto popular" (STJ – REsp n° 1002729-RS, Rel. Rogério Schietti Cruz, j. 20.05.2014, DJe 29.05.2014).

Nulidade absoluta quanto aos quesitos não precluem

"Embora a impugnação à formulação dos quesitos deva ocorrer no julgamento em Plenário, nos termos do art. 571, inciso VIII, do Código de Processo Penal, sob pena de preclusão, tal entendimento não se aplica às nulidades absolutas, como na hipótese. Precedentes desta Corte Superior. No Júri, os quesitos devem ser formulados em proposições simples e bem definidas, para que possam ser respondidos com suficiente clareza, de modo a não causar nos jurados leigos dúvidas ou perplexidade. Assim, quesitos complexos ou com formulação deficiente geram a nulidade do julgado, como corretamente entendeu o acórdão de apelação impugnado" (STJ – HC n° 112492-MG, Rel. Laurita Vaz, j. 18.02.2010, DJe 15.03.2010).

Art. 572. **As nulidades previstas no art. 564, III, *d* e *e*, segunda parte, *g* e *h*, e IV, considerar-se-ão sanadas:**

I - se não forem arguidas, em tempo oportuno, de acordo com o disposto no artigo anterior;

Foi objeto de nossa consideração acima, ao tratarmos do princípio da convalidação.

II - se, praticado por outra forma, o ato tiver atingido o seu fim;

Princípio da instrumentalidade das formas – Segundo tal princípio, a enaltecer o caráter instrumental do processo, a forma não é um fim em si mesma, portanto, o ato é válido se atingiu seus objetivos, mesmo que sem a observância da solenidade. Vem previsto neste inc. II e no art. 566 do código. No mais, sintetiza toda a teoria que inspira o sistema de nulidades de nosso código, que buscou apartar-se do desnecessário formalismo, próprio, apenas, para incentivar a prática de chicanas e atos malsãos, visando, antes, privilegiar a substância à forma. Assim, por exemplo, é obrigatória a citação do réu, que, porém, pode ser sanada por seu comparecimento espontâneo (art. 570). Ou ainda, o advogado que não sendo intimado quanto à realização de uma audiência, a ela comparece.

III - se a parte, ainda que tacitamente, tiver aceito os seus efeitos.

Aceitação dos efeitos da nulidade – De se ver, porém, que essa possibilidade somente tem aplicação quando se tratar de nulidade relativa. A absoluta, por atingir interesse público, jamais pode ser objeto de consenso entre as partes. Suponha-se que, em julgamento em plenário do Júri, seja o réu defendido por um estudante de Direito, com a concordância do juiz e do Ministério Público. A nulidade, *in casu*, é absoluta, por malferir o princípio constitucional da ampla defesa, jamais sendo sanada por conta da aceitação das partes.

Art. 573. **Os atos, cuja nulidade não tiver sido sanada, na forma dos artigos anteriores, serão renovados ou retificados.**

Sobre a possibilidade de aproveitamento dos atos decisórios praticados por juízo absolutamente incompetente, v. art. 95, inc. II, retro.

§ 1º A nulidade de um ato, uma vez declarada, causará a dos atos que dele diretamente dependam ou sejam consequência.

Princípio da causalidade ou da sequencialidade- Significa dizer que a nulidade de um ato, uma vez decretada, causará a dos demais atos. É a chamada ***nulidade derivada***, pela qual o que é nulo não pode gerar efeitos. Assim, por exemplo, a nulidade da citação, reconhecida pelo Tribunal, acarreta a nulidade de todos os demais atos subsequentes, devendo toda instrução probatória ser renovada. Tal princípio, porém, deve ser interpretado com uma observação relevante: somente se anulam os atos seguintes quando eles dependerem diretamente do ato anulado. Assim, anulada a denúncia, consequentemente se anula também o interrogatório do réu, já que prestado com base na inicial acusatória. Se, porém, o ato praticado posteriormente ao que foi anulado, não foi por este atingido, não há razão para se decretar a nulidade. Importa na aplicação, como ensina Ary de Azevedo Franco, "do brocardo *acessorium sequitur principale*, isto é, o ato acessório acompanha o destino do ato principal" (ob. cit., vol. 2, p. 220).

Num exemplo: é expedida precatória para oitiva da vítima sem que o defensor tenha sido dela intimado e, em outra audiência, perante o juiz da causa, são ouvidas testemunhas de defesa, com a presença do defensor. O depoimento da vítima se revelou fundamental e, por consequência, deve ser anulado o ato, por falta de intimação do advogado. Nem por isso se anulará, também, a audiência em que foram ouvidas as testemunhas de defesa. Esta é mantida, renovando-se, apenas, a oitiva do ofendido. É a chamada *nulidade contagiosa*.

JURISPRUDÊNCIA

Nulidade do interrogatório não contamina a ação penal

"Declarado nulo o interrogatório judicial, não há que se falar em nulidade de toda a ação penal, uma vez que a mesma só se verifica quando, em sendo declarada a nulidade de uma parte, esta vier a macular o todo, não sendo possível a substituição da que for defeituosa, ou, então, quando dela depender diretamente (Arts. 196 e 573, § 1º do CPP)" (STJ – RHC nº 10199-SP, Rel. Assusete Magalhães, j. 06.03.2001, DJe 23.04.2001, p. 164).

Nulidade do interrogatório por videoconferência não atinge a prova testemunhal

"A decretação de nulidade de um ato apenas acarreta a nulidade de outros que dele sejam dependentes. Assim, é nulo o interrogatório realizado por meio de sistema de videoconferência com base em legislação anterior a Lei 11.719/2008 e todos os demais atos subsequentes, à exceção do depoimento das testemunhas" (STF – HC nº 99609-SP, Rel. Ricardo Lewandowski, j. 02.02.2010, DJe 05.03.2010).

§ 2º O juiz que pronunciar a nulidade declarará os atos a que ela se estende.

Extensão da nulidade – Trata-se de desdobramento do disposto no parágrafo anterior. Cabe ao juiz, detectando a nulidade, indicar sua derivação, isto é, quais os atos subsequentes que também se contaminaram pelo mesmo vício de forma. O Superior Tribunal de Justiça anulou uma audiência na qual foram ouvidas testemunhas de acusação, "porque tomada antes do aditamento relativo ao correú", e, em consequência, estendeu a nulidade, também, à audiência na qual haviam sido ouvidas testemunhas de defesa (RSTJ 32/421).

Recurso cabível – Nos termos do art. 581, inc. XIII, do código, a decisão que anula o feito, total ou parcialmente, desafia recurso em sentido estrito. Caso não se reconheça a nulidade, não há previsão do mesmo recurso, nada impedindo que a parte interessada renove o pedido em sede de apelação, como preliminar, ou mesmo mais adiante, por meio de *habeas corpus* ou revisão criminal.

TÍTULO II
DOS RECURSOS EM GERAL

CAPÍTULO I
DISPOSIÇÕES GERAIS

Introdução – O ser humano tem uma tendência natural em não se conformar com uma decisão que lhe seja desfavorável. É assim quando se cuida da vida cotidiana da pessoa e é assim, com mais razão, quando se trata de uma decisão judicial. A consulta a um médico, que ateste que tudo está bem com a pessoa, fará com que ela apenas retorne após vários meses, senão anos. Já um diagnóstico negativo ensejará uma segunda investigação de outro profissional a quem o paciente, inconformado, irá fatalmente procurar. Aquele que foi condenado, portanto, tende sempre a querer ouvir uma segunda opinião. Quer porque inconformado, quer mesmo em razão de que, com o recurso, pode obter alguma vantagem não relacionada com o mérito da causa em si, como, por exemplo, o reconhecimento da prescrição ou de uma nulidade.

Além disso, a justificar a previsão do recurso, existe a possibilidade de erro do julgador. Exatamente com o objetivo de propiciar um *reexame* de determinada matéria é que se concebem os recursos. De forma que, através de um recurso, se permite que certa questão, que já foi apreciada, seja novamente conhecida e a respeito dela proferida uma nova decisão. A propósito, o vocábulo recurso tem essa acepção: *re* (novamente), e *curso* (caminho, trajeto). Assim, o recurso permite a retomada do processo, uma nova análise inserida na mesma relação processual, o reexame da matéria, o pedido de um novo julgamento. Como regra por um órgão superior (apelação, por exemplo), mas não necessariamente, já que há recursos que serão apreciados pelo mesmo órgão que proferiu a decisão (embargos de declaração). Saliente-se, ainda, que o recurso não é o único remédio para impugnação de uma decisão. A revisão criminal, por exemplo, que não tem a natureza jurídica de recurso – por inaugurar uma nova relação processual, estranha ao processo original – permite a obtenção de uma absolvição quando já transitada em julgado a condenação.

Mas o recurso não se presta, somente, ao conforto do recorrente quando vê a questão que lhe foi desfavorável reavaliada. Serve, também, como verdadeiro instrumento de controle sobre a conduta do juiz que, sabedor que sua decisão poderá estar sujeita a reexame, por certo tratará de proferir um julgamento mais cuidadoso, atento aos requisitos exigidos pela lei e à prova dos autos. E mais: a possibilidade de reapreciação da matéria por um órgão superior reduz a probabilidade de uma decisão maculada por corrupção ou movida por algum interesse escuso. Enfim, com o recurso, julgado em regra por juízes mais experientes e com mais tempo de toga, se busca uma justiça que se aproxime o quanto possível da perfeição. Afinal, saber-se, por exemplo, que uma decisão de 1º grau foi confirmada em grau de recurso, confere maior credibilidade ao julgado, tornando-o mais confiável. O dilema consiste em encontrar um meio termo razoável entre dois princípios aparentemente antagônicos. O primeiro, já comentado, que visa propiciar a ampla possibilidade de recursos, como forma de se buscar a perfeita distribuição da justiça. E, o outro, que, ao revés, procura coibir a previsão de inúmeros recursos, a fim de garantir uma justiça rápida de modo a não retardar, indefinidamente, o desfecho do processo.

Nessa linha de raciocínio, o recurso poderia ser conceituado, na lição de Giovanni Leone (*Tratado de Derecho Procesal Penal*, Buenos Aires: Ediciones Jurídicas Europa-América, 1989, vol. III, p. 3-4), como o remédio jurídico concedido às partes a fim de remover uma desvantagem proveniente da decisão do juiz. Ou, mais sinteticamente, no dizer de Tourinho Filho, "o remédio jurídico-processual pelo qual se provoca o reexame de uma decisão" (*Processo penal*, ob. cit., vol. 4, p. 306).

Instâncias inferior e superior – Podemos conceber duas instâncias: uma *inferior*, de 1º grau, exercida por juízes que conhecem originariamente do processo e que proferem a primeira decisão. É o chamado juízo *a quo*, *contra* o qual se recorre. E outra *superior*, de 2º grau, a quem cabe julgar os recursos, denominada juízo *ad quem*, que é *para* quem se recorre. Saliente-se que a denominação *superior* e *inferior*, não pressupõe a existência de qualquer subordinação hierárquica entre os juízes de 1º grau e 2º grau, pois todos eles julgarão segundo o seu livre convencimento.

A instância de 1º grau, quase sempre, é formada por um juiz singular (juízo monocrático), ou seja, apenas um juiz profere a decisão. Já a instância de 2º grau é constituída por um órgão colegiado, isto é, a decisão é proferida por mais de um julgador que compõe a Câmara, Turma, Seção, etc., dependendo do regimento interno de cada tribunal. Dissemos *quase sempre* porque há situações em que a instância inferior é composta também por órgãos colegiados, como, por exemplo, no Tribunal do Júri, quando os sete jurados julgam inicialmente o processo. Ou na Justiça Militar em que a decisão de 1º grau também advém de um órgão colegiado. E, além disso, por vezes se tem o órgão de 2º grau cujo julgamento está afeto a uma só pessoa, como no caso do art. 582, parágrafo único, do CPP, quando apenas o presidente do Tribunal (de Justiça, se o crime for da esfera estadual ou do Tribunal Regional Federal, se cuidar-se de um crime de competência federal), julga o recurso em sentido estrito baseado no inc. XIV, do art. 581 do código.

> **ATENÇÃO** - O Pacote Anticrime inseriu na Lei 12.694/12, que dispõe sobre o processo e o julgamento colegiado em primeiro grau de jurisdição de crimes praticados por organizações criminosas, um dispositivo (art. 1º-A) segundo o qual os Tribunais de Justiça e os Tribunais Regionais Federais poderão instalar, nas comarcas sedes de Circunscrição ou Seção Judiciária, mediante resolução, Varas Criminais Colegiadas com competência para o processo e julgamento de crimes pertinentes a organizações criminosas armadas ou que tenham armas à disposição e do crime do art. 288-A, assim como das infrações penais que lhes sejam conexas. Ao receber os autos segundo as regras de distribuição, o juiz deve declinar de sua competência e remetê-los à Vara Criminal Colegiada, competente para todos os atos jurisdicionais no decorrer da investigação, da ação penal e da execução da pena, inclusive a transferência do preso para estabelecimento prisional de segurança máxima ou para regime disciplinar diferenciado. Note-se que este dispositivo não impede a aplicação do art. 1º nas situações em que, sem Varas Criminais Colegiadas instaladas, o juiz do processo decide pela formação de colegiado composto por ele mesmo e por outros dois juízes escolhidos por sorteio eletrônico dentre aqueles com competência criminal em exercício no primeiro grau de jurisdição.

Princípio do duplo grau de jurisdição – Segundo tal princípio, há sempre a possibilidade daquele que se viu prejudicado por uma determinada decisão dela recorrer, visando o reexame da matéria, aumentando, assim, a probabilidade de acerto do *decisum*. Garante-se, assim, a qualquer pessoa, ver sua causa reexaminada pelo menos mais uma vez. Tal princípio não encontra expressa previsão no texto da Carta, razão pela qual, parte da doutrina entende não se tratar de um princípio constitucional. Lembram, ainda, de situações em que é impossível o cidadão valer-se de tal direito, como, por exemplo, o Presidente da República quando julgado pelo STF, por competência originária e pela prática de crime comum (art. 102, inc. I, "*b*" da CF). Ou do promotor de Justiça que comete um crime, quando será denunciado pelo Procurador-Geral e julgado pelo Tribunal de Justiça da respectiva unidade da federação onde se encontra lotado. Condenado, não poderá interpor apelação, restando-lhe, apenas, o recurso extraordinário para o STF ou o recurso especial para o STJ, cujo âmbito é muito mais restrito, cabíveis quando houver ofensa à Constituição ou à lei federal, mas sem possibilidade de nova discussão sobre a matéria de fato. Nesses casos, sobrevindo condenação, não haverá outro órgão a quem recorrer de tal decisão.

Nesse sentido a lição de Luiz Guilherme Marinoni, para quem "o duplo grau de jurisdição, compreendido como o direito à revisão da decisão proferida pelo juiz que teve, pela primeira vez, contato com a causa, não é garantido constitucionalmente, nem pode ser considerado um princípio fundamental de justiça" (*Tutela antecipatória e julgamento antecipado: parte incontroversa da demanda*. 5. ed., São Paulo: Revista dos Tribunais, 2002, p. 209).

A maioria, contudo, entende que, embora não previsto expressamente, tal princípio decorre do próprio sistema constitucional, onde há menção a uma série de recursos (recursos ordinários constitucionais, especial e extraordinário), além de tratar, também, da competência recursal de vários órgãos da jurisdição, ao aludir a diversos tribunais e estabelecer-lhes as respectivas competências. Ademais, ao aderir aos termos do Pacto de São José da Costa Rica, o Brasil fez inserir em seu texto constitucional, mesmo que de forma implícita, o aludido princípio, já que a mencionada convenção prevê que toda pessoa tem direito a recorrer de uma sentença para outro juiz ou tribunal. E mais: o fato de a Constituição, expressamente, abrigar os princípios do contraditório, da ampla defesa e do devido processo legal, já indica a possibilidade de se recorrer das decisões, a confirmar que o duplo grau de jurisdição foi, efetivamente, adotado no texto maior. Tudo isso a demonstrar que, mais que o duplo grau de jurisdição, o constituinte criou mesmo, no dizer de José Frederico Marques, o princípio da *pluralidade de graus jurisdicionais* (*Elementos de Direito Processual Penal*, ob. cit., vol. IV, p. 182). As situações de competência originária dos tribunais superiores representam, portanto, uma exceção à regra geral que garante o direito ao duplo grau de jurisdição.

Vale, nesse aspecto, que se atente à lição de Nelson Nery Júnior, ao destacar que "segundo a Constituição vigente, há previsão para o princípio do duplo grau de jurisdição, quando se estabelece que os tribunais do país terão competência para julgar causas originariamente e em grau de recurso". Disso se extrai, ainda, que é dado ao legislador a possibilidade de, em determinadas situações, mitigar esse princípio. Assim, prossegue o autor, "*essa ponderação é feita inicialmente pelo legislador, sopesando valores através das normas principais. Ponderando assim a complexidade da matéria, a importância social da causa, as circunstâncias procedimentais e a duração razoável do processo, pode o legislador, concedendo maior peso à efetividade sem sacrificar (eliminar) os princípios do devido processo legal e ampla defesa, optar por restringir o duplo grau de jurisdição em determinadas causas ou em certas circunstâncias*" (*Princípios Fundamentais: Teoria Geral dos Recursos*. 4ª. ed. São Paulo: Revista dos Tribunais, 1997. p. 39).

Na conhecida Ação Penal n. 470, que julgou o chamado *mensalão*, um dos fundamentos para se admitir os embargos infringentes consistiu, exatamente, na inexistência de outro recurso, posto que os condenados foram julgados em competência originária pelo STF, sem instância superior a quem recorrer. Conquanto não tenha se constituído na principal linha de argumentação, observou-se que os embargos infringentes, ao propiciarem novo julgamento em favor daqueles que tinham direito ao recurso, de alguma forma preservou o duplo grau de jurisdição. Como destacado pelo Ministro Celso de Mello, em seu voto pelo conhecimento dos embargos infringentes, "há a considerar, ainda, um outro aspecto que tenho por pertinente no exame da controvérsia ora em julgamento e que se refere ao fato de que a regra consubstanciada no art. 333, inciso I, do RISTF busca permitir, ainda que de modo incompleto, a concretização, no âmbito do Supremo Tribunal Federal, no contexto das causas penais originárias, do postulado do duplo reexame, que visaria amparar o direito consagrado na própria Convenção Americana de Direitos Humanos, na medida em que realiza, embora insuficientemente, a cláusula convencional da proteção judicial efetiva (Pacto de São José da Costa Rica, Art. 8º, n. 2, alínea "h")". Algumas alternativas, de *lege ferenda*, são propostas para atender ao duplo grau de jurisdição nas ações penais daqueles que gozam do chamado foro privilegiado (que, de *privilegiado*, como é dado perceber de nossa exposição, não tem nada). Uma delas seria atribuir ao STJ o julgamento em instância inicial, propiciando, assim, recurso para o STF. Outra de outorgar a competência original a uma das turmas do STF, com possibilidade de recurso para o Pleno daquela Corte. Enfim, são propostas que atenderiam ao princípio do duplo grau de jurisdição, garantindo que o réu não fosse julgado apenas uma vez, sem possibilidade de recurso, mas que dependem de alteração legislativa.

Salutar, de qualquer forma, é a existência desse princípio. Seja por razões de ordem jurídica, já analisadas, em que o juiz de 1º grau se compromete a julgar melhor ante a possibilidade de crítica do órgão superior, quer por motivação política, na medida em que qualquer ato estatal deve se submeter a alguma espécie de controle. Não se ignora, porém, a existência de críticas ao princípio, bem-apanhadas por Grinover, Magalhães e Scarance (ob. cit., p. 22). A primeira é a que contesta a afirmação no sentido de que a decisão proferida por um órgão superior se presume mais sábia do que aquela emanada de um órgão inferior. Ao contrário, o juiz de 1º grau, que decidiu originariamente, foi quem teve contato direto com a prova (interrogou o réu, ouviu testemunhas, etc.), e, por isso, se acha mais apto a julgar do que o Tribunal, que conhecerá dos fatos através, apenas, da frieza dos autos. Além disso – argumentam – eventual reforma promovida em grau de recurso – e que acaba por reconhecer o equívoco da decisão recorrida – se constitui em decisão que traz prejuízo ao prestígio da justiça ante a incerteza que traz ao jurisdicionado. Daí uma linha de pensamento que propõe sejam reservadas aos tribunais superiores a análise de questões de *direito* (como ocorre, hoje, com os recursos extraordinário e especial), deixando as questões de *fato*, atinentes à prova dos autos, ao juiz de 1º grau. Ou seja, somente seriam admitidos recursos com o objetivo de discutir questões de direito, prevalecendo, quanto às questões de fato, o que foi decidido na origem. A despeito de tais críticas, é de nossa tradição processual, provavelmente influenciada pelo direito lusitano, a existência de recursos para instâncias superiores (a apelação é o exemplo clássico), para análise, também, de questões de fato e não se vislumbra, a médio prazo, qualquer alteração legislativa que mude tal panorama, que parece ser mesmo o mais adequado.

O debate a respeito da matéria é tão intenso que existem críticas à pluralidade de instâncias, isto é, proposta no sentido de extinção do 1º grau de jurisdição, deixando a decisão, diretamente, para os Tribunais, como ocorre, por exemplo, nas causas de sua competência originária. Argumenta-se, a favor dessa tese, conforme já vimos, que é maior a experiência e – presume-se – a sabedoria dos componentes dos Tribunais, aptos, assim, a proferirem um julgamento mais justo. Ademais, é o outro argumento, se a última palavra será mesmo dada pelos membros dos Tribunais, talvez fosse o caso de supressão da primeira instância, garantindo maior praticidade e rapidez no julgamento.

Em sua monumental *Instituições de processo penal*, Hélio Tornaghi, após reconhecer que, em um primeiro momento, impressionam tais argumentos, observa, no entanto, que "o juiz de primeira instância poupa o trabalho ao de segunda; que a função deste não é refazer o já feito por aquele; que o juiz inferior se esmera para não ver reformada sua decisão; que muitos processos, especialmente no crime, terminam na instância inferior; que esta pode ocupar um só juiz (como acontece entre nós); que a dualidade responde a um sentimento generalizado e aumenta a tranquilidade, a confiança e até a conformação do vencido; que isto alcança melhor última e política da função jurisdicional, que é assegurar a paz e evitar a justiça feita pelo ofendido e os seus consectários, então não há como deixar de reconhecer que o sistema tradicional deve ser mantido" (vol. 2, p. 131).

JURISPRUDÊNCIA

Inexistência do duplo grau de jurisdição em nosso ordenamento

"A Emenda Constitucional 45/04 atribuiu aos tratados e convenções internacionais sobre direitos humanos, desde que aprovados na forma prevista no § 3º do art. 5º da Constituição Federal, hierarquia constitucional. Contudo, não obstante o fato de que o princípio do duplo grau de jurisdição previsto na Convenção Americana de Direitos Humanos tenha sido internalizado no direito doméstico brasileiro, isto não significa que esse princípio revista-se de natureza absoluta. A própria Constituição Federal estabelece exceções ao princípio do duplo grau de jurisdição. Não procede, assim, a tese de que a Emenda Constitucional 45/04 introduziu na Constituição uma nova modalidade de recurso inominado, de modo a conferir eficácia ao duplo grau de jurisdição" (STF – AI n° 601832-SP – Rel. Joaquim Barbosa, j. em 17.03.2009, DJe 02.04.2009).

PROMOTOR DE JUSTIÇA. CRIMES DOLOSOS CONTRA A VIDA. COMPETÊNCIA DO TRIBUNAL DE JUSTIÇA. MATÉRIA FÁTICA. SÚMULA 279-STF. PREQUESTIONAMENTO. PRINCÍPIO DO DUPLO GRAU DE JURISDIÇÃO – "A alegação de ofensa ao inciso LIV do art. 5º, CF, não é pertinente. O inciso LIV do art. 5º, CF, mencionado, diz respeito ao devido processo legal em termos substantivos e não processuais. Pelo exposto nas razões de recurso, quer a recorrente referir-se ao devido processo legal em termos processuais, CF, art. 5º, LV. Todavia, se ofensa tivesse havido, no caso, à Constituição, seria ela indireta, reflexa, dado que a ofensa direta seria a normas processuais. E, conforme é sabido, ofensa indireta à Constituição não autoriza a admissão do recurso extraordinário. Não há, no ordenamento jurídico-constitucional brasileiro, a garantia constitucional do duplo grau de jurisdição. Prevalência da Constituição Federal em relação aos tratados e convenções internacionais. Compete ao Tribunal de Justiça, por força do disposto no art. 96, III, da CF/88, o julgamento de promotores de justiça, inclusive nos crimes dolosos contra a vida. VI. – Agravo não provido" (STF – AI n° 513044 – Rel. Carlos Velloso, j. 22.02.2005, DJ 08.04.2005, p. 31).

PRINCÍPIOS QUE REGEM OS RECURSOS

a) taxatividade: os recursos dependem de previsão legal, isto é, somente se pode utilizar um recurso desde que a lei o preveja expressamente. Portanto, o rol de recursos é taxativo (*numerus clausus*), e não exemplificativo. Isso não impede, porém, a utilização de *interpretação extensiva* para ampliação das hipóteses de recursos para casos não previstos em lei. Exemplo típico é encontrado no art. 581, I, do código, que prevê expressamente o recurso em sentido estrito contra a decisão que rejeita a denúncia. No entanto, tratando-se de rejeição ao *aditamento* da denúncia não há previsão de recurso, nada impedindo, na omissão da lei, que se utilize de interpretação extensiva e, por consequência, se admita o recurso em sentido estrito também para atacar a decisão que rejeitou o aditamento.

b) unirrecorribilidade: segundo esse princípio, para cada decisão há uma espécie de recurso específico e, portanto, uma mesma decisão não admite mais de um recurso. Nesse sentido é o teor do § 4º, do art. 593 do código, ao dispor que fica prejudicado o recurso em sentido estrito quando a decisão comportar apelação. Se, por exemplo, pretendendo o promotor de justiça recorrer de uma sentença para aumentar a pena e afastar o *sursis* concedido ao réu, deverá valer-se da apelação, embora o recurso cabível contra decisão que concede a suspensão condicional da pena seja o recurso em sentido estrito (art. 581, XI). Essa regra, porém, comporta exceções, ou seja, é possível que uma mesma decisão admita dois recursos diferentes, devendo ser lembrada a situação (hoje não mais viável, ante a extinção do protesto por novo júri), na qual o réu era julgado pelo júri pela prática de dois crimes conexos, por exemplo, homicídio e ocultação do cadáver. Condenado a uma pena superior a 20 anos pelo homicídio, dessa decisão cabia protesto por novo júri. Condenado, também, pela ocultação de cadáver, o recurso cabível era a apelação. É possível, ainda, que uma mesma decisão admita recurso extraordinário para o STF e recurso especial para o STJ. Sobre a matéria, v. *RT* 644/287, 632/298.

JURISPRUDÊNCIA

Princípio da unirrecorribilidade

"No caso de interposição de dois recursos pela mesma parte e contra a mesma decisão, tem-se que apenas o primeiro poderá ser submetido à análise, em face da preclusão consumativa e do princípio da unicidade recursal, que proíbe a interposição simultânea de mais de um recurso contra a mesma decisão judicial" (STJ – AgRg no AREsp n. 673200-PE – Rel. Reynaldo Soares da Fonseca, j. 16.02.2017, DJe 22.02.2017).

c) fungibilidade: v. art. 579 abaixo.

d) vedação da *reformatio in pejus*: por esse princípio, a parte que recorreu não pode ter sua situação agravada no julgamento do recurso. Ele vem previsto no art. 617 do código, em cujos comentários fizemos ampla análise do instituto, quanto à *reformatio in pejus*, *reformatio in mellius*, sua aplicação no júri etc. Sugerimos ao leitor, assim, a consulta a tal dispositivo legal.

e) disponibilidade: é possível que o recorrente disponha do recurso, isto é, abra mão do recurso, através da renúncia ou desistência. A *renúncia* ocorre *antes* da interposição do recurso e antecipa o trânsito em julgado da decisão. Já a *desistência* ocorre *depois* de interposto o recurso e impede seu conhecimento. É dada, assim, a possibilidade de qualquer parte ou interessado no processo dispor do recurso. Essa lição não se aplica, na sua inteireza, ao Ministério Público, que, atuando como parte, pode preferir não recorrer. Mas, recorrendo, não pode desisitir do seu conhecimento e julgamento.

EFEITOS DOS RECURSOS

a) efeito devolutivo: trata-se de efeito que todo recurso possui e consiste na devolução (transferência) de determinada matéria, ao órgão que irá julgar o recurso. No dizer de Chiovenda, citado por José Frederico Marques, o "juiz da apelação encontra-se, em face da demanda, na mesma condição em que se encontraria o juiz de primeira instância no momento da decisão" (ob. cit., p. 221).

Como já vimos, o recurso pode ser julgado pelo mesmo órgão que proferiu a decisão (*v.g.* embargos de declaração, o extinto protesto por novo júri). Nesse caso se diz que há o *efeito iterativo*, ou seja, quando a devolução da matéria é feita ao mesmo órgão prolator da decisão recorrida. A contrário, há hipóteses em que o conhecimento do recurso cabe a um órgão superior (apelação, por exemplo). Diz-se, então, que o efeito é *reiterativo*, já que o julgamento é devolvido a um órgão superior. Já o efeito *misto* ocorre quando a matéria é reexaminada pelo próprio órgão que proferiu a decisão e, dependendo do caso concreto, apreciada posteriormente por um tribunal, como ocorre no recurso em sentido estrito.

O conhecimento da matéria pelo tribunal depende do âmbito do recurso. Explicamos: o recurso pode ser *parcial*, quando o recorrente busca impugnar apenas um aspecto da decisão. Por exemplo, o réu que recorre não contra a condenação, mas somente quanto à pena aplicada. Ou o promotor de Justiça que, tendo denunciado o réu pela prática de dois crimes (furto e corrupção de menores) e sendo ele absolvido de ambos, recorre para obter a condenação apenas do furto. Nessas hipóteses, o tribunal não pode julgar além daquilo que foi objeto do recurso, em aplicação do brocardo latino *tantum devolutum quantum appellatum*. Já se o recurso foi *total*, isto é, se recorrer da sentença em toda sua extensão, a devolução será integral e toda a matéria será objeto de reexame. De se ver, porém, que há matérias que o tribunal pode conhecer de ofício, mesmo que não tenham sido ventiladas no recurso, consistentes nas nulidades absolutas.

b) efeito suspensivo: segundo esse efeito, a decisão impugnada não pode ser executada enquanto não julgado o recurso. Assim, os efeitos da decisão ficam suspensos até a apreciação da insurgência. Como regra, todo recurso possui esse efeito, como consequência natural do princípio constitucional da presunção de inocência ou do estado de inocência, já estudado. Há situações, no entanto, em que a sentença gera efeitos imediatos, assim que proferida. Imagine-se o exemplo no qual o réu, que respondia ao processo preso, é absolvido. Ele deve ser imediatamente colocado em liberdade (art. 596), sendo que eventual recurso do Ministério Público, contra a sentença absolutória, será recebido apenas no efeito devolutivo.

Sobre as decisões do Júri e prisão imediata do réu, v. acima os comentários ao art. 492, inc. I, "e" do código.

c) efeito extensivo: ver art. 580.

d) efeito regressivo (ou iterativo): é aquele que autoriza a alteração da decisão por seu próprio prolator. Admite, assim, o chamado juízo de retratação, permitindo que o próprio juiz que proferiu a decisão a reforme. Tem grande incidência no recurso em sentido estrito (art. 589), e, por isso, será estudado com maior profundidade quando tratarmos desse tema.

Recursos e ações de impugnação – Nas chamadas ações de impugnação é inaugurada uma nova relação processual, constituindo-se, portanto, em verdadeiras ações autônomas. Isso ocorre, por exemplo, no *habeas corpus* e na revisão criminal que, embora mencionados no capítulo do código que trata dos recursos, disso efetivamente não se tratam.

Já o recurso se constitui em uma fase do mesmo processo, um desdobramento da mesma ação. Ou seja, uma nova etapa se abre, uma nova discussão se inaugura, mas dentro da *mesma* relação processual, sem que haja qualquer interrupção entre a decisão recorrida e a nova decisão que a substituirá. É o entendimento que parece predominante, também, na doutrina estrangeira, como se constata na lição de U. Rocco, para quem "o chamado direito de impugnar a sentença nada mais é do que a faculdade, compreendida no direito de ação e contradição ao juízo, de obter ante um juízo hierarquicamente superior, ou ... ante o mesmo juízo, um novo exame da controvérsia discutida no juízo anterior. É uma faculdade compreendida no direito de ação e do contraditório, que nunca pode ser considerada autônoma" (*Trattato di diritto processuale civile*, Torino, 1957, vol. I, p. 371). Também nesse sentido, Chiovenda, *Principii di diritto processuale civile*, 4ª. ed., Nápoles: Jovene, 1928, vol. III, 95). É verdade que a decisão do juízo *ad quem*, ao julgar o recurso, substitui a decisão do juízo *a quo*, tenha ou não dado provimento à insurgência. Mas isso não faz surgir uma nova relação, já que a decisão mais recente nada mais é do que um prolongamento da primeira decisão.

Não é correta, outrossim, a afirmação de que o fator que distingue o recurso da ação de impugnação seria que, nos recursos, a decisão ainda não transitou em julgado e, nas ações de impugnação, já se operou a coisa julgada. Afinal, há hipóteses em que se admite, por exemplo, o *habeas corpus* ou o mandado de segurança contra decisões ainda não transitadas em julgado. É certo, portanto, que o recurso pressupõe, sempre, que a decisão não tenha passado em julgado, mas o inverso não é verdadeiro, em relação à ação de impugnação. O traço distintivo entre um e outro – repita-se – reside no fato de que, através das ações de impugnação, uma nova relação jurídica se instaura, enquanto que o recurso é mero desdobramento da relação processual já existente.

Espécies de recurso – A doutrina costuma dividir os recursos em *voluntários* e *obrigatórios*, conforme abordamos abaixo, nos comentários ao art. 574.

O recurso pode ser, ainda, de *fundamentação livre* ou de *fundamentação vinculada*. De fundamentação livre quando se dispensa o recorrente de apontar, exatamente, qual o ponto que é objeto da insurgência, autorizando, assim, a impugnação contra toda a decisão. Ou seja, qualquer argumentação pode ser invocada, como ocorre, por exemplo, na apelação. Já na fundamentação vinculada, cumpre ao recorrente indicar em qual dispositivo legal (da Constituição ou de lei infraconstitucional), se baseia o recurso, sob pena dele não ser conhecido. Tome-se o exemplo do recurso extraordinário que exige, para sua interposição, a indicação da norma constitucional violada. Ou o recurso especial para o STJ, que somente poderá ser interposto, caso preenchidos os requisitos do art. 105, III, "a", "b" e "c", da Constituição. Ou, ainda, a apelação contra decisão do Júri (art. 593, III, "a", "b", "c" e "d", do CPP), eis que se a parte invocar uma das alíneas não pode o tribunal julgar com base em outra.

Classificam-se ainda os recursos como *ordinários* ou *extraordinários*. O recurso ordinário é aquele que autoriza a discussão sobre matéria de fato e de direito. Exemplos são a apelação, o recurso em sentido estrito, embargos infringentes etc. Já os recursos extraordinários permitem que se discuta, apenas, questões de direito, sendo dirigidos, como regra, aos tribunais superiores, podendo se apontar o recurso especial para o STJ e o recurso extraordinário para o STF (art. 638 do CPP, cuja redação foi alterada pela Lei 13.964/19).

Podem os recursos, ainda, merecer classificação dependendo de sua origem. Assim, se previstos na Constituição (recurso especial e recurso extraordinário, por exemplo), são chamados de *recursos constitucionais*. Já os *recursos legais* são aqueles previstos no Código de Processo Penal ou em legislação extravagante. Dentre tantos exemplos, podem ser citados a apelação, o recurso em sentido estrito ou o agravo em execução da Lei de Execuções Penais. E, por último, os *recursos regimentais*, previstos, como o nome sugere, em regimentos internos de tribunais, como os agravos regimentais.

Uma outra classificação, que leva em conta a extensão do recurso, dividindo-os em *plenos* (ou *totais*) ou *parciais* (ou *restritos*), é objeto de nossa análise quando tratamos da apelação.

JURISPRUDÊNCIA

Excesso do direito de recorrer e multa por litigância de má-fé. Inexistência no processo penal

"A insistência do recorrente no mesmo erro, tendo em vista que mais uma vez interpõe agravo regimental contra acórdão proferido pela Quinta Turma desta Corte, revela o seu nítido caráter protelatório, no intuito de impedir o trânsito em julgado da ação penal e viabilizar uma possível extinção da punibilidade pela prescrição da pretensão punitiva, constituindo abuso de direito, em razão da violação dos deveres de lealdade e comportamento ético no processo, além do desvirtuamento do próprio postulado da ampla defesa. Dessa forma, muito embora na esfera penal não seja permitida afixação de multa por litigância de má-fé, é perfeitamente possível a baixa dos autos, independentemente da publicação do acórdão ou de eventual interposição de outro recurso, para que inicie o cumprimento da pena que lhe foi imposta. Precedentes do STJ e do STF" (STJ –AgRg no AgRg no AgRg no AI 1425288-SP, Rel. Marco Aurélio Bellizze, j. 25.09.2012, DJe 02.10.2012)

"A multa por litigância de má-fé, prevista no art. 16 do Código de Processo Civil, não se aplica ao processo penal para não inibir a atuação do defensor (ressalva do ponto de vista da relatora). Denúncia recebida em parte" (STJ – APn n° 477-PB, Rel. Eliana Calmon, j. 04.03.2009, DJe 05.10.2009).

Art. 574. **Os recursos serão voluntários, excetuando-se os seguintes casos, em que deverão ser interpostos, de ofício, pelo juiz:**

I - da sentença que conceder habeas corpus;

II - da que absolver desde logo o réu com fundamento na existência de circunstância que exclua o crime ou isente o réu de pena, nos termos do art. 411.

Recurso voluntário – Costuma-se dividir os recursos em duas espécies: *voluntário* e *necessário*. O recurso *voluntário*, previsto neste dispositivo, como o nome sugere, é aquele que depende da vontade do sucumbente, isto é, ele recorrerá se entender cabível, segundo faculdade que poderá exercer ou não. Somente quem foi atingido pela decisão, assim, caberá dizer se concorda ou não com ela. Trata-se de ônus processual atribuído à parte prejudicada pela decisão que, recorrendo, retarda os efeitos da coisa julgada. Mantendo-se inerte, os antecipa.

Assim, não há qualquer obrigação de, por exemplo, o Ministério Público recorrer da sentença absolutória, mesmo que, em alegações finais, tenha pleiteado a condenação do réu. Tampouco da defesa apelar da sentença condenatória, quer seja dativo ou constituído o advogado. Sobretudo quando para o réu resta sempre a possibilidade de se valer da revisão criminal e mesmo do *habeas corpus* contra as decisões já transitadas em julgado.

JURISPRUDÊNCIA

Voluntariedade do recurso

"Em face do princípio da voluntariedade dos recursos, previsto no art. 574, caput, do Código de Processo Penal, o defensor, seja ele constituído ou dativo, devidamente intimado, não está obrigado a recorrer" (STJ – HC n° 260397-TO, Rel. Alderita Ramos de Oliveira, j. 19.03.2013, DJe 26.03.2013).

Defensor Público não é obrigado a recorrer

"Alegação de nulidade em razão da não interposição de recurso pela Defensoria Pública contra o acórdão que negou provimento à apelação. Constrangimento ilegal não evidenciado. Princípio da voluntariedade dos recursos. Ordem denegada" (STF – HC n° 104166-RJ, Rel. Gilmar Mendes, j. 15.02.2011, DJe 01.03.2011).

"A jurisprudência desta Corte, de há muito e reiteradamente, tem entendido (a título de exemplo, no RE criminal 89.965, RHCs 59.765, 59.888, 61.716, 66.032, HC's 58.696 e 70.725) que a Defensoria Pública, devidamente intimada, não tem o dever de recorrer, dada a regra da voluntariedade do recurso" (STF – HC n° 82053-PR, Rel. Moreira Alves, j. 20.08.2002, DJ 13.09.2002, p. 83).

Desistência do recurso

"A desistência ao recurso é possibilitada à defesa, desde que regularmente manifestada. É dizer, ao patrono constituído, exige-se representação com poderes especiais para 'confessar, (...) desistir' (arts. 38 do CPC c.c. 3º do CPP); ao Defensor Público, demanda-se a manifesta anuência do réu juntamente ao petitório. Na hipótese de interesses colidentes entre réu e defensor, isto é, há desistência por um e não por outro, o recurso seguirá seu curso normal, em consagração ao princípio da ampla defesa. In casu, verifica-se que o paciente manifestou pessoalmente interesse em recorrer, enquanto que a desistência foi apresentada unicamente pelo

Defensor Público, razão por que corretamente o Tribunal de origem não homologou do pedido" (STJ – HC nº 190056-SP, Rel. Jorge Mussi, j. 18.08.2011, DJe 29.08.2011).

Conflito entre o réu que desistiu do recurso e seu defensor que recorreu. Prevalência deste último

"O conflito de vontades entre o acusado e o defensor, quanto a interposição de recurso, resolve-se, de modo geral, em favor da defesa técnica, seja porque tem melhores condições de decidir da conveniência ou não de sua apresentação, seja como forma mais apropriada de garantir o exercício da ampla defesa. Precedentes" (STF – RE nº 188703-SC – Rel. Francisco Rezek, j. 04.08.1995, DJ 13.10.1995, p. 34290).

"O recurso interposto pelo defensor público deve ser conhecido e julgado, ainda que o réu tenha manifestado sua desistência. 'Existindo conflito entre a vontade do réu e a do seu defensor quanto à interposição de recurso, prevalece a manifestação técnica do defensor, porquanto tem este melhores possibilidades de avaliar as condições de êxito da impugnação' (STJ-HC 18.750/MG). Precedentes" (STJ – HC nº 21905-SP, Rel. Paulo Medina, j. 26.06.2003, DJ 25.8.2003, p. 375).

Recurso necessário – Já o recurso *necessário* (ou obrigatório ou de ofício ou anômalo), tem incidência nas raras hipóteses em que o juiz, ao proferir a decisão, vê-se obrigado a dela recorrer, de ofício. Ou seja, a decisão obrigatoriamente será apreciada por outro órgão, mesmo que nenhuma das partes provoque esse reexame, naquilo que o processo civil denomina de duplo grau de jurisdição obrigatório ou reexame necessário. Diante da relevância da matéria julgada, prefere o legislador que ela seja apreciada mais uma vez, mesmo sem a existência de um recurso voluntário. Trata-se de "providência de elementar cautela de administração da justiça penal", como se infere da Exposição de Motivos do código (item XV).

Interessante anotar que o recurso voluntário tem por objetivo a reforma da decisão, enquanto que o recurso obrigatório visa propiciar, à superior instância, uma reapreciação da matéria já decidida. Ademais, o recurso voluntário pressupõe (pelo menos àquele que recorre), um erro na decisão, enquanto que o recurso necessário não cogita de qualquer equívoco.

Crítica à denominação recurso de ofício – Parte da doutrina, com acerto, critica essa classificação, entendendo que é impossível falar-se em *recurso de ofício*, já que o recurso depende sempre da vontade da parte prejudicada, não tendo o juiz qualquer interesse em impugnar sua própria decisão. Ademais, recurso pressupõe sucumbência e o juiz que *recorre* de sua própria decisão o faz por uma imposição legal, jamais por ter sido atingido pelo *decisum*. Essa doutrina prefere denominar a necessidade de se submeter a decisão a uma nova apreciação como *condição de eficácia da sentença*, verdadeira condição necessária à preclusão ou trânsito em julgado da decisão (nesse sentido, Vicente Greco Filho, *Manual de Processo Penal* p. 349; Ada, Magalhães e Scarance, *Recursos no processo penal*, p. 35).

Constitucionalidade do dispositivo – Com o advento da Constituição de 1988, que em seu art. 129, inc. I, conferiu ao Ministério Público a titularidade privativa da ação penal pública, se chegou a discutir sobre a permanência em vigor dos dispositivos que exigem o reexame necessário (nesse sentido, *RT* 677/374). Entendeu-se que, se a ação penal é exclusiva do *parquet* e se o recurso nada mais é do que um desdobramento do direito de ação, verdadeira prorrogação da fase de conhecimento, cabe somente a esse órgão a iniciativa de recorrer ou não. Ademais, ao *recorrer de ofício*, o juiz estaria dando indevido impulso ao processo, em atividade deferida apenas ao Ministério Público, afrontando, com isso, o sistema acusatório, definitivamente implantado com a Constituição. Vale observar, ainda, que o recurso de ofício já mereceu previsão constitucional, como se depreende do art. 101, parágrafo único, da Constituição de 1937. A atual, porém, não faz qualquer referência a ele.

A crítica, embora reavivada a partir da Constituição de 1988, não é nova e foi apontada por Alfredo Buzaid, em monografia escrita há mais de 50 anos, que, embora mais focada no processo civil, assim concluiu: "Existindo, atualmente, no seio da organização judiciária do País, órgãos especializados e suficientemente aptos para promoverem a defesa do fisco, dos menores de 18 anos de idade, interditos e ausentes, não há necessidade de se manter um recurso que João Monteiro, com muita razão, crismou com a denominação de extravagância judiciária. Convém, portanto, a *jure constituendo*, extirpá-lo do Código como um remédio de energia terapêutica negativa ... E isto porque, nem histórica nem cientificamente, se justifica sua manutenção no sistema do direito processual vigente" (*Da apelação* ex officio, pp. 57 e 58, *apud* José Frederico Marques, *Estudos de direito processual penal*, p. 261).

Não é, porém, o entendimento que prevaleceu, já que a iniciativa do juiz se restringe a determinar a subida dos autos ao Tribunal por força de imposição legal, sem que esteja, a rigor, *recorrendo* de sua decisão, mas apenas submetendo-a, para que tenha eficácia, a uma condição exigida pela lei. É o interesse público que recomenda, dependendo da matéria, seja a decisão submetida a um reexame pela instância superior, sendo que essa cautela do legislador jamais pode ser entendida como capaz de atentar contra o monopólio da ação penal pública conferida ao *parquet*. Nesse sentido o posicionamento do STF, reafirmando a permanência do recurso de ofício (*Informativo* nº 25, de 10.4.1996).

JURISPRUDÊNCIA

Não viola o princípio do contraditório

"O recurso de ofício ou necessário é providência imposta por lei para o reexame das decisões judiciais previstas no art. 574, incs. I e II, do Código de Processo Penal, pelos órgãos jurisdicionais superiores, para que se aperfeiçoe o trânsito em julgado da sentença. Inteligência da Súmula n.º 423, da Suprema Corte: 'Não transita em julgado a sentença por haver omitido o recurso ex officio, que se considera interposto ex lege.' A remessa oficial não fere o princípio do contraditório e tão-pouco a alteração do julgado por ela produzida ocasiona prejuízo ao réu, porquanto devolve a causa integralmente ao Tribunal revisor, não havendo, pois, falar em julgamento extra petita, bem como em reformatio in pejus na sua alteração pela instância superior, pois nada que se decidiu se faz precluso. Precedentes desta Corte e do STF" (STJ – RHC nº 17143-SC, Rel. Laurita Vaz, j. 28.11.2007, DJ 17.12.2007, p. 223).

Não foi revogado pela atual Constituição

"O impropriamente denominado "recurso ex-officio" não foi revogado pelo art. 129, I, da Constituição, que atribui ao Ministério Público a função de promover, privativamente, a ação penal, e, por extensão, a de recorrer nas mesmas ações. A pesquisa da natureza jurídica do que se contém sob a expressão "recurso ex-officio" revela que se trata, na verdade, de decisão que o legislador submete a duplo grau de jurisdição, e não de recurso no sentido próprio e técnico" (STF – RHC nº 74714-PI, Rel. Mauricio Corrêa, j. 24.06.1993, DJ 22.08.1997, p. 38761).

Hipóteses de recurso obrigatório – São duas, atualmente, as hipóteses de recurso obrigatório contidas no Código de Processo Penal: a) no art. 574, quando o juiz concede *habeas corpus* (inc. I); e b) no art. 746, quando o juiz concede a reabilitação ao condenado.

Hipóteses de recurso de ofício não previstas no Código – O recurso de ofício vem previsto, ademais, em legislação extravagante, sendo cabível nas hipóteses de crime contra a economia popular, quando é o réu absolvido (art. 7º da Lei nº 1.521/51) e também, nas mesmas condições, nos crimes referentes à incorporação imobiliária (art. 65, § 2º, da Lei nº 4.591/64).

Na doutrina, por vezes, se apontam outras duas situações em que se deve interpor o recurso obrigatório. São elas: 1) da decisão do relator que, apreciando pedido de revisão criminal, o rejeita *in limine* (art. 625, § 3º, do CPP); 2) da decisão do presidente do tribunal que, liminarmente, indefere *habeas corpus* (art. 663 do CPP). Não parece que seja assim. Na primeira hipótese, se o relator rejeita liminarmente a revisão criminal, não deve submeter sua decisão, de ofício, ao conhecimento do tribunal. A expressão *dando recurso*, contida no § 3º, do art. 625, do código, significa dizer que tal decisão, que rejeita liminarmente a revisão, comporta recurso, que é exatamente o agravo regimental. Ofertado o agravo, o relator ou se retrata (e recebe a revisão) ou mantém a decisão anterior, submetendo o julgamento do agravo regimental ao julgamento do tribunal. Na segunda hipótese, quem julga se deve a inicial do *habeas corpus* ser indeferida desde logo, não é o presidente e sim o órgão colegiado a quem cabe conhecer da matéria. Nesse sentido, há entendimento jurisprudencial da lavra do STJ de que o relator do remédio heroico não pode, isoladamente, indeferir a inicial, posto tratar-se de matéria que deva ser conhecida pelo respectivo tribunal, câmara ou turma (*RT* 723/533). Cumpre a ele submeter a petição inicial à apreciação do órgão colegiado, que deliberará a respeito da questão.

Prazo - Não há prazo para a interposição do recurso obrigatório, já que o trânsito em julgado da sentença não se opera enquanto não submetida a decisão ao recurso de ofício, nas hipóteses em que a lei impõe essa providência. É o teor da Súmula 423 do STF ("Não transita em julgado a sentença por haver omitido o recurso 'ex-officio', que se considera interposto *ex-lege*"). Portanto, sempre é tempo para se determinar a subida dos autos à instância superior, a menos, por óbvio, que tenha se verificado a prescrição. Aliás, a não interposição do recurso obrigatório enseja nulidade, na exata dicção do art. 564, inc. III, *n* do CPP.

I - da sentença que conceder habeas corpus*;*

Decisão concessiva de *habeas corpus* - Em relação ao *habeas corpus*, vale anotar que a obrigatoriedade do recurso oficial ocorre, apenas, quando de sua concessão em 1º grau de jurisdição, por juízes singulares. Parte da doutrina encontra na Exposição de Motivos do código (item XV) a justificativa para o recurso *ex officio*. Argumenta-se que, à época em que entrou em vigor o CPP, não havia previsão de recurso, pelo Ministério Público, da decisão concessiva de *habeas corpus*. Assim, criou-se tal obrigatoriedade, para evitar "ficassem as decisões concessivas do *writ* sem controle por parte dos tribunais, com evidente risco para o interesse social", na lição de Ada, Magalhães e Scarance (*Recursos no Processo Penal*, São Paulo: RT, 7ª. ed., 2011, p. 381). Lendo, porém, atentamente o mencionado trecho da Exposição de Motivos, não encontramos elementos que autorizassem tal conclusão. Mais parece que se trata mesmo, conforme mencionado no texto, de uma simples "cautela", segundo opção do legislador, que vislumbrou, para esses casos, a exigência de um segundo pronunciamento. Lembre-se, ainda, que a decisão concessiva do *writ*, assim como a denegatória, comportam, também, recurso em sentido estrito (art. 581, inc. X, do CPP).

Discute-se se, ao conceder o *writ* de ofício (art. 654, § 2º, do CPP), deve o juiz de 1º grau interpor o recurso obrigatório. Assim, por exemplo, a decisão do juiz que, ao ser comunicado sobre uma prisão em flagrante e ante a manifesta ilegalidade dessa custódia, determina a soltura do preso. Essa decisão corresponde à concessão de um *habeas corpus* de ofício? Em caso positivo, enseja a interposição do recurso obrigatório? José Frederico Marques repudiava, com veemência, essa hipótese. Para o mencionado autor, ao determinar a soltura do preso em flagrante, o juiz não concede qualquer *writ* de ofício, mas unicamente, *simpliciter et de plano*, profere uma decisão singela, determinando a liberação. Reclama, ainda, que "infelizmente, os nossos meios forenses vivem atacados dessa mania dos recursos. O processo brasileiro, nessa matéria, aberra de tudo o que se conhece na legislação e doutrina processual, pela fertilidade de recursos que apresenta, e isto tanto no cível como na justiça criminal. E ainda querem criar mais recursos ... Agora querem aumentar o elenco dessas monstruosidades processuais com o *habeas corpus* para a revogação do flagrante pelo juiz, a fim de obrigar este a submeter o seu ato ao controle da superior instância" (*Estudos de Direito Processual Penal*, ob. cit., p. 224). É o entendimento que prevalece na doutrina. Tourinho Filho, louvado em ensinamento de Costa Manso, destaca que ao se conceber, no ato do juiz que relaxa o fragrante, a concessão de *habeas corpus*, estaria se admitindo o *writ* contra ato do próprio juiz, ou seja, um *habeas corpus* voltado contra ato dele próprio, o que é inadmissível (*Processo Penal*, ob. cit., vol. 4, p. 548). Ponderamos, apenas, que por vezes é cabível sim o remédio heroico, concedido de ofício ou mediante provocação pelo juiz, de ato dele próprio. Suponha-se o exemplo em que o juiz, após receber a denúncia, constata a inimputabilidade do réu decorrente de sua menoridade. Ao determinar a soltura do réu, ele está, em última análise, concedendo um *habeas corpus* contra sua própria decisão, que recebeu a denúncia.

Na doutrina, ao que consta, apenas Hélio Tornaghi sustenta o dever de o juiz recorrer de ofício de sua própria decisão, quando relaxa o flagrante que lhe fora comunicado (*apud* Tourinho Filho, ob. cit. p. 548). Pelo menos em uma oportunidade, contudo, o STJ analisou a questão, no sentido de que "se o magistrado, após prestadas as informações, profere decisão concluindo por mandar relaxá-la, nada mais fez do que conceder a ordem, devendo recorrer de ofício (art. 574, I, do CPP)" (*RT* 697/364).

JURISPRUDÊNCIA

"Impetrado habeas corpus, assim que efetuada a prisão em flagrante, se o magistrado, após prestadas as informações, profere decisão concluindo por mandar relaxá-la, nada mais fez do que conceder a ordem, devendo recorrer de ofício" (STJ – HC n° 1452-GO, Rel. Jesus Costa Lima, RT 697/365).

II - da que absolver desde logo o réu com fundamento na existência de circunstância que exclua o crime ou isente o réu de pena, nos termos do art. 411.

Revogação tácita deste dispositivo – O art. 574, inc. II do código previa ainda o recurso de ofício contra decisão que, em processos de competência do Júri, decretava a absolvição sumária do réu. Ocorre que a Lei n° 11.689/2008 revogou o art. 411 do CPP e, ao inovar sobre a matéria, não mais previu o recurso obrigatório contra tal sentença, como se vê da redação atual dos arts. 415 e 416 do código. Tem-se, assim, a revogação tácita desta espécie de recurso de ofício, em posicionamento que conta com a concordância unânime da doutrina e jurisprudência.

JURISPRUDÊNCIA

Revogação tácita do dispositivo

"Diante da atual redação dos artigos 411 e 415 do CPP, inserida pela Lei n.º 11.689/08, prescinde de reexame necessário a decisão que absolve sumariamente o réu, no final da fase sumária dos processos de competência do tribunal do júri, motivo pelo qual não deve ser conhecido o recurso de ofício, por ausência de previsão legal" (TJMG – Proc. n° 101140403537800011, Rel. Herbert Carneiro, j. 09.09.2009, data da publicação 15.10.2009).

Decisão concessiva da reabilitação - Também é cabível, na exata dicção do art. 746 do CPP, o recurso de ofício da decisão que concede a reabilitação, assim como a apelação, quando voluntário o recurso (art. 593, inc. II, do CPP). Com a reforma da parte geral do Código Penal, promovida em 1984, o instituto da reabilitação experimentou sensível alteração, deixando, por exemplo, de ser uma causa extintiva de punibilidade. A partir de tais mudanças, parte da jurisprudência entendeu que não mais subsistiria o recurso obrigatório, porquanto desse dispositivo não tratou o Código Penal e tampouco a Lei de Execução Penal (*RT* 637/296; Boletim *IBCCrim* 19/62, 32/108).Não foi o entendimento que prevaleceu, inclusive no STJ (*RSTJ* 116/412; *JSTJ* 43/350; *RT* 712/475) e em tribunais estaduais (*RT* 618/331, 694/379, 618/336). Entende-se hoje, de forma pacífica, que a providência é de índole, unicamente, processual e, por isso mesmo, não cabia nem ao Código Penal e tampouco à LEP, dela tratar. Assim, omissos tais diplomas em relação ao recurso de ofício, conclui-se que ele foi mantido, já que inexistente qualquer revogação tácita ou expressa do art. 746 do CPP. Remetemos o leitor às anotações jurisprudenciais lançadas ao art. 746 abaixo.

JURISPRUDÊNCIA

Sobre o recurso de ofício da decisão que concede a reabilitação, v. art. 748 abaixo.

Art. 575. Não serão prejudicados os recursos que, por erro, falta ou omissão dos funcionários, não tiverem seguimento ou não forem apresentados dentro do prazo.

Falha cartorária - O artigo fala por si só, não suscitando maior dúvida face à textualidade de sua redação. Assim, parece óbvio que um recurso não deva ser sacrificado por conta de negligência de algum serventuário. Faltou contar da redação, talvez, que também eventual motivo de força maior não deve prejudicar o recebimento ou o seguimento do recurso. Imaginemos uma hipótese de greve dos funcionários a impedir que fosse protocolada uma petição de recurso.

JURISPRUDÊNCIA

Na dúvida deve ser conhecido o recurso

"A dúvida, em torno da tempestividade do recurso apresentado pela defesa, não há de solucionar-se contra o réu, mas a favor da admissibilidade do apelo, em conseqüência do princípio da pluralidade dos graus de jurisdição" (STF – HC n° 70719-BA, Rel. Ricardo Lewandowski, j. 26.04.1994, DJ 25.04.1997, p. 15198).

PROCESSUAL PENAL – RECURSO – PRAZO – DÚVIDA – "Em havendo dúvida razoável quanto à tempestividade do recurso, recomenda-se aditá-lo, por imperativo dos princípios que regem o acesso ao Judiciário" (STJ – HC n° 43535-PR, Rel. Luiz Vicente Cernicchiaro, RSTJ 64/267).

Erro no mandado de intimação

"Embora o prazo para a interposição do recurso de apelação, em matéria penal, seja de 5 dias (art. 593, caput, do Código de Processo Penal), o mandado de intimação expedido pelo Juízo da Vara Criminal da Comarca de Itapevi-SP fez constar, equivocadamente, o prazo de 10 dias. O equívoco quanto à menção do prazo recursal redundou em manifesto prejuízo à defesa, que acabou por interpor o referido recurso após escoado o prazo legal e, consequentemente, não teve a sua apelação conhecida. Considerando o que preceitua o próprio art. 575 do Código de Processo Penal ("Não serão prejudicados os recursos que, por erro, falta ou omissão dos funcionários, não tiverem seguimento ou não forem apresentados dentro do prazo") e o fato de a apelação haver sido interposta dentro do prazo de 10 dias constante do mandado de intimação, está evidenciado o alegado constrangimento ilegal de que estariam sendo vítimas as pacientes." (STJ – HC 320190/SP, 6ª Turma, Rel. Min. Rogerio Schietti Cruz, j. 07/05/15)

Prevalência da certidão do escrivão

"Processo penal. Inteligência dos artigos 575, 578 e 586. Aplicação da Súmula 428. Precedentes. Certidão do Escrivão do feito e forma hábil para comprovação da tempestividade de recurso criminal, mesmo quando existente serviço de protocolo geral. Não pode decorrer prejuízo da demora em despachar-se a apelação apresentada em cartório no prazo legal. 'Habeas corpus' conhecido e deferido para que, superado o óbice da extemporaneidade, o Tribunal julgue a apelação, como entender de direito" (STF – HC n° 69897-RS, Rel. Paulo Brossard, j. 04.02.1994, DJ 20.05.1994, p. 12248).

Art. 576. O Ministério Público não poderá desistir de recurso que haja interposto.

Princípio da disponibilidade dos recursos – por conta da voluntariedade dos recursos, é possível que o sucumbente disponha do reexame, isto é, abra mão do recurso, através da renúncia ou desistência. A renúncia ocorre antes da interposição do recurso e antecipa o trânsito em julgado da decisão. Já a desistência ocorre depois de interposto o recurso e impede seu conhecimento. É dada, assim, a possibilidade de qualquer parte ou interessado no processo renunciar ou desistir de recurso interposto.

A exceção à regra ocorre no art. 576 do CPP, que trata especificamente do Ministério Público. Ao MP se impõe o princípio da indisponibilidade, que o impede de **desistir** da ação penal pública (e do recurso, como seu desdobramento lógico). O citado artigo não alcança a renúncia.

Em suma, o Ministério Público pode renunciar ao recurso, mas não desistir do recurso interposto.

JURISPRUDÊNCIA

V. art. 578, § 3°, abaixo.

Razões de recurso que restringem sua abrangência implicam na vedada desistência do recurso

"É defeso ao Ministério Público desistir total ou parcialmente de recurso interposto (artigo 576 do CPP). Não deve ele restringir nas razões a amplitude do apelo, o que importaria em desistência parcial. Os limites da apelação são fixados pela peça de interposição. Oferecido sem restrições, o apelo devolve o conhecimento integral da acusação à segunda instância. Ausência de ilegalidade" (STF – HC n° 71066-RJ, Rel. Fernando Rezek, j. 15.03.1994, DJ 13.06.1997, p. 26691).

"De acordo com a jurisprudência desta Corte, a extensão da apelação se mede pela petição de sua interposição e não pelas razões de recurso, de modo que a promotoria pública, como ocorreu no caso, se apela sem estabelecer restrições, não pode, posteriormente, nas razões, restringir a apelação, por equivaler tal procedimento a desistência parcial, o que, de acordo com o disposto no art. 576 do CPP, não é permitido ao Ministério Público" (STF- HC n° 70037-RJ, Rel. Moreira Alves – RTJ 148/767).

Interposição do recurso sem as respectivas razões ou demora na sua oferta implicam na vedada desistência do recurso

"Se demora houve no oferecimento das razões, consoante jurisprudência dominante, o caso é de singela irregularidade e não de intempestividade, inclusive porque, interposto o recurso, o Ministério Público não pode desistir (art. 576 do CPP), ou restringir o âmbito da irresignação nas suas razões, o que equivale a desistência parcial. Sendo assim, tem-se que são indispensáveis as razões do representante do 'parquet' pois a omissão enfraquece o recurso e assemelha-se à desistência parcial inaceitável" (TJSP – RSE n° 274216-3/1, Rel. Cerqueira Leite, j. 04.04.2011).

Art. 577. O recurso poderá ser interposto pelo Ministério Público, ou pelo querelante, ou pelo réu, seu procurador ou seu defensor.

Parágrafo único. Não se admitirá, entretanto, recurso da parte que não tiver interesse na reforma ou modificação da decisão.

Pressuposto básico – Todo e qualquer recurso, para que possa ser apreciado, deve preencher um pressuposto básico, lógico e fundamental, que é exatamente a *sucumbência*. A sucumbência representa a desconformidade entre o que se pediu e o que foi julgado. Ou seja, a parte tinha uma determinada expectativa em relação à decisão e tal expectativa foi frustrada, já que a decisão não atingiu seus objetivos.

Sucumbência única e múltipla – A sucumbência pode ser *única* e *múltipla*. É *única*, quando apenas uma das partes foi atingida pela decisão, como ocorre, por exemplo, na hipótese em que o Ministério Público pede a condenação do réu, este, por seu turno, almeja ser absolvido, e o juiz profere uma sentença condenatória. Somente o réu se viu frustrado com a decisão e a sucumbência, nesse caso, se diz única.

A sucumbência é *múltipla*, quando mais de uma parte é atingida pela decisão. Suponha-se que o promotor de Justiça tenha pedido a condenação do réu com a pena aplicada acima do mínimo legal e o réu, por óbvio, pleiteado sua absolvição. O juiz, então, profere uma sentença condenatória fixando a pena no mínimo legal. Essa decisão terá desagradado ambas as partes: o réu porque foi condenado, e o Ministério Público em razão de que pleiteava pena majorada. Ambos, então, podem recorrer.

Sucumbência direta e reflexa – Fala-se, ainda, em sucumbência *direta*, que é aquela que atinge uma das partes da relação processual. Em contraponto, tem-se a sucumbência *reflexa*, quando a decisão atinge alguém que não participa da relação processual como, por exemplo, a vítima (nada impedindo que esta, até então fora da relação processual, passe a integrá-la na qualidade de assistente de acusação).

Mas além desse pressuposto fundamental de todo e qualquer recurso, são apontados, ainda, pressupostos *objetivos* e *subjetivos* que devem ser atendidos para que o recurso venha a ser conhecido.

Pressupostos objetivos – Objetivamente o recurso deve preencher os seguintes pressupostos: a) previsão legal; b) tempestividade; c) regularidade procedimental.

Previsão legal – Como *previsão legal* significa dizer que o recurso, para ser interposto, deve estar previsto em lei. Assim, por exemplo, se rejeitada a denúncia, o promotor de Justiça interpõe agravo de instrumento, esse recurso não será conhecido já que no processo penal não se cogita de sua existência. Remetemos o leitor aos dois itens acima que tratam da matéria, quando mencionamos a *taxatividade* e a *fungibilidade*.

Tempestividade – Importa na interposição do recurso dentro do prazo legal. Claro, o processo importa em um *caminhar adiante*, sem retrocessos. E, para que ele possa prosseguir nessa marcha, é de rigor que se estabeleçam prazos que devem ser obedecidos, sob pena de preclusão. A forma pela qual são contados os prazos vem prevista no § 1º, do art. 798, do Código, valendo que se transcreva: *"não se computará no prazo o dia do começo, incluindo-se, porém, o do vencimento"*. O prazo começa a correr no primeiro dia útil após a intimação. Assim, intimado o réu na segunda-feira, o termo *a quo* para o recurso é a terça. Intimado na sexta-feira, o prazo começa a correr na segunda (Súmula 310 do STF). A menos que na segunda seja feriado quando, então, começará na terça. Se a intimação se deu por mandado, carta precatória ou carta de ordem, conta-se o prazo a partir da efetiva intimação e não da juntada do mandado ou da carta aos autos (Súmula 710 do STF).

Em determinadas situações não é expedido mandado para intimação da sentença, como ocorre, por exemplo, quando ela é proferida em audiência ou nos procedimentos do júri. Nesse caso, o prazo começa a fluir a partir do dia seguinte à realização da audiência ou do júri (art. 798, § 5º, *b*). Assim, realizado o júri na sexta-feira, o termo *a quo* é a segunda. Por outro lado, se o prazo terminar no sábado, domingo ou feriado, ele é prorrogado até o primeiro dia útil seguinte (art. 798, § 3º). O defensor público, assim como o membro do Ministério Público, devem ser intimados pessoalmente de todos os atos processuais (art. 370, § 4º). Havendo dúvida razoável na análise da tempestividade do recurso, ele deve ser conhecido, realizando-se, assim, uma interpretação em favor do recorrente, em homenagem ao princípio do duplo grau de jurisdição. Na eventualidade do recurso ter sido apresentado tempestivamente, mas, por falta ou omissão do serventuário, se verificar sua extemporaneidade, nenhum prejuízo sofrerá o recorrente, na exata dicção do art. 575 do CPP.

Início da contagem do prazo para o Ministério Público – Questão que tem atormentado a jurisprudência de nossos tribunais superiores diz respeito ao *dies a quo* para início da contagem do prazo recursal para o Ministério Público. Duas correntes estão postas: a primeira no sentido de que o prazo para o *parquet* deva ser contado da data em que membro do Ministério Público lança seu *ciente* na decisão, quando se considerada dela intimado (art. 798, § 5º, "c", do CPP). Pela segunda corrente, o prazo tem seu início na data em que os autos são recebidos no Ministério Público, sendo irrelevante se na secretaria ou pessoalmente pelo membro da Instituição. Até pouco tempo, as posições estavam bem delimitadas. O STJ adotando o primeiro entendimento e, o STF, o segundo (cf. HC nº 71.342/SP, 2ª. T, Relator Ministro Carlos Veloso, DJ de 20.4.95, p. 241), embora, mesmo na mais alta Corte do país, algumas vozes se manifestassem contrariamente ao privilégio concedido ao *parquet* (cf. Recurso Extraordinário nº 105.178/RJ, 2ª. T, Relator Ministro Francisco Rezek, DJU de 06.09.85).

A posição do STF podia ser resumida no trato dado à matéria pelo Ministro Sydney Sanches: "Em recentes julgados do E. Plenário do S.T.F., ficou entendido que a intimação do Ministério Público deve ser pessoal, isto é, há de ser feita à pessoa de seu representante e o prazo para o respectivo recurso é de se contar da data em que lança o "ciente" do julgado – e não daquela em que os autos são remetidos pelo cartório ou secretaria do Tribunal a uma repartição administrativa do Ministério Público, encarregada apenas de receber os autos, e não autorizada legalmente a receber intimações em nome deste". (RE nº 111550-5-SP – Rel. Sydney Sanches, DJU de 19.05.89). Ainda nesse sentido: *RTJ* 75/440, 81/361, 102/584.

Ocorre que, mais recentemente, com a expressiva alteração operada em sua composição, o STF tem se orientado, parece que de forma irreversível, no sentido de que o prazo comece mesmo a fluir da remessa dos autos ao Ministério Público e não data em que oficialmente se toma ciência do *decisum*, encampando, dessa forma, entendimento já pacífico no STJ (cf. REsp. nº 693.053/PE, Relator Ministro Félix Fischer, 5ª. T., j. em 19.05.2005, DJ de 01.07.2005; REsp. nº 628.621/DF, Relator Ministro Carlos Alberto Menezes Direito, Corte Especial, j. em 04.08.2004, DJ de 06.09.2004).

Irrepreensível e de difícil refutação, nessa linha, é o entendimento do Ministro Marco Aurélio, ao relatar o HC 83.255/SP, julgado em 5.11.2003 (Informativo do STF 328), a merecer transcrição: "Descabe o tratamento desigual, assentando-se que os processos, após a entrada no setor próprio do Ministério Público, podem permanecer na prateleira aguardando que o titular da ação penal delibere, quando melhor lhe aprouver, sobre a fixação do termo inicial do prazo para desincumbir-se de certo ônus processual. Significa afirmar que só corre o prazo recursal quando, de acordo com a conveniência própria, o integrante do Ministério Público lance no processo a ciência. Esse entendimento não se coaduna com a ordem natural das coisas, com a natureza do prazo recursal, com a paridade de armas que deve ser observada no trato da acusação e da defesa. Assentado o direito de o próprio titular da ação penal dispor do prazo – e a isso equivale a definição do termo inicial, fator que retarda a marcha do processo –, ter-se-á de caminhar no mesmo sentido no tocante à Defensoria Pública, à pessoa ou ao órgão que atue no papel a si reservado, e, por que não dizer, relativamente à defesa de uma maneira geral".

ATENÇÃO – O Superior Tribunal de Justiça (STJ) decidiu, sob o rito dos recursos repetitivos, por meio de sua Terceira Seção, que os prazos para Ministério Público e Defensoria contam a partir do recebimento dos autos pelo respectivo órgão. Segundo o relator Rogerio Schietti Cruz, "o termo inicial da contagem do prazo para impugnar decisão judicial é, para o Ministério Público, a data da entrega dos autos na repartição administrativa do órgão, sendo irrelevante que a intimação pessoal tenha se dado em audiência, em cartório ou por mandado". Ainda conforme o Ministro, a justificar o tratamento diferenciado, "não se pode comparar, sequer remotamente, a quantidade de processos sob a responsabilidade de um membro do Ministério Público - normalmente calculada em centenas ou milhares - com a que normalmente ocupa a carteira de um escritório de advocacia, contada, se tanto, em dezenas" (REsp. n. 1.349.935-SE).

Prazo em dobro. Defensoria e Ministério Público – A Defensoria Pública, por conta de expressa disposição legal (art. 128, inc. I, da Lei Complementar 80/94), tem dobrados todos os seus prazos, inclusive, por óbvio, aqueles referentes aos recursos. De se atentar, porém, que esse prazo em dobro somente é conferido aos membros da Defensoria Pública. Já o defensor dativo não goza do mesmo privilégio. Este é o entendimento do STJ, divulgado em 22.05.2017, em sua plataforma *pesquisa pronta*.

Ao Ministério Público, por seu turno, não se reconheceu, em matéria criminal, o prazo recursal em dobro. É o sentir do STJ, que, por meio de ambas as turmas com competência criminal, tem decidido que o prazo dobrado concedido aos defensores não se estende ao Ministério Público, a se conferir: "O Ministério Público não goza de prazo em dobro no âmbito penal, sendo intempestivo o recurso de agravo regimental interposto fora do quinquídio previsto no art. 258 do Regimento Interno do STJ." (AgRg no HC n. 392.868-MT, Rel. Nefi Cordeiro, j. em 6.2.2018, DJe 15/2/2018).

A nosso ver, a orientação que vem sendo adotada é equivocada.

Há mais de vinte anos, ao julgar o *habeas corpus* 70.514/RS, o STF analisou a compatibilidade da prerrogativa do prazo em dobro com a Constituição Federal. Na ocasião, o tribunal considerou válida a norma que atribui o benefício à Defensoria Pública e fez referência à denominada norma em trânsito para a inconstitucionalidade, aquela que, no momento da análise, ainda é constitucional, mas, devido a modificações circunstanciais que ocorrem ao longo do tempo, tornam-se inconstitucionais. No caso específico do prazo em dobro, o STF se ateve ao fato de que, naquele momento (em 1994), as defensorias não dispunham da mesma estrutura administrativa do Ministério Público, razão pela qual o prazo maior se justificava para conferir aos órgãos de defesa pública melhores condições de atuação, compensando-se assim eventuais falhas estruturais.

Desde então, é notório que as defensorias têm se estruturado de forma muito mais ampla e organizada, tanto que sua atuação tem se estendido inclusive para áreas tradicionalmente não abrangidas, como a dos direitos transindividuais. Mas isso não quer dizer que o incremento da estrutura administrativa levou as defensorias à plenitude de atuação. Não é preciso uma análise aprofundada para constatar que tais órgãos ainda não conseguem atuar plenamente em favor dos hipossuficientes. Não é por acaso, aliás, que ainda se mantêm convênios entre as defensorias e a Ordem dos Advogados do Brasil para que se garanta assistência judiciária gratuita suplementar.

Diante disso, parece-nos plenamente válido que se garantam às defensorias prazos maiores do que os regulares para que sua atuação possa ter o máximo de eficiência. Mas não é razoável que o mesmo não se garanta ao Ministério Público.

É fato que o Ministério Público desfruta de estrutura mais extensa do que as defensorias, mas não é menos verdade que essa estrutura – especialmente no que tange aos quadros funcionais – muitas vezes não é compatível com a extensão de suas atribuições. É preciso ter em mente que, nos feitos criminais, o Ministério Público atua sempre, em qualquer situação. Na maioria das vezes, na qualidade de acusador; em algumas outras, na de *custos legis*. Mas a atuação ministerial é sempre imprescindível, desde o momento em que se inicia a apuração da infração penal. Somem-se a isso diversas outras atribuições que se acumulam em promotorias não especializadas e temos situação semelhante – quando não pior – àquela das defensorias públicas.

É nessa linha o raciocínio do promotor de Justiça gaúcho Mauro Fonseca Andrade:

> "(...) Dito isto, entendemos que o argumento utilizado para a concessão de prazo em dobro para a Defensoria Pública é justificável e fundado, conforme exige a doutrina, em motivação objetiva (excesso de serviço) e razoável (possibilitar aos desfavorecidos economicamente uma defesa técnica de qualidade), mas a ela somente não se aplicam. Junto ao Ministério Público também ele encontra guarida, e até com muito mais força. Já se disse acima que o Parquet atua em todo e qualquer feito criminal, o que ocorre desde a fase pré- processual, como é o caso do inquérito policial. De sã consciência, não cremos que alguém duvide que, entre as partes existentes na esfera criminal, alguém atue mais do que o órgão ministerial, que, inclusive, pode fazer sua própria investigação criminal.
>
> Não estamos aqui, ao contrário do que possa parecer, incidindo em contradição, ao afirmar a constitucionalidade do prazo em dobro pelo excesso de trabalho dos Defensores Públicos, sendo que este volume de tarefas não se equipara ao enfrentado

pelo Ministério Público. Para nós, a carga de serviço destinada à Defensoria Pública, motivadora da prerrogativa do prazo em dobro, deve ser vista em seu conjunto, ou seja, englobando a atuação no processo civil e penal, realidade que toca à imensa maioria dos Defensores Públicos do país, pois a especialização na atuação somente ocorre nas capitais dos Estados, exceção que vem a confirmar a regra.

Portanto, em havendo identidade de argumentos aplicáveis também ao Ministério Público - ou seja, o excesso de serviço e o fato de possibilitar à sociedade uma atuação técnica de qualidade -, nos deparamos com um tratamento diferenciado dado às partes (Ministério Público e Defensoria Pública), situação provocada pelo próprio legislador ao não conferir ao Parquet igual prerrogativa, fato que não encontra amparo, seja na doutrina nacional, seja na doutrina estrangeira.

Em sendo assim, merece correção tal inversão de valores e discriminação ocorrentes no processo penal. E, segundo entendemos, passa dita correção pela concessão do prazo em dobro também ao Ministério Público" (http://www.revistajustitia.com.br/artigos/6x89z5.pdf).

Não é demais lembrar, finalmente, que um dos corolários do princípio do contraditório é a paridade de armas, isto é, a garantia de que os litigantes tenham à sua disposição os instrumentos processuais adequados para a defesa dos interesses postos em litígio. O tratamento diferenciado conferido apenas às defensorias provoca um desequilíbrio processual injustificável, pois desconsidera que o Ministério Público se insere em circunstâncias estruturais semelhantes e o impede de atuar com a mesma acuidade possível à parte contrária, que tem à sua disposição prazo muito mais extenso.

Com efeito, nestas circunstâncias, o defensor público terá sempre mais oportunidade de fazer prevalecer os interesses do acusado, especialmente em momentos cruciais como a apresentação de memoriais e de interposição de recursos. Se é de suma relevância a função desempenhada pelas defensorias públicas, que atuam para garantir direitos e garantias individuais elementares, é também de inegável importância a função do Ministério Público, que opera na seara criminal - na qualidade de titular privativo da ação penal pública - para defender os interesses da sociedade diante da violação da lei penal. A promoção da efetiva justiça só é possível se todos os que tomam parte no sistema processual penal tiverem garantidas, tanto quanto possível, plenas condições de atuação.

JURISPRUDÊNCIA

Prazo em dobro para o defensor público e não para o advogado dativo

"A Corte Especial deste Superior Tribunal de Justiça firmou entendimento no sentido de que o prazo em dobro para recorrer, previsto no art. 5º, § 5º, da Lei n. 1.060/1950, só é devido aos Defensores Públicos e àqueles que fazem parte do serviço estatal de assistência judiciária, não se estendendo a prerrogativa aos defensores dativos, porquanto não integram o quadro do serviço de assistência judiciária gratuita do Estado, sendo irrelevante a existência de convênio previamente celebrado com o órgão público." (STJ - AgRg no AREsp 2441697 / PR, 5ª Turma, Rel. Min. Reynaldo Soares da Fonseca, j. 12/12/23)

Não aplicabilidade do prazo em dobro para núcleo de prática jurídica

"A entrada em vigor do novo Código de Processo Civil não alterou o prazo para a interposição de agravo contra decisão monocrática de relator em matéria penal, estando vigente o art. 39 da Lei n. 8.038/1990, ou seja, o prazo para a apresentação do citado apelo é de 5 (cinco) dias corridos. Nos termos da jurisprudência desta Corte Superior de Justiça, a prerrogativa de contagem de prazos em dobro não se estende a advogados que integram núcleo de prática jurídica mantido por universidade particular." (STJ - AgRg no AREsp 2419894 / DF, Rel. Min. Teodoro Silva Santos, j. 30/11/23)

Não aplicabilidade em caso de litisconsórcio

"Não se aplica, na esfera penal, a contagem do prazo em dobro na hipótese de litisconsortes com advogados diferentes, prevista no art. 229 do Código de Processo Civil vigente (art. 191 do CPC/73). Precedentes" (STJ - AgRg no REsp n. 1.694.714/MT, relator Ministro Sebastião Reis Júnior, Sexta Turma, julgado em 8/9/2020, DJe 15/9/2020).

Regularidade procedimental – A *regularidade procedimental* determina uma forma prescrita em lei para a interposição do recurso, que é exatamente aquela prevista no art. 578 do código, ou seja, o recurso deve ser interposto por *petição* ou por *termo nos autos*. A petição é a forma mais comum quando o recorrente, por escrito, pede ao juiz ou ao tribunal que o seu recurso seja recebido e processado. Já o *termo nos autos* significa dizer que o recurso foi interposto verbalmente, cabendo ao escrivão reduzi-lo a termo, isto é, transferir para a linguagem escrita o que lhe foi dito oralmente.

Pressupostos subjetivos – São costumeiramente apontados dois requisitos subjetivos que devem estar presentes para que um recurso seja conhecido: a *legitimidade* e o *interesse*.

Legitimidade – A *legitimidade* é a pertinência subjetiva do recurso, ou seja, quem está autorizado a recorrer por ter sido atingido pela decisão. O art. 577 aponta as pessoas que possuem legitimidade para o recurso. São elas: a) o Ministério Público; b) o querelante (titular da ação penal privada); c) o réu (na ação penal pública); d) o defensor do réu; e) ou seu procurador.

Esse rol é meramente exemplificativo, admitindo, por isso, a ampliação da legitimidade para outras hipóteses além daquelas previstas em lei. Assim, por exemplo: a) o querelado (réu na ação penal privada); b) o assistente de acusação; c) a vítima, ainda que não habilitada como assistente de acusação (art. 598), d) nas mesmas condições do art. 598, o cônjuge, o ascendente, o descendente ou o irmão; e) o terceiro de boa-fé pode apresentar apelação contra decisão proferida no sequestro (art. 130, inc. II, CPP); f) o curador; g) qualquer do povo pode interpor recurso em sentido estrito, no prazo de 20 dias, contra decisão que inclui ou exclui jurado da lista (art. 439, parágrafo único). Ainda qualquer do povo nas hipóteses de contravenção de jogo de azar, quando o promotor de justiça pede o arquivamento do inquérito policial (Lei nº 1.508/51) e nos casos de contravenções florestais (Lei nº 4.771/65); h) as pessoas legitimadas pelo art. 80 do Código de Defesa do Consumidor.

JURISPRUDÊNCIA

MP Estadual e atuação perante o STJ e o STF

"O Ministério Público de estado-membro não está vinculado, nem subordinado, no plano processual, administrativo e/ou institucional, à Chefia do Ministério Público da União, o que lhe confere ampla possibilidade de postular, autonomamente, perante o Supremo Tribunal Federal, em recursos e processos nos quais o próprio Ministério Público estadual seja um dos sujeitos da relação processual. Questão de ordem resolvida no sentido de assegurar ao Ministério Público estadual a prerrogativa de sustentar suas razões da tribuna" (STF – RE n. 593727-MG – Rel. Gilmar Mendes, j. 14.05.2015).

"A jurisprudência deste Superior Tribunal evoluiu e, em julgados recentes, passou a admitir a legitimidade do Ministério Público estadual ou distrital para atuar diretamente neste Tribunal, nos termos do entendimento consignado no Supremo Tribunal Federal" (STJ – EDcl no AgRg no REsp nº 1326532-DF, Rel. Sebastião Reis Júnior, j. 03.12.2013, DJe 13.12.2013).

Legitimidade do MP Estadual pode ajuizar reclamação perante o STF

"Não tem sentido, por implicar ofensa manifesta à autonomia institucional do Ministério Público dos Estados-membros, exigir-se que a sua atuação processual se faça por intermédio do Senhor Procurador-Geral da República, que não dispõe de poder de ingerência na esfera orgânica do "Parquet" estadual, pois lhe incumbe, unicamente, por expressa definição constitucional (CF , art. 128, § 1º), a Chefia do Ministério Público da União .É importante assinalar, porque juridicamente relevante, que o postulado da unidade institucional (que também se estende ao Ministério Público dos Estados-membros) reveste-se de natureza constitucional (CF, art. 127, § 1º), a significar que o Ministério Público estadual não é representado – muito menos chefiado – pelo Senhor Procurador-Geral da República, eis que é plena a autonomia do "Parquet" local em face do eminente Chefe do Ministério Público da União. Mostra-se fundamental insistir na asserção de que o Ministério Público dos Estados-membros não está vinculado nem subordinado, no plano processual, administrativo e/ou institucional, à Chefia do Ministério Público da União, o que lhe confere ampla possibilidade de postular, autonomamente , em sede de reclamação, perante o Supremo Tribunal Federal" (STF – RCL n° 15028-SP, Rel. Celso de Mello, j. 13.02. 2014).

Embargos declaratórios opostos pelo próprio réu. Ilegitimidade

"Embora os recursos em matéria criminal possam ser interpostos diretamente pelo réu (art. 577 do CPP), independentemente da intervenção de advogado, não possui o mesmo capacidade postulatória para arrazoar a petição do recurso, que somente é conferida a advogado legalmente habilitado perante a Ordem dos Advogados do Brasil. Desse modo, não há ilegalidade na decisão que não conheceu dos embargos declaratórios em apelação arrazoados pelo próprio réu, por ausência de capacidade postulatória, se o mesmo tinha defensor constituído nos autos que, inclusive, apresentou defesa prévia e razões de apelação Writ indeferido" (STJ – HC n° 26051-PR, Rel. Félix Fischer, DJ 05.05.2003, p. 317).

Recurso interposto pelo Conselho Penitenciário. Ilegitimidade

"A lei processual, em seu art. 577, limita a legitimação dos recursos penais apenas às partes no polo ativo, o Ministério Público ou querelante e, no polo passivo, o réu, seu procurador ou seu defensor" (STJ – RHC 24238-ES – Rel. Arnaldo Esteves Lima, DJe 16.11.2009).

Índio e legitimidade da FUNAI

"Não obstante o reconhecimento por esta Corte da integração do acusado à sociedade, para fins de imputabilidade penal, a falta de cumprimento do requisito formal previsto no art. 10 do Estatuto do Índio deixa claro a legitimidade da FUNAI para representar o interesse do recorrente" (STJ – Resp n° AP 792256-MA, Rel. Gilson Dipp, j. 10.05.2007, DJ 29.06.2007, p. 694).

Interesse – Possui interesse todo aquele que teve seu direito lesado pela decisão. Ou seja, tem interesse no recurso quem foi *sucumbente*, isto é, quem tinha determinada expectativa da decisão e recebeu algo contrário. Mas conjuntamente com a ideia de interesse, há que se conceber, também, a noção de *utilidade*, ou seja, a vantagem prática que se irá obter com eventual sucesso do recurso interposto, conforme se depreende do disposto no parágrafo único deste dispositivo em análise. Na lição de Ada, Magalhães e Scarance, "a utilidade significa a possibilidade, por intermédio do direito de ação ou do direito de recorrer, de se conseguir situação mais vantajosa, do ponto de vista prático, do que a existente antes do exercício da ação ou, no caso de recurso, da emergente da decisão recorrida" (ob. cit., p. 70).

A partir daí várias hipóteses podem ser elencadas a fim de que seja analisado o *interesse-utilidade* em cada uma delas. Tratamos, abaixo, de algumas delas.

O Ministério Público pode recorrer em favor do réu? – A doutrina mais tradicional entendia que não, afinal se o Ministério Público é parte, no sentido de que pleiteia algo contra o réu, não faz sentido recorrer em seu favor. Nesse sentido o pensamento de José Frederico Marques, para quem "ao Ministério Público falta legítimo interesse em recorrer em favor do réu. Não pode ele, portanto, interpor apelação ou recurso em sentido estrito, para pleitear, no juízo *ad quem*, a absolvição do acusado. Nem mesmo quando tenha se pronunciado, nesse sentido, ao oficiar no processo de primeiro grau, facultado lhe está interpor recurso com aquela finalidade" (*Elementos de direito processual penal.* Forense. Rio de Janeiro: 1958, p. 207). Borges da Rosa ia mais além, vedando ao *parquet* até mesmo a possibilidade de pedir a absolvição do réu. É que, segundo ele, "justamente, em sentido oposto, são as suas atribuições de demonstrar a culpabilidade do réu, e, se esta se lhe figura não existir, então que não acuse, que se limite penas a relatar os fatos. Mas, opinar pela absolvição é o que nunca deve fazer, para evitar qualquer uma suspeita de procedimento indecoroso, suspeita de ter assim agido por interesse moral ou material, pedido ou empenho de pessoas influentes, parentes ou amigas, pressão oficial ou política e, quiçá, recompensa ou promessa de recompensa. Aliás, a falta de acusação dá lugar à nulidade de julgamento (Cód. de Proc., art. 564, III, l)" (*Comentários ao CPP,* São Paulo: RT, 1982, p. 484). Ademais – alegava-se – se o réu podendo recorrer não recorreu, se o defensor tendo a mesma possibilidade, também se manteve inerte, é porque se satisfizeram com a sentença, não tendo cabimento o recurso do *parquet*. Já Vicente Greco Filho propõe uma solução intermediária: tratando-se de questão de direito, que diga respeito à correta aplicação da lei, o Ministério Público, posto que fiscal, possui interesse em recorrer. Exemplifica com a hipótese em que a pena cominada ao delito seja de detenção e o juiz, apesar disso, aplica uma pena de reclusão. Se, no entanto, a matéria for de prova, "quanto à justiça ou injustiça da decisão no plano fático", é incabível o recurso do Ministério Público (ob. cit., p. 359).

Hoje, porém, o entendimento que prevalece é que o *interesse* do Ministério Público impõe sua atuação na promoção da justiça, ou seja, na constituição de um título válido, obtido por meio da prolação de uma sentença justa, razão pela qual, na qualidade de *custos legis*, comprometido com a correta aplicação da lei, pode recorrer em prol do acusado, seja o réu na ação penal pública, seja o querelado na ação penal privada. É a melhor interpretação do art. 257, inc. II do CPP. Não se pretende, com tal conclusão, negar a qualidade de parte ao Ministério Público. Com efeito, na medida em que postula, na denúncia, sua pretensão punitiva, é claro que é parte. Não o é o juiz, este sim imparcial. E nem poderia ser diferente face ao sistema acusatório que inspira nosso processo penal. Ocorre que essa pretensão, manifestada na denúncia, é provisória, servindo como uma mera proposta, que se concretizará, ou não, dependendo da prova produzida nos autos. Essa é a lição de Afrânio Silva Jardim, complementando que "o Ministério Público utiliza-se do método dialético para chegar à verdade, mormente na fase probatória. Ao final, contudo, deve pronunciar-se imparcialmente sobre o pedido formulado na peça inaugural, postulando a efetiva realização da justiça e utilizando-se dos meios processuais disponíveis para alcançá-la. O recurso é um destes meios" (ob. cit., p. 227).

Diríamos, em acréscimo: negar a possibilidade de recurso do Ministério Público implicaria em afirmar, por consequência, que esse órgão está impedido de pleitear a absolvição do réu, faculdade, de resto, expressamente prevista no art. 385 do código. Não teria cabimento, assim, que o Ministério Público, uma vez frustrada sua expectativa (com a absolvição do réu), não tivesse meios de reparar esse gravame através do recurso adequado à espécie. É o entendimento que prevalece no STF (*RT* 552/431; *RTJ* 83/949), no STJ (*RSTJ* 32/138) e em Tribunais estaduais (*RT* 786/645, 784/702, 631/289, 616/349, 628/338, 563/304).

Aliás, o Código de Processo Penal português, em seu art. 401, 1, "a", dispõe que tem legitimidade para recorrer "o Ministério Público, de quaisquer decisões, ainda que no exclusivo interesse do arguido".

JURISPRUDÊNCIA

LEGITIMIDADE DO MINISTÉRIO PÚBLICO PARA RECORRER EM FAVOR DO RÉU. RECURSO ESPECIAL – "Fiscal da lei, o Ministério Público não é instituição a qual se destina o monopólio da acusação; incumbe-lhe também defender, quando é o caso, sempre em defesa da eficácia da lei" (STJ – REsp n° 32334-RJ, Rel. Edson Vidigal, RSTJ 57/332).

E se o réu recorreu? – Tem-se entendido, porém, que tendo também o réu interposto recurso, resta automaticamente prejudicado o recurso do Ministério Público (*RT* 599/328, 540/326). Temos dúvida quanto ao acerto desse entendimento, na medida em que o réu pode desistir do recurso, faculdade que, ao Ministério Público, não se confere, por força do princípio da indisponibilidade (art. 576 do CPP).

Falta de interesse do Ministério Público quando absolvido o querelado – A mesma faculdade não se confere ao *parquet*, contudo, para recorrer em favor do querelante, se absolvido o querelado, na ação penal exclusivamente (ou genuinamente) privada, pois cabe apenas a esse último, segundo seu critério de conveniência e oportunidade, analisar se é caso ou não de recurso. Sobre a matéria, v. *RT* 553/375, 558/336. Nada impede, contudo, que o Ministério Público, em caso de condenação, recorra a fim de obter a majoração da pena imposta ao querelado. Com efeito, propor ou não da ação penal privada é decisão que cabe apenas ao querelante, segundo seu critério de conveniência e oportunidade. Mas o *jus puniendi*, mesmo na ação penal privada, continua sendo do Estado, razão pela qual pode o *parquet* recorrer a fim de que a pena seja aplicada com justiça. Tampouco há impedimento a recurso do Ministério Público pleiteando a condenação do querelado quando se tratar de ação penal privada subsidiária da pública, face ao campo amplo de atuação que lhe é conferido pelo art. 29 do CPP.

JURISPRUDÊNCIA

MP não pode recorrer em prol do querelante em ação penal privada

"Em caso de ação privada a atuação do Ministério Público é meramente subsidiária e se os querelantes se conformam com a rejeição da queixa, em atitude que se equipara à renúncia do direito de ação e ao próprio perdão, não se reconhece de recurso do Ministério Público visando o recebimento da inicial" (TACrim-SP – Rel. Lauro Alves – JUTACRIM 57/133).

Recurso do Ministério Público após pedido de absolvição – Suponha-se a hipótese na qual um promotor de justiça, em sede de alegações finais, peça a absolvição do réu. Proferida a sentença absolutória, indaga-se: poderia um outro membro do *parquet* recorrer buscando a condenação? O entendimento que prevalece é no sentido positivo. Com efeito, dentre os princípios que regem a atuação do Ministério Público, vigora o da independência funcional, a impor que um membro da Instituição não se acha vinculado a entendimento de outro colega. Nada impede, assim, que mesmo diante de um pedido de absolvição, que foi acolhido, *outro* promotor de Justiça busque a condenação do réu, em grau de recurso. Insistimos no vocábulo *outro*. Isso porque, sob nossa compreensão, ao mesmo membro do *parquet* que pediu a absolvição já não é dada essa possibilidade. Afinal, se teve sua pretensão, no sentido da absolvição, manifestada em alegações finais, atendida, não faz sentido que recorra, agora, visando a condenação do réu. Lembre-se, ainda, do disposto no art. 1.000 do Código de Processo Civil, para quem "a parte que aceitar expressa ou tacitamente a decisão não poderá recorrer."

JURISPRUDÊNCIA

Manifestações de membros do MP

a) não se vinculam

"São princípios do Ministério Público a unidade e a indivisibilidade, assim como a independência funcional (art. 127, § 1º, CF). Assim, os membros do Ministério Público que se substituírem no processo não estão vinculados às manifestações anteriormente apresentadas pelos seus antecessores (HC n. 171.306/RJ, Ministro Gilson Dipp, Quinta Turma, DJe 4/11/2011). Presente, portanto, o interesse recursal" (STJ – REsp n° 1095253-DF, Rel. Sebastião Reis Júnior, j. 18.04.2013, DJe 30.04.2013).

b) são vinculantes

"O art. 577, parágrafo único, do Código de Processo Penal, que preceitua que 'não se admitirá recurso da parte que não tiver interesse na reforma ou modificação da decisão' é compatível os princípios fundamentais do Ministério Público expressos nos arts. 127, § 1º, da Constituição Nacional – unidade, indivisibilidade e independência funcional -, de onde se extrai que os membros do Ministério Público, a despeito da existência de independência funcional, integram um só órgão, sob a mesma direção. A substituição dos membros do Ministério Público não altera subjetivamente a relação jurídica processual estabelecida entre o Ministério Público Federal e o réu. Tendo sido impetrado habeas corpus pelo Ministério Público Federal objetivando a absolvição do recorrido pela atipicidade material da conduta, tese acolhida pela Corte Regional, não pode outro membro da mesma Instituição postular a reforma do acórdão, por faltar-lhe interesse recursal. Hipótese em que o Parquet Federal impetrou habeas corpus perante a Corte de origem, pedindo o trancamento do inquérito policial, e, em seguida, interpôs recurso especial contra o acórdão que havia concedido a ordem por ele requerida" (STJ – REsp n° 1182985-PR, Rel. Marco Aurélio Bellizze, j. 18.06.2013, DJe 25.06.2013).

Renúncia do condenado e recurso de seu defensor – E se o condenado renuncia ao direito de recurso e seu defensor recorre, deve ser conhecido o recurso? A questão já suscitou grande polêmica. Uma primeira corrente jurisprudencial entendia pela impossibilidade do conhecimento do recurso. Esse entendimento se fundava, basicamente, em três argumentos. O primeiro deles é que sendo o réu o único atingido pela sentença, aquele que, portanto, sofrerá na própria pele seus efeitos, cabe somente a ele a decisão de recorrer ou não, já que é titular exclusivo do direito ao recurso. O segundo argumento era no sentido de que ao recorrer contra a vontade do réu, seu defensor dava causa à revogação tácita do contrato de mandato, vez que praticava um ato contrário ao desejo de seu constituinte. Por último, argumentava-se que, em algumas situações, o recurso acabava se revelando prejudicial ao condenado que, enquanto aguardava seu julgamento, via-se impedido de obter algum benefício (progressão de regime, por exemplo), em sede de execução penal da pena.

Não aproveitam os argumentos apresentados. O primeiro deles, embora partindo de premissa verdadeira, não autoriza a conclusão proposta. De fato, é o réu, em última instância, o único efetivamente atingido pela sentença, já que apenas sobre ele recairão os efeitos da condenação. Isso não implica dizer, porém, que ele seja senhor absoluto do direito ao recurso. Via de regra leigo nas coisas do Direito, tal qual a enorme massa que compõe a *clientela* da justiça criminal, não reúne qualquer condição de avaliar o acerto da decisão, tamanhas as peculiaridades que a cercam, por vezes de difícil compreensão até mesmo para o versado no tema. Ora, é assim o advogado, mercê de seu grau, quem possui conhecimento técnico para analisar a correção ou não da sentença e, portanto, havendo conflito entre sua vontade e a do réu, a primeira deve prevalecer, com a consequente apreciação do recurso. Na lição de Afrânio Silva Jardim, "a experiência mostra que a manifestação feita pelo réu, quase sempre preso e requisitado pelo juiz ao cartório, de que não deseja recorrer em face de uma condenação, não retrata uma vontade verdadeiramente consciente, porque ele não conhece a prova dos autos, o sentido jurídico da sentença e os nomeados técnicos do sistema recursal. É uma vontade viciada pela ignorância da realidade, que por isso não pode ser corretamente valorada pelo réu" (ob. cit., p. 372).

Não é outra a sorte daqueles que vislumbram verdadeira revogação do contrato de mandato no ato do defensor em recorrer contra a vontade do réu. A um, em virtude de que, segundo se conclui pela observação do cotidiano forense, boa parte dos réus é defendida por defensores dativos. Ora, a tais defensores, quer públicos ou privados (estes nomeados por meio de convênios firmados com a OAB), não se confere qualquer mandato. Não atuam por força de contrato celebrado entre eles e os acusados, mas porque suas participações (efetivas e não meramente formais) são obrigatórias, por força de mandamento constitucional, que garante o contraditório e a ampla defesa. Já seria o suficiente para afastar essa argumentação. Mas não é só: o argumento parece excessivamente contaminado pelo Direito Civil, pretendendo transpor deste ramo – de cunho privado – conceitos inaplicáveis no âmbito do processo penal.

Calhou, nessa linha de raciocínio, ao então Desembargador do Tribunal de Justiça do Rio de Janeiro, Weber Martins Batista, no julgamento de apelação em que se discutia o tema, a observação de que "a figura do defensor técnico, no crime, é muito diversa da do advogado, no cível. Mero pressuposto de atuação processual, no cível, a assistência por defensor técnico é verdadeiro pressuposto processual, no juízo penal, sendo nulo o processo onde o réu não teve a assistência de um defensor. O recurso é, quase sempre, a última oportunidade que o réu tem para provar sua inocência, ou, pelo menos, para melhorar sua situação. Nada mais correto, pois, do que entender imprescindível a assistência do defensor, no momento em que abre mão do recurso". Esse voto, vencido no TJRJ, acabou servindo de fundamento no HC 70444-RJ, impetrado no STF, para que se concedesse a ordem determinando o regular processamento da apelação. O inteiro teor do acórdão consta da RTJ 154/540.

Insustentável, também, a afirmação de que o recurso poderia, ao final das contas, ser prejudicial ao réu. Com efeito, de se ver, inicialmente, que é vedada a possibilidade de o Tribunal agravar sua situação, por força do disposto no art. 617 do CPP, que impede a chamada *reformatio in pejus*. Em outras palavras: o maior *prejuízo* que pode experimentar o réu consiste em, negando-se provimento ao seu recurso, ser mantida na íntegra a situação determinada pela decisão recorrida. Ou seja, é impossível a ocorrência de qualquer prejuízo.

Além disso, é incorreto afirmar que o réu está impedido de receber algum benefício enquanto o recurso pender de julgamento. Afinal, de há muito se fixou o entendimento permitindo a antecipação de benefícios de execução da pena para o condenado preso cautelarmente. Basta ler o conteúdo das Súmulas 716 e 717, ambas do STF, ambas admitindo a progressão de regime de cumprimento da pena ou a aplicação imediata de regime menos severo nela determinada, antes do trânsito em julgado da sentença condenatória.

ATENÇÃO – De qualquer sorte, após alguma divergência jurisprudencial, firmou-se hoje o entendimento estampado na Súmula 705 do STF, *in verbis*: "A renúncia do réu ao direito de apelação, manifestado sem a assistência do defensor, não impede o conhecimento da apelação por este interposta". Nessa linha é também o teor da Súmula 143 das *Mesas de Processo Penal* da Faculdade de Direito da USP, para quem "existindo conflito entre o réu e seu defensor quanto à interposição do recurso, a vontade do primeiro só prevalece se tomada por termo a renúncia, na presença do referido defensor". A Súmula, portanto, fixa o entendimento, *contrario sensu*, que uma vez presente o defensor ao ato de renúncia, a desistência manifestada pelo réu é válida. Indaga-se, então: e se, a despeito da assistência do defensor ao ato de renúncia, este último insistir no recurso, deve ser ele conhecido? Entendemos que sim, desde que se trate de defensor dativo e, portanto, a Súmula 705 teria dito menos do que pretendeu. De forma que, se o réu renuncia ao recurso, assistido por seu defensor, disso deriva a validade do ato, mas para o réu, que agiu conscientemente, acompanhado de advogado capaz de dar suporte técnico à renúncia, explicando-lhe a consequência dessa opção. Mas nada impede que o defensor, mesmo assim, insista no recurso, vislumbrando alternativas não enxergadas pelo réu, quando então o recurso deve ser conhecido, embora a Súmula não exprima essa conclusão. Isso, repita-se, sendo dativo o advogado, que atua, na maioria das vezes, em prol de réus pobres e desprovidos de maior conhecimento. Já se constituído o defensor e o ato de renúncia é praticado sob sua orientação, ele deve mesmo prevalecer.

A Súmula, portanto, fixa o entendimento, *contrario sensu*, que uma vez presente o defensor ao ato de renúncia, a desistência manifestada pelo réu é válida. Indaga-se, então: e se, a despeito da assistência do defensor ao ato de renúncia, este último insistir no recurso, deve ser ele conhecido? Entendemos que sim, desde que se trate de defensor dativo e, portanto, a Súmula 705 teria dito menos do que pretendeu. De forma que, se o réu renuncia ao recurso, assistido por seu defensor, disso deriva a validade do ato, mas para o réu, que agiu conscientemente, acompanhado de advogado capaz de dar suporte técnico à renúncia, explicando-lhe a consequência dessa opção. Mas nada impede que o defensor, mesmo assim, insista no recurso, vislumbrando alternativas não enxergadas pelo réu, quando então o recurso deve ser conhecido, embora a Súmula não exprima essa conclusão. Isso, repita-se, sendo dativo o advogado, que atua, na maioria das vezes, em prol de réus pobres e desprovidos de maior conhecimento. Já se constituído o defensor e o ato de renúncia é praticado sob sua orientação, ele deve mesmo prevalecer.

JURISPRUDÊNCIA

Réu que renuncia ao recurso e defensor que recorre. Prevalência do segundo

"No processo penal, o papel do defensor, constituído ou dativo, não se reduz ao de simples representante ad judicia do acusado, investido mediante mandato, ou não, incumbindo-lhe velar pelos interesses da defesa: por isso, a renúncia do réu à apelação não inibe o defensor de interpô-la. A pretendida eficácia preclusiva da declaração de renúncia ao recurso pelo acusado reduziria a exigência legal de subseqüente intimação do defensor técnico – com a qual jamais se transigiu – a despropositada superfetação processual" (STF – HC n° 76524-RJ, Rel. Sepúlveda Pertence, j. 01.04.1998, DJ 29.08.2003, p. 19).

"Havendo discordância sobre a conveniência da interposição de recurso, deve prevalecer a manifestação de vontade quem optar por sua apresentação, quer provenha da defesa técnica ou da autodefesa" (STJ – HC n° 162071-SP, Rel. Marco Aurélio Bellizze, j. 01.03.2012, DJe 20.03.2012).

Réu foragido e recurso de seu defensor. Conhecimento

"Não se mostra nula a apelação interposta sem o consentimento do paciente, uma vez que ele estava foragido à época da sentença condenatória. Eventual divergência de vontades entre o réu e o seu defensor sobre a conveniência da apresentação das razões recursais deve-se resolver em favor da defesa técnica. Precedentes" (STF – HC n° 114089-SP, Rel. Ricardo Lewandowski, j. 12.03.2013, DJe 26.03.2013).

Recurso da defesa contra decisão absolutória – Teria o réu interesse em recorrer da sentença absolutória, com o objetivo de alterar o fundamento legal da absolvição? Em um primeiro momento poderia se afirmar que o réu absolvido não teve sua expectativa frustrada (afinal, o que ele mais aguardava era exatamente a absolvição) e, portanto, não teria interesse em recorrer. Ocorre que, analisando-se a questão sob o prisma da *utilidade*, se concluirá pela possibilidade do recurso, de resto francamente admitida pela doutrina e jurisprudência (*RT* 727/460, 660/304). Assim, a absolvição do réu por falta de provas no juízo criminal (art. 386, inc. V do CPP), não inibe a propositura de posterior ação de reparação no âmbito civil, nada impedindo que a prova que não foi produzida no crime o seja no cível. Já a absolvição sob o fundamento de que o fato não existiu (art. 386, inc. I do código), impede o ajuizamento da ação no cível. Claro, atentaria mesmo contra a seriedade da justiça que o juiz criminal afirmasse que o fato inexistiu para, em seguida, o juiz cível dizer exatamente o contrário.

Lembre-se, ainda, da hipótese em que o réu mereceu a chamada *absolvição imprópria*, quando se reconhece a tipicidade e a ilicitude de sua conduta, mas, por não ter capacidade de entender o caráter ilícito da conduta, não se lhe aplica uma pena, senão uma medida de segurança (art. 386, parágrafo único, inc. III, do CPP). Claro que pode buscar, na superior instância, uma absolvição propriamente dita (sob o fundamento, por exemplo, de que o fato é atípico ou de que agiu acobertado por uma excludente de ilicitude), ficando, assim, livre, ao invés de ser internado ou ser submetido a tratamento ambulatorial (arts. 96 e 97 do Código Penal). Nesses casos, portanto, tem o réu absolvido interesse em recorrer para alterar o fundamento legal da sentença absolutória. Vale que se confira, nesse aspecto, o teor da Súmula 139 das *Mesas de Processo Penal* da USP: "É cabível recurso do réu contra sentença absolutória, desde que possua interesse em modificar o fundamento da absolvição para atingir resultado concreto mais favorável". Há, contudo, entendimento diverso, no sentido de que, uma vez absolvido o réu, a questão que remanesce deve ser dirimida no juízo cível e não mais perante a justiça penal, a essa altura já não mais competente para examiná-la. Nesse sentido, Vicente Greco Filho, (ob. cit., p. 373). Sobre o tema, conferir ainda os comentários tecidos acima ao art. 386 do código.

JURISPRUDÊNCIA

Reconhecida a prescrição da pretensão punitiva não cabe recurso buscando a absolvição

"A pretensão punitiva do Estado, quando extinta pela prescrição, leva a um quadro idêntico àquele da anistia. Isso é mais que a absolvição. Corta-se pela raiz a acusação. O Estado perde sua pretensão punitiva, não tem como levá-la adiante, esvazia-a de toda consistência. Em tais circunstâncias, o primeiro tribunal a poder fazê-lo está obrigado a declarar que ocorreu a prescrição da pretensão punitiva, que o debate resultou extinto e que não há mais acusação alguma sobre a qual se deva esperar que o Judiciário pronuncie juízo de mérito [...]. Quando se declara extinta a punibilidade pelo perecimento da pretensão punitiva do Estado, esse desfecho não difere, em significado e consequências, daquele que se alcançaria mediante o término do processo com sentença absolutória. Ordem denegada" (STF – HC 115.098, Rel. Luiz Fux, j. 07.05.2013, DJe 31.05.2013)

"Segundo reiterado entendimento jurisprudencial, tanto desta Corte quanto do Supremo Tribunal Federal, a extinção da punibilidade pela prescrição da pretensão punitiva apaga todos os efeitos da condenação, devendo-se, por isso, considerar a apelação do réu inadmissível por falta de interesse recursal, mesmo que a defesa objetive a absolvição pela atipicidade da conduta a ele imputada. Apelação não conhecida" (STJ – AP 688, Rel. Maria Thereza Assis Moura, j. 21.11.2012, DJe 04.04.2013).

Assistente de acusação e interesse em recorrer para majorar a pena do réu – Ver acima os comentários ao art. 268, sob a rubrica *função do assistente*.

Art. 578. O recurso será interposto por petição ou por termo nos autos, assinado pelo recorrente ou por seu representante.

§ 1º Não sabendo ou não podendo o réu assinar o nome, o termo será assinado por alguém, a seu rogo, na presença de duas testemunhas.

§ 2º A petição de interposição de recurso, com o despacho do juiz, será, até o dia seguinte ao último do prazo, entregue ao escrivão, que certificará no termo da juntada a data da entrega.

§ 3º Interposto por termo o recurso, o escrivão, sob pena de suspensão por dez a trinta dias, fará conclusos os autos ao juiz, até o dia seguinte ao último do prazo.

Juízo de admissibilidade – Cumpre ao juiz que recebe o recurso realizar um juízo de admissibilidade, também chamado *juízo de prelibação*. Significa dizer que o juízo *a quo* analisa se o recurso interposto reúne os pressupostos objetivos e subjetivos que permitam o seu conhecimento. Pode ocorrer de o juízo *a quo* não receber o recurso, quando se abre caminho para a interposição, contra esta última decisão, de um outro recurso, como, *v.g.*, a carta testemunhável (art. 639) ou o recurso em sentido estrito (art. 581, inc. XV). Esse juízo de prelibação é realizado, também, pelo órgão *a quo*, a quem caberá novamente analisar o preenchimento dos requisitos autorizadores do conhecimento do recurso. Assim, por exemplo, nada impede que o juízo de 1º grau receba a apelação interposta pelo réu, reconhecendo o preenchimento de todos os requisitos e o tribunal, analisando novamente a matéria, deixe de receber o recurso, porque intempestivo.

De se ver que, uma vez recebido o recurso, o órgão *ad quem* passa a análise de mérito, denominada *juízo de delibação*. Portanto, preenchidos os requisitos de admissibilidade do recurso (em análise feita pelo órgão *a quo* e pelo órgão *ad quem*), ele é conhecido e, em seguida, é realizado o julgamento propriamente dito, quando irá se apreciar se o recurso merece ou não provimento. Esse juízo de delibação é feito apenas pelo órgão *ad quem*. A decisão proferida em grau de recurso qualquer que seja seu teor, dando ou não provimento à insurgência, substitui a decisão impugnada. A propósito, o Código de Processo Civil é expresso nesse sentido (art. 1.008).

Conhecimento e provimento – O tema em estudo faz lembrar dois outros conceitos: o *conhecimento* e o *provimento* do recurso. *Conhecer* do recurso significa dizer que ele, sob o aspecto formal, encontra-se apto a ser julgado. Ou seja, todos os pressupostos exigidos para admissão do recurso, acima estudados, estão presentes, autorizado, assim, seu julgamento. *Prover* o recurso (ou negar-lhe provimento), já é o passo seguinte ao conhecimento. Aqui se analisará o mérito propriamente dito. Tendo razão o recorrente, dá-se provimento ao recurso, seja para reformar a decisão recorrida ou mesmo para anulá-la. Caso contrário, lhe é negado provimento. Em suma: se o recurso não é conhecido, nem se chega à análise do mérito (pouco importando mesmo se justas ou não as razões do recorrente). Caso contrário, conhecendo-se do recurso, pode se dar ou não provimento a ele.

A distinção entre *conhecimento* e *provimento*, não tem interesse apenas acadêmico, mas produz efeitos de ordem prática, "porque – na lição de Greco Filho – se o recurso não é *conhecido* a decisão que se estabiliza é a do juízo ou tribunal *a quo*; se o recurso é *conhecido*, ainda que improvido e mantida integralmente a decisão anterior, a decisão do juízo ou tribunal *ad quem* substitui a do juízo ou tribunal *a quo*" (ob. cit., p. 351). Assim, ainda em exemplo lembrado pelo ilustre autor, se um recurso extraordinário dirigido ao STF, contra uma sentença condenatória, não é conhecido, eventual revisão criminal deve ser proposta no tribunal *a quo*. Ao contrário, se o recurso extraordinário é conhecido, mas a ele se nega provimento, a revisão criminal deve ser ajuizada no STF, nos termos do art. 102, I, "f", da Constituição.

Sendo assim, se pode concluir que a natureza jurídica da decisão sujeita a recurso é de um ato subordinado à *condição suspensiva*. É dizer: a sentença nasce com os requisitos necessários à sua existência, que prevalecerão caso dela não se recorra. Mas havendo recurso, haverá, por consequência, uma nova decisão do órgão *ad quem*, que substituirá aquela primeira.

Extinção anormal dos recursos – A forma *normal* de extinção de um recurso ocorre com seu julgamento pelo órgão *ad quem*, que, após dele conhecer, lhe dá ou lhe nega provimento. Sucede, no entanto, que o recurso pode ser extinto antes do julgamento, sem que haja análise do mérito. É a forma de extinção *anormal* dos recursos, que ocorre nas hipóteses de *deserção* (pela falta de preparo) e *desistência*. Segundo Borges da Rosa, "*deserção* é o ato de abandonar uma coisa; equivale à desistência tácita ou presumida. A deserção da apelação é, assim, a desistência que a Lei presume ter da mesma feito o apelante" (ob. cit., p. 721).

Vale lembrar, de plano, que a forma de deserção que ocorria quando, interposto o recurso de apelação, o réu fugia durante sua tramitação, não mais subsiste, em face da revogação do art. 595 do código. De tal maneira que, atualmente, a fuga do recorrente, durante o trâmite do recurso, não mais se constitui em fator impeditivo do conhecimento do recurso.

Remanesce, ainda, a segunda espécie de deserção, decorrente da falta de preparo do recurso. É dizer: por vezes é preciso se pagar para que o recurso seja apreciado pelo tribunal. Isso ocorre na ação penal privada onde a falta do pagamento importa em deserção do recurso (art. 806, § 2º).

A decretação da deserção cumpre ao juiz de 1º grau, caso o recurso não tenha ainda subido à instância superior. A decisão do juiz que decreta a deserta a apelação deve ser atacada através de recurso em sentido estrito, nos termos do inc. XV, do art. 581, do código.

A outra forma de extinção anormal do recurso ocorre com sua desistência. Dispõe, com efeito, o art. 576 do código, que "o Ministério Público não poderá desistir de recurso que haja interposto". Daí se concluir, *contrario sensu*, que a todo recorrente, salvo o *parquet*, é dado desistir do recurso interposto.

Petição ou termo nos autos – Os recursos, corriqueiramente, são interpostos por meio de petição escrita, dirigida ao juízo *a quo*. Mas podem ser interpostos, também, por termo nos autos. Esse termo consiste na prática de algum ato que infira a intenção do insurgente em ofertar o recurso. Assim, por exemplo, quando após um julgamento em plenário do júri, o defensor, vendo condenado o réu, manifesta verbalmente seu desejo de apelar da decisão. O mesmo pode suceder quando proferida a sentença em audiência. Essa manifestação de vontade é, então, reduzida a termo, cabendo ao recorrente, dentro do prazo legal de oito dias (art. 600 do código), ofertar as respectivas razões de insurgência, que motivam seu recurso. Pode ocorrer, ainda, que o réu, dirigindo-se ao cartório, seja intimado da sentença que o condenou. Nesse ato, manifestando verbalmente seu desejo de recorrer, também essa manifestação será reduzida a termo. O termo nos autos, como consta expressamente do dispositivo em análise, deverá ser assinado pelo recorrente ou por seu representante. Sendo analfabeto ou estando impossibilitado de assinar o termo, a seu rogo alguém o fará, na presença de duas testemunhas.

Termo de recurso ou indagação, pelo oficial, do desejo do réu em recorrer – Sobre a desnecessidade de tais requisitos, v. art. 392, I, acima.

JURISPRUDÊNCIA

Réu que, ao ser intimado da sentença, manifesta ao meirinho intenção de recorrer. Validade

"Réu que, ao ser intimado da sentença condenatória, manifestou seu desejo de recorrer, fato certificado pelo Oficial de Justiça, consignando-se no mandado, a assinatura do condenado. Manifestação de inconformismo com a sentença que, por preencher as exigências do art. 578 do CPP, deve ser conhecida e julgada como apelação. Dissídio jurisprudencial demonstrado. Recurso especial conhecido e provido para que O Tribunal *a quo* julgue a apelação como de direito" (STJ – REsp n° 64332-PR, Rel. Assis Toledo, DJ 02.10.95, p. 32396).

Idem quanto ao assistente de acusação

"Tendo sido demonstrada inequívoca a vontade do assistente da acusação em recorrer no momento em restou intimado da r. sentença absolutória, sendo que tal manifestação restou certificada nos autos pelo oficial de justiça comunicante, tem-se como interposta apelação criminal por termo nos autos, em observância ao princípio da instrumentalidade das formas" (STJ – REsp n° 1038870-PR, Rel. Felix Fischer, j. 24.11.2008, DJe 09.02.2009).

Ciência no mandado de intimação não pode ser considerada como recurso interposto por termo nos autos

"Não é possível considerar o termo de ciência aposto no mandado intimatório como interposição de recurso por termo nos autos, quando este não menciona o interesse de recorrer, não se podendo falar, portanto, em ofensa ao artigo 578 do Código de Processo Penal" (STJ – AgRg no REsp n° 670364-PB, Rel. Maria Thereza de Assis Moura, j. 24.11.2009, DJe 14.12.2009).

Recurso interposto por cota nos autos

a) validade

"Tendo a cota ministerial aposta aos autos, quando da ciência do teor da r. sentença condenatória, deixado inequívoca a intenção da acusação em recorrer, não deve ser tida a apelação por intempestiva em razão de não ter sido apresentada as razões de acordo com as disposições do art. 578 do Código de Processo Penal (Precedentes)" (STJ – HC n° 87482-SP, Rel. Felix Fischer, j. 11.12.2007, DJe 10.03.2008).

"Se o representante do Ministério Público decide recorrer por cota nos autos e o juiz de primeiro grau recebe normalmente o seu apelo, não pode o colegiado 'ad quem' desconsiderar esse ato, deixando de receber o recurso, invocando, para tanto, o art. 578 do CPP, cujo destinatário, na verdade, é aquele juízo e não o sodalício revisor. Recurso conhecido, determinando-se a remessa dos autos ao Tribunal local, para exame do mérito da apelação" (STJ – REsp n° 90470-MG, Rel. Anselmo Santiago, DJ 16.02.1998).

b) impossibilidade

"Com efeito, o artigo 578, do Código de Processo Penal, dispõe que 'o recurso será interposto por petição ou termo nos autos, assinado pelo recorrente ou por seu representante'. No caso, verifica-se que ao tomar conhecimento da decisão que julgou procedente a ação penal o representante do Ministério Público assinalou, à margem da sentença, que estava ciente e interpunha recurso de apelação, lançando a sua assinatura. Posteriormente, apresentou as razões de apelação. Como se verifica, não houve interposição de recurso por petição ou termo nos autos, conforme determina o artigo 578, do Código de Processo Penal. O Dr. Promotor de Justiça é órgão técnico, aprovado após rigoroso concurso de provas e títulos, de sorte que não pode desconhecer a lei. Essa forma esdrúxula de recorrer não pode, pois, ser admitida" (TJSP – Apelação n° 852.731.3/5, Rel. Tristão Ribeiro, j. 08.02.2007).

Recurso interposto por termo nos autos. Validade

"O art. 578 do Código de Processo Penal não prevê formalidade específica para a interposição de recurso, ao contrário do alegado pelo n. causídico. Vislumbra-se da simples leitura do referido dispositivo, que a interposição pode ocorrer por petição ou por termo nos autos, devendo este ser entendido como a manifestação inequívoca do desejo de recorrer transcrita aos autos. Não bastasse isso, merece destaque que a exigência de formalidade especial para a interposição de recurso seria um contrassenso diante das atuais reformas do Código de Processo Penal, as quais têm propiciado maior relevo para a oralidade e celeridade no trâmite processual" (TJSP – Apelação nº 0106520-48.2011.8.26.0050, Rel. Carlos Bueno, j. 07.11.2013).

Idem no Tribunal do Júri

"Pela regra do art. 578 do Código de Processo Penal, o recurso criminal poderá ser interposto por petição ou por termo nos autos, entendendo-se como tal a manifestação inequívoca da parte quanto à intenção de recorrer. Uma vez apresentadas as razões do recurso, após manifestação oral da vontade de recorrer, reduzida a termo na ata de julgamento e, em atenção ao despacho de intimação da lavra do Juiz de Primeiro grau, têm-se por satisfeitas as prescrições do art. 578 do Diploma Processual Penal" (STJ – REsp n° 401360-GO, Rel. Laurita Vaz, j. 16.12.2004, DJ 28.02.2005, p. 348).

Defensor acometido de doença e prazo recursal

"Este Superior Tribunal tem entendido que, em casos de interposição de recurso após o transcurso do prazo legal em virtude de doença do advogado, deve haver demonstração da absoluta incapacidade de o causídico exercer sua profissão ou substabelecer o mandato, o que não ocorreu nesses autos" (STJ - EDcl no AgRg no AREsp n. 607848-PR – Rel. Rogério Schietti Cruz, j. 28.03.2017, DJe 06.04.2017).

§ 2º A petição de interposição de recurso, com o despacho do juiz, será, até o dia seguinte ao último do prazo, entregue ao escrivão, que certificará no termo da juntada a data da entrega.

Certidão do escrivão – Apresentada a petição de interposição de recurso, já despachada pelo juiz, ela será entregue ao escrivão, até o dia seguinte do último dia do prazo, sendo que, a partir daí, qualquer óbice de cunho burocrático não pode prejudicar o conhecimento do recurso. Nessa linha de raciocínio, confira-se o teor da Súmula n. 320 do STF, *verbis*: "A apelação despachada pelo Juiz no prazo legal não fica prejudicada pela demora da juntada, por culpa do cartório". E, ainda, o enunciado da Súmula 428 da mesma Corte: "Não fica prejudicada a apelação entregue em cartório no prazo legal, embora despachada tardiamente".

Intimação por mandado ou por precatória e início do prazo recursal – V., acima, comentários ao art. 392 e ao art. 798, § 5º, "a", abaixo.

Recurso interposto antes de publicada a decisão – v. art. 389 acima.

JURISPRUDÊNCIA

Interposição do recurso via "fax"

"A Lei 9.800/99 faculta a interposição de recurso via fax, desde que dentro do prazo legal, e desde que os originais sejam enviados em 5 dias, contados após o fim do prazo recursal. O artigo 4º da Lei retro mencionada exige, ademais, a identidade entre a peça enviada via fax e o original, sob pena de não conhecimento do recurso, o que não se verificou no caso em apreço" (STJ – AgRg no AREsp n° 36607-MG, Rel. Maria Thereza de Assis Moura, j. 15.08.2013, DJe 26.08.2013).

Recurso sem assinatura é recurso inexistente

"Conforme reiterada jurisprudência desta Corte e do Pretório Excelso, os recursos sem assinatura, dirigidos às instâncias extraordinárias, são considerados inexistentes" (STJ – EDcl no AgRg no REsp n° 1226630-RJ, Rel. Laurita Vaz, j. 04.06.2013, DJe 12.06.2013).

§ 3º Interposto por termo o recurso, o escrivão, sob pena de suspensão por dez a trinta dias, fará conclusos os autos ao juiz, até o dia seguinte ao último do prazo.

Falta funcional – O dispositivo não exige maiores explicações. Lembramos, apenas, que o art. 233, § 1º, do Código de Processo Civil, determina que, verificando o juiz que o serventuário excedeu o prazo, sem motivo justificado, deverá determinar a instauração de processo administrativo.

Art. 579. Salvo a hipótese de má-fé, a parte não será prejudicada pela interposição de um recurso por outro.

Parágrafo único. Se o juiz, desde logo, reconhecer a impropriedade do recurso interposto pela parte, mandará processá-lo de acordo com o rito do recurso cabível.

Princípio da fungibilidade – Previsto neste dispositivo, permite o conhecimento de recurso erroneamente interposto, desde que não tenha havido má-fé. De sorte que há determinadas situações em que a lei não prevê um recurso específico para uma decisão e doutrina e jurisprudência não se harmonizam a respeito do recurso cabível. Assim, por exemplo, a decisão que suspende o processo do réu citado por edital, nos termos do art. 366 do código. A lei não indica o recurso adequado contra essa decisão e a jurisprudência é vacilante, admitindo recurso em sentido estrito, correição parcial, apelação e mesmo *habeas corpus* (que não tem a natureza jurídica de recurso). Ora, se o recorrente se vale do recurso em sentido estrito e o tribunal entender que o recurso cabível era a apelação, nada impede que conheça aquele primeiro como apelação e, por consequência, aprecie o mérito do recurso. E, outro exemplo, o art. 337 do regimento interno do STF, admite a oposição de embargos de declaração apenas das decisões colegiadas. Quando se trata de uma decisão monocrática (por exemplo, a não concessão de uma liminar em *habeas corpus*) e o impetrante, por equívoco, oferta os embargos, estes podem ser recebidos como agravo regimental, em franca adoção do princípio da fungibilidade.

Inexistência de má-fé – Para que isso ocorra, porém, é preciso que não tenha o recorrente agido de má-fé. Se, por exemplo, o recorrente utiliza o recurso errado porque perdeu o prazo para interposição do recurso correto, dá forte indício de estar agindo maliciosamente e, consequentemente, não incidirá o princípio da fungibilidade. Em outras situações, o recurso interposto é o correto, mas seu endereçamento é equivocado (situação comum ao tempo em que existiam os tribunais de alçada e vista, atualmente, no endereçamento do recurso para o Tribunal de Justiça quando a competência é da Turma Recursal prevista na Lei nº 9.099/95). Nada impede que, uma vez recebido o recurso, seja ele encaminhado para o órgão competente para sua apreciação. A tal remessa, do órgão incompetente para o competente, se dá o nome de *princípio da conversão.*

Inexistência de erro grosseiro – Embora não mencionada na lei, a doutrina, por vezes, exige um outro requisito para a aplicação do princípio em estudo, a saber, a inexistência de erro grosseiro. O erro grosseiro é aquele que atenta contra expressa disposição legal, ou seja, a lei expressamente prevê um determinado recurso e o sucumbente, por erro inescusável, interpõe outro recurso. É o que ocorreria se o promotor de justiça se valesse da carta testemunhável contra decisão que rejeitou a denúncia, quando o recurso cabível, segundo texto de lei específico, é o recurso em sentido estrito (art. 581, inc. I). Vale atentar, porém, que a existência de erro grosseiro – repita-se – não vem prevista em lei como fator impeditivo da aplicação do princípio da fungibilidade. Por isso mesmo se tem repudiado a invocação desse requisito como fator impeditivo para o conhecimento do recurso equivocado, salvo se o erro grosseiro seja, na verdade, prova da má-fé do recorrente.

Tempestividade do recurso equivocado – A doutrina aponta ainda um outro requisito, que consiste na necessidade de o recurso equivocado ter sido interposto no prazo do recurso correto (nesse sentido, Valter Acosta, *O processo penal*, 1962, p. 335, 4ª. ed., Ed. Rio de Janeiro). O STF também já exigiu o preenchimento desse requisito para aproveitamento do recurso errado (*RTJ* 92/123). De se ver, porém, que essa recomendação acaba tendo mais aplicação no processo civil, já que, no processo penal, o prazo para interposição dos recursos é, quase sempre, de cinco dias (pelos menos é assim nos dois mais frequentes, a apelação e o recurso em sentido estrito).

> **ATENÇÃO** – Em sua jurisprudência de teses, de julho de 2017, o Superior Tribunal de Justiça entendeu que "Aplica-se o princípio da fungibilidade à apelação interposta quando cabível o recurso em sentido estrito, desde que demonstrada a ausência de má-fé, de erro grosseiro, bem como a tempestividade do recurso" (tese n. 8).

Casuística – A título de exemplo, se admitiu a adoção deste princípio nas seguintes situações: correição parcial conhecida como apelação, contra decisão do juiz que, de ofício, determinou a suspensão condicional do processo prevista na Lei nº 9.099/95 (*JTJ-LEX* 243/370); recurso em sentido estrito conhecido como apelação, da decisão que extingue a punibilidade também no juizado especial criminal (TACrimSP – Rec. 1337889/2 – Rel. Ivan Marques, j. em 28.4.2003); recurso em sentido estrito conhecido como apelação, da decisão que extingue a punibilidade pela prescrição (*RJD* 28/300); recurso em sentido estrito conhecido como apelação, da decisão que indefere pedido de reabilitação (*RT* 647/313); mandado de segurança conhecido como agravo para atacar decisão proferida em sede de execução (*RT* 760/754); recurso em sentido estrito conhecido como recurso ordinário de *habeas corpus* perante o STJ (*RSTJ* 100/313); recurso em sentido estrito conhecido como apelação da decisão que anula o processo (*RT* 607/354); apelação como carta testemunhável contra decisão que não recebeu recurso em sentido estrito (*RT* 589/357).

JURISPRUDÊNCIA

Recurso em sentido estrito e Apelação. Fungibilidade

"É firme no âmbito deste Superior Tribunal de Justiça a orientação jurisprudencial de que é possível a aplicação do princípio da fungibilidade entre os recursos em sentido estrito e de apelação, não havendo, portanto, que se falar em erro grosseiro." (STJ, Terceira Seção, Rel. Ministro JOEL ILAN PACIORNIK, AgRg EAREsp 1240307/MT, j. em 10/03/2021, DJe 23/3/2021).

Hipóteses de erro grosseiro

a) RSE ao invés da apelação contra sentença de impronúncia

a1) erro grosseiro

"A fungibilidade recursal, a teor do art. 579 do CPP, é possível desde que observado o prazo do recurso que se pretenda reconhecer e a inexistência de erro grosseiro e de má-fé" (REsp 109.8670/SP, 5.ª Turma, Rel. Min. ARNALDO ESTEVES LIMA, DJe de 13/10/2009). Nos termos do art. 416 do Código de Processo Penal, com redação dada pela Lei n.º 11.689/2008, 'contra a sentença de impronúncia ou de absolvição sumária caberá apelação.' A indicação expressa, no Estatuto Processual Penal quanto ao recurso cabível na espécie, afasta a aplicação do princípio da fungibilidade recursal, diante da constatação do erro grosseiro" (STJ – HC n° 172515-MG, Rel. Laurita Vaz, j. 20.03.2012, DJe 29.03.2012).

a2) em sentido contrário

"De acordo com artigo 416 do CPP cabe recurso de apelação contra a sentença de impronúncia e não recurso em sentido estrito. Entretanto, o recurso em sentido estrito pode ser recebido como apelação, justamente como foi feito no caso pela decisão do magistrado a quo (fl. 473), em observância do princípio da fungibilidade dos recursos, mesmo porque foi interposto no prazo (conforme se vislumbra do protocolo de fl. 472). É que o erro na escolha do recurso não deve acarretar prejuízo à parte, nos termos do artigo 579 do Código de Processo Penal, que dispõe que inexistindo má-fé, a parte não será prejudicada pela interposição de um recurso pelo outro" (TJSP – RSE nº 0001066-25.2001.8.26.0052, Rel. Willian Campos, j. 06.08.2013).

b) carta testemunhável por RSE da decisão que não recebeu apelação

"Não se afigura, portanto, possível a substituição da interposição de recurso em sentido estrito, contra a decisão que não recebeu a apelação, por carta testemunhável, pois, como é sabido, tal recurso, em razão de seu caráter subsidiário, somente é cabível quando não esteja previsto em lei outro recurso apto a impugnar a decisão judicial. Precedente desta Corte" (STJ – HC n° 85317-DF, Rel. Laurita Vaz, j. 10.02.2009, DJe 09.03.2009).

c) apelação ao invés de RSE da decisão que desclassifica o delito remetendo o feito ao Juizado Especial

"Contra decisão que desclassifica o delito imputado ao réu e, como consequência, conclui pela incompetência do juízo, cabe recurso em sentido estrito. A interposição, como na espécie, de apelação constitui erro grosseiro, o que impede a aplicação do princípio da fungibilidade" (STJ – REsp n° 611877-RR, Rel. para o acórdão Sebastião Reis Júnior, j. 17.04.2012, DJe 17.09.2012).

d) apelação ao invés de RSE da decisão que extingue a punibilidade pela prescrição

"A via eleita não se presta ao atendimento da pretensão vislumbrada, a qual deve ser objeto de recurso próprio, ou seja, recurso em sentido estrito, consoante disciplina o art. 581, inciso VIII do Código de Processo Penal. Não há como adotar a tese da fungibilidade de recursos, quando se trata de erro manifesto. O disposto no art. 579 do CPP, cuidando da hipótese de má-fé, foi expandido pela doutrina e pela jurisprudência, chegando-se ao entendimento de que o engano grosseiro também se encaixa nesse perfil" (TJSP – Apelação nº 990.09.061053-0, Rel. Souza Nucci, j. 04.10.2011).

e) recurso especial ao invés de recurso ordinário

"Afasta-se a aplicação do princípio da fungibilidade – previsto implicitamente no Código de Processo Civil em seu art. 250 e expressamente no art. 579 do Código de Processo Penal – nos casos de erro grosseiro, que se configura quando o recurso previsto para determinada decisão judicial encontra suas hipóteses de cabimento, explícita e claramente, delineadas na lei, e a parte interpõe recurso diverso. Precedentes. Segundo o entendimento consolidado do Superior Tribunal de Justiça, considera-se erro grosseiro e inescusável a interposição de recurso especial no lugar de recurso ordinário constitucionalmente previsto, que afasta a aplicação do princípio da fungibilidade" (STJ – AgRg no RMS n° 38143-SP, Rel. Laurita Vaz, j. 18.10.2012, DJe 24.10.2012).

f) agravo regimental contra acórdão do STJ

"Pela inteligência do art. 258 do RISTJ, é inadmissível a interposição de agravo regimental contra acórdão prolatado por órgão colegiado deste Superior Tribunal de Justiça. Referido ato constitui erro grosseiro, ensejando, assim, o não conhecimento da irresignação. Precedentes" (STJ – AgRG no HC n° 255899-RS, Rel. Alderita Ramos de Oliveira, j. 24.04.2013, DJe 06.05.2013).

Hipóteses de aplicação do princípio da fungibilidade

a) embargos de declaração como apelação

"A fungibilidade recursal, a teor do art. 579 do CPP, é possível desde que observado o prazo do recurso que se pretenda reconhecer e a inexistência de erro grosseiro e de má-fé" (STJ – REsp nº 1098670-SP, Rel. Arnaldo Esteves Lima, j. 10.09.2009, DJe 13.10.2009).

b) apelação recebida como RSE contra sentença de pronúncia

"Trata-se de inconformismo ministerial relativo ao afastamento de qualificadora descrita na exordial acusatória e não acolhida pela r. decisão de pronúncia por ausência de indícios suficientes de motivo fútil. O Parquet interpõe o presente recurso com fundamento no art. 416 do CPP, entendendo que, na parte em que excluiu a qualificadora descrita no art. 121, § 2º, II, do Código Penal, o Magistrado a quo impronunciou o acusado. Deveras, a despeito de entendimento jurisprudencial em sentido contrário, pela letra da lei, na medida em que as qualificadoras não reconhecidas pela pronúncia não poderiam ser reconhecidas pelo Tribunal do Júri, atribui-se, nesta parte, natureza terminativa à decisão. Ocorre, contudo, que a decisão híbrida que pronunciou o acusado pelo homicídio simples tentado e impronunciou-o com relação à qualificadora por motivo fútil, melhor se adequa à hipótese prevista no art. 581, IV, do CPP, pois o réu, de fato, foi pronunciado. Assim, nos termos do art. 579 do CPP, recebo a apelação como recurso em sentido estrito, porquanto sequer cogitada qualquer má-fé pelo recorrente" (TJSP – Apelação nº 0007192-77.2005.8.26.0270, Rel. Otávio de Almeida Toledo, j. 23.04.2013).

Necessária observância do prazo cominado ao recurso correto

"O equívoco na interposição do recurso pode ser sanado pela aplicação do princípio da fungibilidade quando demonstrado que, além de inocorrente erro grosseiro e de inexistente má-fé por parte do recorrente, fora ele interposto tempestivamente" (STJ – REsp nº 402312-MS, Rel. José Arnaldo da Fonseca, j. 04.09.2003, DJ 13.10.2003, p. 403).

Art. 580. No caso de concurso de agentes (Código Penal, art. 25), a decisão do recurso interposto por um dos réus, se fundado em motivos que não sejam de caráter exclusivamente pessoal, aproveitará aos outros.

Efeito extensivo – Este dispositivo trata do chamado efeito extensivo dos recursos, a permitir que se estendam ao corréu que não recorreu os efeitos do recurso interposto pelo outro réu.

ATENÇÃO - A referência ao art. 25 do CP leva em conta a sua redação antes da reforma da parte geral em 1984. Hoje, o dispositivo a ser observado é o art. 29.

Assim, por exemplo, condenados "A" e "B", apenas "A" recorre. Ao dar provimento ao recurso reconhecendo que o fato é atípico, o tribunal estenderá ao "B", que não recorreu, os efeitos do recurso, absolvendo-o também. A razão parece clara: não teria cabimento a manutenção de uma condenação por um fato atípico contra o corréu apenas em razão de não ter ele recorrido. Mas é preciso que o recurso tenha se baseado em uma situação objetiva, isto é, que a situação de ambos os corréus seja idêntica. Se por acaso o recorrente foi absolvido por falta de provas, essa absolvição não se estenderá, automaticamente, ao corréu que não recorreu, já que em relação a ele a prova pode ser firme para a manutenção da sentença condenatória. Imaginemos, ainda, que "A" contasse 19 anos ao tempo da prática do crime enquanto "B" tivesse 22 anos. Eventual provimento ao recurso de "A", reduzindo-lhe a pena (art. 65, inc. I, do Código Penal), por óbvio que não atingirá "B".

JURISPRUDÊNCIA

Quando é possível a extensão dos efeitos do recurso

"Verificada a identidade fático-processual entre a situação do paciente beneficiado com a concessão da ordem de habeas corpus e o corréu requerente – já que continuaram segregadas em decorrência dos mesmos inidôneos fundamentos, mencionados por ocasião da conversão da prisão em flagrante em preventiva – e que o pleito não se encontra fundado em motivos de caráter pessoal, devida a aplicação do disposto no art. 580 do CPP" (STJ – PExt no HC n° 265582-SP, Rel. Jorge Mussi, j. 26.06.2013, DJe 01.08.2013).

Quando não se admite a extensão

"A exposição dos fatos e a verificação das circunstâncias presentes e comprovadas no presente pedido conduzem ao indeferimento da extensão pretendida, em razão da ausência de identidade entre a situação do Paciente e a dos corréus em benefício de quem foi deferida a ordem" (STF – HC n° 116381-CE, Rel. Cármen Lúcia, j. 13.08.2013, DJe 28.08.2013).

"O artigo 580 do CPP permite que, na hipótese de concurso de agentes, a decisão judicial favorável proferida em favor de um acusado se estenda aos demais, desde que as situações fático-processuais sejam idênticas e não esteja a decisão beneficiadora fundada em motivos que sejam de caráter eminentemente pessoal. Constatada a ausência de identidade fático-processual entre o beneficiado da decisão proferida por esta Quinta Turma nos autos do presente habeas corpus e os ora requerentes, e verificando-se que já foram julgados pelo Juízo singular, sendo as prisões agora decorrentes de condenação, não há como se deferir a pretendida extensão do julgado" (STJ – HC n° 166761-SP, Rel. Jorge Mussi, j. 06.08.2013, DJe 27.08.2013).

"Isonomia de tratamento impõe-se quando há igualdade de situações, o que inexiste no caso dos autos. Por isso, não se encontrando o Paciente em idêntica situação fático-processual, não cabe, a teor do Princípio da Isonomia e do art. 580 do Código de Processo Penal, deferir pedido de extensão de julgado benéfico obtido por outros corréus" (STJ – HC n° 226458-RJ, Rel. Laurita Vaz, j. 06.08.2013, DJe 13.08.2013).

Júri e extensão dos efeitos aos corréus

a) possibilidade

"Recurso Ordinário em Habeas Corpus. Processo Penal . Júri. Coautoria. Reconhecimento da inexistência dos crimes. Absolvição do autor posterior à condenação do coautor. Extensão dos efeitos da absolvição ao coautor. Nulidade da condenação. Precedentes. Recurso conhecido e provido" (STF – RHC n° 82473-RS, Rel. Nelson Jobim, j. 03.12.2003, DJe 13.02.2004, p. 18).

"Homicídio. Reconhecimento, em favor do autor, de legitima defesa. Condenação, entretanto, do partícipe, em julgamento separado. A participação penalmente reprovável há de pressupor a existência de um crime, sem o qual descabe cogitar de punir a conduta acessória. Habeas corpus concedido, com anulação da condenação e extensão dos efeitos absolutórios resultantes do julgamento do autor" (STF – HC n° 69741-DF, Rel. Francisco Rezek, j. 15.12.1992, DJe 19.02.1993, p. 2036).

b) impossibilidade

"Malgrada a possibilidade de incongruência entre os julgamentos, em decorrência da absolvição do acusado de intermediar a contratação dos executores do homicídio, há de se observar a especial peculiaridade dos julgamentos realizados pelo Tribunal do Júri, composto por juízes leigos, pessoas do povo, cujo veredicto é soberano e, por isso, não guarda relação de dependência com o julgamento dos coautores ou partícipes. 3. A soberania do veredicto do Júri Popular, como se sabe, está prevista na Constituição Federal, como garantia fundamental, no seu art. 5.º, inciso XXXVIII. E dela pode decorrer situações que, eventualmente, fujam da lógica ordinária, com a possibilidade de coexistência de decisões conflitantes, mas que o ordenamento jurídico admite, por se cuidar de decisão soberana e independente, tomada por juízes leigos, de quem não se exige as razões de decidir" (STJ – APn n° 517-CE, Rel. Laurita Vaz, j. 05.12.2012, DJe 10.04.2013

CAPÍTULO II
DO RECURSO EM SENTIDO ESTRITO

Conceito – O recurso em sentido estrito constitui-se no remédio cabível para impugnar, via de regra, decisões interlocutórias expressamente previstas no art. 581 do CPP. De sorte que o recurso em sentido estrito guarda grande semelhança com o agravo de instrumento do processo civil, na medida em que se presta, regra geral, à impugnação de decisões proferidas no curso do processo e que não colocam fim a ele. Daí a observação de Hélio Tornaghi, segundo o qual "da expressão primitiva, recurso de agravo, ficou no campo civil somente o nome agravo e no penal a designação recurso que, para distinguir dos recursos em sentido amplo, foi chamado recurso em sentido estrito" (Curso de Processo Penal, ob. cit., vol. 2., p. 317). Tanto que legislações posteriores ao Código de Processo Penal (a Lei de Execução Penal, por exemplo) e os projetos e anteprojetos visando sua alteração, já preferem adotar o nome agravo para indicar o recurso cabível contra toda e qualquer decisão interlocutória. De se destacar, contudo, que por vezes esse recurso pode ser utilizado para atacar uma sentença definitiva, como ocorre, v.g., na hipótese de reconhecimento da prescrição (art. 581, inc. VIII).

Rol taxativo – Discute a doutrina se o rol das hipóteses de cabimento do recurso, previsto no art. 581, é exemplificativo ou taxativo, isto é, se é cabível a ampliação do recurso para outras hipóteses além daquelas elencadas pelo legislador ou, ao contrário, se ele somente pode ser empregado naqueles casos previstos no dispositivo legal (numerus clausus). O entendimento que prevalece é no sentido de que vigora o princípio da taxatividade, visto que só tem cabimento o recurso nas hipóteses expressamente previstas no art. 581. Argumenta-se que, se o legislador se preocupou em especificar cada uma das hipóteses de cabimento do recurso, detalhando uma a uma, é porque o recurso em sentido estrito só é mesmo cabível nesses casos. Quisesse deixar um campo fértil de incidência e bastaria adotar a fórmula do processo civil que, de maneira genérica, diz que as decisões interlocutórias são atacáveis através de agravo. Ademais, "tampouco o legislador cuidaria da apelação residual para os casos de decisões definitivas ou com força de definitivas para as quais não tenha sido previsto o recurso em sentido estrito (art. 593, II)" (Código de Processo Penal Comentado, ob., cit., vol. 2, p. 320).

Isso não impede, no entanto, que se proceda à interpretação extensiva. Afinal, interpretar a lei significa tornar-lhe claro o sentido, apurando sua vontade e alcance. Ora, por mais prudente que seja o legislador, não há que se exigir dele a capacidade de prever todos os casos particulares, tamanha a gama de situações que podem surgir. Por isso, formula uma norma genérica, cabendo ao operador do Direito a função de enquadrar a ação humana à norma jurídica, fazendo, exatamente, o que faria o legislador se estivesse diante do caso concreto. Tal necessidade afasta a velha afirmação de que o texto claro prescinde de interpretação, firmada no brocardo latino segundo o qual in claris cessat interpretatio. Não se deve confundir, outrossim, analogia com interpretação extensiva. A analogia é forma de integração, suprir lacuna, agindo onde a lei é inexistente. Na interpretação extensiva existe a lei que, no entanto, disse menos do que pretendia (minus dixit quam voluit). "Ocorre quando é necessário ampliar o sentido ou alcance da lei", no dizer de Julio Fabbrini Mirabete (ob., cit., p. 77). Ou seja, a lei disse menos do que pretendia, o que é justificável na medida em que elaborada por homens, sujeitos a equívocos e imperfeições. Daí a necessidade de se alargar, se estender o campo de incidência da lei. Aponte-se o exemplo do art. 89 da Lei nº 9.099/95 (Juizados Especiais Criminais), que menciona, como passíveis de suspensão condicional do processo, os "crimes em que a pena mínima cominada ...", parecendo lógico que o benefício deva ser estendido, também, às contravenções penais.

Veja-se ainda, o exemplo clássico no qual, rejeitada a denúncia, o recurso cabível, por força de expressa disposição legal, é o recurso em sentido estrito, na exata dicção do art. 581, inc. I, do código. Já se o juiz rejeitar o aditamento à denúncia, a lei não prevê qualquer recurso. Nada impede que, nesse caso, utilizando-se uma interpretação extensiva, o promotor de justiça interponha o recurso stricto sensu, ante a omissão legal (RT 607/410, 546/365). É o entendimento que prevalece na doutrina. Não se trata, pois, de ampliar as hipóteses de cabimento do recurso, tampouco de, usurpando a função do legislador, criar recurso onde a lei não o prevê, mas apenas de se interpretar a norma de forma que sua incidência se estenda a casos não expressamente previstos em lei.

ATENÇÃO - Há doutrina que se manifesta contrariamente à utilização do recurso em sentido estrito, contra a rejeição ao aditamento da denúncia, entendendo cabível, nesse caso, a apelação, em vista do disposto no inc. II, do art. 595, do código ("caberá apelação ... das decisões definitivas, ou com força de definitivas, proferidas por juiz singular nos casos não previstos no Capítulo anterior"). No sentido do cabimento da apelação contra decisão que rejeita o aditamento formulado pelo Ministério Público é o Regimento Interno do Tribunal de Justiça do Estado de São Paulo, como se infere de seu art. 806, inc. I.

Há, em acréscimo, a necessidade de adoção de um critério mais contemporâneo, que atenda a eventuais omissões legislativas. Aliás, é questão que não passou despercebida já por Borges da Rosa, quando, embora salientando ser taxativa a enumeração do art. 581, ressalva que "seria excessivo afirmar que o legislador teve uma visão completa de toda a matéria processual e pôde, assim, ter sob os olhos todos os casos semelhantes que pudessem ocorrer na vida prática. Mas admitindo, por tolerância, que o legislador tivesse podido arrolar todos os casos então presentes na época da elaboração da lei, seria temerário afirmar que, nos ditos casos, pôde contemplar também os futuros, oriundos das modificações das leis penais tanto substantivas como adjetivas ... de sorte que, embora o novo caso não se identifique, pelas suas expressões literais, com os enumerados no texto legal, deve ser contemplado na enumeração taxativa, quando se identifique pelo seu espírito, tanto vale dizer pelos seus fins e efeitos, com qualquer um dos casos contemplados no texto legal" (ob. cit., p. 707).

Cite-se e ainda a título de exemplo, a decisão que determina a suspensão do processo de que trata o art. 366 do código, alterado pela Lei nº 9.271/96. Ora, esse dispositivo legal não prevê o recurso cabível de tal decisão. O art. 581 não poderia fazê-lo, posto que muito anterior à edição da lei. A jurisprudência então, se valendo de uma aplicação extensiva, admite o recurso em sentido estrito com base no inc. XVI, do art. 581 (RT 796/684). Vale lembrar, ademais, do disposto no parágrafo único do art. 294 do Código de Trânsito Brasileiro, que prevê o cabimento de recurso em sentido estrito, sem efeito suspensivo, da decisão do juiz que decrete a suspensão da permissão ou da habilitação para dirigir veículo automotor ou a proibição de sua obtenção.

JURISPRUDÊNCIA

Aplicação do dispositivo para hipótese de rejeição de aditamento à denúncia

"O aditamento, enquanto substancia imputação de fato criminoso, submete-se à disciplina legal da acusatória inicial quanto à sua forma, matéria e impugnação recursal, correndo firme a jurisprudência dos Tribunais Superiores no sentido de que cabe recurso em sentido estrito contra decisão que indefere aditamento da denúncia" (STJ – REsp nº 254494-DF, Rel. Hamilton Carvalhido, j. 24.11.2004, DJe 01.02.2005, p. 621).

Rol taxativo, mas admite interpretação extensiva

"As hipóteses de cabimento de recurso em sentido estrito, trazidas no art. 581 do Código de Processo Penal e em legislação especial, são exaustivas, admitindo a interpretação extensiva, mas não a analógica. Por não estar elencada entre as situações que admitem o recurso em sentido estrito nem com elas possuindo relação que admita interpretação extensiva, é descabido o manejo deste recurso contra a decisão do Juízo de primeiro grau que indeferiu a produção de prova requerida pelo Parquet, no caso, a realização de exame de DNA" (STJ – REsp n° 1078175-RO, Rel. Sebastião Reis Júnior, j. 16.04.2013, DJe 26.04.2013).

Alegação de nulidade não admite RESE

"A legislação processual penal não é estranha a interpretação extensiva, em face de lacuna da lei, assim, admite-se a utilização do recurso em sentido estrito em face de uma decisão interlocutória que se enquadre nas hipóteses do art. 581 do Código de Processo Penal, a despeito da linguagem restrita do rol não elencar explicitamente o caso. A alegação de nulidade processual não se coaduna com o recurso em sentido estrito, porque amplia o rol do art. 581 do Código de Processo Penal, que trata das exceções à regra de irrecorribilidade das decisões interlocutórias" (STJ – HC n° 60624-MS, Rel. Laurita Vaz, j. 06.03.2008, DJe 07.04.2008).

Efeitos do recurso – Como todo e qualquer recurso, o recurso em sentido estrito possui o chamado efeito devolutivo. Possui, também, o efeito suspensivo, mas em poucas hipóteses, tratadas no art. 584 do código. Aqui é cabível uma observação. O art. 584 relaciona as decisões que comportam, por exceção a regra geral, recurso em sentido estrito com efeito suspensivo. São as seguintes:

1) que decretar a perda da fiança;

2) que conceder livramento condicional;

3) que denegar apelação ou a julgar deserta (inc. XV);

4) que decidir sobre a unificação de penas (inc. XVII);

5) que converte a multa em detenção ou em prisão simples (inc. XXIV).

Algumas dessas hipóteses foram posteriormente alteradas ou mesmo não mais subsistem. Pois bem. As decisões que se refiram ao livramento condicional ou sobre unificação de penas, com a reforma penal de 1984, passaram a admitir agravo em execução, sem efeito suspensivo (v. em seguida verbete hipóteses de cabimento). Já a situação prevista no inc. XXIV não mais existe, eis que, por força da alteração havida no art. 51, *caput*, do Código Penal, com o advento da Lei nº 9.628/96, desapareceu a possibilidade de conversão de pena de multa em pena restritiva de liberdade. Hoje, aplicada a pena de multa e verificando-se a inadimplência do condenado, cabe a execução fiscal desse valor junto ao juiz das execuções criminais, salvo na situação de comprovada impossibilidade de seu pagamento pelo apenado, ainda que de forma parcelada, conforme decidiu o STF (ADI 7.032/DF, Rel. Min. Flávio Dino, julgamento em 22/03/2024).

Daí se concluir, por exclusão, que o recurso em sentido estrito tem efeito suspensivo em apenas duas ocasiões:

1) quando se voltar contra a decisão que decretou a perda da fiança; e

2) quando se rebelar contra decisão do juiz que denegar apelação ou a julgar deserta.

De se ver, porém, que embora não mencionada no *caput* do art. 584, em pelo menos mais uma hipótese será deferido o efeito suspensivo ao recurso em sentido estrito. Ocorre no recurso que investir contra a pronúncia (art. 581, IV, primeira parte), quando apenas o julgamento em plenário fica suspenso, aguardando a apreciação do RSE (art. 584, § 2º).

JURISPRUDÊNCIA

Rol taxativo das hipóteses de efeito suspensivo no RSE

"As hipóteses de atribuição de efeito suspensivo ao recurso em sentido estrito estão elencadas expressa e taxativamente no art. 584, 'caput', do Código de Processo Penal, não podendo o legislador sobrepor-se às limitações impostas pela lei adjetiva penal" (STJ – REsp n° 33631-SP, Rel. Fernando Gonçalves, j. 03.06.1997, DJ 23.06. 1997, p. 29195).

Mandado de segurança e efeito suspensivo – Uma das situações nas quais se interpõe com frequência o recurso em sentido estrito é aquela em que o juiz concede liberdade provisória. Trata-se, seguindo a regra, de recurso sem efeito suspensivo, mas, na prática, a solução muitas vezes adotada pelo Ministério Público para tentar manter a prisão é a impetração de mandado de segurança pleiteando a imposição do mencionado efeito. O STJ, no entanto, firmou a tese de que o mandado de segurança não pode ser impetrado com esse propósito:

> "2. A jurisprudência do Superior Tribunal de Justiça é firme no sentido do descabimento de mandado de segurança para conferir efeito suspensivo a recurso em sentido estrito interposto a decisão que concede liberdade provisória, por ausência de amparo legal e por tal manejo refugir ao escopo precípuo da ação mandamental. 3. Assim, o manejo do mandado de segurança como sucedâneo recursal, notadamente com o fito de obter medida não prevista em lei, revela-se de todo inviável, sendo, ademais, impossível falar em direito líquido e certo na ação mandamental quando a pretensão carece de amparo legal. Precedentes" (HC 368.906/SP, j. 18/04/2017).

Algo semelhante ocorre no âmbito da execução penal, em que as decisões que concedem benefícios – e as que os negam – são atacadas por meio do agravo em execução, cujo rito, na falta de previsão legal específica, é o do recurso em sentido estrito, e sobre o qual, por disposição expressa do art. 197 da LEP, não há efeito suspensivo. Neste caso também não é raro que o Ministério Público lance mão do mandado de segurança para obstar, por exemplo, a eficácia da decisão concessiva da progressão de regime ou de livramento condicional. Mas o STJ também vinha afastando pretensões desta natureza.

Considera-se, basicamente, que a impetração de mandado de segurança em matéria criminal só é possível quando atendidos os requisitos básicos do art. 5º, inciso LXIX, da Constituição Federal, segundo o qual "conceder-se-á mandado de segurança para proteger direito líquido e certo, não amparado por *habeas corpus* ou habeas data, quando o responsável pela ilegalidade ou abuso de poder for autoridade pública ou agente de pessoa jurídica no exercício de atribuições do Poder Público". No caso, considera-se inexistente o direito líquido e certo porque a pretensão não encontra amparo legal, tendo em vista que a lei não confere ao recurso o efeito pretendido por meio do mandamus, cujo propósito fundamental é afastar a violação de direitos por meio do abuso de poder:

> "A impetração do mandado de segurança como sucedâneo recursal, notadamente com o fito de obter medida não prevista em lei, revela-se de todo inviável, sendo, ademais, impossível falar em direito líquido e certo na ação mandamental quando a pretensão carece de amparo legal" (HC 368.906/SP, DJe 28/04/2017).

Com a edição da súmula 604, segundo a qual o "Mandado de segurança não se presta para atribuir efeito suspensivo a recurso criminal interposto pelo Ministério Público", o STJ resolve definitivamente a matéria. Resta, apenas, a possibilidade de medida cautelar, que deve ser admitida em casos excepcionais, como tem decidido o próprio STJ quanto ao efeito suspensivo no recurso especial:

> "1. É assente na jurisprudência desta Corte de Justiça que o *habeas corpus* não é a via adequada para dar efeito suspensivo a recurso especial pendente de admissibilidade na origem, tendo em vista que este pedido normalmente é veiculado por medida cautelar inominada e só é acolhido em casos excepcionais" (HC 351.114/SP, DJe 29/06/2016).

JURISPRUDÊNCIA

Mandado de segurança não se presta a conferir efeito suspensivo ao RSE

"O mandado de segurança não se presta para atribuir efeito suspensivo a recurso em sentido estrito interposto pelo Ministério Público contra decisão que concede liberdade. Precedentes. Não obstante ser cabível a utilização de mandado de segurança na esfera criminal, deve ser observada a presença dos seus requisitos constitucionais autorizadores. Ausente o direito líquido e certo e tratando-se de ato judicial passível de recurso, torna-se descabida a via eleita" (STJ – HC nº 154422-SP, Rel. Gilson Dipp, j. 15.02.2011, DJe 28.02.2011).

Tampouco ao agravo em execução

"Dispõe o art. 197 da Lei de Execuções Penais: 'Das decisões proferidas pelo Juiz caberá recurso de agravo, sem efeito suspensivo'. É cabível a impetração de mandado de segurança na esfera criminal, desde que preenchidos os requisitos autorizadores previstos no art. 5º, LXIX, da Constituição Federal. Consoante entendimento firmado pelo Superior Tribunal de Justiça, não é possível emprestar feito suspensivo a recurso de agravo em execução por meio de mandado de segurança" (STJ – HC nº 127563-RS, Rel. Arnaldo Esteves Lima, j. 19.08.2009, DJe 21.09.2009).

Ação cautelar inominada e efeito suspensivo

"A jurisprudência desta Corte Superior admite o ajuizamento de ação cautelar inominada para atribuir efeito suspensivo a recurso em sentido estrito interposto pelo Ministério Público contra decisão que revogou a prisão preventiva, não sendo aplicável, ao caso, a Súmula n. 604/STJ, cujo enunciado proíbe, especificamente, a utilização de mandado de segurança com tal finalidade" (STJ - HC n. 485.727/SC, relatora Ministra Laurita Vaz, Sexta Turma, julgado em 11/4/2019, DJe de 30/4/2019).

Efeito regressivo – O efeito, todavia, que mais caracteriza o recurso em sentido estrito é o regressivo, também denominado de iterativo ou diferido, que importa na faculdade conferida ao juiz de reformar sua própria decisão. Assim, proferida uma decisão impugnável por meio de recurso em sentido estrito, e tendo sido ele interposto, cabe ao juiz, após a apresentação da contrariedade ao recurso, decidir se mantém a decisão anterior ou, ao contrário, se a reforma. Essa nova decisão deve ser proferida no prazo de dois dias. É o chamado juízo de retratação, previsto no art. 589 do código. De sorte que o juiz é obrigado a reapreciar a matéria, seja para manter sua decisão (que o código impropriamente denomina despacho), seja para reformá-la. Caso não o faça, determinando a subida dos autos, o Tribunal, convertendo o julgamento em diligência, devolverá o recurso para que seja observado o disposto no art. 589 (nesse sentido, RT 514/387, 555/416).

Ratio legis – A possibilidade de retratação tem por objetivo atender o princípio da economia processual, ou seja, se o próprio juiz pode rever sua decisão, via de regra interlocutória, não faz sentido a remessa do recurso, de imediato, ao Tribunal. Nenhum demérito há, outrossim, na decisão do juiz que, revendo seu posicionamento anterior e se curvando ante a nova argumentação, se retrate, modificando-a. Ao contrário, demonstrará elevação e serenidade, pois, na lição de Espínola Filho, "mais nobreza há, por certo, na reconsideração da sentença, que se verifica estar errada, assim fazendo atuar o perfeito e equilibrado espírito da justiça, a serviço dos bons ensinamentos da ciência jurídica" (ob., cit., vol. VI, p. 121). Diz-se que o efeito é misto, quando mantida a decisão por seu prolator de 1º grau, ele envia o recurso para a instância superior.

O parágrafo único do art. 589 abre a possibilidade da parte prejudicada com a retratação se valer do mesmo recurso para, através de simples petição, requerer sua apreciação pelo tribunal. Num exemplo: suponha-se que concedida fiança ao réu, o promotor de justiça (recorrente) interpõe recurso em sentido estrito, com base no art. 581, inc. V, do código. Após a contrariedade ao recurso, o juiz, reapreciando a matéria, se retrata, negando a fiança ao réu (recorrido). Nada impede que o réu, agora prejudicado com a nova decisão, se utilize do recurso em sentido estrito, requerendo sua subida ao tribunal para julgamento. Assim, o réu se transforma em recorrente e o Ministério Público em recorrido. O prazo para se requerer a subida do recurso, à falta de disposição legal expressa, se entende de cinco dias, por analogia ao disposto no art. 586. É desnecessária, nessa segunda fase, a oferta de razões pelo novo recorrente, eis que sua argumentação já foi apresentada quando se bateu, em nosso exemplo, pela manutenção da fiança. Prescindíveis também as contrarrazões, porquanto o Ministério Público já expôs seu ponto de vista quando fundamentou seu recurso em sentido estrito, postulando a negativa da fiança. É que, na lição de Espínola Filho, "em rigor, não há um novo recurso, independente, mas o prosseguimento do primeiro, transformado" (ob. cit., p. 123).

Pro et contra – Mas isso somente é possível nas hipóteses de recurso em sentido estrito que sejam pro et contra, assim entendidas aquelas que admitam o recurso caso o juiz julgue de uma ou outra forma, ou seja, quando o recurso é cabível em ambas as situações inversas de sucumbência. Assim, v.g., quando o juiz concede ou nega a fiança (inc. V), quando concede ou nega *habeas corpus* (inc. X), etc.

Secundum eventum littis – Quando o recurso é cabível apenas para impugnar uma decisão determinada e não a decisão em sentido contrário, se diz que a hipótese de recurso em sentido estrito é *secundum eventum littis*. Nesse caso, ao contrário do que vimos acima, já não mais será possível o aproveitamento do recurso pela parte prejudicada pela retratação. Assim, por exemplo, se o juiz rejeita a denúncia e, após recurso em sentido estrito interposto pelo promotor de justiça (art. 581, inc. I), a recebe, não poderá o réu pedir a subida do recurso, já que em relação ao recebimento da denúncia não tem cabimento o recurso. O mesmo ocorrerá se, após anular o processo e ante recurso em sentido estrito interposto pelo Ministério Público (art. 581, XIII), o juiz se retratar, decidindo pelo prosseguimento do feito. Já não será possível, nesse caso, o pedido de subida do recurso, pois essa última decisão não comporta o recurso *stricto sensu*.

Art. 581. **Caberá recurso, no sentido estrito, da decisão, despacho ou sentença:**

I – que não receber a denúncia ou a queixa;

II – que concluir pela incompetência do juízo;

III – que julgar procedentes as exceções, salvo a de suspeição;

IV – que pronunciar o réu;

V – que conceder, negar, arbitrar, cassar ou julgar inidônea a fiança, indeferir requerimento de prisão preventiva ou revogá-la, conceder liberdade provisória ou relaxar a prisão em flagrante;

VI – Revogado pela Lei 11.689, de 2008;

VII – que julgar quebrada a fiança ou perdido o seu valor;

VIII – que decretar a prescrição ou julgar, por outro modo, extinta a punibilidade;

IX – que indeferir o pedido de reconhecimento da prescrição ou de outra causa extintiva da punibilidade;

X - que conceder ou negar a ordem de habeas corpus;

XI - que conceder, negar ou revogar a suspensão condicional da pena;

XII - que conceder, negar ou revogar livramento condicional;

XIII - que anular o processo da instrução criminal, no todo ou em parte;

XIV - que incluir jurado na lista geral ou desta o excluir;

XV - que denegar a apelação ou a julgar deserta;

XVI - que ordenar a suspensão do processo, em virtude de questão prejudicial;

XVII - que decidir sobre a unificação de penas;

XVIII - que decidir o incidente de falsidade;

XIX - que decretar medida de segurança, depois de transitar a sentença em julgado;

XX - que impuser medida de segurança por transgressão de outra;

XXI - que mantiver ou substituir a medida de segurança, nos casos do art. 774;

XXII - que revogar a medida de segurança;

XXIII - que deixar de revogar a medida de segurança, nos casos em que a lei admita a revogação;

XXIV - que converter a multa em detenção ou em prisão simples.

XXV – que recusar homologação à proposta de acordo de não persecução penal, previsto no art. 28-A.

Redação antes da Lei 13.964/19	Redação depois da Lei 13.964/19
Art. 581. Caberá recurso, no sentido estrito, da decisão, despacho ou sentença:	**Art. 581.** Caberá recurso, no sentido estrito, da decisão, despacho ou sentença:
I - que não receber a denúncia ou a queixa;	I - que não receber a denúncia ou a queixa;
II - que concluir pela incompetência do juízo;	II - que concluir pela incompetência do juízo;
III - que julgar procedentes as exceções, salvo a de suspeição;	III - que julgar procedentes as exceções, salvo a de suspeição;
IV – que pronunciar o réu;	IV – que pronunciar o réu;
V - que conceder, negar, arbitrar, cassar ou julgar inidônea a fiança, indeferir requerimento de prisão preventiva ou revogá-la, conceder liberdade provisória ou relaxar a prisão em flagrante;	V - que conceder, negar, arbitrar, cassar ou julgar inidônea a fiança, indeferir requerimento de prisão preventiva ou revogá-la, conceder liberdade provisória ou relaxar a prisão em flagrante;
VI - Revogado pela Lei 11.689, de 2008;	VI - Revogado pela Lei 11.689, de 2008;
VII - que julgar quebrada a fiança ou perdido o seu valor;	VII - que julgar quebrada a fiança ou perdido o seu valor;
VIII - que decretar a prescrição ou julgar, por outro modo, extinta a punibilidade;	VIII - que decretar a prescrição ou julgar, por outro modo, extinta a punibilidade;
IX - que indeferir o pedido de reconhecimento da prescrição ou de outra causa extintiva da punibilidade;	IX - que indeferir o pedido de reconhecimento da prescrição ou de outra causa extintiva da punibilidade;
X - que conceder ou negar a ordem de *habeas corpus*;	X - que conceder ou negar a ordem de *habeas corpus*;
XI - que conceder, negar ou revogar a suspensão condicional da pena;	XI - que conceder, negar ou revogar a suspensão condicional da pena;
XII - que conceder, negar ou revogar livramento condicional;	XII - que conceder, negar ou revogar livramento condicional;
XIII - que anular o processo da instrução criminal, no todo ou em parte;	XIII - que anular o processo da instrução criminal, no todo ou em parte;
XIV - que incluir jurado na lista geral ou desta o excluir;	XIV - que incluir jurado na lista geral ou desta o excluir;
XV - que denegar a apelação ou a julgar deserta;	XV - que denegar a apelação ou a julgar deserta;
XVI - que ordenar a suspensão do processo, em virtude de questão prejudicial;	XVI - que ordenar a suspensão do processo, em virtude de questão prejudicial;
XVII - que decidir sobre a unificação de penas;	XVII - que decidir sobre a unificação de penas;
XVIII - que decidir o incidente de falsidade;	XVIII - que decidir o incidente de falsidade;
XIX - que decretar medida de segurança, depois de transitar a sentença em julgado;	XIX - que decretar medida de segurança, depois de transitar a sentença em julgado;
XX - que impuser medida de segurança por transgressão de outra;	XX - que impuser medida de segurança por transgressão de outra;
XXI - que mantiver ou substituir a medida de segurança, nos casos do art. 774;	XXI - que mantiver ou substituir a medida de segurança, nos casos do art. 774;
XXII - que revogar a medida de segurança;	XXII - que revogar a medida de segurança;
XXIII - que deixar de revogar a medida de segurança, nos casos em que a lei admita a revogação;	XXIII - que deixar de revogar a medida de segurança, nos casos em que a lei admita a revogação;
XXIV - que converter a multa em detenção ou em prisão simples.	XXIV - que converter a multa em detenção ou em prisão simples.
	XXV – que recusar homologação à proposta de acordo de não persecução penal, previsto no art. 28-A.

I - que não receber a denúncia ou a queixa

Quando o juiz não recebe a denúncia ou a queixa, ele profere uma decisão terminativa de mérito, que deve ser atacada através do recurso em sentido estrito. A denúncia ou a queixa serão rejeitadas quando não atentarem ao disposto no art. 41 do código, que determina "a exposição do fato criminoso, com todas as suas circunstâncias, a qualificação do acusado ou esclarecimentos pelos quais se possa identificá-lo, a classificação do crime e, quando necessário, o rol das testemunhas". Ou, ainda, quando, segundo o art. 395, for manifestamente inepta, faltar pressuposto processual ou condição para o exercício da ação penal; ou faltar justa causa para o exercício da ação penal.

Na hipótese de o juiz *receber* a denúncia ou queixa, tal decisão não comporta nenhum recurso, admitindo, apenas, a utilização, pelo réu ou querelado, do *habeas corpus*, que não tem a natureza jurídica de recurso, embora, nesse caso concreto, possa funcionar como tal. A exceção era prevista na Lei de Imprensa (Lei nº 5.250/67) que, em seu art. 44, § 2º, admitia recurso em sentido estrito contra decisão que recebia denúncia ou queixa. Tal lei, porém, foi expurgada de nosso direito positivo, pois considerada inconstitucional pelo Supremo Tribunal Federal, que acolheu a Ação de Descumprimento de Preceito Fundamental nº 130-DF, proposta pelo Partido Democrático Trabalhista (PDT).

ATENÇÃO - Nos Juizados Especiais Criminais (Lei n. 9099/95), segundo seu art. 82, "da decisão de rejeição da denúncia ou queixa e da sentença caberá apelação, que poderá ser julgada por turma composta de três Juízes em exercício no primeiro grau de jurisdição", no prazo de dez dias (§ 1º).

Não recebimento *x* rejeição - Vale anotar que já se fez distinção o *não recebimento* e a *rejeição* da denúncia. Nesse sentido: José Antonio Paganella Boschi, *Ação penal, denúncia, queixa, aditamento*. Aide, 1997, p. 272. Assim, a denúncia *não será recebida* quando deixar de preencher os requisitos formais previstos no art. 41 do CPP, ou seja, não contiver a exposição do fato criminoso, sua qualificação, o rol de testemunhas. A denúncia, porém, será *rejeitada* quando desatendidos os pressupostos de mérito elencados no art. 395 do CPP, se, por exemplo, o fato narrado não configurar crime, estiver extinta a punibilidade pela prescrição, for manifesta a ilegitimidade de parte ou ausente condição exigida pela lei para a deflagração da ação penal. Daí se concluiu que, da primeira hipótese (*não recebimento* da denúncia), o recurso cabível é o recurso em sentido estrito, com base no inc. I, do art. 581. Já no segundo caso (*rejeição* da denúncia), admitiria apelação.

Parece que se trata de distinção não prevista em lei e que, de resto, encerra debate de cunho acadêmico. Nesse sentido posicionou-se Heráclito Mossim, para quem "*não receber a denúncia*, no texto legal, tem exatamente o mesmo significado de rejeitar a denúncia, pois o CPP não faz a distinção entre uma e outra expressão. Ora usa rejeitar (arts. 43, 516), ora usa receber (arts. 394, 512, 517), ao invés de aceitar, ora usa não receber (arts. 525, 581, I). Assim, o recurso cabível da decisão que não recebe a denúncia, por questões formais ou de mérito, é o recurso em sentido estrito, por expressa previsão legal. Ademais, afora não haver razão jurídica para a utilização da apelação ao invés do recurso em sentido estrito, também inexiste razão prática, pois ambos sobem nos próprios autos e devolvem ao tribunal todo o conhecimento da matéria" (*Recursos em matéria cri-*

minal, São Paulo: Atlas, p. 672). Concordamos com tal ensinamento. Acrescentamos que o emprego da apelação, ao invés do recurso em sentido estrito, configura mesmo erro grosseiro, a impedir a adoção do princípio da fungibilidade. O conhecimento da apelação como recurso em sentido estrito, por alguns tribunais (*RJD* 5/175), somente pode ser concebido se for admitida a tese pela qual o erro grosseiro não impede o conhecimento do recurso interposto equivocadamente (mas somente a má-fé).

Procedimento – Interposto o recurso pelo Ministério Público contra decisão que rejeitou sua denúncia, discutia-se da necessidade de se intimar o denunciado para fins de contrariedade. Dizia-se que, sendo ele pessoa estranha ao processo, de uma relação processual que, aliás, nem ainda se formou, já que rejeitada a denúncia, não teria cabimento sua intimação para contrarrazoar o recurso. Nesse sentido: *RT* 636/370, 730/529. Não foi o entendimento que predominou, face aos termos da Súmula 707 do STF, que comina com pena de nulidade a não intimação do denunciado para contrariar o recurso da acusação contra a rejeição da denúncia. Acrescentaríamos que, em se tratando da rejeição de queixa-crime, também deve ser adotado o entendimento enunciado na súmula, impondo-se a intimação do querelado, porque presentes os mesmos fundamentos que justificam a manifestação do denunciado. Parece claro o acerto desta última posição, já que evidente o interesse (*rectius*: utilidade) do denunciado em se manifestar. Afinal, mantida a decisão de 1º grau, ele estará livre do processo. Ao contrário, dado provimento ao recurso, a denúncia será recebida, com todas as consequências que daí resultam. Invoque-se, ainda, a analogia ao art. 82, § 2º, da Lei nº 9.099/95, que impõe expressamente tal formalidade.

Ainda, lembramos que o recurso em sentido estrito, na hipótese aqui tratada, subirá nos próprios autos, conforme se depreende do inc. II, do art. 583 do CPP. Já se o juiz receber a denúncia em relação a acusado e rejeitá-la em relação ao outro, subirá o recurso por instrumento, a fim de "não prejudicar o andamento do processo" (art. 583, III, do CPP). Trata-se, outrossim, de recurso que será recebido apenas no efeito devolutivo, o que implica dizer, por exemplo, que se o denunciado se encontra preso e a denúncia é rejeitada, cumpre seja ele, de imediato, colocado em liberdade.

ATENÇÃO – Vale observar o teor da Súmula 709 do STF, *in verbis*: "Salvo quando nula a decisão de primeiro grau, o acórdão que provê o recurso contra a rejeição da denúncia vale, desde logo, pelo recebimento dela". Esse entendimento tem consequências importantes, como, por exemplo, ensejar a interrupção do lapso prescricional, a ser contado da data em que proferido o acórdão (art. 117, inc. I, do Código Penal).

JURISPRUDÊNCIA

Decisão que acolhe recurso importa no recebimento da denúncia

"A jurisprudência do Tribunal é no sentido de que, se o juiz, induvidosamente competente, rejeita a denúncia por um dos fundamentos do art. 43 C.Pr.Penal, o provimento do recurso contra a decisão que a rejeita implica o recebimento da denúncia, não representando supressão de instância: precedentes" (STF – HC nº 84397-DF, Rel. Sepúlveda Pertence, j. 21.09.2004, DJ 12.11.2004, p. 29).

RSE contra rejeição da denúncia e obrigatoriedade de intimação do denunciado

"A ausência de intimação válida da paciente para apresentar contrarrazões ao recurso em sentido estrito, interposto contra o não recebimento da denúncia, acarreta nulidade absoluta. Súmula 707/STF. No caso em apreço, a paciente não foi regularmente intimada para oferecer contrarrazões ao recurso em sentido estrito. Esse fato comprometeu o exercício do direito constitucional à ampla defesa, uma vez que em decorrência do recurso interposto pelo Ministério Público, o Tribunal Regional Federal determinou o recebimento da inicial acusatória e o prosseguimento da ação penal, sendo flagrante o constrangimento ilegal a que ela está sendo submetida" (STJ – HC nº 187773-ES, Rel. Adilson Vieira Macabu, j. 14.08.2012, DJe 03.09.2012).

Recebimento da denúncia e alteração da classificação legal – Discute-se da possibilidade de o juiz receber a denúncia alterando sua capitulação legal. Assim, por exemplo, tendo o Ministério Público ofertado denúncia pela prática de tráfico de entorpecente (art. 33 da Lei nº 11.343/06), poderia o juiz receber a inicial dando o réu como incurso no mero uso (art. 28)? É polêmico o tema.

Há entendimento respondendo negativamente a tal indagação. Ora, o momento adequado para o juiz, eventualmente, alterar a capitulação legal, ocorre após o término da instrução, por ocasião da sentença. Aí poderá, nos termos do art. 383 do CPP, de ofício, dar ao fato a definição jurídica que bem atender, aplicando a chamada *emendatio libelli*, isto é, corrigindo a acusação. Ou, se novos fatos surgirem, não contidos na inicial, restará ao juiz aplicar os dispositivos do art. 384, *caput* e de seu parágrafo, naquilo que se convencionou chamar *mutatio libelli*, pois representa verdadeira alteração da acusação inicial. Nesse sentido, o posicionamento do STF transcrito na *RT* 620/384. Assim, na análise da denúncia do Ministério Público, duas alternativas se abrem ao juiz: ou a recebe da forma em que proposta (e, portanto, aceita a qualificação legal dada pela acusação), ou a rejeita se não concordar com a capitulação legal dada ao fato pelo *parquet*. Dentre essas alternativas, não se prevê a possibilidade de recebimento da denúncia com alteração da classificação legal nela apontada. Ou mesmo, dentro desse raciocínio, o recebimento parcial da denúncia, como se daria, por exemplo, caso o Ministério Público ofertasse acusação por furto e corrupção de menores, e o juiz recebesse a denúncia parcialmente, apenas em relação ao primeiro delito.

Não se olvida, porém, da existência de entendimentos em sentido contrário, ou seja, deferindo ao juiz a possibilidade de alteração da capitulação legal no momento em que recebe a denúncia. Tal conduta seria admissível desde que a inicial importasse em *exagero* da acusação, capaz de acarretar *prejuízo* ao denunciado.

Como alertamos, é polêmica a questão. Favoravelmente à primeira tese, poderia se afirmar que o juiz, quando altera a capitulação legal, emite juízo de valor inadequado para aquele momento processual, ingressando em discussão de mérito a ser reservada para a sentença. Estaria, por assim dizer, prejulgando o denunciado, laborando em análise de grande profundidade, incabível para aquele instante que se satisfaz – para o recebimento a denúncia – com a prova da materialidade do delito e com indícios de sua autoria.

Por outro lado – e aqui invocamos argumento simpático ao segundo entendimento – também pareceria injusto que o juiz defrontando-se, *prima facie* e a olho desarmado, com nítido equívoco na inicial, capaz de acarretar enorme malefício ao denunciado, não pudesse, desde logo, antecipar a correção, ao invés de aguardar para fazê-lo somente no momento da prolação da sentença.

Talvez o melhor caminho seja a rejeição pura e simples da denúncia ao invés de seu recebimento com a definição jurídica diversa daquela apontada na inicial. Com isso, seria colocado o denunciado em liberdade, já que eventual recurso em sentido estrito nessa hipótese não seria recebido com efeito suspensivo. Não se ignora, porém, o risco dessa última alternativa na medida em que, por meio de uma cognição sumária, oriunda, via de regra, do inquérito policial, se decide sem a clareza que somente a prova produzida em juízo poderia iluminar.

De qualquer sorte, a decisão do juiz que altera a capitulação legal no momento do recebimento da denúncia "equivale à rejeição da inicial", conforme ressalta Julio Fabbrini Mirabete, "pois nessa hipótese a denúncia ou queixa não é recebida tal como foi apresentada, sendo cabível o recurso em sentido estrito" (ob. cit., p. 1.443; v., ainda, *RT* 452/316).

JURISPRUDÊNCIA

Alteração da capitulação legal quando do recebimento da denúncia

a) impossibilidade

"A classificação do crime, ou a definição jurídica dos fatos, cabe ao Ministério Público como titular privativo da ação penal, nos termos do art. 129, I, da Lei Magna, não sendo dado ao Juiz, no juízo de admissibilidade da acusação, operar a desclassificação da conduta feita na denúncia para oportunizar aplicação de *sursis* processual, certo que a *emendatio* ou *mutatio libelli* somente pode ser feita quando da prolação da sentença" (HC 41078-SP, Rel. José Arnaldo da Fonseca, j. 13.09.2005, DJ de 03.10.2005, p. 294)

b) também na queixa-crime

Não pode o juiz, na fase processual do recebimento da queixa, desclassificar o crime nela indicado, dando nova definição jurídica ao fato, pois só o autor da ação penal tem poderes para tanto; pode o magistrado, contudo, fazê-lo ao proferir a sentença (CPP, art. 383). Precedentes" (STF – HC n. 76024-RJ – Rel. Maurício Corrêa – j. 16.12.1997, DJ 12.03.1999, p. 3).

c) possibilidade

"Não há vedação a que se altere a capitulação logo no recebimento da exordial, nos casos em que é flagrante que a conduta descrita não se amolda ao tipo penal indicado na denúncia. Tal possibilidade, acentua-se ainda mais quando o tipo indicado e aquele aparentemente cometido possuem gravidades completamente diversas, com *reflexos jurídicos imediatos na defesa do acusado*. Nessas hipóteses, é patente o *abuso na acusação" (STJ – Ap. nº 290-0-PR, Rel. Félix Fischer, j. em 16.3.2005).*

Rejeição da denúncia ou queixa após seu recebimento – Coloca-se, também, a controvérsia sobre a possibilidade do próprio juiz que recebeu denúncia ou queixa posteriormente rejeitá-las, de modo a reformar sua própria decisão, seja de ofício, seja mediante provocação da parte interessada. A jurisprudência se posiciona no sentido de que a decisão do juiz que recebe a acusação é irretratável, não podendo ser reparada, portanto, senão pela instância superior, através do recurso adequado ou *habeas corpus*. Parece-nos que, hoje, com a possibilidade de absolvição sumária (art. 397 CPP), a questão está, senão resolvida, relegada a hipóteses raríssimas na prática.

Competência originária – Saliente-se, ainda, que da decisão que rejeita denúncia ou queixa, proferida pelo relator em processos de competência originária de tribunais, não é cabível nenhum recurso. É verdade que o regimento interno do Tribunal de Justiça de São Paulo prevê o agravo regimental "contra decisão do relator, em processo criminal originário, por prerrogativa de função, que ... receber ou rejeitar a queixa ou a denúncia ..." (art. 858, § 3º, III, b, 1, do RITJSP). De se lembrar, no entanto, que tal regimento é de 1992, anterior, portanto, à Lei nº 8.658, de 26 de março de 1993, que revogou por completo os arts. 556 a 562 do CPP que tratavam, exatamente, dos "processos de competência do STF e dos tribunais de apelação". Os regimentos internos do STF (art. 317) e do STJ (art. 258), embora prevendo, de forma genérica, o agravo regimental, não fazem qualquer alusão à possibilidade de utilização desse recurso contra decisão que não receber denúncia ou queixa.

Legitimidade – Por derradeiro, são legitimados à interposição do recurso o promotor de Justiça, que teve sua denúncia rejeitada e o ofendido, cuja queixa-crime mereceu a mesma sorte. O contrário não se aplica. Assim, não se conheceu de recurso interposto pelo Ministério Público contra decisão que rejeitou queixa-crime (RT 541/382, 550/334). Claro: o recurso é privativo do ofendido, único legitimado a ingressar com a ação, a quem cabe, portanto, sua interposição, segundo sua conveniência e interesse. Nessa linha de raciocínio, em caso interessante, a vítima pretendeu utilizar o recurso em sentido estrito contra decisão do juiz que rejeitou a denúncia do Ministério Público. Não lhe foi deferida, porém, tal possibilidade, sob o argumento que, nesse caso, a titularidade é exclusiva do *parquet* (RJD 25/462). Acrescentaríamos, em abono a esse entendimento, que a participação do assistente somente é concebida, segundo o art. 268 do CPP, na ação pública, isto é, no processo. Ora, rejeitada a denúncia, não há processo, tampouco réu, inviável, assim, qualquer atuação do assistente.

II – que concluir pela incompetência do juízo

É princípio de direito processual que *todo juiz é juiz da própria competência* ("Kompetenz Kompetenz"). Essa declaração do juiz, a respeito de sua incompetência, pode ser feita de ofício ou mediante exceção arguida pela parte. Assim, nos termos do art. 109 do CPP, poderá o juiz, em qualquer fase do processo, de forma espontânea ou mediante alegação da parte, "reconhecer motivo que o torne incompetente". Ou poderá, ainda, acolher a exceção de incompetência promovida por uma das partes (art. 95, inc. II e 108 do CPP). Quando o juiz, de ofício, se dá por incompetente, tal decisão pode ser desafiada através de recurso em sentido estrito, com fulcro neste inc. II. Ao revés, se a incompetência é reconhecida porque julgada procedente a exceção, continua cabível o recurso *stricti juris*, mas agora com base no inc. III deste dispositivo em estudo.

Trata-se de decisão interlocutória que não termina o processo, mas apenas o remete ao juízo competente. Reconhecida a *competência* do juízo, não cabe, para a maioria da doutrina, nenhum recurso, podendo, porém, ser a questão ventilada em linha de preliminar de apelação ou impetrado *habeas corpus* que, porém, não possui a natureza jurídica de recurso. Nesse sentido: *RT* 644/308.

Como bem observam Ada, Magalhães e Scarance, o recurso é cabível "ainda quando a declaração de incompetência seja feita antes de promovida a ação penal" (ob. cit., p. 175), como, por exemplo, se o juiz da Vara da Violência Doméstica, não enxergando no caso investigado violência de gênero, se declarar incompetente para conhecimento de determinado fato, decretando o envio do inquérito policial aos Juizados Especiais Criminais. Não é de se estranhar tal possibilidade, já que outras situações autorizam o manejo do recurso em sentido estrito sem que tenha sido instaurada a relação processual, *v.g.*, contra decisão que concede ou nega *habeas corpus* (inc. X), que concede ou nega fiança, indefere requerimento de prisão preventiva ou relaxa a prisão em flagrante (inc. V).

O inciso legal aqui estudado (inc. II), incide também na decisão do juiz-presidente quando, em processos inicialmente deflagrados perante o Júri, ele reconhece a incompetência do tribunal popular e, nos termos do art. 419 do CPP, profere uma decisão de desclassificação. O juiz que receber o processo, por força do reconhecimento da incompetência do colega, poderá, discordando da decisão, suscitar o conflito negativo de competência (art. 115, inc. III, do CPP).

Legitimidade – O recurso pode ser interposto pela acusação (pública ou particular), negado, porém, ao assistente essa possibilidade, já que seu interesse reside na obtenção de uma condenação, pouco importando perante qual juízo (em relação ao procedimento do Júri, fizemos algumas ressalvas quanto à possibilidade do assistente recorrer da decisão de desclassificação).

JURISPRUDÊNCIA

Decisão de desclassificação no Júri reconheça a incompetência do juízo

"A decisão de desclassificação de delito de competência do Tribunal do Júri é equivalente ao reconhecimento de incompetência do juízo, sendo, desta forma, impugnável por recurso em sentido estrito, com base no inc. II do art. 581 do CPP, não subindo o recurso nos próprios autos ao Tribunal, e, sim, por instrumento, devendo o feito ser encaminhado ao juízo competente, conforme a sistemática do art. 583 do mesmo diploma processual" (STJ – HC nº 152381-SP, Rel. Vasco Della Giustina, j. 13.09.2011, DJe 26.09.2011).

III – que julgar procedentes as exceções, salvo a de suspeição

Acolhidas as exceções de ilegitimidade de parte, incompetência, coisa julgada e litispendência, previstas no art. 95 do CPP, o recurso cabível é o recurso em sentido estrito. Salvo a exceção de suspeição que, se acolhida, não comportará nenhum recurso. A ressalva parece razoável. Suponha-se que o juiz, acolhendo exceção oposta pelo réu, se declare suspeito (art. 99 do CPP), já que inimigo capital do acusado. Não teria cabimento que o promotor de Justiça, por mais bem intencionado que fosse, recorresse a fim de demonstrar que, ao revés, a animosidade não é tamanha que atinja a imparcialidade do juiz. Afinal, por cuidar-se de questão marcantemente subjetiva, ninguém melhor que o juiz para medir a extensão dessa inimizade, apta, segundo ele, a macular sua capacidade de julgamento. Claro que, uma vez constatada alguma manobra do juiz para se *livrar* do processo, dada, por exemplo, à sua complexidade ou repercussão política do caso, cumpre sejam adotadas as medidas cabíveis pelos órgãos de disciplina (internos ou externos) da Magistratura, de ofício, mediante provocação do excipiente ou das partes e mesmo do juiz que recebeu os autos. Por outro lado, se o juiz rejeita a exceção de suspeição, a questão passa a ser regida pelos arts. 100 e 101 do CPP.

Caso o juiz julgue improcedentes as exceções (e mesmo procedente a exceção de suspeição, como visto acima), não será cabível qualquer recurso, restando, eventualmente, a via do *habeas corpus* ou mesmo como preliminar ao mérito de ulterior apelação.

Cumpre lembrar, já que o tema em estudo se refere às exceções, que elas se denominam *dilatórias*, quando prorrogam a decisão a respeito do mérito, enquanto não decididas (assim as exceções de suspeição ou incompetência). E são chamadas *peremptórias* quando findam o processo, o que ocorre nas exceções de coisa julgada, litispendência e ilegitimidade de parte.

Procedimento – O recurso não terá feito suspensivo, o que permite concluir que o processo seguirá normalmente. Quando a lei menciona que os recursos, nesta hipótese, *subirão nos próprios autos* (art. 583, II), é bom que se diga: nos autos da exceção, ou seja, nos autos apartados que se formam para o julgamento da exceção, *ex vi* do disposto no art. 111 do CPP. O processo principal, à evidência, manterá seu curso normal.

JURISPRUDÊNCIA

Não cabe RESE da decisão que rejeita exceção

Recursos – Sistema – "A apelação abrange as hipóteses do art. 593, CPP. O recurso em sentido estrito, os casos do art. 581. Ambos descrevem critério, consoante o princípio - *numerus clausus*, o que acontece também com o protesto por novo júri, embargos infringentes, embargos de declaração e a ação, com o *nomem iuris* – revisão criminal. A decisão que rejeita – exceção de incompetência – não se amolda a nenhuma das categorias mencionadas. Poderá, é certo, o réu deduzir a matéria como preliminar, na apelação" (STJ – REsp nº 57616-PR – Rel. Luiz Vicente Cernicchiaro, j. 22.08.1995, DJ 20.11.1995, p. 39642).

IV - que pronunciar o réu; (Redação dada pela Lei nº 11.689, de 2008)

Em sua redação original, este dispositivo previa o recurso em sentido estrito contra a decisão de pronúncia e de impronúncia. Com a reforma do júri de 2008, a sentença de impronúncia passou a admitir apelação (assim como a sentença de absolvição sumária), segundo a redação atual do art. 416 do código. Na pronúncia, já vimos, o juiz manda o réu a julgamento pelo Júri, se convencendo da existência do crime e vislumbrando indícios de que o réu seja seu autor (art. 413 do CPP). Caso o juiz profira sentença de desclassificação (art. 419), estará reconhecendo sua incompetência para o julgamento e, nesse caso, o recurso cabível também é o recurso em sentido estrito, mas com base no inciso II acima.

Juízo de retratação – Interposto o recurso contra a decisão de pronúncia, caso o juiz se retrate (art. 589 do CPP) ou mesmo o Tribunal de Justiça acolha o recurso em sentido estrito, duas alternativas se abrem: ou o réu será impronunciado, já que ausentes provas suficientes capazes de levá-lo a Júri ou, então, será absolvido sumariamente, porque se reconheceu a presença de excludente de ilicitude ou culpabilidade em sua conduta. Se a absolvição sumária se der em virtude da retratação do juiz de 1º grau, este Magistrado deverá recorrer obrigatoriamente ao Tribunal de Justiça, ante o disposto no art. 574, II, do CPP. Claro que se o Tribunal absolver sumariamente, não se cogita do recurso *ex officio*, ante a inexistência de órgão superior apto a conhecer da matéria. Ainda no caso de a absolvição sumária advir de uma sentença de 1º grau, proferida em juízo de retratação, ao Ministério Público não será dado aproveitar o recurso anteriormente interposto pelo réu, pedindo a subida dos autos ao tribunal. É que não se trata de hipótese *pro et contra*, cabendo ao *parquet*, inconformado, a interposição de apelação (art. 416).

Efeito suspensivo – Pronunciado o réu e tendo ele interposto recurso em sentido estrito contra tal decisão, não se realizará o julgamento em plenário enquanto não julgado o recurso (art. 584, § 2º, do CPP).

Legitimidade – Possui legitimidade, por óbvio, o réu, que, pronunciado, buscará se livrar do julgamento em plenário. Ao assistente de acusação não se reconheceu essa legitimidade (*RT* 602/315, 630/294). Não faria mesmo sentido que, buscando uma condenação, fosse se voltar contra a decisão que remete o réu a júri. Foi reconhecida a legitimidade do Ministério Público para, na condição de *custos legis ou custos iuris*, recorrer em sentido estrito da pronúncia almejando a absolvição sumária do acusado (*RT* 557/354).

JURISPRUDÊNCIA

Cabível RESE contra decisão de pronúncia que mantém qualificadoras

"Havendo irresignação acerca da manutenção de qualificadoras presentes na decisão de pronúncia, cabe à defesa interpor o competente recurso em sentido estrito, a teor do que dispõe o art. 581, IV, do CPP, sob pena de preclusão" (STJ – HC n° 125598-RS, Rel. Og Fernandes, j. 17.09.2009, DJe 13.10.2009).

V - que conceder, negar, arbitrar, cassar ou julgar inidônea a fiança, indeferir requerimento de prisão preventiva ou revogá-la, conceder liberdade provisória ou relaxar a prisão em flagrante; (Redação dada pela Lei nº 7.780, de 22.6.1989)

Na hipótese da fiança também temos uma situação *pro et contra*, na medida em que o recurso é admitido quando concedida ou negada a fiança. Caso o juiz negue a fiança, nada impede que o prejudicado, ao invés de se valer do recurso em sentido estrito, ingresse com *habeas corpus* diretamente no Tribunal.

Legitimidade – No caso da prisão preventiva, indeferido o pedido formulado pela acusação no sentido de sua decretação (ou a representação formulada pela autoridade policial), é cabível a interposição do recurso em sentido estrito, cuja legitimidade é do querelante ou do membro do Ministério Público. Essa legitimidade se mantém quando revogada aquela prisão que fora decretada, o que demonstra, mais uma vez, o caráter *rebus sic stantibus* dessa decisão, a permitir que o próprio juiz que ordenou a preventiva, posteriormente a revogue. Já se acolhido o pedido de prisão preventiva ou não atendido o pedido de sua revogação, não é cabível o recurso, restando a via do *habeas corpus* para o réu.

É cabível o recurso, ainda, da decisão do juiz que concede liberdade provisória ou relaxa a prisão em flagrante. As hipóteses, aqui, são *secundum eventum litis* e, portanto, caso o juiz *não* conceda a liberdade provisória ou *não* relaxe o flagrante, o remédio jurídico cabível é mesmo o *habeas corpus*, ante a falta de previsão legal para o recurso *stricti juris*. De resto, aliás, medida mais célere e adequada para o trato de questões envolvendo a liberdade da pessoa.

JURISPRUDÊNCIA

Interpretação extensiva para admitir o RESE contra decisão que concede prisão domiciliar à ré presa por tráfico de entorpecente

"Não se pode excluir a possibilidade de interpretação extensiva, bem como da analogia, nos casos que não são evidentemente excluídos pelo rol de hipóteses de cabimento do recurso em sentido estrito (art. 581, do CPP).É cabível a interposição de recurso em sentido estrito contra a decisão que concede prisão domiciliar, a ré presa em flagrante delito por prática de tráfico de entorpecentes, em razão de interpretação analógica do inc. V do art. 581 do CPP" (STJ – REsp n° 532259-SC, Rel. Gilson Dipp, DJ 09.12.2003).

ATENÇÃO – Em sua jurisprudência de teses, de julho de 2017, o Superior Tribunal de Justiça entendeu que "Não cabe mandado de segurança para conferir efeito suspensivo ativo a recurso em sentido estrito interposto contra decisão que concede liberdade provisória ao acusado" (tese n. 5). A tese acabou se transformando em Súmula (604): "Mandado de segurança não se presta para atribuir efeito suspensivo a recurso criminal interposto pelo Ministério Público".

VI – (Revogado pela Lei nº 11.689, de 2008)

Este dispositivo tratava da absolvição sumária que, a partir da reforma do júri de 2008, passou a admitir a apelação (art. 416).

VII – que julgar quebrada a fiança ou perdido o seu valor;

O art. 341 do código prevê as hipóteses em que pode ser quebrada a fiança, a saber, quando o réu afiançado deixa de comparecer, sem motivo justo, a algum ato do processo ou se, na vigência da fiança, praticar outra infração penal. Já a perda da fiança vem prevista no art. 344 e ocorre quando o réu, condenado, deixa de se apresentar à prisão. Em ambos os casos, se o juiz julga quebrada a fiança ou perdido seu valor, é cabível o recurso em sentido estrito. A hipótese aqui é *secundum eventum litis*, de tal forma que se o juiz *não* julga quebrada a fiança ou perdido seu valor, não é cabível a interposição de recurso em sentido estrito, podendo a acusação, em eventual apelação, retomar a discussão em sede de preliminar. A decisão aqui terá efeito suspensivo, a teor do art. 584, § 3º, do CPP.

VIII – que decretar a prescrição ou julgar, por outro modo, extinta a punibilidade

As causas de extinção da punibilidade acham-se elencadas no art. 107 do Código Penal, em rol meramente exemplificativo a admitir, portanto, ampliação para outras hipóteses além daquelas relacionadas no dispositivo legal. Lembraríamos como exemplos de causas extintivas de punibilidade não previstas no art. 107 do CP: a morte da vítima na ação penal privada personalíssima, o pagamento do tributo antes de deflagrada a ação penal pela prática de crime contra a ordem tributária, o transcurso do prazo de suspensão condicional do processo, nos juizados, sem causa para sua revogação, a reparação do dano no peculato culposo (art. 312, § 3º. do CP), etc. Extinta a punibilidade – e a prescrição é uma de suas modalidades (art. 107, IV, primeira parte, do CP), razão pela qual seria desnecessária sua menção – cabe de tal decisão o recurso em sentido estrito.

A sentença que extingue a punibilidade pode ser proferida tanto na fase do processo de conhecimento, quanto na fase de execução da pena. Assim, por exemplo, a extinção da punibilidade pela anistia (art. 107, inc. II, do Código Penal), pode ocorrer durante o processo ou já no âmbito da execução penal. No primeiro caso, cabe recurso em sentido estrito para desafiar o *decisum*. No segundo, o recurso cabível será o agravo em execução, previsto no art. 197 da Lei de Execuções Penais. Pode, ainda, ocorrer a extinção da punibilidade antes mesmo de iniciada a ação penal, se se verificar, por exemplo, a decadência do direito de queixa ou de representação. Outras causas de extinção da punibilidade, como o perdão e a perempção, somente se verificam durante o transcurso do processo.

O reconhecimento de causa extintiva de punibilidade pode ser feito, de ofício, pelo juiz, em qualquer fase do processo, conforme determina o art. 61 do CPP. Já se houver "requerimento do Ministério Público, do querelante ou do réu", deve o juiz autuá-lo em apartado, adotando o procedimento do parágrafo único do mencionado art. 61. Esta última cautela caiu em desuso, sendo corriqueiro, na prática, que o Ministério Público formule pedido de extinção de punibilidade no processo e, aí mesmo, o juiz profira sua decisão.

De se recordar que a reabilitação não é mais causa extintiva da punibilidade e, por isso, não mais comporta recurso em sentido estrito, e sim apelação, além do recurso obrigatório nos termos do art. 746 do CPP. Nesse sentido: *RT* 610/386.

Procedimento – O recurso, nos termos do art. 583, inc. II, do CPP, subirá nos próprios autos. Ele terá efeito meramente devolutivo, o que significa dizer que a decisão, desde logo, produzirá seus efeitos. Assim, se o réu se encontrava preso e, por alguma razão, foi-lhe extinta a punibilidade, ele deverá ser imediatamente colocado em liberdade, segundo a leitura do art. 584, § 1º, combinado com o art. 596, ambos do CPP.

IX – que indeferir o pedido de reconhecimento da prescrição ou de outra causa extintiva da punibilidade

Aqui se tem exatamente o contrário daquilo acima exposto, em hipóteses *pro et contra*, não merecendo qualquer menção especial. Lembre-se, porém, que o recurso em sentido estrito, neste caso, subirá em traslado, eis que, indeferido o pedido de extinção da punibilidade, o processo terá seu curso normal.

X – que conceder ou negar a ordem de habeas corpus

Concedido o *habeas corpus*, pelo juiz de primeiro grau de jurisdição, pode a parte prejudicada se valer do recurso em sentido estrito para impugnar essa decisão. Mas essa decisão é passível, também, do chamado *recurso obrigatório* ou *recurso de ofício*, conforme dispõe o art. 574, inc. I, do código. Negada a ordem, é também cabível o recurso em sentido estrito (em mais uma hipótese *pro et contra*). Porém, a jurisprudência admite que, uma vez negado o *habeas corpus*, é cabível a impetração de outro remédio heroico, diretamente no tribunal. Ou seja, ao invés de interpor recurso em sentido estrito, pode o interessado impetrar outro *habeas corpus* no tribunal, já que este último terá um trâmite muito mais rápido na instância superior, se comparado àquele primeiro (v. ressalva abaixo).

Legitimidade – Figura como legitimado, por óbvio, o paciente, quando negado-lhe o *writ*. É rara, contudo, a interposição de recurso em sentido estrito neste caso, optando o prejudicado, pelas razões acima expostas, pela oferta de novo *habeas corpus* perante a superior instância. Tem o Ministério Público legitimidade para o recurso em sentido estrito, tanto na qualidade de titular da ação penal pública, quando pode recorrer, por exemplo, contra decisão que concedeu o *habeas corpus* para trancar inquérito policial e mesmo como fiscal da lei, recorrendo em favor de paciente a quem se negou a ordem. Ademais, em virtude do remédio heroico impetrado, pode surgir notícia de eventual abuso cometido pelo impetrado, a justificar a adoção, pelo *parquet*, de medidas no âmbito criminal. Por tudo isso, deve o promotor de Justiça ser intimado da sentença de 1º grau proferida em sede de *habeas corpus*. Nesse sentido: *RT* 617/313.

Poderia se argumentar que sendo previsto, contra decisão que concede o *habeas corpus*, o recurso de ofício (art. 574, inc. I, do CPP), desnecessária seria a interposição, pelo Ministério Público, de recurso em sentido estrito, já que a matéria, de qualquer forma, subirá ao reexame do tribunal. Não é correta tal impressão. Primeiro porque a existência do recurso obrigatório não é fator que iniba o recurso voluntário, tanto que há expressa previsão legal de recurso em sentido quando da concessão do *habeas corpus*, embora esta hipótese esteja elencada dentre aquelas que admitem o recurso *ex officio*. Em outras palavras: se a existência do recurso obrigatório impedisse o recurso voluntário, não haveria necessidade de se prever este último para as mesmas hipóteses em que se admite aquele primeiro. Segundo, em virtude de uma questão de ordem prática. A interposição do recurso *stricto sensu* enseja o juízo de retratação do juiz, previsto no art. 589 do código. Assim, animado pelo princípio da economia processual, pode o promotor de justiça, ao invés de aguardar o tribunal se pronunciar a respeito do recurso obrigatório, desde logo ingressar com recurso em sentido estrito e, assim, obter do juiz a reforma de sua própria decisão, de forma muito mais célere e eficaz. Daí o cabimento do recurso.

Ressalva – A jurisprudência era tranquila em admitir que, negado o *habeas corpus*, ao invés de interpor recurso em sentido estrito, se ingressasse com outro *writ* diretamente no tribunal, tendo como autoridade coatora, agora, o juiz de 1º grau que negou a ordem (ou mesmo um tribunal superior, dependendo da hipótese concreta). Admitia-se, inclusive, sem qualquer restrição, a oferta simultânea de recurso em sentido estrito perante o juiz *a quo* e de *habeas corpus* diretamente no tribunal, já que não há qualquer incompatibilidade entre uma e outra medida. Confira-se, nesse sentido, *RT* 596/419, 607/302; *RSTJ* 25/116.

Sucede que a partir do julgamento do HC n. 109956-PR (DJ 11.09.2012), o Supremo Tribunal Federal, passou a não mais admitir o *habeas corpus* em substituição às vias recursais ordinárias (apelação, agravo em execução, recurso em sentido estrito, recurso ordinário constitucional etc.). A mesma orientação seguiu o Superior Tribunal de Justiça, como se vê do julgado cuja ementa se transcreveu abaixo.

JURISPRUDÊNCIA

Não admissão do habeas corpus em substituição ao RSE

"A jurisprudência desta Corte Superior, seguindo a orientação firmada pela Primeira Turma do Supremo Tribunal Federal, assentou-se no sentido de que o habeas corpus não pode ser utilizado como substituto de recurso próprio, com vistas a não se desvirtuar a finalidade desse remédio constitucional. Precedentes" (STJ – HC n. 276453-RJ – Rel. Antonio Saldanha Palheiro, j. 15.09.2016, DJe 26.09.2016).

XI – que conceder, negar ou revogar a suspensão condicional da pena

Se o *sursis* é concedido ou negado pela sentença condenatória, o recurso cabível é a apelação. Com efeito, dispõe o § 4º, do art. 593, do CPP, que "quando cabível a apelação, não poderá ser usado o recurso em sentido estrito, ainda que somente de parte da decisão se recorra". Assim, é a apelação o recurso cabível contra a sentença condenatória, mesmo que o tópico específico do inconformismo se refira a uma hipótese que admita recurso em sentido estrito. É que, por força do princípio da unirrecorribilidade, já estudado, fica prejudicado o recurso em sentido estrito quando a decisão comportar apelação. Já se o benefício é revogado em sede de execução da pena, aí é cabível o agravo em execução, previsto na LEP. Vê-se, portanto, que este dispositivo acha-se tacitamente revogado.

JURISPRUDÊNCIA

Aplicação deste dispositivo, por analogia, aos casos de suspensão condicional do processo da Lei nº 9099/95

"Na letra do artigo 581, inciso XI, do Código de Processo Penal, cabe recurso em sentido estrito da decisão que conceder, negar ou revogar a suspensão condicional da pena, havendo firme entendimento, não unânime, de que se cuida de enumeração exaustiva, a inibir hipótese de cabimento outra que não as expressamente elencadas na lei. Desse modo, cabe a aplicação analógica do inciso XI do artigo 581 do Código de Processo Penal aos casos de suspensão condicional do processo, viabilizada, aliás, pela subsidiariedade que o artigo 92 da Lei nº 9.099/95 lhe atribui" (STJ – REsp nº 601924-PR, Rel. José Arnaldo da Fonseca, j. 28.09.2005, DJe 07.11.2005, p. 339).

XII – que conceder, negar ou revogar livramento condicional

Esse dispositivo acha-se revogado, sendo cabível, para a hipótese, o agravo em execução (art. 197 da Lei de Execuções Penais).

XIII – que anular o processo da instrução criminal, no todo ou em parte

Trata-se de hipótese que não requer maiores explicações. Assim, caso o juiz venha a reconhecer determinada nulidade, no curso do processo, o recurso em sentido estrito é o remédio cabível para atacar essa decisão. Pode ocorrer situação inversa, na qual o juiz deixa de anular o processo, indeferindo o requerimento de uma das partes. Aqui a alternativa já não será o recurso em sentido estrito, que na hipótese em estudo é *secundum eventum litis*. Restará, dependendo da hipótese concreta, a impetração de *habeas corpus* (art. 648, inc. VI, do CPP) ou de correição parcial, bem como a reiteração do pedido em sede de preliminar de apelação.

Vale atentar que o Júri possui algumas peculiaridades em relação ao tema em estudo. Destarte, quando a nulidade é posterior à pronúncia, a ser arguida assim que apregoadas as partes ou se suscitada em plenário. Nessas hipóteses, o recurso cabível contra decisão que reconhece a nulidade é a apelação, nos termos do art. 593, inc. III, "a", do CPP e não o recurso em sentido estrito. Caso não acolhida a nulidade, terá prosseguimento o julgamento, cabendo à parte prejudicada reiterar a questão em linha de preliminar à apelação.

XIV – que incluir jurado na lista geral ou desta o excluir

Todo ano é publicada uma lista de jurados que servirão no período de sessões do Júri do ano seguinte (art. 426). Trata-se de incumbência atribuída ao juiz-presidente do Júri, a quem cabe a tarefa de elaborar a lista, nela incluindo novos jurados ou excluindo os antigos. Havendo algum inconformismo contra a inclusão ou exclusão, é cabível o recurso em sentido estrito. Qualquer do povo possui legitimidade para ingressar com esse recurso (art. 439, parágrafo único), e o prazo para sua interposição é de 20 dias (art. 586, parágrafo único). Apresenta, ainda, outra peculiaridade: nos termos do parágrafo único do art. 582: o recurso em sentido estrito, nessa hipótese, é julgado pelo presidente do *Tribunal de Apelação* (*rectius*: Tribunal de Justiça). Nesse sentido, atribuindo unicamente ao presidente do tribunal o julgamento do recurso, é o art. 193, I, "a", do Regimento Interno do Tribunal de Justiça de São Paulo.

Interessante, como anotam Ada, Magalhães e Scarance, que a decisão passível de recurso, neste caso, não é tomada em um processo judicial e, tampouco, durante o inquérito policial. Mas enquanto se praticam atos de *organização do Júri*, de caráter, por assim dizer, administrativos (ob. cit., *p.* 180). É bem de ver que, até onde nos foi dado pesquisar, se trata de recurso de aplicação desconhecida na prática forense. E nem poderia ser diferente, em vista do indiscutível declínio que sofreu a instituição do Júri. Se à época em que gozava de grande prestígio, poderia se conceber um recurso daquele que, indignado, teve seu nome retirado da lista, nos dias de hoje, quando o *munus* de jurado importa em fardo desconfortável para a maioria dos membros do Tribunal do Júri, agradecerão a Deus por tal exclusão. Talvez ainda se pudesse conceber esse recurso contra a inclusão, manejado por jurado que, por exemplo, invocasse uma convicção religiosa que o impedisse de julgar seu semelhante (art. 438). Ou mesmo daquele que, por lei, está isento do serviço do Júri (art. 437). Mas nem isso ocorre. Na prática, o jurado que se sente desobrigado de julgar acaba nem mesmo entrando na lista ou, se incluído, sendo recusado por uma das partes, antes do início dos debates, quer a seu próprio pedido ou mesmo por iniciativa do acusador ou do defensor, a quem não interessa a presença, no Conselho de Sentença, de juiz leigo que se declare *impedido* de julgar seu semelhante.

Antigos escritores que se dedicaram, com maior profundidade, ao estudo do Júri, ressaltavam que a escolha dos jurados é tarefa, exclusiva, do juiz-presidente, afinal "um bom conselho de jurados depende só e só do juiz, que forma o corpo desses juízes", na lição de Magarinos Torres (*Processo penal do júry no Brasil*, Rio de Janeiro: Jacintho, p. 225, 1939). Por isso mesmo, chegou-se a duvidar da possibilidade do Tribunal de acolher o recurso contra a escolha feita pelo juiz-presidente. Assim, para Ary Azevedo Franco, o recurso somente seria cabível quando reclamar da inclusão, mas jamais da exclusão feita pelo juiz "porque sendo a escolha de sua responsabilidade, não vemos como possa alguém querer pretender ser da confiança do juiz-presidente do Júri para lograr inclusão na lista dos jurados ..." (ob. cit., vol. 2, p. 234. De qual forma – repita-se – nos dias atuais, onde, nos grandes centros, os jurados muitas vezes são retirados da consulta que se faz à lista telefônica, o dispositivo aqui tratado vale mais por sua curiosidade histórica do que por sua aplicação prática.

XV - que denegar a apelação ou a julgar deserta

Caso o juiz não receba a apelação ou, recebendo-a, julgá-la deserta, é cabível, contra essa decisão, o recurso em sentido estrito. Caso o juiz não receba o recurso em sentido estrito ou o agravo em execução, o remédio cabível será a carta testemunhável (arts. 639 e ss.). A apelação não será recebida quando ausentes os pressupostos objetivos e subjetivos que autorizam seu conhecimento, conforme será estudado adiante. E será considerada deserta ante **a** falta de preparo do recurso ou sua desistência.

Suponha-se, num exemplo, que, denegada inicialmente a apelação do réu, posto que intempestiva, em virtude do recurso em sentido estrito por ele ofertado contra essa decisão, o juiz se retrate, recebendo-a. Não poderá o promotor de Justiça, face à nova decisão, requerer o aproveitamento do recurso e sua subida ao tribunal, nos termos do parágrafo único do art. 589 do CPP, por se tratar de hipótese *secundum eventum litis*. Ou seja, o recurso em sentido estrito só é admitido contra decisão que *denega* a apelação, não contra a que *recebe* a apelação. Restará ao promotor de Justiça, nesse caso, suscitar a intempestividade do recurso em sede de preliminar das contrarrazões de apelação. É matéria, aliás, que pode ser também agitada pela Procuradoria de Justiça e mesmo conhecida de ofício pelo tribunal *ad quem*.

Efeito suspensivo – O recurso *stricti juris*, *com* base neste dispositivo legal, será recebido com efeito suspensivo (art. 584 do CPP). Aliás, nem poderia ser diferente, caso contrário, utilizando o nosso exemplo acima, a execução da pena contra o réu teria que ser imediatamente iniciada, o que não se admite enquanto não apreciado o recurso em sentido estrito que interpôs visando o processamento de sua apelação. O que ocorre, por vezes, é que a apelação não é recebida porque o réu não se recolheu à prisão, conforme determinado na sentença condenatória de 1º grau. Nesse caso, embora cabível o recurso em sentido estrito com base neste fundamento legal, a medida mais eficaz é a impetração de *habeas corpus* à superior instância.

Processamento – Saliente-se, ainda, que o recurso em sentido estrito, neste caso, subirá nos próprios autos, posto que, via de regra, tal providência não acarretará nenhum prejuízo para o andamento do processo (art. 583, inc. III, do CPP).

A exemplo do que ocorre com a carta testemunhável (art. 644 do CPP), poderá o tribunal, acolhendo o recurso em sentido estrito contra decisão que denegou a apelação, julgá-la desde logo. De forma que, estando o recurso suficientemente instruído, com as razões do apelo e as respectivas contrarrazões, nada justifica que o juízo *ad quem* determine seu retorno ao juízo de origem, devendo, por economia processual, de pronto conhecê-lo.

Legitimidade – Qualquer apelante que teve sua insurgência denegada ou considerada deserta, tem legitimidade para a oferta do recurso em sentido estrito, inclusive o assistente de acusação, embora não seja feita menção expressa a tal possibilidade no art. 271 do CPP. E não teria mesmo cabimento que, admitindo-se a oferta de apelação pelo assistente, fosse-lhe negado o recurso em sentido estrito, caso não recebido ou julgado deserto seu apelo. Isso comprova, mais uma vez, que o rol de recursos dos quais o assistente possui legitimidade para interpor, é meramente exemplificativo. Nesse sentido: *JUTACRIM* 34/164:

JURISPRUDÊNCIA

Sobre a equivocada interposição de carta testemunhável neste caso, v. art. 579 acima

Aplicação à hipótese em que se julgam prejudicadas as razões de apelação

"Por interpretação extensiva do artigo 581, inciso XV, do Código de Processo Penal, cabível o recurso em sentido estrito da decisão que julga 'prejudicada' a apelação, não havendo falar, assim, em impugnação via mandado de segurança. A apresentação extemporânea das respectivas razões, ou mesmo sua não apresentação, não tem o condão de 'prejudicar' apelação criminal tempestivamente interposta" (STJ – MS n° 15470-SP, Rel. Hamilton Carvalhido, j. 09.11.2004, DJ 13.12.2004, p. 458).

Necessidade de intimação da defesa

"Recurso de apelação do réu não admitido pelo juiz, porque intempestivo. Inocorrência de intimação do defensor do réu acerca desse despacho, certificando-se o trânsito em julgado da sentença. Revisão criminal que não acolheu a alegação de cerceamento de defesa, no caso. Habeas corpus deferido, para anular o processo a partir da certidão de trânsito em julgado da sentença e determinar a intimação do defensor do paciente, no exercício de assistência judiciária, com vistas a poder, querendo, interpor recurso em sentido estrito do despacho que negou seguimento à apelação" (STF – HC n° 74907-SP – Rel. Néri da Silveira, j. 29.04.1997, DJ 01.08.1997, p. 33466).

XVI – que ordenar a suspensão do processo, em virtude de questão prejudicial

Como *questão prejudicial* deve ser entendida aquela surgida no curso do processo e que deve ser decidida antes de proferida a sentença criminal. Elas são tratadas nos arts. 92, 93 e 94 do código. Dividem-se em prejudiciais *homogêneas* e *heterogêneas*. Ela será homogênea quando pertencer ao mesmo ramo do direito da causa principal. Assim, *v.g.*, quando o juiz criminal aprecia, inicialmente, a exceção da verdade (questão prejudicial), em um processo pela prática de calúnia (causa principal). Será heterogênea quando pertencer a ramo de direito diverso, devendo ser julgada por outro juiz que não o criminal. Por exemplo, quando no âmbito cível se aprecia um pedido de anulação de casamento, essa questão é prejudicial pois dela dependerá o julgamento na esfera criminal de processo instaurado pela prática de bigamia. Ou, num exemplo mais atual, quando se suspende o processo (e muitas vezes o inquérito policial), pela prática de crime contra a ordem tributária, enquanto se aguarda o julgamento de recurso administrativo no qual se contesta a legalidade da ação fiscal.

A suspensão do processo criminal é obrigatória na hipótese do art. 92 do CPP, ou seja, quando a prejudicial versar sobre o estado civil da pessoa. É facultativa, outrossim, nos termos do art. 93, quando não tratar do *status* da pessoa, mas, por exemplo, propriedade, posse, relações trabalhistas ou comerciais, questões administrativas, etc.

Contra a decisão que suspende o processo criminal, portanto, é cabível recurso em sentido estrito. Contra decisão que *não suspende* não há previsão de recurso, nos termos do art. 93, § 2º, do CPP, podendo ser impetrado *habeas corpus*, correição parcial ou ser suscitada a matéria como preliminar de eventual apelação.

Com base nesse inciso, tem se admitido o recurso em sentido estrito para atacar decisões que suspendem o processo do réu citado por edital (art. 366), como se vê do julgado abaixo mencionado. Embora seja essa a posição que predomina na jurisprudência, há quem entenda ser a apelação o recurso cabível (Tourinho Filho, ob. cit., vol. 2, p. 327). É caso típico, porém, de adoção do princípio da fungibilidade, quando interposto um outro recurso. Também quando o processo é suspenso nos termos do art. 89 da Lei dos Juizados Criminais (Lei nº 9.099/95), admite-se, com base neste inciso, o recurso em sentido estrito, dando-se uma interpretação extensiva das hipóteses onde é cabível o recurso *stricti juris*.

JURISPRUDÊNCIA

Sobre o cabimento de RSE contra decisão que indefere a produção antecipada de prova ou indefere a preventiva, v. art. 366 acima

Aplicação deste dispositivo, por analogia, contra decisão que suspende o processo no caso do réu citado por edital

"A jurisprudência desta Corte vem-se fixando no sentido de que a decisão que suspende o processo com base no art. 366 do CPP desafia recurso em sentido estrito, por analogia ao art. 581, XVI, do mesmo diploma instrumental" (STJ – HC nº 11633-SP, Rel. Sebastião Reis Júnior, j. 17.04.2000, DJ 05.06.2000, p. 187).

XVII - que decidir sobre a unificação de penas

Havendo necessidade de unificação de penas, em decorrência de concurso material (art. 60 do Código Penal), concurso formal (art. 70 do CP), crime continuado (art. 71, *caput*, do CP) e mesmo por força de condenações superiores a 30 anos (art. 75, § 1º, do CP), era previsto, contra tais decisões, o recurso em sentido estrito. Este dispositivo, porém, foi revogado, sendo cabível, hoje, o agravo em execução, do art. 197 da LEP, para essas hipóteses. Essa é a conclusão que parece mais acertada, face aos termos expressos do art. 66, III, "a", da Lei nº 7.210/84 (LEP), ao dispor que compete ao juiz da execução decidir sobre "soma ou unificação de penas".

É o posicionamento que, de forma praticamente unânime, desponta na doutrina. Talvez a única voz dissonante, a merecer menção pela autoridade de seu autor, é a de Julio Fabbrini Mirabete. Diz o saudoso mestre que "a unificação de penas, embora de competência do juiz da execução, não é prevista na LEP, mas sim no Código Penal e, nessa hipótese, deve aplicar-se a regra do Código de Processo Penal quanto ao cabimento do recurso em sentido estrito (art. 581,

XVII)" (*Código de Processo Penal Interpretado*, São Paulo: Atlas, 2003, p. 1.452). Cita o mesmo autor os exemplos em que é aplicada a lei nova mais benigna ou de extinção de punibilidade por causa não prevista na LEP, quando será cabível o recurso *stricti juris* e não o agravo (*Execução Penal*, Atlas; São Paulo, 1987, p. 466). Não parece correto esse raciocínio, por ferir expressa previsão legal em sentido contrário. De sorte que o já mencionado art. 66, inc. III, "a", da Lei nº 7.210/84 (LEP), diz competir ao juiz da execução o julgamento dos pedidos de unificação de penas. E o art. 197, do mesmo diploma legal, que "das decisões proferidas pelo juiz caberá recurso de agravo ...". Ora, o art. 197 não fez qualquer distinção: tratando-se de decisão do juiz da execução o recurso cabível é o agravo, pouco importando tratar-se de *situação prevista* na LEP (para utilizar a expressão do art. 194 da lei), ou no Código Penal. É o que prevalece em grande parte na jurisprudência (*RT* 604/343, 610/308, 612/317).

XVIII – que decidir o incidente de falsidade

A discussão a respeito da veracidade e autenticidade de um documento pode ser ventilada através de incidente próprio, cujo rito é tratado nos arts. 145 a 148 do CPP. Não se trata de apurar ou não a prática de um crime de falso, mas de se decidir, com eficácia restrita ao caso concreto (*incidenter tantum*), sobre a falsidade do documento. Daí a observação contida no art. 148 do código no sentido de que "qualquer que seja a decisão, não fará coisa julgada em prejuízo de ulterior processo penal ou civil". Pois bem: apreciado o incidente, pode o juiz reconhecer a falsidade do documento e, nesse caso, deverá determinar seu desentranhamento dos autos, com a posterior remessa do incidente ao Ministério Público, para adoção das medidas legais cabíveis à espécie (por exemplo, instauração de inquérito policial ou oferta, desde logo, de denúncia pela prática de algum dos crimes de falsidade), tudo nos termos do inc. IV, do art. 145 do CPP. Ou pode o juiz, ainda, negar a falsidade do documento quando, nessa hipótese, será mantido nos autos, dando-se a ele o valor probatório que se entender devido.

Qualquer que seja a decisão, acolhendo ou não o incidente, para desafiá-la cabe recurso em sentido. Conforme bem observa Julio Fabbrini Mirabete, da decisão que indefere a instauração do incidente de falsidade não é cabível o recurso em sentido estrito com base neste dispositivo em estudo. Uma coisa é o conhecimento do incidente e sua posterior apreciação, dando-se ou não a ele provimento. Aqui é cabível o recurso *stricti juris*. Coisa diversa é a decisão do juiz que indefere a instauração do incidente. Ensina o autor que essa decisão "que não admite o incidente é irrecorrível, podendo o assunto ser encarado como nulidade a ser versada em *habeas corpus* ou em preliminar de apelação" (*Processo Penal*, ob. cit., p. 679).

XXIII – que deixar de revogar a medida de segurança, nos casos em que a lei admita a revogação

Quando é imposta, revogada, mantida etc., uma medida de segurança, nos termos dos arts. 183 e 184 da LEP, o recurso cabível contra tais decisões é o agravo em execução, estando, assim, tacitamente revogado este dispositivo.

XXIV – que converter a multa em detenção ou em prisão simples

Não há mais possibilidade de conversão da pena de multa em pena corporal, face à redação atual do art. 51 do Código Penal, alterado pela Lei nº 9.268/96 e, por isso, a hipótese aqui tratada não mais subsiste. Com efeito, antes da entrada em vigor dessa lei, o réu condenado, por exemplo, ao pagamento de dez dias-multa, caso não pagasse, teria a pena de multa convertida em detenção ou prisão simples e, por consequência, permaneceria preso por dez dias. Hoje, a pena de multa não paga deve ser executada na Vara das Execuções (art. 51, com a redação dada pela Lei 13.964/19).

Ver nossos comentários ao artigo 164 da LEP.

XXV - que recusar homologação à proposta de acordo de não persecução penal, previsto no art. 28-A.

O art. 28-A do CPP trata do acordo de não persecução penal, compreendido como sendo o ajuste obrigacional celebrado entre o órgão de acusação e o investigado (assistido por advogado), devidamente homologado pelo juiz, no qual o indigitado assume sua responsabilidade, aceitando cumprir, desde logo, condições menos severas do que a sanção penal aplicável ao fato a ele imputado. Referido artigo, nos §§ 4º. e ss, prevê verdadeira solenidade para julgamento do ANPP. O juiz marca audiência para verificar a sua voluntariedade, por meio da oitiva do investigado na presença de seu defensor, bem como sua legalidade. A "ratio legis" fica bem clara. Confere-se ao juiz, com a oitiva do investigado (compromissário) e de seu defensor, a salutar possibilidade de avaliar se o acordo foi ou não forçado, contra a vontade do investigado. Daí porque, na audiência a que se refere o dispositivo, não haver previsão quanto à presença do proponente do acordo (Ministério Público), mas somente do indigitado e seu defensor. A legalidade do ANPP também será objeto de análise judicial.

ATENÇÃO - O legislador empregou o vocábulo "juiz" em seu sentido amplo, pelo que, por óbvio, também abrange o relator da persecução penal de competência originária de um tribunal. Aliás, de forma a espancar qualquer dúvida, a Lei 13.964/19 alterou a Lei 8.038/90, cujas normas são usadas para os processos perante o Superior Tribunal de Justiça e o Supremo Tribunal Federal, nela acrescentando novo parágrafo ao art. 1º., prevendo, expressamente, o ANPP nos crimes praticados por autoridades com foro por prerrogativa de função.

Ao analisar o ANPP, o juiz pode:

a) homologar o acordo de não persecução penal, devolvendo os autos ao Ministério Público para que inicie sua execução perante o juízo de execução penal (§6º.).

b) se considerar inadequadas, insuficientes ou abusivas as condições dispostas no acordo de não persecução penal, devolver os autos ao Ministério Público para que seja reformulada a proposta do acordo, com concordância do investigado e seu defensor (§5º.). Tendo a concordância do investigado, a hipótese é de retratação. Ou o Ministério Público reabre as negociações ou oferece a denúncia-crime.

c) se entender que não é caso de acordo, devolverá os autos ao Ministério Público para análise da necessidade de complementação das investigações ou o oferecimento da denúncia (§8º.) Mas e se o Ministério Público discordar do juiz e insistir no acordo já assinado? Reparem que, aqui, nesta situação posta, apenas o juiz se recusa a seguir. As partes (inclusive investigado e defensor) insistem. Não se confunde com anterior. Percebe-se, portanto, um indisfarçável conflito entre o promotor de Justiça e o juiz. E quem resolve o impasse?

A Lei 13.964/19 preferiu escalar para a solução desse conflito o próprio Judiciário, desafiando essa decisão por meio de recurso em sentido estrito (art. 581, XXV, CPP). Essa arquitetura, entretanto, nos parece equivocada (em que pese julgada constitucional pelo STF nas ADIs 6.298, 6.299, 6.300 e 6.305), violando não somente o sistema acusatório, mas a independência do Ministério Público brasileiro (arts. 127, *caput*, 127, §1º, e 129, I, todos da CF). Importante destacar, nesse ponto, a sempre pertinente lição de Ferrajoli, citada pelo STF na ADI 4.414 Alagoas:

> "A separação entre as funções de acusar, defender e julgar é o signo essencial do sistema acusatório de processo penal (art. 129, I, CRFB), tornando a atuação do Judiciário na fase pré-processual somente admissível com o propósito de proteger as garantias fundamentais do investigado" (FERRAJOLI, Luigi. Derecho y Razón – Teoría del Garantismo Penal. 3ª ed., Madrid: Trotta, 1998. p. 567).

Diante desse quadro (e preocupação), sugerimos, desde o início, por analogia, aplicar o art. 28-A, §14, do CPP.

É esse o espírito, como já alertado acima, da Súmula 696 do STF, que trata da suspensão condicional do processo:

> "Reunidos os pressupostos legais permissivos da suspensão condicional do processo, mas se recusando o promotor de justiça a propô-la, o juiz, dissentindo, remeterá a questão ao Procurador-Geral, aplicando-se por analogia o art. 28 do Código de Processo Penal".

Art. 582. Os recursos serão sempre para o Tribunal de Apelação, salvo nos casos dos ns. V, X e XIV.

Parágrafo único. O recurso, no caso do nº XIV, será para o presidente do Tribunal de Apelação.

Tribunal de Justiça – Quando a lei faz menção, como em outras tantas oportunidades, ao *Tribunal de Apelação*, entenda-se o Tribunal de Justiça ou o Tribunal Regional Federal. Em relação aos incs. V e X, o dispositivo em exame acha-se revogado, pois a competência para conhecer do recurso em sentido estrito, nestes casos, é do respectivo Tribunal de Justiça ou do Tribunal Regional Federal. Justificava-se essa ressalva pois, ao tempo em que editado o código, era possível que, segundo determinada lei de organização judiciária de algum Estado da Federação, um juiz municipal (juiz de menor graduação, em exercício da função por tempo determinado), concedesse, por exemplo, a fiança, sendo cabível recurso a ser julgado pelo juiz de direito. Extinta essa figura (do juiz municipal), não mais vigora este artigo, no que tange aos incs. V e X, do art. 581.

Quanto ao inc. XIV, este sim é julgado pelo presidente do Tribunal de Justiça ou do Tribunal Regional Federal. No Regimento Interno do Tribunal de Justiça de São Paulo, há previsão expressa nesse sentido (art. 193, inc. I, "a") Sobre o tema, conferir comentários ao art. 581, inc. XIV acima.

Art. 583. Subirão nos próprios autos os recursos:

I – quando interpostos de ofício;

II - nos casos do art. 581, I, III, IV, VI, VIII e X;

III - quando o recurso não prejudicar o andamento do processo.

Parágrafo único. O recurso da pronúncia subirá em traslado, quando, havendo dois ou mais réus, qualquer deles se conformar com a decisão ou todos não tiverem sido ainda intimados da pronúncia.

Subida nos próprios autos ou em traslado – Quando se diz que o recurso subirá nos próprios autos, significa que com ele (com o recurso), segue a totalidade dos autos originais. Ao se afirmar que subirá em traslado, é porque se extrairão cópias das peças que a parte indicar (art. 587), formando-se, então, um instrumento que será remetido à superior instância.

Recurso de ofício – Da decisão que concede *habeas corpus*, proferida por juiz de 1º grau, como alertamos na análise ao art. 574, inc. I, cabe recurso de ofício. E comporta, também, recurso em sentido estrito (art. 581, inc. X). Concedido o remédio heroico e não tendo sido interposto recurso pela parte, cumpre ao juiz a remessa obrigatória de sua decisão à superior instância, que subirá nos próprios autos.

Hipóteses diversas – No inc. II, são listadas as hipóteses nas quais o recurso em sentido estrito sobe nos próprios autos. Em todas elas, a natureza da decisão não justifica a formação de instrumento, para subida por traslado, já que o processo principal ficará mesmo paralisado. Para exemplificar: se o juiz rejeita a denúncia, o recurso em sentido estrito manejado pelo Ministério Público subirá nos próprios autos, pois, nesse caso, aliás, nem processo há ainda. O mesmo ocorre se o juiz reconhece a prescrição, quando a sentença põe cabo ao processo. Fazemos apenas uma ressalva: na hipótese do inc. X, se o juiz nega a ordem de *habeas corpus*, não nos parece correto que, em caso de interposição de recurso em sentido estrito, tal recurso suba nos próprios autos. Suponha-se que o acusado se insurja contra decisão da autoridade policial que houve por bem indiciá-lo em inquérito policial, tendo, por isso mesmo, manejado o *writ*. Negado o *habeas corpus* pelo juiz de direito, não vemos como possa o inquérito policial ou o processo-crime, caso já deflagrado, subirem nos próprios autos, parecendo-nos uma hipótese clara de subida por traslado.

Pronúncia – Pode suceder, por exemplo, que sendo dois os réus, ambos pronunciados, um se conforme com essa decisão, enquanto que o outro, insurgente, recorra em sentido estrito, como lhe faculta o art. 581, inc. IV. Ou, ainda, que um dos réus tenha sido intimado da sentença de pronúncia, enquanto o outro não. Imagine-se, ainda, que o acusado que não recorreu encontre-se preso. Nessa hipótese, para não prejudicar o andamento do processo e para evitar que o réu que não recorreu fique preso no aguardo do julgamento do recurso em sentido estrito do corréu, é que se prevê a subida do recurso em traslado. Ou seja, os autos permanecem no juízo de origem, para regular andamento do processo quanto ao réu que não recorreu e, por traslado, é conhecido o recurso do corréu. Já em se tratando de um réu apenas, seu recurso subirá nos próprios autos, mesmo porque a realização do júri fica suspensa enquanto não julgado o recurso (art. 584, § 2º).

Recurso que não prejudica o andamento do processo – Pode surgir uma situação que, embora não listada no inc. II, possibilite a subida do recurso em sentido estrito nos próprios autos, desde que não prejudique o curso do processo. É o que prevê o inc. III acima.

Suponha-se que, citado o réu por edital, ele não atenda ao chamamento e, tampouco, constitua advogado. Pedida sua prisão preventiva, o juiz a negue. O recurso em sentido estrito interposto pelo Ministério Público, com base no art. 581, inc. V, pode, perfeitamente, subir nos próprios autos, pois não haverá nenhum prejuízo ao processo, que estará suspenso, nos termos do art. 366 do código.

JURISPRUDÊNCIA

Configura constrangimento ilegal a subida do recurso nos próprios autos quando o caso é de remessa por traslado

"A decisão de desclassificação de delito de competência do Tribunal do Júri é equivalente ao reconhecimento de incompetência do juízo, sendo, desta forma, impugnável por recurso em sentido estrito, com base no inc. II do art. 581 do CPP, não subindo o recurso nos próprios autos ao Tribunal, e, sim, por instrumento, devendo o feito ser encaminhado ao juízo competente, conforme a sistemática do art. 583 do mesmo diploma processual. A remessa dos próprios autos ao Tribunal de Justiça, face a recurso em sentido estrito interposto pelo Ministério Público Estadual, ocasiona constrangimento ilegal, pois, acarretará, necessariamente, atraso processual e prejudicará o andamento do processo (art. 583, III, do CPP), não resultante do comportamento do paciente ou do regular trâmite do processo" (STJ – HC n° 152381-SP, Rel. Vasco Della Giustina, j. 13.09.2011, DJe 26.09.2011).

Não há excesso de prazo quando a defesa interpõe RESE que sobe nos próprios autos

"A eventual demora no encerramento da ação penal se deve precipuamente à defesa da paciente que, ao interpor recurso em sentido estrito contra sentença de pronúncia – cujo inconformismo deve, a teor do disposto no art. 583, inc. II, do Código de Processo Penal, subir nos próprios autos da ação penal -, obstou, assim, o desenvolvimento do processo-crime e, por conseguinte, a sua imediata submissão ao Tribunal do Júri" (STJ – HC n° 62366-RS, Rel. Laurita Vaz, j. 14.11.2006, DJ 11.12.2006, p. 400).

Art. 584. Os recursos terão efeito suspensivo nos casos de perda da fiança, de concessão de livramento condicional e dos ns. XV, XVII e XXIV do art. 581.

§ 1º Ao recurso interposto de sentença de impronúncia ou no caso do nº VIII do art. 581, aplicar-se-á o disposto nos arts. 596 e 598.

§ 2º O recurso da pronúncia suspenderá tão-somente o julgamento.

§ 3º O recurso do despacho que julgar quebrada a fiança suspenderá unicamente o efeito de perda da metade do seu valor.

Efeito suspensivo – Como regra geral, o recurso em sentido estrito possui, unicamente, o efeito devolutivo. Voltado, na maioria das vezes, contra decisões interlocutórias, daquelas que não colocam fim ao processo, não há mesmo motivo que justifique a suspensão do processo até que se julgue, definitivamente, essa espécie de controvérsia. Demais disso, assemelhado ao agravo de instrumento, também no processo civil a regra é o efeito apenas devolutivo, como se depreende do art. 1.019, inc. I, do CPC, a autorizar que o relator atribua efeito suspensivo ao recurso, em exceção à regra geral do art. 995 do mesmo *codex*.

Por exceção, contudo, admite-se o efeito suspensivo em casos de perda da fiança, de concessão de livramento condicional e nas decisões listadas no art. 581 quando: a) denegar a apelação ou a julgar deserta (inc. XV); b) decidir sobre a unificação de penas (inc. XVII) e c) converter a multa em detenção ou em prisão simples (inc. XXIV). Destaque-se, de plano, que a decisão que concede livramento condicional e a que decide sobre unificação de penas, não mais comportam o recurso em sentido estrito, mas sim o agravo em execução, nos termos do art. 197 da Lei de Execuções Penais. Já da conversão da pena de multa em detenção não mais se cogita, como observamos acima nos comentários ao inc. XXIV, do art. 581. Conclui-se, assim, que desse artigo remanesce em vigor, apenas, o efeito suspensivo para a decisão que: a) decreta a perda da fiança; b) denega ou a julga deserta a apelação e c) pronuncia o réu, suspendendo apenas o julgamento (§ 2º).

É cabível a decretação da perda da fiança, nos termos do art. 344 do código, "se, condenado, o acusado não se apresentar para o início do cumprimento da pena definitivamente imposta". O recurso em sentido estrito, manejado contra essa decisão, será recebido no efeito suspensivo. Este dispositivo deverá ser analisado juntamente com o contido no § 3º abaixo. Assim, o efeito suspensivo se voltará, tão-somente, quanto à perda da fiança, não inibindo a prisão do réu ou a imposição de alguma medida cautelar em seu desfavor. Anote-se, ainda, que se a decisão de perda da fiança, com ocorre na maioria das vezes, emanar do juízo da execução, o recurso cabível será o agravo, nos termos do art. 197 da Lei de Execução Penal. Já na outra hipótese, quando o juiz denega ou a julga deserta a apelação, somente há mesmo de se admitir o efeito suspensivo, no aguardo do tribunal decidir se deve – ou não – ser conhecido o recurso.

§ 1º Ao recurso interposto de sentença de impronúncia ou no caso do nº VIII do art. 581, aplicar-se-á o disposto nos arts. 596 e 598.

Revogação – Como lembramos acima, na análise do inc. IV, do art. 581 do código, da sentença de impronúncia não é mais cabível o recurso em sentido estrito, mas a apelação (art. 416), pelo que este dispositivo acha-se tacitamente revogado.

§ 2º O recurso da pronúncia suspenderá tão-somente o julgamento.

Efeito suspensivo – Uma vez interposto recurso em sentido estrito contra a pronúncia, ele será recebido com um efeito misto: devolutivo, em uma parte, pois o feito mantém seu curso regular e, suspensivo, em outra, pois impede a realização do júri. E nem poderia ser diferente. Basta se imaginar o constrangimento oriundo de réu que, condenado em plenário, tem posteriormente acolhido seu recurso em sentido estrito para absolvê-lo sumariamente. É por isso que se impõe, primeiro, o julgamento do recurso *stricto sensu*, para que depois, uma vez negado e confirmada a pronúncia, submeter-se o réu a júri.

Conquanto a lei faça expressa ressalva de suspensão, apenas, do julgamento, o certo é que, na prática, todos os demais atos do processo permanecem, também, no aguardo do julgamento, do recurso em sentido estrito, pelo tribunal. É que o art. 583, inc. II, determina que o recurso em sentido estrito, contra decisão de pronúncia, subirá nos próprios autos. Ora, se o processo foi remetido ao tribunal, não há como se conceber da prática, no juízo de origem, de algum ato que o impulsione, devendo-se, bem por isso, o julgamento pela superior instância. Mas é possível conceber-se pelo menos um efeito que permanece, enquanto não julgado o recurso *stricto sensu*: o de ser mantido o réu preso, no aguardo da decisão da superior instância, conforme previsto no art. 585 abaixo.

§ 3º O recurso do despacho que julgar quebrada a fiança suspenderá unicamente o efeito de perda da metade do seu valor.

Ver acima comentários ao *caput* deste artigo.

Art. 585. O réu não poderá recorrer da pronúncia senão depois de preso, salvo se prestar fiança, nos casos em que a lei a admitir.

Prisão para recorrer – A leitura apressada deste dispositivo pode levar à conclusão equivocada no sentido de que, pronunciado o réu e pretendendo recorrer em sentido estrito, deverá obrigatoriamente recolher-se à prisão. Era assim, inclusive, que se inclinava a doutrina mais antiga, destacando que, salvo nos crimes de infanticídio (art. 123 do Código Penal), e provocação de aborto (art. 124 do CP), porque afiançáveis, nos demais o recolhimento à prisão se constituía em verdadeiro pressuposto condição para o conhecimento do recurso. Nesse sentido, como adverte Câmara Leal, (ob. cit., vol. IV, p. 58), "pela pronúncia fica o réu sujeito à prisão provisória, até sentença final, pelo que deverá ser preso, mesmo que recorra da pronúncia, por isso que o recurso não tem efeito suspensivo a não ser em relação ao julgamento, que ficará suspenso até decisão de superior instância confirmando a pronúncia". As consequências eram nefastas. Uma denúncia exagerada na acusação contra o réu ou a inclusão de uma qualificadora obviamente impertinente, colocavam-no em um dilema de difícil solução: ou se conformava com a decisão de pronúncia, em seu franco prejuízo, face à possibilidade de condenação em plenário, ou recorria, aguardando, preso, o julgamento.

A jurisprudência, porém, ao longo do tempo, veio amenizando o rigor deste dispositivo, sendo entendimento pacífico, atualmente, de que a pronúncia não possui o efeito automático de ensejar, por si só, a prisão do réu. Antes, devem estar presentes os requisitos e pressupostos inerentes à prisão preventiva, quando somente aí, se admitirá, por exceção à regra geral, o encarceramento do réu, sem culpa ainda formada. A regra, pois, há de ser a liberdade do réu, enquanto não definida sua responsabilidade, em homenagem ao princípio da presunção de inocência. A exceção, sua prisão, antes da sentença condenatória transitar em julgado.

JURISPRUDÊNCIA

Sobre a exigência de prévio recolhimento à prisão como condição de recebimento do recurso. v. art. 597 abaixo

a) descabimento do dispositivo

"O decreto de prisão preventiva há que fundamentar-se em elementos fáticos concretos, que demonstrem a necessidade da medida constritiva. É incabível a prisão do réu como condição para o recebimento de recurso contra a sentença de pronúncia" (STF – HC n° 101244-MG, Rel. Ricardo Lewandowski, j. 16.03.2010, DJe 09.04.2010).

b) quando é cabível

"Além de o art. 585, do CPP encerrar norma cogente, em plena vigência, não há se invocar o art. 594, do CPP para dar supedâneo a pleito de violação à presunção de inocência, ao contraditório e à ampla defesa, em atenção ao verbete sumular nº 9 – STJ (A exigência da prisão provisória, para apelar, não ofende a garantia constitucional da presunção de inocência.) Precedentes desta Corte" (STJ – HC n° 14474-PR, Rel. Fernando Gonçalves, j. 22.05.2001, DJ 11.06. 2001, p. 261).

RECURSO EM SENTIDO ESTRITO – Pronúncia por crime tentado contra a vida – Juízo de admissibilidade do recurso prejudicado pelo não recolhimento do réu à prisão – Preventiva decretada em agosto de 2000 – Mandado não cumprido até a presente data – Necessidade do recolhimento à prisão para processamento do recurso, regra do artigo 585 do CPP – Recurso não conhecido" (TJSP – RSE n° 01008464.3/8-0000-000, Rel. Leonel Costa, j. 30.01.2008).

Art. 586. O recurso voluntário poderá ser interposto no prazo de cinco dias.

Parágrafo único. No caso do art. 581, XIV, o prazo será de vinte dias, contado da data da publicação definitiva da lista de jurados.

Recurso voluntário – O prazo para interposição do recurso é de cinco dias, contado da data em que o recorrente, ou seu procurador, tiverem sido intimados da decisão. Uma vez recebido, terá o recorrente o prazo de dois para arrazoá-lo (art. 588). No processo civil, interposto o recurso, devem as razões seguir juntamente com essa petição. Assim, por exemplo, no caso da apelação, quanto a petição de interposição conterá "as razões do pedido de reforma ou de decretação de nulidade" (art. 1.010, inc. III, do Código de Processo Civil). É diferente no processo penal, onde há dois momentos distintos: um primeiro, em que se interpõe o recurso e, um segundo, nos quais são ofertadas as razões recursais. Claro que nada impede, a configurar mera irregularidade, que as razões recursais sejam ofertadas juntamente com a petição de interposição do recurso.

Lista de jurados – Tratando-se de decisão que inclui ou exclui jurado da respectiva lista, a que se refere o inc. XIV, do art. 581 do código, o prazo é de 20 dias, contado da data em publicada essa lista. A publicação deve ocorrer até o dia 10 de outubro de cada ano e será "divulgada em editais afixados à porta do Tribunal do Júri", na dicção do art. 426 do código.

Recurso de ofício – Quanto ao recurso *ex officio*, a lei não estipulou um prazo para a remessa obrigatória dos autos à superior instância. E nem seria de rigor essa determinação, pois, segundo enunciado da Súmula n. 423, do Supremo Tribunal Federal, "não transita em julgado a sentença por haver omitido o recurso ex officio, que se considera interposto de ofício". Daí se concluir que sempre será oportuna a remessa dos autos, para fins de reexame necessário pelo tribunal, desde que, por óbvio, não tenha sobrevindo, nesse meio tempo, a prescrição.

JURISPRUDÊNCIA

Prazo do agravo em execução

"O prazo para a interposição de Agravo em Execução Penal é de 5 dias (Súmula nº 700 do Supremo Tribunal Federal e art. 586, caput, do Código de Processo Penal). Precedentes" (STJ – HC n° 227271-MS, Rel. Maria Thereza de Assis Moura, j. 05.09.2013, DJe 19.09.2013)

Art. 587. Quando o recurso houver de subir por instrumento, a parte indicará, no respectivo termo, ou em requerimento avulso, as peças dos autos de que pretenda traslado.

Parágrafo único. O traslado será extraído, conferido e concertado no prazo de cinco dias, e dele constarão sempre a decisão

recorrida, a certidão de sua intimação, se por outra forma não for possível verificar-se a oportunidade do recurso, e o termo de interposição.

Indicação de peças – Cabe ao recorrente, na petição de interposição do recurso, indicar as peças que serão trasladas, isto é, copiadas, e que formarão o respectivo instrumento. O parágrafo único indica as peças que, obrigatoriamente, constarão do instrumento, a saber a decisão recorrida, a certidão da intimação do recorrente quanto a tal decisão e o termo de interposição. Estes dois últimos requisitos visam certificar a tempestividade do recurso. Nada impede, por óbvio, que outras peças, que o recorrente julgue pertinentes, sejam copiadas e subam com o recurso. É de responsabilidade do escrivão o traslado das peças indicadas pelo recorrente, devendo fazê-lo no prazo de cinco dias, com possibilidade de prorrogação por igual período, segundo o art. 590.

JURISPRUDÊNCIA

É do escrivão a tarefa do traslado de peças

"É atribuição do escrivão a extração do traslado das peças indicadas pelo Ministério Público, quando da interposição do recurso em sentido estrito (Código de Processo Penal, artigos 587 e 588). O reembolso de despesa processual, por parte do Ministério Público, nos processos de ação penal, é matéria exclusivamente administrativa, sem qualquer repercussão processual, a ser promovido no âmbito próprio, dizendo, como diz, respeito às relações financeiras internas ao Estado entre seus órgãos e instituições" (STJ – REsp n° 967320-RS, Rel. Hamilton Carvalhido, j. 26.05.2008, DJe 12.08.2008).

Nada impede que o MP o faça

"'Todos, no âmbito judicial e administrativo, são assegurados a razoável duração do processo e os meios que garantam a celeridade de sua tramitação' (art. 5º, LXXVIII, da CF). Devem as partes colaborar no andamento do processo com o escopo de se chegar a um provimento jurisdicional final em tempo moderado" (STJ – REsp n° 967153-RS, Rel. Arnaldo Esteves Lima, j. 04.12.2009, DJe 01.02.2010).

Não pode o Tribunal deixar de conhecer do recurso sob a alegação da ausência de peças

AGRAVO EM EXECUÇÃO. RITO. RECURSO EM SENTIDO ESTRITO – "Tendo sido indicadas as peças que deveriam ser trasladadas para a correta instrução do agravo, não poderia a Corte a quo, alegando a ausência de peças essenciais ao reexame da questão, deixar de conhecer do recurso interposto, ante a incidência, in casu, do disposto nos arts. 587 e seguintes do CPP" (STJ – HC n° 21056-RJ, Rel. Felix Fischer, j. 11.03.2003, DJ 07.04.2003, p. 302).

Art. 588. Dentro de dois dias, contados da interposição do recurso, ou do dia em que o escrivão, extraído o traslado, o fizer com vista ao recorrente, este oferecerá as razões e, em seguida, será aberta vista ao recorrido por igual prazo.

Parágrafo único. Se o recorrido for o réu, será intimado do prazo na pessoa do defensor.

Razões de recurso – Interposto o recurso, terá o recorrente o prazo de dois dias para oferta de sua motivação. Como já alertado, nada impede que as razões recursais sejam ofertadas juntamente com a petição de recurso. A exemplo do que se verifica com a apelação, a jurisprudência se inclina no sentido de que imprescindível é a interposição de recurso dentro do prazo legal, de cinco dias, previsto no art. 586. Este é fatal e peremptório, sendo eventual inércia punida com a preclusão. Já a oferta das razões recursais, fora desse prazo, configura mera irregularidade, não impedindo o conhecimento do recurso em sentido estrito. Caso não ofertadas as razões de recurso, pode se invocar a aplicação, por analogia, do art. 601 do código, quando permite que a apelação seja conhecida pelo tribunal, ainda quando ausente a motivação da insurgência. E mesmo, mais precisamente, o art. 589 abaixo, que autoriza o juízo de retratação ainda que a parte adversa não tenha contrariado o recurso. Animados pelo princípio do contraditório e da ampla defesa, pensamos, contudo, que seja de bom alvitre, cuidando-se de defensor dativo, que deixe de ofertar as razões, a nomeação de outro defensor para que o faça.

A parte adversa, também no prazo de dois dias, deverá ofertar as contrarrazões recursais, constituindo nulidade absoluta eventual omissão, como consta da jurisprudência do STJ abaixo transcrita. Cuidando-se de recurso interposto pelo Ministério Público e caso dativo o advogado, a inércia deste último em contrariar o recurso, recomenda a nomeação de outro defensor, pelas mesmas razões acima invocadas.

JURISPRUDÊNCIA

Sobre a apresentação de razões diretamente no Tribunal, v. art. 600, § 4°, abaixo

Ausência de razões recursais ou sua apresentação fora do prazo, não impedem o conhecimento do RSE

"A apresentação das razões do recurso em sentido estrito fora do prazo de dois dias a que se refere o art. 588 do Código de Processo Penal não impede o seu conhecimento" (STJ – REsp n° 251783-RS, Rel. Paulo Gallotti, RSTJ 158/569).

Ausência de intimação do defensor para oferta de contrariedade. Nulidade absoluta

"A falta de intimação do defensor para apresentar as contrarrazões recursais enseja nulidade absoluta (Precedentes). In casu, não houve intimação para que a defesa apresentasse as contrarrazões ao recurso em sentido estrito interposto pelo Parquet, o qual, a despeito disso, foi provido pela Corte a quo com a consequente pronúncia do paciente. Assim, resta evidenciado o prejuízo e configurada a nulidade do julgamento" (STJ – HC n° 141545-MT, Rel. Felix Fischer, j. 17.11.2009, DJe 01.02.2010).

"Conforme entendimento consolidado pela Súmula 707 do Supremo Tribunal Federal, constitui nulidade a falta de intimação do denunciado para oferecer contrarrazões ao recurso interposto da rejeição da denúncia, não a suprindo a nomeação de defensor dativo. É também pacífica a jurisprudência do Superior Tribunal de Justiça, firmada no sentido de que a falta de intimação da Defesa para ofertar contrarrazões ao Recurso em Sentido Estrito, nos termos do art. 588 do Código de Processo Penal, implica gravame aos postulados constitucionais do contraditório e da ampla defesa" (STJ – HC n° 116456-DF, Rel. Napoleão Nunes Maia Filho, j. 04.06.2009, DJe 03.08.2009).

Art. 589. Com a resposta do recorrido ou sem ela, será o recurso concluso ao juiz, que, dentro de dois dias, reformará ou sustentará o seu despacho, mandando instruir o recurso com os traslados que lhe parecerem necessários.

Parágrafo único. Se o juiz reformar o despacho recorrido, a parte contrária, por simples petição, poderá recorrer da nova decisão, se couber recurso, não sendo mais lícito ao juiz modificá-la. Neste caso, independentemente de novos arrazoados, subirá o recurso nos próprios autos ou em traslado.

Efeito regressivo – Este dispositivo trata do efeito que mais caracteriza o recurso em sentido estrito, que é, exatamente, o efeito regressivo, a saber aquele que autoriza o juiz reformar sua própria decisão. O tema foi abordado com profundidade acima, na parte introdutória deste capítulo, sob as rubricas *efeito* regressivo *ratio legis, pro et contra* e *secundum eventum littis.*

Sem embargo de decisões, do Superior Tribunal de Justiça, no sentido de que a ausência do juízo de retratação configure mera irregularidade, cremos que a hipótese seja mesmo de nulidade. Com efeito, liberar-se o juiz dessa obrigação expressamente prevista em lei, importa ignorar a própria essência do recurso em sentido estrito, que consiste na possibilidade de o juiz manter ou reformar a decisão recorrida. Não por mero fetiche legal, mas, antes disso, em homenagem aos princípios da economia e da celeridade processual. De outra parte, o conhecimento direto do recurso, pelo tribunal, sem que antes o juiz tenha se pronunciado, implica em supressão de um grau de jurisdição, de resto inadmissível. Constatando, pois, que o juiz não aplicou o dispositivo em exame, cabe à Corte determinar a devolução dos autos à origem, para que se colha nova decisão judicial, ainda que sucinta, como admite a jurisprudência.

ATENÇÃO – Em sua jurisprudência de teses, de julho de 2017, o Superior Tribunal de Justiça entendeu que "A decisão do juiz singular que encaminha recurso em sentido estrito sem antes proceder ao juízo de retratação é mera irregularidade e não enseja nulidade absoluta" (tese n. 9).

JURISPRUDÊNCIA

Ausência do juízo de retratação na sentença de pronúncia

a) mera irregularidade

"O chamado juízo de retratação de que trata o art. 589 do CPP integra o regular processamento do recurso, possibilitando ao Julgador que, tomando conhecimento das razões do recorrente, convença-se de suas alegações e reforme a sentença. No entanto, a ausência de manifestação do Magistrado, quando da oportunidade de retratação da sentença de pronúncia, com a devida vênia às opiniões em contrário, não constitui nulidade, desde que, em todas as demais fases do processo, se dê oportunidade ao acusado de uso dos vários meios judiciais defensivos.Não deve ser declarada nulidade quando não resultar prejuízo comprovado para a parte que a alega, uma vez que o processo não é um fim em si mesmo, merecendo aproveitamento todos os atos que atingiram a sua finalidade e permitiram o exercício da ampla defesa e do contraditório" (STJ – HC n° 88094-RJ, Rel. Napoleão Nunes Maia Filho, j. 20.11.2008, DJe 15.12.2008).

b) nulidade absoluta

"A teor do artigo 589 do Código de Processo Penal, o juiz, diante de recurso em sentido estrito interposto contra a sentença de pronúncia, a reformará ou sustentará. O emprego deste último vocábulo, com sentido próprio a distingui-lo de simples manutenção, implica a necessidade de abordagem das razões apresentadas. Insubsistência de ato revelador não de sustentação, mas sim de manutenção" (STJ – HC n° 72640-SP, Rel. Marco Aurélio, j. 18.12.1995, DJ 15.10.1999, p. 2).

Necessidade de juízo de retratação quando a nova decisão recebe a denúncia

"No recurso em sentido estrito, o juízo de retratação pressupõe, por razões legais e constitucionais, a resposta do recorrido, não havendo, pena de dupla violação da garantia da ampla defesa, como dispensá-la o Magistrado, mormente quando culmina por receber a denúncia rejeitada, motivado, inclusive, em acrescido probatório, e, a mais, decreta a prisão preventiva do imputado" (STJ – HC n° 35615-SP, Rel. Hamilton Carvalhido, j. 20.09.2005, DJe 14.11.2005, p. 407).

Possibilidade de fundamentação sucinta

"O despacho proferido em sede de juízo de retratação, por ocasião da interposição do recurso em sentido estrito, dispensa maiores fundamentos, porquanto já motivada a decisão de pronúncia, mostrando-se despicienda nova fundamentação, pelo próprio órgão prolator, apenas para mantê-la" (STJ – HC n° 83243-PB, Rel. Maria Thereza de Assis Moura, j. 05.08.2010, DJe 23.08.2010).

"Se o julgador monocrático apresentou na decisão de pronúncia motivação capaz de infirmar os argumentos do recurso e decide mantê-la, desnecessário, em juízo de retratação, repetir os mesmos fundamentos. Precedentes. Hipótese em que não há no recurso interposto argumentos capazes de ensejar manifestação distinta daquela já apresentada na decisão de pronúncia" (STJ – HC n° 182563-SP, Rel. Og Fernandes, j. 28.02.2012, DJe 12.03.2012).

Ausência do juízo de retratação configura constrangimento ilegal

"Tendo a defesa, após tomar ciência da reconsideração da decisão recorrida pelo Ministério Público, requerido a remessa dos autos ao tribunal para julgamento do agravo em execução, nos termos do art. 589, parágrafo único, do CPP, o não-conhecimento do recurso importa constrangimento ilegal, sanável por meio de habeas corpus" (STJ – HC n° 131990-RJ, Rel. Arnaldo Esteves Lima, j. 23.06.2009, DJe 03.08.2009).

Desnecessidade de contrarrazões em caso de decretação da preventiva

"Como a prisão preventiva pode ser decretada até mesmo de ofício (CPP, art. 311), não se sustenta a tese de que a defesa deveria ter sido intimada para contra-arrazoar recurso em sentido estrito interposto pela acusação de decisão que, em um primeiro momento, indeferiu a custódia do paciente, sendo irrelevante o fato de a segregação provisória ter-se operado em sede de juízo de retratação (CPP, art. 589). Ordem denegada" (STF – HC n° 96445-RJ, Rel. Joaquim Barbosa, j. 08.09.2009, DJe 02.10.2009).

Art. 590. Quando for impossível ao escrivão extrair o traslado no prazo da lei, poderá o juiz prorrogá-lo até o dobro.

Prorrogação do prazo – Sendo impossível a extração do traslado no prazo de cinco dias, previsto no parágrafo único, do art. 588, esse prazo pode ser prorrogado por mais cinco dias.

Art. 591. Os recursos serão apresentados ao juiz ou tribunal *ad quem*, dentro de cinco dias da publicação da resposta do juiz *a quo*, ou entregues ao Correio dentro do mesmo prazo.

Art. 592. Publicada a decisão do juiz ou do tribunal *ad quem*, deverão os autos ser devolvidos, dentro de cinco dias, ao juiz *a quo*.

Providências cartorárias – Estes dois dispositivos tratam de encaminhamento e da devolução do recurso. Faz-se apenas uma ressalva: não há mais a possibilidade da apresentação do recurso "ao juiz", como consta do *caput* deste artigo. Disso se cogitava ao tempo da existência dos *juízes municipais*, quando o recurso interposto contra suas decisões era julgado pelo juiz a que se refere o texto legal. Extinta essa figura, apenas ao tribunal *ad quem* se apresentará o recurso. Com a adoção do chamado *processo eletrônico*, muitas destas disposições caíram (ou cairão), em desuso, não mais se cogitando, por exemplo, de devolução dos autos pelo correio.

CAPÍTULO III
DA APELAÇÃO

Conceito – É o pedido que se faz para uma instância superior (juízo *ad quem*) *de* modificação de uma decisão proferida em instância inferior (juízo *a quo*). A matéria julgada em 1º grau, portanto, é, através da apelação, devolvida ao conhecimento do tribunal, sendo, por isso, considerado um recurso de *instância reiterada* (José Frederico Marques, *Elementos Direito Processual Penal*, ob. cit., vol. IV, p. 221). Diz-se, assim, que o efeito da apelação é *devolutivo reiterativo*.

Espécies – A apelação pode ser *ordinária* ou *sumária*. Ordinária quando o crime, objeto do processo, for punido com pena de reclusão, sendo a apelação, no tribunal, processada na forma do art. 613. *Sumária* é a apelação para os delitos apenados com detenção ou prisão simples, quando o procedimento do recurso segue a regra do art. 610 do código.

Aponta-se, ainda, a apelação *plena* (ou *total*) ou *parcial* (ou *restrita*). Será plena quando o inconformismo se dirigir contra a totalidade da decisão. E parcial quando somente uma parte da decisão for atacada. Suponha-se que, processado por furto e corrupção de menores, o réu é absolvido de ambos os delitos, sendo que o Ministério Público recorre, apenas, visando obter a condenação pelo crime de furto. Neste caso, o tribunal conhece a matéria que foi objeto de impugnação nos limites da insurgência, segundo o tradicional brocardo *tantum devolutum, quantum appellatum*. Sendo plena a apelação, todas as questões abordadas no processo serão novamente discutidas.

Preciso, nesse aspecto, o § 1º, do art. 1.013, do Código de Processo Civil, quando, após dispor que a apelação devolve ao tribunal o conhecimento da matéria impugnada, destaca que "serão, porém, objeto de apreciação e julgamento pelo tribunal todas as questões suscitadas e discutidas no processo, ainda que não tenham sido solucionadas, desde que relativas ao capítulo impugnado". Nela, portanto, "a posição do Tribunal é, em tudo, a mesma do juiz singular ao ter este de proferir a sentença definitiva da causa", como ensina José Frederico Marques (*Elementos de Direito Processual Penal*, ob. cit., vol. IV, p. 222). Se parcial, o conhecimento do tribunal fica limitado à parte da sentença que foi objeto da apelação. Por derradeiro, há a apelação *principal*, interposta pelo Ministério Público na qualidade de titular da ação penal pública (*dominus littis*). E a apelação *subsidiária* (ou supletiva), interposta pela vítima, habilitada ou não como assistente do *parquet*.

Breve histórico – Todos os componentes que justificam a existência dos recursos, já mencionados, como, por exemplo, a tendência natural do homem em não se conformar com uma única decisão que lhe é desfavorável, a necessidade de controle dos atos judiciais por órgãos diversos daquele que proferiu a decisão, como forma de aperfeiçoá-la, etc., todos eles são plenamente observados na apelação. Com ela transfere-se ao órgão superior o conhecimento da matéria discutida em 1º grau, naquilo que se chama *efeito devolutivo* do recurso.

Ignora-se, assim, alguma legislação atual que não preveja a apelação. Mesmo com denominação diversa, o certo é que, até os regimes mais autoritários, admitem alguma espécie de recurso para que uma determinada decisão final possa, pelo menos uma vez, ser reapreciada. Aliás, quando se busca na história a origem dos recursos em geral, tal pesquisa fatalmente coincidirá com a origem da apelação, como se fossem quase que palavras sinônimas.

Tarefa difícil consiste em encontrar, na antiguidade, o primeiro resquício desse recurso. A maioria da doutrina aponta, no entanto, a *appellatio*, surgida em Roma, ao tempo do Império, como sendo o embrião da apelação que hoje conhecemos. Tratava-se de um recurso interposto para o Imperador contra a decisão do juiz. Com o passar do tempo, o Imperador delegou a função de julgar as apelações a outros funcionários, estabelecendo-se, a partir daí, verdadeira hierarquia entre os órgãos julgadores, em modelo que, com uma ou outra variação, perdura até os dias atuais.

Após a queda do Império Romano, os bárbaros que se instalaram ignoraram a apelação, vez que suas decisões não admitiam nenhuma espécie de recurso. Ela se revigora, porém, a partir do século XII, quando o Direito Canônico, fortemente inspirado no Direito Romano, torna a prever a recorribilidade das decisões. Foi o Direito Canônico determinante para o ingresso do recurso em Portugal, ainda com o nome de *querima* (ou *querimonia*). Com o nome de *apelação*, previram-na as Ordenações *Afonsinas*, depois as *Manuelinas* e, por último, as *Filipinas*. Deu-lhe novas cores o Código de Processo Criminal do Império (1832), em legislação que vigorou no Brasil até a proclamação da República. A partir daí, todos os códigos estaduais dispuseram sobre a matéria até a unificação da legislação processual brasileira com o Código de Processo Penal de 1941.

Art. 593. **Caberá apelação no prazo de 5 (cinco) dias: (Redação dada pela Lei nº 263, de 23.2.1948)**

I - das sentenças definitivas de condenação ou absolvição proferidas por juiz singular; (Redação dada pela Lei nº 263, de 23.2.1948)

II - das decisões definitivas, ou com força de definitivas, proferidas por juiz singular nos casos não previstos no Capítulo anterior; (Redação dada pela Lei nº 263, de 23.2.1948)

III - das decisões do Tribunal do Júri, quando: (Redação dada pela Lei nº 263, de 23.2.1948)

a) ocorrer nulidade posterior à pronúncia; (Redação dada pela Lei nº 263, de 23.2.1948)

b) for a sentença do juiz-presidente contrária à lei expressa ou à decisão dos jurados; (Redação dada pela Lei nº 263, de 23.2.1948)

c) houver erro ou injustiça no tocante à aplicação da pena ou da medida de segurança; (Redação dada pela Lei nº 263, de 23.2.1948)

d) for a decisão dos jurados manifestamente contrária à prova dos autos. (Redação dada pela Lei nº 263, de 23.2.1948)

§ 1º Se a sentença do juiz-presidente for contrária à lei expressa ou divergir das respostas dos jurados aos quesitos, o tribunal *ad quem* fará a devida retificação.(Incluído pela Lei nº 263, de 23.2.1948)

§ 2º Interposta a apelação com fundamento no nº III, *c*, deste artigo, o tribunal *ad quem*, se lhe der provimento, retificará a aplicação da pena ou da medida de segurança. (Incluído pela Lei nº 263, de 23.2.1948)

§ 3º Se a apelação se fundar no nº III, *d*, deste artigo, e o tribunal *ad quem* se convencer de que a decisão dos jurados é manifestamente contrária à prova dos autos, dar-lhe-á provimento para sujeitar o réu a novo julgamento; não se admite, porém, pelo mesmo motivo, segunda apelação. (Incluído pela Lei nº 263, de 23.2.1948)

§ 4º Quando cabível a apelação, não poderá ser usado o recurso em sentido estrito, ainda que somente de parte da decisão se recorra. (Parágrafo único renumerado pela Lei nº 263, de 23.2.1948)

Prazo – O prazo para interposição da apelação é de cinco dias, sendo de oito dias o prazo para oferta das razões recursais (art. 600, *caput*). A observância do primeiro prazo, para o apelo, é do mais absoluto rigor, posto que, não manejado o recurso, opera-se a preclusão temporal, com o trânsito em julgado da sentença e consequências, portanto, fatais e peremptórias. Já o desprezo quanto ao segundo prazo (de oito ou três dias, para motivação do recurso), se traduz em mera irregularidade, sobretudo por que o art. 601 permite a subida dos autos à superior instância sem as respectivas razões. Confira-se no STF: *RTJ* 161/542; 117/1.098.

A forma de contagem do prazo para apelação segue a regra geral adotada para os demais recursos, devendo obedecer, assim, o disposto no art. 798 que impõe a exclusão do dia do começo e a inclusão do dia final. De sorte que, intimada a parte, o prazo para recurso (*dies a quo*), começa a fluir no primeiro dia útil seguinte à intimação. Se o último dia do prazo (*dies ad quem*), cair em um final de semana ou feriado, ele se prorroga para o primeiro dia útil seguinte. Tratando-se de intimação por edital, o prazo começa a ser contado a partir do término do prazo do edital. Se a intimação se deu por precatória, carta de ordem ou por mandado, o prazo para recurso se inicia da data da efetiva intimação e não da data em que juntada a precatória ou o mandado aos autos, segundo o teor da Súmula 710 do STF. Caso a sentença seja proferida em audiência ou em plenário do Júri, as partes já saem intimadas da decisão e, a partir daí, começa a fluir o prazo para a apelação, nos termos do art. 798, § 5º, "b", do CPP. Salvo se a sentença foi ditada pelo juiz e registrada por estenotipia, hipótese na qual o prazo terá início a partir da ciência da transcrição, quando se possui uma efetiva ciência do teor da decisão (RT 627/320).

A quem intimar – Da sentença deverão ser intimados o réu, seu defensor, o curador, o assistente de acusação e o autor da ação penal (querelante ou Ministério Público), na forma dos arts. 390, 391 e 392 do código. É indiferente, segundo entendimento que predomina na jurisprudência, a ordem em que ocorre a intimação do réu e seu defensor. Ou seja, pouco importa quem é intimado primeiro, se o réu ou seu defensor, iniciando-se a contagem do prazo a partir da última intimação. Em relação ao assistente de acusação, há que ser feita uma observação. Caso o assistente já esteja habilitado nos autos antes da sentença, ou seja, já tenha ingressado no processo antes de proferida a decisão, o prazo para seu recurso é o normal, isto é, de cinco dias, contado da data em que foi intimado da sentença (art. 391). Pode ocorrer, no entanto, que o assistente ingresse no processo após ser proferida a sentença, quando se diz que ele não estava habilitado no processo. Nesse caso, o prazo para ele apelar é de quinze dias, contado da data em que se findar o prazo para o Ministério Público (Súmula 448 do STF). De se observar que o defensor dativo (defensor público, procurador do estado ou advogado conveniado), possui o prazo em dobro para recorrer (Lei nº 1.060/50).

Prazo em dobro – Sobre a contagem em dobro do prazo para recorrer, para a Defensoria Pública e Ministério Público, v. art. 577 acima.

I - das sentenças definitivas de condenação ou absolvição proferidas por juiz singular; (Redação dada pela Lei nº 263, de 23.2.1948)

Sentenças definitivas – São as sentenças que julgam o mérito. São condenatórias quando o juiz julga procedente, total ou parcialmente, a imputação (art. 387). E absolutórias quando julgada improcedente a acusação (art. 386). Havia, no entanto, exceções à regra geral, ou seja, hipóteses nas quais, embora proferida uma sentença definitiva, não era cabível a apelação. Assim, por exemplo, da sentença que absolve sumariamente o réu, nos crimes dolosos contra a vida, não cabia apelação, mas recurso em sentido estrito (art. 581, VI, em sua redação original). Ou, ainda, nos crimes julgados pelo Júri, quando imposta uma pena igual ou superior a 20 anos, era cabível protesto por novo júri (art. 607) e não apelação. Tais hipóteses não mais subsistem, posto que da sentença de absolvição sumária cabe apelação (art. 416), e o protesto por novo júri foi extinto.

Sentença definitiva x sentença transitada em julgado – Vale observar que a sentença *definitiva* a que faz menção o presente dispositivo, não deve ser confundida com a *sentença transitada em julgado*. A sentença se diz *definitiva* em primeiro grau de jurisdição, quando o juiz que a prolatou esgotou a prestação jurisdicional, não mais podendo alterar sua decisão. Mas é claro que dela ainda é cabível a apelação. Já a sentença transitada em julgado é aquela que não comporta mais nenhum recurso.

Foro por prerrogativa de função – Tratando-se de crime cujo autor goza do chamado *foro por prerrogativa de função*, e, por consequência, será julgado originariamente pelo Tribunal, a sentença proferida, quer condenatória, quer absolutória, não admite apelação e, tampouco, nenhuma outra espécie de recurso ordinário, restando eventual oposição de embargos declaratórios ou, excepcionalmente, recurso especial ou recurso extraordinário. No STF, porém, tratando-se de ação penal originária, que condenou o réu, havendo quatro votos divergentes, são cabíveis embargos infringentes ou de nulidade, nos termos do art. 333 de seu regimento interno.

II - das decisões definitivas, ou com força de definitivas, proferidas por juiz singular nos casos não previstos no Capítulo anterior; (Redação dada pela Lei nº 263, de 23.2.1948)

Decisões definitivas, ou com força de definitivas – São decisões interlocutórias mistas nas quais é encerrada a relação processual, com o julgamento do mérito, mas sem condenar ou absolver o réu. Exemplo: em um processo de tráfico de entorpecente, o proprietário do avião utilizado para a prática criminosa – que não é réu no processo – ingressa com um pedido de restituição de coisa apreendida (art. 118 e ss. do CPP). A partir daí se forma uma relação processual, que será encerrada com uma decisão definitiva do juiz, na qual será apreciado o mérito (deferindo ou não a devolução da aeronave), mas não condenará nem absolverá o réu. Supondo-se que seja acolhido o pedido de restituição do bem, poderá o Ministério Público ingressar com apelação. Ou, se desacolhido, o suposto proprietário do avião. Outros exemplos apontados pela doutrina onde é cabível apelação são da decisão que ordena ou não o sequestro (art. 127 do CPP), que homologa ou não o laudo pericial referente a objetos apreendidos nos crimes contra a propriedade imaterial (art. 528

do CPP), que indefere pedido de justificação, que homologa o laudo no incidente de insanidade mental (art. 153 do código).

Vale atentar, porém, que somente caberá apelação com base no dispositivo legal em estudo, quando não cabível, na hipótese concreta, o recurso em sentido estrito, isto é, "nos casos não previstos no Capítulo anterior", como indica a parte final do inc. II, do art. 593 do código. Assim, por exemplo, a decisão que acolhe exceção de coisa julgada *se enquadra perfeitamente no conceito de decisão definitiva, ou com força de definitiva*, mas, por força de expressa disposição legal, contra ela é cabível recurso em sentido estrito (art. 581, inc. III).

Desclassificação da conduta sem declínio da competência – A 5ª. Turma já se posicionou no sentido de que a decisão que desclassifica a conduta, declinando da competência para o julgamento do feito, deve ser atacada por recurso em sentido estrito, sendo a utilização de recurso de apelação descabida e não passível de aplicação do princípio da fungibilidade recursal, por se tratar de erro grosseiro (STJ – AgRg no REsp 1622276/RS, Rel. Ministro REYNALDO SOARES DA FONSECA, QUINTA TURMA, julgado em 22/11/2016, DJe 05/12/2016). Já a 6ª Turma discorda, julgando admissível a interposição de recurso de apelação, consoante art. 593, II, do CPP, por se tratar de pronunciamento final decorrente da análise do mérito da pretensão punitiva, possuindo, por consequência, natureza de definitividade, ainda que desclassificada para dar definição jurídica diversa da ação penal (AgRg nos EDcl no REsp 1711903/SP, Rel. Ministro NEFI CORDEIRO, SEXTA TURMA, julgado em 21/03/2019, DJe 03/04/2019).

III – das decisões do Tribunal do Júri, quando: (Redação dada pela Lei nº 263, de 23.2.1948)

Introdução – Em virtude de expressa previsão constitucional (art. 5º, inc. XXXVIII, da CF), cabe ao Tribunal do Júri o julgamento dos crimes dolosos contra a vida. Dentre os princípios que regem o Júri, conforme já analisamos ao estudar o tema, um deles trata da *soberania dos veredictos* e vem mencionado na alínea "c", da norma constitucional. Por esse princípio, somente os jurados podem decidir pela procedência ou não da acusação, embora, conforme veremos em seguida, a soberania dos veredictos é fortemente atingida quando se defere, ao Tribunal de Justiça, a possibilidade de absolver o réu no julgamento de revisão criminal. Ao cogitar da apelação contra decisões emanadas do Júri, tal princípio não é arranhado, na medida em que o Tribunal de Justiça jamais poderá alterar, no mérito, a decisão do Conselho de Sentença, podendo, apenas, mandar o réu a novo julgamento. Daí porque já foi denominado esse recurso, quando manejado contra decisões oriundas do Júri, de apelação *sui generis*, já que atua como verdadeiro *juízo de cassação*, posto que, segundo lição de José Frederico Marques, "a soberania continua a existir, mas desaparece a onipotência arbitrária" (*Elementos*..., ob. cit., vol. IV, p. 228).

Vale atentar, porém, que a soberania dos veredictos se vê não atingida, mas, ao menos, mitigada quando a lei permite que o Tribunal de Justiça mande o réu a novo Júri. E nem poderia ser diferente, já que embora se reconhecendo a soberania dos veredictos, há que se ter um meio de revisão das decisões evidentemente equivocadas. Não que o Tribunal de Justiça vá, por meio de uma apelação, condenar ou absolver o réu. Mas poderá, sem arranhar o princípio constitucional em análise, determinar que outro julgamento seja realizado. Nesse sentido o posicionamento do STF: "É certo que as decisões do Tribunal do Júri não podem ser alteradas, quanto ao mérito, pela instância *ad quem*, podendo apenas ser anuladas para que o mesmo Júri reveja a sua decisão, mantendo ou modificando a mesma. Assim, não podem os juízes da instância superior substituir os jurados na apreciação do mérito da causa já decidida pelo Tribunal do Júri, à vista do princípio constitucional da soberania do veredicto, previsto no art. 5º, XXXVIII, "c", da CF. Todavia, a soberania do Júri não afasta a recorribilidade de suas decisões, significando apenas a impossibilidade de revisão do mérito" (*RT* 739/546). Ainda nesse sentido, STF: *RT* 728/481.

Fundamentação vinculada – As hipóteses de cabimento de apelação, contra decisões do Júri, são de fundamentação vinculada, significa dizer, o apelante deve invocar, se pretender recorrer, um dos fundamentos dentre os relacionados no art. 593, inc. III, "a" a "d", do CPP. De sorte que a matéria a ser devolvida ao conhecimento do Tribunal fica restrita à fundamentação do recurso. Assim, por exemplo, se o condenado recorre para ser submetido a novo Júri, por entender que a decisão dos jurados foi manifestamente contrária à prova dos autos (art. 593, inc. III, "d"), não pode o Tribunal reduzir-lhe a pena (art. 593, inc. III, "c"). Nesse sentido: *RT* 720/413, 765/682, 765/573. Nessa linha, a propósito, o teor da Súmula 713 do STF, *in verbis*: "O efeito devolutivo da apelação contra decisões do Júri é adstrito aos fundamentos de sua interposição". Ressalte-se, porém, que a falta de expressa indicação do dispositivo legal no qual se funda a apelação não se constitui em fator que impeça seu conhecimento, "desde que nas razões se encontrem os fundamentos que ensejaram o recurso e as pretensões dos recorrentes estejam perfeitamente delineadas" (*RSTJ* 26/499; ainda nesse sentido: *RT* 687/363, 779/650).

JURISPRUDÊNCIA

Sobre da *reformatio in pejus* no Júri, v. art. 617 abaixo.

Limitação do efeito devolutivo do recurso

"Em razão das peculiaridades das quais são revestidas as decisões do Tribunal do Júri, o efeito devolutivo do recurso de apelação é restrito aos fundamentos da sua interposição, previstos nas alíneas do inciso III do artigo 593 do Código de Processo Penal, sendo vedado ao órgão recursal julgar com base em outro. Tendo em vista que no recurso apresentado pela defesa apenas se aduziu que a qualificadora do motivo fútil não estaria comprovada nos autos, e que a reprimenda do paciente deveria ser reduzida para o mínimo legal, modificando-se, ainda, o seu regime de cumprimento, a Corte impetrada não tratou das questões referentes à fragilidade do conjunto probatório constante dos autos e da prática de homicídio privilegiado pelo paciente, circunstância que implicaria na vedada atuação em supressão de instância por parte desta Corte Superior de Justiça" (STJ – HC nº 238288-RJ, Rel. Jorge Mussi, j. 19.03.2013, DJe 26.03.2013).

Falta de indicação, na interposição da apelação, do dispositivo legal em que se funda o recurso

a) mera irregularidade quando as razões de recurso indicam tal dispositivo

"Configura mera irregularidade a falta de indicação dos dispositivos legais em que se apoia o termo da apelação interposta pela defesa contra decisão do Tribunal do Júri. Não há empecilho no conhecimento do recurso, desde que nas razões se encontrem os fundamentos que ensejaram o apelo e as pretensões da parte estejam perfeitamente delineadas (precedentes do STJ e do STF)" (STJ – HC nº 149966-ES, Rel. Sebastião Reis Júnior, j. 18.10.2012, DJe 19.11.2012).

"As apelações interpostas contra decisões do Tribunal do Júri têm caráter restritivo, não se lhes atribuindo o amplo efeito devolutivo próprio do recurso de apelação contra decisão proferida pelo juízo singular (artigo 593, inciso I, do Código de Processo Penal). Em face de tanto, tem-se afirmado, em sucessivos julgados, a inadmissibilidade do apelo quando, na sua interposição, não se indica o permissivo legal, com o temperamento que se possa fazê-lo nas razões, desde que ofertadas no prazo de interposição do recurso, por proibida a modificação posterior. A jurisprudência deste Superior Tribunal de Justiça, contudo, é firme em que o suporte legal da apelação no Júri pode ser definido nas razões, explícita ou implicitamente, em obséquio mesmo da garantia do direito à ampla defesa, que o é com todos os recursos a ela inerentes" (STJ – REsp n° 770411-RS, Rel. Hamilton Carvalhido, j. 06.06.2006, DJ 05.02.2007, p. 416).

b) necessidade

"Em razão das peculiaridades das quais são revestidas as decisões do Tribunal do Júri, o efeito devolutivo do recurso de apelação criminal é restrito aos fundamentos da sua interposição, previstos nas alíneas do inciso III do artigo 593 do Código de Processo Penal, isto é, os limites do exame a ser feito pela Corte Estadual são fixados no termo ou petição de interposição do reclamo, de tal sorte que nas razões do inconformismo somente constarão os fundamentos de fato e de direito vinculados aos incisos anteriormente indicados. No caso em apreço, depreende-se que o Ministério Público, ao apelar da sentença proferida em sessão plenária, olvidou-se de declinar quais das hipóteses elencadas no artigo 593, inciso III, do Código de Processo Penal seriam utilizadas para embasar a sua insurgência, cingindo-se a manifestar 'o desejo de recorrer da decisão', o que evidencia a violação à regra da fundamentação vinculada, oportunizando ao recorrente, em momento posterior, escolher quais seriam as suas teses recursais, em afronta ao entendimento já consolidado no âmbito dos Tribunais Superiores. Assim, não declinados no momento oportuno os fundamentos da insurgência contra a decisão proferida pelo Tribunal do Júri, não poderia a Corte a quo conhecer do apelo interposto pela acusação e submeter o paciente a novo julgamento pela Corte Popular. Aplicação do enunciado da Súmula n. 713 do Supremo Tribunal Federal" (STJ – HC n° 243566-PR, Rel. Jorge Mussi, j. 18.10.2012, DJe 05.11.2012).

Alterações no Código de Processo Penal não extinguiram a apelação

"Insustentável a tese de que, com as alterações promovidas no Código de Processo Penal pela Lei n.º 11.689/2008 – especialmente à luz do art. 483, inciso III, do CPP-, passou a ser vedada a interposição de recurso de apelação ministerial com base no artigo 593, III, "d" do mesmo codex. Independentemente do motivo que levou os jurados a absolver o acusado, a capacidade postulatória recursal do Parquet, quando o julgamento se afigura contrário à prova dos autos, é consentânea com a paridade de armas inerente ao princípio do contraditório e do devido processo legal, e em nenhum momento foi objeto de restrição pela precitada lei. Precedente" (STJ – HC n° 241664-RJ, Rel. Laurita Vaz, j. 19.11.2013, DJe 02.12.2013).

Hipóteses de cabimento – É cabível apelação contra decisões do Júri nas hipóteses seguintes:

a) ocorrer nulidade posterior à pronúncia; (Redação dada pela Lei nº 263, de 23.2.1948)

Nulidade posterior à pronúncia- Exemplos que poderiam ser citados de nulidades verificadas após a pronúncia seriam a falta de intimação da decisão de pronúncia, a falta de notificação do réu para a sessão de julgamento, a inexistência do número mínimo de 15 jurados para a constituição do Júri (art. 463 do código), ausência de acusação ou defesa em plenário, quebra da incomunicabilidade dos jurados, etc. Se a nulidade for relativa, deve ser suscitada assim que anunciado o julgamento e apregoadas as partes, nos termos do art. 571, inc. V, do CPP, sob pena de preclusão. Se absoluta a nulidade, é este também o momento oportuno para sua arguição. Porém, não tendo sido acolhida pelo juiz-presidente, pode ser novamente suscitada, em sede de preliminar, na apelação a ser interposta contra o julgamento. E mesmo declarada de ofício pelo tribunal. Reconhecida a nulidade impõe-se, por consequência, a realização de novo julgamento ou a renovação dos atos inquinados de nulos.

b) for a sentença do juiz-presidente contrária à lei expressa ou à decisão dos jurados; (Redação dada pela Lei nº 263, de 23.2.1948)

Sentença do juiz contrária à lei expressa ou à decisão dos jurados – Vale observar que o erro aqui mencionado é do juiz togado e não dos jurados, pelo que se admite a apelação sem que se afronte o princípio da soberania dos veredictos. Aqui o Tribunal de Justiça, acolhendo o recurso, não manda o réu a novo Júri, mas apenas corrige o equívoco verificado na sentença (§ 1º, do art. 593). Cite-se, por exemplo, quando os jurados reconhecem a ocorrência do chamado *homicídio privilegiado* e, mesmo assim, deixa o juiz de aplicar a causa de diminuição da pena prevista no § 1º, do art. 121, do Código Penal. A sentença do juiz, nesse caso, foi contrária *à decisão dos jurados*. Ou, quando julgando contrariamente à lei, o juiz reconhece uma circunstância agravante não prevista, como, *v.g.*, o fato do agente ter cometido o crime contra sua noiva (nesse sentido, *habeas corpus* do STJ, onde se concedeu em parte a ordem para afastar, do libelo, a agravante genérica prevista no artigo 61, inciso II, "pois há nos autos prova pré-constituída de que a vítima não era esposa do paciente, porquanto casados apenas em cerimônia religiosa. A norma penal refere-se unicamente ao cônjuge, sendo vedado, no Direito Penal, ampliar tal conceito restritivo, com o emprego de analogia *in malam partem*" (HC nº 23419-PB, Rel. Paulo Medina, j. 28.9.2004, *DJ* 21.3.2005, p. 443).

c) houver erro ou injustiça no tocante à aplicação da pena ou da medida de segurança; (Redação dada pela Lei nº 263, de 23.2.1948)

Erro ou injustiça na aplicação da pena – Assim, quando o réu reincidente e em favor do qual não existia nenhuma atenuante, teve sua pena fixada no mínimo legal. Ou aquele que, primário e de bons antecedentes, teve sua reprimenda dosada muito acima do mínimo legal. Ou se a medida de segurança imposta ao réu inimputável revelar-se exagerada (não se observando, por exemplo, as políticas antimanicomiais). Em todos os casos é cabível a apelação, bastando ao Tribunal de Justiça que faça a respectiva correção, seja para majorar, seja para reduzir a pena imposta pelo juiz-presidente (§ 2º, do art. 593), sem a necessidade de se determinar a realização de novo julgamento. Não se cogita de afronta à soberania do Júri, posto que a correção deu-se na parte da decisão proferida pelo juiz togado.

d) for a decisão dos jurados manifestamente contrária à prova dos autos. (Redação dada pela Lei nº 263, de 23.2.1948)

Decisão manifestamente contrária à prova dos autos – Eis, sem dúvida, a mais interessante das hipóteses de apelação contra as decisões do Júri, que aparece com mais frequência na prática e que enseja o maior número de controvérsias. Nela, o Tribunal de Justiça, reconhecendo que a decisão dos jurados contrariou a prova dos autos, determina a realização de um novo julgamento (§ 3º, do art. 593). Não pode o Tribunal, portanto, ao apreciar a apelação, condenar ou absolver, sob pena de ferir o princípio da soberania do júri, mas somente dar provimento ao recurso para que um novo plenário seja realizado. Insistimos: suponha-se que o réu, sempre quando ouvido, inclusive quanto interrogado em plenário, tenha confessado a autoria do homicídio, dizendo que assim agiu por motivo torpe, ante a negativa da vítima em pagar-lhe uma bebida. Inconformado e animado pela ingestão exagerada de álcool, quando a vítima deixava o local, contra ela investiu pelas costas, matando-a. A despeito da eloquência da prova, o júri, contudo, o absolve. Com o recurso do Ministério Público, ao Tribunal de Justiça não se permite condenar o réu, em que pese o absurdo da decisão. Se assim o fizesse violaria o princípio da soberania dos veredictos. À superior instância, nessa hipótese, é dada a possibilidade de, acolhendo o recurso do *parquet*, mandar o réu a novo julgamento.

Para tanto, repetimos, é preciso que a decisão dos jurados seja *manifestamente contrária* à prova dos autos. Assim se entende a decisão totalmente divorciada da prova do processo, ou seja, que não encontra nenhum suporte no conjunto probatório colhido nos autos, "é aquela que não tem apoio em prova nenhuma, é aquela proferida ao arrepio de tudo quanto mostram os autos, é aquela que não tem a suportá-la, ou justificá-la, um único dado indicativo do acerto da conclusão adotada" (RT 780/653).

Se, porém, por outro lado, a decisão dos jurados encontra algum apoio na prova dos autos, tendo eles aderido a uma das versões verossímeis dentre as apresentadas, a decisão é mantida, em nome da soberania dos veredictos e levando-se em conta, em acréscimo, que os jurados julgam segundo sua íntima convicção, o que implica dizer, sem a necessidade de fundamentar seus votos. Somente – repita-se – aquela decisão que não encontrar qualquer arrimo na prova do processo é que autorizará novo julgamento com base nesse dispositivo legal.

JURISPRUDÊNCIA

Soberania dos veredictos não é atingida

"A soberania dos veredictos do Júri – não obstante a sua extração constitucional – ostenta valor meramente relativo, pois as decisões emanadas do Conselho de Sentença não se revestem de intangibilidade jurídico-processual. A competência do Tribunal do Júri, embora definida no texto da Lei Fundamental da República, não confere, a esse órgão especial da Justiça comum, o exercício de um poder incontrastável e ilimitado. As decisões que dele emanam expõem-se, em consequência, ao controle recursal do próprio Poder Judiciário, a cujos Tribunais compete pronunciar-se sobre a regularidade dos veredictos. A apelabilidade das decisões emanadas do Júri, nas hipóteses de conflito evidente com a prova dos autos, não ofende o postulado constitucional que assegura a soberania dos veredictos do Tribunal Popular" (STF – HC n° 81423-SP, Rel. Celso de Mello, j. 18.12.2001, DJe 19.04.2001).

Em sentido contrário:

A previsão normativa do quesito genérico de absolvição no procedimento penal do júri (CPP, art. 483, III, e respectivo § 2º), formulada com o objetivo de conferir preeminência à plenitude de defesa, à soberania do pronunciamento do Conselho de Sentença e ao postulado da liberdade de íntima convicção dos jurados, legitima a possibilidade de os jurados – que não estão vinculados a critérios de legalidade estrita – absolverem o réu segundo razões de índole eminentemente subjetiva ou de natureza destacadamente metajurídica, como, p. ex., o juízo de clemência, ou de equidade, ou de caráter humanitário, eis que o sistema de íntima convicção dos jurados não os submete ao acervo probatório produzido ao longo do processo penal de conhecimento, inclusive à prova testemunhal realizada perante o próprio plenário do júri. Isso significa, portanto, que a apelação do Ministério Público, fundada em alegado conflito da deliberação absolutória com a prova dos autos (CPP, art. 593, III, "d"), caso admitida fosse, implicaria frontal transgressão aos princípios constitucionais da soberania dos veredictos do Conselho de Sentença, da plenitude de defesa do acusado e do modelo de íntima convicção dos jurados, que não estão obrigados – ao contrário do que se impõe aos magistrados togados (CF, art. 93, IX) – a decidir de forma necessariamente motivada, mesmo porque lhes é assegurado, como expressiva garantia de ordem constitucional, "o sigilo das votações" (CF, art. 5º, XXXVIII, "b"), daí resultando a incognoscibilidade da apelação interposta pelo "Parquet" (STF, Medida Cautelar no HC n. 185068, Min. Rel. Celso de Mello, j. 01/07/2020)

Opção por uma das versões. Validade

"Decisão dos jurados que acolheu a tese do homicídio privilegiado, com base no histórico de discussões entre vítima e réu e no depoimento de testemunha que afirmou ter escutado vozes em tom exaltado momentos antes do crime. Inexistência de decisão arbitrária ou inverossímil. Em verdade, o Tribunal de Justiça considerou a prova de acusação mais sólida do que a de defesa, avaliação esta, entretanto, que é reservada ao Tribunal do Júri, juízo natural da causa, com base no critério da íntima convicção. Assim, por não caber à Justiça togada, nos estreitos limites da apelação contra veredicto do Tribunal do Júri, desqualificar prova idônea produzida sob o crivo do contraditório, a decisão é ilegal. Ordem concedida para cassar a determinação de realização de novo julgamento pelo Júri, com base no art. 593, III, d, do Código de Processo Penal" (STF – HC n° 85904-SP, Rel. Joaquim Barbosa, j. 13.02.2007, DJe 29.06.2007).

"A decisão proferida pelo Júri Popular somente pode ser anulada, em sede de apelação, com base no art. 593, III, "d", do Código de Processo Penal, quando absolutamente improcedente, sem amparo nos elementos dos autos. Com efeito, existindo duas teses contrárias e havendo plausibilidade na escolha de uma delas pelo

Tribunal do Júri, não pode a Corte Estadual cassar a decisão do Conselho de Sentença para dizer que esta ou aquela é a melhor solução, sob pena de ofensa ao art. 5º, XXXVIII, da Constituição Federal" (STJ – HC n° 254730-SP, Rel. Og Fernandes, j. 24.09.2013, DJe 04.10.2013).

"Para que a decisão do Conselho de Sentença seja considerada manifestamente contrária à prova dos autos, é necessário que a versão acolhida não encontre amparo nos elementos fático-probatórios amealhado aos autos, o que, a toda evidência, não se verifica na espécie em análise, tendo em vista que a Corte estadual destacou, de forma fundamentada, que existem elementos concretos que dão arrimo à decisão dos jurados, tais como prova pericial e prova testemunhal produzidas em juízo. Manifestamente contrária à prova dos autos é a decisão que despreza as provas produzidas, não aquela que, claramente, opta por uma das versões apresentadas em Plenário, como verificado na espécie sub examine" (STJ – HC n° 170447-DF, Rel. Sebastião Reis Júnior, j. 02.05.2013, DJe 13.05.2013).

Impossível analisar, nos julgamentos pelo Júri, se a condenação se deu com base na prova produzida no inquérito policial

"Após a produção das provas pela defesa e pela acusação na sessão plenária, a Corte Popular tão somente responde sim ou não aos quesitos formulados de acordo com a livre valoração das teses apresentadas pelas partes. Por esta razão, não havendo uma exposição dos fundamentos utilizados pelo Conselho de Sentença para se chegar à decisão proferida no caso, é impossível a identificação de quais provas foram utilizadas pelos jurados para entender pela condenação ou absolvição do acusado, o que torna inviável a constatação se a decisão baseou-se exclusivamente em elementos colhidos durante o inquérito policial ou nas provas produzidas em juízo, conforme requerido na impetração" (STJ – HC n° 175993-RJ, Rel. Jorge Mussi, j. 06.09.2011, DJe 21.09.2011).

Perícia que atesta inimputabilidade e condenação do réu. Decisão manifestamente contrária à prova dos autos

"No caso dos autos, o Tribunal de Estadual deixou de indicar quais elementos de convicção seriam aptos a afastar a conclusão da perícia técnica no sentido de que o paciente seria inimputável à época dos fatos, circunstância que revela que o corpo de jurados proferiu veredicto manifestamente contrário à prova dos autos" (STJ – HC n° 257629-ES, Rel. Jorge Mussi, j. 04.06.2013, DJe 12.06.2013).

Determinado novo julgamento não é reaberta a fase de instrução

"Quando o Tribunal ad quem dá provimento ao apelo para determinar a realização de um novo julgamento, pelo fato do primeiro veredicto ter sido considerado manifestamente contrário à prova dos autos, não se pode admitir que haja inovação no conjunto probatório que será levado ao conhecimento do novo Conselho de Sentença, sob pena de se desvirtuar a regra recursal prevista no artigo 593, inciso III, alínea "d", do Código de Processo Penal, mormente em razão da norma contida na parte final do § 3º do referido dispositivo, que impede a segunda apelação motivada na mesma alegação" (STJ – HC n° 243452-SP, Rel. Jorge Mussi, j. 26.02.2013, DJe 12.03.2013).

Apelação fundamentada no Art. 593, III, "d", do CPP e o dever do Tribunal de identificar a existência de provas de cada elemento essencial do crime

Ao julgar a apelação fundada no art. 593, III, "d", o Tribunal precisa indicar as provas de cada elemento essencial do crime que dão suporte à versão aceita pelos jurados. Faltando, no acórdão, a demonstração de que algum elemento tem respaldo probatório mínimo, hás duas possibilidades distintas: (i) ou o aresto é nulo, por deficiência de fundamentação, já que se omitiu sobre alguma prova existente e importante; (ii) ou o veredito deve ser anulado, porque a Corte de origem não foi capaz de localizar prova de determinado elemento essencial do delito. ((AREsp 1.803.562-CE, Rel. Min. Ribeiro Dantas, Quinta Turma, por unanimidade, julgado em 24/08/2021, DJe 30/08/2021.)

Demonstração de motivo, mas não de autoria

Em razão da inexistência de provas de autoria, a Quinta Turma do STJ anulou um veredito condenatório do tribunal do júri e determinou que a ré seja submetida a novo julgamento. Segundo o relator min. Ribeiro Dantas –cujo voto foi seguido de forma unânime pela turma –, as provas apontadas pelo TJCE para rejeitar a apelação da defesa e manter a condenação mostram apenas que a acusada teriaum motivo, mas não que tenha cometido o crime. A avaliação da existência ou não de prova da autoria delitiva, bem como da manifesta contrariedade entre o veredito dos jurados e as provas dos autos, exige aprofundado reexame do conjunto fático-probatório. Aferir a existência das provas é tarefa que cabe ao tribunal estadual ou regional, quando aprecia a apelação do artigo 593, III, 'd', do CPP. Se a corte local não é capaz de apontar tais provas, ou seu acórdão é omisso (nulo, portanto), ou o veredito condenatório deve ser cassado por falta de provas, ainda que o aresto recorrido o tenha mantido incólume (STJ – AREsp 1.803.562-CE, Min. Ribeiro Dantas, DJe. 30/08/21)

Crítica ao dispositivo – Interessante constatar que, à época da entrada em vigor do CPP, havia nítida resistência dos Tribunais de Justiça (então *Tribunais de Apelação*) na aceitação da soberania do Júri, cujas decisões eram constantemente reformadas em grau de recurso, circunstância que mereceu crítica, dentre outros, de Câmara Leal, ao assinalar que "do modo pelo qual se tem interpretado a lei processual, arrogando-se os tribunais superiores o direito de reforma das sentenças do júri, sem respeito à livre apreciação das provas pelos juízes de fato, o júri tende a perder sua razão de ser, passando de tribunal popular, criado para o julgamento pelos pares, a simples simulacro de tribunal, com suas funções constantemente usurpadas pela justiça togada, convertida em árbitro absoluto e soberano das decisões" (ob. cit., vol. IV, p. 82). A jurisprudência, porém, em franca evolução, tem restringido a reforma das decisões do júri, reservando-a mesmo somente aos casos de evidente equívoco na análise da prova pelos jurados.

Alcance da decisão – Essa decisão, manifestamente contrária à prova dos autos, pode dizer respeito ao fato principal, como em nosso exemplo ou versar sobre uma questão secundária, como o reconhecimento de uma qualificadora ou causa de aumento ou diminuição da pena. Assim, se os jurados, de forma manifestamente contrária á prova dos autos, reconhecem o homicídio privilegiado ou o fato do agente ter cometido o crime por motivo fútil, é cabível a apelação. Aqui surge alguma discussão. Assim, se o réu apela com fundamento neste dispositivo legal (art. 593, inc. III, "d") e o Tribunal reconhece que o fato principal (homicídio), está bem provado, mas que a qualificadora (motivo fútil, por exemplo), é contrária à prova dos autos. Como proceder?

Parte da jurisprudência admite que o Tribunal de Justiça afaste a qualificadora, fazendo a mera correção da pena, com base no disposto no art. 593, inc. III, "c" (STF: *RTJ* 103/696; *RT* 635/423, 629/310). Predomina na doutrina, porém, o entendimento no sentido de que a qualificadora, no homicídio doloso, compõe o tipo penal, naquilo que se chama *tipicidade derivada* e, por isso, se o Tribunal reconhece que sua aceitação pelo Júri foi contrária à prova dos autos, deve anular o julgamento para que um outro seja realizado e não simplesmente retificar a pena imposta. Afinal, como adverte Tourinho Filho, "o motivo fútil [que toma como exemplo], no crime de homicídio, não é, pura e simplesmente, uma circunstância da pena. Muito embora o seja na maioria dos crimes, em se tratando de homicídio doloso, ele se converte e se transmuda em *elemento constitutivo*. Desse modo, sendo ele elementar do crime de homicídio qualificado, passa a compor o crime. Se fosse mera circunstância da pena, o Juiz da pronúncia não o invocaria, porquanto a circunstância da pena não pode ser invocada na pronúncia, que é sentença de natureza processual, e sim nas decisões definitivas. Entretanto, se a acusação sustenta a existência do motivo fútil e o Juiz a reconhece, estará obrigado a invocá-la na pronúncia, por força do art. 416 do CPP" (*Processo penal*, ob. cit., vol. 4, p. 384. Nesse sentido, ainda, Julio Fabbrini Mirabete, *Processo penal*, ob. cit., p. 695).

Claro: fosse dado ao Tribunal de Justiça *corrigir a pena imposta* para afastar a qualificadora, restaria quebrado todo o sistema que garante a soberania dos veredictos, pois aqui já não se trataria de mera redução da pena, mas sim de nítido afastamento de qualificadora expressamente admitida pelos jurados, com indevida incursão no mérito da decisão, de resto vedada ao órgão *ad quem*. É o posicionamento do STJ, a se conferir: "A qualificadora é elemento do crime, e não circunstância da pena, pelo que, na hipótese de o Júri acolhê-la, contrariamente à prova dos autos, a consequência é a submissão do réu a novo julgamento popular, não podendo o Tribunal simplesmente excluí-la e retificar a pena. Precedentes" (REsp. nº 12011 – Rel. Costa Leite – DJU de 3.8.1992, p. 11.336).

ATENÇÃO – O Superior Tribunal de Justiça, no n. 75, de sua *Jurisprudência de Teses*, fixou o seguinte entendimento: "Viola o princípio da soberania dos veredictos a anulação parcial de decisão proferida pelo Conselho de Sentença acerca da qualificadora sem a submissão do réu a novo Júri" (tese n. 6). Ainda na *Jurisprudência de Teses*, o Superior Tribunal de Justiça, em abril de 2017, firmou os seguintes entendimentos sobre o tema: "Não viola o princípio da soberania dos veredictos a cassação da decisão do Tribunal do Júri manifestamente contrária à prova dos autos" (tese 13) e "a soberania do veredicto do Tribunal do Júri não impede a desconstituição da decisão por meio de revisão criminal" (tese 14).

JURISPRUDÊNCIA

Novo Júri apenas em relação às qualificadoras. Inviabilidade

"Segundo a jurisprudência do Superior Tribunal de Justiça, não é possível que a anulação parcial da condenação relativamente à qualificadora possa sujeitar o réu a novo julgamento somente em relação a essa questão. A qualificadora é elemento acessório que, agregado ao crime, tem a função de aumentar os patamares máximo e mínimo de pena cominada ao delito, sendo dele inseparável. Dessa forma, o reconhecimento de que a decisão dos jurados fora manifestamente contrária à prova dos autos quanto à exclusão da qualificadora implica, necessariamente, em revolvimento do fato em sua totalidade. Precedentes. Ordem não conhecida. Habeas corpus concedido de ofício para, ratificada a liminar, determinar que o paciente seja submetido a novo julgamento pelo Tribunal do Júri relativamente à integralidade dos fatos" (STJ – HC nº 246223-BA, Rel. Marco Aurélio Bellizze, j. 06.11.2012, DJe 14.11.2012).

"Se o Tribunal ad quem, ao julgar a apelação interposta com fundamento no artigo 593, inciso III, alínea "d", do Código de Processo Penal, conclui que a qualificadora reconhecida pelo Tribunal do Júri era manifestamente contrária à prova dos autos, não pode ele, desde logo, afastar a referida qualificadora e reduzir a pena, mas, isto sim, anular o julgamento realizado pelo Tribunal do Júri, para que outro se realize, em cumprimento ao que estabelece o § 3º daquele artigo" (STJ – REsp nº 702223-MT, Rel. Celso Limongi, j. 01.06.2010, DJe 28.06.2010).

§ 1º Se a sentença do juiz-presidente for contrária à lei expressa ou divergir das respostas dos jurados aos quesitos, o tribunal* ad quem *fará a devida retificação.(Incluído pela Lei nº 263, de 23.2.1948)

§ 2º Interposta a apelação com fundamento no nº III, c, deste artigo, o tribunal* ad quem*, se lhe der provimento, retificará a aplicação da pena ou da medida de segurança. (Incluído pela Lei nº 263, de 23.2.1948)

Correção da pena–A possibilidade do Tribunal de Justiça, ao invés de determinar a realização de novo júri, apenas decidir pela redução ou majoração da pena, corrigindo eventuais exageros ou benevolências, já foi acima comentada. Insistimos, novamente, no ponto de que, assim agindo (corrigindo a decisão do juiz contrária à lei ou ao veredicto dos jurados, reduzindo ou majorando a pena), o Tribunal de Justiça em absoluto, afronta a soberania do júri. É que essa decisão da superior instância, repara o erro do juiz, como o faz em tantas e tantas outras situações, quando dá provimento ao apelo, em crimes julgados monocraticamente pelo togado, para reduzir ou majorar a pena. Em nada, contudo, arranha a soberania do júri, que se mantém intacta, posto que mantida a condenação do réu, corrigindo, apenas, a dosimetria da pena.

§ 3º Se a apelação se fundar no nº III, d, deste artigo, e o tribunal ad quem se convencer de que a decisão dos jurados é manifestamente contrária à prova dos autos, dar-lhe-á provimento para sujeitar o réu a novo julgamento; não se admite, porém, pelo mesmo motivo, segunda apelação. (Incluído pela Lei nº 263, de 23.2.1948)

Novo júri apenas uma vez mais – Vale observar que o recurso, sob esse fundamento de que a decisão dos jurados foi manifestamente contrária à prova dos autos, somente pode ser utilizado uma vez, como consta deste dispositivo. Em nosso exemplo inicial (quando o réu confessa ter desfechado tiros contra a vítima), se no segundo julgamento os jurados tornam a negar tenha o réu atirado contra o ofendido, embora absurda essa decisão, ela será mantida, não mais podendo se apelar sob o argumento da manifesta contrariedade à prova dos autos. É que se preserva, nesse caso, a soberania dos veredictos, tornando-se definitiva a decisão. Nem de revisão criminal se pode cogitar, posto que nosso ordenamento não admite a revisão *pro societate*.

Portanto, anulado o primeiro julgamento, não se admite um segundo, mesmo que a nova decisão, agora, seja manifestamente injusta contra a parte que não recorreu inicialmente (*JSTF* 265/304; *RT* 786/727). Explicamos melhor: suponha-se que no segundo julgamento (o primeiro foi anulado em virtude de recurso do Ministério Público), a decisão seja manifestamente contrária à prova dos autos, mas, desta feita, contra o réu. Ele poderá se valer da apelação sob o mesmo fundamento? Óbvio que não, ante a vedação constante da parte final do parágrafo 3º, do art. 593. O impeditivo decorre de um raciocínio lógico: se o primeiro julgamento foi anulado porque manifestamente contrário à prova em prejuízo da acusação (já que o réu desfechou os tiros, em nosso exemplo), não faria sentido se pretender anular o segundo julgamento sob o argumento de que agora, acolhida a tese acusatória, foi a decisão dos jurados obviamente contrária à prova, mas em prejuízo da defesa (porque não ocorreram os disparos, *v.g.*). Eventualmente restará, apenas, a via da revisão criminal pela qual, conforme veremos adiante, se pode obter a correção do erro judiciário perpetrado contra o condenado, mesmo quando a decisão for proveniente do Júri.

Observe-se, porém, que se uma das partes recorre sob este fundamento legal (art. 593, III, "d"), e o Tribunal de Justiça reconhece, de ofício, uma nulidade absoluta (art. 593, III, "a"), determinando, por isso, a realização de novo julgamento, nada impede que desse segundo julgamento seja tirada nova apelação, sob o fundamento de que a decisão afrontou, de forma manifesta, a prova dos autos. É que na primeira apelação, embora manejada com fulcro no inciso "d", acabou se anulando o processo e, portanto, não se chegou ao exame sobre o acerto da decisão dos jurados em vista da prova dos autos. Não incide, assim, a vedação do § 3º, do art. 593 do código. Aproveitamos, ainda, o exemplo inicial: a despeito das flagrantes evidências (confissão, tiros pelas costas, etc.), foi o réu absolvido, tendo o Ministério Público recorrido sob o fundamento de que a decisão foi manifestamente contrária à prova dos autos. O Tribunal de Justiça, sem ingressar no mérito, reconhece, de ofício, uma nulidade absoluta (a participação, *v.g.*, no Conselho de Sentença, de vários irmãos e de marido e mulher), anulando o primeiro julgamento. No segundo, novamente se repete a decisão anterior, tornando-se a absolver o réu. Poderá o Ministério Público, neste caso, valer-se novamente da apelação, fundada no inc. III, "d" acima.

Apelação pelo Ministério Público – Nos últimos anos ganhou corpo a tese de que o veredicto absolutório do tribunal do júri seria inapelável pelo mérito, pois, argumenta-se, uma vez que não se pode exigir dos juízes populares qualquer observância da lei ou das provas produzidas no processo, eis que julgam com base apenas em sua íntima convicção, e considerando a falta de motivação da decisão, que não permite estabelecer um nexo entre a razão de decidir e as provas produzidas, não haveria como se afirmar que o veredicto absolutório é manifestamente contrário à prova dos autos, tal como exige o art. 593, III, d, do CPP, para que se possa então sujeitar o réu a novo julgamento.

O tema já foi apreciado pelo STJ, onde a tese contrária ao recurso da acusação não foi acolhida (HC 313.251-RJ, 3ª Seção, Rel. Min. Joel Ilan Paciornik, j. 28.02.2018). No STF há decisões em ambos os sentidos, razão pela qual foi recentemente afetado ao Plenário o julgamento do tema n. 1087 de repercussão geral: "Possibilidade de tribunal de 2º grau, diante da soberania dos veredictos do Tribunal do Júri, determinar a realização de novo júri em julgamento de recurso interposto contra absolvição assentada no quesito genérico, ante suposta contrariedade à prova dos autos".

Alguns argumentos podem ser apresentados para a afirmação da possibilidade de reconhecimento, por tribunal de 2ª grau, do recurso contra veredicto absolutório do tribunal do júri que contrarie manifestamente a prova dos autos:

1. Todas as decisões de órgãos do Poder Judiciário são passíveis de controle. Assim não há incompatibilidade entre a falta de motivação das decisões dos jurados e a possibilidade de controle judicial de suas decisões, já que, nesse caso, é o resultado final do julgamento o que realmente importa.

2. O Poder Judiciário não pode criar fatores de proteção deficiente a direitos fundamentais. A possibilidade segundo a qual pode o jurado absolver um autor de homicídio com base em fatores culturais, ideológicos, raciais, dentre outros, e que, por conta da ausência de motivação e/ou do princípio constitucional da soberania dos veredictos, essa decisão torna-se irrecorrível, representa afronta ao direito à vida.

3. A vedação ao recurso contra decisão imotivada fere a Convenção Interamericana de Direitos Humanos. Isso porque configura violação ao devido processo, consubstanciado pelas regras dos arts. 8.1 e 25 da Convenção Interamericana de Direitos Humanos, que dispõem sobre o direito de ser ouvido e de recorrer ao Poder Judiciário para garantia de seus direitos.

Motivo – Quando o legislador emprega o vocábulo "motivo", significa dizer, em verdade, que não se admite uma segunda apelação pelo mesmo fundamento. Assim, interposta apelação, a primeira vez, porque a decisão era manifestamente contrária a prova dos autos, por este mesmo fundamento – como já destacado – não pode haver outro apelo.

JURISPRUDÊNCIA

Motivo = fundamento

"O disposto no § ° do art. 593 do CPP é claro ao vedar outro recurso sob o fundamento de contrariedade entre o veredicto e a prova dos autos, quando dispõe: 'não se admite, porém, pelo mesmo motivo, segunda apelação'. Para a doutrina e a jurisprudência, a expressão 'pelo mesmo motivo', significa 'pelo mesmo fundamento, ou seja, trata-se de decisão dos Jurados contrária À prova dos autos" (STF – Rel. Oscar Corrêa – RT 597/423).

Segundo recurso sob o mesmo fundamento. Inviabilidade

"Não se pode descurar, ademais, que o Código de Processo Penal inviabiliza a interposição de segundo recurso com fundamento no art. 593, inciso III, alínea d, do Código de Processo Penal, sob pena de se eternizar a lide. Assim, se o recurso interposto pela defesa apresenta a mesma alegação daquele interposto pela acusação, já julgado e provido pelo Tribunal estadual – daquele a decisão dos jurados foi contrária à prova dos autos-, o último encontra óbice no art. 593, § 3º, do Código de Processo Penal, que veda a interposição de uma segunda apelação por esse mesmo motivo" (STJ – HC n° 223107-SP, Rel. Marco Aurélio Bellizze, j. 23.04.2013, DJe 29.04.2013).

"Determinada a anulação do primeiro júri realizado, em sede de apelo defensivo, em virtude da decisão manifestamente contrária às provas dos autos, inviável novo apelo com base na mesma questão, a teor do disposto no artigo 593, § 3.º, do Código de Processo Penal. A mens legis do § 3.º do artigo 593 do Estatuto Processual Repressivo consiste justamente em impossibilitar exames repetidos com fulcro em idêntica matéria, ferindo a garantia constitucional da primazia dos veredictos do Conselho de Sentença, que optou por uma das teses expostas, exercitando, assim, a sua soberania, nos termos do artigo 5º, inciso XXXVIII, alínea "c", da Constituição da República" (STJ – HC n° 119594-RS, Rel. Maria Thereza de Assis Moura, j. 11.10.2011, DJe 03.11.2011).

Em síntese:

HIPÓTESE	CONSEQUÊNCIA
Nulidade posterior à pronúncia	Anulação do julgamento
Sentença contrária à lei expressa ou à decisão dos jurados	O tribunal *ad quem* fará a devida retificação
Erro ou injustiça no tocante à aplicação da pena ou da medida de segurança	O tribunal *ad quem* fará a devida retificação
Decisão manifestamente contrária à prova dos autos	Sujeita o réu a novo julgamento

§ 4º Quando cabível a apelação, não poderá ser usado o recurso em sentido estrito, ainda que somente de parte da decisão se recorra. (Parágrafo único renumerado pela Lei nº 263, de 23.2.1948)

Princípio da unirrecorribilidade – Segundo esse princípio, para cada decisão há uma espécie de recurso específico e, portanto, uma mesma decisão não admite mais de um recurso. Nesse sentido é o teor da norma acima, ao dispor que fica prejudicado o recurso em sentido estrito quando a decisão comportar apelação. Se, por exemplo, pretendendo o promotor de Justiça recorrer de uma sentença para aumentar a pena e afastar o *sursis* concedido ao réu, deverá valer-se da apelação, embora o recurso cabível contra decisão que concede a suspensão condicional da pena seja o recurso em sentido estrito (art. 581, inc.). Daí a doutrina referir-se ao *princípio da absorção*, pelo qual a apelação tem prioridade sobre os demais recursos.

JURISPRUDÊNCIA

Princípio da unirrecorribilidade

"No caso de interposição de dois recursos pela mesma parte e contra a mesma decisão, tem-se que apenas o primeiro poderá ser submetido à análise, em face da preclusão consumativa e do princípio da unicidade recursal, que proíbe a interposição simultânea de mais de um recurso contra a mesma decisão judicial" (STJ – AgRg no AREsp n. 673200-PE – Rel. Reynaldo Soares da Fonseca, j. 16.02.2017, DJe 22.02.2017).

Exceções – Essa regra, porém, comporta exceções, ou seja, é possível que uma mesma decisão admita dois recursos diferentes, devendo ser lembrada a situação – hoje não mais viável, ante a extinção do protesto por novo júri -, na qual o réu era julgado pelo júri pela prática de dois crimes conexos, por exemplo, homicídio e ocultação do cadáver. Condenado a uma pena superior a 20 anos pelo homicídio, dessa decisão cabia protesto por novo júri. Condenado, também, pela ocultação de cadáver, o recurso cabível era a apelação. É possível, ainda, que uma mesma decisão admita recurso extraordinário para o STF e recurso especial para o STJ. Sobre a matéria, v. *RT* 644/287, 632/298.

Art. 594. (Revogado pela Lei nº 11.719, de 2008).

Art. 595. (Revogado pela Lei nº 12.403, de 2011).

Art. 596. A apelação da sentença absolutória não impedirá que o réu seja posto imediatamente em liberdade. (Redação dada pela Lei nº 5.941, de 22.11.1973)

Parágrafo único. A apelação não suspenderá a execução da medida de segurança aplicada provisoriamente. (Redação dada pela Lei nº 5.941, de 22.11.1973)

Efeito devolutivo – Da leitura deste artigo se conclui, sem maior esforço, que eventual apelo da sentença absolutória deve ser recebido apenas no efeito devolutivo. Significa dizer que, absolvido o réu, ele deve ser imediatamente colocado em liberdade, ainda que, dessa decisão, seja eventualmente interposto recurso. Nem sempre foi assim. Com efeito, na redação originária deste artigo, constava uma ressalva, pela qual, absolvido, o réu, ela ainda assim permanecia preso, caso pretendesse recorrer. Ocorria quando o crime a ele atribuído tivesse pena cominada de reclusa igual ou superior a oito anos e era conhecido como efeito devolutivo *relativo* ou *condicionado*. Tão odiosa disposição não mais subsiste. De tal forma que, absolvido o réu, por exemplo, em plenário do júri, se preso, deve ser colocado imediatamente em liberdade.

Se por al não estiver preso – E por qual razão, por vezes, não se dá a imediata liberação do réu absolvido? Ocorre que é comum o fato de o réu responder a diversos processos, estando preso por mais de um deles, além daquele em que foi absolvido. Invoca-se, nesse caso, a conhecida fórmula *se por al não estiver preso*, apontada no alvará de soltura, a indicar que deve ser o réu posto em liberdade, desde que não esteja preso por outro motivo.

ATENÇÃO – As Normas da Corregedoria Geral do Tribunal de Justiça do Estado de São Paulo, em seu art. 408, inc. IV, dispõem que "além dos requisitos gerais, nos alvarás de soltura será consignada ainda a cláusula "se por al não estiver preso".

Efeito da sentença absolutória imprópria – Já vimos que, a par da sentença absolutória *própria*, proferida nas hipóteses listadas no art. 383, incs. I, II, III, IV e VII, há, também a chamada sentença absolutória *imprópria*, tratada no inc. VI, do mencionado dispositivo, a ser proferida quando "existirem circunstâncias que excluam o crime ou isentem o réu de pena [...] ou mesmo se houver fundada dúvida sobre sua existência". Nesta, concluindo o juiz pela inimputabilidade do agente, ele não o condena, mas determina sua submissão a medida de segurança cabível à espécie (art. 387, parágrafo único, inc. III), consistente na internação em hospital para tratamento psiquiátrico ou tratamento ambulatorial (art. 96, incs. I e II do Código Penal). Pensamos que, nessa hipótese, deva a apelação ser recebida também no efeito suspensivo. É que, embora denominada *sentença absolutória*, essa espécie de decisão causa sério prejuízo ao condenado, pois poderá, dependendo da hipótese concreta, ser desde logo internado em um manicômio. Melhor, assim, que se aguarda o julgamento de seu recurso para, com o trânsito em julgado, seja dado início ao cumprimento da pena.

Suponha-se, com efeito, que, conquanto absolutamente inimputável, em um crime de lesão corporal gravíssima, sustente o réu a tese de que não concorreu para a infração penal, posto que, na data e horário dos fatos, encontrava-se em local distante quilômetros do ocorrido. A despeito disso, foi absolvido, reconhecida sua inimputabilidade, e determinada sua internação. Ora, inegável o interesse do réu no apelo, pois se absolvido com base no inc. VI, de pronto será internado, enquanto que, absolvido com fulcro no inc. IV ("estar provado que o réu não concorreu para a infração penal"), não se sujeitará a nenhum gravame. Emerge, assim, seu interesse no recurso que, uma vez manejado, deve ser recebido em ambos os efeitos (devolutivo e suspensivo). É que, de absolutória, essa espécie de sentença não tem quase nada, podendo impor ao réu *absolvido*, uma sanção muito mais grave do que aquela cominada ao réu *condenado*.

ATENÇÃO – a partir do advento da Lei 12.403/11, passou a ser possível a internação provisória do acusado nas hipóteses de crimes praticados com violência ou grave ameaça, quando os peritos concluírem ser inimputável ou semi-imputável (art. 26 do Código Penal) e houver risco de reiteração (art. 319, VII, CPP).

JURISPRUDÊNCIA

Absolvido o réu deve ser solto imediatamente

"Júri. Sentença absolutória. Recurso do Ministério Público. Manutenção da prisão decorrente da sentença de pronúncia até o julgamento da apelação. Ilegalidade – Julgado o réu e absolvido, há de aplicar-se a regra do art. 596 do CPP, que recusa à apelação da sentença absolutória o efeito de constrangê-lo a recolher-se preso" (STF – HC nº 65456-MG, Rel. Célio Borja, j. 06.11.1987, DJ 04.11.1987, p. 27640).

Inclusive a sentença que extingue o processo sem julgamento do mérito

"A hipótese em que a ação penal é extinta sem resolução do mérito tem semelhança com a previsão do art. 596 do Código de Processo Penal, referente à sentença absolutória, e não com a do art. 597 do mesmo Estatuto, restrita às hipóteses de condenação, e que foi aplicada pelo Juízo de primeiro grau e pela Corte Regional. A simples possibilidade de que o Ministério Público viesse a interpor recurso contra a extinção do processo sem resolução do mérito não era suficiente para justificar a manutenção da constrição efetivada em caráter cautelar, de ofício, mormente quando a sentença extintiva teve por lastro decisão desta Corte Superior que reconhecera a ilicitude das provas obtidas por meio de interceptação telefônica" (STJ – RMS n° 43118-ES, Rel. Sebastião Reis Júnior, j. 22.10.2013, DJe 14.11.2013).

Operada a desclassificação do delito e já cumprida a pena, deve ser solto o réu, ainda que pendente recurso da acusação

"Em ocorrendo, na sentença definitiva, desclassificação para delito menos grave, com imposição de pena mais branda, o recurso interposto pelo órgão acusador não tem o condão de conferir efeito suspensivo à decisão, de modo que a execução provisória deve ser concretizada de acordo com o título formado em primeira instância. A tal conclusão se chega mediante a aplicação analógica do art. 596 do CPP do seguinte teor: 'A apelação da sentença absolutória não impedirá que o réu seja posto imediatamente em liberdade'. O mesmo princípio se estende quando houver desclassificação de modo a beneficiar o agente. Cumprida a pena imposta em face da nova definição jurídica conferida pela sentença, deve o acusado ser posto em liberdade, mesmo que haja recurso da acusação pleiteando tratamento mais drástico" (TJSP – HC n° 243.044.3/4-00, Rel. Silva Pinto, j. 10.11.1997).

Não cabe mandado de segurança para conferir efeito suspensivo à apelação

"A teor da jurisprudência consolidada deste Superior Tribunal de Justiça, é incabível a impetração do mandado de segurança para conferir efeito suspensivo a recurso de apelação interposto pelo Ministério Público. Precedentes" (STJ – HC n° 228762-SP, Rel. Laurita Vaz, j. 21.05.2013, DJe 28.05.2013).

Parágrafo único. A apelação não suspenderá a execução da medida de segurança aplicada provisoriamente. (Redação dada pela Lei nº 5.941, de 22.11.1973)

Revogação – Como fizemos ver nos comentários acima ao art. 387, inc. V, antes da reforma penal de 1984, previa-se a possibilidade de, ao semi-imputável, aplicar-se pena e medida de segurança, decorrente de sua periculosidade. Era o chamado sistema do *duplo binário* ou *dos dois trilhos*. Com a reforma, adotou-se o sistema *vicariante* ou *unitário*, extinguindo-se, assim, a medida de segurança e sua cominação cumulativa com a pena corporal. Aplica-se uma ou outra, jamais ambas, concomitantemente.

ATENÇÃO - a partir do advento da Lei 12.403/11, passou a ser possível a internação provisória do acusado nas hipóteses de crimes praticados com violência ou grave ameaça, quando os peritos concluírem ser inimputável ou semi-imputável (art. 26 do Código Penal) e houver risco de reiteração (art. 319, VII, CPP).

Art. 597. A apelação de sentença condenatória terá efeito suspensivo, salvo o disposto no art. 393, a aplicação provisória de interdições de direitos e de medidas de segurança (arts. 374 e 378), e o caso de suspensão condicional de pena.

Introdução – De se ver, inicialmente, que o art. 393, aqui referido, encontra-se revogado. Previa, como efeitos da sentença condenatória ainda não transitada em julgado, a conservação do réu preso e o lançamento de seu nome no rol dos culpados. Este último item não fazia mesmo sentido, por implicar no lançamento do nome do acusado no rol dos culpados antes de definida sua culpa. Quanto ao primeiro, que determinava a manutenção do réu que respondeu ao processo preso nessa condição, caso apelasse da sentença condenatória, ele merece uma nova tradução, a partir da evolução legal e pretoriana, que deram novas cores ao dispositivo.

Prevalece, assim, o entendimento de que a apelação contra a sentença condenatória será recebida com efeito suspensivo, não admitindo a imediata prisão do réu, enquanto não apreciado seu recurso. Sucede que essa regra não é absoluta, bastando que se confira, nesse aspecto, o enunciado da Súmula n. 9, do Superior Tribunal de Justiça, *in verbis*: "A exigência da prisão provisória, para apelar, não ofende a garantia constitucional da presunção de inocência". A análise deve se debruçar, portanto, no fato concreto, não impedindo, todavia, que algumas regras gerais sejam enunciadas, como tentaremos fazer em seguida.

Uma proposta de regra geral – Uma regra que serve de norte seguro para o enfrentamento da questão, consiste em observar que, tendo o réu respondido preso ao processo, é intuitivo que assim deve permanecer, caso recorra da sentença condenatória. Afinal, se não fez jus à liberdade provisória e se, em seu favor, não foram impostas medidas alternativas à prisão processual, no curso do processo, tudo indica, com mais razão, que deva permanecer preso, após a sentença de 1º grau que o condenou. De outra parte, tendo respondido solto ao processo, significa que reuniu méritos que o fizeram digno do favor legal, ausentes, outrossim, motivos aptos a ensejar a decretação de sua prisão preventiva.

Exceções – Mas a regra não é absoluta. Imaginemos que o réu permaneceu preso, durante o processo, porque insistia em ameaçar a vítima, em situação que justificava a prisão preventiva, na dicção do art. 312 do código, "por conveniência da instrução criminal". Ao tempo de sua condenação, constata-se que, por motivos alheios aos fatos tratados no processo, a vítima vem a falecer. Ora, com isso, desapareceu a justificativa para a prisão preventiva do condenado, a autorizar que sua eventual apelação seja recebida apenas no efeito devolutivo, em atenção à regra geral contida neste artigo.

De outra parte, suponha-se que o réu, que respondeu solto ao processo, acusado pela prática de outro crime, de extrema gravidade, fuja do distrito da culpa. Vê-se, nesse caso, que pressupostos até então ausentes para a decretação de sua preventiva e que permitiram que respondesse solto ao processo, agora surgiram. Justifica-se, assim, que o recurso do réu seja recebido apenas no efeito devolutivo, determinando a sentença de 1º grau sua imediata prisão, forte no art. 312 do código, "como garantia da ordem pública" (manutenção da paz social ante a gravidade do segundo crime cometido) e "para assegurar a aplicação da lei penal" (ante a fuga do réu).

Aplicação provisória de interdições de direitos e de medidas de segurança – A aplicação provisória de interdições de direitos foi abolida com a reforma de 1984, assim como a medida de segurança, conforme visto no parágrafo anterior a esse artigo, pelo que, neste tópico, acha-se tacitamente revogado este dispositivo.

ATENÇÃO - a partir do advento da Lei 12.403/11, passou a ser possível a internação provisória do acusado nas hipóteses de crimes praticados com violência ou grave ameaça, quando os peritos concluírem ser inimputável ou semi-imputável (art. 26 do Código Penal) e houver risco de reiteração.

"Sursis" - Quando o dispositivo em análise faz menção, em sua parte final, à suspensão condicional da pena, é de se considerar revogado. Previa, com efeito, que embora recebido o apelo com efeito suspensivo, tratando-se de *sursis*, porém, o efeito era devolutivo, admitindo sua implantação desde logo, ainda que em curso a apelação. Sucede que esse dispositivo foi tacitamente revogado pelo art. 160 da Lei de Execuções Penais, que somente admite a realização da audiência admonitória, quando terá início a suspensão condicional da pena, após a advertência, pelo juiz, quanto às "consequências de nova infração penal e do descumprimento das condições impostas", quando já transitada a sentença penal condenatória.

JURISPRUDÊNCIA

v. art. 387, § 1°, acima

Acusado que respondeu preso ao processo deve ser assim mantido

"Não se concede o direito de recorrer em liberdade a réu que permaneceu preso durante a instrução do processo, pois a manutenção da segregação constitui um dos efeitos da respectiva condenação, mormente quando persistem os motivos ensejadores da custódia cautelar" (HC 245.975/MG, Rel. Ministro Marco Aurélio Bellizze, DJe 7.12.2012).

"Conforme entendimento jurisprudencial desta Corte, o paciente que permaneceu preso durante a instrução criminal não tem o direito de apelar em liberdade, haja vista que um dos efeitos da sentença condenatória é a manutenção do mesmo na prisão onde se encontra, mormente se o paciente é reincidente em crime doloso e já houve prolação de pronúncia, como in casu" (STJ – RHC n. 17485- MG – Rel. Paulo Medina, j. 06.09.2005, DJ 06.02.2006, p. 317).

Acusado que respondeu solto ao processo deve ser assim mantido

"Tendo o réu permanecido solto durante toda a instrução criminal, por entender-se devida a liberdade provisória, comparecendo a todos os atos judiciais quando intimado, mostra-se injustificada a segregação antecipada ordenada na sentença com base unicamente na sua reincidência e na probabilidade, diante dessa condição, de reiteração delitiva. Precedentes deste STJ" (STJ – RHC n° 245876-MG, Rel. Jorge Mussi, j. 21.05.2013, DJe 06.06.2013).

Sequestro de bens e efeito apenas devolutivo da apelação

"Ofende o princípio da razoabilidade manter o sequestro dos bens dos recorrentes por quase 8 anos, quando as ações penais instauradas foram extintas sem resolução do mérito, pela ilicitude das provas que lhes lastrearam – reconhecida pelo Superior Tribunal de Justiça -, mesmo que contra a sentença que as extinguiu ainda penda recurso de apelação do Ministério Público" (STJ – RMS n° 43118-ES, Rel. Sebastião Reis Júnior, j. 22.10.2013, DJe 14.11.2013).

Art. 598. Nos crimes de competência do Tribunal do Júri, ou do juiz singular, se da sentença não for interposta apelação pelo Ministério Público no prazo legal, o ofendido ou qualquer das pessoas enumeradas no art. 31, ainda que não se tenha habilitado como assistente, poderá interpor apelação, que não terá, porém, efeito suspensivo.

Parágrafo único. O prazo para interposição desse recurso será de quinze dias e correrá do dia em que terminar o do Ministério Público.

Prazo para o ofendido nos crimes de competência do Júri – Caso o Ministério Público não recorra de uma decisão proferida pelo Tribunal do Júri, poderá fazê-lo, no prazo de 15 dias após o dia que terminar o prazo do *parquet*, a vítima (na hipótese, por exemplo, de uma tentativa de homicídio), bem como as pessoas enumeradas no art. 31 do código (cônjuge, ascendente, descendente ou irmão, no caso de morte ou se declarado ausente o ofendido). Nesse sentido, o enunciado da Súmula 448 do STF, *in verbis*: "O prazo para o assistente recorrer, supletivamente, começa a correr imediatamente após o transcurso do prazo do Ministério Público". Saliente-se que essa faculdade se abre a tais pessoas ainda que não habilitadas, anteriormente, como assistentes de acusação. Claro que, nesse caso, receberão o processo no estágio em que se encontra, segundo o art. 269 do código. Uma vez habilitado como assistente, o prazo para recurso é de cinco dias. Não habilitado, de quinze.

Sobre o prazo para recurso do assistente, v. acima os comentários ao art. 269.

Intimação do assistente quanto à sentença (v. art. 391 acima).

JURISPRUDÊNCIA

Prazo para o assistente recorrer

a) se habilitado no processo: 5 dias

"Nos termos da jurisprudência deste Tribunal Superior, se o assistente de acusação está habilitado nos autos, deve ser aplicado o prazo de 5 dias para apelação. Ainda, deve ser o assistente intimado da sentença, daí correndo o prazo referenciado, ou a partir do término do período conferido ao Ministério Público para interposição de seu apelo. Precedentes." (STJ - AgRg no REsp 1376266 / SP, 6ª Turma, Min. Rel. Antonio Saldanha Palheiro, j. 13/06/17)

b) se não habilitado: 15 dias

"O termo inicial para assistente não habilitado nos autos é de 15 dias, após findado o prazo para o Ministério Público, de modo que, não interposto o recurso nesse ínterim, deve ser mantido o não conhecimento do apelo, consoante a Súmula 448/STF e art. 598, parágrafo único, do CPP." (STJ - AgRg no REsp 1782677 / ES, 6ª Turma, Min. Nefi Cordeiro, j. 18/06/19)

Art. 599. As apelações poderão ser interpostas quer em relação a todo o julgado, quer em relação a parte dele.

Apelação *plena* ou *parcial* – Quando em nossa introdução acima tratamos das espécies de apelação, destacamos que ela pode ser *plena* (ou *total*) ou *parcial* (ou *restrita*). Plena quando o inconformismo se voltar contra toda a decisão. E parcial quando somente uma parte da decisão for objeto da insurgência.

Alcance do recurso – Eventual restrição do âmbito da apelação (apelação parcial ou restrita de que trata este artigo), é realizada na petição de interposição do recurso, ou seja, se a petição restringir a apelação, não pode o recorrente, posteriormente, nas razões de recurso, pretender ampliá-la. Assim, por exemplo, imagine-se a situação em que o réu é processado pela prática de dois crimes (furto qualificado e corrupção de menores) e absolvido em ambos. Se o promotor de Justiça, na petição de interposição, apelou apenas em relação ao furto, não pode pretender, nas razões recursais, ampliar sua pretensão para que o réu seja condenado, também, pela corrupção de menores. Mas é preciso que na petição de interposição se tenha restringido o alcance do apelo, caso contrário se presume que a apelação é ampla, devolvendo, assim, ao tribunal, todo o conhecimento da matéria. Nesse sentido o STF: *RT* 423/474.

JURISPRUDÊNCIA

O âmbito do recurso é delimitado na petição de sua interposição

"A identificação da maior ou da menor abrangência temática dos recursos penais interpostos pelo Ministério Público há de ser aferida em face da extensão material indicada pelo Parquet em sua petição recursal (CPP, art. 578), sendo irrelevante, para esse efeito, o conteúdo das razões ulteriormente deduzidas pelo órgão da acusação estatal. Precedentes" (STF – HC n° 69646-MG, Rel. para o acórdão Celso de Mello, j. 29.09.1992, DJ 21.02.1997, p. 2824).

"O critério para a demarcação dos limites materiais da impugnação recursal e fixado pela petição ou termo de interposição, de modo que a falta de desenvolvimento da matéria nas razoes não pode reduzir o alcance do exame do mérito pela instância superior, mesmo porque nenhuma relevância tem, para efeito de prejudicar o julgamento, a omissão da parte no arrazoamento do seu recurso " (STF – HC n° 70589-SP, Rel. Ilmar Galvão, j. 21.06.1994, DJ 16.09.1994, p. 468).

Omissa a petição, a extensão do recurso é definida pelas respectivas razões

"Consoante a jurisprudência dos Tribunais Superiores, a extensão da apelação ministerial é aferida pela petição de sua interposição e não pelas razões de recurso. Precedentes desta Corte e do Supremo Tribunal Federal. Contudo, se o termo de interposição da apelação é omisso quanto à parte do julgado contra a qual se insurge, a definição dos limites da impugnação é estabelecida nas razões do apelo, às quais deve ater-se o Tribunal, sob pena de inobservância ao princípio tantum devolutum quantum appellatum. Precedente" (STJ – HC n° 139335-DF, Rel. Laurita Vaz, j. 18.10.2011, DJe 03.11.2011).

Apelação da defesa devolve toda matéria ao tribunal

"A apelação da defesa devolve integralmente o conhecimento da causa ao Tribunal, que a julga de novo, reafirmando, infirmando ou alterando os motivos da sentença apelada, com as únicas limitações de adstringir-se à imputação que tenha sido objeto dela (v.g., Súmula 453 – STF) e de não agravar a pena aplicada em primeiro grau ou, segundo a jurisprudência consolidada, piorar de qualquer modo a situação do réu apelante. Insurgindo-se a apelação do réu contra a individualização da pena, não está, pois, o Tribunal circunscrito ao reexame dos motivos da sentença: reexamina a causa, à luz do art. 59 e seguintes do Código, e pode, desde que não aumente a pena, aplicar o direito à espécie" (STF – RE n° 332597-RS – Rel. Sepúlveda Pertence, j. 20.04.2004, DJ 28.05.2004, p. 38).

ATENÇÃO – Na jurisprudência de teses, publicada em setembro de 2016, o Superior Tribunal de Justiça entendeu que: "O efeito devolutivo amplo da apelação criminal autoriza o Tribunal de origem a conhecer de matéria não ventilada nas razões recursais, desde que não agrave a situação do condenado" (tese n. 1).

Art. 600. Assinado o termo de apelação, o apelante e, depois dele, o apelado terão o prazo de oito dias cada um para oferecer razões, salvo nos processos de contravenção, em que o prazo será de três dias.

§ 1º Se houver assistente, este arrazoará, no prazo de três dias, após o Ministério Público.

§ 2º Se a ação penal for movida pela parte ofendida, o Ministério Público terá vista dos autos, no prazo do parágrafo anterior.

§ 3º Quando forem dois ou mais os apelantes ou apelados, os prazos serão comuns.

§ 4º Se o apelante declarar, na petição ou no termo, ao interpor a apelação, que deseja arrazoar na superior instância serão os autos remetidos ao tribunal ad quem onde será aberta vista às partes, observados os prazos legais, notificadas as partes pela publicação oficial. (Incluído pela Lei nº 4.336, de 1º.6.1964)

Fundamentação do recurso – Interposto o recurso, por termo nos autos ou por petição, o juiz, recebendo o recurso, determina seu processamento. Assim, abre-se o prazo de **oito** dias, tratando-se de crime ou **três** dias, cuidando-se de contravenção penal, para que o recorrente apresente a fundamentação da apelação, tudo nos termos do *caput* do art. 600 do CPP. Há, portanto, dois momentos processuais distintos: o primeiro para interposição da apelação, no prazo de **cinco** dias (art. 593); e, o segundo, para oferta das razões do recurso, no prazo de *oito* ou *três* dias, se se tratar, respectivamente, de crime ou contravenção.

As consequências quanto a não observância do prazo para arrazoar a apelação, foram objeto de nossa análise nos comentários tecidos ao art. 593, sob a rubrica *prazo.*

ATENÇÃO – Nos Juizados Especiais Criminais, segundo o art. 82, § 1º, da Lei nº 9.099/95, a petição de interposição da apelação (no prazo de dez dias), já deve vir acompanhada das respectivas razões recursais.

§ 1º Se houver assistente, este arrazoará, no prazo de três dias, após o Ministério Público.

§ 2º Se a ação penal for movida pela parte ofendida, o Ministério Público terá vista dos autos, no prazo do parágrafo anterior.

§ 3º Quando forem dois ou mais os apelantes ou apelados, os prazos serão comuns.

Prazos para a fundamentação do apelo – Participando do feito o assistente de acusação ele terá o prazo de três dias, após a oferta das razões de recurso pelo Ministério Público, para apresentar sua fundamentação, devendo ser intimado para que o faça (art. 600, § 1º). Tratando-se de ação penal privada (a lei não distingue se exclusivamente privada ou privada subsidiária da pública), após as manifestações do apelante e do apelado, irão os autos ao Ministério Público para oferta de parecer, também no prazo de três dias (art. 600, § 2º). Sendo dois ou mais apelantes, o prazo é comum para todos eles (art. 600, § 3º) e, por consequência, correrá em cartório, sem a possibilidade de retirada dos autos. Nesse caso, conforme salienta Guilherme de Souza Nucci, exige-se cautela na interpretação do texto legal, afinal "em processos complexos, as partes necessitam ter os autos em mãos para estudar o seu conteúdo, confrontar as provas e apresentar as razões, o que se torna impossível quando o prazo é comum e não se concede carga dos autos fora de cartório. Assim, torna-se viável o exercício do bom senso, permitindo o magistrado que os prazos sejam sucessivos, assim como o direito das partes de ter os autos em mãos, salvo se houver motivo de força maior" (*Manual de Processo Penal e Execução Penal*, São Paulo, RT, 7ª. ed., 2011, p. 822).

JURISPRUDÊNCIA

Prazo para oferta das razões é contado a partir da intimação para fazê-lo

"O início do prazo de 8 dias (CPP, art. 600, caput) para oferecimento das razões de apelação interposta conta-se da intimação do recorrente para fazê-lo (CPP, art. 798, § 5º, a), e não da data em que apelou" (STF – HC nº 77226-PR, Rel. Maurício Corrêa, j. 30.06.1998, DJ 11.09.1998, p. 6).

Razões de apelação fora do prazo. Mera irregularidade

"Conforme abordado na decisão agravada, o artigo 600 do Código de Processo Penal, 'assinado o termo de apelação, o apelante e, depois dele, o apelado terão o prazo de oito dias cada um para oferecer razões, salvo nos processos de contravenção, em que o prazo será de três dias'. Ao interpretar o aludido dispositivo legal, esta Corte Superior de Justiça firmou o entendimento de que a apresentação tardia das razões recursais configura simples irregularidade, que não tem o condão de tornar intempestivo o apelo oportunamente interposto. Precedentes." (STJ - AgRg no HC 800460 / SP, 5ª TURMA, Min. Rel. Messod Azulay Neto, j. 09/10/23)

Obrigatoriedade da intimação para oferta de razões de apelação

"Em que pese o paciente possuir advogados regularmente constituídos, estes não foram intimados para oferecer contrarrazões ao apelo ministerial, sendo aberta vista dos autos diretamente à Defensoria Pública para a apresentação da referida peça processual, bem como para patrocinar toda a defesa nos demais atos subsequentes, o que evidencia o cerceamento de defesa aventado, diante da inequívoca violação à garantia constitucional à ampla defesa, circunstância que dá ensejo ao reconhecimento da nulidade do acórdão objurgado" (STJ – HC nº 185595-SP, Rel. Jorge Mussi, j. 14.06.2011, DJe 30.06.2011).

Razões de apelação ofertadas pelo réu. Impossibilidade

"Para apresentação de razões recursais o paciente deveria estar assistido por advogado, não merecendo conhecimento as razões apresentadas de próprio punho, tendo em vista a ausência de capacidade postulatória do paciente, em sede de apelação" (STJ – HC nº 162071-SP, Rel. Marco Aurélio Bellizze, j. 01.03.2012, DJe 20.03.2012).

Intimada a defesa, a oferta de razões

a) é obrigatória

"A ausência de apresentação de razões pela defesa, vindo a ser julgado o recurso, implica deixar o acusado sem a proteção técnica a que visa o artigo 261 do Código de Processo Penal" (STF – HC nº 88409-SP, Rel. Marco Aurélio, j. 12.05.2009, DJe 26.06.2009).

b) caso o defensor constituído não as oferte, deve o réu ser intimado para que contrate outro

"Em respeito às garantias constitucionais ao contraditório e à ampla defesa, esta Corte Superior de Justiça tem decidido que 'não ofertadas as razões de recurso pelo patrono constituído, devidamente intimado para tanto, deve-se intimar o acusado para que indique novo patrono. Somente em caso de inércia, será viável a nomeação de defensor público' (HC 145.148/PA, Rel. Ministro OG FERNANDES, SEXTA TURMA, julgado em 19/11/2009, DJe 14/12/2009). No caso dos autos, embora constatada a inércia do patrono constituído pelo paciente para oferecer as razões do recurso, a Corte Estadual deixou de intimá-lo para manifestar o seu desejo de constituir um defensor de sua confiança, determinando o prosseguimento do feito sem a apresentação das devidas razões recursais, violando, assim, a garantia constitucional à ampla defesa, circunstância que dá ensejo ao reconhecimento da nulidade do acórdão objurgado" (STJ – HC nº 225292-MG, Rel. Jorge Mussi, j. 02.02.2012, DJe 15.02.2012).

c) Defensor constituído que não oferta razões de recurso. Necessidade de nomeação outro defensor

"Se foi o advogado constituído devidamente intimado, mas quedou-se inerte na apresentação das razões do recurso em sentido estrito, o julgamento deste sem aquela peça é nulo, pois fica a defesa prejudicada. Precedentes desta Corte. Impetração não conhecida, mas concedida a ordem, *ex officio*, para anular o acórdão do Tribunal de Justiça do Estado de São Paulo e determinar seja possibilitada à paciente a indicação de outro advogado ou, não o fazendo, que lhe seja nomeado um defensor dativo ou da defensoria pública para apresentar as razões do recurso em sentido estrito" (STJ – HC n. 370943-SP – Rel. Maria Thereza de Assis Moura, j. 08.11.2016, DJE 22.11.2016).

d) é facultativa, tratando-se de defensor constituído

"É certo que o advogado constituído foi regularmente intimado. O fato de não ter apresentado as razões de apelação não constitui violação ao princípio da ampla defesa" (STF – HC n° 79974-RJ, Rel. Néri da Silveira, j. 14.03.2000).

"A falta de apresentação de razões à sua apelação e de contra-razões ao apelo da defesa por parte dos defensores constituídos pelo réu, os quais foram devidamente intimados, não constitui violação ao princípio da ampla defesa (Precedentes do STF)" (STJ – HC n° 24228-RS, Rel. Felix Fischer, j. 20.10.2003, DJ 09.12.2003, p. 301).

Contrarrazões

a) é facultativa sua apresentação

"A apresentação de contra-razões é uma faculdade da defesa e seu não-exercício, quando regularmente intimada para tanto, não gera nulidade no processo. Jurisprudência do Supremo Tribunal Federal" (STF – HC n° 94323-SP, Rel. Joaquim Barbosa, j. 23.03.2010, DJe 14.05.2010).

"O não oferecimento de contra-razões pode ser estratégia do defensor. O que gera nulidade do processo é a falta de intimação para o cumprimento de um determinado ato processual, ou seja, a não concessão da oportunidade legal. Precedentes" (STF – HC n° 346677-RJ, Rel. Nelson Jobim, j. 10.09.2002, DJ 30.09.2002, p. 297).

"Evidenciada a regular intimação do patrono constituído pelo acusado, através da imprensa oficial, para apresentar impugnação ao recurso ministerial, sendo que o defensor do acusado nada fez, dando motivos para que o apelo subisse à instância superior sem a referida peça, não há que se falar em ofensa aos princípios da ampla defesa e do contraditório. Precedentes. Se foi a inércia do defensor que ocasionou a apreciação do apelo interposto pela acusação sem a presença das contra-razões, não há que se falar em nulidade para a qual a defesa deu causa" (STJ – HC n° 60043-SP, Rel. Gilson Dipp, j. 19.10.2006, DJ 20.11.2006, p. 351).

b) é obrigatória

"A não-apresentação das contra-razões ao recurso de apelação interposto pelo Ministério Público, por sua natureza absoluta, consubstancia fundamentação bastante a determinar, diante da inequívoca violação dos princípios constitucionais do contraditório e da ampla defesa, a nulidade do acórdão estadual" (STJ – HC n° 18568-RS, Rel. Hamilton Carvalhido, j. 11.12.2011, DJ 25.02.2002, p. 453).

c) ausência de contrarrazões por defensor dativo. Necessidade de nomeação de outro para fazê-lo

"Uma vez verificado o silêncio do defensor dativo, deixando de apresentar contrarrazões, impõe-se designar outro profissional da advocacia ou intimar a Defensoria Pública para afastar a omissão, sob pena de nulidade" (STF – HC n° 98664-SP, Rel. Marco Aurélio, j. 23.02.2010, DJe 26.03.2010).

ATENÇÃO - Em sua conhecida jurisprudência de teses, publicada em setembro de 2016, o Superior Tribunal de Justiça entendeu que: "A apresentação extemporânea das razões não impede o conhecimento do recurso de apelação tempestivamente interposto" (tese n. 2). Demais disso, segundo a tese n. 4, do mesmo Tribunal, "verificada a inércia do advogado constituído para apresentação das razões do apelo criminal, o réu deve ser intimado para nomear novo patrono, antes que se proceda à indicação de defensor para o exercício do contraditório".

§ 4º Se o apelante declarar, na petição ou no termo, ao interpor a apelação, que deseja arrazoar na superior instância serão os autos remetidos ao tribunal ad quem onde será aberta vista às partes, observados os prazos legais, notificadas as partes pela publicação oficial. (Incluído pela Lei nº 4.336, de 1º.6.1964)

Razões de apelação diretamente no Tribunal – O dispositivo em análise permite que, uma vez interposta a apelação no juízo de origem, o recorrente apresente as respectivas razões de recurso diretamente no Tribunal. É dizer: a petição de interposição do recurso é apresentada no juízo *a quo* (já informando da posterior oferta das razões no Tribunal) e a fundamentação no juízo *ad quem*. Vale enfatizar que, como já declarou o STF, é na petição de interposição da apelação que se deve manifestar a opção de oferta das razões diretamente no tribunal (*RT* 659/357). Trata-se, outrossim, de faculdade que a lei, por não ter diferenciado, estendeu tanto à defesa como à acusação.

Destaque-se que tal faculdade se aplica, tão somente, à apelação e não ao recurso em sentido estrito ou mesmo a outras modalidades de recurso, como já decidido pela jurisprudência do STF e do STJ, abaixo transcrita. Quanto ao recurso em sentido estrito, todo seu processamento, previsto em lei, se dá perante o 1º grau (inclusive com possibilidade de retratação pelo Magistrado que proferiu a decisão impugnada), não havendo motivo, bem por isso, para que as razões recursais sejam ofertadas diretamente no tribunal. No que tange a outros recursos, quer por ausência de legislação a tratar da matéria, quer porque não previsto nos regimentos internos dos respectivos tribunais, não é cabível a utilização da faculdade em análise. Um Recurso Especial, por exemplo, a ser apreciado pelo Superior Tribunal de Justiça, depende, antes, do preenchimento dos pressupostos de admissibilidade, que serão apreciados por um tribunal inferior, não havendo que se falar em oferta de razões diretamente no STJ. O mesmo se aplica quanto ao Recurso Extraordinário ajuizado perante o Supremo Tribunal Federal.

Ratio legis – A razão para que o legislador preveja essa faculdade vem apontada na doutrina no sentido de que se pretendeu criar uma facilidade, sobretudo para o defensor. Assim, o advogado que milita na Capital (onde também se encontram instalados os Tribunais de Justiça), não se vê obrigado a deslocar-se até as longínquas comarcas do interior, submetendo-se a longas e cansativas viagens, apenas para arrazoar o apelo, podendo fazê-lo, com mais facilidade, diretamente no tribunal. Duas outras razões, de ordem prática, justificariam a medida, conforme destaca Eduardo Silveira Melo Rodrigues (*O excepcional arrazoamento do recurso em Segunda Instância (o art. 600, § 4º, do Código de Processo Penal)*, Revista Justitia, vol. 56, jul/set. 1994, p. 19): "Para uns, o objetivo seria evitar que as contrarrazões fossem apresentadas pelo próprio Promotor de Justiça, mais afeito e talvez mais envolvido emocionalmente com a matéria; para outros, forma de ganhar tempo para arrazoar". Tratam-se de argumentos válidos para a época em que lançada essa inovação, no ano de 1964, mas que, hoje, não fazem qualquer sentido. Com efeito, a partir do advento da *internet*, a propiciar notável rapidez na troca de dados, com a possibilidade, ademais, de envio de cópias dos autos ao simples toque de uma tecla do computador, não mais se justifica tal faculdade. Nem mais se concebe que, atualmente, um advogado empreenda longa jornada até distante comarca apenas para ter acesso ao processo, quando pode fazê-lo no conforto de seu escritório. Sua utilização, nos dias atuais, somente pode ser explicada com o objetivo de protelar o julgamento do recurso, capaz de beneficiar o condenado com eventual prescrição. Observe-se, de qualquer forma, que por falta de previsão legal, não se admite o exercício dessa faculdade no recurso em sentido estrito.

JURISPRUDÊNCIA

Não tem aplicação do RESE e no recurso ordinário

"O art. 600, § 4°, do Código de Processo Penal assegura a faculdade de arrazoar em instância superior em caso de apelação, não se referindo ao recurso em sentido estrito, pelas peculiaridades que este ostenta" (STF – Rel. Francisco Rezek – RTJ 117/1094).

Cerceamento à ampla defesa e contraditório

"Esta Corte já definiu que havendo previsão legal assegurando à defesa a hipótese excepcional de apresentar as razões do apelo na instância superior, a sua inobservância implica cerceamento à ampla defesa e ao contraditório, não colidindo, a priori, com a duração razoável do processo (CF, art. 5°, LXXXVIII), o que deverá ser equacionado no caso concreto" (STJ - HC n. 468.520/PR, relator Ministro Ribeiro Dantas, Quinta Turma, DJe de 27/5/2019).

Constitucionalidade do dispositivo – Há quem sustente que, em face da atual ordem constitucional, não mais prevaleceria este dispositivo, por importar em afronta ao princípio da celeridade processual. O STJ, porém, na análise do **HC n. 437.030-MT, em que foi relator o Ministro Felix Fischer (DJe 10.08.2018), reafirmou a plena vigência do artigo de lei, destacando que** "agiu o magistrado em contrariedade com o que dispõe a letra da lei que, enquanto não modificada, deve ser observada pelos operadores do Direito, pois o exercício do direito processual de apresentar suas razões de apelação na instância recursal, tal como previsto no supracitado dispositivo, não pode ser subtraído da parte. Diante de tais considerações, portanto, se vislumbra a existência de flagrante ilegalidade passível de ser sanada pela concessão da ordem, de ofício".

Contrarrazões diretamente no Tribunal? – A indagação a ser feita é no sentido de que se seria possível a oferta de contrarrazões de recurso diretamente no Tribunal. Ao analisar a questão, o Supremo Tribunal Federal (v. ementa abaixo), assim equacionou a controvérsia: caso o apelante opte em ofertar as razões de recurso diretamente no tribunal, poderá o apelado também fazê-lo, apresentando sua contrariedade perante a Corte. Agora, o que não se admite é que, sem que o apelante utilize essa faculdade, o apelado o faça de maneira autônoma. Em síntese: a apresentação de contrariedade ao recurso somente pode ser efetuada diretamente no Tribunal quando o apelante antes valer-se dessa faculdade, não se admitindo, segundo o STF, que o recorrido se valha dessa faculdade na hipótese de o apelo ter sido arrazoado em 1° grau.

Não vemos razão para que se faça tal distinção, como pareceu à mais alta Corte do país. Afinal, a mesma dificuldade que se aponta ao apelante para justificar a existência dessa faculdade (dificuldade de deslocamento do advogado dos grandes centros até as longínquas comarcas do interior), tem aplicação igualmente para o caso das contrarrazões de recurso. Imagine-se o querelante que apela de uma decisão proferida em distante comarca, lá apresentando suas razões. Não vemos qualquer motivo para se impedir que o defensor do querelado, eventualmente estabelecido na capital, opte por contrariar o recurso diretamente no Tribunal, ainda que o querelante tenha ofertado suas razões junto ao juízo de 1° grau. O que entendeu o STF, em acréscimo, foi no sentido de que a oferta de contrarrazões diretamente no tribunal, somente é possível se o recorrente, antes, optou por fazê-lo, não admitindo que, autonomamente, o faça o recorrido.

JURISPRUDÊNCIA

Contrarrazões de apelação

"O oferecimento de razões e contra-razões de apelação criminal na superior instância reveste-se de absoluta excepcionalidade. A apresentação de contra-razões recursais em 2ª. instância está condicionada ao exercício, pelo apelante, do direito potestativo que lhe confere o § 4° do art. 600 do CPP. Se o apelante não declarar na petição ou no termo, ao interpor a apelação criminal, que deseja arrazoar o recurso no tribunal *ad quem*, não poderá o apelado valer-se, autonomamente, da prerrogativa de produzir, ele próprio, as suas contra-razões recursais na instância superior" (STF – Rel. Celso de Mello – *RT* 659/357).

Ministério Público – Em relação ao *parquet* não se tem notícia se alguma vez foi utilizada tal faculdade. Chegou-se, isso sim, a se negar essa possibilidade ao Ministério Público (*RJDTACRIM* 26/38; *RJD* 26/38). E, de fato, não teria sentido que o promotor de justiça interpusesse o recurso perante o juízo no qual exerce suas funções e, posteriormente, se dirigisse até o Tribunal, instalado nas capitais dos estados, para oferecer as razões. Sem contar o inconveniente de se impor o retorno dos autos ao juízo de origem para que o réu contrariasse a apelação. Saliente-se: por questões de ordem prática, parece improvável o surgimento dessa questão. Mas daí a se impedir o conhecimento do recurso porque o promotor optou por arrazoá-lo diretamente no tribunal, parece ir grande distância. Primeiro porque a lei se refere, apenas, à possibilidade deferida ao *apelante* (art. 600, § 4º), não distinguindo se quem apelou foi a defesa ou a acusação. Fosse essa a intenção do legislador e, por certo, teria dito que apenas ao réu é conferida essa faculdade. E, segundo, em virtude de que o recurso do promotor de justiça, interposto em 1º grau, mesmo que lhe fosse negada a possibilidade de arrazoá-lo na instância superior, seria fatalmente conhecido por conta do que dispõe o art. 601 do código. Em suma, não se vislumbra, é verdade, o alcance prático perseguido pelo promotor de justiça em ofertar as razões de seu recurso diretamente no tribunal. Caso, porém, exerça essa faculdade, é óbvio que deve ser conhecida e processada a apelação.

Ação penal privada e assistente de acusação – Nada impede que o apelante, em uma ação penal privada, apresente suas razões diretamente no tribunal, já que o legislador não fez qualquer distinção entre esta e a ação penal pública. Nesse caso a questão não oferece grande dificuldade, cabendo à corte determinar a remessa dos autos ao juízo de origem a fim de que sejam colhidas as contrarrazões do apelado e, ato contínuo, o parecer do promotor de justiça.

De outra parte, não é de se aplaudir o entendimento jurisprudencial que nega, ao assistente de acusação, a possibilidade de se valer dessa opção (*RJTJSP* 102/391). Afinal – repita-se – o § 4º, do art. 600, do código, emprega a expressão *apelante* de forma genérica, sem fazer qualquer distinção se o recurso é proveniente da defesa, da acusação ou do assistente. Ora, onde a lei não distinguiu não cabe ao intérprete fazê-lo (*ubilex non distinguit, nec nos distinguere debemus*). Mais sábia a decisão do STJ abaixo transcrita.

JURISPRUDÊNCIA

Assistente de acusação pode apresentar razões diretamente no Tribunal

"Se o art. 600, § 4º, do CPP prevê expressamente a possibilidade do apelante de apresentar as razões recursais em segundo grau, sem qualquer ressalva, é legítima a atuação do assistente da acusação que, interpondo recurso de apelação, requer a apresentação de suas razões em segunda instância" (STJ – REsp n° 649665-BA, Rel. Gilson Dipp, j. 02.02.2006, DJ 06.03.2006, p. 429).

Disciplina no Estado de São Paulo – Quando a defesa oferta as razões diretamente no Tribunal, tratando-se de crime de ação penal pública, cabe ao Ministério Público, por óbvio, apresentar a contrariedade à apelação. Em alguns Estados é determinado o retorno dos autos ao juízo de origem, para que o promotor de justiça que atuou no processo oferte a contrariedade. Em outros, há um membro do *parquet*, assessor do procurador-geral, designado para esse fim. Especificamente no Estado de São Paulo, a matéria é tratada em dois atos da Procuradoria-Geral de Justiça, a saber: Ato normativo nº 350/2004 e Ato normativo nº 496/2007.

Assim, conforme consta dos atos, ofertadas, pela defesa, as razões de apelação diretamente no Tribunal, cabe à Procuradoria-Geral de Justiça apresentar a contrariedade ao recurso. A menos que o promotor de justiça que atuou em 1º grau de jurisdição insista em contrariar o apelo, quando então deverá requerer "antes da subida do feito ao Tribunal competente, a oportuna remessa dos autos com vista". Ou seja, regra geral a contrariedade ao recurso será formulada pela Procuradoria-Geral de Justiça. A exceção ocorrerá quando o promotor original do feito expressamente requerer no sentido de que pretende ofertar as contrarrazões de apelação, quando então os autos lhe serão remetidos. De se ressaltar que esse procedimento somente é adotado nas comarcas do interior. Na capital, quem apresenta a contrariedade ao recurso é o próprio promotor de justiça que atuou no processo (Ato normativo nº 496/2007).

A edição de tais atos teve por objetivo evitar delongas verificáveis com o retorno dos autos ao juízo de origem. De sorte que, por vezes, a demora decorrente da oferta das razões de apelação diretamente no Tribunal e o posterior envio dos autos para que o promotor de justiça ofertasse a contrariedade, dava ensejo à ocorrência da prescrição, gerando, assim, "prejuízo para a Acusação", como consignado no ato 350/2004. Louvável a preocupação, não deixa de causar estranheza, no entanto, o fato da Procuradoria-Geral de Justiça contrariar o recurso, na medida em que tal órgão atua não como parte, mas como *custos legis*. São, portanto, por definição, diversas as posições do Ministério Público de 1º grau e de 2º grau: o primeiro oficiando como parte (*parte diferenciada* ou *parte imparcial*, mas parte), e o segundo como fiscal da correta aplicação da lei. Todavia, conforme consta do texto do ato 350/2004, os princípios da unidade e da indivisibilidade (artigo 127, § 1º, da Constituição da República), que informam a atuação do Ministério Público, autorizariam a adoção dessa medida.

Embora possa soar, como já ressaltamos, um tanto estranho que o Procurador-Geral contrarie o apelo, parece que essa opção é mais razoável do que a anterior, contida no ato nº 91/96 do chefe do *parquet* paulista. Por ele, apresentadas as razões diretamente no Tribunal de Justiça e chegando os autos, para parecer, na Procuradoria-Geral, era o processo enviado ao juízo de origem a fim de que, em observância ao princípio do promotor natural, fossem apresentadas as contrarrazões pelo membro da instituição de 1º grau. Além do inconveniente acarretado pela demora desse trâmite, o ato acabava por criar uma norma procedimental não prevista em lei, fato que não passou despercebido pela jurisprudência, havendo julgados nos quais se indeferiu essa diligência, sob o argumento, ademais, que a unicidade da instituição permitia que o Procurador-Geral suprisse a ausência da manifestação de 1º grau (*RT* 720/530; *RF* 348/406).

Procedimento no Estado de São Paulo quando se trata de processo eletrônico – Para os chamados processos eletrônicos, a Procuradoria-Geral de Justiça editou o Ato Normativo nº 816/2014, de 23 de abril de 2014, que dispõe sobre a elaboração de contrarrazões na hipótese do art. 600, § 4º, do Código de Processo Penal.

Segundo o mencionado ato, a implantação do processo eletrônico pelo Tribunal de Justiça do Estado de São Paulo torna dispensável a elaboração das contrarrazões pela Procuradoria-Geral de Justiça como previsto anteriormente. De sorte que a funcionalidade do processo digital possibilita a intimação do Promotor de Justiça para, na hipótese do art. 600, § 4º, do Código de Processo Penal, ofertar contrarrazões, o que se coaduna com os princípios do promotor natural, da inamovibilidade e da celeridade;

Daí o teor do art. 1º do Ato Normativo nº 816/2014, *in verbis:* "Na hipótese do art. 600, § 4º, do Código de Processo Penal, as contrarrazões devem ser elaboradas pelo Promotor de Justiça que atua nos respectivos autos em se tratando de processo eletrônico, devendo ser direta e pessoalmente intimado nos termos da legislação vigente".

Lembre-se, ainda, que nos termos do art. 2º do ato, ele revoga as disposições em contrário contidas nos Atos Normativos nº 350/2004 e nº 496/2007, acima mencionados, que, porém, a nosso sentir, continuam tendo aplicação para os chamados *processos físicos*, que ainda tramitam em grande número e que não foram alcançados pelo procedimento eletrônico implantando pelo Tribunal de Justiça de São Paulo.

JURISPRUDÊNCIA

Não apresentadas as razões após intimação do advogado

a) deve ser julgado o recurso

"O recurso ordinário sustenta a nulidade do julgamento do recurso de apelação, pelo Tribunal de Justiça, devido à circunstância da defesa técnica não haver apresentado as razões de apelação, nos termos do art. 600, § 4°, do Código de Processo Penal. Nenhum ato processual será declarado nulo, se da nulidade não tiver resultado prejuízo para qualquer uma das partes (CPP, art. 563), conforme o brocardo "pas de nullité sans grief". Os aspectos a seguir indicados apontam para a ausência de prejuízo do paciente: a) o paciente tinha seus interesses representados por defensor constituído; b) houve regular intimação da defesa técnica para oferecimento das razões de apelação, nos termos do art. 600, § 4°, do Código de Processo Penal; c) o tribunal de justiça apreciou todas as hipóteses de cabimento de apelação contra sentença proferida com base no julgamento do tribunal do júri. Levando em conta que a falta da apresentação das razões recursais não impediu que o Tribunal de Justiça apreciasse de forma detalhada e completa a irresignação do paciente contra a sentença condenatória" (STF – RHC no Ag n° 91070-SE, Rel. Ellen Gracie, j. 09.09.2008, DJe 26.09.2008).

"É facultado à parte interpor o recurso de apelação com a apresentação das razões recursais perante o Tribunal de Justiça, conforme disposição do art. 600, § 4º, do Código de Processo Penal. Inexiste nulidade, se o advogado constituído do réu, a despeito de regularmente intimado pela imprensa oficial, permanece inerte e não apresenta as razões de apelação. A reabertura de prazo recursal para advogado constituído após a perda do lapso recursal pelo causídico anterior viola os princípios da celeridade processual, da segurança jurídica, da razoabilidade, da lealdade processual e da boa-fé objetiva, por permitir manobras ardilosas objetivando a reabertura de prazo recursal diante da inércia da defesa dentro do prazo previsto em lei" (STJ – AgRg no Ag n° 1319158-TO, Rel. Marco Aurélio Bellizze, j. 26.11.2013, DJe 04.12.2013).

b) deve ser intimado o réu para que constitua outro advogado

"Firmou-se neste Sodalício o entendimento de que, nas hipóteses em que o advogado, devidamente intimado para apresentar as razões de apelação permanece inerte, deve-se intimar o réu para constituir novo advogado. Na espécie, não obstante o paciente não tenha sido intimado para nomear novo defensor ante a omissão do seu causídico em ofertar as razões do recurso de apelação interposto, há peculiaridades que impedem o reconhecimento da eiva suscitada na impetração. Da leitura do inciso I do artigo 593 e do caput do artigo 600 do Código de Processo Penal, não se extrai qualquer comando acerca do conteúdo das razões recursais das partes, razão pela qual, na sua ausência, o tribunal conhecerá plenamente da questão, exatamente como ocorreu no caso em apreço, em que, diante da omissão do advogado do acusado em ofertar a mencionada peça processual, o magistrado singular determinou o prosseguimento do feito, tendo a Corte Estadual reexaminado ampla e fundamentadamente o édito repressivo, optando-o por mantê-lo." (STJ – HC 399197/SP, 5ª Turma, Min. Jorge Mussi, j. 17/08/17)

A utilização da prerrogativa justifica maior demora no julgamento do recurso

"A utilização da prerrogativa de apresentação das razões de apelo diretamente no Tribunal de origem pela defesa autoriza maior dilação para o julgamento do recurso" (STJ – HC n° 268514-SP, Rel. Jorge Mussi, j. 03.09.2013, DJe 13.09.2013).

Corre em cartório o prazo para oferta das razões

"O ordenamento processual penal pátrio estabelece que o prazo para oferecimento das razões recursais de apelação criminal perante os tribunais, havendo inúmeros réus, defendidos por advogados diversos, é comum e, diante do contido no art. 798 do CPP, correrá em cartório, sem que isso represente malferimento ao princípio da Paridade" (STJ – HC n° 83739-RJ, Rel. Jorge Mussi, j. 18.06.2009, DJe 29.06.2009).

Pedido de oferta das razões no Tribunal, mas apresentadas em 1ª instância. Nulidade relativa

"A apresentação das razões recursais na primeira instância, não obstante o pedido para que fossem ofertadas no Tribunal, não configura cerceamento de defesa nem resulta em nulidade do ato ante a ausência de prova de prejuízo sofrido pelo recorrente" (STJ – HC n° 49425-SP, Rel. Jane Silva, j. 02.10.2008, DJe 20.10.2008).

Art. 601. Findos os prazos para razões, os autos serão remetidos à instância superior, com as razões ou sem elas, no prazo de 5 (cinco) dias, salvo no caso do art. 603, segunda parte, em que o prazo será de trinta dias.

§ 1º Se houver mais de um réu, e não houverem todos sido julgados, ou não tiverem todos apelado, caberá ao apelante promover extração do traslado dos autos, o qual deverá ser remetido à instância superior no prazo de trinta dias, contado da data da entrega das últimas razões de apelação, ou do vencimento do prazo para a apresentação das do apelado.

§ 2º As despesas do traslado correrão por conta de quem o solicitar, salvo se o pedido for de réu pobre ou do Ministério Público.

Ausência de fundamentação da defesa – Dispõe o artigo em exame que, terminado o prazo para a oferta das razões recursais, a apelação subirá ao tribunal, com ou sem elas. Ou seja, a lei permite que o recurso seja conhecido apenas com a petição de sua interposição, sem a respectiva fundamentação. Esse dispositivo é criticado por parte da doutrina, que entende não ter sido ele recepcionado pela Constituição de 1988. Assim, a falta de motivação do recurso violaria o princípio da ampla defesa na medida em que a insurgência seria apreciada pelo Tribunal desacompanhada de suas razões. Nesse sentido o dizer de Ada, Magalhães e Scarance, quando ressaltam que "em face do princípio constitucional da ampla defesa, não se pode admitir a falta das razões ou contrarrazões do defensor, pois é evidente o prejuízo ao acusado: em momento importante do processo, não serão levados ao Tribunal os argumentos que justificariam, ou impediriam, a reforma da decisão impugnada" (ob. cit., p. 151). Daí sugerirem os autores que, chegando os autos ao Tribunal, sem a fundamentação, cabe o retorno do recurso ao juízo de origem, a fim de que o defensor seja intimado para apresentação das razões de apelação. Mantendo-se inerte, que se intime o réu para que constitua outro defensor e se o réu também nada fizer, deve ser nomeado um defensor dativo. Trata-se de posição que tem respaldo do STJ.

A jurisprudência do STF, porém, é no sentido de que inexiste qualquer nulidade decorrente da falta de motivação do recurso, que, portanto, pode ser conhecido, na forma prevista no *caput* do art. 601. Exige, isto sim, a intimação para a oferta das razões e não a efetiva apresentação da contrariedade. Basicamente são dois os argumentos apresentados em abono desse entendimento. Primeiro, que a lei prevê, expressamente, a possibilidade de conhecimento da apelação desprovida das respectivas razões. E, segundo, porque a apelação, quase sempre ampla, devolve ao tribunal todo o conhecimento da matéria, podendo apreciá-la livremente, sendo, por isso, prescindível a oferta da fundamentação do recurso. Há um julgado do STF em que se decidiu pela adoção de uma posição intermediária, a saber, que a ausência das razões de apelação configuraria uma nulidade relativa, a depender, portanto, da efetiva demonstração do prejuízo. Teria incidência, assim, o enunciado da Súmula 523 do STF, segundo a qual somente a falta de defesa acarreta nulidade absoluta, já que sua deficiência dependerá da prova do prejuízo.

Ausência de fundamentação do Ministério Público – Também não se admite, na doutrina, a falta de razões de apelação por inércia do Ministério Público, pois tal conduta implicaria em verdadeira desistência do recurso, o que é vedado pelo art. 576 do CPP. Ademais, haveria nulidade, pois, o *parquet* é obrigado a atuar em todos os termos da ação penal pública (art. 564, inc. III, "d"). Com efeito, a falta de razões do Ministério Público, situação aliás de ocorrência quase que improvável na prática, importaria, quando muito, na adoção de medidas disciplinares contra o promotor de justiça negligente, mas não teria o condão de obstar o conhecimento do recurso, quer por força do disposto no *caput* do art. 601, quer em virtude da atuação da Procuradoria de Justiça em 2º grau de jurisdição, apta, de alguma forma, a suprir a inércia do promotor de justiça.

JURISPRUDÊNCIA

Subida dos autos sem as respectivas razões ou contrarrazões

a) validade

"O não oferecimento de contra-razões pode ser estratégia do defensor. O que gera nulidade do processo é a falta de intimação para o cumprimento de um determinado ato processual, ou seja, a não concessão da oportunidade legal. Precedentes" (STF – HC nº 79460-SP – Rel. Marco Aurélio, j. 27.10.1999 – RTJ 1177/838).

"Já se firmou nesta Corte o entendimento de que, tendo em vista os termos do *caput* do art. 601, do Código de Processo Penal (com razões ou sem elas), não acarreta nulidade o fato de, havendo advogado devidamente constituído, deixar este de apresentar razões de apelação ou contra-razões a ela, desde que devidamente intimado para fazê-lo"(STF – HC nº 59.562 – Rel. Moreira Alves – RTJ 149/838).

b) nulidade

"O devido processo legal, delineado a partir de inúmeros princípios, consubstancia-se em formalidades que acabam por legitimar o processo penal e, por consequência, o seu resultado (no caso dos autos, a condenação do paciente). Vale dizer, os meios justificam os fins. Pois o *due process of law* legitima o resultado do processo [...] Assim, no caso dos autos, forçoso concluir que a constatação de que o defensor constituído atuou negligentemente, ao deixar de oferecer as razões recursais – por subtrair do escrutínio do Tribunal estadual as razões pelas quais a defesa técnica entende pela falta de correção do veredicto –, obriga o magistrado a determinar a nomeação de novo defensor dativo ao paciente – que havia manifestado interesse em recorrer –, de forma a concretizar o duplo grau de jurisdição, o contraditório e a ampla defesa quanto ao mérito de condenação que impôs, ao paciente, uma pena de 33 anos, 3 meses e 23 dias de reclusão, pelo crime de homicídio qualificado' (STJ – HC nº 232.214 – AL – Rel. Rogério Schietti Cruz, j. 29.04.2015).

"Esta Corte Superior tem se posicionado no sentido de que, diante da inércia da defesa na apresentação das devidas razões recursais, em homenagem ao princípio da ampla defesa, é imprescindível a intimação do réu, oportunizando a constituição de novo defensor. Precedentes. Assim, diante da ausência de intimação do réu oportunizando a constituição de novo advogado para apresentação das devidas razões recursais, restou configurada, in casu, a ocorrência do cerceamento de defesa, sendo, ainda, evidente o prejuízo causado. Habeas corpus não conhecido. Ordem concedida de ofício, para declarar a nulidade do julgamento da apelação 0084732-85.2005.8.26.0050, determinando a realização de novo julgamento, reabrindo prazo para apresentação das razões recursais, com a devida intimação do paciente para constituição de novo defensor" (STJ – HC nº 240043-SP – Rela. Marilza Maynard, j. 25.06.2013, DJe 01.08.2013).

§ 1º Se houver mais de um réu, e não houverem todos sido julgados, ou não tiverem todos apelado, caberá ao apelante promover extração do traslado dos autos, o qual deverá ser remetido à instância superior no prazo de trinta dias, contado da data da entrega das últimas razões de apelação, ou do vencimento do prazo para a apresentação das do apelado.

Traslado – Pode ocorrer que, sendo vários os réus, nem todos foram julgados simultaneamente. Ou, ainda, que na pluralidade de réus, uns apelem da sentença e outros não. Nesses casos, cumpre ao apelante promover o traslado (cópia) dos autos, com a posterior remessa à superior instância. Claro que a adoção do chamado processo eletrônico fará com que essa medida torne-se anacrônica.

JURISPRUDÊNCIA

"O recurso interposto mediante traslado das peças é utilizado na hipótese de existência de mais de um réu, quando nem todos tenham sido julgados ou tenham interposto apelação, e possibilita a interposição de recurso por réu que já tiver sido submetido a julgamento, ainda que haja pendência na solução dos processos dos co-réus. A Lei processual penal ressalva que cabe ao apelante o ônus do transporte de peças necessárias à formação do recurso. Sendo do apelante o ônus da formação da peça recursal, descabe a abertura de prazo para sua complementação, especialmente se existia prévia decisão de primeiro grau, apontando individualmente as peças necessárias à instrução do recurso de apelação. Recurso desprovido, nos termos do voto do relator" (STJ – REsp nº 379672-SC – Rela. Gilson Dipp, j. 06.03.2002, DJ 22.04.2002, p. 255).

§ 2º As despesas do traslado correrão por conta de quem o solicitar, salvo se o pedido for de réu pobre ou do Ministério Público.

Dispensa de pagamento – Sendo pobre o réu ou se o apelante for o Ministério Público, fica dispensado o pagamento das despesas advindas do traslado. *Pobre,* na dicção do art. 31, § 1º, do código, é "a pessoa que não puder prover às despesas do processo, sem privar-se dos recursos indispensáveis ao próprio sustento ou da família". Comprovará a pobreza do réu, a teor do § 2º do mesmo dispositivo, o atestado emitido pela autoridade policial. Mas não só: a juntada do holerite, de declaração de imposto de renda, ou mesmo de singela afirmação do beneficiário nesse sentido, como previsto no art. 4º da Lei nº 1.060/1950. De Ministério Público não há mesmo que se exigir qualquer pagamento, por cuidar-se de órgão estatal, que não age em interesse pessoal, mas encarnando a proteção pública.

JURISPRUDÊNCIA

Desnecessidade do atestado

"Não se faz necessária a apresentação de atestado de pobreza para comprovar a miserabilidade, sendo irrelevante o fato de ter sido concedida procuração a advogado. Precedente" (STJ – REsp nº 706657-GO, Rel. Gilson Dipp, j. 22.03.2005, DJ 18.04.2005, p. 386).

Recurso mediante traslado

"O recurso interposto mediante traslado das peças é utilizado na hipótese de existência de mais de um réu, quando nem todos tenham sido julgados ou tenham interposto apelação, e possibilita a interposição de recurso por réu que já tiver sido submetido a julgamento, ainda que haja pendência na solução dos processos dos co-réus. A Lei processual penal ressalva que cabe ao apelante o ônus do transporte de peças necessárias à formação do recurso. Sendo do apelante o ônus da formação da peça recursal, descabe a abertura de prazo para sua complementação, especialmente se existia prévia decisão de primeiro grau, apontando individualmente as peças necessárias à instrução do recurso de apelação. Recurso desprovido, nos termos do voto do relator" (STJ – REsp nº 379672-SC – Rela. Gilson Dipp, j. 06.03.2002, DJ 22.04.2002, p. 255).

Art. 602. **Os autos serão, dentro dos prazos do artigo anterior, apresentados ao tribunal *ad quem* ou entregues ao Correio, sob registro.**

Art. 603. **A apelação subirá nos autos originais e, a não ser no Distrito Federal e nas comarcas que forem sede de Tribunal de Apelação, ficará em cartório traslado dos termos essenciais do processo referidos no art. 564, III.**

Prazo – No prazo de cinco dias, a apelação deve ser apresentada à superior instância, salvo na hipótese do § 1º, do art. 601, quando o prazo é de 30 dias, face à demora natural que o traslado de cópias pode acarretar, justificando maior dilação.

Cópia em cartório – Subindo a apelação nos autos originais (salvo na hipótese prevista no § 1º, do art. 601), no Distrito Federal e na sede dos Tribunais de Justiça, deverão ser extraídas cópias os termos essenciais do processo, assim consideradas as elencadas no art. 564, inc. III, do código (denúncia, queixa, exame de corpo de delito, etc.).

Arts. 604 a 606. **(Revogados pela Lei nº 263, de 23.2.1948)**

CAPÍTULO IV
DO PROTESTO POR NOVO JÚRI
(REVOGADO PELA LEI Nº 11.689, DE 2008)

Art. 607. **(Revogado pela Lei nº 11.689, de 2008)**

Art. 608. **(Revogado pela Lei nº 11.689, de 2008)**

A extinção do protesto por novo júri – Dentre as diversas alterações trazidas pela reforma processual de 2008, destaca-se aquela que extingue o protesto por novo júri. Tratava-se, como é sabido, de recurso exclusivo da defesa cujo objetivo era propiciar a realização de um novo julgamento quando a pena imposta, decorrente da condenação pelo Júri, fosse igual ou superior a 20 anos. A doutrina, de forma quase unânime, apontava os inconvenientes deste recurso, só justificável ao tempo de sua concepção, que remontava ao Código de Processo do Império, que previa penas graves como de degredo, desterro, galés ou morte. Demais disso indicavam os críticos -, servia apenas para retardar a prestação jurisdicional, conferindo ao réu a oportunidade de mais um julgamento com base, única e exclusivamente, na pena imposta. Não raras vezes, ainda, o cotidiano forense surpreendia a todos com situações inusitadas, nas quais juízes aplicavam penas de 19 e alguns meses com o único objetivo de inibir a oposição do mencionado recurso.

A questão vinha bem sintetizada por Rogério Leão Zagallo, para quem "sua retirada do arcabouço, com certeza aritmética, trará enormes benefícios para a Justiça pois, sem ele, não se retardará inutilmente o apagar das luzes de um processo e muitos juízes, ao proferirem suas decisões, poderão alçar voos para os céus, para a proximidade com o máximo, quando forem fixar a pena, se, que tenham medo do ônus de refazer toda a saga processual" (*Justitia* nº 189, jan-dez. 2000, p. 88). Não discrepava o dizer de Antônio Carlos da Ponte, ao ressaltar que "hoje, quando a sociedade clama por uma Justiça mais célere e eficiente, apresenta-se como verdadeiro entrave, possibilitando àquele que subtraiu o bem maior do homem uma nova oportunidade de ser julgado. Sua manutenção em nosso diploma legal a mais comezinha noção de interesse público, e faz que o bem 'vida' assuma um papel subalterno na escala de valores sociais" (*Justitia* 171, jul-set. 1995, p. 16). Em boa hora, destarte, foi extinto esse recurso.

O protesto por novo júri e sua manutenção para os crimes perpetrados antes da entrada em vigor da reforma do Júri – Entendemos, contudo, que para os crimes perpetrados antes da entrada em vigor da lei, a possibilidade do manejo desse recurso fica mantida. É claro: trata-se de medida benéfica ao réu posto que vê ampliada sua possibilidade recursal. De tal sorte que, condenado a pena igual ou superior a 20 anos, pela prática de um crime cometido à época em que ainda existia o protesto – e desde que preenchidos os requisitos legais elencados nos revogados arts. 607 e 608 do CPP – deve ser admitido o recurso. Como ressalta Tourinho Filho, "se a lei processual penal nova coarcta a Defesa, suprimindo-lhe, por exemplo, recurso, proibindo-lhe esta ou aquela prova, obstaculizando, enfim, aquela ampla defesa a que se refere a Lei das Leis, é óbvio que tal norma não poderá ter aplicação. Não pelo fato de ser mais severa, que seria irrelevante, mas pela circunstância de ser supinamente inconstitucional" (*Processo penal*, ob., cit., vol. I, p. 113).

A discussão poderia remeter, desde logo, aquilo que na doutrina se denomina *norma mista* (ou norma processual material), assim considerado o dispositivo que, embora produzido em um contexto processual, abriga norma de natureza diversa, de cunho penal. Nesse caso, prevalece o entendimento de que não incide o disposto no art. 2° do CPP, a impor a imediata aplicação da lei processual, devendo-se, antes, se analisar se a *novatio legis* é prejudicial ao acusado, por conta do princípio constitucional que veda a retroação da lei penal prejudicial ao réu (art. 5°, XL da CF). Lembre-se do debate que se estabeleceu quando do advento da Lei nº 9.271/96, que, dando nova redação ao art. 366 do CPP, determinou a suspensão do processo e do curso prescricional quando o réu, citado por edital, deixar de comparecer e, tampouco, constituir advogado. Evidente, neste caso, a natureza mista da inovação, pois, de um lado, contém disposições de caráter processual, de cunho adjetivo (citação por edital e suspensão do processo), e, de outro, um conteúdo marcantemente penal, de natureza substantiva, quando trata da suspensão do curso prescricional.

Parece-nos, no entanto, que o foco deva ser um pouco diverso, na medida em que a inovação em estudo não trata, exatamente, de uma norma mista. Ao contrário, ao suprimir um recurso, sua índole assume um caráter exclusivamente processual, sem qualquer reflexo no âmbito penal. Por isso, o enfrentamento da questão deve mesmo ser analisado à luz da Constituição e dos princípios da ampla defesa e do duplo grau de jurisdição. Poderia o legislador, é verdade, a fim de evitar a polêmica que, seguramente, se instalará a respeito do tema, ter excepcionado no texto legal, de forma clara, a ultratividade da lei processual penal anterior, mais benéfica. Assim o fez, por exemplo, o legislador na Lei de Introdução do Código de Processo Penal (Decreto-lei nº 3.689/41), que, em seu art. 2º, determinou que em relação à prisão preventiva e à fiança, "aplicar-se-ão os dispositivos que forem mais favoráveis" ao réu, independentemente do tratamento dado às matérias pelo Código de Processo Penal que acabava de entrar em vigor. Tal omissão, contudo, verificada na nova disciplina do Júri, não deve levar à conclusão, segundo pensamos, no sentido de que o protesto por novo júri, com a entrada em vigor da nova lei, acha-se automaticamente extinto.

Haverá quem invoque, face aos argumentos elencados, que constitui então verdadeira *letra morta* o disposto no art. 2º do CPP, ao determinar a imediata incidência da norma processual, em atenção ao princípio do *tempus regit actum*. Não é bem assim. Identificada uma norma de natureza exclusivamente processual e, em um segundo momento, constatando-se que sua adoção, de imediato, não acarreta qualquer prejuízo ao acusado, ela terá eficácia desde logo. A própria reforma do Júri em estudo traz elucidativo exemplo. Com efeito, foi extinto o libelo-crime acusatório, que possuía um objetivo unicamente processual (diga-se, desnecessário), consistente em resumir o conteúdo da acusação que seria esgrimada em plenário, atento ao teor da sentença de pronúncia. Pois bem. O libelo, de natureza, insiste-se, processual, e sua consequente extinção, não acarreta, nem de longe, qualquer espécie de prejuízo ao acusado. A sentença de pronúncia, destarte, passa a exercer a mesma função antes reservada ao *libellum*. Dessa forma, com a entrada em vigor da reforma do Júri, está extinto o libelo, pouco importando, nesse caso específico, se o delito atribuído ao acusado foi perpetrado anteriormente à *novatio legis*. Isso em virtude da conjugação de dois elementos que tornamos a ressaltar: a natureza unicamente processual do libelo e a impossibilidade de se cogitar qualquer espécie de prejuízo ao acusado com sua extinção.

Insistimos no tema em face de sua relevância. Sem embargo do disposto no art. 2º do CPP que, em adoção ao princípio do *tempus regit actum*, determinar a aplicação da lei processual de imediato e mesmo se reconhecendo, sem sombra de dúvida, que a matéria referente a recurso (no caso o protesto por novo júri), tem caráter exclusivamente processual, não há como se impedir que, para os crimes perpetrados antes da entrada em vigor da nova disciplina do Júri, possam seus autores, casos condenados a penas iguais ou superiores a 20 anos, se valer do mencionado recurso. Pensar-se de forma diversa implicaria em restringir o direito de recurso do réu (recurso que, aliás, neste caso é *exclusivo* do réu), em afronta à ampla defesa e ao duplo grau de jurisdição, previstos na Constituição de forma expressa (no primeiro caso), e como consequência de uma análise sistemática (na segunda hipótese). Eventual omissão do legislador, que não excepcionou a ultratividade da lei processual penal anterior, mais benéfica, não deve levar à conclusão, em nosso sentir, no sentido de que o protesto por novo júri, com a entrada em vigor da nova lei, acha-se automaticamente extinto. Não mais subsistirá – insistimos – para os crimes perpetrados em data posterior à vigência da lei. Mas para os delitos cometidos anteriormente, deve-se garantir, ao seu autor, o direito ao mencionado recurso, desde que, evidentemente, preenchidos os requisitos e pressupostos que o autorizam. Reconhecemos, porém, não ter sido este o entendimento que tem vingado na jurisprudência, inclusive dos tribunais superiores.

JURISPRUDÊNCIA

Crime ocorrido antes da extinção do recurso, mas julgado depois. Não tem direito ao PNJ

"Nos termos do art. 2º do CPP, a lei processual aplicar-se-á desde logo, sem prejuízo da validade dos atos realizados sob a vigência da lei anterior. Desse modo, se lei nova vier a prever recurso antes inexistente após o julgamento, a decisão permanece irrecorrível, mesmo que ainda não tenha decorrido o prazo para a interposição do novo recurso; se lei nova vier a suprimir ou abolir recurso existente antes da prolação da sentença, não há de se falar em direito ao exercício do recurso revogado. Se a modificação ou alteração legislativa vier a ocorrer na data da decisão, a recorribilidade subsiste pela lei anterior. Assim, há de se ter em conta que a matéria é regida pelo princípio fundamental de que a recorribilidade se rege pela lei em vigor na data em que a decisão foi publicada (GRINOVER. Ada Pellegrini; GOMES FILHO. Antonio Magalhães; FERNANDES, Antonio Scarance. Recursos no processo penal: teoria geral dos recursos em espécie, ações de impugnação, reclamação aos tribunais, 5ª ed. São Paulo: RT, 2008, p. 63). No caso em exame, os recorrentes foram condenados pelo 2º Tribunal do Júri de São Paulo em 26 de março de 2010. No ato de interposição do recurso de apelação, formalizaram o pedido alternativo de recebimento da impugnação recursal como protesto por novo júri, via processual e recursal que fora extinta pela Lei 11.689, que entrou em vigor em 8 de agosto de 2008, antes, portanto, da prolação da sentença penal condenatória. Ao abolir o protesto por novo júri – recurso sui generis -, a nova lei não incorreu em malferimento ao princípio da ampla defesa, nem às garantias constitucionais da instituição do júri e da soberania dos seus veredictos. Há outros recursos previstos no ordenamento processual penal para o exercício da plenitude da defesa dos acusados, especialmente o recurso de apelação. Nos termos do art. 5º, XXXVIII, da Constituição Federal, reconhece-se a instituição do Tribunal do Júri como garantia fundamental, "com a organização que lhe der a lei", observando-se: a) plenitude da defesa; b) o sigilo das votações; c) a soberania dos veredictos; e d) a competência para o julgamento dos crimes dolosos contar a vida. Essas as cláusulas pétreas a serem observadas. Logo, não há óbice à supressão de recursos previstos na ordem jurídica processual nem à previsão de outros por lei superveniente, devendo-se considerar o que disposto no art. 2º do CPP, que disciplina a incidência imediata da lei processual aos processos em curso, e o princípio processual fundamental, de que a recorribilidade se rege pela lei em vigor na data em que a decisão for publicada" (STF – REsp n° 752988-SP, Rel. Ricardo Lewandowski, j. 07.11.2013, DJe 12.11.2013).

Julgamento anterior à revogação do recurso

"O fato de a lei nova ter suprimido o recurso de protesto por novo júri não afasta o direito à recorribilidade subsistente pela lei anterior, quando o julgamento ocorreu antes da entrada em vigor da Lei n.º11.689/2008 que, em seu art. 4.º, revogou expressamente o Capítulo IV do Título II do Livro III, do Código de Processo Penal, extinguindo o protesto por novo júri. Incidência do princípio 'tempus regit actum'" (STJ – REsp n° 1046429-SP, Rel. Laurita Vaz, j. 09.10.2012, DJe 17.10.2012).

CAPÍTULO V
DO PROCESSO E DO JULGAMENTO DOS RECURSOS EM SENTIDO ESTRITO E DAS APELAÇÕES, NOS TRIBUNAIS DE APELAÇÃO

Art. 609. Os recursos, apelações e embargos serão julgados pelos Tribunais de Justiça, câmaras ou turmas criminais, de acordo com a competência estabelecida nas leis de organização judiciária. (Redação dada pela Lei nº 1.720-B, de 3.11.1952)

Parágrafo único. Quando não for unânime a decisão de segunda instância, desfavorável ao réu, admitem-se embargos infringentes e de nulidade, que poderão ser opostos dentro de 10 (dez) dias, a contar da publicação de acórdão, na forma do art. 613. Se o desacordo for parcial, os embargos serão restritos à matéria objeto de divergência. (Incluído pela Lei nº 1.720-B, de 3.11.1952)

Competência dos Tribunais – No que se refere aos tribunais superiores (STF, TST, STJ, STM e TSE), a Constituição é mais específica, delimitando a competência de cada um e, por vezes, detalhando inclusive as formas procedimentais a serem observadas por esses órgãos. Dispõe, ainda, em seu art. 96, inc. I, que é de competência dos tribunais a elaboração de seus regimentos internos.

Quanto à competência dos tribunais estaduais, reza o art. 125, § 1º, da Constituição, de forma mais genérica, que ela "será definida na Constituição do Estado, sendo a lei de organização judiciária de iniciativa do Tribunal de Justiça". É dizer: a própria Carta atribui expressamente a cada unidade da Federação, como forma de organizar sua justiça, a definição das respectivas competências dos tribunais estaduais, "observados os princípios estabelecidos nesta Constituição". Essas leis "de organização judiciária", a que faz alusão o artigo em exame, devem ser entendidas em sentido amplo, sendo que a matéria pode constar da Constituição Estadual, de leis estaduais e mesmo do regimento interno do respectivo Tribunal de Justiça. No Estado de São Paulo, o Decreto-Lei Complementar n. 3/1969, que criou o Código Judiciário, trata especificamente da matéria, assim como o seu Regimento Interno.

O fundamental é se apurar se esses diplomas (Constituição Estadual, leis estaduais e regimentos internos dos respectivos Tribunais de Justiça), observam os princípios assegurados na Constituição, como exige o texto maior, seu art.125. Não se trata, assim, de se estabelecer uma hierarquia entre a Constituição e a legislação estadual, mas, antes, de se apurar se esta última observou os princípios contemplados na Carta. No julgamento da ADI n. 1105-DF, o saudoso Ministro Paulo Brossard, destacou que "a dificuldade surge no momento de fixar as divisas entre o que compete ao legislador disciplinar e o que incumbe ao tribunal dispor. O deslinde não se faz por uma linha reta, nítida e firme de alto a baixo; há zonas cinzentas e entrâncias e reentrâncias a revelar que, em matéria de competência, se verificam situações que lembram os pontos divisórios do mundo animal e vegetal [...]. O certo é que cada Poder tem a posse privativa de determinadas áreas [...]. Alega- se que a matéria é processual e por lei há de ser regulada. A assertiva envolve um círculo vicioso: dá-se como certo o que devia ser demonstrado. A recíproca é verdadeira. Também não basta afirmar que o assunto é regimental para que seja regulado pelos tribunais, com exclusão do legislador. No caso vertente, cuida-se de saber se estava na competência do legislador interferir no ato do julgamento ou se a Constituição o reservou ao Poder Judiciário, mediante norma regimental. Esta a questão [...]. Insisto no que me parece fundamental. A questão não está em saber se o regimento contraria a lei ou se esta prevalece sobre aquele; a questão está em saber se, dispondo como dispôs, o legislador podia fazê-lo, isto é, se exercitava competência legítima ou se, ao contrário, invadia competência constitucionalmente reservada aos tribunais; da mesma forma, o cerne da questão está em saber se o Judiciário, no exercício de sua competência legislativa, se houve nos seus limites ou se os excedeu."

De sorte que um Tribunal Estadual que, no exercício de seu poder constitucionalmente previsto, contivesse em seu regimento interno, por exemplo, regras pelas quais apelações seriam julgadas monocraticamente, dispensando as respectivas razões recursais, além de vedar a possibilidade de sustentação oral, incorreria em evidente afronta à Constituição, por violação aos princípio do devido processo legal, ampla defesa e contraditório, cumprindo, pois, a declaração da inconstitucionalidade dos dispositivos.

Caso contrário, se a disciplina ditada pelos Tribunais, *interna corporis*, encontra-se em consonância com os ditames constitucionais, ela prevalece.

Tribunais de Alçada – Vale anotar que a Emenda Constitucional n. 45/2004, em seu art. 4º., extinguiu os Tribunais de Alçada, existentes em algumas unidades da Federação (Paraná, São Paulo, por exemplo), "passando os seus membros a integrar os Tribunais de Justiça dos respectivos Estados". No que se refere aos Tribunais de Apelação, essa denominação não mais prevalece por conta da Constituição de 1946 que, em seu art. 124, inc. II, passou a adotar o nome Tribunais de Justiça, para o órgão máximo da justiça de cada unidade da federação.

Parágrafo único. Quando não for unânime a decisão de segunda instância, desfavorável ao réu, admitem-se embargos infringentes e de nulidade, que poderão ser opostos dentro de 10 (dez) dias, a contar da publicação de acórdão, na forma do art. 613. Se o desacordo for parcial, os embargos serão restritos à matéria objeto de divergência. (Incluído pela Lei nº 1.720-B, de 3.11.1952)

Embargos infringentes e de nulidade. Conceito – É o recurso cabível contra decisão não unânime, proferida em acórdão, desfavorável ao réu. Como lembra José Frederico Marques, os embargos "enfileiram-se entre os recursos *condicionados* ou de *pressuposto especial*: somente cabe o recurso quando não for unânime a decisão de segunda instância favorável ao réu" (ob. cit., vol. IV, p. 288) (grifamos).

Imagine-se que, julgado em 1º grau, o réu é condenado. Interpõe, então, apelação para o Tribunal de Justiça, cujo julgamento será realizado por uma *turma*, composta por três desembargadores. Nesse julgamento, dois desembargadores negam provimento ao recurso, mantendo a sentença e um, divergindo, absolve o réu. A partir daí se abre a possibilidade de oposição dos embargos infringentes ou de nulidade, que serão apreciados por uma *câmara* do mesmo Tribunal, agora composta por cinco desembargadores, sendo três da turma original e mais dois que se juntam a eles (ressalte-se que o exemplo toma por base o regimento interno do Tribunal de Justiça de São Paulo, podendo variar segundo a organização interna de cada tribunal). Caberá a essa Câmara o julgamento dos embargos infringentes e de nulidade, que possuem, assim, o efeito *iterativo*, ou seja, uma movimentação horizontal, já que a matéria é devolvida para o mesmo órgão que proferiu a decisão, com sua composição para julgamento, é verdade, ampliada. Por isso parece mais adequado o emprego do vocábulo *oposição* do recurso, ao invés de *interposição*. Com efeito, *interposição* traz a noção de recurso de um órgão inferior para outro superior, e exemplo do que ocorre na apelação. Já *oposição* é mais apropriada quando a devolução da matéria é feita para o mesmo órgão que proferiu a decisão, como ocorre no recurso em estudo e nos embargos de declaração. Diferem, nesse aspecto, por exemplo, da apelação, cujo efeito é *reiterativo*, em que a devolução da matéria é feita para um órgão superior, em movimentação vertical.

Ratio legis – A justificativa para tal recurso é a existência de uma dúvida. Afinal, se a decisão não foi unânime, significa que a matéria não é pacífica, sendo justo, por isso, que se abra mais uma oportunidade em prol do réu. Ademais, instituído em observância ao princípio do *favor rei*, constitui valiosa oportunidade para os juízes reexaminarem a questão e mesmo reformarem seus entendimentos anteriores, impressionados com a argumentação desenvolvida no voto vencido. Como enfatiza Pontes de Miranda, em ensinamento voltado ao processo civil, mas com aplicação no processo penal, "Os melhores julgamentos, os mais completamente instruídos e os mais proficientemente discutidos são os julgamentos das Câmaras de embargos. Muita injustiça se tem afastado com os julgamentos em grau de Embargos" (*Comentários ao Código de Processo Civil*, Rio de Janeiro: Forense, 1975, tomo VII., p. 240).

Críticas - Não se ignoram, porém, as críticas formuladas contra o recurso, por importar em procrastinação da prestação jurisdicional e, demais disso, por revelar o titubeio do órgão colegiado que, de início, julgou de uma forma para, posteriormente, acolhendo os embargos, julgar de maneira diversa, de modo a acarretar desconfiança e insegurança. Destacava Alfredo Buzaid que "a existência de um voto vencido não basta por si só para justificar a criação de tal recurso; porque, por tal razão, se devia admitir um segundo recurso de embargos toda vez que houvesse mais de um voto vencido; desta forma poderia arrastar-se a verificação por largo tempo, vindo o ideal de justiça a ser sacrificado pelo desejo de aperfeiçoar a decisão" (*Ensaio para uma revisão do sistema de recursos no Código de Processo Civil*. Estudos de direito. São Paulo: Saraiva, 1972, v. 1, p. 111). Essa orientação foi seguida pelo Código de Processo Civil (Lei n. 13.105/2015), que extinguiu esse recurso.

De qualquer sorte, se o objetivo do recurso é o aperfeiçoamento das decisões superiores, a fim de que não haja divergência entre os juízes, melhor seria então que se estendesse a possibilidade de utilização dos embargos infringentes e de nulidade também à acusação. Sobretudo pelo fato de que à defesa ainda se abre a possibilidade de ajuizamento de futura revisão criminal, instrumento hábil para a reparação do erro judiciário, não disponível à acusação, posto que vedada a chamada revisão criminal *pro societate*.

Só se admite em favor do réu - Trata-se de um recurso privativo da defesa já que eventual acórdão, não unânime, proferido contra a acusação, não pode ser objeto dos embargos infringentes ou de nulidade. Suponha-se, assim, que o réu foi absolvido em 1º grau de jurisdição, tendo o Ministério Público apelado. No julgamento deste recurso, foi-lhe negado provimento por maioria de votos (2 x 1), mantida, pois, a sentença absolutória de 1º grau. Não poderá a acusação opor os embargos infringentes e de nulidade, posto que, insistimos, eles são de utilização exclusiva da defesa. Incide, nesse caso (assim como na revisão criminal), o princípio do *favor rei*, cujo objetivo, exatamente, é de garantir maior equilíbrio entre a posição mais forte do Estado em contrapartida com a mais frágil do réu.

> **ATENÇÃO** - A única exceção a esse princípio se encontra no Código de Processo Penal Militar, que admite, em seu art. 538, o recurso contra decisão favorável ao réu, a ser utilizado pelo Ministério Público, contra decisão final, não unânime, proferida pelo Superior Tribunal Militar.

JURISPRUDÊNCIA

Recurso privativo da defesa

"Os embargos infringentes, a teor do disposto no art. 609, parágrafo único, do Código de Processo Penal, são recursos exclusivos da defesa, não da acusação" (STJ – AgRG no REsp nº 1318757-MG, Rel. Og Fernandes, j. 28.05.2013, DJe 10.06.2013).

Novo julgamento - Vale observar que, uma vez interpostos os embargos, passa a ser realizado o julgamento de um novo recurso, não estando inibidos, por isso, em nosso exemplo, os dois desembargadores que mantiveram a condenação do réu de, agora, o absolverem. Nada impede, assim, que mantida, no julgamento da apelação, a condenação do réu por 2 x 1, venha ele, posteriormente, a ser absolvido, quando da apreciação dos embargos, de forma unânime (5 x 0). Convencidos pela nova argumentação, louvável será a reforma, "e, nesse recuo, não haverá nenhum aviltamento; pelo contrário: o Juiz se sublima", como destaca Tourinho Filho (*Código de Processo Penal Comentado*, ob. cit., vol. 2, p. 388).

Cabimento – Já disse que os embargos infringentes ou de nulidade são cabíveis contra decisão não unânime proferida no julgamento de um recurso. Esse recurso é a *apelação*, o *recurso em sentido estrito* e o *agravo em execução*, previsto na Lei de Execuções Penais (LEP), embora, em relação a este último, exista alguma dúvida na jurisprudência a respeito do cabimento da insurgência. A posição majoritária, apoiada inclusive pelo STF (*RTJ* 168/601, 130/646; *Informativo do STF* nº 136), é no sentido do cabimento dos embargos também para os casos de agravo em execução. Afinal, como já observamos, várias hipóteses de cabimento de recurso em sentido estrito foram revogadas, através da reforma de 1984, pela Lei de Execuções Penais (Lei nº 7.210/84), que passou a admitir, nesses casos, o recurso de agravo (art. 197 da LEP). Se é assim, não há qualquer justificativa para que se admitisse, antes, os embargos contra tais decisões e, agora, somente porque o recurso original alterou seu *nomem juris*, não mais fosse ele tolerado. Aliás, nesse sentido, é art. 841, inc. II, "c", do RITJSP, a admitir o recurso.

Acrescente-se que, ao tempo em que introduzido esse recurso no CPP, pela Lei nº 1.720-B de 3 de novembro de 1952, nem se cogitava do agravo em execução – que, repita-se, foi concebido em 1984 – sendo impossível, portanto, ao legislador de processo penal, essa previsão. Como assentado no STF, "na verdade, a Lei de Execução Penal retornou à denominação histórica, oriunda das Ordenações, da qual afastara-se o processo penal brasileiro a partir do Código de Processo Criminal do Império (1832) que, não adotando a denominação agravo, preferira o uso da expressão 'recurso em sentido estrito', combatida por vários processualistas. Assim, diante da identidade entre o agravo e o recurso em sentido estrito, seria excesso de formalismo negar o cabimento dos embargos infringentes apenas por uma questão de nomenclatura" (*RTJ* 168/601, 130/646; *Informativo do STF* nº 136). Tanto é assim, reforçamos, que na LEP não há qualquer preocupação com o prazo ou o rito do agravo, já que, por sua absoluta similitude com o recurso em sentido estrito, sempre se entendeu que o procedimento daquele recurso é o mesmo deste último. Nesse sentido, com aprofundada análise histórica sobre a origem do agravo, v. Gilberto Niederauer Corrêa, Fascículos de Ciências Penais. Porto Alegre, v. 1, n. 4, p. 77-80, junho 1988.

De outra parte, não se admite o recurso em decisão proferida em *habeas corpus* (*RT* 571/295, 581/312, 576/439), desaforamento (*RTJ* 46/616, RT 217/82), carta testemunhável (*RJTJSP* 103/514), e recurso ordinário (*RT* 570/397). Sob pena da questão se eternizar, se o julgamento dos embargos infringentes e de nulidade não for unânime, por óbvio que não se admite que o réu, novamente, oferte o mesmo recurso (*RT* 641/343, 734/723). Quanto à reclamação no STF, a Súmula 368 daquela Corte veda os embargos infringentes.

JURISPRUDÊNCIA

Inviabilidade no julgamento de *habeas corpus*

"Conforme entendimento sedimentado nesta Corte e no Pretório Excelso e à luz do disposto no parág. único do art. 609 do CPP, somente são admissíveis os Embargos Infringentes e de Nulidade na Apelação e no

Recurso em Sentido Estrito, e não em sede de Habeas Corpus" (STJ – HC nº 92394-RS, Rel. Napoleão Nunes Maia Filho, j. 27.03.2008, DJe 22.04.2008).

Cabimento em agravo de execução

"Se o julgamento de agravo, previsto no art. 197 da Lei das Execuções Penais, for desfavorável ao réu e não unânime, são cabíveis embargos infringentes, face ao que conjugadamente dispõem os artigos 609, parágrafo único e 581 do C.P. Penal" (STF – HC nº 65988-PR, Rel. Sydney Sanches, j. 08.03.1989, DJ 18.08.1989, p. 13228).

Um só recurso – De se observar que o recurso é um só, a despeito do nome *embargos infringentes e de nulidade*. Diz-se *infringentes*, quando seu objetivo é alterar *no mérito* o acórdão. De *nulidade*, ao contrário, quando atacam matéria processual. Suponha-se, assim, que condenado em 1º grau, o réu apele para o Tribunal, suscitando, em preliminar, uma determinada nulidade. Dois desembargadores negam provimento ao apelo, mas um acolhe a preliminar, decidindo pela nulidade do processo. Nesse caso, os embargos oponíveis são de nulidade.

Revisão criminal – Enseja alguma controvérsia na jurisprudência a possibilidade de utilização do recurso quando a decisão não unânime, desfavorável ao réu, for oriunda de revisão criminal. No sentido de seu cabimento, se argumenta que o parágrafo único, do art. 609, do CPP, quando trata do cabimento dos embargos infringentes e de nulidade, alude à "decisão de segunda instância", fazendo-o de forma genérica. Ora, se a revisão criminal é uma decisão de grau superior, nada impediria que, contra ela, fossem opostos os embargos.

Não é o entendimento que predomina. Os embargos infringentes e de nulidade encontram-se previstos, no Código de Processo Penal, no capítulo que cuida "do processo e do julgamento dos recursos em sentido estrito e das apelações nos tribunais de apelação". Daí porque somente são cabíveis quando do julgamento desses dois recursos (o motivo pelo qual se inclui o agravo em execução nesse rol já foi acima mencionado). Duas conclusões se extraem dessa afirmação: 1º) os embargos somente são cabíveis contra apelação, recurso em sentido estrito e agravo em execução; 2º) eles pressupõem o julgamento de um recurso. Ora, a revisão criminal, como será visto adiante, não possui a natureza jurídica de recurso, mas de verdadeira ação de impugnação. Tem vida própria, é autônoma, não se constituindo em prolongamento ou desdobramento de uma decisão anterior. Por isso não é recurso. Se não é recurso, não tem cabimento a admissão dos embargos infringentes e de nulidade contra a decisão proferida em revisão criminal. A propósito, o mesmo raciocínio é utilizado para inibir o recurso nas hipóteses de *habeas corpus* e desaforamento, conforma acima aludido. Quisesse incluir essa possibilidade, bastaria ao legislador a ela fazer menção, quer no próprio art. 609 (com pouca técnica legislativa, é verdade), quer na parte em que cuida, especificamente, da revisão criminal (arts. 621 e ss.). Daí prevalecer, na jurisprudência, o entendimento de não são cabíveis os embargos infringentes e de nulidade contra decisão, não unânime e desfavorável ao autor, proferida em sede de revisão criminal (STF – *RTJ* 46/616, 719/418, 534/346, 581/386, *RT* 238/616). Nesse sentido, ainda, o teor da Súmula 147 das Mesas de Processo Penal da USP, *in verbis*: "Os embargos infringentes são admissíveis na apelação e no recurso em sentido estrito, não cabendo em *habeas corpus*, revisão criminal e pedido de desaforamento, ressalvada previsão regimental do Supremo Tribunal Federal".

Os defensores do entendimento contrário, salientavam que a revisão criminal guarda grande semelhança com a ação rescisória e, em relação a esta última, havia expressa previsão, no art. 530 do Código de Processo Civil (Lei n. 5.869/1973), de cabimento dos embargos infringentes. Nada impediria, assim, que, no âmbito do processo penal, por analogia (art. 3º do CPP), se permitissem os embargos infringentes das decisões proferidas em sede de revisão criminal. Tal argumento, porém, não mais pode ser invocado, já que o CPC atual (Lei n. 13.105/2015), extinguiu os embargos infringentes.

É verdade que, nos termos do Regimento Interno do Supremo Tribunal Federal, são previstos os embargos infringentes quando não unânime decisão do Plenário ou da Turma, que tenha julgado improcedente revisão criminal (art. 333, inc. II do RISTF). Mas aí se trata de revisão contra o próprio julgado da mais alta Corte do país, em ações penais originárias, quando se julga em única e última instância, sem possibilidade de uma nova apreciação da matéria. A inexistência, aqui, do duplo grau de jurisdição, justificaria a previsão regimental.

JURISPRUDÊNCIA

Inviabilidade no julgamento de revisão criminal

"Na sistemática do Código de Processo Penal, a revisão criminal é uma ação de conhecimento, de natureza constitutiva, de que se utiliza o réu, ou sem procurador ou, ainda, se já falecido, seu cônjuge, ascendente, descendente ou irmão, para rescindir sentença condenatória com trânsito em julgado, sendo admissível nas hipóteses elencadas no art. 621, do CPP. Sem embargo de respeitáveis opiniões em contrário, a corrente majoritária da doutrina e jurisprudência pretoriana tem proclamado a tese de que os embargos infringentes têm sua admissibilidade restrita aos casos de decisão majoritária proclamada em recursos, não se prestando para atacar decisão não unânime proferida em sede de revisão criminal" (STJ – REsp nº 79693-PR, Rel. Vicente Leal, j. 25.06.1996, DJ 02.09.1996, p. 31125).

"Não sendo cabíveis embargos infringentes contra acórdão proferido por maioria, contra a defesa, mas em sede de revisão criminal, a interposição direta de recurso especial não viola a exigência de esgotamento das instâncias ordinárias. Não deve ser conhecido o recurso especial, por inadmissível, quando ele pretende fazer valer a valoração subjetiva das provas efetuada pela defesa, embora haja fartos elementos contrários citados pelo acórdão recorrido, uma vez que tal pretensão, além de não se encaixar na previsão do art. 621, I, parte final, do CPP, relativa à revisão criminal almejada, exigiria descabido reexame das referidas provas, o que encontra óbice na Súmula 7/STJ." (STJ- AgRg no AREsp 1291623 / SP, 5ª Turma, Min. Ribeiro Dantas, j. 17/11/20)

Sentença absolutória – Vislumbramos, outrossim, a possibilidade de oposição dos embargos contra apelação que absolveu o réu. Num exemplo: dois desembargadores, dando provimento ao apelo do réu, o absolvem por falta de provas (art. 386, inc. VII, do CPP). Um terceiro, porém, absolve sob o fundamento de que o fato inexistiu (art. 386, inc. I, do código). Poderia o réu, agora, opor os embargos, face ao seu inegável interesse (= utilidade), consistente em obter uma absolvição com fundamento no voto vencido. Afinal, conforme já salientamos ao tratarmos da teoria geral dos recursos, a absolvição pelo fundamento de que o fato inexistiu impede a propositura, pela vítima ou seus familiares, de posterior ação de indenização no âmbito civil, enquanto que a absolvição por falta de prova não inibe tal iniciativa. De inegável utilidade, portanto, ao réu, valer-se agora dos embargos infringentes e de nulidade. Máxime quando a jurisprudência é tranquila em não admitir a propositura de revisão criminal para esse fim. Nesse sentido, a Súmula nº 46 das Mesas de Processo Penal da USP: "Da disciplina legal da revisão decorre a impossibilidade de seu uso para alterar a fundamentação de sentença absolutória própria". Aliás, se poderia apelar para alterar o fundamento legal da absolvição, por qual motivo não poderia embargar, já que esse recurso é quase, por assim dizer, um *prolongamento* daquele?

Ação penal originária – E nas hipóteses de ação penal originária, seriam cabíveis os embargos infringentes e de nulidade? Imaginemos o exemplo no qual a denúncia ofertada contra um promotor de justiça, perante o Tribunal de Justiça, por conta da prerrogativa de sua função, fosse recebida por maioria de votos, contendo a decisão, porém, votos vencidos no sentido da rejeição da inicial. Prevalece o entendimento de que os embargos foram concebidos contra apelações e recursos em sentido estrito, mas pressupondo, sempre, uma decisão de 1º grau. Por isso mesmo colocados, topograficamente, em capítulo do código que trata do julgamento desses recursos pelos tribunais de *apelação* (hoje, tribunais de justiça). Ora, quando a ação penal é ajuizada diretamente no tribunal, não funciona aquele órgão superior como juízo *ad quem*, a quem se recorreria, não sendo cabíveis, então, os embargos infringentes ou de nulidade. Prova-se, mais uma vez, que o indevidamente chamado *foro privilegiado*, em verdade, só traz prejuízo àquele que o detém.

Em virtude de que, no que tange à matéria de fato, o detentor do foro por prerrogativa de função, condenado por um tribunal estadual (no Estado de São Paulo, perante o órgão especial, nos termos do art. 13, inc. I, "a" do RITJSP), não contar com a possibilidade de reapreciação do julgado, em afronta ao princípio do duplo grau de jurisdição, pois não tem a quem recorrer, entendemos, de *lege ferenda*, que seriam cabíveis os embargos infringentes e de nulidade, quando a decisão condenatória não fosse unânime. É o que se verifica, por exemplo, no STF, como visto no item acima sob a rubrica *revisão criminal*. A lei, porém, não contempla essa possibilidade e ignora-se essa previsão em algum regimento interno de tribunal.

Situações especiais, verificáveis no STF e STJ, são abaixo analisadas.

Âmbito do recurso – Os embargos infringentes e de nulidade se restringem ao âmbito da divergência, conforme se verifica da parte final do parágrafo único do art. 609, ao dispor que "os embargos serão restritos à matéria objeto da divergência" (cf. STF – *RT* 554/431 e, também, o art. 846 do RITJSP). Explicamos num exemplo. Suponha-se que o réu, condenado em 1º grau, apele para o Tribunal de Justiça, buscando: a) sua absolvição ou b) alternativamente, a redução da pena. A turma, julgando a apelação, mantém de forma unânime a condenação (3x0), mas *um* dos desembargadores dá provimento parcial ao recurso, a fim de reduzir a pena. É possível a oferta dos embargos, não mais para se buscar a absolvição, pois em relação a ela a decisão foi unânime, mas para tentar a redução da sanção, já que, no que diz respeito a esse tópico específico, não houve unanimidade. Tem aplicação, nesse caso, a Súmula 354 do STF, *in verbis*: "Em caso de embargos infringentes parciais, é definitiva a parte da decisão embargada em que não houve divergência na votação".

JURISPRUDÊNCIA

Basta a decisão não unânime, ainda que não tenha enfocado o mérito

"Os embargos infringentes, recurso exclusivo da defesa, previsto no art. 609 do Código do Processo Penal, não possui a exigência de que o acórdão tenha reformado a sentença de mérito, consoante o art. 530 do Código de Processo Civil. No processo penal, basta que o acórdão tenha sido não unânime e seja desfavorável ao Réu. Precedentes" (STJ – AgRG no REsp nº 1318757-MG, Rel. Regina Helena Costa, j. 05.11.2013, DJe 11.11.2013).

Limitam-se à divergência

Embargos infringentes – Extensão – "Os embargos infringentes, privativos da defesa, restringem-se à extensão da divergência. Vinculam-se à matéria não unânime, antes decidida. Uma delas deve vingar. Inadmissível eleger terceira via" (STJ – REsp nº 61290-RJ, Rel. Luiz Vicente Cernicchiaro, j. 27.11.1995, DJ 27.05.1996, p. 17923).

Prazo e processamento – O prazo para interposição do recurso é de *dez dias*, contado da data da publicação do acórdão na imprensa oficial, conforme se depreende do teor do parágrafo único do art. 609. O recurso deve ser manejado através de petição, subscrita por advogado, que possui capacidade postulatória, não se admitindo a interposição pelo próprio réu (*RT* 415/276, 441/328), embora exista posicionamento doutrinário (Ada, Scarance e Magalhães, ob. cit., p. 221) e jurisprudencial (*RT* 488/348), conferindo ao acusado, pessoalmente, a possibilidade de interposição do recurso. E, de fato, esta última posição parece a mais correta, já que o art. 577 do CPP autoriza que o réu, pessoalmente e prescindindo da assistência de advogado, exerça o direito de recurso. Ora, se os embargos têm, efetivamente, a natureza jurídica de recurso, não se encontra qualquer razão lógica que impeça o réu de, isoladamente, se valer da insurgência. Máxime quando os embargos, dada à sua peculiaridade, podem ser conhecidos sem a respectiva motivação. Daí porque nos parece evidente essa possibilidade, embora reconheçamos, na prática, a dificuldade que encontrará o leigo (e, por vezes, desprovido de melhor condição financeira), de acompanhar a publicação efetuada no diário oficial do acórdão que ensejará os embargos. Ressaltamos, apenas, que a petição de interposição é que independe, para sua apresentação, de defensor. Já as razões do recurso, se o relator entender serem elas necessárias (o assunto é retomado logo em seguida), dependerão da assistência profissional do advogado, podendo se cogitar, até, da nomeação de um defensor dativo para tal fim.

Já se discutiu da *obrigatoriedade* do defensor dativo em ofertar os embargos infringentes ou de nulidade. Antiga jurisprudência do STF insistia em tal obrigação, única forma de garantir observância ao princípio constitucional da ampla defesa (*RTJ* 79/422, 80/497). Não é o que prevalece hoje, inclusive na mais alta Corte do país. Afinal, se trata de um recurso voluntário, a depender, portanto, da vontade do recorrente e da conveniência e oportunidade que ele, técnico no assunto, vislumbra no caso concreto (STF – *RTJ* 110/639, 113/557). Ademais, diríamos, se a apelação não é compulsória, nem para o defensor dativo, não o serão, também, os embargos infringentes e de nulidade, que configuram quase que um *desdobramento* daquele primeiro recurso.

A petição de interposição dos embargos, deve ser dirigida ao relator do acórdão. O processamento do recurso no Tribunal segue as regras do art. 613 do código. Não há previsão legal permitindo a manifestação do embargado, em se tratando de ação penal privada. Tampouco do assistente de acusação. No entanto, como bem acentuam Ada, Magalhães e Scarance, em homenagem ao princípio constitucional do contraditório, é de bom tom que se faculte a possibilidade de manifestação ao querelante e ao assistente do Ministério Público (ob. cit., p. 223). A propósito, o art. 848, § § 1º e 2º, do RITJSP, determina a intimação do embargado para impugnação, no prazo de 10 dias.

JURISPRUDÊNCIA

Defesa não é obrigada a interpor o recurso

"Como bem asseverado pelo Parquet Federal, não há se reconhecer o alegado cerceamento de defesa ante a ausência de oposição dos embargos infringentes pelo patrono particular, dada a voluntariedade que rege os recursos no sistema processual penal brasileiro, inserto no art. 574, caput, do CPP, cuja previsão não obriga a defesa a interpor recurso de decisão desfavorável ao réu" (STJ – HC nº 151744-RJ, Rel. Jorge Mussi, j. 25.10.2011, DJe 08.11.2011).

Legitimidade – A legitimidade para interposição do recurso é do réu, através de seu advogado e mesmo do Ministério Público que, na qualidade de *custos legis*, através de um procurador de justiça, membro do *parquet* que atua em segundo grau, poderá ofertar os embargos em favor do acusado. Ora, se é admitida a possibilidade do Ministério Público, atuando como fiscal da lei, apelar em favor do condenado, não há como se negar a possibilidade de opor os embargos. Já se atuar como parte, a fim de agravar a situação do réu, é evidente a falta de legitimidade para o recurso, já que, como se disse no início, é instrumento privativo da defesa e instituído, exclusivamente, em favor do acusado.

Também por isso não se admite sua utilização pelo assistente de acusação (*RT* 563/377). Um julgado, ao que parece isolado, mas que merece nota visto que oriundo do STJ, admitiu a oferta dos embargos pelo assistente, como o objetivo de obter a exasperação da pena imposta ao réu (*RSTJ* 30/492; *RT* 681/406). Entendemos totalmente equivocado esse posicionamento: o argumento principal utilizado no voto do relator é que a função do assistente não se limita à obtenção de uma condenação, mas, além disso, busca uma pena justa ao caso concreto. Até aí é aceitável, a despeito de discussões que se estabelecem a respeito dessa possibilidade. Mas, partindo desse raciocínio, não se autoriza afirmar, em absoluto, pudesse o assistente de acusação opor os embargos para agravar a pena do réu. A um porque se nem o Ministério Público pode fazê-lo, muito menos seu assistente. E, a dois, em virtude de que os embargos infringentes ou de nulidade são instituídos *in favor rei*, isto é, em prol do acusado, a fim de equilibrar as forças entre o Estado (mais forte) e o indivíduo (mais fraco). Como se admitir tal recurso, que é privativo do réu, interposto pelo assistente, para agravar a situação daquele primeiro? Seria como se imaginar pudesse a vítima intervir em uma revisão criminal proposta pelo condenado, com o objetivo de agravar sua situação. É posição, portanto, insustentável.

Não se exige o prévio recolhimento do réu à prisão como pré-requisito para o conhecimento do recurso, conforme pacífico entendimento do STF (*RTJ* 138/226, 84/415). Dispensa-se, também, a oferta de razões ao recurso, já que toda a motivação se encontra na apelação, no recurso em sentido estrito ou no agravo em execução, bastando que se faça remissão ao julgamento anterior (*RT* 544/431). Nada impede, porém, que tal fundamentação seja apresentada, propiciando-se ao embargante que traga novos elementos ao debate, de forma a alertar, principalmente os novos juízes que se incorporarão ao julgamento, do acerto de sua tese.

Saliente-se, por derradeiro, que o processamento do recurso e a competência para seu julgamento (turmas, câmaras, grupos de câmaras), pode variar conforme o regimento interno de cada tribunal.

JURISPRUDÊNCIA

Não é obrigatório o recolhimento do réu à prisão

"Não é obrigatório o recolhimento do réu-apelante à prisão para o fim de interpor embargos infringentes, dado que o efeito suspensivo da execução da sentença, nos termos do art. 594, C.P.P., estende-se aos embargos infringentes e de nulidade" (STF – HC n° 68869-AP, Rel. Carlos Velloso – RTJ 138/226).

Efeitos do recurso – Os embargos infringentes ou de nulidade possuem, como todo recurso, o efeito *devolutivo*. A devolução se restringe, como já alertado, ao âmbito da divergência. Tal divergência pode ser *total*, como ocorre, por exemplo, quando no julgamento da apelação dois desembargadores mantém a condenação do juízo *a quo* e um absolve. Ou pode ser *parcial*, imaginando-se a situação na qual três desembargadores mantém a condenação de forma unânime, mas um voto vencido dá provimento parcial ao recurso para reduzir a pena imposta ao apelante.

Efeito suspensivo – Quanto ao efeito *suspensivo*, há que se deter um pouco mais. É verdade que para oposição do recurso não se exige o prévio recolhimento do embargante à prisão. De sorte que, se o réu, ao apelar da sentença de 1° grau, se encontrava em liberdade, assim deve permanecer, também, enquanto aguarda o julgamento dos embargos. Ou, se foi o Ministério Público quem apelou da sentença absolutória, provida a apelação por maioria, com mais razão deve o embargado permanecer solto. Vale ressalvar, porém, uma particularidade. Se, por exemplo, o réu estava solto e o tribunal, ao julgar a apelação, de forma unânime confirma a condenação de 1º grau, com um voto divergente apenas para reduzir a pena, nada impede que este mesmo tribunal determine a imediata prisão do apelante. É que se ele opuser os embargos infringentes ou de nulidade, eles somente serão admitidos em relação à quantidade da pena, objeto da divergência, não mais no tocante à condenação, para a qual foi unânime a decisão. Desse teor o enunciado ad Súmula nº 354 do STF, *in verbis*: "Em caso de embargos infringentes parciais, é definitiva a parte da decisão embargada em que não houve divergência na votação". Daí se concluir, sem maior esforço, que a parte unânime da apelação gera efeitos desde logo, cogitando-se do efeito suspensivo apenas quanto ao tópico divergente.

Ao contrário, se o réu estava solto e o tribunal (ao apreciar apelação dele ou da acusação, não importa), o condena, com um voto vencido pela absolvição, aí, segundo entendemos, devem ser os embargos recebidos com efeito suspensivo. Nesse sentido o art. 843 do RITJSP, *in verbis*: "Dentro dos limites do voto vencido, os embargos têm efeito suspensivo, se também a apelação tinha esse efeito. Parágrafo único. Em matéria criminal, se o réu apelou em liberdade e o acórdão confirmou, por maioria, a sentença condenatória, os embargos que opuser, enquanto não julgados, obstam à expedição do mandado de prisão".

Efeito suspensivo e imediata prisão do condenado na pendência dos embargos infringentes ou de nulidade - Após o entendimento firmado pelo Supremo Tribunal Federal, no sentido de que, mantida a condenação em 2º grau, por um órgão colegiado, deve o condenado cumprir imediatamente a pena, o Tribunal Regional Federal da 3ª. região, negando por maioria de votos a apelação do réu, determinou a expedição incontinenti de mandado de prisão. Sucede que, uma vez não unânime a decisão daquela Corte, o réu manejou embargos infringentes. O debate chegou ao Superior Tribunal de Justiça, que entendeu no sentido de que, enquanto não apreciados os embargos infringentes não tem cabimento a ordem de prisão, a ser determinada, portanto, após o julgamento daquele recurso. Trata-se de decisão liminar, da lavra da Ministra Laurita Vaz, proferida no HC n. 406015- SP (no qual é relator o Ministro Reynaldo Soares da Fonseca) j. em 14.07.2017.

JURISPRUDÊNCIA

Efeito suspensivo

"Decisão condenatória que determinou a expedição imediata do mandado de prisão. Réu que respondeu ao processo em liberdade. Julgamento não unânime, que pode estar sujeito a embargos infringentes, os quais impedem a expedição imediata do mandado de prisão. Jurisprudência do Supremo Tribunal Federal. Hipótese em que o mandado de prisão só poderá ser expedido após o trânsito em julgado da condenação" (STF – HC nº 69535-MG, Rel. Ilmar Galvão, j. 25.08.1992, DJ 18.09.1992, p. 15409).

"A interposição de embargos infringentes obsta a imediata expedição de mandado de prisão em desfavor de réu que respondia ao processo em liberdade, se a divergência que ensejou tais embargos trata da própria existência de elementos hábeis a motivar a condenação. Deve ser conferido efeito suspensivo aos embargos infringentes opostos em favor do paciente, garantindo a sua permanência em liberdade enquanto aguarda a apreciação do referido recurso" (STJ – HC nº 60007-RJ, Rel. Gilson Dipp, j. 03.10.2006, DJ 30.10.2006, p. 357).

Efeito devolutivo quanto à parte unânime do acórdão

"A interposição de embargos infringentes não obsta a imediata expedição de mandado de prisão, quando a divergência que ensejou tais embargos é apenas parcial, ou seja, quando se refere apenas ao regime de cumprimento de pena, por exemplo, não havendo dúvidas quanto à culpabilidade do réu ou relativamente à quantidade da reprimenda imposta" (STJ – HC nº 65899-RS, Rel. Gilson Dipp, j. 07.12.2006, DJ 05.02.2007, p. 305).

Desprovimento do recurso – Proferida a decisão nos embargos infringentes ou de nulidade, ela deve ser, desde logo, executada. É que, regra geral, somente são cabíveis os recursos especial ou extraordinário e, estes, não possuem efeito suspensivo. Se é assim, nada impede que, desacolhidos os embargos, se expeça, de imediato, mandado de prisão (cf. STJ –HC n. 8469 – Rel. Fernando Gonçalves, j. 24.8.1999, *DJ* 20.9.1999, p. 87).

Efeito regressivo – Possuem os embargos, ainda, o efeito *regressivo*, na medida em que permitem ao Magistrado que reforme sua própria decisão. Não se trata, em verdade, do juízo de retratação que é típico do recurso em sentido estrito. Nele, já vimos, antes de determinar a subida dos autos à superior instância, pode o juiz se retratar, de modo a alterar sua própria decisão. Mas, de qualquer maneira, não perde a característica de reforma a possibilidade que se abre ao desembargador de absolver o embargante que, antes, condenara no julgamento da apelação. V, acima, a propósito, item *novo julgamento*.

Efeito extensivo – Não há como se negar aos embargos infringentes ou de nulidade, ainda, o efeito *extensivo*, de que trata o art. 580 do código, desde que, é obvio, os motivos que ensejarem a absolvição não sejam de caráter pessoal. Suponha-se a hipótese em que dois réus, agindo em concurso de agentes (art. 29 do Código Penal), foram condenados em 1º grau. Na apelação interposta por um deles, dois desembargadores confirmam a condenação original e um absolve reconhecendo a atipicidade do fato. Inconformado, o apelante opõe, agora, embargos que são acolhidos a fim de absolvê-lo com base no voto vencido anterior, isto é, de que foi atípica a conduta do embargante. É claro que essa decisão, que possui índole objetiva, se estenderá ao corréu, não fazendo sentido que se mantenha uma condenação pela prática de ato que careça de tipicidade.

Embargos infringentes no STF – Nos termos do Regimento Interno do Supremo Tribunal Federal (RISTF), são duas as espécies de embargos que podem ser opostos perante a Corte: embargos infringentes (art. 333 do RISTF) e embargos de declaração (art. 337 do RISTF), estes últimos já analisados. Os embargos infringentes são cabíveis quando não unânime decisão do Plenário ou da Turma, que tenha condenado o réu (art. 333, inc. I do RISTF), ou julgado improcedente revisão criminal (art. 333, inc. II do RISTF). A condenação se refere, obviamente, às hipóteses de ação penal originária, em caso de condenação de detentor do foro por prerrogativa de função. Serão réus, julgados em única instância pelo STF, por competência originária, nas infrações penais comuns, "o Presidente da República, o Vice-Presidente, os membros do Congresso Nacional, seus próprios Ministros e o Procurador-Geral da República", na dicção do art. 102, inc. I, "b" da Constituição, bem como nas infrações comuns e nos crimes de responsabilidade, os Ministros de Estado e os Comandantes da Marinha, do Exército e da Aeronáutica, ressalvado o disposto no art. 52, I, os membros dos Tribunais Superiores, os do Tribunal de Contas da União e os chefes de missão diplomática de caráter permanente" (art. 102, inc. I, "c" da Carta).

Claro que uma condenação mantida a partir do manejo de um recurso ou mesmo de *habeas corpus*, não dará ensejo aos embargos infringentes, ainda que não unânime a decisão. De se atentar, em acréscimo, que ao se referir à decisão não unânime, o RISTF exige um *quorum* qualificado no Plenário, de quatro votos divergentes no mínimo (art. 333, parágrafo único). Em outras palavras: se em uma ação penal de competência originária do STF, apenas um Ministro divergir (ou dois ou três), não será cabível o recurso. O prazo para interposição é de 15 dias (art. 334 do regimento interno).

Ação penal n. 470 – Nesta ação penal, que apreciou o chamado *mensalão*, o tema voltou a ser abordado, com grande profundidade e interesse geral. A questão debatida foi, em resumo, a seguinte: deveriam ser conhecidos os embargos infringentes, posto que expressamente previstos no regimento interno do Supremo ou a Lei nº 8.038/90, superveniente ao RISTF, teria tacitamente derrogado esse recurso, quando a ele não fez qualquer alusão. Prevaleceu o entendimento no sentido de que remanesce esse recurso, a despeito da omissão da Lei nº 8.038/90. O argumento é que, ao tempo em que editado o regimento interno, vigorava a Constituição de 1969 que, em seu art. 119, § 3º, "c", outorgava ao STF competência para estabelecer normas de direito processual em seu regimento interno. É verdade que a *Cidadã* de 1988, não mais prevê essa atribuição normativa ao STF, cominando exclusivamente ao Parlamento e, mais especificamente, à União, a possibilidade de legislar sobre matéria processual.

Pois bem. Tendo se retirado do STF a possibilidade de legislar sobre matéria processual, é intuitivo que, sobre esse tema, diplomas oriundos do Congresso passassem a ser editados, dentre os quais, a Lei nº 8.038/90. Indaga-se, então: deve prevalecer a Lei nº 8.038/90, posterior ao RISTF ou, ao revés, este foi plenamente recepcionado pela Constituição de 1988?

Calhou ao Ministro Celso de Mello o voto que decidiu a questão. Do alto de sua reconhecida competência e indiscutível independência, o decano, em que pese a pressão exercida pelos mais diversos setores da sociedade (e, arriscaríamos dizer, mesmo no seio da mais alta Corte do país), concluiu que o regimento interno, embora anterior à Constituição de 1988, foi por ela recepcionado. Destacou em um dos trechos de seu memorável voto que, "o fenômeno da recepção, bem o sabemos, assegura a preservação do ordenamento infraconstitucional existente antes da vigência do novo texto fundamental, desde que com este guarde relação de estrita fidelidade no plano jurídico-material, em ordem a garantir a prevalência da continuidade do direito, pois, conforme decidiu o Supremo Tribunal Federal, 'a Constituição, por si só, não prejudica a vigência das leis anteriores (...), desde que não conflitantes com o texto constitucional (RTJ 71/289-293) [...]. Esta Suprema Corte, fazendo aplicação do mecanismo da recepção, proclamou permanecerem válidas e eficazes as regras ordinárias anteriores à Constituição, 'desde que não contrastantes com os seus princípios e normas, ou com o seu espírito' (RTJ 77/657-659)".

Mas não é só: a Lei nº 8.038/90, ao prever "normas procedimentais para os processos que especifica, perante o Superior Tribunal de Justiça e o Supremo Tribunal Federal", foi omissa quanto ao sistema recursal, "o que representou, na perspectiva do § 1º do art. 2º da Lei de Introdução às Normas do Direito Brasileiro, a preservação *do conteúdo eficacial* da regra inscrita no inciso I do art. 333 do RISTF", segundo o voto do decano (grifo original). É dizer: conquanto pudesse fazê-lo, a Lei nº 8.038/90 não revogou expressamente o RISTF, no que se refere aos recursos. E, tampouco, o fez tacitamente, posto que não se revelou incompatível com a disciplina anterior e nem regulou a matéria de forma diversa.

Daí o acerto da decisão do STF que, embora tomada por apertada maioria, reconheceu o cabimento dos embargos infringentes. Decisão que, de resto, rendeu homenagem ao princípio do duplo grau de jurisdição, ao permitir uma segunda reapreciação da matéria, no ponto em que divergentes os votos de, pelo menos, quatro Ministros. Não fosse assim, por se cuidar de processo cuja competência é originária do Supremo, fechar-se-ia a porta do recurso, de pelo menos *um* recurso.

No mais, prestigiou-se a jurisprudência da Corte, estampada em aresto que foi relator o ministro Carlos Velloso, *in verbis*: "No Supremo Tribunal Federal, os embargos infringentes são cabíveis da decisão não unânime do Plenário [...], que julgar procedente a ação penal [...],sendo certo que, tratando-se de decisão do plenário, o cabimento dos embargos infringentes depende da existência, no mínimo, de quatro votos divergentes (RISTF, art. 333, eseu Parágrafo Único)" (Agravo Regimental nos Embargos Infringentes no *Habeas corpus* n. 77.664-SP).

Embargos infringentes no STF contra decisão de Turma – De se observar, inicialmente, a possibilidade de oposição do recurso contra decisão não unânime da Turma, o que soa absolutamente razoável e coerente. Afinal, importaria no mais absoluto contrassenso admitir-se o recurso em face de uma decisão do Pleno e negar seu conhecimento quando o *decisum* atacado tem origem na Turma. Pois bem. Como visto acima, para admissibilidade dos embargos, nos termos do parágrafo único, do art. 333, do RISTF, são necessários, no mínimo, quatro votos divergentes em Plenário. Sucede que, em relação às Turmas, o regimento interno da Corte é omisso. Constatada essa omissão e na obrigatoriedade de dar uma solução ao impasse, estabeleceu-se uma fórmula pela qual, se para 11 Ministros, componentes do STF (Pleno), são exigidos pelos menos quatro votos divergentes, para as Turmas parece razoável que se imponha, por proporção, um mínimo de dois votos divergentes. Com um *score* final de 3 x 2, resta bem configurada a dúvida que assolou a Turma, a ensejar, bem por isso, um segundo julgamento. Com destacou o Ministro Celso de Mello, "a exigência de dois votos vencidos reveste-se de grande peso em cinco juízes da turma, a restar a plausibilidade jurídica e probabilidade do direito, e o relevo da pretensão jurídica de quem impõe os embargos infringentes no julgamento de ação penal originária". Esse entendimento foi firmado na Ação Penal n. 863, j. 19.04.2018, na qual foi relator o Ministro Edson Fachin.

Causa-nos, todavia, alguma estranheza o fato de somente se admitirem os embargos infringentes quando a decisão não unânime foi absolutória em sentido próprio, a saber aquela que tenha absolvido o agente com análise do mérito. Dois exemplos: no primeiro caso, a Turma, por maioria, condena o réu, mas dois Ministros o absolvem por falta de provas ou atipicidade da conduta. Caberiam, aqui, os embargos, por se tratar de uma decisão não unânime, que adentrou o mérito. Noutro exemplo, na Turma, todos os Ministros votam pela condenação do agente, porém, dois deles propõem uma pena menor. Neste caso, não fará o condenado jus aos embargos, posto não ter se tratado de uma sentença absolutória propriamente dita, mas somente de uma decisão, não unânime, que reduziu a pena. Não identificamos razão para essa distinção, sobretudo quando se cuida de um recurso instituído em *favor rei*, privativo, pois, da defesa e quando a possibilidade de recurso, daquele agente sujeito ao foro por prerrogativa de função, já é tão restrita. Anotamos, ainda, que o parágrafo único, do art. 609, do CPP, ao aludir ao recurso em exame, não faz qualquer menção à qualidade do voto vencido (se absolutório próprio ou impróprio), satisfazendo-se, apenas, com o preenchimento de dois pré-requisitos, isto é, que a decisão do colegiado seja desfavorável ao réu e não unânime. Tampouco o tema é tratado no Regimento Interno do STF, elaborado ao tempo em que as ações penais originárias eram julgadas exclusivamente pelo Plenário. Nessa linha de raciocínio, de se ver que nos Tribunais de Justiça sempre foram admitidos embargos, por exemplo, contra decisão não unânime que reconheceu alguma nulidade (daí, inclusive, como já destacamos, o *nomem juris* de "embargos de divergência ou de *nulidade*"). Ou contra decisão que, por minoria, reduziu a pena do recorrente, etc. Não identificamos, assim, razões para a restrição imposta pelo Plenário quanto à natureza da sentença absolutória, quer em virtude da falta de previsão legal ou regimental nesse sentido, quer em razão do âmbito recursal restrito disponível àquele que se sujeita a uma ação penal originária. Invocar-se o caráter protelatório da pretensão recursal, como se ressaltou durante o julgamento, não nos parece o entendimento mais compatível com os princípios da ampla defesa e do duplo grau de jurisdição.

Embargos infringentes no STJ – Interessante que embargos infringentes, eram disciplinados no regimento interno do STJ, nos arts. 260 e ss. Cabíveis, outrossim, contra decisão não unânime proferida em apelação e o prazo para interposição do recurso – dirigido ao relator do acórdão embargado – era de 15 dias. Quando o regimento interno fazia menção à apelação, presumia-se que esse recurso seria tirado de uma condenação proferida pelo STJ em uma ação penal originária, contra um réu julgado por aquela Corte em virtude da prerrogativa de sua função.

Cabia aqui, portanto, a mesma observação formulada no item acima, ou seja, se o julgado não unânime referir-se, por exemplo, a um recurso especial ou mesmo *habeas corpus*, nos quais foi mantida a condenação por maioria, por óbvio que os embargos infringentes não seriam admitidos. Sucede que a Emenda Regimental n. 22/2016, revogou os arts. 266 e ss., do Regimento Interno do STJ, não mais prevendo essa espécie de recurso no seio aquela Corte. Estranha iniciativa, sobretudo em face do julgamento da Ação Penal n. 470, acima mencionado, quando foi destacada a relevância desse recurso, única forma de se assegurar, ainda que parcialmente, o direito ao duplo grau de jurisdição àqueles que gozam do chamado *foro por prerrogativa de função*.

Embargos infringentes e de nulidade e a Lei nº 9.099/95 – Conforme entendimento predominante na doutrina, no âmbito dos Juizados Especiais Criminais, criados pela Lei nº 9.099/95, não são cabíveis os embargos infringentes ou de nulidade opostos contra apelação proferida pela Turma Recursal. Primeiro, porque a lei não fez qualquer menção a essa espécie de recurso, admitindo, nos juizados, apenas dois recursos: a apelação (art. 82) e os embargos de declaração (art. 83). Vale lembrar, apenas, que a jurisprudência tem admitido o recurso em sentido estrito de decisões a respeito da suspensão condicional do processo (art. 89), por analogia ao art. 581, inc. XVI, do CPP. Segundo, em virtude de que a admissão desse recurso afrontaria o princípio da celeridade, que orienta os juizados, conforme expressamente previsto no art. 2º da lei própria. E, terceiro, em razão de que os embargos infringentes ou de nulidade estão inseridos no capítulo do Código de Processo Penal que trata "do processo e do julgamento ... das apelações nos Tribunais de Apelação". Ora, a Turma Recursal dos Juizados não pode ser considerada um tribunal, pelo menos nos termos em que previsto no CPP, que se refere, atualizando a expressão, a Tribunais de Justiça, em 2º grau de jurisdição.

Na doutrina, confira-se a lição de Paulo Lúcio Nogueira, que, depois de afirmar que são cabíveis, nos Juizados Especiais Criminais, os recursos de apelação, embargos de declaração e extraordinário, registra a propósito do cabimento de outros recursos: "De fato, os princípios informativos dos Juizados não se compadecem com vários recursos, mormente os da competência dos tribunais superiores, o que só procrastina as decisões definitivas, que, nessa esfera de pequenas causas, devem ter rápido andamento e desfecho" (*Juizados Especiais Cíveis e Criminais*, Ed. Saraiva, 1996, pág. 114). Ainda nesse sentido: Julio Fabbrini Mirabete, *Juizados Especiais Criminais*, São Paulo: Atlas, 1997, p. 124 e Ada, Magalhães, Scarance e Gomes, *Juizados Especiais Criminais*, São Paulo: RT, 2ª. ed., 1997, p. 173.

Esses fundamentos nortearam acórdão do STF a respeito do tema, nestes termos: "No que toca aos embargos infringentes, não obstante a divergência entre os comentaristas da Lei nº 9.099/95, parece-nos correto o entendimento do Juiz Relator da apelação do ora paciente na Turma Recursal, indeferindo *o* processamento dos embargos infringentes, ao argumento de que a Lei nº 9.099/95 não previu esse recurso e que esse entendimento "não viola qualquer dispositivo constitucional ou garantia individual do réu, assegurados que foram o duplo grau de jurisdição e a ampla defesa". Aliás, acrescenta o magistrado na decisão indeferitória, "Interpretação diversa violaria princípios norteadores da Lei nº 9.099/95, mormente no tocante à celeridade e simplicidade, elencados no art. 2º" (STF - HC nº 76.294-5 - Rel. Carlos Velloso - j. 20.10.1998).

Contrariamente – Em sentido contrário, no entanto, admitindo o recurso em sede de Juizados, é o magistério de Weber Martins Batista e Luiz Fux, quando destacam, após indicarem a aplicação subsidiária dos dispositivos do CPP, nos termos do art. 90 da Lei nº 9.099/95, que "estes embargos, que originariamente tinham um forte sentido de retratação, serão julgados - como o eram antigamente, na época em que as Câmaras dos tribunais compunham-se de três membros - pelos próprios componentes da Turma Julgadora, mais dois membros de outra Turma, conforme dispuser a legislação local, devendo um destes últimos servir de relator" (*Juizados especiais cíveis e criminais e suspensão condicional do processo penal*, Rio de Janeiro: Forense, 1998, p. 343). Na mesma linha, José Barcelos de Souza, *Recursos nos juizados especiais criminais*, Belo Horizonte: Revista Forense, nº 340, p. 122.

Parece-nos que, à míngua de previsão legal e ante os princípios inspiradores dos Juizados (notadamente o da celeridade), não há mesmo que se cogitar da existência dos embargos infringentes ou de nulidade. Com efeito, segundo expressa previsão legal, os únicos recursos cabíveis são mesmo a apelação e os embargos de declaração. Isso não inibe, por óbvio, a possibilidade de interposição de recurso extraordinário junto ao STF, a teor do disposto no art. 102, inc. III, da Constituição. Nem se argumente que, com essa afirmação, se violariam os princípios constitucionais que garantem o direito ao recurso ou ao duplo grau de jurisdição. Estes se acham plenamente satisfeitos com a faculdade concedida ao réu de apelar para a Turma Recursal, conforme expressamente previsto no art. 82 da Lei nº 9.099/95 que, assim, poderá ver a questão reexaminada pelo menos por mais uma vez. Além disso, ao condenado pela decisão não unânime da Turma Recursal, restará, ainda, a impetração de *habeas corpus* ao respectivo Tribunal de Justiça ou mesmo a utilização das demais ações mandamentais, como a revisão criminal e o mandado de segurança, dependendo do caso concreto.

JURISPRUDÊNCIA

V. Súmula n. 207 do STJ: "É inadmissível recurso especial quando cabíveis embargos infringentes contra o acórdão proferido no tribunal de origem"

Ação penal originária e EI

a) cabimento perante o STF

"O Ministro Celso de Mello reiterou que não se presumiria a revogação tácita das leis, mormente por não incidir, no caso, qualquer hipótese configuradora de revogação das espécies normativas, na forma descrita no art. 2º, § 1º, da Lei de Introdução às Normas de Direito Brasileiro – LINDB. Registrou, ademais, que a Lei 8.038/90 abstivera-se de disciplinar o sistema recursal interno do Supremo, embora pudesse fazê-lo, a caracterizar uma lacuna intencional do legislador ordinário. Assinalou, também, que a regra consubstanciada no art. 333, I, do RISTF buscaria permitir a concretização, no âmbito desta Corte, no contexto das causas penais originárias, do postulado do duplo reexame, que visa a amparar direito consagrado na Convenção Americana de Direitos Humanos, na medida em que realizaria, embora insuficientemente, a cláusula da proteção judicial efetiva. Sublinhou, por fim, que o referido postulado seria invocável mesmo nas hipóteses de condenações penais em decorrência de prerrogativa de foro, formuladas por Estados que houvessem formalmente reconhecido, como obrigatória, a competência da Corte Interamericana de Direitos Humanos em todos os casos relativos à interpretação ou aplicação desse tratado internacional. O Ministro Celso de Mello, então, ao proferir o voto de desempate, admitiu a possibilidade de utilização, no caso, dos embargos infringentes. Vencidos os Ministros Joaquim Barbosa, Presidente e relator, Luiz Fux, Cármen Lúcia, Gilmar Mendes e Marco Aurélio, que não admitiam os infringentes por entenderem que esse recurso estaria revogado pela Lei 8.038/90" (*Informativo mensal do STF* n° 32, setembro de 2013).

b) quando não é cabível

"A norma inscrita no art. 609, parágrafo único, do Código de Processo Penal não se aplica as hipóteses de condenação criminal, ainda que não-unânime, resultante de ação penal originaria ajuizada perante os Tribunais Regionais Federais e os Tribunais de Justiça dos Estados (Lei n. 8.658/93), eis que os embargos infringentes somente são oponíveis a acórdão proferido em sede de apelação ou de recurso em sentido estrito. Precedentes: HC 71.949 e HC 71.951, Rel. Min. ILMAR GALVÃO" (STF – HC n° 72465-SP, Rel. Celso de Mello, j. 05.09.1995, DJ 24.11.1995, p. 40387)

Demora na divulgação do voto vencido e excesso de prazo

"Afronta os princípios da ampla defesa, da razoabilidade, da celeridade processual e da recorribilidade das decisões o fato de o acórdão ter sido publicado há mais de um ano e até a presente data não ter sido declarado o voto vencido, mormente estando a paciente presa e demonstrando interesse em opor embargos infringentes. O princípio da razoabilidade é inato ao devido processo legal, de modo que a injustificada demora no andamento do feito caracteriza o constrangimento ilegal corrigível pela via eleita do writ. Writ CONCEDIDO para 1-) determinar a soltura da Paciente, 2-) determinar a imediata declaração do voto vencido e 3-) reabrir o prazo para a interposição dos recursos cabíveis" (STJ – REsp n° 51177-SP, Rel. Paulo Medina, j. 16.05.2006, DJ 01.08.2006, p. 555).

Art. 610. Nos recursos em sentido estrito, com exceção do de *habeas corpus*, e nas apelações interpostas das sentenças em processo de contravenção ou de crime a que a lei comine pena de detenção, os autos irão imediatamente com vista ao procurador-geral pelo prazo de cinco dias, e, em seguida, passarão, por igual prazo, ao relator, que pedirá designação de dia para o julgamento.

Parágrafo único. Anunciado o julgamento pelo presidente, e apregoadas as partes, com a presença destas ou à sua revelia, o relator fará a exposição do feito e, em seguida, o presidente concederá, pelo prazo de 10 (dez) minutos, a palavra aos advogados ou às partes que a solicitarem e ao procurador-geral, quando o requerer, por igual prazo.

Habeas corpus – Embora o dispositivo ressalve o *habeas corpus*, quando seria dispensável a oitiva do Ministério Público, de se observar que o Decreto-lei n. 552/1969, em seu art. 1º, determina que, em se tratando do remédio heroico, será concedida vista ao Ministério Público, que terá o prazo de dez dias para se manifestar. No mesmo sentido são os regimentos internos do STF (art. 311) e do STJ (art. 202).

Parecer do Procurador-Geral – Prevê este artigo um rito mais célere, próprio para os julgamentos de *habeas corpus* e de apelações em processo de contravenção ou de crime punido com pena de detenção. Recebidos os autos, eles são remetidos ao Procurador-Geral para que, no prazo de cinco dias, manifeste-se no feito (tratando-se de *habeas corpus*, o prazo é de dois dias). Com tal manifestação, e também em cinco dias, deve o relator pedir a inclusão do recurso em pauta, para julgamento. Esse parecer é lançado pelo Ministério Público na condição de *custos legis* – e não como parte – a presumir, portanto, sua imparcialidade. Em outras palavras: quando atua em 2º grau de jurisdição, o procurador não se vincula ao posicionamento do Ministério Público de origem, podendo se manifestar, inclusive (é comum que ocorra), contra a tese sustentada por este último. Salvo quando se tratar de crime cuja competência originária seja do tribunal, por conta do chamado foro por prerrogativa de função, quando, então, assume francamente a posição de parte.

Procurador de Justiça e sua imparcialidade – É um tanto discutível essa assertiva no sentido de ser imparcial a manifestação do Procurador de Justiça em 2º grau de jurisdição. Implica, inclusive, em uma crítica mais aprofundada da própria atuação do Procurador em si. Das duas uma: pressupondo-se ser ele mesmo imparcial, de se indagar que sentido haveria em sua manifestação, que se traduziria mesmo – por assim dizer – em uma *atividade jurisdicional*, já que a imparcialidade é própria e exigível dos juízes. Seria, então, um segundo juiz, de quem se espera imparcialidade, somente que emitindo um parecer sem a força própria das decisões judiciais? Não faz muito sentido, em nossa compreensão, esse posicionamento, mas que, admitimos, tem sido aceito pela doutrina e jurisprudência, sendo rara alguma decisão que tenha, por exemplo, julgado uma apelação sem a prévia oitiva do *parquet* em grau de recurso.

Imaginemos, a segunda alternativa: não ser imparcial a função do Procurador de Justiça, mas, antes, vinculada às teses sustentadas pelo Ministério Público em 1º grau de jurisdição. Aí é maior o estrago, pois implica em evidente desequilíbrio dos pratos da balança. Assim, para exemplificar, em uma apelação teríamos de um lado o réu e, de outro, o Ministério Público, mas este órgão com dupla atuação: a do promotor de justiça que oficiou perante o juízo *a quo* (arrazoando ou contrariando o recurso) e do Procurador de Justiça, em apoio ao posicionamento do colega. Por isso que, dentre as duas alternativas, a *menos pior* é a que identifica a imparcialidade na atuação do Ministério Público em grau de recurso (*lato sensu*, para incluir toda e qualquer ação penal e todos os graus de jurisdição, inclusive as superiores). Mas se trata de entendimento que mereceria uma análise sistemática, inspirado na visão atual do Ministério Público e nos objetivos traçados pela Constituição a este órgão, a redundar, fatalmente, na exclusão da manifestação ministerial em 2º grau. Pelo menos do parecer escrito, podendo ser mantida a participação quando, por exemplo, prevista sustentação oral, exercida pela defesa, perante a Corte. Aí, porém, como parte comprometida com a tese desenvolvida em 1º grau, refutando a argumentação adversa e não como fiscal da lei, imparcial, verdadeiro *estepe* do juiz de quem, este sim, se espera imparcialidade. É entendimento que se propõe – reconhecemos – de *lege ferenda*, com remota possibilidade de adoção, sobretudo porque importaria em notável redução dos cargos de Procurador de Justiça em prejuízo daqueles que, compreensivelmente, aguardam no outono de suas carreiras essa promoção ao ápice da Instituição.

Daí parece-nos correta a sugestão formulada por parte da doutrina, pela qual deveria o Ministério Público, em 2º grau de jurisdição, limitar-se à observância dos aspectos formais do recurso (legitimidade, tempestividade), sustentando oralmente e analisando, quando muito, alguma preliminar agitada pelo recorrente, sem, no entanto, ingressar no mérito do debate. Uma vez proferido o acórdão e dele tendo ciência, alvitraria da possibilidade de interposição de algum recurso para a instância superior. A partir desse novo enfoque, se reduziria sobremaneira o número de procuradores a atuar na 2ª instância, cujo potencial é muitas vezes subestimado, por conta de uma atuação quase que decorativa, a ser muito melhor aproveitada caso atuassem como parte, neste que é o traço característico do *parquet*. E nem mesmo seria necessária uma alteração legislativa a permitir a inovação aqui proposta. Atos de racionalização dos trabalhos do Ministério Público, na área cível, foram editados, sem maiores traumas, não raras vezes em aparente contradição com o texto legal, mas em consonância com uma visão sistemática da Instituição, nos moldes em que concebida pela Constituição. Lembre-se, nesse aspecto, da Lei n. 12.016/2009 (Lei de Mandado de Segurança), que em seu art. 12, determina que "o juiz ouvirá o representante do Ministério Público, que opinará, dentro do prazo improrrogável de 10 (dez) dias". Sem embargo da textualidade da norma, vigora no Estado de São Paulo o Assento n. 61, aprovado pelo Colégio de Procuradores de Justiça, por meio de seu Órgão Especial, pelo qual "o Ministério Público intervirá em mandados de segurança sempre que estiverem em litígio interesses sociais e individuais indisponíveis, em conformidade com o que determina o art. 127, 'caput', da Constituição Federal ...". Ausentes, pois, esses interesses maiores, passa a ser facultativa a intervenção do Ministério Público. Ora, o artigo em análise, do Código de Processo Penal, nem mesmo determina a emissão de parecer, mas unicamente a remessa dos autos ao Ministério Público, a autorizar que, por meio de singelo ato interno, fosse totalmente reestruturada a atuação das procuradorias.

JURISPRUDÊNCIA

Ausência de vista ao MP. Nulidade relativa

"É obrigatória a concessão de vista ao Ministério Público para parecer, em sede de apelação de sentença em processo por crime cuja lei comine a pena de detenção, por imposição do art. 610 do CPP. Contudo, presente o representante do Parquet à sessão de julgamento da apelação e não havendo por parte do mesmo, nenhuma manifestação, tem-se por suprida a irregularidade, com exclusão de eventual nulidade do feito" (STJ – REsp nº 265847-RJ, Rel. Fernando Gonçalves, j. 11.06.2002, DJ 01.07.2002, p. 412).

Vista à defesa para manifestação sobre o parecer do Procurador-Geral – Considera-se desnecessário que, após o lançamento do parecer pelo Procurador-Geral, seja facultada à defesa a possibilidade de manifestação, em contrariedade. É que a atuação ministerial, em 2ª instância, se dá na condição de *custos legis ou custos iuris*, ou seja, não mais como parte, mas como verdadeiro fiscal da ordem jurídica. Assim, pelo menos em tese, deve se manifestar livremente, descomprometido com a tese sustentada pelo Ministério Público de 1º grau, ocupe este a condição de recorrente ou recorrido. Atuaria, assim, como verdadeiro juiz, em favor de um resultado justo. A exceção se observa, porém, quando se tratar de ação penal originária, decorrente do chamado foro por prerrogativa de função, quando o Ministério Público de 2º grau assume, inequivocamente, a posição de titular da ação penal pública, a reclamar, forte no princípio do contraditório, a abertura de vista à parte contrária para posicionamento sobre o quanto alegado pelo *parquet*.

JURISPRUDÊNCIA

Após o parecer da Procuradoria não se abre vista à defesa

"A previsão de manifestação do Ministério Público em segunda instância, contida no art. 610 do Código de Processo Penal, decorre de sua função de fiscal da lei, o que não se confunde com a atribuição de titular da ação penal pública, a teor do que preconiza o art. 257 do referido diploma legal. Assim, após a manifestação ministerial, não há falar em contraditório a ser exercido pela defesa, visto que, quando o Ministério Público atua como custos legis, não compõe nenhum dos polos da relação processual, ainda que se oponha às teses trazidas pelo réu" (STJ – HC nº 244999-SP, Rel. Og Fernandes, j. 23.04.2013, DJe 30.04.08.2013).

Parágrafo único. Anunciado o julgamento pelo presidente, e apregoadas as partes, com a presença destas ou à sua revelia, o relator fará a exposição do feito e, em seguida, o presidente concederá, pelo prazo de 10 (dez) minutos, a palavra aos advogados ou às partes que a solicitarem e ao procurador-geral, quando o requerer, por igual prazo.

Sustentação oral – É direito da parte, nos julgamentos colegiados, sustentar oralmente perante os Magistrados. Trata-se de desdobramento de direitos asseguradas na Constituição, como do contraditório e o da ampla defesa e da ampla acusação e cuja eventual preterição, acarreta nulidade do julgamento. Assim, desde que preenchidas as hipóteses em que cabível a sustentação oral e tendo o recorrente se habilitado a tanto, não se tolera um julgamento no qual se ignorou esse pedido. Após algum momento de vacilação, se admite, atualmente, que inclusive o Ministério Público Estadual sustente oralmente perante o Supremo, prescindido, assim, da intervenção do Procurador-Geral da República, com quem aquele órgão não guarda nenhuma relação de subordinação.

JURISPRUDÊNCIA

Direito à sustentação oral

"A jurisprudência deste Tribunal tem entendimento consolidado no sentido de que deve ser garantido à defesa o direito de comparecer à sessão de julgamento do habeas corpus e sustentar oralmente as razões da impetração, quando expressamente requerido. Recurso não conhecido. Concessão da ordem de ofício para anular o acórdão proferido no writ, renovando-se o julgamento com a Intimação do impetrante para que possa realizar a sustentação oral" (STJ – HC nº 34317-SP, Rel. Marilza Maynard, j. 13.08.2013, DJe 30.08.2013).

Sustentação oral do MP Estadual perante o STF. Possibilidade

"O Supremo, por votação majoritária, resolveu questão de ordem – suscitada pelo PGR – com o fito de assentar a legitimidade do Procurador-Geral de Justiça do Estado de Minas Gerais, ora recorrido, para proferir sustentação oral. O Min. Cezar Peluso, relator, anotou que o Plenário já teria reconhecido que o parquet estadual disporia de legitimação para atuar diretamente nesta Corte nas causas por ele promovidas originariamente. Elucidou que o PGR poderia desempenhar, no Supremo, 2 papéis simultâneos: a) o de fiscal da lei; ou b) o de parte. Assim, quando o MPU, em qualquer dos seus ramos, figurasse como parte do feito, só ao PGR seria dado oficiar perante o STF, porque ele quem encarnaria os interesses confiados pela lei ou pela Constituição a este órgão. Explicou que, nos demais casos, esse parquet exerceria, evidentemente, a função de fiscal da lei. Nesta última condição, a sua manifestação não poderia preexcluir a das partes, sob pena de ofensa ao princípio do contraditório. Destarte, sugeriu que a Lei Complementar federal 75/93 somente incidisse no âmbito do MPU, sob pena de cassar-se a autonomia dos Ministérios Públicos estaduais, que estariam na dependência, para promover e defender interesse em juízo, da aprovação do Ministério Público Federal" (STF – RE nº 593727-MG, Rel. Cezar Peluso, *Informativo do STF* nº 671, j. 21.6.2012).

Sustentação oral no agravo em execução

"A teor da iterativa orientação jurisprudencial desta Corte, aplicam-se ao recurso de agravo em execução, previsto no art. 197 da Lei de Execução Penal, as disposições acerca do rito do recurso em sentido estrito, previstas nos arts. 581 e seguintes do Código de Processo Penal. (Precedentes)" (HC-21.056, Ministro Felix Fischer, DJ de 7.4.03). Consequentemente, o pedido de sustentação oral em julgamento de agravo em execução, a teor do parágrafo único do art. 610 do Cód. De Pr. Penal, não se subordina ao juízo de conveniência do colegiado julgador. Afinal, a inobservância de tal dispositivo – segundo a jurisprudência – viola as garantias constitucionais do devido processo legal, do contraditório e da ampla defesa. Habeas corpus concedido a fim de determinar se proceda a novo julgamento do agravo em execução, assegurando o direito à sustentação oral" (STJ – HC nº 109378-GO, Rel. Nilson Naves, j. 16.12.2010, DJe 14.02.2013).

Sustentação oral nos embargos declaratórios perante o STF e o STJ. Impossibilidade

"O Superior Tribunal de Justiça já pacificou o entendimento de que não é cabível a sustentação oral nos recursos de Agravo Regimental e Embargos de Declaração, dispensando-se, inclusive, a prévia intimação das partes da sessão de julgamento. Inteligência do art. 91, I, combinado com o art. 159 do Regimento Interno desta Corte Superior. Esse entendimento é compartilhado também pelo Supremo Tribunal Federal que, em recursos da mesma natureza, também indefere pedidos de prévia intimação da sessão de julgamento e de sustentação oral, com base em seu Regimento Interno" (STJ – EDcl no AgRg no Ag n° 1429988-PE, Rel. Regina Helena Costa, j. 03.10.2013, DJe 09.10.2013).

Sustentação oral no STF – A matéria vem tratada em seu Regimento Interno. Assim, o art. 131, § 2º, a admite em todas as causas criminais, salvo nos julgamentos de embargos declaratórios, arguição de suspeição e medida cautelar. Cada uma das partes falará pelo tempo máximo de quinze minutos, excetuada a ação penal originária, na qual o prazo será de uma hora, passível de prorrogação pelo Presidente (art. 132). Primeiro fala o recorrente depois o recorrido. Ao assistente de acusação, desde que admitido nos autos como tal, é garantido o direito de sustentar oralmente (art. 131, § 1º). Na ação penal privada, o Procurador-Geral falará por último (art. 131, § 5º). Havendo corréus com defensores diversos, o prazo (art. 121, § 7º), será contado em dobro (quinze minutos para cada um).

Sustentação oral no STJ – O art. 159 do Regimento Interno do STJ, também veda a sustentação oral nos embargos declaratórios, arguição de suspeição e medida cautelar. O prazo também é de 15 minutos, salvo na ação penal originária, na qual o prazo será de uma hora, sem previsão de prorrogação (art. 160). Na ação penal originária, findas as inquirições e efetuadas as diligências que o relator ou o Tribunal houver determinado, o Presidente dará a palavra, sucessivamente, ao querelante, se houver, ao órgão do Ministério Público e ao acusado, ou ao seu defensor, para sustentação oral, podendo cada um ocupar a tribuna durante uma hora, assegurado ao assistente um quarto do tempo da acusação (art. 229, inc. V). De resto, o RISTJ segue as mesmas orientações do RISTF.

JURISPRUDÊNCIA

Inversão da ordem durante a sustentação oral

a) nulidade absoluta

"Recurso. Apelação exclusiva do Ministério Público. Sustentações orais. Inversão na ordem. Inadmissibilidade. Sustentação oral da defesa após a do representante do Ministério Público. Provimento ao recurso. Condenação do réu. Ofensa às regras do contraditório e da ampla defesa, elementares do devido processo legal. Nulidade reconhecida. HC concedido. Precedente" (STF – HC n° 87926-SP, Rel. Cezar Peluso, j. 20.02.2008, DJe 25.04.2008).

b) nulidade relativa

"A ordem estabelecida pela lei processual para a sustentação oral em sede de recurso em sentido estrito, diferentemente do que estatui o art. 500 do CPP, deixa o representante do Ministério Público por último. Inteligência dos arts. 610, parágrafo único, e 618, do CPP. Se não houve qualquer relevância na ordem de apresentação dos respectivos argumentos, tendo sido todos contrapostos, não há falar em ofensa ao contraditório ou à ampla defesa. Cumpre destacar, nesse ponto, que a impetração se limitou a argüir a nulidade, sem demonstrar efetivo prejuízo" (STJ – HC n° 41667-SP, Rel. para o acórdão Laurita Vaz, j. 15.09.2005, DJ 19.12.2005, p. 447).

"Prevendo o art. 610 do CPP que apelações de crimes apenados com reclusão irão primeiramente à Procuradoria Geral de Justiça e depois ao relator sorteado, por óbvio tal função fica delegada aos demais Procuradores de Justiça, na medida em que funcionam, nesse momento, como fiscais da lei, inexistindo nulidade, por conseguinte, no fato de o Procurador de Justiça oficiante na sessão de julgamento do recurso falar por último" (TJSP – RC nº 0041341-26.2011.8.26.0000, Rel. João Morenghi, j. 24.04.2013).

Prazo de 20 minutos previsto no Estatuto da OAB está excluído do ordenamento jurídico

"O dispositivo que esclarecia ser direito do Advogado o de 'sustentar oralmente as razões de qualquer recurso ou processo, nas sessões de julgamento, após o voto do relator, em instância judicial ou administrativa, pelo prazo de quinze minutos, salvo se prazo maior for concedido' (art. 7.º, inciso IX, do Estatuto da Advocacia – Lei n.º 8.069/64) foi excluído do ordenamento jurídico, em sua integralidade, pelo Supremo Tribunal Federal (ADI 1.105/DF, Tribunal Pleno, Rel. p/ Acórdão Min. RICARDO LEWANDOWSKI, DJe de 04/06/2010). Assim, não vigora regra que garanta, em qualquer recurso ou processo, e em qualquer hipótese, que o Advogado terá o tempo de quinze minutos para sustentar oralmente as razões. Para fins de sustentação oral, regimentos internos de diversos Tribunais prevêem que, '[s]e houver litisconsortes não representados pelo mesmo advogado, o prazo [de quinze minutos] será contado em dobro e dividido igualmente entre os do mesmo grupo, se diversamente não o convencionarem' (STF, STJ, TRF/1.ª Região, v.g.). O prazo de dez minutos não frustra, aprioristicamente, o direito de sustentação oral, mormente porque foi rigidamente observada a regra regimental pertinente" (STJ – HC n° 190469-GO, Rel. Laurita Vaz, RSTJ 227/769).

Art. 611. (Revogado pelo Decreto-Lei nº 552, de 25.4.1969)

Art. 612. Os recursos de habeas corpus, designado o relator, serão julgados na primeira sessão.

Julgamento imediato – Dada à natureza do *habeas corpus*, remédio jurídico que exige urgência em sua apreciação, face aos interesses em jogo, diretamente relacionados à liberdade da pessoa, sua apreciação não exige a prévia inclusão na pauta do tribunal, devendo o relator, nos termos deste dispositivo, incluí-lo na primeira sessão para o julgamento. Essa cautela se aplica tanto para o julgamento de *habeas corpus* impetrados diretamente no tribunal, quanto para o recurso em sentido estrito tirado da decisão que concede ou denega o *writ* (art. 581, inc. V).

Intimação da parte – Ainda em face da mencionada urgência, com a inclusão imediata na pauta, entende-se desnecessária a intimação da parte quanto à data do julgamento do *habeas corpus*. O regimento interno do Supremo Tribunal Federal, porém, em seu art. 192, § 2º, determina que "não apresentado o processo na primeira sessão, o impetrante poderá requerer seja cientificado pelo Gabinete, por qualquer via, da data do julgamento". Isto para fins, notadamente, de eventual sustentação oral a ser realizada pelo impetrante.

JURISPRUDÊNCIA

HC não depende de prévia inclusão na pauta

"O habeas corpus e seus recursos, incluindo-se aí o duplo grau de jurisdição obrigatório (artigo 574, inciso I, do Código de Processo Penal), independem de prévia inclusão em pauta de julgamento (Súmula do STF, Enunciado nº 431 e artigo 612 do Código de Processo Penal)" (STJ – HC n° 14286-PE, Rel. Hamilton Carvalhido, j. 06.02.2001, DJ 25.06.2001, p. 247).

Art. 613. As apelações interpostas das sentenças proferidas em processos por crime a que a lei comine pena de reclusão, deverão ser processadas e julgadas pela forma estabelecida no Art. 610, com as seguintes modificações:

I – exarado o relatório nos autos, passarão estes ao revisor, que terá igual prazo para o exame do processo e pedirá designação de dia para o julgamento;

II – os prazos serão ampliados ao dobro;

III – o tempo para os debates será de um quarto de hora.

Crimes punidos com pena de reclusão – Para o julgamento das apelações em crime em que se comine pena de reclusão, o rito a ser seguido é o do art. 610, inclusive com o encaminhamento dos autos ao Procurador-Geral, para emissão de parecer. A tais disposições, do art. 610, são, contudo, acrescidos os requisitos previstos nos incisos seguintes.

I – exarado o relatório nos autos, passarão estes ao revisor, que terá igual prazo para o exame do processo e pedirá designação de dia para o julgamento;

Revisor – O papel do revisor vem previsto nos regimentos internos dos tribunais. No Supremo Tribunal Federal, em matéria penal, o art. 23 do RISTF prevê essa figura na revisão criminal de seus próprios julgados, na ação penal originária, quando o réu for detentor de foro por prerrogativa de função e no recurso ordinário criminal. A ele compete, na dicção do art. 25, do mencionado regimento: 1) sugerir ao Relator medidas ordinatórias do processo que tenham sido omitidas; 2) confirmar, completar ou retificar o relatório e 3) pedir dia para julgamento dos feitos nos quais estiver habilitado a proferir voto.

No Superior Tribunal de Justiça, o art. 35 de seu regimento interno, impõe a participação do revisor na ação penal originária e na revisão criminal de seus julgados. As mesmas atribuições acima elencadas, referentes ao STF, são aqui também aplicáveis, com a adição de mais uma: "determinar a juntada de petição, enquanto os autos lhe estiverem conclusos, submetendo, conforme o caso, desde logo, a matéria à consideração do relator" (art. 37, inc. IV, do RISTJ).

JURISPRUDÊNCIA

Ausência do revisor. Nulidade absoluta

"É absoluta a nulidade resultante do julgamento de apelação criminal que exige revisão se o revisor que após seu visto dele não participa. Nos casos de ausência do revisor, ou se adia o julgamento ou o magistrado afastado é substituído, procedendo-se à nova revisão (REsp n. 11.035/SC, Ministro Athos Carneiro, DJ 21/9/1992). O duplo exame do conjunto dos autos, em sede de apelação que exija revisão, consubstancia, na letra da própria lei, direito do réu, em obséquio do princípio constitucional do devido processo legal (HC n. 14.210/SC, Ministro Hamilton Carvalhido, DJ 25/2/2002) " (STJ – HC n° 214773-PE, Rel. Sebastião Reis Júnior, RSTJ 228/769).

II – os prazos serão ampliados ao dobro;

Parecer – Face ao disposto neste inciso, tem-se que o prazo para parecer do Ministério Público, de cinco dias, segundo o *caput* do art. 610, deverá ser dobrado, passando a 10 dias. Pela mesma razão, é também de 10 dias o prazo para o relator pedir designação de dia para o julgamento.

III - o tempo para os debates será de um quarto de hora.

Debates – O prazo para debates, que nos recursos em sentido estrito e nas apelações de crimes punidos com detenção, é de dez minutos (art. 610, parágrafo único), aqui é estendido para quinze minutos.

JURISPRUDÊNCIA

Esse prazo é dobrado quando há pluralidade de réus

"O artigo 613, inciso III, do Código de Processo Penal prevê que nos julgamentos das apelações relativas a crimes punidos com reclusão, como é o caso dos autos, 'o tempo para os debates será de 1/4 (um quarto) de hora', não havendo previsão, contudo, para a hipótese de pluralidade de réus defendidos por causídicos distintos. Na ausência de norma legal sobre o assunto, os regimentos internos dos Tribunais estabeleceram a regra de se dobrar o prazo e dividi-lo entre o número de advogados, solução que compatibiliza o direito de defesa com a racionalidade dos julgamentos, evitando que nos processos com vários corréus a sessão de julgamento se alongue demasiadamente no tempo" (STJ – HC n° 273837-SP, Rel. Jorge Mussi, j. 05.11.2013, DJe 12.11.2013).

Art. 614. **No caso de impossibilidade de observância de qualquer dos prazos marcados nos arts. 610 e 613, os motivos da demora serão declarados nos autos.**

Descumprimento dos prazos – Eventual não observância dos prazos acima estipulados, obrigam o relator, o revisor e o membro do Ministério Público, a indicarem as justificativas para a demora. Não sendo plausível a explicação, sujeitar-se-ão a sanções de ordem correcional cabíveis à espécie, ou, em casos mais graves, demonstrado o dolo e eventual interesse escuso, poderão incorrer, mesmo, na prática de crimes.

Art. 615. **O tribunal decidirá por maioria de votos.**

§ 1º Em todos os julgamentos em matéria penal ou processual penal em órgãos colegiados, havendo empate, prevalecerá a decisão mais favorável ao indivíduo imputado, proclamando-se de imediato esse resultado, ainda que, nas hipóteses de vaga aberta a ser preenchida, de impedimento, de suspeição ou de ausência, tenha sido o julgamento tomado sem a totalidade dos integrantes do colegiado.

§ 2º O acórdão será apresentado à conferência na primeira sessão seguinte à do julgamento, ou no prazo de duas sessões, pelo juiz incumbido de lavrá-lo.

Maioria de votos – Afetado o julgamento do recurso a um órgão colegiado, é intuitivo que a decisão se formará pela maioria dos votos. É por isso que sessões, câmaras, turmas, plenos, etc. (conforme a organização interna de cada tribunal), são sempre constituídas por um número ímpar de juízes. Sucede que, por vezes, algum juiz, de forma motivada, ausentou-se do julgamento ou, ainda, se deu por impedido ou suspeito. Enfim, verifica-se uma situação na qual um número par de Magistrados julgará o feito, quando surge, então, a possibilidade de empate.

A princípio, em caso de empate, o presidente do tribunal devia dar o voto de Minerva caso não tivesse participado da votação. Atualmente, com a edição da Lei 14.836/24, em todos os julgamentos em matéria penal ou processual penal que tiverem empate, deverá prevalecer a decisão mais favorável ao paciente, réu ou condenado.

Redação original	Redação dada pela Lei 14.836/24
Art. 615. (...) § 1º Havendo empate de votos no julgamento de recursos, se o presidente do tribunal, câmara ou turma, não tiver tomado parte na votação, proferirá o voto de desempate; no caso contrário, prevalecerá a decisão mais favorável ao réu.	Art. 615. (...) § 1º Em todos os julgamentos em matéria penal ou processual penal em órgãos colegiados, havendo empate, prevalecerá a decisão mais favorável ao indivíduo imputado, proclamando-se de imediato esse resultado, ainda que, nas hipóteses de vaga aberta a ser preenchida, de impedimento, de suspeição ou de ausência, tenha sido o julgamento tomado sem a totalidade dos integrantes do colegiado.

Afetado o julgamento a um órgão colegiado, é intuitivo que a decisão se formará pela maioria dos votos. É por isso que seções, câmaras, turmas e plenos (conforme a organização interna de cada tribunal) são sempre constituídos por um número ímpar de juízes. Sucede que, por vezes, algum juiz, de forma motivada, ausenta-se do julgamento ou, ainda, se dá por impedido ou suspeito. Enfim, verifica-se uma situação na qual um número par de magistrados julga o feito, quando surge, então, a possibilidade de empate.

Em relação ao *habeas corpus*, antes da Lei 14.836/24, havia certa divergência a respeito da solução adequada no caso de empate. Havia quem defendesse a incidência do *favor rei* ou *in dubio pro reo*, ou seja, o resultado devia favorecer o paciente, parte mais fraca da relação processual. Na ausência de maioria pela restrição de liberdade, prevalece a liberdade do indivíduo. É o que prevalecia, inclusive na jurisprudência dos tribunais superiores. Mas havia também os partidários do princípio da segurança jurídica: em caso de empate, a decisão devia ser tomada de forma a promover a segurança jurídica e a estabilidade das decisões judiciais anteriores. Agora não há mais dúvida: em todos os julgamentos em matéria penal ou processual penal em órgãos colegiados, havendo empate, prevalece a decisão mais favorável ao indivíduo imputado.

Prevalece a decisão mais favorável mesmo quando se trata de questão de direito? Para muitos, há um grave problema na Lei 14.836/24: o empate em benefício do réu ou investigado deveria se restringir a questões de fato, e não também de direito. Quanto ao direito, não deveria haver decisões por empate - afinal, tribunais não podem ter dúvidas sobre o direito, e essas decisões formam precedentes. Imaginemos um *habeas corpus* em que se pretende o reconhecimento da incompetência do juízo estadual, com a consequente declaração de nulidade. Pode haver de fato uma decisão favorável ao imputado nesse caso? Não existe ramo da justiça melhor nem pior para o réu. Concluir que determinado órgão é competente em lugar de outro não tem, em si, nada de benéfico, exceto, talvez, de forma indireta pela declaração de nulidade e eventual prescrição. A nova lei passa completamente ao largo dessa compreensão.

Note-se, por fim, que a lei não mais permite, uma vez iniciado o julgamento, que a proclamação do resultado seja adiada caso haja empate. Mas nada impede que, antes de iniciado o julgamento, o colegiado aguarde o preenchimento de vaga aberta ou convoque outro magistrado para compor o quórum.

A Lei 14.836/24 também inseriu no Código de Processo Penal o art. 647-A:

> *"Art. 647-A. No âmbito de sua competência jurisdicional, qualquer autoridade judicial poderá expedir de ofício ordem de habeas corpus, individual ou coletivo, quando, no curso de qualquer processo judicial, verificar que, por violação ao ordenamento jurídico, alguém sofre ou se acha ameaçado de sofrer violência ou coação em sua liberdade de locomoção.*
>
> *Parágrafo único. A ordem de habeas corpus poderá ser concedida de ofício pelo juiz ou pelo tribunal em processo de competência originária ou recursal, ainda que não conhecidos a ação ou o recurso em que veiculado o pedido de cessação de coação ilegal."*

Antes da Lei 14.836/24, como regra, a viabilidade do *habeas corpus* se condicionava à petição inicial contendo "o nome da pessoa que sofre ou está ameaçada de sofrer violência ou coação e o de quem exercer a violência, coação ou ameaça" (art. 654, § 1º, *a*, CPP). Não obstante, a figura do *habeas corpus* coletivo já se fazia notar. Com efeito, o STF concedeu um *habeas corpus* coletivo (HC 143.641) no qual figuravam como pacientes "todas as mulheres submetidas à prisão cautelar no sistema penitenciário nacional" que ostentassem "a condição de gestantes, de puérperas ou de mães com crianças com até 12 anos de idade sob sua responsabilidade", além das próprias crianças que porventura estivessem na companhia de suas mães. O STJ, por sua vez, concedeu *habeas corpus* coletivo para assegurar a soltura de todos os presos aos quais havia sido concedida liberdade provisória condicionada ao pagamento de fiança e que ainda se encontrassem submetidos à privação cautelar de liberdade por falta de capacidade econômica para pagar o valor arbitrado (HC 568.693). Com a inserção do art. 647-A no CPP, temos a primeira menção legal à figura do *habeas corpus* coletivo, embora sem disciplina específica e detalhada.

O *caput* do art. 647-A dispõe que, no âmbito de sua competência jurisdicional, a autoridade judicial pode expedir de ofício ordem de *habeas corpus* quando, no curso de qualquer processo judicial, verificar que, por violação ao ordenamento jurídico, alguém sofre ou se acha ameaçado de sofrer violência ou coação em sua liberdade de locomoção. Em outras palavras, a ordem pode ser concedida de ofício por todo juiz competente para isso. O problema está no parágrafo único, segundo o qual a ordem pode ser concedida de ofício pelo juiz ou pelo tribunal em processo de competência originária ou recursal, ainda que não conhecidos a ação ou o recurso em que veiculado o pedido de cessação de coação ilegal. E há um problema nisso porque, se o *caput* exige a competência do julgador para a concessão da ordem de ofício, o não conhecimento da ação ou do recurso em que veiculado o pedido de coação ilegal acarreta, necessariamente, a incompetência.

Mesmo antes da Lei 14.836/24, sobretudo por interpretação do art. 654, § 2º, do CPP, o não conhecimento de um recurso seguido da concessão de *habeas corpus* de ofício era recorrente. Isso, no entanto, não passava imune a críticas doutrinárias que viam nesse procedimento uma forma de o órgão judicial contornar sua própria decisão de inadmissibilidade – e sua incompetência – e se manifestar amplamente sobre o mérito do recurso ou do *habeas corpus* com fundamentos que sequer haviam sido alegados pela parte. A Lei 14.836/24 transformou em problema legal essa controvérsia interpretativa.

No mesmo passo, a Lei 14.836/24 alterou art. 41-A da Lei 8.038/90, que disciplina as normas procedimentais nos processos perante o STJ e o STF. O *caput* do art. 41-A, que antes mencionava apenas o STJ, agora é expresso a respeito do STF:

Redação original	Redação dada pela Lei 14.836/24
Art. 41-A - A decisão de Turma, no Superior Tribunal de Justiça, será tomada pelo voto da maioria absoluta de seus membros.	Art. 41-A. A decisão de Turma, no Supremo Tribunal Federal e no Superior Tribunal de Justiça, será tomada pelo voto da maioria absoluta de seus membros.

O parágrafo único do art. 41-A antes tratava do empate somente no *habeas corpus*. Atualmente, trata do empate em todos os julgamentos em matéria penal e processual penal:

Redação original	Redação dada pela Lei 14.836/24
Parágrafo único - Em *habeas corpus* originário ou recursal, havendo empate, prevalecerá a decisão mais favorável ao paciente.	Parágrafo único. Em todos os julgamentos em matéria penal ou processual penal em órgãos colegiados, havendo empate, prevalecerá a decisão mais favorável ao indivíduo imputado, proclamando-se de imediato esse resultado, ainda que, nas hipóteses de vaga aberta a ser preenchida, de impedimento, de suspeição ou de ausência, tenha sido o julgamento tomado sem a totalidade dos integrantes do colegiado.

Voto intermediário – Pode ocorrer, no entanto, que embora não se verificando o empate, não se chegue a uma conclusão majoritária sobre a questão posta em julgamento. Adota-se, então, o chamado *voto intermediário* ou *voto médio*, que importa na adoção de uma tese que represente um meio termo entre os votos dispersos. Para tomarmos um exemplo dos mais singelos, imagine-se o réu condenado a dois anos de reclusão, tendo o Ministério Público recorrido visando a majoração da pena. Em sede de apelo, um primeiro juiz mantém a sentença recorrida (pena de dois anos), o segundo dá provimento ao recurso ministerial para aumentar a pena para três anos e, o terceiro, acolhe o recurso do *parquet* em maior extensão, majorando a pena para quatro anos. Essa chamada *divergência quantitativa*, onde nenhuma das teses prevaleceu, será solucionada com a adoção do voto intermediário, quando, ao dar-se provimento ao recurso do Ministério Público, a pena do recorrido será fixada em três anos de reclusão. Pode ocorrer, outrossim, uma *divergência qualitativa*, quando o mero emprego de uma divisão matemática não se mostra apto a solucionar o impasse. Suponha-se que, condenado pela prática de um furto simples, apele o réu, buscando a absolvição ou, alternativamente, o reconhecimento do furto privilegiado (art. 155, § 2º do Código Penal). O primeiro juiz nega provimento ao apelo, o segundo absolve o réu e, o terceiro, reconhece o privilégio. Deve prevalecer, nessa hipótese, o voto intermediário, dando-se parcial provimento à apelação para, mantida a condenação, reconhecer-se o furto privilegiado. Nesse sentido, a propósito, o teor do art. 135 do Regimento Interno do Tribunal de Justiça do Estado de São Paulo: "Quando, na votação de questão indecomponível ou de questões distintas, se formarem correntes divergentes, sem que se alcance a maioria exigida, prevalecerá a média dos votos ou o voto intermediário".

JURISPRUDÊNCIA

Sobre empate no julgamento da revisão criminal, v. art. 625, § 5° abaixo

Sobre empate no julgamento do habeas corpus, v. art. 664, parágrafo único abaixo

Não adoção desse critério tratando-se de recurso extraordinário ou especial

"O § 1º do artigo 615 do Código de Processo Penal, contido no Capítulo V do Título II do Livro III, que concede a decisão mais favorável ao réu no caso de empate na votação, aplica-se apenas aos recursos previstos no mesmo capítulo (recurso em sentido estrito, apelação e embargos infringentes e de nulidade), excluídos, portanto, os recursos extraordinário e especial. Precedentes: HC nº 56.481-RJ, in RTJ 91/804; HC nº 58.318-RJ, in RTJ 102/532" (STF – HC nº 74761-DF, Rel. Maurício Corrêa, DJ 12.09.1997).

§ 2º O acórdão será apresentado à conferência na primeira sessão seguinte à do julgamento, ou no prazo de duas sessões, pelo juiz incumbido de lavrá-lo.

Relator – Cabe ao relator a redação do acórdão. Caso tenha sido vencido, cumpre, via de regra, ao juiz que proferiu o primeiro voto divergente, essa incumbência. Para conferência do acórdão, o relator deverá apresentá-lo na sessão seguinte ao julgamento ou no prazo de duas sessões.

Art. 616. No julgamento das apelações poderá o tribunal, câmara ou turma proceder a novo interrogatório do acusado, reinquirir testemunhas ou determinar outras diligências.

Renovação da prova – Animado pelo princípio da busca da verdade real (ou, pelo menos, de uma verdade que seja *processualmente* razoável), prevê o legislador a possibilidade de, em grau de recurso, o tribunal, no julgamento de apelações, renovar a instrução probatória, determinando, ainda, a realização de diligências de ofício. Trata-se de medida que encerra mera faculdade, como se intui do emprego da locução "poderá" e, de resto, de rara aplicação na prática. Nada impede, ainda, que o tribunal, ao invés de, por exemplo, reinterrogar o acusado, o ouça por meio de carta de ordem, emitida ao juiz de 1º grau.

ATENÇÃO – Para muitos, na linha do que já destacamos no estudo do art. 209 do CPP, não mais existe campo fértil para o magistrado, mesmo que em grau de recurso, exercer essa faculdade, preservando, assim, sua preciosa imparcialidade, que é tão cara ao processo penal. A relevância do sistema acusatório, entre nós adotado, bem define os papéis da acusação, da defesa e do juiz no processo penal, não importando o estágio da persecução penal. Não sem razão, o art. 3º-A do CPP, introduzido pela Lei 13.964/19, anuncia que o processo penal terá estrutura acusatória, vedadas a iniciativa do juiz na fase de investigação e a substituição da atuação probatória do órgão de acusação, *podendo o juiz, pontualmente, nos limites legalmente autorizados, determinar a realização de diligências suplementares, para o fim de dirimir dúvida sobre questão relevante* *para o julgamento do mérito*". Esse sistema, como alertado, deve ser observado durante toda a persecução. Portanto, a melhor interpretação que se deve dar ao art. 616 do CPP é aquela que, em regra, condiciona as faculdades à prévia provocação das partes.

JURISPRUDÊNCIA

Faculdade concedida ao Tribunal

"O interrogatório do acusado e a oitiva de testemunha no juízo de apelação, na forma do art. 616 do CPP, são diligências que se encartam no Poder do Tribunal, por isso que a rejeição das mesmas não enseja nulidade do julgamento quando o órgão a quo entende desnecessárias novas provas. (Precedentes: RHC 91.405/SC, Rel. Ministra ELLEN GRACIE, SEGUNDA TURMA, DJe 24/10/2008); e HC 92181/MG, Rel. Ministro JOAQUIM BARBOSA, SEGUNDA TURMA, DJe 01/08/2008)" (STF – HC n° 100487, Rel. Luiz Fux, j. 11.10.2011, DJe 14.11.2011).

"A adoção do expediente a que se refere o art. 616 do codex processual penal é mera faculdade do Tribunal competente para o julgamento do apelo interposto, devendo a produção das provas das alegações tanto da acusação quanto da defesa ficar adstrita ao âmbito da instrução criminal. Precedentes de ambas as Turmas julgadoras integrantes da 3.ª Seção. Ressalva do ponto de vista da Relatora" (STJ – REsp n° 1342016-CE, Rel. Alderita Ramos de Oliveira, j. 18.12.2012, DJe 08.02.2013).

Art. 617. O tribunal, câmara ou turma atenderá nas suas decisões ao disposto nos arts. 383, 386 e 387, no que for aplicável, não podendo, porém, ser agravada a pena, quando somente o réu houver apelado da sentença.

Ne reformatio in pejus – Por esse princípio, a parte que recorreu não pode ter sua situação agravada no julgamento da insurgência. Trata-se de consequência advinda do *princípio da personalidade*, pelo qual somente o recorrente pode se beneficiar pelo julgamento, cujos efeitos não aproveitam a parte que não exerceu essa faculdade. A razão é óbvia: todo recorrente almeja ver melhorada sua situação. Se ao invés disso, além de negar provimento ao recurso, pudesse o tribunal, em acréscimo, prejudicar a situação do recorrente, não haveria qualquer incentivo em se recorrer, violando-se, assim, o princípio constitucional da ampla defesa. Além disso, estaria o Tribunal agindo de ofício, afrontando o *ne procedat judex ex officio* e o princípio do *tantum devolutum quantum appelatum*, já que apreciando questão (aumento da pena, por exemplo), que não foi objeto de recurso, subvertendo, com tal conduta, o sistema acusatório que orienta nosso sistema.

É por isso que este dispositivo em análise prevê, expressamente, a impossibilidade de se reformar a decisão para pior, em prejuízo do réu, quando *somente* ele recorreu. Assim, imaginemos a situação em que o réu é condenado, pela prática de um roubo majorado, à pena de quatro anos de reclusão. Não pode o tribunal, ao julgar a apelação do réu, negar provimento ao recurso e, demais disso, aplicar a pena correta que seria, no mínimo, de cinco anos e quatro meses. A única maneira de corrigir o equívoco ocorreria se o Ministério Público tivesse também apelado da sentença, no tocante à aplicação da pena. Aí sim, o tribunal negaria provimento ao recurso do réu, mantendo a condenação e acolheria o recurso do *parquet*, aplicando a pena correta.

Vale observar que o art. 617 veda somente o aumento da pena em recurso exclusivo do réu. Mas, por força de entendimento doutrinário e jurisprudencial, esse impedimento não se restringe somente à pena, mas a toda e qualquer situação que, eventualmente, venha a prejudicar o recorrente. Assim, por exemplo, se o réu é condenado pela prática de um roubo majorado e o juiz fixa o regime aberto para início de cumprimento de pena, em apelação exclusiva do réu é vedado ao tribunal, mantendo a condenação, impor o regime semiaberto ou fechado. Nesse sentido, STF – *RT* 749/593; *JSTF* 232/347. Ou reconhecer nulidade contrária aos interesses do réu, nos termos da Súmula 160 do STF (*RT* 706/346).

***Reformatio in pejus* indireta** – Também não se admite a chamada *reformatio in pejus* indireta, que ocorre quando o tribunal anula a sentença de primeiro grau e determina que outra seja proferida. Assim, se num primeiro julgamento, pela prática de roubo majorado, o réu foi condenado a quatro anos de reclusão, anulada essa sentença em recurso exclusivo da defesa, não pode a nova decisão impor uma pena superior ou, de qualquer forma, agravar a situação do réu. A menos que a acusação tenha também recorrido para aumentar a pena, em recurso que não foi apreciado ante a decretação da nulidade do julgado. Nesse sentido: "Inexiste *reformatio in pejus* se, uma vez anulada a primeira sentença condenatória, em razão do provimento da apelação do réu quanto à questão preliminar, ficou prejudicada a apelação do Ministério Público, vindo o juiz a aplicar pena mais grave em nova sentença" (STJ – *RT* 656/350).

JURISPRUDÊNCIA

Vedação da *reformatio in pejus*. Justificativa

"A vedação à reformatio in pejus se justifica na medida em que a admissão da piora da situação daquele que recorre, quando há insurgência apenas de sua parte, tolheria por completo a voluntariedade dos recursos, maculando o direito a ampla defesa, já que o interessado sempre se questionaria acerca da possibilidade de recorrer, pois correria o risco de se ver em posição ainda mais desvantajosa do que aquela em que já se encontra" (STJ – HC n° 189172-RS, Rel. Jorge Mussi, j. 21.06.2011, DJe 01.08.2011).

Vedação da *reformatio in pejus* indireta

No caso julgado, o agente havia sido condenado em primeira instância. Ao julgar a apelação, o Tribunal de Justiça reduziu a pena. Após o trânsito em julgado para ambas as partes, o acórdão foi atacado por meio de *habeas corpus* impetrado no STJ, que cassou a decisão. O Tribunal de Justiça proferiu novo julgamento, mantendo a pena aplicada na apelação anulada. Contra este novo julgamento de apelação o Ministério Público interpôs recurso especial, que foi provido monocraticamente para aumentar a pena ao mesmo patamar que havia sido estabelecido na sentença de primeira instância. Em razão disso, o agente ajuizou revisão criminal alegando que foi indevidamente prejudicado pelo STJ, pois, caso não houvesse recorrido para anular o acórdão originário, sua pena não teria sofrido aumento. A pretensão foi acolhida por unanimidade. (STJ, Revisão crim. 4.853/SC, Terceira Seção, j. 27/11/2019).

Configuração da *reformatio in pejus*

a) na majoração da pena

"Se a sentença condenatória transitou em julgado para o órgão de acusação, que dela não interpôs recurso, não pode o Tribunal competente, ao conhecer da apelação interposta pelo réu, aumentar a pena declarada no dispositivo da sentença sob pretexto de corrigir erro material. O art. 617 do Código de Processo Penal repudia situações em que a reforma da sentença condenatória se opera em detrimento do réu-apelante, quando apenas este se insurgiu contra o julgado. Ordem de habeas corpus deferida" (STF – HC n° 88213-SP, Rel. Joaquim Barbosa, DJ 02.02.2007).

b) no reconhecimento de qualificadora

"Operada a desclassificação, no primeiro grau de jurisdição, de homicídio doloso para lesões corporais, se o recurso do Ministério Público afasta, de modo expresso, nas razões respectivas, a incidência do motivo fútil, não poderia o Tribunal tê-la reconhecido, sob pena de violação ao efeito devolutivo" (STJ – HC n° 195675-SC, Rel. Maria Thereza de Assis Moura, j. 06.06.2013, DJe 14.06.2013).

c) no reconhecimento de nulidade absoluta

"Se é certo que, no processo civil, erro material pode ser corrigido a qualquer tempo, até 'ex officio', conforme preceitua o art. 463, inc. I, do Código de Processo Civil, é diverso o sistema que informa o processo penal, em cujo âmbito não consta preceito idêntico nem análogo e, como princípio cardeal, vige proibição de 'reformatio in pejus'. Dispõe, com efeito, o art. 617, parte final, do Código de Processo Penal, que o tribunal não poderá agravar a pena, quando somente o réu houver apelado da sentença. é a expressão da regra da chamada personalidade dos recursos, que, em última análise, significa que o réu recorrente não pode ter a situação agravada, quando não for interposto recurso da parte contrária. Ao sistema processual penal repugna-lhe a 'reformatio in pejus'. É o que, por exemplo, se vê à exceção da regra que faz cognoscível de ofício, a qualquer tempo, toda causa de nulidade absoluta, salvo quando agrave a situação do réu: não pode o tribunal, em recurso exclusivo da defesa, pronunciar nulidade absoluta que, não arguida pela acusação, prejudique a defesa. É a postura que esta Corte sedimentou na súmula 160, a qual preceitua: 'É nula a decisão do Tribunal que acolhe, contra o réu, nulidade não arguida no recurso da acusação, ressalvados os casos de recurso de ofício'. E essa repugnância do sistema assume contornos absolutos perante a norma implícita de que, ainda quando contenha gritante erro judiciário, que é o mais, sentença absolutória se reveste, uma vez transitada em julgado, de autoridade incontrastável e, como tal, não admite revisão (art. 621 do Código de Processo Penal, a contrário). Trata-se da cabal confirmação do entendimento de que, neste, como noutros temas, o processo penal não é estruturado por princípios comuns ao processo civil, senão por regras próprias, em razão da prevalência dos interesses públicos que constituem a substância e o objeto permanente do conflito jurídico típico que se presta a decidir e, sobretudo, por força do valor supremo do 'ius libertatis' , do qual o processo é concebido e disciplinado como instrumento de tutela" (STF – HC n° 83464-SP, Rel. Cezar Peluso, DJe 03.06.2006).

d) na correção de erro material

"Tratando-se, com se trata, de Direito Penal adjetivo não se pode falar em correção ex officio de 'erro material', máxime contra o réu. Tal instituto é próprio do Direito Processual Civil (art. 463,I, do CPC). Na esfera penal prevalece o princípio do 'non reformatio in pejus' que impede o agravamento da situação do réu sem uma manifestação formal e tempestiva da acusação nesse sentido. Inteligência da Súmula 160/STF. 'Trata-se da cabal confirmação do entendimento de que, neste, como noutros temas, o processo penal não é estruturado por princípios comuns ao processo civil, senão por regras próprias, em razão da prevalência dos interesses públicos que constituem a substância e o objeto permanente do conflito jurídico típico que se presta a decidir e, sobretudo, por força do valor supremo do jus libertatis, do qual o processo é concebido e disciplinado como instrumento de tutela' (STF, HC 83.545/SP, Rel. Ministro CESAR PELUSO, Primeira Turma, DJ 3.6.2006). Nesse viés, seja por nulidade absoluta, seja por 'erro material, não se pode agravar (quantitativamente ou qualitativamente) a situação do réu sem recurso próprio do acusador, sob pena de configurar indevida revisão criminal pro societate" (STJ – HC n° 180872-RS, Rel. Jorge Mussi, j. 09.08.2011, DJe 23.08.2013).

e) na decretação da prisão preventiva

PRISÃO PREVENTIVA. AUSÊNCIA DE ELEMENTOS CONCRETOS A INDICAR A NECESSIDADE DA MEDIDA. FUNDAMENTAÇÃO GENÉRICA. DECRETAÇÃO EM RECURSO EXCLUSIVO DA DEFESA. REFORMATIO IN PEJUS. ILEGALIDADE – "Caracteriza reformatio in pejus a decretação de prisão cautelar pelo Tribunal de Justiça local quando do julgamento de recurso exclusivo da defesa. Precedentes" (STJ – HC n° 191515-RJ, Rel. Sebastião Reis Júnior, j. 16.020.2012, DJe 11.04.2012).

f) na substituição da pena por medida de segurança

f.1) possibilidade

"Não constitui reformatio in pejus o fato de o Tribunal substituir a pena privativa de liberdade por medida de segurança, com base em laudo psiquiátrico que considerou o acusado inimputável, vez que a medida de segurança é mais benéfica do que a pena, vez que objetiva a proteção da saúde do acusado" (STJ – HC n° 187051-SP, Rel. Gilson Dipp, j. 06.10.2011, DJ 14.10.2011).

f.2) impossibilidade

"AÇÃO PENAL. Condenação. Sentença condenatória. Pena restritiva de liberdade. Substituição por medida de segurança. Determinação de exame de sanidade mental, determinada de ofício em recurso exclusivo do réu, que a não requereu. Inadmissibilidade. Coisa julgada sobre aplicação da pena. Decisão, ademais, viciada por disposição ultra petita e *reformatio in pejus*. HC concedido. Aplicação da súmula 525 do Supremo. Votos vencidos. Não é lícito aplicar medida de segurança em grau de recurso, quando só o réu tenha recorrido sem requerê-la" (STF – HC n° 111769-SP, Rel. Cezar Peluso, j. 26.06.2012, DJe 26.02.2013).

Tribunal que acolhe nulidade em desfavor do réu. Impossibilidade

"O Órgão julgador, ao apreciar recurso da acusação versando sobre nulidade, esta jungido as causas de pedir nele contidas, sendo-lhe defeso considerar ato em relação ao qual se mostre silente. 'E nula a decisão do Tribunal que acolhe, contra o réu, nulidade não arguida no recurso da acusação, ressalvados os casos de recurso de ofício' – verbete de n. 160 que integra a Súmula do Supremo Tribunal Federal" (STF – REsp. 72677-DF, Rel. Marco Aurélio, j. 06.06.1995, DJ 04.08.1995, p. 22448).

Juiz absolutamente incompetente – Exceção a tal princípio ocorre quando se tratar de sentença proferida por juiz absolutamente incompetente. Nesse caso há verdadeira *incompetência constitucional* do juiz e sua decisão é considerada um *ato inexistente* (um *não ato*), que nem chega, por isso mesmo, a ingressar no mundo jurídico, incapaz, assim, de gerar qualquer efeito. De tal maneira que o juiz competente, ao proferir a sentença posterior, julgará livremente, sem estar balizado pela decisão anterior, podendo, inclusive, agravar a situação do réu. Confira-se: "Não há que se falar em *reformatio in pejus* indireta quando o processo é anulado, em virtude de incompetência absoluta do juízo, ainda que em sede de recurso exclusivo da defesa. Seria uma *aberratio iuris*, como consta dos votos proferidos no RE 87.394 (88/1.018), admitir-se que sentença nula de juiz incompetente, mesmo depois de anulada, continuasse limitando o pleno exercício da jurisdição por parte de juiz competente. Precedentes do STF e desta Corte. Recurso especial não conhecido" (STJ - REsp. 66081 - Rel. Assis Toledo - DJU 26.02.1996, p. 4.038). É a posição do STF sobre o tema (*RT* 558/414), embora pelo menos em um julgado tenha se adotado entendimento diverso, no sentido que mesmo a sentença anulada por incompetência absoluta de seu prolator, impede o agravamento da situação do réu (*RT* 766/531).

JURISPRUDÊNCIA

Sentença proferida por juiz absolutamente incompetente

"Após absolvição em primeira instância, a defesa requereu, em contrarrazões de apelação, o reconhecimento da incompetência absoluta da Justiça Estadual para processar e julgar o paciente acusado de furto majorado contra a Caixa Econômica Federal. A decisão de anulação do processo não se afigura como reformatio in pejus, mas sim de acolhimento de tese deduzida nas contrarrazões de apelação." (STJ – HC 339702/SP, 6ª Turma, Min. Ericson Maranho, j. 08/03/16)

Reformatio in mellius – Em recurso exclusivo da acusação, seria possível a reforma da situação do réu para melhor? Exemplificando: somente o Ministério Público apela da sentença condenatória visando o aumento da pena imposta ao réu. Poderia o tribunal negar provimento ao recurso e, além disso, absolver o réu? A primeira crítica que se formula diz respeito à utilização da expressão *reformatio in mellius*, ou seja, uma reforma para melhorar a situação do réu. Não haveria, verdadeiramente, uma *reforma para melhor* para o réu, já que ele, na verdade, deixou de recorrer, tendo se conformado com a decisão que, por isso, lhe é definitiva, sendo, pois, um estranho ao recurso. Ocorreria, isto sim, uma *reformatio in pejus* para a acusação, única a recorrer e que acabou vendo sua situação agravada. Claro: pretendendo a majoração da pena, viu ser negado seu recurso e, demais disso, absolvido o réu. Ocorreu, pois, uma *reforma para pior* na situação do recorrente. De qualquer sorte, a questão é das mais tormentosas, merecendo posicionamentos distintos na doutrina e debates acalorados na jurisprudência.

Pela impossibilidade da *reformatio in mellius* – Uma parte entende que, por força do princípio do *tantum devolutum quantum appelatum*, não pode o tribunal melhorar a situação do réu em recurso exclusivo da acusação, pois estaria julgando *ultra petita*. Ademais, se o réu intimado da sentença não recorreu, o mesmo ocorrendo com seu defensor, a sentença, no que diz respeito a eles, assume ares de imutabilidade, não havendo motivo para que, apenas a acusação recorrendo, venha a ser melhorada a situação do condenado. Afinal, se o réu, único que sentirá na pele as consequências da condenação, manteve-se silente, pode-se concluir que ele se acha plenamente conformado com a decisão. Da mesma forma, se seu defensor, a despeito do conhecimento técnico que ostenta, também se manteve inerte, implica concluir que pelo acerto da sentença. É a posição de Demercian & Maluly, ao ensinarem que "parece-nos mais adequado o entendimento do Supremo Tribunal Federal, no sentido de que o limite do efeito devolutivo deve obedecer ao princípio *tantum devolutum quantum appelatum*, não podendo o recurso reverter contra quem o interpôs e obrigando o Tribunal a apreciar exclusivamente a matéria que foi objeto do pedido nele contido" (ob. cit, p. 502). Para Vicente Greco Filho, "nosso entendimento é o de que o respeito aos limites objetivos do recurso é rigoroso. Se houver algo a corrigir em favor do acusado, que se utilize o *habeas corpus* de ofício" (ob. cit., p. 361). No entender de Julio Fabbrini Mirabete, a única alternativa que resta ao condenado, caso vislumbre alguma injustiça no julgado e ante a impossibilidade de o Tribunal repará-la, é a revisão criminal (ob. cit., p. 715). Também Espínola Filho repudia a adoção da chamada *reformatio in mellius* (ob. cit., vol. 6, tomo II, p. 314).

Admitindo a *reformatio in mellius* – Corrente diversa, porém, entende que não teria cabimento que o tribunal, ao se deparar com uma evidente injustiça, não pudesse corrigi-la de ofício, mesmo sem recurso da defesa. Tourinho Filho, com a profundidade que lhe é peculiar, salienta que "se o Ministério Público apela para agravar a pena, nada obsta possa o órgão *ad quem* agravá-la, mantê-la, diminuí-la ou, então, absolver o réu. Se este foi condenado pelo órgão de 1º grau por uma infração e absolvido por outra, num *simultaneus processus*, havendo apenas recurso do Ministério Público objetivando convolar a absolvição em condenação, nada impede possa o Tribunal, entendendo que a condenação foi iníqua, proferir decisão absolutória, malgrado a regra do *tantum devolutum quantum appelatum* ..explica-se tal particularidade. É que o Estado, por intermédio de seu órgão oficial acusatório, que é o Ministério Público, não teria, como não tem, nenhum interesse na manutenção de uma sentença iníqua" (*Processo penal*, ob. cit., vol. 4, p. 425). Para José Frederico Marques, o art. 617 do CPP veda, apenas, a reforma para pior quando somente o réu recorreu, sendo omisso em relação ao recurso do Ministério Público, nada impedindo, assim, a *reformatio in mellius*, inclusive quando se tratar de recurso do assistente de acusação ou do ofendido (*Elementos de Direito Processual Penal*, ob. cit., vol. IV, p. 262).

Nossa posição – Acrescentaríamos ao dito acima, no sentido de admitir a *reformatio in mellius*: se o tribunal pode conceder *habeas corpus* de ofício, providência que ninguém jamais contestou ante os termos peremptórios do § 2º, do art. 654, do CPP, "quando no curso do processo verificarem que alguém sofre ou está na iminência de sofrer coação ilegal", por qual razão estaria impedido de corrigir evidente injustiça? Ou a negação de um benefício, expressamente previsto em lei, ao réu condenado, não implicaria em coação ilegal?

Sugerir-se o caminho da revisão criminal, como única alternativa àquele que foi injustamente condenado, não parece o mais correto. A um, porque a revisão deve atender a pressupostos e requisitos próprios para seu conhecimento, impedindo ou, pelos menos dificultando, outrossim, a ampla produção da prova, nela vigorando, ainda, o *in dubio* pro *societate*, em prejuízo do condenado. A dois, em virtude de que a revisional exige o trânsito em julgado da sentença condenatória para, somente depois, ser ajuizada. Com isso, perde-se tempo e, pior, causa-se evidente constrangimento ilegal ao sentenciado que, embora merecedor de imediato benefício, se verá na contingência de recebê-lo somente depois, quando da propositura da revisão criminal. Demora que é inadmissível, mesmo que concedida a liminar na revisão criminal. Aliás, parece não fazer sentido que o mesmo Tribunal esteja impedido de melhorar a situação do réu no julgamento da apelação, mas possa fazê-lo em seguida, no julgamento da revisão. E, a três, em razão de que a revisão, caso acolhida, poderá acarretar gravame ao Estado, obrigado, dependendo do caso concreto, a indenizar seu autor, na exata dicção do art. 630 do CPP.

Sob a ótica da teoria geral dos recursos, não admitir a melhora na situação do réu que não recorreu, parece mesmo a posição mais coerente. Vale lembrar, porém, a observação de Sady de Gusmão, ao salientar que "de fato, repugna ao tribunal, verificando estar o acusado sujeito a uma pena injusta, se sirva do argumento de lógica, em homenagem exclusiva à técnica e ao formalismo, para deixar perdurem tão funestas consequências" (*apud* Eduardo Espínola Filho, ob. cit., p. 314). É mais, assim, uma questão de equidade que, de resto, não deve causar a estranheza que tanto impressiona aqueles que defendem a impossibilidade da *reformatio in mellius*. Basta que se confira o disposto no art. 580 do CPP, que trata do chamado *efeito extensivo* dos recursos. Nele se vê, com todas as letras, a possibilidade de se estender o efeito de determinado recurso ao corréu que não recorreu, desde que o motivo não seja de caráter pessoal. Imagine-se a situação na qual dois réus foram condenados por *fumarem tabaco na via pública*. Apenas um deles recorreu e o Tribunal, ante a evidente atipicidade da conduta, absolveu o apelante e também o corréu inerte, estendendo-lhe o efeito do recurso. Não teria o menor cabimento, face ao absurdo da decisão, que o Tribunal mantivesse a condenação deste último.

Suponhamos, agora, que a condenação por *fumar na via pública* se volte contra apenas um réu, único que fora denunciado. O Ministério Público apelou para majorar a pena imposta, quedando-se inerte o réu (por ignorância) e seu defensor (por negligência). Teria cabimento, impedir-se o Tribunal de Justiça de absolver o réu? Por qual razão lógica, no exemplo acima, se pôde estender ao corréu que não apelou a absolvição e, neste último exemplo, estaria o tribunal inibido de, desde logo, absolver o sentenciado?

Haverá quem diga que, nesse caso, o Ministério Público seria prejudicado. De se ver, contudo, que o *parquet* não está comprometido apenas com a condenação, a qual deve perseguir a todo custo. Muito mais que isso, o Ministério Público encarna um espírito superior de justiça, a quem não interessa, por consequência, uma condenação que não retrate, com exatidão, tal perfil. Daí defendermos a posição no sentido de se admitir a *reformatio in mellius*, a ser reservada, por óbvio, a casos de evidente equívoco do juízo *a quo* e sempre com a prudência que se aguarda de um Tribunal.

Na jurisprudência o tema também suscita polêmicas, com posicionamentos divergentes dos Tribunais superiores. O STJ, após alguma hesitação, em seus julgados mais recentes se inclina, francamente, pela admissão da *reformatio in mellius* (embora se encontrem decisões não admitindo a *reformatio in mellius*: *RT* 748/579, 805/551 e REsp. 72.745/SP,

Rel. Min. Fernando Gonçalves, 6ª T., *DJ* 22.04.1997, p. 14.458). Confira-se, nesse aspecto: "Em sede de recurso exclusivo da acusação, o Tribunal não está impedido de, ao constatar patente erro na condenação, corrigir a sentença, amenizando a situação do réu, dada a relevância que a Justiça deve conferir à liberdade humana. O que é vedado no sistema processual penal é a reformatio *in pejus*, como inscrito no art. 617, do CPP, sendo admissível a *reformatio in mellius*, o que ocorre na hipótese em que o Tribunal, ao julgar recurso da acusação, diminui a pena prevista do réu" (REsp. n. 437.181-SP, Rel. Vicente Leal, 6ª. T., j. 01.04.2003, *DJ* 28.4.2003, p. 269).

Ou ainda: "Nada há que impeça a *reformatio in mellius* em face de recurso exclusivo do Ministério Público. Isto porque a impugnação do Ministério Público não guarda em seu bojo limitações ao poder do juízo *ad quem*. Tanto é que o mesmo Ministério Público que acusa pode, ante a fatos novos, pleitear a absolvição. Se o tribunal pode conceder *habeas corpus ex officio*, nada impede que, ante a recurso exclusivo da acusação, abrande-se a situação do acusado" (REsp. n. 168.557-RS, Rel. Jorge Scartezzini, 5ª. T., j. 13.09.2000, *DJ* 18.12.2000, p. 224).

JURISPRUDÊNCIA

Reformatio in mellius

a) impossibilidade

"É firme a jurisprudência do S.T.F. no sentido de que ofende o artigo 574 do Código de Processo Penal a decisão que, na ausência de recurso do réu, se serve do da acusação, que visa a exasperação da pena, para minorá-la" (STF – RE n° 108479-SP, Rel. Moreira Alves, j. 06.01.1987, DJ 05.02.1988, p. 1383).

"Malgrado a sua admissibilidade pela doutrina, a jurisprudência do STF recusa aplicação a reforma para melhor no recurso exclusivo da acusação por força do princípio 'tantum devolutum quantum apellatum'" (STJ – Resp n° 72745-SP, Rel. Fernando Gonçalves, j. 22.10.1996, DJ 22.04.1997, p. 14458).

b) possibilidade

"Esta Corte firmou compreensão no sentido de que é admitida a reformatio in mellius, em sede de recurso exclusivo da acusação, sendo vedada somente a reformatio in pejus. Ademais, é permitido à instância revisora o exame integral da matéria discutida na demanda, face ao amplo efeito devolutivo conferido ao recurso de apelação em matéria penal" (STJ – REsp n° 628971-PR, Rel. Og Fernandes, j. 16.03.2010, DJe 12.04.2010).

***Reformatio in pejus* no júri** – O princípio da *non reformatio in pejus*, previsto neste artigo, tem aplicação, também, nos processos submetidos ao júri, com as peculiaridades que apontaremos a seguir. Assim, imaginemos a situação em que o réu é condenado, pela prática de um homicídio duplamente qualificado, à pena ínfima de 12 anos. Não pode o tribunal, ao julgar a apelação do réu porque contrária a prova dos autos, negar provimento ao recurso e, demais disso, aplicar a pena correta, majorando-a. O equívoco somente poderia ser corrigido se o Ministério Público tivesse também apelado da sentença, no tocante à aplicação da pena, quando o tribunal negaria provimento ao recurso do réu, mantendo a condenação e acolheria o recurso do *parquet*, majorando a pena correta.

***Reformatio in pejus* indireta no júri** – Acalorado é o debate sobre a chamada *reformatio in pejus* indireta, verificada quando o tribunal anula a sentença de primeiro grau e determina que outra seja proferida. Tendo apenas o réu apelado, a segunda decisão a ser proferida não pode aplicar uma pena mais grave do que aquela primeira, que foi anulada. Especificamente no júri, porém, esse princípio enseja controvérsia, formando-se duas posições.

Suponha-se tenha sido o réu pronunciado por um homicídio triplamente qualificado, sendo esta a tese sustentada, pela acusação, em plenário. Foi, porém, condenado a doze anos de reclusão, reconhecida apenas uma qualificadora. Levado a novo júri, porque anulado o primeiro, poderia, no segundo julgamento, ser-lhe aplicada uma pena maior?

A primeira corrente sustenta que, se no júri original o réu foi condenado a doze anos de reclusão, pela prática do homicídio contendo uma qualificadora, anulado, por qualquer motivo este primeiro julgamento, não pode a nova decisão impor uma pena superior ou, de qualquer forma, agravar a situação do réu. A menos que a acusação tenha também recorrido para aumentar a pena, em recurso que não foi apreciado ante a decretação da nulidade do julgado, quando, então, "inexiste *reformatio in pejus* se, uma vez anulada a primeira sentença condenatória, em razão do provimento da apelação do réu quanto à questão preliminar, ficou prejudicada a apelação do Ministério Público, vindo o juiz a aplicar pena mais grave em nova sentença" (STJ – *RT* 656/350).

Já o segundo entendimento propõe solução diversa. Imagine-se, assim, que anulado aquele primeiro júri, no segundo os jurados reconheçam as três qualificadoras atribuídas ao réu na denúncia e confirmadas na pronúncia. Para essa corrente, com base neste novo veredicto emanado do Conselho de Sentença, está livre o juiz para aplicar pena superior àquela cominada no primeiro julgamento. Estamos com esta segunda tese. Não teria mesmo cabimento que o juiz-presidente, ao arrepio do que decidido pelos jurados, aplicasse tão ínfima pena para um homicídio triplamente qualificado, assim reconhecido pelos jurados, em malferimento, inclusive, ao princípio constitucional da soberania do júri. Com a anulação do primeiro julgamento e realização de outro, nova relação jurídica se instalou, tanto que os jurados não ficarão restritos à apreciação do homicídio com uma qualificadora, podendo, ao revés, apreciar livremente a acusação pelo homicídio triplamente qualificado. Cumpre ao juiz, assim, atento a esta última decisão, aplicar a pena proporcional ao delito reconhecido pelos jurados.

Em suma: atentaria ao princípio da *reformatio in pejus* se novamente condenado o réu, no segundo julgamento, pelo homicídio com uma qualificadora, o juiz aplicasse, em nosso exemplo, uma pena superior a doze anos. Sucede que, reconhecendo o Conselho de Sentença, desta feita, o homicídio triplamente qualificado, não faz qualquer sentido a repetição da insignificante pena inicialmente aplicada, cabendo ao juiz majorá-la sensivelmente, na mesma proporção daquilo que foi reconhecido soberanamente pelo júri. Caso não o faça, cumpre a acusação apelar buscando esse aumento, nos termos do art. 593, inc. III, "c", do código.

JURISPRUDÊNCIA

Proibição da *reformatio in pejus* se mantidas as mesmas condições entre o primeiro e o segundo julgamento

"O Juiz-Presidente do Tribunal do Júri, quando do segundo julgamento, realizado em função do provimento dado a recurso exclusivo do réu, não pode aplicar pena mais grave do que aquela que resultou da anterior decisão, desde que estejam presentes – reconhecidos pelo novo Júri – os mesmos fatos e as mesmas circunstâncias admitidos no julgamento anterior. Em tal situação, aplica-se, ao Juiz-Presidente, a vedação imposta pelo art. 617 do CPP" (STF – REsp. 73367-MG, Rel. Celso de Mello, j. 12.03.1996, DJ 29.06.2001, p. 34).

"Anulado o primeiro Júri, em que estabelecida a pena-base num limite, sem que contra tal houvesse recurso da acusação, é inviável, presentes os mesmos fatos e as mesmas circunstâncias, quando do julgamento da apelação contra o segundo Júri, agravar-se a situação do réu no que tange à dosagem dessa reprimenda. Isso nem mesmo sob o pretexto de que o provimento do apelo da defesa tornaria a pena total, ao fim e ao cabo, menor. No caso, o aumento pelo Tribunal local da pena-base em patamar superior ao estabelecido na sentença anulada caracteriza reformatio in pejus indireta" (STJ – HC nº 132487-MG, Rel. Sebastião Reis Júnior, j. 15.10.2013, DJe 16.12.2013).

No segundo julgamento pode ser majorada a pena, desde que os jurados agravem a situação do réu

"A regra que estabelece que a pena estabelecida, e não impugnada pela acusação, não pode ser majorada se a sentença vem a ser anulada, em decorrência de recurso exclusivo da defesa, sob pena de violação do princípio da vedação da reformatio in pejus indireta, não se aplica em relação às decisões emanadas do Tribunal do Júri em respeito à soberania dos veredictos (Precedentes). Desse modo, e neste contexto, tem-se que uma vez realizados dois julgamentos pelo Tribunal popular devido à anulação do primeiro, e alcançados, nas referidas oportunidades, veredictos distintos, poderá a pena imposta no segundo ser mais gravosa que a fixada no primeiro" (STJ – REsp n° 1068191-SP, Rel. Felix Fischer, j. 13.04.2010, DJe 10.05.2010).

Não é possível o agravamento da situação do réu em nenhum caso

"Anulados o julgamento pelo tribunal do júri e a correspondente sentença condenatória, transitada em julgado para a acusação, não pode o acusado, na renovação do julgamento, vir a ser condenado a pena maior do que a imposta na sentença anulada, ainda que com base em circunstância não considerada no julgamento anterior (HC nº 89.544/RN, Segunda Turma, Relator o Ministro Cezar Peluso, DJe de 15/5/09). O paciente foi condenado pela prática de crime de homicídio qualificado, por motivo que dificultou a defesa do ofendido (CP, art. 121, § 2º, inciso IV), na modalidade tentada (CP, art. 14, inciso II), tendo-se afastado a qualificadora do motivo fútil (CP, art. 121, § 2º, inciso II). Portanto, em caso de nova condenação do paciente pelo Júri popular, ainda que reconhecida a presença de ambas as qualificadoras, a pena aplicada não pode superar a pena anteriormente cominada de 8 (oito) anos reclusão, sob pena de se configurar a reformatio in pejus indireta, a qual não é admitida pela Corte" (STF – HC nº 115428-RJ, Rel. Dias Toffoli, j. 11.06.2013, DJe 23.08.2013).

"Homicídio doloso. Tribunal do Júri. Três julgamentos da mesma causa. Reconhecimento da legítima defesa, com excesso, no segundo julgamento. Condenação do réu à pena de 6 (seis) anos de reclusão, em regime semi-aberto. Interposição de recurso exclusivo da defesa. Provimento para cassar a decisão anterior. Condenação do réu, por homicídio qualificado, à pena de 12 (doze) anos de reclusão, em regime integralmente fechado, no terceiro julgamento. Aplicação de pena mais grave. Inadmissibilidade. in peius indireta. Caracterização. Reconhecimento de outros fatos ou circunstâncias não ventilados no julgamento anterior. Irrelevância. Violação conseqüente do justo processo da lei (due process of law), nas cláusulas do contraditório e da ampla defesa. Proibição compatível com a regra constitucional da soberania relativa dos veredictos. HC concedido para restabelecer a pena menor. Ofensa ao art. 5º, incs. LIV, LV e LVII, da CF. Inteligência dos arts. 617 e 626 do CPP. Anulados o julgamento pelo tribunal do júri e a correspondente sentença condenatória, transitada em julgado para a acusação, não pode o acusado, na renovação do julgamento, vir a ser condenado a pena maior do que a imposta na sentença anulada, ainda que com base em circunstância não ventilada no julgamento anterior" (STF – HC nº 89544-RN, Rel. Cezar Peluso, j. 14.04.2009, DJe 15.05.2009).

Processo anteriormente anulado também impede a *reformatio in pejus*

"A doutrina e a jurisprudência desta Corte entendem que a proibição do agravamento da situação do acusado, prevista no art. 617 do Código de Processo Penal, também se estende aos casos em que há a anulação da decisão recorrida, por intermédio de recurso exclusivo da defesa ou por meio de impetração de habeas corpus, de tal sorte que o órgão julgador que vier a proferir uma nova decisão ficará vinculado aos limites da pena imposta no decisum impugnado, não podendo piorar a situação do acusado sob pena de operar-se a vedada reformatio in pejus indireta" (STJ – HC n° 183500-SP, Rel. Jorge Mussi, j. 03.05.2011, DJe 01.06.2011).

Art. 618. Os regimentos dos Tribunais de Apelação estabelecerão as normas complementares para o processo e julgamento dos recursos e apelações.

Regimento interno – Mais uma vez alertamos que, como Tribunais de Apelação, referidos neste dispositivo, deve-se entender os Tribunais de Justiça, além, é claro, do STF, STJ, STM, TSE, TREs. O objetivo é de atender a peculiaridade de cada unidade da Federação, mas que não importe, por óbvio, em violação à Constituição, ao Código de Processo Penal ou à legislação extravagante. Um regimento interno que reduza o prazo recursal ou que impeça a sustentação oral, decerto que será taxado de inconstitucional.

Nesse sentido, é a lição de José Cretella Junior, para quem "o legislador constituinte estabeleceu com minúcias os parâmetros a serem obedecidos pelos tribunais na elaboração de seus respectivos Regimentos Internos, lei material que esse segmento importante do Poder Judiciário pode e deve fazer. Além da rígida observância das normas de processo e das garantias processuais das partes, o regimento Interno deverá dispor sobre a competência e sobre o funcionamento dos respectivos órgãos jurisdicionais e administrativos organizando suas secretarias e serviços auxiliares (...). Desse modo, o Regimento Interno, que é lei material dos tribunais, estabelecerá seu regime jurídico-administrativo, quanto às funções processuais e as funções administrativas. Quanto às normas processuais, os tribunais são obrigados a transpô-la para o regimento respectivo, não podendo nenhuma inovação a respeito (*Comentários à Constituição de 1988*, Rio: Forense Universitária, 1ª ed., 1992, pp. 3033/3034).

Trata-se, outrossim, de atribuição do Poder Judiciário que encontra expressa previsão legal, dispondo o art. 96, inc. I, "a", que compete privativamente aos tribunais "elaborar seus regimentos internos, com observância das normas de processo e das garantias processuais das partes, dispondo sobre a competência e o funcionamento dos respectivos órgãos jurisdicionais e administrativos".

JURISPRUDÊNCIA

Prevenção regulada pelo regimento interno

"No âmbito interno dos Tribunais, a competência por prevenção é regulada pelo regimento interno, sendo que, no caso dos autos, a Câmara julgadora não pode ser tida por incompetente se o interessado não argüiu a sua impugnação em momento oportuno, qual seja, até o início do julgamento" (STJ – REsp nº 197661-PR, Rel. Maria Thereza de Assis Moura, j. 12.06.2008, DJe 01.12.2008).

Regimento interno pode dispor sobre competência para julgamento de Prefeito Municipal por órgão fracionário do tribunal

"A competência penal originária do Tribunal de Justiça, para processar e julgar Prefeitos Municipais, não se limita e nem se restringe ao Plenário ou, onde houver, ao respectivo Órgão Especial, podendo ser atribuída -inclusive por ato dessa própria Corte judiciária, fundado no art. 96, I, a, da Constituição Federal – a qualquer de seus órgãos fraccionários (Câmaras, Turmas, Seções, v.g.), eis que os pronunciamentos de tais órgãos qualificam-se como decisões juridicamente imputáveis ao próprio Tribunal de Justiça. A jurisprudência do Supremo Tribunal Federal firmou-se no sentido de que se revela compatível com o preceito inscrito no art. 29, X, da Constituição a norma local que designa, no âmbito do Tribunal de Justiça, o órgão colegiado investido de competência penal originária para processar e julgar Prefeitos Municipais. Compete ao Tribunal de Justiça, mediante exercício do poder de regulação normativa interna que lhe foi outorgado pela Carta Política, a prerrogativa de dispor, em sede regimental, sobre as atribuições e o funcionamento dos respectivos órgãos jurisdicionais (CF, art. 96, I, a)" (STF – AgReg em AI n. 177313 – Rel. Celso de Mello, DJ 17.05.1996).

CAPÍTULO VI
DOS EMBARGOS

Art. 619. Aos acórdãos proferidos pelos Tribunais de Apelação, câmaras ou turmas, poderão ser opostos embargos de declaração, no prazo de dois dias contados da sua publicação, quando houver na sentença ambiguidade, obscuridade, contradição ou omissão.

Embargos em grau de recurso – Quando dos comentários ao art. 382 acima, fizemos ampla incursão na análise dos embargos declaratórios opostos contra sentença de 1º grau. Seria enfadonho repetir, aqui, tudo que dito antes, pelo que convidamos o leitor à consulta àquele dispositivo. Alguns aportes, contudo, serão formulados, por se referirem, mais especificamente, aos embargos contra decisões proferidas por tribunais.

ATENÇÃO - a Lei 13.964/19 criou nova causa suspensiva da prescrição no inciso III do art. 116 do CP. Agora não corre o prazo prescricional na pendência de embargos de declaração ou de recursos aos Tribunais Superiores, quando inadmissíveis.

JURISPRUDÊNCIA

Sobre a desnecessidade de análise de todas as teses defensivas, v. art. 381, III, acima

Cabimento

"Segundo o cânon inscrito no art. 619, do Código de Processo Penal, os embargos de declaração têm por objetivo tão-somente expungir do acórdão ambigüidade, contradição ou obscuridade, ou ainda suprir omissão sobre tema de pronunciamento obrigatório pelo Tribunal, não se prestando para promover a reapreciação do julgado, sob a alegação de erro material, inocorrente na espécie" (STJ – EDcl no RHC n° 10731-RJ, Rel. Vicente Leal, j. 19.08.1997, DJ 20.10.1997, p. 53138). 22.02.2013).

Inviabilidade dos embargos

"Não se vislumbra violação ao art. 619 do Código de Processo Penal, porquanto o Tribunal de origem analisou detidamente todas as teses levantadas pela defesa, não podendo se falar em negativa de prestação jurisdicional pelo não acolhimento das matérias recursais ali levantadas. Vale dizer, estando os fatos enfrentados e a decisão embargada adequadamente fundamentada, não há confundir omissão com decisão contrária aos interesses do embargante, sendo esse o caso dos autos" (STJ – AgRg no AREsp n° 162005-SE, Rel. Campos Marques, j. 19.02.2013, DJe 22.02.2013).

Sobre o efeito do recurso (interruptivo ou suspensivo), v. art. 382 acima.

JURISPRUDÊNCIA

Embargos protelatórios e possibilidade de imediata execução do julgado

"A insistência do embargante diante das sucessivas oposições de embargos de declaração revela não só seu exagerado inconformismo, como também o desrespeito ao Poder Judiciário e o seu nítido caráter protelatório, no intuito de impedir o trânsito em julgado da ação penal, constituindo verdadeiro abuso do direito à ampla defesa. 'Dessa forma, muito embora na esfera penal não seja permitida a fixação de multa por litigância de má-fé, é perfeitamente possível A baixa dos autos, independentemente da publicação do acórdão ou de eventual interposição de outro recurso, para que inicie o cumprimento da pena que lhe foi imposta. Precedentes do STJ e do STF' (EDcl nos EDcl nos EDcl no AgRg no AREsp nº 151.508/DF, Rel. Min. MARCO AURÉLIO BELLIZZE, Quinta Turma, DJe 29/04/2013) " (STJ – EDcl nos EDcl no AgRg no AResp n° 45634-RN, Rel. Jorge Mussi, j. 17.10.2013, DJe 23.10.2013).

Embargos protelatórios e aplicação de multa

v., a respeito, sobre litigância de má-fé, art. 577, parágrafo único, acima

PROCESSUAL PENAL. EMBARGOS DE DECLARAÇÃO. CARÁTER PROTELATÓRIO. APLICAÇÃO DE MULTA – "Verificada a litigância de má-fé com a interposição de recurso manifestamente protelatório, justifica-se a aplicação de multa (CPC, art. 18 e 538, p. único). Embargos de declaração rejeitados. Multa de R$ 2.400,00, corrigida monetariamente até o seu efetivo pagamento, em favor do embargado" (TRF-2 – ED n° 28872001.02.01.025571-0, Rel. Paulo Barata, j. 10.06.2003, DJ 02.07.2003, p. 87)

Embargos de declaração em embargos de declaração. Quando é possível

Embargos de declaração em embargos de declaração. Limites. Impossibilidade de atacar, mediante novos embargos de declaração, aspectos já solucionados na decisão declaratória precedente, e muito menos questões que residem no acórdão primitivamente embargado. Embargos de declaração rejeitados" (STF – EDcl no RE n° 104906-PR, Rel. Rafael Mayer, j. 29.06.1999, DJ 16.08.1999, p. 85).

Prazo – Assim como ocorre nos embarguinhos de 1º grau, o prazo para oposição dos embargos em exame é também de dois dias. À Defensoria Pública se confere prazo em dobro para recorrer, por conta do disposto no art. 5º, § 5º, da Lei 1.060/50 (que se entende aplicável, sem distinção, aos processos cíveis e criminais), *in verbis*: *"Nos Estados onde a Assistência Judiciária seja organizada e por eles mantida, o Defensor Público, ou quem exerça cargo equivalente, será intimado pessoalmente de todos os atos do processo, em ambas as Instâncias, contando-se-lhes em dobro todos os prazos". Tal prerrogativa não se estende ao defensor dativo, posto que estranho aos quadros da Defensoria Pública, que atue por força de convênio firmado entre a OAB e o Estado, como se verifica em São Paulo.* Ao Ministério Público, à míngua de previsão legal a respeito, também não se confere prazo em dobro para recorrer. Esses prazos se sobressaem sobre regimento interno de algum tribunal que eventualmente preveja lapso diverso.

JURISPRUDÊNCIA

Prazo de quatro dias para a Defensoria Pública

"São intempestivos os embargos de declaração em matéria criminal opostos após o escoamento do prazo de 2 dias, previsto nos arts. 619 do Código de Processo Penal e 263 do RISTJ, contado em dobro por se tratar da Defensoria Pública" (STJ –EDcl no AgRg no REsp n° 1341302-MG, Rel. Og Fernandes, j. 13.08..2013, DJe 30.08.2013).

Prazo de dois dias para o defensor dativo

"O defensor dativo, por não integrar o quadro estatal de assistência judiciária, não dispõe da prerrogativa de prazo em dobro para recorrer, como ocorre com os defensores públicos. Precedentes" (STJ – AgRg no AREsp 319939-SP – Rel. Sebastião Reis Júnior – j. 20.06.2013, DJe 01.08.2013).

Prazo de dois dias para o MP

"O prazo em dobro para recorrer previsto no art. 188 do Código de Processo Civil, quando a parte for a Fazenda Pública ou o Ministério Público, não se aplica aos feitos de natureza penal, como o presente, onde a prerrogativa é assegurada exclusivamente à Defensoria Pública" (STJ – EDcl no AgRg no RMS n° 36050-PI, Rel. Laurita Vaz, j. 22.10.2013, DJe 05.11.2013).

O prazo é de dois dias, sendo irrelevante o que determina o regimento interno do tribunal *a quo*

"O prazo para oposição de embargos de declaração deduzidos em matéria penal é de dois dias, consoante disposto no art. 619 do CPP e no art. 263 do RISTJ. Incabível a aplicação, nesta Corte, dos prazos estabelecidos no Regimento Interno do Tribunal a quo" (STJ – AgRg nos EDcl no AgRg nos EDcl no Ag n° 634825-MG, Rel. Paulo Medina, j. 28.03.2006, DJ 12.06.2006, p. 548).

Prazo em dobro na hipótese de litisconsórcio passivo

a) possibilidade

"É de cinco dias o prazo para a oposição de embargos de declaração contra acórdão proferido pelo STF em ação penal originária. Aplica-se à hipótese o art. 337, § 1º, do Regimento Interno, e não o art. 619 do Código de Processo Penal. Todavia, conta-se em dobro o prazo recursal quando há litisconsórcio passivo e os réus estejam representados por diferentes procuradores. Aplica-se a essa hipótese, por analogia, o art. 191 do CPC" (STF – APn n° 470-MG, Rel. Teori Zavascki, j. 17.04.2013, DJe 24.09.2013).

b) impossibilidade

"No processo penal não se aplica a norma do art. 191, do Código de Processo Civil que prevê prazo em dobro para recorrentes com procuradores diversos. Precedentes" (STJ – EDcl nos EDcl no REsp n° 1290279-AP, Rel. Moura Ribeiro, j. 21.11.2013, DJe 26.11.2013).

Os embargos se voltam contra o teor do acórdão e não de sua ementa – A ementa do acórdão, como é sabido, traduz-se em mero resumo do julgado. Importa, portanto, o conteúdo da decisão e não o que consta da ementa, que mais possui um caráter didático, visando facilitar, de forma resumida, o acesso àquilo que foi decidido. De tal forma que eventual omissão na ementa não dá ensejo à oposição dos embargos declaratórios, cujo alvo – insistimos – deve se voltar contra o teor da fundamentação.

JURISPRUDÊNCIA

A omissão deve se referir ao corpo do acórdão e não à ementa

"Os pressupostos de embargabilidade, na modalidade recursal dos embargos de declaração, hão de ser aferidos em função do que efetivamente conste do corpo do acórdão, e não do que eventualmente registre – ou deixe de registrar – a ementa respectiva, cuja função jurídico-processual, por reduzi-la à condição de mera síntese do julgamento, proferido pelo órgão colegiado, não lhe impõe, como requisito de indeclinável exigibilidade, a exteriorização de tudo quanto tenha sido discutido, examinado e julgado no pronunciamento jurisdicional do Tribunal. Em uma palavra: a ementa dos acórdãos não constitui objeto processualmente idôneo para efeito de interposição do recurso de embargos de declaração" (STF, Rel. Celso de Mello, RT 681/427).

Prequestionamento – Por vezes, são os embargos oposto com o objetivo de fincar o prequestionamento de determina matéria, sob pena de inviabilizar a ulterior interposição de recurso especial ou extraordinário. No exemplo de Tourinho Filho, "suponha-se que no apelo ministerial se argua negativa de vigência de lei federal, em linha de preliminar. O Tribunal, por omissão, dela não cuidou, e manteve a sentença absolutória. O Ministério Público, para opor recurso especial para o STJ (art. 105, III, *a*, da CF), precisará prequestionar, nos termos da Súmula 356 do STF e que é adotada pelo STJ" (*Código de Processo Penal Comentado*, vol. 2, ob. cit., p. 411). Confira-se, a propósito, o enunciado da Súmula 356 do STF: "O ponto omisso da decisão, sob o qual não foram opostos embargos declaratórios, não pode ser objeto de recurso extraordinário, por faltar o requisito do prequestionamento".

Embargos de declaração no STF e no STJ – Segundo o art. 337 do RISTF, são cabíveis embargos de declaração quando houver no acórdão obscuridade, dúvida, contradição ou omissão que devam ser sanadas. O prazo para interposição do recurso é de cinco dias, nos termos do § 1º, do mesmo regimento. O aparente conflito entre a norma regimental, que fixa o prazo de cinco dias e o disposto no art. 619 do CPP, que marca o prazo de dois, para utilização do recurso, deve ser resolvido em favor do regimento interno, o qual prevalece. É que o art. 619 fala em Tribunais de *Apelação* (*rectius:* de *Justiça*), não se referindo, assim, ao STF que se constitui em um tribunal superior. Pode, por isso, fixar normas internas referentes, por exemplo, a prazos processuais que predominarão sobre as regras de processo que dispuserem sobre a mesma matéria. Nesse sentido: "O prazo para interposição dos embargos declaratórios dos acórdãos proferidos por esta Corte é de 5 (cinco) dias, ainda que proferidos em matéria criminal. Inaplicabilidade do disposto no art. 619 do CPP. II" (STF – Rel. MIn. Carlos Velloso, 2ª. T., j. em 22.10.2002, DJ de 22.11.2002, p. 82).

Os embargos, independentemente de preparo ou distribuição, serão dirigidos ao relator do acórdão embargado, que os submeterá a julgamento na primeira sessão da turma ou do plenário. Há previsão expressa de *suspensão* do prazo para outro recurso (art. 339 do RISTF), sendo retomado no primeiro dia útil seguinte à publicação da decisão proferida nos embargos. Se manifestamente protelatórios os embargos e havendo expressa menção nesse sentido na decisão, será imposta multa ao embargado, que não excederá 1% do valor da causa.

No STJ, o julgamento dos embargos de declaração está afeto à corte especial, às sessões e às turmas, conforme dispõe o art. 15 do RISTJ. O prazo para oferta do recurso, tratando-se de matéria penal é de dois dias (art. 263 do RISTJ), dirigido o recurso ao relator da decisão embargada, que poderá negar-lhe seguimento, quando manifestamente incabíveis, cabendo, contra essa decisão, agravo regimental.

O regimento interno prevê a *suspensão* do prazo para outro recurso, prazo que será retomado no primeiro dia útil seguinte à publicação do diário oficial. Se tal publicação ocorrer em véspera de feriado, "o prazo que sobejar correrá a partir do primeiro dia útil" (art. 265 do RISTJ).

JURISPRUDÊNCIA

Sustentação oral perante o STF e o STJ. Impossibilidade

"Não há previsão no Regimento interno desta Corte para intimação do advogado da data de julgamento e para sustentação oral em recurso de embargos declaratórios" (STF – AI no AgRg. nº 776295-CE, Rel. Dias Toffoli, j. 29.05.2012, DJe 29.06.2012)

"O Superior Tribunal de Justiça já pacificou o entendimento de que não é cabível a sustentação oral nos recursos de Agravo Regimental e Embargos de Declaração, dispensando-se, inclusive, a prévia intimação das partes da sessão de julgamento. Inteligência do art. 91, I, combinado com o art. 159 do Regimento Interno desta Corte Superior. Esse entendimento é compartilhado também pelo Supremo Tribunal Federal que, em recursos da mesma natureza, também indefere pedidos de prévia intimação da sessão de julgamento e de sustentação oral, com base em seu Regimento Interno" (STJ – EDcl no AgRg no Ag nº 1429988-PE, Rel. Regina Helena Costa, j. 03.10.2013, DJe 09.10.2013).

Art. 620. Os embargos de declaração serão deduzidos em requerimento de que constem os pontos em que o acórdão é ambíguo, obscuro, contraditório ou omisso.

§ 1º O requerimento será apresentado pelo relator e julgado, independentemente de revisão, na primeira sessão.

§ 2º Se não preenchidas as condições enumeradas neste artigo, o relator indeferirá desde logo o requerimento.

Fundamentação – Em dispositivo que, a rigor, seria até desnecessário, o legislador reforça que, na fundamentação do recurso, cabe ao embargante indicar os pontos em que falha a decisão, a merecer complementação. A não observância dessa regra, autoriza a rejeição liminar dos embargos, como autoriza o § 2º deste dispositivo.

JURISPRUDÊNCIA

Deficiência de fundamentação

"É deficiente a fundamentação dos embargos de declaração que não indica o ponto omisso, obscuro ou contraditório do acórdão, o que atrai a incidência da Súmula 284/STF" (STJ – EDcl nos EDcl no Ag nº 1387413-SP, Rel. Sebastião Reis Júnior, j. 02.02.2012, DJe 15.02.2012)

Relator – O recurso é dirigido ao relator da decisão embargada que deve colocá-lo em mesa para julgamento, independentemente de sua inclusão na pauta e sem se cogitar de revisor.

JURISPRUDÊNCIA

Não dependem de inclusão na pauta

"À diferença da apelação, do recurso em sentido estrito e dos embargos infringentes, o julgamento dos embargos de declaratórios independe de inclusão em pauta, mediante publicação na Imprensa Oficial, uma vez que o feito é apresentado em mesa e não cabe a sustentação oral" (STJ – HC n° 210478-SP, Rel. Campos Marques, j. 07.05.2013, DJe 07.05.2013).

Desnecessidade de intimação do defensor público

"Mostra-se prescindível a intimação pessoal do defensor público da data da sessão de julgamento dos embargos de declaração, dadas as características procedimentais próprias desse recurso, que independe de pauta e deve ser levado em mesa, não sendo cabível sustentação oral" (STJ – HC n° 238411-SP, Rel. Laurita Vaz, j. 11.12.2012, DJe 17.12.2012).

Recurso exige a interposição por advogado

"Paciente que não tem habilitação para o exercício da advocacia, apesar de poder interpor recurso em seu favor (Código de Processo Penal, art. 577), não pode arrazoá-lo, porque lhe falta capacidade postulatória. Somente quando a lei abre a hipótese excepcional de o próprio réu arrazoar recurso é que este é admitido. Não é o caso dos embargos de declaração (Código de Processo Penal, arts. 619 e 620)" (STF – REsp n° 83765-PR, Rel. Joaquim Barbosa, j. 16.12.2003, DJe 27.02.2004, p. 28).

Caráter infringente. Impossibilidade

"O cabimento dos embargos de declaração em matéria criminal está disciplinado no artigo 619 do Código de Processo Penal, sendo que a inexistência dos vícios ali consagrados importa no desacolhimento da pretensão aclaratória. Inviável a concessão do excepcional efeito modificativo quando, sob o pretexto de ocorrência de contradição na decisão embargada, é nítida a pretensão de rediscutir matéria já suficientemente apreciada e decidida" (STJ – EDcl no AgRG no AREsp n° 277578-SP, Rel. Maria Thereza de Assis Moura, j. 26.06.2013, DJe 01.08.2013).

CORREIÇÃO PARCIAL

Introdução – A correição parcial não vem tratada no Código de Processo Penal. Sem prejuízo, em face da relevância do tema, pensamos que seja importante sua abordagem, pelo que incluímos os comentários que seguem abaixo.

Com efeito, é recurso previsto constante dos regimentos internos de tribunais e em leis estaduais. No Estado de São Paulo é encontrada no Código Judiciário do Estado (Decreto-lei Complementar nº 3 de 27 de agosto de 1969). Na justiça federal é disciplinada pela Lei nº 5.010/66. Ante a relevância do tema, pensamos. No âmbito trabalhista, há previsão da chamada *Reclamação Correicional*, cujo objetivo é de corrigir ato judicial que cause tumulto processual ou dê azo a qualquer prejuízo processual no decorrer do processo trabalhista. Lembre-se que, por força de dispositivo constitucional, cabe à Justiça do Trabalho o julgamento de *habeas corpus* "quando o ato questionado envolver matéria sujeita à sua jurisdição" (art. 114, inc. IV da CF).

Conceito – Trata-se de recurso cabível quando a decisão judicial acarretar inversão tumultuária do processo. Em alguns regimentos internos de tribunais esse recurso é conhecido pelo nome de *reclamação*. Saliente-se que a correição parcial possui um caráter residual ou subsidiário, já que só pode ser interposta quando não cabível outro recurso.

Natureza jurídica - Alguns processualistas entendem que a correição parcial possui a natureza jurídica de recurso administrativo, já que, apurado o equívoco do juiz, se abriria a possibilidade de lhe ser aplicada uma medida de caráter disciplinar. Nesse sentido, Julio Fabbrini Mirabete, ao destacar que a correição parcial, "embora produza efeitos no processo, deve-se entender que prevalece sua característica administrativa e não de recurso próprio" (*Processo Penal*, ob. cit., p. 767).

Para a maioria da doutrina, contudo, a natureza jurídica da correição é mesmo de recurso judicial, na medida em que serve para reparar um gravame (prejuízo) suportado pela parte, sendo esse o objetivo que o recorrente persegue. É o teor da Súmula 160 das *Mesas de Processo Penal* da USP, *in verbis*: "A correição parcial, na forma como vem regulada no Estado de São Paulo, tem natureza jurídica de recurso". Ainda nesse sentido, Ada, Scarance e Magalhães (*Recursos*..., ob. cit., p. 256). Eventual sanção disciplinar aplicada ao juiz é mera consequência do julgamento do recurso.

É o posicionamento que temos como mais correto. Ora, toda vez que a parte se vê prejudicada com uma decisão e, a partir daí, tem a possibilidade de buscar sua reforma, há que se entender, por consequência, que essa insurgência possui a natureza jurídica de um recurso. Soma-se a esse pedido de modificação da decisão anterior, o fato da nova decisão ser proferida por outro órgão jurisdicional, sem que se inaugure uma nova relação processual. Isto é, a decisão é proferida no mesmo processo - ao contrário, por exemplo, da revisão criminal. A correição parcial, portanto, reúne as características que configuram o recurso, a saber: 1) pedido de nova decisão, a fim de modificar a decisão anterior; 2) direcionamento a outro órgão jurisdicional, competente para o julgamento e 3) não inauguração de nova relação processual.

Ora, se é assim, parece claro que a correição parcial tem mesmo a natureza jurídica de recurso, sendo irrelevantes as consequências disciplinares que dela possam surgir, mesmo porque não é cabível a imposição de qualquer sanção ao juiz no âmbito da correição parcial, devendo, ao se vislumbrar a possibilidade do cometimento de alguma falta, se extrair cópia do processado com a remessa ao Conselho Superior da Magistratura (art. 96 do Código Judiciário do Estado de São Paulo).

Constitucionalidade - Discute-se, ainda, a constitucionalidade do recurso, afinal é uma lei estadual (no caso do Estado de São Paulo), legislando sobre matéria processual, cuja competência privativa para fazê-lo é da União, segundo o art. 22, inc. I, da Constituição. Confira-se pela inconstitucionalidade da correição parcial, José Frederico Marques, "A correição parcial", *in Revista Jurídica* 19/35. A propósito, já se decidiu no sentido de que "aceitar-se a correição parcial no campo processual penal é ampliar, contra todo o sistema, os remédios existentes para devolução do conhecimento de questão processual à Superior Instância, criando-se, com tangenciar a lei, autêntico remédio heroico a desfavor do acusado" (JUTACRIM-SP 71/183). Daí decorrem os adjetivos mais incisivos contra a correição parcial, chamada de *monstrengo, ditatorialismo mal-são, figura intrusa, carunchosa medida,* etc.

Embora pareça ser esse o entendimento mais correto, a verdade é que a jurisprudência, reiteradas vezes, reafirmou a constitucionalidade da correição parcial. Na doutrina, o argumento utilizado para defender esse ponto de vista é que, se o legislador federal criou a correição parcial na esfera federal (Lei nº 5.010/66, disciplinada pelo Dec.-lei Federal 253, de 28.2.1967), nada impede que leis estaduais e regimentos internos dos tribunais a repitam, no âmbito das justiças estaduais. Conforme lembra Moniz Aragão, "se o legislador federal, que é competente cria, ou simplesmente sacramenta, a correição parcial no âmbito da Justiça da União, está superada a dificuldade até então existente. Criada por órgão adequado, cessou a pecha de inconstitucionalidade. Prevista em lei hábil, passou a figurar no elenco dos recursos por força de ato do Congresso Nacional, que tem atribuição para tanto" (*A correição parcial*, Rio de Janeiro: Bushatsky, 1969, p. 57). Pela constitucionalidade do recurso: *RT* 580/167, 598/307, 610/336. Ademais, a praxe forense e o aspecto histórico do recurso, surgido na legislação brasileira em 1911, recomendam a sua manutenção.

Cabimento – A correição parcial, conforme já alertamos, se presta para corrigir a decisão judicial que acarretar, por erro ou abuso, inversão tumultuária do processo. Assim, o juiz que, de forma errada ou abusiva, decidir de modo a acarretar um tumulto no processo, terá sua decisão combatida por meio da correição parcial. O recurso, portanto, serve para corrigir o *error in procedendo*, isto é, o erro do juiz na condução do processo. E não o *error in judicando*. De sorte que, se o juiz comete um erro na sentença, quando, por exemplo, condena sendo caso de absolvição, a forma de se reverter o veredicto é através da apelação e não da correição parcial.

Tome-se o seguinte exemplo: tendo o promotor de justiça ofertado denúncia, o juiz não a rejeita e tampouco a recebe, mas determina, de ofício, o retorno dos autos à Delegacia de Polícia para novas diligências.

São, ainda, exemplos apontados pela jurisprudência onde se admitiu a correição parcial do ato do juiz que: dispensou testemunha sem a concordância da parte que a arrolou (*RJDTACRIM* 3/171); nomeou promotor de justiça *ad hoc* (*RT* 442/471); ouviu testemunhas arroladas fora do prazo (*RT* 577/384). Mas – repita-se – só se admite a correição parcial quando não houver um outro recurso específico para a hipótese concreta. Assim, por exemplo, se o juiz rejeita a denúncia do promotor de Justiça porque datilografada e não redigida em computador, por mais abusiva e esdrúxula que seja a decisão, contra ela é cabível o recurso em sentido estrito (art. 581, inc. I, do CPP), e não a correição parcial. Interessante notar, ainda, que a correição parcial, embora identificada como verdadeiro recurso, permite sua utilização antes mesmo de constituída a relação processual, ainda em fase de inquérito policial, voltada, porém, contra decisão do juiz, e não contra ato praticado pelo Delegado de Polícia.

JURISPRUDÊNCIA

Recurso cabível contra decisão que indefere a expedição de rogatória

"A decisão que indefere o requerimento de oitiva de testemunhas, ainda que por carta rogatória, não se classifica como sentença definitiva, decisão definitiva em sentido estrito ou terminativa de mérito, ou, finalmente, decisão com força de definitiva ou interlocutória mista. Daí o não cabimento do recurso de apelação e, consequentemente, a correção da decisão que não recebeu o recurso interposto pelo apelante. O instrumento jurídico adequado era a correição parcial, ou seja, a providência administrativo-judicial cabível contra despachos do juiz que possam importar em inversão tumultuária do processo sempre que não houver recurso específico previsto em lei" (STF – AP n° 488-SE – Rel. Ellen Gracie, j. 11.09.2008, DJe 23.10.2008 – RT 879/515).

Prazo e processamento – A doutrina não é unânime quanto ao prazo para interposição da correição parcial. Embora já se tenha admitido que se deva atentar ao rito do recurso em sentido estrito, a maioria entende que a correição parcial segue o rito do agravo de instrumento. Nesse sentido, inclusive, é o Código Judiciário do Estado de São Paulo (art. 94). Se for assim, o prazo a ser observado é de *quinze* dias, a teor do disposto no art. 1.003, § 5º., do Código de Processo Civil. De se ver, porém, que o regimento interno do extinto Tribunal de Alçada Criminal do Estado de São Paulo, determinava que o procedimento a ser observado era do recurso em sentido estrito, que tem, portanto, o prazo de *cinco* dias. Parece correta a primeira posição, até porque confere maior possibilidade de emprego do recurso, na medida em que o prazo para sua interposição é mais dilatado. A fim de evitar dissabores, porém, sugere-se a utilização do prazo mais reduzido (cinco dias), compatível tanto para o recurso em sentido estrito como para o agravo.

Efeito devolutivo – O recurso não possui efeito suspensivo, o que importa dizer que, uma vez interposto, o processo segue seu rumo normal, sem interrupções. Nada impede, porém, que em situações urgentes se impetre mandado de segurança, a fim de se conferir efeito suspensivo à correição parcial (*RT* 635/357, *RJD* 27/233), ou que se peça ao relator do recurso a concessão desse efeito.

Legitimidade – Dá-se o nome de *corrigente* àquele que ingressa com a correição parcial e, *corrigido*, ao juízo contra quem se promove o recurso.

A legitimidade para a interposição do recurso é conferida ao Ministério Público, ao advogado, ao querelante na ação penal privada, ao réu e ao querelado, ao curador e, inclusive, ao assistente de acusação. Em relação a este último, já lhe foi negada tal faculdade, sob o fundamento de que as funções do assistente são aquelas enumeradas no art. 271 do CPP, dentre as quais não se insere a possibilidade de ofertar a correição parcial (TJSP – Correição parcial nº 195.081-3, Itapeva, 5ª. CCrim, Rel. Des. Celso Limongi, j. em 24.10.96, v.u.). Não parece, porém, correto esse entendimento. Como bem ressalta Tourinho Filho, não teria cabimento, por exemplo, impedir-se o assistente de interpor recurso em sentido estrito contra decisão que não recebesse sua apelação. Tampouco de ofertar embargos de declaração sendo omissa a sentença. De se ver, todavia, que tais recursos não se acham no elenco do art. 271 do CPP, mas, nem por isso, se negaria a legitimidade ao assistente de acusação para utilizá-los. O mesmo raciocínio se aplica em relação à correição parcial. O autor traz à lembrança, ainda, em abono à sua tese, que ao tempo da entrada em vigor do CPP atual (1941), ainda não se cogitava da correição parcial, daí se justificando a omissão do legislador a esse respeito, no art. 271 do código (*Processo Penal*, vol. 4, p. 477).

JURISPRUDÊNCIA

Ilegitimidade do assistente

"O rol do art. 271 do CPP é taxativo, de forma que o assistente da acusação exerce os poderes estritamente dentro dos limites conferidos por este dispositivo legal. Os poderes para interpor e arrazoar os recursos restringem-se aos previstos nos dispositivos legais referidos na Lei Adjetiva Penal, quais sejam, recurso em sentido estrito e recurso de apelação, de maneira que a correição parcial encontra-se fora de suas atribuições legais. Ilegitimidade do assistente da acusação para interposição de correição parcial" (STJ – REsp nº 604379-SP, Rel. Gilson Dipp, j. 02.02.2006, DJ 06.03.2006, p. 428).

CAPÍTULO VII
DA REVISÃO

Art. 621. **A revisão dos processos findos será admitida:**

I – quando a sentença condenatória for contrária ao texto expresso da lei penal ou à evidência dos autos;

II – quando a sentença condenatória se fundar em depoimentos, exames ou documentos comprovadamente falsos;

III – quando, após a sentença, se descobrirem novas provas de inocência do condenado ou de circunstância que determine ou autorize diminuição especial da pena.

Introdução – Como regra, uma vez transitada em julgado a sentença, dela não mais cabendo qualquer recurso, opera-se a chamada *coisa julgada*, que confere caráter de imutabilidade à decisão. Trata-se de exigência fundamental à segurança jurídica, já que impede que a questão seja novamente discutida, sob pena, inclusive, dos processos se eternizarem. Tamanha é sua relevância que da coisa julgada tratou especificamente a Constituição (art. 5º, inc. XXXVI).

Ocorre que no processo penal, exatamente porque se lida com a liberdade das pessoas, há uma incessante busca pela verdade real. De tal maneira que, descobrindo-se a verdade, abre-se sempre a possibilidade de alteração da sentença. É a supremacia da verdade real sobre a verdade formal. Esta última, tão cara ao processo civil (onde, via de regra, estão em jogo interesses disponíveis), perde relevância no processo penal (no qual se discute – insistimos – a liberdade da pessoa). Nada impede, assim, que determinada sentença, embora acobertada pela coisa julgada, contenha um equívoco. Não teria cabimento, por exemplo, que o réu definitivamente condenado pela prática de um homicídio, permanecesse preso mesmo com o surgimento da suposta *vítima* viva. Exatamente para propiciar a correção do *erro judiciário* é que se concebe a revisão criminal. Nesse aspecto, a revisão criminal guarda grande semelhança com a ação rescisória, prevista no Código de Processo Civil (v. art. 966 e ss., do CPC). Aliás, se até o processo civil vislumbrou, através da rescisória, uma maneira de reparar o erro, não teria cabimento que, no processo penal, não se dispusesse de instrumento semelhante.

Reside, portanto, na inevitável possibilidade de erro, passível de ocorrência na medida em que a justiça é composta por seres humanos, que se concebe a revisão criminal, dando-se ao réu uma última possibilidade de provar sua inocência. A literatura está repleta de exemplos. No exterior, é celebre o caso do capitão Alfred Dreyfus, acusado na França, no final do século XIX, pela prática de atos de espionagem. Após intensa campanha, que mobilizou toda a opinião pública da época, acabou sendo reabilitado em 1906, não sem antes sem expulso do exército e cumprir pena de desterro, com irreversíveis prejuízos para si e sua família.

Também no Brasil alguns casos tornaram-se célebres, sendo lembrados constantemente como exemplos de erros judiciários. Talvez o mais conhecido seja de Mota Coqueiro. Homem rico e afeito a conquistas amorosas, foi em 1852 acusado pela morte de um meeiro (com cuja filha tivera um romance) e de sua família, sendo, por isso, condenado à morte por enforcamento, naquela que foi a última execução ocorrida em nosso país. Passados 20 anos, um escravo de nome Herculano acabou por confessar que, a mando da enciumada esposa de Coqueiro, matara a família do meeiro.

Outro caso sempre lembrado ocorreu em 1938, na cidade mineira de Araguari, quando os irmãos Naves foram condenados pela morte de um primo. Esse primo (Benedito Pereira Caetano), portando grande quantia em dinheiro, se hospedara na casa de Joaquim Naves e, repentinamente, desapareceu. Foram os irmãos, então, acusados pela prática do homicídio, cuja autoria chegaram a confessar mediante tortura. Absolvidos em um primeiro Júri, mas condenados no segundo, após oito anos de prisão, Joaquim faleceu no cárcere, em virtude de moléstia lá contraída, enquanto Sebastião, o outro irmão, passou a apresentar problemas mentais. Em 1952, a *vítima* apareceu viva. Em verdade, ao tempo do pretenso homicídio, sofrera um assalto e, preocupado e envergonhado com o sumiço do dinheiro, fugiu para o Mato Grosso, onde constituiu família e se instalou, ignorando o processo que se iniciara contra os primos.

Outro caso notório é o de Beatriz Abagge, Davi dos Santos Soares, Osvaldo Marcineiro e Vicente de Paula Ferreira, que foram condenados pelo homicídio do menino Evandro, de 6 anos, ocorrido em 1992 em Guaratuba (PR). Finalmente em 2023, o TJPR reconheceu que as confissões dos condenados haviam sido obtidas mediante tortura e anulou as condenações. A reabertura do caso só ocorreu após a enorme repercussão do podcast investigativo "Projeto Humanos", produzido pelo jornalista Ivan Mizanzuk.

Conceito – A revisão criminal é ação autônoma destinada a desfazer os efeitos de uma sentença penal transitada em julgado. Ou, na lição de Bento de Faria, vazada em Manzini, "é um meio processual deferido ao condenado para demonstrar, a todo o tempo, a injustiça da decisão que o condenou, e obter, assim, a respectiva anulação, ou a modificação da pena ou mesmo a absolvição" (ob. cit., vol. 2, p. 342).

Natureza Jurídica – Já se discutiu, de forma mais acalorada, a respeito da natureza jurídica da revisão criminal.

Porque elencada no capítulo do CPP que trata dos recursos, chegou-se a afirmar que a revisão teria, como consequência, a natureza jurídica de verdadeiro recurso. Nesse sentido a lição de João Mendes de Almeida Júnior (*Oprocesso criminal brasileiro*, Rio de Janeiro: Francisco Alves, 1911, vol. II, p. 421).

Conferindo-lhe o caráter de ação *sui generis*, já que embora se tratando de verdadeira ação, obedece, contudo, à forma dos recursos, é o posicionamento de Ary Azevedo Franco (ob. cit., vol. 2, p. 275), de Firmino Whitaker (*Júry*, São Paulo: Saraiva, 1930, p. 239) e Galdino Siqueira (*Curso de processo criminal*, São Paulo: Magalhães, 1917, p. 370).

Na lição de Espínola Filho, a revisão tem o caráter *mixto* (conforme consta da grafia original), eis que possui a índole de recurso, já que "coloca o tribunal na situação de, apenas, solucionar a questão no sentido do benefício da parte que lhe submete o caso". De outro lado, trata-se de verdadeira ação. Daí a duplicidade vislumbrada pelo eminente autor (ob., cit., vol. VI, p. 352). Também Sérgio de Oliveira Médici posiciona a revisão em ponto intermediário: não é recurso, pois exige o trânsito em julgado da sentença. Tampouco é ação, pois seu autor *não age*, mas *reage* contra a decisão que considera injusta. É, assim, *um meio de impugnação do julgado* (*Revisão criminal*, São Paulo: RT, 1998, p. 148).

Hoje parece tranquilo, porém, o entendimento de que a revisão criminal ostenta a natureza jurídica de verdadeira *ação penal de natureza constitutiva*. Nesse sentido: Tourinho Filho (*Processo penal*, ob.cit., vol. 4, p. 599) e José Frederico Marques (*Elementos De Direito Processual Penal*, ob., cit., vol. IV, p. 305). Vê-se, assim, que embora relacionada, no CPP, no capítulo que trata dos recursos, a revisão não tem, em absoluto, tal natureza jurídica, na medida em que só é possível a revisão após o trânsito em julgado da decisão. Ora, o recurso, ao contrário, pressupõe exatamente a não ocorrência do trânsito em julgado.

Com a revisão, em verdade, se inaugura uma nova relação processual, enquanto que o recurso importa em *continuidade* ou *prolongamento* de um processo já decidido em 1º grau. Na lição de Tourinho Filho, "o recurso nada mais representa senão um desdobramento da ação que se promove no juízo de conhecimento e se estende até onde permita a lei" (*Processo penal*, ob. cit., vol. 4, p. 599). Não é o que ocorre, por certo, na revisão. De sorte que o único ponto no qual se igualam o recurso e a revisão consiste no fato de que ambos propiciam o reexame de algo que já foi decidido. Salvo essa intersecção, em nada mais se tocam.

Noção histórica – Especificamente com o nome de revisão, tal instituto ingressou em nosso direito com o Código Penal de 11 de outubro de 1890, exatamente o primeiro da República, que veio substituir o velho Código Penal do Império, que vigia desde 1830. No mesmo dia 11 de outubro de 1890, foi baixado o Decreto nº 848, a quem coube, dentre outras iniciativas, organizar a justiça federal no Brasil e, inclusive, o Supremo Tribunal Federal. Tal decreto previa a competência do STF para julgamento das revisões de processos criminais findos. Mas, na verdade, esse instrumento já era anteriormente conhecido com o nome de *recurso de revista*, encontrando previsão na Lei de 18 de setembro de 1828, segundo notícia trazida por Galdino Siqueira (ob. cit., p. 370).

As diversas constituições sempre a reconheceram, sendo introduzida, em nível constitucional, pela carta de 1891, mantida pela de 1934 Apenas a Constituição de 1937 não previa a revisão criminal, embora a legislação infraconstitucional (o CPP de 1941), a ela fizesse expressa menção.

A Constituição de 1988 não elenca a revisão criminal dentre as garantias individuais da pessoa. Dela trata, porém, ao dispor que cumpre ao STF o julgamento da revisão criminal de seus próprios julgados (art. 102, inc. I, "j") e, na mesma situação, ao STJ (art. 105, inc. I, "e"). Estabelece, ainda, que é de competência dos Tribunais Regionais Federais o julgamento de revisões criminais "de julgados seus ou dos juízes federais da região" (art. 108, inc. I, "b").

Revisão criminal *pro societate* – De se ver que o ordenamento jurídico brasileiro, ao contrário de outras legislações, somente prevê a revisão criminal em favor do réu, não se admitindo, assim, a revisão *pro societate*. De tal modo que se pode dizer que a sentença absolutória (com uma única exceção que será vista logo em seguida), uma vez transitada em julgado, jamais poderá ser alterada. Assim, por exemplo, se o réu é definitivamente absolvido e, no dia seguinte ao trânsito em julgado, admite a prática do crime, indicando, inclusive, provas seguras de sua responsabilidade, nada mais poderá ser feito, face à imutabilidade da sentença absolutória. Aqui prevalece a verdade formal sobre a verdade real.

Pelo menos em um caso poderia o legislador pátrio seguir os passos do Código de Processo Penal Italiano (art. 69, § 2º). Mais precisamente quando autoriza a revisão criminal *pro societate* na hipótese concreta em que, extinta a punibilidade do réu por sua *morte*, apura-se, posteriormente, que ele se acha vivo. Seria uma forma de superar a discussão que se trava, em nosso direito, a respeito da validade e eficácia da sentença que decretou extinta a punibilidade pela morte falsamente anunciada.

Insiste-se, no entanto, em guardar a revisão apenas em *favor rei*, sob o argumento de ser preferível a manutenção de uma sentença absolutória totalmente equivocada a ter que submeter o acusado à insegurança de um novo julgamento. Tal argumentação, por óbvio, não pode ser acolhida, pelo menos se tomado o exemplo acima. Ora, aquele que dolosamente se vale de uma certidão de óbito falsificada, com a vil intenção de se livrar dos processos que responde, não reúne condições para reclamar caso sejam os mesmos reabertos. Não se compadece o direito com tamanha torpeza. O tema foi aprofundado nos comentários acima ao art. 18, sob a rubrica *extinção da punibilidade com base na morte do agente que, depois, verificou-se não ter ocorrido.* E no capítulo que trata das nulidades, em sua parte introdutória, sob a rubrica *extinção da punibilidade pela suposta morte do réu que se apura vivo.*

JURISPRUDÊNCIA

Revisão *pro societate*. Impossibilidade

"Hipótese na qual o primeiro julgamento do apelo cassou a sentença condenatória, havendo trânsito em julgado para acusação e defesa. Posteriormente, o recurso foi novamente submetido a apreciação do Colegiado a quo, por iniciativa do Desembargador Relator, com o fundamento de erro no julgamento, em razão de não ter sido observada a existência da certidão de intimação da defesa da expedição da carta precatória para a oitiva de testemunhas. Impossibilidade de renovação do julgamento do recurso em razão da preclusão e da vedação à revisão criminal pro societate" (STJ – HC n° 215647-SP, Rel. Gilson Dipp, j. 19.04.2012, DJe 24.04.2012).

Processos findos – A revisão criminal, como já se destacou, pressupõe sempre o trânsito em julgado da sentença. Assim, o art. 621 permite essa espécie de ação de impugnação para os *processos findos*. Na *RT* 803/559e na *RJTJESP* 75/308, 74/359, constam julgados nos quais a revisão criminal não foi conhecida porque não operado o trânsito em julgado. Conhecendo da revisão, nesses casos, como *habeas corpus*, confira-se: *RT* 599/358; *RJDTACRIM* 7/243. Vale atentar que não é necessário que o interessado tenha esgotado todos os recursos. Assim, se o réu é condenado em 1º grau de jurisdição e não interpõe apelação, deixando a sentença transitar em julgado – embora pudesse fazê-lo em todo e qualquer caso, sem nenhuma espécie de limitação – poderá no dia seguinte ajuizar a revisão. Pouco importa, outrossim, não ter se utilizado, dependendo do caso concreto, de recurso especial para o STJ ou recurso extraordinário para o STF. Basta – repita-se – o trânsito em julgado da decisão para autorizar a revisão, não se exigindo que o réu tenha se utilizado de todos os recursos que tinha à disposição. Claro que, na prática, dificilmente se deixará de, pelo menos, interpor a apelação, para, desde logo, lançar mão da revisão criminal. Mesmo porque esta última ação de impugnação sofre algumas restrições para seu emprego, o que não ocorre face aos termos amplos pelos quais se admite o apelo.

ATENÇÃO – A revisão criminal é cabível contra a *sentença condenatória*, conforme se observa dos incisos I, II e III, do art. 621. É assim na imensa maioria dos casos. Mas ela é também admitida contra a chamada *sentença absolutória imprópria*. A sentença absolutória imprópria, prevista no art. 386, parágrafo único, inc. III, do CPP, é aquela que, embora absolvendo o réu, já que inimputável, impõe-lhe medida de segurança consistente na internação (excepcionalmente) ou sujeição a tratamento ambulatorial (art. 96 do Código Penal). Ora, essa sentença, conquanto denominada *absolutória*, tem forte carga condenatória. Assim, por exemplo, o réu condenado a quem se determinou a internação, possui nítido interesse em promover a revisão criminal a fim de ser absolvido, *v.g.*, por falta de provas. Com isso, obtendo, com a revisão, uma sentença absolutória própria, se livrará da medida de segurança antes imposta. O Tribunal de Justiça de São Paulo prevê expressamente a possibilidade de pedido revisional contra sentença absolutória na qual se impôs medida de segurança (art. 585, § 1º, do RITJSP).

JURISPRUDÊNCIA

Sentença absolutória imprópria e revisão *pro societate*. Impossibilidade

"As sentenças de mérito, condenatórias ou absolutórias, fazem coisa julgada material no processo penal. Dentre estas, inclui-se a chamada "sentença absolutória imprópria", fundada no inciso VI do artigo 386 do CPP, na qual o juiz impõe ao acusado uma medida de segurança. Diferentemente do que ocorre em relação às sentenças condenatórias, no caso de sentença absolutória a imutabilidade é absoluta, não se admitindo, em hipótese alguma, a revisão criminal *pro societate*" (STJ – RHC n. 339635-ES – Rel. Maria Thereza de Assis Moura, j. 07.02.2017, DJE 15.02.2017).

Alteração do fundamento legal da sentença absolutória – Não tem sido admitida, no entanto, a revisão para alterar o fundamento da sentença penal absolutória própria, mas apenas da sentença absolutória imprópria, como vimos acima. Se, por exemplo, o réu absolvido por falta de provas pretende ser absolvido sob o fundamento de que o fato não existiu, em interesse que, já vimos, é legítimo, deverá ingressar com a apelação no momento oportuno. Se não apelou ou a apelação foi desprovida, não é mais cabível a revisão que pressupõe uma sentença condenatória ou uma sentença absolutória imprópria. Nesse sentido: *RSTJ* 15/228; *RT* 811/600.

JURISPRUDÊNCIA

Nova definição jurídica do crime. Impossibilidade

"O acervo probatório em que se lastreou a condenação foi exaustivamente examinado nas instâncias ordinárias, declarando-se, em todas as oportunidades, estar configurada a prática do delito previsto no art. 157, § 3º, in fine, do Código Penal. Sendo assim, não tem cabimento a pretensão de se conferir nova qualificação jurídica dos fatos, com base em suposta ofensa aos arts. 621, I, e 622, parágrafo único, do Código de Processo Penal, notadamente se a tese defensiva apresentada não se insere nas hipóteses em que se admite revisão criminal, como bem ressaltou o acórdão impugnado" (STJ – AgRg no Ag n° 1276605-MS, Rel. Og Fernandes, j. 05.08.2010, DJe 23.08.2010).

Impossibilidade de alteração do fundamento da sentença absolutória, mas possibilidade de correção de mero erro material

"Com efeito o art. 621 do CPP só permite a revisão de sentença condenatória, sendo, portanto, condição indispensável, para o seu conhecimento, a decisão definitiva de mérito acolhendo a pretensão condenatória, ou seja, impondo ao réu a sanção penal correspondente. Tanto a doutrina como a jurisprudência não admitem o conhecimento de revisão criminal de sentença absolutória, salvo em caso de absolutória com aplicação de medida de segurança. A questão, tratada como se fora de alteração do fundamento da sentença, é na verdade de correção de erro material de que se revestiu o decreto, ao concluir pela aplicação do art. 386, VI, quando toda a fundamentação do decisum foi no sentido da inexistência de prova da materialidade e da autoria do crime. O erro material, sempre perceptível primo icto oculi, pode e deve ser corrigido a qualquer tempo, ainda que tenha havido trânsito em julgado, já que sua correção não implica em alterar o conteúdo da decisão" (STJ – REsp n° 329346-RS, Rel. Hélio Quaglia Barbosa, j. 31.05.2005, DJ 29.08.2005, p. 443).

Possibilidade de correção da dosimetria da pena

Ao negar seguimento a recurso do Ministério Público, a Quinta Turma manteve o acórdão do Tribunal de Justiça de Santa Catarina (TJSC) que, em revisão criminal, afastou a aplicação de uma das majorantes previstas na Lei 8.137/1990 e reduziu a pena de empresários condenados por sonegação fiscal. O acórdão catarinense, considerando o valor sonegado, declarou ausente a causa especial de aumento de pena representada pela ocorrência de grave dano à coletividade. De acordo com o ministro Felix Fischer, relator, a ação revisional é meio idôneo para corrigir eventuais equívocos na dosimetria da pena, contanto que esteja presente uma das hipóteses do artigo 621 do CPP. (STJ - AgRg no AREsp 318.060, rel. ministro Felix Fischer, j. em 27.04.16)

Impossibilidade de fundamentação baseada na fragilidade do conjunto probatório

A fundamentação baseada apenas na fragilidade das provas produzidas não autoriza o e. Tribunal a quo a proferir juízo absolutório, em sede de revisão criminal, pois esta situação não se identifica com o alcance do disposto no art. 621, inciso I do CPP, que exige a demonstração de que a condenação não se fundou em uma única prova sequer, daí ser, portanto, contrária à evidencia dos autos (STJ – REsp 1.111.624, rel. Min. Felix Fischer, j. 16.11.09)

Revisão criminal e Júri – Admite-se, segundo entendimento tranquilo na jurisprudência, a revisão contra decisão do Tribunal do Júri. Alguma doutrina, sob o argumento de que a soberania dos veredictos se reveste de dogma constitucional, entende que as decisões emanadas do Júri não poderiam ser alteradas por meio da revisão, autorizando-se o tribunal, quando muito, a determinar um novo julgamento do réu, pelo conselho popular.

De se ver, porém, que assim como a soberania dos veredictos, o direito à liberdade também tem previsão constitucional e, por isso, é possível a propositura da revisão. Opta-se, desse modo, por corrigir um erro em benefício da liberdade da pessoa a se manter uma decisão injusta, em nome da soberania dos veredictos. Imagine-se a situação já mencionada na qual a *vítima* de um homicídio apareça viva. Teria cabimento que se impedisse a revisão criminal para que se absolvesse o réu condenado definitivamente pela prática do crime? Parece claro que não. E nem seria lógico mandá-lo a novo julgamento pela prática de um crime que não ocorreu. A injustiça da solução contrária não se encontra em eventual manutenção do réu preso. Isto poderia ser facilmente corrigido, através de *habeas corpus* ou mesmo de um pedido liminar dirigido ao relator que, de imediato, ordenaria a soltura do réu. O absurdo é se determinar um novo julgamento pela prática de um *homicídio* estando o ofendido – pasmem – *vivo*.

Aliás, nesse tópico se impõe uma indagação que jamais foi enfrentada por quem defende a impossibilidade do Tribunal de Justiça (togado), reformar no mérito, através da revisão criminal, a decisão dos jurados. Suponha-se que no segundo julgamento (o primeiro foi anulado em virtude do acolhimento da revisão criminal), o Júri entenda, novamente, deva ser o réu condenado, embora viva a *vítima*? Para quem entende que a soberania dos veredictos é absoluta, não há outra alternativa senão manter a decisão do Júri, embora esdrúxula. Daí defendermos que o princípio da soberania dos veredictos, previsto com todas as letras em nossa Constituição (art. 5º, inc. XXXVIII, "c"), é relativo. Não porque se admitam, em legislação infraconstitucional, a apelação, já que tal recurso jamais pode alterar, *no mérito*, a decisão dos jurados. Mas porque se prevê a revisão criminal como instrumento hábil para corrigir todo e qualquer erro judiciário, inclusive quando emanado do Tribunal do Júri. Aliás, não teria cabimento se admitir uma forma de correção para a decisão do juiz togado, que possui conhecimento técnico e, portanto, se encontra presumivelmente preparado para julgar e se conferisse caráter de intangibilidade à decisão do leigo que, na maioria das vezes, não ostenta qualquer conhecimento teórico a respeito do fato e do direito que lhe foram propostos a julgamento. Homens e, portanto, falíveis, são tanto o togado como o leigo. Este mais que àquele, por ignorar as coisas do Direito.

JURISPRUDÊNCIA

Revisão criminal contra decisão do Júri

"É possível, em sede de revisão criminal, a absolvição, por parte do Tribunal de Justiça, de réu condenado pelo Tribunal do Júri. Em homenagem ao princípio hermenêutico da unidade da Constituição, as normas constitucionais não podem ser interpretadas de forma isolada, mas como preceitos integrados num sistema unitário, de modo a garantir a convivência de valores colidentes, não existindo princípios absolutos no ordenamento jurídico vigente.

Diante do conflito entre a garantia da soberania dos veredictos e o direito de liberdade, ambos sujeitos à tutela constitucional, cabe conferir prevalência a este, considerando-se a repugnância que causa a condenação de um inocente por erro judiciário. Não há falar em violação à garantia constitucional da soberania dos veredictos por uma ação revisional que existe, exclusivamente, para flexibilizar uma outra garantia de mesma solidez, qual seja, a segurança jurídica da coisa julgada" (STJ – REsp nº 964978-RJ, Rel. Adilson Vieira Macabu, j. 18.08.2012, DJe 30.08.2012).

Revisão criminal e execução penal – Cremos não ser cabível revisão criminal contra decisões proferidas em sede de execução penal, posto que, nestes casos, não se trata de uma sentença condenatória a ser corrigida. Ou seja, a decisão proferida em sede de execução penal, não condena e, tampouco, absolve, a impedir, assim, sua impugnação por meio de revisão criminal. O tema, contudo, é polêmico, admitindo mais de uma interpretação pretoriana, como visto dos arestos abaixo transcritos.

JURISPRUDÊNCIA

Revisão criminal contra decisão do Juízo das Execuções Penais

a) possibilidade

"O art. 621, inciso III, do Código de Processo Penal não restringe a revisão criminal à sentença penal condenatória transitada em julgado, logo, desde que atendidos seus requisitos, nada impede manejar ação revisional contra sentença do Juízo das Execuções Penais que indefere o benefício da unificação das penas" (STJ – HC nº 134321-RS, Rel. Laurita Vaz, j. 01.09.2009, DJe 28.09.2009).

b) impossibilidade

"As hipóteses de cabimento da revisão criminal estão taxativamente prevista no artigo 621 do Código de Processo Penal. É incabível a revisão criminal requerida em face de acórdão proferido no âmbito de agravo em execução, interposto contra decisão denegatória de progressão de regime prisional. Precedentes" (STJ – HC nº 15255-SP, Rel. Paulo Medina, RT 826/537).

Aplicação de lei mais benéfica – Não se admite a revisão criminal para aplicação de lei mais benéfica, cuja competência, nesse caso, é do Juízo das Execuções Penais, nos termos da Súmula 611 do STF, *in verbis*: "Transitada em julgado a sentença condenatória, compete ao juízo das execuções a aplicação da lei mais benigna". Do mesmo teor é o art. 584, § 2º, inc. II, do Regimento Interno do Tribunal de Justiça do Estado de São Paulo. Assim surgindo uma lei que torna atípica a conduta do réu (*abolitio criminis*), o pedido deve ser formulado perante o Juízo das Execuções e não por meio da revisão. Salvo se, manejado o pedido perante o Juízo da Execução, ele tenha sido negado. Aí sim, com trânsito em julgado dessa decisão, é cabível a revisão.

Recolhimento à prisão – É desnecessário, nos termos da Súmula 393 do STF, *in verbis*: "para requerer revisão criminal, o condenando não é obrigado a recolher-se à prisão".

Sentença estrangeira – Não é cabível a revisão de sentença estrangeira cuja homologação, por conta de expressa previsão constitucional, cabe ao Superior Tribunal de Justiça (art. 105, inc. I, "i" da CF). É que, nesse caso, o *Tribunal da Cidadania* não julga o mérito da condenação, mas analisa, apenas, seu aspecto formal. Eventual correção, se cabível, deve ser buscada no juízo estrangeiro de onde se originou a condenação.

Pronúncia – Tampouco é admitida contra decisão de pronúncia (nesse aspecto: *RT* 555/334), onde não há condenação, mas mero juízo provisório que remete o réu a julgamento pelo Júri.

Prescrição – Se a sentença reconhece a *prescrição da pretensão punitiva*, também não é cabível a revisão, pois, nesse caso, não houve condenação, sendo a prescrição da própria persecução criminal. Porém, se a *prescrição é da pretensão executória* (onde foi, portanto, proferida uma sentença condenatória), é possível a revisão.

Graça ou indulto – Também porque houve uma sentença condenatória, admite-se a revisão criminal após a graça ou indulto. O Tribunal de Justiça de São Paulo expressamente admite, em seu regimento interno, a revisão de decisão que concedeu o indulto (art. 586, § 1º, do RITJSP).

Lei dos Juizados Especiais Criminais –Tratando-se de transação penal, homologada nos termos do art. 76 da Lei n. 9.099/1995, não é cabível a revisão criminal, posto que, nessa hipótese, não há condenação. Ao contrário, caso rejeitada a possibilidade de transação penal ou suspensão condicional do processo, resultando, da continuidade do feito, na condenação do réu, a revisão é cabível.

JURISPRUDÊNCIA

Transação penal da Lei nº 9.099/95 não admite revisão criminal

"Incabível o ajuizamento de revisão criminal contra sentença que homologa a transação penal (art. 76 da Lei n.º 9.099/95), já que não existiu condenação ou sequer houve análise de prova. Na verdade, ao se aplicar o instituto da transação penal, não se discute fato típico, ilicitude, culpabilidade ou punibilidade, mas apenas é possibilitada ao autor do fato uma aplicação imediata de pena restritiva de direitos ou multa para que não exista o prosseguimento da ação penal, sendo o acordo devidamente homologado pelo Poder Judiciário e impugnável por meio do recurso de apelação" (STJ – REsp nº 1107723-MS, Rel. Laurita Vaz, RSTJ 224/579).

É cabível revisão criminal contra decisão dos Juizados Especiais da Lei nº 9.099/95

"Apesar da ausência de expressa previsão legal, mostra-se cabível a revisão criminal no âmbito dos Juizados Especiais, decorrência lógica da garantia constitucional da ampla defesa, notadamente quando a legislação ordinária vedou apenas a ação rescisória, de natureza processual cível. É manifesta a incompetência do Tribunal de Justiça para tomar conhecimento de revisão criminal ajuizada contra decisum oriundo dos Juizados Especiais. À falta de previsão legal específica para o processamento da ação revisional perante o Colegiado Recursal não impede seu ajuizamento, cabendo à espécie a utilização subsidiária dos ditames previstos no Código de Processo Penal. Caso a composição da Turma Recursal impossibilite a perfeita obediência aos dispositivos legais atinentes à espécie, mostra-se viável, em tese, a convocação dos magistrados suplentes para tomar parte no julgamento, solucionando-se a controvérsia e, principalmente, resguardando-se o direito do agente de ver julgada sua ação revisional" (STJ – CC nº 47718-RS, Rel. Jane Silva, j. 13.08.2008, DJe 26.08.2008).

I - quando a sentença condenatória for contrária ao texto expresso da lei penal ou à evidência dos autos;

Sentença contrária ao texto de lei – A primeira parte do dispositivo legal trata da possibilidade de revisão quando a sentença for contrária à lei. O alcance da expressão *lei penal*, contida no dispositivo em estudo, deve ser analisada de maneira ampla. Assim, não apenas a *lei penal*, quando afrontada, autoriza o pedido revisional. Mas também a lei *processual, civil, tributária, comercial*, etc., desde que guardem relação com a tipicidade do fato delituoso pelo qual foi condenado o réu. E, por óbvio, a decisão que contraria um princípio constitucional. Não faria sentido que o réu pudesse se valer do pedido sob o argumento de que a decisão violou a *lei penal* e se visse inibido da mesma via impugnativa quando o *decisum* afrontasse um *princípio constitucional*, muito mais caro e relevante, na medida em que incluído na Carta Magna. Assim também uma lei de caráter tributário que impeça a deflagração de um processo-crime enquanto não julgado o recurso administrativo ou pelo tempo que perdurar o acordo de parcelamento do débito fiscal, terá inegável influência no âmbito penal. Ou uma lei cível que liberasse o jogo no país.

Nas palavras de José Frederico Marques, "tanto contrária à lei penal é a decisão que considera delituosa uma conduta atípica, como aquela que impõe ao condenado sanção penal não prevista para a infração praticada" (*Elementos de Direito Processual Penal*, ob. cit., vol. IV, p. 323). Assim, podem ser lembrados alguns exemplos em que o juiz julgou em oposição ao texto de lei, como ocorreria se ele reconhecesse, para majorar a pena do réu, uma agravante não prevista em lei, consistente na prática do crime contra a concubina. Ou que tivesse condenado o réu por abandono material de sua amante. Ou, ainda, que tivesse condenado o réu com base em provas ilícitas, em afronta, neste caso, ao texto constitucional.

Mas é preciso, para se admitir a revisão, que a decisão tenha, efetivamente, contrariado o texto legal. A mera adoção pelo juiz ou tribunal de um entendimento minoritário na jurisprudência, em se tratando de questão controvertida ou mesmo de uma tese que depois venha a ser superada pelos Tribunais, não autoriza a revisão. Nesse sentido a Súmula 343 do STF, que por tratar da ação rescisória, como já dito, prima-irmã da revisão, tem aplicação no pedido revisional, *in verbis*: "Não cabe ação rescisória por ofensa a literal disposição de lei, quando a decisão rescindenda se tiver baseado em texto legal de interpretação controvertida nos tribunais". A matéria, porém, não é pacífica, merecendo lembrança a posição de Ada, Magalhães e Scarance, para quem "a contrariedade ao direito em tese há de ser frontal e inequívoca: não infringe o texto expresso a interpretação razoável, ainda que controvertida, dos tribunais. Mas, passando a haver adoção tranqüila da posição oposta, a revisão pode ser considerada cabível, numa interpretação extensiva do dispositivo" (*Recursos* ..., ob. cit., p. 317). Nesse sentido, ainda, o teor da Súmula 116 da Mesas de Processo Penal da USP.

ATENÇÃO – a Terceira Seção do STJ já se pronunciou no sentido de que é "cabível o manejo da revisão criminal fundada no art. 621, I, do CPP em situações nas quais se pleiteia a adoção de novo entendimento jurisprudencial mais benigno, desde que a mudança jurisprudencial corresponda a um novo entendimento pacífico e relevante" (RvCr 3.900/SP, Rel. Ministro Reynaldo Soares da Fonseca, Terceira Seção, DJe 15/12/2017)

Sentença contrária à evidência dos autos – A segunda hipótese de admissibilidade de revisão é tratada na parte final do inciso I, ou seja, quando a sentença condenatória for proferida em contrariedade à evidência dos autos. Sentença contrária à evidência dos autos é aquela que não tem nenhum respaldo nos elementos probatórios, proferida de forma totalmente divorciada do contexto, em sentido contrário daquele que emerge do processo. Ou, na conceituação adotada pela Súmula 117 das Mesas de Processo Penal da USP, "contrária à evidência dos autos é a sentença que se distanciar por completo da prova produzida, resguardando o princípio do livre convencimento do juiz". Nessa hipótese se admite a revisão criminal. De sorte que a má interpretação da prova não ensejará a revisão (que não se presta como uma nova apelação), mas somente a interpretação que não encontre apoio, de forma clara e evidente, em nenhum elemento de convicção existente nos autos. Não se aplaude, assim, a jurisprudência que nega a possibilidade de nova avaliação das provas na revisão criminal (*RT* 769/644, 764/542, 747/649), afinal, para se apurar se a condenação foi contrária à evidência dos autos, necessariamente se deverá, antes, analisar a prova produzida no processo em cotejo com o decreto condenatório. Em suma: a nova análise da prova é mesmo necessária, para se apurar da sua adequação – ou não – à sentença condenatória. O que não se permite é que o Tribunal despreze o veredicto razoável oriundo da decisão cuja revisão se pretende, para substituí-lo, pura e simplesmente, pelo seu entendimento. Como salientou Eduardo Espínola Filho, "investir contra essa decisão é ... arvorar-se o tribunal da revisão em injustificável controlador dos juízes, a quem a lei dá a competência normal para, em primeira e em segunda instância, formar o íntimo convencimento, mediante a livre apreciação da prova" (ob. cit., vol. VI, p. 380).

Nessa linha de raciocínio, já se acolheu pedido revisional quando a sentença condenatória se baseou, única e exclusivamente, nos depoimentos de corréus (RSTJ 24/275), reconhecimento fotográfico (LEX 233/351) ou na prova obtida na fase policial (TJDF – Rev. nº 20019598 – Rel. Carmelita Brasil – j. em 27.6.2001).

JURISPRUDÊNCIA

Precariedade das provas não enseja revisão criminal

REVISÃO CRIMINAL – "Só há decisão contrária à evidência dos autos quando não se apoia ela em nenhuma prova existente no processo, não bastando, pois, para o deferimento da revisão criminal, que os julgadores desta considerem que o conjunto probatório não é convincente para a condenação" (STF – REsp nº 113269-SP, Rel. Moreira Alves, j. 12.05.1987, DJ 07.08.1987, p. 15440).

"A fundamentação baseada apenas na fragilidade das provas produzidas não autoriza o e. Tribunal a quo a proferir juízo absolutório, em sede de revisão criminal, pois esta situação não se identifica com o alcance do disposto no art. 621, inciso I do CPP que exige a demonstração de que a condenação não se fundou em uma única prova sequer, daí ser, portanto, contrária à evidencia dos autos" (STJ – REsp n° 988.408-SP, Rel. Felix Fischer, DJ 25.8.2008)".

Conceito de *contrária à evidência dos autos*

PROCESSUAL PENAL – REVISÃO CRIMINAL – "O CPP (art. 621,I), autoriza a revisão criminal quando a sentença condenatória for contrária à evidência dos autos. Essa norma tem a seguinte extensão: o julgado condena o réu, ao arrepio das provas, contra a inocência caracterizada no conjunto probatório" (STJ – REsp n° 86581-SP, Rel. Luiz Vicente Cernicchiaro, j. 29.04.1996, DJ 13.10.1997, p. 51652)".

Matéria controvertida nos tribunais não enseja revisão criminal

"Conforme a jurisprudência do Superior Tribunal de Justiça, a alteração de entendimento jurisprudencial verificada posteriormente ao trânsito em julgado da condenação não autoriza o ajuizamento de revisão criminal, visando a sua aplicação retroativa, assim como pretendido pela defesa no presente writ, sob pena de serem violados os princípios da coisa julgada e da segurança jurídica." (STJ - AgRg no HC n. 750.423/SP, relator Ministro Reynaldo Soares da Fonseca, Quinta Turma, julgado em 2/8/2022, DJe de 8/8/2022.

Ausência de indicação do dispositivo legal

É admissível a revisão proposta sem a indicação do dispositivo de lei penal violado, desde que suas razões apontem vícios relativos à prestação jurisdicional. Com esse entendimento, a Terceira Seção julgou procedente revisão para desconstituir a fixação da pena e determinar a retomada do julgamento, na origem, das demais teses defensivas da apelação interposta em favor de um réu condenado em primeiro grau pela tentativa de furto de dez barras de chocolate. Na revisão apreciada, o relator, ministro Reynaldo Soares da Fonseca, avaliou que houve error in procedendo, pois ficou pendente de análise o pedido da defesa para a redução da pena. De acordo com o relator, a expressão "texto expresso da lei penal" contida no inciso I do artigo 621 do CPP não deve ser compreendida apenas como a norma penal escrita, mas como o sistema processual na sua totalidade. (STJ – RcCr 4944, rel Min. Reynaldo Soares da Fonseca, j. 20.09.19)

In dubio pro societate – Saliente-se que eventual dúvida no julgamento da revisão, quanto à análise da prova, já não é mais solucionada em favor do réu. De tal forma que o *in du-*

bio pro reo tem incidência durante o transcorrer do processo original. No pedido revisional, quando já se tem, necessariamente, uma sentença com trânsito em julgado, a dúvida que possa surgir é resolvida no sentido de se manter a decisão atacada. Diz-se, então, que a dúvida se resolve em favor da sociedade (*in dubio pro societate*) ou em favor da coisa julgada (*in dubio pro re judicata*). Incorreta, no entanto, a alegação de que na revisão criminal ocorreria a inversão do ônus da prova. Ora, o ônus da prova, seguindo a regra geral do art. 156 do CPP, é de quem alegar. O que ocorre é que, no processo criminal, quem alega é a acusação, cumprindo a ela, portanto, produzir prova de suas alegações. Na revisão criminal quem alega é o autor, que suportou a condenação (ou absolvição imprópria) e, por isso, cabe a ele o ônus de provar.

II - quando a sentença condenatória se fundar em depoimentos, exames ou documentos comprovadamente falsos;

Depoimentos, exames ou documentos falsos – Na hipótese, o juiz fundamentou sua decisão em uma prova que, depois, se verificou falsa. Mas para autorizar a revisão, é necessário que tal prova, tida como falsa, tenha sido de fundamental importância para a decisão condenatória. Nesse sentido, ainda, o teor da Súmula 118 das Mesas de Processo Penal da USP). Assim, por exemplo, se as testemunhas A, B e C dizem ter visto o réu cometendo o crime e, depois, se apura que C mentiu, esse fato, por si só, não levará ao triunfo da revisão. É que, embora se excluindo o mentiroso depoimento de C, restam ainda os firmes depoimentos de A e B, que confirmam a conduta criminosa do réu. Em suma, somente se absolverá o réu, sob este fundamento legal, quando se demonstrar que, alijados os depoimentos, exames ou documentos comprovadamente falsos, a conclusão da sentença teria sido diversa.

III - quando, após a sentença, se descobrirem novas provas de inocência do condenado ou de circunstância que determine ou autorize diminuição especial da pena.

Novas provas – O conceito de *nova prova* refere-se àquela que não foi apreciada no processo já que, por qualquer razão, não pôde ser produzida no momento oportuno. E, além disso, a prova que, embora produzida no processo, não mereceu a devida apreciação pelo juiz. Exemplo clássico, inicialmente citado, é o famoso caso dos *Irmãos Naves*, ocorrido na cidade de Araguari-MG, quando os réus foram condenados pela prática de homicídio contra um primo que, tempos depois, apareceu vivo. Lembre-se, ainda, a hipótese em que embora morta a vítima, se constata, depois, que ela faleceu em virtude de suicídio e não do homicídio cuja prática é atribuída ao réu. Ou quando se descobre intacto o objeto após a condenação do réu pela prática do crime de dano. É cabível ainda a revisão sob esse fundamento com o objetivo de propiciar a redução da pena do condenado, quando, por exemplo, findo o processo, se consegue a certidão de nascimento do réu dando conta de que ele praticara o delito quando contava menos de 21 anos de idade (art. 65, inc. I, do Código Penal). Mesmo o avanço da ciência pode caracterizar uma *prova nova*. Assim, no âmbito do processo civil, tem se revelado prática comum que ações de investigações de paternidade, julgadas improcedentes há 30 anos, com base em prova testemunhal e no frágil exame hematológico, sejam novamente apreciadas, já agora à luz de novas tecnologias

(*DNA, HLA*), capazes de oferecer quase que certeza absoluta a respeito da alegada paternidade. Ou seja: se afasta o dogma da coisa julgada a fim de que, em busca da verdade, se propicie uma nova apreciação do caso. Se é assim no processo civil que, na maioria das vezes, cuida de valores menos caros aos seres humanos quando comparados aos tratados no processo penal, não há razão para que, neste último, negando-se a evolução científica, se impeça essa possibilidade. Se amanhã fosse criado um mecanismo capaz de detectar se a pessoa diz ou não a verdade – e o progresso incontido da ciência não torna absurda tal suposição – parece óbvio que tal aparelho autorizaria a nova discussão a respeito da prova, em sede de revisão criminal.

Justificação criminal – A prova nova deve ser produzida, via de regra, através de justificação criminal. Com efeito, em virtude da dificuldade de produção da prova diretamente no tribunal, deve a parte interessada produzir a prova da inocência do réu (ou de causa que autorize a redução da pena), em 1º grau de jurisdição. Trata-se de procedimento tomado de empréstimo ao revogado Código de Processo Civil (art. 861 do CPC), já que não previsto na legislação processual penal. Nele nada é decidido, apenas se produz a prova requerida pelo interessado, que a utilizará para instruir o pedido revisional. Mas embora não haja uma sentença de mérito na justificação, como ela pode vir a ser utilizada para instruir a futura revisão criminal, há necessidade de se estabelecer o contraditório, com a obrigatória participação, em 1º grau, do Ministério Público (*RT* 688/339, 684/325). Para seu conhecimento é competente o Juízo de 1º grau onde foi proferida a decisão, segundo parte da jurisprudência (JTJ 224/372). Há, porém, o entendimento que é o "julgamento afeto ao foro do local da infração, por qualquer juízo da comarca, a ser eleito pela livre distribuição" (*RT* 775/589; *JTJ* 213/337). Não pode ser negado tal meio de prova, por afronta ao princípio da ampla defesa. De decisão que indefere a instauração do procedimento é cabível apelação. Há situações, no entanto, que se dispensa qualquer produção de prova na origem, podendo o pedido revisional já vir instruído com a prova necessária à sua apreciação. Assim, por exemplo, quando se busca a redução da pena com base na menoridade do réu, basta a juntada da respectiva certidão de nascimento acompanhando a inicial.

Saliente-se que o art. 621, que trata das hipóteses onde é admitida a revisão criminal, não fez qualquer referência à possibilidade de utilização de tal remédio quando se cuidar de nulidade decorrente da não observância de alguma formalidade essencial do processo. A boa técnica recomendaria a inclusão das nulidades como causas que dão ensejo ao pedido revisional. Ocorre que, logo em seguida, no art. 626, o legislador acaba por ampliar o rol do art. 621, ao admitir, expressamente, dentre os efeitos da sentença, a possibilidade de se anular o processo.

ATENÇÃO – O STJ entende que "embora seja possível rever a dosimetria da pena em revisão criminal, a utilização do pleito revisional é prática excepcional, somente justificada quando houver contrariedade ao texto expresso da lei ou à evidência dos autos" (AgRg no AREsp 734.052/MS, Quinta Turma, relator Ministro Reynaldo Soares da Fonseca, DJe de 16/12/2015).

JURISPRUDÊNCIA

Justificação judicial. Necessidade

"O pedido de revisão criminal, calcado existência de prova oral nova, pressupõe o ajuizamento de justificação criminal, dada a necessidade de sujeição dos novéis elementos probatórios ao eficiente e democrático filtro do contraditório. Na espécie, a alegação de que a vítima de homicídio se encontraria viva, e mantendo contato com sua madrasta, não foi submetida à realização da justificação, daí o Tribunal local ter deixado de conhecer, acertadamente, do pleito revisional. Também com propriedade, no aresto hostilizado, constou que não se prestaria a revisão criminal a ensejar o reexame de prova, como se fosse uma segunda apelação" (STJ – RHC n° 187343-ES, Rel. Maria Thereza de Assis Moura, j. 07.02.2013, DJe 20.02.2013).

"Quando se trata de ação revisional proposta com fundamento na existência de novas provas testemunhais capazes de infirmar o édito condenatório (art. 621, inciso III, do CPP), estas devem ser previamente produzidas sob o manto do contraditório e da ampla defesa, por meio do procedimento da justificação criminal, a ser conduzido perante o primeiro grau de jurisdição, nos termos do artigo 861 e seguintes do Código de Processo Civil, aplicável subsidiariamente conforme o disposto no artigo 3º do CPP. Precedentes" (STJ – HC n° 140618-SP, Rel. Jorge Mussi, j. 02.08.2011, DJe 29.08.2011).

Justificação judicial

a) deferimento obrigatório

"Ao contrário do que consignado pela magistrada que não admitiu a justificação apresentada pelo paciente, em tal procedimento não se exige que a defesa explicite a importância ou a finalidade da prova que pretende produzir, exame que será realizado quando da sua utilização em eventual ação revisional a ser ajuizada" (STJ – RHC n° 206318-RJ, Rel. Jorge Mussi, j. 21.05.2013, DJe 05.06.2013).

"O art. 3º do Código de Processo Penal admite a aplicação subsidiária e analógica do Código de Processo Civil, onde a justificação é regulada pelo art. 861 a art. 866, além do art. 423 daquele diploma processual penal prever a possibilidade de realização de justificações. Deve ser admitida a justificação criminal com o fim de constituir material probatório para instruir ação de revisão criminal, tendo em vista que a prova utilizada para tal fim deve ser pré-constituída. A manifesta intenção do recorrente em propor ação revisional – que exige a existência de prova pré-constituída – com o fim de se ver absolvido, constitui fundamento suficiente ao deferimento de realização de audiência de justificação" (STJ – REsp n° 774079-RS, Rel. Gilson Dipp, RSTJ 203/471).

Configura constrangimento ilegal o indeferimento de pedido de justificação criminal para reinquirição da vítima, porquanto sua retratação – já declarada – é prova substancialmente nova. Diante do princípio da verdade real, não há por que não garantir ao condenado a possibilidade de confrontar essa retratação – se confirmada em Juízo –, na revisão, com os demais elementos de convicção coligidos na instrução criminal. (STJ – RHC 58.442, rel. Min. Sebastião Reis Junior, j. em 25.08.15)

b) possibilidade de indeferimento

"Como é de conhecimento, a ação de justificação criminal, procedimento que se destina à obtenção de prova nova com a finalidade de subsidiar eventual ajuizamento de revisão criminal, não se propõe à reabertura da instrução criminal, reinquirição de testemunha já ouvida no processo, ou retificação do depoimento da vítima, notadamente quando a prova que se quer produzir não se caracteriza como nova. Nesse viés, nos moldes do entendimento jurisprudencial do STJ, possibilitar a reinquirição de testemunhas ou arrolamento de outras que, quisesse a defesa, poderia tê-las arrolado no prazo legal, implicaria instaurar-se a rediscussão do mérito da sentença penal condenatória transitada em julgado, fora das hipóteses legalmente previstas." (STJ - AgRg no HC 849287 / SP, 5ª Turma, Min. Reynaldo Soares da Fonseca, j. 02/10/23)

Justificação. Retratação de testemunhas

In casu, a defesa apresentou pedido de justificação criminal com o escopo de instruir ação revisional tendo em vista a possível alteração dos depoimentos das testemunhas. Contudo, cuida de prova testemunhal já produzida no bojo da ação penal transitada em julgado, cujo depoimento reforçou o édito condenatório. O constrangimento ilegal não se evidencia com o indeferimento prima facie do pedido de justificação criminal, pois não se trata de prova nova superveniente à condenação apta a fundamentar pedido reviosional nos termos do art. 621, III, do CPP. Não há olvidar que a testemunha, ao contrário da vítima, presta compromisso de dizer a verdade, nos termos do art. 203 do CPP, sob pena de incorrer em crime de falso testemunho, tipificado no art. 342 do CP. (STJ – HC 140.618-SP, rel Min. Jorge Mussi, j. em 29.08.11).

Art. 622. A revisão poderá ser requerida em qualquer tempo, antes da extinção da pena ou após.

Parágrafo único. Não será admissível a reiteração do pedido, salvo se fundado em novas provas.

Prazo – Pode ser ajuizada revisão criminal mesmo após o cumprimento da pena ou de extinta a punibilidade do réu. Ou seja, o pedido revisional não se submete a qualquer espécie de prazo, sendo sempre possível sua propositura, até porque não há prazo para que a verdade surja em substituição ao erro judiciário. Assim, por exemplo, após a morte do sentenciado é cabível a ação, sob o fundamento de que o objetivo da revisão não é só de evitar o cumprimento da pena, mas também resgatar a dignidade daquele que foi injustamente condenado.

Além disso, a justificar o pedido, vale observar que a morte do condenado não inibe futura ação de indenização movida contra os herdeiros que, por isso, podem ter interesse na revisão a fim de se absolver o falecido sob o fundamento, *v.g.*, de que o fato não existiu, o que inibe a propositura de ação no juízo cível. E mesmo no âmbito administrativo pode interessar aos herdeiros o pedido para reabilitar o *status dignitatis* do falecido. Suponha-se que em virtude de uma condenação criminal, tenha o *de cujus* perdido a função pública, como consequência natural da condenação, nos termos do art. 92, inc. I, do Código Penal. Ora, da obtenção de posterior absolvição, por via do pedido revisional, advirão consequências, como, por exemplo, o restabelecimento de promoções perdidas pela exoneração, o pagamento de vencimentos interrompidos quando condenação ou de aposentadoria em favor de herdeiros, etc., tudo a indicar o interesse das pessoas mencionadas no art. 623 para manejar a revisão. É claro que tais consequências dependerão, sempre, do caso concreto, máxime em virtude da independência entre a esfera criminal e a administrativa.

Sentença absolutória criminal, independência entre instâncias e a Lei de Improbidade Administrativa – Consoante a jurisprudência das Cortes Superiores, a absolvição no juízo criminal, diante da relativa independência entre as instâncias cível e criminal, apenas vincula o juízo cível quando ficar reconhecida a inexistência do fato ou atestar não ter sido o demandado seu autor. Deve ser observado, porém, que na Lei de Improbidade Administrativa, alterada pela Lei 14.230/21, diz o § 4º do art. 21 que "A absolvição criminal em ação que discuta os mesmos fatos, confirmada por decisão colegiada, impede o trâmite da ação da qual trata esta Lei, havendo comunicação com todos os fundamentos de absolvição previstos no art. 386 do CPP". Este dispositivo, alerto, teve sua eficácia suspensa pelo STF na ADI 7236, promovida pela Associação Nacional dos Membros do Ministério Público (CONAMP).

Extinção da punibilidade antes da condenação – Caso o réu tenha declarada extinta sua punibilidade antes da sentença condenatória, já não será cabível a revisão criminal. Assim, por exemplo, se respondendo a determinado processo, tem o réu extinta sua punibilidade pela morte (art. 107, inc. I, do CP). Nesse caso, não poderão as pessoas relacionadas na parte final do art. 623 do código, pretenderem a declaração de sua inocência, nem através do pedido revisional e, tampouco, nos próprios autos do processo-crime instaurado, a essa altura já extinto pela morte do agente. O mesmo ocorre na hipótese, já ventilada, de prescrição da pretensão punitiva, que deve ser declarada de ofício, "em qualquer fase do processo", nos termos do art. 61 do CPP. Nesse último caso, como bem observam Ada,

Magalhães e Scarance, haveria inegável interesse do agente, que teve extinta a punibilidade, em pleitear a continuidade do feito, buscando uma sentença de mérito que o absolvesse, como forma de restauração, inclusive, de seu *status dignitatis* (*Recursos no Processo Penal*, ob., cit., p. 315). O mesmo se poderia dizer dos sucessores do réu morto, que poderiam buscar, no próprio processo criminal ou através de revisão, a absolvição do acusado. Mas nossa legislação não prevê tal possibilidade, já que *mors omnia solvit.*

JURISPRUDÊNCIA

Falta de interesse quando extinta a pena pela prescrição

"Não existe interesse jurídico da parte que pretende a reapreciação do mérito, se decretada a extinção da punibilidade, pois extinta, também, toda a carga jurídica da sentença" (STJ – HC n° 155127-PB, Rel. Adilson Vieira Macabu, j. 19.06.2012, DJe 01.08.2012).

Alteração do regime imposto na condenação não pode ser discutida por meio de revisão criminal

"O pedido relativo à mudança de regime de cumprimento da pena não se enquadra nas hipóteses de revisão criminal previstas no art. 621 do CPP. Transitada em julgado a condenação, as questões relativas à concessão de benefícios durante o cumprimento da pena, condicionados ao preenchimento de requisitos objetivos e subjetivos pelo reeducando, é da competência do juízo das execuções" (STJ – HC n° 243651-SP, Rel. Marilza Maynard, j. 26.02.2013, DJe 04.03.2013).

Não tem efeito suspensivo

"Mostra-se inviável suspender-se o início da execução da pena enquanto não tiver sido julgada revisão criminal ajuizada no Tribunal de origem, tendo em vista que a ação revisional não é dotada de efeito suspensivo" (STJ – HC n° 158807-SP, Rel. Jorge Mussi, j. 05.10.2010, DJe 13.12.2010).

Habeas corpus x revisão criminal

"O habeas-corpus não é o meio hábil a fulminar-se sentença condenatória sob o ângulo de mostrar-se contrária à evidência dos autos. Cabe ao interessado adentrar, com base no inciso I do artigo 621 do Código de Processo Penal, no campo da revisão criminal" (STF – HC n° 73769-RJ – Rel. Marco Aurélio, j. 06.08.1996, DJ 11.10.1996, p. 38500).

A jurisprudência do STJ tem admitido a viabilidade do exame, pelo tribunal, de revisão cujo objeto tenha sido anteriormente examinado em habeas corpus no STF. Ao apreciar o cabimento da ação revisional, o relator, ministro Gurgel de Faria, ponderou que impedir o seu ajuizamento em razão de habeas corpus já submetido ao STF representaria uma barreira "intransponível" para o manejo de qualquer revisão no STJ. (STJ – RvCr 2.877, rel. Min, Gurgel de Faria, j. em 10.03.16)

Reiteração do pedido – Não é admissível, nos termos do parágrafo único deste dispositivo, a renovação do pedido revisional já apreciado, salvo se baseado em novas provas. *Novas provas*, aqui, são aquelas até então inéditas, ou seja, que não foram apresentadas na revisão criminal anterior. Se a prova não é nova, no sentido que, apresentada, já foi apreciada, não tem cabimento mera reiteração do pedido. Como salienta Eduardo Espínola Filho, "seria um absurdo deixar a seriedade e o tempo dos tribunais superiores à mercê a vontade dos condenados, que, na ânsia de liberdade, nutrindo a esperança de que um momento favorável predisponha os julgadores para a simpatia, não vacilariam em renovar pedidos, numa insistência nada justificável, se bem compreensível" (ob. cit., vol. VI, p. 398). Repetir-se, portanto, o pedido, apoiado nas mesmas provas anteriormente apresentadas e sob o mesmo fundamento legal, é prática vedada, inclusive, pela jurisprudência de nossos tribunais superiores (v. *RSTJ* 83/313). Não se impede, no entanto, que inicialmente manejada revisão criminal a fim de absolver o réu (art. 621, inc. I), seja depois renovada a ação com o objetivo de reduzir-lhe a pena (art. 621, inc. III). É o teor da Súmula 123 das Mesas de Processo Penal da USP, *in verbis*: "É sempre possível requerer nova revisão por outro fundamento, por inexistir neste caso identidade de ações, em face da diversidade de causas de pedir". Nesse sentido, ainda: *RT* 589/356. Em sentido contrário, não admitindo a reiteração do pedido mesmo sob fundamento legal diverso: *RJTJESP* 105/468.

JURISPRUDÊNCIA

Revisão criminal não se presta como uma segunda apelação

"A revisão criminal da dosimetria da pena tem cabimento restrito, apenas admitida quando, após o trânsito em julgado, forem descobertas novas provas que demonstrem eventual equívoco do julgador, violação do texto expresso da lei, ou notória desproporcionalidade na fixação da pena. A ação revisional não pode ser utilizada como nova apelação, para rediscutir a valoração subjetiva de circunstâncias judiciais." (STJ - AgRg no HC 821464 / SC, 6ª Turma, Min. Rogerio Schietti Cruz, j. 04/12/23)

Art. 623. A revisão poderá ser pedida pelo próprio réu ou por procurador legalmente habilitado ou, no caso de morte do réu, pelo cônjuge, ascendente, descendente ou irmão.

Legitimidade – As pessoas legitimadas para a propositura da ação acham-se relacionadas neste dispositivo. Podem propor a revisão o próprio réu ou seu procurador, devidamente habilitado. O réu poderá fazê-lo (e é mais comum que seja assim), através de advogado. Vale anotar, porém, que não é obrigatória a presença do advogado. Assim, embora o Estatuto da OAB (Lei nº 8.906/94) excepcione apenas o *habeas corpus*, como ação que prescinde de advogado, o certo é que a doutrina e jurisprudência são tranquilas em dispensar tal acompanhamento, nada impedindo, portanto, que o próprio réu ingresse com a ação, já que possui capacidade postulatória para tanto. É a posição que prevalece no STF (*RT* 755/559, 742/520, 731/523, 699/407). Perfeita, nesse aspecto, a observação formulada por Ada, Magalhães e Scarance, pela qual "o cotejo entre dois valores constitucionais – de um lado, o princípio da indispensabilidade do advogado (art. 133, CF), do outro o da defesa da liberdade (art. 5º, *caput*, CF) e do amplo acesso à Justiça (art. 5º, inc. XXXV) – deverá resolver-se em benefício da capacidade postulatória do condenado à via qualificada de um remédio constitucional" (*Recursos* ...ob. cit., p. 323). Não se ignora, no entanto, a existência de entendimento minoritário a reconhecer como compulsória a presença do advogado após o advento do atual Estatuto da OAB, que deve, portanto, subscrever a petição inicial (*RT* 719/422). Sendo o pedido formulado por advogado, ele deverá estar munido da respectiva procuração, que, segundo entendimento dos Tribunais Superiores, não exige poderes especiais (STF: *RT* 597/401; STJ: *RT* 691/377).

De se salientar, contudo, a inconveniência de se admitir o pedido formulado pelo próprio réu, que, via de regra, não possui conhecimento técnico para bem avaliar a questão. Assim, conforme lembra Tourinho Filho, "um bisonho pedido pode ser indeferido, e se amanhã o profissional quiser reiterá-lo, encontrará sério obstáculo não só no parágrafo único do art. 622 do CPP como, inclusive, nos Regimentos Internos dos Tribunais. Então, para que se evitem amargas decepções, deve a revisão ser promovida por procurador legalmente habilitado" (*Código de Processo Penal Comentado*, ob. cit., vol. 2, p. 432). Talvez pela mesma razão se tenha retirado, *de qualquer do povo*, a legitimidade para ingressar com o pedido. Também por isso, alguma jurisprudência aconselha a nomeação de um defensor para as hipóteses nas quais o pedido é subscrito pelo próprio réu.

JURISPRUDÊNCIA

Ajuizamento pelo próprio réu, sem necessidade de advogado. Possibilidade

"O Supremo Tribunal Federal, ao interpretar o art. 133 da Constituição da República, reconheceu a indispensabilidade da intervenção do Advogado como princípio de índole institucional, cujo valor, no entanto, não é absoluto em si mesmo, mas condicionado, em seu alcance e conteúdo, pelos limites impostos pela lei, consoante estabelecido pela própria Carta Política. Precedentes. – O art. 623 do CPP – que confere capacidade postulatória ao próprio condenado para formular o pedido revisional – foi objeto de recepção pela nova ordem constitucional, legitimando, em conseqüência, a iniciativa do próprio sentenciado, que pode ajuizar, ele mesmo, independentemente de representação por Advogado, a ação de revisão criminal" (STF – HC n° 74309-SP, Rel. Celso de Mello, j. 12.11.1996, DJ 23.05.2008).

Advogado suspenso pela OAB. Ilegitimidade

"A revisão criminal pode ser pedida pelo próprio réu ou por procurador legalmente habilitado e, na hipótese do falecimento do primeiro, pelo cônjuge, ascendente, descendente ou irmão – artigo 623 do Código de Processo Penal. A formalização do pedido por procurador pressupõe a inscrição deste na Ordem dos Advogados do Brasil e a outorga dos indispensáveis poderes mediante instrumento de mandato – habilitação. Verificado que o procurador encontra-se com a inscrição na Ordem suspensa, cumpre concluir pela irregularidade da representação processual" (STF – HC n° 70903-MG – Rel. Marco Aurélio, j. 30.08.1994, DJ 07.10.1994, p. 26824).

Nomeação de defensor para o réu que ingressa com o pedido

a) desnecessidade

A Quinta Turma negou habeas corpus impetrado por um homem condenado por roubo majorado, que pedia a anulação do julgamento da sua ação revisional –realizado pelo extinto Tribunal de Alçada Criminal de São Paulo –, dada a falta de intimação do seu defensor dativo para participar da sessão. No voto, a relatora,ministra Laurita Vaz, afirmou que a falta de intimação pessoal do defensor do réu não gera nulidade no julgamento da revisão criminal, quando o pedido revisional foi formulado pelo próprio sentenciado. (STJ - HC 34.197, rel Min. Laurita Vaz, j. em 02/08/04).

"Tendo o próprio condenado ingressado com revisão criminal, não caracteriza constrangimento ilegal o fato de o E. Tribunal a quo não haver designado defensor público para assisti-lo no julgamento do pleito revisional" (STJ – HC n° 34198-SP, Rel. Gilson Dipp, j. 17.08.2004, DJ 20.09.2004, p. 313).

b) possibilidade

Revisão criminal. Recurso. Interposição pelo acusado. Razões. Designação de advogado – "Se é permitido ao acusado subscrever o pedido de revisão criminal, não se lhe pode ser negado o direito de designação de advogado para oferecer as razões do recurso" (STJ – Rel. William Patterson – RT 740/562).

Defensor público não necessita de instrumento de mandato

"A teor do que dispõe o artigo 16 da Lei nº 1.060/50, o defensor público não necessita de instrumento procuratório para ajuizar revisão criminal" (STJ – HC n° 24812-PE, Rel. Paulo Gallotti, RT 837/536).

Morte do réu – A legitimidade para a revisão, após a morte do réu, é tratada neste dispositivo, sendo deferida ao "cônjuge, ascendente descendente ou irmão". Comparecendo mais de uma dessas pessoas com legitimidade para o pedido, aplica-se, por analogia, o art. 36 do CPP. Falecendo o autor da revisão criminal no curso do processo e não deixando sucessores, como já alertamos, ser-lhe-á nomeado um curador (art. 631). Cremos que a mesma solução deva ser adotada caso seja o réu declarado ausente.

Entendemos, porém, ser inviável aos herdeiros propor a revisão com o objetivo de modificar a pena imposta ao sentenciado, porquanto tal pena, com a morte do réu, estará extinta, faltando-lhes, assim, interesse (utilidade) no pedido. Também é pouco provável a demonstração de interesse para alteração da classificação da infração. Talvez, com a intenção de resguardar a honra do falecido, se pretenda demonstrar que ele, ao invés de ter praticado uma tentativa de homicídio, perpetrou, em verdade, uma lesão corporal leve. Buscar a anulação do processo também não faz sentido, já que outro não poderá ser deflagrado face à morte do réu. A menos, quem sabe, se com a anulação do processo e ante a proibição da *reformatio in pejus* indireta, se obtenha a prescrição da pretensão punitiva, livrando o morto, assim, da sentença condenatória. De forma mais efetiva, dentre as consequências advindas da revisão elencadas no art. 626 do código, os herdeiros por certo que ajuizarão o pedido a fim de obter a absolvição do falecido e, por conseguinte, resgatar-lhe a honra. Tamanha é a preocupação do legislador nesse sentido que, falecendo o autor do pedido durante seu trâmite e nele não se habilitando as pessoas mencionadas no art. 623 (ou não deixando sucessores), cumpre ao Tribunal nomear um curador para acompanhar a revisão (art. 631). Ainda sobre a morte do réu, v. art. 622 acima.

Ministério Público – É discutível a legitimidade do promotor de Justiça para propor a revisão criminal, dividindo-se a doutrina e jurisprudência a respeito dessa questão. Na jurisprudência, não reconhecendo a legitimidade do MP: *RT* 795/524 (STF), 694/375. Os principais argumentos no sentido de negar ao *parquet* a legitimidade ativa para ajuizar o pedido são que, primeiro, a lei não prevê tal possibilidade, conforme se verifica do minucioso rol trazido pelo art. 623 do CPP. E, segundo, que não teria cabimento o Ministério Público ocupar o polo ativo da relação processual, na qualidade de autor do pedido revisional e, ao mesmo tempo, compor o polo passivo desta mesma relação, eis que, nas revisões criminais, é o *parquet* a parte passiva na demanda.

Pensamos diferentemente. O Ministério Público, conforme tantas vezes alertado, de há muito deixou de atuar no processo penal como um verdadeiro *acusador profissional*, buscando, a qualquer custo, uma condenação, pouco se importando com a forma pela qual obtida. Ao revés, encarna hoje o interesse primordial do Estado que consiste na obtenção de uma sentença justa, seja ela absolutória ou condenatória. Por ser uma *parte diferenciada* (ou parte *imparcial*, para se utilizar de força de expressão), é que se admite, de forma hoje incontestável, que, por exemplo, recorra em favor do réu, que antes peça sua absolvição ou que impetre *habeas corpus* em prol do agente. Assim, agindo como fiscal da correta aplicação da lei, naquilo que se convencionou chamar de *custos legis*, não há como se negar, ao Ministério Público, a titularidade da revisão criminal.

Não aproveita se afirmar que o art. 623 do CPP não prevê tal possibilidade. É que o código, quando trata de recursos, em mais de uma passagem elenca um rol apenas exemplificativo, sem inibir que outras pessoas, além daquelas apontadas no texto legal, possam recorrer. Assim, *v.g.*, ao tratar dos legitimados para a apelação, no art. 577, o código não mencionou a figura do curador e, apesar disso, jamais lhe foi negada a legitimidade ativa para interpor o recurso. De outro lado, ao tratar da legitimidade do assistente de acusação, no art. 271, o código não alude à possibilidade de ele opor embargos de declaração da sentença ou do acórdão e, apesar disso, alguém negaria essa faculdade? Não se ignora, é verdade, o tranquilo entendimento no sentido de que a revisão criminal não possui a natureza jurídica de recurso. Todavia, para fins de argumentação, parece válida a analogia sugerida entre legitimidade para recorrer e legitimidade para propositura da revisão. Outro argumento a ser lembrado é que o CPP em vigor é datado de 1941, quando a posição do Ministério Público era totalmente diversa, não tendo assumido, ainda, o *status* de defensor da sociedade bem delineado pela Constituição de 1988. Não é de se estranhar, assim, que o legislador do processo penal não apontasse o *parquet* como um dos legitimados para propor a revisão criminal.

Parece não refutar esse entendimento o argumento contrário consistente no fato de que o Ministério Público jamais poderia compor os dois polos da revisão criminal: como réu, representando o Estado e, como autor, propondo a revisão criminal. Ora, quando oferta a denúncia e, ao final do processo, pede a absolvição, também não ocorreria o mesmo antagonismo? Ou, quando apesar de propor a inicial, recorre em favor do réu condenado, também não estaria o Estado presente nos dois polos do pedido, como recorrente e recorrido? Apesar disso – insistimos – de há muito se confere ao Ministério Público a possibilidade de pedir absolvição ou recorrer em favor do réu. Não vislumbramos, assim, qualquer impedimento que possa ser suscitado sob esse fundamento. A propósito, excetuando-se o *nomem juris* e os pressupostos que são típicos de cada pedido, não há qualquer diferença, quanto à legitimidade ativa, entre se impetrar um *habeas corpus* contra sentença transitada em julgado ou se propor uma revisão criminal na mesma situação.

Aliás, não há nada de inédito no fato do Estado, de forma simultânea, ser encontrado em ambos os polos da relação processual. Quando o Promotor de Justiça recorre pleiteando a absolvição do réu e a Procuradoria-Geral emite parecer contrário à apelação, é o Estado, através da mesma Instituição (Ministério Público), ofertando posicionamentos diversos para o mesmo caso. O Estado é um só. Por razões de boa administração é que ele se divide. Caberá a um outro órgão do Estado, o Poder Judiciário ("Estado-Juiz"), dar a palavra final. De qualquer sorte, mesmo que se admitisse essa incompatibilidade, não se poderia negar ao Ministério Público, na ação penal privada, a legitimidade para propor revisão criminal em favor do querelado, pois, nessa hipótese, não foi o *parquet* quem movimentou o processo inicial, mas sim o querelante, desaparecendo, assim, a alegada incongruência entre uma e outra posição.

Em suma, tomado o Ministério Público de forma mais abrangente, despido da condição de mero acusador, não há como se negar à Instituição a possibilidade de, na busca da correta aplicação da justiça, manejar pedido de revisão criminal.

JURISPRUDÊNCIA

Ministério Público

a) ilegitimidade

"O Estado-acusador, ou seja, o Ministério Público, não tem legitimidade para formalizar a revisão criminal, pouco importando haver emprestado ao pedido o rótulo de habeas corpus, presente o fato de a sentença já ter transitado em julgado há mais de quatro anos da impetração e a circunstância de haver-se argüido a competência da Justiça Federal, e não da Justiça Estadual, sendo requerente o Procurador da República" (STF – RHC n° 80796-SP, Rel. Marco Aurélio, j. 29.05.2001, DJ 10.08.2001, p. 20).

b) legitimidade

"Muito embora a matéria seja objeto de polêmica, deve ser reconhecida a legitimidade do Ministério Público para propor a ação de revisão criminal, uma vez que a Constituição, em seu art. 127, caput, expressamente lhe reserva a atribuição de defesa da ordem jurídica, do regime democrático de dos interesses sociais e individuais indisponíveis" (TJPR – RC nº 436051-8, Rel. Carlos Augusto de Mello j. 10.01.2008).

Terceiro – Não se admite que *terceiro* proponha a ação em favor do sentenciado que esteja vivo, já que a revisão não tem caráter de ação popular, como o *habeas corpus*. Explicamos: no *habeas corpus*, como veremos em seguida, qualquer do povo, mesmo que jamais tenha estabelecido contato com o paciente, sabendo que ele sofre uma coação ilegal, pode propor o *writ*. Não se exige para ajuizamento do pedido, assim, a presença de qualquer vínculo de parentesco ou profissional entre o impetrante e o paciente. Já na revisão, ao contrário, só o próprio réu (pessoalmente ou através de advogado) ou seus descendentes, ou seja, somente aqueles que possuem interesse imediato estão legitimados ativamente para o pedido. Lembre-se que nem sempre foi assim, já que as Constituições de 1891 e 1934, permitiam que qualquer do povo propusesse o pedido, deferindo, ainda, ao Procurador-Geral da República tal legitimidade.

JURISPRUDÊNCIA

Advogado da FUNAP. Ilegitimidade. Concessão de prazo para regularização

"A revisão criminal ajuizada em favor do paciente foi subscrita por advogada da Fundação Professor Doutor Manoel Pedro Pimentel – FUNAP sem habilitação nos autos, não contendo o original da peça a assinatura do condenado, o que a princípio revelaria o descumprimento do dispositivo da legislação processual penal acima mencionado. Isso porque a FUNAP não ostenta a qualidade de órgão público encarregado da prestação de assistência jurídica gratuita, motivo pelo qual os advogados que nela atuam não possuem as mesmas prerrogativas dos membros da Defensoria Pública, devendo, por conseguinte, atuar em juízo mediante a apresentação de procuração. Precedente. Contudo, mesmo que evidenciado, de início, o desrespeito ao preceito contido no artigo 623 do Código de Processo Penal, constata-se que o simples arquivamento da inicial, tal como procedido na origem, não se coaduna com os princípios da ampla defesa e da instrumentalidade das formas. Desse modo, constatada a irregularidade na representação processual do réu, deveria o Desembargador Presidente da Seção Criminal do Tribunal de Justiça do Estado de São Paulo assinalar prazo para a correção do defeito, e não simplesmente arquivar a revisão criminal ajuizada em seu favor, mormente em face dos interesses e valores envolvidos" (STJ – HC n° 189513-SP, Rel. Jorge Mussi, j. 11.10.2011, DJe 28.10.2011).

Estudante de Direito. Ilegitimidade

"Não existe, na hipótese, a alegação vedação ao acesso à justiça, porquanto a pessoa que ingressou com o pedido é estranha ao rol dos legitimados para ingressar, em juízo, com a ação de revisão criminal, quais sejam o procurador legalmente habilitado, o próprio réu ou, no caso de sua morte, o cônjuge, o ascendente, o descendente ou irmão (art. 623, do Código de Processo Penal). Ademais, o estudante de direito não possui capacidade postulatória, não podendo, assim, ser considerado procurador legalmente habilitado para demandar em juízo" (STJ – HC n° 73401-PR, Rel. Laurita Vaz, j. 13.03.2007, DJe 16.04.2007, p. 222).

Participação do assistente de acusação – Ao assistente de acusação, por falta de previsão legal, não se admite sua participação no processo de revisão criminal. Com efeito, os poderes do assistente estão elencados no art. 271 do CPP, e, dentre eles, não se encontra a legitimidade para atuar na revisão criminal. De se observar, porém, que seria salutar essa participação, posto que inegável o interesse (*rectius*: utilidade), do assistente, na medida em que, por exemplo, se absolvido o autor do pedido, porque inexistente o fato, a vítima perderá, em consequência, o direito de, no cível, postular a respectiva reparação. Mas isso de *lege ferenda*. Na letra fria da lei, não se cogita dessa intervenção.

Participação da vítima – Não há qualquer previsão legal quanto à participação da vítima no pedido revisional, mas, como salientamos acima, salutar seria tal admissão, já que o ofendido possui nítido interesse em ver resguardado seu direito à indenização, caso ainda não a tenha recebido. Basta lembrar o seguinte exemplo: o réu, como consequência da sentença que o condenou, acabou por indenizar o ofendido. Posteriormente, com tal situação já consolidada, o réu propõe revisão criminal, sob o fundamento de que o fato inexistiu. Ora, com eventual sucesso do pedido, o ofendido terá que devolver ao réu o dinheiro que dele já recebera. Seria plausível, portanto, que se admitisse a participação do ofendido no pedido revisional, a fim de auxiliar na manutenção da sentença condenatória e, por consequência, preservar intacta a reparação em dinheiro que recebeu. Tudo isso, porém, em termos teóricos, já que a lei não prevê essa possibilidade. Aliás, o regimento interno do Tribunal de Justiça de São Paulo veda, expressamente, a intervenção do ofendido na revisão (art. 589 do Regimento Interno).

Companheiro – Dada à equiparação legal estabelecida pela Constituição (art. 226, § 3º) entre a figura do cônjuge e a do companheiro, pensamos que a este último se deva reconhecer a legitimidade para formulação do pedido, embora não prevista em lei.

Art. 624. **As revisões criminais serão processadas e julgadas: (Redação dada pelo Decreto-lei nº 504, de 18.3.1969)**

I – pelo Supremo Tribunal Federal, quanto às condenações por ele proferidas; (Redação dada pelo Decreto-lei nº 504, de 18.3.1969)

II – pelo Tribunal Federal de Recursos, Tribunais de Justiça ou de Alçada, nos demais casos. (Redação dada pelo Decreto-lei nº 504, de 18.3.1969)

§ 1º No Supremo Tribunal Federal e no Tribunal Federal de Recursos o processo e julgamento obedecerão ao que for estabelecido no respectivo regimento interno.(Incluído pelo Decreto-lei nº 504, de 18.3.1969)

§ 2º Nos Tribunais de Justiça ou de Alçada, o julgamento será efetuado pelas câmaras ou turmas criminais, reunidas em sessão conjunta, quando houver mais de uma, e, no caso contrário, pelo tribunal pleno. (Incluído pelo Decreto-lei nº 504, de 18.3.1969)

§ 3º Nos tribunais onde houver quatro ou mais câmaras ou turmas criminais, poderão ser constituídos dois ou mais grupos de câmaras ou turmas para o julgamento de revisão, obedecido o que for estabelecido no respectivo regimento interno. (Incluído pelo Decreto-lei nº 504, de 18.3.1969)

Competência – A revisão criminal é de competência originária dos tribunais, devendo, portanto, ser proposta diretamente nessas cortes, não se admitindo, por óbvio, pedido revisional aforado perante a 1ª. instância. Vale lembrar que este artigo faz menção a órgãos jurisdicionais não mais existentes. Assim o antigo Tribunal Federal de Recursos corresponde, hoje, aos cinco Tribunais Regionais Federais. E os Tribunais de Alçada foram extintos, por força da Emenda Constitucional nº 45/2004.

Na hipótese da revisão se voltar contra uma sentença de 1º grau, transitada em julgado, a competência para julgamento é do Tribunal de Justiça, o mesmo que teve competência para julgar a apelação, caso tenha sido interposta (ou mesmo se não houve o apelo). Caso a decisão cuja revisão se pretende seja oriunda de uma apelação, competente também é o Tribunal de Justiça, segundo divisão interna determinada nos diversos regimentos internos de cada tribunal estadual. No Estado de São Paulo, sendo a revisão criminal ofertada contra decisão de câmara ou turma, cabe ao grupo de câmaras o julgamento (art. 181, inc. I, "b", do RITJSP. Quando o processo for de competência originária do Órgão Especial, cabe a ele o julgamento da revisão criminal (art. 177, inc. VII, do RITJSP).

Supremo Tribunal Federal e Superior Tribunal de Justiça – A competência originária dos demais tribunais é determinada segundo regras constitucionais. Assim, trata a Carta Magna da competência do STF (art. 102, inc. I, "j"), do STJ (art. 105, inc. I, "e") e dos Tribunais Regionais Federais (art. 108, inc. I, "b"). O órgão interno competente para conhecer do pedido é apontado nos regimentos de cada tribunal. No STF, por exemplo, é o Plenário quem julga revisões criminais (art. 6º, inc. I, "b", do RISTF). No STJ, a Corte Especial, caso a decisão cuja revisão se pretende foi por ela proferida (art. 239 do RISTJ). Quando o julgado revidendo for oriundo da Seção, a ela cabe o julgamento (art. 12, inc. II, do RITJSP).

JURISPRUDÊNCIA

Competência do STJ

"Em sede de revisão criminal, a competência originária do STJ restringe-se ao reexame de seus julgados (CF, art. 105, I, e), competindo aos Tribunais estaduais revisar as condenações por eles impostas ou por seus juízos vinculados (CPP, art. 624, II)" (STJ – HC nº RvCr 182-PR, Rel. Vicente Leal, j. 09.10.1996, DJ 11.11.1996, p. 43640).

Competência dos Tribunais estaduais

"Aos Tribunais Estaduais compete julgar a revisão criminal dos seus próprios julgados" (STJ – HC nº 9489-PR, Rel. Hamilton Carvalhido, j. 05.10.1999, DJ 12.06.2000, p. 135).

Art. 625. O requerimento será distribuído a um relator e a um revisor, devendo funcionar como relator um desembargador que não tenha pronunciado decisão em qualquer fase do processo.

§ 1º O requerimento será instruído com a certidão de haver passado em julgado a sentença condenatória e com as peças necessárias à comprovação dos fatos argüidos.

§ 2º O relator poderá determinar que se apensem os autos originais, se daí não advier dificuldade à execução normal da sentença.

§ 3º Se o relator julgar insuficientemente instruído o pedido e inconveniente ao interesse da justiça que se apensem os autos originais, indeferi-lo-á *in limine*, dando recurso para as câmaras reunidas ou para o tribunal, conforme o caso (art. 624, parágrafo único).

§ 4º Interposto o recurso por petição e independentemente de termo, o relator apresentará o processo em mesa para o julgamento e o relatará, sem tomar parte na discussão.

§ 5º Se o requerimento não for indeferido *in limine*, abrir-se-á vista dos autos ao procurador-geral, que dará parecer no prazo de dez dias. Em seguida, examinados os autos, sucessivamente, em igual prazo, pelo relator e revisor, julgar-se-á o pedido na sessão que o presidente designar.

Impedimento – Segundo se depreende deste dispositivo, o desembargador (e, por óbvio, também o ministro), que tenham participado do julgamento que se pretende rever, estão impedidos de funcionarem, no julgamento da revisão, na qualidade de relator. Conquanto a lei faça alusão, apenas, ao relator, a jurisprudência abaixo transcrita, do STJ, estende esse impedimento também ao revisor.

JURISPRUDÊNCIA

Impedimento do relator ou revisor

"Em sede de revisão criminal, não podem funcionar como relator ou revisor desembargadores que tenham participado de julgamento em fase anterior do processo (CPP, art. 625), inexistindo qualquer impedimento de participação dos demais membros do órgão colegiado que julgou a apelação" (STJ – HC n° 9702-SC, Rel. Vicente Leal, RSTJ 142/493).

§ 1º O requerimento será instruído com a certidão de haver passado em julgado a sentença condenatória e com as peças necessárias à comprovação dos fatos argüidos.

Instrução do pedido – Como em toda e qualquer ação, a petição inicial da revisão deve vir instruída com a documentação pertinente ao pedido. Como somente se admite a revisão de "processos findos" (art. 621), exige-se a juntada de certidão que ateste o trânsito em julgado da sentença condenatória (e, acrescentaríamos, da sentença absolutória imprópria). As "peças necessárias à comprovação dos fatos", podem ser das mais diversas naturezas. Assim, uma certidão de nascimento que demonstre que o condenado, ao tempo da prática do crime, contava menos de 21 anos, a justificar a redução de sua pena. Ou a justificação promovida em 1º grau de jurisdição.

JURISPRUDÊNCIA

Quando se admite o pedido sem a certidão de trânsito em julgado

"O art. 625, § 1º. do CPP afirma que compete ao requerente a correta instrução do pedido de revisão criminal, sendo indispensável a certidão de haver passado em julgado a sentença condenatória, além das peças necessárias à comprovação dos fatos argüidos; entretanto, na hipótese de ser pedida diretamente pelo réu preso, em atenção e para garantia do princípio constitucional da ampla defesa, deve o Tribunal, na medida do possível, providenciar a assistência jurídica por meio de Advogado Dativo ou Defensor Público. Especialmente no tocante à juntada da certidão de trânsito em julgado, penso que, tratando-se de pedido formulado diretamente por réu preso, sem assistência de Advogado ou Defensor, como no caso concreto, constitui exacerbado formalismo o não conhecimento da Revisão Criminal sob a singela alegação de falta da referida peça; isso porque, atualmente, a informação pode ser obtida até mesmo por meio de simples consulta ao sistema informatizado do Tribunal" (STJ – HC n° 92951-PB, Rel. Napoleão Nunes Maia Filho, j. 28.10.2008, DJe 24.11.2008).

§ 2º O relator poderá determinar que se apensem os autos originais, se daí não advier dificuldade à execução normal da sentença.

JURISPRUDÊNCIA

Faculdade do relator em determinar o apensamento

"Extrai-se do § 2º do artigo 625 do Código de Processo Penal que o apensamento dos autos originais é uma faculdade do relator, valendo ressaltar que o § 3º do citado dispositivo chega até mesmo a prever o indeferimento liminar da revisão criminal quando o pedido não estiver suficientemente instruído, caso se entenda inconveniente ao interesse da justiça a mencionada juntada da íntegra do processo Originário" (STJ – HC nº 99339-PE, Rel. Jorge Mussi, j. 26.10.2010, DJe 06.12.2010).

§ 3º Se o relator julgar insuficientemente instruído o pedido e inconveniente ao interesse da justiça que se apensem os autos originais, indeferi-lo-á* in limine*, dando recurso para as câmaras reunidas ou para o tribunal, conforme o caso (art. 624, parágrafo único).

Rejeição liminar -Dirigida a revisão criminal ao presidente do respectivo Tribunal, os autos são distribuídos a um relator e a um revisor. O relator poderá rejeitar liminarmente o pedido, conforme previsto neste artigo, caso ele não esteja devidamente instruído. Assim, por exemplo, se não contar com certidão comprobatória do trânsito em julgado da decisão que se pretende atacar (art. 625, § 1º, do CPP) ou, se manejada revisão por advogado, não for juntado o instrumento de mandato (*procuração*). Ou, ainda, quando o pedido se tratar de mera reiteração de outro já apresentado (art. 622, parágrafo único). E mesmo se não preencher os requisitos genéricos para a propositura de qualquer ação, como, *v.g.*, a legitimidade de parte (por exemplo, na revisão proposta por parente estando o réu vivo e mentalmente são), interesse (*v.g.*, pedido voltado contra sentença absolutória própria), etc. Cumpre observar, no entanto, que não se trata de uma decisão de mérito, para cujo julgamento é competente o Tribunal, mas de simples carência de ação. De sorte que, ao indeferir liminarmente a revisão, não deve o relator ingressar no debate sobre o *meritum*, mas apenas na análise do preenchimento das condições formais de admissibilidade da revisão.

JURISPRUDÊNCIA

Possibilidade de indeferimento liminar, desde que não adentre o mérito

"A revisão criminal, em regra, deve ser submetida ao órgão colegiado. Entretanto, seu relator pode indeferir liminarmente a inicial, dando recurso ao corpo de julgadores, em casos excepcionais e que se referiam a aspectos processuais (v.g., má instrução do pedido e inconveniência do apensamento dos autos originais). Inteligência do art. 625, § 3.º, do Código de Processo Penal. No caso dos autos, a decisão atacada incorreu em erro in procedendo ao analisar o meritum causae antecipadamente, sem a participação do colegiado, o que determina a nulidade do procedimento adotado pela instância ordinária e a submissão da ação autônoma à câmara reunida ou ao órgão equivalente. Tal invalidade harmoniza-se com os princípios do devido processo penal, da ampla defesa, do duplo grau de jurisdição e da colegialidade, em especial quando constatado que a dosimetria da pena dos Pacientes seria perfeitamente passível de reforma mediante revisão criminal" (STJ – HC nº 228338-PE, Rel. Laurita Vaz, j. 05.09.2013, DJe 11.09.2013).

"Mantém-se a decisão que indefere, liminarmente, o processamento de pedido de revisão criminal, quando, como no caso dos autos, o relator, nos limites de sua competência, julga o pedido insuficientemente instruído sem entrar no mérito" (STJ – HC nº 2862-SP, Rel. Anselmo Santiago, j. 08.11.1994, DJ 06.02.1995, p. 1371).

Recurso – Da decisão do relator que, *in limine*, rejeita a revisão, é cabível agravo, conforme o regimento interno do respectivo tribunal. No Tribunal de Justiça de São Paulo, é cabível agravo regimental no prazo de cinco dias (art. 858, § 3º, inc. III, 4, "c", do regimento interno). Esse agravo admite juízo de retratação, podendo o relator, portanto, reformar sua própria decisão e, por conseguinte, receber a revisão. Caso contrário, mantendo-a, submeterá o julgamento ao órgão competente para o julgamento, "sem tomar parte da discussão", como prevê a parte final do § 4º, do art. 625, do CPP.

Recurso de ofício? – Há quem vislumbre, na redação deste parágrafo, a existência de um recurso de ofício "para as câmaras reunidas ou para o tribunal", quando o relator indeferir liminarmente a revisão. Não parece seja assim. A expressão *dando recurso*, contida no dispositivo legal, não significa dizer deva o relator, ao indeferir *in limine* a revisão, obrigatoriamente sujeitar sua decisão ao reexame do órgão competente. Trata-se, em verdade, de recurso voluntário, cabendo ao autor do pedido, não se conformando com a decisão de rejeição liminar, opor o respectivo agravo. Assim pensamos em virtude de que, primeiro, em análise aos regimentos internos do STF, do STJ e do TJSP, em nenhum momento se depara com esse recurso obrigatório imposto ao relator da revisão criminal. Ademais – segundo – a regra geral é a voluntariedade dos recursos, sendo a obrigatoriedade a exceção. Assim, somente nas hipóteses claramente indicadas em lei (como, por exemplo, do art. 574 do CPP), é que se admite o duplo grau de jurisdição obrigatório. Nas demais prevalece a faculdade concedida ao sucumbente em recorrer ou não. Por último, ao se analisar os arts. 966 e seguintes, do Código de Processo Civil, que tratam da ação rescisória, prima-irmã da revisão criminal, em analogia autorizada pelo art. 3º do CPP, não se depara com a previsão de qualquer recurso obrigatório contra a decisão do relator que indeferir a petição inicial.

§ 4º Interposto o recurso por petição e independentemente de termo, o relator apresentará o processo em mesa para o julgamento e o relatará, sem tomar parte na discussão.

§ 5º Se o requerimento não for indeferido* in limine*, abrir-se-á vista dos autos ao procurador-geral, que dará parecer no prazo de dez dias. Em seguida, examinados os autos, sucessivamente, em igual prazo, pelo relator e revisor, julgar-se-á o pedido na sessão que o presidente designar.

Processamento – Caso recebida a revisão pelo relator, pois decidiu dessa forma ou, então, porque foi dado provimento ao agravo oposto contra a rejeição *in limine*, adota-se o rito do § 5º acima. Assim, os autos vão ao Procurador-Geral para emitir parecer, no prazo de dez dias. Ao emitir um parecer atua não como parte, mas como fiscal da lei (*custos legis*), apreciando livremente a pretensão, podendo (ou *devendo* mesmo), com ela concordar, casos atendidos os requisitos e pressupostos legais. De se aplaudir, assim, o posicionamento de Sérgio de Oliveira Médici, que nega, ao Ministério Público, a legitimidade passiva na revisão criminal. Fosse ele parte da relação processual, orienta o mencionado autor, e, decerto, teria que contestar o pedido, jamais podendo com ele concordar. Mas o que se vê, ao contrário, é o Ministério Público de 2ª. instância opinando desvinculadamente sobre a revisão (ob. cit., p. 236).

Conversão do julgamento da revisão em diligência – A possibilidade de conversão do julgamento da revisão em diligência ficará sempre a critério do regimento interno de cada tribunal. No STF (art. 267 do RISTF), no STJ (art. 168 do RISTJ) e no Tribunal de Justiça de São Paulo (art. 591, inc. III, do RITJSP), há previsão expressa nesse sentido. Em homenagem ao princípio da busca da verdade real, que inspira todo o processo penal, é mesmo salutar essa conversão, a permitir que o tribunal tenha uma visão mais ampla do pedido, propiciando, assim, um julgamento mais perfeito.

JURISPRUDÊNCIA

Possibilidade de conversão do julgamento em diligência

"O princípio da busca da verdade real que existe no sistema de nosso Código de Processo Penal, como acentua sua Exposição de Motivos, permite que, ainda quando em revisão criminal, se promovam diligencias para a apuração da verdade, ou não, do que alega o requerente em seu favor" (STF – HC n° 68088-SP – Rel. Moreira Alves, j. 04.09.1990, DJ 12.10.1990, p. 10045).

Empate no julgamento da revisão criminal

"Deve-se aplicar, à falta de norma expressa sobre o empate [em julgamento de revisão criminal], a regra do art. 615, § 1.º, do Código de Processo Penal, reproduzida para o habeas corpus no parágrafo único do art. 664. Mesmo que se considere tratar-se de normas específicas, atinentes a recursos determinados, caberá o apelo à analogia, expressamente permitido pelo art. 3°" (STF – HC 54467, Rel. Leitão de Abreu, DJ 18.03.1977).

Art. 626. **Julgando procedente a revisão, o tribunal poderá alterar a classificação da infração, absolver o réu, modificar a pena ou anular o processo.**

Parágrafo único. De qualquer maneira, não poderá ser agravada a pena imposta pela decisão revista.

Efeitos da procedência do pedido – Com o sucesso da revisão criminal se pode obter a alteração da capitulação legal, a absolvição do réu, a diminuição de sua pena ou a anulação do processo, na exata dicção deste dispositivo.

Classificação legal – O ajuizamento de pedido revisional para alteração da capitulação legal é situação rara de ser vista no cotidiano forense. E, de fato, não se imagina situação concreta onde haja interesse no pedido. Poderia se exemplificar com a hipótese na qual o agente cumprindo pena pela prática de determinada conduta típica, viesse a ter a pena reduzida, com a nova definição legal dada ao delito, por força da revisão. Mas aí já não mais seria de mera alteração da classificação legal, mas de verdadeira modificação da pena, prevista neste artigo. A jurisprudência aponta um caso em que se acolheu a revisão para alterar a classificação dada ao delito de *tentativa de homicídio culposo* (figura, aliás, inexistente), para *lesões corporais culposas* (*RT* 603/335). Mas também nessa hipótese a consequência foi a redução da pena.

ATENÇÃO – O Tribunal de Justiça de São Paulo, em seu regimento interno, chega mesmo a impedir a revisão criminal "para a alteração do fundamento legal da sentença condenatória" (art. 584, § 2º, III), embora, mais à frente (art. 596 do RITJSP), repita os termos do art. 626 do CPP, ao dispor que "se julgar procedente a revisão, o órgão colegiado poderá absolver o acusado, alterar a classificação da infração ...".

Modificação da pena – Inegável, outrossim, o cabimento do pedido para correção da pena imposta a seu autor. A jurisprudência, no entanto, interpreta com certo rigor essa possibilidade, exigindo, para o acolhimento da revisão, que se demonstre o evidente erro judiciário havido no cálculo, por inobservância de regra técnica em sua elaboração. Nesse sentido: *RT* 805/590, 804/668,729/556.

JURISPRUDÊNCIA

Possibilidade da revisão para redução da pena

"Esta Corte vem entendendo que é possível a correção da dosimetria da pena em sede de revisão criminal (Precedentes)" (STJ – REsp n° 476513-RO, Rel. Felix Fischer, j. 05.08.2004, DJ 13.09.2004, p. 275).

Medida excepcional

"Constitui prática desaconselhável em revisão criminal proceder-se à mudança quantitativa da pena imposta, salvante os casos excepcionais de explícita injustiça, ou de comprovado erro ou inobservância de técnica no processo dosimétrico" (TJSP, RC n° 265.269-3 – Rel. Gonçalves Nogueira, j. 8.6.2000).

Efeito extensivo – É cabível o efeito extensivo na revisão criminal. Assim, o corréu que não ingressou com a revisão, pode dela se beneficiar, desde que a decisão não tenha por fundamento condições pessoais do autor, nos termos do art. 580 do código. Suponha-se que dois réus, agindo em concurso de agentes, estejam definitivamente condenados, quando um deles propõe revisão criminal. Caso o tribunal acolha o pedido para absolver o autor sob o fundamento, por exemplo, de que o fato inexistiu, tal decisão estenderá seus efeitos em favor do corréu que não se valeu do pedido revisional.

Efeito suspensivo – É óbvio que a revisão criminal não possui efeito suspensivo. É que ela pressupõe, exatamente, o trânsito em julgado da sentença que, por consequência, já estará sendo executada. Demais disso, a revisão criminal não tem a natureza jurídica de recurso, não se cogitando, bem por isso, do efeito suspensivo.

JURISPRUDÊNCIA

Não tem efeito suspensivo

"A pretensão de aguardar-se em liberdade o julgamento de revisão criminal não encontra apoio na lei processual penal e nem na jurisprudência do Supremo Tribunal Federal, que se posiciona no sentido de que o ajuizamento de revisão criminal não obsta a execução da sentença penal condenatória irrecorrível, de modo a permitir ao réu aguardar solto o julgamento do pedido" (STF – HC n° 73799-SP – Rel. Ilmar Galvão, j. 07.05.1996, DJ 01.07.1996, p. 23863).

"Mostra-se incabível o pedido de possibilitar ao paciente o direito de aguardar em liberdade o julgamento do pleito revisional. Isso porque a prisão do paciente decorre de sentença condenatória transitada em julgado, sendo certo que a ação revisional não possui efeito suspensivo capaz de impedir a execução do julgado." (STJ – HC n° 169605-GO – Rel. Og Fernandes, j. 06.09.10).

Recurso cabível – Da decisão que julga a revisão criminal não é cabível apelação, posto que proferida em competência originária dos Tribunais. Tampouco se cogita, para a jurisprudência majoritária, da possibilidade de oferta de embargos infringentes ou de nulidade, caso não unânime a decisão do tribunal. Nesse sentido: *RT* 588/325, 581/386, 534/348, 440/367. Em sentido contrário, admitindo embargos infringentes ou de nulidade: *RT* 681/369, 614/346. Mas, dependendo do caso concreto, essa decisão admite embargos de declaração, recurso especial para o STJ ou recurso extraordinário para o STF. E mesmo agravo regimental, quando rejeitada liminarmente a revisão pelo relator, na hipótese prevista no § 3º do art. 625 do CPP. No STF são admissíveis embargos infringentes ou de nulidade quando não unânime a decisão proferida em revisões criminais (exige-se o mínimo de quatro votos divergentes). Eventual empate no julgamento da revisão enseja a aplicação do novo art. 615, § 1º, que prevê a prevalência da decisão mais favorável ao indivíduo imputado, neste caso o autor do pedido revisional.

Parágrafo único. De qualquer maneira, não poderá ser agravada a pena imposta pela decisão revista.

Nulidade e *reformatio in pejus* – Anulado o processo e, por consequência a sentença, nova decisão deverá ser proferida. Essa segunda sentença não poderá agravar a pena do réu, conforme se infere do teor deste dispositivo em exame. Incide, aqui, o princípio da *non reformatio in pejus*, que impede que o tribunal, ao julgar a revisão, agrave a situação do réu (*reformatio in pejus* indireta), ou que o faça a nova sentença a ser proferida (*reformatio in pejus* indireta).

A *ratio legis* é evidente: tratando-se a revisão de uma medida concebida, pelo menos em nossa legislação, apenas em favor do réu, não teria cabimento que o triunfo do pedido pudesse implicar, logo adiante, no agravamento da situação de seu autor. A lei menciona que somente a pena não pode ser agravada na segunda sentença, a exemplo do que diz, também, em relação à apelação (art. 617 do CPP). Mas, assim como salientamos ao tratarmos da apelação, não somente a pena não pode ser majorada, como, além disso, a situação em geral do réu não pode, jamais, ser agravada. Assim, se a primeira sentença, condenando o réu a pena de cinco anos, concedeu, de forma equivocada, o regime aberto, vindo ela a ser anulada através da revisão, não pode a nova sentença pretender corrigir o erro da primeira, mantendo a pena de cinco anos, mas impondo o regime semiaberto para início de seu cumprimento. Embora o CPP, nos arts. 617 e 626, parágrafo único, impeça apenas o agravamento da sanção penal, o raciocínio acima exposto, fruto de criação doutrinária e jurisprudencial, é hoje largamente aceito.

Art. 627. A absolvição implicará o restabelecimento de todos os direitos perdidos em virtude da condenação, devendo o tribunal, se for caso, impor a medida de segurança cabível.

Restabelecimento dos direitos – Proferida a sentença absolutória, serão restabelecidos todos os direitos perdidos pelo réu em virtude da condenação, *ex vi* do disposto neste artigo de lei. Cessam, portanto, a pena em si, com seus efeitos genéricos previstos no art. 91 do Código Penal, bem como os efeitos específicos da condenação, elencados no art. 92 do mesmo *codex*. Assim, por exemplo, se em virtude da condenação ao réu se impôs a inabilitação para dirigir veículo (art. 92, inc. III, do CP), acolhida a reabilitação se extingue a pena de reclusão imposta, como também o efeito administrativo da condenação. Cumpre, porém, a análise de cada caso concreto. Assim, a absolvição, via pedido revisional, do funcionário público, não implicará, automaticamente, em seu retorno ao serviço público, do qual fora alijado como efeito da condenação (art. 92, inc. I, do CP). É que há independência entre as esferas penal e administrativa. Por vezes, sob a ótica do Direito Penal, o fato é atípico, mas na via administrativa justifica a exoneração do servidor, por afronta ao estatuto que lhe é próprio.

Medida de segurança – A parte final do art. 627 contempla a possibilidade do Tribunal, embora absolvendo o réu, "impor a medida de segurança cabível". A medida de segurança aqui aludida, sem dúvida, era aquela prevista no antigo Código Penal de 1940, e consistia na possibilidade de o juiz aplicar, cumulativa e sucessivamente, medida de segurança e pena para o semi-imputável. Era o chamado sistema do duplo binário. Com a reforma de

1984 e a adoção do sistema vicariante, foi extinta essa medida de segurança. De tal forma que, hoje, a possibilidade do Tribunal, acolhendo a revisão, impor medida de segurança, é apenas uma: no caso em que o réu, tendo experimentado uma condenação, busque a absolvição chamada imprópria, a fim de, ao invés de cumprir pena corporal, seja internado ou submetido a tratamento ambulatorial.

Art. 628. Os regimentos internos dos Tribunais de Apelação estabelecerão as normas complementares para o processo e julgamento das revisões criminais.

Regimentos internos – Assim como ocorre com as apelações (art. 609), também na hipótese de revisão criminal é dado aos Tribunais de Justiça (denominação atual dos antigos Tribunais de Apelação), bem como aos Tribunais Regionais Federais e aos Tribunais Superiores, estabelecer, em seus regimentos internos, normas para o julgamento das revisões. Tais normas possuem um caráter complementar e, por óbvio, não poderão se confrontar com as disposições, sobre a matéria, contidas no código.

Art. 629. À vista da certidão do acórdão que cassar a sentença condenatória, o juiz mandará juntá-la imediatamente aos autos, para inteiro cumprimento da decisão.

Cumprimento da decisão – Acolhida a revisão criminal, a certidão do acórdão deverá ser imediatamente juntada aos autos originais, cabendo ao juiz lançar seu "cumpra-se", para que o determinado no julgamento seja observado. A tecnologia atual permite meios mais céleres de comunicação, com o emprego da internet, a ser utilizada, notadamente, quando urgente a comunicação, no caso de absolvição do réu que esteja cumprindo pena.

Art. 630. O tribunal, se o interessado o requerer, poderá reconhecer o direito a uma justa indenização pelos prejuízos sofridos.

§ 1º Por essa indenização, que será liquidada no juízo cível, responderá a União, se a condenação tiver sido proferida pela justiça do Distrito Federal ou de Território, ou o Estado, se o tiver sido pela respectiva justiça.

§ 2º A indenização não será devida:

a) se o erro ou a injustiça da condenação proceder de ato ou falta imputável ao próprio impetrante, como a confissão ou a ocultação de prova em seu poder;

b) se a acusação houver sido meramente privada.

Indenização – É possível, ao ser deferida a revisão, que o Tribunal reconheça o direito à indenização (art. 630). De se ver, porém, que o Tribunal só reconhece o direito, mas a liquidação, isto é, o *quantum* a ser pago, será realizada no âmbito cível.

O direito à indenização, porém, segundo nossa compreensão, não é consequência automática do acolhimento da revisão. Assim, para que seja reconhecido é preciso, primeiro, que o autor o requeira, não se admitindo que o Tribunal o reconheça. Nada impede, porém, que o autor do pedido revisional, que não pleiteou o reconhecimento à indenização na própria revisão, venha a fazê-lo posteriormente, manejando ação com esse objetivo no Juízo cível. E, segundo, é necessário que se prove o dolo ou a culpa grave com que agiram os agentes estatais (juiz, promotor de Justiça, delegado de polícia etc.), caso contrário não se fixa indenização. Significa dizer, portanto, que o direito à indenização não decorre automaticamente de toda e qualquer decisão que julga procedente a revisão criminal. Claro que se, *v.g.* , o réu foi preso em lugar de outrem (cf., TJSP – Apelação Cível nº 226.766-1 – São Paulo – Rel. Ivan Sartori, j. em 18.5.1995), ou se mantido nessa condição além do tempo fixado na sentença (cf. TJSP – Apelação Cível nº 149.809-1 – Rel. Alves Braga, j. em 7.11.1991), fará jus à indenização, lembrando que a reparação é devida, segundo o texto constitucional, quando ocorrer erro judiciário ou quando o condenado "ficar preso além do tempo fixado na sentença" (art. 5º, inc. LXXV). Se, porém, houve um erro, mas tal erro não pôde ser imputado ao Estado, a indenização é incabível. O § 2º, alínea "a", abaixo, já traz uma exceção, quando a reparação não é devida se o erro foi causado pelo próprio réu. Cremos, porém, que não apenas nesse caso seja indevida a reparação. Suponha-se que, acolhendo a revisão, o tribunal reduza a pena do réu. Essa procedência do pedido não importará, sempre, no reconhecimento à indenização, bastando imaginar a situação na qual, neste mesmo exemplo, não tenha o réu apelado da sentença de 1º grau, quando a pena poderia ter sido corrigida. Imagine-se, ainda, que o Tribunal do Júri tenha condenado um réu por homicídio, tendo a suposta vítima posteriormente, surgido viva. Ora, em tal hipótese, na qual o Júri é soberano e na qual os jurados não são obrigados a fundamentar seus votos, que responsabilidade pode ser atribuída ao Estado?

Essa posição – reconhecemos – não é tranquila, sendo conhecida a doutrina que entende ser objetiva a responsabilidade do Estado pelo erro judiciário, razão pelo que a responsabilidade de indenizar prescinde da demonstração de dolo ou culpa do agente público.

Indenização em todas as hipóteses de acolhimento do pedido – Não merece vingar, outrossim, antigo posicionamento doutrinário que vislumbrava a possibilidade de indenização apenas quando, por meio do pedido revisional, se obtivesse a absolvição do réu, mas não quando se tratasse de redução da pena, alteração da capitulação legal ou de nulidade do processo (nesse sentido, Ary Azevedo Franco, ob. cit., 2º vol. p. 284). Ora, eventual pena imposta em excesso, em virtude de evidente erro judiciário, pode implicar na permanência do réu preso por tempo superior ao devido, tivesse a sentença acertado. O mesmo se pode dizer em caso de nulidade do processo ou de alteração da classificação legal, desde que se demonstre o prejuízo sofrido. Hoje, portanto, à luz da Constituição em vigor, não mais vige tal limitação, ante os termos do art. 5º, inc. LXXV. Tampouco se exige, como fazia a legislação anterior (Lei n. 221 de 1894), tenha o réu esgotado todos os recursos, bastando que tenha se operado o trânsito em julgado da sentença.

JURISPRUDÊNCIA

Direito à indenização

REVISÃO CRIMINAL. ERRO JUDICIÁRIO. DIREITO À JUSTA INDENIZAÇÃO PELOS PREJUÍZOS SOFRIDOS – "É devida indenização uma vez demonstrado erro judiciário ex vi art. 5º, inciso LXXV, da Constituição Federal e art. 630 do

CPP. In casu, restaram devidamente comprovados os prejuízos sofridos pelo recorrente, razão pela qual não há óbice a uma justa indenização" (STJ – REsp n° 253674-SP, Rel. Felix Fischer, j. 04.03.2004, DJ 14.06.2004, p. 264).

Necessidade de demonstração do dolo ou culpa

"No caso de erro judiciário, há necessidade de verificar, com detalhes, a falha ou falta do serviço público. Os erros do Juiz ou do Judiciário não geram, por si só, responsabilidade civil do Estado, pois o dano indenizável deve provir de dolo, fraude ou culpa grave dos agentes responsáveis pela sua apuração, imputação e julgamento. A escusabilidade política do Juiz e do Estado na prestação errônea dessa função essencial ainda é maior, se a própria parte não diligencia na evitação do ato e seus efeitos. Assim, por ser inerente à prestação do Estado o erro – o acerto ou o desacerto, o justo ou o injusto -, o endereçamento do processo contra os interesses do imputado por si só não gera o ressarcimento, por eventual lesão causada ao perseguido. Destarte, inexiste responsabilidade em face de danos causados por atos de "persecutio crimimis' do julgamento, mesmo quando, posteriormente, sobrevenha sua absolvição em revisão criminal. Por isso, a conduta de agentes políticos ou dos partícipes da relação processual, com inclusão dos participes imparcial, só são reveladoras do ilícito e causadoras do dano indenizável quando provier de dolo, fraude ou culpa grave do causador do dano ou falha, falta ou retardamento grave do serviço judiciário ou carcerário. Isto porque, a atividade administrativa do Estado e a subsequente atividade jurisdicional existentes no processo criminal, é manifestação da soberania estatal. Destarte, a geração do ressarcimento só é possível, nesses casos, quando apurar-se, na opção do prestador, conduta subjetiva omissiva ou comissiva em desrespeito frontal aos ditames constitucionais e aos preceitos reguladores da conduta típica ou quando referida causação foi intencionalmente dirigida contra o inculcado ou, ainda, quando ocorrer fraude manifesta no desenvolvimento da relação administrativa ou processual (TJSP – EI nº 0063883-53.2002.8.26.0000, Rel. Guerrieri Rezende, DJ 11.02.2008).

"O autor funda o pedido de indenização na prisão e posterior absolvição. Não se há de extrair o dever de indenizar, ou a culpa do serviço, da equação singela montada pelo autor. A prisão, em si, não gera obrigação de indenizar; gerará indenização, apenas, se demonstrada a culpa ou o dolo do serviço público. Reporto-me aos precedentes citados do Supremo Tribunal Federal e do Superior Tribunal de Justiça. Cabia ao autor ter demonstrado o erro do serviço por ocasião da prisão, segundo os elementos que os agentes públicos tinham naquele momento; e não apenas qualquer erro, mas erro fundado em dolo ou culpa grave" (TJSP – Apelação nº 0008280-67.2009.8.26.2013, Rel. Torres de Carvalho, j. 07.10.2013).

Não cabimento de indenização quando o réu:

é preso, mas depois absolvido

Administrativo. Indenização. Prisão e processo penal. Absolvição por inocência. Dano moral – "As circunstâncias fáticas analisadas e sopesadas nas instâncias ordinárias afastam a hipótese de ato ilícito, pela quebra do nexo de causalidade. Exercício regular do poder de polícia desenvolvido com a prova indiciária contrária ao recorrente, deu ensejo ao processo criminal. Absolvição que atesta a lisura estatal e recompõe o equívoco, sem direito a indenização. Recurso especial improvido" (STJ – REsp n° 337225-SP, Rel. Eliana Calmon, j. 25.03.2003, DJ 14.06.2004, p. 264).

é condenado em 1º grau e absolvido em grau de recurso

"A prisão legal, dela decorrendo processo penal regular, não propicia responsabilidade civil do Estado. A absolvição como resultado é mostra de que foi exercido o direito de ampla defesa, inexistindo mostras de conduta viciada de agente público Inexistência de erro, abuso ou excesso que possibilite a condenação do Estado a pagar indenização Entendimento jurisprudencial sobre o tema, inclusive do S.T.F a respeito Não se aponta qualquer vício no ato da prisão dos apelantes, nem tampouco de sua condenação em primeiro grau A simples absolvição, em grau de recurso, e ainda mais por falta de provas, não resulta erro judiciário indenizável" (TJSP – Apelação nº 0001180-22.2008.8.26.0115, Rel. Castilho Barbosa, j. 10.09.2013).

é preso preventivamente e depois absolvido

"A responsabilidade objetiva do Estado não se aplica aos atos dos juízes, a não ser nos casos expressamente declarados em lei. Procedentes do Supremo Tribunal Federal. Decreto judicial de prisão preventiva não se confunde com o erro judiciário D.F., art. 5º, LXXV mesmo que o réu, ao final da ação penal, venha a ser absolvido [...] O decreto judicial de prisão preventiva, quando suficientemente fundamentado e obediente aos pressupostos que autorizam, não se confundem com o erro judiciário a que alude o inciso LXXV do art. 5º da

Constituição da República, mesmo que o réu ao final do processo venha a ser absolvido ou tenha sua sentença condenatória reformada na instância superior" (STF – RE nº 429518-SC, Rel. Carlos Velloso j. 05.10.04).

Configuração do erro judiciário

"Verificando-se, sem sombra de dúvida, que na data do crime o paciente contava 17 anos de idade, nulo o processo a que responde, inclusive, a sentença condenatória (JTACRESP 73/154). Em conseqüência, fica determinada a exclusão de quaisquer anotações existentes contra a requerente, relativas à condenação em comento, tal qual postulado. E, diante do que estabelece o inciso LXXV, do art. 5°, da Constituição Federal, segundo o qual o Estado indenizará o condenado por erro judiciário, cuja ocorrência, na espécie, restou evidente, fica reconhecido o direito da peticionária a uma justa indenização, a ser liquidada no juízo cível, nos termos do art. 630 do Código de Processo Penal" (TJSP – RC n° 00903607.3/5-0000-000, Rel. Juvenal Duarte, j. 08.05. 2008).

§ 1º Por essa indenização, que será liquidada no juízo cível, responderá a União, se a condenação tiver sido proferida pela justiça do Distrito Federal ou de Território, ou o Estado, se o tiver sido pela respectiva justiça.

Liquidação no juízo cível – O dispositivo em exame deixa claro que, na esfera criminal, apenas se reconhece o direito à indenização, sem a fixação de um *quantum* a ser pago. Esse valor será apurado mediante ação a ser proposta perante o juízo cível, por meio de liquidação. Assim, julgada procedente a revisão, o tribunal impõe seja o autor indenizado, sem indicar o valor, em decisão que faz coisa julgada e, portanto, deve ser acatada no âmbito civil. Aí, porém, é que será apurado o prejuízo suportado pelo réu e, em consequência, fixado o valor a ser pago pelo Estado. Suponha-se, assim, que em virtude de erro judiciário, tenha o réu permanecido preso por três anos. No cível irá se pesquisar se ele possuía um emprego formal, quanto percebia de salário, chegando-se a um valor que corresponda ao *quantum* que ele deixou de receber.

Dano moral – Vale atentar que é cabível se buscar a indenização, também, pelo dano moral. Com efeito, afastando antigos posicionamentos, hoje é plenamente admissível a cumulação de indenizações, decorrentes do mesmo fato, referentes ao dano material e ao dano moral (cf., nesse sentido o enunciado da Súmula 37 do STJ). Ora, aquele que, por exemplo, ficou indevidamente preso e foi, posteriormente, segundo decidiu a revisão criminal, absolvido, por óbvio que não experimentou apenas prejuízos materiais, decorrentes do salário que deixou de perceber, dos lucros que cessaram, etc. Diríamos, mais grave que isso, suportou danos de ordem moral que, por certo, nenhum dinheiro será capaz de repará-los. Mas, à falta de outra alternativa, somente uma indenização em pecúnia terá o condão de, ao menos, amenizar sua dor. Sobre o dano moral, permito-me, embora fugindo um pouco do objetivo do trabalho, colacionar, por oportuna, a lição do mestre Caio Mário da Silva Pereira, segundo o qual "a vítima de uma lesão a algum daqueles direitos sem cunho patrimonial efetivo, mas ofendida em um bem jurídico que em certos casos pode ser mesmo mais valioso do que os integrantes de seu patrimônio, deve receber uma soma que lhe compense a dor ou o sofrimento, a ser arbitrado pelo juiz, atendendo às circunstâncias de cada caso, e tendo em vista as posses do ofensor e a situação pessoal do ofendido. Não tão grande que se converta em fonte de enriquecimento, nem tão pequena que se torne inexpressiva" (*Responsabilidade Civil*, Rio de Janeiro: Forense, 1989, n. 45, p. 67).

Resta evidente, assim, que a dor oriunda de um erro judiciário que culminou com a condenação de um inocente deva ser reparada, seja em virtude do abalo psicológico causado à família do condenado, à sua honra perante a sociedade, eis que marcado definitivamente como alguém que foi condenado, à sua estima amargurada por condenação injusta, ou a este mesmo por força do convívio nefasto mantido com outros presos no cárcere, enfim, todos os males que perseguirão, para sempre, o inocente condenado. Havendo, assim, requerimento do autor da revisão nesse sentido, cabe ao tribunal impor indenização.

§ 2º A indenização não será devida:

a) se o erro ou a injustiça da condenação proceder de ato ou falta imputável ao próprio impetrante, como a confissão ou a ocultação de prova em seu poder;

Erro provocado pelo autor – A indenização, contudo, não é devida, nos termos deste dispositivo, se o erro foi provocado pelo próprio autor da revisão. Assim, por exemplo, se ele confessa mentirosamente a prática de um crime, tanto na fase policial como em Juízo e, devido a essa confissão somada a outras provas, vem a ser condenado. Não tem cabimento que, revista a sentença que o condenou, seja o autor ainda indenizado pelo erro que ele mesmo causou. Afinal, a ninguém é dado se beneficiar da própria torpeza. Ou então, se oculta alguma prova em seu poder, podendo ser lembrada a hipótese em que o inimputável deixa de mencionar tal circunstância, não apontando a correta data de seu nascimento e tampouco o local. Se depois, através da revisão, é absolvido porque contava menos de 18 anos à época da prática do delito, decerto que não lhe caberá nenhuma indenização.

b) se a acusação houver sido meramente privada.

Ação penal privada – Também não se reconhece o direito à indenização quando se tratar de ação penal privada, pois, nesta hipótese, o processo teve a iniciativa do particular, não podendo o Estado ser responsabilizado por eventual erro. Entendeu o legislador, embora sem dizê-lo expressamente, que neste caso cumpre ao querelado, desde que comprovado o erro judiciário, buscar a indenização não do Estado, mas do querelante, responsável pela deflagração inicial do processo.

Tal dispositivo sempre foi alvo de críticas, já que, embora sendo privada a acusação, a sentença que condena é oriunda de um órgão estatal, do Estado-Juiz. Em outras palavras: na ação penal privada o Estado transfere para o particular, tão-somente, o direito de acusar em Juízo, mas o direito de punir (o *jus puniendi*), este continua sendo monopólio estatal. De qualquer sorte, hoje não mais prevalece este dispositivo, pois a Constituição (art. 5º, inc. LXXV), prevê a possibilidade de indenização sem qualquer restrição, não distinguindo entre a ação privada e ação pública.

Art. 631. Quando, no curso da revisão, falecer a pessoa, cuja condenação tiver de ser revista, o presidente do tribunal nomeará curador para a defesa.

Curador – Da conjugação dos arts. 622 e 623 acima, conclui-se pela possibilidade, quanto à propositura da revisão criminal, mesmo após a morte do réu. Também por isso, se no curso do processo, falecendo o autor, cumpre a nomeação de um curador, que atuará na condição de substituto processual. Jurisprudência abaixo transcrita, porém, reconhecendo, no caso concreto, a falta de interesse (*rectius*: utilidade), no prosseguimento do pedido após morte de seu autor, entendeu pelo não cabimento da continuidade do feito.

JURISPRUDÊNCIA

Revisão após a morte do réu

a) impossibilidade

"A despeito de a revisão criminal ser importante meio de impugnação da decisão condenatória, isso não quer dizer que a sua continuidade, como exigência da prestação jurisdicional, deva prevalecer em todos os casos. No caso, o Tribunal a quo, conferindo interpretação adequada ao dispositivo processual entendeu não ser possível manter-se o interesse na demanda se o seu resultado não traria ao patrimônio da pessoa utilidade ou modificação da condição de condenado" (STJ – REsp n° 742186-DF, Rel. Maria Thereza de Assis Moura, j. 29.09.2009, DJe 19.10.2009).

b) possibilidade

Revisão Criminal – Falecimento do réu que não significa em perda do objeto da ação – aplicação do art. 631 do CPP com nomeação de curador – Curador que avaliará sobre interesse na demanda ou modificação na condição de condenado do requerente – conversão do julgamento em diligência para colheita desta manifestação – posteriormente será avaliado sobre conveniência ou não do julgamento do mérito" (TJSP – RC n° 0086282-37.2006.8.26.0000, Rel. Fernando Simão, j. 07.08.2012).

CAPÍTULO VIII
DO RECURSO EXTRAORDINÁRIO

Arts. 632 a 636. Revogados pela Lei nº 3.396, de 2.6.1958:

Art. 637. O recurso extraordinário não tem efeito suspensivo, e uma vez arrazoados pelo recorrido os autos do traslado, os originais baixarão à primeira instância, para a execução da sentença.

Art. 638. O recurso extraordinário e o recurso especial serão processados e julgados no Supremo Tribunal Federal e no Superior Tribunal de Justiça na forma estabelecidas por leis especiais, pela lei processual civil e pelos respectivos regimentos internos.

Redação antes da Lei 13.964/19	Redação depois da Lei 13.964/19
Art. 638. O recurso extraordinário será processado e julgado no Supremo Tribunal Federal na forma estabelecida pelo respectivo regimento interno.	**Art. 638.** O recurso extraordinário e o recurso especial serão processados e julgados no Supremo Tribunal Federal e no Superior Tribunal de Justiça na forma estabelecidas por leis especiais, pela lei processual civil e pelos respectivos regimentos internos.

Redação anterior – "O recurso extraordinário será processado e julgado no Supremo Tribunal Federal na forma estabelecida pelo respectivo regimento interno". Percebam que antes da Lei 13.964/19, o artigo em comento fazia referência somente ao recurso extraordinário e ao STF. Tem uma explicação simples: no ano de promulgação do CPP (1941) não existia o STJ, criado pelo Constituinte de 1988. O presente dispositivo carecia de atualização desde então.

Recursos extraordinário e especial - Os recursos extraordinário e especial têm fundamento na Constituição Federal, artigos 102 e 105, respectivamente. O primeiro (extraordinário), é processado e julgado no STF, tem como finalidade discutir questões de direito constitucional. Já o segundo (especial), processado e julgado no STJ, debate a questões envolvendo a interpretação de lei federal ou de tratado. Ambos recursos serão processados na forma estabelecidas por leis especiais, pela lei processual civil e pelos respectivos regimentos internos. Agiu bem o legislador ao não tratar desses recursos no CPP, eis que a matéria, devidamente regulada no Código de Processo Civil, demanda tratamento unitário.

Código de Processo Civil – Atualmente, o procedimento dos recursos extraordinário e especial vem tratado nos arts. 1.029 usque 1.042, do Código de Processo Civil. Destacando-se os pontos mais relevantes, em síntese, de se ver que o recurso deve ser interposto perante o presidente ou o vice-presidente do tribunal recorrido, contendo a exposição do fato e do direito, a demonstração do cabimento do recurso interposto e as razões do pedido de reforma ou de invalidação da decisão recorrida (art. 1.029, incs. I, II e III). O art. 1.030 elenca as causas que podem ensejar a rejeição in limine do recurso pelo o presidente ou vice-presidente do tribunal recorrido. Da decisão de inadmissibilidade proferida com fundamento no inciso V caberá agravo ao tribunal superior, nos termos do art. 1.042. Já da decisão proferida com fundamento nos incisos I e III caberá agravo interno, nos termos do art. 1.021.

Interposição conjunto de RExt e REsp - Na hipótese de interposição conjunta de recurso extraordinário e recurso especial, os autos serão remetidos ao Superior Tribunal de Justiça (art. 1.031).

Processo cooperativo - Se o relator, no Superior Tribunal de Justiça, entender que o recurso especial versa sobre questão constitucional, deverá conceder prazo de 15 (quinze) dias para que o recorrente demonstre a existência de repercussão geral e se manifeste sobre a questão constitucional. Cumprida essa diligência, o relator remeterá o recurso ao Supremo Tribunal Federal, que, em juízo de admissibilidade, poderá devolvê-lo ao Superior Tribunal de Justiça (art. 1.032). A situação inversa também é possível, isto é, se o Supremo Tribunal Federal considerar como reflexa a ofensa à Constituição afirmada no recurso extraordinário, por pressupor a revisão da interpretação de lei federal ou de tratado, remetê-lo-á ao Superior Tribunal de Justiça para julgamento como recurso especial (art. 1.033). Sobre os artigos 1.032 e 1.033, explica Cassio Scarpinella Bueno: "são novidades trazidas pelo CPC de 2015. Diferentemente do que ocorre na hipótese do art. 1031, eles não tratam de dois recursos, extraordinário e especial, interpostos concomitantemente. Há, aqui, apenas, um recurso, especial ou extraordinário, e a discussão sobre quem é competente para julgá-lo consoante o enfoque que seja dada à matéria nele versada. (...). Ambas as regras representam importante novidade trazida pelo CPC de 2015 para combater as dificuldades decorrentes da inconstitucionalidade reflexa, que, em termos práticos, acaba gerando verdadeiro vácuo de competência. Ademais, cabe acentuar que ambos os dispositivos, os arts. 1.032 e 1.033, são reflexo inquestionável do modelo de processo cooperativo desejado pelo CPC de 2015 desde seu art. 6º" (Manual de Direito Processual Civil. São Paulo: Saraiva, 2016. p. 719).

Efeito suspensivo – Em regra, recursos extraordinário e especial não têm efeito suspensivo. Quando, por ocasião do processamento do incidente de resolução de demandas repetitivas, o presidente do Supremo Tribunal Federal ou do Superior Tribunal de Justiça receber requerimento de suspensão de processos em que se discuta questão federal constitucional ou infraconstitucional, poderá, considerando razões de segurança jurídica ou de excepcional interesse social, estender a suspensão a todo o território nacional, até ulterior decisão do recurso extraordinário ou do recurso especial a ser interposto (art. 1.029, § 4º). O pedido de concessão de efeito suspensivo poderá ser formulado por requerimento dirigido: I – ao tribunal superior respectivo, no período compreendido entre a publicação da decisão de admissão do recurso e sua distribuição, ficando o relator designado para seu exame prevento para julgá-lo; II - ao relator, se já distribuído o recurso; III – ao presidente ou ao vice-presidente do tribunal recorrido, no período compreendido entre a interposição do recurso e a publicação da decisão de admissão do recurso, assim como no caso de o recurso ter sido sobrestado.

Vício formal de recurso tempestivo – Atento aos princípios da instrumentalidade e da economia processual, o art. 1.029, §3º, anuncia que o STF e o STJ podem desconsiderar vício formal de recurso tempestivo ou determinar sua correção, desde que o vício seja sanável e não seja considerado grave. Teresa Arruda Alvim aplaude e novidade introduzida no CPC, "que tem em vista desestimular a jurisprudência defensiva e está em perfeita consonância com uma das linhas mestras do novo código, que é a de que haja relevação ou sanação de vícios, para que o mérito seja julgado" (WAMBIER, Teresa Arruda Alvim; CONCEIÇÃO, Maria Lucia Lins; RIBEIRO; Leonardo Ferres da Silva; e MELLO, Rogério Licastro Torres de. Primeiros Comentários ao Novo Código de Processo Civil. São Paulo: RT, 2016. p. 1658).

Regimento interno – O regimento interno dos tribunais é, de acordo com a maioria, lei em sentido material. Na taxinomia das normas jurídicas o regimento interno dos tribunais se equipara à lei. A prevalência de uma ou de outro depende de matéria regulada, pois são normas de igual categoria. Em matéria processual prevalece a lei, no que tange ao funcionamento dos tribunais o regimento interno prepondera. Esse é o entendimento dado pelo Supremo Tribunal Federal, nos autos da ADI 1.105-7/DF, de relatoria do ministro Ricardo Lewandowski. Pois bem. Em matéria de recursos extraordinário e especial, os regimentos internos do STF e do STJ se aplicam, basicamente, para questões de trâmite no Tribunal, podendo ser aplicado com maior significado – e mesmo assim, em casos excepcionais – em sede de julgamento monocrático, quando o tema envolve jurisprudência dominante da Corte.

> **ATENÇÃO** - A Lei 13.964/19 criou nova causa suspensiva da prescrição no inciso III do art. 116 do CP. Agora não corre o prazo prescricional na pendência de embargos de declaração ou de recursos aos Tribunais Superiores, quando inadmissíveis.

CAPÍTULO IX
DA CARTA TESTEMUNHÁVEL

Art. 639. Dar-se-á carta testemunhável:

I – da decisão que denegar o recurso;

II – da que, admitindo embora o recurso, obstar à sua expedição e seguimento para o juízo *ad quem*.

Carta testemunhável. Conceito – Trata-se do recurso cabível contra decisão que não recebe ou nega seguimento a um outro recurso. Ou, para utilizar os termos empregados pelo legislador, tem cabimento a carta testemunhável: I) da decisão do juiz *a quo* que denegar o recurso ou II) da que, embora admitindo o recurso, obstar à sua expedição e seguimento para o juízo *ad quem*.

Não importa, outrossim, o motivo da denegação do recurso: se intempestivo, se reconhecida falta de legitimidade ou interesse ao recorrente, se incabível no caso concreto, etc. Uma vez denegado o recurso, tem cabimento a carta testemunhável.

Origem histórica – Cuida-se de recurso que possui raízes no Império, tanto que o Alvará de 16 de maio de 1797 determinava que jamais se devia negar o recebimento da carta testemunhável. Mas sua aplicação era restrita ao processo civil. No processo penal foi introduzida apenas com o Código de 1941, sendo que, antes, era utilizado o *habeas corpus* como remédio cabível contra as decisões denegatórias de recursos. Conta Eduardo Espínola Filho, mencionando Oliveira Machado, que naquele tempo era comum que juízes autoritários proibissem o escrivão de receber recursos, impedindo, assim, por razões escusas, que suas decisões se submetessem a alguma espécie de revisão pelo órgão superior. Cabia ao recorrente, então, na presença de testemunhas (por isso, carta *testemunhável*), e de forma verbal, manifestar sua inconformidade, pleiteando o conhecimento do recurso pela superior instância. A denominação *carta testemunhável* deriva, exatamente, desse ato praticado pelo recorrente, em face do escrivão e na presença de testemunhas (ob. cit., vol. VI, p. 538).

Hipóteses de cabimento – Mas qual recurso admite a carta testemunhável quando denegado ou não lhe sendo dado seguimento? Entende-se que tais recursos são o *recurso em sentido estrito* e o *agravo em execução*. O protesto por novo júri se incluía nesse rol, mas foi extinto pela Lei n. 11.689/2008.

De se ver, porém, que o art. 639 não aponta quais os recursos que, obstaculizados, autorizariam o manejo da carta testemunhável. Já o art. 641 menciona, apenas, o recurso em sentido estrito e o recurso extraordinário. Trata-se de criação doutrinária e jurisprudencial que se baseia, fundamentalmente, num critério de exclusão, ou seja, quando inexiste um remédio específico para atacar a decisão, remanesce, então, a carta testemunhável. Assim, por exemplo, o agravo em execução, criado pela Lei nº 7.210/84 (LEP), veio em substituição a várias hipóteses em que era cabível, segundo a redação original do art. 581 do código, o recurso em sentido estrito. Por isso e à falta de previsão legal específica, é que se admite a carta testemunhável para atacar decisão que não recebe (ou nega seguimento) ao agravo. O regimento interno do Tribunal de Justiça de São Paulo, em seu art. 814, inc. I, prevê expressamente o cabimento desse recurso para as hipóteses de agravo em execução.

Assim, se o juiz não recebe um desses recursos ou, se depois de recebidos, não lhes dá seguimento (*v.g.*, na situação prevista no art. 806, § 2º, parte final), tem cabimento a carta testemunhável.

Caráter subsidiário – Observe-se, como já dito, que a carta testemunhável possui um caráter subsidiário, ou seja, ela é cabível quando não previsto outro recurso específico para determinada situação. Assim, a decisão que não recebe ou nega seguimento à apelação, comporta recurso em sentido estrito, por força de expressa previsão legal (art. 581, inc. XV). Tampouco se admitiu o recurso contra decisão que não recebeu correição parcial (*RT* 731/582; *JTJ* 199/176), por se negar, a esse último, o caráter de recurso, posição da qual discordamos. Ou, da decisão que não recebe embargos declaratórios ou infringentes nos tribunais, já que o recurso cabível, como regra, é o agravo regimental, previsto, como o nome indica, no regimento interno do respectivo tribunal. Essa regra, aliás, se aplica sempre que houver algum obstáculo a recurso que deva subir ao STF ou ao STJ, comportando tais decisões agravo (a menção feita, no art. 641, ao recurso extraordinário, considera-se superada ante os termos do art. 28 da Lei nº 8.038/90).

Natureza jurídica – Discute-se se a carta testemunhável, efetivamente, teria a natureza jurídica de recurso. Parte da doutrina responde afirmativamente a tal indagação (Ada, Magalhães e Scarance, ob. cit., p. 209; José Frederico Marques, *Elementos de Direito Processual Penal*, ob. cit., vol. IV, p. 292; Vicente Greco Filho, ob. cit., p. 381) e, outra parte, principalmente os mais antigos, entende que se trata, em verdade, de um simples *remédio* ou *providência*, sem a conotação de recurso, já que seu único objetivo é de levar a notícia, à superior instância, de que um recurso não foi recebido ou não prosseguiu (nesse sentido, Hélio Tornaghi, *Curso de Processo Penal*, vol. 2, p. 387; Bento de Faria, ob. cit., vol. 2, p. 365).

O entendimento que nos afigura mais correto, sem dúvida, é aquele que vê na carta testemunhável a natureza jurídica de um recurso. Afinal, há um gravame, um inegável prejuízo ao recorrente que não teve seu recurso recebido (ou que se lhe negou seguimento). Existindo, como existe, um meio para se reparar esse prejuízo, com o reexame da decisão e possibilidade de sua reforma, na mesma relação processual, a esse meio não se pode dar outra conotação senão a de verdadeiro recurso. O fato do Tribunal, por vezes, não julgar o mérito do recurso negado, mas apenas determinar seu processamento, é questão acessória, que, por isso, não se presta a descaracterizar a natureza jurídica de recurso emprestada à carta testemunhável. Antiga lição de Francisco Morato, ao tratar do tema, alertava que "a carta testemunhável visa remediar um gravame e visa remediar um gravame específico, *sui generis*, inconfundível com os demais gravames, qual é a denegação dos outros recursos; logo é não só um recurso senão ainda um recurso especial, quiçá especialíssimo" (*De como constitui a carta testemunhável um recurso*, 1917, p. 6).

JURISPRUDÊNCIA

Quando é incabível a carta testemunhável

"A carta testemunhável é instrumento processual de nítido caráter subsidiário, destinado a corrigir o equívoco decorrente da denegação de recurso ou de negativa de seu seguimento. Havendo, contudo, meios de impugnação do entrave à insurgência, não deve ser conhecida a carta. In casu, inadmitidos embargos de declaração opostos contra a sentença condenatória, seria possível arrostar a omissão, obscuridade, contradição ou ambiguidade por meio da apelação" (STJ – HC nº 138427-BA, Rel. Maria Thereza de Assis Moura, j. 23.10.2012, DJe 29.10.2012).

Art. 640. A carta testemunhável será requerida ao escrivão, ou ao secretário do tribunal, conforme o caso, nas quarenta e oito horas seguintes ao despacho que denegar o recurso, indicando o requerente as peças do processo que deverão ser trasladadas.

Prazo – O prazo para o recurso, estranhamente, é fixado em horas, mais especificamente, 48 horas, contado do "despacho que denegar o recurso". Por cochilo do legislador, se esqueceu de indicar o *dies a quo* quando a carta testemunhável se voltar contra decisão do juiz que, após receber o recurso, lhe nega seguimento (art. 639, inc. II, do CPP). Por analogia, contudo, se conclui que o prazo é o mesmo. Como é impossível ao interessado acompanhar, minuto a minuto, o exato momento em que o juiz profere a decisão, se instituiu, na prática, o prazo de dois dias para a interposição da carta testemunhável. E mais: na prática, na maioria das vezes, a petição é protocolada e, somente depois, enviada à conclusão. Como pode o recorrente apurar, ao certo, em que horário foi proferida a decisão que não recebeu o recurso. Daí a precisa solução alvitrada por Tourinho Filho: "se o testemunhante despachar o seu recurso com o próprio Juiz, e este, incontinenti, o denegar, pedirá ao Magistrado seja consignada a hora do despacho. Caso contrário, o prazo deve fluir a partir da intimação" (ob. cit., vol. 2, p. 479). Nesse sentido: *RT*, 617/384, 630/320, 670/285, 677/347; *RTJ*, 120/180.

Procedimento – A petição de interposição do recurso é dirigida ao escrivão ou ao secretário do tribunal. Quanto a este último (secretário do tribunal), se refere ao recurso extraordinário (art. 641), que não mais admite a carta testemunhável contra sua denegação, mas sim o agravo interno (art. 1.030, § 2º do Código de Processo Civil), devendo o recorrente indicar as peças que deverão ser trasladadas, isto é, enviadas para o tribunal.

O escrivão, de sua parte, não pode se negar a receber o recurso, devendo, obrigatoriamente, processá-lo. Eventual dúvida quanto ao preenchimento de seus requisitos e pressupostos, deverá ser objeto de análise pelo Tribunal, não se deferindo, aqui, o juízo de prelibação ao órgão *a quo*. O art. 642 do código prevê, inclusive, a imposição de sanção de ordem administrativa ao escrivão que se negar a emitir recibo dando conta da interposição do recurso ou que deixar de entregar o instrumento.

A legitimidade recursal é reconhecida àquele que teve o recurso denegado ou que, recebido o recurso, teve obstaculizado seu trâmite regular.

JURISPRUDÊNCIA

Prazo

Carta testemunhável – "O prazo para a sua manifestação corre a partir da intimação do despacho denegatório (artigos 640 e 798, § 5º, a, do Código de Processo Penal e art. 153, § 15, da Constituição)" (STF – HC nº 64313-SP – Rel. Octavio Gallotti, j. 04.11.1986, DJ 05.12.1986, p. 24080).

Art. 641. **O escrivão, ou o secretário do tribunal, dará recibo da petição à parte e, no prazo máximo de cinco dias, no caso de recurso no sentido estrito, ou de sessenta dias, no caso de recurso extraordinário, fará entrega da carta, devidamente conferida e concertada.**

Art. 642. **O escrivão, ou o secretário do tribunal, que se negar a dar o recibo, ou deixar de entregar, sob qualquer pretexto, o instrumento, será suspenso por trinta dias. O juiz, ou o presidente do Tribunal de Apelação, em face de representação do testemunhante, imporá a pena e mandará que seja extraído o instrumento, sob a mesma sanção, pelo substituto do escrivão ou do secretário do tribunal. Se o testemunhante não for atendido, poderá reclamar ao**

presidente do tribunal *ad quem*, que avocará os autos, para o efeito do julgamento do recurso e imposição da pena.

Art. 643. **Extraído e autuado o instrumento, observar-se-á o disposto nos arts. 588 a 592, no caso de recurso em sentido estrito, ou o processo estabelecido para o recurso extraordinário, se deste se tratar.**

Processamento – Interposto o recurso, o escrivão emitirá um recibo ao recorrente e, em se tratando de recurso em sentido estrito ou agravo em execução, terá o prazo de cinco dias para entrega da carta ao interessado, chamado *testemunhante*. Quanto ao recurso extraordinário, como já ressaltamos, o dispositivo não mais se aplica, pois qualquer óbice a seu recebimento ou prosseguimento deve ser atacado por meio de agravo interno (art. 1.030, § 2º do Código de Processo Civil).

A negativa em emitir o recibo ou em extrair o instrumento, sem motivo justificável, sujeita o escrivão à pena de suspensão de 30 dias, devendo seu substituto fazê-lo. Mantida a inércia, é cabível reclamação ao presidente do tribunal, a quem cumprirá avocar os autos para efeito de julgamento. O escrivão, portanto, não pode emitir nenhum juízo de valor sobre o cabimento ou não da carta testemunhável, devendo, quando pedida, sempre emitir a carta testemunhável.

Interposto o recurso e "autuado o instrumento" (ou seja, extraídas as cópias pedidas pelo recorrente), o recurso segue, segundo o art. 643, o rito previsto nos arts. 588 a 592, próprio do recurso em sentido estrito. Assim, deverá ser aberta vista à parte adversa, para que contrarie a carta testemunhável no prazo de dois dias (art. 588). Com a resposta, os autos irão ao juiz, que poderá manter ou reformar a sua decisão. Conclui-se, portanto, que a carta testemunhável possui o chamado *efeito regressivo*, que autoriza a reforma da decisão pelo próprio juiz que a proferiu.

Art. 644. **O tribunal, câmara ou turma a que competir o julgamento da carta, se desta tomar conhecimento, mandará processar o recurso, ou, se estiver suficientemente instruída, decidirá logo, *de meritis*.**

Julgamento – Mantida a decisão que não recebeu o recurso ou que lhe negou seguimento, o tribunal, nos termos do art. 644, poderá: 1) dar provimento à carta testemunhável, determinando que o recurso seja recebido e regularmente processado em 1º grau; ou 2) conhecer a carta testemunhável e, de imediato, julgar no mérito o recurso, que teve seu seguimento obstado. Essa possibilidade atende ao princípio da *economia processual* que recomenda a realização dos atos judiciais com o mínimo sacrifício possível.

Assim, na primeira hipótese, suponha-se que o juiz não tenha recebido recurso em sentido estrito interposto pelo promotor contra decisão que rejeitou a denúncia. O tribunal pode dar provimento à carta testemunhável e, assim, determinar o recebimento do recurso, voltando os autos ao juízo de origem a fim de que o recurso *stricto sensu* seja devidamente processado, abrindo-se vista à parte contrária (art. 588 e Súmula 707 do STF), tornando os autos ao juiz para efeito de eventual retratação (art. 589), etc. Ou, na segunda hipótese, poderá julgar imediatamente o mérito do recurso que não foi recebido ou teve seu processamento denegado, dando-lhe provimento para receber a denúncia ou denegando-lhe provimento para confirmar a decisão de 1º. grau que a rejeitou.

Art. 645. O processo da carta testemunhável na instância superior seguirá o processo do recurso denegado.

Recurso em sentido estrito – Vimos que a carta testemunhável é cabível contra decisão que não recebe ou obsta seu trâmite, proferida em recurso em sentido estrito ou agravo em execução. De sorte que o procedimento a ser observado nos tribunais, por conta do dispositivo em exame, será o mesmo previsto para tais recursos. Assim, denegado ou obstaculizado o recurso em sentido estrito, cumpre seja observado, para a carta testemunhável, o disposto no art. 610 do código, devendo ser aberta vista ao procurador-geral para que, no prazo de cinco dias, emita parecer. Em seguida, também em cinco dias, o relator pedirá designação de data para julgamento.

Agravo em execução – No que se refere ao agravo em execução, a Lei de Execução Penal (Lei n. 7.210/1984), em seu art. 197, conquanto prevendo sua existência, não indicou o rito a ser adotado. Duas correntes doutrinárias se constituíram a respeito do tema. Pela primeira, ao agravo em execução devem ser aplicadas as disposições do recurso em sentido estrito, previstas no Código de Processo Penal. Posicionam-se nesse sentido, dentre outros: Demercian & Maluly (ob. cit., p. 704), Heráclito Antônio Mossin (ob. cit. p. 323); Adalberto Camargo Aranha (*Dos recursos em processo penal*, Saraiva, 1988, p. 163). Corrente diversa, porém, é no sentido de que o rito a ser adotado para o agravo em execução é o mesmo do agravo do Código de Processo Civil. Nesse sentido: Ada, Magalhães e Scarance (ob. cit., p. 196); Fernando da Costa Tourinho Filho (*Processo penal*, Saraiva, ob. cit., p. 530); Júlio Fabbrini Mirabete (*Execução penal*, São Paulo: Atlas, 11ª. ed., 2007, p. 760).

O debate, longe de encerrar questão apenas semântica ou de cunho meramente bizantino, apresenta nítido interesse prático: se se entender que o agravo em execução segue o rito do recurso em sentido estrito, o prazo para sua interposição será de cinco dias, na exata dicção do art. 586 do Código de Processo Penal. Ao contrário, para quem entende que o processamento do recurso se dá em obediência às regras do agravo de instrumento, o prazo então é de quinze dias, em vista do disposto no art. 1.003, § 5º, do Código de Processo Civil. A fim de se evitar eventual dissabor, propiciando, ainda, a adoção do já mencionado princípio da fungibilidade (art. 579 do CPP), sugere-se a utilização do prazo menor (cinco dias), para oferta do recurso.

O Supremo Tribunal Federal se posiciona, francamente, no sentido de adoção do rito do recurso em sentido estrito. Assim, apenas para exemplificar, vale que se confira: "O recurso de agravo, previsto no art. 197 da LEP, Lei nº 7.210/84 (das decisões proferidas pelo juiz da execução penal caberá recurso de agravo), tem a mesma natureza do recurso em sentido estrito estando sujeito, pois, ao prazo de interposição de 05 (cinco) dias o mesmo previsto no art. 586, *caput*, do Código de Processo Penal. Precedentes" (*Informativo do STF* nº 131). Tão forte esse entendimento da mais alta Corte do país, que acabou cristalizado em duas súmulas daquele Tribunal. A primeira, a Súmula 699, assim redigida: "O prazo para interposição de agravo, em processo penal, é de cinco dias, de acordo com a Lei 8.038/90, não se aplicando o disposto a respeito nas alterações da Lei 8950/1994 ao Código de Processo Civil". E, a segunda, a Súmula 700, que tem o seguinte enunciado: "É de cinco dias o prazo para interposição de agravo contra decisão do juiz da execução penal".

Prevalece no Superior Tribunal de Justiça a mesma orientação. Nesse sentido o voto do eminente relator Felix Fischer, cuja ementa vem assim transcrita: "Conforme iterativa orientação jurisprudencial, o recurso de agravo em execução (art. 197 da LEP) tem seu rito regulado conforme o recurso em sentido estrito. Assim, seu julgamento deve ser realizado por um órgão colegiado, de acordo com o art. 609 e seguintes do CPP. Deve-se considerar nulo (art. 564, IV, CPP) seu desprovimento por juízo monocrático que aplicou analogicamente o art. 557 do CPC. Não há lacuna legal no âmbito do Direito Processual Penal que justifique tal aplicação analógica" (HC 21.263-RJ, j. em 5/11/2002). No regimento interno do Tribunal de Justiça do Estado de São Paulo, a matéria também não suscita dúvidas, ao dispor seu art. 828 que "no Tribunal, o agravo será processado nos moldes dos recursos em sentido estrito e julgado por uma das Câmaras". Essa mesma redação é utilizada pelo regimento interno do Tribunal de Justiça Militar do Estado de São Paulo, como se vê em seu art. 153.

Fincada tal premissa, concluímos que, voltando a carta testemunhável contra decisão que não recebeu agravo em execução (ou obstaculizou seu seguimento), o rito a ser adotado, no julgamento pelo tribunal, é o do recurso em sentido estrito.

Art. 646. A carta testemunhável não terá efeito suspensivo.

Inexistência de efeito suspensivo – Ressalte-se que a carta testemunhável não tem efeito suspensivo, conforme se infere do disposto neste artigo. Assim, interposto o recurso, o processo principal tem regular prosseguimento. Por isso mesmo que na carta testemunhável se forma um instrumento, ou seja, são extraídas cópias das peças do processo, a fim de que o tribunal julgue com base nesses documentos, seguindo o processo de primeira instância seu curso normal. Nesse sentido: STF-*RT* 762/536. A justificativa ofertada pela doutrina é que eventual previsão de efeito suspensivo daria ensejo à interposição, por má-fé, de recursos desarrazoados, com a posterior oferta de carta testemunhável, que obstaria o regular andamento do processo.

Parecem equivocados os termos peremptórios com que a questão é colocada pelo legislador. Afinal, se há previsão de efeito suspensivo ao recurso em sentido estrito, nas hipóteses do art. 584 do código, com mais razão, quando não recebidos, pelo menos nesses casos, tais recursos deveriam admitir o efeito suspensivo. Como assinala Câmara Leal, "recusando sistematicamente o efeito suspensivo à carta testemunhável, a lei deixou de dar-lhe toda eficiência para reparar a injustiça da denegação do recurso ou do obstáculo ao seu seguimento" (ob. cit., vol. IV, p. 170). Num exemplo: da decisão que não recebe apelação ou a julga deserta, cabe recurso em sentido estrito, com efeito suspensivo. Se, contudo, negado o recurso *stricto sensu* e a parte prejudicada interpuser a carta testemunhável, este último recurso não admitirá o efeito suspensivo, nos termos categóricos do dispositivo em exame. Parece injusta ou, no mínimo, incoerente a opção do legislador. Talvez para corrigir tal equívoco é que se admite a impetração de mandado de segurança, dependendo da peculiaridade do caso concreto, a fim de conferir efeito suspensivo à carta testemunhável (*RT* 634/296, 664/279).

JURISPRUDÊNCIA

Sem efeito suspensivo

"Relativamente à carta testemunhável, é descabida a pretensão de dar a ela efeito suspensivo, dado que o art. 646 do CPP dispõe expressamente que a carta testemunhável não tem tal efeito. Esclarece Mirabete que a lei processual penal, dando â carta testemunhável apenas o efeito devolutivo, visou a "impedir que a parte, com sucessivas interposições, provoque delongas no processo penal de conhecimento e na execução" (Júlio Fabbrini Mirabete, "Processo Penal", 2' ed., Atlas, 1933, pág. 676)" (STF – HC n. 76294-PR – Rel. Carlos Velloso, j. 20.10.1998, DJ 27.11.1998).

"A devida comprovação do direito líquido e certo é condição intransponível à concessão do mandado de segurança. Na hipótese vertente, tal circunstância não se encontra evidenciada em razão da não concessão de efeito suspensivo a carta testemunhável, pois há, inclusive, dispositivo legal (art. 646 do CPP) neste sentido" (STJ – RMS n° 23152-MG, Rel. Felix Fischer, j. 27.03.2008, DJe 12.05.2008).

CAPÍTULO X
DO *HABEAS CORPUS* E SEU PROCESSO

Art. 647. Dar-se-á *habeas corpus* sempre que alguém sofrer ou se achar na iminência de sofrer violência ou coação ilegal na sua liberdade de ir e vir, salvo nos casos de punição disciplinar.

Previsão legal: O *habeas corpus* vem previsto no art. 5º, inc. LXVIII, da Constituição Federal e nos arts. 647 e ss. do CPP.

Introdução e origem histórica – Há quem afirme que a origem do *habeas corpus* remonta mesmo ao Direito Romano, por meio do *interdictum de homine libero exhibendo*, que se prestaria a garantir a exibição da pessoa livre reclamada como escravo (Bento de Faria, *Código de processo penal*, ob. cit., vol. 2, p. 369). Tratava-se, porém, de medida que somente poderia ser utilizada contra ato de particular (José Frederico Marques, *Elementos de Direito Processual Penal*, ob. cit., vol. IV, p. 347).

Aponta-se, ainda, um embrião do remédio heroico, no Direito Ibérico, nos *Fueros de Aragão* e no *Fuero de Viscaya* e também no velho Direito Lusitano, nas chamadas *cartas de seguro*, concedidas, inicialmente, aos homens, pais, etc., para reaverem a mulher, os filhos, e, depois, estendidas às pessoas em geral (Espínola Filho, ob. cit., vol. VII, p. 9).

Carta Magna – Mas ainda não era o remédio com a feição que ele assume nos dias de hoje. Considerando-se os termos que se conhece atualmente o *writ*, a doutrina parece não divergir. Assim, a origem do *habeas corpus* remonta à Magna Carta, outorgada pelo rei *João Sem Terra*, da Inglaterra, no ano de 1215, quando, pressionado pelos barões, o monarca reconheceu algumas garantias fundamentais, dentre elas a impossibilidade de alguém ser preso senão após um julgamento. Em seu art. 48, com efeito, se previa que "ninguém poderá ser detido, preso ou despojado de seus bens, costumes e liberdades, senão em virtude de julgamento por seus pares segundo as leis do país". Segundo Michel Temer, a ordem emanada consistia em: "toma (literalmente: tome no subjuntivo, habeo, habere, ter, exibir, tomar trazer etc.) tomai o corpo do detido para submeter ao tribunal o homem e o caso" (*Elementos de direito constitucional*. 18ª. ed. São Paulo: Malheiros, 2002. p. 196).

Passados mais de 400 anos, foi promulgado o *Habeas Corpus Act*, no ano de 1679, ou a *segunda Magna Carta*, documento pelo qual a proteção à liberdade era instrumentalizada, ou seja, colocada em termos práticos. Por esse ato, qualquer pessoa poderia solicitar, ao juiz ou tribunal, um *habeas corpus*, quando então se determinava a apresentação do preso e a oferta de informações, pelo responsável, das razões que justificaram a prisão. Em seguida, o juiz ou tribunal julgava a legalidade daquela ordem.

Direito pátrio – Mais especificamente no Brasil, o *habeas corpus* surge, pela primeira vez, no Código de Processo Criminal do Império, no ano de 1832, que dispunha, em seu art. 179, § 8º, que: "Ninguém poderá ser preso sem culpa formada exceto nos casos declarados em lei; e nestes, dentro de vinte e quatro horas, contadas da entrada na prisão, sendo cidades, vilas ou outras povoações próximas aos lugares da residência do juiz, e nos lugares remotos, dentro de um prazo razoável, que a lei marcará, atenta à extensão do território, o juiz por uma nota por ele assinada fará constar ao réu o motivo da prisão, o nome do seu acusador e os das testemunhas, havendo-as".

É verdade que autores como Pontes de Miranda vislumbram resquícios do *habeas corpus* – embora sem essa denominação específica – antes mesmo de 1832, mais precisamente no "decreto de 23 de maio de 1821, [onde] havia ação de desconstrangimento, sem o nome de habeas-corpus, mas classificável como tal" (*História e prática do habeas - corpus: Direito constitucional e processual Comparado*. 8ª. ed. São Paulo: Saraiva, 1979. v. 1. p. 117) (redação original).

A partir daí, o *habeas corpus* vem previsto expressamente, com uma ou outra restrição, em todas as Constituições Republicanas.

Habeas corpus* ou *Habeas-corpus – Persiste alguma dúvida se entre as duas palavras (*habeas* e *corpus*), deve ser utilizado o hífen. Segundo lição de José Maria da Costa, em seu *Manual de Redação Jurídica* (Editora Migalhas, 2002, p. 150), o hífen é desconhecido no latim clássico e, portanto, não pode ser empregado em qualquer expressão que tenha essa origem. Estranha o festejado autor, por isso, que o Vocabulário Ortográfico da Língua Portuguesa, da Academia Brasileira de Letras, órgão incumbido oficialmente de determinar a existência dos vocábulos em nosso idioma, tenha adotado o traço-de-união entre o *habeas* e o *corpus*. De qualquer sorte – prossegue – não havendo consenso é preferível que se dispense a utilização do hífen, sugestão que acatamos. Aqui estamos na boa companhia do STF e do STJ que, em seus regimentos internos, não utilizam o sinal.

Conceito – É o remédio jurídico destinado a tutelar a liberdade de locomoção do indivíduo. Protege, pois, o direito de ir, vir, ficar ou voltar. Vê-se, portanto, que se assegura o livre direito de locomoção, o *jus manendi, ambulandi, e undi ultro citroque*, isto é, o direito de ir e vir para onde quer que se pretenda, mas diretamente relacionado à pessoa. Outros direitos líquidos e certos, mas que não se refiram à locomoção, podem ser amparados através de mandado de segurança, cuja aplicação é admitida no âmbito penal e que se presta, por exemplo, para liberação de veículo ilegalmente apreendido (STJ – Rel. Ministro Fernando Gonçalves, j. em 21.09.1999, DJU de 11.10.1999, p. 89), ou de bagagem na mesma situação. Tanto é assim que o STF, nos termos do enunciado da Súmula 693, não mais admite *habeas corpus* versando sobre a aplicação de pena de multa, ante a impossibilidade desta ser transformada em detenção ou prisão simples, face à redação atual do art. 51 do Código Penal. Tampouco se admite o remédio heroico para discussão de exclusão de militar ou de perda de sua patente, conforme dispõe a Súmula 694 da mais alta Corte do país, ou que procure discutir a perda de cargo público como consequência de sentença penal condenatória (*RT* 752/526), Também não foi tolerado *habeas corpus* para discutir direito de ingressar em prédio tribunal público (*RT* 777/547), prédio público (*RT* 543/346), clube (*RJDTACRIM* 25/439), condomínio residencial (*RJTACRIM* 43/352) ou de transitar em via pública em obras (*RT* 616/272). Ou para discutir o direito à realização de visitas íntimas em presídio (STJ – HC n. 425115-DF, Rel. Reynaldo Soares da Fonseca, DJe 28.02.2018).

Afinal, conforme bem anotado pelo Ministro Celso de Mello, "a ação penal de *habeas corpus*, enquanto instrumento de ativação da jurisdição constitucional das liberdades, configura um poderoso meio de cessação do injusto constrangimento ao estado de liberdade de locomoção física das pessoas. Se essa liberdade não se expõe a qualquer tipo de cerceamento, e se o direito de ir, vir ou permanecer sequer se revela ameaçado, nada justifica – por não estar em causa a liberdade de locomoção física – o emprego do remédio heroico do *habeas corpus*" (HC nº 86878-SP, Rel. Min. Celso de Mello, j. em 25.10.2005, DJ de 04.11.2005).

ATENÇÃO – A pena de multa não se confunde com a prestação pecuniária, espécie de penal alternativa anunciada no art. 44 do Código Penal. Se naquela [multa] não cabe habeas corpus para discutir sua legalidade, pois não se converte mais em prisão, esta [prestação pecuniária] pode ser convertida em privativa de liberdade, caso reconhecido seu injustificado descumprimento. Logo, nesse tanto, ainda se mostra cabível o habeas para evitar atual ou iminente constrangimento ilegal. Em resumo:

Prestação pecuniária	Multa
Natureza Jurídica: Espécie de pena alternativa	***Natureza Jurídica:*** Espécie de pena alternativa
Beneficiários: Vítima, seus dependentes ou entidade pública ou privada com destinação social Obs.: lembra Bitencourt (ob. cit. p. 148), não sem razão, que, da expressão "vítima ou seus dependentes", excluem-se, peremptoriamente, os sucessores (salvo se reconhecidos dependentes).	***Beneficiário:*** Estado – Fundo Penitenciário Nacional.
Consiste no pagamento de 1 a 360 salários mínimos	Consiste no pagamento de 10 a 360 dias-multa, variando o dia-multa de 1/30 a 5 salários mínimos.
O valor pago será deduzido do montante de eventual condenação em ação de reparação civil, se coincidentes os beneficiários.	O valor pago não será deduzido do montante de eventual condenação em ação de reparação civil.
Descumprimento injustificado: A lei não proíbe sua conversão em privativa de liberdade. Logo, pode ser discutida em sede de HC	***Descumprimento injustificado:*** Não pode ser convertida em privativa de liberdade (deve ser executada como dívida ativa). Não pode ser discutida em sede de HC.

ATENÇÃO – "Nos casos em que haja condenação a pena privativa de liberdade e multa, cumprida a primeira (ou a restritiva de direitos que eventualmente a tenha substituído), o inadimplemento da sanção pecuniária não obsta o reconhecimento da extinção da punibilidade, ante a alegada hipossuficiência do condenado, salvo se diversamente entender o juiz competente, em decisão suficientemente motivada, que indique concretamente a possibilidade de pagamento da sanção pecuniária." Essa foi a tese fixada pela Terceira Seção do Superior Tribunal de Justiça (STJ), sob a sistemática dos recursos repetitivos, ao revisar o entendimento firmado anteriormente pelo colegiado no Tema 931. Em decisão posterior, no entanto, o STF decidiu que a inadimplência impede a extinção da pena, exceto se comprovada a impossibilidade de pagar, ainda que em parcelas (STF. Plenário. ADI 7.032/DF, Rel. Min. Flávio Dino, julgamento em 22/03/2024).

JURISPRUDÊNCIA

Inaptidão do *habeas corpus*

a) liberação de veículo

"Insurgindo-se o impetrante-paciente quanto à apreensão de veículo de sua propriedade, não se vislumbra na impetração pressuposto básico e lógico inerente a este tipo de ação, vale dizer, ameaça ou violação ao direito ambulatorial, o que, conseqüentemente, leva à conclusão de que a via eleita é imprópria ao fim colimado" (STJ – HC n° 9855- SP- Rel. Fernando Gonçalves, j. 21.09.1999, DJ 11.10.1999, p. 89).

b) trancamento de inquérito civil

"O habeas corpus não é a via adequada ao pleito de trancamento de inquérito civil, tendo em vista a inexistência de ameaça ou violação à liberdade de locomoção dos investigados, já que se destina à apuração de infrações passíveis de sanções administrativas ou civis. Precedentes" (STJ – RHC n° 34329-RJ, Rel. Jorge Mussi, j. 23.04.2013, DJe 08.05.2013)".

"O Ministério Público, como órgão de defesa dos interesses individuais e sociais indisponíveis (CF, art. 127), tem competência para instaurar inquérito policial para investigar a prática de atos abusivos, susceptíveis de causar lesão a tais interesses coletivos. A instauração de tal procedimento não provoca qualquer constrangimento ilegal ao direito de locomoção, revelando-se, por isso, impróprio o uso do habeas-corpus para coibir eventuais irregularidades a ele atribuídos" (STJ – REsp n° 192837-RJ – Rel. Vicente Leal, j. 18.10.2001, DJ 30.06.2003, p. 320).

c) redução da pena de multa

"O mandamus se presta a sanar ilegalidade ou abuso de poder que resulte em coação ou ameaça à liberdade de locomoção. Não cabe, nesta via estreita do writ, revolvimento fático-probatório a ensejar a redução do valor relativo à pena de prestação pecuniária aplicada ao paciente" (Precedentes)". (STJ – HC n° 221785-RJ, Rel. Maria Thereza de Assis Moura, j. 15.08.2013, DJe 26.08.2013).

d) cancelamento de registros criminais

PROCESSUAL PENAL. HABEAS CORPUS. PEDIDO DE CANCELAMENTO DE REGISTROS CRIMINAIS INFORMATIZADOS NO INSTITUTO DE IDENTIFICAÇÃO RICARDO GUMBLETON DAUNT. INEXISTÊNCIA DE ILEGALIDADE OU ABUSO DE PODER SANÁVEL PELA VIA DO HABEAS CORPUS – "Não se vislumbrando, in casu, qualquer restrição ao direito de Ir e vir do paciente, não há que se falar em ilegalidade e abuso de poder sanável pela via do habeas corpus" (STJ – HC n° 106417-SP, Rel. Alderita Ramos de Oliveira, j. 18.06.2013, DJe 01.07.2013).

e) procedimento verificatório do ECA

FORNECIMENTO DE BEBIDA ALCÓOLICA A MENOR. INSTAURAÇÃO DE PROCEDIMENTO VERIFICATÓRIO – "A instauração de procedimento administrativo verificatório, que não tem o condão de causar ameaça ou violação ao direito ambulatorial do Recorrente, não é suscetível de análise na via do habeas corpus" (STJ – RHC n° 32239-SP, Rel. Laurita Vaz, j. 06.08.2013, DJe 13.08.2013).

f) porte de arma para guarda municipal

"O habeas corpus é o remédio jurídico processual, previsto no artigo 5º, inciso LXVIII, da CF/88, que tem como finalidade resguardar a liberdade de locomoção contra ilegalidade ou abuso de poder. O mandamus foi utilizado com o intuito de suscitar a concessão de porte legal de arma de fogo para os guardas municipais de São Vicente/SP, sendo que o reclame não vislumbra a violação ou ameaça ao direito de locomoção dos pacientes" (STJ – HC n° 145107-SP, Rel. Adilson Vieira Macabu, j. 20.03.2012, DJe 20.04.2012).

g) dosagem da pena e regime imposto

g1) quando não se admite a discussão em *habeas corpus*

Individualização da pena – Motivação idônea para a fixação da pena-base acima do mínimo – Inviabilidade, em habeas corpus, de decidir sobre a justiça do quanto da exacerbação – "Fundada a mensuração da pena-base acima do mínimo legal cominado ao crime, à base de circunstâncias objetivas e subjetivas idôneas a motivá-lo, é inviável, na via do habeas corpus, reavaliar todo o contexto do fato para saber se seriam elas bastantes a justificar, em concreto, a exacerbação imposta, quiçá, com exagero" (STF – HC nº 80.822-RJ – Rel. Sepúlveda Pertence – Informativo do STF nº 236, de 6 a 10 de agosto de 2001).

"A impetração de habeas corpus deve ser compreendida dentro dos limites da racionalidade recursal para que não se percam as razões lógica e sistemática dos recursos ordinários, até mesmo dos excepcionais. O writ não foi criado para as finalidades aqui empregadas, quais sejam, discutir a dosimetria da pena e o regime prisional fixado. Há que se utilizar o recurso cabível ou, após o trânsito em julgado, a revisão criminal, se for o caso" (STJ – HC n° 154964-SP, Rel. Adilson Vieira Macabu, j. 20.03.2012, DJe 23.04.2012).

g2) quando é admissível

"A revisão da dosimetria da pena, em sede de *habeas corpus*, sem se afastar da coerência lógico-jurídica que o informa, tem cabimento quando o ato da fixação levado a efeito pela sentença não resultar de valoração probatória no tocante às circunstâncias judiciais do art. 59 do CP, mas de simples equívoco ou extrema severidade, traduzidos no modo de cálculo da sanção no acréscimo indevido" (STJ, Rel. Fernando Gonçalves, RT 773/544).

h) discussão sobre a imparcialidade do juiz

"A jurisprudência desta Corte tem orientação no sentido de que, ausente flagrante ilegalidade, o habeas corpus não se mostra como meio mais adequado para que verificar eventual ocorrência de imparcialidade do juiz. Precedentes" (STJ – HC n° 216229-RS, Rel. Campos Marques, j. 06.12.2012, DJe 13.12.2012).

i) reparação civil imposta na sentença condenatória

"A matéria levantada nos autos – insurgência contra a reparação dos danos fixada na sentença penal condenatória, com base no art. 387, inciso IV, do Código de Processo Penal, – não se enquadra nas hipóteses de cabimento do referido remédio constitucional, pois não enseja qualquer ameaça ou violação à liberdade de locomoção. Súmula 693/STF" (STJ – HC n° 197307-MG, Rel. Campos Marques, j. 16.10.2012, DJe 19.10.2012).

j) procedimento de suspensão do direito de conduzir veículos ou sua apreensão

"A verificação da regularidade de processo de natureza cautelar, que resultou na suspensão do direito do paciente de conduzir veículos automotores, é estranha ao âmbito de cabimento do habeas corpus, à ausência de qualquer violação ou ameaça de violação efetiva da liberdade física de ir, vir e ficar do paciente" (STJ – RHC n° 12096-SC, Rel. Hamilton Carvalhido, j. 06.12.2001, DJ 25.02.2002, p. 446).

k) contra ato que exige identificação para ingresso em repartição pública. Inviabilidade

EXIGÊNCIA DE IDENTIFICAÇÃO PARA INGRESSO EM TRIBUNAL. DIREITO DE LOCOMOÇÃO. LESÃO. INOCORRÊNCIA – "O 'habeas-corpus' é remédio constitucional que tem por objetivo a proteção do direito de locomoção, não se prestando para afastar exigência de identificação para acesso à sede de repartição pública" (STJ – HC n° 7867-DF – Rel. Vicente Leal, j. 24.11.1998, DJ 01.03.1999, p. 380).

l) direito de greve

"O habeas corpus constitui-se em meio impróprio para a análise de eventual direito de greve dos servidores públicos, eis que ausente qualquer ameaça ao direito de locomoção dos pacientes. Não se admite writ de natureza coletiva, sem a devida identificação dos pacientes" (STJ – HC n° 18030-RJ – Rel. Gilson Dipp, j. 13.11.2001, DJ 02.09.2002, p. 213).

m) remessa de cópias dos autos à OAB e ao MP não configura constrangimento ilegal

"A mera determinação de remessa de cópia de ação cível para o Ministério Público e à Ordem dos Advogados do Brasil para apuração da utilização de documento supostamente adulterado, por se tratar de providência de cunho administrativo, não tem o condão, por si só, De caracterizar ofensa ou ameaça à liberdade de locomoção dos recorrentes, razão pela qual não é cabível o manejo do habeas corpus" (STJ – RHC n° 37829-RJ, Rel. Jorge Mussi, j. 25.06.2013, DJe 06.08.2013).

n) decisão de afastamento de função pública

A medida cautelar de afastamento de função pública não afeta diretamente a liberdade de locomoção, sendo inviável, por isso, a sua correção por meio de habeas corpus ou de seu recurso ordinário, salvo se imposta conjuntamente com a prisão preventiva ou outras medidas cautelares diversas da prisão que possam, de alguma forma, restringir o direito tutelado pela via mandamental.

Partes – No *habeas corpus*, podem ser identificadas como partes: 1) o *impetrante*, que é exatamente quem ingressa com a ação; 2) o *coator* que é quem pratica a coação ou ameaça de constrangimento e 3) o paciente, a saber, aquele que sofre ou está ameaçado de sofrer a coação. Alguns autores apontam, ainda, o *impetrado*, isto é, aquele para quem é dirigido o pedido, e o *detentor*, isto é, aquele que detém o paciente.

Espécies – A doutrina aponta duas espécies de *habeas corpus*. O primeiro, denominado *habeas corpus liberatório* ou *repressivo*, tem por objetivo afastar uma violência ou coação ilegal atual, concreta, presente, que está ocorrendo, como sucede, por exemplo, se alguém se acha preso sem a respectiva ordem judicial e não se tratando de flagrante. Nesse caso, a decisão proferida no *writ* determinará a soltura do paciente. Diz-se que o *habeas corpus* é *preventivo* ou *suspensivo* quando há iminência de concretização da violência ou coação ilegal, ou seja, o constrangimento ainda não se verificou, mas está prestes a ocorrer. Nessa hipótese, com o acolhimento do remédio heroico, é expedido um *salvo-conduto* que, como sugere o nome, assegura ao paciente o livre direito de locomoção, livrando-o da prisão. Como exemplos poderiam ser citados o gerente de um banco que, ameaçado de prisão pelo juiz, caso não libere determinado numerário, preventivamente se vale do *habeas corpus*, como forma de evitar o iminente constrangimento. Ou da prostituta, ameaçada de prisão pela autoridade policial, caso não deixe as ruas. Nesse sentido: RT 548/306, 578/406, 584/344. Em sentido contrário, pelo descabimento do *habeas corpus*: RT 543/308, 555/442, 566/285. Ou, ainda, da testemunha que, ao ser ouvida em uma CPI, corre o risco de ser presa, caso opte por permanecer em silêncio, não respondendo a perguntas que lhe são formuladas. Ou do averiguado que, intimado para ser ouvido em inquérito policial, impetra o *writ* para evitar seu formal indiciamento. Em todas as hipóteses, embora ainda não consumado o constrangimento, há forte probabilidade de sua ocorrência, pelo que é cabível a impetração do remédio heroico. Mas a ameaça de lesão ao direito de se locomover livremente deve ser apresentada com um mínimo de razoabilidade, isto é, como algo que, seguramente, ocorrerá, como observado nos exemplos anteriores. A alegação de um constrangimento remoto ou de um receio genérico que, dificilmente, se verificarão na prática, não autoriza a concessão do writ (RT 597/365. 771/732).

Coação pretérita – De se ver, porém, que se a coação é pretérita, não mais será cabível o remédio heroico. Assim, por exemplo, se a pena já foi extinta pelo seu cumprimento. Nesse sentido o enunciado da Súmula 695 do STF, in verbis: "Não cabe *habeas corpus* quando já extinta a pena privativa de liberdade". Ainda se o processo onde se alegava o excesso de prazo já se findou (RSTJ 38/329), não há que se falar na utilização do *habeas corpus*, posto que seu conhecimento restou prejudicado. O mesmo ocorre quando no curso do procedimento do writ se verifica a morte do paciente (RJTJSP 55/304), ou sua absolvição. Outra situação que impede o conhecimento do *habeas corpus* ocorre quando alterado o título que, até então, o justificava. Em outras palavras: suponha-se que no writ se discutia a ilegalidade da prisão em flagrante ou da prisão preventiva do paciente. Advindo a sentença condenatória, com a manutenção do réu preso, esse debate se encontra superado, devendo a apelação se voltar, agora, sobre o acerto da condenação (nada impedindo que, no bojo do recurso, se torne a debater o equívoco da manutenção do condenado preso).

Habeas corpus profilático – Alguma doutrina menciona, ainda, o chamado *habeas corpus profilático* ou *trancativo*, que teria por objetivo *trancar* o inquérito policial ou a ação penal em curso, porque, *v.g.*, extinta a punibilidade do paciente ou manifestamente atípica a conduta a ele atribuída. A par da absoluta inutilidade da definição, de se observar que tais hipóteses acabam por caracterizar o *habeas corpus* liberatório, já que o paciente sofre um constrangimento atual, decorrente de um inquérito policial instaurado ou de uma ação penal em curso, que visa, por meio do *habeas corpus*, ver cessado.

Sobre a possibilidade de o juiz das garantias trancar, de ofício, investigação em curso, ver nossos comentários ao art. 3º-B, inc. IX, CPP.

Punição disciplinar – A parte final do dispositivo em exame ressalva o não cabimento do *habeas corpus* nos casos de punição disciplinar, imposta, por exemplo, a um funcionário público ou a um militar. A justificativa repousa no fato de que, caso se reconhecesse ao Poder Judiciário a possibilidade de concessão do *writ*, estar-se-ia admitindo uma indevida ingerência desse poder (o Judiciário), em outro (o Poder Executivo). Demais disso, ocorreria um inegável desprestígio da autoridade hierarquicamente superior em face de seu subalterno, em afronta ao princípio da autoridade, toda vez que, imposta uma sanção disciplinar, ela viesse a ser revista, posteriormente, pelo *habeas corpus*. Como acentua Pontes de Miranda, toda vez que presentes o *direito de mandar* e o *dever de obediência*, não há lugar para o remédio heroico (*Comentários à Constituição de 1967*, Rio de Janeiro: Forense, 1967, p. 314). No mais, tratava-se de ressalva expressamente prevista na Constituição de 1934, que, em seu art. 113, item 23, destacava que "nas transgressões, disciplinares não cabe o *habeas corpus*".

Ocorre que, a partir da ordem constitucional inaugurada com a Carta de 1988, esse panorama sofreu expressiva alteração. De sorte que o art. 5º, inc. LXVIII, da *Cidadã*, dispõe que "conceder-se-á *habeas corpus* sempre que alguém sofrer ou se achar ameaçado de sofrer violência ou coação em sua liberdade de locomoção, por ilegalidade ou abuso de poder". Não cria, portanto, ao contrário das cartas anteriores, nenhuma exceção à regra geral, admitindo, pois, o remédio heroico em toda e qualquer circunstância (claro: desde que a sanção disciplinar implique em constrangimento ao direito de liberdade do apenado). Ora, se foi essa, indubitavelmente, a intenção do constituinte, não cabe ao intérprete cogitar de outra leitura senão aquela que aponta no sentido da revogação da parte final deste dispositivo, a admitir-se o emprego do *habeas corpus* qualquer que seja a natureza da sanção imposta.

ATENÇÃO - Foi editada a Lei nº 13.967, de 26 de dezembro de 2019, que, alterando o art. 18 do Decreto-Lei nº 667, de 2 de julho de 1969, extinguiu a pena de prisão disciplinar para as polícias militares e os corpos de bombeiros militares dos Estados, dos Territórios e do Distrito Federal, tendo esses entes federativos o prazo de doze meses para regulamentar e implementar a mencionada lei. Assim, de acordo com a atual redação do referido art. 18, *in verbis*:

Art. 18. As polícias militares e os corpos de bombeiros militares serão regidos por Código de Ética e Disciplina, aprovado por lei estadual ou federal para o Distrito Federal, específica, que tem por finalidade definir, especificar e classificar as transgressões disciplinares e estabelecer normas relativas a sanções disciplinares, conceitos, recursos, recompensas, bem como regulamentar o processo administrativo disciplinar e o funcionamento do Conselho de Ética e Disciplina Militares, observados, dentre outros, os seguintes princípios:

I - dignidade da pessoa humana;

II - legalidade;

III - presunção de inocência;

IV - devido processo legal;

V - contraditório e ampla defesa;

VI - razoabilidade e proporcionalidade;

VII - vedação de medida privativa e restritiva de liberdade.

A lei, contudo, não afasta a drástica punição dos agentes das Forças Armadas, para os quais a prisão disciplinar continua valendo.

Art. 142, § 2º, da Constituição – Tal premissa, porém, não esgota a discussão do problema. Com efeito, haverá quem entenda que, por força do disposto no art. 142, § 2º, da Constituição, pelo qual "não caberá *habeas corpus* em relação a punições disciplinares militares", a ressalva continua em vigor. Afinal, trata-se também de uma norma de cunho constitucional, a exigir, portanto, que se busque uma compatibilidade com o disposto no art. 5º, inc. LXVIII. Se a ressalva, quanto ao não cabimento do *writ* constasse, por exemplo, do Código de Processo Penal, não haveria nenhuma dificuldade para superação do aparente conflito. Claro: a norma constitucional, dada sua natureza, superaria todo e qualquer dispositivo constante de legislação infraconstitucional. Sucede que, *in casu*, ambos os princípios possuem assento constitucional, a reclamar maior cuidado na interpretação.

Pois bem. Vale observar, de plano, que os princípios constitucionais (assim como tratados internacionais aos quais aderiu o Brasil), são incontestáveis, de observância obrigatória, vinculando todas as decisões do Poder Judiciário, ocupando o cume da pirâmide das leis. Mas mesmo os princípios constitucionais, por vezes, podem se revelar conflitantes, não havendo, pois, um princípio absoluto, com prevalência sobre os demais. Há que se buscar, por isso, na análise do caso concreto, em uma visão sistemática da Carta e forte no princípio da proporcionalidade, qual o princípio que deve prevalecer sobre o outro. Ou seja, no conflito entre dois princípios constitucionais, atento ao peso de cada um, impõe-se uma solução que implique no sacrifício de um deles em relação ao outro. Como acentua Roberto Alexy, "quando dois princípios entram em colisão [...], um dos dois princípios tem que ceder ante o outro. Mas isto não significa declarar inválido o princípio que não teve curso, nem que haja de se introduzir no princípio que não teve curso uma cláusula de exceção. Ao contrário, o que acontece é que, sob certas circunstâncias, um dos princípios precede ao outro. Sob outras condições, a questão da precedência pode ser solucionada de forma inversa" (*Teoria de los derechos fundamentales*. Madrid: Centro de Estudios Constitucionales, 1993b:89).

Tornando à questão inicialmente proposta, que trata do conflito entre a norma geral, prevista no art. 5º, inc. LXVIII, que (ao contrário de Constituições anteriores), não impede o *habeas corpus* em relação a punições disciplinares e ao disposto no art. 142, § 2º, da mesma Constituição, pelo qual "não caberá *habeas corpus* em relação a punições disciplinares militares", como se resolve o aparente impasse?

A jurisprudência de nossos Tribunais Superiores tem plasmado um entendimento que busca harmonizar ambas as normas constitucionais. De sorte que admite o *habeas corpus* em relação a punições disciplinares. Afinal, o remédio heroico se encontra previsto dentre as garantias fundamentais do cidadão, que não admite exceção, não podendo, por isso, experimentar nenhuma espécie de entrave em sua adoção. Sucede, de outra parte, que a mesma Constituição (art. 142, § 2º), veda o emprego do *writ* em relação às punições disciplinares. A solução alvitrada foi a seguinte: cuidando-se a punição disciplinar de um ato administrativo, que se refira ao mérito, interferindo no poder discricionário do administrador, cuja conveniência e oportunidade quanto à prática do ato lhe é privativa, não cabe o remédio heroico. Como explica Heráclito Antônio Mossin, "em primeiro lugar porque o processo de *habeas corpus* por ser de rito sumaríssimo não comporta dilação probatória, devendo o direito que vier explicitado na inicial estar configurado de liquidez e certeza. Em segundo lugar [...] se o Poder Judiciário fizesse um segundo julgamento sobre o *meritum causae* do qual decorreu a punição disciplinar, estaria ele invadindo a seara alheia, em flagrante desrespeito aos princípios da separação dos poderes e da autoridade administrativa" (ob. cit. vol. 4, p. 40).

Quanto, então, se admitiria o *habeas corpus* voltado contra punição disciplinar? Toda vez que o debate se referir à regularidade formal do ato e não ao mérito. Assim, caso se discuta, por exemplo, a incompetência da autoridade, falta de previsão legal para a punição, a inobservância das formalidades legais ou excesso de prazo de duração da medida restritiva da liberdade. Ou a evidente atipicidade da conduta do servidor, a preterição de fórmulas que impõem a ampla defesa e o contraditório, etc. Estes aspectos intrínsecos, de ordem formal, poder ser corrigidos por meio do *writ*. Jamais se admitirá, porém, questionamentos sobre a conveniência e oportunidade da medida constritiva à liberdade, cuja atribuição é exclusiva da autoridade administrativa".

JURISPRUDÊNCIA

Cabimento do habeas corpus quando de punição militar

"A legalidade da imposição de punição constritiva da liberdade, em procedimento administrativo castrense, pode ser discutida por meio de habeas corpus. Precedentes" (STF – RHC n. 88543-SP – Rel. Ricardo Lewandowski, j. 03.04. 2007, DJ 27.04.2007, p. 70).

Cabimento do habeas corpus quando de punição militar, desde que não invada o mérito da decisão

"Não há que se falar em violação ao art. 142, § 2º, da CF, se a concessão de habeas corpus, impetrado contra punição disciplinar militar, volta-se tão-somente para os pressupostos de sua legalidade, excluindo a apreciação de questões referentes ao mérito. Concessão de ordem que se pautou pela apreciação dos aspectos fáticos da medida punitiva militar, invadindo seu mérito. A punição disciplinar militar atendeu aos pressupostos de legalidade, quais sejam, a hierarquia, o poder disciplinar, o ato ligado à função e a pena susceptível de ser aplicada disciplinarmente, tornando, portanto, incabível a apreciação do habeas corpus" (STF – RE n. 338840-RS, Rel. Ellen Gracie, j. 19.08.2003, DJ 12.09.2003, p. 49).

"Efetivamente, não obstante o disposto no art. 142, § 2º, da Constituição Federal, os Tribunais Superiores admitem a impetração de habeas corpus para trancamento de processo administrativo disciplinar militar. Entretanto, as hipóteses de cabimento estão restritas à regularidade formal do procedimento administrativo disciplinar militar ou aos casos de manifesta teratologia. Sobre o tema, os seguintes precedentes: STF – RHC 88.543/SP, 1ª Turma, Rel. Min. Ricardo Lewandowski, DJ de 3.4.2007; STF – RE338.840/RS, **2**ª Turma, Rel. Min. Ellen Gracie, DJ de 12.9.2003; STJ-RHC 27.897/PI, 1ª Turma, Rel. Min. Hamilton Carvalhido, DJe de 8.10.2010; HC 129.466/RO, 5ª Turma, Rel. Min. Felix Fischer, DJe de 1º.**2**.2010; STJ – HC 80.852/RS, 5ª Turma, Rel. Min. Napoleão Nunes Maia Filho, DJe de 28.4.2008. (STJ – HC n. 211002- SP – Rel. Mauro Campbell Marques, j. 1º/12/2011, DJe 09.12.2011).

Cabimento do habeas corpus desde que envolva constrangimento ao direito de locomoção

"A ação de Habeas Corpus só pode ser instaurada quando se constatar coação ilegal atual e iminente à liberdade de ir e vir, o que não ocorre no caso concreto, pois, segundo ressai do acórdão proferido pela autoridade ora apontada como coatora, o paciente foi reformado. Destarte, não sendo atual ou iminente; ao contrário, sequer se divisando a possibilidade de cumprimento da referida punição, falece interesse na presente impetração" (STJ – HC n. 80852-RS, Rel. Napoleão Nunes Maia, j. 27.03.2008, DJe 28.04.2008).

Natureza jurídica – Embora previsto no capítulo do Código que trata *dos recursos em geral*, hoje a doutrina é tranquila em afirmar que o *habeas corpus* não tem a natureza jurídica de um recurso. É que recurso exige que a decisão seja recorrível. Ora, é possível a impetração do *habeas corpus* mesmo contra decisões já transitadas em julgado. Ademais, o recurso pressupõe uma *decisão judicial*, advinda, portanto, do Poder Judiciário. É cabível, porém, o *writ* contra ato de autoridade administrativa (Delegado de Polícia, por exemplo) e mesmo de particular, como veremos a seguir. Na lição do Ministro do STJ, Luiz Vicente Cernicchiaro, "o *habeas corpus* não tem o limite normativo do recurso. Outro é o pressuposto. Pouco importa a preclusão, ou a coisa julgada; garantia constitucional, posta-se acima dos procedimentos – em homenagem ao direito de liberdade" (RHC 7553 – 6ª. T., j. em 09.06.1998, DJU de 29.06.1998).

Não tem, pois, a natureza jurídica de um recurso, por faltar-lhes os pressupostos básicos deste (ausência de trânsito em julgado e prolongamento de uma decisão anterior), embora, por vezes, possa ser utilizado como se o fosse. Assim, por exemplo, da decisão do juiz que rejeita denúncia ou queixa cabe recurso em sentido estrito (art. 581, inc. I, do CPP). Já da que recebe, nenhum recurso é cabível, sendo admitido, nesse caso, o *habeas corpus*, aqui se prestando como verdadeiro sucedâneo do recurso não previsto em lei. Por tal característica é que Magalhães Noronha nele vislumbrava uma natureza mista eis "que se lhe não pode negar totalmente o caráter de recurso, pois pode ser impetrado contra decisões do juiz, para que o juízo superior as reveja" (ob. cit., p. 542).

A natureza jurídica do *habeas corpus* é, portanto, de ação popular autônoma, de caráter constitucional. *Autônoma* eis que inaugura uma nova relação processual; *popular* em virtude de que qualquer do povo pode impetrá-la e, constitucional, porque prevista na lei maior.

JURISPRUDÊNCIA

Cabimento mesmo após o trânsito em julgado da condenação

"O habeas corpus, ação constitucional, é idôneo sempre que alguém sofrer ou se achar ameaçado de sofrer violência ou coação em sua liberdade de locomoção. Não encontra obstáculo sequer na sentença penal condenatória transita em julgado. Em havendo descrição de ilegalidade ou abuso de poder ofensivo do direito de locomoção, merece ser conhecido" (STJ – RHC nº 1560-SP – Rel. Luiz Vicente Cernicchiaro, j. RSTJ 47/461).

Iminência de violência ou coação ilegal. Inexistência

"Se não há constrangimento atual ou próximo à liberdade de locomoção, se a perspectiva de prisão é remota e depende de incerta e futura condenação criminal transitada em julgado, o remédio apropriado contra eventuais ilegalidades ou abusos é o devido processo legal, com o trâmite natural da ação penal, e seus consectários. O habeas corpus não é a única garantia pertinente ao Estado de Direito e justamente por sua relevância e envergadura constitucional, não se justifica a sua banalização" (STF – HC nº 115012-RS, Rel. Rosa Weber, j. 23.04.2013, DJe 14.05.2013).

"Inviável utilizar o remédio constitucional para obstar eventuais ilegalidades ou constrangimentos ainda não acontecidos e sem fundado receio de que realmente ocorrerão. A mera suposição, sem indicativo fático, de que o direito ao silêncio e de vista dos autos será desrespeitado não constitui uma ameaça concreta à liberdade dos recorrentes capaz de justificar o manejo de habeas corpus para o fim pretendido" (STJ – RHC nº 39782-RJ, Rel. Jorge Mussi, j. 08.10.2013, DJe 16.10.2013).

Habeas corpus preventivo e direito ao silêncio perante CPI

"A jurisprudência deste Supremo Tribunal firmou-se no sentido de ser oponível às Comissões Parlamentares de Inquérito a garantia constitucional contra a autoincriminação e, consequentemente, do direito ao silêncio quanto a perguntas cujas respostas possam resultar em prejuízo dos depoentes, além do direito à assistência do advogado. Precedentes" (STF – HC n. 119941-DF – Rel. Carmem Lúcia, j. 25.03.2014, DJe 28.04.2014).

Abuso de autoridade - nos termos do art. 9º, parágrafo único, II, da Lei 13.869/19, constitui crime de abuso de poder o comportamento da autoridade judiciária que, dentro de prazo razoável, deixar de deferir liminar ou ordem de *habeas corpus*, quando manifestamente cabível. As condutas descritas na referida Lei constituem crime de abuso de autoridade somente quando praticadas pelo agente com a finalidade específica de prejudicar outrem ou beneficiar a si mesmo ou a terceiro, ou, ainda, por mero capricho ou satisfação pessoal.

Art. 647-A. **No âmbito de sua competência jurisdicional, qualquer autoridade judicial poderá expedir de ofício ordem de habeas corpus, individual ou coletivo, quando, no curso de qualquer processo judicial, verificar que, por violação ao ordenamento jurídico, alguém sofre ou se acha ameaçado de sofrer violência ou coação em sua liberdade de locomoção. (incluído pela Lei 14.836/24)**

Parágrafo único. A ordem de habeas corpus poderá ser concedida de ofício pelo juiz ou pelo tribunal em processo de competência originária ou recursal, ainda que não conhecidos a ação ou o recurso em que veiculado o pedido de cessação de coação ilegal. (incluído pela Lei 14.836/24)

Ver nossos comentários ao art. 615.

Art. 648. A coação considerar-se-á ilegal:

I - quando não houver justa causa;

II - quando alguém estiver preso por mais tempo do que determina a lei;

III - quando quem ordenar a coação não tiver competência para fazê-lo;

IV - quando houver cessado o motivo que autorizou a coação;

V - quando não for alguém admitido a prestar fiança, nos casos em que a lei a autoriza;

VI - quando o processo for manifestamente nulo;

VII - quando extinta a punibilidade.

I - quando não houver justa causa:

Justa causa – O exato alcance da expressão *justa causa* é objeto de alguma divergência na doutrina. Alguns autores sustentam mesmo a inconveniência de se buscar uma definição precisa para tal expressão. Assim, Ary Azevedo Franco, no sentido de que *justa causa* "não pode ser definida em maneira absoluta, ficando à apreciação do Juiz os motivos que determinaram a prisão, ou a sua iminência" (ob. cit., vol. 2, p. 298). Outros se arriscam na tarefa. Com efeito, para Bento de Faria, faltará justa causa "se o ato de que se queixa o cidadão ou não tem a sanção da lei ou não satisfaz os seus requisitos" (ob. cit., vol. 2, p. 372). Para Oliveira Machado, "não há justa causa todas as vezes que a prisão não repousar em um fato provado sumária ou concludentemente, de onde resulte criminalidade ou justificação para detenção do paciente", conforme citação feita por Espínola Filho, que completa, "assim, na verdade, o que basta é verificar-se, para a coação, a existência de um fato, ao qual, por lei, se possa atribuir a virtude de justificá-la" (ob. cit., vol. VII, p. 163). Poderia se concluir que se chegou a um conceito no sentido de que justa causa é a causa baseada em lei. Assim, quando a coação não tem base legal, falta-lhe justa causa. De sorte que cabe *habeas corpus* quando ausente justa causa para a prisão, inquérito policial ou ação penal.

JURISPRUDÊNCIA

Justa causa

"Conforme luzidia corrente doutrinária e jurisprudencial, a justa causa apta a justificar o trancamento da ação penal é aquela perceptível ictu oculi, onde a ilegalidade é patente e evidenciada pela simples enunciação dos fatos a demonstrar a ausência de qualquer elemento indiciário que dê base à acusação. No entanto, se há descrição pelo Ministério Público de crime em tese, com apoio em inquérito policial, impõe-se o prosseguimento da ação" (STJ – HC nº 228556-RS, Rel. Fernando Gonçalves, j. 16.04.1999, DJ 17.05.1999, p. 243).

Prisão – A prisão, por exemplo, só é admitida quando se tratar de flagrante ou decorrente de ordem judicial (salvo nas hipóteses de crime militar próprio). Em qualquer outra hipótese, a prisão é ilegal, faltando, portanto, justa causa.

Inquérito policial – O inquérito, como regra, quando instaurado, não enseja *habeas corpus*. É que, para sua deflagração bastam indícios, constituindo-se em uma investigação sumária, que não causa privação de locomoção do indiciado e pela qual, tampouco, se formula qualquer acusação. Nesse sentido a jurisprudência do STJ, para quem "visando a instauração do inquérito policial a apurar fatos que, em tese, constituem crime, não há constrangimento ilegal a quem deles seja protagonista, posto que com ele se objetiva apenas propiciar elementos de informação ao Ministério Público para eventual exercício da ação penal correspondente" (STJ – HC nº 307/DF – Rel. Dias Trindade, DJ de 25.06.1990). Não raras vezes, porém, a jurisprudência tem admitido o trancamento do inquérito policial. Conforme bem esclarece Luiz Carlos Betanho, "o conceito básico para o cabimento do *habeas corpus* no inquérito policial é o de justa causa. Em geral, entende-se que a justa causa está relacionada com dois aspectos: a tipicidade e os indícios de autoria" (*Código de processo penal e sua interpretação jurisprudencial*, São Paulo: RT, vol. 2, p. 231). De sorte que, por exemplo, se a ilegalidade é evidente, ou o fato é obviamente atípico, será cabível seu trancamento via *habeas corpus* (nesse sentido: *RSTJ* 11/91, 48/276). Ou ainda se foi ele instaurado sem requerimento ou representação da vítima, nas hipóteses em que a lei exige tais condições, ele pode ser trancado através do *writ*. Ou, quando não concluído no prazo de 10 dias, estando preso o indiciado.

Sobre a possibilidade de o juiz das garantias trancar, de ofício, investigação em curso, ver nossos comentários ao art. 3º-B, inc. IX, CPP.

JURISPRUDÊNCIA

Trancamento da ação penal ou do inquérito policial. Medida excepcional

"O trancamento da ação penal por meio do habeas corpus se situa no campo da excepcionalidade (HC 901.320/MG, Primeira Turma, Rel. Min. Março Aurélio, DJU de 25/05/2007), sendo medida que somente deve ser adotada quando houver comprovação, de plano, da atipicidade da conduta, da incidência de causa de extinção da punibilidade ou da ausência de indícios de autoria ou de prova sobre a materialidade do delito (HC 87.324/SP, Primeira Turma, Relª. Minª. Cármen Lúcia, DJU de 18/05/2007)" (STJ – HC nº 220305-SP, Rel. Laurita Vaz, j. 23.04.2013, DJe 30.04.2013).

"Impedir o Estado, de antemão, de exercer a função jurisdicional, coibindo-o de sequer realizar o levantamento dos elementos de prova para a verificação da verdade dos fatos, constitui uma hipótese de extrema excepcionalidade, não evidenciada na espécie, tornando-se, pois, prematuro o trancamento da ação penal" (STJ – HC nº 266565-SP, Rel. Laurita Vaz, j. 28.05.2013, DJe 06.06.2013).

Indiciamento formal no inquérito policial – Ainda no âmbito do inquérito, se tem entendido incabível o *writ* que se volta contra indiciamento determinado pela autoridade policial. É que, na visão do STF, "o simples ato de indiciamento não configura constrangimento ilegal sanável pela via do *habeas corpus*" (RHC nº 86.314-RS – Rel. Ellen Gracie, j. em 11.10.2005, *DJ* de 28.10.2005). Não se pode negar, porém, segundo entendemos, que na hipótese de patente ilegalidade, causada, por exemplo, pela instauração de inquérito policial a fim de apurar conduta nitidamente atípica, deve ser impedido o indiciamento, através da respectiva concessão da ordem. Ou seja, se em situações, raras é verdade, se admite o trancamento do inquérito policial, não se pode privar o paciente de livrar-se, por consequência, do indiciamento. É a lição que parece se extrair de outro julgado do STF, valendo que se transcreva trecho da ementa: "A jurisprudência desta Corte é no sentido de que o indiciamento em inquérito policial só é passível de anulação em hipóteses de evidente constrangimento ilegal" (HC nº 86.149-SP – Rel. Min. Eros Grau, j. em 06.09.2005, *DJ* de 07.10.2005, p. 27).

Dizer-se que o indiciamento não importa em qualquer espécie de constrangimento não nos parece correto. Ora, se ele consiste na imputação que se faz a alguém da prática de um ilícito penal, deve se revestir do cuidado mínimo para evitar abusos e injustiças. De outro lado, pelo menos no Estado de São Paulo, o fato de a pessoa ter sido indiciada em inquérito policial impõe seja tal circunstância consignada em sua folha de antecedentes. Claro que eventual arquivamento do inquérito policial também será anotado. Mas isso não evita o dissabor de se ter o nome lançado nos respectivos arquivos. Proposta que se faria para uma futura revisão legislativa consistiria em se autorizar o indiciamento somente após a oferta da acusação. Assim, *v.g.*, o Ministério Público, ao ofertar a denúncia, pediria, na cota que segue com ela, o indiciamento do acusado. Trata-se de sugestão tirada da jurisprudência que, por vezes, tem sustado o indiciamento no aguardo de eventual denúncia do *parquet* (*RT* 731/612) ou, pelo menos, até que os fatos melhor se esclareçam (*RT* 819/588, 612/319, 607/335).

JURISPRUDÊNCIA

Mero indiciamento não configura constrangimento ilegal

"O mero indiciamento em inquérito policial, desde que não abusivo e posterior ao recebimento da denúncia, não configura constrangimento ilegal sanável na via do habeas corpus" (STJ – HC nº 142400-SC, Rel. Jorge Mussi, j. 16.12.2010, DJe 28.03.2011).

Incabível o indiciamento formal após a oferta da denúncia – Entendimento jurisprudencial que vem se firmando com notável frequência, é no sentido de que, não tendo sido o réu indiciado formalmente na fase de inquérito policial, uma vez recebida a denúncia não é mais cabível essa providência. O argumento principal consiste em afirmar de que se trata o indiciamento de ato nitidamente investigativo, cabível, portanto, apenas no curso do inquérito policial, a exclusivo critério da autoridade policial que o preside. Ora, a partir do recebimento da denúncia, uma nova etapa se abre, de cunho judicial, superando a fase até então inquisitiva, não se justificando, por isso, a adoção de medida que tem seu *locus* adequando durante o inquérito policial. Esse posicionamento parece reforçado a partir da edição da Lei n. 12.830/2013, que em seu art. 10, § 6º, dispõe que "o indiciamento, *privativo do delegado de polícia*, dar-se-á por ato fundamentado, mediante análise técnico-jurídica do fato, que deverá indicar a autoria, materialidade e suas circunstâncias" (grifamos).

Temos, com a devida vênia, sérias dúvidas quanto a este posicionamento. Afinal, é possível que, no âmbito do inquérito policial, a autoridade que o presida não tenha reunido elementos que justificassem o indiciamento formal do suspeito. Ocorre que, a partir do recebimento da denúncia, tais dúvidas restam superadas, pois, agora, já se conta, ao menos, com a certeza da materialidade do delito e os indícios de sua autoria. Ora, se o indiciamento é cabível em fase de singela investigação, por qual motivo não seria admitido quando em curso a ação penal? Dizer-se que o indiciamento é ato privativo da autoridade policial, como indica o diploma legal acima mencionado, não implica, por óbvio, em vedar ao Poder Judiciário a correção desse ato, cabendo, quase sempre ao Ministério Público, pedir a correção da decisão administrativa que, omissa, deixou de indiciar o suposto autor do crime. O que não faz sentido é se impedir a revisão, pelo Poder Judiciário, de eventual equívoco. Alguém poderia argumentar que, com o recebimento da denúncia e os registros que a seguem, o indiciamento formal perderia seu objeto. Não é bem assim. Lúcida decisão do Tribunal de Justiça do Estado de São Paulo, ressaltou os aspectos burocráticos do indiciamento, cabível, para aquela Corte, mesmo após o recebimento da denúncia. A se conferir: "O indiciamento, mesmo que tardio, é não apenas legal, como também extremamente importante na administração da Justiça, uma vez que a comunicação aos órgãos públicos decorrente de um eventual recebimento da denúncia é simples e desprovida de maiores dados a respeito do acusado. O indiciamento formal, por sua vez, enseja uma comunicação muito mais completa que, apesar de, após a CF/88, não mais abranger o planilhamento do averiguado, contém elementos importantes que são hábeis a evitar eventual homonímia, de tal sorte que sua prática acaba, ao final, contribuindo para o resguardo da liberdade individual, principalmente de terceiros de boa-fé que, apenas por terem tido a infelicidade de serem seus nomes e dados de qualificação indevidamente utilizados pelos reais autores dos crimes, podem ser incriminados indevidamente" (TJSP – HC n. 21650834920148260000 – Rel. Grassi Neto, j. 19.03.2015, Data de Publicação: 13.04.2015). A adoção da tese majoritária na jurisprudência cria, inclusive, um paradoxo. Suponha-se que "A" e "B" estão sendo investigados pela prática de um crime, tendo a autoridade policial indiciado formalmente apenas "A". Indo o inquérito ao Ministério Público, ele pede (e é atendido), o arquivamento em relação a "A" e denúncia a "B", que ao final é absolvido. Nesse caso, "A", que nem ao menos sofreu o processo, terá seus dados lançados no sistema de registro, posto que indiciado. Enquanto isso, nos registros de "B", que foi processado criminalmente, nada constará a respeito de seu indiciamento, eis que não efetivado.

Cremos, em suma, que se é cabível o indiciamento formal do suposto autor do crime na fase de inquérito policial, quando apenas se investiga sua participação nos fatos, com mais razão, no âmbito judicial, com o recebimento da denúncia, deve ser ele admitido. Somam-se a esse entendimento doutrinário as razões de ordem prática acima invocadas.

JURISPRUDÊNCIA

Indiciamento após o recebimento da denúncia

"Constitui constrangimento ilegal a determinação de indiciamento formal do acusado após o recebimento da denúncia, por ser ato próprio da fase inquisitorial da persecutio criminis, já ultrapassada. Precedentes desta Corte" (STJ – HC n. 86252-SP, Rel. Napoleão Nunes Maia Filho, j. 04.10.2007, DJ 29.10.007, p. 295).

Ação penal – O trancamento da ação penal, por meio do *habeas corpus*, é também possível, sob o fundamento da ausência de justa causa. Lembre-se que o art. 395, inc. III, do código, determina a rejeição da denúncia ou queixa quando "faltar justa causa para o exercício da ação penal". A título de exemplo, tem-se o processo em curso no qual foram produzidas provas ilícitas ou aquele que tem por objeto um fato atípico. Ou quando, embora não se trate de situação que, obviamente, determinasse o flagrante, ainda assim acha-se preso o réu. Ou que, conquanto válido o flagrante, não foi ele substituído por uma medida alternativa à prisão, cabível à espécie. Por último, como lembra Heráclito Antônio Mossin, observe-se que os incs. II a VII, do artigo em exame, elencam, de forma mais pormenorizada, causas configuradoras da ausência de justa causa para a manutenção da prisão do paciente. "Disso resulta – afirma o mencionado autor – como conclusão inarredável, que o inciso I, ora examinado, atua como norma genérica, eis que toda a coação injurídica que não se subsume naqueles incisos, nele se enquadra" (ob. cit., vol. 4, p. 48).

Súmula 648-STJ – Por óbvio, a superveniência de sentença condenatória torna prejudicado o pedido feito no *habeas corpus* que buscava o trancamento da ação penal sob a alegação de falta de justa causa. Ora, se na sentença já há apreciação – inclusive mais detida – da existência de justa causa, não há razão para o exame do pedido de trancamento. Esse é o teor da Súmula 648, aprovada pelo STJ em 14 de abril de 2021.

JURISPRUDÊNCIA

Trancamento da ação penal. Excepcionalidade da medida

"A decisão agravada está alinhada com a jurisprudência do Supremo Tribunal Federal, no sentido de que o trancamento de ação penal só é possível quando estiverem comprovadas, de logo, a atipicidade da conduta, a extinção da punibilidade ou a evidente ausência de justa causa. Precedentes. Estando a denúncia embasada em dados fáticos que demonstrariam a realização de diversos expedientes fraudulentos, não é possível o acolhimento da tese de atipicidade da conduta" (STF – RHC n. 120413-RS, Rel. Roberto Barroso, j. 26.08.2014, DJe 23.09.2014).

"O trancamento de ação penal pela via do habeas corpus, segundo pacífica jurisprudência desta Casa, constitui medida excepcional só admissível quando evidente a falta de justa causa para o seu prosseguimento, seja pela inexistência de indícios de autoria do delito, seja pela não comprovação de sua materialidade, seja ainda pela atipicidade da conduta do indiciado" (STF – HC n. 95058-ES – Rel. Ricardo Lewandowski , j. 04.09.2012, DJe 13.12.2012).

II - quando alguém estiver preso por mais tempo do que determina a lei;

Prazo razoável da prisão - Quando o constrangimento, de início legal, gerado pela prisão, se tranforma em ilegal? Certamente quando perdura por prazo não razoável. Mas qual o prazo razoável? A questão sempre mereceu atenção. No caso da prisão temporária, o prazo de sua duração da clausura está estampado em lei. Nos crimes hediondos ou equiparados, terá o prazo de 30 (trinta) dias, prorrogável por igual período em caso de extrema e comprovada necessidade (art. 2º, §4º., Lei 8.072/90). Outros crimes previstos na Lei 7.960/89, terá duração de 5 dias, prorrogável por mais 5 dias em caso de extrema e comprovada necessidade. Extrapolados esses prazos, ou prorrogada a prisão sem necessidade, patente o constrangimento ilegal. No que se refere à preventiva na fase do inquérito, terá, em regra, o prazo de 15 dias, prorrogável por igual período (art. 3º-B, §2º., CPP). Na Lei de Drogas, o prazo para a conclusão do inquérito de indigitado preso é de 30 dias, podendo ser duplicado, a depender da complexidade da investigação e da necessidade da custódia (art. 51 da Lei 11.343/06). Ultrapassado o prazo sem a conclusão da investigação, a liberdade é consequência inevitável, sob pena de constrangimento ilegal. A indeterminação do prazo de duração da prisão preventiva no processo sempre foi remediada com base no princípio da razoabilidade, face ao teor da Emenda Constitucional nº 45, de 09 de dezembro de 2004, que, acrescentando o inc. LXXVIII, ao art. 5º, da Lei maior, passou a considerar, dentre as garantias fundamentais do ser humano, "a razoável duração do processo e os meios que garantam a celeridade de sua tramitação". Trata-se de tema, inclusive, que já foi abordado pelo STF, à luz da nova ordem constitucional, "Cumpre ao Estado aparelhar-se, visando a atender ao que hoje está inserido na Constituição Federal - o julgamento das ações em prazo admissível. Ontem, contava-se com a previsão em pactos internacionais subscritos pelo Brasil - Convenção Americana sobre Direitos Humanos (Pacto de São José da Costa Rica), artigo 25, e Pacto Internacional dos Direitos Civis e Políticos, artigo 9º. Hoje, ante a Emenda Constitucional nº 45/2004, a determinação sobre tal julgamento em tempo plausível está pedagogicamente no inciso LXXVIII do rol das garantias constitucionais - 'a todos, no âmbito judicial e administrativo, são assegurados a razoável duração do processo e os meios que garantam a celeridade de sua tramitação'. Em jogo a liberdade de ir e vir, em jogo a custódia do acusado - até então simples acusado - impõe-se a observância irrestrita do tempo, não se podendo transformar a prisão preventiva em verdadeira execução de pena ainda não formalizada" (HC nº 87102 - Rel. Min. Marco Aurélio, j. em 07.11.2005, DJ de 11.11.2005). Considerando "a preocupação da magistratura com as situações de prisão provisória com excesso de prazo ou a manutenção da privação da liberdade após o cumprimento da sua finalidade", o Conselho Nacional de Justiça (CNJ) editou a Resolução 66/2009, onde determina que, estando o réu preso provisoriamente há mais de três meses, com o processo parados, cumpre ao juiz (ou ao relator tratando-se de recurso), investigar as razões da demora, indicando, ainda, as providências adotadas, a serem, posteriormente, comunicadas à Corregedoria Geral de Justiça ou à Presidência do Tribunal (no caso do relator). A propósito, como observam Alberto Silva Franco e Maurício Zanoide, sendo o juiz "obrigado a declinar os motivos da demora sempre que concluir a instrução fora do prazo, com maior razão deverá fundamentar a necessidade da prisão cautelar, se o *arco de* *tempo processual*, a que alude Chiavario, previsto para um determinado procedimento, estiver consumido" (*Código de Processo Penal e sua Interpretação Judicial*, 2ª ed., vol. 1, São Paulo: Editora Revista dos Tribunais, 2004, p. 279) (grifo original).

A Lei 13.964/19, acrescentando ao art. 316 do CPP novel parágrafo, seguiu o espírito da referida Resolução. Diz que o órgão emissor da decisão deverá revisar a necessidade de sua manutenção a cada 90 dias, mediante decisão fundamentada, sob pena de o constrangimento, até então legal, se tornar ilegal.

Súmulas aplicáveis – Essa disposição (art. 316, parágrafo único, CPP) coloca em xeque algumas súmulas do Tribunal Cidadão, como, por exemplo, as de número 21 e 52. A Súmula 21 do STJ anuncia que, pronunciado o réu, fica superada a alegação de constrangimento ilegal por excesso de prazo. No mesmo sentido, a de número 52, dizendo que, encerrada a instrução criminal, não há se falar em excesso de prazo. Ora, a revisão da necessidade da custódia preconizada pelo novel dispositivo deve ocorrer de forma copiosa, a cada 90 dias, não se podendo presumir legalidade do constrangimento em razão do ventilado estágio do processo.

III - quando quem ordenar a coação não tiver competência para fazê-lo;

Competência – A competência para determinar a ordem de prisão é privativa do juiz que deve ser competente para tanto. É o comando que se extrai do art. 5º, LXI, da Constituição. Prevalece o entendimento de que a Carta Magna de 1988, no dispositivo mencionado, passou a admitir apenas uma autoridade como competente para decretar a prisão, exatamente a autoridade judiciária. Com isso, a prisão administrativa, prevista nos artigos 319 e 320 do CPP, que poderia, como indica o nome, ser decretada por autoridade administrativa (ministro, secretário de estado, prefeito, etc.), não foi recepcionada pela ordem constitucional vigente, pelo menos no aspecto que trata da competência para sua decretação. Pela mesma razão o STJ concedeu *habeas corpus* em favor de estrangeiro que, para fins de expulsão, fora preso por ordem do Ministro da Justiça (*Ementário do STJ* nº 1/136 – Rel. Min. José Dantas). De forma que, uma vez caracteriza a incompetência da autoridade judiciária para decretação da prisão, urge seja tal equívoco corrigido por meio do *writ*. Vale destacar que um juiz cível, quando decreta a prisão do devedor de alimentos, tem plena competência para fazê-lo, podendo, inclusive, figurar como autoridade coatora na ação de *habeas corpus*.

Exceção – A única exceção a essa regra é prevista no próprio texto constitucional (art. 5º, inc. LXI, parte final), a saber a prisão decorrente de transgressão militar ou nos casos de crime propriamente militar. Contudo, até mesmo as punições disciplinares, de caráter militar, inicialmente excluídas da tutela pelo *habeas corpus*, em virtude de expressa disposição constitucional (art. 142, § 2º, da CF), podem ser objeto de correção através do *writ*, quando emanadas de autoridade incompetente. Não se irá discutir, assim, o mérito da punição, mas seus aspectos formais, "entre os quais se incluem a *competência do agente*, a oportunidade de defesa ampla e análise das razões em que se apoiou a autoridade para exercer a discricionariedade" (STJ – RHC nº 1375-SP – 6ª. T., Rel. Luiz Vicente Cernicchiaro, DJ de 19.10.1991, p. 14486).

ATENÇÃO – Foi editada a Lei nº 13.967, de 26 de dezembro de 2019, que, alterando o art. 18 do Decreto-Lei nº 667, de 2 de julho de 1969, extinguiu a pena

> de prisão disciplinar para as polícias militares e os corpos de bombeiros militares dos Estados, dos Territórios e do Distrito Federal, tendo esses entes federativos o prazo de doze meses para regulamentar e implementar a mencionada lei. Assim, de acordo com a atual redação do referido art. 18, *in verbis:*
>
> Art. 18. As polícias militares e os corpos de bombeiros militares serão regidos por Código de Ética e Disciplina, aprovado por lei estadual ou federal para o Distrito Federal, específica, que tem por finalidade definir, especificar e classificar as transgressões disciplinares e estabelecer normas relativas a sanções disciplinares, conceitos, recursos, recompensas, bem como regulamentar o processo administrativo disciplinar e o funcionamento do Conselho de Ética e Disciplina Militares, observados, dentre outros, os seguintes princípios:
>
> I - dignidade da pessoa humana;
>
> II - legalidade;
>
> III - presunção de inocência;
>
> IV - devido processo legal;
>
> V - contraditório e ampla defesa;
>
> VI - razoabilidade e proporcionalidade;
>
> VII - vedação de medida privativa e restritiva de liberdade.
>
> A lei, contudo, não afasta a drástica punição dos agentes das Forças Armadas, para os quais a prisão disciplinar continua valendo.

Transgressão militar – A transgressão militar importa em um *minus* em relação ao crime militar. Nesse sentido, destaca Jorge Luiz Nogueira de Abreu que "contravenção ou transgressão disciplinar é toda ação ou omissão que não constitua crime militar, ofensiva à ética, às obrigações ou aos deveres militares, ou, ainda que a afete a honra pessoal, o pundonor militar, o decoro da classe, e, como tal, é classificada pelos regulamentos disciplinares das Forças Armadas" (***Direito administrativo militar***. São Paulo: Método, 2015, 2ª. ed., p. 324). Podem ser aplicadas pelo superior hierárquico do transgressor e se fundam nos princípios da obediência, disciplina e hierarquia, que orientam a vida na caserna.

Transgressão militar no Exército – "Transgressão disciplinar é toda ação praticada pelo militar contrária aos preceitos estatuídos no ordenamento jurídico pátrio ofensiva à ética, aos deveres e às obrigações militares, mesmo na sua manifestação elementar e simples, ou, ainda, que afete a honra pessoal, o pundonor militar e o decoro da classe" (art. 14 do Decreto n. 4.346/2002).

Transgressão militar na Aeronáutica – "Transgressão disciplinar é toda ação ou omissão contrária ao dever militar, e como tal classificada nos termos do presente Regulamento. Distingue-se do crime militar que é ofensa mais grave a esse mesmo dever, segundo o preceituado na legislação penal militar" (art. 8º do Decreto n. 76.322/1975).

Transgressão militar na Marinha – "Contravenção Disciplinar é toda ação ou omissão contrária às obrigações ou aos deveres militares estatuídos nas leis, nos regulamentos, nas normas e nas disposições em vigor que fundamentam a Organização Militar, desde que não incidindo no que é capitulado pelo Código Penal Militar como crime" (art. 6º do Decreto n. 88.545/83).

Crime propriamente militar – Crime propriamente militar é aquele que só pode ser cometido por militar, estando previstos no Código Penal Militar em seu arts. 9º e 10º, respectivamente em tempo de paz e de guerra.

> **ATENÇÃO** – O crime de insubmissão, previsto no art. 183 do Código Penal Militar ("deixar de apresentar-se o convocado à incorporação, dentro do prazo que lhe foi marcado, ou, apresentando-se, ausentar-se antes do ato oficial de incorporação"), importa em exceção à regra geral, posto que cometido por aquele que ainda não se incorporou, isto é, não é ainda um militar.

Ainda sobre o tema, v. acima comentários ao art. 647 do código, sob as rubricas punição disciplinar e Art. 142, § 2º, da Constituição.

IV – quando houver cessado o motivo que autorizou a coação;

Imaginemos alguém preso preventivamente para a garantia da instrução criminal. Encerrada a colheita de provas, cessa imediatamente o motivo que autorizou a coação. A manutenção da privação da liberdade pode ser corrigida pela via do *habeas corpus*.

Ver nossos comentários ao art. 316, parágrafo único, do CPP.

V – quando não for alguém admitido a prestar fiança, nos casos em que a lei a autoriza;

Fiança – Caso autorizada a fiança e o juiz ou delegado de polícia se negam a concedê-la (ou retardam a sua apreciação), configurado se acha o constrangimento ilegal, decorrente da manutenção da prisão, devendo, por isso, ser impetrado o *writ* a fim de, prestada a caução, sejam o indiciado ou o réu colocados em liberdade. Recorde-se que, nos termos do art. 322 do código, à autoridade policial somente é dado conceder a fiança "nos casos de infração cuja pena privativa de liberdade máxima não seja superior a 4 (quatro) anos", sendo que nas demais hipóteses, deverá ser requerida ao juiz, a quem cabe decidir em 48 horas (art. 322, parágrafo único). A concessão da fiança não é, portanto, mera faculdade que se confere ao juiz ou ao delegado de polícia para, segundo critérios discricionários, concedê-la ou não. Antes, constitui verdadeira obrigação, traduzindo-se em direito subjetivo do preso, posto que "ninguém será levado à prisão ou nela mantido, quando a lei admitir a liberdade provisória, com ou sem fiança", na dicção do art. 5º, inc. LXVI, da Constituição. Nesse sentido: STF: *RTJ* 116/139. Assim, se a hipótese concreta (art. 322, parágrafo único).

Inegável a dificuldade que se encontra, nos estreitos limites do remédio heroico, para se discutir sobre o valor da fiança, eis que se trata de tema que impõe, inclusive, análise a respeito da vida financeira do réu. Por isso mesmo o STJ negou tal possibilidade por meio de *habeas corpus* (RHC nº 13033-SP – 5ª. T., Rel. Min. Gilson Dipp, j. em 17.02.2004, DJ de 29.03.2004, p. 253. Nesse sentido, ainda: *RT* 823/519). Nada impede, todavia – antes, se impõe – que através do *writ* se conceda o favor legal desde que preenchidos os requisitos legais que o autorizem. E assim nossos Tribunais, incontáveis vezes, têm concedido a ordem para esse fim.

De se lembrar, a propósito, a lição de Florêncio de Abreu, no sentido de que "a finalidade do remédio não será, porém, a libertação do paciente, se estiver preso, mas a admissão e o arbitramento da fiança para, prestando-a, ser processado em liberdade" (ob. cit., p. 546). A liberdade do preso, destarte, não é imediata, dependendo de sua aceitação em prestar a fiança e mesmo de sua possibilidade em pagar o valor arbitrado.

Vale anotar, por derradeiro, que nos termos do art. 319, inc. VIII, do código, a fiança se constitui em uma das medidas cautelares aptas a substituir a prisão em flagrante, podendo ser "cumulada com outras medidas cautelares", nos termos do § 4º, do mesmo dispositivo.

JURISPRUDÊNCIA

Devolução de fiança

HABEAS CORPUS. FIANÇA. RESTITUIÇÃO. AUSÊNCIA DE CONSTRANGIMENTO À LIBERDADE DE IR E VIR – "Não se justifica a utilização do habeas corpus quando não se vislumbra constrangimento à liberdade de locomoção do paciente. A via eleita destina-se exclusivamente à proteção do direito ambulatorial" (STJ – HC nº 107543-PA, Rel. Celso Limongi, j. 02.09.2010, DJe 27.09.2010).

VI - quando o processo for manifestamente nulo;

Nulidade – Estando o processo em andamento ou já tendo ele se findado (*RT* 534/312), é cabível *habeas corpus* para que se reconheça alguma nulidade. Mas se exige que seja manifesta a nulidade, caso contrário, havendo dúvida, o remédio a ser utilizado é a apelação (para o processo em andamento) ou a revisão criminal (para o processo já findo). Assim, por exemplo, a inépcia da denúncia (*RT* 700/396, 815/540), ausência de citação ou ilegitimidade de parte. Ou, ainda, o cerceamento de defesa (*RT* 691/394, 706/353, inclusive quando por se apresentarem colidentes (*JTJ* 119/545) ou deficientes (STJ - HC nº 14.700 - Rel. Min. Hamilton Carvalhido - j. em 28.06.2001, *DJU* de 24.09.2001, p. 348). A nulidade absoluta, como já se viu, pode ser conhecida, de ofício, pelo juiz. Quando o juiz a reconhece, *ex officio* ou mediante provocação, tal ato não importa na concessão de *habeas corpus* e, por consequência, não se obrigará ao recurso obrigatório de que trata o art. 574, inc. I, do CPP.

Lembre-se, porém, que a nulidade, para que seja reconhecida, culminando com o acolhimento do *writ*, é de rigor que tenha relação com a liberdade do paciente, afinal "se a nulidade não influi na prisão, ou outro constrangimento à liberdade física, ou nessa não pode influir, a sua decretação de *habeas corpus* será fundamentalmente inútil", na lição de Pontes de Miranda (*História e Prática do habeas corpus*. Rio de Janeiro: Borsoi, 1962, p. 483).

JURISPRUDÊNCIA

Nulidade

"O habeas corpus configura-se em meio hábil para sanar eventual nulidade ocorrente no curso do processo. Assim, se os elementos fático-probatórios carreados ao feito delineiam, de pronto, as circunstâncias em que teria ocorrido suposto constrangimento ilegal, faz-se imperioso, ante a desnecessidade do cotejo material cognitivo, o conhecimento do habeas corpus" (STJ – HC nº 27760-MG – Rel. Félix Fischer, j. 21.08.2003, DJ 06.10.2003, p. 291).

Correção da pena imposta mas manutenção da condenação

"O Supremo Tribunal Federal tem entendimento de que nulidade quanto à dosimetria da pena 'não vicia inteiramente a sentença e o acórdão das instâncias inferiores, mas diz respeito, apenas ao critério adotado para a fixação da pena. Tudo o mais neles decidido é válido, em face do princípio utile per inutile non vitiatur'" (HC 59.950/RJ, Rel. Min. Moreira Alves, DJ 01.11.1982)" (STF –HC n° 94888-SP, Rel. Ellen Gracie, j. 24.11.2009, DJe 11.12.2009).

Nulidade por falta de intimação do defensor dativo da sessão se julgamento

"A falta de intimação pessoal do defensor público ou dativo da sessão de julgamento do recurso de apelação, em sendo alegada no tempo oportuno, torna nulo o acórdão proferido, por cerceamento de defesa" (STJ – HC n. 17853- SP – Rel. Marco Aurélio Belizze, j. 27.09.2011, DJe 27.10.2011).

Nulidade por falta de decisão de recebimento da denúncia

"A inexistência do despacho de recebimento da denúncia tornou nulos os atos que lhe foram posteriores, pois todos decorreram da indevida atribuição de efeitos jurídicos ao ato inexistente. Quando se trata de inexistência, defeito mais severo do que a nulidade absoluta, o prejuízo é presumido e decorre da circunstância de se ter atribuído efeitos jurídicos a ato que nem sequer minimamente os possuía. O ato inexistente em questão trouxe prejuízos tanto para a defesa quanto para a acusação, bem como para a própria segurança jurídica, de que deve se revestir o processo, mormente no que diz respeito à contagem do prazo prescricional" (STJ – AgRg no AREsp n. 85452-MG – Rel. Sebastião Reis Júnior, j. 24.02.2014, DJe 10.03.2014).

Nulidade por falta de alegações finais

"A falta das alegações finais defensivas torna nula a sentença proferida ante ausência de defesa, conforme preceituam os princípios da ampla defesa e do contraditório" (STJ – HC n. 120231-RJ – Rel. Maria Thereza de Assis Moura, j. 16.04.2009, DJe 04.05.2009).

VII – quando extinta a punibilidade.

Extinção da punibilidade – As causas de extinção da punibilidade estão relacionadas no art. 107 do Código Penal, lembrando, apenas, que se trata de rol meramente exemplificativo, que admite, portanto, a ampliação para outras hipóteses não previstas no dispositivo legal. Se, apesar de extinta a punibilidade, o agente tem contra si um inquérito policial, ou está sendo processado ou mesmo cumprindo pena, pelo mesmo fato que ensejou a extinção da punibilidade, tal situação pode ser reparada através de *habeas corpus*.

Suponha-se que, num crime de ação penal privada, a vítima deixe transcorrer *in albis* o prazo de seis meses para oferta da queixa-crime. Inevitável, nesse caso, o reconhecimento da decadência e, por conseguinte, da extinção da punibilidade, nos moldes do art. 107, inc. IV, do Código Penal. Se passado esse período, o ofendido propõe finalmente a queixa-crime, que é recebida, pode a ação penal ser trancada por meio do *writ*, impetrado com base no dispositivo legal em análise. Ou, ainda, para tomar uma causa não elencada no art. 107 do CP, se em um crime contra a ordem tributária, o devedor satisfaz o crédito antes da denúncia, terá extinta a punibilidade nos termos da Lei nº 9.249/95. Uma vez extinta a punibilidade, se o Ministério Público ofertar nova denúncia ou mesmo se for instaurado mero inquérito policial, será o *habeas corpus* o remédio cabível para fazer cessar tais abusos.

Nessa linha de raciocínio, concedeu-se *habeas corpus* no qual se reconheceu: decadência (*RT* 434/375, 658/328), prescrição punitiva (*RT* 658/390, 523/378), prescrição retroativa (*RT* 620/362), e renúncia (*RT* 619/302, 614/304).

Verifica-se, assim, que a causa extintiva de punibilidade, a ensejar o *habeas corpus*, pode se verificar ainda na fase de inquérito policial (decadência, renúncia etc.), no curso da ação penal (perdão, perempção etc.), ou mesmo após a condenação (prescrição da pretensão executória, graça, indulto etc.).

Art. 649. **O juiz ou o tribunal, dentro dos limites da sua jurisdição, fará passar imediatamente a ordem impetrada, nos casos em que tenha cabimento, seja qual for a autoridade coatora.**

Comunicação – Uma vez concedida a ordem de *habeas corpus*, é de rigor, em virtude da própria natureza do provimento, sua imediata comunicação à autoridade coatora, para que esta faça cessar a violência ou a ameaça dela se concretizar. Nesse sentido, inclusive, o disposto no art. 660, § 5º, abaixo, quando determina que a cópia da decisão proferida no *writ* seja, incontinenti, enviada à autoridade que ordenou a prisão ou que tenha o preso à sua disposição. O regimento interno do STF prevê que tal comunicação se faça "mediante ofício, telegrama ou radiograma" (art. 194, parágrafo único). A mesma previsão consta do regimento interno do STJ (art. 204, § 1º). Por óbvio que a franca adoção, pelo Código de Processo Civil, em seus arts. 193 e ss., do processo eletrônico, permite que a comunicação seja também efetivada, com maior eficácia, via internet ou meio digital assemelhado.

Art. 650. **Competirá conhecer, originariamente, do pedido de habeas corpus:**

I – ao Supremo Tribunal Federal, nos casos previstos no Art. 101, I, *g*, da Constituição;

II – aos Tribunais de Apelação, sempre que os atos de violência ou coação forem atribuídos aos governadores ou interventores dos Estados ou Territórios e ao prefeito do Distrito Federal, ou a seus secretários, ou aos chefes de Polícia.

§ 1º A competência do juiz cessará sempre que a violência ou coação provier de autoridade judiciária de igual ou superior jurisdição.

§ 2º Não cabe o habeas corpus contra a prisão administrativa, atual ou iminente, dos responsáveis por dinheiro ou valor pertencente à Fazenda Pública, alcançados ou omissos em fazer o seu recolhimento nos prazos legais, salvo se o pedido for acompanhado de prova de quitação ou de depósito do alcance verificado, ou se a prisão exceder o prazo legal.

I – ao Supremo Tribunal Federal, nos casos previstos no Art. 101, I, g, da Constituição;

Competência do STF – Será competente o Supremo Tribunal Federal para julgar *habeas corpus* quando o paciente for uma das pessoas a que se refere o art. 102, inc. I, "d", da Constituição, ou seja, Presidente da República, seu vice, membros do Congresso Nacional (inclusive pela prática de crimes eleitorais: *RTJ* 166/785; *RT* 725/471), Ministros de Estado e do próprio STF, Procurador-Geral da República, comandantes da Marinha, Exército e Aeronáutica, membros dos Tribunais Superiores e de contas da União e chefes de missões diplomáticas em caráter permanente.

Vê-se, neste caso, que a Corte máxima, que possui competência originária para julgamento de tais autoridades, por força do chamado foro por prerrogativa de função, tem também competência para conhecer do remédio heroico quando as mesmas pessoas se situem na condição de pacientes.

Além disso, em virtude de alteração trazida pela Emenda Constitucional nº 22/1999, que deu nova redação ao art. 102, inc. I, "i", da Constituição, cumpre ao STF julgar *habeas corpus* quando coator for Tribunal Superior (STJ, STM, TST ou TSE), ou "quando o coator ou o paciente for autoridade ou funcionário cujos atos estejam sujeitos diretamente à jurisdição do Supremo Tribunal Federal, ou se trate de crime sujeito à mesma jurisdição em uma única instância". Saliente-se que, na imensa maioria dos casos, é o STJ o tribunal coator. Cabe, ainda, ao STF, o julgamento de *habeas corpus*, em sede de recurso ordinário, decididos em única instância pelos Tribunais Superiores, nos termos do disposto no art. 102, inc. II, "a", da Constituição.

Competência do STJ – Já se a coação advém de Tribunal de Justiça, a competência é do STJ, nos termos da Emenda Constitucional 22/99. Sem embargo dessa expressa disposição, são inúmeros os *habeas corpus* ainda impetrados junto ao STF tendo, como coator, Tribunais de Justiça e que, por isso, não são conhecidos, declinando-se da competência para o STJ. Ver, dentre tantos, HC nº 87.686-SP, Rel. Min. Marco Aurélio, j. em 3.2.2006. Ainda, por força da mesma emenda à Constituição, quando o coator ou paciente for autoridade ou funcionário cujos atos estejam sujeitos diretamente à jurisdição do STF, ou se trate de crime sujeito à mesma jurisdição em uma única instância, a competência também é do *Tribunal da Cidadania*. O STJ é também competente para conhecer do *writ* quando coator ou paciente forem os "Governadores dos Estados e do Distrito Federal, e, nestes e nos de responsabilidade, os desembargadores dos Tribunais de Justiça dos Estados e do Distrito Federal, os membros dos Tribunais de Contas dos Estados e do Distrito Federal, os dos Tribunais Regionais Federais, dos Tribunais Regionais Eleitorais e do Trabalho, os membros dos Conselhos ou Tribunais de Contas dos Municípios e os do Ministério Público da União que oficiem perante tribunais", ou "quando o coator for tribunal sujeito à sua jurisdição, Ministro de Estado ou Comandante da Marinha, do Exército ou da Aeronáutica, ressalvada a competência da Justiça Eleitoral", nos termos do art. 105, inc. I, "c", da Constituição. Cumpre, ademais, ao STJ, o julgamento de *habeas corpus*, em sede de recurso ordinário, decididos em única instância pelos Tribunais Regionais Federais ou pelos Tribunais Regionais Federais ou dos Estados e do Distrito Federal, na dicção do art. 105, inc. II, "a", da Constituição. Saliente-se que para firmar a competência do STJ contra ato dos Tribunais Regionais Federais e dos Tribunais de Justiça, é irrelevante se a coação ou ameaça é proveniente de órgão colegiado ou de decisão monocrática de Desembargador, cabendo em ambos os casos, o *writ* (*RT* 713/437, 699/380).

Competência do TSE – Sendo a violência oriunda, em material eleitoral, de ato do Presidente da República, dos Ministros de Estado e dos Tribunais Regionais Eleitorais, a competência para conhecer do *habeas corpus* é Tribunal Superior Eleitoral, na dicção do art. 22, inc. I, "e", da Lei n. 4.737/1965 (Código Eleitoral).

Competência do TRE – Já se a autoridade coatora for juiz eleitoral, a competência para julgamento do *writ* é do respectivo Tribunal Regional Eleitoral, nos termos do art. 29, inc. I, "e", do Código Eleitoral.

Competência da Justiça Militar – E se o constrangimento for proveniente de autoridade militar? Depende. Tratando-se de coação oriunda de uma autoridade militar federal, a competência para julgamento será do plenário do Superior Tribunal Militar, nos termos do art. 4º, inc. I, "b", de seu regimento interno. E se a autoridade coatora militar for estadual? Também depende. Nos Estados de Minas Gerais, São Paulo e Rio Grande do Sul, onde se acha estruturada a justiça militar estadual, a competência para conhecer do *writ* será do Tribunal de Justiça Militar. Já nas demais unidades da federação, a competência será do respectivo Tribunal de Justiça.

Competência da Justiça do Trabalho – Sobre o *habeas corpus* e seu julgamento perante a Justiça do Trabalho, convidamos o leitor à consulta aos comentários tecidos acima ao art. 69 do código, sob a rubrica *competência penal na Justiça do Trabalho*.

II - aos Tribunais de Apelação, sempre que os atos de violência ou coação forem atribuídos aos governadores ou interventores dos Estados ou Territórios e ao prefeito do Distrito Federal, ou a seus secretários, ou aos chefes de Polícia.

Revogação – Este dispositivo encontra-se superado face ao advento da Constituição de 1988, que produziu alterações na competência para julgamento do *habeas corpus*, considerando a função exercida pela autoridade coatora.

Governador do Estado – Sendo a coação proveniente de governador de Estado ou governador do Distrito Federal (não mais prefeito), a competência para julgamento do *habeas corpus* será do Superior Tribunal de Justiça (art. 105, inc. I, "a" e "c", da Constituição), ao contrário do que disposto neste artigo, anterior à Carta de 1988.

Interventores – Essa figura, comum ao tempo da ditadura varguista, quando editado o código, praticamente não mais subsiste, pelo menos com o perfil na qual inicialmente concebida. É verdade que a Constituição de 1988, em seus arts. 34, 35 e 36, prevê a possibilidade de intervenção (ao que se sabe, jamais implantada na prática). Pensamos que, determinada a intervenção em um Estado da Federação, a competência para conhecer do *habeas corpus* contra ato do interventor será do STJ, por analogia ao disposto no art. 105, inc. I, "a" e "c", da Constituição). Se municipal a intervenção, a competência será do respectivo Tribunal de Justiça.

Territórios – Não mais existem, transformados ou anexados a Estados pela *Cidadã* (arts. 14 e 15 das disposições transitórias).

Secretários de Estado – Se autoridades coatoras, terão o *writ* julgado conforme as respectivas constituições locais. No Estado de São Paulo, segundo sua Constituição (art. 74, incs. I e IV), compete ao Tribunal de Justiça fazê-lo.

Chefe de Polícia – Outra figura não mais existente, sendo assim considerados, atualmente, os Secretários de Segurança Pública ou os Delegados Gerais de Polícia, divergindo a doutrina a respeito. Constituições Estaduais devem tratar da matéria. Caso considerado, como chefe de polícia, o Secretário de Segurança Pública, a competência para conhecer do *habeas corpus* contra seu ato, no Estado de São Paulo, como dito acima, será do Tribunal de Justiça, nos termos de sua Constituição (art. 74, incs. I e IV). Caso se entenda que chefe de polícia seja o Delegado Geral de Polícia, a Constituição paulista nada prevê, devendo o *writ* ser manejado segundo o critério territorial, ou seja, perante o juiz de 1º grau da respectiva comarca.

Tribunal de Justiça e Tribunais Regionais Federais – Mais uma vez se aponta a inadequação da expressão *Tribunais de Apelação,* existentes à época da edição do código, mas hoje conhecidos como *Tribunais de Justiça.* Sendo a ilegalidade proveniente de um *juiz de direito estadual*, a competência para conhecer do *habeas corpus* será do respectivo Tribunal de Justiça, conforme previsto nas respectivas constituições estaduais (art. 125, § 1º, da Constituição). Se emanada de juiz federal, a competência para o julgamento é do Tribunal Regional Federal (art. 108, inc. I, "d", da Constituição).

No Estado de São Paulo, segundo sua Constituição (art. 74, inc. IV), cabe ao Tribunal de Justiça o julgamento de *habeas corpus* "nos processos cujos recursos forem de sua competência ou quando o coator ou paciente for autoridade diretamente sujeita a sua jurisdição, ressalvada a competência do Tribunal de Justiça Militar".

Turma recursal – A Impetração de *habeas corpus* contra decisão da turma recursal prevista na Lei 9099/95, era também de competência do STF. Tratava-se, aliás, de entendimento pacificado naquela Corte, cristalizado, inclusive, por meio da Súmula 690, cujo enunciado era o seguinte: "Compete ao Supremo Tribunal Federal o julgamento de *habeas corpus* contra decisão de turma recursal de juizados especiais criminais". Forte, porém, a crítica formulada por Tourinho Filho contra esse entendimento, ao defender que a competência, *in casu*, fosse deferida aos respectivos Tribunais de Justiça de cada Estado, eis que "num momento em que essa Augusta Corte vive sotoposta a uma avalancha de processos, não deve dedicar-se a questões menores, sob pena de surgir verdadeira crise no seu funcionamento. Não faz sentido o STF não ter competência para conhecer de *habeas corpus* impetrado por um parricida condenado, em grau de recurso, por um Tribunal de Justiça e, ao mesmo tempo, possuí-la para apreciar esse mesmo remédio heroico quando a autoridade coatora for uma Turma de Recursos, constituída de três Juízes de Direito, no julgamento de simples contravenção" (*Processo penal*, ob. cit., vol. 4, p. 559).

Por tais motivos, com o amadurecimento do tema e a partir de diversas decisões judiciais, entendeu-se que referida Súmula não possui mais aplicação, conforme se pode observar do julgamento paradigma proferido nos autos de *habeas corpus* n. 86.834/SP, cuja ementa segue abaixo transcrita: *COMPETÊNCIA – HABEAS CORPUS – DEFINIÇÃO. A competência para o julgamento do habeas corpus é definida pelos envolvidos – paciente e impetrante. COMPETÊNCIA - HABEAS CORPUS - ATO DE TURMA RECURSAL. Estando os integrantes das turmas recursais dos juizados especiais submetidos, nos crimes comuns e nos de responsabilidade, à jurisdição do tribunal de justiça ou do tribunal regional federal, incumbe a cada qual, conforme o caso, julgar os habeas impetrados contra ato que tenham praticado" (HC n. 86834, Rel. Marco Aurélio, j. em 23.08.2006, DJ de 09.03.2007, p. 26).*

Aliás, o Supremo Tribunal Federal é competente para conhecer de *habeas corpus* quando o coator for Tribunal Superior (art. 102, inc. I, "i"), sendo que as Turmas Recursais não chegam nem a compor um Tribunal, muito menos superior.

O entendimento hoje pacificado, portanto, é no sentido que a competência para conhecer do *habeas corpus* impetrado contra ato de turma recursal é do respectivo Tribunal de Justiça ou Tribunal Regional Federal.

JURISPRUDÊNCIA

"Esta Corte firmou entendimento no sentido de que compete ao pertinente Tribunal de Justiça (ou Tribunal Regional Federal, conforme o caso) e não mais ao Supremo Tribunal Federal, a competência para processar e julgar, em sede originária, pedido de habeas corpus impetrado contra ato de Turma Recursal' (STF – HC. HC: 12132- SP – Rel. Joaquim Barbosa, j. 14.02.2014, DJe 19.02.2014).

Ato de juiz dos Juizados Especiais – No item acima tratamos da competência para julgamento do *habeas corpus* contra ato da turma recursal de que cuida a Lei n. 9.099/95. Indaga-se: e de quem será a competência para julgar o *writ* se a autoridade coatora for juiz de direito com atuação perante os juizados. Chegou-se a imaginar, em um primeiro momento, que a competência seria do respectivo Tribunal de Justiça ou Tribunal Regional Federal. A jurisprudência, porém, evoluiu no sentido de que a competência é da turma recursal, a mesma competente para julgar eventual apelação contra decisão do juiz singular.

ATENÇÃO - No Estado de São Paulo, a Lei Complementar n. 851/1998, em seu art. 14, dispõe que cabe à turma recursal o julgamento "de habeas corpus, quando a autoridade coatora for Juiz do Sistema dos Juizados Especiais".

Competência do juiz federal – Cabe ao juiz federal de 1º grau o julgamento de *habeas corpus* "em matéria criminal de sua competência ou quando o constrangimento provier de autoridade cujos atos não estejam diretamente sujeitos a outra jurisdição", a teor do art. 109, inc. VII, da Constituição.

Competência do juiz de direito – A justiça de 1º grau, ou seja, o juiz de direito, será competente para julgar *habeas corpus* contra ilegalidade cometida na comarca em que exerce sua jurisdição. Assim, por exemplo, contra abuso perpetrado por delegado de polícia de determinada cidade (ver comentários ao art. 654, § 1º, "a", sob a rubrica, *delegado de polícia*), o *habeas corpus* deve ser impetrado perante o juiz local (STJ - RHC nº 11.203 - Rel. Min. Vicente Leal – j. em 27.11.2001 – DJU de 18.02.2002, p. 497).Consoante já anotamos, depois de comunicada a ilegal prisão em flagrante, mantendo-se inerte o juiz, ele assume a posição de autoridade coatora e o *writ*, por consequência, deve ser impetrado perante o Tribunal. Antes de tal comunicação, porém, coatora é a autoridade policial e competente para conhecer do remédio heroico é o juiz de direito (Nesse sentido, a Súmula 104 das Mesas de Processo Penal da USP). O mesmo ocorre quando a coação for promovida por ato de particular. Desse entendimento, inclusive, o teor da Súmula 101 das Mesas de Processo Penal da USP, a se conferir: "O órgão jurisdicional competente para o processo de *habeas corpus* impetrado contra ato de particular ou de autoridade não judiciária será o do lugar em que ocorrer a coação, violência ou ameaça, aplicando-se, subsidiariamente, as demais regras de competência fixadas pelo CPP (art. 70 *et seq.*)".

Competência do juiz das garantias – de acordo com a redação do art. 3º-B, inc. XII, no sistema do juiz das garantias, compete ao juiz das investigações julgar o *habeas corpus* impetrado antes do oferecimento da denúncia.

Competência do juiz eleitoral – Tratando-se de matéria eleitoral e sendo coator autoridade que, se cometido um crime, seria julgada pelo juiz de direito (um delegado de polícia, por exemplo), a competência para julgar o *habeas corpus* será do Magistrado de 1º grau, nos termos do art. 35, inc. III, do Código Eleitoral.

Ministério Público como autoridade coatora – Se a ilegalidade é cometida por promotor de justiça (v. acima, comentários ao art. 654, § 1º, "a", sob a rubrica *promotor de justiça*), há certa discrepância da jurisprudência, formando-se duas posições a respeito. A primeira de que cabe ao juiz de direito de 1º grau, perante o qual oficia o Promotor, julgar o *habeas corpus* (nesse sentido: *RT* 699/351, 600/331, 515/353, 510/351). Afinal, se cumpre a ele deferir eventual pedido de arquivamento do inquérito policial formulado pelo *parquet*, cabe a ele também julgar o *writ*. Ademais, por estar mais próximo do fato, teria condições de melhor apreciar a questão, proferindo um julgamento mais justo. Como destacou a jurisprudência, "a liberdade individual é bem jurídico de maior relevância, e protegê-lo com eficácia e rapidez é dever do Estado-Juiz. Ora, não se pode desconsiderar que o controle exercido pelo juiz de primeiro grau, pela menor incidência da burocracia e pela proximidade das partes e dos fatos, reveste-se de maior agilidade do que o feito pela Superior Instância, havendo, por conseguinte, interesse público em outorgar-lhe tal mister" (trecho do voto vencido do Desembargador Cunha Camargo do TJSP, no HC nº 176.759-3/4). É o que sugere, ainda, a Súmula nº 100 das Mesas de Processo Penal da USP.

Noutro sentido, entende-se que o julgamento está afeto ao respectivo Tribunal de Justiça ou Tribunal Regional Federal, caso a violência seja oriunda do Ministério Público Federal (*RTJ* 164/374), por aplicação do art. 96, inc. III, da Constituição Federal. Assim, se cabe ao Tribunal julgar, por competência originária, crime cometido por promotor de Justiça ou procurador da República (competência *ratione personae*), como, por exemplo, de abuso de autoridade, também cumpre a ele o julgamento de remédio heroico impetrado contra ato abusivo do membro do Ministério Público. Prevalece no STF, de forma tranquila, esta última posição (*RT* 683/388, 651/277; *JSTF* 215/395, 175/376). Compartilham deste entendimento também o STJ (*RT* 719/522), e o Tribunal de Justiça de São Paulo (*RT* 757/550, 749/662). No Tribunal de Justiça de Minas Gerais esse entendimento acha-se, inclusive, sumulado (Súmula 49).

ATENÇÃO – Segundo o Regimento Interno do Tribunal de Justiça do Estado de São Paulo, em seu art. 247, "compete às Câmaras Civis e Criminais, conforme a natureza da matéria, processar e julgar os habeas corpus impetrados contra atos de juízes de primeira instância, membros do Ministério Público e outras autoridades, ressalvada a competência do Órgão Especial".

JURISPRUDÊNCIA

Promotor como autoridade coatora. Competência

"Da Constituição do Estado de São Paulo (art. 74, IV), em combinação com o art. 96, III, da Constituição Federal, resulta a competência originaria do Tribunal de Justiça para julgar "habeas-corpus" quando a coação ou ameaça seja atribuída a membro do Ministério Público local; nesse ponto, o preceito da Constituição estadual não ofende a competência privativa da União para legislar sobre Direito Processual (CF, art. 22, I)" (STF – RE n° 141209-SP, Rel. Sepúlveda Pertence, j. 04.02.1992, DJ 20.03.1992).

"Ambas as Turmas desta Corte (assim, nos Recursos Extraordinários 141.209 e 187.725) têm entendido que, em se tratando de habeas corpus contra ato de Promotor de Justiça Estadual, a competência para julgá-lo é do Tribunal de Justiça por ser este competente para seu julgamento quando acusado de crime comum ou de responsabilidade. O fundamento dessa jurisprudência – com salientado pelo eminente Min. Néri da Silveira no RE 187.725 – 'foi sempre o de que na decisão do habeas corpus pode resultar afirmação de prática de ilegalidade ou abuso de poder pela autoridade' e isso porque 'ao se conceder o habeas corpus, se reconhecer, expressamente, que autoridade praticou ilegalidade, ou abuso de poder, em linha de princípio, poder configurar-se algum crime comum. Dessa maneira, a mesma autoridade que julgar o habeas corpus será a competente para o processo e julgamento do crime comum, eventualmente, praticado pela autoridade impetrada" (STF – RE n° 2855693-SP, Rel. Moreira Alves, j. 18.12.2000).

Prisão civil – Decretada a prisão civil ou havendo ameaça de sua decretação (por dívida de alimentos, por exemplo), é cabível a impetração de *habeas corpus*, a ser julgado, no Estado de São Paulo, por uma câmara cível do Tribunal de Justiça.

§ 1º A competência do juiz cessará sempre que a violência ou coação provier de autoridade judiciária de igual ou superior jurisdição.

Hierarquia – São dois os critérios que definem a competência para o julgamento do *habeas corpus*. Como ensinam Ada, Scarance e Magalhães, o primeiro é a *territorialidade*, segundo o qual "a competência para processar e julgar o pedido será do juiz em cuja comarca ou circunscrição judiciária estiver ocorrendo a coação ou ameaça' (*Recursos no Processo Penal*, ob., cit., p. 286). Soma-se a isso a competência originária dos tribunais dos Estados e do Distrito Federal e a competência, em todo território nacional, do STF e dos Tribunais Superiores. Este dispositivo em exame trata do segundo dos critérios, a saber a *hierarquia*. De tal forma que a competência para julgar o *writ* será do órgão hierarquicamente superior competente, também, para conhecer de algum recurso sobre a matéria. Assim, perpetrado um ato ilegal por um juiz de direito de 1º grau, a competência para conhecer do *habeas corpus* será do respectivo Tribunal de Justiça, o mesmo órgão competente para o julgamento, por exemplo, de uma apelação tirada desse processo.

§ 2º Não cabe o habeas corpus contra a prisão administrativa, atual ou iminente, dos responsáveis por dinheiro ou valor pertencente à Fazenda Pública, alcançados ou omissos em fazer o seu recolhimento nos prazos legais, salvo se o pedido for acompanhado de prova de quitação ou de depósito do alcance verificado, ou se a prisão exceder o prazo legal.

Revogação – A redação original do art. 319 do CPP, previa a chamada *prisão administrativa*, decretada em desfavor daquele que, embora em função de seu cargo, tivesse a obrigação de fazer entregar o dinheiro público, deixasse de fazê-lo. Era cabível, ainda, contra estrangeiro desertor de navio e "nos demais casos previstos em lei". Cuidava-se, na lição de Bento de Faria, "de um meio de apreensão de pessoa para fazê-la voltar ao serviço a que se obrigara, em se tratando de estrangeiro, ou de compelir o responsável remisso ou omisso a entregar à Fazenda Nacional o que indevidamente desviou do seu patrimônio" (ob. cit., vol. I, p. 373). Podia ser decretada, dentre outros, por Ministros de Estado e chefes de repartições, em suma, por uma autoridade administrativa (Decreto-Lei n. 3.415/1941). Sucede que, por conta de expressa disposição constitucional (art. 5º, inc. LXI), a prisão, exige, obrigatoriamente, uma ordem judicial, salvo em flagrante ou nos casos de crime propriamente militar (v. acima, art. 648, inc. III, sob a rubrica *exceção*). Em outras palavras: apenas ao juiz, regra geral, se confere o poder de prender, não mais subsistindo, por consequência, a prisão emanada de uma autoridade administrativa. Tanto que os arts. 319 e 320, que, segundo a redação original do código, previam a prisão administrativa, tratam hoje das medidas cautelares. Daí e concluir, sem maior esforço, que este dispositivo se encontra revogado. De qualquer sorte, se a despeito dessa advertência, uma autoridade administrativa determinar a prisão de outrem, cabível será correção via *habeas corpus*.

Art. 651. A concessão do habeas corpus não obstará, nem porá termo ao processo, desde que este não esteja em conflito com os fundamentos daquela.

Continuidade do feito – Pode ocorrer que, uma vez concedido o *habeas corpus*, o processo chegue a seu termo. Basta imaginar uma situação na qual se reconheça a atipicidade da conduta atribuída ao acusado ou inépcia da denúncia ou que ele teve extinta sua punibilidade. Na maioria dos casos, porém, a concessão da ordem não imporá o término do processo que, bem por isso, terá seu regular andamento. Suponha-se que, por excesso de prazo na formação da culpa do réu preso, seja deferido o *writ* para que ele, em liberdade, responda ao processo. Ou, ainda, que seja concedida a ordem para substituir a prisão preventiva por uma medida cautelar. Ou para evitar o indiciamento formal do suposto autor do crime. Em todas essas hipóteses, o acolhimento do remédio heroico não prejudica o regular curso do processo. É dizer: por vezes, a ordem emanada do *habeas corpus* possuirá ares de definitividade, pondo fim ao processo. Em outras situações, porém, limitar-se-á a amparar a liberdade do paciente, quando se diz que assume um papel de *medida* administrativo-*jurisdicional*.

Art. 652. Se o habeas corpus for concedido em virtude de nulidade do processo, este será renovado.

Nulidade do processo – O *habeas corpus* tem por principal finalidade a tutela da liberdade do cidadão, a pressupor, quase sempre, que ele sofre uma violência ou uma ameaça de violência, a reclamar sua colocação em liberdade (ou, pelo menos, que tenha salvaguardada sua possibilidade de prisão). Há situações, porém, que o objetivo do *habeas corpus* se restringe a ver declarada uma nulidade, como dispõe, expressamente, o art. 648, inc. VI, do código, a admitir o remédio heroico "quando o processo for manifestamente nulo". Suponha-se a identificação da ilegitimidade de parte, em um crime que, embora de ação penal privada, foi movimentado por meio de denúncia. Ou a falta de uma condição de procedibilidade, para um delito que dependia da prévia representação da vítima. Reconhecidas tais nulidades, nada impede que, uma vez sanadas, retome o processo seu curso natural. De se aplicar, inclusive, o disposto no art. 573 do código, que possibilita a renovação ou retificação dos atos declarados nulos.

Art. 653. Ordenada a soltura do paciente em virtude de habeas corpus, será condenada nas custas a autoridade que, por má-fé ou evidente abuso de poder, tiver determinado a coação.

Condenação nas custas – Trata-se de dispositivo revogado pela Lei n. 9.289/1996, que, em seu art. 5º, dispõe que "não são devidas custas nos processos de *habeas corpus*".

Parágrafo único. Neste caso, será remetida ao Ministério Público cópia das peças necessárias para ser promovida a responsabilidade da autoridade.

Envio do Ministério Público – Pode ocorrer, no entanto, que, uma vez concedida a ordem de *habeas corpus*, se constate que a autoridade agiu de má-fé ou abuso de poder. Suponha-se que determinada autoridade, com a finalidade específica de prejudicar outrem ou beneficiar a si mesmo ou a terceiro, ou, ainda, por mero capricho ou satisfação pessoal, ordenou medida privativa de liberdade sem as formalidades legais ou com abuso de poder. Terá incorrido, nesse caso, no crime de abuso de abuso de autoridade, de que trata a Lei n. 13.869/19, em seu art. 9º, a reclamar, portanto, a adoção, pelo Ministério Público, das medidas cabíveis à espécie. Conquanto o legislador faça referência, apenas, à autoridade, parece óbvio que sendo a violência proveniente de ato de particular, a mesma medida deve ser tomada, para que seja apurada, por exemplo, a prática de um crime de constrangimento ilegal, ou de ameaça, etc.

Art. 654. O habeas corpus poderá ser impetrado por qualquer pessoa, em seu favor ou de outrem, bem como pelo Ministério Público.

§ 1º A petição de habeas corpus conterá:

a) o nome da pessoa que sofre ou está ameaçada de sofrer violência ou coação e o de quem exercer a violência, coação ou ameaça;

b) a declaração da espécie de constrangimento ou, em caso de simples ameaça de coação, as razões em que funda o seu temor;

c) a assinatura do impetrante, ou de alguém a seu rogo, quando não souber ou não puder escrever, e a designação das respectivas residências.

§ 2º Os juízes e os tribunais têm competência para expedir de ofício ordem de habeas corpus, quando no curso de processo verificarem que alguém sofre ou está na iminência de sofrer coação ilegal.

Legitimação ativa – A questão referente à legitimação ativa, ou seja, quem se acha habilitado para ingressar com a ação, é tratada neste artigo. Assim, por conta de referido dispositivo legal qualquer pessoa pode ser impetrante do *habeas corpus*, em seu favor ou de terceiro, assim como o Ministério Público.

Qualquer pessoa – Tamanha amplitude que se estabelece no polo ativo do *writ* é o que lhe confere essa característica de verdadeira ação popular (*actio popularis*), no sentido de que a qualquer um se defere a legitimidade para manejar o pedido, não se revestindo, assim, "de faculdade dependente de capacidade política, civil ou processual", segundo informa Pontes de Miranda, em notável obra que dedicou ao tema (*História e prática do habeas corpus*, 3ª. ed. Rio de Janeiro: José Konfino, 1955). O dispositivo em análise permite, em tese, que qualquer pessoa maneje o *habeas corpus*, ainda que não conte com a autorização do paciente. Suponha-se que um promotor de justiça se depare com uma nítida situação de constrangimento ilegal, praticada contra determinada pessoa, posto que, por exemplo, presa em flagrante há mais de 30 dias sem que tenha ainda se findado o inquérito policial. Pode e deve, nesse caso, impetrar o *writ*, ainda que sem o conhecimento do paciente. Poderá, ainda, o juiz, de ofício, conceder a ordem. Por conta disso, acrescente-se aos exemplos acima, conforme pesquisa jurisprudencial, a legitimidade para ajuizamento do *writ* conferida ao Delegado de Polícia (*RT* 545/438. Em sentido contrário: *RT* 541/425); ao réu preso (*RTJ* 131/610), e ao foragido (*RT* 522/459). Negou-se, porém, tal legitimidade ao assistente de acusação (STF – HC 72.305-5 – Rel. Francisco Rezek – DJU de 22.09.1995, p. 30592), a serventuário da justiça (*JUTACRIM* 39/86) e a oficial da Polícia Militar (*RT* 659/276).

Quando a lei ressalta que *qualquer pessoa* está legitimada para ajuizar a medida, se entende que, pelo menos em tese, pode propor *habeas corpus* o menor de 18 anos, sem a necessidade de autorização de seu representante legal, o estrangeiro (*RT* 718/318), o analfabeto, o interdito. Nesse sentido, o STJ conheceu (embora tenha denegado a ordem) *habeas corpus* impetrado, em causa própria, por pessoa interditada que pretendia ter acesso às dependências do fórum desacompanhado de seu curador (HC nº 30.378-RS – Rel. Eliana Calmon, j. em 02 de outubro de 2003). Em relação ao analfabeto há expressa previsão de que "alguém a seu rogo" assine a inicial (art. 654, § 1º, "c", do CPP).

JURISPRUDÊNCIA

Qualquer do povo

"Todo cidadão é parte legítima para impetrar ação de habeas corpus, independente de qualificação profissional (CF, art. 5º, LXVIII e LXXIII c/c CPP, art. 654)" (STF – HC n° 80674-MG – Rel. Nelson Jobim, j. 27.03.2001, DJ 17.08.2001, p. 49).

Qualquer do povo pode também recorrer contra decisão proferida no HC

"Segundo a jurisprudência contemporânea da Corte, não é necessário exigir daquele que impetra a ordem de habeas corpus habilitação legal ou representação para dele recorrer (HC nº 102.836/PE-AgR, redator para o acórdão o Ministro Dias Toffoli, DJe de 27/2/12)" (STF – HC nº 107086-MT, Rel. Dias Toffoli, j. 05.06.2012, DJe 25.06.2012).

"Quem tem legitimação para propor habeas corpus tem também legitimação para dele recorrer" (STF – HC nº 73.455-DF, Rel. Francisco Rezek, DJe 07.03.1997).

Em sentido contrário exigindo procuração para o recurso

" Incidente no caso o disposto no Enunciado n. 115 da Súmula desta Corte, porquanto ausente dos autos, no momento de interposição do recurso, o instrumento de mandato endereçado ao advogado subscritor da petição de recurso ordinário. Ademais, nos termos da jurisprudência desta Corte, não se admite a posterior regularização da capacidade postulatória, com a juntada tardia aos autos do instrumento de mandato" (STJ – RHC 52995-RJ, Rel. Ericson Maranho, DJe 03.02.2015).

Desnecessidade de advogado

"O habeas corpus, por ser uma ação constitucional de caráter penal e de procedimento especial, desprendida de rigor técnico e formal, legitima todo aquele que, sofrendo ou vendo-se ameaçado de sofrer violência ou coação em sua liberdade de locomoção, dele se utiliza, em causa própria ou em favor de outrem (art. 654 do Código de Processo Penal). 3. Essa foi opção do legislador ao excluir da atividade típica de advocacia a impetração desse remédio constitucional (art. 1º, § 1º, da Lei 8.906/94)" (STF – HC n° 102836-PE, Rel. Cármen Lúcia, j. 08.11.2011, DJe 27.02.2012).

Advogado, ainda que suspenso

Habeas corpus – Impetrante – "O habeas corpus pode ser impetrado por qualquer pessoa. Assim, também, pelo advogado, ainda que suspenso no exercício da profissão" (STJ – HC n° 1888-MG – Rel. Luiz Vicente Cernicchiaro, j. 29.11.1993, DJ 14.03.1994, p. 4533).

Intervenção de terceiros ou *amicus curiae* no habeas corpus. Impossibilidade

"Este Superior Tribunal e a Suprema Corte possuem jurisprudência pacífica quanto à impossibilidade de intervenção de terceiros no habeas corpus, seja na condição de *amicus curiae* ou como assistente de acusação, por se tratar de ação constitucional que objetiva garantir a liberdade de locomoção dos pacientes. Precedentes" (STJ – HC n. 411123-RJ - Rel. Sebastião Reis Junior, j. 06.03.2018, DJe 22.06.2018).

Qualquer pessoa, ainda que sem autorização do paciente– Aqui cabe uma observação: o fato da lei conferir tamanha legitimidade para propositura do remédio heroico, não pode chegar ao ponto de se admitir o *habeas corpus* contra a vontade do paciente. Oportuna, assim, a velha lição de Bento de Faria, quando salienta que, "todavia, o paciente, mediante declaração expressa, poder recusar essa intervenção de terceiro, quando não lhe convier. Neste caso, o Juiz ou Tribunal não tomará conhecimento do pedido" (ob. cit., vol. 2, p. 381). Nessa linha de raciocínio o STF não conheceu de *habeas corpus* quando, após intimação do paciente, ele discordou da impetração (*RT* 708/398). No mesmo sentido *habeas corpus* ajuizado em favor do Presidente da República, que, consultado através da Advocacia-Geral da União, manifestou seu desinteresse pelo pedido, não sendo conhecido o *writ.* (Ag. Reg. no HC nº 86607-DF, Rel. Sepúlveda Pertence, j. em 03.110.2005, DJ de 16.11.2005).

ATENÇÃO - Ocorre que, insiste-se, abusos começaram a ser constatados. Assim, advogados, ávidos, em boa parte, em ganhar as manchetes dos jornais, passaram a impetrar habeas corpus, notadamente perante o Supremo Tribunal Federal, buscando a liberdade de pessoas proeminentes da República, notadamente seu Presidente. Tais condutas, adotadas sem que ao menos nem o paciente tivesse conhecimento da impetração, obrigaram o STF a incluir, no art. 192, § 3º, de seu regimento interno, o dispositivo pelo qual "não se conhecerá de pedido desautorizado pelo paciente". Dispositivo semelhante consta do regimento interno do STJ, ao dispor que "opondo-se o paciente, não se conhecerá do pedido (art. 202, § 1º). O regimento interno do Tribunal de Justiça de São Paulo, na mesma esteira, prevê o indeferimento da petição inicial "se, por qualquer razão, o paciente se insurgir contra a impetração que não subscreveu" (art. 497, III, do RITJSP).

JURISPRUDÊNCIA

Desautorizado pelo paciente. Inviabilidade

"Não se conhece do pedido de habeas corpus quando este, ajuizado originariamente perante o Supremo Tribunal Federal, é expressamente desautorizado pelo próprio paciente (RISTF, art. 192, parágrafo único)" (STF – HC n° 69889-ES – Rel. Celso de Mello, j. 22.02.1994, DJ 10.06.1994, p. 14786).

O próprio paciente, sem necessidade de advogado – É possível que a pessoa impetre *habeas corpus* em nome próprio, ou seja, quando ela mesma sofre a coação ou a ameaça de coação. Nesse caso se confundirão as pessoas do impetrante e do paciente. O Estatuto da Ordem dos Advogados do Brasil excepciona a única hipótese na qual se permite estar em juízo, desacompanhado de advogado. De sorte que, o art. 1º, da Lei n. 8.906/1994, após elencar as atividades exclusivas do advogado, ressalva que "não se inclui na atividade privativa de advocacia a impetração de *habeas corpus* em qualquer instância ou tribunal". (A outra exceção, fruto de criação doutrinária e jurisprudencial, como vimos acima, ocorre na revisão criminal, que também prescinde de advogado). O STF, de sua parte, já decidiu que essa exceção não importa em violação aos princípios da essencialidade e da imprescindibilidade da advocacia, expressamente previstos no art. 133 da Constituição (*RTJ* 131/610). É dizer: ainda que por meio de uma singela folha de papel ou mesmo de um pedaço de papel higiênico (não é incomum essa prática), ambos escritos pelo próprio paciente, deve o *writ* ser conhecido.

ATENÇÃO – Em vista da falta de conhecimento técnico do impetrante (salvo, em hipótese rara, caso se trate, ele mesmo, de advogado), o STF dispõe sobre a nomeação de advogado, nos termos do art. 191, inc. I, de seu regimento interno, *in verbis*: ""Sendo relevante a matéria, nomear advogado para acompanhar e defender oralmente o pedido, se o impetrante não for diplomado em direito". Dispositivo idêntico consta do regimento interno do STJ (art. 201, inc. I).

Pessoa jurídica – É também cabível o manejo do *writ* pela pessoa jurídica inclusive, sendo corriqueira a impetração pela OAB em prol de advogado. O STF admitiu, ainda, a legitimidade do Banco do Brasil para ajuizar o *habeas corpus* em favor de seu gerente regional (HC 79535-8-MS – 2ª. T., Rel. Min. Maurício Corrêa, j. em 16.11.1999, DJU de 10.12.99, p. 3). Assim também à União para propor a ordem em prol de Juiz do Trabalho (*RTJ* 180/996).

JURISPRUDÊNCIA

Legitimidade da pessoa jurídica para impetrar HC

"Legitimidade das pessoas jurídicas para impetrar habeas-corpus em favor de pessoas físicas, seja, sobretudo, pelos fins a que se destina o writ (artigo 5º LXVIII, da Constituição), seja porque tais pessoas estão expressamente autorizadas a fazê-lo (artigos 654 do Código de Processo Penal e 189, I, do Regimento)" (STF – HC nº 79535-MS, Rel. Maurício Corrêa, j. 16.11.1999, DJe 10.12.1999, p. 3).

"É possível a impetração de habeas corpus por pessoa jurídica em favor de um de seus sócios, pois não se deve antepor restrições a uma ação cujo escopo fundamental é preservar a liberdade do cidadão contra quaisquer ilegalidades ou abusos de poder" (STJ – RHC nº 3716-PR, Rel. Jesus Costa Lima, j. 29.06.1994, DJe 15.08.1994, p. 20342).

Ministério Público – O promotor de Justiça pode – e, conforme a circunstância, *deve* – ingressar com o *writ*, inclusive, em 2ª instância, conforme prevê a Lei Orgânica Nacional do Ministério Público (Lei nº 8.625/93, art. 32, inc. I). No mesmo sentido dispõe o art. 121, I, da Lei Orgânica do Ministério Público de São Paulo (Lei nº 734/93). Vale atentar, porém, que emanando a coação (ou ameaça de coação) de um Tribunal, já se entendeu que a atribuição para impetrar *habeas corpus* é de um Procurador de Justiça, agindo por delegação do Procurador-Geral (art. 31 da Lei nº 8.625/93), *verbis*: "Cabe aos Procuradores de Justiça exercer as atribuições junto aos Tribunais, desde que não cometidas ao Procurador-Geral de Justiça, e inclusive por delegação deste". Assim, por exemplo, não teria o Promotor de Justiça legitimidade para propor *habeas corpus* perante o STJ (nesse sentido: STJ - 6ª. T. - HC 8.663 - Rel. Fernando Gonçalves - j. em 24.06.1999 - DJU de 29.11.1999, p. 202).A menos que o faça, com bem observa Tourinho Filho, não em virtude de sua atuação funcional, mas como *qualquer pessoa* (*ut civis*) (*CPP Comentado*, ob. cit.,vol. 2, p. 519). Mais recentemente, contudo, no julgamento do HC n. 97.509, em 15.06.2010, em que foi relator o Ministro Arnaldo Esteves, foi reconhecida a legitimidade de promotor de justiça com atuação em 1º grau para o ajuizamento do *writ* em favor do réu.

É preciso ficar claro, porém, que a legitimidade que se confere ao Ministério Público pressupõe, sempre, a atuação desse órgão na salvaguarda do interesse daquele que sofre o constrangimento, agindo como fiscal da correta aplicação da lei, como parte diferenciada que é ou, como já se disse, espirituosamente, *parte imparcial*. Assim, se impetra *habeas corpus*, mas com o objetivo reflexo de, em verdade, favorecer a acusação, resta evidente que o remédio não poderá ser acolhido, já que despido de sua característica principal. Seria como instituir um *habeas corpus pro societate*, figura desconhecida em nosso ordenamento jurídico. Afinal, conforme anota Pontes de Miranda, "o direito de requerer *habeas corpus* para outrem pressupõe, todavia, como condição imprescindível de sua legitimidade, que o requerente tenha, sincera e precisamente, por fim resguardar a liberdade daquele cujo benefício invoca a proteção legal" (ob. cit., t. 11/25). No STF a questão ficou assim resolvida: "A impetração de *habeas corpus*, com desvio de sua finalidade jurídico-constitucional, objetivando satisfazer os interesses da Acusação, descaracteriza a essência desse instrumento, exclusivamente vocacionado à proteção da liberdade individual" (HC 69889-1-ES - 1ª. T., Rel. Min. Celso de Mello, j. em 22.02.1994).

Nessa linha de raciocínio o STF já denegou *habeas corpus* em situação em que se deslocou a competência de inquérito policial da Justiça Federal para a Estadual e o Ministério Público Federal, inconformado, propôs o remédio heroico, sob o fundamento de que não fora intimado pessoalmente dessa decisão. Entendeu-se, nessa oportunidade, que o *writ*, conquanto sob o argumento de desrespeito ao princípio do devido processo legal, foi, em verdade, manejado não em favor do paciente, mas "para fazer valer prerrogativa processual própria: intimação pessoal dos atos processuais e, secundariamente, incompetência do Juízo" (RHC 69340-7-MA - 2ª. T., Rel. Min. Néri da Silveira, j. em 28.04.1992, DJU de 10.03.1003, p. 4278). O STJ, de sua parte, não acolheu *habeas corpus* impetrado pelo Ministério Público, sob este fundamento: "A legitimação do Ministério Público para impetrar *habeas corpus*, garantida pelo art. 564, caput, do CPP, somente pode ser exercida de acordo com a destinação própria daquele instrumento processual, qual seja, a de tutelar a liberdade de locomoção ilicitamente coarctada ou ameaçada. Assim sendo, o Ministério Público somente pode impetrar *habeas corpus* em favor do réu, nunca para satisfazer os interesses, ainda que legítimos, da acusação. In casu, visa a impetração anular o v. acórdão impugnado para que o colegiado a quo aprecie o mérito do recurso ministerial, que se insurge justamente contra a substituição da pena carcerária, que beneficiara o paciente. Hipótese em que o *habeas corpus* está sendo utilizado para alcançar, por via oblíqua, objetivo potencialmente lesivo à liberdade de locomoção do paciente, o que é inadmissível" (STJ - HC 22216-RS - Rel. Felix Fischer, j. 10.03.2002).

JURISPRUDÊNCIA

MP pode impetrar HC em favor do réu

"O Ministério Público detém legitimidade para impetrar 'habeas corpus' em benefício de réu, porque, nesse remédio constitucional, há uma espécie de mandato universal" (STJ – HC n° 103335-RJ, Rel. Celso Limongi, j. 18.06.2009, DJe 03.08.2009).

§ 1º A petição de habeas corpus *conterá:*

Petição inicial – Os requisitos que devem estar presentes na petição inicial do *habeas corpus* estão previstos neste dispositivo, que serão analisados de *per si*. Dela devem constar, portanto, a nomeação do paciente e do coator; a indicação do constrangimento (ou da mera ameaça de constrangimento), experimentada pelo paciente; a assinatura do impetrante ou, se não souber ou não puder escrever, de alguém a seu rogo nota de rodapé: o STF não conheceu de *habeas corpus* sem a assinatura do impetrante: HC nº 87087-PE – Rel. Sepúlveda Pertence, j. em 08.11.2005, DJ de 16.11.2005. Note-se que nem sempre será possível ao impetrante apontar o nome exato do coator, sendo suficiente, nesse caso, a indicação da função por ele exercida, já que, na imensa maioria dos casos, o remédio heroico se volta contra ato perpetrado por autoridade pública. Caso a inicial não contenha um desses requisitos, não deve, nem por isso, ser indeferida de plano, cumprindo ao órgão julgador do *writ* determinar o aditamento cabível, à luz do que dispõe a parte final do art. 662 do CPP.

Informalidade – Dada à urgência que envolve um pedido de *habeas corpus*, se admite seja ele manejado sem qualquer espécie de formalidade, como, por exemplo, através de telefonema (*RT* 638/333), telegrama (*RT* 490/284) e *telex* (*RT* 637/343), embora nestes dois últimos casos se exija, por vezes, a respectiva autenticação da assinatura do impetrante (*RT* 404/66 e 577/473). Também é tranquila a possibilidade de interposição do remédio heroico por meio de *fax*. Dada, todavia, à possibilidade dos dizeres contidos no *fax* desaparecerem e a fim de garantir a autenticidade da impetração, é necessária a posterior ratificação do ato processual (*RSTJ* 57/58; *RT* 696/343. Em sentido contrário, não exigindo autenticação: STJ – HC nº 521-SP. Rel. José Cândido, DJ de 22.04.1991, p. 4797).

Induvidosa, outrossim, a possibilidade de utilização de *e-mail*, para impetração do remédio, máxime a partir do advento da Lei nº 9.800/99. Com efeito, o STF, através da Resolução nº 287, de 14 de abril de 2004 (nota de rodapé: o inteiro teor da resolução pode ser consultado no *Informativo do STF* n° 343, de 22 de abril de 2004), permitiu o uso de correio eletrônico para a prática de atos processuais no âmbito da mais alta Corte do país, observando, apenas, que nos termos do art. 5º da mencionada resolução, "a utilização do sistema não desobrigará o usuário de protocolar os originais, devidamente assinados, junto à Seção de Protocolo ...", no prazo estabelecido pela Lei nº 9.800/99, que é de cinco dias. No STJ, porém, a utilização do correio eletrônico não é admitida, eis que, segundo vários julgados daquele Tribunal, "é inadmissível a interposição de recurso por correio eletrônico (*e-mail*), porquanto não é considerado similar ao *fac-símile* para efeito de incidência da Lei nº 9.800/99" (AgRG no Ag nº 688811 – Rel. Min. Fernando Gonçalves, j. em 15.09.2005, *DJ* de 03.10.2005, p. 276). E ainda: AgRg no AgRg nº 425792, Rel. Castro Filho, j. em 06.09.2005, *DJ* de 03.10.2005, p. 240). Anotamos, porém, que os julgados abaixo aludidos se referem a questões de ordem civil, se desconhecendo se algum *habeas corpus* impetrado através de correio eletrônico foi ou não conhecido. De qualquer sorte, até com o objetivo de uniformizar a postura com o STF, urge sejam adotadas as medidas cabíveis, no seio do *Tribunal da Cidadania*, através de regulamentação prevista em seu regimento interno, para permitir a utilização de tão notável meio de comunicação.

Esse grau de informalidade que vige no processamento do *habeas corpus*, determinada pela urgência na adoção da medida cabível à espécie, não chega ao ponto, contudo, de se admitir uma impetração sem assinatura (apócrifa) (STF - HC nº 86737-BA, Rel. Min. Marco Aurélio, j. em 24.10.2005; HC nº 8826-SP, Rel. Joaquim Barbosa, j. em 13.03.2006, *DJ* de 17.03.2006), tampouco, de impetração anônima (*RT* 737/616) e mesmo em idioma estrangeiro (*RT* 718/518). O STF, por seu turno, não conhece de *writ* cuja inicial se revela confusa, ininteligível e prolixa, sem qualquer possibilidade de entendimento (STF - HC nº 86808-SP, Rel. Celso de Mello, j. em 24.10.2005, DJ de 04.11.2005; HC nº 87559-DF, Rel. Eros Grau, j. em 03.02.2006). Também não se tolera "o emprego de expressões de baixo calão, de linguajar chulo e deselegante" (STF - HC nº 80.674, Rel. Nelson Jobim, *DJ* de 17.08.2001).

De se ver, porém, que no cotidiano forense, na imensa maioria dos casos, o *habeas corpus* será impetrado por meio de petição escrita. A inicial deve vir acompanhada, desde logo, com a prova documental que evidencie a ilegalidade da coação ou da ameaça desta, nos termos do disposto no § 2º, do art. 660, do CPP.

a) o nome da pessoa que sofre ou está ameaçada de sofrer violência ou coação e o de quem exercer a violência, coação ou ameaça;

Paciente - Paciente é aquele em favor do qual é ajuizado o *habeas corpus* e que se encontra suportando uma restrição ao seu direito de locomoção ou, ao menos, uma ameaça de que tal constrangimento se verifique. Segundo a primeira parte deste dispositivo, deve ser indicado o nome da pessoa que sofre a coação ou se acha na iminência de sofrê-la.

É intuitivo, portanto, que o paciente deverá ser, necessariamente, a pessoa física. Segundo o ensinamento de Cretella Júnior, "concluímos que o *alguém*, no *habeas corpus*, é apenas, e tão-só, a pessoa física, o homem, o *corpus*, ameaçado em sua liberdade de locomoção, ao passo que o *alguém*, no mandado de segurança, abrange a pessoa física e a pessoa jurídica" (*Comentários à Constituição - 1998*, Rio: Forense, 1ª edição, 1992, vol. II, p. 592).

Nascituro - Tão singela observação, contudo, não afasta a incidência de interessantes debates que se instalaram a respeito do tema. Um deles se referiu à possibilidade de impetração do remédio heroico em prol de nascituro. Na hipótese se discutiu, inicialmente no STJ, da autorização para a prática de aborto em virtude de se encontrar o nascituro acometido por anencefalia. Sem pretender ingressar no aspecto ético da questão, por fugir ao objetivo deste trabalho, observo que, sob o ponto de vista processual, foi admitido o *habeas corpus* para proteção do feto. Merece transcrição trecho da ementa oficial: "A eventual ocorrência de abortamento fora das hipóteses previstas no Código Penal acarreta a aplicação de pena corpórea máxima, irreparável, razão pela qual não há que se falar em impropriedade da via eleita, já que, como é cediço, o *writ* se presta justamente a defender o direito de ir e vir, o que, evidentemente, inclui direito à preservação da vida do nascituro" (STJ - HC 32159-RJ -Rel. Laurita Vaz, j. em 17.02.2004, DJ de 22.03.2004, p. 339). O debate desaguou no STF, sendo alvo de intensa discussão, acompanhada, com grande interesse, pela sociedade em geral. Infelizmente, durante o julgamento, sobreveio o nascimento e a quase imediata morte da criança, pelo que o *habeas corpus* foi extinto face à perda do objeto (v. *Informativo do STF* nº 338, de março de 2004). O cerne do debate foi retomado e pode ser consultado nos *Informativos do STF* de nº 354 (junho de 2004) e 385 (abril de 2005).

Animais – Também chamou atenção, passando a compor o anedotário do Judiciário, a impetração de *habeas corpus*, pela Associação de Proteção aos Animais do extinto Estado da Guanabara, em favor de todos os pássaros que se encontrassem engaiolados no país. Em julgado publicado na *RTJ* 63/399, o STF não conheceu do pedido, sob o principal argumento de que o art. 647 do código, ao utilizar a expressão *alguém*, se refere à proteção do ser humano, pessoa física e não, à evidência, dos animais.

Bem mais recentemente, em setembro de 2005, a Promotoria de Justiça do Meio Ambiente de Salvador-BA, impetrou *habeas corpus* em prol de um chimpanzé, para que deixasse a jaula em que se encontrava no zoológico municipal e fosse transferido para a cidade de Sorocaba-SP, tudo em virtude do *sofrimento psicológico* sofrido pela fêmea em virtude da perda de seu *companheiro*. Segundo o Promotor de Justiça que subscreveu tal petição, "a ciência já provou que os chipanzés têm capacidade de raciocínio tal qual o homem, portanto, trata-se de uma pessoa que não pode permanecer enjaulada". O *writ* não foi conhecido, segundo notícia amplamente veiculada pela imprensa e que pode ser encontrada no *site* "conjur.com.br", dos dias 20 e 22 de setembro de 2005.

JURISPRUDÊNCIA

Animais. Inviabilidade

"O remédio jurídico-constitucional do habeas corpus visa a proteção da liberdade física do ser humano. A toda evidencia não alcança os animais, eis que estes não se apresentam no mundo jurídico como sujeito de direito" (STF – RHC n° 50343-GB – Rel. Djaci Falcão, j. 03.10.1972, DJ 10.11.1972, p. 7732).

Pessoa jurídica – Inviável, ainda, a utilização de *habeas corpus* em favor de pessoa jurídica. Não pelo fato de que ela não possa ser responsabilizada criminalmente pela prática de crimes. Afinal, a norma constitucional que previa essa possibilidade (art. 225, § 3º), foi finalmente regulamentada pela Lei nº 9.605/98. Hoje, portanto, em nosso país, pode-se afirmar que se rompeu com o velho brocardo segundo o qual *societas delinquere non potest*. O que impede, no entanto, a utilização do *writ* é o fato de que a pessoa jurídica, constituindo-se em verdadeira ficção, não reúne possibilidade de locomoção. De tal sorte que, em prol dela, não há que se falar em *habeas corpus*, o que não impede, por óbvio, a utilização do remédio heroico para proteção de seus componentes. Mas aí já não é a pessoa jurídica como paciente e sim a pessoa física. Nesse sentido: *RSTJ* 111/279; *RT* 641/362.

ATENÇÃO - Sabendo-se que uma das penas – a mais rigorosa – cominada à pessoa jurídica infratora é a sua liquidação forçada (art. 24 da Lei n. 9.605/98), autêntica pena de morte para o ente coletivo, nos parece que acaba obrigando a comunidade jurídica a uma maior reflexão sobre o tema, podendo se admitir o remédio heroico quando ameaçada com a citada penalidade.

JURISPRUDÊNCIA

Pessoa jurídica. Inviabilidade

"Não há constrangimento ilegal em acórdão de prévio writ, que deixa de conhecer do mandamus, tendo em vista não prestar-se o remédio constitucional a tutelar os interesses de pessoa jurídica no seio de processo penal, diante da ausência de afetação do bem jurídico liberdade de locomoção, não titularizado pelo ente moral. Ordem não conhecida" (STJ – HC n. 181868-PE – Rel. Maria Thereza de Assis Moura, j. 07.02.2013, DJe 20.02.2013).

"Segundo o ordenamento jurídico pátrio e a partir da Constituição, mesmo quando se encontra no polo passivo de ação penal, a pessoa jurídica não pode se valer do habeas corpus, uma vez que o bem jurídico por ele tutelado é a liberdade corporal, própria das pessoas naturais" (STJ – HC nº 180987-RS, Rel. Laurita Vaz, j. 10.09.2013, DJe 18.09.2013).

Pessoas indeterminadas – Já se negou, outrossim, o *writ* quando indeterminadas as pessoas em favor de quem foi ele impetrado. Assim ocorreu quando se ingressou com *habeas corpus*, de forma genérica, em prol de professores da rede estadual impedidos de gozarem férias (*RSTJ* 45/83) ou de integrantes do Movimento dos Sem-Terra (*RJTACRIM* 30/390). Nesse sentido, inclusive, é a lição de Bento de Faria, ao negar a possibilidade de ajuizamento do pedido "quando se tratar de pessoas indeterminadas, v.g., os sócios de certa agremiação, os empregados de determinado estabelecimento, os moradores de alguma casa, os membros de indicada corporação, os componentes de uma classe, etc., ainda quando referida uma as pessoas com o acréscimo de – e outros. Somente em relação a essa será conhecido o pedido" (ob. cit., vol. 2, p. 381).

Parece merecer alguma ressalva esse posicionamento. Com efeito, é mesmo incabível uma impetração coletiva, absolutamente genérica, visando beneficiar, por exemplo, todos aqueles que se encontrem cumprindo pena, em regime integralmente fechado, pela prática de crime hediondo. Mas nada impede, segundo entendemos, que em situações excepcionais, embora não se identificando singularmente cada um dos pacientes, se possa manejar um *writ* mais amplo, capaz de tutelar, *v.g.*, o direito de locomoção de todos os colonos aprisionados em fazenda enquanto não quitarem suas dívidas ou de residentes em determinado bairro impedidos de deixar suas casas por força de ação policial. Suponha-se, ainda, que moradores em uma favela (e só porque moram na favela), sofram com o chamado *mandado de busca e apreensão genérico*, que tem sido expedido a fim de autorizar o ingresso de policiais em toda e qualquer residência. Exigir-se a identificação precisa de cada uma das pessoas resultaria, na prática, na total ineficácia da medida, por tratar-se de tarefa impossível. Admitir-se, outrossim, nesses casos especiais, um *habeas corpus* por assim dizer *coletivo*, renderia homenagem à tradição de nosso remédio heroico e mesmo à velha origem do instituto. Incide o brocardo segundo o qual *ubi jus, ibi remedium*. Acrescente-se a tal entendimento o teor do disposto no art. 580 do CPP, que pode ser aplicado por analogia, a fim de estender a ordem a todos aqueles que se encontrem em situações idênticas. Aliás, recentemente, a Segunda Turma do STF concedeu um *habeas corpus* coletivo (HC 143.641) no qual figuravam como pacientes "todas as mulheres submetidas à prisão cautelar no sistema penitenciário nacional" que ostentassem "a condição de gestantes, de puérperas ou de mães com crianças com até 12 anos de idade sob sua responsabilidade", além das próprias crianças que porventura estivessem na companhia de suas mães.

Preliminarmente, aquele órgão colegiado analisou a possibilidade da impetração do *habeas corpus* coletivo e a confirmou por unanimidade. Embora os ministros Dias Toffoli e Edson Facchin tenham votado pelo conhecimento parcial do *habeas corpus*, que deveria atingir apenas pleitos já analisados pelo STJ – excluindo-se as decisões de primeira e segunda instâncias –, concordaram com os demais ministros no que tange à possibilidade de impetração coletiva.

Em síntese, os ministros fundamentaram sua decisão no fato de que remédios processuais coletivos têm sido exigidos para solucionar problemas ligados a relações sociais massificadas e burocratizadas, prevenindo-se assim lesões a direitos de grupos vulneráveis, cujos componentes não são capazes de se impor individualmente. Mencionou-se o fato de que tramitam no Brasil mais de cem milhões de processos para pouco mais de dezesseis mil juízes, o que exige soluções de natureza coletiva para conferir a eficácia adequada ao postulado constitucional da razoável duração do processo e ao princípio da efetividade da prestação jurisdicional.

O *habeas corpus* coletivo, na visão do tribunal, homenageia a tradição brasileira de conferir a maior amplitude possível ao remédio constitucional e decorre mesmo do disposto no art. 654, § 2º, do CPP, que possibilita aos juízes e tribunais a concessão de ordem de ofício quando, no curso de processo, verificarem que alguém sofre ou está na iminência de sofrer coação ilegal. Além disso, não se pode ignorar que a impetração coletiva é harmoniosa com as disposições do art. 580 do CPP, que, ao tratar dos recursos, permite a extensão dos efeitos a todos os corréus, desde que os fundamentos da decisão não sejam de caráter exclusivamente pessoal.

ATENÇÃO – na esteira da decisão proferida pelo STF, a Lei 13.769/18 altera a legislação processual penal para disciplinar a matéria de forma expressa. Para tanto, a lei insere no Código de Processo Penal os artigos 318-A e 318-B. O art. 318-A estabelece que a prisão preventiva decretada sobre a "mulher gestante ou que for mãe ou responsável por crianças ou pessoas com deficiência será substituída por prisão domiciliar", desde que a presa: I – não tenha cometido crime com violência ou grave ameaça a pessoa; II – não tenha cometido o crime contra seu filho ou dependente.

Estrangeiro – Cabível, por derradeiro, o *writ* impetrado em favor de estrangeiro, desde que o objetivo seja de permitir seu ingresso no país, impedido por alguma exigência ilegal. Célebre o *habeas corpus* aforado em favor de Gastão de Orleans, do Conde d'Eu e sua mulher Izabel, para que retornassem ao Brasil após a Proclamação da República que os houvera banido, ao qual, aliás, foi negado provimento (HC 1.974, j. em 14.01.1903, Rel. Ministro Alberto Torres, localizável na revista *O direito*, vol. 91, p. 424). Admite-se, ainda, o remédio heroico que tenha por objetivo, ao contrário dos exemplos acima, permitir que o paciente deixe o país para o exterior (*JTJ* 232/348; *RT* 752/707). Inviável, outrossim, *habeas corpus* em que estrangeiro pede para continuar no país, suspendendo, assim, os efeitos de decreto presidencial que determinou sua expulsão, ante a impossibilidade de se discutir o acerto da condenação estrangeira (HC 80.055-6, Rel. Maurício Corrêa, DJU de 04.05.2001, p. 4; *RTJ* 179/780, embora já se tenha admitido tal possibilidade (HC 77082, Rel. Francisco Rezek, DJU de 01.03.1996, p. 5010).

Coator – A parte final deste dispositivo impõe a indicação do responsável pela violência e coação efetiva ou pela ameaça delas se concretizarem.

Coator particular – Segundo entendimento majoritário na doutrina, embora em situações raras, pode ser o coator um particular. Discorda desse posicionamento o magistério de Hélio Tornaghi, para quem "o *habeas corpus* só é cabível quando o coator exerce função (*lato sensu*) pública. A coação exercida por um particular configurará o crime de cárcere privado (CP, art. 148), ou de constrangimento ilegal (CP, art. 146), ou de ameaça (CP, art. 147), e as providências contra o coator devem ser pedidas à Polícia" (*Curso de Processo Penal*, ob. cit., vol. 2, p. 396). Confira-se, ainda: *RT* 300/101.

Nossa posição – Ousamos divergir: o fato de ser típica, aos olhos do Código Penal, a conduta do particular, não inibe a utilização do remédio heroico para fazer cessar a violência ou a iminência da violência. Afinal, o abuso de autoridade, perpetrado pelo agente público também constitui crime e, nem por isso, o paciente deixa de ser amparado pelo *habeas corpus*. Fosse a intenção do constituinte limitar a utilização do *writ* e, por certo, teria adotado a mesma disciplina do mandado de segurança no qual, aí sim, a Constituição é expressa ao admiti-lo, apenas, contra ato de autoridade pública (art. 5º, inc. LXIX, da CF). Optou, todavia, no inciso imediatamente anterior (inc. LXVIII), por não formular qualquer distinção entre ato de autoridade pública e ato de particular, razão pela qual não cabe ao intérprete, de sua parte, pretender reduzir o alcance do texto constitucional, estabelecendo restrição a garantia fundamental da pessoa. Poderiam, é verdade, o legislador do código ou mesmo o constituinte, serem expressos a respeito do tema, em cuidado que não passou despercebido pelo Código de Processo Penal do Império que, no seu art. 344, previa, com todas as letras, a possibilidade do *writ* contra ato perpetrado por *algum cidadão*. Mas tal esquecimento de forma alguma possui o condão de enfraquecer o *belo instituto* e, imaginar-se de forma contrária, importaria em renegar a tradição histórica do *writ* que, no dizer de Aureliano Guimarães, "evoluiu em nossa vida jurídica à maneira de um foco de luz, que se alarga e progride em auréolas concêntricas" (*apud* Borges da Rosa, ob. cit., p. 773).

Assim, o *habeas corpus* pode se voltar contra ato de particular, como, por exemplo, a ordem ajuizada contra o médico que ilegalmente promove à retenção de paciente no hospital (*RT* 543/415, 574/400), ou contra o fazendeiro que não libera o colono da fazenda enquanto não quitar suas *dívidas*(*RT* 304/700), E ainda se admitiu o remédio heroico quando a violência ou coação ilegal foi praticada por particular, para liberação de idosos de asilo (*RT* 577/329) e para autorizar a participação de pessoa em culto religioso (*RT* 553/358).

JURISPRUDÊNCIA

Ato de particular

"O habeas-corpus é ação constitucional destinada a garantir o direito de locomoção, em face de ameaça ou de efetiva violação por ilegalidade ou abuso de poder. Do teor da cláusula constitucional pertinente (art. 5. LXVIII), exsurge o entendimento no sentido de admitir-se o uso da garantia inclusive na hipótese em que a ilegalidade provenha de ato de particular, não se exigindo que o constrangimento seja exercido por agente do poder publico" (STJ – RHC nº 4120-RJ – Rel. Vicente Leal, j. 29.04.1996, DJ 17.06.1996, p. 21517).

Autoridade pública – O mais comum, porém, é que o coator seja uma autoridade pública, em face da própria natureza das funções que exerce.

JURISPRUDÊNCIA

Erro na indicação da autoridade coatora

a) possibilidade de correção

"O habeas corpus é remédio de índole constitucional, previsto com a finalidade de proteger o cidadão de eventual ameaça ilegal em seu direito de ir e vir. Eventual ocorrência de erro na indicação da Autoridade Coatora não pode obstar o exame do mérito da impetração" (STJ – Rel. Gilson Dipp – RSTJ 178/373).

b) impossibilidade

"Ocorrendo erro na indicação da autoridade apontada como coatora, importando em ilegitimidade ad causam, é defeso ao juiz substituir o polo passivo da relação processual, sendo cabível, portanto, a extinção do processo sem julgamento de mérito." (STJ – CC nº 17.783-DF, Rel. Fernando Gonçalves, DJ 09.12.1997)

"A autoridade coatora é aquela que ordena a prática do ato impugnado ou se abstém de realizá-lo. A jurisprudência desta Corte Superior de Justiça firmou entendimento no sentido de que, havendo erro na indicação da autoridade coatora, deve o juiz extinguir o

processo sem julgamento do mérito, pela ausência de uma das condições da ação, sendo vedada a substituição do polo passivo da relação processual" (STJ – AgRG no Ag n° 428178-MG – Rel. Arnaldo Esteves Lima, j. 12.04.2005, DJ 20.06.2005, p. 330).

Autoridade coatora desconhecida

"Desconhecida a autoridade coatora, não há como admitir o writ" (STJ – HC n° 10206-RJ – Rel. Hamilton Carvalhido, j. 09.11.1999, DJ 24.09.2001, p. 342).

Falta de indicação do paciente

"O art. 654, § 1°, a, do CPP estabelece como requisito da petição inicial do writ a indicação do nome da pessoa que está ameaçada de sofrer a violência ou a coação, a fim de viabilizar não só a apreciação do constrangimento, mas também para fins de expedição de salvo-conduto em seu favor. No caso, esse requisito não foi atendido" (STF – HC n° HC 81.348-8, Rel. Ellen Gracie, j. 26.09.2001, DJ 10.10.2001, p. 25).

Delegado de Polícia – Poderíamos citar, como exemplos, o delegado de polícia, quando prende alguém ilegalmente; ou instaura inquérito policial por crime de ação penal privada ou condicionada, sem, respectivamente, requerimento ou representação do ofendido. De se ver, porém, que se o delegado de polícia atende à requisição do promotor de justiça para instauração de inquérito policial, a autoridade coatora é quem deu a ordem, isto é, o promotor (*RT* 641/335, 734/598), e não a autoridade policial, que se limitou a cumprir a determinação. E nem poderia ser diferente, já que se chega a afirmar que a autoridade policial estaria sujeita à prática de crime de desobediência (ou prevaricação) caso não atendesse a ordem, não teria sentido que, ao fazê-lo, por não lhe restar alternativa, fosse considerada coatora. Não se ignora, porém, a existência de julgados no sentido de que, uma vez instaurado o inquérito policial, coator será sempre o delegado de polícia, pouco importando se atendeu à requisição do promotor de justiça (*RT* 551/369).

O que por vezes se verifica, na prática, é que promotores, a fim de evitar sejam caracterizados como coatores e, com isso, sujeitos passivos de eventual *habeas corpus*, acabam por simplesmente encaminhar peças de informações ao delegado de polícia, para que sejam adotadas as medidas cabíveis. Se a *medida cabível* tomada pelo delegado for a instauração do respectivo inquérito policial, será ele o coator (*RT* 696/351).

JURISPRUDÊNCIA

Delegado como autoridade coatora

"Competência. Inquérito instaurado a requerimento de empresa privada. Habeas Corpus objetivando seu trancamento. Competência do juiz da comarca, não do tribunal, já que a coação, se existente, parte do delegado de polícia" (STJ – Rel. Assis Toledo – RT 669/366).

Juiz de Direito – O juiz de direito pode ser o coator, quando, por exemplo, na condução do processo se verificar um excesso de prazo para seu término, estando o réu preso. Ou quando decreta a prisão civil do devedor de alimentos. Ou, ainda, se aplica pena com evidente erro de soma ou quando não relaxa o flagrante que lhe é comunicado.

JURISPRUDÊNCIA

Juiz como autoridade coatora e competência

a) quando mantém a prisão em flagrante

"Do momento em que o juiz de primeiro grau recebe o auto de prisão em flagrante e a inicial acusatória, mantendo os denunciados encarcerados, torna-se autoridade coatora, não se justificando, desse modo, o não-conhecimento do habeas corpus originário por esse prisma, sobretudo porque a análise do juízo processante não se limita aos aspectos formais, atingindo, outrossim, questões de mérito, como a própria existência ou inexistência, no caso, das hipóteses previstas no art. 302 do Código de Processo Penal, bem como se é caso ou não de concessão de liberdade provisória" (STJ – HC n° 121117-MS, Rel. Laurita Vaz, j. 19.02.2009, DJe 30.03.2009).

b) quando defere manifestação do Ministério Público

"O juiz, que defere requerimento de instauração de inquérito policial, formulado pelo Ministério Público, é a autoridade requisitante e, em consequência, ao Tribunal de segundo grau compete conhecer do habeas corpus impetrado contra coação porventura advinda dessa requisição" (STF – RHC n° 62971-SP – Rel. Sydney Sanches, j. 02.08.1985, DJ 23.08.1985, p. 13778).

"Em sendo coação, em última análise, atribuída ao juiz, quando defere manifestação tida como abusiva do Ministério Público, em sede de Inquérito Policial, a competência para o julgamento do pedido de habeas corpus é do Tribunal de Justiça, porque a ele estão submetidos os juízes do primeiro grau de jurisdição" (STJ – RHC n° 8628-SP, Rel. Hamilton Carvalhido, j. 23.11.1999, DJe 23.10.2000).

c) quando requisita a instauração de inquérito policial

"É o juiz a autoridade coatora se o apontado constrangimento emana da instauração de inquérito policial por efeito de requisição judicial, nos termos do art. 5°, II, do CPP, sendo competente, de conseguinte, para apreciar o pedido de *habeas corpus* o Tribunal" (STF –Rel. Rafael Mayer – RT 597/415).

d) quando encaminha peças de informação

Trancamento de inquérito policial instaurado por iniciativa do Ministério Público – "Havendo o juiz deferido o encaminhamento de peças a autoridade policial, torna-se ele a autoridade coatora, contra cujo ato de instauração de inquérito pode ser impetrado habeas corpus perante o Tribunal de Alçada competente, tendo o juiz como autoridade coatora" (STJ – RHC n° 2099-MG – Rel. José Cândido, j. 14.12.1992, DJ 08.03.1993, p. 3138).

Relaxamento do flagrante – Mais precisamente quanto ao relaxamento do flagrante, vale anotar que, uma vez comunicada a prisão em flagrante ao Juiz, nos termos do disposto no art. 5º, inc. LXII, da Constituição, passa a ser ele o responsável por tal prisão. Assim, se o flagrante contiver alguma ilegalidade, o autor do constrangimento não é mais a autoridade policial, senão o Juiz de Direito a quem foi comunicada a prisão. Neste instante, ao deixar de tomar alguma medida objetivando cessar a coação, passa a ser o coator (*RT* 527/429), afinal "ao confirmar o ato configurador de constrangimento ilegal o magistrado torna-se autoridade coatora" (*RSTJ* 79/269). Tal situação tem reflexo importante: antes da comunicação do flagrante, o coator era o Delegado de Polícia e a competência para julgamento do *habeas corpus*, portanto, do Juiz de Direito. Agora, já comunicado o ilegal flagrante e se deixando de determinar seu relaxamento, o impetrado passa a ser o Juiz e eventual *writ* deve ser manejado perante o Tribunal de Justiça.

Promotor de Justiça – O promotor de Justiça (ou procurador da República) será autoridade coatora quando, por exemplo, requisita a instauração de inquérito policial. É essa a hipótese mais comum. Mas poderia ser lembrado, ainda, o ato do promotor de Justiça que determina a condução coercitiva de uma testemunha até seu gabinete, o que não se confunde com a simples intimação para prestar depoimento, segundo o STJ: "Não há ilegalidade na mera intimação feita pelo Ministério Público para a ouvida de testemunha em procedimento administrativo com o objetivo de esclarecer fatos que, em tese, configuram ilícito penal" (HC n. 30.683-0 – MT, Rel. Antônio de Pádua Ribeiro, j. em 19.12.2003). A propósito o teor da Súmula 99 das Mesas de Processo Penal da USP, no sentido de que "os órgãos do Ministério Público podem ter legitimidade passiva nas ações de *habeas corpus*, na qualidade de autoridade coatora, como nas hipóteses de requisições ministeriais de inquérito policial ou de outros atos coercitivos extrajudiciais; nas de presidência direta de inquéritos, quando autorizado pela lei; nas de expedição de notificações ou de intimações para comparecimento, por eles promovidas".

JURISPRUDÊNCIA

Intimação para comparecimento no MP. Legalidade

"Tem-se como válidos os atos investigatórios realizados pelo Ministério Público, que pode requisitar esclarecimentos ou diligenciar diretamente, visando à instrução de seus procedimentos administrativos, para fins de oferecimento de denúncia" (STJ – HC nº 13368-DF, Rel. Gilson Dipp, j. 03.04.2001, DJ 04.06.2001, p. 194).

Juiz do Trabalho – Também o juiz do trabalho, quando, *v.g.*, determina, em audiência, a prisão por falso testemunho ou desacato praticado por testemunha. A Emenda Constitucional n. 45/2004 tratou de corrigir essa discrepância quanto ao controle dos atos dos órgãos da Justiça de Trabalho, e inseriu o item IV no novo texto do art. 114 da Constituição, dando expressa competência a essa Justiça para processar e julgar *habeas corpus* "quando o ato questionado envolver matéria sujeita à sua jurisdição". V. acima, comentários ao art. 69 do código, sob a rubrica *Competência penal na Justiça do Trabalho*.

Em todas as hipóteses acima, tiradas a título de exemplo, será admissível a impetração de *habeas corpus*, pressupondo-se, sempre, que o ato praticado seja abusivo e arbitrário.

b) a declaração da espécie de constrangimento ou, em caso de simples ameaça de coação, as razões em que funda o seu temor;

Fundamentação – O pedido, à evidência, deve ser devidamente fundamentado, esclarecendo no que consistiria o constrangimento ou de ameaça de coação. Este dispositivo, na lição de Espínola Filho, "reclama o esclarecimento, na petição de *habeas corpus*, da espécie de constrangimento ao qual está submetido o paciente, ou que por ele é receado. Há de referir, portanto, se está preso, ou recolhido em tal lugar, impossibilitado de sair do recinto tal, impedido de entrar em determinado imóvel, ameaçado de ser detido, de ser tolhido na sua liberdade de ir à rua, de atravessar uma estrada, um canal, uma ponte ..." (ob. cit., vol. III, p. 240). Deve o pedido, portanto, revelar ao julgador, de forma pormenorizada, no que consistiria a violência ou a ameaça de violência, juntando, quando for o caso, a documentação necessária a arrimar a pretensão. Tal impressão se reforça quando se constata que a autoridade coatora, em resposta, buscará demonstrar a legalidade de seu ato, a exigir especial atenção do impetrante no manejo do *habeas corpus*. De tal forma que, por mais que se ressalte o caráter informal do *writ*, a permitir sua impetração, inclusive, por um leigo, há que se exigir, de outro lado, que a inicial contenha um mínimo de coerência, provida de uma narrativa lógica, apta a torná-la cognoscível. Máxime quando o direito, a exemplo do mandado de segurança, deva ser demonstrado de plano, com o exórdio, em virtude do restrito campo probatório que se descortina no *habeas corpus*.

JURISPRUDÊNCIA

Condições para o conhecimento do habeas corpus

"É entendimento pacificado nesta Corte que cabe ao defensor munir os autos com toda a documentação necessária à compreensão da controvérsia, sob pena de não ser conhecida a ordem, visto que o habeas corpus não comporta dilação probatória, exigindo-se prova pré-constituída do que se é alegado. Precedentes" (STJ – AgRg n° 269525-ES, Rela. Marilza Maynard, j. 06.06.2013, DJe 10.06.2013).

Inicial ininteligível ou desprovida de raciocínio lógico

"No habeas corpus, dado a possibilidade de impetração por qualquer pessoa, não é exigido que a petição inicial preencha requisitos pré-determinados ou esteja de acordo com o tecnicismo jurídico. Contudo, tal circunstância não impede o indeferimento do mandamus quando da leitura da exordial não é possível extrair qualquer raciocínio lógico ou concluir qual a pretensão objetivada com a impetração. (Precedentes do STJ)" (STJ – HC n° 91922-MG, Rel. Felix Fischer, j. 18.11.2008, DJe 06.04.2009)".

"Em não se mostrando as condições mínimas e necessárias à impetração do *habeas corpus*, eis que não identificáveis a pessoa do paciente, a autoridade coatora, a causa de pedir e o próprio pedido, há de se considerar inepta a petição. Por igual, em sendo ininteligível, em todos os seus termos, o recurso ordinário, é imperativo que não ultrapasse o juízo de admissibilidade. Recurso não conhecido" (STJ – RHC n° 10051-SP, Rel. Hamilton Carvalhido, DJ de 25.06.2001).

c) a assinatura do impetrante, ou de alguém a seu rogo, quando não souber ou não puder escrever, e a designação das respectivas residências.

Assinatura – Sem embargo da já mencionada informalidade no manejo do *habeas corpus*, tal desapego não chega ao ponto de se admitir uma impetração apócrifa, que não conte, portanto, com a identificação e a assinatura de seu subscritor. Tal qual todo e qualquer requerimento dirigido a um juiz ou a uma corte, deve sujeitar-se aos requisitos mínimos de admissibilidade, não podendo ser conhecido o pedido que sequer contém a assinatura do impetrante.

JURISPRUDÊNCIA

Falta de assinatura do impetrante impede o conhecimento do HC

"Embora possa ser impetrado por qualquer pessoa, independentemente da assistência de advogado, para preservação do direito de locomoção, em caso de ofensa ou ameaça decorrente de ilegalidade ou abuso de poder, o habeas corpus está sob o crivo das condições gerais de admissibilidade como qualquer ação, motivo pelo qual não se conhece de *writ* que não contém assinatura na exordial" (STJ – HC n° 21147-SP, Rel. Gilson Dipp, j. 19.09.1992, DJ 21.10.2002, p. 377).

Desnecessidade de autenticação de documentos

"A própria natureza do habeas corpus, que demanda um processamento célere e isento de maiores formalidades, dispensa a autenticação dos documentos que instruem a inicial" (STJ – REsp n° 85116-PR, Rel. Gilson Dipp, j. 02.05.2002, DJ 03.06.2002, p. 231).

Analfabeto – Este dispositivo ressalta a possibilidade de o analfabeto impetrar o remédio heroico, impondo-se que terceiro, a seu rogo, firme a inicial. Pode ocorrer, ainda, que embora sabendo assinar o nome, o impetrante, por algum motivo (doença, imobilização dos membros superiores, etc.), se veja impossibilitado de assinar, quando, então, a mesma cautela se imporá.

Emprego do português – Por mais elasticidade que se confira ao *habeas corpus*, em face, notadamente, do direito posto em jogo, referente à liberdade da pessoa, não é de se admitir seja ele escrito em idioma estrangeiro, conquanto essa proibição não conste do art. 654 do código. De se invocar por analogia (art. 3º do CPP), inclusive, o disposto no art. 192 do Código de

Processo Civil, *in verbis*: "Em todos os atos e termos do processo é obrigatório o uso da língua portuguesa". É que, segundo o STF, "o conteúdo dessa peça processual deve ser acessível a todos, sendo irrelevante, para esse efeito, que o juiz da causa conheça, eventualmente, o idioma estrangeiro utilizado pelo impetrante. A imprescindibilidade do uso do idioma nacional nos atos processuais, além de corresponder a uma exigência que decorre de razões vinculadas a própria soberania nacional, constitui projeção concretizadora da norma inscrita no art. 13, caput, da Carta Federal, que proclama ser a língua portuguesa 'o idioma oficial da Republica Federativa do Brasil'" (HC nº 72391-DF – Rel. Celso de Mello, j. 08.03.1995, DJ 17.03.1995, p. 5791).

JURISPRUDÊNCIA

Idioma português

"A petição com que impetrado o habeas corpus deve ser redigida em português, sob pena de não-conhecimento do writ constitucional (CPC, art. 156, c/c CPP, art. 3.), eis que o conteúdo dessa peça processual deve ser acessível a todos, sendo irrelevante, para esse efeito, que o juiz da causa conheça, eventualmente, o idioma estrangeiro utilizado pelo impetrante. A imprescindibilidade do uso do idioma nacional nos atos processuais, além de corresponder a uma exigência que decorre de razões vinculadas a própria soberania nacional, constitui projeção concretizadora da norma inscrita no art. 13, caput, da Carta Federal, que proclama ser a língua portuguesa 'o idioma oficial da Republica Federativa do Brasil'" (STF – HC nº 72391-DF – Rel. Celso de Mello, j. 08.03.1995, DJ 17.03.1995, p. 5791).

Telegrama

"Habeas corpus" impetrado, através de telegrama, sem a qualificação do impetrante e sem sua identificação na agência da ECT. Validade em virtude da amplitude que se deve dar a ação" (STJ – HC nº 3904-ES, Rel. Adhemar Maciel, j. 27.02.1996, DJ 03.02.1997, p. 779).

§ 2º Os juízes e os tribunais têm competência para expedir de ofício ordem de habeas corpus, quando no curso de processo verificarem que alguém sofre ou está na iminência de sofrer coação ilegal.

Juiz de direito – O Juiz não pode impetrar o *habeas corpus*, por se tratar de sujeito imparcial, a quem cumpre julgar e não propor a ação, não tendo sentido que venha postular em Juízo. Nesse sentido: *RT* 527/455. Salvo seja ele o próprio paciente, quando ingressará com o pedido em nome próprio e não na qualidade de Juiz. Já se admitiu, porém, a impetração formulada por Juiz de Direito, "desde que não investido de sua função judicante, mas atuando como *qualquer pessoa*, expressão constante do art. 654 do CPP". No caso, o Juiz promovera o *writ* despido da condição de Magistrado, em favor do próprio pai, pessoa que contava mais de 80 anos de idade (*RT* 780/710).

Mas aos Juízes e aos Tribunais é permitida a concessão de *habeas corpus* de ofício, ou seja, independentemente de requerimento de qualquer interessado, nos termos do que consta deste dispositivo. Inclusive cassando a própria decisão ou de algum antecessor, sem que tal conduta represente violação à estabilidade das decisões judiciais (em sentido contrário, a Súmula 102 das Mesas de Processo Penal da USP, para quem "em nenhum caso, poderá o juiz ou tribunal conceder *habeas corpus* contra seus próprios atos"). Assim, por exemplo, o juiz que recebe a denúncia e depois constata que o réu era inimputável, por menoridade, à época da prática do crime. Ele mesmo poderá conceder o *habeas corpus*, extinguindo o processo e cassando a sua decisão que houvera recebido a denúncia, não fazendo sentido, em franca violação ao princípio da celeridade, que se aguardasse uma decisão do tribunal nesse sentido. Em hipótese colhida da jurisprudência, o Juiz recebera denúncia pela prática de crime de falsidade ideológica, já que o réu fornecera endereço falso ao pretender se inscrever em determinada Seccional da OAB. Posteriormente, demonstrada a atipicidade da conduta - sob a ótica do V. Acórdão - o juiz houve por bem conceder o *writ* de ofício, trancando a ação penal (TRF - 1ª. R - RHC 2001.30.00.001772-4 - Rel. Juiz Plauto Ribeiro - DJU de 29.08.2003). Nestes casos, poderia se ponderar que o mais razoável seria se aguardar a sentença para, aí sim, se sanar o notório equívoco. Mas como ponderam Demercian & Maluly, "a conclusão não é minimamente razoável. Seja qual for o nome que se dê à decisão do magistrado, afigura-se-nos evidente não só a possibilidade como o dever de corrigir o erro e pôr fim ao constrangimento ilegal. A nosso ver, outro não foi o espírito que norteou o legislador ao estabelecer a possibilidade de concessão do *writ* de ofício, de forma rápida e eficiente" (ob. cit., p. 530).

JURISPRUDÊNCIA

Habeas corpus de ofício

"Noticiado no curso do processo a ocorrência de constrangimento ilegal, deve o Tribunal conceder, de ofício, habeas-corpus, nos termos do permissivo inscrito no art. 654, § 2º, do Código de Processo Penal" (STJ – RHC nº 9996-RN, Rel. Vicente Leal, j. 15.08.2000, DJ 11.09.2000, p. 291).

Possibilidade da concessão da ordem mesmo quando a matéria não foi apreciada na origem

"O recurso de 'habeas corpus' não pode examinar matéria que não foi apreciada pela Corte 'a quo', exceto quando se trata de ilegalidade flagrante possível de ser reparada por ordem de ofício" (STJ – RHC nº 3122-BA, Rel. Jesus Costa Lima, j. 27.10.1993, DJ 22.111993, p. 24968).

Recurso cabível - Da decisão que concede o *writ*, pelo juiz de 1º grau, mesmo que de ofício, é cabível recurso obrigatório (art. 574, inc. I) ou recurso em sentido estrito (art. 581, inc. X). Já se o *writ* é concedido pelo Tribunal (de ofício ou a requerimento do impetrante), não se aplica tal disposição, não sendo cabível o reexame necessário, posto que os tribunais superiores (STJ, STF, etc.), não se prestam como instância revisora dos julgados dos tribunais de justiça ou tribunais regionais federais.

Art. 655. O carcereiro ou o diretor da prisão, o escrivão, o oficial de justiça ou a autoridade judiciária ou policial que embaraçar ou procrastinar a expedição de ordem de habeas corpus, as informações sobre a causa da prisão, a condução e apresentação do paciente, ou a sua soltura, será multado na quantia de duzentos mil-réis a um conto de réis, sem prejuízo das penas em que incorrer. As multas serão impostas pelo juiz do tribunal que julgar o habeas corpus, salvo quando se tratar de autoridade judiciária, caso em que caberá ao Supremo Tribunal Federal ou ao Tribunal de Apelação impor as multas.

Revogação - O dispositivo em exame acha-se revogado, na medida em que a multa nele prevista, fixada em *réis*, moeda não mais existente, de há muito perdeu sua expressão econômica. A despeito da inviabilidade da aplicação da multa, de se ver, porém, que todo aquele que, de alguma forma, frustrar o objetivo do *habeas corpus*, sujeitar-se-á à prática de crime, como, por exemplo, de prevaricação ou desobediência, previstos, respectivamente, nos arts. 319 e 330 do Código Penal. Lembre-se, ainda, que constitui crime de abuso de autoridade, a teor do art. 12, parágrafo único, IV, Lei 13.869/19, *prolongar a execução de pena privativa de liberdade, de prisão temporária, de prisão preventiva, de medida de segurança ou de internação, deixando, sem motivo justo e excepcionalíssimo, de executar o alvará de soltura imediatamente após recebido ou de promover a soltura do preso quando esgotado o prazo judicial ou legal.*

Art. 656. **Recebida a petição de habeas corpus, o juiz, se julgar necessário, e estiver preso o paciente, mandará que este lhe seja imediatamente apresentado em dia e hora que designar.**

Cautela – Recebida a inicial, o juiz pode determinar a apresentação do paciente se ele estiver preso, salvo se uma das causas apontadas no art. 657 impeçam tal apresentação. Pensamos tratar-se de medida que tem por objetivo averiguar as condições do preso, quando o juiz, ouvindo-o, poderá inteirar-se de alguma violência por ele suportada, colhendo, no mais, dados relevantes para a tomada de decisão, concedendo – ou não – a ordem. Trata-se de cautela que vem caindo em desuso. A um, porque a matéria ventilada no remédio heroico, na maioria das vezes, é de *direito*, prescindindo, assim, da análise fática que pudesse, eventualmente, ser trazida pelo paciente. A dois, em virtude de que de pouca utilidade se revelaria a oitiva do paciente, que nenhuma luz traria ao julgador que, para conceder ou negar o *writ*, não necessita da oitiva daquele. Sobretudo em face da chamada audiência de custódia, na qual ao juiz é dado ter um contato imediato com o preso, podendo constatar as condições nas quais se encontra, os motivos da prisão, etc. Embora o dispositivo faça menção, apenas, ao juiz, temos que também o tribunal pode determinar semelhante medida. No regimento interno do STF, com efeito, há expressa previsão de apresentação do paciente à sessão de julgamento (art. 191, inc. III). Medida idêntica consta do regimento interno do STJ (art. 201, inc. III).

Parágrafo único. Em caso de desobediência, será expedido mandado de prisão contra o detentor, que será processado na forma da lei, e o juiz providenciará para que o paciente seja tirado da prisão e apresentado em juízo.

Prisão – Se, a despeito da ordem expressa do juiz, o detentor, ainda assim, se negar a apresentar o paciente, contra aquele primeiro será expedido mandado de prisão, pela prática do crime de desobediência, devendo o preso, ainda, ser retirado de onde se encontra e apresentado ao Magistrado.

Art. 657. **Se o paciente estiver preso, nenhum motivo escusará a sua apresentação, salvo:**

I – grave enfermidade do paciente;

II – não estar ele sob a guarda da pessoa a quem se atribui a detenção;

III – se o comparecimento não tiver sido determinado pelo juiz ou pelo tribunal.

Parágrafo único. O juiz poderá ir ao local em que o paciente se encontrar, se este não puder ser apresentado por motivo de doença.

Motivos para a não apresentação do paciente – Embora o artigo anterior faculte ao juiz determinar a imediata apresentação do paciente, este dispositivo elenca razões que impedem essa apresentação, cuja textualidade dispensa maiores comentários. Achando-se enfermo, sem condição, portanto, de locomoção ou acometido de doença contagiosa, ao juiz será dado ir ao local onde se encontra o paciente. Caso o paciente não se encontre sob a guarda da pessoa indicada, esta, por óbvio, não poderá apresentá-lo, restando prejudicado o pedido. Por último, nos termos do inc. III, em observação de notável inutilidade, não haverá exibição do paciente caso não seja determinada pela autoridade judiciária.

Art. 658. O detentor declarará à ordem de quem o paciente estiver preso.

Detentor – É aquele, como o nome indica, que mantém o paciente sob sua custódia. Nem sempre será, porém, o responsável pela prisão, posto que, em boa parte das vezes, apenas cumpre ordem da autoridade coatora. Se um delegado de polícia, de forma ilegal, determina a prisão de determinada pessoa, quem a deterá e a manterá sob sua custódia será o carcereiro. Nem por isso, contudo, deve ser acusado por eventual ilegalidade (salvo, é claro, se absolutamente manifesta). Daí o cuidado deste dispositivo, a impor que o detentor, a fim de se livrar de qualquer responsabilidade, indique de quem partiu a ordem que culminou com o ilegal constrangimento.

Art. 659. Se o juiz ou o tribunal verificar que já cessou a violência ou coação ilegal, julgará prejudicado o pedido.

Perda do objeto – A clareza do texto não dá margem a maiores dúvidas. É óbvio, assim, que uma vez cessada, no curso da impetração, a violência ou coação, o *habeas corpus* terá perdido seu objeto, restando, bem por isso, prejudicado o pedido. Imagine-se, em um exemplo trivial, que preso ao tempo do manejo do *writ*, o paciente venha a ser solto. Carecerá, à evidência, de interesse (*rectius*: utilidade), pelo que se imporá a extinção do feito. Ou que, preso em flagrante, antes do julgamento do remédio heroico, venha a ser absolvido. Ressalte-se, porém, que o fato de ser dado por prejudicado o *habeas corpus* não implica na isenção da responsabilidade criminal do autor da violência ou coação, como adverte Câmara Leal (ob. cit., vol. IV, p. 215). É dizer: ainda quando prejudicado o pedido, pela perda de seu objeto, remanesce eventual responsabilidade do autor da violência ou ameaça, a ser alvo da respectiva apuração.

Interessante observar que, por vezes, a perda do objeto se dá por razões outras que não apenas a cessação da violência ou ameaça. Ocorre quando há uma alteração do título que embasou a prisão. Suponha-se que o *habeas corpus* discuta a legalidade da prisão em flagrante quando, antes de seu julgamento, advém a condenação do réu. Nesse caso, o debate sobre a legalidade do flagrante restou superado, restando, assim, prejudicado o pedido. O que se irá discutir, a partir daí, por meio de apelação ou mesmo outro *habeas corpus*, será o acerto da sentença, e não mais a prisão em flagrante. O mesmo sucede, como visto nos exemplos abaixo, no que tange à prisão preventiva, à pronúncia do réu, etc.

JURISPRUDÊNCIA

Perda de objeto. Absolvição

"Há de ser julgado prejudicado o recurso cujo objeto está relacionado ao trancamento da ação penal, quando nas instâncias inferiores, posteriormente à sua impetração, prolata-se sentença absolutória. Precedentes" (STJ – AgRG no RHC nº 20829-MG, Rel. Alderita Ramos de Oliveira, j. 23.04.2013, DJe 09.05.2013).

Perda de objeto. Prisão em flagrante

"A superveniência de sentença absolutória prejudica, ante a perda de objeto, a continuidade do exame da ilegalidade suscitada. Habeas corpus prejudicado" (STF – HC nº 84833-SP, Rel. Carlos Britto, j. 07.02.2006, DJe 24.08.2007).

Perda de objeto. Prisão preventiva

"A superveniência da sentença condenatória prejudica o habeas corpus quando esse tenha por objeto o decreto de prisão preventiva, dado que passa a sentença a constituir novo título para a prisão" (STF – HC nº 83919-SP, Rel. Carlos Velloso, j. 25.05.2004, DJ 18.06.2004, p. 83).

Perda de objeto. Inépcia da denúncia

"Consoante entendimento das Cortes Superiores, a alegação de inépcia da denúncia perde força diante da superveniência de sentença condenatória, 'título jurídico que afasta a dúvida quanto à existência de elementos suficientes não só para a inauguração do processo penal como também para a própria condenação'" (HC n. 207.313/ES, Ministro Og Fernandes, Sexta Turma, DJe 16/4/2013)" (STJ – HC nº 153547-SP, Rel. Sebastião Reis Júnior, j. 06.08.2013, DJe 15.08.2013).

Perda de objeto. Pronúncia

AGRAVO REGIMENTAL EM HABEAS CORPUS . PRISÃO PREVENTIVA. SUPERVENIÊNCIA DE SENTENÇA DE PRONÚNCIA. NOVO TÍTULO – "A sentença de pronúncia constitui novo título a justificar a custódia cautelar, que deve ser impugnada primeiramente no Tribunal de origem, sob pena de indevida supressão de instância" (STJ – AgRG no HC nº 207193-PR, Rel. Alderita Ramos de Oliveira, j. 05.02.2013, DJe 25.02.2013).

Art. 660. Efetuadas as diligências, e interrogado o paciente, o juiz decidirá, fundamentadamente, dentro de 24 (vinte e quatro) horas.

§ 1º Se a decisão for favorável ao paciente, será logo posto em liberdade, salvo se por outro motivo dever ser mantido na prisão.

§ 2º Se os documentos que instruírem a petição evidenciarem a ilegalidade da coação, o juiz ou o tribunal ordenará que cesse imediatamente o constrangimento.

§ 3º Se a ilegalidade decorrer do fato de não ter sido o paciente admitido a prestar fiança, o juiz arbitrará o valor desta, que poderá ser prestada perante ele, remetendo, neste caso, à autoridade os respectivos autos, para serem anexados aos do inquérito policial ou aos do processo judicial.

§ 4º Se a ordem de habeas corpus for concedida para evitar ameaça de violência ou coação ilegal, dar-se-á ao paciente salvo-conduto assinado pelo juiz.

§ 5º Será incontinenti enviada cópia da decisão à autoridade que tiver ordenado a prisão ou tiver o paciente à sua disposição, a fim de juntar-se aos autos do processo.

§ 6º Quando o paciente estiver preso em lugar que não seja o da sede do juízo ou do tribunal que conceder a ordem, o alvará de soltura será expedido pelo telégrafo, se houver, observadas as formalidades estabelecidas no art. 289, parágrafo único, *in fine*, ou por via postal.

Julgamento – Caberá ao juiz de 1º grau julgar o *habeas corpus* em 24 horas, assim que receba as informações do impetrado, nos termos do *caput* do art. 660, sendo prescindível à míngua de previsão legal, a prévia manifestação do Ministério Público que não atua em 1º grau de jurisdição. Quando impetrado no Tribunal o *writ* deve ser incluído na primeira sessão imediata, nos termos do art. 664 do CPP, independentemente até de prévia publicação na pauta ou intimação do impetrante, mas após a colheita do parecer do *parquet* (v. Súmula 431 do STF, *in verbis*: "É nulo o julgamento de recurso criminal, na segunda instância, sem prévia intimação, ou publicação da pauta, salvo em *habeas corpus*).

JURISPRUDÊNCIA

Afastamento da Súmula 431 em caso de pedido expresso de prévia intimação para eventual exercício do direito de defesa

"Conforme relatado, a questão submetida a exame do Supremo Tribunal Federal refere-se ao direito subjetivo à ciência da realização do julgamento de habeas corpus, de modo a possibilitar oportuna sustentação oral. Antes de tudo, lembro que é pacífica a jurisprudência do Supremo Tribunal Federal no sentido de que a sustentação oral não chega ao ponto de configurar ato essencial ao direito de defesa. Noutros termos: em sede de HC, a falta de prévia intimação do impetrante não é causa de nulidade automática, ou mecânica, do processo. Para cimentar esse ponto de vista, reproduzo a Súmula 431/STF:(...). Isso não obstante, tenho que a ordem é de ser concedida. É que, na concreta situação dos autos, o impetrante vocalizou, nas instâncias judicantes competentes (TJ/MT e STJ), sua intenção de sustentar oralmente as razões defensivas. Donde os pedidos expressos de comunicação da data provável de julgamento dos Habeas Corpus 133.364/TJMT e 163.751/STJ. Pedidos que, todavia, não foram observados pelas autoridades impetradas, conforme revelam as seguintes passagens das informações respectivas: (...) Esse o quadro, é de se ressaltar que o Supremo Tribunal Federal tem deferido *habeas corpus* para anular acórdãos proferidos com desatenção a esse direito de defesa" (STF – HC 106411 – Rel. Ayres Britto, j. 9.8.2011, *DJe* de 7.10.2011).

Prova – Dada à essência do *habeas corpus*, que é um remédio célere, se tem afirmado que ele não tolera a produção de prova. Não nos parece seja bem assim. O que ocorre, em verdade, é que a natureza do instituto não dá lugar à dilação probatória, por exemplo, com a designação de audiência para oitiva de testemunhas ou a produção de prova pericial. Isso não significa dizer que o impetrante se encontre liberado da produção de qualquer prova. Ao contrário, o próprio código, conforme disposição do § 2º, do art. 660, prevê a necessidade de produção de prova documental. Mais: o art. 656 autoriza uma espécie de *interrogatório* do paciente, quando ele é apresentado ao juiz. Soma-se a isso a informação prestada pelo coator que, instruída com documentação capaz de justificar o ato tido por arbitrário, decerto se constituirá em mais um elemento a ser sopesado pelo julgador.

Deve, de qualquer forma, ser o direito invocado líquido e certo, ou seja, aquele que se prova de plano, com a própria inicial, a exemplo do que ocorre no mandado de segurança. Julgado do STJ apanhou bem a questão: "A ação de *habeas corpus* é instrumento de porte constitucional destinado à proteção do direito deambulatório, quando coagido ou violado por ilegalidade ou abuso de poder. De rito célere e cognição sumária, indene ao contraditório, limita-se ao exame de situações que, sem dilação probatória, ou mediante prova pré-constituída, incontestável e evidente, permitem aferir a existência de coação ilegal ou abusiva, ainda que de modo preventivo, à liberdade de ir e vir" (STJ – RHC nº 14782-SP – Rel. Paulo Medina, j. em 27.04.2004, DJ de 31.05.2004, p. 367).

Assim, o remédio heroico mostra-se inidôneo para a discussão se o réu agiu com dolo ou culpa (STF – *RT* 811/537), ou se perpetrou a ação acobertado por uma excludente de ilicitude, como, por exemplo, a legítima defesa putativa (STF – HC nº 86033-PR – Rel. Carlos Britto, j. em 04.10.2005, DJ de 03.02.2006). De se ver, porém, conforme assinala o STF, que embora o *habeas corpus* não seja o instrumento hábil para que se ingresse na análise da prova, ele se presta, contudo, "para aferir a idoneidade jurídica ou não das provas nas quais se fundou a decisão condenatória" (RHC nº 81.740, Rel. Sepúlveda Pertence, *DJ* de 22.04.2005).

JURISPRUDÊNCIA

Impossibilidade de aprofundamento na prova

"No processo penal brasileiro vigora o princípio do livre convencimento, em que o julgador, desde que de forma fundamentada, pode decidir pela condenação, não cabendo na augusta via do habeas corpus o exame aprofundado de prova no intuito de se reanalisar as razões e motivos pelos quais as instâncias anteriores formaram convicção pela prolação de decisão repressiva em desfavor do paciente" (STJ – HC nº 246835-RJ, Rel. Jorge Mussi, j. 21.05.2013, DJe 05.06.2013).

"A alegada inexistência de provas idôneas a fundamentar a prolação de édito repressivo, o que ensejaria a pretendida absolvição, é questão que demanda aprofundada análise de provas, providência vedada na via estreita do remédio constitucional, em razão do seu rito célere e desprovido de dilação probatória" (STJ – HC nº 267543-SP, Rel. Jorge Mussi, j. 21.05.2013, DJe 05.06.2013).

Busca de absolvição. Impossibilidade

"A pretensão absolutória, calcada na fragilidade de provas ou na negativa de autoria, não é passível de análise na via estreita do writ, por demandar amplo reexame do conjunto fático-probatório amealhado aos autos, providência incompatível com o rito célere e sumário do presente remédio constitucional. Ademais, deve ser preservada a verdadeira função deste Egrégio Superior Tribunal de Justiça, prevista constitucionalmente, de uniformizador de jurisprudência, não se confundindo a sua atuação com a de terceira instância recursal" (STJ – HC nº 213202-SP, Rel. Og Fernandes, j. 13.08.2013, DJe 30.08.2013).

Desclassificação de delito doloso para culposo. Impossibilidade

"O exame acerca da necessidade de realização de nova prova pericial, bem como da tese de desclassificação de homicídio doloso para culposo, demandaria inevitável nova análise do conteúdo fático-probatório dos autos por parte desta Corte Superior, procedimento sabidamente inviável nesta instância especial" (STJ – HC nº 37328-SP, Rel. Maria Thereza de Assis Moura, j. 15.08.2013, DJe 26.08.2013).

Desclassificação de delito consumado para tentado. Impossibilidade

"A desclassificação do crime de roubo consumado para a forma tentada, demanda o necessário revolvimento de provas, fato que não se coaduna com a via estreita do mandamus. Precedentes" (STJ – HC nº 162553-DF, Rel. Maria Thereza de Assis Moura, j. 06.06.2013, DJe 05.08.2013).

Ausência de dolo. Impossibilidade

"A alegação de agir atípico, consubstanciada na ausência de dolo, não relevada, primo oculi, demanda inexoravelmente revolvimento de matéria fático-probatória, não condizente com a via angusta do writ, devendo, pois, ser avaliada pelo Juízo a quo por ocasião da prolação da sentença, após a devida e regular instrução criminal, sob o crivo do contraditório" (STJ – HC n° 28066-BA, Rel. Maria Thereza de Assis Moura, j. 15.08.2013, DJe 26.08.2013).

Negativa de autoria. Impossibilidade

"Os argumentos trazidos na pretensão de trancamento da ação penal se traduzem em tese de negativa de autoria, que exige dilação probatória, incabível na via eleita, não merecendo acolhida o pleito deduzido na exordial" (STJ – HC n° 234947-SP, Rel. Alderita Ramos de Oliveira, j. 06.12.2012, DJe 05.04.2013).

Atipicidade da conduta. Impossibilidade

"Inadmissível apreciar em habeas corpus o pleito de atipicidade da conduta e declarar-se, consequentemente, a absolvição do paciente, por demandar, necessariamente, o exame aprofundado dos elementos de convicção colhidos ao longo da instrução criminal, procedimento incompatível com a estreita via do writ" (STJ – AgRg no RHC n° 248955-SP, Rel. Marco Aurélio Bellizze, j. 05.02.2013, DJe 15.02.2013).

Ministério Público – Analisando-se o capítulo que trata do *habeas corpus* e seu processo, em 1° grau, não se vislumbra, em nenhuma passagem, qualquer menção à atuação do Ministério Público. Salvo, é claro, se se tratar do impetrante ou da autoridade coatora. Apenas os arts. 666 e 667 fazem referência aos regimentos internos do STF e dos tribunais, a permitir que se estabeleçam regras prevendo a participação do *parquet*. Do regimento interno do STF, consta que o Procurador-Geral da República terá vista nos pedidos de *habeas corpus* (art. 52, inc. VIII), devendo se manifestar no prazo de dois dias (art. 192, § 1°). Regra idêntica vigora no regimento interno do STJ, quando se prevê a atuação da Procuradoria-Geral da República no *writ* (art. 64, inc. III), também com prazo de dois dias para manifestação (art. 202). Os diversos tribunais estaduais, de cada unidade da federação, também possuem regras a respeito do tema. A propósito, para o *writ* impetrado em 2° grau de jurisdição, o Decreto-Lei n. 552/1969, prevê expressamente a abertura de vista ao *parquet*, a fim de que, após a oferta das informações pelo coator, em dois dias emita seu parecer, assegurando ao órgão, ademais, a intervenção oral na sessão de julgamento.

A praxe forense orienta, porém, que mesmo em 1° grau de jurisdição, seja facultada a manifestação do *parquet*, dada sua condição de titular exclusivo da ação penal pública (art. 129, inc. I, da Constituição), ou mesmo para oficiar como *custos legis*, velando pela correta aplicação da lei. Atuando – ou não – deve ser intimado da decisão, ante a possibilidade de interposição de recurso em sentido estrito, revista no art. 581, inc. X, do código. Válida, nesse aspecto, a observação de Ada, Magalhães e Scarance, segundo a qual "embora não prevista sua intervenção no procedimento de primeiro grau, deve o órgão do MP ser intimado de qualquer decisão, seja concessiva ou denegatória, até porque sua legitimidade e interesse para recorrer nessas duas situações é induvidosa, como fiscal da lei e na condição de órgão estatal incumbido da promoção da ação penal pública" (*Recursos...*, ob. cit., p. 375).

JURISPRUDÊNCIA

Intervenção no habeas corpus

Ministério Público: único a intervir

"O direito constitucional à liberdade de ir e vir é amplo, tanto que o 'habeas corpus', instituído para garanti-lo, pode interferir em qualquer situação de fato ou processual, a qualquer momento, sempre para afastar coação ilegal ou simples ameaça. O 'habeas

Corpus', que pode ser impetrado por qualquer pessoa, não necessariamente por advogado, não admite contraditório; não tem partes em litígio; só aceita uma intervenção, que é a do Ministério Público, que atua como defensor da sociedade e, portanto, como fiscal da lei" (STJ – HC n° 4069-RN – Rel. Edson Vidigal, j. 18.12.1995, DJ 18.03.1996, p. 7584).

Assistente de acusação – Quanto à participação do assistente de acusação, no procedimento de *habeas corpus*, jurisprudência e doutrina concordam no ponto de ser ela inviável (STF – *RTJ* 126/154, 191/252). A um, porque na leitura do art. 271 do CPP, que trata da atuação do assistente no processo penal, em nenhum momento se faz referência ao remédio heroico (embora já tenhamos visto que o rol do art. 271 admite ampliação), carecendo, pois, de previsão legal tal possibilidade. A dois, em virtude de que, no *writ*, o Ministério Público atua somente em 2º grau e na condição de fiscal da lei. Não é, portanto, parte e, consequentemente, não há acusação. Ora, inexistindo acusação não há que se falar em um assistente de *acusação*. A três, porque o objetivo do assistente consiste em obter uma condenação, razão pela qual sua atuação somente é admitida no processo penal condenatório, vedada, por exemplo, na fase de inquérito policial ou em sede de execução da pena. A índole do remédio heroico, à evidência, não é de uma *ação condenatória*, mas, ao revés, de ação constitucional que tem por objetivo tutelar a liberdade do indivíduo. Nessa esteira, STF – HC nº 80.022-0 – Rel. Min. Celso de Mello, j. em 09.03.2000 – DJU de 16.03.2000, p. 29). E, a quatro, em razão de que o assistente, nos termos da Súmula 208 do STF, não pode recorrer extraordinariamente da decisão concessiva do *writ*, o que tornaria praticamente inútil sua participação no procedimento do *habeas corpus*. Também por isso se negou, no STF, a sustentação oral do assistente, de resto não prevista em seu regimento interno (*JSTF-LEX* 211/367). Esse entendimento prevalece ainda que o assistente esteja habilitado na ação penal pública que ensejou o *writ*. Aliás, o regimento interno do Tribunal de Justiça do Estado de São Paulo veda expressamente essa possibilidade, conforme se verifica de seu art. 505. Pelas mesmas razões, não se admite a participação da vítima no feito.

JURISPRUDÊNCIA

Descabimento do assistente no habeas corpus

"A intervenção do assistente do Ministério Público na presente causa não se justifica, eis que lhe falece legitimidade para atuar no processo penal de habeas corpus. As vítimas de qualquer infração penal, ou aquelas pessoas mencionadas no art. 268 do Código de Processo Penal, mesmo quando habilitadas como assistentes da Acusação – o que só ocorre nos crimes de ação penal pública – não possuem qualidade e nem dispõem de legitimação, por ausência absoluta de previsão legal, para intervir no procedimento judicial de habeas corpus. Na realidade, a atividade processual do assistente do Ministério Público não se revela ampla e nem ilimitada, especialmente no que concerne à sua participação no processo de habeas corpus, eis que são de direito estrito as faculdades jurídicas a ele outorgadas pelo ordenamento positivo (CPP, art. 271, caput)" (STF – HC n° 80022-MT, Rel. Celso de Mello, j. 09.03.2000, DJ 16.03.2000, p. 29).

Vítima

"O 'Habeas Corpus', ação constitucionalizada visa a preservar o direito de liberdade. Admissível ser concedido de ofício. Daí, a vítima, ou qualquer interessado ser carecedor de ação para atuar como litisconsórcio, visando a impedir a concessão do 'Writ'" (STJ – RHC n° 8063-CE – Rel. Luiz Vicente Cernecchiaro, j. 17.12.1998, DJ 22.02.1999, p. 137).

Amicus curiae – No conhecido julgamento do *habeas corpus* em que se decidiu pela inconstitucionalidade do dispositivo contido na Lei dos Crimes Hediondos que proibia a progressão de regime (HC nº 82.959-SP), foi negada a intervenção de organizações não governamentais (ONGs), na condição de *amicus curiae*. O *amigo da corte* é instituto previsto na Lei nº 9.868/99, que trata da Ação Direta de Inconstitucionalidade (ADI) e Ação Declaratória de Constitucionalidade (ADC), mais precisamente no seu art. 7º, § 2º, ao dispor que "o relator, considerando a relevância da matéria e a representatividade dos postulantes, poderá por despacho irrecorrível, admitir [...] a manifestação de outros órgãos ou entidades". Segundo Fredie Didier Jr., "é o *amicus curiae* verdadeiro auxiliar do juízo. Trata-se de uma intervenção provocada pelo magistrado ou requerida pelo próprio *amicus curiae*, cujo objetivo é o de aprimorar ainda mais as decisões proferidas pelo Poder Judiciário. A sua participação consubstancia-se em apoio técnico ao magistrado" (*Possibilidade de sustentação oral do amicus curiae*, *in* Revista Dialética de Direito Processual. São Paulo: Dialética, v. 8, 2003, p. 33). Naquele julgamento, quando pretendiam produzir sustentação oral, foi-lhes negada essa possibilidade, admitindo-se, contudo, a oferta de memoriais (postura idêntica foi adotada no HC nº 82.424-RS, Rel. Min. Maurício Corrêa, quando se discutir importante questão relativa a racismo e antissemitismo). Do aresto se colhe a seguinte observação: "Descabe implementar a intervenção de terceiros em *habeas corpus*, pouco importando que se faça em benefício do paciente, cujos interesses estão sendo defendidos mediante impetração própria" (HC nº 82.959-SP, interessados *Instituto Pro Bono* e *Conectas Direitos Humanos*, petição apreciada em 4 de fevereiro de 2006 pelo Min. Marco Aurélio).

Querelante – Mais controvertida é a situação do querelante. Vejamos o caso colocado à apreciação do STF. Rejeitada a queixa-crime ofertada pelo querelante, ele recorreu ao Tribunal de Justiça, que, provendo o recurso, a recebeu. Contra tal recebimento, o querelado, inconformado, impetrou *habeas corpus* perante o pretório excelso. Deverá ser permitida, no procedimento do *writ*, a participação do autor da ação penal? Um tanto discutível a questão. Neste aresto oriundo do STF (AgRg nº 423-0, Rel. Min. Sepúlveda Pertence, j. em 26.04.1991, DJU de 13.03.1992, p. 2.991), o Min. Celso de Mello restou vencido ao não admitir a participação do querelante no julgamento do *writ*. O principal argumento, naquela oportunidade, é que o querelante não passa de estranho (*extraneus*) à relação processual que se estabelece no *habeas corpus*, razão pela qual é vedada sua intervenção, inclusive para fins de sustentação oral. A maioria, porém, entendeu pelo cabimento da intervenção do querelante, constando da ementa que "em *habeas corpus* impetrado em favor do querelado contra decisão que recebeu a queixa, é irrecusável a intervenção do querelante, que comparece ao feito para oferecer razões escritas e sustentá-las oralmente. Diferentemente do assistente do Ministério Público, que não é parte no processo da ação penal pública, o querelante – ainda que não seja o sujeito da pretensão punitiva deduzida, sempre estatal – é titular do direito de ação penal privada e parte na consequente relação processual". Interessante a argumentação do Min. Sepúlveda Pertence, ao colocar que o *writ*, nesse caso, substituiu o recurso especial ou ordinário. Ora, tivesse o impetrante recorrido, ao invés de se valer do *habeas corpus*, e o querelante seria chamado para contrariar o recurso. Se é assim, prossegue o Ministro, não há razão para se negar o direito de participação ao querelante, apenas porque o querelado preferiu a via do remédio heroico.

Aplaude esse posicionamento o magistério, tantas vezes lembrado, de Ada, Magalhães e Scarance, quando alegam que, assim como na ação penal pública o Ministério Público possui nítido interesse no deslinde do *habeas corpus*, também o querelante ostenta o mesmo interesse eis que, se acolhido o *writ* (no exemplo acima), será trancada a ação penal privada. Ao contrário, se negada a ordem, o processo terá seu curso regular (*Recursos no Processo Penal, ob.* cit., p. 376).

JURISPRUDÊNCIA

Querelante

"Em 'habeas-corpus' impetrado em favor do querelado contra decisão que recebeu a queixa, e irrecusável a intervenção do querelante, que comparece ao feito para oferecer razões s escritas e sustentá-las oralmente. Diferentemente do assistente do Ministério Público, que não é parte no processo da ação penal pública, o querelante – ainda que não seja o sujeito da pretensão punitiva deduzida, sempre estatal -, é titular do direito de ação penal privada e parte na consequente relação processual. Ainda que, formalmente, o querelante não seja parte na relação processual do 'habeas-corpus', não se lhe pode negar a qualidade de litigante, se, dado o objeto da impetração, no julgamento se poderá decidir da ocorrência das condições da ação penal privada, direito público subjetivo do qual o querelante se afirma titular" (STF – Pet n° 423-SP – Rel. Sepúlveda Pertence, j. 26.04.1991, DJ 13.03.1992, p. 2921).

Sentença – Na sentença proferida no *habeas corpus* deverá o julgador, por óbvio, atentar aos requisitos formais elencados no art. 381 do CPP. Concedida a ordem, imediatamente serão adotadas as medidas para seu cumprimento, conforme se observa do art. 665 do CPP. Demais disso, segundo indica José Frederico Marques, cumpre ao juiz, dependendo do caso concreto: 1) impor a multa prevista no art. 655, àquele que criou embaraços ao cumprimento do *writ*; 2) condenar ao pagamento das custas quem, "por má-fé, ou evidente abuso de poder", procrastinou o cumprimento do alvará de soltura, *ex vi* do disposto no art. 653 do código; 3) nos termos do parágrafo único do mesmo art. 653, dar *notitia criminis* ao Ministério Público, pela prática de crime de desobediência à ordem de soltura; 4) indicar a extensão da nulidade que decretar (art. 652 do CPP) (*Elementos de Direito Processual Penal*, ob. cit., vol. IV, p. 384).

Nítido, assim, o caráter mandamental da sentença proferida em *habeas corpus*, posto que, como destaca Pontes de Miranda, "a sentença concessiva de *habeas corpus* não declara, nem constitui, nem condena, nem executa - manda [...] O que em verdade ela faz, mais do que as outras, é mandar: mandar soltar, manda prestar fiança, manda que se expeça salvo-conduto, ou que dê entrada em tal lugar, etc." (*apud* Diomar Ackel Filho, *Writs Constitucionais: habeas corpus, mandado de segurança, mandado de injunção, habeas data*. 2.ed. São Paulo: Saraiva, 1991, p. 12).

Recursos - Da decisão de 1º grau que *concede* o *habeas corpus* é cabível recurso em sentido estrito (art. 581, inc. X, do CPP) e recurso de ofício (art. 574, inc. I, do CPP). Da decisão que *nega* a ordem, também é cabível o recurso *strictu juris*. Mas doutrina e jurisprudência admitem que, ao invés de se valer de tal recurso, o interessado ingresse com outro *habeas corpus* (chamado *substitutivo*), diretamente no Tribunal, aparecendo, agora, o juiz de 1º grau na qualidade de coator. Isso porque o *writ* impetrado no Tribunal terá maior eficácia, com prioridade sobre os demais pedidos, merecendo, assim, um julgamento mais célere, se comparado àquele reservado ao recurso em sentido estrito. São os ensinamentos de Heráclito Mossin (*Habeas corpus*, São Paulo: Atlas, 1995, p. 198) e Tourinho Filho, que salienta, com base na jurisprudência vencedora, a possibilidade inclusive de utilização simultânea do recurso *stricti juris* e do *habeas corpus* (*Código de processo penal comentado*, ob. cit., vol. 2, p. 326). Nesse sentido: *RT* 641/362, 696/419.

A *ratio* que impôs a obrigatoriedade do recurso *ex officio* já foi comentada ao tratarmos da teoria geral dos recursos, quando apontamos, também, a impropriedade na utilização dessa nomenclatura. Lembre-se que apenas a decisão que *concede* o *writ* exige o recurso oficial, por força de expressa disposição legal nesse sentido (art. 574, inc. I), mas não a que *nega* a ordem (*RT* 594/333, 605/334).

Relaxamento do flagrante – Trava-se certa discussão na doutrina a respeito da obrigatoriedade que se impõe ao Juiz de, ao relaxar o flagrante, recorrer de ofício dessa decisão. Salienta Tourinho Filho a desnecessidade de tal medida, eis que o conduzido, uma vez comunicado o flagrante, estava à disposição do próprio juiz, assumindo ele, a partir daí, a condição de autoridade coatora. Ora, se é assim, a determinação por ele proferida, no sentido de mandar soltar o preso, não configura, portanto, um *habeas corpus* de ofício, previsto no § 2º, do art. 654. Pensar-se de modo diverso importaria em admitir a concessão do *writ* pelo Juiz contra ato por ele mesmo praticado, o que não se tolera, sob a ótica do mestre (*Processo penal*, vol. 4, p. 548). Aí também se faz alusão ao entendimento de Hélio Tornaghi, praticamente isolado na doutrina, no sentido de que deve o juiz obrigatoriamente recorrer sempre que determinar o relaxamento da prisão em flagrante. Acompanhando esse posicionamento, um julgado do STJ entendeu cabível, nesse caso, o recurso de ofício (*RT* 697/364). Do mesmo sentir é a posição de José Frederico Marques, ao salientar que "se o juiz, verificando a ilegalidade de um flagrante, pode revogá-lo ou anulá-lo, seria absurdo obrigá-lo a conhecer de um *habeas corpus* contra si mesmo. Não nos parece concebível esse *auto habeas corpus* em que o magistrado que o concede se confunde com a autoridade coatora" (*Estudos de direito processual penal*, ob. cit., p. 272).

Esses são os recursos contra a decisão de 1º grau e que atendem ao princípio do duplo grau de jurisdição, afinal, se o *habeas corpus* possui a natureza jurídica de uma ação autônoma, natural que se preveja a existência de recursos que autorizem o reexame da matéria julgada. Além deles, há também os recursos denominados *constitucionais*, porque previstos na Carta Magna e que serão objeto de análise em seguida.

Recursos da decisão de 2º grau – Impetrado o *habeas corpus substitutivo* e caso lhe seja negado provimento pelo tribunal, será cabível a interposição do chamado *recurso ordinário constitucional.* Perante o STJ, nos termos do art. 105, inc. II, "a" da Constituição, quando denegada a ordem "pelos Tribunais Regionais Federais ou pelos tribunais dos Estados, do Distrito Federal". Ou junto ao STF, na dicção do art. 102, inc. II, "a", quando negado o *writ* por tribunais superiores. No STJ, segundo seu regimento interno (art. 67, inc. XXV), é empregada a expressão *recurso em habeas corpus*, e a sigla utilizada é *RHC.* O mesmo se dá no STF, conforme o índice existente logo no início de seu regimento interno. Também para a interposição desses recursos não se exige a assistência de advogado, pois "quem tem legitimação para propor *habeas corpus* tem também legitimação para dele recorrer" (STF - HC nº 73455-3 - Rel. Francisco Rezek - DJU de 07.03.1997, p. 5399), importando em verdadeiro ilogismo se admitir o mais (a impetração do *writ*) e não se admitir o menos (a interposição do recurso) (STJ - *RSTJ* 43/8).

Aqui também, ao invés do emprego do recurso ordinário, a jurisprudência admitia a interposição de outro *habeas corpus*, diretamente no STJ ou no STF (STF - HC 73598-3 - Rel. Sydney Sanches - DJU de 20.09.1996, p. 34535; STJ - HC 20.849 - Rel. Min. Gilson Dipp - j. em 13.08.2002 - DJU de 02.04.2001, p. 337). Essa possibilidade, contudo, vem sofrendo restrições impostas por ambas as Cortes, a não mais admitir o manejo do *habeas corpus* quando cabível o recurso ordinário. Os argumentos utilizados é que tal substituição não encontra amparo legal, posto que não prevista em lei. Mas a principal justificativa é o número enorme de *habeas corpus* que são impetrados perante ambas as Cortes, quando o remédio cabível é o recurso ordinário.

Como anotou o Ministro Marco Aurélio, "em época na qual não havia a sobrecarga de processos hoje notada – praticamente inviabilizando, em tempo hábil, a jurisdição –, passou-se a admitir o denominado habeas substitutivo do recurso ordinário constitucional previsto contra decisão judicial a implicar o indeferimento da ordem. Com isso, atualmente, tanto o Supremo quanto o Superior Tribunal de Justiça estão às voltas com um grande número de *habeas corpus* – este Tribunal recebeu, no primeiro semestre de 2012, 2.181 habeas e 108 recursos ordinários e aquele, 16.372 habeas e 1.475 recursos ordinários [...] O *habeas corpus* substitutivo do recurso ordinário, além de não estar abrangido pela garantia constante do inciso LXVIII do artigo 5º do Diploma Maior, não existindo sequer previsão legal, enfraquece este último documento, tornando-o desnecessário no que, nos artigos 102, inciso II, alínea "a", e 105, inciso II, alínea "a", tem-se a previsão do recurso ordinário constitucional a ser manuseado, em tempo, para o Supremo, contra decisão proferida por tribunal superior indeferindo ordem, e para o Superior Tribunal de Justiça, contra ato de tribunal regional federal e de tribunal de justiça. O Direito é avesso a sobreposições e impetrar-se novo habeas, embora para julgamento por tribunal diverso, impugnando pronunciamento em idêntica medida implica inviabilizar, em detrimento de outras situações em que requerida, a jurisdição. Cumpre implementar – visando restabelecer a eficácia dessa ação maior, a valia da Carta Federal no que prevê não o habeas substitutivo, mas o recurso ordinário – a correção de rumos [...]. É cômodo não interpor o recurso ordinário quando se pode, a qualquer momento e considerado o estágio do processo-crime, buscar-se infirmar decisão há muito proferida, mediante o denominado *habeas corpus* substitutivo, alcançando-se, com isso, a passagem do tempo, a desaguar, por vezes, na prescrição. A situação não deve continuar, no que já mitigou a importância do *habeas corpus* e emperrou a máquina judiciária, sendo prejudicados os cidadãos em geral, a cidadania." (STF – HC n. 108715-RJ).

Sucede que, para que não se feche por completo as portas ao *writ*, em casos, por exemplo, em que seja patente a legalidade, o STF adotou uma posição intermediária. Assim, deixa de conhecer do *habeas corpus* substitutivo do recurso ordinário, pelas razões acima invocadas, mas concede a ordem de ofício. Foi exatamente, o que se verificou no julgado acima mencionado (HC n. 108715-RJ), quando foi trancada a ação penal. É, também, a orientação do STJ. Ora, de se indagar, então, qual seria a eficácia da interpretação restritiva do Supremo, que impede a substituição, se, ao final, conquanto se reconheça a inadequação do *writ*, é acolhido o pedido, *ex officio*.

JURISPRUDÊNCIA

Concessão da ordem de ofício

"O Superior Tribunal de Justiça, seguindo entendimento firmado pelo Supremo Tribunal Federal, passou a não admitir o conhecimento de habeas corpus substitutivo de recurso previsto para a espécie. No entanto, deve-se analisar o pedido formulado na inicial, tendo em vista a possibilidade de se conceder a ordem de ofício, em razão da existência de eventual coação ilegal" (STJ – HC n. 379603-MS – Rel. Reynaldo Soares da Fonseca, j. 02.02.2017, DJe 08.02.2017).

Substituto do agravo em execução

"Cristalizou-se na jurisprudência desta Corte que, apesar de existir recurso próprio, a ação de habeas corpus pode substituir o agravo em execução desde que para a sua apreciação não seja necessário o revolvimento de provas e que a controvérsia se limite à matéria de direito" (STJ – HC nº 255405-SP, Rel. Campos Marques, j. 13.11.2012, DJe 20.11.2012).

Em substituição da revisão criminal. Impossibilidade

"O habeas corpus não é meio hábil para a desconstituição de prisão decorrente de sentença condenatória transitada em julgado, com base em documento novo acostado aos autos, o qual deve ser apreciado em sede de revisão criminal, ainda pendente de julgamento na Corte de origem" (STJ – HC nº 232725-SP, Rel. Og Fernandes, j. 28.05.2013, DJe 10.06.08.2013).

Agravo interposto pelo próprio paciente

a) impossibilidade

"O Superior Tribunal de Justiça possui entendimento no sentido de ser indispensável a comprovação da capacidade postulatória no ato de interposição de recursos ordinários e extraordinários, ainda que referentes a decisões proferidas em habeas corpus. Na espécie, como bem ressaltado pelo Tribunal de origem, a petição de recurso ordinário foi subscrita por advogado sem procuração nos autos, situação que atrai a incidência da Súmula 115/STJ. Agravo regimental a que se nega provimento" (STJ – AgRg no Ag nº 1431146-RO, Rel. Marco Aurélio Bellizze, j. 21.11.2013, DJe 28.11.2013).

b) possibilidade

Agravo regimental em habeas corpus. Recurso interposto pelo próprio impetrante/paciente, que não detinha habilitação legal para tanto. Possibilidade. Precedente. Impetração que apresenta exatamente o mesmo objeto e a mesma causa de pedir do HC nº 113.922/SP. Reiteração. Precedentes – "O fato de o agravante não possuir capacidade postulatória não impede o conhecimento do recurso. Segundo a jurisprudência contemporânea da Corte, não é necessário se exigir daquele que impetra a ordem de habeas corpus habilitação legal ou representação para dele recorrer (HC nº 102.836/PE-AgR, relator para o acórdão o Ministro Dias Toffoli, DJe de 27/2/12)" (STF – HC nº HC 123837--SP, Rel. Dias Toffoli, j. 11.11.20134).

Recurso especial e recurso extraordinário – Desde que preenchidos os requisitos legais, será possível, ainda, a interposição de *recurso especial* para o STJ, nos termos do art. 105, III, "a", "b" e "c", da Constituição, ou *recurso extraordinário*, para o STF, na exata dicção do art. 102, III, "a", "b" e "c", da CF.

Embargos de declaração – Induvidoso, ainda, o cabimento de embargos de declaração opostos contra sentença ou acórdão que julguem *habeas corpus*. Calhou ao STF apreciar a matéria, quando assentou que "o instrumento processual adequado para provocar o suprimento de eventual omissão de acórdão, que denega pedido de *Habeas Corpus*, não é a impetração de outro *writ* contra o mesmo julgado, mas sim o recurso de Embargos de Declaração" (STF – HC nº 75.979-4-SP – Rel. Min. Sydney Sanches, *DJ* de 03.04.1998, p. 5). Tal legitimidade (para oposição dos embargos de declaração), é reconhecida, ainda, em favor do Ministério Público (*RT* 646/338) e do assistente de acusação (STF – EDHC nº 85.190-SC – Rel. Ellen Gracie – *Informativo do STF* nº 418 de março de 2006). Também para oferta dos embargos não se exige seja a petição subscrita por advogado, podendo ser oposto o recurso pelo próprio paciente (STF – HC n. 76371 – *RTJ* 168/577). Já dos embargos infringentes ou de nulidade, conforme salientamos ao estudarmos esse recurso, não há que se cogitar sua oposição contra decisão proferida em *habeas corpus*.

Efeito extensivo – É cabível a aplicação do chamado efeito extensivo no *habeas corpus*, por analogia ao disposto no art. 580 do CPP, segundo posição tranquila do STF (*RT* 752/516; *RTJ* 102/127, 45/94). É certo que esse dispositivo legal faz menção à extensão dos efeitos do *recurso* e o *habeas corpus*, como vimos, não possui tal natureza jurídica. Mas não faria sentido privar o remédio heroico de tão relevante instrumento capaz de igualar aqueles que se encontrem em situações idênticas. Aliás, o § 2º, do art. 654 do código, que autoriza aos juízes e tribunais concederem *habeas corpus* de ofício, também ampara a possibilidade de extensão dos efeitos do *writ*. Mas – repita-se – é imprescindível que as condições de caráter objetivo sejam idênticas, sem as quais a extensão é impossível. Assim cabe a extensão, por exemplo, nas hipóteses de atipicidade do fato (*RT* 692/258) ou quando reconhecida a inexistência do crime (*RT* 589/378). Note-se, ainda, que o pedido de extensão dos efeitos do *writ* pode ser manejado através de simples petição nos próprios autos do *habeas corpus* inicialmente concedido, sem a necessidade de se impetrar nova ordem, segundo entendimento da Suprema Corte (Extensão no HC nº 86.337-MG, Rel. Min. Eros Grau, j. em 08.02.2006. E ainda: HC nº 76.032, Rel. Min. Moreira Alves, DJ de 27.11.98; HC nº 71.905, Rel. Min. Sydney Sanches, DJ de 22.11.94; e HC nº 69.857, Rel. Min. Marco Aurélio, DJ de 12.2.93).

JURISPRUDÊNCIA

Extensão ao corréu

Extensão em 'habeas corpus' – Aplicabilidade do art. 580 do CPP – Razão de ser dessa norma legal: necessidade de tornar efetiva a garantia de eqüidade – Doutrina – Precedentes – Ausência, no caso, de circunstâncias de ordem pessoal subjacentes à concessão do writ constitucional em favor do paciente – Plena identidade de situação entre o paciente e aquele em cujo favor é requerida a extensão da ordem concessiva de 'habeas corpus' – Prisão cautelar decretada com apoio na garantia da ordem pública. Injusto constrangimento configurado – Pedido de extensão deferido. (STF – HC nº 120124-RJ – Rel. Celso de Mello, j. 05.04.2001, DJe 14.11.2012).

Habeas corpus. Art. 580 do Código de Processo Penal. Pedido de extensão. Questão não apreciada pela corte de origem. Constrangimento ilegal evidenciado. Ordem de habeas corpus concedida – "Não tendo o Tribunal a quo avaliado o pedido de extensão da ordem concedida a corréu, conforme a regra do art. 580 do Código de Processo Penal, embora tenha sido instado a se manifestar, resta configurado o constrangimento ilegal. A extensão dos efeitos da decisão favorável ao réu aproveita ao corréu, mesmo que este não seja impetrante do writ, desde que fundado em motivos que não sejam de caráter exclusivamente pessoal" (STJ – HC nº 261.053-BA, Rel. Ministra Laurita Vaz, j. 11.04.2013, DJe 17.04.2013, DJe 17.04.2013)

Legitimidade para recorrer – Resta evidente, desde logo, a legitimidade que se confere ao impetrante ou ao paciente para que recorram da decisão que negou o *writ*. Por conta disso, a propósito, se exige a intimação da sentença ao paciente, tendo ele impetrado em nome próprio o *habeas corpus* (STF – HC nº 78.014 – Rel. Min. Marco Aurélio, j. em 02.02.1999, *DJ* de 09.04.1999, p. 4).

O Ministério Público, conquanto não participe nos pedidos de *habeas corpus* quando manejados em 1º grau – a menos que seja ele o impetrante – possui legitimidade para recorrer da sentença que concede a ordem (na qualidade de *dominus littis*) (*RT* 447/477) e, mesmo, da que nega (aqui agindo como fiscal da correta aplicação da lei). Daí a necessidade, para que possa exercer essa faculdade, de que seja intimado da sentença que, em 1º grau, julgou o *writ* (*RT* 617/313). Irrelevante, nesse aspecto, o fato da lei prever recurso obrigatório da decisão que concede a ordem. Em outras palavras: não é porque existe o recurso de ofício que se dispensará a intimação do Ministério Público, que poderá optar pela oferta de recurso em sentido estrito (voluntário, portanto), nos termos do art. 581, inc. X, do CPP. É que o recurso em sentido estrito enseja a instauração de juízo de retratação (art. 589 do CPP), que autoriza o juiz que concedeu o *habeas corpus*, se retratar, na segunda apreciação da causa, possibilidade que não se abre no recurso *ex officio* (*RT* 617/313).

§ 1º Se a decisão for favorável ao paciente, será logo posto em liberdade, salvo se por outro motivo dever ser mantido na prisão.

Liberdade imediata – Uma vez concedida a ordem, impõe-se, de imediato, a soltura do paciente. Ocorre que, por vezes, o réu acha-se preso por motivos diversos daqueles que ensejaram a coação ilegal. Incide, nesse caso, a conhecida fórmula *se por al não estiver preso*, lançada no alvará de soltura, a indicar que deve ser o réu posto em liberdade, desde que não esteja preso por outro motivo. Nesse sentido, as Normas da Corregedoria Geral do Tribunal de Justiça do Estado de São Paulo, em seu art. 408, inc. IV, dispõem que "além dos requisitos gerais, nos alvarás de soltura serão consignados ainda a cláusula "se por al não estiver preso".

§ 2º Se os documentos que instruírem a petição evidenciarem a ilegalidade da coação, o juiz ou o tribunal ordenará que cesse imediatamente o constrangimento.

Liminar – Embora se afirme que a lei não dispôs sobre a concessão de liminar em *habeas corpus*, o certo é que, por força de construção doutrinária e jurisprudencial, essa possibilidade é amplamente aceita. Demais disso, os regimentos internos dos tribunais, de forma expressa, preveem a liminar no writ. De sorte que o art. 191, inc. IV, do regimento interno do STF, admite a expedição de salvo-conduto, até decisão do feito, "se houver grave risco de consumar-se a violência". No mesmo sentido o regimento interno do STJ (art. 201, inc. IV), e do Tribunal de Justiça do Estado de São Paulo (art. 248).

É ainda conhecida, nesse sentido, a lição doutrinária segundo a qual, se no mandado de segurança, que tutela interesses patrimoniais, há expressa previsão quanto à liminar, com mais razão há de se reconhecer essa possibilidade no *habeas corpus*, que protege a liberdade da pessoa. E, de fato, dispõe o art. 7º, inc. III, da Lei n. 12.016/2009, ser cabível a liminar no *mandamus* "quando houver fundamento relevante e do ato impugnado puder resultar a ineficácia da medida". E, de fato, no cotidiano forense, é corriqueira a concessão de liminares, bastando que se recorde das decisões que, *in limine*, impedem o indiciamento formal em inquérito policial do suposto autor de um crime ou daquelas que asseguram à testemunha ou ao investigado o direito de permanecer em silêncio perante Comissões Parlamentares de Inquérito ou algum outro procedimento investigativo.

Vale mesmo que se confira a lição de Ada Pellegrini Grinover ao destacar que "de natureza cautelar é a concessão de liminar do *habeas corpus*, que embora não autorizada pela lei, se esboça em doutrina na esteira da concessão *in limine* do mandado de segurança" (O processo em sua unidade, Rio de Janeiro: Forense, 1984, vol. 2, p. 72). Nesse sentido, ainda, o enunciado da Súmula 109 das Mesas de Processo Penal da USP, *in verbis:* "A concessão de medida liminar em *habeas corpus*, construída pretorianamente, tem o mesmo caráter de medida cautelar atribuída à liminar em mandado de segurança". De resto, trata-se de medida autorizada pela jurisprudência do STF e largamente utilizada na prática, vez que "desempenha importante função instrumental, pois se destina a garantir, pela preservação cautelar da liberdade de locomoção física do indivíduo, a eficácia da decisão a ser ulteriormente proferida quando do julgamento definitivo do writ constitucional" (STF – Rel. Min. Celso de Mello – RTJ 147/962).

Súmula nº 691 do Supremo Tribunal Federal – A reforçar o posicionamento acima, vale que se confira o enunciado da Súmula n. 691 do STF, *in verbis*: *"Não compete ao Supremo Tribunal Federal conhecer de Habeas Corpus impetrado contra decisão do relator que, em Habeas Corpus requerido a Tribunal Superior, indefere a liminar"*. É dizer: o entendimento sumular da mais alta Corte do país admite, com todas as letras, a concessão de liminar no *writ*, reconhecendo sua incompetência para conhecer de *habeas corpus* que se volte contra decisão do relator, de Tribunal Superior, que indeferiu a liminar. Saliente-se, desde logo, que tribunal superior são assim considerados o Superior Tribunal de Justiça (STJ), o Tribunal

Superior Eleitoral (TSE), o Superior Tribunal Militar (STM) e o Tribunal Superior do Trabalho (TST). Na prática, a imensa maioria dos casos se refere a indeferimento de liminar no remédio heroico da lavra de Ministro do STJ, na qualidade de relator.

Esse entendimento cristalizado na súmula, que tem por objetivo evitar indesejável supressão de instância, no exame *per saltum* da matéria, afinal "[...] enquanto o STJ não decidir a medida cautelar em causa, não pode ele ser substituído para o julgamento dessa medida por esta Corte, que, se diretamente não tem competência para tanto, não a terá também para fazê-lo indiretamente por via deste *habeas corpus*, pela singela razão de que não se pode fazer indiretamente o que, por falta de competência, não é permitido fazer diretamente" (STF – HC nº 79.776-RS, Rel. Moreira Alves, j. em 08.02.2000).

O próprio STF, porém, vem admitindo mitigação a tal entendimento. Nesse sentido, "a jurisprudência desta Corte, contudo, admite seu abrandamento, apenas quando a não concessão da liminar enseja a manutenção de flagrante constrangimento ilegal ou de situação manifestamente contrária à jurisprudência do STF" (HC n. 115.015-SP – Rel. Teori Zavascki, j.27.08.2013).Sendo, assim, manifesta a coação ilegal, o entendimento do STF é no sentido da superação dos termos de sua própria súmula, a admitir, em situações excepcionais, o conhecimento e a concessão da ordem para desconstituir decisão que, oriunda de Tribunal Superior, indeferiu liminar. Aliás, no julgamento do HC nº 85.185-SP, ocorrido no dia 10 de setembro de 2005, cujo relator foi o Ministro Cezar Peluso, sugeriu-se o cancelamento do enunciado da Súmula 691, proposta, no entanto, rejeitada pelo Plenário daquela augusta Corte.

Tal orientação é adotada, também, pelo STJ, quando aprecia *writ* contra indeferimento de liminar em *habeas corpus*, em decisão proferida por relator dos tribunais de justiça (*Informativo do STJ* nº 216. V., ainda, HC n. 30.674-RS, DJ 19/12/2003; HC n. 33.608-SP, DJ 2/8/2004).

A posição do STF, portanto, pode ser assim resumida: regra geral, em atendimento ao enunciado da Súmula 691, não se deve conhecer do *habeas corpus*. Se, todavia, a hipótese em julgamento encerrar flagrante ilegalidade, com patente e injustificada restrição à liberdade da pessoa, pode o STF conceder a ordem, a fim de fazer cessar o constrangimento. Trata-se, aliás, de aplicação do disposto no § 2º, do art. 654, do CPP.

Essa é, também, a diretriz do STJ, sintetizada na seguinte ementa: "Descabe *habeas corpus* contra indeferimento liminar no Tribunal de origem, *exceto em caso de ilegalidade patente*" (são nossos os grifos) (nota de rodapé: *Informativo do STJ* nº 216). Confira-se, também, *Informativo do STJ* nº 262.

Por derradeiro, mas no contexto da matéria, de se acrescentar que inexiste qualquer ilegalidade – ao revés, demonstra prudência – a decisão do relator que posterga a apreciação da liminar à prévia oferta das informações pela autoridade coatora, para, somente depois, analisar o cabimento daquela (STJ – HC nº 27855-RJ –Rel. Gilson Dipp, j. em 10.06.2003, DJ de 25.08.2003, p. 346).

JURISPRUDÊNCIA

Liminar. Medida excepcional

"A liminar em sede de habeas corpus é medida excepcional, admitida tão-somente pela doutrina e jurisprudência e sem dispensa da satisfação cumulativa dos requisitos do fumus boni iuris e do periculum in mora. A excepcionalidade da medida tem sido relacionada ao constrangimento ilegal manifesto, perceptível primus ictus oculi, inocorrente na espécie, não se prestando, de qualquer modo, a provisão cautelar à supressão de competência da Turma Julgadora, que há de julgar o writ, concedendo-o ou negando-o" (STJ – AgRG no HC n° 22059-SP, Rel. Hamilton Carvalhido, j. 28.05.2002, DJ 10.03.2003, p. 315).

Abrandamento da Súmula 691 do STF

Em face da singularidade da matéria, e de sua relevância, bem como da multiplicidade de *habeas corpus* sobre o mesmo tema e a necessidade de definição do tema por parte dessa Primeira Turma, supero a Súmula 691 e conheço da presente impetração, pois entendo necessário analisar a tese arguida pelo impetrante, sobretudo porque, sobre ela, ainda não há decisão proferida nesta Corte Suprema cujos precedentes servem de parâmetro para as demais instâncias. (...) Entendo que, em face da natureza mista (penal/processual) da norma prevista no §5º do artigo 171 do Código Penal, sua aplicação retroativa será obrigatória em todas as hipóteses onde ainda não tiver sido oferecida a denúncia pelo Ministério Público, independentemente do momento da prática da infração penal, nos termos do artigo 2º, do Código de Processo Penal (STF, HC 187341-SP, Min. Rel. Alexandre de Moraes, j. 13/10/2020).

"Na hipótese dos autos, vislumbro situação ensejadora do afastamento da incidência da Súmula n. 691 [...] É bem verdade que o rigor na aplicação de tal entendimento tem sido abrandado por julgados desta Corte em hipóteses excepcionais em que: a) seja premente a necessidade de concessão do provimento cautelar para evitar flagrante constrangimento ilegal; ou b) a negativa de decisão concessiva de medida liminar pelo tribunal superior importe na caracterização ou na manutenção de situação que seja manifestamente contrária à jurisprudência do STF (cf. as decisões colegiadas: HC 84.014/MG, Primeira Turma, unânime, Rel. Min. Marco Aurélio, DJ 25.6.2004; HC 85.185/SP, Pleno, por maioria, Rel. Min. Cezar Peluso, DJ 1º.9.2006; e HC 88.229/SE, Rel. Min. Marco Aurélio, red. do acórdão, Min. Ricardo Lewandowski, Primeira Turma, maioria, DJ 23.2.2007; HC 129.554/SP, Primeira Turma, unânime, Rel. Min. Rosa Weber, DJe 14.10.2015 e HC 129.872/SP, Segunda Turma, unânime, de minha relatoria, DJe 29.9.2015; e as seguintes decisões monocráticas: HC 85.826/SP (MC), de minha relatoria, DJe 29.9.2015; e as seguintes decisões monocráticas: HC 85.826/SP (MC),de minha relatoria, DJ 3.5.2005; HC 86.213/ES (MC), Rel. Min. Marco Aurélio, DJ 1º.8.2005; e HC 128.479/AC, Rel. Min. Celso de Mello, DJe 16.10.2015)" (STF – HC n. 134104-SP – Rel. Gilmar Mendes, j. 02.08.2016).

Quando se mantém a Súmula

"A decisão do Superior Tribunal de Justiça ora questionada, é monocrática e tem natureza precária, desprovida, portanto, de conteúdo definitivo. A jurisprudência do Supremo Tribunal Federal não admite o conhecimento de habeas corpus quando os fundamentos ainda não foram apreciados definitivamente pelo órgão judiciário apontado como coator. Não se vislumbra a ocorrência de manifesto constrangimento ilegal, incidindo, portanto, na espécie, a Súmula 691 deste Supremo Tribunal ('Não compete ao Supremo Tribunal Federal conhecer de habeas corpus impetrado contra decisão do Relator que, em habeas corpus requerido a tribunal superior, indefere a liminar'). Precedentes" (STF – HC n. 95152, Rel. Cármen Lúcia, DJe 21.11.2008).

§ 3º Se a ilegalidade decorrer do fato de não ter sido o paciente admitido a prestar fiança, o juiz arbitrará o valor desta, que poderá ser prestada perante ele, remetendo, neste caso, à autoridade os respectivos autos, para serem anexados aos do inquérito policial ou aos do processo judicial.

Fiança – Como visto acima, a coação é considerada ilegal quando, admitida a fiança, ela não é concedida (art. 648, inc. V). Nesse caso, ao acolher o *habeas corpus*, cabe ao juiz, desde logo, arbitrar seu valor. Os parâmetros para esse arbitramento acham-se listados no art. 325 do código, podendo variar entre um a duzentos salários mínimos, com possibilidade de aumento em até mil vezes (art. 325, § 1º, inc. III). Embora cabível a fiança, poderá o juiz dispensá-la, ao verificar a situação econômica do preso, como prevê, expressamente, o art. 325, § 1º, inc. I. Nesse caso, cumpre substituir a fiança por alguma medida cautelar, a teor do art. 350 do código. Segundo o art. 198, do regimento interno do STF, "as fianças que se tiverem de prestar perante o Tribunal, em virtude de *habeas corpus*, serão processadas pelo Relator, a menos que este delegue essa atribuição a outro magistrado". No mesmo sentido é o art. 206, do regimento interno do Tribunal de Justiça do Estado de São Paulo.

§ 4º Se a ordem de habeas corpus for concedida para evitar ameaça de violência ou coação ilegal, dar-se-á ao paciente salvo-conduto assinado pelo juiz.

Salvo-conduto – Terá lugar a ordem de salvo-conduto sempre que o paciente estiver na iminência de sofrer violência ou coação ilegal. Trata-se, pois, de consequência lógica resultante do acolhimento de um *habeas corpus* preventivo, pelo qual, como indica o vocábulo, o paciente obtém uma ordem que o permite se conduzir a salvo de qualquer constrangimento.

De se exigir, porém, que a ameaça de violência ou coação ilegal, embora não atual, seja concreta, isto é, que importe na iminência de um constrangimento. A mera conjectura de que algo venha a ocorrer, genérica e imprecisa, não dará lugar a expedição de um salvo-conduto de caráter geral.

JURISPRUDÊNCIA

Habeas corpus preventivo

"O habeas corpus preventivo tem cabimento quando, de fato, houver ameaça à liberdade de locomoção, isto é, sempre que fundado for o receio de o paciente ser preso ilegalmente. Não se vislumbra, na espécie, a efetiva ameaça, atual ou iminente, capaz de autorizar a expedição de salvo-conduto, porquanto o que se pede é eximir o impetrante do âmbito de vigência de Lei" (STJ – RHC nº 25107-MG, Rel. Adilson Vieira Macabu, j. 20.04.2012, DJe 30.05.2012).

Ainda que iminente, deve ser concreta a ameaça

"Se não há constrangimento atual ou próximo à liberdade de locomoção, se a perspectiva de prisão é remota e depende de incerta e futura condenação criminal transitada em julgado, o remédio apropriado contra eventuais ilegalidades ou abusos é o devido processo legal, com o trâmite natural da ação penal, e seus consectários" (STF – RHC nº 103779-SP, Rel. Rosa Weber, j. 03.04.2012, DJe 01.08.2012).

Impossibilidade de salvo-conduto genérico

"No caso em tela não se vislumbra a existência de lesão ou perigo de lesão à liberdade de locomoção dos pacientes, uma vez que não há qualquer inquérito policial em curso, sequer pedido de medida restritiva de liberdade pendente de apreciação contra os pacientes. Assim, o temor dos pacientes de terem suas liberdades cerceadas pelo Juízo impetrado, não vem acompanhado de indícios concretos que indiquem essa possibilidade. O pedido de concessão de ordem de habeas corpus buscada afigura-se genérica, representando verdadeiro salvo-conduto de natureza geral, direcionado a evento futuro e incerto e não, contra ameaça concreta, determinada e iminente à liberdade de locomoção dos pacientes. A jurisprudência do STJ, inclusive, já se manifestou contrariamente à possibilidade de expedição de salvo conduto genérico na forma pretendida: RHC46.334/SP, Quinta Turma, Rel. Ministro Jorge Mussi, julgado em 09/09/2014, DJe de 18/09/2014" (TRF – 1ª. Reg. – HC n. 0060205-05.2015.4.01.0000-MG – Rel. Ney Bello, j. 12.01.2016, DJ 22.01.2016).

Medidas protetivas da Lei Maria da Penha podem ser objeto de habeas corpus

"Se o paciente não pode aproximar-se a menos de 500m da vítima ou de seus familiares, se não pode aproximar-se da residência da vítima, tampouco pode frequentar o local de trabalho dela, decerto que se encontra limitada a sua liberdade de ir e vir. Posto isso, afigura-se cabível a impetração do habeas corpus, de modo que a indagação do paciente merecia uma resposta mais efetiva e assertiva" (STJ – HC n. 298.499 –AL, Rel. Reynaldo Soares da Fonseca, j. 01.12.2015).

§ 5º Será incontinenti enviada cópia da decisão à autoridade que tiver ordenado a prisão ou tiver o paciente à sua disposição, a fim de juntar-se aos autos do processo.

§ 6º Quando o paciente estiver preso em lugar que não seja o da sede do juízo ou do tribunal que conceder a ordem, o alvará de soltura será expedido pelo telégrafo, se houver, observadas as formalidades estabelecidas no art. 289, parágrafo único, in fine, ou por via postal.

Comunicação – A decisão emanada do *writ*, dada sua própria natureza, exige uma comunicação urgente à autoridade coatora, responsável pela coação ou ao detentor, assim considerado aquele que mantém preso o paciente (v., a respeito, o art. 658 acima). Pode ocorrer que o paciente esteja preso em local diverso da sede do juízo ou tribunal que concedeu o *habeas corpus*. Nesse caso, determina o dispositivo que se observe o parágrafo único, *in fine*, do art. 289 do código, que permitia, em caso de urgência, o emprego do telegrama. Sucede que esse parágrafo único foi revogado, sendo que a atual redação do § 1º, do art. 289, permite a comunicação "por qualquer meio". E, de fato, o telégrafo consistia em meio comum à época da edição do código, tendo, hoje, caído em desuso. Ninguém, de outra parte, imaginará que uma decisão de tamanha relevância seja comunicada pelo correio. Muito mais eficaz, portanto, será a utilização da *internet* a fim de assegurar a rapidez da comunicação e a eficácia da ordem judicial.

Art. 661. Em caso de competência originária do Tribunal de Apelação, a petição de habeas corpus será apresentada ao secretário, que a enviará imediatamente ao presidente do tribunal, ou da câmara criminal, ou da turma, que estiver reunida, ou primeiro tiver de reunir-se.

Processamento – Como já dito antes, onde consta *Tribunal de Apelação* entenda-se *Tribunal de Justiça*. Caberá ao regimento interno de cada tribunal disciplinar a matéria quanto ao processamento do *habeas corpus*.

No STF, segundo seu regimento interno (art. 145, inc. I), os *habeas corpus* terão prioridade no julgamento em Plenário. Ainda segundo o mesmo regimento, "quando a matéria for objeto de jurisprudência consolidada do Tribunal", o relator, de plano, poderá denegar ou conceder a ordem (art. 192). Caso o relator esteja licenciado, ausente ou o cargo estiver vago por mais de trinta dias, permite o regimento interno sua substituição, redistribuindo-se o pedido (art. 68 do RISTF).

Art. 662. Se a petição contiver os requisitos do art. 654, § 1º, o presidente, se necessário, requisitará da autoridade indicada como coatora informações por escrito. Faltando, porém, qualquer daqueles requisitos, o presidente mandará preenchê-lo, logo que lhe for apresentada a petição.

Informações – Caso necessárias, são requisitadas informações do impetrado, a quem caberá explicar as razões que justificaram a prática do ato tido como arbitrário. Essas informações, embora somente exigidas quando a ordem é impetrada no Tribunal (daí o emprego do vocábulo *presidente*), são amplamente utilizadas também em 1º grau, sendo de praxe, portanto, que o juiz requisite, do apontado coator, explicações a respeito do ato cuja prática foi considerada abusiva. Conforme salienta José Frederico Marques, "a requisição de informações escritas da autoridade coatora, embora não mencionada no Código de Processo Penal, é tradicional em nosso Direito e vem sendo mantida pela praxe" (*Elementos de Direito Processual Penal*, ob. cit., vol. IV, p. 383). A propósito, convém apontar que são distintos os procedimentos previstos para o *writ*, dependendo de sua propositura em 1º grau (perante o juiz de direito) ou 2º grau de jurisdição (nos tribunais). Ocorre que, na prática, disposições de um são aplicadas noutro, como no exemplo acima no qual, embora a requisição de informações esteja prevista apenas quando manejado o pedido em 2º grau, é medida amplamente adotada também em 1º grau.

A apresentação das informações pelo coator traduz-se em medida obrigatória, tanto que o código utiliza, neste artigo, o verbo *requisitar*, que possui inegável caráter de *ordem*. Por isso já decidiu o STF que "o fornecimento, por parte da autoridade apontada como coatora, de informações capazes de esclarecer o alegado na impetração, constitui dever indeclinável, máxime quando o paciente se achar preso e se faz representar por advogado de ofício" (RHC nº 58.794-MG – Rel. Soares Muñoz, DJ de 03.04.1981, p. 2854). E mais: em tese, é cabível a aplicação de multa à autoridade que não atender à requisição, em vista do disposto no art. 655 do código (*RT* 555/413).

Além disso, as informações revelam-se de extrema utilidade para a formação da convicção do julgador que, por meio delas, terá à sua disposição um quadro mais amplo, um panorama mais nítido, tudo a favorecê-lo no momento de decidir. Nessa ordem de ideias, o STJ já considerou legal a requisição de informações complementares àquelas inicialmente prestadas (HC nº 2479-PE – Rel. Anselmo Santiago, DJ de 02.06.1997, p. 23855). A relevância das informações é mais uma vez destacada quando se vislumbra, inclusive, da possibilidade de, com base nelas, se revogar a liminar anteriormente concedida. É o que decidiu o STJ: "Revogação da liminar inicialmente concedida, em face das informações da autoridade coatora, cujo ter modificou o juízo de verossimilhança e aparência do direito alegado" (Ag.Rg. em HC nº 8211-RJ – Rel. Félix Fischer, DJ de 12.04.1999, p. 166). Em resumo: conquanto o pedido de informações, face à leitura deste dispositivo, importe em faculdade concedida ao julgador, a prática o tornou imprescindível, sendo esse o pensamento da Súmula 108 das Mesas de Processo Penal da USP, *in verbis*: "A requisição de informações à autoridade coatora em sede de *habeas corpus*, embora facultativa, é sempre recomendável para a autoridade coatora exercer o seu direito-dever de demonstrar a legalidade do ato".

Claro que o pedido não deixará de ser conhecido em virtude da ausência das informações. Mas que elas se prestam como valioso dado com o qual conta o julgador isso é indiscutível. Máxime porque, segundo apontam Ada, Magalhães e Scarance, "as informações prestadas por autoridade pública gozam da presunção de veracidade, salvo quando inverossímeis ou desmentidas por outros elementos existentes nos autos". Em seguida, os autores indicam um julgado do STF onde o conflito entre os termos da impetração e das informações foi resolvido em favor destas últimas (*Recursos no Processo*

Penal, ob., cit., p. 372. O julgado mencionado é o HC nº 69.372-5 – Rel. Celso de Mello, DJ de 07.05.1993, p. 8328).

JURISPRUDÊNCIA

Não são obrigatórias as informações

"À luz do artigo 662 do Código de Processo Penal, as informações da autoridade coatora, enquanto peça não essencial, podem ser dispensadas quando suficientemente instruído o pedido de habeas corpus. Justificada a urgência da medida e não havendo objeção qualquer do Ministério Público, descabe falar em nulidade pela produção de parecer oral na própria sessão de julgamento do pedido de habeas corpus" (STJ – EDcl no HC n° 19882-SP, Rel. Hamilton Carvalhido, j. 20.04.2006, DJe 05.02.2007, p. 381).

Quando são necessárias

"Se a impetração atende aos requisitos previstos no art. 654, § 1º, do CP, cabe à autoridade indicada como coatora, diante da ausência de peças necessárias ao julgamento do writ, requisitar, em atenção ao estatuído pelo art. 662 do CPP, as informações acerca do alegado. Recurso provido" (STJ – RHC n° 12756-RS, Rel. Felix Fischer, j. 25.02.2003, DJe 24.03.2003, p. 239).

Presunção de veracidade das informações

"Eventual conflito entre elas e as razoes invocadas pelo impetrante do 'habeas corpus', desde que desacompanhadas estas de qualquer elemento comprobatório de sua realidade, deve resolver-se em favor dos esclarecimentos emanados da autoridade pública, especialmente quando se trata de um Tribunal de segunda instância" (STF – HC n° 69372-SP – Rel. Celso de Mello, j. 22.09.1992, DJ 07.05.1993, p. 8328).

Incongruência entre a impetração e as informações

"A incongruência entre as alegações feitas na impetração, em confronto com as informações que são prestadas pela origem, impossibilitam a solução segura da controvérsia, obstando, por isso, o processamento do mandamus" (STJ – HC n° 270354-RJ, Rel. Rogério Schietti Cruz, j. 27.05.2014, DJe 10.06.2014).

Art. 663. As diligências do artigo anterior não serão ordenadas, se o presidente entender que o **habeas corpus** deva ser indeferido *in limine*. Nesse caso, levará a petição ao tribunal, câmara ou turma, para que delibere a respeito.

Indeferimento liminar – O dispositivo permite que o presidente do respectivo tribunal ou, mais comumente, o relator, entenda que o *habeas corpus* deva ser indeferido liminarmente. Isso não significa dizer, porém, que ele possa monocraticamente decidir pelo não conhecimento do remédio heroico. Conquanto seja o caso de indeferimento *in limine*, esse entendimento deve ser submetido ao julgamento colegiado a quem cumprirá dar a palavra final, acompanhando o relator e confirmando o indeferimento ou, dele discordando, julgando o mérito.

STJ – A despeito dessa constatação, o Regimento Interno do Superior Tribunal de Justiça, dispõe, em seu art. 202, que "instruído o processo e ouvido o Ministério Público em dois dias, o relator o colocará em mesa para julgamento, na primeira sessão da Turma, da Seção ou da Corte Especial, *ou se a matéria for objeto de jurisprudência consolidada do Superior Tribunal de Justiça ou do Supremo Tribunal Federal, poderá decidir monocraticamente*". *É dizer: em afronta ao disposto neste artigo de lei em exame, o STJ passa a admitir que, monocraticamente, isto é, sem a posterior apreciação do colegiado, o relator indefira de plano o habeas corpus, desde* *que a matéria seja "objeto de jurisprudência consolidada do Superior Tribunal de Justiça ou do Supremo Tribunal Federal". Não se desconhece a atribuição conferida pelo art. 666 do código para que os tribunais estabeleçam normas complementares para o processo e julgamento do habeas. Complementar, porém, é o que soma, acrescenta, completa. Não, decerto, o que modifica. Temos por infeliz a iniciativa, a contrariar a própria jurisprudência da Corte (v. abaixo). Sobretudo quando se trata do habeas corpus, cuja envergadura constitucional é de todos conhecida.*

JURISPRUDÊNCIA

Possibilidade de indeferimento liminar do HC

"Não há ilegalidade na decisão que indeferiu liminarmente o habeas corpus, se evidenciado que se tratava de mera reiteração de writ anteriormente impetrado e julgado naquela instância" (STJ – HC n° 15922-TO, Rel. Gilson Dipp, j. 22.05.2001, DJe 25.06.2001, p. 212).

"Encontrando-se, o habeas corpus, deficientemente fundamentado, não permitindo certeza acerca da autoridade coatora ou do ato ilegal, por meio de inicial de difícil compreensão e sem formulação de pedido, torna-se impossível o reconhecimento de concreto constrangimento ilegal" (STJ – HC n° 11601-SP, Rel. Gilson Dipp, j. 08.02.2000, DJe 20.03.2000, p. 90).

Indeferimento deve ser levado ao tribunal

"No habeas corpus de competência originária de Tribunal de Justiça, não cabe indeferimento liminar da impetração por decisão monocrática, devendo, nessa hipótese, ser o writ submetido ao órgão colegiado competente para deliberação a respeito (artigo 663, Código de Processo Penal). Precedentes" (STJ – RHC n° 24945-MG, Rel. Jane Silva, j. 11.12.2008, DJe 02.02.2009).

"O indeferimento liminar do habeas corpus é adequado para situação de manifesta improcedência do pedido (Damásio Evangelista de Jesus – Código de Processo Penal Anotado, ed. Saraiva, remissão ao artigo 663), nas hipóteses da 'petição desobservar as regras contidas no artigo 654, § I, do CPP' (Fernando da Costa Tourinho Filho, Processo Penal, vol. 04, pág. 539, ed. Saraiva, 18ª edição) e quando houver outro fato impeditivo de seu conhecimento. Trata-se de providência que também atende ao princípio de economia processual, cujo alcance não é meramente financeiro" (TJSP – HC n° 990.054761-8, Rel. José Raul Gavião de Almeida, j. 12.03.2009).

Art. 664. Recebidas as informações, ou dispensadas, o habeas corpus será julgado na primeira sessão, podendo, entretanto, adiar-se o julgamento para a sessão seguinte.

Parágrafo único. A decisão será tomada por maioria de votos. Havendo empate, se o presidente não tiver tomado parte na votação, proferirá voto de desempate; no caso contrário, prevalecerá a decisão mais favorável ao paciente.

Adiamento- A urgência inerente ao *habeas corpus* reclama que seu julgamento seja o mais célere possível, de preferência na primeira sessão disponível, admitindo-se, quando muito, o adiamento para a sessão seguinte. O art. 180, incs. I e II, do Regimento Interno do STJ, determina, no julgamento das Turmas, a prioridade das causas criminais (havendo réu preso), é dos *habeas corpus*. O mesmo ocorre no julgamento da Seção (art. 177, incs. I e II, do RISTJ).

Pauta – Nos termos do art. 83, § 1º, inc. III, do Regimento Interno do STF, o julgamento do *habeas corpus* independe de sua inclusão na pauta.

Reiteração do pedido – A jurisprudência do STF não tem admitido a reiteração do *habeas corpus* quando se constitui mera repetição de outro remédio anteriormente ajuizado, sem que se traga nada de inédito ao debate, em "impetrações que se limitam a reproduzir, sem qualquer inovação de fato ou de direito, os mesmos fundamentos objeto de postulação anterior" (HC nº 86707-DF – Relator Celso de Mello, j. em 20.10.2005, DJ de 04.11.2005).Como salienta Julio Fabbrini Mirabete, "esgotada a faculdade recursal do *habeas corpus*, deixa o interessado de poder reiterar a pretensão de liberdade repelida com os mesmos fundamentos, uma vez que o impetrante já obteve a prestação jurisdicional a que tinha direito. Falta-lhe, assim, interesse de agir" (*Código de Processo Penal interpretado*, ob. cit., p. 1698). Claro, porém, que se tratando de fundamento não cogitado na anterior impetração e, portanto, ainda não apreciado, é cabível nova impetração (*RT* 537/290, 702/406). Vale que se confira o teor da Súmula nº 111 das Mesas de Processo Penal da USP: "A sentença no *habeas corpus* faz coisa julgada com a cláusula *rebus sic stantibus*. A reiteração do pedido supõe novo fundamento, ou novas provas".

STJ – O Regimento Interno do STJ, em seu art. 210, autoriza o relator a rejeitar, liminarmente, o *habeas corpus*, quando o pedido "for reiteração de outro com os mesmos fundamentos".

JURISPRUDÊNCIA

Reiteração

a) quando se admite

"Em sede de habeas-corpus, é inadmissível a formulação de pleito já apreciado e decidido em impetração anteriormente ajuizada, salvo na hipótese de apresentação de novos fatos ou fundamentos jurídicos" (STJ – HC n° 9553-SC, Rel. Vicente Leal, j. 30.06.1999, DJ 03.11.1999, p. 132).

b) quando é inadmissível

"Não se conhece de recurso de habeas-corpus caso o Habeas-corpus anterior haja analisado o mesmo fato, atacado o mesmo acórdão. O habeas-corpus tem ampla franquia no Judiciário, entretanto, não dispensa também o interesse processual" (STJ – RHC n° 4586-RS – Rel. Luiz Vicente Cernecchiaro, j. 29.05.1995, DJ 03.02.1997, p. 780).

Desistência

Desistência do habeas corpus manifestada pelo paciente e pelo impetrante. Hipótese em que, diante dos termos das petições, não é possível deixar de homologar a desistência da suplica inicial. Não há qualquer elemento nos autos a autorizar conclusão no sentido de a desistência se haver manifestado, sob coação ou algum constrangimento do paciente e do impetrante. Inexistem sequer elementos a possibilitar concessão, de ofício, de habeas corpus. Desistência homologada" (STF – HC n° 69856-SP, Rel. Néri da Silveira, j. 04.11.1992, DJ 04.02.1994, p. 910).

Parágrafo único. A decisão será tomada por maioria de votos. Havendo empate, se o presidente não tiver tomado parte na votação, proferirá voto de desempate; no caso contrário, prevalecerá a decisão mais favorável ao paciente.

Empate – Nos Tribunais, havendo empate na votação, deve prevalecer a decisão mais favorável ao paciente, à luz do que reza este dispositivo. Trata-se de situação corriqueira, principalmente no STJ, (HC nº 44066-BA, Rel. Gilson Dipp, j. em 01.09.2005, DJ de 10.10.2005, p. 406; HC nº 23419-PB - Rel. Paulo Medina, j. em 28.09.2004, DJ de 21.03.2005, p. 443) onde a dúvida é, aqui também, resolvida em favor do réu. Segue-se, aqui, a mesma orientação adotada para o julgamento das apelações e dos recursos em sentido estrito, como previsto no art. 615, § 1º, do código.

STF – Nos termos do parágrafo único, do art. 146, do Regimento Interno do STF, "no julgamento de *habeas corpus* e de recursos de *habeas corpus* proclamar-se-á, na hipótese de empate, a decisão mais favorável ao paciente".

> **ATENÇÃO** - A Lei 14.836/24 alterou o art. 41-A da Lei 8.038/90, que disciplina as normas procedimentais nos processos perante o STJ e o STF. O *caput* do art. 41-A, que antes mencionava apenas o STJ, agora é expresso a respeito do STF: "A decisão de Turma, no Supremo Tribunal Federal e no Superior Tribunal de Justiça, será tomada pelo voto da maioria absoluta de seus membros".

Art. 665. **O secretário do tribunal lavrará a ordem que, assinada pelo presidente do tribunal, câmara ou turma, será dirigida, por ofício ou telegrama, ao detentor, ao carcereiro ou autoridade que exercer ou ameaçar exercer o constrangimento.**

Parágrafo único. A ordem transmitida por telegrama obedecerá ao disposto no art. 289, parágrafo único, *in fine*.

Comunicação – A decisão proferida no *habeas corpus* será comunicada na forma prevista neste dispositivo que, praticamente, repete o teor dos § § 5º e 6º, do art. 660 do código, ao qual remetemos o leitor. A diferença é que este último trata da ordem emanada do juiz de 1º grau, enquanto que o art. 665 em análise cuida da ordem oriunda de um tribunal.

Art. 666. **Os regimentos dos Tribunais de Apelação estabelecerão as normas complementares para o processo e julgamento do pedido de habeas corpus de sua competência originária.**

Art. 667. **No processo e julgamento do habeas corpus de competência originária do Supremo Tribunal Federal, bem como nos de recurso das decisões de última ou única instância, denegatórias de habeas corpus, observar-se-á, no que lhes for aplicável, o disposto nos artigos anteriores, devendo o regimento interno do tribunal estabelecer as regras complementares.**

Regimentos internos – Os Tribunais de Justiça (e não de *Apelação*, como consta do dispositivo em exame), assim como o STF, o STM, o STJ, o TSE, os Tribunais Regionais Federais e os Tribunais Regionais Eleitorais, poderão, em seus regimentos internos, dispor complementarmente sobre o processamento do *habeas corpus*. O que se constata, na leitura de tais regimentos, é que, na imensa maioria das vezes, há uma total transcrição do texto do Código de Processo Penal, com uma ou outra regra um pouco diversa. O que se deve ter como certo é que as normas, contidas em tais regimentos, são de natureza complementar e jamais poderão ir de encontro aquilo que se tem no código ou mesmo em legislação extravagante. Suponha-se uma norma regimental que, ao arrepio do que reza o art. 664, parágrafo único do código, dispusesse que, em caso de empate, prevaleceria a decisão mais desfavorável ao paciente. Ou que não admitisse a atuação do Ministério Público em 2º grau, em que pese o teor do Decreto-lei n. 552/1969. Evidente o conflito dessa norma com a letra do código, o que a tornaria ineficaz.

LIVRO IV
DA EXECUÇÃO

TÍTULO I
DISPOSIÇÕES GERAIS

Art. 668. A execução, onde não houver juiz especial, incumbirá ao juiz da sentença, ou, se a decisão for do Tribunal do Júri, ao seu presidente.

Parágrafo único. Se a decisão for de tribunal superior, nos casos de sua competência originária, caberá ao respectivo presidente prover-lhe a execução.

Art. 669. Só depois de passar em julgado, será exeqüível a sentença, salvo:

I - quando condenatória, para o efeito de sujeitar o réu a prisão, ainda no caso de crime afiançável, enquanto não for prestada a fiança;

II - quando absolutória, para o fim de imediata soltura do réu, desde que não proferida em processo por crime a que a lei comine pena de reclusão, no máximo, por tempo igual ou superior a oito anos.

Art. 670. No caso de decisão absolutória confirmada ou proferida em grau de apelação, incumbirá ao relator fazer expedir o alvará de soltura, de que dará imediatamente conhecimento ao juiz de primeira instância.

Art. 671. Os incidentes da execução serão resolvidos pelo respectivo juiz.

Art. 672. Computar-se-á na pena privativa da liberdade o tempo:

I - de prisão preventiva no Brasil ou no estrangeiro;

II - de prisão provisória no Brasil ou no estrangeiro;

III - de internação em hospital ou manicômio.

Art. 673. Verificado que o réu, pendente a apelação por ele interposta, já sofreu prisão por tempo igual ao da pena a que foi condenado, o relator do feito mandará pô-lo imediatamente em liberdade, sem prejuízo do julgamento do recurso, salvo se, no caso de crime a que a lei comine pena de reclusão, no máximo, por tempo igual ou superior a 8 anos, o querelante ou o Ministério Público também houver apelado da sentença condenatória.

TÍTULO II
DA EXECUÇÃO DAS PENAS EM ESPÉCIE

CAPÍTULO I
DAS PENAS PRIVATIVAS DE LIBERDADE

Art. 674. Transitando em julgado a sentença que impuser pena privativa de liberdade, se o réu já estiver preso, ou vier a ser preso, o juiz ordenará a expedição de carta de guia para o cumprimento da pena.

Parágrafo único. Na hipótese do art. 82, última parte, a expedição da carta de guia será ordenada pelo juiz competente para a soma ou unificação das penas.

Art. 675. No caso de ainda não ter sido expedido mandado de prisão, por tratar-se de infração penal em que o réu se livra solto ou por estar afiançado, o juiz, ou o presidente da câmara ou tribunal, se tiver havido recurso, fará expedir o mandado de prisão, logo que transite em julgado a sentença condenatória.

§ 1º No caso de reformada pela superior instância, em grau de recurso, a sentença absolutória, estando o réu solto, o presidente da câmara ou do tribunal fará, logo após a sessão de julgamento, remeter ao chefe de Polícia o mandado de prisão do condenado.

§ 2º Se o réu estiver em prisão especial, deverá, ressalvado o disposto na legislação relativa aos militares, ser expedida ordem para sua imediata remoção para prisão comum, até que se verifique a expedição de carta de guia para o cumprimento da pena.

Art. 676. A carta de guia, extraída pelo escrivão e assinada pelo juiz, que a rubricará em todas as folhas, será remetida ao diretor do estabelecimento em que tenha de ser cumprida a sentença condenatória, e conterá:

I – o nome do réu e a alcunha por que for conhecido;

II – a sua qualificação civil (naturalidade, filiação, idade, estado, profissão), instrução e, se constar, número do registro geral do Instituto de Identificação e Estatística ou de repartição congênere;

III – o teor integral da sentença condenatória e a data da terminação da pena.

Parágrafo único. Expedida carta de guia para cumprimento de uma pena, se o réu estiver cumprindo outra, só depois de terminada a execução desta será aquela executada. Retificar-se-á a carta de guia sempre que sobrevenha modificação quanto ao início da execução ou ao tempo de duração da pena.

Art. 677. Da carta de guia e seus aditamentos se remeterá cópia ao Conselho Penitenciário.

Art. 678. O diretor do estabelecimento, em que o réu tiver de cumprir a pena, passará recibo da carta de guia para juntar-se aos autos do processo.

Art. 679. As cartas de guia serão registradas em livro especial, segundo a ordem cronológica do recebimento, fazendo-se no curso da execução as anotações necessárias.

Art. 680. Computar-se-á no tempo da pena o período em que o condenado, por sentença irrecorrível, permanecer preso em estabelecimento diverso do destinado ao cumprimento dela.

Art. 681. Se impostas cumulativamente penas privativas da liberdade, será executada primeiro a de reclusão, depois a de detenção e por último a de prisão simples.

Art. 682. O sentenciado a que sobrevier doença mental, verificada por perícia médica, será internado em manicômio judiciário, ou, à falta, em outro estabelecimento adequado, onde lhe seja assegurada a custódia.

§ 1º Em caso de urgência, o diretor do estabelecimento penal poderá determinar a remoção do sentenciado, comunicando imediatamente a providência ao juiz, que, em face da perícia médica, ratificará ou revogará a medida.

§ 2º Se a internação se prolongar até o término do prazo restante da pena e não houver sido imposta medida de segurança detentiva, o indivíduo terá o destino aconselhado pela sua enfermidade, feita a devida comunicação ao juiz de incapazes.

Art. 683. O diretor da prisão a que o réu tiver sido recolhido provisoriamente ou em cumprimento de pena comunicará imediatamente ao juiz o óbito, a fuga ou a soltura do detido ou sentenciado para que fique constando dos autos.

Parágrafo único. A certidão de óbito acompanhará a comunicação.

Art. 684. A recaptura do réu evadido não depende de prévia ordem judicial e poderá ser efetuada por qualquer pessoa.

Art. 685. Cumprida ou extinta a pena, o condenado será posto, imediatamente, em liberdade, mediante alvará do juiz, no qual se ressalvará a hipótese de dever o condenado continuar na prisão por outro motivo legal.

Parágrafo único. Se tiver sido imposta medida de segurança detentiva, o condenado será removido para estabelecimento adequado (art. 762).

CAPÍTULO II
DAS PENAS PECUNIÁRIAS

Art. 686. A pena de multa será paga dentro em 10 dias após haver transitado em julgado a sentença que a impuser.

Parágrafo único. Se interposto recurso da sentença, esse prazo será contado do dia em que o juiz ordenar o cumprimento da decisão da superior instância.

Art. 687. O juiz poderá, desde que o condenado o requeira:

I - prorrogar o prazo do pagamento da multa até três meses, se as circunstâncias justificarem essa prorrogação;

II - permitir, nas mesmas circunstâncias, que o pagamento se faça em parcelas mensais, no prazo que fixar, mediante caução real ou fidejussória, quando necessário. (Redação dada pela Lei nº 6.416, de 24.5.1977)

§ 1º O requerimento, tanto no caso do nº I, como no do nº II, será feito dentro do decêndio concedido para o pagamento da multa.

§ 2º A permissão para o pagamento em parcelas será revogada, se o juiz verificar que o condenado dela se vale para fraudar a execução da pena. Nesse caso, a caução resolver-se-á em valor monetário, devolvendo-se ao condenado o que exceder à satisfação da multa e das custas processuais. (Redação dada pela Lei nº 6.416, de 24.5.1977)

Art. 688. Findo o decêndio ou a prorrogação sem que o condenado efetue o pagamento, ou ocorrendo a hipótese prevista no § 2º do artigo anterior, observar-se-á o seguinte:

I - possuindo o condenado bens sobre os quais possa recair a execução, será extraída certidão da sentença condenatória, a fim de que o Ministério Público proceda à cobrança judicial;

II - sendo o condenado insolvente, far-se-á a cobrança:

a) mediante desconto de quarta parte de sua remuneração (arts. 29, § 1º, e 37 do Código Penal), quando cumprir pena privativa da liberdade, cumulativamente imposta com a de multa;

b) mediante desconto em seu vencimento ou salário, se, cumprida a pena privativa da liberdade, ou concedido o livramento condicional, a multa não houver sido resgatada;

c) mediante esse desconto, se a multa for a única pena imposta ou no caso de suspensão condicional da pena.

§ 1º O desconto, nos casos das letras *b* e *c*, será feito mediante ordem ao empregador, à repartição competente ou à administração da entidade paraestatal, e, antes de fixá-lo, o juiz requisitará informações e ordenará diligências, inclusive arbitramento, quando necessário, para observância do art. 37, § 3º, do Código Penal.

§ 2º Sob pena de desobediência e sem prejuízo da execução a que ficará sujeito, o empregador será intimado a recolher mensalmente, até o dia fixado pelo juiz, a importância correspondente ao desconto, em selo penitenciário, que será inutilizado nos autos pelo juiz.

§ 3º Se o condenado for funcionário estadual ou municipal ou empregado de entidade paraestatal, a importância do desconto será, semestralmente, recolhida ao Tesouro Nacional, delegacia fiscal ou coletoria federal, como receita do selo penitenciário.

§ 4º As quantias descontadas em folha de pagamento de funcionário federal constituirão renda do selo penitenciário.

Art. 689. A multa será convertida, à razão de dez mil-réis por dia, em detenção ou prisão simples, no caso de crime ou de contravenção:

I – se o condenado solvente frustrar o pagamento da multa;

II – se não forem pagas pelo condenado solvente as parcelas mensais autorizadas sem garantia. (Redação dada pela Lei nº 6.416, de 24.5.1977)

§ 1º Se o juiz reconhecer desde logo a existência de causa para a conversão, a ela procederá de ofício ou a requerimento do Ministério Público, independentemente de audiência do condenado; caso contrário, depois de ouvir o condenado, se encontrado no lugar da sede do juízo, poderá admitir a apresentação de prova pelas partes, inclusive testemunhal, no prazo de três dias.

§ 2º O juiz, desde que transite em julgado a decisão, ordenará a expedição de mandado de prisão ou aditamento à carta de guia, conforme esteja o condenado solto ou em cumprimento de pena privativa da liberdade.

§ 3º Na hipótese do inciso II deste artigo, a conversão será feita pelo valor das parcelas não pagas. (Incluído pela Lei nº 6.416, de 24.5.1977)

Art. 690. O juiz tornará sem efeito a conversão, expedindo alvará de soltura ou cassando a ordem de prisão, se o condenado, em qualquer tempo:

I – pagar a multa;

II - prestar caução real ou fidejussória que lhe assegure o pagamento.

Parágrafo único. No caso do nº II, antes de homologada a caução, será ouvido o Ministério Público dentro do prazo de dois dias.

CAPÍTULO III
DAS PENAS ACESSÓRIAS

Art. 691. O juiz dará à autoridade administrativa competente conhecimento da sentença transitada em julgado, que impuser ou de que resultar a perda da função pública ou a incapacidade temporária para investidura em função pública ou para exercício de profissão ou atividade.

Art. 692. No caso de incapacidade temporária ou permanente para o exercício do pátrio poder, da tutela ou da curatela, o juiz providenciará para que sejam acautelados, no juízo competente, a pessoa e os bens do menor ou do interdito.

Art. 693. A incapacidade permanente ou temporária para o exercício da autoridade marital ou do pátrio poder será averbada no registro civil.

Art. 694. As penas acessórias consistentes em interdições de direitos serão comunicadas ao Instituto de Identificação e Estatística ou estabelecimento congênere, figurarão na folha de antecedentes do condenado e serão mencionadas no rol de culpados.

Art. 695. Iniciada a execução das interdições temporárias (art. 72, *a* e *b*, do Código Penal), o juiz, de ofício, a requerimento do Ministério Público ou do condenado, fixará o seu termo final, completando as providências determinadas nos artigos anteriores.

TÍTULO III
DOS INCIDENTES DA EXECUÇÃO

CAPÍTULO I
DA SUSPENSÃO CONDICIONAL DA PENA

Art. 696. O juiz poderá suspender, por tempo não inferior a 2 (dois) nem superior a 6 (seis) anos, a execução das penas de reclusão e de detenção que não excedam a 2 (dois) anos, ou, por tempo não inferior a 1 (um) nem superior a 3 (três) anos, a execução da pena de prisão simples, desde que o sentenciado: (Redação dada pela Lei nº 6.416, de 24.5.1977)

I - não haja sofrido, no País ou no estrangeiro, condenação irrecorrível por outro crime a pena privativa da liberdade, salvo o disposto no parágrafo único do art. 46 do Código Penal; (Redação dada pela Lei nº 6.416, de 24.5.1977)

II - os antecedentes e a personalidade do sentenciado, os motivos e as circunstâncias do crime autorizem a presunção de que não tornará a delinqüir.

Parágrafo único. Processado o beneficiário por outro crime ou contravenção, considerar-se-á prorrogado o prazo da suspensão da pena até o julgamento definitivo.

Art. 697. O juiz ou tribunal, na decisão que aplicar pena privativa da liberdade não superior a 2 (dois) anos, deverá pronunciar-se, motivadamente, sobre a suspensão condicional, quer a conceda quer a denegue. (Redação dada pela Lei nº 6.416, de 24.5.1977)

Art. 698. Concedida a suspensão, o juiz especificará as condições a que fica sujeito o condenado, pelo prazo previsto, começando este a correr da audiência em que se der conhecimento da sentença ao beneficiário e lhe for entregue documento similar ao descrito no art. 724. (Redação dada pela Lei nº 6.416, de 24.5.1977)

§ 1º As condições serão adequadas ao delito e à personalidade do condenado. (Incluído pela Lei nº 6.416, de 24.5.1977)

§ 2º Poderão ser impostas, além das estabelecidas no art. 767, como normas de conduta e obrigações, as seguintes condições: (Incluído pela Lei nº 6.416, de 24.5.1977)

I - freqüentar curso de habilitação profissional ou de instrução escolar; (Incluído pela Lei nº 6.416, de 24.5.1977)

II - prestar serviços em favor da comunidade; (Incluído pela Lei nº 6.416, de 24.5.1977)

III - atender aos encargos de família; (Incluído pela Lei nº 6.416, de 24.5.1977)

IV - submeter-se a tratamento de desintoxicação. (Incluído pela Lei nº 6.416, de 24.5.1977)

§ 3º O juiz poderá fixar, a qualquer tempo, de ofício ou a requerimento do Ministério Público, outras condições além das especificadas na sentença e das referidas no parágrafo anterior, desde que as circunstâncias o aconselhem. (Incluído pela Lei nº 6.416, de 24.5.1977)

§ 4º A fiscalização do cumprimento das condições deverá ser regulada, nos Estados, Territórios e Distrito Federal, por normas supletivas e atribuída a serviço social penitenciário, patronato, conselho de comunidade ou entidades similares, inspecionadas pelo Conselho Penitenciário, pelo Ministério Público ou ambos, devendo o juiz da execução na comarca suprir, por ato, a falta das normas supletivas. (Incluído pela Lei nº 6.416, de 24.5.1977)

§ 5º O beneficiário deverá comparecer periodicamente à entidade fiscalizadora, para comprovar a observância das condições a que está sujeito, comunicando, também, a sua ocupação, os salários ou proventos de que vive, as economias que conseguiu realizar e as dificuldades materiais ou sociais que enfrenta. (Incluído pela Lei nº 6.416, de 24.5.1977)

§ 6º A entidade fiscalizadora deverá comunicar imediatamente ao órgão de inspeção, para os fins legais (arts. 730 e 731), qualquer fato capaz de acarretar a revogação do benefício, a prorrogação do prazo ou a modificação das condições. (Incluído pela Lei nº 6.416, de 24.5.1977)

§ 7º Se for permitido ao beneficiário mudar-se, será feita comunicação ao juiz e à entidade fiscalizadora do local da nova residência, aos quais deverá apresentar-se imediatamente. (Incluído pela Lei nº 6.416, de 24.5.1977)

Art. 699. No caso de condenação pelo Tribunal do Júri, a suspensão condicional da pena competirá ao seu presidente.

Art. 700. A suspensão não compreende a multa, as penas acessórias, os efeitos da condenação nem as custas.

Art. 701. O juiz, ao conceder a suspensão, fixará, tendo em conta as condições econômicas ou profissionais do réu, o prazo para o pagamento, integral ou em prestações, das custas do processo e taxa penitenciária.

Art. 702. Em caso de co-autoria, a suspensão poderá ser concedida a uns e negada a outros réus.

Art. 703. O juiz que conceder a suspensão lerá ao réu, em audiência, a sentença respectiva, e o advertirá das conseqüências de nova infração penal e da transgressão das obrigações impostas.

Art. 704. Quando for concedida a suspensão pela superior instância, a esta caberá estabelecer-lhe as condições, podendo a audiência ser presidida por qualquer membro do tribunal ou câmara, pelo juiz do processo ou por outro designado pelo presidente do tribunal ou câmara.

Art. 705. Se, intimado pessoalmente ou por edital com prazo de 20 dias, o réu não comparecer à audiência a que se refere o art. 703, a suspensão ficará sem efeito e será executada imediatamente a pena, salvo prova de justo impedimento, caso em que será marcada nova audiência.

Art. 706. A suspensão também ficará sem efeito se, em virtude de recurso, for aumentada a pena de modo que exclua a concessão do benefício. (Redação dada pela Lei nº 6.416, de 24.5.1977)

Art. 707. A suspensão será revogada se o beneficiário:(Redação dada pela Lei nº 6.416, de 24.5.1977)

I - é condenado, por sentença irrecorrível, a pena privativa da liberdade; (Redação dada pela Lei nº 6.416, de 24.5.1977)

II - frustra, embora solvente, o pagamento da multa, ou não efetua, sem motivo justificado, a reparação do dano. (Redação dada pela Lei nº 6.416, de 24.5.1977)

Parágrafo único. O juiz poderá revogar a suspensão, se o beneficiário deixa de cumprir qualquer das obrigações constantes da sentença, de observar proibições inerentes à pena acessória, ou é irrecorrivelmente condenado a pena que não seja privativa da liberdade; se não a revogar, deverá advertir o beneficiário, ou exacerbar as condições ou, ainda, prorrogar o período da suspensão até o máximo, se esse limite não foi o fixado. (Redação dada pela Lei nº 6.416, de 24.5.1977)

Art. 708. Expirado o prazo de suspensão ou a prorrogação, sem que tenha ocorrido motivo de revogação, a pena privativa de liberdade será declarada extinta.

Parágrafo único. O juiz, quando julgar necessário, requisitará, antes do julgamento, nova folha de antecedentes do beneficiário.

Art. 709. A condenação será inscrita, com a nota de suspensão, em livros especiais do Instituto de Identificação e Estatística, ou repartição congênere, averbando-se, mediante comunicação do juiz ou do tribunal, a revogação da suspensão ou a extinção da pena. Em caso de revogação, será feita a averbação definitiva no registro geral.

§ 1º Nos lugares onde não houver Instituto de Identificação e Estatística ou repartição congênere, o registro e a averbação serão feitos em livro próprio no juízo ou no tribunal.

§ 2º O registro será secreto, salvo para efeito de informações requisitadas por autoridade judiciária, no caso de novo processo.

§ 3º Não se aplicará o disposto no § 2º, quando houver sido imposta ou resultar de condenação pena acessória consistente em interdição de direitos.

CAPÍTULO II
DO LIVRAMENTO CONDICIONAL

Art. 710. O livramento condicional poderá ser concedido ao condenado a pena privativa da liberdade igual ou superior a 2 (dois) anos, desde que se verifiquem as condições seguintes:(Redação dada pela Lei nº 6.416, de 24.5.1977)

I - cumprimento de mais da metade da pena, ou mais de três quartos, se reincidente o sentenciado; (Redação dada pela Lei nº 6.416, de 24.5.1977)

II - ausência ou cessação de periculosidade;

III - bom comportamento durante a vida carcerária;

IV - aptidão para prover à própria subsistência mediante trabalho honesto;

V - reparação do dano causado pela infração, salvo impossibilidade de fazê-lo. (Redação dada pela Lei nº 6.416, de 24.5.1977)

Art. 711. As penas que correspondem a infrações diversas podem somar-se, para efeito do livramento. (Redação dada pela Lei nº 6.416, de 24.5.1977)

Art. 712. O livramento condicional poderá ser concedido mediante requerimento do sentenciado, de seu cônjuge ou de parente em linha reta, ou por proposta do diretor do estabelecimento penal, ou por iniciativa do Conselho Penitenciário. (Redação dada pelo Decreto-lei nº 6.109, de 16.12.1943)

Parágrafo único. No caso do artigo anterior, a concessão do livramento competirá ao juiz da execução da pena que o condenado estiver cumprindo.

Art. 713. As condições de admissibilidade, conveniência e oportunidade da concessão do livramento serão verificadas pelo Conselho Penitenciário, a cujo parecer não ficará, entretanto, adstrito o juiz.

Art. 714. O diretor do estabelecimento penal remeterá ao Conselho Penitenciário minucioso relatório sobre:

I - o caráter do sentenciado, revelado pelos seus antecedentes e conduta na prisão;

II - o procedimento do liberando na prisão, sua aplicação ao trabalho e seu trato com os companheiros e funcionários do estabelecimento;

III - suas relações, quer com a família, quer com estranhos;

IV - seu grau de instrução e aptidão profissional, com a indicação dos serviços em que haja sido empregado e da especialização anterior ou adquirida na prisão;

V - sua situação financeira, e seus propósitos quanto ao seu futuro meio de vida, juntando o diretor, quando dada por pessoa idônea, promessa escrita de colocação do liberando, com indicação do serviço e do salário.

Parágrafo único. O relatório será, dentro do prazo de quinze dias, remetido ao Conselho, com o prontuário do sentenciado, e, na falta, o Conselho opinará livremente, comunicando à autoridade competente a omissão do diretor da prisão.

Art. 715. Se tiver sido imposta medida de segurança detentiva, o livramento não poderá ser concedido sem que se verifique, mediante exame das condições do sentenciado, a cessação da periculosidade.

Parágrafo único. Consistindo a medida de segurança em internação em casa de custódia e tratamento, proceder-se-á a exame mental do sentenciado.

Art. 716. A petição ou a proposta de livramento será remetida ao juiz ou ao tribunal por ofício do presidente do Conselho Penitenciário, com a cópia do respectivo parecer e do relatório do diretor da prisão.

§ 1º Para emitir parecer, o Conselho poderá determinar diligências e requisitar os autos do processo.

§ 2º O juiz ou o tribunal mandará juntar a petição ou a proposta, com o ofício ou documento que a acompanhar, aos autos do processo, e proferirá sua decisão, previamente ouvido o Ministério Público.

Art. 717. Na ausência da condição prevista no art. 710, I, o requerimento será liminarmente indeferido. (Redação dada pela Lei nº 6.416, de 24.5.1977)

Art. 718. Deferido o pedido, o juiz, ao especificar as condições a que ficará subordinado o livramento, atenderá ao disposto no art. 698, §§ 1º, 2º e 5º. (Redação dada pela Lei nº 6.416, de 24.5.1977)

§ 1º Se for permitido ao liberado residir fora da jurisdição do juiz da execução, remeter-se-á cópia da sentença do livramento à autoridade judiciária do lugar para onde ele se houver transferido, e à entidade de observação cautelar e proteção. (Redação dada pela Lei nº 6.416, de 24.5.1977)

§ 2º O liberado será advertido da obrigação de apresentar-se imediatamente à autoridade judiciária e à entidade de observação cautelar e proteção. (Redação dada pela Lei nº 6.416, de 24.5.1977)

Art. 719. O livramento ficará também subordinado à obrigação de pagamento das custas do processo e da taxa penitenciária, salvo caso de insolvência comprovada.

Parágrafo único. O juiz poderá fixar o prazo para o pagamento integral ou em prestações, tendo em consideração as condições econômicas ou profissionais do liberado.

Art. 720. A forma de pagamento da multa, ainda não paga pelo liberando, será determinada de acordo com o disposto no art. 688.

Art. 721. Reformada a sentença denegatória do livramento, os autos baixarão ao juiz da primeira instância, a fim de que determine as condições que devam ser impostas ao liberando.

Art. 722. Concedido o livramento, será expedida carta de guia, com a cópia integral da sentença em duas vias, remetendo-se uma ao diretor do estabelecimento penal e outra ao presidente do Conselho Penitenciário.

Art. 723. A cerimônia do livramento condicional será realizada solenemente, em dia marcado pela autoridade que deva presidi-la, observando-se o seguinte:

I - a sentença será lida ao liberando, na presença dos demais presos, salvo motivo relevante, pelo presidente do Conselho Penitenciário, ou pelo seu representante junto ao estabelecimento penal, ou, na falta, pela autoridade judiciária local;

II - o diretor do estabelecimento penal chamará a atenção do liberando para as condições impostas na sentença de livramento;

III - o preso declarará se aceita as condições.

§ 1º De tudo, em livro próprio, se lavrará termo, subscrito por quem presidir a cerimônia, e pelo liberando, ou alguém a seu rogo, se não souber ou não puder escrever.

§ 2º Desse termo, se remeterá cópia ao juiz do processo.

Art. 724. Ao sair da prisão o liberado, ser-lhe-á entregue, além do saldo do seu pecúlio e do que lhe pertencer, uma caderneta que exibirá à autoridade judiciária ou administrativa sempre que lhe for exigido. Essa caderneta conterá:

I - a reprodução da ficha de identidade, ou o retrato do liberado, sua qualificação e sinais característicos;

II - o texto impresso dos artigos do presente capítulo;

III - as condições impostas ao liberado;

IV - a pena acessória a que esteja sujeito. (Incluído pela Lei nº 6.416, de 24.5.1977)

§ 1º Na falta de caderneta, será entregue ao liberado um salvo-conduto, em que constem as condições do livramento e a pena acessória, podendo substituir-se a ficha de identidade ou o retrato do liberado pela descrição dos sinais que possam identificá-lo. (Incluído pela Lei nº 6.416, de 24.5.1977)

§ 2º Na caderneta e no salvo-conduto deve haver espaço para consignar o cumprimento das condições referidas no art. 718. (Incluído pela Lei nº 6.416, de 24.5.1977)

Art. 725. A observação cautelar e proteção realizadas por serviço social penitenciário, patronato, conselho de comunidade ou entidades similares, terá a finalidade de: (Redação dada pela Lei nº 6.416, de 24.5.1977)

I - fazer observar o cumprimento da pena acessória, bem como das condições especificadas na sentença concessiva do benefício; (Redação dada pela Lei nº 6.416, de 24.5.1977)

II - proteger o beneficiário, orientando-o na execução de suas obrigações e auxiliando-o na obtenção de atividade laborativa. (Redação dada pela Lei nº 6.416, de 24.5.1977)

Parágrafo único. As entidades encarregadas de observação cautelar e proteção do liberado apresentarão relatório ao Conselho Penitenciário, para efeito da representação prevista nos arts. 730 e 731. (Redação dada pela Lei nº 6.416, de 24.5.1977)

Art. 726. Revogar-se-á o livramento condicional, se o liberado vier, por crime ou contravenção, a ser condenado por sentença irrecorrível a pena privativa de liberdade.

Art. 727. O juiz pode, também, revogar o livramento, se o liberado deixar de cumprir qualquer das obrigações constantes da sentença, de observar proibições inerentes à pena acessória ou for irrecorrivelmente condenado, por crime, à pena que não seja privativa da liberdade. (Redação dada pela Lei nº 6.416, de 24.5.1977)

Parágrafo único. Se o juiz não revogar o livramento, deverá advertir o liberado ou exacerbar as condições. (Incluído pela Lei nº 6.416, de 24.5.1977)

Art. 728. Se a revogação for motivada por infração penal anterior à vigência do livramento, computar-se-á no tempo da pena o período em que esteve solto o liberado, sendo permitida, para a concessão de novo livramento, a soma do tempo das duas penas.

Art. 729. No caso de revogação por outro motivo, não se computará na pena o tempo em que esteve solto o liberado, e tampouco se concederá, em relação à mesma pena, novo livramento.

Art. 730. A revogação do livramento será decretada mediante representação do Conselho Penitenciário, ou a requerimento do Ministério Público, ou de ofício, pelo juiz, que, antes, ouvirá o liberado, podendo ordenar diligências e permitir a produção de prova, no prazo de cinco dias. (Redação dada pela Lei nº 6.416, de 24.5.1977)

Art. 731. O juiz, de ofício, a requerimento do Ministério Público, ou mediante representação do Conselho Penitenciário, poderá modificar as condições ou normas de conduta especificadas na sentença, devendo a respectiva decisão ser lida ao liberado por uma das autoridades ou por um dos funcionários indicados no inciso I do art. 723, observado o disposto nos incisos II e III, e § § 1º e 2º do mesmo artigo. (Redação dada pela Lei nº 6.416, de 24.5.1977)

Art. 732. Praticada pelo liberado nova infração, o juiz ou o tribunal poderá ordenar a sua prisão, ouvido o Conselho Penitenciário, suspendendo o curso do livramento condicional, cuja revogação ficará, entretanto, dependendo da decisão final no novo processo.

Art. 733. O juiz, de ofício, ou a requerimento do interessado, do Ministério Público, ou do Conselho Penitenciário, julgará extinta a pena privativa de liberdade, se expirar o prazo do livramento sem revogação, ou na hipótese do artigo anterior, for o liberado absolvido por sentença irrecorrível.

Observação – Com o advento da Lei de Execução Penal (Lei n. 7.210/1984), toda a matéria relativa à execução penal, antes tratada nestes dispositivos, passou a ser regulada pela LEP. Esse diploma é objeto de nossa análise em separado, na segunda parte desta obra.

TÍTULO IV
DA GRAÇA, DO INDULTO, DA ANISTIA E DA REABILITAÇÃO

CAPÍTULO I
DA GRAÇA, DO INDULTO E DA ANISTIA

Art. 734. A graça poderá ser provocada por petição do condenado, de qualquer pessoa do povo, do Conselho Penitenciário, ou do Ministério Público, ressalvada, entretanto, ao Presidente da Republica, a faculdade de concedê-la espontaneamente.

Art. 735. A petição de graça, acompanhada dos documentos com que o impetrante a instruir, será remetida ao Ministro da Justiça por intermédio do Conselho Penitenciário.

Art. 736. O Conselho Penitenciário, à vista dos autos do processo, e depois de ouvir o diretor do estabelecimento penal a que estiver recolhido o condenado, fará, em relatório, a narração do fato criminoso, examinará as provas, mencionará qualquer formalidade ou circunstância omitida na petição e exporá os antecedentes do condenado e seu procedimento depois de preso, opinando sobre o mérito do pedido. (Vide Lei nº 7.417, de 1985)

Art. 737. Processada no Ministério da Justiça, com os documentos e o relatório do Conselho Penitenciário, a petição subirá a despacho do Presidente da República, a quem serão presentes os autos do processo ou a certidão de qualquer de suas peças, se ele o determinar.

Art. 738. Concedida a graça e junta aos autos cópia do decreto, o juiz declarará extinta a pena ou penas, ou ajustará a execução aos termos do decreto, no caso de redução ou comutação de pena.

Art. 739. O condenado poderá recusar a comutação da pena.

Art. 740. Os autos da petição de graça serão arquivados no Ministério da Justiça.

Art. 741. Se o réu for beneficiado por indulto, o juiz, de ofício ou a requerimento do interessado, do Ministério Público ou por iniciativa do Conselho Penitenciário, providenciará de acordo com o disposto no art. 738.

Art. 742. Concedida a anistia após transitar em julgado a sentença condenatória, o juiz, de ofício ou a requerimento do interessado, do Ministério Público ou por iniciativa do Conselho Penitenciário, declarará extinta a pena.

Graça, Indulto e Anistia: introdução – Os dispositivos acima, a partir do advento da Lei de Execução Penal, foram tacitamente revogados, posto que a LEP passou a tratar do tema. Como consta da exposição de motivos da LEP, "a execução das penas e das medidas de segurança deixa de ser um Livro do Código de Processo para ingressar nos costumes jurídicos do País com a autonomia inerente à dignidade de um novo ramo jurídico: o Direito de Execução Penal". De sorte que a anistia e o indulto são previstos nos arts. 187 a 193 da LEP. A graça, de sua parte, não deixa de ser uma espécie de indulto (mas individual).

Graça concedida de ofício pelo presidente da República: (im)possibilidade - De acordo com o art. 734 do CPP, "A graça poderá ser provocada por petição do condenado, de qualquer pessoa do povo, do Conselho Penitenciário, ou do Ministério Público, ressalvada, entretanto, ao Presidente da República, a faculdade de concedê-la espontaneamente". Lendo o artigo, conclui-se que a graça era, antes do advento da LEP, concedida mediante provocação ou de ofício pelo Presidente da República. Contudo, com o começo da vigência da Lei 7.210/84 (LEP), o capítulo da graça e do indulto no CPP se aplica subsidiariamente, apenas nos pontos em que a LEP for omissa. A LEP, diferentemente do CPP, no art. 188, proibiu o Presidente da República conceder a graça de ofício, sempre demandando pedido do interessado: O indulto individual poderá ser provocado por petição do condenado, por iniciativa do Ministério Público, do Conselho Penitenciário, ou da autoridade administrativa.

Reabilitação - No que tange à reabilitação, porque omitida na LEP, como veremos logo em seguida, continuam sendo aplicáveis os dispositivos do Código de Processo Penal, naquilo que não contrariem o Código Penal, que também cuida da matéria (arts. 93, 94 e 95 do CP). Na segunda parte de nosso trabalho, ao comentarmos a LEP, tratamos especificamente destes institutos.

CAPÍTULO II
DA REABILITAÇÃO

Art. 743. **A reabilitação será requerida ao juiz da condenação, após o decurso de quatro ou oito anos, pelo menos, conforme se trate de condenado ou reincidente, contados do dia em que houver terminado a execução da pena principal ou da medida de segurança detentiva, devendo o requerente indicar as comarcas em que haja residido durante aquele tempo.**

Introdução – Antes da reforma da parte geral do Código Penal, em 1984, a reabilitação era prevista apenas no Código de Processo Penal, considerada causa extintiva da punibilidade. Com a reforma do direito material, o instituto ganhou novos contornos, agora considerado medida jurídica, de política criminal, a garantir ao condenado o sigilo sobre o seu processo e condenação, com o condão, inclusive, de propiciar sua reinserção social, podendo também suspender determinados efeitos extrapenais específicos ordenados na sentença (art. 93 do CP). De forma que o instituto da reabilitação passou a ser disciplinado pelo Código Penal, nos arts. 93, 94 e 95, com a redação que lhes conferiu a Lei n. 7.209/1984, que alterou por completo a Parte Geral do CP, a revogar a lei anterior (o CPP), na dicção do § 1º, do art. 2º, da Lei de Introdução às normas do Direito Brasileiro (Decreto-lei n. 4.657/1942). É por isso que, sem ignorar os aspectos materiais da reabilitação, focalizaremos nosso estudo mais especificamente na parte processual, objeto de nosso trabalho.

Objetivo – O fim a que se presta a reabilitação vem bem apanhado pela Exposição de Motivos do Código Penal (Lei n. 7.209, de 11 de julho de 1984), a se conferir, *in verbis*: "A reabilitação não tem, apenas, o efeito de assegurar o sigilo dos registros sobre o processo e a condenação do reabilitado, mas consiste, também, em declaração judicial de que o condenado cumpriu a pena imposta ou esta foi extinta, e de que, durante dois anos após o cumprimento ou extinção da pena, teve bom comportamento e ressarciu o dano causado, ou não o fez porque não podia fazê-lo. Tal declaração judicial reabilita o condenado, significando que ele está em plenas condições de voltar ao convívio da sociedade, sem nenhuma restrição ao exercício de seus direitos" (item 83).

Competência – O pedido, como consta expressamente deste dispositivo em exame, deve ser formulado perante o juízo da condenação (estadual ou federal, conforme o caso), e não, como já se pretendeu, em sede de execução penal. Sobretudo porque a Lei de Execuções Penais, em nenhum momento, trata da reabilitação. Tratando-se de competência originária, quando o reabilitado, em virtude do foro por prerrogativa de função, foi condenado por um tribunal, perante esta corte deverá ser manejado o pedido.

JURISPRUDÊNCIA

Competência do Juízo da condenação

"Se o art. 743, do CPP, manda que o juízo competente para apreciar o pedido de reabilitação seja o da própria condenação, não pode tal preceito ser contrariado por Código de Organização Judiciária, ou qualquer outra norma estadual" (STJ – REsp n° 67646-RJ, Rel. Anselmo Santiago, j. 18.08.1997, DJ 15.09.1997, p. 44458).

Prazo– Não mais prevalece o prazo previsto neste dispositivo, de quatro a oito anos, para que, somente após seu transcurso, se admita o pedido de reabilitação. O prazo a ser observado, com efeito, é o que consta do art. 94 do Código Penal, isto é, de dois anos "do dia em que for extinta, de qualquer modo, a pena ou terminar sua execução". Tampouco o Código Penal faz qualquer distinção entre o "condenado ou reincidente" ou deste com o primário, pois exige de todos um prazo único, de dois anos.

JURISPRUDÊNCIA

Prazo de dois anos

Necessidade de observância do prazo de dois anos após a extinção da pena

"Ante o não preenchimento dos requisitos do artigo 94 do Código Penal, mantém-se a decisão que indeferiu a reabilitação criminal" (TJSP – Apelação n° 0052992-24.1999.8.26.0405, Rel. Willian Campos, j. 22.10.2013).

Suspensão condicional dos efeitos extrapenais específicos da condenação (art. 92 do Código Penal) – A sentença penal condenatória pode produzir as seguintes consequências extrapenais:

> *Art. 92: São também efeitos da condenação:*
>
> *I – a perda de cargo, função pública ou mandato eletivo:*
>
> *a) quando aplicada pena privativa de liberdade por tempo igual ou superior a um ano, nos crimes praticados com abuso de poder ou violação de dever para com a Administração Pública;*
>
> *b) quando for aplicada pena privativa de liberdade por tempo superior a 4 (quatro) anos nos demais casos.*
>
> II – a incapacidade para o exercício do poder familiar, da tutela ou da curatela nos crimes dolosos sujeitos à pena de reclusão cometidos contra outrem igualmente titular do mesmo poder familiar, contra filho, filha ou outro descendente ou contra tutelado ou curatelado; (Redação dada pela Lei nº 13.715, de 2018);
>
> *III – a inabilitação para dirigir veículo, quando utilizado como meio para a prática de crime doloso.*

Reabilitação parcial e total – O instituto da reabilitação presta-se para suspender os efeitos acima listados. Entretanto, o art. 93, parágrafo único, do Código Penal, dispõe que, nas situações dos incisos I (perda de cargo, função pública o mandato eletivo) e II (incapacidade para o exercício do poder familiar, tutela ou curatela), a reabilitação é parcial, vedando a reintegração na situação anterior. Logo, se o agente, como consequência de uma condenação por peculato, perde o cargo público, obtendo a reabilitação, pode até voltar aos quadros da Administração Pública, mas depende de nova investidura (reabilitação parcial). Do mesmo modo, o pai de três filhas, condenado pelo estupro da mais velha, ao sofrer o efeito da incapacidade de exercer o poder familiar, fica impedido de cuidar da prole, mesmo em relação às que não foram vítimas do crime. Uma vez reabilitado, pode voltar a exercer o poder sobre as filhas, porém jamais em face daquela vítima do estupro. A reabilitação só é integral na hipótese do inciso III (inabilitação para dirigir veículo).

Reabilitação *x* reincidência – A medida da reabilitação não rescinde a condenação. Logo, quando deferida, permanecem todos os seus efeitos penais secundários, dentre eles, a reincidência.

Art. 744. O requerimento será instruído com:

I – certidões comprobatórias de não ter o requerente respondido, nem estar respondendo a processo penal, em qualquer das comarcas em que houver residido durante o prazo a que se refere o artigo anterior;

II – atestados de autoridades policiais ou outros documentos que comprovem ter residido nas comarcas indicadas e mantido, efetivamente, bom comportamento;

III – atestados de bom comportamento fornecidos por pessoas a cujo serviço tenha estado;

IV – quaisquer outros documentos que sirvam como prova de sua regeneração;

V – prova de haver ressarcido o dano causado pelo crime ou persistir a impossibilidade de fazê-lo.

Observação – Como já alertado acima, os requisitos que devem ser atendidos, no pedido de reabilitação, são aqueles elencados no art. 94 do Código Penal, a saber: comprovação do domicílio, bom comportamento e ressarcimento do dano. Os pressupostos abaixo, do CPP, não chegam a conflitar com o Código Penal. Antes, pensamos que se complementam. De forma que, o Código Penal, ao exigir prova de bom comportamento (art. 94, inc. II), não impede que tal regeneração seja demonstrada por meio das certidões e atestados, conforme previsto nos incs. I, II e III abaixo. De modo que, à exceção do prazo para o pedido (de dois anos e não de quatro) e quanto ao ressarcimento da vítima, quando se ressalva que ela não é exigida em caso de renúncia novação da dívida, de resto os requisitos abaixo devem ser observados, pois em nada contrariam o espírito do legislador penal.

JURISPRUDÊNCIA

Rigor na observância do preenchimento dos requisitos

"A reabilitação está subjungida a requisitos taxativamente exigidos pela lei, desde que têm eles o fim de demonstrar a regeneração do condenado, para o que deve o julgador ser rigoroso na apreciação das provas, o que vale dizer que o não-cumprimento de qualquer deles tem como resultante o indeferimento do pedido e o rigor é essencial, ainda que se comungue maior amplitude para torná-la poderoso estímulo" (TJSP – Rel. Hoeppner Dutra, RJTJESP 42/366).

I - certidões comprobatórias de não ter o requerente respondido, nem estar respondendo a processo penal, em qualquer das comarcas em que houver residido durante o prazo a que se refere o artigo anterior;

Certidões – A fim de comprovar seu bom comportamento, deve o autor juntar aos autos certidões negativas (as conhecidas *nada consta*), demonstrando que não foi e nem está sendo processado, no prazo de dois anos contado da data em que extinta a punibilidade (aplica-se, aqui, o prazo previsto no *caput* do art. 94 do Código Penal e não aquele a que se refere o artigo anterior do CPP). Tais certidões devem ser extraídas dos juízos nos quais o autor residiu nesse prazo de dois anos. Com o advento do chamado *processo eletrônico*, a tarefa se facilitou, podendo se obter as certidões via *internet*, sem maior dificuldade.

II - atestados de autoridades policiais ou outros documentos que comprovem ter residido nas comarcas indicadas e mantido, efetivamente, bom comportamento;

Comprovação de residência – O dispositivo determina que a comprovação, quanto à residência, se faça por meio de atestado lavrado pela autoridade policial ou outros documentos. Difícil imaginar que, em pleno século XXI, alguém vá demonstrar o local em que mora por meio de um atestado. É possível mesmo que, dirigindo-se a uma autoridade policial, seja-lhe negado o pedido. Muito mais prático, portanto, será a juntada de uma conta de luz ou água ou de um contrato de locação, aptos a fazer prova do alegado. Tampouco o *bom comportamento* é algo a ser comprovado por meio de um atestado policial, sobretudo quando as certidões exigidas no inciso anterior podem, com muito mais credibilidade, demonstrar essa condição. Observamos, apenas, que o art. 94, inc. I, do Código Penal, exige a prova do "domicílio no País", prevalecendo esta disposição em relação ao que reza o inciso em exame, vez que, editada posteriormente, revogou tacitamente a norma do CPP. Ao contrário de alguma doutrina, não vislumbramos, no dispositivo, qualquer inconstitucionalidade, derivada da inobservância do direito que tem o indivíduo de se locomover livremente, uma vez extinta a pena que foi-lhe imposta. Ao contrário, pensamos tratar-se de medida salutar, que permite uma melhor averiguação dos passos do autor do pedido, podendo se apurar, com maior certeza, seu bom comportamento.

III - atestados de bom comportamento fornecidos por pessoas a cujo serviço tenha estado;

Bom comportamento – Como já alertamos, para que obtenha tão relevante favor legal, capaz de apagar seus antecedentes criminais, deve o autor do pedido demonstrar que, no período posterior ao da extinção da pena, manteve bom comportamento. Afinal, se como adverte Eduardo Espínola Filho, citando Alfredo Rocco, "é interesse do Estado promover a emenda dos réus, ajudá-los, com a esperança de redenção social, nos seus bons propósitos, afiançando-lhes a possibilidade de viver honestamente, eliminando os obstáculos que derivam da condenação infligida" (ob., cit., vol. III, p.326), cabe ao autor do pedido, de sua parte, comprovar que manteve bom comportamento que o torne merecedor do favor legal. Ressalvamos, apenas, que não nos parece que esse *bom comportamento* possa ser demonstrado através de um atestado firmado por quem tomou o serviço do autor. A conhecida, por assim dizer, *facilidade* com que os atestados são emitidos em nosso país, torna muito mais eficaz a juntada de certidões cartorárias, reclamadas no inc. I acima.

JURISPRUDÊNCIA

Posterior condenação por delito culposo

"Impossível afirmar o constante bom comportamento de quem entre a extinção da primeira condenação e o pedido foi duas vezes condenado e entre a extinção da segunda e a postulação sofreu, dentro do prazo, pena privativa de liberdade, que, por si só, levaria à revogação do benefício, se acaso tivesse sido deferido. Nem vale o argumento de que a condenação por delito culposo não tisna o bom comportamento. A afirmação esbarra na lei, que não distingue entre condenação por crime doloso e culposo e impõe a revogação nas duas hipóteses, desde que infligida pena privativa da liberdade" (TACRIM-SP – Rel. Dante Busana, RT 575/382).

IV – quaisquer outros documentos que sirvam como prova de sua regeneração;

Outros documentos – Cremos que, a essa altura, com a observância dos requisitos acima elencados, o bom comportamento do autor já tenha sido demonstrado. Nada impede, contudo, que além das certidões nesse sentido, sejam juntados outros documentos, aptos a demonstrar a regeneração do autor. Em nossa experiência no Ministério Público, nos deparamos, de certa feita, com um pedido de reabilitação formulado por um médico, no qual ele demonstrava que, após a extinção a pena, prestou serviços gratuitamente em um hospital. Suponha-se, ainda, aquele que filiou-se a um clube de serviço ou assumiu a direção de uma entidade filantrópica. Ou que recebeu uma honraria pelos bons serviços que prestou à sua comunidade. São elementos que se prestam a reforçar a imagem do reabilitado, aptos a demonstrar sua recuperação.

V – prova de haver ressarcido o dano causado pelo crime ou persistir a impossibilidade de fazê-lo.

Ressarcimento do dano – Desde que, é claro, tenha o crime acarretado algum prejuízo de ordem material. Em uma tentativa de furto, na qual o bem foi recuperado pela vítima, não há que se falar em ressarcimento. O mesmo se diga em crime de uso de documento falso (uma carteira de habilitação, por exemplo), ou de apologia ao crime ou de ato obsceno, dentre tantos outros. Mas o furto de uma bicicleta, não recuperada pelo ofendido, será de fácil reparação, bastando que se consulte o auto de avaliação da *res*, constante do processo-crime, fazendo-se, por óbvio, a devida correção monetária desse valor e a incidência de juros.

Renúncia da vítima ou novação da dívida – Embora este inciso não faça tal ressalva, aplica-se, aqui, o disposto no art. 94, inc. III, do Código Penal, quando libera o ressarcimento desde que se "comprove a renúncia da vítima ou novação da dívida". Claro, se a despeito da obrigação de indenizar, viu-se o autor perdoado pela vítima, que abriu mão de seu direito de ser ressarcida, não há que se exigir tal reparação. O mesmo ocorre na chamada *novação*, que consiste na extinção de uma obrigação pela formação de outra, destinada a substituí-la, nos termos do art. 360 e seus incisos, do Código Civil.

JURISPRUDÊNCIA

Obrigatoriedade do ressarcimento

"Conforme a pacífica desta Corte Superior, para a obtenção da reabilitação, é necessário que o requerente demonstre o ressarcimento do dano causado pelo crime ou a impossibilidade absoluta de o fazer, nos termos do art. 94, III, do Código Penal. Tendo o agravante, que recebe atualmente benefício previdenciário no valor de um salário-mínimo, comprovado que preencheu o requisito temporal e que teve seus imóveis apreendidos e leiloados para o ressarcimento dos danos causados pelos crimes praticados, não parece razoável exigir-se a reparação do valor total movimentado pelos delitos, o qual foi considerado como de impossível apuração na ação penal originária. Ademais, não tendo ocorrido a apuração total do valor movimentado pelos delitos no processo originário, estar-se-ia exigindo da parte requerente a produção de prova impossível, obstando-se o próprio acesso ao direito à reabilitação do requerente, previsto no art. 94 do CP, com o intuito de proporcionar a restauração da dignidade pessoal e a reintegração do condenado à sociedade. Demonstrada a impossibilidade de integral reparação dos danos causados, os quais não chegaram a ser totalmente apurados, deve ser reconhecido o preenchimento dos requisitos previstos para o deferimento da reabilitação ao recorrente." (STJ - AgRg no AREsp 1725755 / RJ, 6ª Turma, Min. Nefi Cordeiro, j. 06/10/2020)

Ressarcimento devido ainda que absolvido no âmbito cível

"Reabilitação. Ressarcimento do dano. Exigência essencial. Réu condenado em ação penal e absolvido, no cível, em ação popular, pelo mesmo fato. Decisão de juízo cível que considera não provada a participação de alguém na trama fraudulenta, excluindo-o da obrigação de indenizar, não colide com sentença penal condenatória, que reputou provada aquela participação, já que a prova que não foi feita pelo particular, no juízo cível, foi produzida pelo Ministério Público no juízo penal. Inexistência de questão prejudicial, litispendência ou coisa julgada oponíveis à sentença criminal. Independência das instâncias civil e penal, com prevalência desta quando decide sobre a prova do fato e da autoria" (STJ – REsp n° 500-SP, Rel. Assis Toledo, RSTJ 9/254).

Cautela na exigência da reparação do dano

"Apelação Criminal. Indeferimento de pedido de reabilitação criminal. Possibilidade. Preenchimento dos requisitos necessários. Em que pese a não reparação do dano, tal critério não pode ser exigido ao excesso, sob pena de obstar o alcance da benesse em questão. De fato, ao que infere-se dos autos, tal requisito secundário se mostra de difícil execução. Demais requisitos previstos no artigo 93 e 94 do CP e 743 e ss do CPP demonstrados, conforme salientou o representante do parquet e da D. Procuradoria Geral de Justiça" (TJSP – Apelação n° 0052862-08.1994.8.26.0050, Rel. Péricles Piza, j. 11.03.2013).

Art. 745. **O juiz poderá ordenar as diligências necessárias para apreciação do pedido, cercando-as do sigilo possível e, antes da decisão final, ouvirá o Ministério Público.**

Diligências de ofício – Pode ocorrer que o juiz, diante das provas apresentadas pelo reabilitando, não se convença da pertinência do pedido. Nesse caso poderá, *ex officio*, ordenar alguma diligência, que deve ser cercada de sigilo. Deverá, em seguida, dar vista ao Ministério Público, para que lance seu parecer. Da praxe forense se extrai que, assim que receber o pedido, o juiz de pronto, faculte a manifestação do *parquet* que, na qualidade de *custos legis*, poderá requerer a produção de alguma prova, a juntada de documento, enfim, qualquer diligência que propicie uma melhor apreciação da pretensão do reabilitado.

Art. 746. Da decisão que conceder a reabilitação haverá recurso de ofício.

Recurso de ofício – Com o advento da Lei de Execuções Penais (Lei n. 7.210/1984), que prevê somente o recurso de agravo, contra toda e qualquer decisão em sede de execução, chegou-se a defender a extinção do recurso *ex officio*, previsto neste dispositivo. Dizia-se, ademais, que a Constituição de 1988, ao dispor sobre a titularidade privativa da ação penal pública ao Ministério Público, não teria recepcionado essa espécie de recurso. Cuida-se de entendimento que não vingou. A LEP, com efeito, não revogou expressamente este art. 746 que, bem por isso, continua em vigor. Tampouco há que considerar o pedido de reabilitação como um incidente de execução penal, a justificar apenas o agravo como recurso. Segundo, portanto, jurisprudência monótona sobre o tema, continua em pleno vigor este dispositivo. Observe-se, por fim, que o duplo grau de jurisdição obrigatório é cabível apenas da decisão que concede o favor legal, mas não daquela que o indefere, a ser desafiada por meio de apelação.

Ainda sobre o recurso obrigatório, as hipóteses de sua admissibilidade, sua constitucionalidade, etc., v. acima comentários ao art. 574 do código.

JURISPRUDÊNCIA

Manutenção do recurso de ofício

"O art. 746, do CPP, porque é norma de aplicação pelo juízo da condenação, não foi revogado pela Lei de Execuções Penais, subsistindo, pois, o recurso de ofício de sentença concessiva de reabilitação. Precedentes do STJ" (STJ – REsp nº 157415-SP, Rel. Fernando Gonçalves, RT 761/571).

Recurso voluntário – A previsão quanto ao reexame obrigatório, não afasta a possibilidade de a parte prejudicada recorrer, de forma voluntária. O recurso cabível, nesse caso, nos termos do art. 593, inc. II, do código, é a apelação, posto se tratar de uma sentença com força de definitiva, nos termos do art. 593, inc. II, do código.

Art. 747. A reabilitação, depois de sentença irrecorrível, será comunicada ao Instituto de Identificação e Estatística ou repartição congênere.

Instituto de Identificação e Estatística – Sobre o tema, ver acima comentários aos arts. 23 e 809.

Art. 748. A condenação ou condenações anteriores não serão mencionadas na folha de antecedentes do reabilitado, nem em certidão extraída dos livros do juízo, salvo quando requisitadas por juiz criminal.

Sigilo – Se o objetivo principal da reabilitação é, exatamente, propiciar a reintegração do condenado à sociedade – tendo ele dado mostra de sua regeneração – não faria sentido que, uma vez concedido o favor legal, constasse ainda de seus antecedentes dados referentes à condenação. O êxito do benefício e seu alcance social, jamais seriam atingidos caso a mácula da condenação perdurasse indefinidamente, tal qual a espada de Dâmocles, sobre a cabeça do condenado. Esta a justificativa para o dispositivo em exame, a permitir que, dos antecedentes do reabilitado, nada conste, ressalvada a hipótese de requisição judicial.

Lei de Execução Penal – Nos termos do art. 202, da Lei de Execução Penal, cumprida ou extinta a pena, não constarão da folha corrida, atestados ou certidões fornecidas por autoridade policial ou por auxiliares da Justiça, qualquer notícia ou referência à condenação, salvo para instruir processo pela prática de nova infração penal ou outros casos expressos em lei. No mesmo sentido o art. 93 do Código Penal, *in verbis*: "A reabilitação alcança quaisquer penas aplicadas em sentença definitiva, assegurando ao condenado o sigilo dos registros sobre o seu processo e condenação". Ora, se a LEP já assegura o sigilo, bastando o cumprimento ou extinção da pena, qual é a utilidade da reabilitação nesse ponto? Diverge a doutrina. Parte dela entende que se tronou como desnecessária a menção contida neste art. 748, posto que o dispositivo da LEP já prevê essa hipótese, garantindo o sigilo de forma mais eficaz e menos burocrática ao condenado, que nem mesmo necessita pedir a reabilitação, sendo ela automática nos termos peremptórios do art. 202. Outra corrente vislumbra vantagem, ao condenado, com a aplicação deste art. 748, que admite a quebra do sigilo somente quando requisitado por juiz criminal, enquanto que a LEP autorizaria essa quebra por ordem de qualquer Magistrado ou em "outros casos expressos em lei". Ora, como *outros casos expressos em lei*, entenda-se a possibilidade, por exemplo, de um juiz eleitoral requisitar as informações ou de membros de uma banca de concurso também fazê-lo.

Pensamos que a resposta a essa dúvida não deva se fundamentar naquilo que seja mais ou menos vantajoso ao reabilitado. Há, com efeito, uma *questão de ordem* a ser enfrentada antes de se avaliar o que é melhor para o autor do pedido. De sorte que a Lei de Execução Penal (Lei n. 7.210/1984), é muito posterior ao Código de Processo Penal e, como tal, quando dispôs de forma diversa, revogou o diploma processual, naquilo que a doutrina denomina ab-rogação. Ora, nos termos do art. 2º, § 1º, do Decreto-lei n. 4.657/1942 (Lei de Introdução às normas do Direito Brasileiro), "a lei posterior revoga a anterior quando [...] seja com ela incompatível". De forma que, se a LEP, ao assegurar o sigilo, ressalva a possibilidade de sua quebra em "outros casos expressos em lei", seu art. 202, portanto, prevalece sobre o CPP, que prevê essa possibilidade apenas quando requisitada por um juiz criminal. Irrelevante – insistimos – se o dispositivo da LEP seja mais prejudicial ao condenado, pois a questão se resolve antes, no campo da vigência e aplicabilidade da norma. De resto, não teria mesmo cabimento que se vedasse, por exemplo, a um Desembargador, presidente de uma banca de concurso de ingresso à Magistratura, informações a respeito da vida pregressa de um candidato, sob o argumento de que apenas um juiz criminal pudesse fazê-lo. Prevalece aqui o interesse público, consistente em selecionar o candidato mais apto – sob o ponto de vista intelectual e moral – em detrimento do sigilo quanto a seus antecedentes. Observe-se, por derradeiro, que o próprio CPP, quando tratava da suspensão condicional da pena (art. 709, § 2º) – em matéria hoje disciplinada pela LEP – previa que o registro do "sursis" em livro próprio seria secreto, "salvo para efeito de informações requisitadas por autoridade judiciária", não restringindo sua quebra somente por ordem do juiz criminal, como faz o dispositivo em análise.

Menção a inquéritos – O dispositivo em tela autoriza a retirada, da folha de antecedentes do reabilitado, de qualquer referência a anteriores condenações. Indaga-se, então, se inquéritos policiais arquivados, sentenças absolutórias, passagens pelos Juizados Especiais Criminais (Lei n. 9.099/95), podem também ser excluídos. Não temos dúvida em responder afirmativamente. Ora, se a condenação, muito mais grave, pois se reconheceu, de forma definitiva, a culpa do agente, merece a retirada, com mais razão devem ser excluídas as menções nas hipóteses aqui lembradas, nas quais, em nenhum momento, se tem a condenação do reabilitado. É mesmo a aplicação do conhecido brocardo pelo qual "quem pode o mais pode o menos" (*a maiori, ad minus*). Pode-se argumentar que, exatamente porque não houve condenação, os dados não seriam capazes de acarretar nenhum dano ao agente, devendo, por isso, ser preservados. Não nos parece seja bem assim. A manutenção de informações sobre um processo-crime, ainda que absolvido o réu, mostra-se apta a causar-lhe prejuízo, face à inegável carga de preconceito que se estabelece nesses casos. O mesmo raciocínio se aplica a um inquérito policial arquivado. De forma coloquial, alguém dirá, certamente, que, se o agente teve um processo criminal, "é porque alguma coisa ele fez", mesmo que posteriormente absolvido. Daí apontarmos, sem maior dificuldade, a possibilidade de exclusão de todo e qualquer dado, ainda que não se refira a uma condenação. Sem embargo dessa advertência, o Tribunal de Justiça de São Paulo, como se vê de arestos abaixo mencionados, não admitiu o pedido de reabilitação em hipóteses de transação penal e quando reconhecida a prescrição da pretensão punitiva. A nosso ver, com a devida vênia, de forma equivocada.

JURISPRUDÊNCIA

Possibilidade de exclusão de dados referentes a inquéritos arquivados, a ações penais trancadas e a absolvições por sentença penal transitada em julgado

"O Superior Tribunal de Justiça firmou o entendimento no sentido de que, por analogia aos termos do art. 748 do Código de Processo Penal, devem ser excluídos dos terminais dos Institutos de Identificação Criminal os dados relativos a inquéritos arquivados, a ações penais trancadas, a processos em que tenha ocorrido a reabilitação do condenado e a absolvições por sentença penal transitada em julgado ou, ainda, que tenha sido reconhecida a extinção da punibilidade do acusado decorrente da prescrição da pretensão punitiva do Estado" (STJ – AgRg no RMS nº 31907-SP, Rel. Adilson Vieira Macabu, j. 01.03.2012, DJe 26.03.2012).

"Como o próprio nome já indica, a reabilitação só alcança o réu condenado. O pedido é dirigido ao juiz da condenação (art. 743 do CPP), visando assegurar ao condenado o sigilo dos registros sobre seu processo e condenação (art. 93, caput, do CP), desde que o requerente demonstre a reabilitação na vida pública e particular (art. 94, II, do CP), além de outros requisitos legais. Não é o caso do réu absolvido. A este se aplica a norma contida no art. 748 do CPP, por analogia. Se ao próprio réu reabilitado, garante-se o direito de exclusão nas folhas de antecedentes e nas certidões extraídas dos livros do juízo da condenação ou condenações anteriores, por que se haveria de ser mais rigoroso quanto ao acusado absolvido? Seria ilógico garantir ao réu reabilitado o sigilo dos registros sobre seu processo e condenação (art. 93 do CP) e denegar o mesmo direito ao réu absolvido, ainda que por insuficiência de prova" (TJSP – HC nº 485908/0 00, Rel. Renê Ricupero, j. 31.03.2005).

Descabimento de reabilitação

a) quando reconhecida a prescrição da pretensão punitiva

"Decretada a aludida extinção de sua punibilidade, desapareceu o direito do Estado em exercer o jus persequendi in juditio ou o jus punitionis, restando somente os requisitos e o crime pelo qual veio o recorrido a ser condenado. Tal decretação deve ser entendida como de ampla aplicação em benefício do recorrido, falecendo razão para que fosse ele reabilitado de algo já não mais existente no mundo jurídico, em especial a sua condenação" (TJSP – Reexame necessário nº 0010103-87.1999.8.26.0362, Rel. Otávio Henrique, j. 28.02.2013).

b) na transação penal

"Decisão que julgou extinto o processo sem análise do mérito, por carência de ação. Pedido de reabilitação criminal – Ausência de condenação. Recorrente que foi beneficiado pela transação penal Impossibilidade de se conceder a almejada reabilitação por falta de pressuposto básico Decisão mantida Recurso desprovido" (TJSP – Apelação nº 0209342-42.2009.8.26.0000, Rel. Sérgio Ribas, j. 09.05.2013).

Impossibilidade de exclusão dos registros constantes da "folha de antecedentes"

"O STJ firmou entendimento pela impossibilidade da exclusão dos registros constantes das 'folhas de antecedentes', com apoio no artigo 748 do Código de Processo Penal. Nesse sentido, dentre outros: AgRg no RMS 33.560/RJ, Rel. Ministro Jorge Mussi, Quinta Turma, DJe 18/09/2012; EDcl no RMS 34.919/SP, Rel. Ministro Humberto Martins, Segunda Turma, DJe 13/02/2012. A folha de antecedentes contém informações secretas destinadas, restritivamente, a órgãos das Polícias Judiciárias, do Ministério Público e do Poder Judiciário (§ 2º do art. 709 do CPP). O atestado de antecedentes é documento que pode ser solicitado por eventuais interessados, no qual, porém, 'a autoridade policial não poderá mencionar quaisquer anotações referentes a instauração de inquérito contra os requerentes" (art. 20 do CPP, com redação dada pela Lei n. 12.681/2012). Ausência de direito líquido e certo de ver cancelado registro constante da folha de antecedentes" (STJ – RMS nº 38983-SP, Rel. Benedito Gonçalves, j. 18.12. 2012, DJe 04.02.2013).

Ressalva

"Se é assegurado ao reabilitado o sigilo dos registros sobre seu processo e condenação, com muito maior razão deve-se resguardar o segredo para aqueles que foram absolvidos, preservada a possibilidade de acesso à informação apenas por requisição judicial. No entanto, inviável a completa exclusão das informações aludidas. De fato, a medida esbarra em limitação de ordem técnica, qual seja, a impossibilidade de remoção dos dados pretendidos, sob pena de perda definitiva. Como forma de solucionar o problema, tornou-se praxe, no Estado de São Paulo, a inclusão de referências a penas cumpridas, extinção da punibilidade, inquéritos arquivados e sentenças absolutórias em arquivo confidencial acessado apenas pelo próprio IIRGD para atendimento de requisições judiciais. Dessa maneira, desde 2008, tão-somente os registros pendentes de decisão judicial podem ser visualizados por funcionários de delegacias e policiais. Assim, criou-se a certidão de antecedentes criminais para fins civis, emitida com o escopo de resguardar os direitos fundamentais do solicitante e a sua plena reinserção no meio social, ao mesmo tempo em que preservada a atuação do Poder Judiciário no tocante à utilização dos dados sigilosos. Frente ao exposto, defere-se o pedido correcional para determinar ao Instituto de Identificação Ricardo Gumblenton Daunt e aos órgãos policiais que excluam de bancos de dados de livre consulta os registros em nome de AJS relativos à absolvição decretada, mantidos os dados no arquivo confidencial acessado apenas pelo próprio IIRGD para atendimento de requisições judiciais" (TJSP – Correição Parcial nº 0127419-52.2013.8.26.0000, Rel. Vico Mañas, j. 13.11.2013).

"A absolvição e ou extinção de punibilidade equivalem a nunca ter sido o agente processado. Sua folha de antecedentes, sua vida pregressa permanecem imaculadas, devendo ser retratadas com um simples, mas importante, NADA CONSTA. No entanto, o registro, a anotação acerca desse episódio do impetrante não pode, simplesmente, ser apagado dos arquivos públicos. O processo existiu e tramitou de forma regular e legal; o resultado é que foi favorável ao então acusado. Fato público que deve permanecer anotado, divulgado apenas em caso de requisição judicial [...] O instituto de identificação, in casu, o Instituto "Ricardo Gumbleton Daunt" (IIRGD), muito embora possa ter em seu banco de dados tal anotação, mesmo porque é essa uma de suas funções precípuas, fica impedido de divulgá-la, sempre ressalvada a requisição judicial. O direito ao sigilo da informação é garantia indiscutível e indeclinável, não o cancelamento puro e simples, que faz apagar dos anais o registro de fato público. Não há cogitar no cancelamento, insisto, junto ao instituto de identificação, na medida em que ele é o órgão que centraliza de forma ampla todas as informações concernentes a inquéritos policiais e processos judiciais, incluídos os mandados de prisão, e se utiliza do mesmo banco de dados da Polícia Civil e do Poder Judiciário, mantido e alimentado pela Prodesp, empresa de processamento de dados do Estado" (TJSP – Reexame Necessário nº 9000001-75.2000.8.26.0115, Rel. Augusto de Siqueira, j. 26.09.2013).

Art. 749. Indeferida a reabilitação, o condenado não poderá renovar o pedido senão após o decurso de dois anos, salvo se o indeferimento tiver resultado de falta ou insuficiência de documentos.

Renovação do pedido – Este dispositivo foi revogado, parcialmente, face aos termos do art. 93, parágrafo único, do Código Penal, cuja redação é a seguinte: "Negada a reabilitação, poderá ser requerida, a qualquer tempo, desde que o pedido seja instruído com novos elementos comprobatórios dos requisitos necessários". Isso porque, como já ressaltamos, a Lei n. 7.209/1984, que alterou a parte geral do Código Penal e tratou da reabilitação (arts. 93, 94 e 95 do CP), é posterior ao Código de Processo Penal. Não mais se exige, portanto, o transcurso do prazo de dois anos entre o primeiro pedido (que foi negado), e sua renovação. Instruído com novos elementos, juntados documentos que, de início, não foram apresentados, enfim, apresentado um novo panorama probatório, nada impede a renovação do pedido.

Art. 750. **A revogação de reabilitação (Código Penal, art. 120) será decretada pelo juiz, de ofício ou a requerimento do Ministério Público.**

Revogação da reabilitação – O dispositivo a ser observado, neste caso, é o art. 95 do Código Penal, do seguinte teor: "A reabilitação será revogada, de ofício ou a requerimento do Ministério Público, se o reabilitado for condenado, como reincidente, por decisão definitiva, a pena que não seja de multa". A reabilitação se orienta, portanto, pela cláusula *rebus sic stantibus*, podendo, assim, ser revogada, de ofício ou a requerimento do Ministério Público, caso condenado o reabilitado (salvo à pena de multa), e uma vez reconhecida sua reincidência. O juiz competente para revogar a reabilitação é o mesmo que, anteriormente, a concedera. Exige-se, ainda, o trânsito em julgado da condenação, não sendo cabível a revogação se esta segunda condenação ainda pende de recurso. Por conta da revogação, cessam os efeitos da reabilitação e, por isso, dos registros do reabilitado tornam a constar seus antecedentes, bem como as consequências extrapenais da condenação tornam a vigorar. A desafiar essa revogação será cabível o recurso de apelação (art. 53, inc. II, do CPP).

Reincidente – Nessa segunda condenação, para que dê ensejo à revogação da reabilitação, é necessário que reste configurada a condição de reincidente do agente. É dizer: nos termos do art. 64, inc. I, do Código Penal, exige-se o transcurso de um período igual ou inferior a cinco anos, contado desde a extinção da punibilidade referente à primeira condenação até a prática do segundo crime. Caso a segunda condenação ocorra, por exemplo, quando passados 10 anos da primeira, não será reconhecida a reincidência do agente e, como tal, não será também revogada a reabilitação.

JURISPRUDÊNCIA

"Como não transcorreu prazo superior a cinco anos entre a data do cumprimento ou extinção da pena da primeira condenação e a data do fato criminoso abordado pela última condenação, não há falar-se em afastamento dos efeitos da reincidência (CP, art. 64, I)" (HC n. 14202-SP – Rel. Edson Vidigal, j. 24.04.2001, DJ 13.08.2001, p. 182).

Pena de multa – A ressalva à pena de multa, cuja condenação não acarreta a revogação do benefício, explica-se em virtude da pouca gravidade dos delitos apenados com sanção pecuniária, não justificando, assim, tão drástica medida.

Contravenção penal – Indaga-se: caso a segunda condenação se refira à prática de uma contravenção penal, ela acarretará a revogação da reabilitação? De acordo com a letra "fria" da lei, sim. A doutrina, contudo, forte no princípio da razoabilidade, tende a lecionar que não. A um, porque a grande maioria das contravenções são apenadas com pena de multa, que impedem a revogação. A dois, em virtude de que o *crime anão* quase sempre está ligado à prática de faltas leves, de menor relevância social, que não justificam a revogação da reabilitação.

TÍTULO V
DA EXECUÇÃO DAS MEDIDAS DE SEGURANÇA

Art. 751. Durante a execução da pena ou durante o tempo em que a ela se furtar o condenado, poderá ser imposta medida de segurança, se:

I - o juiz ou o tribunal, na sentença:

a) omitir sua decretação, nos casos de periculosidade presumida;

b) deixar de aplicá-la ou de excluí-la expressamente;

c) declarar os elementos constantes do processo insuficientes para a imposição ou exclusão da medida e ordenar indagações para a verificação da periculosidade do condenado;

II - tendo sido, expressamente, excluída na sentença a periculosidade do condenado, novos fatos demonstrarem ser ele perigoso.

Art. 752. Poderá ser imposta medida de segurança, depois de transitar em julgado a sentença, ainda quando não iniciada a execução da pena, por motivo diverso de fuga ou ocultação do condenado:

I - no caso da letra *a* do nº I do artigo anterior, bem como no da letra *b*, se tiver sido alegada a periculosidade;

II - no caso da letra *c* do nº I do mesmo artigo.

Art. 753. Ainda depois de transitar em julgado a sentença absolutória, poderá ser imposta a medida de segurança, enquanto não decorrido tempo equivalente ao da sua duração mínima, a indivíduo que a lei presuma perigoso.

Art. 754. A aplicação da medida de segurança, nos casos previstos nos arts. 751 e 752, competirá ao juiz da execução da pena, e, no caso do art. 753, ao juiz da sentença.

Art. 755. A imposição da medida de segurança, nos casos dos arts. 751 a 753, poderá ser decretada de ofício ou a requerimento do Ministério Público.

Parágrafo único. O diretor do estabelecimento penal, que tiver conhecimento de fatos indicativos da periculosidade do condenado a quem não tenha sido imposta medida de segurança, deverá logo comunicá-los ao juiz.

Art. 756. Nos casos do nº I, *a* e *b*, do art. 751, e nº I do art. 752, poderá ser dispensada nova audiência do condenado.

Art. 757. Nos casos do nº I, *c*, e nº II do art. 751 e nº II do art. 752, o juiz, depois de proceder às diligências que julgar convenientes, ouvirá o Ministério Público e concederá ao condenado o prazo de três dias para alegações, devendo a prova requerida ou reputada necessária pelo juiz ser produzida dentro em dez dias.

§ 1º O juiz nomeará defensor ao condenado que o requerer.

§ 2º Se o réu estiver foragido, o juiz procederá às diligências que julgar convenientes, concedendo o prazo de provas, quando requerido pelo Ministério Público.

§ 3º Findo o prazo de provas, o juiz proferirá a sentença dentro de três dias.

Art. 758. A execução da medida de segurança incumbirá ao juiz da execução da sentença.

Art. 759. No caso do art. 753, o juiz ouvirá o curador já nomeado ou que então nomear, podendo mandar submeter o condenado a exame mental, internando-o, desde logo, em estabelecimento adequado.

Art. 760. Para a verificação da periculosidade, no caso do § 3º do art. 78 do Código Penal, observar-se-á o disposto no art. 757, no que for aplicável.

Art. 761. Para a providência determinada no art. 84, § 2º, do Código Penal, se as sentenças forem proferidas por juízes diferentes, será competente o juiz que tiver sentenciado por último ou a autoridade de jurisdição prevalente no caso do art. 82.

Art. 762. A ordem de internação, expedida para executar-se medida de segurança detentiva, conterá:

I – a qualificação do internando;

II – o teor da decisão que tiver imposto a medida de segurança;

III – a data em que terminará o prazo mínimo da internação.

Art. 763. Se estiver solto o internando, expedir-se-á mandado de captura, que será cumprido por oficial de justiça ou por autoridade policial.

Art. 764. O trabalho nos estabelecimentos referidos no art. 88, § 1º, III, do Código Penal, será educativo e remunerado, de modo que assegure ao internado meios de subsistência, quando cessar a internação.

§ 1º O trabalho poderá ser praticado ao ar livre.

§ 2º Nos outros estabelecimentos, o trabalho dependerá das condições pessoais do internado.

Art. 765. A quarta parte do salário caberá ao Estado ou, no Distrito Federal e nos Territórios, à União, e o restante será depositado em nome do internado ou, se este preferir, entregue à sua família.

Art. 766. A internação das mulheres será feita em estabelecimento próprio ou em seção especial.

Art. 767. O juiz fixará as normas de conduta que serão observadas durante a liberdade vigiada.

§ 1º Serão normas obrigatórias, impostas ao indivíduo sujeito à liberdade vigiada:

a) tomar ocupação, dentro de prazo razoável, se for apto para o trabalho;

b) não mudar do território da jurisdição do juiz, sem prévia autorização deste.

§ 2º Poderão ser impostas ao indivíduo sujeito à liberdade vigiada, entre outras obrigações, as seguintes:

a) não mudar de habitação sem aviso prévio ao juiz, ou à autoridade incumbida da vigilância;

b) recolher-se cedo à habitação;

c) não trazer consigo armas ofensivas ou instrumentos capazes de ofender;

d) não freqüentar casas de bebidas ou de tavolagem, nem certas reuniões, espetáculos ou diversões públicas.

§ 3º Será entregue ao indivíduo sujeito à liberdade vigiada uma caderneta, de que constarão as obrigações impostas.

Art. 768. As obrigações estabelecidas na sentença serão comunicadas à autoridade policial.

Art. 769. A vigilância será exercida discretamente, de modo que não prejudique o indivíduo a ela sujeito.

Art. 770. Mediante representação da autoridade incumbida da vigilância, a requerimento do Ministério Público ou de ofício, poderá o juiz modificar as normas fixadas ou estabelecer outras.

Art. 771. Para execução do exílio local, o juiz comunicará sua decisão à autoridade policial do lugar ou dos lugares onde o exilado está proibido de permanecer ou de residir.

§ 1º O infrator da medida será conduzido à presença do juiz que poderá mantê-lo detido até proferir decisão.

§ 2º Se for reconhecida a transgressão e imposta, conseqüentemente, a liberdade vigiada, determinará o juiz que a autoridade policial providencie a fim de que o infrator siga imediatamente para o lugar de residência por ele escolhido, e oficiará à autoridade policial desse lugar, observando-se o disposto no art. 768.

Art. 772. A proibição de freqüentar determinados lugares será comunicada pelo juiz à autoridade policial, que lhe dará conhecimento de qualquer transgressão.

Art. 773. A medida de fechamento de estabelecimento ou de interdição de associação será comunicada pelo juiz à autoridade policial, para que a execute.

Art. 774. Nos casos do parágrafo único do art. 83 do Código Penal, ou quando a transgressão de uma medida de segurança importar a imposição de outra, observar-se-á o disposto no art. 757, no que for aplicável.

Art. 775. A cessação ou não da periculosidade se verificará ao fim do prazo mínimo de duração da medida de segurança pelo exame das condições da pessoa a que tiver sido imposta, observando-se o seguinte:

I – o diretor do estabelecimento de internação ou a autoridade policial incumbida da vigilância, até um mês antes de expirado o prazo de duração mínima da medida, se não for inferior a um ano, ou até quinze dias nos outros casos, remeterá ao juiz da execução minucioso relatório, que o habilite a resolver sobre a cessação ou permanência da medida;

II – se o indivíduo estiver internado em manicômio judiciário ou em casa de custódia e tratamento, o relatório será acompanhado do laudo de exame pericial feito por dois médicos designados pelo diretor do estabelecimento;

III – o diretor do estabelecimento de internação ou a autoridade policial deverá, no relatório, concluir pela conveniência da revogação, ou não, da medida de segurança;

IV – se a medida de segurança for o exílio local ou a proibição de freqüentar determinados lugares, o juiz, até um mês ou quinze dias antes de expirado o prazo mínimo de duração, ordenará as diligências necessárias, para verificar se desapareceram as causas da aplicação da medida;

V - junto aos autos o relatório, ou realizadas as diligências, serão ouvidos sucessivamente o Ministério Público e o curador ou o defensor, no prazo de três dias para cada um;

VI - o juiz nomeará curador ou defensor ao interessado que o não tiver;

VII - o juiz, de ofício, ou a requerimento de qualquer das partes, poderá determinar novas diligências, ainda que já expirado o prazo de duração mínima da medida de segurança;

VIII - ouvidas as partes ou realizadas as diligências a que se refere o número anterior o juiz proferirá a sua decisão, no prazo de três dias.

Art. 776. Nos exames sucessivos a que se referem o § 1º, II, e § 2º do art. 81 do Código Penal, observar-se-á, no que lhes for aplicável, o disposto no artigo anterior.

Art. 777. Em qualquer tempo, ainda durante o prazo mínimo de duração da medida de segurança, poderá o tribunal, câmara ou turma, a requerimento do Ministério Público ou do interessado, seu defensor ou curador, ordenar o exame, para a verificação da cessação da periculosidade.

§ 1º Designado o relator e ouvido o procurador-geral, se a medida não tiver sido por ele requerida, o pedido será julgado na primeira sessão.

§ 2º Deferido o pedido, a decisão será imediatamente comunicada ao juiz, que requisitará, marcando prazo, o relatório e o exame a que se referem os ns. I e II do art. 775 ou ordenará as diligências mencionadas no nº IV do mesmo artigo, prosseguindo de acordo com o disposto nos outros incisos do citado artigo.

Art. 778. Transitando em julgado a sentença de revogação, o juiz expedirá ordem para a desinternação, quando se tratar de medida detentiva, ou para que cesse a vigilância ou a proibição, nos outros casos.

Art. 779. O confisco dos instrumentos e produtos do crime, no caso previsto no art. 100 do Código Penal, será decretado no despacho de arquivamento do inquérito, na sentença de impronúncia ou na sentença absolutória.

Revogação – Com a reforma da parte Geral do Código Penal (1984), e com o advento da Lei de Execuções Penais, acham-se revogados os artigos tratados neste título.

LIVRO V
DAS RELAÇÕES JURISDICIONAIS COM AUTORIDADE ESTRANGEIRA

TÍTULO ÚNICO

CAPÍTULO I
DISPOSIÇÕES GERAIS

Art. 780. Sem prejuízo de convenções ou tratados, aplicar-se-á o disposto neste Título à homologação de sentenças penais estrangeiras e à expedição e ao cumprimento de cartas rogatórias para citações, inquirições e outras diligências necessárias à instrução de processo penal.

Introdução – Este dispositivo deixa claro que, salvo se convenções ou tratados subscritos pelo Brasil dispuserem de forma diversa, serão aplicadas as normas deste Título, no que tange à homologação de sentenças estrangeiras e ao cumprimento de cartas rogatórias. Nem se invoque qualquer afronta à soberania nacional nesta regra. Com efeito, a vertiginosa escalada na criminalidade organizada, a atingir interesses supranacionais, bem como o comprometimento das nações civilizadas em reprimir essa espécie de crime (dentre outros), obriga a adoção de normas gerais, que a todos se impõem, em posicionamento que francamente inspirou o Código de Processo Civil, ao conceber a *cooperação internacional*, em seus arts. 26 e ss.

Ausência de acordos e tratados – Como destaca Fabio Ramazzini Bechara, "embora a ausência de acordos e tratados não seja impeditiva de cooperação, é indiscutível que a sua existência constitui um grande facilitador, porquanto simplifica o procedimento e a comunicação entre os Estados interessados. (...) Toda vez que a possibilidade de assistência jurídica internacional for objeto de acordos bilaterais ou de tratados multilaterais, a cooperação tende a ser mais ágil. Isso porque todo entendimento verificado durante o processo de negociação dos acordos possibilita que os Estados, previamente, indiquem suas preocupações e reservas, o que, do ponto de vista da cooperação propriamente dita, acaba por tornar previsíveis as dificuldades e os meios para solucioná-las" (*Cooperação jurídica internacional em matéria penal: eficácia da prova produzida no exterior*, São Paulo: Saraiva, 2011, pp. 164-165).

JURISPRUDÊNCIA

Inexistência de tratado não impede o cumprimento da rogatória

"Embora prevista a carta rogatória como instrumento jurídico de colaboração entre países para o cumprimento de citações, inquirições e outras diligências processuais no exterior, necessárias à instrução do feito, o ordenamento facultou meios outros, mais céleres, como convenções e tratados, para lograr a efetivação do decisum da autoridade judicial brasileira (artigo 780 do Código de Processo Penal). A implementação da medida constritiva judicial de interceptação dos dados vinculados aos serviços PIN-TO-PIN e BBM (BlackBerryMessage) não se submete, necessariamente, aos institutos da carta rogatória e do MLAT (Mutual Legal Assistance Treaty). No franco exercício da cooperação direta internacional e em prol de uma maior celeridade ao trâmite processual, inexiste pecha no fornecimento do material constrito por empresa canadense (RIM - Research In Motion), mediante ofício expedido pelo juízo e encaminhado diretamente ao ente empresarial, para o devido cumprimento da decisão constritiva. Os serviços telefônicos e telemáticos encontravam-se ativos no Brasil, no qual foram perpetradas as comunicações, por intermédio das operadoras de telefonia estabelecidas no território nacional, evidenciando-se a efetiva atuação da empresa canadense em solo brasileiro, independentemente do local de armazenamento do conteúdo das mensagens realizadas por usuários brasileiros." (STJ – RHC 57763/PR, 6ª Turma, Min. Maria Thereza de Assis Moura, j. 15/10/15)

"Não procede a alegação de descabimento das provas dos autos, em razão de a parte operacional da interceptação ter sido produzida em outro país, sem observância das regras contidas no Tratado de Assistência Mútua em matéria penal, firmado entre Brasil e Canadá. Isso porque, no caso, as comunicações foram perpetradas em solo brasileiro, por intermédio de operadoras de telefonia estabelecidas neste país, o que evidencia a efetiva atuação da empresa canadense no Brasil, independentemente do local de armazenamento do conteúdo das mensagens realizadas por usuários brasileiros em âmbito nacional. E esta Corte Superior, em situações semelhantes, já afirmou que, em se tratando de matéria submetida à jurisdição brasileira, não é necessária a cooperação jurídica internacional." (STJ - AgRg no AREsp 1604544 / SP, 6ª Turma, Min. Sebastiao Reis Junior, j. 01/09/2020)

Incorporação de tratados e convenções em nosso Direito interno – A forma de incorporação, em nosso direito, das convenções internacionais, é matéria polêmica, já que a Constituição não indica exatamente a posição a ser ocupada por tais diplomas internacionais, sendo a matéria objeto de longo debate pretoriano. Esse tema foi abordado na análise que fizemos ao art. 1º, inc. I, do código, sob a rubrica *status dos tratados e convenções em nosso direito interno*, a qual remetemos o leitor.

Art. 781. As sentenças estrangeiras e sua homologação" não serão homologadas, nem as cartas rogatórias cumpridas, se contrárias à ordem pública e aos bons costumes.

Ordem pública e bons costumes – Sobre ao atentado à ordem pública e aos bons costumes, v. abaixo comentários ao art. 787, sob a rubrica *ressalva*. Observamos, apenas, que em relação à homologação de sentença estrangeira, é tão reduzida sua aplicação do direito pátrio, restrita ao pedido de indenização feito por particular e à sujeição do condenado à medida de segurança (v., abaixo, comentários ao art. 787, sob a rubrica *reparação do dano e cumprimento da medida de segurança*), que é praticamente impossível imaginar-se sua capacidade de atentar contra a ordem pública ou os bons costumes. De qualquer sorte, o Regimento Interno do Superior Tribunal de Justiça, em seu art. 216-P, dispõe que "não será concedido exequatur à carta rogatória que ofender a soberania nacional, a dignidade da pessoa humana e/ou a ordem pública". Talvez uma rogatória, a envolver, sabe lá, um Chefe de Estado estrangeiro refugiado em nosso país, em pé de guerra com outra nação, cuja oitiva poderia colocar em risco a ordem pública local. No âmbito cível, o STF reconheceu que ofenderia a ordem pública e a soberania a cobrança de dívida de jogo contraído em cassino no exterior (CR n. 10416 no AgR/EU – Rel. Maurício Corrêa, j. 21.11.2003, DJ 28.11.2003, p. 3). O STJ, de sua parte, em situação idêntica, não identificou qualquer atentado, como se vê do AgRg na CR n. 3198/EU, Rel. Humberto Gomes de Barros, j. 30.06.2008, DJe 11/09/2008. No que se refere aos bons costumes, uma carta que contivesse documentação de cunho altamente pornográfico, a envolver crianças e adolescentes vítimas de pedofilia. Mas, mesmo aqui, é difícil supor que o Magistrado deixaria de ouvir a pessoa arrolada (testemunha, vítima, réu), em virtude da gravidade da cena.

Juízo de prelibação – Vê-se que o juízo de admissibilidade para cumprimento da rogatória (e, também, para homologação da sentença estrangeira, como veremos adiante), é bastante restrito, limitando-se, quase que tão-somente, à análise do aspecto formal. Daí a precisa advertência de Luiz Fernando Voss Chagas Lessa, para quem "não cabe ao STJ, no juízo de delibação que resulta no *exequatur*, exercer um juízo de cognição pleno, isto é, conhecer os fatos e determinar uma diligência. A rogatória consiste justamente na deprecação de uma diligência, e, ao STJ, cabe apenas perquirir se o ordenamento jurídico admite ou não o cumprimento da diligência rogada. O indeferimento definitivo da execução das cartas rogatórias somente pode se dar caso seu objeto ofenda a ordem pública do país requerido" (*A cooperação jurídica internacional no novo Código de Processo Civil, in* Coleção *Repercussões do novo CPC – Processo Penal*, Salvador: Juspodivm, 2016, p. 121).

JURISPRUDÊNCIA

Obrigatoriedade de cumprimento da rogatória salvo se atentar contra a ordem pública e os bons costumes

"Em tema de comissões rogatórias passivas – tanto quanto em sede de homologação de sentenças estrangeiras-, o ordenamento normativo brasileiro instituiu o sistema de contenciosidade limitada, somente admitindo impugnação contrária à concessão do exequatur, quando fundada em pontos específicos, como a falta de autenticidade dos documentos, a inobservância de formalidades legais ou a ocorrência de desrespeito à ordem pública, aos bons costumes e à soberania nacional. Torna-se inviável, portanto, no âmbito de cartas rogatórias passivas, pretender discutir, perante o Tribunal do foro (o Supremo Tribunal Federal, no caso), o fundo da controvérsia jurídica que originou, no juízo rogante, a instauração do pertinente processo, exceto se essa questão traduzir situação caracterizadora de ofensa à soberania nacional ou de desrespeito à ordem pública brasileira" (STF – CR n. 7870-EUA – Rel. Celso de Mello – Informativo do STF nº132, 16 a 20 de novembro de 1998).

Art. 782. **O trânsito, por via diplomática, dos documentos apresentados constituirá prova bastante de sua autenticidade.**

Documentos pela via diplomática – Quando determinado documento que instrui a rogatória (incluindo-se aí, por exemplo, a cópia da acusação), passa pela via diplomática, há uma presunção de sua autenticidade. Trata-se do meio mais comum, atualmente, de comunicação, sobretudo em face das diversas convenções subscritas pelas nações do mundo ocidental, a prever auxílio mútuo entre os Estados na persecução de crimes, notadamente daqueles tidos como transnacionais. Exemplo disso foi a "Convenção das Nações Unidas contra a Corrupção", chamada *Convenção de Mérida (México)*, de 2003, promulgada, em nosso direito interno, por meio do Decreto nº. 5.687, de 31 de janeiro de 2006. Também acordos multilaterais e bilaterais, que o Brasil celebrou com inúmeros países, facilitam esse trânsito (para consultar a lista de Nações que possuem acordos com o Brasil, verificar: www.justica.gov.br/sua-protecao/cooperacao-internacional). Pode ocorrer, no entanto, que o pedido não faça esse percurso, imaginando-se o exemplo de uma ação privada, como prevê o art. 784, § 3º abaixo. Nesse caso, a exemplo, do que ocorre com a homologação da sentença estrangeira (art. 788, inc. IV), deverá se submeter à chancela do cônsul brasileiro, em se tratando de carta rogatória passiva.

CAPÍTULO II
DAS CARTAS ROGATÓRIAS

Art. 783. **As cartas rogatórias serão, pelo respectivo juiz, remetidas ao Ministro da Justiça, a fim de ser pedido o seu cumprimento, por via diplomática, às autoridades estrangeiras competentes.**

Cartas rogatórias – Ao estudarmos o art. 368, do CPP, fizemos análise aprofundada da carta rogatória. Também nos comentários aos art. 222-A, o tema foi abordado, inclusive no que tange à necessidade de demonstração da imprescindibilidade da expedição da carta, por aquele que a requereu. Convidamos o leitor, por isso, à consulta a tais anotações.

Carta rogatória ativa e passiva – Diz-se que a carta rogatória é *ativa* quando expedida por autoridade judiciária brasileira, para cumprimento no exterior. E, *passiva*, quando recebida do exterior, para execução em nosso país.

Como orienta Nadia de Araujo, "existem trâmites diferenciados para as duas espécies. Nas cartas rogatórias ativas "há o envio do Tribunal Rogante para o Ministério da Justiça (mais precisamente para o Departamento de Recuperação de Ativos e Cooperação Internacional), o qual procederá ao seu envio ao exterior, cuidando, inclusive, dos trâmites especiais com os países com os quais mantemos convênios especializados, de caráter multilateral ou bilateral"(*Direito Internacional Privado: Teoria e Prática Brasileira de acordo com o novo CPC*, Rio de Janeiro: Renovar, 2012, 6ª. ed., p. 292). Já a carta rogatória passiva, segue o rito previsto no Regimento Interno do STJ, em seus arts. 216-O a 216-X.

Carta rogatória e suspensão do prazo prescricional – Prevê o Código de Processo Civil, em seu art. 313, inc. V, alínea "b", a suspensão do processo - civil - quando a sentença de mérito "tiver de ser proferida somente após a verificação de determinado fato ou a produção de certa prova, requisitada a outro juízo". Já o *caput* do art. 377 do mesmo novo *codex* dispõe que: "A carta precatória, a carta rogatória e o auxílio direto suspenderão o julgamento da causa no caso previsto no art. 313, inciso V, alínea 'b', quando, tendo sido requeridos antes da decisão de saneamento, a prova neles solicitada for imprescindível". Tal regra poderá ser aplicada ao processo penal?

Segundo Ricardo Silvares e Ronaldo Batista Pinto, "o CPP possui regramento próprio a respeito, não dando espaço para a analogia, que pressupõe, como é cediço, lacuna. Com efeito, o parágrafo único do art. 222-A do CPP faz expressa referência à aplicação dos § § 1º e 2º do art. 222, significando que: a) a expedição da carta rogatória não suspenderá a instrução criminal; b) findo o prazo marcado, poderá realizar-se o julgamento, mas, a todo tempo, a precatória, uma vez devolvida, será juntada aos autos". Ressalvam, contudo, os mencionados autores, indagando: "e se a prova a ser produzida por rogatória for imprescindível (*v.g.* a oitiva da única testemunha presencial de uma chacina, asilada em outro país, para não ser morta por agentes do Estado) para a instrução? Nesse caso, não vemos motivos para se encerrar a instrução e se proferir sentença de mérito, estando pendente tal prova. Nesse ponto, há espaço para aplicação do disposto no art. 377, caput, do novo CPC. O contrário pode violar, a nosso ver, o direito à prova e, se esta tiver sido requerida pelo imputado, o direito à ampla defesa" (*Novo CPC e seus reflexos no âmbito do Processo Penal*, Salvador: Juspodivm, 2016, p. 47).

JURISPRUDÊNCIA

Sobre a rogatória em geral, v. art. 222-A acima

Sobre a expedição de carta rogatória para fins de citação, v. art. 368 acima

Desnecessidade de intimação da defesa quanto à expedição da carta

"É descabida a alegação de nulidade por falta de intimação da defesa para a expedição da carta rogatória. De um lado, porque o próprio patrono do paciente requereu tal procedimento, além de que a apontada nulidade não foi argüida em momento oportuno, operando-se, em relação a ela, a preclusão. De outro, por não restar demonstrado prejuízo" (STJ – HC n° 23597-MT – Rel. Gilson Dipp, j. 12.11.2002, DJ 03.02.2003, p. 334).

Art. 784. As cartas rogatórias emanadas de autoridades estrangeiras competentes não dependem de homologação e serão atendidas se encaminhadas por via diplomática e desde que o crime, segundo a lei brasileira, não exclua a extradição.

§ 1º As rogatórias, acompanhadas de tradução em língua nacional, feita por tradutor oficial ou juramentado, serão, após *exequatur* do presidente do Supremo Tribunal Federal, cumpridas pelo juiz criminal do lugar onde as diligências tenham de efetuar-se, observadas as formalidades prescritas neste Código.

§ 2º A carta rogatória será pelo presidente do Supremo Tribunal Federal remetida ao presidente do Tribunal de Apelação do Estado, do Distrito Federal, ou do Território, a fim de ser encaminhada ao juiz competente.

§ 3º Versando sobre crime de ação privada, segundo a lei brasileira, o andamento, após o *exequatur*, dependerá do interessado, a quem incumbirá o pagamento das despesas.

§ 4º Ficará sempre na secretaria do Supremo Tribunal Federal cópia da carta rogatória.

Auxílio direto – Há certos pedidos que, dada sua natureza, não dependem da prévia chancela judicial para que sejam atendidos. Com efeito, a teor do art. 216-O, § 2º, do RISTJ, "os pedidos de cooperação jurídica internacional que tiverem por objeto atos que não ensejem juízo deliberatório do Superior Tribunal de Justiça, ainda que denominados de carta rogatória, serão encaminhados ou devolvidos ao Ministério da Justiça para as providências necessárias ao cumprimento por auxílio direto". De forma que, atos de cooperação internacional tornam-se mais céleres e eficazes, como reclama, notadamente, o combate à chamada criminalidade organizada, quando se reúne, em mãos de um só ente, a atribuição de dar-lhes andamento. Nos termos do Código de Processo Civil, com aplicação no processo penal (art. 3º do CPP), "cabe auxílio direto quando a medida não decorrer diretamente de decisão de autoridade jurisdicional estrangeira a ser submetida a juízo de delibação no Brasil" (art. 29).

Autoridade central – Tratando-se de auxílio direto, para a prática de atos extrajudiciais, caberá à autoridade central adotar as providências necessárias para seu cumprimento, nos termos do art. 31 do Código de Processo Civil. Constitui-se a autoridade central, portanto, em um órgão técnico-administrativo, previsto no "Tratado Modelo das Nações Unidas sobre Cooperação Jurídica Internacional em Matéria Penal", que tem por objetivo conferir maior agilidade no trâmite de procedimentos penais que não dependam de um prévio provimento jurisdicional. No dizer de Patrícia Maria Núñez Weber, "trata-se de fixar a autoridade que irá encaminhar e receber os pedidos de cooperação, que dará assistência técnica às autoridades nacionais que sintam a necessidade da cooperação internacional, que celebrará os compromissos de reciprocidade em casos concretos" (*Cooperação internacional*. In: DE CARLI, Carla Veríssimo (Org.). *Lavagem de dinheiro: prevenção e controle penal*. Porto Alegre: Verbo Jurídico, 2011, p. 598).

Mas é preciso que se finquem os limites de atuação da autoridade central. Como destacam Ricardo Silvares e Ronaldo Batista Pinto, "não há que se confundir a autoridade central, que é uma espécie de intermediária, com aquela a qual incumbe as providências judiciais necessárias à cooperação internacional. A autoridade central não ingressa em Juízo com pedidos tendentes à obtenção de medidas judiciais. Nesse caso, sendo estas necessárias, caberá ao Ministério Público Federal fazê-lo" (ob., cit., p. 44). Nesse sentido, ainda, o teor do art. 32 do Código de Processo Civil, *in verbis*: "No caso de auxílio direto para a prática de atos que, segundo a lei brasileira, não necessitem de prestação jurisdicional, a autoridade central adotará as providências necessárias para seu cumprimento".

Designação da autoridade central – Na dicção do art. 26, § 4º, do Código de Processo Civil, "o Ministério da Justiça exercerá as funções de autoridade central na ausência de designação específica". Salientam Ricardo Silvares e Ronaldo Batista Pinto que no "Brasil, normalmente a autoridade central designada na maioria dos tratados bilaterais de cooperação em matéria penal é o Ministério da Justiça e, neste, o Departamento de Recuperação de Ativos e Cooperação Jurídica Internacional. Porém, nos tratados celebrados com Portugal e com o Canadá, a autoridade central é a Procuradoria-Geral da República e, nesta, a Assessoria de Cooperação Jurídica Internacional" (ob., cit., p. 43).

Extradição – Consiste a extradição na entrega de uma pessoa que se encontra em determinado país, para ser julgada ou cumprir pena em nação diversa. Dispõe a parte final deste dispositivo, em outras palavras, que se o crime objeto da rogatória se incluir dentre aqueles que a lei brasileira proíbe a extradição, ela não será cumprida. E em quais hipóteses é inadmissível a extradição? A primeira delas vem prevista no art. 5º, inc. LI, da Constituição, pela qual nenhum brasileiro nato será extraditado. Na segunda, do mesmo dispositivo constitucional (inc. LII), tem-se que "não será concedida extradição de estrangeiro por crime político ou de opinião". Ao brasileiro naturalizado, como regra, também se nega a extradição, salvo pela prática de crime comum antes da naturalização ou quando comprovado seu "envolvimento em tráfico ilícito de entorpecentes e drogas afins, na forma da lei" (art. 5º, inc. LI, parte final). De se ver, ainda, que outros pressupostos que devem ser atendidos, de natureza infraconstitucional e de caráter predominante formal, acham-se listados na Lei de Migração (Lei n. 13.445/2017), em seus arts. 81 a 99, bem como no Regimento Interno do STF (arts. 207 a 214).

JURISPRUDÊNCIA

Auxílio direto. Colheita de prova oral por autoridade estrangeira

O STJ anulou a colheita de provas baseada em pedido de auxílio promovido pela França e que havia sido determinada diretamente pela Justiça Federal, sem passar pela análise do tribunal. No caso, a partir da decisão de um juiz de instrução francês para oitiva de um indivíduo e apreensão de bens, foi solicitado auxílio para a execução das medidas no território brasileiro. O Min. Nefi Cordeiro argumentou que o auxílio direto não pode ser solicitado se o pedido é oriundo de decisão judicial. Neste caso, apenas a carta rogatória, que passa pelo crivo do STJ, é o instrumento hábil de cooperação internacional. No mesmo julgamento, o tribunal ainda reconheceu a nulidade do procedimento adotado na oitiva que havia sido solicitada no pedido de cooperação. Isso porque foi uma autoridade estrangeira que acompanhava as diligências a responsável por conduzir toda a inquirição do investigado, algo sem nenhum respaldo nas normas do direito interno e que desrespeita a soberania nacional. A presença de agentes estrangeiros pode ser admitida, mas desde que não interfiram na realização dos atos que competem às autoridades brasileiras. No presente caso, "ao limitar-se a dar início ao ato de produção de prova, com posterior atribuição da palavra e da condução das perguntas às autoridades estrangeiras, o membro do Ministério Público Federal, ao qual foi confiada a realização do mencionado ato, desobedeceu ordem expressa da Procuradoria Geral da República, a qual fez constar a exigência de que a autoridade brasileira não apenas estivesse presente durante todo ato, como também o dirigisse", afirmou o Ministro. (STJ, RHC 102.322/RJ, j. 12/05/2020)

Extradição de brasileiro nato. Impossibilidade, ainda que tenha dupla nacionalidade

"O brasileiro nato, quaisquer que sejam as circunstâncias e a natureza do delito, não pode ser extraditado, pelo Brasil, a pedido de governo estrangeiro, pois a CR, em cláusula que não comporta exceção, impede, em caráter absoluto, a efetivação da entrega extradicional daquele que é titular, seja pelo critério do jus soli, seja pelo critério do jus sanguinis, de nacionalidade brasileira primária ou originária. Esse privilégio constitucional, que beneficia, sem exceção, o brasileiro nato (CF, art. 5º, LI), não se descaracteriza pelo fato de o Estado estrangeiro, por lei própria, haver-lhe reconhecido a condição de titular de nacionalidade originária pertinente a esse mesmo Estado (CF, art. 12, § 4º, II, a)" (STF – HC n. 83.113QO, Rel. Celso de Mello, j. 26.06.2003, DJ 29.08.2003).

Extradição de estrangeiro casado com brasileira. Possibilidade

"A existência de relações familiares, a comprovação de vínculo conjugal e/ou a convivência more uxorio do extraditando com pessoa de nacionalidade brasileira constituem fatos destituídos de relevância jurídica para efeitos extradicionais, não impedindo, em consequência, a efetivação da extradição. (...) Não obsta a extradição o fato de o súdito estrangeiro ser casado ou viver em união estável com pessoa de nacionalidade brasileira, ainda que, com esta, possua filho brasileiro. A Súmula 421/STF revela-se compatível com a vigente CR, pois, em tema de cooperação internacional na repressão a atos de criminalidade comum, a existência de vínculos conjugais e/ou familiares com pessoas de nacionalidade brasileira não se qualifica como causa obstativa da extradição." (STF – Ext n. 1201, Rel. Min. Celso de Mello, j. 17.02.2011, DJE 15.03.2011).

§ 1º As rogatórias, acompanhadas de tradução em língua nacional, feita por tradutor oficial ou juramentado, serão, após exequatur do presidente do Supremo Tribunal Federal, cumpridas pelo juiz criminal do lugar onde as diligências tenham de efetuar-se, observadas as formalidades prescritas neste Código.

Competência do Superior Tribunal de Justiça – Observe-se, de plano, que atualmente, nos termos do art. 105, inc. I, "i", da Constituição, com a redação que lhe conferiu a Emenda Constitucional n. 45/2004, cumpre ao STJ processar "a concessão de exequatur às cartas rogatórias".

Competência do Presidente do STJ ou da Corte Especial? – Nos termos do art. 216-O do RISTJ, "é atribuição do Presidente conceder exequatur a cartas rogatórias, ressalvado o disposto no art. 216-T". Essa ressalva diz respeito à possibilidade de impugnação do pedido de concessão do exequatur, quando, então, pode o Presidente "determinar a distribuição dos autos do processo para julgamento pela Corte Especial". A impugnação se dará por ato do interessado, no prazo de 15 dias (art. 216-Q do RISTJ), e mesmo por iniciativa do Ministério Público, que, na dicção do 216-S, do mesmo regimento, terá o prazo de 10 dias para fazê-lo.

Exequatur – Trata-se da denominação que em latim significa "executar", "execute-se". Segundo valiosa cartilha elaborada pelo Ministério da Justiça, pela Secretaria Nacional de Justiça e pelo Departamento de Recuperação de Ativos e Cooperação Jurídica Internacional, "é a palavra que concretiza o juízo de delibação positivo exercido pelo Superior Tribunal de Justiça nas cartas rogatórias. Presentes os pressupostos para concessão do exequatur, o STJ transmite ao juiz federal de primeira instância a notícia de que o ato processual estrangeiro está apto a produzir efeitos no Brasil, pedindo-lhe sua execução" (*Cooperação Jurídica Internacional*, Brasília-DF, 2014, p. 20).

Tradução – É de rigor que todo pedido venha precedido da respectiva tradução, elaborada por tradutor oficial ou juramentado, desde que, óbvio, necessária essa medida, a não ser identificada, por exemplo, se a origem da rogatória for de um Estado lusófono. No aresto abaixo, admitiu-se a tradução feita na origem.

JURISPRUDÊNCIA

Possibilidade de tradução na origem

"A tramitação da carta rogatória pela via diplomática ou pela autoridade central lhe confere a necessária legalidade e autenticidade, não obstante a versão para o vernáculo ter sido feita na origem" (STJ – CR n° 3723-ED, Rel. Hamilton Carvalhido, RT 890/544).

Tradução e excesso de prazo. Não configuração

"Não se acolhe o argumento de excesso de prazo para a conclusão da instrução, se eventual e razoável demora é atribuível à defesa, que não procedeu à tradução de cartas rogatórias, enviadas ao exterior para a oitiva de testemunhas por ela arroladas e consideradas imprescindíveis para a defesa. Incidência da Súmula n.º 64/STJ" (STJ – HC n° 23597-MT – Rel. Gilson Dipp, j. 12.11.2002, DJ 03.02.2003, p. 334).

Recursos – Quando concedido o exequatur à carta rogatória, seja por decisão oriunda do Presidente do STJ ou do Presidente da Corte Especial, dessa decisão caberá agravo, nos termos do art. 216-U, do RISTJ. Da decisão proferida pelo Juiz Federal competente para cumprimento da carta rogatória, é cabível a oposição de embargos, "que poderão ser opostos pela parte interessada ou pelo Ministério Público Federal no prazo de dez dias" e serão julgados pelo Presidente do STJ (art. 216-V, § 1º, do RISTJ). Dessa decisão que julgar os embargos pode ser desafiada por meio de agravo (art. 216-W do RISTJ). Esses agravos, segundo nos parece, devem ser julgados pela Corte Especial, por conta do disposto no art. 15, inc. I, do RISTJ.

§ 2º A carta rogatória será pelo presidente do Supremo Tribunal Federal remetida ao presidente do Tribunal de Apelação do Estado, do Distrito Federal, ou do Território, a fim de ser encaminhada ao juiz competente.

Atualização – Em face da atual ordem constitucional e mesmo da legislação infraconstitucional, onde se lê Supremo Tribunal Federal, entenda-se Superior Tribunal de Justiça. Já o Tribunal de Apelação corresponde aos atuais Tribunais de Justiça, Estaduais ou do Distrito Federal. Territórios não mais existem (arts. 14 e 15 das Disposições Transitórias da Constituição). Mas aqui cabe uma observação. Concedido o exequatur pelo STJ, "a carta rogatória será remetida ao Juízo Federal competente para cumprimento", segundo critério de competência territorial, na dicção do art. 216-V, do RISTJ. Afasta-se, assim, a competência dos Tribunais de Justiça estaduais para conhecer do pedido, que são dos respectivos Tribunais Regionais Federais.

§ 3º Versando sobre crime de ação privada, segundo a lei brasileira, o andamento, após o exequatur, dependerá do interessado, a quem incumbirá o pagamento das despesas.

Ação penal privada – Tratando-se de crime que se apura, segundo a lei brasileira, mediante ação penal privada, todas as despesas com o trâmite da rogatória, após o *exequatur* do STJ, correm por conta do interessado. Ainda que, pela lei alienígena, possa o delito punido por meio de ação penal pública. Dado ao caráter particular que é inerente a essa espécie de ação, onde o interesse maior é da vítima ou de seus representantes legais, atuando o Estado de forma secundária, é razoável que o custo do pedido fique por conta daquele primeiro.

§ 4º Ficará sempre na secretaria do Supremo Tribunal Federal cópia da carta rogatória.

Cópia – Como já ressaltado, sendo do STJ a competência para conhecer da rogatória (art. 105, inc. I, "i", da Constituição), a cópia deve ser arquivada perante o *Tribunal da Cidadania*.

Art. 785. **Concluídas as diligências, a carta rogatória será devolvida ao presidente do Supremo Tribunal Federal, por intermédio do presidente do Tribunal de Apelação, o qual, antes de devolvê-la, mandará completar qualquer diligência ou sanar qualquer nulidade.**

Devolução da rogatória – No § 2º, acima, sob a rubrica *atualização*, fizemos a devida correção da nomenclatura. Cumprida a carta rogatória pelo juiz federal ou verificada a impossibilidade de seu cumprimento, ela será devolvida, no prazo de 10 dias, ao Presidente do STJ, que, no mesmo prazo, "a remeterá, em igual prazo, por meio do Ministério da Justiça ou do Ministério das Relações Exteriores, à autoridade estrangeira de origem", nos termos do art. 216-X, do RISTJ.

Art. 786. **O despacho que conceder o *exequatur* marcará, para o cumprimento da diligência, prazo razoável, que poderá ser excedido, havendo justa causa, ficando esta consignada em ofício dirigido ao presidente do Supremo Tribunal Federal, juntamente com a carta rogatória.**

Prazo razoável – O dispositivo em exame não apontou um prazo determinado para o cumprimento da diligência em 1º grau de jurisdição, referindo-se apenas, de forma vaga, a um *prazo razoável*. Esse prazo, na lição de Eduardo Espínola Filho, deve atender às necessidades de tempo reclamadas pela execução das diligências, a quantidade e complexidade de tais diligências, as distâncias a percorrer, etc. (ob. cit., vol. III, p. 35). E, acrescentaríamos, o número excessivo de réus, residentes em locais diversos, a determinar uma maior demora na conclusão da diligência. Sendo necessária a dilação do prazo inicialmente determinado, cabe ao Juiz Federal comunicar, por ofício, ao presidente do STJ e ao Presidente do Tribunal Regional Federal ao qual é subordinado, esse excesso, indicando as razões do atraso.

CAPÍTULO III
DA HOMOLOGAÇÃO DAS SENTENÇAS ESTRANGEIRAS

Art. 787. **As sentenças estrangeiras deverão ser previamente homologadas pelo Supremo Tribunal Federal para que produzam os efeitos do art. 7º do Código Penal.**

Introdução – A homologação de sentença penal estrangeira pode ser definida como um ato processual que visa conferir eficácia jurídica e força executiva às sentenças proferidas por tribunal estrangeiro. Consiste, no dizer de Luiz Fux, na "nacionalização" de uma sentença estrangeira (*Homologação de sentença penal estrangeira in* Estudos em homenagem ao Professor Jacob Dolinger. Rio de Janeiro: Renovar, 2006, p. 643). Daí conceitua-la, na lição de Luís Fernando de Moraes Manzano, como "um procedimento judicial que tem por finalidade atribuir efeitos jurídicos às decisões definitivas emanadas de Estado estrangeiro no Brasil [...] A homologação qualifica-se como condição de eficácia executiva da sentença estrangeira, sem a qual a mesma não produz qualquer efeito. Tendo em vista o contraditório que se instaura no procedimento da homologação, sustenta-se a sua natureza jurídica de ação, em função da existência de uma pretensão homologatória de cunho processual, assim como em razão da possibilidade de rejeição da inicial" (*Medidas de cooperação pessoais*. In: FERNANDES, Antonio Scarance; ZILLI, Marcos Alexandre Coelho (org.). *Direito processual penal internacional*. São Paulo: Atlas, 2013, p. 473).

Mas para que a eficácia da sentença alienígena se concretize, há necessidade de que um órgão interno de nosso país a homologue. Não faria sentido, sob pena de grave atentado à soberania local, mandar executar toda e qualquer decisão estrangeira, sem submetê-la a uma espécie de filtro interno, ainda que restrito à observância de aspectos formais, sem adentrar o mérito do *decisum* internacional. Trata-se, no mais, de medida que é da tradição de nosso Direito, prevista desde a Lei Federal n. 221/1894, *in verbis*: "As cartas de sentença, porém, de tribunais estrangeiros não serão exequíveis sem prévia homologação do Supremo Tribunal Federal, com audiência das partes e do procurador geral da República, salvo se outra coisa estiver estipulada em tratado".

Competência – Destaque-se, de plano, que por força de alteração introduzida pela Emenda Constitucional n. 45/2004, compete ao Superior Tribunal de Justiça, nos termos do art. 105, inc. I, "i", da Carta, "a homologação de sentenças estrangeiras e a concessão de exequatur às cartas rogatórias". O Código de Processo Civil, nessa linha, prevê que a homologação da sentença estrangeira obedecerá ao que dispuser "os tratados em vigor no Brasil e o Regimento Interno do Superior Tribunal de Justiça" (art. 960, § 2º, do CPC). Sua eficácia, outrossim, depende dessa prévia homologação, segundo o art. 961 do mesmo diploma processual. De sua parte, o Regimento Interno do STJ, em seus arts. 216-A *usque* 216-N, trata de todo o procedimento para essa homologação.

Competência do Presidente do STJ ou da Corte Especial? – Fincada a competência do STJ para conhecer do pedido de homologação de sentença estrangeira, indaga-se: a qual órgão do *Tribunal da Cidadania* cumpre essa atribuição? Depende. Nos termos do art. 216-A, do Regimento Interno do STJ, cabe ao Presidente daquela Corte homologar as sentenças estrangeiras. Salvo se houver contestação ao pedido, quando, então, a competência se desloca para a Corte Especial, na dicção do art. 216-K, do mesmo Regimento. Ressalte-se que mesmo havendo contestação, e indicado um relator do processo, este poderá decidir monocraticamente, "nas hipóteses em que já houver jurisprudência consolidada da Corte Especial a respeito do tema", nos termos do art. 216-K, parágrafo único, do RISTJ.

Recurso – Ambas as decisões – do Presidente do STJ ou do relator – são atacáveis por meio de agravo, segundo o art. 216-M do Regimento Interno do STJ. Na hipótese em que a Corte Especial, após a oferta de contestação, negar o pedido, será cabível recurso extraordinário, posto que cumpre ao STJ, nos termos do art. 102, inc. III, da Constituição, "julgar, mediante recurso extraordinário, as causas decididas em única ou última instância ...".

Atualização – Na redação deste dispositivo, onde consta art. 7º do Código Penal, cabe atualização para que se leia art. 9º, do mesmo *codex*.

Reparação do dano e cumprimento da medida de segurança – Observe-se que, nos termos do art. 9º, do Código Penal, somente é cabível a homologação da sentença estrangeira para fins de: 1) "obrigar o condenado à reparação do dano, a restituições e a outros efeitos civis" (inc. I), e 2) sujeitar o condenado à medida de segurança (inc. II). V., a propósito, o art. 790 abaixo. O argumento para um alcance tão restrito reside no fato de que afrontaria a soberania do país local cumprir uma decisão oriunda de outro Estado, do qual, muitas vezes, a legislação é desconhecida. Trata-se da adoção do *princípio da territorialidade das penas*, pelo qual cabe ao Estado que condenou fazer cumprir a pena em seu território. Nossa legislação, ainda que de forma mitigada, abraçou esse princípio, ao admitir, de forma um tanto restrita (apenas nas duas situações do art. 9º, do CP), a homologação da sentença estrangeira. De qualquer forma, a timidez do instituto entre nós não impede que o Estado requerente, uma vez indeferido o pleito, se valha do pedido de extradição perante o STF, que se sujeita a critérios próprios, mas que pode culminar com o envio daquele que se encontra no Brasil ao país perante o qual foi condenado. Como recomenda José Frederico Marques, "para cumprimento de pena principal, a extradição é o remédio mais indicado e apropriado, visto que entrega o delinqüente ao Estado que o condenou, que, assim, fica apto a aplicar, em seu próprio território, a pena imposta pela sentença" (*Tratado de Direito Penal*, vol. I/297-298, § 46, item n. 2, São Paulo: Saraiva, 2ª ed., 1964).

Cuida-se, porém, de observação a merecer algum reparo, sobretudo em virtude dos diversos tratados internacionais, que elencam crimes a que todos os países subscritores se obrigam a punir, afastando, de certa forma, a alegada afronta à soberania local. Demais disso, tais tratados criam certa uniformidade da legislação, a mitigar a mencionada ignorância quanto à legislação do Estado solicitante da homologação. Acrescente-se que muitas das dificuldades inicialmente apontadas, restaram superadas com o advento da *internet*, que propicia um acesso imediato às legislações estrangeiras, em sua grande parte vertidas para o idioma inglês. São dados que merecem consideração em uma eventual e futura alteração legislativa.

JURISPRUDÊNCIA

Homologação visando prisão de condenado residente no Brasil. Impossibilidade

"Sentença penal estrangeira. Decretação da prisão de pessoa domiciliada no Brasil. Impossibilidade de homologação pelo S.T.F., sob pena de ofensa à soberania nacional. O ordenamento positivo brasileiro, tratando-se de sentença penal estrangeira, admite a possibilidade de sua homologação, desde que esse ato sentencial tenha por estrita finalidade (a) obrigar o condenado à reparação civil ex delicto (RTJ 82/57) ou (b) sujeitá-lo, quando inimputável ou semi-imputável, à execução de medida de segurança (CP, art. 9º). Não pode ser homologada, no Brasil, sentença penal estrangeira que tenha decretado a prisão de pessoa com domicílio em território brasileiro" (STF – SE nº 5.705-EUA – Rel. Celso de Mello – Informativo do STF n. 123, de 14 a 18 de setembro de 1998).

Cabimento da extradição

"A ação de homologação de sentença estrangeira não pode converter-se em sucedâneo do processo de extradição passiva, que constitui, este sim, o meio instrumental adequado à efetivação, no Brasil, da prisão de súditos estrangeiros reclamados pela Justiça de outros Países" (STF – SE nº 5.705-EUA – Rel. Celso de Mello – Informativo do STF n. 123, de 14 a 18 de setembro de 1998).

Medida de segurança – Observe-se que, a partir da reforma da Parte Geral do Código Penal, de 1984, foi abolido o sistema do *duplo binário ou dos dois trilhos*, que autoriza ao juiz aplicar, cumulativa e sucessivamente, medida de segurança e pena. Tratava-se mesmo de um *bis in idem*, fortemente criticado pela doutrina, vez que, pelo mesmo fato, o condenado experimentava duas sanções, uma de cunho privativo de liberdade e a outra consistente na imposição da medida de segurança. Foi corrigida essa enormidade com a mencionada reforma de 1984, que adotou o *sistema vicariante* ou *unitário*, obrigando ao juiz impor uma ou outra espécie de sanção, fundamentando sua decisão. Assim, ao imputável aplica-se somente a pena, enquanto que os inimputáveis ficam isentos de pena (art. 26 do Código Penal), embora sujeitos à medida de segurança. Já os semi-imputáveis podem receber uma ou outra (pena ou medida de segurança). Optando pela medida de segurança, ela consistirá na "internação em hospital de custódia e tratamento ambulatorial", na dicção do art. 96 do Código Penal. Será, portanto, essa espécie de medida de segurança que autorizará o pedido de homologação da sentença estrangeira.

Legitimidade – Vale atentar que tendo a homologação, por objetivo, a reparação do dano, ela depende de pedido do interessado (a própria vítima, seus sucessores, etc., conforme a legislação local). É o que dispõe o art. 9º, parágrafo único, "a", do Código Penal. Caso o escopo seja sujeitar o agente à medida de segurança, exige-se a existência de tratado de extradição com o país de cuja autoridade judiciária emanou a sentença, ou, em sua falta, a requisição do Ministro da Justiça (nesse sentido, ainda, o art. 789, § 1º, abaixo). Possui legitimidade, ainda, segundo o art. 789 do código, o Procurador-Geral da República, sempre que tiver conhecimento de uma sentença estrangeira que tenha imposto ao agente uma medida de segurança.

Juízo de delibação – O STJ, ao conhecer do pedido, formula um *juízo de delibação*, que, em nossa legislação, limita-se, praticamente, à análise dos aspectos formais da decisão oriunda do Estado estrangeiro. Aspectos intrínsecos do *decisum* alienígena (se, por exemplo, a prova dos autos autorizava a condenação), fogem do âmbito de atribuição da Corte.

Ressalva – A timidez legislativa imposta ao STJ não impede, porém, que se analisem requisitos impostos pela Lei de Introdução às normas do Direito Brasileiro (Decreto-lei n. 4.657/1942), que, em seu art. 17, veda a homologação de sentenças estrangeiras "quando ofenderem a soberania nacional, a ordem pública e os bons costumes". Dispositivo idêntico conta do art. 781 acima. Já o art. 216-F, do Regimento Interno do STJ, dispõe que "não será homologada a sentença estrangeira que ofender a soberania nacional, a dignidade da pessoa humana e/ou a ordem pública". O Código de Processo Civil, de sua parte, veda a homologação quando a sentença estrangeira contiver "manifesta ofensa à ordem pública" (art. 963, inc. VI). De tão restrito é o cabimento da homologação da sentença estrangeira, que se torna até difícil imaginar uma decisão internacional capaz de, alguma forma, atentar contra a soberania nacional, a dignidade da pessoa humana ou a ordem pública interna. Restringindo-se seu objetivo, com efeito, à percepção de uma indenização, de nítido cunho particular ou a aplicação de uma medida de segurança, não se tem notícia do indeferimento do pedido por afronta a nenhum dos itens acima mencionados.

Art. 788. **A sentença penal estrangeira será homologada, quando a aplicação da lei brasileira produzir na espécie as mesmas consequências e concorrem os seguintes requisitos:**

I - estar revestida das formalidades externas necessárias, segundo a legislação do país de origem;

II - haver sido proferida por juiz competente, mediante citação regular, segundo a mesma legislação;

III - ter passado em julgado;

IV - estar devidamente autenticada por cônsul brasileiro;

V - estar acompanhada de tradução, feita por tradutor público.

Emenda à inicial – Caso a petição inicial não atente aos requisitos abaixo elencados, cabe ao Presidente do STJ assinalar prazo razoável para que o autor emende a inicial ou a complete. Na eventualidade de inércia do autor, será arquivado o pedido. É o que dispõe o art. 216-E e seu parágrafo único, do Regimento Interno daquela Corte.

I - estar revestida das formalidades externas necessárias, segundo a legislação do país de origem;

II - haver sido proferida por juiz competente, mediante citação regular, segundo a mesma legislação;

Formalidades da sentença que se procura homologar – Já vimos que, embora sem que se permita adentrar o mérito da decisão estrangeira, há que se tomar um cuidado mínimo para o acolhimento do pedido. Estes dois incisos se preocupam com o aspecto formal da decisão, no que se refere – com escusa pela repetição – às suas "formalidades externas", e a dois dados que parecem fundamentais: a garantia de que a decisão partiu de um juiz competente e que tenha sido o condenado citado. Afinal, como acentua Oscar Tenório, citado por Eduardo Espínola Filho, "é de acrescentar a consideração de dever a sentença penal homologanda provir de Estado, que ofereça todas as garantias processuais fundamentais do regime jurídico comum aos Estados civilizados" (ob. cit., vol. III, p. 56). Eventual dificuldade de entendimento, restará superada com a obrigatoriedade de tradução dos documentos (inc. V, abaixo).

III - ter passado em julgado;

Trânsito em julgado – Para que a sentença estrangeira autorize sua homologação perante o direito pátrio, há que se exigir o trânsito em julgado da decisão alienígena. Por mais reduzido que seja o juízo de delibação exercido pelo STJ, quase que restrito, apenas, a questões de ordem formal, não teria cabimento pretender-se homologar uma sentença da qual, na origem, pende ainda algum recurso. Nesse sentido, ainda, o disposto no art. 216-D, inc. III, do Regimento Interno do STJ. A propósito em tempo em que era competente para o pedido de homologação, o STF editou a Súmula n. 420, que tem o seguinte enunciado: "Não se homologa sentença proferida no estrangeiro sem prova do trânsito em julgado".

Comprovação – De se ver, contudo, que calhou ao STJ analisar a forma pela qual essa comprovação (do trânsito em julgado), deve ser produzida. Não se reclamou, como se vê abaixo, que a comprovação ocorresse nos mesmos moldes previstos na legislação brasileira, por meio da respectiva certidão. Admitiu-se o emprego da expressão "arquivado o processo", próprio da legislação norte-americana, como demonstração do trânsito em julgado da decisão. De outra feita, o STJ permitiu, como prova do trânsito em julgado, o lançamento de um carimbo no qual constava "expedido e encaminhado ao reclamante para fins de execução da dívida" (SEC n. 9953/EX – Rel. João Otávio de Noronha, DJe 28.1/2013).

JURISPRUDÊNCIA

"A exigência do trânsito em julgado prevista no art. 5º, III, da Resolução n.º 9/2009, não impõe à parte a sua demonstração por meio de termo equivalente ao previsto na processualística pátria, mas que mostre com clareza, por qualquer meio, ter havido a definitividade da decisão homologanda, vale dizer, que reste evidenciada a coisa julgada" (STJ – SEC/ n. 10.043/EX – Rel. Maria Thereza de Assis Moura, j. 04.06.2014, DJe 10.06.2014).

IV - estar devidamente autenticada por cônsul brasileiro;

Cônsul – As funções consulares encontram-se elencadas na chamada Convenção de Viena, a qual foi subscrita pelo Brasil e introduzida em nosso direito pátrio pelo Decreto n. 61.078/1967. Da análise desse diploma, conclui-se que o cônsul exerce, prioritariamente, ações de fomento à economia, comércio, cultura, etc., entre os Estados, prestando, ainda, ajuda aos nacionais que representa, sejam pessoas físicas ou jurídicas (art. 5º da Convenção). A despeito dessas atribuições precípuas, o diploma não exclui a possibilidade de o cônsul autenticar a sentença estrangeira, para fins de sua homologação perante o STJ, na medida em que deve "exercer todas as demais funções confiadas à repartição consular pelo Estado que envia, as quais não sejam proibidas pelas leis e regulamentos do Estado receptor".

Autenticação – A Lei de Introdução às Normas do Direito Brasileiro (Decreto-lei n. 4.657/1942), em seu art. 15, dentre os requisitos para execução da sentença proferida no exterior, não indica a autenticação do cônsul (embora se refira, por exemplo, à tradução). Tampouco o faz o Código de Processo Civil, em seu art. 963. Mas reza esse diploma que a homologação obedecerá ao que dispuser o Regimento Interno do STJ (art. 960, § 2º). Esse regimento determina que os documentos trazidos com a inicial devam ser "chancelados pela autoridade consular brasileira competente" (art. 216-C). Essa chancela consiste, geralmente, na aposição de um carimbo ou selo, na frente ou no verso do documento, apto a conferir-lhe autenticidade.

V - estar acompanhada de tradução, feita por tradutor público.

Tradução – Dispõe o art. 963, inc. V, do Código de Processo Civil, que constitui requisito indispensável à homologação da decisão estrangeira, "estar acompanhada de tradução oficial, salvo disposição que a dispense prevista em tratado". O art. 216-E, do Regimento Interno do STJ, contém dispositivo semelhante, ao exigir que a documentação, trazida com a inicial, seja devidamente traduzida, "por tradutor oficial ou juramentado no Brasil". A Lei de Introdução às Normas do Direito Brasileiro (Decreto-lei n. 4.657/1942), no art. 15, "d", impõe a tradução dentre os requisitos para execução, no Brasil, da sentença proferida no exterior.

Art. 789. **O procurador-geral da República, sempre que tiver conhecimento da existência de sentença penal estrangeira, emanada de Estado que tenha com o Brasil tratado de extradição e que haja imposto medida de segurança pessoal ou pena acessória que deva ser cumprida no Brasil, pedirá ao Ministro da Justiça providências para obtenção de elementos que o habilitem a requerer a homologação da sentença.**

§ 1º A homologação de sentença emanada de autoridade judiciária de Estado, que não tiver tratado de extradição com o Brasil, dependerá de requisição do Ministro da Justiça.

§ 2º Distribuído o requerimento de homologação, o relator mandará citar o interessado para deduzir embargos, dentro de dez dias, se residir no Distrito Federal, de trinta dias, no caso contrário.

§ 3º Se nesse prazo o interessado não deduzir os embargos, ser-lhe-á pelo relator nomeado defensor, o qual dentro de dez dias produzirá a defesa.

§ 4º Os embargos somente poderão fundar-se em dúvida sobre a autenticidade do documento, sobre a inteligência da sentença, ou sobre a falta de qualquer dos requisitos enumerados nos arts. 781 e 788.

§ 5º Contestados os embargos dentro de dez dias, pelo procurador-geral, irá o processo ao relator e ao revisor, observando-se no seu julgamento o Regimento Interno do Supremo Tribunal Federal.

§ 6º Homologada a sentença, a respectiva carta será remetida ao presidente do Tribunal de Apelação do Distrito Federal, do Estado, ou do Território.

§ 7º Recebida a carta de sentença, o presidente do Tribunal de Apelação a remeterá ao juiz do lugar de residência do condenado, para a aplicação da medida de segurança ou da pena acessória, observadas as disposições do Título II, Capítulo III, e Título V do Livro IV deste Código.

Legitimidade do Procurador-Geral da República – Este dispositivo permite que o Procurador-Geral da República, conhecedor de sentença penal estrangeira, emanada de estado que tenha com o Brasil tratado de extradição, ajuíze o pedido de homologação. Caso não disponha de elementos capazes de instruir convenientemente o pedido, poderá solicitá-los ao Ministro da Justiça.

Alcance do dispositivo – Reduzidíssima a aplicação prática deste dispositivo, do qual, inclusive, não se tem qualquer notícia nos últimos tempos. A um, porque se refere apenas à única hipótese que, pelo teor do art. 9º, inc. II, do Código Penal, admite a homologação, ou seja, quando imposta medida de segurança (excluindo, com razão, a possibilidade do PGR manejar o pedido no caso do inc. I, do art. 9º do CP, para fins de reparação do dano causado à vítima, dado ao caráter nitidamente privado da pretensão). E, a dois, porque as penas acessórias a que se refere este dispositivo foram extintas, tanto que o mencionado art. 9º, inc. II, do CP, refere-se, exclusivamente, às medidas de segurança.

§ 1º A homologação de sentença emanada de autoridade judiciária de Estado, que não tiver tratado de extradição com o Brasil, dependerá de requisição do Ministro da Justiça.

Requisição do Ministro da Justiça – V. comentários ao art. 787 acima, sob a rubrica *legitimidade.*

> **ATENÇÃO** - A requisição tratada neste dispositivo não guarda qualquer relação com a requisição que estudamos acima quando da análise do art. 24 do código. Ali, o Ministro da Justiça autoriza o Ministério Público a processar o agente, em determinados crimes (exemplos: art. 145, parágrafo único e art. 7º, § 3º, *b*, do CP, ambos do Código Penal). Trata-se, pois, de verdadeira condição de procedibilidade, já que o *parquet* somente poderá deflagrar o processo-criminal se, antes, contar com essa requisição. Neste dispositivo do Código de Processo Penal, cuida-se de uma requisição (*rectius*: ordem), para que seja iniciada a homologação da sentença estrangeira, cabível quando inexistente tratado de extradição com o Brasil.

§ 2º Distribuído o requerimento de homologação, o relator mandará citar o interessado para deduzir embargos, dentro de dez dias, se residir no Distrito Federal, de trinta dias, no caso contrário.

Norma do CPP x Regimento Interno do STJ – Como veremos abaixo, quanto ao processamento do pedido, há normas aparentemente divergentes previstas nestes artigos do CPP e no Regimento Interno do STJ. Haverá quem se impressione com a prevalência de um dispositivo regimental, sobre um artigo de lei – que, adiantamos, ocorrerá. Sucede que a Emenda Constitucional n. 7/1977, ao alterar o art. 119, § 3º, "c", da Carta, permitiu que o STF, em seu regimento interno, estabelecesse normas referentes a "processo e o julgamento dos feitos de sua competência originária ou recursal". Ora, com a transferência da competência para conhecer da reabilitação ao STJ (art. 105, inc. I, "i", da Constituição), o raciocínio continua o mesmo, salvo se a norma *interna corporis* dispuser de forma prejudicial ao condenado, quando, então prevalecerá o dispositivo mais benéfico, contido no código.

Prazo – Dispõe o art. 216-H do RISTJ, que o prazo para o interessado contestar o pedido será de 15 dias, mais amplo que o previsto no CPP (de dez dias), e, como tal, mais benéfico ao condenado. De forma mais técnica, ainda, o regimento faz referência à contestação, ao invés dos embargos, como consta da redação do CPP. Com efeito, *embargos*, em nossa legislação, quase sempre guardam pertinência com uma execução, o que não é o caso da homologação, daí o emprego mais adequado do vocábulo *contestação*. Essa contestação, em reforço ao que temos alertado, se restringirá à "a inteligência da decisão alienígena" e à observância de aspectos formais, como indica o art. 216-H, parágrafo único, do RISTJ. De teor idêntico é o § 4º, abaixo.

§ 3º Se nesse prazo o interessado não deduzir os embargos, ser-lhe-á pelo relator nomeado defensor, o qual dentro de dez dias produzirá a defesa.

Defensor e curador – Dispõe o art. 216-I, do Regimento Interno do STJ que, citada parte interessada, caso revel ou, ainda, se incapaz, "dar-se-lhe-á curador especial, que será pessoalmente notificado". "Contestado o pedido, o processo será distribuído para julgamento pela Corte Especial", nos termos do art. 216-K, do RISTJ.

§ 4º Os embargos somente poderão fundar-se em dúvida sobre a autenticidade do documento, sobre a inteligência da sentença, ou sobre a falta de qualquer dos requisitos enumerados nos arts. 781 e 788.

Alcance da contestação – Temos destacado o reduzido âmbito das hipóteses que admitem a homologação da sentença estrangeira e, por consequência, do alcance também restrito da contestação a ser eventualmente ofertada pela parte interessada. É o que reforça este dispositivo em exame. Não será a contestação o lugar, portanto, para se discutir se a prova dos autos originais admitia a condenação do interessado. Tampouco se o juiz estrangeiro valeu-se da jurisprudência dominante em seu país ou adotou tese nitidamente desfavorável ao condenado. O *locus* adequado para esse debate deu-se no processo alienígena, não sendo admissível a renovação da discussão em sede restrita de homologação da sentença. Cabível, discutir, portanto, da competência do Magistrado estrangeiro e se foi o réu citado naquele feito, como admite o art. 788, inc. II. Ou se os demais requisitos do pedido (tradução, chancela do cônsul, trânsito em julgado da decisão), previstos nos incisos do art. 788, foram atendidos. Todo o mais se afasta do âmbito tímido do pedido de homologação.

JURISPRUDÊNCIA

Limite da análise

"Sentença arbitral estrangeira que não viola a soberania nacional, os bons costumes e a ordem pública e que observa os pressupostos legais indispensáveis ao deferimento do pleito deve ser homologada. **O ato homologatório da sentença estrangeira limita-se à análise dos requisitos formais. Questões de mérito não podem ser examinadas pelo STJ em juízo de delibação, pois ultrapassam os limites fixados pelo art. 9º, caput, da Resolução STJ n. 9 de 4/5/2005. (STJ** – SEC n. 8.847/EX – Rel. João Otávio de Noronha, j. 20.11.2013, DJe 28.11.2013).

§ 5º Contestados os embargos dentro de dez dias, pelo procurador-geral, irá o processo ao relator e ao revisor, observando-se no seu julgamento o Regimento Interno do Supremo Tribunal Federal.

Contestação pelo Ministério Público – Este dispositivo cogita da possibilidade, desconhecida na prática, do Procurador Geral da República contestar o pedido de homologação da sentença estrangeira. Dentro do prazo de 10 dias que lhe é facultado para se manifestar nos autos, para que se posicione livremente, poderá ainda "impugnar o pedido", nos termos do art. 216-L, do RISTJ. Também aqui a impugnação se restringirá aos aspectos formais do pedido, sem adentrar ao mérito da sentença condenatória oriunda do Estado estrangeiro.

§ 6º Homologada a sentença, a respectiva carta será remetida ao presidente do Tribunal de Apelação do Distrito Federal, do Estado, ou do Território.

§ 7º Recebida a carta de sentença, o presidente do Tribunal de Apelação a remeterá ao juiz do lugar de residência do condenado, para a aplicação da medida de segurança ou da pena acessória, observadas as disposições do Título II, Capítulo III, e Título V do Livro IV deste Código.

Execução – Lembramos, mais uma vez, que os Tribunais de Apelação, existentes à época da edição do Código de Processo Penal, constituem-se, hoje, nos Tribunais de Justiça. De qualquer sorte, esses dispositivos acham-se revogados, pois, nos termos do art. 109, inc. X, da Constituição, cumpre aos juízes federais a execução de sentença estrangeira. Por isso mesmo, o Código de Processo Civil, em seu art. 965, dispõe que "o cumprimento de decisão estrangeira far-se-á perante o juízo federal competente". Do mesmo teor é o art. 216-N, do Regimento Interno do STJ.

Art. 790. O interessado na execução de sentença penal estrangeira, para a reparação do dano, restituição e outros efeitos civis, poderá requerer ao Supremo Tribunal Federal a sua homologação, observando-se o que a respeito prescreve o Código de Processo Civil.

Revogação – Como já alertado, o Supremo Tribunal Federal não mais detém competência para conhecer dos pedidos de homologação de sentença, em atribuição hoje cominada ao Superior Tribunal de Justiça (art. 105, inc. I, "i", da Constituição). Uma vez homologada a sentença estrangeira pelo STJ, essa decisão constitui título executivo judicial, a teor do art. 515, inc. VIII, do Código de Processo Civil. Sua execução se dará perante o juízo civil competente, na dicção do art. 516, inc. III, do mesmo *codex*, segundo as normas processuais que tratam da competência. Saliente-se que, por força de expressa disposição constitucional, nos termos do art. art. 109, inc. X, da Carta, cabe aos juízes federais conhecer da matéria.

LIVRO VI
DISPOSIÇÕES GERAIS

Art. 791. **Em todos os juízos e tribunais do crime, além das audiências e sessões ordinárias, haverá as extraordinárias, de acordo com as necessidades do rápido andamento dos feitos.**

Audiência – Consiste no momento processual em que se realizam atos procedimentais, como a colheita da prova testemunhal, a oitiva da vítima, o interrogatório do réu e, por fim, no qual é proferida a sentença.

Sessões – São as reuniões realizadas por órgãos colegiados (inclusive do Júri), para julgamento da causa, quer em sede de recurso, quer no âmbito de sua competência originária.

Audiências e sessões ordinárias e extraordinárias – As audiências ou sessões *ordinárias* são aquelas previamente designadas, que tem curso conforme pauta estabelecida com antecedência pelo juiz ou tribunal e que se orientam por normas do processo penal e de regimentos internos da respectiva Corte. A título de exemplo, a sessão do Júri dará prioridade, no julgamento aos acusados presos e, dentre os presos, àqueles que há mais tempo estiverem na prisão (art. 429, incs. I e II do código). Audiências ou sessões *extraordinárias* são aquelas realizadas para um fim específico, fora da rotina normal do juízo e visando atender prontamente a determinada urgência. O emprego desta distinção não faz, atualmente, maior sentido. Explicamos: ao tempo em que a legislação processual penal não era unificada, códigos locais dispunham sobre audiências semanais. O código da Bahia previa duas audiências, o de Santa Catarina e do Rio de Janeiro uma, etc. Tratavam-se das audiências ordinariamente realizadas. Mas os mesmos códigos continham a ressalva no sentido de que, havendo urgência, para dar "pronto andamento dos negócios a seu cargo", poderia o juiz marcar outras audiências, chamadas, por isso, de *extraordinárias*. Hoje, em face, sobretudo, da notável carga de serviço que assola o Poder Judiciário, não há mais uma indicação de um número de audiências semanais, podendo se afirmar, por consequência, que todas elas são ordinárias.

Supremo Tribunal Federal – A despeito da observação acima, o Regimento Interno do STF ainda conserva a distinção, dispondo seu art. 122 sobre a existência de sessões *ordinárias*, no Plenário e nas Turmas, nos dias designados e *extraordinárias*, mediante convocação dos Ministros. As primeiras (ordinárias) serão realizadas entre as 14 e 18 horas, com intervalo e a segundas (extraordinárias), "terão início à hora designada e serão encerradas quando cumprido o fim a que se destinem" (art. 123, § 2º). No STJ, o art. 148, parágrafo único, de seu regimento interno, também prevê a sessão extraordinária.

Art. 792. **As audiências, sessões e os atos processuais serão, em regra, públicos e se realizarão nas sedes dos juízos e tribunais, com assistência dos escrivães, do secretário, do oficial de justiça que servir de porteiro, em dia e hora certos, ou previamente designados.**

§ 1º Se da publicidade da audiência, da sessão ou do ato processual, puder resultar escândalo, inconveniente grave ou perigo de perturbação da ordem, o juiz, ou o tribunal, câmara, ou turma, poderá, de ofício ou a requerimento da parte ou do Ministério Público,

determinar que o ato seja realizado a portas fechadas, limitando o número de pessoas que possam estar presentes.

§ 2º As audiências, as sessões e os atos processuais, em caso de necessidade, poderão realizar-se na residência do juiz, ou em outra casa por ele especialmente designada.

Princípio da publicidade – Os dispositivos acima rendem homenagem ao princípio da publicidade, previsto no art. 93, inc. IX, da Constituição, segundo o qual "todos os julgamentos dos órgãos do Poder Judiciário serão públicos, e fundamentadas todas as decisões, sob pena de nulidade, podendo a lei limitar a presença, em determinados atos, às próprias partes e a seus advogados, ou somente a estes, em casos nos quais a preservação do direito à intimidade do interessado no sigilo não prejudique o interesse público à informação". Cuida-se de princípio constitucional que visa garantir a transparência do processo, não interessando à Justiça, na preservação de sua boa imagem, a prática de atos a portas fechadas, secretos, imunes à fiscalização das partes e do público em geral. Pertinente, contudo, a observação de Antonio Scarance Fernandes, para quem "deve-se evitar a publicidade desnecessária e sensacionalista, como a transmissão de julgamentos por rádio ou televisão. Expõe demasiadamente os protagonistas da cena processual ao público em geral e causa constrangimento ao acusado, à vítima e às testemunhas" (*Processo Penal Constitucional*, São Paulo:RT, 2005, 4ª. ed., p. 72).

Espécies de publicidade – A doutrina costuma indicar duas espécies de publicidade. A *publicidade plena* (ou *popular* ou *geral*), é aquela prevista no *caput* deste dispositivo que, como indica o nome, permite que toda e qualquer pessoa tenha irrestrito acesso às audiências. A chamada *publicidade restrita* (ou *interna*) vem tratada no § 1º, isto é, quando ocorre uma limitação do número de pessoas presentes ao ato.

§ 1º Se da publicidade da audiência, da sessão ou do ato processual, puder resultar escândalo, inconveniente grave ou perigo de perturbação da ordem, o juiz, ou o tribunal, câmara, ou turma, poderá, de ofício ou a requerimento da parte ou do Ministério Público, determinar que o ato seja realizado a portas fechadas, limitando o número de pessoas que possam estar presentes.

Exceções – Essa regra, todavia, comporta exceções, como prevê a parte final do art. 93, inc. IX da Constituição e, também, o art. 5º, inc. LX, da mesma Carta, segundo o qual "a lei só poderá restringir a publicidade dos atos processuais quando a defesa da intimidade ou o interesse social o exigirem". E, de fato, a Lei n. 9.807/1999 (Lei de Proteção à Vítima), em seu art. 7º, inc. IV, prevê a "preservação da identidade, imagem e dados pessoais" da pessoa protegida. A Lei n. 12.850/2013, que trata de criminalidade organizada, indica que o sigilo deve prevalecer durante todo o procedimento de colaboração premiada (no qual, é verdade, ainda não foi deflagrado o processo-crime). Diz o § 3º de seu art. 7º (com a redação dada pela Lei 13.964/19): "o acordo de colaboração premiada e os depoimentos do colaborador serão mantidos em sigilo até o recebimento da denúncia ou queixa-crime, sendo vedado ao magistrado decidir por sua publicidade em qualquer hipótese". Essa é a tônica, também, da Lei n. 9.296/1996 (interceptações telefônicas), como se extrai de seu art. 8º. Da própria Constituição consta exceção a esse princípio, quando prevê o sigilo das votações do Tribunal do Júri (art. 5º, inc. XXXVIII, "b"). Também o Código de Processo Penal contém exceções ao princípio, podendo ser lembrada a sala secreta no Júri (art. 485) e a retirada do réu da sala de audiências (art. 217e 497, inc. V).

Código Penal– Todos os processos que envolvam crimes contra a dignidade sexual, a saber aqueles previstos nos arts. 213 *usque* 234 do Código Penal, correm em segredo de justiça, segundo o art. 234-B do mencionado *codex*.

Portas fechadas – O dispositivo em exame, em sua parte final, dispõe que o juiz pode "determinar que o ato seja realizado a portas fechadas, limitando o número de pessoas que possam estar presentes", isto quando do acesso irrestrito de populares possa advir "escândalo, inconveniente grave ou perigo de perturbação da ordem". Essa ressalva se mostra das mais razoáveis, eis que a exigência da publicidade não pode chegar ao ponto de inviabilizar a realização do próprio julgamento. Exemplo disso ocorre em julgamentos pelo Júri, de casos rumorosos, nos quais o acesso ao salão se dá por meio de senhas previamente distribuídas. Sucede que, se não adotada essa cautela, o acesso de pessoas será tamanho que, certamente, inviabilizaria a realização de sessão de julgamento. Daí a possibilidade de limitação. Suponha-se, ainda, em um julgamento de um crime que não seja de competência do Júri, realizado em uma acanhada sala de audiências, referente a gravíssimo caso de estupro. Permitir-se o ingresso irrestrito de familiares ou de curiosos em geral, acarretaria inegável perturbação da ordem, com risco, inclusive, à segurança dos presentes. A presença do defensor, do órgão do Ministério Público, de servidores e de um número bastante reduzido de pessoas, tudo sob o comando do juiz, atende, com sobra, ao princípio da publicidade. Que não se diga, outrossim, que a porta encostada da sala de audiência violaria esse princípio. A porta é assim mantida, seguramente, pare que se preserve a eficácia do ar-condicionado, em um país tropical onde as temperaturas, sabidamente, são elevadas. Por mais prosaico que seja o tema, a questão chegou ao Superior Tribunal de Justiça, que não vislumbrou ilegalidade, como se vê do aresto cuja ementa foi abaixo transcrita.

JURISPRUDÊNCIA

Porta da sala encostada

"Inexiste nulidade em audiência de oitiva de testemunhas realizada, na presença das partes, com a porta da sala encostada. Tal fato não impediu a entrada ou saída de qualquer interessado, não ofendendo, destarte, o princípio constitucional de publicidade dos atos processuais" (STJ – HC n. 27291-MG – Rel. Jorge Scartezzini – j. 03.02.2004, DJ 28.06.2004 p. 357).

Audiência secreta no STF – O art. 151, do Regimento Interno do STF, prevê a realização de audiências secretas, quando algum dos Ministros pedir que o Plenário ou a Turma se reúna em Conselho (inc. I) ou quando convocados os Ministros pelo Presidente para assunto administrativo ou da economia do Tribunal (inc. II). Em tais audiências, não será admitida a presença de nenhuma pessoa, além dos Ministros, salvo se especialmente convocada (art. 152).

Sessões reservadas no STJ – O art. 182, do Regimento Interno do STJ, tem previsão idêntica, alterando apenas a denominação, pois emprega a expressão "sessões reservadas".

§ 2º As audiências, as sessões e os atos processuais, em caso de necessidade, poderão realizar-se na residência do juiz, ou em outra casa por ele especialmente designada.

Local – O dispositivo permite que a audiência seja realizada na casa do juiz ou na casa de outrem, por ele designada. Tão vetusta medida, ao que se sabe, jamais foi implantada. A razão para que a audiência seja realizada na casa do juiz, segundo Espínola Filho, se justifica quando o Magistrado encontrar-se impossibilitado de locomover-se, podendo, ainda, determinar a prática do ato em hospital (ob., cit., vol. 3, p. 71). Talvez em tempos imemoriais, quando eram raros os juízes, lotados em locais distantes entre si, com dificuldades de transporte e comunicação, ainda se poderia cogitar da aplicação desta norma. Atualmente ninguém cogita da realização de uma audiência na casa do juiz. Caso impossibilitado de se locomover, decerto que outro será designado em seu lugar.

O que é comum, entretanto, é a realização de plenários do Júri em locais não especialmente destinados a esse fim, externos ao prédio do fórum, como auditórios da Câmara Municipal, ou de clubes de lazer. Há, ainda, expressa previsão legal quanto à realização de interrogatório no local em que se encontrar preso o réu (art. 185, § 1º do CPP) ou que testemunhas, impossibilitadas de comparecer para depor, por enfermidade ou por velhice, sejam ouvidas onde estiverem (art. 220 do código). O art. 221, de sua parte, autoriza que "o Presidente e o Vice-Presidente da República, os senadores e deputados federais, os ministros de Estado, os governadores de Estados e Territórios, os secretários de Estado, os prefeitos do Distrito Federal e dos Municípios, os deputados das Assembléias Legislativas Estaduais, os membros do Poder Judiciário, os ministros e juízes dos Tribunais de Contas da União, dos Estados, do Distrito Federal, bem como os do Tribunal Marítimo", sejam ouvidos em locais previamente ajustados com o juiz da causa. Também os chamados *julgamentos virtuais*, realizados via *internet*, possuem expressa previsão regimental e são julgados fora do ambiente da Corte. No STF, no *plenário virtual* os Ministros indicam os recursos que, por possuírem repercussão geral, devem ser analisados pelo Plenário. Também os embargos de declaração e os agravos regimentais, segundo a Resolução n. 58, de 29.06.2016, são julgados por esse meio. No STJ, no art. 184-B de seu regimento interno, há previsão de *sessões virtuais*.

Art. 793. Nas audiências e nas sessões, os advogados, as partes, os escrivães e os espectadores poderão estar sentados. Todos, porém, se levantarão quando se dirigirem aos juízes ou quando estes se levantarem para qualquer ato do processo.

Parágrafo único. Nos atos da instrução criminal, perante os juízes singulares, os advogados poderão requerer sentados.

Em pé ou sentados? – Caiu também em desuso este dispositivo, não mais se exigindo que, ao dirigir a palavra ao juiz, todos tenham que se levantar. Apenas nos julgamentos pelo Júri ainda se vê alguma solenidade dessa espécie.

STF e STJ – Segundo seu regimento interno (art. 155, § 1º), "respeitada a prerrogativa dos advogados, nenhum dos presentes se dirigirá ao presidente da audiência, a não ser de pé e com sua licença". Previsão idêntica consta do Regimento Interno do STJ (art. 186, § 1º). Na mais alta Corte também a sustentação oral é feita, pelo advogado, de pé, enquanto que o Procurador-Geral da República, que toma assento à direta do Presidente (art. 48 do RISTF), falará sentado. É praxe, ainda, como se vê das transmissões pela televisão, que os Ministros aguardem o Presidente se sentar, para depois também fazê-lo.

Advogado – O Estatuto da Ordem dos Advogados do Brasil, em seu art. 7º, inc. VII, faculta ao advogado "permanecer sentado ou em pé", nas salas de audiência ou de sessões de tribunais.

Art. 794. **A polícia das audiências e das sessões compete aos respectivos juízes ou ao presidente do tribunal, câmara, ou turma, que poderão determinar o que for conveniente à manutenção da ordem. Para tal fim, requisitarão força pública, que ficará exclusivamente à sua disposição.**

Poder de polícia – Ao juiz ou ao presidente de tribunal cabe velar pela manutenção da ordem, a assegurar, de um lado, o bom andamento dos trabalhos e como forma de preservar, de outra parte, a dignidade da Justiça. Para tanto, acha-se investido do chamado *poder de polícia*. Segundo Espínola Filho, citando Garraud, "os magistrados devem ser armados de poderes necessários a fazerem-se respeitar e a manter a dignidade das suas audiências. Esses poderes são designados sob o nome de poderes de polícia da audiência" (ob. cit., vol. III, p. 68).

Art. 795. **Os espectadores das audiências ou das sessões não poderão manifestar-se.**

Parágrafo único. O juiz ou o presidente fará retirar da sala os desobedientes, que, em caso de resistência, serão presos e autuados.

Manifestações – No exercício do poder de polícia, é facultado ao juiz mandar retirar da sala aqueles que, durante as audiências ou das sessões, insistirem em se manifestar. Nem poderia ser diferente. Imagine-se um Júri no qual, em plenário, tivessem os espectadores a possibilidade de irrestrita manifestação. Essa atitude, que teria lugar mais adequado em um campo de futebol, inviabilizaria totalmente o bom andamento dos trabalhos, podendo, ainda, influenciar negativamente no ânimo dos jurados. Daí o poder que se confere ao juiz de, em situações extremas, mandar evacuar o recinto, sem que se possa afirmar, com isso, que estaria violando o princípio da publicidade. Claro que podendo identificar os desobedientes, apenas estes serão retirados. Como adverte Roberto Lyra, "seria absurdo, pela atitude desrespeitosa e inconveniente de alguns, punir todos os presentes. Retirar do recinto os responsáveis, detê-los ou prendê-los, fazê-los apresentar à autoridade policial, desocupar momentaneamente o recinto, seria o bastante" (*Comentários ao Código de Processo Penal,*

Rio: Forense, 1944, p. 463). Mas em uma situação de tumulto generalizado, não restará alternativa senão a de determinar a saída de todos os presentes. A chamada *publicidade plena* (ou *popular* ou *geral*), restará prejudicada, mas, de outro lado, mantida intacta a *publicidade restrita* (ou *interna*), de que trata o § 1º, do art. 792 do código.

Outros exemplos desse poder são encontrados no código, valendo lembrar que ao juiz é dado determinar seja a audiência realizada de portas fechadas (art. 792, § 1º), ou que seja o réu dela retirado (arts. 217, 497, inc. VI e 796). No Júri, cabe "prender os desobedientes" e "requisitar o auxílio da força pública" (art. 497, inc. I), E não apenas medidas previstas no código podem ser adotadas. Situações ocorrerão que, certamente, não estão previstas em lei e, nem por isso, se achará o juiz inibido de agir. Pode, assim, proibir o ingresso de uma pessoa que não esteja trajada adequadamente ou que se apresente em estado de embriaguez ou sob efeito de drogas. Ou, ainda, determinar a revista pessoal daqueles que pretendam assistir ao ato e mesmo limitar esse ingresso àqueles que tenham consigo uma senha previamente distribuída.

Art. 796. Os atos de instrução ou julgamento prosseguirão com a assistência do defensor, se o réu se portar inconvenientemente.

Retirada do réu – Trata-se de mais uma manifestação do poder de polícia que é conferido ao juiz. No mais, é medida prevista em outras passagens do código, como nos arts. 217 e 497, inc. VI. O comportamento inconveniente do réu pode se manifestar das mais diversas formas. Imagine-se que insista em intervir na oitiva de testemunhas ou vítima, falando em altos brados ou que a elas se dirija de forma intimidatória. Ou, ainda, que se apresente embriagado ou sob efeito de alguma droga. Para Ary Azevedo Franco, justifica-se ainda a medida "se o estado de saúde do réu não permitir que ele, em se tratando de julgamento, permaneça na audiência ou na sessão" (ob. cit., vol. 2, p. 389). Discorda deste último posicionamento Eduardo Espínola Filho, para quem o caso será de suspensão dos trabalhos e eventual adiamento do ato (ob. cit., vol. III, p. 74). Conquanto se possa retirar o réu, será sempre garantida a presença de seu defensor, como forma de preservar o princípio da ampla defesa e do contraditório.

JURISPRUDÊNCIA

Retirada do réu da sala de audiência

"A retirada do réu da sala de audiências tem amparo no art. 217, do Código de Processo Penal, sendo a fundamentação para tal expediente baseada em pedido expresso da vítima, o que afasta eventual alegação de nulidade, porquanto não houve demonstração, por parte da defesa, de forma objetiva e concreta, do respectivo prejuízo" (STJ – HC n. 319514-SP – Rel. Felix Fischer, j. 17.05.2016, DJe 02.06.2016).

"O artigo 217 da Lei Penal Adjetiva permite que o réu seja retirado da sala de audiências quando a sua presença causar humilhação, temor ou constrangimento à testemunha ou ao ofendido, prejudicando o seu depoimento. Na hipótese em tela, a postura da magistrada singular encontra-se de acordo com a legislação processual penal, uma vez que, ciente da existência de diversas ameaças contra as testemunhas de acusação, houve por bem determinar a saída do réu da sala de audiências durante o depoimento de duas delas, sendo que uma expressamente assim o requereu, não se vislumbrando, por conseguinte, a existência de vício apto a contaminar o feito" (STJ – HC n. 303115-RS – Rel. Jorge Mussi, j. 24.11.2015, DJe 01.12.2015).

Art. 797. **Excetuadas as sessões de julgamento, que não serão marcadas para domingo ou dia feriado, os demais atos do processo poderão ser praticados em período de férias, em domingos e dias feriados. Todavia, os julgamentos iniciados em dia útil não se interromperão pela superveniência de feriado ou domingo.**

Atos processuais – Excetuando-se as sessões de julgamento nos tribunais, os demais atos do processo podem ser praticados em domingos ou feriados. Procura-se atender, com este dispositivo, uma situação de emergência, na qual, por exemplo, vítima, testemunhas ou o próprio réu se encontrem na iminência da morte, a exigir sua imediata oitiva. Sem embargo disso, ao longo de nossa carreira, jamais tivemos notícia de uma audiência designada, por exemplo, para um domingo, não se justificando sua prática em um dia destinado ao repouso. Nem mesmo perante os Juizados Especiais Criminais, onde a Lei n. 9.099/1995, em seu art. 64, também prevê expressamente essa possibilidade. De se atentar, ainda, que o Código de Processo Civil dispõe que os atos processuais serão realizados em dias úteis, das 6 às 20 horas (art. 212). Nas férias forenses e nos feriados, somente citações, intimações, penhoras e as tutelas de urgência (art. 214).

Férias forenses – Não há um período de férias forenses indicado no Código de Processo Penal. Esse período ficava a critério de cada tribunal, mas sempre ao final do ano (salvo na Justiça Federal, onde se considera como feriado o período entre 20 de dezembro e 6 de janeiro, nos termos do art. 62, inc. I, da Lei n. 5.010/1966). O Código de Processo Civil dispõe, em seu art. 220, sobre a suspensão dos prazos processuais "nos dias compreendidos entre 20 de dezembro e 20 de janeiro", período no qual não serão realizadas audiências (§ 2º). Já a Resolução n. 241, de 09.09.2016, do Conselho Nacional de Justiça, tratou especificamente sobre a suspensão do expediente forense, no período entre 20 de dezembro a 6 de janeiro, quando funcionarão apenas os plantões judiciários, ressalvada a prática "de ato processual de natureza urgente e necessário à preservação de direitos".

Portanto, este art. 797, que permite a realização de atos do processo durante as férias, como, por exemplo, uma audiência, acha-se superado face ao cotejo com o Código de Processo Civil (que tem aplicação no processo penal, a teor do art. 3º do CPP), e da resolução do CNJ que trata especificamente desse tema. Em que pese essa conclusão, no Estado de São Paulo, o Comunicado 2.283/2016, da Corregedoria-Geral de Justiça, admite a prática de atos processuais "nas hipóteses em que sua realização for necessária para apreciação de situações urgentes (em que houver lesão ou ameaça de lesão) ou relativas a [...] réus presos, em todas as competências, tendo em vista a necessidade de se assegurar o direito constitucional fundamental de acesso à justiça, previsto no art. 5º, XXXV da CF".

ATENÇÃO – Em reclamação proposta pela OAB-Seção Pernambuco, perante o Conselho Nacional de Justiça, contra ato do Tribunal Regional Federal da 5ª. Região, a Ministra Cármen Lúcia concedeu liminar na qual sustentou que a suspensão dos prazos prevista no Código de Processo Civil não se aplica ao processo penal. Consta da mencionada decisão que "o processo penal tem princípios, regras e conteúdos distintos do processo civil, razão pela qual não é possível aplicar indistintamente as normas do segundo sobre o primeiro, sob pena de subverter a lógica processual com base na qual foi construído o processo penal [...] Além de haver norma específica sobre o tema, a não realização de sessões de julgamento, de audiências e a suspensão dos prazos processuais de 7 a 20 de janeiro representa restrição às garantias do réu, notadamente à duração razoável do processo (artigo 5º, Inciso LXIII, da Constituição da República) " (CNJ - Reclamação para garantia das decisões n. 0006866 - Rel. Cármen Lúcia, j. 09.12.2016).

Júri – Também não se tem notícia de uma audiência iniciada em uma 6ª feira e que tenha continuidade no sábado e domingo, embora a parte final deste dispositivo admita essa possibilidade. A exceção é o Tribunal de Júri, no qual os julgamentos são contínuos, não se sujeitando a nenhuma interrupção, como forma de garantir, inclusive, o sigilo das votações. Assim, é comum que plenários iniciados em um dia útil se estendam para o sábado ou domingo, com possibilidade, por óbvio, de suspensão dos trabalhos, quando os jurados repousam no próprio local em que realizado o julgamento.

Art. 798. Todos os prazos correrão em cartório e serão contínuos e peremptórios, não se interrompendo por férias, domingo ou dia feriado.

§ 1º Não se computará no prazo o dia do começo, incluindo-se, porém, o do vencimento.

§ 2º A terminação dos prazos será certificada nos autos pelo escrivão; será, porém, considerado findo o prazo, ainda que omitida aquela formalidade, se feita a prova do dia em que começou a correr.

§ 3º O prazo que terminar em domingo ou dia feriado considerar-se-á prorrogado até o dia útil imediato.

§ 4º Não correrão os prazos, se houver impedimento do juiz, força maior, ou obstáculo judicial oposto pela parte contrária.

§ 5º Salvo os casos expressos, os prazos correrão:

a) da intimação;

b) da audiência ou sessão em que for proferida a decisão, se a ela estiver presente a parte;

c) do dia em que a parte manifestar nos autos ciência inequívoca da sentença ou despacho.

Introdução – A má colocação da matéria atinente aos prazos, no Código de Processo Penal, já foi objeto de crítica. E, de fato, enquanto no Código de Processo Civil o tema mereceu um capítulo próprio (arts. 218 e ss.), o legislador processual penal relegou-o a segundo plano, inserindo seu tratamento no final do código (arts. 798 e ss.), na parte que cuida das *disposições gerais*. Em razão disso, o tema é tratado não apenas neste tópico, mas em todo o restante do Código, a cada comentário que fizemos.

Razão – O processo, quer seja de índole civil ou penal, tem um inegável caráter instrumental. Significa dizer que ele não representa um fim em si mesmo, mas, antes, uma maneira pela qual se exerce a jurisdição. Se jurisdição é o poder que tem o Juiz de dizer o direito (*jurisdizer*), é preciso que, para sua realização, sejam estabelecidas fórmulas que se desenvolvam no bojo do processo. Em outras palavras: para a solução da lide se impõe às partes a sujeição a determinadas normas, de caráter processual (daí a conceituação do Direito Processual como ramo do Direito Público), sob pena de se estabelecer a balbúrdia, sem que se consiga atingir o objetivo inicialmente apontado. Serve o processo, pois, como instrumento para a composição da lide.

Ora, se o processo persegue sempre um objetivo, consistente na aplicação do direito material, resta claro que deva, para tanto, seguir sempre adiante, sem paralisações e retrocessos, fazendo justiça à origem da palavra *processo*, que vem de *procedere*, isto é, *caminhar para a frente*. Por isso se justifica a existência dos prazos, cujo primeiro interesse é de ordem social, quando busca garantir a maior eficácia do processo.

Princípios – Para que possa prosseguir sua marcha o processo adota, dentre outros, o chamado princípio do impulso oficial, através do qual cumpre ao Juiz levar o processo até o seu final, conduzindo-o fase a fase, privilegiando, inclusive, a rapidez na solução da lide. A par desse princípio, outros dois também são enunciados e perseguem o mesmo objetivo. São eles o princípio da economia e o princípio da instrumentalidade das formas. O primeiro "preconiza o máximo resultado na atuação do direito com o mínimo emprego possível de atividades processuais", na exata lição de Cintra, Ada e Dinamarco (*Teoria Geral do Processo*, São Paulo: Malheiros, 9ª. edição, 1992, p. 40). Como exemplo tomado do Código de Processo Civil, pode ser citada a regra que determina o julgamento simultâneo entre a ação e a reconvenção. Já pelo princípio da instrumentalidade das formas, somente serão anulados os atos irregulares caso não tenham sido atingidos seus objetivos. Tal princípio é expressamente previsto no Código de Processo Penal, conforme se observa dos arts. 566 e 567, que consagram a velha fórmula do *pas de nullité sans grief*.

São lembrados, ainda, outros princípios: o *princípio da igualdade de tratamento*, pelo qual o prazo deve ser igual para as partes, salvo as exceções previstas em lei, como, por exemplo, o prazo em dobro concedido ao defensor público para apelar. O *princípio da brevidade*, que preconiza a existência de prazos não muito dilatados, para que se atinja rapidamente o término do processo. Pelo *princípio da utilidade*, o prazo deve ser maior ou menor conforme a relevância do ato a ser praticado. E, ainda, o *princípio da irredutibilidade*, segundo o qual os prazos não podem ser reduzidos por determinação judicial.

Preclusão – Vê-se, portanto, que o processo é informado por princípios e municiado de instrumentos que tendem, sempre, a permitir o seu término, de forma rápida e regular, na ininterrupta marcha adiante a qual nos referimos. Dentre esses instrumentos que visam garantir o andamento do processo, pode ser destacada a *preclusão*, que representa a perda de um direito processual, por não ter sido exercido em determinado prazo (preclusão temporal). Assim, por exemplo, quando o legislador prescreve o prazo de cinco dias para que a parte, prejudicada pela sentença, dela recorra. Resta claro que, findo tal prazo, sem qualquer espécie de insurgência, perde-se o direito ao recurso. Tais sanções, destarte, impedem que o processo retroceda, garantindo seu caminhar sempre adiante. Também tem o *prazo*, portanto, esse objetivo, afinal, na medida em que se estabelece um determinado tempo para a realização de um ato, impede-se a protelação do processo, sendo fácil imaginar o caos que se instalaria caso fosse deixado, ao livre arbítrio das partes, o exercício de uma faculdade, sem que nenhuma limitação temporal fosse imposta.

Oportuna, nessa linha de raciocínio, é o magistério de Borges da Rosa, quando salienta que "a observância dos prazos constitui um freio salutar imposto às partes e uma garantia para a Justiça, que por meio dele consegue levar a cabo o processo e firmar definitivamente o império da Lei e da ordem" (ob. cit. p. 878).

De se destacar, por derradeiro, que a imposição de prazos rende homenagem, também, ao princípio do contraditório, que garante paridade de tratamento para as partes envolvidas no processo, garantindo, assim, a igualdade de prazos para um e para outro (acusação e defesa, por exemplo, têm ambas o prazo sucessivo de cinco dias para oferta de alegações finais). Tal princípio, no entanto, admite exceções, podendo ser lembrada aquela prevista na Lei nº 1.060/50, que permite seja contado em dobro o prazo para o Defensor Público.

Definição – Tomando-se como parâmetro o que foi dito até agora, pode-se conceituar o prazo como *a condição de tempo concedida para a prática de algum ato processual*. Ou, aproveitando a lição de Borges da Rosa, "o lapso de tempo concedido a alguém para comparecer em Juízo, ou para praticar algum ato judicial ou diligência" (*Comentários ao código de processo penal*, ob. cit., p. 866). Vale atentar, também, para a palavra *termo*. Assim, entre o termo *a quo* e o termo *ad quem*, está instalado o prazo. No primeiro (termo *a quo*), se inicia a contagem do prazo e, no último (termo *ad quem*), tal cômputo se finda.

Classificação dos prazos – Prazos próprios ou impróprios – Os prazos podem ser *próprios* e *impróprios*. Prazo próprio é aquele imposto a uma das partes ou a ambas, a fim de que realizem determinado ato. Da não observância de tal prazo, derivam consequências de ordem processual, como, por exemplo, a preclusão temporal imposta ao vencido que, dentro do prazo legal, deixa de apelar da sentença, que, por isso, transita em julgado. Prazo impróprio se refere aos Juízes, ao Ministério Público e aos auxiliares da justiça, para a prática de um determinado ato. A inobservância de tais prazos não acarreta nenhuma consequência processual, mas apenas de índole disciplinar, a ser aplicada pelos órgãos censórios de cada instituição. Assim, por exemplo, a disposição contida no art. 801 do CPP, que manda descontar dos vencimentos de juízes e do Ministério Público, cada dia excedido de prazo. Ou aquela contemplada no art. 390 do mesmo *codex*, pela qual o escrivão que não publicar a sentença no prazo legal (três dias), ficará sujeito à pena de suspensão.

JURISPRUDÊNCIA

Prazo impróprio para conclusão do inquérito policial

"O prazo de que trata o art. 10, caput, do Código de Processo Penal, é impróprio, não prevendo a lei qualquer consequência processual, máxime a preclusão, se a conclusão do inquérito ocorrer após trinta dias de sua instauração, estando solto o réu. O tempo despendido para a conclusão do inquérito assume relevância para o fim de caracterizar constrangimento ilegal, apenas se o Paciente estiver preso no curso das investigações ou se o prazo prescricional tiver sido alcançado nesse interregno e, ainda assim, continuarem as investigações" (STF – HC n. 107382-SP – Rel. Cármen Lúcia, j. 26.04.2011, DJe 16.06.2011).

Prazos legais ou judiciais – Outra classificação distingue os prazos em *legais* e *judiciais*. Prazo legal, como o próprio nome sugere, é aquele determinado pela lei. Abundam os exemplos no código, podendo ser citados o prazo que tem a autoridade policial para concluir o inquérito (art. 10), ou de seis meses para oferta de representação ou queixa pela vítima (art. 38), ou de cinco dias para apelar da sentença (art. 593), bem como todos aqueles impostos ao Juiz pelo art. 800. Já o prazo judicial é aquele que, não tendo previsão legal, fica a critério do Juiz fixá-lo. Como exemplo tem-se o § 3º, do art. 10 do CPP, no qual o Juiz marca o prazo para conclusão de inquérito policial de difícil elucidação. Ou do art. 364, em que o prazo do edital de citação do réu é fixado pelo Juiz. Lembre-se ainda da letra do § 1º, do art. 93 do mencionado diploma legal. Do chamado *prazo convencional*, ou seja, aquele que é estabelecido por acordo entre as partes, não se tem notícia no Código de Processo Penal e nem a doutrina o admite. Um exemplo, porém, talvez possa ser colhido do plenário do júri, quando, havendo mais de um acusador ou defensor, ambos "combinarão entre si a distribuição do tempo" para as respectivas sustentações orais (art. 477, § 1º).

JURISPRUDÊNCIA

Não aplicação do CPC

"A jurisprudência desta Corte Superior de Justiça é no sentido de que, em ações que tratam de matéria penal ou processual penal, não incidem as novas regras do Código de Processo Civil – CPC, referentes à contagem dos prazos em dias úteis (art. 219 da Lei 13.105/2015), ante a existência de norma específica a regular a contagem do prazo (art. 798 do CPP), uma vez que o CPC é aplicado somente de forma suplementar ao processo penal" (STJ – AgRg no AREsp n. 981030-PE – Rel. Reynaldo Soares da Fonseca, j. 16.02.2017, DJe 22.02.1017).

Prazos prorrogáveis ou improrrogáveis – Os prazos podem ser, também, *prorrogáveis* ou *improrrogáveis*. Prazo prorrogável é aquele que pode ser dilatado ou repetido. E, improrrogável, ao revés, o que não admite qualquer espécie de dilatação ou repetição.

Prazos contínuos ou peremptórios – Por derradeiro, tem-se os prazos *contínuos* ou *peremptórios*. Prazo contínuo porque não sofre nenhuma espécie de interrupção, isto é, iniciado segue seu curso até o fim. Diz-se peremptório o prazo que termina, fatalmente, no dia de seu vencimento, sem possibilidade de prorrogação e independentemente de declaração judicial nesse sentido ou certidão do escrivão lhe dando conta. Tais princípios, no entanto, acham-se sujeitos às exceções previstas em lei, conforme se verifica dos § § 3º e 4º abaixo, quando se prorroga o prazo terminado em domingo ou feriado para o primeiro dia útil seguinte ou quando o mesmo é interrompido por *"impedimento do juiz, força maior, ou obstáculo judicial oposto pela parte contrária"*. De sorte que vários prazos estabelecidos pelo código, como, por exemplo, o de oito dias para que o recorrente apresente suas razões de apelação (art. 600), quando não observados, geram mera irregularidade, conforme pacífico entendimento jurisprudencial. Já o prazo de cinco dias para apelar, previsto no art. 593, é absolutamente contínuo e peremptório, eis que sua inobservância acarreta, fatalmente, a preclusão, isto é, a inadmissibilidade de se impugnar a sentença.

Autos em cartório – A regra geral determina que os prazos correrão em cartório, ou seja, os autos não deixarão o cartório. Mas há exceções. De forma que o § 4º, do art. 800, determina o envio dos autos ao juiz (*conclusão*) e ao órgão do Ministério Público (*vista*). Também o defensor público, nos termos da Lei Complementar n. 80/1994, elenca dentre as prerrogativas do defensor público receber os autos com vista (art. 44, inc. I). Já o Estatuto da OAB (Lei n. 8.906/1994), prevê como direito de o advogado retirar os processos judiciais do cartório, pelo prazo legal (art. 7º, inc. XV). Vê-se que são tantas as exceções que acabam quase por se tornar a regra. Trata-se, de qualquer sorte, de regra que tende ao desuso, em face do advento do processo eletrônico, no qual não há mais autos físicos.

JURISPRUDÊNCIA

Defensoria Pública e retirada dos autos do cartório. Ressalva

"Cuida-se de recurso ordinário interposto contra acórdão que denegou a segurança em writ no qual se postulava a ilegalidade da atuação do Juízo de Direito do Tribunal do Júri que determinou a proibição de retirada dos autos, por quaisquer das partes, nos cinco dias que antecedem a realização da sessão de julgamento. A Defensoria Pública Estadual alega que o art. 128, VII, da Lei Complementar n. 80/94 fixaria o direito de retirada dos autos dos cartórios, que não poderia ser limitada senão por determinação legal. A solução da controvérsia exige a ponderação entre dispositivos legais (art. 128, VII, da Lei Complementar n. 80/94 e art. 803 do Código de Processo Penal) à luz do princípio da igualdade e da necessidade de garantir a amplitude da defesa e do contraditório, nos termos do artigo 5º, LV, da Constituição Federal. O direito processual contemporâneo não pode ser entendido como seara estática em relação às finalidades do ordenamento, porquanto consubstancia os meios adequados em prol da realização de valores materiais. Sob esse prisma, a limitação mostra-se lícita, como meio de garantir a concretização dos princípios do processo, o que trará equilíbrio entre a prerrogativa da Defensoria Pública e o direito de vista dos autos em cartório das demais partes, evitando a retirada do caderno processual às vésperas dos julgamentos. Recurso ordinário improvido" (STJ – RMS nº 41624-RJ, Rel. Humberto Martins, j. 07.05.2013, DJe 16.05.2013).

§ 1º Não se computará no prazo o dia do começo, incluindo-se, porém, o do vencimento.

Contagem dos prazos – A forma pela qual são contados os prazos vem prevista neste artigo, pelo qual "não se computará no prazo o dia do começo, incluindo-se, porém, o do vencimento". Afinal, *dies a quo non computatur.* Suponha-se, assim, que o defensor constituído foi intimado da sentença condenatória em uma 3ª feira, tendo cinco dias para apelar (art. 593, *caput* do CPP). Esse prazo, porque não é computado o "dia do começo", terá início na 4ª feira, se expirando no domingo. Sucede que, nos termos do § 3º abaixo, vencido o prazo em um domingo, ele se prorroga até o primeiro dia útil seguinte, de sorte que terminará na 2ª feira seguinte. O mesmo ocorre quanto ao *dies a quo*. Assim, sendo o defensor constituído (e mesmo o dativo, como visto abaixo), intimado em uma 6ª feira, o prazo para recurso se iniciará na 2ª feira. E se a 2ª feira cair em um feriado? Terá início, então, na 3ª feira e assim sucessivamente. A propósito, o teor da Súmula nº 310 do STF: "Quando a intimação tiver lugar na sexta-feira, ou a publicação com efeito de intimação for feita nesse dia, o prazo judicial terá início na segunda-feira imediata, salvo se não houver expediente, caso em que começará no primeiro dia útil que se seguir". Confira-se, ainda, o teor do art. 3º, da Lei n. 1.408/1951, *in verbis*: "Os prazos judiciais que se iniciarem ou vencerem aos sábados serão prorrogados por um dia útil". Caso a intimação ocorra em uma 6ª feira, o prazo para apelar se iniciará na 2ª feira seguinte, vencendo-se, portanto, na próxima 6ª feira.

JURISPRUDÊNCIA

Prazo vencido no domingo

"É tempestiva a apelação interposta pelo Ministério Público no primeiro dia útil após o 5º dia da intimação da sentença absolutória (CPP, art. 593), quando o prazo termina em domingo ou dia feriado (CPP, art. 798, § 3º), aplicando-se o preceito a todas as partes do processo, inclusive quando em prejuízo do paciente" (STF – HC nº 77226-PR, Rel. Maurício Corrêa, j. 30.06.1998, DJ 11.09.1998, p. 6).

Intimação na sexta-feira

"Apelação criminal. Prazo. Intimação da sentença em sexta-feira, sendo a apelação interposta na sexta-feira seguinte. Recurso tempestivo. Súmula n. 310. Precedentes" (STF – RE 95363-SP – Rel. Néri da Silveira, j. 17.12.1981, DJ 02.04.1982, p. 2886).

Calendário gregoriano

"A legislação penal sufragou o calendário gregoriano para o cômputo do prazo. O período do dia começa a zero hora e se completa às 24 horas. Inclui-se o dia do começo. A idade é mencionada por ano. Não se leva em conta a hora do nascimento. O dia do começo, normalmente, independe do instante da ocorrência do nascimento. Termina às 24 horas. Assim, a pessoa nascida ao meio-dia completa o primeiro dia de vida à meia noite" (STJ – Resp n. 16849-SP – Rel. Luiz Vicente Cernicchiaro, j. 29.09.1992, DJ 14.06.1993, p. 11792).

ATENÇÃO - Defensor público e Ministério Público - Vale atentar que, para o defensor público, os prazos são contados em dobro, conforme disposto no art. 5º, § 5º, da Lei 1.060/50. Nesse sentido o entendimento do STF (*RT* 721/567). Segundo alguma doutrina, tal privilégio se estenderia, também, ao defensor dativo, já que exerce *munus* público equivalente ao do defensor público. Prevalece, contudo, o entendimento jurisprudencial no sentido de que o benefício é privativo do defensor público, não se aplicando ao dativo. Já ao Ministério Público, no âmbito penal, não se reconhece a prerrogativa do prazo em dobro para recorrer, privilégio contemplado apenas no processo civil (art. 180 do CPC).

JURISPRUDÊNCIA

Prazo em dobro para o defensor público e não para o advogado dativo

"É assente, na jurisprudência da Corte, o entendimento de que o defensor dativo possui a prerrogativa da intimação pessoal. Todavia, ele não faz jus ao prazo recursal em dobro" (STF – ARE n. 814800-MG, Rel. Dias Toffoli, j. 30.09.2014, DJe 14.11.2014).

"O defensor dativo, por não integrar o quadro estatal de assistência judiciária, não dispõe da prerrogativa de prazo em dobro para recorrer, como ocorre com os defensores públicos. Precedentes" (STJ – AgRG no AREsp n° 319939-SP, Rel. Sebastião Reis Júnior, j. 20.06.2013, DJe 01.08.2013).

Não aplicação ao MP

"O prazo em dobro para recorrer previsto no art. 188 do Código de Processo Civil, quando a parte for a Fazenda Pública ou o Ministério Público, não se aplica aos feitos de natureza penal, como o presente, onde a prerrogativa é assegurada exclusivamente à Defensoria Pública" (STJ – EDcl no AgRg no RMS n° 36050-PI, Rel. Laurita Vaz, j. 22.10.2013, DJe 05.11.2013).

ATENÇÃO - Código Penal - Ao contrário do processo penal, no Direito Penal a contagem do prazo é diversa, no que se refere ao *dies a quo*, que é computado, nos termos do art. 10 do Código Penal, *in verbis*: "O dia do começo inclui-se no cômputo do prazo (...)".

JURISPRUDÊNCIA

Queixa-crime e prazo penal

"Como regra, o prazo da decadência é de 06 (seis) meses e em se tratando de causa de extinção da punibilidade o prazo tem natureza penal, devendo ser contado nos termos do art. 10 do Código Penal e não de acordo com o art. 798, § 1º do Código de Processo Penal, quer dizer, inclui-se no cômputo do prazo o *dies a quo*. Assim, tendo em vista que ambas as queixas foram oferecidas quando já esgotado o prazo legal, há que se reconhecer a extinção da punibilidade do querelado em razão da decadência" (STJ – Apn n. 562-MS – Rel. Felix Fischer, j. 02.06.2010, DJe 24.06.2010).

Férias forenses –No período de férias forenses, o prazo é suspenso. Lembre-se que, enquanto na interrupção o prazo é totalmente restituído, começando a contar novamente *do zero*, na suspensão o prazo é contado de onde parou. Um exemplo, decerto melhor elucidará a questão. Suponha-se que o prazo para o advogado apelar da sentença condenatória - de cinco dias - se iniciou dois antes do advento das férias. Uma vez terminadas as férias, esse advogado terá mais três dias para recorrer. Não será, portanto, restituído o prazo de cinco dias por completo, mas apenas os três dias restantes, antes da suspensão. Sobre o tema, v., ainda, os comentários ao art. 707 do CPP, sob a rubrica *férias forenses*.

JURISPRUDÊNCIA

Suspensão do prazo durante as férias forenses

SUSPENSÃO DO PRAZO RECURSAL PARA INTERPOSIÇÃO DE RECURSO ESPECIAL. FÉRIAS FORENSES. RÉU PRESO. PRECEDENTES DESTA CORTE – "Esta Corte já assentou o entendimento de que as férias forenses suspendem a contagem dos prazos recursais, a teor do artigo 66 da LOMAN" (STF – HC nº 89827-SP, Rel. Carlos Britto, j. 27.02.2007, DJe 26.04.2007).

§ 2º A terminação dos prazos será certificada nos autos pelo escrivão; será, porém, considerado findo o prazo, ainda que omitida aquela formalidade, se feita a prova do dia em que começou a correr.

Certidão – Este dispositivo determina que o escrivão certifique o transcurso do prazo. Com essa providência, confere solenidade ao fato, dada à fé pública que emana da certidão. Trata-se, no mais, de obrigação imposta ao escrivão que, se deixar de cumpri-la, sujeitar-se-á, na reincidência, à suspensão de até 30 dias, na dicção do art. 799 do código. Mas é óbvio que o transcurso do prazo se verificará com ou sem a certidão. Melhor que seja lançada. Não o sendo, nem por isso o prazo deixará de transcorrer, cabendo à parte interessada comprovar o *dies a quo*. O código de Processo Civil vai mais além, ao dispor que "decorrido o prazo, extingue-se o direito de praticar ou de emendar o ato processual, independentemente de declaração judicial" (art. 223).

§ 3º O prazo que terminar em domingo ou dia feriado considerar-se-á prorrogado até o dia útil imediato.

Domingo ou feriado – O tema foi abordado no § 1º acima, sob a rubrica *contagem dos prazos*. Conquanto o dispositivo não faça referência ao sábado, também haverá prorrogação se o prazo terminar nesse dia, nos termos do art. 3º, da Lei n. 1.408/1951, *in verbis*: "Os prazos judiciais que se iniciarem ou vencerem aos sábados serão prorrogados por um dia útil".

Processo eletrônico – O chamado processo eletrônico é uma realidade em diversos estados e sua implantação em todo país, ainda que gradativa, revela-se inevitável. É admissível, outrossim, que falhas ocorram neste estágio inicial. Atento a essa nova realidade do processo eletrônico, o Código de Processo Civil, com aplicação no processo penal (art. 3º), dispõe que o prazo será prorrogado para o primeiro dia útil seguinte quando "houver indisponibilidade da comunicação eletrônica" (art. 224, § 1 do CPC).

ATENÇÃO – A Lei n. 13.728/2018, incluiu o art. 12-A na Lei dos Juizados Especiais (Lei n. 9.099/1995), para dispor que "na contagem de prazo em dias, estabelecido por lei ou pelo juiz, para a prática de qualquer ato processual, inclusive para a interposição de recursos, computar-se-ão somente os dias úteis". Cuida-se de interessante inovação, saudada, sobretudo, pelos advogados, sempre premidos pela problemática dos prazos, cuja observância lhes é tão cara em vista das graves sanções processuais advindas de sua eventual perda. De sorte que, a partir de agora, para a prática de algum ato, no âmbito dos juizados especiais, apenas dias úteis serão considerados. Evita-se, assim, que um prazo para recurso se vença, por exemplo, em um domingo ou feriado, obrigando-se a prorrogação para o primeiro dia útil seguinte, com todos os inconvenientes e dúvidas que, por vezes, surgem quanto à correta contagem do *dies a quo*. É ainda bem-vinda a mudança quando se constata que a Lei n. 9.099/1995, não faz qualquer alusão à contagem dos prazos, dando azo a interpretações díspares, em detrimento da boa aplicação do Direito. Tampouco a Lei n. 9.099/1995 faz menção à aplicação subsidiária do Código de Processo Civil aos juizados, em omissão que foi, pelo menos em parte, suprida pela Lei n. 12.153/2009 que, em seu art. 27, prevê a aplicação subsidiária do Código de Processo Civil, "no âmbito do Juizado Especial da Fazenda Pública".

No mais, a alteração faz coro com o Código de Processo Civil que, em seu art. 219, dispõe que "na contagem de prazo em dias, estabelecido por lei ou pelo juiz, computar-se-ão somente os dias úteis". Mais especificamente em relação aos juizados, o XXXIX Encontro do Fórum Nacional dos Juizados Especiais (FONAJE), realizado em São Paulo, de 18 a 20 de março de 2016, já abordara o tema, cristalizado no Enunciado n. 415, segundo o qual "os prazos processuais no sistema dos Juizados Especiais são contados em dias úteis", ou seja, exatamente na esteira do que, agora, foi transformado em lei.

Com o advento dessa mudança, surge, porém, uma primeira indagação que já preocupa a ainda incipiente doutrina formada sobre o tema: esse dispositivo (art. 12-A), teria sua aplicação restrita aos feitos de caráter cível ou, ao revés, incidiria sobre todo e qualquer processo, inclusive aqueles de caráter penal.

Há quem entenda no primeiro sentido, ou seja, a mudança guarda pertinência somente com os processos cíveis submetidos à disciplina dos juizados especiais. Tal conclusão leva em conta a colocação topográfica do artigo. Explicamos: é que o dispositivo (art. 12-A), encontra-se inserido no capítulo II da lei, que trata, especificamente, "dos Juizados Especiais Cíveis". A alteração não atingiria, bem por isso, os processos criminais, que são previstos a partir dos arts. 60 e seguintes da Lei n. 9.099/1995.

Pensamos dessa forma. Cremos ter sido este o objetivo do legislador ao incluir a inovação em capítulo que cuida, exclusivamente, dos processos cíveis. Fosse sua intenção alargar a incidência da norma e, decerto, teria se valido do capítulo próprio, que se refere às "Disposições Finais Comuns", quando então, sem qualquer dúvida, poder-se-ia afirmar que a alteração alcançaria, também, os processos criminais.

Em reforço a esse entendimento, podemos nos valer, ainda, da chamada *interpretação histórica da lei*, que leva em conta os antecedentes que se formaram para a elaboração da norma, considerando as discussões que se travaram, a justificativa, exposição de motivos, etc. A despeito das inúmeras críticas doutrinárias que enseja tal método de interpretação, vale observar que da "justificação" do Projeto de Lei n. 36/2018, com trâmite no Senado Federal e que desaguou na lei em análise, constou, com todas as letras, que "este projeto não pretende alterar a contagem dos prazos de matéria criminal".

Concluímos, portanto, que a alteração em exame tem seu âmbito de incidência restrito aos processos de natureza cível, afetos aos Juizados Especiais. Para os feitos de caráter penal, continua em vigor o § 3º, do art. 798 do Código de Processo Penal, pelo qual "o prazo que terminar em domingo ou dia feriado considerar-se-á prorrogado até o dia útil imediato".

§ 4º Não correrão os prazos, se houver impedimento do juiz, força maior, ou obstáculo judicial oposto pela parte contrária.

Restituição do prazo – Há situações que, por fugirem ao normal, permitem que, uma vez verificadas, ensejem a restituição do prazo. Estão listadas abaixo.

Impedimento do juiz – Ocorrerá, segundo lembra a doutrina, no caso dele se encontrar doente, sem condições de praticar qualquer ato judicial e não contando com um substituto que o faça. Ou se teve, em situação emergencial, que responder por outra comarca, o que o impediu de responder por sua comarca de origem.

Força maior – Como *força maior*, pode se tomar, como exemplo, uma greve de servidores, que impeça a parte de protocolar sua petição de recurso. A tendência, nesse caso, é de rarear essa possibilidade, com a adoção do processo eletrônico, mas, por algum tempo, até a implantação total deste sistema, ainda poderá se verificar na prática. Lembre-se, como exemplo de força maior, ainda, problema operacional ocorrido no processo eletrônico – que tem sido corriqueiro –, que obrigam os tribunais a suspender os prazos. Força maior pode se caracterizar, ademais, em caso de guerra, de epidemia, incêndio no prédio do fórum, etc. A propósito, o Código de Processo Civil prevê que, em caso de calamidade pública, podem ser prorrogados os prazos (art. 222, § 2º do CPC).

Obstáculo oposto pela parte – Segundo Bento de Faria, "o obstáculo oposto pela parte contrária, quase sempre envolve expedientes reprováveis, utilizados com o fim de prejudicar a outrem em benefício próprio, ou decorre de pedidos ou recursos inadmissíveis, mal aconselhados por erro no entendimento da lei ou pela ignorância de seus textos" (ob. cit., vol. 2, p. 400). Sucede, por exemplo, quando retém maliciosamente o processo consigo, impedindo a parte contrária de praticar algum ato, vindo a perder o prazo.

Crise de instância – A doutrina costuma apontar as hipóteses tratadas neste parágrafo como configuradoras da chamada *crise de instância*, na qual há a suspensão do prazo para recurso, sem que, no entanto, seja afetada a prescrição. Essa denominação, em verdade, cabia melhor no procedimento do Júri, ao tempo em que, solto o réu, o julgamento não se realizava caso não intimado pessoalmente da sentença de pronúncia. Em outras palavras: suspende-se o processo e também o prazo prescricional, como forma de evitar que o réu não se beneficie da própria torpeza, decorrente de seu desaparecimento. Atualmente, permite-se sua intimação por edital (art. 420, parágrafo único do CPP), com a realização do julgamento esteja ele presente ou não, desde "que tiver sido regularmente intimado" (art. 457 do código).

§ 5º Salvo os casos expressos, os prazos correrão:

Introdução – O tema referente às intimações vem exaustivamente analisado nos comentários que tecemos, acima, aos arts. 370, 371 e 372 do código, aos quais convidamos o leitor à consulta.

a) da intimação;

Intimação ou notificação – O assunto foi abordado no item acima sob a rubrica *contagem dos prazos*, nos comentários ao art. 798 do código. E também nas observações tecidas aos arts. 370, 371 e 372 do CPP. Algumas observações, em acréscimo, pensamos que sejam relevantes, a saber.

Intimação na 6ª feira – Quando analisamos o art. 793, § 1º, acima, fizemos menção ao enunciado da Súmula nº 310 do STF, *in verbis*: "Quando a intimação tiver lugar na sexta-feira, ou a publicação com efeito de intimação for feita nesse dia, o prazo judicial terá início na segunda-feira imediata, salvo se não houver expediente, caso em que começará no primeiro dia útil que se seguir". Vale acrescentar que esse entendimento acabou incorporado ao Código de Processo Civil, cujo art. 224, § 3º, dispõe que "a contagem do prazo terá início no primeiro dia útil que seguir ao da publicação". Esse prazo será prorrogado, também, na eventualidade de encontrar-se indisponível a comunicação eletrônica (224, § 1º, parte final).

Intimação por precatória – Lembre-se, assim, que em se tratando de intimação por precatória, "contam-se os prazos da data da intimação e não da juntada aos autos do mandado ou da carta precatória ou de ordem", segundo enunciado da Súmula 710 do STF, em entendimento que contraria, inclusive, o teor do art. 231, incs. II e VI, do Código de Processo Civil. Como já tivemos a oportunidade de salientar, tratando-se, porém, de intimação por via eletrônica, ante o silêncio do processo penal, pensamos deva ser aplicada a regra contida no Código de Processo Civil, que, em seu art. 231, inc. V, estabelece o *dies a quo* como "o dia útil seguinte à consulta ao teor da citação ou da intimação ou ao término do prazo para que a consulta se dê, quando a citação ou a intimação for eletrônica"..

Taquigrafia ou estenotipia – O art. 210 do Código de Processo Civil, com aplicação ao processo penal (art. 3º do CPP), dispõe ser "lícito o uso da taquigrafia, da estenotipia ou de outro método idôneo em qualquer juízo ou tribunal". Nesse caso, somente após a transcrição dos depoimentos, a propiciar o amplo conhecimento das partes quanto ao seu conteúdo, poderá ter início o prazo para eventual recurso.

A propósito, o teor da Súmula nº 310 do STF: "Quando a intimação tiver lugar na sexta-feira, ou a publicação com efeito de intimação for feita nesse dia, o prazo judicial terá início na segunda-feira imediata, salvo se não houver expediente, caso em que começará no primeiro dia útil que se seguir".

b) da audiência ou sessão em que for proferida a decisão, se a ela estiver presente a parte;

Intimação da audiência ou sessão – Uma vez realizada a audiência, ou uma sessão de julgamento (inclusive do Júri), da decisão ali tomada já saem as partes intimadas. Seja da sentença proferida, seja, por exemplo, da redesignação da audiência ou da sessão que não foi, por algum motivo, realizada. Rende-se homenagem, assim ao princípio da celeridade e da economia processual. Não faria sentido, com efeito, que marcada outra audiência, fosse expedido um mandado para intimação (*rectius*: notificação), do defensor (ou mesmo empregado um meio eletrônico), se é possível, de plano, posto que presente, dar-lhe ciência do ato. Mesmo em relação ao Ministério Público e à Defensoria Pública, a quem se impõe a intimação pessoal (respectivamente arts. 370, § 4º e 44, inc. I, da Lei Complementar n. 80/1994), tal inutilidade é dispensada.

Ainda quando realizada uma sessão de Júri, qualquer que seja a decisão, as partes saem intimadas a partir da proclamação do resultado. Caso resolvam apelar, poderão fazê-lo por petição ou por termo nos autos. Suponha-se um Júri realizado em uma 6ª feira, no qual foi o réu absolvido. O prazo para o Ministério Público apelar (de cinco dias, na dicção do art. 593 do código), se iniciará no primeiro dia útil seguinte, isto é, na 2ª feira, vencendo-se na 6ª feira seguinte. Terá, depois, mais dois dias para ofertar a motivação do recurso (art. 600 do CPP). O mesmo ocorrerá quando o recurso for interposto por termo nos autos (art. 578 do código). Em uma audiência realizada na 5ª feira, o prazo para recurso tem início na 6ª feira, sem interrupção no sábado ou domingo. Terá o sucumbente, portanto, até 3ª feira para apelar. Tratando-se de embargos declaratórios, no mesmo exemplo, o prazo de dois dias se vencerá no domingo, sendo, porém, automaticamente prorrogado para o primeiro dia útil seguinte, na 2ª feira, a teor do disposto no art. 798, § 3º do código.

JURISPRUDÊNCIA

Leitura da sentença no Júri e intimação imediata

Homicídio e homicídio tentado. Sentença condenatória proferida em plenário do Júri. Intimação expressa das partes. Início imediato da contagem do prazo recursal. Desnecessidade de aposição do ciente nos autos. Ordem denegada – "Hipótese na qual se sustenta a tempestividade do recurso de apelação, ao argumento de que a intimação pessoal do defensor somente se aperfeiçoaria com a aposição de seu ciente na ata de julgamento do Tribunal do Júri. O Código de Processo Penal dispensa a intimação formal das partes, sendo certo que o advogado do réu foi regularmente intimado, pois estava presente na sessão de julgamento, tendo tomado conhecimento do teor da sentença após a sua leitura pelo Juiz" (STJ – HC nº 62649-SP – Rel. Gilson Dipp, j. 30.10.2006).

Recurso por termo nos autos no Tribunal do Júri

"Pela regra do art. 578 do Código de Processo Penal, o recurso criminal poderá ser interposto por petição ou por termo nos autos, entendendo-se como tal a manifestação inequívoca da parte quanto à intenção de recorrer. Uma vez apresentadas as razões do recurso, após manifestação oral da vontade de recorrer, reduzida a termo na ata de julgamento e, em atenção ao despacho de intimação da lavra do Juiz de Primeiro grau, têm-se por satisfeitas as prescrições do art. 578 do Diploma Processual Penal" (STJ – REsp nº 401360-GO, Rel. Laurita Vaz, j. 16.12.2004, DJ 28.02.2005, p. 348).

"A apelação, no Tribunal do Júri, pode ser interposta por requerimento verbal e as razões podem ser deduzidas posteriormente" (STJ – REsp nº 139233-PE – Rel. Felix Fischer, j. 16.09.1997, DJ 13.10.1997, p. 51627).

Ausência do réu em plenário – Estando o réu ausente em plenário – ou porque não intimado pessoalmente da sentença de pronúncia ou, ainda, porque intimado não compareceu (art. 457 do código) ou, por último, em virtude de que intimado, optou por estar ausente – algumas observações se impõem. Tendo defensor constituído, será suficiente sua intimação, na dicção dos termos dos incs. II e III, do art. 392 do código. Caso o réu tenha formulado pedido de dispensa de comparecimento em plenário, cujo requerimento subscrito também por seu defensor (seja dativo ou constituído), será também suficiente apenas a intimação deste causídico. Já se o réu esteve ausente porque intimado por edital da decisão de pronúncia, nos termos do parágrafo único, do art. 420 do CPP, cabendo a defesa a um defensor dativo, proferida a sentença, sua intimação se processará por edital, como dispõe o inc. VI, do art. 392 do código.

c) do dia em que a parte manifestar nos autos ciência inequívoca da sentença ou despacho.

Ciência inequívoca da sentença ou despacho – Ainda forte nos princípios da economia processual e da celeridade e animado, ademais, pelo princípio do prejuízo ("pas de nullité sans grief"), adotado expressamente pelo código (art. 563), tem-se que o prazo começa a fluir, ainda que não intimada a parte, no dia em que a parte tomar "ciência inequívoca da sentença ou despacho". Assim, se a parte esteve presente à audiência na qual tomou inequívoca ciência da decisão, como visto acima, a partir daí terá início o *dies a quo* para eventual prática do ato ou interposição de recurso. Ou mesmo se ingressa a parte com uma petição na qual, de forma expressa, demonstra sua ciência do ato, por certo que de seu conteúdo não precisará ser intimado.

JURISPRUDÊNCIA

Ciência inequívoca do ato

"Inexistindo certidão de intimação da sentença, mas tendo o advogado ingressado com petição na qual declara ter tido ciência da sentença, no dia anterior, conta-se o prazo desta manifestação nos autos, não do dia anterior, já que a norma da letra 'c" do § 5º, do art. 798 do CPP, contempla o dia da manifestação da parte, não o de eventual ciência extra-autos" (STJ – REsp n. 12556-RJ – Rel. Assis Toledo, j. 25.09.1991, DJ 16.10.1991, p. 14484).

Obrigatoriedade de intimação do defensor

"Não é possível se considerar o advogado intimado da sentença condenatória a partir da juntada de procuração ou substabelecimento nos autos, sendo imprescindível a sua ciência inequívoca do édito repressivo, nos termos do artigo 798, § 5º, do Código de Processo Penal e da jurisprudência desta Corte Superior de Justiça. No caso dos autos, não houve a publicação do édito repressivo na imprensa oficial, inexistindo, por outro lado, documentos que evidenciem que, ao se apresentar como novo defensor do paciente e requerer vista dos autos, o causídico que passou a patrociná-lo teve ciência da decisão que julgou o mérito da ação penal, motivo pelo qual é impossível se considerar intempestiva a apelação por ele apresentada" (STJ – HC n° 255544-PE, Rel. Jorge Mussi, j. 09.04.2013, DJe 24.04.2013).

Art. 798-A. Suspende-se o curso do prazo processual nos dias compreendidos entre 20 de dezembro e 20 de janeiro, inclusive, salvo nos seguintes casos: (Incluído pela Lei nº 14.365, de 2022)

I - que envolvam réus presos, nos processos vinculados a essas prisões; (Incluído pela Lei nº 14.365, de 2022)

II - nos procedimentos regidos pela Lei nº 11.340, de 7 de agosto de 2006 (Lei Maria da Penha); (Incluído pela Lei nº 14.365, de 2022)

III - nas medidas consideradas urgentes, mediante despacho fundamentado do juízo competente. (Incluído pela Lei nº 14.365, de 2022)

Parágrafo único. Durante o período a que se refere o caput deste artigo, fica vedada a realização de audiências e de sessões de julgamento, salvo nas hipóteses dos incisos I, II e III do caput deste artigo. (Incluído pela Lei nº 14.365, de 2022)

Período de recesso forense - O denominado período de recesso forense determina uma pausa em determinadas atividades da Justiça brasileira, algo já tradicional, mas que observa exceções devido a situações consideradas urgentes.

A situação de réus presos (art. 798-A, I, CPP) e, de modo geral, relacionadas à prisão, não se suspendem, dada a importância inerente ao direito de fundamental à liberdade. Assim, processos de conhecimento em que haja réu segregado, bem como os processos no campo da execução penal, possuem normal tramitação no período previsto na norma.

Na mesma linha, os procedimentos relacionados à Lei Maria da Penha mereceram atenção do legislador (art. 798-A, II, CPP), especialmente quando presente a necessidade de medidas protetivas. A exceção guarda conformidade com o espírito protetivo do sistema de justiça que, considerada a necessária celeridade na adoção de providências para a tutela da mulher vítima de violência doméstica e familiar, admite laudos e prontuários médicos fornecidos por hospitais e postos de saúde como forma de demonstrar a materialidade delitiva (art. 12, § 3º da Lei 11.340/2006), bem como determina a priorização da realização do exame de corpo de delito (art. 158, parágrafo único, inciso I, CPP).

As medidas consideradas urgentes também tramitam normalmente durante o período de recesso (art. 798-A, III, CPP), sendo assim consideradas as que constituem medidas cautelares diversas da prisão, medidas cautelares probatórias e, especialmente, os meios especiais de obtenção de prova, demonstrados o fumus comissi delicti e o periculum in mora. Na mesma linha, preserva-se a tramitação de procedimentos e processos que possuem como objeto medidas cautelares prisionais, como a prisão temporária e preventiva, comprovadas as suas hipóteses de cabimento e, em especial, o *fumus comissi delicti* e o *periculum libertatis*.

Art. 799. O escrivão, sob pena de multa de cinqüenta a quinhentos mil-réis e, na reincidência, suspensão até 30 (trinta) dias, executará dentro do prazo de dois dias os atos determinados em lei ou ordenados pelo juiz.

Penalidade ao escrivão – Cabe ao escrivão, no prazo de dois dias, cumprir os atos determinados legalmente ou por ordem do juiz. A pena de multa, porque prevista em moeda extinta, que de há muito perdeu sua expressão econômica ("réis"), impõe, neste tópico, a revogação do artigo em exame. Mas a suspensão pelo prazo de até 30 dias, em caso de reincidência, continua em pleno vigor. O Código de Processo Civil determina que, uma vez constatada a falta, seja ordenada, pelo juiz, a instauração de processo administrativo (art. 233, § 1º).

Reincidência – O legislador foi omisso em esclarecer se a *reincidência* a qual faz alusão deva ocorrer no mesmo processo ou se, verificada em processo diverso, ensejaria também a sanção. Na omissão, estamos com Câmara Leal, para quem "no silêncio do legislador, deve ser adotada a interpretação mais benigna, de modo que a reincidência se refira a uma nova transgressão no mesmo processo" (ob. cit., vol. II, p. 442). De se consignar, porém, o pensamento diverso de Eduardo Espínola Filho, segundo o qual "a sua falta [do escrivão] é funcional, interessando a toda a atividade do juízo, e não somente ao processo, em que ela ocorre" (ob. cit., vol. 3, p. 88).

Cautela – Trata-se de medida que, porém, deve ser analisada *cum granus salis*. Há, portanto, que se investigar os motivos que ensejaram o atraso. Por vezes, o excesso de serviço, que assola, praticamente, todo o cotidiano dos cartórios do país, impedirá o escrivão de, fielmente, atentar ao exíguo prazo previsto em lei. Daí a cautela adotada pelo Código de Processo Civil, a impor ao juiz, antes de deflagrar o processo administrativo, verificar a ocorrência de "motivo legítimo" capaz de justificar o atraso (art. 233, *caput*, do CPC).

Art. 800. Os juízes singulares darão seus despachos e decisões dentro dos prazos seguintes, quando outros não estiverem estabelecidos:

I – de dez dias, se a decisão for definitiva, ou interlocutória mista;

II – de cinco dias, se for interlocutória simples;

III – de um dia, se se tratar de despacho de expediente.

§ 1º Os prazos para o juiz contar-se-ão do termo de conclusão.

§ 2º Os prazos do Ministério Público contar-se-ão do termo de vista, salvo para a interposição do recurso (art. 798, § 5º).

§ 3º Em qualquer instância, declarando motivo justo, poderá o juiz exceder por igual tempo os prazos a ele fixados neste Código.

§ 4º O escrivão que não enviar os autos ao juiz ou ao órgão do Ministério Público no dia em que assinar termo de conclusão ou de vista estará sujeito à sanção estabelecida no art. 799.

Introdução – Este dispositivo estabelece critérios gerais para que o juiz profira despachos e decisões, desde que, para o caso concreto, outro prazo não seja previsto. Assim, por exemplo, nos termos do inc. II abaixo, tem o juiz o prazo de cinco dias para decretar a prisão preventiva do agente, por se cuidar de uma decisão interlocutória simples. Sucede que a Lei n. 7.960/1989, em seu art. 2º, § 2º, prevê um prazo de 24 horas para que o juiz decida sobre o pedido de prisão temporária. É dizer: embora, nessa hipótese, se trate de uma decisão interlocutória simples, o prazo não é o geral (de cinco dias), mas aquele especificamente previsto no diploma legal (de um dia). Por vezes, a peculiaridade do procedimento também importa na adoção de um prazo específico, como ocorre, por exemplo, nas decisões do Júri, no qual a sentença deve ser publicada de imediato, assim que colhido o veredicto dos jurados, não se cogitando do prazo de 10 dias para ser proferida, como previsto no inciso abaixo.

Prazos impróprios – Como ressaltamos na análise do art. 798 acima, os prazos podem ser *próprios*, quando de sua inobservância advêm consequências processuais importantes, como ocorre quando a parte deixa transcorrer o prazo para recurso, resultando no trânsito em julgado da decisão. A par disso, tem-se os chamados *prazos impróprios*, que, embora não observados, não acarretam nenhum efeito para o processo propriamente dito. É do que tratam estes dispositivos e referem-se aos Juízes, ao Ministério Público e aos auxiliares da justiça. Uma sentença do Magistrado, proferida no 11º dia contado da conclusão, embora fora do prazo previsto no inciso abaixo, nem por isso perderá sua eficácia. Tampouco deixará de ser recebida a denúncia do Ministério Público fora do prazo de cinco dias (para o indiciado preso), ou de 15 dias (se solto), em que pese o disposto no art. 46 do código.

Sanções disciplinares – A observação acima não implica dizer que ficam os juízes, membros do Ministério Público e serventuários da justiça imunes a qualquer espécie de sanção, podendo desobedecer aos prazos legais segundo seu *bel prazer*. Ao revés, sujeitam-se a penalidades previstas no próprio Código de Processo Penal, como se vê do disposto nos arts. 801 e 390 do *codex*.

I - de dez dias, se a decisão for definitiva, ou interlocutória mista;

Decisões definitivas – *Decisão definitiva* é aquela que esgota a jurisdição na qual proferida, julgando o mérito. Não há que se confundir, portanto, a *decisão definitiva* com *decisão transitada em julgado*, assim considerada aquela da qual não é mais cabível nenhum recurso.

Decisões interlocutórias mistas – São assim consideradas aquelas que, sem adentrar o mérito, encerram o processo ou, pelo menos, uma de suas fases. Como exemplo, a decisão que reconhece a decadência ou proclama a perempção da ação penal privada. Ou que rejeita denúncia ou queixa. O tema é aprofundado nos comentários acima ao art. 381 do código.

II - de cinco dias, se for interlocutória simples;

Decisões interlocutórias simples – Nas decisões interlocutórias simples são solucionadas questões que surgem no curso do feito, mas que não colocam fim ao processo. Assim, a decisão que recebe denúncia ou queixa ou concede fiança ou liberdade provisória. Em todos esses exemplos, tomadas as decisões apontadas, o processo tem seu regular andamento, que somente terminará com a sentença. São atacadas, via de regra, com recurso em sentido estrito, admitindo, também, dependendo da hipótese concreta, correição parcial ou mandado de segurança ou, mesmo, *habeas corpus*, embora esse remédio não tenha natureza jurídica de recurso. É de cinco dias o prazo para a tomada dessas decisões.

III - de um dia, se se tratar de despacho de expediente.

Despacho de mero expediente – O *despacho de mero expediente*, como vimos acima, nos comentários ao art. 381 do código, visam apenas garantir o normal andamento do processo, a marcha regular do feito. Não trazem em si qualquer cunho decisório e, por isso, regra geral, não comportam recurso. Como exemplo, aquele que determina à defesa que se manifeste sobre uma testemunha não encontrada. Ou, ao Ministério Público, para que se posicione sobre a não localização do réu para que seja citado pessoalmente. O prazo para o despacho, invariavelmente lavrado pelo escrivão e assinado pelo juiz, nesse caso, será de um dia.

> **ATENÇÃO** - Porque tão singelos que são tais despachos, as Normas da Corregedoria de Justiça do Estado de São Paulo, em seu art. 195, dispõem que "os atos meramente ordinatórios, como a juntada e a vista obrigatória, independem de despacho, devendo ser praticados de ofício pelo servidor e revistos pelo juiz quando necessários". Esse diploma prevê, ainda, que, após a distribuição, o inquérito policial será enviado ao Ministério Público, "independentemente de prévio despacho" (art. 374). O mesmo ocorre nos pedidos de dilação de prazo (art. 375), que prescindem de despacho nesse sentido.

§ 1º Os prazos para o juiz contar-se-ão do termo de conclusão.

Conclusão – O artigo é claro ao dispor sobre o *dies a quo* a partir do qual tem início o prazo para que o juiz pratique os atos judiciais acima mencionados. Havendo discrepância entre a data da conclusão e aquela constante do livro de carga do cartório, deve este último prevalecer. Lembre-se que as Normas da Corregedoria do Estado de São Paulo, em seu art. 63, inc. III, elenca dentre os livros obrigatórios o de "carga dos autos". E que "todas as conclusões ao juiz serão anotadas no sistema informatizado, acrescendo-se a carga" (art. 97, § 3º), cabendo ao escrivão, "se o juiz se recusar a assinar", consignar essa ocorrência "no assentamento da carga" (art. 97, § 4º).

§ 2º Os prazos do Ministério Público contar-se-ão do termo de vista, salvo para a interposição do recurso (art. 798, § 5º).

Prazo para o Ministério Público – O tema objeto deste artigo foi, em parte, abordado nos comentários ao art. 370, § 4º, sob a rubrica *intimação do Ministério Público*, bem como no art. 390. Considerando, porém, a polêmica que o debate desperta, algumas observações, em acréscimo, temos como devidas. Que o prazo para manifestação do *parquet* é contado a partir do termo de vista, não há dúvida, em face dos termos expressos deste dispositivo. A questão ganha relevo ao se investigar qual o exato instante em que essa "vista" se concretiza, ou seja, no momento em que os autos dão ingresso na secretaria ou órgão administrativo da Instituição (devidamente certificada pelo escrivão) ou na data em que seu membro lança sua assinatura no respectivo livro-carga. Cremos que a primeira alternativa parece a mais adequada, por assegurar a paridade entre as partes, sem o exagero de privilégios capazes de desequilibrar o prato da balança que busca o equilíbrio entre os atores do processo. De sorte que, já possuindo o Ministério Público a prerrogativa de ser intimado pessoalmente (art. 370, § 4º) e de obter vista fora do cartório (art. 800, § 4º), parece mesmo demasiada a vantagem de ver iniciado seu prazo a partir da data em que houve por bem lançar seu ciente nos autos, em detrimento da data que constar do livro-carga. Os prazos e as regras que deles tratam, com efeito, possuem natureza cogente e rendem homenagem não só à isonomia que deve vigorar entre as partes, mas, também, ao princípio da celeridade processual, de expressa previsão constitucional (art. 5º, inc. LXXVIII da Carta). Deixar fluir o prazo ao capricho do Ministério Público, fincando-se seu *dies a quo* somente a partir do momento em que seu membro decidir lançar sua assinatura, não parece o mais adequado, sobretudo em face da inegável condição de parte do Ministério Público – parte, para alguns, *diferenciada*, mas ainda assim parte.

JURISPRUDÊNCIA

A intimação ocorre com o ingresso dos autos no setor administrativo

"A entrega de processo em setor administrativo do Ministério Público, formalizada a carga pelo servidor, configura intimação direta, pessoal, cabendo tomar a data em que ocorrida como a da ciência da decisão judicial. Imprópria é a prática da colocação do processo em prateleira e a retirada à livre discrição do membro do Ministério Público, oportunidade na qual, de forma juridicamente irrelevante, apõe o 'ciente', com a finalidade de, somente então, considerar-se intimado e em curso o prazo recursal. Nova leitura do arcabouço normativo, revisando-se a jurisprudência predominante e observando-se os princípios consagradores da paridade de armas" (HC nº 83255-SP – Rel. Marco Aurélio, *Informativo STF* n. 328).

"O prazo recursal para o Ministério Público inicia-se na data da sua intimação pessoal, realizada em cartório e cientificada nos autos, e não no dia da remessa dos autos ao seu departamento administrativo (EREsp 1347303/GO, Rel. Ministro GURGEL DE FARIA, TERCEIRA SEÇÃO, julgado em 10/12/2014, DJe 17/12/2014), permitindo-se, assim, a isonomia entre defesa e acusação" (STJ – REsp. n. 124098-RS – Rel. Nefi Cordeiro, j. 27.09.2016, DJe 10.10.2016).

§ 3º Em qualquer instância, declarando motivo justo, poderá o juiz exceder por igual tempo os prazos a ele fixados neste Código.

Motivo justo – Como ressaltado acima, são impróprios os prazos cominados ao juiz o que, porém, não implica dizer que devam ser desatendidos. Antes, cumpre sejam observados rigorosamente, sob pena de imposição de sanções, inclusive, de ordem pecuniária (art. 801), sem prejuízo da adoção de medidas disciplinares, *interna corporis*, cabíveis à espécie. Sucede que, por vezes, há motivação para o atraso, a justificar o excesso de prazo (não superior ao dobro daquele previsto neste artigo), conforme prevê, também, o Código de Processo Civil, em seu art. 227, ao dispor que "em qualquer grau de jurisdição, havendo motivo justificado, pode o juiz exceder, por igual tempo, os prazos a que está submetido". O *motivo justo* a que se refere o legislador pode se verificar nas mais diversas situações, como, por exemplo, doença do juiz que, sem ser o caso de afastamento, o tenha impedido de exercer suas atividades normais. Mesmo problemas de cunho íntimo, a assolar a si ou à sua família, por vezes podem justificar o retardamento. O mais comum, porém, é que se invoque o excesso de serviço, facilmente detectável face ao número de processos em curso perante determinada Vara.

A propósito, a Lei Orgânica da Magistratura Nacional (Lei Complementar n. 35/1979), em seu art. 35, inc. II, lista dentre os deveres do Magistrado, o de "não exceder injustificadamente os prazos para sentenciar ou despachar". E a Lei Orgânica do Ministério Público (Lei n. 8.625/1993), impõe a obrigação ao membro da Instituição em "obedecer aos prazos processuais" (art. 43, inc. IV).

> **ATENÇÃO** – O Código de Processo Civil (com aplicação no processo penal, nos termos do art. 3º do CPP), em seu art. 235, dispõe que "qualquer parte, o Ministério Público ou a Defensoria Pública poderá representar ao corregedor do tribunal ou ao Conselho Nacional de Justiça contra juiz ou relator que injustificadamente exceder os prazos previstos em lei, regulamento ou regimento interno".

Ouvidorias – Lembre-se que, por meio da Resolução n. 103/2010, o Conselho Nacional de Justiça regulamentou as atribuições de sua Ouvidoria, dentre as quais de "promover a apuração das reclamações acerca de deficiências na prestação dos serviços, abusos e erros cometidos por servidores e magistrados" (art. 9º, inc. III). Atribuição semelhante vem contida da Resolução n. 64/2010, do Conselho Nacional do Ministério Público, que, ademais, estipulou um prazo de 120 dias, contado da publicação da resolução, para que os Ministérios Públicos dos Estados e da União criassem suas respectivas ouvidorias.

§ 4º O escrivão que não enviar os autos ao juiz ou ao órgão do Ministério Público no dia em que assinar termo de conclusão ou de vista estará sujeito à sanção estabelecida no art. 799.

Penalidade ao escrivão – Remetemos o leitor aos comentários tecidos acima ao art. 799.

Art. 801. **Findos os respectivos prazos, os juízes e os órgãos do Ministério Público, responsáveis pelo retardamento, perderão tantos dias de vencimentos quantos forem os excedidos. Na contagem do tempo de serviço, para o efeito de promoção e aposentadoria, a perda será do dobro dos dias excedidos.**

Perda de dias – Como sanção pelo atraso, prevê este dispositivo a perda dos dias excedidos, quer para fins de vencimentos, quer para contagem no tempo de carreira. De sorte que, tendo o membro do Ministério Público o prazo de cinco dias para denunciar o indiciado preso (art. 46 do CPP), se o fizer no oitavo dia, perderá três dias descontados de seus vencimentos e seis dias na contagem de tempo de serviço, para fins de promoção ou aposentadoria.

Inconstitucionalidade? – A doutrina vislumbra inconstitucionalidade neste dispositivo. Foi Câmara Leal quem primeiro invocou esse argumento, vazado nos seguintes termos e com menção à legislação da época: "Será esse dispositivo constitucional? Não importa ele em redução dos vencimentos dos magistrados, contrariamente ao princípio da garantia assegurada pelo art. 91, letra "c", da Constituição, que proclama a irredutibilidade de vencimentos dos juízes?" (ob., cit., vol. IV, p. 445). De se indagar, pois, se frente ao princípio da irredutibilidade dos vencimentos, com previsão constitucional, aplicável aos membros da Magistratura (art. 95, inc. III), e do Ministério Público (art. 128, § 5º, inc. I, "c"), ainda vigoraria este artigo. Cremos que não. Com efeito, a garantia assegurada aos membros destas carreiras quanto à irredutibilidade dos vencimentos não implica afirmar que estão imunes a sanções, de cunho remuneratório, que venham a suportar, por desídia no serviço. Apenas para exemplificar: a Lei Orgânica do Ministério Público do Estado de São Paulo (Lei Complementar estadual nº 734/1993), prevê a pena de suspensão que, "enquanto perdurar [...] acarretará a perda dos direitos e vantagens decorrentes do exercício do cargo ..." (art. 242, parágrafo único). Ora, o membro do Ministério Público, enquanto suspenso, deixa de perceber seus vencimentos e, nem por isso, alguém dirá que se violou o princípio da irredutibilidade.

Câmara Leal sugere que, ao invés do desconto nos vencimentos, fosse estabelecida uma multa, que "poderia ser paga com outros rendimentos dos juízes, de modo que não importaria necessariamente em uma redução de vencimentos" (ob. e p. citadas). Não vislumbramos qual diferença substancial ocorreria caso efetuado o desconto previsto neste artigo ou se aplicada a multa, sugerida pelo ilustre autor. No fundo, o numerário deixaria o bolso do Magistrado ou do membro do Ministério Público da mesma forma, qualquer que fosse a maneira de aplicação da sanção. Ao se argumentar que a sanção é exagerada, conforme salienta a doutrina (com a qual concordamos), sobretudo em face do excesso de serviço que acomete Magistratura e Ministério Público, o enfoque da discussão acaba sendo desviado. Temos, contudo, que sob esse aspecto (da irredutibilidade), nenhuma inconstitucionalidade se vislumbra no dispositivo.

Art. 802. O desconto referido no artigo antecedente far-se-á à vista da certidão do escrivão do processo ou do secretário do tribunal, que deverão, de ofício, ou a requerimento de qualquer interessado, remetê-la às repartições encarregadas do pagamento e da contagem do tempo de serviço, sob pena de incorrerem, de pleno direito, na multa de quinhentos mil-réis, imposta por autoridade fiscal.

Não recepção – Embora entendamos, como dito acima, pela inexistência de inconstitucionalidade decorrente da sanção prevista no artigo anterior, pensamos que, a forma pela qual o legislador concebeu sua implantação, mostra-se inviável frente ao ordenamento jurídico vigente. De sorte que a imposição de um desconto nos vencimentos, com reflexo, ainda, na contagem de tempo de serviço, por meio de uma singela certidão do escrivão, parece inconcebível. Ainda que por provocação do interessado e, pior ainda, por ato de ofício do serventuário. Destaque-se, de início, o mal-estar que se instalaria entre os membros da Magistratura e do Ministério Público frente a tão insubordinada atitude do escrivão ou do secretário do tribunal. Por isso, talvez, é que não se tenha notícia da aplicação, na prática, deste artigo. Ademais, uma sanção dessa natureza, com reflexos graves na vida financeira e funcional do penalizado, há que exigir um prévio procedimento disciplinar, instaurado a fim de apurar a falta e no qual se garanta a ampla defesa do servidor. Leis orgânicas da Magistratura e do Ministério Público preveem este procedimento, cuja eventual sanção – insistimos – não pode derivar de mera certidão, expedida pelo escrivão ou secretário, e remetida "às repartições encarregadas do pagamento e da contagem do tempo de serviço", sem maior cuidado com a defesa do investigado. No mais, a pena de multa imposta ao servidor que não adotar a medida aqui prevista, perdeu sua expressão econômica, tornando-se, por isso, letra morta.

Art. 803. Salvo nos casos expressos em lei, é proibida a retirada de autos do cartório, ainda que em confiança, sob pena de responsabilidade do escrivão.

Retirada dos autos – A regra geral, contida neste dispositivo, é no sentido de que os autos devam permanecer em cartório. Trata-se de medida acautelatória, que tem por objetivo evitar o extravio do processo ou de peças relevantes nele contidas, consistentes, muitas vezes, em documentos cuja reprodução é impossível. Sucede, ainda, que o transcurso do prazo, sem interrupção, exige que os autos estejam em cartório, como consta do "caput" do art. 798 do código.

Exceções – A própria lei, porém, faz ressalva aos "casos expressos em lei", quando se admite a retirada dos autos de cartório. Assim, na hipótese do § 2º, do art. 150 do código, ao se admitir a entrega dos autos aos peritos, para que tenham facilitado seu trabalho. Outras duas exceções ocorrem para o juiz e o membro do Ministério Público, quando a lei prevê que os autos lhes sejam remetidos, respectivamente, por meio de conclusão ou vista (art. 800, § 4º).

Demais disso, a Lei Complementar n. 80/1994, que organizou a Defensoria Pública, elenca dentre as prerrogativas dos membros da Instituição, o de "ter vista pessoal dos processos fora dos cartórios e secretarias, ressalvadas as vedações legais" (art. 128, inc. VII). Já o advogado, nos termos do Estatuto da OAB (Lei n. 8.906/1994), tem assegurado o direito de vista dos processos judiciais, podendo "retirar autos de processos findos, mesmo sem procuração, pelo prazo de dez dias" (art. 7º, incs., XV e XVI). Salvo se os processos correrem sob segredo de justiça ou "quando existirem nos autos documentos originais de difícil restauração ou ocorrer circunstância relevante que justifique a permanência dos autos no cartório" (art. 7º., § 1º, 1 e 2). O Código de Processo Civil, em seu art. 107, inc. III, garante ao advogado o direito de "retirar os autos do cartório ou da secretaria, pelo prazo legal, sempre que neles lhe couber falar por determinação do juiz, nos casos previstos em lei".

Vê-se, portanto, que são tantas as exceções que acabam quase que por se traduzirem em regra. Sob nossa compreensão, para a adequada disciplina do tema, deve se levar em conta a natureza do prazo. Se comum às partes, há que se vedar a retirada dos autos. Já se o prazo corre para apenas uma das partes, a saída deve ser autorizada. Para exemplificar: proferida uma sentença, possuem as partes o prazo de cinco dias para o apelo (art. 593). Esse prazo é comum para as partes e, bem por isso, não se admitirá a retirada dos autos de cartório. Já se apenas a defesa recorreu, o prazo que possui de oito dias para arrazoar o recurso (art. 600), corre apenas em relação a ela, não sendo, pois, comum, admitindo-se, nesse caso, a retirada dos autos. Trata-se, de qualquer sorte, de dispositivo que, a partir da implantação, ainda que paulatina, do chamado processo eletrônico, tende a cair em desuso

Carga rápida – No Estado de São Paulo, as Normas de Serviços do Tribunal de Justiça, no art. 165, preveem a chamada *carga rápida*, que será "concedida pelo escrivão ou o escrevente responsável pelo atendimento, pelo período de uma hora, mediante controle de movimentação física dos autos, conforme formulário a ser preenchido e assinado por advogado ou estagiário de Direito devidamente constituído no processo, ou ainda por pessoa credenciada pelo advogado ou sociedade de advogados", ressalvadas as hipóteses de segredo de justiça (art. 158).

JURISPRUDÊNCIA

Proibição de retirada dos autos de cartório cinco dias antes do Júri. Legalidade

"A Defensoria Pública Estadual alega que o art. 128, VII, da Lei Complementar n. 80/94 fixaria o direito de retirada dos autos dos cartórios, que não poderia ser limitada senão por determinação legal. A solução da controvérsia exige a ponderação entre dispositivos legais (art. 128, VII, da Lei Complementar n. 80/94 e art. 803 do Código de Processo Penal) à luz do princípio da igualdade e da necessidade de garantir a amplitude da defesa e do contraditório, nos termos do artigo 5º, LV, da Constituição Federal. O direito processual contemporâneo não pode ser entendido como seara estática em relação às finalidades do ordenamento, porquanto consubstancia os meios adequados em prol da realização de valores materiais. Sob esse prisma, a limitação mostra-se lícita, como meio de garantir a concretização dos princípios do processo, o que trará equilíbrio entre a prerrogativa da Defensoria Pública e o direito de vista dos autos em cartório das demais partes, evitando a retirada do caderno processual às vésperas dos julgamentos" (STJ – RMS n. 41624-RJ – Rel. Humberto Martins, j. 07.05.2013, DJe 16.05.2013)

Art. 804. A sentença ou o acórdão, que julgar a ação, qualquer incidente ou recurso, condenará nas custas o vencido.

Conceito de taxa, taxa judiciária e custas – A taxa é uma espécie de tributo. Este, na lição de Ruy Barbosa Nogueira, é a receita derivada "que o Estado recolhe do patrimônio dos indivíduos" (*Curso de direito tributário.* 9ª. ed. São Paulo: Saraiva, 1989, p. 159). A taxa, portanto, é um tributo que tem por fato gerador o exercício do poder de polícia pelo Estado ou a prestação de serviço efetivo ou potencialmente colocado à disposição do contribuinte, na definição tomada do art. 77 do Código Tributário Nacional. Mais especificamente a *taxa judiciária* deriva da prestação de um serviço público de natureza forense. Já as custas, que compreendem o pagamento da taxa judiciária, "são as despesas do processo ou os encargos decorrentes dele, desde que fixados ou tarifados em lei", na precisa definição de De Plácido e Silva (*Vocabulário jurídico.* 7ª. ed. Rio de Janeiro: Forense, 1982, vol. I, p. 595).

Ação penal pública – Tratando-se de ação penal pública, na qual é titular o Ministério Público, não se impõe nenhum ônus quanto ao recolhimento de custas, ainda que vencido o *parquet*. Suponha-se, com efeito, que, processado criminalmente, seja o réu absolvido em 1º grau de jurisdição. Para recorrer, o Ministério Público nada pagará. Caso mantida a absolvição em grau de recurso e com o trânsito em julgado da decisão, ainda assim nada será devido. É que o *parquet* encarna o próprio interesse estatal, consistente em ver punidos aqueles que, em tese, perpetraram um delito. Importaria em verdadeiro contrassenso, portanto, impor-lhe qualquer ônus, capaz, além disso, de inibir-lhe a atuação. Ademais, uma condenação contra o *parquet* faria apenas retirar numerário de um órgão estatal para entregar a outro, também componente da estrutura do Estado, posto que os recursos sairiam do mesmo cofre. No âmbito da Justiça Federal, a propósito, a Lei n. 9.289/1996, em seu art. 4º, inc. III, isenta o Ministério Público do pagamento de custas. O mesmo diploma estende tais isenções aos processos de *habeas corpus* (art. 5º). Leis estaduais, no âmbito de suas respectivas competências, dispensam tratamento semelhante à matéria.

Já ao réu, caso condenado, em uma ação penal pública, cumpre sejam-lhe impostos os ônus da sucumbência. Cabe aqui uma observação que nos parece relevante. A jurisprudência não admite que, para a interposição de um recurso, seja exigido, do réu, o recolhimento de qualquer tributo. De sorte que o § 2º, do art. 806, que trata da deserção do recurso pelo não recolhimento das custas, tem aplicação, somente, às ações penais privadas. Isso não implica dizer, porém, que, condenado definitivamente, se livrará o réu dos ônus decorrentes deste édito. Em síntese: não se reclama o prévio pagamento como condição para o conhecimento do recurso, devido pelo réu, porém, após o trânsito em julgado da sentença condenatória. É certo que, na prática, em face dos valores quase sempre irrisórios, a execução fiscal raramente é proposta. No Estado de São Paulo, a Resolução nº 45/ 2011, da Procuradoria Geral, determina que não será ajuizada a cobrança de valores iguais ou inferiores a 300 Unidades Fiscais do Estado de São Paulo (UFESP's), ainda que oriundas de condenações ao pagamento de custas judiciais. De qualquer forma, pelo menos em tese, é cabível a cobrança.

JURISPRUDÊNCIA

Não há adiantamento de custas na ação penal pública

"O artigo 806 do Código de Processo Penal, que disciplina o pagamento de custas para a realização de atos ou diligências no processo penal, aplica-se única e exclusivamente às queixas-crime, não podendo ser invocado para exigir do réu nas ações penais públicas a antecipação do pagamento de quaisquer despesas a fim de que as provas por ele requeridas sejam efetivadas. Nas ações penais de natureza pública, o eventual pagamento de custas, quando devidas, somente é feito ao final do processo, nos termos do artigo 804 do Código de Processo Penal. A exigência de antecipação do recolhimento de custas, como condição para a produção de provas pela defesa, configura nulidade" (STJ – HC nº 172972-SP, Rel. Jorge Mussi, j. 04.09.2012, DJe 18.09.2012).

O pagamento somente é devido após o trânsito em julgado

"Ação penal pública. A interposição de qualquer recurso a ela referente não depende do pagamento prévio de custas e não está, assim, sujeita à deserção por falta de preparo. O pagamento das custas, ônus da condenação criminal (CPP, art. 804), deve efetuar-se na fase da execução do julgado. Habeas corpus deferido para cassar o acórdão da Corte indigitada coatora, no Recurso em sentido estrito n.º 96.001187-8 – Campina Grande, determinando seja processada a apelação criminal interposta pelo paciente" (STF – HC nº 74338-PB, Rel. Néri da Silveira, j. 27.09.1996)

"Interpretando o art. 804 do Código de Processo Penal, esta Corte já decidiu que, em se tratando de ação penal pública, somente se admite a exigência do pagamento de custas processuais após a condenação definitiva, não havendo falar em deserção do recurso por falta de preparo" (STJ – HC nº 223783-SP, Rel. Maria Thereza de Assis Moura, j. 12.04.2012, DJe 25.04.2012).

Carta rogatória

"A antecipação, pelo interessado, da despesa relativa à expedição de carta rogatória não se confunde com a condenação do vencido nas custas processuais, razão pela qual não há incompatibilidade entre a decisão que determina o adiantamento da referida despesa com disposto no art. 804 do Código de Processo Penal. Na hipótese de sobrevir sentença absolutória, o paciente terá direito ao reembolso das custas por ele eventualmente antecipadas, decorrente da produção de prova oral no exterior que entendeu ser necessária e indispensável, evitando-se, assim, na medida do possível, expedientes meramente procrastinatórios" (STJ – HC nº 38418-SP, Rel. Arnaldo Esteves Lima, j. 03.02.2005, DJ 07.03.2005, p. 306).

Honorários advocatícios – Um tanto controvertida é a possibilidade de, nas ações penais privadas, ser imposta, ao vencido, a condenação ao pagamento da verba honorária. Nas ações penais públicas – condicionadas ou incondicionadas – não se cogita, por óbvio, dessa possibilidade. Afinal, ou bem o réu foi absolvido e nada deve ou bem foi condenado, não cabendo, nesse caso, o pagamento de honorários advocatícios em prol do Ministério Público. O mesmo raciocínio deve ser aplicado à ação penal privada subsidiária da pública. Com efeito, embora ajuizada por um advogado, o particular atua somente em razão da inércia do Ministério Público. Mas o interesse predominante continua sendo o estatal, tanto que ao *parquet* é dado, na negligência do autor, retomar a ação a qualquer tempo, além de intervir decisivamente no feito, como previsto no art. 29 do código.

Isso não significa diz, à evidência, que deva o advogado trabalhar gratuitamente, sendo absolutamente justo que, por seu trabalho, receba a respectiva remuneração. Tanto que, da tabela de honorários da OAB, consta o valor a ser cobrado nas diversas atuações na justiça penal, que vão desde a fase de inquérito policial até a interposição de recursos, passando pelo manejo de *habeas corpus*, pedidos em sede de execução de pena, etc. Há, pois, que se realizar o pagamento, a cargo, porém, não do condenado, mas do Estado. É o que ocorre nos vários convênios firmados entre a OAB e as diversas unidades da Federação, ante a impossibilidade material da Defensoria Pública em atender a todos.

Exceção – A exceção vem prevista no art. 263 do código, a permitir o pagamento de verba honorária ao advogado dativo, pelo acusado, quando se demonstrar que ele não é pobre, reunindo, pois, condições econômicas para tanto. O dispositivo não faz distinção entre ações penais públicas ou privadas, não sendo dado ao intérprete, como tal, fazê-lo.

Ação penal privada – O debate – insistimos – é acalorado quando se trata de ação penal privada. Uma primeira corrente sustenta o descabimento da condenação ao pagamento de honorários advocatícios, ante a ausência de qualquer previsão legal a respeito, seja no Código de Processo Penal, seja em legislação extravagante. Outro entendimento é no sentido da aplicação, por analogia, das regras do Código de Processo Civil, a permitir a imposição dessa condenação. Estamos com a primeira posição. Com efeito, importaria mesmo em violação ao princípio da legalidade se impor um ônus não previsto em lei. Quisesse o legislador fazê-lo e, decerto, mencionaria expressamente essa obrigação, não se limitando a referir-se, apenas, às custas que, é evidência, não se confundem com honorários. Lembre-se, nessa linha de argumentação, que a Lei n. 11.719/2008, promoveu alterações na disciplina da sentença condenatória, prevendo, inclusive, a fixação de indenização pelo juiz, decorrentes dos prejuízos experimentados pela vítima. Mas ainda aqui se calou sobre a condenação em honorários advocatícios.

O emprego da analogia ao processo civil a fim de permitir a adoção do princípio da sucumbência, no processo penal, não nos parece adequado. De sorte que os arts. 82 e ss., do CPC, preveem regras típicas do processo civil, de cunho, na maioria das vezes, privado ou patrimonial, bem ao contrário do processo penal, que se orienta por regras de direito público. A singela transposição de normas de um ramo do Direito para outro não deve chegar ao ponto de se admitir uma condenação que não encontra previsão legal que a justifique. Até mesmo uma analogia *in malam partem*, vedada por nosso sistema, poderia restar configurada, na medida em que reconhecido o princípio da sucumbência em desfavor do vencido, sem lei que o respalde. Haverá quem indague se é justo o advogado, em uma ação penal privada, saindo-se vencedor, nada receber por seu trabalho. Parece claro que não e nem é isso que propomos. Nada impede, com efeito, que ajuíze uma ação, no âmbito cível, buscando a cobrança dos honorários. O que nos afigura incorreto, ante a omissão legislativa, é a imposição, na sentença penal, desse ônus. Reconhecemos, porém, que o entendimento do Superior Tribunal de Justiça é no sentido da possibilidade da condenação à verba honorária.

JURISPRUDÊNCIA

Condenação em honorários advocatícios

a) possibilidade

"É possível haver condenação em honorários advocatícios em ação penal privada. Conclusão que se extrai da incidência dos princípios da sucumbência e da causalidade, o que permite a aplicação analógica do art. 20 do Código de Processo Civil, conforme previsão constante no art. 3º do Código de Processo Penal. Precedentes" (STJ – AgRg no REsp n. 121872-/RJ – Rel. Sebastião Reis Júnior, j. em 050/2/2013, DJe 22/2/2013).

"Os honorários advocatícios e as custas são da responsabilidade do vencido, nas ações penais privadas, quer se trate de decisão de mérito, em sentença, ou de decisão incidente, ou recurso. Desde que solvente e com capacidade econômica para tanto, não será absolutamente justo nem jurídico favorecer o vencido a expensas do vencedor, isentando-o dos ônus da sucumbência" (TACrim-SP – Rel. S. C. Garcia – RJD 08/72).

b) impossibilidade

"Não vige no processo penal o princípio da sucumbência. Assim sendo, não cabe a condenação do querelante ao pagamento de honorários advocatícios por ter sido julgada improcedente a queixa" (TACrimSP, Rel. Dante Busana, RT 588/345).

Honorários advocatícios – "Omissa a legislação penal e processual penal quanto a obrigação de se impor o pagamento daquela verba à parte vencida, o art. 804 do CPP leva à conta desta tão-somente a responsabilidade pelas custas do processo, nas quais, certamente, não se incluem os honorários advocatícios" (TACrimSP, Rel. Canguçu de Almeida, JUTACrim 93/359).

Art. 805. **As custas serão contadas e cobradas de acordo com os regulamentos expedidos pela União e pelos Estados.**

A taxa judiciária no Estado de São Paulo – ALei Estadual 11.608 de 29 de dezembro de 2003, dispõe sobre a taxa judiciária incidente sobre serviços públicos de natureza forense. No Estado de São Paulo vigoravam, até então, normas que isentavam o Ministério Público, o querelante e o réu condenado do pagamento de qualquer custa oriunda de uma decisão criminal. Isso por força das Leis 4.476 de 20 de dezembro de 1984 e 4.952 de 27 de dezembro de 1985. Com o advento da Lei Estadual 11.608, à exceção das ações penais de competência do Juizado Especial Criminal, passou-se a exigir o pagamento da chamada *taxa judiciária*, a ser imposta ao condenado nas ações penais públicas e, nas ações penais privadas, ao querelante quando da distribuição da queixa ou ao recorrente "no momento da interposição do recurso cabível", tudo nos termos do art. 4º, inc. III, § 9º, "a" e "b", do mencionado diploma legal.

É indiscutível, outrossim, a competência que o Estado possui para legislar a respeito do tributo em tela. Com efeito, a Constituição Federal, em seu art. 24, inc. IV, dispõe que compete à União, aos Estados e ao Distrito Federal, legislar, dentre outros assuntos, a respeito de "custas de serviços forenses". É a chamada *competência concorrente* ou *suplementar*, que se traduz na possibilidade jurídica de várias pessoas políticas poderem legislar sobre determinada matéria. Ora, por *legislar*, se entende tanto a possibilidade de instituir o tributo, como fez a nova legislação, como de isentar do pagamento do tributo, que ocorria na legislação anterior que cuidava da matéria, agora expressamente revogada.

Legitimidade para execução da taxa judiciária – É conhecida a controvérsia reinante sobre a legitimidade para cobrança da pena de multa imposta em uma condenação criminal, a partir do advento da Lei nº 9.268/96, que alterou a redação do art. 51 do Código Penal. Parte da jurisprudência se inclinava no sentido de que o Ministério Público detém a legitimidade para, na Vara das Execuções Criminais, propor a ação de execução.

Outros, no entanto, indicavam a Procuradoria do Estado ou da Fazenda Nacional como legitimada para manejar a cobrança, na Vara da Fazenda Pública.

ATENÇÃO - A questão, hoje, está pacificada, vingando a primeria corrente, como se percebe da nova redação do art. 51 do CP, dada pela Lei 13.964/19.

Tratando-se, porém, de taxa judiciária, jamais persistiu qualquer dúvida de que a legitimidade para a execução é mesmo da Fazenda. É que, embora como decorrência de uma condenação, a imposição de pagamento do tributo não possui nenhum caráter penal, senão de natureza obviamente fiscal. Conforme dito acima, cuida-se de uma espécie de tributo e, por isso mesmo, deve a taxa ser cobrada em execução judicial regida pela Lei nº 6.830/80. Competente para conhecer do pedido, portanto, será a Vara das Execuções Fiscais, nas comarcas que, segundo as normas de organização judiciária, contarem com tal especialização. Nas demais, a execução deverá ser proposta perante uma das Varas Cíveis locais, mediante livre distribuição.

Art. 806. **Salvo o caso do art. 32, nas ações intentadas mediante queixa, nenhum ato ou diligência se realizará, sem que seja depositada em cartório a importância das custas.**

§ 1º Igualmente, nenhum ato requerido no interesse da defesa será realizado, sem o prévio pagamento das custas, salvo se o acusado for pobre.

§ 2º A falta do pagamento das custas, nos prazos fixados em lei, ou marcados pelo juiz, importará renúncia à diligência requerida ou deserção do recurso interposto.

§ 3º A falta de qualquer prova ou diligência que deixe de realizar-se em virtude do não-pagamento de custas não implicará a nulidade do processo, se a prova de pobreza do acusado só posteriormente foi feita.

Depósito das custas – Observe-se, desde logo, que a exigência das custas para a realização de alguma diligência refere-se, apenas, às ações penais privadas (exclusivamente privadas ou personalíssimas), como se verifica da colocação do § 1º acima, que, por óbvio, guarda pertinência com o *caput* do dispositivo. Nas ações penais públicas – condicionadas ou incondicionadas – vimos acima nos comentários ao art. 804, não se exige o prévio recolhimento de custas para que alguma diligência seja realizada. Tampouco há de se reclamar esse pagamento quando se tratar de uma ação penal privada subsidiária da pública, na qual o particular, face à inércia do Ministério Público, assume a titularidade do pedido, substituindo o *parquet*, exercendo verdadeira atividade estatal.

§ 1º Igualmente, nenhum ato requerido no interesse da defesa será realizado, sem o prévio pagamento das custas, salvo se o acusado for pobre.

Pobreza do réu – Este dispositivo importa em exceção à regra do *caput*, ao autorizar a realização o ato, sem o recolhimento das custas, desde que pobre o réu. A outra exceção, como já vimos, ocorre nas hipóteses de ação penal pública, quando nenhum pagamento é exigido. A forma de demonstração da pobreza é aquela prevista no art. 32, § 2º, do código, isto é, por meio de atestado lavrado pela autoridade policial. Mas como fizemos ver nos comentários a esse dispositivo, a prova da pobreza pode ser realizada por outras formas, como, por exemplo, pela juntada de um holerite. Ou mesmo por singela declaração do postulante, conforme previsto no art. 4° da Lei n° 1.060/1950. A despeito dessa observação, a jurisprudência consolidada no STJ é no sentido de que, embora pobre, deve ser imposta ao réu a condenação ao pagamento das custas processuais, suspendendo-se, porém, a obrigação pelo prazo de cinco anos, enquanto perdurar a pobreza, no aguardo da prescrição (art. 12 da Lei 1.060 /50).

JURISPRUDÊNCIA

Réu pobre e condenação nas custas. Possibilidade

"O réu, ainda que beneficiário da assistência judiciária gratuita, deve ser condenado ao pagamento das custas processuais nos termos do artigo 804 do Código de Processo Penal, ficando, contudo, seu pagamento sobrestado, enquanto durar seu estado de pobreza, pelo prazo de cinco anos, quanto então a obrigação estará prescrita, conforma determina o artigo 12 da Lei nº 1.060/50. Precedentes. A isenção somente poderá ser concedida ao réu na fase de execução do julgado, porquanto esta é a fase adequada para aferir a real situação financeira do condenado, já que existe a possibilidade de sua alteração após a data da condenação" (STJ – REsp n° 400682-MG, Rel. Laurita Vaz, j. 14.10.2003, DJ 17.11.2003, p. 355)

Suspensão do pagamento quando pobre o condenado

"Nos termos da jurisprudência do Superior Tribunal de Justiça, ainda que a parte seja beneficiária da justiça gratuita, o art. 804 do CPP determina a condenação do vencido em custas, devendo ficar suspensa a exigibilidade do pagamento, pelo prazo de 5 (cinco) anos, após o qual ficará prescrita a obrigação, a teor do art. 12 da Lei n.º 1.060/1950" (STJ – AgRg no AREsp n. 254330- MG – Rel. Marco Aurélio Bellizze, j. 19.03.2013, DJe 25.03.2013).

Momento de verificação da miserabilidade

"O momento de verificação da miserabilidade do condenado, para fins de suspensão da exigibilidade do pagamento, é na fase de execução, visto que é possível que ocorra alteração na situação financeira do apenado entre a data da condenação e a execução do decreto condenatório" (STJ – AgRg no AREsp n. 394701-MG – Rel. Rogério Schietti Cruz, j. 21.08.2014, DJe 04.09.2014).

§ 2º A falta do pagamento das custas, nos prazos fixados em lei, ou marcados pelo juiz, importará renúncia à diligência requerida ou deserção do recurso interposto.

Falta de pagamento – Supondo-se, por exemplo, que o querelante arrole uma testemunha, necessitará pagar a diligência do meirinho decorrente da intimação. Estamos, porém, com parte da doutrina que identifica essa necessidade apenas em relação ao querelante, não se estendendo ao querelado. Redundaria mesmo em franca violação ao princípio da ampla defesa e do contraditório impor-se ao querelado tal exigência. Mesmo a deserção decorrente da falta de preparo do recurso, tratando-se de recurso do querelado, não deve ser declarada, por afrontar o princípio que assegura o duplo grau de jurisdição. É que, no fundo, o querelado nada mais é do que o réu, só recebendo este nome por se tratar de uma ação penal privada. E, como tal, deve ter preservado todos os direitos inerentes a todo e qualquer acusado, sem qualquer espécie de restrição. Não é, porém, o que pareceu ao STJ, como se vê do julgado abaixo.

JURISPRUDÊNCIA

Exigência de recolhimento da taxa judiciária, pelo querelado, na ação penal privada. Possibilidade

"A cobrança de taxas judiciárias não cerceia o exercício da ampla defesa do querelado em ação penal privada. Quando não há reconhecimento judicial de pobreza, como no caso, a regra é que as diligências empreendidas durante a ação penal privada, bem como os recursos, dependem do recolhimento das custas, antes de sua realização ou conhecimento" (STJ – HC nº 82856-SP, Rel. Laurita Vaz, j. 17.02.2009, DJe 16.03.2009)

Intimação para complementação das custas. Necessidade

"Esta Corte Superior firmou seu entendimento no sentido de que, nas hipóteses de ação penal privada somente será declarada a deserção recursal após seja oportunizada à parte a efetivação do preparo, em homenagem aos princípios da instrumentalidade das formas e do duplo grau de jurisdição" (STJ - . AgRg no RE nº 1.651.330 – SP – Rel. Joel Ilan Paciornik, j. 25.05.2017).

"A jurisprudência do STJ já se posicionou no sentido de que é necessária prévia intimação do recorrente para que proceda ao pagamento das custas antes que o recurso seja julgado deserto" (STJ – HC nº 106525-RS, Rel. Og Fernandes, j. 11.11.2008, DJe 01.12.2008).

ATENÇÃO – Segundo o regimento interno do Supremo Tribunal Federal, é isento de preparo o *habeas corpus* e os processos criminais, "salvo a ação penal privada" (art. 61, § 1º, inc. I). As Normas da Corregedoria do Tribunal de Justiça do Estado de São Paulo isentam de preparo os recursos criminais (art. 699).

§ 3º A falta de qualquer prova ou diligência que deixe de realizar-se em virtude do não-pagamento de custas não implicará a nulidade do processo, se a prova de pobreza do acusado só posteriormente foi feita.

Pobreza demonstrada posteriormente – A pobreza da parte, capaz de isentá-la do pagamento das custas, deve, como regra, ser demonstrada de plano, quando a diligência será realizada independentemente de prévio recolhimento de qualquer valor. Mas, como ressalta Tourinho Filho, "se por acaso a prova se fizer posteriormente ao ato, este continua com a mesma validade. Nem poderia ser de outra forma. a imprestabilidade somente ocorrerá se não for feita a prova, ainda que após a diligência" (*Código de Processo Penal comentado*, vol. 2., ob. cit., p. 606).

Art. 807. O disposto no artigo anterior não obstará à faculdade atribuída ao juiz de determinar de ofício inquirição de testemunhas ou outras diligências.

Diligências *ex officio* – O não pagamento de custas, previsto no artigo anterior, nem por isso impedirá o juiz de determinar, de ofício, a realização de alguma diligência que entender pertinente. Assim, se nos termos do que lhe faculta o art. 209, o juiz entender pela oitiva de testemunhas não arroladas pelas partes, em um feito que se processa mediante ação penal privada, poderá fazê-lo, ainda que o querelante não tenha recolhido as custas para o pagamento do oficial de justiça responsável pela intimação. Tudo em homenagem ao princípio da busca da verdade real, com o qual se compromete também o Magistrado.

Art. 808. Na falta ou impedimento do escrivão e seu substituto, servirá pessoa idônea, nomeada pela autoridade, perante quem prestará compromisso, lavrando o respectivo termo.

Escrivão *ad hoc* – O caráter público do serviço prestado pelo escrivão e seu substituto impede que o trabalho sofra qualquer espécie de interrupção, decorrente da falta ou impedimento do serventuário. Constatada a impossibilidade, será cabível a nomeação de pessoa idônea, que, na qualidade de escrivão *ad hoc*, atuará sob compromisso de bem exercer a função. Ainda comum no âmbito da polícia civil, trata-se de situação mais rara, na esfera do Poder Judiciário, embora ainda vista vez ou outra.

Art. 809. A estatística judiciária criminal, a cargo do Instituto de Identificação e Estatística ou repartições congêneres, terá por base o *boletim individual*, que é parte integrante dos processos e versará sobre:

I – os crimes e as contravenções praticados durante o trimestre, com especificação da natureza de cada um, meios utilizados e circunstâncias de tempo e lugar;

II – as armas proibidas que tenham sido apreendidas;

III – o número de delinqüentes, mencionadas as infrações que praticaram, sua nacionalidade, sexo, idade, filiação, estado civil, prole, residência, meios de vida e condições econômicas, grau de instrução, religião, e condições de saúde física e psíquica;

IV – o número dos casos de co-delinqüência;

V – a reincidência e os antecedentes judiciários;

VI – as sentenças condenatórias ou absolutórias, bem como as de pronúncia ou de impronúncia;

VII – a natureza das penas impostas;

VIII – a natureza das medidas de segurança aplicadas;

IX – a suspensão condicional da execução da pena, quando concedida;

X – as concessões ou denegações de **habeas corpus**.

§ 1º Os dados acima enumerados constituem o mínimo exigível, podendo ser acrescidos de outros elementos úteis ao serviço da estatística criminal.

§ 2º Esses dados serão lançados semestralmente em mapa e remetidos ao Serviço de Estatística Demográfica Moral e Política do Ministério da Justiça. (Redação dada pela Lei nº 9.061, de 14.6.1995)

§ 3º O *boletim individual* a que se refere este artigo é dividido em três partes destacáveis, conforme modelo anexo a este Código, e será adotado nos Estados, no Distrito Federal e nos Territórios. A primeira parte ficará arquivada no cartório policial; a segunda será remetida ao Instituto de Identificação e Estatística, ou repar-

tição congênere; e a terceira acompanhará o processo, e, depois de passar em julgado a sentença definitiva, lançados os dados finais, será enviada ao referido Instituto ou repartição congênere.

Estatística criminal – Sobre a importância deste ramo da Criminologia, sugerimos o leitor que consulte os comentários formulados ao art. 23 acima.

Boletim individual – O Decreto-lei n. 3.992/1941, publicado no Diário Oficial de 10 de janeiro de 1942 (logo após a entrada em vigor do código), estabeleceu uma série de práticas para o preenchimento do chamado boletim individual. Esse boletim é constituído de um questionário, dividido em três partes iguais que, uma vez completado, terá o destino indicado neste dispositivo legal: um ficará arquivado na polícia, o outro acompanhará o processo e um terceiro será enviado ao Instituto de Identificação e Estatística. Desse questionário constavam perguntas formuladas ao indiciado, quanto à sua nacionalidade, qualificação civil, ocupação, endereço, antecedentes criminais, etc. Também em relação à vítima eram colhidos dados da mesma natureza. Com o passar do tempo e o advento da informática, vários Estados passaram a contar com institutos próprios. No âmbito nacional, o "Sistema Nacional de Informações Criminais" (Sinic), órgão do "Instituto Nacional de Identificação", ligado à Polícia Federal, passou a reunir esses dados, que se prestam a traçar um mapa da criminalidade do país.

Art. 810. **Este Código entrará em vigor no dia 1º de janeiro de 1942.**

Art. 811. **Revogam-se as disposições em contrário.**

Revogação – Antes do advento do Código de Processo Penal, a legislação atinente a matéria não era unificada, ou seja, eram vários os códigos, um para cada unidade da Federação, pois os Estados-membros tinham competência para legislar sobre o tema. Com o *codex*, a legislação passou a ser uma só, válida para todo território nacional, revogando-se totalmente a legislação anterior, naquilo que a doutrina denomina *ab-rogação*.

Rio de Janeiro, em 3 de outubro de 1941; 120º da Independência e 53º da República.

GETÚLIO VARGAS

Francisco Campos

PARTE II

LEI DE EXECUÇÃO PENAL COMENTADA

LEI Nº 7.210, DE 11 DE JULHO DE 1984

TÍTULO I
DO OBJETO E DA APLICAÇÃO DA LEI DE EXECUÇÃO PENAL

Art. 1º A execução penal tem por objetivo efetivar as disposições de sentença ou decisão criminal e proporcionar condições para a harmônica integração social do condenado e do internado.

Introdução – Os comentários ao artigo inaugural da LEP nos obrigam a relembrar que a pena, no Brasil, é polifuncional, isto é, tem tríplice finalidade: **retributiva, preventiva** (geral e especial) e **reeducativa.** Explica Flávio Monteiro de Barros (Direito Penal – Parte Geral, Ed. Saraiva, p. 435):

a) a prevenção geral (visa à sociedade) atua antes mesmo da prática de qualquer infração penal, pois a simples cominação da pena conscientiza a coletividade do valor que o direito atribui ao bem jurídico tutelado.

b) a prevenção especial e o caráter retributivo atuam durante a imposição e execução da pena.

c) finalmente, o caráter reeducativo atua somente na fase de execução. Nesse momento, o escopo é não apenas efetivar as disposições da sentença (concretizar a punição e prevenção), mas, sobretudo, a ressocialização do condenado, isto é, reeducá-lo para que, no futuro, possa reingressar ao convívio social.

O art. 6º da Resolução 113 do CNJ, em cumprimento ao artigo 1º da Lei nº 7.210/84, determina: "o juízo da execução deverá, dentre as ações voltadas à integração social do condenado e do internado, e para que tenham acesso aos serviços sociais disponíveis, diligenciar para que sejam expedidos seus documentos pessoais, dentre os quais o CPF, que pode ser expedido de ofício, com base no artigo 11, V, da Instrução Normativa RFB nº 864, de 25 de julho de 2008".

A LEP também será aplicada (no que couber) às hipóteses de sentença absolutória imprópria (execução das medidas de segurança).

ATENÇÃO – No que se refere a medidas de segurança, sua execução, referida em várias passagens da presente Lei, deve observar, em especial, a Resolução 487/23, que anuncia a excepcionalidade da internação. A citada Resolução institui a Política Antimanicomial do Poder Judiciário e estabelece procedimentos e diretrizes para implementar a Convenção Internacional dos Direitos das Pessoas com Deficiência e a Lei 10.216/01, no âmbito do processo penal e da execução das medidas de segurança. A execução dessa espécie de sanção penal foi aprofundada nos comentários aos artigos 171 a 179 do Título VI da LEP.

PRINCÍPIOS ORIENTADORES DA EXECUÇÃO PENAL:

a) **Legalidade** - Na exposição de motivos da LEP, o item 19 esclarece que "o princípio da legalidade domina o corpo e o espírito do Projeto, de forma a impedir que o excesso ou o desvio da execução comprometam a dignidade e a humanidade do Direito Penal." Em vários dispositivos da LEP a legalidade é anunciada. O art. 3º, por exemplo: "Ao condenado e ao internado serão assegurados todos os direitos não atingidos pela sentença ou pela lei".

b) **Igualdade** - "Não haverá qualquer distinção de natureza racial, social, religiosa ou política" (art. 3º, parágrafo único, LEP). Assegura que na execução da pena não serão concedidas restrições ou privilégios de modo indiscriminado, por origem social, política, de raça, cor, sexo etc.

c) **Individualização da pena** - A Constituição Federal, no art. 5º, XLVIII, aduz que "a pena será cumprida em estabelecimentos distintos, de acordo com a natureza do delito, a idade e o sexo do apenado." Somado a isso, "os condenados serão classificados, segundo os seus antecedentes e personalidade, para orientar a individualização da execução penal" (art. 5º da LEP). Em síntese, a pena será individualizada conforme a personalidade e antecedentes do agente, bem como o tipo de delito por ele praticado (item 26 da Exposição de Motivos da LEP). A individualização é sustentada, ainda, pelo programa progressivo de cumprimento da pena, que prevê descontos no tempo de pena baseados no comportamento, na participação em atividades laborais e educativas, etc.

d) **Princípio da jurisdicionalidade** - A criação de um juízo especializado no cumprimento de pena e a inclusão de novos atores, como o Ministério Público e a Defensoria Pública, na relação executiva tiveram como objetivo suprir o "hiato de legalidade" em que se encontrava a execução da pena antes da LEP (Exposição de Motivos, item 89). O processo de execução será conduzido por um juiz de direito, como estabelecido no art. 2º: "A jurisdição penal dos Juízes ou Tribunais da Justiça ordinária, em todo o Território Nacional, será exercida no processo de execução, na conformidade desta Lei e do Código de Processo Penal". A natureza jurisdicional da execução se extrai, ainda, da simples leitura do art. 194: "O procedimento correspondente às situações previstas nesta Lei será judicial, desenvolvendo-se perante o Juízo da execução".

ATENÇÃO - A lei reserva à autoridade administrativa a decisão sobre pontos secundários da execução da pena, tais como: horário de sol, cela do preso, alimentação etc. Mesmo nesses casos, resguarda-se sempre o acesso do prejudicado ao judiciário.

e) **Outros dispositivos constitucionais relevantes na aplicação da LEP, relacionados com a humanidade da pena: artigo 1º, inciso III – dignidade da pessoa humana;** artigo 5º, incisos "XLV – nenhuma pena passará da pessoa do condenado, podendo a obrigação de reparar o dano e a decretação do perdimento de bens ser, nos termos da lei, estendidas aos sucessores e contra eles executadas, até o limite do valor do patrimônio transferido" (princípio da intranscendência da pena); "XLVII – não haverá penas: a) de morte, salvo em caso de guerra declarada, nos termos do art. 84, XIX; b) de caráter perpétuo; c) de trabalhos forçados; d) de banimento; e) cruéis"; "XLVIII – a pena será cumprida em estabelecimentos distintos, de acordo com a natureza do delito, a idade e o sexo do apenado"; "XLIX – é assegurado aos presos o respeito à integridade física e moral"; "L – às presidiárias serão asseguradas condições para que possam permanecer com seus filhos durante o período de amamentação".

ATENÇÃO – O Supremo Tribunal Federal decidiu que é lícito ao Poder Judiciário impor à Administração Pública obrigação de fazer, consistente na promoção de medidas ou na execução de obras emergenciais em estabelecimentos prisionais para dar efetividade ao postulado da dignidade da pessoa humana e assegurar aos detentos o respeito à sua integridade física e moral, nos termos do que preceitua o art. 5º, XLIX, da CF, não sendo oponível à decisão o argumento da reserva do possível nem o princípio da separação dos poderes. O (des) respeito aos princípios que regem a execução penal é tema recorrente nos Superiores Tribunais.

No julgamento de mérito da ADPF 347, em sessão plenária de 4 de outubro de 2023, o STF reconheceu o estado de coisas inconstitucional no sistema carcerário brasileiro e o considerou responsável pela violação massiva de direitos fundamentais dos presos. As normas internacionais, a Constituição Federal e a Lei de Execução Penal asseguram que os presos não podem ser submetidos a penas de caráter cruel, garantem-lhes o respeito à integridade física e moral e o cumprimento da pena em estabelecimentos distintos de acordo com a natureza do delito, a idade e o sexo do apenado. A Lei de Execução Penal ainda assegura a assistência material, jurídica, educacional, social, religiosa, além do acesso à saúde, aos alojamentos com ocupação e dimensões adequadas, ao trabalho e ao estudo. O desrespeito a essas normas impede a adequada prestação de serviços e viola bens essenciais que integram o mínimo existencial. Para lidar com o problema, o tribunal adotou as seguintes providências:

a) a realização de audiências de custódia, preferencialmente de forma presencial, de modo a viabilizar o comparecimento do preso perante a autoridade judiciária em até 24 horas contadas do momento da prisão;

b) que os juízes fundamentem a não aplicação de medidas cautelares e penas alternativas à prisão, tendo em conta o quadro dramático do sistema carcerário;

c) que os juízes ordenem a liberação e o não contingenciamento dos recursos do Fundo Penitenciário Nacional;

d) a elaboração de plano nacional e de planos estaduais e distrital para a superação do estado de coisas inconstitucional, com indicadores que permitam acompanhar sua implementação;

e) estabeleceu que o prazo para apresentação do plano nacional será de até 6 (seis) meses, a contar da publicação da decisão, e de até 3 anos, contados da homologação, para a sua implementação, conforme cronograma de execução a ser indicado no próprio plano;

f) estabeleceu que o prazo para apresentação dos planos estaduais e distrital será de 6 meses, a contar da publicação da decisão de homologação do plano nacional pelo STF, e implementado em até 3 anos, conforme cronograma de execução a ser indicado no próprio plano local;

g) que a elaboração do plano nacional deverá ser efetuada, conjuntamente, pelo DMF/CNJ e pela União, em diálogo com instituições e órgãos competentes e entidades da sociedade civil, nos termos explicitados acima e observada a importância de não alongar excessivamente o feito;

h) que a elaboração dos planos estaduais e distrital se dará pelas respectivas unidades da federação, em respeito à sua autonomia, observado, todavia, o diálogo com o DMF, a União, instituições e órgãos competentes e entidades da sociedade civil, nos moldes e em simetria ao diálogo estabelecido no plano nacional;

i) que, em caso de impasse ou divergência na elaboração dos planos, a matéria será submetida ao STF para decisão complementar;

j) que todos os planos deverão ser levados à homologação do Supremo Tribunal Federal, de forma a que se possa assegurar o respeito à sua decisão de mérito;

k) que o monitoramento da execução dos planos seja efetuado pelo DMF/CNJ, com a supervisão necessária do STF, cabendo ao órgão provocar o tribunal, em caso de descumprimento ou de obstáculos institucionais insuperáveis que demandem decisões específicas de sua parte.

Contagem em dobro da pena nos presídios em situação degradante – Com base em determinação da Corte Interamericana de Direitos Humanos (CIDH), o ministro do Superior Tribunal de Justiça (STJ) Reynaldo Soares da Fonseca concedeu habeas corpus para que seja contado em dobro todo o período em que um homem esteve preso no Instituto Penal Plácido de Sá Carvalho, no Complexo Penitenciário de Bangu, localizado na Zona Oeste do Rio de Janeiro.

A unidade prisional foi objeto de diversas inspeções realizadas pela CIDH, a partir de denúncia feita pela Defensoria Pública do Rio de Janeiro sobre a situação degradante e desumana em que os presos se achavam. Essas inspeções culminaram na edição da Resolução CIDH de 22 de novembro de 2018, que proibiu o ingresso de novos presos na unidade e determinou o cômputo em dobro de cada dia de privação de liberdade cumprido no local – salvo para os casos de crimes contra a vida ou a integridade física e de crimes sexuais.

O relator lembrou que, a partir do Decreto 4.463/2002, o Brasil reconheceu a competência da CIDH em todos os casos relativos à interpretação ou aplicação da Convenção Americana de Direitos Humanos (Pacto de São José da Costa Rica), aprovada em 1969. Segundo o magistrado, a sentença emitida pela CIDH tem eficácia vinculante para as partes processuais, não havendo meios de revisá-la. "A sentença da CIDH produz autoridade de coisa julgada internacional, com eficácia vinculante e direta às partes. Todos os órgãos e poderes internos do país encontram-se obrigados a cumprir a sentença", declarou.

Reynaldo Soares da Fonseca ponderou que, ao aplicar a resolução apenas a partir da notificação oficial feita ao Brasil, as instâncias anteriores deixaram de cumpri-la, pois as más condições do presídio, que motivaram a determinação da CIDH, já existiam antes de sua publicação.

"Não se mostra possível que a determinação de cômputo em dobro tenha seus efeitos modulados como se o recorrente tivesse cumprido parte da pena em condições aceitáveis até a notificação, e a partir de então tal estado de fato tivesse se modificado", comentou o ministro.

Destacou o ministro, ainda, que, por princípio interpretativo das convenções sobre direitos humanos, é permitido ao Estado-parte ampliar a proteção conferida por elas. Assim – concluiu –, as sentenças da CIDH devem ser interpretadas da maneira mais favorável possível para quem teve seus direitos violados.

Além disso, o relator ressaltou que as autoridades locais devem observar os efeitos das disposições da sentença internacional e adequar sua estrutura interna "para garantir o cumprimento total de suas obrigações frente à comunidade internacional, uma vez que os países signatários são guardiões da tutela dos direitos humanos". Para Reynaldo Soares da Fonseca, "os juízes nacionais devem agir como juízes interamericanos e estabelecer o diálogo entre o direito interno e o direito internacional dos direitos humanos, até mesmo para diminuir violações e abreviar as demandas internacionais".

Considerando que a melhor interpretação a ser dada à resolução é pela sua aplicação a todo o tempo de pena cumprido na unidade, o ministro mandou que seja contado em dobro o período de 9 de julho de 2017 a 24 de maio de 2019, como requerido pela defesa no recurso em habeas corpus.

ATENÇÃO - Deve ser alertado, porém, que a decisão em comento não cuida de um entendimento do STJ, mas decisão do Tribunal com base em determinação da Corte Interamericana de Direitos Humanos (CIDH), envolvendo o Instituto Penal Plácido de Sá Carvalho, no Complexo Penitenciário de Bangu, localizado na Zona Oeste do Rio de Janeiro.

Como explicado acima, a unidade prisional foi objeto de diversas inspeções realizadas pela CIDH. Essas inspeções culminaram na edição da Resolução CIDH de 22 de novembro de 2018, que proibiu o ingresso de novos presos na unidade e determinou o cômputo em dobro de cada dia de privação de liberdade cumprido no local - salvo para os casos de crimes contra a vida ou a integridade física e de crimes sexuais. Instalou-se a divergência em relação ao período da pena que deveria ser considerada cumprida em dobro. O STJ ordenou a aplicação a todo o tempo de pena cumprido na unidade.

Não custa lembrar que na ADPF 347 foi requerido ao STF, dentre outras providências, o cômputo em dobro de cada dia de privação de liberdade cumprida em presídios nacionais quando detectado cenário degradante e desumano, tendo a Corte negado o pedido.

Abuso de autoridade – Pune-se no art. 9º, *caput*, da Lei 13.869/19, *decretar* medida de privação da liberdade em manifesta desconformidade com as hipóteses legais. O núcleo *decretar* certamente vai despertar divergência. Já conseguimos antever corrente defendendo que alcançará somente ato do juiz. Ousamos, desde logo, discordar. Para nós, o verbo nuclear tem o sentido de determinar, decidir, ordenar, não se restringindo à autoridade judiciária. Quisesse o legislador restringir, teria feito o que fez no parágrafo único, expressamente dirigido aos membros do Poder Judiciário. *Medidas de privação de liberdade*, por sua vez, são todas aquelas, penais e extrapenais, que imponham qualquer limitação ao direito de liberdade das pessoas, que só podem ser levadas a efeito nas hipóteses legais.

JURISPRUDÊNCIA

Obras emergenciais em presídios: reserva do possível e separação de poderes – 1

É lícito ao Poder Judiciário impor à Administração Pública obrigação de fazer, consistente na promoção de medidas ou na execução de obras emergenciais em estabelecimentos prisionais para dar efetividade ao postulado da dignidade da pessoa humana e assegurar aos detentos o respeito à sua integridade física e moral, nos termos do que preceitua o art. 5º, XLIX, da CF, não sendo oponível à decisão o argumento da reserva do possível nem o princípio da separação dos poderes (STF – . RE n. 592581-RS, Rel.. Ricardo Lewandowski, j. 13.8.2015).

"Habeas corpus" e direito de detento a visitas

Não se presta o remédio constitucional do habeas corpus à discussão acerca do direito de visitas íntimas do apenado, pois, neste caso, o que se procura proteger é o direito à intimidade da pessoa humana, sua integridade física e moral, e não seu direito de ir e vir (locomoção).(STJ, Quinta Turma, AgRg no HC 425.115/RN, Rel. Min. Reynaldo Soares Da Fonseca, julgado em 15/03/2018)

Art. 2º A jurisdição penal dos Juízes ou Tribunais da Justiça ordinária, em todo o Território Nacional, será exercida, no processo de execução, na conformidade desta Lei e do Código de Processo Penal.

Parágrafo único. Esta Lei aplicar-se-á igualmente ao preso provisório e ao condenado pela Justiça Eleitoral ou Militar, quando recolhido a estabelecimento sujeito à jurisdição ordinária.

Jurisdição – Todo condenado ficará sujeito à jurisdição comum, isto é, jurisdição ordinária (federal ou estadual).

ATENÇÃO - Compete ao Juízo das Execuções penais do Estado a execução das penas impostas a sentenciados pela Justiça Federal, Militar ou Eleitoral, quando recolhidos a estabelecimentos sujeitos à administração estadual (STJ - súmula 192), e, no mesmo espírito, ao juiz federal da execução criminal compete a execução da pena dos condenados que estiverem cumprindo pena em presídios federais, mesmo que condenados pela Justiça Estadual, Militar ou Eleitoral (art. 4º, parágrafo 1º e art. 6º da Lei 11.671/08).

A edição da LEP representou, em 1984, "um dos marcos iniciais do Estado Democrático de Direito" (Luiz Guilherme Mendes de Paiva, "Diagnostico da Política Criminal Brasileira (1984-2009), FGV Direito SP, 2016, p. 86) ao reconhecer a pessoa presa como sujeito de direitos; priorizar o caráter educativo e reabilitador do cumprimento da pena; criar órgãos administrativos especializados e assegurar o controle jurisdicional de legalidade sobre a pena.

O presente dispositivo anuncia o princípio da legalidade na execução penal: a execução das sanções penais "não pode ficar submetida ao poder de arbítrio do diretor, dos funcionários e dos carcereiros das instituições penitenciárias, como se a intervenção do juiz, do Ministério Público e de outros órgãos fosse algo de alheio aos costumes e aos hábitos do estabelecimento" (René Ariel Dotti, "Problemas atuais da execução penal". RT 563/286).

A Lei 7.210/84, por ser especial, atua como norma primária, ficando a aplicação das regras do CPP na dependência de lacuna na Lei de Execução Penal.

Preso provisório – Por força do art. 2º, parágrafo único, a LEP aplica-se também ao preso provisório e ao condenado pela Justiça Eleitoral, quando recolhido a estabelecimento sujeito à jurisdição ordinária (impedindo, assim, tratamento discriminatório de presos ou internados submetidos a jurisdições diversas).

Os presos que estiverem recolhidos em estabelecimento penal militar, devido à omissão da Lei castrense, também serão submetidos aos preceitos desta Lei. Nesse sentido: STF, HC 104174 / RJ – RIO DE JANEIRO, julgado em 29/03/2011 e STJ, HC 215.765-RS, Rel. Min. Gilson Dipp, julgado em 8/11/2011.

Logo, sabendo que estão assegurados aos presos cautelares (prisão temporária e preventiva, abrangendo, por óbvio, os condenados provisórios) os mesmos direitos dos condenados definitivos (no que couber), conclui-se ser possível execução penal provisória (ou melhor, antecipação de benefícios de execução penal) na hipótese de condenado em 1º grau, **preso**, aguardando julgamento do seu recurso. Nesse sentido, temos não apenas as Súmulas 716 e 717, ambas do STF, mas, em especial, a Resolução 113 do CNJ, que disciplina o procedimento.

Explica Renato Marcão:

> "A execução provisória [antecipação de benefícios] pressupõe, nesses termos, o encarceramento cautelar decorrente da prisão preventiva e a existência de sentença penal condenatória, sem trânsito em julgado definitivo. Assim, não havendo recurso do Ministério Público, do assistente de acusação ou do querelante, restando somente o da defesa, a execução pode ser iniciada em caráter provisório" (Curso de Execução Penal, Ed. Saraiva, p. 37).

Execução provisória da pena após julgamento em 2º. Grau – Percebam que a hipótese acima trabalha com o condenado em 1º. grau que se encontra preso. E no caso do réu condenado em 2º grau, mas que aguarda **solto** o julgamento de recursos constitucionais (especial e extraordinário)? A possibilidade de execução da pena após a decisão do recurso em segunda instância foi inicialmente estabelecida pelo STF no julgamento do habeas corpus 126.292, em 17 de fevereiro de 2016. À época, o tribunal modificou orientação firmada em 2009, quando, ao julgar o habeas corpus 84.078, havia considerado impossível que se executasse a pena antes do trânsito em julgado da sentença condenatória e estabeleceu a possibilidade de encarceramento apenas se verificada a necessidade de que isso ocorresse por meio de cautelar (prisão preventiva).

A decisão proferida em 2016 provocou muita controvérsia e suscitou debates a respeito da constitucionalidade da execução da pena antes de percorrida toda a cadeia recursal.

O argumento central dos que advogam a tese de que a pena não pode ser executada até que a sentença condenatória se torne definitiva se baseia no art. 5º, inc. LVII, da Constituição Federal, segundo o qual "ninguém será considerado culpado até o trânsito em julgado de sentença penal condenatória". Tamanha foi a celeuma que, no mesmo ano, foram ajuizadas duas ações declaratórias de constitucionalidade (43 e 44), nas quais se pretendia a declaração de plena vigência e compatibilidade constitucional do art. 283 do CPP, que dispõe: "Ninguém poderá ser preso senão em flagrante delito ou por ordem escrita e fundamentada da autoridade judiciária competente, em decorrência de sentença condenatória transitada em julgado ou, no curso da investigação ou do processo, em virtude de prisão temporária ou prisão preventiva". Pretendia-se, com isso, evitar os efeitos da decisão tomada no habeas corpus já citado, ou seja, que a prisão se tornasse possível após o julgamento de recursos em segunda instância.

À época, o pleno do STF indeferiu medida cautelar para que fossem suspensas execuções antecipadas em curso e para que fossem impedidas novas execuções enquanto não julgado o mérito das ações constitucionais. Considerou-se, basicamente, que a presunção de inocência tem sentido dinâmico, modificando-se conforme se avança a marcha processual. Dessa forma, se no início do processo a presunção pende efetivamente para a inocência, uma vez proferido julgamento em recurso de segunda instância essa presunção passa a ser de não culpa, pois, nessa altura, encerrou-se a análise de questões fáticas e probatórias. Portanto, uma vez que o tribunal (TJ/TRF) tenha considerado bem provados o fato e suas circunstâncias, os recursos constitucionais não abordarão esses aspectos, pois estarão adstritos aos limites que lhe são impostos constitucional e legalmente. O acórdão foi publicado nos seguintes termos:

> "1. No julgamento do Habeas Corpus 126.292/SP, a composição plenária do Supremo Tribunal Federal retomou orientação antes predominante na Corte e assentou a tese segundo a qual "A execução provisória de acórdão penal condenatório proferido em grau de apelação, ainda que sujeito a recurso especial ou extraordinário, não compromete o princípio constitucional da presunção de inocência afirmado pelo artigo 5º, inciso LVII da Constituição Federal". 2. No âmbito criminal, a possibilidade de atribuição de efeito suspensivo aos recursos extraordinário e especial detém caráter excepcional (art. 995 e art. 1.029, § 5º, ambos do CPC c/c art. 3º e 637 do CPP), normativa compatível com a regra do art. 5º, LVII, da Constituição da República. Efetivamente, o acesso individual às instâncias extraordinárias visa a propiciar a esta Suprema Corte e ao Superior Tribunal de Justiça exercer seus papéis de estabilizadores, uniformizadores e pacificadores da interpretação das normas constitucionais e do direito infraconstitucional. 3. Inexiste antinomia entre a especial regra que confere eficácia imediata aos acórdãos somente atacáveis pela via dos recursos excepcionais e a disposição geral que exige o trânsito em julgado como pressuposto para a produção de efeitos da prisão decorrente de sentença condenatória a que alude o art. 283 do CPP. 4. O retorno à compreensão emanada anteriormente pelo Supremo Tribunal Federal, no sentido de conferir efeito paralisante a absolutamente todas decisões colegiadas prolatadas em segundo grau de jurisdição, investindo os Tribunais Superiores em terceiro e quarto graus, revela-se inapropriado com as competências atribuídas constitucionalmente às Cortes de cúpula. 5. A irretroatividade figura como matéria atrelada à aplicação da lei penal no tempo, ato normativo idôneo a inovar a ordem jurídica, descabendo atribuir ultratividade a compreensões jurisprudenciais cujo objeto não tenha reflexo na compreensão da ilicitude das condutas. Na espécie, o debate cinge-se ao plano

processual, sem reflexo, direto, na existência ou intensidade do direito de punir, mas, tão somente, no momento de punir. 6. Declaração de constitucionalidade do art. 283 do Código de Processo Penal, com interpretação conforme à Constituição, assentando que é coerente com a Constituição o principiar de execução criminal quando houver condenação assentada em segundo grau de jurisdição, salvo atribuição expressa de efeito suspensivo ao recurso cabível. 7. Medida cautelar indeferida".

Em abril de 2018, nova ação declaratória de constitucionalidade (54) foi ajuizada com o mesmo propósito das anteriores. Em dezembro do mesmo ano, o ministro Marco Aurélio (relator) chegou a deferir liminar para suspender as execuções penais em curso, mas a decisão foi imediatamente suspensa pelo presidente da Corte.

Quando do julgamento do mérito das três ações, o tribunal, contrariando a tendência que se desenhava desde 2016, decidiu que a pena só pode ser executada após esgotados todos os recursos, marco do trânsito em julgado.

Na qualidade de relator de todas as ações, o ministro Marco Aurélio foi o primeiro a votar para julgar procedentes os pedidos e, consequentemente, declarar a constitucionalidade do art. 283 do CPP, com a consequente proibição de que penas sejam executadas antes do julgamento dos recursos (trânsito em julgado da sentença condenatória). De acordo com o ministro, o art. 5º, inc. LVII, da Constituição Federal, é claro e não deixa margem para dúvidas a respeito da necessidade da condenação definitiva.

Abrindo a divergência, o ministro Alexandre de Moraes votou pela possibilidade de que a pena seja executada após o julgamento dos recursos em segunda instância. O argumento é basicamente o mesmo que fundamentou o indeferimento da cautelar em 2016: observado o devido processo legal, a decisão condenatória em segunda instância afasta o princípio da presunção de inocência e abre o caminho para a execução da pena. Para o ministro Alexandre, é necessário dar efetividade às decisões das instâncias ordinárias, competentes para o exame dos fatos e das provas, decisões estas que, em caso de ilegalidade ou inconstitucionalidade, podem ser atacadas por meio de habeas corpus ou medida cautelar para que se aguarde o pronunciamento dos tribunais superiores em recursos de índole extraordinária.

Na mesma linha seguiu o ministro Edson Fachin, para quem a execução antecipada da pena é legítima a não ser que se confira efeito suspensivo ao recurso cabível contra a decisão de segunda instância. É inviável, no seu entendimento, impor que se aguarde a prisão até que "o último recurso da última corte constitucional tenha sido examinado".

Também alinhado a decisões anteriores, o ministro Luís Roberto Barroso acompanhou a divergência e ressaltou que o requisito para a imposição de prisão não é o trânsito em julgado, mas a ordem escrita e fundamentada da autoridade judicial. Não se confunde, portanto, o inciso LVII do art. 5º, segundo o qual não é possível considerar alguém culpado até o trânsito em julgado, com o inciso LXI, que trata da garantia de que ninguém será preso senão em flagrante delito ou por ordem escrita e fundamentada de autoridade competente. Condicionar a execução da pena ao trânsito em julgado serve apenas para incentivar a interposição de recursos protelatórios e contribui para a promoção da impunidade.

A ministra Rosa Weber, por sua vez, votou pela procedência das ações e, portanto, pela proibição da execução penal prévia ao trânsito em julgado. Após destacar que, até este momento, aderiu às decisões anteriormente proferidas pelo tribunal em respeito ao princípio da colegialidade, afirmou que o julgamento de mérito das ações constitucionais é o momento adequado para fazer valer sua interpretação de que a Constituição Federal garante a presunção de inocência até que a sentença condenatória tome caráter definitivo. A ministra ressaltou como um ponto capital, no seu entender, a diferença entre a prisão de natureza cautelar e a prisão com propósito punitivo, que só pode ser imposta quando formada definitivamente a culpa; qualquer prisão antes disso só pode ser decretada se presentes as circunstâncias características da cautelar.

O ministro Luiz Fux manteve sua orientação e divergiu do relator. Enxerga como viável a execução antecipada da pena. Mencionou diversos exemplos de graves crimes cujos autores estariam soltos se se exigisse o trânsito em julgado, não parecendo razoável impor limitação tão severa à imposição da consequência penal. A presunção de inocência não tem relação com a possibilidade de execução da pena após o pronunciamento de segunda instância, mas decorre do fato de que outrora cabia ao réu provar sua inocência, o que atualmente não ocorre, tendo em vista que o ônus recai na acusação. Isto quer dizer que até o trânsito em julgado o réu tem a possibilidade de contestar a acusação. Mas trata-se de uma presunção que admite prova em contrário, e à medida em que o processo tramita ocorre uma mitigação da mesma presunção. Esgotadas as instâncias ordinárias, há declaração de que o réu é culpado e sua prisão é necessária, seguindo-se, com isso, outras regras que relativizam a necessidade do trânsito em julgado, como a Lei Complementar 135/10 ("Lei da Ficha Limpa"). Concluiu destacando que a modificação da jurisprudência do tribunal é injustificável e prejudicial à segurança jurídica.

Votando em seguida, o ministro Ricardo Lewandowski manteve o tom de suas decisões anteriores sobre o tema, ou seja, considerou inconstitucional a execução antecipada da pena. Para o ministro, hão de ser consideradas as circunstâncias do sistema judiciário brasileiro, extremamente congestionado e disfuncional, com metas de produtividade cada vez mais severas, em que a possibilidade de erros na primeira e na segunda instâncias se multiplica. Nestas circunstâncias, a presunção de inocência como óbice à execução antecipada da pena serve como garantia de que inocentes não sejam submetidos a penas ilegítimas. Ainda segundo o ministro, a execução antecipada é um retrocesso que contraria frontalmente a vontade do legislador constituinte originário no sentido de que não é possível restringir a liberdade pela aplicação da pena antes da formação cabal da culpa.

A ministra Cármen Lúcia manteve seu convencimento já exposto nos julgamentos anteriores. Segundo a ministra, a disposição constitucional de que ninguém pode ser considerado culpado até o trânsito em julgado da sentença penal condenatória deve ser lida em conjunto com outros dispositivos, como o inciso LXI do art. 5º, segundo o qual ninguém será preso senão em flagrante delito ou por ordem escrita e fundamentada de autoridade judiciária competente. Isto revela que pode haver prisão independentemente do trânsito em julgado, bastando a obediência ao devido processo legal, que se cumpre com o esgotamento da matéria de fato nas instâncias ordinárias. Exigir o trânsito em julgado para a execução da pena desvirtua a ordem processual na medida em que confere a recursos de índole extraordinária um efeito suspensivo que não lhes é característico, embora seja possível, excepcionalmente, quando presente alguma justificativa, o que, aliás, afasta alegações de que direitos fundamentais seriam necessariamente ofendidos com a execução antecipada. A ministra fez, ainda, referência à necessidade de segurança jurídica e de efetividade do Direito Penal, que, no caso, se afirmam pela certeza da aplicação da pena e pela imposição de limites para que alguns indivíduos não se valham do intrincado e sofisticado sistema recursal para adiar indefinidamente as consequências de seus atos criminosos.

O ministro Gilmar Mendes modificou sua orientação – como, aliás, já vinha sinalizando – para considerar inconstitucional a execução antecipada da pena. O ministro iniciou sua explanação elencando situações em que o tribunal modificou sua própria orientação a respeito de questões de fundamental importância, bem como mencionou situações não menos relevantes em que o tribunal foi obrigado a decidir sobre a recepção de normas anteriores à atual ordem constitucional. O ministro seguiu seu voto afirmando que desde os primeiros debates sobre a matéria demonstrou sua inquietação a respeito da determinação automática de execuções penais após o julgamento em segunda instância, sem a devida individualização frente aos casos concretos. Na sua acepção, mudanças nos contextos normativo e fático subjacentes ao debate fizeram com que sua posição evoluísse diante da necessidade de proteção real do princípio da presunção de inocência. O que o tribunal admitiu nos julgamentos anteriores foi a possibilidade de que a pena fosse executada após a decisão de segunda instância, mas não a obrigatoriedade de que isso fosse feito. A imposição indiscriminada da execução antecipada e a decretação de prisões preventivas que, na sua visão, assumiam caráter permanente e eram decretadas sem fundamentação concreta fizeram com que se enfraquecesse sua esperança de que os tribunais de segunda instância seriam capazes de evitar abusos. Considerou, portanto, impossível a execução da pena até que sobrevenha o trânsito em julgado da sentença penal condenatória.

O ministro Celso de Mello também votou pela inconstitucionalidade da execução antecipada da pena. Iniciou afirmando que não se há de confundir o princípio da presunção de inocência com óbice às atividades investigativas e jurisdicionais contra a prática de crimes. O princípio revela uma garantia de todos os cidadãos contra a arbitrariedade e não impõe nenhuma barreira à punição decorrente do devido processo legal. Após ressaltar os efeitos nefastos da dominação da atividade política pelos atos de corrupção amplamente divulgados nos últimos anos, destacou que todos os ministros da corte, independentemente de sua orientação a respeito da necessidade do trânsito em julgado, são comprometidos com a repressão da prática da corrupção governamental e com a efetividade da justiça penal. A respeito especificamente do mérito das ações, o ministro assentou que o princípio da presunção de inocência impede que o poder público trate o réu como culpado até que a decisão condenatória se torne definitiva, e certamente a execução da pena tem como pressuposto a formação da culpa. Apontou ainda que não é possível relacionar a execução antecipada da pena a uma forma de evitar a impunidade em virtude da interposição de recursos de natureza extraordinária, destacando que restringir o trâmite desses recursos não é um problema a ser resolvido pelo Judiciário, mas pelo Legislativo, que pode limitar as possibilidades recursais. Também afirmou que o fato de impedir a execução da pena antes do trânsito em julgado não significa que ninguém pode ser preso, pois há situações que, em plena consonância com a ordem constitucional, autorizam as prisões cautelares, bastando que se cumpram os requisitos característicos desses meios restritivos de liberdade. Por isso, votou pela procedência das ações para considerar inconstitucional a execução da pena após a condenação na segunda instância.

Finalmente, o ministro Dias Toffoli modificou sua orientação anterior para votar pela procedência das ações e, consequentemente, pela inconstitucionalidade da execução antecipada da pena. Segundo o ministro, a redação do art. 283 do CPP é clara ao dispor que ninguém poderá ser preso senão em flagrante delito ou por ordem escrita e fundamentada da autoridade judiciária competente, em decorrência de sentença condenatória transitada em julgado ou, no curso da investigação ou do processo, em virtude de prisão temporária ou prisão preventiva. O dispositivo, considerado compatível com a Constituição Federal, não trata de considerar alguém culpado somente após o trânsito em julgado, mas, sim, estabelece limites à própria prisão, que só pode ser imposta em flagrante delito, em prisão cautelar ou em decorrência de sentença condenatória definitiva. Isto, segundo os termos do voto, revela que a vontade do legislador, que impôs esta redação ao art. 283 em 2012, é de que a execução da pena se torne possível apenas com a formação definitiva da responsabilidade penal.

Com a decisão, portanto, voltamos à situação em que estávamos até o julgamento do habeas corpus 126.292: a prisão para execução da pena só pode ser determinada após o trânsito em julgado da sentença penal condenatória. Qualquer prisão antes disso deve ser fundamentada, inicialmente, no artigo 312 do Código de Processo Penal: garantia da ordem pública, da ordem econômica, por conveniência da instrução criminal, ou para assegurar a aplicação da lei penal, quando houver prova da existência do crime e indício suficiente de autoria; ou ainda em caso de descumprimento de qualquer das obrigações impostas por força de outras medidas cautelares. A isto se deve somar o disposto no art. 313, segundo o qual a prisão preventiva é cabível: nos crimes dolosos punidos com pena privativa de liberdade máxima superior a quatro anos; se o agente tiver sido condenado por outro crime doloso, em sentença transitada em julgado; se o crime envolver violência doméstica e familiar contra a mulher, criança, adolescente, pessoa idosa, enfermo ou pessoa com deficiência, para garantir a execução das medidas protetivas de urgência.

Em resumo:

a) réu preso provisoriamente sem condenação: aplica-se a LEP no que couber (em especial, para assegurar-lhe direitos e impor deveres de comportamento).

b) réu preso, condenado em 1º. grau, mas aguarda julgamento de recurso em 2ª instância: aplica-se a LEP para antecipar benefícios (como progressão de regime etc.).

ATENÇÃO – Nos termos da Súmula 716 do STF, admite-se a progressão de regime de cumprimento da pena ou a aplicação imediata de regime menos severo nela determinada, antes do trânsito em julgado da sentença condenatória.

c) réu solto, condenado em 1º. grau, mas a pena ainda não foi confirmada pelo Tribunal: não se aplica a LEP.

d) réu solto, condenado em 2º. grau, mas aguarda julgamento de recursos constitucionais: a condenação em segundo grau não autoriza, por si só, a prisão.

ATENÇÃO – A Lei 13.964/19 (Pacote Anticrime) alterou o art. 492, inc. I, e, do CPP, admitindo a execução provisória da pena no júri quando a condenação for igual ou superior a quinze anos de reclusão. Não se trata, contudo, de uma regra absoluta, pois o § 3º do mesmo artigo admite que o juiz deixe de ordenar a execução imediata se houver questão substancial cuja resolução possa plausivelmente levar à revisão da condenação pelo tribunal ao qual competir o julgamento do recurso. Aliás, em regra a apelação contra a decisão dos jurados não tem efeito suspensivo (§ 4º), a não ser que se verifique, cumulativamente, que o recurso não tem propósito meramente protelatório e que levanta questão substancial capaz de provocar absolvição, anulação da sentença, novo julgamento ou redução da pena para patamar inferior a quinze anos de reclusão (§ 5º).

Acordo de não persecução penal (art. 28-A CPP) – O acordo de não persecução penal (ANPP) foi criado, de forma pioneira e corajosa, pelo Conselho Nacional do Ministério Público, mais precisamente através da Res. 181/17, depois alterada pela Res. 183/18 e Res. 289/24, cujos contornos, em grande parte, foram repetidos no art. 28-A do CPP (incluído pela Lei 13.964/19).

Tomado pelo espírito de justiça consensual, compreende-se o ANPP como sendo o ajuste obrigacional celebrado entre o órgão de acusação e o investigado (assistido por advogado), devidamente homologado pelo juiz, no qual o indigitado assume sua responsabilidade, aceitando cumprir, desde logo, condições menos severas do que a sanção penal aplicável ao fato a ele imputado.

São pressupostos cumulativos do acordo, todos previstos, mesmo que implicitamente, no *caput*:

a) existência de procedimento investigatório;

b) não ser o caso de arquivamento dos autos;

c) cominada pena mínima inferior a 4 (quatro) anos e o crime não for cometido com violência ou grave ameaça à pessoa;

d) o investigado tiver confessado formal e circunstancialmente a prática do crime.

As condições do acordo, ajustadas cumulativa ou alternativamente, estão estampadas nos incisos que acompanham o *caput* do art. 28-A:

I – reparar o dano ou restituir a coisa à vítima, exceto na impossibilidade de fazê-lo.

II – renunciar voluntariamente a bens e direitos indicados pelo Ministério Público como instrumentos, produto ou proveito do crime.

III – prestar serviço à comunidade ou a entidades públicas por período correspondente à pena mínima cominada ao delito, diminuída de um a dois terços, em local a ser indicado pelo juízo da execução, na forma do art. 46 do Decreto-Lei n. 2.848, de 7 de dezembro de 1940 (Código Penal).

IV – pagar prestação pecuniária, a ser estipulada nos termos do art. 45 do Decreto-Lei n. 2.848, de 7 de dezembro de 1940 (Código Penal), a entidade pública ou de interesse social, a ser indicada pelo juízo da execução, que tenha, preferencialmente, como função proteger bens jurídicos iguais ou semelhantes aos aparentemente lesados pelo delito.

V – cumprir, por prazo determinado, outra condição indicada pelo Ministério Público, desde que proporcional e compatível com a infração penal imputada.

Percebam que nos incisos III e IV temos condições inspiradas em sanções alternativas tradicionalmente utilizadas pelo juiz criminal para evitar a pena de prisão. Deve ser alertado, contudo, que a natureza dos incisos é de condição para o ANPP, isto é, cláusula que estabelece realização de uma situação ou de uma ação, para que ocorra o negócio jurídico. Não se trata de sanção penal. Tanto que, se descumprida a condição ajustada, não pode o Ministério Público executá-la, mas oferecer denúncia e perseguir a devida condenação.

Diante desse quadro, fica fácil perceber o equívoco do legislador ao determinar que a concretização do acordo se dê no juízo das execuções penais. Erro crasso. Na VEC executa-se sanção penal. No ANPP não temos sanção penal imposta (e nem poderia, pois impede o devido processo legal). A sua execução deveria ficar a cargo do Ministério Público (como determina a Res. 181/17) ou perante o juízo do conhecimento.

Art. 3º Ao condenado e ao internado serão assegurados todos os direitos não atingidos pela sentença ou pela lei.

Parágrafo único. Não haverá qualquer distinção de natureza racial, social, religiosa ou política.

Direitos do executado – Embora todos os direitos dos condenados e dos internados continuem assegurados (art. 5º, inciso XLIX e art. 38 do CP) alguns deles, obviamente, sofrem restrições após a sentença penal condenatória, como por exemplo, a perda temporária da liberdade.

Suspensão dos direitos políticos – Questão interessante, no entanto, diz respeito à suspensão dos direitos políticos, conforme estabelece a CF (art. 15): "É vedada a cassação de direitos políticos, cuja perda ou suspensão só se dará nos casos de: (...) III – condenação criminal transitada em julgado, enquanto durarem seus efeitos".

Prevalece que a condenação definitiva, não importando crime, quantidade ou tipo de pena, suspende a capacidade ativa do reeducando enquanto durarem os seus efeitos. Nesse sentido, aliás, o art. 18 da Resolução 113 do CNJ: "O juiz do processo de conhecimento expedirá ofícios ao Tribunal Regional Eleitoral com jurisdição sobre o domicílio eleitoral do apenado para os fins do artigo 15, inciso III, da Constituição Federal".

Entretanto, o STF admitiu que "possui repercussão geral a controvérsia sobre a suspensão de direitos políticos, versada no artigo 15, inciso III, da Constituição Federal, no caso de substituição da pena privativa de liberdade pela restritiva de direitos" (RE 601182 RG, Relator: Min. MARCO AURÉLIO, j 03/03/2011). De acordo com o voto (vencido) do Ministro relator Marco Aurélio, não seria possível conferir ao dispositivo constante no art. 15, III, da CF/88, alcance irrestrito, isto é, aplicá-lo a qualquer título condenatório que não verse sobre a liberdade de ir e vir, como é o caso da pena restritiva de direitos, especialmente quando em questão o exercício da cidadania. Todavia, por maioria de votos, firmou-se a seguinte tese proposta pelo Ministro Alexandre de Moraes em maio de 2019:

> "A suspensão dos direitos políticos prevista no artigo 15, inciso III, da Constituição Federal aplica-se no caso de substituição da pena privativa de liberdade pela restritiva de direitos". Segundo o Ministro, "a pena substituída, nesta hipótese, não tem o condão de descaracterizar o decreto condenatório, haja vista que qualquer condenação criminal, seja ela privativa de liberdade ou restritivas de direitos, suspenderá os direitos políticos".

Em outro julgamento com repercussão geral reconhecida, o STF decidiu que, apesar do disposto no art. 15, III, da CF, a condenação criminal transitada em julgado não impede a nomeação e a posse de aprovados em concurso público:

> "A suspensão dos direitos políticos prevista no artigo 15, III, da Constituição Federal ('condenação criminal transitada em julgado, enquanto durarem seus efeitos') não impede a nomeação e posse de candidato aprovado em concurso público, desde que não incompatível com a infração penal praticada, em respeito aos princípios da dignidade da pessoa humana e do valor social do trabalho (CF, art. 1º, III e IV) e do dever do Estado em proporcionar as condições necessárias para a harmônica integração social do condenado, objetivo principal da execução penal, nos termos do artigo 1º da LEP (Lei nº 7.210/84). O início do efetivo exercício do cargo fica-

rá condicionado ao regime da pena ou à decisão judicial do juízo de execuções, que analisará a compatibilidade de horários." (RE 1.282.553/RR, j. 04/10/2023)

Quanto ao preso provisório, em prestígio ao princípio da presunção de inocência (ou de não culpa), poderá este votar e ser votado, devendo o Estado adotar as medidas cabíveis para que sejam instaladas seções nos estabelecimentos coletivos (Lei 4737/65, art. 136). Impedir todo e qualquer condenado provisório de exercer seus direitos políticos não fere apenas os seus direitos, mas também o direito da população a ter eleições livres. Tanto é que em julho de 2016 a Bulgária foi condenada pela Corte Europeia de Direitos Humanos por ter impedido todo condenado preso de votar. Porém, embora seja esse o entendimento da Corte, o Reino Unido, em junho de 2016, desrespeitou (pela segunda vez) a jurisprudência e não deixou nenhum preso votar.

Duração da suspensão – A suspensão dos direitos políticos decorrente de condenação criminal transitada em julgado cessa com o cumprimento ou extinção da pena, independendo de reparação de danos ou reabilitação. Este é o teor da Súmula 9 do TSE.

ATENÇÃO: Nos termos da Lei Complementar 135/10, são inelegíveis os que forem condenados em decisão transitada em julgado ou proferida por órgão judicial colegiado, desde a condenação até o transcurso do prazo de 8 (oito) anos após o cumprimento da pena, pelos crimes: 1. contra a economia popular, a fé pública, a administração pública e o patrimônio público; 2. contra o patrimônio privado, o sistema financeiro, o mercado de capitais e os previstos na lei que regula a falência; 3. contra o meio ambiente e a saúde pública; 4. eleitorais, para os quais a lei comine pena privativa de liberdade; 5. de abuso de autoridade, nos casos em que houver condenação à perda do cargo ou à inabilitação para o exercício de função pública; 6. de lavagem ou ocultação de bens, direitos e valores; 7. de tráfico de entorpecentes e drogas afins, racismo, tortura, terrorismo e hediondos; 8. de redução à condição análoga à de escravo; 9. contra a vida e a dignidade sexual; e 10. praticados por organização criminosa (Lei 12.850/13) ou quadrilha ou bando (associação criminosa, art. 288 do CP). No que diz respeito ao crime de racismo, a jurisprudência dos Tribunais Superiores já havia sedimentado a tese de que abrangeria a injúria racial. Essa jurisprudência foi, em parte, prestigiada pela Lei 14.532/23, que promoveu mudanças no crime de injúria e na Lei de Racismo, migrando várias formas dos crimes do art. 140, §3º, do CP, para a Lei 7.716/89. Exclui-se da forma qualificada do crime de injúria ofensas envolvendo a utilização de elementos referentes a raça, cor, etnia ou procedência nacional. Estas modalidades de preconceito migraram para a Lei 7.716/89, não havendo mais dúvidas de que devem sofrer as mesmas consequências do crime de racismo, isto é, imprescritível, inafiançável e de ação penal pública incondicionada. Curiosamente não migrou para a lei especial o preconceito religioso, igualmente objeto da Lei 7.716/89, faltando, nesse tanto, atenção da Casa de Leis. No que se refere ao preconceito religioso o intérprete terá que redobrar a atenção. Se o caso espelhar ofensas, será o crime do art. 140, §3º, do CP; se indicar segregação ou incentivo à segregação, crime da Lei 7.716/89.

Outros direitos – Inúmeras questões envolvendo direitos do preso pululam diariamente nos tribunais brasileiros e estrangeiros. A obrigatoriedade de raspar a barba ao entrar no estabelecimento penal, por exemplo, gera discussões que extrapolam nosso território. Juízes brasileiros entendem que raspar a barba não somente é legal como recomendável por motivos de higiene. Sobre a questão, uma das Câmaras da Corte Europeia de Direitos Humanos, em junho de 2016, atendeu ao apelo de um condenado na Lituânia e considerou arbitrário proibir um preso de deixar a barba crescer, pois não há motivos razoáveis que justifiquem tamanha interferência na individualidade das pessoas. Já nos Estados Unidos, um departamento penitenciário foi processado por ter cortado repetidamente as tranças (*dreadocks*) de um detento, adepto da religião Rastafari, sob o argumento de que o corte das tranças fere os direitos civis e a liberdade religiosa. No mesmo sentido, a Suprema Corte norteamericana decidiu que detentos adeptos ao islamismo têm direito, no âmbito do exercício livre da sua religião, a deixar a barba crescer.

Por fim, o parágrafo único do artigo em comento reforça preceitos garantidos constitucionalmente: art. 3º, IV, art. 4º, VIII, e art. 5º, XLII, todos da Carta Magna.

Art. 4º O Estado deverá recorrer à cooperação da comunidade nas atividades de execução da pena e da medida de segurança.

Ressocialização e a participação da comunidade – A aproximação entre cárcere e sociedade civil é medida recomendada mundialmente, especialmente diante das graves e persistentes violações de direitos humanos ocorridas nas prisões brasileiras. É de suma importância a cooperação da comunidade no que toca a execução da sanção penal (pena e medida de segurança), ressaltada inclusive no artigo 25 da Exposição de Motivos da Lei de Execução Penal:

> "Muito além da passividade ou da ausência de reação quanto às vítimas mortas ou traumatizadas, a comunidade participa ativamente do procedimento da execução, quer através de um Conselho, quer através das pessoas jurídicas ou naturais que assistem ou fiscalizam não somente as reações penais em meios fechados (penas privativas da liberdade e medida de segurança detentiva) como também em meio livre (pena de multa e penas restritivas de direitos)".

Para o auxílio da execução da pena e medida de segurança, a LEP prevê dois importantes órgãos (setores de participação): Patronato (vide arts. 78 e 79) e Conselho da Comunidade (vide arts. 80 e 81), ambos estudados mais adiante.

TÍTULO II
DO CONDENADO E DO INTERNADO

CAPÍTULO I
DA CLASSIFICAÇÃO

Art. 5º Os condenados serão classificados, segundo os seus antecedentes e personalidade, para orientar a individualização da execução penal.

Classificação dos condenados – A individualização da pena está expressamente prevista no art. 5º, XLVI, da Constituição da República. Como bem observa Mirabete (Execução Penal, Ed. Atlas, p. 48), "é uma das chamadas garantias repressivas, constituindo postulado básico de justiça. Pode ser ela determinada no plano legislativo, quando se estabelecem e se disciplinam as sanções cabíveis nas várias espécies delituosas (individualização *inabstracto*), no plano judicial consagrada no emprego do prudente arbítrio e descrição do juiz, e no momento executório, processada no período de cumprimento da pena e que abrange medidas judiciais e administrativas, ligadas ao regime penitenciário, à suspensão da pena, ao livramento condicional etc.".

Na primeira fase, ou plano legislativo, a individualização da pena se dá sob a forma da previsão de uma pena mínima a ser observada na esfera judicial. No Brasil, a produção legislativa em matéria penal aposta quase que exclusivamente na pena de prisão como resposta estatal por excelência e tem se mostrado bastante reativa à opinião pública e a eventos sociais ou políticos.

No plano judicial, o processo de imputação criminal termina com a sentença condenatória, na qual o juiz – no âmbito da sua discricionariedade, mas adstrito à pena abstrata cominada no tipo legal – elege e aplica a pena ao caso concreto. Observa-se, assim, uma divisão de tarefas entre legislador e juiz, ou seja, entre a política e o direito. Caso interessante para se discutir os limites dessa divisão de tarefas é o julgamento do HC n. 82.959, no qual o STF declarou inconstitucional a vedação à progressão de regime constante na Lei de Crimes Hediondos (§1º do art. 2º da Lei n.8.072), sob o argumento, dentre outros, de que o dispositivo obsta a plena individualização da pena às particularidades do caso concreto.

No plano executório, o art. 5º visa a individualização da pena ao determinar que os condenados serão classificados segundo os seus antecedentes e personalidade, buscando, desse modo, separar os presos primários dos reincidentes, os condenados por crimes graves dos condenados por delitos menos graves etc., com o intuito de propiciar as condições adequadas ao perfil da pessoa sentenciada.

a) **antecedentes:** retratam o "histórico de vida" criminal do reeducando.

b) **personalidade:** envolve uma estrutura complexa de fatores que determinam as formas de comportamento da pessoa do executado. Conforme lição de Guilherme de Souza Nucci, "é um conjunto somatopsíquico (ou psicossomático) no qual se integra um componente morfológico, estático, que é a conformação física; um componente dinâmico-humoral ou fisiológico, que é o temperamento; e o caráter, que é a expressão psicológica do temperamento. Na configuração da personalidade congregam-se elementos hereditários e socioambientais, o que vale dizer que as experiências da vida contribuem para a sua evolução." (Leis Penais e Processuais Comentadas, ed. RT, p. 458).

Art. 6º A classificação será feita por Comissão Técnica de Classificação que elaborará o programa individualizador da pena privativa de liberdade adequada ao condenado ou preso provisório.

Art. 7º A Comissão Técnica de Classificação, existente em cada estabelecimento, será presidida pelo diretor e composta, no mínimo, por 2 (dois) chefes de serviço, 1 (um) psiquiatra, 1 (um) psicólogo e 1 (um) assistente social, quando se tratar de condenado à pena privativa de liberdade.

Parágrafo único. Nos demais casos a Comissão atuará junto ao Juízo da Execução e será integrada por fiscais do serviço social.

Comissão Técnica de Classificação – Com o objetivo de orientar a individualização da execução penal, os condenados serão classificados segundo seus antecedentes e personalidade. Essa classificação deve ser feita por uma Comissão Técnica de Classificação (CTC), incumbida de elaborar o programa individualizador adequado ao reeducando. Para tanto, contará com a ajuda do Centro de Observação Criminológica, que realizará os exames necessários para que a CTC tenha subsídios suficientes para construir seu estudo de execução da pena com foco na reinserção social do apenado.

A redação original do art. 6º assinava um papel de maior destaque à CTC, a quem cabia, além de elaborar o programa individualizador, propor pedidos de progressão ou regressão de regime e conversões.

Todo estabelecimento possuirá uma Comissão, cuja composição depende do tipo de pena a ser executada:

Pena privativa e liberdade	Demais casos
2 (dois) chefes de serviço, 1 (um) psiquiatra, 1 (um) psicólogo, 1 (um) assistente social e será presidida pelo diretor	Atuará junto ao Juízo da Execução e será composta dos fiscais do serviço social

Art. 8º O condenado ao cumprimento de pena privativa de liberdade, em regime fechado, será submetido a exame criminológico para a obtenção dos elementos necessários a uma adequada classificação e com vistas à individualização da execução.

Parágrafo único. Ao exame de que trata este artigo poderá ser submetido o condenado ao cumprimento da pena privativa de liberdade em regime semiaberto.

Exame criminológico – O exame criminológico tem como objetivo avaliar as condições subjetivas da pessoa condenada – periculosidade, personalidade, efetividade do tratamento penal, possibilidade de reincidência, etc. – no momento da concessão de benefícios previstos no sistema progressivo de execução da pena.

Exame de Classificação	Exame Criminológico
Amplo e genérico	Específico
Ocorre no início da execução da pena.	Ocorre durante a execução da pena.
Orienta o modo de cumprimento da pena e o tipo de tratamento penal, visando a elaboração do projeto individualizador e a ressocialização.	Busca construir um prognóstico de periculosidade – temibilidade – do reeducando, partindo do binômio delito-delinquente.
Envolve aspectos relacionados à personalidade do condenado, seus antecedentes, sua vida familiar e social, sua capacidade laborativa.	Envolve a parte psicológica e psiquiátrica, atestando a maturidade do condenado, sua disciplina e capacidade de suportar frustrações (prognóstico criminológico).

Antes da Lei 10.792/03, o exame criminológico era considerado obrigatório na execução da pena no regime fechado e facultativo na pena cumprida no regime semiaberto, em especial quando se tratava de condenação por crime doloso praticado com violência ou grave ameaça à pessoa.

A partir da Lei 10.792/03, o exame torna-se facultativo (não importando o regime de cumprimento de pena), submetendo-se ao crivo do Magistrado, que deveria fundamentar sua necessidade aquilatando as peculiaridades do caso concreto (gravidade da infração penal e condições pessoais do agente). Nesse sentido, STF e STJ:

STF – Súmula Vinculante 26. Para efeito de progressão de regime no cumprimento de pena por crime hediondo, ou equiparado, o juízo da execução observará a inconstitucionalidade do art. 2º da Lei nº 8.072, de 25 de julho de 1990, sem prejuízo de avaliar se o condenado preenche, ou não, os requisitos objetivos e subjetivos do benefício, podendo determinar, para tal fim, de modo fundamentado, a realização de exame criminológico.

STJ – Súmula 439. Admite-se o exame criminológico pelas peculiaridades do caso, desde que em decisão motivada.

Mais de duas décadas depois, com a edição da Lei 14.843/2024, a realização do exame volta a ser obrigatória e é pré-requisito para a progressão de regime (art. 112, § 1º), mesmo diante das inúmeras críticas e ressalvas de diversos setores da comunidade jurídica. Para além das dificuldades operacionais que a obrigatoriedade do exame criminológico acarretará nos já defasados quadros de profissionais técnicos prisionais, a literatura aponta que o exame não tem qualquer respaldo técnico-científico, é uma prática estigmatizante e burocrática, além de incapaz de avaliar a capacidade de reinserção social dos indivíduos presos.

Diante desse cenário, a medida poderá resultar no agravamento da superlotação carcerária, tornando os procedimentos, no âmbito da execução da pena, ainda mais morosos e excessivamente formais, além de demandar um incremento significativo dos corpos técnicos, atualmente precários, nas unidades prisionais. Especialmente considerando que a nova Lei determina a sua realização em todas as hipóteses de progressão e para todos os crimes.

(In)constitucionalidade da obrigatoriedade da realização do exame criminológico para progressão

JURISPRUDÊNCIA

Exame criminológico. Justificativa

Não há ilegalidade na exigência de laudo criminológico, como medida prévia à avaliação judicial quanto à progressão de regime, quando respaldada, dentre outros fundamentos, no envolvimento do Paciente com facção criminosa. A realização do exame criminológico, apesar de não mais considerada obrigatória, permanece viável, nos casos em que justificada sua relevância para melhor elucidação das condições subjetivas do apenado na concessão do benefício. (STF. 1ª Turma. HC 199901 AgR, Rel. Min. Rosa Weber, julgado em 14/06/2021).

Exame criminológico e livramento condicional

A 1ª Turma extinguiu habeas corpus, uma vez que substituto de recurso constitucional, mas concedeu, de ofício, a ordem para restabelecer decisão do juízo das execuções que implementara o livramento condicional do paciente. Na situação dos autos, após o citado deferimento, o parquet interpusera agravo em execução, provido pelo Tribunal local, ao entender que se imporia o exame criminológico. Qualificou-se que, com a edição da Lei 10.792/2003, o mencionado exame teria sido expungido da ordem jurídica. Além disso, repisou-se que o magistrado admitira o livramento condicional. Alfim, ponderou-se ter havido o desprezo às condições impostas pela lei para a benesse: decurso do tempo e certidão de bom comportamento carcerário (STF HC n 109565-SP, Rel. Marco Aurélio, j. 6.11.2012).

A partir das modificações determinadas pela Lei 10.792/2003, a realização do exame criminológico, apesar de não mais considerada obrigatória, permanece viável, nos casos em que justificada sua relevância para melhor elucidação das condições subjetivas do apenado na concessão do benefício. 2. O Supremo Tribunal Federal, por jurisprudência consolidada, admite que pode ser exigido fundamentadamente o exame criminológico pelo juiz para avaliar pedido de livramento condicional. (STF, RHC 125279-SP, Rel. Rosa Weber, j. 26/05/15).

Exame criminológico e progressão de regime

A Súmula Vinculante 26 estabelece que "Para efeito de progressão de regime no cumprimento de pena por crime hediondo, ou equiparado, o juízo da execução observará a inconstitucionalidade do art. 2º da Lei n. 8.072, de 25 de julho de 1990, sem prejuízo de avaliar se o condenado preenche, ou não, os requisitos objetivos e subjetivos do benefício, podendo determinar, para tal fim, de modo fundamentado, a realização de exame criminológico". (b) O enunciado 26 da Súmula Vinculante não proibiu a determinação de prévia realização do exame criminológico, para análise do cabimento da progressão de regime. Exige-se, apenas, que a decisão seja fundamentada. Precedentes. 2. *In casu*, verifica-se que a decisão que determinou a realização do exame criminológico encontra-se fundamentada em elementos concretos dos autos, não se podendo falar em ausência de fundamentação do decisum ora impugnado. (STF, Rcl 40068 AgR, Relator(a): LUIZ FUX, Primeira Turma, julgado em 22/05/2020).

Para efeito de progressão de regime, considerada a prática de crime hediondo ou equiparado, poderá ser determinada a realização de exame criminológico, sem prejuízo da avaliação dos pressupostos objetivos e subjetivos, com o fim de analisar se o condenado apresenta condições suficientes para progredir no regime de cumprimento da pena – verbete vinculante nº 26 da Súmula do Supremo (STF, HC 144890-SP, Rel. Marco Aurelio, j. 13.11.2018).

Exame criminológico. Série. Crimes.

A jurisprudência do STJ já se firmou no sentido de que, embora a referida lei não o exija mais, o exame criminológico pode ser determinado pelo juízo mediante decisão fundamentada (Súm. 439/STJ), pois cabe ao magistrado verificar os requisitos subjetivos à luz do caso concreto. Ao juízo também é lícito negar o benefício quando recomendado pelas peculiaridades da causa, desde que também haja a necessária fundamentação, em observância do princípio da individualização da pena (art. 5º, XLVI, da CF). Na hipótese, a cassação do benefício encontra-se devidamente fundamentada, pois amparada na aferição concreta de dados acerca do paciente, condenado, pela prática de uma série de crimes, a uma longa pena a cumprir, o que recomenda uma melhor avaliação do requisito subjetivo mediante a submissão ao exame criminológico (STJ – HC nº 159.644, Rel. Laurita Vaz, j. 18.5.2010.).

Art. 9º A Comissão, no exame para a obtenção de dados reveladores da personalidade, observando a ética profissional e tendo sempre presentes peças ou informações do processo, poderá:

I – entrevistar pessoas;

II – requisitar, de repartições ou estabelecimentos privados, dados e informações a respeito do condenado;

III – realizar outras diligências e exames necessários.

Dados para o exame – Andou bem o legislador ao ampliar as possibilidades de obter dados reveladores da personalidade do preso, verdadeiro estranho aos membros da Comissão. Quanto mais informações, mais preciso será o seu trabalho.

Como bem observa Mirabete (ob. cit. p. 60):

"Os exames do condenado constituem, como já visto, o estudo científico da constituição, temperamento, caráter, inteligência e aptidão do preso, ou seja, da sua personalidade. Assim, os membros da Comissão Técnica de Classificação devem recolher o maior número de informações a respeito do examinado, não só através de entrevistas e peças de informação do processo, o que restringiria a visão do condenado a certo trecho de sua vida, mas não a ela toda, mas de outras fontes. Por essa razão, concede à lei a possibilidade ao perito de entrevistar pessoas, requisitar de repartições ou estabelecimentos privados dados e informações a respeito do condenado ou realizar outras diligências e exames necessários".

Art. 9º-A. **O condenado por crime doloso praticado com violência grave contra a pessoa, bem como por crime contra a vida, contra a liberdade sexual ou por crime sexual contra vulnerável, será submetido, obrigatoriamente, à identificação do perfil genético, mediante extração de DNA (ácido desoxirribonucleico), por técnica adequada e indolor, por ocasião do ingresso no estabelecimento prisional.**

§ 1º A identificação do perfil genético será armazenada em banco de dados sigiloso, conforme regulamento a ser expedido pelo Poder Executivo.

§ 1º-A. A regulamentação deverá fazer constar garantias mínimas de proteção de dados genéticos, observando as melhores práticas da genética forense.

§ 2º A autoridade policial, federal ou estadual, poderá requerer ao juiz competente, no caso de inquérito instaurado, o acesso ao banco de dados de identificação de perfil genético.

§ 3º Deve ser viabilizado ao titular de dados genéticos o acesso aos seus dados constantes nos bancos de perfis genéticos, bem como a todos os documentos da cadeia de custódia que gerou esse dado, de maneira que possa ser contraditado pela defesa.

§ 4º O condenado pelos crimes previstos no caput deste artigo que não tiver sido submetido à identificação do perfil genético por ocasião do ingresso no estabelecimento prisional deverá ser submetido ao procedimento durante o cumprimento da pena.

§ 5º A amostra biológica coletada só poderá ser utilizada para o único e exclusivo fim de permitir a identificação pelo perfil genético, não estando autorizadas as práticas de fenotipagem genética ou de busca familiar.

§ 6º Uma vez identificado o perfil genético, a amostra biológica recolhida nos termos do caput deste artigo deverá ser correta e imediatamente descartada, de maneira a impedir a sua utilização para qualquer outro fim.

§ 7º A coleta da amostra biológica e a elaboração do respectivo laudo serão realizadas por perito oficial.

§ 8º Constitui falta grave a recusa do condenado em submeter-se ao procedimento de identificação do perfil genético." (NR)

Redação antes da Lei 13.964/19	Redação depois da Lei 13.964/19
Art. 9º-A. Os condenados por crime praticado, dolosamente, com violência de natureza grave contra pessoa, ou por qualquer dos crimes previstos no art. 1º da Lei no 8.072, de 25 de julho de 1990, serão submetidos, obrigatoriamente, à identificação do perfil genético, mediante extração de DNA – ácido desoxirribonucleico, por técnica adequada e indolor. § 1º A identificação do perfil genético será armazenada em banco de dados sigiloso, conforme regulamento a ser expedido pelo Poder Executivo. § 2º A autoridade policial, federal ou estadual, poderá requerer ao juiz competente, no caso de inquérito instaurado, o acesso ao banco de dados de identificação de perfil genético.	**Art. 9º-A.** O condenado por crime doloso praticado com violência grave contra a pessoa, bem como por crime contra a vida, contra a liberdade sexual ou por crime sexual contra vulnerável, será submetido, obrigatoriamente, à identificação do perfil genético, mediante extração de DNA (ácido desoxirribonucleico), por técnica adequada e indolor, por ocasião do ingresso no estabelecimento prisional. § 1º A identificação do perfil genético será armazenada em banco de dados sigiloso, conforme regulamento a ser expedido pelo Poder Executivo. § 1º-A. A regulamentação deverá fazer constar garantias mínimas de proteção de dados genéticos, observando as melhores práticas da genética forense. § 2º A autoridade policial, federal ou estadual, poderá requerer ao juiz competente, no caso de inquérito instaurado, o acesso ao banco de dados de identificação de perfil genético. § 3º Deve ser viabilizado ao titular de dados genéticos o acesso aos seus dados constantes nos bancos de perfis genéticos, bem como a todos os documentos da cadeia de custódia que gerou esse dado, de maneira que possa ser contraditado pela defesa. § 4º O condenado pelos crimes previstos no caput deste artigo que não tiver sido submetido à identificação do perfil genético por ocasião do ingresso no estabelecimento prisional deverá ser submetido ao procedimento durante o cumprimento da pena.
	§ 5º A amostra biológica coletada só poderá ser utilizada para o único e exclusivo fim de permitir a identificação pelo perfil genético, não estando autorizadas as práticas de fenotipagem genética ou de busca familiar. § 6º Uma vez identificado o perfil genético, a amostra biológica recolhida nos termos do caput deste artigo deverá ser correta e imediatamente descartada, de maneira a impedir a sua utilização para qualquer outro fim. § 7º A coleta da amostra biológica e a elaboração do respectivo laudo serão realizadas por perito oficial. § 8º Constitui falta grave a recusa do condenado em submeter-se ao procedimento de identificação do perfil genético." (NR)

Identificação do perfil genético – Com o advento da Lei 12.654/12, passou a ser obrigatória para os condenados por crime praticado, dolosamente, com violência de natureza grave contra pessoa, ou por qualquer dos crimes etiquetados como hediondos, a identificação do perfil genético, mediante extração de DNA, devendo seguir técnica adequada e indolor.

A Lei 13.964/19 alterou o *caput* do art. 9º-A. Agora, submete-se à extração de DNA o condenado por crime doloso praticado com violência grave contra a pessoa, bem como por crime contra a vida, contra a liberdade sexual e por crime sexual contra vulnerável.

O presidente da República havia vetado a alteração do *caput*:

> "A proposta legislativa, ao alterar o caput do art. 9º-A, suprimindo a menção expressa aos crimes hediondos, previstos na Lei nº 8.072, de 1990, em substituição somente a tipos penais específicos, contraria o interesse público, tendo em vista que a redação acaba por excluir alguns crimes hediondos considerados de alto potencial ofensivo, a exemplo do crime de genocídio e o de posse ou porte ilegal de arma de fogo de uso restrito, além daqueles que serão incluídos no rol de crimes hediondos com a sanção da presente proposta, tais como os crimes de comércio ilegal de armas, de tráfico internacional de arma e de organização criminosa".

Com a derrubada do veto, a redação modificada prevaleceu.

Esta identificação (tratando-se da fase de execução da pena) não serve, necessariamente, para subsidiar qualquer investigação criminal em curso ou esclarecer dúvida eventualmente gerada pela identificação civil (ou mesmo datiloscópica), tendo como fim principal abastecer banco de dados sigiloso, a ser regulamentado pelo Poder Executivo (podendo servir para investigação futura).

Já a coleta de perfil genético durante a fase de investigação policial obedece às disposições previstas na Lei n. 12.037/09 que versa sobre a identificação criminal de civis. A lei permite a extração de material genético, mediante autorização judicial, caso seja essencial à investigação.

ATENÇÃO - Esta Lei (12.037/09), também alterada pelo Pacote Anticrime, agora determina que a exclusão do perfil genético do banco de dados deve ocorrer em caso de absolvição ou, caso haja condenação, mediante requerimento depois de 20 (vinte) anos do cumprimento da pena (a redação original da lei previa a exclusão ao tempo da prescrição do delito). Outra novidade inserida na Lei pelo Pacote Anticrime foi a criação de um Banco Nacional Multibiométrico e de Impressões Digitais, que prevê a coleta, não só de material genético, mas também de registros biométricos, impressões digitais, de íris, face e voz de presos provisórios e definitivos, bem como de investigados.

Temos, assim, duas situações que permitem a coleta de material genético:

i) identificação genética determinada antes do trânsito em julgado da sentença condenatória, seguindo as disposições previstas na Lei n. 12.037/09;

ii) a coleta de material genético dos presos com condenação definitiva por crime doloso praticado com violência grave contra a pessoa, bem como por crime contra a vida, contra a liberdade sexual ou por crime sexual contra vulnerável, concretizada quando por ocasião do seu ingresso na unidade prisional. O condenado pelos crimes previstos no *caput* do art. 9-A que não tiver sido submetido à identificação do perfil genético por ocasião do ingresso no estabelecimento prisional deverá ser submetido ao procedimento durante o cumprimento da pena (§4º).

De acordo com o § 5º do art. 9º-A, a amostra biológica coletada só pode ser utilizada para o único e exclusivo fim de permitir a identificação pelo perfil genético, vedadas as práticas de fenotipagem genética ou de busca familiar. Uma vez identificado o perfil genético, a amostra biológica recolhida nos termos do *caput* deve ser correta e imediatamente descartada, de maneira a impedir a sua utilização para qualquer outro fim (§6º). O §7º, por sua vez, impõe que a coleta da amostra biológica e a elaboração do respectivo laudo sejam realizadas por perito oficial.

Os parágrafos 5º, 6º e 7º também haviam sido vetados pelo Presidente da República, sob o argumento de que contrariaria o "interesse público", uma vez que dificultaria o "desvendamento de crimes" (§ 5º), impediria o controle de qualidade das amostras e a possibilidade de nova realização do teste (§6º) e, por fim, dificultaria a realização de "mero procedimento de retirada do material" (§7º).

Constitucionalidade – Para muitos, a inovação é inconstitucional, configurando verdadeiro direito penal do autor (remontando ao conceito de "criminoso nato" de Enrico Ferri), ferindo a segurança jurídica, desequilibrando a balança da punição X garantias, sendo campo fértil para abusos.

Pensamos diferente. A medida é salutar quando se pensa num Estado que deve ser eficiente no combate à crescente criminalidade (garantismo positivo), sem desconsiderar as garantias do cidadão (garantismo negativo), especialmente quando consideradas as baixas taxas de elucidação de crimes contra a vida e sexuais. A sua constitucionalidade já foi reconhecida pela nossa Corte Maior (STF, RCL 24484, j. 05/07/16).

Criticamos, apenas, o caráter compulsório do fornecimento do material pelo condenado, cuja recusa agora passa a ser punível como falta grave (§8º). Isso nos parece inconstitucional e inconvencional, ferindo o direito da pessoa presa de não produzir prova contra si mesma (*nemo tenetur se detegere*), a sua integridade física e a sua privacidade.

Logo, deve o Estado, através de métodos não invasivos (salvo se o preso concordar com tais procedimentos) colher material desprendido do corpo do reeducando para servir à identificação genética. O Estado não está impedido de usar vestígios para colher material útil na identificação do indivíduo. Não há nenhum obstáculo para sua apreensão e verificação (ou análise ou exame). São partes do corpo humano (vivo) que já não pertencem a ele. Logo, materiais análogos podem ser apreendidos e submetidos a exame normalmente, sem nenhum tipo de consentimento da pessoa (ex: exame do DNA da saliva que se achava nos cigarros fumados e jogados fora pelo condenado). Nesse sentido, aliás, decidiu o STJ. Ao julgar HC impetrado pela Defensoria Pública de Minas Gerais, em 2018, deliberou que a produção de prova por meio de exame de DNA sem o consentimento do investigado é permitida se o material biológico já está fora de seu corpo e foi abandonado, ocasião em que se tornou objeto público. No caso, o investigado se encontrava preso e havia se recusado a ceder material genético. Diante disso, a coleta foi realizada a partir de utensílios usados e descartados, possibilitando o esclarecimento de um crime ocorrido 10 anos antes. Para o Ministro relator Reynaldo Soares da Fonseca, "o que não se permite é o recolhimento do material genético à força (violência moral ou física), o que não ocorreu na espécie, em que o copo e a colher de plásticos utilizados pelo paciente já haviam sido descartados" (o número deste processo não é divulgado em razão de segredo judicial).

Falta grave – Não nos parece razoável que a recusa em se submeter à identificação de perfil genético acarrete, ao condenado, qualquer sanção disciplinar, especialmente falta grave, com implicações severas no tempo e na qualidade da pena a ser cumprida. Tal como prevista no § 8º, a nova hipótese de falta disciplinar se traduz em uma punição ao exercício do direito constitucional de não autoincriminação.

O debate acerca da constitucionalidade da coleta obrigatória de material genético certamente será intensificado com a presente modificação legislativa. O tema já era objeto do Recurso Extraordinário 973.837, com repercussão geral reconhecida, ainda pendente de julgamento pelo STF.

ATENÇÃO - O Tribunal Europeu de Direitos Humanos já enfrentou alguns casos envolvendo o mesmo assunto, decidindo que as informações genéticas encontram proteção jurídica na inviolabilidade da vida privada. Em um dos casos, julgado em 2008, o Reino Unido foi condenado pela Corte Europeia de Direitos Humanos (caso S. AND MARPER vs. THE UNITED KINGDOM - UK, 2008). A Corte decidiu que os Estados que possuem amostras de DNA de indivíduos presos, mas que foram posteriormente absolvidos ou tiveram suas ações retiradas, não devem manter as informações dos custodiados, devendo destruí-las.

Cadastro Nacional de Pessoas Condenadas por Crime de Estupro – A Lei 14.069 com vigência a partir de 1º de outubro de 2020, instituiu o Cadastro Nacional de Pessoas Condenadas por Crime de Estupro, que deverá conter as seguintes informações: características físicas e identificação datiloscópica, identificação do perfil genético, fotos. Para condenados em livramento condicional, devem constar o local de moradia e atividade laboral nos últimos 3 anos. A inclusão das informações, bem como o acesso às informações, deverá constar de termo de cooperação firmado entre União e Estados.

Trata-se de um banco de dados nacional e específico para crimes de estupro, contendo informações de pessoas já condenadas. Não se trata de uma lista pública de agressores sexuais, mas de dados de identificação criminal armazenados para uso de autoridades públicas, o que afasta qualquer alegação de inconstitucionalidade.

Embora a constitucionalidade do artigo 9º-A esteja em debate no STF, o STJ entendeu em decisão de 2020 (transcrita abaixo) não haver constrangimento ilegal na coleta de perfil genético de condenado. Mais recentemente, o STF decidiu que pela constitucionalidade de lei estadual que institui cadastro de pessoas com condenação definitiva por crimes contra a dignidade sexual praticados contra criança ou adolescente ou por crimes de violência contra a mulher, desde que não haja publicização dos nomes das vítimas ou de informações que permitam a sua identificação. Tampouco pode conter informações sobre suspeitos ou indiciados, sob pena de ofensa ao princípio da presunção de inocência (conforme decisão transcrita abaixo).

No Brasil, ocorrem **66.000 estupros por ano**, 180 por dia, contra 81,8% vítimas do sexo feminino. São 4 estupros de meninas e mulheres por hora (Anuário do Fórum Brasileiro de Segurança Pública, 2019). Apesar da hediondez desse crime, há muita dificuldade de se coletar provas seguras de autoria e materialidade, ou mesmo traçar estratégias que impeçam a reincidência do agente.

O cadastro nacional permitirá concentrar informações de todos os Estados, relacionar casos de vários locais e até mesmo esclarecer ou demonstrar crimes de estupro, já que grande parte desses agressores pratica crimes contra diversas vítimas.

Vale lembrar que o projeto desenvolvido pelo CAO CRIMINAL e Núcleo de Gênero em parceria com SENASP permitiu a coleta de mais de 10.000 perfis genéticos e resultou no esclarecimento de 65 casos, sendo 64 *matches* estaduais e 1 nacional.

A coleta de perfil genético é indolor, não causa constrangimento ao condenado, mas pode ser de grande importância para a sociedade, como o esclarecimento do estupro e assassinato da menina Raquel Genofre há 11 anos em Curitiba, em que o agressor somente foi identificado graças à coleta de perfil genético em razão de condenação por outro caso em São Paulo.

JURISPRUDÊNCIA

Coleta de material genético. Constitucionalidade.

Segundo o art. 9º-A da Lei de Execução Penal, Os condenados por crime praticado, dolosamente, com violência de natureza grave contra pessoa, ou por qualquer dos crimes previstos no art. 1o da Lei n. 8.072, de 25 de julho de 1990, serão submetidos, obrigatoriamente, à identificação do perfil genético, mediante extração de DNA – ácido desoxirribonucleico, por técnica adequada e indolor. No caso em exame, o paciente cumpre pena pela prática dos crimes de homicídio qualificado (duas vezes), ocultação de cadáver, crueldade contra animais e posse irregular de arma de fogo de uso permitido, restando atendidos, assim, os requisitos legais estatuídos pelo dispositivo supracitado: condenação por crime com violência de natureza grave contra pessoa ou aqueles constantes do rol do art. 1º da Lei n. 8.072/1990. (HC 536114/MG, 6ª Turma, Relator Ministro Nefi Cordeiro, j. 04.02.20).

Lei estadual que coleta informações cadastrais. Constitucionalidade

O Tribunal, por unanimidade, julgou parcialmente procedente o pedido formulado na ação direta, para (a) declarar a inconstitucionalidade da expressão "o suspeito, indiciado ou" constante do inciso I do art. 3º da Lei 10.315/2015 de Mato Grosso; (b) conferir interpretação conforme à Constituição ao inciso I do art. 4º da Lei 10.315/2015 de Mato Grosso, para delimitar que (b.1) não será dada publicidade ao nome da vítima ou a dado cuja correlação seja capaz de reconhecer o nome da vítima; (b.2) o termo "condenados" refere-se a sentença penal condenatória transitada em julgado; (b.3) a expressão "reabilitação judicial" refere-se ao fim do cumprimento da pena; e (c) conferir interpretação conforme à Constituição ao inciso II do art. 4º da Lei Estadual 10.315/2015, para estabelecer que as autoridades referidas neste dispositivo não terão acesso ao nome da vítima ou a qualquer circunstância que possibilite a sua identificação, ressalvado ordem judicial. (STF, ADI 6620-MT, Rel. Min. Alexandre de Moraes, j. 22/04/24)

CAPÍTULO II
DA ASSISTÊNCIA

SEÇÃO I
DISPOSIÇÕES GERAIS

Art. 10. A assistência ao preso e ao internado é dever do Estado, objetivando prevenir o crime e orientar o retorno à convivência em sociedade.

Parágrafo único. A assistência estende-se ao egresso.

Art. 11. A assistência será:

I - material;

II - à saúde;

III - jurídica;

IV - educacional;

V - social;

VI - religiosa.

Da assistência – Visando evitar a reincidência e garantir a dignidade humana, criando condições suficientes ao preso ou internado retornar ao convívio social (transformando o criminoso em não criminoso), o Estado deve prestar-lhe assistência *material, saúde, jurídica, educacional, social* e *religiosa*, estendendo-se o tratamento especial também ao egresso (liberado definitivo, pelo prazo de 1 ano a contar da saída do estabelecimento, e liberado condicional, durante o período de prova, nos termos do art. 26, desta Lei).

O amparo ao egresso representa etapa indispensável ao reestabelecimento no convívio social, tendo em vista as inúmeras dificuldades que certamente enfrentará depois de solto. É determinante, também, na possibilidade de reincidência: egressos se veem, com frequência, sem perspectiva de emprego ou estudo e sem uma rede de apoio que os auxilie nesse primeiro momento.

A realidade nos mostra um cenário onde a maioria dos presos não trabalha, não estuda e não tem assistência efetiva para a sua ressocialização, manifesta contradição quando lembramos dos itens 38 e 48, ambos da exposição de motivos da LEP:

> *38. A assistência aos condenados e aos internados é exigência básica para se conceber a pena e a medida de segurança como processo de diálogo entre os seus destinatários e a comunidade.*
>
> *48. A assistência ao egresso consiste em orientação e apoio para reintegrá-lo à vida em liberdade e na concessão, se necessária, de alojamento e alimentação em estabelecimento adequado, por dois meses, prorrogável por uma única vez mediante comprovação idônea de esforço na obtenção de emprego.*

ATENÇÃO – À pessoa travesti, mulher ou homem transexual em privação de liberdade, serão garantidos a manutenção do seu tratamento hormonal e o acompanhamento de saúde específico (art. 7º, parágrafo único, da Resolução Conjunta nº 1 "que define novas regras para acolhimento da comunidade LGBT em unidades prisionais", do Conselho Nacional de Combate à Discriminação).

SEÇÃO II
DA ASSISTÊNCIA MATERIAL

Art. 12. A assistência material ao preso e ao internado consistirá no fornecimento de alimentação, vestuário e instalações higiênicas.

Art. 13. O estabelecimento disporá de instalações e serviços que atendam aos presos nas suas necessidades pessoais, além de locais destinados à venda de produtos e objetos permitidos e não fornecidos pela Administração.

Assistência material – De acordo com as Regras Mínimas da ONU para Tratamento de Reclusos (atualizadas pelas Regras de Mandela), o Estado é encarregado de fornecer aos presos alimentação (preceito 22), vestuário (preceitos 19 a 21) e instalações higiênicas (preceito 17).

As roupas (normalmente, uniformes) devem ser limpas, mantidas em bom estado, não atentando contra a dignidade do preso. Quando o preso se afastar do estabelecimento para fins autorizados, ser-lhe-á permitido usar suas próprias roupas (Regras de Mandela, preceito 19.3).

A alimentação deve ser preparada conforme as normas de higiene e de dieta, controlada por nutricionista, devendo apresentar valor nutritivo suficiente para manutenção da saúde e do vigor físico do habitante do sistema prisional (Regras de Mandela, preceito 22).

Citando Luiz Garrido Guzman, alerta Mirabete:

> "O tema de alimentação nas prisões é de grande importância, não só porque o interno tem direito a uma alimentação sã e suficiente para sua subsistência normal, podendo ressentir-se sua saúde da sua insuficiência ou baixa qualidade, mas também porque é esse um poderoso fator que pode incidir positiva ou negativamente, conforme o caso, no regime disciplinar dos estabelecimentos penitenciários" (ob. cit. p. 66).

Em ocasiões especiais (ou nos dias reservados às visitas), autoriza-se a família, por exemplo, a fornecer comida ao preso. Cada unidade prisional conta com regras próprias a respeito dos itens permitidos aos presos, que podem ser periodicamente enviados por familiares. Chamado de "jumbo", a remessa desses itens de higiene, alimentação, vestuário e outros, acaba por suprir, em parte, necessidades básicas das pessoas presas diante da precariedade material do cárcere.

Para o egresso, prevê a LEP a concessão, se necessário, de alojamento e alimentação, em estabelecimento adequado, pelo prazo de 2 (dois) meses (art. 25).

Necessidades pessoais do preso – Há determinadas necessidades naturais particulares de cada preso, não previstas pelo legislador. Na busca da manutenção da ordem e da disciplina internas, bem como da eficiência do processo de ressocialização, deve o estabelecimento dispor de instalações e serviços que atendam aos habitantes do sistema prisional nas suas necessidades pessoais, além de locais destinados à venda de produtos e objetos permitidos e não fornecidos pela Administração (cigarros, por exemplo).

SEÇÃO III
DA ASSISTÊNCIA À SAÚDE

Art. 14. A assistência à saúde do preso e do internado de caráter preventivo e curativo, compreenderá atendimento médico, farmacêutico e odontológico.

§ 1º (Vetado).

§ 2º Quando o estabelecimento penal não estiver aparelhado para prover a assistência médica necessária, esta será prestada em outro local, mediante autorização da direção do estabelecimento.

§ 3º Será assegurado acompanhamento médico à mulher, principalmente no pré-natal e no pós-parto, extensivo ao recém-nascido. (Incluído pela Lei nº 11.942, de 2009).

§ 4º Será assegurado tratamento humanitário à mulher grávida durante os atos médico-hospitalares preparatórios para a realização do parto e durante o trabalho de parto, bem como à mulher no período de puerpério, cabendo ao poder público promover a assistência integral à sua saúde e à do recém-nascido." (Incluído pela Lei nº 14.326, de 2022)

Assistência à saúde – O provimento de serviços médicos é responsabilidade do Estado. De acordo com as Regras Mínimas da ONU (atualizadas pelas Regras de Mandela, preceitos 24 e ss):

I) os presos devem usufruir dos mesmos padrões de serviços de saúde disponíveis à comunidade, e os serviços de saúde necessários devem ser gratuitos, sem discriminação motivada pela sua situação jurídica.

II) toda unidade prisional deve contar com um serviço de saúde incumbido de avaliar, promover, proteger e melhorar a saúde física e mental dos presos, prestando particular atenção aos presos com necessidades especiais ou problemas de saúde que dificultam sua reabilitação.

III) os serviços de saúde devem ser compostos por equipe interdisciplinar, com pessoal qualificado suficiente, atuando com total independência clínica, e deve abranger a experiência necessária de psicologia e psiquiatria. Serviço odontológico qualificado deve ser disponibilizado a todo preso.

IV) o médico deve examinar cada preso, logo após o seu recolhimento, o quanto antes possível e, posteriormente, deverá fazê-lo sempre que seja necessário, tendo principalmente em vista: a) Identificar as necessidades de atendimento médico e adotar as medidas de tratamento necessárias; b) Identificar quaisquer maus-tratos a que o preso recém-admitido tenha sido submetido antes de sua entrada na unidade prisional; c) Identificar qualquer sinal de estresse psicológico, ou de qualquer outro tipo, causado pelo encarceramento, incluindo, mas não apenas, risco de suicídio ou lesões autoprovocadas, e sintomas de abstinência resultantes do uso de drogas, medicamentos ou álcool; além de administrar todas as medidas ou tratamentos apropriados individualizados; d) Nos casos em que há suspeita de o preso estar com doença infectocontagiosa, deve-se providenciar o asilamento clínico, durante o período infeccioso, e tratamento adequado; e) Determinar a aptidão do preso para trabalhar, praticar exercícios e participar das demais atividades, conforme for o caso.

Contudo, antevendo as dificuldades que enfrentaria o Estado para equipar-se como mandam as regras internacionais, o legislador previu que, na falta de aparelhamento para prover assistência médica necessária (acrescentamos a odontológica), esta será prestada em outro local, mediante autorização da direção do estabelecimento (art. 120 da LEP).

Ocorre que a rede pública de saúde também é carente de estrutura. Diante desse quadro, em casos excepcionais, os Tribunais têm concedido prisão domiciliar ao preso doente, mesmo que cumprindo sua pena em regime diverso do aberto (regime pressuposto dessa espécie de prisão, nos exatos termos do que dispõe o art. 117 da LEP).

Permite-se ao não imputável internado ou em tratamento ambulatorial, por seus familiares ou dependentes, contratar médico de confiança pessoal a fim de orientar e acompanhar o tratamento (art. 43 da LEP).

A Lei 11.942/09, alterando vários dispositivos da LEP (arts. 14, 83, § 2º, e 89), buscou humanizar o tratamento dispensado às presas grávidas, com filhos recém-nascidos ou de tenra idade, criando condições para que elas tenham acompanhamento médico necessário desde o pré-natal (§ 3º) até o infante completar 07 anos (art. 89). No ano de 2022, nova alteração legislativa no artigo em comento, assegurando tratamento humanitário à mulher grávida durante os atos médico-hospitalares preparatórios para a realização do parto e durante o trabalho de parto, bem como à mulher no período de puerpério, cabendo ao poder público promover a assistência integral à sua saúde e à do recém-nascido (§4º).

A Resolução 29/2022 do Conselho Nacional de Política Criminal e Penitenciária instituiu, tanto no âmbito do Departamento Penitenciário Nacional, quanto no das administrações penitenciárias das unidades federadas, diretrizes para programa sobre saúde íntima e menstrual das mulheres privadas de liberdade. O programa contempla tanto práticas educativas quanto o fornecimento de produtos para a higiene feminina.

Em meio à pandemia do coronavírus, o CNJ (na Recomendação n. 62, de 17 de março de 2020) propôs a adoção de diversas medidas para conter o avanço do vírus nos estabelecimentos prisionais e socioeducativos. Entre elas: substituição da pena privativa de liberdade por domiciliar, concessão de saída antecipada para apenados que fazem parte do grupo de risco, adoção de medidas preventivas de higiene, isolamento de casos suspeitos, entre outras.

JURISPRUDÊNCIA

Recomendação n. 62/2020 do CNJ.

A Recomendação CNJ n. 62/2020 não tem caráter cogente nem institui direito subjetivo à prisão domiciliar, cabendo às autoridades judiciais a análise do caso concreto – realidade do ambiente prisional e condições pessoais de cada sentenciado – a fim de decidir sobre a possibilidade de concessão do benefício. (STJ – HC nº 588.787/BA)

A Recomendação n. 62/2020 do Conselho Nacional de Justiça-CNJ não prescreve a substituição da prisão cautelar pela domiciliar de forma automática, sendo indispensável a demonstração: do enquadramento do preso no grupo de vulneráveis à covid-19; da impossibilidade de receber tratamento médico na unidade carcerária em que se encontra e da exposição a maior risco de contaminação no estabelecimento prisional do que no ambiente social. (STJ – AgRg no HC 696334/SP, Rel. Ministro REYNALDO SOARES DA FONSECA, QUINTA TURMA, julgado em 05/10/2021)

A Recomendação n. 62/2020 do CNJ não implica automática substituição da prisão preventiva por outras medidas cautelares alternativas.(STJ – AgRg no HC 644278/SP, Rel. Ministro FELIX FISCHER, QUINTA TURMA, julgado em 20/04/2021),

A Recomendação n. 62/2020 do CNJ não é aplicável ao acusado em situação regular no exterior, sem risco de ser extraditado para o Brasil, pois não se trata de pessoa privada de liberdade no sistema penal brasileiro. (STJ – AgRg no HC 575112/RJ, Rel. Ministro ROGERIO SCHIETTI CRUZ, SEXTA TURMA, julgado em 02/06/2020).

> Embora se reconheça ser o ora paciente idoso e portador de diabetes, não se pode olvidar que goza de bom estado de saúde e cumpre pena em regime fechado pela prática de crime de tráfico de drogas. Não foi demonstrada a preexistência de grave risco à saúde a partir a inexistência de tratamento médico adequado no local, não estando, de forma evidente, portanto, o manifesto constrangimento ilegal que mereça reparos de ofício. Tampouco há notícia de descontrole da doença no ambiente carcerário em que se encontra, de forma que não se mostra evidente a necessidade de se antecipar a progressão para o regime aberto ou domiciliar. (STJ – AgRg no HC 610.013/SP, Rel. Ministro Joel Ilan Paciornik, Quinta Turma, julgado em 09/12/2020)

SEÇÃO IV
DA ASSISTÊNCIA JURÍDICA

Art. 15. **A assistência jurídica é destinada aos presos e aos internados sem recursos financeiros para constituir advogado.**

Art. 16. **As Unidades da Federação deverão ter serviços de assistência jurídica, integral e gratuita, pela Defensoria Pública, dentro e fora dos estabelecimentos penais. (Redação dada pela Lei nº 12.313, de 2010).**

§ 1º As Unidades da Federação deverão prestar auxílio estrutural, pessoal e material à Defensoria Pública, no exercício de suas funções, dentro e fora dos estabelecimentos penais. (Incluído pela Lei nº 12.313, de 2010).

§ 2º Em todos os estabelecimentos penais, haverá local apropriado destinado ao atendimento pelo Defensor Público. (Incluído pela Lei nº 12.313, de 2010).

§ 3º Fora dos estabelecimentos penais, serão implementados Núcleos Especializados da Defensoria Pública para a prestação de assistência jurídica integral e gratuita aos réus, sentenciados em liberdade, egressos e seus familiares, sem recursos financeiros para constituir advogado. (Incluído pela Lei nº 12.313, de 2010).

Assistência jurídica – O cidadão sem condições para custear a contratação de um advogado não pode ficar à margem, sem assistência. O direito à defesa técnica é garantia constitucional (art. 5º, inciso LXXIV), reforçada pelo presente dispositivo.

A Lei 12.313/10, alterando diversos artigos da LEP (em especial, o art. 16), atribui à Defensoria Pública, dentro e fora dos estabelecimentos penais, importante papel no processo executivo, garantindo efetiva assistência jurídica ao habitante prisional. Mas dar à Defensoria Pública esse importante mister não resolve. As Unidades da Federação **deverão** prestar auxílio estrutural, pessoal e material à Defensoria Pública, no exercício de suas funções (§ 1º). Em todos os estabelecimentos penais, haverá local apropriado destinado ao atendimento pelo Defensor Público (§ 2º). Por fim, fora dos estabelecimentos penais, serão implementados Núcleos Especializados da Defensoria Pública para a prestação de assistência jurídica integral e gratuita aos réus, sentenciados em liberdade, egressos e seus familiares, sem recursos financeiros para constituir advogado (§ 3º).

Como bem observa Renato Marcão:

"A assistência jurídica, muitas vezes não observada, é de fundamental importância para os destinos da execução da pena. Aliás, sua ausência no processo de execução acarreta flagrante violação aos princípios da ampla defesa, do contraditório e do devido processo legal, que também devem ser observados em sede de execução" (ob. cit. p. 55).

SEÇÃO V
DA ASSISTÊNCIA EDUCACIONAL

Art. 17. A assistência educacional compreenderá a instrução escolar e a formação profissional do preso e do internado.

Assistência educacional – A instrução escolar e a formação profissional são direitos garantidos pela Constituição Federal, arts. 205 e 208, *in verbis:*

> Art. 205. A educação, direito de todos e dever do Estado e da família, será promovida e incentivada com a colaboração da sociedade, visando ao pleno desenvolvimento da pessoa, seu preparo para o exercício da cidadania e sua qualificação para o trabalho
>
> Art. 208. O dever do Estado com a educação será efetivado mediante a garantia de (...)
>
> As Regras Mínimas da ONU (atualizadas pelas Regras de Mandela) recomendam que os estabelecimentos prisionais tomem "medidas no sentido de melhorar a educação de todos os reclusos que daí tirem proveito, incluindo instrução religiosa nos países em tal for possível" (92.1).

ATENÇÃO: de acordo com a nova Lei do Fundeb (Lei 14.113), art. 50, a União desenvolverá e apoiará políticas de estímulo às iniciativas de melhoria de qualidade do ensino, de acesso e de permanência na escola, promovidas pelas unidades federadas, em especial aquelas direcionadas à inclusão de crianças e adolescentes em situação de risco social. Seu pará grafo único acrescenta que a União, os Estados e o Distrito Federal desenvolverão, em regime de colaboração, programas de apoio ao esforço para conclusão da educação básica dos alunos regularmente matriculados no sistema público de educação que cumpram pena no sistema penitenciário, ainda que na condição de presos provisórios.

Veremos, mais adiante, que a LEP, no seu art. 122, permite que os condenados que cumprem pena em regime semiaberto obtenham autorização para saída temporária do estabelecimento, sem vigilância direta, para frequência a curso supletivo profissionalizante, bem como de instrução do 2º grau ou superior, na Comarca do Juízo da Execução.

ATENÇÃO – Com a entrada em vigor da Lei 12.433/11, a remição pelo estudo, há tempos admitida pela jurisprudência (Súmula 341 STJ), passou a ser regulada pela LEP (arts. 126 e ss.).

Art. 18. O ensino de 1º grau será obrigatório, integrando-se no sistema escolar da Unidade Federativa.

Art. 18-A. **O ensino médio, regular ou supletivo, com formação geral ou educação profissional de nível médio, será implantado nos presídios, em obediência ao preceito constitucional de sua universalização. (Incluído pela Lei nº 13.163, de 2015)**

§ 1º O ensino ministrado aos presos e presas integrar-se-á ao sistema estadual e municipal de ensino e será mantido, administrativa e financeiramente, com o apoio da União, não só com os recursos destinados à educação, mas pelo sistema estadual de justiça ou administração penitenciária. (Incluído pela Lei nº 13.163, de 2015)

§ 2º Os sistemas de ensino oferecerão aos presos e às presas cursos supletivos de educação de jovens e adultos. (Incluído pela Lei nº 13.163, de 2015)

§ 3º A União, os Estados, os Municípios e o Distrito Federal incluirão em seus programas de educação à distância e de utilização de novas tecnologias de ensino, o atendimento aos presos e às presas. (Incluído pela Lei nº 13.163, de 2015).

Ensino para os condenados – A educação dos não alfabetizados e jovens presos deve ser compulsória, e a administração prisional deve destinar atenção especial a isso.

Na medida do possível, a educação dos presos deve ser integrada ao sistema educacional do país, para que após sua liberação eles possam continuar seus estudos sem maiores dificuldades (Regras de Mandela, preceito 104).

> **ATENÇÃO** Com o advento da Lei 9.394, de 20 de dezembro de 2006 (Lei de Diretrizes e Bases), o que se denominava ensino de 1º grau passou a chamar de ensino fundamental.

Conforme já destacamos, a instrução escolar e a formação profissional é direito do preso, assegurado pela Constituição (arts. 205 e 208) e por documentos internacionais.

Contudo, era ofertado ao habitante prisional apenas o ensino de 1º grau – fundamental – (art. 18). Com o advento da Lei 13.163/15, que adicionou o artigo 18-A, garante-se a continuidade nos estudos, assegurando ao preso acesso ao ensino médio, regular ou supletivo, com formação geral ou educação profissional.

No projeto de lei, foi destacado pelos parlamentares que "o resgate da dívida educacional não se restringe à oferta de formação equivalente às quatro séries iniciais do ensino fundamental. A oferta do ciclo completo de oito séries àqueles que lograrem completar as séries iniciais é parte integrante dos direitos assegurados pela Constituição Federal e deve ser ampliada gradativamente. Da mesma forma, deve ser garantido, aos que completarem o ensino fundamental, o acesso ao ensino médio".

Ensino à distância – Por fim, o novo dispositivo (art. 18-A) prevê o uso de novas tecnologias e de educação à distância para implementação do estudo dentro dos presídios, ficando a União, Estados, Municípios e Distrito Federal encarregados de incluir em seu programa de educação o atendimento aos presos.

Art. 19. **O ensino profissional será ministrado em nível de iniciação ou de aperfeiçoamento técnico.**

Parágrafo único. A mulher condenada terá ensino profissional adequado à sua condição.

Ensino profissionalizante – O ensino profissional, diferentemente da instrução escolar, é facultativo, o que não diminui a sua importância na ressocialização do preso, pois facilita (e muito) a reinserção no convívio familiar, comunitário e social.

O parágrafo único, endereçado à mulher condenada, nos parece discriminatório (e ultrapassado), não havendo razão legítima para não se lhe aplicar aos homens (qual profissão, hoje, é exclusiva do homem? Ou da mulher?).

Art. 20. **As atividades educacionais podem ser objeto de convênio com entidades públicas ou particulares, que instalem escolas ou ofereçam cursos especializados.**

Convênios para assistência à educação – O objetivo desse artigo é que se firmassem convênios, tanto públicos como privados, com instituições de ensino, ajudando a viabilizar a assistência educacional.

Na prática, a maioria dos estabelecimentos carece de condições mínimas para dar assistência educacional aos presos. Em São Paulo temos a FUNAP (Fundação Dr. Manoel Pedro Pimentel), que trabalha na escolarização dos reclusos (homens e mulheres).

Art. 21. **Em atendimento às condições locais, dotar-se-á cada estabelecimento de uma biblioteca, para uso de todas as categorias de reclusos, provida de livros instrutivos, recreativos e didáticos.**

Direito à leitura – Pesquisa realizada pela Universidade de Sussex, na Inglaterra, revelou que seis minutos diários de leitura já seriam suficientes para alívio do estresse e de pressão.

Não é difícil imaginar que presos convivam diariamente nesse clima de tensão. Conhecendo os benefícios da leitura, o legislador previu a obrigatoriedade de bibliotecas nos estabelecimentos prisionais. Se esse dispositivo fosse efetivamente observado, seria mais uma forma de fomentar e promover a educação do preso. Todavia, mesmo estando expresso na LEP (e nas Regras de Mandela, preceito 64), pouco se vê na prática.

Mirabete, a respeito do tema, nos deixa importante sugestão, extraída da prática comum em outros países:

> "Além da utilização para o acompanhamento dos estudos e aprimoramento intelectual, permite-se a saudável recreação para os que têm o gosto e o interesse

pela leitura. Pode ainda ser estabelecido o sistema de biblioteca circulante, viabilizando-se assim a leitura nas próprias celas. É o sistema, por exemplo, na Lei Geral Penitenciária da Espanha (art. 75) e no sistema de execução penal português" (ob. cit. p. 78).

Reforçando a importância da leitura, a Resolução 391/21 do CNJ admite a remição da pena aos presos que comprovarem a leitura de qualquer obra literária.

Art. 21-A. O censo penitenciário deverá apurar: (Incluído pela Lei nº 13.163, de 2015)

I - o nível de escolaridade dos presos e das presas; (Incluído pela Lei nº 13.163, de 2015)

II - a existência de cursos nos níveis fundamental e médio e o número de presos e presas atendidos; (Incluído pela Lei nº 13.163, de 2015)

III - a implementação de cursos profissionais em nível de iniciação ou aperfeiçoamento técnico e o número de presos e presas atendidos; (Incluído pela Lei nº 13.163, de 2015)

IV - a existência de bibliotecas e as condições de seu acervo; (Incluído pela Lei nº 13.163, de 2015)

V - outros dados relevantes para o aprimoramento educacional de presos e presas. (Incluído pela Lei nº 13.163, de 2015)

Censo penitenciário – É a reunião de dados estatísticos que informa as características dos habitantes do sistema. Em posse dessas informações é possível concretizar o princípio da eficiência e da individualização no âmbito da execução criminal.

A administração pública deve traçar um retrato educacional dos presos, analisando dados reais dos reeducandos estudantes, bem como a estrutura colocada à disposição para o exercício da atividade discente. O censo, portanto, aparece como importante instrumento para a concretização desse mister.

SEÇÃO VI
DA ASSISTÊNCIA SOCIAL

Art. 22. A assistência social tem por finalidade amparar o preso e o internado e prepará-los para o retorno à liberdade.

Art. 23. Incumbe ao serviço de assistência social:

I - conhecer os resultados dos diagnósticos ou exames;

II - relatar, por escrito, ao Diretor do estabelecimento, os problemas e as dificuldades enfrentadas pelo assistido;

III - acompanhar o resultado das permissões de saídas e das saídas temporárias;

IV - promover, no estabelecimento, pelos meios disponíveis, a recreação;

V - promover a orientação do assistido, na fase final do cumprimento da pena, e do liberando, de modo a facilitar o seu retorno à liberdade;

VI - providenciar a obtenção de documentos, dos benefícios da Previdência Social e do seguro por acidente no trabalho;

VII - orientar e amparar, quando necessário, a família do preso, do internado e da vítima.

Assistência social – é mais um instrumento a ser utilizado na busca da ressocialização do preso. Deve ter como propósito criar no reeducando a vontade de levar uma vida correta após sua soltura.

Não sem razão, recomendam as Regras Mínimas da ONU (atualizadas pelas Regras de Mandela) que, para atingir esse propósito, "todos os meios apropriados devem ser usados, inclusive cuidados religiosos em países onde isso é possível, educação, orientação e capacitação vocacionais, assistência social direcionada, aconselhamento profissional, desenvolvimento físico e fortalecimento de seu caráter moral. Tudo isso deve ser feito de acordo com as necessidades individuais de cada preso, levando em consideração sua história social e criminal, suas capacidades e aptidões mentais, seu temperamento pessoal, o tempo da sentença e suas perspectivas para depois da liberação" (preceito 92.1).

O art. 23 da LEP enumera os instrumentos a serem utilizados pelo serviço social na reinserção do preso ou do internado. Como bem resume Mirabete:

> "Seu método básico consiste no estudo do indivíduo, do grupo ou da comunidade em seus elementos essenciais, bem como na interpretação e diagnóstico as necessidades e potencialidades do assistido, para ajudá-lo a desenvolver o próprio senso de responsabilidade e a ter condições pessoais para o ajustamento ou reajustamento social" (ob. cit. p. 80/81).

Essa forma de assistência, quando necessária, se estende à família do preso, do internado e da vítima (art. 23, VII), buscando minimizar as consequências diretas e indiretas do crime, da condenação e execução da sanção penal.

Na prática, lamentavelmente, como vários outros dispositivos da LEP, esse comando carece de aplicação prática por falta de estrutura do Estado.

SEÇÃO VII
DA ASSISTÊNCIA RELIGIOSA

Art. 24. A assistência religiosa, com liberdade de culto, será prestada aos presos e aos internados, permitindo-se-lhes a participação nos serviços organizados no estabelecimento penal, bem como a posse de livros de instrução religiosa.

§ 1º No estabelecimento haverá local apropriado para os cultos religiosos.

§ 2º Nenhum preso ou internado poderá ser obrigado a participar de atividade religiosa.

Assistência religiosa – Todo preso deve ter o direito de atender às necessidades de sua vida religiosa, que pode ser por meio de celebrações de cultos, leitura de livros, ensino religioso etc. (Regras de Mandela, preceito 66).

A assistência religiosa exerce importante papel na recuperação do condenado, ajudando também a sua família, que precisará lidar com a drástica realidade de ter um ente recluso.

Renato Marcão, citando as lições de Armida Bergamini Miotto, explica a importância dessa forma de assistência:

> "É reconhecido que a religião é um dos fatores mais decisivos na ressocialização do recluso. Dizia Pio XII que o crime e a culpa não chegam a destruir no fundo humano do condenado o selo impresso pelo Criador. É este selo que ilumina a via da reabilitação. O Capelão Peiró afirmava que a missão da instituição penitenciária é despertar o senso de responsabilidade de recluso, abrir-lhe as portas dos sentimentos nobres, nos quais Deus mantém acesa a chama da fé e da bondade capaz de produzir o milagre da redenção do homem" (ob. cit. p. 57).

A religião como ferramenta de reinserção social tem sido amplamente usada nas unidades prisionais que adotam o método APAC (Associação de Proteção e Assistência aos Condenados). O método envolve uma série de medidas que buscam humanizar a experiência no cárcere; aproximar o preso da família e da sociedade civil; promover a cooperação entre presos e valorizar o trabalho terapêutico e a espiritualidade.

Por fim, garantida constitucionalmente a liberdade de crença (art. 5º, VI), ainda que seja em nada crer, evidente que nenhum preso ou internado é obrigado a participar de atividade religiosa (§ 2º).

SEÇÃO VIII
DA ASSISTÊNCIA AO EGRESSO

Art. 25. **A assistência ao egresso consiste:**

I – na orientação e apoio para reintegrá-lo à vida em liberdade;

II – na concessão, se necessário, de alojamento e alimentação, em estabelecimento adequado, pelo prazo de 2 (dois) meses.

Parágrafo único. O prazo estabelecido no inciso II poderá ser prorrogado uma única vez, comprovado, por declaração do assistente social, o empenho na obtenção de emprego.

Art. 26. **Considera-se egresso para os efeitos desta Lei:**

I – o liberado definitivo, pelo prazo de 1 (um) ano a contar da saída do estabelecimento;

II – o liberado condicional, durante o período de prova.

Assistência ao egresso – A seção em comento anuncia como se dá o processo de assistência ao egresso, pessoa definida no art. 26 como sendo o liberado definitivo pelo prazo de 1 (um) ano (ex-presidiário), bem como o liberado condicional (beneficiário do livramento condicional).

ATENÇÃO – Referindo-se a "liberado definitivo", leciona a maioria da doutrina que a lei acaba por abranger no conceito de egresso o desinternado, leia-se, pessoa submetida que foi à medida de segurança, encontrando-se no período de prova (art. 97, § 3º, do CP).

De acordo com as Regras Mínimas da ONU (atualizadas pelas Regras de Mandela), os serviços e órgãos, oficiais ou não, que ajudam os liberados (e egressos) a reencontrar o seu lugar na sociedade devem, na medida do possível, conseguir os documentos de que necessitam, moradia, trabalho, roupa decente e adequada ao clima e à estação e, ademais, meios suficientes para chegarem ao lugar a que se destinam e subsistirem logo no início da liberdade (preceito 108).

Lamentamos, entretanto, a falta de políticas públicas no sentido de cumprir eficazmente a assistência ao egresso, indivíduo que, presumivelmente, encontrará resistências que dificultam ou impedem sua rápida reinserção ao convívio social.

Art. 27. O serviço de assistência social colaborará com o egresso para a obtenção de trabalho.

Assistência social – Ao sair do estabelecimento penitenciário e voltar a conviver em sociedade, uma das grandes dificuldades do egresso é encontrar trabalho, pois carrega o rótulo de ex-presidiário. Sabendo disso, o legislador encarregou o serviço social de colaborar com o egresso para iniciar ocupação lícita.

Atualmente, o programa que tem feito grande esforço nesse sentido, inclusive com propagandas veiculadas na grande mídia, é o **"Começar de Novo"**, do Conselho Nacional de Justiça, buscando sensibilizar órgãos públicos e a sociedade civil para que forneçam postos de trabalho e cursos de capacitação profissional para presos e egressos do sistema carcerário. O objetivo do programa é promover a cidadania e consequentemente reduzir a reincidência de crimes.

Para tanto, o Conselho Nacional de Justiça (CNJ) criou o Portal de Oportunidades (www.cnj.jus.br). Trata-se de página na internet que reúne as vagas de trabalho e cursos de capacitação oferecidos para presos e egressos do sistema carcerário. As oportunidades são oferecidas tanto por instituições públicas como por entidades privadas, que são responsáveis por atualizar o Portal.

ATENÇÃO – O art. 6º da Resolução 113 do CNJ, em cumprimento ao artigo 1º da Lei nº 7.210/84, determina: "o juízo da execução deverá, dentre as ações voltadas à integração social do condenado e do internado, e para que tenham acesso aos serviços sociais disponíveis, diligenciar para que sejam expedidos seus documentos pessoais, dentre os quais o CPF, que pode ser expedido de ofício, com base no artigo 11, V, da Instrução Normativa RFB nº 864, de 25 de julho de 2008".

CAPÍTULO III
DO TRABALHO

SEÇÃO I
DISPOSIÇÕES GERAIS

Art. 28. O trabalho do condenado, como dever social e condição de dignidade humana, terá finalidade educativa e produtiva.

§ 1º Aplicam-se à organização e aos métodos de trabalho as precauções relativas à segurança e à higiene.

§ 2º O trabalho do preso não está sujeito ao regime da Consolidação das Leis do Trabalho.

Laborterapia – É uma das mais importantes ferramentas na reinserção do preso ao convívio social. Lembrando as lições de Alfredo I. Ássaly:

> "O trabalho presidiário, consagrado em todas as legislações hodiernas, constitui uma das pedras fundamentais dos sistemas penitenciários vigentes e um dos elementos básicos da política criminal" (*Trabalho Penitenciário*, Ed. Martins, p. 15).

Sobre o tema, as Regras Mínimas da ONU (atualizadas pelas Regras de Mandela) preveem:

a) que o trabalho penitenciário não deve ter natureza estressante (preceito 97.1);

b) na medida do possível deverá contribuir, por sua natureza, para manter ou aumentar a capacidade do preso para ganhar honradamente sua vida depois da liberação (preceito 98.1);

c) sua organização e métodos devem assemelhar-se o mais possível à dos que realizam um trabalho similar fora do estabelecimento a fim de preparar o preso para as condições normais do trabalho (preceito 99.1);

d) devem ser tomadas nos estabelecimentos penitenciários as mesmas precauções prescritas para proteger a segurança e a saúde dos trabalhadores livres (preceito 101.1);

e) devem ser tomadas as providências necessárias para indenizar os presos pelos acidentes do trabalho e enfermidades profissionais em condições similares àquelas que a lei dispõe para os trabalhadores livres (preceito 101.2).

ATENÇÃO - O condenado por crime político não está obrigado ao trabalho (art. 200 da LEP). Para o preso provisório, no entanto, o trabalho é facultativo, e só poderá ser executado no interior do estabelecimento (art. 31, parágrafo único, da LEP).

O trabalho penitenciário é encarado na LEP como um dever social e condição de dignidade humana, tendo finalidade educativa e produtiva. É um misto de **dever** (art. 39, V) e **direito** (art. 41, II) do preso. **Dever**, pois sua recusa injustificada configura falta grave (art. 50, VI, da LEP), podendo gerar, inclusive, prejuízos na difícil conquista de alguns benefícios na execução. **Direito**, porque a labuta, além de essencial para sua ressocialização, garante ao preso remuneração (art. 29 da LEP), podendo ainda descontar 1 dia de pena para cada 3 dias trabalhados (art. 126 da LEP). O presidiário, contudo, não está sujeito ao regime da Consolidação das Leis do Trabalho.

No entanto, o que se tem, na prática, é a baixíssima oferta de postos de trabalho nas unidades prisionais brasileiras. De acordo com dados do Levantamento Nacional de Informações Penitenciárias (INFOPEN), de 2017, produzido pelo DEPEN, somente 17,5% da população prisional se encontram em atividade laboral. Destes, quase metade (46,7%) não recebe qualquer remuneração pelo trabalho realizado. São atividades exercidas na própria unidade, como limpeza, cozinha e manutenção. Nesse cenário, é bastante incomum que as pessoas presas se recusem a trabalhar, tendo em vista que o trabalho, além de descontar tempo de pena, possibilita maiores possibilidades de circulação e interação intramuros.

ATENÇÃO - O trabalho penitenciário não pode ser confundido com pena de trabalho forçado, esta proibida pela CF/88 (art. 5º, inc. XLVII, "c"). O intuito da labuta no presídio é contribuir para a ressocialização do preso e impedir que se instale o ócio no sistema prisional. O preso que se recusa a trabalhar jamais será punido com castigos corporais por conta do ócio. Ademais, deve ser remunerado pelos serviços diários (art. 29).

Art. 29. O trabalho do preso será remunerado, mediante prévia tabela, não podendo ser inferior a 3/4 (três quartos) do salário mínimo.

§ 1° O produto da remuneração pelo trabalho deverá atender:

a) à indenização dos danos causados pelo crime, desde que determinados judicialmente e não reparados por outros meios;

b) à assistência à família;

c) a pequenas despesas pessoais;

d) ao ressarcimento ao Estado das despesas realizadas com a manutenção do condenado, em proporção a ser fixada e sem prejuízo da destinação prevista nas letras anteriores.

§ 2º Ressalvadas outras aplicações legais, será depositada a parte restante para constituição do pecúlio, em Caderneta de Poupança, que será entregue ao condenado quando posto em liberdade.

Art. 30. **As tarefas executadas como prestação de serviço à comunidade não serão remuneradas.**

Remuneração – O trabalho do preso deve ser remunerado adequadamente, imperativo reconhecido pelas Regras Mínimas da ONU (atualizadas pelas Regras de Mandela, preceito 103.1).

No mesmo sentido, o artigo 39 do CP estabelece que o trabalho do preso será sempre remunerado e que terá garantidos os benefícios da previdência social.

Apesar de a lei anunciar que a remuneração não pode ser inferior a 3/4 do salário mínimo, a Procuradoria Geral da República ajuizou, no STF, Arguição de Descumprimento de Preceito Fundamental (ADPF 336) questionando a recepção, pela nova ordem constitucional, do art. 29 da Lei nº 7.210/84. Argumentava-se que a remuneração abaixo do salário mínimo viola direito fundamental estabelecido no art. 7º, inciso IV, da Constituição Federal. O tribunal julgou a ação improcedente:

> "1. O trabalho do preso, cuja remuneração é fixada em três quartos do salário mínimo o patamar base de remuneração do trabalho do preso (artigo 29, caput, da Lei de Execução Penal) deve ser analisada não apenas sob a ótica da regra do salário mínimo (artigo 7º, IV, da CRFB), mas também de outros vetores constitucionais, como a busca do pleno emprego (artigo 170, VIII, da CRFB) e a individualização da pena na fase de execução (artigo 5º, XLVI, da CRFB). [...] 4. A pessoa em cumprimento de pena privativa de liberdade, por isso não está sujeita ao regime da Consolidação das Leis do Trabalho, bem como que será remunerada por tabela previamente fixada, em valor não inferior a três quartos do salário mínimo (respectivamente, artigos 28, § 2º, e 29, caput, da Lei de Execução Penal). 5. O trabalho do condenado constitui um dever, obrigatório na medida de suas aptidões e capacidade, e possui finalidades educativa e produtiva, nos termos dos artigos 28, caput, 31 e 39, V, da Lei de Execução Penal, em contraste com a liberdade para trabalhar e prover o seu sustento garantida aos que não cumprem pena prisional pelo artigo 6º da Constituição. 6. O cumprimento da pena privativa de liberdade gera restrições naturais ao exercício do trabalho, com potencial repercussão negativa na remuneração da mão de obra, o que se extrai do peculiar regime jurídico a que se submetem os trabalhadores presos, a saber: (i) necessidade de implantação de oficinas de trabalho, por empregadores privados, referentes a setores de apoio dos presídios (artigo 34, § 2º, da LEP); (ii) a finalidade de formação profissional do condenado (artigo 34 da LEP), ainda que não produza benefício econômico para terceiros; (iii) a aquisição pelo poder público, com dispensa da concorrência pública, dos bens ou produtos do trabalho prisional, sempre que não for possível ou recomendável realizar-se a venda a particulares (artigo 35 da LEP); (iv) a necessidade de observância das cautelas contra a fuga e em favor da disciplina no trabalho externo (artigo 36 da LEP); (v) a possibilidade de revogação da autorização de trabalho externo se o preso tiver comportamento contrário aos requisitos de aptidão, disciplina e responsabilida-

de, bem assim quando praticar fato definido como crime ou for punido por falta grave (artigo 37, parágrafo único, da LEP) etc. 7. A legitimidade da diferenciação entre o trabalho do preso e o dos empregados em geral na política pública de limites mínimos de remuneração é evidenciada pela distinta lógica econômica do labor no sistema executório penal, que pode até mesmo ser subsidiado pelo Erário, de modo que o discrímen promove, em vez de violar, o mandamento de isonomia contido no artigo 5º, caput, da Constituição, no seu aspecto material. 8. A autorização legal para a percepção de remuneração inferior ao salário mínimo no trabalho do preso é acompanhada de medidas compensatórias, quais sejam: (i) é fixado um patamar mínimo de três quartos do salário mínimo, percentual razoável para configurar uma justa remuneração pelo trabalho humano, nos termos definidos democraticamente pelo Parlamento; (ii) são impostos ao Estado deveres de prestação material em relação ao interno, a fim de garantir o atendimento de todas as suas carências básicas; e (iii) concede-se ao preso o benefício da remição da pena, na proporção de 1 (um) dia de redução da sanção criminal para cada 3 (três) dias de trabalho. 9. O salário mínimo, na dicção do artigo 7º, IV, da Constituição, visa satisfazer as necessidades vitais básicas do trabalhador e as de sua família 'com moradia, alimentação, educação, saúde, lazer, vestuário, higiene, transporte e previdência social', ao passo que o preso, conforme previsão legal, já deve ter atendidas pelo Estado boa parte das necessidades vitais básicas que o salário mínimo objetiva atender, tais como educação (artigos 17 e seguintes da LEP), alojamento disciplina do trabalho do preso no Brasil também está em conformidade com as normas internacionais que regem o tema, porquanto o acordo sobre as regras mínimas das Nações Unidas para o tratamento de prisioneiros de 2015 (denominadas "regras de Mandela"), aprovado por Resolução da Comissão sobre Prevenção de Crime e Justiça Criminal de Viena, determina seja 'estabelecido sistema justo de remuneração do trabalho dos presos' (Regra 103.1), em contraste com outras disposições do mesmo diploma que exigem condições não menos vantajosas que aquelas que a lei disponha para os trabalha(artigo 88 da LEP), saúde (artigo 14 da LEP), alimentação, vestuário e higiene (artigo 12 da LEP). 10. A dores livres (v. g., Regra 101.2). [...]" (ADPF 336/DF, j. 01/03/2021).

Conforme apontado nos comentários ao artigo anterior, a realidade dos presídios brasileiros mostra que a maioria dos presos não tem acesso a atividades laborais e, tampouco, recebe remuneração. Segundo dados coletados no INFOPEN 2019, dos custodiados que trabalham, 44,6% não recebem qualquer remuneração, 25,4% recebem remuneração inferior a 3/4 do salário mínimo e apenas 29,8% recebem ao menos 3/4 do salário mínimo. No caso das mulheres custodiadas, o quadro é ligeiramente melhor: somente 19,8% não recebem remuneração pelas atividades laborais realizadas na unidade prisional.

No entanto, conforme apontado nos comentários ao artigo anterior, a realidade dos presídios brasileiros mostra que a maioria não tem acesso a atividades laborais e, tampouco, recebem remuneração. Segundo dados coletados no INFOPEN 2019, dos custodiados que trabalham, 44,6% não recebe qualquer remuneração, 25,4% recebe remuneração inferior a 3/4 do salário-mínimo e apenas 29,8% recebe o quanto estipulado neste artigo (ao menos 3/4 do salário-mínimo). No caso das mulheres custodiadas, o quadro é ligeiramente melhor: somente 19,8% não recebe remuneração pelas atividades laborais realizadas na unidade prisional.

ATENÇÃO - O trabalho do preso não está sujeito ao regime da CLT (art. 28, § 2º).

A LEP vincula a destinação do salário, devendo atender, em ordem de preferência:

a) indenização dos danos causados pelo crime, desde que determinados judicialmente e não reparados por outros meios (é indispensável decisão judicial definitiva estabelecendo o montante da indenização);

b) assistência à família do preso (que, não raras vezes, sofre as consequências da clausura do responsável pela sua manutenção);

c) pequenas despesas pessoais;

d) ao ressarcimento ao Estado das despesas realizadas com a manutenção do condenado, em proporção a ser fixada e sem prejuízo da destinação prevista nas letras anteriores.

O sistema deve também possibilitar que uma parte dos ganhos seja reservada pela administração prisional para constituir um fundo de poupança a ser destinado ao preso quando da sua liberação (Regras de Mandela, preceito 103.3).

Prestação de serviços à comunidade – A prestação de serviços à comunidade ou a entidades públicas não será remunerada, logo, não gera vínculo empregatício com o Estado (art. 28, § 2º desta Lei). Trata-se de pena alternativa à prisão, e nesse sentido, é uma sanção, uma forma de o condenado reparar o dano que causou à sociedade, sem que ela pague por isso. Como bem explica Mirabete (ob. cit. p. 95):

> "Trata-se, portanto, de pena amplamente aceitável, de um ônus para o condenado, como outros decorrentes das demais penas, e não de uma relação de emprego, onde deve existir a liberdade de celebração e execução de um contrato trabalhista. Certamente o sentenciado preferirá submeter-se a esse ônus a afrontar a pena privativa de liberdade, quando o trabalho também é obrigatório. Essa pena atende às exigências da retribuição sem degradar ou corromper, mas é sanção e não uma oportunidade de trabalho ao sentenciado".

SEÇÃO II
DO TRABALHO INTERNO

Art. 31. O condenado à pena privativa de liberdade está obrigado ao trabalho na medida de suas aptidões e capacidade.

Parágrafo único. Para o preso provisório, o trabalho não é obrigatório e só poderá ser executado no interior do estabelecimento.

Art. 32. Na atribuição do trabalho deverão ser levadas em conta a habilitação, a condição pessoal e as necessidades futuras do preso, bem como as oportunidades oferecidas pelo mercado.

§ 1º Deverá ser limitado, tanto quanto possível, o artesanato sem expressão econômica, salvo nas regiões de turismo.

§ 2º Os maiores de 60 (sessenta) anos poderão solicitar ocupação adequada à sua idade.

§ 3º Os doentes ou deficientes físicos somente exercerão atividades apropriadas ao seu estado.

Trabalho interno – Na medida de suas aptidões e capacidade, o condenado definitivo está obrigado ao trabalho.

> **ATENÇÃO** – Como já alertamos nos comentários ao art. 28, o trabalho penitenciário, rotulado no art. 31 como sendo obrigatório, não pode ser confundido com pena de trabalho forçado, esta proibida pela CF/88 (art. 5º, inc. XLVII, "c"). A recusa injustificada do condenado definitivo ao trabalho, no entanto, constitui falta grave (STJ, HC 264.989-SP).

Já para o preso provisório, o trabalho é facultativo. Contudo, diante da possibilidade de execução provisória da pena, é interessante que ele, ostentando condenação em grau de recurso, trabalhe, aproveitando esse tempo de labuta para pleitear futura remição de pena (art. 126 LEP).

Na atribuição do trabalho deverão ser levadas em conta a habilitação, a condição pessoal e as necessidades futuras do preso, aptidões identificadas por meio do exame de classificação, realizado no início da execução da pena (vide arts. 5º e 6º).

As atividades de artesanato sem expressão econômica não são proibidas, mas apenas limitadas, devendo ser executadas em regiões de turismo. Mirabete, entretanto, não sem razão, alerta:

> "Como a proibição, porém, não é absoluta, deve ser permitido o trabalho artesanal se não for possível a execução de outras tarefas diante da impossibilidade de recursos materiais da Administração" (ob. cit. p. 97).

No mesmo sentido já decidiu o Tribunal de Justiça de São Paulo: "restando comprovado pelo órgão da execução, o trabalho artesanal é reconhecido como trabalho para fins de remição" (Agravo em Execução nº 346.391.3/8).

Preveem as Regras Mínimas da ONU (atualizadas pelas de Mandela) que a obrigação do trabalho do preso deve levar em conta inclusive a aptidão física e mental, de acordo com a orientação médica (preceito 96.1).

Seguindo a orientação internacional, o artigo 32 da LEP assegura aos maiores de 60 (sessenta) anos o direito de solicitar ocupação adequada à sua idade (condição pessoal) e aos doentes e deficientes físicos o direito de exercer atividades apropriadas ao seu estado.

> **ATENÇÃO** – Nos termos do art. 2º. da Lei 13.146/15, considera-se pessoa com deficiência aquela que tem impedimento de longo prazo de natureza física (mental, intelectual ou sensorial), o qual, em interação com uma ou mais barreiras, pode obstruir sua participação plena e efetiva na sociedade em igualdade de condições com as demais pessoas.

Art. 33. **A jornada normal de trabalho não será inferior a 6 (seis) nem superior a 8 (oito) horas, com descanso nos domingos e feriados.**

Parágrafo único. Poderá ser atribuído horário especial de trabalho aos presos designados para os serviços de conservação e manutenção do estabelecimento penal.

Jornada de trabalho – De acordo comas Regras Mínimas da ONU (atualizadas pelas de Mandela):

a) o trabalho deve ser suficiente para ocupar o preso durante um dia normal de trabalho (preceito 96.2);

b) a lei ou regulamento deve fixar o número máximo de horas da atividade laboral, tendo em conta os regulamentos ordinários e os usos locais referentes ao emprego do trabalhador livre (preceito 102.1);

c) as horas fixadas devem permitir um dia de descanso por semana e tempo suficiente para o estudo e para outras atividades exigidas como parte do tratamento e reinserção dos presos (preceito 102.2).

O dispositivo em comento trata exatamente da jornada de trabalho do preso, dispondo que não deverá ser inferior a 6 e nem superior a 8 horas, com descanso nos domingos e feriados, prevendo, o parágrafo único, horário especial aos presos designados para os serviços de conservação e manutenção do estabelecimento penal.

E no caso de o preso trabalhar menos do que 6 (seis) horas ou mais do que 8 (oito), como será computado o tempo para fins de remição de pena?

Temos jurisprudência do STJ no sentido de que se deve considerar a cada 6 (seis) horas extras realizadas além da jornada normal de 8 (oito) horas diárias como um dia de trabalho para fins de remição (HC 39.540/SP); quando o apenado trabalhar aquém da jornada mínima legal, computar-se-ão a cada 6 (seis) horas como um dia de trabalho (REsp nº 836.952/RS). Atualmente, o tribunal segue a regra de que a remição deve ser calculada com base nos dias efetivamente trabalhados, não na soma das horas. Por isso, deve ser observada a jornada diária entre 6 (seis) horas e 8 (oito) horas de trabalho. Somente as horas trabalhadas após a jornada máxima legal poderão ser somadas a fim de que, atingindo 6 (seis) horas, sejam computadas como 1 (um) dia para fins de remição (AgRg no REsp 1.976.241/RS, j. 10/05/2022). No STF, por outro lado, há decisões que admitem a soma das horas quando a jornada diária é inferior a 6 (horas), especialmente quando não se trata de insubmissão do condenado, mas sim de imposição da administração do estabelecimento (RHC 217.297/MG, j. 08/07/2022; HC 209.392/MG, j. 23/03/2022).

JURISPRUDÊNCIA

Recusa injustificada do condenado ao exercício de trabalho interno. Falta grave

O art. 31 da Lei 7.210/1984 (LEP) determina a obrigatoriedade do trabalho ao apenado condenado à pena privativa de liberdade, na medida de suas aptidões e capacidades, sendo sua execução, nos termos do art. 39, V, da referida Lei, um dever do apenado. O art. 50, VI, da LEP, por sua vez, classifica como falta grave a inobservância do dever de execução do trabalho. Ressalte-se, a propósito, que a pena de trabalho forçado, vedada no art. 5º, XLVIII, "c", da CF, não se confunde com o dever de trabalho imposto ao apenado, ante o disposto no art. 6º, 3, da Convenção Americana de Direitos Humanos (Pacto San José da Costa Rica), segundo o qual os trabalhos ou serviços normalmente exigidos de pessoa reclusa em cumprimento de sentença ou resolução formal expedida pela autoridade judiciária competente não constituem trabalhos forçados ou obrigatórios vedados pela Convenção (STJ – HC n° 264.989-SP, Rel. Ericson Maranho, j. 4.8.2015, DJe 19.8.2015).

Art. 34. O trabalho poderá ser gerenciado por fundação, ou empresa pública, com autonomia administrativa, e terá por objetivo a formação profissional do condenado.

§ 1º. Nessa hipótese, incumbirá à entidade gerenciadora promover e supervisionar a produção, com critérios e métodos empresariais, encarregar-se de sua comercialização, bem como suportar despesas, inclusive pagamento de remuneração adequada. (Renumerado pela Lei nº 10.792, de 2003)

§ 2º Os governos federal, estadual e municipal poderão celebrar convênio com a iniciativa privada, para implantação de oficinas de trabalho referentes a setores de apoio dos presídios. (Incluído pela Lei nº 10.792, de 2003)

Sistema de organização do trabalho – São três os sistemas:

1º) **sistema de monopólio:** organizado exclusivamente pela administração pública;

2º) **sistema privado:** organizado pelas empresas privadas, por meio de contrato;

3º) **sistema misto:** organizado pela administração pública e/ou iniciativa privada.

O art. 34, aproximando-se do terceiro sistema, anuncia que o gerenciamento do trabalho dos presos poderá ser feito por fundação ou empresa pública, tendo como objetivo a formação profissional do condenado.

Responsabilidade da entidade gerenciadora – promover e supervisionar a produção (com critérios e métodos empresariais), encarregar-se da comercialização e suportar as despesas (inclusive com pagamento de remuneração adequada).

Participação da iniciativa privada – poderá ocorrer por meio de convênios com os governos federal, estadual e municipal. A parceria será feita com fulcro na implantação de oficinas de trabalho referentes a setores de apoio dos presídios. No Estado de São Paulo temos como exemplo a FUNAP (www.funap.sp.gov.br).

Art. 35. Os órgãos da Administração Direta ou Indireta da União, Estados, Territórios, Distrito Federal e dos Municípios adquirirão, com dispensa de concorrência pública, os bens ou produtos do trabalho prisional, sempre que não for possível ou recomendável realizar-se a venda a particulares.

Parágrafo único. Todas as importâncias arrecadadas com as vendas reverterão em favor da fundação ou empresa pública a que alude o artigo anterior ou, na sua falta, do estabelecimento penal.

Aquisição dos bens ou produtos do trabalho prisional – Os bens ou produtos gerados pelo trabalho dos presos poderão ser adquiridos, com dispensa de concorrência pública, pelos órgãos da Administração Direta ou Indireta da União, Estados, Territórios, Distrito Federal e Municípios. Destaque-se que, caso seja possível ou recomendável realizar a venda dos produtos ou bens a particulares, essa via será preferível.

O lucro auferido na venda dos produtos ou bens será revertido em favor da fundação ou empresa pública responsável por gerenciar o trabalho, e na sua ausência, pelo estabelecimento penal onde é executado o trabalho.

Mirabete assim interpreta a intenção do legislador: "com a comercialização do produto do trabalho prisional junto às empresas particulares, cria-se pelo consumo, maior mercado de trabalho, a ser aproveitado eventualmente pelo preso quando atingir a liberdade. Como, porém, o principal objetivo do trabalho penitenciário é o de dar preparação profissional ao preso, ao Estado cumpre o dever de adquirir a produção se não for ela comercializável em condições razoavelmente vantajosas com os particulares" (ob. cit. p. 101).

SEÇÃO III
DO TRABALHO EXTERNO

Art. 36. O trabalho externo será admissível para os presos em regime fechado somente em serviço ou obras públicas realizadas por órgãos da Administração Direta ou Indireta, ou entidades privadas, desde que tomadas as cautelas contra a fuga e em favor da disciplina.

§ 1º O limite máximo do número de presos será de 10% (dez por cento) do total de empregados na obra.

§ 2º Caberá ao órgão da administração, à entidade ou à empresa empreiteira a remuneração desse trabalho.

§ 3º A prestação de trabalho à entidade privada depende do consentimento expresso do preso.

Trabalho externo – Fazemos questão de frisar que o trabalho constitui importante ferramenta para a ressocialização do apenado. Contudo, para evitar problemas de indisciplina e fuga, a autorização para o trabalho externo deve ser precedida de criteriosa avaliação.

O preso que cumpre pena em regime fechado poderá executar trabalhos externos, desde que em serviços ou obras públicas realizadas por órgãos da Administração Direta ou Indireta, ou entidades privadas.

Tendo em vista que os estabelecimentos penais carecem de estrutura para oferecer trabalho a todos os habitantes prisionais, o trabalho externo poderia ser uma alternativa. Contudo, correr-se-ia o risco de, ao solucionar um problema, criar-se outro, já que faltariam policiais para servirem na vigilância dos trabalhadores. Por isso, na prática, é raro ver preso servindo nesse tipo de atividade. De acordo com o levantamento realizado no INFOPEN 2019, somente 20,9% da população prisional realiza trabalho extramuros.

Reconhecendo a importância e a dificuldade que o preso tem em conseguir trabalho externo, o Superior Tribunal de Justiça, no julgamento do HC 310.515-RS, considerou que o fato de o irmão do apenado ser um dos sócios da empresa empregadora não constitui obstáculo à concessão do benefício do trabalho externo, ainda que se argumente sobre o risco de ineficácia da realização do trabalho externo devido à fragilidade na fiscalização.

ATENÇÃO - A prestação de trabalho à entidade privada depende do consentimento expresso do preso. A autorização para o trabalho externo não se insere no rol de atos jurisdicionais do juiz da execução, cabendo ao diretor do estabelecimento autorizar essa forma de labuta (art. 37 LEP).

JURISPRUDÊNCIA

Suspensão do trabalho externo. Coronavírus. Possibilidade

Não há constrangimento ilegal na suspensão temporária do trabalho externo, pois, embora este constitua meio importante para a ressocialização do apenado, diante do cenário de crise em que o Brasil se encontra em razão da pandemia, tem-se que a suspensão do benefício encontra justificativa na proteção de um bem maior, qual seja, a saúde do próprio reeducando e da coletividade. Dessa forma, considerando que a vedação do ingresso de pessoas nas unidades prisionais devido à pandemia visa a proteger, de modo eficiente, a integridade física dos apenados, seria incongruente permitir que os executados deixassem o presídio para realizar trabalho externo e a ele retornassem diariamente, enquanto o restante da população é solicitada a permanecer em isolamento em suas residências. Ademais, a recomendação contida na Resolução n. 62, de 18 de março de 2020, do CNJ não implica automática substituição da prisão decorrente da sentença condenatória pela domiciliar. É necessário que o eventual beneficiário do instituto demonstre: a) sua inequívoca adequação ao chamado grupo de vulneráveis da covid-19; b) a impossibilidade de receber tratamento no estabelecimento prisional em que se encontra; e c) risco real de que o estabelecimento em que se encontra, e que o segrega do convívio social, cause mais risco do que o ambiente em que a sociedade está inserida. (STJ, AgRg no HC 580.495/SC, Quinta Turma, j. 09/06/2020).

Suspensão do trabalho externo. Coronavírus. Impossibilidade

A revogação dos benefícios concedidos aos reeducandos configura flagrante ilegalidade, sobretudo diante do recrudescimento da situação em que estavam na execução da pena, todos em regime semiaberto, evoluídos à condição menos rigorosa, trabalhando e já em contato com a sociedade. A adoção de medidas preventivas de combate à pandemia da covid-19 extremamente restritivas não levaram em conta os princípios norteadores da execução penal (legalidade, individualização da pena e dignidade da pessoa humana), nem a finalidade da sanção penal de reinserção dos condenados no convívio social, pois a suspensão do exercício do trabalho externo daqueles em regime semiaberto traz degradação à situação vivida pelos custodiados que diariamente saem do estabelecimento prisional para laborar, readaptando-se à sociedade; portanto, a obrigação de voltar a permanecer em tempo integral na prisão representa alteração na situação carcerária de cada um dos atingidos pela medida de extrema restrição. É preciso ter em mente que o recrudescimento da situação prisional somente é admitido em nosso ordenamento jurídico como forma de penalidade em razão de cometimento de falta disciplinar, cuja imposição definitiva exige prévio procedimento disciplinar, com observância dos princípios constitucionais, sobretudo da ampla defesa e do contraditório. (STJ, HC 575.495/MG, Sexta Turma, j. 02/06/2020).

Concessão de trabalho externo em empresa da família.

O fato de o irmão do apenado ser um dos sócios da empresa empregadora não constitui óbice à concessão do benefício do trabalho externo, ainda que se argumente sobre o risco de ineficácia da realização do trabalho externo devido à fragilidade na fiscalização. Com efeito, a execução criminal visa ao retorno do condenado ao convívio em sociedade, com o escopo de reeducá-lo e ressocializá-lo, sendo que o trabalho é essencial para esse processo. Nesse contexto, é importante considerar que os riscos de ineficácia da realização de trabalho externo em empresa familiar, sob o argumento de fragilidade na fiscalização, não podem ser óbice à concessão do referido benefício. Em primeiro lugar, porque é muito difícil para o apenado conseguir emprego. Impedir que o preso seja contratado por parente é medida que reduz ainda mais a possibilidade de vir a conseguir uma ocupação lícita e, em consequência, sua perspectiva de reinserção na sociedade. Em segundo lugar, porque o Estado deve envidar todos os esforços possíveis no sentido de ressocializar os transgressores do Direito Penal, a fim de evitar novas agressões aos bens jurídicos da coletividade. Ademais, o Estado possui a atribuição de fiscalizar o efetivo cumprimento do trabalho extramuros, estando autorizado a revogar a benesse nas hipóteses elencadas no parágrafo único do art. 37 da LEP. Além disso, não há qualquer vedação na LEP quanto à concessão de trabalho externo em empresa da família do sentenciado (STJ HC nº 310.515-RS, Rel. Felix Fischer, j. 1./9.2015, DJe 25.9.2015).

Trabalho extramuros. Região. Crime organizado.

Constatou-se que a sociedade empresária em que o paciente apenado pretendia realizar trabalho extramuros (art. 35, § 2º, do CP) situa-se em região tomada pelo crime organizado a ponto de impedir a fiscalização do cumprimento do benefício pelos fiscais da vara de execuções penais. Assim, mostra-se irrepreensível a cassação da decisão concessiva da benesse determinada pelo TJ, pois, apesar de o paciente apresentar mérito carcerário, o trabalho extramuros em tal localidade poderia servir de estímulo à delinquência e até de meio à burla da execução da pena, o que desvirtuaria sobremaneira a própria finalidade do instituto do trabalho extramuros, qual seja, de contribuir para a reinserção social do apenado (STJ – HC nº 165.081, Rel. Gilson Dipp, j. 31.5.2011).

Art. 37. A prestação de trabalho externo, a ser autorizada pela direção do estabelecimento, dependerá de aptidão, disciplina e responsabilidade, além do cumprimento mínimo de 1/6 (um sexto) da pena.

Parágrafo único. Revogar-se-á a autorização de trabalho externo ao preso que vier a praticar fato definido como crime, for punido por falta grave, ou tiver comportamento contrário aos requisitos estabelecidos neste artigo.

Trabalho externo e seus requisitos – A prestação de trabalho externo será autorizada pela direção do estabelecimento que o preso cumpre pena, e terá como requisitos:

a) aptidão para exercer o referido trabalho (será conhecida por meio do exame de classificação na individualização da pena);

b) disciplina e responsabilidade;

c) cumprimento de 1/6 da pena.

ATENÇÃO – O Plenário do STF decidiu que a exigência objetiva de prévio cumprimento do mínimo de 1/6 da pena, para fins de trabalho externo, não se aplica aos condenados que se encontrarem em regime semiaberto (EP 2 TrabExt-AgR/DF, rel. Min. Roberto Barroso).

A autorização será revogada caso o preso pratique fato definido como crime, for punido por falta grave, tiver comportamento contrário aos requisitos estabelecidos nesse artigo (não mostrar aptidão ao serviço, faltar com disciplina, responsabilidade).

ATENÇÃO – O fato de o executado estar cumprindo pena pela prática de crime hediondo ou equiparado não impede de trabalhar no ambiente. Nesse sentido: STJ, HC 33.414-0 DF.

JURISPRUDÊNCIA

Trabalho externo e cumprimento mínimo de pena

A exigência objetiva de prévio cumprimento do mínimo de 1/6 da pena, para fins de trabalho externo, não se aplica aos condenados que se encontrarem em regime semiaberto. Essa a conclusão do Plenário ao dar provimento, por maioria, a agravo regimental, interposto de decisão proferida em sede de execução penal, para afastar a exigência do referido requisito temporal a condenado pela prática do crime de corrupção ativa (STF – .EP 2 TrabExt-AgR-DF, Rel.. Roberto Barroso, j 25.6.2014).

Microempresário e trabalho externo.

A 2ª Turma concedeu habeas corpus para permitir a réu exercer trabalho externo nas condições a serem estabelecidas pelo juízo da execução. No caso, o paciente fora condenado à pena de 25 anos de reclusão pela prática dos crimes de estupro e atentado violento ao pudor. Posteriormente, progredira para o regime semiaberto e, pelo seu trabalho, remira, até a data da impetração, 564 dias da sanção imposta. Então, pedira autorização para realizar trabalho externo. Apresentara registro como microempresário – com o número do CNPJ e endereço comercial – e documento a atestar que sua atividade seria de instalação e manutenção elétrica. O pleito fora indeferido por sucessivas decisões sob o fundamento de que o reeducando não teria empregador que pudesse elaborar relatórios mensais e controlar suas atividades. Asseverou-se que o paciente seria microempresário e dispor-se-ia a trabalhar. Consignou-se não haver impedimento para que ele mesmo apresentasse, periodicamente, ao juiz da execução notas fiscais dos serviços prestados. Ademais, seria preciosismo exigir a condição de empregado, especialmente em momento de crise econômica (STF – HC n° 110605-RS, Rel. Ricardo Lewandowski, j. 6.12.2011).

Crime hediondo e trabalho externo.

A Constituição Federal, o Código Penal e a Lei de Execução Penal garantem ao preso o direito de trabalhar. O condenado por crime hediondo, por força dos arts. 6º, CR, 34, parágrafo 3º, CP e 36, LEP, pode exercer atividade laboral externa, não havendo qualquer incompatibilidade desses dispositivos com o art. 2º, parágrafo 1º, Lei 8.072/90. (STJ, HC 35004-DF, j. 24/02/2005).

CAPÍTULO IV
DOS DEVERES, DOS DIREITOS E DA DISCIPLINA

Estatuto jurídico do preso – Em termos teóricos, a execução da pena privativa de liberdade submete os indivíduos a uma relação especial de sujeição frente ao Estado, ou seja, a um regime jurídico diferenciado com a imposição de regras específicas e a limitação de certas garantias constitucionais por um período de tempo determinado. O consentimento nessa relação é substituído pelo interesse estatal em processar manifestado na sentença condenatória. Isso não significa dizer que a pessoa condenada figura como objeto da relação. Pelo contrário, é titular de todos os direitos não atingidos pela pena, que garantem a sua segurança perante o Estado, em um sistema normativo pautado pelo princípio da legalidade, que coloca como principal finalidade a reabilitação social da pessoa condenada (LEP, artigo 1º).

Meio para efetivar a sentença e garantir a ordem e segurança nas unidades prisionais, o capítulo IV da LEP, arts. 38 a 43, traça verdadeiro estatuto jurídico do preso (definitivo ou provisório), elencando, de maneira minuciosa, os seus deveres (rol exaustivo) e direitos (rol exemplificativo), tudo visando a boa convivência entre as partes processuais, bem como entre os habitantes do sistema prisional.

Esta nova etapa na vida do condenado está, portanto, repleta de direitos e deveres mútuos (Estado e acusado), sendo importante lembrar que o *jus executionis* não é absoluto, incondicionado ou ilimitado. Encontra limites traçados na própria sentença condenatória (privar de liberdade o condenado pelo tempo nela expressamente determinado) e na Lei de Execução Penal (LEP), que cria para o prisioneiro alguns direitos (invioláveis, imprescritíveis e irrenunciáveis) não atingidos pelo internamento prisional (art. 3º da LEP). Busca-se, assim, evitar a *hipertrofia da punição*, que viola não só o princípio constitucional da proporcionalidade, mas transforma-se em poderoso fator de reincidência.

Aliás, sabendo que as prisões são verdadeiros agrupamentos humanos, e que todos os grupos humanos necessitam de ordem e disciplina para que seja possível a convivência harmônica entre seus componentes, nos arts. 44 a 60 estão previstas normas atinentes à disciplina do preso (definitivo e provisório), fundamentando-se em um jogo equilibrado entre um sistema de recompensas que estimula a boa conduta dos internos e uma série de sanções para aqueles que realizam ações que ponham em perigo a convivência ordenada que se requer em um centro penitenciário (Mirabete, ob. cit. p. 130). A disciplina consiste na colaboração com a ordem, na obediência às determinações das autoridades e seus agentes e no desempenho do trabalho.

Na esteira da lição deixada por Manoel Pedro Pimentel, explica Renato Marcão: "ingressando no meio carcerário o sentenciado se adapta, paulatinamente, aos padrões da prisão. Seu aprendizado nesse mundo novo e peculiar é estimulado pela necessidade de se manter vivo e, se possível, ser aceito no grupo. Portanto, longe de estar sendo ressocializado para a vida livre, está, na verdade, sendo socializado para viver na prisão. É claro que o preso aprende rapidamente as regras disciplinares na prisão, pois está interessado em não sofrer punições. Assim, um observador desprevenido pode supor que um preso de bom comportamento é um homem regenerado, quando o que se dá é algo inteiramente diverso: trata-se apenas de um homem *prisonizado*" (ob. cit. p. 64-5).

Pesquisas empíricas, especialmente no campo das ciências sociais, têm se dedicado a explorar e compreender os arranjos de poder e estratégias de controle que permeiam a convivência prisional, tanto a partir da perspectiva do corpo administrativo, quanto das pessoas presas. Segundo essa literatura, a disciplina vigente na prática prisional depende de condições intramuros que variam conforme a unidade, a quantidade de funcionários, a infraestrutura, as condições de aprisionamento, as taxas de lotação e a existência de grupos organizados de pessoas presas com regras de conduta próprias (como o Primeiro Comando da Capital-PCC). Depende ainda, em uma dimensão relacional e individual, da qualidade da relação entre o(a) funcionário(a) e a pessoa em privação de liberdade, em que o registro da falta se torna uma atividade negociada não só com os funcionários, mas também entre as próprias pessoas presas. É um ambiente marcado por hierarquias e disputas de poder, instáveis e mutáveis, entre esses atores e também entre o corpo administrativo e a direção prisional.

SEÇÃO I
DOS DEVERES

Art. 38. Cumpre ao condenado, além das obrigações legais inerentes ao seu estado, submeter-se às normas de execução da pena.

Art. 39. **Constituem deveres do condenado:**

I – comportamento disciplinado e cumprimento fiel da sentença;

II – obediência ao servidor e respeito a qualquer pessoa com quem deva relacionar-se;

III – urbanidade e respeito no trato com os demais condenados;

IV – conduta oposta aos movimentos individuais ou coletivos de fuga ou de subversão à ordem ou à disciplina;

V – execução do trabalho, das tarefas e das ordens recebidas;

VI – submissão à sanção disciplinar imposta;

VII – indenização à vitima ou aos seus sucessores;

VIII – indenização ao Estado, quando possível, das despesas realizadas com a sua manutenção, mediante desconto proporcional da remuneração do trabalho;

IX – higiene pessoal e asseio da cela ou alojamento;

X – conservação dos objetos de uso pessoal.

Parágrafo único. Aplica-se ao preso provisório, no que couber, o disposto neste artigo.

Deveres do preso – Na admissão no estabelecimento prisional, o recluso deverá tomar ciência das normas legais, regulamentares e regimentais, para que possa cumprir e obedecê-las. A instituição dos deveres gerais do preso e do conjunto de regras inerentes à boa convivência representa uma tomada de posição da lei em face do fenômeno da prisionalização, visando a depurá-lo, tanto quanto possível, das distorções e dos estigmas que encerra. Sem característica infamante ou aflitiva, os deveres do condenado se inserem no repertório normal das obrigações do apenado como ônus naturais da existência comunitária (item 63 da Exposição de Motivos da Lei de Execução Penal).

Constituem deveres dos habitantes prisionais, elencados no art. 39:

I – comportamento disciplinado e fiel cumprimento da sentença: trata-se de uma exigência natural. Se mesmo vivendo em sociedade, livres, temos que cumprir regras, leis, nada mais lógico que os sujeitos presos também vivam sob preceitos e a eles se submetam. O preso deve cumprir a sentença, ou seja, se submeter à privação de liberdade imposta pelo Estado, e não fugir, pois nessa hipótese (de fuga) estará incorrendo em falta grave (art. 50, II, desta lei);

II – obediência ao servidor e qualquer pessoa: conforme comentamos acima, o preso, que não deixa de estar em uma comunidade (a carcerária), deve obedecer as regras e respeitar as pessoas com quem se relaciona, seja servidor ou não. A não obediência ou desrespeito pode caracterizar crime (resistência, desobediência, desacato etc.) e falta grave (art. 50, VI, LEP);

III – urbanidade e respeito com os demais condenados: o mesmo sentido dos comentários aos itens "a" e "b" supra, o preso deve respeitar e tratar com urbanidade os demais condenados;

IV – conduta oposta aos movimentos de fuga ou subversão à ordem ou disciplina: no caso de movimentos de fuga, quer a lei não só um comportamento passivo do preso (não adesão), como um comportamento ativo (oposição). O incitamento ou a participação de movimento para subverter a ordem ou disciplina pode configurar falta grave (art. 50, I, LEP) e infração penal (art. 352 do CP);

V – execução do trabalho, das tarefas e das ordens recebidas: o trabalho é um dever do preso, e caso não seja observado, além de deixar de receber os benefícios, incorre em falta grave (art. 50, VI e 51, III, desta Lei).

> **ATENÇÃO** – Como já alertamos nos comentários ao art. 28, o trabalho penitenciário, rotulado no art. 31 como sendo obrigatório, não pode ser confundido com pena de trabalho forçado, esta proibida pela CF/88 (art. 5º, inc. XLVII, "c").

VI – submissão à sanção disciplinar imposta: se o Estado pode submeter o preso à sanção disciplinar, legalmente prevista, obviamente o preso deverá submissão a ela. Explica Mirabete: "Deve o preso acatar a sanção disciplinar regularmente imposta e a sua recusa ou resistência poderá constituir, conforme a lei regulamentadora, uma nova falta disciplinar, sem prejuízo da execução coercitiva da primeira. Em contrapartida, se a sanção disciplinar não for imposta regularmente, de acordo com o procedimento previsto em lei federal ou complementar, tem o condenado o direito de a ela opor-se" (ob. cit. p. 116);

VII – indenização à vítima ou aos seus sucessores: a obrigação de reparar o dano causado à vítima está prevista não apenas no rol de deveres, como também em vários outros dispositivos dispersos na LEP, Código Penal e Código de Processo Penal.

> **ATENÇÃO** – O produto da remuneração pelo trabalho prisional deverá atender à indenização dos danos causados pelo crime (art. 29, § 1º, LEP).

VIII – indenização ao Estado: quase uma utopia. O preso, quando tem a possibilidade de trabalhar, vê sua remuneração servindo a vários fins (indenização à vítima, assistência à família, pequenos gastos pessoais) e, raramente, é suficiente para também indenizar o Estado;

IX – higiene pessoal e asseio da cela: os locais onde o preso frequenta, principalmente a cela, precisam ser mantidos limpo. Além dos locais, deve ser exigido do preso que mantenha sua higiene pessoal. Claro que para esse fim deverão ser oferecidas as condições necessárias (água e artigos de higiene). No mesmo sentido, preceitos 17 e 18 das Regras Mínimas da ONU (atualizadas pelas de Mandela);

X – conservação dos objetos de uso pessoal: por razões óbvias, os presos não podem destruir aquilo que o Estado fornece para uso pessoal, por exemplo: colchão e vestimenta.

> **ATENÇÃO** – Aplica-se ao preso provisório, no que couber, o disposto neste artigo 39.

JURISPRUDÊNCIA

Interpretação extensiva.

A conduta de o paciente, durante a execução da pena de reclusão, não ter comparecido perante o oficial de Justiça para ser citado não pode ser considerada como falta grave, uma vez que referida conduta não está propriamente ligada aos deveres do preso durante a execução penal. As faltas graves devem ser expressamente dispostas na Lei de Execução Penal, não cabendo interpretação extensiva quer do art. 39 quer do art. 50, para que sejam aplicadas (STJ HC n°108.616, Rel. Jane Silva, 6.2.2009).

SEÇÃO II
DOS DIREITOS

Art. 40. Impõe-se a todas as autoridades o respeito à integridade física e moral dos condenados e dos presos provisórios.

Respeito à integridade física e moral – é um direito garantido não só pela Lei de Execução Penal, mas também pela Constituição Federal (art. 5º, XLIX): "é assegurado aos presos o respeito à integridade física e moral" e pela Convenção Americana de Direito Humanos (Pacto de San Jose da Costa Rica – art. 5º, item 1): "Toda pessoa tem direito a que se respeite sua integridade física, psíquica e moral".

Na luta contra os efeitos nocivos da prisionalização, mostra-se de suma importância estabelecer a garantia jurídica dos direitos do condenado, configurando o seu reconhecimento uma exigência fundamental nos métodos e meios da execução penal (itens 65 e 68 da Exposição de Motivos).

Art. 41. Constituem direitos do preso:

I - alimentação suficiente e vestuário;

II - atribuição de trabalho e sua remuneração;

III - Previdência Social;

IV - constituição de pecúlio;

V - proporcionalidade na distribuição do tempo para o trabalho, o descanso e a recreação;

VI - exercício das atividades profissionais, intelectuais, artísticas e desportivas anteriores, desde que compatíveis com a execução da pena;

VII - assistência material, à saúde, jurídica, educacional, social e religiosa;

VIII - proteção contra qualquer forma de sensacionalismo;

IX - entrevista pessoal e reservada com o advogado;

X - visita do cônjuge, da companheira, de parentes e amigos em dias determinados;

XI - chamamento nominal;

XII - igualdade de tratamento salvo quanto às exigências da individualização da pena;

XIII - audiência especial com o diretor do estabelecimento;

XIV - representação e petição a qualquer autoridade, em defesa de direito;

XV - contato com o mundo exterior por meio de correspondência escrita, da leitura e de outros meios de informação que não comprometam a moral e os bons costumes.

XVI - atestado de pena a cumprir, emitido anualmente, sob pena da responsabilidade da autoridade judiciária competente. (Incluído pela Lei nº 10.713, de 2003)

Parágrafo único. Os direitos previstos nos incisos V, X e XV poderão ser suspensos ou restringidos mediante ato motivado do diretor do estabelecimento.

Art. 42. Aplica-se ao preso provisório e ao submetido à medida de segurança, no que couber, o disposto nesta Seção.

Direitos do preso – O artigo 41 apresenta rol não exaustivo anunciando os direitos do habitante prisional, aplicando-se, no que couber, ao preso provisório. Lembre-se, nesse aspecto, do teor do art. 38 do Código Penal, in verbis: "O preso conserva todos os direitos não atingidos pela perda da liberdade, impondo-se a todas as autoridades o respeito à sua integridade física e moral". Analisemos um a um:

I – alimentação suficiente e vestuário: a administração fornecerá a cada preso, em horas determinadas, uma alimentação de boa qualidade, bem preparada e servida, cujo valor nutritivo seja suficiente para a manutenção da sua saúde e das suas forças. Todo o preso deverá ter a possibilidade de dispor de água potável quando dela necessitar (preceitos 20.1 e 20.2 das Regras Mínimas da ONU).

A Resolução nº 3, de 5 de outubro de 2017, do Ministério da Justiça e Segurança Pública e do Conselho Nacional de Política Criminal e Penitenciária, dispõe sobre a prestação de serviços de alimentação e nutrição às pessoas privadas de liberdade e aos trabalhadores no sistema prisional. Tal diploma dispõe que "às pessoas privadas de liberdade, deverão ser ofertadas, minimamente, cinco refeições diárias: o desjejum, o almoço, o lanche, o jantar e a ceia", devendo "ser planejadas para cobrir, 100% das necessidades nutricionais diárias dos indivíduos e grupos atendidos". (art. 3º, *caput* e § 1º). A mesma resolução prevê, ainda, "a criação de condições e ambientes que permitam o aleitamento materno exclusivo até o sexto mês e o aleitamento materno continuado até os dois anos da criança ou mais, que está em companhia da mãe que cumpre pena privativa de liberdade, em caráter transitório" e "o fornecimento de uma alimentação adequada e saudável para a lactante, de modo que suas necessidades nutricionais sejam alcançadas para a produção do leite materno" (art. 1º, incs. II e III). Obriga, ainda, "a oferta de alimentos adequados e saudáveis para as crianças que estão em companhia das mães que cumprem pena privativa de liberdade" (art. 1º, inc. IV).

ATENÇÃO - À pessoa travesti ou transexual em privação de liberdade serão facultados o uso de roupas femininas ou masculinas, conforme o gênero, e a manutenção de cabelos compridos, se o tiver, garantindo seus caracteres secundários de acordo com sua identidade de gênero (art. 5º da Resolução Conjunta nº 1 "que define novas regras para acolhimento da comunidade LGBT em unidades prisionais", do Conselho Nacional de Combate à Discriminação);

II – atribuição de trabalho e sua remuneração: O trabalho é um dos direitos sociais do homem (art. 6º da CF/88). Dentro desse espírito, o Estado tem o dever de atribuir (também) ao preso, limitado na sua liberdade de locomoção, trabalho remunerado, mesmo porque, com a labuta, o habitante prisional resgatará parcela da pena (vide comentários aos arts. 28 a 37);

III – Previdência Social: os benefícios inerentes à previdência social são garantidos ao preso (art. 39 do CP) e, consoante inteligência do art. 23, VI, da LEP, incumbe ao serviço social providenciar a obtenção de documentos, dos benefícios da Previdência Social e do seguro por acidente no trabalho. Questão polêmica orbita o auxílio-reclusão. Não faltam reivindicações para que ele seja extinto ou recrudescido. Em 2019, foi editada Medida Provisória n. 871, convertida na Lei n. 13.846/19, que alterou significativamente os requisitos para aquisição do benefício. A partir de 18.01.19, passa a valer com as seguintes características:

i) não mais se aplica a presos no regime semiaberto, mas apenas a dependentes de presos em regime fechado;

ii) define o segurado de baixa renda como aquele que no mês de competência de recolhimento à prisão, tenha renda (calculada com base na média dos salários-de-contribuição apurados no período de doze meses anteriores ao mês da prisão) de valor igual ou inferior àquela prevista no art. 13 da Emenda Constitucional nº 20/98, atualizada na data da prisão;

iii) antes dispensado, agora o período de carência é de 24 contribuições mensais, exigido para prisões ocorridas a partir de 18.01.2019.

Todavia, é preciso ter cautela. Trata-se de benefício previdenciário devido aos dependentes de segurado preso (de baixa renda), desde que o segregado não esteja recebendo outros benefícios, tais como aposentadoria de qualquer espécie, auxílio doença ou até mesmo remuneração da empresa. Importante ressaltar que só é segurado o cidadão filiado ao INSS que possua inscrição e faça pagamentos mensais a título da Previdência Social. Não é difícil deduzir que raros presos cumprem esse requisito. O valor a ser recebido é proporcional ao que ele contribuiu à Previdência. O objetivo é não deixar desamparados os dependentes do preso. Na prática, pouquíssimos conseguem cumprir todos os requisitos necessários (ver art. 80 da Lei 8.213/91 e Lei 13.846/19). De acordo com o Contas Abertas (entidade da sociedade civil que dentre suas atividades está a fiscalização das contas públicas), apenas 7,1% da população carcerária recebe auxílio reclusão (informações de março de 2016);

IV – constituição de pecúlio: sobre o tema, ver comentários aos art. 29, § 2º;

V – proporcionalidade na distribuição do tempo para o trabalho, o descanso e a recreação: embora o trabalho seja importante na ressocialização do preso, equilibrar o tempo de labuta com o de descanso e recreação também é necessário, tanto que assim previu a lei. O preso pode fazer horas extras, mas não pode virar uma atitude frequente e frenética, devendo a administração observar o desejável equilíbrio. Assim recomendam as Regras Mínimas da ONU (preceito 78);

ATENÇÃO - Temos jurisprudência do STJ no sentido de que se deve considerar a cada 6 (seis) horas extras realizadas além da jornada normal de 8 (oito) horas diárias como um dia de trabalho para fins de remição (HC 39.540/SP); quando o apenado trabalhar aquém da jornada mínima legal, computar-se-ão a cada 6 (seis) horas como um dia de trabalho (REsp nº 836.952/RS). Atualmente, o tribunal segue a regra de que a remição deve ser calculada com base nos dias efetivamente trabalhados, não na soma das horas. Por isso, deve ser observada a jornada diária entre 6 (seis) horas e 8 (oito) horas de trabalho. Somente as horas trabalhadas após a jornada máxima legal poderão ser somadas a fim de que, atingindo 6 (seis) horas, sejam computadas como 1 (um) dia para fins de remição (AgRg no REsp 1.976.241/RS, j. 10/05/2022). No STF, por outro lado, há decisões que admitem a soma das horas quando a jornada diária é inferior a 6 (horas), especialmente quando não se trata de insubmissão do condenado, mas sim de imposição da administração do estabelecimento (RHC 217.297/MG, j. 08/07/2022; HC 209.392/MG, j. 23/03/2022).

VI - exercício das atividades profissionais, intelectuais, artísticas e desportivas anteriores, desde que compatíveis com a execução da pena: sobre o tema, ver comentários ao art. 83;

VII - assistência material, à saúde, jurídica, educacional, social e religiosa: sobre o tema, ver comentários aos arts. 10 a 27;

VIII - proteção contra qualquer forma de sensacionalismo: tem o condão de evitar a exposição desnecessária do preso, submetendo-o ao sensacionalismo dos meios de comunicação, expondo o reeducando à execração pública. A honra do preso é assegurada pela CF/88 (art. 5º, X) e pela Convenção Americana de Direitos Humanos (arts. 11, itens 1 e 2, e 14, item 3).

Há pouco tempo, no Complexo Penitenciário do Curado, em Recife, presos foram expostos em rede nacional utilizando facas e travando uma "verdadeira" disputa de "gladiadores" no pátio. Além de o vídeo mostrar a falência do sistema penitenciário brasileiro, provocou questionamentos de muitos estudiosos a respeito da violação da imagem, de forma sensacionalista, dos presos, principalmente os provisórios.

Não são poucos os casos de desrespeito à imagem do habitante prisional, tanto é que o Ministério Público Federal, no estado da Paraíba, expediu a recomendação 09/2009, onde proíbe presos ou pessoas sob guarda estatal de manter contato com a imprensa, salvo se consentido. Aliás, o caos de Curado é um problema que ultrapassou a fronteira e foi bater à porta da Corte Interamericana de Direito Humanos (CIDH), que em novembro de 2016 expediu medida cautelar requerendo ao Brasil que implemente todas as medidas necessárias para proteger a vida e a integridade das pessoas privadas de liberdade no Complexo Penitenciário de Curado.

ATENÇÃO - A nova Lei de Abuso de Autoridade (Lei n. 13.869/19) prevê como crime punível com detenção, de 1 a 4 anos, e multa (art. 13), "constranger o preso ou o detento, mediante violência, grave ameaça ou redução de sua capacidade de resistência, a: exibir-se ou ter seu corpo ou parte dele exibido à curiosidade pública; submeter-se a situação vexatória ou a constrangimento não autorizado em lei".

IX – entrevista pessoal e reservada com o advogado: como desdobramento lógico do princípio da ampla defesa, o art. 7º, III, da Lei 8.906/94 (Estatuto da Advocacia e da Ordem dos Advogados do Brasil), garante ao advogado e, consequentemente, ao preso, o direito de comunicar-se pessoal e reservadamente. A LEP, nesse tanto, observou o óbvio. Discute-se, contudo, se a comunicação entre advogado e cliente pode ser gravada pelo sistema penitenciário. Entendemos que, em regra, não, ferindo garantias constitucionais indisponíveis. Entretanto, sabendo que as liberdades públicas não são mais entendidas em sentido absoluto, desaparecerá a ilicitude de qualquer violação quando houver fundadas suspeitas de as entrevistas estarem servindo, na verdade, para a prática de infrações penais. Nesse caso, a gravação se legitima como importante instrumento para a garantia da ordem pública e das liberdades alheias;

ATENÇÃO – A nova Lei de Abuso de Autoridade (Lei n. 13.869/19) incluiu como crime (art. 20), com pena de detenção, de 6 meses a 2 anos, e multa, "impedir, sem justa causa, a entrevista pessoal e reservada do preso com seu advogado". No mesmo sentido o art. 7º.-B da Lei 8.906/94, figurando como vítima o causídico.

X – visita do cônjuge, da companheira, de parentes e amigos em dias determinados: o contato com os familiares é fundamental para a ressocialização do preso, especialmente para as mulheres, que notadamente recebem menos visitas e se encontram presas em unidades distantes do seu local de origem. O encarceramento de mulheres gera custos socioeconômicos significativos para a sua família e comunidade, provocando a reorganização da estrutura familiar, razão pela qual os laços familiares devem ser preservados na medida do possível.

As Regras de Mandela estabelecem que se deve velar particularmente para que se mantenham e melhorem as boas relações entre o preso e sua família, conforme apropriado para ambos (preceito 106). No tocante à chamada visita íntima, embora não exista previsão legal, a tendência moderna é considerá-la um direito do preso (e não uma regalia ou recompensa).

Em 2017, o DEPEN (Departamento Penitenciário Nacional) publicou a Portaria 718/2017 que restringe consideravelmente as hipóteses para a realização de visitas íntimas em presídios federais, sob o fundamento de que representam grave risco para a segurança de unidades destinadas a presos "especiais", de alta periculosidade. Assim, as visitas íntimas ficam suspensas a presos associados a organizações criminosas; que tenham praticado crime que colocou em risco a sua integridade física na unidade penal de origem; inclusos em RDD e que tenham se envolvido em incidentes de fuga, violência ou indisciplina na unidade de origem. A norma foi objeto de Arguição de Descumprimento de Preceito Fundamental (ADPF 518), ajuizada em 2018, questionando sua adequação a preceitos nacionais e internacionais, como a CF/88, a LEP e as Regras de Mandela. Em 2023, o STF julgou prejudicada a ADPF em razão da perda superveniente de objeto, tendo em vista que a matéria está disciplinada na Lei 11.671/08 desde as alterações promovidas pelo Pacote Anticrime (Lei 13.964/19). Atualmente, nos estabelecimentos federais de segurança máxima a visita do cônjuge, do companheiro, de parentes e de amigos somente ocorre em dias determinados, por meio virtual ou no parlatório, com o máximo de 2 (duas) pessoas por vez, além de eventuais crianças, com separação por vidro e comunicação por meio de interfone, com filmagem e gravações. A lei, portanto, veda visitas íntimas.

ATENÇÃO - O Conselho Nacional de Combate à Discriminação editou a Resolução Conjunta nº 1 (que define novas regras para acolhimento da comunidade LGBT em unidades prisionais) e em seu art. 6º garantiu a visita íntima à população LGBT. Na mesma esteira, o art. 95 da Resolução nº 01 de 1999, do Conselho Nacional de Política Criminal e Penitenciária.

Alerta Mirabete:

> "Têm-se anotado também os inconvenientes de serem os encontros mantidos na própria cela, recomendando-se que os estabelecimentos penais mantenham em pavilhões anexos um local com certa autonomia e mínimo de conforto a fim de se preservar a intimidade do preso e do visitante" (ob. cit. p. 126);

ATENÇÃO - A Lei 12.962/14, alterando o Estatuto da Criança e do Adolescente, garante a convivência da criança e do adolescente com a mãe ou o pai privado de liberdade, por meio de visitas periódicas promovidas pelo responsável, **independentemente de autorização judicial** (art. 19, § 4º).

Revista íntima – Trata-se, em síntese, de inspeção reservada em pessoas (notadamente familiares) que visitam os habitantes prisionais. Dessa revista não escapa ninguém, mulheres e homens, sejam crianças, adolescentes, jovens, adultos ou pessoas idosas. Todos são inspecionados!

Mas em que consiste tal revista (íntima)? Por que é tão criticada?

De acordo com a praxe, os visitantes inspecionados são obrigados a se despir por completo e agachar três vezes sobre um espelho, abrir com as mãos o ânus e a vagina, contraindo os músculos para que servidores do estabelecimento penal possam verificar se estão carregando instrumentos ilegais (drogas, material bélicos, acessórios para celulares etc.) ou qualquer outro objeto proibido para dentro do presídio.

É praticamente unânime a opinião dos estudiosos no sentido de que a revista íntima contraria não apenas a Constituição Federal, mas também Convenções Internacionais (em especial, a Convenção Americana sobre Direitos Humanos).

Temos corrente lecionando que submeter familiares do preso ao sistema de inspeção vexatória e humilhante é, de certa forma, fazer com que a pena do preso, mesmo que indiretamente, passe para terceiros, violando o art. 5º, XLV, da nossa Bíblia Política.

Vale lembrar que a Argentina, por exemplo, já foi condenada pela Comissão Interamericana de Direitos Humanos por ter submetido mulheres e crianças a procedimento similar. Trata-se de um caso envolvendo a Sra. X e sua filha Y, de 13 anos, que foram submetidas a "revistas vaginais".

A Comissão concluiu que, "ao impor uma condição ilegal para a realização das visitas à penitenciária sem dispor de mandado judicial ou oferecer as garantias médicas apropriadas, e ao efetuar revistas e inspeções nessas condições, o Estado argentino violou os direitos da Senhora X e sua filha Y consagrados nos artigos 5, 11 e 17 da Convenção, em correlação com o artigo 1.1, que dispõe pela obrigação do Estado argentino de respeitar e garantir o pleno e livre exercício de todas as disposições reconhecidas na Convenção. No caso da criança Y, a Comissão conclui que o Estado argentino também transgrediu o artigo 19 da Convenção".

A questão é objeto do Tema 998 de repercussão geral, pendente de julgamento, no qual o Ministro Edson Fachin reconheceu "controvérsia relativa à ilicitude da prova obtida a partir de revista íntima de visitante em estabelecimento prisional, por ofensa ao princípio da dignidade da pessoa humana e à proteção ao direito à intimidade, à honra e à imagem" (ARE 959.620 RG, j. 01/06/2019). Em seu voto, em 28.10.2020, o Ministro propôs a seguinte tese: "É inadmissível a prática vexatória da revista íntima em visitas sociais nos estabelecimentos de segregação compulsória, vedados sob qualquer forma ou modo o desnudamento de visitantes e a abominável inspeção de suas cavidades corporais, e a prova a partir dela obtida é ilícita, não cabendo como escusa a ausência de equipamentos eletrônicos e radioscópicos".

Temos pesquisas advertindo que a revista íntima não tem a efetividade que se pretende (ou se imagina). Trocando em miúdos, não é a falta de revista íntima que permite a entrada de drogas, armas e celulares em presídios. Isso porque, de acordo com estudos realizados pela Rede de Justiça Criminal, baseada em documentos oficiais fornecidos pela Secretaria de Administração Penitenciária do Estado de São Paulo, somente 0,03% dos visitantes carregavam objetos considerados proibidos, isto é, 3 visitantes de cada 10 mil. Importante frisar, ainda, que em nenhum dos casos foi registrada a tentativa de entrar no presídio com armas. Para a pesquisa, foram contabilizados dados coletados pelo Governo de fevereiro a abril dos anos 2010, 2011, 2012 e 2013 (ver – http://www.conectas.org/arquivos/editor/files/Informativo_JusticaCriminal_6_2014%20(1).pdf).

Em contrapartida, a apreensão de itens ilegais no interior das celas foi quatro vezes superior à quantidade apreendida com os parentes dos presos, o que demonstra que não são eles os grandes responsáveis pelo ingresso de tais objetos nas dependências prisionais, existindo, ao que tudo indica, "meios" mais eficazes.

Interessante situação a reforçar a ineficiência e prejudicialidade da revista íntima ocorreu na Vara de Execução Penal de Joinville-SC, onde o juiz João Marcos Buch proibiu essa inspeção vexatória. Durante a proibição não se constatou aumento da apreensão de objetos proibidos relacionados com a vedação da revista. Muito pelo contrário. Segundo Buch, o sistema "passou a funcionar com mais tranquilidade. Inclusive os agentes perceberam que a dinâmica de segurança não mudou e que seu trabalho foi otimizado". Lamentavelmente, o Tribunal de Justiça suspendeu a medida, a pedido do Ministério Público.

Mas seria possível, então, evitar a revista íntima? Quais mecanismos poderiam ser utilizados em substituição?

Alguns estados já adotam a "revista íntima humanizada". Funciona da seguinte maneira: logo ao chegar à unidade, a visitante faz um cadastro, onde os agentes identificam se essa pessoa está apta ou não a fazer a visita. A aptidão é avaliada levando-se em consideração características do apenado (comportamento, incidentes por atos de indisciplina, desacatos, ameaças, brigas internas etc.). Realizado esse procedimento preliminar, inicia-se a revista manual, denominada "triagem". Os agentes revistam manualmente os objetos que os visitantes querem levar para dentro do presídio e determinam o que pode ou não entrar. Em seguida, passam os objetos pelo raio x, onde é possível verificar o seu interior. O visitante é convidado a se sentar num detector de metal em forma de banco, que apontará qualquer objeto de metal que possa ter sido inserido da cintura para baixo. Como etapa seguinte, passa por um "portal", que detecta possíveis metais ocultos em outras partes do corpo. Desse modo, seguindo essas fases, finaliza-se a revista sem humilhação.

Nessa linha de política pública penitenciária mais humanizada, diversos estados já proíbem a revista íntima, dentre eles o de São Paulo, que editou a Lei 15.552/14. A norma estadual anunciou um prazo de 180 dias (iniciado dia 12 de agosto de 2014) para o governo do Estado adquirir scanners, detectores de metais e equipamentos de Raio-X para todas as suas unidades prisionais. Após a instalação dos equipamentos, os servidores ficariam proibidos de exigir que as visitas se dispam e sejam tocadas. Todos os visitantes passariam, então, por scanner; caso algo de interesse fosse detectado, os visitantes passariam por outro equipamento (raio-x e/ou detectores de metal). Permanecendo o alerta, o visitante seria impedido de entrar na unidade; se insistir, deveria ser encaminhado a um ambulatório para que um médico fizesse a verificação. Localizado algo ilícito escondido no corpo, o visitante seria encaminhado à delegacia. A ideia contida na lei parece ideal, mas, infelizmente, ainda não é realidade no Estado, em que pese, no mês de janeiro de 2016, ter sido condenado a pagar indenização no valor de 10 mil reais por danos morais a uma mulher que, ao visitar o filho em uma penitenciária, foi submetida a revista íntima excessiva e vexatória por suspeita de portar entorpecentes (Apelação nº 0006133-85.2011.8.26.0224).

O Conselho Nacional de Política Criminal e Penitenciária editou a Resolução nº 28/2022, segundo a qual a revista pessoal deve preservar a integridade física, psicológica e moral da pessoa revistada. Para isso, deve ser feita mediante o uso de equipamentos eletrônicos detectores de metais, aparelhos de raio-x, escâner corporal, dentre outras tecnologias e equipamentos de segurança capazes de identificar armas, explosivos, drogas ou outros objetos ilícitos. Excepcionalmente, na ausência de tais equipamentos ou havendo fundada suspeita, poderá ser realizada a revista manual. Nesse caso, devem ser observadas as seguintes diretrizes:

a) a pessoa revistada permanecerá com as roupas íntimas;

b) a revista manual será realizada por policial penal do mesmo sexo do visitante;

c) visitantes travestis, transexuais ou intersexuais, no momento de seu cadastro prévio para habilitação à visitação, poderão indicar o gênero desejado de policial penal que realizará o procedimento da revista manual, respeitado o direito ao uso do nome social, na forma da lei.

A Resolução nº 28/2022 veda a revista vexatória, desumana ou degradante, notadamente: I – desnudamento; II – conduta que implique o toque ou a introdução de objetos nas cavidades corporais da pessoa revistada; III – uso de cães ou animais farejadores, ainda que treinados para esse fim; IV – agachamento ou salto.

Ainda que haja anuência do visitante, a Resolução veda a revista íntima, exceto em caso de fundada suspeita, nos termos dos arts. 240 e 244 do Código de Processo Penal.

XI – chamamento nominal: respeito à dignidade da pessoa humana, evitando que o preso seja tratado como objeto.

ATENÇÃO – Os presos da população LGBTQI devem ser tratados pelo seu nome social. Entende-se por nome social o que a pessoa prefere ser chamada cotidianamente, isto é, a forma como ela se identifica e é tratada na sociedade.

XII – igualdade de tratamento, salvo quanto às exigências da individualização da pena: sobre o tema, ver comentários ao art. 3º;

XIII – audiência especial com o diretor do estabelecimento: o preso tem direito de se comunicar com o diretor do estabelecimento, oportunidade em que pode transmitir eventual reclamação, retratar abuso etc., sem que para isso precise do intermédio de outro funcionário. As audiências não podem ser negadas, podendo a administração criar regras para disciplinar o encontro, evitando, assim, atrapalhar o regular funcionamento do estabelecimento e a rotina do setor de comando;

XIV – representação e petição a qualquer autoridade, em defesa de direito: o preso tem o direito de, em qualquer dia, fazer solicitações ou reclamações ao diretor da unidade prisional ou seu representante. Reforça-se, com isso, o direito de petição, constitucionalmente previsto (art. 5º, XXXIV);

XV – contato com o mundo exterior por meio de correspondência escrita, da leitura e de outros meios de informação que não comprometam a moral e os bons costumes: o contato com o mundo exterior é um direito do preso e poderá ser feito por meio de correspondências, jornais, revistas etc. (no mesmo sentido, Regras de Mandela, preceito 58). A Constituição Federal garante ser inviolável o sigilo de correspondência e comunicações. Pode a administração penitenciária violar essa garantia? Partindo da premissa – por nós já utilizada noutro inciso – de que as liberdades públicas não são absolutas, desaparecerá a ilicitude de qualquer violação quando houver fundadas suspeitas das comunicações estarem servindo para a preparação ou a prática de infrações penais. Nesse caso, a interceptação se legitima como importante instrumento para a garantia da ordem pública e das liberdades alheias. Para exemplificar, é o que supostamente ocorreu recentemente na operação "Lava Jato", onde a Polícia Federal interceptou um bilhete escrito por um dos presos, nele contendo instruções para destruição de provas com o objetivo de ocultar crimes;

XVI – atestado de pena a cumprir, emitido anualmente, sob pena da responsabilidade da autoridade judiciária competente: buscando evitar a hipertrofia da punição bem como prejuízos desnecessários ao condenado, a lei prevê que é direito do preso receber anualmente atestado de pena a cumprir. O procedimento a ser adotado na emissão do atestado está previsto na Resolução 113 do CNJ (arts. 12 e 13). Em agosto de 2016, o mesmo Conselho aprovou a inclusão do parágrafo único ao art. 1º da referida resolução, para determinar que os tribunais brasileiros sempre comuniquem ao juízo da execução, imediatamente, casos de redução de pena de réus presos.

ATENÇÃO – Os direitos previstos nos incisos V, X e XV poderão ser suspensos, por meio de decisão motivada do diretor do estabelecimento penal.

JURISPRUDÊNCIA

Direitos do preso. Banho de sol

O direito à saída da cela por 02 (duas) horas diárias para banho de sol como prerrogativa inafastável de todos aqueles que compõem o universo penitenciário brasileiro, mesmo em favor daqueles sujeitos ao regime disciplinar diferenciado (LEP, art. 52, IV). Há, lamentavelmente, no Brasil, no plano do sistema penitenciário nacional, um claro, indisfarçável e anômalo "estado de coisas inconstitucional" resultante da omissão do Poder Público em implementar medidas eficazes de ordem estrutural que neutralizem a situação de absurda patologia constitucional gerada, incompreensivelmente, pela inércia do Estado, que descumpre a Constituição Federal, que ofende a Lei de Execução Penal, que vulnera a essencial dignidade dos sentenciados e dos custodiados em geral, que fere o sentimento de decência dos cidadãos desta República e que desrespeita as convenções internacionais de direitos humanos (como o Pacto Internacional sobre Direitos Civis e Políticos, a Convenção contra a Tortura e outros Tratamentos ou Penas Cruéis, Desumanos ou Degradantes, a Convenção Americana de Direitos Humanos e as Regras Mínimas das Nações Unidas para o Tratamento de Reclusos – "Regras de Nelson Mandela", entre outros relevantes documentos internacionais). – O Estado brasileiro, agindo com absoluta indiferença em relação à gravidade da questão penitenciária, tem permitido, em razão de sua própria inércia, que se transgrida o direito básico do sentenciado de receber tratamento penitenciário justo e adequado, vale dizer, tratamento que não implique exposição do condenado (ou do preso provisório) a meios cruéis, lesivos ou moralmente degradantes (CF, art. 5º, incisos XLVII, "e", e XLIX), fazendo-se respeitar, desse modo, um dos mais expressivos fundamentos que dão suporte ao Estado democrático de direito: a dignidade da pessoa humana (CF, art. 1º, III). (STF, Medida cautelar em HC 172.136-SP, Min. Celso de Mello, j. 01.07.19).

Correspondência do preso. Interceptação.

A Primeira Turma do Supremo, em habeas corpus impetrado por condenado a três anos de reclusão, entendeu que "a administração penitenciária, com fundamento em razoes de segurança publica, de disciplina prisional ou de preservação da ordem jurídica, pode, sempre excepcionalmente, e desde que respeitada a norma inscrita no art. 41, parágrafo único, da Lei n. 7.210/84, proceder a interceptação da correspondência remetida pelos sentenciados, eis que a clausula tutelar da inviolabilidade do sigilo epistolar não pode constituir instrumento de salvaguarda de praticas ilícitas. – O reexame da prova produzida no processo penal condenatório não tem lugar na ação sumaríssima de habeas corpus."(STF, HC 70.814-5, Min. Rel. Celso de Mello, j. 01.03.1994)

Visita a detento e impetração de habeas corpus

A Segunda Turma não conheceu de "habeas corpus" no qual pleiteada a realização de visita direta a interno em estabelecimento penal e não nas dependências de parlatório. No caso, fora vedada a manutenção de contato direto entre detento recluso em penitenciária de segurança máxima e sua mãe, ambos pacientes no "writ" em comento. Não sendo possível a realização dos movimentos exigidos no procedimento de revista íntima em razão de doença — artrose no joelho direito — de que seria portadora a visitante, o juiz de execução penal, com fundamento em norma regimental, recomendara a utilização de parlatório. A Turma, ao assentar a inadequação da via eleita, reiterou os fundamentos expendidos quando do julgamento do RHC 121.046/SP (DJe de 26.5.2015) e do HC 127.685/SP (DJe de 20.8.2015) no sentido de que, por não haver efetiva restrição ao "status libertatis" do paciente, o "habeas corpus" seria meio inidôneo para discutir direito de visita a preso. Ademais, na espécie, nem sequer teria havido negativa de autorização para a visita, mas sim a mera restrição a que fosse realizada nas dependências do parlatório, diante da impossibilidade de a paciente, em razão de suas condições médicas particulares, ser submetida à prévia revista mecânica. Por fim, seria de se ressaltar que o recluso em questão fora condenado à pena de 14 anos, 3 meses e 18 dias de reclusão pela prática de roubos qualificados e tráfico de drogas, em penitenciária de segurança máxima. Vencido o Ministro Gilmar Mendes, que admitia o "habeas corpus" (STF – HC n° 133305-SP, Rel. Dias Toffoli, j. 24.5.2016).

"Habeas corpus" e autorização para visitas

O "habeas corpus" não é meio processual adequado para o apenado obter autorização de visita de sua companheira no estabelecimento prisional. Com base nessa orientação, a Segunda Turma não conheceu de "writ" em que se alegava a ilegalidade da decisão do juízo das execuções criminais que não consentira na referida visita (STF – HC n° 127685-DF, Rel. Dias Toffoli, 30.6.2015).

"Habeas corpus" e direito de detento a visitas

Não se presta o remédio constitucional do habeas corpus à discussão acerca do direito de visitas íntimas do apenado, pois, neste caso, o que se procura proteger é o direito à intimidade da pessoa humana, sua integridade física e moral, e não seu direito de ir e vir (locomoção).(STJ, Quinta Turma, AgRg no HC 425.115/RN, Rel. Min. Reynaldo Soares Da Fonseca, julgado em 15/03/2018)

Transferência de presídio

A Turma deferiu "habeas corpus" para autorizar ao paciente – recolhido em estabelecimento localizado no Estado de São Paulo – transferência para presídio em Mato Grosso do Sul. Observou-se a boa conduta carcerária do apenado, a existência de vínculos familiares nesse Estado e a disponibilidade de vaga em presídio localizado nesta mesma unidade da Federação. O Min. Celso de Mello ressaltou que a execução penal, além de objetivar a efetivação da condenação penal imposta ao sentenciado, buscaria propiciar condições para a harmônica integração social daquele que sofre a ação do magistério punitivo do Estado. Por esta razão, aduziu que a LEP autorizaria ao juiz da execução determinar o cumprimento da pena em outra comarca ou, até mesmo, permitir a remoção do condenado para Estado-membro diverso daquele em que cometida a infração penal, conforme disposto no caput do art. 86 da referida lei. Ressalvou-se o posicionamento da Corte no sentido de não haver direito subjetivo do sentenciado à transferência de presídio, mas asseverou-se que, no caso, estar-se-ia a permitir ao reeducando melhor ressocialização, na medida em que garantido seu direito à assistência familiar (STF – HC nº 105175, Rel. Gilmar Mendes, j. 22.3.2010).

Cumprimento de pena e remoção para presídio de outra unidade da Federação.

A Turma deferiu "habeas corpus" para autorizar a remoção de condenado para estabelecimento penal localizado em outra unidade da federação. No caso, sustentava a impetração que o paciente encarcerado em presídio paulista teria o direito de ver cumprida sua pena corporal em município localizado no Estado da Bahia, na medida em que nesse residiriam os seus familiares. Alegava, ainda, que o próprio Diretor do Conjunto Penal baiano informara haver disponibilidade de vaga e que a unidade prisional comportaria presos em regime fechado. Entendeu-se que, pelo que se poderia constatar dos autos, as penitenciárias seriam congêneres, haja vista que ambas seriam aptas a receber presos condenados no regime fechado, não havendo preponderância do estabelecimento atual em relação àquele para o qual se pretenderia a transferência, sobretudo no concernente ao quesito segurança máxima. Asseverou-se, ademais, que, ao adotar tal posicionamento, ter-se-ia que o direito à assistência familiar e seu respectivo exercício ficariam sobremaneira facilitados, assim como deflagrado o processo de ressocialização, mitigando a distância e a dificuldade do contato do preso com a família (STF – HC nº 100087, Rel. Ellen Gracie, j. 16.3.2010).

Art. 43. É garantida a liberdade de contratar médico de confiança pessoal do internado ou do submetido a tratamento ambulatorial, por seus familiares ou dependentes, a fim de orientar e acompanhar o tratamento.

Parágrafo único. As divergências entre o médico oficial e o particular serão resolvidas pelo Juiz da execução.

Perícia particular – É cediço que o Estado não consegue atender como deveria as necessidades médicas da população e, quando o assunto envolve presos, não é diferente. Diante desse quadro, é coerente que, tanto o preso como os seus familiares e dependentes, possam contratar médico particular de confiança pessoal com o fim de orientar e acompanhar seu tratamento, mesmo onde o Estado disponha de meios para tanto.

As divergências entre o médico oficial e o particular serão resolvidas pelo juiz da execução, podendo a autoridade judiciária determinar, se o caso, nova perícia por outros médicos oficiais.

SEÇÃO III
DA DISCIPLINA

SUBSEÇÃO I
DISPOSIÇÕES GERAIS

Art. 44. **A disciplina consiste na colaboração com a ordem, na obediência às determinações das autoridades e seus agentes e no desempenho do trabalho.**

Parágrafo único. Estão sujeitos à disciplina o condenado à pena privativa de liberdade ou restritiva de direitos e o preso provisório.

Da disciplina - Com o início do cumprimento da pena, a gestão direta da sanção é realizada pela administração que, diante da impossibilidade de prever todas as situações do cotidiano prisional, tem espaço discricionário para atuar, visando a manutenção da ordem e a concretização das finalidades da pena. Para tanto, os condenados à pena privativa de liberdade e restritiva de direitos e os presos provisórios deverão colaborar com a ordem, obedecendo às determinações emanadas das autoridades e seus agentes.

Nos termos das Regras Mínimas da ONU (atualizadas pelas de Mandela): "A disciplina e a ordem devem ser mantidas, mas sem maiores restrições do que as necessárias para garantir a custódia segura, a segurança da unidade prisional e uma vida comunitária bem organizada" (preceito 36).

Aliás, sabendo que as prisões são verdadeiros agrupamentos humanos, e que todos os grupos humanos necessitam de ordem e disciplina para que seja possível a convivência harmônica, a LEP traz, além do extenso rol de deveres e direitos, comportamentos proibidos, as sanções aplicáveis em caso de violação e os ritos e exigências para a sua apuração, conforme abordaremos a seguir.

Art. 45. **Não haverá falta nem sanção disciplinar sem expressa e anterior previsão legal ou regulamentar.**

§ 1º As sanções não poderão colocar em perigo a integridade física e moral do condenado.

§ 2º É vedado o emprego de cela escura.

§ 3º São vedadas as sanções coletivas.

Sanção disciplinar e o princípio da legalidade - A LEP, no art. 45, *caput*, traz a garantia da legalidade para o campo do regime disciplinar prisional, firmando, em sede de execução penal, os princípios da legalidade, da reserva legal e da taxatividade. As Regras de Mandela também orientam que o preso só poderá ser punido por conduta considerada, por lei ou regulamento, infração disciplinar, obedecendo a duração cominada (preceitos 39 e seguintes). Disso decorre que as regras disciplinares devem ter redação clara e certa "de modo que o poder discricionário seja restrito e se exerça dentro de limites definidos" como ensina Ela Wiecko de Castilho (Controle da Legalidade na Execução Penal, 1988, p. 25).

Ocorre que, conforme abordaremos nos comentários ao art. 50, as normas de comportamento tipificadas na LEP (e a própria definição de disciplina) trazem, em sua redação, conceitos amplos, vagos e abstratos, possibilitando uma enorme discricionariedade na imputação das faltas disciplinares. Por esta razão, muitos autores consideram que tais dispositivos violam o princípio da legalidade, provocando incerteza jurídica e favorecendo arbitrariedades por parte da administração prisional.

As sanções não poderão colocar em perigo a integridade física e moral do condenado, sob pena de infringir não só a LEP (art. 45, § 1º), como também a Constituição Federal (art. 5º, X, e XLVII), a Convenção Americana de Direitos Humanos (art. 11, itens 1 e 2), dentre outros tratados da mesma natureza.

ATENÇÃO – As sanções cruéis, desumanas e degradantes podem, conforme o caso, caracterizar crime de tortura (art. 1º, § 1º, da Lei 9.455/97).

Celas escuras – O emprego de celas escuras era prática punitiva recorrente em diversos locais do mundo, e podem atualmente ser visitadas por turistas, em países como Letônia, Rússia e Brasil. Foi expressamente proibida, em diversos ordenamentos jurídicos, por ser degradante, cruel e insalubre. As Regras de Mandela dispõem (Regra 45):

1.Em nenhuma circunstância devem as restrições ou sanções disciplinares implicar tortura, punições ou outra forma de tratamentos cruéis, desumanos ou degradantes. As seguintes práticas, em particular, devem ser proibidas:

(a) Confinamento solitário indefinido;

(b) Confinamento solitário prolongado;

(c) Detenção em cela escura ou constantemente iluminada;

(d) Castigos corporais ou redução da alimentação ou água potável do recluso;

(e) Castigos coletivos.

Ainda assim, nos dias de hoje, uma simples busca na internet resulta em inúmeras notícias, relatórios e denúncias de casos de maus tratos e uso de celas escuras em prisões brasileiras.

Sanções coletivas – Estão vedadas as sanções coletivas, desdobramento lógico do princípio constitucional da personalidade da pena (art. 5º, XLV). Por isso, determina o art. 57 da LEP: "Na aplicação das sanções disciplinares, levar-se-ão em conta a natureza, os motivos, as circunstâncias e as consequências do fato, bem como a pessoa do faltoso e seu tempo de prisão".

JURISPRUDÊNCIA

Falta Grave. Sanção Coletiva

Embora a sanção coletiva seja vedada, não se pode confundir 'sanção coletiva' com 'autoria coletiva'. A primeira de fato é vedada pelo ordenamento jurídico. A segunda, entretanto, se configura quando é devidamente apurada a falta e reconhecida a responsabilização de vários apenados na autoria de conduta que configura falta grave e, diante das circunstâncias da infração, acarreta a punição individualizada de todos os envolvidos" (AgRg no HC 444.930/SP, Rel. Ministro FELIX FISCHER, QUINTA TURMA, DJe 28/6/2018).

Por violação da determinação expressa no art. 45, § 3º, da LEP (que proíbe a aplicação de sanções coletivas) e ao art. 5º, XLV, da CF (princípio da responsabilidade pessoal), a Turma anulou a punição aplicada ao paciente pela prática de falta grave. No caso, vários detentos estavam dentro de uma viatura, cujo interior foi danificado durante o transporte, mais especificamente a tela de proteção de uma das lâmpadas do corredor direito. Questionados sobre o responsável pelo dano, todos os presos permaneceram silentes. Com esses fatos, a Justiça estadual entendeu que todos deveriam ser responsabilizados pelo fato ocorrido e aplicou a punição por falta grave aos detentos transportados naquela oportunidade. Nesse contexto, a Turma anulou a referida punição, reconhecendo que não houve a individualização da conduta a ponto de poder atribuir ao paciente a responsabilidade pelo dano provocado na viatura (STJ – HC n° 177.293-SP, Rel. Maria Thereza de Assis Moura, j. 24.4.2012.).

Falta grave. Trabalho externo

O paciente cumpre a pena em regime de semiliberdade, com a autorização para o trabalho externo na função de assessor jurídico de uma sociedade empresária. Consta dos autos que, em determinado dia, laborou pela manhã e solicitou dispensa com o fito de atender a um detento em comarca próxima, o que foi plenamente acolhido pelo empregador. Consta, também, seu retorno ao estabelecimento prisional na data e na hora determinadas. Nesse contexto, a Turma, ao prosseguir o julgamento, entendeu, por maioria, conceder a ordem ao fundamento de que esse fato não caracteriza falta disciplinar de natureza grave que esteja prevista no art. 50 da Lei 7.210/84 (LEP). O art. 45 dessa mesma lei é claro ao determinar que o apenado só pode sofrer punição disciplinar se houver previsão legal (STJ – HC n° 141.127, Rel. Celso Limongi, j. 4.2.2010).

Art. 46. O condenado ou denunciado, no início da execução da pena ou da prisão, será cientificado das normas disciplinares.

Art. 47. O poder disciplinar, na execução da pena privativa de liberdade, será exercido pela autoridade administrativa conforme as disposições regulamentares.

Poder disciplinar – A LEP, no art. 46, assegura que todos que ingressarem nos presídios deverão tomar ciência das normas disciplinares. O preso receberá por escrito as regras que orientarão seu tratamento, as imposições de caráter disciplinar bem como seus direitos e deveres.

Embora não esteja previsto expressamente no dispositivo em comento, ele também se aplica aos presos provisórios (LEP, art. 44).

ATENÇÃO – Em se tratando de preso analfabeto, as informações serão prestadas verbalmente (art. 31, da Resolução 14 do CNPCP).

O artigo 47 ilustra a divisão de tarefas entre administração e judiciário no regime disciplinar prisional. Embora caiba à primeira o exercício da disciplina, a imputação de faltas e aplicação de certas sanções, o procedimento, em caso de falta grave, deve ser remetido à apreciação judicial que irá inclusive aplicar um novo conjunto de sanções, além de examinar o procedimento conduzido pela administração.

ATENÇÃO – As sanções disciplinares dos incisos I a IV do art. 53 LEP (advertência verbal, repreensão, suspensão ou restrição de direitos e isolamento na própria cela, ou em local adequado) serão aplicadas **por ato motivado do diretor do estabelecimento,** e a do inciso V (inclusão no regime disciplinar diferenciado), por prévia e fundamentada **decisão do juiz competente** (art. 54 LEP).

Art. 48. **Na execução das penas restritivas de direitos, o poder disciplinar será exercido pela autoridade administrativa a que estiver sujeito o condenado.**

Parágrafo único. Nas faltas graves, a autoridade representará ao Juiz da execução para os fins dos artigos 118, inciso I, 125, 127, 181, § § 1º, letra d, e 2º desta Lei.

A disciplina na execução das penas alternativas – O poder disciplinar na execução das penas restritivas de direitos será exercido pela autoridade administrativa a que estiver sujeito o condenado. Tal poder, entretanto, limita-se às hipóteses de cometimento de faltas leves e médias, infrações que não repercutem na execução da pena. Já nas faltas graves, deve a autoridade providenciar o registro no prontuário do reeducando e em seguida representar ao juiz da execução para que tome as medidas cabíveis (aplicar não somente as sanções, mas decidir sobre conversão de pena, regressão de regime, perda de dias remidos etc.).

JURISPRUDÊNCIA

Decisão administrativa. Controle de legalidade

A decisão proferida pela autoridade administrativa prisional em processo administrativo disciplinar – PAD que apura o cometimento de falta grave disciplinar no âmbito da execução penal é ato administrativo, portanto, passível de controle de legalidade pelo Poder Judiciário. (AgRg no AREsp 1439580/SP, Rel. Ministro RIBEIRO DANTAS, QUINTA TURMA, j. em 15/10/2019).

SUBSEÇÃO II
DAS FALTAS DISCIPLINARES

Art. 49. **As faltas disciplinares classificam-se em leves, médias e graves. A legislação local especificará as leves e médias, bem assim as respectivas sanções.**

Parágrafo único. Pune-se a tentativa com a sanção correspondente à falta consumada.

Faltas disciplinares – A Lei de Execução Penal disciplina as faltas graves (arts. 50, 51 e 52), competindo à legislação local definir as faltas médias e leves.

Escreve Pedro de Jesus Juliotti:

> "Não há exigência expressa de lei formal, na sua concepção formal e estrita, emanada e aprovada pelo Poder Legislativo, por meio de procedimento adequado, pois a expressão 'legislação local' tem sentido amplo e deve ser interpretada como qualquer norma de âmbito estadual. Assim, a própria Lei de Execução Penal autoriza a previsão das faltas médias e leves por ato infralegal (medidas provisórias, decretos, resoluções etc.). No Estado de São Paulo as faltas de natureza leve e médias estão previstas nos arts. 47 (leves) e 48 (médias) do Regimento Interno Padrão dos Estabelecimentos Penais, aprovado pela Resolução SAP-144, de 29-6-2010" (Lei de Execução Penal anotada, 2011, pág. 81).

A Resolução da Secretaria de Administração Penitenciário (SAP) traz um longo rol de condutas puníveis com falta leve ou média em São Paulo, assim como o Regulamento do Sistema Penal do Estado do Rio de Janeiro (Decreto Estadual n. 8.897/86), o Estatuto Penitenciário do Estado da Bahia (Decreto Estadual 12.247/10), entre outros. Contudo, parece improvável, diante da realidade de superlotação e escassez de funcionários e recursos, que as minuciosas proibições constantes nesses dispositivos sejam aplicadas. Na prática, a aplicação de faltas disciplinares se resume às graves previstas no artigo a seguir.

ATENÇÃO - Pune-se a tentativa com sanção correspondente à falta consumada (parágrafo único), o que não impede o juiz de considerar o *conatus* na fixação da natureza ou duração da punição.

JURISPRUDÊNCIA

Falta grave. Rol taxativo

O Superior Tribunal de Justiça possui o entendimento de ser taxativo o rol de faltas graves previsto no art. 50 da Lei de Execução Penal, não sendo cabível a realização de interpretação extensiva ou complementar a fim de ampliar o alcance das condutas ali previstas. (STJ, HC 481699/RS, Sexta Turma, j. 12/03/2019).

Premissas fáticas e natureza da falta.

A Turma deferiu "habeas corpus" impetrado contra decisão de ministro do STJ que, ao prover monocraticamente recurso especial interposto pelo Ministério Público, reformara acórdão do TJ/RS para assentar que a conduta praticada pelo reeducando fuga e porte de um cigarro de maconha caracterizaria falta grave e não média. Inicialmente, salientou-se que o recurso especial configura exceção, no campo da recorribilidade, e surge de forma extraordinária. Consignou-se que o julgamento de tal recurso seria feito a partir das premissas fáticas estabelecidas soberanamente pela Corte de origem. Tendo isso em conta, asseverou-se que restara afirmado que o paciente não lograra adentrar ao estabelecimento prisional com cigarro de maconha e que fora alcançado logo depois de tentar fugir. Assim, entendeu-se que a classificação da falta como média, presente o recurso do "parquet", não poderia ser afastada do cenário jurídico em sede extraordinária. Esclareceu-se que as premissas do acórdão do tribunal de origem deveriam ter sido consideradas quando do julgamento, monocrático, do recurso especial interposto. Ordem concedida para afirmar a subsistência do que decido pelas instâncias ordinárias (STF – HC nº 97043, Rel. Marco Aurélio, j. 16.6.2010).

Art. 50. Comete falta grave o condenado à pena privativa de liberdade que:

I - incitar ou participar de movimento para subverter a ordem ou a disciplina;

II - fugir;

III - possuir, indevidamente, instrumento capaz de ofender a integridade física de outrem;

IV - provocar acidente de trabalho;

V - descumprir, no regime aberto, as condições impostas;

VI - inobservar os deveres previstos nos incisos II e V, do artigo 39, desta Lei.

VII – tiver em sua posse, utilizar ou fornecer aparelho telefônico, de rádio ou similar, que permita a comunicação com outros presos ou com o ambiente externo. (Incluído pela Lei nº 11.466, de 2007)

VIII – recusar submeter-se ao procedimento de identificação do perfil genético.

Parágrafo único. O disposto neste artigo aplica-se, no que couber, ao preso provisório.

Redação antes da Lei 13.964/19	Redação depois da Lei 13.964/19
Art. 50. Comete falta grave o condenado à pena privativa de liberdade que: I – incitar ou participar de movimento para subverter a ordem ou a disciplina; II – fugir; III – possuir, indevidamente, instrumento capaz de ofender a integridade física de outrem; IV – provocar acidente de trabalho; V – descumprir, no regime aberto, as condições impostas;	Art. 50. Comete falta grave o condenado à pena privativa de liberdade que: I – incitar ou participar de movimento para subverter a ordem ou a disciplina; II – fugir; III – possuir, indevidamente, instrumento capaz de ofender a integridade física de outrem; IV – provocar acidente de trabalho; V – descumprir, no regime aberto, as condições impostas;
VI – inobservar os deveres previstos nos incisos II e V, do artigo 39, desta Lei. VII – tiver em sua posse, utilizar ou fornecer aparelho telefônico, de rádio ou similar, que permita a comunicação com outros presos ou com o ambiente externo. Parágrafo único. O disposto neste artigo aplica-se, no que couber, ao preso provisório.	VI – inobservar os deveres previstos nos incisos II e V, do artigo 39, desta Lei. VII – tiver em sua posse, utilizar ou fornecer aparelho telefônico, de rádio ou similar, que permita a comunicação com outros presos ou com o ambiente externo. VIII – recusar submeter-se ao procedimento de identificação do perfil genético. Parágrafo único. O disposto neste artigo aplica-se, no que couber, ao preso provisório.

Rol de faltas consideradas graves – O artigo 50 da Lei de Execuções Penais traz o rol taxativo das faltas graves. A criação de falta grave por outro instrumento que não a lei é inviável e configura manifesta violação ao princípio da legalidade. Logo, por falta de previsão legal, a embriaguez do habitante prisional, por si só, não configura falta grave, ainda que possa ser enquadrada como descumprimento de ordens (art. 50, VI, LEP).

ATENÇÃO – Nos exatos termos do que anuncia a Súmula 526 do STJ, "O reconhecimento de falta grave decorrente do cometimento de fato definido como crime doloso no cumprimento da pena prescinde do trânsito em julgado de sentença penal condenatória no processo penal instaurado para apuração do fato". A absolvição criminal só afasta a responsabilidade administrativa quando restar proclamada a inexistência do fato ou de autoria. Embora não se possa negar a independência entre as esferas - segundo a qual, em tese, admite-se repercussão da absolvição penal nas demais instâncias apenas nos casos de inexistência material ou de negativa de autoria -, não há como ser mantida a incoerência de se ter o mesmo fato por não provado na esfera criminal e por provado na esfera administrativa. Assim, quando o único fato que motivou a penalidade administrativa resultou em absolvição no âmbito criminal, ainda que por ausência de provas, a autonomia das esferas há que ceder espaço à coerência que deve existir entre as decisões sancionatórias. Nesse sentido se posicionou o STJ no AgRg nos EDcl no HC 601.533-SP.

Embora sejam infrações administrativas, as faltas graves poderão gerar para o preso sancionado drásticos efeitos na execução da pena – a par da sua sanção –, como por exemplo, a regressão de regime, perda dos dias remidos, o reinício do lapso temporal para progressão de regime etc.

ATENÇÃO - Nesse tema, duas súmulas devem ser lembradas:

"A prática de falta grave não interrompe o prazo para fim de comutação de pena ou indulto" (STJ - Súmula 535);

"A falta grave não interrompe o prazo para obtenção de livramento condicional" STJ - Súmula 441).

Passaremos a examinar cada um dos incisos do art. 50, descritivos de condutas faltosas:

I – incitar ou participar de movimento para subverter a ordem ou a disciplina: esta falta guarda similaridade ao crime de motim (art. 354 do Código Penal), mas com ele não se confunde.

Crime de motim (art. 354 do CP)	Falta grave (art. 50, I da LEP)
Exige dolo	Não exige dolo
Exige pluralidade de presos (delito coletivo ou multitudinário)	Basta a participação de um único preso

ATENÇÃO - Para a caracterização da falta, alerta Mirabete:

"Desnecessário (...) que se pratique violência ou ameaças, não exigidos no dispositivo em estudo, configurando-se a falta também nos movimentos pacíficos de recusa ao trabalho, de volta às celas, de 'greve de fome', de algazarra etc. Não importa, também, o fim visado pelo movimento, que pode até ser considerado 'justo', como é o de pretender melhores condições de trabalho, oportunidade de recreações etc.; tais reivindicações devem ser efetuadas na forma dos regulamentos" (ob. cit. p. 142/143).

O STJ, por outro lado, já decidiu que deve haver efetiva participação em movimento que possa resultar em subversão da ordem ou disciplina no estabelecimento prisional. Por isso, não comete a falta o preso que pacificamente se recusa a ingerir alimento que considera impróprio ao consumo:

> "O art. 50, I, da Lei n. 7.210/1984 (Lei de Execução Penal) estabelece que comete falta grave o detento condenado à pena privativa de liberdade que incitar ou participar de movimento para subverter a ordem ou a disciplina.
>
> No contexto desse dispositivo legal, o termo "participar" significa envolver-se ativamente, cooperar ou contribuir para a realização de um movimento que tenha o propósito de desestabilizar a ordem ou a disciplina, seja por meio de ações concretas, como o uso de violência ou ameaças, ou por meio de ações intelectuais, como o planejamento ou a organização das atividades. Aquele que incita, ou seja, que estimula, motiva ou encoraja outros indivíduos a praticar atos de subversão ou indisciplina de forma coletiva, também será responsabilizado por essa infração.
>
> A "greve de fome" realizada pelos detentos pode, em determinadas circunstâncias, caracterizar a falta grave prevista no art. 50, I, da LEP, especialmente se o movimento resultar na configuração do crime de motim de presos, previsto no art. 354 do Código Penal, ou no crime de dano ao patrimônio público, conforme estabelecido no art. 163 do Código Penal. Em tais situações, a recusa deliberada em se alimentar pode ser considerada parte de um movimento que busca subverter a ordem ou a disciplina no estabelecimento prisional, sujeitando os envolvidos às sanções correspondentes.
>
> No entanto, a recusa do detento em aceitar alimento que julga impróprio para consumo não se configura como falta grave, uma vez que no ordenamento jurídico vigente não existe qualquer imposição que obrigue o indivíduo privado de liberdade a ingerir alimentos em circunstâncias que considere inadequadas.
>
> Essa atitude, quando realizada de forma pacífica e sem ameaçar a segurança do ambiente carcerário, representa um exercício do direito à liberdade de expressão por parte do detento, direito esse amparado pelo próprio ordenamento jurídico no art. 5º, IV, da Constituição da República.
>
> Além disso, é fundamental observar o art. 41 da Lei de Execução Penal, que elenca os direitos do preso, notadamente o direito à "alimentação suficiente" e à "assistência material e à saúde". A recusa em ingerir alimentos inadequados está intrinsecamente ligada à obrigação legal de proporcionar alimentação suficiente e está relacionada diretamente à assistência material e à saúde do detento. A ingestão de alimentos inadequados poderia prejudicar seriamente seu bem-estar físico e, consequentemente, sua saúde.
>
> Portanto, a recusa do detento em se negar a aceitar alimento que julga impróprio para consumo não se caracteriza como falta grave. Ao contrário, essa atitude representa o exercício de seu direito à liberdade de expressão e à preservação de sua dignidade, respeitando os direitos fundamentais do ser humano no sistema penitenciário, conforme preconizam as leis nacionais e os tratados internacionais ratificados pelo Brasil. Isso, desde que seja feita de forma ordeira e sem colocar em risco a ordem e a disciplina do estabelecimento prisional." (Processo em segredo de justiça, j. 17/10/2023)

II – fugir: a legislação penal considera crime a evasão quando praticada mediante violência (art. 352 do CP), circunstância esta dispensável na caracterização da falta em estudo (bastando que o preso fuja ou não retorne da saída temporária, por exemplo). Trata-se de infração de caráter permanente, que se prolonga no tempo até a recaptura do apenado. A recaptura representa o marco inicial da prescrição para apuração da falta.

> **ATENÇÃO** – O preso que estiver fora do estabelecimento (saídas temporárias, trabalho externo etc.) e fugir, também comete o ilícito disciplinar em comento. O art. 146-B da Lei de Execução Penal, alterado pela Lei 14.843/2024, permite ao juiz definir a fiscalização por meio da monitoração eletrônica nas hipóteses de saída temporária, prisão domiciliar, livramento condicional, cumprimento de regime semiaberto ou aberto ou pena restritiva de direitos. Caso o condenado descumpra suas obrigações, o juiz pode determinar a regressão de regime, a revogação da saída temporária, a revogação da prisão domiciliar ou pode advertir o condenado por escrito, caso decida não aplicar alguma das medidas anteriores. Não obstante o condenado possa sofrer as medidas acima mencionadas, o descumprimento de determinadas obrigações não caracteriza falta grave, segundo decidiu o STJ. É certo que, a depender das circunstâncias, a conduta irregular pode equivaler mesmo à fuga. É o que ocorre, por exemplo, quando o condenado viola o aparelho com o intuito de evitar o monitoramento. No caso de o condenado descumprir a restrição relativa à área em que deveria permanecer, sem impedir o monitoramento, a jurisprudência é se essa circunstância configura ou não falta. A jurisprudência mais recente do STJ é no sentido de que comete falta grave o condenado à pena privativa de liberdade que inobservar as ordens recebidas (art. 39, V, da LEP), como é a hipótese de violação da zona de monitoramento (AgRg no AREsp 1.704.010/TO, j. 04/08/2020).

III – possuir, indevidamente, instrumento capaz de ofender a integridade física de outrem: o preso que traz consigo ou guarda instrumentos, como faca, canivete, estilete etc., comete falta grave. Importante ressaltar que para configurar a referida falta basta que o preso possua tal instrumento, sendo dispensável o efetivo porte ou uso. Tampouco se exige exame pericial para atestar a potencialidade lesiva do artefato, por ausência de previsão legal, bastando a sua apreensão (STJ, AgRg no HC 475585/DF, Sexta Turma, j. 07/11/2019).

IV – provocar acidente de trabalho: o preso que provocar (dolosamente) acidente de trabalho comete falta grave. O acidente provocado culposamente não caracteriza esta falta, podendo ser rotulado como falta leve ou média, desde que prevista na legislação local.

> **ATENÇÃO** – Pratica essa falta o preso trabalhando interna ou externamente, exceto o trabalho do preso albergado, que está submetido às regras do "trabalho livre" (CLT etc.).

V – descumprir, no regime aberto, as condições impostas: o preso que descumprir as condições impostas pelo art. 115 desta lei incorre em falta grave (ver comentários ao artigo 115).

VI – inobservar os deveres previstos nos incisos II e V, do artigo 39, desta Lei: a desobediência ao servidor e o desrespeito a qualquer pessoa com quem deva relacionar-se (art. 39, inciso II) e a não execução do trabalho, das tarefas e das ordens recebidas (art. 39, inciso V) ensejam falta grave. O art. 146-B da Lei de Execução Penal, alterado pela Lei

14.843/2024, permite ao juiz definir a fiscalização por meio da monitoração eletrônica nas hipóteses de saída temporária, prisão domiciliar, livramento condicional, cumprimento de regime semiaberto ou aberto ou pena restritiva de direitos. Caso o condenado descumpra suas obrigações, o juiz pode determinar a regressão de regime, a revogação da saída temporária, a revogação da prisão domiciliar ou pode advertir o condenado por escrito, caso decida não aplicar alguma das medidas anteriores. Não obstante o condenado possa sofrer as medidas acima mencionadas, o descumprimento de determinadas obrigações caracteriza falta grave, conforme observado na edição n. 145 da Jurisprudência em Teses do STJ. A inobservância do perímetro estabelecido para o monitoramento (AgRg no HC 537620/SP, Rel. Ministro Quinta Turma, j. em 05/12/2019), a utilização de tornozeleira sem bateria (REsp 1848164/RS, Sexta Turma, j. em 18/12/2019) e o rompimento de tornozeleira (HC 527117/RS, Quinta Turma, j. em 03/12/2019) são condutas que configuram falta grave de descumprimento de regras prevista no art. 50, VI, c.c. art. 39, V.

ATENÇÃO – O trabalho é dever do preso, sendo a recusa injustificada falta grave. (STJ, HC 264.989-SP)

VII – tiver em sua posse, utilizar ou fornecer aparelho telefônico, de rádio ou similar, que permita a comunicação com outros presos ou com o ambiente externo: a introdução de aparelho de comunicação no presídio, antes de março de 2007, não gerava, em regra, qualquer consequência para o preso surpreendido na posse do aparelho, para o agente público que se omitisse diante a obrigação de vigilância ou mesmo para o particular que o introduzisse no sistema penitenciário. Os dois primeiros comportamentos, com o advento da Lei 11.466/07, foram tipificados como falta grave (art. 50, inc. VII, da LEP) e crime (art. 319-A do CP), respectivamente. Posteriormente, a Lei 12.012/09 tipificou também a conduta do particular de ingressar, promover, intermediar, auxiliar ou facilitar a entrada do aparelho, sem autorização, em estabelecimento prisional (art. 349-A do CP).

Aparelho telefônico, de rádio ou similar, que permita a comunicação com outros presos ou com o ambiente externo – como se nota, o dispositivo legal faz expressa menção tão somente ao aparelho telefônico, de rádio ou similar, mas não a baterias, carregadores e outros acessórios que possam viabilizar ou facilitar o uso dos aparelhos de comunicação.

A omissão gera controvérsia a respeito das consequências da posse de objetos outros que não os aparelhos. Embora possa se argumentar no sentido de que neste caso a punição por falta grave ofende o princípio da reserva legal, o STJ (e também o STF) orienta-se no sentido contrário: a falta existe tanto se o preso tem sob sua posse o aparelho de comunicação quanto se tem carregadores, fones, baterias ou chips, acessórios essenciais para o funcionamento dos aparelhos e que viabilizam a comunicação:

> "A posse, pelo apenado, de aparelho celular ou de seus componentes essenciais constitui falta grave." (Súmula 660)

A perícia no aparelho é dispensável para configuração da falta, de acordo com a jurisprudência do STJ:

> "A falta grave prescinde da perícia do celular apreendido ou de seus componentes essenciais." (Súmula 661)

Portanto, não é necessário atestar a capacidade de comunicação externa do aparelho, ainda que o dispositivo normativo a mencione expressamente.

VIII – recusar submeter-se ao procedimento de identificação do perfil genético – O condenado por crime doloso praticado com violência grave contra a pessoa, bem como por crime contra a vida, contra a liberdade sexual ou por crime sexual contra vulnerável, será submetido, obrigatoriamente, à identificação do perfil genético, mediante extração de DNA (ácido desoxirribonucleico), por técnica adequada e indolor, por ocasião do ingresso no estabelecimento prisional. É o que determina o art. 9º.-A da LEP.

A identificação do perfil genético do habitante prisional mostra-se como medida salutar quando se pensa num Estado que deve ser eficiente no combate à crescente criminalidade (garantismo positivo), sem desconsiderar as garantias do cidadão (garantismo negativo), especialmente quando consideradas as baixas taxas de elucidação de crimes contra a vida e sexuais. A sua constitucionalidade já foi reconhecida pela nossa Corte Maior (STF, RCL 24484, j. 05/07/16).

A sua importância, é de tal monta, que a Lei 13.964/19 tipificou como falta grave recusar o preso submeter-se ao procedimento de identificação do perfil genético. E aqui reside nossa crítica. O caráter compulsório do fornecimento do material pelo condenado, cuja recusa agora passa a ser punível com sanção disciplinar, nos parece inconstitucional e inconvencional, ferindo o direito da pessoa presa de não produzir prova contra si mesma (*nemo tenetur se detegere*), a sua integridade física e a sua privacidade.

Logo, deve o Estado, através de métodos não invasivos (salvo se o preso concordar com tais procedimentos) colher material desprendido do corpo do reeducando para servir à identificação genética. O Estado não está impedido de usar vestígios para colher material útil na identificação do indivíduo. Não há nenhum obstáculo para sua apreensão e verificação (ou análise ou exame). São partes do corpo humano (vivo) que já não pertencem a ele. Logo, materiais análogos podem ser apreendidos e submetidos a exame normalmente, sem nenhum tipo de consentimento da pessoa (ex: exame do DNA da saliva que se achava nos cigarros fumados e jogados fora pelo condenado).

Ver nossos comentários ao art. 9º.-A da LEP.

Falta grave e o preso provisório – O disposto nesse artigo, no que couber, aplica-se também ao preso provisório (parágrafo único).

Falta grave e devido processo legal – Sempre que há notícia de falta disciplinar, é indispensável que o condenado tenha a oportunidade de exercer a ampla defesa e o contraditório antes de sofrer as consequências. A esse respeito, o STJ editou a súmula 533, segundo a qual "Para o reconhecimento da prática de falta disciplinar no âmbito da execução penal, é imprescindível a instauração de procedimento administrativo pelo diretor do estabelecimento prisional, assegurado o direito de defesa, a ser realizado por advogado constituído ou defensor público nomeado". Mas a súmula tem sido relativizada em situações nas quais, embora não tenha sido instaurado o procedimento pelo diretor do estabelecimento prisional, o condenado foi ouvido em audiência judicial a respeito de sua falta disciplinar. É a tese firmada pelo STF: "A oitiva do condenado pelo Juízo da Execução Penal, em audiência de justificação realizada na presença do defensor e do Ministério Público, afasta a necessidade de prévio Procedimento Administrativo Disciplinar (PAD), assim como supre eventual ausência ou insuficiência de defesa técnica no PAD instaurado para apurar a prática de falta grave durante o cumprimento da pena"

(RE 972.598/RS, j. 04/05/2020). O STJ tem seguido a mesma orientação (AgRg no HC 442.560/PR, j. 02/03/2021).

Concurso de faltas disciplinares – Não prevê a lei qualquer dispositivo a respeito do concurso de faltas disciplinares. Conclui Mirabete: "na hipótese da prática de duas ou mais infrações, devem-se aplicar as sanções previstas isoladamente para cada uma delas e, pelo princípio geral, serem elas executadas na forma progressiva se não for possível a execução delas simultaneamente. Não há que se falar, por falta de previsão legal, em falta disciplinar continuada. A continuação delitiva é uma ficção criada pela lei penal e não uma realidade intrínseca a ser reconhecida na esfera disciplinar das prisões. De outro lado, porém, somente poderá ser aplicada uma sanção, e nesse caso a mais grave, se um fato constituir, em tese, duas faltas disciplinares. A isso obriga o princípio non bis in idem, que veda a punição múltipla por um só fato" (ob. cit. p. 146).

Falta grave e prescrição – a prática de falta grave provoca diversas consequências na execução da pena, como a interrupção do prazo para a progressão de regime e o óbice à concessão de benefícios que pressupõem comprometimento e responsabilidade da parte do condenado. Mas essas consequências só podem incidir após apuração por meio de procedimento administrativo que garanta ao preso o exercício da defesa.

Embora a Lei de Execução Penal discipline as formas de falta grave e suas consequências, não há menção a prazo limite para que, uma vez cometida a infração, a direção do estabelecimento prisional instaure o procedimento que pode culminar na imposição de sanções disciplinares. Diante da lacuna, convencionou-se que a falta grave deve se submeter ao prazo prescricional mínimo estabelecido no Código Penal para as infrações penais.

Note-se, no entanto, que esse prazo mínimo sofreu alteração em 2010. Com efeito, até a edição da Lei 12.234/10, o prazo prescricional mínimo era de dois anos (art. 109, VI, do CP). Com a lei, foi reajustado para três.

Temos, portanto, que a falta grave cometida até a entrada em vigor da Lei 12.234/10 fica submetida à prescrição de dois anos; as posteriores prescrevem em três anos:

> "2. As Turmas que compõem a Terceira Seção desta Corte firmaram o entendimento de que, em razão da ausência de legislação específica, a prescrição da pretensão de se apurar falta disciplinar, cometida no curso da execução penal, deve ser regulada, por analogia, pelo prazo do art. 109 do Código Penal, com a incidência do menor lapso previsto, atualmente de três anos, conforme dispõe o inciso VI do aludido artigo. 3. In casu, a falta grave foi cometida em 11/3/2012, tendo sido homologada pelo Juízo das Execuções Penais da Comarca do Rio de Janeiro/RJ somente no dia 19/6/2017. 4. A conduta foi praticada após a edição da Lei n. 12.234/2010, cujo menor lapso prescricional é de 3 anos, prazo já implementado na data da homologação da infração disciplinar. Existência, portanto, de constrangimento ilegal." (HC 426.905/RJ, j. 27/02/2018).

No mesmo sentido decidiu o STF: (Min. Gilmar Mendes, HC-114422).

> **ATENÇÃO** – O Ministério Público do Estado de São Paulo aprovou enunciado, no âmbito do Centro de Apoio às Promotorias Criminais, órgão auxiliar da Procuradoria-Geral de Justiça, no seguinte sentido: "O prazo prescricional da falta grave é o menor previsto no artigo 109 do Código Penal, salvo se a falta consistir na prática de crime, hipótese em que o referido prazo terá a mesma duração estabelecida no Código Penal e/ou na Legislação Especial".

JURISPRUDÊNCIA

Código Penal e prescrição de infrações disciplinares

Ante a inexistência de legislação específica quanto à prescrição de infrações disciplinares de natureza grave, aplica-se, por analogia, o Código Penal. Com base nessa orientação, a 2ª Turma indeferiu "habeas corpus" no qual se pretendia restabelecer decisão de tribunal local, que reconhecera a prescrição de Processo Administrativo Disciplinar – PAD, instaurado para apurar suposta prática de falta grave. Na espécie, o paciente empreendera fuga do sistema prisional e, recapturado, contra ele fora instaurado o aludido PAD. Na sequência, o juízo das execuções deixara de homologar o PAD ao fundamento de não ter sido observado o prazo máximo de 30 dias para a sua conclusão, conforme previsto no Regime Disciplinar Penitenciário do Rio Grande do Sul, porém, reconhecera a prática de falta grave e determinara a regressão de regime, a perda dos dias remidos e a alteração da data-base para a concessão de novos benefícios para a data da recaptura. Interposto agravo em execução, o tribunal local reconhecera a prescrição do PAD e, por consequência, restabelecera o regime semiaberto, a data-base anterior e devolvera os dias remidos perdidos. No presente "habeas corpus", a defesa afirmava que o tribunal "a quo" teria reconhecido a prescrição do PAD e não a da falta grave e, prescrito aquele, não poderia prevalecer a falta grave. A Turma sublinhou que, em razão da ausência de norma específica, aplicar-se-ia, à evasão do estabelecimento prisional (infração disciplinar de natureza grave), o prazo prescricional de dois anos, em conformidade com o artigo 109, VI, do CP, com redação anterior à Lei 12.234/2010, que alterou esse prazo para três anos. Assinalou, ainda, que o Regime Penitenciário do Rio Grande do Sul não teria o condão de regular a prescrição. Destacou que essa matéria seria de competência legislativa privativa da União (CF, art. 22, I). Precedentes citados: HC 92.000/SP (DJe de 23.11.2007) e HC 97.611/RS (DJe de 5.6.2009) (STF – HC n° 114422-RS, Rel. Gilmar Mendes, j. 6.5.2014).

Falta grave: regressão e benefícios diversos

A 1ª Turma extinguiu habeas corpus em que se pleiteava assegurar ao paciente, em face de cometimento de falta grave, direito a não ter interrompida a contagem do tempo para progressão de regime prisional. Para tanto, reputou-se inadequada a impetração de writ substitutivo de recurso ordinário. Contudo, concedeu-se, de ofício, a ordem para assentar que o termo inicial da contagem de prazo concerniria, estritamente, à progressão no regime de cumprimento da pena, descabendo observá-lo no tocante a outros direitos. A princípio, salientou-se ser incongruente interpretar os preceitos alusivos à matéria a ponto de concluir que, ocorrida a regressão, no dia seguinte, poderia o preso progredir no regime. Observou-se, então, que o princípio da legalidade estrita afastaria interpretação analógica prejudicial ao réu. A par disso, aduziu-se que a Lei de Execução Penal silenciaria quanto ao surgimento de novo termo inicial para reconhecer-se o direito do preso a benefícios diversos (STF – HC n° 109389-RS, Rel. Marco Aurélio, j. 6.11.2012).

Execução de pena e falta grave decorrente de fuga

Nesta assentada, o Min. Dias Toffoli, em divergência, julgou prejudicado o "writ", em face da perda superveniente de seu objeto. Inicialmente, entendeu que o caso se subsumiria ao teor da Súmula Vinculante 9, a ensejar a denegação da ordem. Em seguida, repeliu a existência de "bis in idem" decorrente de simultânea decretação de perda dos dias remidos e imposição de regime de isolamento, haja vista que uma questão seria disciplinar e a outra penal. Nesse aspecto, assinalou que estaria correta a decisão emanada do STJ, que não poderia simplesmente desconsiderar as questões postas. Reputou que o conhecimento do recurso especial não implicaria revolvimento de matéria fática, porque o sentenciado: a) evadira-se durante o cumprimento de sua pena e b) fora recapturado por força de prisão em flagrante, ao praticar novo fato definido como crime doloso, pelo qual, conforme informação obtida, já teria sido condenado em primeira instância e estaria aguardando, em liberdade, a apreciação do recurso interposto contra a sentença condenatória. Mencionou que a fuga revelaria causa suficiente para o reconhecimento de cometimento de falta grave, a ensejar, por si só, a regressão de regime prisional. Frisou que a perda dos dias remidos seria consequência jurídica, prevista em lei, do cometimento de falta grave. Enfatizou que obtivera, por meio da consulta de juiz auxiliar de seu gabinete ao juiz da execução, a notícia de que o paciente encontrar-se-ia, desde 9.11.2009, em liberdade condicional, por força de decisão proferida em execução, com término de cumprimento de pena previsto para 21.12.2010. Assentou que, ante a superveniente concessão da liberdade – sem que eventual denegação da ordem e restabelecimento da decisão do STJ, nesta altura, tivesse algum efeito prático sobre o benefício –, o "writ" estaria prejudicado, por ausência de objeto, eis que buscaria, exclusivamente, o restabelecimento do regime prisional aberto. Concluiu que se tornaria despiciendo qualquer debate em torno do direito à concessão de regime prisional mais brando na execução criminal atualmente em curso, sem prejuízo de eventual revogação do livramento e readequação do regime prisional por força de condenação posterior a ele imposta, cuja execução, todavia, ainda não se iniciara. A Turma, então, determinou a juntada das certidões relativas à atual situação do paciente, já colhidas pelo juiz auxiliar do Min. Dias Toffoli. Após, diante do fato novo suscitado, pediu vista o Min. Marco Aurélio (STF – HC n° 96246, Rel. Marco Aurélio, j 19.10.2010).

Falta grave e fuga de clínica de tratamento de dependência química

A Turma, por maioria, indeferiu "habeas corpus" em que a Defensoria Pública da União pleiteava o restabelecimento de acórdão proferido pelo TJ/RS no qual se afirmara que a evasão de apenado de clínica de tratamento de dependência química não equivaleria à prática de falta grave prevista no art. 50, II, da LEP ("Comete falta grave o condenado à pena privativa de liberdade que: ... II – fugir;"). Tratava-se, na espécie, de "writ" impetrado contra decisão de ministro do STJ que provera recurso especial ao fundamento de que o mencionado abandono do estabelecimento prisional caracterizaria falta grave, com as consequências próprias: perda dos dias remidos, regressão no regime de pena, reinício da contagem do prazo para futuros benefícios e cassação de saídas temporárias. Asseverou-se que, conquanto o paciente não estivesse enclausurado uma vez que, condenado a cumprimento da pena em regime semiaberto, fora-lhe concedida pelo juízo das execuções a permissão de saída para tratamento de dependência química, encontrava-se sob a custódia do Estado, não perdendo a condição de preso, sujeito às demais condições estabelecidas na LEP, inclusive à pena de regressão. Assim, entendeu-se configurada a falta grave, porquanto o paciente aproveitara-se dessa situação para fugir várias vezes da clínica. Ressaltou-se, por fim, que o fato de o paciente retornar ao regime fechado não o impede de, caso reapresente os sintomas da doença que o acometera, ser novamente internado para tratamento. Vencido o Min. Marco Aurélio, relator, que concedia a ordem para assentar que o recurso especial não merecia o provimento dado pelo STJ. Aduzia que o usuário de droga deveria receber tratamento e não postura rígida do Estado que, ao término, apenas levaria ao agravamento da situação. Ademais, consignava a inviabilidade de interpretação analógica quanto à falta grave de fugir de estabelecimento prisional (LEP, art. 50, II) a reverter em prejuízo do réu, passando-se a considerar como enquadrável na previsão legal hipótese em que o viciado deixa a clínica de tratamento, vindo, espontaneamente, a procurar correção de rumos em clínica diversa (STF – HC n° 97980, red. p/ ac. Min. Dias Toffoli, j. 23.2.2010).

Falta grave: regressão e devido processo legal

Por reputar violados os princípios do contraditório e da ampla defesa, a Turma deu provimento a recurso extraordinário para anular decisão do Juízo de Execuções Penais da Comarca de Erechim – RS, que decretara a regressão de regime de cumprimento de pena em desfavor do recorrente, o qual não fora assistido por defensor durante procedimento administrativo disciplinar instaurado para apurar falta grave. Asseverou-se que, não obstante a aprovação do texto da Súmula Vinculante 5 ("A falta de defesa técnica por advogado no processo administrativo disciplinar não ofende a Constituição."), tal verbete seria aplicável apenas em procedimentos de natureza cível e não em procedimento administrativo disciplinar promovido para averiguar o cometimento de falta grave, tendo em vista estar em jogo a liberdade de ir e vir. Assim, neste caso, asseverou-se que o princípio do contraditório deve ser observado amplamente, com a presença de advogado constituído ou defensor público nomeado, impondo ser-lhe apresentada defesa, em obediência às regras específicas contidas na Lei de Execução Penal, no Código de Processo Penal e na Constituição (STF – RE n° 398269-RS, Rel. Gilmar Mendes, j.15.12.2009).

Falta grave homologada após publicação do decreto que previu comutação de penas.

O benefício da comutação de penas previsto no Decreto n. 8.172/2013 deve ser negado quando o apenado tiver praticado falta disciplinar de natureza grave nos doze meses anteriores à publicação do Decreto, mesmo que a respectiva decisão homologatória tenha sido proferida posteriormente. Inicialmente, no julgamento do REsp 1.364.192-RS (DJe 17/9/2014), em regime repetitivo, a Terceira Seção definiu que "não é interrompido automaticamente o prazo pela falta grave no que diz respeito à comutação de pena ou indulto, mas a sua concessão deverá observar o cumprimento dos requisitos previstos no Decreto Presidencial pelo qual foram instituídos". O Decreto n. 8.172/2013, que tratou da matéria de concessão de indulto natalino e comutação de penas, assim dispôs: "Art. 5º A declaração do indulto e da comutação de penas previstos neste Decreto fica condicionada à inexistência de aplicação de sanção, reconhecida pelo juízo competente, em audiência de justificação, garantido o direito ao contraditório e à ampla defesa, por falta disciplinar de natureza grave, prevista na Lei de Execução Penal, cometida nos doze meses de cumprimento da pena, contados retroativamente à data de publicação deste Decreto." A Quinta Turma, interpretando de forma literal o artigo, firmou-se no sentido de que o prazo de 12 (doze) meses limita tão somente a expressão "por falta disciplinar grave" e não todo o artigo, uma vez que a homologação não fica condicionada ao mencionado tempo. Em outras palavras, somente a falta grave está condicionada a lapso anterior ao Decreto, mas o processo administrativo para apuração e a homologação da falta podem ocorrer após à publicação do Decreto (AgRg no REsp 1.478.459-RS, Quinta Turma, DJe 25/2/2015; AgRg no REsp 1.593.381-MG, Quinta Turma, DJe 24/8/2016; HC 317.211-MG, Quinta Turma, DJe 30/5/2016; HC

350.021-SP, Quinta Turma, DJe 28/4/2016). A manutenção do entendimento adotado pacificamente pela Quinta Turma harmoniza-se com a orientação de ser de natureza declaratória a decisão proferida pelo Juízo da execução, seja deferindo progressão seja determinando regressão por faltas graves (STF, HC 115.254-SP, Segunda Turma, DJe 26/2/2016) (STJ – EREsp n° 1.549.544-RS, Rel. Felix Fischer, j. 14.9.2016, DJe 30.9.2016.

Recusa injustificada do apenado ao trabalho constitui falta grave.

Constitui falta grave na execução penal a recusa injustificada do condenado ao exercício de trabalho interno. O art. 31 da Lei 7.210/1984 (LEP) determina a obrigatoriedade do trabalho ao apenado condenado à pena privativa de liberdade, na medida de suas aptidões e capacidades, sendo sua execução, nos termos do art. 39, V, da referida Lei, um dever do apenado. O art. 50, VI, da LEP, por sua vez, classifica como falta grave a inobservância do dever de execução do trabalho. Ressalte-se, a propósito, que a pena de trabalho forçado, vedada no art. 5º, XLVIII, "c", da CF, não se confunde com o dever de trabalho imposto ao apenado, ante o disposto no art. 6º, 3, da Convenção Americana de Direitos Humanos (Pacto San José da Costa Rica), segundo o qual os trabalhos ou serviços normalmente exigidos de pessoa reclusa em cumprimento de sentença ou resolução formal expedida pela autoridade judiciária competente não constituem trabalhos forçados ou obrigatórios vedados pela Convenção (STJ – HC n° 264.989-SP, Rel. Ericson Maranho, j. 4.8.2015, DJe 1./8.2015).

Ilegalidade no reconhecimento de falta grave decorrente da mudança de endereço

A mudança de endereço sem autorização judicial durante o curso do livramento condicional, em descumprimento a uma das condições impostas na decisão que concedeu o benefício, não configura, por si só, falta disciplinar de natureza grave. Com efeito, essa conduta não está prevista no art. 50 da LEP, cujo teor estabelece, em rol taxativo, as hipóteses de falta grave, a saber, as situações em que o condenado à pena privativa de liberdade: a) incitar ou participar de movimento para subverter a ordem ou a disciplina; b) fugir; c) possuir, indevidamente, instrumento capaz de ofender a integridade física de outrem; d) provocar acidente de trabalho; e) descumprir, no regime aberto, as condições impostas; f) inobservar os deveres previstos nos incisos II e V do artigo 39 da LEP; e g) tiver em sua posse, utilizar ou fornecer aparelho telefônico, de rádio ou similar, que permita a comunicação com outros presos ou com o ambiente externo. Desse modo, não é possível o reconhecimento da falta grave com fundamento na simples mudança de endereço durante o curso do livramento condicional, sem que evidenciada situação de fuga, sob pena de ofensa ao princípio da legalidade (STJ – HC n° 203.015-SP, Rel. Maria Thereza de Assis Moura, j. 26.11.2013).

Prazo para a comutação da pena.

O cometimento de falta grave não interrompe o prazo estipulado como critério objetivo para concessão de comutação da pena caso o decreto presidencial concessivo assim não preveja. Precedentes citados: HC 138.361/RS, Quinta Turma, DJe de 19/10/2009; e HC 131.880/SP, Quinta Turma, Rel. DJe de 5/10/2009 (STJ HC n° 266.280-SP, Rel. Laurita Vaz, j. 15.8.2013.

Requisitos para a comutação da pena.

Na hipótese em que decreto presidencial de comutação de pena estabeleça, como requisito para sua concessão o não cometimento de falta grave durante determinado período, a prática de falta grave pelo apenado em momento diverso não constituirá, por si só, motivo apto a justificar a negativa de concessão do referido benefício pelo juízo da execução. Precedentes citados: HC 161.603-RS, Quinta Turma, DJe de 21/6/2010; e HC 138.361-RS, Quinta Turma, DJe de 19/10/2009 (STJ – HC n° 266.280-SP, Rel. Laurita Vaz, j. 15.8.2013).

Requisitos para a comutação da pena.

Na hipótese em que decreto presidencial de comutação de pena estabeleça, como requisito para a concessão desta, o não cometimento de falta grave durante determinado período, a prática de falta grave pelo apenado em momento diverso não constituirá, por si só, motivo apto a justificar a negativa de concessão do referido benefício pelo juízo da execução. Com efeito, não cabe ao magistrado criar pressupostos não previstos no decreto presidencial, para que não ocorra violação do princípio da legalidade. De fato, preenchidos os requisitos estabelecidos no mencionado decreto, não há como condicionar ou impedir a concessão da comutação da pena ao reeducando sob nenhum outro fundamento, tendo a sentença natureza jurídica meramente declaratória. Precedentes citados: HC 233.348-SP, Quinta Turma, DJe 15/6/2012; e HC 121.802-RJ, Sexta Turma, DJe 4/4/2011 (STJ RHC n° 36.925-SP, Rel. Sebastião Reis Júnior, j. 6.6.2013).

Inocorrência de falta grave pela posse de um cabo usb, um fone de ouvido e um microfone por visitante de preso.

No âmbito da execução penal, não configura falta grave a posse, em estabelecimento prisional, de um cabo USB, um fone de ouvido e um microfone por visitante de preso. Primeiramente, os referidos componentes eletrônicos não se amoldam às hipóteses previstas no art. 50, VII, da Lei 7.210/1984 porque, embora sejam considerados acessórios eletrônicos, não são essenciais ao funcionamento de aparelho de telefonia celular ou de rádio de comunicação e, por isso, não se enquadram na finalidade da norma proibitiva que é a de impedir a comunicação intra e extramuros. Além disso, também não há como falar em configuração de falta grave, pois a conduta praticada por visitante não pode alcançar a pessoa do preso, tendo em vista que os componentes eletrônicos não foram apreendidos com o detento, mas com seu visitante (STJ – HC n° 255.569-SP, Rel. Marco Aurélio Bellizze, j. 21.3.2013).

Falta grave decorrente da posse de chip de telefonia móvel por preso.

No âmbito da execução penal, configura falta grave a posse de chip de telefonia móvel por preso. Essa conduta se adéqua ao disposto no art. 50, VII, da LEP, de acordo com o qual constitui falta grave a posse de aparelho telefônico, de rádio ou similar que permita a comunicação com outros presos ou com o ambiente externo. Trata-se de previsão normativa cujo propósito é conter a comunicação entre presos e seus comparsas que estão no ambiente externo, evitando-se, assim, a deletéria conservação da atividade criminosa que, muitas vezes, conduziu-os ao aprisionamento. Portanto, há de se ter por configurada falta grave também pela posse de qualquer outra parte integrante do aparelho celular. Conclusão diversa permitiria o fracionamento do aparelho entre cúmplices apenas com o propósito de afastar a aplicação da lei e de escapar das sanções nela previstas (STJ – HC n° 260.122-RS, Rel. Marco Aurélio Bellizze, j. 21.3.2013).

Falta grave. Prazo. Prescrição.

É consabido que a prescrição da falta grave deve ser regulada pelo menor prazo previsto no art. 109 do CP. Todavia, apesar de o prazo fixado nessa norma ser atualmente de três anos, esse prazo era de dois anos à época dos fatos. Sucede que, da própria impetração, vê-se que transcorrido pouco mais de um ano, o que afasta perquirir a prescrição (STJ –. HC n° 111.650, Rel. Og Fernandes, j. 28.6.2011).

Sindicância. Falta grave. Oitiva. Ausência. Advogados. Nulidade.

Foi instaurada sindicância para apuração do cometimento de falta grave imputada ao paciente em sede de execução penal; ao final reconheceu-se o cometimento da falta grave (posse de aparelho celular dentro do presídio), contudo sem a presença do defensor quando da oitiva do acusado. A Turma entendeu não aplicável a Súmula Vinculante 5/STF, pois os precedentes que a embasam estão vinculados ao Direito Administrativo. Não se está a tratar de um mero procedimento administrativo disciplinar em que um sujeito sobre o qual recai a suspeita de uma falta pode, investido de plenos poderes, exercer seus direitos e prerrogativas e demonstrar sua inocência. Diante das condições a que submetidos os detentos, qualquer tentativa de equiparação com os sujeitos que, do lado de cá das grades, podem, per si, fazer valer a dignidade da pessoa humana, soa descontextualizado. Daí a Turma concedeu a ordem para, cassando o acórdão atacado, anular a sindicância (STJ – HC n° 193.321, Rel. Maria Trereza de Assis Moura, j. 31.5.2011).

Falta grave. Autoria mediata

Quem, de qualquer modo, concorre para uma conduta, incide nas penas a esta cominadas. No caso, o apenado foi responsabilizado por ser o idealizador da falta grave, o seu autor mediato. De acordo com a prova oral produzida durante o procedimento administrativo disciplinar, ele determinou o transporte de droga e o realizou, não diretamente, mas pelas mãos da visitante do presídio, seu instrumento. Assim, não se pode dizer que tenha havido responsabilização objetiva por ato de terceiro. O apenado não foi responsabilizado por ato de terceiro, mas por ter efetivamente concorrido para o transporte de droga e a tentativa do seu ingresso no ambiente carcerário. Ele dominou a vontade alheia e, desse modo, se serviu da visitante como instrumento da prática ilícita. (STJ. 6ª Turma. AgRg no HC 613729/SP, Rel. Min. Rogerio Schietti Cruz, julgado em 20/04/2021).

Falta grave. Interpretação extensiva.

A conduta de o paciente, durante a execução da pena de reclusão, não ter comparecido perante o oficial de Justiça para ser citado não pode ser considerada como falta grave, uma vez que referida conduta não está propriamente ligada aos deveres do preso durante a execução penal. As faltas graves devem ser expressamente dispostas na Lei de Execução Penal, não cabendo interpretação extensiva quer do art. 39 quer do art. 50, para que sejam aplicadas (STJ – HC n° 108.616, Rel. Jane Silva, j. 6.2.09).

Art. 51. Comete falta grave o condenado à pena restritiva de direitos que:

I - descumprir, injustificadamente, a restrição imposta;

II - retardar, injustificadamente, o cumprimento da obrigação imposta;

III - inobservar os deveres previstos nos incisos II e V, do artigo 39, desta Lei.

Restritiva de direitos - Os três incisos do art. 51 estão relacionados com a desídia do reeducando no cumprimento da pena alternativa imposta (descumprir a restrição imposta, retardar o cumprimento da obrigação ou não observar os deveres legais), sujeitando seu autor, em especial, à sanção do art. 181, § 1º, *d*, e § 2º, da LEP (conversão da pena alternativa em privativa de liberdade).

Art. 52. A prática de fato previsto como crime doloso constitui falta grave e, quando ocasionar subversão da ordem ou disciplina internas, sujeitará o preso provisório, ou condenado, nacional ou estrangeiro, sem prejuízo da sanção penal, ao regime disciplinar diferenciado, com as seguintes características:

I - duração máxima de até 2 (dois) anos, sem prejuízo de repetição da sanção por nova falta grave de mesma espécie;

II - recolhimento em cela individual;

III - visitas quinzenais, de 2 (duas) pessoas por vez, a serem realizadas em instalações equipadas para impedir o contato físico e a passagem de objetos, por pessoa da família ou, no caso de terceiro, autorizado judicialmente, com duração de 2 (duas) horas;

IV - direito do preso à saída da cela por 2 (duas) horas diárias para banho de sol, em grupos de até 4 (quatro) presos, desde que não haja contato com presos do mesmo grupo criminoso;

V - entrevistas sempre monitoradas, exceto aquelas com seu defensor, em instalações equipadas para impedir o contato físico e a passagem de objetos, salvo expressa autorização judicial em contrário;

VI - fiscalização do conteúdo da correspondência;

VII - participação em audiências judiciais preferencialmente por videoconferência, garantindo-se a participação do defensor no mesmo ambiente do preso.

§ 1º O regime disciplinar diferenciado também será aplicado aos presos provisórios ou condenados, nacionais ou estrangeiros:

I - que apresentem alto risco para a ordem e a segurança do estabelecimento penal ou da sociedade;

II – sob os quais recaiam fundadas suspeitas de envolvimento ou participação, a qualquer título, em organização criminosa, associação criminosa ou milícia privada, independentemente da prática de falta grave.

§ 2º (Revogado).

§ 3º Existindo indícios de que o preso exerce liderança em organização criminosa, associação criminosa ou milícia privada, ou que tenha atuação criminosa em 2 (dois) ou mais Estados da Federação, o regime disciplinar diferenciado será obrigatoriamente cumprido em estabelecimento prisional federal.

§ 4º Na hipótese dos parágrafos anteriores, o regime disciplinar diferenciado poderá ser prorrogado sucessivamente, por períodos de 1 (um) ano, existindo indícios de que o preso:

I – continua apresentando alto risco para a ordem e a segurança do estabelecimento penal de origem ou da sociedade;

II – mantém os vínculos com organização criminosa, associação criminosa ou milícia privada, considerados também o perfil criminal e a função desempenhada por ele no grupo criminoso, a operação duradoura do grupo, a superveniência de novos processos criminais e os resultados do tratamento penitenciário.

§ 5º Na hipótese prevista no § 3º deste artigo, o regime disciplinar diferenciado deverá contar com alta segurança interna e externa, principalmente no que diz respeito à necessidade de se evitar contato do preso com membros de sua organização criminosa, associação criminosa ou milícia privada, ou de grupos rivais.

§ 6º A visita de que trata o inciso III do caput deste artigo será gravada em sistema de áudio ou de áudio e vídeo e, com autorização judicial, fiscalizada por agente penitenciário.

§ 7º Após os primeiros 6 (seis) meses de regime disciplinar diferenciado, o preso que não receber a visita de que trata o inciso III do caput deste artigo poderá, após prévio agendamento, ter contato telefônico, que será gravado, com uma pessoa da família, 2 (duas) vezes por mês e por 10 (dez) minutos. (NR)

Redação antes da Lei 13.964/19	Redação depois da Lei 13.964/19
Art. 52. A prática de fato previsto como crime doloso constitui falta grave e, quando ocasione subversão da ordem ou disciplina internas, sujeita o preso provisório, ou condenado, sem prejuízo da sanção penal, ao regime disciplinar diferenciado, com as seguintes características: I – duração máxima de trezentos e sessenta dias, sem prejuízo de repetição da sanção por nova falta grave de mesma espécie, até o limite de um sexto da pena aplicada; II – recolhimento em cela individual; III – visitas semanais de duas pessoas, sem contar as crianças, com duração de duas horas; IV – o preso terá direito à saída da cela por 2 horas diárias para banho de sol. § 1º O regime disciplinar diferenciado também poderá abrigar presos provisórios ou condenados, nacionais ou estrangeiros, que apresentem alto risco para a ordem e a segurança do estabelecimento penal ou da sociedade. § 2º Estará igualmente sujeito ao regime disciplinar diferenciado o preso provisório ou o condenado sob o qual recaiam fundadas suspeitas de envolvimento ou participação, a qualquer título, em organizações criminosas, quadrilha ou bando.	"Art. 52. A prática de fato previsto como crime doloso constitui falta grave e, quando ocasionar subversão da ordem ou disciplina internas, sujeitará o preso provisório, ou condenado, nacional ou estrangeiro, sem prejuízo da sanção penal, ao regime disciplinar diferenciado, com as seguintes características: I – duração máxima de até 2 (dois) anos, sem prejuízo de repetição da sanção por nova falta grave de mesma espécie; II – recolhimento em cela individual; III – visitas quinzenais, de 2 (duas) pessoas por vez, a serem realizadas em instalações equipadas para impedir o contato físico e a passagem de objetos, por pessoa da família ou, no caso de terceiro, autorizado judicialmente, com duração de 2 (duas) horas; IV – direito do preso à saída da cela por 2 (duas) horas diárias para banho de sol, em grupos de até 4 (quatro) presos, desde que não haja contato com presos do mesmo grupo criminoso; V – entrevistas sempre monitoradas, exceto aquelas com seu defensor, em instalações equipadas para impedir o contato físico e a passagem de objetos, salvo expressa autorização judicial em contrário; VI – fiscalização do conteúdo da correspondência; VII – participação em audiências judiciais preferencialmente por videoconferência, garantindo-se a participação do defensor no mesmo ambiente do preso. I – que apresentem alto risco para a ordem e a segurança do estabelecimento penal ou da sociedade; II – sob os quais recaiam fundadas suspeitas de envolvimento ou participação, a qualquer título, em organização criminosa, associação criminosa ou milícia privada, independentemente da prática de falta grave.

Redação antes da Lei 13.964/19	Redação depois da Lei 13.964/19
	§ 2º (Revogado). § 3º Existindo indícios de que o preso exerce liderança em organização criminosa, associação criminosa ou milícia privada, ou que tenha atuação criminosa em 2 (dois) ou mais Estados da Federação, o regime disciplinar diferenciado será obrigatoriamente cumprido em estabelecimento prisional federal. § 4º Na hipótese dos parágrafos anteriores, o regime disciplinar diferenciado poderá ser prorrogado sucessivamente, por períodos de 1 (um) ano, existindo indícios de que o preso: I – continua apresentando alto risco para a ordem e a segurança do estabelecimento penal de origem ou da sociedade; II – mantém os vínculos com organização criminosa, associação criminosa ou milícia privada, considerados também o perfil criminal e a função desempenhada por ele no grupo criminoso, a operação duradoura do grupo, a superveniência de novos processos criminais e os resultados do tratamento penitenciário. § 5º Na hipótese prevista no § 3º deste artigo, o regime disciplinar diferenciado deverá contar com alta segurança interna e externa, principalmente no que diz respeito à necessidade de se evitar contato do preso com membros de sua organização criminosa, associação criminosa ou milícia privada, ou de grupos rivais. § 6º A visita de que trata o inciso III do caput deste artigo será gravada em sistema de áudio ou de áudio e vídeo e, com autorização judicial, fiscalizada por agente penitenciário. § 7º Após os primeiros 6 (seis) meses de regime disciplinar diferenciado, o preso que não receber a visita de que trata o inciso III do caput deste artigo poderá, após prévio agendamento, ter contato telefônico, que será gravado, com uma pessoa da família, 2 (duas) vezes por mês e por 10 (dez) minutos." (NR)

Regime disciplinar diferenciado – O art. 52 trata das hipóteses que autorizam a inclusão do preso faltoso no regime disciplinar diferenciado (RDD), espécie mais drástica de sanção disciplinar.

Como o próprio nome já anuncia, a disciplina imposta com a medida é diferenciada, restringindo, como nenhuma outra, a já limitada liberdade de locomoção do preso e alguns dos seus direitos.

O RDD foi implantado primeiramente pela Secretaria de Administração Penitenciária do Estado de São Paulo (SAP), em 2001, por meio da Resolução n. 26. A medida foi criada como resposta direta à atuação de organizações criminosas, notadamente o PCC

(Primeiro Comando da Capital), nos presídios paulistas. A partir da Lei n. 10.792/03, foi incluído de modo definitivo na LEP apesar das diversas críticas formuladas por juristas e pesquisadores. Dentre elas, sobressai a de que o RDD representa, para além de uma sanção disciplinar, uma nova modalidade de cumprimento de pena, significativamente mais severo que, para Salo de Carvalho e Christiane Freire, "rompe a lógica do sistema progressivo e, sobretudo, viola o núcleo duro da Constituição que são os direitos e garantias individuais" (Crítica à execução penal, 2007, p. 277).

A "ressignificação normativa da disciplina" (Carvalho; Freire, ob. cit., p. 277) se deve ao fato de que esta sanção, imensamente mais restritiva do que as demais, não depende do registro de falta grave para ser aplicada. As hipóteses previstas no artigo 52 da LEP autorizam a inclusão no RDD em casos de "alto risco para a ordem e segurança do estabelecimento penal ou da sociedade" ou de "suspeita de participação ou envolvimento em organizações criminosas, associação criminosa ou milícia privada", bem como com a prática de crime doloso que ocasione "subversão da ordem e disciplina". Se antes o isolamento da pessoa sancionada não podia ultrapassar 30 dias e decorria exclusivamente do registro de falta grave, depois da criação do RDD passa a valer por longos períodos e prescinde da apuração de uma infração, disciplinar ou penal.

Modificado significativamente pelo Pacote Anticrime (Lei 13.964/19), o RDD passa a ter as seguintes características:

I - duração máxima de até 2 (dois) anos, sem prejuízo de repetição da sanção por nova falta grave de mesma espécie.

De acordo com o texto original deste artigo, o RDD, na primeira ocorrência, tinha duração de até um ano. A partir da nova redação, o período máximo foi estendido para dois anos, contado na forma do artigo 10 do CP.

Pela simples leitura do inciso parece, a *prima facie*, que a sanção poderá ser imposta tantas vezes quantas forem as faltas graves repetidamente praticadas, sem limites.

II - recolhimento em cela individual.

O cumprimento da sanção se dará em cela individual (a conhecida solitária), com acompanhamento psicológico. O isolamento deve ser implantado sem se desconsiderar as proibições trazidas pelo artigo 45 da LEP, onde, no seu segundo parágrafo, veda o emprego de cela escura, acrescentando a doutrina, ainda, os alojamentos inabitáveis ou insalubres.

III - visitas quinzenais de duas pessoas, por vez, a serem realizadas em instalações equipadas para impedir o contato físico e a passagem de objetos, por pessoa da família ou, no caso de terceiro, autorizado judicialmente, com duração de 2 (duas) horas;

A redação original deste inciso permitia o recebimento de "visitas semanais de duas pessoas, sem contar as crianças, com duração de duas horas". Percebe-se, então, que esse direito foi ainda mais restringido pelo novo dispositivo, que agora prevê visitas quinzenais. Se o interessado for alguém fora da relação familiar, a visita dependerá de autorização judicial. O § 6º dispõe, ainda, que a visita será gravada e, mediante decisão judicial, fiscalizada por agente penitenciário.

Criança pode visitar preso no RDD? Sabemos todos ser fundamental para a ressocialização do preso não romper seus contatos com o mundo exterior, de forma a não debilitar as relações que une o habitante prisional e seus familiares e amigos. Não há dúvida de que os laços mantidos principalmente com a família são essencialmente benéficos para o reeducando, porque o leva a sentir que, mantendo contatos, embora com limitações, com as pessoas que se encontram fora do presídio, não foi excluído da comunidade (Mirabete, ob. cit. p. 124). Não sem razão, as Regras de Mandela, no seu preceito 106, dispõem que se deve velar para que se mantenham e melhorem as boas relações entre o preso e sua família, conforme apropriado ao melhor interesse de ambos. O Estatuto da Criança e do Adolescente assegura a convivência da criança e do adolescente com a mãe ou pai privado de liberdade, por meio de visitas periódicas promovidas pelo responsável, independentemente de autorização judicial (art. 19, § 4º).

Dentro desse espírito, mesmo quando incluído no regime mais drástico de cumprimento de pena, deve ser garantido ao interno sancionado o direito de relacionar-se com seus entes queridos.

Contudo, considerando os princípios basilares traçados pelo próprio Estatuto da Criança e do Adolescente (Lei nº 8.069/90) – princípios da prevenção geral e especial do atendimento integral à criança; garantia prioritária; proteção estatal; prevalência dos interesses da pessoa menor de 18 anos de idade; indisponibilidade dos interesses da criança e do adolescente – evitar as visitas de crianças em unidades de segurança máxima parece mais recomendável. Afinal, são locais destinados para abrigar presos perigosos, devendo ser absolutamente constatada a segurança daqueles que visitam, especialmente quando crianças. Entendemos, portanto, que a possibilidade de visitação de crianças depende de circunstâncias concretas relativas à unidade prisional, bem como ao perfil da pessoa presa.

Nos termos do §7º., após os primeiros 6 (seis) meses de regime disciplinar diferenciado, o preso que não receber a visita de que trata o inciso III do *caput* deste artigo poderá, após prévio agendamento, ter contato telefônico, que será gravado, com uma pessoa da família, 2 (duas) vezes por mês e por 10 (dez) minutos.

IV – o preso terá direito à saída da cela por 2 horas diárias para banho de sol, em grupos de até 4 (quatro) presos, desde que não haja contato com presos do mesmo grupo criminoso;

Pouco foi alterado no novo dispositivo. O preso continua a ter direito à saída da cela por duas horas diárias para o banho de sol, agora limitada a grupos de até quatro presos que não pertençam ao mesmo grupo criminoso.

O banho de sol é prerrogativa importante do preso, especialmente porque constitui uma das únicas oportunidades de circulação fora da cela. Proibi-lo ou restringi-lo significa grave afronta aos seus direitos e à sua integridade física e psicológica. Nesse sentido, em 01.07.19, o STF, concedeu medida cautelar no HC coletivo n. 172.136-SP, impetrado pela Defensoria Pública, para garantir o cumprimento, pela administração prisional da Penitenciária de Martinópolis/SP, do comando normativo. Ressalte-se que a decisão sequer versava sobre presos em cumprimento de RDD, mas sim em cumprimento de sanção disciplinar. Na decisão, o Ministro Celso de Mello entendeu esclareceu:

"Constitui verdadeiro paradoxo reconhecer-se, de um lado, o 'direito à saída da cela por 2 (duas) horas diárias para banho de sol' (LEP, art. 52, IV), em favor de quem se acha submetido, por razões de 'subversão da ordem ou disciplina internas' no âmbito penitenciário, ao rigorosíssimo regime disciplinar diferenciado (RDD) e negar, de outro, o exercício de igual prerrogativa de ordem jurídica a quem se acha recolhido a pavilhões destinados à execução de medidas disciplinares ordinárias ("Pavilhão Disciplinar") e à proteção de detentos ameaçados ("Pavilhão de Seguro")".

V - entrevistas sempre monitoradas, exceto aquelas com seu defensor, em instalações equipadas para impedir o contato físico e a passagem de objetos, salvo expressa autorização judicial em contrário;

As três últimas características do RDD (incs. V, VI e VII) foram incluídas pelo Pacote Anticrime. São medidas que se prestam a garantir a segurança das unidades prisionais e da sociedade, intensificando a vigilância sobre os presos em regime diferenciado de cumprimento de pena.

O inciso V prevê o monitoramento de qualquer contato do preso com o mundo externo, exceto a comunicação com o seu defensor, resguardando, assim, o direito de defesa e o exercício livre da advocacia. Havendo autorização judicial, mesmo a entrevista com advogado será monitorada. Sabendo que as liberdades públicas não são entendidas em sentido absoluto, desaparecerá a ilicitude de qualquer violação quando houver fundadas suspeitas de as entrevistas estarem servindo, na verdade, para a prática de infrações penais. Nesse caso, a gravação se legitima como importante instrumento para a garantia da ordem pública e das liberdades alheias.

VI - fiscalização do conteúdo da correspondência;

A LEP prevê no art. 41, parágrafo único, que o direito de comunicação com o mundo externo pode ser suspenso ou restringido por decisão da administração prisional. Diante da imprecisão da LEP, há muito se discute sobre a possibilidade de monitoramento das correspondências do preso e sua constitucionalidade.

A inviolabilidade do sigilo de correspondência é garantia constitucional. No entanto, para boa parte da doutrina e jurisprudência, "a cláusula tutelar da inviolabilidade do sigilo epistolar não pode constituir instrumento de salvaguarda de práticas ilícitas" (STF, HC 70814/SP). Neste caso, a fiscalização se legitima como importante instrumento para a garantia da ordem pública e das liberdades alheias.

O problema apontado por alguns autores era que a legislação não estabelecia, de modo específico, as hipóteses nas quais o sigilo de correspondência poderia ser violado. A previsão genérica contida no art. 41 acabava por afrontar os princípios da legalidade e da proporcionalidade na execução penal.

Temos, assim, com este novo inciso, que a fiscalização de correspondências é expressamente permitida durante o cumprimento de RDD, por ser, como já afirmamos, um regime significativamente mais rígido, que tem como objetivo principal isolar e neutralizar o preso sancionado, restringindo drasticamente suas possibilidades de articulação intra e entramuros.

VII - participação em audiências judiciais preferencialmente por videoconferência, garantindo-se a participação do defensor no mesmo ambiente do preso.

Visando reduzir os deslocamentos do preso enclausurado, este dispositivo prevê, para o reeducando no RDD, a participação em audiências por meio de videoconferência.

Divergindo de muitos, sempre nos colocamos favoravelmente à implantação da participação à distância do preso. O avanço da tecnologia, com a sensível melhoria na qualidade das transmissões, permite que o juiz sinta as reações do acusado da mesma maneira que o faria caso ele estivesse na sua presença, preservando-se, assim, o princípio da imediação do juiz com as partes.

A propósito, essa questão que envolve a presença da pessoa, em vista do estágio atual da tecnologia e da informática, é algo a ser considerado. Estar presente, nos dias atuais, não implica, necessariamente, na ocupação do mesmo espaço físico. Basta ver que, no feminicídio, aumenta-se a pena quando o crime é cometido na presença, física ou virtual, dos ascendentes e descendentes (§7º, do art. 121 do CP). Percebam: ainda que virtual, é possível estar presente.

Daí a pertinência da observação formulada pelo jornalista Marcelo Coelho, em artigo que publicou no jornal Folha de São Paulo, em 1º de março de 2006, ao salientar que "o desaparecimento da distância, assegurado pelos meios eletrônicos, faz com que ninguém, na verdade, esteja totalmente próximo dos seus semelhantes: não está ausente, quando se afasta, nem presente, quanto está junto" (Caderno Ilustrada, p. 6).

A grande vantagem do sistema, sem dúvida, consiste na possibilidade de se conferir maior celeridade ao processo. Celeridade que, se antes, era um mero argumento de retórica vazia, presente em discursos dos operadores do Direito, ganhou, atualmente, ganhou status de norma constitucional, face ao conteúdo da Emenda Constitucional nº 45, de 08 de dezembro de 2004, que introduziu o inc. LXXVIII, ao art. 5º, assegurando a todos, no âmbito judicial e administrativo, "a razoável duração do processo e os meios que garantam a celeridade de sua tramitação". Celeridade, que é preciso se ressaltar, não é benéfica apenas à sociedade, que tem uma resposta mais eficaz frente ao delito cometido, mas, principalmente, ao réu que, preso, vê sua situação mais rapidamente definida. As constantes delongas que assolam o regular andamento do processo, causadas por problemas no deslocamento dos réus presos (isso sem falar nas megaoperações organizadas para o transporte de réus perigosos, onde até helicópteros são utilizados e enorme contingente de pessoal mobilizado), são evitadas com a participação à distância.

O novo é sempre visto com desconfiança. Por curiosidade histórica, convém recordar da lição de Jorge Americano, professor catedrático da Faculdade de Direito de São Paulo, citado por Câmara Leal (ob. cit., vol. III, p. 21), quando, em 1941, se opunha ao Código de Processo Penal ao criticar a inovação consistente na possibilidade de ser datilografada a sentença do Juiz, em observação que hoje soa ridícula. Confira-se: "A sentença deve ser escrita do próprio punho, datada e assinada por seu prolator. São considerados essenciais estes requisitos porque servem para fiscalizar a autenticidade da sentença, e ao mesmo tempo asseguram o sigilo que sobre ela se deve manter até a respectiva publicação [...] Ora, permitir que a sentença seja datilografada é tolerar o seu conhecimento pelo datilógrafo, antes de publicada. É certo que a sentença, enquanto em estado de rascunho, pode ser modificada, e só adquire força depois de publicada. Basta uma hesitação da parte do juiz, em presença do datilógrafo, um erro que corrija, uma modificação que introduza, para criar no espírito desse auxiliar uma suspeita sobre a integridade do juiz ou, quando tal não se dê, trazer a público incidentes curiosos ou anedóticos quanto à maneira de lavrar a sentença [...] Eis porque parece mais sábio manter a tradição, segundo a qual o juiz lavra, data e assina a sentença do próprio punho".

RDD e as hipóteses de cabimento – A inclusão no regime disciplinar diferenciado (RDD) tem cabimento nos casos expressamente definidos pelo artigo 52, *caput* e parágrafos.

São eles:

a) a prática de fato previsto como crime doloso constitui falta grave e, quando ocasionar subversão da ordem ou disciplina internas, sujeita o preso provisório, ou condenado, nacional ou estrangeiro, sem prejuízo da sanção penal, ao regime disciplinar diferenciado (...):

A primeira hipótese de cabimento da medida extrema se dá com a prática de fato previsto como crime doloso, que ocasione subversão da ordem ou disciplina internas. Logo, não será todo e qualquer crime doloso que sujeitará o seu agente ao RDD, mas apenas aqueles que causam tumulto carcerário.

Aqui incluímos, também, a prática de crime preterdoloso (ou preterintencional), pois este nada mais é que um crime doloso agravado pelo resultado culposo. Aliás, para reforçar esse entendimento, basta colocarmos a seguinte situação hipotética: dois pavilhões de um presídio se deparam com alguns internos promovendo uma rebelião, oportunidade em que colocam fogo nos colchões. Num dos pavilhões, o fogo destrói vários cômodos e, apesar de causar subversão na ordem, não traz maiores danos ao local. No outro, o fogo, além de subverter a ordem do local, causa, culposamente, a morte de um integrante da polícia penal (antigo agente penitenciário). Excluir o preterdolo do alcance da norma seria aplicar o RDD para os faltosos do primeiro pavilhão, e não para os do segundo, cujo resultado foi até mais grave. A situação ficaria, no mínimo, esquisita.

Mesmo que o crime doloso, causador de desordem carcerária, fique no campo da tentativa, será punido com a sanção correspondente à falta consumada (art. 49, parágrafo único, da LEP). No entanto, a circunstância do conatus será considerada na duração da punição.

Sem prejuízo da sanção administrativa, o preso faltoso responderá penalmente pelo crime doloso praticado, não se cogitando de *bis in idem* em face da diferente natureza das punições.

A única modificação inserida neste dispositivo se refere à expressão "nacional ou estrangeiro". Embora o texto original do *caput* não fizesse menção à nacionalidade, já se entendia que a lei, implicitamente, incluía estrangeiros, uma vez que brasileiros e estrangeiros, na execução penal, têm os mesmos direitos e deveres. Conclusão diversa nos obrigaria a excluir os estrangeiros de outras consequências negativas previstas na LEP (como regressão, por exemplo), apenas porque não se fez referência a eles.

ATENÇÃO – A prática de crime doloso configura falta grave em sede de execução, admitindo consequências várias para o reeducando, como a regressão de regimes e a imposição de sanção disciplinar. Sem implicar na violação do princípio da presunção de inocência, essas consequências (e outras) não pressupõem sentença condenatória transitada em julgado, bastando a prova de que o preso praticou crime ou fato definido como falta grave. Foi essa a tese de repercussão geral fixada no julgamento pelo STF (Tema 758): "O reconhecimento de falta grave consistente na prática de fato definido como crime doloso no curso da execução penal dispensa o trânsito em julgado da condenação criminal no juízo do conhecimento, desde que a apuração do ilícito disciplinar ocorra com observância do devido processo legal, do contraditório e da ampla defesa, podendo a instrução em sede executiva ser suprida por sentença criminal condenatória que verse sobre a materialidade, a autoria e as circunstâncias do crime correspondente à falta grave". É sabido, aliás, que a absolvição criminal só afasta a responsabilidade administrativa quando restar proclamada a inexistência do fato ou de autoria. Embora não se possa negar a independência entre as esferas - segundo a qual, em tese, admite-se repercussão da absolvição penal nas demais instâncias apenas nos casos de inexistência material ou de negativa de autoria -, não há como ser mantida a incoerência de se ter o mesmo fato por não provado na esfera criminal e por provado na esfera administrativa. Assim, quando o único fato que motivou a penalidade administrativa resultou em absolvição no âmbito criminal, ainda que por ausência de provas, a autonomia das esferas há que ceder espaço à coerência que deve existir entre as decisões sancionatórias. Nesse sentido se posicionou o STJ no AgRg nos EDcl no HC 601.533-SP.

b) O regime disciplinar diferenciado também será aplicado aos presos provisórios ou condenados, nacionais ou estrangeiros, que apresentem alto risco para a ordem e a segurança do estabelecimento penal ou da sociedade;

O RDD também se aplica ao preso provisório ou definitivo que, independentemente do crime praticado ou condenado, apresenta alto risco para a segurança interna do estabelecimento prisional ou para a sociedade. É o caso do interno que, mesmo dentro do presídio ou estabelecimento prisional, comanda crimes do lado de fora (extra muro), colocando em risco a coletividade.

O alto risco apresentado pelo preso deve derivar de fato pretérito ou presente para o qual concorreu ou concorre, direta ou indiretamente, o reeducando.

c) sob os quais recaiam fundadas suspeitas de envolvimento ou participação, a qualquer título, em organização criminosa, associação criminosa ou milícia privada, independentemente da prática de falta grave.

Outra hipótese de cabimento do RDD repousa no caso do preso provisório ou definitivo, nacional ou estrangeiro, que integre organização criminosa (definida no art. 1º da Lei 12.850/13), associação criminosa (prevista no art. 288 do CP) ou milícia privada (prevista no art. 288-A do CP). A redação original deste dispositivo citava apenas a participação em organizações criminosas, quadrilha ou bando.

Eis aqui a preocupação do legislador pátrio em coibir, de maneira firme e convincente, os integrantes dos grupos criminosos, verdadeiros líderes, com seguidores dentro e fora do sistema carcerário, merecendo, por isso, isolamento como forma de desmantelar o malfazejo grupo.

ATENÇÃO - A Lei 13.260/16 regulamenta o disposto no inciso XLIII do art. 5º da Constituição Federal, disciplinando o terrorismo, tratando de disposições investigatórias e processuais e reformulando o conceito de organização terrorista. Com a vigência da novel Lei, fica a pergunta: pessoa suspeita de integrar organização terrorista pode ser incluída no RDD? Numa interpretação afoita do art. 52, § 2º, da LEP, pode parecer que não, por falta de previsão legal. No entanto, não se pode ignorar que a Lei 12.850/13, que define organização criminosa, também se aplica às organizações terroristas (art. 1º., § 2º, II). Conclusão: numa interpretação sistemática, entendemos que organização terrorista nada mais é do que uma forma especial de organização criminosa, sendo passível de sanção disciplinar da espécie RDD.

Merece cuidado, no entanto, a interpretação da expressão "fundadas suspeitas" utilizada pelo dispositivo em estudo. Entendemos inaplicável medida tão drástica quando presentes meros suspeitas. O standard probatório exigido é de caráter normativamente intermediário, caracterizado por um grau de probabilidade suficiente a fundar a suspeita do ilícito, comum àquele exigível dos demais incidentes executivos de pena.

O mesmo raciocínio deve ser empregado sobre os §§ 3º e 4º., que utilizam o termo "indícios".

O §3º determina que o preso deve ser obrigatoriamente transferido para estabelecimento prisional federal em caso de indícios de liderança em organização criminosa, associação criminosa ou milícia privada ou de atuação criminosa em dois ou mais Estados. Demonstrado esse cenário, o § 5º determina que o preso deve ser submetido à alta segurança, especialmente para evitar seu contato com outros membros do grupo criminoso.

O §4º, por sua vez, autoriza a prorrogação sucessiva do RDD por períodos de um ano, caso haja indícios de que o preso: I) continua apresentando alto risco para a segurança e ordem; ou ainda II) mantém vínculos com grupos criminosos (organização, associação ou milícia), considerando seu perfil, a função desempenhada no grupo, a atividade duradoura do grupo, a superveniência de novos processos e os resultados do tratamento penitenciário.

Constitucionalidade do RDD – O debate que toma nossos Tribunais diz respeito à constitucionalidade do RDD, havendo duas posições bem definidas, como se percebe do quadro abaixo:

Inconstitucional	Constitucional
O RDD fere a dignidade da pessoa humana, constituindo sanção de caráter cruel, desumano e degradante.	O RDD não representa, per si, a submissão do encarcerado a padecimentos físicos e psíquicos, impostos de modo vexatório, o que somente restaria caracterizado nas hipóteses em que houvesse, por exemplo, o isolamento em celas insalubres, escuras ou sem ventilação.
O RDD configura sanção desproporcional aos fins da pena (da execução).	O sistema penitenciário, em nome da ordem e da disciplina, bem como da regular execução das penas, há que se valer de medidas disciplinadoras, e o regime em questão atende ao primado da proporcionalidade entre a gravidade da falta e a severidade da sanção.

Inconstitucional	Constitucional
O RDD ofende coisa julgada, representando quarta modalidade de regime de cumprimento de pena.	Transitada em julgado a sentença condenatória, surge entre o condenado e o Estado, na execução da pena, uma nova relação jurídica. O regime instituído pela Lei nº 10.792/2003 (RDD) visa propiciar a manutenção da ordem interna dos presídios, não representando, portanto, uma quarta modalidade de regime de cumprimento de pena, em acréscimo àqueles previstos pelo Código Penal (art. 33, CP).
O RDD desrespeita o princípio da legalidade, gerando verdadeiro bis in idem.	É expressa a lei (art. 52 da LEP) no sentido de que, havendo a prática de crime, devem ser instaurados os dois processos (penal e administrativo) de que resultarão as sanções de duas espécies. Não se trata, evidentemente, de violar o princípio non bis in idem, pois, de acordo com a melhor doutrina, constituem-se em infrações a ordenamentos jurídicos diversos (de direito penal e de execução penal), como, aliás, ocorre também com a aplicação de sanções penais e civis quando da prática de crime de que resulta prejuízo.

JURISPRUDÊNCIA

Regime disciplinar diferenciado. Constitucionalidade

Regime Disciplinar Diferenciado. Alegada inconstitucionalidade e desproporcionalidade da medida. Inocorrência. Inconstitucionalidade do RDD já afastada por decisão do Órgão Especial do TJSP. Ademais, "(...) correto o reconhecimento da infração disciplinar de natureza grave, consistente em subversão à ordem e disciplina internas, ameaça e danos ao patrimônio". Imposição do redime diferenciado, "amparada no artigo 52, § 1º, I, da Lei de Execução Penal, com a redação dada pela Lei nº 13.964/2019" (TJSP, Agravo em Execução nº 0010730-49.2020.8.26.0041, rel. Des. Mário Devienne Ferraz, 1ª Câm. Criminal, j. 31/08/2020).

Regime Disciplinar Diferenciado. Alegada inconstitucionalidade, por impingir tratamento cruel, desumano e degradante. Afastamento da medida ou redução de seu prazo. Inadmissibilidade. "O Regime Disciplinar Diferenciado, previsto no artigo 52 da Lei de Execução Penal, com a nova redação determinada pela Lei nº 13.964/19, consiste em um sistema de disciplina carcerária especial, dotado de regras mais rígidas do que os demais regimes de cumprimento de pena, sendo aplicável em caráter repressivo, como sanção disciplinar (caput), ou como medida cautelar (parágrafo 1º), destinada a prevenir condutas que possam acarretar subversão da ordem ou da disciplina interna do estabelecimento prisional." Medida imposta em razão da gravidade da conduta do sentenciado, que liderou rebelião na penitenciária, causando subversão à ordem e à disciplina interna, dano ao patrimônio público e motim de presos. (Agravo em Execução no 0008863-21.2020.8.26.0041, rel. Des. Xavier de Souza, 11ª Câm. Criminal, j. 20/07/2020).

SUBSEÇÃO III
DAS SANÇÕES E DAS RECOMPENSAS

Art. 53. **Constituem sanções disciplinares:**

I – advertência verbal;

II – repreensão;

III - suspensão ou restrição de direitos (artigo 41, parágrafo único);

IV - isolamento na própria cela, ou em local adequado, nos estabelecimentos que possuam alojamento coletivo, observado o disposto no artigo 88 desta Lei.

V - inclusão no regime disciplinar diferenciado. (Incluído pela Lei nº 10.792, de 2003)

Sanções disciplinares – estão previstas num rol taxativo, não admitindo ampliação, em respeito ao princípio da legalidade.

I - advertência verbal: geralmente adotada quando da prática de falta leve pelo condenado. Apesar de verbal, deve constar no prontuário do reeducando;

II - repreensão: forma escrita de advertência, geralmente adotada diante da prática reincidente de falta leve ou quando da prática da falta média;

III - suspensão ou restrição de direitos: são direitos que poderão ser restringidos ou suspensos: proporcionalidade na distribuição do tempo para trabalho, descanso e recreação (art. 41, V, desta lei); visita do cônjuge, da companheira, de parentes e amigos em dias determinados (art. 41, X, desta lei); contato com o mundo exterior por meio de correspondência escrita, da leitura e de outros meios de informação que não comprometam a moral e os bons costumes (art. 41, XV, desta lei);

IV - isolamento na própria cela, ou em local adequado, nos estabelecimentos que possuam alojamento coletivo, observado o disposto no artigo 88 desta lei: dispositivo de difícil aplicação, pois na atual conjuntura, o sistema penitenciário brasileiro não possui sequer celas coletivas suficientes para todos os condenados. De toda forma, havendo cela para isolamento individual, deverá respeitar o disposto no art. 88, isto é, área mínima, salubridade etc. O que costuma ocorrer é o envio das pessoas sancionadas para celas chamadas de "seguro" que, embora coletivas, têm por objetivo isolar os presos do restante dos fluxos que abastecem o sistema prisional. São, assim, espaços cujas condições de habitação são ainda mais insalubres do que nas demais celas;

V - inclusão no regime disciplinar diferenciado: o preso poderá sofrer a sanção de inclusão no regime disciplinar diferenciado (ver comentários ao art. 52).

ATENÇÃO - A aplicação de qualquer das sanções disciplinares deverá constar no prontuário do preso.

Art. 54. As sanções dos incisos I a IV do art. 53 serão aplicadas por ato motivado do diretor do estabelecimento e a do inciso V, por prévio e fundamentado despacho do juiz competente. (Redação dada pela Lei nº 10.792, de 2003)

§ 1º A autorização para a inclusão do preso em regime disciplinar dependerá de requerimento circunstanciado elaborado pelo diretor

do estabelecimento ou outra autoridade administrativa. (Incluído pela Lei nº 10.792, de 2003)

§ 2º A decisão judicial sobre inclusão de preso em regime disciplinar será precedida de manifestação do Ministério Público e da defesa e prolatada no prazo máximo de quinze dias. (Incluído pela Lei nº 10.792, de 2003)

Aplicação das sanções disciplinares – Da leitura do dispositivo, percebe-se que a aplicação de sanções disciplinares, em regra, ficará a cargo da autoridade administrativa. Cabe, então, ao diretor prisional, no final do procedimento de apuração de falta disciplinar, decidir pela natureza (leve, média ou grave) e qualificação jurídica da falta, e aplicar as sanções previstas no art. 53. Em caso de falta grave, a administração prisional pode aplicar as sanções de perda ou restrição de direitos e de isolamento, mas deve remeter o procedimento ao juízo da execução penal que irá aplicar um novo pacote sancionatório ao preso faltoso, cujos efeitos incidem diretamente no desenvolvimento progressivo da pena (previstos no art. 48, parágrafo único).

RDD – No que se refere ao Regime Disciplinar Diferenciado, no entanto, a Lei 10.792/03 adotou o sistema da judicialização, confiando apenas ao juiz o império da sua aplicação.

ATENÇÃO - Apesar de constar do dispositivo em comento o termo despacho, cuida-se, na verdade, de sentença, desafiando, desse modo, todo o sistema de recursos vigente.

A autorização para inclusão no RDD, então, dependerá de requerimento circunstanciado elaborado pelo diretor do estabelecimento ou outra autoridade administrativa (§ 1º).

A questão que aqui se coloca é a seguinte: o Ministério Público pode, como órgão da execução penal, requerer também a aplicação dessa sanção máxima?

Analisando o disposto na alínea "a", inc. II, do artigo 68 da LEP, a resposta só pode ser afirmativa.

Aliás, a amplitude da presente alínea torna inúteis as demais, todas, de certa forma, ligadas ao desenvolvimento regular do processo executivo.

Nos termos do § 2º do art. 54, a decisão judicial sobre a inclusão de preso em regime disciplinar será precedida do devido processo legal, manifestando-se o Ministério Público (ou como requerente ou como *custos legis*) e o indigitado faltoso, que terá oportunidade de exercer seu sagrado direito de defesa, consubstanciado no contraditório.

Individualização da sanção – Com a nova redação do artigo 57 da LEP, na aplicação das sanções disciplinares, levar-se-ão em conta a natureza, os motivos, as circunstâncias e as consequências do fato, bem como a pessoa do faltoso e seu tempo de prisão (princípio constitucional da individualização da pena, vedando, como já faz o artigo 45, § 3º, as sanções coletivas).

Art. 55. As recompensas têm em vista o bom comportamento reconhecido em favor do condenado, de sua colaboração com a disciplina e de sua dedicação ao trabalho.

Art. 56. São recompensas:

I - o elogio;

II - a concessão de regalias.

Parágrafo único. A legislação local e os regulamentos estabelecerão a natureza e a forma de concessão de regalias.

Recompensas ao preso – Trata-se de uma contrapartida em reconhecimento a comportamentos positivos do preso (colaboração com a disciplina e dedicação ao trabalho).

O sistema de recompensas também é estimulado pelas Regras Mínimas da ONU (atualizadas pelas de Mandela, preceito 95):

"Toda unidade prisional deve estabelecer sistemas de privilégios adequados para as diferentes classes de presos e diferentes métodos de tratamento, a fim de incentivar uma boa conduta, desenvolver o senso de responsabilidade e assegurar o interesse e a cooperação dos presos no seu tratamento".

Diversas pesquisas dão conta da efetividade do sistema de recompensas quando comparado ao sistema punitivo vigente atualmente. O reforço positivo seria, assim, mais produtivo em termos de manutenção da ordem e disciplina e desestímulo à prática de faltas disciplinares.

São recompensas para aqueles que ostentam bom comportamento, colaboram para a disciplina e se dedicam ao trabalho:

I – elogio: será feito verbalmente e anotado no prontuário, servindo para, futuramente, atestar o comportamento do preso.

II – regalias: geralmente noticiadas de forma pejorativa, as regalias consistem, na realidade, em privilégios para presos merecedores, aplicando-se de modo transparente, com critérios preestabelecidos, importante meio de incentivo ao bom comportamento carcerário, disciplina e trabalho.

Alerta Nucci: "não se deve permitir que a administração *invente* regalias, critérios e demais formas para privilegiar determinados presos em detrimento de outros. Exige-se respeito ao princípio da legalidade. É fundamental que a legislação estadual forneça o regramento básico, permitindo que, conforme as peculiaridades de cada presídio, a direção edite regulamentos internos, complementando a atividade do legislador" (ob. cit. p. 506).

Na prática, a administração prisional costuma, a título de recompensa, oferecer postos de trabalho privilegiados, que conferem maior possibilidade de circulação pela unidade prisional; itens materiais básicos; acesso ampliado a espaços como biblioteca; entre outros.

SUBSEÇÃO IV
DA APLICAÇÃO DAS SANÇÕES

Art. 57. Na aplicação das sanções disciplinares, levar-se-ão em conta a natureza, os motivos, as circunstâncias e as consequências do fato, bem como a pessoa do faltoso e seu tempo de prisão. (Redação dada pela Lei nº 10.792, de 2003)

Parágrafo único. Nas faltas graves, aplicam-se as sanções previstas nos incisos III a V do art. 53 desta Lei. (Redação dada pela Lei nº 10.792, de 2003)

Individualização da sanção- Recomendam as normas internacionais, como as Regras de Mandela, que, na aplicação das sanções disciplinares, a autoridade competente procederá a um exame completo do fato. Isto é, a autoridade deverá analisar a natureza, os motivos, as circunstâncias e as consequências do fato, para só então aplicar a sanção disciplinar, com base nas informações colhidas.

O art. 57 da LEP obedece não apenas a recomendação alienígena, mas também o princípio constitucional da individualização da pena e da responsabilidade pessoal.

JURISPRUDÊNCIA

Nova lei. Perda. Dias remidos. Princípio. Retroatividade.

A Turma concedeu "habeas corpus" de ofício para, reformando o acórdão e a decisão de primeiro grau, na parte referente à perda total dos dias remidos, determinar o retorno dos autos ao juízo de execuções, para que se complete o julgamento, aferindo o novo patamar da penalidade à luz da superveniente disciplina do art. 127 da LEP. Os ministros entenderam que, a partir da vigência da Lei 12.433/2011, que alterou a redação do art. 127 da LEP, a penalidade consistente na perda de dias remidos pelo cometimento de falta grave passa a ter nova disciplina, não mais incide sobre a totalidade do tempo remido, mas apenas até o limite de 1/3 desse montante, cabendo ao juízo das execuções, com certa margem de discricionariedade, aferir o "quantum" ao levar em conta a natureza, os motivos, as circunstâncias e as consequências do fato, bem como a pessoa do faltoso e seu tempo de prisão, consoante o disposto no art. 57 da LEP. Por se tratar de norma penal mais benéfica, deve a nova regra incidir retroativamente, em obediência ao art. 5º, XL, da CF/88 (STJ – HC n° 200.046, Rel. Laurita Vaz, j. 18.8.2011).

Art. 58. O isolamento, a suspensão e a restrição de direitos não poderão exceder a trinta dias, ressalvada a hipótese do regime disciplinar diferenciado. (Redação dada pela Lei nº 10.792, de 2003)

Parágrafo único. O isolamento será sempre comunicado ao Juiz da execução.

Duração das sanções disciplinares – As Regras Mínimas da ONU (atualizadas pelas de Mandela) preveem que deve ser determinada por lei ou por regulamento a duração das sanções disciplinares (preceito 37).

Dentro desse espírito, o art. 58 anuncia que o isolamento, a suspensão e a restrição de direitos não poderão exceder a trinta dias, ressalvada a hipótese do regime disciplinar diferenciado, que poderá chegar a dois anos (art. 52).

Ressalte-se que esse é o limite, podendo as sanções ser aplicadas por menos tempo, conforme a necessidade.

Observa Mirabete:

"Limitando a lei a duração do isolamento, da suspensão ou restrição de direitos a trinta dias, não poderá ser excedido esse prazo na execução dessas sanções, mesmo na hipótese de concurso de infrações disciplinares. Entendeu o legislador que a execução por um período contínuo superior a esse limite poderia comprometer a saúde do preso ou comprometer o seu processo de reintegração social. O dispositivo guarda similitude com o art. 75 do CP que prevê o máximo de duração para a pena privativa de liberdade por isso, se ocorrer a prática de falta grave durante a execução de uma dessas sanções, nada impede que se aplique, por analogia, o princípio que inspirou o art. 75, § 2º, do citado Estatuto. Aplicando-se nova sanção durante a execução da anterior deve se desprezar o período já cumprido" (ob. cit. p. 160/161).

ATENÇÃO - Embora o art. 58 fale em trinta dias, as Regras de Mandela prescrevem que o confinamento solitário deve prolongar-se por no máximo quinze dias consecutivos (preceito 44), havendo, nesse tanto, um indisfarçável conflito entre a nossa legislação e a norma internacional de direitos humanos. Nesses casos, deve prevalecer o documento alienígena ratificado pelo Brasil, ingressando no nosso ordenamento com hierarquia superior à lei ordinária.

O isolamento será sempre comunicado ao juiz da execução, detentor de funções legais de fiscalização do cumprimento da pena (art. 66, VI e VII, da LEP).

SUBSEÇÃO V
DO PROCEDIMENTO DISCIPLINAR

Art. 59. Praticada a falta disciplinar, deverá ser instaurado o procedimento para sua apuração, conforme regulamento, assegurado o direito de defesa.

Parágrafo único. A decisão será motivada.

Devido processo legal - Sempre que houver notícia de falta disciplinar, é indispensável que seja instaurado devido procedimento para sua apuração. A decisão administrativa que aplica falta disciplinar deve seguir parâmetros de fundamentação, clareza, impessoalidade e, sobretudo, vinculada ao caso concreto.

Existia discussão a respeito da necessidade de defesa técnica. Havia quem sustentasse que no processo disciplinar não há necessidade de defesa técnica (bastando a autodefesa), usando como argumento os termos da Súmula Vinculante nº 5: "A falta de defesa técnica por advogado no processo administrativo disciplinar não ofende a Constituição".

Com o devido respeito, discordamos. A referida súmula deve ser aplicada em procedimentos de natureza cível, não em procedimento para averiguar falta disciplinar de natureza execucional, onde está em jogo o direito de ir e vir do condenado (nesse sentido, Min. Gilmar Mendes RE 398269/RS). Não obstante, a Lei 12.313/10 incumbiu à Defensoria Pública a manifestação no processo executivo e nos incidentes de execução, sendo, portanto, necessária, sob pena de nulidade (STJ, HC nº 103.450/SC).

Pondo fim à discussão, o Superior Tribunal de Justiça editou a súmula 533:

> "Para o reconhecimento da prática de falta disciplinar no âmbito da execução penal, é imprescindível a instauração de procedimento administrativo pelo diretor do estabelecimento prisional, assegurado o direito de defesa, a ser realizado por advogado constituído ou defensor público nomeado."

Mas a súmula 533 tem sido relativizada em situações nas quais, embora não tenha sido instaurado o procedimento pelo diretor do estabelecimento prisional, o condenado foi ouvido em audiência judicial a respeito de sua falta disciplinar. É a tese firmada pelo

STF: "A oitiva do condenado pelo Juízo da Execução Penal, em audiência de justificação realizada na presença do defensor e do Ministério Público, afasta a necessidade de prévio Procedimento Administrativo Disciplinar (PAD), assim como supre eventual ausência ou insuficiência de defesa técnica no PAD instaurado para apurar a prática de falta grave durante o cumprimento da pena" (RE 972.598/RS, j. 04/05/2020). O STJ tem seguido a mesma orientação (AgRg no HC 442.560/PR, j. 02/03/2021).

Art. 60. **A autoridade administrativa poderá decretar o isolamento preventivo do faltoso pelo prazo de até dez dias. A inclusão do preso no regime disciplinar diferenciado, no interesse da disciplina e da averiguação do fato, dependerá de despacho do juiz competente. (Redação dada pela Lei nº 10.792, de 2003)**

Parágrafo único. O tempo de isolamento ou inclusão preventiva no regime disciplinar diferenciado será computado no período de cumprimento da sanção disciplinar. (Redação dada pela Lei nº 10.792, de 2003)

Medidas preventivas – Com a nova redação dada pela Lei nº 10.792/03, foram previstas duas medidas preventivas:

a) **isolamento cautelar do preso**: decretado pela autoridade administrativa, comunicando, em seguida, a autoridade judiciária, tão logo registrada a falta ou ao longo do procedimento administrativo disciplinar.

b) **aplicação preventiva do regime disciplinar diferenciado**: autorizada pelo juiz competente. Aqui surge a dúvida: a autorização judicial deve preceder a medida, ou apenas referendá-la?

As duas interpretações parecem possíveis. Contudo, considerando a posição topográfica do mandamento, bem como a necessidade de decisões rápidas diante de situações inesperadas, causadoras de subversão da ordem interna do presídio, sugerem que a inclusão provisória está também inserida entre as atribuições cautelares da autoridade administrativa, que deverá, *incontinenti*, submeter a sua decisão à apreciação do juiz competente, podendo este referendá-la ou não.

O tempo de isolamento ou inclusão preventivo no regime disciplinar diferenciado será computado no período de cumprimento da sanção disciplinar (art. 60, parágrafo único).

TÍTULO III
DOS ÓRGÃOS DA EXECUÇÃO PENAL

CAPÍTULO I
DISPOSIÇÕES GERAIS

Art. 61. **São órgãos da execução penal:**

I – o Conselho Nacional de Política Criminal e Penitenciária;

II – o Juízo da Execução;

III – o Ministério Público;

IV - o Conselho Penitenciário;

V - os Departamentos Penitenciários;

VI - o Patronato;

VII - o Conselho da Comunidade.

VIII - a Defensoria Pública. (Incluído pela Lei nº 12.313, de 2010).

Órgãos de execução penal – São oito os órgãos da execução penal previstos no rol do art. 61 da LEP, sendo que o último a ser inserido foi a Defensoria Pública, pela Lei 12.313, de 2010. Nos artigos seguintes analisaremos cada órgão individualmente.

ATENÇÃO - A Lei 12.847, de agosto de 2013, instituiu o Conselho Nacional de Política Criminal e Penitenciária (SNPCT), que será integrado pelos órgãos e entidades públicas e privadas com atribuições legais ou estatutárias de realizar o monitoramento, a supervisão e o controle de estabelecimentos e unidades onde se encontrem pessoas privadas de liberdade, ou de promover a defesa dos direitos e interesses dessas pessoas (art. 2º).No seu art. 3º, inciso II, para fins da referida Lei, considera-se pessoa privada de liberdade "aquelas obrigadas, por mandado ou ordem de autoridade judicial, ou administrativa ou policial, a permanecerem em determinados locais públicos ou privados, dos quais não possam sair de modo independente de sua vontade, abrangendo locais de internação de longa permanência, centros de detenção, estabelecimentos penais, hospitais psiquiátricos, casas de custódia, instituições socioeducativas para adolescentes em conflito com a lei e centros de detenção disciplinar em âmbito militar, bem como nas instalações mantidas pelos órgãos elencados no art. 61 da Lei nº 7.210, de 11 de julho de 1984." Sem prejuízo dos órgãos da execução penal previstos no artigo 61 da LEP, a Lei 12.847 criou o Mecanismo Nacional de Prevenção e Combate à Tortura-MNPCT, anunciado no seu artigo 8º, com o objetivo de prevenir e combater a tortura e outros tratamentos ou penas cruéis, desumanos ou degradantes. Suas atribuições, elencadas no art. 9º, muito se assemelham com as dos órgãos da execução penal.

CAPÍTULO II
DO CONSELHO NACIONAL DE POLÍTICA CRIMINAL E PENITENCIÁRIA

Art. 62. **O Conselho Nacional de Política Criminal e Penitenciária, com sede na Capital da República, é subordinado ao Ministério da Justiça.**

Art. 63. **O Conselho Nacional de Política Criminal e Penitenciária será integrado por 13 (treze) membros designados através de ato do Ministério da Justiça, dentre professores e profissionais da área do Direito Penal, Processual Penal, Penitenciário e ciências correlatas, bem como por representantes da comunidade e dos Ministérios da área social.**

Parágrafo único. O mandato dos membros do Conselho terá duração de 2 (dois) anos, renovado 1/3 (um terço) em cada ano.

Art. 64. Ao Conselho Nacional de Política Criminal e Penitenciária, no exercício de suas atividades, em âmbito federal ou estadual, incumbe:

I - propor diretrizes da política criminal quanto à prevenção do delito, administração da Justiça Criminal e execução das penas e das medidas de segurança;

II - contribuir na elaboração de planos nacionais de desenvolvimento, sugerindo as metas e prioridades da política criminal e penitenciária;

III - promover a avaliação periódica do sistema criminal para a sua adequação às necessidades do País;

IV - estimular e promover a pesquisa criminológica;

V - elaborar programa nacional penitenciário de formação e aperfeiçoamento do servidor;

VI - estabelecer regras sobre a arquitetura e construção de estabelecimentos penais e casas de albergados;

VII - estabelecer os critérios para a elaboração da estatística criminal;

VIII - inspecionar e fiscalizar os estabelecimentos penais, bem assim informar-se, mediante relatórios do Conselho Penitenciário, requisições, visitas ou outros meios, acerca do desenvolvimento da execução penal nos Estados, Territórios e Distrito Federal, propondo às autoridades dela incumbida as medidas necessárias ao seu aprimoramento;

IX - representar ao Juiz da execução ou à autoridade administrativa para instauração de sindicância ou procedimento administrativo, em caso de violação das normas referentes à execução penal;

X - representar à autoridade competente para a interdição, no todo ou em parte, de estabelecimento penal.

Conselho Nacional de Política Criminal e Penitenciária – trata-se de órgão vinculado ao Ministério da Justiça, com sede em Brasília, e já existia mesmo antes da vigência da LEP (desde 1980).

> **ATENÇÃO** - Com o advento da Lei 12.847/13, o Conselho passou a compor, também, o Sistema Nacional de Prevenção e Combate à Tortura (artigo 2º, § 1º).

O Conselho Nacional de Política Criminal e Penitenciária será integrado por treze membros designados pelo Ministério da Justiça, dentre professores e profissionais de Direito Penal, Processual Penal, Penitenciário e ciências correlatas (Criminologia, por exemplo), bem como por representantes da comunidade e dos Ministérios da área social.

Fazemos nossa a pertinente observação crítica feita por Mirabete:

"A expressão *membros da comunidade* é ampla e permite, a rigor, a designação de qualquer pessoa, ainda que não possua conhecimentos específicos a respeito do

Direito ou das ciências correlatas, o que, evidentemente, é de se criticar, já que se trata de um órgão normativo e de fiscalização com tarefas eminentemente técnicas e especializadas. Aliás, é destituída de conteúdo a expressão representante da comunidade, já que não se delimita quem pode ser assim considerado" (ob. cit. p. 172).

O mandato dos membros do Conselho terá duração de 2 (dois) anos, renovado 1/3 (um terço) em cada ano, ficando proibida a imediata recondução, o que não impede a nomeação de um ex-conselheiro, desde que respeitado o intervalo de um ano do término do seu mandato.

Lendo os vários incisos do art. 64, conclui-se incumbir ao Conselho Nacional de Política Criminal e Penitenciária, em resumo, realizar atividades de fiscalização, pesquisa (para aprimoramentos etc.) e correto funcionamento dos estabelecimentos penais.

CAPÍTULO III
DO JUÍZO DA EXECUÇÃO

Art. 65. A execução penal competirá ao Juiz indicado na lei local de organização judiciária e, na sua ausência, ao da sentença.

Princípio da jurisdicionariedade – O art. 65 da LEP confirma o controle jurisdicional de legalidade durante todo o processo de execução, nomeando o juízo da execução como um dos seus órgãos.

A competência do Juiz de Execuções inicia-se, em regra, com o trânsito em julgado da sentença condenatória e será exercida por um juízo especializado, de acordo com a Lei de Organização Judiciária.

> **ATENÇÃO** - Em comarcas menores, onde ainda existem varas únicas, o mesmo juiz que profere a sentença será o responsável pela execução da pena. Nesse mesmo sentido, artigo 668 do Código de Processo Penal. O STF, admitindo execução penal provisória, acaba refletindo sua conclusão no início da competência do juízo das execuções, agora estabelecida com o julgamento em 2º. grau.

É importante ressaltar que a competência na LEP não é ditada pelo local onde transitou em julgado o processo de conhecimento. Vejamos:

I – para o sentenciado a pena privativa de liberdade, a execução correrá **onde ele estiver preso**. Mesmo que o sentenciado tenha várias execuções a serem cumpridas, todas serão reunidas na comarca onde ele estiver preso. Caso seja transferido, o rol de execuções o acompanha.

> **ATENÇÃO** - Compete ao Juízo das Execuções Penais do Estado a execução das penas impostas a sentenciados pela Justiça Federal, Militar ou Eleitoral, quando recolhidos a estabelecimentos sujeitos à administração estadual (Súmula 192 do STJ). Na mesma linha, a execução das penas impostas a sentenciados pela Justiça Estadual, quando recolhidos em estabelecimentos sujeitos à administração federal, compete ao juízo das Execuções Penais Federais (art. 4º, parágrafo 1º e art. 6º da Lei 11.671/08).

II – em se tratando de *sursis* e pena restritiva de direitos, a comarca competente é a do domicílio do sentenciado.

III – para a pena de multa, a competência para execução é, em regra, da Vara de Execuções Criminais (ver comentários ao art. 164 da LEP).

ATENÇÃO – "Nos casos em que haja condenação a pena privativa de liberdade e multa, cumprida a primeira (ou a restritiva de direitos que eventualmente a tenha substituído), o inadimplemento da sanção pecuniária não obsta o reconhecimento da extinção da punibilidade, ante a alegada hipossuficiência do condenado, salvo se diversamente entender o juiz competente, em decisão suficientemente motivada, que indique concretamente a possibilidade de pagamento da sanção pecuniária." Essa foi a tese fixada pela Terceira Seção do Superior Tribunal de Justiça (STJ), sob a sistemática dos recursos repetitivos, ao revisar o entendimento firmado anteriormente pelo colegiado no Tema 931. Em decisão posterior, no entanto, o STF decidiu que a inadimplência impede a extinção da pena, exceto se comprovada a impossibilidade de pagar, ainda que em parcelas (STF. Plenário. ADI 7.032/DF, Rel. Min. Flávio Dino, julgamento em 22/03/2024).

IV – no caso de sentenciado com **foro por prerrogativa de função**, a execução será da competência do próprio Tribunal que julgou o processo (enquanto persistir a prerrogativa).

V – para a execução da medida de segurança, competente é o juízo da execução da comarca em que estiver sendo cumprida. Renato Marcão alerta interessante situação prática:

"Pode ocorrer, todavia, que o executado resida em uma determinada comarca e se submeta a medida de tratamento ambulatorial em comarca diversa – em uma comarca contígua que melhor atenda às suas necessidades, por exemplo. Nesse caso excepcional, competente para o processo execucional será o juízo da comarca em que reside" (ob. cit. p. 93).

ATENÇÃO – No Estado de São Paulo, por meio da Lei Complementar 1.208/13, foi criado o Departamento Estadual de Execuções Criminais, ao qual serão vinculadas as unidades prisionais do Estado. Os Departamentos funcionarão por meio de unidades regionais, a serem instaladas nas 10 (dez) sedes administrativas do Tribunal de Justiça. Os processos de execuções criminais iniciados após a vigência da citada lei, de novos executados, serão processados exclusivamente no ambiente digital e distribuídos às unidades regionais.

Por fim, não podemos confundir a competência do Juízo da Execução, que se dá, em regra, com o trânsito em julgado da sentença, como início da execução, o qual depende da prisão do sentenciado, expedindo-se, em seguida, a guia de recolhimento (peça processual que formaliza o início da execução).

JURISPRUDÊNCIA

Competência. Transferência. Presídio federal.

"A Lei n. 11.671/2008 não estabeleceu qualquer limite temporal para a renovação de permanência do preso em estabelecimento penal federal de segurança máxima". (RHC 44.915/PR, Rel. Ministro FELIX FISCHER, QUINTA TURMA, julgado em 03/02/2015, DJe 10/02/2015).

Prevalece no Superior Tribunal de Justiça o entendimento no sentido de que, acaso devidamente motivado pelo Juízo estadual o pedido de manutenção do preso em presídio federal, não cabe ao Magistrado Federal exercer juízo de valor sobre a fundamentação apresentada, mas apenas aferir a legalidade da medida. Ressalva do ponto de vista do Relator. (AgRg no CC 169.493/AM, Rel. Ministro REYNALDO SOARES DA FONSECA, TERCEIRA SEÇÃO, julgado em 24/06/2020, DJe 30/06/2020)

Conforme o juízo estadual (suscitante), os encarcerados em questão são de alta periculosidade, vinculados a facções criminosas e ao narcotráfico, exercem forte influência na população carcerária dos presídios daquele estado, além de terem arquitetado constatados planos de fuga e de execução de autoridades, fatos que justificariam a submissão ao regime disciplinar diferenciado, em garantia da segurança pública. Em 2007, a pedido daquele juízo, houve a transferência deles para presídio federal de segurança máxima localizado em outro estado da Federação, permanência que foi prorrogada até 2009. Contudo, novo pedido de renovação dessa permanência foi refutado pelo juízo federal (suscitado), o que desencadeou o conflito de competência. Anote-se que os presos continuam segregados na penitenciária federal e faltam apenas três meses para o final da controvertida permanência. Na hipótese, apesar de as autoridades judiciárias não afirmarem ou negarem sua competência, vê-se que há entre elas franca discordância a ponto de autorizar entrever-se um conflito fora dos moldes tradicionais. É certo que há possibilidade de renovação do prazo de permanência em presídio de segurança máxima quando cumpridos os requisitos do art. 10, § 1º, da Lei 11.671/2008. Esse pedido de transferência há que ser fundamentado pelo juízo de origem (arts. 3° e 4° da referida lei). Todavia, o acompanhamento da execução da pena em razão da citada transferência cabe ao juízo federal competente da localidade em que se situar o presídio de segurança máxima, ressalvados os casos de presos provisórios (art. 4º, § § 1º e 2º, também da citada lei). Com esses fundamentos, a Seção, mediante o voto de desempate da Min. Presidente Laurita Vaz, entendeu declarar a competência do juízo federal, bem como manter os presos no presídio federal até o final do prazo de prorrogação da permanência. Os votos vencidos alertavam para o objetivo do regime diferenciado, de apenas temporariamente segregar presos de alta periculosidade, visto que, por ser medida tão drástica, em que o preso permanece isolado muitas horas por dia, não poderia eternizar-se, o que seria desumano (STJ – CC n° 110.576-AM, Rel. Arnaldo Esteves de Lima, j. 9.6.10).

Art. 66. Compete ao Juiz da execução:

I - aplicar aos casos julgados lei posterior que de qualquer modo favorecer o condenado;

II - declarar extinta a punibilidade;

III - decidir sobre:

a) soma ou unificação de penas;

b) progressão ou regressão nos regimes;

c) detração e remição da pena;

d) suspensão condicional da pena;

e) livramento condicional;

f) incidentes da execução.

IV - autorizar saídas temporárias;

V - determinar:

a) a forma de cumprimento da pena restritiva de direitos e fiscalizar sua execução;

b) a conversão da pena restritiva de direitos e de multa em privativa de liberdade;

c) a conversão da pena privativa de liberdade em restritiva de direitos;

d) a aplicação da medida de segurança, bem como a substituição da pena por medida de segurança;

e) a revogação da medida de segurança;

f) a desinternação e o restabelecimento da situação anterior;

g) o cumprimento de pena ou medida de segurança em outra comarca;

h) a remoção do condenado na hipótese prevista no § 1º, do artigo 86, desta Lei.

i) (VETADO); (Incluído pela Lei nº 12.258, de 2010)

VI - zelar pelo correto cumprimento da pena e da medida de segurança;

VII - inspecionar, mensalmente, os estabelecimentos penais, tomando providências para o adequado funcionamento e promovendo, quando for o caso, a apuração de responsabilidade;

VIII - interditar, no todo ou em parte, estabelecimento penal que estiver funcionando em condições inadequadas ou com infringência aos dispositivos desta Lei;

IX - compor e instalar o Conselho da Comunidade.

X - emitir anualmente atestado de pena a cumprir. (Incluído pela Lei nº 10.713, de 2003)

Competência do juiz das execuções - apesar de inúmeras as atribuições do juízo da execução, comentaremos abaixo apenas as que não serão abordadas no decorrer deste trabalho.

I - **aplicação da lei mais benigna ao condenado:** transitada em julgado a sentença condenatória, compete ao juízo das execuções a aplicação da lei mais benigna (Súmula 611 do STF). Há, no entanto, quem diferencie duas situações: se a aplicação da lei mais favorável exigir simples operação matemática (minorante em razão da idade do agente, por exemplo), é o juiz da execução, prevalecendo a súmula; se a aplicação da novel lei conduzir a juízo de valor (pequeno prejuízo para a vítima, por exemplo), depende de revisão criminal. Essa lição, no entanto, é criticada por Mirabete, para quem a aplicação da lei nova mais favorável não está entre as hipóteses da revisão previstas taxativamente no art. 621 do CPP, aplicando-se, sempre, o espírito da Súmula 611 do STF (ob. cit. p. 187);

II - **extinção da punibilidade:** ocorrendo qualquer das causas de extinção da punibilidade (prescrição, morte do agente, anistia, graça, indulto etc.) após o trânsito em julgado da decisão condenatória, será de competência do juiz da execução declarar extinto o poder de punir do Estado;

ATENÇÃO - "Nos casos em que haja condenação a pena privativa de liberdade e multa, cumprida a primeira (ou a restritiva de direitos que eventualmente a tenha substituído), o inadimplemento da sanção pecuniária não obsta o reconhecimento da extinção da punibilidade, ante a alegada hipossuficiência do condenado, salvo se diversamente entender o juiz competente, em decisão suficientemente motivada, que indique concretamente a possibilidade de pagamento da sanção pecuniária." Essa foi a tese fixada pela Terceira Seção do Superior Tribunal de Justiça (STJ), sob a sistemática dos recursos repetitivos, ao revisar o entendimento firmado anteriormente pelo colegiado no Tema 931. Em decisão posterior, no entanto, o STF decidiu que a inadimplência impede a extinção da pena, exceto se comprovada a impossibilidade de pagar, ainda que em parcelas (STF. Plenário. ADI 7.032/DF, Rel. Min. Flávio Dino, julgamento em 22/03/2024).

III – **decidir sobre**

a) soma de penas: existindo mais de uma condenação contra a mesma pessoa (e não se observando a regra da unidade de processo e julgamento imposta pelos arts. 76 a 82 do CPP), compete ao juiz da execução, de posse do prontuário do condenado contendo as várias guias organizadas segundo a ordem cronológica de chegada e registradas em livro especial (art. 107, § 2º), somar as penas impostas.

ATENÇÃO – Mesmo que as condenações sejam provenientes de vários Estados, compete ao juiz da execução onde o condenado se encontrar preso proceder à soma das penas.

b) unificação das penas: como bem resume Mirabete, a unificação "concretiza na execução a unidade estabelecida pela lei penal referente às penas dos crimes praticados em concurso. Havendo, assim, duas ou mais condenações em que tenha ocorrido concurso formal, crime continuado, erro na execução ou resultado diverso do pretendido, será efetuada a unificação das penas impostas em processos diversos" (ob. cit. p. 195).

ATENÇÃO – No caso de concurso material (art. 69 do CP) ou formal impróprio (art. 70, 2ª parte, o CP) as penas são somadas.

Também ocorrerá a unificação de penas para atender o limite máximo de 40 anos estabelecido no Código Penal (art. 75 do CP). Todavia, só será unificada a pena para efeito de cumprimento, pois os benefícios serão todos calculados sobre o total da pena a que foi condenado (Súmula 715 do STF).

Unificadas as penas e sobrevindo nova condenação, deve ser procedida nova unificação, desprezando-se, entretanto, o período de pena já cumprido.

ATENÇÃO – Um problema deve ser resolvido: imaginemos um condenado que cumpre penas por crimes cometidos antes da Lei 13.964/19 e também por crimes cometidos após. O teto temporal da execução será de 30 (antiga redação do art. 75 do CP) ou de 40 anos (nova redação do art. 75)? Será o teto anterior ou posterior ao pacote anticrime? Sugerimos o que segue. Sabendo que a lei mais gravosa não retroage para alcançar os fatos pretéritos, o teto deve corresponder à média simples, qual seja, 35 anos. Para tanto, o somatório das penas dos crimes cometidos após a Lei 13.964/19 deve alcançar, pelo menos, 5 anos. Caso contrário, prevalece o prazo anterior (30 anos).

Exemplo: Fulano foi condenado ao cumprimento de 50 anos por crimes cometidos antes da Lei 13.964/19, e 3 anos por crimes cometidos após. O limite máximo de cumprimento de pena deve observar 30 anos. Se condenado a mais de 5 anos por crimes cometidos após a Lei 13.964/19, o limite seria de 35 anos, média simples dos tetos antigo e novo.

c) progressão ou regressão nos regimes: depois de fixado o regime inicial pelo juiz da sentença (art. 59, inciso III do CP), a pena privativa de liberdade será executada em forma progressiva com a transferência para regime menos rigoroso, a ser determinada pelo juiz da execução, quando o preso tiver cumprido parcela da pena e ostentar bom comportamento carcerário, comprovado pelo diretor do estabelecimento (art. 112 LEP) e pelos resultados do exame criminológico, que volta a ser obrigatório para todas as hipóteses de progressão, com a edição da Lei 14.843/2024. A execução da pena privativa de liberdade ficará sujeita à forma regressiva, com a transferência para qualquer dos regimes mais rigorosos, quando o condenado: praticar fato definido como crime doloso ou falta grave; sofrer condenação, por crime anterior, cuja pena, somada ao restante da pena em execução, torne incabível o regime; frustrar os fins da execução (art. 118 LEP);

Existe na jurisprudência indisfarçável divergência acerca da natureza jurídica da decisão que defere a progressão de regime de cumprimento de pena, questão que não tem somente interesse acadêmico, mas relevante importância prática.

Para quem entende ser a decisão meramente declaratória, define-se o marco inicial da progressão a partir do implemente dos requisitos objetivos e subjetivos do art. 112 da LEP.

Contudo, para quem entende ser constitutiva, a partir da sua publicação começa a contar o prazo para novo benefício.

O STJ tem adotado a primeira corrente, leia-se, uma vez deferido o direito de progressão, o lapso inicial para contagem deve retroagir ao tempo que o reeducando preencheu os requisitos permissivos do benefício.

d) detração e remição da pena: detração é o cômputo, na execução da pena ou medida de segurança, do tempo de prisão provisória (art. 42 do CP). Remição significa a possibilidade que tem o reeducando de reduzir o tempo de cumprimento da pena pelo trabalho e/ou estudo.

ATENÇÃO – Com o advento da Lei 12.403/11 (Prisão e Medidas Cautelares), admite-se detração também do tempo de cumprimento de medidas cautelares substitutivas da preventiva, desde que obedecida a homogeneidade. Assim, por exemplo, a prisão domiciliar cautelar (art. 318 do CPP) pode ser computada na execução de pena privativa de liberdade. Mirabete entende possível a detração, por analogia com o art. 42 do CP, quando se trata de descontar-se de pena restritiva de direitos o tempo da sanção administrativa idêntica, tal como ocorre, por exemplo, na interdição temporária para dirigir veículo (ob. cit. p. 208). A Lei 12.736/12, alterando a redação do art. 387 do CPP, anuncia no seu § 2º: "O tempo de prisão provisória, prisão administrativa ou de internação, no Brasil ou no estrangeiro, será computado para fins de determinação do regime inicial de pena privativa de liberdade". O legislador, desse modo, antecipou a análise da detração para o momento da sentença, para fins de fixação do regime inicial de cumprimento da pena. Defendemos, porém, que a detração, nessa fase, só é capaz de permitir regime menos rigoroso se o tempo de prisão provisória, administrativa ou internação coincidir com o requisito temporal autorizador da progressão, sem desconsiderar os demais requisitos objetivos inerentes ao incidente (como a reparação do dano nos crimes contra a administração pública, por exemplo). Sobre remição, vide comentários aos artigos 126 a 130.

Acordo de não persecução penal (art. 28-A CPP) – Nos termos do que disposto no art. 28-A CPP, não sendo o caso de arquivamento e tendo o investigado confessado formal e circunstanciadamente a prática de infração penal sem violência ou grave ameaça e com pena mínima inferior a 4 anos, o Ministério Público poderá propor acordo de não persecução penal, desde que necessário e suficiente para a reprovação e prevenção do crime. O mesmo artigo determina que a execução do ANPP ocorrerá no juízo das execuções, opção objeto de críticas, pois no acordo não se pactua pena, mas sim condição (medida despenalizadora). Certamente, por conta dessa equivocada competência da VEC, surgirá corrente lecionando ser possível, em caso de rescisão do ANPP, a detração das condições parcialmente cumpridas da pena ser imposta em eventual sentença condenatória. Ousamos discordar. Não possuindo as condições fixadas na avença natureza de sanções penais, posto que são pactuadas e não impostas pelo Estado, se descumprido o ANPP, não há que se falar em posterior aplicação de detração. A perda do referido tempo é, pois, consequência natural do descumprimento, ônus da desídia e deslealdade do investigado.

e) suspensão condicional da pena: consoante art. 77 do CP, é de competência do juiz da condenação fixar a suspensão condicional da pena. Entretanto, o juiz da execução poderá conceder o mesmo benefício quando, imotivadamente, o juiz ou Tribunal que proferiu a sentença não se pronunciou ou quando surgir situação nova que elimine obstáculo existente anteriormente que impedia a suspensão;

f) livramento condicional: ver comentários aos artigos 131 a 146 desta lei;

g) incidentes da execução: ver comentários aos artigos 180 a 193 desta lei;

IV - autorizar saídas temporárias: ver comentários aos artigos 122 a 125 desta lei;

V - as alíneas "a" a "i" do inciso V serão comentadas no decorrer deste trabalho;

VI - zelar pelo correto cumprimento da pena e da medida de segurança: incumbe também ao juiz zelar pelo cumprimento das disposições da sentença ou decisão judicial no que diz respeito à execução penal;

VII - inspecionar, mensalmente, os estabelecimentos penais, tomando providências para o adequado funcionamento e promovendo, quando for o caso, a apuração de responsabilidade: o juiz da execução é responsável por cuidar do correto funcionamento dos estabelecimentos penais, inspecionando-os mensalmente. O estabelecimento prisional deve garantir a dignidade da pessoa humana, a segurança, saúde, respeito às leis e preceitos constitucionais, sob pena de responsabilidade.

Em razão das condições precárias das habitações prisionais (superlotação, falta de segurança, de saúde, de higiene etc.), são corriqueiras as notícias informando mortes de presos dentro dos estabelecimentos penais. Nesse cenário, de quem é a responsabilidade por essas mortes?

A garantia da segurança e integridade física e mental dos presos custodiados em estabelecimentos prisionais é dever jurídico do Estado (art. 5º, inciso XLIV da CF). Atuando como verdadeiro garantidor, comprovada a sua omissão, impõe-se a responsabilidade civil do poder público.

Esse tema foi debatido no Supremo Tribunal Federal. Num caso envolvendo preso, sob a custódia do poder público, que morreu por asfixia mecânica, o Estado garantidor alegou tratar-se de suicídio, procurando, assim, eximir-se de qualquer responsabilidade. A tese não convenceu a Corte Maior, que, no RE 841526, asseverou: "...a responsabilidade civil estatal, segundo a CF/1988, em seu art. 37, § 6º, subsume-se à teoria do risco administrativo, tanto para as condutas estatais comissivas quanto para as omissivas, uma vez rejeitada a teoria do risco integral. Assim, a omissão do Estado reclama nexo de causalidade em relação ao dano sofrido pela vítima nas hipóteses em que o Poder Público ostenta o dever legal e a efetiva possibilidade de agir para impedir o resultado danoso. Além disso, é dever do Estado e direito subjetivo do preso a execução da pena de forma humanizada, garantindo-se-lhe os direitos fundamentais, e o de ter preservada a sua incolumidade física e moral. Esse dever constitucional de proteção ao detento somente se considera violado quando possível a atuação estatal no sentido de garantir os seus direitos fundamentais, pressuposto inafastável para a configuração da responsabilidade civil objetiva estatal. Por essa razão, nas situações em que não seja possível ao Estado agir para evitar a morte do detento (que ocorreria mesmo que o preso estivesse em liberdade), rompe-se o nexo de causalidade. Afasta-se, assim, a responsabilidade do Poder Público, sob pena de adotar-se a teoria do risco integral, ao arrepio do texto constitucional. A morte do detento pode ocorrer por várias causas, como homicídio, suicídio, acidente ou morte natural, não sendo sempre possível ao Estado evitá-la, por mais que adote as precauções exigíveis. Portanto, a responsabilidade civil estatal fica excluída nas hipóteses em que o Poder Público comprova causa impeditiva da sua atuação protetiva do detento, rompendo o nexo de causalidade da sua omissão com o resultado danoso. Na espécie, entretanto, o tribunal "a quo" não assentara haver causa capaz de romper o nexo de causalidade da omissão do Estado-Membro com o óbito. Correta, portanto, a decisão impositiva de responsabilidade civil estatal. RE 841526/RS, rel. Min. Luiz Fux, 30.3.2016". (RE-841526).

De fato, infelizmente, episódios similares continuam a ocorrer por todo o Brasil. Para se ter uma ideia, a tese supramencionada foi tomada num recurso especial com repercussão geral reconhecida, devendo a solução encontrada ser repetida em ao menos 108 processos sobrestados em outras instâncias.

Recentemente, aliás, a 13ª Câmara de Direito Público do Tribunal de Justiça de São Paulo condenou a Fazenda do Estado a indenizar a família de um detento que se suicidou dentro do estabelecimento prisional.

O valor da indenização foi fixado em R$ 35 mil para a mãe e o mesmo valor para a filha, menor de 18 anos de idade, que além desse quantum, receberá pensão mensal equivalente a 2/3 do salário mínimo nacional até que complete a maioridade, ou, se optar por cursar ensino superior, até completar 25 anos.

A desembargadora Flora Maria Nesi Tossi Silva, relatora do recurso, afirmou que, "uma vez constatada omissão e identificada como causa do evento danoso, está caracterizada a responsabilidade patrimonial da pessoa política" (Apelação nº 0001440-59.2013.8.26.0589).

VIII – **interditar, no todo ou em parte, estabelecimento penal que estiver funcionando em condições inadequadas ou com infringência aos dispositivos desta Lei:** como bem alerta Mirabete: "Evidentemente, tal determinação somente se justifica na hipótese de graves irregularidades ou deficiências, que não possam ser sanadas por outros meios menos drásticos, já que a interdição, principalmente nos estabelecimentos penais de grande porte, provoca sérios problemas de acomodação da população carcerária (ob. cit. p. 225).;

IX – **compor e instalar o Conselho da Comunidade:** ver comentários aos artigos 80 e 81 desta lei;

X – **emitir anualmente atestado de pena a cumprir:** a expedição de atestado anual pelo juiz foi regulamentada pelos arts. 12 e 13 da Resolução 113 do Conselho Nacional de Justiça. Lembrando que em agosto de 2016, o CNJ aprovou a inclusão do parágrafo único ao art. 1º da referida resolução, para determinar que os tribunais brasileiros sempre comuniquem ao juízo da execução, imediatamente, casos de redução de pena de réus presos.

h) **a remoção para estabelecimento penal em local distante da condenação, justificada no interesse da segurança pública ou do próprio condenado**: ver comentários ao art. 86, § 1º, desta lei.

j) **utilização de monitoração eletrônica nas hipóteses legais**: ver comentários ao art. 146-B.

JURISPRUDÊNCIA

Morte de detento e responsabilidade civil do Estado

Em caso de inobservância do seu dever específico de proteção previsto no art. 5º, XLIX, da CF, o Estado é responsável pela morte de detento. Essa a conclusão do Plenário, que desproveu recurso extraordinário em que discutida a responsabilidade civil objetiva do Estado por morte de preso em estabelecimento penitenciário. No caso, o falecimento ocorrera por asfixia mecânica, e o Estado-Membro alegava que, havendo indícios de suicídio, não seria possível impor-lhe o dever absoluto de guarda da integridade física de pessoa sob sua custódia. O Colegiado asseverou que a responsabilidade civil estatal, segundo a CF/1988, em seu art. 37, § 6º, subsume-se à teoria do risco administrativo, tanto para as condutas estatais comissivas quanto paras as omissivas, uma vez rejeitada a teoria do risco integral. Assim, a omissão do Estado reclama nexo de causalidade em relação ao dano sofrido pela vítima nas hipóteses em que o Poder Público ostenta o dever legal e a efetiva possibilidade de agir para impedir o resultado danoso. Além disso, é dever do Estado e direito subjetivo do preso a execução da pena de forma humanizada, garantindo-se-lhe os direitos fundamentais, e o de ter preservada a sua incolumidade física e moral. Esse dever constitucional de proteção ao detento somente se considera violado quando possível a atuação estatal no sentido de garantir os seus direitos fundamentais, pressuposto inafastável para a configuração da responsabilidade civil objetiva estatal. Por essa razão, nas situações em que não seja possível ao Estado agir para evitar a morte do detento (que ocorreria mesmo que o preso estivesse em liberdade), rompe-se o nexo de causalidade. Afasta-se, assim, a responsabilidade do Poder Público, sob pena de adotar-se a teoria do risco integral, ao arrepio do texto constitucional. A morte do detento pode ocorrer por várias causas, como homicídio, suicídio, acidente ou morte natural, não sendo sempre possível ao Estado evitá-la, por mais que adote as precauções exigíveis. Portanto, a responsabilidade civil estatal fica excluída nas hipóteses em que o Poder Público comprova causa impeditiva da sua atuação protetiva do detento, rompendo o nexo de causalidade da sua omissão com o resultado danoso. Na espécie, entretanto, o tribunal "a quo" não assentara haver causa capaz de romper o nexo de causalidade da omissão do Estado-Membro com o óbito. Correta, portanto, a decisão impositiva de responsabilidade civil estatal. (STF – RE nº 841526-RS, Rel. Luiz Fux, j. 30.3.2016).

Prisão federal: competência e prorrogação

Cabe ao Poder Judiciário verificar se o preso tem perfil apropriado para a transferência ou a permanência nos presídios federais, em controle exercido tanto pelo juiz de origem como pelo juiz federal responsável pelo presídio federal. Deferido o requerimento pelo magistrado de execução estadual, não cabe ao juiz federal exercer juízo de valor sobre a gravidade das razões do solicitante, salvo se evidenciadas condições desfavoráveis ou inviáveis da unidade prisional (STF – HC nº 112650-RJ, Rel. Rosa Weber, j. 11.3.2014).

Saídas temporárias automatizadas

A Turma deferiu "habeas corpus" para tornar subsistente entendimento do TJ/RS que deferira o benefício de saída temporária ao paciente. No caso, ante o caótico quadro penitenciário, a Corte local assentara a possibilidade de, após o exame do perfil do reeducando, conceder automaticamente aos encarcerados saídas temporárias, sem a necessidade de, em relação a cada uma, acionar-se o Ministério Público e movimentar-se a máquina judiciária. Considerou-se que, uma vez observada a forma alusiva à saída temporária, gênero, manifestando-se os órgãos técnicos, o "parquet" e o juízo da vara de execuções criminais, as subsequentes mostrar-se-iam consectários legais, descabendo a burocratização a ponto de a cada uma delas no máximo de 3 saídas temporárias ter-se que formalizar novo processo, potencializando-se a forma pela forma. No ponto, enfatizou-se que a primeira decisão, não vindo o preso a cometer falta grave, respaldaria as saídas posteriores. Aduziu-se que se cuidaria de conferir interpretação teleológica à ordem jurídica em vigor, consentânea com a organicidade do Direito e com o princípio básico da República, a direcionar a preservação da dignidade do homem (STF – HC n° 98067, Rel. Marco Aurélio, j. 6.4.2010).

CAPÍTULO IV
DO MINISTÉRIO PÚBLICO

Art. 67. **O Ministério Público fiscalizará a execução da pena e da medida de segurança, oficiando no processo executivo e nos incidentes da execução.**

Ministério Público – Instituição permanente, essencial à função jurisdicional do Estado, incumbe ao Ministério Público a defesa da ordem jurídica, do regime democrático e dos interesses sociais e individuais indisponíveis (art. 127 CF/88).

Dentro desse espírito, determina o art. 67 a obrigatória intervenção do Ministério Público na fase da execução da pena e da medida de segurança, fiscalizando e intervindo nos procedimentos judiciais (recorrendo, requerendo etc.).

ATENÇÃO – Nos termos do art. 196 da LEP, o Ministério Público tem o prazo de 3 (três) dias para manifestação nos autos de execução, quando não figure como requerente da medida.

Ministério Público e a execução da pena de multa – em face da sistemática imposta pela Lei 13.964/19, que alterou o art. 51 do Código Penal para estabelecer "transitada em julgado a sentença condenatória, a multa será executada perante o juiz da execução penal e será considerada dívida de valor, aplicáveis as normas relativas à dívida ativa da Fazenda Pública, inclusive no que concerne às causas interruptivas e suspensivas da prescrição", restou solucionada a divergência a respeito da legitimidade para a execução em caso de inadimplência. Temos, assim, que o dispositivo passou a prever expressamente a competência do juízo da execução penal, no qual, evidentemente, deve atuar o Ministério Público.

O rito a ser seguido é o estabelecido entre os artigos 164 e 170 da LEP, com aplicação da Lei 6.830/80 no que for cabível. Para mais informações, remetemos o leitor aos comentários do art. 164.

Art. 68. **Incumbe, ainda, ao Ministério Público:**

I – fiscalizar a regularidade formal das guias de recolhimento e de internamento;

II – requerer:

a) todas as providências necessárias ao desenvolvimento do processo executivo;

b) a instauração dos incidentes de excesso ou desvio de execução;

c) a aplicação de medida de segurança, bem como a substituição da pena por medida de segurança;

d) a revogação da medida de segurança;

e) a conversão de penas, a progressão ou regressão nos regimes e a revogação da suspensão condicional da pena e do livramento condicional;

f) a internação, a desinternação e o restabelecimento da situação anterior.

III - interpor recursos de decisões proferidas pela autoridade judiciária, durante a execução.

Parágrafo único. O órgão do Ministério Público visitará mensalmente os estabelecimentos penais, registrando a sua presença em livro próprio.

Atribuições do MP – o rol de atribuições previsto no artigo 68 é meramente exemplificativo, havendo muitas outras espalhadas pela Lei de Execução Penal, como por exemplo, manifestar-se nas autorizações de saída. Vejamos as atribuições específicas do Ministério Público elencadas no artigo em comento:

I – fiscalizar a regularidade formal das guias de recolhimento e de internamento;

Nos termos do art. 2º da Resolução 113 do CNJ, a guia de recolhimento para cumprimento da pena privativa de liberdade e a guia de internação para cumprimento de medida de segurança obedecerão aos modelos previstos nos anexos da própria Resolução e serão expedidas em duas vias, remetendo-se uma à autoridade administrativa que custodia o executado e a outra ao juízo da execução penal competente.

Estando preso o executado, a guia de recolhimento definitiva ou de internação será expedida ao juízo competente no prazo máximo de cinco dias, a contar do trânsito em julgado da sentença ou acórdão, ou do cumprimento do mandado de prisão ou de internação (§ 1º).

Em se tratando de condenação em regime aberto a guia de execução será expedida no prazo fixado no parágrafo anterior, a contar da data da realização da audiência admonitória pelo juízo da condenação nos termos do artigo 113 da LEP (§ 2º).

Recebida a guia de recolhimento, o estabelecimento penal onde está preso o executado promoverá a sua imediata transferência à unidade penal adequada, conforme o regime inicial fixado na sentença, salvo se estiver preso por outro motivo, assegurado o controle judicial posterior (§ 3º).

Expedida a guia de recolhimento definitiva, os autos da ação penal serão remetidos à distribuição para alteração da situação de parte para "arquivado" e baixa na autuação para posterior arquivamento (§ 4º).

II – requerer:

a) **todas as providências necessárias ao desenvolvimento do processo executivo;**

A amplitude da presente alínea torna desnecessárias as demais, todas, de certa forma, ligadas ao desenvolvimento regular do processo executivo.

b) **a instauração dos incidentes de excesso ou desvio de execução;**

Haverá excesso ou desvio de execução sempre que algum ato for praticado além dos limites fixados na sentença, em normas legais ou regulamentares (ver comentários ao art. 185 LEP).

c) **a aplicação de medida de segurança, bem como a substituição da pena por medida de segurança;**

Ver comentários aos arts. 99 e ss. da LEP

d) **a revogação da medida de segurança;**

Ver comentários aos arts. 99 e ss. da LEP

e) **a conversão de penas, a progressão ou regressão nos regimes e a revogação da suspensão condicional da pena e do livramento condicional;**

f) **a internação, a desinternação e o restabelecimento da situação anterior.**

III – interpor recursos de decisões proferidas pela autoridade judiciária, durante a execução.

Lembra Mirabete:

> "Esse direito inclui o recurso em favor do condenado se este é o caminho para se fazer cumprir norma e ordem pública ou de defender interesse indisponível. Quando no processo executivo estiver em jogo a observância da lei ou um interesse irrenunciável, uma situação jurídica que não pertence ao homem, mas da qual ele usufrui em nome de coisas superiores (interesse público primário), justifica-se o recurso em benefício do condenado" (ob. cit. p. 232).

Anuncia o parágrafo único que o órgão do Ministério Público visitará mensalmente os estabelecimentos penais, registrando a sua presença em livro próprio. A visita (mensal) aos estabelecimentos penais permite ao membro do Ministério Público verificar a regularidade da execução da pena, ouvindo, sempre que possível, os reclamos dos habitantes prisionais, rica fonte na apuração de desvios e excessos.

JURISPRUDÊNCIA

Pandemia. Desnecessidade de prévia oitiva do MP.

A urgência e a excepcionalidade geradas pela pandemia da covid-19 afastam a nulidade decorrente da ausência de prévia oitiva do Ministério Público acerca da concessão de benefícios na execução da pena -art. 67 da Lei de Execução Penal. (STJ – AgRg no AREsp 1848731/MG, Rel. Ministro RIBEIRO DANTAS, QUINTA TURMA, julgado em 14/09/2021)

CAPÍTULO V
DO CONSELHO PENITENCIÁRIO

Art. 69. O Conselho Penitenciário é órgão consultivo e fiscalizador da execução da pena.

§ 1º O Conselho será integrado por membros nomeados pelo Governador do Estado, do Distrito Federal e dos Territórios, dentre professores e profissionais da área do Direito Penal, Processual Penal, Penitenciário e ciências correlatas, bem como por representan-

tes da comunidade. A legislação federal e estadual regulará o seu funcionamento.

§ 2º O mandato dos membros do Conselho Penitenciário terá a duração de 4 (quatro) anos.

Art. 70. **Incumbe ao Conselho Penitenciário:**

I - emitir parecer sobre indulto e comutação de pena, excetuada a hipótese de pedido de indulto com base no estado de saúde do preso; (Redação dada pela Lei nº 10.792, de 2003)

II - inspecionar os estabelecimentos e serviços penais;

III - apresentar, no 1º (primeiro) trimestre de cada ano, ao Conselho Nacional de Política Criminal e Penitenciária, relatório dos trabalhos efetuados no exercício anterior;

IV - supervisionar os patronatos, bem como a assistência aos egressos.

Conselho Penitenciário – Integrado por membros nomeados pelo Governador do Estado, escolhidos dentre professores e profissionais da área do Direito Penal, Processual Penal, Penitenciário, ciências correlatas e representantes da comunidade, o Conselho Penitenciário tem função consultiva (emitir parecer em pedidos de indulto e comutação de pena), função fiscalizatória (inspecionar os estabelecimentos e serviços penais, bem como supervisionar os patronatos) e, ainda, apresentar no 1º (primeiro) trimestre de cada ano, ao Conselho Nacional de Política Criminal e Penitenciária, relatório dos trabalhos efetuados no exercício anterior. Ressalte-se que esse rol não é taxativo, pois dentre os artigos da LEP existem outras atividades atribuídas ao Conselho (ex.: arts. 137, 143, 144, 145, 146 etc.).

ATENÇÃO - O rol de atribuições do Conselho não é exaustivo, estabelecendo a LEP outras atividades para o colegiado (art. 143, por exemplo).

CAPÍTULO VI
DOS DEPARTAMENTOS PENITENCIÁRIOS

SEÇÃO I
DO DEPARTAMENTO PENITENCIÁRIO NACIONAL

Art. 71. **O Departamento Penitenciário Nacional, subordinado ao Ministério da Justiça, é órgão executivo da Política Penitenciária Nacional e de apoio administrativo e financeiro do Conselho Nacional de Política Criminal e Penitenciária.**

Art. 72. **São atribuições do Departamento Penitenciário Nacional:**

I - acompanhar a fiel aplicação das normas de execução penal em todo o Território Nacional;

II - inspecionar e fiscalizar periodicamente os estabelecimentos e serviços penais;

III - assistir tecnicamente as Unidades Federativas na implementação dos princípios e regras estabelecidos nesta Lei;

IV - colaborar com as Unidades Federativas mediante convênios, na implantação de estabelecimentos e serviços penais;

V - colaborar com as Unidades Federativas para a realização de cursos de formação de pessoal penitenciário e de ensino profissionalizante do condenado e do internado.

VI - estabelecer, mediante convênios com as unidades federativas, o cadastro nacional das vagas existentes em estabelecimentos locais destinadas ao cumprimento de penas privativas de liberdade aplicadas pela justiça de outra unidade federativa, em especial para presos sujeitos a regime disciplinar. (Incluído pela Lei nº 10.792, de 2003)

VII - acompanhar a execução da pena das mulheres beneficiadas pela progressão especial de que trata o § 3º do art. 112 desta Lei, monitorando sua integração social e a ocorrência de reincidência, específica ou não, mediante a realização de avaliações periódicas e de estatísticas criminais. (Incluído pela Lei nº 13.769, de 2018)

§ 1º Incumbem também ao Departamento a coordenação e supervisão dos estabelecimentos penais e de internamento federais. (Redação dada pela Lei nº 13.769, de 2018)

§ 2º Os resultados obtidos por meio do monitoramento e das avaliações periódicas previstas no inciso VII do **caput** deste artigo serão utilizados para, em função da efetividade da progressão especial para a ressocialização das mulheres de que trata o § 3º do art. 112 desta Lei, avaliar eventual desnecessidade do regime fechado de cumprimento de pena para essas mulheres nos casos de crimes cometidos sem violência ou grave ameaça. (Incluído pela Lei nº 13.769, de 2018)

Departamento Penitenciário Nacional – Está subordinado ao Ministério da Justiça e exerce importante e ampla função sobre a política penitenciária nacional, tendo como atribuições:

I – acompanhar a fiel aplicação das normas de execução penal em todo o Território Nacional;

Sem intervir diretamente nas atividades administrativas dos estabelecimentos penais, compete ao Departamento Penitenciário Nacional acompanhar a correta aplicação das normas de execução em todo o Território Nacional, colaborando com as administrações locais.

II – inspecionar e fiscalizar periodicamente os estabelecimentos e serviços penais;

Nessa atividade de inspeção e fiscalização, o Departamento Penitenciário Nacional deve solicitar, indicar ou determinar providências para que princípios constitucionais (em especial do preso ou do internado), regras e normas federais sejam cumpridas.

III – assistir tecnicamente as Unidades Federativas na implementação dos princípios e regras estabelecidos nesta Lei;

Explica Mirabete:

"Como a viabilização da política nacional penitenciária exige condições especiais, no aspecto material, de instalações e de funcionamento, uma das atividades mais importantes do Departamento é justamente assistir tecnicamente os Estados para essa implementação. A colaboração efetiva, com a orientação de pessoas especializadas no assunto, e a elaboração de planos específicos para a construção ou instalação de estabelecimentos e de serviços são as formas mais evidentes dessa assistência" (ob. cit. p. 238).

IV – colaborar com as Unidades Federativas mediante convênios, na implantação de estabelecimentos e serviços penais;

A colaboração financeira, como se percebe, depende de prévio convênio a ser firmado entre o Departamento Nacional e os departamentos ou entidades estaduais encarregadas da execução penal.

V – colaborar com as Unidades Federativas para a realização de cursos de formação de pessoal penitenciário e de ensino profissionalizante do condenado e do internado.

A eficiência (eficácia de resultados) na execução penal depende, e muito, da atuação pessoal daqueles que, direta ou indiretamente, lidam com o preso. Portanto, a preparação do pessoal penitenciário ter importância ímpar, dela participando o Departamento, colaborando para a realização de cursos de formação. Deve colaborar, ainda, com a criação de cursos de ensino profissionalizantes do condenado (e do internado), formas de ressocialização e remição da pena (art. 126 da LEP).

VI – estabelecer, mediante convênios com as unidades federativas, o cadastro nacional das vagas existentes em estabelecimentos locais destinadas ao cumprimento de penas privativas de liberdade aplicadas pela justiça de outra unidade federativa, em especial para presos sujeitos a regime disciplinar.

O cadastro nacional das vagas existentes em estabelecimentos penais permite ao governo ter à sua disposição uma radiografia da realidade carcerária, norteando políticas voltadas ao aprimoramento do sistema penitenciário.

VII – acompanhar a execução da pena das mulheres beneficiadas pela progressão especial de que trata o § 3º do art. 112 desta Lei, monitorando sua integração social e a ocorrência de reincidência, específica ou não, mediante a realização de avaliações periódicas e de estatísticas criminais.

Com o advento da Lei 13.769/18, o art. 112, que trata da progressão de regime, passa a contar com o § 3º para disciplinar de forma específica a progressão da mulher gestante, mãe ou responsável por crianças ou pessoas com deficiência. Neste caso, são requisitos cumulativos para a progressão:

I – não ter cometido crime com violência ou grave ameaça a pessoa;

II – não ter cometido o crime contra seu filho ou dependente;

III – ter cumprido ao menos 1/8 (um oitavo) da pena no regime anterior;

IV – ser primária e ter bom comportamento carcerário, comprovado pelo diretor do estabelecimento;

V – não ter integrado organização criminosa.

Ao prever a progressão especial para a mulher gestante, mãe ou responsável por crianças ou pessoas com deficiência, a Lei 13.79/18, através do presente inciso conferiu ao Departamento Nacional, auxiliado pelos departamentos locais (art. 74) a missão de acompanhar a execução da sua pena, monitorando sua integração social e a ocorrência de reincidência, específica ou não, mediante a realização de avaliações periódicas e de estatísticas criminais.

E o § 2º do art. 72 – também inserido pela Lei 13.769/18 – dispõe que "Os resultados obtidos por meio do monitoramento e das avaliações periódicas previstas no inciso VII do caput serão utilizados para, em função da efetividade da progressão especial para a ressocialização das mulheres de que trata o § 3º do art. 112, avaliar eventual desnecessidade do regime fechado de cumprimento de pena para essas mulheres nos casos de crimes cometidos sem violência ou grave ameaça". Considerando que as mulheres que são monitoradas já foram beneficiadas pela progressão mais branda, o que torna dispensável a avaliação da desnecessidade do regime fechado, a nosso ver este dispositivo cria um procedimento de política criminal em que a efetividade da ressocialização de mulheres que progrediram de regime com base na regra especial do § 3º do art. 112 pode indicar a desnecessidade de que se imponha o regime inicial fechado nas futuras condenações de outras mulheres que estejam na mesma condição e que tenham cometido crimes sem violência ou grave ameaça. Dessa forma, provando-se efetiva a progressão especial criada pela Lei 13.769/18, seria possível, mesmo diante da quantidade da pena aplicada, que o juiz afastasse o regime inicial fechado e determinasse desde logo o acompanhamento da condenada pelos órgãos incumbidos da fiscalização da execução penal.

Por fim, incumbem também ao Departamento a coordenação e supervisão dos estabelecimentos penais e de internamento federais (§1º.)

ATENÇÃO – Sem prejuízo ao rol de atribuições elencado neste artigo, o Decreto nº 6.061, de 15 de março de 2007, no seu art. 25, atribui ao Departamento Penitenciário Nacional: I – planejar e coordenar a política penitenciária nacional; II – acompanhar a fiel aplicação das normas de execução penal em todo o território nacional; III – inspecionar e fiscalizar periodicamente os estabelecimentos e serviços penais; IV – assistir tecnicamente às unidades federativas na implementação dos princípios e regras da execução penal; V – colaborar com as unidades federativas, mediante convênios, na implantação de estabelecimentos e serviços penais; VI – colaborar com as unidades federativas na realização de cursos de formação de pessoal penitenciário e de ensino profissionalizante do condenado e do internado; VII – coordenar e supervisionar os estabelecimentos penais e de internamento federais; VIII – processar, estudar e encaminhar, na forma prevista em lei, os pedidos de indultos individuais; IX - gerir os recursos do Fundo Penitenciário Nacional - FUNPEN; e X - apoiar administrativa e financeiramente o Conselho Nacional de Política Criminal e Penitenciária.

SEÇÃO II
DO DEPARTAMENTO PENITENCIÁRIO LOCAL

Art. 73. A legislação local poderá criar Departamento Penitenciário ou órgão similar, com as atribuições que estabelecer.

Art. 74. O Departamento Penitenciário local, ou órgão similar, tem por finalidade supervisionar e coordenar os estabelecimentos penais da Unidade da Federação a que pertencer.

Parágrafo único. Os órgãos referidos no **caput** deste artigo realizarão o acompanhamento de que trata o inciso VII do **caput** do art. 72 desta Lei e encaminharão ao Departamento Penitenciário Nacional os resultados obtidos. (Incluído pela Lei nº 13.769, de 2018)

Departamento Penitenciário local – A Lei de Execução Penal autoriza a legislação local a criar Departamento Penitenciário (ou órgão similar) tendo por finalidade supervisionar e coordenar os estabelecimentos penais da Unidade da Federação a que pertencer, compreendendo a distribuição dos condenados (e internados) pelos diferentes estabelecimentos prisionais.

Apenada mulher gestante, mãe ou responsável por crianças ou pessoas com deficiência – ao prever a progressão especial para a mulher gestante, mãe ou responsável por crianças ou pessoas com deficiência, a Lei 13.79/18, no art. 72, VII, conferiu ao Departamento Nacional, auxiliado pelos departamentos locais (art. 74) a missão de acompanhar a execução da sua pena, monitorando sua integração social e a ocorrência de reincidência, específica ou não, mediante a realização de avaliações periódicas e de estatísticas criminais.

SEÇÃO III
DA DIREÇÃO E DO PESSOAL DOS ESTABELECIMENTOS PENAIS

Art. 75. O ocupante do cargo de diretor de estabelecimento deverá satisfazer os seguintes requisitos:

I - ser portador de diploma de nível superior de Direito, ou Psicologia, ou Ciências Sociais, ou Pedagogia, ou Serviços Sociais;

II - possuir experiência administrativa na área;

III - ter idoneidade moral e reconhecida aptidão para o desempenho da função.

Parágrafo único. O diretor deverá residir no estabelecimento, ou nas proximidades, e dedicará tempo integral à sua função.

Direção dos estabelecimentos penais – De acordo com as Regras Mínimas da ONU (atualizadas pelas de Mandela), o diretor de estabelecimento penal deverá achar-se devidamente qualificado para a função, por seu caráter, capacidade administrativa, formação adequada e experiência apropriada (preceito 79).

Dentro desse espírito, a LEP reservou especial atenção aos predicados que deve reunir o Diretor de estabelecimento penal, exigindo formação profissional (ser portador de diploma de nível superior de Direito, ou Psicologia, ou Ciências Sociais, ou Pedagogia ou Serviços Sociais), experiência administrativa na área, idoneidade moral e reconhecida aptidão para o desempenho da função.

Ao Diretor cabem importantes funções, dentre elas as de compor a Comissão Técnica de Classificação (incumbida de elaborar o programa de individualização e de orientação da pena).

ATENÇÃO – Como bem ressalta Pedro de Jesus Juliotti (Lei de Execução Anotada, ed. Verbatim, 2011, p. 202), "não exige a Lei de Execução Penal que o diretor de Hospital de Custódia e Tratamento Psiquiátrico, destinados aos inimputáveis, seja profissional formado em medicina".

Art. 76. O Quadro do Pessoal Penitenciário será organizado em diferentes categorias funcionais, segundo as necessidades do serviço, com especificação de atribuições relativas às funções de direção, chefia e assessoramento do estabelecimento e às demais funções.

Art. 77. A escolha do pessoal administrativo, especializado, de instrução técnica e de vigilância atenderá a vocação, preparação profissional e antecedentes pessoais do candidato.

§ 1º O ingresso do pessoal penitenciário, bem como a progressão ou a ascensão funcional dependerão de cursos específicos de formação, procedendo-se à reciclagem periódica dos servidores em exercício.

§ 2º No estabelecimento para mulheres somente se permitirá o trabalho de pessoal do sexo feminino, salvo quando se tratar de pessoal técnico especializado.

Especialização dos servidores do sistema prisional – A execução penal é um processo complexo e que requer extrema habilidade e competência para nele trabalhar e administrar. Diversos países, durante a reforma penitenciária, têm primado pela formação de um quadro especializado de funcionários, a fim de melhorar o processo executório.

O art. 76 da LEP anuncia que o quadro pessoal deve ser organizado em diferentes categorias funcionais, segundo as necessidades do serviço e especificando-se as atribuições relativas às funções de direção, chefia e assessoramento do estabelecimento e às demais funções, ficando a cargo da legislação local sua regulamentação.

Já o artigo 77 prevê que a escolha do pessoal administrativo, especializado, de instrução técnica e de vigilância atenderá a vocação, preparação profissional e antecedentes pessoais do candidato. O ingresso dos funcionários penitenciários, a progressão ou a ascensão funcional dependerão de cursos específicos de formação, devendo, periodicamente, frequentar curso de reciclagem.

Nos estabelecimentos para mulheres só poderão trabalhar pessoal do sexo feminino, salvo quando se tratar de pessoal técnico especializado. Uma iniciativa que visa evitar o risco de relacionamentos afetivos e sexuais entre agentes penitenciários e presas. A lei contempla especialmente os agentes responsáveis pela vigilância e custódia, consoante artigos 83, § 3º.

> **ATENÇÃO** - "Podem os presos exercer certas funções no presídio, mas é inteiramente desaconselhável que desempenhem as atividades que impliquem autoridade ou chefia sobre outros presos, possibilitem o manuseio dos prontuários dos demais condenados ou acesso a documentos dos estabelecimentos penais etc." (Mirabete, ob. cit. p. 243).

CAPÍTULO VII
DO PATRONATO

Art. 78. O Patronato público ou particular destina-se a prestar assistência aos albergados e aos egressos (artigo 26).

Art. 79. Incumbe também ao Patronato:

I - orientar os condenados à pena restritiva de direitos;

II - fiscalizar o cumprimento das penas de prestação de serviço à comunidade e de limitação de fim de semana;

III - colaborar na fiscalização do cumprimento das condições da suspensão e do livramento condicional.

Patronato – É um órgão público ou particular de assistência ao condenado em regime aberto (albergado) e ao liberado definitivo, pelo prazo de 1 ano a contar da saída do estabelecimento e o liberado condicional, durante o período de prova (egresso). Sua missão está umbilicalmente ligada a minimizar a marginalização social do preso, em especial após a sua saída do estabelecimento prisional.

Afora a função de assistência aos albergados e aos egressos, o Patronato tem incumbências sociais e fiscalizadoras, destacando-se: orientar os condenados à pena restritiva de direitos; fiscalizar o cumprimento das penas de prestação de serviço à comunidade e de limitação de fim de semana; colaborar na fiscalização do cumprimento das condições da suspensão e do livramento condicional.

ATENÇÃO – A inspeção do Patronato incumbe ao Conselho Penitenciário (art. 70 da LEP).

CAPÍTULO VIII
DO CONSELHO DA COMUNIDADE

Art. 80. Haverá, em cada comarca, um Conselho da Comunidade composto, no mínimo, por 1 (um) representante de associação comercial ou industrial, 1 (um) advogado indicado pela Seção da Ordem dos Advogados do Brasil, 1 (um) Defensor Público indicado pelo Defensor Público Geral e 1 (um) assistente social escolhido pela Delegacia Seccional do Conselho Nacional de Assistentes Sociais. (Redação dada pela Lei nº 12.313, de 2010).

Parágrafo único. Na falta da representação prevista neste artigo, ficará a critério do Juiz da execução a escolha dos integrantes do Conselho.

Conselho da Comunidade – A participação da sociedade é de suma importância no procedimento de execução, tanto é que o legislador determinou na LEP a criação de um Conselho da Comunidade. Na Exposição de Motivos fica evidente a importância do órgão:

> "Nenhum programa destinado a enfrentar os problemas referentes ao delito, ao delinquente e à pena se completaria sem o indispensável e contínuo apoio comunitário" (item 24).

E continuou no item seguinte:

"Muito além da passividade ou da ausência de reação quanto às vítimas mortas ou traumatizadas, a comunidade participa ativamente do procedimento da execução, quer através de um Conselho, quer através das pessoas jurídicas ou naturais que assistem ou fiscalizam não somente as reações penais em meios fechados (penas privativas)" (item 25).

René Ariel Dotti bem observa:

> "A *abertura do cárcere* para a sociedade através do Conselho da Comunidade, instituído como órgão da execução para colaborar com o juiz e a Administração, visa a neutralizar os efeitos danosos da marginalização. Não somente os estabelecimentos fechados mas também as unidades semi-abertas e abertas devem receber a contribuição direta e indispensável da sociedade" (A lei de execução penal. Perspectivas fundamentais. RT 598/283).

O Conselho será composto por no mínimo 1 (um) representante de associação comercial ou industrial, 1 (um) advogado indicado pela Seção da Ordem dos Advogados do Brasil, 1 (um) Defensor Público indicado pelo Defensor Público Geral e 1 (um) assistente social escolhido pela Delegacia Seccional do Conselho Nacional de Assistentes Sociais.

O parágrafo único prevê, ainda, que na falta de representação prevista nesse artigo, ficará a critério do juiz da execução a escolha dos integrantes do Conselho. Na prática, há várias Comarcas que não contam com Conselho da Comunidade e nem com a iniciativa do juiz da execução na sua criação.

Art. 81. **Incumbe ao Conselho da Comunidade:**

I - visitar, pelo menos mensalmente, os estabelecimentos penais existentes na comarca;

II - entrevistar presos;

III - apresentar relatórios mensais ao Juiz da execução e ao Conselho Penitenciário;

IV - diligenciar a obtenção de recursos materiais e humanos para melhor assistência ao preso ou internado, em harmonia com a direção do estabelecimento.

Atribuições do Conselho da Comunidade - Previstas no art. 81, as atribuições do Conselho são as seguintes:

I - visitar, pelo menos mensalmente, os estabelecimentos penais existentes na comarca;

Comparecendo *in loco*, o Conselho conhece a realidade do sistema de execução em operação na comarca.

II - entrevistar presos;

A entrevista consiste num importante subsídio de colheita de informações, se inteirando da visão dos presos de como está sendo o cumprimento da sua sanção penal.

III - apresentar relatórios mensais ao juiz da execução e ao Conselho Penitenciário;

Os relatórios servem para apresentar ao magistrado e ao Conselho Penitenciário os problemas detectados nos estabelecimentos, sugerindo, desde logo, as possíveis soluções.

IV - diligenciar a obtenção de recursos materiais e humanos para melhor assistência ao preso ou internado, em harmonia com a direção do estabelecimento.

Contudo, sem prejuízo das atribuições aqui apresentadas, cabe, ainda, ao Conselho da Comunidade, a observação cautelar e a proteção realizada por serviço social penitenciário (art. 139 desta lei).

ATENÇÃO - Da comparação dos arts. 79 e 81 percebe-se que, enquanto o Patronato cuida dos condenados soltos, o Conselho de Comunidade cuida dos presos.

CAPÍTULO IX
DA DEFENSORIA PÚBLICA
(INCLUÍDO PELA LEI Nº 12.313, DE 2010).

Art. 81-A. A Defensoria Pública velará pela regular execução da pena e da medida de segurança, oficiando, no processo executivo e nos incidentes da execução, para a defesa dos necessitados em todos os graus e instâncias, de forma individual e coletiva. (Incluído pela Lei nº 12.313, de 2010).

Art. 81-B. Incumbe, ainda, à Defensoria Pública: (Incluído pela Lei nº 12.313, de 2010).

I - requerer: (Incluído pela Lei nº 12.313, de 2010).

a) todas as providências necessárias ao desenvolvimento do processo executivo; (Incluído pela Lei nº 12.313, de 2010).

b) a aplicação aos casos julgados de lei posterior que de qualquer modo favorecer o condenado; (Incluído pela Lei nº 12.313, de 2010).

c) a declaração de extinção da punibilidade; (Incluído pela Lei nº 12.313, de 2010).

d) a unificação de penas; (Incluído pela Lei nº 12.313, de 2010).

e) a detração e remição da pena; (Incluído pela Lei nº 12.313, de 2010).

f) a instauração dos incidentes de excesso ou desvio de execução; (Incluído pela Lei nº 12.313, de 2010).

g) a aplicação de medida de segurança e sua revogação, bem como a substituição da pena por medida de segurança; (Incluído pela Lei nº 12.313, de 2010).

h) a conversão de penas, a progressão nos regimes, a suspensão condicional da pena, o livramento condicional, a comutação de pena e o indulto; (Incluído pela Lei nº 12.313, de 2010).

i) a autorização de saídas temporárias; (Incluído pela Lei nº 12.313, de 2010).

j) a internação, a desinternação e o restabelecimento da situação anterior; (Incluído pela Lei nº 12.313, de 2010).

k) o cumprimento de pena ou medida de segurança em outra comarca; (Incluído pela Lei nº 12.313, de 2010).

l) a remoção do condenado na hipótese prevista no § 1º do art. 86 desta Lei; (Incluído pela Lei nº 12.313, de 2010).

II - requerer a emissão anual do atestado de pena a cumprir; (Incluído pela Lei nº 12.313, de 2010).

III - interpor recursos de decisões proferidas pela autoridade judiciária ou administrativa durante a execução; (Incluído pela Lei nº 12.313, de 2010).

IV - representar ao Juiz da execução ou à autoridade administrativa para instauração de sindicância ou procedimento administrativo em caso de violação das normas referentes à execução penal; (Incluído pela Lei nº 12.313, de 2010).

V - visitar os estabelecimentos penais, tomando providências para o adequado funcionamento, e requerer, quando for o caso, a apuração de responsabilidade; (Incluído pela Lei nº 12.313, de 2010).

VI - requerer à autoridade competente a interdição, no todo ou em parte, de estabelecimento penal. (Incluído pela Lei nº 12.313, de 2010).

Parágrafo único. O órgão da Defensoria Pública visitará periodicamente os estabelecimentos penais, registrando a sua presença em livro próprio. (Incluído pela Lei nº 12.313, de 2010).

Defensoria Pública - Dispõe o art. 1º da Lei Complementar nº 80, de 1994 (com redação dada pela Lei Complementar 132, de 2009), que: "A Defensoria Pública é instituição permanente, essencial à função jurisdicional do Estado, incumbindo-lhe, como expressão e instrumento do regime democrático, fundamentalmente, a orientação jurídica, a promoção dos direitos humanos e a defesa, em todos os graus, judicial ou extrajudicial, dos direitos individuais e coletivos, de forma integral e gratuita, aos necessitados, assim considerados na forma do inciso LXXIV do art. 5º da Constituição Federal".

Dentro desse espírito, a Lei 12.313, de agosto de 2010, finalmente alterou a LEP para garantir assistência jurídica ao preso em processo de execução da pena, fixando as atribuições do órgão.

Em linhas gerais, incumbe à Defensoria Pública o acompanhamento da execução da pena, fazendo valer todos os direitos do preso assistido. O rol do artigo 81-B, incluído pela Lei 12.313, de 19 de agosto de 2010, é meramente exemplificativo, conclusão que se extrai do inciso I, letra "a" (*requerer todas as providências necessárias ao desenvolvimento do processo executivo*).

ATENÇÃO - Assim como incumbe ao representante do Ministério Público e ao Juiz da execução, a Defensoria Pública deverá visitar periodicamente os estabelecimentos penais, registrando a sua presença em livro próprio.

TÍTULO IV
DOS ESTABELECIMENTOS PENAIS

CAPÍTULO I
DISPOSIÇÕES GERAIS

Art. 82. Os estabelecimentos penais destinam-se ao condenado, ao submetido à medida de segurança, ao preso provisório e ao egresso.

§ 1° A mulher e o maior de sessenta anos, separadamente, serão recolhidos a estabelecimento próprio e adequado à sua condição pessoal. (Redação dada pela Lei nº 9.460, de 1997)

§ 2º - O mesmo conjunto arquitetônico poderá abrigar estabelecimentos de destinação diversa desde que devidamente isolados.

Estabelecimentos penais – são destinados aos condenados (regime fechado, semiaberto e aberto), aos submetidos à medida de segurança, ao preso provisório e ao egresso. Em resumo, abrangem:

a) Penitenciária (destina-se ao condenado à pena de reclusão, em regime fechado);

b) Colônia Agrícola, Industrial ou Similar (destina-se ao cumprimento da pena em regime semiaberto);

c) Casa do Albergado (destina-se ao cumprimento de pena privativa de liberdade, em regime aberto, e da pena de limitação de fim de semana);

d) Centro de Observação (onde se realizam os exames gerais e o criminológico);

e) Hospital de Custódia e Tratamento Psiquiátrico (destina-se aos inimputáveis e semi-imputáveis referidos no artigo 26 e seu parágrafo único do Código Penal);

f) Cadeia Pública (destina-se ao recolhimento de presos provisórios).

A lei, atendendo ao que dispõe o art. 5º, XLVIII, da CF (*a pena será cumprida em estabelecimentos distintos, de acordo com a natureza do delito, a idade e o sexo do apenado*), bem como preceito 11 das Regras Mínimas da ONU (atualizadas pelas de Mandela), assegura proteção às mulheres (com o intuito de protegê-las de violências sexuais) e pessoas idosas (em virtude da fragilidade física e emocional não raras vezes advindas da avançada idade).

ATENÇÃO - Com base em normativa aprovada pelo CNJ em 02.10.2020, as pessoas têm direito a se autodeclararem como pertencentes à comunidade LGBTQI+. Em caso de prisão da pessoa autodeclarada parte da população LGBTI, o local de privação de liberdade será determinado pelo magistrado em decisão fundamentada após consulta à pessoa acerca de sua escolha, que poderá se dar a qualquer momento do processo penal ou execução da pena, devendo ser assegurada, ainda, a possibilidade de alteração do local, visando assegurar a dignidade, a integridade física e moral e os direitos específicos dessa população. As Regras de Mandela recordam que para que tal princípio seja concretizado, "as administrações prisionais devem levar em conta as necessidades individuais dos presos, particularmente daqueles em situação de maior vulnerabilidade" (preceito 2.2).

O mesmo local (terreno/espaço) poderá abrigar estabelecimentos diversos, desde que devidamente isolados de acordo com o tipo de habitante prisional. Eventuais dificuldades materiais podem exigir do Estado que construa estabelecimentos no mesmo sítio, observando, porém, prédios próprios para mulheres, pessoas idosas, presos provisórios, condenados perigosos etc.

Abuso de autoridade – o art. 21, *caput*, tipifica como abuso de autoridade o fato de manter presos de ambos os sexos na mesma cela ou espaço de confinamento.

O núcleo *manter* abrange não somente a conduta do agente ou autoridade que determina a inclusão indevida, como daquele que, ao tomar conhecimento da situação abusiva, se abstém de corrigi-la, mesmo tendo atribuição ou competência para tanto, mantendo o constrangimento ilegal.

Aparecem como elementos espaciais do tipo a *cela* ou o *espaço de confinamento*. *Cela* abrange o local destinado ao recolhimento dos presos, cautelares ou definitivos. *Espaço de confinamento*, por sua vez, alcança qualquer área ou ambiente não projetado para ocupação contínua do preso, como sítios de triagem, ambiente de custódia nos fóruns, veículos de transporte de presos (caminhão baú) etc.

O parágrafo único do art. 21 pune na mesma pena quem mantém, na mesma cela, criança ou adolescente na companhia de maior de idade ou em ambiente inadequado, observado o disposto no Estatuto da Criança e do Adolescente.

Tal como ocorre com a impossibilidade de existir cela compartilhada por pessoas de ambos os sexos, da mesma forma essa impossibilidade se estende para o compartilhamento de cela entre criança ou adolescente e pessoa maior de idade.

O art. 123 do Estatuto de Criança e do Adolescente (Lei 8.069, de 13 de julho de 1990) diz textualmente que:

> Art. 123. A internação deverá ser cumprida em entidade exclusiva para adolescentes, em local distinto daquele destinado ao abrigo, obedecida rigorosa separação por critérios de idade, compleição física e gravidade da infração.

É importante alertar que, a depender das circunstâncias, as condutas descritas no artigo em comento podem configurar delito de tortura, art. 1º, § 1º, da Lei 9.455/1997.

Lei de Abuso de Autoridade	Lei de Tortura
Art. 21. Manter presos de ambos os sexos na mesma cela ou espaço de confinamento: Pena – detenção, de 1 (um) a 4 (quatro) anos, e multa. Parágrafo único. Incorre na mesma pena quem mantém, na mesma cela, criança ou adolescente na companhia de maior de idade ou em ambiente inadequado, observado o disposto no Estatuto da Criança e do Adolescente.	Art. 1º Constitui crime de tortura: (...) § 1º Na mesma pena [reclusão de 2 a 8 anos] incorre quem submete pessoa presa ou sujeita a medida de segurança a sofrimento físico ou mental, por intermédio da prática de ato não previsto em lei ou não resultante de medida legal.

A violação à regra de separação de custodiados, acompanhada de sofrimento físico ou mental do custodiado (resultado quase sempre presente), fará com que a conduta melhor se subsuma ao crime da Lei de Tortura, infração penal mais grave, equiparada a delito hediondo, sofrendo todos os consectários da Lei 8.072/1990. Mais uma vez se exigirá muita atenção do intérprete ao aquilatar o caso concreto.

Nesse ponto, vale lembrar que no ano de 2007, a sociedade brasileira tomou conhecimento de um fato que chocou o país. Mais especificamente, foi noticiado pela imprensa que, no dia 21 de setembro do mesmo ano, no município de Abaetetuba, no Pará, uma adolescente, com apenas 15 anos de idade, foi presa e colocada numa cela com mais de

20 detentos do sexo masculino. Pelo que foi divulgado à época, a adolescente havia sido flagrada furtando alguns pertences na casa onde trabalhava como empregada doméstica. Irritado, seu "patrão" a trancou no banheiro e ligou para seu tio, um investigador de polícia. Agindo frontalmente contra lei, alguns policiais se dirigiram à residência onde se encontrava a adolescente e, querendo "corrigi-la", em vez de a conduzirem à presença da autoridade judiciária competente, começaram a espancá-la.

Importante ressaltar, contudo, que a adolescente portava uma identidade que não revelava sua verdadeira idade, fazendo-se passar por pessoa imputável, constando como se tivesse 19 anos de idade. Como na cidade onde foi presa não havia penitenciária feminina, a delegada plantonista, após lavrar o auto de prisão em flagrante, acreditando ser ela maior de 18 anos, determinou a sua prisão juntamente com os demais presos do sexo masculino.

A adolescente ficou presa, em cela comum, juntamente com esses presos do sexo masculino, por 26 dias, tendo sido estuprada inúmeras vezes, muitas delas para que tivesse acesso a comida e a materiais de higiene pessoal, além de ter sido frequentemente espancada.

Ora, como não poderia ser diferente, o caso foi tratado como tortura. Os responsáveis foram condenados não apenas pelo crime de tortura, como também pelos crimes que vitimaram a adolescente na habitação prisional, na condição de garante ou garantidor.

Infelizmente, o crescimento da população prisional feminina é um fenômeno observado mundialmente. Segundo dados do Departamento Penitenciário Nacional, no Brasil, o número de mulheres encarceradas aumentou, desde 2000, em 656%, totalizando 44.355 presas em 2016, posicionando-o atrás apenas dos Estados Unidos, China e Rússia (Infopen, 2018, p. 14).

Especialmente em relação às mulheres, a severa repressão às drogas resulta na criminalização daquelas que ocupam majoritariamente posições subalternas nas redes de tráfico, cujo contato direto com a droga, seja no transporte ou armazenamento, aumenta significativamente o risco da prisão. O envolvimento no tráfico, para muitas, está relacionado a questões socioeconômicas e de gênero, que envolvem dificuldades de acesso ao mercado de trabalho formal, vulnerabilidade social, relacionamentos afetivos e a responsabilidade pelo cuidado da família. Nesse sentido, o tráfico pode representar uma alternativa que permite às mulheres, ao mesmo tempo, prover financeiramente e exercer as atividades de cuidado da família, tendo em vista que é uma atividade que pode ser exercida dentro do ambiente doméstico.

O aumento drástico da população prisional feminina coloca uma série de questões no centro do debate sobre o sistema prisional. Primeiramente, surge a necessidade de expansão física do sistema prisional, composto majoritariamente por unidades masculinas. Em segundo lugar, foi preciso adaptar as unidades já existentes e a própria legislação às especificidades das mulheres, que, como já abordamos, são frequentemente as únicas responsáveis pelo sustento e cuidado dos filhos. Nesse sentido, destaca-se as mudanças promovidas pela Lei n. 11.942/09 e, mais recentemente, pela Lei n. 13.769/18, que preveem a construção de espaços destinados ao exercício da maternidade, a conversão da prisão preventiva em domiciliar e diferentes lapsos temporais de progressão de regime para gestantes e mães.

Art. 83. O estabelecimento penal, conforme a sua natureza, deverá contar em suas dependências com áreas e serviços destinados a dar assistência, educação, trabalho, recreação e prática esportiva.

§ 1º Haverá instalação destinada a estágio de estudantes universitários. (Renumerado pela Lei nº 9.046, de 1995)

§ 2º Os estabelecimentos penais destinados a mulheres serão dotados de berçário, onde as condenadas possam cuidar de seus filhos, inclusive amamentá-los, no mínimo, até 6 (seis) meses de idade. (Redação dada pela Lei nº 11.942, de 2009)

§ 3º Os estabelecimentos de que trata o § 2º deste artigo deverão possuir, exclusivamente, agentes do sexo feminino na segurança de suas dependências internas. (Incluído pela Lei nº 12.121, de 2009).

§ 4º Serão instaladas salas de aulas destinadas a cursos do ensino básico e profissionalizante. (Incluído pela Lei nº 12.245, de 2010)

§ 5º Haverá instalação destinada à Defensoria Pública. (Incluído pela Lei nº 12.313, de 2010).

O estabelecimento penal e a ressocialização do preso – Como esclarecemos nos comentários ao art. 1º, a pena tem como principal finalidade prevenir o crime, reeducar e ressocializar o preso. Para que esses objetivos sejam atingidos, os estabelecimentos penais devem oferecer educação, formação profissional e trabalho, bem como outros tipos de assistências apropriadas (moral, espiritual, saúde, esportiva etc.).

O artigo em comento traz, justamente, as características que as instalações dos estabelecimentos penais devem ter para que neles possam ser exercidos os direitos do preso, bem como contribuir na sua ressocialização, permitindo-lhe valer-se das várias espécies de assistência enunciadas no artigo 11 da LEP.

Os estabelecimentos penais destinados a mulheres, por exemplo, serão estruturados com ambiente para amamentação e cuidado com os filhos, exigência garantida na Carta Maior: "às presidiárias serão asseguradas condições para que possam permanecer com seus filhos durante o período de amamentação" (art. 5º, L). No mesmo sentido, preceito 29 das Regras de Mandela.

A Lei Complementar 153, de dezembro de 2015, estabelece que a implantação e manutenção de berçário, creche e seção destinadas à gestante e à parturiente nos estabelecimentos penais serão custeadas pelos recursos do FUNPEN (Fundo Penitenciário Nacional).

ATENÇÃO – A Lei 14.326/22, acrescentando ao art. 14 da LEP novo parágrafo (§4º), será assegurado tratamento humanitário à mulher grávida durante os atos médico-hospitalares preparatórios para a realização do parto e durante o trabalho de parto, bem como à mulher no período de puerpério, cabendo ao poder público promover a assistência integral à sua saúde e à do recém-nascido.

A previsão de salas de aulas é medida positiva na ressocialização do condenado, além de necessária para que o preso em regime fechado consiga remir a sua pena.

O dispositivo reforça a determinação prevista no art. 16, § 2º desta lei, no que tange à instalação da Defensoria Pública, garantindo ao órgão desempenhar regularmente suas atribuições.

Art. 83-A. Poderão ser objeto de execução indireta as atividades materiais acessórias, instrumentais ou complementares desenvolvidas em estabelecimentos penais, e notadamente: (Incluído pela Lei nº 13.190, de 2015).

I - serviços de conservação, limpeza, informática, copeiragem, portaria, recepção, reprografia, telecomunicações, lavanderia e manutenção de prédios, instalações e equipamentos internos e externos; (Incluído pela Lei nº 13.190, de 2015).

II - serviços relacionados à execução de trabalho pelo preso. (Incluído pela Lei nº 13.190, de 2015).

§ 1º A execução indireta será realizada sob supervisão e fiscalização do poder público. (Incluído pela Lei nº 13.190, de 2015).

§ 2º Os serviços relacionados neste artigo poderão compreender o fornecimento de materiais, equipamentos, máquinas e profissionais. (Incluído pela Lei nº 13.190, de 2015).

Regime diferenciado de contratações – A Medida Provisória 678, de junho de 2015, convertida na Lei 13.190/15, dentre outras providências, adicionou à Lei de Execução Penal os artigos: 83-A e 83-B.

O artigo em comento prevê que poderão ser objeto de execução indireta as atividades materiais acessórias, instrumentais ou complementares desenvolvidas em estabelecimentos penais, tais como: serviços de conservação, limpeza, informática, copeiragem, portaria, recepção, reprografia, telecomunicações, lavanderia e manutenção de prédios, instalações e equipamentos internos e externos; bem como os serviços relacionados à execução de trabalho pelo preso.

Para entendermos a mudança precisamos lembrar que a Lei 12.462/11 instituiu o Regime Diferenciado de Contratações Públicas (RDC), aplicável às licitações e contratos relativos aos eventos esportivos que foram realizados no Brasil nos anos de 2013, 2014 e 2016, assim como para as obras de infraestrutura e de contratação de serviços para os aeroportos das capitais dos Estados da Federação distantes até 350 km das cidades sedes dos mundiais referidos nos incisos I, II do art. 1º da aludida lei (Copa das Confederações, Jogos Olímpicos etc.).

Em apertada síntese, o Regime Diferenciado de Contratações Públicas foi criado com o objetivo de otimizar os processos licitatórios e contratos necessários para a execução dos eventos e obras acima mencionados. Com o intuito de dar às licitações e contratos realizados no âmbito das ações de segurança pública a mesma otimização e celeridade conferida aos eventos esportivos, criou-se a Lei 13.190/15.

Nos termos art. 8º da lei 12.462/15, a execução indireta de obras e serviços poderá ser feita pelos regimes: 1. empreitada por preço unitário; 2. empreitada por preço global; 3. contratação por tarefa; 4. empreitada integral; ou 5. contratação integrada.

A referida Lei (12.462/15), com vigência programada por mais 2 anos, foi revogada pela nova Lei de Licitações e Contratos Administrativos, que, por sua vez, nasce num clima de desburocratização, assemelhando-se, e muito, a forma de contratação da lei revogada.

Vale observar que além das atividades mencionadas acima, também poderão ser realizados por meio de execução indireta o fornecimento de materiais, equipamentos, máquinas e profissionais. Além disso, importante notar que tudo deve ser supervisionado e fiscalizado pelo Poder Público.

Art. 83-B. **São indelegáveis as funções de direção, chefia e coordenação no âmbito do sistema penal, bem como todas as atividades que exijam o exercício do poder de polícia, e notadamente: (Incluído pela Lei nº 13.190, de 2015).**

I - classificação de condenados; (Incluído pela Lei nº 13.190, de 2015).

II - aplicação de sanções disciplinares; (Incluído pela Lei nº 13.190, de 2015).

III - controle de rebeliões; (Incluído pela Lei nº 13.190, de 2015).

IV - transporte de presos para órgãos do Poder Judiciário, hospitais e outros locais externos aos estabelecimentos penais. (Incluído pela Lei nº 13.190, de 2015).

Indelegabilidade do poder de polícia – Hely Lopes Meirelles conceitua poder de polícia como "a faculdade de que dispõe a Administração Pública para condicionar e restringir o uso, o gozo de bens, atividades e direitos individuais, em benefício da coletividade ou do próprio Estado" (*Direito Administrativo Brasileiro*, São Paulo: Malheiros, 1999. p. 120).

Sabendo da responsabilidade que deve guardar os agentes que exercem o poder de polícia, a Lei 13.190/15 adicionou à Lei de Execução Penal o art. 83-B, que assegura serem indelegáveis as funções de direção, chefia e coordenação no âmbito do sistema penal, bem como todas as atividades que exijam o exercício do poder de polícia, tais como: classificação de condenados, aplicação de sanções disciplinares, controle de rebeliões e transporte de presos.

Questão importante surge com a realização de parcerias público-privadas (PPPs) na gestão do sistema prisional ou a "privatização dos presídios". Trata-se de modalidade de contrato administrativo, prevista na Lei n. 11.079/04, que consiste essencialmente na concessão temporária de certas atividades realizadas pelo Estado à iniciativa privada. Firmadas no âmbito do sistema prisional, as PPPs estabelecem uma cooperação na gestão das unidades entre Estado e empresa privada, sendo que o primeiro continua incumbido das funções mencionadas neste artigo e o segundo se encarrega da realização de obras e da prestação de serviços, como alimentação, vestuário, assistência médica, entre outros. Como exemplos, temos as experiências do Complexo Penitenciário de Ribeirão das Neves-MG e do Complexo Penitenciário Anísio Jobim-AM.

Art. 84. O preso provisório ficará separado do condenado por sentença transitada em julgado.

§ 1º Os presos provisórios ficarão separados de acordo com os seguintes critérios: (Redação dada pela Lei nº 13.167, de 2015)

I - acusados pela prática de crimes hediondos ou equiparados; (Incluído pela Lei nº 13.167, de 2015)

II - acusados pela prática de crimes cometidos com violência ou grave ameaça à pessoa; (Incluído pela Lei nº 13.167, de 2015)

III - acusados pela prática de outros crimes ou contravenções diversos dos apontados nos incisos I e II. (Incluído pela Lei nº 13.167, de 2015)

§ 2º O preso que, ao tempo do fato, era funcionário da Administração da Justiça Criminal ficará em dependência separada.

§ 3º Os presos condenados ficarão separados de acordo com os seguintes critérios: (Incluído pela Lei nº 13.167, de 2015)

I - condenados pela prática de crimes hediondos ou equiparados; (Incluído pela Lei nº 13.167, de 2015)

II - reincidentes condenados pela prática de crimes cometidos com violência ou grave ameaça à pessoa; (Incluído pela Lei nº 13.167, de 2015)

III - primários condenados pela prática de crimes cometidos com violência ou grave ameaça à pessoa; (Incluído pela Lei nº 13.167, de 2015)

IV - demais condenados pela prática de outros crimes ou contravenções em situação diversa das previstas nos incisos I, II e III. (Incluído pela Lei nº 13.167, de 2015)

§ 4º O preso que tiver sua integridade física, moral ou psicológica ameaçada pela convivência com os demais presos ficará segregado em local próprio. (Incluído pela Lei nº 13.167, de 2015).

Separação dos presos – A exigência de o preso provisório ficar separado do condenado por sentença transitada em julgado está assegurada tanto nas Regras Mínimas da ONU (atualizadas pelas de Mandela, preceito 11, "b") como também na Convenção Americana de Direitos Humanos (Pacto de San Jose da Costa Rica, artigo 5º, item 4): "os processados devem ficar separados dos condenados, salvo em circunstâncias excepcionais, e devem ser submetidos a tratamento adequado à sua condição de pessoas não condenadas."

Além disso, determina-se a separação entre o preso primário e o preso reincidente, merecendo cada qual processos diferentes de reabilitação. Como bem esclarece Mirabete: "Evitam-se o mais que possível contágio e as nocivas influências do condenado contumaz m relação ao primário, que os pode levar à corrupção, a uma fácil integração à 'subcultura carcerária' e às maiores dificuldades no caminho da reinserção social" (ob. cit. p. 254/255).

No caso de preso (provisório ou não) funcionário da Administração Criminal, como forma de garantir a sua segurança diante de possíveis represálias, atritos etc., a lei prevê seu recolhimento em prisão especial, isto é, em dependência separada. A guia de recolhimento deve fazer menção acerca dessa qualidade do condenado (art. 106, § 3º, LEP).

> **ATENÇÃO** - O nosso ordenamento jurídico prevê inúmeras outras hipóteses de prisão especial (I - para dirigentes de entidades sindicais; II - pilotos de aeronaves mercantes; III - oficiais da Marinha Mercante; IV - juízes de paz etc.). Contudo, somente o funcionário da Administração Criminal tem garantido, mesmo depois do trânsito em julgado da condenação, prisão especial. No mais dos casos, a providência de cautela só tem sentido durante o período de prisão provisória.
>
> O art. 439 do CPP, com a nova redação dada pela lei 12.403/11, não mais assegura prisão especial àquele que tenha exercido efetivamente a função de jurado.

A Lei 13.167/15 altera o art. 84 para estabelecer critérios objetivos e subjetivos aptos a orientar a separação dos presos (provisórios e definitivos), considerando, essencialmente, a sua primariedade ou reincidência e gravidade dos crimes pelos quais são acusados ou cumprem pena.

Todavia, devido à precariedade do sistema prisional brasileiro, o Estado não é capaz de garantir a organização dos presos com base nas características previstas aqui. Na prática, o que se tem é a manutenção de presos provisórios e definitivos nas mesmas unidades, tendo em vista que cerca de 40% da população prisional sequer ostenta condenação definitiva (INFOPEN, 2017).

Art. 85. O estabelecimento penal deverá ter lotação compatível com a sua estrutura e finalidade.

Parágrafo único. O Conselho Nacional de Política Criminal e Penitenciária determinará o limite máximo de capacidade do estabelecimento, atendendo a sua natureza e peculiaridades.

Estabelecimento penal e sua lotação máxima – O estabelecimento penal deverá ter lotação compatível com a sua estrutura e finalidade. É do conhecimento de todos que esse comando não é respeitado no Brasil, onde a superlotação carcerária há muito vem sendo um problema crônico. Nesse sentido, é o teor da Súmula 56 do STF:

> "A falta de estabelecimento penal adequado não autoriza a manutenção do condenado em regime prisional mais gravoso, devendo-se observar, nessa hipótese, os parâmetros fixados no RE 641.320/RS"

O RE 641.320, por sua vez, determinou que: "havendo déficit de vagas, deverão ser determinados: (i) a saída antecipada de sentenciado no regime com falta de vagas; (ii) a liberdade eletronicamente monitorada ao sentenciado que sai antecipadamente ou é posto em prisão domiciliar por falta de vagas; (iii) o cumprimento de penas restritivas de direito e/ou estudo ao sentenciado que progride ao regime aberto. Até que sejam estruturadas as medidas alternativas propostas, poderá ser deferida a prisão domiciliar ao sentenciado." (RE 641.320, rel. min. Gilmar Mendes, P, j. 11-5-2016, *DJE* 159 de 1º-8-2016, Tema 423.)

Buscando disciplinar a ocupação dos estabelecimentos penais, prevê o parágrafo único que o Conselho Nacional de Política Criminal determinará o seu limite máximo de capacidade, atendendo a sua natureza e peculiaridades.

O descumprimento injustificado do dever aqui estabelecido implicará para a Unidade da Federação respectiva não apenas a suspensão de qualquer ajuda financeira a ela destinada pela União, para atender às despesas de execução das penas e medidas de segurança (art. 203, § 4º, LEP), como também a interdição do local (art. 66, inciso III, LEP).

ATENÇÃO - Presos submetidos a condições degradantes em presídios devem ser indenizados em dinheiro. O STF definiu a responsabilidade civil do Estado pelas pessoas que mantém presas. E se elas estão sem condições mínimas de humanidade, devem ser indenizadas, inclusive por danos morais. "Considerando que é dever do Estado, imposto pelo sistema normativo, manter em seus presídios os padrões mínimos de humanidade previstos no ordenamento jurídico, é de sua responsabilidade, nos termos do artigo 37, parágrafo 6º, da Constituição, a obrigação de ressarcir os danos, inclusive morais, comprovadamente causados aos detentos em decorrência da falta ou insuficiência das condições legais de encarceramento" (RE 580.252).

Art. 86. As penas privativas de liberdade aplicadas pela Justiça de uma Unidade Federativa podem ser executadas em outra unidade, em estabelecimento local ou da União.

§ 1º A União Federal poderá construir estabelecimento penal em local distante da condenação para recolher os condenados, quando a medida se justifique no interesse da segurança pública ou do próprio condenado. (Redação dada pela Lei nº 10.792, de 2003)

§ 2º Conforme a natureza do estabelecimento, nele poderão trabalhar os liberados ou egressos que se dediquem a obras públicas ou ao aproveitamento de terras ociosas.

§ 3º Caberá ao juiz competente, a requerimento da autoridade administrativa definir o estabelecimento prisional adequado para abrigar o preso provisório ou condenado, em atenção ao regime e aos requisitos estabelecidos. (Incluído pela Lei nº 10.792, de 2003)

Transferência do preso – Em regra, o preso cumpre a reprimenda no local onde foi julgado. Entretanto, inúmeras circunstâncias podem indicar que a sua transferência para outro estabelecimento, mesmo que de Estado diverso, seja uma necessidade. Não sem razão, alerta Mirabete:

> "A permissão do artigo 86, porém, não outorga ao sentenciado direito líquido e certo à concessão do pedido; a transferência é uma faculdade do juiz, fundada em razões de conveniência e oportunidade. Por isso mesmo, não pode ser concedida por meio de via do processo sumário do *habeas corpus*" (ob. cit. p. 259).

A construção de estabelecimentos penais de segurança máxima pela União se deu, principalmente, com o escopo de receber presos de alta periculosidade, cuja permanência em presídios estaduais ponha em risco a ordem ou incolumidade pública (art. 3º da Lei 8.072/90).

A transferência deve ser previamente admitida pelo próprio juiz federal com jurisdição sobre o estabelecimento penal (art. 4º), sendo que no caso de prisão provisória o juízo de origem depreca apenas a execução e a fiscalização da medida, mantendo-se competente para o processo. Excepcionalmente, *em caso de extrema necessidade*, o juiz federal pode autorizar a inclusão do preso no estabelecimento antes do processo de instrução da transferência (art. 5º, § 6º), que pode ser provocado, após admissibilidade pelo juiz da origem, pela autoridade administrativa, pelo Ministério Público e pelo próprio preso, cabendo à Defensoria Pública da União prestar a assistência judiciária necessária.

Nada impede que a defesa seja ouvida antes da transferência, mas, como é comum em situações desta natureza, as circunstâncias podem demandar o deslocamento imediato do preso, normalmente envolvido em atividades criminosas dentro do próprio estabelecimento em que originalmente cumpre a pena ou está cautelarmente recolhido. Sendo este o caso, é evidente que a prévia oitiva pode contribuir para agravar a situação de insegurança no estabelecimento prisional. Por isso, a Terceira Seção do Superior Tribunal de Justiça (STJ) aprovou a Súmula 639, que dispõe sobre a transferência ou permanência de presidiário em penitenciária federal sem anterior consulta ao advogado. O enunciado tem a seguinte redação:

> "Não fere o contraditório e o devido processo decisão que, sem ouvida prévia da defesa, determine transferência ou permanência de custodiado em estabelecimento penitenciário federal".

ATENÇÃO – Referindo-se expressamente às penas privativas de liberdade, o artigo 86 não autoriza a transferência do sentenciado para o cumprimento de outras penas, como restritivas de direitos.

CAPÍTULO II
DA PENITENCIÁRIA

Art. 87. **A penitenciária destina-se ao condenado à pena de reclusão, em regime fechado.**

Parágrafo único. A União Federal, os Estados, o Distrito Federal e os Territórios poderão construir Penitenciárias destinadas, exclusivamente, aos presos provisórios e condenados que estejam em regime

fechado, sujeitos ao regime disciplinar diferenciado, nos termos do art. 52 desta Lei. (Incluído pela Lei nº 10.792, de 2003)

Regime fechado – A Lei de Execução Penal fixa o estabelecimento penal próprio para cada um dos regimes (aberto, semiaberto e fechado). O artigo em comento cuida da penitenciária, destinada ao condenado à pena de reclusão, em regime fechado. Nos comentários aos artigos 91 e 93 falaremos dos estabelecimentos destinados aos regimes semiaberto e aberto, respectivamente. Quanto ao RDD, ver comentários ao artigo 52 desta lei.

ATENÇÃO – A Lei 11.671/08 regula a transferência e inclusão de presos, condenados ou provisórios, em estabelecimentos penais federais de segurança máxima.

Líderes de organização criminosa e o cumprimento de pena em estabelecimento de segurança máxima – O §9º., do art. 2º., da Lei 12.850/13, dispositivo introduzido pela Lei n.º 13.964/2019, estabelece que os líderes de organizações criminosas violentas devem iniciar o cumprimento de pena em estabelecimento penal de segurança máxima, destinados ao cumprimento da pena em regime fechado. Já havia disposição semelhante no art. 1º, VI, da Lei 12.694/2012 que implica na possibilidade de transferência do preso para estabelecimentos penais federais, situação regulada pela Lei 11.671/2008. A mudança de presos dos estabelecimentos estaduais para os federais é necessária quando a sua permanência em presídios estaduais ponha em risco a ordem ou incolumidade pública (Lei 8.072/1990, art. 3º) e nas hipóteses do art. 3º do Decreto Federal 6.877/2009, *in verbis*: Art. 3.º Para a inclusão ou transferência, o preso deverá possuir, ao menos, uma das seguintes características: I – ter desempenhado função de liderança ou participado de forma relevante em organização criminosa; II – ter praticado crime que coloque em risco a sua integridade física no ambiente prisional de origem; III – estar submetido ao Regime Disciplinar Diferenciado – RDD; IV – ser membro de quadrilha ou bando, envolvido na prática reiterada de crimes com violência ou grave ameaça; V – ser réu colaborador ou delator premiado, desde que essa condição represente risco à sua integridade física no ambiente prisional de origem; ou VI – estar envolvido em incidentes de fuga, de violência ou de grave indisciplina no sistema prisional de origem.

Observe-se que, conforme já decidiu a 1ª Turma do STF no HC 115.539, desde que haja motivação idônea e existência de fatos caracterizadores de situação emergencial (v.g., rebeliões ocorridas em determinado período, com a morte de vários detentos; julgamento, pela Corte Interamericana de Direitos Humanos, do Brasil e do estado-membro em que localizada a penitenciária na qual inicialmente recluso o preso; interdição do presídio; periculosidade do paciente), a transferência de preso para presídio federal de segurança máxima sem a sua prévia oitiva não configura ofensa aos princípios do devido processo legal, da ampla defesa, da individualização da pena e da dignidade da pessoa humana, nos termos do art. 5º, §§ 2º e 6º, da Lei nº 11.671/2008, sobretudo se considerarmos que não há direito subjetivo do condenado de cumprir a pena em penitenciária específica. (STF, 1ª Turma, HC 115.539/RO, Rel. Min. Luiz Fux, j. 03/09/2013).

O STJ decidiu também recentemente que "*acaso devidamente motivado pelo Juízo estadual o pedido de manutenção do preso em presídio federal, não cabe ao Magistrado Federal exercer juízo de valor sobre a fundamentação apresentada, mas apenas aferir a legalida-*

de da medida.". (AgRg no CC 168851/RJ. Agravo Regimental No Conflito de Competência 2019/0309786-5. Rel. Min. Reynaldo Soares Da Fonseca. 3º T. j. em 27/11/2019).

Embora o novo dispositivo se refira estritamente às organizações criminosas armadas ou que tenham armas à disposição, em razão das outras disposições legais vigentes é possível a inclusão de presos em estabelecimentos federais de segurança máxima, ainda que mero integrante de organização criminosa desarmada, interpretação que se extrai ainda das alterações promovidas pela Lei 13.964/2019 no art. 52, § 1º, inciso II, e § 3º, da LEP de modo a possibilitar mesmo nos casos de organizações criminosas a aplicação do Regime Disciplinar Diferenciado.

Art. 88. **O condenado será alojado em cela individual que conterá dormitório, aparelho sanitário e lavatório.**

Parágrafo único. São requisitos básicos da unidade celular:

a) salubridade do ambiente pela concorrência dos fatores de aeração, insolação e condicionamento térmico adequado à existência humana;

b) área mínima de 6,00 m2 (seis metros quadrados).

Cela e a sua arquitetura – Trata-se de mais um artigo "simbólico" da LEP, prevendo a arquitetura mínima que deverá conter uma cela. Todavia, é conhecido o problema da superlotação das habitações prisionais enfrentado pelo Brasil, onde a realidade demonstra muitos presos dividindo o mesmo espaço criado para, na verdade, abrigar um único reeducando. Patente violação ao princípio da dignidade da pessoa humana.

Em 2015 foram aprovadas as Regras de Mandela, que atualizaram as Regras Mínimas da ONU para Tratamento de Reclusos. A regra 12, item 1, reforça a importância das celas ou quartos destinados ao descanso noturno não serem ocupados por mais de um preso.

Art. 89. **Além dos requisitos referidos no art. 88, a penitenciária de mulheres será dotada de seção para gestante e parturiente e de creche para abrigar crianças maiores de 6 (seis) meses e menores de 7 (sete) anos, com a finalidade de assistir a criança desamparada cuja responsável estiver presa. (Redação dada pela Lei nº 11.942, de 2009)**

Parágrafo único. São requisitos básicos da seção e da creche referidas neste artigo: (Incluído pela Lei nº 11.942, de 2009)

I - atendimento por pessoal qualificado, de acordo com as diretrizes adotadas pela legislação educacional e em unidades autônomas; e (Incluído pela Lei nº 11.942, de 2009)

II – horário de funcionamento que garanta a melhor assistência à criança e à sua responsável. (Incluído pela Lei nº 11.942, de 2009)

Penitenciária para mulheres – O art. 5º, L, da CF, garante que "às presidiárias serão asseguradas condições para que possam permanecer com seus filhos durante o período de amamentação".

No mesmo sentido dos arts. 14 e 83 da LEP, o presente dispositivo traz garantias para que as presas possam criar seus filhos sem que os infantes fiquem desamparados enquanto as genitoras cumprem pena encarceradas. Prevê, ainda, que os profissionais que auxiliarão durante esse período sejam qualificados para tanto.

Sem prejuízo, foi publicada a Lei 13.257/16, que alterou o art. 8º da Lei 8.069/90 (Estatuto da Criança e do Adolescente) para assegurar a todas as mulheres o acesso aos programas e às políticas de saúde e de planejamento reprodutivo e, às gestantes, nutrição adequada, atenção humanizada à gravidez, ao parto e ao puerpério e atendimento pré-natal, perinatal e pós-natal integral no âmbito do Sistema Único de Saúde.

Além disso, a nova lei incumbiu ao poder público a obrigação de garantir, à gestante e à mulher com filho na primeira infância (abrange os primeiros 6 anos completos ou 72 meses de vida da criança), que se encontrem sob custódia em unidade de privação de liberdade, ambiência que atenda às normas sanitárias e assistenciais do Sistema Único de Saúde para o acolhimento do filho, em articulação com o sistema de ensino competente, visando ao desenvolvimento integral da criança.

Por fim, a Lei 13.257/16 anuncia competir ao poder público proporcionar assistência psicológica à gestante e à mãe, no período pré e pós-natal, inclusive como forma de prevenir ou minorar as consequências do estado puerperal.

ATENÇÃO – Segundo a Lei 14.326/22, acrescentando ao art. 14 da LEP novo parágrafo (§4º), será assegurado tratamento humanitário à mulher grávida durante os atos médico-hospitalares preparatórios para a realização do parto e durante o trabalho de parto, bem como à mulher no período de puerpério, cabendo ao poder público promover a assistência integral à sua saúde e à do recém-nascido.

Art. 90. **A penitenciária de homens será construída, em local afastado do centro urbano, à distância que não restrinja a visitação.**

Local de construção – Por razões de segurança, as penitenciárias deverão ser construídas em local afastado do centro urbano, mas que não impossibilitem a visitação, medida importante para que se mantenham e melhorem as boas relações entre o preso e sua família.

CAPÍTULO III
DA COLÔNIA AGRÍCOLA, INDUSTRIAL OU SIMILAR

Art. 91. **A Colônia Agrícola, Industrial ou Similar destina-se ao cumprimento da pena em regime semi-aberto.**

Art. 92. **O condenado poderá ser alojado em compartimento coletivo, observados os requisitos da letra a, do parágrafo único, do artigo 88, desta Lei.**

Parágrafo único. São também requisitos básicos das dependências coletivas:

a) a seleção adequada dos presos;

b) o limite de capacidade máxima que atenda os objetivos de individualização da pena.

Regime semiaberto – O condenado que tiver que cumprir pena em regime semiaberto fica sujeito a trabalho em Colônia Agrícola, Industrial ou Similar. Explica Mirabete, citando as lições de Armida Bergamini Miotto: "entre a prisão fechada, servida de aparatos físicos ou materiais que lhe garantem segurança máxima em favor da disciplina e contra as fugas, e a prisão aberta, despida de quaisquer aparatos semelhantes, existe um meio-termo, que é constituído pela prisão semiaberta" (ob. cit. p. 273).

Nesse regime as precauções de segurança são menores, havendo maior liberdade de movimento para o reeducando, importante instrumento de transição do preso para o regime de liberdade. O trabalho externo é admissível, inclusive na iniciativa privada (para tanto a jurisprudência tem exigido prévia autorização judicial).

Os presos serão alojados em compartimentos coletivos, desde que feita uma prévia seleção adequada dos habitantes e respeite os limites de capacidade máxima que atenda os objetivos da individualização da pena.

ATENÇÃO - Anuncia a Súmula Vinculante 56: "A falta de estabelecimento penal adequado não autoriza a manutenção do condenado em regime prisional mais gravoso, devendo-se observar, nessa hipótese, os parâmetros fixados no RE 641.320/RS". Temos, ainda, corrente mencionando o **regime semiaberto harmonizado**, consistente na antecipação da progressão de regime, mediante o monitoramento eletrônico, de modo que, ao invés de regressar para a unidade prisional durante o pernoite, possibilita-se ao apenado o deslocamento entre sua residência e o local em que exerce sua atividade laborativa, sem prejuízo das regras do monitoramento.

JURISPRUDÊNCIA

Monitoramento eletrônico, Regime aberto. Súmula 56

A manutenção do monitoramento eletrônico ao apenado agraciado com a progressão ao regime aberto não implica constrangimento ilegal, pois atende aos parâmetros referenciados na Súmula Vinculante 56 (STJ – AgRg no HC 691.963, rel Min. Sebastião Reis Junior, j. em 19.10.21).

Cumprimento de pena em regime semiaberto ou aberto e estabelecimento prisional adequado

A Segunda Turma julgou improcedente reclamação ajuizada para garantir a observância, pela instância de origem, da Súmula Vinculante 56 (1). A Turma deliberou no sentido de serem aceitáveis estabelecimentos não qualificados como colônia agrícola ou industrial (regime semiaberto) ou casa de albergado ou estabelecimento adequado (regime aberto). Entretanto, não é permitido o alojamento conjunto de presos dos regimes semiaberto e aberto com presos do regime fechado. (Rcl 25123/SC, rel. Min. Ricardo Lewandowski, julgamento em 18.4.2017)

Regime de cumprimento de pena e vaga em estabelecimento penal – 2 (Enunciado 56 da Súmula Vinculante)

O Plenário, em conclusão de julgamento e por maioria, acolheu proposta de edição de enunciado de súmula vinculante com o seguinte teor: "A falta de estabelecimento penal adequado não autoriza a manutenção do condenado em regime prisional mais gravoso, devendo-se observar, nessa hipótese, os parâmetros fixados no RE 641.320/RS" — v. Informativo 777. O Ministro Ricardo Lewandowski (Presidente) reajustou voto proferido em assentada anterior, acatando, assim, proposta redacional sugerida pelo Ministro Roberto Barroso. Vencido o Ministro Marco Aurélio, que aprovava a proposta originalmente apresentada pelo Defensor Público-Geral Federal ("O princípio constitucional da individualização da pena impõe seja esta cumprida pelo condenado, em regime mais benéfico, aberto ou domiciliar, inexistindo vaga em estabelecimento adequado, no local da execução"). (STF – PSV n° 57-DF, j. 29.6.2016).

CAPÍTULO IV
DA CASA DO ALBERGADO

Art. 93. A Casa do Albergado destina-se ao cumprimento de pena privativa de liberdade, em regime aberto, e da pena de limitação de fim de semana.

Art. 94. O prédio deverá situar-se em centro urbano, separado dos demais estabelecimentos, e caracterizar-se pela ausência de obstáculos físicos contra a fuga.

Art. 95. Em cada região haverá, pelo menos, uma Casa do Albergado, a qual deverá conter, além dos aposentos para acomodar os presos, local adequado para cursos e palestras.

Parágrafo único. O estabelecimento terá instalações para os serviços de fiscalização e orientação dos condenados.

Regime aberto – A pena privativa de liberdade em regime aberto e a pena restritiva de limitação de fim de semana serão cumpridas em Casa do Albergado. Manoel Pedro Pimentel bem assinalava:

> "Se a personalidade do criminoso é uma estrutura complexa de fatores que agiram negativamente sobre ele, essa experiência real de liberdade, sob a motivação de readquirir a liberdade plena, permite que essa fatoração seja posta em cheque, reavaliada e substituída por comportamento diverso, o que jamais seria possível no ambiente da prisão fechada, porque é impossível treinar um homem para viver em liberdade" (O crime e a pena na atualidade, p. 144).

ATENÇÃO: Não se admite o cumprimento da prisão civil em regime aberto, sob pena de frustrar sua finalidade (coação para que o inadimplente cumpra seu dever alimentar).

Por basear-se na autodisciplina e senso de responsabilidade do condenado, o regime aberto permite que o condenado trabalhe, frequente curso ou exerça outra atividade lícita fora do estabelecimento, tudo sem vigilância (ausência de obstáculos físicos contra a fuga), devendo recolher-se durante o período noturno e nos dias de folga (prisão noturna, art. 36 do CP).

ATENÇÃO – Na prática, considerando a carência de estabelecimentos desse gênero, o juiz da execução vem substituindo a necessidade de recolhimento em Casa do Albergado pela prisão domiciliar. Quanto à limitação de final de semana, na ausência da Casa poderá ela ser substituída pela apresentação mensal em juízo (art. 151, desta Lei).

O prédio que serve ao abrigo dos reeducandos em regime aberto deverá situar-se em centro urbano (facilitando o acesso ao trabalho e escola), sem obstáculos físicos contra a fuga.

Em que pese o art. 94 mandar separar o executado em regime aberto dos demais, não significa que tenham que cumprir as penas em conjuntos arquitetônicos distintos, mas em estabelecimentos isolados, mesmo que abrigados no mesmo conjunto físico (art. 82, § 2º, LEP).

O art. 95 prevê que haja uma Casa do Albergado em cada região, sem definir o alcance do termo "região". Alguns adotam o entendimento de que por região se entende o espaço físico abarcado pela circunscrição judiciária. Na prática, lamentavelmente, são poucas as Casas do Albergado existentes, e dentre essas dificilmente há vagas.

JURISPRUDÊNCIA

Progressão de regime. Ausência de vaga em estabelecimento adequado. Prisão domiciliar.

A Turma concedeu a ordem para que o paciente cumpra a pena em prisão domiciliar até que surja vaga em estabelecimento prisional com as condições necessárias ao adequado cumprimento da pena em regime aberto. Isso porque, apesar de existir casa de albergado no estado-membro, faltam vagas para atender todos os presos que têm direito ao regime aberto. Além disso, ante a inexistência de vagas para o cumprimento de pena no regime semiaberto, os presos com o direito de cumprimento neste regime foram alojados nas casas de albergados, nas quais foram colocadas barreiras para evitar fugas, tais como portões, grades, cadeados, galerias e guardas. Assim, a administração penitenciária passou a tratar igualmente presos com direito a regimes de cumprimento de pena distintos, submetendo aqueles com direito ao regime aberto a tratamento mais gravoso. Nesse contexto, a Turma entendeu que o cumprimento de pena em regime aberto nas condições relatadas ofende princípios constitucionais, tais como o da dignidade da pessoa humana (art. 1º, III), o da humanidade da pena (art. 5º, XLVII) e o da individualização da pena (art. 5º, XLVI e XLVIII). Ademais, as condições em que se encontram as casas de albergado mostram inobservância dos princípios da autodisciplina e do senso de responsabilidade do preso, basilares do cumprimento de pena do regime aberto (STJ – HC nº 216.828-RS, Rel. Maria Thereza de Assis Moura, j. 2.2.2012.)

CAPÍTULO V
DO CENTRO DE OBSERVAÇÃO

Art. 96. **No Centro de Observação realizar-se-ão os exames gerais e o criminológico, cujos resultados serão encaminhados à Comissão Técnica de Classificação.**

Parágrafo único. No Centro poderão ser realizadas pesquisas criminológicas.

Art. 97. O Centro de Observação será instalado em unidade autônoma ou em anexo a estabelecimento penal.

Art. 98. Os exames poderão ser realizados pela Comissão Técnica de Classificação, na falta do Centro de Observação.

Centro de Observação – Para a realização dos exames gerais, criminológicos e outras pesquisas criminológicas, prevê a LEP a existência do Centro de Observação.

Não sem razão, nota Mirabete:

> "Prevendo as dificuldades para a instalação de Centros de Observação em várias unidades federativas, a lei concede que, na sua falta, os exames gerais e criminológicos sejam feitos pela Comissão Técnica de Classificação instalada no estabelecimento penal em que se encontra o condenado" (ob. cit. p. 282).

Criminologia – No dizer de Garcia-Pablos de Molina, "a Criminologia é uma ciência. Reúne uma informação válida, confiável e contrastada sobre o problema criminal, que é obtida graças a um método (empírico) que se baseia na análise e observação da realidade. Não se trata de, pois de uma 'arte' ou de uma 'práxis', senão de uma genuína 'ciência'. Precisamente, por isso a Criminologia dispõe de um objeto de conhecimento próprio, de um método ou métodos e de um sólido corpo doutrinário sobre o fenômeno delitivo, confirmado, por certo, por mais de um século de investigações" (*Criminologia*, São Paulo: Ed. Revista dos Tribunais, 5ª edição, SP, 2006, p. 29).

Objetos da criminologia – Por ser ciência, a Criminologia mantém definidos objeto, método e finalidade. São objetos da criminologia: delito, delinquente, vítima e controle social.

Estudos criminológicos – A Criminologia detém método, objetos e desenvolvimento de estudos doutrinários próprios, predicados de verdadeira ciência. Porém, indaga-se: as conclusões oriundas do desenvolvimento científico da Criminologia são dignas de exatidão? Evidente que não. Como toda e qualquer ciência humana e que estuda o comportamento e desenvolvimento do homem, a Criminologia não traz conclusões exatas e imodificáveis. No dizer de Shecaira, "a criminologia reúne uma informação válida e confiável sobre o problema criminal, que se baseia em um método empírico de análise e observação da realidade. É claro que tal informação traz, necessariamente, uma forma absoluta, concludente e definitiva de ver toda realidade fenomênica. Como ciência do 'ser', não é uma ciência exata, que traz pretensões de segurança e certeza inabaláveis. Não é considerada uma ciência 'dura', como são aquelas que possuem conclusões que as aproximam das universais. Como qualquer ciência "humana", apresenta um conhecimento parcial, fragmentado, provisório, fluido, adaptável à realidade e compatível com evoluções históricas sociais" ("Criminologia", Ed. RT, SP, 2004, p. 37).

CAPÍTULO VI
DO HOSPITAL DE CUSTÓDIA E TRATAMENTO PSIQUIÁTRICO

Art. 99. **O Hospital de Custódia e Tratamento Psiquiátrico destina-se aos inimputáveis e semi-imputáveis referidos no artigo 26 e seu parágrafo único do Código Penal.**

Parágrafo único. Aplica-se ao hospital, no que couber, o disposto no parágrafo único, do artigo 88, desta Lei.

Art. 100. **O exame psiquiátrico e os demais exames necessários ao tratamento são obrigatórios para todos os internados.**

Art. 101. **O tratamento ambulatorial, previsto no artigo 97, segunda parte, do Código Penal, será realizado no Hospital de Custódia e Tratamento Psiquiátrico ou em outro local com dependência médica adequada.**

Medidas de segurança – O Hospital de Custódia e Tratamento Psiquiátrico se destina ao tratamento dos indivíduos que irão cumprir medida de segurança. Não é necessário que o hospital disponha de espaços individualizados. Como dispõe o item 99 da Exposição de Motivos da Lei de Execução Penal: "a estrutura e as divisões de tal unidade estão na dependência de planificação especializada, dirigida segundo os padrões da medicina psiquiátrica. Estabelecem-se, entretanto, as garantias mínimas de salubridade do ambiente e área física de cada aposento".

ATENÇÃO – A Resolução 487/23 do CNJ foi editada com a finalidade de instituir a Política Antimanicomial do Poder Judiciário. Em seu art. 18, dispõe sobre o fechamento dos hospitais de custódia e tratamento: "No prazo de 6 (seis) meses contados da publicação desta Resolução, a autoridade judicial competente determinará a interdição parcial de estabelecimentos, alas ou instituições congêneres de custódia e tratamento psiquiátrico no Brasil, com proibição de novas internações em suas dependências e, em até 12 (doze) meses a partir da entrada em vigor desta Resolução, a interdição total e o fechamento dessas instituições".

Segundo a disciplina legal ainda em vigor, na falta de hospital de custódia e tratamento psiquiátrico, a internação é feita em outro estabelecimento adequado (diverso, obviamente, dos locais para cumprimento de pena ou prisão provisória). E o tratamento ambulatorial (mais brando do que a internação), pode ser realizado em Hospital de Custódia e Tratamento Psiquiátrico ou em outro local com dependência médica adequada, tanto público como privado.

A Resolução 487/23, no entanto, **proíbe a internação em instituição de caráter asilar** como os hospitais de custódia e tratamento psiquiátrico e estabelecimentos congêneres, como hospitais psiquiátricos (arts. 3º, VIII e 13, § 1º). Segundo a norma, a medida de segurança deve ser cumprida em leito de saúde mental em Hospital Geral ou outro equipamento de saúde referenciado por um centro da Rede de Atenção Psicossocial. O tratamento ambulatorial deve ser priorizado e será acompanhado pela autoridade judicial a partir de fluxos estabelecidos entre o Poder Judiciário e a Rede de Atenção Psicossocial, com o auxílio da equipe multidisciplinar do juízo, evitando-se a imposição do ônus de comprovação do tratamento à pessoa com transtorno mental ou qualquer forma de deficiência psicossocial (art. 12).

JURISPRUDÊNCIA

Impossibilidade de cumprimento de medida de segurança em estabelecimento prisional comum.

O inimputável submetido à medida de segurança de internação em hospital de custódia e tratamento psiquiátrico não poderá cumpri-la em estabelecimento prisional comum, ainda que sob a justificativa de ausência de vagas ou falta de recursos estatais. Isso porque não pode o paciente ser submetido a situação mais gravosa do que aquela definida judicialmente. Precedentes citados: HC 211.750-SP, Sexta Turma, DJe 26/10/2011; HC 207.019-SP, Quinta Turma, DJe 31/8/2011 (STJ – HC nº 231.124-SP, Rel. Laurita Vaz, j. 23.4.2013).

CAPÍTULO VII
DA CADEIA PÚBLICA

Art. 102. A cadeia pública destina-se ao recolhimento de presos provisórios.

Art. 103. Cada comarca terá, pelo menos 1 (uma) cadeia pública a fim de resguardar o interesse da Administração da Justiça Criminal e a permanência do preso em local próximo ao seu meio social e familiar.

ATENÇÃO: A jurisprudência dominante do Superior Tribunal de Justiça é no sentido de que o direito do apenado a cumprir pena em local próximo ao seu meio social e familiar não é absoluto, podendo o juiz da execução indeferir pleito nesse sentido se houver fundadas razões para tanto. A inexistência de local adequado para que o paciente pudesse cumprir sua pena no regime semiaberto, foi motivo para que o STJ inferisse seu pedido de transferência (cf., *Informativo do STJ* n. 482, de 28 de agosto a 9 de setembro de 2011).

JURISPRUDÊNCIA

PLEITO DE TRANSFERÊNCIA DO APENADO A OUTRA UNIDADE DA FEDERAÇÃO. INDEFERIMENTO FUNDAMENTADO. DIREITO NÃO ABSOLUTO. DECISÃO MANTIDA. AGRAVO IMPROVIDO – "A decisão agravada deve ser mantida por seus próprios fundamentos, porquanto, nos termos da jurisprudência pacífica do STJ, o direito do preso ao cumprimento de pena em local próximo ao seu meio familiar, a teor do disposto no art. 103 da LEP, não é absoluto, podendo ser indeferido pelo magistrado, desde que fundamentadamente. Hipótese em que o apenado foi processado e condenado no distrito da culpa, sendo esclarecido que não seria do interesse da Administração sua transferência a outro estabelecimento prisional em Estado da Federação diverso, tendo em conta, inclusive, o dispêndio de dinheiro público na efetivação da medida, sendo, ainda consignado no acórdão impugnado que o paciente, além de não ter comprovado a ocorrência do trânsito em julgado de sua condenação, não instruiu seu pedido com documento atestando a existência de vaga" (STJ – HC 357673/SP, Rel. Felix Fischer, j. 27.9.2016).

Art. 104. **O estabelecimento de que trata este Capítulo será instalado próximo de centro urbano, observando-se na construção as exigências mínimas referidas no artigo 88 e seu parágrafo único desta Lei.**

Preso provisório – O preso em razão de flagrante, ou em razão de prisão preventiva ou mesmo temporária, ficará recolhido em cadeia pública, em ambiente separado dos presos definitivos, separação essa garantida na Convenção Americana de Direitos Humanos (art. 5º, item 4) e Regras de Mandela (preceito 11, "b").

ATENÇÃO O preso provisório tem os mesmos deveres (art. 39, parágrafo único) e direitos (art. 42) do preso definitivo, no que couber.

A recomendação de permanência do preso em estabelecimento próximo ao seu meio social e familiar (art. 103) é salutar, porém não se apresenta como direito absoluto, mas relativo, cabendo ao juiz competente, a requerimento da autoridade administrativa definir o estabelecimento prisional adequado para abrigar o preso provisório, em atenção ao regime e aos requisitos estabelecidos (art. 86, § 3º, LEP). Nesse sentido: STJ HC 84931.

JURISPRUDÊNCIA

Execução penal. Transferência. Comarca. Proximidade. Família.

Trata-se de "habeas corpus" em que a controvérsia reside em saber se caracteriza constrangimento ilegal o indeferimento do pedido da paciente (que progredira ao regime semiaberto) para transferir-se para comarca próxima à sua família. A Turma denegou a ordem ao entendimento de que, no caso, tanto a decisão do juízo de primeiro grau quanto do acórdão do tribunal estadual de negativa de transferência da paciente para estabelecimento prisional em localidade próxima à família estão devidamente fundamentados, não havendo que falar em constrangimento ilegal a ser sanado, uma vez que não existe estabelecimento adequado ao regime semiaberto para que a paciente possa cumprir pena na comarca pleiteada. Observou-se que a execução da pena deve ocorrer, sempre que possível, em local próximo ao meio social e familiar do apenado, conforme previsto no art. 103 da Lei de Execução Penal. Entretanto, o direito do preso de ter suas reprimendas executadas onde reside sua família não é absoluto, devendo o magistrado fundamentar devidamente a sua decisão, analisando a conveniência e real possibilidade e necessidade da transferência, o que, como visto, ocorreu na hipótese (STJ – HC nº 166.837, Rel. Og Fernandes, j. 1º.9.2011).

Presídio. Segurança máxima. Renovação.

A Seção asseverou que a renovação do período de permanência do apenado em estabelecimento penal federal de segurança máxima, nos termos do art. 10, § 1º, da Lei 11.671/08, dá-se de forma excepcional, não bastando, para tanto, o mero reaproveitamento dos fundamentos já utilizados em requerimentos prévios – "in casu", o juízo suscitante (juízo de origem do preso) formulou o segundo pedido de prorrogação da transferência ao juízo suscitado (juízo da vara de execuções penais federais) sob a justificativa de interesse da segurança pública. Para a min. rel., a situação do cárcere nos presídios federais deve ser avaliada pelo julgador com enfoque no princípio da prevalência dos direitos humanos, na legalidade e na dignidade da pessoa humana. Com essas considerações, declarou-se competente o juízo suscitante para apreciar a execução da pena do preso, que deverá retornar ao estado de origem (STJ – CC nº 114.478, Rel. Maria Thereza de Assis Moura, j. 9.2.2011).

TÍTULO V
DA EXECUÇÃO DAS PENAS EM ESPÉCIE

CAPÍTULO I
DAS PENAS PRIVATIVAS DE LIBERDADE

SEÇÃO I
DISPOSIÇÕES GERAIS

Art. 105. **Transitando em julgado a sentença que aplicar pena privativa de liberdade, se o réu estiver ou vier a ser preso, o Juiz ordenará a expedição de guia de recolhimento para a execução.**

Execução da pena privativa de liberdade – só terá início com a expedição da guia de recolhimento, instrumento do título executivo, orientando a individualização da sanção, fornecendo elementos sobre os antecedentes e o grau de instrução do condenado, o relato do fato criminoso e outras peças do processo reputadas indispensáveis ao adequado tratamento penitenciário (art. 106 da LEP).

ATENÇÃO - Não se confundem o início do processo de execução, que exige o trânsito em julgado da sentença, com o início da execução da pena, demandando recolhimento do condenado à prisão.

Para que a guia seja expedida é fundamental a prisão do condenado. E se o condenado estiver solto? O juiz do processo de conhecimento determina que seja expedido mandado de prisão e aguarda a sua captura para, só então, expedir a guia.

Hoje, entretanto, como já alertamos nos comentários aos artigos iniciais dessa Lei, admite-se execução penal provisória (antecipando-se benefícios de execução penal) na hipótese de condenado em 1º grau **preso**, aguardando julgamento do seu recurso. Para aprofundar o tema, remetemos o leitor aos comentários que fizemos ao artigo 2º da LEP.

Art. 106. **A guia de recolhimento, extraída pelo escrivão, que a rubricará em todas as folhas e a assinará com o Juiz, será remetida à autoridade administrativa incumbida da execução e conterá:**

I - o nome do condenado;

II - a sua qualificação civil e o número do registro geral no órgão oficial de identificação;

III - o inteiro teor da denúncia e da sentença condenatória, bem como certidão do trânsito em julgado;

IV - a informação sobre os antecedentes e o grau de instrução;

V - a data da terminação da pena;

VI - outras peças do processo reputadas indispensáveis ao adequado tratamento penitenciário.

§ 1º Ao Ministério Público se dará ciência da guia de recolhimento.

§ 2º A guia de recolhimento será retificada sempre que sobrevier modificação quanto ao início da execução ou ao tempo de duração da pena.

§ 3º Se o condenado, ao tempo do fato, era funcionário da Administração da Justiça Criminal, far-se-á, na guia, menção dessa circunstância, para fins do disposto no § 2º, do artigo 84, desta Lei.

Guia de recolhimento – Verdadeiro instrumento do título executivo, deve ser extraída pelo escrivão, que a rubricará em todas as folhas e a assinará com o Juiz, remetendo o documento, em seguida, à autoridade administrativa incumbida da execução, observando, entretanto, os requisitos trazidos pelo art. 106 da LEP.

Além desses requisitos, com base no art. 1º, parágrafo único, da recém-editada Resolução Conjunta nº 1 (que define novas regras para acolhimento da comunidade LGBT em unidades prisionais), do Conselho Nacional de Combate à Discriminação, o registro de admissão no estabelecimento prisional deverá conter o *nome social da pessoa presa.*

ATENÇÃO - A guia deverá ser expedida pelo escrivão no prazo de 2 dias (art. 799 do CPP).

Em se tratando de guia provisória, a par dos requisitos supracitados, deve obedecer às regras previstas na Resolução nº 113 do Conselho Nacional de Justiça.

Ao Ministério Público se dará ciência da guia de recolhimento, já que a este órgão a LEP impõe o dever de fiscalizar a regularidade formal do documento (art. 68, I).

Apesar de a LEP, diferentemente do art. 677 do CPP, não fazer referência à remessa da cópia da carta de guia ao Conselho Penitenciário, considerando as importantes atribuições do órgão colegiado, bem como a não revogação do citado dispositivo, prevalece que a exigência continua existindo.

A guia de recolhimento será retificada sempre que sobrevier modificação quanto ao início da execução ou ao tempo de duração da pena.

Por fim, se o condenado, ao tempo do fato, era funcionário da Administração da Justiça Criminal, far-se-á, na guia, menção dessa circunstância, para fins da execução da pena em prisão especial. De acordo com as lições de Mirabete: "Esse dispositivo tutela inclusive o funcionário que foi demitido, antes ou durante a execução, como deixa clara a sua redação" (ob. cit. p. 313).

ATENÇÃO - Cuidando-se de condenado pessoa jurídica por crime ambiental, é imprescindível que o Juízo do conhecimento, quando do trânsito em julgado da sentença condenatória, expeça uma guia para orientar a execução, devendo ser instruída, no que for aplicável, com os documentos mencionados no art. 106.

Art. 107. Ninguém será recolhido, para cumprimento de pena privativa de liberdade, sem a guia expedida pela autoridade judiciária.

§ 1º A autoridade administrativa incumbida da execução passará recibo da guia de recolhimento para juntá-la aos autos do processo, e dará ciência dos seus termos ao condenado.

§ 2º As guias de recolhimento serão registradas em livro especial, segundo a ordem cronológica do recebimento, e anexadas ao prontuário do condenado, aditando-se, no curso da execução, o cálculo das remições e de outras retificações posteriores.

Guia de recolhimento como condição de legalidade da prisão – O presente dispositivo assegura, inteligentemente, que a execução, mesmo que provisória, só pode ter início com a guia expedida pela autoridade judiciária (instrumento do título executivo). Trata-se de medida de cautela, exigência formal, a fim de que o Estado não perca o controle de quem está preso.

ATENÇÃO - A nova Lei de Abuso de Autoridade (Lei n. 13.869/19) prevê no art. 9o as seguintes condutas típicas: "decretar medida de privação da liberdade em manifesta desconformidade com as hipóteses legais"; "relaxar a prisão manifestamente ilegal"; "substituir a prisão preventiva por medida cautelar diversa ou de conceder liberdade provisória, quando manifestamente cabível"; "deferir liminar ou ordem de habeas corpus, quando manifestamente cabível."

O juiz da execução receberá a guia contendo, sobretudo, a pena a ser executada, o seu regime inicial de cumprimento e as características necessárias para a sua individualização.

Autuada a guia de recolhimento no juízo da execução, deverá ser providenciado imediatamente o cálculo de liquidação de pena com informações quanto ao término e provável data dos benefícios, tais como progressão de regime e livramento condicional (art. 5º, da Resolução 113 do Conselho Nacional de Justiça).

Existindo mais de uma condenação contra o mesmo preso, o juiz da execução receberá as guias referentes a cada título executivo, registradas em livro especial, segundo a ordem cronológica do recebimento e anexadas ao prontuário do condenado (§ 2º). As penas devem ser somadas e, após manifestação das partes (Ministério Público e condenado), o cálculo será homologado pelo juiz. A execução de várias penas deve obedecer às regras do art. 76 do Código Penal, que determina que: "no concurso de infrações, executar-se-á primeiramente a pena mais grave".

Art. 108. O condenado a quem sobrevier doença mental será internado em Hospital de Custódia e Tratamento Psiquiátrico.

Superveniência de anomalia psíquica – Agente imputável na época dos fatos deve cumprir pena. Já o inimputável será submetido à medida de segurança. E no caso de agente capaz na data da conduta, mas que desenvolve anomalia psíquica no curso da execução da pena (superveniência de doença mental)? Dois artigos tratam do assunto: arts. 108 e 183, ambos da LEP.

Analisando o caso concreto, o juiz da execução optará entre uma simples internação para tratamento e cura de doença passageira, hipótese em que o tempo de tratamento considera-se como pena cumprida, ou a substituição da pena privativa de liberdade em medida de segurança em se tratando de anomalia não passageira, seguindo, no caso, os ditames dos arts. 96 e ss. do CP. Nesse sentido: STJ, HC 44972/SP.

Art. 108 da LEP	Art. 183 da LEP
Aplicável no caso de anomalia passageira	Aplicável no caso de anomalia não passageira
A medida de segurança é reversível	A medida de segurança é irreversível
O tempo de internação é computado como de cumprimento de pena (deve observar o prazo da pena corporal imposta)	O tempo de internação não é computado como de cumprimento de pena, seguindo as regras dos arts. 96 e ss. do CP
Transcorrido o prazo de duração da pena sem o restabelecimento do internado, a pena deve ser considerada extinta pelo seu cumprimento.	Deve o juiz fixar prazo mínimo de internação, variando de 1 a 3 anos (art. 97, § 1º, CP).

O art. 15 da Resolução 487/23 do CNJ dispõe que, no caso em que a pessoa submetida ao cumprimento de pena necessitar de tratamento em saúde mental, a autoridade judicial avaliará a necessidade e adequação da prisão em vigor ante a demanda de atenção à saúde, para início ou continuidade de tratamento em serviços da Rede de Atenção Psicossocial, ouvidos a equipe multidisciplinar, o Ministério Público e a defesa.

Art. 109. Cumprida ou extinta a pena, o condenado será posto em liberdade, mediante alvará do Juiz, se por outro motivo não estiver preso.

Cumprida ou extinta a pena (por qualquer causa) – o condenado será colocado em liberdade, se por outro motivo não estiver preso, por meio de alvará de soltura que deverá ser expedido pelo juiz da execução responsável.

ATENÇÃO: A nova Lei de Abuso de Autoridade (Lei n. 13.869/19) prevê no art. 12, parágrafo único, IV, as seguintes condutas típicas: "prolongar a execução de pena privativa de liberdade, de prisão temporária, de prisão preventiva, de medida de segurança ou de internação, deixando, sem motivo justo e excepcionalíssimo, de executar o alvará de soltura imediatamente após recebido ou de promover a soltura do preso quando esgotado o prazo judicial ou legal."

Observa Renato Marcão:

> "Embora existam decisões em sentido contrário, previamente à extinção da pena, é imperioso se proceda à oitiva do Ministério Público, cuja presença em todos os atos referente à execução da pena e seus incidentes constitui formalidade essencial" (ob. cit. p. 152).

SEÇÃO II
DOS REGIMES

Art. 110. O Juiz, na sentença, estabelecerá o regime no qual o condenado iniciará o cumprimento da pena privativa de liberdade, observado o disposto no artigo 33 e seus parágrafos do Código Penal.

Regime inicial de cumprimento da pena – O juiz, na sentença, estabelecerá o regime inicial do cumprimento da pena privativa de liberdade (art. 59, inciso III do CP), conforme parâmetros estabelecidos pelo art. 33 e parágrafos do CP, o qual considera a quantidade da pena como principal (mas não único) critério orientador.

<table>
<tr><th>Espécies de pena privativa de liberdade</th><th colspan="3">Regimes iniciais de cumprimento de pena</th></tr>
<tr><td>Reclusão (para crimes mais graves)</td><td>Fechado</td><td>Semiaberto</td><td>Aberto</td></tr>
<tr><td>Detenção (para crimes menos graves)</td><td colspan="2" rowspan="2">Semiaberto</td><td rowspan="2">Aberto</td></tr>
<tr><td>Prisão simples (para as contravenções penais)</td></tr>
</table>

Mirabete corretamente observa:

> "Na omissão da sentença transitada em julgado quanto ao regime inicial de cumprimento da pena, aplica-se o regime mais brando, desde que compatível com o disposto no art. 33, § 2º, do CP" (ob. cit. p. 326).

Algumas leis especiais subtraem do magistrado a possibilidade de fixar o regime inicial de cumprimento da pena. É o que fazem a Lei de Crimes Hediondos e a Lei de Tortura, determinando, para esses crimes, regime (obrigatório) inicialmente fechado, independentemente da pena e das condições pessoais do condenado. Não obstante a dicção legal, ressaltamos que o STF, nos autos do HC nº 111.840, em decisão do Tribunal Pleno, julgou inconstitucional o artigo 2º, § 1º, da Lei nº 8.072/90, determinando ao juiz que analise as circunstâncias do caso concreto para a fixação do (justo) regime inicial de cumprimento da pena (no mesmo sentido, STJ – HC 286.925-RR).

ATENÇÃO – No tema fixação do regime inicial de cumprimento de pena, quatro súmulas devem ser observadas pelo magistrado, duas do STF e duas do STJ:

STF – Súmula 719. A imposição do regime de cumprimento mais severo do que a pena aplicada permitir exige motivação idônea.

STF – Súmula 718. A opinião do julgador sobre a gravidade em abstrato do crime não constitui motivação idônea para a imposição de regime mais severo do que o permitido segundo a pena aplicada.

STJ – Súmula 440. Fixada a pena-base no mínimo legal, é vedado o estabelecimento de regime prisional mais gravoso do que o cabível em razão da sanção imposta, com base apenas na gravidade abstrata do delito.

STJ - Súmula 269. É admissível a adoção do regime prisional semiaberto aos reincidentes condenados a pena igual ou inferior a quatro anos se favoráveis às circunstâncias judiciais.

Art. 111. Quando houver condenação por mais de um crime, no mesmo processo ou em processos distintos, a determinação do regime de cumprimento será feita pelo resultado da soma ou unificação das penas, observada, quando for o caso, a detração ou remição.

Parágrafo único. Sobrevindo condenação no curso da execução, somar-se-á a pena ao restante da que está sendo cumprida, para determinação do regime.

Concurso de crimes – Quando houver mais de uma condenação contra a mesma pessoa, no mesmo processo ou em processos distintos, deve o juiz somar as penas impostas, observando a possibilidade de detração (art. 42 do CP) e a remição (art. 126, desta Lei), determinando, então, o regime inicial para seu cumprimento.

A pena de reclusão deve ser cumprida, inicialmente, em regime fechado, semiaberto ou aberto. A de detenção, em regime semiaberto ou aberto, salvo necessidade de transferência a regime fechado.

Dispõe o art. 33, § 2º, do CP:

a) o condenado a pena superior a 8 (oito) anos deverá começar a cumpri-la em regime fechado;

b) o condenado não reincidente, cuja pena seja superior a 4 (quatro) anos e não exceda a 8 (oito), poderá, desde o princípio, cumpri-la em regime semiaberto;

c) o condenado não reincidente, cuja pena seja igual ou inferior a 4 (quatro) anos, poderá, desde o início, cumpri-la em regime aberto.

Analisa Mirabete:

"Sendo todas as penas de detenção, o regime inicial será o semi-aberto ou aberto, mas se houver uma de reclusão, poderá ser determinado o fechado. Além disso, se a soma ultrapassar quatro anos, não poderá ser imposto regime aberto, seja qual for a espécie da pena privativa de liberdade e, se superar oito anos, sendo uma delas ao menos de reclusão, deve ser determinado o regime fechado" (ob. cit. p. 381). Nesse sentido é a orientação do STJ:

> "A jurisprudência de ambas as Turmas de Direito Penal do Superior Tribunal de Justiça está fixada no sentido de que "(...) concorrendo penas de reclusão e detenção, ambas devem ser somadas para efeito de fixação da totalidade do encarceramento, porquanto constituem reprimendas de mesma espécie, ou seja, penas privativas de liberdade. Inteligência do art. 111 da Lei n. 7.210/84" (HC 460.460/RS, Rel. Ministro Reynaldo Soares da Fonseca, Quinta Turma, julgado em 19/2/2019, DJe 1º/3/2019).

No caso, o Tribunal de origem concluiu pela impossibilidade de unificação das penas de reclusão e de detenção, sob o argumento de que o acusado fora condenado a diversos crimes com penas privativas de reclusão, mas há um crime que a natureza da pena é de detenção (dano qualificado). Assim, primeiramente deveria ser cumprida a pena de reclusão, e posteriormente a pena de detenção, não podendo haver a soma pura e simples para fins de execução, na medida em que as reprimendas possuem natureza jurídica e forma de execução diversa.

Todavia, o entendimento do acórdão recorrido está em desacordo com a orientação do STJ. O art. 111, caput, da Lei n. 7.210/1984 não faz tal distinção e o seu parágrafo único prescreve a soma da pena superveniente, como forma de determinação do regime.

Portanto, reitera-se que as penas de reclusão e de detenção devem ser consideradas cumulativamente." (AgRg no REsp 1.991.853/MG, j. 17/04/2023).

Suponhamos que "A" tenha sido condenado a nove anos de reclusão em regime inicial fechado. Após ter cumprido um ano e meio, progrediu para o semiaberto, mas foi condenado a mais seis anos de reclusão pela prática de outro crime do qual também estava sendo acusado. Neste caso, o juiz da execução deve unificar as penas descontando o ano e meio já cumprido, o que resulta em treze anos e meio de reclusão ainda a cumprir. Considerando que a soma das penas é incompatível com o regime semiaberto, deve ainda o juiz determinar a regressão para o regime fechado.

No nosso exemplo, o condenado havia progredido de regime e, após a concessão do benefício, transcorreu outro tanto em que já se fazia o cômputo para a nova progressão. Mas, com a unificação, altera-se a data-base (marco inicial) para os futuros benefícios?

De acordo com a orientação firmada pela Terceira Seção do STJ – e reiterada em liminares de *habeas corpus* –, o marco inicial deve permanecer inalterado, não obstante o rearranjo provocado pela unificação das penas.

Até há algum tempo, o STJ seguia a orientação ainda adotada pelo STF, segundo a qual, uma vez unificada a pena, não há sentido na manutenção do marco inicial para a concessão de futuros benefícios da execução, como a progressão de regime e o livramento condicional. Com isso, sobrevindo condenação definitiva e unificadas as penas, interrompe-se a contagem de prazo para a concessão de benefícios:

> "(...) 2. A jurisprudência do Supremo Tribunal Federal se fixou no sentido de que "a superveniência de nova condenação definitiva no curso da execução criminal sempre altera a data-base para concessão de benefícios, ainda que o crime tenha sido cometido antes do início de cumprimento da pena. A data do trânsito em julgado da nova condenação é o termo inicial de contagem para concessão de benefícios, que passa a ser calculado a partir do somatório das penas que restam a ser cumpridas" (HC 101.023, Primeira Turma, Rel. Min. Ricardo Lewandowski, DJe de 26/3/2010). 3. In casu, o recorrente, em sede de execução da pena privativa de liberdade, sofreu nova condenação, a qual resultou na soma das penas com interrupção do lapso temporal para contagem do prazo para aquisição de benefícios, dentre eles a progressão de regime. (...)" (RHC 135.826 AgR/MG, j. 26/05/2017)

Embora não haja previsão legal expressa a respeito da interrupção do prazo, o STF considera que a interpretação conjunta dos artigos 111, parágrafo único e 118, inc. II, da

LEP leva à conclusão de que reiniciar a contagem é a solução mais adequada. Nas palavras do ministro Ricardo Lewandowski, "se a legislação prevê a possibilidade de regressão de regime, quando a unificação das penas resultar na necessidade de sua alteração, resta evidente que a data-base também deve ser alterada, uma vez que seria ilógico regredir o regime do sentenciado sem se alterar o termo inicial para concessão de benefícios, pois chegar-se-ia à situação absurda de, ao mesmo tempo em que se reconhece a necessidade de regressão em razão de condenação superveniente, esta não surtiria efeito pelo fato de o preso já ter direito à progressão" (HC 101.023/RS).

Ocorre que, no julgamento do recurso especial 1.557.461/SC, proferido em 22 de fevereiro de 2018, a Terceira Seção do STJ firmou orientação divergente, que contraria inclusive o que vinham decidindo ambas as turmas que compõem aquele colegiado.

O fundamento primário para a mudança de orientação foi a ausência de disposição legal que determine a interrupção do prazo.

Segundo observou o ministro Rogério Schietti Cruz, impor a interrupção do prazo para a concessão de benefícios ofende a legalidade e pode levar a situações de injustiça. Ofende-se a legalidade porque, como já destacado, a Lei de Execução Penal não contempla a interrupção, e inferir que a contagem de tempo para benefícios é consectário puro e simples da regressão não é razoável. Além disso, apontou o ministro, há situações em que o condenado pode ser prejudicado duas vezes, como no caso em que o crime cuja condenação gerou a unificação das penas tenha sido cometido durante a própria execução.

Com efeito, a prática de crime doloso durante a execução caracteriza falta grave, que, nos termos da súmula 534 do STJ, interrompe o prazo para a progressão de regime. E, segundo a orientação do próprio STJ, basta, para isso, a notícia da prática do crime, dispensando-se que se aguarde o trânsito em julgado. Logo, o condenado que praticasse crime doloso durante a execução poderia ter o prazo de progressão interrompido no momento da prática do crime e também depois, quando a pena decorrente desse novo crime fosse unificada com o restante da pena que já estava sendo cumprida. Haveria, portanto, indevido "bis in idem".

Também se considerou o fato de que a unificação decorrente de crime cometido anteriormente à execução penal em curso tem ainda menos razão para interromper o prazo para a concessão de benefícios, pois se trata de fato que não tem nenhuma relação com o período em que o condenado se submetia à execução da pena, cujos benefícios são regidos sobretudo pelo princípio do merecimento. Se o agente não praticou o fato criminoso enquanto cumpria a pena, não há razão para que a nova condenação prejudique a avaliação de seu merecimento para obter benefícios.

Concluiu-se o julgamento com destaque para o fato de "que a unificação de nova condenação definitiva já possui o condão de recrudescer o quantum de pena restante a ser cumprido pelo reeducando; logo, a alteração da data-base para concessão de novos benefícios, a despeito da ausência de previsão legal, configura excesso de execução, com base apenas em argumentos extrajurídicos. O período de cumprimento de pena desde a última prisão ou desde a última infração disciplinar não pode ser desconsiderado, seja por delito ocorrido antes do início da execução da pena, seja por crime praticado depois e já apontado como falta grave".

Em razão disso, o STJ concedeu liminares nos habeas corpus 456.819/SC, 456.818/SC e 456.820/SC.

Nos três casos, ao promover a unificação das penas os magistrados consideraram a data do último trânsito em julgado – e não a da última prisão – como marco inicial para o cálculo de futuros benefícios da execução. As decisões foram mantidas em agravos julgados pelo Tribunal de Justiça, mas a ministra Laurita Vaz, considerando a nova orientação adotada pelo STJ, deferiu as liminares reconhecendo a ausência de amparo legal para a interrupção do prazo, razão pela qual os benefícios das execuções relativas aos impetrantes deveriam ser calculados a partir da última prisão.

JURISPRUDÊNCIA

Superveniência de condenação e regressão de regime.

A superveniência de sentença condenatória no curso de execução criminal determina o reinício da contagem do prazo para concessão do benefício da progressão de regime, tendo como base a soma das penas restantes a serem cumpridas. Esse o entendimento da Turma ao indeferir "habeas corpus" em que se sustentava a ilegalidade da alteração da data-base para fins dos direitos executórios. Entendeu-se que seriam aplicáveis, à espécie, os arts. 111, parágrafo único, e 118, II, da LEP Asseverou-se que, uma vez ocorrida a unificação da pena, pouco importaria a data da prática do delito referente à condenação subsequente, pois o somatório apurado nortearia a fixação do seu regime de cumprimento (STF – HC nº 96824, Rel. Marco Aurélio, j. 12.4.2011).

Unificação de penas. Pena restritiva de direitos e de liberdade

Esta Corte pacificou entendimento no sentido de que, no caso de nova condenação a penas restritivas de direito a quem esteja cumprindo pena privativa de liberdade em regime fechado ou intermediário, é inviável a suspensão do cumprimento daquelas – ou a execução simultânea das penas. Nesses casos, nos termos do art. 111 da LEP, deve-se proceder à unificação das penas, não sendo aplicável o art. 76 do Código Penal. (STJ – AgRg no HC 627.731/SP, Rel. Ministro REYNALDO SOARES DA FONSECA, QUINTA TURMA, julgado em 23/02/2021, DJe 01/03/2021

Unificação de penas e alteração de data-base

A unificação de penas decorrente de condenação transitada em julgado, durante o cumprimento de reprimenda atinente a outro crime, altera a data-base para a obtenção de benefícios executórios e progressão de regime, a qual passa a ser contada a partir da soma da nova condenação e tem por parâmetro o restante de pena a ser cumprido. De acordo com esse entendimento, a 1ª Turma indeferiu "habeas corpus" em que a defesa pretendia fosse estabelecido como marco inicial para essa finalidade a data da última infração disciplinar de natureza grave praticada pelo apenado, que havia empreendido fuga, ou a data de sua recaptura. Reputou-se que a execução da pena subsequente, considerado o número de anos e as circunstâncias judiciais, poderia provocar a observância de regime mais gravoso do que o relativo à anterior, motivo pelo qual, inalterada a data-base, impossibilitar-se-ia eventualmente o cumprimento da nova reprimenda. Aduziu-se, também, que o somatório de penas decorrente da unificação teria por consequências lógicas tanto a limitação do tempo total que o sujeito deverá permanecer preso (CP, art. 75) quanto a implementação de regime próprio relativo à totalidade de anos em que deva o condenado ficar recluso (STF – HC nº 100499, Rel. Min. Marco Aurélio, 26.10.2010).

Superveniência de condenação e alteração da data-base.

A superveniência de nova condenação definitiva no curso da execução criminal altera a data-base para a concessão de benefícios futuros, sendo indiferente que o crime tenha ocorrido antes ou após o início do cumprimento da pena. Com base nesse entendimento, a Turma indeferiu "habeas corpus" em que se sustentava a ilegalidade da alteração da data-base para a concessão de benefício, em virtude de nova condenação, decorrente de fato cometido antes do início da execução da pena. Entenderam-se aplicáveis, à espécie, os arts. 111, parágrafo único, e 118, II, da LEP. Ressaltou-se, ainda, que, caso sobrevenha condenação definitiva no curso da execução penal, deverão ser somadas a nova pena e o restante da que está sendo cumprida (STF – HC nº102492, Rel. Gilmar Mendes, j. 5.10.2010).

Execução penal. Superveniência de condenação. Unificação das penas. Termo inicial. Novos benefícios. Execução penal. Superveniência de condenação. Unificação das penas. Termo inicial. Novos benefícios.

A Turma reafirmou a orientação sedimentada nesta Corte de que, sobrevindo nova condenação ao apenado no curso da execução seja por fato anterior ou seja posterior ao início do cumprimento da reprimenda, a contagem do prazo para concessão de benefícios é interrompida, devendo ser feito novo cálculo com base no somatório das penas restantes a serem cumpridas. O marco inicial da contagem do novo prazo é o trânsito em julgado da sentença condenatória superveniente. (STJ – HC nº 210.637-MA, Rel. Maria Thereza de Assis Moura, j. 6.3.2012.)

Detração. Custódia cautelar.

A Turma denegou a ordem de "habeas corpus" e reafirmou ser inviável aplicar o instituto da detração penal nos processos relativos a crimes cometidos após a custódia cautelar. (STJ – HC nº 178.129, Rel. Min. Og Fernandes, j. 7.6.2011).

Detração. Cômputo. Período anterior.

A Turma reiterou o entendimento de que se admite a detração por prisão ocorrida em outro processo, desde que o crime pelo qual o sentenciado cumpre pena tenha sido praticado anteriormente à prisão cautelar proferida no processo do qual não resultou condenação. Contudo, nega-se a detração do tempo de recolhimento quando o crime é praticado posteriormente à prisão provisória, para que o criminoso não se encoraje a praticar novos delitos, como se tivesse a seu favor um crédito de pena cumprida. (STJ – HC nº 155.049, Rel. Celso Limongi, j. 1º.3.2011)

Art. 112. A pena privativa de liberdade será executada em forma progressiva com a transferência para regime menos rigoroso, a ser determinada pelo juiz, quando o preso tiver cumprido ao menos:

I - 16% (dezesseis por cento) da pena, se o apenado for primário e o crime tiver sido cometido sem violência à pessoa ou grave ameaça;

II - 20% (vinte por cento) da pena, se o apenado for reincidente em crime cometido sem violência à pessoa ou grave ameaça;

III - 25% (vinte e cinco por cento) da pena, se o apenado for primário e o crime tiver sido cometido com violência à pessoa ou grave ameaça;

IV - 30% (trinta por cento) da pena, se o apenado for reincidente em crime cometido com violência à pessoa ou grave ameaça;

V - 40% (quarenta por cento) da pena, se o apenado for condenado pela prática de crime hediondo ou equiparado, se for primário;

VI - 50% (cinquenta por cento) da pena, se o apenado for:

a) condenado pela prática de crime hediondo ou equiparado, com resultado morte, se for primário, vedado o livramento condicional;

b) condenado por exercer o comando, individual ou coletivo, de organização criminosa estruturada para a prática de crime hediondo ou equiparado; ou

c) condenado pela prática do crime de constituição de milícia privada;

VII – 60% (sessenta por cento) da pena, se o apenado for reincidente na prática de crime hediondo ou equiparado;

VIII – 70% (setenta por cento) da pena, se o apenado for reincidente em crime hediondo ou equiparado com resultado morte, vedado o livramento condicional.

§ 1º Em todos os casos, o apenado somente terá direito à progressão de regime se ostentar boa conduta carcerária, comprovada pelo diretor do estabelecimento, e pelos resultados do exame criminológico, respeitadas as normas que vedam a progressão.

§ 2º A decisão do juiz que determinar a progressão de regime será sempre motivada e precedida de manifestação do Ministério Público e do defensor, procedimento que também será adotado na concessão de livramento condicional, indulto e comutação de penas, respeitados os prazos previstos nas normas vigentes.

§ 3º No caso de mulher gestante ou que for mãe ou responsável por crianças ou pessoas com deficiência, os requisitos para progressão de regime são, cumulativamente:

I – não ter cometido crime com violência ou grave ameaça a pessoa;

II – não ter cometido o crime contra seu filho ou dependente;

III – ter cumprido ao menos 1/8 (um oitavo) da pena no regime anterior;

IV – ser primária e ter bom comportamento carcerário, comprovado pelo diretor do estabelecimento;

V – não ter integrado organização criminosa.

§ 4º O cometimento de novo crime doloso ou falta grave implicará a revogação do benefício previsto no § 3º deste artigo.

§ 5º Não se considera hediondo ou equiparado, para os fins deste artigo, o crime de tráfico de drogas previsto no § 4º do art. 33 da Lei nº 11.343, de 23 de agosto de 2006.

§ 6º O cometimento de falta grave durante a execução da pena privativa de liberdade interrompe o prazo para a obtenção da progressão no regime de cumprimento da pena, caso em que o reinício da contagem do requisito objetivo terá como base a pena remanescente.

§ 7º O bom comportamento é readquirido após 1 (um) ano da ocorrência do fato, ou antes, após o cumprimento do requisito temporal exigível para a obtenção do direito.

Redação antes da Lei 13.964/19	Redação depois da Lei 13.964/19	Redação depois da Lei 14.843/2024
Art. 112. A pena privativa de liberdade será executada em forma progressiva com a transferência para regime menos rigoroso, a ser determinada pelo juiz, quando o preso tiver cumprido ao menos um sexto da pena no regime anterior e ostentar bom comportamento carcerário, comprovado pelo diretor do estabelecimento, respeitadas as normas que vedam a progressão. § 1° A decisão será sempre motivada e precedida de manifestação do Ministério Público e do defensor. § 2° Idêntico procedimento será adotado na concessão de livramento condicional, indulto e comutação de penas, respeitados os prazos previstos nas normas vigentes. § 3º No caso de mulher gestante ou que for mãe ou responsável por crianças ou pessoas com deficiência, os requisitos para progressão de regime são, cumulativamente: I – não ter cometido crime com violência ou grave ameaça a pessoa; II – não ter cometido o crime contra seu filho ou dependente; III – ter cumprido ao menos 1/8 (um oitavo) da pena no regime anterior; IV – ser primária e ter bom comportamento carcerário, comprovado pelo diretor do estabelecimento; V – não ter integrado organização criminosa. § 4º O cometimento de novo crime doloso ou falta grave implicará a revogação do benefício previsto no § 3º deste artigo.	"Art. 112. A pena privativa de liberdade será executada em forma progressiva com a transferência para regime menos rigoroso, a ser determinada pelo juiz, quando o preso tiver cumprido ao menos: I – 16% (dezesseis por cento) da pena, se o apenado for primário e o crime tiver sido cometido sem violência à pessoa ou grave ameaça; II – 20% (vinte por cento) da pena, se o apenado for reincidente em crime cometido sem violência à pessoa ou grave ameaça; III – 25% (vinte e cinco por cento) da pena, se o apenado for primário e o crime tiver sido cometido com violência à pessoa ou grave ameaça; IV – 30% (trinta por cento) da pena, se o apenado for reincidente em crime cometido com violência à pessoa ou grave ameaça; V – 40% (quarenta por cento) da pena, se o apenado for condenado pela prática de crime hediondo ou equiparado, se for primário; VI – 50% (cinquenta por cento) da pena, se o apenado for: a) condenado pela prática de crime hediondo ou equiparado, com resultado morte, se for primário, vedado o livramento condicional; b) condenado por exercer o comando, individual ou coletivo, de organização criminosa estruturada para a prática de crime hediondo ou equiparado; ou c) condenado pela prática do crime de constituição de milícia privada; VII – 60% (sessenta por cento) da pena, se o apenado for reincidente na prática de crime hediondo ou equiparado;	§ 1º Em todos os casos, o apenado somente terá direito à progressão de regime se ostentar boa conduta carcerária, comprovada pelo diretor do estabelecimento, e pelos resultados do exame criminológico, respeitadas as normas que vedam a progressão

Redação antes da Lei 13.964/19	Redação depois da Lei 13.964/19	Redação depois da Lei 14.843/2024
	VIII – 70% (setenta por cento) da pena, se o apenado for reincidente em crime hediondo ou equiparado com resultado morte, vedado o livramento condicional. § 1º Em todos os casos, o apenado só terá direito à progressão de regime se ostentar boa conduta carcerária, comprovada pelo diretor do estabelecimento, respeitadas as normas que vedam a progressão. § 2º A decisão do juiz que determinar a progressão de regime será sempre motivada e precedida de manifestação do Ministério Público e do defensor, procedimento que também será adotado na concessão de livramento condicional, indulto e comutação de penas, respeitados os prazos previstos nas normas vigentes. § 3º No caso de mulher gestante ou que for mãe ou responsável por crianças ou pessoas com deficiência, os requisitos para progressão de regime são, cumulativamente: I – não ter cometido crime com violência ou grave ameaça a pessoa; II – não ter cometido o crime contra seu filho ou dependente; III – ter cumprido ao menos 1/8 (um oitavo) da pena no regime anterior; IV – ser primária e ter bom comportamento carcerário, comprovado pelo diretor do estabelecimento; V – não ter integrado organização criminosa. § 4º O cometimento de novo crime doloso ou falta grave implicará a revogação do benefício previsto no § 3º deste artigo. § 5º Não se considera hediondo ou equiparado, para os fins deste artigo, o crime de tráfico de drogas previsto no § 4º do art. 33 da Lei nº 11.343, de 23 de agosto de 2006.	

Redação antes da Lei 13.964/19	Redação depois da Lei 13.964/19	Redação depois da Lei 14.843/2024
	§ 6º O cometimento de falta grave durante a execução da pena privativa de liberdade interrompe o prazo para a obtenção da progressão no regime de cumprimento da pena, caso em que o reinício da contagem do requisito objetivo terá como base a pena remanescente. § 7º O bom comportamento é readquirido após 1 (um) ano da ocorrência do fato, ou antes, após o cumprimento do requisito temporal exigível para a obtenção do direito."	

Sistema progressivo de cumprimento de pena – Levando em conta a finalidade reeducativa da pena, a progressão de regime consiste na execução da reprimenda privativa de liberdade de forma a permitir a transferência do condenado para regime menos rigoroso (mutação de regime), desde que cumpridos determinados requisitos.

O incidente pode ser iniciado por determinação do juiz (*ex officio*) ou mediante requerimento do Ministério Público, do advogado ou Defensor Público ou do próprio sentenciado.

Requisitos – Os requisitos para a progressão de regimes podem ser divididos em objetivos e subjetivos. Os primeiros (objetivos) foram sensivelmente alterados pelo Pacote Anticrime (Lei n. 13.964/19), que criou uma variedade de lapsos temporais a serem observados antes da permissão do benefício. Vamos primeiro estudar a progressão do regime fechado para o semiaberto. Depois, do semiaberto para o aberto.

Progressão do regime *fechado para o semiaberto* – a passagem do regime mais rigoroso par ao regime intermediário deve observar os seguintes requisitos:

a) condenação (ainda que pendente recurso sem efeito suspensivo);

ATENÇÃO – Admite-se a progressão de regime de cumprimento da pena ou a aplicação imediata de regime menos severo nela determinada, antes do trânsito em julgado da sentença condenatória (STF – Súmula 716). Aqui não se trata de fomentar a execução provisória da pena (vedada pelo STF no julgamento das ADCs 43. 44 e 54), mas antecipação de benefício de execução penal.

b) cumprimento de parcela da pena. O reeducando para progredir do regime fechado para o semiaberto deve cumprir parcela da pena no regime mais rigoroso, variando esse tempo conforme a natureza do delito e as condições pessoais do beneficiário. Aqui, como já alertado, está a maior novidade trazida pela Lei 13.964/19. Vejamos.

b1) cumprimento de 16% da pena, se primário o reeducando e o crime tiver sido cometido sem violência ou grave ameaça;

Antes da alteração legislativa, era o prazo regra (1/6), aplicável a todos os delitos, exceto para os crimes hediondos ou equiparados (2/5 ou 3/5), ou, ainda, para as determinadas condenações envolvendo crimes cometidos por gestantes, mães ou responsáveis por crianças ou pessoas com deficiência (1/8).

Com a modificação inserida pela Lei n 13.964/19, o cumprimento de 16% da pena passa a ser observado na progressão de regime para apenados primários, cujo crime não tenha sido cometido com violência ou grave ameaça. Se reincidente, o prazo é o seguinte (20%).

b2) cumprimento de 20% da pena, se o reeducando for reincidente em crime cometido sem violência à pessoa ou grave ameaça;

A nova Lei n 13.964/19 diferencia o prazo para progressão a depender se o condenado foi ou não considerado reincidente. Aumenta-se ligeiramente o lapso para progressão de regime para reincidentes em crime sem violência ou grave ameaça. Antes, na redação original, o prazo seguia a regra geral (1/6). Agora, passa a ser 20% (ou 1/5).

ATENÇÃO - De acordo com o STJ, a reincidência, por ser condição pessoal do condenado, influi sobre o requisito objetivo de todas as condenações, mesmo aquelas quando ainda primário:

"(...) consistindo a reincidência em condição pessoal que, uma vez adquirida pelo sentenciado, influi sobre o requisito objetivo dos benefícios da execução, em relação a todas as suas condenações" (HC 468756/RS, Rel. Min. Felix Fischer, 5ª T., j. 26/03/2019, v.u.).

Dentro desse espírito, se o reeducando, enquanto cumpre pena por crime cometido quando primário, vem a ser condenado definitivamente por novo crime, agora reconhecido reincidente, será tratado como reincidente para fins de progressão em relação aos dois crimes.

b3) cumprimento de 25% da pena, se primário, mas o crime tiver sido cometido com violência ou grave ameaça;

O lapso temporal também foi estendido aos apenados primários, porém autores de crimes executados com violência ou grave ameaça. Antes, seguiam a regra geral (1/6). Na nova sistemática, devem aguardar o cumprimento de 25% (ou 1/4) para conquistarem regime menos severo.

b4) cumprimento de 30% da pena, se reincidente em crime cometido com violência ou grave ameaça;

Na hipótese de reincidência em crime cometido com violência ou grave ameaça, o lapso temporal para progressão foi praticamente dobrado em comparação com a lei anterior. Agora, com o advento da Lei n. 13.964/19, o reeducando precisa cumprir 30% no regime mais severo.

ATENÇÃO - O dispositivo faz referência à reincidência específica em crime com violência ou grave ameaça. Mas e se o reeducando for reincidente, mas não específico, ou seja, somente um dos crimes, passado ou presente, tiver sido cometido com violência ou grave ameaça? Lendo e relando o artigo em comento, concluímos que estamos diante de uma lacuna, cuja integração, por óbvio, deverá observar o princípio do *in dubio pro reo*. A fração deve ser a mesma do primário, levando-se em conta o crime pelo qual foi considerado reincidente: se violento, aplica-se a mesma fração do inciso III (25%); se não violento, a fração do inc. II (20%). Vamos deixar ainda mais claro nosso raciocínio com um exemplo: se o agente, tendo cumprido pena pelo crime de furto, comete delito de roubo, é reincidente, mas não específico em crime violento. Sendo o crime violento o delito pelo qual foi declarado reincidente, a fração da progressão segue o inc. III (25%). Num cenário diametralmente oposto, isto é, o roubo é o crime pretérito, sendo o furto o crime presente, a progressão nesse caso, segue o inc. II (20%). Esse é o posicionamento adotado pelo STJ na solução da lacuna presente no art. 112, VII.

b5) cumprimento de 40% da pena, se primário e condenado por crime hediondo ou equiparado;

No caso de apenado primário, mas condenado por crime hediondo ou equiparado, a nova Lei n. 13.964/19 manteve o lapso temporal previsto originalmente na Lei de Crimes Hediondos (art. 2º, § 2º), qual seja, cumprimento de 2/5 (ou 40%) da pena em regime anterior.

b6) cumprimento de 50% da pena, se primário e condenado por crime hediondo ou equiparado com resultado morte (vedado o livramento condicional);

Já para os condenados primários por crimes hediondos ou equiparados, mas qualificados pelo resultado morte, foi criado novo lapso, qual seja, de 50% de cumprimento da pena em regime anterior.

Para esses crimes, o legislador indisfarçavelmente implementou tratamento diferenciado, deveras rigoroso, não somente dificultando a progressão de regime, como também vedando o benefício do livramento condicional.

b7) cumprimento de 50% da pena, se condenado por exercer comando, individual ou coletivo, de organização criminosa estruturada para prática de crime hediondo ou comparado;

O mesmo lapso de 50% passa a ser exigido na progressão de regime para condenados rotulados na sentença como comandantes, individual ou coletivo, de organização criminosa (art. 2º, § 3º, da Lei 12.850/13), estruturada para a prática de crimes hediondos ou equiparados.

ATENÇÃO – A Lei n. 13.964/19 também promoveu importantes alterações na Lei de Organizações Criminosas, alcançando o regime inicial de cumprimento de pena. O § 8º do art. 2º da Lei 12.850/13 determina que as lideranças de organizações criminosas armadas ou que tenham armas à disposição devem iniciar a pena em unidades penais de segurança máxima. O § 9º do mesmo artigo, por sua vez, dispõe que o condenado por integrar organização criminosa ou por crime cometido no âmbito da organização não poderá progredir de regime ou usufruir de livramento condicional e outros direitos se houver elementos probatórios que indiquem a manutenção do vínculo com a organização. O standard probatório, aqui exigido, é de caráter normativamente intermediário, caracterizado por um grau de probabilidade suficiente a fundar a suspeita do ilícito, comum àquele exigível dos demais incidentes executivos de pena. De todo modo, resta absolutamente adequado observar um relativo ônus argumentativo decisório, o que resulta na necessidade de uma qualificada fundamentação decisória, proferida em procedimento que assegure ao condenado exercício pleno de seu direito constitucional a ampla defesa.

b8) cumprimento de 50% da pena, se condenado pelo crime de constituição de milícia privada;

A nova redação prevê o cumprimento de 50% da pena em regime anterior ao condenado pelo crime de constituição de milícia privada. Reparem que o legislador, ao se referir ao de "constituição de milícia privada", quer abranger todas as figuras do art. 288-A, citando seu *nomen juris*. O prazo estendido alcança as três formas do crime: organização paramilitar, milícia privada e grupo ou esquadrão (grupo de extermínio).

i) ***Organização paramilitar*** – Paramilitares são associações civis, armadas e com estrutura semelhante à militar. Possuem as características de uma força militar, têm a estrutura e organização de uma tropa ou exército, sem sê-lo.

ii) ***Milícia particular*** – Grupo de pessoas, civis ou não, tendo como finalidade devolver a segurança retirada das comunidades mais carentes, restaurando a paz. Para tanto, mediante coação, os agentes ocupam determinado espaço territorial. A proteção oferecida nesse espaço ignora o monopólio estatal de controle social, valendo-se de violência e grave ameaça.

iii) ***Grupo ou esquadrão (grupo de extermínio)*** – Entende-se como tal a reunião de pessoas, matadores, justiceiros que atuam na ausência ou inércia do poder público, tendo como finalidade a matança generalizada, chacina de pessoas supostamente rotuladas como marginais ou perigosas.

ATENÇÃO – Observa-se que, ao contrário do anterior, este inciso não exige o exercício de posição de comando na organização paramilitar, milícia ou grupo de extermínio, e, tampouco, estar ela estruturada para a prática de crimes hediondos ou equiparados.

b9) cumprimento de 60% da pena, se reincidente em crime hediondo ou equiparado;

Este lapso não foi alterado pela Lei n. 13.964/19, repetindo, em percentagem, o prazo de 3/5 previsto na Lei de Crimes Hediondos (art. 2º, § 2º).

ATENÇÃO – Discute-se se o dispositivo em comento abrange somente a reincidência específica em crime hediondo ou equiparado. Prevalece a tese de que sim, o inciso em comento abre uma lacuna legislativa que impõe ao intérprete a analogia *in bonam partem* (em favor do réu). De acordo com o STJ, "ainda que provavelmente não tenha sido essa a intenção do legislador, é irrefutável que de lege lata, a incidência retroativa do art. 112, V, da Lei n. 7.210/1984, quanto à hipótese da lacuna legal relativa aos apenados condenados por crime hediondo ou equiparado e reincidentes genéricos, instituiu conjuntura mais favorável que o anterior lapso de 3/5, a permitir, então, a retroatividade da lei penal mais benigna" (REsp 1910240/MG, Rel. Ministro ROGERIO SCHIETTI CRUZ, TERCEIRA SEÇÃO, j. em 26/05/2021, DJe 31/05/2021). Assim, em caso de reincidência não específica em crime hediondo ou equiparado, deve-se observar o percentual previsto no inc. V, qual seja, 40% ou 50%, a depender do crime.

O STF decidiu no mesmo sentido. Para a Corte, a reforma da sistemática da progressão de regime de condenados promovida pela Lei 13.964/2019 (Pacote Anticrime) não disciplinou, de forma expressa, a circunstância para progressão de pessoa condenada anteriormente por crime não hediondo e, em seguida, por crime hediondo, ou seja, reincidente não específico em crime hediondo. Inexistindo a previsão exata na norma regente, impõe-se a interpretação mais favorável à defesa. Trata-se de imposição decorrente da presunção de inocência, base fundamental ao sistema penal de um Estado Democrático de Direito. Com base nesse entendimento, o Plenário do STF, por unanimidade, reconheceu a existência de repercussão geral da questão constitucional suscitada (ARE 1327963/SP, rel. Min. Gilmar Mendes, j. em 17.9.2021). No mérito, por maioria, reafirmou a jurisprudência dominante sobre a matéria.

b10) cumprimento de 70% da pena, se reincidente por crime hediondo ou equiparado com resultado morte (vedado o livramento condicional).

Trata-se do prazo mais rigoroso previsto na nova redação do art. 112, reservado aos reincidentes específicos em crime hediondo ou equiparado qualificado pelo resultado morte.

Caso o apenado não seja reincidente específico, aplica-se o mesmo entendimento adotado nas demais lacunas deixadas pela nova Lei: a vedação à analogia in malam partem implica na adoção do lapso de 50% previsto para primários condenados por crime hediondo ou equiparado com resultado morte.

Como já alertado, para crimes dessa natureza, a mesma Lei vedou a concessão do livramento condicional, conforme já figurava no art. 83, V, do Código Penal (que impede o benefício para aqueles que são reincidentes específicos em crimes hediondos em geral, independentemente da presença do resultado morte).

Alerta-se que a Lei 13.964/19 é irretroativa, não alcançando os fatos esgotados antes da sua vigência.

O STJ tem decidido que não há vedada combinação de leis na aplicação do requisito objetivo para a progressão de regime previsto na antiga redação do art. 112 da LEP, em relação ao crime comum, e a aplicação retroativa do Pacote Anticrime para reger apenas a progressão do crime hediondo, quando ambos os delitos, praticados em momento anterior à edição da Lei 13.964/19, integram a mesma execução penal:

> "A controvérsia consiste em determinar se é possível aplicar a redação anterior do art. 112 da Lei de Execução Penal para que a progressão de regime atinente ao crime comum se dê com 1/6 do cumprimento da pena e, ao mesmo tempo, aplicar a tese do Tema 1084 desta Corte, decorrente do Pacote Anticrime, para que o requisito objetivo a ser aferido para o crime hediondo seja de 40%.
>
> Com efeito, é mais adequado que os cálculos para a progressão de regime sejam feitos de modo independente, quando houver, em uma mesma execução, crimes comuns e hediondos. Isso porque a aplicação de uma só lei, nesse caso, contraria o princípio da não retroatividade da lei penal maléfica, pois o crime comum será regido por norma mais rigorosa, que leva em consideração parâmetros não contemplados na lei anterior, como a reincidência e o cometimento de violência à pessoa ou grave ameaça.
>
> Soma-se a isso o argumento ventilado no HC 617.922/SP, oportunidade em que a Quinta Turma sinalizava a possibilidade de aderir ao entendimento da Sexta Turma no sentido de que "(n)ão há que se falar em indevida combinação de leis quando se está diante de duas leis que tratam de temas distintos e que, circunstancialmente, vieram a ser alteradas pela mesma norma infraconstitucional superveniente". De fato, a mens legis é de que os crimes hediondos recebam tratamento distinto dos

comuns, ainda que, por questões práticas, o legislador tenha optado por reunir os temas em um mesmo dispositivo de lei.

Os princípios da individualização da pena e da isonomia recomendam que os delitos comuns e hediondos recebam tratamentos distintos. Em sendo o requisito temporal para a progressão de regime de ordem objetiva, causa perplexidade a adoção de um critério que permite que coautores sejam tratados de modo diferente no curso da execução penal, a despeito de terem cometido o mesmo fato, apenas em razão de uma eventualidade envolvendo a sucessão de leis no tempo.

Por fim, registre-se que a Primeira Turma do Supremo Tribunal Federal autorizou a aplicação de leis distintas para reger a progressão de regime de crimes comuns e hediondos, por entender que essa solução é a que melhor se alinha às diretrizes estabelecidas pela Constituição da República.

"Por esta razão, não incide, no caso, o óbice jurisprudencial que veda a combinação de normas ou de leis, consistente na criação de uma lex tertia. Trata-se de regimes de progressão de pena que receberam, do legislador, tratamento legal independente, cada qual (crimes comuns e crimes hediondos) com seu conjunto específico de normas de regência. (RHC 221.271 AgR, Rel. Min. Luiz Fux, STF, Primeira Turma, DJe de 15/5/2023)." (REsp 2.026.837/SC, j. 07/11/2023).

ATENÇÃO - A pena unificada para atender ao limite determinado pelo art. 75 do Código Penal, não é considerada para a concessão de outros benefícios, como o livramento condicional ou regime mais favorável de execução (súmula 715 do STF), lembrando que esse limite, com a Lei 13.964/19, passou a ser de 40 anos. A prática de falta grave interrompe a contagem do prazo para a progressão de regime de cumprimento de pena, o qual se reinicia a partir do cometimento dessa infração, tendo como base o tempo remanescente de pena (súmula 534 do STJ e novo artigo 112, § 6º, LEP).

c) bom comportamento carcerário durante a execução. O bom comportamento decorre da ausência de registro de falta disciplinar – leve, média ou grave – no prontuário do preso. Deve ser atestado pela administração prisional. A prática de falta grave interrompe a contagem do prazo para a progressão de regime de cumprimento de pena, o qual se reinicia a partir do cometimento da infração, tendo como base o tempo remanescente de pena (súmula 534 do STJ e novo artigo 112, § 6º, LEP). Para lograr nova progressão, o condenado deve se reabilitar. De acordo com o §7º do art. 112 da Lei de Execução Penal, que havia sido vetado e foi exumado pela Casa de Leis, essa reabilitação depende do decurso do prazo de um ano, salvo se, antes, o preso cumprir o requisito temporal para a progressão.

d) exame criminológico: A partir da Lei 10.792/03, o exame criminológico, que antes era considerado obrigatório para a progressão no regime prisional fechado, passou a ser facultativo (não importando o regime de cumprimento de pena), devendo o Magistrado fundamentar sua necessidade baseando-se nas peculiaridades do caso concreto, como a gravidade do crime e as condições pessoais do agente, conforme dispõem a Súmula Vinculante 26 do STF e a Súmula 439 do STJ. Agora, com a edição da Lei 14.843/2024, o exame criminológico volta a ser exigido para toda e qualquer progressão de regime. Consequentemente, as súmulas supramencionadas perderam a validade.

e) oitiva do Ministério Público (e da defesa). O novo § 2º, incluído pela Lei n. 13.964/19, exige que a decisão judicial no incidente de progressão seja motivada e precedida de manifestações do MP e da defesa, garantindo-se o contraditório e a ampla defesa.

ATENÇÃO - Duas observações devem ser feitas antes de encerrar os requisitos da progressão do regime fechado para o semiaberto:

I - Vem decidindo o STF que o inadimplemento deliberado da pena de multa cumulativamente aplicada ao sentenciado impede a progressão, salvo se comprovada a absoluta impossibilidade econômica do apenado em pagar o valor, ainda que parceladamente.

II - O condenado por crime contra a administração pública terá a progressão de regime do cumprimento da pena condicionada à mais um requisito, objetivo, qual seja, a reparação do dano que causou, ou à devolução do produto do ilícito praticado, com os acréscimos legais (art. 33, § 4º do CP). No entanto, de acordo com entendimento do STJ, exige-se determinação expressa de reparação do dano ou de devolução do produto do ilícito, de forma individualizada e em observância aos princípios da ampla defesa e do contraditório, na sentença transitada em julgado; caso contrário, não pode o juízo das execuções inserir referida condição para fins de progressão, sob pena de se ter verdadeira revisão criminal contra o réu (HC 686.334-PE).

Reincidência não reconhecida expressamente na sentença condenatória - De acordo com o STJ, nas decisões em que a reincidência do condenado tem influência, o juiz da execução pode considerá-la ainda que a sentença condenatória tenha sido omissa a respeito da agravante:

> "O reconhecimento da reincidência nas fases de conhecimento e de execução penal produz efeitos diversos.
>
> Incumbe ao Juízo de conhecimento a aplicação da agravante do art. 61, inciso I, do Código Penal, para fins de agravamento da reprimenda e fixação do regime inicial de cumprimento de pena. Em um segundo momento, o reconhecimento dessa condição pessoal para fins de concessão de benefícios da execução penal compete ao Juízo das Execuções, nos termos do art. 66, inciso III, da Lei de Execução Penal.
>
> Desse modo, ainda que não reconhecida na condenação, a reincidência deve ser observada pelo Juízo das Execuções para concessão de benefícios, sendo descabida a alegação de reformatio in pejus ou de violação da coisa julgada, pois se trata de atribuições distintas. Há, na verdade, a individualização da pena relativa à apreciação de institutos próprios da execução penal.
>
> A matéria foi definida pela Terceira Seção do Superior Tribunal de Justiça no julgamento do EREsp 1.738.968/MG, oportunidade em que ficou estabelecido que a intangibilidade da sentença penal condenatória transitada em julgado não retira do Juízo das Execuções Penais o dever de adequar o cumprimento da sanção penal às condições pessoais do réu.
>
> Efetivamente, "a reincidência é um fato, relativo à condição pessoal do condenado, que não pode ser desconsiderado pelo juízo da execução, independente da sua menção na sentença condenatória, pois afetaria exponencialmente o bom desen-

volvimento da execução da pena traçado nas normas correspondentes" (AgRg no REsp 1.642.746/ES, relatora Ministra Maria Thereza de Assis Moura, Sexta Turma, DJe de 14/8/2017).

Nesse sentido, frisa-se que "não cabe ao Juiz da Execução rever a pena e o regime aplicados no título judicial a cumprir. Contudo, é de sua competência realizar o somatório das condenações (unificação das penas), analisar a natureza dos crimes (hediondo ou a ele equiparados) e a circunstância pessoal do reeducando (primariedade ou reincidência) para fins de fruição de benefícios da LEP." (AgRg no AREsp 1.237.581/MS, Rel. Ministro Rogério Schietti Cruz, Sexta Turma, DJe 1/8/2018)." (REsp 2.049.870/MG, j. 17/10/2023 - Tema 1208).

Progressão do regime *semiaberto para o aberto* – Na progressão do regime semiaberto para o aberto, além dos requisitos subjetivos e objetivos genéricos, a LEP exige, ainda, que sejam observadas as condições e os pressupostos previstos nos arts. 113, 114 e 115.

Termo inicial do prazo para a progressão do regime semiaberto para o aberto – Ao progredir do regime fechado para o semiaberto, novo prazo começa a correr para o reeducando progredir do semiaberto para o aberto. Mas quando qual o termo inicial desse novo prazo? Existe na jurisprudência indisfarçável divergência, e que envolve a natureza jurídica da decisão que defere a progressão de regime de cumprimento de pena.

Para quem entende ser a decisão meramente declaratória, define-se o marco inicial da progressão seguinte a partir do implemento dos requisitos do art. 112 da LEP. Contudo, para quem entende ser constitutiva, o termo inicial se dá com a sua publicação. O STJ e o STF têm adotado a primeira corrente. A decisão que defere a progressão de regime tem natureza meramente declaratória. O lapso temporal para aquisição de benefícios deve ser a data em que foi efetivamente alcançado o rol de requisitos (objetivos e subjetivos) para a concessão da benesse. Deferido o direito de progressão, o lapso inicial para contagem deve retroagir ao tempo que o reeducando alcançou o direito à progressão.

Tráfico de drogas – O § 5º esclarece, confirmando entendimento já pacificado na jurisprudência, que o tráfico de drogas privilegiado (art. 33, § 4º, Lei 11.343/06) não será considerado ou equiparado a crime hediondo. Na esteira de decisões que afastaram a hediondez do tráfico privilegiado – e que inclusive inspiraram a inclusão do § 5º no art. 112 da LEP –, o STF editou a súmula vinculante 59, segundo a qual

> "É impositiva a fixação do regime aberto e a substituição da pena privativa de liberdade por restritiva de direitos quando reconhecida a figura do tráfico privilegiado e ausentes vetores negativos na primeira fase da dosimetria, observados os requisitos do artigo 33, parágrafo 2º, "c", e do artigo 44, ambos do Código Penal."

Interrupção do lapso – De acordo com o §6º., o cometimento de falta grave durante a execução da pena privativa de liberdade interrompe o prazo para a obtenção da progressão no regime de cumprimento da pena, caso em que o reinício da contagem do requisito objetivo terá como base a pena remanescente. Antes da Lei 13.964/19, a LEP não fazia qualquer referência à interrupção do lapso temporal para a progressão como consequência do cometimento de falta grave. Ainda assim, a sanção era aceita pela jurisprudência, mas criticada por parte da doutrina devido à falta de previsão legal. Agora, o desdobramento da falta disciplinar está expressamente previsto em lei.

ATENÇÃO - A Primeira Turma do STF entendeu que a custódia cautelar necessariamente deve ser computada para fins de obtenção de progressão de regime e demais benefícios executórios, desde que não ocorra condenação posterior apta a configurar falta grave.

Progressão em salto – Prevalece o entendimento de que não existe progressão em saltos (do regime fechado para o aberto). A Exposição de Motivos da LEP, no item 120, afirma que se o condenado estiver no regime fechado não poderá ser transferido diretamente para o regime aberto. Nesse mesmo sentido temos a súmula 491 do STJ.

Em agosto de 2016, o STF editou a súmula vinculante 56, anunciando que "a falta de estabelecimento penal adequado não autoriza a manutenção do condenado em regime prisional mais gravoso, devendo-se observar, nessa hipótese, os parâmetros fixados no RE 641.320/RS". No citado Recurso Extraordinário, facilita-se a progressão, mas sem permitir que ocorra "saltando" o regime intermediário. Quais seriam esses parâmetros referidos na súmula? Vejamos:

I) a saída antecipada de sentenciado no regime com falta de vagas: os ministros lembraram que as vagas no regime semiaberto e aberto não são inexistentes, mas sim insuficientes. Diante disso, como alternativa, antecipa-se a saída de sentenciados que já estejam no regime de destino, abrindo vaga para aquele que acaba de progredir. Por exemplo, "A" progrediu para o semiaberto e não existem vagas em estabelecimento apropriado. "A" não deve ir direto ao aberto, pois antes deve cumprir parcela da pena no semiaberto. A sua vaga nasce da progressão de preso do semiaberto que se encontra mais próximo da progressão para o aberto. Evita-se, com isso, a progressão por salto;

II) a liberdade eletronicamente monitorada: utilização de tornozeleiras eletrônicas para permitir a fiscalização do cumprimento da pena;

III) o cumprimento de penas restritivas de direito e/ou estudo ao sentenciado que progride ao regime aberto: para os ministros, "se não há estabelecimentos adequados ao regime aberto, a melhor alternativa não é a prisão domiciliar, mas a substituição da pena privativa de liberdade por penas restritivas de direitos". Tendo em vista que as penas restritivas de direito são menos gravosas do que a pena privativa de liberdade (mesmo em regime aberto), os ministros entenderam que "ao condenado que progride ao regime aberto, seria muito mais proveitoso aplicar penas restritivas de direito, observando-se as condições dos parágrafos do art. 44 do CP, do que aplicar a prisão domiciliar". Aqui, vale observar, o STF contrariou a súmula 493 do STJ, segundo a qual "é inadmissível a fixação de pena substitutiva (art. 44 do CP) como condição especial ao regime aberto".

Dentro desse espírito da Súmula Vinculante 56, a Terceira Seção do STJ fixou, pelo rito dos recursos repetitivos, a tese de que a inexistência de estabelecimento penal adequado não autoriza a automática concessão de prisão domiciliar. No caso julgado (REsp 1.710.674, j. 22/08/2018), o Ministério Público pleiteava a reforma de decisão que havia concedido a prisão domiciliar a um condenado sem a observância dos parâmetros estabelecidos no RE 641.320. Além disso, sustentava-se que a situação do preso não se subsumia às disposições do artigo 117 da LEP. O ministro Reynaldo Soares da Fonseca lembrou manifestação do ministro Gilmar Mendes, relator do RE 641.320, no sentido de que a prisão domiciliar pode ser pouco efetiva quando, alternativa ao regime menos severo, restringe totalmente o direito de deixar a residência, impedindo, por exemplo, o exercício de trabalho externo. Isso fica mais evidente quando esta forma de prisão é imposta no lugar do regime aberto, hipótese em que pode haver substituição pelo cumprimento de penas alternativas e/ou por estudo. Assim, para que se cumpram com a maior eficácia possível as finalidades da pena, veda-se a imposição de prisão domiciliar como primeira opção, sem prévia observância dos parâmetros traçados no recurso extraordinário já citado. A tese foi firmada nos seguintes termos:

> "A inexistência de estabelecimento penal adequado ao regime prisional determinado para o cumprimento da pena não autoriza a concessão imediata do benefício da prisão domiciliar, porquanto, nos termos da Súmula Vinculante nº 56, é imprescindível que a adoção de tal medida seja precedida das providências estabelecidas no julgamento do RE nº 641.320/RS".

ATENÇÃO – Em resposta ao estado de calamidade imposto pelo excesso de chuvas no Estado do Rio Grande do Sul, o STJ determinou que, em situações de desastres públicos, a flexibilização das prisões, mediante avaliação individualizada da segregação cautelar, pode ser justificada por motivos humanitários ou por questões práticas e operacionais relativas à crise e aos órgãos responsáveis pelo gerenciamento das ações estatais. Assim, eventos como pandemias, catástrofes naturais ou emergências em larga escala exigem uma reavaliação das prioridades e capacidades do sistema prisional, que pode ser gravemente afetado nessas circunstâncias. (RHC 191.995-RS, Rel. Ministra Daniela Teixeira, Quinta Turma, por unanimidade, julgado em 14/5/2024.)

Progressão e o Regime Disciplinar Diferenciado – Preso cumprindo Regime Disciplinar Diferenciado (RDD) pode progredir de regime? Na ausência de proibição legal expressa, Renato Marcão, não sem razão, conclui: "É de admitir, portanto, a possibilidade de progressão de regime prisional estando preso submetido a Regime Disciplinar Diferenciado. Cumpre seja cada caso apreciado com especial atenção, ficando afastada a genérica e superficial conclusão no sentido da impossibilidade por incompatibilidade. Importa observar, também, que, mesmo recebendo a progressão, por exemplo, para o regime semiaberto, o preso deverá cumprir a sanção disciplinar integralmente, antes de ir, de fato, para o novo regime. Vale dizer: deverá cumprir todo o tempo restante de Regime Disciplinar Diferenciado antes de ver efetivada sua transferência para o novo regime" (ob. cit. p. 190).

Recusa do reeducando em progredir – Discute-se se o reeducando pode se recusar a progredir de regime. Uma primeira corrente sustenta que a lei não deixou escolha para o juiz e muito menos para quem se encontra na iminência de progredir. Se um preso preencheu os requisitos legais, deve obrigatoriamente ser transferido para o regime menos gravoso. Essa passagem na execução não está condicionada à vontade do reeducando. Outra corrente, no entanto, leciona ser possível o reeducando recusar o benefício. Tratando-se de direito do preso, pode ser por ele recusado. Aliás, violaria o princípio da dignidade da pessoa humana exigir de uma pessoa que ela usufrua um direito que não pretende. A conquista de regime menos severo deve observar a vontade do preso (ressocialização voluntária). De nada adiantaria transferi-lo forçadamente. Essa imposição poderia redundar numa conduta negativa do reeducando para poder retornar ao regime do qual jamais quis abandonar. Caso notável foi o de Suzane von Richthofen. Condenada pelo assassinato dos pais, no ano de 2014, se insurgiu contra a sua progressão de regime, requerendo ao juízo da execução para não ser obrigada a deixar o regime fechado. A discussão foi reacendida, recentemente, quando o ex-presidente Lula, também preso no regime fechado, se recusou, em 2019, a cumprir eventual determinação de progressão para o regime semiaberto.

Condenada mulher gestante ou que for mãe ou responsável por crianças ou pessoas com deficiência - Além das regras a respeito da prisão domiciliar, a Lei 13.769/18 promoveu alterações em dispositivos da Lei de Execução Penal, dentre eles, o art. 112. Nele foram acrescentados dois parágrafos, inalterados pela Lei n. 13.964/19.

O § 3º disciplina de forma específica a progressão de regime para a apenada mulher gestante, mãe ou responsável por crianças ou pessoas com deficiência, estabelecendo os seguintes requisitos cumulativos:

I - não ter cometido crime com violência ou grave ameaça a pessoa;

II - não ter cometido o crime contra seu filho ou dependente;

IV - ser primária e ter bom comportamento carcerário, comprovado pelo diretor do estabelecimento;

V - não ter integrado organização criminosa.

A fração de pena a ser cumprida (1/8) é menor do que a fração mais benevolente do *caput* do art. 112 (16%). E essa fração mínima (1/8) deve ser observada, mesmo em se tratando de crimes hediondos e equiparados.

O § 4º do art. 112 - também inserido pela Lei 13.769/18 - estabelece que o cometimento de novo crime doloso ou falta grave implica "a revogação do benefício previsto no § 3º", ou seja, provoca a regressão de regime. Sem implicar na violação do princípio da presunção de inocência (ou de não culpa), não se exige - assim como ocorre na regressão disposta no art. 118 da LEP - sentença condenatória transitada em julgado, bastando prova, no incidente próprio, de que a condenada praticou crime ou fato definido como falta grave.

Dada a redação do § 4º do art. 112, uma dúvida pode surgir: "revogação do benefício" quer dizer apenas a regressão de regime ou também a impossibilidade de que nova progressão seja concedida com base nas regras mais amenas? Trata-se, pensamos, de vedação a nova progressão de regime com base no § 3º do art. 112. Caso a condenada cumpra os requisitos do § 3º, progrida de regime e cometa novo crime ou falta grave, deverá regredir e cumprir os requisitos gerais - da LEP - para que possa progredir de regime novamente. Assim é porque não faria sentido se referir a "revogação do benefício" se a intenção fosse apenas a regressão, que já é uma consequência necessária do cometimento de crime ou falta grave durante a execução da pena, como estabelece o art. 118, I, da LEP. Como o § 3º do art. 112 estabelece uma forma de progressão especial, devem ser beneficiadas somente as condenadas que se mostrem aptas à ressocialização, pois, caso contrário, não se justifica o tratamento menos severo.

Não integrante de organização criminosa - Entre os cinco requisitos cumulativos para a concessão do benefício executório, está o de "não ter integrado organização criminosa". O argumento de que o termo organização criminosa não se refere ao crime previsto na Lei n 12.850/2013, tratando-se, na verdade, de uma expressão genérica, a qual abrange todas as espécies de sociedades criminosas, não se coaduna com a correta exegese da norma. Com efeito, a referida regra tem conteúdo material (norma híbrida), porquanto trata de progressão de regime prisional, relacionado com o *jus libertatis*, o que impõe, ao intérprete, a submissão a todo o conjunto de princípios inerentes às normas penais.

O inciso V do § 3º do art. 112 é um exemplo de norma penal em branco com complemento normativo, pois o próprio legislador, respeitando o princípio da taxatividade (decorrente do princípio da estrita legalidade), desincumbiu-se do ônus de apresentar, expressamente, a definição de organização criminosa ao editar a Lei n. 12.850/2013 (art. 1º e § 1º).

Não é legítimo que o julgador, em explícita violação ao princípio da taxatividade da lei penal, interprete extensivamente o significado de organização criminosa a fim de abranger todas as formas de *societas sceleris*. Tal proibição fica ainda mais evidente quando se trata de definir requisito que restringe direito executório implementado por lei cuja finalidade é aumentar o âmbito de proteção às crianças ou pessoas com deficiência, reconhecidamente em situação de vulnerabilidade em razão de suas genitoras ou responsáveis encontrarem-se reclusas em estabelecimentos prisionais. A teleologia da norma e a existência de complemento normativo impõem interpretação restritiva e não extensiva.

O legislador, quando teve o intuito de referir-se a hipóteses de sociedades criminosas, o fez expressamente, conforme previsão contida no art. 52, § 1º, inciso I, § 3º, § 4º, inciso II, e § 5º, da Lei n. 7.210/1984, que distinguem organização criminosa de associação criminosa e milícia privada. Nesse sentido: HC 522.651-SP, Rel. Min. Laurita Vaz, Sexta Turma, por unanimidade, julgado em 04/08/2020, DJe 19/08/2020.

ATENÇÃO – As frações exigidas neste dispositivo para progressão de regime incidirão para os condenados por fato cometido a partir da eficácia da Lei n.º 13.964/19, salvo se, aplicadas no caso concreto, beneficiarem o sentenciado.

JURISPRUDÊNCIA

Progressão de regime. Novo lapso. Reincidência específica.

Não sendo o delito anterior hediondo "(...) não deve incidir o percentual de 60%, previsto no art. 112, VII, da LEP, introduzido pela Lei 13.964/2019, uma vez que lá o executado deve ser reincidente específico (reincidência em crime hediondo). "Também não deve incidir a fração de 3/5, do anterior art. 2º, § 2º, da Lei de Crimes Hediondos, sobre a pena para fins de lapso temporal para progressão de regime, uma vez que foi revogado pela nova lei acima citada, cuja revogação foi mais benéfica ao executado, porquanto o texto do dispositivo considerava reincidência de qualquer crime, comum ou hediondo". Ordem concedida de ofício "para cassar o acórdão coator, determinando, em consequência, que o Juízo das execuções afaste, para fins de progressão, a alegada reincidência formal do crime previsto no art. 309, do CTB, aplicando, assim, o percentual de progressão de regime previsto no art. 112, V, da Lei de Execuções Penais, ou a fração de 2/5 previsto no revogado art. 2º, § 2º, da Lei de Crimes Hediondos (já que são equivalentes). (STJ, *Habeas Corpus* no 533.016-MG, rel. Min. Reynaldo Soares da Fonseca, Decisão Monocrática, j. 13/02/2020).

A Lei nº 13.964/2019 trouxe alterações no tocante aos percentuais de cumprimento de pena exigidos para a progressão de regime a apenados condenados pela prática de crimes hediondos, revogando expressamente o contido no § 2º do art. 2º da Lei n. 8.072/1990". "(...) em relação aos apenados que foram condenados por crime hediondo, mas que são reincidentes em razão da prática anterior de crimes comuns, tal como acontece no caso dos autos, não há percentual previsto na Lei de Execuções Penais, em sua nova redação, para fins de progressão de regime, visto que os percentuais de 60% e 70% se destinam apenas à hipótese de reincidência específica". "(...) para o condenado por crime hediondo que seja reincidente genérico, como se dá no caso em tela, deverá incidir o percentual equivalente ao que é previsto para o primário, vale dizer, de 40% ou 50%, na forma do art. 112, V e VI, a, da LEP, a depender do caso (se houve ou não resultado morte)". Liminar deferida "para que seja observado o *quantum* de 50% do cumprimento de pena para a progressão de regime". (STJ, *Habeas Corpus* nº 588.535-PR, rel. Min. Sebastião Reis Júnior, Decisão Monocrática, j. 18/06/2020).

O inciso VII do artigo 112 da LEP, com redação dada pela Lei 13.964/2019, não utiliza o termo "reincidente específico", mas, ao exigir que o condenado seja reincidente na prática de crime hediondo ou equiparado, cria como requisito uma nova espécie de reincidência, nem a específica, nem a genérica, mas sim a genérica limitada à categoria ou qualificada. Ou seja, não será preciso que o condenado tenha cometido crimes da mesma espécie em ambas oportunidades, bastando que tenha cometido crimes que se enquadrem na categoria dos hediondos e equiparados. E à falta de norma específica para o reincidente simplesmente genérico, como é o caso, aplica-se a mais favorável do inciso V (40 por cento), destinada aos primários. Recurso provido. (TJSP, Agravo em Execução Penal no 0001551-45.2020.8.26.0509, rel. Des. Xisto Rangel, 13ª Câm. Criminal, j. 12/08/2020).

Unificação de penas e alteração de data-base

A unificação de penas decorrente de condenação transitada em julgado, durante o cumprimento de reprimenda atinente a outro crime, altera a data-base para a obtenção de benefícios executórios e progressão de regime, a qual passa a ser contada a partir da soma da nova condenação e tem por parâmetro o restante de pena a ser cumprido. De acordo com esse entendimento, a 1ª Turma indeferiu "habeas corpus" em que a defesa pretendia fosse estabelecido como marco inicial para essa finalidade a data da última infração disciplinar de natureza grave praticada pelo apenado, que havia empreendido fuga, ou a data de sua recaptura. Reputou-se que a execução da pena subsequente, considerado o número de anos e as circunstâncias judiciais, poderia provocar a observância de regime mais gravoso do que o relativo à anterior, motivo pelo qual, inalterada a data-base, impossibilitar-se-ia eventualmente o cumprimento da nova reprimenda. Aduziu-se, também, que o somatório de penas decorrente da unificação teria por consequências lógicas tanto a limitação do tempo total que o sujeito deverá permanecer preso (CP, art. 75) quanto a implementação de regime próprio relativo à totalidade de anos em que deva o condenado ficar recluso (STF – HC n° 100499, Rel. Min. Marco Aurélio, 26.10.2010).

Bom comportamento.

"Ocorre que 'comportamento carcerário' deve ser avaliado de forma 'lato senso', ou seja, não somente o desempenho disciplinar individual, principalmente diante da nova redação do artigo 83, do Código Penal trazida pela Lei nº 13.964/19, a exigir não mais comportamento satisfatório, mas sim bom comportamento carcerário além do não cometimento de falta grave nos últimos 12 (doze) meses." (TJSP, Agravo em Execução Penal no 0003861-82.2020.8.26.0037; rel. Des. Ivana David; Acórdão; 4ª Câm. Criminal; 28/08/2020).

Retroatividade benéfica ao réu. Art. 112, V. Nova redação

É reconhecida a retroatividade do patamar estabelecido no art. 112, V, da LEP, incluído pela Lei nº 13.964/2019, àqueles apenados que, embora tenham cometido crime hediondo ou equiparado sem resultado morte, não sejam reincidentes em delito de natureza semelhante. (STJ. 3ª Seção. REsp 1910240-MG, Rel. Min. Rogerio Schietti Cruz, julgado em 26/05/2021).

Art. 113. O ingresso do condenado em regime aberto supõe a aceitação de seu programa e das condições impostas pelo Juiz.

Progressão para o regime aberto – Para que o condenado ingresse no regime menos severo deverá não apenas cumprir os requisitos (objetivos e subjetivos) comuns a qualquer transferência, previstos no art. 112, mas também aceitar o programa e as condições impostas pelo juiz (art. 113), as condições obrigatórias previstas em lei (art. 115), demonstrar capacidade para o trabalho e aptidão para viver em semiliberdade (art. 114).

ATENÇÃO - Na transferência do semiaberto para o aberto, o requisito temporal deve observar o restante da pena.

Art. 114. Somente poderá ingressar no regime aberto o condenado que:

I - estiver trabalhando ou comprovar a possibilidade de fazê-lo imediatamente;

II - apresentar, pelos seus antecedentes e pelos resultados do exame criminológico, fundados indícios de que irá ajustar-se, com autodisciplina, baixa periculosidade e senso de responsabilidade, ao novo regime.

Parágrafo único. Poderão ser dispensadas do trabalho as pessoas referidas no artigo 117 desta Lei.

Regime aberto e seus requisitos específicos – Além dos requisitos gerais, a transferência do reeducando para o regime menos severo tem como requisitos:

I – que o condenado esteja trabalhando ou comprovar a possibilidade de fazê-lo.

Como bem alerta Mirabete:

"Não basta, para a satisfação do primeiro requisito, que o condenado tenha aptidão física para o trabalho, mas exige a comprovação de que tem oferta idônea de emprego" (ob. cit. p. 461).

O STJ tem decisões admitindo a progressão de regime sem a comprovação prévia de trabalho lícito, sob o argumento de que essa regra deve ser interpretada conforme a realidade social, para que não torne inviável o objetivo de ressocialização desejado na execução penal.

ATENÇÃO - As pessoas referidas no art. 117 LEP (o condenado maior de 70 anos, acometido de doença grave, condenada com filho menor ou deficiente físico ou mental ou gestante) podem ser dispensadas do trabalho (art. 114, parágrafo único).

A doutrina é copiosa ao ensinar que o regime aberto não pode servir ao estrangeiro em situação irregular ou ilegal no país (em especial quando já existe decreto de expulsão), pois não pode exercer atividade laboral remunerada fora do estabelecimento carcerário.

II – que **apresente, pelos seus antecedentes e pelos resultados do exame criminológico, fundados indícios de que irá ajustar-se, com autodisciplina, baixa periculosidade e senso de responsabilidade, ao novo regime.**

O dispositivo, alterado pela Lei n. 14.843/2024, passa a exigir como requisito para o ingresso no regime aberto, além da comprovação de emprego, o exame criminológico favorável, que ateste a capacidade de se ajustar ao novo regime com responsabilidade e autodisciplina.

JURISPRUDÊNCIA

Regime aberto. Comprovação de trabalho. Razoabilidade

A Turma concedeu a ordem por entender que deve ser interpretada com temperamento a regra descrita no art. 114, I, da LEP, que exige do condenado, para a progressão ao regime aberto, a comprovação de trabalho ou a possibilidade imediata de fazê-lo. Isso porque a realidade mostra que, estando a pessoa presa, raramente tem condições de, desde logo, comprovar a existência de proposta efetiva de emprego ou de demonstrar estar trabalhando por meio de apresentação de carteira assinada. No caso, o paciente cumpriu os requisitos exigidos pelo art. 112 da LEP, deixando, apenas, de obter a pretendida progressão prisional ante a ausência de apresentação de carta de proposta de emprego, o que configura o alegado constrangimento ilegal. Ademais, somente a superveniente inércia do apenado em demonstrar o exercício de atividade laboral lícita poderá autorizar a cassação do benefício. (STJ – HC n° 229.494-RJ, Rel. Marco Aurélio Bellizze, j. 11.9.2012).

Art. 115. **O juiz poderá estabelecer condições especiais para a concessão de regime aberto, entre as quais, a fiscalização por monitoramento eletrônico, sem prejuízo das seguintes condições gerais e obrigatórias:**

I - permanecer no local que for designado, durante o repouso e nos dias de folga;

II - sair para o trabalho e retornar, nos horários fixados;

III - não se ausentar da cidade onde reside, sem autorização judicial;

IV - comparecer a Juízo, para informar e justificar as suas atividades, quando for determinado.

Art. 116. **O Juiz poderá modificar as condições estabelecidas, de ofício, a requerimento do Ministério Público, da autoridade administrativa ou do condenado, desde que as circunstâncias assim o recomendem.**

Regime aberto condicionado – São condições gerais para a transferência do reeducando para o regime menos rigoroso:

a) permanecer no local que for designado, durante o repouso e nos dias de folga;

b) sair para o trabalho e retornar, nos horários fixados;

c) não se ausentar da cidade onde reside, sem autorização judicial;

d) comparecer a Juízo, para informar e justificar as suas atividades, quando for determinado.

O juiz poderá estabelecer condições outras, chamadas de especiais, o que não significa impor ao condenado pena que a lei não comina ao delito praticado, respeitando o princípio da legalidade.

Apesar de não constar expressamente nos dispositivos dedicados à monitoração eletrônica (arts. 146-B e 146-C), a hipótese de aplicação no âmbito do regime aberto já era admitida pela jurisprudência. Com a edição da Lei 14.843/2024, essa possibilidade passa a figurar de maneira explícita como condição especial, mas não obrigatória, para a concessão do regime aberto.

ATENÇÃO: É inadmissível a fixação de pena substitutiva (art. 44 do CP) como condição especial ao regime aberto (STJ - Súmula 493).

O art. 116 autoriza ao juiz modificar as condições anteriormente estabelecidas a fim de que possa adaptá-las à nova realidade do condenado. Imaginemos que o reeducando mude o horário ou local de trabalho, ou qualquer outra situação que dificulte a sua reinserção social, ele deverá comunicar ao juiz para que sejam realizadas as modificações necessárias.

ATENÇÃO - O período em que o sentenciado deixou de cumprir as condições impostas no regime aberto não pode ser computado para fins de extinção da pena.

JURISPRUDÊNCIA

Pandemia. Suspensão do comparecimento mensal

"O período em que o sentenciado deixou de comparecer em juízo por causa da pandemia da covid-19 não pode ser considerado como tempo de pena efetivamente cumprido. A questão controvertida cinge-se à possibilidade de cumprimento ficto da pena, em decorrência da pandemia da covid-19, bem como à possibilidade do juízo da execução desprezar período de pena a cumprir e, desde logo, extinguir a punibilidade do apenado pelo cumprimento da pena. Sobre o tema, a jurisprudência desta Corte Superior é firme no sentido de que "[n]ão é admissível, por ausência de previsão legal, que se considere como cumprida a pena daquele que já obtivera – por motivo de força maior e para não se expor a maior risco em virtude da pandemia – o benefício da suspensão da pena restritiva de direitos, sendo absolutamente necessário o efetivo cumprimento da pena como instrumento tanto de ressocialização do apenado como de contraprestação em virtude da prática delitiva, a fim de que o reeducando alcance o requisito necessário para a extinção de sua punibilidade" (AgRg no HC 644.942/GO, Rel. Ministro Antonio Saldanha Palheiro, Sexta Turma, DJe 17/6/2021).Com efeito, o período em que o sentenciado deixou de comparecer em juízo por causa da pandemia da covid-19 não pode ser considerado como tempo efetivamente cumprido. Apesar de o reeducando não ter dado causa àquela situação, não se pode concluir que a finalidade da pena (retribuição e de ressocialização do indivíduo) tenha sido atingida apenas pelo decurso do tempo. É dever do juízo da execução dar fiel cumprimento ao título judicial, executando a pena do réu nos limites impostos na sentença. A alteração das disposições contidas no título judicial, com o desprezo do período de pena remanescente, sem nenhuma justificativa legal, viola a coisa julgada. Desse modo, o réu não pode se beneficiar daquilo que efetivamente não cumpriu, sob pena de se vulnerar a função ressocializadora, bem como retributiva da reprimenda, ensejando, com isso, grave insegurança jurídica no tocante à execução da pena." (STJ. 5ª Turma. AgRg no REsp 2.076.164/PR, Rel. Min. Ribeiro Dantas, julgado em 09/10/2023 – Info 796).

Pandemia. Suspensão do comparecimento mensal

Diante da situação de pandemia decorrente da Covid-19, o CNJ recomendou a suspensão temporária do dever de apresentação regular em juízo das pessoas em cumprimento de pena no regime aberto (art. 5º, inciso V, da Recomendação nº 62/2020 do CNJ). O TJ acolheu a recomendação, assim como o juiz das execuções penais. O período de suspensão do dever de apresentação mensal em juízo, em razão da pandemia de Covid-19, pode ser reconhecido como pena efetivamente cumprida. (STJ. 6ª Turma. HC 657382/SC, Rel. Min. Laurita Vaz, julgado em 27/04/2021 – Info 694).

Serviço. Comunidade. Regime aberto.

Não se admite impor a prestação de serviços à comunidade (pena substitutiva) como condição especial à concessão do regime prisional aberto. É certo que o juízo pode estabelecer condições além das gerais previstas na lei (art. 115 da LEP), mas não pode submeter o condenado a outra sanção penal ("bis in idem") tal como no caso, mesmo que esteja lastreado em normas da corregedoria de Justiça estadual. Ressalte-se ser possível, como é consabido, não impor o regime aberto em razão da substituição da pena. Esse entendimento foi acolhido pela maioria dos Ministros integrantes da Seção em julgamento de recurso repetitivo (art. 543-C do CPC) (STJ – REsp n° 1.107.314, Rel. p/ ac. Napoleão Maia Filho, j. 13.12.2010).

Art. 117. Somente se admitirá o recolhimento do beneficiário de regime aberto em residência particular quando se tratar de:

I - condenado maior de 70 (setenta) anos;

II - condenado acometido de doença grave;

III - condenada com filho menor ou deficiente físico ou mental;

IV - condenada gestante.

Prisão domiciliar – Prevista na Lei de Execução Penal diferencia-se da prevista no Código de Processo Penal (ver comentários ao art. 318, CPP). Para explicar os institutos e as suas diferenças, vejamos o quadro a seguir:

	Prisão domiciliar	
	Art. 117 LEP	**Art. 318 CPP**
Natureza jurídica	Substitui casa do albergado (regime aberto), não substituindo penitenciária (regime fechado) ou colônia agrícola, industrial ou similar (regime semiaberto).	Substitui prisão preventiva.
	Prisão-penal.	Medida cautelar.
Hipóteses de Cabimento	1) Condenado maior de 70 anos (não foi alterado pelo Estatuto da Pessoa Idosa).	1) Agente maior de 80 anos.
	2) Condenado acometido de doença grave (doença cujo tratamento fica difícil ou impossível no sistema penitenciário). O STF entendeu que o HIV por si só não é doença grave.	2) Agente extremamente debilitado por doença grave.
Hipóteses de Cabimento	3) Condenada com filho menor ou deficiente. Obs. 1: em face do art. 5º, inciso I, da CF (isonomia do homem com a mulher), o art. 117, inciso III da LEP também será aplicado ao sentenciado do sexo masculino, desde que comprove a dependência do filho. Obs. 2: nos termos do art. 2º da Lei 13.146/15 (Estatuto da Pessoa com Deficiência), considera-se pessoa com deficiência aquela que tem impedimento de longo prazo de natureza física, mental, intelectual ou sensorial, o qual, em interação com uma ou mais barreiras, pode obstruir sua participação plena e efetiva na sociedade em igualdade de condições com as demais pessoas.	3) Agente com filho menor de 6 anos ou deficiente.

	Prisão domiciliar	
	Art. 117 LEP	**Art. 318 CPP**
Hipóteses de Cabimento	4) Condenada gestante.	4) Gestante; (Redação dada pela Lei nº 13.257, de 2016) 5) Mulher com filho de até 12 (doze) anos de idade incompletos; (Incluído pela Lei nº 13.257, de 2016) 6) Homem, caso seja o único responsável pelos cuidados do filho de até 12 (doze) anos de idade incompletos. (Incluído pela Lei nº 13.257, de 2016)
Atenção	De acordo com o STJ, admite-se a concessão da prisão domiciliar quando o sentenciado se encontra cumprindo pena em estabelecimento destinado ao regime mais rigoroso, por inexistência de vaga, situações que poderiam resultar em desvio de execução.	O preso provisório em regime domiciliar também pode ser obrigado a usar aparelho de monitoração eletrônica (art. 319, inciso IX do CPP).
Atenção	O condenado beneficiado pelo art. 117 da LEP pode ser obrigado ao uso de aparelho que permita sua monitoração eletrônica (art. 146-B, inciso IV da LEP). Também de acordo com o STJ, admite-se a concessão da prisão domiciliar às presas dos regimes fechado quando verificado pelo juízo da execução penal, no caso concreto, a proporcionalidade, adequação e necessidade da medida, e que a presença da mãe seja imprescindível para os cuidados da criança ou pessoa com deficiência, não sendo caso de crimes praticados por ela mediante violência ou grave ameaça contra seus descendentes.	–

ATENÇÃO – a Lei 13.769/18 altera a legislação processual penal determinando que a prisão preventiva será substituída por domiciliar para presa gestante ou que for mãe ou responsável por crianças ou pessoas com deficiência, desde: I – não tenha cometido crime com violência ou grave ameaça a pessoa; II – não tenha cometido o crime contra seu filho ou dependente (ver comentários ao art. 318-A CPP).

Lembra Renato Marcão existir jurisprudência detectando "algumas situações excepcionais em que se tem concedido a modalidade domiciliar mesmo quando o sentenciado não está no regime aberto e dentre elas sobressaem aquelas em que o preso se encontra em estado grave de saúde" (ob. cit. p. 186).

Além disso, o STF tem admitido a prisão domiciliar em caso de ausência de casa de albergado, sob o argumento de que não é admissível o recolhimento do paciente em regime mais severo do que o fixado na sentença condenatória e, portanto, diante da ausência de vagas o condenado deve permanecer em prisão domiciliar até que surja vaga no regime adequado (ver comentários ao art. 112).

ATENÇÃO - O STJ entendeu que se o preso estiver cumprindo a reprimenda em local compatível com as regras do regime aberto (infraestrutura etc.), a inexistência de casa de albergado na localidade da execução da pena não gera o reconhecimento do direito a prisão domiciliar.

Prisão provisória do advogado - O inciso V do art. 7º da Lei 8.906/1941, que teve sua constitucionalidade confirmada em julgamento realizado pelo Pretório Excelso (ADI 1.127-8), assegura aos advogados presos provisoriamente o recolhimento em sala de Estado Maior ou, na sua falta, em prisão domiciliar. Sua violação pode caracterizar crime (art. 7º.-B).

Por Estado Maior se entende o grupo de oficiais que assessoram o Comandante de uma organização militar (Exército, Marinha, Aeronáutica, Corpo de Bombeiros e Polícia Militar). "Assim sendo, sala de Estado Maior é o compartimento de qualquer unidade militar que, ainda que potencialmente, possa por eles ser utilizado para exercer suas funções. A distinção que se deve fazer é que, enquanto uma cela tem por finalidade típica o aprisionamento de alguém - e, por isso, de regra contém grades -, uma sala apenas ocasionalmente é destinada para esse fim (STJ - HC 45393-SP, Rel. Paulo Gallotti, j. em 28.08.2007, DJe 17.09.2007, p. 358)".

Na falta de sala, reza o Estatuto que o advogado deve ser colocado em prisão domiciliar. Contudo, a jurisprudência é copiosa no sentido de que ausência, por si só, não autoriza seja deferida prisão domiciliar ao advogado preso provisoriamente. Estando recolhido em cela especial, sem registro de eventual inobservância das condições mínimas de salubridade e dignidade humana, separado dos outros presos e sem o rigor e a insalubridade do cárcere comum, não há falar em ilegalidade. Nesse sentido: STJ - RE 1.648.174 -MT - Rel. Sebastião Reis Júnior, j. em 28.03.2017.

É importante esclarecer, ainda, que não fará jus ao recolhimento provisório em sala de Estado Maior advogado suspenso dos quadros da OAB. Nesse sentido:

> "Segundo previsão do art. 7º, V, da Lei 8.906/1994 (EOAB), o advogado tem direito de ser recolhido provisoriamente em sala de Estado Maior, o que, por certo, não se conserva diante da suspensão do exercício profissional, *ex vi* da dicção do art. 37, § 1º, do EOAB, a qual pressupõe a interdição dos direitos decorrentes da atuação profissional" (STJ - HC n. 368.393-MG, Rel. Maria Thereza de Assis Moura, j. em 20.09.2016, DJe 30.09.2016).

JURISPRUDÊNCIA

Prisão domiciliar e doença grave

O Plenário, por maioria, negou provimento a agravo regimental, interposto de decisão proferida em sede de execução penal, que indeferira pedido de conversão de regime semiaberto em prisão domiciliar humanitária. No caso, o agravante fora condenado à pena de 7 anos e 11 dias de reclusão em regime semiaberto pela prática dos crimes de corrupção passiva e lavagem de dinheiro. A defesa requerera a autorização para cumprimento da pena em regime domiciliar, tendo em conta o fato de o agravante sofrer de diabetes tipo II, hipertensão arterial sistêmica e histórico de obesidade mórbida, além de ter sido submetido à cirurgia oncológica para a remoção de parte do pâncreas. O Ministro Joaquim Barbosa (então Presidente e relator) indeferira o pedido pelos seguintes fundamentos: a) ausência de doença grave, atestada por junta médica oficial; e b) possibilidade de o sistema penitenciário oferecer a dieta e o acompanhamento médico e nutricional prescritos para o tratamento do sentenciado. O Tribunal afirmou que o laudo médico oficial, elaborado por médicos do Instituto Nacional do Câncer – INCA, ressaltara que o agravante não apresentaria qualquer evidência de doença neoplásica em atividade. Frisou que se teria constatado que, embora o estado clínico do agravante exigisse o uso continuado de medicamentos, sua situação não demandaria permanência em prisão domiciliar fixa. Recordou que o juízo da vara de execuções penais teria informado ao STF não haver impedimentos para o fornecimento da dieta e medicação necessárias. Salientou que, assim como referido no parecer ministerial, não haveria vedação que a família encaminhasse à unidade prisional eventuais medicamentos ou gêneros alimentícios que integrassem a prescrição médica e que não estivessem disponíveis no sistema. Vencidos os Ministros Luiz Fux, Marco Aurélio e Ricardo Lewandowski, que davam provimento ao agravo regimental por considerarem a situação do agravante notória (STF – EP n° 23 AgR-DF, Rel. Roberto Barroso, j. 27.8.2014).

Ausência de casa de albergado e prisão domiciliar

Constatada pelo juízo da execução competente a inexistência, no Estado-membro, de estabelecimento prisional para cumprimento de pena em regime aberto, nos termos da sentença, permite-se o início do cumprimento em prisão domiciliar, até ser disponibilizada vaga no regime adequado. Com base nesse entendimento, em conclusão, a 1ª Turma, por maioria, concedeu em parte a ordem de habeas corpus, para assegurar ao paciente o direito de iniciar o cumprimento da pena em prisão domiciliar. Na espécie, ele fora condenado à pena de reclusão, em regime aberto e, à falta de estabelecimento carcerário que atendesse à Lei de Execução Penal, fora colocado em prisão domiciliar. Ao fundamento de que o tribunal a quo teria subtraído a competência do juízo das execuções penais, o STJ cassara aquela determinação, objeto do presente writ. A Turma asseverou que, com ressalva das hipóteses legais de regressão, não seria admissível o recolhimento do paciente em regime mais severo do que o fixado na sentença condenatória. Aduziu que a prisão domiciliar deveria ser estabelecida pelo magistrado responsável pela execução apenas se inexistentes casas prisionais que atendessem a todos os requisitos da Lei de Execução Penal. Vencida a Ministra Rosa Weber, relatora, que denegava a ordem. O Ministro Roberto Barroso reajustou seu voto para conceder a ordem. (STF – HC n° 113334-RS, Rel. Rosa Weber, j. 18.2.2014).

Cumprimento de pena e prisão domiciliar

Ante o empate na votação, a Turma deferiu habeas corpus para conceder ao paciente prisão domiciliar. Na espécie, a impetração insurgia-se contra as precárias condições de higiene, bem como a superlotação na casa de albergado em que o paciente – condenado a cumprimento de pena em regime aberto – se encontrava, aduzindo que, no ponto, inexistiria separação entre condenados que cumprem pena em regime semi-aberto e aberto. O pleito da defesa fora indeferido nas demais instâncias ao argumento de que não se enquadraria no rol do art. 117 da Lei de Execução Penal – LEP Enfatizou-se o fato de o paciente estar em estabelecimento cuja população superaria o viável, além de haver a junção de presos que cumprem a pena em regime aberto e aqueles que a cumprem no semi-aberto. Ademais, asseverou-se que o STF tem afastado o caráter taxativo da LEP relativamente ao direito, em si, da custódia domiciliar e que o faz quando não se tem casa do albergado. Nesse sentido, afirmou-se que a situação concreta seria em tudo semelhante à inexistência da casa do albergado. Vencidos os Ministros Ricardo Lewandowski, relator, e Menezes Direito que, assentando que o writ não se presta a revolver matéria fático-probatória, denegavam a ordem ao fundamento de que o paciente não se enquadraria em nenhuma das taxativas hipóteses de prisão domiciliar previstas pelo art. 117 da LEP (STF – HC n° 95334-RS, Rel. p/ ac. Marco Aurélio, j. 3.3.2009).

Apenado. Pena. Local. Trabalho.

O apenado cumpre pena em regime semiaberto pela prática de roubo e conseguiu um emprego em cidade distante da comarca do juízo da execução. Logo, a Turma negou provimento ao recurso do MP e manteve o réu em prisão domiciliar, não se aplicando o art. 117 da LEP. Assim, em razão da peculiaridade do caso, visando à ressocialização do condenado e levando em consideração suas condições pessoais, entendeu ser possível enquadrá-lo como exceção às hipóteses discriminadas no referido artigo. O condenado tem direito garantido de trabalho, além de possuir obrigação de fazê-lo como meio de promover a cidadania e a sua ressocialização, objetivo principal da pena na moderna concepção de Estado democrático de direito (STJ – REsp n° 962.078, Rel. Adilson Macabu, j. 17.2.2011).

Prisão domiciliar. Mulheres.

A Segunda Turma do Supremo Tribunal Federal (STF) decidiu conceder Habeas Corpus coletivo para determinar a substituição da prisão preventiva por domiciliar de mulheres presas, em todo o território nacional, que sejam gestantes ou mães de crianças de até 12 anos ou de pessoas com deficiência, sem prejuízo da aplicação das medidas alternativas previstas no artigo 319 do Código de Processo Penal (CPP). (STF, HC 143641, Rel. Ricardo Lewandowski, j. 20/02/18)

Art. 118. A execução da pena privativa de liberdade ficará sujeita à forma regressiva, com a transferência para qualquer dos regimes mais rigorosos, quando o condenado:

I - praticar fato definido como crime doloso ou falta grave;

II - sofrer condenação, por crime anterior, cuja pena, somada ao restante da pena em execução, torne incabível o regime (artigo 111).

§ 1° O condenado será transferido do regime aberto se, além das hipóteses referidas nos incisos anteriores, frustrar os fins da execução ou não pagar, podendo, a multa cumulativamente imposta.

§ 2º Nas hipóteses do inciso I e do parágrafo anterior, deverá ser ouvido previamente o condenado.

Regressão de regime – Existem situações em que a pena privativa de liberdade ficará sujeita à regressão, isto é, transferência do preso para regime mais gravoso.

ATENÇÃO - Da simples leitura do artigo, percebe-se que a regressão pode gerar a transferência do reeducando para qualquer dos regimes mais rigorosos (em salto). Logo, o sentenciado, dando causa à regressão, pode saltar do aberto direto para o fechado, não havendo necessidade de passar antes pelo semiaberto.

As causas de regressão estão elencadas no artigo 118, vejamos:

a) **praticar fato definido como crime doloso ou falta grave:**

A prática de fato definido como crime doloso gera a regressão, pouco importando a sua natureza ou espécie. Apesar de a doutrina silenciar sobre o tema, entendemos que o delito preterdoloso também causa a mesma sanção, pois nada mais é do que um crime doloso qualificado pelo resultado (culposo).

ATENÇÃO - Crime culposo e contravenção penal não geram, por si só, a regressão, mas podem indicar que o reeducando frustra os fins da execução, possibilitando a sua transferência do regime aberto para qualquer outro mais rigoroso (art. 118, § 1º).

No caso do inciso I do art. 118, sem implicar na violação do princípio da presunção de inocência, a regressão não pressupõe sentença condenatória transitada em julgado, bastando a prova de que o preso praticou crime ou fato definido como falta grave. Isto porque a regressão deve ser baseada em procedimento administrativo que garanta ao condenado o exercício do contraditório e da ampla defesa, ocasião em que lhe será possível alegar o que considerar conveniente para evitar a regressão. Além disso, considerando a importância de respostas rápidas a más condutas ocorridas durante o cumprimento da pena, seria inviável, na prática, aguardar o trânsito em julgado de uma sentença condenatória para aplicar sanções disciplinares.

ATENÇÃO - Foi essa a tese de repercussão geral fixada no julgamento pelo STF (Tema 758): "O reconhecimento de falta grave consistente na prática de fato definido como crime doloso no curso da execução penal dispensa o trânsito em julgado da condenação criminal no juízo do conhecimento, desde que a apuração do ilícito disciplinar ocorra com observância do devido processo legal, do contraditório e da ampla defesa, podendo a instrução em sede executiva ser suprida por sentença criminal condenatória que verse sobre a materialidade, a autoria e as circunstâncias do crime correspondente à falta grave". É sabido, aliás, que a absolvição criminal só afasta a responsabilidade administrativa quando restar proclamada a inexistência do fato ou de autoria. Embora não se possa negar a independência entre as esferas - segundo a qual, em tese, admite-se repercussão da absolvição penal nas demais instâncias apenas nos casos de inexistência material ou de negativa de autoria -, não há como ser mantida a incoerência de se ter o mesmo fato por não provado na esfera criminal e por provado na esfera administrativa. Assim, quando o único fato que motivou a penalidade administrativa resultou em absolvição no âmbito criminal, ainda que por ausência de provas, a autonomia das esferas há que ceder espaço à coerência que deve existir entre as decisões sancionatórias. Nesse sentido se posicionou o STJ no AgRg nos EDcl no HC 601.533-SP.

A depender das circunstâncias, inclusive o aguardo do procedimento administrativo para que se determine a regressão pode contrariar a ordem pública, razão pela qual se admite a regressão cautelar sem que o condenado seja previamente ouvido. É o que se dá, por exemplo, no caso de prisão em flagrante por crimes graves como tráfico de drogas e roubo:

> "1. Em se tratando de regressão cautelar, não é necessária a prévia instauração ou conclusão do procedimento administrativo – PAD e a oitiva do sentenciado em juízo, exigíveis apenas no caso de regressão definitiva. Inaplicabilidade do enunciado sumular 533 desta Corte. 2. Nos termos do art. 118 da Lei de Execução Penal, a execução da pena privativa de liberdade está sujeita à forma regressiva, com a transferência para um regime mais rigoroso do que o estabelecido no édito condenatório, o que não configura constrangimento ilegal." (RHC 92.446/BA, j. 08/02/2018)

Uma vez determinada a regressão cautelar, deve-se instaurar imediatamente o procedimento para apurar a falta e, se o caso, tornar definitiva a medida imposta.

Note-se que há decisões segundo as quais o procedimento é obrigatório apenas para fatos cometidos no interior dos estabelecimentos prisionais, não para condutas criminosas cometidas enquanto o condenado se encontra fora do presídio, em razão das quais a regressão pode ser determinada diretamente. O STJ, no entanto, não aceita a tese. Para o tribunal, inclusive a regressão decorrente de crime cometido fora do estabelecimento deve ser baseada no procedimento administrativo que garanta o exercício da defesa:

> "1. A tese da imprescindibilidade da instauração de um Procedimento Administrativo Disciplinar - PAD para reconhecimento da prática de falta disciplinar amolda-se à jurisprudência desta Corte, consolidada em seu enunciado sumular n.º 533. O entendimento em testilha deve ser aplicado, inclusive, no tocante ao cometimento de falta disciplinar consistente na prática de crime doloso durante a execução da pena. 2. Para fins de regressão cautelar, no entanto, não é necessária a prévia instauração ou conclusão do procedimento administrativo – PAD e a oitiva do sentenciado em juízo, exigíveis apenas no caso de regressão definitiva. 3. In casu, o magistrado a quo determinou a dispensa de procedimento administrativo disciplinar para ambas as hipóteses (regressão cautelar e definitiva), devendo a decisão subsistir apenas no tocante ao aspecto acautelatório, mantida a anulação parcial." (AgRg no HC 423.979/RS, j. 06/03/2018)

Em decorrência deste dispositivo, caso o condenado pratique falta grave enquanto no regime fechado, a jurisprudência entendia que o lapso temporal para a progressão devia ser reiniciado, sob o argumento de que "decorre de uma interpretação sistemática das regras legais existentes" (STF, HC 102.365-SP, Rel. Min. Luiz Fux, j. 14/06/2011). Havia, no entanto, quem sustentasse que tal sanção não tinha previsão legal. Assim, embora fosse possível considerar a falta grave na análise dos requisitos subjetivos para a progressão, não se justificava o reinício da contagem do prazo para a concessão do benefício. Tratava-se de posição minoritária: a possibilidade de reinício do lapso foi sedimentada na Súmula n. 534 do STJ ("A prática de falta grave interrompe a contagem do prazo para a progressão de regime de cumprimento de pena, o qual se reinicia a partir do cometimento dessa infração"). Atualmente, a discussão foi resolvida pela Lei n. 13.964/19, que passou a prever expressamente, em caso de falta grave, o reinício do lapso temporal nos termos do § 6º do art. 112.

ATENÇÃO – O art. 118, inc. I, da LEP impõe a regressão de quem pratica fato definido como crime doloso ou falta grave. É possível que o preso inicie o cumprimento da pena em regime fechado, progrida ao semiaberto, mas, cometida a falta grave, regrida novamente ao fechado. A possibilidade dessa operação não se discute. Mas e se o preso, conforme estabelece a sentença condenatória, inicia o cumprimento da pena em regime semiaberto ou em regime aberto, é possível a regressão no caso de falta grave? Há quem sustente que nessa situação a regressão ofende a coisa julgada, tendo em vista que o regime menos rigoroso foi imposto na sentença condenatória. A tese, no entanto, não se sustenta, pois a sentença estabelece apenas o regime inicial, baseado na pena aplicada, nas circunstâncias do crime e nas condições pessoais do acusado. Durante a execução da pena imposta, há regras específicas que devem ser seguidas pelo condenado, que, mostrando-se renitente, deve sofrer as consequências disciplinares. Impedir a regressão caso cometida a falta grave incentiva a indisciplina.

b) **sofrer condenação, por crime anterior, cuja pena, somada ao restante da pena em execução, torne incabível o regime:**

Durante o cumprimento da pena o condenado poderá sofrer novas condenações que, somadas, tornam incompatível o regime que ele esteja cumprindo pena. Nesse caso, o juiz poderá impor a regressão para regime mais gravoso, atendendo o que preceitua a lei (art. 33 do CP) e adequando o preso à nova condição.

Essa hipótese dispensa a prévia oitiva do condenado.

c) **frustrar os fins da execução ou, podendo, não pagar a multa imposta:**

A execução da pena tem cunho ressocializador, portanto, se o condenado frustra, injustificadamente, seus objetivos (descumprindo condições impostas pelo juiz, art. 115 desta lei), dará ensejo à regressão de regime.

ATENÇÃO – Com o advento da Lei 9.268/96, o não pagamento da multa imposta não mais acarreta a regressão de regime, devendo ser executado como dívida de valor. Essa opção legislativa foi mantida pela Lei 13.964/19, quando novamente alterou o art. 51 do CP.

Veremos, quando do estudo do art. 146-B, que a violação de deveres relacionados com o monitoramento eletrônico também é causa de regressão de regime.

JURISPRUDÊNCIA

Inadimplemento de pena de multa e cometimento de novo crime

O Plenário, em julgamento conjunto e por maioria, negou provimento a agravos regimentais em execuções penais referentes a condenados nos autos da AP 470/MG (DJe de 22.4.2013). No primeiro caso, o agravante, durante o cumprimento da pena em regime semiaberto, fora condenado pela justiça comum em outro processo, tendo em conta crimes praticados concomitantemente ao cumprimento da reprimenda. Insurgia-se, então, contra a decisão que determinara a regressão de regime. O Colegiado aduziu que a prática de fato definido como crime doloso no curso da execução penal acarreta a regressão de regime. Vencido o Ministro Marco Aurélio, que provia o agravo. Reputava que o processo-crime ainda estaria em curso na justiça comum, sem poder repercutir, portanto, no cumprimento de pena já formalizada. No segundo caso, a progressão de regime da sentenciada fora condicionada ao adimplemento da pena de multa. Para obter esse direito, a agravante realizara acordo de parcelamento do valor, razão pela qual progredira. Posteriormente, deixara de pagar as parcelas, a implicar a regressão. O Tribunal entendeu que o inadimplemento injustificado das parcelas da pena de multa autoriza a regressão no regime prisional. Vencido o Ministro Marco Aurélio, que provia o agravo, ao fundamento de que o descumprimento de pena de multa não implicaria a sua transformação em reprimenda restritiva de liberdade (STF – EP n° 8 ProgReg-AgR/DF, Rel. Roberto Barroso, j. 1º.7.2016.

Art. 118, I, da LEP e princípio da não culpabilidade

Em conclusão, ante a inadequação da via processual, a 1ª Turma julgou extinta a ordem de habeas corpus em que se pleiteava o retorno do cumprimento de pena em regime semiaberto. Ademais, por maioria, denegou-se a concessão da ordem de ofício. Na espécie, após o juízo das execuções ter concedido a progressão, o paciente fora preso em flagrante pelo cometimento de outro crime, o que ensejara a regressão ao regime mais gravoso – v. Informativo 689. Asseverou-se inexistir o alegado bis in idem, porquanto o magistrado não necessitaria aguardar o trânsito em julgado do segundo crime para determinar a regressão. Aduziu-se que, diante a prática de novo fato delitivo, a transferência para regime mais rigoroso não significara condenação, apenas fora considerada a circunstância. Vencido o Min. Marco Aurélio, que concedia a ordem, de ofício. Assentava a regra da não culpabilidade, nos termos do art. 118, I, da LEP ("Art. 118. A execução da pena privativa de liberdade ficará sujeita à forma regressiva, com a transferência para qualquer dos regimes mais rigorosos, quando o condenado: I – praticar fato definido como crime doloso ou falta grave"). Pontuava que, antes de encerrado o processo no qual ele fora acusado da prática criminosa, não se poderia ter o fato como incontroverso (STF – HC nº 110881-MT, Rel. p/ o acórdão Rosa Weber, j. 7.5.2013).

Regressão para regime mais gravoso do que o fixado na sentença.

De acordo com o entendimento do Superior Tribunal de Justiça, o cometimento de falta grave ou de crime doloso, no curso da execução da pena, autoriza a regressão do regime de cumprimento de pena do reeducando, mesmo que seja estabelecido de forma mais gravosa do que a fixada na sentença condenatória (LEP, art. 118, I), não havendo falar em ofensa a coisa julgada. Precedentes. 2. Agravo regimental não provido" (AgRg no REsp 1.778.649/PA, j. 18/02/2020).

Superveniência de condenação e regressão de regime

A superveniência de sentença condenatória no curso de execução criminal determina o reinício da contagem do prazo para concessão do benefício da progressão de regime, tendo como base a soma das penas restantes a serem cumpridas. Esse o entendimento da Turma ao indeferir "habeas corpus" em que se sustentava a ilegalidade da alteração da data-base para fins dos direitos executórios. Entendeu-se que seriam aplicáveis, à espécie, os arts. 111, parágrafo único, e 118, II, da LEP Asseverou-se que, uma vez ocorrida a unificação da pena, pouco importaria a data da prática do delito referente à condenação subsequente, pois o somatório apurado nortearia a fixação do seu regime de cumprimento (STF – HC nº 96824, Rel. Marco Aurélio, j. 12.4.2011).

Progressão. Requisito subjetivo. Falta reabilitada.

Tendo sido reabilitada a última falta grave do paciente em 9/12/2017, e constando registro de boa conduta carcerária e preenchimento do requisito objetivo, ilegal o indeferimento da progressão do regime prisional com base no não preenchimento do requisito subjetivo quando inexistente o apontamento de fundamento idôneo para impedir o benefício" (STJ, AgRg no HC 547.113/SP, j. 16/6/2020).

Falta disciplinar. Reinício do lapso temporal para progressão.

A progressão do regime da pena imposta, in casu fechado, reclama o preenchimento dos requisitos elencados no artigo 112 da Lei de Execuções Penais (Lei n. 7.210/84); a saber: a) cumprimento de um sexto da pena (requisito objetivo); b) bom comportamento carcerário (requisito subjetivo). A prática de falta grave acarreta a interrupção da contagem do prazo para a progressão do regime de cumprimento de pena. Inobstante a ausência de previsão legal expressa nesse sentido, não há que se falar em violação do princípio da legalidade. Isso porque a interrupção do prazo decorre de uma interpretação sistemática das regras legais existentes (Precedentes: HC n. 97.135/SP, Relatora a Ministra Ellen Gracie, Segunda Turma, DJ de 24.5.11; HC n. 106.685/SP, Relator o Ministro Ricardo Lewandowski, Primeira Turma, DJ de 15.3.11; RHC n. 106.481/MS, Relatora a Ministra Cármen Lúcia, Primeira Turma, DJ de 3.3.11; HC n. 104.743/SP, Relator o Ministro Ayres Britto, Segunda Turma, DJ de 29.11.10; HC n. 102.353/SP, Relator o Ministro Joaquim Barbosa, Segunda Turma, DJ de 04.11.10; HC n. 103.941/SP, Relator o Ministro Dias Toffoli, DJ de 23.11.10). O réu que cumpre pena privativa de liberdade em regime menos severo, ao praticar falta grave, pode ser transferido para regime mais gravoso; todavia, ao réu que já cumpre pena no regime mais gravoso (regime fechado) não pode ser aplicado o instituto da regressão, sendo permitido, portanto, o reinício da contagem do prazo para a progressão, levando-se em conta o tempo de pena remanescente.(STF, HC 102.365-SP, Rel. Min. Luiz Fux, j. 14/06/2011).

Audiência de justificação

De acordo com o art. 118, § 2º, da LEP, a regressão só pode ser determinada após a oitiva do condenado, que deve ter oportunidade de ampla defesa. Se, no entanto, o preso comete o crime ou a falta já em regime fechado, não há, obviamente, regressão a outro regime, razão pela qual é dispensável a audiência de justificação. De acordo com o entendimento pacificado neste Superior Tribunal de Justiça, quando não houver regressão de regime prisional, é dispensável a realização de audiência de justificação no procedimento administrativo disciplinar para apuração de falta grave. (AgRg no REsp 1.827.686/MS, j. 17/09/2019).

O Supremo Tribunal Federal tem entendido que a oitiva do condenado pelo Juízo da Execução Penal, em audiência de justificação realizada na presença do defensor e do Ministério Público, afasta a necessidade de prévio Procedimento Administrativo Disciplinar (PAD), assim como supre eventual ausência ou insuficiência de defesa técnica no PAD instaurado para apurar a prática de falta grave durante o cumprimento da pena. (STF – RE 972598, Relator: ROBERTO BARROSO, Tribunal Pleno, julgado em 04.05.20)

Art. 119. A legislação local poderá estabelecer normas complementares para o cumprimento da pena privativa de liberdade em regime aberto (artigo 36, § 1º, do Código Penal).

Legislação estadual– Norma estadual pode criar normas complementares para aprimorar o cumprimento da pena privativa de liberdade em regime aberto. Na prática, dificilmente encontramos normas complementares a esse respeito, o que denota a centralidade da pena de prisão em nosso ordenamento.

JURISPRUDÊNCIA

Regime aberto. Prestação. Serviços. Comunidade.

Apesar de poder ser cumulada com outra pena restritiva de direitos, a pena de prestação de serviços à comunidade, de caráter substitutivo e autônomo, não pode ser fixada como condição especial (arts. 115 e 119 da LEP) para o cumprimento de pena privativa de liberdade em regime aberto. Como cediço, as penas privativas de direitos aplicam-se alternativamente às privativas de liberdade, mas não podem ser cumuladas com elas, pois sequer há previsão legal nesse sentido. A intenção do legislador ao facultar a estipulação de condições especiais para o cumprimento do regime aberto foi englobar circunstâncias inerentes ao próprio regime que não constavam das condições obrigatórias previstas no art. 115 da LEP e não fixar outra pena, o que resultaria duplo apenamento para um mesmo ilícito penal sem autorização legal ou mesmo aval da sentença condenatória ("bis in idem") (STJ – HC n° 164.056, Rel. Maria T. A. Moura, j. 10.6.2010).

SEÇÃO III
DAS AUTORIZAÇÕES DE SAÍDA

SUBSEÇÃO I
DA PERMISSÃO DE SAÍDA

Art. 120. Os condenados que cumprem pena em regime fechado ou semi-aberto e os presos provisórios poderão obter permissão para sair do estabelecimento, mediante escolta, quando ocorrer um dos seguintes fatos:

I – falecimento ou doença grave do cônjuge, companheira, ascendente, descendente ou irmão;

II – necessidade de tratamento médico (parágrafo único do artigo 14).

Parágrafo único. A permissão de saída será concedida pelo diretor do estabelecimento onde se encontra o preso.

Art. 121. **A permanência do preso fora do estabelecimento terá a duração necessária à finalidade da saída.**

Permissão de saída – É a primeira espécie de autorização de saída.

Tem como beneficiários os presos definitivos (em regime fechado ou semiaberto) e provisórios (temporária ou preventiva).

As hipóteses autorizadoras do benefício são:

a) falecimento ou doença grave do cônjuge, companheira, ascendente, descendente ou irmão;

b) necessidade de tratamento médico (abrangendo o odontológico de urgência).

A autoridade que concede é a administrativa (diretor do estabelecimento), podendo o juiz suprir a ordem, quando negada ilegalmente.

Tem como características:

1) existência de escolta policial;

2) inexistência de prazo predeterminado. O diretor do estabelecimento deverá avaliar o tempo estritamente necessário para o preso ficar fora do estabelecimento, com base na finalidade de sua saída.

SUBSEÇÃO II
DA SAÍDA TEMPORÁRIA

Art. 122. **Os condenados que cumprem pena em regime semi-aberto poderão obter autorização para saída temporária do estabelecimento, sem vigilância direta, nos seguintes casos:**

I – (revogado);

II – freqüência a curso supletivo profissionalizante, bem como de instrução do 2º grau ou superior, na Comarca do Juízo da Execução;

III – (revogado).

1º. A ausência de vigilância direta não impede a utilização de equipamento de monitoração eletrônica pelo condenado, quando assim determinar o juiz da execução.

§ 2º Não terá direito à saída temporária de que trata o *caput* deste artigo ou a trabalho externo sem vigilância direta o condenado que cumpre pena por praticar crime hediondo ou com violência ou grave ameaça contra a pessoa.

§ 3º Quando se tratar de frequência a curso profissionalizante ou de instrução de ensino médio ou superior, o tempo de saída será o necessário para o cumprimento das atividades discentes.

Redação antes da Lei 13.964/19	Redação depois da Lei 13.964/19	Redação depois da Lei 14.843/2024
Art. 122. Os condenados que cumprem pena em regime semi-aberto poderão obter autorização para saída temporária do estabelecimento, sem vigilância direta, nos seguintes casos: I – visita à família; II – freqüência a curso supletivo profissionalizante, bem como de instrução do 2º grau ou superior, na Comarca do Juízo da Execução; III – participação em atividades que concorram para o retorno ao convívio social. Parágrafo único. A ausência de vigilância direta não impede a utilização de equipamento de monitoração eletrônica pelo condenado, quando assim determinar o juiz da execução.	Art. 122. Os condenados que cumprem pena em regime semi-aberto poderão obter autorização para saída temporária do estabelecimento, sem vigilância direta, nos seguintes casos: I – visita à família; II – freqüência a curso supletivo profissionalizante, bem como de instrução do 2º grau ou superior, na Comarca do Juízo da Execução; III – participação em atividades que concorram para o retorno ao convívio social. 1º. A ausência de vigilância direta não impede a utilização de equipamento de monitoração eletrônica pelo condenado, quando assim determinar o juiz da execução. § 2º Não terá direito à saída temporária a que se refere o caput deste artigo o condenado que cumpre pena por praticar crime hediondo com resultado morte.”	I – (revogado); III – (revogado). § 2º Não terá direito à saída temporária de que trata o caput deste artigo ou a trabalho externo sem vigilância direta o condenado que cumpre pena por praticar crime hediondo ou com violência ou grave ameaça contra a pessoa. § 3º Quando se tratar de frequência a curso profissionalizante ou de instrução de ensino médio ou superior, o tempo de saída será o necessário para o cumprimento das atividades discentes.

Saída temporária – A segunda espécie de autorização de saída é a saída temporária.

Apesar de a lei destinar o benefício aos condenados que se encontram no regime semiaberto, o STF já entendeu possível sua concessão no caso de prisão albergue.

A autorização será concedida por ato motivado do Juiz da execução, ouvidos o Ministério Público e a Administração Penitenciária.

Antes da Lei 14.843/24, as hipóteses que autorizavam o benefício eram:

a) visita à família;

b) participação em atividades que concorram para o retorno ao convívio social;

c) frequência a curso supletivo profissionalizante, bem como de instrução do 2º grau ou superior, na Comarca do Juízo da Execução.

Seguindo a tendência de recrudescimento do nosso sistema prisional, o Congresso aprovou o Projeto de Lei n. 2.253, de 2022, restringindo o benefício somente para fins de ensino. A mudança foi vetada pelo Presidente da República , sob os seguintes argumentos:

> "O instituto da saída temporária está atrelado, exclusivamente, ao âmbito do regime semiaberto, no qual a projeção temporal de execução da pena exige, do Estado, atuação proativa para a obtenção do equilíbrio entre (i) a privação da liberdade de

quem infringiu a lei penal (ação punitiva) e (ii) a sua progressiva reintegração (ação preventiva). Destarte, a proposta de revogação do direito à visita familiar, enquanto modalidade de saída temporária, restringiria o direito do apenado ao convívio familiar, de modo a ocasionar o enfraquecimento dos laços afetivo-familiares que já são afetados pela própria situação de aprisionamento. É basilar ponderar que, à luz dos delineamentos declarados pelo Supremo Tribunal Federal na Arguição de Descumprimento de Preceito Fundamental - ADPF no 347, a manutenção de visita esporádica à família minimiza os efeitos do cárcere e favorece o paulatino retorno ao convívio social. Tal medida não se dá por discricionariedade estatal, mas, sim, pela normatividade da Constituição, que, ao vedar o aprisionamento perpétuo, sinaliza, por via reflexa, a relevância da diligência pública no modo de regresso da população carcerária à sociedade" (Veto n. 8/2024).

No entanto, pouco depois, referido veto foi derrubado pelo Congresso Nacional. Sendo assim, o benefício da saída temporária será possível apenas para:

a) frequência a curso supletivo profissionalizante ou de instrução do 2º grau ou superior;

b) duração apenas durante o tempo necessário para cumprimento das atividades discentes;

c) vedação em relação aos condenados por crime hediondo ou com violência ou grave ameaça contra pessoa.

Já se pergunta se a mudança, mais gravosa, alcança crimes cometidos antes da vigência da nova Lei. Para uma primeira corrente, jamais. Para uma segunda, depende, pois há que se diferenciar o cenário em que o preso já preencheu os requisitos para usufruir do benefício, daquele em que o preso tem mera expectativa de usufruir. Imaginemos um reeducando que ainda não cumpriu parcela mínima da pena exigida por lei. Para este, que ainda não preencheu os requisitos permissivos, já vale a nova sistemática.

Sobre o tema, em decisão monocrática, o Ministro André Mendonça decidiu:

> "Entendo pela impossibilidade de retroação da Lei nº 14.843, de 2024, no que toca à limitação aos institutos da saída temporária e trabalho externo para alcançar aqueles que cumprem pena por crime hediondo ou com violência ou grave ameaça contra pessoa — no qual se enquadra o crime de roubo —, cometido anteriormente à sua edição, porquanto mais grave (*lex gravior*). Impõe-se, nesse caso, a manutenção dos benefícios usufruídos pelo paciente, ante concessão fundamentada na redação anterior da Lei nº 7.210, de 1984, com alteração da Lei nº 13.964, de 2019" (STF, HC 240770/MG, j. 28/05/24)

Outra mudança controversa introduzida pela nova lei se refere à revogação do art. 124, que regulamentava o tempo de duração da saída temporária (antes era de até 7 dias, podendo ser renovada por mais 4 vezes durante o ano). Isso significa que a partir de agora a duração se limitará à realização das atividades discentes.

Diante de tamanha restrição (e quase esvaziamento) ao instituto da saída temporária, resta aguardar a apreciação quanto à constitucionalidade da lei pelo Poder Judiciário.

ATENÇÃO - O STF decidiu (HC-130502) ser legítima a decisão judicial que estabelece calendário anual de saídas temporárias para visita à família do preso (HC-

128763). Para os ministros, não há necessidade que se ouça o Ministério Público e a Administração Penitenciária a cada saída. Basta que eles sejam ouvidos inicialmente (no momento da elaboração do calendário) e, caso ocorra alguma falta por parte do condenado, o calendário é revisto e os referidos órgãos são ouvidos novamente. Trata-se de uma medida que otimiza o trabalho das sobrecarregadas varas de execuções criminais. Em setembro de 2016, o STJ reviu a sua jurisprudência – que até então não admitia o calendário anual sem que fossem ouvidos MP e Defensoria em cada saída – e passou também a permitir a adoção do calendário anual, pois a demora excessiva do Estado em analisar cada pedido de saída não pode prejudicar o direito subjetivo do reeducando (REsp 1.544.036-RJ).

Características da saída temporária – A lei elenca de forma expressa as caraterísticas do benefício:

1) com relação à duração, a nova Lei 14.843/2024 dispõe apenas que "quando se tratar de frequência a curso profissionalizante ou de instrução de ensino médio ou superior, o tempo de saída será o necessário para o cumprimento das atividades discentes" (art. 122, § 2º).

2) não há escolta. A ausência de vigilância direta não impede a utilização de equipamento de monitoração eletrônica pelo condenado, quando assim determinar o juiz da execução (vigilância indireta).

3) pode ser revogada (art. 125).

4) não será concedida àqueles condenados por crime hediondo ou com violência ou grave ameaça contra a pessoa. Essa vedação foi ampliada pela Lei n. 14.843/2024 para incluir qualquer crime hediondo, e não apenas aqueles com resultado morte, conforme previsto anteriormente na Lei 13.964/19, bem como qualquer crime praticado com violência ou grave ameaça.

JURISPRUDÊNCIA

Saída temporária. Prisão domiciliar. Ausência de vagas no semiaberto

Ao apenado em regime semiaberto que preencher os requisitos objetivos e subjetivos do art. 122 e seguintes da Lei de Execuções Penais, deve ser concedido o benefício das saídas temporárias. Observado que o benefício da saída temporária tem como objetivo a ressocialização do preso e é concedido ao apenado em regime mais gravoso – semiaberto –, não se justifica negar a benesse ao reeducando que se encontra em regime menos gravoso – aberto, na modalidade de prisão domiciliar –, em razão de ausência de vagas em estabelecimento prisional compatível com o regime semiaberto. Habeas corpus concedido para restabelecer a decisão do Juízo das execuções que deferiu o benefício de saídas temporárias ao paciente" (STJ, HC 489.106/RS, j. 13/08/2019).

Saída temporária e decisão judicial

É legítima a decisão judicial que estabelece calendário anual de saídas temporárias para que o preso possa visitar a família. Esse o entendimento da Primeira Turma, que concedeu a ordem em "habeas corpus" para restabelecer ato do Juízo das Execuções Penais do Estado do Rio de Janeiro, que concedera autorização de saída temporária para visita periódica à família do paciente. Essa decisão, mantida em grau de recurso, fora, no entanto, reformada pelo STJ, que assentara o descabimento da concessão de saídas automatizadas. Segundo aquela Corte, seria necessária a manifestação motivada do juízo da execução, com intervenção do Ministério Público, em cada saída temporária. A Turma afirmou que a saída temporária autorizada repercutiria sobre outras saídas, desde que não houvesse cometimento de falta grave pelo custodiado (STF – HC n° 130502-RJ, Rel. Marco Aurélio, j. 21.6.2016).

Saída temporária e decisão judicial - 1

É recomendável que cada autorização de saída temporária do preso seja precedida de decisão judicial motivada. Entretanto, se a apreciação individual do pedido estiver, por deficiência exclusiva do aparato estatal, a interferir no direito subjetivo do apenado e no escopo ressocializador da pena, deve ser reconhecida, excepcionalmente, a possibilidade de fixação de calendário anual de saídas temporárias por ato judicial único, observadas as hipóteses de revogação automática do art. 125 da LEP. (STJ. 3ª Seção. REsp 1.544.036-RJ, Rel. Min. Rogerio Schietti Cruz, julgado em 14/9/2016 (recurso repetitivo)

Saída temporária e decisão judicial - 2

O Colegiado ressaltou que, de qualquer forma, poder-se-ia argumentar que a decisão do STJ não afetaria diretamente direito do sentenciado. De fato, se o juízo das execuções penais determinasse saídas temporárias em várias decisões sucessivas, ao invés de em única decisão, a situação do preso seria a mesma. No entanto, a realidade da execução penal demonstraria que esse tipo de decisão colocaria em risco o direito do sentenciado ao benefício. A força de trabalho das varas de execuções penais seria um recurso escasso, que precisaria ter sua eficiência maximizada. Na medida em que as decisões pudessem ser concentradas, sem perda substancial de qualidade, seria recomendável que assim se fizesse. Se a força de trabalho não fosse usada com eficiência, provavelmente os pedidos de autorização de saída só seriam apreciados após a data da saída pretendida. A rigor, esse direito seria negligenciado. No caso em comento, o juiz das execuções penais deferira autorizações de saída para visita periódica à família do paciente, fixando, desde logo, calendário com as saídas autorizadas: duas mensais, além de aniversário, páscoa, dia das mães e dos pais, natal e ano novo. O Estado do Rio de Janeiro concentraria suas execuções penais em uma única vara, na capital. Essa vara processaria todas as execuções penais, fossem de penas privativas de liberdade, restritivas de direito ou medidas de segurança, na capital e no interior do referido Estado-Membro. Relatório do mutirão carcerário promovido pelo CNJ no período de 26.10.2011 a 16.12.2011 teria apontado diversas dificuldades operacionais na serventia, ressaltando a demora no cumprimento dos atos de ofício e o sistêmico atraso na tramitação de expedientes para concessão de benefícios aos apenados. Assim, esse cenário de insuficiência deveria ser considerado para a análise da questão, presente, portanto, a ameaça concreta de lesão ao direito do paciente. (STF – HC nº 128763-RJ, Rel. Gilmar Mendes, j. 4.8.2015.

Art. 123. A autorização será concedida por ato motivado do Juiz da execução, ouvidos o Ministério Público e a administração penitenciária e dependerá da satisfação dos seguintes requisitos:

I - comportamento adequado;

II - cumprimento mínimo de 1/6 (um sexto) da pena, se o condenado for primário, e 1/4 (um quarto), se reincidente;

III - compatibilidade do benefício com os objetivos da pena.

Concessão do benefício – Diferentemente da permissão de saída, a saída temporária será concedida por ato motivado do juiz da execução, ouvidos o Ministério Público e a Administração Penitenciária (que atestará bom comportamento).

> **ATENÇÃO** - "O benefício de saída temporária no âmbito da execução penal é ato jurisdicional insuscetível de delegação à autoridade administrativa do estabelecimento prisional" (súmula 520 do STJ).

O reeducando deve preencher os seguintes requisitos:

1) comportamento adequado (atestado de bom comportamento carcerário decorrente da ausência de faltas disciplinares no prontuário);

2) **cumprimento mínimo de um sexto da pena, se o condenado for primário, e um quarto, se reincidente** (computando-se o tempo de duração no regime fechado – súmula 40 do STJ);

3) **compatibilidade do benefício com os objetivos da pena** (depende de avaliação do juiz a cada caso concreto).

De acordo com a jurisprudência firmada no Superior Tribunal de Justiça, a concessão do benefício de visita periódica ao lar não dispensa a observação de sua compatibilidade com os objetivos da pena, além do bom comportamento, devendo ser gradual o contato maior do apenado com a sociedade, a fim de não frustrar os objetivos da execução. Além disso, também é firme o posicionamento de que o fato de o apenado ter progredido para o regime semiaberto não lhe assegura o direito à visitação periódica ao lar (AgRg no HC n. 707.418/RJ, Ministro Ribeiro Dantas, Quinta Turma, DJe 17/12/2021; AgRg no HC 723.401/RJ, Rel. Ministro Sebastião Reis Júnior, Sexta Turma, julgado em 22/03/2022, DJe 31/03/2022). No entanto, como vimos, essa possibilidade foi revogada pela Lei 14.843/2024.

ATENÇÃO – A análise dos requisitos subjetivos não sofre limitação temporal: "Não se aplica limite temporal à análise do requisito subjetivo para concessão de saída temporária, devendo ser considerado todo o período de execução da pena, a fim de se averiguar o mérito do apenado" (STJ – HC 795.970/SC, j. 14/03/2023).

JURISPRUDÊNCIA

Saídas temporárias automatizadas

O calendário prévio das saídas temporárias deverá ser fixado, obrigatoriamente, pelo Juízo das Execuções, não se lhe permitindo delegar à autoridade prisional a escolha das datas específicas nas quais o apenado irá usufruir os benefícios. (STJ. 3ª Seção. REsp 1.544.036-RJ, Rel. Min. Rogerio Schietti Cruz, julgado em 14/9/2016 (recurso repetitivo)

Art. 124. (revogado)

O dispositivo foi revogado pela Lei 14.843/2024 que, conforme aprofundado nos comentários ao art. 122, restringiu significativamente as hipóteses de saída temporária, revogando as possibilidades de saída para convívio familiar e para participações em atividades de retorno ao convívio social. Consequentemente, o dispositivo em comento, que estabelecia os lapsos temporais para duração dessas hipóteses de saída, foi revogado. Assim, a duração da saída se limita ao período necessário à realização das atividades discentes previstas no art. 122.

JURISPRUDÊNCIA

Saída temporária de preso e contagem de prazo

A contagem do prazo do benefício de saída temporária de preso é feita em dias e não em horas. Com base nessa orientação, a Segunda Turma denegou a ordem de "habeas corpus" em que se pretendia a contagem de tal benesse a partir da 00h do primeiro dia. No caso, o paciente aduzia que sua liberação apenas às doze horas do primeiro dia do benefício prejudicaria a fruição do prazo legalmente previsto de sete dias (LEP, art. 124), porque usufruiria apenas seis dias e meio de tal direito. Assim, considerava que a saída temporária não deveria se sujeitar à estrita forma de contagem do prazo prevista no art. 10 do Código Penal ("Art. 10. O dia do começo inclui-se no cômputo do prazo. Contam-se os dias, os meses e os anos pelo calendário comum"). A Turma destacou ser indevida, na ordem penal, a contagem do prazo em horas e, por isso, manteve o cômputo em forma de dias. Ademais, a se entender de forma diversa, estar-se-ia colocando em risco a segurança do estabelecimento penal, bem como a organização do sistema prisional. (STF – HC n° 130883-SC, Rel. Dias Toffoli, j. 31.5.2016).

Possibilidade de concessão de mais de cinco saídas temporárias por ano.

Respeitado o limite anual de 35 dias, estabelecido pelo art. 124 da LEP, é cabível a concessão de maior número de autorizações de curta duração. Prevaleceu o entendimento consagrado pela Terceira Seção do STJ nos REsps 1.166.251-RJ (DJe 4/9/2012) e 1.176.264-RJ (DJe 3/9/2012), julgados sob o rito dos recursos repetitivos, de que é possível à autoridade judicial, atenta às peculiaridades da execução penal, conceder maior número de saídas temporárias (mais de 5 vezes durante o ano), de menor duração (inferior a 7 dias), desde que respeitado o limite de 35 dias no ano, porquanto o fracionamento do benefício é coerente com o processo reeducativo e com a reinserção gradativa do apenado ao convívio social (STJ – . REsp n° 1.544.036-RJ, Rel. Rogerio Schietti Cruz, j. 14.09.2016, DJe 19.09.2016).

Art. 125. **O benefício será automaticamente revogado quando o condenado praticar fato definido como crime doloso, for punido por falta grave, desatender as condições impostas na autorização ou revelar baixo grau de aproveitamento do curso.**

Parágrafo único. A recuperação do direito à saída temporária dependerá da absolvição no processo penal, do cancelamento da punição disciplinar ou da demonstração do merecimento do condenado.

Revogação da saída – O art. 125 anuncia os casos de revogação do benefício:

a) praticar fato definido como crime doloso (dispensando condenação transitada em julgado);

b) for punido por falta grave (a autoridade administrativa representará ao juiz da execução para que proceda a revogação do benefício - art. 48, parágrafo único, desta lei.);

c) desatender as condições impostas na autorização;

d) revelar baixo grau de aproveitamento do curso.

A recuperação do benefício poderá ocorrer se o condenado for absolvido no processo penal (hipótese "a"), for cancelada a punição disciplinar (hipótese "b") ou demonstrar merecimento (nos demais casos).

ATENÇÃO - As Portarias que regulam saídas temporárias devem obedecer aos artigos 122 a 125 da LEP, notadamente quanto aos lapsos mínimos para a concessão, tempo máximo permitido para as saídas e condições legais e judiciais, vedando-se, inclusive, o trânsito do preso fora da cidade dada como de sua residência ou da visita, exceto nas hipóteses de conurbação.

Por fim, para bem fixar as diferenças entre a *permissão de saída* e a *saída temporária*, criamos o seguinte quadro comparativo:

Autorização de Saída	Permissão de Saída (arts. 120 e 121 da LEP)	Saída Temporária (arts. 122/125 da LEP)
Beneficiários	Condenados que cumprem pena em regime fechado ou semiaberto e os presos provisórios	*Condenados que cumprem pena em regime semiaberto*, desde que: a) apresentem comportamento adequado b) cumprimento mínimo de um sexto da pena, se o condenado for primário, e um quarto, se reincidente (deverá ser computado o tempo de duração no regime fechado – Súmula 40 do STJ) c) compatibilidade do benefício com os objetivos da pena d) não esteja cumprindo pena por crime hediondo ou com violência ou grave ameaça contra a pessoa.
Hipóteses	I – falecimento ou doença grave do cônjuge, companheira, ascendente, descendente ou irmão; II – necessidade de tratamento médico (abrange odontológico de urgência).	I – (revogado); II – frequência a curso supletivo profissionalizante, bem como de instrução do segundo grau ou superior, na comarca do Juízo da Execução; III – (revogado).
Características	Existência de escolta policial – VIGILÂNCIA DIRETA	Não há escolta. *A ausência de vigilância direta não impede a utilização de equipamento de monitoração eletrônica pelo condenado, quando assim determinar o juiz da execução (parágrafo único do art.122)– VIGILÂNCIA INDIRETA.* O juiz imporá ao beneficiário, entre outras, as seguintes condições: I – fornecimento do endereço onde reside a família a ser visitada ou onde poderá ser encontrado durante o gozo do benefício II – recolhimento à residência visitada, no período noturno III – proibição de frequentar bares, casas noturnas e estabelecimentos congêneres
Prazo	Inexistência de prazo predeterminado (a duração será a necessária à finalidade da saída) – art. 121.	O tempo de saída será o necessário para o cumprimento das atividades discentes.

Autorização de Saída	Permissão de Saída (arts. 120 e 121 da LEP)	Saída Temporária (arts. 122/125 da LEP)
Autoridade Competente	A autoridade que concede é a administrativa (diretor do estabelecimento), podendo o juiz suprir a ordem, quando negada ilegalmente.	Quem concede o presente benefício é o Juiz, depois de ouvido o Ministério Público e a Administração Penitenciária (atestar bom comportamento).
Revogação	A lei não prevê hipóteses de revogação	O benefício pode ser revogado (art. 125 da LEP).

SEÇÃO IV
DA REMIÇÃO

Art. 126. O condenado que cumpre a pena em regime fechado ou semiaberto poderá remir, por trabalho ou por estudo, parte do tempo de execução da pena. (Redação dada pela Lei nº 12.433, de 2011).

§ 1º A contagem de tempo referida no caput será feita à razão de: (Redação dada pela Lei nº 12.433, de 2011)

I - 1 (um) dia de pena a cada 12 (doze) horas de frequência escolar - atividade de ensino fundamental, médio, inclusive profissionalizante, ou superior, ou ainda de requalificação profissional - divididas, no mínimo, em 3 (três) dias; (Incluído pela Lei nº 12.433, de 2011)

II - 1 (um) dia de pena a cada 3 (três) dias de trabalho. (Incluído pela Lei nº 12.433, de 2011)

§ 2º As atividades de estudo a que se refere o § 1º deste artigo poderão ser desenvolvidas de forma presencial ou por metodologia de ensino a distância e deverão ser certificadas pelas autoridades educacionais competentes dos cursos frequentados. (Redação dada pela Lei nº 12.433, de 2011)

§ 3º Para fins de cumulação dos casos de remição, as horas diárias de trabalho e de estudo serão definidas de forma a se compatibilizarem. (Redação dada pela Lei nº 12.433, de 2011)

§ 4º O preso impossibilitado, por acidente, de prosseguir no trabalho ou nos estudos continuará a beneficiar-se com a remição.(Incluído pela Lei nº 12.433, de 2011)

§ 5º O tempo a remir em função das horas de estudo será acrescido de 1/3 (um terço) no caso de conclusão do ensino fundamental, médio ou superior durante o cumprimento da pena, desde que certificada pelo órgão competente do sistema de educação.(Incluído pela Lei nº 12.433, de 2011)

§ 6º O condenado que cumpre pena em regime aberto ou semiaberto e o que usufrui liberdade condicional poderão remir, pela frequência a

curso de ensino regular ou de educação profissional, parte do tempo de execução da pena ou do período de prova, observado o disposto no inciso I do § 1º deste artigo.(Incluído pela Lei nº 12.433, de 2011)

§ 7º O disposto neste artigo aplica-se às hipóteses de prisão cautelar.(Incluído pela Lei nº 12.433, de 2011)

§ 8º A remição será declarada pelo juiz da execução, ouvidos o Ministério Público e a defesa. (Incluído pela Lei nº 12.433, de 2011)

Remição – Significa a possibilidade que tem o reeducando de reduzir o tempo de cumprimento da pena, dedicando-se, para tanto, ao trabalho e/ou ao estudo, observando as regras dos arts. 126/128 da LEP.

Remição pelo trabalho – Consiste no direito do condenado de, por meio do trabalho, reduzir o tempo da pena privativa de liberdade a ser cumprida em regime fechado ou semiaberto.

ATENÇÃO – É possível a remição de parte do tempo de execução da pena quando o condenado, em regime fechado ou semiaberto, desempenha atividade laborativa, ainda que extramuros (**STJ – Súmula 562).**

Embora não exista previsão de remição pelo trabalho em regime aberto, entendemos possível, não sendo razoável excluir este importante instrumento de ressocialização ao preso que cumpre pena no regime menos rigoroso. Aqueles que são contra argumentam, em síntese, que a labuta já é condição para ingresso no regime menos severo (art. 36, § 1º, CP) não podendo, portanto, ser também um benefício. Nesse sentido, Rogério Greco, citado pelo Min. Ayres Britto (HC 101.368):

> "[...] A peculiaridade do regime aberto, que o difere dos regimes anteriores, diz respeito ao trabalho. Nos regimes anteriores – fechado e semiaberto –, o trabalho do preso faz com que tenha direito à remição. Aqui, no regime aberto, não há previsão legal para a remição da pena, uma vez que somente poderá ingressar nesse regime o condenado que estiver trabalhando ou comprovar a possibilidade de fazê-lo imediatamente. Vê-se, portanto, que a condição *sine qua non* para o início do cumprimento da pena ou mesmo a sua progressão para o regime aberto é a possibilidade imediata de trabalho do condenado. Sem trabalho não será possível o regime aberto [...]".

Tais argumentos não convencem. Vejamos o que está escrito no art. 36, § 1º do CP:

Art. 36. O regime aberto baseia-se na autodisciplina e senso de responsabilidade do condenado. (Redação dada pela Lei nº 7.209, de 11.7.1984)

§ 1º – O condenado deverá, fora do estabelecimento e sem vigilância, trabalhar, frequentar curso ou exercer outra atividade autorizada, permanecendo recolhido durante o período noturno e nos dias de folga.

Da redação do artigo podemos depreender que o legislador, além de mencionar o trabalho como condição para o reeducando galgar o regime aberto, fala também em frequentar curso. Ora, forçoso concluir que se o trabalho é condição para cumprimento da pena em regime aberto (e o mesmo artigo menciona a frequência em curso), estudar é outra condição (alternativa).

Contudo, no caso do estudo, a lei permite a remição, mesmo quando o reeducando cumpre a pena no regime aberto (art. 126 da LEP). Esse tratamento diferenciado, sem qualquer razão, parece ferir o princípio da razoabilidade. Por que remir a pena em regime aberto somente pelo estudo e não pelo trabalho? Não faz sentido.

Consagra-se a razoabilidade aplicando-se, no caso, a analogia (*in bonam partem*). Lembrando o escólio de Miguel Reale: "a analogia atende ao princípio de que o Direito é um sistema de fins. Pelo processo analógico, estendemos a um caso não previsto aquilo que o legislador previu para outro semelhante, em igualdade de razões. Se o sistema do Direito é um todo que obedece a certas finalidades fundamentais, é de se pressupor que, havendo identidade de razão jurídica, haja identidade de disposição nos casos análogos, segundo um antigo e novo ensinamento: *ubi eadem ratio, ibi eadem júris dispositio* (onde há a mesma razão deve haver a mesma disposição de direito)". (REALE, Miguel. Lições preliminares de Direito. 27ª edição. Saraiva, 2002, pág. 296).

Tanto o trabalho como o estudo têm o mesmo fim, qual seja, a ressocialização do preso. Ambos são tratados como atividade de reintegração do preso ao convívio social. Assim sendo, e tendo em vista que o legislador não previu a remição pelo trabalho em regime aberto, o mais correto nos parece é que se aplique a analogia para que o benefício seja reconhecido.

Desta forma, reforçamos o posicionamento de que deve ocorrer a remição da pena pelo trabalho ao preso que cumpre pena em regime aberto, a exemplo do que ocorre com o estudo, aplicando-se a analogia em busca da equidade.

Contagem do tempo – será feita à razão de 1 (um) dia de pena para cada 3 (três) de trabalho (art. 126, § 1º, inciso II).

> **ATENÇÃO** - Para que seja possível a remição da pena pelo trabalho não basta a atividade esporádica, ocasional. Deve haver certeza de efetivo trabalho do condenado, bem como conhecimento dos dias trabalhados. Exige-se que a atividade seja ordenada, empresarial e, antes de mais nada, remunerada, garantidos ao sentenciado os benefícios da Previdência Social, com o fim de educar o preso, entendendo-se o presídio como verdadeira empresa. Nesse sentido, decisão do extinto TACrimSP, Ag. 450.407/1, 9ª Câm.). Se o preso, ainda que sem autorização do juízo ou da direção do estabelecimento prisional, efetivamente trabalhar nos domingos e feriados, esses dias deverão ser considerados no cálculo da remição da pena (HC 346.948-RS).

Acidente no decorrer do trabalho – Caso o apenado fique impossibilitado de continuar a trabalhar em decorrência de acidente, continuará a beneficiar-se com a remição, inclusive o chamado acidente *"initinere"*, isto é, aquele que ocorre durante o deslocamento ao trabalho (STJ, REsp 783.247/RS, Rel. Min. Felix Fischer).

Competência – Juiz da execução, todavia, ouvindo o Ministério Público e a defesa (art. 126, § 8º).

Remição pelo estudo – Consiste no direito do condenado de, por meio do estudo, reduzir o tempo da pena privativa de liberdade cumprida em regime fechado, semiaberto, aberto ou em livramento condicional.

ATENÇÃO – Embora não exista previsão expressa de remição pelo trabalho para quem cumpre pena em regime aberto ou livramento condicional, o § 6º do artigo em comento autoriza para eles a remição pelo estudo.

Contagem do tempo: Será feita à razão de 1 (um) dia de pena a cada 12 (doze) horas de frequência escolar – artigo 126, § 1º, inciso I.

ATENÇÃO – As 12 (doze) horas de estudo deverão ser divididas em, no mínimo, 3 (três) dias – artigo 126, § 1º, inciso I. O preso que concluir o ensino fundamental, médio, ou superior, durante o cumprimento da pena, será beneficiado com o acréscimo de mais 1/3 (um terço) no tempo a remir em função das horas de estudo. Os estudos poderão ser de ensino fundamental, médio, profissionalizante, superior, ou requalificação profissional (art. 126, § 1º, inciso I). Sendo frequentados presencialmente ou à distância, devendo ser certificadas pelas autoridades educacionais competentes dos respectivos cursos frequentados. A 3ª Seção do Superior Tribunal de Justiça unificou o entendimento entre as turmas criminais da corte ao estabelecer que a base de cálculo para a remição de pena pelo estudo, no caso de presos que estudam por conta própria e conseguem aprovação nos exames nacionais que certificam a conclusão do ensino fundamental e do ensino médio, deve ser, respectivamente, de 1,6 mil e 1,2 mil horas. Segundo o colegiado, esses números, mencionados na Recomendação 44/2013 do Conselho Nacional de Justiça (CNJ), correspondem a 50% da carga horária definida legalmente para cada nível de ensino. De acordo com a Lei de Execução Penal (artigo 126, parágrafo 1º, inciso I), pode ser descontado um dia de pena a cada 12 horas de frequência escolar. Para incentivar o estudo nos presídios, a norma do CNJ sugere a possibilidade de remição mediante a aprovação no Exame Nacional para Certificação de Competências de Jovens e Adultos (Encceja) ou no Exame Nacional do Ensino Médio (Enem). Em seu artigo 1º, inciso IV, a recomendação considera como base de cálculo para o cômputo das horas 50% da carga horária anual definida legalmente para cada nível de ensino: 1,6 mil horas para os anos finais do fundamental e 1,2 mil horas para o ensino médio ou a educação profissional técnica de nível médio. A 5ª e a 6ª Turmas divergiam quanto à interpretação do texto: se as 1,6 mil/1,2 mil horas já equivaleriam a 50% da carga horária definida legalmente para cada nível ou se os 50% incidiriam sobre esses números.

Horas excedentes de estudo – Interpretando o art. 126 da LEP, a Sexta Turma do Superior Tribunal de Justiça, no HC 461.047, definiu que o tempo de estudo que ultrapassa as quatro horas diárias previstas na lei deve ser considerado no cálculo da remição de pena. A maioria do colegiado acompanhou o voto da relatora, ministra Laurita Vaz, e adotou para o estudo o mesmo entendimento até então aplicado na remição por trabalho, na qual se permitia o cômputo das horas excedentes à jornada diária.

Acidente no decorrer do estudo – O preso impossibilitado, por acidente, de prosseguir no trabalho ou nos estudos continuará a beneficiar-se com a remição.

Competência – Juiz da execução, todavia, deve ouvir o Ministério Público e a defesa – artigo 126, § 8º.

Remição por práticas sociais educativas – por meio da Resolução n. 391/2021 do CNJ, foram estabelecidas as regras para reconhecimento da remição por meio de "práticas sociais educativas", que compreendem atividades escolares, práticas sociais educativas não-escolares e leitura de obras literárias, obedecendo aos seguintes regramentos:

a) atividades escolares: devem obedecer os requisitos legais de carga horária, matrícula, currículo, avaliação e certificação. O reconhecimento do direito à remição de pena por atividades de educação escolar considerará o número de horas correspondente à efetiva participação da pessoa privada de liberdade nas atividades educacionais, independentemente de aproveitamento. Caso tiver sido autorizado a estudar fora da unidade de privação de liberdade, terá de comprovar, mensalmente, por meio da autoridade educacional competente, a frequência e o aproveitamento escolar.

b) práticas sociais educativas não-escolares: atividades de socialização, de autoaprendizagem ou de aprendizagem coletiva, que ampliam as possibilidades de educação para além das disciplinas escolares, tais como as de natureza cultural, esportiva, de capacitação profissional, de saúde, dentre outras, de participação voluntária, integradas ao projeto político-pedagógico (PPP) da unidade ou do sistema prisional e executadas por iniciativas autônomas, instituições de ensino públicas ou privadas e pessoas e instituições autorizadas ou conveniadas com o poder público para esse fim. O art. 4º da Resolução especifica os requisitos exigidos para os projetos. A participação nessas práticas sociais educativas ensejará remição de pena na mesma medida das atividades escolares (art. 3º), considerando-se para o cálculo da carga horária a frequência efetiva da pessoa privada de liberdade nas atividades realizadas.

c) leitura: terão direito à remição de pena pela leitura as pessoas privadas de liberdade que comprovarem a leitura de <u>qualquer obra literária</u>, independentemente de participação em projetos ou de lista prévia de títulos autorizados, desde que seja de forma voluntária e com a as obras disponíveis no acervo da unidade prisional. O acesso à biblioteca é assegurado a todas as pessoas, independentemente do regime prisional. O prazo para realizar a leitura é de 21 a 30 dias, devendo apresentar, em até 10 dias após esse período, um relatório de leitura sobre a obra, conforme roteiro a ser fornecido pelo Juízo competente ou Comissão de Validação. Para cada obra lida, corresponderá a remição de 4 dias de pena, limitando-se, no prazo de 12 meses, a até 12 obras efetivamente lidas e avaliadas e assegurando-se a possibilidade de remir até 48 dias a cada período de 12 meses.

d) aprovação em exames que certificam a conclusão do ensino fundamental ou médio: têm direito à remição os presos que estudam por conta própria ou com acompanhamento pedagógico não-escolar, sem vínculo a atividades regulares de ensino no interior da unidade, e com isso obtêm aprovação nos exames que certificam a conclusão do ensino fundamental ou médio. Há divergência no STJ em relação ao preso aprovado no exame, mas que já havia concluído exame médio antes de ingressar no sistema penitenciário:

> "Não é cabível a remição penal por aprovação no ENEM ao reeducando que já havia concluído o ensino médio antes de ingressar no sistema prisional" (REsp 1.913.757/SP, j. 07/02/2023).
>
> "É cabível a remição da pena pela aprovação no Exame Nacional do Ensino Médio – ENEM, ainda que o apenado já tenha concluído o ensino médio antes do encarceramento, excluído o acréscimo de 1/3 (um terço) com fundamento no art. 126, § 5º, da Lei de Execução Penal" (AgRg no HC 768.530/SP, julgado em 06/03/2023).

ATENÇÃO – A jurisprudência do STJ firmou o entendimento de que é possível remir a pena com base em atividades que não estejam expressas no texto legal. Concluiu-se, com isso, que o rol do art. 126 da Lei de Execução Penal não é taxativo, pois não descreve todas as atividades que poderão auxiliar no abreviamento da reprimenda. Por exemplo, o STJ autorizou a remição da pena em razão de atividade musical (participação em coral). Trata-se, segundo o Tribunal Cidadão, de interpretação analógica "in bonam partem" do art. 126 da LEP. Sobre o tema, decidiu o STF ser formalmente inconstitucional lei estadual que cria nova hipótese de remição da pena, além das expressamente previstas na legislação federal, por usurpação da competência legislativa da União para legislar sobre direito penal, à luz do art. 22, inciso I, da Constituição Federal.

Cumulação de remição por estudo e por trabalho – É possível, desde que as horas se compatibilizem.

E se o estabelecimento em que se encontra o preso não tem condições para o trabalho e/ou estudo? Apesar de haver corrente no sentido de ser possível, na hipótese, remição ficta, direito do preso e reprimenda ao Estado que não cumpre sua obrigação, não é a posição que prevalece. Renato Marcão, sobre o tema, nos explica: "o pedido de remição da pena embasado no fato de se encontrar recolhido o sentenciado em estabelecimento penal inadequado, onde teve cerceado seu direito de trabalhar e assim remir parte de sua pena, posto inexistir no local condições para o exercício de atividade laborterápica, não encontra amparo legal vez que inexiste previsão do trabalho como direito do condenado e obrigação do Estado em nenhum dispositivo legal seja no CP seja na Lei de Execução Penal (art. 126). Diversamente, neles o trabalho surge sempre como imposição da lei e obrigação do sentenciado, consequência da execução da pena privativa e liberdade" (ob. cit. pp. 222-3).

O STJ também se orienta no sentido de que a remição ficta não pode ser imposta como regra em virtude da deficiente estrutura carcerária:

> "1. A remição da pena pelo trabalho se dá por dias trabalhados, não por horas, exigindo-se, em relação a cada dia, o mínimo de 6 e o máximo de 8 horas, nos termos dos arts. 33 e 126, § 1º, da Lei de Execução Penal.
>
> 2. Para a remição, deve-se considerar o trabalho efetivamente cumprido. Assim, a omissão do Estado em impossibilitar a realização de atividades laborais não autoriza a remição ficta ou automática." (EDcl no AgRg nos EDcl no AREsp 1.697.170/SP, j. 23/03/2021).

Não obstante, a Terceira Seção do tribunal, julgando sob o rito dos recursos repetitivos, admitiu a remição ficta em razão da impossibilidade de exercer o trabalho e o estudo durante a pandemia do coronavírus:

> "A controvérsia consiste em definir a possibilidade ou não de concessão de remição ficta, com extensão do alcance da norma prevista no art. 126, § 4º, da Lei de Execução Penal, aos apenados impossibilitados de trabalhar ou estudar em razão da pandemia ocasionada pelo novo coronavírus.
>
> O STJ entende que a ausência de previsão legal específica impossibilita a concessão de remição da pena pelo simples fato de o Estado não propiciar meios necessários para o labor ou a educação de todos os custodiados. Entende-se, portanto, que a omissão estatal não pode implicar remição ficta da pena, haja vista a ratio do referido benefício, que é encurtar o tempo de pena mediante a efetiva dedicação do preso a atividades lícitas e favoráveis à sua reinserção social e ao seu progresso educativo.
>
> Contudo, em que pese tal entendimento, ele não se aplica à hipótese excepcionalíssima da pandemia de Covid-19 por várias razões (distinguishing). A jurisprudência mencionada foi construída para um estado normal das coisas, não para uma pandemia.
>
> O art. 3º da Lei 7.210/1984 estabelece que, "ao condenado e ao internado serão assegurados todos os direitos não atingidos pela sentença ou pela lei". Em outros termos, ressalvadas as restrições decorrentes da sentença penal e os efeitos da condenação, o condenado mantém todos os direitos que lhe assistiam antes do trânsito em julgado da decisão condenatória.
>
> Por sua vez, a doutrina estabelece que a "Derrotabilidade é o ato pelo qual uma norma jurídica deixa de ser aplicada, mesmo presentes todas as condições de sua aplicabilidade, de modo a prevalecer a justiça material no caso concreto".
>
> Nessa linha, negar aos presos que já trabalhavam ou estudavam antes da pandemia de Covid-19 o direito de continuar a remitir sua pena se revela medida injusta, pois: (a) desconsidera o seu pertencimento à sociedade em geral, que padeceu, mas também se viu compensada com algumas medidas jurídicas favoráveis, o que afrontaria o princípio da individualização da pena (art. 5º, XLVI, da CF/1988), da isonomia (art. 5º, caput, da CF/1988) e da fraternidade (art. 1º, II e III, 3º, I e III, da CF/1988); (b) exige que o legislador tivesse previsto a pandemia como forma de continuar a remição, o que é desnecessário ante o instituto da derrotabilidade da lei.
>
> Note-se, assim, que não se está a conferir uma espécie de remição ficta pura e simplesmente ante a impossibilidade material de trabalhar ou estudar. O benefício não deve ser direcionado a todo e qualquer preso que não pôde trabalhar ou estudar durante a pandemia, mas tão somente àqueles que, já estavam trabalhando ou estudando e, em razão da Covid, viram-se impossibilitados de continuar com suas atividades." (REsp 1.953.607/SC, j. 14/09/2022 – Tema 1120).

Essa decisão não se aplica no caso de trabalho eventual, pois não se pode presumir que deixou de ser oferecido e exercido em razão do estado pandêmico:

"(...) Assim, em razão da excepcionalíssima pandemia da Covid-19, o período de restrições sanitárias deve ser comutado como de efetivo estudo ou trabalho em favor dos presos que já estavam trabalhando ou estudando e se viram impossibilitados de continuar seus afazeres unicamente em razão do estado pandêmico.

No presente caso, as instâncias de origem afirmaram ser incabível a aplicação da remição, porquanto o trabalho exercido no denominado "Projeto Mãos Dadas" tem caráter eventual, pontual, ocorrendo sob demanda. Nesse contexto, observa-se que se mostra incabível a contabilização fictícia de dias remidos, dada a própria natureza esporádica do trabalho exercido no Projeto.

Assim, sendo o trabalho de natureza eventual, incabível a aplicação da benesse, não podendo ser presumido que o reeducando ficou impossibilitado de continuar seus afazeres unicamente em razão do estado pandêmico." (HC 684.875/DF, j. 21/03/2023).

Ressalta-se, por fim, que o tempo remido pelo preso gera mera expectativa de direito, pois parte desse direito pode ser perdida em razão de falta grave, ou seja, depende do comportamento futuro do habitante prisional.

ATENÇÃO – O disposto no art. 127 aplica-se, no que couber, às hipóteses de prisão cautelar.

JURISPRUDÊNCIA

Remição da pena e jornada de trabalho inferior a seis horas

A Segunda Turma deu provimento a recurso ordinário em "habeas corpus" e concedeu a ordem para que seja considerado, para fins de remição da pena, o total de horas trabalhadas em jornada diária inferior a seis horas. O Colegiado anotou que o condenado cumpria jornada de quatro horas diárias de trabalho por determinação da administração do presídio. Ponderou que, nos termos da Lei de Execução Penal (LEP), a jornada diária não deve ser inferior a seis nem superior a oito horas. Afirmou que, para computar os dias de remição, a administração penitenciária somou as horas trabalhadas e as dividiu por seis. Por fim, deliberou que a obrigatoriedade do cômputo de tempo de trabalho deve ser aplicada às hipóteses em que o sentenciado, por determinação da administração, cumpra jornada inferior ao mínimo de seis horas, ou seja, em que a jornada de trabalho não derive de ato voluntário nem de indisciplina ou insubmissão do preso. (RHC 136509/MG, rel. Min. Dias Toffoli, julgamento em 4.4.2017.)

Regime aberto e impossibilidade de remição pelo trabalho.

No caso concreto, conforme já devidamente consignado no v. acórdão na origem, confirmado por esta relatoria na decisão monocrática em habeas corpus e em seu respectivo recurso de embargos de declaração, o direito à remição por trabalho apenas recai sobre aqueles apenados que cumprem pena no regime semiaberto ou fechado. Precedentes. III – "A jurisprudência do Superior Tribunal de Justiça é no sentido de que o condenado que cumpre pena em regime aberto não faz jus à remição pelo trabalho, nos termos do art. 126 da Lei de Execução Penal, que prevê, expressamente, tal benefício apenas ao condenado que cumpre pena em regime fechado ou semiaberto, situação mantida com a entrada em vigor da Lei n. 12.433/2011" (HC n. 186.389/RS, Sexta Turma, Rel. Min. Sebastião Reis Júnior, DJe de 21/03/2012). Precedentes." (AgInt nos EDcl no HC 475.842/SP, j. 12/03/2019).

Atividade realizada em coral. Interpretação extensiva in bonam partem do art. 126 da LEP.

O ponto nodal da discussão consiste em analisar se o canto em coral, pode ser considerado como trabalho ou estudo para fins de remição da pena. Inicialmente, consigna-se que a jurisprudência do Superior Tribunal de Justiça, como resultado de uma interpretação analógica in bonam partem da norma prevista no art. 126 da LEP, firmou o entendimento de que é possível remir a pena com base em atividades que não estejam expressas no texto legal. Concluiu-se, portanto, que o rol do art. 126 da Lei de Execução Penal não é taxativo, pois não descreve todas as atividades que poderão auxiliar no abreviamento da reprimenda. A atividade musical realizada pelo reeducando profissionaliza, qualifica e capacita o réu, afastando-o do crime e reintegrando-o na sociedade. No mais, apesar de se encaixar perfeitamente à hipótese de estudo, vê-se, também, que a música já foi regulamentada como profissão pela Lei n. 3.857/1960. (STJ – REsp 1.666.637-ES, Rel. Min. Sebastião Reis Júnior, por unanimidade, julgado em 26/09/2017, DJe 09/10/2017).

Remição de pena por leitura e resenha de livros.

A redação do artigo 126 da LEP deixa clara a preocupação do legislador com a capacitação profissional do interno e com o estímulo a comportamentos que propiciem a readaptação de presos ao convívio social. O sentido e o alcance do artigo 126 da LEP podem ser ampliados pelo aplicador do direito, com o uso da hermenêutica, para abarcar atividades complementares como o estudo ou a simples leitura, com a finalidade de readaptação e ressocialização do preso, além de incentivar o bom comportamento e a disciplina. (STJ – HC 390.721/RS, Rel. Ministro REYNALDO SOARES DA FONSECA, QUINTA TURMA, julgado em 08/08/2017, DJe 22/08/2017)

O fato de o estabelecimento penal assegurar acesso a atividades laborais e a educação formal não impede a remição por leitura e resenha de livros. Inicialmente, consigne-se que a jurisprudência do STJ tem admitido que a norma do art. 126 da LEP, ao possibilitar a abreviação da pena, tem por objetivo a ressocialização do condenado, sendo possível o uso da analogia in bonam partem, que admita o benefício em comento em razão de atividades que não estejam expressas no texto legal, como no caso, a leitura e resenha de livros, nos termos da Recomendação n. 44/2013 do CNJ (AgRg no AREsp 696.637-SP, Quinta Turma, DJe 4/3/2016; HC 326.499-SP, Sexta Turma, DJe 17/8/2015; e HC 312.486-SP, Sexta Turma, DJe 22/6/2015). Ademais, o fato de o estabelecimento penal onde se encontra o paciente assegurar acesso a atividades laborais e a educação formal não impede que se obtenha também a remição pela leitura, que é atividade complementar, mas não subsidiária, podendo ocorrer concomitantemente. Assim, as horas dedicadas à leitura e resenha de livros, como forma da remição pelo estudo, são perfeitamente compatíveis com a participação em atividades laborativas fornecidas pelo estabelecimento penal, nos termos do art. 126, § 3º, da LEP, uma vez que a leitura pode ser feita a qualquer momento do dia e em qualquer local, diferentemente da maior parte das ofertas de trabalho e estudo formal. Precedente citado: HC 317.679-SP, Sexta Turma, DJe 2/2/2016 (STJ – HC nº 353.689-SP, Rel. Felix Fischer, j. 1./.2016, DJe 1.8.2016.

Remição de pena por trabalho em domingos e feriados.

Se o preso, ainda que sem autorização do juízo ou da direção do estabelecimento prisional, efetivamente trabalhar nos domingos e feriados, esses dias deverão ser considerados no cálculo da remição da pena. A remição da pena pelo trabalho se perfaz à razão de 1 dia de pena a cada 3 dias de trabalho, conforme o regramento do art. 126, § 1º, II, da LEP. E, nos termos do art. 33 do mesmo estatuto, considera-se dia trabalhado aquele em que cumprida jornada não inferior a 6 nem superior a 8 horas. Assim, a remição da pena pelo trabalho, nos termos do art. 33, c/c o art. 126, § 1º, é realizada à razão de um dia de pena a cada três dias de trabalho, cuja jornada diária não seja inferior a 6 nem superior a 8 horas, o que impõe, para fins de cálculo, a consideração dos dias efetivamente trabalhados (HC 218.637-RS, Quinta Turma, DJe 19/4/2013) (STJ – HC nº 346.948-RS, Rel. Reynaldo Soares da Fonseca, j. 21.6.2016, DJe 29.6.2016).

Remição de pena em razão de atividade laborativa extramuros.

É possível a remição de parte do tempo de execução da pena quando o condenado, em regime fechado ou semiaberto, desempenha atividade laborativa extramuros. Segundo o art. 126, caput, da Lei de Execução Penal (LEP), "O condenado que cumpre a pena em regime fechado ou semiaberto poderá remir, por trabalho ou por estudo, parte do tempo de execução da pena". Ainda, dispõe o § 6º do referido dispositivo legal que: "O condenado que cumpre pena em regime aberto ou semiaberto e o que usufrui liberdade condicional poderão remir, pela frequência a curso de ensino regular ou de educação profissional, parte do tempo de execução da pena ou do período de prova, observado o disposto no inciso I do § 1º deste artigo". Constata-se que os dispositivos supracitados não fizeram nenhuma distinção ou referência, para fins de remição de parte do tempo de execução da pena, quanto ao local em que deve ser desempenhada a atividade laborativa, de modo que se mostra indiferente o fato de o trabalho ser exercido dentro ou fora do ambiente carcerário. Na verdade, a lei exige apenas que o condenado esteja cumprindo a pena em regime fechado ou semiaberto (HC 206.313-RJ, Quinta Turma, DJe 11/12/2013). Ademais, se o condenado que cumpre pena em regime aberto ou semiaberto pode remir parte da reprimenda pela frequência a curso de ensino regular ou de educação profissional, não há razões para não considerar o trabalho extramuros de quem cumpre pena em regime semiaberto como fator de contagem do tempo para fins de remição. Além disso, insta salientar que o art. 36 da LEP somente prescreve a exigência de que o trabalho externo seja exercido, pelos presos em regime fechado, por meio de "serviço ou obras públicas realizadas por órgãos da Administração Direta ou Indireta, ou entidades privadas, desde que tomadas as cautelas contra a fuga e em favor da disciplina". Dessa forma, em homenagem, sobretudo, ao princípio da legalidade, não cabe restringir a futura concessão de remição da pena somente àqueles que prestam serviço nas dependências do estabelecimento prisional, tampouco deixar de recompensar o apenado que, cumprindo a pena no regime semiaberto, exerça atividade laborativa, ainda que extramuros. Na verdade, a LEP direciona-se a premiar o apenado que demonstra esforço em se ressocializar e que busca, na atividade laboral, um incentivo maior à reintegração social: "A execução penal tem por objetivo efetivar as disposições de sentença ou decisão criminal e proporcionar condições para a harmônica integração social do condenado e do internado" (art. 1º). A ausência de distinção pela lei, para fins de remição, quanto à espécie ou ao local em que o trabalho é realizado, espelha a própria função ressocializadora da pena, inserindo o condenado no mercado de trabalho e no próprio meio social, minimizando suas chances de recidiva delitiva. De mais a mais, ausentes, por deficiência estrutural ou funcional do Sistema Penitenciário, as condições que permitam a oferta de trabalho digno para todos os apenados aptos à atividade laborativa, não se há de impor ao condenado que exerce trabalho extramuros os ônus decorrentes dessa ineficiência. Cabe ressaltar que a supervisão direta do próprio trabalho deve ficar a cargo do patrão do apenado, cumprindo à administração carcerária a supervisão sobre a regularidade do trabalho. Por fim, se concedida ao apenado pelo Juízo das Execuções Criminais a possibilidade de realização de trabalho extramuros, mostrar-se-ia, no mínimo, contraditório o Estado-Juiz permitir a realização dessa atividade fora do estabelecimento prisional, com vistas à ressocialização do apenado, e, ao mesmo tempo, ilidir o benefício da remição (STJ – REsp n° 1.381.315-RJ, Rel. Rogerio Schietti Cruz, j. 13.5.2015, DJe 19.5.2015).

Remição da pena pelo estudo em dias não úteis.

A remição da pena pelo estudo deve ocorrer independentemente de a atividade estudantil ser desenvolvida em dia não útil. O art. 126 da Lei 7.210/1984 dispõe que a contagem de tempo para remição da pena pelo estudo deve ocorrer à razão de 1 dia de pena para cada 12 horas de frequência escolar, não havendo qualquer ressalva sobre a consideração apenas dos dias úteis para realização da referida contagem, sendo, inclusive, expressamente mencionada a possibilidade de ensino a distância (STJ – . AgRg no REsp n° 1.487.218-DF, Rel. Ericson Maranho, j. 5.2.2015, DJe 24.2.2015.

Cumulação de remição por trabalho, estudo e leitura.

O fato de o estabelecimento penal onde se encontra o paciente assegurar acesso a atividades laborais e à educação formal, não impede que se obtenha também a remição pela leitura, que é atividade complementar, mas não subsidiária, podendo ocorrer concomitantemente, havendo compatibilidade de horários" (STJ, HC 353.689/SP, j. 14/06/2016).

Art. 127. Em caso de falta grave, o juiz poderá revogar até 1/3 (um terço) do tempo remido, observado o disposto no art. 57, recomeçando a contagem a partir da data da infração disciplinar. (Redação dada pela Lei nº 12.433, de 2011)

Remição e falta grave – O cometimento de falta grave não implica mais na perda de todos os dias remidos. Consoante nova redação do artigo 127, o condenado poderá perder até 1/3 (um terço) do tempo remido, recomeçando a contagem a partir da data da infração disciplinar. Para tanto, o juiz deverá observar o disposto no art. 57 desta lei, ou seja, levar em conta a natureza, os motivos, as circunstâncias e as consequências do fato, bem como a pessoa do faltoso e seu tempo de prisão.

ATENÇÃO - A prática de falta grave gera a decretação da perda de até 1/3 dos dias remidos, devendo a expressão "poderá", contida neste artigo, ser interpretada como poder-dever do magistrado, restando somente o juízo de discricionariedade acerca da fração da perda, que tem como limite 1/3 dos dias remidos. (STJ, REsp 1.430.097-PR). Reconhecida falta grave, a perda de até 1/3 do tempo remido pode alcançar dias de trabalho anteriores à infração disciplinar e que ainda não tenham sido declarados pelo juízo da execução no cômputo da remição (REsp 1.517.936-RS).

JURISPRUDÊNCIA

Súmula Vinculante 9 e lei mais benéfica ao condenado

"É constitucional a perda dos dias remidos pelo condenado que comete falta grave no curso da execução penal, nos termos previstos pelo art. 127 da Lei 1984/7.210 (Lei de Execução Penal – LEP), na redação dada pela Lei de 2011/12.433. Na espécie, não se vislumbra superação legislativa inconstitucional em relação aos mandamentos da Súmula Vinculante 9, mas um aperfeiçoamento de sua redação, diante da superveniência da Lei 12.433/2011, que alterou o art. 127 da LEP. A súmula – sem pretender tecer considerações a respeito do conceito de falta grave ou da intensidade da perda dos dias remidos (se total ou proporcional à falta grave cometida) – teve como principal finalidade fixar a tese de que a previsão legislativa de perda dos dias remidos foi recepcionada pela nova ordem constitucional, de modo que não haveria direito adquirido aos dias remidos em razão de estarem submetidos a regras específicas. A alteração legislativa superveniente, por sua vez, apenas limitou a 1/3 (um terço) o tempo remido suscetível de ser revogado pelo juiz ante o cometimento de falta grave pelo condenado. Com base nesses entendimentos, o Plenário, por maioria, ao apreciar o Tema 477 da repercussão geral, negou provimento ao recurso extraordinário. Nos termos do art. 5º da Lei 11.417/2006, o Tribunal resolveu aguardar o julgamento das Propostas de Súmula Vinculante 60 e 64 para que se delibere quanto à oportunidade da revisão ou cancelamento da SV 9, via adequada para apreciação da questão" (RE 1.116.485/RS, Rel. Min. Luiz Fux, j. 28/02/2023).

Art. 127 da LEP e benefícios da execução

A 2ª Turma denegou habeas corpus em que se pleiteava fosse declarado que a prática de falta grave estaria limitada ao máximo de 1/3 do lapso temporal no desconto da pena para todos os benefícios da execução da reprimenda que exigissem a contagem de tempo. Na situação dos autos, o STJ concedera, parcialmente, a ordem postulada para afastar o reinício da contagem do prazo, decorrente do cometimento de falta grave, necessário à aferição do requisito objetivo quanto aos benefícios de livramento condicional e comutação de pena. Enfatizou-se que o art. 127 da LEP, com a redação conferida pela Lei 12.433/2011, imporia ao juízo da execução, ao decretar a perda dos dias remidos, que se ativesse ao limite de 1/3 do tempo remido e levasse em conta, na aplicação dessa sanção, a natureza, os motivos, as circunstâncias e as consequências do fato, bem como a pessoa do faltoso e seu tempo de prisão [LEP: "Art. 127. Em caso de falta grave, o juiz poderá revogar até 1/3 (um terço) do tempo remido, observado o disposto no art. 57, recomeçando a contagem a partir da data da infração disciplinar"]. Na sequência, observou-se que, embora a impetrante postulasse a incidência da referida norma à espécie, verificar-se-ia que o juízo da execução não decretara a perda do tempo remido, a impedir a concessão da ordem para esse fim. Assinalou-se que, da leitura do dispositivo legal, inferir-se-ia que o legislador pretendera restringir somente a revogação dos dias remidos ao patamar de 1/3, motivo pelo qual não mereceria acolhida pretensão de estender o referido limite aos demais benefícios da execução. (STF – HC n° 110921-RS, Rel. Ricardo Lewandowski, j. 22.5.2012).

"Lex mitior" e dias remidos

Ao aplicar a novel redação do art. 127 da Lei de Execução Penal – LEP ["Art. 127. Em caso de falta grave, o juiz poderá revogar até 1/3 (um terço) do tempo remido, observado o disposto no art. 57, recomeçando a contagem a partir da data da infração disciplinar"], a 1ª Turma denegou habeas corpus, mas concedeu a ordem, de ofício, para determinar ao juízo da execução que reanalise a situação dos pacientes. Consignou-se que o magistrado deverá atentar para os novos parâmetros promovidos pela Lei 12.433/2011, de modo a aplicar aos condenados a fração cabível para a perda dos dias remidos dentro do patamar máximo permitido de 1/3, conforme as circunstâncias do caso concreto. Reputou-se que, antes da superveniência da nova lei, o cometimento de falta grave tinha como consectário lógico a perda de todos os dias remidos, diferentemente da sistemática atual, que determina a revogação de até 1/3 desse tempo. (STF – HC n° 110070-SP, Rel. Dias Toffoli, 29.11.2011).

"Lex mitior": tempo remido e alteração de data-base

A Turma iniciou julgamento de "habeas corpus" em que discutida a alteração de data-base para concessão de benefícios executórios, em virtude de falta grave consistente na posse de telefone celular. Ante o fato ocorrido, o juízo singular determinara nova data-base para futuros benefícios e declarara a perda dos dias remidos anteriores à prática da infração disciplinar. O Min. Gilmar Mendes, relator, concedeu a ordem, ao aplicar a novel redação dos arts. 127 e 128 da Lei de Execução Penal – LEP, alterada pela Lei 12.433/2011 ["Art. 127. Em caso de falta grave, o juiz poderá revogar até 1/3 (um terço) do tempo remido, observado o disposto no art. 57, recomeçando a contagem a partir da data da infração disciplinar. Art. 128. O tempo remido será computado como pena cumprida, para todos os efeitos"] para determinar ao juízo da VEC que reanalise a situação do paciente, atentando-se para os novos parâmetros. Preliminarmente, destacou a reiterada jurisprudência desta Corte no sentido de que o cometimento de falta grave implicaria o recomeço da contagem do prazo para a obtenção de benefícios executórios. Esse entendimento resultara na Súmula Vinculante 9 ["O disposto no art. 127 da lei nº 7.210/84 (lei de execução penal) foi recebido pela ordem constitucional vigente, e não se lhe aplica o limite temporal previsto no caput do art. 58"]. Porém, reputou que, com as modificações produzidas pela nova lei, o reconhecimento da falta grave não implicaria mais perda de todos os dias remidos, nos termos do art. 127 da LEP. Destacou que, recentemente, esta Corte reconhecera a repercussão geral da matéria e, na oportunidade, o Min. Luiz Fux registrara a necessidade de se deliberar "a respeito da retroatividade da nova norma e, se for o caso, sobre a revisão ou cancelamento da referida súmula vinculante". Concluiu, com fulcro no art. 5º, XL, da CF e no art. 2º do CP, tratar-se de "lex mitior", devendo, portanto, ser aplicada para beneficiar o réu. Após, pediu vista dos autos o Min. Ricardo Lewandowski (STF – HC n° 109851, Rel. Gilmar Mendes, j. 18.10.2011).

Falta grave: descumprimento de condições e regressão de regime.

Para evitar supressão de instância, a Turma, por maioria, não conheceu de "habeas corpus" na parte em que se sustentava a nulidade de processo administrativo disciplinar que culminara na regressão, de regime aberto para o semiaberto, a condenado por roubo tentado ante o reconhecimento de falta grave consistente na sua apresentação em albergue estadual com sinais de embriaguez. Considerou-se que, na situação em apreço, não houvera discussão nas instâncias ordinárias sobre a legalidade na determinação de não ingestão de bebida alcoólica como condição especial de cumprimento da pena no regime aberto. Registrou-se, contudo, não ser o caso de concessão da ordem, de ofício, pela ausência de ilegalidade clara e patente na fixação da condição especial de cumprimento da pena imposta ao paciente. Salientou-se apenas a título de reflexão e sem apreciação do cerne da questão que a natureza violenta do delito de roubo exige comportamento social exemplar do condenado que cumpre pena em regime aberto. De outro lado, a Turma, embora conhecendo do "writ" quanto à alegação de ilegalidade da perda de dias remidos e de alteração da data-base para a concessão de futuros benefícios, por maioria, o indeferiu. Ressaltou-se o teor da Súmula Vinculante 9 e concluiu-se que, perdido o tempo remido e se reiniciando o novo período para o seu cômputo a partir da data da infração disciplinar, seria certo que o reinício do prazo para benefícios mais leves como o de progressão de regime também seria perfeitamente constitucional e lógico. Vencido o Min. Marco Aurélio que concedia a ordem, de ofício, para afastar a regressão ao fundamento de que a falta teria sido cometida não na penitenciária, mas no comparecimento para pernoite em albergue estadual, em Uruguaiana, no mês de junho, no inverno (STF – HC n° 100729, Rel. Ricardo Lewandowski, j. 16.3.2010).

Perda dos dias em razão de cometimento de falta grave.

Reconhecida falta grave, a perda de até 1/3 do tempo remido (art. 127 da LEP) pode alcançar dias de trabalho anteriores à infração disciplinar e que ainda não tenham sido declarados pelo juízo da execução no cômputo da remição. A remição na execução da pena constitui benefício submetido à cláusula rebus sic stantibus. Assim, o condenado possui apenas a expectativa do direito de abater os dias trabalhados do restante da pena a cumprir, desde que não venha a ser punido com falta grave. Nesse sentido, quanto aos dias de trabalho a serem considerados na compensação, se, por um lado, é certo que a perda dos dias remidos não pode alcançar os dias trabalhados após o cometimento da falta grave, sob pena de criar uma espécie de conta-corrente contra o condenado, desestimulando o trabalho do preso, por outro lado, não se deve deixar de computar os dias trabalhados antes do cometimento da falta grave, ainda que não tenham sido declarados pelo juízo da execução, sob pena de subverter os fins da pena, culminando por premiar a indisciplina carcerária. Precedente citado: HC 286.791-RS, Quinta Turma, DJe 6/6/2014 (STJ – REsp n° 1.517.936-RS, Rel. Maria Thereza de Assis Moura, j. 1º.10.2015, DJe 23.10.2015).

Necessidade de fundamentação para a decretação da perda de 1/3 dos dias remidos.

Reconhecida falta grave no decorrer da execução penal, não pode ser determinada a perda dos dias remidos na fração máxima de 1/3 sem que haja fundamentação concreta para justificá-la. De fato, a Lei de Execução Penal (LEP) estipula como um dos seus vetores o mérito do apenado, cuja avaliação decorre do cumprimento de seus deveres (art. 39), da disciplina praticada dentro do estabelecimento prisional (art. 44) e, por óbvio, do comportamento observado quando em gozo dos benefícios previstos na aludida norma de regência. Inserido nesse escopo, a configuração da falta de natureza grave enseja vários efeitos (art. 48, parágrafo único), entre eles: a possibilidade de colocação do sentenciado em regime disciplinar diferenciado (art. 56); a interrupção do lapso para a aquisição de outros instrumentos ressocializantes, como, por exemplo, a progressão para regime menos gravoso (art. 112); a regressão no caso do cumprimento da pena em regime diverso do fechado (art. 118); além da revogação em até 1/3 do tempo remido (art. 127). Nesse contexto, o STJ adota o entendimento de que "o cometimento de falta grave implica a perda de até 1/3 dos dias remidos, cabendo ao Juízo das Execuções dimensionar o quantum cabível, observando os critérios do artigo 57 da Lei 7.210/1984, relativos à natureza, aos motivos, às circunstâncias e às consequências do fato, bem como à pessoa do faltoso e seu tempo de prisão, recomeçando a contagem a partir da data da infração". (HC 271.185-RS, Sexta Turma, DJe 14/3/2014). Dessa forma, ao decretar a perda dos dias remidos, o magistrado não pode apenas repetir o disposto no art. 57 da LEP, deixando de apontar elementos concretos do caso que, efetivamente, evidenciem a necessidade de decretação da perda dos dias remidos na fração máxima de 1/3. Isso porque, a motivação dos atos jurisdicionais, conforme imposição do artigo 93, IX, da CF ("Todos os julgamentos dos órgãos do Poder Judiciário serão públicos, e fundamentadas todas as decisões, sob pena de nulidade..."), funciona como garantia da atuação imparcial e secundum legis (sentido lato) do órgão julgador (STJ – HC n° 282.265-RS, Rel. Rogerio Shietti Cruz, j. 22.4.2014.

Art. 128. O tempo remido será computado como pena cumprida, para todos os efeitos. (Redação dada pela Lei nº 12.433, de 2011)

O artigo 128 veio para acabar com a controvérsia sobre o desconto dos dias remidos. Existiam, antes da Lei 12.433/11, duas correntes acerca do tema:

1ª corrente: o tempo remido deve ser deduzido do total da pena;

2ª corrente: o tempo remido deve ser computado como pena cumprida.

Como ficou claro, a redação do artigo 128 adotou a segunda corrente: tempo remido será computado como pena cumprida, portanto, será considerado para progressão de regime etc.

ATENÇÃO – O tempo de remição contado para fins de considerar a presença do requisito objetivo não pode ser novamente utilizado para a segunda progressão, sob pena de injusta e indevida valoração em dobro, com prejuízo à sociedade.

Art. 129. A autoridade administrativa encaminhará mensalmente ao juízo da execução cópia do registro de todos os condenados que estejam trabalhando ou estudando, com informação dos dias de trabalho ou das horas de frequência escolar ou de atividades de ensino de cada um deles. (Redação dada pela Lei nº 12.433, de 2011)

§ 1º O condenado autorizado a estudar fora do estabelecimento penal deverá comprovar mensalmente, por meio de declaração da respectiva unidade de ensino, a frequência e o aproveitamento escolar. (Incluído pela Lei nº 12.433, de 2011)

§ 2º Ao condenado dar-se-á a relação de seus dias remidos. (Incluído pela Lei nº 12.433, de 2011).

Art. 130. Constitui o crime do artigo 299 do Código Penal declarar ou atestar falsamente prestação de serviço para fim de instruir pedido de remição.

Registro para remição – A autoridade administrativa encaminhará, mensalmente, ao juízo da execução, relatório com informações dos dias de trabalho e de estudo de todos os condenados, que devem igualmente receber a relação de seus dias remidos.

O condenado que estiver autorizado a estudar fora do estabelecimento penal tem que comprovar mensalmente, por meio de declaração da unidade de ensino, a frequência e o aproveitamento escolar;

A falta do relatório (registro administrativo) impossibilita a concessão do benefício.

Buscando prevenir fraudes na remição da pena, a lei prevê que declarar ou atestar falsamente prestação de serviço para fim de instruir pedido de remição caracteriza crime previsto no artigo 299 do CP (falsidade ideológica).

SEÇÃO V
DO LIVRAMENTO CONDICIONAL

Art. 131. O livramento condicional poderá ser concedido pelo Juiz da execução, presentes os requisitos do artigo 83, incisos e parágrafo único, do Código Penal, ouvidos o Ministério Público e Conselho Penitenciário.

Livramento condicional – Medida penal consistente na liberdade antecipada do reeducando, etapa de preparação para a liberdade plena e importante instrumento de ressocialização.

Trata-se de liberdade mediante condições, conferida ao condenado que cumpriu parte da pena privativa de liberdade que lhe foi imposta.

O benefício do livramento é decorrência do sistema progressivo de cumprimento de pena, porém, para sua concessão, não pressupõe a passagem por todos os regimes prisionais.

Não se confunde com o "sursis" (suspensão condicional da execução da pena privativa de liberdade).

"Sursis"	O condenado não chega a cumprir a pena	O período de prova, em regra, é fixado entre 2 a 4 anos.	Em regra, é concedido na sentença e o recurso cabível é apelação.	Direito subjetivo do réu
Livramento Condicional	Pressupõe o cumprimento de parcela da pena	O período de prova perdura o restante da pena imposta.	Concedido pelo juiz da execução, cabendo de sua decisão agravo em execução.	Direito subjetivo do executado

ATENÇÃO - O livramento condicional, a exemplo do "sursis", não é um benefício que está à mercê da vontade do julgador, mas é um claro direito subjetivo do apenado, desde que preenchidas as formalidades constantes dos preceitos legais.

A concessão do livramento fica condicionada ao preenchimento de vários requisitos, objetivos (relacionados com a pena imposta e reparação do dano) e subjetivos (vinculados com o lado pessoal do executado), todos previstos no art. 83 do CP, alterado recentemente pela Lei 13.964/19.

Requisitos objetivos:

(A) A pena imposta deve ser privativa de liberdade. Não alcança as penas restritivas de direitos ou pecuniária.

(B) A pena concreta a ser cumprida deve ser igual ou superior a dois anos. Nos termos do artigo 84 do Código Penal, o magistrado deverá somar as penas aplicadas em processos diversos para a verificação desse requisito.

(C) O apenado deve ter cumprido parcela da pena. O benefício da liberdade condicional é conferido ao condenado que cumpriu parte da pena privativa de liberdade que lhe foi imposta:

(C1) mais de metade, se reincidente.

ATENÇÃO - Somente a reincidência dolosa é que aumenta a fração de cumprimento da pena como condição do benefício; a culposa, de acordo com a maioria da doutrina, em nada interfere.

O STJ decidiu que, na concessão do livramento condicional, a reincidência do agente deve ser considerada entre os requisitos objetivos ainda que não o tenha sido na sentença condenatória, pois "é circunstância pessoal que interfere na execução como um todo, e não somente nas penas em que ela foi reconhecida. Precedentes citados: HC 95.505-RS, Quinta Turma, DJe 1º/2/2010; e EDcl no HC 267.328-MG, Quinta Turma, DJe de 6/6/2014 (HC 307.180/RS, Rel. Min. Felix Fischer, DJe 13/5/2015).

(C2) mais de um terço, se não reincidente e portador de bons antecedentes.

ATENÇÃO - Deve ser observado que a lei não tratou do condenado primário, mas portador de maus antecedentes. Na omissão, prevalece que o reeducando, com esses predicados, deve cumprir também um terço, o mesmo prazo do portador de bons antecedentes (*in dubio pro reo*).

(C3) mais de dois terços no caso de condenação por crime hediondo ou equiparado ou por tráfico de pessoas, desde que o apenado não seja reincidente específico em crimes dessa natureza (livramento condicional qualificado).

ATENÇÃO - Ao tratar das frações de cumprimento da pena para a progressão de regime, a Lei 13.964/19 (Pacote Anticrime) inseriu mais uma limitação ao livramento condicional. Segundo o art. 112, inc. VI, *a*, e inc. VIII, o condenado (primário ou reincidente) pela prática de crime hediondo ou equiparado com resultado morte não pode obter o benefício. Em que pese o tráfico de pessoas estar também sujeito ao prazo maior de execução da pena para a liberdade antecipada, não é etiquetado como hediondo (ou equiparado), salvo quando a vítima for criança ou adolescente, sofrendo, nesse caso, todos os consectários de um crime hediondo.

(D) No caso de crime doloso praticado com violência ou grave ameaça à pessoa, é imprescindível a constatação de condições pessoais que façam presumir que o liberado não voltará a delinquir. O instrumento adequado para aferir essa condição pode ser o exame criminológico. Anote-se que, com as mudanças inseridas pela Lei 14.843/2024, o exame, antes submetido à discricionariedade do juiz, passa a ser obrigatório para toda e qualquer progressão de regime.

(E) Não cometimento de falta grave nos últimos doze meses. Este requisito objetivo foi introduzido pela Lei 13.964/19 (Pacote Anticrime). Isso não significa que a ausência de falta grave no mencionado período seja suficiente para satisfazer o requisito subjetivo exigido para a concessão do livramento condicional, nem sequer que eventuais faltas disciplinares ocorridas anteriormente não possam ser consideradas pelo Juízo das Execuções Penais para aferir fundamentadamente o mérito do apenado.

Assim, é legítimo que o julgador fundamente o indeferimento do pedido de livramento condicional em infrações disciplinares cometidas há mais de 12 (doze) meses, em razão da existência do requisito cumulativo contido na alínea a do art. 83 do inciso III do Código Penal, o qual determina que esse benefício será concedido apenas aos que demonstrarem bom comportamento durante a execução da pena. Nesse sentido: STJ – AgRg no HC 776.645-SP, Rel. Min. Laurita Vaz, Sexta Turma, por unanimidade, julgado em 25/10/2022, DJe 03/11/2022.

ATENÇÃO - Apesar da irretroatividade, é possível que o juiz negue a concessão do livramento com base no requisito relativo ao comportamento carcerário. A diferença é que, neste caso, como o bom comportamento é um requisito subjetivo, é preciso fundamentar a real incompatibilidade entre a falta cometida e a liberdade antecipada, ao passo que o óbice baseado no novo requisito introduzido no art. 83 se contenta com o mero cometimento da falta grave.

A falta grave interrompe o prazo para o livramento? – Não. Embora o cometimento de falta grave interrompa o prazo para a progressão de regime (Súmula 534 STJ), não o faz para fins de concessão de livramento condicional, pois não há previsão legal a esse respeito. Nesse sentido é a súmula nº 441 do STJ, cujo conteúdo não é incompatível com a regra imposta pela Lei 13.964/19. Embora o condenado não possa obter o livramento se houver cometido falta grave nos doze meses anteriores à sua pretensão, o prazo do benefício não volta a correr do começo quando cometida a infração. Praticada a falta grave, nos 12 meses seguintes o reeducando não pode ser beneficiado com a liberdade antecipada, mesmo que cumpra seu requisito temporal. O prazo de 12 meses, aliás, coincide com o prazo da reabilitação da falta grave, hoje previsto na maioria dos regimentos internos das unidades prisionais dos vários estados brasileiros.

Requisitos subjetivos – Somando-se aos objetivos, temos os requisitos subjetivos, vinculados com o lado pessoal do executado. São eles:

(A) Bom comportamento durante a execução da pena. Esse requisito cobra do condenado comportamento adequado durante todo o tempo da execução da pena, seja no cumprimento das obrigações internas, seja no seu relacionamento com demais habitantes do sistema, com os funcionários, elementos indicativos da sua capacidade de readaptação social.

ATENÇÃO – Essa análise não sofre limitação temporal, diferentemente do requisito sobre a inexistência de falta grave nos doze meses anteriores à pretensão: "Com o advento da Lei n. 13.964/2019 (Pacote Anticrime), foram acrescentados no art. 83 do Código Penal novos requisitos para o livramento condicional. A primeira mudança diz respeito à necessidade de se comprovar bom comportamento durante a execução da pena, e o outro é o de não cometimento de falta grave nos últimos 12 meses da data da concessão do benefício. A inclusão da alínea b no inciso III do art. 83 do Código Penal teve como objetivo impedir a concessão do livramento condicional ao apenado que tenha cometido falta grave nos últimos 12 meses, o que não significa, todavia, que 'a ausência de falta grave no mencionado período seja suficiente para satisfazer o requisito subjetivo exigido para a concessão do livramento condicional' (AgRg no HC 730.327/RS, Ministra Laurita Vaz, Sexta Turma, DJe de 2/12/2022). A determinação incluída pela referida alínea *b* é um acréscimo ao bom comportamento carcerário exigido na alínea *a* do mesmo dispositivo, cuja análise deve considerar todo o histórico prisional do apenado. Trata-se de requisitos cumulativos, pois, além de ostentar bom comportamento durante todo o período de cumprimento da pena, o apenado não pode ter incorrido em nenhuma falta grave nos últimos 12 meses da data da análise da concessão do benefício. Quanto ao tema, esta Corte já se pronunciou a respeito, firmando o entendimento de que '[p]ara fins de bom comportamento carcerário, considera-se todo o período da execução penal.' (AgRg no HC 728.715/SP, Ministro Rogerio Schietti Cruz, Sexta Turma, DJe de 10/6/2022). Em outras palavras, 'não se aplica limite temporal para aferição de requisito subjetivo com escopo na concessão do livramento condicional, que deve necessariamente considerar todo o período da execução da pena [...]' (AgRg no REsp 1.961.829/MG, Ministro Reynaldo Soares da Fonseca, Quinta Turma, DJe de 19/11/2021). Portanto, o requisito previsto no art. 83, inciso III, alínea b, do Código Penal, de ausência de prática de falta grave nos últimos 12 meses, é pressuposto objetivo para a concessão do livramento condicional e não limita a análise do requisito subjetivo" (STJ – REsp 1.970.217/MG, j. 24/05/2023).

(B) Bom desempenho no trabalho que lhe foi atribuído. O legislador buscou dar ao sentenciado a oportunidade de exercitar sua aptidão para as atividades que lhe serão indispensáveis e úteis na volta à liberdade. Assim, deve aquele que pleiteia o livramento condicional demonstrar que pode bem desempenhar, a título de trabalho atribuído, tanto as atividades levadas a cabo no interior do cárcere, quanto aquelas desenvolvidas fora da prisão, quer sejam no serviço público, quer sejam na iniciativa privada.

(C) Aptidão para prover a própria subsistência mediante trabalho honesto. Este requisito aparece como desdobramento lógico do anterior.

(D) No caso de crime doloso praticado com violência ou grave ameaça à pessoa, é imprescindível a constatação de condições pessoais que façam presumir que o liberado não voltará a delinquir. O instrumento adequado para aferir essa condição é o exame criminológico. Anote-se que este exame era obrigatório antes da Lei 10.792/03, tendo sido suprimido. Não obstante, entendem os Tribunais Superiores que o juiz, fundamentando a sua necessidade, poderá determinar a sua realização.

Processamento do pedido:

I. o benefício pode ser concedido mediante requerimento do sentenciado (ou familiar), do Ministério Público, da defesa ou proposta pelo Diretor do estabelecimento.

II. o Juiz da execução, antes de decidir, ouve sempre o Ministério Público e também o Defensor.

ATENÇÃO – A Lei 10.792/03 alterou o inciso I do artigo 70 da LEP, eliminando a função do Conselho Penitenciário de emitir parecer em Livramento Condicional.

III. deferido o pedido, realiza-se audiência admonitória, na qual o juiz especificará as condições a que fica subordinado o livramento (art. 132 LEP).

JURISPRUDÊNCIA

Livramento condicional e crime superveniente.

A Turma concedeu "habeas corpus" para determinar que o paciente retorne ao livramento condicional com a ressalva de que, cumprido o período de prova, a decisão de extinção da pena somente poderá ser proferida após o trânsito em julgado referente ao crime superveniente (CP, art. 89). Na situação dos autos, a defesa sustentava falta de fundamentação da decisão que suspendera o benefício do livramento condicional e que, a despeito da prática de crime no curso do período de prova, a eventual prisão do liberado somente se justificaria se motivada, o que não teria ocorrido. Entendeu-se que, de fato, a prática de outro delito durante o período de prova do livramento condicional autorizaria a suspensão cautelar do benefício, nos termos do art. 145 da LEP e do art. 732 do CPP. Entretanto, aduziu-se que o juízo das execuções não se desincumbira de demonstrar a real necessidade de se determinar a segregação do paciente, bem como que a ele caberia fundamentar a sua imprescindibilidade, sob pena de torná-la medida automática, consectário lógico da prática de novo crime durante o período de prova do benefício. Por fim, considerou-se que a espécie amoldar-se-ia à hipótese de prorrogação do livramento condicional (STF – HC n° 105497, Rel. Gilmar Mendes, j. 15.2.2011).

Comutação de pena e revogação de livramento condicional.

A Turma concedeu "habeas corpus" para que o juízo de execuções criminais proceda a novo exame de pedido de comutação de pena do paciente, devendo verificar a existência de preenchimento dos requisitos objetivos constantes do Dec. 5.620/05, inclusive, alterando, se for o caso, o "quantum" de pena comutado posteriormente com base nos decretos 5.993/06 e 6.294/07. Na espécie, a defesa requeria a nulidade de decisão do

Juízo de Execuções que denegara ao paciente o direito à comutação de pena, prevista no Dec. 5.620/05 – que concede indulto condicional, comutação e dá outras providências – , tendo em conta o que disposto no art. 88 do CP. Afirmou-se que o mencionado artigo veda a concessão de novo livramento condicional quando o primeiro tiver sido revogado em razão de cometimento de crime posterior, bem como proíbe que o tempo em que o agente permanece solto seja descontado da pena. Contudo, entendeu-se que os requisitos do instituto da comutação da pena não se confundiriam com os referentes ao instituto do livramento condicional. Ressaltou-se que o art. 88 do CP prescreveria matéria atinente à impossibilidade de concessão de novo livramento condicional e não de concessão de comutação (STF – HC n° 98422, Rel. Gilmar Mendes, j. 5.10.2010).

Livramento condicional no crime de associação para o tráfico.

O condenado por associação para o tráfico (art. 35 da Lei 11.343/2006), caso não seja reincidente específico, deve cumprir 2/3 da pena para fazer jus ao livramento condicional. Isso porque a própria Lei 11.343/2006, no parágrafo único do art. 44, prevê requisito objetivo específico para a concessão do livramento condicional ao delito de associação para o tráfico: "Os crimes previstos nos arts. 33, caput e § 1º, e 34 a 37 desta Lei são inafiançáveis e insuscetíveis de sursis, graça, indulto, anistia e liberdade provisória, vedada a conversão de suas penas em restritivas de direitos. Parágrafo único. Nos crimes previstos no caput deste artigo, dar-se-á o livramento condicional após o cumprimento de dois terços da pena, vedada sua concessão ao reincidente específico". Assim, em observância ao Princípio da Especialidade, aplica-se o disposto no art. 44, parágrafo único, da Lei 11.343/2006 em detrimento dos incisos I e II do art. 83 do CP. Ressalte-se que o lapso temporal de cumprimento de pena para obtenção do livramento condicional quanto ao delito do art. 35 da Lei 11.343/2006 independe da análise do caráter hediondo do crime. Precedentes citados: AgRg no REsp 1.484.138-MS, Sexta Turma, DJe de 15/6/2015; e HC 292.882-RJ, Sexta Turma, DJe de 18/8/2014 (STJ – HC n° 311.656-RJ, Rel. Felix Fischer, j. 25.8.2015, DJe 2.9.2015.

Influência da reincidência no cálculo de benefícios no decorrer da execução penal.

Na definição do requisito objetivo para a concessão de livramento condicional, a condição de reincidente em crime doloso deve incidir sobre a somatória das penas impostas ao condenado, ainda que a agravante da reincidência não tenha sido reconhecida pelo juízo sentenciante em algumas das condenações. Isso porque a reincidência é circunstância pessoal que interfere na execução como um todo, e não somente nas penas em que ela foi reconhecida. Precedentes citados: HC 95.505-RS, Quinta Turma, DJe 1º/2/2010; e EDcl no HC 267.328-MG, Quinta Turma, DJe de 6/6/2014 (STJ – HC n° 307.180-RS, Rel. Felix Fischer, j. 16.4.2015, DJe 13.5.2015.

Condição subjetiva para livramento condicional.

Para a concessão de livramento condicional, a avaliação da satisfatoriedade do comportamento do executado não pode ser limitada a um período absoluto e curto de tempo. Embora não se possa inviabilizar a concessão do livramento condicional apenas porque durante a execução penal o condenado cometeu uma falta grave, o comportamento de um recluso do sistema penitenciário há de ser aferido em sua inteireza, por todo o período em que esteve cumprindo sua pena. Cingir o "comprovado comportamento satisfatório durante a execução da pena", conforme demanda o art. 83, III, do CP, apenas a um curto período de tempo que anteceda a análise do pedido implica dispensar o magistrado – especialmente o que está em permanente contato com a realidade dos presídios – de usar seu tirocínio, sua experiência e as informações de que dispõe nos autos para avaliar o merecimento do benefício pretendido pelo interno. O poder discricionário do juízo da execução penal não pode ser restringido a ponto de transformar a avaliação subjetiva em um simples cálculo aritmético (STJ – REsp n° 1.325.182-DF, Rel. Rogerio Schietti Cruz, j. 20.2.2014.

Livramento condicional – Ausência do requisito subjetivo – Faltas graves – Prazos de reabilitação – Forma de contagem dos lapsos temporais – Insurgência contra o art. 89 e art. 90, ambos da Resolução no 144/2010 da Secretaria de Administração Penitenciária – Inconstitucionalidade – Inocorrência – Dispositivos que encontram respaldo no art. 24, inciso I, da Constituição Federal, bem como no art. 47, no art. 73 e no art. 74, todos da Lei de Execuções Penais – Advento da Lei nº 13.964/19 – Afastamento do regramento estadual – Inocorrência – Diploma legal que apenas impôs requisito mínimo para avaliação da conduta carcerária daquele que pretende ser agraciado com o benefício – Recurso improvido. "(...) ao prever a ausência de falta grave nos 12 meses antecedentes como requisito para concessão do benefício (art. 83, inciso III, alínea "b", do Código Penal), o texto legal não afastou a necessidade de comprovação do bom comportamento carcerário do preso; apenas impôs parâmetro mínimo para avaliação da conduta disciplinar daquele que pretende ser agraciado com o livramento condicional" (Agravo em Execução Penal no 0004474-38.2020.8.26.0996, rel. Des. Alexandre Almeida, 11a Câm. Criminal, j. 14/07/2020).

Art. 132. Deferido o pedido, o Juiz especificará as condições a que fica subordinado o livramento.

§ 1º Serão sempre impostas ao liberado condicional as obrigações seguintes:

a) obter ocupação lícita, dentro de prazo razoável se for apto para o trabalho;

b) comunicar periodicamente ao Juiz sua ocupação;

c) não mudar do território da comarca do Juízo da execução, sem prévia autorização deste.

§ 2° Poderão ainda ser impostas ao liberado condicional, entre outras obrigações, as seguintes:

a) não mudar de residência sem comunicação ao Juiz e à autoridade incumbida da observação cautelar e de proteção;

b) recolher-se à habitação em hora fixada;

c) não freqüentar determinados lugares.

d) (VETADO) (Incluído pela Lei nº 12.258, de 2010)

e) utilizar equipamento de monitoração eletrônica.

Deferimento do pedido – O Juiz especificará as condições a que fica subordinado o livramento durante o período de prova (restante da pena a cumprir).

O período de prova **tem início** com a audiência admonitória, realizada no estabelecimento onde está sendo cumprida a pena (art. 137 da LEP), oportunidade em que o reeducando será comunicado do rol de condições que deve observar durante o cumprimento do benefício.

As condições a que, obrigatoriamente, fica subordinado o livramento (art. 85 do CP) são:

1) obter ocupação lícita, dentro de prazo razoável, se for apto para o trabalho

Como bem alerta Mirabete:

"O prazo para obter ocupação lícita deve ser fixado pelo juiz, levando em conta eventual promessa de emprego juntada ao pedido de livramento, as dificuldades maiores ou menores que se apresentem ao liberado, o índice de desemprego geral na localidade etc. Nada impede que tal prazo seja prorrogado se o juiz verificar que, apesar do emprenho do beneficiário, não logrou ele êxito na admissão de emprego ou execução de outra ocupação lícita (frequência a cursos de segundo grau, universitário, profissional etc.)" (ob. cit. p. 579/580).

2) comunicar periodicamente ao juiz sua ocupação

A lei não exige que a comunicação seja mensal, ficando a critério do juiz da execução penal.

3) **não mudar da comarca sem prévia autorização do juízo.**

O liberado não está proibido de mudar de endereço, dentro do território da comarca limite da jurisdição do juiz da execução penal. A autorização, portanto, é condição apenas quando se tratar de mudança de endereço que implique mudança de comarca.

Além das condições obrigatórias, o juiz pode fixar outras (chamadas judiciais), de natureza facultativa, elencadas, de forma exemplificativa, no art. 132, § 2º. Dentre elas, destaca-se a utilização de monitoração eletrônica, incluída pela Lei 14.843/2024.

JURISPRUDÊNCIA

Microempresário e trabalho externo.

A 2ª Turma concedeu habeas corpus para permitir a réu exercer trabalho externo nas condições a serem estabelecidas pelo juízo da execução. No caso, o paciente fora condenado à pena de 25 anos de reclusão pela prática dos crimes de estupro e atentado violento ao pudor. Posteriormente, progredira para o regime semiaberto e, pelo seu trabalho, remira, até a data da impetração, 564 dias da sanção imposta. Então, pedira autorização para realizar trabalho externo. Apresentara registro como microempresário – com o número do CNPJ e endereço comercial – e documento a atestar que sua atividade seria de instalação e manutenção elétrica. O pleito fora indeferido por sucessivas decisões sob o fundamento de que o reeducando não teria empregador que pudesse elaborar relatórios mensais e controlar suas atividades. Asseverou-se que o paciente seria microempresário e dispor-se-ia a trabalhar. Consignou-se não haver impedimento para que ele mesmo apresentasse, periodicamente, ao juiz da execução notas fiscais dos serviços prestados. Ademais, seria preciosismo exigir a condição de empregado, especialmente em momento de crise econômica (STF HC nº 110605-RS, Rel. Ricardo Lewandowski, j. 6.12.2011).

Trabalho extramuros. Região. Crime organizado.

Constatou-se que a sociedade empresária em que o paciente apenado pretendia realizar trabalho extramuros (art. 35, § 2º, do CP) situa-se em região tomada pelo crime organizado a ponto de impedir a fiscalização do cumprimento do benefício pelos fiscais da vara de execuções penais. Assim, mostra-se irrepreensível a cassação da decisão concessiva da benesse determinada pelo TJ, pois, apesar de o paciente apresentar mérito carcerário, o trabalho extramuros em tal localidade poderia servir de estímulo à delinquência e até de meio à burla da execução da pena, o que desvirtuaria sobremaneira a própria finalidade do instituto do trabalho extramuros, qual seja, de contribuir para a reinserção social do apenado (STJ – HC nº 165.081, Rel. Gilson Dipp, j. 31.5.2011).

Art. 133. **Se for permitido ao liberado residir fora da comarca do Juízo da execução, remeter-se-á cópia da sentença do livramento ao Juízo do lugar para onde ele se houver transferido e à autoridade incumbida da observação cautelar e de proteção.**

Art. 134. **O liberado será advertido da obrigação de apresentar-se imediatamente às autoridades referidas no artigo anterior.**

Liberado e residência fora da comarca – O condenado, mediante autorização do juiz, poderá residir fora da comarca do juízo da execução. Permitida essa mudança, deverá ser remetida cópia da sentença do livramento ao Juízo do lugar para onde ele se houver transferido bem como à autoridade incumbida da observação cautelar e de proteção.

Há autores (dentre eles Mirabete), e no mesmo sentido decisões no STJ (HC 87.895/SP), que entendem que a mudança de residência por parte do sentenciado para outra comarca não implica na concomitante mudança de competência para a execução, isto é, a competência permanece com o Juízo da execução original, a quem incumbe decidir a respeito dos incidentes ou alterações no processo executivo (por exemplo: revogação do benefício, modificação nas condições etc.).

Na prática, entretanto, é remetido todo o processo de execução, com a consequente alteração de competência.

ATENÇÃO – Quando permitido ao liberado residir fora da comarca do Juízo da execução, será advertido da obrigação de apresentar-se imediatamente às autoridades referidas no artigo anterior, leia-se, juízo do lugar em que foi residir e às demais autoridades responsáveis pela observação do regular cumprimento do benefício.

Art. 135. Reformada a sentença denegatória do livramento, os autos baixarão ao Juízo da execução, para as providências cabíveis.

Reformada a sentença denegatória do livramento condicional – Os autos baixarão ao Juízo da execução para as providências cabíveis, isto é, audiência de advertência, expedição de carta de livramento etc. No mesmo sentido, art. 721 do CPP.

Art. 136. Concedido o benefício, será expedida a carta de livramento com a cópia integral da sentença em 2 (duas) vias, remetendo-se uma à autoridade administrativa incumbida da execução e outra ao Conselho Penitenciário.

Carta de Livramento – Tem dupla finalidade, pois, além de cientificar o reeducando das condições impostas no benefício, tem a mesma força do alvará de soltura, determinando, ao final, que o condenado seja colocado em liberdade, se por outro motivo não estiver preso.

Art. 137. A cerimônia do livramento condicional será realizada solenemente no dia marcado pelo Presidente do Conselho Penitenciário, no estabelecimento onde está sendo cumprida a pena, observando-se o seguinte:

I – a sentença será lida ao liberando, na presença dos demais condenados, pelo Presidente do Conselho Penitenciário ou membro por ele designado, ou, na falta, pelo Juiz;

II – a autoridade administrativa chamará a atenção do liberando para as condições impostas na sentença de livramento;

III – o liberando declarará se aceita as condições.

§ 1º De tudo em livro próprio, será lavrado termo subscrito por quem presidir a cerimônia e pelo liberando, ou alguém a seu rogo, se não souber ou não puder escrever.

§ 2º Cópia desse termo deverá ser remetida ao Juiz da execução.

Cerimônia do livramento – É um ato solene, cumprindo as seguintes formalidades:

a) a sentença será lida ao liberando, na presença dos demais condenados, pelo Presidente do Conselho Penitenciário ou membro por ele designado, ou, na falta, pelo Juiz;

b) a Autoridade Administrativa chamará a atenção do liberando para as condições impostas na sentença de livramento;

c) o liberando declarará se aceita as condições.

ATENÇÃO – Caso o liberando não aceite as condições impostas pelo Juiz, a Autoridade Administrativa comunicará o Juiz da execução, que tornará o livramento condicional sem efeito e determinará que o condenado volte ao regime que estava. Pode o Juiz, entretanto, diante das justificativas do reeducando, modificar as condições facultativas eventualmente impostas, expedindo nova carta de livramento, em substituição a anterior, designando outra cerimonia (art. 144 LEP).

d) por fim, será lavrado um termo subscrito por quem presidir a cerimônia e pelo liberando, ou alguém a sou rogo, se não puder ou souber escrever.

Art. 138. **Ao sair o liberado do estabelecimento penal, ser-lhe-á entregue, além do saldo de seu pecúlio e do que lhe pertencer, uma caderneta, que exibirá à autoridade judiciária ou administrativa, sempre que lhe for exigida.**

§ 1º A caderneta conterá:

a) a identificação do liberado;

b) o texto impresso do presente Capítulo;

c) as condições impostas.

§ 2º Na falta de caderneta, será entregue ao liberado um salvo-conduto, em que constem as condições do livramento, podendo substituir-se a ficha de identificação ou o seu retrato pela descrição dos sinais que possam identificá-lo.

§ 3º Na caderneta e no salvo-conduto deverá haver espaço para consignar-se o cumprimento das condições referidas no artigo 132 desta Lei.

Caderneta – O liberado receberá (além do saldo de seu pecúlio e do que lhe pertencer) uma caderneta, ou na sua falta, um salvo-conduto, que exibirá à Autoridade Judiciária ou Administrativa, sempre que for exigida ou necessária. Serve como documento de identificação do liberado.

Art. 139. A observação cautelar e a proteção realizadas por serviço social penitenciário, Patronato ou Conselho da Comunidade terão a finalidade de:

I - fazer observar o cumprimento das condições especificadas na sentença concessiva do benefício;

II - proteger o beneficiário, orientando-o na execução de suas obrigações e auxiliando-o na obtenção de atividade laborativa.

Parágrafo único. A entidade encarregada da observação cautelar e da proteção do liberado apresentará relatório ao Conselho Penitenciário, para efeito da representação prevista nos artigos 143 e 144 desta Lei.

Vigilância no livramento condicional – A observação cautelar (vigilância discreta) e a proteção do liberado (orientação e auxílio) serão de responsabilidade do Serviço Social Penitenciário, Patronato ou Conselho da Comunidade, cumprindo as finalidades do art. 139.

Alerta Mirabete:

> "Em sua atividade de fiscalização das condições impostas na sentença uma das importantes funções da entidade encarregada da observação cautelar é a de apresentar relatório ao Conselho Penitenciário sempre que se positivar uma infração às regras estabelecidas na lei ou pelo juiz para o livramento. Tal relatório servirá de fundamento para que o Ministério Público ou do Conselho Penitenciário requeiram, ou o juiz da execução decrete, de ofício, a revogação do benefício (art. 143) ou modifique as condições (art. 144)" (ob. cit. p. 588).

Art. 140. A revogação do livramento condicional dar-se-á nas hipóteses previstas nos artigos 86 e 87 do Código Penal.

Parágrafo único. Mantido o livramento condicional, na hipótese da revogação facultativa, o Juiz deverá advertir o liberado ou agravar as condições.

Art. 141. Se a revogação for motivada por infração penal anterior à vigência do livramento, computar-se-á como tempo de cumprimento da pena o período de prova, sendo permitida, para a concessão de novo livramento, a soma do tempo das 2 (duas) penas.

Art. 142. No caso de revogação por outro motivo, não se computará na pena o tempo em que esteve solto o liberado, e tampouco se concederá, em relação à mesma pena, novo livramento.

Revogação do benefício – Revoga-se o livramento, obrigatoriamente, se o liberado vem a ser condenado a pena privativa de liberdade, em sentença irrecorrível:

I – por crime cometido durante a vigência do benefício

a) nesse caso, não se computa na pena a cumprir o tempo em que esteve em liberdade (art. 142).

b) não se concederá, em relação à mesma pena, novo livramento (art. 142).

ATENÇÃO - Nada obsta que ele obtenha o livramento condicional em relação à segunda pena, desde que cumprida a primeira.

c) o restante da pena cominada ao crime não pode somar-se à nova pena para efeito da concessão do novo livramento (se a nova pena for inferior a dois anos, incabível, também em relação a esta, o benefício).

II - por crime anterior, observado o disposto no artigo 84 do Código Penal

Os efeitos, aqui, são diametralmente opostos aos do inciso anterior:

a) computa-se na pena a cumprir o tempo em que esteve em liberdade (art. 141).

b) cumpridos os requisitos, é possível novo livramento em relação à mesma pena.

c) o restante da pena cominada ao crime pode somar-se à nova pena para efeito da concessão do novo livramento (art. 141).

A revogação, contudo, será facultativa, se o liberado deixar de cumprir qualquer das obrigações constantes na sentença, ou for irrecorrivelmente condenado, por crime ou contravenção, a pena que não seja privativa de liberdade.

No caso, o juiz poderá revogar o livramento, alterar suas condições ou, simplesmente, advertir o apenado (art. 140, parágrafo único).

ATENÇÃO - A condenação a pena privativa de liberdade (prisão simples), em razão da prática de contravenção penal, não é causa de revogação obrigatória, nem facultativa. O cochilo do legislador não pode ser suprido pela analogia, que no caso seria *in malam partem*.

Art. 143. A revogação será decretada a requerimento do Ministério Público, mediante representação do Conselho Penitenciário, ou, de ofício, pelo Juiz, ouvido o liberado.

Legitimidade para revogação - A revogação do livramento condicional só será decretada mediante requerimento do Ministério Público, mediante representação do Conselho Penitenciário, ou, de ofício, pelo Juiz, sempre resguardando o direito à ampla defesa de que goza o condenado.

Art. 144. O Juiz, de ofício, a requerimento do Ministério Público, da Defensoria Pública ou mediante representação do Conselho Penitenciário, e ouvido o liberado, poderá modificar as condições especificadas na sentença, devendo o respectivo ato decisório ser lido ao liberado

por uma das autoridades ou funcionários indicados no inciso I do caput do art. 137 desta Lei, observado o disposto nos incisos II e III e § § 1º e 2º do mesmo artigo. (Redação dada pela Lei nº 12.313, de 2010).

Modificação das condições do livramento - Provocado pelo Ministério Público, Defensoria Pública ou mediante representação do Conselho Penitenciário, o Juiz poderá agravar ou atenuar as condições do livramento condicional, após oitiva do liberado, em respeito à ampla defesa.

Art. 145. Praticada pelo liberado outra infração penal, o Juiz poderá ordenar a sua prisão, ouvidos o Conselho Penitenciário e o Ministério Público, suspendendo o curso do livramento condicional, cuja revogação, entretanto, ficará dependendo da decisão final.

Prisão do liberado - Cometida, pelo liberado, outra infração penal, poderá o Juiz ordenar a sua prisão (recolhimento cautelar), desde que ouvidos o Conselho Penitenciário e o Ministério Público.

Tal medida suspenderá o curso do livramento condicional, cuja revogação dependerá da decisão final.

ATENÇÃO - Bem adverte Renato Marcão: "operada a suspensão do livramento em razão da prática de nova infração penal no curso do período de prova, e determinada a prisão do executado, o encarceramento não poderá exceder o prazo previsto para a pena inicialmente prevista" (ob. cit. p. 250).

Saliente-se que, após o término do processo instaurado em razão do novo delito, se o liberado for definitivamente condenado, além de revogado o livramento condicional, não terá o tempo que permaneceu solto computado como cumprimento de pena. Se, no entanto, for absolvido, o condenado voltará à liberdade e terá computado como tempo de pena tanto o tempo em que esteve solto como o período cautelarmente recolhido.

JURISPRUDÊNCIA

Livramento condicional e crime superveniente

A Turma concedeu "habeas corpus" para determinar que o paciente retorne ao livramento condicional com a ressalva de que, cumprido o período de prova, a decisão de extinção da pena somente poderá ser proferida após o trânsito em julgado referente ao crime superveniente (CP, art. 89). Na situação dos autos, a defesa sustentava falta de fundamentação da decisão que suspendera o benefício do livramento condicional e que, a despeito da prática de crime no curso do período de prova, a eventual prisão do liberado somente se justificaria se motivada, o que não teria ocorrido. Entendeu-se que, de fato, a prática de outro delito durante o período de prova do livramento condicional autorizaria a suspensão cautelar do benefício, nos termos do art. 145 da LEP e do art. 732 do CPP. Entretanto, aduziu-se que o juízo das execuções não se desincumbira de demonstrar a real necessidade de se determinar a segregação do paciente, bem como que a ele caberia fundamentar a sua imprescindibilidade, sob pena de torná-la medida automática, consectário lógico da prática de novo crime durante o período de prova do benefício. Por fim, considerou-se que a espécie amoldar-se-ia à hipótese de prorrogação do livramento condicional (STF – HC nº 105497, Rel. Gilmar Mendes, j. 15.2.2011.).

Livramento condicional. Suspensão. Falta grave.

Noticiam os autos que o paciente obteve o benefício do livramento condicional, mas o juízo da execução suspendeu cautelarmente todos os benefícios executórios em razão da notícia de sua prisão pela prática de outro crime. Agora, no "writ", o impetrante alega que a suspensão dos benefícios executórios devido ao cometimento de falta grave só poderia ocorrer quando a sentença condenatória tivesse transitado em julgado. Explica o min. rel. não haver qualquer ilegalidade na decisão atacada, porquanto a prática de novo crime doloso pelo réu configura falta grave, o que autoriza a suspensão cautelar do benefício, independentemente do trânsito em julgado de eventual sentença condenatória (arts. 52 e 145 da LEP). Diante do exposto, a Turma denegou a ordem da "habeas corpus" (STJ HC nº 15.379, Rel. Felix Fischer, j. 18.3.10). .

Art. 146. O Juiz, de ofício, a requerimento do interessado, do Ministério Público ou mediante representação do Conselho Penitenciário, julgará extinta a pena privativa de liberdade, se expirar o prazo do livramento sem revogação.

Extinção do período de prova – o art. 89 do Código Penal, em disposição que não se confunde com a suspensão, determina que o juiz não poderá declarar extinta a pena enquanto não passar em julgado a sentença em processo a que responde o liberado por crime cometido na vigência do livramento. Trata-se aqui da prorrogação do benefício.

Sempre houve controvérsia a respeito da necessidade de decisão judicial sobre a prorrogação, ou seja, havia quem sustentasse que a prorrogação era automática, ao passo que outros defendiam a tese de que somente se prorrogava o benefício por decisão do juiz. Portanto, caso não houvesse, até o final do prazo do livramento, pronunciamento judicial que o estendesse, a pena deveria ser extinta.

Havia decisões tanto no STJ quanto no STF impondo a necessidade de prorrogação expressa. Esta orientação se firmou ultimamente em diversos julgados nos quais os tribunais superiores estabeleceram que, transcorrido o período do livramento sem que o juiz o houvesse prorrogado – ou suspendido –, a pena deveria ser declarada extinta:

> "2. À luz do disposto no art. 86, I, do Código Penal e no art. 145 da Lei das Execuções Penais, se, durante o cumprimento do benefício, o liberado cometer outra infração penal, o juiz poderá ordenar a sua prisão, suspendendo o curso do livramento condicional, cuja revogação, entretanto, aguardará a conclusão do novo processo instaurado. 3. A suspensão do livramento condicional não é automática. Pelo contrário, deve ser expressa, por decisão fundamentada, para se aguardar a apuração da nova infração penal cometida durante o período de prova, e, então, se o caso, revogar o benefício. Precedente. 4. Decorrido o prazo do período de prova sem ter havido a suspensão cautelar do benefício, tampouco sua revogação, extingue-se a pena privativa de liberdade. Precedentes." (STF: HC 119.938/RJ, j. 03/06/2014)

> "III – Decorrido o período de prova do livramento condicional sem que seja suspenso ou revogado, a pena deve ser extinta, nos termos do art. 90 do Código Penal. IV – A jurisprudência do Supremo Tribunal Federal e deste Superior Tribunal de Justiça é firme no sentido de que não há prorrogação automática do livramento condicional." (STJ: HC 454.451/SP, j. 11/09/2018)

Com a edição da súmula 617, o STJ dirime qualquer dúvida: "A ausência de suspensão ou revogação do livramento condicional antes do término do período de prova enseja a extinção da punibilidade pelo integral cumprimento da pena."

ATENÇÃO- Inquérito policial em andamento não prorroga o livramento, sendo imprescindível processo, leia-se, denúncia ou queixa formalmente recebida. Contravenção penal e crime cometido antes da vigência do livramento, também não têm força para prorrogar o período de prova.

Se até o seu término o livramento não é revogado, considera-se extinta a pena privativa de liberdade (art. 90 do CP).

"Como a pena fica extinta quando se expira o prazo do livramento sem ter ocorrido revogação, deve-se ter como data da extinção o último dia do prazo e não a data em que, nos autos, o juiz a declarar. A extinção da pena se dá pelo fato, ou seja, pelo término do prazo, e não pela sentença que o reconhece. Assim, por exemplo, para o efeito de reabilitação, o prazo de dois anos deve ser contado a partir da data do término do prazo e não da data em que se decreta a extinção da pena" (Mirabete, ob. cit. p. 599).

ATENÇÃO - Embora não se extraia da leitura da lei expressamente o prazo de duração do livramento condicional, é pacífica a compreensão de que o tempo em livramento condicional corresponderá ao mesmo tempo restante da pena privativa de liberdade a ser cumprida. Inclusive e em reforço a tal compreensão, o CP e a LEP dispõem que o tempo em livramento condicional será computado como tempo de cumprimento de pena caso o motivo de revogação do livramento condicional decorra de infração penal anterior à vigência do referido instituto. Ora, se o tempo de cumprimento das penas privativas de liberdade não pode ser superior a 40 (quarenta) anos (art. 75 do CP), o período de prova do benefício deve observar esse limite legal. Essa decisão não colide com a Súmula 715 do STF, que, para a concessão do benefício do livramento condicional, manda levar em conta a pena aplicada na sentença (sem os limites do art. 75 do CP). (STJ, REsp 1922012, rel. Min. Joel Paciornik, j. 05.10.2021)

JURISPRUDÊNCIA

Livramento condicional. Revogação posterior.

A Turma reiterou seu entendimento de, uma vez cumprido o prazo do livramento condicional e suas condições, não havendo suspensão ou revogação, a pena deve ser extinta automaticamente, conforme dispõe o art. 90 do CP. Não é permitido ao juízo das execuções retroagir ao tempo do período de prova para revogar o benefício, visto que definitiva a condenação em crime praticado naquele momento e mais tarde percebido. (STJ – HC 149.597, Rel. Min. Arnaldo Esteves Lima, j. 23.3.2010)..

SEÇÃO VI
DA MONITORAÇÃO ELETRÔNICA
(INCLUÍDA PELA LEI Nº 12.258, DE 2010)

Art. 146-A. (VETADO). (Incluído pela Lei nº 12.258, de 2010)

Art. 146-B. **O juiz poderá definir a fiscalização por meio da monitoração eletrônica quando: (Incluído pela Lei nº 12.258, de 2010)**

I - (VETADO); (Incluído pela Lei nº 12.258, de 2010)

II - autorizar a saída temporária no regime semiaberto; (Incluído pela Lei nº 12.258, de 2010)

III - (VETADO); (Incluído pela Lei nº 12.258, de 2010)

IV - determinar a prisão domiciliar; (Incluído pela Lei nº 12.258, de 2010)

V - (VETADO); (Incluído pela Lei nº 12.258, de 2010)

VI - aplicar pena privativa de liberdade a ser cumprida nos regimes aberto ou semiaberto, ou conceder progressão para tais regimes;

VII - aplicar pena restritiva de direitos que estabeleça limitação de frequência a lugares específicos;

VIII - conceder o livramento condicional.

Parágrafo único. (VETADO). (Incluído pela Lei nº 12.258, de 2010)

Monitoramento eletrônico – Considera-se monitoração eletrônica a vigilância telemática posicional à distância de pessoas condenadas, executada por meios técnicos que permitam indicar a sua localização. A ser determinado pelo juiz, consiste numa eficaz forma de vigilância do condenado, interessante método de controle de sua localização, instrumento de fiscalização do cumprimento das decisões judiciais, servindo, também, como alternativa ao cárcere.

Até a edição da Lei 14.843/2024, eram duas as possibilidades de fiscalização por meio do monitoramento eletrônico previstas na LEP: quando da autorização para a saída temporária no regime semiaberto e concessão da prisão domiciliar.

Atendendo a anseios sociais e visando aprimorar os instrumentos de segurança pública, o legislador optou por ampliar expressamente as ações de monitoração eletrônica. Com a nova lei, o juiz poderá determinar a monitoração eletrônica também nas hipóteses de cumprimento de pena nos regimes aberto e semiaberto, no livramento condicional e na pena restritiva de direitos quando houver limitação de frequência a determinados lugares.

São hipóteses que haviam sido vetadas quando da edição da Lei 12.258/10, que estabeleceu o regramento da monitoração eletrônica, sob os seguintes argumentos:

> "A adoção do monitoramento eletrônico no regime aberto, nas penas restritivas de direito, no livramento condicional e na suspensão condicional da pena contraria a sistemática de cumprimento de pena prevista no ordenamento jurídico brasileiro e, com isso, a necessária individualização, proporcionalidade e suficiência da execução penal. Ademais, o projeto aumenta os custos com a execução penal sem auxiliar no reajuste da população de presídios, uma vez que não retira do cárcere quem lá não deveria estar e não impede o ingresso de quem não deva estar preso" (Mensagem nº 310, de 15 de junho de 2010).

Apesar disso, mesmo antes da Lei 14.843/2024, a jurisprudência já vinha estendendo a possibilidade de monitoramento eletrônico a algumas dessas hipóteses, como no regime aberto.

ATENÇÃO - A lei 12.403/11 também previu o monitoramento (monitoração) eletrônico, porém como medida cautelar alternativa à prisão preventiva (art. 319, inciso IX do CPP).

ATENÇÃO - A Resolução 31/2022 do Conselho Nacional de Política Criminal e Penitenciária regulamenta a implementação, acompanhamento, fiscalização e encerramento das medidas de monitoração eletrônica, decorrentes de ordens judiciais.

Art. 146-C. O condenado será instruído acerca dos cuidados que deverá adotar com o equipamento eletrônico e dos seguintes deveres: (Incluído pela Lei nº 12.258, de 2010)

I - receber visitas do servidor responsável pela monitoração eletrônica, responder aos seus contatos e cumprir suas orientações; (Incluído pela Lei nº 12.258, de 2010)

II - abster-se de remover, de violar, de modificar, de danificar de qualquer forma o dispositivo de monitoração eletrônica ou de permitir que outrem o faça; (Incluído pela Lei nº 12.258, de 2010)

III - (VETADO); (Incluído pela Lei nº 12.258, de 2010)

Parágrafo único. A violação comprovada dos deveres previstos neste artigo poderá acarretar, a critério do juiz da execução, ouvidos o Ministério Público e a defesa: (Incluído pela Lei nº 12.258, de 2010)

I - a regressão do regime; (Incluído pela Lei nº 12.258, de 2010)

II - a revogação da autorização de saída temporária; (Incluído pela Lei nº 12.258, de 2010)

III - (VETADO); (Incluído pela Lei nº 12.258, de 2010)

IV - (VETADO); (Incluído pela Lei nº 12.258, de 2010)

V - (VETADO); (Incluído pela Lei nº 12.258, de 2010)

VI - a revogação da prisão domiciliar; (Incluído pela Lei nº 12.258, de 2010)

VII - advertência, por escrito, para todos os casos em que o juiz da execução decida não aplicar alguma das medidas previstas nos incisos de I a VI deste parágrafo. (Incluído pela Lei nº 12.258, de 2010)

VIII – a revogação do livramento condicional;

IX – a conversão da pena restritiva de direitos em pena privativa de liberdade.

Orientações ao monitorado – Visando a efetividade da medida, o preso submetido ao monitoramento eletrônico receberá instruções acerca dos cuidados que deverá tomar com o equipamento, sendo alertado dos seguintes deveres:

a) **receber visitas do servidor responsável pela monitoração eletrônica, responder aos seus contatos e cumprir suas orientações;**

b) **abster-se de remover, de violar, de modificar, de danificar de qualquer forma o dispositivo de monitoração eletrônica ou de permitir que outrem o faça.**

Ocorrendo remoção, violação ou dano não intencional, deve o condenado, imediatamente, comunicar o Juízo das Execuções para que seja providenciada a troca ou conserto do equipamento.

ATENÇÃO – Como bem adverte Renato Marcão:
"A ausência de comunicação de falhas no sistema de monitoramento, por parte do condenado, não poderá ser considerada violação de dever, para efeito de autorizar a imposição de consequências a ele desfavoráveis, até porque o inciso III do parágrafo único do art. 146-C do Projeto que deu origem à Lei 12.258/10 foi vetado, e lá estava expresso que constituía dever do condenado submetido a monitoramento eletrônico: 'informar, de imediato, as falhas no equipamento ao órgão ou à entidade responsável pela monitoração eletrônica'" (ob. cit. p. 263).

O descumprimento de qualquer dos deveres pode gerar, depois de ouvidos o Ministério Público e a defesa (sistema bilateral):

I – regressão do regime (art. 118 da LEP)

II – revogação da autorização de saída temporária (art. 125 da LEP)

III – revogação da prisão domiciliar (art. 117 LEP)

IV – advertência por escrito

É a medida mais branda, utilizada quando o juiz decidir por não aplicar alguma das medidas anteriores. A advertência será feita por escrito e, conforme o caso, acompanhada do alerta de que a reincidência acarretará medida mais severa.

V – a revogação do livramento condicional (incluído pela Lei 14.843/2024)

VI – a conversão da pena restritiva de direitos em pena privativa de liberdade (incluído pela Lei 14.843/2024)

Descumprimento e falta grave – Não obstante o condenado possa sofrer as medidas acima mencionadas, o descumprimento de determinadas obrigações não caracteriza falta grave, segundo decidiu o STJ.

É certo que, a depender das circunstâncias, a conduta irregular pode equivaler mesmo à fuga. É o que ocorre, por exemplo, quando o condenado viola o aparelho com o intuito de evitar o monitoramento. Todavia, se o condenado descumpre simplesmente a restrição relativa à área em que deveria permanecer, sem impedir o monitoramento, não há falta grave porque essa circunstância não está elencada no rol taxativo do art. 50 da LEP. Neste caso cabe ao juiz apenas decidir qual das sanções estabelecidas no art. 146-C é mais adequada (REsp 1.519.802/SP).

Art. 146-D. **A monitoração eletrônica poderá ser revogada: (Incluído pela Lei nº 12.258, de 2010)**

I – quando se tornar desnecessária ou inadequada; (Incluído pela Lei nº 12.258, de 2010)

II – se o acusado ou condenado violar os deveres a que estiver sujeito durante a sua vigência ou cometer falta grave. (Incluído pela Lei nº 12.258, de 2010)

Revogação – O art. 146-D anuncia que a monitoração eletrônica poderá ser revogada:

a) quando se tornar desnecessária ou inadequada (dependendo do comportamento do monitorado, a medida pode se transformar em excessiva ou insuficiente);

ATENÇÃO - ao analisar o pedido de retirada do equipamento de monitoramento eletrônico, o juízo das execuções deverá fundamentar o indeferimento trazendo esclarecimentos acerca do caso concreto, sob pena de constrangimento ilegal. O STJ vem repudiando fundamentação genérica.

b) se o acusado ou condenado violar os deveres a que estiver sujeito durante a sua vigência (art. 146-C). O art. 13 da Resolução nº 31/2022 do Conselho Nacional de Política Criminal e Penitenciária dispõe que são considerados descumprimentos, observado o previsto especificamente em cada medida: I – violação de área de inclusão; II – violação de área de exclusão; III – violação de horários estabelecidos; III – perda de sinal de comunicação com o núcleo de monitoração; IV – descarregamento completo da bateria do dispositivo; IV – violação do dispositivo; VI – danificação do dispositivo.

c) se o acusado ou condenado cometer falta grave (art. 50 a LEP).

JURISPRUDÊNCIA

Monitoramento eletrônico mediante uso de tornozeleira. Pedido de retirada do equipamento por desnecessidade. Indeferimento pelo juízo das execuções sem fundamento concreto. Constrangimento ilegal evidenciado.

A questão recursal gira em torno da legalidade do indeferimento de pedido de revogação de monitoramento eletrônico, por parte do juízo das execuções. Consoante dispõe o art. 146-D da Lei de Execução Penal, a monitoração eletrônica poderá ser revogada quando se tornar desnecessária ou inadequada. De qualquer sorte, ainda que o monitoramento eletrônico, com a colocação de tornozeleiras, seja uma alternativa tecnológica ao cárcere, a necessidade de sua manutenção deve ser aferida periodicamente, podendo ser dispensada a cautela em casos desnecessários. Todavia, a simples afirmação de que o monitoramento é medida mais acertada à fiscalização do trabalho externo com prisão domiciliar deferido ao apenado em cumprimento de pena de reclusão no regime semiaberto, sem maiores esclarecimentos acerca do caso concreto, não constitui fundamento idôneo para justificar o indeferimento do pleito. Assim como tem a jurisprudência exigido motivação concreta para a incidência de cautelares penais durante o processo criminal, a fixação de medidas de controle em fase de execução da pena igual motivação exigem, de modo que a incidência genérica – sempre e sem exame da necessidade da medida gravosa – de tornozeleiras eletrônicas não pode ser admitida. (HC 351.273-CE, Rel. Min. Nefi Cordeiro, por unanimidade, julgado em 2/2/2017, DJe 9/2/2017.)

CAPÍTULO II
DAS PENAS RESTRITIVAS DE DIREITOS

SEÇÃO I
DISPOSIÇÕES GERAIS

Art. 147. Transitada em julgado a sentença que aplicou a pena restritiva de direitos, o Juiz da execução, de ofício ou a requerimento do Ministério Público, promoverá a execução, podendo, para tanto, requisitar, quando necessário, a colaboração de entidades públicas ou solicitá-la a particulares.

Penas restritivas de direitos – São sanções autônomas e substituem as penas privativas de liberdade quando (art. 44 do CP):

I – aplicada pena privativa de liberdade não superior a quatro anos e o crime não for cometido com violência ou grave ameaça à pessoa ou, qualquer que seja a pena aplica, se o crime for culposo;

II – o réu não for reincidente em crime doloso;

III – a culpabilidade, os antecedentes, a conduta social e a personalidade do condenado, bem como os motivos e as circunstâncias indicarem que essa substituição seja suficiente.

ATENÇÃO – A Lei 14.071/2020 trouxe importante modificação na parte criminal do Código de Trânsito. De acordo com o novo art. 312-B, não será mais permitida a aplicação de penas restritivas de direitos (CP, art. 44, *caput*, I) se o condutor estiver sob influência do álcool ou de outra substância psicoativa ao incorrer nos crimes de homicídio culposo de trânsito (CTB, art. 302, § 3º) e lesão corporal culposa de trânsito grave ou gravíssima (CTB, art. 303, § 2º). A norma passa a valer para crimes ocorridos a partir de 12 de abril de 2021.

Dividem-se em **pessoais** (prestação de serviço à comunidade ou a entidades públicas, interdição temporária de direitos e limitação de fim de semana) e **reais** (prestação pecuniária e perda de bens e valores).

Reais	Pessoais
Prestação pecuniária – art. 45, § 1º do CP;	Prestação de serviços à comunidade – art. 46 do CP

Reais	Pessoais
Perda de bens e valores – art. 45, § 2º do CP.	Interdição temporária de direitos – art. 47 do CP
–	Limitação de fins de semana – art. 48 do CP

O juiz pode requisitar a colaboração de entidades públicas ou privadas (escolas, hospitais etc.) para a efetivação da execução da pena alternativa.

Observa Mirabete:

"Estranhamente, porém, não se faz qualquer referência a uma guia para a execução, como ocorre quando se trata de pena privativa de liberdade (art. 105) ou multa (art. 164) ou mesmo medida de segurança (art. 171). É indubitável, porém, que deve ser expedido um documento que possibilite ao juiz da execução, quando não for o mesmo do processo de conhecimento, a providenciar como determina a lei. Cabe ao legislador estadual ou mesmo ao Poder Judiciário, através da resolução ou provimento, determinar a expedição da guia de execução das penas restritivas de direitos, estabelecendo os requisitos formais que deve tal peça conter" (ob. cit. p. 607).

Súmula 643 do STJ – Quando julgou o mérito do HC 126.292/SP e as cautelares nas ADC 43 e 44, o STF autorizou o início da execução da pena após o recurso em segunda instância. O tribunal não via ofensa ao princípio da presunção de inocência porque, uma vez apreciada a apelação, esgota-se a possibilidade de discutir o fato e a prova. Logo, a não ser que aos recursos endereçados ao STJ e ao STF fosse conferido efeito suspensivo, admitia-se a execução imediata da pena.

Posteriormente, ao julgar o mérito das ações constitucionais, o STF modificou a orientação: "Surge constitucional o artigo 283 do Código de Processo Penal, a condicionar o início do cumprimento da pena ao trânsito em julgado da sentença penal condenatória, considerado o alcance da garantia versada no artigo 5º, inciso LVII, da Constituição Federal, no que direciona a apurar para, selada a culpa em virtude de título precluso na via da recorribilidade, prender, em execução da sanção, a qual não admite forma provisória".

Nas primeiras decisões que admitiam a execução provisória, o STF tratou do tema em termos gerais, e, como não poderia deixar de ser, não lhe foi possível esgotar todas as situações em que, diante do caso concreto, a execução da pena podia ser impedida. Foi o caso das penas restritivas de direitos.

Na época, a Terceira Seção do STJ firmou a orientação de que era impossível a execução provisória de penas restritivas de direitos (AgRg nos EREsp 1.699.768/SP, j. 13/03/2019). O tribunal se assentou no artigo em comento. Como se nota, este dispositivo faz expressa menção ao trânsito em julgado para que a pena restritiva de direitos possa ser executada.

Embora não vigore mais a orientação que permitia a execução provisória, o STJ editou a súmula 643 para consolidar a proibição de executar a pena restritiva de direitos antes da condenação definitiva, com a seguinte redação: "Pena restritiva de direitos só pode ser executada após o trânsito em julgado".

JURISPRUDÊNCIA

Violência presumida e regime de cumprimento de pena.

O crime cometido com violência presumida obstaculiza o benefício da substituição da pena privativa de liberdade por restritiva de direitos. Esse o entendimento da Turma, ao indeferir "habeas corpus" impetrado em favor de condenado a 3 anos de reclusão em regime semi-aberto pela prática do crime então descrito no art. 213, c/c art. 224, a, do CP. A impetração sustentava que a violência a impedir o benefício da substituição da pena (CP, art. 44, I) seria a violência real, e não a presumida (CP, art. 224). Asseverou-se que, embora a reprimenda aplicada fosse inferior a 4 anos, o crime teria sido cometido com violência à pessoa, motivo suficiente para obstaculizar o benefício requerido. Entendeu-se que a vedação da substituição da pena privativa de liberdade por restritiva de direitos não alcançaria somente a violência física, real, mas também a presumida (STF – HC n° 99828, Rel. Gilmar Mendes, j. 17.5.2011).

Tráfico de drogas: crime conexo e substituição de pena.

A Turma deu provimento a recurso ordinário em "habeas corpus" para devolver o processo ao juiz da execução com o intuito de que verifique se é, ou não, o caso de substituição de pena. Na espécie, condenado em concurso material pelo crime de posse irregular de arma de fogo (Lei 10.826/03, art. 12, "caput") e pelo de tráfico ilícito de entorpecentes (Lei 11.343/06, art. 33, "caput"), pleiteava que, relativamente ao crime de posse ilegal de arma, fosse a pena convolada em uma restritiva de direitos. Salientou-se que esta Corte já se manifestara no sentido da possibilidade, na hipótese da lei de drogas, de substituição da pena privativa de liberdade por restritiva de direitos. Ao levar isso em conta, afastou-se a aplicação do § 1º do art. 69 do CP. Nesse sentido, destacou-se que, tendo o STF se manifestado sobre a possibilidade de substituição de pena no caso de tráfico de drogas e sendo o delito de posse irregular de arma de fogo conexo a ele, ficaria também prejudicada a proibição do CP. Por fim, enfatizou-se a necessidade de, no futuro, o STF enfrentar a mencionada questão (STF RHC n° 100657, Rel. Ellen Gracie, j. 14.9.2010).

Tráfico ilícito de entorpecentes e substituição de pena privativa de liberdade por restritivas de direitos.

Em conclusão, o Tribunal, por maioria, concedeu parcialmente "habeas corpus" e declarou, incidentalmente, a inconstitucionalidade da expressão "vedada a conversão em penas restritivas de direitos", constante do § 4º do art. 33 da Lei 11.343/06, e da expressão "vedada a conversão de suas penas em restritivas de direitos", contida no aludido art. 44 do mesmo diploma legal. Tratava-se, na espécie, de "writ", afetado ao Pleno pela 1ª Turma, em que condenado à pena de 1 ano e 8 meses de reclusão pela prática do crime de tráfico ilícito de entorpecentes (Lei 11.343/06, art. 33, § 4º) questionava a constitucionalidade da vedação abstrata da substituição da pena privativa de liberdade por restritiva de direitos disposta no art. 44 da citada Lei de Drogas. Sustentava a impetração que a proibição, nas hipóteses de tráfico de entorpecentes, da substituição pretendida ofenderia as garantias da individualização da pena (CF, art. 5º, XLVI), bem como aquelas constantes dos incs. XXXV e LIV do mesmo preceito constitucional – v. Infos 560, 579 e 597. Esclareceu-se, na presente assentada, que a ordem seria concedida não para assegurar ao paciente a imediata e requerida convolação, mas para remover o obstáculo da Lei 11.343/06, devolvendo ao juiz da execução a tarefa de auferir o preenchimento de condições objetivas e subjetivas (STF HC n° 97256, Rel. Ayres Britto, j. 1º.9.2010).

Regime de cumprimento de pena e majorante.

A Turma proveu recurso ordinário em "habeas corpus" para determinar a alteração do regime inicial de cumprimento da pena de semiaberto para aberto de condenado pela prática do crime de furto qualificado por escalada e concurso. De início, enfatizou-se que, objetivamente, o recorrente preencheria os requisitos para o regime aberto e para a substituição da pena privativa de liberdade por restritiva de direitos, dado que o STJ considerara indevida a exasperação da pena-base e redimensionara a pena em 2 anos, 4 meses e 15 dias de reclusão. Todavia, tal Corte reputara justificada a fixação de regime mais gravoso do que o legalmente previsto para o cumprimento da pena imposta (CP, art. 33, § 3º) porque se trataria de furto duplamente qualificado e, com base nisso, assentara a impossibilidade da substituição pleiteada (CP, art. 44, III). Asseverou-se que, embora a presença de 2 circunstâncias qualificadoras pudesse conduzir ao aumento da pena prevista para o tipo qualificado do delito, não seria legítimo considerar que elas também conduziriam, necessariamente, ao estabelecimento de regime mais gravoso para se cumprir a pena e ao impedimento de aplicação de pena alternativa. Entendeu-se que o STJ criara um critério objetivo de fixação do regime semiaberto e de vedação à substituição da pena, não previstos pelo legislador, o que transgrediria os princípios da separação de poderes e da reserva de lei penal (STF RHC n° 100810, Rel. Joaquim Barbosa, j. 2.2.2010).

Art. 148. **Em qualquer fase da execução, poderá o Juiz, motivadamente, alterar, a forma de cumprimento das penas de prestação de serviços à comunidade e de limitação de fim de semana, ajustando-as às condições pessoais do condenado e às características do estabelecimento, da entidade ou do programa comunitário ou estatal.**

Penas alternativas e modificação da forma de cumprimento – A decisão que alterar a forma de cumprimento da pena restritiva de direitos deve focar, especialmente, a individualização da pena e a ressocialização do condenado, ajustando a sanção alternativa às condições pessoais do executado e às características do estabelecimento, da entidade ou do programa comunitário ou estatal.

A alteração poderá ser decidida de ofício pelo Juiz ou mediante provocação do próprio sentenciado, seu Defensor ou do Ministério Público.

> **ATENÇÃO** – O Juiz está proibido de substituir a pena restritiva de direitos aplicada por outro tipo de pena, como, por exemplo, aplicar prestação de serviços à comunidade e, durante a execução, substituí-la por doação de cestas básicas (STJ, AgRg no Ag 10922107-MS 2008/0205150-1).

JURISPRUDÊNCIA

Condenado não tem direito a dizer se prefere duas penas alternativas ou somente uma cumulada com multa penal

A jurisprudência desta Corte entende que não constitui direito subjetivo do réu escolher, no momento da substituição da pena corporal por restritiva de direitos, se prefere a duas penas restritivas de direito ou uma restritiva de direitos e uma multa. (STJ – AgRg no HC 849.501/SP, Rel. Min. Sebastião Reis Júnior, j. 30/10/2023)

Impossibilidade de reconversão de pena a pedido do sentenciado.

Não é possível, em razão de pedido feito por condenado que sequer iniciou o cumprimento da pena, a reconversão de pena de prestação de serviços à comunidade e de prestação pecuniária (restritivas de direitos) em pena privativa de liberdade a ser cumprida em regime aberto. O art. 33, § 2º, c, do CP apenas estabelece que "o condenado não reincidente, cuja pena seja igual ou inferior a 4 (quatro) anos, poderá, desde o início, cumpri-la em regime aberto". O referido dispositivo legal não traça qualquer direito subjetivo do condenado quanto à escolha entre a sanção alternativa e a pena privativa de liberdade. Ademais, a escolha da pena e do regime prisional, bem como do preenchimento dos requisitos do art. 44 do CP, insere-se no campo da discricionariedade vinculada do magistrado. Além disso, a reconversão da pena restritiva de direitos imposta na sentença condenatória em pena privativa de liberdade depende do advento dos requisitos legais (descumprimento das condições impostas pelo juiz da condenação). Por isso, não cabe ao condenado que sequer iniciou o cumprimento da pena escolher ou decidir a forma como pretende cumprir a condenação que lhe foi imposta. Ou seja, não é possível pleitear a forma que lhe parecer mais cômoda ou conveniente. Nesse sentido, oportuna a transcrição do seguinte entendimento doutrinário: "Reconversão fundada em lei e não em desejo do condenado: a reconversão da pena restritiva de direitos, imposta na sentença condenatória, em pena privativa de liberdade, para qualquer regime, a depender do caso concreto, depende do advento dos requisitos legais, não bastando o mero intuito do sentenciado em cumprir pena, na prática, mais fácil. Em tese, o regime carcerário, mesmo o aberto, é mais prejudicial ao réu do que a pena restritiva de direitos; sabe-se, no entanto, ser o regime aberto, quando cumprido em prisão albergue domiciliar, muito mais simples do que a prestação de serviços à comunidade, até pelo fato de inexistir fiscalização. Por isso, alguns condenados manifestam preferência pelo regime aberto em lugar da restritiva de direitos. A única possibilidade para tal ocorrer será pela reconvenção formal, vale dizer, ordena-se o cumprimento da restritiva e ele não segue a determinação. Outra forma é inadmissível." (STJ – REsp n° 1.524.484-PE, Rel. Reynaldo Soares da Fonseca, j. em 17.5.2016, DJe 25.5.2016.

SEÇÃO II
DA PRESTAÇÃO DE SERVIÇOS À COMUNIDADE

Art. 149. Caberá ao Juiz da execução:

I - designar a entidade ou programa comunitário ou estatal, devidamente credenciado ou convencionado, junto ao qual o condenado deverá trabalhar gratuitamente, de acordo com as suas aptidões;

II – determinar a intimação do condenado, cientificando-o da entidade, dias e horário em que deverá cumprir a pena;

III – alterar a forma de execução, a fim de ajustá-la às modificações ocorridas na jornada de trabalho.

§ 1º o trabalho terá a duração de 8 (oito) horas semanais e será realizado aos sábados, domingos e feriados, ou em dias úteis, de modo a não prejudicar a jornada normal de trabalho, nos horários estabelecidos pelo Juiz.

§ 2º A execução terá início a partir da data do primeiro comparecimento.

Prestação de serviços à comunidade – O juiz da execução designará a entidade ou programa comunitário ou estatal, devidamente credenciado ou convencionado, junto ao qual o condenado irá trabalhar, gratuitamente, conforme suas aptidões.

ATENÇÃO – A prestação de serviços à comunidade não se confunde com trabalhos forçados, pena esta proibida pela Constituição (art. 5º., inc. XLVII, "c").

A forma de execução poderá ser alterada para ajustá-la às modificações, por exemplo, ocorridas na jornada de trabalho (ver art. 148).

Com o advento da lei 9.714/98, a duração da pena alternativa passou a ser orientada pelo art. 46 do CP, mais precisamente, seus § § 3º e 4º:

§ 3º: "As tarefas a que se refere o § 1º serão atribuídas conforme as aptidões do condenado, devendo ser cumpridas à razão de uma hora de tarefa por dia de condenação, fixadas de modo a não prejudicar a jornada normal de trabalho".

§ 4º: "Se a pena substituída for superior a um ano, é facultado ao condenado cumprir a pena substitutiva em menor tempo (art. 55), nunca inferior à metade da pena privativa de liberdade fixada".

ATENÇÃO - Mesmo com a lei 9.714/98, continua existindo a possibilidade de trabalhar aos sábados, domingos e feriados, podendo, inclusive, trabalhar as sete horas semanais em um único dia, sempre de modo a não prejudicar sua jornada normal de trabalho.

Art. 150. **A entidade beneficiada com a prestação de serviços encaminhará mensalmente, ao Juiz da execução, relatório circunstanciado das atividades do condenado, bem como, a qualquer tempo, comunicação sobre ausência ou falta disciplinar.**

Relatório de acompanhamento – O início do cumprimento da pena restritiva dar-se-á a partir da data do primeiro comparecimento do reeducando, ficando a entidade beneficiada obrigada a encaminhar, mensalmente, ao Juiz da execução, relatório circunstanciado das atividades desenvolvidas pelo condenado, bem como, a qualquer tempo, ausência ou falta disciplinar.

O relatório circunstanciado é uma forma de acompanhamento do cumprimento da prestação de serviço. O condenado tem que cumprir pontual e assiduamente o horário de trabalho estabelecido, servindo o relatório como ferramenta para verificação de tais obrigações.

ATENÇÃO - Nos termos do que disposto no art. 181, § 1º da LEP, a pena de prestação de serviços à comunidade será convertida quando o condenado:

a) não for encontrado por estar em lugar incerto e não sabido, ou desatender a intimação por edital;

b) não comparecer, injustificadamente, à entidade ou programa em que deva prestar serviço;

c) recusar-se, injustificadamente, a prestar o serviço que lhe foi imposto;

d) praticar falta grave;

e) sofrer condenação por outro crime à pena privativa de liberdade, cuja execução não tenha sido suspensa.

JURISPRUDÊNCIA

Prescrição. Pretensão executória. Pena restritiva de direitos. Abandono no cumprimento.

No caso de abandono pelo sentenciado do cumprimento da pena restritiva de direitos – prestação de serviços à comunidade –, a prescrição da pretensão executória será regulada pelo tempo restante do cumprimento da medida substitutiva imposta. Com base nesse entendimento, a Turma concedeu a ordem para declarar extinta a punibilidade do paciente pela ocorrência da prescrição executória da pena. Ao conferir interpretação extensiva ao art. 113 do CP, decidiu-se que o abandono no cumprimento da pena restritiva de direitos pode se equiparado às hipóteses de "evasão" e da "revogação do livramento condicional" previstas no referido artigo, uma vez que as situações se assemelham na medida em que há, em todos os casos, sentença condenatória e o cumprimento de parte da pena pelo sentenciado. Precedentes citados: HC 101.255-SP, DJe 7/12/2009; HC 225.878-SP, DJe 25/4/2012 (STJ – HC n° 232.764-RS, Rel. Maria Thereza de Assis Moura, j. 25/6/2012.

SEÇÃO III
DA LIMITAÇÃO DE FIM DE SEMANA

Art. 151. Caberá ao Juiz da execução determinar a intimação do condenado, cientificando-o do local, dias e horário em que deverá cumprir a pena.

Parágrafo único. A execução terá início a partir da data do primeiro comparecimento.

Limitação de fim de semana - sem desconsiderar a sua natureza punitiva, esta sanção visa, mediante o recolhimento do condenado, principalmente sua reestruturação intelectual e social.

O artigo 48 do CP estabelece:

"A limitação de fim de semana consiste na obrigação de permanecer, aos sábados e domingos, por 5 (cinco) horas diárias, em casa de albergado ou outro estabelecimento adequado".

> Caberá ao Juiz da execução determinar a intimação do condenado, cientificando-o do local, dias e horário em que deverá cumprir a pena.

Art. 152. Poderão ser ministrados ao condenado, durante o tempo de permanência, cursos e palestras, ou atribuídas atividades educativas.

Parágrafo único. Nos casos de violência doméstica e familiar contra a criança, o adolescente e a mulher e de tratamento cruel ou degradante, ou de uso de formas violentas de educação, correção ou disciplina contra a criança e o adolescente, o juiz poderá determinar o comparecimento obrigatório do agressor a programas de recuperação e reeducação.

ATENÇÃO - O CNJ, por meio da Recomendação 124/22, recomenda aos Tribunais de Justiça dos Estados que instituam e mantenham programas voltados à reflexão e sensibilização de autores de violência doméstica e familiar, com o objetivo de efetivar as medidas protetivas de urgência previstas nos incisos VI e VII da Lei Maria da Penha (Lei no 11.340/2006). Art. 2o Recomendar que os programas voltados à reflexão e responsabilização de agressores de violência doméstica e familiar sigam as seguintes diretrizes: I - foco em processos de reflexão e responsabilização dos autores de violência doméstica e familiar contra a mulher; II - definição e padronização do número de sessões e período de duração dos programas, não devendo ser inferior a 8 (oito) sessões ou 3 (três) meses, respectivamente; III - opção, sempre que possível, pela metodologia de trabalho no formato de grupos reflexivos com dinâmicas participativas, sem prejuízo da realização de outras ações complementares; IV - inclusão da iniciativa no planejamento estratégico organizacional, com definição da unidade responsável pela manutenção e acompanhamento dos programas; V - atuação em rede, com encaminhamento a outros serviços públicos, sempre que necessário; VI - promoção da reflexão sobre as questões de gênero, os direitos humanos e fundamentais da mulher e a construção social da masculinidade; VII - capacitação prévia e atualização periódica da equipe de facilitadores que atuam nos programas, optando, sempre que possível, por composição de caráter multidisciplinar; VIII - fomento à cultura de paz, aos métodos de promoção do diálogo e de controle emocional; IX - realização de sessões de triagem com os participantes dos programas, visando ao acolhimento dos participantes, à avaliação de risco e tomada de decisão quanto à eventual necessidade de exclusão de participantes, conforme critérios técnicos da equipe psicossocial; e X – manutenção de registro dos atendimentos realizados e avaliação periódica de sua qualidade, resguardado o sigilo necessário à proteção da privacidade, intimidade e segurança dos participantes. Parágrafo único. Na hipótese de inexistência de recursos materiais, humanos ou financeiros para a instituição e manutenção dos programas nos termos deste artigo, recomenda-se aos tribunais o estabelecimento de acordos, convênios ou instrumentos congêneres visando ao atingimento dos objetivos pretendidos.

Antes da Lei 14.344/2022	Depois da Lei 14.344/2022
Art. 152. Poderão ser ministrados ao condenado, durante o tempo de permanência, cursos e palestras, ou atribuídas atividades educativas.	Art. 152. Poderão ser ministrados ao condenado, durante o tempo de permanência, cursos e palestras, ou atribuídas atividades educativas.
Parágrafo único. Nos casos de violência doméstica contra a mulher, o juiz poderá determinar o comparecimento obrigatório do agressor a programas de recuperação e reeducação.	Parágrafo único. Nos casos de violência doméstica e familiar contra a criança, o adolescente e a mulher e de tratamento cruel ou degradante, ou de uso de formas violentas de educação, correção ou disciplina contra a criança e o adolescente, o juiz poderá determinar o comparecimento obrigatório do agressor a programas de recuperação e reeducação.

Atividades durante a limitação de fim de semana – Durante o período de recolhimento, poderão ser ministrados ao condenado cursos e palestras, ou atribuídas atividades educativas.

O parágrafo único foi inserido pela Lei 11.340/2006 (Lei Maria da Penha), com o fito de coibir a violência doméstica contra a mulher, uma das formas de violação dos direitos humanos (art. 6º da lei 11.340/06).

A política pública que visa coibir a violência doméstica e familiar contra a mulher far-se-á por meio de um conjunto articulado de ações da União, dos Estados, do Distrito Federal e dos Municípios e de ações não governamentais (art. 8º), tendo como diretrizes (entre outras):

a) a promoção e a realização de campanhas educativas de prevenção da violência doméstica e familiar contra a mulher, voltadas ao público escolar e à sociedade em geral, e a difusão da "Lei Maria da Penha" e dos instrumentos de proteção aos direitos humanos das mulheres;

b) a promoção de programas educacionais que disseminem valores éticos de irrestrito respeito à dignidade da pessoa humana com a perspectiva de gênero e de raça ou etnia.

Dentro desse espírito, o artigo em estudo, nas hipóteses de crimes configuradores de violência doméstica contra a mulher, prevê o comparecimento obrigatório do agressor a programas de recuperação e reeducação. A Lei 14.344/22 (Lei Henry Borel) ampliou as possibilidades de o juiz determinar o comparecimento obrigatório do sentenciado agressor a programas de recuperação e reeducação, possível também nos crimes de violência doméstica e familiar contra criança e adolescente.

Art. 153. O estabelecimento designado encaminhará, mensalmente, ao Juiz da execução, relatório, bem assim comunicará, a qualquer tempo, a ausência ou falta disciplinar do condenado.

Relatório circunstanciado - O relatório a ser encaminhado mensalmente pelo estabelecimento designado para o cumprimento da pena constitui importante ferramenta para o acompanhamento da execução da sanção alternativa.

ATENÇÃO - A pena de limitação de fim de semana será convertida em privativa de liberdade quando o condenado não comparecer ao estabelecimento designado para o cumprimento da pena ou recusar-se a exercer a atividade determinada pelo Juiz ou demonstrar, em síntese, falta de compromisso com a importância da medida (art. 181, § 2º).

SEÇÃO IV
DA INTERDIÇÃO TEMPORÁRIA DE DIREITOS

Art. 154. Caberá ao Juiz da execução comunicar à autoridade competente a pena aplicada, determinada a intimação do condenado.

§ 1º Na hipótese de pena de interdição do artigo 47, inciso I, do Código Penal, a autoridade deverá, em 24 (vinte e quatro) horas, contadas do recebimento do ofício, baixar ato, a partir do qual a execução terá seu início.

§ 2º Nas hipóteses do artigo 47, incisos II e III, do Código Penal, o Juízo da execução determinará a apreensão dos documentos, que autorizam o exercício do direito interditado.

Interdição temporária de direitos - existem cinco espécies, todas previstas no art. 47 do CP:

I - proibição do exercício de cargo, função ou atividade pública, bem como de mandato eletivo;

II - proibição do exercício de profissão, atividade ou ofício que dependam de habilitação especial, de licença ou autorização do poder público;

ATENÇÃO - Essas duas primeiras são específicas, só podendo ser aplicadas aos crimes cometidos no exercício de cargo, função, atividade, profissão ou ofício, com violação de deveres a estes inerentes (art. 56 do CP).

III - a suspensão de autorização ou de habilitação para dirigir veículo (art. 47, inciso III do CP);

ATENÇÃO - Espécie de pena restritiva de direitos, tinha aplicação reservada exclusivamente aos crimes culposos de trânsito (art. 57 do CP). Hoje, além de tacitamente revogada pelo CTB (Lei nº 9.503/97), não se confunde com a inabilitação para dirigir veículo prevista no art. 92, inciso III do CP, efeito extrapenal específico da condenação, quando o veículo for utilizado como meio para praticar crime doloso.

IV – proibição de frequentar determinados lugares.

V – proibição de inscrever-se em concurso, avaliação ou exame públicos.

ATENÇÃO - Inovação trazida pela Lei 12.550/11, esta proibição deve ser aplicada, em especial (e não exclusivamente), aos candidatos que concorrerem, direta ou indiretamente, para as fraudes de certames públicos, compreendendo concurso público, avaliação ou exame públicos, processo seletivo para ingresso no ensino superior, exame ou processo seletivo previstos em lei (art. 311-A do CP).

Na hipótese de pena de interdição do artigo 47, inciso I, do CP, a autoridade deverá, em 24 (vinte e quatro) horas, contadas do recebimento do ofício, baixar ato, a partir do qual a execução terá seu início.

Nas hipóteses do artigo 47, incisos II e III do CP, o Juízo da execução determinará a apreensão dos documentos, que autorizam o exercício do direito interditado.

E na hipótese do inciso V (proibição de inscrever-se em concurso, avaliação ou exame públicos)?

Por falta de amparo legal, a execução e/ou fiscalização da pena não será fácil. Para os certames em que são exigidas dos candidatos certidões criminais negativas para a inscrição ou posse, a questão fica contornada, cabendo ao próprio órgão com cargo em concurso a fiscalização. Mas para aqueles (como OAB, ENEM etc.) em que a exigência não se repete, a tarefa parece difícil, senão inviável, demandando urgente regulamentação, quem sabe com a criação de um cadastro no CNJ, a ser consultado, reunindo os condenados a essa espécie de interdição.

Art. 155. A autoridade deverá comunicar imediatamente ao Juiz da execução o descumprimento da pena.

Parágrafo único. A comunicação prevista neste artigo poderá ser feita por qualquer prejudicado.

Ocorrendo o descumprimento da pena restritiva de direitos, a autoridade (ou qualquer prejudicado) comunicará imediatamente o fato ao juiz da execução.

ATENÇÃO - A pena de interdição temporária de direitos será convertida quando o condenado exercer, injustificadamente, o direito interditado ou se ocorrer qualquer das hipóteses das letras "a" e "e", do § 1º, do art. 181.

CAPÍTULO III
DA SUSPENSÃO CONDICIONAL

Art. 156. O Juiz poderá suspender, pelo período de 2 (dois) a 4 (quatro) anos, a execução da pena privativa de liberdade, não superior a 2 (dois) anos, na forma prevista nos artigos 77 a 82 do Código Penal.

Suspensão condicional da execução da pena (*sursis*) – é um instituto de política criminal, que se destina a evitar o recolhimento à prisão do condenado, que preenche determinados requisitos e se submete às condições estabelecidas pela lei e pelo juiz, perdurando estas durante tempo determinado, findo o qual, se não revogada a concessão, considera-se extinta a pena.

O Brasil adotou o *sistema franco-belga* (ou europeu continental), onde o acusado é processado, reconhecido culpado, condenado, impondo-se uma pena e seu regime inicial de cumprimento, cuja execução será suspensa durante certo tempo.

ATENÇÃO - A revelia do acusado durante o processo de conhecimento não impede a concessão do benefício, mas a sua presença na audiência admonitória será obrigatória, sob pena de cassação do direito (art. 161 da LEP).

O art. 77 do CP, combinado com o art. 78 do mesmo diploma, traz as quatro espécies de *sursis*. Abaixo, tabela com os pressupostos e requisitos de cada um deles:

<table>
<tr><th>"Sursis"
Simples</th><th>"Sursis"
especial</th><th>"Sursis"
etário</th><th>"Sursis"
humanitário</th></tr>
<tr><td>Previsão legal:
Art. 77 c.c.
o art. 78, § 1°.</td><td>Previsão legal:
Art. 77 c.c.
o art. 78, § 2°.</td><td>Previsão legal:
Art. 77, § 2°, 1ª parte</td><td>Previsão legal:
Art. 77, § 2°, 2ª parte</td></tr>
<tr><td colspan="2">Pressupostos:
a) Pena imposta não superior a dois anos (considerando o concurso de crimes);
b) Período de prova variando de 2 a 4 anos;</td><td colspan="2">Pressupostos:
a) Pena imposta não superior a quatro anos (considerando o concurso de crimes);
b) Período de prova variando de 4 a 6 anos;</td></tr>
<tr><td>–</td><td>c) Reparação do dano ou comprovada impossibilidade de fazê-lo;
d) Condições favoráveis (art. 59).</td><td>c) Maior de 70 anos;</td><td>c) Doente;</td></tr>
<tr><td>No primeiro ano, o beneficiário sujeita-se às condições do art. 78, § 1°.</td><td>No primeiro ano, o beneficiário sujeita-se às condições do art. 78, § 2°.</td><td colspan="2">No primeiro ano, o beneficiário deve sujeitar-se às condições do art. 78, § 1° ou § 2°, dependendo se reparou (ou não) o dano ou se comprovou (ou não) a impossibilidade de fazê-lo.</td></tr>
<tr><td colspan="4">Requisitos: I) condenado não reincidente em crime doloso; II) circunstâncias judiciais favoráveis; III) não indicada ou cabível restritiva de direitos.</td></tr>
<tr><td colspan="4">Obs.: condenação anterior à pena de multa não impede o sursis (art. 77, § 1º, CP).</td></tr>
</table>

Art. 157. **O Juiz ou Tribunal, na sentença que aplicar pena privativa de liberdade, na situação determinada no artigo anterior, deverá pronunciar-se, motivadamente, sobre a suspensão condicional, quer a conceda, quer a denegue.**

"Sursis" e decisão motivada – A CF/88, art. 93, inciso IX, garante que todos os julgamentos dos órgãos do Poder Judiciário serão públicos, e todas as decisões fundamentadas, sob pena de nulidade. Dentro desse espírito, o art. 157 da LEP anuncia que o Juiz ou Tribunal, na sentença que aplicar pena privativa de liberdade, na situação determinada no artigo anterior, deverá pronunciar-se, motivadamente, sobre a suspensão condicional, quer a conceda, quer a denegue.

ATENÇÃO - Nos termos do que disposto no art. 77, inciso III, do CP, o *sursis* é benefício subsidiário, aplicável quando não seja indicada ou cabível a substituição da pena por restritivas de direitos.

Art. 158. Concedida a suspensão, o Juiz especificará as condições a que fica sujeito o condenado, pelo prazo fixado, começando este a correr da audiência prevista no artigo 160 desta Lei.

§ 1º As condições serão adequadas ao fato e à situação pessoal do condenado, devendo ser incluída entre as mesmas a de prestar serviços à comunidade, ou limitação de fim de semana, salvo hipótese do artigo 78, § 2º, do Código Penal.

§ 2º O Juiz poderá, a qualquer tempo, de ofício, a requerimento do Ministério Público ou mediante proposta do Conselho Penitenciário, modificar as condições e regras estabelecidas na sentença, ouvido o condenado.

§ 3º A fiscalização do cumprimento das condições, reguladas nos Estados, Territórios e Distrito Federal por normas supletivas, será atribuída a serviço social penitenciário, Patronato, Conselho da Comunidade ou instituição beneficiada com a prestação de serviços, inspecionados pelo Conselho Penitenciário, pelo Ministério Público, ou ambos, devendo o Juiz da execução suprir, por ato, a falta das normas supletivas.

§ 4º O beneficiário, ao comparecer periodicamente à entidade fiscalizadora, para comprovar a observância das condições a que está sujeito, comunicará, também, a sua ocupação e os salários ou proventos de que vive.

§ 5º A entidade fiscalizadora deverá comunicar imediatamente ao órgão de inspeção, para os fins legais, qualquer fato capaz de acarretar a revogação do benefício, a prorrogação do prazo ou a modificação das condições.

§ 6º Se for permitido ao beneficiário mudar-se, será feita comunicação ao Juiz e à entidade fiscalizadora do local da nova residência, aos quais o primeiro deverá apresentar-se imediatamente.

"Sursis" incondicionado – Não existe no ordenamento jurídico *sursis* incondicionado. Se o juiz se omite em especificar as condições na sentença, cabe ao réu ou ao Ministério Público opor embargos de declaração. Contudo, se a decisão transitou em julgado, nada impede que, provocado ou de ofício, o Juízo da Execução especifique as condições. Aí não se pode falar em ofensa à coisa julgada, pois esta diz respeito à concessão do *sursis* e não às condições, as quais podem ser alteradas no curso da execução da pena (nesse sentido, STJ - RT 709/389).

O Juiz pode, a qualquer tempo, modificar as condições de ofício, a requerimento do Ministério Público ou mediante proposta do Conselho Penitenciário, adequando as condições que não surtem efeitos por outras que julgue eficaz, desde que ouvido o condenado.

ATENÇÃO - "O condenado, no caso de serem exacerbadas as condições, poderá desistir do benefício, cumprindo a pena aplicada na sentença. Se pode recusar o *sursis* originariamente, nada obsta, com efeito, a que não mais queira gozar das vantagens daquela medida proporcionadas, recolhendo-se, espontaneamente, ao cárcere" (Mirabete, ob. cit. p. 666/667).

A fiscalização do cumprimento das condições será regulada nos Estados e Distrito Federal por normas supletivas. A fiscalização fica a cargo do Serviço Social Penitenciário, Patronato, Conselho da Comunidade ou instituição beneficiada com a prestação de serviços, inspecionados pelo Conselho Penitenciário, pelo Ministério Público, ou ambos, e na falta de normas supletivas, o próprio juiz da execução poderá supri-las. A entidade fiscalizadora é responsável por comunicar ao órgão de inspeção qualquer atitude do condenado capaz de ensejar a revogação do benefício, prorrogação do prazo ou modificação das condições.

O beneficiário deve comparecer periodicamente à entidade fiscalizadora para comprovar a observância das condições a que está sujeito, a sua ocupação e os salários e proventos de que vive.

Art. 159. Quando a suspensão condicional da pena for concedida por Tribunal, a este caberá estabelecer as condições do benefício.

§ 1º De igual modo proceder-se-á quando o Tribunal modificar as condições estabelecidas na sentença recorrida.

§ 2º O Tribunal, ao conceder a suspensão condicional da pena, poderá, todavia, conferir ao Juízo da execução a incumbência de estabelecer as condições do benefício, e, em qualquer caso, a de realizar a audiência admonitória.

"Sursis" concedido pelo Tribunal - O magistrado *a quo* poderá, motivadamente, negar o benefício do *sursis*, situação em que provavelmente o réu apelará da decisão, ficando a cargo do Tribunal conceder ou não o benefício.

Decidindo o Tribunal por conceder a suspensão condicional da pena, deverá estabelecer as condições a serem observadas durante o período de prova. De igual modo proceder-se-á quando o Tribunal modificar as condições estabelecidas na sentença recorrida.

ATENÇÃO - É facultado ao Tribunal delegar a incumbência de estabelecer as condições do benefício ao Juiz da execução, e, em qualquer caso, a de realizar a audiência admonitória.

Art. 160. **Transitada em julgado a sentença condenatória, o Juiz a lerá ao condenado, em audiência, advertindo-o das conseqüências de nova infração penal e do descumprimento das condições impostas.**

Audiência admonitória – Tratando-se de benefício condicionado, é necessário que o condenado fique ciente das condições atreladas ao *sursis* e, embora não haja expressa previsão, deve assinar termo declarando ciência.

A leitura da decisão e das condições a que o condenado ficará submetido é feita em audiência (admonitória), presidida pelo Juiz das execuções da comarca da residência do condenado.

Caso o sentenciado não concorde com as condições impostas, poderá pleitear, justificadamente, a alteração (art. 158, § 2º) ou apelar para que o Tribunal as modifique. Sendo mantidas, poderá recusar o benefício, situação que o levará ao regime estipulado na sentença condenatória (aberto, semiaberto ou fechado).

Art. 161. **Se, intimado pessoalmente ou por edital com prazo de 20 (vinte) dias, o réu não comparecer injustificadamente à audiência admonitória, a suspensão ficará sem efeito e será executada imediatamente a pena.**

Não comparecimento injustificado do beneficiário – Na hipótese do condenado ser intimado pessoalmente ou, subsidiariamente, por edital (com prazo de 20 dias) e não comparecer para a audiência admonitória, a suspensão ficará sem efeito e a pena será executada imediatamente.

ATENÇÃO – O não comparecimento injustificado à audiência admonitória é causa de cassação (e não de revogação) do benefício.

Como bem assinala Mirabete:

"Não prevê a lei o restabelecimento do sursis quando tornado sem efeito pelo não-comparecimento à audiência admonitória. Entretanto, para se evitarem sequelas socialmente desfavoráveis e incidência de *summum ius* tem a jurisprudência abrandado a inteligência do dispositivo, para deixar ao bom critério dos magistrados a possibilidade de restauração do sursis nessa hipótese. Como essa hipótese equivale à concessão do benefício, da decisão cabe recurso. Nos termos do art. 197 da LEP, o recurso cabível é o agravo em execução" (ob. cit. p. 672).

Art. 162. **A revogação da suspensão condicional da pena e a prorrogação do período de prova dar-se-ão na forma do artigo 81 e respectivos parágrafos do Código Penal.**

Revogação - A simples condenação definitiva por crime doloso gera, obrigatoriamente, a revogação do benefício (art. 81, inciso I do CP), não importando se a infração penal voluntária foi praticada antes ou depois do início do período de prova. Para a maioria trata-se de causa de revogação automática, não exigindo decisão do juiz (STF - RT 630/397-8).

Com o advento da lei n° 9.268/96, que alterou a redação do artigo 51 do CP, foi revogada, tacitamente, a primeira parte do inciso II do art. 81 do CP (*frustrar, embora solvente, a execução da pena de multa*), devendo a multa ser executada como dívida de valor.

Se o beneficiário não efetua, sem justo motivo, a reparação do dano, o benefício também é revogado (art. 81, inciso II, segunda parte).

ATENÇÃO - Se o sentenciado antecipa a obrigação, reparando o dano antes da sentença condenatória, tem direito ao *sursis* especial (art. 78, § 2º do CP), com condições menos rigorosas que o *sursis* simples (art. 78, § 1º do CP).

Por fim, revoga-se obrigatoriamente o benefício se o reeducando descumpre, injustificadamente, as condições impostas no art. 78, § 1° do CP (prestação de serviços à comunidade ou limitação de fim de semana).

Nas hipóteses de revogação facultativa, o condenado descumpre qualquer outra condição imposta ou é irrecorrivelmente condenado, por crime culposo ou por contravenção, a pena privativa de liberdade ou restritiva de direitos (art. 81, § 1°). Nesses casos, pode o juiz optar pela revogação; nova advertência; prorrogar o período de prova até o máximo (art. 81, § 3°); ou exacerbar as condições impostas.

ATENÇÃO - Não se pode confundir revogação com cassação do *sursis*. Ocorre cassação quando:

a) o condenado não comparece, injustificadamente, à audiência admonitória (art. 161 da LEP);

b) o condenado não aceita as condições atreladas ao benefício;

c) condenado à pena privativa de liberdade (não suspensa) antes do início do período de prova;

d) quando provido recurso da acusação que impede a execução do benefício.

Diz o art. 81, § 2° do CP: "Se o beneficiário está sendo processado por outro crime ou contravenção, considera-se prorrogado o prazo da suspensão até o julgamento definitivo".

A prorrogação é automática e pressupõe processo penal iniciado, não bastando mera instauração de inquérito policial.

ATENÇÃO - Durante a prorrogação do sursis, não subsistem as condições impostas.

Expirado o prazo sem que tenha havido revogação, considera-se extinta a pena privativa de liberdade (art. 82 do CP).

Art. 163. **A sentença condenatória será registrada, com a nota de suspensão em livro especial do Juízo a que couber a execução da pena.**

§ 1º Revogada a suspensão ou extinta a pena, será o fato averbado à margem do registro.

§ 2º O registro e a averbação serão sigilosos, salvo para efeito de informações requisitadas por órgão judiciário ou pelo Ministério Público, para instruir processo penal.

Registro da sentença – Trata-se de medida para controle do cumprimento da pena pelo juízo da execução. Portanto, a sentença condenatória em que foi concedido o *sursis* será registrada em livro especial do Juízo da execução.

O registro deve ser mantido em sigilo, e suas informações somente serão divulgadas caso sejam requisitadas por órgão do Judiciário ou pelo Ministério Público, para instruir processo penal.

CAPÍTULO IV
DA PENA DE MULTA

Art. 164. **Extraída certidão da sentença condenatória com trânsito em julgado, que valerá como título executivo judicial, o Ministério Público requererá, em autos apartados, a citação do condenado para, no prazo de 10 (dez) dias, pagar o valor da multa ou nomear bens à penhora.**

§ 1º Decorrido o prazo sem o pagamento da multa, ou o depósito da respectiva importância, proceder-se-á à penhora de tantos bens quantos bastem para garantir a execução.

§ 2º A nomeação de bens à penhora e a posterior execução seguirão o que dispuser a lei processual civil.

Pena pecuniária – a pena de multa pode ser:

a) isolada, quando cominada ou aplicada como sanção exclusiva.

b) cumulativa, quando cominada ou aplicada somada à privação de liberdade.

c) alternativa, quando uma opção para o juiz em contrapartida a pena de privação de liberdade.

Pena de multa – O Código Penal, no tema pena pecuniária, adota o sistema de dias-multa, baseado tanto nas circunstâncias do crime quanto na capacidade econômica do sentenciado.

ATENÇÃO – Leis Especiais podem anunciar critérios diversos. Na antiga Lei de Licitações, por exemplo, a base da pena de multa correspondia ao valor da vantagem efetivamente obtida ou potencialmente auferível pelo agente (art. 99 da Lei 8.666/93). A nova Lei de Licitações e Contratos Administrativos (art. 14.133/21) revogou referido artigo e inclui no Código Penal o art. 337-P, anunciando que a pena de multa cominada aos crimes cometidos em licitações e contratos seguirá a metodologia de cálculo prevista neste Código e não poderá ser inferior a 2% (dois por cento) do valor do contrato licitado ou celebrado com contratação direta. Em se tratando de crimes previstos na Lei de Locações de Imóveis Urbanos, a multa varia de 2 a 12 meses do valor do último aluguel, a ser revertida em favor do locatário (art. 43 da Lei 8.245/91).

Esse sistema é vantajoso porque considera a culpabilidade, os antecedentes, a conduta social, a personalidade do agente, os motivos, as circunstâncias, as consequências do crime e o comportamento da vítima, além de outras circunstâncias que agravem, atenuem, aumentem ou diminuam a pena, em conjunto com a fortuna do condenado.

Num primeiro momento o magistrado deve fixar a quantidade de dias-multa, variando de no mínimo 10 a no máximo 360 (art. 49, CP). Depois de calculada a quantidade de dias-multa, o magistrado decide o valor de cada dia-multa, não podendo ser inferior a um trigésimo do maior salário mínimo mensal vigente ao tempo do fato, nem superior a 5 (cinco) vezes esse salário. Nesse momento, observa-se, principalmente, a situação econômica do sentenciado (art. 60, CP). Se, em virtude da situação econômica do réu, o juiz verificar que, embora aplicada no máximo, essa pena é ineficaz, poderá elevá-la até o triplo (art. 60, § 1º, do CP), podendo chegar 5.400 salários mínimos.

Execução da multa de valor irrisório – Discute-se se a multa de valor extremamente reduzido deve ou não ser cobrada pelo Estado. Prevalece que sim. Sendo o Ministério Público o autor da ação penal (artigo 129, inciso I, da Constituição Federal) e impossibilitado dela dispor (artigo 42 do CPP), por óbvio que não se admite a não cobrança da pena após o trânsito em julgado da condenação que a perseguiu, devendo seguir na imposição da reprimenda. Nesse sentido é o posicionamento jurisprudencial:

> AGRAVO EM EXECUÇÃO PENAL. DECISÃO QUE EXTINGUIU A EXECUÇÃO DA PENA DE MULTA E MANTEVE A PUNIBILIDADE DO APENADO. INSURGÊNCIA DEFENSIVA. Pleito de isenção da multa penal e consequente extinção da punibilidade. Preliminar de nulidade aventada pelo procurador de Justiça. Alegada ofensa ao princípio da indisponibilidade da ação. Acolhimento. Decisão agravada que extinguiu a execução acatando manifestação do parquet de primeiro grau quanto a desistência da execução da pena de multa, dentre as razões, o valor diminuto da pena de multa, excesso de trabalho e falta de estrutura, invocando os princípios da razoabilidade e economicidade. Justificativas desarrazoadas. Nulidade manifesta em razão da ofensa ao princípio da indisponibilidade da ação penal (art. 42 do CPP), que deve ser aplicado inclusive na fase recursal e na execução da pena. Pena de multa que apesar de constituir dívida de valor não perdeu seu caráter de sanção penal (ADI nº 3150/DF). Natureza jurídica e objeto da pena de multa que não podem ser relativizados, com aplicação dos institutos de direito privado. Pena de multa que além da função arrecadatória, tem funções primordiais de caráter retributivo e de prevenção, seja no sentido de reafirmar a vigência da norma (prevenção geral positiva) ou de evitar o cometimento de crimes (prevenção geral negativa). Entendimento do STJ de que após a modificação do art. 51 pelo intitulado pacote anticrime (Lei nº 13.964/2019), a competência para a execução da pena de multa é do juízo de execução penal, razão pela qual

adota-se a posição da competência exclusiva do ministério público para a execução da pena de multa. Ademais, ainda que o entendimento seja da competência prioritária, tal grau de responsabilidade, salvo melhor juízo, já é o bastante para impedir a desistência da execução da pena de multa. Competência subsidiária da Fazenda Pública que incide apenas no caso de inércia do parquet. Reconhecimento da nulidade que se impõe. Recurso conhecido e, de ofício, decretar a cassação da decisão agravada, com o retorno dos autos para prosseguimento da execução da pena de multa, nos termos da fundamentação. Análise do mérito prejudicada. (TJSC; AG-ExPen 5006387-71.2022.8.24.0020; Quinta Câmara Criminal; Relª Des. Cinthia Beatriz da Silva Bittencourt Schaefer; Julg. 9/6/2022).

ATENÇÃO – Não podemos confundir multa de valor irrisório com incapacidade econômica do condenado. Na hipótese de condenação concomitante a pena privativa de liberdade e multa, o inadimplemento da sanção pecuniária, pelo condenado que comprovar impossibilidade de fazê-lo, não obsta o reconhecimento da extinção da punibilidade." Essa tese, aplicada no caso de pena de multa cumulada com prisão, foi fixada pela Terceira Seção do Superior Tribunal de Justiça (STJ), sob a sistemática dos recursos repetitivos, ao revisar o entendimento firmado anteriormente pelo colegiado no Tema 931. Os ministros estabeleceram um tratamento diferente para o caso de não pagamento da multa pelos condenados hipossuficientes ou insolventes.

Pagamento (voluntário) da multa – O pagamento da pena de multa, no Código Penal, está disciplinado de um determinado modo; na Lei de Execução Penal, de outro. O Código Penal, no art. 50, determina que a multa deve ser paga dentro de 10 dias depois do trânsito em julgado da sentença. Por outro lado, a Lei de Execução Penal, prevendo o mesmo prazo, anuncia que seu termo inicial se dá após citação do condenado, precedida por extração de certidão da sentença condenatória e requerimento do Ministério Público (art. 164, LEP). Entendemos que a matéria deve seguir os regramentos da Lei de Execução Penal, por ser norma mais benéfica ao sentenciado.

O art. 170 da LEP permite o desconto da pena de multa na "remuneração do condenado". Trata da situação em que o condenado cumpre a pena privativa de liberdade e trabalha enquanto está preso. Já o art. 50, § 1º, do CP admite o desconto "no vencimento ou salário", referindo-se à situação em que, embora condenado, o agente não cumpre pena privativa de liberdade e trabalha normalmente. Por isso, as alíneas do § 1º dispõem que o desconto é permitido quando a multa é aplicada isoladamente, quando é aplicada cumulativamente com pena restritiva de direitos (lembrar que a prestação de serviços à comunidade não pode prejudicar a jornada normal de trabalho – art. 46, § 3º, CP) ou quando é concedido o *sursis*.

O pagamento parcelado depende de requerimento do condenado e é concedido conforme as circunstâncias do caso concreto (art. 50, *caput*, CP). O legislador alerta que o desconto não deve incidir sobre os recursos indispensáveis ao sustento do condenado e de sua família (art. 50, §2º, CP).

Não pagamento voluntário da pena de multa – O não pagamento voluntário da multa implicava na sua conversão em privativa de liberdade. Com o advento da Lei nº 9.268/96, não mais se admite a conversão, encarando-se a multa não paga como dívida de valor, aplicando-se-lhe as normas da legislação relativa à dívida ativa da Fazenda Pública, inclusive no que concerne às causas interruptivas e suspensivas da prescrição (art. 51, CP).

De quem é a competência para a execução forçada da pena?

Em face da sistemática imposta pela Lei 9.268/96, surgiu certa divergência sobre a legitimidade para sua execução e competência: é o Ministério Público o órgão legitimado (atuando na Vara das Execuções Penais) ou a Procuradoria da Fazenda (executando a sanção na Vara das Execuções Fiscais)? Em resumo, havia três correntes:

1ª corrente: a competência para a execução da pena de multa continuaria sendo do juiz da execução penal, bem como a legitimidade para a sua promoção continuaria sendo do Ministério Público;

2ª corrente: a competência para a execução da pena de multa continuaria sendo do juiz da execução penal, bem como a legitimidade para a sua promoção continuaria sendo do Ministério Público, mas o rito a ser seguido deveria ser o da Lei de Execuções Fiscais;

3ª corrente: a multa criminal tornar-se-ia executável por meio dos procedimentos próprios da execução fiscal, afastando-se a competência do juiz da execução penal. Seria, portanto, da Fazenda Pública – e não do Ministério Público – a legitimidade para promover a execução de pena de multa imposta em sentença penal condenatória. Esta orientação chegou a ser adotada pelo STJ por meio da súmula 521. Mas o tribunal continuou atribuindo ao Ministério Público a legitimidade para adotar medidas assecuratórias do pagamento da multa (REsp 1.275.834/PR, Rel. Min. Ericson Maranho, j. 17/03/2015).

Em 2018, o Supremo Tribunal Federal estabeleceu que, em virtude da natureza de sanção penal – não alterada pela Lei 9.268/96 –, a pena de multa deve ser executada pelo Ministério Público no próprio juízo da execução penal.

O tribunal apreciou conjuntamente a ADI 3150 e uma questão de ordem na Ação Penal 470. A ação direta de inconstitucionalidade havia sido ajuizada pelo Procurador-Geral da República para que o tribunal conferisse interpretação conforme ao art. 51 do Código Penal e estabelecesse a legitimidade do Ministério Público e a competência da Vara de Execuções Penais para a execução da pena de multa. Já na questão de ordem questionava-se decisão do ministro Barroso, que havia estabelecido, com base no art. 164 da LEP, a legitimidade do Ministério Público para executar multa imposta na AP 470, mas a União sustentava que a Lei 9.268/96 havia revogado tacitamente o disposto na Lei de Execução Penal, razão por que caberia à Procuradoria da Fazenda Nacional executar a sanção imposta naquela condenação.

Segundo o ministro Barroso – que foi acompanhado pela maioria –, a alteração promovida pela Lei 9.268/96 não alterou a natureza da pena de multa, que continuou a ser uma espécie de sanção penal, tanto que na própria AP 470 o STF impôs o pagamento da multa como condição para a progressão de regime. O art. 164 da LEP, portanto, continua em vigor e é claro ao estabelecer a legitimidade do Ministério Público, a quem cabe a fiscalização da execução penal.

Nova redação do art. 51 do CP – Para adequar o texto legal à referida decisão do STF, a Lei 13.964/19 (Pacote Anticrime) alterou a redação do art. 51 do CP, que passou a prever expressamente a competência do juízo da execução penal, no qual, evidentemente, deve atuar o Ministério Público. Aboliu-se, também, a legitimidade subsidiária da procuradoria da Fazenda Pública. O Ministério Público tem, assim, legitimidade para propor a execução da pena de multa e requerer todas as medidas necessárias para o seu adimplemento perante o juiz da execução penal.

Redação antes da Lei 13.964/19	Redação depois da Lei 13.964/19
Art. 51 – Transitada em julgado a sentença condenatória, a multa será considerada dívida de valor, aplicando-se-lhes as normas da legislação relativa à dívida ativa da Fazenda Pública, inclusive no que concerne às causas interruptivas e suspensivas da prescrição	"Art. 51. Transitada em julgado a sentença condenatória, a multa será executada perante o juiz da execução penal e será considerada dívida de valor, aplicáveis as normas relativas à dívida ativa da Fazenda Pública, inclusive no que concerne às causas interruptivas e suspensivas da prescrição.

O juiz da execução não pode determinar de ofício o pagamento da multa:

"O Supremo Tribunal Federal, ao julgar a ADI 3.150/DF, declarou que, à luz do preceito estabelecido pelo art. 5º, inciso XLVI, da Constituição Federal, a multa, ao lado da privação de liberdade e de outras restrições – perda de bens, prestação social alternativa e suspensão ou interdição de direitos –, é espécie de pena aplicável em retribuição e em prevenção à prática de crimes.

Com base nessa premissa, a legitimidade para a execução da multa resultante de uma condenação criminal transitada em julgado, devido à sua natureza penal, recai prioritariamente sobre o Ministério Público, ainda que não de forma exclusiva. Por outro lado, a Fazenda Pública tem a legitimidade subsidiária para propor a execução fiscal, somente em caso de omissão do órgão ministerial dentro do prazo estabelecido de 90 dias a partir da intimação para a execução da penalidade.

Em síntese, conforme entendimento do STF, (i) o Ministério Público é o órgão legitimado para promover a execução da pena de multa, perante a Vara de Execução Criminal, observado o procedimento descrito pelos arts. 164 e seguintes da Lei de Execução Penal; e (ii) caso o titular da ação penal, devidamente intimado, não proponha a execução da multa no prazo de 90 (noventa) dias, o Juiz da execução criminal dará ciência do feito ao órgão competente da Fazenda Pública (Federal ou Estadual, conforme o caso) para a respectiva cobrança na própria Vara de Execução Fiscal, com a observância do rito da Lei n. 6.830/1980. Dessa forma, a determinação do pagamento da pena de multa não cabe, de ofício, ao juízo da execução.

No mesmo sentido é o entendimento da Quinta Turma desta Corte, que já decidiu que '[i]ncumbe ao Ministério Público a execução da pena de multa, o qual, atento às disposições contidas nos arts. 164 e seguintes da Lei de Execução Penal, deverá promovê-la, não cabendo ao juízo da execução a determinação, de ofício, do respectivo pagamento'" (AgRg no AREsp 2.092.616/GO, relator Ministro Ribeiro Dantas, Quinta Turma, julgado em 2/8/2022, DJe de 10/8/2022)." (AgRg no AREsp 2.222.146/GO, j. 09/05/2023).

ATENÇÃO – O Código de Processo Penal prevê a aplicação de multas, entre outras, aos defensores, jurados e testemunhas que descumprem os seus deveres, a exemplo daquelas previstas nos arts. 265 (abandono de processo pelo defensor, sem motivo e sem comunicação prévia ao juiz); 436, §2º (recusa injustificada ao serviço do júri); 442 (jurado que não comparece à sessão ou se retira antes de ser dispensado pelo presidente); 458 (não comparecimento de testemunha, sem justa causa, ao julgamento do Tribunal do Júri) e 466, §1º (jurados que se comunicam entre si e com outrem e manifestam opinião sobre o processo). Essas multas guardam natureza administrativa e não se confundem com a pena de multa prevista no art. 49 do Código Penal. E não cabe ao Ministério Público a cobrança das multas administrativas previstas no CPP.

Prescrição – Segundo dispõe o art. 114 do Código Penal, a prescrição da pena de multa ocorrerá: (A) em 2 (dois) anos, quando a multa for a única cominada ou aplicada; (B) no mesmo prazo estabelecido para a prescrição da pena privativa de liberdade, quando a multa for alternativa ou cumulativamente cominada ou cumulativamente aplicada. No que concerne à prescrição da pretensão punitiva (em abstrato, retroativa ou intercorrente), não há dúvida, aplicam-se integralmente as disposições do Código Penal, da seguinte forma:

Hipótese	Prescrição	Fundamento
A multa é a única cominada	Opera-se em dois anos, contados nos termos do art. 111 do CP	Art. 114, I, CP
A multa é a única aplicada na sentença	Opera-se em dois anos, contados da publicação da sentença ou acórdão penal condenatório até a data do trânsito em julgado (prescrição intercorrente) ou da data do recebimento da inicial acusatória até a publicação da sentença condenatória (prescrição retroativa)	Art. 114, I, CP
A multa é cominada cumulativamente com pena privativa de liberdade*	Prescreve no mesmo prazo da privativa de liberdade	Art. 114, II, CP
A multa é aplicada cumulativamente com pena privativa de liberdade	Prescreve no mesmo prazo da privativa de liberdade	Art. 114, II, CP
Hipótese	**Prescrição**	**Fundamento**
A multa é cominada alternativamente com pena privativa de liberdade	Prescreve no mesmo prazo da privativa de liberdade	Art. 114, II, CP

*. Ainda que a pena privativa de liberdade seja convertida em restritiva de direitos, não é possível aplicar o artigo 114, I, CP. Neste sentido: "A pena restritiva de direitos é de natureza jurídica distinta da pena de multa. Inaplicabilidade, portanto, do inciso I do art. 114 do CP. Disposição legal que estabelece, de modo particularizado, o prazo prescricional de 2 (dois) anos para a pena de multa, quando essa multa 'for a única cominada ou aplicada', o que não é a hipótese dos autos". (STF – Primeira Turma – HC 101669 – Rel. Min. Dias Toffoli – DJe 30/11/2010)

No caso da prescrição da pretensão executória, há certa controvérsia a respeito da disciplina legal aplicável.

Alguns defendem a aplicação integral das regras do Código Penal no tocante ao prazo prescricional e à incidência das causas interruptivas e suspensivas da prescrição próprias do Direito Penal (art. 116, parágrafo único e art. 117, V e VI). E seriam aplicáveis também as causas interruptivas e suspensivas específicas que regem a execução fiscal (CTN: artigo 151; parágrafo único do artigo 155 e artigo 174; Lei de Execução Fiscal: parágrafo 2º do artigo 8º). Com isso, confere-se ao art. 51 do Código Penal interpretação baseada em uma das teses fixadas no julgamento da ADI 3.150 pelo STF: a multa conserva sua natureza de pena. Se é assim, nada mais lógico do que lhe aplicar todas as normas da prescrição penal.

Outra corrente sustenta que, quanto ao prazo prescricional, devemos observar as regras do Código Penal (artigos 109 e 114) e, com relação às causas suspensivas e interruptivas da prescrição, as normas relativas à dívida ativa da Fazenda Pública. Os adeptos desse entendimento afirmam que a lei não contém palavras inúteis, de modo que se a intenção do legislador fosse outra, não teria feito a ressalva na parte final do art. 51: "[...] inclusive no que concerne às causas interruptivas e suspensivas da prescrição". Nesse sentido há decisões do STJ:

> "Prevalece o entendimento de que a nova redação do art. 51 do Código Penal não retirou o caráter penal da multa. Assim, embora se apliquem as causas suspensivas da prescrição previstas na Lei n. 6.830/80 e as causas interruptivas disciplinadas no art. 174 do Código Tributário Nacional, o prazo prescricional continua sendo regido pelo art. 114, inciso II, Código Penal" (HC 394.591/AM, Rel. Min. Reynaldo Soares da Fonseca, j. 21/09/2017)

Por fim, há quem defenda a aplicação das normas relativas à dívida ativa da Fazenda Pública tanto sobre o prazo prescricional quanto sobre as causas interruptivas e suspensivas da prescrição. Para Victor Eduardo Rios Gonçalves, o prazo de dois anos:

> "Se refere apenas à prescrição retroativa e intercorrente. Isso porque, de acordo com a nova redação do art. 51 do Código Penal, alterado também pela Lei n. 9.268/96, havendo trânsito em julgado da sentença condenatória que impôs pena de multa, será esta considerada dívida de valor, aplicando-se-lhe as normas relativas à dívida ativa da Fazenda Pública, inclusive no que tange à prescrição. Assim, inexiste prescrição da pretensão executória penal da multa, mas apenas prescrição de caráter tributário, que se dá em 5 anos. As causas interruptivas e suspensivas são também aquelas da legislação tributária" (Curso de Direito Penal: parte geral. Vol. 1. 3ª ed. São Paulo: Saraiva: 2019, p. 455).

Dentro dessa corrente há, ainda, uma divergência quanto ao termo inicial da prescrição. Alguns sustentam que a contagem dos 5 anos tem início com o trânsito em julgado da condenação, ao passo que outros mencionam a inscrição na dívida ativa.

Em síntese:

	1ª corrente	2ª corrente	3ª corrente
A multa é a única aplicada na sentença ou é aplicada cumulativamente com pena privativa de liberdade	O prazo prescricional é o do art. 114, I (dois anos) ou II (mesmo prazo da pena privativa). Sobre as causas interruptivas e suspensivas se aplicam as regras penais e as normas específicas relativas à execução fiscal	O prazo prescricional é o do art. 114, I (dois anos) ou II (mesmo prazo da pena privativa). Sobre as causas interruptivas e suspensivas se aplicam apenas as regras específicas relativas à execução fiscal	O prazo prescricional é de cinco anos e as causas suspensivas e interruptivas são regidas pelas regras específicas da execução fiscal

O rito a ser seguido é o estabelecido entre os artigos 164 e 170 da LEP, com aplicação da Lei 6.830/80 no que for cabível.

JURISPRUDÊNCIA

Pena de multa e Súmula 719 do STF.

A 2ª Turma indeferiu "habeas corpus" em se pleiteava a aplicação de multa, em substituição à pena privativa de liberdade imposta a condenado a 1 ano de reclusão, ao argumento de ser mais benéfica ao paciente do que a pena restritiva de direitos, consoante a Súmula 719/ STF. Entendeu-se que o referido verbete não diria respeito a penas restritivas de direitos, mas ao regime de cumprimento de pena privativa de liberdade. Além disso, considerou-se que o juiz não estaria obrigado a substituir a pena privativa de liberdade por pena de multa (CP, art. 44, § 2º). Ressaltou-se que este órgão julgador, em precedente firmado no HC 83092, já se pronunciara no sentido da impossibilidade de substituição da pena privativa de liberdade por multa nas hipóteses de condenação superior a 6 meses. Ademais, afirmara que: a) se a pena imposta ultrapassar 6 meses e for menor ou igual a 1 ano deverá ser aplicada uma restritiva de direitos; b) se superior a esse tempo, duas restritivas de direitos (STF – HC nº 98995, Rel. Gilmar Mendes, j. 19.10.2010).

Art. 165. Se a penhora recair em bem imóvel, os autos apartados serão remetidos ao Juízo Cível para prosseguimento.

Art. 166. Recaindo a penhora em outros bens, dar-se-á prosseguimento nos termos do § 2º do artigo 164, desta Lei.

Art. 167. A execução da pena de multa será suspensa quando sobrevier ao condenado doença mental (artigo 52 do Código Penal).

Superveniência de anomalia psíquica – Sobrevindo ao sentenciado (preso ou solto) doença mental, a execução da multa ficará suspensa até que ele recupere a saúde mental.

ATENÇÃO – Não se prevendo causa suspensiva da prescrição, o lapso fatal corre mesmo durante a suspensão da execução da pena de multa.

Art. 168. O Juiz poderá determinar que a cobrança da multa se efetue mediante desconto no vencimento ou salário do condenado, nas hipóteses do artigo 50, § 1º, do Código Penal, observando-se o seguinte:

I – o limite máximo do desconto mensal será o da quarta parte da remuneração e o mínimo o de um décimo;

II – o desconto será feito mediante ordem do Juiz a quem de direito;

III – o responsável pelo desconto será intimado a recolher mensalmente, até o dia fixado pelo Juiz, a importância determinada.

Art. 169. Até o término do prazo a que se refere o artigo 164 desta Lei, poderá o condenado requerer ao Juiz o pagamento da multa em prestações mensais, iguais e sucessivas.

§ 1º O Juiz, antes de decidir, poderá determinar diligências para verificar a real situação econômica do condenado e, ouvido o Ministério Público, fixará o número de prestações.

§ 2º Se o condenado for impontual ou se melhorar de situação econômica, o Juiz, de ofício ou a requerimento do Ministério Público, revogará o benefício executando-se a multa, na forma prevista neste Capítulo, ou prosseguindo-se na execução já iniciada.

Art. 170. Quando a pena de multa for aplicada cumulativamente com pena privativa da liberdade, enquanto esta estiver sendo executada, poderá aquela ser cobrada mediante desconto na remuneração do condenado (artigo 168).

§ 1º Se o condenado cumprir a pena privativa de liberdade ou obtiver livramento condicional, sem haver resgatado a multa, far-se-á a cobrança nos termos deste Capítulo.

§ 2º Aplicar-se-á o disposto no parágrafo anterior aos casos em que for concedida a suspensão condicional da pena.

Parcelamento da multa – O artigo 169 prevê a possibilidade de o condenado parcelar o pagamento da multa em prestações mensais, iguais e sucessivas, dentro do prazo de 10 (dez) dias (art. 164 desta Lei) e ouvido o Ministério Público.

Pode o Juiz, antes de decidir, determinar que se efetue diligências para averiguar a real situação econômica do condenado.

Saliente-se que, embora a multa seja pena, não tem o escopo de "falir" economicamente o condenado. O Estado quer evitar a impunidade, portanto, a pena terá que ser executada, e será, mesmo que para isso tenha que ser parcelada, o que não mudará o objetivo final.

O art. 170 da LEP permite o desconto da pena de multa na "remuneração do condenado". Trata da situação em que o condenado cumpre a pena privativa de liberdade e trabalha enquanto está preso. Já o art. 50, § 1º, do CP admite o desconto "no vencimento ou salário", referindo-se à situação em que, embora condenado, o agente não cumpre pena privativa de liberdade e trabalha normalmente. Por isso as alíneas do § 1º dispõem que o desconto é permitido quando a multa é aplicada isoladamente, quando é aplicada cumulativamente com pena restritiva de direitos (lembrar que a prestação de serviços à comunidade não pode prejudicar a jornada normal de trabalho – art. 46, § 3º, CP) ou quando é concedido o *sursis*.

O pagamento parcelado depende de requerimento do condenado e é concedido conforme as circunstâncias do caso concreto (art. 50, *caput*, CP). O legislador alerta que o desconto não deve incidir sobre os recursos indispensáveis ao sustento do condenado e de sua família (art. 50, §2º, CP).

Afinal, o inadimplemento da multa impede a extinção da pena?

Cominada no preceito secundário do tipo incriminador (isolada, alternativa ou cumulativa com a pena privativa de liberdade) ou substitutiva da prisão (art. 44 do CP), a pena de multa é espécie de sanção penal patrimonial, consistente na obrigação imposta ao sentenciado de pagar ao fundo penitenciário determinado valor em dinheiro.

O não pagamento voluntário da multa implicava na sua conversão em privativa de liberdade. Com o advento da Lei nº 9.268/96, não mais se admite a conversão, encarando-se a multa não paga como dívida de valor, aplicando-se-lhe as normas da legislação relativa à dívida ativa da Fazenda Pública, inclusive no que concerne às causas interruptivas e suspensivas da prescrição (art. 51, CP).

Na execução das reprimendas aplicadas na ação penal 470, o STF decidiu que o pagamento da pena de multa é necessário para o deferimento da progressão de regime. O STJ, por sua vez, decidia que a extinção da pena não podia ser impedida se o agente, não obstante inadimplente, tivesse cumprido regularmente a reprimenda privativa de liberdade ou a restritiva de direitos substitutiva. A Terceira Seção do tribunal, no entanto, acabou por modificar sua orientação (ProAfR no REsp 1.785.861/SP).

Primeiramente, é preciso diferenciar a pura inadimplência da incapacidade financeira. As decisões que os tribunais superiores vêm proferindo sobre a vinculação entre o pagamento da multa, a progressão de regime e a extinção da pena visam sobretudo a evitar que condenados – especialmente por crimes financeiros e tráfico de drogas – deixem deliberadamente de efetuar o pagamento de multas elevadas e, ainda assim, obtenham benefícios da execução penal e tenham a pena extinta porque cumpriram a privação de liberdade. Mas é injusto igualar essa situação à de indivíduos que simplesmente não dispõem de recursos para efetuar o pagamento. Nesse caso, como a inadimplência é involuntária, não é possível vincular a obtenção de benefícios e a extinção da pena ao pagamento. Foi o que decidiu recentemente o STJ em uma revisão de tese firmada sob a sistemática dos repetitivos:

> "A Terceira Seção do STJ, por ocasião do julgamento do Recurso Especial Representativo da Controvérsia 1.519.777/SP, assentou a tese de que "nos casos em que haja condenação a pena privativa de liberdade e multa, cumprida a primeira (ou a restritiva de direitos que eventualmente a tenha substituído), o inadimplemento da sanção pecuniária não obsta o reconhecimento da extinção da punibilidade".
>
> Ao apreciar a ADI 3.150, o STF firmou o entendimento de que a alteração do art. 51 do Código Penal, promovida pela Lei n. 9.268/1996, não retirou o caráter de sanção criminal da pena de multa, de modo que a primazia para sua execução incumbe ao Ministério Público e o seu inadimplemento obsta a extinção da punibilidade do apenado. Tal compreensão foi posteriormente sintetizada, em nova alteração do referido dispositivo legal, pela Lei n. 13.964/2019.
>
> Em decorrência do entendimento firmado pelo STF, bem como em face da mais recente alteração legislativa no artigo 51 do Código Penal, o STJ reviu a tese anteriormente aventada no Tema n. 931, para assentar que, "na hipótese de condenação concomitante a pena privativa de liberdade e multa, o inadimplemento da sanção pecuniária obsta o reconhecimento da extinção da punibilidade" (Recursos Especiais Representativos da Controvérsia 1.785.383/SP e 1.785.861/SP, Rel. Ministro Rogerio Schietti, Terceira Seção, DJe 21/9/2021).
>
> De toda sorte, é razoável inferir que referida decisão do STF se dirige àqueles condenados que possuam condições econômicas de adimplir a sanção pecuniária, geralmente relacionados a crimes de colarinho branco, de modo a impedir que o descumprimento da decisão judicial resulte em sensação de impunidade. Demonstra-o também a decisão do Pleno da Suprema Corte, ao julgar o Agravo Regimental na Progressão de Regime na Execução Penal 12/DF, a respeito da exigência de reparação do dano para obtenção do benefício da progressão de regime. Na ocasião, salientou-se que, "especialmente em matéria de crimes contra a Administração Pública - como também nos crimes de colarinho branco em geral -, a parte

verdadeiramente severa da pena, a ser executada com rigor, há de ser a de natureza pecuniária. Esta, sim, tem o poder de funcionar como real fator de prevenção, capaz de inibir a prática de crimes que envolvam apropriação de recursos públicos" (Rel. Ministro Roberto Barroso, Tribunal Pleno, DJe 18/3/2015).

Assim, mesmo aqueles que cumpriram integralmente suas penas, ainda precisam enfrentar a desproporcionalidade e a crueldade do sistema, já que são obrigados a pagar multas que foram fixadas quando condenados. A depender do perfil do réu, essas multas acabam aprofundando ainda mais a desigualdade econômica e social existente na população apenada, uma vez que após a saída da prisão retornam com frequência para a situação anterior a sua prisão, agora sobreposta com o estigma de ex-preso.

Não se mostra, portanto, compatível com os objetivos e fundamentos do Estado Democrático de Direito - destinado a assegurar o exercício dos direitos sociais e individuais, a liberdade, a segurança, o bem-estar, o desenvolvimento, a igualdade e a justiça" (Preâmbulo da Constituição da República) - que se perpetue uma situação que tem representado uma sobrepunição dos condenados notoriamente incapacitados de, já expiada a pena privativa de liberdade ou restritiva de direitos, solver uma dívida que, a despeito de legalmente imposta - com a incidência formal do Direito Penal - não se apresenta, no momento de sua execução, em punição estatal.

Além disso, não se trata de generalizado perdão da dívida de valor ou sua isenção, porquanto se o Ministério Público, a quem compete, especialmente, a fiscalização da execução penal, vislumbrar a possibilidade de que o condenado não se encontra nessa situação de miserabilidade que o isente do adimplemento da multa, poderá produzir prova em sentido contrário. É dizer, presume-se a pobreza do condenado que sai do sistema penitenciário - porque amparada na realidade visível, crua e escancarada - permitindo-se prova em sentido contrário. E, por se tratar de decisão judicial, poderá o juiz competente, ao analisar o pleito de extinção da punibilidade, indeferi-lo se, mediante concreta motivação, indicar evidências de que o condenado possui recursos que lhe permitam, ao contrário do que declarou, pagar a multa.

De mais a mais, resta ainda a possibilidade, nos termos do art. 51 do Código Penal, de a multa poder ser executada como dívida de valor, aplicáveis as normas relativas à dívida ativa da Fazenda Pública, inclusive no que concerne às causas interruptivas e suspensivas da prescrição. A execução da sanção pecuniária - sempre sujeita, evidentemente, à capacidade de pagar do devedor - poderá ser implementada pelo Ministério Público, prioritariamente, ou pela Fazenda Pública, subsidiariamente.

Desse modo, conclui-se que o inadimplemento da pena de multa, após cumprida a pena privativa de liberdade ou restritiva de direitos, não obsta a extinção da punibilidade, ante a alegada hipossuficiência do condenado, salvo se diversamente entender o juiz competente, em decisão suficientemente motivada, que indique concretamente a possibilidade de pagamento da sanção pecuniária." (STJ. 3ª Seção. REsp 2.024.901/SP, Rel. Min. Rogerio Schietti Cruz, julgado em 28/02/2024 - Revisão do Tema 931).

É interessante notar, na decisão, que o STJ concluiu bastar a alegação de incapacidade financeira para que a inadimplência deixe de impedir a extinção da pena. Caso entenda de forma diversa, deve o juiz, em decisão fundamentada, indicar concretamente a possibilidade de pagamento.

Em decisão posterior, no entanto, o STF decidiu que a inadimplência impede a extinção da pena, exceto se comprovada a impossibilidade de pagar, ainda que em parcelas. O tribunal conferiu ao art. 51 do CP interpretação conforme a Constituição Federal:

> "O Tribunal, por unanimidade, deu parcial provimento ao pedido, para conferir ao art. 51 do Código Penal interpretação no sentido de que, cominada conjuntamente com a pena privativa de liberdade, a pena de multa obsta o reconhecimento da extinção da punibilidade, salvo na situação de comprovada impossibilidade de seu pagamento pelo apenado, ainda que de forma parcelada, acrescentando, ainda, a possibilidade de o juiz de execução extinguir a punibilidade do apenado, no momento oportuno, concluindo essa impossibilidade de pagamento através de elementos comprobatórios constantes dos autos, nos termos do voto do Relator." (STF. Plenário. ADI 7.032/DF, Rel. Min. Flávio Dino, julgamento em 22/03/2024)

TÍTULO VI
DA EXECUÇÃO DAS MEDIDAS DE SEGURANÇA

CAPÍTULO I
DISPOSIÇÕES GERAIS

Art. 171. Transitada em julgado a sentença que aplicar medida de segurança, será ordenada a expedição de guia para a execução.

Medida de segurança – Espécie de sanção penal, é a resposta dada pelo Estado ao agente não imputável infrator da norma incriminadora. Diferentemente das penas, a medida de segurança tem uma finalidade essencialmente preventiva (e não retributiva). Volta-se para o futuro (e não para o passado, como faz a pena). Busca a segurança social e, principalmente, a cura daquele a quem é imposta, ou a possibilidade de um tratamento que minimize os efeitos da doença ou perturbação mental.

Nos termos do art. 96 do CP, a medida de segurança pode ser de duas espécies: *detentiva* ou *restritiva*.

A medida de segurança *detentiva* (art. 96, I, CP) representa a internação em hospital de custódia e tratamento psiquiátrico. Por sua vez, a medida de segurança *restritiva* (art. 96, II, CP) corresponde ao tratamento ambulatorial. A Resolução 487/23 do CNJ, contudo, proíbe a internação em instituição de caráter asilar como os hospitais de custódia e tratamento psiquiátrico e estabelecimentos congêneres, como hospitais psiquiátricos (arts. 3º, VIII e 13, § 1º). Segundo a norma, a medida de segurança deve ser cumprida em leito de saúde mental em Hospital Geral ou outro equipamento de saúde referenciado por um centro da Rede de Atenção Psicossocial.

ATENÇÃO – Da simples leitura do caput do art. 97 do CP percebe-se que a regra é a internação do inimputável, podendo o juiz, no caso de crime punido com detenção, submetê-lo a tratamento ambulatorial. A doutrina moderna, contudo, ensina que a reclusão não implica, necessariamente, em internação. Não se tratando de delito grave, mas necessitando o paciente de tratamento que o possibilite viver socialmente, sem oferecer risco para a sociedade e a si próprio, a melhor medida de segurança é o tratamento ambulatorial, em meio livre. Tendo isso em consideração, a Terceira Seção do STJ firmou a orientação de que o fator determinante para a imposição de medida de segurança não é a natureza da pena que seria imposta ao imputável, mas sim o nível de periculosidade do inimputável. Se o exame que conclui pela inimputabilidade estabelece que não há um elevado grau de periculosidade, a medida de segurança restritiva é suficiente, ainda que o fato seja punido com reclusão (EREsp 998.128/MG, Rel. Min. Ribeiro Dantas, j. 27/11/2019).

Não se pode ignorar, contudo, a tendência atual de *sempre* evitar a internação. Já em 2010 o Conselho Nacional de Justiça editou a Resolução nº 113, que em seu artigo 17 dispõe: "*O juiz competente para a execução da medida de segurança, sempre que possível buscará implementar políticas antimanicomiais, conforme sistemática da Lei nº 10.216, de 06 de abril de 2001*". Na Resolução 487/23, a excepcionalidade da internação é ainda mais destacada. A norma institui a Política Antimanicomial do Poder Judiciário e estabelece procedimentos e diretrizes para implementar a Convenção Internacional dos Direitos das Pessoas com Deficiência e a Lei 10.216/01, no âmbito do processo penal e da execução das medidas de segurança. Entre os princípios e diretrizes, destacam-se os seguintes:

a) a adoção de política antimanicomial na execução de medida de segurança;

b) interesse exclusivo do tratamento em benefício à saúde, com vistas ao suporte e reabilitação psicossocial por meio da inclusão social, a partir da reconstrução de laços e de referências familiares e comunitárias, da valorização e do fortalecimento das habilidades da pessoa e do acesso à proteção social, à renda, ao trabalho e ao tratamento de saúde (isso reforça a ideia do caráter terapêutico da medida de segurança);

c) o direito à saúde integral, **privilegiando-se o cuidado em ambiente terapêutico em estabelecimentos de saúde de caráter não asilar**, pelos meios menos invasivos possíveis, com vedação de métodos de contenção física, mecânica ou farmacológica desproporcional ou prolongada, excessiva medicalização, impedimento de acesso a tratamento ou medicação, isolamento compulsório, alojamento em ambiente impróprio e eletroconvulsoterapia em desacordo com os protocolos médicos e as normativas de direitos humanos;

d) a internação fundada exclusivamente em razões clínicas de saúde, privilegiando-se a avaliação multiprofissional de cada caso, pelo período estritamente necessário à estabilização do quadro de saúde e apenas quando os recursos extra-hospitalares se mostrarem insuficientes, vedada a internação em instituição de caráter asilar, como os Hospitais de Custódia e Tratamento Psiquiátrico e estabelecimentos congêneres.

Por expressa disposição do art. 13 da Resolução 487/23, a medida de internação tem caráter **absolutamente excepcional**, quando não cabíveis ou suficientes outras medidas cautelares diversas da prisão e quando compreendidas como recurso terapêutico momentaneamente adequado no âmbito do conjunto de propostas de condutas terapêuticas articuladas para aquele indivíduo, enquanto necessárias ao restabelecimento da saúde da pessoa, desde que prescritas por equipe de saúde da Rede de Atenção Psicossocial.

Como já destacamos, a internação deve ser cumprida em leito de saúde mental em Hospital Geral ou outro equipamento de saúde referenciado por um centro da Rede de

Atenção Psicossocial, cabendo ao Poder Judiciário atuar para que **nenhuma pessoa com transtorno mental seja colocada ou mantida em unidade prisional, ainda que em enfermaria, ou seja submetida à internação em instituições com características asilares**, assim entendidas aquelas sem condições de proporcionar assistência integral à saúde da pessoa ou de possibilitar o exercício dos direitos previstos no art. 2º da Lei 10.216/01 (art. 13, § 1º).

ATENÇÃO - Há muito o STJ decidiu que a manutenção do indivíduo com transtornos mentais em unidade prisional é vedada: "O inimputável submetido à medida de segurança de internação em hospital de custódia e tratamento psiquiátrico não poderá cumpri-la em estabelecimento prisional comum, ainda que sob a justificativa de ausência de vagas ou falta de recursos estatais. Isso porque não pode o paciente ser submetido à situação mais gravosa do que aquela definida judicialmente" (HC 231.124, Quinta Turma, Rel. Min. Laurita Vaz, j. 23/04/2013).

A internação deve cessar quando, a critério da equipe de saúde multidisciplinar, restar demonstrada a sua desnecessidade como recurso terapêutico. Nesse caso, comunicada a alta hospitalar à autoridade judicial, o acompanhamento psicossocial poderá continuar nos demais dispositivos da Rede de Atenção Psicossocial, em meio aberto (art. 13, § 2º).

ATENÇÃO - O Plenário do Supremo Tribunal Federal definiu tese relacionada à concessão de indulto presidencial à pessoa sujeita a medida de segurança. Para os ministros, "reveste-se de legitimidade jurídica a concessão pelo presidente da República do benefício constitucional do indulto - Constituição Federal, artigo 84, XII - que traduz expressão do poder de graça do Estado, mesmo se se tratar de indulgência destinada a favorecer pessoa que, em razão de sua inimputabilidade ou semi-imputabilidade, sofre medida de segurança, ainda que de caráter pessoal e detentivo". A tese foi aprovada por unanimidade para efeitos de aplicação da repercussão geral (RE 628658).

A medida de segurança, em resumo, deve atender a dois interesses: a segurança social e principalmente ao interesse da obtenção da cura daquele a quem é imposta, ou a possibilidade de um tratamento que minimize os efeitos da doença mental.

Pode o juiz, para evitar reiteração do fato, determinar a internação provisória do acusado, ainda na fase do processo, quando se tratar de crime praticado com violência ou grave ameaça à pessoa (art. 319, inciso, VII, do CPP).

Note-se que a Resolução 487/23 do CNJ contém regras específicas para a situação de flagrância em que há indícios de transtorno mental ou qualquer forma de deficiência psicossocial.

Inicialmente, na audiência de custódia, ouvidos o Ministério Público e a defesa, a autoridade judicial deve encaminhar o indivíduo para atendimento voluntário na Rede de Atenção Psicossocial. Se a pessoa apresentada à audiência de custódia está em situação de crise em saúde mental e sem condições de participar do ato, a autoridade judicial deve solicitar tentativas de manejo de crise pela equipe qualificada, depois de ouvidos o Ministério Público e a defesa. O manejo de crise consiste no imediato acionamento de equipe de saúde da Rede de Atenção Psicossocial para a tomada de medidas emergenciais e referenciamento do paciente ao serviço de saúde, além da realização de ações de escuta, compreensão da condição pessoal, produção imediata de consensos possíveis, mediação entre a pessoa e as demais presentes no ambiente e a restauração do diálogo, bem como, o quanto antes, a identificação dos fatores que possivelmente desencadearam a crise. Caso isso se revele infrutífero, a autoridade judicial deve realizar o encaminhamento da pessoa para atendimento em saúde por meio do Serviço de Atendimento Móvel de Urgência (Samu) ou outros serviços da Rede de Atenção Psicossocial.

Na audiência, não sendo o caso de relaxar a prisão em flagrante, a autoridade judicial deve avaliar a necessidade e adequação de eventual medida cautelar, consideradas as condições de saúde da pessoa apresentada e evitando a imposição de:

I – medida que dificulte o acesso ou a continuidade do melhor tratamento disponível, ou que apresente exigências incompatíveis ou de difícil cumprimento diante do quadro de saúde apresentado;

II – medidas concomitantes que se revelem incompatíveis com a rotina de acompanhamento na rede de saúde.

Deve ser priorizada a adoção de instrumentos distintos do monitoramento eletrônico, sem que isso enseje a aplicação de medidas que obstem o tratamento em liberdade. Mesmo cautelarmente, portanto, a restrição da liberdade na medida de segurança é **excepcional**.

Caso o indivíduo necessite de tratamento em saúde mental no curso de prisão preventiva ou outra medida cautelar, deve o juiz:

I – no caso de pessoa presa, reavaliar a necessidade e adequação da prisão processual em vigor ante a necessidade de atenção à saúde, para início ou continuidade de tratamento em serviços da Rede de Atenção Psicossocial, ouvidos a equipe multidisciplinar, o Ministério Público e a defesa;

II – no caso de pessoa solta, reavaliar a necessidade e adequação da medida cautelar em vigor, garantindo a possibilidade de tratamento adequado na Rede de Atenção Psicossocial e o exercício de outras atividades que reforcem a autonomia da pessoa, como trabalho e educação.

ATENÇÃO – Para fins eleitorais, não obstante tratar-se de sentença absolutória imprópria, o Tribunal Superior Eleitoral confere natureza condenatória à medida de segurança. Nesse sentido é o teor da Res. nº 22.193, de 11.4.2006, de relatoria do Min. Peçanha Martins: "Medida de segurança. Suspensão de direitos políticos. Natureza condenatória. Possibilidade. Não obstante tratar-se de sentença absolutória imprópria, a decisão que impõe medida de segurança ostenta natureza condenatória, atribuindo sanção penal, razão por que enseja suspensão de direitos políticos nos termos do art. 15, III, da Constituição Federal.

JURISPRUDÊNCIA

Indulto e medida de segurança

Reveste-se de legitimidade jurídica a concessão, pelo presidente da República, do benefício constitucional do indulto (CF, art. 84, XII), que traduz expressão do poder de graça do Estado, mesmo se se tratar de indulgência destinada a favorecer pessoa que, em razão de sua inimputabilidade ou semi-imputabilidade, sofre medida de segurança, ainda que de caráter pessoal e detentivo. Essa a conclusão do Plenário, que negou provimento a recurso extraordinário em que discutida a possibilidade de extensão de indulto a internados em cumprimento de medida de segurança. O Colegiado assinalou que a competência privativa do presidente da República prevista no art. 84, XII, da CF abrange a medida de segurança, espécie de sanção penal, inexistindo restrição à concessão de indulto. Embora não seja pena em sentido estrito, é medida de natureza penal e ajusta-se ao preceito, cuja interpretação deveria ser ontológica. Lembrou o HC 84.219/SP (DJU de 23.9.2005), em que o período máximo da medida de segurança fora limitado a 30 anos, mediante interpretação sistemática e teleológica dos artigos 75 e 97 do CP e 183 da LEP. Fora reconhecida, na ocasião, a feição penal da medida de segurança, a implicar restrição coercitiva da liberdade. Em reforço a esse entendimento, sublinhou o art. 171 da LEP, a condicionar a execução da sentença ao trânsito em julgado; bem assim o art. 397, II, do CPP, a proibir a absolvição sumária imprópria, em observância ao princípio da não culpabilidade (CF, art. 5º, LVII). No caso, o Presidente da República, ao implementar indulto no tocante a internados em cumprimento de medida de segurança, nos moldes do art. 1º, VIII, do Decreto natalino 6.706/1998, não extrapolara o permissivo constitucional. Precedentes citados: RE 612.862 AgR/RS (DJe de 18.2.2011) e HC 97.621/RS (DJe de 26.6.2009). (STF – RE n° 628658/RS, Rel. Marco Aurélio, j. 5.11.2015).

Medida de segurança: recolhimento em presídio e flagrante ilegalidade

A 2ª Turma não conheceu de "habeas corpus", mas deferiu a ordem, de ofício, para determinar a inclusão do paciente em tratamento ambulatorial, sob a supervisão do juízo da execução criminal. No caso, a pena privativa de liberdade ao paciente (dois anos, um mês e vinte dias de reclusão) fora substituída por medida de segurança consistente em internação hospitalar ou estabelecimento similar para tratamento de dependência química pelo prazo de dois anos, e, ao seu término, pelo tratamento ambulatorial. Nada obstante, passados quase três anos do recolhimento do paciente em estabelecimento prisional, o Estado não lhe teria garantido o direito de cumprir a medida de segurança fixada pelo juízo sentenciante. A Turma destacou que estaria evidenciada situação de evidente ilegalidade, uma vez que o paciente teria permanecido custodiado por tempo superior ao que disposto pelo magistrado de 1º grau. Além disso, não teria sido submetido ao tratamento médico adequado (STF – HC n° 122670-SP, Rel. Ricardo Lewandowski, j. 5.8.2014)

Sistema vicariante e impossibilidade de conversão de pena privativa de liberdade em medida de segurança por fatos diversos.

Durante o cumprimento de pena privativa de liberdade, o fato de ter sido imposta ao réu, em outra ação penal, medida de segurança referente a fato diverso não impõe a conversão da pena privativa de liberdade que estava sendo executada em medida de segurança. Inicialmente, convém apontar que o sistema vicariante afastou a imposição cumulativa ou sucessiva de pena e medida de segurança, uma vez que a aplicação conjunta ofenderia o princípio do ne bis in idem, já que o mesmo indivíduo suportaria duas consequências em razão do mesmo fato. No caso em análise, evidencia-se que cada reprimenda imposta corresponde a um fato distinto. Portanto, não há que se falar em ofensa ao sistema vicariante, porquanto a medida de segurança refere-se a um fato específico e a aplicação da pena privativa de liberdade correlaciona-se a outro fato e delito. Decisão monocrática citada: HC 137.547-RJ, Rel. Min. Jorge Mussi, DJe 1°/2/2013 (STJ HC n° 275.635-SP, Rel. Nefi Cordeiro, j. 8.3.2016, DJe 15.3.2016).

Art. 172. Ninguém será internado em Hospital de Custódia e Tratamento Psiquiátrico, ou submetido a tratamento ambulatorial, para cumprimento de medida de segurança, sem a guia expedida pela autoridade judiciária.

Art. 173. A guia de internamento ou de tratamento ambulatorial, extraída pelo escrivão, que a rubricará em todas as folhas e a subscreverá com o Juiz, será remetida à autoridade administrativa incumbida da execução e conterá:

I - a qualificação do agente e o número do registro geral do órgão oficial de identificação;

II - o inteiro teor da denúncia e da sentença que tiver aplicado a medida de segurança, bem como a certidão do trânsito em julgado;

III - a data em que terminará o prazo mínimo de internação, ou do tratamento ambulatorial;

IV – outras peças do processo reputadas indispensáveis ao adequado tratamento ou internamento.

§ 1º Ao Ministério Público será dada ciência da guia de recolhimento e de sujeição a tratamento.

§ 2º A guia será retificada sempre que sobrevier modificações quanto ao prazo de execução.

Guia de internação ou tratamento ambulatorial – A medida de segurança só se inicia com a expedição de guia pela autoridade judiciária.

Trata-se de procedimento formal para que o Estado não perca o controle sobre quem foi internado ou está em tratamento, por ordem de quem e por quanto tempo. Conforme leciona Guilherme de Souza Nucci, a guia de internação ou de tratamento ambulatorial "constitui não somente a *petição inicial* da execução penal, como a comunicação formal e detalhada à autoridade administrativa, responsável pela internação e tratamento do agente, acerca do teor da sentença (medida de segurança aplicada, duração mínima, espécie etc.)" (ob. cit. p. 541).

Alerta a Exposição de Motivos:

> "A expedição da guia é indispensável para a execução de qualquer uma das medidas, cuida da reafirmação da garantia individual da liberdade que deve existir para todas as pessoas, independentemente de sua condição, salvo as exceções legais" (item 153).

A guia de internação ou tratamento ambulatorial será expedida em duas vias, sendo uma remetida à unidade hospitalar responsável pela execução e outra ao Juízo da execução penal (art. 15 da Resolução 113 do Conselho Nacional de Justiça).

Deve conter todas as informações detalhadas no artigo 173 LEP.

Sempre que houver modificações quanto ao prazo de execução, a guia deverá ser retificada (artigo 173, § 2º).

Incumbe ao Ministério Público fiscalizar a regularidade formal das guias de recolhimento e de internamento (art. 68 da LEP).

JURISPRUDÊNCIA

Medida de Segurança. Trânsito em Julgado

A prisão preventiva é excepcional e só deve ser decretada a título cautelar e de forma fundamentada em observância ao princípio constitucional da presunção de inocência. O STF fixou o entendimento de que ofende o princípio da não culpabilidade a execução da pena privativa de liberdade antes do trânsito em julgado da sentença condenatória, ressalvada a hipótese de prisão cautelar do réu, desde que presentes os requisitos autorizadores previstos no art. 312 do CPP. Assim, verificou-se a ilegalidade da medida cautelar no caso; pois, como o paciente encontrava-se em liberdade durante a tramitação da apelação e não foi fundamentada a necessidade da imediata aplicação da medida de segurança de internação, ele tem o direito de aguardar o eventual trânsito em julgado da condenação em liberdade. Destaque-se que a medida de segurança é uma espécie de sanção penal ao lado da pena, logo não é cabível, no ordenamento jurídico, sua execução provisória, pois a LEP (arts. 171 e 172) determina a expedição de guia pela autoridade judiciária para a internação em hospital psiquiátrico ou submissão a tratamento ambulatorial, o que só se mostra possível depois do trânsito em julgado da decisão. Precedentes citados do STF: HC 90.226-SP, DJe 14/5/2009; HC 84.078-MG, DJe 26/2/2010; HC 98.166, DJe 18/6/2009, e do STJ: HC 103.429-SP, DJe 23/3/2009. (STJ – HC n° 226.014-SP, Rel. Laurita Vaz, j. 19.4.2012.)

Medida de segurança. Prescrição.

É inconstitucional a manutenção em Hospital de Custódia e Tratamento Psiquiátrico – estabelecimento penal – de pessoa com diagnóstico de doença psíquica que teve extinta a punibilidade. Essa situação configura uma privação de liberdade sem pena. STF. 2ª Turma. HC 151523/SP, Rel. Min. Edson Fachin, julgado em 27/11/2018 (Info 925).

Medida de segurança. Prescrição - 2

Não há falar em extinção da punibilidade pela prescrição da medida de segurança uma vez que a internação do paciente interrompeu o curso do prazo prescricional (art. 117, V, do Código Penal). Esta Corte, todavia, já firmou entendimento no sentido de que o prazo máximo de duração da medida de segurança é o previsto no art. 75 do CP, ou seja, trinta anos (atualmente quarenta anos). Precedente. Laudo psicológico que, no entanto, reconheceu a permanência da periculosidade do paciente, embora atenuada, o que torna cabível, no caso, a imposição de medida terapêutica em hospital psiquiátrico próprio. Ordem concedida em parte para extinguir a medida de segurança, determinando-se a transferência do paciente para hospital psiquiátrico que disponha de estrutura adequada ao seu tratamento, nos termos da Lei 10.261/01, sob a supervisão do Ministério Público e do órgão judicial competente" (HC 98.360, Rel. Min. Ricardo Lewandowski, Primeira Turma, Dje 23.10.2009).

Art. 174. Aplicar-se-á, na execução da medida de segurança, naquilo que couber, o disposto nos artigos 8° e 9° desta Lei.

Exames criminológico e de personalidade – Na execução da medida de segurança, tanto o exame criminológico como o exame de personalidade podem ser necessários na orientação do processo executivo.

Alerta Mirabete:

> "O exame criminológico é obrigatório quando se trata de internação em hospital de custódia e tratamento psiquiátrico, à semelhança do que ocorre com condenado a pena privativa de liberdade em regime fechado, a que corresponde a referida medida de segurança. É facultativo na hipótese de tratamento ambulatorial, dependendo da natureza do fato e das condições do agente, como deixa claro a Exposição de Motivos [item 155]" (ob. cit. p. 755).

Na prática, essa regra – como outras tantas – é ignorada.

CAPÍTULO II
DA CESSAÇÃO DA PERICULOSIDADE

Art. 175. A cessação da periculosidade será averiguada no fim do prazo mínimo de duração da medida de segurança, pelo exame das condições pessoais do agente, observando-se o seguinte:

I - a autoridade administrativa, até 1 (um) mês antes de expirar o prazo de duração mínima da medida, remeterá ao Juiz minucioso relatório que o habilite a resolver sobre a revogação ou permanência da medida;

II - o relatório será instruído com o laudo psiquiátrico;

III - juntado aos autos o relatório ou realizadas as diligências, serão ouvidos, sucessivamente, o Ministério Público e o curador ou defensor, no prazo de 3 (três) dias para cada um;

IV - o Juiz nomeará curador ou defensor para o agente que não o tiver;

V – o Juiz, de ofício ou a requerimento de qualquer das partes, poderá determinar novas diligências, ainda que expirado o prazo de duração mínima da medida de segurança;

VI – ouvidas as partes ou realizadas as diligências a que se refere o inciso anterior, o Juiz proferirá a sua decisão, no prazo de 5 (cinco) dias.

Averiguação de cessação da periculosidade – Dispõe o art. 97, § 1° do CP, que a medida de segurança será aplicada por tempo indeterminado, perdurando enquanto não cessar a periculosidade do agente, averiguada por perícia médica, a ser realizada no prazo mínimo de 1 a 3 anos (e repetida, em regra, de ano em ano, como determina o § 2°).

Percebe-se que o legislador pátrio, partindo da premissa de que a medida de segurança tem propósito curativo e terapêutico, estipulou somente prazo mínimo (de 1 a 3 anos), perdurando a sanção até a cessão da periculosidade do agente.

Essa opção legislativa, no entanto, tem sido alvo de críticas. É cada vez mais crescente doutrina e jurisprudência argumentando que a indeterminação do prazo de duração da medida de segurança é incompatível com a Carta Magna, que proíbe sanção de caráter perpétuo (art. 5º, XLVII, "b" da CF/88).

Uma primeira corrente sugere, então, que o tempo de cumprimento da medida de segurança não ultrapasse o limite de 30 anos (o mesmo previsto para as penas privativas de liberdade – agora alterado para 40 anos de acordo com o novo art. 75 do CP), adotada pelo STF.

Para outra, o tempo de cumprimento da medida de segurança não deve suplantar o limite máximo da pena cominada ao fato previsto como crime praticado pelo não inimputável, tendo como limite máximo 40 anos.

ATENÇÃO – O STJ, buscando colocar uma pá de cal na discussão, editou a **súmula 527**, que diz: "O tempo de duração da medida de segurança não deve ultrapassar o limite máximo da pena abstratamente cominada ao delito praticado".

Perícia médica – Nos termos da lei (arts. 175 da LEP e 97, § 2º, do CP), findo o prazo mínimo de duração da medida de segurança, proceder-se-á à verificação do estado de periculosidade do agente, observado o procedimento dos incisos do art. 175. Trata-se, em tal caso, de procedimento *ex officio*.

Note-se, contudo, que o art. 12, § 5º, da Resolução 487/23 do CNJ dispõe que o juiz deve avaliar a possibilidade de extinção da medida de segurança, **no mínimo, anualmente**, ou a qualquer tempo, por requerimento da defesa ou quando indicada pela equipe de saúde que acompanha o paciente, não estando condicionada ao término do tratamento em saúde mental.

O art. 13, § 3º, da Resolução 487/23 **recomenda** à autoridade judicial a interlocução constante com a equipe do estabelecimento de saúde que acompanha a pessoa, para que sejam realizadas avaliações biopsicossociais a cada **trinta dias**, a fim de se verificar as possibilidades de reversão do tratamento para modalidades em liberdade ou mesmo para sua extinção.

ATENÇÃO - Da decisão de desinternação ou liberação cabe agravo impetrado pelo Ministério Público, com efeito suspensivo (art. 179 da LEP).

Art. 176. Em qualquer tempo, ainda no decorrer do prazo mínimo de duração da medida de segurança, poderá o Juiz da execução, diante de requerimento fundamentado do Ministério Público ou do interessado, seu procurador ou defensor, ordenar o exame para que se verifique a cessação da periculosidade, procedendo-se nos termos do artigo anterior.

Art. 177. Nos exames sucessivos para verificar-se a cessação da periculosidade, observar-se-á, no que lhes for aplicável, o disposto no artigo anterior.

Antecipação do exame médico – O dispositivo em comento permite que, a qualquer tempo, mesmo que não encerrado o prazo mínimo de duração da medida de segurança, seja realizado exame para verificar a cessação da periculosidade do doente internado ou sujeito a tratamento ambulatorial. Nesse sentido, art. 777 do CPP.

Poderão requerer a realização (antecipação) do exame o Ministério Público, o interessado, ou seu Procurador ou Defensor, lembrando que tal pedido deve ser fundamentado.

A medida de segurança não tem como objetivo a punição do agente, mas sim a sua cura. Logo, nada mais correto que poder antecipar o referido exame assim que presentes indícios de cessação da sua periculosidade.

ATENÇÃO - Realizada a perícia médica ao termo do prazo mínimo fixado, persistindo a periculosidade do agente, deverá ser repetida de ano em ano, ou a qualquer tempo, se o determinar o juiz da execução (art. 97, § 2º do CP).

Art. 178. Nas hipóteses de desinternação ou de liberação (artigo 97, § 3º, do Código Penal), aplicar-se-á o disposto nos artigos 132 e 133 desta Lei.

Art. 179. Transitada em julgado a sentença, o Juiz expedirá ordem para a desinternação ou a liberação.

Desinternação e liberação do executado – Constatada a cessação da periculosidade, o juiz determina a desinternação (quando se tratar de medida detentiva) ou a liberação (quando se tratar de tratamento ambulatorial) do agente.

A desinternação, ou a liberação, será sempre condicional, devendo ser restabelecida a situação anterior se o agente, antes do decurso de 1 ano, pratica fato (não necessariamente criminoso) indicativo de persistência de sua periculosidade (art. 97, § 3º do CP).

Desinternação progressiva – Apesar de não haver previsão legal, na prática, é comum o magistrado determinar a desinternação progressiva do agente, isto é, sua transferência para um tratamento menos severo (de natureza ambulatorial) antes mesmo da liberdade plena.

Assim, aliás, decidiu a 1ª Turma do STF, no HC 102489/RS (rel. Min. Luiz Fux, 22.11.2011), ao conceder a ordem, de ofício, para determinar que o Instituto Psiquiátrico Forense apresente, em 60 dias, plano de desligamento de interno daquela instituição, ora paciente, e que dê cumprimento ao art. 5º da Lei 10.216/2001, a fim de que as autoridades competentes realizem "política específica de alta planejada e reabilitação psicossocial assistida" fora do âmbito daquele instituto. Na situação dos autos, o paciente fora condenado pelas condutas tipificadas como ameaça e ato obsceno e, no curso do processo, constatara-se sua inimputabilidade, aplicando-se-lhe medida de segurança pelo prazo mínimo de 3 anos. Destacou-se que o paciente cumpriria internação hospitalar há 17 anos e que a desinternação progressiva seria medida a se impor.

ATENÇÃO - Da decisão que determina a desinternação ou liberação cabe agravo em execução, com efeito suspensivo.

TÍTULO VII
DOS INCIDENTES DE EXECUÇÃO
CAPÍTULO I
DAS CONVERSÕES

Art. 180. **A pena privativa de liberdade, não superior a 2 (dois) anos, poderá ser convertida em restritiva de direitos, desde que:**

I - o condenado a esteja cumprindo em regime aberto;

II - tenha sido cumprido pelo menos 1/4 (um quarto) da pena;

III - os antecedentes e a personalidade do condenado indiquem ser a conversão recomendável.

Conversão da prisão em restritivas de direitos - A Lei nº 9.714/98 modificou a sistemática das penas alternativas, alterando inúmeros dispositivos do CP. Entre eles, o art. 44 ganhou nova redação, passando a admitir a substituição da pena privativa da liberdade por restritivas de direitos quando a reprimenda imposta na sentença não suplantar 4 anos.

Com isso, o art. 180 da LEP foi derrogado, não mais se limitando a transformação a pena privativa de liberdade não superior a 2 anos (mas sim 4), mantidas as condições trazidas nos três incisos:

I - condenado cumprindo pena em regime aberto;

II - tenha cumprido 1/4 da pena;

III - os antecedentes e a personalidade do condenado indiquem ser a conversão recomendável (leia-se, suficiente para a eficiente retribuição, prevenção e ressocialização).

Art. 181. **A pena restritiva de direitos será convertida em privativa de liberdade nas hipóteses e na forma do artigo 45 e seus incisos do Código Penal.**

§ 1º A pena de prestação de serviços à comunidade será convertida quando o condenado:

a) não for encontrado por estar em lugar incerto e não sabido, ou desatender a intimação por edital;

b) não comparecer, injustificadamente, à entidade ou programa em que deva prestar serviço;

c) recusar-se, injustificadamente, a prestar o serviço que lhe foi imposto;

d) praticar falta grave;

e) sofrer condenação por outro crime à pena privativa de liberdade, cuja execução não tenha sido suspensa.

§ 2º A pena de limitação de fim de semana será convertida quando o condenado não comparecer ao estabelecimento designado para o cumprimento da pena, recusar-se a exercer a atividade determinada pelo Juiz ou se ocorrer qualquer das hipóteses das letras "a", "d" e "e" do parágrafo anterior.

§ 3º A pena de interdição temporária de direitos será convertida quando o condenado exercer, injustificadamente, o direito interditado ou se ocorrer qualquer das hipóteses das letras "a" e "e", do § 1º, deste artigo.

Reconversão – Assim como é possível a substituição da pena privativa de liberdade por restritiva de direitos, o contrário também pode ocorrer, isto é, a (re)conversão da pena restritiva de direito novamente em privativa de liberdade.

O *caput* do artigo em comento faz menção ao art. 45 do CP. Todavia, com a nova sistemática criada pela lei 9.714/98, as hipóteses que determinam a conversão não estão mais no referido artigo, mas sim nos § § 4º e 5º do art. 44 do mesmo diploma.

Vejamos:

A pena restritiva de direitos converte-se em privativa de liberdade quando ocorrer o descumprimento injustificado da restrição imposta (art. 44, § 4º do CP).

No cálculo da pena privativa de liberdade a executar será deduzido o tempo cumprido da pena restritiva de direitos, respeitado o saldo mínimo de trinta dias de detenção ou reclusão.

ATENÇÃO – Com o advento da novel lei (9.714/98), aplica-se no caso o instituto da detração, respeitando-se, porém, saldo mínimo de trinta dias.

Sobrevindo condenação a pena privativa de liberdade, por outro crime, o juiz da execução penal decidirá sobre a conversão, podendo deixar de aplicá-la se for possível ao condenado cumprir a pena substitutiva anterior (art. 44, § 5º do CP).

ATENÇÃO - Sobrevindo condenação a pena privativa de liberdade, por outro crime, o juiz da execução penal decidirá sobre a conversão, podendo deixar de aplicá-la se for possível ao condenado cumprir a pena substitutiva anterior (art. 44, §5º, do CP). Suponhamos que JOÃO, condenado ao cumprimento de 11 meses de detenção, tem sua pena substituída por restritiva de direitos. Depois de 8 meses de restrição, é condenado a pena privativa de liberdade, por outro crime. O juiz da execução deve aquilatar (sem ignorar os fins da pena) se o reeducando tem condições de cumprir a pena substitutiva anterior e a nova sanção privativa de liberdade. Se JOÃO foi condenado ao regime aberto, parece possível, ao contrário da condenação aos regimes semiaberto ou fechado. Nota-se que nesta hipótese de conversão o legislador não previu a detração. Ao intérprete pode parecer que, determinada a conversão, no cálculo da pena privativa de liberdade a executar não será deduzido o tempo cumprido da pena restritiva de direitos. Esse raciocínio não nos parece correto. A omissão do legislador não tem fundamento. Cuida-se de omissão involuntária da lei, campo fértil para a analogia (*in bonam partem*). E se o condenado está cumprindo pena em regime fechado ou semiaberto e lhe sobrevém condenação cuja pena privativa de liberdade tenha sido substituída por restritiva de direitos? Segundo decidiu a Terceira Seção do STJ, o § 5º do art. 44 não autoriza a conversão em situação inversa, em que o condenado cumpre pena privativa de liberdade e sobrevém condenação com a pena corporal substituída. Nesse cenário, concluiu a Corte Cidadã que os arts. 44, § 5º, do Código Penal e 181, § 1º, "e", da Lei n. 7.210/1984 (LEP), não amparam a conversão. Por falta de previsão legal e em respeito a coisa julgada, a situação do condenado não pode ser agravada. Deve ser observado o sistema de cumprimento sucessivo das penas.

O art. 181 da LEP traz outras hipóteses de conversão, todas umbilicalmente ligadas às restritivas de natureza pessoal:

§ 1º – prestação de serviços à comunidade (ver arts. 149 e ss.)

§ 2º – limitação de fim de semana (ver arts. 151 e ss.)

§ 3º – interdição temporária de direitos (ver arts. 154 e ss.).

ATENÇÃO - A LEP, sendo anterior à lei 9.714/98, não menciona as penas restritivas de natureza real - prestação pecuniária e perda de bens e valores - criadas pela novel lei. Isso não significa, porém, que não podem ser convertidas no caso de injustificado descumprimento, por exemplo. Decidiu o STJ: "é possível a conversão da prestação pecuniária em pena privativa de liberdade, nos termos do art. 44, § 4º, do CP" (REsp. 613.308-MG).

Importante lembrar que, em homenagem aos princípios do contraditório e da ampla defesa, para que se proceda a conversão da pena alternativa em privativa de liberdade é imprescindível a prévia intimação pessoal do reeducando, para que este tenha oportunidade de esclarecer os motivos que o levaram ao descumprimento da pena alternativa. Contudo, sabendo ser dever do sentenciado manter o endereço atualizado junto ao Juízo das Execuções, o STJ não vislumbra ofensa ao princípio da ampla defesa na regressão quando, tentada a efetiva intimação do sentenciado para iniciar o cumprimento da pena, não foi ele encontrado nos endereços constantes dos autos. O apenado deixando de comunicar a mudança de endereço ao juízo da execução, ônus que lhe competia, desobriga o estado de se esgotar todos os meios para envidar sua localização (HC 405.529/SP, Rel. Ministra MARIA THEREZA DE ASSIS MOURA, SEXTA TURMA, julgado em 10/10/2017, DJe 16/10/2017).

JURISPRUDÊNCIA

Condenação por pena privativa de liberdade no curso da execução de pena restritiva de direitos

Sobrevindo condenação por pena privativa de liberdade no curso da execução de pena restritiva de direitos, as penas serão objeto de unificação, com a reconversão da pena alternativa em privativa de liberdade, ressalvada a possibilidade de cumprimento simultâneo aos apenados em regime aberto e vedada a unificação automática nos casos em que a condenação substituída por pena alternativa é superveniente (REsp 1.918.287/MG, Rel. Min. Sebastião Reis Júnior, Rel. Acd. Min. Laurita Vaz, j. 27/04/2022).

Art. 181, § 1º, a, da LEP: conversão da pena privativa de liberdade em restritiva de direitos. A Turma, por maioria, concedeu habeas corpus para garantir ao paciente a conversão da pena privativa de liberdade em restritiva de direitos. Na espécie, condenado pela prática dos delitos de estelionato e uso de documento falso – cuja pena deveria ser cumprida em regime aberto – fora beneficiado com a substituição da pena corporal pela restritiva de direitos. Ocorre que, intimado pessoalmente pelo juízo da execução para a audiência admonitória, o paciente não fora encontrado, sendo determinada a sua intimação por edital, o que implicara a conversão da pena alternativa em privativa de liberdade. Contra essa decisão, o paciente interpusera apelação, provida pelo tribunal estadual, que, embora reconhecendo a falha do paciente em não trazer aos autos, no momento adequado, seu novo endereço, restabelecera-lhe o benefício. A partir daí, o paciente passara a cumprir todas as condições que lhe foram impostas para a concessão da pena alternativa. Não obstante isso, o STJ dera provimento a recurso especial do Ministério Público para suspender a conversão em decorrência de expressa previsão da Lei de Execução Penal, voltando o paciente a cumprir pena de prisão em regime aberto (LEP, art. 181) (STF – HC n°95370-RS, Rel. Ricardo Lewandowski, j. 31.3.2009).

Substituição da pena no crime de tráfico de drogas.

O fato de o tráfico de drogas ser praticado com o intuito de introduzir substâncias ilícitas em estabelecimento prisional não impede, por si só, a substituição da pena privativa de liberdade por restritivas de direitos, devendo essa circunstância ser ponderada com os requisitos necessários para a concessão do benefício. Precedentes citados do STJ: AgRg no REsp 1.370.835-DF, Quinta Turma, DJe 29/5/2013 e AgRg no REsp 1.326.532/DF, Sexta Turma, DJe 14/11/2013. Precedente citado do STF: RHC 112.706, Primeira Turma, DJe 7/3/2013 (STJ – AgRg no REsp n°1.359.941-DF, Rel. Sebastião Reis Júnior, j. 4.2.2014.

Procedimento para a conversão da pena restritiva de direitos em privativa de liberdade.

É imprescindível a prévia intimação pessoal do reeducando que descumpre pena restritiva de direitos para que se proceda à conversão da pena alternativa em privativa de liberdade. Isso porque se deve dar oportunidade para que o reeducando esclareça as razões do descumprimento, em homenagem aos princípios do contraditório e da ampla defesa. Precedentes citados: HC 256.036-SP, Quinta Turma, DJe 3/9/2013; HC 221.404-RJ, Sexta Turma, DJe 23/4/2013 (STJ – HC n° 251.312-SP, Rel. Moura Ribeiro, j. 18.2.2014.

Art. 182. (Revogado pela Lei nº 9.268, de 1996)

Art. 183. Quando, no curso da execução da pena privativa de liberdade, sobrevier doença mental ou perturbação da saúde mental, o Juiz, de ofício, a requerimento do Ministério Público, da Defensoria Pública ou da autoridade administrativa, poderá determinar a substituição da pena por medida de segurança. (Redação dada pela Lei nº 12.313, de 2010).

Superveniência de anomalia psíquica – Agente imputável na época dos fatos deve cumprir pena. Já o inimputável será submetido à medida de segurança. E no caso de agente capaz na data da conduta, mas que desenvolve anomalia psíquica no curso da execução da pena (superveniência de doença mental)? Dois artigos tratam do assunto: art. 108 e art. 183, ambos da LEP.

Analisando o caso concreto, o juiz da execução optará entre uma simples internação para tratamento e cura de doença passageira, hipótese em que o tempo de tratamento considera-se como pena cumprida, ou a substituição da pena privativa de liberdade em medida de segurança em se tratando de anomalia não passageira, seguindo, no caso, os ditames dos arts. 96 e ss. do CP. Nesse sentido: STJ, HC 44972-SP.

Art. 108 da LEP	Art. 183 da LEP
Aplicável no caso de anomalia passageira	Aplicável no caso de anomalia não passageira
A medida de segurança é reversível	A medida de segurança é irreversível
O tempo de internação é computado como de cumprimento de pena (deve observar o prazo da pena corporal imposta)	O tempo de internação não é computado como de cumprimento de pena, seguindo as regras dos arts. 96 e ss. do CP
Transcorrido o prazo de duração da pena sem o restabelecimento do internado, a pena deve ser considerada extinta pelo seu cumprimento.	Deve o juiz fixar prazo mínimo de internação, variando de 1 a 3 anos (art. 97, § 1º do CP).

O art. 15 da Resolução 487/23 do CNJ dispõe que, no caso em que a pessoa submetida ao cumprimento de pena necessitar de tratamento em saúde mental, a autoridade judicial avaliará a necessidade e adequação da prisão em vigor ante a demanda de atenção à saúde, para início ou continuidade de tratamento em serviços da Rede de Atenção Psicossocial, ouvidos a equipe multidisciplinar, o Ministério Público e a defesa.

A problemática, no caso da substituição sugerida pelo art. 183 da LEP, reside na duração da medida. Encontramos diversos posicionamentos na doutrina e na jurisprudência:

I – com fundamento no art. 97, § 1º do CP, tem duração indefinida (até que perícia demonstre a cessação da periculosidade do agente);

II – com fundamento no art. 75 do CP (alterado pela Lei 13.964/19), tem duração máxima de 40 anos (limite máximo para o cumprimento da pena privativa de liberdade;

III – tem a mesma duração da pena privativa de liberdade substituída;

IV – está limitada ao máximo da pena abstratamente prevista para o crime.

ATENÇÃO - O STJ (HC 12.957) adotou a terceira corrente, decidindo que a medida de segurança detentiva aplicável nos termos o art. 183 da LEP não pode ter duração superior ao tempo restante da pena, sem prejuízo do que, afinal, recomende-se a providência prevista no art. 682, § 2º do CPP (se a internação se prolongar até o término do prazo restante da pena, o indivíduo terá o destino aconselhado pela sua enfermidade, feita a devida comunicação ao juiz de incapazes, ficando sujeito à internação de natureza civil).

Art. 184. O tratamento ambulatorial poderá ser convertido em internação se o agente revelar incompatibilidade com a medida.

Parágrafo único. Nesta hipótese, o prazo mínimo de internação será de 1 (um) ano.

Em qualquer fase do tratamento ambulatorial, poderá o juiz determinar a internação do agente, se essa providência for necessária para fins curativos (art. 97, § 4º do CP).

ATENÇÃO – Não se trata de regressão (medida punitiva), mas sim curativa.

CAPÍTULO II
DO EXCESSO OU DESVIO

Art. 185. Haverá excesso ou desvio de execução sempre que algum ato for praticado além dos limites fixados na sentença, em normas legais ou regulamentares.

Art. 186. Podem suscitar o incidente de excesso ou desvio de execução:

I – o Ministério Público;

II – o Conselho Penitenciário;

III – o sentenciado;

IV – qualquer dos demais órgãos da execução penal.

Excesso e desvio de execução – apesar de muitos tratarem o excesso e o desvio de execução de forma única, os dois incidentes não se confundem. Mirabete, lembrando as lições de Renan Severo Teixeira da Cunha, explica: "o excesso está carregado de conteúdo quantitativo e o desvio está carregado de conteúdo qualitativo. Assim ocorre o primeiro quando, por exemplo, a autoridade administrativa ultrapassa, em quantidade, a punição, fazendo com que o condenado cumpra uma sanção administrativa além do limite fixada na lei, enquanto existirá o desvio quando ela se afasta dos parâmetros legais estabelecidos, como por exemplo, manter o condenado em um regime quando já faz jus a outro. Além disso, é de notar-se que o excesso só ocorre com a violação de direito do sentenciado, enquanto no desvio pode ser que seja ele beneficiado. Há desvio, por exemplo, quando se concede permissão de saída em hipótese não prevista, se dispensa injustificadamente o condenado do trabalho prisional, não se instaura o procedimento disciplinar após a prática da falta etc." (ob. cit. p. 780).

Serão legitimados para provocar o incidente de excesso ou desvio de execução: o Ministério Público, o Conselho Penitenciário, o sentenciado ou qualquer dos demais órgãos da execução penal.

ATENÇÃO – Entende-se por órgãos da execução penal o Conselho Nacional de Política Criminal e Penitenciária, o Patronato, o Conselho da Comunidade, o Departamento Penitenciário, a Defensoria Pública e o próprio Juízo da execução (de ofício).

Abuso de autoridade – a Lei 13.869/19 tipifica no art. 12, parágrafo único, inc. IV, como crime de abuso de autoridade a conduta de quem, com as finalidades espúrias do art. 1º. da citada lei, prolonga a execução de pena privativa de liberdade, de prisão temporária, de prisão preventiva, de medida de segurança ou de internação, deixando, sem motivo justo e excepcionalíssimo, de executar o alvará de soltura imediatamente após recebido ou de promover a soltura do preso quando esgotado o prazo judicial ou legal.

O núcleo *prolongar* é utilizado no inciso em estudo no sentido de ir além, estender, não encerrar a execução de pena privativa de liberdade, de prisão temporária, de prisão preventiva, de medida de segurança ou de internação.

A primeira parte do inciso aponta para o fato de que o agente deixa, *sem motivo justo* e *excepcionalíssimo*, de executar, ou seja, de cumprir o alvará de soltura imediatamente após recebido. O legislador, com o afã de caracterizar o abuso de autoridade, se utiliza de expressões estranhas à legislação penal. Assim, qual seria a diferença entre um motivo excepcional e excepcionalíssimo? Será que o excepcionalíssimo seria o ápice do motivo excepcional, a última das hipóteses possíveis, que o justificariam? O absurdo da expressão é evidente. Ao que parece, o legislador quis dizer que só seria considerado excepcional os casos mais extremos que se configurariam em motivo suficiente para o não cumprimento imediato do alvará de soltura.

Da mesma forma, o que seria *imediatamente*? Quanto tempo teria o responsável pelo cumprimento da ordem para soltar o beneficiado pelo alvará, tão logo o recebesse da autoridade judiciária? Poucos minutos, algumas horas, desde que no mesmo dia? Entendemos que o agente responsável, tão logo receba o alvará de soltura, deverá enveredar esforços para dar início aos trâmites burocráticos necessários à libertação daquele que se encontra(va) preso em virtude de uma determinação judicial, podendo se estender enquanto for necessário. Acreditamos que o mesmo prazo máximo de 24 horas, previsto pelo inciso III do parágrafo único do art. 12 da Lei em estudo, deve servir de parâmetro, para que nos livremos das interpretações absurdas de cada caso concreto.

O inciso se aplica não somente àqueles que praticaram, em tese, alguma infração penal, sendo, portanto, considerados como imputáveis, mas também aos inimputáveis, a quem foi aplicada medida de segurança, e, ainda, aos adolescentes infratores, que se encontram privados da sua liberdade.

Configura-se abuso de autoridade, de acordo com a parte final do inciso IV em exame, aquele que deixa de promover a soltura do preso quando esgotado o prazo judicial ou legal. Prazo judicial é aquele determinado pela autoridade judiciária; prazo legal é o previsto pela lei. Assim, por exemplo, se o tempo de duração de uma prisão temporária era de 30 dias, após a efetiva prisão do agente, esgotado esse prazo, se não houver outra determinação judicial, deverá ser imediatamente solto, sem que haja necessidade de qualquer alvará nesse sentido. Se isso não ocorrer, ou seja, se ficar mais tempo preso do que o previsto, a autoridade responsável pela sua soltura responderá pelo abuso.

CAPÍTULO III
DA ANISTIA E DO INDULTO

Prevê o Código Penal como causas extintivas da punibilidade a anistia, a graça e o indulto (art. 107, inc. II), formas de renúncia do Estado ao seu direito de punir. A LEP, revogando os dispositivos do CPP, disciplina seu procedimento.

ATENÇÃO – Apesar de a LEP não mencionar expressamente a graça, ela está inserida no capítulo, pois é rotulada como *indulto de caráter individual*.

Graça	Indulto
Benefício individual, com destinatário certo	Benefício coletivo, sem destinatário certo
Depende de provocação do interessado	Não depende de provocação do interessado

ATENÇÃO - Antes da Lei 7.210/84 (LEP), o instituto da graça e do indulto era trabalhado somente no CPP, rezando seu art. 734: "A graça poderá ser provocada por petição do condenado, de qualquer pessoa do povo, do Conselho Penitenciário, ou do Ministério Público, ressalvada, entretanto, ao Presidente da República, a faculdade de concedê-la espontaneamente". Lendo o artigo, conclui-se que a graça era concedida mediante provocação ou de ofício pelo Presidente da República. Contudo, com o advento da LEP, o capítulo da graça e do indulto no CPP se aplica subsidiariamente, apenas nos pontos em que a LEP for omissa. A LEP, diferentemente do CPP, no art. 188, proibiu o Presidente da República conceder a graça de ofício, sempre demandando pedido do interessado: O indulto individual poderá ser provocado por petição do condenado, por iniciativa do Ministério Público, do Conselho Penitenciário, ou da autoridade administrativa.

Vejamos, em resumo, no que consiste cada um dos institutos, lembrando serem cabíveis também em crimes de ação penal privada, casos em que se transfere para o particular apenas o direito de perseguir a punição. Com efeito, a titularidade do direito de punir permanece do Estado.

Na anistia o Estado, por meio de lei penal, devidamente discutida no Congresso Nacional e sancionada pelo executivo federal, por razões de clemência, política, social etc., esquece um fato criminoso, apagando seus efeitos penais (principais e secundários). Os efeitos extrapenais, no entanto, são mantidos, podendo a sentença condenatória definitiva ser executada no juízo cível, por exemplo.

Já a graça e o indulto, tratados em conjunto considerando as inúmeras semelhanças entre os dois institutos, são concedidos pelo Presidente da República, via decreto presidencial (art. 84, XII, CF/88 – ato administrativo), podendo ser delegada a atribuição aos Ministros de Estado, ao Procurador Geral da República ou ao Advogado Geral da União. Atingem apenas os efeitos executórios penais da condenação, subsistindo o crime, a condenação irrecorrível e seus efeitos secundários (penais e extrapenais).

Anistia	Graça e Indulto
Lei penal	Decreto
Pode ser concedida antes da condenação	Pressupõem condenação
Extingue todos os efeitos penais	Extinguem somente o efeito executório: o cumprimento da pena

Anistia, graça e indulto e os crimes hediondos e equiparados – O inciso I do art. 2º da Lei 8.072/90 determina que os crimes hediondos e equiparados são insuscetíveis de anistia, graça e indulto.

A Constituição Federal, contudo, é menos restritiva, já que, no inciso XLIII do art. 5º, impede somente a concessão de anistia e graça, nada mencionando acerca da proibição do indulto.

Diante desse quadro, inevitável o questionamento: a ampliação pelo legislador ordinário é constitucional?

Uma primeira corrente leciona ser impossível a ampliação. Se as causas extintivas da punibilidade vedadas no texto constitucional eram duas, não poderia a lei infraconstitucional estatuir uma terceira limitação. Observa-se, ainda, que a concessão do indulto está entre as atribuições privativas do Presidente da República, não podendo o legislador ordinário limitá-lo no exercício dessa atribuição.

Em sentido contrário, o Supremo Tribunal Federal firmou entendimento no sentido de ser o indulto modalidade do poder de graça do Presidente da República, e, por isso, alcançado pela vedação constitucional. Não bastasse, a Constituição Federal trouxe vedações mínimas, permitindo ao legislador ordinário ampliá-las. Nesse sentido:

> "Habeas corpus – Vedação ao benefício da comutação da pena – Constrangimento ilegal – Inocorrência – Habeas corpus indeferido. O disposto no art. 5º, inciso XLIII, da Constituição Federal, bem como o art. 2º, inciso I, da Lei 8.072/90, vedam a concessão de graça ou anistia aos condenados pela prática dos crimes definidos como hediondos. A questão do presente writ já foi largamente discutida por esta Corte, encontrando-se pacificado, em ambas as Turmas, o entendimento de que, sendo a comutação da pena espécie de indulto parcial, o Decreto Presidencial 3.226, de 29.10.1999, não se aplica ao condenado pela prática de crime hediondo. Precedentes. Ordem indeferida." (HC 86.615/RJ, 2.ª T., rel. Min. Joaquim Barbosa, DJ 24.11.2006).

Em que pese o Pretório Excelso ter decisões no sentido da ampla aplicação da proibição constitucional, até mesmo para os crimes praticados anteriormente à vigência da Lei 8.072/90 (RHC 84572/RJ, 1ª T., rel. Min. Marco Aurélio, relator p/ Acórdão Min. Sepúlveda Pertence, DJ 03.12.2004), não é a posição que prevalece atualmente na Corte, mas sim a da irretroatividade da lei mais gravosa (RE 607666 DF, 1ª T., rel. Min. Cármen Lúcia, DJ 23.02.2011).

Art. 187. Concedida a anistia, o Juiz, de ofício, a requerimento do interessado ou do Ministério Público, por proposta da autoridade administrativa ou do Conselho Penitenciário, declarará extinta a punibilidade.

A anistia pode ser:

(A) **Própria** (quando concedida antes da condenação) ou **imprópria** (quando concedida depois da condenação);

(B) **Irrestrita** (quando atinge indistintamente a todos os criminosos) ou **restrita** (atinge certos criminosos, exigindo-se determinadas condições pessoais do agente para a obtenção do benefício, como por exemplo, a sua primariedade);

(C) **Incondicionada** (quando a lei não impõe qualquer requisito para a sua concessão) ou **condicionada** (quando a lei impõe algum requisito – ex: ressarcimento do dano);

(D) **Comum** (incide sobre delitos comuns) e **especial** (aplica-se a crimes políticos).

ATENÇÃO – No caso da anistia condicionada, a declaração de extinção da punibilidade só pode ocorrer após consulta aos interessados. A não aceitação impede, em relação ao seu agente, a extinção do direito de punir do Estado.

Note que, uma vez concedida a anistia (renunciando o Estado seu poder de punir), não pode lei superveniente impedir seus (anistia) efeitos extintivos da punibilidade; deve ser respeitada a garantia constitucional da proibição da retroatividade maléfica.

Art. 188. O indulto individual poderá ser provocado por petição do condenado, por iniciativa do Ministério Público, do Conselho Penitenciário, ou da autoridade administrativa.

A graça (indulto individual) e o indulto (coletivo) podem ser:

(A) **Plenos** (quando extinguem totalmente a pena) ou **parciais** (quando concedem apenas diminuição da pena ou sua comutação);

ATENÇÃO – O STF decidiu não ser possível computar, para o requisito temporal do indulto, o período de prova relativo ao "sursis", pois, para o efeito extintivo da punibilidade, não se confunde o cumprimento parcial da pena (requisito objetivo do indulto) com o período em que a pena permaneceu suspensa (HC 123.698/PE, Rel. Min. Cármen Lúcia, DJe 26/11/2015).

(B) **Incondicionados** (quando a lei não impõe qualquer requisito para a sua concessão) ou **condicionados** (quando a lei impõe algum requisito – ex: ressarcimento do dano).

O indulto individual (graça) está previsto nos arts. 188/192 da LEP, enquanto o coletivo, no art. 193.

São legitimados para requerer o beneplácito o próprio condenado, o Ministério Público, o Conselho Penitenciário ou a autoridade administrativa.

ATENÇÃO – De acordo com o STF, o *habeas corpus* não é via adequada para requerer indulto (HC 72.233/4-SP).

Crimes hediondos e equiparados e o indulto humanitário (concedido por razões de grave deficiência física ou em virtude de debilitado estado de saúde do requerente) – Prevalece o entendimento de que a referida causa extintiva da punibilidade pode ser concedida inclusive para condenados por crimes hediondos ou assemelhados, hipótese à qual não seria aplicável a vedação do art. 2º, I, da Lei n. 8.072/90. Por força do princípio da humanidade, até mesmo condenados por crimes de especial gravidade têm o direito de padecer seu estado doentio em sossego ou de preparar-se para a morte com dignidade, notadamente nas hipóteses em que os cuidados médicos não possam ser prestados no próprio estabelecimento penal. A título de exemplo, o Decreto de Indulto de 2012 (n. 7.873/12) autorizou expressamente a concessão do indulto natalino às pessoas com paraplegia, tetraplegia ou cegueira, desde que tais condições não sejam anteriores à prática do delito, mesmo que a condenação seja referente à prática de crime de tortura, terrorismo, tráfico de drogas e crimes hediondos (Dec. 7.873/12, art. 1º, inciso X, alínea "a", c/c art. 8º, parágrafo único).

A 2ª Turma do STF, no entanto, reiterou jurisprudência no sentido de não ser possível o deferimento de indulto a réu condenado por tráfico de drogas, ainda que precário estado de saúde do condenado. A Turma asseverou que o fato de a paciente estar doente ou ser acometida de deficiência visual não seria causa de extinção da punibilidade nem de suspensão da execução da pena (HC 118213/SP, rel. Min. Gilmar Mendes, 6.5.2014).

JURISPRUDÊNCIA

"Sursis" e requisito temporal para a concessão de indulto

A 1ª Turma, por maioria, denegou a ordem em "habeas corpus" no qual se pretendia o cômputo do período de prova cumprido em suspensão condicional da pena para o preenchimento do requisito temporal para concessão de indulto, instituído pelo Decreto 8.172/2013. Na espécie, o réu permanecera preso provisoriamente por cinco dias até obter o benefício do "sursis" na própria sentença condenatória. A defesa insistia na possibilidade de concessão do indulto, tendo em vista que o paciente cumprira um quarto do período de prova do "sursis". A Turma consignou que o réu não teria jus ao benefício do indulto porque não preencheria o requisito temporal objetivo para sua concessão, qual seja o cumprimento, em prisão provisória, de um sexto da pena ou, se reincidente, um quinto (Decreto 8.172/2013, art. 1º, XIV). Vencido o Ministro Marco Aurélio, que concedia a ordem. Destacava que o "sursis" seria uma ficção jurídica de execução da pena e que o período cumprido nesse sistema deveria ser considerado como tempo de cumprimento de pena restritiva de liberdade. HC n° 123381-PE, Rel.. Rosa Weber, j. 30.9.2014).

Associação para o tráfico e indulto

O art. 44 da Lei n. 11.343/2006 estatui que "os crimes previstos nos arts. 33, caput e § 1º, e 34 a 37 da Lei são inafiançáveis e insuscetíveis de sursis, graça, indulto, anistia e liberdade provisória, vedada a conversão de suas penas em restritivas de direitos." Embora a vedação à concessão do indulto ao crime de associação para o tráfico de drogas (art. 35 da Lei n. 11.343/2006) não conste, de fato, no Decreto Presidencial n. 9.246/2017, está expressamente delineada no art. 44, caput, da Lei n. 11.343/2006. Assim, a 5a Turma decidiu que não é possível a concessão de indulto ou comutação da pena ao condenado pelo delito de associação para o tráfico de drogas, pois há vedação legal contida no art. 44, caput, da Lei n. 11.343/2006. (STJ. 5ª Turma. AgRg-HC 670.378, Rel. Min. Reynaldo Soares da Fonseca, julgado em 15/06/2021).

Tráfico de drogas e indulto humanitário

A 2ª Turma reiterou jurisprudência no sentido de não ser possível o deferimento de indulto a réu condenado por tráfico de drogas, ainda que tenha sido aplicada a causa de diminuição prevista no art. 33, § 4º, da Lei 11.343/2006 à pena a ele imposta, circunstância que não altera a tipicidade do crime. Na espécie, paciente condenada pela prática dos delitos de tráfico e de associação para o tráfico ilícito de entorpecentes pretendia a concessão de indulto humanitário em face de seu precário estado de saúde (portadora de diabetes, hipertensão arterial sistêmica e insuficiência renal crônica, além de haver perdido a integralidade da visão). A Turma asseverou que o fato de a paciente estar doente ou ser acometida de deficiência visual não seria causa de extinção da punibilidade nem de suspensão da execução da pena. Afirmou que os condenados por tráfico de drogas ilícitas não poderiam ser contemplados com o indulto. Ponderou que, nos termos da Lei 8.072/1990, o crime de tráfico de droga, equiparado a hediondo, não permitiria anistia, graça e indulto ("Art. 2º Os crimes hediondos, a prática da tortura, o tráfico ilícito de entorpecentes e drogas afins e o terrorismo são insuscetíveis de: I – anistia, graça e indulto"). Pontuou que haveria consenso na doutrina quanto à impropriedade entre o disposto no art. 5º, XLIII, da CF ("a lei considerará crimes inafiançáveis e insuscetíveis de graça ou anistia a prática da tortura, o tráfico ilícito de entorpecentes e drogas afins, o terrorismo e os definidos como crimes hediondos, por eles respondendo os mandantes, os executores e os que, podendo evitá-los, se omitirem") e a regra de competência privativa do Presidente da República, contida no art. 84, XII, da CF ("conceder indulto e comutar penas, com audiência, se necessário, dos órgãos instituídos em lei"). Assinalou que a proibição do art. 5º, XLIII, da CF seria aplicável ao indulto individual e ao indulto coletivo. Enfatizou que, tanto o tráfico ilícito de entorpecentes, quanto a associação para o tráfico foram equiparados a crime hediondo (Lei 11.343/2006, art. 44) e, por isso, a benesse requerida não poderia ser concedida. (STF – HC n° 118213-SP, Rel. Gilmar Mendes, j. 6.5.2014).

Tráfico privilegiado e indulto humanitário

O ministro Ricardo Lewandowski julgou procedente a Reclamação (RCL) 34158, ajuizada pela Defensoria Pública do Estado de São Paulo (DPE-SP) contra acórdão do Tribunal de Justiça do Estado de São Paulo (TJ-SP) que havia negado o indulto a um sentenciado por tráfico privilegiado sob o argumento da inconstitucionalidade da concessão do benefício em tal hipótese. **Segundo o relator, houve afronta à jurisprudência do STF, pois, no julgamento** do HC 118533, o Plenário firmou orientação no sentido de afastar a natureza hedionda do tráfico privilegiado de drogas (situação em que o agente é primário, possui bons antecedentes, não se dedica à atividade criminosa nem integra organização criminosa). Os crimes hediondos, previstos na Lei 8.072/1990, e os equiparados (tortura, tráfico ilícito de entorpecentes e drogas afins e terrorismo) são inafiançáveis e insuscetíveis de anistia, graça ou indulto. Com o entendimento fixado pelo STF, não recai sobre as condenações por tráfico privilegiado as restrições aplicáveis aos delitos hediondos, podendo, portanto, ser deferido o indulto. (STF, RCL 34158, j. 19.06.19).

Art. 189. A petição do indulto, acompanhada dos documentos que a instruírem, será entregue ao Conselho Penitenciário, para a elaboração de parecer e posterior encaminhamento ao Ministério da Justiça.

Petição do indulto – Acompanhada dos documentos que a instruírem, será entregue ao Conselho Penitenciário para fins de elaboração de parecer. O Conselho, à vista dos autos do processo e do prontuário, promoverá as diligências que entender necessárias e fará, em relatório, a narração do ilícito penal e dos fundamentos da sentença condenatória, a exposição dos antecedentes do condenado e do procedimento deste depois da prisão, emitindo seu parecer sobre o mérito do pedido e esclarecendo qualquer formalidade ou circunstâncias omitidas na petição (art. 190 da LEP).

Emitido seu parecer, os autos serão encaminhados ao Ministério da Justiça, que só então submeterá ao Presidente da República para conceder (por meio de decreto) ou negar o pedido.

ATENÇÃO - Conforme o artigo 84, parágrafo único, da Constituição Federal, a decisão do chefe do executivo pode ser delegada aos Ministros de Estado, ao Procurador-Geral da República ou ao Advogado-Geral da União, que observarão os limites traçados nas respectivas delegações.

Art. 190. O Conselho Penitenciário, à vista dos autos do processo e do prontuário, promoverá as diligências que entender necessárias e fará, em relatório, a narração do ilícito penal e dos fundamentos da sentença condenatória, a exposição dos antecedentes do condenado e do procedimento deste depois da prisão, emitindo seu parecer sobre o mérito do pedido e esclarecendo qualquer formalidade ou circunstâncias omitidas na petição.

Indulto e atuação do Conselho Penitenciário – O Conselho elaborará parecer que será encaminhado ao Ministério da Justiça (art. 189 desta Lei). Na elaboração, à vista dos autos do processo e do prontuário, o Conselho considerará os antecedentes do condenado, o comportamento após a prisão, narrará o ilícito penal e os fundamentos da sentença condenatória e poderá promover novas diligências que entender necessárias. Tudo isso para que possa emitir, com segurança, o seu parecer sobre o mérito do pedido e esclarecer eventuais circunstâncias omitidas pela petição que requereu o indulto.

ATENÇÃO - Por se tratar de ato discricionário, o parecer do Conselho Penitenciário não vincula o Presidente da República.

Art. 191. **Processada no Ministério da Justiça com documentos e o relatório do Conselho Penitenciário, a petição será submetida a despacho do Presidente da República, a quem serão presentes os autos do processo ou a certidão de qualquer de suas peças, se ele o determinar.**

Art. 192. **Concedido o indulto e anexada aos autos cópia do decreto, o Juiz declarará extinta a pena ou ajustará a execução aos termos do decreto, no caso de comutação.**

Concessão do indulto – O Juiz da execução declarará extinta a pena ou ajustará a execução aos termos do decreto, no caso de comutação, efetuando-se novo cálculo de liquidação e retificando-se a guia de recolhimento.

Vale ressaltar que o indulto extingue somente a pena, permanecendo os efeitos secundários (penais e extrapenais).

ATENÇÃO - Embora se trate de ato discricionário do Presidente da República, a concessão do indulto não retira do Juiz o dever de analisar a sua legalidade/constitucionalidade, lembrando que o benefício está proibido em se tratando de delito hediondo ou equiparado (ar. 2º, inciso I da lei 8.072/90).

JURISPRUDÊNCIA

"Sursis" e requisito temporal para a concessão de indulto

Não é possível o cômputo do período de prova cumprido em suspensão condicional da pena para preenchimento do requisito temporal objetivo do indulto natalino. Com base nessa orientação, a Segunda Turma[0], em conclusão de julgamento e por maioria, denegou a ordem em "habeas corpus" no qual se pleiteava tal contagem, relativamente ao cumprimento de um quarto da pena privativa de liberdade, instituído pelo art. 1º, XIII, do Decreto 8.172/2013 ("Art. 1º Concede-se indulto coletivo às pessoas, nacionais e estrangeiras; ... XIII – condenadas a pena privativa de liberdade, desde que substituída por restritiva de direitos, na forma do art. 44 do Decreto-lei nº 2.848, de 7 de dezembro de 1940 – Código Penal, ou ainda beneficiadas com a suspensão condicional da pena, que, de qualquer forma, tenham cumprido, até 25 de dezembro de 2013, um quarto da pena, se não reincidentes, ou um terço, se reincidentes") — v. Informativo 787. A impetrante sustentava, em suma, que o paciente reuniria todos os requisitos necessários para a fruição do benefício, porque já teria cumprido mais de um quarto do período de prova para a suspensão condicional da pena que lhe fora imposta. O Colegiado asseverou que não se poderia confundir o tempo alusivo ao período de prova, exigido para a obtenção da suspensão condicional da pena, com o requisito temporal objetivo previsto no art. 1º, XIII, do Decreto 8.172/2013, qual seja o cumprimento parcial da pena. Reiterou, assim, o que decidido no HC 117.855/SP (DJe de 19.11.2013). Vencido o Ministro Teori Zavascki, que concedia a ordem por entender que o período de prova cumprido em suspensão condicional da pena deveria ser computado como tempo de cumprimento de pena restritiva de liberdade. O Ministro Gilmar Mendes reajustou seu voto para acompanhar o voto divergente. (STF – HC n° 123698-PE, Rel. Cármen Lúcia, j.).

Período de prova em "sursis" e indulto

Em razão de o "sursis" não ostentar natureza jurídica de pena, mas de medida alternativa a ela, o período de prova exigido para a obtenção desse benefício não se confunde com o requisito temporal relativo ao cumprimento de um quarto da pena privativa de liberdade para se alcançar o indulto natalino. Com base nesse entendimento, a Primeira Turma, por maioria, negou provimento a recurso ordinário em "habeas corpus" em que se discutia a possibilidade de se computar o período de prova referente ao "sursis" como cumprimento de pena para fins de concessão de indulto. Na espécie, os incisos XIII e XIV do art. 1º do Decreto 8.172/2013 teriam reconhecido como merecedores do indulto natalino os réus condenados a pena privativa de liberdade, desde que substituída por pena restritiva de direitos, na forma do art. 44 do CP, ou ainda beneficiados com a suspensão condicional da pena, que, de qualquer forma, tivessem cumprido, até 25 de dezembro de 2013, um quarto da pena, requisito temporal vinculado à pena privativa de liberdade, sem qualquer relação com o período de prova do "sursis". O recorrente fora condenado a dois meses de prisão no regime aberto pela prática do crime de lesões corporais culposas, tipificado no art. 251 do CPM e, beneficiado com o "sursis", tivera negado o indulto natalino pelo STJ. Vencido o Ministro Marco Aurélio, que dava provimento ao recurso. Afirmava que, no caso do indulto, o período de prova para suspensão condicional da pena poderia ser considerado para efeito do atendimento ao requisito temporal, sob pena de um direito atribuído ao cidadão vir, em um passo seguinte, a prejudicá-lo. (STF – RHC n° 128515-BA, Rel. Luiz Fux, j. 30.6.2015).

Indulto e comutação de pena

A 2ª Turma concedeu habeas corpus para restabelecer a decisão do juízo das execuções, que deferira a comutação de penas ao paciente, com base no Decreto 6.706/2008 – indulto natalino – , sem a necessidade de realização de exame criminológico. Na espécie, a impetração alegava a desnecessidade do citado exame, uma vez que o Decreto 6.706/2008 não faria exigência nesse sentido. A Turma aduziu que referida norma preveria apenas a inexistência de falta grave nos doze meses anteriores à sua publicação para exame do requisito subjetivo. Pontuou que, embora a Lei de Execução Penal não dispusesse de forma expressa sobre a obrigatoriedade do exame, não vedaria sua realização. Ponderou que, dessa forma, a necessidade da avaliação se sujeitaria à análise discricionária do magistrado competente, de acordo com as peculiaridades do caso concreto. Frisou que, na espécie, não se trataria de pedido de progressão de regime, mas sim de comutação de pena, de competência exclusiva do Presidente da República (CF, art. 84). Esclareceu que a competência do magistrado limitar-se-ia a verificar a presença das condições estabelecidas no decreto presidencial. Asseverou que a sentença que tivesse por objeto esses benefícios seria de natureza meramente declaratória, na medida em que o direito já teria sido constituído pelo decreto, com as condições nele fixadas. Assinalou que o Decreto Presidencial 6.706/2008 exigiria, apenas, no que tange ao aspecto subjetivo, a ausência de anotação de infração disciplinar de natureza grave nos últimos doze meses anteriores à sua publicação. Sublinhou que, preenchidos os requisitos legais para comutação da pena nos termos do supracitado decreto, ao Tribunal a quo seria vedado exigir a realização do exame criminológico para aferição do mérito do sentenciado, por absoluta falta de previsão legal. Concluiu que a exigência de outros requisitos que não aqueles previstos no ato normativo a dispor sobre a benesse configuraria constrangimento ilegal (STF – HC n° 116101-SP, Rel. Gilmar Mendes, j. 17.12.2013).

Indulto e detração

O período compreendido entre a publicação do decreto concessivo de indulto pleno e a decisão judicial que reconheça o benefício não pode ser subtraído na conta de liquidação das novas execuções penais, mesmo que estas se refiram a condenações por fatos anteriores ao decreto indulgente. A concessão do indulto, pleno ou parcial, atinge a pena. Será pleno quando extinguir a pena por completo, resultando na extinção da punibilidade. E será parcial, também chamado de comutação, quando o afastamento da pena não se der por completo. No entanto, em ambos os casos, os demais efeitos penais e civis do crime permanecem inalterados. Assinale-se, ainda, que o indulto não é aplicado de forma automática. Necessita, assim, de um procedimento judicial em que o juiz da execução irá avaliar se o apenado preenche, ou não, os requisitos insculpidos no decreto presidencial. Embora haja doutrina que defenda ser meramente declaratória a decisão concessiva de indulto, os decretos presidenciais, em geral, possuem condições objetivas e subjetivas que necessitam de avaliação judicial. Nessa medida, esse trâmite processual certamente levará um espaço de tempo para ser cumprido, o que afasta a possibilidade de publicação do decreto concessivo do benefício em um dia e, já no dia seguinte, a sua aplicação no caso concreto. Assim, o indulto somente poderá produzir os seus efeitos após essa avaliação. Além disso, em regra, a concessão do indulto pressupõe a existência de uma sentença penal condenatória com trânsito em julgado. Uma vez transitada em julgado a sentença penal condenatória, surge a pretensão de execução da pena. Se, posteriormente, o Estado desistir de prosseguir na execução da pena, haverá, tão somente, uma interrupção do cumprimento, mas não uma inidoneidade ou desnecessidade da pena. Vale ressaltar que essa interrupção, no caso do indulto, é um ato de clemência do Estado, que só será reconhecido ao apenado após regular procedimento judicial. Portanto, até a prolação da decisão que extinguir a punibilidade do agente, a sua custódia será decorrente de uma prisão pena. A detração, por sua vez, é decorrência do princípio constitucional da não culpabilidade. A CF estabelece que "ninguém será considerado culpado até o trânsito em julgado de sentença penal condenatória". Ocorre que, mesmo antes do trânsito em julgado, em algumas situações, faz-se necessária a constrição provisória do acusado. Essa, no entanto, é uma prisão cautelar. E, por vezes, ao final do julgamento, pode ocorrer a absolvição do agente ou a prescrição da pretensão punitiva. Dessa forma, a detração visa impedir que o Estado abuse do poder-dever de punir, impondo ao agente uma fração desnecessária da pena quando houver a perda da liberdade ou a internação em momento anterior à sentença condenatória. Em razão desses casos, para amenizar a situação do réu, o CP regulamentou que: "Art. 42 – Computam-se, na pena privativa de liberdade e na medida de segurança, o tempo de prisão provisória, no Brasil ou no estrangeiro, o de prisão administrativa e o de internação em qualquer dos estabelecimentos referidos no artigo anterior'. Nessa linha intelectiva, a detração é uma operação matemática em que se subtrai da pena privativa de liberdade (ou medida de segurança) aplicada ao réu ao final do processo, o tempo de prisão provisória, prisão administrativa ou internação em hospital de custódia e tratamento psiquiátrico que o sentenciado já cumpriu anteriormente. Frise-se que, em razão da equidade, admite-se a detração inclusive em processos que não guardem relação entre si, desde que a segregação indevida seja posterior ao crime em que se requer a incidência do instituto. Nestes casos, embora a prisão processual fosse necessária no momento em que foi realizada, ao final do julgamento do processo, a conduta do agente não resultou em uma punição efetiva. Dessa forma, é possível utilizar esse período para descontar a pena referente a crime praticado em data anterior. Conclui-se, portanto, que a detração é um instituto que pretende amenizar as consequências de uma custódia processual, abatendo-se da pena efetivamente aplicada o período em que o réu esteve preso por meio de medida cautelar, seja em razão de prisão provisória, prisão administrativa ou internação em hospital de custódia e tratamento psiquiátrico. Assim, o instituto da detração não pode tangenciar o benefício do indulto porque, enquanto o período compreendido entre a publicação do Decreto Presidencial e a decisão que reconhece o indulto, decretando-se a extinção da punibilidade do agente, refere-se a uma prisão pena, a detração somente se opera em relação à medida cautelar, o que impede a sua aplicação no referido período (STJ – REsp n° 1.557.408-DF, Rel. Maria Thereza de Assis Moura, j. 1.2.2016, DJe 24.2.2016).

Critério objetivo para a concessão de indulto.

A regra prevista no art. 1º, I, do Dec. 7.873/2012, que admite a concessão de indulto coletivo aos condenados a pena inferior a oito anos, não pode ser interpretada de forma a permitir que também obtenham o benefício aqueles que, embora condenados a pena total superior a esse limite, tenham menos de oito anos de pena remanescente a cumprir na data da publicação do referido diploma legal. De fato, o art. 1º, I, do Dec. 7.873/2012 dispõe que é concedido o indulto coletivo às pessoas, nacionais e estrangeiras, "condenadas a pena privativa de liberdade não superior a oito anos, não substituída por restritivas de direitos ou multa, e não beneficiadas com a suspensão condicional da pena que, até 25 de dezembro de 2012, tenham cumprido um terço da pena, se não reincidentes, ou metade, se reincidentes". Esse dispositivo legal traz critério objetivo e de redação categórica: o paradigma para a concessão do benefício é a quantidade de pena a que o réu foi condenado, não podendo essa regra ser interpretada de forma a ser considerado o período que remanesce da pena na data da publicação do Decreto, sob pena de ofensa ao princípio da legalidade. Tanto é assim que o referido diploma normativo é categórico ao estabelecer que, para a concessão da comutação das penas, "o cálculo será feito sobre o período de pena já cumprido até 25 de dezembro de 2012" (art. 2º, § 1º), ou seja, se fosse a intenção da Presidente da República instituir indulto considerando apenas o período remanescente, o teria feito expressamente (STJ – HC n° 276.416-SP, Rel. Laurita Vaz, j. 27.3.2014.

Comutação. Crime hediondo.

Não há como tachar de ilegal a decisão que indefere a comutação de pena (arts. 1º, III, e 2º do Dec. 6.294/07) diante da hediondez do crime de latrocínio, visto que o STF reconheceu inconstitucionalidade apenas no tocante ao § 1º do art. 2º da Lei 8.072/90 (progressão de regime), deixando incólume a vedação do indulto e da comutação. A negativa da comutação, conforme a jurisprudência, é discricionariedade conferida ao presidente da República (STJ – HC n° 126.077, Rel. Maria Thereza de Assis Moura, j. 5.10.2010).

Comutação. Pena. Requisitos.

Os requisitos necessários à comutação de pena de que trata o Dec. 4.495/2002 são todos de natureza objetiva, pois o requisito subjetivo previsto no art. 1º, § 1º, II, desse mesmo decreto (avaliação, por decisão motivada do juiz, de condições pessoais) diz respeito à hipótese de indulto. Dessarte, não se permite interpretação extensiva a ponto de criar condição não prevista em lei a obstar a comutação, porquanto compete privativamente ao presidente da República estabelecer seus requisitos (art. 84, XII, da CF). Nessa linha, há precedentes do STJ no sentido de ser dispensável parecer do conselho penitenciário, salvo na hipótese de o decreto prever requisitos subjetivos, o que não ocorre na hipótese de comutação de penas (STJ – REsp n° 762.006, Rel. Celso Limongi, j. 4.2.2010).

Art. 193. **Se o sentenciado for beneficiado por indulto coletivo, o Juiz, de ofício, a requerimento do interessado, do Ministério Público, ou por iniciativa do Conselho Penitenciário ou da autoridade administrativa, providenciará de acordo com o disposto no artigo anterior.**

Indulto coletivo – Como bem observa Renato Marcão:

"Não se tratando de indulto por provocação, e sim espontâneo, por iniciativa da autoridade concedente, o indulto coletivo dispensa a tramitação exigida para o indulto individual, que é provocado. Processa-se de forma singela, e, assim, se o sentenciado for beneficiário por indulto coletivo, o juiz, de ofício, a requerimento do interessado, do Ministério Público ou por iniciativa do Conselho Penitenciário ou da autoridade administrativa, providenciará seja anexada aos autos cópia do decreto, e declarará extinta a pena ou ajustará a execução aos termos do decreto, no caso de comutação" (ob. cit. p. 357).

ATENÇÃO - Os Tribunais Superiores têm considerado inconstitucional a vedação administrativa do indulto ou da graça com base na hediondez atual de crime que, na época em que praticado, não constava do rol taxativo da lei 8.072/90.

TÍTULO VIII
DO PROCEDIMENTO JUDICIAL

Art. 194. **O procedimento correspondente às situações previstas nesta Lei será judicial, desenvolvendo-se perante o Juízo da execução.**

Processo de execução – Reforçando o princípio da jurisdicionalidade, o processo de execução será conduzido por um Juiz de Direito, como estabelecido no artigo 2º:

"A jurisdição penal dos Juízes ou Tribunais da Justiça ordinária, em todo o Território Nacional, será exercida...".

A natureza jurisdicional da execução se extrai da simples leitura do art. 194. Garante-se, assim, obediência ao devido processo legal (com todos os princípios que lhe são inerentes).

Art. 195. **O procedimento judicial iniciar-se-á de ofício, a requerimento do Ministério Público, do interessado, de quem o represente, de seu cônjuge, parente ou descendente, mediante proposta do Conselho Penitenciário, ou, ainda, da autoridade administrativa.**

Art. 196. **A portaria ou petição será autuada ouvindo-se, em 3 (três) dias, o condenado e o Ministério Público, quando não figurem como requerentes da medida.**

§ 1º Sendo desnecessária a produção de prova, o Juiz decidirá de plano, em igual prazo.

§ 2º Entendendo indispensável a realização de prova pericial ou oral, o Juiz a ordenará, decidindo após a produção daquela ou na audiência designada.

Art. 197. Das decisões proferidas pelo Juiz caberá recurso de agravo, sem efeito suspensivo.

Agravo em execução – Com o advento da Lei nº 7.210/84, que introduziu o recurso de agravo em matéria de execução penal, as diversas hipóteses que antes admitiam recurso em sentido estrito, passaram a ser desafiadas por meio de agravo.

Hipóteses de cabimento – Qualquer que seja a decisão exarada pelo Juiz da execução penal, o recurso cabível para atacá-la será o agravo em execução, derrogando-se o art. 581 do CPP (os incisos XII, XVII, XIX, XX, XXI, XXII e XXIII, que tratam de matéria atinente à execução da pena, passaram a admitir o agravo). Conforme bem observam Ada, Magalhães e Scarance, "o legislador levou em conta o juiz que profere a decisão para regular o cabimento do recurso: sendo a decisão do juiz da execução penal, será agravo" (Recursos no processo penal, Ed. Revista dos Tribunais, p. 197).

ATENÇÃO – O art. 581, inciso XI do CPP, prevê o recurso em sentido estrito para atacar a decisão "que conceder, negar ou revogar a suspensão condicional da pena". Ora, se o *sursis* é concedido ou negado pela sentença condenatória, o recurso cabível é a apelação. Com efeito, dispõe o § 4º, do art. 593 do CPP, que "quando cabível a apelação, não poderá ser usado o recurso em sentido estrito, ainda que somente de parte da decisão se recorra". Assim, é a apelação o recurso cabível contra a sentença condenatória, mesmo que o tópico específico do inconformismo se refira a uma hipótese que admita recurso em sentido estrito. É que, por força do princípio da unirrecorribilidade, fica prejudicado o recurso em sentido estrito quando a decisão comportar apelação. Já se o benefício é revogado em sede de execução da pena, nas hipóteses, por exemplo, previstas nos arts. 161 e 162 da LEP, aí é cabível o agravo em execução.

Rito – Na falta de previsão legal, o STF se posicionou no sentido de o rito do agravo ser o mesmo do recurso em sentido estrito, prevendo, inclusive, o mesmo prazo de interposição: "É de cinco dias o prazo para interposição de agravo contra decisão do juiz da execução penal" (Súmula 700).

ATENÇÃO – A decisão que não recebe o agravo em execução é atacável por meio de carta testemunhável. Trata-se do recurso cabível contra decisão que não recebe ou nega seguimento a um outro recurso.

Legitimidade – A legitimidade para interpor o agravo em execução é reconhecida em favor daqueles relacionados no art. 195 da LEP, ou seja, todos que possuem legitimidade para deflagrar o procedimento judicial possuem legitimidade, também, para recorrer das decisões nele exaradas. São eles: o Ministério Público, o condenado, ou seu representante, cônjuge, parente ou descendente.

De se ver, porém, que também o Conselho Penitenciário e a Autoridade Administrativa possuem legitimidade para iniciar o procedimento judicial, mas, nem por isso, lhes é reconhecida a possibilidade de interpor agravo. Como bem observam Ada, Magalhães e Scarance, "podem eles propor a instauração de procedimento judicial, bem como outras providências. Não há postulações, pedidos, mas propostas que, se desatendidas, não ocasionam ofensa a direito subjetivo daquelas entidades. Nada impede, contudo, que acolhida ou não a proposta, o Ministério Público ou o sentenciado venha a agravar da decisão proferida no procedimento que se instaurou" (ob. cit., p. 199).

ATENÇÃO - Na queixa-crime, embora o Estado, em caráter excepcional, transfira para o particular o direito de acusar (*jus persequendi*), o direito de punir (*jus puniendi*) continua sendo estatal e, por isso, a execução penal não tolera nenhuma participação privada.

Efeitos – O agravo em execução tem efeito devolutivo (comum nos recursos) e regressivo ou juízo de retratação (presente no recurso em sentido estrito). Conforme se depreende da leitura do art. 197 da LEP, não possui efeito suspensivo, significa dizer que a decisão atacada por meio do recurso gera de imediato seus efeitos, não obstante a interposição da insurgência.

ATENÇÃO - Essa regra, porém, apresenta uma exceção, mencionada no art. 179 da LEP, segundo a qual "transitada em julgado a sentença, o juiz expedirá ordem para a desinternação ou a liberação".

Ocorre que há situações concretas em que a decisão, por gerar efeitos imediatos, acarreta inegável prejuízo, a exigir pronta intervenção da parte prejudicada, a fim de sustar seus efeitos antes do julgamento do agravo. Quando essas decisões são tomadas em desfavor do executado, o caminho é mais fácil, em vista da possibilidade, sempre aberta, de impetração de *habeas corpus*, mesmo em sede de execução penal (STF – HC 88.152 – MS). O quadro se complica, no entanto, quando sucumbente é o Ministério Público.

Sugere-se, nesse caso, a impetração de mandado de segurança visando conferir efeito suspensivo ao agravo. Como adverte Mirabete, "apesar da orientação em geral de que, sendo o despacho atacável por meio de recurso próprio, incabível é o mandado de segurança, tem-se admitido que, presentes o *fumus boni juris* e o *periculum in mora*, deve-se admitir o *mandamus* impetrado pelo agravante para dar efeito suspensivo ao agravo em execução" (ob. cit. p. 820).

Esse posicionamento, contudo, encontra forte resistência na jurisprudência dos Tribunais Superiores, notadamente no seio do STJ, conforme se constata do seguinte julgado: "O Ministério Público não tem legitimidade para impetrar mandado de segurança almejando atribuir efeito suspensivo ao recurso de agravo em execução, porquanto o órgão ministerial, em observância ao princípio constitucional do devido processo legal, não pode restringir o direito do acusado ou condenado além dos limites conferidos pela legislação, mormente se, nos termos do art. 197, da Lei de Execuções Penais, o agravo em execução não possui efeito suspensivo. Precedente do STJ" (HC 47.516-SP).

Para Ada, Magalhães e Scarance, com base no art. 558, *caput*, do Código de Processo Civil, é possível que o relator do recurso confira a ele efeito suspensivo, de modo a suspender os efeitos da decisão até o pronunciamento definitivo do Tribunal, quando vislumbrar a possibilidade "de resultar lesão grave e de difícil reparação, sendo relevante a fundamentação" (ob. cit., p. 204).

Competência – O agravo deve ser interposto perante o Juízo da execução que proferiu a decisão recorrida, endereçando as razões ao Tribunal.

ATENÇÃO - Mesmo que se trate de crime de competência federal, se o preso estiver cumprindo pena em presídio estadual, das decisões do Juiz da execução caberá agravo para o Tribunal de Justiça.

JURISPRUDÊNCIA

Cabimento de *habeas corpus* substitutivo de agravo em execução.

Não é cabível a impetração de habeas corpus em substituição à utilização de agravo em execução na hipótese em que não há ilegalidade manifesta relativa a matéria de direito cuja constatação seja evidente e independa de qualquer análise probatória. É imperiosa a necessidade de racionalização do habeas corpus, a bem de prestigiar a lógica do sistema recursal, devendo ser observada sua função constitucional, de sanar ilegalidade ou abuso de poder que resulte em coação ou ameaça à liberdade de locomoção. Sendo assim, as hipóteses de cabimento do writ são restritas, não se admitindo que o remédio constitucional seja utilizado em substituição a recursos ordinários ou de índole extraordinária, tampouco como sucedâneo de revisão criminal. Nesse sentido, o STF, sensível a essa problemática, já tem pronunciado também a inadequação de impetrações manejadas em substituição ao recurso próprio. Para o enfrentamento de teses jurídicas na via restrita do habeas corpus, é imprescindível que haja ilegalidade manifesta relativa a matéria de direito cuja constatação seja evidente e independa de qualquer análise probatória. Precedentes citados do STF: HC 109.956-PR, DJe 11/9/2012; e HC 104.045-RJ, DJe 6/9/2012 (STJ HC n° 238.422-BA, Rel. Maria Thereza de Assis Moura, j. 6.12.2012.

TÍTULO IX
DAS DISPOSIÇÕES FINAIS E TRANSITÓRIAS

Art. 198. **É defesa ao integrante dos órgãos da execução penal, e ao servidor, a divulgação de ocorrência que perturbe a segurança e a disciplina dos estabelecimentos, bem como exponha o preso à inconveniente notoriedade, durante o cumprimento da pena.**

O presente artigo tem por finalidade proteger as informações referentes à segurança e à disciplina dos presídios, evitando, com isso, expor o preso à mídia, sensacionalismos etc. A própria LEP, no art. 41, inciso VIII, garante ao preso a proteção contra qualquer forma de sensacionalismo.

Deve ser observado, porém, que a lei não proíbe de forma absoluta a divulgação de fato ocorrido durante a execução penal, conferindo à autoridade o juízo da conveniência e oportunidade da divulgação.

Art. 199. **O emprego de algemas será disciplinado por decreto federal.**

Uso de algemas – Trinta e dois anos após a publicação da Lei de Execução Penal, finalmente foi publicado o decreto que disciplina o uso de algemas (Decreto 8.858/16), composto por quatro breves artigos.

O decreto reforça a importância de se respeitar, no emprego de algemas, a Constituição da República, as Regras de Bangkok e o Pacto de San Jose da Costa Rica, especialmente no que diz respeito à dignidade da pessoa humana (art. 1º).

As situações em que o uso de algemas será permito estão previstas em seu art. 2º, sendo: "apenas em casos de resistência e de fundado receio de fuga ou de perigo à integridade física própria ou alheia, causado pelo preso ou por terceiros, justificada a sua excepcionalidade por escrito".

O decreto veda expressamente o emprego de algemas em mulheres presas em qualquer unidade do sistema penitenciário nacional durante o trabalho de parto, no trajeto da parturiente entre a unidade prisional e a unidade hospitalar e após o parto, durante o período em que se encontrar hospitalizada (art. 3º).

Vale lembrar que o decreto se assemelha à súmula vinculante número 11, editada em 2008 pelo STF, em razão da longa omissão legislativa.

> **ATENÇÃO** – a Lei 13.434, de 12 de abril de 2017, acrescentou o parágrafo único ao art. 292 do CPP, dispondo ser "vedado o uso de algemas em mulheres grávidas durante os atos médico-hospitalares preparatórios para a realização do parto e durante o trabalho de parto, bem como em mulheres durante o período de puerpério imediato".

Art. 200. O condenado por crime político não está obrigado ao trabalho.

Preso político – O condenado por crime político recebe tratamento diferenciado, não fica obrigado ao trabalho obrigatório aos condenados por crime comum (art. 28 da LEP). Entende-se por criminoso político o autor de crimes previstos na Lei 7.170/83 (Lei de Segurança Nacional), revogada, aliás, pela Lei 14.197/21.

Com a entrada em vigor da Lei 14.197/21, revogando expressamente a Lei de Segurança Nacional (Lei 7.170/83), entendemos que os novos crimes por ela previstos – e introduzidos no Título XII da Parte Especial do CP – não merecem a etiqueta de crimes políticos, mas crimes contra o Estado Democrático de Direito. Vicente Greco Filho, por sinal, há tempos já lecionava nesse sentido: "não há definição legal dos crimes políticos na legislação brasileira. Aliás, a referência a esse tipo de crimes é inadequada e, quiçá, odiosa. Certamente não se aplica aos crimes comuns, ainda que com motivação política. E menos ainda aos chamados crimes políticos puros, que a tradição constitucional brasileira sempre repeliu. Nos termos do art. 5º, LII, da Constituição, não se concederá extradição por crime político ou de opinião. Ora, como punir alguém por fato dessa natureza? A expressão no texto constitucional foi, portanto, no mínimo, infeliz e espera-se que não seja regulamentada."

Não sem razão a CF/88, ao mesmo tempo em que tratou dos crimes políticos em apenas três passagens, no art. 5º, XLIV, manda criminalizar ação de grupos armados contra o Estado Democrático. Diferenciou, portanto, esse tipo de crime – contra o Estado

Democrático -, previsto no Título XII do CP, dos crimes políticos, antes previstos na Lei 7.170/83, hoje revogada pela Lei 14.197/21.

ATENÇÃO - Os crimes eleitorais caracterizam atitudes antissociais lesivas à regra jurídica preestabelecida em proteção aos atos eleitorais, do alistamento do eleitor à diplomação do eleito. Portanto, em que pese não se vincularem ao Direito Penal Comum, também não se ajustam ao rol de crimes políticos.

Art. 201. Na falta de estabelecimento adequado, o cumprimento da prisão civil e da prisão administrativa se efetivará em seção especial da Cadeia Pública.

Prisão civil – Durante a tramitação do CPC/15 no Congresso Nacional, muito se debateu se o regime fechado seria o local adequado para enclausurar o devedor de alimentos, constrangendo-o legalmente ao pagamento. Surgiram vozes pregando que o mais razoável seria o devedor de alimentos trabalhar durante o dia (e obter recursos capazes de permitir o adimplemento do débito alimentar), com o recolhimento à prisão apenas durante a noite. Sugeriram, alternativamente, que a prisão fosse cumprida em regime semiaberto e, somente em caso de reiteração, o regime seria o fechado. A proposta não vingou, constando expressamente que a prisão civil do devedor de alimentos deve ser cumprida no regime fechado (art. 528, § 4º, CPC).

A LEP manda separar os devedores de alimentos, presos em razão da dívida, dos criminosos. Na falta de estabelecimento adequado, cumprirão a prisão no mesmo prédio, porém em seções distintas da Cadeia Pública dos presos penais.

JURISPRUDÊNCIA

Prisão civil. Advogado.

Busca-se a transferência do paciente, advogado ora recolhido à penitenciária, para casa de albergado, sala de Estado-Maior ou prisão domiciliar. Não se desconhece que o STF julgou ser constitucional o art. 7º, V, da Lei 8.906/94 (EOAB) quando determina, antes da sentença transitada em julgado, o recolhimento à prisão de advogados em sala de Estado-Maior ou, na sua falta, em prisão domiciliar. Contudo, aquela norma mostra-se aplicável em casos de prisão cautelar de natureza penal e não em prisão civil, notadamente as decorrentes de execução de alimentos definitivos oriundos de decisão transitada em julgado ou de acordo homologado judicialmente. Como consabido, a prisão civil decorrente do descumprimento voluntário e inescusável de obrigação alimentícia tem guarida na legislação (arts. 5º, LXVII, da CF, 7º, 7, do Pacto de São José da Costa Rica, 18 e 19 da Lei 5.478/68 e 733, § 1º, do CPC) e não constitui sanção penal, mas sim medida coercitiva para compelir o devedor recalcitrante ao cumprimento da obrigação alimentar, daí não serem aplicáveis os cânones do Direito Penal ou Processual Penal. Vê-se que, nos casos de moléstias graves, necessidades especiais ou idade avançada, quando o local não comportar tal recolhimento, a jurisprudência vem abrandando a execução dessa medida restritiva de liberdade, mediante a prisão domiciliar. Porém, nesses casos, utiliza-se, não as normas de natureza penal, mas sim fundamento constitucional: a preservação da dignidade da pessoa humana. Ademais, a utilização das regras de execução penal com o fim de abrandar a prisão civil poderia acarretar o esvaziamento de sua finalidade coercitiva a ponto de menosprezar o direito fundamental dos alimentandos à sobrevivência digna. Anote-se que a prisão civil já é forma de prisão especial, visto que os presos civis devem ser recolhidos em estabelecimento adequado ou em seção especial da cadeia pública, apartados dos presos criminais (art. 201 da LEP), com o fim de preservá-los dos efeitos deletérios da convivência carcerária. Na hipótese, o paciente não se encontra recolhido a uma cela, mas em sala administrativa (reservada) da penitenciária, segregado dos presos comuns. Assim, verifica-se cumprido o citado artigo da LEP. Note-se, por último, haver no STF julgamentos ainda não concluídos que ampliam o conceito de sala de Estado-Maior ao admiti-la fora do quartel (vide Info. STF 596) (STJ – HC n° 181.231, Rel. Della Giustina, j. 5.4.2011)..

Art. 202. Cumprida ou extinta a pena, não constarão da folha corrida, atestados ou certidões fornecidas por autoridade policial ou por auxiliares da Justiça, qualquer notícia ou referência à condenação, salvo para instruir processo pela prática de nova infração penal ou outros casos expressos em lei.

Cumprimento da pena e o sigilo – Como decorrência automática do cumprimento ou extinção da pena, não constarão da folha corrida, atestados ou certidões fornecidas por autoridade policial ou por auxiliares da Justiça, qualquer notícia ou referência à condenação, salvo para instruir processo pela prática de nova infração penal ou outros casos expressos em lei.

Ora, se a LEP já assegura o sigilo, bastando o cumprimento ou extinção da pena, qual é a utilidade da reabilitação - art. 93 do CP - nesse ponto?

Para Rogério Greco, com razão, nenhuma, ensinando ser: "Muito mais vantajosa a aplicação imediata do art. 202 da Lei de Execução Penal após cumprida ou extinta a pena aplicada ao condenado do que esperar o decurso do prazo de dois anos do dia em que foi extinta a pena, ou terminar a sua execução, para solicitar a reabilitação. Verifica-se, portanto, que a orientação contida no caput do art. 93 do Código Penal cairá no vazio, pois o art. 202 da Lei de Execução Penal regula a mesma hipótese, só que de forma mais benéfica e menos burocrática para o condenado" (ob. cit. p. 668).

Cleber Masson discorda, enxergando nos dois dispositivos (arts. 93 do CP e 202 da LEP) diferenças quanto ao alcance do segredo: "O sigilo assegurado pela reabilitação é mais amplo, pois as informações por ele cobertas somente podem ser obtidas por requisição (ordem), não de qualquer integrante do Poder Judiciário, mas exclusivamente do juiz criminal. É o que se extrai do art. 748 do Código de Processo Penal" (ob. cit. p. 560).

ATENÇÃO - Mesmo que revogada a reabilitação (art. 95 do CP), o sigilo do artigo 202 da Lei de Execuções Penais continua existindo.

Art. 203. No prazo de 6 (seis) meses, a contar da publicação desta Lei, serão editadas as normas complementares ou regulamentares, necessárias à eficácia dos dispositivos não auto-aplicáveis.

§ 1º Dentro do mesmo prazo deverão as Unidades Federativas, em convênio com o Ministério da Justiça, projetar a adaptação, construção e equipamento de estabelecimentos e serviços penais previstos nesta Lei.

§ 2º Também, no mesmo prazo, deverá ser providenciada a aquisição ou desapropriação de prédios para instalação de casas de albergados.

§ 3º O prazo a que se refere o caput deste artigo poderá ser ampliado, por ato do Conselho Nacional de Política Criminal e Peni-

tenciária, mediante justificada solicitação, instruída com os projetos de reforma ou de construção de estabelecimentos.

§ 4º O descumprimento injustificado dos deveres estabelecidos para as Unidades Federativas implicará na suspensão de qualquer ajuda financeira a elas destinada pela União, para atender às despesas de execução das penas e medidas de segurança.

O artigo 203 prevê que serão editadas normas complementares ou regulamentares necessárias à eficácia dos dispositivos não autoaplicáveis dessa lei. Como é visível e cediço por todos, passados quase 40 anos da vigência, poderíamos enumerar diversos dispositivos que ainda carecem de regulamentação.

Art. 204. Esta Lei entra em vigor concomitantemente com a lei de reforma da Parte Geral do Código Penal, revogadas as disposições em contrário, especialmente a Lei nº 3.274, de 2 de outubro de 1957.

A Lei de Execuções Penais entrou em vigor no dia 13.01.1985, concomitantemente à entrada em vigor da Parte Geral do Código Penal, reformada pela Lei 7.209/84.

ÍNDICE ALFABÉTICO-REMISSIVO

A

- ABERTURA DO JULGAMENTO *1471*
- ABSOLVIÇÃO
  - » medidas restritivas *1574*
- ABSOLVIÇÃO SUMÁRIA *1357, 1359, 1360, 1382, 1389, 1391, 1392, 1393, 1394, 1395, 1396, 1397, 1398, 1399, 1400, 1401, 1404, 1480*
  - » apelação *1350, 1362, 1382, 1390, 1391, 1396, 1397, 1398, 1400, 1401, 1404, 1459, 1460, 1467, 1479, 1480, 1482, 1535, 1559, 1568, 1573, 1577, 1580, 1581*
  - » constitucionalidade *1390, 1454, 1466*
  - » crimes conexos *1353, 1354, 1391, 1396, 1435, 1577, 1578*
  - » excepcionalidade *1391, 1394, 1396, 1399, 1423*
  - » inimputabilidade *1394, 1395, 1396, 1397, 1400, 1538, 1539, 1575*
  - » recurso *1350, 1353, 1354, 1362, 1368, 1369, 1378, 1381, 1382, 1383, 1384, 1385, 1391, 1396, 1397, 1398, 1399, 1400, 1401, 1404, 1405, 1406, 1421, 1427, 1428, 1432, 1435, 1437, 1440, 1460, 1498, 1503, 1512, 1515, 1524, 1535, 1538, 1540, 1543, 1553, 1557, 1559, 1573, 1574, 1576, 1577, 1580, 1581, 1582, 1583, 1806*
  - » recurso de ofício *1398, 1399, 1400*
  - » semi-imputabilidade *1395, 1396, 1539*
- ABSOLVIÇÃO SUMÁRIA E CAUSAS EXCLUDENTES DE CULPABILIDADE *1316*
- ABSOLVIÇÃO SUMÁRIA E CAUSAS EXCLUDENTES DE ILICITUDE OU ANTIJURIDICIDADE *1316*
- ABSOLVIÇÃO SUMÁRIA E EXTINÇÃO DA PUNIBILIDADE DO AGENTE *1312, 1317*
- ABSOLVIÇÃO SUMÁRIA E RESSALVA QUANTO À INIMPUTABILIDADE *1313*
- ABSOLVIÇÃO SUMÁRIA E SUA EXCEPCIONALIDADE *1313, 1394*
- ABSOLVIÇÃO SUMÁRIA E SUA FUNDAMENTAÇÃO *1314*
- ABSOLVIÇÃO SUMÁRIA E TIPICIDADE *1317*
- ABSTENÇÃO *436*
- ABUSO DE AUTORIDADE RITO *1593*
- AÇÃO CIVIL DE REPARAÇÃO DO DANO *312*
- AÇÃO CIVIL EX DELICTO E DEFENSORIA PÚBLICA *326*
- AÇÃO DE REPARAÇÃO E SENTENÇA ABSOLUTÓRIA *323*
- AÇÃO PENAL CONTRA PARLAMENTARES FEDERAIS *199*
- AÇÃO PENAL E CRIME CONTRA O PATRIMÔNIO PÚBLICO *202*
- AÇÃO PENAL. INTRODUÇÃO *182*
- AÇÃO PENAL NA CONTRAVENÇÃO DE VIAS DE FATO *191*
- AÇÃO PENAL NAS CONTRAVENÇÕES *204*
- AÇÃO PENAL NOS CRIMES CONTRA A HONRA *192*
- AÇÃO PENAL NOS CRIMES CONTRA A LIBERDADE SEXUAL *194*
- AÇÃO PENAL POPULAR *189*
- AÇÃO PENAL PRIVADA *171, 244*
- AÇÃO PENAL PRIVADA E REQUERIMENTO PARA INSTAURAÇÃO DE INQUÉRITO POLICIAL *105*
- AÇÃO PENAL PRIVADA E TITULARIDADE *246*
- AÇÃO PENAL PRIVADA PERSONALÍSSIMA *248*
- AÇÃO PENAL PRIVADA SUBSIDIÁRIA E ADITAMENTO PELO MP *242*
- AÇÃO PENAL PRIVADA SUBSIDIÁRIA OU SUPLETIVA DA PÚBLICA *241*
- AÇÃO PENAL PÚBLICA CONDICIONADA À REPRESENTAÇÃO *203*
- AÇÃO PENAL PÚBLICA E INICIATIVA POPULAR *205*
- AÇÃO PENAL PÚBLICA E PRINCÍPIO DA INDISPONIBILIDADE *283*
- AÇÃO PENAL PÚBLICA E SEUS PRINCÍPIOS *184*
- AÇÃO PENAL PÚBLICA SUBSIDIÁRIA DA PÚBLICA *184*
- ACAREAÇÃO *1365, 1484, 1502, 1528, 1582*
  - » indeferimento *1415, 1456, 1482, 1582*
  - » valor probatório *1484, 1485*
- ACAREAÇÃO *806*
- ACAREAÇÃO POR PRECATÓRIA *809*
- ACEITAÇÃO DO PERDÃO *298*
- ACEITAÇÃO DO PERDÃO E CURADOR *300*
- ACESSO DOS JURADOS AOS AUTOS *1527*
- ACIDENTE DE TRÂNSITO E REMOÇÃO DE PESSOAS E VEÍCULOS *107*
- ACUSADO E MORTE *311*
- ADIAMENTO DA AUDIÊNCIA *1367, 1368*
- ADITAMENTO *1366, 1381, 1402, 1410*
  - » prazo *1358, 1360, 1362, 1363, 1365, 1366, 1367, 1368, 1369, 1371, 1396, 1398, 1401, 1402, 1408, 1410, 1411, 1421, 1423, 1432, 1433, 1434, 1435, 1437, 1439, 1440, 1450, 1463, 1464, 1466, 1473, 1499, 1506, 1508, 1520, 1521, 1523, 1573, 1577, 1580, 1581, 1584, 1588, 1590*
  - » rejeição *1360, 1361, 1393*
- ADITAMENTO DA DENÚNCIA
  - » negativa do MP *1402*
- ADITAMENTO DA DENÚNCIA PARA INCLUSÃO DE CORRÉU *1658*
- ADITAMENTO DA QUEIXA-CRIME PELO MP *285*

- ADMISSÃO DO ASSISTENTE DE ACUSAÇÃO *1416*
- ADMISSÃO DO ASSISTENTE TÉCNICO EM JUÍZO *618*
- ADVOGADO
  - » testemunha *1345, 1346, 1358, 1389, 1434, 1438, 1440, 1458, 1459, 1463, 1464, 1466, 1467, 1474, 1477, 1478, 1486, 1488, 1489, 1501, 1502, 1504, 1507, 1521, 1530, 1555, 1560, 1580, 1581, 1587, 1588*
- ADVOGADO DO QUERELANTE
  - » ausência em plenário *1466*
- ADVOGADO E SIGILO DO INQUÉRITO POLICIAL *174*
- ADVOGADO NÃO É OBRIGADO A DEPOR COMO TESTEMUNHA *757*
- AERONAVES MILITARES E PRIVADAS E COMPETÊNCIA *412*
- AEROPORTO E COMPETÊNCIA *413*
- AFASTAMENTO DO SERVIDOR PÚBLICO E INDICIAMENTO *125*
- AGRAVANTES *1553, 1564, 1565, 1566, 1567*
- ALEGAÇÕES FINAIS ORAIS EM AUDIÊNCIA *1337*
- ALGEMAS *1491, 1492, 1493, 1494, 1495, 1513, 1514, 1515, 1574, 1583, 1584*
  - » ata *1421, 1456, 1460, 1462, 1471, 1474, 1475, 1478, 1479, 1480, 1482, 1484, 1494, 1495, 1498, 1515, 1556, 1581, 1582, 1583, 1584*
  - » réu preso *1491, 1492, 1493, 1494, 1495, 1513, 1514, 1515, 1574, 1583, 1584*
  - » réu solto *1491, 1492, 1493, 1494, 1495, 1513, 1514, 1515, 1574, 1583, 1584*
- ALGEMAS E INTERROGATÓRIO POLICIAL *126*
- ÁLIBI *555*
- ALIENAÇÃO ANTECIPADA DE BENS *513*
- ALVARÁ DE SOLTURA E INQUÉRITO POLICIAL *145*
- AMIGOS OU PARENTES DA VÍTIMA COMO TESTEMUNHAS *749*
- ANALFABETO
  - » jurado *1446, 1447*
- ANIMAIS EM CATIVEIRO E APREENSÃO *469*
- APARTES *1460, 1508, 1511, 1514, 1525, 1587, 1589, 1590*
- APELAÇÃO
  - » decisão manifestamente contrária à prova dos autos *1538*
  - » novo júri *1459, 1478*
  - » reformatio in pejus *1354, 1806*
- APELAÇÃO *1740*
- APELAÇÃO DE SENTENÇA CONDENATÓRIA E EFEITO SUSPENSIVO *1757*
- APELAÇÃO E AUSÊNCIA DE FUNDAMENTAÇÃO DO RECURSO DA DEFESA *1770*
- APELAÇÃO E AUSÊNCIA DE FUNDAMENTAÇÃO DO RECURSO DO MP *1771*
- APELAÇÃO E DECISÃO DOS JURADOS MANIFESTAMENTE CONTRÁRIA À PROVA DOS AUTOS *1741, 1747*
- APELAÇÃO E DECISÕES DEFINITIVAS OU COM FORÇA DE DEFINITIVAS *1743*
- APELAÇÃO E DECISÕES DO TRIBUNAL DO JÚRI *1741, 1744*
- APELAÇÃO E EFEITO DA SENTENÇA ABSOLUTÓRIA IMPRÓPRIA *1756*
- APELAÇÃO E EFEITO DEVOLUTIVO *1755*
- APELAÇÃO E ERRO OU INJUSTIÇA NA APLICAÇÃO DA PENA NO JÚRI *1741, 1747*
- APELAÇÃO E FUNDAMENTAÇÃO DO RECURSO *1762*
- APELAÇÃO E NOVO JÚRI APENAS UMA VEZ MAIS *1752*
- APELAÇÃO E NULIDADE POSTERIOR À PRONÚNCIA *1741, 1746*
- APELAÇÃO E PRAZO *1742*
- APELAÇÃO E PRAZO PARA O OFENDIDO NO JÚRI *1760*
- APELAÇÃO E PRINCÍPIO DA UNIRRECORRIBILIDADE *1754*
- APELAÇÃO E SENTENÇA DO JUIZ CONTRÁRIA À LEI EXPRESSA OU À DECISÃO DOS JURADOS *1741, 1746*
- APELAÇÃO E SENTENÇAS DEFINITIVAS *1743*
- APELAÇÃO. ESPÉCIES *1740*
- APELAÇÃO E SUAS RAZÕES DIRETAMENTE NO TRIBUNAL *1765*
- APELAÇÃO PLENA OU PARCIAL *1760*
- APLICAÇÃO ANALÓGICA *42*
- APLICAÇÃO ANALÓGICA *43, 44*
- APLICAÇÃO DE MEDIDA DE SEGURANÇA E SEU PROCESSO *1621*
- APREENSÃO DA ARMA DE FOGO PARA CONFIGURAÇÃO DA QUALIFICADORA DO ROUBO. DESNECESSIDADE *649*
- APREENSÃO DE ANIMAIS EM CATIVEIRO *469*
- APREENSÃO DE ARMAS DE FOGO, MUNIÇÕES E APETRECHOS *467*
- APREENSÃO DE DINHEIRO OU CHEQUE *464*
- APREENSÃO DE DINHEIRO OU CHEQUE E LEI DE DROGAS *467*
- APREENSÃO DE DROGAS *461*
- APREENSÃO DE OBJETOS E INQUÉRITO POLICIAL *107*
- APREENSÃO DE VEÍCULOS RELACIONADOS AO TRÁFICO E SUA UTILIZAÇÃO POR ÓRGÃOS POLICIAIS *462, 463*
- APREENSÃO E MEDICAMENTOS FALSOS OU COM PRAZO DE VALIDADE VENCIDO *468*
- APREENSÃO E RÁDIO-PIRATA *468*
- APRESENTAÇÃO ESPONTÂNEA DO PRESO *1015*
- ARMA APREENDIDA EM AEROPORTO E COMPETÊNCIA *355*
- ARQUIVAMENTO DO INQUÉRITO PELA AUTORIDADE POLICIAL. IMPOSSIBILIDADE *165*
- ARQUIVAMENTO DO INQUÉRITO POLICIAL E AÇÃO CIVIL E AÇÃO CIVIL E ARQUIVAMENTO DO INQUÉRITO POLICIAL *324*
- ARQUIVAMENTO DO INQUÉRITO POLICIAL E COMPETÊNCIA ORIGINÁRIA *168*
- ARRESTO PREVENTIVO *505*
- ASSINATURA NA DENÚNCIA OU QUEIXA *272*
- ASSISTENTE DA ACUSAÇÃO E SUA ADMISSÃO NO PROCESSO *930*
- ASSISTENTE DE ACUSAÇÃO *1361, 1382, 1385, 1400, 1401, 1405, 1408, 1413, 1415, 1416, 1429, 1431, 1434, 1438, 1439, 1440, 1442, 1466, 1499, 1506, 1512, 1525, 1560, 1581*
  - » poderes *1440*
  - » testemunha *546, 1365, 1367, 1368, 1386, 1389, 1414, 1415, 1451, 1458, 1468, 1469, 1470, 1482, 1483, 1484, 1485, 1486, 1506, 1507, 1526, 1528, 1583, 1587*
  - » testemunhas *1361, 1382, 1385, 1400, 1401, 1405, 1408, 1413, 1415, 1416, 1429, 1431, 1434, 1438, 1439, 1440, 1442, 1466, 1499, 1506, 1512, 1525, 1560, 1581*
- ASSISTENTE DE ACUSAÇÃO *925*
- ASSISTENTE DE ACUSAÇÃO E CONTRAVENÇÃO PENAL *928*
- ASSISTENTE DE ACUSAÇÃO E PRAZO PARA RECORRER *931*

- ASSISTENTE E SEUS PODERES 932
- ASSISTENTE TÉCNICO 617
- ASSISTENTE TÉCNICO E ADMISSÃO EM JUÍZO 618
- ASSISTENTE TÉCNICO, SUSPEIÇÃO OU IMPEDIMENTO 619
- ASSOCIAÇÕES OU SOCIEDADES E DIREITO DE QUEIXA 256
- ATA 1421, 1456, 1460, 1462, 1471, 1474, 1475, 1478, 1479, 1480, 1482, 1484, 1494, 1495, 1498, 1515, 1556, 1581, 1582, 1583, 1584
  - » conteúdo 1370, 1372, 1390, 1517, 1518, 1520, 1523, 1524, 1526, 1542, 1582, 1583
  - » presunção de veracidade 1475
  - » uso de algemas 1492, 1493, 1494, 1495, 1514, 1515, 1583, 1584
- ATENUANTES 1553, 1565, 1566, 1567, 1576
- ATESTADO DE ANTECEDENTES E FOLHA DE ANTECEDENTES. DISTINÇÃO 176
- ATESTADO DE POBREZA 250
- ATESTADOS DE ANTECEDENTES 172, 175
- ATO INEXISTENTE 1625
- ATRIBUIÇÕES DO JUIZ 1585
- AUDIÊNCIA 1357, 1359, 1361, 1362, 1363, 1364, 1365, 1366, 1367, 1368, 1369, 1408, 1431, 1467, 1469, 1501, 1509, 1521, 1577, 1580
  - » adiamento 546, 1367, 1368, 1414, 1434, 1462, 1466, 1468, 1470, 1485, 1521
- AUDIÊNCIA. ADIAMENTO POR MOTIVO JUSTIFICADO 924
- AUDIÊNCIA. AUSÊNCIA DO RÉU. NULIDADE RELATIVA 1326
- AUDIÊNCIA DE INSTRUÇÃO E JULGAMENTO 1322
- AUDIÊNCIA E ALEGAÇÕES FINAIS ORAIS 1337
- AUDIÊNCIA E ESCLARECIMENTOS DO PERITO 1331
- AUDIÊNCIA E INDEFERIMENTO DE PROVAS 1328
- AUDIÊNCIA E MANIFESTAÇÕES DOS PRESENTES 1986
- AUDIÊNCIA E MEMORIAIS 1339
- AUDIÊNCIA, EM PÉ OU SENTADOS 1985
- AUDIÊNCIA E PEDIDO DE DILIGÊNCIAS 1335
- AUDIÊNCIA E PODER DE POLÍCIA 1986
- AUDIÊNCIA E PRINCÍPIO DA ORALIDADE 1338
- AUDIÊNCIA E RETIRADA DO RÉU 1987
- AUDIÊNCIA. RÉU NÃO REQUISITADO. NULIDADE RELATIVA 1327
- AUDIÊNCIAS E SESSÕES ORDINÁRIAS E EXTRAORDINÁRIAS 1982
- AUDIOVISUAL E PROVA TESTEMUNHAL 775
- AUSÊNCIA DA TESTEMUNHA 1414, 1469
- AUSÊNCIA DE DENÚNCIA, QUEIXA OU REPRESENTAÇÃO E NULIDADE 1633
- AUSÊNCIA DE INTIMAÇÃO E NULIDADE 1645
- AUSÊNCIA DO ADVOGADO DO QUERELANTE 1466
- AUSÊNCIA DO OFENDIDO E TITULARIDADE PARA QUEIXA 248
- AUSÊNCIA DO QUERELANTE À TENTATIVA DE CONCILIAÇÃO. IRRELEVÂNCIA 308
- AUSÊNCIA DO RÉU À AUDIÊNCIA. NULIDADE RELATIVA 1326
- AUTO-INCRIMINAÇÃO 1489
- AUTÓPSIA 623
- AUTORIDADE CENTRAL 1968
- AUTORIDADES ADMINISTRATIVAS E PODER DE INVESTIGAÇÃO 78
- AUTOS EM CARTÓRIO 2007
- AVALIAÇÃO DIRETA 640
- AVALIAÇÃO INDIRETA 641
- AVOCAÇÃO 385
- AVOCATÓRIA 457
- AVÓS E REPRESENTAÇÃO 201

B

- BANCO NACIONAL DE MANDADOS DE PRISÃO 979
- BENS FUNGÍVEIS 510
- BENS IMPENHORÁVEIS 509
- BENS MÓVEIS E ARRESTO 508
- BLITZ 840
- BUSCA DOMICILIAR 825
- BUSCA DOMICILIAR E CONCEITO DE DIA 865
- BUSCA DOMICILIAR E CONCEITO EXTENSIVO DE CASA 869
- BUSCA DOMICILIAR E ESTABELECIMENTO COMERCIAL 871
- BUSCA DOMICILIAR E HABITAÇÃO COLETIVA 869
- BUSCA E APREENSÃO 824
- BUSCA E APREENSÃO E ESCRITÓRIO DE ADVOCACIA 853
- BUSCA E APREENSÃO EM REPARTIÇÃO PÚBLICA 870
- BUSCA PESSOAL 837
- BUSCA PESSOAL EM MULHER 876
- BUSCA PESSOAL SEM MANDADO 859

C

- CAÇA-NÍQUEIS E COMPETÊNCIA 355
- CALÚNIA, INJÚRIA E DIFAMAÇÃO E SEU RITO 1596
- CARACTERÍSTICAS 662
- CARACTERÍSTICAS DA PROVA TESTEMUNHAL 742
- CARACTERÍSTICAS DO INQUÉRITO POLICIAL 76
- CARGA RÁPIDA 2008
- CARTA ANÔNIMA 563
- CARTA PRECATÓRIA
  - » testemunha 1358, 1470, 1486
- CARTA PRECATÓRIA 783
- CARTA PRECATÓRIA E REQUISITOS 785
- CARTA ROGATÓRIA 790, 1192
- CARTA ROGATÓRIA ATIVA E PASSIVA 1967
- CARTA ROGATÓRIA E COMPETÊNCIA DO SUPERIOR TRIBUNAL DE JUSTIÇA 1970
- CARTA ROGATÓRIA E SUSPENSÃO DO PRAZO PRESCRICIONAL 1967
- CARTA ROGATÓRIA E TRADUÇÃO 1971
- CARTAS ENVIADAS E DESTINADAS A PRESOS 835
- CARTAS PARTICULARES E SUA INTERCEPTAÇÃO 814
- CARTAS ROGATÓRIAS 1967
- CARTAS ROGATÓRIAS E AUXÍLIO DIRETO 1968
- CARTAS ROGATÓRIAS E SEU CUMPRIMENTO 1964
- CARTA TESTEMUNHÁVEL 1858
- CARTA TESTEMUNHÁVEL E EFEITO SUSPENSIVO 1863
- CARTA TESTEMUNHÁVEL E PRAZO 1859
- CARTA TESTEMUNHÁVEL E SEU JULGAMENTO 1861
- CARTA TESTEMUNHÁVEL E SEU PROCESSAMENTO 1861
- CAUSA DE AUMENTO DA PENA 1540, 1553, 1567
- CAUSA DE AUMENTO DE PENA 1540
  - » quesito 1540
- CAUSAS DE AUMENTO DA PENA 1540, 1553, 1567

- CAUSAS DE DIMINUIÇÃO DA PENA *1540, 1553, 1567*
- CAUSAS DE IMPEDIMENTO DO JUIZ *881*
- CELA ESPECIAL *996*
- CHEFE DE POLÍCIA E RECURSO CONTRA DECISÃO QUE INDEFERE INSTAURAÇÃO DE INQUÉRITO POLICIAL *92, 99*
- CIGARROS FALSIFICADOS E COMPETÊNCIA *355*
- CIRCUNSCRIÇÃO ALHEIA E DILIGÊNCIA POLICIAL *179*
- CIRCUNSTÂNCIA ATENUANTE *1565*
- CIRCUNSTÂNCIA QUALIFICADORA
  - » quesito *1540, 1564*
- CIRCUNSTÂNCIAS AGRAVANTES *1553, 1565, 1566, 1567*
  - » atenuantes *1553, 1565, 1566, 1567, 1576*
- CITAÇÃO *1357, 1358, 1359, 1361, 1402, 1408, 1409*
- CITAÇÃO COM HORA CERTA *1175*
- CITAÇÃO DO RÉU *1156*
- CITAÇÃO E COMARCAS CONTÍGUAS *1163*
- CITAÇÃO E FUNCIONÁRIO PÚBLICO *1170*
- CITAÇÃO E GUARDAS MUNICIPAIS *1168*
- CITAÇÃO E MILITAR *1168*
- CITAÇÃO E SUAS MODALIDADES *1156*
- CITAÇÃO PESSOAL DO RÉU PRESO *1171*
- CITAÇÃO PESSOAL X REQUISIÇÃO *685*
- CITAÇÃO POR EDITAL *1172*
- CITAÇÃO POR EDITAL E ANTECIPAÇÃO DA PROVA *1186*
- CITAÇÃO POR EDITAL E DEFESA PRELIMINAR *1307*
- CITAÇÃO POR EDITAL E JUIZADOS ESPECIAIS CRIMINAIS *1173*
- CITAÇÃO POR EDITAL E NÃO COMPARECIMENTO DO RÉU *1183*
- CITAÇÃO POR EDITAL E PRISÃO PREVENTIVA *1188*
- CITAÇÃO POR EDITAL E SUSPENSÃO DA PRESCRIÇÃO *1184*
- CITAÇÃO POR EDITAL E SUSPENSÃO DO PROCESSO *1183*
- CITAÇÃO POR HORA CERTA E JUIZADOS ESPECIAIS CRIMINAIS *1176*
- CITAÇÃO POR PRECATÓRIA *1162*
- CITAÇÃO POR REQUISIÇÃO *1167*
- CITAÇÃO, SUA FALTA E NULIDADE *1638*
- CITAÇÃO. TEMPO E LOCAL *1156*
- CLASSIFICAÇÃO DA AÇÃO PENAL *183*
- CLASSIFICAÇÃO DO CRIME *1410*
- CLASSIFICAÇÃO DO CRIME E DENÚNCIA OU QUEIXA E DENÚNCIA E QUEIXA E CLASSIFICAÇÃO DO CRIME *270*
- CLONAGEM DE CARTÕES BANCÁRIOS E COMPETÊNCIA *355*
- CNH EXIBIDA A POLICIAL RODOVIÁRIO FEDERAL. COMPETÊNCIA *353*
- COISA JULGADA *433*
- COISAS FACILMENTE DETERIORÁVEIS E LEILÃO ANTECIPADO *476*
- COMISSÕES PARLAMENTARES DE INQUÉRITO E BUSCA DOMICILIAR *844*
- COMPANHEIRO E TITULARIDADE PARA QUEIXA *249*
- COMPETÊNCIA *328*
- COMPETÊNCIA ABSOLUTA *336*
- COMPETÊNCIA DA JUSTIÇA ELEITORAL *395*
- COMPETÊNCIA DA JUSTIÇA MILITAR *28*
- COMPETÊNCIA DO JÚRI *365*
- COMPETÊNCIA E AERONAVES MILITARES E PRIVADAS *412*
- COMPETÊNCIA E ARMA APREENDIDA EM AEROPORTO *355*
- COMPETÊNCIA E CIGARROS FALSIFICADOS *355*
- COMPETÊNCIA E CLONAGEM DE CARTÕES BANCÁRIOS *355*
- COMPETÊNCIA E CNH EXIBIDA A POLICIAL RODOVIÁRIO FEDERAL *353*
- COMPETÊNCIA E CONTRAVENÇÃO PENAL *408*
- COMPETÊNCIA E CRIME CONTRA ÍNDIO *338*
- COMPETÊNCIA E CRIME CONTRA O MEIO AMBIENTE *351*
- COMPETÊNCIA E CRIME CONTRA O SISTEMA FINANCEIRO NACIONAL *352*
- COMPETÊNCIA E CRIME CONTRA O SUS *351*
- COMPETÊNCIA E CRIME DE REDUÇÃO A CONDIÇÃO ANÁLOGA À DE ESCRAVO *353*
- COMPETÊNCIA E CRIME PERPETRADO EM AEROPORTO *413*
- COMPETÊNCIA E CRIME PRATICADO CONTRA AGÊNCIA DOS CORREIOS E COMPETÊNCIA *348*
- COMPETÊNCIA E CRIME PRETERDOLOSO COM RESULTADO MORTE *337*
- COMPETÊNCIA E CRIMES COMETIDOS POR MEIO DA INTERNET *342*
- COMPETÊNCIA E CRIMES CONEXOS AO JÚRI *365, 366*
- COMPETÊNCIA E DVDS *354*
- COMPETÊNCIA E EMBARCAÇÕES *409*
- COMPETÊNCIA E FACTORING *352*
- COMPETÊNCIA E FALSO TESTEMUNHO PERANTE A JUSTIÇA ELEITORAL *353*
- COMPETÊNCIA E FALSO TESTEMUNHO POR PRECATÓRIA *341*
- COMPETÊNCIA E FRAUDE COM CARTÃO DE CRÉDITO *355*
- COMPETÊNCIA E FUNDEF *353*
- COMPETÊNCIA E FURTO DE SINAL DE INTERNET *352*
- COMPETÊNCIA E NAVIO MERCANTE *410*
- COMPETÊNCIA E NÚMERO EXCESSIVO DE RÉUS *382*
- COMPETÊNCIA E RÁDIO-PIRATA *471*
- COMPETÊNCIA E REVISÃO CRIMINAL *1842*
- COMPETÊNCIA E RIOS E LAGOS *410*
- COMPETÊNCIA E SEPARAÇÃO FACULTATIVA DE PROCESSOS *382*
- COMPETÊNCIA E SSO DE DOCUMENTO FALSO PERANTE A JUSTIÇA TRABALHISTA *353*
- COMPETÊNCIA E TRÁFICO INTERNACIONAL DE ARMAS *352*
- COMPETÊNCIA MÍNIMA *1345, 1350*
- COMPETÊNCIA ORIGINÁRIA *1360*
- COMPETÊNCIA ORIGINÁRIA DO STF *389*
- COMPETÊNCIA ORIGINÁRIA DOS TRIBUNAIS REGIONAIS FEDERAIS *390*
- COMPETÊNCIA ORIGINÁRIA DO SUPERIOR TRIBUNAL DE JUSTIÇA *390*
- COMPETÊNCIA ORIGINÁRIA E PEDIDO DE ARQUIVAMENTO DO INQUÉRITO POLICIAL *168*
- COMPETÊNCIA PELA NATUREZA DA INFRAÇÃO *359*
- COMPETÊNCIA PELO DOMICÍLIO OU RESIDÊNCIA DO RÉU *357*
- COMPETÊNCIA PELO LUGAR DA INFRAÇÃO *335*
- COMPETÊNCIA PENAL NA JUSTIÇA DO TRABALHO E JUSTIÇA DO TRABALHO E COMPETÊNCIA PENAL *333*
- COMPETÊNCIA POR CONEXÃO OU CONTINÊNCIA *368*
- COMPETÊNCIA POR DISTRIBUIÇÃO *367*
- COMPETÊNCIA POR PRERROGATIVA DE FUNÇÃO *388*

- COMPETÊNCIA POR PREVENÇÃO *386*
- COMPETÊNCIA PRIVATIVA DA UNIÃO PARA NORMAS PENAIS E PROCESSUAIS PENAIS *27*
- COMPETÊNCIA RATIONE LOCI *335, 359*
- COMPETÊNCIA RATIONE PERSONAE *388*
- COMPROMISSO DO JURADO *1461*
- COMPROMISSO DO PERITO *616*
- COMUNICAÇÃO À FAMÍLIA E FLAGRANTE *1027*
- COMUNICAÇÃO AO JUIZ E AO MP DO FLAGRANTE *1027*
- CONCEITO DE INQUÉRITO POLICIAL *75*
- CONCLUSÃO DO INQUÉRITO POLICIAL E CONTAGEM DO PRAZO *139*
- CONCURSO DE CRIMES
  - » pronúncia *1354, 1381*
- CONCURSO ENTRE CIRCUNSTÂNCIAS AGRAVANTES E ATENUANTES *1262*
- CONCURSO ENTRE JURISDIÇÃO COMUM E A DO JUÍZO DE MENORES *381*
- CONCURSO ENTRE JUSTIÇA COMUM E MILITAR *380*
- CONCURSO PÚBLICO
  - » jurado *1453, 1454*
- CONDENAÇÃO
  - » efeitos extrapenais *1573*
  - » efeitos penais *1573*
- CONDIÇÕES DA AÇÃO PENAL E AÇÃO PENAL. CONDIÇÕES *182*
- CONDIÇÕES DE PROCEDIBILIDADE *183*
- CONDUÇÃO COERCITIVA DA VÍTIMA *732*
- CONDUÇÃO COERCITIVA DA VÍTIMA E VÍTIMA E CONDUÇÃO COERCITIVA *117*
- CONDUÇÃO COERCITIVA DO OFENDIDO E DA VÍTIMA A RITO SUMÁRIO *1613*
- CONDUÇÃO COERCITIVA DO RÉU E INTERROGATÓRIO *911*
- CONEXÃO INSTRUMENTAL OU PROBATÓRIA *371*
- CONEXÃO INTERSUBJETIVA, OBJETIVA E INSTRUMENTAL *369*
- CONEXÃO INTERSUBJETIVA POR CONCURSO *369*
- CONEXÃO INTERSUBJETIVA POR RECIPROCIDADE *369*
- CONEXÃO INTERSUBJETIVA POR SIMULTANEIDADE (OU OCASIONAL) *369*
- CONEXÃO OBJETIVA CONSEQUENCIAL *370*
- CONEXÃO OBJETIVA TELEOLÓGICA *370*
- CONFISSÃO *716*
- CONFISSÃO COMO ATENUANTE *719*
- CONFISSÃO E EXAME DE CORPO DE DELITO INDIRETO *630*
- CONFISSÃO E VALOR PROBATÓRIO *716*
- CONFISSÃO EXTRAJUDICIAL *719*
- CONFISSÃO EXTRAJUDICIAL + APREENSÃO DA RES COM COMPARSA *721*
- CONFISSÃO EXTRAJUDICIAL + APREENSÃO DA RES COM O AGENTE *720*
- CONFISSÃO EXTRAJUDICIAL + APREENSÃO DA RES COM RECEPTADORES *720*
- CONFISSÃO EXTRAJUDICIAL + DELAÇÃO DO COMPARSA MENOR *721*
- CONFISSÃO EXTRAJUDICIAL + DEPOIMENTO POLICIAL *721*
- CONFISSÃO EXTRAJUDICIAL + EXAME DE CORPO DE DELITO *721*
- CONFISSÃO EXTRAJUDICIAL + RECONHECIMENTO PELA VÍTIMA *720*
- CONFISSÃO EXTRAJUDICIAL DE CRIME ATÉ ENTÃO IGNORADO PELA POLÍCIA OU PELA VÍTIMA *721*
- CONFISSÃO, RETRATABILIDADE E DIVISIBILIDADE *722*
- CONFLITO DE JURISDIÇÃO *429, 450*
- CÔNJUGE *1458*
  - » jurado *1344, 1346, 1347, 1360, 1395, 1417, 1419, 1421, 1424, 1443, 1444, 1445, 1446, 1447, 1448, 1449, 1450, 1451, 1452, 1453, 1454, 1455, 1456, 1458, 1459, 1460, 1461, 1462, 1467, 1468, 1472, 1473, 1474, 1475, 1476, 1477, 1479, 1480, 1482, 1483, 1486, 1488, 1489, 1490, 1491, 1493, 1504, 1505, 1514, 1515, 1525, 1526, 1527, 1528, 1531, 1532, 1534, 1535, 1536, 1537, 1538, 1542, 1554, 1587*
- CONSELHO DE SENTENÇA
  - » dissolução *1344, 1347, 1394, 1418, 1445, 1446, 1451, 1452, 1455, 1459, 1460, 1480, 1482, 1493, 1509, 1517, 1522, 1543*
  - » mulheres *1344, 1347, 1394, 1418, 1445, 1446, 1451, 1452, 1455, 1459, 1460, 1480, 1482, 1493, 1509, 1517, 1522, 1543*
- CONSEQUÊNCIA DO RECONHECIMENTO DA SUSPEIÇÃO *440*
- CONSEQUÊNCIAS DO INDICIAMENTO *125*
- CONSEQUÊNCIAS DO SIGILO E SIGILO DO INQUÉRITO POLICIAL E SUAS CONSEQUÊNCIAS *174*
- CONSTITUCIONALIDADE DA JUSTIÇA MILITAR *37*
- CONSTITUCIONALIDADE DA PRISÃO PREVENTIVA *1044*
- CONSTITUIÇÕES ESTADUAIS *27*
- CONTADOR
  - » testemunha *546, 1365, 1367, 1368, 1386, 1389, 1414, 1415, 1451, 1458, 1468, 1469, 1470, 1482, 1483, 1484, 1485, 1486, 1506, 1507, 1526, 1528, 1583, 1587*
- CONTAGEM DO PRAZO PARA CONCLUSÃO DO INQUÉRITO POLICIAL *139*
- CONTAGEM DOS PRAZOS *1993*
- CONTEÚDO DA ATA *1582*
- CONTINÊNCIA *373*
- CONTRADIÇÃO *1346, 1488, 1537, 1538, 1541, 1558, 1559, 1560*
- CONTRADITA *772*
- CONTRADITÓRIO E DA AMPLA DEFESA *914*
- CONTRADITÓRIO NO INTERROGATÓRIO *663*
- CONTRAVENÇÃO PENAL E COMPETÊNCIA *408*
- CONTRAVENÇÕES PENAIS E ASSISTENTE DE ACUSAÇÃO *928*
- CONVERSA PELA INTERNET *584*
- CONVOCAÇÃO
  - » jurados *1418, 1443, 1452, 1472, 1475*
- CORPO DE DELITO *591*
- CORPO DE DELITO E FICHA MÉDICA *594*
- CORREIÇÃO PARCIAL *1818*
- CORRÉU COMO TESTEMUNHA *744*
- CORRÉU E ASSISTENTE DE ACUSAÇÃO *932*
- CPI E DIREITO À NÃO AUTOINCRIMINAÇÃO *692*
- CRIANÇAS E ADOLESCENTES E SEUS DEPOIMENTOS *742*
- CRIME
  - » classificação *1342, 1343, 1346, 1351, 1353, 1354, 1357, 1366, 1368, 1370, 1371, 1372, 1373, 1379, 1381, 1382, 1383, 1384, 1385, 1387, 1389, 1390, 1391, 1392, 1393, 1395, 1396, 1397, 1399, 1400, 1402, 1403, 1404, 1405, 1406, 1407, 1410, 1414, 1422, 1423, 1424, 1425, 1427, 1428, 1429, 1436, 1438, 1444, 1447, 1448, 1455, 1465, 1468, 1477,*

1483, 1487, 1494, 1499, 1501, 1503, 1510, 1512, 1516, 1519, 1521, 1522, 1526, 1527, 1531, 1533, 1537, 1542, 1543, 1552, 1553, 1558, 1559, 1564, 1565, 1566, 1567, 1573, 1576, 1577, 1578, 1584, 1586

- CRIME COMETIDO EM LOCAL DIVERSO DAQUELE PERANTE O QUAL A AUTORIDADE POSSUI A PRERROGATIVA DE FUNÇÃO 391
- CRIME COMETIDO NO ESTRANGEIRO E NEGATIVA DE EXTRADIÇÃO 22
- CRIME CONTINUADO E DECADÊNCIA 260
- CRIME CONTRA A HONRA DE SERVIDOR PÚBLICO, NO EXERCÍCIO DA FUNÇÃO 194
- CRIME CONTRA CONCESSIONÁRIA DE SERVIÇO PÚBLICO E COMPETÊNCIA E CRIME CONTRA CONCESSIONÁRIA DE SERVIÇO PÚBLICO 354
- CRIME CONTRA ÍNDIO E COMPETÊNCIA 338
- CRIME CONTRA O MEIO AMBIENTE E COMPETÊNCIA 351
- CRIME CONTRA O PATRIMÔNIO PÚBLICO E AÇÃO PENAL 202
- CRIME CONTRA O SISTEMA FINANCEIRO NACIONAL E COMPETÊNCIA 352
- CRIME CONTRA O SUS E COMPETÊNCIA 351
- CRIME DE ABUSO DE AUTORIDADE 1593
- CRIME DE AÇÃO MÚLTIPLA 272
- CRIME DE DESOBEDIÊNCIA E VÍTIMA QUE NÃO COMPARECE À AUDIÊNCIA 117
- CRIME DE REDUÇÃO A CONDIÇÃO ANÁLOGA À DE ESCRAVO E COMPETÊNCIA 353
- CRIME HABITUAL E DECADÊNCIA 260
- CRIME HABITUAL E FLAGRANTE 1014
- CRIME MILITAR PRATICADO POR MILICIANO EM UNIDADE DIVERSA DA FEDERAÇÃO 37
- CRIME ORGANIZADO E SIGILO FISCAL E FINANCEIRO 565
- CRIME ORGANIZADO (LEI N. 121.850/2013) 571
- CRIME PERMANENTE E CRIME PERMANENTE E DECADÊNCIA 260
- CRIME PERMANENTE E FLAGRANTE 1012
- CRIME PRATICADO POR FUNCIONÁRIO PÚBLICO EM COAUTORIA COM PARTICULAR 1593
- CRIME PRATICADO POR MEIO DE BLOG 347
- CRIME PRETERDOLOSO COM RESULTADO MORTE E COMPETÊNCIA 337
- CRIMES A DISTÂNCIA 355
- CRIMES COMETIDOS NO EXTERIOR 22
- CRIMES COMETIDOS NO EXTERIOR E COMPETÊNCIA 333
- CRIMES COMETIDOS POR MEIO DA INTERNET E COMPETÊNCIA 342
- CRIMES CONEXOS
  - » absolvição sumária 1357, 1359, 1360, 1382, 1389, 1391, 1392, 1393, 1394, 1395, 1396, 1397, 1398, 1399, 1400, 1401, 1404, 1480
  - » desclassificação 1357, 1360, 1385, 1393, 1403, 1404, 1405, 1406, 1499, 1533, 1534, 1542, 1543, 1559, 1576, 1577, 1578
  - » impronúncia 1357, 1360, 1382, 1388, 1389, 1390, 1391, 1392, 1393, 1394, 1397, 1398, 1400, 1401, 1404, 1405, 1406, 1480
  - » pronúncia 546, 1357, 1360, 1361, 1367, 1368, 1369, 1370, 1371, 1372, 1373, 1377, 1378, 1379, 1380, 1381, 1382, 1383, 1384, 1385, 1386, 1387, 1388, 1391, 1393, 1394, 1395, 1396, 1397, 1398, 1401, 1404, 1407, 1408, 1409, 1410, 1417, 1423, 1428, 1432, 1434, 1435, 1442, 1447, 1465, 1468, 1471, 1480, 1481, 1486, 1487, 1494, 1499, 1502, 1503, 1508, 1511, 1512, 1513, 1514, 1515, 1517, 1518, 1529, 1531, 1540, 1542, 1568, 1569, 1580, 1583
- CRIMES CONEXOS AO JÚRI E COMPETÊNCIA 365, 366
- CRIMES CONTRA A ECONOMIA POPULAR 1350, 1354
  - » economia popular 1350, 1354
- CRIMES CONTRA A HONRA E AÇÃO PENAL 192
- CRIMES CONTRA A PROPRIEDADE IMATERIAL E SEU RITO 1603
- CRIMES DE AÇÃO PENAL PRIVADA 171
- CRIMES DE COMUNICAÇÃO OBRIGATÓRIA 206
- CRIMES DE MENOR POTENCIAL OFENSIVO 1578
  - » desclassificação 1578
- CRIMES DE NORMA PENAL EM BRANCO 273
- CRIMES DE RESPONSABILIDADE 26
- CRIMES DE RESPONSABILIDADE DOS FUNCIONÁRIOS PÚBLICOS 1590
- CRIMES ELEITORAIS E INQUÉRITO POLICIAL 95
- CRIMES FUNCIONAIS 1590
- CRIMES FUNCIONAIS PRÓPRIOS E IMPRÓPRIOS 1591
- CRIMES HEDIONDOS E PRIORIDADE NO JULGAMENTO 1301
- CRIMES INAFIANÇÁVEIS 1127
- CRIMES PRATICADOS NO ESTRANGEIRO 406
- CRIMES SOCIETÁRIOS E IMPUTAÇÃO GENÉRICA 273
- CROSS-EXAMINATION 1482
- CROSS-EXAMINATION 770
- CURADOR A ACEITAÇÃO DO PERDÃO 300
- CURADOR AO RÉU SUBMETIDO A EXAME DE SANIDADE MENTAL 530
- CURADOR E INQUÉRITO POLICIAL 164
- CURADOR E INTERROGATÓRIO 714
- CUSTAS. CONDENAÇÃO 2008
- CUSTAS E FALTA DO PAGAMENTO 2012, 2013
- CUSTAS E POBREZA DO RÉU 2012
- CUSTOS LEGIS E MP 903

D

- DANO MORAL E REVISÃO CRIMINAL 1853
- DANO MORAL E SUA REPARAÇÃO 319
- DA SENTENÇA QUERELANTE E ASSISTENTE 1288
- DEBATES EM PLENÁRIO 1370, 1380, 1513, 1529
- DECADÊNCIA DO DIREITO DE QUEIXA 257
- DECADÊNCIA DO DIREITO DE REPRESENTAÇÃO 257
- DECADÊNCIA E CONCURSO DE PESSOAS 260
- DECADÊNCIA E CRIME CONTINUADO 260
- DECADÊNCIA E FORMA DE CONTAGEM DO PRAZO 262
- DECADÊNCIA NA AÇÃO PENAL PRIVADA SUBSIDIÁRIA DA PÚBLICA 259
- DECADÊNCIA NOS CRIMES CONTRA A PROPRIEDADE IMATERIAL 1607
- DECISÃO MANIFESTAMENTE CONTRÁRIA À PROVA DOS AUTOS 1538
  - » contrária à prova 1538
- DECISÃO POR MAIORIA DE VOTOS NO TRIBUNAL 1799
- DECISÕES DEFINITIVAS OU COM FORÇA DE DEFINITIVAS E APELAÇÃO 1743
- DECISÕES INTERLOCUTÓRIAS 1206
- DECISÕES INTERLOCUTÓRIAS SIMPLES E MISTAS 1206
- DEFENSOR CONSTITUÍDO, PÚBLICO OU DATIVO 916
- DEFENSOR DATIVO E HONORÁRIOS 919
- DEFENSOR E MULTA POR ABANDONO DO PROCESSO 922

- DEFENSORIA PÚBLICA E AÇÃO CIVIL EX DELICTO *326*
- DEFENSOR PÚBLICO E INTIMAÇÃO *1201*
- DEFESA PRELIMINAR E CITAÇÃO POR EDITAL *1307*
- DEFESA PRELIMINAR E RÉPLICA PELA ACUSAÇÃO *1310*
- DEFESA TÉCNICA ELABORADA PELO PRÓPRIO RÉU *919*
- DELEGADO DE POLÍCIA COMO TESTEMUNHA *144*, *748*
- DELEGADO DE POLÍCIA E ATESTADO DE ANTECEDENTES *175*
- DELEGADO DE POLÍCIA E REQUISIÇÕES DO JUIZ *144*
- DELEGADO DE POLÍCIA E REQUISIÇÕES DO MP *144*
- DENÚNCIA
  - » justa causa *1469*
  - » rejeição *1360*, *1361*, *1393*
- DENÚNCIA ALTERNATIVA. POSSIBILIDADE *281*
- DENÚNCIA ANÔNIMA *208*, *561*
- DENÚNCIA DA PESSOA JURÍDICA OBRIGA A DENÚNCIA DA PESSOA FÍSICA *911*
- DENÚNCIA E ROL DE TESTEMUNHAS *270*
- DENÚNCIA OFERTADA ANTES DA CONCLUSÃO DO INQUÉRITO POLICIAL. POSSIBILIDADE *290*
- DENÚNCIA OU A QUEIXA E SUA REJEIÇÃO *1303*
- DENÚNCIA OU QUEIXA E ASSINATURA *272*
- DENÚNCIA OU QUEIXA E EXPOSIÇÃO DO FATO CRIMINOSO *268*
- DENÚNCIA. RECEBIMENTO INICIAL NÃO IMPEDE SUA POSTERIOR REJEIÇÃO *1306*
- DENÚNCIA. REJEIÇÃO. FALTA DE JUSTA CAUSA PARA O EXERCÍCIO DA AÇÃO PENAL *1304*
- DENÚNCIA REJEIÇÃO. FALTA DE PRESSUPOSTO PROCESSUAL OU CONDIÇÃO PARA O EXERCÍCIO DA AÇÃO PENAL *1304*
- DENÚNCIA. REJEIÇÃO. MANIFESTA INÉPCIA *1304*
- DEPOIMENTO DE CRIANÇAS E ADOLESCENTES *742*
- DEPOIMENTO DE POLICIAIS *745*
- DEPOIMENTO INFANTIL. VALOR PROBATÓRIO *744*
- DESAFORAMENTO *1421*
- DESAFORAMENTO DO SEGUNDO JÚRI. POSSIBILIDADE *1427*
- DESAFORAMENTO E ATRASO NA REALIZAÇÃO DO JULGAMENTO *1432*
- DESAFORAMENTO E DESLOCAMENTO DA COMPETÊNCIA *1425*
- DESAFORAMENTO E DÚVIDA SOBRE A IMPARCIALIDADE DOS JURADOS *1423*
- DESAFORAMENTO E DÚVIDA SOBRE A SEGURANÇA PESSOAL DO ACUSADO *1424*
- DESAFORAMENTO E EFEITO SUSPENSIVO *1430*
- DESAFORAMENTO E INTERESSE DA ORDEM PÚBLICA *1423*
- DESAFORAMENTO E PROCESSAMENTO *1428*
- DESAFORAMENTO E REAFORAMENTO *1436*
- DESAFORAMENTO PARA COMARCA MAIS PRÓXIMA *1428*
- DESCLASSIFICAÇÃO E JÚRI *1403*
- DESCLASSIFICAÇÃO E RECURSO CABÍVEL *1404*
- DESCLASSIFICAÇÃO NO JÚRI *366*
- DESENTRANHAMENTO DA PROVA ILÍCITA *589*
- DESERÇÃO E SUA REVOGAÇÃO *1277*
- DESNECESSIDADE DE NOMEAÇÃO DE CURADOR NO INQUÉRITO POLICIAL *165*
- DESPACHO DE MERO EXPEDIENTE *1206*
- DESTRUIÇÃO OU ROMPIMENTO DE OBSTÁCULO E PERÍCIA *639*
- DESVINCULAÇÃO DO JUIZ AO LAUDO *656*
- DETETIVE PARTICULAR *85*
- DETETIVE PARTICULAR. ÂMBITO DA ATUAÇÃO *87*
- DETETIVE PARTICULAR. CONTRATAÇÃO PELA VÍTIMA OU PELO SUSPEITO *86*
- DETETIVE PARTICULAR. INVESTIGAÇÕES DE CARÁTER NÃO PENAL *85*
- DETRAÇÃO PENAL *1280*
- DIA E HORA DA PERÍCIA *622*
- DILAÇÃO DE PRAZO E INQUÉRITO POLICIAL E DILAÇÃO DO PRAZO PARA SUA CONCLUSÃO *141*
- DILIGÊNCIA POLICIAL EM CIRCUNSCRIÇÃO ALHEIA *179*
- DILIGÊNCIAS DO MP NO INQUÉRITO POLICIAL *165*
- DIREITO À NÃO AUTOINCRIMINAÇÃO E CPI *692*
- DIREITO AO SILÊNCIO E INTERROGATÓRIO *687*
- DIREITO DE QUEIXA E PERDÃO *298*
- DIREITOS E DEVERES DO PRESO ESPECIAL *998*
- DIRETOR-GERAL DA POLÍCIA FEDERAL E RECURSO CONTRA DECISÃO QUE INDEFERE INSTAURAÇÃO DE INQUÉRITO POLICIAL *99*
- DISCRICIONARIEDADE DO INQUÉRITO POLICIAL *76*
- DISPENSABILIDADE DO INQUÉRITO POLICIAL *78*
- DISPENSA DO COMPROMISSO DE DIZER A VERDADE. DOENTE OU DEFICIENTE MENTAL *761*
- DISPOSITIVO DA SENTENÇA *1217*
- DITADO E PERÍCIA *646*
- DIVERGÊNCIA ENTRE PERITOS *653*
- DIVULGAÇÃO DE IMAGENS PORNOGRÁFICAS DE MENORES PELA INTERNET *347*
- DOCUMENTO PARTICULAR *816*
- DOCUMENTOS EM LÍNGUA ESTRANGEIRA *817*
- DOENÇA MENTAL DO RÉU SUPERVENIENTE *535*
- DOENTE MENTAL E DISPENSA DO COMPROMISSO DE DIZER A VERDADE *761*
- DOMICÍLIO. CONCEITO *358*
- DROGAS E APREENSÃO *461*
- DÚVIDA SOBRE A IDENTIDADE FÍSICA DO RÉU *910*
- DVDS E COMPETÊNCIA *354*

E

- EDITAL DE CITAÇÃO E SEUS REQUISITOS *1181*
- EDITAL DE CITAÇÃO E SUA PUBLICAÇÃO *1181*
- EDITAL. PRAZO *1180*
- EFEITO DEVOLUTIVO DA APELAÇÃO *1755*
- EFEITO EXTENSIVO DOS RECURSOS *1703*
- EFEITO REGRESSIVO DOS RECURSOS *1674*
- EFEITO REGRESSIVO E RECURSO EM SENTIDO ESTRITO *1738*
- EFEITO SUSPENSIVO DA APELAÇÃO *1757*
- EFEITO SUSPENSIVO NO RECURSO EM SENTIDO ESTRITO *1732*
- EFEITO SUSPENSIVO NOS EMBARGOS INFRINGENTES *1785*
- EMBARCAÇÃO ANCORADA E COMPETÊNCIA *411*
- EMBARCAÇÕES E AERONAVES *22*
- EMBARCAÇÕES E COMPETÊNCIA *409*
- EMBARGOS DECLARATÓRIOS E CARÁTER INFRINGENTE *1222*
- EMBARGOS DECLARATÓRIOS E EFEITOS DO RECURSO *1225*
- EMBARGOS DECLARATÓRIOS E ERRO MATERIAL *1229*

- EMBARGOS DECLARATÓRIOS. INTERRUPÇÃO OU SUSPENSÃO DO PRAZO PARA OUTRO RECURSO? *1226*
- EMBARGOS DE DECLARAÇÃO DA SENTENÇA *1220*
- EMBARGOS DE DECLARAÇÃO E PREQUESTIONAMENTO *1816*
- EMBARGOS DE DECLARAÇÃO NO STF E NO STJ *1816*
- EMBARGOS DE DECLARAÇÃO NOS TRIBUNAIS *1813*
- EMBARGOS DE TERCEIRO *486*
- EMBARGOS INFRINGENTES E AÇÃO PENAL N. 470 *1788*
- EMBARGOS INFRINGENTES E DE NULIDADE *1778*
- EMBARGOS INFRINGENTES E DE NULIDADE E A LEI Nº 9.099/95 *1790*
- EMBARGOS INFRINGENTES E EFEITO EXTENSIVO *1787*
- EMBARGOS INFRINGENTES E EFEITO REGRESSIVO *1787*
- EMBARGOS INFRINGENTES E EFEITO SUSPENSIVO *1785*
- EMBARGOS INFRINGENTES E LEGITIMIDADE *1784*
- EMBARGOS INFRINGENTES E PRAZO PARA PROCESSAMENTO *1783*
- EMBARGOS INFRINGENTES NO STF *1787, 1789*
- EMBARGOS INFRINGENTES NO STJ *1790*
- EMBARGUINHOS *1220*
- EMENDATIO LIBELLI *1230*
- EMENDATIO LIBELLI E JÚRI *1402*
- EMENDATIO LIBELLI E MOMENTO DE SUA APLICAÇÃO *1231*
- EMENDATIO LIBELLI E TRANSAÇÃO PENAL *1235*
- EMENDATIO LIBELLI, NOVA DEFINIÇÃO JURÍDICA E LEI N° 9.099/95 *1235*
- EMPREGADO DA VÍTIMA COMO TESTEMUNHA *748*
- ENCONTRO FORTUITO DE PROVAS *573*
- ENTREVISTA DO PROMOTOR NÃO O TORNA SUSPEITO *906*
- ESCALADA E PERÍCIA *639*
- ESCRITÓRIO DE ADVOCACIA E BUSCA E APREENSÃO *853*
- ESCRIVÃO AD HOC *1026, 2015*
- ESPAÇO AÉREO *22, 411*
- ESPECIALIZAÇÃO DA HIPOTECA LEGAL *504*
- ESPÉCIES DE PROCEDIMENTO *1301*
- ESPÉCIES DE QUESTÕES PREJUDICIAIS *415*
- ESPÉCIES DE RECURSO *1675*
- ESTADO DAS PESSOAS *545*
- ESTATÍSTICA POLICIAL *180*
- ESTENOTIPIA *774*
- EXAME ANTROPOLÓGICO E ÍNDIO *527*
- EXAME COMPLEMENTAR *632, 634*
- EXAME DE CORPO DE DELITO INDIRETO *628, 635*
- EXAME DE CORPO DE DELITO NA FASE POLICIAL *131*
- EXAME DE CORPO DE DELITO, SUA FALTA E NULIDADE *1634*
- EXAME DE SANIDADE MENTAL E CURADOR *530*
- EXAMES LABORATORIAIS E CONTRAPROVA *638*
- EXCEÇÃO DA VERDADE *403*
- EXCEÇÃO DA VERDADE E DE NOTORIEDADE NA INJÚRIA *1603*
- EXCEÇÃO DA VERDADE NA DIFAMAÇÃO *1602*
- EXCEÇÃO DE INCOMPETÊNCIA *428*
- EXCEÇÃO DE NOTORIEDADE NA DIFAMAÇÃO *1603*
- EXCEÇÃO DE SUS *426*
- EXCEÇÕES *425*
- EXCEPCIONALIDADE DA ABSOLVIÇÃO SUMÁRIA *1313*
- EXCESSO DE PRAZO DA PRISÃO PREVENTIVA *1048*
- EXCESSO DE PRAZO E EXAME DE SANIDADE MENTAL *533*
- EXCESSO DE PRAZO ESTANDO SOLTO O INDICIADO. IRRELEVÂNCIA *142*
- EXCLUDENTE DE ILICITUDE E REABERTURA DO INQUÉRITO POLICIAL *168*
- EXCLUDENTES DE CULPABILIDADE E FLAGRANTE *1040, 1041*
- EXCLUDENTES DE CULPABILIDADE E PRISÃO PREVENTIVA *1082*
- EXCLUDENTES DE ILICITUDE E FLAGRANTE *1040*
- EXCLUDENTES DE ILICITUDE E PRISÃO PREVENTIVA *1081*
- EXCLUDENTES DE ILICITUDE E REPARAÇÃO DO DANO *321*
- EXECUÇÃO DA PENA E SUPERVENIÊNCIA DE DOENÇA MENTAL *537*
- EXEQUATUR *1970*
- EXERCÍCIO ARBITRÁRIO DAS PRÓPRIAS RAZÕES E QUEIXA-CRIME *262*
- EXPEDIÇÃO DE PRECATÓRIA E INTIMAÇÃO *784*
- EXTINÇÃO DA FIGURA DO CURADOR AO MENOR DE 21 ANOS NO INQUÉRITO POLICIAL *164*
- EXTINÇÃO DA PESSOA JURÍDICA E PEREMPÇÃO *309*
- EXTINÇÃO DA PUNIBILIDADE COM BASE NA MORTE DO AGENTE QUE, DEPOIS, VERIFICOU-SE NÃO TER OCORRIDO *168*
- EXTINÇÃO DA PUNIBILIDADE E AÇÃO CIVIL *325*
- EXTINÇÃO DA PUNIBILIDADE E DECLARAÇÃO DE OFÍCIO *172, 309*
- EXTINÇÃO DA PUNIBILIDADE PELA SUPOSTA MORTE DO RÉU QUE SE APURA VIVO *1625*
- EXTRADIÇÃO *1969*
- EXUMAÇÃO *624*

F

- FACTORING E COMPETÊNCIA *352*
- FALÊNCIA E DIREITO DE QUEIXA *256*
- FALSO TESTEMUNHA E TESTEMUNHA NÃO COMPROMISSADA *750*
- FALSO TESTEMUNHO E INQUÉRITO *768*
- FALSO TESTEMUNHO PERANTE A JUSTIÇA ELEITORAL E COMPETÊNCIA *353*
- FALSO TESTEMUNHO POR PRECATÓRIA E COMPETÊNCIA *341*
- FÉRIAS FORENSES *1988*
- FIANÇA ARBITRADA PELA AUTORIDADE POLICIAL E A LEI MARIA DA PENHA *1125*
- FIANÇA CONCEDIDA PELA AUTORIDADE POLICIAL *1124*
- FIANÇA. CONCEITO *1123*
- FIANÇA E COMPETÊNCIA PARA SUA CONCESSÃO *1139*
- FIANÇA E CRIME MILITAR *1129*
- FIANÇA E DEPÓSITO JUDICIAL *1138*
- FIANÇA E OBRIGAÇÕES DO AFIANÇADO *1134*
- FIANÇA E PRISÃO CIVIL *1128*
- FIANÇA E SEU QUEBRAMENTO *1128, 1146*
- FIANÇA E SEU REFORÇO *1145*
- FIANÇA E SEU VALOR *1130*
- FIANÇA E SITUAÇÃO ECONÔMICA DO RÉU *1131*

- FIANÇA E SUA CASSAÇÃO *1143*
- FIANÇA E SUA RESTITUIÇÃO *1142*
- FIANÇA E SUAS MODALIDADES *1137*
- FIANÇA E SUA UTILIZAÇÃO *1142*
- FIANÇA, PEDRAS, OBJETOS E METAIS PRECIOSOS *1154*
- FICHA MÉDICA E EXAME DE CORPO DE DELITO *594*
- FLAGRANTE *962*
- FLAGRANTE E CÂMERAS DA SEGURANÇA *1011*
- FLAGRANTE E COMUNICAÇÃO À FAMÍLIA *1028*
- FLAGRANTE E COMUNICAÇÃO AO JUIZ E AO MP *1027*
- FLAGRANTE E CRIME HABITUAL *1014*
- FLAGRANTE E CRIME PERMANENTE *1013*
- FLAGRANTE E EXCLUDENTES DE CULPABILIDADE *1041*
- FLAGRANTE E EXCLUDENTES DE ILICITUDE *1040*
- FLAGRANTE E FALTA DE TESTEMUNHAS *1024*
- FLAGRANTE E INFRAÇÃO PENAL COMETIDA NA PRESENÇA DE AUTORIDADE *1030*
- FLAGRANTE ESPERADO *1010*
- FLAGRANTE FORJADO *1010*
- FLAGRANTE IMPRÓPRIO OU QUASE-FLAGRANTE *1006*
- FLAGRANTE, LEI DE DROGAS E LAUDO DE CONSTATAÇÃO *1023*
- FLAGRANTE NA HIPÓTESE DE AÇÃO PENAL PRIVADA *1020*
- FLAGRANTE OBRIGATÓRIO E FACULTATIVO *1000*
- FLAGRANTE PREPARADO *1010*
- FLAGRANTE PREPARADO, FORJADO E FLAGRANTE ESPERADO OU PRORROGADO *1009*
- FLAGRANTE PRESUMIDO OU FICTO *1008*
- FLAGRANTE PRÓPRIO, REAL OU PROPRIAMENTE DITO *1005*
- FLAGRANTE PRORROGADO OU DIFERIDO *1011*
- FLAGRANTE. RELAXAMENTO *1037*
- FOLHA DE ANTECEDENTES E ATESTADO DE ANTECEDENTES. DISTINÇÃO *176*
- FONTE INDEPENDENTE E PROVA *588*
- FORMALIDADES DO FLAGRANTE *1016*
- FORMULAÇÃO DE QUESITOS E PERÍCIA *649*
- FORMULAÇÃO DE QUESITOS PELO JUIZ E PERÍCIA *618*
- FORO DE ELEIÇÃO *358*
- FORO ÍNTIMO *427*
- FORO ÍNTIMO E SUSPEIÇÃO *892*
- FORO POR PRERROGATIVA DE FUNÇÃO E PEDIDO DE ARQUIVAMENTO DO INQUÉRITO POLICIAL *168*
- FORO PRIVILEGIADO E COMPETÊNCIA *389*
- FORO PRIVILEGIADO E CORRÉUS NÃO DETENTORES DE PRERROGATIVA DE FUNÇÃO *400*
- FOTOGRAFIA *813*
- FRAUDE COM CARTÃO DE CRÉDITO E COMPETÊNCIA *355*
- FRUITS OF THE POISONOUS TREE *587*
- FRUTOS DA ÁRVORE ENVENENADA *587*
- FUNCIONÁRIO PÚBLICO E CITAÇÃO *1169*
- FUNCIONÁRIOS DA JUSTIÇA E SUSPEIÇÃO *938*
- FUNCIONÁRIOS PÚBLICOS. CRIMES POR ELES PRATICADOS *1591*
- FUNDAÇÕES E DIREITO DE QUEIXA *256*
- FUNDAMENTAÇÃO DA SENTENÇA *1210*
- FUNDEF E COMPETÊNCIA *353*
- FURTO DE SINAL DE INTERNET E COMPETÊNCIA *352*

G

- GARANTIAS CONSTITUCIONAIS DA MAGISTRATURA *879*
- GENOCÍDIO *1353*
- GRAVIDADE DO CRIME E PRISÃO PREVENTIVA *952*
- GUARDA MUNICIPAL E GUARDA MUNICIPAL E PRISÃO EM FLAGRANTE *107*
- GUARDAS MUNICIPAIS E PRESERVAÇÃO DO LOCAL DO CRIME *636*

H

- HABEAS CORPUS *1864*
- HABEAS CORPUS. CONCEITO *1865*
- HABEAS CORPUS. DELEGADO DE POLÍCIA COMO COATOR *1904*
- HABEAS CORPUS. DESNECESSIDADE DE INCLUSÃO NA PAUTA *1797*
- HABEAS CORPUS E AMICUS CURIAE *1916*
- HABEAS CORPUS E ANIMAIS *1900*
- HABEAS CORPUS E ASSISTENTE DE ACUSAÇÃO *1916*
- HABEAS CORPUS E ATUAÇÃO DO MP EM 1º GRAU *1915*
- HABEAS CORPUS E COAÇÃO PRETÉRITA *1869*
- HABEAS CORPUS E COATOR *1902*
- HABEAS CORPUS E COATOR PARTICULAR *1902*
- HABEAS CORPUS E COMPETÊNCIA DA JUSTIÇA DO TRABALHO *1887*
- HABEAS CORPUS E COMPETÊNCIA DA JUSTIÇA MILITAR *1887*
- HABEAS CORPUS E COMPETÊNCIA DO JUIZ DE 1º GRAU *1889*
- HABEAS CORPUS E COMPETÊNCIA DO JUIZ ELEITORAL *1889*
- HABEAS CORPUS E COMPETÊNCIA DO JUIZ FEDERAL *1889*
- HABEAS CORPUS E COMPETÊNCIA DO STF *1885*
- HABEAS CORPUS E COMPETÊNCIA DO STJ *1886*
- HABEAS CORPUS E COMPETÊNCIA DO TRE *1886*
- HABEAS CORPUS E COMPETÊNCIA DO TSE *1886*
- HABEAS CORPUS E CONDENAÇÃO NAS CUSTAS *1893*
- HABEAS CORPUS E DESNECESSIDADE DE ADVOGADO *1896*
- HABEAS CORPUS E EFEITO EXTENSIVO *1921*
- HABEAS CORPUS E EMBARGOS DE DECLARAÇÃO *1921*
- HABEAS CORPUS E ESPÉCIES *1869*
- HABEAS CORPUS E ESTRANGEIRO *1902*
- HABEAS CORPUS E EXCESSO DE PRAZO DA PRISÃO *1879*
- HABEAS CORPUS E EXTINÇÃO DA PUNIBILIDADE *1884*
- HABEAS CORPUS E FIANÇA *1882*
- HABEAS CORPUS E INCOMPETÊNCIA PARA DETERMINAR A PRISÃO *1880*
- HABEAS CORPUS E INDEFERIMENTO LIMINAR *1929*
- HABEAS CORPUS E INDICIAMENTO FORMAL APÓS A OFERTA DA DENÚNCIA *1877*
- HABEAS CORPUS E INDICIAMENTO FORMAL NO INQUÉRITO POLICIAL *1876*
- HABEAS CORPUS E INFORMAÇÕES *1928*
- HABEAS CORPUS E INQUÉRITO POLICIAL *1875*
- HABEAS CORPUS E JULGAMENTO *1913*
- HABEAS CORPUS E JUSTA CAUSA *1875*
- HABEAS CORPUS E LEGITIMAÇÃO ATIVA *1893*
- HABEAS CORPUS E LIMINAR *1923*

- HABEAS CORPUS E MP COMO AUTORIDADE COATORA *1890*
- HABEAS CORPUS E NASCITURO *1899*
- HABEAS CORPUS E NATUREZA JURÍDICA *1873*
- HABEAS CORPUS E NULIDADE *1883*
- HABEAS CORPUS E NULIDADE DO PROCESSO *1892*
- HABEAS CORPUS E PACIENTE *1899*
- HABEAS CORPUS E PARTES *1869*
- HABEAS CORPUS E PERDA DO OBJETO *1911*
- HABEAS CORPUS E PESSOA JURÍDICA *1896*
- HABEAS CORPUS E PESSOAS INDETERMINADAS *1901*
- HABEAS CORPUS E PETIÇÃO INICIAL *1898*
- HABEAS CORPUS E PRAZO PARA PARECER DO MP *1798*
- HABEAS CORPUS E PRISÃO CIVIL *1891*
- HABEAS CORPUS E PROCESSAMENTO *1927*
- HABEAS CORPUS E PROVA *1913*
- HABEAS CORPUS E PUNIÇÃO DISCIPLINAR *1870*
- HABEAS CORPUS E QUERELANTE *1917*
- HABEAS CORPUS E RECURSOS *1918*
- HABEAS CORPUS E RECURSOS DA DECISÃO DE 2º GRAU *1919*
- HABEAS CORPUS E REITERAÇÃO DO PEDIDO *1931*
- HABEAS CORPUS E RELAXAMENTO DO FLAGRANTE *1905*
- HABEAS CORPUS E REVISOR *1798*
- HABEAS CORPUS E SALVO-CONDUTO *1926*
- HABEAS CORPUS E SENTENÇA *1918*
- HABEAS CORPUS E SEU PROCESSAMENTO *1797*
- HABEAS CORPUS E TRANCAMENTO DA AÇÃO PENAL *1878*
- HABEAS CORPUS E TRANSGRESSÃO MILITAR *1881*
- HABEAS CORPUS E TURMA RECURSAL DA LEI N. 9.099/95 *1888*
- HABEAS CORPUS. JUIZ DE DIREITO COMO COATOR *1904*
- HABEAS CORPUS. JUIZ DO TRABALHO COMO COATOR *1906*
- HABEAS CORPUS. JULGAMENTO IMEDIATO *1797*
- HABEAS CORPUS, MINISTÉRIO PÚBLICO E LEGITIMIDADE ATIVA *1896*
- HABEAS CORPUS OU HABEAS-CORPUS *1865*
- HABEAS CORPUS PROFILÁTICO *1870*
- HABEAS CORPUS. PROMOTOR DE JUSTIÇA COMO COATOR *1905*
- HIPOTECA *501*
- HIPÓTESES DE NULIDADE ABSOLUTA E NULIDADE RELATIVA *1627*
- HOMOLOGAÇÃO DE SENTENÇA PENAL ESTRANGEIRA *1973*
- HONORÁRIOS ADVOCATÍCIOS *2009*
- HONORÁRIOS DO DEFENSOR DATIVO *919*
- HORÁRIO DA PRISÃO *970*

I

- IDENTIDADE DA TESTEMUNHA *753*
- IDENTIDADE FÍSICA DO JUIZ. PRINCÍPIO *1319*
- IDENTIFICAÇÃO CIVIL E INQUÉRITO POLICIAL E IDENTIFICAÇÃO CIVIL *132*
- IDENTIFICAÇÃO DO ACUSADO. DÚVIDA *910*
- IDIOMA. EMPREGO *271*
- ILEGITIMIDADE DE PARTE *432*
- ILEGITIMIDADE DE PARTE E NULIDADE *1632*
- ILEGITIMIDADE DO REPRESENTANTE DA PARTE E NULIDADE *1654*
- IMPARCIALIDADE E JUIZ *879*
- IMPEDIMENTO DO JUIZ *881*
- IMPEDIMENTO DO JUIZ E CÔNJUGE *881*
- IMPEDIMENTO DO JUIZ E ENTREVISTA À IMPRENSA *886*
- IMPEDIMENTO E JUÍZOS COLETIVOS *887*
- IMPEDIMENTOS *448*
- IMPEDIMENTOS DE TESTEMUNHAS *740*
- IMPOSSIBILIDADE DE O JUIZ DETERMINAR O INDICIAMENTO DE OFÍCIO *126*
- IMPOSSIBILIDADE DE REQUISIÇÃO DE INQUÉRITO POLICIAL EM CRIME DE AÇÃO PENAL PRIVADA E AÇÃO PENAL PRIVADA E REQUISIÇÃO DE INQUÉRITO POLICIAL *97*
- IMPRESSÕES PAPILARES *627*
- IMPRONÚNCIA *1388*
- IMPRONÚNCIA E IMPRONÚNCIA E CRIME CONEXOS *1391*
- IMPRONÚNCIA E SUA CONSTITUCIONALIDADE *1389*
- IMPUTAÇÃO ALTERNATIVA *274*
- IMPUTAÇÃO GENÉRICA E CRIMES SOCIETÁRIOS *273*
- INCÊNDIO E PERÍCIA *642*
- INCIDENTE DE FALSIDADE *521*
- INCIDENTE DE INSANIDADE MENTAL DO ACUSADO *525*
- INCOMPATIBILIDADE E IMPEDIMENTO *448*
- INCOMPETÊNCIA ABSOLUTA E RELATIVA *429*
- INCOMPETÊNCIA DO JUÍZO E NULIDADE *1651*
- INCOMPETÊNCIA, SUSPEIÇÃO OU SUBORNO DO JUIZ E NULIDADE *1631*
- INCOMUNICABILIDADE DO INDICIADO *176*
- INDEFERIMENTO DA PERÍCIA *657*
- INDEFERIMENTO DE PROVAS *1328*
- INDENIZAÇÃO E REVISÃO CRIMINAL *1851*
- INDICIADO E A EXISTÊNCIA DE FILHOS *134*
- INDICIADO E INCOMUNICABILIDADE *177*
- INDICIADO NÃO É OBRIGADO A SE SUBMETER À RECONSTITUIÇÃO *135*
- INDICIADO SOLTO E EXCESSO DE PRAZO PARA CONCLUSÃO DO INQUÉRITO POLICIAL *142*
- INDICIAMENTO *124*
- INDICIAMENTO APÓS A DEFLAGRAÇÃO DO PROCESSO-CRIME *125*
- INDICIAMENTO E AFASTAMENTO DO SERVIDOR PÚBLICO *125*
- INDICIAMENTO É DESNECESSÁRIO QUANDO JÁ OFERTADA A DENÚNCIA *126*
- INDICIAMENTO, QUANDO É CABÍVEL *124, 126*
- INDÍCIOS *820*
- INDÍCIOS X PRESUNÇÕES *821*
- ÍNDIO E EXAME ANTROPOLÓGICO *527*
- ÍNDIO E INTERROGATÓRIO *714*
- ÍNDIO. JÚRI *339*
- ÍNDIO. JUSTIÇA ESTADUAL *338*
- ÍNDIO. JUSTIÇA FEDERAL *338*
- INDISPONIBILIDADE DO INQUÉRITO POLICIAL *77*
- INDIVIDUALIZAÇÃO DA PENA *1260*
- INFRAÇÕES PENAIS DE MENOR POTENCIAL OFENSIVO E RITO SUMÁRIO *1614*
- INICIATIVA POPULAR E AÇÃO PENAL PÚBLICA *205*
- INQUÉRITO INICIADO DE OFÍCIO *92*
- INQUÉRITO PELO FALSO TESTEMUNHO *768*
- INQUÉRITO POLICIAL *74*
- INQUÉRITO POLICIAL E ALVARÁ DE SOLTURA *145*
- INQUÉRITO POLICIAL E ARQUIVAMENTO PELA AUTORIDADE POLICIAL. IMPOSSIBILIDADE *165*
- INQUÉRITO POLICIAL E ESTATÍSTICA *180*
- INQUÉRITO POLICIAL E EXAME DE CORPO DE DELITO *131*

- INQUÉRITO POLICIAL E EXTINÇÃO DA FIGURA DO CURADOR *164*
- INQUÉRITO POLICIAL E INSTRUMENTOS E OBJETOS *142*
- INQUÉRITO POLICIAL E MANDADOS DE PRISÃO *145*
- INQUÉRITO POLICIAL E PRAZO PARA SUA CONCLUSÃO *138*
- INQUÉRITO POLICIAL E PRISÃO PREVENTIVA DECRETADA DE OFÍCIO PELO JUIZ *146*, *150*
- INQUÉRITO POLICIAL E RECONHECIMENTO DE PESSOAS OU COISAS *130*
- INQUÉRITO POLICIAL E RELATÓRIO *139*
- INQUÉRITO POLICIAL E REQUERIMENTO DE DILIGÊNCIAS *155*
- INQUÉRITO POLICIAL E SIGILO *172*
- INQUÉRITO POLICIAL E SUAS PEÇAS *137*
- INQUÉRITO POLICIAL NÃO SE SUJEITA AO CONTRADITÓRIO E À AMPLA DEFESA *91*
- INSANIDADE MENTAL DURANTE A EXECUÇÃO DA PENA *537*
- INSTAURAÇÃO DE INQUÉRITO POLICIAL NÃO INTERROMPE O PRAZO DECADENCIAL PARA QUEIXA *261*
- INSTITUTO RICARDO GUMBLETON DAUNT *180*
- INSTRUMENTA SCELERIS *648*
- INSTRUMENTOS E OBJETOS E INQUÉRITO POLICIAL *142*
- INTERCEPTAÇÃO DE CARTAS *834*
- INTERCEPTAÇÃO TELEFÔNICA E SIGILO DO ADVOGADO *583*
- INTERCEPTAÇÃO TELEFÔNICA REALIZADA PELA POLÍCIA MILITAR *586*
- INTERESSE DE AGIR *183*
- INTERPRETAÇÃO EXTENSIVA *42*
- INTERPRETAÇÃO EXTENSIVA *43*
- INTERROGATÓRIO DE MÉRITO *696*
- INTERROGATÓRIO DE QUALIFICAÇÃO *694*
- INTERROGATÓRIO DO ANALFABETO *714*
- INTERROGATÓRIO DO MUDO, DO SURDO OU DO SURDO-MUDO *711*
- INTERROGATÓRIO E ASSISTENTE DE ACUSAÇÃO *699*
- INTERROGATÓRIO E CONDUÇÃO COERCITIVA DO RÉU *912*
- INTERROGATÓRIO E CURADOR *714*
- INTERROGATÓRIO E DEFENSOR DO CORRÉU *700*
- INTERROGATÓRIO E DELAÇÃO *703*
- INTERROGATÓRIO E DIREITO AO SILÊNCIO *687*
- INTERROGATÓRIO E INDICIADO E INTERROGATÓRIO POLICIAL *118*
- INTERROGATÓRIO E INTÉRPRETE *712*
- INTERROGATÓRIO E INTIMAÇÃO DO MINISTÉRIO PÚBLICO *699*
- INTERROGATÓRIO E NEMO TENETUR SE DETEGERE *692*
- INTERROGATÓRIO E ORDEM E CONTEÚDO DAS PERGUNTAS *698*
- INTERROGATÓRIO E PRESENÇA DO DEFENSOR *663*
- INTERROGATÓRIO E REQUISIÇÃO DO RÉU PRESO *1319*
- INTERROGATÓRIO E SUA RENOVAÇÃO A QUALQUER TEMPO *715*
- INTERROGATÓRIO JUDICIAL *660*
- INTERROGATÓRIO NO ESTABELECIMENTO PRISIONAL *667*
- INTERROGATÓRIO ON-LINE *668*
- INTERROGATÓRIO POLICIAL E USO DE ALGEMAS *126*
- INTERROGATÓRIO POR PRECATÓRIA. POSSIBILIDADE *1322*
- INTERROGATÓRIO POR VIDEOCONFERÊNCIA *659*, *667*
- INTERROGATÓRIO, SUA FALTA E NULIDADE *1639*
- INTIMAÇÃO DA DECISÃO DE PRONÚNCIA *1406*
- INTIMAÇÃO DA DEFENSORIA PÚBLICA *1201*
- INTIMAÇÃO DA SENTENÇA *1290*
- INTIMAÇÃO DA SENTENÇA ABSOLUTÓRIA *1292*
- INTIMAÇÃO DA SENTENÇA E MINISTÉRIO PÚBLICO *1286*
- INTIMAÇÃO DA SENTENÇA E RÉU E DEFENSOR CONSTITUÍDO NÃO ENCONTRADOS *1297*
- INTIMAÇÃO DA SENTENÇA E RÉU NÃO ENCONTRADO *1297*
- INTIMAÇÃO DA SENTENÇA E RÉU SOLTO OU AFIANÇÁVEL A INFRAÇÃO *1295*
- INTIMAÇÃO DA SENTENÇA E SENTENÇA E PRAZO DO EDITAL *1299*
- INTIMAÇÃO DA SENTENÇA E TERMO DE RECURSO *1292*
- INTIMAÇÃO DA SENTENÇA POR MANDADO OU POR PRECATÓRIA E INÍCIO DO PRAZO RECURSAL *1290*
- INTIMAÇÃO DO DEFENSOR CONSTITUÍDO, DO ADVOGADO DO QUERELANTE E DO ASSISTENTE *1196*, *1197*
- INTIMAÇÃO DO DEFENSOR DA SENTENÇA E RÉU PRESO *1292*
- INTIMAÇÃO DO MINISTÉRIO PÚBLICO E DO DEFENSOR NOMEADO *1196*, *1200*
- INTIMAÇÃO E ADIAMENTO DA AUDIÊNCIA *1203*
- INTIMAÇÃO E NOTIFICAÇÃO *1196*
- INTIMAÇÃO E PROCESSO ELETRÔNICO *1199*, *1286*
- INTIMAÇÃO E PUBLICAÇÃO PELA IMPRENSA *1197*
- INTIMAÇÃO POR EDITAL DA SENTENÇA *1297*
- INTIMAÇÕES *1196*
- INVESTIGAÇÃO PELO MINISTÉRIO PÚBLICO *79*
- IRREGULARIDADES NO PROCEDIMENTO *1623*

J

- JUIZ COMO TESTEMUNHA *883*
- JUIZ E ENTREVISTA À IMPRENSA *886*
- JUIZ E IMPARCIALIDADE *879*
- JUIZ E PODERES *880*
- JUIZ E REQUISIÇÃO DE INQUÉRITO POLICIAL *92*, *93*
- JUIZ E SUSPEIÇÃO *888*
- JUIZ NATURAL *337*
- JUÍZOS COLETIVOS E IMPEDIMENTO *887*
- JUNTADA DO INQUÉRITO À DENÚNCIA OU QUEIXA *142*
- JURAMENTO DA TESTEMUNHA *749*
- JÚRI *1342*
- JÚRI, ABSOLVIÇÃO SUMÁRIA E EXCEPCIONALIDADE *1394*
- JÚRI, ADMISSÃO DO ASSISTENTE E OITIVA DO MP *1439*
- JÚRI. APELAÇÃO CONTRA A SENTENÇA DE IMPRONÚNCIA OU DE ABSOLVIÇÃO SUMÁRIA *1397*
- JÚRI. ASSISTENTE DE ACUSAÇÃO E ARROLAMENTO DE TESTEMUNHAS *1413*
- JÚRI. CRIMES CONTRA A ECONOMIA POPULAR E LEI DE IMPRENSA *1354*
- JÚRI, DEBATES E ORDEM DAS FALAS *1498*
- JÚRI DE HOJE *1344*
- JÚRI DE ONTEM *1343*

- JÚRI, DESCLASSIFICAÇÃO EM PLENÁRIO E CRIMES CONEXOS *1578*
- JÚRI, DESCLASSIFICAÇÃO EM PLENÁRIO E CRIMES DE MENOR POTENCIAL OFENSIVO *1576*
- JÚRI E ABERTURA DO JULGAMENTO *1471*
- JÚRI E ACORDO ENTRE AS PARTES *1502*
- JÚRI E ALISTAMENTO DOS JURADOS *1417*
- JÚRI E APARTES EM PLENÁRIO *1589*
- JÚRI E ASSISTENTE *1438*
- JÚRI E ATA DOS TRABALHOS *1581*
- JÚRI E ATRIBUIÇÕES DO JUIZ-PRESIDENTE *1584*
- JÚRI E AUDIÊNCIA UNA *1364*
- JÚRI E AUSÊNCIA DA TESTEMUNHA *1469*
- JÚRI E AUSÊNCIA DO ADVOGADO *1463*
- JÚRI E AUSÊNCIA DO ASSISTENTE *1466*
- JÚRI E AUSÊNCIA DO MINISTÉRIO PÚBLICO *1463*
- JÚRI E AUSÊNCIA DO QUERELANTE *1466*
- JÚRI E AUSÊNCIA DO RÉU PRESO *1466*
- JÚRI E AUSÊNCIA DO RÉU SOLTO *1465*
- JÚRI E CARTA PRECATÓRIA *1486*
- JÚRI E CIRCUNSTÂNCIA SUPERVENIENTE *1410*
- JÚRI E CITAÇÃO DO RÉU *1358*
- JÚRI E COMPETÊNCIA MÍNIMA *1350*
- JÚRI E COMPROMISSO DO JURADO *1480*
- JÚRI E CONTRADIÇÃO NAS RESPOSTAS *1558*
- JÚRI E CROSS-EXAMINATION *1481*
- JÚRI E DESCLASSIFICAÇÃO *1403*
- JÚRI E DESCLASSIFICAÇÃO APÓS O PLENÁRIO *1576*
- JÚRI E DISSOLUÇÃO DO CONSELHO DE SENTENÇA *1527*
- JÚRI E DISTRIBUIÇÃO DE CÉDULAS AOS JURADOS *1556*
- JÚRI E EMENDATIO LIBELLI *1402*
- JÚRI E ESCLARECIMENTO SOBRE IMPEDIMENTO, SUSPEIÇÃO E INCOMPATIBILIDADE *1473*
- JÚRI E ESCUSA DE CONSCIÊNCIA *1451*
- JÚRI E ESTOURO DA URNA *1479*
- JÚRI E EXCEÇÕES *1363*
- JÚRI E EXIBIÇÃO E LEITURA DE DOCUMENTOS EM PLENÁRIO. PRAZO MÍNIMO PARA COMUNICAÇÃO DA PARTE ADVERSA *1520*
- JÚRI E EXTINÇÃO DO LIBELO *1369*
- JÚRI E FALSO TESTEMUNHO EM PLENÁRIO *1483*
- JÚRI E FIXAÇÃO DA PENA PRIVATIVA DE LIBERDADE *1563*
- JÚRI E FORMAÇÃO DO CONSELHO DE SENTENÇA *1457*
- JÚRI E FORMULAÇÃO DO QUESITO *1534*
- JÚRI E FUNÇÃO DO ASSISTENTE *1438*
- JÚRI E FUNÇÃO DO JURADO *1443*
- JÚRI E FUNÇÕES DECISÓRIAS DO JUIZ EM PLENÁRIO *1586*
- JÚRI E FUNÇÕES DE POLÍCIA DO JUIZ EM PLENÁRIO *1585*
- JÚRI E FUNÇÕES PROCESSUAIS DO JUIZ EM PLENÁRIO *1587*
- JÚRI E FUNDAMENTAÇÃO DA PRONÚNCIA *1371, 1378*
- JÚRI E IMPRONÚNCIA *1388*
- JÚRI E INCOMUNICABILIDADE DOS JURADOS *1473*
- JÚRI E INDICAÇÃO DA FOLHA DOS AUTOS REFERIDA NO DISCURSO EM PLENÁRIO *1525*
- JÚRI E INOVAÇÃO NA TRÉPLICA *1508*
- JÚRI E INSTRUÇÃO EM PLENÁRIO *1481*
- JÚRI E INTERROGATÓRIO DO RÉU *1488*
- JÚRI E JURADO ANALFABETO *1447*
- JÚRI E JURADO PROFISSIONAL *1421*
- JÚRI E JURADOS ISENTOS DELE PARTICIPAR *1449*
- JÚRI E JUSTIFICAÇÕES *1362*
- JÚRI E LEITURA DA SENTENÇA EM PLENÁRIO *1579*
- JÚRI E LEITURA DE PEÇAS *1485*
- JÚRI E LEITURA DOS QUESITOS *1554*
- JÚRI E LISTA DE JURADOS *1421*
- JÚRI E MENÇÃO AO SILÊNCIO DO RÉU EM PLENÁRIO *1514*
- JÚRI E MENÇÃO AO USO DE ALGEMAS EM PLENÁRIO *1514*
- JÚRI E MENÇÃO À PRONÚNCIA EM PLENÁRIO *1513*
- JÚRI E MUTATIO LIBELLI *1366*
- JÚRI E NÚMERO DE TESTEMUNHAS *1359*
- JÚRI E OBRIGAÇÕES DO JURADO *1454*
- JÚRI E OBRIGATORIEDADE DO JURADO DELE PARTICIPAR *1450*
- JÚRI E OITIVA DA VÍTIMA E DE TESTEMUNHAS *1481*
- JÚRI E ORDEM DE PERGUNTAS AO RÉU NO INTERROGATÓRIO *1490*
- JÚRI E ORDEM DE QUESITAÇÃO *1531*
- JÚRI E ORGANIZAÇÃO *1437*
- JÚRI E PEDIDO DE ABSOLVIÇÃO PELO MP *1499*
- JÚRI E PERGUNTAS DOS JURADOS AO RÉU *1489*
- JÚRI E PLENITUDE DA DEFESA *1345*
- JÚRI E POSIÇÃO OCUPADA PELO MP EM PLENÁRIO *1503*
- JÚRI E PRAZO PARA ENCERRAMENTO DESTA FASE DO PROCESSO *1368*
- JÚRI E PREGÃO *1471*
- JÚRI E PREPARAÇÃO DO PROCESSO PARA JULGAMENTO EM PLENÁRIO *1410*
- JÚRI E PRESUNÇÃO DE VERACIDADE DA ATA *1583*
- JÚRI E PRISÃO ESPECIAL PARA O JURADO *1452*
- JÚRI E PRISÃO IMEDIATA DO RÉU EM PLENÁRIO *1569*
- JÚRI E PRIVILÉGIOS DO JURADO *1451*
- JÚRI E PROCEDIMENTO BIFÁSICO *1356*
- JÚRI E PRONÚNCIA *1372*
- JÚRI E PROVA DOCUMENTAL *1361*
- JÚRI E QUESITAÇÃO *1529*
- JÚRI E QUESITO OBRIGATÓRIO *1540*
- JÚRI E QUESITOS EM SÉRIES PARA CADA RÉU *1552*
- JÚRI E QUÓRUM MÍNIMO *1461*
- JÚRI E RECOLHIMENTO DOS JURADOS À SALA SECRETA *1525*
- JÚRI E RECOLHIMENTO DOS VOTOS *1557*
- JÚRI E RECUSA DO JURADO EM DELE PARTICIPAR *1448*
- JÚRI E RECUSAS EM CASO DE MAIS DE UM RÉU *1478*
- JÚRI E RECUSAS IMOTIVADAS OU PEREMPTÓRIAS *1476*
- JÚRI E RECUSAS MOTIVADAS DOS JURADOS *1476*
- JÚRI E REINQUIRIÇÃO DE TESTEMUNHAS *1505*
- JÚRI E RELATÓRIO DO PROCESSO *1416*
- JÚRI E RÉPLICA E TRÉPLICA *1506*
- JÚRI E RÉPLICA PELO ASSISTENTE *1512*
- JÚRI E RESPOSTA DO ACUSADO *1363*
- JÚRI E RÉU INDEFESO *1588, 1644*
- JÚRI E REUNIÃO E SESSÕES DO TRIBUNAL *1462*
- JÚRI E REVISÃO CRIMINAL *1827*
- JÚRI E SALA ESPECIAL *1555*
- JÚRI E SELEÇÃO DOS JURADOS *1418*
- JÚRI E SEMI-IMPUTABILIDADE *1395*
- JÚRI E SENTENÇA ABSOLUTÓRIA IMPRÓPRIA *1575*

- JÚRI E SEPARAÇÃO DAS TESTEMUNHAS *1469*
- JÚRI E SEUS PRINCÍPIOS CONSTITUCIONAIS *1345*
- JÚRI E SIGILO DAS VOTAÇÕES *1346*
- JÚRI E SOBERANIA DOS VEREDICTOS *1349*
- JÚRI E SUSPEIÇÃO OU IMPEDIMENTO DO JURADO *1457*
- JÚRI E TERMO DE VOTAÇÃO *1560*
- JÚRI E USO DE ALGEMAS EM PLENÁRIO *1487, 1491*
- JÚRI. EXCESSO DE LINGUAGEM DA PRONÚNCIA *1379*
- JÚRI, FALTA DE ACUSAÇÃO E DEFESA EM PLENÁRIO E NULIDADE *1643*
- JÚRI, FALTA SEM JUSTIFICAÇÃO DO JURADO E MULTA *1455*
- JÚRI. IMPRONÚNCIA E CRIME CONEXOS *1391*
- JÚRI, IMPRONÚNCIA E NOVAS PROVAS *1388*
- JÚRI. IMPRONÚNCIA E SUA CONSTITUCIONALIDADE *1390*
- JÚRI, JURADO E REQUISITOS OBJETIVOS *1444*
- JÚRI, JURADOS E REQUISITOS SUBJETIVOS *1446*
- JÚRI NO BRASIL *1343*
- JÚRI. PESSOAS NÃO INCLUÍDAS NA DENÚNCIA E ADITAMENTO *1401*
- JÚRI, PRONÚNCIA E IN DUBIO PRO SOCIETATE *1377*
- JÚRI, QUESITAÇÃO E CAUSA DE DIMINUIÇÃO DE PENA ALEGADA PELA DEFESA *1539*
- JÚRI, QUESITAÇÃO E CAUSAS DE AUMENTO DE PENA *1540*
- JÚRI, QUESITAÇÃO E CIRCUNSTÂNCIAS QUALIFICADORAS *1540*
- JÚRI, QUESITAÇÃO E EXCESSO CULPOSO *1538*
- JÚRI, QUESITAÇÃO E INIMPUTABILIDADE *1538*
- JÚRI, QUESITAÇÃO E PLURALIDADE DE TESES DEFENSIVAS *1534*
- JÚRI, QUESITAÇÃO E TESE DE NEGATIVA DE AUTORIA *1536*
- JÚRI, QUESTIONÁRIO E VOTAÇÃO *1529*
- JÚRI. ROL DE TESTEMUNHAS EM PLENÁRIO *1410*
- JURISDIÇÃO E PRINCÍPIOS *329*
- JURISDIÇÃO ESPECIAL OU EXTRAORDINÁRIA *26*
- JÚRI, SORTEIO E CONVOCAÇÃO DOS JURADOS *1442*
- JUSTIÇA FEDERAL E PRAZO PARA CONCLUSÃO DO INQUÉRITO POLICIAL *138*
- JUSTIÇA MILITAR *27*
- JUSTIFICAÇÃO CRIMINAL E REVISÃO CRIMINAL *1833*
- JUSTIFICAÇÕES E RESPOSTA À ACUSAÇÃO *1308*

L

- LAUDO DE CONSTATAÇÃO E LEI DE DROGAS *1023*
- LAUDO ELABORADO POR POLICIAIS *616*
- LAUDO PERICIAL *621*
- LEGAÇÕES ESTRANGEIRAS *1195*
- LEGITIMIDADE PARA AGIR (LEGITIMATIO AD CAUSAM)
  - » *183*
- LEGITIMIDADE PARA O PEDIDO DE RECONSTITUIÇÃO DO CRIME E RECONSTITUIÇÃO DO CRIME E LEGITIMIDADE PARA O PEDIDO *135*
- LEGITIMIDADE PARA O RECURSO *1683*
- LEGITIMIDADE PARA REPRESENTAÇÃO *200*
- LEI 13.804/2019 MEDIDAS DE PREVENÇÃO E REPRESSÃO AOS CRIMES DE RECEPTAÇÃO, DESCAMINHO E CONTRABANDO *1040*
- LEI DE IMPRENSA *39*
- LEI DOS JUIZADOS CRIMINAIS E PRERROGATIVA DE FUNÇÃO *399*
- LEILÃO ANTECIPADO *476*
- LEILÃO ELETRÔNICO *514*
- LEI MARIA DA PENHA. DESCUMPRIMENTO DE MEDIDAS PROTETIVAS E PRISÃO PREVENTIVA *1076*
- LEI MARIA DA PENHA E FIANÇA CONCEDIDA PELA AUTORIDADE POLICIAL *1125*
- LEI MARIA DA PENHA E PRISÃO PREVENTIVA *1050*
- LESÃO CORPORAL GRAVE E PERÍCIA *633*
- LESÕES CORPORAIS LEVES E VIOLÊNCIA DOMÉSTICA. DESNECESSIDADE DE REPRESENTAÇÃO *190*
- LIBELO E SUA EXTINÇÃO *1369*
- LIBERDADE PROVISÓRIA *1121*
- LIBERDADE PROVISÓRIA SEM FIANÇA *1154*
- LIMITES À LIBERDADE DO JUIZ NA APRECIAÇÃO DA PROVA *540*
- LITISPENDÊNCIA *431*
- LIVRO DE MÉRITO *992*
- LIVROS OBRIGATÓRIOS E POLÍCIA CIVIL *1136*

M

- MAGISTRATURA E GARANTIAS CONSTITUCIONAIS *879*
- MANDADO DE BUSCA E APREENSÃO COLETIVO *848*
- MANDADO DE CITAÇÃO E SEUS REQUISITOS *1158*
- MANDADO DE PRISÃO E PROCESSO ELETRÔNICO *145*
- MANDADO DE PRISÃO E REQUISITOS *973*
- MANDADOS DE PRISÃO E BANCO NACIONAL *979*
- MANDADOS DE PRISÃO E INQUÉRITO POLICIAL *145*
- MANUAL DE BENS APREENDIDOS *460*
- MAR TERRITORIAL *22*
- MAUS ANTECEDENTES E PRISÃO PREVENTIVA *954*
- MEDIDA CAUTELAR E CONTRADITÓRIO *947, 948, 957*
- MEDIDA CAUTELAR E SEU DESCUMPRIMENTO *958*
- MEDIDAS ASSECURATÓRIAS *479*
- MEDIDAS CAUTELARES *944, 947, 948, 955*
- MEDIDAS CAUTELARES DIVERSAS DA PRISÃO *1104*
- MEDIDAS CAUTELARES. NÃO APLICAÇÃO *969*
- MEMORIAIS EM AUDIÊNCIA *1339*
- MENOR DE 14 ANOS E DISPENSA DO COMPROMISSO DE DIZER A VERDADE *761*
- MENSAGENS CONTIDAS EM CELULAR E LIMITES À INVESTIGAÇÃO CRIMINAL *574*
- MILITAR E CITAÇÃO *1168*
- MINISTÉRIO PÚBLICO E CAUSAS DE SUSPEIÇÃO E IMPEDIMENTO *904*
- MINISTÉRIO PÚBLICO E CUSTOS LEGIS *903*
- MINISTÉRIO PÚBLICO E INTIMAÇÃO DA SENTENÇA *1286*
- MINISTÉRIO PÚBLICO E ORIGENS HISTÓRICAS *894*
- MINISTÉRIO PÚBLICO E PODER DE INVESTIGAÇÃO *902*

- MINISTÉRIO PÚBLICO E PRINCÍPIOS CONSTITUCIONAIS 899
- MINISTÉRIO PÚBLICO E RECURSO NA AÇÃO PENAL PRIVADA E AÇÃO PENAL PRIVADA E RECURSO DO MP 286
- MINISTÉRIO PÚBLICO E REQUISIÇÃO DE INQUÉRITO POLICIAL 92, 93
- MINISTÉRIO PÚBLICO E SUA INTIMAÇÃO 1200
- MINISTÉRIO PÚBLICO, FALTA DE INTERVENÇÃO E NULIDADE 1636
- MINISTÉRIO PÚBLICO NA CONSTITUIÇÃO DE 1988 899
- MONITORAMENTO ELETRÔNICO 1111
- MORTE DA VÍTIMA E REPRESENTAÇÃO 200
- MORTE DO ACUSADO 311
- MORTE DO AGENTE E EXTINÇÃO DA PUNIBILIDADE 168
- MORTE DO OFENDIDO E TITULARIDADE PARA A QUEIXA 248
- MORTE DO QUERELANTE E PEREMPÇÃO 304
- MORTE PRESUMIDA DO AGENTE 312
- MOTOR HOME 840
- MP E ADITAMENTO DA QUEIXA-CRIME 285
- MSN 347
- MULHER E BUSCA PESSOAL 876
- MUSEU CRIMINAL 478
- MUTATIO LIBELLI 1236
- MUTATIO LIBELLI E ADITAMENTO DA QUEIXA PELO MINISTÉRIO PÚBLICO 1238
- MUTATIO LIBELLI E ELEMENTO OU CIRCUNSTÂNCIA DA INFRAÇÃO PENAL 1237
- MUTATIO LIBELLI E NEGATIVA DO PROMOTOR EM ADITAR A DENÚNCIA 1240
- MUTATIO LIBELLI E REJEIÇÃO DO ADITAMENTO 1243

N

- NÃO ATO 1625
- NATUREZA JURÍDICA DO INTERROGATÓRIO 661
- NATUREZA JURÍDICA E REPRESENTAÇÃO E NATUREZA JURÍDICA 203
- NAVIO MERCANTE E COMPETÊNCIA 410
- NEMO TENETUR SE DETEGERE E INTERROGATÓRIO 692
- NEMO TENETUR SE DETEGERE E PERÍCIA 645
- NE REFORMATIO IN PEJUS 1804
- NOMEAÇÃO DE DEFENSOR AO RÉU PRESENTE, QUE O NÃO TIVER, OU AO AUSENTE, E DE CURADOR E NULIDADE 1635
- NORMA PROCESSUAL POSTERIOR MAIS BENÉFICA 40
- NORMAS MISTAS 40
- NOTA DE CULPA 1029
- NOTITIA CRIMINIS PROVOCADA 100
- NOTITIIA CRIMINIS E QUEIXA-CRIME. DISTINÇÃO 247
- NOVA PERÍCIA 655
- NOVAS PROVAS E REABERTURA DO INQUÉRITO POLICIAL 166
- NOVO INTERROGATÓRIO 715
- NULIDADE ABSOLUTA 1624
- NULIDADE ABSOLUTA E NULIDADE RELATIVA. HIPÓTESES 1627
- NULIDADE APÓS A PRONÚNCIA 1663
- NULIDADE E ACEITAÇÃO DE SEUS EFEITOS 1666
- NULIDADE E ADITAMENTO DA DENÚNCIA PARA INCLUSÃO DE CORRÉU 1658
- NULIDADE E ATO INEXISTENTE 1625
- NULIDADE E AUSÊNCIA DE INTIMAÇÃO 1645
- NULIDADE E FALTA DE CITAÇÃO, INTIMAÇÃO OU NOTIFICAÇÃO 1660
- NULIDADE E FALTA DE INTIMAÇÃO DAS TESTEMUNHAS NO JÚRI 1641
- NULIDADE E FALTA DE SENTENÇA 1644
- NULIDADE E ILEGITIMIDADE DO REPRESENTANTE DA PARTE 1654
- NULIDADE E INCOMPETÊNCIA DO JUÍZO 1651
- NULIDADE E INCOMPETÊNCIA, SUSPEIÇÃO OU SUBORNO DO JUIZ 1631
- NULIDADE E OMISSÃO DA QUEIXA 1657
- NULIDADE E OMISSÃO DA REPRESENTAÇÃO 1657
- NULIDADE E OMISSÃO DE FORMALIDADE 1647
- NULIDADE E OMISSÕES DA DENÚNCIA, QUEIXA E DA REPRESENTAÇÃO 1655
- NULIDADE E PAS DE NULLITÉ SANS GRIEF 1628
- NULIDADE E PRINCÍPIO DA CONVALIDAÇÃO OU DA SANABILIDADE 1661
- NULIDADE E PRINCÍPIO DA INSTRUMENTALIDADE DAS FORMAS 1651
- NULIDADE E PRINCÍPIO DA LEALDADE 1648
- NULIDADE E PRINCÍPIO DO INTERESSE 1649
- NULIDADE E PRINCÍPIO DO PREJUÍZO 1628
- NULIDADE E QUÓRUM MÍNIMO NOS TRIBUNAIS 1646
- NULIDADE E SISTEMA ADOTADO PELO CÓDIGO 1623
- NULIDADE. EXTINÇÃO DA PUNIBILIDADE PELA SUPOSTA MORTE DO RÉU QUE SE APURA VIVO 1625
- NULIDADE POR AUSÊNCIA DE DENÚNCIA, QUEIXA OU REPRESENTAÇÃO 1633
- NULIDADE POR FALTA DE ACUSAÇÃO E DEFESA NO JÚRI 1643
- NULIDADE POR FALTA DE CITAÇÃO DO RÉU, DE SEU INTERROGATÓRIO, QUANDO PRESENTE, E DOS PRAZOS CONCEDIDOS À ACUSAÇÃO E À DEFESA 1637
- NULIDADE POR FALTA DE EXAME DE CORPO DE DELITO 1634
- NULIDADE POR FALTA DE INTERVENÇÃO DO MINISTÉRIO PÚBLICO 1636
- NULIDADE POR FALTA DE INTIMAÇÃO DO RÉU 1641
- NULIDADE POR FALTA DE NOMEAÇÃO DE DEFENSOR AO RÉU PRESENTE, QUE O NÃO TIVER, OU AO AUSENTE, E DE CURADOR AO MENOR DE 21 ANOS 1635
- NULIDADE POR FALTA DE QUESITOS NO JÚRI 1642
- NULIDADE POR FALTA DE SENTENÇA DE PRONÚNCIA NO JÚRI 1640
- NULIDADE POR ILEGITIMIDADE DE PARTE 1632
- NULIDADE RELATIVA 1624
- NULIDADES 1623
- NULIDADES EM PLENÁRIO, AUDIÊNCIA E SESSÃO DO JÚRI 1664
- NULIDADES E PRINCÍPIO DA CAUSALIDADE OU DA SEQUENCIALIDADE 1666
- NULIDADES E RECURSOS 1664
- NULIDADES NO INQUÉRITO NÃO CONTAMINAM O PROCESSO 92
- NULIDADES NO INQUÉRITO POLICIAL? 75
- NULIDADE, SORTEIO E INCOMUNICABILIDADE DOS JURADOS 1642
- NÚMERO DE TESTEMUNHAS 1334
- NÚMERO EXCESSIVO DE RÉUS E COMPETÊNCIA 382
- NÚMERO MÍNIMO DE JURADOS 1642
- NÚMERO MÍNIMO DE JURADOS E NULIDADE 1642

O

- O DE DOCUMENTO FALSO PERANTE A JUSTIÇA TRABALHISTA E COMPETÊNCIA *353*
- OFENDIDO *724*
- OFENDIDO MENOR DE 21 ANOS *254*
- OFERTA DA DENÚNCIA E INDICIAMENTO *126*
- OITIVA DA VÍTIMA PELA AUTORIDADE POLICIAL *110*
- OITIVA DO MINISTÉRIO PÚBLICO E DILAÇÃO DO PRAZO PARA CONCLUSÃO DO INQUÉRITO POLICIAL E OITIVA DO MP *141*
- OITIVA DO PERITO EM JUÍZO *620*
- OMISSÃO DE FORMALIDADE E NULIDADE *1647*
- ÔNUS DA PROVA *548*
- O PRINCÍPIO DA TERRITORIALIDADE TEMPERADA OU MITIGADA. *22*
- ORALIDADE DA PROVA TESTEMUNHAL *751*
- ORIGEM HISTÓRICA DO JÚRI *1342*

P

- PADRASTO E REPRESENTAÇÃO *202*
- PAPILOSCOPIA *628*
- PARLAMENTAR FEDERAL E AÇÃO PENAL *199*
- PARQUET. SIGNIFICADO *896*
- PAS DE NULLITÉ SANS GRIEF *1628*
- PASSAPORTE E SUA RETENÇÃO *1120*
- PEÇAS DO INQUÉRITO POLICIAL *137*
- PEÇAS DO INQUÉRITO POLICIAL E PROCESSADO ÚNICO *137*
- PEDIDO DE CONDENAÇÃO E PEREMPÇÃO *306*
- PEDIDO DE CONDENAÇÃO NA DENÚNCIA OU QUEIXA *272*
- PEDIDO DE DILIGÊNCIAS DO MP NO INQUÉRITO POLICIAL *165*
- PEDIDO DE EXPLICAÇÕES E CRIMES CONTRA A HONRA *1597*
- PEDIDO DE RESTITUIÇÃO DE BEM APREENDIDO E RESTITUIÇÃO DE BENS APREENDIDOS *471*, *472*
- PENA. AGRAVANTE NÃO ARTICULADA NA DENÚNCIA PODE SER RECONHECIDA *1265*
- PENA BASE FIXADA NO MÍNIMO E REGIME INICIAL MAIS SEVERO *1280*
- PENA E AGRAVANTES *1264*
- PENA E CAUSAS DE AUMENTO - DIMINUIÇÃO X AGRAVANTES - ATENUANTES *1265*
- PENA E CAUSAS DE AUMENTO PREVISTAS NA PARTE ESPECIAL *1266*
- PENA E CAUSAS DE AUMENTO PREVISTAS NA PARTE GERAL *1266*
- PENA E CAUSAS DE AUMENTO, UMA NA PARTE GERAL E OUTRA NA PARTE ESPECIAL *1267*
- PENA E CAUSAS DE AUMENTO X QUALIFICADORAS *1266*
- PENA E CAUSAS DE DIMINUIÇÃO PREVISTAS NA PARTE ESPECIAL *1267*
- PENA E CAUSAS DE DIMINUIÇÃO PREVISTAS NA PARTE GERAL *1267*
- PENA E CAUSAS DE DIMINUIÇÃO, UMA NA PARTE GERAL E OUTRA NA PARTE ESPECIAL *1267*
- PENA E CONCURSO ENTRE CAUSAS DE AUMENTO E/OU DIMINUIÇÃO DE PENA *1266*
- PENA E CONCURSO ENTRE CIRCUNSTÂNCIAS AGRAVANTES E ATENUANTES *1262*
- PENA E CONCURSO (HOMOGÊNEO) DE CAUSAS DE AUMENTO *1266*
- PENA E CONCURSO (HOMOGÊNEO) DE CAUSAS DE DIMINUIÇÃO *1267*
- PENA E NECESSIDADE DE SUA FUNDAMENTAÇÃO *1261*
- PENA E SUA INDIVIDUALIZAÇÃO DA PENA *1260*
- PERDÃO E ACEITAÇÃO *298*
- PERDÃO E DIREITO DE QUEIXA E QUEIXA E PERDÃO *298*
- PERDÃO E SUA ACEITAÇÃO POR PROCURADOR COM PODERES ESPECIAIS. *301*
- PERDÃO EXTRAPROCESSUAL *302*
- PEREMPÇÃO *303*
- PEREMPÇÃO E EXTINÇÃO DA PESSOA JURÍDICA *309*
- PEREMPÇÃO E MORTE DO QUERELANTE *304*
- PEREMPÇÃO E PEDIDO DE CONDENAÇÃO *306*
- PEREMPÇÃO E TENTATIVA DE CONCILIAÇÃO *305*
- PERÍCIA. DATA E HORÁRIO *622*
- PERÍCIA E CONTRAPROVA *638*
- PERÍCIA E DESTRUIÇÃO OU ROMPIMENTO DE OBSTÁCULO *639*
- PERÍCIA E DITADO *647*
- PERÍCIA E ESCALADA *639*
- PERÍCIA E EXAME OS INSTRUMENTOS EMPREGADOS PARA A PRÁTICA DA INFRAÇÃO *648*
- PERÍCIA E FORMULAÇÃO DE QUESITOS PELO JUIZ *618*
- PERÍCIA E INCÊNDIO *642*
- PERÍCIA E LESÃO CORPORAL GRAVE *633*
- PERÍCIA E LIVRE CONVENCIMENTO DO JUIZ *656*
- PERÍCIA E NEMO TENETUR SE DETEGERE *645*
- PERÍCIA E RECONHECIMENTO DE ESCRITOS *644*
- PERÍCIA E SEU SUPRIMENTO *654*
- PERÍCIA E SUA PRESERVAÇÃO *620*
- PERÍCIA POR PRECATÓRIA *651*
- PERITO COMO TESTEMUNHA *748*
- PERITO. COMPROMISSO *616*
- PERITO E INTÉRPRETE *939*
- PERITO OFICIAL *613*
- PERITOS E CAUSAS DE SUSPEIÇÃO *941*
- PERITOS E DIVERGÊNCIA *653*
- PERITOS E FORMULAÇÃO DE QUESITOS *649*
- PERITO SEM FORMAÇÃO ESPECÍFICA *614*
- PERITOS NÃO OFICIAIS *615*, *652*
- PERPETUATIO JURISDICTIONIS *385*
- PERSEGUIÇÃO E PRISÃO *981*
- PESSOA JURÍDICA DE DIREITO PÚBLICO E SUA RESPONSABILIDADE POR INFRAÇÃO AMBIENTAL *909*
- PESSOA JURÍDICA E PRÁTICA DE CRIME *186*
- PESSOA JURÍDICA NA CONDIÇÃO DE RÉ *907*
- PESSOAS JURÍDICAS E DIREITO DE QUEIXA *256*
- POBREZA *250*
- PODERES DO ASSISTENTE *932*
- PODERES DO JUIZ *880*
- PODERES ESPECIAIS NA PROCURAÇÃO E QUEIXA-CRIME E PODERES ESPECIAIS NA PROCURAÇÃO *283*
- POLÍCIA CIVIL E LIVROS OBRIGATÓRIOS *1136*
- PORTUGUÊS. EMPREGO *271*
- POSIÇÃO DO SUPREMO TRIBUNAL FEDERAL *26*
- POSSIBILIDADE JURÍDICA DO PEDIDO *182*
- PRAZO DE DURAÇÃO DA PRISÃO PREVENTIVA *1047*
- PRAZO DO EDITAL *1180*
- PRAZO, DOMINGO OU FERIADO *1995*
- PRAZO E CARTA TESTEMUNHÁVEL *1860*
- PRAZO E FÉRIAS FORENSES *1995*
- PRAZO E FORÇA MAIOR *1997*
- PRAZO E INTIMAÇÃO DA AUDIÊNCIA OU SESSÃO *1998*
- PRAZO E INTIMAÇÃO NA 6ª FEIRA *1998*

- PRAZO E INTIMAÇÃO POR PRECATÓRIA *1998*
- PRAZO E MOTIVO JUSTO PARA O ATRASO *2005*
- PRAZO E OBSTÁCULO OPOSTO PELA PARTE *1997*
- PRAZO E PERÍCIA *621*
- PRAZO E PROCESSAMENTO DOS EMBARGOS INFRINGENTES *1783*
- PRAZO E REVISÃO CRIMINAL *1835*
- PRAZO, EXCESSO E SANÇÕES AO JUIZ E MP *2005*
- PRAZO NOS EMBARGOS DE DECLARAÇÃO EM 2º GRAU *1813*
- PRAZO PARA APELAÇÃO *1742*
- PRAZO PARA CONCLUSÃO DO INQUÉRITO POLICIAL *138*
- PRAZO PARA CONCLUSÃO DO INQUÉRITO POLICIAL NA JUSTIÇA FEDERAL *138*
- PRAZO PARA DESPACHOS E DECISÕES DO JUIZ SINGULAR *2002*
- PRAZO PARA OFERTA DE QUEIXA *241*
- PRAZO PARA QUEIXA *257*
- PRAZO PARA REPRESENTAÇÃO *257*
- PRAZOS *1989*
- PRAZOS CONTÍNUOS OU PEREMPTÓRIOS *1992*
- PRAZOS E CONTAGEM *1993*
- PRAZOS EM LEGISLAÇÃO EXTRAVAGANTE E INQUÉRITO POLICIAL E PRAZO PARA ENCERRAMENTO NA LEGISLAÇÃO EXTRAVAGANTE *138*
- PRAZOS E PRECLUSÃO *1990*
- PRAZOS E PRINCÍPIOS *1990*
- PRAZOS LEGAIS OU JUDICIAIS *1991*
- PRAZOS PARA DENÚNCIA E LEGISLAÇÃO EXTRAVAGANTE E LEGISLAÇÃO EXTRAVAGANTE E PRAZO PARA DENÚNCIA *289*
- PRAZOS PRÓPRIOS OU IMPRÓPRIOS *1991*
- PRAZOS PRORROGÁVEIS OU IMPRORROGÁVEIS *1992*
- PRECATÓRIA *783*
- PRECATÓRIA. CITAÇÃO *1162*
- PRECATÓRIA E RITO SUMÁRIO *1612*
- PRECATÓRIA E SEUS REQUISITOS *1163*
- PRECATÓRIA ITINERANTE *1165*
- PREQUESTIONAMENTO E EMBARGOS DE DECLARAÇÃO *1816*
- PRESCINDIBILIDADE DO RELATÓRIO POLICIAL *140*
- PRESERVAÇÃO DA PERÍCIA *620*
- PRESERVAÇÃO DO LOCAL DO CRIME E GUARDAS MUNICIPAIS *637*
- PRESERVAÇÃO DO LOCAL DO CRIME E LOCAL DO CRIME E PRESERVAÇÃO PELA AUTORIDADE POLICIAL *106*
- PREVENÇÃO *357*
- PREVENÇÃO NOS TRIBUNAIS SUPERIORES *387*
- PRINCÍPIO DA CAUSALIDADE OU DA SEQUENCIALIDADE E NULIDADES *1666*
- PRINCÍPIO DA CONVALIDAÇÃO OU DA SANABILIDADE *1661*
- PRINCÍPIO DA CONVENIÊNCIA OU OPORTUNIDADE E AÇÃO PENAL PRIVADA *245*
- PRINCÍPIO DA CORRELAÇÃO OU PRINCÍPIO DA CONGRUÊNCIA DA CONDENAÇÃO COM A IMPUTAÇÃO *1230*, *1245*
- PRINCÍPIO DA CORRESPONDÊNCIA ENTRE O OBJETO DA AÇÃO E O OBJETO DA SENTENÇA *1230*, *1245*
- PRINCÍPIO DA DISPONIBILIDADE DOS RECURSOS *1682*
- PRINCÍPIO DA DISPONIBILIDADE E AÇÃO PENAL PRIVADA *246*
- PRINCÍPIO DA DIVISIBILIDADE E AÇÃO PENAL PÚBLICA *185*
- PRINCÍPIO DA EXTRATERRITORIALIDADE *23*
- PRINCÍPIO DA FUNGIBILIDADE E RECURSOS *1700*
- PRINCÍPIO DA IDENTIDADE FÍSICA DO JUIZ *1319*
- PRINCÍPIO DA INDISPONIBILIDADE E AÇÃO PENAL PÚBLICA *283*
- PRINCÍPIO DA INDISPONIBILIDADE E PRINCÍPIO DA INDISPONIBILIDADE E AÇÃO PENAL PÚBLICA *185*
- PRINCÍPIO DA INDIVISIBILIDADE E AÇÃO PENAL PRIVADA *246*
- PRINCÍPIO DA INDIVISIBILIDADE E QUEIXA-CRIME *293*
- PRINCÍPIO DA INSTRUMENTALIDADE DAS FORMAS *1666*
- PRINCÍPIO DA INSTRUMENTALIDADE DAS FORMAS E NULIDADE *1651*
- PRINCÍPIO DA INTRANSCENDÊNCIA E AÇÃO PENAL PRIVADA *246*
- PRINCÍPIO DA LEALDADE E NULIDADE *1648*
- PRINCÍPIO DA OBRIGATORIEDADE E AÇÃO PENAL PÚBLICA *185*
- PRINCÍPIO DA OBRIGATORIEDADE NÃO IMPEDE POSTERIOR ADITAMENTO DA DENÚNCIA *186*
- PRINCÍPIO DA OFICIALIDADE E AÇÃO PENAL PÚBLICA *184*
- PRINCÍPIO DA ORALIDADE *1338*
- PRINCÍPIO DA PUBLICIDADE *1983*
- PRINCÍPIO DA PUBLICIDADE E EXCEÇÕES *1982*, *1983*
- PRINCÍPIO DA TERRITORIALIDADE TEMPERADA OU MITIGADA. *22*
- PRINCÍPIO DA UNIRRECORRIBILIDADE *1754*
- PRINCÍPIO DO DUPLO GRAU DE JURISDIÇÃO *1669*
- PRINCÍPIO DO INTERESSE E NULIDADE *1649*
- PRINCÍPIO DO NE REFORMATIO IN PEJUS *1804*
- PRINCÍPIO DO PREJUÍZO E NULIDADE *1628*
- PRINCÍPIOS DO PROMOTOR NATURAL *900*
- PRINCÍPIOS CONSTITUCIONAIS QUE REGEM O JÚRI *1345*
- PRINCÍPIOS DO CONTRADITÓRIO E DA AMPLA DEFESA *914*
- PRINCÍPIOS GERAIS DE DIREITO *44*
- PRINCÍPIOS INSTITUCIONAIS DO MINISTÉRIO PÚBLICO *899*
- PRINCÍPIOS QUE REGEM A AÇÃO PENAL PRIVADA *245*
- PRINCÍPIOS QUE REGEM A AÇÃO PENAL PÚBLICA *184*
- PRINCÍPIOS QUE REGEM A JURISDIÇÃO *329*
- PRISÃO DOMICILIAR *990*
- PRISÃO DOMICILIAR PARA PRESAS GESTANTES E MÃES OU RESPONSÁVEIS POR CRIANÇAS OU PESSOAS COM DEFICIÊNCIA *1097*
- PRISÃO DO RÉU APÓS A SENTENÇA DE 1º GRAU *1277*
- PRISÃO DO RÉU EM CASA DE TERCEIRO *984*
- PRISÃO EM FLAGRANTE *1000*
- PRISÃO EM FLAGRANTE EM PERÍODO ELEITORAL. POSSIBILIDADE *1009*
- PRISÃO EM FLAGRANTE E SUJEITO PASSIVO *1002*
- PRISÃO E PERSEGUIÇÃO *981*
- PRISÃO ESPECIAL APÓS O TRÂNSITO EM JULGADO DA CONDENAÇÃO *989*
- PRISÃO E USO DA FORÇA *971*
- PRISÃO. HORA E DATA *970*
- PRISÃO PREVENTIVA *1044*
- PRISÃO PREVENTIVA. CABIMENTO *1070*
- PRISÃO PREVENTIVA E CONVENIÊNCIA DA INSTRUÇÃO CRIMINAL *1066*

- PRISÃO PREVENTIVA E DECRETAÇÃO DE OFÍCIO PELO JUIZ *1049*
- PRISÃO PREVENTIVA E DÚVIDA SOBRE A IDENTIDADE CIVIL *1079*
- PRISÃO PREVENTIVA E EXCLUDENTES DE CULPABILIDADE *1082*
- PRISÃO PREVENTIVA E EXCLUDENTES DE ILICITUDE *1081*
- PRISÃO PREVENTIVA E FUMUS BONI IURIS *1056*
- PRISÃO PREVENTIVA E GARANTIA DA ORDEM ECONÔMICA *1063*
- PRISÃO PREVENTIVA E GARANTIA DA ORDEM PÚBLICA *1057*
- PRISÃO PREVENTIVA E GRAVIDADE DO CRIME *952*, *1060*
- PRISÃO PREVENTIVA E LEI MARIA DA PENHA *1050*
- PRISÃO PREVENTIVA E MAUS ANTECEDENTES *954*
- PRISÃO PREVENTIVA E MOMENTO PARA SUA DECRETAÇÃO *1046*
- PRISÃO PREVENTIVA E PERICULUM IN MORA *1056*
- PRISÃO PREVENTIVA E PRAZO DE DURAÇÃO *1047*
- PRISÃO PREVENTIVA E REPRESENTAÇÃO DA AUTORIDADE POLICIAL *1054*
- PRISÃO PREVENTIVA E REPRESENTAÇÃO DO DELEGADO DE POLÍCIA *146*
- PRISÃO PREVENTIVA E SEGURANÇA DA APLICAÇÃO DA LEI PENAL *1067*
- PRISÃO PREVENTIVA, MEDIDAS PROTETIVAS E LEI MARIA DA PENHA *1076*
- PRISÃO PREVENTIVA. PRESSUPOSTOS *1055*, *1057*
- PRISÃO TEMPORÁRIA *963*
- PROCEDIMENTO NA CALÚNIA, INJÚRIA E DIFAMAÇÃO *1596*
- PROCEDIMENTO NOS CRIMES CONTRA A PROPRIEDADE IMATERIAL *1603*
- PROCEDIMENTO ORDINÁRIO *1301*
- PROCEDIMENTOS. ESPÉCIES *1301*
- PROCEDIMENTO SUMÁRIO *1301*
- PROCEDIMENTO SUMARÍSSIMO *1301*
- PROCESSADO ÚNICO E INQUÉRITO POLICIAL *137*
- PROCESSO DE APLICAÇÃO DE MEDIDA DE SEGURANÇA *1622*
- PROCESSO DE RESTAURAÇÃO DE AUTOS EXTRAVIADOS OU DESTRUÍDOS *1615*
- PROCESSO E DO JULGAMENTO DOS RECURSOS EM SENTIDO ESTRITO E DAS APELAÇÕES, NOS TRIBUNAIS DE APELAÇÃO *1776*
- PROCESSO ELETRÔNICO E MANDADO DE PRISÃO *145*
- PROCESSO NOS CRIMES DE COMPETÊNCIA ORIGINÁRIA DO STF E DOS TRIBUNAIS DE APELAÇÃO *1622*
- PROCESSO SUMÁRIO *1612*
- PROMOTOR AD HOC *901*
- PROMOTOR DE JUSTIÇA COMO TESTEMUNHA *747*
- PRONÚNCIA *1371*
- PRONÚNCIA E IN DUBIO PRO SOCIETATE *1377*
- PRONÚNCIA E INTIMAÇÃO *1407*
- PRONÚNCIA, SUA FALTA E NULIDADE *1640*
- PROSTITUTA COMO TESTEMUNHA *749*
- PROTESTO POR NOVO JÚRI *1773*
- PROVA COLHIDA DURANTE A INVESTIGAÇÃO POLICIAL *541*
- PROVA DOCUMENTAL *809*
- PROVA DOCUMENTAL E MOMENTO DE SUA PRODUÇÃO *811*
- PROVA DOCUMENTAL E VALOR PROBATÓRIO *810*
- PROVA E FONTE INDEPENDENTE *588*
- PROVA EMPRESTADA *579*
- PROVA ILEGÍTIMA *557*
- PROVA ILÍCITA E DESENTRANHAMENTO DOS AUTOS *589*
- PROVA ILÍCITA EM FAVOR DO RÉU *558*
- PROVA ILÍCITA POR DERIVAÇÃO *587*
- PROVA RENOVADA NO TRIBUNAL *1803*
- PROVAS. ENCONTRO FORTUITO *573*
- PROVAS ILÍCITAS *557*
- PROVAS ORDENADAS DE OFÍCIO PELO JUIZ *549*
- PROVA TESTEMUNHAL *739*
- PROVA TESTEMUNHAL. CARACTERÍSTICAS *742*
- PROVA TESTEMUNHAL E AUDIOVISUAL *775*
- PROVA TESTEMUNHAL E SEU INDEFERIMENTO *1329*
- PROVA TESTEMUNHAL E SEU VALOR PROBATÓRIO *739*
- PUBLICAÇÃO DA SENTENÇA *1283*
- PÚBLICA-FORMA *819*
- PUBLICIDADE E PORTAS FECHADAS *1984*
- PUBLICIDADE, PRINCÍPIOS E EXCEÇÕES *1983*

Q

- QUALIFICAÇÃO DO ACUSADO E DENÚNCIA OU QUEIXA *269*
- QUANDO É CABÍVEL O INDICIAMENTO *124*, *126*
- QUANDO É POSSÍVEL A REABERTURA DO INQUÉRITO *170*
- QUANDO NÃO SE ADMITE A REABERTURA DO INQUÉRITO POLICIAL *171*
- QUEBRA DE SIGILO BANCÁRIO NO EXTERIOR. DESNECESSIDADE DE AUTORIZAÇÃO DA JUSTIÇA BRASILEIRA *24*
- QUEIXA. AUSÊNCIA DO OFENDIDO E TITULARIDADE *248*
- QUEIXA-CRIME E ADITAMENTO PELO MP *285*
- QUEIXA-CRIME E NOTITIA CRIMINIS. DISTINÇÃO *247*
- QUEIXA-CRIME E PERDÃO EXTRAPROCESSUAL *302*
- QUEIXA-CRIME E PEREMPÇÃO *303*
- QUEIXA-CRIME E PRINCÍPIO DA INDIVISIBILIDADE *293*
- QUEIXA E FALÊNCIA *256*
- QUEIXA E LEGITIMIDADE DO TUTOR E CURADOR DO INTERDITO *249*
- QUEIXA E PESSOA JURÍDICA *256*
- QUEIXA E RENÚNCIA EXPRESSA *296*
- QUEIXA E ROL DE TESTEMUNHAS *270*
- QUEIXA E TITULARIDADE DO COMPANHEIRO *249*
- QUEIXA. MORTE DO OFENDIDO E TITULARIDADE *248*
- QUEIXA. PRAZO *257*
- QUEIXA REQUISITOS *268*
- QUERELANTE E ASSISTENTE E INTIMAÇÃO DA SENTENÇA *1287*
- QUESITOS, SUA FALTA E NULIDADE *1642*
- QUESTÃO PREJUDICIAL FACULTATIVA *421*
- QUESTÕES PREJUDICIAIS *414*
- QUESTÕES PREJUDICIAIS X QUESTÕES PRELIMINARES *422*
- QUÓRUM MÍNIMO NOS TRIBUNAIS E NULIDADE *1646*

R

- RÁDIO-PIRATA. COMPETÊNCIA DA VARA FEDERAL *471*
- RÁDIO PIRATA E APREENSÃO *468*
- REABERTURA DO INQUÉRITO POLICIAL *166*
- REABERTURA DO INQUÉRITO POLICIAL E EXCLUDENTE DE ILICITUDE *168*
- REABERTURA DO INQUÉRITO POLICIAL. QUANDO NÃO SE ADMITE *171*
- REABERTURA DO INQUÉRITO. QUANDO É CABÍVEL *170*
- REABILITAÇÃO *1948*
- REABILITAÇÃO E BOM COMPORTAMENTO *1952*
- REABILITAÇÃO E CERTIDÕES *1951*
- REABILITAÇÃO E COMPETÊNCIA *1949*
- REABILITAÇÃO E COMPROVAÇÃO DE RESIDÊNCIA *1951*
- REABILITAÇÃO E CONTRAVENÇÃO PENAL *1958*
- REABILITAÇÃO E LEI DE EXECUÇÃO PENAL *1955*
- REABILITAÇÃO E MENÇÃO A INQUÉRITOS *1956*
- REABILITAÇÃO E PENA DE MULTA *1958*
- REABILITAÇÃO E PRAZO *1949*
- REABILITAÇÃO E RECURSO DE OFÍCIO *1681, 1954*
- REABILITAÇÃO E RENOVAÇÃO DO PEDIDO *1958*
- REABILITAÇÃO E RESSARCIMENTO DO DANO *1952*
- REABILITAÇÃO E SIGILO *1955*
- REABILITAÇÃO E SUA REVOGAÇÃO *1958*
- REABILITAÇÃO PARCIAL E TOTAL *1950*
- REBUS SIC STANTIBUS E MEDIDA CAUTELAR *960*
- REBUS SIC STANTIBUS E PRISÃO PREVENTIVA *1086*
- RECEBIMENTO DA DENÚNCIA *1305*
- RECONHECIMENTO DE COISAS *806*
- RECONHECIMENTO DE ESCRITOS *644*
- RECONHECIMENTO DE PESSOAS OU COISAS NA FASE POLICIAL *130*
- RECONSTITUIÇÃO DO CRIME E INQUÉRITO POLICIAL E RECONSTITUIÇÃO DO CRIME *134*
- RECONSTITUIÇÃO DO CRIME E NÃO OBRIGATORIEDADE DO INDICIADO A ELA SE SUBMETER *135*
- RECURSO CABÍVEL CONTRA A DESCLASSIFICAÇÃO *1404*
- RECURSO. CONHECIMENTO E PROVIMENTO *1696*
- RECURSO CONTRA DECISÃO ABSOLUTÓRIA *1694*
- RECURSO DE OFÍCIO *1644*
- RECURSO DE OFÍCIO E ABSOLVIÇÃO SUMÁRIA *1398*
- RECURSO DE OFICIO NÃO PREVISTOS NO CÓDIGO. HIPÓTESES *1678*
- RECURSO DO MP APÓS PEDIDO DE ABSOLVIÇÃO *1691*
- RECURSO DO MP EM FAVOR DO RÉU *1689*
- RECURSO DO MP QUANDO ABSOLVIDO O QUERELADO *1691*
- RECURSO E EFEITO REGRESSIVO *1674*
- RECURSO E INÍCIO DA CONTAGEM DO PRAZO PARA O MP *1684*
- RECURSO E INTERESSE *1689*
- RECURSO E JUÍZO DE ADMISSIBILIDADE *1696*
- RECURSO E JUÍZO DE PRELIBAÇÃO *1696*
- RECURSO E LEGITIMIDADE *1683, 1688*
- RECURSO EM SENTIDO ESTRITO *1704*
- RECURSO EM SENTIDO ESTRITO E PRO ET CONTRA *1710*
- RECURSO EM SENTIDO ESTRITO E ROL TAXATIVO *1705*
- RECURSO EM SENTIDO ESTRITO E SECUNDUM EVENTUM LITTIS *1710*
- RECURSO EM SENTIDO ESTRITO E SEUS EFEITOS *1707*
- RECURSO E REGULARIDADE PROCEDIMENTAL *1688*
- RECURSO E SUA EXTINÇÃO ANORMAL *1697*
- RECURSO EXTRAORDINÁRIO *1855*
- RECURSO INTERPOSTO ANTES DE PUBLICADA A DECISÃO *1284*
- RECURSO NECESSÁRIO OU DE OFÍCIO *1677*
- RECURSO PARA O CHEFE DE POLÍCIA CONTRA DECISÃO QUE INDEFERE INSTAURAÇÃO DE INQUÉRITO POLICIAL *92, 99*
- RECURSO POR PETIÇÃO OU TERMO NOS AUTOS *1697*
- RECURSO. PREVISÃO LEGAL *1683*
- RECURSO. RENÚNCIA DO CONDENADO E OFERTA POR SEU DEFENSOR *1692*
- RECURSOS E DISPONIBILIDADE *1673*
- RECURSOS E EFEITO DEVOLUTIVO *1673*
- RECURSOS E EFEITO EXTENSIVO *1703*
- RECURSOS E EFEITO SUSPENSIVO *1674*
- RECURSOS E ESPÉCIES *1675*
- RECURSOS E INSTÂNCIA INFERIOR E SUPERIOR *1668*
- RECURSOS EM GERAL *1667*
- RECURSOS E NULIDADES *1664*
- RECURSOS E PRINCÍPIO DA DISPONIBILIDADE *1682*
- RECURSOS E PRINCÍPIO DA FUNGIBILIDADE *1700*
- RECURSOS E PRINCÍPIO DA TAXATIVIDADE *1672*
- RECURSOS E PRINCÍPIO DA UNIRRECORRIBILIDADE *1672*
- RECURSOS E PRINCÍPIO DO DUPLO GRAU DE JURISDIÇÃO *1669*
- RECURSOS E REFORMATIO IN PEJUS *1673*
- RECURSOS E SEUS EFEITOS *1673*
- RECURSO. SUCUMBÊNCIA DIRETA E REFLEXA *1683*
- RECURSO. SUCUMBÊNCIA ÚNICA E MÚLTIPLA *1683*
- RECURSO. TEMPESTIVIDADE *1684*
- RECURSO VOLUNTÁRIO *1676*
- REDUÇÃO A TERMO DO DEPOIMENTO *774*
- REFORMATIO IN MELLIUS *1807*
- REFORMATIO IN PEJUS INDIRETA *1805*
- REFORMATIO IN PEJUS NO JÚRI *1810*
- REGISTRO DA HIPOTECA *504*
- REGISTRO DA SENTENÇA *1284*
- REJEIÇÃO DA DENÚNCIA *1303*
- RELAÇÕES JURISDICIONAIS COM AUTORIDADE ESTRANGEIRA *1964*
- RELATÓRIO DA AUTORIDADE POLICIAL *139*
- RELATÓRIO DA SENTENÇA *1208*
- RELATÓRIO POLICIAL E SUA PRESCINDIBILIDADE *140*
- RELAXAMENTO DO FLAGRANTE *1037*
- RENÚNCIA AO EXERCÍCIO DO DIREITO DE QUEIXA E QUEIXA E RENÚNCIA *295*
- RENÚNCIA EXPRESSA AO DIREITO DE QUEIXA *296*
- REPARAÇÃO DO DANO *313*
- REPARAÇÃO DO DANO E EXCLUDENTES DE ILICITUDE *321*
- REPARAÇÃO DO DANO MORAL *319*
- REPRESENTAÇÃO DO DELEGADO DE POLÍCIA PELA PRISÃO PREVENTIVA *146*
- REPRESENTAÇÃO E MORTE DA VÍTIMA *200*

- REPRESENTAÇÃO E PADRASTO *202*
- REPRESENTAÇÃO E PRAZO *257*
- REPRESENTAÇÃO E REQUISITOS *40, 43, 92, 95, 100, 104, 133, 146, 166, 167, 177, 181, 183, 184, 187, 188, 189, 190, 191, 192, 194, 197, 199, 200, 201, 202, 203, 204, 205, 206, 244, 246, 249, 253, 254, 255, 256, 257, 258, 260, 261, 262, 263, 264, 265, 266, 272, 281, 284, 285, 288, 295, 297, 298, 299, 300, 309, 310, 432, 454, 455, 456, 484, 485, 486, 494, 511*
- REPRESENTAÇÃO E TIA DA VÍTIMA *202*
- REPRESENTAÇÃO E UNIÃO ESTÁVEL *201*
- REPRESENTAÇÃO E VÍTIMA MENOR DE 17 ANOS, MAS CASADA *201*
- REPRESENTAÇÃO E VIZINHA *202*
- REPRESENTAÇÃO, VIAS DE FATO E VIOLÊNCIA DOMÉSTICA *1913*
- REQUERIMENTO DA VÍTIMA E VÍTIMA E REQUERIMENTO DE INSTAURAÇÃO DE INQUÉRITO POLICIAL *96*
- REQUERIMENTO DE DILIGÊNCIAS NO INQUÉRITO POLICIAL *155*
- REQUERIMENTO DE INSTAURAÇÃO DE INQUÉRITO POLICIAL *98*
- REQUERIMENTO DE INSTAURAÇÃO DE INQUÉRITO POLICIAL NOS CRIMES DE AÇÃO PENAL PRIVADA *105*
- REQUERIMENTO X REQUISIÇÃO *290*
- REQUISIÇÃO DE INQUÉRITO POLICIAL E CRIMES ELEITORAIS *95*
- REQUISIÇÃO DE INQUÉRITO POLICIAL PELO MINISTÉRIO PÚBLICO *92, 93*
- REQUISIÇÃO DO JUIZ E INSTAURAÇÃO DE INQUÉRITO POLICIAL *92, 93*
- REQUISIÇÃO DO MINISTÉRIO PÚBLICO PARA INSTAURAÇÃO DE INQUÉRITO POLICIAL INDEPENDE DE ORDEM JUDICIAL CONTRA DETENTOR DE FORO PRIVILEGIADO POR PRERROGATIVA DE FUNÇÃO *97*
- REQUISIÇÃO DO RÉU PRESO PARA INTERROGATÓRIO *1319*
- REQUISIÇÃO X CITAÇÃO PESSOAL *685*
- REQUISIÇÃO X REQUERIMENTO *290*
- REQUISIÇÕES DO JUIZ AO DELEGADO DE POLÍCIA *144*
- REQUISIÇÕES DO MP AO DELEGADO DE POLÍCIA *144*
- REQUISITOS DA CARTA PRECATÓRIA *785*
- REQUISITOS DA DENÚNCIA *268*
- REQUISITOS DA REPRESENTAÇÃO *204*
- REQUISITOS DO EDITAL DE CITAÇÃO *1181*
- REQUISITOS DO MANDADO DE PRISÃO *973*
- RESPOSTA À ACUSAÇÃO *1308*
- RESPOSTA À ACUSAÇÃO E OBRIGATORIEDADE DE SUA APRESENTAÇÃO *1309*
- RESPOSTA À ACUSAÇÃO E RÉPLICA PELO MP *1310*
- RESTAURAÇÃO DOS AUTOS E SEU PROCEDIMENTO *1616*
- RESTITUIÇÃO DE COISA APREENDIDA *458*
- RETENÇÃO DO PASSAPORTE *1120*
- RETIRADA DE AUTOS DO CARTÓRIO *2007*
- RETRATABILIDADE E DIVISIBILIDADE DA CONFISSÃO *722*
- RETRATAÇÃO DA REPRESENTAÇÃO *204*
- RETRATAÇÃO DA REPRESENTAÇÃO NA LEI MARIA DA PENHA *204*
- RETRATAÇÃO DA RETRATAÇÃO *204*
- RÉU. CITAÇÃO *1156*
- RÉU E DEFESA EM CAUSA PRÓPRIA *919*
- RÉU E INSANIDADE MENTAL *525*
- RÉU E SUA RETIRADA DA SALA DE AUDIÊNCIA *776*
- RÉU NÃO REQUISITADO PARA AUDIÊNCIA. NULIDADE RELATIVA *1327*
- RÉU PRESO E CITAÇÃO PESSOAL *1171*
- RÉU PRESO E INTIMAÇÃO DA SENTENÇA *1291*
- REVISÃO CRIMINAL *1821*
- REVISÃO CRIMINAL. AÇÃO PENAL PRIVADA E INDENIZAÇÃO *1854*
- REVISÃO CRIMINAL E ALTERAÇÃO DA SENTENÇA ABSOLUTÓRIA *1826*
- REVISÃO CRIMINAL E APLICAÇÃO DE LEI MAIS BENÉFICA *1828*
- REVISÃO CRIMINAL E ASSISTENTE DE ACUSAÇÃO *1841*
- REVISÃO CRIMINAL E COMPETÊNCIA *1842*
- REVISÃO CRIMINAL E CONVERSÃO DO JULGAMENTO DA REVISÃO EM DILIGÊNCIA *1846*
- REVISÃO CRIMINAL E DANO MORAL *1853*
- REVISÃO CRIMINAL E DEPOIMENTOS, EXAMES OU DOCUMENTOS FALSOS *1832*
- REVISÃO CRIMINAL E EFEITO EXTENSIVO *1848*
- REVISÃO CRIMINAL E EFEITOS DA PROCEDÊNCIA DO PEDIDO *1847*
- REVISÃO CRIMINAL E EFEITO SUSPENSIVO *1848*
- REVISÃO CRIMINAL E INDENIZAÇÃO *1850*
- REVISÃO CRIMINAL E IN DUBIO PRO SOCIETATE *1831*
- REVISÃO CRIMINAL E INSTRUÇÃO DO PEDIDO *1844*
- REVISÃO CRIMINAL E JÚRI *1827*
- REVISÃO CRIMINAL E JUSTIFICAÇÃO CRIMINAL *1833*
- REVISÃO CRIMINAL E LEGITIMIDADE *1837*
- REVISÃO CRIMINAL E LEGITIMIDADE DO MINISTÉRIO PÚBLICO *1839*
- REVISÃO CRIMINAL E MEDIDA DE SEGURANÇA *1849*
- REVISÃO CRIMINAL E MODIFICAÇÃO DA PENA *1847*
- REVISÃO CRIMINAL E MORTE DO RÉU *1838*
- REVISÃO CRIMINAL E NATUREZA JURÍDICA *1823*
- REVISÃO CRIMINAL E NOVAS PROVAS *1832*
- REVISÃO CRIMINAL E PARTICIPAÇÃO DA VÍTIMA *1841*
- REVISÃO CRIMINAL E PRAZO *1835*
- REVISÃO CRIMINAL E PROCESSOS FINDOS *1825*
- REVISÃO CRIMINAL E REFORMATIO IN PEJUS *1849*
- REVISÃO CRIMINAL E REITERAÇÃO DO PEDIDO *1836*
- REVISÃO CRIMINAL E RESTABELECIMENTO DOS DIREITOS *1849*
- REVISÃO CRIMINAL. ERRO PROVOCADO PELO AUTOR E INDENIZAÇÃO *1854*
- REVISÃO CRIMINAL E SENTENÇA CONTRÁRIA À EVIDÊNCIA DOS AUTOS *1830*
- REVISÃO CRIMINAL E SENTENÇA CONTRÁRIA AO TEXTO DE LEI *1829*
- REVISÃO CRIMINAL E SENTENÇA ESTRANGEIRA *1828*
- REVISÃO CRIMINAL E SEU PROCESSAMENTO *1846*
- REVISÃO CRIMINAL E SUA REJEIÇÃO LIMINAR *1845*
- REVISÃO CRIMINAL NO SUPREMO TRIBUNAL FEDERAL E SUPERIOR TRIBUNAL DE JUSTIÇA *1843*
- REVISÃO CRIMINAL PRO SOCIETATE *1824*
- RIOS E LAGOS E COMPETÊNCIA *410*
- RITO SUMÁRIO *1612*

- RITO SUMÁRIO E CONDUÇÃO COERCITIVA DE TESTEMUNHA E VÍTIMA *1613*
- RITO SUMÁRIO E INFRAÇÕES PENAIS DE MENOR POTENCIAL OFENSIVO *1614*
- RITO SUMÁRIO E PRECATÓRIA *1612*
- ROGATÓRIA *790*, *1192*
- ROGATÓRIA E ACORDOS INTERNACIONAIS *791*
- ROGATÓRIA E SUSPENSÃO DO PRAZO PRESCRICIONAL *1193*
- ROL DE TESTEMUNHAS *270*
- RSE E DECISÃO QUE ANULAR O PROCESSO DA INSTRUÇÃO CRIMINAL, NO TODO OU EM PARTE *1724*
- RSE E DECISÃO QUE CONCEDE OU NEGA HABEAS CORPUS *1722*
- RSE E DECISÃO QUE CONCEDER, NEGAR, ARBITRAR, CASSAR OU JULGAR INIDÔNEA A FIANÇA, INDEFERIR REQUERIMENTO DE PRISÃO PREVENTIVA OU REVOGÁ-LA, CONCEDER LIBERDADE PROVISÓRIA OU RELAXAR A PRISÃO EM FLAGRANTE *1720*
- RSE E DECISÃO QUE CONCEDER, NEGAR OU REVOGAR A SUSPENSÃO CONDICIONAL DA PENA *1723*
- RSE E DECISÃO QUE CONCEDER, NEGAR OU REVOGAR LIVRAMENTO CONDICIONAL *1724*
- RSE E DECISÃO QUE CONVERTER A MULTA EM DETENÇÃO OU EM PRISÃO SIMPLES *1728*, *1729*
- RSE E DECISÃO QUE DECRETAR A PRESCRIÇÃO OU JULGAR, POR OUTRO MODO, EXTINTA A PUNIBILIDADE *1721*
- RSE E DECISÃO QUE DEIXAR DE REVOGAR A MEDIDA DE SEGURANÇA, NOS CASOS EM QUE A LEI ADMITA A REVOGAÇÃO *1728*
- RSE E DECISÃO QUE DENEGAR A APELAÇÃO OU A JULGAR DESERTA *1725*
- RSE E DECISÃO QUE INCLUIR JURADO NA LISTA GERAL OU DESTA O EXCLUIR *1724*
- RSE E DECISÃO QUE INDEFERIR O PEDIDO DE RECONHECIMENTO DA PRESCRIÇÃO OU DE OUTRA CAUSA EXTINTIVA DA PUNIBILIDADE *1722*
- RSE E DECISÃO QUE JULGAR QUEBRADA A FIANÇA OU PERDIDO O SEU VALOR *1721*
- RSE E DECISÃO QUE ORDENAR A SUSPENSÃO DO PROCESSO, EM VIRTUDE DE QUESTÃO PREJUDICIAL *1726*
- RSE E DECISÃO SOBRE A UNIFICAÇÃO DE PENAS *1727*
- RSE E DECISÃO SOBRE INCIDENTE DE FALSIDADE *1728*
- RSE E EFEITO REGRESSIVO *1738*
- RSE E EFEITO SUSPENSIVO *1732*
- RSE E INCOMPETÊNCIA DO JUÍZO *1717*
- RSE E INDICAÇÃO DE PEÇAS *1736*
- RSE E JUÍZO DE RETRATAÇÃO *1719*
- RSE E NÃO RECEBIMENTO DA DENÚNCIA OU DA QUEIXA *1713*
- RSE E PROCEDÊNCIA DAS EXCEÇÕES, SALVO A DE SUSPEIÇÃO *1718*
- RSE E PRONÚNCIA DO RÉU *1719*
- RSE E RAZÕES DE RECURSO *1736*
- RSE E RECURSO VOLUNTÁRIO *1735*
- RSE E SUBIDA NOS PRÓPRIOS AUTOS OU EM TRASLADO *1731*

S

- SALA DE RECONHECIMENTO *804*
- SEMI-IMPUTABILIDADE DO RÉU *534*
- SENTENÇA *1205*
- SENTENÇA ABSOLUTÓRIA *1247*
- SENTENÇA ABSOLUTÓRIA E AÇÃO DE REPARAÇÃO *323*
- SENTENÇA ABSOLUTÓRIA E EXCLUDENTES DE ANTIJURIDICIDADE OU CULPABILIDADE *1252*
- SENTENÇA ABSOLUTÓRIA E FALTA DE PROVA DA EXISTÊNCIA DO FATO *1249*
- SENTENÇA ABSOLUTÓRIA E IN DUBIO PRO REO *1253*
- SENTENÇA ABSOLUTÓRIA E INEXISTÊNCIA DO FATO *1248*
- SENTENÇA ABSOLUTÓRIA E LIBERDADE IMEDIATA *1254*
- SENTENÇA ABSOLUTÓRIA E MEDIDAS CAUTELARES *1254*
- SENTENÇA ABSOLUTÓRIA EM SENTIDO LATO E EM SENTIDO ESTRITO *1247*
- SENTENÇA ABSOLUTÓRIA E NÃO CONSTITUIR O FATO INFRAÇÃO PENAL *1249*
- SENTENÇA ABSOLUTÓRIA E PROVA DO CONCURSO DO RÉU PARA A INFRAÇÃO *1250*
- SENTENÇA ABSOLUTÓRIA E SUA INTIMAÇÃO *1292*
- SENTENÇA ABSOLUTÓRIA IMPRÓPRIA *1248*, *1255*, *1835*
- SENTENÇA CONDENATÓRIA *1257*
- SENTENÇA CONDENATÓRIA E INTIMAÇÃO DO DEFENSOR DO RÉU PRESO *1292*
- SENTENÇA CONDENATÓRIA E MANUTENÇÃO DO RÉU PRESO OU IMPOSIÇÃO DE PRISÃO PREVENTIVA *1257*, *1277*
- SENTENÇA CONDENATÓRIA E VALOR DA REPARAÇÃO *1268*
- SENTENÇA CONDENATÓRIA, PENA BASE FIXADA NO MÍNIMO E REGIME INICIAL MAIS SEVERO *1280*
- SENTENÇA, DATA E ASSINATURA DO JUIZ *1207*, *1219*
- SENTENÇA DATILOGRAFADA *1282*
- SENTENÇA DE 1º GRAU E IMPOSIÇÃO DE MEDIDA CAUTELAR *1277*
- SENTENÇA DEFINITIVA X SENTENÇA TRANSITADA EM JULGADO *1743*
- SENTENÇA E FUNDAMENTAÇÃO AD RELATIONEM OU PER RELATIONEM *1214*
- SENTENÇA E INTERPOSIÇÃO DE RECURSO ANTES DE SUA PUBLICAÇÃO *1284*
- SENTENÇA E INTIMAÇÃO *1290*
- SENTENÇA E INTIMAÇÃO PESSOAL DO RÉU PRESO *1291*
- SENTENÇA E INTIMAÇÃO POR EDITAL *1297*
- SENTENÇA E PRAZO DO EDITAL *1299*
- SENTENÇA E SEU DISPOSITIVO *1217*
- SENTENÇA E SEU REGISTRO *1284*
- SENTENÇA E SEU RELATÓRIO *1208*
- SENTENÇA ESTRANGEIRA E AUTENTICAÇÃO *1977*
- SENTENÇA ESTRANGEIRA E CÔNSUL *1977*
- SENTENÇA ESTRANGEIRA E EMBARGOS *1978*, *1980*
- SENTENÇA ESTRANGEIRA E TRADUÇÃO *1977*
- SENTENÇA ESTRANGEIRA, FORMALIDADES E HOMOLOGAÇÃO *1976*
- SENTENÇA E SUA FUNDAMENTAÇÃO *1210*
- SENTENÇA E SUA PUBLICAÇÃO *1284*
- SENTENÇA. INTIMAÇÃO POR MANDADO OU DA CARTA PRECATÓRIA OU DE ORDEM E INÍCIO DO PRAZO RECURSAL *1290*
- SENTENÇA PROFERIDA POR JUIZ ABSOLUTAMENTE INCOMPETENTE E REFORMATIO IN PEJUS *349*
- SENTENÇAS ESTRANGEIRAS *1965*
- SENTENÇA SUICIDA *1223*

- SEPARAÇÃO DAS TESTEMUNHAS *768*
- SEPARAÇÃO FACULTATIVA DE PROCESSOS E COMPETÊNCIA *382*
- SEQUESTRO *480*
- SEQUESTRO DE BEM MÓVEL *494*
- SEQUESTRO DE BENS DE ESTRANGEIRO *483*
- SEQUESTRO E CARTA ROGATÓRIA *485*
- SERVIDOR PÚBLICO E CRIME CONTRA A HONRA *194*
- SIGILO BANCÁRIO *564*
- SIGILO DO INQUÉRITO DECRETADO PELA AUTORIDADE *173*
- SIGILO DO INQUÉRITO E ADVOGADO *174*
- SIGILO DO INQUÉRITO POLICIAL *76*
- SIGILO DO INQUÉRITO POLICIAL *172*
- SIGILO EM PROCESSO ADMINISTRATIVO E PROCESSO ADMINISTRATIVO E SIGILO *175*
- SIGILO EM PROL DA VÍTIMA OU TESTEMUNHA *173*
- SIGILO FISCAL E FINANCEIRO E CRIME ORGANIZADO *565*
- SIGILO NA INVESTIGAÇÃO CONDUZIDA PELO MINISTÉRIO PÚBLICO E MP E SIGILO DO INQUÉRITO POR ELE INSTAURADO *175*
- SIGILO PROFISSIONAL. IMPOSSIBILIDADE DE REVELAÇÃO *816*
- SISTEMA ACUSATÓRIO *181*
- SISTEMA ANGLO-AMERICANO DE INQUIRIÇÃO DAS TESTEMUNHAS *770*
- SISTEMA DA ÍNTIMA CONVICÇÃO NA ANÁLISE DA PROVA *540*
- SISTEMA DA LIVRE CONVICÇÃO OU LIVRE CONVENCIMENTO NA ANÁLISE DA PROVA *539*
- SISTEMA DA PROVA LEGAL (OU TARIFADO), NA APRECIAÇÃO DA PROVA *539*
- SISTEMA DE GARANTIA DE DIREITOS DA CRIANÇA E DO ADOLESCENTE VÍTIMA OU TESTEMUNHA DE VIOLÊNCIA *111*, *729*
- SISTEMA PROCESSUAL INQUISITÓRIO *181*
- SISTEMA TRIFÁSICO *1258*
- SORTEIO E INCOMUNICABILIDADE DOS JURADOS E NULIDADE *1642*
- STATUS DOS TRATADOS E CONVENÇÕES EM NOSSO DIREITO INTERNO *25*
- SUBSTITUIÇÃO DE TESTEMUNHA *1328*
- SUCUMBÊNCIA NA AÇÃO PENAL PRIVADA *2010*
- SUCUMBÊNCIA NA AÇÃO PENAL PÚBLICA *2008*
- SUJEITO PASSIVO DA PRISÃO EM FLAGRANTE *1002*
- SÚMULA 14 DO STF E SIGILO DO INQUÉRITO POLICIAL *77*
- SÚMULA 691 DO STF *1925*
- SUPERVENIÊNCIA DE DOENÇA MENTAL *535*
- SUPRIMENTO DA PERÍCIA *654*
- SUSPEIÇÃO *426*
- SUSPEIÇÃO DA AUTORIDADE POLICIAL *444*
- SUSPEIÇÃO DE ÓRGÃOS AUXILIARES *443*
- SUSPEIÇÃO DO JUIZ *888*
- SUSPEIÇÃO DO PERITO *941*
- SUSPEIÇÃO DOS FUNCIONÁRIOS DA JUSTIÇA *938*
- SUSPEIÇÃO E AMIZADE ÍNTIMA *889*
- SUSPEIÇÃO E FORO ÍNTIMO *892*
- SUSPEIÇÃO E INIMIZADE CAPITAL *889*
- SUSPEIÇÃO E JUIZ CREDOR, DEVEDOR, TUTOR E CURADOR *891*
- SUSPEIÇÃO E JUIZ SÓCIO, ACIONISTA OU ADMINISTRADOR DE SOCIEDADE INTERESSADA NO PROCESSO *891*
- SUSPEIÇÃO OU IMPEDIMENTO E MP *904*
- SUSPEIÇÃO PROVOCADA PELA PARTE *893*
- SUSPENSÃO DO PROCESSO E REPARAÇÃO DO DANO E SUSPENSÃO DO PROCESSO *320*
- SUSTENTAÇÃO ORAL NO STF *1796*
- SUSTENTAÇÃO ORAL NO STJ *1796*

T

- TAXA JUDICIÁRIA NO ESTADO DE SÃO PAULO *2011*
- TAXA, TAXA JUDICIÁRIA E CUSTAS. CONCEITO *2008*
- TEMPUS REGIT ACTUM *40*
- TENTATIVA DE CONCILIAÇÃO E PEREMPÇÃO *305*
- TEORIA DO CENÁRIO DA BOMBA-RELÓGIO *559*
- TEORIA DUALISTA E MONISTA *25*
- TEORIA FRUTOS DOS FRUTOS DA ÁRVORE ENVENENADA *587*
- TÉRMINO DO EXERCÍCIO DA FUNÇÃO PÚBLICA E EXCEÇÃO DA VERDADE *404*
- TERRITÓRIO *22*
- TESES CONFLITANTES E UM ÚNICO DEFENSOR *917*
- TESTEMUNHA *739*
- TESTEMUNHA CRIANÇA OU ADOLESCENTE *1411*
- TESTEMUNHA. DELEGADO DE POLÍCIA *144*
- TESTEMUNHA E AD PERPETUAM REI MEMORIAM *795*
- TESTEMUNHA E APRECIAÇÕES PESSOAIS *771*
- TESTEMUNHA E COMUNICAÇÃO QUANTO À MUDANÇA DE ENDEREÇO *794*
- TESTEMUNHA E CONCILIADORES E MEDIADORES *759*
- TESTEMUNHA E DESISTÊNCIA DE SUA OITIVA *1335*
- TESTEMUNHA E FUNCIONÁRIO PÚBLICO *783*
- TESTEMUNHA E JORNALISTA *758*
- TESTEMUNHA E MÉDICO *758*
- TESTEMUNHA E OBRIGAÇÃO DE DEPOR *755*
- TESTEMUNHA E PARLAMENTAR *758*
- TESTEMUNHA E PSICÓLOGO *759*
- TESTEMUNHA E SUA SUBSTITUIÇÃO *1328*
- TESTEMUNHA FALTOSA *778*
- TESTEMUNHA. JURAMENTO *749*
- TESTEMUNHA QUE NADA SABE *767*
- TESTEMUNHAS E PERGUNTAS POR ESCRITO *782*
- TESTEMUNHAS EXTRANUMERÁRIAS *763*
- TESTEMUNHAS IMPEDIDAS *740*
- TESTEMUNHAS. NÚMERO MÁXIMO *1334*
- TESTEMUNHAS PROIBIDAS DE DEPOR *756*
- TESTEMUNHAS REFERIDAS *766*
- TIA DA VÍTIMA E REPRESENTAÇÃO *202*
- TICKING TIME BOMB SCENARIO THEORY *559*
- TITULARIDADE E AÇÃO PENAL PRIVADA *246*
- TRADUÇÃO DA CARTA ROGATÓRIA *1971*
- TRADUÇÃO DE DOCUMENTOS EM LÍNGUA ESTRANGEIRA *817*
- TRÁFICO INTERNACIONAL DE ARMAS E COMPETÊNCIA *352*
- TRATADOS E CONVENÇÕES *24*
- TRIBUNAL DO JÚRI E APELAÇÃO *1741*, *1744*
- TRIBUNAL DO JÚRI E SUA ORIGENS HISTÓRIAS *1342*
- TRIBUNAL E DECISÃO POR MAIORIA DE VOTOS *1799*
- TRIBUNAL ESPECIAL *38*
- TUTOR E CURADOR DO INTERDITO E LEGITIMIDADE PARA QUEIXA *249*

U

- UNIÃO ESTÁVEL E REPRESENTAÇÃO *201*

- USO DA FORÇA E PRISÃO *971*
- USO E COMPETÊNCIA E USO DE PASSAPORTE FALSO *348*

V

- VALOR DA FIANÇA *1130*
- VALOR DA PROVA COLHIDA NA POLÍCIA *546*
- VALOR DA REPARAÇÃO DEVE CONSTAR DA DENÚNCIA OU QUEIXA *1268*
- VALOR MÍNIMO DA REPARAÇÃO DO DANO *318*
- VALOR PROBATÓRIO DA ACAREAÇÃO *807*
- VALOR PROBATÓRIO DA CONFISSÃO *716*
- VALOR PROBATÓRIO DA PERÍCIA REALIZADA NA FASE POLICIAL *650*
- VALOR PROBATÓRIO DA PROVA DOCUMENTAL *810*
- VALOR PROBATÓRIO DA PROVA TESTEMUNHAL *739*
- VALOR PROBATÓRIO DO DEPOIMENTO *725*
- VALOR PROBATÓRIO DO INQUÉRITO POLICIAL *78*
- VALOR PROBATÓRIO DO RECONHECIMENTO *796*, *798*
- VALOR PROBATÓRIO DOS INDÍCIOS *821*
- VALOR PROBATÓRIO E DEPOIMENTO DE POLICIAIS *745*
- VALOR PROBATÓRIO E RECONSTITUIÇÃO DO CRIME E VALOR PROBATÓRIO *135*
- VALOR PROBATÓRIO. TESTEMUNHO INFANTIL *744*
- VENDA EM LEILÃO *478*
- VIAS DE FATO E AÇÃO PENAL *191*
- VIAS DE FATO E VIOLÊNCIA DOMÉSTICA. DESNECESSIDADE DE REPRESENTAÇÃO *191*
- VIDA PREGRESSA E INQUÉRITO POLICIAL E VIDA PREGRESSA DO INDICIADO *133*
- VIDEOCONFERÊNCIA *789*
- VIDEOCONFERÊNCIA PARA OUTRAS MODALIDADES DE PROVA *685*
- VÍTIMA *724*
- VÍTIMA, CRIME DE AÇÃO PENAL PÚBLICA E SUA CONDUÇÃO COERCITIVA *117*
- VÍTIMA E ATENDIMENTO MULTIDISCIPLINAR *723*, *737*
- VÍTIMA E COMUNICAÇÃO DO OCORRIDO NO PROCESSO *736*
- VÍTIMA E SALAS SEPARADAS *737*
- VÍTIMA E SUA CONDUÇÃO COERCITIVA *732*
- VÍTIMA E SUA OITIVA PELA AUTORIDADE POLICIAL *110*
- VÍTIMA MENOR DE 17 ANOS, MAS CASADA E REPRESENTAÇÃO *201*
- VÍTIMA OU TESTEMUNHA E SIGILO DO INQUÉRITO POLICIAL *173*
- VÍTIMA QUE NÃO COMPARECE À AUDIÊNCIA E CRIME DE DESOBEDIÊNCIA *117*
- VÍTIMA, SIGILO E PRIVACIDADE *738*
- VITIMIZAÇÃO PRIMÁRIA E VITIMIZAÇÃO SECUNDÁRIA *734*
- VIZINHA E REPRESENTAÇÃO *202*
- VOTO INTERMEDIÁRIO *1802*

W

- WHATSAPP *576*